dtv

Lexikon des Mittelalters
VI

Lukasbilder bis Plantagenêt

Deutscher Taschenbuch Verlag

Band 1: Aachen – Bettelordenskirchen
Band 2: Bettlerwesen – Codex von Valencia
Band 3: Codex Wintoniensis – Erziehungs- und Bildungswesen
Band 4: Erzkanzler – Hiddensee
Band 5: Hiera-Mittel – Lukanien
Band 6: Lukasbilder – Plantagenêt
Band 7: Planudes – Stadt (Rus')
Band 8: Stadt (Byzantinisches Reich) – Werl
Band 9: Werla – Zypresse
Anhang: Stammtafeln, integriertes Großregister

Oktober 2002
Deutscher Taschenbuch Verlag GmbH & Co. KG,
München
www.dtv.de
© Coron Verlag Monika Schoeller & Co., Lachen am Zürichsee
1999
Das Werk ist urheberrechtlich geschützt.
Sämtliche, auch auszugsweise Verwertungen bleiben vorbehalten.
Umschlagkonzept: Balk & Brumshagen
Umschlaggestaltung unter Verwendung eines Ausschnittes aus dem Teppich von Bayeux
(© AKG, Berlin)
Druck und Bindung: Druckerei C. H. Beck, Nördlingen
Gedruckt auf säurefreiem, chlorfrei gebleichtem Papier
Printed in Germany · ISBN 3-423-59057-2

INHALTSVERZEICHNIS

	Seite
Herausgeber und Berater mit ihren Fachbereichen	VII
Redaktion	VIII

	Spalte
Stichwörter von Lukasbilder bis Plantagenêt	1–2206
Mitarbeiter des sechsten Bandes	2209
Übersetzer des sechsten Bandes	2221
Verzeichnis der Abbildungen	2221
Erscheinungsdaten der Lieferungen	2221

DIE HERAUSGEBER UND BERATER MIT IHREN FACHBEREICHEN IM LEXIKON DES MITTELALTERS

Alphabetische Reihenfolge. Stand: Oktober 1993

ANGERMANN, NORBERT, Hamburg: *Geschichte Rußlands, Litauens und der baltischen Ostseeländer*

BAUTIER, ROBERT-HENRI, Paris: *Französische Geschichte im Spätmittelalter*

BERGHAUS, PETER, Münster (Westf.): *Numismatik*

BIEDERMANN, HERMENEGILD M., OSA, Würzburg: *Geschichte der Ostkirche*

BINDING, GÜNTHER, Köln: *Die mittelalterliche Baukunst in Europa in formaler, typologischer und stilistischer Hinsicht*

BRIESEMEISTER, DIETRICH, Berlin: *Romanische Literaturen und Sprachen (Teilbereich)*

BRÜCKNER, WOLFGANG, Würzburg: *Volkskunde*

BRÜHL, CARLRICHARD, Düsseldorf: *Langobarden; Italien im Hochmittelalter* (unter Mitarbeit von THEO KÖLZER, Bonn)

BRUNHÖLZL, FRANZ, München: *Mittellateinische Sprache und Literatur*

BULLOUGH, DONALD A., St. Andrews: *Englische Geschichte im Hochmittelalter*

VAN CAENEGEM, RAOUL, Gent: *Englische Rechtsgeschichte*

CAVANNA, ADRIANO, Milano: *Italienische Rechtsgeschichte*

CONTAMINE, PHILIPPE, Paris: *Französische Geschichte im Spätmittelalter; Kriegswesen*

CORSTEN, SEVERIN, Bonn: *Schrift-, Buch- und Bibliothekswesen*

DILG, PETER, Marburg a.d. Lahn: *Geschichte der Botanik; Geschichte der Pharmazie*

ELBERN, VICTOR H., Berlin: *Kleinkunst*

ENGELS, ODILO, Köln: *Geschichte der Iberischen Halbinsel*

ENGEMANN, JOSEF, Bonn; Golling: *Archäologie der Spätantike und des Frühchristentums*

VAN ESS, JOSEF, Tübingen: *Arabische Welt*

FAHLBUSCH, FRIEDRICH BERNWARD, Bonn: *Städtewesen*

FAROQHI, SURAIYA, München: *Geschichte der Osmanen*

FASOLI, GINA †, *Geschichte Italiens im Spätmittelalter*

FERLUGA, JADRAN, Münster (Westf.); Motovun: *Byzantinische Geschichte und Kultur*

FLECKENSTEIN, JOSEF, Göttingen: *Frühmittelalter*

FRANK, KARL SUSO, OFM, Freiburg i.Br.: *Patristik*

FRENZ, THOMAS, Passau: *Heraldik*

GABRIEL, ERICH, Wien: *Belagerungsgeräte, Feuerwaffen*

GAMBER, ORTWIN, Wien: *Waffenkunde, Rüstungswesen*

GERRITSEN, WILLEM P., Utrecht: *Mittelniederländische Literatur*

GRUBER, JOACHIM, München: *Spätantike, Westgoten*

HÄGERMANN, DIETER, Bremen: *Technik und Materielle Kultur*

HAMANN, GÜNTHER, Wien: *Geschichte der Geographie und der Reisen im Mittelalter*

HARRIS, JENNIFER, Manchester: *Kostümkunde*

HÄUSSLING, ANGELUS A., OSB, Maria Laach; Benediktbeuern: *Liturgie*

HEINZELMANN, MARTIN, Paris: *Hagiographie*

HELLMANN, MANFRED †, *Geschichte Rußlands, Litauens und der baltischen Ostseeländer*

HERDE, PETER, Würzburg: *Historische Grundwissenschaften*

HINZ, HERMANN, Tübingen: *Archäologie des Mittelalters*

HÖDL, LUDWIG, Bochum: *Philosophie und Theologie des Mittelalters*

HÜNEMÖRDER, CHRISTIAN, Hamburg: *Geschichte der Zoologie*

JUNG, MARC-RENÉ, Zürich: *Romanische Literaturen und Sprachen (Teilbereich)*

JÜTTNER, GUIDO, Berlin: *Geschichte der Mineralogie und Alchemie*

KLEMM, CHRISTIAN, Zürich: *Tafelmalerei*

KROESCHELL, KARL, Freiburg i.Br.: *Rechts- und Verfassungsgeschichte*

KÜHNEL, HARRY, Krems a.d. Donau: *Realienkunde des Mittelalters*

LÜBKE, CHRISTIAN, Berlin: *Geschichte Ostmitteleuropas im Hoch- und Spätmittelalter*

LUDAT, HERBERT †, *Geschichte Ostmitteleuropas im Hochmittelalter*

LUDWIG, KARL-HEINZ, Bremen: *Technik und Materielle Kultur*

MAKSIMOVIĆ, LJUBOMIR, Beograd: *Geschichte Südosteuropas*

MEINHARDT, HELMUT, Gießen: *Philosophie und Theologie des Mittelalters*

MERTENS, VOLKER, Berlin: *Deutsche Literatur*

MEYER, WERNER, Basel: *Kriegswesen*

MORAW, PETER, Gießen: *Deutsche Geschichte im Spätmittelalter*

MORDEK, HUBERT, Freiburg i.Br.: *Kanonisches Recht; Kirchengeschichte und Kirchenverfassung*

VON MUTIUS, HANS-GEORG, München: *Geschichte des Judentums*

NEUENSCHWANDER, ERWIN, Zürich: *Geschichte der Mechanik, Mathematik und Astronomie*

NEWTON, STELLA M., London: *Kostümkunde*

ONASCH, KONRAD, Halle (Saale): *Russische Kunst*

OURLIAC, PAUL, Toulouse: *Romanisches Recht* (unter Mitarbeit von DANIELLE ANEX-CABANIS, Toulouse)

PÁSZTOR, EDITH, Roma: *Häresien*

PATSCHOVSKY, ALEXANDER, Konstanz: *Häresien*

PATZE, HANS, Göttingen: *Deutsche Geschichte im Spätmittelalter*

PLOTZEK, JOACHIM M., Köln: *Buch-, Wand- und Glasmalerei; Mosaikkunst*

PRINZING, GÜNTER, Mainz: *Byzantinische Geschichte und Kultur*

REINLE, ADOLF, Zürich: *Skulptur*

RESTLE, MARCELL ST., München: *Byzantinische Kunst*

RICHTER, MICHAEL, Konstanz: *Keltologie*

RILEY-SMITH, JONATHAN, London: *Geschichte der Kreuzzüge*
ROBERG, BURKHARD, Bonn: *Kirchengeschichte und Kirchenverfassung*
RÖSENER, WERNER, Göttingen: *Agrar- und Siedlungsgeschichte*
ROSSI, LUCIANO, Zürich: *Romanische Literaturen und Sprachen* (Teilbereich)
RÜEGG, WALTER, Veytaux: *Humanismus; Universitäten, Schulwesen*

SAUER, HANS, Dresden: *Altenglische Literatur; Mittelenglische Literatur*
SCHIPPERGES, HEINRICH, Heidelberg: *Geschichte der Medizin*
SCHMID, HANS, München: *Geschichte der Musik*
SCHMITZ, RUDOLF †, *Geschichte der Pharmazie*
SCHREINER, PETER, Köln: *Historische Grundwissenschaften in Byzanz, Südost- und Osteuropa*

SCHULZE, URSULA, Berlin: *Deutsche Literatur*
SCHWENK, SIGRID, Bamberg: *Jagdwesen*
VON SEE, KLAUS, Frankfurt a. Main: *Skandinavische Literatur; Politische und Rechtsgeschichte Skandinaviens* (unter Mitarbeit von HARALD EHRHARDT, Oberursel)
SEMMLER, JOSEF, Düsseldorf: *Mönchtum*
SPRANDEL, ROLF, Würzburg: *Handel, Gewerbe, Verkehr, Bergbau, Bankwesen*
STOOB, HEINZ, Münster (Westf.): *Städtewesen*
STOREY, ROBIN L., Carlisle: *Englische Geschichte im Spätmittelalter*
SVEJKOVSKÝ, FRANTIŠEK, Chicago: *Slavische Literaturen*

TABACCO, GIOVANNI, Torino: *Geschichte Italiens im Spätmittelalter*

TIETZE, ANDREAS, Wien: *Geschichte der Osmanen*

VERHULST, ADRIAAN, Gent: *Agrar- und Siedlungsgeschichte; Geschichte der Niederlande*
VISMARA, GIULIO, Mailand: *Italienische Rechtsgeschichte*
VONES, LUDWIG, Köln: *Geschichte der Iberischen Halbinsel*

WEIMAR, PETER, Zürich: *Römisches und gemeines Recht*
WERNER, KARL FERDINAND, Paris; Rottach-Egern: *Geschichte Deutschlands und Frankreichs im Hochmittelalter*

ZAPP, HARTMUT, Freiburg i. Br.: *Kanonisches Recht*
ZERNACK, KLAUS, Berlin: *Geschichte Ostmitteleuropas im Spätmittelalter*

REDAKTION LEXIKON DES MITTELALTERS

Redaktion München

Dr. Mag. phil. GLORIA AVELLA-WIDHALM
Dr. LISELOTTE LUTZ
ROSWITHA MATTEJIET, M. A.
ULRICH MATTEJIET, M. A.

Arbeitsstelle Lexikon des Mittelalters
am Historischen Seminar der Universität Zürich

Dr. CHARLOTTE GSCHWIND-GISIGER
Dr. THOMAS MEIER

L
FORTSETZUNG

Lukas → Evangelisten, → Evangelistensymbole

Lukasbilder, Lukasmadonna. Nach der in ihrem Ursprung nicht sicher faßbaren Legende soll der Evangelist →Lukas (L.) neben anderen auch Bilder der Jungfrau Maria mit dem Kind gemalt haben. Solche »authentischen Porträts« wurden im MA in großer Zahl verehrt. Der Vorgang des Malens selbst wird vielleicht schon seit dem 6. Jh. im O, seit dem 12. Jh. im W (hier bes. häufig unter Variation der Komposition) zum eigenen Bildthema. Dabei gewinnt seit Mitte des 14. Jh. der kunsttheoret. und propagandist. Aspekt zunehmend an Bedeutung: Als Urvater des Berufszweiges und Patron der Malergilden garantiert L. nicht nur die Aufwertung der Malerei im Wettstreit der Künste, er steht auch für die Gleichberechtigung der bildl. Umsetzung heilsgesch. Ereignisse neben dem Wort der Verkündigung. Verdeutlicht wird diese Auffassung, wenn Maria wie schon in der Tuotilo-Erzählung des 9. Jh. als Inspiratorin und Helferin des Malenden auftritt (Hermen Rode). Der aktuelle Bezug ist dort bes. anschaulich, wo L. die Züge des Künstlers trägt (M. van Heemskerck) und damit dessen Rang dokumentiert. Große Bedeutung erhält das Thema in der altndl. Malerei (R. van der Weyden). Die Madonna, die später häufig vor dem geistigen Auge des Malers erscheint, ist hier als Person im Atelier anwesend. Bei der Schilderung der Welt des spätma. Künstlers halten sich reale und ideale Züge in wechselnder Gewichtung die Waage.   K. Niehr

Lit.: LCI III, 119–122; VII, 458–461 – D. KLEIN, L. als Maler der Madonna, 1933 – Ornamenta Ecclesiae III, 169–172 – C. KING, National Gallery 3902 and the theme of St. Luke the Evangelist as artist and physician, ZK 48, 1985, 249–255 – G. KRAUT, L. malt die Madonna, 1986 – J. RIVIÈRE, Réflexions sur les »Saint Luc peignant la Vièrge« flamands, Jb. van het koninklijk Mus. voor schone kunsten Antwerpen, 1987, 25–92 – H. BELTING, Bild und Kult, 1990, bes. 70ff., 358ff., 382ff. – G. WOLF, Salus Populi Romani, 1990, 141ff., 230ff.

Lukianos → Lucianus

Lukrez → Lucretius

Lul (mlat. Lullus), Ebf. (seit 754 Bf.) v. →Mainz seit 780/782, * um 710 in Wessex, † 16. Okt. 786, ⌑ Hersfeld. Im Kl. Malmesbury erzogen, schloß sich L. in Rom seinem Landsmann →Bonifatius an (738), den er, 752 zum Chorbf. geweiht, beim Aufbau einer Kirchenorganisation in den rechtsrhein. Gebieten tatkräftig unterstützte. Nach dem Tod des Bonifatius wurde ihm von Pippin III. allein das Bm. Mainz übertragen. Durch die Eingliederung der Bm.er Büraburg und Erfurt erschloß er der Mainzer Kirche jedoch den hess.-thür. Raum. Erst von Hadrian I. wurde ihm die Metropolitenwürde verliehen. Unter Karl d. Gr. hatte er regen Anteil an der Missionierung der Sachsen (Sturz der →Irminsul 772, Massentaufen 776/777), zu deren Unterstützung er ein verbindl. Taufformular (as. Taufgelöbnis) schaffen ließ. Nachdem er im Streit mit Fulda das bfl. Eigentumsrecht nicht zu behaupten vermochte, gründete er zw. 769/775 →Hersfeld als mainz. Eigenkl. Auch nach der Erhebung Hersfelds zur Reichsabtei behielt er dort die Abtswürde bei.   T. Struve

Q.: Die Briefe des hl. Bonifatius und L., ed. M. TANGL (MGH Epp. sel. 1, 1916) – Das Glaubensbekenntnis L.s, ed. W. LEVISON [verb. Nachdr.: TH. SCHIEFFER, Angelsachsen und Franken, AAMz 1950, 1535–1539] – Lampert v. Hersfeld, Vita s.L., ed. O. HOLDER-EGGER (MGH SRG [38], 1894), 307–340 [nur geringer Q.wert] – Grabschrift: ebd., 355 – Lit.: LThK² VI, 1213 – NDB V, 515–517 [Lit.] – TH. SCHIEFFER, Angelsachsen..., 1471–1539 – H. JAKOBS, GP 4, 1978, 50–61.

Lull, Ramon → Raimundus Lullus

Lullismus, Lullisten. Der Einfluß der Lehre des →Raimundus Lullus ist bereits in der 1. Hälfte des 14. Jh. in Paris und Mallorca festzustellen. Ende des 14. Jh. verurteilten N. →Eymerich OP und →Johannes Gerson die Lehre Lulls. Im 15. Jh. aber stießen seine Gedanken in Frankreich (Ramon Sibiuda), in Dtl. (Heimericus da Campo, →Nikolaus v. Kues) und in Italien (G. →Pico della Mirandola) auf breiten Zuspruch. Ende des Jh. entstand eine Schola Lulliana in Barcelona. In Paris bildete sich ein Kreis von L. um →Lefèvre d'Étaples, der sich v. a. für die myst. Werke Lulls interessierte (Charles de Bouelles, Beatus Rhenanus). Lefèvres Schüler Bernat de Lavinheta leitete eine Entwicklung in enzyklopäd. Richtung ein. Anfang des 16. Jh. erschienen zahlreiche pseudo-lullist. Schriften, die die Ars lulliana in Verbindung mit kabbalist. und alchimist. Lehren brachten. Agrippa v. Nettesheim kommentierte die Ars brevis Lulls als eine einzige Geheimlehre, die den Schlüssel zu jegl. Erkenntnis darstellt. Giordano Bruno beschäftigte sich neben der Kombinatorik und der Rhetorik Lulls v. a. mit dessen Mnemotechnik. Ende des Jh. gab der Straßburger Verleger Lazarus Zetzner die Raymundi Lulli opera zusammen mit dem Komm. Agrippas und den lullist. Schriften Brunos heraus. Zetzners Editionen prägten das Lull-Bild des 17. Jh. zumindest in Dtl. und Frankreich. Während ein Antilullismus unter dem Eindruck der Gegenreformation einsetzte, entwickelten Gelehrte (Kircher, Leibniz) Lulls Gedanken in verschiedenen Richtungen weiter. Mit Ivo Salzinger († 1728) erwachte das hist. Interesse an Lull.   C. H. Lohr

Lit.: T. und J. CARRERAS Y ARTAU, Hist de la filosofía española. Filosofía cristiana II, 1943, 7–437 – E. COLOMER, Nikolaus v. Kues und Raimund Lull, 1961 – J. N. HILLGARTH, Ramon Lull and Lullism in Fourteenth-Cent. France, 1971 – A. MADRE, Die theol. Polemik gegen Raimundus Lullus, 1973 – J. M. VICTOR, Charles de Bovelles (1479–1553), 1978 – P. ROSSI, Clavis universalis, 1983² – W. SCHMIDT-BIGGEMANN, Topica universalis, 1983 – M. PEREIRA, The Alchemical Corpus Attrib. to R. Lull, 1989 – Breviculum seu Electorium parvum Thomae Migerii (Le Myésier), hg. C. H. LOHR u. a., 1990 – Cusanus Texte, III/3: Extractum ex Libris meditacionum Raymundi, AAH, phil.-hist. Kl., Abh. 1., hg. TH. PINDL-BÜCHEL, 1990.

(Pseudo)-Lullus-Corpus. →Raimundus Lullus († 1315/16) galt bis weit in die NZ hinein als bedeutender Alchemiker. Dieser von der hist.-krit. Lull-Forsch. zerstörte Ruf beruhte auf einem umfängl. Alchemica-Corpus, das wohl noch im 14. Jh. zu entstehen begann, während des 15. Jh. auf rund 50 Schriften anschwoll und in der frühen NZ fortgeschrieben worden ist. Manche Autoren knüpften dabei an Lulls Modus-intelligendi-Darstellung, Kombinatorik oder Elementenlehre an und stellten insbes. Lulls »Alphabetum artis inventivae«, geom. Symbolfiguren oder Baumschemata in alchem. Dienste. Der Namen Lulls verband sich seit dem 14. Jh. mit dem Traktat »De consideratione quintae essentiae« des →Johannes v. Roquetaillade, einem Hauptwerk der spätma. und frühnz. Alchemia medica. Das Ps.-L.-C. birgt ferner med. Texte (»Liber de conservatione vitae humanae« u. a. Werke). Hauptsächl. aber besteht es aus Schriften zur Transmutationsalchemie (»Testamentum«, »Elucidatio testamenti«, »Testamentum novissimum«, »Codicillus«, »Apertorium«, »Epistola accurtationis ad Robertum Anglorum regem«, »Anima artis transmutationis«). Nach Ausweis der beträchtl. Ausmaße der lat.sprachigen Überl. in Hs. und Druck des 16. bis 18. Jh., aber auch zahlreicher Übers. en in europ. Landessprachen spielte das C. Lullianum in der Gesch. des →Lullismus und der →Alchemie eine hervorragende Rolle. Seine philol.-lit.hist. und fachgesch. Erschließung steht indes erst in den Anfängen, und Eigenarten seiner bei H. Brunschwig oder Paracelsus merkl. Strahlkräfte auf das Fachschrifttum des SpätMA und der frühen NZ liegen noch weitgehend im dunkeln. J. Telle

Lit.: DSB VIII, 547–551 – THORNDIKE IV, 3–64, 619–652 – Verf.-Lex.[2] V, 1046–1049 [J. TELLE] – J. FERGUSON, Bibl. chemica, I/II, 1906 – E. ROGENT – E. DURÀN, Bibliogr. de les impressions lulianes, 1927 – D. W. SINGER, The alchem. Testament attrib. to R. Lull, Archeion 9, 1928, 43–52 – DIES., Catal. of Lat. and Vernacular Alchem. Mss. in Great Britain and Ireland dating from before the XVI Cent., I–III, 1928/31 – T. und J. CARRERAS Y ARTAU, Hist. de la filosofía española, II, 1943, 45–58 – A. LLINARÈS, Propos de Lulle sur l'alchimie, Bull. Hisp. 68, 1966, 86–94 – DERS. (La filosofia d. natura nel medioevo, 1966), 536–541 – DERS., Les conceptions physiques de R. Lulle, Étud. philos. 22, 1967, 439–444 – R. BRUMMER, Bibliogr. Lulliana ... 1870 bis 1973, 1976 – R. HALLEUX, Les textes alchim., 1979, 107f. – F. A. YATES, The Art of R. Lull, 1954 [DIES., Lull & Bruno, I, 1982), 9–77 – U. BENZENHÖFER, Johannes' de Rupescissa »Liber de consideratione quintae essentiae« deutsch, 1989 [mit krit. Ed.] – M. PEREIRA, The alchem. corpus attrib. to R. Lull, 1989.

Luna, eines der wichtigsten Adelsgeschlechter Aragóns, wahrscheinl. navarres. Ursprungs, seit Mitte des 11. Jh. belegt, als es sich schon in verschiedene Zweige teilte. Der Hauptzweig, die Ferrench de L., erreichte seinen Höhepunkt nach der Teilnahme an der Schlacht v. Las →Navas de Tolosa (1212) und der Eroberung von Valencia mit Ruy Ximénez de L., einem Verwandten aus einem Seitenzweig, der kgl. Prokurator in Valencia wurde, und mit Lope Ferrench († 1304), der kgl. Prokurator in Aragón und Mitglied der Adelsunion, aber dennoch Anhänger Alfons' III. war. Sein Sohn Artal belagerte nach der Auflösung des Ordens 1307 die Templerfeste →Monzón und starb bei der Eroberung Sardiniens 1323, sein Bruder Pedro López de L., Ebf. v. Zaragoza und Kanzler v. Aragón (1327–38), protegierte jedoch seinen Sohn, Lope, der von Jugend auf einer der Vertrauten Peters IV. wurde. Das Ansehen der Familie stieg 1339 durch die Heirat des Lope de L. († 1360) mit Violante, einer legitimen Tochter Jakobs II. Er erwarb 1343 L., den Ort, der dem Geschlecht seinen Namen gab, und schlug 1348 den Aufstand der Adelsunion nieder, was ihm den ersten in Aragón verliehenen Gf. entitel eintrug. Seine Tochter und Erbin Maria heiratete Kg. Martin I., ihr Sohn, Martin 'd. Jüngere', Kg. v. Sizilien, erbte den Gf.entitel. Dieser ging auf seinen Sohn Fadrique († 1438) über, der ihn 1430 durch den Aufstand gegen Alfons verlor, womit er an das aragones. Kg.shaus zurückfiel. Die Ferrench de L. machten das Kl. Veruela zu ihrer Grablege.

Der Zweig der Martínez de L. leitete sich von Pedro Martínez 'd. Älteren' († 1298) ab: Die Hauptlinie (1412 erloschen) besaß die Herrschaft über Almonacid und Pola, die jüngere Linie die über Mediana, Illueca und Gotor. Ihr entstammten Papst Benedikt XIII., der Ebf. v. Toledo Pedro de L. und sein Neffe Alvaro de L., →Condestable v. Kastilien. Doch sind die L. in Kastilien schon früher mit Juan Mathe de L. († 1299), dem obersten Kämmerer Sanchos IV., Admiral und Haupt der Mendoza in Sevilla, vertreten. Ein anderer Sohn des Pedro Martínez I. war Ximeno de L. († 1337), der nacheinander Bf. v. Zaragoza, Ebf. v. Tarragona, Ebf. v. Toledo und Kanzler v. Kastilien (1328) war. Sein Neffe war der Kard. Aegidius →Albornoz. Zur Zeit Ferdinands d. Katholischen war Jaime Martínez de L. oberster →Alférez v. Aragón und Vizekg. v. Katalonien: seine Nachkommen führten ab 1538 den Titel Gf.en v. Morata.

Der dritte Zweig, die L. de Lurcenich, von einem weiteren Pedro Martínez de L. abstammend, ist seit Beginn des 13. Jh. belegt. Zu ihm gehören Lope Fernández, Bf. v. Vic, Ebf. v. Zaragoza und Kanzler v. Aragón († 1382) und seine Schwester Maria Fernández de L. (∞ Ximeno de Urrea), von der die Gf.en v. Aranda abstammten.

Durch die große Zahl von Politikern und Kirchenmännern, durch ihre Dienste für die Krone, ihre Verbindungen zum aragones. Kg.shaus und zu den Adelsgeschlechtern des Reiches ist die Familie L. ein hervorragendes Beispiel für den Aufschwung und die Kontinuität des aragones. Adels seit dem 12. Jh. M.-A. Ladero Quesada

Lit.: F. DE MOXÓ Y MONTOLIU, La casa de L. (1276–1348), 1990.

1. L., Alvaro de, * um 1390 in Cañete, † 1453 in Valladolid, Bastard des Alvaro de L., Herrn v. Cañete und obersten Mundschenks Heinrichs III., und der Maria Fernández de Jaraba. Von seinem Onkel Pedro de L., Ebf. v. Toledo, protegiert, war er seit 1408 →doncel Johanns II. v. Kastilien. Seine Freundschaft mit dem Kg. und sein Einfluß auf ihn waren von Dauer, regierte er doch lange Zeit in dessen Namen, indem er sich in einer Zeit, in der Adel seinen höchsten Aufschwung nahm, auf seiten des Kgtm.s stellte, sich aber zugleich eine ausgedehnte Grundherrschaft erwarb. Seine Hauptgegner waren die Infanten v. Aragón, Johann und Heinrich, Vettern des Kg.s und Brüder des aragones. Kg.s Alfons V. Als 1420 der Infant Heinrich die polit. Lage beherrschte, floh A. de L. mit dem Kg. Zwei Jahre später wurde Heinrich gefangengenommen und der Anhänger zum erstenmal besiegt. A. de L., der bereits Gf. v. San Esteban de Gormaz war, wurde zum →Condestable v. Kastilien ernannt. Eine seit 1425 bestehende Koalition der Infanten bewirkte 1427 seine Verbannung, doch kehrte er dank der Unterstützung vieler Adliger, die keine aragones. Vorherrschaft wünschten, rasch wieder an den Hof zurück. Der folgende Krieg gegen Alfons V. v. Aragón endete mit dem Waffenstillstand v. Majano (1430) und der Verbannung der Infanten.

A. de L. unternahm einen reinen Prestige- und Eroberungskrieg gegen Granada (Schlacht v. La →Higueruela 1431), um Erbe und Ruhm der →Reconquista anzutreten. Er bestätigte das Bündnis mit Frankreich. In zweiter Ehe heiratete er Johanna Pimentel, Tochter des Gf.en v. →Benavente, vollendete den Erwerb von Herrschaften und errichtete 1437 einen →Mayorazgo zugunsten seines Sohnes Johann de L. Der sich gegen ihn formierende Widerstand einzelner großer Adelsgeschlechter und die Rückkehr der Infanten v. Aragón führten 1439 zu seiner erneuten Verbannung (1441 bestätigt), doch gestatteten ihm kgl. und adlige Unterstützung und städt. Rückendeckung die Rückkehr zur Macht nach dem Sieg in der Schlacht v. →Olmedo (1445).

Seit 1445 war seine polit. Stellung geschwächt, obwohl er nun auch Großmeister v. Santiago war: Vom Adel der Tyrannei beschuldigt, mit der zweiten Frau des Kg.s,

Isabella v. Portugal, verfeindet und von der Gruppe um den Erbprinzen Heinrich von diesem abgeschirmt, verhärtete sich seine Politik. Schließlich verfügte Johann II. seine Hinrichtung. A. de L., Förderer der spätma. kast. Hofkultur, gelang es nicht, ein Geschlecht auf Dauer zu gründen, seine Herrschaften fielen an die →Mendoza, Hzg. e v. Infantado, und die→Pacheco, Mgf. en v. Villena.
M.-A. Ladero Quesada

Lit.: C. Silió, Don A. de L. y su tiempo, 1934 – E. Benito Ruano, Los infantes de Aragón, 1952 – L. Suárez Fernández, Los Trastámara de Castilla en el siglo XV (Hist. de España, hg. R. Menéndez Pidal, XV, 1964) – A. Franco Silva, El destino del patrimonio de don A. de L., Anuario de Estudios Medievales 12, 1982, 549–584 – N. Round, The greatest man uncrowned. A study of the fall of A. de L., 1986.

2. L., Pedro de, Ebf. v. → Toledo, * um 1335 in Morata de Jalón, † 8. Sept. 1414 in Toledo, Sohn des Juan Martínez de L., des Bruders Papst Benedikts XIII., und der Teresa de Albornoz, Herrn v. Llueca und Godor in Aragón; Doktor des Kirchenrechts und Propst in Valencia. Am 30. Juli 1403 wurde er von Benedikt XIII. gegen den erbitterten Widerstand Heinrichs III. v. Kastilien zum Ebf. v. Toledo ernannt. Am 18. Febr. 1404 verbot der Kg., ihn als Ebf. zu empfangen, so daß er am 5. Juli 1405 in Genua geweiht wurde. Erst nach dem Tode Heinrichs III. konnte P. de L. seinen Bf. ssitz und seinen Platz im kirchl. und polit. Leben Kastiliens einnehmen.

1408 nahm er an den Cortes v. Guadalajara und am Konzil v. Perpignan teil. Reisen an die päpstl. Kurie in Avignon bedingten häufige Abwesenheit von Kastilien, wo er als überzeugter Verfechter der Sache Benedikts XIII. auftrat.
J. M. Nieto Soria

Lit.: C. Eubel, Hierarchia cath...., I, 1913², 487 – L. Suárez Fernández, Castilla, el Cisma y la crisis conciliar (1378–1440), 1960 – J. F. Rivera Recio, Los arzobispos de Toledo en la Baja Edad Media (siglos XII–XV), 1969, 98–103.

3. L., Pedro de → Benedikt XIII.

Luna, Gft. in León → Quiñones, Familie

Lunar (Selenodromion), frühma. Gattung mant.-divinator. Kleinlit., Kurztraktate aus (20 bzw.) 30 Paragraphen, die ihre prognost. Aussage – beginnend mit dem Neumond – an den 30 Tagen bzw. Lunationen eines Mond-Monats ausrichten. Die zu den Mond-Tagen gegebenen Prognosen verteilen sich auf bis zu 12, innerhalb der Paragraphen in fester Reihenfolge abgehandelter Themen (Wistrand; kombinator. Systematik bei Weisser). Sog. Speziall. e mit ledigl. einem Themenbereich (z. B. Nativitäten; →Krankheitsl. e) bilden die Grundlage für sog. Sammell. e mit breiter divinator. Thematik (Traumdeutung, Aderlaß etc.). Die babylon./ägypt. ausgebildete Gattung ist erst seit dem FrühMA dichter überliefert. Landessprachige Bearbeitungen (bereits Ae. bzw. Frühmhd.) zeugen von wachsender laienastrolog. Bedeutung bis weit in die NZ hinein.
G. Keil

Lit.: E. Wistrand, Lunariastudien, 1942 – E. Svenberg, Lunaria et zodiologia lat., 1963 – Ch. Weisser, StN 48, 1976, 325–329; SudArch 65, 1981, 390–400; Ti, 1987, 90–95; Würzb. med. hist. Forsch. 21, 1982 [Texted. 158–420]; 24, 1982, 637–653 – O. Riha, Würzburger med. hist. Mitt. 5, 1987, 371–380.

Lunatici, ma. Sammelbezeichnung für Kranke mit period. auftretenden Geistesstörungen, bei denen ein ursächl. Zusammenhang mit den Mondphasen ursprgl. angenommen wurde. Das Krankheitsbild zeigt wegen seines anfallartigen Charakters enge Beziehungen zur →Epilepsie und zur →Besessenheit, bezeichnete aber auch →Geisteskrankheiten im eigtl. Sinne mit phas. intermittierender Verlaufsform. Terminolog. unterschied die ma. Medizin den »l.« vom »epilecticus« und vom »daemoniacus«.

In der Praxis war die Vermischung jedoch bereits durch das bibl. Beispiel der Heilung des »mondsüchtigen« ('l.') Knaben (Mt 17, 14–21) vorgegeben, der von Jesus als Besessener behandelt, im Text aber als Epileptiker beschrieben wird (Mk 9, 14–29; Lk 9, 37–43). Therapeut. versuchte man durch Medikamente oder Segnungen zu helfen. Ihren systemat. Ort erhielten die L. erst bei Paracelsus als Kerngruppe chron. Geistesstörungen, bei denen die »virtus attractiva« von Mond und Gestirn den Menschen der Vernunft beraubt ('De morbis amentium'), und die schließlich als Manifestationen der »tier.« Anteile des Menschen das Wesen der Geisteskrankheiten sichtbar machen ('De l. s').
W. Schmitt

Lit.: HWDA VI, 503–506, 544f. – E. H. Ackerknecht, Kurze Gesch. der Psychiatrie, 1957 – W. Leibbrand–A. Wettley, Der Wahnsinn, 1961, 206–224 – W. Pagel–M. Winder, Gnostisches bei Paracelsus und Konrad v. Megenberg (Fachlit. des MA, hg. G. Keil u. a., 1968), 359–371, bes. 366f. – H. H. Beek, De geestesgestoorde in de MA, 1969 – H. Heintel, Q. zur Gesch. der Epilepsie, 1975, 48–52 – W. Braekman, Een merwaardig magico-religieus heilmiddel voor epilepsie in het Middelnederlands (Fachprosa-Stud., hg. G. Keil, 1982), 512–527.

Lund, Stadt, Ebm. der Kgr. e Skandinaviens, in →Dänemark, im sw. →Schonen, etwa 8 km vom Sund entfernt (seit 1658 zu Schweden).

I. Stadt – II. Bistum und Erzbistum.

I. Stadt: Die älteste Siedlung entstand wohl um 990 bei einem Kreuzungspunkt zweier west.-östl. bzw. nordsüdl. verlaufender Landstraßen an einem Platz mit guter Wasserversorgung. Eine Urbanisierung setzte aber wohl erst später, um 1020, ein (dendrochronolog. Datierung der Grundstückszäune). In dieser Zeit begann auch die Münzprägung (bis 1377 und erneut 1396–1440/44). Seit etwa 1066 Bischofs-, seit 1102–03 Erzbischofssitz. Kg. Erich I. (1095–1103) übertrug dem Ebf. ein Viertel der Stadt, die Kirche am Markt und ausgedehnten Grundbesitz. Die Stadt, vielleicht 1134 erstmals befestigt, erhielt nach 1326 eine Stadtbefestigung mit Wall und Graben (umwallte Fläche ca. 95 ha). Die Bedeutung L.s als kgl. Aufenthaltsort (Königshof wohl im W des Doms, Bischofshof im N) scheint seit dem späten 14. Jh. gesunken zu sein (Verleihung der kgl. Residenz an das Domkapitel durch Kgn. Margarete).

Vertreter der Königsgewalt war der Praefekt (belegt seit 1160), seit 1280 »praefectus Scaniae«. Das Landesding (erstmals erwähnt um 1180) tagte nur bis ca. 1300 innerhalb der Stadt. Die Kg.e (auch Margarete als Reichsverweserin, 1387) ließen sich in L. huldigen; im 13. Jh. empfingen die meisten dän. Kg.e in L. die Krönung durch den Ebf.

1207 wird ein Einwohner von L. als »civis« bezeichnet. 1326 erfolgt eine Bestätigung des (wahrscheinlich weitaus älteren) Stadtrechts. Ein Stadtvogt ist seit 1303 bekannt (oft auch als Richter auf dem Landesding fungierend). Ein Rat ist erstmals 1303 bezeugt (1303 scabini, 1310 consules), Bürgermeister (zwei) seit 1353. Der Rat ergänzte sich nach den Privilegien von 1361 durch Kooptation; im 15. Jh. gehörten Ratsherren dem Adel an.

L. hatte am Vorabend der Reformation 384 Grundparzellen und wohl 2100 Einwohner; hinzu trat die auf ca. 400 Personen geschätzte Geistlichkeit. 80% der Grundstücke waren in geistl. Besitz, größter Grundbesitzer war das seit 1085 belegte Domkapitel.

Handel und Gewerbe umfaßten im früheren MA die Produktion von Leder und Fellen (seit dem 13. Jh.) sowie lebhaften Fernhandel, im 13. und 14. Jh. mit starkem Anteil von Deutschen (eigene Kapelle in der Domkrypta, 1310). Trotz Beteiligung an den →Schonischen Messen (eigene »Vitte« in Skanör) ging die Bedeutung L.s als Handelsstadt zugunsten Malmös im SpätMA zurück; L. wurde nun stärker von Geistlichkeit und kirchl. Administration geprägt. Gegen Ende des MA wurden in L. zwei Jahrmärkte abgehalten.

In L. bestanden an Gilden u.a. die Knudsgilde (seit ca. 1250; →Knud Laward), Gilden der Kaufleute (1350), Schiffer (1361), Zünfte der Schuster (1440 Zunfthaus), Schneider (1487), Schmiede (1511) u.a. sowie zwei Gilden der Priester (Große Gilde vor 1352, kleine oder St.-Birgitten-Gilde, 1418–32).

Die ältesten Kirchen entstammen dem 11. Jh. (Laurentiuskirche, wohl Vorgänger des Domes, spätestens 1054 erwähnt). L. hatte im MA mindestens 22 Pfarreien; das Hospital ist 1230 belegt, Niederlassungen der Dominikaner 1222, der Franziskaner 1238. Letztere erhielten 1425 die Erlaubnis, ein Studium generale einzurichten (1438 vom Generalkapitel bestätigt). Die Domschule dürfte bereits unter Knud d. Hl.n (1080–86) ihre Tätigkeit begonnen haben.
Th. Riis

Lit.: R. BLOMQVIST, L. Hist., I: Medeltiden, 1951 – A. MÅRTENSSON–C. WAHLÖÖ, Lundafynd – en Bilderbok, 1970 – A. ANDRÉN, L. (Rapport Medeltidsstaden 26, 1980) [Q., Lit.] – A. MÅRTENSSON, St. Stefan i L., 1980 – A. ANDRÉN, L., tomtindelning, ägostruktur, sockenbildning (ebd. 56, 1984) [Q., Lit.] – H. HINZ, Ländl. Hausbau in Skandinavien vom 6. bis 14. Jh., 1989, 88f.

II. Bistum und Erzbistum:

Die Mission in Schonen (Skåne) wurde nach →Adam v. Bremen von Kg. Svend Gabelbart (986–1014) durch Entsendung des Bf.s Gotebald aus England gefördert, dem unter →Knud d. Gr. (1016–35) Bernhard, ebenfalls aus England, nachfolgte. Der Sprengel der frühen Bf.e umfaßte außer Schonen die Küstenregion Halland, von wo aus Missionare die Flüsse entlang nach Västergötland vordrangen (Egino, † 1072, verwaltete etw. das Bm. →Skara). Unbekannt ist jedoch, ob die nördlichsten Harden Hallands an der Mündung des Göta älv ursprgl. Teile des Bm.s L. oder Schwedens (Bm. Skara) waren, wozu sie später gehörten (OLSSON). Daß die östl. Provinz Blekinge und die Insel →Bornholm zu L. gehörten, kann erst für das 13. Jh. nachgewiesen werden. Bei der Bistumseinteilung Dänemarks unter Kg. →Svend Estridsen (um 1060), der den Bau eines ersten Laurentii-Domes in Lund begonnen haben dürfte, sollte Schonen offenbar in zwei Bm.er aufgeteilt werden, außer L. das bald aufgehobene Bm. Dalby (10 km östl. von L.). Von Knud d. Hl.n reich begütert (Gåvobrevet 1085), wurde die Kirche v. L. unter Asser (1089–1137), dem es anscheinend gelang, »den Zehnten einzuführen, um 1102/03 Ebm. der drei nord. Kgr.e, dem außer dem Bm. L. sieben dän., drei norw. und sieben schwed. Bm.er zugeordnet wurden (Florenz-Provinciale, Abschrift um 1122). Zum Aufbau von Verwaltung, seelsorgerl. Tätigkeit und Kultur trugen die Augustiner in Dalby, die Benediktiner des Allerheiligen-Kl. bei L. (gegr. um 1100) und die Prämonstratenser von St. Drotten in L. (seit etwa 1150) entscheidend bei. Seit ca. 1123 erfolgte die Einrichtung eines Domkapitels, der sog. Laurentii-Brüder (Consuetudines Lundenses, von den Marbacher Statuten inspiriert). 1145 wurde der zweite, roman. Dom geweiht.

Die drei machtvollen Bf.e →Eskil, →Absalon und Andreas Sunesen (→Andreas filius Sunonis) (bis 1228) übten entscheidenden Einfluß auf das staatl. Werden Dänemarks aus, desgleichen auf den Aufbau der nord. und dän. Kirche. Seit 1157 mit dem Titel »primas Suecie« ausgestattet, hatten sie die Stellung von päpstl. →Legaten inne und wirkten in engem Zusammenwirken mit dem Papsttum auch als Klosterförderer; doch wurden Norwegen (1153) und Schweden (1164) als eigene Kirchenprovinzen abgetrennt, so daß L. zum ausschließlich dän. Ebm. wurde (Provinzialkonzil zur liturg. Vereinheitlichung 1189).

Nach ruhiger Entwicklung unter Ebf. Uffe (1230–52) entbrannte unter →Jakob Erlandsen (1253–74) und →Johannes (Jens) Grand (1290–1302) ein Kirchenstreit, der mit Übergriffen des Kgtm.s, Interdikt und Prozessen die inneren Verhältnisse beeinträchtigte (→Dänemark, D, E) und den erst Esger Juul (1310–25) im Zeichen der geschwächten Königsmacht überwinden konnte. Landdekane standen auf lokaler Ebene der Stiftsleitung zur Seite, meistens einer in jeder Harde; ein →Offizialat wurde um 1300 eingeführt. Um den Übergriffen der in Dänemark mächtig gewordenen Gf.en v. →Holstein entgegenzutreten, öffnete Karl Eriksen (aus der Familie Galen, 1325–34) 1332 das Ebm. dem schwed. Kg. Magnus Eriksson, so daß das Diözesangebiet bis 1360, als eigener Reichsteil anerkannt, zu Schweden gehörte, ohne daß Karl Eriksen und seine Nachfolger, die überzeugten Anhänger Schwedens Peder Jensen (Galen, 1334–55) und Jakob Nielsen Kyrning (Thott, 1355–61), auf die geistl. Führung der dän. Kirchenprovinz verzichtet hätten (Provinzialsynode 1345 in Helsingborg).

Nach der dän. Zurückgewinnung Schonens durch Kg. Waldemar IV. Atterdag wurde unter Niels Jensen (Bild, 1361–79) eine Reform der Verwaltung und der Großen Priestergilde durchgesetzt, bei der auch der Einfluß der hl. →Birgitta spürbar wird. Magnus Nielsen (1379–90) richtete lokale Heiligenkulte auf den Dom von L. aus. Beide Ebf.e wirkten bewußt auf eine nord. Union hin. Bei den Unionsverhandlungen von →Kalmar (1397) stand Jakob Gertsen (Ulfstand, 1392–1410), der später im Dom Knud dem Hl.n einen neuen Altar weihte, an der Spitze. Er stellte sich ebenso wie Peder Lykke (Bille, 1410–36, Provinzialkonzil Kopenhagen 1425) der hist. Aufgabe des Ebm.s L., Bindeglied zw. Dänemark und Schweden zu sein (Ausschmückung schonischer Kirchen mit Bildern der drei hl. Kg.e der nord. Länder). Die Aufspaltung des Offizialates in ein weltl. und ein geistl. Amt wurde seit etwa 1400 zum Streitpunkt zw. Ebf. und Domkapitel.

In der Krise der Union förderte Hans Pedersen (Laxmand, 1436–43) nachdrücklich die Anerkennung →Christophs III. v. Bayern, den er 1443 in Ripen zum Kg. krönte, insbes. auch die staatskirchlich inspirierte Hinwendung zum →Basler Konzil, dem Christoph anhing. Tue Nielsen (1443–74, wohl bürgerl. Herkunft aus Viborg), der die Verwaltung der Stiftsgüter effektivierte, setzte diese Linie unter →Christian I. fort. Erst erhaltene Verwaltungsquellen aus der Zeit von Jens Brostrup (1472–97, aus niederem Adel) vermitteln eingehende Kenntnis von Gütern und Ämterwesen des Ebm.s; außer Lundagård besaß das Ebm. L. zu Lehen die Schlösser Näsbyholm, Åhus, Elleholm und Hammershus auf der Insel Bornholm, die insgesamt dem Ebm. unterstand, ferner die drei in der Nähe L.s gelegenen Güter Borgeby, Flyinge und Värpinge sowie Besitzungen in Halland. Der humanist. gebildete →Birger Gunnersen (1497–1519, bürgerl. Herkunft) machte sich um die Liturgie verdient (Missale). Unter Christian II. wurde L. zum Spielball polit. Interessenkonflikte zw. Kg., Domkapitel und Papst, in deren Folge L. 1519–36 ohne einen rechtskräftig bestätigten Oberhirten war. Im Zuge des reformator. Umschwungs wurde der vom Kapitel gewählte Ebf. Torben Bille 1536 von Kg. Friedrich I. abgesetzt und gefangengenommen.
T. Nyberg

Q.: L.e Domkapitels Gavebøger, ed. C. WEEKE, 1884–89 [Neudr. 1973] – Diplomatarium dioecesis Lundensis, ed. L. WEIBULL, 3–6,

1900–39 – Necrologium Lundense, ed. L. WEIBULL, 1923 – Missale Lundense 1514, ed. B. STRÖMBERG, 1946 – L.s stifts landebok, ed. K. G. LJUNGGREN – B. EJDER, 1–3 (Skånsk senmedeltid och renässans 4–6), 1950–65 – Jordeböcker över L.s ärkesätes gods vid medeltidens slut, ed. G. JOHANNESSON (ebd. 7), 1953 – Consuetudines Lundenses, ed. E. BUUS, 1978 – Lit.:L. WEIBULL, Skånes kyrka från äldsta tid till Jacob Erlandsens död 1274 (Lunds domkyrkas hist. 1145–1945 I, 1946) – G. JOHANNESSON, Den skånska kyrkan och reformationen (Skånsk senmedeltid och renässans 1), 1947 – H. FLEETWOOD, Svenska medeltida biskopssigill 1, 1951 – G. OLSSON, Sverige och landet vid Göta älvs minning under medeltiden (Göteborgs högsk.arsskrift 59, 3), 1953 – N. SKYUM-NIELSEN, Ærkekonge og ærkebiskop, Scandia 23, 1955–57, 1–101 – E. CINTHIO, L.s domkyrka under romansk tid, 1957 – T. DAHLERUP, Studier i senmiddelalderlig dansk Kirkeorganisation, 1963 – N. SKYUM-NIELSEN, Das dän. Ebm. vor 1250, Acta Visbyensia III, 1969, 113–138 – C. WALLIN, Birgittagillen i det medeltida Danmark, Kyrkohist. arsskrift, 1973, 98–149 – T. NYBERG, St. Olav als der erste einer Dreiergruppe von Hl.n, Acta Visbyensia 6, 1981, 69–84 – P. INGESMAN, Det lundensiske officialsembede (Fschr. T. DAHLERUP, 1985), 65–90 – Gåvobrevet 1085, ed. S. SKANSJÖ – H. SUNDSTRÖM, 1988 – G. AXEL-NILSSON, Thesaurus cathedralis Lundensis (Acta Reg. Soc. Scientiarum et Litterarum Gothoburg., Humaniora 30), 1989 – S. HELANDER, Ansgarskulten i Norden (Bibl. theologiae practicae 45), 1989 – Skånska kl., ed. E. CINTHIO (Skånes Hembygdsförbund Årsbok 1987/88, 1989) – P. INGESMAN, Ærkesædets godsadministration i senmiddelalderen (Skånsk senmedeltid och renässans 12, 1990) – E. MORNET, Le reflet d'une culture: les bibliothèques des évêques danois dans les derniers siècles du m.â. (Coll. École Française de Rome 128, 1990), 141–162 – T. S. NYBERG, L'encadrement pastoral dans les pays scandinaves (ebd. 1990), 29–45 – S. KROON, Hästkarlar, biskopar, kungar, Laurentiuskyrkor. Lund 990–1145, Scandia 57, 1991, 37–63 – K. R. JØRGENSEN, Archiepiscopatus Lundensis, Series episcoporum VI, 1, 1992, 13–49.

Lunder Lieder, 16 mndl. höf. Liebesgedichte, in denen ein Geliebter einer Dame treu dient, aber in seiner Hoffnung immer wieder getäuscht wird, 1926 von E. ROOTH in der U.B. Lund (Schweden) auf einem beschädigten Pergament-Doppelblatt entdeckt. Der Text ist eine Abschrift (Anfang 14. Jh.), die Gedichte – in Limburgisch – stammen vielleicht aus dem 2. Drittel des 13. Jh. Komplizierter, dreiteiliger Strophenbau: a) 6 Zweiheber (aab-ccb), b) 10 Drei- oder Vierheber (2× dedee), und c) wie a) (ffghhg). Die d- und e-Verse reimen paarweise gramm. Gedanken und Ausdrücke des 1. Teils (eine allg. Sentenz) kehren in der 1. Hälfte des mittleren Teils (Schilderung der Lage des Ichs) zurück; die 2. Hälfte nimmt die Sentenz des 3. Teils vorweg. Die verwickelte syntakt. Struktur der Verse erschwert die Interpretation. Waren die L.L. zum Sang oder zum Vortrag bestimmt? Die Beziehung zum dt. oder frz. Minnesang muß noch untersucht werden. Den L.L.n sehr ähnl. sind die 1895 von W. DE VREESE (TNTL 14, 260–264) gefundenen Gedichte, die vom selben Dichter stammen könnten. A. C. Hemmes-Hoogstadt

Ed.: E. ROOTH, 1928 – *Lit.:* N. DE PAEPE, Hadewijch, Strof. Ged. Een studie..., 1967 – DERS., Ik zag nooit zo roden mond, 1970, 64–80 – F. WILLAERT, Poëtica van Hadewijch in de Strof. Ged., 1984, 57–67.

Lüneburg, Stadt in Niedersachsen. [1] *Stadtgeschichte und Topographie:* Die älteren →Billunger errichteten 3 km vor dem Übergang vom Diluvialgebiet der Heide in die Elbmarsch auf einer mächtigen Zechsteinkuppe ein castrum zur Verteidigung des Bardengaues und gründeten ein Kl. OSB (♂ St. Michael), das ausgedehnte Grundherrschaften und Patronatsrechte erwarb (Filiation u. a.: Kl. Lüne). Am Fuß des Berges (Mons) entwickelte sich eine Siedlung mit Cyriacuspfarrei (→Braunschweig), der spätere 'Grimm'. Die sö. hiervon lagernden Steinsalzvorkommen speisten die stark gesättigte Sole, die Basis für L.s Prosperität (Fons). Ein Zollprivileg (13. Aug. 956) Ottos I. für das Michaeliskl. belegt 'Luniburc', 'monasterium' und 'salina'. Etwa 1 km ö. des Felsens wurde die bis zur Elbe schiffbare Ilmenau von der 'Alten Brücke' (Pons) überquert; sie gehörte zum Dorf Modestorpe mit der alten Landpfarrei St. Johannes Baptist (1238 in die Befestigungen einbezogen). Eine vierte frühe Siedlungseinheit ist ab Ende des 12. Jh. am Hafen nachgewiesen. Diese Kernpunkte wurden von der Fernstraße berührt, die von NO von Lübeck über Artlenburg auf L. zulief und in s. Verlängerung über Salzwedel und Gardelegen nach Magdeburg führte; von ihr zweigten in L. Fernverbindungen nach Braunschweig-Hildesheim, Minden und Hannover ab. Die ab 1030 belegte Münzprägung weist auf frühes Marktleben hin. Im Lauf der nächsten 200 Jahre nahm L. großen wirtschaftlichen Aufschwung, nachhaltig gefördert durch die Zerstörung →Bardowicks (1189) und die Verschüttung der Sole von Oldesloe (1153) durch Heinrich d. Löwen. Das Areal zw. den präurbanen Einheiten wurde durch ein unregelmäßges Gitternetz erschlossen, und der Siedlungsmittelpunkt verlagerte sich vom 'Alten Markt' (Lage umstritten) zum 'Neuen Markt' mit dem ab 1282 zum Prachtbau ausgestalteten Rathaus. Die Verlegung des Kl. nach 1371, die hochgot. Bauwelle um 1400 und die Ausführung der Steinmauer in der 1. Hälfte des 15. Jh. bildeten die letzten großen Veränderungen des ma. Baukörpers. Die von zehn Toren durchbrochene Befestigung umschloß ein Gebiet von 84 ha mit ca. 8000–10000 Einw. Die Schoßrollen ab 1427 belegen eine neue Verwaltungsgliederung, die Aufteilung in die vier Partes Markt (Forum), Wasser (Aqua), Sand (Arena) und Sülz (Salina) (→Leischaft, →Stadt[viertel]).

Kirchl. unterstand L. dem Bf. v. →Verden bzw. dem Ebf. v. Mainz. Die Pfarrei Modestorpe, ab 1205 Sitz eines der sieben Archidiakone, wurde 1445 in eine Propstei unter städt. Patronat umgewandelt. Die unter Bonifatius IX. reflektierten Pläne, den Sitz des Bm.s Verden nach L. zu verlegen, wurden nicht verwirklicht. Nach dem Verfall von St. Cyriaci bildete die Johanneskirche die einzige Pfarrei der Stadt, da die um 1400 errichteten (vermutl. älteren) Kirchen St. Nikolai (Wasserviertel) und St. Lamberti (Sülzviertel) nur Kapellenrang besaßen. Als einziger Mendikantenorden ließen sich 1229 die Franziskaner auf dem Gösenbrink (Stadtrandlage!) nieder. Nach dem Wegzug aus Siebelingsborstel errichteten die Prämonstratenser das Haus Heiligenthal mit Andreaskirche (Ende 14. Jh.). Das spätma. Bruderschaftswesen war sehr ausgeprägt und erfaßte in ca. 40 'Gilden' alle sozialen Gruppen und Schichten. Die Zahl der Kleriker betrug gegen Ende des MA ca. 270.

Anfänge kommunaler Mitverantwortung und Selbstorganisation werden ab 1200 greifbar (1239 insges. 24 consules und proconsules). Das auf nicht nachgewiesenen Vorläufern basierende Stadtrecht →Ottos d. Kindes v. 1247 wurde 1401 in erweiterter Form neu ausgefertigt. Schon 1229 erhielt L. das Recht, die Sodmeister zu wählen. Die Stände des Hzm.s L. (→Braunschweig-L.) erhielten 1293 das Münzrecht. 1334 vergaben die Landesherren die durch Siegmund v. Luxemburg wiederholten Privilegia de non appellando et de non evocando; 1493 erhielt L. durch die Verpfändung der Vogtei auch die Hochgerichtsbarkeit. Die chron. Finanzschwäche der Welfen führte ab 1351 zur Verpfändung zahlreicher fester Häuser an die Stadt. Im →L. er Erbfolgekrieg (1371–88) stellte sich L. auf die Seite der Askanier gegen die Welfen und büßte diesen Wechsel durch die Niederlage v. Winsen a. d. Aller (1388). Allerdings hatte L. Magnus II. 'Torquatus' in der Ursulanacht 1371 zurückgeschlagen und die Burg- und Kl.anlagen geschleift. In der 1392 verkündeten →'Sate' verpflichteten sich die Landstände und Pfandschloßinhaber zur

Wahrung und Kontrolle des territorialen Friedens. Aus dem 'Satekrieg' (1396–1407) ging L. dank der Hilfe der wend. Städte als Siegerin hervor. Die überregionale Bedeutung L.s im 15. Jh. wurde verdeutlicht durch die zusammen mit Hamburg wahrgenommene Leitung der Hanse während der Lübecker Unruhen (1408–16), durch die Mitgliedschaft in Tohopesaten, Friedenseinungen und Städtebündnissen, durch die Besendung von Hoftagen und die Entrichtung von Reichssteuern. In funktionaler Hinsicht ist L. einer Reichsstadt gleichzustellen. Der 'L.er Prälatenkrieg', ein seit 1388 schwelender Dauerkonflikt zw. Stadt und Sülfbegüterten um die angemessene Beteiligung der 'Prälaten' an den Stadtschulden, gipfelte in der Herrschaft eines neuen Rates (Nov. 1454–Nov. 1456) und eines Sechzigerausschusses. Dies war das einzige Mal, daß Handwerkern, Detailhändlern und 'Dienstleistenden' ein gewisser Anteil an städt. Mitverantwortung gelang. Der Reinfelder Schiedsspruch (18. Dez. 1462) konnte die Grundprobleme nur pro forma lösen. Die Landesherren nutzten den 'Prälatenkrieg', um verlorenes Terrain zurückzugewinnen und wurden darin durch die päpstl. 'Repressalienbulle' v. 1457 bestärkt.

[2] *Wirtschaft:* Hauptwirtschaftsfaktor war die Saline. 1257 erhielt L. das Privileg, Salz zu handeln und zu lagern; 1269 erwarben die Sülzbegüterten die Bare, die Pfannengießerei und die Gießgerechtigkeit. Die 1269 vom Landesherrn angelegte Neue Saline wurde 1273 zusammen mit dem Salinenmonopol für das gesamte Hzm. hinzugewonnen. Das Ilmenauprivileg (Freiheit der Schiffahrt zw. Uelzen und L.) datiert von 1348. Der Ausbau des Stecknitzkanals (1381–98) kam dem Salzexport zugute, da er eine von Sund und Belt unabhängige Verbindung zw. Elbe und Trave herstellte. Das Straßenzwangprivileg (1392) und das Verbot fremden Salztransfers (1407) sind als Reaktion auf die Konkurrenz binnenländ. Salzes zu verstehen. 1470 genehmigte Friedrich III. einen Ilmenauzoll und verbot Umfuhr und Zollhinterziehung. Mit diesem System von Salzmonopol-, Schiffahrt-, Stapel- und Straßenzwangprivileg übte L. im 15. Jh. einen beherrschenden wirtschaftlichen Einfluß auf das ganze Herzogtum aus.

Seit dem 13. Jh. läßt sich eine strenge Siedeordnung beobachten. Die Zahl der Produktionsstätten war auf 54 Siedehütten mit je 4 Pfannen beschränkt. Die Kapazität der bis 1980 genutzten Saline stieg im 13. Jh. von 5000 auf 15000 t; die Gesamtfördermenge betrug 1497 17386 t. Der Großteil der Eigentumsrechte an der Saline ging seit dem 13. Jh. von den Landesherren auf geistl. Institutionen (v. a. Lübecker Domkapitel) über, denen neben der Pacht ('Prälaten- bzw. Chorusgut') eine 'Freundschaft' und eine 'Vorbate' entrichtet werden mußte. Die Pfannenpächter (z. T. auch -eigentümer), seit 1374 'Sülfmeister' gen., rekrutierten sich aus etwa achtzig Familien. Diese Sülfmeisterschicht bildete die ökonom., polit. und soziale Führung und nahm nach dem Sieg über den neuen Rat 1456 patriz. Charakter an (Gründung der Theodorigilde bzw. societas domicellorum). Im 13. Jh. erlangten die elf Ämter das Innungsrecht (Schuhmacher, Knochenhauer, Gerber, Bäcker, Kramer, Hoken, Pelzer, Schneider, Schmiede, Kannengießer, Weber); später traten die Goldschmiede, Leine- und Wollweber hinzu. Zahlreiche Gewerbebranchen (Bader, Barbiere, Böttcher, Dichtbinder, Glaser, Hutmacher, Maler, Pantoffelmacher, Stell- und Radmacher, Tischler) erhielten dagegen kein Korporationsrecht. Eine starke Gruppe bildeten die Frachtschiffer (*schiplude* und *boteler*), die Träger (*dragener*) und Salinenarbeiter (Sülfknechte). Die allg. Landfracht wurde bevorzugt auf dem 'Sande', die Schiffsfracht im (ab 1302 als Heringhaus belegten) →Kaufhaus an der Neuen Brücke umgeschlagen; Waage, Amehof und Wandhaus in direkter Rathausnähe dienten der Qualitäts- und Gewichtskontrolle. Neben dem Handel mit eigenen Gütern ist seit dem 14. Jh. ein reger Kommissions- und Speditionsbetrieb L.er Bürger belegt. Wirtschaftl. nennenswert sind ferner der Export bzw. Umschlag von Kalk, Gips, Kreide (Ausbeutung des Kalkberges), Ziegelsteinen, Getreide, Bier, Malz und Tuch sowie L.s alte Rolle als zentraler Schweine-, Ziegen- und Ochsenmarkt.   B.-U. Hergemöller

Bibliogr.: Bibliogr. zur Dt. Hist. Städteforsch., I, 1986, Nrr. 8176–8242 – Q.: UB der L.er v. Braunschweig und L., 11 Bde, 1859–83 – L.er UB VII (St. Michaelis), hg. W. v. Hodenberg, 1861 – UB der Stadt L., hg. W. F. Volger, 3 Bde, 1872–77 – *Lit.:* E. Bodemann, Die geistl. Bruderschaften... L.s im MA, Zs. des Hist. Vereins für Niedersachsen, 1882, 64–128 – E. Zechlin, L.s Hospitäler im MA, 1907 – G. Matthaei, Die Vikariestiftungen der L.er Stadtkirchen..., 1928 – W. Reinecke, Gesch. d. Stadt L., 2 Bde, 1933 [Neudr. 1977] – H. J. Witzendorff, Stammtaf. L.er Patriziergeschlechter, 1952 – K. Friedland, Der Kampf der Stadt L. mit ihren Landesherren, 1953 – Aus L.s Tausendjähriger Vergangenheit, hg. U. Wendland, 1956 – E. Thurich, Die Gesch. des L.er Stadtrechts im MA, 1960 – H. Witthöft, Das Kaufhaus in L., 1962 – H.-J. Behr, Die Pfandschloßpolitik der Stadt L. im 15. und 16. Jh., 1964 – W. Reinecke, Die Straßennamen L.s, 1966³ – Chr. Gieschen, Die Gesch. des Grundbuches in L., 1967 – I. Ferger, L. – Eine siedlungsgeogr. Unters., 1969 – H. Böse, L.s polit. Stellung im wend. Quartier der Hanse, 1971 – D. Brosius, Die Rolle der röm. Kurie im L.er Prälatenkrieg, NdsJb 48, 1976, 107–134 – H. Witthöft, Struktur und Kapazität der L.er Saline seit dem 12. Jh., VSWG 63, 1976, 1–117 – H. Plath, Das St.-Michaelis-Kl. von 1376 in L. (Ein Ausgrabungsber., 1980) – U. J. Diederichs, Der Aufruhr von 1454 bis 1456 in der Stadt L. [Diss. 1981] – K. Bachmann, Die Rentner der L.er Saline (1200–1370), 1983 – O. Mörke, Rat und Bürger in der Reformation, 1983 – Th. Vogtherr, Wirtschaftl. und sozialer Wandel im L.er Landadel, 1983 – H. Witthöft, Die L.er Saline (Stadt im Wandel, 3, 1985), 281–303 – B.-U. Hergemöller, 'Pfaffenkriege', im spätma. Hanseraum, 2 Bde, 1988.

Lüneburger Erbfolgekrieg. Er entstand wegen des Versäumnisses der welf. Hzg.e nach Teilungen im Hzm. →Braunschweig-Lüneburg, vom Reich für ihr Haus die Gesamtbelehnung einzuholen. Da Hzg. Wilhelm im Fsm. Lüneburg keine Söhne hatte, sagte Ks. Karl IV. den Hzg.en v. Sachsen-Wittenberg 1355 die Belehnung mit dem Fsm. Lüneburg zu. Nach dem Tod Wilhelms 1369 huldigten die Städte jedoch gemäß dessen Weisung Hzg. Magnus II. Torquatus v. Braunschweig. Als ein Ausgleich nicht erzielt wurde, verfiel Magnus der Oberacht; seine städtefeindl. Politik trieb Lüneburg und Hannover auf die Seite der Askanier. Magnus fiel 1375; seine Gemahlin einigte sich unter Zustimmung Karls IV. für die unmündigen Söhne Friedrich, Bernhard und Heinrich mit der Gegenseite auf eine alternierende Herrschaft im Fsm. Lüneburg: zuerst Albrecht († 1385) und Wenzel v. Sachsen-Wittenberg, seit 1375 war Bernhard am Fsm. Lüneburg beteiligt. Andere welf. Fs.en wie Hzg. Otto d. Quade im Fsm. Göttingen und Hzg. Albrecht im Fsm. Grubenhagen ließen es an Unterstützung mangeln. 1386 schlossen die lüneburg. Seite, Wenzel und Bernhard, und Hzg. Friedrich v. Braunschweig ohne Hzg. Heinrich einen Vergleich; dieser begann neue Feindseligkeiten, die mit der Schlacht bei Winsen/Aller am 28. Mai 1388 endeten. Wenzel war zuvor gestorben. Welfen und Askanier schlossen am 21. Jan. 1389 eine Erbverbrüderung für den Fall, daß eine Seite keine männl. Erben hätte. Die welf. Hzg.e in den Fsm.ern führten seitdem den Titel Hzg. v. Braunschweig und Lüneburg und suchten um Gesamtbelehnungen nach (Fsm. Göttingen 1463, Fsm. Grubenhagen 1566 einbezogen).   G. Pischke

Lit.: G. Pischke, Die Landesteilungen der Welfen im MA, Veröff. des Inst. für Hist. Landesforsch. an der Univ. Göttingen 24, 1987.

Lüneburger Sate → Sate

Luni, mittelit. Stadt, Bm. (heute Ligurien). In der späten röm. Ks.zeit, in der die Stadt ihre größte Blüte erreichte, gehörte L. zur Tuscia bzw. zur Tuscia Annonaria. Als unter Tiberios I. die Provinzialordnung der Apenninenhalbinsel aus strateg. Gründen (Verteidigung gegen die Langobarden) verändert wurde, teilte man L. der «eparkia Ourbikaria» zu, welche die byz. gebliebenen Teile der ehem. Prov.en »Alpes Cottiae«, »Tuscia«, »Picenum« und »Valeria« umfaßte. Unter →Rothari wurde L. von den Langobarden erobert (643–644). Obgleich L. nicht zu einem »Vicus« herabgestuft wurde, wie der Ps.-Fredegarius Scholasticus irrtüml. behauptet, bedeutete der Langobardeneinfall für die Stadt dennoch den Beginn eines langsamen Niedergangs: Sitz des langob. iudex (Gastalden) wurde Castrum Surianum (Filattiera im Magratal). Die Hypothese, daß etwa zur Zeit Liutprands L. wieder an die Byzantiner fiel, beruht auf einer mißverstandenen Stelle des LP. Nach der frk. Eroberung, wohl im 2. Jahrzehnt des 9. Jh., wurde L. wieder der Vorort des Umlandes. Die ältesten Zeugnisse für das Bestehen einer Gft. sind jedoch legendär. 849 wurde L. von den Sarazenen angegriffen und 860 von den Normannen erobert. In der Folge wurde die Stadt allmähl. aufgegeben und verfiel. 1201/04 wurde der Bf.ssitz nach Sarzana verlegt. P. M. Conti

Lit.: G. Sforza, La distruzione di L. nella leggenda e nella storia, 1920– P. M. Conti, L. nell'alto medioevo, 1967.

Lunte, ein nach Eggers Kriegslex. v. J. 1757 »in einer aus Asche, ungelöschtem Kalke, etwas Saft von Pferde- oder Kühmiste gefertigter Lauge« gekochter, nach späteren Berichten ein in Salpeter getränkter und mit Bleizucker gebeizter langsam glimmender fingerdicker Flachs- oder Hanfstrick, der seit dem Beginn des 15. Jh. statt des →Zünd- oder Gluteisens zum Entzünden des Pulvers bei Feuerwaffen verwendet wurde. E. Gabriel

Lit.: B. Rathgen, Das Geschütz im MA, 1928.

Luntz → Becher

Lunula. [1] Anhänger in Halbmondform in verschiedenen Materialien und Verzierungen, offenbar von Anfang an mit Amulettcharakter. In der (röm.) Antike bes. häufig als Schmuck für Frauen und Kinder verwendet, nachweisl. noch in frühchr. Zeit. Mit den üblichen phalerae oft Pferden angehängt (Rom, Trajanssäule). Auch im frühen MA begegnet die L. als Schmuckform, v. a. im byz. und slav. Bereich, zunehmend unter Verlust der mag.-apotropäischen Funktion. Über Italien setzt sie sich um 1000 dann auch n. der Alpen durch, unter islam. Einfluß bes. in Ohrgehängen. Einzelstücke finden sich an liturg. Objekten (Hildesheim, Godehardschrein; Hohenfurt-Vyšší Brod, Reliquienkreuz). Eine prunkvolle L. ist zentrales Schmuckstück am goldenen Brustbehang im 'Hort der Ksn.nen' (Berlin, Staatl. Museen).

[2] Halbmondförmige Halterung für die Hostie in der Monstranz des chr. Kultes. Sie dauert ohne merkl. Formwandel fort, auf Stift montiert oder zum Einschieben vorgesehen, mit Edelsteinen und Pendilien verziert, oft von Engelfigürchen begleitet. V. H. Elbern

Lit.: zu [1]: Enciclopedia Arte Medievale I, 1991, 527ff. – Kl. Pauly III, 780 – RE XIII, 1811f. – B. Segall, Kat. der Goldschmiedearbeiten, Benaki-Mus. Athen, 1938, 286f., 291f. – R. Hasson, Early Islamic Jewellery, 1987, Abb. 100–102 – M. Schulze-Dörlamm, Der Mainzer Schatz der Ksn. Agnes..., 1991, 19ff., 96ff. *– zu* [2]: J. Braun, Das chr. Altargerät, 1932, 352f., 393f. – J. M. Fritz, Goldschmiedekunst der Gotik in Mitteleuropa, 1982, Nr. 445ff., passim.

Lupinen → Hülsenfrüchte
Lupo v. Spoleto → Spoleto

Lupold III. v. Bebenburg, Bf. v. Bamberg 1353–63, Rechtsgelehrter, † 28. Okt. 1363; entstammte einem nach Burg Bemberg (nahe Gerabronn) benannten Reichsministerialengeschlecht. Ein Domkanonikat in Würzburg ermöglichte ihm 1316 das Studium der Rechte in Bologna (bes. bei →Johannes Andreae), das er als doctor decret. abschloß. Er erwarb noch weitere Kanonikate, doch wirkte er meist in Würzburg, wo er u. a. seit 1328 (mit Unterbrechungen) auch bfl. Offizial war. In seinem wohl 1338/39 verfaßten, Ebf. →Balduin v. Trier gewidmeten und dessen Politik rechtl. unterbauenden »Tractatus de iuribus regni et imperii Romani« begründet er mit Argumenten des röm., des kanon. und des Naturrechts, auch mit den neuen frz. und engl. Staatsdoktrinen, daß der von den Kfs.en zum Kg. Gewählte allein aufgrund der Wahl über alle Gewalt im Reich (mit Italien und Burgund) verfüge; im Krönungseid bestätige der zum Ks. Gekrönte nur seine Schutzpflicht gegenüber Papst und Kirche. L. erkennt aber auch die rechtl. Gleichstellung der vom Reich exemten Erbkg.e an, die ebenso im Besitz ihrer Sonderrechte seien wie der Wahlks. im Besitz der seinen. Als Weltks. bleibe ihm kraft der →translatio imperii in den Kg.sstaaten nur die moral. Autorität des Friedensrichters. Aber L. spürte selbst, daß Imperium und Kg.sstaaten in einer Kategorie nicht faßbar waren. Zeitklage und Mahnung an Fs.en und Adel, ihre Pflichten gegenüber dem Reich zu erfüllen, sind der Inhalt seines »Ritmaticum querulosum« und des »Libellus de zelo christiane religionis veterum principum Germanorum«. In seinem 1346 begonnenen »Liber privilegiorum« ließ L. die von den Herrschern der Würzburger Kirche gewährten Privilegien zum Nutzen im Rechtsstreit und zur Erinnerung an die Dankespflicht abschreiben und schob zw. die Abschriften bei jedem Herrscherwechsel Nachrichten über die Aussteller der Diplome ein. Die Einleitung zum »L. p.« samt den chronikal. Überleitungen hat wahrscheinl. L. selbst 1349 zu dem seine Vorlage stellenweise verändernden »Liber de ortu« zusammengefaßt. Spätere Würzburger Chronistik hat auf die hist. Teile des »L. p.« bzw. des »L. de o.« mehrfach zurückgegriffen. A. Wendehorst

Lit.: NDB XV, 524f. – Verf.-Lex.² V, 1071–1078 – H. Meyer, L. v. B., Stud. zu seinen Schrr., 1909 – E. v. Guttenberg, Das Bm. Bamberg I (GS II, 1, 1, 1937), 216–223 – R. Most, Der Reichsgedanke des L. v. B., DA 4, 1941, 444–485 – A. Wendehorst, Das Bm. Würzburg II (GS NF 4, 1969) – Frk. Lebensbilder 4, 1971, 49–86 [S. Krüger].

Lupus

1. **L.,** Dux (Hzg.) v. Aquitanien 671/672–676. Sein polit. Schicksal ist eng mit dem Aufstieg regionaler Gewalten in den Randzonen des →Frankenreichs verknüpft. Bereits 658/659 schuf der Dux Felix Ansätze zur Bildung eines selbständigen Fsm.s in Aquitanien. Nach seinem Tode erhob sich L., einer seiner Gefolgsleute und wahrscheinl. von aquitan. Herkunft, offen gegen Kg. →Chlothar II. und den Hausmeier →Ebroin. Gestützt auf die militär. Stärke der 'Wascones', nahm L. den Titel 'dux et princeps' an, stand dem Konzil v. St-Pierre de Granon vor (673/675), dehnte seine Macht in den Grenzen des früheren Regnums →Chariberts II. aus und bemächtigte sich schließlich der Bf.sstadt →Limoges (676). Nach dem Zeugnis der »Miracula Martialis«, die ein ihm feindl. gesonnener Kleriker verfaßte, erlitt L. jedoch nahe dem Grabe des hl. →Martial eine (wohl tödl.) Kopfwunde. Die Q. schweigen ab 676 25 Jahre lang über das Fsm. Aquitanien. B. Cursente

Lit.: E. Ewig, Die frk. Teilreiche im 7. Jh., Trierer Zs., 1953, 85–144 [Nachdr. Ders., Ges. Schr., Francia-Beih. 3/I, 1976] – M. Rouche, L'Aquitaine des Wisigoths aux Arabes (418–781), 1979, passim.

2. L., hl., Ebf. v. →Sens, * um 573 im Orléanais, † 1. Sept. 623 in Sens. L. war vornehmer Abkunft: seine Mutter, die hl. Austregildis (Beiname Aga) war die Schwester der Bf. e Austrenus v. Orléans und →Aunacharius v. Auxerre; die im 9. Jh. verfaßte, aber vertrauenswürdige Vita schreibt ihm sogar kgl. Abkunft zu. Als treuer Anhänger der Kgn. →Brunichild und ihrer Nachkommen wurde er nach deren Sturz 613 von →Chlothar II. ins Vimeu (Diöz. Amiens) verbannt und dem Dux Boso Landegisel zur Bewachung übergeben; in diesem Gebiet missionierte er auch. Bereits 614 wieder im bfl. Amt, nahm er am Konzil v. Paris teil. Am 23. Juli 853 wurde der Leichnam des als Hl. verehrten 'confessor et episcopus' L. in die am Vortag geweihte Basilika Ste-Colombe transferiert. Zahlreiche Kirchen N- und O-Frankreichs tragen sein Patrozinium. U. Nonn

Q.: BHL 5081–5086 – Vita L. i ep. Senonici, MGH SRM IV, 179–187 – Annales s. Columbae Senonensis a. a. 853, MGH SS I, 103 – *Lit.:* Duchesne, FE 2, 416 – H. Bouvier, Hist. de l'église ... de Sens, I, 1906, 101–113.

3. L., Bf. v. →Troyes 426–478, * ca. 395, † 29. Juli 478. Aus Honoratiorenfamilie von Toul (Bruder →Vincentius v. Lérins), genoß beste klass. Erziehung; ∞418 Schwester des →Hilarius v. Arles, nach 7 Jahren Eintritt in das Kl. →Lérins. 428/429 begleitete L. →Germanus v. Auxerre nach Britannien zur Bekämpfung des →Pelagianismus. 451 hält er →Attila von der Verwüstung von Troyes ab und begleitet ihn als Geisel bis zum Rhein. Danach scheint er das Bm. für 2 Jahre auf den Mont Lassois (Diöz. Langres) verlegt zu haben, um sich in der Folge wegen mangelnden Zuzugs der Bevölkerung auf eigene Besitzungen in Mâcon zu begeben. Nach 457 intervenient er erfolgreich beim Alamannenkg. Gebavult für die Bewohner des pagus Brenois im O seiner Diöz. Sein Episkopat ist v. a. durch dogmat. Tätigkeit geprägt; dazu Briefe des Sidonius Apollinaris (VI 1.4.9, IX 11; vgl. bes. IV 17,3; VII 13,1; VIII 14,2 und 15,1), seine zusammen mit Bf. Eufron v. Autun an Bf. Thalassius v. Angers adressierte Epistel (CCL 148, 140f.), Vita (Anfang 6. Jh.). Postume Wundertätigkeit in seiner Basilika wird schon im 6. Jh. erwähnt (Gregor v. Tours, Glor. conf. 66; Ep. Austras. 8); als Hl. wird L. von allen bedeutenden Martyrologien aufgeführt, Kirchen werden ihm selbst in England geweiht.
M. Heinzelmann

Lit.: Catholicisme VII, 1192f. – E. Ewig, Bemerkungen zur Vita des Bf. s L. v. T. (Fschr. H. Löwe, 1978), 14–26 – M. Heinzelmann, Gall. Prosopographie 260–527, Francia 10, 1982, 641 (L. 1).

4. L. (Servatus L.) **v. Ferrières,** Abt und Gelehrter, * um 805, † nicht vor 862. Als Sproß einer bedeutenden westfrk.-bayer. Adelsfamilie trat L. ins Kl. →Ferrières ein und absolvierte 829–836 ein Gaststudium in Fulda, wo sich ihm unter →Hrabanus Maurus beste Bildungschancen eröffneten. L. schloß Freundschaft mit dem einflußreichen →Einhard und empfahl sich auf höchster Ebene durch ein illuminiertes, Leges und →Kapitularien verbindendes Rechtsbuch, das er Mgf. →Eberhard v. Friaul widmete (weitere, hagiograph. Auftragsarbeiten für Abt Bun v. Hersfeld [Vita S. Wigberti] und Waldo v. Trier [Vita S. Maximini]). Auf Betreiben von Eberhards Schwiegermutter Ksn. →Judith scheint L. Ende 837 ein Hofamt erlangt zu haben, um dann 840 (22. Nov.) den polit. unzuverlässigen Abt seines Heimatkl. auf Weisung Karls d. Kahlen abzulösen. Militär. und missat. Pflichten nahmen L. von nun an stark in Anspruch. Nach L.' aquitan. Gefangenschaft (844) setzte der Kg. offenbar mehr auf die intellektuell-integrativen Fähigkeiten seines Schützlings (Teilnahme an frk. Kg.streffen, Gesandtschaft zu Papst Leo IV., ausgewogene Begutachtung der Prädestinationslehre →Gottschalks [Liber de tribus quaestionibus; Collectaneum]). L., dessen Federführung auf mehreren Synoden erkennbar oder wahrscheinl. ist (Ver 844, Anjou [?] 850, Moret um 850, Sens 856; aktive Rolle in Soissons 853), hielt auch in Krisenzeiten und gegen den eigenen Ebf. →Wenilo treu zu Karl d. Kahlen (Konzil v. Savonnières 859). Trotz wichtiger Reichs- und Kirchengeschäfte fand er Zeit für die Belange seines Kl. (Revindikation der Zelle St-Josse, einem Festtag eine Predigt zur Normannennot erhalten ist) und für jene Wissenschaft, die ihm den Ruhm eines 'ersten Humanisten' einbringen sollte: das Sammeln antiker Texte – seine Buchanfragen gingen bis nach York und Rom –, die dadurch erleichterte oder erst ermöglichte philolog. Kritik und die korrekte, leserfreundl. Vervielfältigung im eigens gegr. Skriptorium v. Ferrières. Als Lebenswerk entstand eine stattl. Zahl neuer und redigierter Hss. mit Werken von Cicero bis Boethius, dessen Metrik L. kommentierte. Unmittelbaren Einblick in L.' Schaffenswelt und die Kultur der Zeit gewährt die auch polit. bedeutsame Korrespondenz, gesammelt wohl von seinem Schüler →Heiric v. Auxerre; ihr Verstummen 862 signalisiert das Ende von L.' eindrucksvoll-universalem Gelehrtenleben. H. Mordek

Ed.: MPL 119, 423–700 – MGH SS XV, 36–43 – MGH SRM III, 71–82 – MGH Epp. Karol. IV, 1ff. – L. Levillain, Loup de F. Correspondance, CHF 10, 1927; 16, 1935 – W. Levison, Aus rhein. und frk. Frühzeit, 1948, 557–566 – Schaller, XLIII, 43 [dazu B. Bischoff, Ma. Stud. 3, 1981, 65] – MGH Conc. III, passim – P. K. Marshall, S. i L. i epistulae, 1984 – *Lit.:* DSAM IX, 1086f. – LThK² VI, 1219 – Wattenbach-Levison-Löwe, H. V, 560ff. – D. Ch. Nusbaum, L. of F.: Scholar, Humanist, Monk [Diss. Fordham Univ. 1977] – Marshall, XIII–XVI [Bibliogr.] – H. Mordek, Der Liber legum des L. v. F. [in Vorb.].

Lurche, im MA nicht als Wirbeltiere erkannt, da Thomas v. Cantimpré die Froschl. (Frösche und →Kröten) als »Würmer«, den →Salamander als Schlange auffaßt. Von ersteren wird der kleine grüne, wenig ruflustige Laubfrosch (9,37 rana parvula = calamita) nach Plinius (n. h. 32, 75 und 122) als Bewohner von Röhricht und Kräutern, nach anderer Q. (Liber rerum?) als Baumkletterer und Wetterprophet (9, 38) mit Namen »cor(r)iens« beschrieben. Von Rindern zufällig verschluckt, solle er (nach Plinius 32,75 bzw. 140) Magenaufblähungen verursachen, in den Rachen von Hunden geworfen, ihr Bellen beseitigen. Thomas unterscheidet im Hauptkapitel (9,35) nach dem Liber rerum eine grünliche und eine rötliche Art (Wasser- und Grasfrosch?), deren durch das Wasser verstärktes auffallendes Quaken zur nächtl. Balzzeit (für Thomas und Konrad v. Megenberg III. F. 20 vorbildl. für den Menschen!) von Aristoteles (h. a. 4,9 p. 536 a 8ff., vgl. Plinius 11,173) übernommen wird. Das Leuchten der Augen ist allg. bekannt. Die Schallblasen kennt nur Albertus Magnus (animal. 26,23). Die Metamorphose aus der Kaulquappe beschreiben Bartholomaeus Anglicus (18,89) und Albert, der zusätzl. eine Überwinterung (in warmen Erdhöhlen: Verwechslung mit der →Kröte, bzw. in unterird. Gewässern) annimmt. Ungeklärt ist die Herkunft des angebl. Fastens (Thomas 9,35) im August durch selbst gewaltsam kaum zu beseitigendes Verschließen des Maules. Die mag. Verwendung der Zunge des Wasserfrosches zum Ausplaudern von Geheimnissen im Schlaf klingt an Ps.-Demokrit bei Plinius (n. h. 32,49) an. Volksmed. Gebrauch der Organe stellt Vinzenz v. Beauvais (20, 51) zusammen. Ch. Hünemörder

Q.: →Albertus Magnus, →Bartholomaeus Anglicus, →Konrad v. Megenberg – Thomas v. Cantimpré, Liber de nat. rerum, T. 1, ed. H. BOESE, 1973 – Vinc. Bellov., Speculum nat., 1624 [Neudr. 1964].

Lure (Luterhaa, Lut[h]ra, Luders), Notre-Dame, St-Pierre et St-Paul de, ehem. Abtei OSB in der Freigft. →Burgund, am Fuße der Vogesen (Bm. Besançon; dép. Haute-Saône). Frühzeit weithin legendarisch (angebl. Gründung durch den Columban-Schüler Deicolus/Desle), gesicherte Zeugnisse erst seit der 959 durch Otto I. erfolgten Einsetzung der kgl. Benediktinerabtei in den von elsäss. Gf.en geschenkten Grundbesitz. Die dem →Elsaß zugewandte kleinere Abtei (seit 12. Jh. Vogtei der Gf.en v. →Pfirt, im 13. Jh. ztw. Gemeinschaft mit der elsäss. Abtei →Murbach) erwirkte zur Bestätigung ihrer Autonomie päpstl. Exemtionsbullen (Leo IX., 1054; Alexander III., 1179); ihre Äbte mußten dennoch mehrfach den Bf.en v. →Besançon die Huldigung leisten (um 1035, 1120–30). Durch eine Reihe ksl. Immunitätsprivilegien (von Heinrich II., 1016, bis zu Rudolf v. Habsburg, 1290) sicherte sich L. gegen Übergriffe der Gf.en v. Burgund. Im 14. Jh. übten die Gf.en aus dem Hause Valois starken Druck auf die Abtei aus, die um 1340 eine Befestigung errichtete. Seit 1392 der (weit entfernten) Herrschaft der Hzg.e v. Österreich unterstellt, festigte L. seine lokale Machtstellung im 15. Jh. neu. 1790 aufgehoben. G. Moyse
Lit.: J. GIRARDOT, L'abbaye et la ville de L. des origines à 1870, 1970 – G. MOYSE, Les origines du monachisme dans le dioc. de Besançon, BEC 131, 1973, 30f., 47f., 93f., 439f., 480.

Luria → Lluria

Lusignan (Sires de L.), weitverzweigte große Adelsfamilie aus Südwestfrankreich.
I. Das Haus Lusignan – II. Die Lusignan im lateinischen Osten.

I. DAS HAUS LUSIGNAN: [1] *Geschichte:* Der sw. von Poitiers (dép. Vienne) gelegene Ort L. (Liciniacus) erscheint 929 in den Q. als Vorort einer Vicaria *(viguerie)*. Über die ersten Herren v. L. ist nur bekannt, was die Chronik v. St-Maixent berichtet: Nach ihr hatte *Hugo I.* (H. venator, 'der Jäger') einen Sohn, *Hugo II.* 'le Cher', der die Burg L. errichten ließ. Dessen Sohn *Hugo III.* 'le Blanc' ist 1010 in den Q. faßbar, muß aber spätestens 1012 gestorben sein. Die frühen L. standen urspgl. vielleicht an der Spitze der Vicaria; sie waren Leute des Gf.en v. →Poitou und hatten bereits um 1000 umfangreiche Besitzungen, v.a. aus Kirchengut der Abtei →St-Maixent und des Bm.s Poitiers.

Die Beziehungen der L. zu ihrem Lehnsherrn gestalteten sich konfliktreich. *Hugo IV.* 'le Brun', der Sohn Hugos III., der mit anderen Großen im Streit lag (Vicomte v.→Thouars; Aimerich v. Rancon, Kastellan v. Gençay; Bernhard, Gf. der →Marche und Seigneur v. Civray), stand ztw. auf der Seite des Gf.en v. Poitou, ztw. auf der seiner Gegner. Das Abkommen von 1024–25, »Conventum inter Guillelmum Aquitanorum comitem et Hugonem Chiliarchum«, ist eine erstrangige Q. für Lehnswesen und Lehnrecht und steht wohl im Zusammenhang mit dem Rat, den der Gf. v. Poitou bei →Fulbert v. Chartres über die wechselseitigen Rechte und Pflichten von Seigneur und Vasallen eingeholt hatte. *Hugo V.* 'le Pieux' folgte seinem Vater 1025/26 nach und fiel 1060 während einer Belagerung seiner Burg durch die Leute des Gf.en v. Poitou; aufgrund der Ehe Hugos V. mit Aumode (Almodis), der Tochter des Gf.en Bernhard v. der Marche, sollten die L. Erbansprüche auf die Gft. Marche erheben. *Hugo VI.* 'le Diable' († 1110) setzte den Krieg des Vaters gegen den Gf.en fort; im letzten Jahrzehnt des 11. Jh.s versuchte er, nun mit Unterstützung des Gf.en, seine Rechte auf die Gft. Marche geltend zu machen, stieß aber dort auf den erbitterten Widerstand des Gf.en v. →Angoulême, Wilhelm III. Taillefer. *Hugo VII.* 'le Brun' († vor April 1149) führte gemeinsam mit dem Sire de Parthenay einen langandauernden Krieg gegen den Hzg. v. →Aquitanien; dieser blieb jedoch siegreich (1118, 1122). Nach der Versöhnung Hugos mit →Wilhelm IX. brachen erneut Auseinandersetzungen mit dessen Nachfolger, →Wilhelm X., aus, die der Hzg. erfolgreich bestand (1126, vor 1136).

Während *Hugo VIII.* († vor 1173, spätestens vor 1177) noch ein weitgehend konfliktfreies Verhältnis zu →Heinrich (II.) v. England, seit 1152 durch Heirat mit →Eleonore Gf. v. Poitou, hatte, nahmen Hugos Söhne, *Geoffroi* und *Aimeri* (Amauri) 1168 an der Empörung der Königssöhne teil; Heinrich II. bemächtigte sich L.s und setzte hier zu seinem Vertreter den Gf.en Patrick v. Salisbury ein, der jedoch von *Gui*, einem anderen Sohn Hugos VIII., ermordet wurde. Ungefähr zu diesem Zeitpunkt starb *Hugo*, der älteste Sohn Hugos VIII., der die Güter der L. für seinen Vater verwaltete. 1173 trat Geoffroi v. L. wieder aktiv bei einem Aufstand der Plantagenet-Prinzen gegen Heinrich II. in Erscheinung; 1188 ergriff der L. die Waffen gegen Gf. Richard v. Poitou. *Hugo IX.*, Enkel Hugos VIII., heiratete Mathilde, die einzige Tochter des Gf.en Vulgrin v. Angoulême; beider Sohn Hugo (X.) wurde verlobt mit Isabella, der Erbtochter des Gf.en Aimar, der als Nachfolger seines Bruders Vulgrin die Gft. Angoulême regierte. Doch entführte Kg. →Johann 'Ohneland' 1200 die junge Gfn. und heiratete sie, was einen Aufstand der L. auslöste, der erst 1214 mit einem Ausgleich seinen Abschluß fand. Erst nach dem Tode des Vaters bei →Damietta (1219) heiratete Hugo X. seine frühere Verlobte Isabella, deren kgl. Gemahl 1216 verstorben war. Verbündet mit Kg. Heinrich III., dem Sohn v. Isabella, stand Hugo X. an der Spitze einer mächtigen Adelsrevolte gegen →Alfons, den neuen Gf.en v. Poitiers. Das von Kg. Ludwig IX. dem Hl. geführte Heer zwang den Empörern jedoch den Vertrag v. Pons (1242) auf, der einen Schlußpunkt unter die Auseinandersetzungen zw. den L. und den Gf.en v. Poitou setzte.

[2] *Kirchliche Stiftertätigkeit und Kreuzzugsteilnahme:* Der Sire de L. war Lehnsmann der Abtei St-Maixent und des Bf.s v. Poitiers. Er gehörte zu den vier →Baronen des Poitou, die das Vorrecht hatten, den Bf. bei seinem feierl. Einzug zu tragen. Mehrere L. stifteten Abteien: Hugo IV. (Priorate Notre-Dame de L., 1025, und St-Martin de Couhé, 1026), Hugo VI. (Abtei Bonnevaux, 1120 oder später), Hugo X. (Abtei Valence, 1220). Die L. förderten die Ansiedlung von Franziskanerkonventen (Poitiers, Angoulême, Cognac).

Seit der 2. Hälfte des 11. Jh. waren die L. eng mit den →Kreuzzügen verbunden. Hugo VI. folgte dem Appell des Kg.s v. →Kastilien (Belagerung von →Tudela, 1087) und nahm 1101 am unglücklich verlaufenen Kreuzzugsunternehmen Hzg. Wilhelms IX. v. Aquitanien im Hl. Land teil (1101–02). Hugo VII. zog mit Kg. Ludwig VII. 1147 in den 2. Kreuzzug und starb in Palästina. Hugo VIII. war 1163 im Hl. Land, nahm teil an der Sieg bei Tripolis und geriet bei der verlorenen Schlacht v. Harim in Gefangenschaft (1164). Seine Söhne →Guido und →Aimerich waren Kg.e v. →Jerusalem und gründeten das Kgr. →Zypern (s. Abschnitt II). Hugo IX. nahm am 3. Kreuzzug teil (1190), Hugo X. starb 1248 bei Damietta, Hugo XI. 1250 bei Mansura, Hugo XII. 1270 vor Tunis; Hugo XIII. nahm am frz. →Aragón-»Kreuzzug« von 1285 teil.

[3] *Territorialpolitik und genealogische Beziehungen. Zwischen England und Frankreich:* Durch ihre poitevin. Beziehungen kontrollierten die L. die Straßen nach →Niort,

→La Rochelle, →Saintes und →Angoulême. Die Söhne Hugos VIII., *Raoul* und *Geoffroi*, begründeten die Linien v. Exoudun (Lezay, Melle, Brioux, Chizé, Civray) und Vouvant (Châtelleraut, Montcontour, Mervent, Fontenay); *Wilhelm v. Valence*, Sohn von Hugo X., war Ahnherr der Gf.en v. →Pembroke. 1177 verkaufte Gf. Audebert IV. v. der Marche seine Gft. an Kg. Heinrich II. v. England, trotz aller Ansprüche der L. aufgrund ihrer Abstammung von Aumode (Almodis). Nach dem Tode von Richard Löwenherz (1199) erzwang Hugo IX. durch Gefangennahme der Königinmutter Eleonore die Herausgabe der Marche; Kg. Johann akzeptierte Hugos Lehnseid 1200, nahm aber 1202 die Gft. ein, um sie jedoch 1214 wieder an Hugo IX. zurückzugeben; 1262 fügte Hugo XII. der Marche die Vizgft. →Aubusson hinzu. Durch Heirat mit Isabella wurde Hugo X. 1220 Gf. v. Angoulême; er teilte Cognac zugunsten des Sohnes Gui von der Gft. ab (1248). Nach seiner Niederlage von 1242 verlor Hugo X. ein Drittel seiner poitevin. Güter. Nach dem Tode Hugos XIII. († 1303, kinderlos) bemächtigte sich dessen Bruder *Gui* (Guyard), obwohl enterbt, der Hinterlassenschaft und setzte, da selber kinderlos, in einem Geheimvertrag den Kg. v. England zum Erben ein (1305). Als dieser Vertrag bekannt wurde (Frühjahr 1308), ließ Kg. Philipp IV. v. Frankreich alle Besitzungen Guyards einziehen. Nach dessen Tod († 28. Nov. 1308) erreichte Kg. Philipp den Verzicht der letzten Erbberechtigten, nämlich des Gf.en *Aimar* v. L. und der Schwestern des Verstorbenen, *Yolande, Marie* und *Jeanne*. Nach Yolandes Tod († Ende 1314) wurde die Herrschaft L. definitiv der Krone einverleibt, wie zuvor schon die Gft. Angoulême; die Gft. Marche wurde als →Apanage an den Prinzen Karl (IV.) ausgetan.

[4] *Die Schöne Melusine:* 1387–93 verfaßte Jean d'Arras für Hzg. →Jean de Berry eine fabulöse Chronik der Ursprünge des Hauses L., »›Melusine‹«, die der Dichter Couldrette, im Auftrag von Guillaume VII. Larchevêque, wenig später versifizierte. Im Mittelpunkt steht die Abstammung der L. von der Fee Melusine, die mit dem Sire Raimondin v. L. ehelich verbunden ist. Mit dem Melusinenmythos waren die L. in das Reich des Sagenhaften entrückt worden.   R. Favreau

Lit.: B. LEDAIN, L. (Paysages et monuments du Poitou, hg. J. ROBUCHON, II, 1890) – G. POUTE DE PUYBAUDET, Étude sur les sires de L. ... (X^c s.-1177) [Positions des thèses Éc. des Chartes 1896, 29–40] – A. RICHARD, Hist. des comtes de Poitou, 2 Bde, 1903 – P. BOISSONADE, Centre-Ouest, ... (1137–1314), Bull. et Mém. Soc. archéol. et hist. Charente, 1934–35, 1–258; 1943, 1–198 – S. PAINTER, The Lords of L. in the Eleventh and Twelfth Centuries, Speculum 23, 1957, 27–47 – M. GARAUD, Les châtelains de Poitou et l'avènement du régime féodal (XI^c et XII^c s.), Mém. Soc. Antiquaires Ouest, 4 s., 8, 1964 – G. BEECH, A Feudal Document of Early Eleventh Cent. Poitou (Mél. R. CROZET, I, 1966), 203–213 – J. MARTINDALE, Conventum inter Guillelmum Aquitanorum comes et Hugonem Chiliarchum, EHR 84, 1969, 528–548 – J. BEAUCHET-FILLEAU, Dict. hist. et généal. des familles du Poitou, VI, 1972, 289–302 – →Melusine.

II. DIE LUSIGNAN IM LATEINISCHEN OSTEN: Seit 1096 nahmen L. an den →Kreuzzügen teil, doch erst um 1168 siedelte sich →Aimerich (Aimeri), der dritte Sohn von Hugo VIII., auf Dauer im Hl. Land an und ließ seinen jüngeren Bruder →Guido nachkommen, der die Erbtochter des Kgr.es →Jerusalem heiratete und 1186 Kg. wurde. Bei Ḥaṭṭīn (1187) geschlagen und schließlich der Krone beraubt (1192), wurde Guido Herr v. →Zypern, das er Aimerich hinterließ (1194).

Aimerich, der Kg. geworden war, heiratete Isabella I., Kgn. v. Jerusalem; seine Nachkommen wurden als »Herren des Kgr.es Jerusalem« anerkannt, während Ks. →Friedrich II. den Jerusalemer Thron nicht zu halten vermochte. Gleichzeitig waren sie Kg.e v. Zypern; doch bei allen L.-Königen (Hugo I., Heinrich I., Hugo II.) traten lange Perioden der Minderjährigkeit ein, was (bei Heinrich I.) gar einen Bürgerkrieg auslöste.

Nachdem die L. 1267 im Mannesstamm ausgestorben waren, führte →Hugo III., ein Sohn von Isabella, der Tochter Hugos I., und Heinrichs v. Antiochia, Namen und Wappen des Hauses L. weiter und wurde Kg. v. Zypern (1267) und Jerusalem (1268); diese Titel führten auch seine Nachkommen, trotz des Verlusts des frk. Syrien (1291). Heinrich II. (1285–1324), Epileptiker, sah seine Machtstellung durch seinen Bruder Aimerich bestritten, gegen den er sich erst 1310 in vollem Umfang durchsetzte. Er schloß die Kinder Aimerichs vom Thron aus und setzte den Sohn seines anderen Bruders Guido, Hugo IV. (1324–59), zum Erben ein. Die Nachkommen Aimerichs, der mit der Schwester des Kg.s v. Armenien (→Armenien, II) vermählt war, etablierten sich im armenisch-kilik. Reich; einer der Söhne, Guido (→Lusignan, Guido v.), wurde 1342 auf den armen. Thron berufen, fiel aber bereits 1344 einem Mordanschlag zum Opfer. Ein Neffe Guidos, Leo VI., erlangte 1363 und nochmals 1372 die Königswürde, wurde aber von den Mamlūken gefangengenommen und mußte ins westeurop. Exil gehen. Währenddessen beanspruchte →Peter I. (1359–68), als Sohn Hugos IV. Kg. v. Zypern, auch den armen. Thron und nahm daher 1368 den Titel eines Kg.s v. Jerusalem, Zypern und Armenien an. Peter I., der als Befehlshaber des Kreuzfahrerheeres, das 1365 →Alexandria eroberte, berühmt wurde, erlag einem Mordanschlag seiner Barone. Sein Sohn Peter II. (1369–88) wurde Opfer einer Aggression der Genuesen (→Genua), die ihn zur Aufgabe →Famagustas zwangen. Sein Onkel Jakob I. war Gefangener in Genua, als er auf den Thron berufen wurde. Deshalb gab er seinem Sohn den Namen Janus; dieser regierte von 1398 bis 1432. Janus' Sohn Johann II. hinterließ 1458 seiner Tochter →Charlotte den Thron; deren illegitimer Bruder Jakob II. († 1473), bemächtigte sich 1461 der Krone Zyperns. Jakob II. war mit der ven. Adligen Caterina →Cornaro vermählt; beider Sohn starb noch 1473 im zarten Alter. Die Republik →Venedig verstand es, sowohl die Herrschaftsansprüche der Caterina Cornaro als auch diejenigen der überlebenden jüngeren Linien der L. (zumeist von zweifelhafter Legitimation) auf Zypern auszuschalten.   J. Richard

Lit.: W.-H. RUDT DE COLLENBERG, Les L. de Chypre, Epetiris (Nicosia) 10, 1979–80, 85–319 – s.a. Lit. zu →Jerusalem, →Zypern und zu den einzelnen Kg.en aus dem Hause L.

L., Guido v., Kg. v. Armenien (→Armenien, II), † 17. Nov. 1344 in Sis, Sohn Aimerichs († 1310), des Herren v. →Tyrus, und der Isabella, Tochter Kg. Leos III. v. Armenien. G. v. L. wurde aus Zypern verdrängt und ging an den Hof des byz. Ks.s →Andronikos III., dem er als Stratege des Ostens und Statthalter v. Serres diente. Er heiratete in 1. Ehe eine Tochter aus der Familie der →Kantakuzenoi, in 2. Ehe eine Tochter des →Syrgiannes, die ihm eine Tochter gebar, Isabella (∞ nach 1348 →Manuel Kantakuzenos, Fs. v. →Morea). Wegen des Festhaltens des G. v. L. am röm.-kath. Bekenntnis wurde ihm von Matthaios →Blastares ein Traktat über den Ausgang des Hl. Geistes gewidmet. G. v. L. wurde nach dem Tode Kg. Leos V. v. Armenien (ermordet 1341) auf den armen. Thron berufen und im Okt. 1342 als 'Konstantin IV.' in →Sis gekrönt. Er entsandte an die röm. Kurie zu Avignon zunächst seinen Bruder Bohemund, dann Daniel v. Täbris, um die Kirchenunion auszuhandeln und Hilfeleistungen aus dem

Westen zu erlangen; zugleich verweigerte G.v.L. den muslim. Nachbarn die Fortführung der Tributzahlungen. Diese Politik rief die Gegnerschaft einer Gruppe von armen Baronen hervor, die ihn mit seinem Bruder während der Messe ermordeten. J. Richard

Lit.: St. Binon, Guy d'Arménie et Guy de Chypre (Mél. Boisacq, 1937), 125–142.

Lusitania. Das Land des ibero-kelt. Stammes der Lusitaner, z. T. dem heutigen →Portugal entsprechend, wurde nach langen Kämpfen um 15 v. Chr. röm. Provinz, die im N durch den Durius (Douro), im O durch eine Linie östl. Salamanca – Talavera de la Reina, im S durch den Anas (Guadiana) begrenzt war, mit der Hauptstadt Augusta Emerita (→Mérida). Von wirtschaftl. Bedeutung waren v. a. der Kupfer- und Silberbergbau. 406 von den →Alanen, in der 2. Hälfte des 5. Jh. von den →Westgoten besetzt, geriet L. seit 712 unter arab. Herrschaft. J. Gruber

Lit.: Kl. Pauly III, 786f. [Lit.] – RE XVIII, 1867–1872 – A. Tovar, Iber. Landeskunde, II, 2, 1976 [Lit.].

Lust, -empfinden. Die Aufmerksamkeit der ma. Psychologie richtet sich v.a. auf die formalen Aspekte der seel. Reaktionsweisen, die es erlauben, die breite Skala menschl. L.empfindungen auf einheitl. Wurzeln zurückzuführen. Die verschiedenen Erlebnisformen gehen auf eine gemeinsame Grundstruktur des Empfindungsvermögens zurück, die seit der Frühscholastik im Anschluß an die aristotel. Zweiteilung der Seele gedeutet wird. – Das ausgewogenste Ergebnis dieser auf phänomenolog. Beobachtung und der Suche nach formalen Konstanten beruhenden Analyse des L.ns liegt im »passio«-Traktat der Summa theol. des Thomas v. Aquin (I–II 22–48) vor. Die polare Grundstruktur, auf die er das seel. Erlebnisfeld zurückführt, entspricht dem zwiespältigen Charakter der Welterfahrung, der die Begegnung mit der äußeren Wirklichkeit nicht nur im Mechanismus einfacher L.- und Unlustreaktionen verlaufen läßt. Deshalb unterscheidet Thomas die nach dem Schema von Reiz und Erfüllung aufgebauten konkupiszibeln L.empfindungen von den komplexeren, aus einem Moment des Angezogenseins und der Abwehr zusammengesetzten Reaktionen der irasziblen Kräfte. Während in der ersten Gruppe zusammengeschlossenen Regungen der Seele in spontaner Zustimmung oder Flucht, in Freude und Liebe, in Trauer und Haß auf die Begegnung mit dem sinnl. Gut antworten, weisen die Affekte der zweiten Gruppe einen vielschichtigeren Aufbau auf. Durch sie reagiert die menschl. Psyche auf die Gefahr, die mit dem ersehnten Besitz eines sinnl. Gutes verbunden ist, oder auf den Widerstand, den seine Erlangung überwinden muß. Die L.empfindungen der »vis irascibilis« erfordern deshalb eine höhere psych. Anspannung und die Bereitschaft zum Triebverzicht um anspruchsvoller Ziele willen. In ihren irasziblen Regungen setzt sich die Seele gegen eine widrige äußere Güterwelt zur Wehr, deren komplexe Reize sich nicht einfach auf ein dem L.prinzip gehorchendes Auslösungsschema reduzieren lassen. Insofern kommt ihnen auch eine Schutzfunktion zu, die sie den konkupiszibeln Affekten zur Abwehr zur Seite stellt. Ihr Gegenstand ist nicht das unmittelbare sinnl. Erlebnisobjekt, sondern das »bonum arduum«, das in Begriffen der modernen Psychologie das Realitätsprinzip repräsentiert. Es erfordert eine anspruchsvollere psych. Leistung, insofern es sich gegen Widerstände durchsetzen muß. Aber es ist sicher dem Menschen die Erfahrung sinnl. Erfüllung auch in den Formen der Weltbegegnung, die sich dem unmittelbaren L.streben entziehen. – Während die duale Struktur der L.empfindung erst unter den späteren Thomaskommentatoren zu Kontroversen führt, bleibt die ma. Theol. in der Frage nach dem eth. Wert der sinnl. Leidenschaften von Anfang an uneins. Das Weiterwirken eines latenten Augustinismus führt noch bei Bonaventura (III Sent d. 33 qu. 3 arg. 4) zur Aufspaltung der »passiones animae« in einen oberen, vernunftbeherrschten Teil (Träger der Tugenden) und eine untere Sphäre reiner Leidenschaftlichkeit, die durch den Abbruch ihrer Spontaneität allenfalls einen negativen Beitrag zum sittl. Leben leistet. Für Thomas können dagegen alle L.empfindungen zur Vollendung menschl. Daseins beitragen, wenn sie sich an der Vernunftbestimmung einer spezif. humanen Existenzweise ausrichten. Der Dualismus von Sinnlichkeit und Vernunft erscheint ihm prinzipiell überwindbar; sein Leitbild fordert nicht die Unterdrückung sinnl. L., sondern ihre Indienstnahme für die eigtl. humanen Lebensziele. Ausdrücklich spricht er davon, daß erst eine kultivierte Dynamik menschl. L.erfahrung das »ultimum complimentum bonitatis« (De virtut. in commun. 4 ad 2) hervorbringt; ebenso beklagt er umgekehrt den Mangel an Leidenschaftlichkeit als »vitium insensibilitatis« (II–II 142, 1). Diese neue Sicht führt v.a. auf dem Gebiet der Sexualethik zu greifbaren Konsequenzen. Innerhalb der natürlichen Vernunftordnung der Ehe bewertet Thomas die menschl. Sexualität vorbehaltlos als gut und darüber hinaus durch das Sakrament der Ehe geheiligt (IV Sent d. 31, qu. 2, a. 1), während bei Augustinus selbst die ehel., auf Zeugung von Nachkommen ausgerichtete Sexualität nicht frei von Sünde bleibt (De nuptiis et concupiscentia I 14, 16.). E. Schockenhoff

Lit.: S. Pfürtner, Triebleben und sittl. Vollendung – M. D. Chenu, RPhL 72, 1974, 11–18 – E. Schockenhoff, Bonum hominis. Die anthropolog. und theol. Grundlagen der Tugendethik des Thomas v. Aquin, 1987, 172–201.

Luteger. Die Legende »L. ME FECIT« o. ä. erscheint auf →Brakteaten der Zeit um 1175–90 vornehml. aus thür. Münzstätten und bezeugt die Tätigkeit eines Stempelschneiders hoher künstler. Begabung, der gelegentl. auch sein redendes Wappentier, den Kranich (mnd. L.), auf seine Münzen setzte. Ein Brakteat der Herrschaft Lobdeburg mit der Legende »L. ME FECIT SDCA« und ein weiterer Brakteat der Lgft. Thüringen mit der Legende »L. ME FECIT DEA« könnten Altenburg als Heimat L.s ausweisen. P. Berghaus

Lit.: F. v. Schroetter, Wb. der Münzkunde, 1930, 363 – P. Berghaus, Darstellungen und Bezeichnungen von Künstlern auf Münzen des MA (Ornamenta Ecclesiae, Kunst und Künstler der Romanik, 1985), 277–283.

Lutfī, auch Molla L. oder Sarï (blonder) L. gen., osman. Literat und Wissenschaftler, wegen 'Gottlosigkeit' verurteilt, 1494 hingerichtet. Geb. in Tokat, Schüler des Sinān Pāšā, den er auch in die Verbannung begleitete, und des Mathematikers →ʿAlī b. Kūšǧī. L. lebte als Bibliothekar, Richter und Prof. in verschiedenen Städten. Verf. von Gedichten, philolog. und math. Werken, schuf er sich mit seinen Pasquillen, bes. mit der satir. Prosaschrift »Charnâme« (Buch der Esel), viele Feinde. Meḥmed II. förderte ihn, doch unter Bāyezīd II. brachten ihn seine Feinde zu Fall. A. Tietze

Lit.: A. Adnan, La science chez les Turcs ottomans, 1938 – Molla Lûtfi l'Maktûl: La duplication de l'autel (Platon et le problème de Délos), 1940 – A. Karahan, Molla Lütfi'nin Harnâmesi ve XV yüzyıl sade Türk nesri, Bilimsel bildiriler 1972, 1975, 173–179 – O. Ş. Gökyay, Tokatlı Molla Lutfi'nin Harnâmesi, Türk Folkloru Belleten 1986, 156–182.

Lutgard (Luitgard) **v. Tonger(e)n** (v. Aywières), hl., * 1182 Tonger(e)n, † 16. Juni 1246 Aywières, Mystikerin.

Nach einer abrupten Konversion aufgrund einer Erscheinung des Schmerzensmannes wurde L. Benediktinerin in Saint-Trond und trat am Tag ihrer Wahl zur Priorin 1205 zu den Zisterzienserinnen über. Ihre myst. Erfahrungen sind dominiert von der damals entstehenden Blut- und Herz-Jesu-Devotion (Umarmung durch den Gekreuzigten, Trinken aus der Seitenwunde); L. erlebte zahlreiche Auditionen und Erscheinungen Christi, der Hl.n und Verstorbener. Über 14 Jahre fastete sie zur Bekämpfung der Albigenser. Ihre Vita verfaßte →Thomas v. Cantimpré ab 1248 aus persönl. Kenntnis. P. Dinzelbacher

Q.: AASS Juni III, 1701, 234–64 – G. Hendrix, Cîteaux 29, 1978, 152–206 – *Lit.*: DSAM 9, 1201–04 – Bibl. SS 8, 396–400 – L. Reypens, Sint L.s mystieke opgang, OGE 20, 1946, 7–49 – A. Deboutte, Sint L. patrones van Vlaanderen, 1974 – P. Dinzelbacher, Das Christusbild der hl. L. v. T. im Rahmen der Passionsmystik und Bildkunst des 12. und 13. Jh., OGE 56, 1982, 217–77 – J. P. de Pue, L. de heilige, 1982 – M. Cawley, L. of A., Vox Benedictina 1, 1984, 21–48 – K. Glente, Mystikerinnenviten aus männl. und weibl. Sicht (Relig. Frauenbewegung und myst. Frömmigkeit im MA, hg. P. Dinzelbacher, D. Bauer, 1988), 251–264.

Luther v. Braunschweig, Hochmeister des →Dt. Ordens seit 17. Febr. 1331, * um 1275, † 18. April 1335 Stuhm (?), ▭ Dom zu Königsberg (Grabplatte zerstört); Sohn Hzg. →Albrechts I. v. Braunschweig und Lüneburg. Mit ca. 25 Jahren trat L. in den Dt. Orden ein, wo er erstmalig im Konvent v. Christburg nachgewiesen ist; 1308–12 Komtur in Gollub, 1313 Hauskomtur in Marienburg, seit 1314 Komtur zu Christburg, 1314–18 und 1327–31 bekleidete er das Großgebietigeramt des Obersten Trappiers. Nach der Ermordung seines Vorgängers →Werner v. Orseln zum Hochmeister gewählt, maß L. der Innenpolitik bes. Bedeutung bei, um im Bereich des Landesausbaues und auch der Bautätigkeit (Pfarrkirchen und Burgen). Außenpolit. strebte er während seiner Amtsführung die Beendigung des militär. Konflikts mit Polen an, der sich seit dem Erwerb Pommerellens durch den Orden 1308/09 verstärkt hatte. Ende 1332 wurde nach einem von →Dietrich v. Altenburg (12.D.) geführten Angriff ein neuer Waffenstillstand geschlossen, über den im April 1333 Kg. Władysław I. v. Polen starb. Dessen Nachfolger Kg. Kasimir III. war zur Verlängerung des Waffenstillstands bereit. Auch die →Kreuzzüge (C.II) nach Litauen unterblieben während L.s Amtszeit. – L. verfaßte eine nicht erhaltene Barbara-Legende. Er veranlaßte die Übers. des Buchs Daniel. Thilo v. Kulm bewog er zur Abfassung des Buchs »Von siben ingesigeln« (1338). In L.s Auftrag begann →Nikolaus v. Jeroschin um 1333 eine gereimte dt. Übers. der lat. Chronik des →Peter v. Dusburg. Schließl. steht die Übers. der Makkabäer-Bücher mit L. in Beziehung. C. A. Lückerath

Q.: Reg. historico-diplomatica, hg. E. Joachim–W. Hubatsch, I, II, 1948f. – SSrerPruss I, II – *Lit.*: ADB III, 275f. – Altpreuß. Biogr. I, 80f. – NDB XV, 540 – Verf. Lex.² V, 949–954 – J. Vogt, Gesch. Preußens, 1829–39, IV, 478–519 – E. Maschke, Der dt. Ordensstaat, 1936, 48–74 – D. Woytecki, Beitrag zur Personal- und Sozialgesch. des Dt. Ordens im 13. Jh. [Diss. masch. Münster, 1968] – G. Labuda, Zu den Q. der »Preuß. Chronik« Peters v. Dusburg (Der Deutschordensstaat Preußen in der poln. Gesch.sschreibung, hg. U. Arnold–M. Biskup [Q. und Stud. zur Gesch. des Dt. Ordens 30], 1982), 133–164 – →Dt. Orden, →Deutschordensliteratur.

Lutizen. Der – in seiner Deutung umstrittene – Name der slav. L., zuerst zum Jahr 991 bezeugt, bezeichnet nach →Adam v. Bremen (III/22, schol. 16) eine Föderation, deren Kernstämme (Zirzipanen, Kessiner, Tolensanen und Redarier) beiderseits der Peene siedelten. Unter Führung der Redarier vereinten sie sich – wohl um 980 und ohne institutionelle Kontinuität zu dem im 8./9. Jh. bezeugten Wilzenbund – in der Sammlung zum großen →Slavenaufstand v. 983 gegen die dt. Herrschaft ö. der Elbe.

Ks. Otto I. und Mgf. →Gero hatten die zuvor unangetastete Autonomie der Slaven zw. Elbe/Saale und Oder aufgehoben, die einheim. Fs.en beseitigt, ein Netz v. →Burgwarden errichtet und das Land in die chr. Kirchenorganisation einbezogen. Die Unterwerfung auch der Stämme im ö. Mecklenburg und Vorpommern jedoch scheiterte an deren erbittertem Widerstand. Die im Gebiet der Redarier gelegene, bisher nicht sicher lokalisierte Tempelburg Rethre (Riedegost) wurde zum Zentralheiligtum aller neugewonnenen Verbände (metropolis Sclavorum: Adam III/51), die ihm nach →Helmold v. Bosau (I/21) einen Jahrestribut leisteten. Hier wurde der Kriegsgott Svarozic (bzw. Radogost) vor allen anderen slav. Gottheiten (princeps demonum: Adam II/21) verehrt (henotheist. Steigerung). So konstituierte sich der L.bund als krieger. Kultbund von archaischem Gepräge um die Tempelburg Rethre. Die effektive Organisierung der Aktionen von 983, erschließbar aus ihrem durchschlagenden Erfolg, überrascht um so mehr, als dem Bund ein starkes Führungsorgan fehlte. Nach →Thietmar v. Merseburg (VI/25) lag die Führung bei der Volksversammlung (placitum), an der breite Bevölkerungsschichten, v. a. wohl freie Bauernkrieger, teilnahmen; entscheidend war dort aber das Votum der priores (Thietmar VII/64), wohl der Herren kleiner Burgherrschaften. Auch den Teilstämmen fehlte offenbar die fsl. Führungsspitze – im Gegensatz zu den Nachbarstämmen der →Abodriten und →Heveller.

An den – stets nur kurzfristig erfolgreichen – dt. Feldzügen gegen die L. nach 983 unter Ks. Otto III. nahmen auch die poln. Piasten teil, die die Unterwerfung des mit den Redariern verbündeten Seehandelsplatzes →Wolin anstrebten. Die polit. Konstellation änderte sich allerdings grundlegend nach dem Tod Ottos III., als Heinrich II. 1003 einen langjährigen Krieg mit Polen begann und – zum Kummer vieler Zeitgenossen – ein Bündnis mit den L. schloß, die ihm wiederholt Folge leisteten. Das bewirkte die Zementierung der lutiz. Hegemonie und damit auch der heidn. Restauration. In ihren wiederholten Feldzügen gegen die L. gaben sich Heinrichs Nachfolger mit der nominellen Anerkennung der dt. Oberherrschaft und mit einer Tributleistung zufrieden. Der gewaltige Erfolg der L. ermutigte die abodrit. Oberschicht zweimal zum Sturz der den Aufbau eines chr. Herrschaftsstaates betreibenden Nakoniden (1018 und 1066).

Mit einem Bruderkrieg begann 1056/57 der Niedergang der L. Ein von den Redariern, die laut Helmold (I/21) ihre fakt. Vormachtstellung auch institutionell sichern wollten, gegen die Zirzipanen herbeigerufenes Interventionsheer (Sachsen, Dänen und Abodriten) zwang diese wie die Kessiner unter abodrit. Oberherrschaft. Der L.bund, nunmehr auf Redarier und Tolensanen beschränkt, blieb in der Folgezeit fast völlig unaktiv. 1125 (?) wurde Rethre durch den Sachsenhzg. Lothar zerstört. – Mit ihrer nur negativen paganen Reaktion auf die dt. Bedrohung gelang den L. nicht der Entwurf einer zukunftsträchtigen polit. Ordnung ihres Raumes. So haben die L., wenn auch gegen ihren Willen, den ostsächs. Dynasten den Weg bereitet, die ab der Mitte des 12. Jh. als Territorialfs.en die Geschicke der ehemals lutiz. Länder bestimmten. W. H. Fritze

Lit.: F. Wigger, Mecklenburg. Annalen bis zum Jahre 1066, 1860 – W. H. Fritze, Beobachtungen zu Entstehung und Wesen des L.bundes, JGMODtl 7, 1958, 1–38 – G. Labuda, Fragmenty I, 205–246, 247–302; II, 91–175 – Herrmann, Siedlung – H. Ludat, An Elbe und Oder um das Jahr 1000, 1971 – W. H. Fritze, Der slaw. Aufstand von 983 ... (Fschr. der Landesgesch. Vereinigung für die Mark Brandenburg ..., 1984), 9–55 – Chr. Lübke, Reg. zur Gesch. der Slaven an Elbe und Oder, V, 1988 [Register: S. 61]; →Elb- und Ostseeslaven.

Lutterell → Johannes Lutterell (134. J.)

Lüttich (frz. Liège, ndl. Luik), Stadt an der →Maas im heut. Belgien, Bm. und ehem. geistl. Fsm. (Fürstbistum).
I. Das Bistum im frühen Mittelalter – II. Die Stadt – III. Das Fürstbistum.

I. Das Bistum im frühen Mittelalter: Das Bm. Tongern-Maastricht-L. ist Nachfolger der röm. Civitas Tungrorum; ursprgl. Vorort und Bf. ssitz war →Tongern. Der erste sicher bezeugte Bf. v. Tongern ist der hl. →Servatius (ca. 342–359). Im 6.–8. Jh. war →Maastricht als wohlhabendste Stadt der Diöz. bevorzugte Bf. sresidenz, schließlich aber wurde L. zum Bf. ssitz. Möglicherweise ist der nördl. Teil der Diöz. ('Toxandria' oder 'Campina') dem Bm. erst zu einem späteren Zeitpunkt (9. Jh.?) angegliedert worden. Während des gesamten MA, bis zur Neuordnung von 1559, erstreckte sich die Diöz. von L. von der Niedermaas bis zur Semois und von →Aachen bis →Nivelles und →Löwen. Es ist wahrscheinl., daß der Bf. v. L. zu Beginn des 9. Jh., im Zuge der karol. Neuorganisation der Metropolen, zum Suffragan des Ebf.s v. →Köln wurde. Polit. gesehen war die Diöz. L. ein Teil von →Lotharingien, als der sie 925 dem ostfrk. Reich (→Deutschland, B I.3) einverleibt wurde. 1081 erließ der Bf. v. L., →Heinrich v. Verdun, erstmals im Imperium einen »Gottesfrieden, der, auf den gesamten Diözesanbereich bezogen (»L. er Friedenstribunal«), das Ansehen und die polit. Autorität der Bf. e in hohem Maße gesteigert hat.

II. Die Stadt: L. entwickelte sich am Platz einer wohl im 3. Jh. zerstörten röm. →villa. Der Aufstieg der Stadt hängt maßgeblich zusammen mit der Verehrung des hl. →Lambertus, Bf.s v. Tongern-Maastricht, der in L. um 700 einer Blutrache zum Opfer fiel. Zwar wurde sein Leichnam nach Maastricht gebracht, doch war L. der Schauplatz mehrerer Wunder des Hl.n, so daß sein Nachfolger im Bf. samt, →Hubertus († 727), sich entschloß, die Reliquien des Hl. n nach L. zurückzuführen. Unter Hubertus gibt es allerdings noch keine Hinweise auf Ansätze zur Begründung einer ständigen Bf. sresidenz in L. Wohl erst in der 2. Hälfte des 8. Jh. ist der Bf. ssitz definitiv von Maastricht nach L. verlegt worden.

881 verwüsteten die →Normannen die L. er Civitas. Die alsbald begonnene Wiederherstellung nahm mehr als ein Jahrhundert in Anspruch; der Anteil der Bf. e Everachus (959–971) und bes. →Notker (972–1008), der mit Recht als zweiter Gründer geehrt wird, am großzügigen Ausbau der Bf. sstadt war überaus bedeutsam. Zu Beginn des 11. Jh. hatte die Civitas, deren Mauer eine Fläche von 25 ha umschloß, neben der Kathedrale Notre-Dame und St-Lambert und dem Bf. spalast sieben Kollegiatkirchen (St-Pierre, St-Paul, St-Martin, Ste-Croix, St-Denis, St-Jean, St-Barthélemy) und zwei Benediktinerabteien (St-Jacques, St-Laurent). Ein Netz von städt. Pfarreien, mit nicht weniger als 26 Pfarrsprengeln, bildete sich vom 10. bis zum 12. Jh. aus.

Um 960 sind erstmals die L. er Bürger (cives Leodicenses) anläßl. eines gegen Bf. Everachus gerichteten Aufstandes genannt. Bf. Albert II. v. Kuik (1194–1200) bestätigte den Bürgern ihre 'libertates'. Um 1230 tritt neben dem Schöffenkolleg (→Schöffen), das vielleicht auf die Karolingerzeit zurückgeht, das Gremium der Geschworenen (jurati, →jurés) auf; ihm oblag die Regierung und Verwaltung der Stadt im Namen der Bürger (citains). Bis ins frühe 14. Jh. stand L. unter dem dominierenden Einfluß der 'Großen' (majores, insignes, potentiores; →Meliorat). Ihre führenden Geschlechter waren die del Cange, d'Ile, du Lardier, de Cologne, Matton de Hors-Château, de Neuvice, de St-Martin, de St-Servais und Surlet. Doch errangen 1303 die 'Kleinen' (populares, minores, plebeii), unterstützt von den Kanonikern vom St-Lambert, das Recht auf Vertretung im Ratsgremium der Geschworenen. Der Versuch der 'Großen', im Handstreich ihre alte Position zurückzugewinnen, scheiterte auf dramat. Weise; zahlreiche Mitglieder der Patriziergeschlechter, die sich vor dem Volkszorn in die Kirche St-Martin geflüchtet hatten, kamen in den Flammen um (sog. »Mal St-Martin«; 1312). Im Frieden v. Angleur (1313) traten die 'Großen' den 'Kleinen' die Regierungsgewalt über die Stadt ab. Die 'Großen', die ledigl. 1330–31 noch einmal an der Machtausübung partizipierten, verzichteten 1384 zugunsten der 'Kleinen' auf ihren Sitz im Stadtrat, behielten aber in der Realität (u. a. durch fakt. Besetzung eines der Meisterämter) immer noch beträchtl. Einfluß auf die Regierungs- und Verwaltungsgeschäfte L.s. Die Stadt war im 13. Jh. zur führenden Kraft innerhalb des Fsm.s geworden; wer L. beherrschte, beherrschte das ganze Land. Daher entfachte 1433 ein Patriziergeschlecht, die Familie Datin, eine Verschwörung, die aber fehlschlug; sie wurde gesteuert von Hzg. →Philipp dem Guten v. Burgund, der seinen Einfluß auf das Fürstbm. L. verstärken wollte.

Der Reichtum der L. er 'Großen' beruhte auf Tuchmacherei und -handel, Weinhandel, Geldgeschäften und Kohleförderung. Die 'Kleinen', die handwerkl. und gewerbl. tätigen Mittelschichten, waren zusammengeschlossen in *métiers* (Korporationen, Zünften), die zugleich handwerkl., polit. und militär. Funktionen erfüllten. Seit 1288 erwähnt, bestanden 1373 32 Korporationen; diese Zahl blieb bis ins 17. Jh. konstant. Wichtigste Korporation waren die eisenverarbeitenden *fèvres* (von lat. faber, 'Schmied').

Im Laufe des 13. Jh. erhielt die Stadt einen neuen Mauerring (*fermeté*, von lat. firmitas), der ein Areal von 196 ha umschloß und bis ins 19. Jh. den Rahmen der Stadtentwicklung absteckte. Innerhalb der Mauern sowie im nächsten Umkreis der Stadt entstanden nach 1200 zahlreiche Abteien, Konvente, Spitäler, Leprosorien und Beginenhöfe; bis weit in die NZ war L. s Erscheinungsbild das einer Stadt der Geistlichen. L. beherrschte ein weites Umland, das 1429 eine Fläche von 25 000 ha erreichte. Die Bevölkerungszahl der Stadt und ihrer Vorstädte war um die Mitte des 15. Jh. auf ca. 20–25 000 Einw. angewachsen.

III. Das Fürstbistum: Das geistl. Fsm., dessen Hauptstadt L. war, ist eine der bemerkenswertesten Schöpfungen des sog. otton.-sal. Reichskirchensystems in Lothringen. Um die Mitte des 10. Jh. besaßen die Bf. e Güter und Rechte in den wichtigsten Städten des Maaslandes (L., →Tongern, →Maastricht, →Huy, →Namur, →Dinant), ländl. Grundherrschaften sowie →Eigenklöster (St-Hubert, →Lobbes). 980 erwirkte Bf. →Notker von Otto II. ein umfassendes Immunitätsprivileg (→Immunität), das alle Besitzungen der L. er Kirche von der Jurisdiktionsgewalt der →Grafen ausnahm. Noch folgenreicher war das Diplom Ottos III. von 985, das Bf. Notker die Gft. Huy verlieh; damit war der Bf. v. L. zu einem wirklichen Fs. en des Reiches geworden. 987 übertrug Otto III. dem Bf. eine weitere große Abtei, →Gembloux, und eine zweite Gft., den zw. Jette und Dijle gelegenen 'Brunnengeruut'. Hinzu trat 1040 eine dritte Gft., die zw. Maas und Geer situierte 'Haspinga' (Hasbengau). Seit 1071/76 war die Gft. →Hennegau ein L. er Kirchenlehen; 1096 erwarb Bf. →Otbert Burg und Herrschaft →Bouillon. Dies sind die wichtigsten Etappen der Territorialbildung des Fsm.s, die sich auf Kosten der Gft. →Namur und in Konkurrenz mit dem Hause Brabant-Löwen (→Brabant, →Löwen) vollzog. Für das 13. und 14. Jh. sind als größere Territorialerwerbungen nur noch die Stadt →St-Truiden/St-Trond (1227) und die Gft. →Looz/Loon (1366) zu erwähnen. Danach blieben die Grenzen des Fürstbm.s bis zu seiner Auflösung (1793/95) unverändert.

Im 14. und 15. Jh. war L. - wie andere Gebiete - Schauplatz von Auseinandersetzungen zw. dem bfl. Landesherrn und seinen Untertanen. 1316 wurde Bf. Adolf v. d. →Mark genötigt, in die Bestimmungen der 'Paix de Fexhe' einzuwilligen; dieser Vertrag unterwarf den Bf. den Rechten und Gewohnheiten des Landes, die nur mit Zustimmung des 'Sens de Pays', d. h. der drei Landstände (Domkapitel, Ritterschaft, Städte) und des Bf.s, geändert werden durften. Diese Vereinbarung wurde 1373 vervollständigt durch die Schaffung eines 'Tribunal des vingt-deux', das über Verfehlungen der bfl. Beamten zu richten hatte. Mit der Herrschaft des Elekten →Johann v. Bayern (1389–1418), der den Hzg. v. →Burgund zu Hilfe rief, nahm der Konflikt zw. Fs. und Untertanen eine dramat. Wendung. Burgund, das in den weltl. Territorien der Niederlande in voller Expansion war und nach einer Besetzung der geistl. Fsm.er mit seinen Parteigängern strebte, griff sogleich ein: Hzg. Johann (→Jean 'sans peur') schlug 1408 die L.er Aufständischen bei Othée (südl. von Tongern). Fünfzig Jahre später setzte Hzg. →Karl der Kühne zugunsten des Bf.s Ludwig v. →Bourbon (1456– 82) seine Militärmacht ein, zerstörte 1466 Dinant, 1468 L. und gliederte das Fsm. faktisch dem burg. Staat ein (s. a. →Péronne, →Ludwig XI.). Doch sogleich nach dem Tode des Hzg.s bei Nancy (1477) erhoben sich die L.er und stellten ihre Selbständigkeit und die alten Rechte und Gewohnheiten wieder her.

J.-L. Kupper

Lit.: G. Kurth, Notger de Liège (L.) et la civilisation au X^c s., 2 Bde, 1905 – Ders., La cité de L. au MA, 3 Bde, 1909–10 – E. de Moreau, Hist. de l'Église en Belgique, 4 Bde, 1947², 1948 – J. Lejeune, L. et son Pays. Naissance d'une patrie (XIII^c–XIV^c s.), 1948 – L. et Bourgogne, Kat., 1968 – L. et Bourgogne. Actes du colloque..., 1968, 1972 – M. Van Rey, Die L.er Gaue Condroz und Ardennen im FrühMA. Unters. zur Pfarrorganisation, 1977 – J. Lejeune, La principauté de L., 1980³ – M. Werner, Der L.er Raum in frühkarol. Zeit, Unters. zur Gesch. einer karol. Stammlandschaft, 1980 – J.-L. Kupper, L. et l'Église impériale, XI^c–XII^c s., 1981 – Gams, Ser. V, Tom. I, 1982, 43–83 – M. Otte, Apport de l'archéologie à l'hist. de L. (La genèse et les premiers siècles des villes médiévales dans les Pays-Bas méridionaux. Un problème archéologique et hist., 1990), 357–375 – J.-L. Kupper, Archéologie et hist.: aux origines de la cité de L. (VIII^c–XI^c s.) (ebd.), 377–389 – A. Dirsch-Weigand, Stadt und Fs. in der Chronistik des SpätMA, 1991, 109–137 – Hist. de L., hg. J. Stiennon, 1991 – P. Thorau, Territorialpolitik und fsl. Ehrgeiz am Niederrhein zur Zeit Ks. Friedrichs II. und Kg. Konrads IV.: Das L.er Schisma von 1238 (Fschr. H. Zimmermann, 1991), 523–536.

Lüttich, Zusammenkunft v. Am 22. März 1131 trafen sich in Lüttich Innozenz II. und Lothar III., der damit die vom Würzburger Hoftag im Okt. 1130 ausgesprochene Anerkennung des Papstes bestätigte. Nach →Suger v. St-Denis leistete der Kg. den Strator- und Marschalldienst, was von päpstl. Seite bald als lehnrechtl. Unterordnung gedeutet und auf entsprechenden Fresken im Lateranspalast festgehalten, von der Gegenseite aber nur als Ehrenbezeugung verstanden wurde. Als Preis für die Romfahrt und gewaltsame Vertreibung Anaklets II. verlangte Lothar die Wiederherstellung der vor 1122 (→Wormser Konkordat) gültigen Investiturregelung, eine Forderung, von der er sich durch Bernhard v. Clairvaux habe wieder abbringen lassen. Der Papst vollzog am Kg. und seiner Gemahlin Richenza eine Festkrönung.   W. Maleczek

Lit.: W. Bernhardi, Lothar v. Supplinburg, 1879, 349ff. – R. Holtzmann, Der Ks. als Marschall des Papstes, 1928 – W. Petke, Kanzlei, Kapelle und kgl. Kurie unter Lothar III. (1125–37), 1985.

Lutum Sapientiae → Alchemie, III

Lutwin (Liutwin), Verf. einer dt. Bearbeitung der Adamlegende (→Adam, III) in 3939 Reimpaarversen aus dem frühen 14. Jh. (?). Die Heimatfrage ist ungeklärt. Die einzige Hs. (cod. vindob. 2980, mit 29 Illustrationen und erläuternden Prosazwischenschriften) stammt aus dem 15. Jh. Inhalt: Prolog; Erschaffung des ersten Menschenpaares, Sündenfall, Vertreibung aus dem Paradies; Buße der Stammeltern, zweite Versuchung Evas, Trennung und Wiedervereinigung der Stammeltern, Geburt Kains; Kain und Abel, Adams Krankheit, Seths erste Paradiesfahrt zusammen mit Eva, Adams Tod, Evas Klage und Tod, Seths zweite Paradiesfahrt, Kreuzholzlegende, Sintflut; Epilog. Vorlage ist (neben der 'Genesis') eine unbekannte Version der lat. →'Vita Adae et Evae'. Der dt. Bearbeiter ist weniger Theologe als Seelsorger und Moralist. Originell ist die Begründung für die zeitweilige Trennung der Stammeltern: Adam weigert sich, die Wonnen der körperl. Liebe über die des Paradieses zu stellen.

D. Kartschoke

Ed.: K. Hofmann–W. Meyer, 1881 (BLV 153) – M.-B. Halford, 1984 (GAG 401) [mit Unters., engl. Übers., Bibliogr.] – Lit.: Verf.-Lex.² V, 1087–1089 – M.-B. Halford, Illustration and Text in L.s 'Eva und Adam', 1980.

Luxemburg, Stadt an der Alzette (Hauptstadt des Großhzm.s L.). Auf dem Gebiet der dicht besiedelten St. Maximiner villa Weimerskirch legte Gf. Sigfrid mit Reichshilfe auf einem Felsvorsprung ab 963 ein castrum an, das durch den Bau einer Stiftskirche und die Anlage eines Markts zum vorstädt. Siedlungskern anwuchs. Im ausgehenden 11. Jh. wurde L. polit. und religiöses (Münsterabtei) Zentrum der gleichnamigen Gft. →Heinrich d. Blinde (61. H.) begünstigte die Entwicklung der Oberstadt (Novum Forum, Nikolauskirche, Stadtmauer, bes. Rechtscharakter; der Freiheitsbrief Ermesindes (1244) verband Neumarkt-, Burg- und Handwerkerviertel (letzteres in der Unterstadt an der Alzette) zu einem einheitl. Rechtsbezirk, dessen Verwaltung (Stadtrichter, Schöffen) stark unter gfl. Einfluß stand. Auf der Basis dieser beschränkten Privilegien konnte die städt. Führungsschicht im SpätMA eine relative polit. Autonomie erlangen, die mit der Erweiterung der kommerziellen (1. Jahrmarkt ab 1340, zwölf Zünfte im 15. Jh.) und religiösen (drei Spitäler, vier Stadtkl., vier Stadtpfarreien, Dekanatssitz) Infrastruktur sowie der topograph. Ausdehnung der Stadt (Erweiterung der Stadtmauer ab 1346) einherging; bedeutend waren Tuch- und Weinhandel.   M. Margue

Lit.: →Luxemburg, Gf.en v., Gft.

Luxemburg, Gf.en v., Gft., Hzm.; Luxemburger
I. Entstehung der Grafschaft, Ausbau und Konsolidierung – II. Grafschaft und Herzogtum in der Reichspolitik – III. Die Luxemburger als Könige und Kaiser.

I. Entstehung der Grafschaft, Ausbau und Konsolidierung: [1] *Der luxemburgische Zweig des Ardennerhauses:* Der Name der Gft. geht zurück auf die Lucilinburhuc, die Gf. Sigfrid 963 von der Trierer Abtei St. Maximin eintauschte. Die neu errichtete Burg, Stift, Markt und Burgsiedlung können als Keimzelle der Gft. angesehen werden, übten aber bis zum Ende des 11. Jh. kaum eine zentralpolit. Funktion aus. Als Mitglied der Sippe des im Raum Metz-Maas-Ardennen verankerten Ardennerhauses, das sich nach der Angliederung →Lotharingiens an das Dt. Reich ganz in den Dienst der Ottonen stellte, verfügte Sigfrid über Gf.enrechte im Moselraum, war Laienabt und nach der Reform Vogt des Reichskl. →Echternach sowie Vogt der Reichsabtei St. Maximin. Weniger der dürftige gfl. Eigenbesitz als die zw. Ardennen und Mosel beiden Kl.güter sowie das Gebiet um die Kg.spfalz →Diedenhofen an der Mosel und spätere Gf.enrechte in der Eifel bildeten denn auch die materielle Grundlage für die Entwicklung zum Territorialstaat L. Dazu gehörte auch die bis zur Salierzeit ständige Kg.snähe der L.er, die in der Heirat →Kunigundes mit Heinrich II. und den Ernennungen Heinrichs I. und Heinrichs II. zu Bayernhzg.en sowie Friedrichs II. zum Hzg. v. Niederlotharingien gipfelte. Ihr konnte weder die L.er Fehde (1008-15) gegen Heinrich II. noch das im →Investiturstreit unglückl. Gegenkgtm. →Hermanns v. Salm einen Abbruch tun; durch erstere scheiterte allerdings definitiv der Versuch, die Hand auf die benachbarten geistl. Territorien Metz und Trier zu legen. Eine Verdichtung des auf die jüngeren Brüder der Hzg.e v. Bayern verteilten Machtbereiches deutete sich erst in der 2. Hälfte des 11. Jh. an mit dem Hervortreten neuer Herrschaftszentren, welche die alten Gft.sbezirke und die »horizontal« geprägte Sippe sprengten und den zukünftigen »vertikalen« Fs.engeschlechtern ihren Namen gaben (L., Salm, Gleiberg, Laach).

[2] *Das erste luxemburgische Grafenhaus:* Konrad I. (1059-86) trägt als erster Nachfahre Sigfrids den Titel »comes de Luccelemburc«. Diese Erwähnung auf dem ersten L.er Gf.ensiegel (1083), das auf der Gründungsurk. der Münsterabtei zu L. aufgedrückt ist, kündete durch die Verlegung der Grablege von St. Maximin in das zukünftige Hauskl. in L. und die Verstärkung der Residenzfunktion der dortigen Burg die Entstehung einer neuen, auf L. zentrierten polit. Einheit zw. den geistl. Territorien Trier, Metz, Verdun und Lüttich, beidrseits der Grenze zw. Ober- und Niederlotharingien, an. Die Echternacher und St. Maximiner Vogteiurkk. des angehenden 12. Jh., die sich bes. gegen die Untervögte richteten, zeigen, daß der interne Landesausbau v. a. in die Zeit der direkten Nachfolger Konrads I. fiel. Durch Veräußerung der Kl.güter in Form von Lehen schufen sich die Obervögte ein Gefolge von milites, welche die Vorform eines gfl. Rates bildeten und deren Nachfolger als adlige Burgenbesitzer den Lehnshof des 13. Jh. prägten. Mit Konrad II. erlosch 1136 das erste L.er Gf.enhaus und damit auch die traditionelle Bindung an die dt. Kg.e.

[3] *Das zweite luxemburgische Grafenhaus:* Die Reichslehen der L.er fielen nach 1136 an →Heinrich, Gf. v. Namur (61.H.), durch seine Mutter Enkel Konrads I.; da dieser auch die Gft.en →Namur, Durbuy und La →Roche sowie die Vogtei über →Stablo-Malmedy erbte, erwuchs zw. Maas und Mosel ein beachtl. Machtkomplex, den Heinrich durch erste institutionelle Ansätze (curia, Hofämter, Burgvögte, Notare, Gründung des Novum Forum in L.) und im – allerdings erfolglosen – Kampf gegen Lüttich und Trier (Verlust der Vogtei St. Maximin) zu festigen suchte. Nach seinem Tod (1196) wurde sein Erbe aufgeteilt: L., La Roche, Durbuy und die Vogteien über Echternach und Stablo fielen an seine spätgeborene Tochter Ermesinde, deren erste Regierungsjahre durch ihre beiden Heiraten mit dem Gf.en Theobald v. Bar († 1214) und dem Hzg. Walram III. v. →Limburg († 1226) geprägt waren. Während beide Fs.en vorwiegend durch Krieg den Gft. L. Gebietszuwachs sicherten (Theobald 1199 aus dem Namurer Erbe die Propstei Poilvache sowie die Propstei Marville, Walram 1214 aus Limburger Besitz die Mgft.

→Arlon als Mitgift), liegt die Leistung der Gfn. nach 1226 in der Sicherung der L.er Rechte für ihren Sohn Heinrich V., dem Ausbau der Lehnsherrschaft an den Grenzen und der institutionellen Konsolidierung der Gft. nach frz. und niederrhein. Vorbild. Dem Aufbau einer regionalen (Propsteien, Ablösung der erbl. Ämter durch gfl. Beamte) und zentralen Verwaltung entsprachen erste Städteprivilegierungen, die Verwaltungs-, später auch Wirtschaftszentren schufen. Heinrich V. (1235/36-81) setzte diese Politik fort: die Integration des Adels und der Städte, die Bindung der aufsteigenden gfl. Dienstleute an die Dynastie haben zur Wahrung der Landeseinheit beigetragen, die auch nicht durch den für die L.er katastrophalen Ausgang des Limburger Erbfolgestreits (Schlacht v. →Worringen, 1288: Tod →Heinrichs VI. [57.H.]) beeinträchtigt wurde.

II. GRAFSCHAFT UND HERZOGTUM IN DER REICHSPOLITIK: Ks. →Heinrich VII., Sohn Heinrichs VI., rationalisierte nach fläm. Vorbild die Verwaltung (Registrierung der Einkünfte und Rechte, Einführung des Rentmeisters). Sein Sohn, Kg. Johann v. Böhmen, der die Interessen seiner Stammlande mittels einer aktiven Lehns-, Kauf- und Wirtschaftspolitik (u. a. Gründung der Schobermesse in L.) stets wahrnahm, baute sie aus. Nach seinem Tode (1346) ließ Ks. Karl IV. gegen den Willen des Vaters seinem Oheim Ebf. →Balduin v. Trier freie Hand in L. Erst nach Balduins Tod übertrug er das zum Hzm. erhobene L. seinem Halbbruder Wenzel I., der die finanzielle Unabhängigkeit des Landes wiederherstellte und das Territorium seiner größten Ausdehnung zuführte (Erwerbung der Gft. →Chiny). Karls Sohn, Kg. Wenzel, verpfändete 1388 das Hzm. an Mgf. →Jodok v. Mähren, 1411 an seine Nichte →Elisabeth v. Görlitz (13.E.); vergebl. Versuche seines Bruders Siegmund, die Stammlande zurückzugewinnen, stürzten das Hzm. in Kriegswirren und wirtschaftl. Niedergang, der auch mit dem Erwerb der Pfandrechte durch Philipp d. Guten und der burg. Eroberung (1443) nur ein provisor. Ende fand, da durch das Übergleiten L.s an die Habsburger nach 1477 wiederum neue Konflikte ausgelöst wurden.   M. Margue

Bibliogr.: Bibliogr. d'hist. lux., 1964ff. – *Q.:* A. VERKOOREN, Inventaire des chartes ... du L., I-V, 1914-21 – C. WAMPACH, Urkk.- und Q.buch zur Gesch. der altlux. Territorien..., I-X, 1935-55 – R.-H. BAUTIER u. a., Les sources de l'hist. économique et sociale du MA. Les États de la maison de Bourgogne, I, 2, 1984, 645-673 – *Lit.:* NDB XV, 575-578 – CH. FUNCK, La politique de Jean l'Aveugle, comte de L., T.'Hémecht 6, 1953, 57ff.; 8, 1955, 285ff. – J. GOEDERT, La formation territoriale du pays de L., 1963 – J.-M. YANTE, L'activité commerciale dans le L. mosellan du XIIIᵉ au milieu du XVIᵉ s., I-IV [Diss. Louvain-la-Neuve 1982] – R. PETIT, Le pays de L. au début des temps modernes (État et religion aux XVᵉ et XVIᵉ s., 1986), 63-118 – M. PAULY, L. im späten MA [Diss. Trier 1990] – M. MARGUE-M. PAULY, L. vor und nach Worringen, Jb. für westdt. Landesgesch. 16, 1990, 111-174 – Schueberfouer 1340-1990, 1990 – M. TWELLENKAMP, Das Haus der L. (Die Salier..., I, 1991), 475-502 – M. MARGUE, Rayonnement urbain et initiative comtale (Mél. G. DESPY, 1991), 429-464.

III. DIE LUXEMBURGER ALS KÖNIGE UND KAISER: [1] *Kurfürst Balduin v. Trier, Kaiser Heinrich VII. und König Johann:* Die nächst den Habsburgern erfolgreichste Herrscherdynastie des dt. SpätMA trat in diese Rolle regions- und konstellationsbedingt und angesichts der damals extrem von den Kfs.en (bes. den rhein. Ebf.en) bestimmten Kg.swahl ein. Der wichtigste Vollstrecker war der Trierer Ebf. →Balduin v. L. (1307-54). Auch der Mainzer Ebf. →Peter v. Aspelt setzte sich für Balduins Bruder Heinrich (VII.) ein. Die Beteiligten einte die Ablehnung der allzu starken Nachbarn, Kg. Philipp IV. v. Frankreich. Kg. Heinrich, 1308 – abgesehen von der böhm. Stimme – einmütig gewählt, suchte seine Legitimierung in Italien und gab dafür die mitteldt. Positionen der ksl. Vorgänger vielleicht vorschnell auf. 1312 zum Ks. gekrönt (erste Ks.krönung seit den Staufern), starb er schon auf dem Rückweg von Rom (1313) und hinterließ dem Reich nicht viel mehr als diese Demonstration, die freil. nicht ohne Eindruck auf die Zukunft blieb. Der überraschende Tod des Ks.s hinterließ auch die Dynastie in einem ungewissen Zustand. Gleichwohl sollten ihr die drei nächsten Generationen, die letzten im Mannesstamm, hist. Rang zuerteilen. Balduin war der Garant der Zukunft. So sehr er die Interessen des Erzstifts wahrnahm (selbst zu Lasten des Großneffen Karl), so wichtig war ihm gleich danach das polit. Schicksal der Familie. Ihr diente Balduin durch seine regionalen und überregionalen Erfolge als eine der überzeugendsten Gestalten des spätma. Kurfürstentums. Balduin war der einzige, der die strukturellen Schwächen der Trierer Position durch aktives Handeln vergessen machte – in einer Generation, die dafür günstige Chancen bot. Ks. Ludwig d. Bayer war in hohem Maße auf ihn angewiesen. Er prägte die Fortentwicklung der Reichsverfassung wesentl. mit, gewiß v. a. in der Absicht, die kfl. Rechte zu verteidigen. Dies trug aber mindestens indirekt zur Stabilisierung des Reiches insgesamt, auch gegenüber dem Papsttum, bei (→Rhenser Kurverein).

Dem Sohn Ks. Heinrichs, dem Knaben Johann (* 1296), waren Rangerhöhung und Chancen auf Machtzuwachs durch die väterl. Belehnung mit dem Kgr. Böhmen unvermutet zugefallen (1310). Dies handhabte der Herangewachsene viel eher unter dynast. als »staatl.«-böhm. Gesichtspunkten. Schon deshalb ist ihm die Geschichtsschreibung bis heute nicht gerecht geworden. Böhmen galt Johann eher als Basis kgl. Ranges denn als Wert an und für sich, so wünschenswert auch Durchgestaltung und Ausschöpfung der Geld- und Machtmittel des Landes schienen. Kaum weniger wichtig war das Aufgreifen der von den přemyslid. Vorgängern (→Přemysliden) übernommenen und durch die Eheverbindung mit der Přemyslidin Elisabeth legitimierten weiterreichenden Ansprüche, zumal auf die poln. Krone in Konkurrenz zu den Piasten und auf benachbartes Piastenland (→Schlesien). So mag die fakt. Machtteilung mit dem böhm. Hochadel, die den Kg. im Innern auf die Krondomäne mit den Städten und die hergebrachten Einkünfte beschränkte, als hinnehmbar gegolten haben. Zwei Aspekte machen die betont dynast. Politik, ja dynast. Existenz Johanns bes. deutlich: a) das Bestreben, als Ks.- und Kg.ssohn wie ein Kg. zu handeln, selbst wenn die böhm. Krone dafür nicht ganz das rechte Substrat bot. Dazu gehörte das Engagement in Italien (1330–33), das machtpolit. betrachtet nichts als eine befremdl. Zersplitterung der Kräfte mit sich brachte. Wie man etwaige Gewinne, die dann erwartungsgemäß nicht eintraten, hätte verwerten und behaupten sollen, bleibt dunkel. Daß so »unvernünftiges« Verhalten gleichwohl akzeptiert wurde oder gar geboten schien, weist die Gefolgschaft Johanns im Reich auf. Sie unterschied sich angesichts der Teilhabe »klassischer« königsnaher Familien nicht sehr von derjenigen eines dt. Kg.s. Dazu mag die unklare polit. Lage zw. Ludwig d. Bayern und →Friedrich d. Schönen beigetragen haben. So kann man zeitweise eher von drei als von zwei Kg.en im Reich sprechen; b) die beharrl. Fortführung der frz. Kultur-, Mode- und Personenbeziehungstradition der Dynastie selbst dann, als dies mit den böhm. Verhältnissen ganz und gar unvereinbar und wenigstens partiell so unpopulär schien, daß Karl IV. mit großen Teilen davon rasch gebrochen hat. Der Hof Johanns war durchaus »international«, ebenso wie seine unermüdl. Reisetätigkeit in W-Europa samt seinen Ritter- und Kulturambitionen. Johann kann als Vorläufer der »internationalen« zweiten Jahrhunderthälfte in Mitteleuropa gelten und trat damit in scharfen Gegensatz zu Ludwig d. Bayern und Friedrich d. Schönen. Frz. waren die Heiratspolitik Johanns (zweite Gemahlin: Beatrix v. Bourbon 1335) und die Verehelichung der Kinder (Wenzel-Karl ∞ Blanca v. Valois 1323, Jutta [Guta] ∞ Kg. Johann II. v. Frankreich 1332).

[2] *Kaiser Karl IV., Herzog Wenzel v. Luxemburg und Markgraf Johann Heinrich v. Mähren:* Spätestens 1341 ist der Konflikt von L.ern und Wittelsbachern, unter den Augen der Habsburger, unheilbar geworden; das Zeitalter der rivalisierenden Großdynastien war heraufgezogen. Johanns Sohn Karl (* 1316) übernahm damals für den kranken Vater im »do-ut-des-Geschäft« mit Balduin die Führung. Bald nachdem Karl mit Hilfe des Papstes Gegenkg. geworden war (1346), fiel der Vater bei →Crécy. Ganz anders als dieser war Karl gleichsam L.er und Přemyslide zugleich, jedenfalls ein erster L.er, der in Böhmen zu Hause war. So akzeptierte er den Übergang des Stammlands (1354 Hzm. statt Gft. L.) an den Halbbruder Wenzel († 1383) und gab Mähren an seinen jüngeren Bruder Johann Heinrich († 1375). Auch Karl lebte und handelte dynast., war aber zugleich ein großer »Staatsmann«, dem Länder, Macht und Geld vertraute Ziele und Mittel blieben. Ein Jahrzehnt lang, um 1360, schien eine »frz.« Lösung des »dt. Problems« nicht ganz unmöglich; d. h., durch fakt. Übergewicht hätte man vielleicht nach und nach das ganze Reich lux. machen oder dem lux. Hegemonie bringen können. Ohne grundsätzl. neue Wege einzuschlagen, unternahm Karl bedeutende Modernisierungsschritte. Das Kfsm., die Städte und nahezu auch das Papsttum schienen ihm zeitweilig zu Willen zu sein. Mit dem Kg. v. Frankreich suchte er die ö. Peripherie Europas familiär aufzutauen.

Bis 1361 mußte er auf den Erben warten, dem dies alles zugedacht war. Für die Durchsetzung von Wenzels Kg.swahl noch zu den eigenen Lebzeiten hat Karl keine Ausgaben, Risiken und krummen Wege gescheut. 1376 gelang dieser erstaunl., seit der Stauferzeit unerhörte Coup. Auch Karl teilte am Lebensende dynast., doch insofern auch »staatl.«, als er Wenzel, den dt. und böhm. Kg., sehr bevorzugte. Für den zweiten Sohn Siegmund (* 1368) blieb das von den Wittelsbachern erworbene →Brandenburg mit der Kurwürde, weil man auf die Krone Polens hoffte. Für den jüngsten Sohn Johann (* 1370) genügte das unbedeutende neue Hzm. Görlitz. Die eigene Ehepolitik des viermaligen Hochzeiters und die Verheiratung der Kinder waren komplexe polit. Geschäfte wie kaum jemals sonst im MA. Hzg. Wenzel v. L., nach Anfangserfolgen schwer geschlagen, blieb dynast. ohne Bedeutung, auch ohne Kinder; Johann Heinrich v. Mähren trat nicht hervor.

[3] *König Wenzel, Markgraf Jodok v. Mähren und Kaiser Siegmund:* Die letzte Generation der männl. L.er war die polit. vielfältigste, ein Ausdruck auch der Schwäche des nun zum polit. Führer ausersehenen Wenzel (1378–1400/19). Der L.er Zweig erlosch 1383, die Stammlande wurden nach einer von der Witwe Johanna v. Brabant mitgestalteten Übergangszeit burg. Alle Probleme, die unter der Regierung des Vaters zurückgestaut statt gelöst worden waren, und neue zunächst beinahe unlösbare Schwierigkeiten, wie das →Abendländ. Schisma v. 1378, brachen über den jungen Thronfolger Wenzel herein. Die nie zum Schweigen gebrachte innerterritoriale Adelsopposition löste die entscheidende Herrschaftskrise in Böhmen aus (1384/85), im Reich wurde sie gut zehn Jahre später offen-

kundig und führte schließl. zur (von Wenzel nie anerkannten, rechtl. unzulässigen) Absetzung durch eine wittelsb. geführte Kfs.enfronde (1400 zugunsten Kg. Ruprechts). Bis dahin hatte der innerdynast. Konflikt schon mehrere Höhepunkte erlebt. Er wurzelte im Aufstieg der mähr. Nebenlinie in der zweiten Generation, zumal in der Gestalt Mgf. →Jodoks (Jobsts; 1375–1411), eines bis heute zieml. unbekannten L.ers. Jodok vermochte, ansehnl. Geldmittel als polit. Hebel einzusetzen, auch im Bündnis mit der Adelsopposition gegen Wenzel. Zeitweilig betrieb Jodoks Bruder →Prokop (1375–1405) eine eigene Politik. Aus Jodoks Geld stammte vieles von dem finanziellen Rückhalt, dessen sich Siegmund v. Brandenburg erfreute. Dadurch, aber auch durch Glück und eigene Tüchtigkeit gewann er 1387 zwar nicht, wie einst geplant, Polen, jedoch das Kgr. Ungarn mit seinen Nebenländern. Von dieser bald freil. von den Osmanen bedrängten Basis aus trieb er eine mit Wenzel konkurrierende Politik im Reich. Nach dem Tod Kg. Ruprechts (1410) wurden Jodok v. Mähren (1410–11) und mit mehr Glück Siegmund v. Ungarn zu dt. Kg.en gewählt (1410–37). Dieser letzte L.er, nicht unähnl. dem Großvater Johann, aber auch in manchem wie sein ksl. Vater, ist auf unsicherer Basis ein Mann von Bedeutung geworden. Seine wichtigste Leistung war das wesentl. Mitwirken an der Beendigung des Schismas auf dem Konzil v. →Konstanz (1414–18). Siegmund regierte länger, als die nach dem Tode Wenzels ausgebrochene Hussitenkrise (→Hussiten) dauerte, die Innerböhmen und Teile Mährens aus der umgebenden kath. Welt für 15 Jahre gleichsam herauslöste. Siegmund gewann Böhmen zurück, kam aber in ein ganz verändertes Land, das von der Hochadelsmacht noch stärker als bereits zuvor geprägt war. Die einzige Tochter Elisabeth hatte er bereits 1421 mit Hzg. Albrecht V. v. Österreich verheiratet, der als Albrecht II. dt. Kg. werden und das Jahrhunderte währende Ksm. der Habsburger einleiten sollte. Albrecht war ein loyaler Erbanwärter und Erbe und ein befähigter Herrscher, wie viele seiner Verwandten nach ihm. So fiel der große Komplex der böhm. und ung. Länder von einer bedeutenden Dynastie an eine noch bedeutendere und gestaltete deren Zukunft wesentl. mit.

P. Moraw

Lit.: F. Schneider, Ks. Heinrich VII., 1924/28 – W. M. Bowsky, Henry VII in Italy, 1960 – A. Gerlich, Kg. Johann v. Böhmen, Gesch. LK 9, 1973, 131–146 – Ks. Karl IV. 1316–1378, hg. H. Patze, 1978 – F. Seibt, Karl IV., 1978² – J. Spěváček, Král diplomat, 1982 – Balduin v. L., hg. F.-J. Heyen, 1985 – P. Moraw, Von offener Verfassung zu gestalteter Verdichtung (Propyläen Gesch. Dtl.s III, 1985) – J. Spěváček, Václav IV. 1361–1419, 1986 – D. Veldtrup, Zw. Eherecht und Familienpolitik, 1988 – Studia Luxemburgensia (Fschr. H. Stoob, 1989) – S. Wefers, Das polit. System Sigmunds, 1989 – E. Mályusz, Ks. Sigismund in Ungarn 1387–1437, 1990 – H. Stoob, Ks. Karl IV. und seine Zeit, 1990 – →Balduin v. L., →Heinrich VII., →Jodok, →Johann v. Böhmen, →Karl IV., →Siegmund, →Wenzel.

Luxeuil (Luxovium), St-Pierre de, ehem. große Abtei OSB in der Freigft. →Burgund (dép. Haute-Saône), am Fuß der Vogesen. Die galloröm. Siedlung (mit Bädern, Kultanlagen, Werkstätten [Keramik] und Handelsfunktionen) fiel im 4. Jh. n. Chr. infolge der Franken- und Alemanneneinfälle wüst. An diesem im Grenzbereich zw. Austrasien und Burgund gelegenen Platz gründete der Ire →Columban um 590 (als zweite Gründung nach Annegray) das Kl. L. Columban und seine Gemeinschaft, die dank strenger Askese und Apostelnachfolge der Unterstützung des merow. Kgtm.s und der örtl. Aristokratie gefunden hatten, erhielten rasch Zulauf aus der einheim. Gesellschaft (z. B. →Donatus). Der eigtl. Aufstieg L.s begann jedoch erst nach der Exilierung des kompromißlosen Columban (610). Sein burg. Schüler und Nachfolger Eustasius (610–629) hatte als Mann des Ausgleichs ein besseres Verhältnis zum merow. Klerus und knüpfte ein enges Band mit dem merow. Kgtm., dessen Träger, der Neustrier →Chlothar II. (seit 613), ein Bewunderer und Förderer des columban. Mönchtums war. Seit dieser Epoche beruhte das monast. Leben nicht mehr allein auf den Gewohnheiten Columbans, sondern bezog auch verstärkt die älteren kontinentalen Mönchsregeln, v. a. die →Regula Benedicti, ein. Eine wichtige Rolle in diesem Adaptationsprozeß spielte der Nachfolger des Eustasius, Walbert (629–670), der aus der frk. Aristokratie von Brie und Ponthieu stammte. Während seines langen Abbatiats hatte L., dessen Mönche aus allen Teilen des Frankenreichs kamen und das zur Pflanzschule des gall. Episkopats wurde, die stärkste Ausstrahlung. Erstmals sind das blühende →Skriptorium und die reiche Bibliothek bezeugt. Auch kann wohl bereits die Erringung vollständiger →Immunität von der Bischofsgewalt in diese Zeit datiert werden. In den Jahren um 673–675 diente L. als Gefängnis für die Gegner Kg. Childerichs II., →Ebroin und →Leodegar. Danach ist über die Gesch. der Abtei, die wohl in die Wirren des zerfallenden Merowingerreichs verstrickt war, bis zum Beginn des 9. Jh. nur wenig bekannt.

Mit dem Wiederauftreten L.s in den Quellen der Karolingerzeit stellt sich die Abtei, ausschließl. der Benediktregel verpflichtet, erneut als einflußreiche Institution dar, die es verstand, der 819 den Reichsabteien auferlegten Dienstpflicht zu entgehen, und die über reichen Grundbesitz verfügte, der sich allerdings erst in der Rückschau späterer Zeiten erschließt (→Adso v. Montier-en-Der spricht im 10. Jh. von 15000 Hufen; eine gefälschte Urk. Karls d. Gr. führt im 12./13. Jh. eine Güterliste auf, die Besitzungen L.s im Rhônetal, in Provence, Elsaß, Champagne und Ponthieu erwähnt). Die Abtswürde lag in den Händen großer Würdenträger des Karolingerreiches, so des →Ansegis (817–823), der die Gebäude nach einem wohl an Centula (→St-Riquier) angelehnten Plan neuerrichten ließ, und des →Drogo (823–855), der zugleich Bf. v. →Metz war. In dieser Zeit fand zwar das geistige Leben adäquate Fortsetzung (vgl. die erhaltenen Hss. des 9. Jh. und die Tätigkeit des Dichters und Bibelkommentators →Angelomus unter Lothar I.), doch war L. in erster Linie ein Objekt weltl. Herrschaftsstrebens: Um 857 bemächtigte sich Hubert, der Dux v. Transjuranien und Schwager Lothars I., widerrechtl. der Abtei, was zur Intervention Papst Benedikts III. führte; 891 inkorporierte der ostfrk. Kg. Arnulf 'v. Kärnten' die Abtei der Besitzausstattung des Bm.s Metz. Das fast völlige Schweigen der Quellen über L. in der Folgezeit, fast ein Jahrhundert lang, ist wohl nicht so sehr eine Folge von (nicht belegten) Invasionen, sondern eher ein Zeichen des allg. Verfalls der großen monast. Stätten der Karolingerzeit, an deren Stelle neue, im feudalen Umfeld entstandene Typen von Kl. entstanden. L. war allerdings mit den neuen Strömungen verbunden (z. B. mit →Cluny, mit dem es zw. 943 und 964 sowie erneut 964 Gebiete im Mâconnais tauschte) und führte auch sein religiöses (Gebetsverbrüderung mit →Reichenau, belegt im 9.–11. Jh.) und selbst intellektuelles Leben (Scholaster Constantius, um 1000) fort.

Seit dem 11. Jh. stark in die Defensive gedrängt (päpstl. Schutzprivilegien: Benedikt VIII., 1018; Leo IX., 1049), sah L. seinen Grundbesitz verkleinert (Güter beschränkt auf Umkreis von 50 km, Patronatsrechte auf ca. 40 Kirchen) und mußte sich im frühen 12. Jh. des Vordringens konkurrierender Abteien (St-Bénigne de →Dijon, →Bèze, St-Èvre de →Toul) sowie der Herren v. Darney erwehren. Der von den Gregorianern propagierten monast. Erneuerung erschloß sich L. nur schwer; eine vom Papsttum initiierte Reform des →Petrus Venerabilis (um 1130–35) scheiterte, und →Bernhard v. Clairvaux ergriff in Besitzstreitigkeiten mehrfach die Partei der Gegner von L. Allerdings konnte L. schon vor der Mitte des 12. Jh. seine Situation wieder stabilisieren (gute Beziehungen zu Abteien der Region wie →Remiremont, →Lure, →Faverney), unterstützte neugegründete Zisterzienserkl. (Bithaine, La Charité), erlangte von den Päpsten Bestätigungen des Besitzstandes und der Exemtion (1144–1222) und wahrte die Stellung eines Königskl. (Philipp v. Schwaben, 1201).

Zum Schutz vor den krieger. Unruhen in der Gft. Burgund befestigte die Abtei 1214 ihren →Burgus, der 1291 ein Statut *(franchises)* erhielt, und unterstellte sich dem Schutz von großen Territorialfs.en (Hzg. v. →Lothringen, 1248; Gf. v. →Champagne, 1258), um schließlich die Schutzherrschaft des Gf.en v. Burgund hinzunehmen. Waren das 14. und 15. Jh. noch von Bautätigkeit geprägt (Kirche, geweiht 1340; Kreuzgang, 1. Hälfte des 15. Jh.), so begann unter den Gf.en aus dem Hause Valois (seit 1384, offizielle Zuerkennung der *Garde* durch den Vertrag v. Arras, 1435) die Zerschlagung des alten Immunitätsverbandes, der *Terre de L.*, die 1534 im Vertrag v. Madrid durch Karl V. formell der Gft. Burgund einverleibt wurde. 1790 wurde die Abtei aufgehoben. G. Moyse

Lit.: DIP V, 790f. – A. ERLANDE-BRANDENBURG, Le monastère de L. au IXe s. Topographie et fragments de sculptures, Cahiers archéol. 14, 1964, 239–243 – B. BISCHOFF, Scriptoria e manoscritti mediatori di civiltà (Ma. Stud. II, 1967), 325f. und passim – G. MOYSE, Les origines du monachisme dans le diocèse de Besançon, BEC 131, 1973, 31f., 83–91, 430f., 445–448, 451–461, 465–480 – R. LOCATELLI, L. aux XIIe et XIIIe s., RevMab 60, 1981, 77–102 – PH. KAHN, L. (Les agglomérations secondaires en Franche-Comté romaine, 1986), 78–83 – F. PRINZ, Frühes Mönchtum im Frankenreich, 1988^2, 121–152 und passim.

Luxurius (Luxorius), lat. Epigrammatiker des 5./6. Jh. Während der Vandalenherrschaft als Grammatik- oder Rhetoriklehrer (oder Beamter) in Karthago im Rang eines *vir spectabilis* tätig, verfaßte er ein Buch Epigramme (Preis- und Spottgedichte, Gedichte auf Tiere, Ekphraseis, Erotica), ed. um 534, das in der Anthologia Latina (→Anthologie, B. I) überliefert ist. Die 90 Epigramme (dazu ein Epithalamium) in 13 verschiedenen Versmaßen enden nach dem Vorbild Martials fast stets mit einer Pointe. Der ma. Autor Lisorius, von dem 26 kurze Fragmente erhalten sind, ist mit ihm wahrscheinl. identisch.
J. Gruber

Ed.: H. HAPP, 1986 [mit Komm.] – *Engl. Übers.:* R. O'CONNELL, 1984.

Luxusordnungen dienten der Einschränkung des materiellen Aufwands insbes. bei Festlichkeiten (Gastmählern, →Begräbnissen, →Taufen, →Hochzeiten, →Turnieren, Tanzveranstaltungen usw.) und sind eine übergreifende Erscheinung des ma. Europa. Sie erstreckten sich auf →Kleidung (→Kleiderordnungen) – einschließl. →Schmuck und →Haartracht –, Essen und Trinken, Geschenke, Anzahl der Gäste, Dauer der →Feste, Abhaltung von Musik und →Tanz sowie auf das Glücksspiel. Die L. gehörten dem Rechtsbereich an, der seit dem ausgehenden MA als Polizeirecht (→Polizei) bezeichnet wird. Mit wachsender obrigkeitl. Reglementierung des öffentl. Lebens finden sie sich, bes. zahlreich seit dem 14. Jh., in der Breite der ma. Rechtsüberlieferung (Gesetze, Land-, Stadtrechte, Satzungsbücher, Ordnungen). Allein zw. 1450 und 1500 erschienen in Venedig und Genua je acht umfangreiche L. Die Geldbußen waren in der Regel so hoch, daß nur sehr Wohlhabende sich ihre Übertretung leisten konnten. Neben diesen Rechtskodifikationen können nen Lit.- und Predigtüberlieferung über die hinter den L. stehenden Vorstellungen Aufschluß geben. Die Motive für die L. liegen im moral. (Wendung gegen die 'Hoffart') und im sozialfürsorger. Bereich (Schutz vor 'Verschwendungssucht'). In den it. Stadtstaaten Venedig und Genua (1360/1449) wurden auch schon volkswirtschaftl. Motive (Schwächung des Handels bzw. des Staates) genannt. Nicht zuletzt dienten die L. aber auch der Wahrung sozialer Unterschiede, dies bes. deutl. bei Kleiderordnungen. Die Nachahmung adliger Lebensweisen durch das Bürgertum sollte verhindert werden. An L. läßt sich ablesen, welcher Aufwand jeweils gerade als legitim galt. Allg. Aussagen, z. B. über Alltagsgewohnheiten bei der →Ernährung (es handelt sich meist um Festtagsbestimmungen), oder Rückschlüsse auf zu- oder abnehmenden Luxus sind dagegen nur sehr bedingt möglich. Die Beschränkung der Zahl der Festgäste ist das am häufigsten verwendete Mittel zur Begrenzung des Aufwands. So wurde in Nürnberg zw. 1453 und 1503 die Höchstzahl der Teilnehmer am Hochzeitskirchgang von 8 auf schließl. 24 je Ehegatten erhöht. Am Hochzeitsabend selbst wie am Vorabend durften nach 1455 in Göttingen 120 Personen und 24 Verwandte feiern. Bei Begräbnissen wurde neben der Zahl der Gäste auch, wie in Speyer, die Menge des Wachses bzw. der Kerzen oder auch die Qualität der Leichentücher festgesetzt. Bei Taufen war Bewirtung von Gästen oft völlig verboten. Auch die Anzahl der Gänge bzw. Gerichte wurde reglementiert. Das »Statutum de cibariis utendis« des engl. Kg.s Eduard III. v. 1336 begrenzte diese generell auf zwei, nur an hohen Festtagen waren auch drei Gänge erlaubt. Höchstens zwei Sorten Fleisch sollten verzehrt werden. In Osnabrück durften nach der Ordnung v. 1314 bei Hochzeiten nur zwei Mahlzeiten mit höchstens vier Gerichten gegeben werden. In Soest waren 1350 fünf Gerichte erlaubt. Nach der sächs. Landesordnung v. 1482 waren bei Festen morgens höchstens sechs, abends fünf Gerichte und zweierlei Wein erlaubt. Nur bei Hochzeiten oder bei Teilnahme von Fs.en bzw. ausländ. Botschaften war je ein Essen mehr gestattet. Bestimmte Speisen fielen unter ein totales Luxusverbot, so in der Nürnberger Hochzeitsordnung v. 1460 Reb- und Haselhuhn, Fasan, Pfau, Kapaun, it. Huhn, Hirsch- und Rehbraten, Fische und Süßigkeiten. In Herford wurde 1423 zw. Wein- und Bierhochzeiten unterschieden. Immer wieder wurden Geschenke zu den verschiedenen Gelegenheiten begrenzt oder untersagt. Weihnachtsgeschenke waren in Nördlingen 1445/47 bei Strafe von 1 Pfund nur an Ehegatten, Kinder und Neffen bzw. Nichten erlaubt. Sehr zahlreich sind schließl. auch die Spielverbote. Karten- und Brettspiele mit geringem Einsatz blieben aber meist gestattet, wie in Straßburg, wo der Einsatz auf einen Pfennig begrenzt wurde (1447/58, 1462/63). In den sog. Herrentrinkstuben waren dagegen häufig auch höhere Einsätze erlaubt.
J. Schneider

Lit.: HRG III, 119–122 – P. KRAEMER, Le luxe et les lois somptuaires au MA, 1920 – F. E. BALDWIN, Sumptuary Legislation and Personal Regulation in England, 1926 – A. JEGEL, Altnürnberger Hochzeitsbrauch und Eherecht, Mitt. zur Gesch. der Stadt Nürnberg 44, 1953, 238–274 – G. J. NEUMANN, Hochzeitsbrauchtum in Westfalen vom 14.–18. Jh. unter bes. Berücksichtigung der Städte, Westfalen 33, 1955, 212–223 – G. K. SCHMELZEISEN, Polizeiordnungen und Privatrecht, 1955 – G. RICHTER, Die ernestin. Landesordnungen und ihre Vorläufer, 1964 – H. LIEBERICH, Die Anfänge der Polizeigesetzgebung des Hzm.s Baiern (Fschr. M. SPINDLER, 1969), 307–378 – J. LE GOFF, Codes vestimentaires et alimentaires dans Erec et Enide (La Chanson de geste et le mythe Carolingien. Mél. R. LOUIS, II, 1982), 1243–1258 – P. O. HUGHES, Sumptuary Law and Social Relations in Renaissance Italy

(Disputes and Settlements, hg. J. Bossy, 1983), 69–99 – M. G. Muzzarelli, »Contra mundanas vanitates et poenas«. Aspetti della lutta contro i lussi nell'Italia del XIV s., RSCI 40, 1986, 371–390 – Essen und Trinken in MA und NZ, 1987 – Zum Problem städt. und territorialer Luxusgesetzgebung in Dtl. (13. bis Mitte 16. Jh.) (Renaissance du pouvoir législatif et genèse de l'état, hg. A. Gouron – A. Rigaudiere, 1988), 29–57 – Feste und Feiern unter Auflagen (Feste und Feiern im MA, hg. D. Altenburg, J. Jarnut, H.-H. Steinhoff, 1991), 39–51.

Luzern, zentralschweiz. Stadt. Am Ausfluß der schiffbaren Reuß aus dem alten L.er-, heute Vierwaldstättersee wurde um 750 auf der Anhöhe im O das Kl. St. Leodegar im Hof gegr., von Pippin beschenkt und im 9./10. Jh. u. a. vom alem. Hzg.shaus mit Gütern ausgestattet. Die Abtei OSB (seit 1456 Chorherrenstift) wurde vor 1100 als Propstei dem Elsässer Kl. →Murbach unterstellt. Wohl um 1082 reorganisierte die ecclesia libera L. ihre Dinghöfe (um 1300 16 Höfe/Pfarreien mit dem Oberhof L.). Am rechten Ufer des Seeausflusses entstand eine Dienstleutesiedlung um St. Peter und an der 1168 erwähnten Reußbrücke wohl eine Kaufleutesiedlung (Kramgasse), zw. denen der Markt lag, der zum Hauptmarkt des Seegebiets wurde. Vom Brückenkopf auf dem linken Reußufer aus bildete sich die mindere Stadt, die jene Schifflände einbezog, welche zum Umschlagplatz des seit 1260/70 zunehmenden Gotthardverkehrs heranwuchs. Hinter dem dort gelegenen Spital fügte man das vor 1260 gegr. Franziskanerkl. in die erweiterte Stadtbefestigung ein. Im äußersten Befestigungsring baute man die Kapellbrücke (um 1300), den Wasserturm (um 1350), die Museggmauer (nach 1386) und die Spreuerbrücke (vor 1408). 1178 errichtete das Kl. Murbach/L. als Kollator unter Einbezug der Kapelle St. Peter das weltl. Leutpriesteramt. Die ab 1210, verstärkt ab 1240 faßbare Gemeinschaft der Bürger siegelte 1241 erstmals, 1240–52 bezeichneten sich die Einw. als coniuratores der Nidwaldner. Am 4. Mai 1252 vereinbarten minister, consules et universitas civium mit den Kastvögten v. Rothenburg den Geschworenen-Brief, eine frühe städt. Friedensordnung. Kg. Rudolf I. sicherte Ammann und Bürgern 1274–81 des Reiches Schirm, Lehensfähigkeit und Schutz der Satzungen zu. Der im Reichsdienst verschuldete Abt trat als Stadtherr L. gegen Geldhilfe Rechte ab. Murbach verkaufte am 16. April 1291 seinen Herrschaftsanteil, nicht aber jenen des Kl. L., an Rudolf I. für das Haus Habsburg-Österreich. Gegen die im 14. Jh. die Autonomie einengende österr. Landesherrschaft setzte sich L. zur Wehr, ohne die Herrschaft in Frage zu stellen. Nach zwei Schwureinungen (1328/30) schloß L. 1332 wegen seiner Fehde mit der Herrschaft den Bund mit Uri, Schwyz und Unterwalden (→Eidgenossenschaft, Schweizer.). Doch die Loslösung wuchs mit dem →Sempacherkrieg 1386. 1415 erklärte Kg. Siegmund L. für reichsfrei. L. baute 1380–1415 sein Territorium auf. Die Stadt löste im Generalauskauf 1479 die letzten Grundherrschaftsrechte des Stiftes ab. – Im 13. Jh. prägten die wenigen Kl.ministerialen und die Fernkaufleute den Beschäftigungscharakter, im 14. Jh. Handwerk und Gewerbe (Gerberei, Eisenverarbeitung, Nußölgewinnung), nach 1415 die Verwaltung des Stadtstaates. Die Kompetenzen der Gesellschaften (Zünfte) blieben auf Handwerk und Bruderschaft beschränkt. Konflikte erwuchsen im 15. Jh. mit dem starken, sich selbst ergänzenden (Kleinen) Rat, in den Handwerker über den Großen Rat seit dem 14. Jh. aufstiegen. L. hatte um 1350 4200 Einw., 1487 2800 Einw.

F. Glauser

Lit.: A. Ph. v. Segesser, Rechtsgesch. der Stadt und Republik L., 4 Bde, 1850–58 – K. Meyer u. a., Gesch. des Kt.s L., 1, 1932 – L. 1178–1978, 1978 – G. P. Marchal, Sempach 1386 ..., 1986 – F. Glauser, L. 1291, Jb. der Hist. Ges. L., 1991.

Luzia → Lucia

Luzifer → Engel, →Hölle, →Teufel

Lydgate, John, OSB, engl. Dichter, * ca. 1370 in Suffolk, † Ende 1449/Anfang 1450, ⊐ Abteikirche Bury St. Edmunds, Suffolk. Ca. 1385 tritt L. in das OSB Kl. Bury St. Edmunds ein, 1397 Priesterweihe. Zweimal hält er sich zum Studium in Oxford auf; 1423–34 nominell Prior v. Hatfield Regis (Broad Oak), Essex. 1426 in Paris, weilt er nach 1434 mehr oder weniger kontinuierl. in Bury; kgl. Pension 1439–49. – L.s Werk besteht zum großen Teil aus Auftragsarbeiten. Die frühe allegor. Liebesdichtung und -klage knüpft an →Chaucer und frz. Vorbilder an. Im »Complaint of the Black Knight« (681 Z.) ist er dem »Book of the Duchess«, im »Temple of Glas« (TG, 1403 Z.; 1400/03) der Schilderung des Tempels der Venus im »Hous of Fame« verpflichtet. »Reson and Sensuallyte« (RS, 7042 Z.; ca. 1408) ist eine Teilübers. der »Échecs amoureux«. Das »Troy Book« (TB, 30117 Z.) nach →Guido de Columnis, 1412 vom späteren Kg. Heinrich V. bestellt, wurde 1420 vollendet. In den Rahmen der »Canterbury Tales« stellt L. seinen auf einer frz. Vorlage basierenden »Siege of Thebes« (ST, 4716 Z.; 1420–22), in dem L. sich Chaucers Pilgern anschließt und den ST als Gegenstück zur »Knight's Tale« erzählt. Beide Stoffe dienen der traditionellen moral. und polit. Belehrung. Staatspolit. Probleme beschäftigen L. auch im einzigen Prosawerk, »The Serpent of Division« (SD; nach 1422?), einer Bearbeitung einer frz. Version von Lucans »Pharsalia«. »The Fall of Princes« (FP, 36365 Z.; ca. 1431–39), eine Art Fürstenspiegel für →Humphrey, Duke of Gloucester, nach Laurents de Premierfait Übers. von →Boccaccios »De casibus«, enthält v. a. in den ›envoys‹ Ratschläge für Prinzen. Im zweiten Buch finden sich Ansätze einer förml. Staatslehre. Von den Maskenzügen, die wie seine Kg. seinzüge zu den Vorformen des Dramas gehören, verdient »The Mumming at Hertford« (1430?) als Experiment im niederen Stil bes. Erwähnung. Mit den Maskeraden berühren sich Bildgedichte wie »The Life of St. George« oder »The Image of Our Lady« und L.s Version der Pariser »Danse Macabre« (DM). Wie in allen Dichtungen L.s tritt auch in den Heiligenlegenden das Narrative hinter dem Dekorativen und der rhetor. Amplifikation zurück. Hier herrschen hymn. und kontemplative Elemente vor. Übermäßige Weitschweifigkeit, exzessiver Gebrauch von Anspielungen, Invokationen und Wiederholungen sind ein Kennzeichen insbes. der Doppellegenden »SS. Edmund and Fremund« (EF, 3508 Z.; 1434 für den Abt v. Bury) und v. a. »SS. Albon and Amphibal« (AA, 4571 Z.; 1439 für den Abt v. St. Albans). Höhepunkt des ›aureate style‹ bildet das »Life of Our Lady« (LL, 5932 Z.; nach 1434?), ein am liturg. Kalender ausgerichteter Hymnus. L.s letztes Werk, »The Secrees of Old Philisoffres« (SOP, 1491 Z.), eine Bearbeitung der »Secreta Secretorum«, wurde von einem unbekannten Verf. abgeschlossen (im allg. mit Benedict →Burgh identifiziert). Als →Chaucernachfolger hat L. dessen Bild geprägt. Der zweite Mann von Chaucers Enkelin gab 1426 die Übers. von Deguilevilles »Pelerinage de la vie humaine« (P, 24832 Z.) in Auftrag. Die breite hs. Überl. (vgl. auch STC[2], Nr. 17008–17038) und der enorme Einfluß bedürfen weiterer Unters.

K. Bitterling

Bibliogr.: ManualME 6.XVI, 1980 – NCBEL I, 639–646 – BRUO II, 1185f. – Ed.: AA: J. E. Van der Westhuizen, 1974 – G. F. Reinecke, 1985 – DM: F. Warren – B. White, EETS OS 181, 1931 – EF: C. Horstmann, (Ae. Legenden N.F., 1881), 376–445 – FP: H. Bergen, EETS ES 121–124, 1924–27 – LL: J. A. Lauritis u. a., 1961 – Minor

Poems: H. N. MACCRACKEN, EETS ES 107, 1911, OS 192, 1934 – *P:* J. F. FURNIVALL–K. B. LOCOCK, EETS ES 77, 83, 92, 1899–1904 – *RS:* E. SIEPER, ebd., 84, 89, 1901–03 – *SD:* H. N. MACCRACKEN, 1911 – *SOP:* R. STEELE, EETS ES 66, 1894 – *ST:* A. ERDMANN–E. EKWALL, ebd. 108, 125, 1911–30 – *TG:* J. SCHICK, ebd. 60, 1891 – *TB:* H. BERGEN, ebd. 97, 103, 106, 126, 1906–35 – *Auswahl:* J. NORTON-SMITH, 1966 [mit TG] – *Lit.:* W. F. SCHIRMER, J. L., 1952 [engl. 1961] – A. RENOIR, The Poetry of J. L., 1967 – D. PEARSALL, J. L., 1970 – A. S. G. EDWARDS, The Influence of L.'s FP c. 1440–1559: A Survey, MSt 39, 1977, 424–439 – DERS., L. Mss. ... (Mss. and Readers in 15th-Cent. England, ed. D. PEARSALL, 1983), 15–26 – L. LAWTON, The Illustration of Late Med. Secular Texts, with Special Reference to L.'s TB (ebd.), 41–69 – A. S. G. EDWARDS, L. Scholarship ... (15th-Cent. Stud.: Recent Essays, ed. R. F. YEAGER, 1984), 29–47 – L. EBIN, J. L., 1985 – D. LAWTON, Dullness in the 15h Cent., Journal of English Lit. Hist. 54, 1987, 761–799.

Lykostomion (it. Licostomo), Stadt am rechten (heute rumän.) Ufer des nördl. Mündungsarms der →Donau, nahe Periprava; der Name 'Wolfsrachen') leitet sich her von der Felseninsel, die bei L. die Strommündung verengt. Byz. Festung (als solche vielleicht bei →Photios im späten 9. Jh. erwähnt), erscheint der Ort in einem Portulan von 1296. Zw. 1351 und 1359 wurde L., infolge des Meerengenkrieges, an →Genua abgetreten und bildete fortan eine strateg. wichtige Festungsstadt ('castrum'), die von dem stromaufwärts gelegenen Handelsplatz →Kilia zu unterscheiden ist. L. diente als Stützpunkt des genues. Handelsweges von Pera (→Galata) nach →Caffa und zugleich als Brückenkopf der »valachischen« Route, die von der Donaumündung ins Kgr. →Ungarn und nach Mitteleuropa führte. Nachdem die Genuesen vor 1370 Kilia aufgegeben hatten, ging ein Teil der Handelsfunktionen auf L. über (Ausfuhr von Getreide, Wachs und Honig). Am Ende des 14. Jh. unterstand das 'castrum' L. einem Consul und den Gubernatoren einer genues. *Maona*, einer Firma, die die Insel gepachtet hatte und die Kontrolle über den Handel und das örtl. Steuer- und Zollwesen ausübte. L. hatte zwei Kirchen (S. Francesco, S. Domenico); seine Bevölkerung umfaßte Griechen, Tataren und Genuesen (unter ihnen Mitglieder großer Familien). Um 1411/12 verlor Genua die Herrschaft über L., das wegen seiner beherrschenden Lage an der Donaumündung zum Spielball konkurrierender Mächte (Ungarn, Valachei, Moldau, Polen-Litauen) wurde. 1465 eroberte →Stefan III. d. Gr., der Fs. der→Moldau, Kilia und zerstörte L., das einer osman. Flotte nicht standzuhalten vermochte. 1484 nahm der osman. Sultan→Bāyezīd II. die Insel ein und befahl den Wiederaufbau von L., das bis ins 17. Jh. auf allen Seekarten (manchmal jedoch mit Kilia verwechselt) figuriert.

M. Balard

Lit.: →Kilia – G. AIRALDI, I Genovesi a Licostomo nel secolo XIV, StM 3ᵉ s., 13/2, 1972 – O. ILIESCU, Localizarea vechiului Licostomo, Studii. Revista de istorie 34, 1972 – G. BALBI–S. RAITERI, Notai genovesi in Oltremare. Atti rogati a Caffa e a Licostomo (sec. XIV), 1973 – S. PAPACOSTEA, La fin de la domination génoise à Licostomo, Anuarul Institutului de Istorie si Arheologie »A. D. Xenopol«, 22/1, 1985.

Lyndanis(s)e, Burggebiet auf dem Domberg zu →Reval (Tallinn, nördl. Estland), Schauplatz einer bei→Heinrich v. Lettland (Chron. Liv. XXII, 2) beschriebenen Schlacht. 1219 führte Kg. →Waldemar II. v. →Dänemark, unter Beteiligung dänischer Bf.e, eine Invasion gegen Estland (→Esten) durch. Als das dän. Heer auf dem Domberg an der Stätte einer aus dem 12. Jh. stammenden (wohl aufgegebenen) estn. Burganlage die Burg L. errichtete, wurde es (im Sommer 1219, genauer Zeitpunkt unbekannt) von einem großen estn. Heer angegriffen, das die überraschten dän. Truppen in die Flucht trieb (Tötung des Bf.s→Theoderich v. Estland, den die Angreifer für den Kg. hielten).

Erst als der dän. Vasall Fs. Wizlaw I. v. →Rügen, der wohl den Durchgang vom Burggebiet zum späteren Revaler Hafen zu verteidigen hatte, mit seinen Truppen den Angriff zum Stehen brachte, wendete sich das Blatt. Die Dänen und ihre dt. und slav. Verbündeten scharten sich um den Kg. und besiegten die Esten, von denen über 1000 fielen. Die Sage, daß das dän. Banner (Danebrog) während der Schlacht vom Himmel gefallen sei, ist eine unhist. Reminiszenz an die Schlacht Konstantins d. Gr. auf der Milvischen Brücke.

Die Burg L. erhielt nach Vollendung eine Garnison und war der wichtigste Stützpunkt zur Eroberung und Missionierung des nördl. Estland. Die wohl aus Holz errichtete, aus einer niedrigeren (Vor-)Burg und der höhergelegenen eigtl. Festung bestehende Burg wurde mehrfach (1221, 1223) von den Esten belagert, konnte aber, nicht zuletzt durch den Einsatz zahlreicher Armbrustschützen, gehalten werden. Unter Ausnutzung der Gefangenschaft Waldemars II. (1223–25) eroberte der →Schwertbrüderorden die Burg, doch erhielt der Kg. (nach der Vereinigung der Schwertbrüder mit dem →Dt. Orden, 1237) i. J. 1238 das nördl. Estland mit Reval zurück. Es blieb bis zum Verkauf an den Dt. Orden (1346) bei Dänemark. Th. Riis

Lit.: TH. RIIS, Les institutions politiques centrales du Danemark 1100–1332, 1977, 181–187 – N. SKYUM-NIELSEN, Estonia under Danish Rule (Danish Med. Hist. New Currents, ed. N. SKYUM-NIELSEN–N. LUND, 1979), 112–135 – H. VON ZUR MÜHLEN, Zur wiss. Diskussion über den Ursprung Revals, ZOF 33, 1984 (1985), 508–533 [Lit.].

Lyndsay → Lindsay

Lyndwood, William, engl. Kanonist und Diplomat, * um 1375, † 21. Okt. 1446; Sohn eines Wollhändlers aus Lincolnshire; ausgebildet in Cambridge, dort oder in Oxford 1407 Doktor des kanon. und röm. Rechts; 1414 Kanzler Ebf. s→Chichele v. Canterbury, 1417–31 Offizial am dortigen Gerichtshof und der erste bekannte Sprecher (prelocutor) für den niederen Klerus in den →Convocations of Canterbury. 1422 erstellte er eine Slg. der ebfl. Gesetzgebung für die Kirchenprovinz seit 1222 und verfaßte eine Glosse, die die Übereinstimmung dieser Konstitutionen mit dem ius commune der Kirche beweisen sollte. L.s Werk war als Anleitung für Rechtsgelehrte an engl. kirchl. Gerichtshöfen gedacht. Seit 1417 war er gelegentl. an kgl. Gesandtschaften beteiligt, 1431 Ratgeber Heinrichs VI., 1432 →Keeper of the Privy Seal. Nach seiner Weihe zum Bf. v. St. David's 1442 zog er sich offenbar aus dem kgl. Dienst zurück. R. L. Storey

Q.: W. L., Provinciale seu Constitutiones Anglie, 1679 – *Lit.:* BRUO II, 1191–1193 – DNB XII, 340–342 – C. R. CHENEY, Medieval Texts and Stud., 1973, 158–184 – A. C. REEVES, The Careers of W.L. (Doc. the Past, hg. J. S. HAMILTON – J. BRADLEY, 1989), 197–216.

Lyon, Stadt an der Mündung der Saône in die Rhône (dép. Rhône); Ebm.

I. Antike – II. Karolingerzeit – III. Kirchliches und religiöses Leben vom späten 10. Jh. bis zum frühen 14. Jh. – IV. Die Stadt des 11.–14. Jh. – V. Krisen und Erneuerung (Mitte 14.–Ende 15. Jh.).

I. ANTIKE: Lug(u)dunum war der Name einer kelt. Siedlung, die 43 v. Chr. zur röm. Kolonie erhoben wurde und in der Folgezeit als Verwaltungsmittelpunkt der drei gall. Provinzen diente. Die Stadt erlebte seit Hadrian, dem Restitutor Galliae, eine Blütezeit, die sich insbes. in ihrer raschen Christianisierung manifestiert: Mit L., der ersten chr. Gemeinde Galliens, sind die Namen der Bf.e Pothinus und Irenaeus sowie der Märtyrer von 177 verknüpft. 186–189 war der spätere Ks. Septimius Severus Legat von Gallia Lugdunensis, sein Sohn Caracalla wurde um 186 in L. geboren. Die teilweise Einäscherung der Stadt im Febr. 197, die den Kämpfen des Severus gegen Clodius Albinus folgte, beendete die Blüte Lugdunums, das in der 2. Hälfte des 3. Jh. außerdem in die gall. Sonderreichsbildungen verstrickt wurde. Auch die Verlegung der zeitweiligen Ks.residenz nach →Trier Ende des 3. Jh. wirkte sich ungünstig auf die Bedeutung der Stadt aus. Allerdings beherbergte L. eine der bedeutendsten Münzstätten des Reiches, die bis über die burg. Zeit hinaus fortarbeitete. Erst ab der 2. Hälfte des 4. Jh. ist wieder häufiger von L. die Rede: Die Stadt erlebte 353 den Selbstmord des Usurpators →Magnentius, 357 einen erfolglosen Angriff gall. Laeten und 383 die Ermordung des Gratianus. Erstmals 457, dann endgültig 461 fiel L. in die Hände der →Burgunder und war bis zur Eroberung des burg. Reiches durch die Franken (534) eine der Kg.sresidenzen. In frk. Zeit verlor die Stadt diesen Charakter, diente aber noch als Sitz eines Dux Burgundionum. Von seiner Verwüstung durch die Araber i. J. 725 konnte sich L. nur langsam erholen. M. Schottky

Lit.: P. WUILLEUMIER, L., métropole des Gaules, 1953 – A. AUDIN, L., miroir de Rome dans les Gaules, 1979² – B. DE VRÉGILLE, Le diocèse de L. des origines au VIII^c s. (Le diocèse de L., hg. J. GADILLE [Hist. des diocèses de France 16], 1983) – H. HEINEN, Der Christenpogrom von L. ..., BAL 15, 1984, 37–55 – A. AUDIN, Gens de Lugdunum, 1986 – J. LAFAURIE, Die im 6. Jh. in L. geschlagenen Münzen (Methoden der antiken Numismatik, hg. M.-R. ALFÖLDI, WdF 529, 1989), 281–300.

II. KAROLINGERZEIT: Der frk. Hausmeier Karl Martell kam zweimal nach L. (733, 736); sein Aufenthalt diente der Bekämpfung der Sarazenengefahr und der Konsolidierung seiner Macht durch Vergabung von Kirchengut an die »fideles regis«. Danach gingen die Übergriffe und Plünderungen weiter. Für die Zeit vor 769 ist nur ein einziger Name eines Bf.s v. L. bekannt. Ein Neuanfang setzte erst ein mit dem von Karl d. Gr. für das Bf.samt nominierten →Leidrad (ca. 799–813/816), der Kleriker in →Freising gewesen war und seine Ausbildung bei →Alkuin empfangen hatte. Der maßvolle und gebildete Bf. widmete sich tatkräftig der »renovatio« der »verfallenen« L.er Kirche. Seit ca. 812 nahm wegen Leidrads Alter sein Chorbf. →Agobard zunehmend die Amtsgeschäfte wahr, der 816, doch nicht unumstritten, die Nachfolge als Bf. antrat. Der leidenschaftl. Spanier, in seinem Temperament sehr von seinem Vorgänger verschieden, ergriff bis zu seinem Tode i. J. 840 unablässig Partei in den polit. Streitigkeiten der Zeit, wobei er stets für das Ideal der Reichseinheit – als Abbild der »una ecclesia« – kämpfte. Zugleich wirkte Agobard, der als erster den Titel eines Ebf.s führte, nachdrückl. für die pastoralen Belange seiner weiträumigen Diöz., die sich vom →Forez bis zur →Bresse und zum Jura erstreckte und von der vier Suffraganbm.er (→Autun, →Langres, →Chalon-sur-Saône, →Mâcon) abhingen.

Die »renovatio« hatte ihre materiellen wie spirituellen Aspekte. Leidrad ließ zahlreiche Abteien und kirchl. Einrichtungen wiederherstellen, v.a die Abteien St-Ramberten-Bugey und →L'Ile-Barbe (nahe L.), in der Stadt selbst das Frauenkl. St-Pierre und die Kirche St-Nizier (der Überlieferung nach Begräbnisstätte der Märtyrer von 177), an anderen Saôneufern v.a die einst von Sidonius Apollinaris gerühmte Kathedrale, früher geweiht dem hl. Stephan, nun Johannes den Täufer, sowie den Kreuzgang und die bfl. Bauten. Mit einem Schlag wurde die Bf.sstadt zur großen Baustelle. Durch einen Erdrutsch des »forum vetus« (840) wurde die bereits seit dem 3. Jh. einsetzende Entvölkerung des Hügels besiegelt: Die Besiedlung konzentrierte sich nunmehr an den beiden Saôneufern. Nördl. der alten, auf einer Insel gelegenen Abtei St-Martin d'→Ainay, die seit dem 5. Jh. stagnierte und erst um 859 restauriert wurde, entstand der Burgus *(bourg)*, 863 erwähnt und Gegenpol der bfl. Civitas *(cité)*; damit zeichnen sich deutlich die Konturen der ma. Stadt ab. Mit ca. 40–50 ha (ungefähr der Ausdehnung von Köln entsprechend) zählte sie (wie Trier) um die 15 Kirchen. Die durch die Bautätigkeit des 9. Jh. angezogene Handwerkerschaft belebte den Handelsverkehr, der sich in einem Wochenmarkt, der Aktivierung der Fluß- und Landwege und v.a. in der Bildung einer Judengemeinde, mit lebhaften Beziehungen zum muslim. Spanien und zum Ks.hof, ausdrückte; Ebf. Agobard hat die Juden aufs heftigste angegriffen.

Im geistl. Bereich sorgte Leidrad für die Befolgung der monast. Regeln in den Kl. wie auch in den Kapiteln der Bf.sstadt. Am Kathedralkapitel reformierte er insbes. die →Liturgie, die er »gemäß dem Ritus am Hofe« einrichtete; dies ist der Ursprung der Liturgie v. L., deren Eigenständigkeit am Primatialsitz Galliens kontinuierl. gepflegt wurde.

Leidrad schuf eine »schola cantorum« und eine »schola lectorum«, um so Kleriker zu formen, fähig zur Evangelisation der Laien, deren hartnäckiges Festhalten an abergläub. Vorstellungen Agobard so sehr beklagen sollte. Das Scriptorium, von Leidrad erneuert und von dessen Nachfolgern weiter gefördert, war mit seinen reich illuminierten Hss. ein wichtiger Träger der sog. »karol. Renaissance«. L. wurde von zahlreichen Gelehrten besucht und verzeichnet mit dem Diakon →Florus († um 865) einen Theologen und Dichter von Rang.

Die durch die Reichsteilung von 843 (→Verdun, Vertrag v.) vollzogene Einverleibung des Lyonnais in das Herrschaftsgebiet →Lothars I. erwies sich für die Diöz. zunächst als günstig. Es gelang den Ebf.en Amolo(n) (841–852) und v.a. Remigius/Remi (852–873), der ksl. Erzkapellan war, die Rekuperation von Kirchengut durchzuführen und die neue Abtei →Savigny, eine kgl. Gründung, an das Ebm. zu binden. Seit 855 begann jedoch eine Periode wachsender polit. Unsicherheit und Anarchie; angesichts der schwindenden Reichsgewalt errichteten örtl. oder fremde Machthaber ihre oft nur kurzlebigen Herrschaften. Hinzu trat die Bedrohung durch die →Ungarn, die zw. 934 und 949 mehrfach ins Lyonnais einfielen (Plünderungen der Abteien Ainay, Savigny und L'Ile Barbe). 942 vom Kg. v. Hochburgund besetzt und 952 dem Kgr. →Arelat einverleibt, kam das Lyonnais 1032 an das Imperium, dessen Herrscher es allerdings überwiegend als Randzone behandelten.

III. KIRCHLICHES UND RELIGIÖSES LEBEN VOM SPÄTEN 10. JH. BIS ZUM FRÜHEN 14. JH.: [1] *Kirchl. Besitz- und Herrschaftsentwicklung:* Gegen Ende des 10. Jh. vollzog sich im Lyonnais zugunsten der kirchl. Gewalten ein Prozeß der Umstrukturierung der Besitz- und Machtverhältnisse. Die großen Abteien und namentl. die »Kirche v. L.« (Ebm. und Kathedralkapitel) bauten, ausgehend von umfangreichen Rekuperationen des in Laienhand geratenen Besitzes, ein mächtiges grundherrl. Patrimonium auf, über das sie die Banngewalt ausübten. Die Ebf.e, deren Diözesanbereich mit den Grenzen des »comitatus« übereinstimmte, konnten Anspruch auf die Ausübung der Gf.engewalt (→Graf, -schaft) erheben. Dem stellte sich jedoch die mächtige seigneuriale Familie der Herren v. →Forez (Artalde) entgegen; sie usurpierte den Grafentitel (seit 1020: »Gf.en v. L.«). Hieraus entspannen sich über anderthalb Jahrhunderte heftige Konflikte, deren Hauptgegenstand der Besitz der Bf.sstadt L. war. Den Höhepunkt der Auseinandersetzungen leitete die Bestätigung der →Regalienrechte im O der Diöz. und in der gesamten Civitas durch eine »Goldbulle« Friedrich Barbarossas (1157) an den Ebf. Héracle de Montboissier ein; der »Gf.«

hatte dagegen die Unterstützung des Papstes Alexander III. und des Kg.s v. Frankreich, Ludwigs VII., die den Zisterzienser Guichard als sicheren Anhänger der päpstl. Sache auf den Ebf.ssitz brachten. Guichard schloß 1173 mit dem Gf.en einen Friedensvertrag (permutatio), in dem die Kirche auf alle Güter im Forez, der Gf. auf alle Ansprüche auf das Lyonnais und L. verzichtete.

Seitdem konzentrierte die Kirche ihre Territorialpolitik auf das Lyonnais und errichtete hier ein geistl. Fsm., dessen »libertas« gegenüber dem Imperium wie gegenüber Frankreich der Ebf. Jean Bellesmains, Nachfolger des Guichard, rühmend hervorhob. Eine territoriale Erweiterung und Stärkung erreichte namentl. Ebf. Renaud de Forez (1193-1226), der die kleineren Seigneurien des Gebietes unterwarf und die anderen kirchl. Institutionen, z. T. mit Waffengewalt (Plünderung von Savigny), in eine engere Bindung an die ebfl. Gewalt hineinzwang. Die kirchl. Einkünfte waren geteilt in eine »mensa episcopalis« und eine (höher dotierte) »mensa capitularis«, die in sog. »obéances« (an bestimmte Kanoniker ausgetane grundherrschaftl. Besitzkomplexe) aufgefächert war.

[2] *Grundzüge des religiösen Lebens:* Der Ebf. v. L. erhielt 1079 von Gregor VII. den Titel »Primas Galliae«; dieser Ehrenvorrang wurde eifersüchtig gehütet. Mehrere Ebf.e waren päpstl. →Legaten, so der »Gregorianer« →Hugo v. Die am Ende des 11.Jh. War das Kathedralkapitel auch häufig (außer während einer Periode des 12. und 13.Jh.) in der Wahrnehmung des Bischofswahlrechts eingeschränkt, so verstand es doch, seine Mitbestimmungsbefugnisse in den Diözesanangelegenheiten auszuweiten, was am Ende des 13.Jh. zu einem erbitterten Konflikt zw. Kapitel und Ebf. führte. Während die Ebf.e in ihrer Burg Pierre-Scize residierten, verlegten die Kanoniker, unter Aufgabe des Gemeinschaftslebens, ihre Wohnstätten in individuelle Kurien im Bereich des Kreuzgangs, umgeben von zahlreichen Klerikern und Laien.

In L. bestanden zu Beginn des 14.Jh. sechs weitere Kapitel, doch nur dasjenige v. →St-Ruf (Notre-Dame de la Platière) folgte einer Regel. Keine Abtei im Lyonnais affilierte sich an Cluny oder Cîteaux. Dieses Desinteresse an der kirchl.-monast. Erneuerung ließ wohl auch →Valdes (→Waldenser) scheitern. Erst das – sehr frühe – Auftreten der Dominikaner und Franziskaner (1218-20), dem bald Johanniter und Templer folgen sollten, brachte L. auf einen Schlag mit den neuen Strömungen in engen Kontakt. Seitdem war L. ein Brennpunkt des vom Papsttum getragenen kirchl. Lebens: Abhaltung der großen Konzilien (→Lyon, Konzilien v.), Papstaufenthalte, zwei Papstkrönungen (Clemens V., 1305; Johannes XXII., 1316, nach vorangegangenem Konklave zu L.).

[3] *Die Kunst:* Lange durch örtl. Archaismus geprägt, öffnete sich L. nur zögernd auswärtigen Einflüssen (Burgund, Südfrankreich, Italien), die erstmals an der 1107 von Paschalis II. geweihten Abteikirche v. Ainay, sodann an St-Paul und an der Kathedrale ablesbar sind. Am Kathedralneubau (ab 1172) ist der allmähl. Übergang vom roman. Rundbogen zum Spitzbogengewölbe des Kirchenschiffs ablesbar. Die Kathedrale beherrscht die beiden anderen Kirchen der Kathedralgruppe, deren Fundamente freigelegt wurden. In St-Just ließen sich bedeutende Grundmauern mehrerer aufeinanderfolgender Kirchenbauten, von der frühchr. Periode an, feststellen.

IV. DIE STADT DES 11.-14. JH.: [1] *Topographie und städtischer Aufschwung:* Erst in der 2. Hälfte des 11.Jh. wurde eine Saônebrücke errichtet. Dieser »Schöpfungsakt« der Stadt L. verhinderte nicht, daß jedes der Ufer den eigenen Charakter wahrte: Auf der rechten Seite, eingeschlossen zw. Hügel und Fluß, lag die »part du Royaume«, ein Stadtviertel des Klerus und der Verwaltung; auf der linken Seite die »part de l'Empire«; hier entstand durch Trockenlegung von Flußarmen und Sümpfen nördl. der Abtei Ainay ein dichtbebautes Areal, bewohnt von Handwerkern und Kaufleuten. Doch erst seit dem letzten Drittel des 12.Jh. kann von einem städt. »Aufschwung« gesprochen werden, bedingt durch den Frieden von 1173 und die wachsende Anziehungskraft der →Champagnemessen auf die Kaufleute und Bankiers Italiens. Um diese nach L. zu locken, wurde 1183 in mühevoller Arbeit eine Rhônebrücke errichtet, die fortan ständiger Instandhaltung bedurfte, sich aber als ein Bauwerk von entscheidender Bedeutung erwies: Über die »via mercatoria«, die die Halbinsel überquerte und dann zur Saônebrücke weiterlief, ergoß sich ein steter Menschen- und Handelsstrom, der L. zu einer der großen Durchgangsstationen auf dem Land- und Wasserweg von Flandern und der Champagne nach Italien und in den Orient machte. Im Wechsel- und Bankgeschäft erhielt die Judengemeinde bald Konkurrenz von seiten der →»Lombarden« wie auch der L.er Geschäftswelt. Ein Handelsbürgertum konstituierte sich: Bereits um 1200 hatte ein Chaponay Interessen im lat. Orient; um 1250/60 beherrschte ein gutes Dutzend führender Familien eine städt. Bevölkerung von meist handwerkl., aber z. T. auch noch halbagrar. Prägung *(affaneurs)*. Auch zählte L. bereits damals zahlreiche Arme, deren Existenz durch kirchl. Almosenvergabe, mildtätige Stiftungen in Testamenten sowie zwölf kleinere Hospitäler belegt ist.

[2] *Städtische Emanzipationsbewegung und Vereinigung mit Frankreich:* Steigender Wohlstand erweckte das Bedürfnis nach städt. Freiheit. Der Verleih von Geldern an Ebf. Renaud (1193) sowie eine – hart unterdrückte – Revolte (1208) führten lediglich zur Gewährung einzelner wirtschaftl. Freizügigkeiten. Doch ließ das Beispiel benachbarter Städte und der →Kommunen Italiens sowie der Einfluß der Bettelorden das Verlangen nach einer Änderung der Machtverhältnisse wachsen. Es entlud sich 1269 anläßlich einer Sedisvakanz in einem Aufstand, primär gerichtet gegen das Kathedralkapitel, das Stadtbürgern die Aufnahme verweigerte und eine verhaßte Gerichtsbarkeit ausübte. Mit dem Schlachtruf »Avant, Avant! Lion de melhor!« wurden die Kanoniker verjagt (sie fanden Zuflucht in St-Just) und die kirchl. Besitzungen geplündert. Der vom Papst und dem Kg. v. Frankreich auferlegte Waffenstillstand (1270) stand am Anfang einer Reihe von Interventionen dieser beiden Mächte; die Konflikte verschärften die bereits bestehenden Gegensätze zw. Ebf. und Kathedralkapitel und begünstigten Ambitionen des Gf.en v. →Savoyen auf L. 1292 unterstellte Kg. Philipp d. Schöne die Bürger v. L. seiner →*Garde*, duldete zunächst den Aufbau einer städt. Selbstverwaltung, schloß aber 1307 mit der Kirche ein →*Pariage* (die »Philippines«). Die Opposition der Bürgerschaft und ein gescheiterter Aufstand des Ebf.s veranlaßten 1312 das Kgtm., das Lyonnais der Krone Frankreich einzuverleiben, ohne daß der dt. und röm. Kg. Heinrich VII. dagegen im mindesten protestiert hätte. 1320 erfolgte die Regelung der rechtl. und polit. Belange, unter starkem Einfluß von römischrechtl. geprägten Juristen (Legisten): Die niedere Gerichtsbarkeit wurde dem Ebf. zurückerstattet, der den Bürgern, von denen 3000 dem Kapetinger den Treueid leisteten, eine freizügige Charta verlieh. Die städt. Verwaltung oblag zwölf Konsuln (→Konsulat), auf Jahresfrist gewählt von den Zunftmeistern und jeweils von den scheidenden Konsuln designiert.

V. KRISEN UND ERNEUERUNG (MITTE 14.–ENDE 15. JH.): L., das ca. 15000–20000 Einw. zählte, litt 1348 heftig unter der Pest, die sich in der Handelsstadt mit ihrer starken Fluktuation rasch ausbreitete. Nach weiteren Epidemien (1361, 1363) war die Einwohnerschaft auf kaum mehr als die Hälfte geschrumpft. Hinzutraten wiederholt Kriegsgefahren: 1356–65 Einfälle plündernder →Kompagnien (»Tard-venus«), ab 1417 Kriegshändel Burgunds, dann Savoyens, 1445 Angriffe der gefürchteten Écorcheurs (→Armagnaken). Verarmung und Steuerdruck riefen 1436 eine gewaltsame Revolte (»rebeyne«) hervor, angezettelt durch einen Notar und brutal unterdrückt von Karl VII. Fiskal. Q.n und Grundbücher *(terriers)* belegen die ungünstige Situation in Stadt und Land (Wüstungen), wenn es auch sporadisch immer wieder zu kleineren Aufschwüngen kam (um 1420 Verleihung von – noch kurzlebigen – Messen; Aufstieg von Geschäftsleuten, die oft zugleich Juristen waren, z. B. des Bergbauunternehmers Hugues Jossard).

Der Wiederaufstieg gegen Mitte des 15. Jh. war spektakulär: Um 1444 reaktivierte der Großunternehmer Jacques →Coeur, stets auf der Suche nach kostbaren Metallen, den Bergbau des Lyonnais und erwarb in L. reichen Grundbesitz. Kg. Karl VII. verlieh der Stadt drei freie →Messen. Ihr Erfolg war so überwältigend, daß Ludwig XI. eine weitere Messe gewährte, um so die Messen v. →Genf zu zerschlagen, was auch gelang: 1464–65 übersiedelten die Sukkursalen der it. Banken von Genf nach L., wodurch die Stadt zu einem der führenden Geschäftsplätze des Kontinents wurde. Eine kurzzeitige Aufhebung der Messen auf Betreiben rivalisierender Städte (1484–87) beeinträchtigte die Prosperität nicht: 1502 waren 46 Florentiner Firmen in L. ansässig; die Stadt hatte ca. 35000 Einwohner.

Die L.er Kaufleute, konzentriert auf ihre Geschäfte, überließen die Stadtverwaltung besoldeten »Spezialisten«, studierten Juristen und Notaren. Dies förderte die Bildung eines Juristenstandes, dessen Mitglieder oft auch im Königsdienst, an der Univ., am Parlament und anderen hohen Gerichten, aber auch für auswärtige Fs.en tätig waren. Durch Heiratsverbindungen entstanden regelrechte (oft nobilitierte und über Lehnsbesitz verfügende) »Dynastien« (z. B. Le Viste, Bellièvre), die seit 1447 das Konsulat dominierten. Die bibliophilen und humanist. Interessen dieser Schicht ließen den großen Messeplatz L. zum drittgrößten Standort des →Buchdrucks werden (1473: Errichtung einer Druckpresse durch den L.er Unternehmer Barthélemy Buyer, Tätigkeit dt. Drucker). Die durch aktives Mäzenatentum (u.a. des Ebf.s Charles de →Bourbon, † 1488, aber auch der Bruderschaften, wohlhabender L.er Bürger und Florentiner Handelsherren) geprägte Stadt wurde zum Stützpunkt der frz. Italienpolitik (fünf Aufenthalte Kg. Karls VIII., der 1495 die Konsuln adelte) und zur kosmopolit. Metropole, deren Sitten als »frei« galten und in der am Ende des MA die Angst vor Armen umzugehen begann. R. Fédou

Bibliogr.: R. FÉDOU, Vingt ans d'hist. médiévale lyonnaise (1956–75), Cahiers d'Hist. 20, 1975, 501–518 – Lit.: *[allg. übergreifende Werke]:* A. KLEINCLAUSZ, PH. POUZET, J. DÉNIAU, Hist. de L., hg. A. KLEINCLAUSZ, I, 1939 – R. FÉDOU – R. GASCON, Hist. de L. et du Lyonnais, hg. A. LATREILLE, 1975 [Neuausg. 1988] – M. RUBELLIN, M. MÉRAS, M.-TH. LORCIN, Le Rhône et L. de la préhist. à nos jours, hg. G. GARRIER, 1987 – J. F. REYNAUD, M. RUBELLIN, M.-TH. LORCIN, N. GONTHIER, J. ROSSIAUD, Hist de L. des origines à nos jours, hg. A. PELLETIER, 1990 – ROSSIAUD, I: Antiquité et MA, 1990 – *Kirchengesch.:* B. GALLAND, Les Archevêques de L., de la Bulle d'or aux Philippines (1157–1308) [Positions des Thèses de l'Éc. des Chartes, 1987], 105–13] – R. FÉDOU, Les Papes au MA à L., 1988 – B. GALLAND, Le rôle politique d'un chapitre cathédral: l'exercice de la juridiction séculière à L. (12.–14. Jh.), RHEF 195, 1989 – H. MÜLLER, Die Franzosen, Frankreich und das Basler Konzil (1431–49), 1990, bes. 27–222 – *Politik, Gesellschaft, Wirtschaft:* R. FÉDOU, Les Hommes de loi lyon. à la fin du MA. Ét. sur les origines de la classe de robe, 1964 – R. GASCON, Grand commerce et vie urbaine. L. et ses marchands au XVIᵉ s., 1971 – R. FÉDOU, Le cycle médiéval des révoltes lyonnaises, Cahiers d'Hist. 18, 1973, 233–240 – M.-TH. LORCIN, Les campagnes de la région lyonnaise aux XIVᵉ et XVᵉ s., 1974 – N. GONTHIER, L. et ses pauvres au MA (1350–1500), 1978 – DIES., Délinquance, justice et société en Lyonnais (fin XIIIᵉ–début XVIᵉ s.) [Thèse dactylogr., Univ. Lyon, III, 1988] – *Kunst:* J.-F. REYNAUD, L. aux premiers temps chrétiens (Guides arch. de la France 10, 1986) – *Biographien:* G. DE VALOUS, Le Patriciat lyonnais aux XIIIᵉ et XIVᵉ s., 1973 – R. FÉDOU, Les Lyonnais dans l'Hist., hg. J.-P. GUTTON, 1985.

Lyon, Konzilien v.

1. L., I. Konzil v., am 3. Jan. 1245 von Innozenz IV. einberufen, trat es – nach einer vorbereitenden Versammlung am 26. Juni – zwei Tage später formell zusammen und beriet in drei Sitzungen (28. Juni, 5. und 17. Juli) einen vom Papst in der ersten Sessio formulierten Fünf-Punkte-Kat.: die »deformatio« von Klerus und Laien, die »insolentia« der Sarazenen, das »schisma« der Griechen, die »sevitia« der Tartaren und die »persecutio« durch Ks. Friedrich II. Die Beschickung blieb – mit den (lat.) Patriarchen v. Konstantinopel, Antiocheia und Aquileia, etwa 150 Bf.en und einer unbekannten Anzahl von Ordensoberen, Prokuratoren der Dom- und Stiftskapitel und anderer kirchl. Institutionen sowie Vertretern zahlreicher Herrscher und Städte – erhebl. hinter dem IV. →Laterankonzil (1215) zurück, doch war die Versammlung wegen der Ladung von Prälaten und Fs.en nach Auffassung des Papstes dennoch ein »generale concilium«.

Zur innerkirchl. Reform wurden 22 Konstitutionen erlassen; der Wiedergewinnung des Hl. Landes galt das Dekret »Afflicti corde«; zur Hilfe für das lat. Ksr. v. Konstantinopel wurde allen Klerikern ein namhafter finanzieller Beitrag abverlangt; und zum Schutz des Abendlands gegen einen erneuten Überfall der Mongolen erging nicht nur eine eigene Konstitution, es kam auch zur Entsendung des →Johannes de Plano Carpini, der am Ende seiner Mission den ersten ausführl. Bericht über die Mongolei verfaßte.

Das beherrschende Thema der Synode wurde die Auseinandersetzung mit dem Staufer, die auch die Ortswahl erklärt. Im Juni 1244 war der Papst vor der ksl. Macht über seine Heimatstadt Genua in die Rhône-Stadt ausgewichen, die, auf Reichsboden liegend, doch vor Friedrich sicher war. Unter dem Schutz einer Konzilsgarde beschäftigte sich die Synode auf allen drei Sitzungen mit dem Konflikt zw. Kurie und Ksm., der – nach anfängl. Hoffnung auf Beilegung in den ersten Pontifikatsmonaten Innozenz' IV. – ständig eskaliert war. Trotz geschickter Verteidigung des ksl. Großhofrichters →Thaddeus v. Suessa sprach der Papst, gestützt auf die Zustimmung eines Teils der Konzilsväter, am 17. Juni die depositio des am 13. April 1245 erneut gebannten Ks.s aus – ein Vorgang, der kaum einen »Sieg des Papsttums über Ks. Friedrich« bedeutete, auch wenn damit das Ende der Stauferdynastie begann. B. Roberg

Q. und Lit.: Matthaeus Parisiensis, Chronica Majora, ed. H. R. LUARD, 4 (RS 57, 4, 1877), 410–414, 430–473 [Neudr. 1964; = MGH SS 28, 256–268] – M. TANGL, Die sog. Brevis nota über das L.er Concil von 1245, MIÖG 12, 1891, 246–253 – MGH Const. 2, ed. L. WEILAND, 1896, Nr. 399–401 – J.-B. MARTIN, Conciles et Bullaire du diocèse de L., 1905, 252–283 – Hefele-Leclercq V, 2, 1913, 1637–1642 – W. E. LUNT, The Sources for the First Council of L., 1245, EHR 33, 1918, 72–78 – ST. KUTTNER, L'Édition Romaine des Conciles Généraux et les actes du premier Concile de L. (Misc. Hist. Pontificae edita a Facultate

Hist. in Pontificia Univ. Gregoriana, Coll. totius n. 5, 1940), 5–63 – H. WOLTER – H. HOLSTEIN, L. I/L. II (Gesch. der ökumen. K.ien 7, hg. G. DUMEIGE – H. BACHT, 1972) – Conciliorum Oecumenicorum Decreta, cur. J. ALBERIGO u. a., 1981⁴, 273–301 – A. MELLONI, Innocenzo IV, 1990.

2. L., II. Konzil v., am 31. März 1272 durch Gregor X. angekündigt und am 13. April 1273 nach L. berufen, trat es Anfang Mai 1274 zusammen und behandelte auf insgesamt sechs Sitzungen (7. und 18. Mai, 4. Juni, 6., 16. und 17. Juli) im wesentl. die vom Papst vorgeschlagenen drei Punkte »subsidium Terrae Sanctae«, »unio Graecorum« und »reformatio morum«. Zentrales Anliegen Gregors X. war ein neuer Kreuzzug, dessen finanzielle und organisator. Vorbereitung durch die Synode abgesichert werden sollte. Um eine möglichst reiche Beschickung aus den Ländern jenseits der Alpen zu gewährleisten, wurde L. als Tagungsort gewählt. Der Kreis der Berufenen entsprach jenem des I. L.er K.s, doch war die Teilnahme erhebl. größer (über 250 namentl. bekannte Bf.e). Bereits auf der zweiten Sitzung setzte der Papst gegen erhebl. Widerstand zahlreicher Väter die Bewilligung eines sechsjährigen Zehnten durch und rief zum »passagium generale« auf, ohne freil. einen Termin für den Aufbruch zum Kreuzzug fixieren zu können. Ganz im Dienst des Kreuzzugs stand eine als »reductio Graecorum« bezeichnete Übereinkunft mit dem byz. Ks. Michael VIII. Palaiologus, der damit päpstl. Schutz seiner Herrschaft vor den Eroberungsabsichten Karls I. v. Sizilien-Neapel suchte, während der Papst die Einbindung von Byzanz in seinen Kreuzzug anvisierte. Die orthodoxe Kirche, deren Oberhaupt die Übereinkunft dezidiert ablehnte, war in L. nicht präsent. Die byz. Gesandten waren, obwohl in der Mehrheit bfl. Ranges, allein ksl. Vertreter. Aus diesem Grund und wegen der nur unter starkem Druck zustandegekommenen dogmat. und jurisdiktionellen Zugeständnisse des Ks.s kann der Vorgang nicht als »Kirchenunion« bezeichnet werden. Der Stärkung der Angriffsfront gegen Sultan →Baibars v. Ägypten galt auch die auf dem Konzil verabredete Zusammenarbeit mit dem mongol. →Ilchane-Reich in Persien. Die Entgegennahme des von dem Kanzler Rudolfs v. Habsburg während eines feierl. Konsistoriums am 6. Juni abgelegten Treueeides (als Voraussetzung für die Anerkennung als Kg.) war kein Konzilsakt, obwohl dieser in Gegenwart vieler, insbes. dt. Bf.e geleistet wurde. Der Programmpunkt »Kirchenreform« fand in insgesamt 28 (nach Konzilsende durch die Kurie überarbeiteten) Canones seinen Niederschlag, die – meistens in Aufnahme von Reformansätzen vorausgehender Synoden – neben Bestimmungen zum kirchl. Stellenbesetzungsrecht Vorschriften über die Visitation, die usura und bei der Verhängung von Exkommunikation und Interdikt formulierten. Folgenreich war das Verbot kleinerer →Bettelorden (23. Konstitution), ausgenommen blieben Franziskaner, Dominikaner, Karmeliter und Augustinereremiten. Bis heute fortwirkend ist die Papstwahlkonstitution »Ubi periculum«, die das →Konklave vorschrieb, um eine unbeeinflußte Neuwahl sicherzustellen, die bereits zehn Tage nach Eintritt der Sedisvakanz zu beginnen hatte. B. Roberg

Q. und Lit.: →L., I. Konzil v. [J.-B. MARTIN; H. WOLTER – H. HOLSTEIN] – Acta Urbani IV, Clementis IV, Gregorii X (1261–1276) e registris vaticanis aliisque fontibus coll. A. L. TAUTU (Pontif. Comm. ad redigendum Cod. Iur. Can. Orient., Fontes III, 5, 1, 1953) – Il Concilio II di L. (1274) secondo la Ordinatio Concilii Generalis Lugdunensis (StT Francescani 33, 1965) – B. ROBERG, Der konziliare Wortlaut des Konklavedekrets Ubi periculum von 1274, AHC 2, 1970, 231–262 – DERS., Die Tartaren auf dem 2. K. v. L. 1274, ebd. 3, 1973, 241–302 – A. FRANCHI, Il problema orientale al concilio di L. II (1274) e le interferenze del regno di Sicilia (Ho Theologos 2, 1975), 15–110 – Dossier grec de l'Union de L. (1273–1277), ed. L. V. LAURENT – J. DARROUZES (Archives de l'Orient Chrétien 16, 1976) – 1274. Année charnière (Coll. Internat. du CNRS Nr 558, 1977) – B. ROBERG, Subsidium Terrae Sanctae, AHC 15, 1983, 96–158 – C. CAPIZZI, Il II Concilio di L. e l'Unione del 1274. Saggio bibliografico (Orientalia Christiana Periodica 51, 1985), 87–122 – B. ROBERG, Das II. K. v. L. (1274), 1990.

Lyrik. [1] *Romanische Literaturen:* Das Hauptmerkmal der L. ist die Symbiose von Text und Melodie. Das formale Grundelement ist somit die geschlossene Form der Strophe, im Gegensatz zur offenen Form der →Laisse in der ebenfalls gesungenen →Chanson de geste. Weiter gilt das Prinzip der Wiederholung. Es äußert sich zunächst in der Wiederholung der Melodie von Strophe zu Strophe, mit Ausnahmen der frz. lyr. →Lai, der Heterostrophie aufweist. Innerhalb der Strophe (→Vers- und Strophenbau) tritt die Wiederholung in zwei Grundformen auf: 1. In der höf. Kanzone (→Canso, zu unterscheiden von der it. →Canzone) wird im ersten Strophenabschnitt ein Melodieteil wiederholt. 2. In der volkstüml. L. betrifft die Wiederholung Text und Melodie, d. h. den Refrain, etwa in den Tanzliedern (→Ballade, →Carole, →Chanson de danse, →Dansa, →Rondeau, →Virelai), doch findet sich der Refrain auch in der →Pastourelle, einer höf. Gattung (Lit. zu den Gattungen: →Chanson – GRLMA II). Die Überlieferungsgeschichte gestattet keine eindeutige Trennung der höf. von der volkstüml. L., sind doch Texte und Melodie in der Regel in Sammelhss. (→Cancioneiro, →Canzoniere, →Chansonnier) erhalten, die für adlige und bürgerl.-klerikale Kreise angefertigt wurden. Auch die im 15. Jh. aufgezeichneten Volkslieder stehen in Hss., die für den Adel geschrieben wurden. – Seit dem 13. Jh. gibt es satir. und polit. L. in Strophenform, die nicht mehr gesungen wird (→Dit, →Rutebeuf), und seit der zweiten Hälfte des 14. Jh. bilden sich die »formes fixes« (→Ballade, →Chant royal, →Rondeau) heraus, die ebenfalls nicht mehr gesungen, z. T. jedoch von Musikern vertont werden. Erst durch die Trennung von Musik und Text wird die L. eine rein lit. Gattung. Seit dem Ende des 14. Jh. werden die »formes fixes« in aristokrat. Kreisen häufig in saisonbedingten Gelegenheitsgedichten verwendet (1. Jan., Valentinstag, 1. Mai).

Zitierte L. Die okzitan. Lebensbeschreibungen von Troubadours zitieren L. als Beweis für die in den Prosateilen aufgestellten Behauptungen (→Razos, →Vidas). Seit dem 13. Jh. gibt es zahlreiche frz. narrative Verstexte mit lyr. Zitaten (Jean →Renart, →Gerbert de Montreuil; Verzeichnis bei N. H. J. VAN DEN BOOGAARD, Rondeaux et refrains, 1969). Bes. für die volkstüml. L. wird in diesen aristokrat. Texten ein Sitz im Leben suggeriert, etwa für die →Chansons de toile, die weniger über das angebl. hohe Alter dieser L. aussagen als über das Interesse, das zeitgenöss. höf. Kreise an ihr hatten. Didakt. Charakter haben die Troubadourzitate im →Breviari d'Amor von Matfre →Ermengaud. Im 14. Jh. zitiert der allegor. Roman de →Fauvel vornehml. zeitgenöss. frz. und lat. L. in satir. Absicht, während mit →Machaut und →Froissart v. a. eigene L. im höf. →Dit Eingang findet. Damit wandelt sich der Sitz im Leben des lyr. Zitats, wie er in den narrativen Texten des 13. Jh. dargestellt wurde, in einen fiktionalen Sitz in der Literatur. M.-R. Jung

[2] *Deutsche Literatur:* Die dt.sprachige Lit. des MA beweist Gattungsbewußtsein zumeist pragmatisch, d. h. in der Art der vorgenommenen Slg.en (→Liederhandschriften/-bücher), nur selten in expliziten Gattungsbezeichnungen (insbes. in Überschriften). Für den moder-

nen Begriff L. gibt es im MA keine Entsprechung. Ein modernes, idealtypisches Modell für den Gesamtbereich dessen, was heute als ma. L. gilt, sieht für das Dt. wie folgt aus: hinsichtl. der äußeren Form ist zu unterscheiden zw. gesungener und gesprochener L. (»Sangvers-/Sprechvers-Lyrik«). Zur gesprochenen L. gehört der aphorismenartige »Spruch« (Freidank) und die umfangreiche »Rede« (→Heinrich der Teichner, →Suchenwirt, →»Minne-Rede«); Blütezeit der »Rede« ist das 14. Jh.; ihre Abgrenzung zur erzählenden Kleinepik ist fließend. Die »Sangvers-Lyrik« (der Ausdruck stammt von K. H. BERTAU) zerfällt in die Großform des →»Leichs« und das →»Lied«. Der »Leich« besitzt eine komplizierte und anspruchsvolle Struktur und ist daher vergleichsweise selten: er besteht aus einer Reihe von ungleich gebauten Strophen-Abschnitten (»Versikel«), die nach bestimmten, im Detail aber stets neuen Prinzipien gereiht werden. Das »Lied« ist definiert als eine Reihe von gleichgebauten Strophen, besitzt also eine strophenweise wiederholte Melodie. Vom Umfang her ist es von der gesungenen Epik (Sangvers-Epik) zu unterscheiden: die Strophen etwa des →Kürenbergers und des →»Nibelungenliedes« hatten mutmaßlich dieselbe Melodie. Refrains sind im Dt. eher selten; die einzelnen Strophen waren fast immer dreiteilig (AAB: dreiteilige Liedform; in der Meistersinger-Terminologie »Stollen-Strophen«, heute etwas irreführend oft als →»Canzone« bezeichnet). Bezüglich des Inhaltes gibt es zw. gesungener und gesprochener L., also zw. »Lied« und »Rede«, keine grundsätzl. Unterschiede. Sinnvolle Untergliederungen können – wie bereits im MA – gemäß dem Inhalt vorgenommen werden, z. B.: Minnebzw. Liebeslied, Minnerede (stets stark didaktisch, oft in Allegorieform), Minneklang (als Lied oder Rede), Tanzlied, Schwanklied, Trinklied, religiöses/polit. Lied etc. Für die Liebesl. wichtig ist die von dem Romanisten A. JEANROY übernommene Unterscheidung zw. den »subjektiven« Liedgattungen (d. h. den auf ein reflektierendes lyrisches Ich konzentrierten Liedtypen wie etwa der Minneklage) und dem »genre objectif«, d. h. den erzählenden, balladenhaften Liedern wie Tagelied und Pastourelle; diese haben überwiegend roman. Vorbilder *(alba, aube, pastorela)*, und sie variieren – wie dort – stets denselben Inhalt, nämlich die Trennung eines Paares nach einer heimlichen Liebesnacht bzw. das erot. Abenteuer eines höhergestellten Herren mit einem Landmädchen in freier Natur (im Dt. oft »unter der Linde«, d. h. am Waldesrand). Im Werk Neidharts haben bereits ma. Sammler inhaltl. zw. »Sommer-« und »Winterliedern« unterschieden, während der heute für einige Lieder Walthers von der Vogelweide übliche Terminus »Mädchenlieder« ganz irreführend ist und Männerträume späterer Philologen widerspiegelt.

U. Müller

Lit.: K. H. BERTAU, Sangverslyrik. Über Gestalt und Geschichtlichkeit mhd. L. am Beispiel des Leichs, 1964 – U. MÜLLER, Ein Beschreibungsmodell zur mhd. L. – ein Versuch, ZDPh 98, 1979.

[3] *Englische Literatur:* a) *Altenglische Zeit:* Aus dieser Epoche (7.–11. Jh.) sind wenige, jedoch bedeutsame lyr. Gedichte erhalten – fast alle in einer einzigen Sammelhs. aus dem späten 10. Jh., dem →Exeter-Buch, überliefert: 7 (oder nach anderer Auffassung 9) sog. »Elegien« sowie von den insgesamt knapp 100 ae. →Rätseln etwa zwei Dutzend als L. zu bezeichnende Gedichte. Ferner haben einige verstreute Lieder, wie →Cædmons Hymnus und →Bedas Totenlied, die Zeiten überdauert. Viele dieser Texte, unter denen sich auch einige erot. finden, erreichen beträchtl. dichter. Niveau, das von der Forsch. erst z.T. wahrgenommen ist.

b) *Mittelenglische Zeit:* Aus dieser Zeitspanne (12.–15. Jh.) ist die erstaunl. hohe Zahl von 3200 lyr. Gedichten erhalten; unberücksichtigt bleiben hier die in England entstandenen lat. und frz. Gedichte. Lediglich. etwa 200 Gedichte sind mit Musiknotationen aufgezeichnet (→Lied, II). Nur ein Drittel der me. Texte ist säkularen Inhalts; zudem ist die religiöse L. öfter in mehreren Hss. tradiert als die säkulare. Im Unterschied zur kontinentalen L. ist – aus unerfindl. Gründen – nur ein geringer Teil der me. L. (etwa ein Viertel) mit dem Namen des Autors überliefert. Für die Tradierung dieser Texte ist weiterhin charakterist., daß sie im 12. Jh. sehr zaghaft einsetzt, im 13. und 14. Jh. sich kräftig entwickelt und am Ende des engl. MA lawinenartig anwächst. Die Qualität steht dabei oft im umgekehrten Verhältnis zur Quantität: Zahlreiche Gedichte des 15. Jh. sind epigonal und von der Frische früher Texte weit entfernt. Viele der besten Gedichte sind in Sammelhss. des 13. und 14. Jh. enthalten, z. B. Digby 86 (Oxford, Bodl. Lib.), Trinity College Cambridge 323, Harley 2253 (London, Brit. Lib.); die in letzterer überlieferten →Harley Lyrics stellen einen Höhepunkt lyr. Kunst im engl. MA dar. →Engl. Lit., VI.; →Mariendichtung.

Th. Stemmler

Bibliogr.: NCBEL I, 276f., 697–712 – ManualME 5. XIII, 1975 – *Ed.:* →Lied, II – *Lit.:* T. WOLPERS, Gesch. der engl. Marienl. im MA, Anglia 69, 1950, 3–88 – A. K. MOORE, The Secular Lyric in ME, 1951 – TH. STEMMLER, Die engl. Liebesgedichte des MS Harley 2253 [Diss. Bonn 1962] – R. WOOLF, The Engl. Religious Lyric in the MA, 1968 – R. OLIVER, Poems Without Names, 1970 – K. H. GÖLLER, Ae. L. (Epochen der engl. L., hg. DERS., 1970), 9–29 – D. GRAY, Themes and Images in the Medieval Engl. Religious Lyric, 1972 – E. REISS, The Art of the ME Lyric, 1972 – K. REICHL, Religiöse Dichtung im engl. HochMA, 1973 – S. WENZEL, Preachers, Poets, and the Early Engl. Lyric, 1986 – P. ERLEBACH, Gesch. und Vorgesch. der engl. Liebesl. des MA, 1989.

Zur lateinischen Lyrik →Cantio; →Geistliche Dichtung; →Hymnendichtung; →Lateinische Sprache und Literatur; →Sequenzen. Zur lyrischen Dichtung in den slavischen und skandinavischen Sprachen sowie in der Byzantinischen Literatur vgl. die jeweiligen Einzelartikel.

Łysa Góra (Łysiec, Święty Krzyż), ehem. OSB-Kl. in Mittelpolen (☉ ursprgl. Hl. Dreifaltigkeit, im 14. Jh. Hl. Kreuz) auf dem Berg L.G. der Gebirgskette Góry Świętokrzyskie, 1112–14 von →Bolesław III. Krzywousty gegr. Es entstand an der Stelle eines älteren, heidn. Kultzentrums, dessen Überreste in Form von Steinwällen (9.–10. Jh.) erhalten geblieben sind. Strittig bleibt die Frage, von wo aus die Besiedlung mit den ersten Mönchen erfolgte. Eine spätere, zweifelhafte Kl.tradition, die die Gründung in die Zeit →Bolesław I. Chrobry verlegt und nach der die Mönche aus →Monte Cassino oder aus →Sázava stammen sollen, wird eindeutig abgelehnt. Vermutl. kamen die ersten Mönche aus →Tyniec. 1819 wurde die Abtei aufgehoben.

A. Wędzki

Lit.: SłowStarSłow III, 139 – Kościół w Polsce I, 1966, 399 – T. T. TRAJDOS, Benedyktyni na Łyścu za panowania Władysława II Jagiełły (1386–1434), Rocz. Hist. 48, 1982, 1–46 – M. DERWICH, Jeszcze o klasztorze łysogórskim w czasach Jagiełły, ebd. 50, 1984, 165–180.

Lyse, ältestes norw. OCist.-Kl., am Lysefjord, s. von →Bergen, von Bf. Sigvard v. Bergen nach seinem Besuch in England auf dessen Familiengut in der Pfarrei Os gegr., u. a. gegen das traditionelle Benediktinertum von →Munkeliv gerichtet; 1146 mit Mönchen der engl. →Fountains Abbey unter Rannulf als erstem Abt besiedelt. In L. soll das →Draumkvæde entstanden sein. Die Gründung des Tochterkl. Tautra bei →Drontheim erfolgte um 1190. L., das reichen Gutsbesitz erwarb, wurde 1536 aufgehoben.

Die spätnorm. Kirche wurde bis 1160 (nach dem Vorbild von→Waverley?) errichtet, frühgot. Kreuzgang um 1180. Die um 1230 abgeschlossene Gesamtanlage ist z.T. erhalten. T. Nyberg

Q.: Fundatio, Scriptores Rerum Danicarum IV, 1776, 406–409 – *Lit.*: N. NICOLAYSEN, Om L.kl. og dets ruiner, 1890 – A. MOHN, L.kl., 1959 – A. ANDERSSON–P. HAMLYN, The Art of Scandinavia 2, 1970, 231 – M. NYBØ, Foreningen til Norske Fortidsminnesmerkers Bevaring, Aarbok 1987, 169–186, vgl. 108f.

M

Mäander. Nach dem griech. Fluß Maiandros benanntes, im Gegensatz zur pflanzl. Ranke geometr. Ornament rechtwinklig gebrochener, z. T. sich überschneidender Linien, das sich in regelmäßiger Wiederholung zu einem Band zusammenfügt. Einzelne Formen (Zinnen-, Zakken-, Haken-M.) sind zu unterscheiden. Das mehr organ. wellenartige Spiralband wird dagegen als 'laufender Hund' nicht zu den eigtl. M.n gerechnet. In der antiken Kunst weit verbreitet, hat der M. in der ma. Architektur kaum Bedeutung, kommt jedoch in der Wand- und Miniaturmalerei vor. Als Rahmung des Bildfeldes findet sich bis ins 12. Jh. oftmals eine aus farbig differenzierten Linien perspektiv. konstruierte M.form. K. Niehr

Lit.: K. HECHT, Der sog. perspektiv. M. [Diss. Stuttgart 1946] – Lex. der Kunst III, 1975, 81.

Maʿarufia. Das arab. Lehnwort bezeichnet das Recht der exklusiven Geschäftsbeziehung eines Juden mit einem nichtjüd. Klienten, in die sich kein anderer jüd. Glaubensbruder einmischen durfte. Dieses ausschließl. innerjüd. praktizierte Konkurrenzverbot spielte v. a. in den Gemeinden Dtl.s, Frankreichs und Italiens im 10. und 11. Jh. eine große Rolle. Die M., die auch verkauf- und vererbbar war, führte im Wettbewerb um nichtjüd. Kunden zu zahlreichen Streitigkeiten unter den jüd. Geschäftsleuten, die bei jüd. Gerichten anhängig gemacht wurden und sich in den →Responsen widerspiegeln. H.-G. v. Mutius

Lit.: I. A. AGUS, Urban Civilisation in Pre-Crusade Europe, 1965 [Ind.]. .

Maas (lat. Mosa, frz. Meuse), auf dem Plateau v. Langres entspringender und in die Nordsee einmündender Strom von ca. 890 km Länge (bis 1850 infolge zahlreicher Mäander erheblich längerer Flußlauf), schiffbar ab St-Mihiel bzw. Mézières; die Schiffahrt wurde durch reißende Strömungen, scharfe Krümmungen, schwankende Wasserführung und Klippen (Ardennendurchbruch) erschwert. An diesem wichtigen Verkehrsweg aus dem nördl. Gallien in das Rheinland und nach England entstanden seit der Merowingerzeit zahlreiche →'portus'; ein bedeutender Stützpunkt des →Friesenhandels war →Witla. Die Mündung der M. wechselte mehrfach infolge von Sturmfluten. Der von den Gf.en v. →Holland nach 1000 errichtete Zoll bildete die Vorstufe des späteren Dordrechter Stapels.

Die M. war Achse des karol. →Austrien (Pfalzen Jupille und →Herstal), wurde durch den Vertrag v. →Verdun (843) in ihrem Oberlauf zur Grenze zw. West- und Mittelreich, war im 9.–13. Jh. Schauplatz zahlreicher Treffen zw. den westfrk./frz. und ostfrk./dt. Herrschern und bildete z.T. die Grenze zw. den Ebm.ern →Reims und →Köln. Der Strom war Lebensader des durch reiche gewerbl. und künstler. Tätigkeit (→Maaskunst) bedeutenden 'Maaslandes'. Der Handel auf der M. umfaßte u.a. Steine (Schiefer), Salz, Getreide, Fisch, Holz (mittels Flößerei), Wein. Zu den im 11.–15. Jh. wirtschaftl. aktiven M.-Städten zählten →Verdun, Mézières, →Dinant, →Namur, →Huy, →Lüttich, →Maastricht, →Roermond, Venlo und →Dordrecht. A. Joris/J. A. van Houtte

Lit.: F. ROUSSEAU, La Meuse et le pays mosan, 1930 – Z. W. SNELLER, Handel en Verkeer in het Beneden-Massgebied, Nederlandsche Historiebladen 2, 1939 – H. BREUER, Die M. als Schiffahrtsweg, 1969 – Hist. économique de la Belgique, 1972, 273–296 [M. L. FANCHAMPS] – M. SUTTOR, La navigation sur la Meuse moyenne des origines à 1650, 1986 [Lit.] – I. VOSS, Herrschertreffen im frühen und hohen MA, 1987 – M. SUTTOR, Sources et méthodes pour l'hist. de la navigation fluviale. L'exemple de la Meuse, M-A 96, 1990, 5–24.

Maaskunst. Das Land an der Maas, um →Lüttich, die Wiege der Karolinger (E. EWIG), war bis zur Mitte des 12. Jh. ein in Westeuropa einzigartiger Brennpunkt künstler. Kreativität (L. FEBVRE, 1953). Spitzenleistungen dieser Kunsttradition sind die Elfenbeinarbeiten Bf. →Notkers (um 1000) und die berühmten Lütticher Taufbecken (frühes 12. Jh.). Eine Voraussetzung dieser Blüte war die wichtige Rolle der Maas im europ. Verkehrsnetz. Seit ca. 1000 bestanden enge Kontakte mit dem Rheinland und seiner kirchl. Baukunst sowie Handelsverbindungen mit London, durch die das →Zinn aus →Cornwall, der unentbehrl. Werkstoff für die maasländ. Bronze- und Messingarbeiten, in das Maasland gelangte. Der Aufschwung des maasländ. Kunstschaffens geht zu einem großen Teil unmittelbar auf das Wirken Notkers zurück, der in engen Beziehungen zum otton. Ks.hof und zu Italien stand, die für die M. des 10. und 11. Jh. stilbildend wurden. Gegenüber dem Zeitalter Notkers und des it. Malers →J[e]an (Johannes) [um 1000] markiert der Episkopat →Otberts (1091–1119) eine gewisse Abkehr vom klass.-lat. Stil, der in den großen und kleinen Figuren der Elfenbeinreliefs seinen Ausdruck gefunden hatte; das dem →Reiner v. Huy zugeschriebene große Taufbecken erschließt sich zwar der roman. Formensprache, ist aber noch vom Geist der postkarol. Kunst der Epoche Notkers durchdrungen. Roman. Formgefühl spricht aus einer allgemeinen Vorliebe für Polychromie (Email, Glaskunst, Wandmalerei, Plastik) und dem stark linear-zeichner. Moment, das in seiner funktionalen Schematisierung eher einen Endpunkt als die Schaffung neuer Gestaltungsweisen markiert. Auch bewahrt die M. stets die Neigung zu voller Plastizität, wie sie sich in der dem Meister →Rupert zugeschriebenen Maria (um 1130), als charakterist. »Maria lactans« im Zusammenhang mit der Apfelsymbolik, und den rätselhaften Lütticher Apollo-Reliefs artikuliert. Der Ruhm der M. manifestiert sich im 12. und beginnenden 13. Jh. in W- und Mitteleuropa v. a. mit Emailarbeiten (→Nikolaus v. Verdun) und Goldschmiedekunst (→Hugo v. Oignies). In dieser letzten hohen Blütezeit entstanden auch Spitzenleistungen der polychromen Holzschnitzkunst, bevor sich die Ausstrahlungskraft der M. im 2. Viertel des 13. Jh. erschöpfte. J. Philippe

Lit.: Lex. der Kunst III, 82ff. – J. PHILIPPE, L'évangéliaire de Notger et la chronologie de l'art mosan des époques préromane et romane, 1956 – S. COLLON-GEVAERT, J. LEJEUNE, J. STIENNON, Roman. Kunst an der Maas im 11., 12. und 13. Jh., 1962 – Rhein und Maas 800–1400 [Kat.], 1972 (Ergbd. 1973) – J. PHILIPPE, Liège, terre millénaire des arts, 1980³ [Lit.] – Rapports hist. et artistiques entre le pays mosan et la Pologne du XIe au début du XIII^c s., 1981 – F. ROUSSEAU, L'art mosan. Introd. hist., 1986² – J. PHILIPPE, Sur des chemins séculaires d'art et d'hist., 1991.

Maastricht, Stadt (Tricht, Traiectum ad Mosam, Tr. superius zur Unterscheidung von →Utrecht = Tr. inferius; heute Niederlande, Prov. Limburg), an der röm. Straße von Köln bzw. Nimwegen nach Tongern und Bavay gelegen, an der Stelle, wo sie die Maas überquert (Brücke seit spätantiker Zeit). Im 4. Jh. wurde die röm. Zivilsiedlung verkleinert und auf einer Fläche von ca. 2 ha befestigt. Hier starb der erste Bf. v. →Tongern, der hl. →Servatius, i. J. 384 (traditionelles Datum). In der Folge verlegten seine Nachfolger ihren Sitz nach M., bis Anfang des 8. Jh. Bf. →Hubert die Reliquien des Bf.s →Lambert nach Lüttich übertrug, was schließlich zur Verlegung des Bf.ssitzes nach →Lüttich führte. Zeitweilige Bf.s- und erste Pfarrkirche dürfte die Liebfrauenkirche gewesen sein. Über dem Grab des hl. Servatius entstand ebenfalls eine Kirche. 595 ist M. als Ort eines →Märzfeldes des merow. Reiches genannt. Unter den Karolingern unterstand St. Servatius →Alkuin und →Einhard und entwickelte sich zum Kanonikerstift. 889 wurde es aber der Trierer Kirche geschenkt, die es gegen die Ansprüche der Familie der Reginare (Hzg. →Giselbert I. residierte in St. Servatius) kaum zu behaupten vermochte. 966 nahm Otto I. das Stift wieder zurück. Im 12. Jh. diente die Propstwürde fünfmal den Kanzlern des Kg.s als Amtsausstattung; weitere Beziehungen zur Hofkapelle sind nicht nachzuweisen. →Heinrich v. Veldeke (148. H.) dürfte hier zur Schule gegangen sein. Das Stift unterstand 1202–14 dem Hzg. v. Brabant, dann wieder dem Reich. Seit ca. 1300 gewann der Hzg. als »defensor« zunehmend Einfluß, der Rechtsstatus blieb letztl. ungeklärt.

Die frühe Stadtentwicklung im Maasgebiet brachte es mit sich, daß die Grundherrschaften des Reiches (St. Servatius und ein angrenzender Fiskalbezirk) und des Bm.s Lüttich (Liebfrauen) zu einer Siedlung zusammenwuchsen, deren Bevölkerung auf Dauer in zwei »Nationalitäten« getrennt blieb. Das →Kondominat über die Stadt M., deren Bürgergemeinde 1227 zuerst belegt ist, wurde 1284 in der »Alde Caerte« zw. dem Hzg. v. Brabant und dem Bf. v. Lüttich festgelegt und hatte bis zur Frz. Revolution Bestand. Die Wirtschaftskraft M.s beruhte auf seiner Lage an dem Verkehrsweg Köln–Brügge, der Maasbrücke (vor 1139 neu errichtet) und dem Textilgewerbe (1135 das Weberschiff in M.). Die Stadt bewahrte sich eine beachtl. Autonomie gegenüber ihren beiden Herren und konnte sowohl an brabant. Städtebünden teilnehmen wie als lüttichsche Stadt innerhalb der Stände des Bm.s in Erscheinung treten. Die frühzeitige Parteinahme für die burg. Hzg.e hat M. 1469–77 eine Art Hauptstadtfunktion für die Maaslande eingebracht. Seit 1229 war die Stadt ummauert, ein zweiter und endgültiger Mauerring erstand bis 1298. Er umschloß die 10 000 Einw. (aufgeteilt in zwei Pfarren, St. Servatius und Liebfrauen, entsprechend der »Nationalität«). M. hatte acht Männer- und sechs Frauenkl. sowie neun karitative Einrichtungen. Die Vorstadt Wijk rechts der Maas, über deren Entstehung und eigene Gesch. noch wenig bekannt ist, zählte immer zur Stadt. J. Deeters

Q. und Lit.: J. DEETERS, Servatiusstift und Stadt M., 1970 – P. C. BOEREN, Jocundus, 1972 – P. E. HÜBINGER, Libertas imperii – Libertas ecclesiae im Widerstreit, Zs. des Aachener Gesch.svereins 84/85, 1977/78, 71ff. – H. H. E. WOUTERS, De politieke betrekkingen tussen M. en het prinsbisdom Luik (Van der Nyersen upwaert), 1981, 17ff. – P. NEVE, M. en de Brabantse Gouden Bulle, Campus Liber, 1982, 139ff. – T. PANHUYSEN, De Sint-Servaaskerk te M. in de vroege middeleeuwen. Voorlopig verderslag van de opgravingen 1981–89, Bull. KNOB 90, 1991, 15ff.

Mabinogi(on), schwer deutbarer Titel einer Slg. von elf kymr. Prosaerzählungen, überliefert in zwei Hss. des 13. bzw. 14. Jh., wahrscheinl. vorher längere Zeit mündl. im Umlauf und an den Fs.enhöfen (auch in England und Frankreich) von fahrenden Erzählern (kymr. *cyfarwyddiaid*) vorgetragen. Sie gehören zur gleichen Gattung wie die mittelir. Erzählprosa. Märchenmotive kommen zwar vor (z. B. böse Stiefmutter), aber anders als das festlandeurop. Märchen kreisen die M. um namentl. (nicht unbedingt hist.) Angehörige fürstl. Familien aus Wales. In »Culhwch und Olwen« schickt der an der Tafelrunde thronende Arthur (→Artus) seine Gefolgsleute aus, seinem Neffen Culhwch/*kilhuχ* bei der Brautwerbung zu helfen (ir. *tochmarc*). Die »Drei Romanzen« bleiben im Milieu der arthur. Tafelrunde. Sie erzählen den gleichen Stoff wie →Chrétien de Troyes' »Yvain«, »Erec«, »Perceval«; umstritten ist, wie weit sie die Q. zu Chrétiens Werk darstellen. Die »Vier Zweige« *(Pedeir Keinc)* spielen in Wales in einer hist. nicht bestimmten Vergangenheit, zugleich in einer Zauberwelt (kymr. *Annwfn)*, die mit mag. Geboten und Verboten (kymr. *tynghedau*, ir. *geasa*), Verwandlungen und Bewährungsproben die Handlung beherrscht. Drei in eine hist. Vergangenheit eingeordnete Erzählungen aus der Zeit vor und während der röm. Herrschaft (nach dem von →Geoffrey v. Monmouth überlieferten Gesch.sbild) führen das schon im »Vierten Zweig« auftauchende, burleske Überlistungsmotiv fort. H. Pilch

Diplomat. Gesamted.: The White Book M., ed. J. G. EVANS, 1907 – Engl. Übers.: T. JONES–G. JONES, 1949 – J. RHYS–J. G. EVANS, The Text of the M. and other Welsh Tales from the Red Book of Hergest, 1887 – Frz. Übers.: J. LOTH, 1913 – Krit. Ed. einzelner Erzählungen: Breudwyt Ronabwy, ed. M. RICHARDS, 1948 – Pedeir Keinc y M., ed. I. WILLIAMS, 1951² – Cyfranc Lludd a Llefelys, ed. B. F. ROBERTS, 1975 – Historia Peredur vab Efrowc, ed. GL. W. GOETINCK, 1976 – Culhwch ac Olwen, ed. I. FOSTER et al., 1988 – Die vier Zweige der M., ed. L. MÜHLHAUSEN, 1989² – Lit.: K. JACKSON, The Internat. Popular Tale and Early Welsh Tradition, 1961 – Y traddodiad rhyddiaith ym yr oesau canol [Die Prosatradition im MA], hg. G. BOWEN, 1974 – D. EDEL, Helden auf Freiersfüßen, 1980 [zu »Culhwch und Olwen«].

Mac an Bhaird, Gelehrtenfamilie, ursprgl. erbliche Dichter am Hofe der O Kelly, der Herren *(Lords)* der →Uí Maine in →Connacht (westl. Irland), mit späteren Seitenlinien in Oriel (heut. Gft. Monaghan) und Tír Chonaill (heut. Gft. Donegal). Nach den Todesvermerken in den Annalen zu schließen, war wohl das 15. Jh. die Blütezeit dieser Familie, doch sind keine Dichtungen aus dieser Zeit auf uns gekommen. Die meisten erhaltenen Verse von Mitgliedern der M. an B. (zumeist Preislieder auf weltl. Herren und Liebesgedichte) stammen aus dem 16. und frühen 17. Jh. G. Mac Niocaill

Lit.: P. WALSH, Irish Men of Learning, 1947.

Mac Carthaig (Mac Carthy), herrschende Dynastie der →Eóganachta v. →Cashel (Munster, südl. Irland). Ihr Aufstieg vollzog sich im 12. Jh., als Ergebnis der Kriege des Tairdelbach O Connor, Kg.s v. →Connacht, mit der dominierenden Dynastie der →O Brien in →Munster.

Nach dem Tode des Diarmait O Brien († 1118) rückte O Connor in Munster ein und teilte es zw. den Söhnen Diarmaits und den M.C., die das südl. Munster (Desmond) erhielten und von beiden Teilen des Landes Geiseln nahmen. 1127 wurde Cormac M.C. im gesamten Munster als Kg. anerkannt, doch wurde er 1138 ermordet. Conchobar O Brien, der Anstifter dieses Mordes, bemächtigte sich des Kgtm.s v. Munster. Nach Conchobars Tod (1142) folgte ihm sein Bruder Tairdelbach nach. Dieser unterlag 1151 bei Móin Mór dem O Connor, was zur erneuten Teilung Munsters zw. M.C. und O Briens führte, wobei Diarmait M.C. die Herrschaft über Desmond behielt; 1168 wurde dieser Vorgang von →Rory O Connor wiederholt. Dem 1176 verstorbenen Diarmait folgte Domnall Mór. Nach dessen Tod (1206) entspannen sich um die Nachfolge in Desmond zwei blutige Fehden, zunächst zw. Domnalls Bruder Fingen (der 1209 ermordet wurde) und seinem Sohn Diarmait, dann zw. Diarmait und dessen Vetter Cormac Óg Liathánach. Diarmait starb 1229 als Kg. v. Desmond, doch hatten die Erbfolgekämpfe den Anglo-Iren Gelegenheit geboten, in großem Umfang in den SW Irlands vorzudringen, an der Küste (bis Bantry) Burgen zu errichten und die Kontrolle über das Blackwater-Tal bis zu den Grenzen der Gft. Kerry zu gewinnen. Nachfolger Diarmaits war entweder Cormac Liathánach († 1244 im Gewande des Zisterziensers) oder dessen Bruder Cormac Fionn († 1247). In dieser Periode schufen sich andere Zweige der Dynastie in Desmond eigene Einflußzonen, die sich zu halbunabhängigen 'Lordships' entwickelten (z.B. die Herrschaft der M.C. Riabhach, begründet von Domnall Got, 1232–52).

In der 2. Hälfte des 13.Jh. errangen die M.C. einige Erfolge über die anglo-ir. Siedler (Schlacht v. Callan, 1261), verbrauchten aber ihre Kräfte in inneren Auseinandersetzungen des 14.Jh. Nach dem Tode Domnalls (1392) wurde die Herrschaft der M.C. Mór in Sohnesfolge über vier Generationen bis auf Domnall († 1502) vererbt. In dieser Periode waren die M.C. Mór durchgängig mit den Earls of Desmond verfeindet, und die M.C. Riabhach lagen mit den beiden anderen Zweigen in Streit.

G. MacNiocaill

Lit.: D. Ó CORRÁIN, Ireland before the Normans, 1972 – Medieval Ireland 1169–1534, hg. A. COSGROVE (New Hist. of Ireland II, 1987).

Mac Domnaill, Adelsfamilie in Irland, von schott. Herkunft, geht zurück auf Domnall, den Sohn von Ragnall (um 1200). Die M. treten im zentralen Ulster in den 1260er Jahren als Söldner (→*Gallóglaigh*) auf; bis zum späten 14.Jh. waren sie in die militär. Auseinandersetzungen Connachts verwickelt; gegen Mitte des 15.Jh. finden wir sie als Grundbesitzer in Leinster. Wie andere schott. Söldnerdynastien (bes. die Mac Sweeneys) haben die M. seit dem 14.Jh. wesentl. zu den militär. Erfolgen der Iren gegenüber der anglo-ir. Herrschaft beigetragen.

G. Mac Niocaill

Lit.: G. A. HAYES-MCCOY, Scots Mercenary Forces in Ireland, 1937 – P. WALSH, Irish Chiefs and Leaders, 1960.

Mac Firbisigh, Gelehrtenfamilie aus dem nördl. →Connacht (w. Irland), Schreiber und Geschichtsschreiber. Über einzelne Mitglieder ist wenig bekannt; eingehendere Nachrichten liegen ledigl. vor über Giolla Íosa, den Hauptschreiber des Yellow →Book of Lecan, zu Beginn des 15.Jh., sowie über einen Dubhaltach, Gelehrten des 17.Jh., der einen Traktat über die Familie verfaßte.

G. Mac Niocaill

Lit.: P. WALSH, Irish Men of Learning, 1947 – T. ÓCONCHEANAINN, Scríobhaithe Leacáin Mhic Fhir Bhisigh, Celtica 19, 1987.

Mac Lochlainn, Dynastie im nördl. →Irland, geht zurück auf Ardgar († 1064), den Sohn von Lochlainn, Kg. der →Cenél Eógain. Sie beherrschten das Gebiet der nördl. →Uí Neill bis zum Tode des Muirchertach Mac Lochlainn († 1166), der seit 1156 der mächtigste Kg. Irlands war, Schutzherr sowohl der alten Kl. (wie→Derry und→Kells) als auch der Zisterzienser (z.B. Newry). Nachdem Muirchertach von →Ruaidrí Ua Conchobair, dem Kg. v. →Connacht, gestürzt worden war, erfolgte durch Ruaidrí die Teilung der Gebiete der Uí Neill zw. Niall Mac Lochlainn, dem Sohn von Muirchertach, und Aed Ó Neill. Seitdem war das Kgtm. der Cenél Eógain umkämpft zw. den M. L.s und den O Neills, die unter Aodh Ó Neill (1196–1230) im N die unbestrittene Vorherrschaft errangen; doch erst durch die Schlacht v. Caimirghe (1241), in der zehn führende M. L.s den Tod fanden, wurde die Macht dieser Familie gebrochen.

G. Mac Niocaill

Lit.: J. HOGAN, The Irish Law of Kingship, PRIA 40, 1930 – S. Ó CEALLAIGH, Gleanings from Ulster Hist., 1951 – D. Ó CORRÁIN, Ireland before the Normans, 1972 – Medieval Ireland 1169–1534, hg. A. COSGROVE (New Hist. of Ireland II, 1987).

Mac Mahon, im SpätMA herrschende Familie v. Oriel (heut. Gft. Monaghan) im nördl. Irland. Die ersten Mitglieder erscheinen unter diesem Namen im 13.Jh., beanspruchten aber, ein Zweig der älteren Kg.sfamilie v. Oriel, der Ó Cearbhaills, zu sein. Bis zum Ende des 13.Jh. hatten die M. die fakt. Kontrolle über weite Gebiete, die von den Anglo-Iren (den Pippards) beansprucht wurden; im 14. und 15.Jh. erpreßten skrupellose und machtbewußte Herren aus dem Geschlecht der M. ungerechte Tribute von den Engländern der Gft. Louth, mit denen sie oft im Krieg lagen. Ein blutiger Erbfolgekampf um die zentrale 'Lordship' des Geschlechts brach im späten 15.Jh. aus; im frühen 16.Jh. hatten sich die beiden Zweige der Herren v. Farney und Dartry weitgehend gegenüber der Hauptlinie verselbständigt.

G. MacNiocaill

Lit.: K. W. NICHOLLS, Gaelic and Gaelicised Ireland in the MA, 1972 – Medieval Ireland 1169–1534, hg. A. COSGROVE, New Hist. of Ireland II, 1987.

Mac Murchada Dermot → Dermot mac Murrough

Macaronische (makkaronische) Poesie, Dichtung zumeist scherzhaft-satir. Inhalts, in der Latein mit volkssprachl. Elementen gemischt wird oder die lat. Morphologie auf die – zusätzl. mit lat. Wörtern angereicherte – Volkssprache angewandt wird.

Die Praxis, Latein mit Volkssprachen zu mischen, kann im MA auf eine lange Tradition zurückblicken: vgl. etwa im Bereich der ma. Lyrik Carmina Burana nr. 118, 184, 185 u.a. sowie die roman. →Farcen und die Reportationes (Mitschriften) von Predigten und Univ.vorlesungen. Ihre kurze, aber intensive Blüte erreichte die M. P. im eigtl. Sinn jedoch Ende des 15.Jh. und im frühen 16.Jh. (Höhepunkt Teofilo Folengo) in Italien. Ausgangspunkt der macaron. Sprachexperimente ist Padua, Sitz einer hochangesehenen Univ. und Kapitale des it. Plurilinguismus. Im Umkreis der Hohen Schule sind die ersten Vertreter der M. P. anzusiedeln: der nicht näher identifizierte Corado, Verf. der »Tosontea«, einer Satire auf einige Mitglieder der örtl. med. Schule; der Humanist Tifi Odasi, Verf. einer unvollendeten »Macaronea« (Streiche, die junge paduan. Lebemänner dem Apotheker Cusino spielen); Gian Giacomo Bortolotti und seine kürzl. entdeckte »Macaronea medicinalis« sowie der anonyme Autor des Kurzepos »Nobile Vigonce Opus« (kom.-heroische Abenteuer des närr. Gf.en Girolamo di Vigonza, dem man weismacht, er sei zum Professor der Univ. Padua ernannt). Weitere Vertreter der M. P. außerhalb von Padua finden sich ebenfalls in Norditalien: Fossa da Cremona (als Servit Evangelista Fossa identifiziert), Verf. eines autobiogr. Kurzepos Virgiliana; G. G. →Alione aus Asti mit seiner antilombard. »Macarronea«, die sich gegen die Frankophobie des maccaron. Kurzepos »Contra Savoynos« des Mantuaners Bassano richtet. Alle diese Kurzepen sind in Hexametern verfaßt, dem Versmaß der klass. Epik, ohne jedoch die metr. Strenge zu erreichen, wie sie z. B. der »Baldus« des Folengo aufweist. Die M. P. kann als Resultat eines stilist. und rhetor. Absinkens des klass.-humanist. Latein auf das Niveau der volkssprachl. Dialekte angesehen werden: ein Absinken sowohl in inhaltl. Hinsicht (obszöne und skatolog. Stoffe im Gewand der klass. Epik) wie auch auf der Ebene der grammatikal. Formen (durch beständige Interferenz einer lat. Morphologiestruktur mit der Syntax und dem Wortschatz der volkssprachl. Dialekte). M. Picone

Ed. und Lit.: G. Zannoni, I precursori di Merlin Cocai, 1888 – I. Paccagnella, Le macaronee padovane, 1979 – C. Segre, La tradizione macaron., Semiotica filolog., 1979, 169–183 – I. Paccagnella, Origini pavane del macaronico, Storia d. cultura veneta, III, I, 1980, 413–429 [Lit.] – G. G. Alione, Macarronea, hg. M. Chiesa, 1982.

Macbeth, Kg. v. →Schottland, † 1057; Sohn von Findlaech, *mormaer* (Provinzialfs.) v. →Moray, der von seinen Neffen Malcolm und Gillecomgain 1020 getötet wurde. Nach dem Tod von Malcolm (1029) und Gillecomgain (1030) heiratete M. Gruoch, die Witwe des letzteren und Enkelin entweder von Kenneth II. oder Kenneth III. M. wurde nun zum mormaer v. Moray ernannt. Inwieweit der Kg. in diese Moray-Fehde verwickelt war, ist unbekannt, aber →Duncan I. suchte 1040 M. auf. Bei diesem Treffen wurde der Kg. getötet, und M. wurde – trotz seiner (vielleicht) entfernten Verbindung zum Kg. shaus – Kg. v. Schottland. Sein Kgtm. wurde im Innern von Crinan, Abt v. Dunkeld, dem Schwiegersohn v. →Malcolm II., und auf der engl. Seite von →Siward, Earl v. Northumbrien, in Frage gestellt, der 1046 M. zeitweise aus →Lothian vertreiben konnte. Ein erneuter Feldzug Siwards 1054 betraf wahrscheinl. Lothian und Strathclyde und diente wohl auch der Einsetzung →Malcolms III., Sohn von Duncan I., als Kg. im s. Schottland. Nach dem Tod M.s 1057 (wohl in Lumphanan) wurde sein Stiefsohn Lulach († 1058 in Essie) von einigen als Kg. anerkannt. M. und seine Frau förderten die →Céli Dé v. Lochleven, M. pilgerte 1050 nach Rom. D.J. Corner

Lit.: A. A. M. Duncan, Scotland, the Making of the Kingdom, 1975 – W. E. Kapelle, The Norman Conquest of the North, 1980.

Macer Floridus → Odo v. Meung

Macerata, Stadt in Mittelitalien (Marken). Der Name M. erscheint erstmals 1022 in einer Schenkung an den Bf. v. Fermo; 1055 wird in einer Güterübertragung ein »castello de fundo M.« erwähnt. Auf einem Hügel gelegen, bildete es ein Feudum des Hzm.s Spoleto-Camerino. Vereinigt mit Castello S. Juliani, erhielt es 1138 von Bf. Libertus I. Fermo Rechte und Prärogativen, welche die Grundlagen für die Errichtung der Kommune M. bildeten. In der 1. Hälfte des 12. Jh. hatte M. 1200–1500 Einw., die der Kirche v. Fermo Naturalabgaben als libellarii leisteten. Die Führungsschicht bestand aus den reicheren Grundbesitzern. Im 13. Jh. bildeten die »magistri artium« Consiglio generale und Consiglio di Credenza. Im ältesten Kataster von M. aus dem J. 1268 sind 1874 Besitzende und 136 Besitzlose verzeichnet. Die »magistri artium« gehörten zur wirtschaftl. Mittelschicht, am wohlhabendsten waren hingegen die »domini«, Nachkommen der Grundbesitzeraristokratie. M. ging wechselnde Bündnisse mit Papsttum und Ksm. ein, bis es im letzten Viertel des 13. Jh. in den Kirchenstaat eingegliedert und nach 1288 zum Sitz der »Curia della Marchia« erhoben wurde. In der Folge bildeten sich neue soziale Schichten, unter starkem Zuzug v. a. von Leuten aus den Marken. 1321 erklärte Papst Johannes XXII. M. zur »civitas«, verlieh ihm das »imperium merum et mixtum« und erhob es zum Bf.ssitz. Bei der Neuorganisation des Kirchenstaats durch Kard. →Albornoz im 14. Jh. ist M. »civitas magna« und hat 1008 Herdstellen (»fumantes«). Die heutige Form des Mauerrings geht auf die umfangreichen Veränderungen des 15. und 16. Jh. zurück. Er schließt eine Fläche von rund 23 ha ein. E. Saracco Previdi

Lit.: P. Compagnoni, La Reggia Picena ovvero de'Presidi della Marca, Macerata 1661 – R. Foglietti, Docum. dei sec. XI e XII per la storia di M., 1885 – Ders., Conferenze sulla Storia Medioev. dell'attuale territorio maceratese, 1885 – L. Colini Baldeschi, Vita pubblica e privata maceratese nel 1200 e 1300, 1903 – E. Saracco Previdi, Convivere nella Marchia durante il medioevo, 1986.

Machaut, Guillaume de → Guillaume de Machaut

Mache des Maches (Machius de Machis, it. Macio dei Macci), Florentiner, kgl. frz. Hoffinanzier in Paris, Wechsler am Schatzamt *(Trésor royal),* † Aug. 1331, stand zunächst als 'Kammerdiener' *(valet de chambre),* dann als Wechsler *(changeur;* →Wechsel) im Dienst Karls IV. des Schönen, empfing zahlreiche Gnadenerweise, verzeichnet im →*Journal du Trésor,* im Jan. 1325 zum →Königsbürger ernannt. Fiel im Aug. 1331 in Ungnade, wurde wegen Veruntreuung verurteilt und starb am Galgen. Sein Sturz ist Ausdruck der sich verschlechternden Situation der →'Lombarden', deren unerwünschter Reichtum beargwöhnt wurde. Mit der Liquidation des Vermögens von M. waren Hugues de Vers, Abt v. Corbie, und Guillaume de →Flavacourt, Ebf. v. Auch, betraut. Die eine Hälfte der bewegl. Habe wurde vom kgl. Schatz konfisziert, die andere erhielt Binche, der Bruder von M., als Vertreter der Brüder und Neffen, die unter dem Schutz des Gf.en v. →Savoyen standen. M.s Häuser wurden eingezogen.

E. Lalou

Q.: Journal du Trésor de Charles IV le Bel, ed. J. Viard, 1917, n°. 1 – *Lit.:* A. de Boislisle, Le budget et la population de la France, Annuaire-Bull. de la Soc. d'hist. de France, 1875, 200–204 – R. Cazelles, La société politique et la crise de la royauté sous Philippe de Valois, 1958.

Macheiras, Leontios, * etwa 1380, † 1. Hälfte 15. Jh., zypr. Chronist, Autor der »Erzählung über die süße Erde Zyperns«, der wichtigsten Geschichtsquelle über das →Zypern des 13.–15. Jh., gehörte der griech. Familie der M. an, deren Mitglieder im Dienste des Lat. Ksr.es waren und dem Hof der →Lusignan nahestanden. M. nahm aktiv am polit. Leben des Kgr.es teil; er war Sekretär des zypr. Hochadligen Jean de Nores. 1432 fuhr er im Auftrag des Kg.s Johann II. in diplomat. Mission nach →Konya (Ikonion). Der treue Anhänger der orth. Kirche, bewegt von patriot. Gefühlen, behandelt die Gesch. Zyperns vom 4. Jh. bis 1432, bes. ausführlich aber die Jahre 1359 bis 1432. Sein Werk beeinflußte wesentl. die nachfolgende zypr. Chronistik des 15.–16. Jh. S. Bliznjuk

Ed.: R. M. Dawkins, I–II, 1932; P. Tivčev, bulg. Übers., 1974, mit Anm. – *Lit.:* Tusculum-Lex., 489f. – R. M. Dawkins, The Nature of the Cypriot Chronicle of L.M., 1945 – Beck, Volkslit., 160f. – P. Tivčev, Leontij Machera kak istorik Kipra, VV 35, 1973, 165–181; 36, 1974, 122–134 – Ders., Tendances patriotiques dans ... L. Macheras, Byzantinobulgarica 5, 1978, 147–174.

Machelm, Gf., von 748/750–ca. 788 in Bayern bezeugt, spielte eine hervorragende Rolle in der Umgebung der

Hzg. e →Odilo und →Tassilo III. Als einziger Grundherr hat er sämtl. bayer. Domkirchen beschenkt, dazu noch die Kl. →Niederaltaich und →Mondsee. Da er im castrum Wels (Oberösterreich) und der Hzg.spfalz Ostermiething Rechtsgeschäfte vornahm, scheint er hier auch 'Amtsträger' gewesen zu sein. Wo M. Gf. war, läßt sich nicht ermitteln. Sein grundherrschaftl. Besitz lag vornehml. um und ö. von Inn und Salzach; seine Beziehungen gingen weit über den bayer. Raum hinaus, bes. zum Rhein-Neckar-Raum. Der in den Q. 'vir clarissimus', 'vir illustris', 'comes' und 'nobilis' gen. M. gehörte zu den wenigen Personen, die im Bayern des 8. Jh. einen auszeichnenden Titel trugen.

Der 824 erwähnte Machelm 'de Baioria', der von Ks. Ludwig d. Fr. mit einer wichtigen Gesandtschaftsreise nach Bulgarien beauftragt wurde, scheint bereits ein Nachkomme M.s zu sein. W. Störmer

Lit.: E. TRINKS, Wels im Jahre 776, Jb. des Musealvereins Wels 1954, 25–42 – A. KLINGSPORN, Beobachtungen zur Frage der bayer.-frk. Beziehungen im 8. Jh. [Diss. Freiburg/Br. 1965] – W. STÖRMER, Adelsgruppen im früh- und hochma. Bayern, 1972, 42–49 – J. JAHN, Ducatus Baiuvariorum, 1991 [Register].

Machet, Gérard, Beichtvater (→*Confesseur*) und Ratgeber Kg. →Karls VII. v. Frankreich, * um 1380 in der Champagne, † 17. Juli 1448, ◻ Tours, St-Martin. M. begann seine Studien an der Univ. Paris als Stipendiat des Collège de Navarre (1391) und wurde 1410 Mag. theol. In diesen Jahren unterhielt er enge Freundschaftsbeziehungen (Briefwechsel) mit →Nicolas de Clamanges und →Johannes Gerson. M., der ein Kanonikat am Kathedralkapitel v. Notre-Dame erhielt, spielte als Mann der Universität eine wachsende polit. und diplomat. Rolle im Dienste der →Armagnacs (seit 1416/17). Nach der Rückeroberung der Hauptstadt durch die Bourguignons (1418) entfloh M. nach Lyon, wo er ein Kanonikat am Kapitel v. St-Paul innehatte. Seit 1420 Beichtvater Karls (VII.), ab 1432 Bf. v. →Castres, nahm M. bei der Verleihung der kirchl. Benefizien eine Schlüsselstellung ein und unterhielt weiterhin enge Beziehungen zum Milieu der Pariser Universität. Er unterstützte die Kirchenpolitik des Kg.s und verteidigte entschlossen die →Pragmatische Sanction de Bourges (1438). M. hinterließ eine bedeutende Briefslg. (392 Stücke, ed. P. SANTONI). X. de la Selle

Lit.: P. SANTONI, Gérard M., confesseur de Charles VII et ses lettres [Thèse d'Éc. des chartes dact., 1968] – DERS., Les lettres de Nicolas de Clamanges à Gérard M.: un humaniste devant la crise du royaume et de l'Église (1410–17), MEFR 99, 1987, 793–823 – X. DE LA SELLE, Le service des âmes à la cour: confesseurs et aumôniers des rois de France du XIIIe au XVe s. [Thèse d'Éc. des chartes dact., 1990].

Machiavelli → Staat, -stheorien

Macht → Herr, Herrschaft; →potestas

Macht Gottes → Allmacht

Mächtige (in den Q. am häufigsten δυνατοί); Begriff aus den →Novellen der byz. Ks. des 10. Jh., bezeichnet angesehene, nicht unbedingt reiche Leute, Weltliche und Kleriker, die selbst oder mittels anderer durch Drohung oder Versprechen von Vorteilen (Nov. Nr. I des Ks.s Romanos Lakapenos) ihren Willen den Mitgliedern der niederen Gesellschaftsschicht, die in denselben Q. als Arme (πένητες, πτωχοί) erscheinen, aufzwingen können. (Die Armen werden als ἄποροι bezeichnet.) Die Beziehungen zw. diesen verhältnismäßig vielgestaltigen Gesellschaftsschichten werden in den ksl. Novellen erkennbar. Angesichts der Tendenz, daß die Mächtigen immer mehr Besitz der »Armen« übernahmen und diese häufig zu ihren Abhängigen machten, strebten die Kaiser danach, diesen Prozeß aufzuhalten und auch den Kleinbesitz und dessen Eigner für den Fiskus zu bewahren. Diese Maßnahmen begannen in der Zeit von Romanos I. Lakapenos (920–944) und erfuhren mehr oder minder konsequente Fortsetzung unter allen Kaisern des 10. Jh. (→Makedonische Dynastie). Die Bemühungen erwiesen sich als vergeblich, zumal die Mächtigen eine fast geschlossene Schicht von Landbesitzern und Staatsbeamten bildeten; daher verzichtete die Zentralgewalt um 1030 auf weitere repressive Maßnahmen. So wurden die Mächtigen zum Fundament der byz. Feudalaristokratie, die sich im 11. und bes. im 12. Jh. entwickelte. Lj. Maksimović

Lit.: G. OSTROGORSKY, Pour l'hist. de la féodalité byz., 1954 – DERS., Quelques problèmes d'hist. de la paysannerie byzantine, 1956 – DERS., Geschichte 1963[3] – P. LEMERLE, The Agrarian Hist. of Byzantium from the Origins to the Twelfth Cent., 1979.

Machutes (Machlouus, Machu, Machutus; bret. Machlow; frz. Maclou, Macout, Malo), Bf. v. Alet, dem Vorgänger v. →St-Malo (dép. Ille-et-Vilaine), stammte aus dem s. Wales, † 15. Nov., um 625 in der Saintonge, ◻ bei den Toren von Saintes. Nach der ältesten Vita (BHL 5117, Mitte 9. Jh.) war M. ein Vetter der hll. →Maglorius und →Samson und wurde erzogen im Kl. des hl. →Brendan, den er auf zwei Meerfahrten zur Insel der Seligen »Ima« begleitet habe (ältestes lat. Textzeugnis zur →Navigatio s. Brendani). M. zog, bereits Bf., über den Kanal, um in der Armorica den chr. Glauben zu verkündigen und übernahm den vakanten Bf.ssitz v. Alet. In den Spannungen um die Metropolitanwürde v. Dol entstand eine neue Version der M.-Vita, verfaßt vom Diakon Bili aus Alet (BHL 5116, um 870), nach der M. ein einfacher Missionspriester, der sich in Tours zum Bf. weihen ließ, gewesen sein soll. – Mit seinen Pfarrkindern zerstritten, schiffte sich M. nach Aquitanien ein und lebte bis zu seinem Tode bei →Saintes. Die Bretonen versuchten (evtl. durch Raub), seine Reliquien zurückzugewinnen (Translationsberichte: BHL 5116a, verf. von Bili; BHL 5124, nach 920, vielleicht verf. in Paris). M.-Reliquien gelangten nach Montreuil-sur-Mer, schließlich ins heut. Belgien. Im 10. Jh. einsetzende Verehrung in England (Bm. Winchester, ae. Übers. der Vita des Bili), im 12. Jh. in Rom (dem hl. M. geweihte Kirche). →Sigebert v. Gembloux arbeitete zw. 1071 und 1092 die älteste Vita um (BHL 5119). Die Neufassung (BHL 5120, um 1143) geht wohl auf Initiative des →Johannes v. Craticula zurück.

J.-C. Poulin

Lit.: Catholicisme VIII, 271 – F. LOT, Mél. d'hist. bretonne, 1907 – D. YERKES, The Old Engl. Life of M.us, 1984 – J.-C. POULIN, M., Francia 17,1, 1990, 160–185 – D. N. DUMVILLE, The Hagiography of St. Malo in Brittany and England, Cambridge Medieval Celtic Stud. [im Dr.].

Macías o Namorado, galic.-ptg. Dichter, 14./15. Jh., einige seiner galic.-kast. Gedichte sind im »Cancionero de Baena« (Nr. 306–310) überliefert. Die Zuschreibung von etwa 12 weiteren lyr. Kompositionen ist unsicher. Um M. ranken sich Legenden, die ihn als unglückl. Liebhaber schlechthin erscheinen lassen. In der Lit. des 15. Jh. finden sich bereits nicht wenige Anspielungen auf sein Schicksal (z.B. »El infierno de los enamorados« des Iñigo López de Mendoza, Juan de Menas »Laberinto de Fortuna«, Garcí Sánchez de Badajoz, »Infierno de Amor«, Juan Rodríguez del Padrón, »El siervo libre de amor«).

D. Briesemeister

Lit.: H. A. RENNERT, M., o namorado..., 1900 – K. H. VANDERFORD, M. in legend and lit., MP 31, 1933/34, 36–64 – C. MARTÍNEZ-BARBEITO, M. el enamorado y Juan Rodríguez del Padrón, 1951 – H. TRACY STURCKEN, M. O namorado, comment on the man as a symbol, Hispania 44, 1961, 47–51 – T. RODRÍGUEZ SÁNCHEZ, M. en la lit. española (Homenaje a P. SÁINZ RODRÍGUEZ, 2, 1986), 555–572.

Macliavus (Macliau), bret. Dynast (→Bretagne, A. I), 2. Hälfte des 6. Jh., Bruder →Chanaos (Conoos), eines Anführers der aus Britannien eingewanderten kelt. Gruppen, der im Gebiet v. →Vannes die Herrschaft ausübte und um 550 drei seiner Brüder umbrachte. Nur M. entkam der Tötung und fand Zuflucht bei dem Dynasten Conomore, der beiderseits des Kanals Macht ausübte. M. war anschließend sechs Jahre Bf. v. Vannes, dessen Bevölkerung noch vorwiegend galloröm., nicht britannokelt. war. Nach dem Tode Chanaos, der sich mit dem Merowingerprinzen Chramn verbündet hatte und 560 von Kg. →Chlothar I. vernichtet wurde, legte M. die Bischofswürde nieder und folgte seinem Bruder als Fs. nach. Er versuchte, sich des Machtbereichs eines anderen Dynasten, Budic, der wohl die Landschaft Cornouaille (um →St-Quimper) beherrschte, zu bemächtigen, scheiterte aber am Widerstand von dessen aus dem Exil zurückgekehrten Sohn Theodericus (Thierry), der einen frk. Namen trug. Theodericus erschlug M., dessen Sohn Waroc sich jedoch im Vannetais hielt und auf Kosten der frk. Macht seine Herrschaft ausdehnte. A. Chédeville

Q.: Gregor v. Tours, Hist. Fr. IV, 4; V, 16 – *Lit.*: M. ROUCHE, L'Aquitaine, des Wisigoths aux Arabes, 1979, 63f. – L. FLEURIOT, Les origines de la Bretagne, 1980, 195 – A. CHÉDEVILLE–H. GUILLOTEL, La Bretagne des saints et des rois, 1984, 71f.

Mâcon, Stadt im südl. →Burgund, an der Saône (dép. Saône-et-Loire), ehem. Bm., Gft.

I. Grafschaft – II. Stadt – III. Bistum.

I. GRAFSCHAFT: Das röm. Castrum Matisco war wohl seit Beginn der frk. Periode Gf.ensitz, doch ist erst mit Warinus (835–853) ein Gf. namentl. bekannt. Diesem folgte sein Sohn Isembardus, dann Humfrid (Onfroi), Mgf. v. Gothien, nach dessen Empörung (863) Odo, Bruder →Roberts des Tapferen. Seit 878 war die Gft. M. ein Teil der Besitzungen der Mgf.en v. →Auvergne, unter →Bernhard Plantapilosa, →Wilhelm d. Frommen, Wilhelm d. J., Acfred († 927) und danach →Hugo d. Schwarzen. Doch erreichten in dieser Zeit auch die Vizgf.en, Raculf und sein Schwager Albericus (Aubry), die Gf.enwürde. →Leutald (Liétaud, † 961/962), der Sohn von Albericus, erweiterte seinen Machtbereich über die Saône hinaus; seine Besitzungen fielen an Sohn und Enkel, schließlich an einen andern seiner Nachkommen, Guido (Guy, 994–1002), Sohn von Ott-Wilhelm. Das Geschlecht der Nachkommen Guidos erlosch mit Guido II., der 1078 in Cluny eintrat. M. kam an die Gf.en v. Burgund (→Burgund, 'Freigft.'); nach dem Tode Wilhelms d. Dt. († 1126) erbten die Gf.en v. →Vienne, eine jüngere Linie, die Gft. M., mit Wilhelm I. († 1155), Gerhard (Girard) v. Vienne (1185–1226) und Wilhelm II., dessen Tochter Alix mit Johann v. →Dreux, Gf.en v. →Braine, verheiratet war. Dieser verkaufte die Gft. M. 1239 an den Kg. v. Frankreich.

Die Gft. umfaßte als zentralen Bereich den 'pagus Matisconensis', der an der Saône lag, sowie ein weiteres, bis zur Loire reichendes Gebiet, das in zwei Urkk. von 878–888 als 'pagus Tolvedunensis' (Tolvedunum, heute Tourvéon) bezeichnet wird. Der größte Teil dieses Territoriums löste sich unter den Seigneurs v. Beaujeu von der Herrschaft der Gf.en v. M. (→Beaujolais). Dagegen blieb die benachbarte Region v. Charlieu in der Hand der Gf.en, die ihren Besitz hier durch Übernahme von Allodien der Familie der Le Blanc am Ende des 12. Jh. erweitern konnten (Bois-Sainte-Marie, Dun, Châteauneuf).

→Cluny, das vom Gf.en Wilhelm dem Frommen 910 gegr. wurde, entzog sich der Macht der Gf.en und unterstellte sich 1119 der →Garde des Kg.s. Dieser mußte 1166 zum Schutze der Abtei, bald darauf (1171, 1180) zugunsten des Bf.s v. M. intervenieren; der Kg. zwang den Gf.en, für die Burg M. sowie drei weitere Burgen den Lehnseid an die Krone zu leisten, und schloß ein *Pariage* mit dem Bf., während der mächtige Seigneur v. Berzé sich als unmittelbarer Lehnsmann des Kg.s anerkennen ließ. Schon vor 1239 war das Mâconnais von kgl. Besitzungen durchsetzt.

Nach dem Erwerb der Gft. durch das Kgtm. übertrug Ludwig IX. die Verwaltung zunächst dem Connétable v. Auvergne (1239–41), bald jedoch einem eigenen →Bailli v. M., der 1312 seinen Bailliage die Sénéchaussée v. Lyon hinzufügen konnte und dessen Gerichtssprengel *(ressorts)* sich über Burgund erstreckten. Als die Gft. M. an →Jean (den künftigen Hzg. v. Berry) als →Apanage, verbunden mit der Pairswürde, verliehen wurde, verlegte der Bailli seinen Sitz nach St-Gengoux (1359–60). Dasselbe geschah 1422, als Hzg. →Johann v. Bedford als Regent des (engl. beherrschten) Frankreich die Gft. M. dem Hzg. v. Burgund abtrat. Durch den Vertrag v. →Arras (1435) erkannte Kg. Karl VII. v. Frankreich den Hzg. v. Burgund nicht nur als Gf.en v. M. an, sondern bestätigte ihm auch die Ausübung der kgl. Rechte in den *élections* (Fiskalbezirken) v. M. und →Chalon (diese umfaßten insbes. auch →Tournus und St-Gengoux). Doch wurden die während der vorangegangenen Krieges vom kgl. Seneschall v. Lyon besetzten Gebiete (mit Charlieu) nicht wieder dem Mâconnais zugeschlagen. Dieses war, vergrößert um die beiden genannten *élections*, ein »pays adjacent« (Nebenland) des Hzm.s Burgund mit eigenen *États* (Ständen), die den États de Bourgogne nachgeordnet waren.

II. STADT: Den Stadtkern bildete das Castrum, das die Turmburg des Gf.en und eine Hauptstraße, den 'Bourg Majeur', umfaßte. Östl. davon lagen Kathedrale und Kreuzgang der Kanoniker; im N der 'portus', das Judenviertel und der 'Bourg Savoureux' (burgus superior); im S der 'Bourg neuf'. Die Siedlungskerne wurden zu Beginn des 13. Jh. durch eine gemeinsame Befestigung zusammengefügt; schon vor 1180 hatte der Gf. sein Stadthaus befestigen lassen. Der Wohlstand der Bürger beruhte auf dem Saône-Handel; der Verkehr über die Alpenpässe Savoyens benutzte die Brücke von M., und auch der Nord-Süd-Durchgangshandel war von Bedeutung. Bereits vor 1239 erlangte die Stadt Privilegien *(franchises)*, doch erst 1347 eine gewählte Stadtverwaltung, die von sechs *prud'hommes* ausgeübt wurde. 1309 verlieh der Kg. der Stadt eine →Messe, um so der Konkurrenz von Chalon zu begegnen. Ein Haupterwerbszweig war der Weinhandel (→Wein).

Neben der Kathedrale und den Pfarrkirchen hatte M. eine vorstädt. Abtei, St-Pierre, die um 1080 die Kanonikerregel von St-Germain-en-Brionnais annahm. Außerdem bestanden eine Johanniter-Komturei, Spitäler und Hospize *(maisons-Dieu)*.

Die Stadt hatte im 14. Jh. eine kgl. Münze, die nach 1417 verfiel. In diesem Jahr öffnete die Stadt dem Hzg. v. Burgundie die Tore und hielt von da an zur burg. Sache. Die nahegelegene Burg von La Roche de Solutré, die als Stützpunkt der kgl. Macht die Stadt bedrohte, wurde 1435 von den Bürgern geschleift.

III. BISTUM: Das Bm. M. entstand wohl um 534 im Zuge einer Aufteilung der Diöz. →Lyon; erster Bf. soll der hl. Placidus (538–551) gewesen sein. Die Kathedrale wurde um 543 dem hl. Vincentius geweiht. Konzilien fanden 582, 585 und 624 statt. Bf. und Kathedralkapitel erwarben umfangreichen Grundbesitz, der die Diözesangrenzen überschritt (u. a. Romenay jenseits der Saône). Der Bf. erlangte öffentl. Gerichtsrechte: Er teilte sich mit dem Gf. en die Jurisdiktion über die Wege in der Stadt und hatte allein über Verletzungen des Friedens und des →Gottesfriedens in der Diöz. zu richten. Doch geriet er mit dem Gf. en über das →Spolienrecht und wegen der gfl. Befestigungsbauten in Konflikt. Eine Quelle des Streites war auch die Parteinahme Gerhards v. Vienne im Papstschisma für → Viktor IV. Gf. Wilhelm II. ließ Bf. Aymon gar ins Gefängnis werfen. Das Kgtm. griff schlichtend in diese Auseinandersetzungen ein.

Mit Cluny, dessen Gründung die Bf.e mitangeregt hatten, brach im 11. Jh. ein heftiger Streit um die →Exemtion der Abtei aus, in dessen Verlauf →Petrus Damiani mit seiner Autorität die Respektierung der Privilegien Clunys durchsetzte. Während die um 876 gegr. Abtei Charlieu zur Obödienz Clunys überging, konnten die Bf.e ihre Autorität über das 1065 gegr. benediktin. Priorat St-Rigaud sowie das Priorat St-Pierre und die Kollegiatkirche v. →Beaujeu wahren.　　　　　　　　　　　J. Richard

Lit.: E. Rameau, Les comtes héréditaires de M., Ann. de l'Acad. de M., 1901 – M. Chaume, Les origines du duché de Bourgogne, 4 Bde, 1925–37 – G. Duby, La société aux XI^c et XII^c s. dans la région mâconnaise, 1953 – A. Guerreau, Une ville et ses finances [Thèse Éc. des Chartes 1971] – E. Magnien, Hist. de M. et du Mâconnais, 1971.

Macrobius. 1. M. (Ambrosius Macrobius Theodosius), lat. Philologe, hoher röm. Staatsbeamter im frühen 5. Jh., war zu seiner Zeit in den Kreisen der röm. Aristokratie einer der hervorragenden Repräsentanten des geistigen Lebens, der sich noch im Besitz einer – wenn auch schon reduzierten – griech. Bildung befand. Er hat durch sein Hauptwerk, die Saturnalia, bes. aber durch seinen Komm. zum Somnium Scipionis des Cicero (dem gesondert vom Hauptwerk überlieferten Teil aus Ciceros Werk de re publica) sehr stark auf die Folgezeit gewirkt und gehört zu den wichtigsten Vermittlern antiken Geistesgutes an das abendländ. MA, das durch ihn in mannigfacher Weise mitgeprägt worden ist. So unbestreitbar der Einfluß des M. ist, so schwierig ist es, seine Wirkung im einzelnen Falle nachzuweisen, da manches von dem, was auf M. zurückgeht oder zurückzugehen scheint, sich auch im Komm. des Calcidius zum platon. Timaios oder irgendwo bei Boethius findet, in den Fällen aber, wo der Name des M. zitiert wird, entsprechend der ma. Sitte des Zitierens nicht ohne weiteres auf unmittelbare Kenntnis geschlossen werden darf (was in der gelehrten Lit. zumeist geschehen ist). – Die hs. Überlieferung, soweit bisher bekannt, gibt wahrscheinl. kein zuverlässiges Bild von den tatsächl. Verhältnissen, nicht einmal in Bezug auf Häufigkeit und Verbreitung können daraus über das allgemeinste hinaus Schlüsse gezogen werden, und es ist sehr fraglich, ob mehr als stellenweise Einsichten in den Weg der Werke gewonnen werden können. Die disparate Gestalt der Texte scheint darauf hinzuweisen, daß mehrere Exemplare verschiedenen Umfangs das MA erreicht haben; vermutl. ist die Verstümmelung der Saturnalien auf sehr frühe Zeit zurückzuführen. Daß ihre älteste Hs. (Wien lat. 15269 aus Salzburg [Fragm. von Buch I]) auf ein von ir. Hand geschriebenes Exemplar zurückgeht, bezeugt nur das Interesse ir. Gelehrter der Zeit im südd. Raum und könnte ein Hinweis auf unmittelbare Herkunft aus Italien sein. Das Wesentliche ist wahrscheinl., daß eine spürbare Unterbrechung der Weitergabe der Werke überhaupt nicht erfolgt ist, sehr früh aber auch schon eine auszugsweise Verbreitung eingesetzt hat.

M. ist einer der wenigen Autoren, deren Spuren sich von der Spätantike, von Boethius an, über Isidor, Beda u. a. in nahezu lückenloser Folge durchs MA hin verfolgen lassen. Spielten im frühen MA wohl die Saturnalien eine größere Rolle, so tritt allem Anschein nach seit etwa der Jahrtausendwende der Komm. zum Somn. Scipionis stärker in den Vordergrund, der als einer der Hauptvermittler platon. Gedanken und Begriffe anzusehen ist, aber auch einen nicht geringen Anteil an der Vermittlung von Kenntnissen über zahlreiche antike Philosophen gehabt hat. Für Manegold v. Lautenbach beispielsweise ist M. geradezu der gefährlichste Träger heidn. Gedanken. Der großen Bedeutung, die M. auch in der Zeit der voll entwickelten Scholastik gehabt hat, ist es zuzuschreiben, daß M. – zumal der Komm. zum Somn. Scipionis – ohne erkennbare Unterbrechung weitergewirkt und etwas wie eine humanist. »Wiederentdeckung« nicht stattgefunden hat. – Der Kommentar zum Somn. Scipionis ist zusammen mit diesem im späteren 13. Jh. von Maximos →Planudes ins Griech. übersetzt worden. – Von dem Werk De differentiis et societatibus graeci latinique verbi haben sich nur vier Gruppen von Exzerpten erhalten, die sich z. T. überschneiden; die wichtigsten von ihnen sind die im Neap. 2 (Vindob. 16) des 8. Jh. aus Bobbio und die im Paris. lat. 7186, in denen sich ein Johannes als Exzerptor nennt, der gewöhnl. für →Johannes Scottus (Eriugena) gehalten wird. Im 8.–9. Jh. sind die excerpta anscheinend bes. in ir. Kreisen beim Versuch der Erlernung des Griech. benützt worden.　　　　　　　　　　　　F. Brunhölzl

Ed. und Lit.: Manitius, I–III – Praef. der ed. Teubneriana von Willis – M. Schedler, Die Philos. des M. und ihr Einfluß auf die Wiss. des chr. MA, BGPhMA 13/1, 1916 – P. Courcelle, Les lettres grecques en occident de Macrobe à Cassiodore, 1948, 3ff – M. Gigante, La parola del passato 13, 1958, 173–194 [Über. des Planudes] – L. D. Reynolds, Texts and Transmission, 1983, 222ff. (Barker-Benfields) – M. ii Theodosii De verborum graeci et latini differentiis vel societatibus excerpta, ed. P. de Paolis, 1990 – A. Hüttig, M. im MA (Freib. Beitr. zur ma. Gesch., hg. H. Mordek, 2), 1991.

2. M., donatist. Bf. in Rom, † nach 365; stammte aus N-Afrika und wurde um die Mitte des 4. Jh. Bf. der donatist. Gemeinde in Rom (Gennadius, De vir. ill. 5). Er schrieb die »Epistula de passione martyrum Isaaci et Maximiani« (zwei donatist. Märtyrer, die 347 umgebracht wurden), ein wichtiges Zeugnis für die donatist. Märtyrerfrömmigkeit. Nach Gennadius ist er auch Verf. einer Schr. »Ad confessores et virgines«, deren Identität jedoch ungeklärt ist.　　　　　　　　　　　　　　　　　　K. S. Frank

Ed.: MPL 8, 767–774 – Lit.: DSAM X, 56f. – W. H. C. Frend, The Donatist Church, 1971².

Macro Plays, nach ihrem früheren Besitzer Rev. Cox Macro (1683–1767) benannte Slg. der drei ältesten vollständig erhaltenen engl. →Moralitäten, die alle im ö. Mittelland entstanden: 1) »The Castle of Perseverance« (CP; um 1400); 2) »Mankind«; 3) »Wisdom« (beide ca. 1465–76). Am bedeutendsten ist CP (3650 Verse, meist 13-zeilige Strophen), eine religiöse Allegorie, in der das personifizierte Gute und Böse um den Menschen (Genus Humanum bzw. Anima) kämpfen. Bemerkenswert ist neben einem als Voranzeige dienenden Prolog (banns) v. a. der Bühnenplan, der den über 30 Figuren ihren Ort auf einer Rundbühne zuweist. Zentral ist die Belagerung der Burg der Standhaftigkeit, in die sich Genus Humanum zurückgezogen hat und die von den Tugenden gegen den Ansturm der Laster verteidigt wird. Der schwache Mensch unterliegt am Ende den Verlockungen des Bösen, seine Seele wird jedoch durch die Gnade Gottes gerettet.

　　　　　　　　　　　　　　　　　　　　M. L. Thein

Bibliogr.: NCBEL I, 1403 – C. J. Stratman, Bibliogr. of Medieval

Drama, I, 1972², 545–548 – Manual ME 5. XII, 1975; 1365ff., 1606ff. [Nr. 27–29] – *Ed.:* M. Eccles, The M.P., EETS 262, 1969 – *Faks.:* D. Bevington, The M.P., 1972 – *Lit.:* H. C. Stoddard, The Presentation of the CP, 1929 – R. Southern, The Medieval Theatre in the Round, 1957, 1975².

Mačva (ung. Macsó), Gebiet zw. den Flüssen Drina, Sava und Kolubara (Serbien). In der Antike nach der nahegelegenen Stadt →Sirmium gen., später nach der Burg M. (castrum Macho), im 7. Jh. slavisch besiedelt, im 9. und 10. Jh. unter bulg. Herrschaft. Anfang des 11. Jh. von Basileios II. für Byzanz zurückgewonnen, gehörte M. zum Ebm. →Ohrid. Im 13. Jh. gründete der ung. Kg. Béla IV. das →Banat M., das lange Grenzgebiet Ungarns gegenüber Serbien war. 1284 gelangte die M. unter die Herrschaft der →Nemanjiden; dann 1319 →von Karl Robert (23.K.) erobert, war sie bis 1382 unter ung. Herrschaft. →Lazar Hrebeljanović gewann die M. vor 1389 wieder für Serbien zurück. Ztw. gehörte auch →Belgrad zum Banat M., das bis zum Fall unter die türk. Herrschaft 1459 unter serb. Herrschaft blieb. Umfang wie Verwaltungsstruktur des Territoriums M. änderten sich durch die Jahrhunderte mehrfach. Wichtig war die Straße, die das Bergbaugebiet an der mittleren →Drina mit Syrmien und Ungarn verband. Unter den Handelsplätzen kam Zaslon (Xaslon) an der Sava bes. Bedeutung zu, wo die Türken 1471 die Burg Šabac errichteten. Nach der Einnahme durch den ung. Kg. Matthias Corvinus 1476 wurde sie Zentrum des Banates M., das bis zur türk. Eroberung 1521 zusammen mit dem Banat Belgrad Südungarn vor den Osmaneneinfällen schützte. J. Kalić

Lit.: M. Dinić, Zapadna Srbija u srednjem veku. Arheološki spomenici i nalazišta u Srbiji, I, 1953, 23–30 – J. Kalić, Beograd u srednjem veku, 1967, 270–276 – S. Ćirković, Šabac u prošlosti, 1970, 85–114.

Madīnat az-Zahrā', ab 936 unter ᶜAbdarraḥmān III. erbaute Palast- und Regierungsstadt 5 km nw. von Córdoba, bereits 1010 von den Berbern geplündert und zerstört. Die arab. Autoren haben ausführliche Berichte über die auf drei aufsteigenden Terrassen liegenden, sich 750 m von N nach S und 1500 m von O nach W erstreckenden Bauten hinterlassen. 1832 von J. A. Ceán Bermúdez mit den Ruinen von 'Córdoba la Vieja' identifiziert, haben 1911 einsetzende Grabungen von dem ca. 45 ha umfassenden Alcázar der obersten Terrasse 12 ha freigelegt; die Funde sind gemeinsam mit der Mezquita v. Córdoba die Hauptq. zur Kenntnis des kalifalen Stils. H.-R. Singer

Lit.: EI² V, 1008–1010; 509–512 s. v. Ḳurṭuba – S. Lopez-Cuervo, Medina Az-Zahra. Ingeniería y Formas, 1985 [Pläne].

Madrasa (Medresse), im klass. →Islam gildenartige Institution der höheren Bildung, eine Weiterentwicklung der *masğid* ('Moschee') und der ihr angeschlossenen Herberge (*ḫān*). Der Unterricht fand in der Moschee statt, während die Herberge den Studenten als Unterkunft diente. Die *ğāmiᶜ* ('Hauptmoschee') hatte unmittelbar weder mit der Entwicklung des »*masğid-ḫān*«-Komplexes noch mit der M. als Studienkolleg etwas zu tun. Allerdings konnten in der Hauptmoschee in späterer Zeit manchmal mehrere M.s untergebracht sein; diese wurden als *zāwiya* bezeichnet (z. B. in der Omayyadenmoschee in Damaskus). Sie konnten selber als Moschee-M.s gegründet worden sein (in Kairo und anderen nordafrikan. Städten). Im muslim. Spanien gab es keine M.s; die Institutionen der höheren Bildung blieben hier auf den frühesten Typ (masğid/Moschee) beschränkt.

Der »*masğid-ḫān*«-Komplex und die M. waren wohltätige Stiftungen, die den einzelnen Rechtsschulen (*maḏhab*) zugeordnet waren, von denen vier über das Ende des 11. Jh. hinaus bestanden (und bis heute bestehen). Beide Hochschultypen, *masğid* und M., wurden von Muslimen auf privater, individueller Basis durch karitative Zuwendungen unterhalten und waren nie staatl. Institutionen. Alle Mitglieder des Kollegs waren Stipendiaten, die ihren Anteil an den Gesamtjahreseinkünften der Stiftung empfingen. Jeder Muslim konnte grundsätzl. in das Gildenkolleg gewählt werden. Die student. Körperschaft umfaßte im 11. Jh. üblicherweise 10–20 Studenten, wuchs aber in späterer Zeit oft auf 100 oder mehr an.

Hinsichtl. des Lehrstoffs gab es keinen Unterschied zw. den beiden Typen von Hochschulen. Der Unterricht bestand aus: Rechtsstudien, basierend auf der Kenntnis vom →Koran und der →Ḥadīt-Wissenschaft; Grammatik, einschließl. Lexikographie und lit. Bildung; Predigtkunst (*waᶜz*). Hauptziel der Ausbildung war die Formung zum Rechtsgelehrten, mit Erwerb der drei Grade: *mudarris* (Dr. des Rechts), *muftī* (Rechtsexperte), *faqīh* (Meister des Rechts). Die Anerkennung dieser Grade bezog sich auf diejenige Rechtsschule, der der Absolvent angehörte. Nach der Graduierung durfte er Rechtsunterricht erteilen, mit dem Ziel, neue Doktoren auszubilden, und Rechtsgutachten für Laien erstellen.

Den Gilden, die sich primär der Rechtsgelehrsamkeit widmeten, standen für die anderen Wissenszweige (Philosophie, *Kalām*/Theologie, Philologie, Literatur/Poetik usw.) keine vergleichbaren Bildungsinstitutionen zur Seite. Die in den M.s unterrichtete Theologie war diejenige Richtung, die von der betreffenden Rechtsschule als orthodox angesehen wurde; sie war in der Rechtsausbildung enthalten.

Das Phänomen der Gilden als höherer Bildungsanstalten in der islam. Kultur war ein Ergebnis der Auseinandersetzungen zw. den beiden religiösen Bewegungen, Rationalismus, repräsentiert durch die Muᶜtaziliten, und Traditionalismus, vertreten durch die Nachfolger des Aḥmad b. Hanbal und des Šāfiᶜī. Es handelte sich um einen Streit zw. den Kalām-Theologen (philos. oder »natürl.« Theologie) und den Rechtsgelehrten, die Parteigänger der von Šāfiᶜī begründeten und von den Ḥanbaliten fortgesetzten jurist. Theologie waren. Höhepunkt dieser Auseinandersetzung war eine vom Kalifen al-Maʾmūn (813–833) befohlene scharfe Inquisition (*miḥna*), die gegen die jurist. Theologen gerichtet war. Um die Mitte des 9. Jh. trugen die Traditionalisten jedoch über die rationalist. Richtung den Sieg davon. Die religiöse Orthodoxie wurde von nun an von religiösen Traditionalisten bestimmt. Um künftige Einmischungen der Staatsgewalt auszuschließen und die Rationalisten an einer Einflußnahme auf die Definition der religiösen Orthodoxie zu hindern, schufen die traditionalist. Rechtsgelehrten die Rechtsgilde, mit dem Ziel, Autonomie gegenüber staatl. Eingriffen und ein religiöses Lehrmonopol zu erlangen; tatsächl. wurden die Kalām-Theologen durch die Einrichtung der Gilde und der von ihr verliehenen Grade von der Definition und Verbreitung der religiösen Lehrmeinung ausgeschlossen.

Mit dem Gildenkollegium war – soweit bekannt, erstmals in der Geschichte – eine professionell organisierte, dauerhaft etablierte Form der Vermittlung höherer Bildung geschaffen worden. Ihr beständiger Charakter beruhte auf ihrer Institutionalisierung als Stiftung (*waqf*); ihre Professionalität basierte auf dem Doktorat, das nach langen Studienjahren erworben wurde. Nur eine Bildungsstätte wie die M. konnte in der islam. Welt den Doktorgrad verleihen, denn die wohltätige Stiftung war im Islam, der im Unterschied zur chr. Welt das Rechtskonzept der 'jurist. Person' nicht kannte, die einzige Institution, die, rechtlich gesehen, von »überpersönl.« Dauer war. Dies ist der eigtl. Grund, warum es in der muslim. Welt bis zum 19. Jh. nicht zur Gründung von Universitäten kam.

G. Makdisi

Lit.: G. MAKDISI, The Rise of Colleges: Institutions of Learning in Islam and the West, 1981 – DERS., The Rise of Humanism in Classical Islam and the Christian West, 1990 – DERS., Hist. and Politics in Eleventh-Cent. Baghdad, 1990 – DERS., Religion, Law, and Learning in Classical Islam, 1991.

Madrid, heut. Hauptstadt v. Spanien. Mitten in der Mark von →al-Andalus am die Sierra de Guadarrama und die Pässe v. Fuenfría, Tablada und Somosierra beherrschenden Kreuzweg zw. →Segovia, →Toledo und →Zaragoza gelegen, entstand M. unter dem Emir v. Córdoba, Muḥammād I. (852–886), der es (u. a. durch einen →Alcázar) stark befestigen ließ (vergebl. Belagerung durch Kg. Ramiro II. v. León, 932). Nach dem Untergang des Kalifats v. →Córdoba dem Taifenreich v. →Toledo einverleibt, war M. erneut christl. Angriffen, z. B. durch Ferdinand I. (1045), ausgesetzt. Nach der Einnahme durch →Alfons VI. v. León und Kastilien (1083) folgten wiederholte Angriffe der muslim. →Almoraviden. Im Zeichen des Bevölkerungswachstums des 12. Jh., bedingt durch die Ausdehnung des kast.-leones. Herrschaftsgebietes nach S, gewährte Alfons VIII. M. 1202 eigene →Fueros. Ab dem 14. Jh. gewann die Stadt an Bedeutung: Alfons XI. kam oft nach M., hielt dort→Cortes ab (1329, 1335), gab ihm ein Stadtregiment und richtete ein Grammatikstudium ein (1346); Heinrich III. erklärte M. 1391 zum unveräußerl. Besitz der Krone. Im 15. Jh. weilten Johann II. und Heinrich IV. häufig in der strateg. günstig gelegenen, wirtschaftlich aufstrebenden Stadt, deren Umgebung den Kg. en reiche Jagdreviere bot. Um 1480 hatte M. ca. 4000 Einwohner. M. Rábade Obradó

Lit.: R. GIBERT, El Concejo de M., 1949 – La ciudad hispánica durante los siglos XIII al XVI, II, 1985, 991 ff., 1011 ff., 1027 ff. – M. MONTERO VALLEJO, El Madrid medieval, 1987 – DERS., Hist. del M. musulmán, cristiano y bajomedieval, 1991.

Madrigal (madriale, matricale, maregal, marigalis; Etym. ungeklärt), nicht zum hohen Stil gehörige Dichtungsgattung, deren Vertonung zuerst von Francesco da Barberino um 1313 (Glossen zu »Documenti d'Amore«) erwähnt wird als »rudium inordinatum concinium«. Angaben über die Dichtungsform macht erst Antonio da Tempo (»Summa artis rytmici vulgaris dictamini« 1332). Man unterscheidet zw. (aus Terzinen gebauten) zwei- und dreistimmigen M.en mit und ohne Ritornell. Früheste musikal. Beispiele stammen aus den zwanziger Jahren des 14. Jh., aus Norditalien. Bekannte M.komponisten der Zeit sind u. a. Bartolino da Padova, Jacopo da Bologna und Johannes Ciconia. Rasch wurde das M. von der Ballata verdrängt. Das um 1530 wieder auftretende M. ist von anderer metr. und musikal. Gestalt. H. Leuchtmann

Ed.: G. GRION, Antonio da Tempo: Delle rime volgari, 1868/70 – S. DEBENEDETTI, Un trattatello del sec. XIV sopra la poesia musicale, StM II, 1906/07, 59 ff. – *Lit.:* MGG – NEW GROVE – RIEMANN- K. V. FISCHER, On the Technique, Origin and Evolution of the It. Trecento Music, MQ XLVIII, 1961, 41 ff. – M. L. MARTÍNEZ, Die Musik des frühen Trecento, 1963 – G. CORSI, Poesie musicali del trecento, 1970.

Madrigal, Alonso de, gen. 'El Tostado', * 1401 in Madrigal de la Sierra, † 1455 in Bonilla de la Sierra (Ávila). Nach Studium in Salamanca dort Prof. der Moralphilos. und Bibelwiss. und Rektor des Kollegs San Bartolomé; seit 1449 Bf. v. →Ávila, kirchenpolit. Vertreter des →Konziliarismus, führte 1443 in Siena mit Juan de →Torquemada vor Papst Eugen IV. ein theol. Streitgespräch. Seine Komm. zu den atl. Geschichtsbüchern, zu Mt und zur Weltchronik des →Eusebios hatten eine lange Nachwirkung. Neben Predigten sind zahlreiche theol. und erbaul. Schr. in lat. und kast. Sprache erhalten (u. a. »Liber de quinque figuratis paradoxis«, um 1438/45, »Confessional«, »Traktat über die Messe«). M.s akadem. Repetitiones behandeln theol. und philos. Fragen (u. a. »De statu animarum post hanc vitam«, »De beata Trinitate«, »De optima politia«). Bemerkenswert sind philos. Erörterungen in der Volkssprache (»Breviloquio de amor e amiçiçia«, für Kg. Johann II. v. Kastilien, »Tratado de amor«, »Cuestiones de filosofia moral«) und Verbindungen zu frühhumanist. Strömungen (»Tratado de los dioses de la gentilidad«, »Breve obra de los fechos de Medea«). Für den Infanten Enrique glossierte er →Aegidius Romanus (»Regimiento de principes«). Hernando del Pulgar widmete M. in »Los claros varones de España« eine 'Biogr.' (tit. 23). D. Briesemeister

Ed.: Opera, Venedig 1507–31 – Opúsculos lit. de los siglos XIV a XVI, ed. A. PAZ Y MELIA, 1892, 219–244 – O. GARCÍA DE LA FUENTE, Dos obras castellanas de A. T. inéditas, Ciudad de Dios 168, 1955, 273–311 – F. MARCOS RODRÍGUEZ, Los mss. de A. de M. conservados en la Bibl. Univ. de Salamanca, Salmanticensia 4, 1957, 3–50 – *Lit.:* GRLMA – T. und J. CARRERAS ARTAU, Hist. de la filosofía española, 2, 1943, 542–558 – J. CARRERAS ARTAU, Las repeticiones salmantinas de A. de M., Revista de Filosofía 2, 1943, 211–236 – L. CUESTA, La ed. de las obras del Tostado..., RABM 56, 1950, 321–331 – J. CANDELA MARTÍNEZ, El De optima politia de A. de M. ..., Anales de la Univ. de Murcia 13, 1954, 61–108 – V. L. SIMÓ SANTOJA, Doctrina internacional de A. de M. ..., 1959 – K. KOHUT, Der Beitr. der Theologie zum Lit. begriff..., RF 89, 1977, 183–226 – N. BELLOSO MARTÍN, Política y humanismo en el siglo XV..., 1989.

Maeatae, Name eines bedeutenden Stammes oder vielleicht eines Stammesverbandes der n. →Briten im 2. und 3. Jh., der von Cassius Dio im Gebiet des Antoninus-Walls angesiedelt wird. Diese Lokalisierung wird durch die überkommenen Ortsnamen Dumyat (›Befestigung der M.‹) und Myot Hill, beide mit eisenzeitl. Befestigungen, v. a. nö. und s. des Stirling bestätigt. Ein Bündnis der M. mit den Kaledoniern wurde von Ks. Septimius Severus und seinem Sohn Caracalla 209–211 besiegt, im n. Britannien folgte eine Friedenszeit für ein Jh. Obwohl die M. nicht in den Werken der röm. Geographen in den ksl. Itinerarien erscheinen, werden sie in der »Vita Columbae« des →Adamnanus v. Hy als Miathi erwähnt, die vielleicht um 584 von →Áedán mac Gabráin besiegt wurden. Es ist nicht geklärt, ob die M. linguist. und ethn. zu den→Pikten des n. Schottland oder zu den Briten v. Cumbria gehörten, doch dürfte ihre Sprache kelt. gewesen sein.

G. W. S. Barrow

Lit.: Roman and Native in North Britain, hg. I. A. RICHMOND, 1958 – Adomnan's Life of Columba, hg. A. O. und M. O. ANDERSON, 1990².

Máedóc, hl. (Mo-Aéd-óc, 'mein kleiner Aéd', Kosename für Aéd mac Sétnai), † 626, Gründer der Bf.skirche v. →Ferns (Gft. Wexford) und einer Reihe kleinerer Kirchen in den ir. Provinzialkgr.en Munster, Leinster und Connacht. Wenn auch Ferns zur führenden Kirche im Kgr. der →Uí Cennselaig, im südl. Leinster, wurde, so ist als Heimat des Hl.n doch Connacht anzusehen; andererseits sind auch genealog. Verbindungen zu Munster vorgeschlagen worden. Die Herkunft aus Connacht wird durch eine Reihe von Kirchengründungen in dieser Provinz belegt. Die Vita des hl. M. ist eine wertvolle Quelle für die Königserhebung bei den →Bréifni; sie liefert Angaben über das Einsetzungsritual selbst wie über die Vorrechte der unter dem Patronat des hl. M. stehenden Kirchen. In den Schlachten mußte der Schrein des hl. M. (*Brecc M.*, heute im Dubliner Nat.mus.) feierl. dem Heer der Bréifni vorangetragen werden (so wie der Psalter, 'Cathach', des hl. →Columba den Heeren der O'Donnell); der neue Kg.

wurde investiert mit einem Stab (*slat*), der aus einem Haselstrauch bei dem Kl. des hl. M., Sescann Uairbéoil in Leinster, geschnitten wurde. Spätere lit. Überlieferungen bringen M. mit der Erzählung »Bóraime Laigen«, einer tendenziösen Propagandaschrift des 11.Jh., in Verbindung. D. Ó Cróinín

Lit.: J. F. KENNEY, Sources for the Early Hist. of Ireland, 1929, 448f. – F.J. BYRNE, Irish Kings and High-kings, 1973, 21f.

Máel Mórda mac Murchada, Kg. der →Uí Dúnlainge, eines Zweiges der Uí Faéláin, und Kg. v. Leinster (→Laigin, Leinster) im östl. Irland, ✕ 23. April 1014 bei →Clontarf. M.M. gewann das Kgtm. auf Betreiben des Munster-Hochkg.s →Brian Bóruma, der gegenüber den rivalisierenden Dynastien Leinsters eine Politik des »divide et impera!« betrieb. 1003 löste M. M. den Kg. Donnchad mac Domnaill aus der konkurrierenden Familie der Uí Dúnchada ab. Nach späteren Q. soll eine persönl. Feindschaft zw. M.M. und dem Sohn von Brian Bóruma, Murchad (angebl. ausgelöst durch Intrigen der Gormflaith, einer früheren Frau Kg. Brians), zum Aufleben von Spannungen geführt haben; ein Kriegszug Murchads gegen Leinster (1013) markiert den offenen Bruch. Durch Gesandte suchte M.M. das Bündnis mit den skand. Kg.en (Norweger in →Dublin, Herren der Inseln im Westen von Schottland), die gemeinsam mit dem Kg. v. Leinster einen Angriff auf Brian Bóruma vorbereiteten, wobei es M.M. aber versäumte, die Allianz durch Abmachungen mit den →Uí Cennselaig und anderen Dynastien des südl. Leinster abzusichern. In der Schlacht v. Clontarf unterlag M.M. und fand gemeinsam mit seinen mächtigsten skand. Verbündeten, →Sigurd von den Orkney-Inseln und Brotar v. Man, den Tod. M.M.s Sohn wurde 1018 abgesetzt; schon eine Generation nach Clontarf hatte die Dynastie M.M.s die Königsherrschaft über Leinster verloren. D. Ó Cróinín

Lit.: D. Ó CORRÁIN, Ireland before the Normans, 1972, 127–130.

Máel Muire Othna (M. aus Fahan Mura, Gft. Donegal, Irland), † 887, Verfasser pseudohist. Dichtungen über die Vorgeschichte Irlands, in denen v. a. fiktive »Wanderungen« der ir. Völkerschaften (von Ägypten bis zu ihrem Eintreffen in Irland) geschildert werden. Sein bekanntestes Werk »Can a mbunadas na nGaédel« (›Woher stammen die Gälen?‹) ist bemerkenswert als eines der frühesten Beispiele der v. a. im 11. und 12.Jh. dominierenden gelehrten Pseudohistorie, die ein Bild des alten Irland entwarf, das starke Parallelen zur jüd.-alttestamentl., aber auch griech., röm. und pers. Geschichte (zumeist in Anlehnung an die Chronik des hl. →Hieronymus) aufwies. M.M. ist wahrscheinl. auch Verfasser des Gedichtes »Cruithnig cid dos-farclam« über die (ebenfalls fiktive) Gesch. der →Pikten, von ihren fabulösen Anfängen bis zu Kg. →Kenneth Mc Alpin († 858). Ein anderes Poem »Fland for Hérind i tig thogaid Tuathail Techtmair«, eine Genealogie des →Hochkg.s der →Uí Néill, →Flann Sinna (879–916), wurde offenbar 885 zu Ehren dieses Kg.s auf einem Fest (*oénach*) zu Tailtiu vorgetragen. M.M. verfaßte auch eine Reihe von Gedichten aus dem Bereich der →Dinnshenchas. D. Ó Cróinín

Lit.: T. F. O'RAHILLY, Early Irish Hist. and Mythology, 1946, 154–156.

Máel Sechlainn mac Máele Ruanaid, † 30. Nov. 862, ir. →Hochkg. aus dem →Clann Cholmáin, einem Zweig der südl. →Uí Néill, wird in den Annalen anläßl. seines Todes als »Kg. des gesamten Irland« (*rí hÉrenn uile*) gerühmt; er beanspruchte diesen Titel seit dem Tode des Kg.s Niall mac Aédo. 854 wird M.S. als »Kg. v. Tara« (*rí Temro*; →Tara) und damit als Hochkg. der Uí Néill genannt. Sein (postumer) Ruhm beruht auf seinen Siegen über die →Wikinger; er ließ den Wikingeranführer Turgesius im Lough Owel ertränken. M.S.s Aufstieg zum Hochkg. wurde durch die Schwächung der Kg.sgewalten im S nach dem Tode des mächtigen Hochkg.s v. →Munster, →Feidlimid mac Crimthainn († 847), begünstigt; M.S. führte hier mehrere erfolgreiche Kriegszüge durch (854, 856, 858: »bis hinunter ans Meer«) und nahm Geiseln. Im N hatte er seine Stellung bereits 851 durch die Abhaltung einer 'kgl. Versammlung' (*rígdál*) in Armagh gefestigt. Auf einer weiteren Versammlung, die 859 in Ráth Aédo (Rahugh, Gft. Westmeath) stattfand, unterwarf er das zur Provinz Munster gehörende Kgr. der →Osraige der Oberherrschaft der Uí Néill, denen die Kg. e v. Munster ihren Titel abzutreten hatten. Trotz dieser Erfolge sah sich M.S. in seinen letzten Jahren mit wachsender Gegnerschaft von seiten der nördl. Uí Néill konfrontiert; seine großangelegten Feldzüge brachten letztlich keine Entscheidung.

D. Ó Cróinín

Lit.: D. Ó CORRÁIN, Ireland before the Normans, 1972, 99–101 – F. J. BYRNE, Irish Kings and High-kings, 1973, 262–266.

Maerlant, Jacob van → Jacob van Maerlant

Maestrazgo, Großmeisterwürde der span. Ritterorden, aber auch damit gekoppelte große territoriale Besitzungen und →Señoríos, die den Orden im Zuge der →Reconquista vom Kgtm. zur gezielten Kolonisation veröderter Landstriche übertragen worden waren (→Repoblación). Im SpätMA bildeten sich die M.s zu geschlossenen Herrschaftsbezirken mit großer Finanzkraft aus, die zunehmend Mitgliedern des Kg.shauses und hohen Adligen zur Festigung ihrer Macht dienten, bis schließlich die M.s der bedeutendsten Orden der Krone inkorporiert wurden (Calatrava 1487, Santiago 1493, Alcántara 1494), Maßnahmen, die erst 1532 durch das Papsttum anerkannt wurden. L. Vones

Lit.: D. W. LOMAX, Las Ordenes Militares en la Península Ibérica durante la Edad Media, 1976 – E. SOLANO RUÍZ, La Orden de Calatrava en el siglo XV, 1978 – P. PORRAS ARBOLEDAS, Los señoríos de la Orden de Santiago en su Provincia de Castilla durante el siglo XV, 2 Bde, 1982 – D. RODRÍGUEZ BLANCO, La Orden de Santiago en Extremadura en la Baja Edad Media, 1985.

Magdalena, hl. → Maria Magdalena

Magdalena Beutlerin v. Freiburg (v. Kenzingen) OFM, * 22. Juli 1407/12 Kenzingen, † 5. Dez. 1458 Freiburg, Mystikerin. Fünfjährig wurde die bereits visionär begabte M. von ihrer Mutter →Margareta B. den Klarissinnen in Freiburg verlobt, wo sie ein strenger Askese hingegebenes Gnadenleben führte (Offenbarungen, Stigmatisierung). Um ihre Mitschwestern zu völliger Armut zu bewegen, fingierte sie auch körperl. Entrückungen und warf einen mit ihrem Blut geschriebenen Brief in den Chor. Zu ihrem von M. für Epiphanie 1431 prophezeiten Tod versammelten sich zahlreiche Gläubige, auch welt. und geistl. Obrigkeit, da den Anwesenden Rettung vor der Hölle versprochen war, doch geschah nichts. Seitdem verblaßte ihr Ruf in der Welt. M.s Visionen und Briefe sind in mehreren dt. Hss. überliefert, doch unediert. Ihr wenig originelles Paternoster-Gebetbuch enthält 505 antiphonähnl. Meditationen. P. Dinzelbacher

Ed.: K. GREENSPAN, Erklärung des Vaterunsers. A Crit. Ed. of a Fifteenth-Cent. Mystical Treatise by M. B. of Freiburg [Diss. Univ. of Massachusetts 1984] – Lit.: Verf.-Lex.[2] V, 1117–1121 – W. SCHLEUSSNER, M. v. K., Der Katholik 87, 1907, 15–32, 109–127, 199–216 – OEHL, 519–530, 813–815.

Magdalenenmeister, in Florenz um 1265/90 tätiger Meister, dessen Werk eklekt. Charakter hat und Einflüsse von

→Coppo di Marcovaldo, Meliore und →Cimabue verrät. Von dem Magdalenenretabel in der Akad. in Florenz ausgehend, hat erstmals O. SIRÉN das Œuvre des M.s zusammengestellt, doch ist in der Forsch. das Urteil über ihn bis heute schwankend. Als weitere sichere Werke gelten zwei Madonnentafeln (Berlin, Gemäldegalerie; Poppi, S. Fedele). J. Poeschke

Lit.: O. SIRÉN, Toskan. Maler im XIII. Jh., 1922 – G. COOR-ACHENBACH, A Neglected work by the Magdalen Master, The Burlington Magazine 89, 1947 – E. G. GARRISON, Romanesque Painting: An Illustrated Ind., 1949 – M. BOSKOVITS, Gemäldegalerie Berlin: Frühe it. Malerei, 1988.

Magdalenerinnen (auch Sorores poenitentes, Reuerinnen oder Weißfrauen). Sie gingen aus der Bußbewegung des 13. Jh. hervor. Ihre Intention war die Besserung gefallener und die Rettung gefährdeter Frauen, aus deren Kreis sie sich z.T. selbst rekrutierten. Ihr 1227 von Gregor IX. bestätigter Orden, der anfangs der Benediktinerregel und den Institutiones von Cîteaux, seit 1232 der Augustinerregel und den Konstitutionen der Dominikanerinnen v. S. Sisto in Rom folgte, ging auf Rudolf v. Worms, Kanoniker an St. Mauritius in Hildesheim, zurück, der in den 20er Jahren des 13. Jh. im Auftrag des päpstl. Legaten Konrad v. Urach am Mittelrhein predigte und bis zu seinem Tode (1234) als Propst die Leitung der auf seine Initiative hin zustandegekommenen Frauengemeinschaft innehatte. Die M. erreichten bereits im 2. Viertel des 13. Jh. ihre größte Ausdehnung und wurden 1286 vorübergehend dem Dominikanerorden angegliedert. Die Mehrzahl ihrer Kl. lag im Reich, u.a. in Worms, Basel, Straßburg, Erfurt, Goslar, Magdeburg, Frankfurt a.M., Köln, Mainz, Regensburg, Metz, Nürnberg und Lauban. Die ursprgl. Funktion, die unter der Leitung eines von den Priorinnen gewählten Generalpropstes in enger Zusammenarbeit mit männl. Konventualen ausgeübt wurde, trat bereits Ende des 13. Jh. zugunsten des traditionellen Ordenslebens zurück. Gleichzeitig begann die Lockerung des inneren Zusammenhalts und die Schrumpfung der Zahl der Konvente: Prozesse, die durch Reformation und Säkularisation so beschleunigt wurden, daß nur die Kl. in Regensburg und Lauban (jetzt im bayer. Seyboldsdorf) als Traditionsträger überlebten. K. Elm

Lit.: A. SIMON, L'Ordre des Pénitentes de Ste-Marie-Madeleine en Allemagne, 1918 [Lit.] – J. SCHUCK, Die Reuerinnen, 1927 – PH. HOFMEISTER, Die Exemtion des M.ordens, ZRGKanAbt 35, 1948, 305–329 – F. DISCRY, La règle des Pénitentes de Ste-Marie-Madeleine, Bull. Com. Roy. d'hist. 121, 1956, 85–146 – E. A. ERDIN, Das Kl. der Reuerinnen ... zu Basel, 1956 – A. ZUMKELLER, Vom geistl. Leben im Erfurter Weißfrauenkl. am Vorabend der Reformation (Reformatio Ecclesiae. Festg. E. ISERLOH, 1980), 231–258.

Magdeburg, Stadt an der Elbe (Sachsen-Anhalt); Bm.
A. Stadt – B. Erzbistum

A. Stadt
I. Archäologie – II. Stadtentwicklung.

I. ARCHÄOLOGIE: Das Westufer des Mittellaufes der Elbe, an den sich das wegen seines Lößbodens äußerst fruchtbare Bördegebiet anschließt, ist schon Jahrtausende besiedelt. Die ökonom. wie militär. günstige Lage am Schnittpunkt von Land- und Wasserwegen führte vermutl. seit dem 8. Jh. zur Errichtung eines befestigten Handelsplatzes. Die archäolog. Unters. durch das Inst. für Vor- und Frühgesch. der DAW zu Berlin (1948–68) konzentrierten sich auf den Bereich des Domplatzes, den Alten Markt und das an diesen ö. anschließende Gelände um den Johanniskirchhof. Auf dem Domplatz wurden die Überreste zweier in karol. Zeit zu datierender, nach W zum Hochufer zu offener Spitzgräben angeschnitten. Sie werden von →Grubenhäusern mit Heizeinrichtungen überlagert, in denen sich Webgewichte und Spinnwirtel fanden. Bereits vor der Einrichtung des Moritzkl. waren sie aufgegeben worden. Im SO des Domplatzes wurden mit dem Westteil eines größeren, zweigeschossigen Gebäudes Teile des Palastes der otton. Pfalz angeschnitten. Dem Gebäude, das im Obergeschoß vermutl. den Thronsaal Ottos I. barg, werden sich ö. ein wahrscheinl. durch Arkaden eingefaßter Hof und Wohngemächer angeschlossen haben. Der s. liegende otton. Dom war vermutl. eine kreuzförmige dreischiffige Säulenbasilika mit Krypta unterhalb des Ostchores. Den Westabschluß bildeten ein weiterer Chor oder auch ein Westwerk sowie wahrscheinl. ein ausgedehntes Atrium. Während Siedlungsspuren (Häuser, Gruben) aus dem 10. Jh. im Stadtgebiet verschiedentl. beobachtet werden konnten (u. a. Johanniskirchhof, Spiegelbrücke, Breiter Weg, Himmelreichstr.), ließ sich der Platz des otton. Marktes nicht lokalisieren. Im Bereich des heutigen Alten Marktes setzte die Besiedlung im 11. Jh. ein, im 12. Jh. erhielt er seine heutige Form. Zugleich nahm die Siedlungsdichte erhebl. zu. Der Markt wurde gepflastert. Im NW errichtete man den im 13. Jh. eingewölbten Hallenbau der Gerberinnung. Spuren von Marktbuden fanden sich in seinem Zentrum. Erst in dieser Zeit wurde auch der bisher ergrabene Vorgänger der spätgot. Johanniskirche angelegt. Der Siedlungsbereich wurde gegen die Elbe hin erweitert und durch Futtermauern gesichert. Ältere hölzerne Uferbefestigungen wurden dabei überschüttet. Zugleich befestigte man Uferwege und Zufahrten zur Stadt. Sie waren wiederholt in mehrfacher Folge als Pflasterungen bzw. Bohlenwege aus Nadelholz erhalten. In der gleichen Zeit werden auf dem Domplatz erste handwerkl. Tätigkeiten faßbar. In reicher Fülle fanden sich Zeugnisse der Sachkultur v. a. des hohen und späten MA. Für die Frühzeit widerspiegeln sie das Nebeneinander dt. und slav. Bewohner in der Stadt.

H. Brachmann

II. STADTENTWICKLUNG: [1] *Geschichte:* In frk. Zeit bestand hier ein von Fernhändlern (Juden, Syrern, Friesen) besuchter Stapelplatz, gleichzeitig Grenzort zu den slav. Gebieten ö. der Elbe, erstmals urkundl. erwähnt im →Diedenhofener Kapitular Karls d. Gr. 805 (827 erneuert) als »Magadoburg« (806 »Magadeburg«). Erst den Liudolfingern gelang eine dauerhafte Stabilisierung. Unter Otto I. rückte M. ins Zentrum des polit. Interesses. Bereits vor seinem Regierungsantritt bestimmte er es 929 zur Morgengabe seiner ersten Gemahlin →Edgith. Im Rahmen der Grenzmarkenpolitik diente M. als Stützpunkt gegenüber den eroberten elbslav. Gebieten und zugleich als Rückhalt des Kgtm.s gegen den aufbegehrenden sächs. Adel. Als Einw. sind neben Hörigen unterschiedl. Rechtsstellung (auch Slaven) v. a. jüd. Händler nachweisbar. Sie lebten innerhalb der Burg oder in der s. des Domhügels gelegenen Vorstadt Sudenburg. Auch der Hochadel besaß eigene, vielleicht befestigte Höfe. Ottos Kirchenbauvorhaben (St. Mauritius, Dom) verdeutlichen die intendierte imperiale und sakrale Bedeutung M.s für das Kgtm.: Es sollte Hauptort des Reiches (Roma nova) sein und die Grablege der kgl. Familie bergen (in der Tradition v. →St-Denis). 965 hatte er das Mauritiuskl. mit den Herrschaftsrechten über den Burgbezirk ausgestattet, die nun auf das Ebm. übergingen. Dies galt auch für die Herrschaft über das Marktort mit den Einkünften aus Zöllen und Münze. Fortan unterstand M. ebfl. Stadtherrschaft. Seit Otto II. wurde dem Ebf. der Kg.sbann übertragen. Wie in →Hamburg-Bremen, →Halberstadt oder →Merseburg beruhte die bfl. Stadtherrschaft in M. auf verliehenen (kgl.) Privilegien. Trotz des darin angelegten Gegensatzes zw. Stadt und Stadtherrn war das Verhältnis beider (zumindest bis zum 12. Jh.) im allg. günstig. Während des →Investiturstreites wie auch in den verschiedenen Phasen des stauf.-welf. Konflikts standen die Bürger auf der Seite des (stauferfreundl.) Ebf.s, so daß Philipp v. Schwaben 1199 einen Hoftag in der Stadt abhielt.

Von ersten Schritten zur Herausbildung einer selbständigen Verfassung der Kaufmannssiedlung berichtet →Thietmar v. Merseburg. Obwohl die Siedlung dem Bgf.en des Erzstifts untergeordnet blieb, entstanden zugleich eigenständige Verwaltungsorgane (optimi civitatis), die mit der Aufsicht über die Kaufmannskirche beauftragt waren. Die Zollprivilegien Ottos I. (verloren) und Ottos II. (975) werden als Beweis für einen rechtsfähigen Kaufleuteverband gewertet, da sie den Kaufleuten selbst und nicht dem ebfl. Stadt- und Marktherrn galten (so auch die Erneuerung durch Konrad II. 1025). Trotz eines gelockerten Verhältnisses zw. Stadt und Kg. unter den Saliern wurde der Verband der Kaufleute als Kern der in M. ansässigen Bevölkerung angesehen – was sich noch bei Lothar III. beobachten läßt. Seit dem 12. Jh. sind die Angehörigen des städt. Rechtsverbandes nicht mehr als mercatores, sondern bereits als cives zu fassen. Zeitgleich finden sich erste Nachweise einer Herausbildung patriz. Schichten (→Meliores, Meliorat), die im Kreis der wohlhabenden Kaufleute und ebfl. →Ministerialen ihre Wurzeln hatten. Durch die aus ihren Reihen rekrutierten →Schöffen (1129 majores civitatis, 1164 potissimi burgensium), die dem ursprgl. vom Bgf.en als Untervogt eingesetzten →Schultheißen an die Seite traten, gewannen sie Einfluß auf die Gerichtsbarkeit (neben den ebfl. Organen, dem in der Regel [hoch]adligen Bgf.en und dem ministerial. Untervogt als städt. Niederrichter).

Friedrichs I. enge Bindung an Ebf. →Wichmann führte 1157 zu einem Hofgerichtsurteil, das das Amt des städt. Niederrichters als Zentrum der Stadtherrschaft bestimmte und unverändert der Verfügungsgewalt des Ebf.s zuwies. Es gelang den Bürgern aber, das dadurch geschwächte Amt des städt. Schultheißen polit. und rechtl. wieder zu stärken und aufzuwerten. Eine Urk. Ebf. Wichmanns von 1188 belegt die gestiegene Bedeutung des Schöffenkollegs und den Bestand eines conventus civium (später *burding*). 1294 konnte die Stadt zugleich die Ämter des Bgf.en (zuvor als Lehen ausgegeben) und des Schultheißen käufl. erwerben; die vom Ebf. zu ernennenden Schultheißen und Schöffen mußten künftig von der Stadt gewählt werden. Fakt. war die Gerichtsbarkeit damit in städt. Hand übergegangen.

Seit dem 12. Jh. bildete sich eine Zuständigkeit der Schöffen für die Verwaltung heraus; sie waren dem conventus civium rechenschaftspflichtig. Aus beiden Organen (auch den zwei seit 1213 den Schöffen vorstehenden Bürgermeistern) entwickelte sich 1238/44 der Rat, dessen zunächst acht Mitglieder (später mehrfach erweitert) sich je zur Hälfte aus Schöffenkollegium und conventus civium rekrutierten. Seit spätestens 1281 durften zudem die großen, seit 1330 auch die kleinen Innungen den Rat beschicken. Seit der Wende zum 14. Jh. (1293, 1336) setzte sich eine zunehmende Trennung zw. den Aufgaben des Rates und der Schöffen durch, denen bes. Bedeutung für die Entwicklung des →M.er Rechtes zukam. Innerstädt. Unruhen, v.a. im 14. und 15. Jh. (1293, 1295, 1330, 1401-03), zuerst zw. Schöffen und Innungsmeistern, dann zw. ratsfähigen und nicht im Rat vertretenen Innungen, begleiteten die weitere Ausgestaltung der Ratsverfassung.

Das Verhältnis zw. Stadt und Stadtherrn war seit dem 14. Jh. nachhaltig gestört. Ebfl. Steuer- und Abgabenforderungen an die Stadt und deren Inanspruchnahme von Hoheitsrechten innerhalb der Domimmunität führten schließl. zu einem bewaffneten Konflikt, der 1325 mit der Ermordung des Ebf.s kulminierte. Die Stadt wurde unter Acht und Bann gestellt und erst 1331 gegen tiefgreifende Zugeständnisse (Huldigungspflicht) davon gelöst. M. war fortan eine ebfl. Landstadt. Es behielt aber eine relative Unabhängigkeit gegenüber dem Stadtherrn (z. B. Stiftsfehde 1431/35), bis der Ebf. 1486/97 endgültig seine stadtherrl. Ansprüche durchsetzte. Anders als im HochMA zählte M. im SpätMA nicht mehr zu den Zentren von Kgtum. und Reich. Stattdessen spielte die im 15. Jh. etwa 15000 bis 20000 Einw. zählende Stadt eine bedeutende Rolle im niedersächs. →Städtebund. Von inneren Unruhen begleitet, griff in der Zeit Ebf. Albrechts v. Brandenburg die reformator. Bewegung auf M. über.

[2] *Topographie:* Als Vorgängerbau des karol. Kg.shofes wird eine germ., vielleicht als Kultstätte genutzte Burganlage (»Mägdeburg«) oder ein sächs. Herrenhof vermutet. Unterhalb des Kg.shofes, am Flußufer, werden der Handelsplatz mit dem Hafen und die Siedlung gelegen haben. Sie sind bisher archäolog. nicht nachweisbar. Die karol. Burg wurde durch eine neue Anlage ersetzt, die 961 als Mittelpunkt eines Burgwardbezirks (→Burgward) genannt ist. Erstmals 937 wird ein otton. Kg.shof erwähnt (seit 942 palatium gen.), wenig später ein zweiter (vermutl.) an der Stelle des späteren Kl. →Berge. 941 ist eine zum Bm. Halberstadt gehörende Pfarrkirche belegt, die für den Dombereich zuständig war. Sie wird heute mit der in der späteren Vorstadt Sudenburg gelegenen Kirche St. Ambrosius gleichgesetzt. Eine St. Johannes-Kirche n. des Domhügels (seit 1152 als ecclesia forensis bezeichnet) ist mit jener →Kaufmannskirche identifiziert worden (Grabungen 1950-55), die als erste derartige Einrichtung bei Thietmar v. Merseburg zu ca. 1016 erwähnt wird; sie wurde aber wahrscheinl. erst um 1100 erbaut. Im O und NO der Kaufmannskirche hatte sich schon seit dem 10./11. Jh. ein zweiter Marktbereich mit einem eigenen Elbhafen entwickelt, der seit dem HochMA den älteren verdrängte. Die Topographie M.s entwickelte sich fortan aus der Ergänzung eines (befestigten) Dombezirks als Kernanlage um eine räuml. davon abgesetzte Kaufmannssiedlung. Der ca. 500 m n. des Domhügels gelegene Marktplatz wurde zu einer selbständigen Befestigungsanlage. Mit dem Bau einer umfassenden Stadtmauer wurde in den 40er Jahren des 10. Jh. begonnen. Spätestens im 12. Jh. waren das Domareal (ohne die Vorstadt Sudenburg) und die Bürgersiedlung durch die Umfassungsmauer verbunden. Der dabei ausgesparte Nordteil der späteren Altstadt erfuhr gleichzeitig einen planmäßigen Ausbau, so daß M. bereits in dieser Zeit seine volle ma. Ausdehnung erreichte (im SpätMA wahrscheinl. über 100 ha). Zur baul. Gestaltung seit dem 12. Jh. trug wesentl. die Förderung des Kirchenbaues durch die bedeutenden Ebf.e jener Zeit bei. Das frühere Burg- und Pfalzareal wurde nun zu einem eigenen, dem städt. Einfluß entzogenen ebfl. Immunitätsbezirk.

Seit Otto II. ist ein suburbium neben der civitas belegt; das älteste, s. des Domhügels gelegene suburbium wurde später als Sudenburg bezeichnet. Dort befanden sich zur Domimmunität gehörende Gebäude, u. a. die Dekanei. Diese rechtl. eigenständige Vorstadt war immer eng dem ebfl. Stadtherrn verbunden. Hier lagen auch die St. Ambrosius-Kirche und die etwas jüngere St. Michael-Kirche, die 1202-28 Stiftskirche v. St. Peter und Paul wurde und nach dem Abbruch der St. Ambrosius-Kirche deren Patrozinium übernahm. Unter Otto IV. wurde dieses suburbium 1213 zerstört, dann mit eigener Mauer und vier Toren wieder aufgebaut. Zugleich erhielten seine Bewohner eigenen Rat und Innungsrecht. Ein eigenständiges Marktrecht ließ sich allerdings nicht durchsetzen. Im S der Sudenburg befand sich das M.er Judendorf mit der 1493 abgebrochenen Synagoge. Die Bezeichnung »Altstadt« wurde seit dem 13. Jh. gebräuchl., zur Unterscheidung von der 1209 erstmals gen. Neustadt, die aus dem schon 937 erwähnten Dorf Frohse hervorging und sich n. der Bgf.enburg ausbreitete. Sudenburg und Neustadt wurden in den Auseinandersetzungen mit Otto IV. zerstört; im Zuge des Wiederaufbaus wurde die Siedlung um 1240 ummauert und in die Altstadt einbezogen. In einiger Entfernung w. des Alten Marktes (Altstadt) entstand spätestens seit dem 12. Jh. eine weitere Siedlung, zu der die Pfarrkirche St. Ulricus gehörte.

[3] *Stifte und Klöster:* Das von Otto I. 937 gegr. und als Zentrum der Slavenmission geplante Benediktinerkl. St. Mauritius, mit reichem Grundbesitz und Regalien (auch der Herrschaft über den Marktort) sowie 965 mit den Herrschaftsrechten an Burg und Burgbezirk begabt, mußte dem Dombau im Zuge der Gründung des Ebm.s weichen. Seine Mönche wurden umgesiedelt (Kl. Berge). Die übrigen Gebäude gingen an Ebm. und Domkapitel über. Durch seine Bibl. und die bedeutende Schule, deren Leiter (Ohtrich) der erste Scholaster am Dom wurde, trug das Kl. wesentl. zur Begründung des schon im 10. Jh. hohen Ranges der Domschule als Pflanzstätte des Reichsepiskopates und der kgl. →Hofkapelle bei. Als kgl. Grablege barg der Dom die Gebeine der 946 verstorbenen Edgith und seit 973 Ottos I. 1207 brannte der roman. Dom aus und wurde seit 1209 (Abschluß 1520) durch einen got. Neubau (nach dem Vorbild v. Laon) an gleicher Stelle ersetzt. In der Folgezeit wurden in der direkten Umgebung des Domstifts weitere Nebenstifte errichtet: im N das Kanonikerstift Unser Lieben Frauen (vielleicht 1017/18, nachweisbare Bauphasen 1064–ca. 1240, 1129 dem Prämonstratenserorden übergeben, fortan zumeist als Kl. bezeichnet), sowie das Kollegiatstift St. Sebastian (Neubau im 12. Jh., Chor und Langhaus im 14./15. Jh. got. umgestaltet). 1107/08 wurde das Kollegiatstift St. Nicolaus gegr. (Anfang des 14. Jh. in die NW-Ecke des Domplatzes verlegt). Das Kollegiatstift St. Gangolf entstand 1373 aus der got. umgebauten St. Maria- und Gangolfkapelle (ehem. Pfalzkapelle); das 1200 in der Vorstadt Sudenburg von Ebf. Ludolf gegr. Kollegiatstift St. Peter und Paul wurde 1228/29 in die M.er Neustadt verlegt. Aus der Umsiedlung der Mönche v. St. Mauritius 968 auf einen Hügel s. der Sudenburg entstand das OSB-Kl. St. Johannes Baptista auf dem Berge (Kl. Berge) als das ranghöchste Kl. im Erzstift. Im NO der Altstadt lag das 1230 gegr. St. Maria-Magdalena-Kl. (Pönitenziarierinnen), und in der Neustadt befanden sich zwei Zisterzienserinnenkl. (St. Lorenz 1209/12, St. Agnes um 1230); 1220 erfolgte die Gründung des Franziskanerkl., 1225 des Dominikanerkl., 1285 des OESA-Kl. bei St. Peter. Die Karmeliter unterhielten ebenfalls eine Niederlassung.

[4] *Wirtschaft und Handel:* Die früheste nachweisbare Form des Warenaustauschs bestand im Verkauf von Waffen und Rüstungen in die angrenzenden slav. Länder. Nach dessen Verbot durch Karl d. Gr. 805 dominierte bald der Handel mit Häuten, Pelzen, Honig, Wachs, (slav.) Sklaven, Tuchen und Salz. Die otton. Marktrechtsverleihungen förderten die Ansiedlung von Kleinhändlern und Handwerkern. Seit dem Privileg Ottos II. v. 975 (erneuert 1025, 1136) genossen die M.er Kaufleute an anderen Handelsplätzen (außer in Mainz, Köln, Tiel und Bardowiek) Zollfreiheit. Neben Wochenmärkten für den lokalen Warenaustausch entwickelte sich die einmal jährl. auf dem Domplatz stattfindende Herrenmesse als überregionaler Markt, begünstigt durch den unter Konrad II. verliehenen Geleitschutz für auswärtige Kaufleute. Neben Friesen und innerdt. Kaufleuten waren in M. bis zum 11. Jh. (Pogrom) jüd. Kaufleute einflußreich.

Der wirtschaftl. Aufschwung des 12. und 13. Jh. ließ dauerhafte Handelsbeziehungen M.s zu anderen Städten (Rheinland, Flandern) wie auch eine Verbindung zu den →Champagnemessen entstehen. Handelsgüter waren jetzt Getreide, Fleisch, Salz, Häute, Schuhwerk, Bier, Edelmetalle, Schmuck, Gewürze und Tuche, daneben Waffen und Rüstungen. An der baul. und künstler. Entwicklung läßt sich die Bedeutung der Bau- und Kunsthandwerke, Metallgießerei und Bildhauerei ablesen (im Zuge des Domneubaues nach 1207 erhielt M. eine eigene Bauhütte). Seit Mitte des 12. Jh. gründeten sich die Innungen der Handwerker und Kaufleute (Gerber und Schuhmacher nach 1152, Gewandschneider 1183, Schilderer 1197).

Im 14. Jh. intensivierten sich nochmals die Handelsbeziehungen M.er Fernkaufleute zu überregionalen Warenumschlagplätzen (Kampen, Zwolle, Deventer, Gent, Leiden u. a.). Am bedeutendsten war die enge Verbindung zu Brügge; sie bot Anschluß an den Levante- und Orienthandel sowie (vermittelt über London und Lübeck) nach Schweden und Norwegen und an den Rußlandhandel (Novgorod). M.er Ausfuhrgüter waren Leder und Lederwaren, ungefärbte Gewebe, grobe Laken, Bier, Dielen und v. a. Getreide. Seit dem ausgehenden 14. Jh. wurde der Handel insgesamt von Luxus- auf gewerbl. Massengüter (u. a. Holz, Kupfer, Salz und Getreide) umgestellt. Seit ca. 1270 stand M. in Verbindung zum Sächs. →Städtebund und zählte erstmals 1407 zur Führungsgruppe der →Hanse. Zusammen mit Braunschweig galt es im 15. Jh. als Vorort der sächs. (1426/27–50 sächs. und wend.) Städte. Dennoch blieb seine Beteiligung an den Bestrebungen des Bündnisses seit der Mitte des 15. Jh. gering.

B. Erzbistum
Seit spätestens 955 verfolgte Otto I. den Plan der Errichtung eines Ebm.s in M. mit Missionsauftrag für die slav. Gebiete. Der 968 gegen den Widerstand des Ebf.s v. →Mainz und des Bf.s v. →Halberstadt durchgesetzten Gründung wurden die Bm.er →Brandenburg, →Havelberg, →Zeitz, →Meißen und →Merseburg unterstellt. Über die Besitzungen und Rechte des Mauritiuskl. hinaus stattete Otto I. das Ebm. großzügig mit Landzuweisungen, kgl. Einkünften und nutzbaren Rechten aus. Dem Kg. blieb das Recht der Zustimmung bei Besitzveränderungen und ein eigenkirchenrechtl. Zugriff auf das Vermögen des Ebm.s bis zum →Wormser Konkordat gewahrt. Er konnte das Gastungs-, Regalien- und Spolienrecht beanspruchen und die Ebf.e waren zu Hof- und Heerfahrt verpflichtet. Allerdings vermochte M., die ihm von Otto I. zugedachten Aufgaben nur für kurze Zeit unmittelbar nach seiner Gründung wahrzunehmen (968–983). Der →Slavenaufstand v. 983 störte die weitere Entwicklung des Ebm.s nachhaltig. Ohnehin verlor M. unter den Saliern seine herausragende Stellung im Reich und sogar in Sachsen (bevorzugte Pfalz wurde →Goslar). Die Kirchenreformbewegung wurde (im Anschluß an die Reform des Kl. Berge) durch die Augustinerchorherren (1116) und die Prämonstratenser (1129) sowie v. a. durch

deren Gründer, Ebf. →Norbert v. Xanten (1126–34), getragen.

Im 12. Jh. gelang den Ebf.en – v. a. dem herausragenden Wichmann (1152/54–92) – durch Besitzarrondierungen, unter Ausnutzung der Kolonisation (→Landesausbau) und gestützt auf die entstehende erzstift. Ministerialität, die Ausbildung einer Landesherrschaft (ostelb. Gebiete; im W wohl erst während des 13. Jh.). Sie handelten dabei in der ihnen seit dem Wormser Konkordat zugewachsenen Funktion als Reichsfs.en, nicht mehr nur als Metropoliten. Auch ihr Verhältnis zum Kgtm. war damit (gegenüber dem 10. Jh.) grundsätzl. und endgültig verändert. Vereinzelte Versuche, auf den O auszugreifen, blieben ohne den gewünschten Erfolg: nach 1109 Erwerbung von →Lebus unter Adelgot (1107–19; Verlust spätestens 1123/24), Ansprüche Norberts über die poln. Kirche (1133) und die Expansionspläne →Albrechts II. (1205–32). Unter Wichmann, →Ludolf (1192–1205/06) und Albrecht II. wurde das Ebm. in den stauf.-welf. Thronstreit hineingezogen und ging, zunächst entschieden auf der Seite Philipps v. Schwaben, unter Albrecht II. zu Otto IV. über.

Während und nach dem →Interregnum entwickelte sich die Verbindung M.s zum Kgtm. nur gering. Sie wurde erst unter Karl IV. wieder stärker, der das Ebm. nachhaltig in seine Personalpolitik einbezog; seine Eingriffe in Domherren- und Bf.sbesetzungen führten allerdings bald zu Konflikten. Gleichzeitig war das Ebm. im 14. Jh. in heftige Auseinandersetzungen u. a. mit den askan. Mgf.en v. Brandenburg sowie – bis zum Episkopat Günthers v. Schwarzburg (1403–45) – mit den Städten M. und →Halle verstrickt. Daran anschließende Reformforderungen und Unruhen (gegen die Versuche der Restitution landesherrl. Gewalt in den Städten) leiteten über zur reformator. Bewegung, die unter Ebf. Albrecht v. Brandenburg (1513–45) zum Durchbruch kam.

M. Kintzinger

Bibliogr., Q., Lit.: zu [A]: Atlas des Saale- und mittleren Elbegebietes, hg. O. SCHLÜTER–O. AUGUST, 2. T., 1957², Nr. 29; Komm. 107–119 – Bibliogr. zur dt. hist. Städteforsch., I, 1986, 341–347 – I. KRETSCHMAR, Die Entwicklung der Städte und die innerstädt. Auseinandersetzungen v. 1250 bis 1500, 1986 – G. GLEBA, Die Gemeinde als alternatives Ordnungsmodell, 1989, 92–118 – H. J. STOLL–E. SCHUBERT, M., Archäologie in der DDR 2, 1989, 675–680 [Lit.] – *zu* [II, 3]: GS, I, 1, 1.2, 1972 – F. SCHRADER, Stadt, Kl. und Seelsorge, 1988 – H. GRINGMUTH-DALLMER, M. in otton. und stauf. Zeit (Der M.er Dom, hg. E. ULLMANN, 1989), 52–56 – G. BINDING, Zur Ikonologie des M.er Domes Ottos I. (ebd.), 70–73 – *zu* [B]: *Q.:* Regesta archiepiscopatus M., hg G. A. v. MÜLVERSTEDT, 1–3, 1876–86, Regbd. 1899 – UB des Erzstiftes M., ed. F. ISRAEL–W. MÖLLENBERG, 1937 – Gesta archiepiscoporum M., ed. G. SCHUM (MGH SS 14, 1963), 361–486 – *Lit.:* J. SCHÄFERS, Personal- und Amtsdaten der M.er Ebf.e, 1908 – B. SCHWINEKÖPER, Aus der Gesch. des M.er Domkapitels (Beitr. zur Gesch. des Ebm.s M., hg. F. SCHRADER, 1968), 87–122 – E. QUITER, Unters. zur Entstehungsgesch. der Kirchenprovinz M., 1969 – GS, I, 1, 1.2., 1972 – D. CLAUDE, Gesch. des Ebm.s M. bis in das 12. Jh. (Mitteldt. Forsch. 67/1.2., 1972, 1975) – L. FENSKE, Adelsopposition und kirchl. Reformbewegung im ö. Sachsen, 1976 – B. SCHWINEKÖPER, Norbert v. Xanten als Ebf. v. M. (Norbert v. Xanten, hg. K. ELM, 1984), 189–209.

Magdeburger Recht, zunächst das städt., auf Herkommen, Privilegien und Willküren gegründete Recht der Stadt →Magdeburg. Die älteste Urk., die sich inhaltl. mit dem M.R. befaßt (Privileg Ebf. →Wichmanns v. 1188) enthält bereits Änderungen im Blick auf die Entwicklung städt. Rechtslebens und setzt voraus, daß Abweichungen von dem im umliegenden Land geltenden ostfäl. Sachsenrecht eingetreten sind. M.R., im 12. Jh. ein feststehender Begriff, ist wie die meisten der in Altsiedelgebiet geltenden Stadtrechte neben dem Landrecht entstanden und bleibt inhaltl. mit dem Sachsen-Landrecht verwandt, das gewissermaßen auf den Schultern des M.R.s im Laufe des Hoch- und SpätMA mit nach O wandert.

Aus älterer Zeit sind Aufzeichnungen offiziellen Charakters nicht erhalten, sondern nur Q., die – herkömml. als Rechtsweisungen oder -mitteilungen bezeichnet – aus Städten des M.er Rechtskreises stammen. Die wichtigsten Q. des M.R.s sind die erwähnte Urk. Ebf. Wichmanns (1188), das sog. M.-Goldberger Recht (1238?; evtl. für Breslau?), die Rechtsmitteilungen für Breslau (1261, 1295), für Görlitz (1304), Kulm (1338), Schweidnitz (1363), Halle (1364), Jüterbog (1367). Ab dem ersten Drittel des 14. Jh. setzt die schriftl. überlieferte Reihe der Sprüche der M.er Schöffen ein, die z. T. in Originalen, z. T. in Kopiaren oder in verarbeiteter Fassung das M.R. zum wohl wichtigsten, jedenfalls am stärksten verbreiteten Stadtrecht des dt. MA machen. Da das Archiv der M.er Schöffen 1631 vollständig vernichtet wurde, muß die Spruchtätigkeit von der Empfängerseite her rekonstruiert werden. Eine gewöhnl. als Privatarbeit bezeichnete Q. magdeburg. Ursprungs ist das sog., in mehreren Schichten überlieferte Sächs. Weichbild, das in ersten Teilen um die Mitte des 13. Jh. niedergeschrieben, dann in einer Vulgatfassung auch glossiert und seit dem 15. Jh. gedruckt wird.

Der Rechtskreis Magdeburgs umfaßt zunächst das ebfl. Territorium, strahlt auch nach W in das heutige Niedersachsen aus, verbreitet sich v. a. aber mit der Siedlungsbewegung nach O (Mark Brandenburg, einzelne Städte Pommerns, Preußen – großteils in der Sonderform des Kulmer Rechts [→K.er Handfeste] –, Thüringen und Sachsen, Lausitzen, Schlesien, Böhmen und Mähren). Größtenteils auch ohne eine Anbindung an Magdeburg als Oberhof wird M.R. schlechthin das Stadtrecht in Polen, Litauen, der Ukraine. Die aufkommende Landesherrschaft versucht, den als Beschränkung der Landeshoheit empfundenen Rechtszug nach Magdeburg zu unterbinden, zunächst meist nicht mit durchschlagendem Erfolg.

Meistens beruht die Geltung M.R.s in einer anderen Stadt auf Bewidmung (Verleihung), oftmals schon bei der Stadtgründung durch Privileg des Stadtherrn erteilt, doch u. U. auch später erworben (früheste Fälle Stendal nach 1160, Leipzig zw. 1156 und 1170, wohl letzter Fall Poltawa/Ukraine 1752). Vielfach bedeutet auch die bloße Erwähnung der Bewidmung einer Stadt mit →Dt. Recht im O eine solche mit M.R.; die Begriffe werden vielfach synonym gebraucht. Im SpätMA richten sich z. T. auch Städte mit eigener Stadtrechtstradition nach M.R., wenn sie den Rechtszug dorthin nehmen.

Inhaltl. bedeutet M.R. einmal die M.er Stadt- und Gerichtsverfassung. Im 12. Jh. jedenfalls hat Magdeburg bürgerschaftl. Selbstverwaltung mit einem Stadtschultheißen und Schöffengericht (ein Richter und elf Schöffen), dazu Krämer- und Handwerkerinnungen. Endgültig seit 1294 trennen sich die Kompetenzen von Schöffengericht und Rat, letzterer mit der Befugnis zum Erlaß von Willküren. Kennzeichnendes Moment des M.R.s wie auch anderer dt. Stadtrechte war die Freiheit der Bürger. Der Rechtszug außermagdeburg. Städte ging an die Schöffen, deren Spruch keine formelle Bindung des anfragenden Gerichts bewirkte (Ausnahmen konnten die Statuten der anfragenden Städte vorsehen); es konnten auch Parteien anfragen. Die Zahl der Schöffen konnte in Städten M.R.s niedriger als in Magdeburg sein. In gewissem Umfang fungierte der Schöffenstuhl auch als

Schiedsgericht. Geurteilt wurde bis ins SpätMA nur nach M.R., nicht nach den Statuten der anfragenden Städte, auch nicht nach Lehnrecht.

Sachl. umfaßte das M.R. das Straf- und Zivilrecht mit einer Fülle von Sonderbereichen. Das M.R. bildete eine große Anzahl eigener Rechtsinstitute aus, die z. T. dem sächs. Landrecht entsprachen, z. T. neuen Entwicklungen des Rechtsverkehrs entstammten (Prozeßrechtsinstitute, Erbrecht, Ausgestaltung der Grundpfandrechte, Kaufmannsrecht u. a.). Die Städte M.R.s haben das röm. Recht durchweg später rezipiert als etwa süd- oder westdt. Stadtrechte, aber nicht so dauerhaft wie die Städte des →Lüb. Rechts. Anderseits hat sich, begünstigt durch den Druck der wesentl. Q. und die früh eintretende Glossierung, eine auf dem ius commune beruhende Wiss. und Rechtsprechung vom sog. gemeinen Sachsenrecht gebildet, die als Gegenstand auch das M.R. umfaßte.   F. Ebel

Q. und Lit.: HRG III, 134–138 – J. WEITZEL, Zum Rechtsbegriff der M.er Schöffen (D. WILLOWEIT-W. SCHICH, Stud. zur Gesch. des sächs.-magdeburg. Rechts in Dtl. und Polen, 1980), 62ff. – F. EBEL, Die Spruchtätigkeit des M.er Schöppenstuhls für Niedersachsen, ZRGGermAbt 98, 1981, 30ff. – DERS., M.er Recht I, II/1, 1983, 1989 – R. LIEBERWIRTH, Das sächs.-magdeburg. Recht als Q. osteurop. Rechtsordnungen, SSA.PH 127, 1986, 1ff. – J. ZIEKOW, Recht und Rechtsgang, 1986 – H. LÜCK, M.er Recht in der Ukraine, Zs. für Neuere Rechtsgesch. 12, 1990, 113ff.

Magdeburger Schöppenchronik. Die in ihrer ursprgl. Gestalt zw. 1360 und 1372 in mnd. Sprache geschriebene, in 10 Hss. überlieferte M.S. ist vermutl. das Werk des Magdeburger Schöffen- und zeitweilig auch Stadtschreibers →Heinrich v. Lamme(s)springe (119.H.). Als Schöfenschreiber hatte dieser verschiedentl. an städt. Gesandtschaften teilgenommen und bei diesen Gelegenheiten erfahren, wie nützl. die Kenntnis der Gesch. bei aktuellen polit. Auseinandersetzungen sein konnte. Die mit Billigung und Unterstützung der Schöffen entstandene »Chronik« dürfte »offiziösen« Charakter gehabt haben. Gattungsmäßig nimmt sie eine Zwischenstellung zw. einer →Stadtchronik und einem Stadt- bzw. Schöffenbuch ein. Gegenstand der M.S. ist die Gesch. der Elbestadt von ihrer sagenhaften Gründung durch Julius Caesar bis in die auktoriale Gegenwart des Verfassers, eingebettet in die Gesch. des Reiches, des sächs. Stammes und des Ebm.s Magdeburg. Einen auch für das Geschichtsverständnis Lamme(s)springes bedeutsamen Einschnitt markiert das Pestjahr 1350; mit ihm beginnt zugleich die Darstellung der selbsterlebten Zeit. Die wichtigsten Q. für die Bearbeitung der älteren Perioden waren der Annalista Saxo (→Arnold, Abt v. Berge [18.A.]), die Magdeburger und die Quedlinburger Annalen, die Gesta archiepiscoporum Magdeburgensium, die Chronik →Ekkehards v. Aura, die →Sächs. Weltchronik und die Chronik des →Martin v. Troppau. Aus ihnen übernahm er auch die annalist. Form der Darstellung. Entsprechend der Intention Lamme(s)-springes ist die M.S. nach 1372 von mehreren, mit Ausnahme Hinriks van den Ronen und Engelberts v. Wusterwitz namentl. nicht bekannten Verfassern und mit einigen zeitl. Unterbrechungen zunächst bis 1468 fortgeführt und überarbeitet worden. Für das anhaltende Interesse an der M.S. spricht, daß sie 1565/66 ins Hochdt. übersetzt wurde und noch einmal für die Jahre 1473 bis 1566 eine Fortsetzung erfuhr.   V. Henn

Ed.: Chr. dt. Städte 7, 1869 [Neudr. 1962]; 27, 1899 [Neudr. 1962] – Lit.: Verf.-Lex.² V, 1132–1142 – J. B. MENKE, Gesch.sschreibung und Politik in dt. Städten des SpätMA, JbKGV 33, 1958, 1–84; 34/35, 1959/60, 85–194 – U. PETERS, Lit. in der Stadt, 1983, 227–237.

Magdeburgische Chroniken → Stadtchroniken

Magellan (ptg. Magalhães, Fernão de, span. Magallanes, Fernando de), * 1480? Porto, † 27. April 1521 Maktan, Philippinen, Seefahrer und Entdecker aus ptg. Hidalgo-Familie. Page von Leonore, der Gattin Kg. Johanns II., eignete sich M. früh naut. und geogr. Kenntnisse an. 1505 reiste er mit der Expedition des Vizekg.s Francisco de Almeida nach Indien, war an der Eroberung v. Mombasa/Ostafrika beteiligt. In den folgenden Jahren weilte er in Indien, von wo er an Expeditionen an die ostafrikan. Küste und nach Sumatra teilnahm (1509), nachdem er im gleichen Jahr mit Almeida die türk. Flotte bei Diu besiegt hatte. Danach an der Eroberung Malakkas beteiligt. Um 1513 kehrte er nach Portugal zurück und nahm an der ptg. Unternehmung gegen die marokkan. Stadt Azamor teil. Als Angehöriger der Garnison v. Azamor verschiedener Unregelmäßigkeiten beschuldigt, zudem nicht gerade in der Gunst Kg. Manuels, suchte M. 1516 den Kontakt zu Spanien. Er bot Kastilien an, auf dem w. Seeweg zu den Gewürzinseln zu gelangen. M. plante, die Durchfahrt s. des Rio de la Plata zu suchen, um den Pazifik zu überqueren. Nach den geogr. Überzeugungen der Zeit mußte eine solche Verbindung zw. Atlantik und Pazifik bestehen und M. scheint sich für sein Projekt auf Erddarstellungen dt. Kosmographen gestützt zu haben (→Behaim?, Schöner?). 1517 traf M. in Sevilla ein und wurde von Karl V. in einer am 22. März 1518 unterzeichneten Kapitulation mit der Durchführung des Projektes betraut. Mit fünf Schiffen stach die Flotte am 20. Sept. 1519 von Sanlúcar de Barrameda aus in See. Am 13. Dez. 1519 traf sie in der Bucht v. Rio de Janeiro auf die amerikan. Küste, stieß bis zum Rio de la Plata und entlang der patagon. Küste vor, an der sie überwinterte. Am 21. Okt. 1520 entdeckte die Expedition die nach M. gen. Meeresstraße zw. Atlantik und Pazifik. M. benannte die s. der Meerenge gelegene Küste 'Feuerland'. Am 27. Nov. 1520 gelangte die auf drei Schiffe zusammengeschmolzene Flotte in den von M. so benannten Pazifik, von wo sie sich n. und später nw. wandte. Nach drei Monaten stieß sie auf die Marianen-Inseln und erreichte am 16. März 1521 den philippin. Archipel, wo M. im Kampf mit Einheimischen sein Leben verlor. Von der ersten Erdumseglung kehrte nur ein Schiff unter Elcano nach Spanien zurück.   H. Pietschmann

Q.: A. Pigafetta, M.'s voyages. A narrative account of the first circumnavigation, hg. R. A. SKELTON, 1969 – Lit.: M. FERNÁNDEZ DE NAVARRETE, Viaje de M. y de Sebastián Elcano, 1944 – D. BARROS ARANA, Vida y viajes de M., 1945 – C. M. PARR, So noble a captain. The life and time of F.M., 1953.

Magelone, wohl in Südfrankreich im 15. Jh. entstandener Erzählstoff: von dem anonymen Roman »Pierre de la Provence et la belle Maguelone« gibt es zwei Fassungen, die ältere ist in vier Hss. und mehreren Dr. (erstmals Lyon, ca. 1480) überliefert, die jüngere wird in der einzigen bekannten Hs. auf 1453 datiert. Der Text kombiniert Motive, die v. a. in der oriental. Lit. weit verbreitet sind, und stellt eine Beziehung zur Île de Maguelonne (in der Nähe v. Montpellier) her: Pierre, der Sohn des Gf.en der Provence, gewinnt in Neapel die Liebe der Prinzessin M. und flieht gemeinsam mit ihr; während sie schläft, raubt ein Seevogel drei Ringe, die Pierre M. geschenkt hat, er verfolgt den Vogel (gleiche Motivation für die Trennung der Liebenden voneinander wie im »Roman de l'Escoufle« des Jean Renart, ca. 1200) und wird von arab. Seeleuten gefangengenommen. Auf der Suche nach dem Geliebten gelangt M. zur Île de Maguelonne und erbaut dort ein Hospiz und eine S. Pierre geweihte Kirche. Die von dem Vogel geraubten Ringe werden im Bauch eines Fisches wiedergefunden; unterdessen behandelt der Maurenfs.

den gefangenen Pierre wie seinen eigenen Sohn und erlaubt ihm schließlich die Rückkehr in die Heimat, wo er M. und seine Eltern wiederfindet.

Gesch. von der Wiedervereinigung eines Liebespaares (oder einer Familie) nach einer langen, gefahrvollen Zeit der Trennung erfreuten sich während des ganzen MA allg. Beliebtheit (→Apollonius v. Tyrus). Der M.-Stoff ist ursprgl. eine südfrz. Lokalsage; noch im 15. Jh. behandelte ein it. Gedicht den gleichen Stoff (Ottinello e Giulia). In der Folgezeit wurde der frz. Roman zum Volksbuch, das in fast alle europ. Sprachen übersetzt wurde; bis in die NZ wurde der Stoff immer wieder in erzählenden und dramat. Fassg. en behandelt (Lope de Vega, L. Tieck u. a.). A. Gier

Ed.: La belle Maguelonne, hg. A. BIEDERMANN, 1913 [ältere Fass.] – L'ystoire du vailant chevalier Pierre filz du conte de Provence et de la belle Maguelonne. Texte du ms. S IV 2 de la Landesbibl. Coburg (XV^c s.), hg. R. COLLIOT, 1977 [jüngere Fassg.] – *Bibliogr.*: Bossuat, Nr. 4154, 3^c Suppl. Nr. 6701–2 – B. WOLEDGE, Bibliogr. des romans et nouvelles en prose française antérieures à 1500, 1954, Nr. 121–122 – DERS., Supplément 1954–73, 1975, Nr. 121–122 – *Lit.*: W. SÖDERHJELM, Pierre de Provence et la belle Maguelonne, Mém. de la Société néophilol. de Helsingsfors 7, 1924, 4–49 – E. FRENZEL, Stoffe der Weltlit. Ein Lex. dichtungsgesch. Längsschnitte, 1962, 398f.

Magi (Druiden), air. *druí*, pl. *druíd*, ein Zweig der von antiken Autoren wie Poseidonios und Julius Caesar erwähnten, in die drei Gruppen der vates, bardoi und druides ('Dichter, →Barden und Druiden') untergliederten Priesterkaste der Kelten. Die Belege aus dem alten →Irland liegen trotz ihres frühen Zeitpunkts (spätes 6. und 7. Jh. n. Chr.) erheblich später als die Zeugnisse der röm. Autoren und reflektieren eine bemerkenswerte Wandlung der Rolle der D. innerhalb der air., sich christianisierenden Gesellschaft. Das air. *druí* wird oft als Äquivalent des hibernolat. Wortes 'magus' gebraucht, üblicherweise im Kontext von typolog. Konflikten zw. chr. Heiligen (insbes. →Patrick) und heidn. D. Als archetyp. D. der ir. Tradition tritt Mag Roth ('Sklave des Rades') auf, der seine mag. Fähigkeiten von keinem Geringeren als →Simon Magus erlernt haben soll. Obwohl chr. Autoren des FrühMA durchgängig von einer mehr oder weniger vollständigen Ausschaltung des Druidentums ausgehen (in chr. Rechtstexten erscheinen D. als zu unfreien Mitgliedern der privilegierten Schichten abgesunkene Personen, im Gegensatz zu den 'vates', die als →*filid* auf eine Stufe mit Kg.en gestellt werden), ist erkennbar, daß Reste des alten Systems wenigstens noch im 7. Jh. überlebten. Ein air. Gedicht des 8. Jh. über die Passion Christi rühmt Jesus als »besser denn ein Prophet, wissender als jeder D.«. Der Name eines Stammes im nw. Munster, der Corcu Modruad ('Saat meines D.'), die bis zum Ende des 8. Jh. blühten, reflektiert zumindest eine Erinnerung an die D. Konkretere Aussagen über eine den D. möglicherweise verbliebene Machtstellung scheitern jedoch am Fehlen schlüssiger Quellenbelege. Der hl. Patrick nennt als mächtigste Amtsinhaber nächst den Kg.en »diejenigen, die richteten« (illi qui iudicabant); liest man, der Mehrzahl der Hss. folgend, stattdessen jedoch »diejenigen, die weissagten« (illi qui indicabant), so mag dies als möglicher Hinweis auf eine Funktion der D. als Seher oder Propheten gedeutet werden. In Werken der Literatur wird oft auf ihre prophet. Rolle Bezug genommen, doch wird ihre Macht häufig als der »Magie« der chr. Gebete unterlegen geschildert. Archaische Vorstellungen, die die Verbindung der D. mit sakralen Königskulten und den von den air. Volksstämmen verehrten hl. Bäumen (*bile*) hervorheben, wurden von den ir. Dichtern bis zum Ende der gäl. Kultur im 17. Jh. weitertradiert. →Magie.

D. Ó Cróinín

Lit.: P. MAC CANA, Celtic Mythology, 1970 – K. MCCONE, Pagan Past and Christian Present in Early Irish Lit., 1990.

Magia naturalis. Neben der Philosophia n. (Naturkunde, auch Natur-Spekulation) ist seit dem 12./13. Jh. die M. n. ein sich erweiternder Begriff. Dies v. a. durch die Rezeption des →Corpus hermeticum, der Farb- und Alchemietraktate und arab. Kompilationen (u. a. →Picatrix). Neuplaton.-astrolog. Analogie- und Sympathie-Lehren, die Plinius-Überlieferung und auch der →Physiologus verstärken die Entsprechungslehre (u. a. →Edelsteine und Pflanzenwirkung bei →Hildegard v. Bingen und Albertus Magnus, sowie den Enzyklopädisten). M. n. ist auf Handhabung, auf Wirkung bedacht v. a. im alchem.-technolog. wie auch im med. Bereich (→Magie [Iatromagie]). Hier sind Ansätze zum Experimental-Begriff gegeben (z. B. mit naturaktiven Substanzen, u. a. →Magnet, →Bernstein). Trotz verschwimmender Grenzen zur Philosophia n. bedient sich die M. n. analog religiöser Praktiken (Gebet, Opfer, Beschwörung) bzw. operativer Eingriffe zur Aktivierung der virtutes naturales. Daher und da die Akzeptanz in den verschiedenen Zeiten unterschiedl. war, wird oft ein chr. Charakter betont. Doch sind Verbote, bes. der →Alchemie, erfolgt. Sie galten jedoch insbes. der M. nigra (Nigromantie), die sich als Negativbild der Religion die Kräfte der Natur und Übernatur zunutze machen will (Faust-Mythos).

G. Jüttner

Lit.: THORNDIKE–W. E. PEUKERT, Pansophie, 1956^2 – H. BIEDERMANN, Handlex. der mag. Künste, 1968 – W. D. MÜLLER-JAHNCKE, SudArch Beih. 25, 1985.

Magie

I. Begriff – II. Ursprung und Geschichte der Magietheorie – III. Augustinus und das Mittelalter – IV. Überlieferung und Volkskultur – V. Iatromagie.

I. BEGRIFF: M. (gr. μαγεία, lat. magia) beruft sich als Denksystem auf die Vorstellung von den sympathet. Strukturen des Kosmos. Die Verwobenheit von Makro- und Mikrokosmos schafft ein Netz von Kommunikationsmöglichkeiten zw. dem Menschen und den Göttern bzw. Dämonen, wobei das mag. Ritual eine bild- und zeichenhafte Handlung für die diese ausführenden medialen Wesen darstellt. Von der auf einem Vertrag mit dämon. Mächten beruhenden und daher verbotenen »magia daemoniaca« (»magia illicita«) ist die →»magia naturalis« als erlaubte (»licita«) Handhabung der in der Natur durch den Schöpfungsakt immanenten Kräfte (»qualitates occultae«) zu trennen; die Grenzen zw. beiden Bereichen waren dennoch stets umstritten und unterlagen häufig ebenso subjektiven wie gesellschaftspolit. umsetzbaren Ansprüchen. Eine Präzisierung des ma. M.begriffs ergibt sich durch die dem »magus« zugeschriebenen Fähigkeiten: er versteht sich auf das zauber. Wort, als →Beschwörungen und Zaubersprüche (incantatio; z. B. Martin v. Braga, De correctione rusticorum, c. 16), auf Anfertigung von Phylakterien und →Amuletten (phylacteria, amuleta; z. B. Ivo v. Chartres, Panormia VIII, cap. 63), die Zubereitung von Giften und mag. Getränken (veneficia; z. B. Gregor III., Ep. ad Bonifatium 43) und auf die Techniken der Weissagung (pythones; passim); die Zuordnung der M. an den Götzendienst (idolatria, cultus idolorum; z. B. Admonitio generalis, c. 65; MGH LNG 2 I 55–60) verweist auf den dämonolog. Aspekt des Zaubers. Damit ist aber auch ein funktionales Grobraster vorgegeben, das M. als willentl. Einflußnahme auf den Menschen (z. B. Schaden-, Liebeszauber), die Umwelt (z. B. Wetterzauber) und als Reaktion auf alltägl. Bedürfnisse (u. a. Nahrung, Krankheit) beschreibt: die binäre Struktur von

»magia daemoniaca« und »magia naturalis« setzt sich in den zauber. Absichten als Teil gesellschaftl. Ethik fort.

II. Ursprung und Geschichte der Magietheorie: Der häufig gerade in Verbindung mit der popularen Religiosität des MA unternommene Versuch, M. ausschließl. in ihrem Verhältnis zur Religion zu bestimmen, ist ebenso zum Scheitern verurteilt wie sie einseitig in ihrem Verhältnis zur Wiss. zu sehen oder gar eine evolutionist. Abfolge von M., Religion und Wiss. zu postulieren. Ähnl. unzugängl. sind vergleichende Analysen zw. abendländ. M.theorie und magieähnl. Praktiken illiterater Kulturen, wofür insbes. religionswiss., völkerkundl. und volkskundl. Forschungsansätze des 19. und frühen 20. Jh. stehen; sie entstammen einem ahist.-eurozentrist. Blickwinkel und versperren das Verständnis von M. als »fremdem Denken«; so sind zahlreiche aus mesopotam. Keilschrifttafeln des 1. Jt. v. Chr. nachweisbare und in ähnl. äußerer Form sowohl in der Antike wie im MA bekannte divinator. oder apotropäische Rituale, etwa gegen Schadenzauber, Bestandteil offizieller Religionsausübung.

Das ma. Verständnis von M. als Sammelbegriff für ritualisierte Handlungen wie für das diese bedingende theoret. Konstrukt erweist sich in letzter Konsequenz als das Ergebnis der frühchr. Auseinandersetzung mit dem spätantiken Synkretismus. Durch die Gleichsetzung mit dem Teufelsdienst (cultus daemonum), mit der Götzenverehrung (idolatria) und dadurch mit einem Vergehen gegen das erste Gebot des Dekalogs geriet die M. zur Richtschnur für ideolog. Konformität, der M.vorwurf (crimen magiae) zum Argument wie zum Handlungsinstrument gegen polit. Gegner, Häretiker, Sekten und religiöse bzw. ethn. Minoritäten. Ähnl. wie die M.theorie selbst läßt sich auch die Aufnahme der Zauberei als »maleficium« in das Strafrecht bereits in der röm. Antike nachweisen: das Zwölftafelrecht kannte das »crimen magiae« ebenso wie der Cod. Justinianus (z. B. IX, Tit. 18,5), wobei die jurist. Auslegung häufig auf machtpolit. Kalkül beruhte; während etwa Ks. Valens Wahrsager verfolgen ließ, betonte Valentinian I. in einem in Trier unterzeichneten Erlaß vom 29. Mai 371, daß er die Haruspizien keinesfalls den mag. Künsten (maleficia) zurechne (vgl. Cod. Theod. IX, 16,9). Die Identifizierung von »magi« und »malefici« überlieferte Isidor v. Sevilla dem MA (Etym. VIII, 9,9: Magi sunt, qui vulgo malefici ob facinorum magnitudinem nuncupantur); nicht zuletzt auf diese Rechtstradition beriefen sich sowohl die ma. Zaubereiprozesse wie die nachma. Hexenverfolgungen (→Hexen).

M. als ein auf Ähnlichkeiten (Sympathien) beruhendes Denk- und Handlungsschema setzt die Vorstellung von einem graduell geordneten Kosmos voraus, wie sie zum einen die manichäist.-gnost., zum anderen die neuplaton. Lehren vertraten. Die spätantiken Kosmogonien und Dämonologien (→Dämonen) sowie die myst., theurg. und mant. Praktiken erweisen sich dabei als ein vielschichtig diskutiertes System, in das sicherlich – ohne daß man hierfür konkrete Texttraditionen namhaft machen könnte – mesopotam. Wissen des 1. Jt. v. Chr. hineinwirkte: sowohl der Antike wie dem MA wurden die »Chaldäer« zum Inbegriff für Astrologen und Magier.

Von grundlegender Bedeutung für das ma. M.verständnis aber wurden zusammen mit dem Neuplatonismus die gnost. Lehren, für deren Einbindung in die frühchr. M.diskussion in der Apg (8,9–13) bezeugte, von den Kirchenvätern zu Unrecht als Urheber der gnost. Ketzerei verdammte Simon Magus steht (z. B. Irenaeus, Adv. haeres. I 23,2–4); er spielte für die spätantik-chr. Auseinandersetzung mit der M. als Symbolfigur eine ähnl. Rolle wie die Gestalt des Dr. Johann Faustus für die frühe NZ. Während Simon Magus die durch komplizierte Spekulationen über die Äonenstruktur der göttl. Seinsfülle (pleroma) gekennzeichnete monist. Gnosis vertrat, ist die dualist. Gnosis von der scharfen Opposition von Seele (pneuma) und Leib/Materie, von Gott als dem Urgrund und Ur-Einen und dem Menschen, Licht und Finsternis geprägt. Da nicht Gott, sondern der Demiurg die Welt schuf, ist diese schlecht. Der Kosmos selbst stellt eine Stufenabfolge von Emanationen dar, während die Äonen sowohl reale Kräfte wie himml. Wesen verkörperten. Dieses Gedankengut fand nicht nur Eingang in das kabbalist. Schrifttum des MA und Nach-MA, so z. B. in der »sefirot«-Lehre, sondern auch in die ma. M.theorie; zudem wurden Gruppen wie die →Katharer, die den gnost. Dualismus eines guten und bösen Prinzips vertraten, der Häresie und des Teufelskultes angeklagt.

Die Vorstellung von der graduellen Ordnung des Kosmos findet sich ferner bei den Neuplatonikern, die im Florentiner Neuplatonismus, so z. B. durch M. →Ficino oder G. →Pico della Mirandola, ihre Wiedergeburt erlebten. Insbes. →Iamblichos griff die vom Neupythagoreertum geschaffene Verbindung von Philosophie und Okkultismus auf. Gemäß der neuplaton. Kosmologie entwickelt sich aus dem oberen (göttl.) Prinzip in Stufenabfolge durch Emanation das Noëtische (Intellekt/Geist), aus diesem das Psychische und daraus die Materie. Als Kräfte können die Emanationen menschl. Gestalt annehmen, die Mittelwesen halten sich in einem Zwischenreich auf, wo sie entweder näher zu den Göttern und Dämonen oder zu den psych.-spirituellen Wesenheiten stehen. Iamblichos siedelte die guten und bösen Dämonen, denen er Einfluß auf das menschl. Denken und Tun zugestand, im Luftraum an, →Proklos präzisierte diese Lehre: die der sublunaren Zone zugeordneten Wesen treten als Vermittler und Kommunikationspartner zw. der oberen und unteren Zone, zw. dem Menschen und Gott auf; damit aber wurde die →Astrologie zum festen Bestandteil des abendländ. M.begriffs.

III. Augustinus und das Mittelalter: Die apologet. Konfrontation der Kirchenväter mit ihrer Umwelt richtete sich weniger gegen das theoret. Konstrukt der durch das Christentum pagan gewordenen M.; vielmehr übernahmen sie die synkretist. Konzeptionen in die chr. Heilslehre und Anthropologie. Augustinus übte Kritik an der von der Gnosis formulierten Gleichrangigkeit des guten und bösen Prinzips; letzteres existiere nicht aus sich selbst, sondern entstehe durch die Abwesenheit Gottes (privatio boni) als des grundsätzl. Guten (Enchiridion 11: malum nihil est aliud quam naturalium privatio bonorum). Indem der Teufel Gott untergeordnet und nur mit dessen Erlaubnis in der Welt agieren dürfe, wurde das böse Prinzip zur freien Entscheidungsmöglichkeit des Menschen. Von weittragender Bedeutung erwies sich der Einbezug von Dämonologie und »artes magicae« in die Superstitionenkritik. In den Dämonen neuplaton. Kosmogonien sah Augustinus gestürzte Engel, die über einen Luftkörper verfügten, in den Menschen eindringen (→Besessenheit) und diesem Trugbilder (praestigia) vorgaukeln könnten (z. B. De civ. dei, c. IX–XI); sie verständigten sich mit dem Menschen durch Zeichen (signa) und eine beiden gemeinsame Sprache; am Beispiel des Tragens von →Amuletten nahm damit Augustinus die ma. Pakttheorie vorweg: über die den Menschen und Dämonen gemeinsame Sprache bestünde zw. beiden Partnern ein Kommunikationsvertrag. Damit aber wird das mag. Ritual zur bildhaften Handlung, die einen dämon. Helfer mittels eines Zeichensystems über die Absichten des »magus« informiert.

Dieses Konzept wurde im HochMA u. a. von Albertus Magnus und Bonaventura aufgegriffen und von Thomas v. Aquin zur Pakttheorie fortentwickelt; seine Systematisierung in den schweigenden und ausdrückl. Teufelspakt (S.th. II. II. 92,3: ad consultationes et pacta quaedam significationum cum daemonibus placita atque foederata) bildete die rechtl. Grundlage für die ma. Zauberprozesse, die Verfolgung von Häretikern und schließlich für die nachma. Hexenverfolgungen.

Die Radikalität des Ansatzes wird nicht zuletzt daraus ersichtlich, daß Thomas v. Aquin das Laster des Aberglaubens über die Sünde der Gottesversuchung stellte (S.th. II. II. 97,4) und nicht nur die Nekromantie (II. II. 95,3), sondern auch zahlreiche andere, nicht unbedingt durch dämon. Beistand ermöglichte Divinationstechniken als superstitiös untersagte. Dennoch ließ er mit der Astrologie (II. II. 95,5; vgl. auch I. II. 9,5 ad 3), die durch das Auftreten der chaldäischen Sterndeuter in der Epiphaniegeschichte (Mt 2,1–12) legitimiert werden konnte, der →»magia naturalis« einen schmalen Spielraum.

IV. Überlieferung und Volkskultur: Das Wissen um die »artes magicae« war im MA in erster Linie auf die Bildungselite beschränkt, während auf hist. stichhaltige Hinweise auf die Volksläufigkeit mag. Praktiken wie der Dämonenbeschwörung oder des Todes- und Schadenszaubers innerhalb der unterschiedl. Kulturen ebenso fehlen wie Texte mit ausführl. Zauberanweisungen. Dies gilt nicht für apotropäische und therapeut. Praktiken, so z. B. für Gebetsbeschwörungen (→Beschwörung) und den Bereich der »Volks«-medizin (s. Abschnitt V); ihre Herkunft aus dem kirchl.-liturg. Heil- und Gebetsbrauch ist unschwer zu erkennen, über ihre Zuweisung an die – erlaubte – »magia naturalis« bestand weitgehend Einigkeit. Die Alltagsmagie ergab sich fernab aller theoret. Konzepte aus der konkretisierenden Weltsicht der Analphabeten. Aberglaubenskataloge wie der »Indiculus superstitionum et paganiarum« (Cod. Pal. Vat. lat. 577: spätes 8./frühes 9. Jh.), der u. a. die Nekromantie (§ 2: De sacrilegio super defunctos) und den Wetterzauber verbietet (§ 22: de tempestatibus et cornibus cocleis), oder die früh- und hochma. Lit. der Bußbücher und Predigten (z. B. Berthold v. Regensburg) überliefern Hinweise auf mag. Denken und zauber. Anwendungen, die nicht der populären zeitgenöss. Kultur, sondern dem spätantik-chr. M.katalog entstammen. So enthält Reginos v. Prüm (ca. 840–915) »Canon episcopi« (Anfang 10. Jh.) einen Auszug aus einem karol. Kapitular; darin ist u. a. von Frauen die Rede, die, vom Satan besessen, in Begleitung der röm. Göttin Diana auf dem Rücken von Tieren umherfliegen (»Hexenfahrt«); hier werden einerseits der mediterrane Ursprung magiolog. Zuweisungen, andererseits M. als elitäre Diskursmaterie erkennbar.

Ma. Nachrichten über ausgeübten Zauber beziehen sich vorwiegend auf die Oberschicht. So verdeutlicht eine Welle von Zauberprozessen des 13. und 14. Jh. wegen mag. Mordanschläge, u. a. mit Hilfe dämon. Bilder (invultuacio), die Südfrankreich betraf und die zur Konstitution Papst Johannes' XXII. »Super illius specula« von 1326/27 führte, die Verbindung des Zaubereidelikts mit machtpolit. Ansprüchen. Vor dem Hintergrund des südfrz. Zauberwesens verurteilte 1398 die Pariser Theol. Fakultät in einem 28 Artikel umfassenden Gutachten die sündhafte M., so z. B. Dämonenzwang und Dämonenschutz, ohne allerdings exakte Rituale mitzuteilen. Im SpätMA emanzipierte sich jedoch die M.diskussion von der Theologie. Der →»Picatrix« und volkssprachl. Kompilationen wie Hans Vintlers »Pluemen der Tugent« (um 1410) oder Hartliebs »Buch aller verbotenen Künste« (fertiggestellt 1456) verbinden die Warnung vor dem Aberglauben und den Gefahren der Schwarzen M. mit Informationsabsichten nun für ein gebildetes Rezipientenpublikum; auch sie aber überliefern Rituale nur für erlaubte mant. und apotropäische Praktiken. Während auf der einen Seite eine weitere Verschärfung der jurist. Aspekte des »crimen magiae«, etwa im »Malleus maleficarum« der beiden Dominikaner Heinrich Institoris und Jakob Sprenger (1487) oder in Martin Delrios »Disquisitionum magicarum libri sex« (1599) die Durchführung der nach-ma. Hexenprozesse ermöglichte, begannen seit dem 16. Jh. mit den Faustischen »Höllenzwängen« vereinzelte Zauberanweisungen zu kursieren, die sich mit fingierten Daten ein hohes Alter und mit zugeschriebenen Namen (z. B. Albertus Magnus, Salomon) Autorität zu verschaffen suchten. So wie sich einerseits in der NZ im Vorwurf der »magia daemoniaca« kollektive Ängste und gesellschaftspolit. Absichten ihren Ausdruck verschafften, führte andererseits die »magia naturalis« etwa in der Handhabung eines Agrippa v. Nettesheim († 1535) oder Paracelsus († 1541) zu einer neuen Naturmetaphysik. Ch. Daxelmüller

Lit.: →Aberglaube [H. B. Schindler; C. Meyer; Thorndike]; H. Homann] →Hexen [H. C. Lea; R. Kieckhefer; D. Harmening; E. Le Roy Ladurie] – J. G. Th. Grässe, Bibl. magica et pneumatica, 1843 – V. Rydberg, The Magic of the MA, 1879 – W. Kroll, De oraculis chaldaicis, 1894 – A. Lehmann, Aberglaube und Zauberei, 1898 – W. Kroll, Anal. gr., 1901 – L. Staudenmaier, Die M. als experimentelle Naturwiss., 1912 – A. Warburg, Heidn.-antike Weissagung in Wort und Bild zu Luthers Zeiten, 1920 – Th. Hopfner, Gr.-ägypt. Offenbarungszauber, 1921 [Nachdr. 1974] – G. M. Manser, Thomas v. Aquin und der Hexenwahn, DT, Ser. II 9, 1922, 17–49, 81–110 – Papyri Graec. Mag. Die gr. Zauberpapyri, hg. K. Preisendanz, I–III, 1928–41 – G. L. Kittredge, Witchcraft in Old and New England, 1929 – P. Browe, Die Eucharistie als Zaubermittel im MA, AK 20, 1930, 134–141 – H. Erbse, Fragm. gr. Theosophien, 1941 – W.-E. Peuckert, Dt. Volksglaube des SpätMA, 1942 – W. Theiler, Die chaldäischen Orakel und die Hymnen des Synesios, 1942 – E. R. Dodds, The Greeks and the Irrational, 1951 – A. Maier, Eine verfrühte Aberglaubens über die Zuständigkeit der Inquisition für Zaubereiprozesse, APraed 22, 1952, 226–246 – Wahrsagetexte des SpätMA, hg. G. Eis, 1956 – H. Lewy, Chaldean Oracles and Theurgy, 1956 – G. Scholem, Zur Kabbala und ihrer Symbolik, 1960 – Picatrix, hg. H. Ritter – M. Plessner, 1962 – W. Schmitt, Hans Hartliebs mant. Schriften und seine Beeinflussung durch Nikolaus v. Kues, 1962 – A. A. Barb, The Survival of Magic Arts, The Conflict between Paganism and Christianity in the Fourth Cent., 1963, 100–125 – W. Schmitt, M. und Mantik bei Hans Hartlieb, 1966 – W. Brückner, Jungferngepammet. Gestaltungskräfte und hist. Schichten in M. und Volksglaube, Bayer. Jb. für VK 1969, 85–112 – W. Schmitt, Zur Lit. der Geheimwiss. im späten MA (Fachprosaforsch., hg. G. Keil–P. Assion, 1974), 167–183 – The Damned Art: Essays in the Lit. of Witchcraft, hg. S. Anglo, 1977 – R. Cavendish, A Hist. of Magic, 1977 – Witchcraft. Catal. of the Witchcraft Coll. in Cornell Univ. Library, hg. M. J. Crowe, 1977 – M. Die sozialwiss. Kontroverse über das Verstehen fremden Denkens, hg. H. G. Kippenberg – B. Luchesi, 1978 – M. und Religion, hg. L. Petzoldt, 1978 – K. Thomas, Religion and the Decline of Magic, 1978 – Ch. Daxelmüller – M.-L. Thomsen, Bildzauber im alten Mesopotamien, Anthropos 77, 1982, 27–64 – Der Hexenhammer, hg. P. Segl, 1988 – K. Baumann, Aberglaube für Laien. Zur Programmatik und Überl. ma. Superstitionenkritik, I–II, 1989 – Johannes Hartlieb: Das Buch aller verbotenen Künste, des Aberglaubens und der Zauberei, hg. F. Eisermann – E. Graf, 1989 – R. Kieckhefer, Magic in the MA, 1990².

V. Iatromagie: Mag. auf Erhaltung und Erneuerung der Gesundheit gerichtetes Denken und Handeln nahm im Bereich ma. Heilkultur breiten Raum ein. Übereinstimmend mit der vorsokrat.-stoischen-neuplaton. Lehre von dem kosm. Prinzip der »Sympathie« (s. Abschnitt I) bzw. einer geheimnisvoll bestehenden Anziehung gleichartiger Kräfte und Dinge des Alls, dominiert in der zaubermed. Praxis der Grundsatz der Ähnlichkeit. ROTHSCHUH unterscheidet in seiner Systematik der Iatromagie neben dem »Simile-Prinzip« als weiteres Leitmotiv für iatromag. Denk- und Handlungsformen ein sog. »Singularitäts-Prinzip«. In ungewöhnl. Gebilden, Steinen, Metallen, Pflanzen, Früchten sowie in wenig vertraut anmutenden Menschen oder Tieren, also im Singulären, seien bes. Kräfte und Fähigkeiten präsumiert worden. Häufig ist Singularitäts- mit Simile-M. verflochten, etwa in den Heil- und Segenssprüchen.

Die Übereinstimmungen der einzelnen Manifestationen von Sympathieglauben und -kuren in den verschiedenen roman., germ. und teils slav. Ländern verweisen auf einen gemeinsamen Ursprung im klass. Altertum mit seinem aus dem Orient entlehnten Gedankengut. Spätantike okkult. durchsetzte Med. erbte sich im ganzen christl. und arab. MA fort. Die bei →Walahfrid Strabo, im Macer Floridus, bei →Bartholomaeus Salernitanus, →Hildegard v. Bingen (Physica), bei →Marbod v. Rennes, im →Regimen sanitatis Salernitanum, bei →Vinzenz v. Beauvais, →Thomas v. Cantimpré, →Konrad v. Megenberg u.a. empfohlenen med. Sympathiemittel bzw. -kuren finden sich großenteils schon in der sog. »Medicina« Plinius d. Ä., ferner in den Versen des Quintus Serenus, den 3 B. »Euporista« des Theodorus Priscianus, bei Marcellus Empiricus, Alexander v. Tralleis, Sextus Placitus, →Cassius Felix, P. Vegetius etc. Weitere Zaubermittel zählte →Dioskurides in seiner Materia medica auf.

Im mag. Verständnis beruhen die *Simileheilwirkungen* 1. auf Identität (z. B. Genuß von Fuchslunge bei Lungenleiden), 2. auf Formähnlichkeit (z. B. Hepatica [Leberblümchen] bei Leberleiden), 3. auf Farbähnlichkeit (z. B. gegen Gelbsucht gelber Schöllkrautsaft), 4. auf Aneignung von Similekräften (z. B. Genuß des Gehirns der schwindelfreien Gemsen und Eichhörnchen vertreibt Schwindel), 5. auf Ähnlichkeit von Handlungen (z. B. mag. Krankheitsabnahme, -übertragung und -vernichtung; z. B. Verfütterung mit Krankenurin getränkter Brotbrocken an einen Hund). *Singularitätsheilwirkungen:* 1. aufgrund des geheimnisvollen Aussehens von Naturobjekten (z. B. Smaragd gegen Epilepsie, Bergkristall schützt vor bösem Blick), 2. aufgrund überraschender Wirkungen von Naturobjekten (z. B. Magnet zur Geburtsförderung), 3. Singularitätsheil- und Schadenswirkungen gehen vom Unheiml. aus (z. B. Fledermaus, Kröte, Maulwurf oder Wolfsherz bei Schlaganfall, Lähmung, Epilepsie), 4. durch Vitalkräfte des eben Getöteten (z. B. gegen Fallsucht frisches Blut Hingerichteter), 5. durch Zeichen, Worte, Zahlen und Bilder (z. B. kult.-religiöse Symbole, Runen, →Amulette, Zaubersprüche, Zahlenmagie und -mystik, unter bestimmten Gestirnkonstellationen angefertigte Planeten- und Sternbilder).

In einer relativ späten Rezeptionsphase gelangte aus dem arab.-islam. Kulturraum mag. Schrifttum einer vielgestaltigen, seit vorislam. Zeit lebendigen M. in das Abendland, darunter das arab. Zauberbuch »Picatrix«, das auf Ärzte der Renaissance wie Agrippa v. Nettesheim großen Einfluß ausübte. Trotz der vom Islam verurteilten Heil-M. blühte diese jederzeit mit wechselnder Intensität.

Auch der Talmud verbietet Zauberei. Dennoch praktizierten schon in der talmud. Periode (ca. 70–600) Talmudgelehrte, die zugleich Ärzte waren, das Besprechen von Krankheiten, Wunden und Schäden mit Bibelversen, bes. mit Psalmen. Anhänger der Kabbala verwandten Amulette als Schutzmittel gegen Krankheiten. →Maimonides bekämpfte die iatromag. Praktiken, billigte sie aber bei gefährl. Krankheiten zur Suggestionstherapie.

Altgerm. Iatromagie erhielt sich v. a. in Runenweisheit und Zaubergesängen. Die Runen-M. nahm im christl. MA beachtl. Aufschwung. Der Thorshammer bzw. das synkretist. T-Zeichen diente u. a. als Pestschutzmittel, andere Zeichen halfen bei Geburt oder bei Wundbehandlung. In heidn. Zeit weisen außerdem manche der altdt. und altdän. Zaubersprüche. →Amulett, →Lithotherapie, →Medicina Plinii, →Rauschmittel. M. E. v. Matuschka

Lit.: HOOPS II, 471f. – KL. PAULY V, 1460–1472 – G. BRECHER, Das Transcendentale, M. und mag. Heilarten im Talmud, 1850 – L. BLAU, Das jüd. Zauberwesen, 1898 – O. v. HOVORKA–A. KRONFELD, Vergleichende Volksmed., 2 Bde, 1908–09 – J. PREUSS, Bibl.-talmud. Med., 1911 – E. STEMPLINGER, Sympathieglaube und Sympathiekuren in Altertum und NZ, 1919 – S. KRAUSS, Gesch. der jüd. Ärzte vom frühesten MA bis zur Gleichberechtigung, 1930, 39–54 – G. BUSCHAN, Über Med. zauber und Heilkunst im Leben der Völker, 1942 – R. FROEHNER, Kulturgesch. der Tierheilkunde, 2, 1954, 77–119 – I. HAMPP, Beschwörung Segen Gebet, Unters. zum Zauberspruch aus dem Bereich der Volksheilkunde, 1961 – G. EIS, Altdt. Zaubersprüche, 1964 – R. H. TRÜMPY, Similia similibus, SchAV 62, 1966, 1–6 – G. EIS, Ma. Fachlit., 1967², 43–46 – M. ULLMANN, Die Med. im Islam, 1970 – H. BIEDERMANN, Medicina Magica, 1972 – M. ULLMANN, Die Natur- und Geheimwiss. im Islam, 1972 – P. ASSION, Altdt. Fachlit., 1973, 159–172 – H. REIER, Heilkunde im ma. Skandinavien, 2 Bde, 1976, bes. I, 41–54 – L. HANSMANN–L. KRISS-RETTENBECK, Amulett und Talisman, 1977², 234 – K. ED. ROTHSCHUH, Iatromagie, 1978 – F. KLEIN-FRANKE, Vorles. über die Med. im Islam, SudArch, Beih. 23, 1982 – E. GRABNER, Grundzüge einer ostalpinen Volksmed., SAW.PH.457, 1985 – B. D. HAAGE, Aberglaube und Zauberei in der mhd. Dichtung, Mannheimer Ber. 30, 1986, 53–72 – Wb. der Symbolik, hg. M. LURKER, 1991⁵, 33f., 729f.

Magisches Quadrat. In einem Quadrat zu n^2 Feldern werden n^2 verschiedene (ganze) Zahlen derart angeordnet, daß die Summe in jeder Zeile, Spalte und den beiden Diagonalen gleich ist. M.Q.e erscheinen zuerst in China und Indien, allg. Bildungsverfahren wurden erst im 10.–13. Jh. in den islam. Ländern entwickelt – auch für Q.e mit zusätzl. mag. Eigenschaften (Q.e mit Berandungen, pandiagonale Q.e). In Byzanz waren einige dieser Bildungsverfahren bekannt (→Moschopulos, 13. Jh.); der lat. W kannte nur einzelne Beispiele aus arab. astrolog. Texten, die Anlaß zu den ersten abendländ. Forsch. (15.–16. Jh.) gaben. J. Sesiano

Lit.: P. TANNERY, Le Traité de Manuel Moschopoulos sur les carrés magiques (DERS., Mémoires scientifiques IV, 1929, 27–60) – J. SESIANO, Herstellungsverfahren m.Q.e aus islam. Zeit, SudArch 64, 1980, 187–196; 65, 1981, 251–265; 71, 1987, 78–89 [wird fortgesetzt] – M. FOLKERTS, Zur Frühgesch. der m. Q.e in W-Europa, ebd. 65, 1981, 313–338.

Magister-discipulus. Bereits in der antiken Heilkunst bildeten nach dem Eid des Hippokrates Schüler und Lehrer eine Lebensgemeinschaft. In der arab. Med. wurde es zur Schicksalsfrage für den Schüler, den rechten Lehrer zu bekommen. Wissen zu vermitteln schien den arab. Gelehrten nur mögl., wo ein 'sensus communis' bereits stattgefunden hat, wo 'Versammlung' ist (ğāmi ͨīya; daher ğāmi ͨa = 'Universität'). Im Zuge der Assimilation der arab. Wiss. und im Verbund mit dem auch in Ordensgemeinschaften und an Kathedralschulen gepflegten Lehrer-Schüler-Verhältnis kam es im 12. und 13. Jh. zum raschen Aufblühen der →Universitäten (universitas magistrorum et discipulorum). Scholastik war dabei weniger Buchwissen als jenes bes. Verhältnis, das sich im Umgang von Lehrer und Schüler zu bilden pflegt. Das persönl. Verhältnis vermochte sich im öffentl. Raum und in rechtl. Verbänden zu inkorporieren, um sich auf jenes studium generale auszuweiten, das durch päpstl. oder ksl. Stiftungsurkk. die 'universitas' auch als jurist. Verband legitimiert hat. →M. universitatis. H. Schipperges

Lit.: D. HANEBERG, Abh. über das Schul- und Lehrwesen der Mohammedaner im MA, 1850 – CH. H. HASKINS, The Rise of Universities, 1923 – The Univ. in Society, ed. L. STONE, 1974 – H. SCHIPPERGES, 'M. et D.' als ein konstituierendes Element der ma. Univ. (Reflexionen über die Tradierung von Werten, hg. O. WESTPHAL, 1982), 13–43 – DERS., Der anthropolog. Anspruch im Proömiums-Lit. der Scholastik (Med. Anthropologie, hg. E. SEIDLER, 1984), 3–10.

Magister equitum (ἵππαρχος), oberster militär. Gehilfe des Dictators im republikan. Rom. Eine direkte Beziehung zu dem als M.e. bezeichneten Militärbefehlshaber der Spätantike besteht nicht (→Magister militum).
G. Wirth

Lit.: RE Suppl. V, 631 – TH. MOMMSEN, Röm. Staatsrecht II, 1887³, 173 – F. BANDEL, Die röm. Dictaturen [Diss. Breslau 1910] – H. SIBER, Röm. Verfassungsrecht, 1952.

Magister fabricae → Baumeister

Magister militum (στρατηγός, στρατηλάτης), Titel der 7 militär. Befehlshaber Roms seit der Spätzeit Konstantins, entstanden durch die Entbindung des →praefectus praetorio von militär. Funktionen. Das Amt bezeichnet zwei M. am Hof (m. peditum, m. equitum = m. praesentales, seit →Stilicho auch m. utriusque militiae), zu denen noch im 4. Jh. regionale magistri m. (m. m. per Gallias, per Illyricum, per Orientem; im 5. Jh. im O weitere Vermehrung) treten. Der Amtsinhaber steht im Rang des clarissimus, seit →Valentinian I. des illustrissimus. Unklar bleibt die Frage nach ständiger Besetzung aller Stellen. Die Zahl barbar. Inhaber des Amtes überwiegt. Seit Stilicho gewinnt im W der m. peditum mit dem →Patriciustitel besondere Wichtigkeit als zweiter Mann des Reiches neben dem Ks., an fakt. Macht diesem gelegentl. überlegen (→Aëtius, →Ricimer). Auf der Position des m.m. gründet sich die Herrschaft →Theoderichs in Italien. Letzte Neuerung ist der m.m. per Armeniam durch Justinian 536.
G. Wirth

Lit.: PLRE I, 1112; II, 1288 – RE Suppl. XII, 553 – R. GROSSE, Röm. Militärgesch., 1920, 180 – W. ENSSLIN, Klio 23, 1929, 306; 24, 1931, 102, 467 – JONES, LRE 97, 124, 352 – A. V. DOMASZEWSKI, Die Rangordnung des röm. Heeres, 1967² – A. DEMANDT, Chiron 10, 1980, 609 – ST. KRAUTSCHICK, Die Familie der Kg.e in Spätantike und FrühMA (E. CHRYSOS – A. SCHWARCZ, Das Reich und die Barbaren, 1989).

Magister navis, Bezeichnung für den Verantwortlichen über ein Seefahrzeug (Ulp. Dig. 14,1,1). M.n. hat keine terminolog. Bedeutung und ist demnach auch nicht sachl. einzugrenzen, sondern bezieht sich auf den militär. Schiffskommandanten (Caes. civ. 2,43,1; Liv. 29,25,7) wie den des zivilen Bereiches (im Gegensatz zu den Steuermännern, vgl. Dig. 4,9,1,3; Val. Fl. 1,382; 2,391; Hor. carm. 3,6,31). Rechtsq. verwenden M.n. auch für den Schiffseigentümer (Cod. Theod. 10,19,6). G. Wirth

Lit.: ThLL VIII, 80.

Magister Odomarus → Odomarus

Magister officiorum, einer der höchsten Beamten in der Zentralverwaltung des →Byz. Reiches seit den Reformen →Konstantins d. Gr., erstmals erwähnt kurz nach 320. Auch wenn er dem Ks. nicht unbedingt am nächsten stand, hatte er zweifelsohne die weitesten Kompetenzen. Als Nachfolger des Präfekten (→praefectus) an der Spitze der Hofkanzleien unterstanden ihm die scrinia des Kaiserhauses und viele officia der Staatsverwaltung, so daß der Ks. zu einem guten Teil über den m.o. mit den Provinzen in Kontakt stand. Ihm unterstanden auch die neugebildeten Gardeeinheiten scholae palatinae mit über 6000 Leuten, die staatl. Waffenfabriken und die Staatspost (cursus publicus). Eine Art von persönl. officium bildeten die agentes in rebus, Inspektoren mit Polizei-, Kurier-, öfftl. und geheimen Funktionen, die den Staatsapparat im ganzen Reich kontrollierten; Mitte des 5. Jh. gab es allein im Ostteil 1200 solcher Beamter. Im 5. Jh. erhielt der m.o. auch richterl. Kompetenzen gegenüber der Verwaltung der ksl. Kanzleien und das Recht zur administrativen Inspektion der Grenzfestungstruppen (limitanei). Seine Rolle als »Außenminister« verwirklichte er über alle drei Büros, die jedes für sich zugleich Aufgaben der Innen- und Außenpolitik hatten: scrinium epistolarum (Korrespondenz) und officium admissionum (Empfänge am Hof; Dolmetscher); cursus publicus (für den Transport von Korrespondenz und Gesandtschaften). Bereits zur Zeit →Justinians (527–565) zeigte sich die Bedeutung des Amtes in den glänzenden Titeln gloriosus und patricius. Unter Konstantin IV. (668–685) übte der m.o. noch die meisten der genannten Funktionen aus; doch schon in den ersten Jahrzehnten des 8. Jh. löste ihn eine Reihe von Beamten ab, von denen der →Logothet τοῦ δρόμου der bedeutendste war.
Lj. Maksimović

Lit.: A. E. R. BOAK, The Master of the Offices in the Later Roman and Byzantine Empires, 1919 – STEIN, Spätröm. Reich, I – L. BRÉHIER, Le Monde byzantin. Les institutions de l'Empire byz., 1949, 1970² – OSTROGORSKY, Geschichte³ – H.-G. BECK, Theorie und Praxis im Aufbau der byz. Zentralverwaltung, 1974 – P. SCHREINER, Byzanz, 1986.

Magister sacri palatii, Leiter des Unterrichtswesens an der päpstl. →Kurie. Das von Innozenz IV. um 1244/45 begründete »studium sacri palatii« war – wie die Kurie selbst – bis zur Installierung in Avignon durch Clemens V. (1309) nicht ortsfest. Der »regens in curia pape in theologica facultate« des 13. Jh. war ein Minoritenbruder; seit 1306 fungierte jedoch als m.s.p. (der Titel tritt spätestens um 1322 auf) fast durchgängig ein Dominikaner. Der Unterricht, zu dem auch Disputationen »de quolibet« (→Disputatio) gehörten, wurde von jüngeren Klerikern der Kurie und durchreisenden fremden Lehrern erteilt. Viele m.s.p. wurden später zu Generälen ihres Ordens oder zu Bf.en erhoben, manche sogar zu Kard.en; sie waren während ihrer Amtszeit mit päpstl. Missionen betraut. Der m.s.p. sollte ein fähiger Prediger sein, die Predigttätigkeit an der päpstl. →Kapelle überwachen und dem Papst in schwierigen Angelegenheiten freimütig seine Meinung unterbreiten.
M. Hayez

Lit.: R. CREYTENS, APraed 12, 1942 – R. GUILLEMAIN, Cour pontificale d'Avignon, 1309-76, 1966 – M. DYKMANS, RHE 63, 1968 – DERS., Cérémonial papal, III, 1983 – J. VERGER, Aux origines de l'état moderne ..., MEFRM, 1990 – L. DUVAL-ARNOULD, ebd.

Magister servorum. Das spätantike Lat. kennt einen m. s. bzw. puerorum, der allerdings in der bibl. Sprachgebrauch nicht begegnet. In frk. Zeit wird verschiedentl. eine Beziehung zw. einem magister und zugehörigen servi sichtbar. So hat etwa nach dem →Capitulare de villis ein magister die Rechte seines servus vor Gericht zu vertreten (c. 29) bzw. seine servi auf Geheiß dem Gf.en oder Kg.sboten zu stellen (c. 57). Nach dem Edictum Pistense v. 864 kann für die Veräußerung von Gütern die Zustimmung des magisters erforderl. sein. In der →Grundherrschaft des Hochstifts Freising kann der magister die Dienstleistung zu Pferd gebieten (835). Hier wird dem magister im übrigen der senior zur Seite gestellt, dem im Edictum Pistense der dominus entspricht. Eine volkssprachige Entsprechung ist nicht erkennbar. Eine sichere Verbindungslinie dieses magister (familiae) zum hochma. magister civium (→Bürgermeister) läßt sich nicht ziehen. G. Köbler

Lit.: HEUMANN-SECKEL, 326 – J. F. NIERMEYER, Mediae latinitatis lexicon minus, 1976, 624f. – Strukturen der Grundherrschaft im frühen MA, hg. W. RÖSENER, 1989.

Magister universitatis. Im Mittellat. wie bereits im klass. Lat. bezeichnet das Wort 'magister' häufig den für eine Schule verantwortl. Professor; es liegt hier (wie in allen anderen Bedeutungen) die Vorstellung von Autorität und Weisungsbefugnis zugrunde. Seit dem 12. Jh. bezeichnet m. zum einen denjenigen, der als 'Scholaster' (m. scholarum) oder aufgrund einer Lehrerlaubnis (→licentia) eine Schule leitet (später auch 'm. regens' genannt); zum andern wird der Begriff 'm.' dem Namen des Absolventen höherer Studien als ehrender Titel vorangestellt (Magister NN), ohne daß der Betreffende notwendig auch als Lehrer fungiert. Auch im Bereich der seit dem 13. Jh. aufkommenden →Universitäten bleiben diese Bedeutungen erhalten: in der ersten ist das 'magisterium' ein vergleichsweise genau umschriebener universitärer →Grad, den der 'Lizentiat' erlangt, sobald er in die Korporation der 'Professoren' aufgenommen worden ist (bald treten auch fachl. Differenzierungen wie 'm. artium' oder 'm. theologiae' auf); in der zweiten Bedeutung unterstreicht der Begriff die (nach Meinung der Zeit) durch das absolvierte Studium erworbenen Tugenden (z. B. Weisheit, Ernsthaftigkeit, Demut). Vom 13. Jh. an wurde der Begriff 'm.' somit mehr oder weniger synonym mit →'doctor' angewandt, wobei der Sprachgebrauch von Land zu Land schwankte. Im n. Europa (Frankreich, England, Deutschland/Imperium) hatte der M.-Titel einen beherrschenden Platz; die Univ.en des Pariser Typs verstanden sich immer als 'universitates magistrorum et scolarium'. In Italien, Südfrankreich, der Iber. Halbinsel wurde der M.-Titel dagegen rasch abgewertet. Die tonangebenden Juristen mit ihrem hohen Sozialprestige bevorzugten den Titel 'dominus et doctor (legum bzw. canonum)'. Offenbar galt 'm.' als zu kirchl. oder als zu volkstüml. (Anklänge an Handwerksmeister oder Notar); der M.-Titel war daher zunehmend auf 'm. artium' und 'medicinae' und – bei den Juristen – auf einfache Baccalare beschränkt. J. Verger

Lit.: H. RASHDALL, passim – A. L. GABRIEL, CathHR 60, 1974, 1–40 – A. E. BERNSTEIN, Viator 9, 1978, 291–307 – R. M. HERKENRATH, MIÖG 88, 1980, 3–35 – O. WEIJERS, Terminologie des univ. au XIII^c s., 1987, 133–160.

Magisterium (»Meisterstück«), in der lat. →Alchemie des MA Ziel der einzelnen Verfahren (operationes) zur →Transmutation, zum →Stein der Weisen, zum →Elixir (opus magnum). Seit dem 15. Jh. zunehmend Eingrenzung auf mit Hilfe des →Experiments durch die →Chemie hergestellte Arzneimittel (chem. →Composita) mit bes. Wirkungsanspruch (→Panacee) und damit Vorläufer des Geheimmittel. G. Jüttner

Lit.: ZEDLER, Lexikon, 1739 – H. BIEDERMANN, Handlex. der mag. Künste, 1968, 226–227, 334–336 – DERS., Materia prima, 1973, 1–62.

Magistrat, von lat. magistratus, bezeichnet sowohl das ordentl. vom Volk verliehene Amt als auch den Träger des Amtes. Im FrühMA selten verwendet (Kapitularien, Formeln), bezeichnet 'magistratus' seit dem 12. Jh. stadtherrl. Amtsträger (Schultheiß, Burggf., Münzmeister, Zolleinheber). Vielleicht erst später geht der Begriff auch auf die bürgerl., von der Stadtgemeinde gewählten Amtsträger (magister civium, iudex, scabini, consules, proconsules, Bürgermeister, Rat, Schöffen) über. Vermutl. unter it. Einfluß kommt magistratus auch für staatl. Ämter in Gebrauch. Die eigtl., durch den kollegial organisierten Gemeindevorstand gekennzeichnete M.sverfassung dringt erst nach der Frz. Revolution unter dem Einfluß Frankreichs in Deutschland ein. G. Köbler

Lit.: HRG III, 142–145 – HEUMANN-SECKEL – B. SCHLOTTEROSE, Die Ratswahl in den dt. Städten des MA [Diss. Münster 1953] – B. SCHEPER, Anfänge und Formen bürgerl. Institutionen norddt. Hansestädte im MA [Diss. Kiel 1960] – J. BÄRMANN, Die Städtegründungen Heinrichs d. Löwen und die Stadtverfassung des 12. Jh., 1961 – H. PLANITZ, Die dt. Stadt im MA von der Römerzeit bis zu den Zunftkämpfen, 1980⁵ – Dt. Verwaltungsgesch., hg. K. JESERICH u. a., 1ff., 1983ff. – H. MITTEIS–H. LIEBERICH, Dt. Rechtsgesch., 1988¹⁸ – M. STOLLEIS, Gesch. des öffentl. Rechts in Dtl., 1, 1988.

Magistros, byz. Würdenträger; das im 8. und 9. Jh. jeweils zweifach besetzte Amt ist hervorgegangen aus dem des →magister officiorum. Seit Mitte des 9. Jh. ist die an fünfter Stelle der byz. Titelhierarchie stehende Würde nicht mehr mit bes. Pflichten verbunden. In der 2. Hälfte des 10. Jh. gab es schon 24 Magistroi in Byzanz selbst; auch armen. und kaukas. Prinzen erhielten den Titel ehrenhalber. Letztmals ist der Titel am Anfang des 12. Jh. erwähnt. Lj. Maksimović

Lit.: J. B. BURY, The Imperial Administrative System in the Ninth Cent., 1911 – A. E. R. BOAK–J. E. DUNLAP, Two Studies in Later Roman and Byz. Administration, 1924 – L. BRÉHIER, Le Monde byzantin. Les institutions de l'Empire byzantin, 1970² – N. OIKONOMIDES, Les listes de préséance byz. des IX^c et X^c s., 1972.

Maglorius (bret. Maelor, frz. Magloire), hl., v. →Dol (nach der Tradition: Ebf.), † an einem 24. Okt., am Ende des 6. Jh. Nach seiner Vita aus der Mitte des 9. Jh. (BHL 5139, 5140–5144) stammte M. aus Wales und gehörte einer Familie kgl. Ranges an, erhielt seine Erziehung im Kl. des hl. →Illtud, →Llantwit Major, gemeinsam mit seinem Vetter, dem hl. →Samson, zog mit ihm in die Armorica und folgte ihm als Bf. v. Dol nach. Doch legte er sein Amt bald zugunsten des hl. →Budoc nieder und zog sich mit 62 Mönchen auf die →Kanalinsel Sercq (Sark) zurück, wo er verstarb. Auf Betreiben des Bretonenfürsten →Nominoë wurde um 850 eine Translation (tatsächl. ein Raub) der Reliquien des hl. M. in das Kl. Léhon bei Dinan durchgeführt (BHL 5142). Die Normanneneinfälle zwangen um 920 zu erneutem Ortswechsel der Reliquien, die schließlich in die Kirche St-Barthélemy (später St-Magloire) in Paris gelangten (BHL 5147); hier 1318 Translation in neues Reliquiar. Die lat. Vita wurde von Geoffroi des Nés zweifach ins Frz. übersetzt (1315 Prosa-, 1318 Verfassung). J.-C. Poulin

Lit.: J. EVENOU, Bibl. SS 8, 534–536 – A. J. DENOMY–J. C. BRÜCKMANN, An old French Poetic Version of Life and Miracles of St. Magloire, MSt 19, 1957, 251–312; 21, 1959, 53–128 – J.-C. POULIN, M., Francia 17/1, 1990, 185–209.

Magna Carta, die »Große Freiheitsurk.«, 1215 von Kg. Johann I. v. England erlassen (Orig.e: London, Brit. Mus.; Lincoln, Kathedrale; Salisbury, Kathedrale), entspricht in Form und Inhalt den im 12. und 13. Jh. so häufig an städt. Gemeinden und andere Gruppen übertragenen typ. Freiheitsurkk. (→*charters*). Sie ging von der Vorstellung einer communitas des Kgr.es aus (→*community of the realm*). Außerdem orientierte sie sich an der Krönungsurk. Heinrichs I. von 1100, die eine weniger willkürl. Eintreibung der feudalen Abgaben zugestanden hatte und von den baronialen Opponenten (→Baron, III) Johann gegenüber als Grundlage für ihre Reformforderungen benutzt wurde. Die M.C. ist eine Reaktion auf die Regierungsform im →Angevin. Reich, die durch eine wachsende Ausnutzung der feudalen Abgaben und die Willkürlichkeit des kgl. Gerichtsverfahrens gekennzeichnet war. Durch Johanns Verlust der Normandie (1204) und seine

Niederlage in der Schlacht v. →Bouvines (1214) verschärfte sich die Situation, da die Krone in steigendem Maße Geld benötigte und ihre polit. Position geschwächt wurde. Johanns geplanter Feldzug im Poitou 1213 wurde durch die Weigerung der Barone verhindert, auf dem Kontinent außerhalb der Normandie Kriegsdienst zu leisten. Dieser Widerstand begann im n. England, verbreitete sich in den ö. Midlands sowie in Essex und erfuhr auch von opponierenden Klerikern Unterstützung, insbes. von Stephen →Langton. Er verstärkte sich, als Johann beabsichtigte, die →*scutage* für einen Feldzug im Poitou 1214 zu erheben. In den ersten Monaten des Jahres 1215 faßten die Rebellen ihre Forderungen in dem als »Unknown Charter« bekannten Entwurf zusammen. Im Mai wurde in den »Articles of the Barons« die Einsetzung eines Ausschusses von 25 Baronen vorgeschlagen, der für die Erfüllung der baronialen Forderungen sorgen sollte. Nachdem London in die Hand der Opponenten gelangt war, mußte Johann ihren Bedingungen wahrscheinl. in der Zeit zw. dem 15. und 19. Juni 1215 zustimmen. Die M.C., die im Wortlaut im wesentl. auf den »Articles of the Barons« basiert, enthält Fiskal- und Rechtsklauseln, die u. a. die Festsetzung der Höhe der Lehnware und den Schutz der Rechte minderjähriger Erben und der Witwen betreffen. Die Erhebung von scutage und →*aid* sollte nur »per commune consilium regni« erfolgen, ausgenommen waren die drei Fälle, bei denen sie dem Kg. als Oberlehnsherrn zustand. Obwohl diese Forderungen v. a. von den Baronen erhoben wurden, stimmten die Kronvasallen zu, die Abmachungen gegenüber ihren eigenen Vasallen zu befolgen. Viele Klauseln betrafen rechtl.-soziale Bestimmungen: Maße und Gewichte wurden festgesetzt, ungerechte Forderungen der kgl. Beamten verboten, willkürl. Geldbußen sollten nicht das Lebensunterhalt eines Mannes gefährden, und das Gericht durfte weder verkauft noch verweigert werden. Das Gerichtsverfahren sollte einem anerkannten Prozeßverlauf folgen. Die Barone waren bestrebt, den Geltungsbereich ihrer privaten Gerichte zu erhalten, doch wollten sie ihn nicht ausdehnen. Versuche, die M.C. sofort nach ihrer Ausstellung zu veröffentlichen und durchzuführen, blieben weitgehend erfolglos, da die beiden Parteien bald in Streit gerieten. Nach Johanns Tod wurde 1216 von königstreuen Baronen, die den minderjährigen Heinrich III. unterstützten, eine modifizierte Fassung der M.C. publiziert. Eine nochmals revidierte Fassung wurde 1217 mit Bestimmungen über die →Forste (»Charter of the Forest«) verkündet. J. Barrow

Lit.: J. C. HOLT, M.C., 1965 – S. REYNOLDS, Kingdoms and Communities, 1984 – J. R. MADDICOTT, M.C. and the Local Community 1215–1259, PP 102, 1984 – J. C. HOLT, M.C. and Medieval Government, 1985 – M. T. CLANCHY, M.C. and the Common Pleas (Stud. in Medieval Hist., pres. to R. H. C. DAVIS, hg. H. MAYR-HARTING–R. I. MOORE, 1985).

Magnaten
I. Italien – II. Ungarn.

I. ITALIEN: M. (magnates), in der hist. Terminologie des kommunalen Italien Bezeichnung für eine Adelsgruppe, gegen die man mit Sondergesetzen vorging, um gegen den »popolo« (der sich des seit Generationen ausschließl. vom Stadtadel ausgeübten Stadtregiments bemächtigt hatte) gerichtete Umsturzversuche und kriminelle Handlungen zu verhindern. Der von »magnus« (groß) abgeleitete Begriff bezeichnete ursprgl. Adel, Reichtum und Autorität seiner Träger. Das Verhalten vieler von ihnen rechtfertigte jedoch den ursprgl. Sinn überlagernde Konnotationen wie »Präpotenz, Starrheit, Widersetzlichkeit«, die im Epitheton »lupi rapaces« zusammengefaßt wurden. In der Praxis ließen sich jedoch nur schwer allg. Kriterien festlegen, mit denen die Betroffenen definiert werden konnten: Die Lokalgesetzgebung berief sich zuweilen auf die communis opinio oder legte Listen von Personen oder Familien an, die als M. anzusehen seien. Diese Verzeichnisse lassen erkennen, daß unter M. Nachkommen der in der vorkommunalen Zeit dominierenden Familien, ferner Angehörige des stadtsässig gewordenen Feudaladels sowie Mitglieder reich gewordener Kaufmanns- und Bankiersfamilien zu verstehen sind, die den Lebensstil des alten Adels nachahmten, Grundbesitz und Lehen erwarben, sich mit verarmten Adligen verschwägerten, Kriegsdienst als Berittene leisteten und schließlich die Ritterwürde erhielten. Das – ausschließl. italienische – Phänomen einer antimagnat. Gesetzgebung ist in allen ober- und mittelit. Kommunen verbreitet. Ihre Härte war generell dort ausgeprägter, wo der »popolo« seit längerem an der Macht war und die – in sich gespaltene – Adelsschicht keine feste Organisation ausgebildet hatte. Die antimagnat. Gesetze beschränken oder verhindern den Zugang der M. zu Würden und Ämtern, schließen sie aus den Vereinigungen des »popolo« aus, bestrafen mit äußerster Strenge Delikte von M. gegen einen »popolano« oder gegen dessen Besitz, gestatten dabei eine Art Schnellverfahren und reduzieren die Beweisführung (zum Nachteil des Angeklagten) auf ein Minimum.

Die Aufhebung grundherrschaftl. Rechte im Contado, lange erstrebtes Ziel der städt. Politik, trifft in erster Linie die M.; eine Reihe anderer Verfügungen sucht sie wirtschaftl. ins Abseits zu drängen (Verbot der Geschäftsverbindungen mit Popolanen) und sie von anderen Möglichkeiten, Reichtum zu erwerben, auszuschließen (Verbot der Pacht von Zöllen oder Aufträgen der öffentl. Hand). Verfügungen zur Aufrechterhaltung der öffentl. Ordnung werden in bes. Härte auf die M. angewendet: Man zwingt sie zur Ablegung von Friedenseiden und zur Erlegung hoher Garantiesummen. Die ausgesetzten Strafen reichten vom Bann bis zur Todesstrafe und umfaßten auch Abriß der Häuser und Verwüstung der Ländereien.
G. Fasoli

Lit.: G. SALVEMINI, Magnati e popolani in Firenze dal 1280 al 1295, 1899, 1960² – G. FASOLI, Ricerche sulla legislazione antimagnatizia nei comuni dell'alta e media Italia, RSDI XII, 1939 – A. I. PINI, Città, comuni e corporazioni nel Medio Evo italiano, 1986.

II. UNGARN: 'M.' ist eine nz. Bezeichnung für die Aristokratie, die im ma. Ungarn jurist. einen Teil des Adels bildete. Die Großen des Landes, teils ehemalige Sippen- und Stammesführer, teils aus dem W stammende Ritter, wurden im 11. Jh. allg. optimates oder comites genannt. Dabei dürfte es sich um jene 40–50 Familien gehandelt haben, deren mehr oder weniger legendäre Ahnen sowohl bei dem ung. →Anonymus als auch bei →Simon v. Kéza angeführt werden. In der →Goldenen Bulle von Andreas II. (1222) werden sie als nobiles bezeichnet, im Gegensatz zu den Kg.sdienern (servientes regis), die sich später zum Gemeinadel entwickelten. Nach dem Mongolensturm begannen M., eigene Burgen zu bauen, die sich zu Zentren ausgedehnter weltl. Grundherrschaften entwickelten. Im 14. Jh. wurde die Bezeichnung »barones« (→Baron, VII) üblich für die Träger der Hofämter, die kgl. Verwalter von Siebenbürgen (→Wojwode), Kroatien-Slavoniens und den Nebenländern (→Banus) sowie für einige wichtige →Gespane (z. B. v. Preßburg/Pozsony). Sie wurden zw. ca. 1250 und ca. 1440 in den Datierungsformeln von Privilegienurkk. namentl. aufgeführt und bildeten wohl (neben einigen Prälaten) den informellen kgl. Rat. Der Kreis der aristokrat. Familien änderte sich ständig, bes.

unter den →Anjou und dann unter Kg. Siegmund. Im 15. Jh. wurde es üblich, auch jene Herren, die keine Ämter innehatten, aber zu den führenden Familien zählten, als Barone zu bezeichnen und mit »magnificus vir« anzureden. 24 M. wurden von Siegmund in dem 1408 gegr. →Drachenorden vereinigt. Im Plan zu einer Militärreform (um 1433) zählte Siegmund etwa 40 Adlige auf, die keine Barone waren, die aber eigene →Banderien zu stellen hatten. Aus dieser Gruppe entwickelten sich die später als »Bannerherren« bezeichneten M. Im Frieden v. St. Pölten (1487) führte Kg. Matthias I. Corvinus, der auch mehrere »ewige Gf.en« ernannt hatte, neben den barones ex officio auch barones naturales auf; dies dürfte als die Geburtsstunde des Hochadels gelten. Die –1351 zuerst ausgesprochene – jurist. Fiktion der »una eademque nobilitas« blieb aber bis zum Ende des alten ung. Kgr.es erhalten. Gf.en- oder Hzg.stitel wurden nicht verliehen; doch galten die Herren, die ihre Familiaren unter eigenen Feldzeichen ins kgl. Lager zu führen hatten, als M. Obwohl die Barone sich bereits auf den Reichstagen des 14.–15. Jh. vom Komitatsadel absonderten, wurde ein formales Oberhaus (»M. tafel«) erst in der NZ eingeführt. J. M. Bak

Lit.: E. Malyusz, Die Entstehung der Stände im ma. Ungarn (L'organisation corporative..., Étud. prés. à la Comm. int...., 1939), 13–30 – E. Fügedi, Castle and Society in Medieval Hungary 1000–1437, 1986, insbes. 65–145 – Ders., Aristocracy in Medieval Hungary: Theses (Ders., Kings, Bishops, Nobles and Burghers, hg. J. M. Bak, 1986), Kap. IV.

Magnentius, Flavius Magnus, röm. Usurpator 350–353, germ. Offizier in röm. Diensten, bis zum protector und comes rei militaris aufgestiegen, bemächtigte sich am 18. Jan. 350 in Augustodunum (Autun) des ksl. Purpurs und ließ den rechtmäßigen Ks. →Constans umbringen. Selbst Heide, erlaubte er wieder die nächtl. Opfer, gewann aber auch die nicän. gesinnten Christen im W durch geschickte Propaganda auf seinen Münzen (Christogramm auf der Rückseite). Eine gegen ihn gerichtete Bewegung von Gladiatoren in Rom brach rasch zusammen. Ein Vordringen nach O scheiterte dagegen am illyr. Heermeister Vetranio, den Constantina, die Schwester des Ks.s →Constantius II. zu einer Erhebung veranlaßte. Dieser hetzte erfolgreich die Rheingermanen gegen M. auf, der daraufhin durch die Ernennung des →Decentius zum Caesar seine Machtstellung zu festigen versuchte. Ein wirksamer Schutz der Rheingrenze bedingte jedoch eine rigorose Steuerpolitik, die die gall. Bevölkerung ablehnte. Constantius II. besiegte am 28. Sept. 351 bei Mursa M., der mit dem Rest des Heeres über Aquileia nach Gallien floh und nach erneuter Niederlage zusammen mit Decentius Selbstmord beging (353). R. Klein

Lit.: RE XIV, 445ff. – S. Elbern, Usurpationen im spätröm. Reich, 1984, 19ff. – A. Demandt, Die Spätantike, 1989, 83f. (HAW III/6).

Magnesia, in der Antike Herkunftsangabe und im MA wechselnde Bezeichnung verschiedener Mineralien, u. a. von Magnesium- und von Manganverbindungen wie auch des →Magneten. Sprachl. und hist. Zuordnung bieten Lüschen (1968), Goltz (1972). G. Jüttner

Lit.: H. Lüschen, Die Namen der Steine, 1968, 1979² – D. Goltz, Stud. zur Gesch. der Mineralnamen, SudArch Beih. 14, 1972.

Magnet (gr. μαγνῆτις, μάγνησσα, lat. magnes [auch Hercules), Magneteisenerz (Fe_3O_4), Name wohl von Magnesia, verschiedene Städte in Griechenland und Kleinasien, abgeleitet (Plinius 36, 126ff., aber: Hirt Magnes). Die Anziehungskraft des M., in der Antike schon vielfach beschrieben, galt im MA als Erweis für sympath. (Fern-)Wirkung zur Bestätigung u.a. der →Magia naturalis. Für die chr. Allegorese (→Physiologus) belegt er die Einwirkung der Schöpferkraft auf die Natur. Als anziehend galt er im Liebeszauber in Form von Amulett und Talisman. 'Magnet.' Wirkungen der Seele, auch med. Art. werden seit Paracelsus (16. Jh.) diskutiert und gipfeln im 'tier. Magnetismus' Mesmers (18. Jh.). Seit dem 13. Jh. ist der M. für die ersten Vorformen des →Kompasses genutzt worden. Oriental. Traditionen entstammen die Schiffe zerstörenden (Nägel ziehenden) 'M. berge'. Den Schritt von Naturbeobachtung zum Experiment im MA hat der M. durchaus gefördert. →Magnetismus. G. Jüttner

Lit.: Thorndike, s.v. – H. Biedermann, Handlex. der mag. Künste, 1968 – H. Lüschen, Die Namen der Steine, 1979².

Magnetismus. Von der Antike erbt das MA folgende Erkenntnisse: Der »Stein« (→Magnet) zieht Eisen an, er gibt diese Fähigkeit bei Berührung an und durch Eisen weiter, und seine Kraft durchdringt bestimmte Materialien. Dazu kommen vage Hinweise auf eine abstoßende Wirkung. Erst das MA gewinnt klares Wissen über die Polarität und entdeckt die Remanenz des M. bei Eisen – beides Voraussetzungen für die Erfindung des →Kompasses, dessen Gebrauch in Europa am Ende des 12. Jh. bezeugt ist. Die erste umfassende und systemat. Beschreibung von Kompaß und M. liegt vor in der »Epistola de magnete« (1269) des →Petrus Peregrinus v. Maricourt. Klassischer Ort für die ma. Erörterungen des M. sind die Komm. zu Aristoteles, Physik VII, 2. Aristoteles behandelt dort »Ziehen« (ἕλξις) als eine Variante »fremdbegründeter« Ortsbewegung, besteht auf Kontakt zw. Bewegendem und Bewegtem (244b 1), überläßt aber die Diskussion eines naheliegenden Gegenbeispiels, näml. der magnet. Anziehung, seinen Kommentatoren. Exemplarisch sei hier die Auffassung des Thomas v. Aquin skizziert: Der Magnetstein wirke nicht primär als »Ziel« auf das Eisen; zunächst bewirke er beim Eisen eine Qualitätsveränderung. Dadurch verursache er die Anziehung in der Weise, wie dasjenige, das die leichten bzw. schweren Körper hervorbringt, durch das Verleihen der betreffenden Qualitäten, die deren Bewegung zu ihrem natürl. Ort verursache (in phys. lb 7, lc 3, n. 7; ähnl. bereits Averroes). Da die verändernde Kraft des »zusammengesetzten« Magnetsteins nicht aus einer Mischung der Elemente erklärt werden kann, werden – wie bei anderen okkulten Kräften – Einflüsse von Himmelskörpern angenommen (contra gentiles, lb 3, cp 92, n. 8). Damit korrespondiert, daß die Nordweisung des Kompasses durch Einwirkung des Polarsterns (z. B. Guiot de Provins) oder der Himmelspole bzw. des gesamten Firmaments (Petrus Peregrinus) erklärt wird. A. Radl

Lit.: P. F. Mottelay, Bibliogr. Hist. of Electricity and Magnetism, 1922 – Thorndike, 1, 2 – J. Daujat, Origines et formation de la théorie de phénomènes électriques et magnétiques, 1945 – H. Balmer, Beitr. zur Gesch. der Erkenntnis des Erdmagnetismus, 1956 – R. Scroczyński, Rozwój experymentu, pojęć, teorii magnetycznych od czasów najdawniejszych do Williama Gilberta, 1969 [Lit.] – A. Radl, Der Magnetstein in der Antike, 1988.

Magnus (Magnús)
1. **M.**, hl., * um 700, wohl Rätoromane, nicht Ire, zunächst Mönch im Kl. →St. Gallen. Seit etwa 746 missionierte er im Allgäu zusammen mit seinem Gefährten Theodor im Auftrag des karolingerfreundl. Bf.s →Wicterp v. Augsburg. Während Theodor in Kempten blieb, suchte sich M. am oberen Lech eine Wirkungsstätte und baute zunächst ein Kirchlein (oratorium) in Waltenhofen (Fundamente freigelegt). In →Füssen errichtete er schließlich eine Mönchszelle. An diesem Ort wurde M. nach seinem Tode (772?) vermutl. bestattet. Die ursprgl. Zelle, anscheinend bereits von Kg. Pippin d. J. und wohl auch

von Bf. Wicterp mit Gütern ausgestattet, verfiel nach Wicterps Tod, wurde um 850 jedoch als Kl. vom Augsburger Bf. Lanto wiederbegründet, die Gebeine des Hl.n erhoben und in die Krypta übertragen (heut. Krypta jedoch aus späterer, wohl frühroman. Zeit). Der hl. M. (volkstüml. St. Mang) wurde als »Apostel des Allgäus« auch in Tirol, in der Schweiz sowie in Altbayern und Schwaben hoch verehrt und teilw. zu den Nothelfern gezählt (Segnung mit seinem Reisestock gegen Ungeziefer, Mäuseplagen usw.). P. Fried

Q.: Otloh v. St. Emmeram, Vita S. Magni, hg. M. COENS, AnalBoll 81, 1963; Übers.: G. SPAHR, 1970 – W. VOLKERT-F. ZOEPFL, Regesten der Bf.e und des Domkapitels v. Augsburg, 1, 1955ff. [Lit.] – *Lit.:* A. BIGELMAIR, Lebensbilder aus dem bayer. Schwaben, 2, 1953, 1–48 [Lit.] – H. U. RUMP, Füssen, HAB, T. 1: Schwaben H. 9, 1977 – D. WALZ, Auf den Spuren der Meister. Die Vita des hl. M. v. Füssen, 1989.

2. M. d. Gute Olafsson (an. *góði*), Kg. v. →Norwegen 1035–47, † 1047; unehel. Sohn von Olaf II. d. Hl., wurde 1035 (1036?) aus Novgorod, wo er seit 1028 am Hof des Kiever Fs.en→Jaroslav I. erzogen wurde, nach Norwegen zurückgeholt. Als er im Tröndelag zum Kg. erhoben wurde, zog sich Svein, →Sohn Knuts d. Gr. und der →Ælfgifu, nach Dänemark zu seinem Bruder →Hardeknut zurück, wo er 1036 starb. M. und Hardeknut schlossen 1038 einen Vergleich, wonach derjenige, der ohne männl. Nachkommen starb, das Reich des anderen übernehmen sollte. M. wurde nach dem Tod Hardeknuts (1042) im dän. Viborg zum Kg. ausgerufen, mußte jedoch mehrfach gegen →Svein Estridsson ziehen, der sich Kg.stitel und -privilegien in Dänemark anmaßte, sowie gegen die Wenden auf der Insel →Wolin (→Jomsborg) und bei →Haithabu. Innenpolit. ging M. zunächst hart gegen die einstigen Gegner seines Vaters vor, behielt aber die unter →Svein Álfífason eingeführten unpopulären Gesetze bei. Wachsende Unzufriedenheit unter den Bauern und entsprechende Ermahnungen in der zeitgenöss. →Skaldendichtung (→Sigvatr Þórðarson) nötigten M. schließlich zu einer Kursänderung, die ihm den Namen »der Gute« einbrachte. Seit 1046 mußte er die Herrschaft über Norwegen mit seinem Onkel →Harald Sigurdsson teilen. Vergebl. versuchte er, aufgrund der Abmachung mit →Hardeknut →Eduard d. Bekenner den engl. Thron streitig zu machen. B. LaFarge

Lit.: M. GERHARDT, Norw. Gesch., neu bearb. W. HUBATSCH, 1963², 77–80 – P. SVEAAS ANDERSEN, Samlingen af Norge og kristningen av landet 800–1130, 1977, 143–149, 156 [Lit.], 161–164, 167 [Lit.] – A. HOLMSEN, Norges historie fra de eldste tider til 1660, 1977, 169–171, 179 – G. JONES, A Hist. of the Vikings, 1984, 385f., 398, 400–404, 406.

3. M. III. Barfuß (an. *berfœttr*), Kg. v. →Norwegen 1093–1103, ✕ 1103 in der ir. Prov. Ulster; unehel. Sohn →Olafs III. Kyrre und Enkel von →Harald Sigurdsson, behauptete sich gegen seinen Vetter Hákon Magnússon († 1094) und Svein (angebl. Sohn von Harald Fletti), der sich 1095 nach Dänemark zurückzog. Vielleicht im Zuge der Niederschlagung der Aufstände von Sveins Anhängern oder auch aufgrund von Erbansprüchen (Verwandtschaft mit dem dän. Kg. Oluf Hunger) griff M. das dän. Halland an (1095/96). 1101 versuchte er, seine Herrschaft auf die Grenzregion w. von Götafluß und Vänern auszudehnen, was ihm tlw. mittels eines mit dem dän. Kg. Eirik Sveinsson und dem schwed. Kg. Ingi Steinkelsson geschlossenen Vertrags gelang, der jedem die Gebiete zugestand, über die deren jeweilige Väter herrschten. M. heiratete die Tochter des Schwedenkg.s, die als Mitgift einen Teil von Dalsland erhielt. Zw. 1098 und 1103 unternahm M. zwei Kriegszüge auf die brit. Inseln. Er setzte seinen Sohn →Sigurd Jórsalafari als Regenten auf den Orkneys ein und bekam die →Hebriden vom Schottenkg. →Edgar zugesprochen (1098). 1102 zog er gegen Irland, wo er, gemeinsam mit dem ir. Kg. →Muirchertach ua Briain Dublin, Dublinshire und Ulster eroberte und in einer Schlacht 1103 fiel. Sein Beiname »Barfuß« stammt vielleicht von der brit. Sitte, barbeinig zu gehen, von seiner überstürzten, unbeschuhten Flucht aus Halland oder von seiner Angewohnheit, auf ir. Weise barfuß zu reiten. B. LaFarge

Lit.: M. GERHARDT, Norw. Gesch., neu bearb. W. HUBATSCH, 1963², 87–89 – P. SVEAAS ANDERSEN, Samlingen af Norge og kristningen av landet 800–1130, 1977, 173–177, 184f. [Lit.].

4. M. Erlingsson, erster gekrönter Kg. v. →Norwegen seit 1163 (1164?), † 1184, ertrunken im Sognefjord; Sohn des →Erling Skakke und der Kristina, Tochter des norw. Kg.s →Sigurd Jórsalafari. Nach dem Tod des Kg.s Ingi Haraldsson, des Enkels von →Magnús III. Barfuß, ließ Ingis Anhänger Erling Skakke seinen fünfjährigen Sohn in Bergen zum Kg. über ganz Norwegen ausrufen, doch mußte er diesen Anspruch gegen mehrere andere Nachkommen des Magnús Barfuß militär. durchsetzen. 1163 kamen Erling und Ebf. →Eysteinn v. Drontheim überein, daß M. vom Ebf. zum Kg. gekrönt und gesalbt werden sollte. Im Gegenzug wurden die ökonom. und jurist. Befugnisse der Kirche ausgeweitet. Diese Neuerungen fanden ihren Niederschlag im sog. Magnustext der →Gulaþingslög, im Privilegienbrief an die Kirche v. Drontheim und in einer Reihe kanon. Bestimmungen. Ein Vorstoß des Dänenkg.s Waldemar d. Gr. in Norwegen fand dadurch seine Lösung, daß Erling als Waldemars Vasall→Jarl über Viken wurde (1170). Weitere Nachkommen des Magnús Barfuß, bes. aber die →Birkebeiner, die Eysteinn meyla (aktiv ab 1174) unterstützten, bedrohten M.' Kgtm. Zwar gelang es ihm, in einer Schlacht nahe Tönsberg in Viken Eysteinn zu beseitigen (1177), doch sammelten sich die verbleibenden Birkebeiner im schwed. Värmland um →Sverrir Sigurdarson, der behauptete, ein unehel. Urenkel des Magnús Barfuß zu sein. Militär. Auseinandersetzungen mit Sverrir folgten, insbes. um Bergen und Drontheim (Erling Skakke fiel 1179 bei Kalvskinnet – der Wendepunkt für Sverrir), in deren Verlauf M. sich zweimal (1181, 1183) zu Waldemar nach Dänemark zurückziehen mußte und ebenfalls zweimal das Angebot Sverrirs ablehnte, mit ihm die Herrschaft über Norwegen zu teilen (1180, 1181). Ebf. Eysteinn und Bf. Eirik v. Stavanger unterstützten M. militär. und nahmen auch an Kriegszügen (1180, 1181) teil, doch schloß Eysteinn 1183 einen Vergleich mit Sverrir. 1184 ertrank M. in der Schlacht bei Fimreite im Sognefjord. B. LaFarge

Lit.: M. GERHARDT, Norw. Gesch., neu bearb. W. HUBATSCH, 1963², 96–99 – K. HELLE, Norge blir en stat 1130–1319, 1974, 56–73 [Lit.], 81–85 – A. HOLMSEN, Norges hist. fra de eldste tider til 1660, 1977, 203–213, 228–236.

5. M. Hákonarson Lagabœtir ('Gesetzesverbesserer'), Kg. v. →Norwegen 1263–80, † 1280; Sohn Kg.s →Hákon IV. Hákonarson und der Margareta, Tochter des Jarl Skuli, ⚭ Ingeborg, Tochter des dän. Kg.s Erik IV. (→Erich) Plovpenning; bereits zu Lebzeiten seines Vaters und nach dem Tod seines älteren Bruders Hákon Ungi 1257 als Kg. gehuldigt und 1261 in Bergen gekrönt. Seine wichtigste innenpolit. Leistung waren Umarbeitung und Erneuerung der →Landschaftsrechte und des Gefolgschaftsrechts (1273–77, →Hirðskrá) sowie die Abfassung und der Erlaß des ersten für ganz Norwegen gültigen Reichsrechts (1274, →Magnús Hákonarsons Landslög). Außerdem erhielt das seit 1263 unter norw. Herrschaft stehende Island eine Gesetzgebung (→Járnsíða, Jónsbók).

Hinzu kam 1276 das erste für Norwegen kodifizierte →Stadtrecht *(bjarkeyjarréttr, bœjarlög)*. In Zusammenhang mit der Ausarbeitung des neuen »Christenrechts« kam es 1268–77 zu heftigen Auseinandersetzungen mit Ebf. Jón Raude v. Drontheim. Nach einem nie in Kraft getretenen Konkordat (1274) gelang 1277 ein Kompromiß, wonach der Kg. bestimmte Zuständigkeiten der kirchl. Gerichtsbarkeit anerkannte und die ökonom. Privilegien und Immunitäten der Kirche erweiterte, während der Ebf. seine Forderung nach einem ausschlaggebenden Stimmrecht der Kirche bei der Kg.swahl und nach Schenkung der Krone an den hl. Olaf (d. h. an die ebfl. Domkirche in →Drontheim) durch den Kg. aufgab. Im Friedensvertrag v. Perth (1266) trat Norwegen die →Hebriden und die Insel→Man an den schott. Kg. Alexander III. ab, wodurch die norw. Herrschaft über Orkney und Shetland gefestigt wurde. B. La Farge

Lit.: M. GERHARDT, Norw. Gesch., neu bearb. W. HUBATSCH, 1963², 10, 116–118, 122f. – K. HELLE, Norge blir en stat 1130–1319, 1974, 116, 130, 134–144 [Lit.] – A. HOLMSEN, Norges historie fra de eldste tider til 1660, 1977, 266f., 269, 271–278.

6. M. Lagabœtir, Kg. v. Norwegen →Magnús Hákonarson Lagabœtir

7. M. Birgersson Ladulås ('Scheunenschloß'), Kg. v. →Schweden 1275–90, † 1290, Sohn des →Birger Jarl und der Ingeborg, Schwester Kg. Erik (→Erich) Erikssons. Nach dem Tode des kinderlosen Erik Eriksson wurde Birger Jarls ältester Sohn Waldemar zum Kg. gewählt (1250); M. wurde nach dem Tode seines Vaters (1266) als dessen Nachfolger zum *sveahertig* (»Schwedenhzg.«) ernannt, wobei der Titel »Hzg.« mit dem älteren Terminus →»Jarl« gleichzusetzen ist. Gemeinsam mit seinem Bruder Erik besiegte M. mit Unterstützung des dän. Kg.s Erik Klipping den vom norw. Kg. →Magnus Hákonarson Lagabœtir favorisierten Waldemar in Hova (Västergötland); M. wurde in Mora zum Kg. gewählt und 1276 in Uppsala gekrönt, doch erst 1280 gab Waldemar allen Anspruch auf. Noch 1284 ließ M. seinen ältesten Sohn Birger zum Kg. wählen. Durch den Privilegienbrief v. 1281 erlangte die ganze schwed. Kirche permanente Immunität von gewöhnl. Steuern und Abgaben; allen Inhabern oder Benutzern von kirchl. Land auferlegte Geldbußen sollten den Bf.en zugute kommen. Das Statut v. Alsnö (1280) entband die kgl. Höfe sowie die der Bf.e, Ritter und Knappen von der kostspieligen Verpflichtung, den Kg. und sein Gefolge auf deren Fahrten durchs Land zu bewirten, und befreite die Gefolgsleute des Kg.s und der (Erz-) Bf.e von allen kgl. Steuern und Bußzahlungen. Der Rat aus Vertretern des Adels und der Kirche als feste Institution nahm in Zusammenhang mit der Vormundschaftsregierung des unmündigen Birger Magnusson Gestalt an und war ein Schritt in Richtung auf eine verstärkte Zentralregierung. Zur Schaffung eines starken Kgtm.s trugen auch die bei einer Reichsversammlung in Skänninge 1284 erlassenen Statuten bei. B. La Farge

Lit.: SBL XXIV, 647–659 [Lit.] – J. ROSÉN, Svensk hist., I, 1969³, 111f., 114, 139f., 144–148, 150–154, 168.

8. M. Eriksson, Kg. v. →Schweden 1319–64, Kg. v. →Norwegen 1319–55, 1371–74, † 1374 (ertrunken); Sohn des Hzg.s Erik (→Erich) Magnusson und der Ingeborg (†1364), Tochter des norw. Kg.s →Hákon V. Magnusson. Nach dem Tod seines Vaters (1318) wurde der dreijährige M. 1319 bei Mora (Dalarna) zum Kg. v. Schweden gewählt; kurz vorher war er bereits nach dem Tod seines Großvaters mütterlicherseits zum Kg. v. Norwegen ernannt worden. Trotz der auf der Wahlversammlung v. 1319 in Mora durch kgl. Eid und »Freiheitsbrief« bekräftigten Bestimmungen, wonach u.a. die Erhebung künftiger Steuern nur mit Zustimmung der geistl. und weltl. Aristokratie vorgenommen und die kgl. Einkünfte nicht geschmälert werden durften (wie unter →Magnus Birgersson geschehen), Ausländer weder Ratsmitglied noch Burgherr werden konnten und die Wahlversammlung als Vormundschaftsregierung fungieren sollte, kam es während M.' Unmündigkeit (1319–32) zu Konflikten zw. seiner Mutter und der Aristokratie, da Ingeborg die norw. und schwed. Reichsräte ausschaltete, ihren späteren Gemahl, den Dänen Knut Porse, favorisierte und einen erfolglosen Versuch unternahm, das dän. Schonen zu erobern. Auf der Ratsversammlung v. Skara 1322 verbündeten sich Kirche und weltl. Aristokratie gegen Ingeborg. In Norwegen ernannte eine Versammlung von kirchl. und weltl. Würdenträgern 1323 einen einheim. Regenten. Im Osloer Traktat v. 1319 war ein abwechselnder Aufenthalt des Kg.s in Norwegen und Schweden vorgesehen; nach seiner Volljährigkeit (1332) wurde bestimmt, daß ein Kanzler – später war es eine vom Kg. eingesetzte Regierung – die Regierungsgeschäfte in Norwegen übernehmen sollte, wenn der Kg. in Schweden weilte. Doch hielt sich M. nicht immer an diese Abmachungen. Als M. 1344 seinen Sohn Erik gegen die Bestimmungen der Übereinkunft v. Mora (1319) zum Kg. v. Schweden designierte, kam es zum Konflikt mit der schwed. Aristokratie. Der Ratsaristokratie gelang es, die Bestimmungen v. Mora im *allmänna landslag* von 1350 (→Magnus Erikssons Landslag) festschreiben zu lassen, in dem auch die Zusammensetzung des Rats geregelt wurde. Zum offenen Bruch zw. Kg. und Aristokratie kam es 1356, nachdem M.' jüngerer Sohn Hákon 1355 für mündig erklärt worden war und die Regierungsverantwortung in Norwegen übernahm, während Erik keine entspr. Macht und keinen Einfluß in Schweden erhielt. Die schwed. Opposition und M.' Schwager, Hzg. →Albrecht II. v. Mecklenburg, unterstützten Erik, gegen den sich M. und Hákon 1359 mit dem dän. Kg. Waldemar IV. Atterdag verbanden. Nach Eriks Tod (1359) ging M. jedoch ein Bündnis mit Albrecht ein, der seinerseits Frieden mit Waldemar schloß, und damit M. isolierte. In den folgenden zwei Jahren eroberte Waldemar Schonen, Blekinge, Südhalland (alle 1360) und Gotland (1361). Die einheim. Opposition gegen M. schickte 1363 eine Delegation zu Albrecht, der das Angebot der schwed. Krone für seinen zweiten Sohn →Albrecht III. annahm. Auf einer Wahlversammlung in Mora im Febr. 1364 wurden M. und Hákon (seit 1362 Mitregent in Schweden) abgesetzt und Albrecht III. zum Kg. v. Schweden gewählt. M. geriet 1365 während der Schlacht bei Gata in Gefangenschaft und wurde erst 1371 von Hákon losgekauft. Die letzten Jahre seines Lebens verbrachte M. als Mitregent seines Sohnes Hákon in Norwegen, wo er 1374 vor der Küste bei einem Schiffbruch ertrank.

B. La Farge

Lit.: SBL XXIV, 659–668 [Lit.] – M. GERHARDT, Norw. Gesch., neu bearb. W. HUBATSCH, 1963², 131–136 – J. ROSÉN, Svensk historia I, 1969³, 113, 132 [Lit.], 138, 154–157, 161, 170, 173–187 [Lit.] – A. HOLMSEN, Norges historie fra de eldste tider til 1660, 1977, 316–327.

9. M., sächs. Hzg., † 23. Aug. 1106, ☐ St. Michael, Lüneburg; Sohn Hzg. Ordulfs. M.' Eintritt in die Politik war durch zunehmende Entfremdung der →Billunger vom sal. Kgtm. und durch scharfe Rivalität mit Ebf. →Adalbert v. Hamburg–Bremen (9. A.) geprägt. Adalberts Sturz am Kg.shof nutzend, konsolidierten Ordulf und M. ihre Macht v.a. zw. Ilmenau und Niederelbe wie im Weserraum, ohne freilich die hzgl. Herrschaft im ganzen sächs. Stammesgebiet ausüben zu können. Seit 1070 in Opposition zu Kg. Heinrich IV. Parteigänger →Ottos v. Northeim, geriet M. 1071 in sal. Gefangenschaft, die ihm die direkte Nachfolge seines Vaters († 1072) verwehrte. Nach militär. Erfolgen der sächs. Opposition 1073 freigekommen, brachte die Niederlage bei →Homburg a. d. Unstrut für M. 1075 erneute Haft (bis 1076). Nach anfängl. Unterstützung des antisal. Kgtm.s Rudolfs v. Rheinfelden 1077/78 löste sich M. von der jetzt zunehmend auf Ostsachsen konzentrierten Adelsopposition und fand in einem Ausgleich mit Heinrich IV., den der Billunger zu einer erfolgreichen Slavenpolitik nutzte. Als der Hzg. 1106 ohne männl. Erben starb, gelangten die billung. Allodialkomplexe über seine Töchter Wulfhild und Eilika an die Welfen und Askanier, während Lothar v. Süpplingenburg im sächs. Hzm. folgte. B. Schneidmüller

Lit.: NDB XI, 666f. - R. BORK, Die Billunger [Diss. masch., Greifswald 1951], 172ff. - H.-J. FREYTAG, Die Herrschaft der Billunger in Sachsen, 1951 - L. FENSKE, Adelsopposition und kirchl. Reformbewegung im ö. Sachsen, 1976, 64-67 - G. ALTHOFF, Adels- und Kg.sfamilien im Spiegel ihrer Memorialüberlieferung, 1984 - G. PISCHKE, Herrschaftsbereiche der Billunger..., 1984, 21-23 - G. ALTHOFF, Die Billunger in der Salierzeit (Die Salier und das Reich 1, 1991), 309-329.

10. M. v. Reichersberg, Geschichtsschreiber, Augustinerchorherr im Stift →Reichersberg, † 1195, verfaßte ein mit Christi Geburt beginnendes Geschichtswerk in Annalenform, das er »Chronica« nannte. Die älteste und ausführlichste der drei erhaltenen Fassungen (Autograph) bricht mit dem Jahr 1162 ab; die zweite, nur in der Erstausg. von 1611 erhaltene und die jüngste und kürzeste (in Reichersberg bis 1279 fortgesetzt) enden 1195 und sind für das letzte Vierteljahrhundert selbständig. Die Reichs- und Kirchengesch. wird aus papstfreundl. Sicht dargestellt. Die ersten beiden Redaktionen bieten eine Fülle regionaler und lokaler Nachrichten. Öfters sind Briefe wiedergegeben. Für die Zeit bis 1167 fußt das Werk des ungewöhnl. belesenen M. auf den Annalen →Gerhochs v. Reichersberg. Im MA fand es sehr wenig Beachtung. J. Prelog

Ed.: MGH SS XVII, 1861, 439-534 [W. WATTENBACH] - *Lit.*: LHOTSKY, Quellenkunde, 228 - F.-J. SCHMALE, Die österr. Annalistik im 12.Jh., DA 31, 1975, 199-203 - WATTENBACH-SCHMALE I, 1976, 203-208 [Lit.].

Magnús Erikssons Landslag, ältestes schwed. Reichsrecht, um 1350 unter Kg. →Magnús Eriksson (1319/31-64) redigiert. Es löste sukzessive die alten →Landschaftsrechte ab. Das Gesetzbuch wurde in kgl. Auftrag von einer 1347 eingesetzten Kommission unter Vorsitz der Lagmän (der Vorsteher der Landschaftsdinge; →Ding) v. Uppland, Västmanland, Södermanland und Östergötland ausgearbeitet und 1352/53 in den Landschaften um den Mälarsee und Östergötland angenommen. Die möglicherweise aus Oppositionsgründen an der Redaktionskommission nicht beteiligten Landschaften Värmland und Västergötland folgten bis spätestens 1389, Närke und Finnland wohl in den 60er Jahren des 14.Jh. Der Text basiert vornehml. auf den Landschaftsrechten →Upplandslagh (versehen mit einer Confirmatio Kg. Birger Magnússons von 1296) und →Östgötalagh sowie den kgl. Verordnungen von Skara und Skänninge 1335, Uppsala 1344 und Tälje 1345. Zu den wichtigeren Neusetzungen gehört die Beurkundungspflicht beim Erwerb von Land (*Fastebrev*) durch den Lagman oder den Vorsteher des Härad. Unstimmigkeiten mit der Kirche über die Einbeziehung kirchl. Rechtssetzungen führten dazu, daß in M.E.L. ein neuer kirchenrechtl. Abschnitt fehlt, stattdessen galten weiterhin die regionalen »Christenrechte«. Trotz einer modifizierten Redaktion unter Kg. →Christoph (Christoffer) III. v. Bayern, →Christoffers Landslag v. 1442, war M.E.L. in weiten Teilen bis zum Ende des 16.Jh. gültig und lebte durch Christoffers Redaktion bis zur Einführung des Schwed. Reichsrechts v. 1734 weiter.

H. Ehrhardt

Ed.: Samling af Sweriges Gamla Lagar, hg. D. H. S. COLLIN-D. C. J. SCHLYTER, X, 1862 - *Lit.*: Å. HOLMBÄCK-E. WESSÉN, M.E.L. i nusvensk tolkning, 1962 [schwed. Übers., Komm.] - G. HAFSTRÖM, De svenska rättskällornas hist., 1978.

Magnús Erikssons Stadslag, Gesetzbuch für die schwed. Städte, das zw. 1353/56 und 1355/60 durch eine von Kg. →Magnús Eriksson (1319-64) eingesetzte Kommission ausgearbeitet wurde (erst 1617 gedruckt), berücksichtigte in erster Linie die Verhältnisse der Hauptstadt Stockholm, war aber zugleich für die übrigen schwed. Städte gedacht. Der von der Redaktionskommission nicht vollständig zu Ende geführte Text stützt sich über weite Strecken, bes. im Straf- und Familienrecht, auf →Magnús Erikssons Landslag von 1350, in geringerem Maße auf die alten, fragmentar. stadtrechtl. Bestimmungen des Bjärköarätt, enthält aber auch zahlreiche Neusetzungen in den spezif. stadtrechtl. Teilen (Handelskonzentration auf die Städte, Haus- und Grunderwerb, Rechtsstellung fremder Kaufleute, Hafen- und Schiffahrtsbestimmungen), im Bereich der Stadtverfassung (starke Stellung des kgl. Vogts im städt. Gerichtswesen, Besetzung des Stockholmer Rats zur Hälfte mit Schweden und Deutschen [aufgehoben 1471], Anzahl der Bürgermeister, Arbeit der Ratsversammlung) und im Erbrecht, das die Tochter mit dem Sohn in erbrechtl. Sinne gleichstellte. Oberster Gerichtsherr ist der Kg. Eine vom Kg. promulgierte, verbindl. Textfassung existiert nicht. Unter Wahrung lokaler Sondertraditionen, etwa in Västerås und Söderköping, dürfte sich M.E.St. bis zur Mitte des 15.Jh. in allen schwed. Städten durchgesetzt haben. Es galt bis zur Einführung des Reichsrechts von 1734. Mit M.E.St. fand die grundlegende, auf Reichseinheitlichkeit abzielende Rechtsrevision Kg. Magnús Erikssons ihren Anschluß. H. Ehrhardt

Ed.: Samling af Sweriges Gamla Lagar, hg. D. H. S. COLLIN-D. C.J. SCHLYTER, XI, 1865 - *Lit.*: Å. HOLMBÄCK-E. WESSÉN, M.E.St. i nusvensk tolkning (Rättshist.bibl. 7, 1966).

Magnús Hákonarsons Landslög, ältestes Reichsrecht →Norwegens, ausgearbeitet auf Initiative des Kg.s →Magnús Hákonarson Lagabœtir (1263-80) und 1274/75 in Kraft getreten; zunächst bestanden nur Ausgaben für die vier ehemals eigenständigen Lagdingbezirke (→Ding, II) Norwegens; sie mußten von den Lagdingen angenommen werden und galten formal nur für diese Bezirke. Die auf den alten →Landschaftsrechten →Gulaþingslög und →Frostaþingslög (sowie vermutl. auch auf verlorenen ostnorw. Rechten) und Reichstagsbeschlüssen basierende, sorgfältig redigierte Fassung galt jedoch schon bald, noch vor 1300, als reichseinheitl. Gesetzeswerk. Der Redaktion von M.H.L. vorausgegangen war unter Kg. →Hákon IV. Hákonarson (1217-63) und seinem Sohn eine Überarbeitung der Landschaftsrechte mit dem Ziel einer Harmonisierung der Bestimmungen. Diese kgl. Initiative stieß auf entschiedenen Widerstand der Kirche, so daß die kirchenrechtl. Bestimmungen von allen Revisionen des weltl. Rechts ausgenommen wurden. Folgl. hat auch M.H.L. keinen kirchenrechtl. Abschnitt. Die zahlreichen Neusetzungen zielen auf die Etablierung einer öffentl., auf Gerichte gestützten Rechtspflege, v.a. auf strafrechtl. Gebiet. H. Ehrhardt

Ed.: Norges gamle Love, hg. R. KEYSER-P. A. MUNCH u.a., II, 1846ff. - *dt. Übers.*: Landrecht des Kg.s Magnús Hákonarson, übers. R. MEISS-

NER (Germanenrechte, NF, 1941) – *Lit.:* KL XI, 231 ff. – K. HELLE, Norge blir en stat, 1974, 134ff., 179ff.

Magnus Maximus → Maximus Magnus

al-Maǧrīṭī, Abū l-Qāsim Maslama ibn Aḥmad al Faraḍī, gest. ca. 1007, aus Madrid (Maǧrīṭ) stammender andalus. Mathematiker und Astronom; lebte in Córdoba, wo er eine bedeutende Schule gründete. Seine math. Werke scheinen verloren: man schreibt ihm einen Traktat über kaufmänn. Arithmetik (muʿāmalāt) zu, dessen Inhalt wohl dem späteren »Liber mahameleth« des →Johannes v. Sevilla verwandt war. Durch astronom. Beobachtungen paßte er die Tafeln des →al-Ḫwārizmī dem islam. Kalender und dem Meridian v. Córdoba an und trug zur Verbreitung des →Almagests und der astronom. Tafeln des →al-Battāni bei. M. verfaßte einen Komm. zur Himmelskarte des Ptolemaios und entwarf eigenständige Verfahren zur Gestaltung bestimmter Partien des →Astrolabiums, die später in Traktate des Pseudo-Māšā'allāh und Alfons'X. aufgenommen wurden. J. Samsó

Lit.: DSB IX, 39f. – SEZGIN V, 334f.; VI, 226f. – J. VERNET–M. A. CATALÁ, Las obras matemáticas de Maslama de Madrid, Al-Andalus 30, 1965, 15–45 – J. SAMSÓ, Maslama al-M. and the Alphonsine Book on the Construction of the Astrolabe, Journal for the Hist. of Arabic Science 4, 1980, 3–8 – M. VILADRICH, On the Sources of the Alphonsine Treatise..., ebd. 6, 1982, 167–171 – J. SESIANO, Le Liber Mahameleth ... (Hist. des math. arabes. Actes du Colloque, Algier 1988), 69–98.

Maguelone, ehem. Bm. (Suffraganbm. v. →Narbonne) und (wüstgewordene) Stadt in Südfrankreich, im Languedoc (dép. Hérault), 12 km Luftlinie von Montpellier, auf einer kleinen, durch vulkan. Tätigkeit entstandenen Insel in einer Lagune (*Étang*) der languedoz. Mittelmeerküste gelegen. Besiedlung des Ortes in galloröm. Zeit eindeutig nachgewiesen. Als die Aufteilung der Civitas v. →Nîmes erfolgte, wurde das nur zu Schiff erreichbare M. als Bf.s-sitz der Region gewählt. Der Zeitpunkt der Errichtung des Bm.s bleibt unsicher; erster bekannter Bf. ist Boetius, Teilnehmer des Konzils v. Toledo (589). M. gehörte als Teil der Septimania zum →Westgotenreich. Trifft das Zeugnis des →Geographus Ravennas zu, so hatte M. den Rang einer Civitas. Keine Nachrichten liegen vor über die Bedeutung der Siedlung, ledigl. die Bf.e werden sporadisch erwähnt. Bf. Gumild war einer der Führer des septiman. Aufstandes gegen den Westgotenkg. →Wamba (672–680). Nach traditioneller Auffassung, die sich auf einen Satz in den Annalen v. →Aniane und auf Chronikfragmente des 12. und 14. Jh. stützt, soll M. von den Arabern, dann von Karl Martell zerstört worden und für etwa drei Jahrhunderte wüstgefallen sein, bis unter Bf. Arnaud 1030 die Wiederherstellung erfolgte. Diese Sicht wird angesichts einer Reihe von Q. und Sachverhalten (Gedicht des →Theodulf, carm. 28; Belege für Gf.en v. M., so den Vater des hl. →Benedikt v. Aniane) von der heut. Forschung in Frage gestellt; zumindest bis zum Ende der Regierung Karls d. Gr. bestand M. als Bf.sort und Grafensitz. Eine (vermutl. kürzere) Verfallsperiode vor der Restauration von 1030 war wohl durch die Sarazeneneinfälle des 10. Jh. bedingt; die öffentl. Gewalt wurde zu einem nicht näher bestimmbaren Zeitpunkt aus M. verlegt. 1088, als Peter v. Melgueil die Gft. an den Hl. Stuhl übertrug, stellte Papst Urban II. die kanon. Bf.swahl wieder her und verlieh M. die 'libertas Romana'. Der Aufstieg →Montpelliers brachte den Bf.en vielerlei Probleme, zumal sich die weltl. Machtträger, von den Wilhelmen (Guilhems) bis zu den Kg.en v. →Aragón und →Mallorca, als schwierige Lehnsleute der Kirche v. M. erwiesen. M. blieb bis zur Verlegung des Bm.s nach Montpellier (1536) Bf.ssitz. Nach Zerstörung und Verfall seit dem 16. und 17. Jh. blieb nur das roman. Schiff der Kathedrale St-Pierre erhalten. J. C. Hélas

Q.: Arnaud de Verdale, Cat. episcoporum Magalonensium, ed. A. GERMAIN, 1881 – Chronicon Magalonense vetus (1030–ca. 1160), ed. BERTHELÉ, Mém. Soc. Arch. Montpellier, 2ᵉ sér., IV, 1911, 95–194 – Bullaire de M., 1911; Cartulaire de M., 1912–23, 7 Bde – *Lit.:* A. GERMAIN, Étude hist. sur les comtes de M..., Mém. Soc. Arch. Montpellier, III, 1850–54, 523–640 – DERS., M. sous ses évêques et ses chanoines, ebd. V, 1869, 357–668 – FR. FABREGES, Hist. de M., 1894–1902 – Le Dioc. de Montpellier, hg. G. CHOLVY, 1976 – Topographie chrétienne des cités de la Gaule des origines au milieu du VIIIᵉ s., VII, Prov. eccl. de Narbonne, 1989, 51 f.

Maguire (MagUidhir), im SpätMA herrschende Familie des Kgr.es (später Gft.) v. Fermanagh (→Fir Manach) im nördl. Irland. Hatten im 11. und 12. Jh. die Uí Éignigh dominiert, so erlangten die M. im späten 13. Jh. unter obskuren Begleitumständen die Herrschaft. Erstes bekanntes Mitglied ist Donn (belegt seit 1264, † 1302); danach wurde die Herrschaft in unumstrittener Erbfolge bis 1484 weitergegeben (ein seltenes Phänomen im ir. SpätMA). Erst 1484 stellte sich dem Émonn, Sohn von Tomás Óg, der Bruder Tomás als Konkurrent entgegen; Émonn dankte 1486 ab. Die M. spalteten sich auch nicht (wie andere große ir. Familien) im 15. Jh. in einzelne, weitgehend selbständige 'Lordships' auf. G. Mac Niocaill

Lit.: P. WALSH, Irish Chiefs and Leaders, 1960.

al-Maǧūsī, ʿAlī b. al-ʿAbbās (Haly Abbas), Arzt, gest. 994, Schüler des Abū Māhir Mūsā b. Sayyār, stand im Dienst des Būyidenfs.en ʿAdudaddaula (949–982); ihm widmete er sein die gesamte Heilkunde umfassendes Werk »al-Kitāb al-Malakī« ('Liber regius'; von →Constantinus Africanus als »Liber pantegni«, von Stephanus v. Antiochien als »Regalis dispositio« übersetzt). Der arab. Titel »Kitāb kāmil aṣ-ṣināʿa aṭ-ṭibbīya« ('complectens totam artem medicinae') entspricht der Galen. Makro- und Mikrotechne. Es behandelt in 10 theoret. Abschnitten die Anatomie, Physiologie, allg. Pathologie und Diagnostik, in 10 prakt. Traktaten die Hygiene und Diätetik, eine spezielle Pathologie und Therapie sowie die Chirurgie und eine Arzneimittellehre. Als Q. dienen Hippokrates, Galen, Oreibasios, Paulus v. Aegina und arab. Autoritäten.

H. Schipperges

Lit.: EI² s. v. ʿAlī b. al-ʿAbbās – P. RICHTER, Über die allg. Dermatologie des ʿAlī ibn al-ʿAbbās, Archiv für Dermatologie 118, 1913, 199–208 – J. WIBERG, The Anatomy of the Brain in the Works of Galen and ʿAlī b. ʿAbbās, Janus 19, 1914, 17–32, 84–104 – H. SCHIPPERGES, Die Assimilation der arab. Med. durch das lat. MA, 1964, 34–37 – M. ULLMANN, Die Med. im Islam, 1970, 140–146.

Magyaren → Ungarn

Mahaut (Mathildis), Gfn. v. →Artois 1302–29, † 27. Nov. 1329 in Paris, ▭ Maubuisson, Abtei. Tochter des Gf.en Robert II. und der Anicie v. →Courtenay; ⚭ 1284 →Otto IV., Pfgf. v. Burgund, 4 Kinder: →Jeanne (⚭ künftiger Kg. Philipp V. v. Frankreich), Blanche (⚭ künftiger Kg. Karl IV. v. Frankreich), Robert († 1317), Jean (frühverstorben). Nach dem Tode ihres Vaters in der Schlacht v. →Kortrijk (11. Juli 1302) erbte M. die Gft. Artois; außerdem erhielt sie nach dem Tode ihres Gemahls († 7. März 1303) als Wittum einen Teil der Pfgft. →Burgund und führte daher den Titel der Gfn. v. Artois und Burgund und der Herrin (*Dame*) v. Salins. Der Besitz des Artois wurde ihr wiederholt (1307–09, 1315–18, 1329), aber erfolglos von ihrem Neffen →Robert v. Artois streitig gemacht. Sie residierte abwechselnd in Paris (Hôtel d'Artois) und im Artois (Schloß Hesdin) und ließ ihre Besitzungen durch treu ergebene Helfer, u.a. Thierry d' →Hireçon, verwalten. Das Vorgehen ihrer Baillis, die mit zähem Eifer und in unaufhörl. Prozessen die gfl. Rechte erweiterten, war eine der Ursachen für den großen Adelsaufstand im Artois, der die Gfn. 1315-18 von ihren Territorien fernhielt und den Kg. zum Eingreifen zwang. M. stiftete mehrere (Frauen-)Konvente (Dominikanerinnen in La Thieulloye bei Arras; Klarissen in St-Omer; Kartäuserinnen in Gosnay) und ein Hospital in Hesdin.

B. Delmaire

Q.: Archives dép. Pas-de-Calais, sér. A – *Lit.*: J.-M. RICHARD, M., comtesse d'Artois et de Bourgogne, 1887 – B. DELMAIRE, Le compte général du receveur d'Artois pour 1303–04, 1977 – J.-P. REDOUTEY, Les trois testaments de M., comtesse d'Artois, Mém. de la Soc. ... anciens pays bourguignons, comtois et romands, 1982, 161–178.

Mahldarstellungen. [1] *Formale Entwicklung:* Die griech.-röm. Sitte, auf Klinen liegend zu speisen, spiegelte sich in M.en des Profan-, Kult- und Grabbereichs; doch ist die übliche, Ⳇ-förmige Anordnung der drei Klinen im Triklinium (Ehrenplatz auf der Mittelkline) in M.en selten belegt. In der Ks.zeit bildete sich das lit. und in M.en belegte Sigmamahl aus (Name nach der C-Form des spätantiken griech. Buchstabens Sigma): man lag auf halbkreisförmigem Polster an einem Tisch mit Sigmaplatte. Der Ehrenplatz war meist am linken Ende des Polsters (vom Beschauer aus; z. B. Abendmahlsmosaik in S. Apollinare nuovo, Ravenna), aber auch in der Mitte (z. B. Meleagersarkophage, Jenseits-M. des Vibiagrabes). Bereits im 6. Jh. sitzt Christus in einer Miniatur des 'Augustinus'-Evangeliars, Cambridge, inmitten der Jünger hinter einem runden Tisch, ähnl. im karol. Raganaldussakramentar in Autun. Seit dem 10. Jh. werden M.en mit rechteckigem Tisch immer häufiger, bei dem die Hauptperson meist in der Mitte sitzt.

[2] *Bildinhalte:* Bei bibl. oder myth. M.en in Hss. und Mosaiken des 5./6. Jh. und bei ma. M.en ist regelmäßig aus dem Kontext und Bilddetails zu erkennen, welche Mahlszene wiedergegeben sein soll, etwa ein atl., ntl. oder myth. Gelage, oder ein profanes Jagd- oder Fürstenmahl. Allenfalls Nuancen bleiben unklar; so kann man bisweilen zweifeln, ob in einer M. Christi und der Apostel das letzte Abendmahl im Vordergrund steht, die Einsetzung des Altarsakraments oder die Ankündigung des Verrats des Judas. Deutungsprobleme bieten dagegen die M.en des 3./4. Jh. im Grabbereich. Für die Darstellung des Verstorbenen auf einer Kline hinter einem Speisetisch ist durch myth. Beiwerk oder heroische Nacktheit eine allegor., jenseitsbezogene Bedeutung gesichert (meist in nichtchr. Zusammenhang; Ausnahme: Sarkophag des Junius Bassus v. J. 359, Rom). Dagegen ist die Bedeutung von Sigma-M.en auf chr. Sarkophagen und in der Ausmalung von chr. Katakomben umstritten. Die frühere Bestimmung als Bild des Abendmahls oder einer Eucharistiefeier wollte sich meist auf die häufig als Speise dargebotenen →Fische stützen. Sie wird heute kaum noch vertreten, da eine spezielle Christussymbolik des Fisches beim Mahle wegen seiner Verwendung in paganen und atl. M.en ausscheidet. Aber es ist unklar, ob es sich um rein realist. Darstellungen von Totengedächtnismahlen handelt (z. B. FÉVRIER), oder doch ein allegor. Jenseitsbezug vorhanden war (z. B. HIMMELMANN), wofür spricht, daß in einigen Fällen auch der Verstorbene am Mahl teilnimmt (ENGEMANN). Vgl. auch →Apostelkommunion.

J. Engemann

Lit.: LCI I, 10–18 – RDK I, 28–44; IX, 18–88, bes. 34–41 – N. HIMMELMANN, Typolog. Unters. zu röm. Sarkophagreliefs des 3. und 4. Jh. n. Chr., 1973 – P.-A. FÉVRIER, À propos du repas funéraire, CahArch 26, 1977, 29–45 – J. ENGEMANN (Jenseitsvorstellungen in Antike und Christentum [Fschr. A. STUIBER, 1982]), 239–250.

Maḥmūd Pašā, osman. →Wesir, gest. 1473 oder 1474, mütterlicherseits griech. Herkunft, väterlicherseits von einer serb. Despotenfamilie abstammend. Durch →Knabenlese in den osman. Serail gebracht, erweckte M.P. nach 1451 die Aufmerksamkeit Meḥmeds II. Zunächst →Aġa im Janitscharenkorps, 1454 Wesir, zwei Jahre später Beylerbeyi (Großstatthalter). In den meisten Feldzügen, die er bis 1468 als Beylerbeyi v. Rumelien, teils unter dem Oberbefehl des Sultans, teils selbständig leitete, war M.P. erfolgreich.

Sein Scheitern bei der Verfolgung des Ḳaramanoġlu Pīr Aḥmed während des Feldzuges v. Ḳaraman (1468) und die Toleranz, die er dem besiegten Volk von Karamān erwies, brachten ihn beim Sultan in Mißkredit. Trotz seines Erfolges während des Feldzuges gegen den Herrscher der Aḳḳoyunlu, Uzun Ḥasan (1473), konnte M.P. seiner Hinrichtung nicht entkommen. Osman. Q. rühmen seine Begabung, Ehrlichkeit, Gerechtigkeit und Wohltätigkeit; eine Legende berichtet, daß der im Volk beliebte, als Hl. (Evliyā) verehrte M.P. als Weggefährte des Propheten Elias in die Unsterblichkeit einging.

A. Y. Ocak

Lit.: EI² – IA.

Mähnenpanzer →Roßharnisch

Ma(h)ona de Chio. Das aus dem Arab. entlehnte Wort (*ma'ūna* 'finanzielle Beihilfe' oder 'Abgabe') bezeichnet das Unternehmerkonsortium von ursprgl. 29 genues. Reedern, das auf eigene Kosten die Insel →Chios am 12. Sept. 1346 eroberte und im Febr. 1347 mit der Kommune v. →Genua einen Vertrag schloß, der Genuas Souveränität und Gerichtshoheit über das eroberte Gebiet anerkannte, den Mitgliedern der M. jedoch den Nießbrauch (mit Verwaltung, wirtschaftl. Nutzung) gegen Entrichtung eines Jahreszinses übertrug. 1362 trat an die Stelle dieser älteren M. die jüngere M., bestehend aus zwölf Konzessionären (*appaltatores*), die erneut das Nutzungsrecht für die Ressourcen der Insel erwarben. Die M. wurde in veräußerl. Anteile (*luoghi*) aufgeteilt, die aber stets von Angehörigen derselben Familien gehalten wurden. Die Mitglieder der M., die im »popolaren« →Albergo der →Giustiniani, unter Leitung eines *Consiglio* und zweier *Gubernatoren,* zusammengeschlossen waren, nahmen die administrativen Funktionen der Insel wahr und erhielten die reichen Gewinne aus dem Handel mit →Mastix und dem →Alaun der Minen v. Phokaia. Chron. Finanznot hinderte die Kommune Genua daran, je die Rechte der M. über die Insel zurückzukaufen. Die im Laufe ihres Bestehens mehrfach umstrukturierte M. entfaltete gegenüber Genua eine auf Autonomie bedachte, geschickte Politik, dank derer sie die Insel bis zur osman. Eroberung (1566) zu halten vermochte.

M. Balard

Lit.: →Chios – PH. P. ARGENTI, The M. of the Giustiniani, Byz. Forsch. 6, 1979, 1–35 – A. ROVERE, Doc. della M. di Ch., 1979.

Mähren

I. Politische Geschichte – II. Wirtschaft.

I. POLITISCHE GESCHICHTE: Der Name 'M.' (Moravia, tschech. Morava) leitet sich von der March (Morava) ab, einem linken Nebenfluß der Donau, der bereits von Tacitus als 'Marus' (*mar, *mor 'Sumpf') erwähnt wird. Die Germanen, v. a. die →Quaden, bildeten unter Anfügung von *ahva, aha* ('fließendes Wasser') die Zusammensetzung 'Marahwo' (daraus später 'Maraha' und endl. 'March'). Daran anknüpfend nannten die Slaven den Fluß und das angrenzende Land 'Morava'. Die slav. Einw. des Landes wurden seit dem MA als Mährer (tschech. Moravané) bezeichnet. Die hist. Entwicklung M.s hing seit dem 9. Jh. eng mit der →Böhmens zusammen.

[1] *Großmährisches Reich:* Neue archäolog. Funde beweisen, daß Slaven erst seit dem 6. Jh. nach M. eingewandert sind. Aus zwei Siedlungswellen, die erste von N (etwa um 530) und die zweite aus dem Donauraum (etwa um 600), entstand bis zum 8. Jh. eine dünne Besiedlung, die auf das fruchtbare Südm. begrenzt blieb, während die bergigen Nordgebiete lange unbewohnt waren.

Bis zum 9. Jh. schweigen zwar die schriftl. Q., doch hat M. in Beziehung zu den →Avaren gestanden und zum Kern des 'Reiches' →Samos (620–658/59) gehört (bes. das sö. M.). Mit Beginn des 9. Jh. mehren sich die Angaben, die ein organisiertes polit. Leben bezeugen. 822 erschienen auf dem Reichstag in Frankfurt Boten der 'Marvani'. Aus der Reihe der Lokalfs.en trat →Mojmír I. (830–846) hervor, der um 833 den Fs.en →Pribina v. →Nitra vertrieb, dessen Herrschaftsgebiet annektierte und so die Grundlage für das Großmähr. Reich schuf. 'Mährer' lebten damals nicht nur auf dem Gebiet des hist. M.s, sondern auch in der Westslowakei und seit der Mitte des 9. Jh. auch im Raum zw. Thaya und Donau. Eine Stabilisierung des Staatsgebildes bedeutete die Herrschaft →Rostislavs (846–870), der mehrfach die Angriffe des ostfrk. Reiches erfolgreich abwehrte. Frk. Q. dieser Zeit berichten über mächtige, inzwischen auch archäolog. nachgewiesene Burgzentren (→Mikulčice, →Staré Město, →Pohansko, →Děvín u. a.). Seit dem Beginn des 9. Jh. erfolgte die Christianisierung M.s v. a. von Bayern aus, doch berief Rostislav um 863 aus polit. Gründen →Konstantin und Method in sein Reich.

Als Blütezeit des Großmähr. Reiches gilt die Regierungszeit →Svatopluks I. (870–894). Seine Thronerhebung war von inneren Wirren und Interventionen des ostfrk. Reiches begleitet. Der Friede v. →Forchheim (874) sollte weitere Konfrontationen verhindern, doch wenig später setzte die Expansion des Großmähr. Reiches ein: Svatopluk, der sich auf eine zahlreiche, gut organisierte Gefolgschaft (→Družina, II.) stützen konnte, griff im ostfrk. Reich ein, v. a. in der Ostmark. Die 'duces' in →Kleinpolen und Böhmen mußten seine Oberherrschaft anerkennen, sein Einfluß reichte bis nach →Schlesien, →Meißen, in die Ostslowakei und nach →Pannonien, wobei die Christianisierung oft als Begründung für seine Eroberungszüge diente.

Mit dem Ende des 9. Jh. begann der allmähl. Zerfall des Großmähr. Reiches, wozu Spannungen zw. den Anhängern der lat. und slav. Liturgie beitrugen. Nach dem Tod Svatopluks (894) geriet M. erneut unter den Einfluß des ostfrk. Reiches; dazu kamen Thronstreitigkeiten seiner Söhne. 895 löste sich Böhmen ab, danach auch andere Gebiete. 906 unterlag die Großgefolgschaft →Mojmírs II. dem Ansturm der →Ungarn. Zugleich setzte eine heidn. Reaktion ein, wohl begleitet von einem Volksaufstand. Die Staatsorganisation des Großmähr. Reiches zerfiel völlig.

[2] *Zeit der Přemysliden:* Für die Gesch. M.s im 10. Jh. schweigen die Q. weitgehend. Wohl nach 955 gliederte →Boleslav I. (935–972) das Gebiet M.s der Herrschaft der Přemysliden an, um 1003 wurde M. von →Bolesław I. Chrobry (v. Polen) erobert; noch 1017 sind 'Mararenses' von →Thietmar v. Merseburg als Verbündete des poln. Fs.en bezeugt. 1019 (1020?) vertrieb der böhm. Fs. →Udalrich (1012–34) die poln. Besatzung aus M. Während M. auf Dauer mit Böhmen vereinigt wurde, fiel der ö. Teil des ehemaligen Großmähr. Reiches (Westslowakei) am Beginn des 11. Jh. an Ungarn. Das Gebiet zw. Thaya und Donau ging damals für M. verloren, und auch die Grenzen zu Polen veränderten sich.

Kurz nach 1019 (1020?) verlieh Udalrich die Verwaltung M.s seinem Sohn →Břetislav I., der 1035–55 in Böhmen und M. herrschte. Als 'erobertes' Land wurde M. mit přemyslid. Gefolgschaftsleuten aus Böhmen besetzt, die Ämter und Benefizien erhielten. Nach Břetislavs Senioratsgesetz (1055) sollte die Oberherrschaft im ganzen Staat stets dem ältesten Přemysliden zufallen. Die jüngeren sollten M. als einheitl., aber in zwei oder drei Teile gegliedertes Fsm. verwalten. Die mähr. 'duces' unterstanden zwar der Zentralgewalt in Prag, ohne jedoch den Anspruch auf den Prager Thron aufzugeben. Im 12. Jh. entstanden daraus langjährige Streitigkeiten zw. der in Prag regierenden Familie und den in →Brünn, →Olmütz, später auch in →Znaim residierenden Přemysliden. Als Verbündete der Zentralmacht dagegen wirkte das 1063 gegr. Bm. Olmütz. Trotz zahlreicher Versuche erreichten nur zwei der mähr. Fs.en die Oberherrschaft in Prag: Svatopluk (1107–09) und →Konrad III. Otto (13. K.; 1189–91).

1179 vertrat Přemysl →Otakar I., ein jüngerer Bruder des böhm. Fs.en, die Interessen des Prager Zentrums in M. als 'marggravius de Moravia'. Später begann sich der Mgf. entitel im Sinne der Sonderstellung M.s im Rahmen des einheitl. böhm. Staates durchzusetzen. Um 1200 starben die Nebenzweige der mähr. Přemysliden aus, und Angehörige der 'Kg.szweige' wurden Mgf.en v. M.: zuerst Vladislav Heinrich († 1222), danach die Söhne des böhm. Kg.e. Die Mgf. en sollten die Oberhoheit des Kg.s anerkennen, der als Mittler für M.s Beziehungen zum Reich auftrat. Seit Přemysl →Otakar II. (1253–78) trug der böhm. Kg. zugleich den Mgf. entitel. Neben der Mgft. spielte in M. auch das reich begüterte Bm. Olmütz eine wichtige Rolle. Für seinen illegitimen Sohn Nicolaus und seine Nachfolger errichtete Otakar II. das dem böhm. Kg. direkt untergeordnete Hzm. →Troppau.

Im 13. Jh. änderte sich in M., wie auch in Böhmen, die gesellschaftl. Struktur des Landes. An die Stelle der frühma. Aristokratie, die eng mit der Dynastie verbunden gewesen war, trat der 'grundherrschaftl.' Adel. Dazu trug v. a. eine Kolonisationswelle bei, die auch durch den Zuzug dt. Ansiedler charakterisiert war. Gemeinsame Interessen der Adligen führten zur Bildung der Adelsgemeinde *(obec).* Der Adel beherrschte die Landesämter und strebte danach, als Sprecher des Landes M. aufzutreten. Schon in der 2. Hälfte der Regierungszeit Otakars I. (1197–1230) erlebte M. eine frühe Welle ma. Städtegründungen (Bruntál/Freudenthal, Uničov/Neustadt, Troppau, Znaim). Die Zahl der mähr. Städte nahm nach 1250 schnell zu, teils in Anknüpfung an bestehende Markt- und Burgsiedlungen, teils als Neugründungen. Zur Entfaltung der Stadt-Land-Beziehungen trug die Verleihung des emphyteut. (→Dt.) Rechtes bei, das nicht nur in Siedlungen dt. Kolonisten, sondern auch in alten slav. Dörfern Anwendung fand. Die wirtschaftl. Prosperität M.s wurde durch eine lange Friedenszeit gefördert, die neben Grenzstreitigkeiten mit Österreich und Ungarn nur der Mongolenzug 1241 und die Wirren nach Otakars II. Tod beeinträchtigten.

[3] *Zeit der Luxemburger:* Während der inneren Kämpfe nach dem Aussterben der Přemysliden (1306) hatten die Habsburger in M. die aussichtsreichste Machtposition. Dennoch wurde 1311 Kg. Johann v. Luxemburg auch in M. mit Begeisterung begrüßt, der jedoch nach dem Versuch, den Einfluß der Adelsparteien zu brechen, 1318 zurücktreten mußte. Er überließ die Verwaltung des Staates dem böhm. und mähr. Adel, seine Interessen konzentrierten sich auf die Außenpolitik. M. wurde von Magnaten mit dem Landeshauptmann Heinrich v. Leipa († 1329) an der Spitze beherrscht. Noch in der 1. Hälfte des 14. Jh.

entwickelten sich die Institutionen des Landgerichtes und des Hauptmann- und Unterkammeramtes.

1334 wurde dem jungen Karl IV. der Titel des Mgf.en v. M. verliehen. Noch zu Lebzeiten seines Vaters begann er, die Zentralgewalt in Böhmen und M. wieder zu erneuern. Als röm. Kg. verfügte Karl am 7. April 1348, daß M. in der Form dreier selbständiger Lehen (Bm. Olmütz, Mgft. M., Hzm. Troppau) zum böhm. Kgr. und im weiteren Sinne zur Corona regni Bohemiae (→Corona, V) zu gehören habe.

1349 verlieh Karl IV. die Herrschaft in der Mgft. seinem jüngeren Bruder →Johann Heinrich (35.J.; † 1375), der erfolgreich auch strebte, die direkte Mgf.engewalt zu stärken. Mit dem Amtsantritt seines ältesten Sohnes →Jodok (Jobst; † 1411) setzte ein allmähl. Niedergang des polit. und wirtschaftl. Lebens ein, der mit der allg. Situation im böhm. Kgr. zusammenhing. Um seine persönl. Stellung und das Prestige der Mgf.enwürde zu erhöhen, bedrängte Jodok seine Brüder Johann Soběslav (1387 Bf. v. Olmütz, danach Patriarch v. Aquileia; † 1394) und bes. den 'jüngeren Mgf.en' →Prokop († 1405). Jodok und Prokop waren an den Auseinandersetzungen Wenzels IV. mit der erstarkten Adelsopposition und dem ung. Kg. Siegmund beteiligt, suchten aber auch gegeneinander Hilfe im Ausland, v. a. in Österreich. Das Ansehen der Zentralgewalt sank, Anarchie und Fehden griffen um sich, und rivalisierende Adelsgruppen bedrohten die Sicherheit im Lande.

[4] *Von der Hussitenbewegung bis zur Herrschaft der Habsburger*: Seit dem Beginn des 15. Jh. breitete sich die hussit. Bewegung (→Hussiten) auch in M. aus, wozu mähr. Studenten der Prager Univ. beitrugen. Einige Mitarbeiter des Johannes →Hus waren mähr. Herkunft. Die Reformgedanken fanden bes. beim mähr. Adel Anklang. Nach dem Tode Jodoks 1411 ging die direkte Herrschaft in M. an Wenzel IV. über, der den Anhänger der Hussitenpartei, Lacek v. →Krawarn, zum Hauptmann in M. ernannte. Damit wurde das Hussitentum in M. legalisiert, ohne daß es die Oberhand gewann. Als 1419 die Unruhen ausbrachen, hielt M. Kg. Siegmund und der Kirche die Treue. Entscheidend war dabei die Haltung der mähr. Städte: Brünn, Olmütz, Iglau, Znaim, Troppau wie auch andere bedeutende Städte, in denen die Mehrheit der Bürgerschaft dt. Herkunft war, wandten sich gegen die Hussiten. Schließl. trat auch der mähr. Adel auf die Seite Siegmunds, so daß M. ihm als Aufmarschgebiet für Kriegszüge nach Böhmen dienen konnte. 1423 verlieh Siegmund den Mgf.entitel ohne Zustimmung der böhm. und mähr. Stände seinem Schwiegersohn, dem Habsburger →Albrecht v. Österreich (2. A.). Daraus resultierten langjährige, bis in die 30er Jahre während Auseinandersetzungen zw. der hussit. und kath. Partei.

Die unterschiedl. Entwicklung in Böhmen und M. bewirkte, daß die Lehensverbindungen M.s zur Corona regni Bohemiae lockerer wurde. →Georg v. Podiebrad (1458–71) strebte nach Wiedereingliederung M.s in die böhm. Krone, doch bedeuteten der Kreuzzug von 1466 gegen ihn und die Kämpfe mit Ungarn das Scheitern seiner Bemühungen. Der ung. Kg. Matthias I. Corvinus besetzte 1468 einen großen Teil M.s, 1469 wurde er in Olmütz zum böhm. Kg. gewählt. Bis 1490 blieb M. von Böhmen getrennt, als die Wahl des →Jagiellonen →Vladislav II. (1471–1516) zum ung. Kg. (1490) die Voraussetzung zur Wiedereingliederung schuf. 1526 gewann der Habsburger Ferdinand I. (1526–64) den böhm. Thron und damit die Herrschaft in M.

Die innenpolit. Verhältnisse M.s wurden im SpätMA durch die Ständegliederung bestimmt. Während die Macht des Kg.s sank, wurde seit der Mitte des 15. Jh. das Land vom Hochadel beherrscht. Polit. Einfluß und wirtschaftl. Macht konzentrierten sich in den Händen weniger Familien. Die Bedeutung der kgl. Städte ging dagegen zurück. Im Zusammenhang mit der Entfaltung adliger Gutsherrschaft ist die Tendenz zu beobachten, die Bauern zunehmend in die Leibeigenschaft zu zwingen. Im Gegensatz zu Böhmen blieb M. kath., die Grund- und Machtposition der Kirche wurde nicht wesentl. geschwächt. Namentl. der Einfluß des Bm.s Olmütz war seit der Hussitenzeit stets gewachsen.

II. WIRTSCHAFT: Das alte Siedlungsgebiet lag in den breiten und fruchtbaren Tälern im S des Landes, während die bergigen Waldgebiete im N erst im Verlauf des →Landesausbaus und der Kolonisation im 12.–14. Jh. besiedelt wurden. Während im FrühMA ein Gleichgewicht zw. Viehzucht und Getreideanbau bestand, gewann letzterer unter dem Einfluß der dt. Siedler seit dem 13. Jh. die Oberhand; der Getreidehandel wurde von den Städten beherrscht. Die folgende Agrarkrise bewirkte, daß höher gelegene Siedlungen der jüngeren Kolonisationswelle schon vor der 2. Hälfte des 14. Jh. verlassen wurden (→Wüstungen). Von den Intensivformen der Agrarwirtschaft sind bes. Obst- und Gartenbau bezeugt, v. a. der Weinbau im S des Landes.

Im FrühMA waren spezialisierte Gewerbebetriebe in den →Burgwällen angesiedelt, später findet sich handwerkl. Produktion in den Kastellaneiburgen (→Kastellanei) und ländl. →Dienstsiedlungen. Seit dem 13. Jh. entwickelten sich die Städte zu Zentren des Handwerks. Ihre ökonom. Stellung wurde durch das →Meilenrecht gestärkt. Das städt. Gewerbe war seit Ende des 13. Jh. in Zünften organisiert, die aber nur für den Regionalmarkt produzierten, nicht für den Export. In der Hussitenzeit stieg die Bedeutung der Waffenproduktion. Im 15. Jh. begann adlige Unternehmertätigkeit, die wirtschaftl. Vorherrschaft der kgl. Städte zu bedrohen.

Bereits in der →Raffelstettener Zollurk. (904) werden Kaufleute erwähnt, die einen 'mercatum Maraharum' besuchen. Dieser Zentralmarkt des Großmähr. Reiches soll in Mikulčice gelegen haben. Die weitere Entwicklung des Handels war durch die geogr. Lage bedingt. M. pflegte lebhafte Handelsbeziehungen zu allen Nachbarn, doch die wichtigsten Fernhandelsstraßen (der Donauweg bzw. die n. gelegene W-O-Verbindung durch Schlesien) umgingen M. Zentren des Fernhandels waren die Städte, in denen die Kaufleute (oft dt. Herkunft) zur Oberschicht gehörten. Seit vorgesch. Zeit wurden von M. Salz, später auch Gewürze und Luxuswaren importiert, im Export waren die landwirtschaftl. Produkte (u. a. Getreide) von Bedeutung. Im Kreditwesen dominierten die fremden Kaufleute. Schon seit dem 13. Jh. spielten die →Juden eine wichtige Rolle, sie waren jedoch stets von Diskriminierungen bedroht.

Der Abbau von Eisenerz hatte im N des Landes schon in prähist. Zeiten begonnen. Aber erst die Erschließung des Silberbergbaus in der Umgebung von →Deutsch Brod (Německý Brod) und Iglau vor 1250 war von hist. Bedeutung. Am Ende der Přemyslidenzeit entstanden neue Bergbauzentren in Böhmen (→Kuttenberg). Gold und Silber wurden vom 13. Jh. an in begrenztem Maße in Jeseníky (Gesenke) gewonnen. J. Žemlička

Bibliogr. und Historiographie-Übersichten: →Böhmen – Historiografie v Československu 1970–80, 1980; 1980–85, 1985; 1985–89, 1990 – Bibliogr. zur Gesch. und Landeskunde der Böhm. Länder I–II, bearb. H. JILEK, 1986, 1988 – *Lit.: zu [I]:* →Böhmen – B. DUDÍK, M.s allg. Gesch.

I–XII, 1860–88 – B. Bretholz, Gesch. M.s I. 1–2, 1893–95 – Ders., Die Übergabe M.s an Hzg. Albrecht V. v. Österreich i. J. 1423, AÖG 80, 1893, 250–349 – G. Juritsch, Die Dt.en und ihre Rechte in Böhmen und M. im XIII. und XIV. Jh., 1905 – R. Horna, K dějinám centralisace Moravy na počátku XIII. století, 1929 – R. Koss, Mocran et Mocran, Zprávy českého zemského archivu 7, 1931, 17–42 – W. Wegener, Böhmen/M. und das Reich im HochMA, 1959 – E. Schwarz, Volkstumsgesch. der Sudentenländer, II. M.-Schlesien, 1966 – J. Kejř, Zwei Stud. über die Anfänge der Städteverfassung in den böhm. Ländern, Historica 16, 1969, 81–142 – E. Barborová, Postavení Moravy v českém státě v době předhusitské (1182–1411), Sborník archívních prací 20, 1970, 309–362 – V. Medek, Osudy moravské církve do konce 14. věku I, 1971 – J. Mezník, Die Entwicklung der hussit. Städte vor der hussit. Revolution, Folia diplomatica I, 1971, 227–238 – L. E. Havlík, Morava v 9.–10. století, 1978 – J. Kejř, O tzv. bezprostřední podřízenosti Moravy říší, Sborník archívních prací 28, 1978, 233–286 – K. J. Heinisch, Bruno v. Schauenburg, Bf. v. Olmütz (1245–81), Kolonisator und Staatsmann, Jb. der Schles. Friedrich-Wilhelms-Univ. zu Breslau 20, 1979, 13–50 – B. Krzemieńska, Wann erfolgte der Anschluß M.s an den böhm. Staat?, Historica 9, 1980, 195–243 – F. Hoffmann, Morava před husitskou revolucí, Časopis Moravského muzea-vědy společenské 69, 1984, 49–78; 70, 1985, 103–146 – B. Krzemieńska, Moravští Přemyslovci ve znojemské rotundě, 1985 – J. Poulík, B. Chropovský u. a., Velká Morava a počátky československé státnosti, 1985 – J. Válka, Die Stellung M.s im Wandel des böhm. Lehensstaates (Europa 1500, 1986), 292–309 – J. Mezník, Der böhm. und mähr. Adel im 14. und 15. Jh., Bohemia 28, 1987, 69–91 – J. Válka, Stavovská Morava (1440–1620), 1987 – zu [II]: K. Berger, Die Besiedlung des dt. Nordm.s im 13. und 14. Jh., 1933 – B. Mendl, Knihy počtů města Brna z let 1343–65, 1935 – D. Třeštík, 'Trh Moravaňa' – ústřední trh Staré Moravy, ČČH 21, 1973, 869–894 – V. Nekuda, Moravský venkov v době předhusitské, Archaeologica historica 5, 1980, 13–29 – J. Měřínský, Studium dějin osídlení na Moravě a ve Slezsku, ebd. 7, 1982, 113–156 – V. Nekuda, Zemědělská výroba v období feudalismu na Moravě ve světle archeologických výzkumů, ebd. 10, 1985, 33–46 – Z. Klanica, Počátky slovanského osídlení našich zemí, 1986 – Z. Měřínský, Morava v 10. století ve světle archeologických nálezů, Památky archeologické 77, 1986, 18–80 – Dějiny Moravy I: J. Válka, Středověká Morava, 1991.

Maḥzan (arab., Grundbedeutung: 'Schatzkammer, Depot'; vgl. das Lehnwort 'Magazin'), in muslim. Staaten des Maġrib (→Afrika, II) Bezeichnung für die Steuerämter, schließlich für den zentralen, bürokratisierten Regierungs- und Verwaltungsapparat, bes. gebräuchlich in den Reichen der großen nordafrikan. Berberdynastien, der →Almovariden (11.–12. Jh.), →Almohaden (12.–16. Jh. und →Ḥafṣiden (12.–16. Jh.). – S. im einzelnen →Steuer-, Fiskal- und Finanzwesen, arab.-muslim. Bereich.

Maiestas Carolina, spätere Bezeichnung (1617) für Karls IV. Entwurf eines Landrechts für das Kgr. Böhmen, der u. a. auch aufgrund älterer Unterlagen heim. und fremder Herkunft (Constitutiones regni Siciliae 1231) entstand. Die M. C. sollte die rechtl. Prärogativen der Zentralgewalt gegenüber den zentrifugalen Tendenzen des Hochadels festigen. In 127 Artikeln des wohl 1351–54 konzipierten Werks wurden die wirtschaftl. und polit. Rechte des Herrschers definiert sowie die rechtl. Selbständigkeit des Adels beschränkt. Wegen des adligen Widerstands trat die M. C. niemals in Kraft und wurde durch Karl selbst 1355 ausdrückl. für verbrannt erklärt. I. Hlaváček

Ed.: F. Palacký (Archiv český 3, 1844), 65–180 – *Lit.*: E. Werunsky, Die M.C., ZRGGermAbt 9, 1889, 64–103 – J. Šusta, České dějiny II-4, 1948, 185ff., 400ff. – J. Spěváček, Karel IV. Život a dílo, 1979 [Register] – J. Kejř, Die sog. M.C., Studia Luxemburgensia 1989, 79–122.

Maiestas Domini. [1] *Frühchristentum:* Die lat. Übers. des AT und NT (Vulgata) verwendete M. für die Herrlichkeit Gottes oder Christi. Mit dem kunsthist. Begriff M.D. wird heute ein bestimmtes ma. Bildschema bezeichnet: das Bild des frontal thronenden Christus, der in →Clipeus, →Mandorla oder Vierpaß eingeschlossen und von den Vier Wesen (→Apokalyptische Motive) begleitet ist, die meist durch Codices als →Evangelistensymbole bestimmt sind. Sind diese durch Engel ersetzt, so spricht man oft von 'Engel-M.'. Das Grundschema der M.D. war im O im 5. Jh. ausgebildet (Apsismosaik Hos. David, Thessaloniki); bei der →Himmelfahrt Christi des Rabulacod. von 586 sind Engel an der Mandorla Christi und die Vier Wesen des Thronwagens des →Ezechiel miteinander verbunden; in den Kapellen von Bawit liegt wieder das Grundschema vor. Zwar wurden auch im W seit dem frühen 5. Jh. Christus oder seine Symbole mit den Vier Wesen dargestellt (z. B. Apsismosaik S. Pudenziana, Rom), doch dürfte das typ. M.D.-Bildschema des w. MA auf ö. Vorbilder wie die genannten zurückgehen. J. Engemann

[2] *Abendländisches MA:* Die M. ist in ma. Kunst von karol. Zeit bis in die Hochgotik weit verbreitet. Dem Typus eigentüml. ist das frontale Sitzen des manchmal gekrönten, meist aber nimbierten Herrn nach ursprgl. byz. Bildformel. Christus, auf Thronsitz, Regenbogen oder Globus, ausgezeichnet durch die →Mandorla, segnet und hält das →Buch des Lebens. Für die Kunst des Abendlandes war die Neuformulierung der M. mit einer Anordnung der Wesen in den Bildzwickeln durch die touron. Buchmalerei des 9. Jh. bestimmend. Dieser Typ bleibt bis ins 13. Jh. verbindlich. Die Einfügung von Seraphim und Cherubim oder die Erweiterung der Thematik durch Hl. und ganze Szenen binden die M. z. T. deutl. an das Geschehen des Weltgerichts. In diesem Zusammenhang wird die strenge Formel häufig abgewandelt: die Wesen können fehlen; Christus erhält die Züge des Auferstandenen. Unabhängig davon gibt es die Kombination der M. mit der →Deesis. Eine Einfügung der M. ins Sechstagewerk der Schöpfung (Evangeliar Heinrichs des Löwen) bleibt eine Ausnahme.

Die M. kommt in allen Gattungen der bildenden Kunst des MA vor; nahezu inflationär wird die Verwendung der Formel durch Modeln und Stanzen seit dem 12. Jh., deren Abdruck allen liturg. Geräten appliziert werden konnte. Drei Kernbereiche der Darstellung treten jedoch heraus: Während die Apsiskalotte des roman. Kirchenraums oft vom streng komponierten Bild des thronenden Herrn ohne szen. Beiwerk geschmückt wird, erfolgt die Aufnahme in die Portalskulptur v. a. Frankreichs nach 1100 meist unter starkem Bezug auf das Jüngste Gericht mit entsprechendem Personal (Apostel und Älteste: Chartres-West). Zu trennen sind davon die reinen Gerichtsbilder (Beaulieu). In der Buchmalerei wird die M. bes. gern dem Text der Evangelien vorangestellt und damit auf die Bedeutung der Schrift verwiesen.

Abwandlungen der M.ikonographie stehen z. T. im Dienst prononcierter Aussagen: Die Verehrung Christi durch kgl. Personen, deren Häupter in die Mandorla hineinragen (Escorial, Evangelienbuch Heinrichs III.), läßt ebenso etwas vom Anspruch der Dedikation erkennen wie die nicht seltene Krönung des weltl. Herrschers durch den M.christus (Sakramentar Heinrichs II.). Den Höhepunkt erreicht solche Aufwertung in der Übertragung der M.formel auf den Menschen, der durch die Christusähnlichkeit nobilitiert wird (Otto III.: Aachener Ottonenevangeliar). K. Niehr

Lit.: LCI I, 489; III, 136–142 – H. B. Meyer, Zur Symbolik frühma. M.bilder, Das Münster 14, 1961, 73–88 – H. Schrade, Die roman. Malerei. Ihre M., 1963, 11–84 – F. Rademacher, Der thronende Christus der Chorschranken aus Gustorf, 1964 – G. Cames, Byzance et la Peinture romane de Germanie, 1966, 33ff., 58ff. – S. Kaspersen, M. D., Regnum et Sacerdotium. Zum Entstehen und Leben des Motivs bis zum Investiturstreit, Hafnia 8, 1981, 83–146 – Ders., M. D., II: Das

Leben des Motivs in Skandinavien während der Kirchenkämpfe, Hafnia 10, 1985, 24–72 – R. KROOS, Die Bilder, Das Evangeliar Heinrichs des Löwen, Komm. zum Faks., hg. D. KÖTZSCHE, 1989, bes. 235ff. – A. v. EUW, Die M.-Bilder der otton. Kölner Malerschule (Ksn. Theophanu Bd. 1, hg. A. v. EUW und P. SCHREINER), 1991, 379-398.

Maifeld (campus Madius; Magiscampus), als Heeresversammlung der Franken Nachfolger des sog. →Märzfeldes, das →Pippin 755 in den Mai verlegte (Ann. Petav. a. 755: »rex ... placitum suum campo majo, quod ipse primus pro campo martio pro utilitate Francorum instituit, tenens«). Die Verlegung, pro utilitate Francorum begründet, hing offenbar mit der inzwischen erfolgten zahlenmäßigen Verstärkung der Reiterei zusammen, für die das erforderl. Futter auf Wiesen und Weiden besser im Mai als im März zu beschaffen war. Die Versammlung behielt den Charakter der Heerschau bei; sie diente auch weiterhin zu Beratungen des Kg.s mit dem Volk (Ann. regni Franc. a. 760: »consilium fecit cum Francis«) und blieb der Ort für die Übergabe der dona annualia an den Kg. (Ann. Bertiniani a. 837). Obwohl das M. unter Karl d. Gr. häufig erst in einem der folgenden Monate stattfand, wurde sein Name beibehalten, wie auch die Versammlung selbst nach bewährter Regel fortbestand. Unter Ludwig d. Fr. war diese Regelmäßigkeit infolge der Thronstreitigkeiten nicht mehr einzuhalten. So verschwand mit dem Namen jetzt auch das M. Seine Funktion ging auf die allg. Heeresversammlungen über, die im Anschluß an die ad hoc einberufenen Hoftage stattfanden, auf denen der Kg. mit den Großen die Angelegenheiten des Reiches beriet. J. Fleckenstein

Lit.: WAITZ 3, 561ff. – L. OELSNER, JDG Pippin, 1871, 264, 293ff. u. ö. – SCHRÖDER-KÜNSSBERG, 1922⁶, 160 – BRUNNER, DRG 2, 1958, 175f.

Mailand (Milano), Stadt in Oberitalien (Lombardei) und Ebm.

I. Stadt, Bistum, Wirtschaft im 4.–12. Jh. – II. Stadt, Bistum, Wirtschaft von 1200–1500 – III. Der Territorialstaat (Anfang 14. Jh.–Anfang 16. Jh.).

I. STADT, BISTUM, WIRTSCHAFT IM 4.–12. JH.: Im 5. Jh. v. Chr. von den gall. Insubrern gegründet und im 2. Jh. v. Chr. definitiv von den Römern erobert, erhielt M. (Mediolanum) erst infolge der Gewinnung der Alpenregionen in augusteischer Zeit eine geostrateg. bedeutende Position als natürl. Mittelpunkt eines weitverzweigten Netzes von Verkehrswegen (zu Lande und zu Wasser) zw. Adria und Tyrrhen. Meer und zw. der Poebene und den Provinzen nördl. der Alpen. Die strateg. Bedeutung der Stadt als Verkehrsknotenpunkt nahm im 3. Jh. zu, als die ersten Einfälle der germ. Völkerschaften die dauernde Präsenz von Heeresformationen in Norditalien erforderten. Bei der diokletian. Neuordnung des Reiches als Tetrarchie wurde M. 286 zum Sitz des Augustus des W erhoben. Die Stadt erreichte damals für mehr als ein Jahrhundert eine polit. und wirtschaftl. bedeutendere Stellung als Rom. In diesem Zeitraum erlebte M. auch in städtebaul. Hinsicht einen beachtl. Aufschwung: im SW des Mauerringes erstreckte sich der Komplex des Kaiserpalastes, im NO wurde der Mauerring aus republikan. Zeit erweitert und schloß nun ein ausgedehntes Wohngebiet ein mit grandiosen Thermenanlagen (Thermae Herculeae), im S (Ausfallstraße nach Rom) wurden eine mit Laubengängen versehene Straße und ein Triumphbogen errichtet. In seiner Funktion als Hauptstadt war M. Schauplatz wichtiger militär. und polit. Ereignisse wie des von Konstantin und Licinius erlassenen sog. Toleranzedikts (313). Das Christentum, das bereits im 2. Jh. in M. Fuß gefaßt hatte (erster sicher belegter Bf. Anatalon oder Anatolius Ende 2./Anfang 3. Jh.), verbreitete sich nach dem Edikt rasch unter der städt. Bevölkerung (die systemat. Missionierung des flachen Landes begann hingegen nicht vor dem 5. Jh.). Unter →Ambrosius (374–387), der zuerst das hohe Amt eines Consularis Aemiliae et Liguriae bekleidet hatte, gewann die Diöz. M. ein außergewöhnl. Ansehen und errang in gewissem Sinn auch in religiöser Hinsicht eine Vorrangstellung. Ambrosius, der bei Hof sehr geschätzt und häufig mit heiklen diplomat. Missionen betraut wurde, bewies gegenüber der Staatsmacht eine weitgehend unabhängige Haltung, v. a. in seinem Kampf gegen den von der Ksn. unterstützten Arianismus. Innerhalb seiner Diöz. widmete sich Ambrosius intensiv der Entfaltung der Liturgie, der Seelsorge und der Organisation der Mailänder Ortskirche. Er gründete neue Gotteshäuser außerhalb der Mauern (die Basilica Apostolorum [S. Nazaro] und die Basilica Martyrum [S. Ambrogio], vielleicht auch S. Simpliciano und S. Dionigi). Aus früherer Zeit stammen die beiden Kathedralen S. Maria Maggiore und S. Tecla und das Baptisterium S. Giovanni al fonte (S. Lorenzo hingegen, zuerst möglicherweise Palastkirche, stammt frühestens aus dem 5. Jh.). Ambrosius, der seine religiöse Autorität auf den Bereich ausdehnen konnte, den er als Konsular verwaltet hatte, errang schließlich den unbestrittenen Vorrang unter den anderen Ortskirchen der Italia annonaria. Daraus begründet sich die ungewöhnl. Ausdehnung der Mailänder Kirchenprovinz, die lange Zeit neben der Lombardei auch Piemont und Ligurien umfaßte. 402, nach dem ersten Einfall Alarichs, wurde der Regierungssitz nach →Ravenna verlegt, das leichter zu verteidigen war. Danach begann für M. eine Phase des Niedergangs, während der die Stadt mehrmals verwüstet und zerstört wurde (452, 493, 539). Infolge des Langobardeneinfalls (569) setzte sich der Niedergang der Stadt in verstärktem Maße fort, da der Bf., der Kathedralklerus und die Angehörigen der städt. Oberschicht nach Genua flohen, das noch in byz. Hand war. Erst nach der Eroberung der »Liguria marittima« (642–643) durch Rothari kehrte der Bf. nach M. zurück. Die lange Abwesenheit des Bf.s und seine Haltung im →Dreikapitelstreit hatten gravierende Auswirkungen auf das religiöse Leben in der Diöz. Außerdem führten sie zu einer beträchtl. Verkleinerung der Mailänder Kirchenprovinz infolge des Verlusts von Como und der weitgehenden Autonomie Pavias. Zudem hatte Pavia als Hauptstadt des Langobardenreichs größere polit. Bedeutung gewonnen als M. Dennoch nahm M. in relativ kurzer Zeit einen neuen Aufschwung, der v. a. den Bf.en zu verdanken ist, die mit Entschiedenheit die Restauration der Autorität ihres Metropolitansitzes betrieben und den Traditionen und Institutionen der Mailänder Kirche, die mit dem Namen des hl. Ambrosius verbunden sind, weithin Anerkennung zu verschaffen trachteten. Bereits im 8. Jh. wurde M. daher als wichtigstes kirchl. und polit. Zentrum des Langobardenreiches angesehen, wozu auch ein wirtschaftl. und demograph. Wachstum beitragen. Nach der Eroberung durch die frk. Karolinger nahmen die Bf.e (seit 777 als Ebf.e bezeichnet) regen Anteil am karol. Reformprogramm und förderten die Gründung der ersten Benediktinerkl. in der Nähe der außerhalb der Stadtmauern gelegenen Basiliken (784 S. Ambrogio, vor 835 S. Vincenzo, vor 881 S. Simpliciano). Nach langen Jahrhunderten erhielt M. durch das Wirken seiner Ebf.e wiederum eine Rolle als bedeutendes Kulturzentrum, das mit den wichtigsten Zentren nördl. der Alpen in Verbindung stand. Von den Ks.n unterstützt und gefördert, wurden die Ebf.e zu den wichtigsten Kirchenfs.en Reichsitaliens und verbanden polit. Macht mit wirtschaftl. Stärke, die sich auf den reichen Besitz der Mailänder Kirche gründete. Nicht zuletzt durch Berufung auf den hl. Ambrosius, der nun als Patron der Mailänder Kirche und der Stadt verehrt wurde, stärkten sie auch ihre religiöse Autorität in der Kirchenprovinz und in der Diözese. Bereits Ebf. Anspert (868-881), der in M. u. a. den städt. Verteidigungsapparat leitete, war so mächtig, daß er eine bedeutende Rolle bei der Regelung der ksl. Thronfolge spielen konnte. Im 10. und 11. Jh. besaßen die Ebf.e, die nunmehr zahlreiche Vasallen hatten, bereits eine Reihe von Burgen innerhalb und außerhalb der Diöz., mittels derer sie die wichtigsten Zugänge zur Lombardei vom Lago Maggiore bis zum Comersee kontrollierten. Seit →Aribert II. (1018-45) hatte der Ebf. faktisch nicht nur das Stadtregiment inne, sondern spielte auch eine entscheidende Rolle in der Reichsgeschichte. Zudem initiierte er eine ambitiöse Vormachtpolitik in der Lombardei, die für M. im Rahmen des allgemeinen wirtschaftl. Aufschwungs günstige Perspektiven eröffnete. Die rasche Entwicklung der Stadt und die zunehmende soziale Mobilität führten jedoch zu heftigen sozialen Spannungen und Kämpfen. Auf Auseinandersetzungen zw. den Capitanei (primi milites), die vom Ebf. unterstützt wurden, und den Valvassoren (secundi milites), denen Konrad II. die Erblichkeit der Lehen gewährte (1037), folgten Kämpfe zw. den cives (Grundbesitzer, Kaufleute, Gruppen von Handwerkern, Richter und Notare) und den Adligen, die für eine Reihe von Jahren ins Exil gezwungen wurden. Der 1045 geschlossene Friede war nicht von langer Dauer. 1057 gaben der Diakon →Ariald und der Mailänder Kleriker →Landulf den Anstoß zu einer religiösen Reformbewegung, der →Pataria, die Simonie und Klerikerkonkubinat zu bekämpfen suchte, beides in M. weit verbreitete Phänomene. Da jedoch der Mailänder Klerus durch verwandtschaftl. Beziehungen und Interessen mit dem Feudaladel verbunden war, mündete die religiöse Polemik in gewalttätige Auseinandersetzungen und nahm bürgerkriegsartige Formen an: Die Patariner wurden dabei vom Papsttum unterstützt; zu den Gegnern der Pataria zählte auch der Ebf. Im →Investiturstreit trat dieser auf die Seite des Ks.s und des von ihm eingesetzten Gegenpapstes. Die religiösen Auseinandersetzungen und die Verwicklung der Mailänder Kirche in das Schisma führten zu einer Krise der religiösen und polit. Autorität der Ebf.e und des komplizierten Geflechts von Beziehungen und Abhängigkeiten kirchl., lehnrechtl. und wirtschaftl. Art, in deren Zentrum die Ebf.e standen. Nachdem die Ebf.e 1088 wieder in die röm. Oboedienz zurückgekehrt waren, gewannen sie zwar rasch ihre geistl. Autorität zurück, konnten jedoch nicht mehr ihre frühere polit. Vorrangstellung in der Stadt erreichen. Dort hatte sich nunmehr eine aus Laien gebildete Führungsschicht etabliert, die Ende des 11. Jh. (1097) eine konsular. Verfassung einrichtete und sich immer stärker vom Ebf., mit dem sie ursprgl. zusammengearbeitet hatte, löste, so daß sie bereits in den zwanziger Jahren des 12. Jh. eigenverantwortl. das Stadtregiment führte, die wirtschaftl. und polit. Interessen M.s vertrat und sogar die Verteidigung der traditionellen Vorrechte der Ambrosian. Kirche gegenüber potentiellen Angreifern übernahm. Unter der Leitung der Konsuln strebte M. die Kontrolle über die Verkehrswege an und bekämpfte seine gefährlichsten Rivalen: 1111 wurde Lodi unterworfen, 1127 Como zerstört. Diese aggressive Politik veranlaßte einige nordit. Städte, Friedrich I. Barbarossa zur Intervention gegen M. zu bewegen. Nach einer ersten Belagerung (1158) ergab sich M., rebellierte jedoch kurz nach dem Hoftag v. →Roncaglia erneut, da es die vom Ks. beanspruchten Regalien nicht abtreten wollte. Nach einem Krieg, der das ksl. Heer, verstärkt durch Kontingente antimailänd. lombard. Städte, lange in Anspruch nahm, wurde die Stadt teilweise zerstört und ihre Einwohner in Vorstädte umgesiedelt (1162). Bereits 1167 begann der Wiederaufbau nach dem Eintritt M.s in die →Lombard. Liga. In den folgenden Jahren gewann M. zunehmend Bedeutung und wurde schließlich nach dem Sieg von →Legnano (1176) die führende Macht innerhalb der Liga. Nach dem Frieden von →Konstanz (1183) näherte sich M. wieder dem Ks. und errang, nicht zuletzt dank eines wichtigen von Friedrich I. 1185 erwirkten Privilegs, erneut die Vormachtstellung in Oberitalien. Durch Verstärkung der polit. Kontrolle über seinen riesigen Contado mittels Verträge und Bündnisse und auch durch eine aggressive Politik gegen jeden, der ihm im Wege stand, gewann M. die Freiheit des Handels und des Personenverkehrs (Alpenpässe, Genua, Adria, Süden). Auf dem Höhepunkt seiner Expansionspolitik hatte M. jedoch schwere innere Krisen zu bestehen. Neue Gesellschaftsschichten, die infolge der Entwicklung des Handels aufgestiegen waren, drängten nach Übernahme von entscheidenden polit. Funktionen in der Stadt, gegen den Willen der alten kommunalen Aristokratie, die nicht auf ihre bisher ausgeübte Rolle verzichten wollte. 1198 vereinigte sich der Popolo (v. a. Handwerker und Kaufleute) in der »Credenza di S. Ambrogio« und gab sich eigene Behörden und Ordnungen sowie eine militär. Organisation. Mit dem Popolo verbündete sich die »Motta«, eine Partei, die Mitglieder der Feudalhierarchie und alteingesessene Bürger, darunter viele Kaufleute, umfaßte. Zw. den städt. Faktionen (Adel, Motta und Credenza di S. Ambrogio) begann damit eine Periode harter, z. T. bürgerkriegsartiger Auseinandersetzungen, unterbrochen von kurzen Friedenszeiten. Das erstmals 1186 eingeführte Podestà-Regiment, das sich in der Folgezeit mit dem Regiment der Konsuln abwechselte, setzte sich 1214 endgültig durch. Im gleichen Jahr wurde die Aufteilung der kommunalen Ämter zw. den Adligen einerseits und der Credenza und der Motta andererseits festgesetzt. Zwei Jahre danach wurden die städt. Gewohnheitsrechte von einer durch den Podestà ernannten Kommission aufgezeichnet (→Liber consuetudinum). Auch die neue Verfassung und Rechtsordnung konnte jedoch die innerstädt. Kämpfe nicht beenden.

Wirtschaft (4.-12. Jh.): Als M. Regierungssitz des Augustus des W wurde, bedeutete dies den Beginn einer Blütezeit für die Stadt, die bereits seit geraumer Zeit ein bedeutendes administratives und wirtschaftl. Zentrum war. Im 3. und 4. Jh. erlebten sowohl Landwirtschaft und Handel wie Städtebau und Handwerk eine bedeutende Entwicklung, v. a. auf dem Sektor der Luxusgüter. Nach einer langen Rezessionsphase, die mit den Einfällen der germ. Völkerschaften im 5. Jh. begann, kam es im 8. Jh. zugleich mit einer neuen Konsolidierung des Territorialbesitzes zu einem Aufschwung von Handwerk und Handel, der sich in karol. Zeit verstärkte, nicht zuletzt infolge der Beziehungen M.s zu anderen Gebieten des Reiches. Seit dem Ende des 10. Jh. zeigen die Q. ein deutl. Bevölkerungswachstum und eine verstärkte Tendenz zur Stadtsässigkeit. Dies führte zu einer stärkeren Entwicklung des städt. Lebens und der Geldwirtschaft sowie zu einem engen Austausch zw. Stadt und Umland. Zeichen für den vermehrten Wohlstand ist u. a. die intensive Bautätigkeit im 11. und 12. Jh., v. a. im kirchl. Bereich. Im 12. Jh. sind auf jedem Gebiet bedeutende Anzeichen der Veränderung und Entwicklung sichtbar: der Grundbesitz wurde reorganisiert, um eine rationellere Bodennutzung zu erzielen,

es entstanden bedeutende Kanalbauten; Textilprodukte und Metallverarbeitung nahmen deutlich zu; der Aktionsradius der Mailänder Kaufleute vergrößerte sich zunehmend und bildete ein Vorspiel zu den großen Erweiterungen des Wirtschaftsraumes in den folgenden Jahrhunderten.
A. Ambrosioni

Lit.: C. VIOLANTE, La società milanese nell'età precomunale, 1953, 1981[3] – Storia di Milano (Treccani), I, 1953 [A. CALDERINI, A. PASSERINI]; II, 1954 [G. P. BOGNETTI]; III, 1954 [G. L. BARNI, E. CATTANEO]; IV, 1954 [G. L. BARNI, E. CATTANEO, G. FRANCESCHINI] – G. ROSSETTI, Società e istituzioni nel contado lombardo durante il Medioevo. Cologno Monzese, I, Secc. VIII–X, 1968 – H. KELLER, Die soziale und polit. Verfassung M.s in den Anfängen des kommunalen Lebens, HZ 211, 1970, 34–64 – A. HAVERKAMP, Das Zentralitätsgefüge M.s im hohen MA (Zentralität als Problem der ma. Stadtgesch.sforsch., hg. E. MEYNEN, 1979), 48–78 – H. KELLER, Adelsherrschaft und städt. Gesellschaft in Oberitalien, 9.–12. Jh., 1979 – A. HAVERKAMP, La Lega lombarda sotto la guida di Milano (1175–1183), (La pace di Costanza. [Milano-Piacenza, 27–30 apr. 1983], 1984), 159–178 – Milano e i Milanesi prima del Mille. Atti del 10° Congr. int. di studi sull'alto medioevo (Milano, 26–30 sett. 1983), 1986 [A. AMBROSIONI, E. CATTANEO, M. FERRARI, E. GABBA, G. ROSSETTI, G. TABACCO] – F. OPLL, Stadt und Reich im 12. Jh. (1125–1190), 1986, 317–342 – Milano e il suo territorio in età comunale. Atti dell'11° Congr. int. di studi sull'alto medioevo (Milano, 26–30 ott. 1987), I–II, 1989 [A. AMBROSIONI, F. MENANT, E. OCCHIPINTI, F. OPLL, G. ROSSETTI, G. SOLDI RONDININI, G. TABACCO, P. TOMEA] – Milano capitale dell'impero romano, 286–402 d.c., 1990 [L. CRACCO RUGGINI, Milano da »metropoli« degli Insubri a capitale d'Impero: una vicenda di mille anni, 17–22].

II. STADT, BISTUM, WIRTSCHAFT VON 1200–1500: [1] *Die Herrschaft der Della Torre und der Visconti:* Die langen Auseinandersetzungen zw. den Faktionen, die von einem Zusammenbruch der öffentl. Ordnung, von Kämpfen, Exilierungen und Repressalien begleitet waren, verlangten dringend nach einer Lösung, die schließlich – kurz nach der Mitte des 13. Jh. – in der Errichtung einer Signorie gefunden wurde: dabei trat die neue Form des Stadtregiments nicht in scharfen Gegensatz zu den kommunalen Institutionen, sondern entwickelte sich aus diesen und leitete ihren Legitimitätsanspruch offenbar von ihnen ab. Nicht nur die Notwendigkeit, den Kämpfen zw. der alten kommunalen Aristokratie der Motta und den in der Credenza di Sant' Ambrogio organisierten Elementen des Popolo (v.a. Großkaufleute) ein Ende zu setzen, sondern auch die ambitiösen Programme der polit. und wirtschaftl. Expansion der Stadt erforderten ein starkes und einheitl. Stadtregiment vom Typus einer Signorie. So erhielt im Lauf der Kämpfe gegen →Ezzelino da Romano (1258/59) der Capitano del popolo und Podestà Martino della Torre, der die Unterstützung der Credenza di Sant' Ambrogio genoß und an der Spitze einer philo-guelf. Partei stand, außergewöhnl. Machtbefugnisse und den Titel »Anziano perpetuo del popolo di Milano«. Nach seinem Tod (1263) wurden sein Bruder Filippo und darauf (1265–73) Raimondo della Torre, Bf. v. Como, ein angesehener Vertreter des it. Guelfentums, seine Nachfolger. Die guelf. Torriani-Partei wurde jedoch von der philoghibellin. Partei unter dem Bf. Ottone aus der Familie →Visconti verdrängt (Vertretern jener milites-Aristokratie, die sich nicht zuletzt dank ihrer krieger. Traditionen im unruhigen Klima der Spätzeit der Kommune durchsetzen konnten). 1277 wurde Ottone Visconti nach der Niederlage der Torriani bei Desio Stadtherr. Eine Stärke der neuen Signorie war ihre Politik, zw. den städt. Faktionen zu vermitteln. (Die Handwerker und Kaufleute schlossen sich aus diesem Grunde nicht zu neuen Organisationen des Popolo zusammen, da sie ihre Interessen hinreichend durch den Signore vertreten fanden.) Der Neffe und designierte Nachfolger des Ebf.s, Matteo Visconti, hatte das Amt des Capitano del popolo 1287, 1289 und von da an für jeweils 5 Jahre bis 1302 inne. 1294 hatte er zudem von →Adolf v. Nassau den Titel eines Reichsvikars erwirkt, der seiner Autorität eine zusätzl. Legitimität verlieh. Die Herrschaft der Familie Visconti nahm immer deutlicher die Züge einer Signorie an. Dennoch gelang es den Torriani unter Guido della Torre für knapp zehn Jahre (1302–1310), die Stadtherrschaft an sich zu bringen. Dank der Unterstützung Heinrichs VII. gewann sie Matteo Visconti jedoch zurück. 1330 erhielt Azzone (trotz seiner Spannungen mit Ludwig d. Bayern) den Titel »dominus generalis«, und wenige Jahre danach wurde die Erblichkeit der Nachfolge innerhalb der Familie festgesetzt und sanktioniert.

[2] *Institutionelle, wirtschaftliche und urbanistische Auswirkungen der Visconti-Signorie:* Die Konsolidierung der Signorie bewirkte, daß die Kommune als autonomer polit. Organismus geschwächt und zu einer untergeordneten Rolle gezwungen wurde, die ihr nur eine indirekte Teilnahme an der Politik des Visconti-Staates erlaubte. Die traditionellen Organe des kommunalen Stadtregiments wurden ihrer Kompetenzen beraubt oder überhaupt aufgehoben oder zu Organen mit rein beratender Funktion herabgestuft. Auch die lebhafte polit. und soziale Dialektik, die für die vorhergehende Epoche kennzeichnend gewesen war, schwächte sich ab. Die Zünfte und Korporationen, die sich auch in Mailand als Ausdruck intensiver handwerkl. Produktion und Handelstätigkeit entwickelt hatten, waren weder gewillt noch befähigt zu polit. Aktionen, wie sie in anderen nord- und mittelit. Städten an der Tagesordnung waren. Anstatt der in den früheren Jahrhunderten bedeutenden sozialen Schichten und Familien hatte ein sich nach außen weitgehend abschließendes Patriziat die Vorrangstellung inne, das sich im Umkreis der Signorenfamilie entwickelt hatte; aus dem alten führenden Schichten der Kommune rekrutierten sich viele Vertreter der neuen Bürokratie.

Durch die Signorie wurde die Verfestigung jener Konstellation von Städten und Territorien, die seit geraumer Zeit unter der Hegemonie M.s standen, zu einer neuen staatl. Organisation gefördert (s. Abschnitt III.): Dies trug wohl zu weiterem Anwachsen des bereits bestehenden Reichtums und der Prosperität der Stadt M. bei. Jedenfalls setzte sich die wirtschaftl. Blüte M.s, die Phase der Expansion und des Wachstums, fort. →Bonvesin de la Riva gibt in seinem Werk »De magnalibus urbis Mediolani« (1288) – trotz der üblichen rhetor. Übertreibungen des lit. Genus »Städtelob« – eine im wesentl. den Tatsachen entsprechende Schilderung der ma. Großstadt: mit hoher Bevölkerungszahl, lebhafter Wirtschaft, deren Schwerpunkt im Textilgewerbe lag, und prachtvollen Palästen und Kirchen. Auch die Krise des 14. Jh. konnte diese Konjunktur nur unwesentl. dämpfen.

Ein weiter Mauerring (dessen ursprgl. Erdwälle und Palisaden vor einem im 2. Viertel des 14. Jh. fertiggestellten zinnenbekrönten Mauer mit 6 Haupttoren und einigen kleineren Nebentoren ersetzt worden waren) umfaßte rund 240 ha. Unter allen it. Städten besaß M. das größte Areal innerhalb des Mauerrings. Diese Fläche blieb auch im 14. Jh. (nicht zuletzt infolge der Stagnation des Bevölkerungswachstums) im wesentl. unverändert. Erst zu Beginn des 16. Jh. fand durch den Bau der sog. Spanischen Mauern eine erhebl. Erweiterung der Stadtfläche statt. Die Visconti ließen auch neue Befestigungen anlegen. Ende des 14. Jh. wurde der Wohnsitz der Signoren (früher in der Nähe des Doms) in das am NW-Rand der Stadt gelegene Kastell verlegt: ein beredtes Zeichen der Distanzierung des Herrschers von der Stadtbevölkerung. Die Topographie der Stadt wurde auch durch die Entwicklung des komplexen Systems von Kanälen (Navigli) und Wasserläufen (die später allmähl. überdeckt wurden) geprägt. Die Navigli lieferten das benötigte Wasser für die Gerbereien und Färbereien (die sich im S des Wohngebiets konzentrierten) und für die zahlreichen Mühlen, Papiermühlen, Walkereien und Sägewerke, die sich an ihren Ufern befanden. Sie waren auch für den Güter- und Lebensmitteltransport und für die Verteidigung wichtig.

Der Beginn des Dombaus (1386) gab dem künstler. Leben der Stadt kräftige Impulse (wo bereits früher das Mäzenatentum der Visconti Künstler wie Giotto, Giovanni di Balduccio und verschiedene campiones. Meister angezogen hatte). Die Dombauhütte blieb jahrhundertelang ein Zentrum künstler. Aktivität und Experimentierfreude.

Das innenpolit. Leben der Stadt weist in dieser Zeit kaum bedeutende Fakten auf, da die alten Familien und die Schichten des Popolo nur geringe Möglichkeiten zur aktiven Teilnahme hatten, außer in der Verwaltungshierarchie des Signore und abhängig von dessen Entscheidungen. Auch infolge der Residenz der Visconti in M. büßte die Stadt an Selbständigkeit ein und unterlag einer stärkeren Kontrolle als die anderen Städte, die den Visconti unterstanden, wobei die Consigli und die kommunalen Behörden zusehends weniger Aktivität entwickelten.

[3] *Ende der Viscontiherrschaft, Ambrosianische Republik:* Stärkere Möglichkeiten zu polit. Intervention eröffneten sich nur während dynast. Krisen wie 1385-88 und 1402-12. In bes. Maße war dies nach dem söhnelosen Tod Filippo Maria Viscontis (1447) der Fall: Die wichtigsten Familien der Stadt, unterstützt vom gesamten Popolo, suchten die kommunalen, republikan. Institutionen wiederzubeleben und begründeten die sog. →Ambrosianische Republik (»Aurea Repubblica Ambrosiana«), die nach dem Modell der alten Stadtregimente gebildet wurde. Dieses anachronist. Regime war jedoch zu schwach, um sich zu konsolidieren und fand auch bei den anderen lombard. Städten keine Unterstützung. Sehr bald traten heftige innenpolit. Konflikte auf: es formierten sich eine Popolarenfaktion, die nach Verteidigung städt. Unabhängigkeit strebte und eine Faktion der reicheren Schichten und des Adels, die die Regierung der Republik in eine Art Komitee zum Schutz der Mailänder Interessen in Erwartung eines neuen Signore verwandeln wollte. Das Eingreifen verschiedener Machthaber und Signoren, die die Nachfolge der Visconti-Signorie anstrebten, komplizierte die Lage. Unter ihnen allen gewann schließlich der frühere Kondottiere Francesco →Sforza, der Schwiegersohn des toten Hzg.s, die Oberhand. Nachdem er der Reihe nach verschiedene lombard. Städte, die seinem Schwiegervater gehört hatten, besetzt hatte, wurde er schließlich von den Mailändern – nicht ohne Widerstände – im März 1450 als Signore akzeptiert und einige Jahre später im Frieden v. →Lodi von den Mächten Italiens als Hzg. v. M. anerkannt.

[4] *Die Herrschaft der Sforza; wirtschaftliche und soziokulturelle Auswirkungen:* Die Sforza-Herrschaft brachte M. eine neue Periode der Prosperität, die nicht zuletzt durch die lange Friedenszeit, die das Gleichgewichtssystem den it. Mächten sicherte, ermöglicht wurde. Die Einw.zahl war nach der Krise im 14. Jh. auf mehr als 50–60000 gestiegen (nach anderen Schätzungen sogar auf fast 100000). Zwar befand sich die Maiänder Woll- und Tuchproduktion in einer Krise, die Waffenherstellung, Goldschmiedekunst, Tapisserie- und Seidenherstellung erlebten hingegen einen starken Aufschwung. Auch der Fernhandel der Mailänder Kaufleute mit Deutschland, Südfrankreich, Katalonien und Kastilien entwickelte sich zusehends. Die Versorgung der Stadt mit Lebensmitteln war in reichem Maß durch die florierende Landwirtschaft der bewässerten Poebene gesichert, wo bereits fortschrittl. Anbaumethoden mit einem Rotationssystem angewandt wurden, in dem Produktion von Futtermitteln und Viehzucht mit Getreidebau abwechselten. Für das Gesundheitswesen und das öffentl. Leben der Stadt stellte die Zusammenlegung vieler Hospitäler zu dem Ospedale Maggiore (dessen Bauplan z. T. auf Filarete zurückgeht) einen wichtigen Faktor dar, ebenso die Gründung anderer sozialer Einrichtungen wie Monte di Pietà, Compagnia di Carità, Lazzaretto. Obwohl M. keine Univ. besaß, war es auch ein bedeutendes Zentrum der Kunst und Kultur. Bereits Ende des 14. Jh. hatten Hofdichter (im Gegensatz zum Florentiner Humanismus, der die republikan. Ideale propagierte), die Funktion des Herrschers als Garant von Frieden, Gerechtigkeit und Ordnung gefeiert. Im 15. Jh. lebten in M. Humanisten wie P. C. →Decembrio, F. →Filelfo, G. →Barzizza, B. Calco, der Geschichtsschreiber B. →Corio, der griech. Gelehrte D. →Chalkondylas, der Mathematiker L. →Pacioli. Der Buchdruck wurde von P. Castaldi, A. Zarotto und F. Lavagna eingeführt (1470-71). In M. wirkten ferner Bramante (S. Maria delle Grazie, San Satiro) und Leonardo da Vinci, der auch als Wasserbauingenieur für die Regulierung der Navigli und als Konstrukteur von Theatermaschinen für die Hoffeste tätig war. Galeazzo Maria →Sforza gründete eine Musikkapelle, die in Italien die ndl. Tonkunst einführte. Der Hof von →Ludovico il Moro und Beatrice d'Este galt als der prunkvollste und reichste der ganzen Apenninenhalbinsel.

Die Folgezeit war gekennzeichnet durch die frz. Eroberung 1499 (vgl. Abschnitt. III.), die »Italienkriege« und eine damit einhergehende schwere Wirtschaftskrise. Die zeitgenöss. Chronistik (Andrea da Prato, Ambrogio da Paullo, Burigozzo) bezeugt die Verwüstungen und die zahlreichen Todesopfer jener Jahrzehnte. Obwohl den Mailänd. Führungsschichten infolge der polit. Ereignisse plötzl. eine Rolle in vorderster Front zugefallen war, zwar nicht als selbständigen Regenten der Stadt, sondern als obligaten Ansprechpartnern der wechselnden Machthaber, gelang es ihnen nicht, eine einheitl. Linie oder einen klaren Regierungsplan zu entwickeln; ihre distanzierte und passive Haltung war das Ergebnis einer nunmehr traditionellen polit. Lethargie und des resignierten Bewußtseins, daß das Geschicke der Stadt in fremder Hand lagen und kein Freiraum für eigene Interventionen bestand. Die großen Familien und verschiedene Gesellschaftsgruppen stellten bestenfalls Repräsentanten und Komitees, die mit den wechselnden Stadtherren verhandeln sollten, entwickelten aber keine Führungskapazitäten und führten sie keine eigenständige Politik wie etwa in den gleichen Krisenjahren das ven. und Florentiner Patriziat. Statt eine – undenkbare – volle Souveränität anzustreben, trachtete die Mailänder Führungsschicht nach der Anerkennung bestimmter autonomer Freiräume und der Stärkung von Institutionen und Behörden (städt. Dekurionat, Senat), die gegenüber fremden Machthabern die Selbständigkeit verteidigen sollten, wie dies schließlich unter der Habsburgerherrschaft geschehen konnte.

III. DER TERRITORIALSTAAT MAILAND (ANFANG 14. JH.– ANFANG 16. JH.): [1] *Der Visconti-Staat:* Die Voraussetzung zur Bildung eines »Staats« M. – der nicht nur den Mailänder Contado umfaßte, sondern auch zahlreiche Nachbarstädte mit ihren Territorien – bildete der bereits sehr früh von M. entwickelte Hegemonieanspruch auf einen großen Teil der westl. Lombardei, basierend auf seiner günstigen geograph. Lage und als Sitz eines Ebm.s, das seinen religiösen und polit. Einfluß auf die benachbarten Diöz.en und Städte ausdehnte, sowie als beachtl. wirtschaftl. und militär. Zentrum. Die Vorrangstellung M.s gegenüber den anderen lombard. Städten war bereits zur Zeit der verschiedenen antistauf. Ligen evident; sie verstärkte sich in der 2. Hälfte des 13. Jh. in der Mitte und im W der Poebene, einem geograph. und wirtschaftl. homogenen Gebiet, in dem das System selbständiger Stadtstaaten sich infolge beständiger interner Spannungen und Kriege gegen Nachbarstädte als nicht mehr lebensfähig erwies. Das Aufkommen der starken Visconti-Signorie in der Stadt M. bewirkte, daß die Stadtkommunen der Mittel- und Westlombardei fast naturgemäß in einem Territorialorganismus aufgingen, der – um den Preis polit. Unterwerfung – der ganzen Region den Frieden garantierte. Die Konsolidierung der Signorie unter Azzone, seit 1330 dominus generalis, entsprach der Festigung einer Konstellation von Städten und Territorien, die seit geraumer Zeit von M. abhängig waren: Außer den Städten, die bereits seit langem M. untertan waren (wie Lodi und Como) erkannten in rascher Folge Bergamo und Novara (1332), Cremona (1334), Piacenza (1336), Brescia (1337), Asti (1341), Parma (1346) und Pavia (1359) die Visconti als Signoren an. M. erhielt damit die Anerkennung jener Hauptstadtfunktion, die es seit langem in Ansätzen ausgeübt hatte.

Der Visconti-Staat – Erbe der Macht und des Hegemonieanspruchs der ambrosian. Metropole und Ausdruck der polit. und militär. Dynamik der jungen Dynastie – wurde seit dieser Zeit das stärkste und aktivste Element der it. Politik. Eine lange Expansionsphase führte zur zeitweiligen Besetzung zahlreicher wichtiger Städte: Bologna (1350–55), Genua (1353–56), in der Folge auch Reggio Emilia (1471 bis zum Beginn des 15. Jh.). Der 'Staat' besaß jedoch keine festgefügte polit. Einheit; es handelte sich dabei eher um ein Agglomerat von Städten, denen gemeinsam war, daß sie sich alle ein und derselben Dynastie unterworfen hatten (die jedoch ihren autonomen Traditionen treu blieben und nur widerstrebend in einem größeren, vom Signore beherrschten Staatsgebilde aufgingen), als um eine geschlossene territoriale Einheit. Ein weiteres Motiv für den schwachen Zusammenhalt innerhalb des Visconti-'Staates' war die Praxis der Erbteilungen unter den verschiedenen Mitgliedern der Familie (z.B. unter Luchino und Giovanni, den Söhnen Azzones, 1339 sowie 1354 unter den Neffen der Ebf.s Giovanni Matteo, Galeazzo und Bernabò). Im wesentl. konnte jedoch die Einheit der Herrschaft bewahrt werden, da die verschiedenen Visconti eine relativ übereinstimmende und recht erfolgreiche Italienpolitik betrieben.

Der Territorialstaat M. erlebte seinen Höhepunkt Ende des 14. Jh. als der ganze Herrschaftsbereich in den Händen des Gian Galeazzo →Visconti vereinigt war, teils ererbt von seinem Vater Galeazzo, dem Signore v. Pavia († 1378), teils durch rücksichtslose Ausschaltung seines Onkels Bernabò (Signore v. M. und Chef des Hauses). Gian Galeazzo führte eine Reihe erfolgreicher Kriege im Veneto, durch die er Verona, Vicenza und Padua erwarb (1387–88) und die Signorien der Scaliger und der Da Carrara verdrängte; in Mittelitalien gewann er Perugia, Assisi, Siena (1399), Pisa (1400), Bologna (1402) und umstellte mit seinen Truppen die große Rivalin Florenz. Gian Galeazzo, der 1395 von Ks. Wenzel zum Hzg. erhoben wurde – was seine Macht auf eine festere rechtl. Basis stellte und ihm einen höheren Rang verlieh, als ihn alle anderen Signoren Mittel- und Norditaliens besaßen –, schien im Begriff, einen großen Teil der Apenninenhalbinsel unter seine Herrschaft zu bringen: ein neues Kgr., wie die Hofdichter sagten, das Ordnung und Frieden zurückbringen würde. Diese Pläne erwiesen sich jedoch rasch als Illusion, als Gian Galeazzo plötzlich starb († 1402), und da auch Florenz entschiedenen Widerstand leistete. In diesem Widerstand (der mit lebhafter antivisconteischer Propaganda im Namen der republikan. Freiheiten einherging) zeigte sich deutlich, daß eine polit. Welt wie die it., in ihrer starken Zersplitterung und ihrem Partikularismus, sich nicht ohne weiteres zu einer aus mehreren Städten bestehenden, von einem Herrscher regierten, festen Staatskonstruktion zusammenschließen konnte.

Der Tod des Hzg.s führte zu einer schweren inneren Krise des Mailänder Territorialstaats: von neuem unter die drei jungen Söhne Gian Galeazzos aufgeteilt (der Hzg.stitel und der Kern des Hzm.s, die Gebiete im Umkreis von M., fielen an den Erstgeborenen Giovanni Maria), zerfiel er in eine Großzahl kleinerer Signorien, die in verschiedenen Städten von Condottieri oder örtl. Adligen begründet wurden (wie Facino →Cane in Alessandria und Novara, Cabrino Fondulo in →Cremona, die Beccaria in →Pavia, die Terzi in →Parma usw.). Erst nach rund 20 Jahren Anarchie gelang es dem zweiten Sohn des Gian Galeazzo, Filippo Maria, der 1412 die Nachfolge seines Bruders angetreten hatte, den Kern des Herrschaftsgebietes Gian Galeazzos wieder zu konsolidieren; die Dimension dieser auf die Lombardei beschränkten Gebiete entsprach besser dem System des Gleichgewichts, das sich zw. den großen Territorialstaaten der Halbinsel (neben M. Venedig, Florenz, das Kgr. Neapel und der Kirchenstaat) herausgebildet hatte; ein System, das offenbar niemand von ihnen um des eigenen Vorteils willen zu durchbrechen versuchte, wie es ein Jahrhundert früher den Visconti z.T. gelungen war. Den Versuchen Filippo Marias, die expansionist. Politik seines Vaters wiederaufzunehmen, war letztl. kein Erfolg beschieden, weder gegen Venedig (das nun seine Terrafermapolitik betrieb, durch die es die ehemals zur Viscontiherrschaft gehörenden Städte Bergamo und Brescia in seinen Besitz brachte) noch gegen den Kirchenstaat, trotz dessen Schwächung durch das Schisma.

[2] *Institutionen und Regierungsstrukturen des Hzm.s:* In der Regierungszeit Gian Galeazzos und Filippo Marias festigten sich die Regierungsstrukturen des Mailänder Staates, von denen sich einige auch nach dem Verlust der Unabhängigkeit bis in die NZ hielten. Innerhalb der Kanzlei, dem Zentrum der Administration und der Regierung, wurden Ämter und Kompetenzen genauer definiert; der »Consiglio privato« der Visconti teilte sich zur Zeit Gian Galeazzos in zwei unterschiedl. Organe: den »Consiglio di giustizia« mit Funktionen der Rechtsprechung und den »Consiglio segreto« mit polit. Aufgaben. Die Finanzverwaltung, die den »Maestri delle entrate« am Hof von M. sowie den Referendaren und Schatzmeistern in den verschiedenen Provinzen oblag, strebte nach Ausweitung ihrer Kompetenzen v.a. im komplexen Bereich der Aufteilung und Eintreibung der Tribute, in dem die mächtigsten Stadtkommunen seit den Anfängen der Visconti-Signorie beträchtl. Einfluß beanspruchten. Die Rechtsprechung oblag in den Städten und zahlreichen kleineren Zentren des Herrschaftsgebiets jeweils einem vom Hzg. ernannten Podestà. 1423 wurde für jede Stadt je ein Kommissar bestellt, der als direkter Vertreter des Hzg.s fungierte und an der Seite der alten städt. Behörden wirkte. Ferner entstand ein neues Gesetzescorpus, das aus Dekre-

ten zusammengestellt war und die städt. Statuten ersetzte und ergänzte, die ihrerseits neugeordnet und revidiert wurden.

Die im Hzm. M. geschaffenen neuartigen und vielfältigen Regierungsinstitutionen erinnern bisweilen, was den Geist, der sie beseelte, betraf, an Vorformen eines »modernen Staats« oder eines machiavellist. Absolutismus. Trotz aller Innovationen konnten jedoch keine hinreichend stabilen Strukturen ausgebildet werden, um den Partikularismus der Städte, der großen Signorien in den Contadi, der Landgemeinden und alpinen Talschaften in Schranken zu halten. Deshalb mußten die Visconti – ähnl. wie andere Mächte in Italien – nicht nur neue Instrumente direkter Regierung schaffen, sondern v. a. auch durch eine Reihe von Verträgen und bilateralen Abkommen mit den kleineren polit. und territorialen Organismen, die ihren Herrschaftsbereich bildeten, nach festeren Stützpunkten ihrer Macht trachten. Sie griffen daher zu – häufig erneuerten – Signorieverträgen mit den Städten und anderen größeren Zentren, denen zahlreiche Vorrechte jurisdiktioneller und fiskal. Art eingeräumt wurden, sowie zu einer intensiven Belehnungspolitik (auch von den Sforza fortgesetzt), die bis ins 18. Jh. tiefe Spuren im Staat hinterließ. Diese Investituren dienten zur Anerkennung und Kontrolle alter ländl. Grundherren sowie zur Belohnung der Getreuen des jungen Hzm.s wie Condottieri, hohe Amtsträger, Adlige, lokale Honoratioren. Der Mailänder Territorialstaat wies also eine eher föderalist. als absolutist. Struktur auf und hinterließ den folgenden Jahrhunderten eine Situation als Erbe, in der die mittleren polit. Organismen reiche Autonomien und Privilegien besaßen.

[3] *Krise des Hzm.s. Neuer Aufschwung unter den Sforza und schließlich Dekadenz:* Wie fragil die Struktur des Mailänder Staates im Grunde war, zeigte sich in der neuen Krise, die auf das Erlöschen der Viscontidynastie (Filippo Maria, † 1447) folgte: viele Städte, unter ihnen M. selbst, erklärten sich frei, und verschiedene »Signoren« (Pallavicini, Rossi, Rusca, Dal Verme u. a.) begannen eine autonome Politik zu betreiben. Die Auflösung des Hzm.s wurde durch die mühevolle Restaurationspolitik F. →Sforzas abgewendet; erst im März 1450 gelang es ihm, sich als neuer Hzg. v. M. anerkennen zu lassen. Der Widerstand Venedigs führte zum Krieg, der schließlich durch den Frieden v. →Lodi (1454) beendet wurde, in dem – um den Preis des Verlusts von Cremona – die Eroberungen des Sforza definitiv anerkannt wurden. Das erreichte Gleichgewichtssystem und die Stärkung der Achse M.-Florenz sicherten der gesamten Apenninenhalbinsel eine lange Friedenszeit.

Für das Hzm. bedeutete dies eine Periode allgemeinen, wenn auch langsamen Aufschwungs, sowohl in wirtschaftl. wie in demograph. Hinsicht. Es folgte rasch eine Periode polit. Stabilität (an der Spitze der Kanzlei stand bis 1478 der äußerst fähige Cicco →Simonetta), die bis zu jener inneren Krise anhielt, die durch die zentralist. Politik Galeazzo Maria Sforzas hervorgerufen wurde und in der Ermordung des Hzg.s (1476) gipfelte. Aus den anschließenden Nachfolgekämpfen ging →Ludovico il Moro als Sieger hervor (1479). Das innere Gefüge des Staates war jedoch geschwächt, nicht zuletzt durch die unüberwindbare Finanzkrise. Der Ferrarakrieg (1482–84) war ein Zeichen, daß das Gleichgewicht der Mächte Italiens ins Schwanken geriet. Der Friede dauerte jedoch noch weitere zwanzig Jahre und mit ihm die Herrschaft der Sforza über M.

In der Geschichte des Hzm.s trat Ende des 15. Jh. eine brüske Wendung ein. Der Italienzug Karls VIII. v. Frankreich (1494–95) hatte die Schwäche des polit. Gleichgewichts in Italien erwiesen. Wenige Jahre danach fiel Ludwig XII. in das Hzm. ein (1499). Nach einem kurzfristigen Restaurationsversuch der Sforza wurde 1500 das Hzm. M. erobert, das erste Opfer des Angriffs der großen europ. Mächte gegen das in Regionalstaaten zersplitterte und zutiefst uneinige Italien. In den jahrzehntelang sich hinziehenden Kämpfen, die von einer schweren Wirtschaftskrise begleitet wurden, verlor der Mailänder Territorialstaat einige Gebiete: Die Schweizer Eidgenossen besetzten 1503 Bellinzona, 1512 Lugano, Locarno und die Valtellina. Zur gleichen Zeit fielen Parma und Piacenza an den Kirchenstaat. Die frz. Vorherrschaft, nur zw. 1512 und 1515 durch eine kurze Phase unterbrochen, in der Ludovicos il Moro Sohn, Massimiliano Sforza, mit Hilfe der Schweizer die Macht ergriff, dauerte mehr als zwanzig Jahre. 1521 brachte die antifrz. Liga zw. dem Habsburger Karl V. und Papst Leo X. Francesco II. Sforza auf den Hzg.sthron. 1525 führte die Niederlage Franz' I. v. Frankreich bei Pavia zum definitiven Abzug der Franzosen. Der Sieger Karl V. regierte 1525–29 das Hzm. persönlich und setzte dann wiederum Francesco II. ein, nach dessen Tode 1535 das Hzm. an das Reich zurückfiel. Damit begann die lange Periode der span. Herrschaft. G. Chittolini

Lit.: G. Giulini, Memorie spettanti alla storia di Milano ne' sec. bassi, I–VIII, 1854–57² – F. Malaguzzi-Valeri, La corte di Ludovico il Moro, I–IV, 1913–23 – E. Verga, Storia della vita milanese, 1931 – C. Magni, Il tramonto del feudo lombardo, 1937 – G. L. Barni, La formazione interna dello stato visconteo, ASL 1941 – D. M. Bueno de Mesquita, Giangaleazzo, Visconti Duke of Milan (1351–1402), 1941 – L. Prosdocimi, Il diritto ecclesiastico dello stato di Milano dall'inizio della signoria viscontea al periodo tridentino (secc. XIII–XVI), 1941, 1973² – C. Santoro, Gli uffici del dominio sforzesco, 1948 – Storia di Milano (Treccani), V–VII, 1956–57 (bes. F. Cognasso, F. Catalano) – C. Santoro, Gli offici del comune di Milano e del dominio visconteo-sforzesco (1216–1515), 1968 – R. Fubini, Osservazioni e documenti sulla crisi del ducato di Milano nel 1477 e sulla riforma del Consiglio segreto ducale (Fschr. M. P. Gilmore, ed. S. Bertelli-G. Ramakus, 1978) – G. Chittolini, La formazione dello stato regionale e le istituzioni del contado, 1979 – A. R. Natale, 'Stilus cancelleriae', Formulario visconteo sforzesco, 1979 – Gli Sforza a Milano e in Lombardia e i loro rapporti con gli Stati it. ed europei (1450–1535), 1982 – L. Gambi-M. C. Gozzoli, Milano, 1982 – P. Mainoni, Mercanti lombardi tra Barcellona e Valenza nel basso Medioevo, 1982 – E. Occhipinti, Il contado di Milano nel sec. XIII. L'amministrazione della proprietà fondiaria del Monastero Maggiore, 1982 – G. Albini, Guerra, fame, peste. Crisi di mortalità e sistema sanitario nella Lombardia tardomedievale, 1983 – L. Frangioni, Milano e le sue strade. Costi di trasporto e vie di commercio dei prodotti milanesi alla fine del Trecento, 1983 – Milano nell'età di Ludovico il Moro, 1983 – G. Soldi Rondinini, Saggi di storia e storiografia visconteo-sforzesche, 1986 – Acta Libertatis Mediolani, ed. A. R. Natale, 1987 – G. Ianzitti, Humanistic Historiography under the Sforzas, 1988 – M. L. Chiappa Mauri, Paesaggi rurali di Lombardia, 1990 – Gli Sforza, la chiesa lombarda e la corte di Roma (1450–1535), hg. G. Chittolini, 1990 – Milano e Borgogna, due stati principeschi tra Mediovo e Rinascimento, hg. J. M. Cauchies-G. Chittolini, 1990.

Mailänder Liturgie (Ambrosianische Liturgie). →Ambrosius führte in der Mailänder Diöz. »antiphonae, hymni ac vigiliae« ein (MPL 14,31 n. 113). Nach dem Zeugnis des ältere Q. benutzenden Liber Notitiae Sanctorum Mediolani (ca. 1304–11) vervollständigte →Simplicianus († 401) das ambrosian. Officium »ubi sanctus Ambrosius non impleverat«, und Eusebius († um 452) verfaßte eine Reihe von Gesängen nach dem Vorbild des hl. Ambrosius. A. oder – etwas unscharf – M.L. wird daher die L. genannt, die fakt. oder nur nominell an die von Ambrosius selbst verwendete L. anknüpft und von dem Bm. Mailand ausstrahlte (Bergamo, Novara, Como, Lugano u. a.). Ihre röm. oder oriental. Wurzeln sind umstritten. In ihren drei Entwicklungsstufen (4.–5. Jh., erste Redaktion; 6.–7. Jh., zweite Redaktion; 8.–10. Jh., dritte Redaktion) wird die A.L. vom Kampf gegen den Arianismus und dessen Ausläufer geprägt. Dadurch erhielt sie von Anfang an eine christozentr. Ausrichtung, die sich während des →Akakian. Schismas verstärkte. Im Zuge des →Dreikapitelstreits sowie nach der Rückkehr des Bf.s und des hohen Klerus aus dem freiwilligen Exil (571–649) in Genua nach Mailand wurden in der L. zunehmend die Inkarnation, die Jungfrauengeburt, die Betonung der Gott-Mensch-Natur Christi mit der Verehrung der Jungfrau und Mutter Maria in den Mittelpunkt gerückt. Die häufigen Kontakte zw. Mailand einerseits und Rom, dem Orient, Westafrika, der Iber. Halbinsel und Gallien andererseits blieben auf die A.L. nicht ohne Einfluß. Der Begriff »A.L.« findet sich erst 881 (MGH Ep. Karol. Aevi V, n. 269), doch bezeichnete bereits Gregor d. Gr. den Mailänder Klerus als »Sancto Ambrosio servientes clerici« (MGH Ep. II, p. 266). Die im MA entwickelte Form der A.L. (dritte Redaktion), nach dem Konzil v. Trient unter Karl Borromäus reformiert, ist auch heute noch mit eigenen liturg. Büchern und Traditionen in Verwendung. A. M. Triacca

Lit.: D. Sartore–A. M. Triacca, Nuovo Diz. di liturgia, 1988³, 16–52 – P. Boreja, Il rito ambrosiano, 1964 – Schmitz, Gottesdienst im achr. Mailand, Theophania 25, 1979 – A. M. Triacca (Anamnesis II. La liturgia, 1978), 88–110, 201–217.

Mailberg, Schlacht bei (12. Mai 1082). Nachdem Hzg. →Vratislav II. v. Böhmen infolge des Abfalls des Babenbergers →Leopold II. die Mark Österreich von Heinrich IV. verliehen worden war, fiel derselbe unter dem Vorwand von Grenzverletzungen in das Gebiet s. der Thaya ein. Mit einem von Böhmen und Mährern gestellten, durch ein Kontingent Bf. Ottos v. Regensburg verstärkten Heer gelang es ihm, den von Heinrich IV. abgesetzten Babenberger in der Ebene zw. Obritz und M. vernichtend zu schlagen. Trotz dieser Niederlage und der sich anschließenden Plünderung des Landes bis zur Donau vermochte sich Leopold II. jedoch in der Ostmark zu behaupten.

T. Struve

Q. und Lit.: JDG H. IV. und H. V., Bd. 3, 1900, 465–467 – K. Lechner, Die Babenberger, 1976, 113 – L. Auer, Die Schlacht bei M. am 12. Mai 1082 (Militärhist. Schr.reihe 31, 1984²) [Lit.] – Hist. Stätten Österr. I., 1985, 398f. – H. Dienst, Gesch. (Nieder-)Österreichs 976–1141 (Gesch. Österreichs, hg. v. der Österr. AW, IV, 1991).

Maillart, Jean, Beamter am Hof des frz. Kg.s, ist vermutl. der Autor des 1316 fertiggestellten und in 2 Hss. erhaltenen Versromans »Du conte d'Anjou qui volt deflourer sa fille« (Hs. Paris, BN n.a.f. 4531). Das Explicit der Hs. BN fr. 765: »Le roman de la comtesse d'Anjou« entspricht dem Inhalt besser, denn der Gf. stirbt bald nach der Flucht seiner Tochter. Die Gesch. verbindet das Inzest-Motiv mit demjenigen der durch gefälschte Briefe verleugneten Gattin (Märchentyp 706 nach A. Aarne, S. Thompson, The Types of the Folk-Tale). Anders als →Philippe de Remy in der »Manekine«, verzichtet J. M. auf die Verstümmelung und somit auf das Wunder der wiedergewonnenen Hand. Er erzählt ein erbaul. Exempel, in welchem Gottvertrauen und chr. Tugenden über Fortuna, Luxuria, Neid und Geiz triumphieren. Die Hauptpersonen tragen keine Namen, hingegen wird das Verisimile erreicht durch geogr. Bezeichnungen und Schilderungen von Armut, Hunger und Kälte, von Stickarbeit, eines Hochzeitsmahls usw. (z.T. zit. im →Fauvel von 1316). – Gegen Ende des 16. Jh. hat ein Anon. anhand der Hs. BN fr. 765 ein Glossar, z.T. mit frz. und lat. Erklärungen, angefertigt. M.-R. Jung

Ed.: M. Roques, 1931 – *Lit.:* GRMLA IV – A. Planche (Litt. et société au MA, hg. D. Buschinger, 1978), 263–283 – R. E. V. Stuip, Le Recueil de vieus mots du Roman du comte d'Anjou, Neophilologus 62, 1978, 349–360 – R. Dragonetti, Qui est l'auteur du C. d'A.?, Médiévales II, 1986, 85–98 [bestreitet Autorschaft von J.M.] – Y. Foehr-Janssens, Quand la manchote se fait brodeuse, Littérature 74, 1989, 63–75.

Maille, kleine Silbermünze (0,40–0,44 g) schlichter Münzbilder verschiedener flandr. Münzstätten des 12./13. Jh. (u. a. Brügge, Gent, Lille, Ypern, Alost). In Frankreich wurde als Halbstück zum →Denier Tournois 1266 auch die M. Tournois eingeführt; die M. Parisis war das Halbstück zum Denier Parisis. P. Berghaus

Lit.: F. v. Schroetter, Wb. der Münzkunde, 1930, 365 – J. Lafaurie, Les monnaies des rois de France I, 1951, 24 – J. Belaubre, Hist. numismatique et monétaire de la France médiévale, 1986, 129f.

Maillotins, Aufstandsbewegung in →Paris (Name abgeleitet von den in Massen im Pariser →Châtelet aufbewahrten und von den aufständ. M. entwendeten *maillets,* einer Art von zu militär. Nutzung hergestellten Bleihämmern), entspricht dem Typ der ma. Steueraufstände. Anlaß war die von Kg. →Karl VI. erneut eingeführte Verbrauchssteuer, der →*aide* (Ordonnanz vom 15. Jan. 1382, verkündet am 28. Febr.), die schon am ersten Tag ihrer Erhebung (1. März 1382) auf dem Pariser Markt zu einer vom Marais ausgehenden und sich schnell v. a. auf dem rechten Seineufer ausbreitenden Revolte führte. Dem unkontrollierten Ausbruch von Haß und Gewalt fielen etwa 30 Personen zum Opfer, Steuereinnehmer, kgl. Amtsträger, aber auch 16 Juden. Die Teilnehmer kamen in erster Linie aus der städt. Unterschicht – dem *popolo minuto* im zeitgenöss. Bericht des Buonaccorso Pitti. Doch schlossen sich auch Teile des Bürgertums, Kleinhändler, Handwerker und Gewerbetreibende dem Aufstand an, den sie über die militär. Organisation der Stadtviertel zu kontrollieren suchten. Motiv hierfür war zum einen die Hoffnung auf die Durchsetzung alter Privilegien beim Kg., zum anderen die Angst vor der ausufernden Gewalt. Ziel der M. war die Rücknahme der Steuerverordnung. In den schnell einsetzenden Verhandlungen war der Kg., der sich nach Vincennes zurückgezogen hatte, trotz einzelner Zugeständnisse (Zusicherung von Straflosigkeit für Aufständische) nicht bereit, in der Steuerfrage nachzugeben, was zu einer Eskalierung der Gewalt führte. Da es jedoch nicht gelang, die Aktionen der M. zu koordinieren – ein ins Auge gefaßter Führer, der hohe Amtsträger Hugues →Aubriot, entzog sich durch die Flucht –, mußte die Revolte (auch unter der Drohung des Truppeneinsatzes) zusammenbrechen. Von der Universität und dem Bf. v. Paris eingeleitete Verhandlungen beendeten den Aufstand, ohne daß in der Frage der Steuern dauerhafte Zugeständnisse erzielt werden konnten. Hinrichtungen von Rädelsführern (zw. 15 und 20 Personen) und eine weitreichende Amnestie waren geeignete Mittel, um weiteren Ausschreitungen und Plünderungen zu begegnen. Beinahe gleichzeitig fanden auch andernorts aus demselben Anlaß Aufstände statt, z. B. in Städten der Normandie (*Harelle* in →Rouen), in →Lyon und →Orléans, ohne daß es zu einer Koordination der einzelnen Revolten kam. Auf eine schnelle Beilegung des M.-Aufstandes war bes. der Hzg. v. →Burgund angewiesen, der nur auf dem Hintergrund eines befriedeten Paris auf die Unterstützung des Kg.s bei der Niederschlagung des flandr. Aufstandes (→Gent) hoffen konnte. N. Bulst

Lit.: L. Mirot, Les insurrections urbaines au début du règne de Charles VI, 1906 – M. Mollat–Ph. Wolff, Ongles bleus, Jacques et Ciompi, 1970.

Maimonides, jüd. Religionsphilosoph.

I. Leben und Werk – II. Einfluß auf das abendländische Denken.

I. LEBEN UND WERK: M. (Mose ben Maimon, RaMBaM), geb. 1135 in Córdoba, floh 1148 mit seiner Familie nach Fez (N-Afrika), lebte ab 1165 in al-Fustat (Alt-Kairo), wo er als Arzt, Richter und Vertreter des Judentums bei Hof wirkte und 1204 starb. Begraben wurde er in Tiberias. Aufgrund seiner Werke, die halach., religionsphilos. und med. Themen behandeln, gilt er als bedeutendster aristotel. orientierter jüd. 'Religionsphilosoph' des MA und als hervorragendster halach. Gelehrter (→Halacha). Zu seinen Hauptwerken zählen: 1. »Mishneh Tora«, ein systemat., kompilat. Kodex der gesamten Halacha in 14 Büchern, daher später auch nach dem hebr. Zahlzeichen J''D (= 14), das auch als 'Hand' lesbar ist. »(HA-) Jad (Ha-) Chazaka« ('Die starke Hand') gen. Sprachl. und in der Klarheit seines Aufbaus unübertroffen, enthält er neben der Theologie des M. die verbindl. Halacha ohne Q.angabe und Abweichungen, was nach Ansicht rabbin. Gelehrter das traditionelle Studium gefährden konnte. Dies sowie die Einbeziehung von (gewissen) Glaubensanschauungen (z.B. Unkörperlichkeit Gottes, Auferstehungsfrage) in halach. Abh. (v.a. in Bd. 1, dem »Sef. Ham-madda«) führten u.a. zu einem langwierigen maimonid. Streit; 2. »Sefär Ha-Mitzvot« behandelt die 613 Ge- und Verbote; 3. Komm. zur Mishnah, in dem unter religionsphilos. Aspekt bes. die Einl. zum Traktat »Abot«, die »Shemona Peraquim« ('Acht Kapitel'; Abriß einer 'Ethik' mit den sie bestimmenden Fragen nach der menschl. Seele, der Willensfreiheit, der Prophetie und der Gotteserkenntnis) und die Einl. zu Sanh X (»Peräq Chäläq«; Abh. über die 'Kommende Welt') von Interesse sind; 4. das philos.-theol. Hauptwerk »Dalalat al-Chairin«, arab. geschrieben, das von Samuel Ibn Tibbon als »Moreh Nebukim« ('Führer der Verwirrten') ins Hebr. übersetzt wurde. Das ma. Bestreben des religiösen Denkens, bibl.-talmud. Begriffe und Inhalte mit der mittlerweile bekannt gewordenen aristotel. Philosophie zu harmonisieren, kulminiert in dieser Schrift. Die Erkenntnis, in eigtl. Sinne die Gotteserkenntnis, die auf der fortschreitenden Verbindung des Erkennenden mit dem Erkannten bzw. mit Gott als dem 'Aktiven Intellekt' beruht, führt letztl. zum selben Ziel wie die Offenbarung, so daß dem Inhalt der Tora die Autorität von Vernunfterkenntnissen zukommt. Da nach M. die Anwendbarkeit der aristotel. Physik auf die sublunare Welt begrenzt ist und generell die Philos. dort ihre Grenze hat, wo stringente Beweise nicht mögl. sind, kann er sich z.B. in der Frage nach der 'Ewigkeit der Welt', die er auch bei Aristoteles nicht eindeutig geklärt sieht, aufgrund der Tora für die 'Schöpfung in der Zeit' entscheiden. Weil die Identität zw. erkennendem Subjekt und erkanntem Objekt keinen Analogieschluß vom Geschöpflichen auf Gott zuläßt, beziehen sich Erkenntnisse und Aussagen (Attribute) über Gott allein auf vom Menschen erfaßte Wirkungen Gottes. Auch die göttl. Providenz beruht auf dem ganzheitl. Erkenntnisakt des Schöpfers, aufgrund dessen Gott von den Einzeldingen weiß und (nur) den Menschen insofern (indirekt) führt, als dieser vermittels des aktiven Intellekts mit ihm in Beziehung tritt. Die überlieferte Tora ist letztl. die beste Basis nicht nur für die wahre Gotteserkenntnis und die Liebe in der 'Imitatio Dei', wie sie Mose bezeugt, sondern auch für die eigtl. Lebens- und Gesellschaftsordnung. Denn Mose verkörperte den idealen Philosophen, Propheten und Staatsmann. Die nicht zu bewältigende Widerspruchslosigkeit zw. philos. Erkenntnis und religiöser Tradition weist auf Unausgeglichenheiten im Werk des M. hin, die je nach Standpunkt in der Rezeption und Kommentierung in den Jahrhunderten Aufnahme fand. R. P. Schmitz

II. EINFLUSS AUF DAS ABENDLÄNDISCHE DENKEN: Der 'Rabbi Moses' war in der ganzen ma. Philosophie und Theologie (von →Wilhelm v. Auvergne über →Alexander v. Hales, →Albertus M., →Thomas v. Aquin, →Aegidius Romanus bis ins 14. Jh.) eine hohe Autorität. Die lat. Übers. »Dux neutrorum« (ed. Paris 1520) wurde zu Beginn des 13. Jh. wohl am Hofe Friedrichs II. in Palermo besorgt (vgl. REJ 47, 1988, 167–172) aufgrund der hebr. Übers. des →Jehuda al Ḥarisi, die sprachl. eleganter, aber sachl. ungenauer ist als die hebr. Übers. des Samuel Ibn Tibbon. Der theol. Einfluß des M. erstreckte sich v.a. auf das Verständnis der (chr.) Offenbarung, der Prophetie, der Gottesbeweise (z.B. Thomas, S. th. I. q.2 a.3), der göttl. Vorsehung und der Gotteserkenntnis. Die 'stramenta et antecedentia' der philos. Erkenntnis Gottes bei M. wertete Thomas als 'praeambula fidei'. Zum »Liber de uno Deo benedicto« des M. vgl. Misc. Mediaevalia IV, 1966, 167–182 [W. KLUXEN]; zum arab. Traktat über die Logik vgl. Arts libéraux et philos. au Moyen Âge, 1969, 99–110 [A. HYMAN]. L. Hödl

Bibliogr. und dt. Übers.: Moses ben Maimon, Führer der Unschlüssigen, übers. A. WEISS, I–III, 1923 [1972²] [I, XI–CIV: Lit. J. MAIER] – frz. Übers.: S. MUNK, Le guide des égarés, I–III, 1856–66 – engl. Übers.: S. PINES, The Guide of the Perplexed, 1963, 1974⁴ – Lit.: DSB IX, 27–32 – STEINSCHNEIDER, Übers. – The Code of M., 1949ff. – W. KLUXEN, Lit. geschichtliches zum lat. Moses M., RTh 21, 1954, 23–50 – K. HARASTA, Judaica 11, 1955, 65–83 – Maimonide, Le Livre de la Conaissance, trad. et annoté V. NIKIPROVETSKY–A. ZAOUI, 1961 – E. BEHLER, Die Ewigkeit der Welt, 1965, 239–299 – D. J. SILVER, Maimonidean Criticism and the Maimonidean Controversy, 1180–1240, 1965 – Filosofia della natura nel medioevo, 1966, 209–218 [A. HYMAN] – K. SCHUBERT, Kairos 10, 1968, 2–18 – Stud. in M. and St. Thomas Aquinas, hg. J. I. DIENSTAG, 1975 – C. DEL VALLE RODRIGUEZ, Cartas y testamento de M., 1989 – Knowledge and the Sciences in medieval Philos., 1990, 1, 250–260; 3, 540–550.

Mainbour, -nie (frz. von lat. →mundiburdium, ndl. momboir, -nie, auch: mambour, -nie), eine Form der →Munt in den alten Niederlanden, auf privatrechtl. Grundlage. Der m. hatte den Schutz einer ihm anvertrauten (natürl. oder jurist.) Person (d.h. eines Minderjährigen, einer Frau, einer Witwe oder einer kirchl. Institution) wahrzunehmen und deren Güter zu schützen. Er wurde durch Gesetz, →Testament oder städt. bzw. grundherrl. Autorität eingesetzt. Nach dem älteren Gewohnheitsrecht der Zeit vor dem 13. Jh. war es die Familie, die beim Tode eines Vaters einen m. aus der männl. oder weibl. Linie designierte, doch wurde üblicherweise die überlebende Mutter hierzu bestimmt. Im späten MA zogen die städt. Gewalten die Kontrolle über die Einsetzung der Vormünder an sich. Vater und Mutter konnten sich jedoch wechselseitig durch Testament zum m. einsetzen oder aber ausschließen; derartige Verfügungen wurden von den →Schöffen anerkannt, unter der Voraussetzung, daß bei Ausschluß von der Vormundschaft eine andere Person designiert worden war. Eine Frau, verheiratet oder verwitwet, war bei allen Käufen oder Verkäufen von Immobilien von der mainbournie ihres Mannes oder eines anderen m. abhängig. Doch weisen die einzelnen, regionalen Weistumsrechte im einzelnen große Unterschiede auf. Kirchl. Güter, manchmal ganze Bm., konnten der mainbournie eines weltl. Fs.en unterstellt werden. In mehreren Fsm.ern der Niederlande spielte die Einsetzung von m.s (bei weibl. Erbfolge) eine bedeutende Rolle. Ein m. mußte stets volljährig, männl. Geschlechts und Laie sein.

W. P. Blockmans

Lit.: Ph. Godding, Le droit privé dans les Pays Bas méridionaux du XIIe au XVIIIe s., 1987.

Maine, Landschaft (ehem. Gft.) in Westfrankreich mit Bischofssitz und städt. Zentrum →Le Mans.

[1] *Von den Anfängen bis in die Karolingerzeit:* Die Gft. M. ging wie die Diöz. Le Mans hervor aus dem →Pagus Cenomanensis, in dem bereits in früher Zeit die benachbarte Civitas der Diablintes aufgegangen war und der im wesentl. die Gebiete der heut. Départements Sarthe und Mayenne umfaßte. Die Christianisierung setzte im 3. Jh. ein. Seit dem Ende des 4. Jh. siedelte sich unter den galloröm. Bewohnern Barbarenbevölkerung an (später wohl Kleinreich des Franken Rignomer, † 487). Wie das benachbarte Anjou (→Angers, Anjou) hatte auch M. im Merowingerreich infolge der Teilungen ein wechselvolles Schicksal. Möglicherweise wurde die stark frankisierte Region unter Pippin III. bzw. Karl d. Gr. in die »Breton. Mark« (→Bretagne, A.I) einbezogen. M. war 843 Schauplatz des Hoftags v. →Coulaines bei Le Mans, auf dem die Großen Ks. Karl d. K. ihren Willen aufzwangen. Die Fs.en der →Bretagne, →Nominoë und →Erispoë, nutzten wohl die Situation aus, um Le Mans anzugreifen (845, 851). Fast zum gleichen Zeitpunkt setzten die Einfälle der →Normannen ein. Karl d. K. suchte die Lage zu stabilisieren, indem er für seinen Sohn →Ludwig den Stammler, der eine Tochter Erispoës heiratete, ein kleines Regnum schuf. Doch empörte sich der junge Kg. und wurde von →Robert dem Tapferen, dem Gf.en v. Tours, aus Le Mans vertrieben (852). Die Bretonen behaupteten ihre Herrschaft im W des M. bis ca. 900. Im Kampf gegen die Normannen, die in M. einfielen, fand Robert der Tapfere 866 bei Brissarthe den Tod. Seit Beginn des 10. Jh. haben sich die fsl. Gewalten (→Fürst, Fürstentum) stabilisiert.

[2] *Die Grafschaft Maine im Hoch- und Spätmittelalter:* Die Anfänge der Grafengewalt (über die Befugnisse des karol. Amtsgf.en hinaus) werden mit Roger (spätes 9. Jh.) greifbar. Die Gf.en des 10. Jh., von denen einige wohl von Roger abstammen, hatten Mühe, sich gegen die Vizgf.en v. Maine, die Bf.e v. Le Mans und die Umtriebe der →Kastellane zu behaupten. Die Schwäche der Grafengewalt ließ das M. zur leichten Beute der starken Nachbarn, v. a. der Hzg.e v. →Normandie, der Gf.en v. Anjou und der Gf.en v. →Blois, werden. Noch die beiden mächtigeren Gf.en des 11. Jh., Herbert I. »Éveille-chien« und Hugo IV., sahen sich ständiger Bedrohung ausgesetzt. Die Hzg.e v. Normandie besetzten mehrmals die Stadt Le Mans und brachten Mitglieder der großen norm. Familie der →Bellême auf den Bischofssitz. Erbfolgestreitigkeiten führten wiederholt zu Interventionen äußerer Mächte.

1100 heiratete die Erbtochter des M., Ehrembourg (die sagenberühmte ʻHaremburgis'), den Gf.en v. Anjou, Fulco V.; dies führte zum Zusammenschluß der Gft.en Anjou und M. unter dem mächtigen Haus →Plantagenet. 1206 besetzte Kg. Philipp II. v. Frankreich die beiden Gft.en, wobei er aber Le Mans vorübergehend der Witwe von Richard Löwenherz, →Berenguela, als Wittum überließ. M. wurde gemeinsam mit Anjou zunächst der →Krondomäne einverleibt, 1246–91 aber als →Apanage an den Bruder Ludwigs d. Hl.en, →Karl I. v. Anjou, und dessen Sohn →Karl II. ausgetan. Im Zuge der angevin. Eroberung des Kgr.es →Sizilien empfingen aus M. stammende Gefolgsleute der Anjou-Kg.e Lehen in Sizilien.

Siedlung und Wirtschaft erlebten in M. – ähnlich wie in anderen Gebieten Frankreichs – durch Rodung und →Landesausbau einen starken Aufschwung, ohne daß es aber zur Bildung neuer Pfarreien kam. Der Aufstieg der Kastellanen-Familien (→Laval, Mayenne u. a.) fand seinen Ausdruck in der Errichtung von befestigten →Burgus-Siedlungen *(bourgs castraux)*, oft ausgestattet mit einer Kollegiatkirche. Seit der Gregorian. Reform, von der die Abteien stärker profitierten als die Bf.e v. Le Mans, wurde eine Vielzahl von →Prioraten begründet und in großem Stil Kirchenbau, erst in roman., dann got. Formen, betrieben. Trotz örtl. Handwerks und einiger Jahrmärkte und Märkte blieb M. ein agrarisch geprägtes Land.

Das 13. Jh. war eine Periode des Gleichgewichts, und auch die Krisen des 14. Jh. (Schwarzer Tod, 1348) erschütterten M. in relativ geringem Maße. Als Apanage des Herzogshauses v. Anjou (seit →Ludwig v. Anjou, Sohn Kg. Johanns II.) hatte M. bis zu den letzten regierenden Anjou, Kg. →René († 1480) und seinem Neffen →Karl II. († 1481), Eigenständigkeit, doch innerhalb bestimmter Grenzen (u. a. Appellation vom Gericht des Gf.en an das →Parlement). Die Anjou, die ihrem großen Ziel der Wiedereroberung Neapel-Siziliens nachjagten, residierten häufiger in →Provence und Anjou als im M., doch hat der Aufbau der fsl. Gerichts- und Verwaltungsinstitutionen, der nach kgl. Vorbild erfolgte, die Entwicklung des Landes gefördert.

Nachdem im Gefolge der Schlacht v. →Poitiers (1356) engl. Truppen unter Robert →Knolles das Land verwüstet hatten, kam es 1369–70 erneut zu Kämpfen zw. den Kompagnien der beiden Widersacher Robert Knolles und Bertrand →Du Guesclin, der nach seinem Sieg bei Pontvallain 1370 feierl. Einzug in Le Mans hielt. Der Wald v. Le Mans war 1392 Schauplatz des ersten Wahnsinnsanfalls Kg. →Karls VI. Während der Bürgerkriege zw. den →»Armagnacs«, zu denen Ludwig II. v. Anjou hielt, und den »Bourguignons« häuften sich engl. Angriffe (bes. nach Azincourt, 1415), wenn auch die Gft. insgesamt geringere Zerstörungen als andere Regionen erlitt. Der Vertrag v. →Troyes (1420) unterstellte M. der Herrschaft des Hauses →Lancaster; 1424 ließ sich der Hzg. →Johann v. Bedford zum Gf.en v. Anjou und M. proklamieren. Doch leisteten die Armagnacs weiterhin Widerstand; Söldnerkapitäne wie Ambroise de →Loré und Gilles de →Rais durchstreiften das Land. Erst 1444 räumten die Engländer ihren letzten Stützpunkt, Fresnay-sur-Sarthe.

Der spät begonnene Wiederaufbau hielt noch an, als M. infolge der geschickten Politik Kg. Ludwigs XI. 1481 in die Krondomäne zurückkehrte. Neben der Wiederbelebung der Landwirtschaft und des Weinbaus wurde ein ertragreiches Tuchgewerbe (Laval, Mayenne) begründet. Doch lastete schwerer Steuerdruck auf dem Lande und ließ den Schmuggel aufblühen. G. Devailly

Bibliogr.: H. de Bérenger, Bibliogr. de la province du M., 1968 – *Lit.:* Beautemps-Beaupré, Coutumes et institutions d'Anjou et du M., 1878 – R. Latouche, Hist. du comté du M. pendant le Xe et le XIe s., 1910 – J. Chappée–J. L. Denis, Le compte de Jehan Moncelet, 1923 – J. Boussard, Le gouvernement d'Henri II Plantagenet, 1956 – A. Bouton, Le M., hist. économique et sociale, T. 1, 2, 1962–70 – R. Latouche, Études d'hist. médiévale, 1966 – F. Lebrun, Hist. des pays de la Loire, 1972 – F. Dornic, Hist. du Mans et du pays manceau, 1975 – J.-P. Brunterch, Le duché du M. et la marche de Bretagne (La Neustrie..., hg. A. Atsma, 1989, 1, 29–127) – s. a. Lit. zu →Le Mans.

Mainet. In der europ. Karlsepik (→Karl d. Gr. in der Dichtung) spielt das Thema der Jugendzeit des Herrschers eine eigene Rolle (Karlmeinet, Karleto u. a.). Der altspan. Mainete handelt davon, wie sich Karl dem Maurenkg. Galafre in Toledo verdingt, dessen Tochter die Ehe verspricht, im Zweikampf Breimant besiegt und beim Tod seines Vaters Pippin wieder nach Frankreich zurückkehrt.

Das Heldenlied läßt sich nur aus einer Prosaauflösung in der Estoria de España sowie aus Anspielungen bei Rodrigo Ximénez de Rada und Juan Gil de Zamora sowie im Roncesvalles-Fragment und in der Gran Conquista erschließen. Der afrz. M. (Mitte 12.Jh.) ist selbst span. inspiriert. Die mit Episoden aus Karls Jugend verbundenen Legenden fanden im ma. Spanien Verbreitung.

D. Briesemeister

Lit.: GRLM III, t. 1/2, fasc. 9, 1987, 61–63 – J. HORRENT, La Chanson de Roland dans les litt. frç. et esp. au MA, 1951 – J. GÓMEZ PÉREZ, Leyendas medievales españolas del ciclo carolingio, Anuario de Filología, Maracaibo, 2/3, 1963, 7–136 – DERS., Leyendas carolingias en España, ebd., 4, 1965, Nr. 4, 121–193 – J. HORRENT, L'allusion à la chanson de M. contenue dans le Roncesvalles, Marche Romane 20, 1970, 85–92 – DERS., L'hist. légendaire de Charlemagne en Espagne (Charlemagne et l'épopée romane, 1978), 125–156.

Mainemorte → Tote Hand; → Amortisation

Mainz, Stadt am Rhein (Rheinland-Pfalz); Ebm.; Erzstift
A. Stadt – B. Erzbistum und Erzstift

A. Stadt
I. Antike – II. Mittelalter.

I. ANTIKE: Mogontiacum war der Name eines röm. Zwei-Legionen-Lagers, das zw. 18 und 13 v. Chr. angelegt wurde. Die friedl. Zeiten des 1.–3.Jh. brachten der Zivilsiedlung bei der Festung wirtschaftl. Blüte, die aber, trotz ihrer Bedeutung, erst in spätröm. Zeit zum municipium erhoben worden ist. Bald nach der Mitte des 3.Jh. wurde das Kerngebiet der bürgerl. Siedlung mit einer Mauer umgeben, die sich an die Festung anschloß. Die mit der Aufgabe der Festung um 360/370 in der Stadtmauer entstandene Lücke wurde durch einen neuen Mauerzug geschlossen. Um die Mitte des 4.Jh. fiel M. in die Hände der Germanen, die vom Rhein her in die gall. Gebiete eindrangen. Der Sieg Julians 357 über die Alamannen bei Straßburg stellte zwar in M. die röm. Herrschaft wieder her, doch blieb die Lage gefährl., wie ein Überfall der Alamannen unter Rando auf die Stadt i.J. 368 zeigt. Auch nach der Auflassung des Legionslagers in der Zeit Julians oder Valentinians I. blieb M. verwaltungstechn. und militär. bedeutsam als Sitz des Dux Mogontiacensis, dessen Kommandobereich die Garnisonen v. Andernach bis Seltz im Elsaß umfaßte, und war vermutl. Standort eines Truppenkörpers, der »milites armigeri«. Wie im Winter 1981/82 gefundene Wracks eines Personenschiffs und von vier Kriegsschiffen ergaben, diente die Stadt im 4.Jh. außerdem als Standort der Rheinflotte. M. spielte erneut eine Rolle in der Reichspolitik, als 411 die Burgunder, die damals als röm. »foederati« M. besetzt hielten, →Iovinus zum Ks. in Gallien erhoben, der jedoch schon zwei Jahre später ermordet wurde. Bf. Aureus v. M. erlitt 436 oder 450 bei einem Hunneneinfall das Martyrium. M. Schottky

Lit.: G. BEHRENS, Das frühchristl. und merow. M., 1950 – K. BÖHNER, M. im Altertum und im frühen MA, Gymnasium 90, 1983, 369–388 – V. KRONEMAYER, Beitr. zur Sozialgesch. des röm. M., 1983 – O. HOECKMANN, Röm. Schiffsverbände auf dem Ober- und Mittelrhein ..., Jb. des Röm.-Germ. Zentralmus.s M. 33, 1986, 369–416.

II. MITTELALTER: [1] *Früh- und Hochmittelalter*: Zu Beginn der Frankenherrschaft um 500 lag das ehemals röm. M. wohl noch in Trümmern. Bf. Sidonius (Mitte 6.Jh.) errichtete Kirchen- und Rheinuferbauten. Frühe Kirchen lagen außerhalb der Mauern in Gräberfeldern und bei später abgegangenen Siedlungen. Das älteste Kirchenzentrum ist um die Bf.skirche St. Martin im Bereich des heutigen Doms zu suchen. Karl d. Gr. ließ eine Rheinbrücke bauen, die aber schon 813 abbrannte. Ihm und den nachfolgenden Herrschern diente St. Alban, das 805 vollendete Hauptkl. des Ebm.s im S vor der Stadt, als Quartier und Rahmen für Reichsversammlungen und Synoden. Der älteste Stadtkern lag n. vom Dombezirk am Rhein. Den von Schiffahrt, Handel und Gewerbe belebten Uferstreifen vor der Römermauer, wo auch die 886 abgebrannte Friesensiedlung vermutet wird, bezog Ebf. →Hatto I. (891–913) durch eine neue Mauer in die Stadt ein (erste Stadterweiterung). 953/954 war M. der Hauptstützpunkt des Hzg.s- und Adelsaufstandes gegen Kg. Otto d. Gr. Nach seinem Scheitern brachte wahrscheinl. Ottos Sohn →Wilhelm seine ebfl. Herrschaft über die Stadt (954–968) durch den Erwerb der Gerichtsbarkeit und der übrigen Rechte des Gaugf.en auf ihren höchsten damals mögl. Stand. Für Ebf. →Willigis (975–1011) sind Gf. eneinkünfte, Zoll- und Münzrecht in Kg.surkk. bezeugt, ein adliger Vogt, gen. Stadtpräfekt, später Bgf., der als Lehnsträger des Ebf.s die gfl. Stadtrichterfunktion ausübte, erscheint erstmals 1032. Willigis erbaute den großen St. Martinsdom, der bereits 1009 abbrannte. Ebf. →Bardo weihte 1036 den Neubau. Willigis vermehrte auch die Zahl der M.er Kanonikerstifte um St. Stephan und St. Viktor bei Weisenau. Vorausgegangen waren St. Mauritius (Ende 9.Jh.?), St. Peter vor den Mauern (948) und St. Gangolf (um 960). Es folgten St. Maria im Feld (Ebf. →Erchanbald, 1011–21) und, nahe beim Dom, St. Johannis (1036?) und Mariengreden, auch Liebfrauen gen. (1069). Auf dem Schönen Berg vor den Mauern (heute Zitadelle) entstand das Benediktinerkl. St. Jakobsberg (um 1055). Von dem Kl. St. Alban, das im 10.Jh. noch eine Blüte erlebte, ging die geistige Führung allmähl. auf das Domstift über (→Ekkehard II. und IV. v. St. Gallen, Goswin v. Lüttich, →Marianus Scotus), auch in der Kunst (Bronzetüren des Willigis, Domschatz). In dem rhein. Handelszentrum siedelte schon im 10.Jh. eine rasch wachsende Judengemeinde, die 1096 der Verfolgung durch Kreuzfahrer zum Opfer fiel. Doch bildete sich unter dem Schutz Ks. Heinrichs IV. wenig später eine neue Gemeinde, die sich im 12.Jh. mit den Juden von Speyer und Worms zu einem Verband zusammenschloß (SchUM; →Deutschland, I).

Die otton. und sal. Herrscher weilten oft in M. Nachdem die M.er 1077 im Aufruhr ihren Ebf. zum Verlassen der Stadt gezwungen hatten, konnte Heinrich IV. jahrelang die Einkünfte des Erzstifts nutzen. Ein erstes Freiheitsprivileg (um 1119/21, bestätigt 1135) erteilte den M.ern aber nicht der Ks., sondern Ebf. →Adalbert I. (1109–37), der in seinem Kampf gegen Heinrich V. ihre Unterstützung gewonnen hatte. Darin genehmigte er eine rechtl. Sonderstellung gegenüber dem Lande und die Anfänge einer Selbstverwaltung, alles jedoch im Rahmen der ebfl. Stadtherrschaft. Deren Straffung diente um die Mitte des 12.Jh. die Verdrängung des hochadligen Bgf.en aus dem Vorsitz im Stadtgericht (später »Ebfl. Weltl. Gericht«) zugunsten des geistl. Stadtkämmerers. Ihn unterstützte, vertrat und ersetzte schließl. der weltl. (Unter-)Kämmerer als vornehmster ebfl. →Ministeriale in der Stadt. Die M.er Ministerialen und die »Bürger« (cives) handelten gemeinsam als Stadtgemeinde. Ein Kollegium von »Officiati« scheint im 12. und frühen 13.Jh. einerseits das ebfl. Stadtregiment, andererseits die bürgerl. Selbstverwaltung verkörpert zu haben.

Einen Rückschlag für die Stadtentwicklung brachte die Ermordung des Ebf.s →Arnold v. Selenhofen 1160 durch aufrührer. Ministeriale und Bürger. Zur Strafe machte Ks. Friedrich I. 1163 die Stadt durch Mauerzerstörung schutzlos, doch erholte sie sich bald als Wirtschaftsplatz, und der Ks. hielt hier seine Hoftage v. 1182 und 1188 ab und feierte 1184 das berühmte Pfingstfest (→M., Hoftage). Um 1200 wurde während des Thronstreites die Stadtmauer wiederhergestellt. Friedrich II. verlieh 1236 den M.ern einige Vergünstigungen. Ihr wichtigstes Freiheitsprivileg erlangten sie nach ihrem Frontenwechsel im Krieg zw. Staufern und der Kirchenpartei von Ebf. →Siegfried III. am 13. Nov. 1244. Er gewährte darin u.a. die Bildung eines Stadtrates mit 24 lebenslängl. gewählten Mitgliedern, befreite die Bürger von der Heerfolge und verpflichtete sich, die Stadt nur mit einer von den Bürgern genehmigten Begleiterzahl zu betreten. Das bedeutete, trotz rechtl. Fortdauer der ebfl. Stadtherrschaft, die militär. und polit. Unabhängigkeit einer →»Freien Stadt«. Am Stadtregiment waren bis 1332 nur die »Geschlechter« beteiligt. Größte polit. Leistung der Stadtführung war der aus einem Bündnis mit Worms entwickelte →Rhein. Städtebund v. 1254.

[2] *Spätmittelalter:* In der M.er Blütezeit im 13. Jh. und frühen 14. Jh. errichteten zahlreiche neue Orden ihre Niederlassungen. Eine rege Bautätigkeit zeigte sich an fast allen älteren Kl., Stiften und Pfarrkirchen, bes. am Dom (Westwerk 1239, Kreuzgang und Stiftsgebäude 1243, Ausstattung u.a. mit Plastiken des Naumburger Meisters, Seitenschiffskapellen 1279–1320). Auch die geistige Kultur fand Förderung (→Heinrich v. Meißen [126 H.]). Im bürgerl. Stadtzentrum am Rhein entstanden nahe beieinander das Heiliggeistspital, das Rathaus, die städt. Rente und das Kaufhaus auf dem Brand. In die Stadtbefestigung wurde nun auch die Vorstadt Selenhofen im S mit der St. Ignazkirche einbezogen (einzige größere Stadterweiterung des SpätMA). Die sich kräftig ausdehnende Stadtsiedlung innerhalb des weiten, ca. 120 ha umfassenden Mauerrings (um 1300) zählte zu Anfang des 14. Jh. schätzungsweise 20000–25000 Einw. Die Wirtschaftsblüte erwuchs weniger aus dem Export (Wein, Getreide, Goldschmiedewaren, v.a. graue und weiße Tuche der M.er Weber) und dem Fernhandel, sondern hauptsächl. aus dem Markt, der seinen Bedarf aus der Frankfurter Messe und aus dem Warentransit auf dem Rhein deckte, mit Hilfe des für bestimmte Waren beanspruchten Rechts auf Stapel und Niederlage (dafür erbautes ältestes südwestdt. Kaufhaus auf dem Brand, vom Kg. privilegiert 1317), verbunden mit dem Umladezwang für Schiffe des Ober- und des Mittelrheins. Zu einem allg. Feilhaltungszwang wurde das Stapelrecht erst unter kfsl. Herrschaft nach 1462 ausgebaut.

Es kam häufig zu Konflikten der »Freien Stadt« mit Ebf. und Geistlichkeit. Das Ernennungsrecht für die hohen Amtsträger konnte dem zumeist vom Domkapitel unterstützten Ebf. nicht entwunden werden. Versuche, die Bürgermeister- und Ratsgerichtsbarkeit auf Kosten der stadtherrl. Gerichte auszuweiten, hatten nur wenig Erfolg. Die beiden »Richter des hl. M.er Stuhles«, Ebf.svertreter im obersten geistl. Gericht der Erzdiöz. und Kirchenprovinz, waren stets M.er Domherren, auch das Stadtkämmereramt wurde 1300–24 und ständig seit 1355 von Domherren ausgeübt. Den Schutz der M.er Juden mit Besteuerungsrecht konnte die Stadt vom Ebf. nach schwerem Streit 1295 gegen eine feste Jahreszahlung erwerben. Der Schutz wirkte nur bis zu der Pogromwelle von 1349, die auch die M.er Judengemeinde auslöschte. Eine nochmals begründete Gemeinde wurde 1462 vom Ebf. ausgetrieben. Während der Erzstiftsfehde von 1328–37 leitete der unglückl. Kampf der Stadt gegen das Domkapitel und den Administrator Ebf. →Balduin v. Trier (14. B.) den allmähl. Niedergang ein. Die Not des patriz. Stadtrats infolge von Reichsacht und hohen Geldstrafen ausnutzend, erstritt 1332 die erstmals in »Zünften und Handwerken« organisiert auftretende und in der »Gemeinde« zusammengeschlossene nichtpatriz. Bevölkerung ihre parität. Beteiligung am Stadtregiment in Form eines »Rats von der Gemeinde« neben dem »Rat der Alten«. M. konnte zwar weiterhin seinen Vorrang im Bund mittelrhein. Städte behaupten und seine Rechtslage als »Freie Stadt« unter Kg. Siegmund sogar noch verbessern, aber die Finanzlage hatte sich nach dem verlorenen Städtekrieg von 1388 erneut verschlechtert und führte im 15. Jh. mehrmals zur Zahlungsunfähigkeit. Innere Verfassungskämpfe seit 1410, die 1444 in der völligen Verdrängung der Geschlechter aus Rat und Stadtregiment durch die Zünfte endeten, bewogen viele Patrizier zur Auswanderung. Für den neuen Stadtrat bestand keine Hoffnung mehr auf dauerhafte Gesundung des städt. Haushalts mit Hilfe der reichen Geistlichkeit, da die Stadt deren Freiheit von bürgerl. Lasten nach langen Kämpfen (Streit um Weinschankrechte und Ungeld) in der »Pfaffenrachtung« von 1435 hatte anerkennen müssen. In der →M.er Stiftsfehde hielt die Stadt zu →Diether v. Isenburg. Der Gegenebf. →Adolf v. Nassau eroberte sie in der Nacht vom 27. zum 28. Okt. 1462 und wies sämtl. Juden und nahezu alle männl. Bürger aus, zu denen auch Johannes →Gutenberg und die in M. arbeitenden Drucker gehörten. Der nach Adolfs Tod erneut zum Ebf. gewählte Diether v. Isenburg eröffnete 1477 mit päpstl. Genehmigung eine Univ. und begann 1478 mit dem Bau des Residenzschlosses Martinsburg am Rhein. Hofadel und Regierungsbeamte bildeten neben der Geistlichkeit eine neue Oberschicht. Doch trotz aller Fürsorgemaßnahmen der Ebf.e und Kfs.en – bes. zu nennen ist hier →Berthold v. Henneberg (1484–1504; 12. B.) – erholte sich M. nur langsam von der Katastrophe von 1462.

L. Falck

Der →*Buchdruck* erlebte dagegen in M. alsbald eine Zeit der Blüte und Prosperität. Diese Entwicklung ist v.a. Peter →Schöffer (bis 1466 zusammen mit seinem Schwiegervater Johannes →Fust tätig) zu verdanken. Das von ihm ca. 1455 begründete Unternehmen nutzte nicht nur den zeitl. Vorsprung vor den übrigen Druckzentren in Europa, sondern zeichnete sich auch durch ein umfangreiches Verlagsprogramm und techn. Können aus. Es wurde von Angehörigen der Familie Schöffer bis 1559 weitergeführt. Daneben konnten sich andere Offizinen nur mit Mühe behaupten.

S. Corsten

Q. und Lit.: DtStb IV, 3, 1964, 255–291 [Lit.] – C. HEGEL, Verfassungsgesch. von M. (Die Chroniken der mittelrhein. Städte, M., II, Abt. 2, 1882) – H. SCHROHE, M. in seinen Beziehungen zu den dt. Kg.en und den Ebf.en... (Beitr. zur Gesch. der Stadt M. 4, 1915) – M.er UB I: 628–1137, bearb. M. STIMMING, 1932 [Nachdr. 1972] – J. FISCHER, Frankfurt und die Bürgerunruhen in M. (1332–1462) (Beitr. zur Gesch. der Stadt M. 15, 1958) – GELDNER I, 17–43 – M. UB II: 1137–1200, bearb. P. ACHT, 2 T.e, 1971 – L. FALCK, M. im frühen und hohen MA... (Gesch. der Stadt M., hg. A. PH. BRÜCK–L. FALCK, II, 1972) [Q., Lit.] – A. PH. BRÜCK, M. vom Verlust der Stadtfreiheit bis zum Ende des Dreißigjährigen Krieges (1462–1648) (ebd., V, 1972) [Lit.] – L. FALCK, M. in seiner Blütezeit als Freie Stadt (1244–1328) (ebd., III, 1973) [Q., Lit.] – DERS., Das M.er Zunftwesen im MA (Oberrhein. Stud. III; Fschr. G. HASELIER, 1975), 267–288 – D. DEMANDT, Stadtherrschaft und Stadtfreiheit im Spannungsfeld von Geistlichkeit und Bürgerschaft in M. (11.–15.Jh.) (Geschichtl. LK 15, 1977) – J. BENZING, Die Buchdrucker des 16. und 17.Jh. im dt. Sprachgebiet, 1982², 313–317 – F. OPLL, Stadt und Reich im 12.Jh., 1986, 115–123 – H. BÜTTNER, M. im MA (DERS., Mittelrhein und Hessen. Nachgelassene Schr., hg. A. GERLICH, 1989), 1–50.

B. Erzbistum und Erzstift

I. Früh- und Hochmittelalter – II. Spätmittelalter.

I. FRÜH- UND HOCHMITTELALTER: [1] *Allgemeine Entwicklung:* Das Bm. M. war ein Ordnungsfaktor in dem seit dem 4. Jh. durch die Völkerwanderung geschädigten Mittelrheinraum. Eine Zeit relativ stetiger Entwicklung brachte die Inbesitznahme der Region durch die Franken um das Jahr 500. Nachrichten über das Martyrium etwa von Aureus und Justina sowie bes. des Alban, zahlreiche Grabfunde in der Stadt wie im weiteren Umland links des Rheins lassen Rückschlüsse auf den Fortbestand christl. Gemeinden zu. Andererseits gibt es Hinweise auf geistl. Verbindungen nach Innergallien und von dort ausgehende Missionsinitiativen. Das Christentum wurde zunächst wohl von den galloröm. Bevölkerungsanteilen getragen. Die Lückenhaftigkeit der erst um 920 konzipierten Bf.sliste hat sicher ihre Ursache in den Wirren der Spätantike. Der Galloromane Sidonius (Mitte 6. Jh.) ist der erste Bf., von dem bei →Venantius Fortunatus Nachrichten über größere Bautätigkeit, u.a. an der Kathedrale, überliefert sind. Etwas später lassen sich Missionsinitiativen nachweisen (Goar, Wendel, Ingbert, Disibod). In den Auseinandersetzungen Kg. Dagoberts mit Wenden und Sachsen tritt die Basisfunktion des M.er Raumes zutage, der zudem Stützpunkte für die auf die frühere Germania libera gerichteten Beziehungen lothring. Kirchen bot. Die Teilnahme von M.er Bf.en an Synoden der Merowingerzeit zeigt, daß sich das Bm. festigte. Sein Sprengel läßt sich nur aufgrund späterer Überlieferungen erkennen. Aus dem Ursprungsraum um die Stadt, das Nahegebiet und das Rheinengtal griff man den Main entlang bis in die Wetterau, den Spessart und den n. Odenwald aus. Die Bm.er Trier und Worms, seit →Kilians Wirken am Mittelmain auch das von Würzburg, waren Rivalen bei der kirchenorganisator. Formung des Umlandes. Nun erhielten statt der Gallorömer Angehörige des frk. Adels das Bm.

→Bonifatius baute nach 720 tlw. auf dem bereits Erreichten auf, dehnte dann aber den Einfluß seiner Kirche nach Hessen, Thüringen und in den Weserraum aus (Amöneburg, →Büraburg und bes. →Erfurt). Geplant war die Errichtung neuer Bm.er, doch über bescheidene Ansätze ist er nicht hinausgekommen, so daß schließl. jene Orte und Regionen zum M.er Bm. gezogen wurden. Bonifatius' Lieblingsgründung und Grablege wurde die Abtei →Fulda. Spannungsreiche Interferenzen mit M. selbst wie seit 769 auch mit →Hersfeld wurden so für das gesamte MA grundgelegt. Wohl auf Betreiben des Hausmeiers Pippin kam mit dem zum Missionsbf. ernannten Bonifatius 748 die Metropolitanwürde nach M. Sie erlosch nach dessen Märtyrertod 754 zunächst und wurde erst 782 für den Nachfolger →Lullus († 786) erneuert, um dann bis zum Ende des Alten Reiches fortzubestehen.

Unter Richulf (787–813) und Haistulf (813–826) erfolgte die Einbeziehung des Ebm.s in die frk. Reichskirche. M. wurde wie Köln, Trier und Salzburg erhoben, doch kam seinem »Hl. Stuhl« ein Vorrang und später die Primatswürde zu. Die Bm.er Worms, Speyer, Straßburg, Konstanz, Chur, Augsburg, Eichstätt, Würzburg, Halberstadt, Paderborn, Hildesheim und Verden wurden ihm zugeordnet. Die böhm.-mähr. Bm.er Prag und Olmütz, die später folgten, gingen 1344 wieder verloren. Eine Ausweitung in den Raum zw. Elbe und Oder verhinderte →Magdeburgs Erhebung zum Ebm. Der aus bonifatian. Zeit überkommene Missionsauftrag verschwand nicht ganz, aber wurde im 9. und 10. Jh. ergänzt und überlagert vom reichen Wirken der Ebf.e auf Synoden und Reichsversammlungen.

[2] *Klöster und Stifte, Domstift:* Die Metropole zeigt zunächst eine nur geringe monast. Kultur. Erst die vom Hofe Karls d. Gr. ausgehenden Impulse veranlaßten Ebf. Richulf zur Gründung der Abtei St. Alban 796 s. der Stadt. Synoden zw. 813 und 1085 zeigen, daß die Abtei reichspolit. Rang besaß. Sie war geistige Zentrale des Ebm.s bis weit in die Stauferzeit hinein. Hier entstand der für die Ks.krönung von 962 benötigte →Ordo. Bedeutend waren auch die Abteien →Seligenstadt und →Michelstadt. Das Geschick des Ebm.s wurde weithin bestimmt durch das Verhalten der Ebf.e zum Kronträger. Im 10. Jh. sticht die Distanz zum autokrat. Herrschaftsanspruch Ottos d. Gr. hervor. Engere Übereinstimmung mit den →Konradinern bestand bis zu deren Niederlage und dem Schwund ihrer Hzg.sstellung 939. Um die Jahrhundertmitte sympathisiert man mit den Oppositionsbewegungen. Die Magdeburger Metropolitanprojekte konnte der Ks. erst nach dem Tod seines in M. von 954 bis 968 wirkenden Sohnes →Wilhelm realisieren. Zum langwährenden In- und Füreinander der von Herrscher und Metropolit jeweils verfolgten reichs- und raumpolit. Ziele kam es in der Amtszeit des →Willigis (975–1011).

Um die Jahrtausendwende zeigten sich Entwicklungsansätze in doppelter Hinsicht: Einerseits schritt die Ausgestaltung des geistl. Amtssprengels voran, andererseits wurden neue Methoden der Festigung weltl. Herrschaft entfaltet. Beides hing miteinander zusammen, führte jedoch zu völlig verschiedenartigen Ergebnissen, zumal zur Inkongruenz von Ebm. und Erzstift. Willigis erhielt vom Papst umfassende Privilegien des Vorranges vor allen Ebf.en in Germanien und Gallien, der Kg.ssalbung und der Abhaltung von Synoden. Zudem war er ausgestattet mit dem Amt des Reichserzkanzlers (→Erzkanzler). Dringendes Erfordernis war die Intensivierung der Seelsorge und mit ihr verbunden die der geistl. Administration. Es wurden kanonikale Stifte geschaffen bzw. gestärkt oder ältere Einrichtungen in solche umgewandelt. Mit den Gottesdienstaufgaben verbunden war die Heranbildung junger Kleriker, die Schulung und Verwendung von Amtsträgern aller Rangstufen, insbes. in den meisten Fällen die Verbindung der Propsteien mit den das Ebm. gliedernden Archidiakonatsbezirken. Die Archidiakone traten an die Stelle der älteren →Chorbf.e. Zentrale Körperschaft wurde seit Willigis das Domstift. Hier muß eine Schule hohen Niveaus existiert haben. Die an der Kathedrale wirkenden Kleriker lebten bis zur Wende vom 12. zum 13. Jh. in der vita communis ehe sich diese Lebensgemeinschaft wie anderswo zugunsten individualisierter Pfründennutzung auflöste. Zw. Stiften und Domkapitel bestand ein intensives Beziehungssystem in der Art, daß Stiftsdignitäre in großer Zahl zugleich Domherren waren. Dies gilt in erster Linie für die Stadtmainzer Institutionen, weniger für die ferngelegenen. Der Ebf. verfügte jedenfalls aufgrund dieses Systems über ein beträchtl. Reservoir von sachkundigen Helfern. Die Pröpste waren Vorsteher ihrer Stifte und außerdem Archidiakone. In dieser Eigenschaft waren sie zuständig insbes. für die Sendgerichtsbarkeit in einer das Ebm. lückenlos abdeckenden Form. Die Beanspruchung der Pröpste durch derart weitreichende Aufgaben, ihre Ernennung durch den Ebf. und im Laufe der Zeit die Absonderung eines eigenen Pfründenvermögens ließen sie in fakt. Distanz zu ihren Kapiteln treten. Infolgedessen gewannen die Dekane die eigtl. Spitzenposition im Stift.

Mit bemerkenswerter Verspätung hat die Kl.reformbewegung im Ebm. M. Einfluß gewonnen. Unter den auf Willigis folgenden vier Oberhirten stand man den aus dem burg.-lothring. Raum wie dann von der Kurie propagierten Leitideen abwartend gegenüber, die erst unter →Siegfried I. (1060–84) Verbreitung fanden. Ansätze in →Saalfeld sowie die Gründungen von Ravengiersburg und →Hasungen bilden die Frühstufe einer Entwicklung, die dann in Erfurt, Reinhardsbrunn und Lippoldsberg mitbestimmt wurde durch Einwirkungen aus →Hirsau. Die Rezeption der Reformgedanken in St. Alban machte die M.er Abtei nochmals zum Zentralpunkt, von dem Ausstrahlungen nach Höchst und Johannisberg ausgingen. Mit den Reformforderungen verbunden wurde die Tendenz zur Entvogtung. Maßgebend hierfür war das allg. Leitmotiv der →»libertas ecclesiae«, das indessen jetzt im Sinne der individuellen Auseinandersetzungen mit weltl. Kräften zur »libertas Moguntina« umgeformt wurde. Hervorstechende Beispiele für die Unterordnung monast. Institutionen durch die Ebf.e bieten →Komburg, Sponheim, Jechaburg, Weißenstein, Haina, Georgental, Ichtershausen, die Kl. im Wesergebiet und nicht zuletzt St. Jakob bei M. als jüngste Eigengründung.

Die Wirren im Reich infolge des →Investiturstreits spiegeln sich wider im wechselvollen Verhalten der Ebf.e seit Siegfried I. und in dessen Mitwirken bei der Erhebung der Gegenkg.e, in dem Ausharren →Wezilos (1084–88) an der Seite des Ks.s, Ruthards (1098–1109) Hinwendung zum Papst mit der Teilnahme an der Absetzung Heinrichs IV. in Ingelheim 1105, schließlich in den harten Umbrüchen der Politik →Adalberts I. v. Saarbrücken (1109–37). Die Führungsschicht der Stadt M. hielt gegen den Ebf. zu Heinrich IV., um in der nächsten Generation Position gegen den Ks. zu beziehen und die Freilassung des Ebf.s zu erzwingen, der als Dankesbeweis die erste Anerkennung kommunaler Eigenrechte formulierte.

[3] *Werdendes Territorium und weltliche Verwaltung:* Mit dem 1. Viertel des 12. Jh. begann die Entwicklung des Erzstiftes als weltl. Machtgebilde. Grundlage bildeten der aus Schenkungen des Kgtm.s und der Adelswelt stammende Besitz, einschließl. der damit gegebenen Rechte. Immunitätsverleihungen sowie Nachrichten über Zölle und Märkte datieren aus der Zeit zw. 975 und 1056. Spätere Nachrichten lassen den Ausgriff in das Naheland, das Untermaingebiet, die Wetterau, Hessen, Thüringen sowie das Wesergebiet erkennen, wo die Kl.politik wegweisend war. Kleinregional, doch in fester Position schuf sich das Erzstift in Ober-Lahnstein eine Außenstellung. So wie die M.er Kirche ihre weltl. Herrschaft inner- und außerhalb der Ebm.s etablierten, haben im eigenen geistl. Sprengel fremde Bm.er und Abteien Besitzungen gewonnen. Vom Pfälzer Wald bis zum Harz und zu den Weserbergen reichte die Zone der sich verdichtenden M.er Machtstellung. Wie seine Vorgänger aus dem Saarbrücker Gf.enhaus hat der möglicherweise aus dem sächs.-thür. Raum stammende Ebf. →Heinrich I. (1142–53) die auf Schutzgewährung beruhede Kl.politik fortgesetzt, die Ministerialität gefördert und die Adelswelt in seinen Bann gezogen. In seiner Zeit wurde der Grund gelegt zum Burgenbau mit Funktionsintensivierung nicht nur im Wehrwesen, sondern in der noch wichtigeren Akkumulation administrativer Kompetenzen und grundherrschaftl. Ausgestaltung mit Landesausbau in Waldregionen.

Das werdende Erzstift geriet in Rivalität mit den Nachbarmächten, v.a mit der nach S herandrängenden Pfgft., ebenso mit den Fs.en- und Gf.ensippen und nicht zuletzt mit nach eigener Territorialherrschaft strebenden anderen Reichskirchen. Die stauf. Herrschaftszonen in Schwaben, am Oberrhein, in Franken und Thüringen boten M.er Initiative keine Expansionsmöglichkeit, vielmehr wurden die Ressourcen der Kirche für das imperiale Streben Friedrichs I. in Anspruch genommen. Zwar konnte Ebf. →Konrad v. Wittelsbach in seiner zweiten Amtszeit nach 1183 vieles wiedergewinnen, die Verluste wogen jedoch schwerer. Ausdruck für die starke Stellung der Staufer waren die M.er Reichsversammlungen v. 1184, 1188,
1194 und 1196. Im 13. Jh. schritt die Territorialisierung des Erzstiftes voran. Durch die Dynamik der Auseinandersetzungen mit Herrschern und Nachbarmächten zeichnen sich die Ebf.e aus dem Hause →Eppstein aus. Größter Gewinn war das Abteiland von →Lorsch 1232 mit Gernsheim am Rhein, Bensheim, der Starkenburg und ansehnl. Anteilen am w. Odenwald. Aus dem Spessart zielte die Expansion über den Main bis in den Jagst-Tauber-Grund, weiter n. wurde die Kinzigregion bei Orb ausgeweitet, die alte Position von Amöneburg konnte stabilisiert werden, in Thüringen wurde das →Eichsfeld mit Heiligenstadt und Rusteberg konsolidiert; in Erfurt und dem Umland erwuchsen Schwierigkeiten, doch blieb die Stellung des Erzstiftes stabil. Es gelang der Erwerb der Herrschaft Dürn, der Kauf des Bachgaues von den Herren von Hanau, der Ausbau der Besitzrechte in Dieburg. Im Naheraum sicherte der Sieg Werners v. Eppstein (1259–84) über die Gf.en v. →Sponheim, →Sayn, →Katzenelnbogen und →Leiningen in der Schlacht b. Sprendlingen 1279 die Vorherrschaft. Die Vertreibung der Rheingf.en ließ die Opposition zw. Rhein und Wisper zerfallen.

[4] *Innere Organisation des Erzstiftes:* Die Binnenstruktur des Erzstiftes war uneinheitl. Oberste Beamte – wohl meist ministerial. Herkunft – waren die Vicedomini (Viztume). Ihre Ämter lassen sich sicher erst im 13.Jh. erkennen, wobei das Verhältnis zu den Kämmerern unklar bleibt. Viztume gab es für den Rheingau, in Aschaffenburg für das Oberstift, auf dem Rusteberg für das Eichsfeld und in Erfurt für die Stadt und das Umland. Die eigtl. Verwaltung nahmen die als Lehen oder in lehensähnl. Form meist an ministerial. Bedienstete vergebenen Ämter und Oberämter wahr, deren institutionelle Festigung in der Hauptsache in das 14. Jh. fällt, die aber in der Folgezeit durch Verluste tlw. wieder verlorengingen. Unter der Oberhoheit des Ebf.s existierten Sonderherrschaften in der Verfügung von Stiften oder Kl. Höchst kompliziert war die Finanzverwaltung; hier ist es nie zu einem einheitl. Verrechnungssystem gekommen, vielmehr bildeten die Zölle und die einzelnen Ämter stets singuläre Einheiten ohne Ausgleich untereinander. Das Städtewesen von meist mittlerer Qualität entwickelte sich eigenständig an regionalen Vororten wie Oberlahnstein, Eltville, Höchst, Fritzlar oder Heiligenstadt. Im Oberstift bildete der Neun-Städte-Bund eine Sonderform landsässigen Kommunalwesens. Eine Eigenstellung besaß im 15. Jh. →Bingen als Stadt des Domkapitels. Sehr bedeutend war Erfurt wegen seiner Größe und Wirtschaftskraft.

II. SPÄTMITTELALTER: [1] *Allgemeine Entwicklung:* Waren im 13.Jh. im Mittelrhein-Main-Gebiet große Erfolge zu verzeichnen, so deuteten sich in Hessen ungünstige Entwicklungen für das Erzstift an. Mit dem Tod des mit Hilfe Ebf. →Siegfrieds III. v. Eppstein (1230–49) erhobenen Gegenkg.s Heinrich Raspe begann der Kampf um die hess. Stellungen. Der Versuch des Lehenseinzugs scheiterte. Der Langsdorfer Friedensvertrag v. 1263 war der erste in einer langen Reihe von Abkommen nach sich wiederholenden Fehden bis hin zu den großen Verlusten im Frankfurter Frieden 1427 und schließl. zur durch den Lgf.en mitgestalteten Zeilsheimer Vermittlung in der großen →M.er Stiftsfehde 1463, in der die Machtposition des Erzstiftes zerbrach. Hessens Überlegenheit wurde befestigt durch den Gewinn der Gft. en Ziegenhain 1450 und Katzenelnbogen 1479. Dieser Ablauf ist zu konfrontieren mit demjenigen am Mittelrhein. →Werner und →Gerhard II. v. Eppstein (1249–84, 1289–1305) sowie →Peter v. Aspelt (1306–20) waren in den Wahlen von 1273, 1292, 1298 und 1308 entscheidende »Königsmacher«. Die Wahl Kg. Ludwigs d. Bayern brachte 1314 erhebl. Zugewinn an Reichspfandschaften. Dann setzte eine Abwärtsbewegung ein, die verursacht wurde durch den erneuten Konflikt zw. Ks. und Papst, noch mehr jedoch durch die Ebm.sschismen von 1328, 1346, 1371 und 1397. Die Kämpfe der aus dem Hause Nassau stammenden Ebf.e →Gerlach, →Adolf I. und →Johann II. (1346–70, 1371–90 und 1397–1419) mit den Gegnern aus Virneburg, Luxemburg und Meißen unterbanden jede gedeihl. Territorialpolitik, führten zum Verlust der Pfandschaften und zur Abhängigkeit von den wechselnden Machtkonstellationen im Reich. Die Doppelwahl v. 1459 und die sich aus ihr ergebende Stiftsfehde zw. →Diether v. Isenburg (1459–63 und 1475–82) und →Adolf II. v. Nassau (1459–75) führten zum Verlust des naheländ. Besitzes mit den Mittelpunkten Sobernheim und Böckelheim. Noch empfindlicher war die Verpfändung des Gebietes an der Bergstraße an Kurpfalz, das erst im Westfäl. Frieden 1648 wieder zurückkam. Der in der »Reichsreform«bewegung führende Ebf. →Berthold v. Henneberg (1484–1504) konnte zwar das Staatswesen weitgehend konsolidieren, das Erzstift blieb indessen ein Machtgebilde mit Schwerpunkt am Mittelrhein und Außenpositionen in Thüringen von nun nur noch mittelmäßiger Bedeutung.

Mit dem Geschick des Erzstiftes im SpätMA eng verknüpft war dasjenige der Stadt M. (vgl. Abschnitt A). Die Stadtrechtsentwicklung von 1118 bis 1244 zeigte eine erhebl. Emanzipation, doch kam es im 13. und 14. Jh. nicht zum offenen Kampf mit dem Ebf. Zu eigener territorialer Herrschaftsbildung außerhalb der Mauern war kein Ansatz gegeben. An ein Ausscheiden der Stadt aus dem Erzstift war nicht zu denken, weil die patriz. Führungsschicht mit dem ministerial. Amtsadel des Umlandes eng verknüpft blieb, so daß sich eine Konformität der Interessen erhielt. Der Einfluß des Patriziates blieb bis 1411 gewahrt. Danach griffen Mißwirtschaft und Sozialkonflikte um sich, das Gewicht der Zünfte nahm zu. Die Eingriffe der Ebf.e 1411, 1413, 1429, 1437 und 1444 führten zu nur kurzen Phasen der Ruhe. Der Ebf. behielt jedoch seine starke Stellung in der Stadt. Das Bgf.enamt erlosch, das Kämmereramt wurde von 1338 an wieder regelmäßig mit einem Domherrn besetzt, weitgehend gewahrt blieben die Gerichtsrechte des Stadtherrn und die Abhängigkeit der Beamten von ihm. Ein eigener Viztum für M. war nicht vorhanden, allerdings amtete der für den Rheingau zuständige zeitweise hier. Die Option des zünftigen Stadtregiments für die isenburg. Partei in der Stiftsfehde führte zur Überrumpelung durch die nassau. Kräfte im Okt. 1462. Ebf. Adolf II. kassierte alle Privilegien, vertrieb seine polit. Gegner und hob die Befugnisse des Rates auf. M. erhielt eine neue Stadtordnung 1469. Der Verlust der Stadtfreiheit fand nur wenig Widerhall im Reich.

[2] *Innere Organisation des Erzbistums:* Im Funktionsgefüge an erster Stelle standen die Beziehungen zw. dem Ebf. und dem Domkapitel. Hier war es das Wahlrecht der Kapitulare, das sich etwa an der Wende vom 12. zum 13. Jh. festigte und die Mitwirkung anderer Kräfte im älteren Ebf.srat ablöste. Gefördert wurde der Mitwirkungsanspruch der an der Domkirche korporativ sich abschließenden Klerikergemeinschaft nicht nur durch die allg. Normsetzung der Konzilien, sondern auch durch die polit. Bedrängnisse der M.er Kirche in der Spätstauferzeit. Der erste Beleg, der das Nebeneinander von Kapitel und Ebf. aufweist, ist in einer Steuerbewilligung v. 1233 enthalten. Dem Ebf. wurde ein Konsensrecht des Kapitels aufgezwungen. Zwar verging noch beinahe ein Jh., bis es 1328 zur ersten formgerechten →Wahlkapitulation kam, doch unverkennbar hat sich in der Zwischenzeit das Mitbestimmungsrecht des Kapitels gefestigt. Von da an boten jede Vakanz und insbes. die Schismen dem Kapitel Ansatzpunkte für die Ausformung der Wahlversprechen und anderer Zusagen bis zum Höhepunkt der Antinomie in den Dokumenten von 1475 und 1484. Das Kapitel gelangte u. a. in das Miteigentum der stärksten Burgen am Rhein.

In der flächenhaften Ausformung des riesigen Ebm.s zeigt das SpätMA nur verhältnismäßig wenige Wandlungen. Mit dem stets aufrecht erhaltenen Leistungsanspruch des Ebf.s, der seine geistl. Kompetenzen oftmals, doch nie in fester Umschreibung von Amtsbezirken durch Weihbf.e wahrnehmen ließ, konkurrierten die Archidiakone mit den ihnen seit dem 11. und 12. Jh. zugewachsenen Rechten. Daher nutzten die Ebf.e jede Gelegenheit, die archidiakonalen Kompetenzen auszuhöhlen. Die Archidiakonate als solche blieben zwar bestehen, die →Pfarrorganisation jedoch wurde eher durch den Ebf. bestimmt. Erkennbar ist, daß die Hauptmasse der von Mutterpfarreien abhängigen Filialen wohl im 13. und 14. Jh. entstanden ist. Die Dichte ihres Netzes war abhängig von der Landeserschließung in deren Spätform oder auch Schwankungen ausgesetzt, wie sie in der 2. Hälfte des 14. Jh. Seuchenzüge und Landflucht mit sich brachten. Regionale Verwaltungskörper wurden die Landdekanate, die lückenlos den Ebm.ssprengel überzogen und allmähl. die eigtl. Mittelinstanzen bildeten.

[3] *Klöster und Domkapitel:* Im SpätMA entstanden im Ebm. zahlreiche Niederlassungen jüngerer Orden. Die Zisterzienser waren bereits seit 1136 in →Eberbach als dem ersten rechtsrhein. Kl. ihrer Gemeinschaft vertreten. Die älteren Benediktinerkl. wurden im ausgehenden 15. Jh. von der Bursfelder Reformbewegung (→Bursfelder Kongregation) erfaßt. Schon zuvor wurde 1417 die Abtei St. Alban in ein Ritterstift umgewandelt. Vom 2. Viertel des 13. Jh. an fanden die Bettelorden in fast allen Städten Eingang. In M. entstand als bürgerschaftl. Gründung eine Klarissenniederlassung von erhebl. Bedeutung. Karmeliter, Augustinereremiten und Antoniter ließen sich in verschiedenen Städten des Ebm.s nieder. Zahlreich war die Gründung von Frauenkonventen in Streulage im gesamten Sprengel. Mit den Orden und den neben ihnen stehenden Gemeinschaften, wie beispielsweise den →Beginen, kamen Phänomene und Abläufe in das gesellschaftl. Leben im Ebm., denen gegenüber Steuermechanismen von seiten des Ebf.s – auf lange Zeit – fehlten.

Wie brüchig die Verhältnisse im Ebm. in Abhängigkeit von den Konstellationen im Erzstift waren, ließen mehr noch als die älteren Spaltungen im Domkapitel die Schismen im späten 14. und 15. Jh. offenbar werden. Die Wahl des Ebf.s Adolf I. v. Nassau 1373 stieß auf Ablehnung Ks. Karls IV., der wegen der Königswahlfrage Ludwig v. Meißen protegierte. Das M.er Schisma wurde 1378 Teil des Gr. →Abendländ. Schismas, weil Adolf I. auf der Seite des avign. Papsttums schlug und so die Gefahr einer Spaltung der Reichskirche erwuchs. 1381 wurde Adolf von Kg. Wenzel anerkannt. Gefährlicher noch waren Konstellationen von 1396/97, als es zunächst eine Doppelwahl gab und sich im Kampf Ebf. →Johann II. v. Nassau als Pfälzer Parteigänger durchsetzte, der 1400 die Wahl des Pfgf.en Ruprecht zum röm. Kg. in die Wege leitete. Doch vier Jahre später geriet Johann als Anführer des →Marbacher Bundes in unversöhnl. Gegensatz zu diesem und trat schließlich 1409 auf die Seite des vom Konzil zu →Pisa gewählten Papstes über, während Ruprecht in der röm.

Obödienz verharrte. Standen so bereits territoriale Fronten mit Obödienzwahlen in Zusammenhang, wurde die Lage noch prekärer durch den Beitritt des Lgf. en v. Hessen zur röm. Gefolgschaft. Gregor XII. bevollmächtigte ihn, mit dem Zentrum im Kasseler Stift eine eigene Kirchenorganisation zu errichten. Gleiche Vollmachten erhielten der Pfgf. und der Trierer Ebf. Das Domkapitel selbst folgte zunächst noch Johann II., beachtete aber seit 1415 die Absetzung des Pisaner Papstes, an dem der Ebf. intransigent festhielt. Brachte zwar das Jahr 1417 den Ausgleich, hatte doch die Zeit der Pisaner und Konstanzer Konzilien noch klarer als zuvor die von fsl. Seite in das Ebm. hineingetragene Zersetzung der Organisationseinheit und den Trend zu landesherrl. Eigenstellung auch im kirchl. Bereich aufgezeigt. Während der Amtszeit des Ebf.s →Dietrich Schenk v. Erbach (1434–59) schlug der Streit um die Oberhoheit von Papst oder Konzil hohe Wellen. Als der 1459 gewählte Ebf. Diether v. Isenburg nicht zuletzt wegen seiner Konzilsneigungen 1461 vom Papst abgesetzt und an seiner Stelle Adolf II. v. Nassau erhoben wurde, begann die Gr. M.er Stiftsfehde, die zwei Jahre lang zu schweren Schäden führen, doch die grundlegenden Fragen dem Nachfolger →Berthold v. Henneberg (1484–1504) unter dem dann vorwaltenden Zeichen der »Reichsreform« als unlösbare Probleme überlassen sollte.

A. Gerlich

Q.: Ph. Jaffé, Monumenta Moguntina, 1866 – Reg. zur Gesch. der M.er Ebf.e von Bonifatius bis Heinrich II., bearb. J. F. Böhmer–C. Will, 2 Bde, 1877 [Nachdr. 1966] – Reg. der Ebf.e v. M. 1289–1396, bearb. E. Vogt, F. Vigener, H. Otto, 3 Bde, 1913 [Nachdr. 1970] – W. Kreimes, Reg. der Ebf.e v. M., 1289–1396: Namensverz., 1958 – Die Protokolle des M.er Domkapitels 1, bearb. F. Herrmann–H. Knies, 1976 – *Lit.:* M. Stimming, Die Entstehung des weltl. Territoriums des Ebm.s M., 1915 – K. Bauermeister, Stud. zur Gesch. der kirchl. Verwaltung des Ebm.s M. im späten MA, Archiv für kath. Kirchenrecht 97, 1917, 501–535 – Ders., Die korporative Stellung der Domkapitels und der Kollegiatstifter der Erzdiöz. M. während des späten MA, Archiv für hess. Gesch. und Altertumskde NF 13, 1920, 185–201 – K. Schrod, Das Kl. St. Alban b. M., M.er Zs. 30, 1935, 49–55 – G. F. Sante, Bonifatius und die Begründung des M.er Ebm.s, HJb 57, 1937, 157–179 – H. Büttner, Das Erzstift M. und die Kl.reform im 11.Jh., Archiv für mittelrhein. Kirchengesch. 1, 1949, 30–46 – L. Falck, Die Ebf.e v. M. und ihre Kl. in der ersten Hälfte des 12.Jh. [Diss. Marburg 1952] – A. Gerlich, Stud. zur Verfassung der M.er Stifte, M.er Zs. 48/49, 1953/54, 4–18 – L. Falck, Kl.freiheit und Kl.schutz. Die Kl.politik der M.er Ebf.e von Adalbert I. bis Heinrich I. (1100–53), Archiv für mittelrhein. Kirchengesch. 8, 1956, 21–75 – A. Gerlich, Die Anfänge des romanischen Bm.sstreit, HJL 6, 1956, 25–76 – H. Büttner, Das Erzstift M. und das Reich im 12.Jh., HJL 9, 1959, 18–36 – A. Gerlich, Territorium, Bm.sorganisation und Obödienz. Die M.er Kirchenpolitik in der Zeit des Konzils v. Pisa, ZKG 72, 1961, 46ff. – E. Ewig, Die ältesten M.er Patrozinien und die Frühgesch. des Bm.s M. (Das erste Jt. Textbd. 1, 1962), 114–127 – A. Gerlich, Rhein. Kfs.en und dt. Kgtm. im Interregnum (Geschichtl. LK 3,2, Fschr. J. Bärmann 2, 1967), 44–126 – W. Küther, Die ma. Grenze der Bm.er M. und Würzburg im Raum Vacha zw. den Flüssen Fulda und Werra, Mainfrk. Jb. für Gesch. und Kunst 20, 1968, 191–212 – A. Gerlich, Kgtm., rhein. Kfs.en und Gf.en in der Zeit Albrechts I. v. Habsburg, Gesch. LK 5, 2 (Fschr. L. Petry 2, 1969), 25–88 – I. Lieberherr, Der Besitz des M.er Domkapitels im SpätMA, 1971 – A. Gerlich, Interterritoriale Systembildungen zw. Mittelrhein und Saar in der 2. Hälfte des 14.Jh., BDLG 111, 1975, 103–137 – I. Liebeherr, Das M.er Domkapitel als Wahlkörperschaft des Ebf.s (Fschr. zur Jt.feier des M.er Domes 975–1975, hg. A. Ph. Brück, 1975), 359–391 – G. May, Die Organisation der Erzdiöz. M. unter Ebf. Willigis (ebd.), 31–92 – H. Büttner, Zur frühma. Reichsgesch. an Rhein, Main und Neckar (hg. A. Gerlich, 1975) – W. Metz, St. Alban b. M. und die Liudolfinger, Archiv für mittelrhein. Kirchengesch. 27, 1975, 27–35 – W. Seibrich, Die Entwicklung der Pfarrorganisation im linksrhein. Ebm. M., 1977 – St. Weinfurter, Reformkanoniker und Reichsepiskopat im HochMA, HJb 97/98, 1978, 158–193 – E. Boshof, Köln, M., Trier, JbKGV 49, 1978, 19–48 – K. Heine-Meyer, Das Ebm. M. in röm. und frk. Zeit, I: Die Anfänge der Diöz. M., 1979 – P. Moraw, Über Typologie, Chronologie und Geogr. der Stiftskirchen im dt. MA (Unters. zu Kl. und Stift, hg. Max-Planck-Inst. für Gesch., 1980), 9–37 – A. Huber, Das Verhältnis Ludwigs d. Bayern zu den Erzkanzlern von M., Köln und Trier (1314–47), 1983 – A. Gerlich, Die Machtposition des M.er Erzstiftes unter Kfs. Peter v. Aspelt (1306–20), BDLG 120, 1984, 255–291 – Ders., Der Aufbau der M.er Herrschaft im Rheingau, Nassauische Annalen 96, 1985, 9–28 – Ders., Thronstreit-Bm.sschismen-Papstpolitik (1198–1208) (Fschr. A. Becker, 1987), 283–320 – K. H. Spiess, Kg.shof und Fs.enhof. Der Adel und die M.er Ebf.e im 12.Jh. (ebd.), 203–234 – 1000 Jahre St. Stephan in M., hg. H. Hinkel, 1990 – M. Hollmann, Das M.er Domkapitel im späten MA (1306–1476), 1990 – F. Staab, Die M.er Kirche (Die Salier und das Reich 2, hg. St. Weinfurter, 1991), 31–78 – Vgl. auch die Lit. zu den einzelnen Ebf.en.

Mainz, Hoftage. H. Karls d. Gr. sind belegt für Juli 795 (in Kostheim gegenüber M.), Aug. 800 und Juni 803. Die H. Ludwigs II. 848 und 852 stehen im Zusammenhang mit Reichssynoden; erst im Juli 1011 fand unter Heinrich II. wieder ein H. statt. Die Kg.saufenthalte in M. mehrten sich beträchtl. in der Salier- und Stauferzeit, wobei nicht immer entschieden werden kann, ob ein förml. einberufener H. vorliegt oder der Kg. nur mit zahlreichen Fs.en in seinem Gefolge in der Stadt weilte. Kg.swahlen, Krönungen, Hoffeste und Reichssynoden wird man häufig zugleich als H. ansprechen dürfen. H. fanden statt Sept. 1054, Juli 1062, Aug. 1063, Juni 1076 (Erneuerung des Banns über Gregor VII.), 26. März 1077 (Krönung des Gegenkg.s Rudolf v. Rheinfelden), Mai und Aug. 1080, April 1085 (→Gottesfrieden für das ganze Reich, Erhebung →Vratislavs II. v. Böhmen zum Kg.), Mai 1098 (Verurteilung von Konrad, Sohn Heinrichs IV., und Erhebung Heinrichs V. zum Kg.), Nov. 1099, Dez. 1100, Dez. 1101, Jan. 1103. Heinrich V. nahm am 5. Jan. 1106 in M. die Huldigung der Fs.en entgegen und hielt April/Mai 1107 sowie im Jan. 1114 (anläßl. seiner Vermählung mit →Mathilde v. England) H. in M. ab. Ein schlecht besuchter H. im Nov. 1115 gab den M.er Bürgern Gelegenheit, von Heinrich V. die Freilassung von Ebf. →Adalbert I. zu erpressen. Wegen der feindl. Einstellung der Stadt wurden ein für den 24. Juni 1119 angesagter H. in der Nähe von M. abgehalten und die für den 8. Sept. 1122 nach M. berufene Versammlung zur Lösung des Kirchenstreits nach Worms verlegt (→Wormser Konkordat). Vom 24.–30. Aug. 1125 tagte in M. die Versammlung, aus der Lothar III. als neuer Kg. hervorging. Er und sein Nachfolger Konrad III. hielten im Juli 1131, Okt. 1133 und April 1137 H. ab. Anlaß für den ersten H. Friedrichs I. in M. im April 1163 bildete das Strafgericht über die Bürger für deren Mord an Ebf. →Arnold. Der nächste H., der erst im Mai 1182 folgte, wurde überstrahlt von den Pfingstfeierlichkeiten 1184, die H. und Hoffest miteinander verbanden. Die Schwertleite zweier Ks.söhne, Reiterkampfspiele und die Erhebung des Gf.en →Balduin V. v. Hennegau (11. B.) zum Reichsfs.en dienten zur ksl. Repräsentation sowie zur ersten großen Selbstdarstellung der ritterl.-höf. Ges. und Kultur. Auf dem im März 1188 abgehaltenen »H. Jesu Christi« gelobten der Ks. und zahlreiche Große eine Kreuzfahrt. Auch unter Barbarossas Nachfolger war M. Schauplatz wichtiger H.: März 1190, Febr. 1194 (Freilassung von Richard Löwenherz), Mai 1196, 8. Sept. 1198 (Krönung Philipps von Schwaben), 19. Dez. 1212 (Krönung Friedrichs II.), Juli 1233 (H. Heinrichs [VII.] zusammen mit der Synode). Die Empörung seines Sohnes Heinrich veranlaßte Friedrich II. zur Rückkehr nach Dtl., wo er im Aug. 1235 auf einem H. zu M. die Fs.en mit der exot. Pracht seines Hofstaates beeindruckte, die kgl. Herrschaftsvorstellung mit dem Erlaß des →M.er Landfriedens stärkte und →Otto d. Kind zum Reichsfs.en erhob. Im SpätMA ließ die Bedeutung von M. als Versammlungsort nach (ein H. unter Kg. Rudolf [Dez. 1281], H. und größere Fs.enversammlungen unter Karl IV. Nov. 1356, März 1359, Sept. 1360, Mai 1372). Als unter Ruprecht v. d. Pfalz das Kgtm. wieder an den Rhein rückte, bot sich M. erneut für H. an: Dez. 1400, Juni 1401, Juni 1402, Dez. 1404, Okt. 1405, Jan. 1406. In der Folgezeit fanden in M. wegen der erneuten Verlagerung des Kgtm.s nur noch königslose Tage und einige Kfs.entage statt.

K.-H. Spieß

Lit.: H. SCHROHE, M. in seinen Beziehungen zu den dt. Kg.en und den Ebf.en der Stadt..., 1915 – F. W. WENTZLAFF-EGGEBERT, Der H. Jesu Christi 1188 in M., 1962 – L. FALCK, M. im frühen und hohen MA..., 1972, 124f., 158f., 182 – J. FLECKENSTEIN, Zur Bedeutung der großen M.er H. von 1184 und 1188 (Fschr. H. HEIMPEL, 2, 1972), 1023–1041.

Mainz, Synoden. M. war als Sitz eines Ebf.s nicht nur Versammlungsort zahlreicher Provinzialsynoden, sondern auch Treffpunkt für Reichssynoden. Mai/Juni 813 tagte hier eine der fünf Teilsynoden, die sich grundlegend mit der Kirchen- und Reichsreform beschäftigten. Im Mai 829 fand in M. wiederum eins von vier Teilkonzilien statt, auf denen über Mißstände im geistl. und weltl. Bereich beraten werden sollte. Der Kooperation zw. Kg. Ludwig II. und Ebf. →Hrabanus Maurus sind drei ostfrk. Reichssynoden zu verdanken (Okt. 847, Okt. 848, Okt. 852), welche die Reformansätze von 813 und 829 weiterführten. Nach zwei schwach bezeugten S. (Okt. 857, 877/878) fand erst 888 wieder eine Versammlung des ostfrk. Episkopats in M. statt. Ausgesprochene Provinzialsynoden sind für M. erst im 10. Jh. und da nur spärl. belegt (950, April 976). Im Mai 1007 wurde in M. eine der drei Reichssynoden abgehalten, die sich mit der Gründung des Bm.s →Bamberg auseinandersetzten. Die Provinzialsynode zu M. vom Juni 1023 sollte gemäß dem Einladungsschreiben Ebf. →Aribos dazu dienen, die abgerissene Tradition dieser Synodaltätigkeit durch jährl. Einberufung zu erneuern. In den folgenden fünf Jahren wurden tatsächl. weitere Provinzialsynoden in anderen Orten des Ebm.s abgehalten. Die nächste S. zu M. fand erst im Okt. 1049 statt und sprengte bei weitem den Rahmen eines Provinzialkonzils. Papst Leo IX., Ks. Heinrich III. und 42 Bf.e widmeten sich dort der Kirchenreform, insbes. dem Kampf gegen →Simonie und Priesterehen. Auch an der im Aug. 1071 auf päpstl. Weisung in M. tagenden S. zur Beilegung des Konstanzer Bm.sstreit nahmen außer M.er Suffraganen weitere Bf.e und Kg. Heinrich IV. teil. Die Provinzialsynode vom Okt. 1075 erregte wegen vehementen Protestes der anwesenden Kleriker gegenüber den päpstl. Zölibatsforderungen Aufsehen. Mit dem Bann bzw. der Absetzung Gregors VII. befaßten sich drei Reichsversammlungen, die synodalen Charakter besaßen (Juni 1076, Mai 1080, Mai 1085). In der Folgezeit fand nur noch eine Reichssynode in M. statt (Nov. 1225), ansonsten bestimmen die Provinzialsynoden das Bild. Bedeutend waren die Provinzialsynode vom März 1154, die sich mit grundsätzl. Fragen kirchl. Reform beschäftigte und ins 13. Jh. fortwirkte, diejenige vom Juli 1233, die sich mit der Unterdrückung des Ketzertums und den Verfolgungsmethoden →Konrads v. Marburg (46. K.) befaßte, und die vom Mai 1310, die, dank der abschließenden Redaktion der M.er Synodalstatuten zu den Höhepunkten der M.er Kirchengesetzgebung zählt.

K.-H. Spieß

Lit.: J. FICKER, Die Provincialkonzilien zu M. 1239 und 1243, MÖIG 3, 1882, 347–350 – A. HAUCK, Die angebl. M.er Statuten von 1261 und die M.er S. des 12. und 13. Jh. (Fschr. TH. ZAHN, 1908), 69–89 – HEFELE-LECLERCQ 4–6, 1911–15 – H. BÜTTNER, Die M.er S. vom Okt. 1049 (M.er Kalender 1949), 53–59 – H. MAURER, Zu den Inskriptionen der M.er Provinzialstatuten von 1310, ZRGKanAbt 84, 1967, 338–346 – L. FALCK, M. in seiner Blütezeit..., 1973, 11ff. – W. HARTMANN, Die M.er S. des Hrabanus Maurus (Hrabanus Maurus, hg. R. KOTTJE-H. ZIMMERMANN, 1982), 130–144 – J. LEHN, Die S. zu M. (888) und Tribur (895), Jb. westdt. Landesgesch. 13, 1987, 43–62 – H. WOLTER, Die S. im Reichsgebiet und in Reichsitalien von 916 bis 1056, 1988 – W. HARTMANN, Die S. der Karolingerzeit im Frankenreich und in Italien, 1989.

Mainzer Landfriede, von Ks. Friedrich II. am 15. Aug. 1235 auf dem großen Hoftag in →Mainz in 29 Artikeln verkündet, der erste auch in dt. Sprache abgefaßte →Landfriede. Im Gegensatz zu früheren Landfrieden (wie der »Treuga Heinrici« von 1224) ist er weniger strafrechtl. orientiert, sondern in ihm geht es mehr um ein geordnetes Strafrechtsverfahren und um die Anerkennung der hoheitl. Gewalt und ihrer Gerichte, auch im Kampf gegen Selbsthilfe und →Fehde, die aber anders als von Friedrich I. 1152 als subsidiäres Rechtsmittel anerkannt wird. Seine Bedeutung liegt v. a. darin, daß der Kg. als »Herr aller →Regalien« (O. ENGELS) erscheint und die der Fs.en auf ihn zurückgeführt werden; die kgl. Friedenswahrung, Gerichts- und Ächtungsgewalt werden als kgl. Hoheitsrechte aufgefaßt, was den Kg.en im SpätMA erlaubte, die Landfriedenspolitik zur Wahrung einer kgl. Prärogative einzusetzen, indem u. a. jegl. Mißachtung der kgl. Hoheitsrechte als Friedensdelikt gewertet werden konnte. Kam dem M.L. in stauf. Zeit mit seiner Revindikation kgl. Rechte, ohne Garantien zu seiner Durchsetzung (dazu gehört auch die Funktion eines ständigen Hofrichters nach siz. Vorbild), keine Bedeutung mehr zu, wurde er doch im SpätMA als Verfassungsurk. des Reiches betrachtet.

P. Thorau

Q. und Lit.: MGH Const. II Nr. 196 und 196a – HRG II, 1451–1485 – H. MITTEIS, Zum M. Reichsl. von 1235, ZRGGermAbt 62, 1942, 13–56 – J. GERNHUBER, Die Landfriedensbewegung in Dtl. bis zum M. Reichsl. von 1235, 1952 – E. KLINGELHÖFER, Die Reichsgesetze von 1220, 1231/32 und 1235, 1955 [Neudr., Auszüge: WdF 101, 1966, 1982] – H. KOLLER, Zur Diskussion über die Reichsgesetze Friedrichs II., MIÖG 66, 1958, 29–51 – P. ZINSMAIER, Zur Diplomatik der Reichsgesetze Friedrichs II., ZRGGermAbt 80, 1963, 82–117 – H. ANGERMEIER, Kgtm. und Landfriede im dt. SpätMA, 1966 – E. SCHRADER, Zur Deutung der Fs.enprivilegien von 1220 und 1231/32 (WdF 101, 1966), 420–454 – H. ANGERMEIER, Landfriedenspolitik ... (VuF 16, 1974), 167–186 – A. BUSCHMANN, Zum Textproblem... (Fschr. G. K. SCHMELZEISEN, 1980), 25–46 – O. ENGELS, Die Staufer, 1989[4], 137ff. – H. KELLER, Zw. regionaler Begrenzung und universalem Horizont (Propyläen Gesch. Dtl.s II, 1986), 492ff.

Mainzer Stiftsfehde. Der am 18. Juni 1459 per compromissum zum Ebf. gewählte Gf. →Diether v. Isenburg-Büdingen führte zunächst gemäß der Kapitulation einen Krieg gegen Kfs. →Friedrich I. v. d. Pfalz, erlitt jedoch am 4. Juli 1460 in der Schlacht b. Pfeddersheim eine Niederlage und mußte sich anschließend im Hemsbacher Vertrag (4. Aug. 1460) mit dem bisherigen Gegner verbünden. Der so in die gegen Ks. Friedrich III. agierende Opposition eingereihte Diether wurde am 21. April abgesetzt. Am 8. Aug. 1461 wurde sein Gegenkandidat, Gf. →Adolf II. v. Nassau-Wiesbaden-Idstein, providiert; ihm schloß sich die Mehrheit des Domkapitels an, der Sekundarklerus blieb gespalten, die Stadt Mainz blieb nach Abschluß eines Schutzvertrages am 2. Dez. 1461 auf der Seite Diethers, zu dem auch Gf. Philipp v. Katzenelnbogen stand. Der Pfälzer Kfs. finanzierte Diethers Krieg gegen Pfandabtretung der Erzstiftsteile an der Bergstraße. Mainzer Territorialpositionen in Oberhessen wurden an Lgf. Heinrich III. verpfändet. Adolf II. verbündete sich mit dem Trierer Kfs.en Johann II. und dessen Bruder Karl in der Mgft. Baden sowie dem Lgf.en Ludwig II. v. Niederhessen. Entscheidend für die machtpolit. Auseinandersetzung wurde der Pfälzer Sieg b. Seckenheim am 30. Juni 1462 über die Nassauer Bundesgruppe. Andererseits behauptete sich Adolf im Rheingau und in Bingen. Ehe die Pfälzer-Isenburger Verbündeten weitere Aktionen gegen ihn unternehmen konnten, überrumpelten Nassauer Streitkräfte am 28. Okt. 1462 Mainz und vertrieben die isenburg. Anhänger. Adolf II. kassierte am 30. Okt. 1462 alle Privilegien, so daß die Stadt ihre Freiheit verlor. Im Zeilsheimer Vertrag (5. Okt. 1463) verzichtete Diether auf das Ebm. Als Folge der Fehde für das Erzstift Mainz ging der Besitz im Naheraum, weitgehend der in Hessen verloren. A. Gerlich

Lit.: NDB III, 668 – H. Schrohe, Mainz in seinen Beziehungen zu den dt. Kg.en ... (Beitr. zur Gesch. der Stadt Mainz 4, 1915) – A. Erler, Ma. Rechtsgutachten zur M.S. 1459–63, Schr. der Wiss. Ges. an der Univ. Frankfurt, Geisteswiss. R. 4, 1964 – Ders., Neue Funde zur M.S., ZRGKanAbt 58, 1972, 370–386 – D. Brosius, Zum Mainzer Bm.sstreit 1459–63 (Archiv für hess. Gesch. und Altertumskde NF 33, 1975), 111–136 – F. Jürgensmeier, Das Bm. Mainz, 1988, 159–173 [Lit.].

Maio v. Bari, † 10. Nov. 1160 (ermordet anläßl. einer Adelsverschwörung), Sohn eines Bareser iudex und hochgebildet, ist sein Bild von dem zeitgenöss. →Hugo Falcandus bewußt verzerrt worden. M. machte in der siz. Kg.skanzlei Karriere als Notar, Scriniar und Datar (seit 1144 belegt), brachte es schließlich zum Vizekanzler und wurde 1152/54 Kanzler. Dieses Amt behielt er auch unter Kg. Wilhelm I., faßte es aber vornehml. als ein polit. auf. Im Sommer 1154 zum ammiratus ammiratorum (→admiratus) ernannt, war M. die bestimmende Persönlichkeit am Palermitaner Kg.shof. Für seinen Sohn, den Admiral Stephan, schrieb er eine »Expositio orationis dominicae«.
Th. Kölzer

Lit. G. B. Siragusa, Il regno di Guglielmo I in Sicilia, I, 1885 – K. A. Kehr, Die Urkk. der norm.-siz. Kg.e, 1902 – C. Brühl, Diplomi e cancelleria di Ruggero II, 1983.

Maiolus, 4. Abt. v. →Cluny 954–994, OSB, hl. (Fest: 11. Mai, im Orden 29. April), * nach 909 in Valensole (dép. Basses-Alpes) oder Avignon, † 11. Mai 994 in Souvigny (dép. Allier), ⌐ ebd.; aus alter provenzal. Familie; Eltern: Fulcher und Raimunda (aus der Familie der Aubry), Bruder: Eyricus. Nach dem Tode des Vaters hielt sich M. in Mâcon auf, wo er Chorherr wurde. Es folgte ein Studienaufenthalt in Lyon, ab 938–939 als Archidiakon in Mâcon bezeugt. Ein Angebot, Ebf. v. Besançon zu werden, schlug er aus. Um 943 trat er in das Kl. Cluny ein, wo ihm die Sorge für die Bibliothek und die kl. Schatzkammer übertragen wurde. Auf einer Romreise erwirkte er von Agapet II. eine Besitzbestätigungsurk. für Cluny. 954 erfolgte seine Designation und Wahl zum Koadjutor und Nachfolger des kranken Abtes →Aimard († im 965). Unter M.' Abbatiat kam es zu einem weiteren wirtschaftl. Aufschwung Clunys (über 1000 Urkk.; Konventsstärke ca. 100 Mönche; Bau der Kirche Cluny II). Enge Beziehungen verbanden M. nicht nur mit den Bf.en der näheren und weiteren Umgebung, sondern auch mit den weltl. Großen seiner Zeit, so mit Otto I., Adelheid und Otto II. Das Angebot Ottos II., Nachfolger Benedikts VI. (974) zu werden, lehnte er ab. Sechsmal reiste er nach Italien (Kl.-reformen und -gründungen, u.a.: S. Apollinare in Classe, St. Johannes in Parma, S. Pietro Ciel d'Oro, S. Salvatore und S. Maria in Pavia, S. Paolo fuori le mura in Rom). Weitere wichtige Abteien, die ihm unterstellt wurden, waren: →Marmoutier, →St-Maur-des-Fossés, St-Pierre-le-Vif in Sens, →St-Germain in Auxerre, →Réomé, →Payerne (Peterlingen), →Lérins, →Fécamp (gescheitert). Anders als unter seinen Nachfolgern bedeutete die Übernahme eines Reformauftrags keinen Anschluß an das Mutterkl. Cluny. Bedeutende Schüler, die durch M. geprägt wurden, waren sein Nachfolger →Odilo, →Wilhelm v. St-Bénigne vor Dijon und Heldricus v. Auxerre. Seine Gefangennahme durch die Sarazenen zur Erpressung eines Lösegeldes (972) führte zu deren Vertreibung und Befriedung der Provence durch Gf. Wilhelm II. v. d. Provence (972–975). Seine Biographen (bes. Syrus, Odilo, Nagold) heben seine stark auf Christus bezogene Frömmigkeit hervor, die alles Übermaß vermied, die eigene Person in den Hintergrund stellte, die Einsamkeit suchte und um Weitergabe der von ihm gewonnenen Erkenntnisse an seine Mönche bemüht war. N. Bulst

Q.: BHL 5177–5187 – D. Iogna-Prat, Agni immaculati. Recherches sur les sources hagiographiques relatives à Saint Maieul de Cluny (954–994), 1988 – Lit.: Bibl.SS VIII, 564–566 – DIP V, 860 – E. Sackur, Die Cluniacenser, Bde 1–2, 1892 – J. Leclercq, S. Maiolo fondatore e riformatore di monasteri a Pavia, Atti del 4° Congr. internaz. di studi sull' alto medioevo. Pavia (1967), 1969, 155–173 – N. Bulst, Unters. zu den Kl.reformen Wilhelms v. Dijon (962–1031), 1973 – M.-C. Garand, Copistes de Cluny au temps de Saint Maieul (948–994), BEC 136, 1978, 5–36 – B. Rosenwein, Rhinocerus Bound, 1982 – F. Neiske, Der Konvent des Kl. Cluny zur Zeit des Abtes M. (Vinculum societatis. J. Wollasch zum 60. Geb., hg. F. Neiske u.a., 1991), 118–156.

Maiordomus → Hausmeier

Maiorianus, M. Iulius, röm. Ks. 457–461. Aus Illyrien stammend, diente M. als comes domesticorum im Heer des Aëtius und wurde nach dem Tode des →Avitus von Ks. Leon I. zum →magister militum ernannt. Nach einem Sieg über eine Alamannenschar wurde er von seinen Truppen am 1. April 457 in Ravenna zum Ks. ausgerufen. Obwohl von Leon nicht anerkannt, entfaltete der fromme Christ und überzeugte Römer eine energ. Reformpolitik, bes. auf dem Gebiet des Steuer- und Militärwesens. Er verständigte sich mit →Burgundern und →Westgoten und brachte Arles wieder in röm. Gewalt (459). Er setzte sich auch gegen sueb. und westgot. Scharen in Spanien durch, scheiterte aber mit dem Plan einer Überfahrt nach N-Afrika, wo er gegen die →Vandalen vorgehen wollte. Als er nach dem Verlust eines großen Teils seiner Flotte in Cartagena in einen unrühml. Frieden mit den Vandalen einwilligte, entzog ihm →Ricimer das Vertrauen, brachte ihn durch List in seine Gewalt und ließ ihn am 7. Aug. 461 zu Dertona (in Ligurien) hinrichten. R. Klein

Lit.: RE XIV, 584ff. – A. Demandt, Die Spätantike, 1989, 172 (HAW III/6).

Maitani, Lorenzo, Baumeister, Ingenieur und wohl Bildhauer, * um 1270, ⚭ 1302 in Siena, dort Mitglied der Bauhütte, † 1330 in Orvieto. 1310 lebenslängl. Anstellung als Werkmeister (caput magister) mit Bürgerrecht für sich und seine Familie; nebst der Kathedralbauhütte unterstanden ihm die Brücken und bürgerlichen Bauten; bes. genannt wird die Domfassade und ihre Gestaltung. Begutachtungen lassen auf hohes Ansehen M.s schließen, 1317 und 1319/21 stellte er die Wasserleitung in Perugia wieder her, 1322 lehnte er die Pläne für eine Domerweiterung in Siena aus stat. und baukünstler. Gründen ab, 1323 begutachtete er die Pläne für das Kastell von Montefalco, 1325 von Castiglion del Lago. – Ob M. beide Pläne oder nur einer für die Fassade des Domes von Orvieto zuzuschreiben sind, ist umstritten. Unter seiner Ägide auf alle Fälle ist der gesamte Portalzone überziehende Skulpturenschmuck von teppichhafter Dichte entstanden, sicher von mehreren Gruppen ausgeführt, mit röm.-antiken, pisan. und frz. Elementen. M.s praktische Bildhauertätigkeit ist weder beweisbar noch ablehnbar. A. Reinle

Lit.: E. CARLI, Le sculture del duomo di Orvieto, 1947 – J. WHITE, Art and Architecture in Italy 1250 to 1400, 1966, 291–302 – V. ASCANI, Le dessin d'architecture médiéval en Italie (Les bâtisseurs des cathédrales gothiques, hg. R. RECHT, 1990), 275–277.

Maître Honoré, bedeutendster frz. Buchmaler vom Ende des 13. Jh., tätig in Paris (Werkstatt in der heut. rue Boutebrie). Mehrfach dokumentar. belegt: 1288 Verkauf einer Hs. der Dekretalien des Gratian (Tours, Bibl. municip., ms. 558; Vermerk f. 351; nur die Titelminiatur H. selbst zugeschrieben). 1292 und 1293 figuriert M. H. in den Steuerrollen. 1296 schließlich wird er u. a. für ein im Auftrag Kg. Philipps d. Schönen ausgestattetes Breviar bezahlt (Paris, BN, ms. lat. 1023). Drittes, auf stilkrit. Weg zugeschriebenes Werk (zeitl. zw. den beiden erwähnten Hss. einzureihen) ist eine »Somme le Roi« der Brit. Libr. London (Add. Ms. 54180). H. gilt als unmittelbarer Vorläufer des Jean→Pucelle. D. Thoss

Lit.: CH. STERLING, La peinture médiévale à Paris, 1300–1500, I, 1987, 41–50.

Maître de l'Hôtel, Grand (auch: souverain M. de l'Hôtel), hoher kgl. Amtsträger am frz. Hof, stand allen Beamten des →Hôtel du roi, der kgl. Hofhaltung, und namentl. den sechs großen Hofämtern *(métiers)* vor. Er hatte für den geordneten Ablauf des gesamten Hofdienstes, v. a. im Speisesaal des Kg.s, zu sorgen. Ihm unterstanden weitere M.s, deren Zahl schwankte. Als Grand M.s fungierten nacheinander: Frère Arnoul de Wissemale, ein Templer, und Mathieu de Trie (unter Kg. Philipp IV.), Jean de Baumont (unter Philipp V. und Karl IV.), Guy le Borgne de Ceris und Robert de Dreux (unter Philipp VI. v. Valois), Jean de Châtillon (unter Johann II.). Die Würde des Grand M. wurde durch einen Stab symbolisiert.
E. Lalou

Lit.: PÈRE ANSELME, Hist. généalogique ..., t. VIII, 1733, 310 – P. LEHUGEUR, Philippe le Long, roi de France, 1316–22. Le mécanisme du gouvernement, 1931, 60 – F. LOT-R. FAWTIER, Hist. des institutions françaises au MA, 1958, 66.

Maître des ports et passages, Leiter der kgl. frz. Institution zur Überwachung des Warenverkehrs und →Zollwesens. Für den Kg. wie für die weltl. und geistl. Grundherren waren die Rechte und Abgaben auf den Durchgangsverkehr zu Wasser und zu Lande *(péage;* Weg-, Brücken-, Hafen-, Paßzölle, Abgaben bei Ein- und Ausreise, auf die Reisenden, die mitgeführten Waren, Fahrzeuge, Reit-, Saum- und Zugtiere, Geleitrechte usw.) eine wichtige Einnahmequelle, mit deren Einziehung kgl. und grundherrl. Amtsträger *(sergents, officiers)* beauftragt waren. Eine zentrale Organisation der 'ports et passages' erfolgte jedoch erst zu Beginn des 14. Jh. durch einen der führenden Helfer Kg. →Philipps des Schönen, Pierre de →Chalon. Damit wurde ein 'modernes' Zollsystem, das die zentrale Einziehung bzw. Überwachung der wichtigsten Abgaben sowie die Durchführung der kgl. →Ordonnanzen über die Ein- und Ausfuhr zum Ziel hatte, begründet. An der Spitze der Institution, die ein eigenes Siegel führte, stand als *surintendant* Pierre de Chalon, assistiert von Geoffroy →Coquatrix und Guillaume de Marcilly. In ihrem Auftrag fungierten Generalvisitatoren, denen Zollwächter *(gardes des passages)* und Büttel *(sergents),* zu Fuß oder zu Pferde, unterstanden. Die 'ports et passages', gleichzeitig mit entsprechenden Institutionen in England und Genua entstanden, markieren einen wichtigen Einschnitt an der Schwelle der modernen staatl. Verwaltung. E. Lalou

Lit.: E. LALOU, Maître Pierre de Chalon, surintendant des ports et passages, 1297–1345 (Recherches sur l'économie de la France médiévale. Les voies fluviales, La draperie, Actes du 112ᵉ congr. nat. des soc. savantes, Lyon, 1987, 1989), 95–117 – *zum Vergleich:* R. L. BAKKER, The English Customs Service, 1307–43: a study of Medieval Administration, 1961 – J. DAY, Les douanes de Gênes, 1376–77, 1963.

Maître des Requêtes, jur. Ämter des Kgr.es →Frankreich, am →Parlement und am →Hôtel du roi.

[1] *Parlement:* Zur Einleitung einer jeden Klage (→actio) bedurfte es einer *lettre d'instance* ('Klagebrief'). Um diese zu erreichen, war an den Richter ein entsprechendes Gesuch (requisitio, *requête)* zu richten. Die M.s des R. hatten über diese Gesuche zu beraten (»ouir les requêtes«). 1278 setzte das Parlement zwei seiner Mitglieder hierfür ein (1291: 3, 1296: 4, 1307: 6). 1296 bildete Kg. Philipp der Schöne aus den M.s des R. eine eigene Parlamentskammer *(Chambre des Requêtes),* die zunächst in einem Winkel des Audienzsaales tagte, unter Karl V. aber eigene Räumlichkeiten erhielt und mit Schreibern *(greffiers)* und Amtsdienern *(huissiers)* ausgestattet wurde. An ihrer Spitze stand als dienstältester M. ein *président,* mit tägl. Besoldung von 10 *sous.* Ein Erlaß von 1364 regelte definitiv die Zuständigkeit: Neben den früheren Aufgaben *(requêtes;* Erlassen von *lettres de justice,* durch die die gegnerische Partei vor Gericht zitiert werden konnte) oblag der Chambre auch die erstinstanzl. Gerichtsbarkeit in Zivil-, Personenstands- und Besitzsachen für alle, das Recht des 'committimus' genossen, sowie in Fällen, die durch eine einfache Darlegung und auf ein Gesuch hin zu entscheiden waren. Der Kg. evozierte die bei den Gerichten der Baillis und Sénéchaux, v. a. der →*Prévôts de Paris,* anhängigen Prozesse vor die Chambre des R. Nach der Krise des Parlement (1418–36) wurde die Chambre des R. erst 1454 wiederhergestellt.

[2] *Maîtres des Requêtes de l'Hôtel:* Ursprung dieses Amtes war das Vorrecht des Kg.s, persönl. Recht zu sprechen *(plaids de la porte,* kgl. Türgericht). Verzichteten die Kg.e auch niemals auf diese Prärogative (vgl. v. a. Ludwig d. Hl.n), so benötigten sie hierbei doch Helfer, die zunächst als *poursuivants du roi,* seit Philipp V. (1316–22) als *Maîtres des Requêtes de l'Hôtel* bezeichnet wurden. Doch stellten die Kg.e bald ihre persönl. Anwesenheit bei den 'plaids de la porte' ein. Den (gleichsam an ihre Stelle gerückten) M.s des R.s de l'H. wurde aber eine entsprechende Kompetenz bestritten; 1346 beschränkte das Parlement ihre Zuständigkeit auf Streitfälle um ein vom Kg. verliehenes Amt und auf Beschwerden gegen einen kgl. Beamten. Auf eine Anzahl von fünf reduziert, wurden die M.s des R.s de l'H. zu einer Art internem Gericht des →Hôtel du roi, waren aber anläßl. der Erteilung von kgl. Gnadenerlassen *(lettres de rémission)* mit der Berichterstattung vor dem kgl. Rat (→*Conseil royal),* der dann die Entscheidung traf, betraut. E. Lalou

Lit.: P. GUILHIERMOZ, Enquêtes et Procès. Etude sur la procédure et le fonctionnement du Parlement au XIVᵉ s., 1892, 157–164 – F. AUBERT, Hist. du parlement de Paris (1250–1515), 2 Bde, 1894 – A. GUILLOIS, Recherches sur les M.s des R.s de l'H. du roi des origines à 1350, 1909 – F. LOT-R. FAWTIER, Hist. des inst. françaises au MA, II, 1958, 82, 347.

Majestätssiegel → Siegel

Majestätsverbrechen (crimen laesae maiestatis), zusammenfassender Rechtsbegriff für verschiedene Formen der Aggression und des Dissenses von seiten der Untertanen gegenüber den Machthabern. In der Gestalt dieser Straftat zeigt sich zugleich auf höchster Ebene die »polit. Relevanz« des Strafrechts. Die von der Gesetzgebung vorgesehene Unterdrückung des M.s ist ein Mechanismus, mit dem jede Machtstruktur sich selbst schützt, um dadurch letztendlich die Grundlagen ihrer Stabilität zu bewahren. Im abendländ. Kulturbereich hat das c. l. m. eine zweitausendjährige Tradition, von Sullas Lex Cornelia maiestatis

(81 v. Chr.) bis zu den ersten Strafgesetzbüchern liberalbürgerl. Prägung des 19. Jh., wo der klass. Name des Verbrechens verschwindet und an die Stelle der Person des Herrschers die unpersönl. »Staatssicherheit« tritt.

Grundlage der ma. und nz. Entwicklung des Rechtsbegriffs c.l.m. ist eine Systematisierung durch das röm.-byz. Recht. In der o.g. Lex d. J. 81 v. Chr. wurden Delikte des Bürgers gegen die maiestas populi romani (d.h. gegen das höhere Interesse der Republik) mit Todesstrafe oder Verbannung geahndet. Aber bereits mit der Lex Iulia de maiestate (8 v. Chr.?) beginnt die Straftat eine andere Gestalt anzunehmen: es werden nun auch die perduellio-Delikte ('Verrat') miteinbezogen und ein Angriff auf die Person, den Staat verkörpert, darunter verstanden, wobei der Begriff der maiestas vom Volk auf den Herrscher übertragen wird. In der Ks.zeit wird das c.l.m. als wie auch immer geartete Beleidigung des Ks.s interpretiert: darunter fallen nicht nur Attentat, Aufruhr, Kollaboration mit dem Feind, sondern auch die Schmähung der Ks.statuten oder die Weigerung, auf dessen Namen zu schwören (eine Straftat, deren zumeist die Christen angeklagt wurden). Die Verwendung des Begriffs M. zum polit. Schutz des vergöttlichten Ks.s wird in spätantiker Zeit durch die Strenge einer Konstitution des Arcadius und des Honorius aus dem J. 397 deutlich (C Th. 9,14,3), die gegen den maiestatis reus mit Todesstrafe und Konfiskation seines Vermögens vorgeht. Es wird auch bereits der Vorsatz (cogitatio) geahndet und die Strafe auf die Söhne des Schuldigen ausgedehnt (Ausschluß von der Erbschaft, Belegung mit infamia). Justinian übernahm diese Konstitution in den Codex (C. 9,8,5: die berühmte Lex Quisquis) mit den Rechtsnormen von Dig. 48 tit. 4 Ad legem Iuliam maiestatis. Im Zuge der germ. Reichsgründungen auf dem Boden des Röm. Imperiums wurde der barbar. Herrscherbegriff stark von dem röm.-byz. Herrscherbild beeinflußt. Konsequenterweise wird in den germ. Stammesrechten ein Angriff auf die Sicherheit des Kg.s nach dem Vorbild der laesa maiestas bestraft (L. Visig. 2,1,7 R, Roth. 1; L. Alam. 24; L. Sax. 24, L. Baiuvor. 2,1).

Mit dieser dem röm. Recht verpflichteten Tendenz, die sich in der karol. Gesetzgebung verstärkt (Cap. Ticin. a. 801,3), verbindet sich jedoch das typ. germ.-feudale Fidelitas-Prinzip: Schuldig des M.s ist derjenige, der den Treuepakt, der ihn an den Herrscher bindet, bricht und den Landfrieden stört, dessen Garant der Herrscher selbst als oberster Lehnsherr ist. Ziel des Strafrechts wird so einerseits die Aufrechterhaltung des öffentl. Friedens, andererseits der Schutz des Souveräns, dessen Herrschertum gegenüber den Untertanen entsprechend der ma. Auffassung auf göttl. Setzung beruht. Demzufolge ahnden die Gesetzgebungen der europ. Herrscher vom 12.–14. Jh. das c.l.m. als meuchler. Verrat und Sakrileg mit dem ganzen Arsenal des röm. Rechts (Todesstrafe, Infamie der Kinder des Schuldigen, Konfiskation des Vermögens). Bedeutend sind in diesem Zusammenhang die →Assisen von Ariano Rogers II. (1140) mit der wörtl. Übernahme von C. 9,8,5 in Ass. Vat. 18,1, ferner die →Gelnhäuser Urkunde Friedrichs I. (1180), die Heinrich d. Löwen des reatus maiestatis für schuldig erklärte, der →Mainzer Landfriede (1235), cap. 24, das Edictum contra infideles imperii italicos Friedrichs II. sowie v.a. dessen →Liber Augustalis des J. 1231, in dem der Ks. die Begriffe c.l.m. und Häresie fast gleichsetzt (L.A.I, 1; II, 22). Im Kastilien der 2. Hälfte des 13. Jh. sind die Gesetze Alfons X. des Weisen hervorzuheben (Fuero Real I, 2, lex 1; Siete partidas, Part. II, 13,6, Part. VII, 2,1 und 2).

In das Kirchenrecht, wo im Decretum Gratiani die Lex Quisquis aufgeführt wird (C. 6 q.1 c.22) hält das c.l.m. seinen Einzug mit der Dekretale Vergentis Innozenz' III. aus dem J. 1199 (X 5. 7. 10), die das M. mit Simonie und Häresie gleichsetzt: dies ist der offizielle Ausgangspunkt der Strafverfolgung des c.l.m. divinae.

Die bekanntesten legislativen Maßnahmen gegen das M. im 14. Jh. sind die Konstitution Heinrichs VII. Qui sint rebelles (1313; MGH Const. IV, 2, nn. 931–932) und die →Goldene Bulle Karls IV. (1356; cap. 24, ebd. XI, p. 616), die nach dem Vorbild der Lex Quisquis den Schutz gegen Angriffe auf die Kurfs.en ausdehn. In der frühen NZ wird nach dem Schema des c.l.m. für die Formen des Hochverrats und Landesverrats ein differenziertes System von Strafen ausgebildet (Bamberg. Halsgerichtsordnung [1507] u.a.).

Die techn.-konzeptionelle Ausformung des c.l.m. liegt schwerpunktmäßig jedoch nicht in der Legislative, sondern im Gelehrten Recht. Die wiss. Konstruktion der geschützten Figur eines Maiestas-Trägers (imperator, papa, rex, princeps, civitas superiorem non recognoscens), die Festlegung, auf welche vom Herrscher abhängige Subjekte der gesetzl. Schutz ausgedehnt wird, die Kasuistik des Verbrechens, die dafür eingesetzten Strafen und das Verfahren (geheimes Schnellverfahren, auch auf der Grundlage schwacher Indizien anwendbar) sowie die Entwicklung des Begriffs des subditus ('Untertan'), auf den die entsprechenden Gesetzesvorschriften anzuwenden sind, all dies ist das Werk der it. Juristen des MA und der frühen NZ (zweite Hälfte des 15. Jh. bis Ende des 16. Jh.). Von →Azo bis →Albericus v. Rosate (In sec. Cod. L. Quisquis), von →Bartolus (Super Const. Qui sint rebelles) bis →Baldus, Angelo da Gambiglioni, Claro, Deciani, Farinaccio besteht die Grundtendenz (in der ma. Rechtswissenschaft noch gemäßigt), die Zahl der Delikte, die unter das c.l.m. fallen, auszuweiten (Matteo degli Afflitti nennt deren 45). In der Practica Nova des B. Carpzov (I, q.41, 17. Jh.) ist das c.l.m. als »contra ius naturae« und »omnium delictorum gravissimum« eine »offensio Dei« und umfaßt gleichzeitig Vatermord, Verrat und Fälschung. Hier ist das c.l.m. nicht mehr eine festumgrenzte Straftat, sondern ein offenes System von Straftaten, entsprechend den Bedürfnissen des absoluten Herrschaftsgewalt.

A. Cavanna

Lit.: HRG I, 648ff. – C. Calisse, Storia del diritto penale it., 1895, 127ff., 277ff. – C. Ferrini, Esposizione stor.e dottrinale di diritto penale romano, 1905, 337-351 – R. His, Das dt. Strafrecht im MA, II, 1935, 36ff. – C. Ghisalberti, Sulla teoria dei delitti di lesa maestà nel diritto comune, Arch. Giur. 1955, 100ff. – J. Gaudemet, Maiestas populi romani (Synteleia V. Arangio Ruiz), 1964 – F. S. Lear, Treason in Roman and Germanic Law, 1965 – E. Schmidt, Einf. in die Gesch. der dt. Strafrechtspflege, 1965, 181ff. – V. Piergiovanni, La punibilità degli innocenti nel diritto canonico dell'età classica, I, 1970, 149ff.; II, 1974, 180ff. – Ch. Schminck, C.l.m. Das polit. Strafrecht Siziliens nach den Assisen v. Ariano (1140) und den Konstitutionen von Melfi (1231), 1970 – M. Sbriccoli, C.l.m. Il problema del reato politico alle soglie della scienza penalistica moderna, 1974 – A. Laingui–A. Lebigre, Hist. du droit pénal, I, 1979, 199ff. – J. M. Carbasse, Introd. hist. au droit pénal, 1990, 44ff., 254ff.

Majolika (it., auch majorica, von Mallorca, bezeichnete im 16. Jh. zunächst nur Lüsterkeramik). Irdenware mit dünner, weiß-rosastichiger Zinnglasur und Bemalung in Violett, Grün, selten Blau und Gelb, auf der Basis von Metalloxiden (Mangan, Kupfer, Kobalt, Antimon). Die aus dem Orient stammende Technik war in Italien seit Beginn des 13. Jh. bekannt, nach 1250 von Sizilien bis Mittelitalien in unterschiedl. Dichte und Qualität verbreitet. Im ö. Sizilien (Zentren in Syrakus, Gela und Caltagirone) prägte der arab. Einfluß Motive und Stil der Dekoration sowie die Mehrfarbigkeit der Malerei, wogegen in Mittelitalien (Orvieto, Viterbo, Toskana und Faenza) fast nur Violett und Grün verwendet wurden. Die sog. archaische M. wurde mit herald. Emblemen und stilisierten Pflanzen-, Tier- und Figurendarstellungen, gerahmt von geometrisierenden Ornamenten, bemalt; Reliefdekor ist selten. Die Zinnglasur ist nicht immer gefäßdeckend und deshalb oft zusammen mit farbloser oder gelbl. Bleiglasur verwendet. Nur aus Grabungen bekannt, handelt es sich um Gebrauchsgeschirr für Bürger, Wirtshäuser und Klöster. Als Formstück bemerkenswert ist der in der Volkskunst bis heute erhaltene *boccale*. Dekorative Funktionen hatten Fliesen und die in die Kirchenfassaden eingelassenen *bacini* (Pavia, Pisa, Lucca). In Mittelitalien, bes. in Florenz, erlebte die M.produktion gegen 1400–60 aufgrund des Zugangs zu neuen Rohmaterialquellen und oriental. Einflusses mit dem reliefartig aufgetragenen, kobaltblauen Eichblattdekor v. a. an repräsentativen Apothekengefäßen hohes künstler. Niveau. Erstmals nach der Antike treten identifizierbare Werkstattmarken auf. Um 1450 regte importierte hispano-moreske Lüsterkeramik Neuerungen in Technik und Stil an: weitere Scharffeuerfarben und Ornamentformen der Spätgotik und Frührenaissance bereiten die Glanzzeit während der Hochrenaissance vor. J. Lessmann

Lit.: G. CORA, Storia della maiolica di Firenze e del contado, 2 Bde, 1973 – A. RAGONA, La maiolica siciliana dalle origini all'Ottocento, 1975 – Akten der jährl. Convegni internaz. della ceramica, Albisola – Zs. Archeologia medievale.

Majorat heißt ein →Fideikommiß- oder Lehensgut (→Lehen), das sich auf den Erstgeborenen der ältesten Linie vererbt (Primogeniturerbfolge). Es ist zu unterscheiden vom →Seniorat, bei dem der an Jahren Älteste der gesamten Familie erbberechtigt ist, auch wenn er einer jüngeren Linie angehört. K. Kroeschell

Majuskel, Schriftart, deren Buchstaben bei fast gleichmäßiger Verteilung der Identifikationsmerkmale auf die obere und untere Hälfte des Schriftbandes im Prinzip die gleiche Höhe aufweisen, also zw. zwei Linien eingebunden sind. Für →Inschriften als »scriptura monumentalis«, »scriptura actuaria« sowie als M.-Kursive spätestens seit dem 1. Jh. v. Chr. belegt, bestimmten M.-Schriften bis zur Ausbildung der →Minuskel auch das übrige röm. Schriftwesen: M.-Kursive, →Capitalis (rustica), →Capitalis quadrata sowie →Unziale. Während Capitalis, oft in Verbindung mit Unziale, seit Ende des 6. Jh. nur noch als →Auszeichnungsschrift für Incipits, Explicits, gelehrtes Beiwerk bes. in Bibelhss. und Gedichten (v. a. →Figurengedichten) usw. vorkommt (ganze Hss.: Utrecht-Psalter, 816–833; Leidener Arat, 2. Viertel 9. Jh.; sog. Krönungsevangeliar Vratislavs II. in Prag, 11. Jh.), lebte der Gebrauch der Unziale bis in die otton. Zeit auch als Buchschrift für Evangeliare und liturg. Hss. fort. Inschriften wurden bis zu Beginn des 14. Jh. ausschließl. in M. geschrieben. In karol. Zeit erscheint wieder eine von kursiven, unzialen, halbunzialen und runenförmigen Elementen gereinigte Capitalis, die im 10. Jh. zunehmend unziale Formen aufnahm und seit dem 12. Jh. allmähl. von einer got. umstilisierten Unziale abgelöst wurde. P. Ladner

Lit.: R. KLOOS, Einführung in die Epigraphik des MA und der frühen NZ, 1980 – B. BISCHOFF, Paläographie des röm. Altertums und des abendländ. MA, 1986² – J. AUTENRIETH, Litterae Virgilianae..., 1988.

Makarij (Matfej) **Kaljazinskij,** hl., * um 1400 in Gribkovo (Kožino) bei Kašin, † 17. März 1483, Sohn des Bojaren Vasilij Koža, trat erst nach dem Tode der Eltern in das Nikolaev-Klobukovskij-Kl. Kašin bei Tver' ein. Mit 7 Mönchen gründete er in der Nähe der Wolga eine Einsiedelei. Der benachbarte Bojare Ivan Koljaga plante zunächst, den 'Störenfried' zu töten, schenkte jedoch nach schwerer Erkrankung M. das Land zum Bau des Kaljazinskij-Kl. Von B. Moisej v. Tver' (1458–61) zum →Hegumenos geweiht, zeichnete sich M. durch Demut, Einfachheit, Gebetseifer, strenges Fasten und Wunderheilungen aus. Gedächtnis: 17. März und 26. Mai. Die erste Vita verfaßte ein Mönch des Kaljazinskij-Kl. C. Patock

Lit.: V. KLJUČEVSKIJ, Drevnerusskija Žitija Svjatych kak istoričeskij istočnik, 1871 [Nachdr. 1961], 289f. – MAKARIJ, Metropolit Moskovskij, Istorija Russkoj Cerkvi, II, 1891² [Nachdr. 1969], 20–22 – I. SMOLITSCH, Russ. Mönchtum, 1953, 141 – Mineja. mart. Izdanie Moskovskoj Patriarchii, 1984, 66f.

Makarios

1. M. Chrysokephalos, Metropolit v. Philadelpheia 1336–82, * um 1300, † Aug. 1382, zeichnete sich durch umfangreiche lit. Tätigkeit aus, v. a. als Sammler weltl. und geistl. Exzerpte ('Ῥοδωνιά 'Rosengarten'), durch exeget. Werke und bes. auch durch eine Predigtslg. Einige von ihm verfertigte Hss. sind noch im Original erhalten (Venedig, Bibl. Marciana). Als Metropolit v. Philadelpheia, der damals östlichsten Position des byz. Reiches, war M. Befürworter der Kirchenunion und veranlaßte 1352 eine Gesandtschaft nach Avignon. P. Schreiner

Lit.: LThK² VI, 1311 – Tusculum-Lex.³, 164f. – P. SCHREINER, Zur Gesch. Philadelpheias im 14. Jh. (1293–1390), OrChrP 35, 1969, 395f., 401–404.

2. M. d. Ä. (der Ägypter), Mönch, † um 390. Nach Palladius, Hist. Lausiaca 17, nach der Hist. Monachorum 28 und den Apophthegmata Patrum (Nr. 454–494) gehörte er zu den führenden Mönchsgestalten der sket. Wüste. In der Überlieferung werden die Nachrichten über andere gleichnamige Mönche vermischt. Von einer schriftsteller. Tätigkeit ist nichts bezeugt. Die Tradition schreibt ihm 50 geistl. Homilien zu. Funde erweiterten Texte erweiterten dieses Schriftcorpus, das aus dem Kreis der →Messalianer kommt. Als Verf. gilt Symeon v. Mesopotamien (= Pseudo-M.). K. S. Frank

Lit.: DSAM X, 11–13.

3. M. d. J. (der Alexandriner, der Städter), Mönch, † um 394. Nach Palladius, Hist. Lausiaca 18, nach der Hist. Monachorum in Aegypto 23 und den Apophthegmata Patrum (Nr. 543–545) stammte M. aus Alexandrien, war Priester für die Eremitensiedlung in den Kellien (Ägypten); um 385 schloß sich ihm →Evagrios Pontikos an. Das lat. Mönchtum gab einer Klosterordnung seinen Namen (Regula Macarii, MPL 103, 447–452; ed. A. DE VOGÜÉ, SC 297, 1982, 287–389). K. S. Frank

Lit.: DSAM X, 4f.

Makedonien. Als Makedonia – das Kernland lag am unteren Axios (Vardar) – im eigtl. Sinn galt bis in die frühbyz. Zeit jenes Gebiet inmitten der Balkanhalbinsel, das im S bis zur Ägäis, dem Olymp und dem Mittellauf des Haliakmon reicht (Grenze gegen Thessalia), dessen W-Grenze (gegen Epirus Nova) etwa auf der Höhe des Prespa-Sees liegt, das im N auf dem Kamm des Golešnica-Gebirges (w. von Veles) an Dardania und weiter ö. bei Kresna (am Strymon) an Dakia Mesogeios grenzt und dessen O-Grenze (gegen Rhodope) vom Pirin-Gebirge und dem unteren Nestos markiert wird. Darüber hinaus wurden auch das Becken des Ohrid-Sees im W (Epirus Nova) und das Tal des oberen Axios/Bardarios mit Skopia/Skopje als Zentrum (S-Teil der Prov. Dardania) zu M. gerechnet. In frühbyz. Zeit (bis Justinian I.) wurde zw. den

Prov. en Macedonia Prima (im S; Zentrum Thessalonike) und M. Secunda oder Salutaris (im N; Zentrum Stoboi, bei Gradsko) unterschieden. Unter Konstantin d. Gr. wurde Macedonia auch Bezeichnung einer Diöz., zu der Achaia, Thessalia, Creta sowie Epirus Vetus und Nova gehörten; mit der Reichsteilung v. 395 fiel die Diöz. Macedonia als Teil des ö. Illyrikum an das Oström. Reich. Im ausgehenden 6. und im 7. Jh. siedelten sich in weiten Gebieten M.s Slaven an (Dragobitai [Drugubitai] und Sagudatoi um Thessalonike, Rynchines in der Chalkidike, Berzētoi im N). →Thessalonike wurde mehrmals belagert (586 Avaren und Slaven; vermutl. 604, 616 Slaven; 618 Avaren und Slaven; 676 und 677 Blockade durch Slaven). Um 683 versuchte der Protobulgare →Kuber einen 'Staat' mit Thessalonike als Zentrum zu gründen.

Um 800 wurde im Zuge der byz. Rückeroberung slav. bzw. bulg. Reichsgebiete der Kommandobereich des Themas Makedonia mit →Adrianopel (Edirne) als Zentrum eingerichtet. In der Folge wurde Makedonia geläufige Bezeichnung für den Großteil des ö. benachbarten Thrakien (einstige Prov. en Thrake, Rhodope und Haimimontos), so daß unter Thrakien nur mehr das Gebiet der frühbyz. Prov. Europa (w. Hinterland Konstantinopels) verstanden wurde. Makedonia im alten Sinn wurde – mit Ausnahme s. Gebiete (Thema Thessalonike, dessen Gebiet auch als Thessalia bezeichnet wurde; Chalkidike etc.) und des O (Thema Strymon) – von 830–850 in das Bulgarenreich einbezogen und daher Bulgaria (Dolna Bălgaria) genannt. In Westm. verbreiteten →Clemens v. Ochrid und Naum um die Wende 9./10. Jh. das Christentum in slav. Sprache. Prespa und Ohrid wurden Zentren des ab etwa 980 von →Samuel beherrschten Bulgarenreiches. Nach dessen Eroberung (bis 1018) durch Ks. Basileios II. wurden weite Gebiete M.s Teil des Themas Bulgaria mit Zentrum Skopia und anstelle des bulg. Patriarchats wurde das autokephale Ebm. Bulgarien (→Ohrid) eingerichtet; die Ebf. e Theophylaktos (Wende 11./12. Jh.) und Demetrios Chomatenos (bis ca. 1236) hinterließen wertvolle Nachrichten zu M. 1040/41 erhob sich Peter →Odeljan gegen Byzanz. 1082 und 1185 war Südm. von norm. Feldzügen betroffen. Anfang 13. Jh. fielen große Teile M.s an Bulgarien unter →Kalojan († 1207). 1204 wurde M. w. des Axios größtenteils den Kreuzrittern zugewiesen, während →Bonifaz I. v. Montferrat das ö. anschließende 'Kgr. Thessalonike' erhielt. Bis 1211 Teilherrschaft des Strez; im selben Jahr etablierte sich →Alexis Slav in Melenikon. Ab 1216 wurde Südm. (Eroberung Thessalonikes 1224) dem epirot. Reich →Theodoros' Dukas eingegliedert; nach dessen Scheitern bei →Klokotnica 1230 fiel das Land an den Bulgaren →Ivan II. Asen. Ab 1246 wieder byz. (nizän.) Herrschaft und in der Folge Auseinandersetzungen zw. 'Nizänern' und 'Epiroten', bis sich 1259 im Tal von →Pelagonia die Paläologen durchsetzten. 1282 (Milutin) – 1351 (Stefan Dušan) wurde in M. die byz.-serb. Grenze etappenweise nach S verschoben. Nach Stefan Dušans Tod (1355) entstanden kleinere serb. Reiche: Vukašin und sein Sohn Marko herrschten im N und W; ö. davon die Brüder Dragaš und Konstantin Dejanović; im O (mit Zentrum Serrhes) Johannes Uglješa, im SW dagegen Radoslav Hlapen und Thomas Preljubović. Ab 1370 wurde M. im W von Albanern bedroht. Nach 1371 (→Marica) Eindringen der Osmanen von O. 1385 war M. zum überwiegenden Teil den Osmanen tributpflichtig, vor Ende des 14. Jh. war die definitive türk. Besetzung (ausgenommen Thessalonike 1430) abgeschlossen.

Als byz. Kirchenprov. bedeutete 'Makedonia' den Sprengel des Metropoliten v. Philippoi. – Die Verwendung 'Makedonia' im klass. Sinn findet sich bei archaisierenden byz. Autoren (bes. 14. und 15. Jh.) und wurde erst im 19. Jh. allg. wiederaufgenommen. P. Soustal

Lit.: J. IVANOV, Severna Makedonija, Istoričeski izsledvanija, 1906 – P. LEMERLE, Philippes et la Macédoine orientale à l'époque chrétienne et byz., 1945 – A. E. VACALOPOULOS, Hist. of Macedonia 1354–1833, 1973 – P. LEMERLE, Les plus anciens recueils des miracles de Saint Démétrius et la pénétration des Slaves dans les Balkans, I, II, 1979/81 – G. THEOCHARIDES, Ἱστορία τῆς Μακεδονίας κατὰ τοὺς μέσους χρόνους, 1980 – VL. POPOVIĆ, Aux origines de la slavisation des Balkans ... (Comptes rendus de l'Académie des Inscriptions et Belles-Lettres des Séances de l'année 1980 Janvier-Mars, 230–257) – Μακεδονία. 4000 χρόνια ἑλληνικῆς ἱστορίας καὶ πολιτισμοῦ, ed. M. B. SAKELLARIOU, 1982 – J. LEFORT, Villages de Macédoine, 1. La Chalcidique occidentale, 1982 – AI. CHRISTOPHILOPULU, Βυζ. Μακεδονία ... τέλη τοῦ 6ου μέχρι τὰ μέσα τοῦ 9ου αἰ., Byzantina 12, 1983, 9–63 – J. V. A. FINE, The Early Medieval Balkans, 1983 – A. KONSTANTAKOPULU, Ἱστορικὴ γεωγραφία τῆς Μακεδονίας, 1984 – S. ANTOLJAK-B. PANOV, Srednovekovna Makedonija, 3 Bde, 1985 – P. KOLEDAROV, Imeto Makedonija v istoričeskata geografija, 1985 – VL. POPOVIĆ, Koubrat, Kouber et Asparouch, Star. 37, 1986, 103–133 – J. V. A. FINE, The Late Medieval Balkans, 1987 – V. KRAVARI, Villes et villages de Macédoine occidentale, 1989.

Makedonische Dynastie, byz. Kaiserdynastie (867–1056), benannt nach ihrem Begründer →Basileios I. (867–886), der, wahrscheinl. armen. Abstammung, im Thema →Makedonien geboren wurde. Letztes Mitglied war die kinderlose →Theodora († 1056), Schwester v. →Zoe. Die Kontinuität der Dynastie über fast zwei Jahrhunderte hinweg ist außergewöhnlich, wenn auch ztw. Angehörige von Magnatengeschlechtern (→Nikephoros I. Phokas, 963–969; →Johannes I. Tzimiskes, 969–976) als Vormünder minderjähriger Ks. die Kaiserkrone trugen. In der Zeit der M.D. erlebte Byzanz einen Machtaufschwung wie vorher nur unter Justinian. Der Prozeß der Konsolidierung und Erneuerung hatte schon unter der vorangehenden Amorischen Dynastie begonnen; er führte zu triumphalen Siegen über Araber und Bulgaren, zum Abschluß eines Bündnisses mit der Kiever Rus' und zur Belebung der Westpolitik (→Byz. Reich, E.II; F.II,2,3). Den Höhepunkt der Machtentfaltung unter der M.D. erlebte Byzanz unter →Basileios II. (976–1025), der einzigen echten Herrscherpersönlichkeit der M.D. mit hohen staatsmänn. Fähigkeiten. Das Reich erstreckte sich von Syrien und Mesopotamien bis Korfu und Dalmatien. Nach dem Tode Basileios' II. begann ein neuerlicher Verfall.

Viel früher, bereits um die Mitte des 9. Jh., hatte, ausgehend von Konstantinopel und dem Küstengebiet der Ägäis, der wirtschaftl. Wiederaufstieg des Byz. Reiches begonnen. Dieser Prozeß setzte sich im nächsten Jahrhundert fort, wie numismat. und archäolog. Funde bezeugen. Der zentralisierte Staat, in dem der Beamtenapparat umfassende Kontrolle ausübte, erstarkte. Das Anwachsen von kirchl. und weltl. Großgrundbesitz bedrohte noch nicht die Zentralgewalt; allerdings verkündeten die Ks. seit →Romanos I. Lakapenos (920–944) immer wieder Gesetze zum Schutz des bäuerl. Kleinbesitzes (→Bauer, D.XII). Der Ausbau der Themenordnung (→Thema) fand seinen Abschluß. Gleichzeitig wurde die Reorganisation des Heeres beendet; die Einführung schwerbewaffneter Reiter trug zur erfolgreichen byz. Kriegführung bei (→Heer, B.I).

Die Erneuerung des Bilderkultes 843 brachte der byz. Kirche nach hundertjährigen Konflikten Frieden. Auch die Feldzüge gegen Anhänger der Sekte der →Paulikianer stärkten die Orthodoxie. Der kirchengeschichtl. bedeutsamste Vorgang in der Zeit der M.D. ist die Christianisierung mehrerer slav. Völker, wahrscheinlich der größte Beitrag der byz. Kirche zur europäischen Zivilisation (→Mission).

Der konsolidierte und reformierte Staat benötigte praktikablere Gesetze als das Corpus Iustiniani; so begann schon Basileios I. mit der »Reinigung der alten Gesetze«. Aus der Gesetzgebungstätigkeit der Makedon. Ks. gingen →Procheiron, →Epanagoge und →Basiliken hervor (→Byz. Recht, II.4). Neben den Gesetzessammlungen entstand in Konstantinopel eine Reihe von Verzeichnissen zur Verwaltung des Reiches; →Taktika (Ranglisten), →Strategika (Handbücher der Kriegsführung), das →Eparchenbuch, ein Traktat über die Steuererhebung; am bedeutendsten ist das enzyklopäd. Werk →*Konstantins VII. Porphyrogennetos*. Ähnl. Ansätze der Systematisierung erfolgten auf kirchl. Gebiet: Liturg. Formen und Kirchenrecht wurden stabilisiert; es entstand eine große Sammlung von Viten für zahlreiche Kirchenfeste (→Symeon Metaphrastes). Erneut schrieb man antike Autoren ab, sammelte deren Texte (berühmt ist die »Bibliotheke« des →Photios) und stellte Lexika zusammen (→Suda). Es wirkten viele gelehrte Polyhistoren (Photios). Diese »Renaissance« war jedoch ganz der Sammeltätigkeit und Nachahmung alter Vorbilder zugewandt, nicht der Schaffung von Neuem, Originalem. Deshalb wird der Begriff der »Makedon. Renaissance«, der die kulturelle Erneuerung in dieser Epoche polit. Aufschwungs und der Expansion bezeichnet, in der Wissenschaft zunehmend abgelöst durch den angemesseneren Terminus des 'Enzyklopädismus'. →Byz. Reich, B.IV; →Byz. Lit., A.III, 2. D. Korać

Lit.: G. SCHLUMBERGER, L'épopée byz. à la fin du Xe s., I–III, 1896, 1900, 1905 (1925) – A. VOGT, Basile I et la civilisation byz., 1908 – S. RUNCIMAN, The Emperor Romanus Lecapenus and his Reign, 1929 – F. DVORNIK, The Photian Schism. Hist. and Legend, 1948 – OSTROGORSKY, Geschichte³ – R. JENKINS, Byzantium: The Imperial Centuries: A.D. 610 to 1071, 1966 – P. LEMERLE, Le premier humanisme byz., 1971 – A. TOYNBEE, Constantine Porphyrogenitus and his World, 1973 – Die Kirche des früheren MA (Kirchengesch. als Missionsgesch. II, 1, hg. K. SCHÄFERDIEK, 1978), 279–359 [CH. HANNICK] – N. G. WILSON, Scholars of Byzantium, 1983.

Makedonische Renaissance, sog. → Byzantinische Kunst; →Byzantinische Literatur; →Byzantinisches Recht; →Makedonische Dynastie

Makkabäische Brüder, hl., Bezeichnung für sieben Brüder, die zusammen mit ihrer Mutter bei der Verfolgung durch Antiochos IV. Epiphanes (175–164 v. Chr.) während des Makkabäer-Aufstandes getötet wurden, da sie sich weigerten, die mosaischen Speisevorschriften zu brechen. Die Verbreitung des Kultes der M.B. ist durch die Entwicklung einer griech. und lat. homilet. Lit. bereits seit der zweiten Hälfte des 4. Jh. bezeugt. Im bibl. Bericht (2 Makk und in ausgestalteter Form 4 Makk), der in entscheidender Weise die christl. Märtyrer-Lit. beeinflußte, werden die Namen der Brüder und ihrer Mutter sowie der Ort ihrer Hinrichtung nicht genannt. Dies geschieht erst seit dem 5. Jh. in Kalendarien und Martyrologien, in denen das Gedächtnis der M.B. gewöhnl. am 1. August begangen wird. Mit der Verehrung der M.B. und ihrer Mutter wird bisweilen der Kult des Priesters Eleazar verbunden (der Bericht über sein Martyrium geht in 2 Makk und 4 Makk dem Martyrium der M.B. voraus); in manchen Q. wird er als Vater der M.B. angesehen. Die Grabstätte der M.B. verehrte man bei Antiochia in Syrien, wie es noch für das 6. Jh. Johannes Malalas und das Itinerarium des Antoninus v. Piacenza bezeugen. Reliquien sollen gegen Ende des 6. Jh. nach Konstantinopel und nach Rom (S. Pietro in Vincoli, deren Weihe auf das Fest der M.B. fiel) gebracht worden sein. Aus Mailand stammende Reliquien gelangten durch Rainald v. Dassel 1184 nach Köln (h. St. Andreas). F. Scorza Barcellona

Q.: 2 Makk 7; 4 Makk 7,24–14,10; cfr. BHG 1006–10; BHL (und Novum Suppl.) 5106–5114 – *Lit.*: Bibl. SS 8, 434–439 – Catholicisme 8, 110f. – LCI III, 144f.; VIII, 343f. – LThK VI, 1319 – Vies des Saints 8, 14–18.

Makler, Vermittler zw. Kaufleuten bei der Abschließung von Handelsgeschäften an allen bedeutenderen Handelsplätzen im Hoch- und SpätMA (älteste Erwähnung: 1154, Genua). Seine Tätigkeit war strengen Regeln unterworfen und bildete sich meistens zu einem Instrument des Gastrechts (→Gast) im Interesse der lokalen Bürgerschaft aus. Die Vermittlung eines M.s war im allg. bei jedem Kauf und Verkauf im Bereich des →Fernhandels Pflicht, den fremden Kaufleuten war es im allg. verboten, direkt untereinander →Handel zu treiben. Die M. wurden meistens von der Obrigkeit angestellt und vereidigt; sonst leisteten sie den Amtseid bei ihrem Eintritt in die M.zunft. In einzelnen Fällen gehörte der Behörde ein Anteil an dem nach amtl. Satz erhobenen M.lohn, und der Beruf der M. war mit sonstigen Ämtern der städt. Wirtschafts- und Steuerkontrolle verbunden. Die M. hatten öfters die Aufgabe, dem Steueramt Warenkäufe, bei denen sie vermittelten, zu melden. Deshalb erhielten sie zeitweise jährl. eine Lizenz oder hinterlegten bei der Stadtkasse eine Kaution. Auch waren bisweilen nur die von ihnen vermittelten Verträge rechtsgültig, und ihr Zeugnis erwirkte vor Gericht ein konformes Urteil. Die M. wurden bei behördl. Preisregulierungen zu Rate gezogen. Sie erhielten manchmal den Auftrag, bei der Suche nach Käufern bzw. Verkäufern ihren Mitbürgern den Vorrang einzuräumen bzw. diese vor Qualitätsfehlern sowie bei Verkäufen auf Kredit vor zahlungsunfähigen Abnehmern zu warnen. Sie durften weder Gewerbe noch Handel ausüben, sondern waren nur im Kommissionsgeschäft tätig (→Kommission). Meistens waren auch Herbergsbetriebe verboten. In Brügge schlossen sich jedoch die Wirte der M.zunft an, und die übrigen M. wurden ihre Gehilfen. Oft waren die M. nach Warengattungen oder anders spezialisiert. J. A. van Houtte

Lit.: F. FRENSDORF, Der M. im Hansegebiet (Festg. F. REGELSBERGER, 1901), 255–316 – E. TOEBELMANN, Beitr. zur Gesch. des M.rechts nach süddt. Q., Zs. für das gesamte Handelsrecht, 70, 1911, 133–183 – J. A. VAN HOUTTE, Les courtiers au MA, RHDFE, 4.R., 15, 1936, 105–141 [Neudr.: DERS., Essays in Medieval..., 1977, 19–47] E. SCHMIEDER, Unterkäufer im MA, VSWG 30, 1937, 229–260 – J. A. VAN HOUTTE, Makelaars en waarden te Brugge van de 13e tot de 16e eeuw, BGN 5, 1950, 1–30, 177–197.

Makrembolites. 1. M., Alexios, byz. Schriftsteller, 14. Jh., 1342–49 in Konstantinopel, kurz davor im Dienst des Steuerbeamten Theodoros Patrikiotes. Im Bürgerkrieg wie im Hesychastenstreit nahm er eine zurückhaltende Position ein (eventuell der Partei des Johannes VI. Kantakuzenos zugeneigt?). Von seinen Werken ist zunächst der »Dialog der Reichen und der Armen« zu nennen, eine wichtige Q. für die byz. Sozialgesch. Ferner beschrieb er den Krieg der Byzantiner gegen die Genuesen (1348–49), beklagte den Einsturz der Hagia Sophia (1346), verfaßte Reden (über die Erfolge der Türken, die Gerechtigkeit Gottes, das Wesen der Hölle, Gesundheit und Krankheit, Mönchsleben) und Gedichte religiösen und moral. Inhalts sowie eine chr.-allegor. Erklärung der Leiden des Esels bei Lukian. Bedeutung gewinnt er weniger dank lit. Qualität, sondern wegen seiner krit. Haltung gegenüber der moral. Verderbtheit bes. der byz. Oberschicht, der er Bürgerkrieg und Ausbeutung der Armen vorwarf. E. Trapp

Lit.: PLP VII, 16352 – Tusculum-Lex.³, 491f. – CH. POLATOF, Ἀλέξιος Μακρεμβολίτης [Diss. Athen 1989] – E. DE VRIES-VAN DER VELDEN, L'élite byz. devant l'avance turque à l'époque de la guerre civile de 1341 à 1354, 1989, 251ff. – The Oxford Dict. of Byzantium, 1991, 1272f.

2. M. (Parembolites), **Eusthatios** (Eumathios, Georgios), byz. Schriftsteller, 1. Hälfte 12. oder Ende 12./Anfang 13.Jh., Verf. des Prosaromans »Hysmine und Hysminias« (11 B.; ed. I. HILBERG, 1876; dt. Übers. K. PLEPELITS, 1989). Name und Laufbahn (Titel eines πρωτονοβελίσσιμος und eines μέγας χαρτοφύλαξ sowie eine Identifizierung mit dem Metropoliten E. v. Thessalonike belegt) sind ungeklärt. Die Datierungsvorschläge fußen ausschließl. auf stilist.-inhaltl. Kriterien seines Werkes, so etwa der Imitation durch Nikephoros Basiliakes oder Adaptierung einiger Elemente der afrz. Minneallegorie. Der neueste Versuch (1989), den Namen E.M. als Pseudonym für den καῖσαρ Ioannes Dukas, Bruder Konstantins X. Dukas, zu deuten, überzeugt nicht. Unter dem Namen E.M. ist eine kleine Rätselslg. (11 Stücke; ed. M. TREU, 1893) mit beigefügten Lösungen des Manuel →Holobolos bekannt (Zuweisung zweifelhaft). C. Cupane

Lit.: HUNGER, Profane Lit. II, 137–142 – S. V. POLJAKOVA, O chronologičeskoj posledovatel'nosti romanov Evmatija Makrembolita..., VV 32, 1971, 104–108 – DIES., Iz istorii vizantiskogo romana, 1979 – E. JEFFREYS, The Comnenian Background to the Romans d'antiquité, Byzantion 50, 1980, 455–486 – A. C. PALAU, La tradition ms. d'Eustathe M., Revue d'hist. des Textes 10, 1986, 75–113 – R. BEATON, The Medieval Greek Romance, 1989, 77–86 – L. GARLAND, Be amorous but be chaste..., Byz. and Modern Greek Stud. 14, 1990, 62–81.

Makrina → Gregor v. Nyssa

Makrokosmos/Mikrokosmos. Die Bezeichnungen M./Mikrok. deuten die schon im vorphilos. Denken präsente Vorstellung einer Analogie zw. dem Universum als Ganzen und bestimmten, in ihrer jeweiligen Einheit nach vergleichbaren Prinzipien geordneten Teilen, insbes. in bezug auf den Menschen. Zugrunde liegt dabei die Auffassung eines lebendigen, beseelten Organismus, dessen Ordnungsprinzipien auf eine ihn konstituierende geistigschöpfer. Potenz verweisen. – Eine Auslegung findet dieses schon bei den Vorsokratikern behandelte Analogiedenken dann wesentl. im platon. Timaios (etwa 41d–50c; vgl. auch Philebos 29a–30c), in anderer Form bei Aristoteles (etwa Phys. VII 2. 252b) sowie in orph., gnost. und hermet. neuplaton. Traditionen. Auf dem Hintergrund ihrer Kosmogonie ist für die Stoa das M./Mikrok.-Motiv ein zentraler Gedanke, der vom jüd.-chr. Denken aufgenommen, hier freilich dann zu einer differenzierenden, die bes. Stellung des Menschen im Kosmos betonenden Haltung führt. Im Rahmen seiner Logoslehre sagt Philon, daß jeder Mensch durch seine Vernunft mit dem göttl. Logos verwandt sei, in den Gliedern seines Leibes aber gleiche er dem ganzen Kosmos, da er aus den gleichen Elementen zusammengesetzt sei (De opific. mund. II, 42), so ist »der Mensch ein kleiner Kosmos, der Kosmos aber ein großer Mensch« (Quis rerum divin. heres III, 29f.) – in ähnl. Formulierung bei späteren Autoren, etwa Maimonides, Dux neut. Pt. I., ch. 72; Pico della Mirandola (Heptaplus 56r, hg. E. GARIN, 1942, 38c). Hier findet das Bild vom M./Mikrok. eine Deutung dergestalt, daß dieser nicht bloßer 'Abkömmling' von jenem ist, ihn vielmehr kraft seiner Herkunft vom göttl. Logos in 'konzentrierter' Form schon enthält. In krit. Stellungnahme gegenüber tradierter M./-Mikrok.vorstellungen formuliert Gregor v. Nyssa die Sonderstellung des Menschen: »Sie [die Nichtchristen] behaupten nämlich, der Mensch sei eine kleine Welt und bestehe aus denselben Elementen wie das All. Sie... vergessen [dabei], daß sie [so] den Menschen mit keinen anderen Eigenschaften als denen der Mücke und der Maus zieren... Was ist es Großes, den Menschen für ein Bild und Konterfei der Welt zu halten, des Himmels, welcher vergeht, der Erde, welche sich verändert...?« Vielmehr bestehe die Größe des Menschen »nicht in der Ähnlichkeit mit der geschaffenen Welt, sondern darin, daß er nach dem Bilde der Natur des Erschaffers entstanden ist« (De hominis opific. 16). – Bei Eriugena verbinden sich chr. Schöpfungslehre mit neuplaton. exitus-reditus-Denken: auch er betont, daß der Mensch nach dem Bilde Gottes gemacht sei, fährt dann aber fort »damit er aus intelligibler und sinnlicher Schöpfung... zu einer untrennbaren Einheit werde und so die Vermittlung und Vereinigung alles Geschöpflichen sei. Es gibt nämlich nichts Geschöpfliches, das im Menschen nicht erkannt werden könnte« (De div. nat. II, MPL 122. 536). »Und deswegen heißt der Mensch nicht umsonst die Werkstatt alles Geschöpflichen, da in ihm selbst ja die gesamte Schöpfung enthalten ist« (a.a.O. III, 37. 753). Wie in einem Brennpunkt konzentrieren sich im Menschen intelligible und sinnl. Schöpfung, er ist das Bindeglied beider, in ihm sind sichtbare und unsichtbare Schöpfung gegründet, durch und mit ihm wird sie vollendet (IV, 8, ebenso das V. Buch von De div. nat.). – Ein bedeutender Entwurf ist auch die Mikrokosmologie der Hildegard v. Bingen, die »im ganzen wohl die geschlossenste M. theorie und großartigste Anthropologie darstellt, die das frühe Abendland hervorgebracht hat« (H. SCHIPPERGES, Einfl. arab. Med. auf die Mikrok.-Lit. des 12.Jh., Misc. mediaev. I, 1962, 139–142). – Das starke Interesse der Schule v. Chartres an naturwiss. Fragen, ihre Verarbeitung der Übersetzungslit. jüd.-arab. Gedanken der physik. Schr. des Aristoteles verleihen dem Platonismus dieser Schule eine bes. Prägung. Sie spiegelt sich auch in den philos. Bestrebungen einer Harmonisierung von jüd.-chr. Schöpfungstheologie mit der über Chalcidius vermittelten Weltentstehungslehre des Timaios und gibt u.a. durch das Bestreben, die Gesamtheit des Kosmos, einschließl. der metaphys. Fragestellungen, in ein geschlossenes System zu bringen, Anlaß zu vielfältiger Behandlung der M./Mikrok.-Thematik. Kosmolog., religiöse, med. Fragestellungen im Zusammenhang mit einem, auf der Pflege der artes gründenden Humanismus, eine reiche, die heidn. Spätantike rezipierende Allegorese finden sich u.a. bei Bernhardus Silvestris »De mundi universitate sive megacosmos et microcosmos« (ed. S. BARACK–J. WROBEL, 1876), ebenso bei Alanus ab Insulis (Anticlaudian, MPL 210), der die M./Mikrok.-Thematik auch im Zusammenhang mit dem Verhältnis von Universum, staatl. Ordnung und menschl. Organismus behandelt (De planctu naturae, a.a.O. 444 A–D). – Vertretern der Hochscholastik ist die M./Mikrok.-Analogie geläufig, ihre Verwendung selbstverständlich, sie führt aber zu keinen wesentl. neuen Ansätzen (etwa Albertus Magnus, Compend. theol. II, 61; Thomas v. Aquin, S. th. I, q.91, a.1c; Bonaventura, Itinerarium II, 3). – Nikolaus v. Kues kennt und verwendet die tradierte Begrifflichkeit (etwa De lud. glob. I., n.40; De ven. sap. XX, c.56), deutet sie aber im Rahmen seiner Erkenntnismetaphysik weiter: In der Einheit der menschl. Natur ist alles ihr gemäß 'eingefaltet' (complicare), so ist der Mensch Gott, Engel, Tier, Löwe, Bär, freilich in 'eingeschränkter' (contracte) menschl. Weise; ebenso ist er menschl. Welt, Mikrok. Als Einheit hat er die Fähigkeit, alles innerhalb seines Bereiches 'auszufalten' (explicare). Indem die menschl. Natur ihre Kraft entfaltet, gelangt sie nicht aus sich heraus, sondern zu sich selbst, »also ist Ziel der Schöpferkraft der menschl. Natur wider die menschl. Natur selbst« (De coniect. II, c.14), als Einheit freilich ist sie Unendlichkeit (a.a.O.). Der Mensch ist eine »vollkommene Welt, wenn auch eine kleine ... in besonderer Weise« (De lud. glob. a.a.O.). So ist der Mensch Mikrok. nicht nur als Gattungswesen, sondern gerade auch in seiner jeweiligen, unverwechselbaren Individualität (→Alchemie; →Astrologie; →Kosmologie; →Tierkreiszeichenmann;→Weltbild). U. Mörschel

Lit.: HWP V, s.v. – EJud XI, 1501–1504 – Enc. of philos. V, 121–125 – A. JELLINEK, Der M. Ein Beitr. zur Religionsphilos. und Ethik, 1854 – C. ZIEMSSEN, M. Grundideen zur schöpfungsgesch. und zu einer harmon. Weltanschauung, 1893 – A. MEYER, Wesen und Gesch. der Theorie vom Mikrok. und M., Berner Studien zur Philos. und ihrer Gesch. 25, 1900 – C. P. CONGER, Theories of Macrocosmos and Microcosmos in the Hist. of Philosophy, 1922 – D. MAHNKE, Unendl. Sphäre und Allmittelpunkt, 1937 – R. ALLERS, Microcosmos from Anaximander to Paracelsus, Traditio 2, 1942 – B. STOCK, Myth and Science in the Twelfth Cent., 1972 – s.a. Lit. →Kosmologie.

Malachias. 1. M. II. (Máel Sechlainn mac Domnaill), † 1022, Kg. des →Clann Cholmáin, eines Zweiges der südl. →Uí Néill, letzter der als →Hochkg. anerkannten Uí Néill-Kg.e. Er war Nachfolger von Domnall Ua Néill mac Murchertaig († 980), der als Repräsentant des →Cenél nEogain das Hochkgtm. beanspruchte. M. festigte frühzeitig seine Position, indem er die Norweger v. →Dublin und ihre Verbündeten besiegte; die Kontrolle über Dublin war von unschätzbarem Wert für die Ansprüche auf das Hochkgtm. Anschließend zog M. nach →Munster und bekriegte →Brian Bóruma, den Kg. der mächtig gewordenen Dál Cais, deren hl. Baum *(bile)* zu Mag Adair M. fällte. Siegreich in seinen Kriegszügen gegen Leinster (983) und Connacht (985: Zerstörung des Königssitzes Mag Aí), sah sich M. jedoch erneut mit der wachsenden Macht der Dál Cais konfrontiert. Nach unentschiedenen Kämpfen fand 987 eine Konferenz der Kg.e Irlands statt, an der sowohl M. als auch Brian Bóruma teilnahmen und auf der »Irland zw. beiden geteilt wurde«, was durch Geiselaustausch bekräftigt wurde. M. nutzte diese Atempause zum Vorgehen gegen die Síl nAédo Sláne v. →Brega, die mächtigste der konkurrierenden südl. Uí Néill-Dynastien, deren legendären Königsstein *Lia Ailbi* er wohl 989 zerstörte (es sollen aus ihm »vier Mühlsteine« gemacht worden sein). Trotz alledem sah sich M., angesichts der Übermacht seines Rivalen, 1002 zur Unterwerfung gegenüber Brian Bóruma genötigt. Das Jahrzehnt nahezu unangefochtener Vormachtstellung der Dál Cais endete 1012, da nun die nördl. Uí Néill und die Kg.e v. Leinster, im Bunde mit den Wikingern in Dublin und auf den Orkney-Inseln, heftigen Widerstand leisteten. Am Vorabend der Entscheidungsschlacht v. →Clontarf (1014) sagte sich M. vom Bündnis mit den Dál Cais los, die bei Clontarf einen Pyrrhussieg errangen (Tod Brian Bórumas, schwere Verluste). Es gelang nun M., seine Hochkönigswürde wiederherzustellen; er war von 1014 bis zu seinem Tode der mächtigste Herrscher Irlands.
D. Ó Cróinín

Lit.: D. Ó CORRÁIN, Irland before the Normans, 1972, 121–131.

2. M. (Máel Máedoc Ua Morgair), hl., Ebf. v. →Armagh (Irland), † 1148 in Clairvaux, ⌑ ebd.; Sohn eines leitenden →*fer légind* v. Armagh, trat der junge M. in die dortige Kirche ein und empfing die Priesterweihe. Er kam frühzeitig unter den Einfluß des Malchus (Máel Iou Ua hAinmire), Bf.s v. Waterford und Lismore (späteren Ebf.s v. Cashel), der einer der wichtigsten Gestalten der ir. Kirche des 12.Jh. war. Von Malchus wohl in Lismore weiter geformt, wurde M. nach den Synoden von 1101 und 1111 zum Vorkämpfer der Kirchenreform und war als solcher ein enger Helfer des hl. →Cellach, Bf.s v. Armagh und Primas' von Irland, den M. bei Abwesenheit als Vikar der Diöz. Armagh vertrat. 1124/25 wurde M. zum Bf. der Diöz. →Connor, die auf das altberühmte Kl. →Bangor (Gft. Down) zentriert war, geweiht. Cellach († 1129) äußerte auf dem Totenbett in seinem 'testamentum' den Wunsch, daß M. seine Nachfolge antreten solle; damit durchbrach er das Prinzip der Erbfolge, das in Armagh der Dynastie des →Clann Sínaich über Generationen die Bf.sherrschaft gesichert hatte. Nach Cellachs Tod folgte eine Periode der strittigen Bistumsbesetzung; gegen M. stellte sich ein Kandidat des Clann Sínaich, Muirchertach, Sohn eines frühen Abtes, der drei Jahre lang Armagh beherrschte, ohne aber die (kanon.) Bf.swürde zu erlangen. Danach ließ sich M. (gegen seine asket. Neigungen) bewegen, das Bf.samt zu übernehmen. Während Muirchertach als Abt über den Temporalbesitz v. Armagh gebot, fungierte M. als Bf. (residierte aber nicht in der 'civitas'). Nach Muirchertachs Tod (1134) wurde ein Bruder von Cellach, Niall, zum Bf. erhoben, doch setzten nun die Anhänger des M. dessen Einsetzung mit Waffengewalt durch. Niall entfloh unter Mitnahme aller hochverehrten Insignien v. Armagh (Jesusstab, Patricksglocke, →Book of Armagh). Dessenungeachtet nahm M. die hergebrachte Umfahrt des →*comarba* durch Munster vor und erwarb in der Folgezeit zunächst den Jesusstab (aus den Händen eines Hüters, der dem Clann Sínaich angehörte), bald darauf auch die anderen Insignien zurück. Nach Jahren weiterer Streitigkeiten führten die Reformbemühungen schließlich zum Erfolg; M. nahm dies zum Anlaß, die Geschäfte des Bf.samts 1137 niederzulegen und zum monast. Leben, dem er 1132 entsagt hatte, zurückzukehren. Der asket. Grundzug seines Charakters führte ihn zur Hinwendung zu den neuen Mönchsorden des Kontinents, v. a. zu den Zisterziensern. Auf der Rückreise von Rom, wo er für Armagh das →Pallium erbeten hatte, besuchte er 1140 →Clairvaux und schloß persönl. Freundschaft mit dem hl. →Bernhard. M. ließ vier seiner Gefährten zwecks weiterer Formung in Clairvaux zurück; diese brachten bei ihrer Heimkehr 1141 einige Mönche aus Clairvaux mit, die das erste Zisterzienserkl. Irlands, →Mellifont, begründeten. M. führte ferner Gebräuche ein, die er bei einem Aufenthalt in →Arrouaise kennengelernt hatte. Obwohl ihm das Pallium versagt blieb, versah M. bis zu seinem Tode die Aufgaben eines päpstl. Legaten. Die Vita, die der hl. Bernhard für seinen in Clairvaux verstorbenen Freund verfaßte, enthält wertvolle Einzelheiten aus den frühen Jahren wie aus der späteren Lebenszeit des großen ir. Kirchenmannes.
D. Ó Cróinín

Lit.: K. HUGHES, The Church in Early Irish Society, 1966, 258f., 268–271 – A. GWYNN, The 12th c. Reform, 1968, 39–52 – T. O. FIAICH, Seanchas Ard Mhacha 5/1, 1969, 118–120.

Malae consuetudines → Mal(o)s usos

Mala fides. Der 'böse Glaube' ist – wie der gute – eine Bewußtseinslage (auch eth. Wertung menschl. Verhaltens), die sich auf einen Rechtsmangel bezieht. M.f. liegt vor, wenn es an →bona fides fehlt, und umgekehrt: Die beiden Begriffe sind komplementär. Hinsichtl. eines bestimmten Rechtsmangels kann man nur entweder gut- oder bösgläubig sein. Ein Beispiel ist schon im röm. Recht der Eigentumserwerb durch →Ersitzung. Unredl. Besitzer ist, wer weiß oder aus den Umständen vermuten muß, daß die in seinem Besitz befindl. Sache einem anderen gehört. Die Beweislast für m.f. des Erwerbers trägt der

Kläger. Das kanon. Recht des MA verlangt Gutgläubigkeit während der gesamten Ersitzungszeit. Cap. Saepe (X 2.13.18) erweitert den Schutz, den das Interdiktum »Unde vi« dem Entwehrten gewährt, indem es eine Klage – außer gegen den deiector, d. h. gegen denjenigen, der den Besitz entzogen hat, und dessen Universalnachfolger – auch gegen jeden verheißt, der den entzogenen Gegenstand m.f. erworben hat. Im kanon. Recht wurde auch die actio spolii entwickelt (c. »Redintegranda« [C. 3 q. 1]). Derjenige, dem der Besitz entzogen worden ist, kann sie gegen denjenigen, der die Sache – bösgläubig oder gutgläubig – innehat, erheben. R. Puza

Lit.: Nov. Dig. It. X, 54–57 [Lit.] – M. Kaiser, Der gute Glaube im Codex Iuris Canonici, 1965 – H. Coing, Europ. Privatrecht I, 1985 – A. Koller, Der gute und der böse Glaube in allg. Schuldrecht, 1985 – H. Hausmaninger–W. Selb, Röm. Privatrecht, 1989⁵.

Málaga, Stadt und Bm. in Südspanien (Andalusien), punische Gründung des 5. Jh. v. Chr. (Malaca), 205 v.Chr. von Rom erobert, bis 70 n.Chr. röm. Municipium. Nach seiner Christianisierung hatte es Bf.e seit Ende des 3. Jh.; Suffragan v. →Sevilla. 619 endgültig dem Reich der →Westgoten einverleibt. Auch nach der muslim. Eroberung bestand das Bm. bis zum Beginn des 12. Jh. fort (→Mozaraber); einer der Bf.e, Hostigesis, wurde 864 der Häresie des Anthropomorphismus angeklagt. Viele mozarab. Christen aus M. nahmen Ende des 9. Jh. am Aufstand des →Ibn Ḥafṣūn gegen die Emire v. →Córdoba teil. Nach dem Erlöschen des Kalifats bildete sich in M. das Taifenreich der →Ḥammūdiden, das 1057 im Reich v. →Granada aufging. Die Herrschaft der →Almoraviden fiel mit den Kriegszügen →Alfons' I. v. Aragón zusammen, der viele Mozaraber nach Aragón führte; die Deportation von Christen nach Nordafrika (1126, 1164) war gleichbedeutend mit dem Ende der ersten christl. Gemeinde in M.

Unter Herrschaft der →Naṣriden v. Granada (nach 1232) konnte M. als wirtschaftl. Zentrum des Reiches ztw. große Selbständigkeit erlangen. 1487 (zw. Mai und Sept.) nach langer Belagerung von den →Kath. Kg.en erobert, wurden seine Bewohner (an die 12000) gefangengenommen, die Stadt und große Teile ihres Gebietes von Christen neubesiedelt. Das Bm. wurde wiedererrichtet, der jüd. Konvertit Pedro Díaz de Toledo zum ersten Bf. eingesetzt (1487–94). Gemäß den Statuten v. 1492 wurden 20 Kanonikate an der Kathedrale eingerichtet. Das Bm. M. war durch päpstl. Privilegien v. 1486 exemt und gehörte nicht zum Ebm. Sevilla, sondern zum *patronato real*. Als Ausfuhrhafen Andalusiens, bes. Córdobas, knüpfte M. erneut Wirtschaftsbeziehungen zu Nordafrika an. M. A. Ladero Quesada

Lit.: F. Guillén Robles, Hist. de M. y su provincia, 1874 – Ders., M. musulmana, 1880 – J. E. López de Coca, La tierra de M. a fines del siglo XV, 1977 – J. Suberbiola Martínez, Real Patronato de Granada, 1985 – M. A. Ladero Quesada, Granada. Hist. de un país islámico (1232–1571), 1989³.

Málaháttr, Versmaß der anord. Dichtung, Variante des →Fornyrðislag (F.), die zum Unterschied von diesem epischen Versmaß, das zu kurzen Versen (durchschnittl. vier Silben pro Vers) und zu Alternanz neigt, schwerer gefüllt ist. Die Bezeichnung ist in der →Snorra Edda überliefert (→Háttatal), wo sie allerdings nicht definiert, sondern nur durch ein Beispiel illustriert wird. Daraus geht hervor, daß der M. mindestens fünfsilbig, das F. dagegen mindestens viersilbig ist. Im Gegensatz zum gleichmäßig gebauten F. bietet der M. durch die unterschiedl. Kadenzen und seine oft zusätzl. Stabreime größere metr. Vielfalt. Abgesehen von vereinzeltem Auftreten, wird der M. fast durchgehend im jüngeren Atlamál (→Atlilieder) und in den sog. eddischen Preisliedern (→Haraldskvæði, →Eiríksmál und in den Kampfschilderungen der →Hákonarmál) verwendet. In älteren eddischen Gedichten, die südgerm. Stoffe der Heldensage darstellen und aus Deutschland oder England stammen (Atlakviða, →Hamðismál, Vǫlundarkviða, Hlǫðskviða), tritt der M. im Wechsel mit F. auf, d.h. diese Gedichte zeigen unterschiedl. Füllungstypen der epischen Langzeile.

Zur Herkunft des M. sind unterschiedl. Theorien vorgetragen worden: Allg. wird der M. aus den schwergefüllten Stabreimversen der älteren Heldenlieder hergeleitet, wobei die schweren Verse den M., die leichteren das F. bildeten (Heusler, Sievers). In späterer Zeit (bei Snorri?) entstand daraus ein silbenzählendes fünfsilbiges Versmaß. Andere wollen schon wesentl. früher ein silbenzählendes Metrum erblicken (Gutenbrunner, Kabell). E. Marold

Lit.: W. Ranisch, Zur Kritik und Metrik der Hamðismál, 1888 – E. Sievers, Altgerm. Metrik, 1893, 47, 221–228 – E. Brate, Fornnordisk metrik, 1898, 43 – B. Sjöros, M., 1906 – A. Heusler, Dt. Versgesch. I, 1925, § 311 – J. Helgason, Nordisk kultur VIII B, 1952, 9ff. – K. von See, Germ. Verskunst, 1967, 57–59 – A. Kabell, Metr. Studien, I: Der Alliterationsvers, 1978, 88f., 254ff. [Lit.].

Malalas → Johannes Malalas (140. J.)

Malamir, bulg. Chān ca. 831/832–836, 3. Sohn und Nachfolger des Chāns →Omurtag (814–831/832), verfolgte unbarmherzig das Christentum, das von den byz. Gefangenen, die M.s Großvater →Krum in der Hauptstadt →Pliska angesiedelt hatte, verbreitet wurde. Seinen ältesten Bruder Enravotas (Voïn), der sich zum Christentum bekannte, ließ er töten. Die Heere des Chāns, die von dem 'Kavchān' Isbul befehligt wurden, drangen mehrfach auf byz. Gebiet vor (Thrakien, Ostmakedonien mit Chalkidike). I. Božilov

Lit.: Zlatarski, Istorija I, 1, 332–337 – Istorija na Bŭlgarija 2, 1981, 157–159 – V. Beševliev, Die protobulg. Periode der bulg. Gesch., 1981, 289–291 – Ders., Zur Deutung der protobulg. Inschrift von Vassilika, Chalkidike, JÖB 35, 1985, 143–148.

Malaria, Wechsel-, Sumpf-, 'Dreitage'-, 'Viertagefieber', durch Protozoen hervorgerufene und durch Anopheles-Mücken übertragene Infektionskrankheit mit schweren periodischen Fieberschüben, Milzschwellung, Kräfteverfall, evtl. hämolysebedingtem Nierenversagen (Schwarzwasserfieber). Neben miasmat. Erklärungsmodellen ('Sumpf'-, 'Marschenfieber', 'schlechte Luft') wurde die →Humoralpathologie zur Deutung der M. herangezogen (Ursachen: 'Schwarze' und 'Gelbe Galle', 'Rotz'). Das durch →Galen vorgebildete, arab. vermittelte und in Salerno (→Constantinus Africanus, Afflacius, Archimatthaeus, →Maurus; 'De aegritudinum curatione') ausgeformte Modell erfuhr unter dem Einfluß →Avicennas bei →Guido v. Arezzo d. J. seine Vollendung. Trotz ausgeprägter Polypragmasie (→Aderlaß), unterstützt von diagnost. Maßnahmen wie Harn- und Blutschau, stand dem Abendland erst seit dem 16. Jh. in der neuweltl. Chinarinde ein wirksames M.-Mittel zur Verfügung (Chinin). Im MA drangen (Quartana und) Tertiana über frosthärte Fiebermücken (Anopheles atroparvus) bis nach Skandinavien vor, und die durch hohe Letalität gekennzeichnete Tropika legte gemeinsam mit den übrigen Arten im Mittelmeer seit der Spätantike ganze Küstenstriche brach: Siedlungen wurden aufgegeben, Bm.er landeinwärts verlegt (Maguelone); schwer war Italien (Campagna, Pontin. Sümpfe) mit seinen Inseln Korsika, Sardinien und Sizilien betroffen. Endem. Durchseuchtsein mit ausgeprägter Kindersterblichkeit wechselte mit epidem.

Auftreten, das v. a. bei Heereszügen zu polit. unvorhergesehenen Katastrophen führte. Insgesamt scheint sich die M. während des MA stärker als wachstumslimitierender Faktor ausgewirkt zu haben als die Pest. G. Keil

Lit.: A. Celli – A. Celli-Fräntzel, Q. zur Gesch. der M. und ihrer Bedeutung für die dt. Ks.züge des MA, QSTGNM 4, 1935, 4, 1 [341]–85 [425] – N. H. Swellengrebel-A. de Buck, M. in the Netherlands, 1938 – E. H. Ackerknecht, Gesch. und Geographie der wichtigsten Krankheiten, 1963 – A. Bianchini, La m. e la sua incidenza nella storia e nell'economia della regione Pontina, 1964 – G. Keil, Der 'kurze Harntraktat' des Breslauer 'Codex Salernitanus' und seine Sippe, 1969 – W. H. McNeill, Plagues and peoples, 1976 (dt. 1978) – J. L. Bruce-Chwatt – J. de Zulueta, The rise and fall of M. in Europe, 1980 – K. Goehl, Guido d'Arezzo d. J. und sein 'Liber mitis', 1984, I, 112f., 176–178; II, 658–661 u. ö. – J. Ruffie – J.-Ch. Sournia, Les épidémies dans l'hist. de l'homme, 1984 [dt. 1987] – R. Wittern, Die Wechselfieber bei Galen, Hist. Phil. Life Sciences 11, 1989, 3–22 – F. Lenhardt, Blutschau, 1986 – P. Herde, Die Katastrophe vor Rom im Aug. 1167, 1991 – M. Vasold, Pest, Not und schwere Plagen, 1991, 115f. u. ö.

Malaspina, oberit. Familie, die von allen Nachkommen der →Otbertiner am beständigsten an dem alten otbertin. Stammland rund um Luni festhielt. Ihre Herrschaften und Lehen erstreckten sich s. und n. des toskan.-emilian. Apennin, waren jedoch vorwiegend im Magratal konzentriert. Obgleich die M. zur Zeit ihrer größten Machtentfaltung Gerichtsbarkeiten und Besitzungen in den Comitaten von Luni, Genua, Tortona, Bobbio, Pavia, Cremona, Piacenza und Parma innehatten, erlangten sie niemals die polit. Kontrolle über eine Stadt. Dieser Umstand war für ihre polit. Geschicke entscheidend.

1124 ist *Alberto*, der erste Lehnsträger mit dem späteren Sippennamen M., als Kontrahent des Bf.s v. Luni belegt. Im Lauf des 12. Jh. wurden seine Nachkommen von der Expansion der Kommunen sozusagen eingekreist und schließlich gezwungen, sich auf ihre Besitzungen im Apennin zurückzuziehen. Albertos Sohn *Obizzo* entfesselte bei seinem Kampf gegen Genua einen Aufstand zahlreicher Feudalherren in Ostligurien, unterlag jedoch schließlich; seine Söhne *Moroello, Obizzo II.* und *Alberto* der Dichter mußten sich vor Piacenza geschlagen geben (1194). Ihre Söhne, die versucht hatten, das ihnen aufgezwungene Bürgerrecht von Piacenza ihren polit. Zwecken dienstbar zu machen, wurden in den Sturz der Adelsfaktion hineingezogen und waren später nicht mehr imstande, die Expansion Genuas im Tal des Vara, des größten Nebenflusses der Magra, zu verhindern. Anfang des 13. Jh. hatten sich die M. im wesentl. auf das Magratal zurückgezogen, wo sie das otbertin. Erbe beanspruchten und gegen die Bf. e v. Luni und die kleineren Adelskonsortien heftige Kämpfe ausfochten. Als sich 1221 das Geschlecht in zwei Linien teilte (»spino secco« und »spino fiorito«), erhielt *Corrado* (spino secco) das rechte Ufer der Magra, dazu Villafranca auf dem linken Ufer sowie Gerichtsbarkeiten und Höfe bei Brugnato und Genua; an *Obizzo* (spino fiorito) fielen das linke Magraufer und Gebiete und Burgen in der Garfagnana und in der Versilia. Da die M. an der gleichberechtigten Erbfolge aller Söhne festhielten, wie es langob. Recht entsprach, zu dem sich ihre Ahnen einst bekannt hatten, kam es zu häufigen Erbteilungen und zur weiteren Aufsplitterung (1262 und 1275). Gegen die feindl. Kommunen der Lunigiana ging die gesamte verzweigte Familie jedoch geschlossen vor. In den großen polit. Auseinandersetzungen des 13. Jh. verlagerten sich die Interessen der M. allmähl. von Norditalien auf die Toskana. 1306 zwangen sie ihren Erbfeind, den Bf. v. Luni, zum Friedensschluß (bei dem Dante als Prokurator der M. mitwirkte). Nach der nur kurze Zeit dauernden Signorie *Spinettas* d. Gr. erlahmte jedoch die polit. Dynamik der M. seit der 2. Hälfte des 14. Jh. Obgleich ständigen Teilungen unterworfen, zählten die Territorien der M. zu den am längsten feudalisierten Gebieten Italiens und blieben bis zur Frz. Revolution reichsunmittelbar. P. M. Conti

Lit.: T. Porcacchi, Hist. dell'origine et successione dell'illustrissima famiglia M., 1585 – F. Gabotto, I marchesi obertenghi fino alla pace di Luni, Giorn. stor. d. Lunigiana IX, 1918 – G. Volpe, Lunigiana mediev., 1923 – P. Ferrari, La Lunigiana e i suoi signori (P. Ferrari, L. Bocconi, U. Formentini, M. N. Conti, Castelli di Lunigiana, 1927).

Malaspina, Saba, päpstl. Skriptor, Geschichtsschreiber aus Rom, * vor 1250, † 1297/98. Sein Mag.-Titel deutet auf ein Univ.sstudium. 1274 Dekan des Bm.s Mileto (Prov. Catanzaro), 1275 dort Kollektor des Kreuzzugszehnten. Wohl von Papst Nikolaus III. an die Kurie berufen, ist M. als Skriptor kaum faßbar, schrieb aber dort seine Chronik, die er am Todestag Martins IV. (28. März 1285) abschloß. Damals war M. bereits zum Bf. v. Mileto gewählt, von Martin IV. jedoch nicht bestätigt worden; erst Honorius IV. entschied den daraus folgenden Prozeß 1286 für ihn. Im Vesperkrieg von den Aragonesen vertrieben, bekam er 1289 von Nikolaus IV. das Bm. Larino (Prov. Campobasso) zur Verwaltung, bis er 1295 nach Mileto zurückkehren konnte. M.s Chronik schildert aus stadtröm. und kurialer Sicht die Herrschergesch. Siziliens von 1250–85 und bringt wertvolle Nachrichten zur Verwaltung des Kgr.es und der Stadt Rom von 1250–85.
W. Koller

Ed.: Muratori 8 [Bd. 1–6, unvollständig] – R. Gregorio, Bibl. scriptorum qui res in Sicilia gestas... retulere 2, 1792 [Bd. 6–10] – G. del Re, Cronisti e scrittori sincroni napoletani 2, 1868 [ges. Text nach den alten Edd.; it. Übers.; Neudr. 1975] – MGH SS [in Vorb.]. – Lit.: A. Nitschke, Unters. zu S.M. I/II, DA 12, 1956 – M. Fuiano, Studi di storiografia medioevale ed umanistica, 1975² – W. Koller, Stud. zu S.M., DA 47, 1991.

Malatesta (eigtl. Malatesti), mittelit. Familie (Spitzenahn *Malatesta* [1129–32], Stammsitz wahrscheinl. Burg Verucchio) mit ausgedehnten Besitzungen im rimines.-montefeltran. Appenin, verwandt und verschwägert mit den bedeutendsten lokalen Familien (u. a. Gf.en v. Montefeltro, Gf.en v. Carpegna), seit dem späten 12. Jh. in der Kommune Rimini stadtsässig. Anfangs folgten die M. der kaisertreuen Politik Riminis und wurden bis in das spä̈te 13. Jh. in dieser Haltung durch Abhängigkeitsverhältnisse zu der Kirche v. Ravenna bestärkt, die lange Zeit der stauf. Tradition verpflichtet blieb. Als nach dem Tode Friedrichs II. infolge der Aktivität des – von bolognes. Milizen unterstützten – Kardinallegaten Ottaviano Ubaldini (1248) das Guelfentum in der Romagna zunehmend an Einfluß gewann, neigten sich die M. der philopapalen Partei zu und begannen die Bestrebungen des Papsttums zu unterstützen, die direkte Herrschaft über die Gebiete des alten Exarchats zu gewinnen. Zur Verfestigung dieser polit. Haltung der M. trugen unter der Führung des mächtigen und fähigen *Malatesta* (1212–1312, Dantes »mastino vecchio« v. Verucchio, inf. XXVII, 46–48) die Erbstreitigkeiten vorwiegend um die Burg Ghiaggiolo (bei Forlimpoli) mit dem Kondottiere Guido, Gf. v. Montefeltro, bei, der in den 70er und 80er Jahren des 13. Jh. zum Haupt des Ghibellinentums der Romagna aufgestiegen war. Die M. boten den Legaten und päpstl. Rektoren, die sich seit 1278 in der 'Provincia Romandiole' festgesetzt hatten, in der Region mit wechselndem Erfolg Militärhilfe. Ihr Einfluß in der Stadt Rimini und auf die Kommune wuchs hingegen derart an, daß sie zu Beginn des 14. Jh. eine Signorie errichten konnten. Nach der entscheidenden Wendung im Konflikt der Guelfen und Ghibellinen (anfangs Sieg des Guido v. Montefeltro 1282 in Forlì, 1283 dessen vernichtende Niederlage) schwenkten die M. wie andere guelf. Familien der Romagna, zugunsten der städt. Interessen zunehmend auf einen Oppositionskurs gegenüber der zentralist. Politik der Kurie ein. Nach Überwindung des letzten Widerstands der Familien des rimines. Kommunaladels (v.a. der Parcitadi) und infolge der Schwäche der päpstl. Herrschaft im Kirchenstaat v.a. in den ersten Jahren des avignones. Papsttums, brachte die junge Dynastie die Kontrolle über die Schalthebel der städt. Macht an sich, indem sie die wichtigsten kommunalen Ämter immer häufiger und länger besetzte und die Ortskirche mit Hilfe eines ausgeprägten Klientelsystems beherrschte. Trotz bereits früh einsetzender heftiger Kämpfe zw. den Linien des Hauses und äußerer Rivalitäten dehnten die M. ihren Einfluß und ihre Herrschaft in verschiedene Richtungen aus, wobei sie Verwandtschaftsbeziehungen mit anderen Signorenfamilien im näheren und weiteren Umkreis (z. B. Da Polenta; Este) anknüpften und ausbauten, polit. und militär. Karrieren in wichtigen verbündeten Städten intensivierten und mit diesen (teilw. sprunghafte) diplomat. und/oder wirtschaftl. Beziehungen unterhielten. Ihre von Rimini aus betriebene Expansionspolitik strebte nach der Errichtung einer regionalen oder zumindest mehrere Städte umfassenden Signorie unter Ausbau eines dichten Burgennetzes und folgte bisweilen offensichtl. den Spuren der traditionellen Bindung an den Ebf. v. Ravenna, nicht nur im Gebiet v. Rimini und in der Romagna, sondern v. a. im Nordteil der alten Pentapolis, der späteren Mark →Ancona. Seit dem 13. Jh. verfolgten die M. daher in ihrer Expansionspolitik bestimmte Richtungen: Im S trachteten sie mit wechselhaftem Erfolg nach der Eroberung von Pesaro, Senigallia, Fossombrone, Fano und anderen Zentren; im W, im Hinterland von Rimini, griffen sie nach →Cesena und dessen Territorium aus, das sie von 1378–1467 beherrschten; im N strebten sie nach der Kontrolle über den Hafen und die Burg Cesenatico sowie über den Hafen und die Salinen von Cervia in Opposition zu den Signoren v. Ravenna, Da →Polenta, und zu der Hegemonialpolitik Venedigs in der Adria und der Romagna.

Die Ausdehnung der Herrschaft der M. in der Romagna und in den Marken kam jedoch im 14. Jh. zum Stillstand. Die Motive lagen nicht nur in der Verschärfung der Auseinandersetzungen zw. den einzelnen Linien des Hauses und im Wiederaufflammen der Konflikte mit den rivalisierenden Familien →Montefeltro und →Ordelaffi u.a., sondern v.a. in einem Machtzuwachs der päpstl. Regierung, der sich bereits in Ansätzen während der Legation Kard.s →Bertrand Du Poujet (1314–34) zeigte, in erster Linie jedoch infolge des energ. Wirkens des päpstl. Vikars →Albornoz (1353–67). Mittels geschickter polit.-diplomat. und militär. Aktivitäten führte Albornoz neben zahlreichen anderen aufrührer. Signorenfamilien des Kirchenstaats auch die M. in die päpstl. Obödienz zurück und verlieh ihnen als Kompromißlösung und nach Zahlung eines Zinses 1355 das apostol. Vikariat in den Städten und Territorien Rimini, Pesaro, Fossombrone und Fano. Diese päpstl. Anerkennung stärkte das Prestige der Signoren v. Rimini und ließ in ihrer neuen Funktion als Stellvertreter des Papstes, nach langer Unterbrechung ihr altes Guelfentum wiederaufleben. Sie trug auch in gewissem Sinne zu einer Blüte der Literatur und der Künste im Rimini der 2. Hälfte des 14. Jh. bei, da sie eine intensive Zirkulation von Ideen und Personen und einen stärkeren kulturellen Austausch zw. den Höfen förderte. So hielt sich u.a. auch Petrarca am Hof der M. auf, und mehrere Signoren betätigten sich als Mäzenaten und Dichter: *Pandolfo II.*, *Malatesta Ungaro*, beide Söhne des *Malatesta 'Guestafamiglia'*, und *Malatesta 'dei sonetti'*, der Sohn Pandolfos II.

Während des großen →Abendländ. Schismas, das die Stellung des Papstes als weltl. Herrscher sehr schwächte, zeichnete sich ein beständiger Zuwachs an Macht und Ansehen der M. ab – trotz vieler Widrigkeiten und Schwierigkeiten –, der v.a. der fast ununterbrochenen Folge von bedeutenden Herrscherpersönlichkeiten zu verdanken ist. Als eine Gestalt ersten Ranges, auch in internat. Hinsicht, ist *Carlo* (1368–1429) anzusehen, der während der schwierigen Konzilszeit nach dem Schisma mehrmals verantwortungsvolle polit.-diplomat. und militär. Aufgaben im Dienst des Hl. Stuhls erfüllte. In spiritueller und kultureller Hinsicht ebenso bedeutend waren *Galeotto Roberto*, der »selige Roberto« (1411–31) und *Domenico Malatesta 'Novello'* (1418–65), Signore v. Cesena und Gründer der dortigen 'Biblioteca Malatestiana' beim Franziskanerkonvent, einer Wiege der humanist. Kultur.

Für die Geschichte der M., die mit ihm ihren Abschluß fand, emblematisch ist jedoch ihr Bruder *Sigismondo Pandolfo* (1417–68). Ein rücksichtsloser und kraftvoller Politiker, ein tapferer und ausdauernder Kondottiere und ein gewandter und großzügiger Mäzen, gelang es S.P. einige Jahre lang, sein Haus, die Stadt Rimini und seinen Territorialstaat zu ungeahnter Blüte zu bringen. Wie wenige andere verkörperte er den Inbegriff des Renaissancemenschen. Mit einem ausgesuchten Kreis von Mitarbeitern verschiedener Provenienz, die auf diplomat.-polit.-militär. sowie lit.-künstler. Gebiet tätig waren, gab er dem höf. Leben neue Impulse, setzte neue Akzente im Stadtbild von Rimini (Bau des Castel Sismondo und des später zur Kathedrale erhobenen Tempio Malatestiano bei dem Franziskanerkonvent) und suchte die verschiedenen Machtzentren und die verstreuten dynast. Stützpunkte der Territorialsignorie unter eine einheitl. Kontrolle zu bringen, obgleich seine Innen- und Außenpolitik zunehmend durch konkurrierende und gegner. zentrifugale Kräfte bestimmt wurde (Mailand, Venedig, Florenz, Montefeltro usw.). Sein schrankenloser Ehrgeiz ließ ihn jedoch zunehmend von der philopapalen Tradition seines Hauses abrücken und trug ihm die unversöhnl. Feindschaft Papst Pius' II. Piccolomini ein, auf die schließlich der Zusammenbruch der Herrschaft Sigismondos und damit auch der Macht der M. zurückzuführen ist. Den zahlreichen Versuchen seiner Nachkommen, v.a. *Robertos* und *Pandolficos*, nach Sigismondos Tod die Macht in Rimini zurückzugewinnen, war nur ein sehr kurzfristiger Erfolg beschieden, bis sie in den ersten Jahren des 16. Jh. völlig scheiterten. A. Vasina

Lit.: EDant III, 782 [A. VASINA] – A. CAMPANA, Vicende e problemi degli studi Malatestiani, Studi Romagnoli II, 1951, 1–15 – J. LARNER, The Lords of Romagna, 1965 – G. FRANCESCHINI, I M., 1973 – PH. JONES, The M. of Rimini and the Papal State, 1974 – Studi Malatestiani, 1978.

Malatya → Melitene

Malbergische Glossen. Die ältesten Fassungen der →Lex Salica (A, C, D) enthalten volkssprachige Wörter und Sätze, die durch *in mallobergo* ('in der Gerichtssprache') eingeleitet werden und syntakt. unverbunden in den lat. Kontext gestellt sind. Während die frankolat. Mischwörter wie →*mallus* ('Gericht') sich hauptsächl. in den Konstitutionen finden, gehören die M.G. zu den Bußweistümern. Die M.G. sind also nicht Glossen im üblichen Sinne, sondern mehr oder weniger textunabhängige Zusätze; Teile einer Verhandlungssprache vor Gericht, wie sie zu Klage, Verteidigung, Reinigungseid, Urteil und Urteilsschelte gehörte; Ausdruck einer Mündlichkeit, für die es sonst kaum Zeugnisse gibt. Die Überlieferung ist denkbar schlecht. Lassen die Fassungen A und C auch Redaktoren erkennen, die des Salfrk. noch mächtig waren, so haben roman. Abschreiber die M.G. doch stark entstellt. Gelegentl. wurden sie deshalb als verba Graecorum verkannt oder ganz weggelassen (A3, C5). Im 8. Jh. scheint die Fähigkeit, dem Text nach Bedarf Glossen hinzuzufügen, erloschen zu sein (D); die karol. Fassungen (E, K) haben keine M.G. mehr. Ursprgl. Marginalien, sind die M.G. bei ihrer Überführung in den Text oft falsch eingeordnet worden. Dies alles hat im Einzelfall zu weitauseinanderliegenden Deutungen geführt. Trotzdem handelt es sich um ein Denkmal von hohem kulturgesch. Wert. Die M.G. gehören zur ältesten Schicht der germ. Rechtssprache. Als Sprachreste aus der Zeit Chlodwigs vermitteln sie einen Eindruck vom ältesten Westfrk. und seiner Verschmelzung mit dem Galloromanischen. Siedlungsbezeichnungen wie *alach, thorp, sali* und *heim* lassen sich mit der frühen Ortsnamenüberlieferung N- und Mitteleuropas verbinden. Gerätebezeichnungen wie *ango* 'Pflug' und *carruca* 'Wagen' sind aufschlußreich für die frühma. Sachkultur und beweisen, daß die M.G. einen Sitz im Leben hatten.   R. Schmidt-Wiegand

Lit.: HRG II, 211–215 – Verf.-Lex.[2] V, 1193–1198 – ST. SONDEREGGER, Die ältesten Schichten einer germ. Rechtssprache (Fschr. K. S. BADER, 1965), 419–438 – F. BEYERLE, Die M. G. der Lex Salica..., ZRGGermAbt 89, 1972, 1–32 – R. SCHMIDT-WIEGAND, Die M.G., eine frühe Überlieferung germ. Rechtssprache, 1989 [Wiederabdr.: DIES., Stammesrecht und Volkssprache..., 1991, 78–95].

Malchos, byz. Historiker, um 500, aus Philadelphia (Syrien), lebte als Rhetor in Byzanz. Sein nur fragmentar. erhaltenes Werk »Βυζαντιακά« (7 B.) begann anscheinend mit einem Überblick der Ereignisse von Konstantin I. bis 473, wo die ausführl., bis 480 reichende Darstellung einsetzte. Eine geplante Forts. bis 491 hat M. nicht mehr ausführen können. Der Autor, durchweg gut informiert, wird sein Wissen weniger lit. Vorlagen als persönl. Fühlungnahme mit Hofkreisen und Goten in Konstantinopel verdankt haben. Mit realist. Blick beurteilt er die inkompetente Politik →Zenons, während die Bedeutung →Theoderichs d. Gr. – für dessen Zeit auf dem Balkan M. die Hauptq. darstellt – gewürdigt wird. Da er seine eigene Person völlig im Hintergrund hält, läßt sich nicht entscheiden, ob M. Christ oder – wahrscheinlicher – Heide gewesen ist.   M. Schottky

Lit.: RE XIV, 851–857 – B. BALDWIN, DOP 31, 1977, 91–107 – R. C. BLOCKLEY, The Fragmentary Classicising Historians of the Later Roman Empire I, 1981, 71–85, 124–127; II, 1983, 401–462 [Text, Übers., Komm.].

Malcolm

1. M. I., *scot. Kg.* (→Schottland), † 954, Sohn von →Donald II. und Nachfolger →Konstantins II., der 943 zugunsten von M. abgedankt hatte. Wahrscheinl. war M. bereits während der Regierung Konstantins als *tanaise* anerkannt worden. Kg. Edmund v. Wessex überließ 945 Cumbria-Strathclyde M. als Gegenleistung für ein Bündnis. M. duldete 947 wohl die endgültige Errichtung eines skand. Kgr.es v. →York. 950 plünderte er das Gebiet bis zum Tees und erbeutete Gefangene und Vieh. Er wurde aber während seiner Regierung v. a. wohl mit Aufständen der Bewohner von →Moray konfrontiert, die ihn schließl. 954 in den Mearns töteten. →Indulf, Sohn von Konstantin II., folgte M.   D. J. Corner

Lit.: A. A. M. DUNCAN, Scotland, the Making of the Kingdom, 1975 – A. P. SMYTH, Warlords and Holy Men, 1984.

2. M. II., *scot. Kg.* (→Schottland), † 1034, Sohn von →Kenneth II. Er tötete 1005 →Kenneth III. und wurde sein Nachfolger. 1006 verwüstete er Northumberland und belagerte →Durham, bis er von Uhtred v. →Bamburgh völlig besiegt wurde. Wahrscheinl. als Folge dieser Niederlage verlor Schottland entweder ganz oder teilweise →Lothian, bis dieses Gebiet infolge der siegreichen Schlacht v. →Carham-on-Tweed von M. 1018 oder kurze Zeit später zurückerobert werden konnte. Als bald darauf Owen the Bald, Kg. v. Strathclyde, starb, der M. in dieser Schlacht unterstützt hatte, setzte M. seinen Enkel als Kg. v. →Strathclyde (→Cumberland) ein und schuf so die Voraussetzung für das künftige Kgr. v. Schottland. 1031 mußte sich M. Knut d. Gr. unterwerfen. Konfrontiert wurde M. mit Fehden im n. Schottland, denen er trotz seines Bündnisses mit dem Jarl v. Orkney wohl wenig erfolgreich begegnen konnte, so daß das n. Schottland wahrscheinl. von den *mormaers* v. →Moray beherrscht wurde. Nachfolger wurde M.s Enkel →Duncan I. (Sohn v. Crinan, Abt v. Dunkeld, und Bethoc, Tochter von M.), die erste Nachfolge in direkter Linie seit der Mitte des 9. Jh.   D. J. Corner

Lit.: A. A. M. DUNCAN, Scotland, the Making of the Kingdom, 1975 – B. MEEHAM, The Siege of Durham..., SHR 55, 1976.

3. M. III. 'Canmore', *Kg. v.* →*Schottland*, † 13. Nov. 1093, wahrscheinl. 1057 Nachfolger des von ihm 1054 besiegten →Macbeth, doch erkannten einige Macbeths Stiefsohn Lulach als Kg. bis zu dessen Tod 1058 an; ⚭ 1. Ingibiorg († 1069), Tochter des Earl Thorfinn v. →Orkney, 2. →Margarete (hl.), Schwester von →Edgar 'the Ætheling' 1070; Kinder: von 1.: mindestens zwei Söhne (→Duncan II., Donald), von 2.: sechs Söhne (u. a. →Edgar, →Alexander I., →David I.), zwei Töchter. M. verwüstete Northumbria wahrscheinl. erstmals 1061 und dürfte wohl an dem Feldzug des 1066 bei →Stamford Bridge besiegten norw. Kg.s beteiligt gewesen sein, da er zu dieser Zeit bereits mit Ingibiorg verheiratet war. 1070 fiel M. in England ein, nicht um territorialen Gewinn zu machen, sondern entweder in der verspäteten Absicht, sich am Aufstand gegen Wilhelm I. von 1069 zu beteiligen, oder wohl eher, weil er von der durch diesen Aufstand hervorgerufenen Spaltung profitieren wollte. Wahrscheinl. veranlaßte M.s Heirat mit Margarete Wilhelm I., gegen M. vorzugehen. Doch noch bevor Wilhelm den Forth überquert hatte, schloß er 1072 Frieden mit M. in Abernethy, der die Stellung von Geiseln und M.s Leistung des Lehnseides beinhaltete. Weitere Vorstöße M.s 1079 und 1091 in Northumbria führten nur zu erneuten Gegenfeldzügen durch Robert und Wilhelm II., den Söhnen von Wilhelm I., sowie zu einer Erneuerung des Friedens v. Abernethy. Wahrscheinl. wurde M. in der Nähe des Flusses Aln getötet, in Zusammenhang mit einem erneuten Einfall in Northumbria. Diesen hatte M. begonnen, weil Wilhelm II. die Zusagen seines Vaters nicht beachten wollte und ein Treffen mit M. in Gloucester abgelehnt hatte. Nachfolger M.s wurde sein Bruder →Donald III. 'Bane'. Unter M.s Regierung wurden die →Céli Dé und die Benediktiner gefördert, letztere in →Dunfermline angesiedelt.   D. J. Corner

Lit.: W. E. KAPELLE, The Norman Conquest of the North, 1980 – G. W. S. BARROW, Kingship and Unity..., 1981.

4. M. IV., *Kg. v.* →*Schottland*, † 1165; Sohn von Heinrich v. Schottland († 1152) und Mathilde, Tochter des engl. Earl Waltheof. Er folgte 1153 seinem Großvater →David I. und setzte dessen Politik fort, die Ansiedlung von anglo-frz. Baronen und Rittern in Schottland zu fördern, um die kgl. Verfügbarkeit über Sheriffs und Justitiare sowie die Tätigkeit der Kanzlei zu erweitern. M. gründete religiöse Gemeinschaften in Coupar Angus und Restennet (Strathmore). In den fünfziger und sechziger Jahren des 12. Jh. mußte M. interne Aufstände bekämpfen, die von Somerled of Argyll, den Söhnen von Malcolm macHeth und Fergus, Lord of Galloway, geführt wurden. 1160 wurde M. von einheim. adligen Großen in Perth belagert. Beziehungen zu Heinrich II. v. England gestalteten sich schwierig, da Heinrich Gebietserwerbungen Davids I. wieder rückgängig machen wollte. 1157 wurde M. von Heinrich II. gezwungen, den Huldigungseid zu leisten und das Earldom v. →Northumberland, das sein Bruder innehatte, auszuhändigen, als Ersatz für das Earldom v. →Huntingdon. 1158 zeigten sich erneut engl. Zwangsmaßnahmen, als die Burgen in Wark und →Norham wieder befestigt wurden. Auch weigerte sich Heinrich, M. zum Ritter zu schlagen. 1159 deutet vielleicht M.s Heerfolge bei dem Feldzug Heinrichs in Toulouse darauf hin, daß M. die Ritterwürde erhalten hatte. Doch mußte M. 1163 Geiseln als Bürgen stellen und Heinrichs Erben den Huldigungseid leisten. M.s Nachfolger wurde sein Bruder→Wilhelm I. (d. Löwe). D. J. Corner

Q. und Lit.: The Acts of M. IV, ed. G. W. S. BARROW (Regesta Regum Scottorum I, 1960) – A. A. M. DUNCAN, Scotland, the Making of the Kingdom, 1975.

Máldagi (pl. *máldagar*; island. 'Übereinkunft, Vertrag'), techn. Bezeichnung für die seit Ende des 12. Jh., meist auf Isländisch abgefaßten Register der Lokalkirchen →Islands. Die M. wurden bei der Weihe der Kirche von Kircheneigner (→Eigenkirche, II) und Bf. gemeinsam angelegt und kontinuierlich auf den neuesten Stand gebracht. Sie verzeichneten in der Regel Patrozinium und Standort der Kirche, Grundbesitz, Schenkungen, Servituten, Viehbestand, Kircheninventar, meist auch Anzahl der Priester und eventuell Diakone, den Zehntdistrikt, die Anzahl der zu lesenden Messen und ggf. Begräbnisrecht. Aufgeführt sind weiterhin die Einkünfte der Kirche und die an das – grundsätzl. unantastbare – Kirchengut geknüpften Verpflichtungen sowie ggf. eine vermögensrechtl. unabhängige Stellung von Kirche und Kirchengut gegenüber dem Kircheneigner. Ein M. war als Rechtsdokument entweder vor dem →Allthing oder dem Frühjahrsding (→Ding, II) öffentlich zu machen und einmal jährlich in der Kirche zu verlesen. Seit dem 13. Jh. wird die Dingverkündung durch die bfl. Inkraftsetzung abgelöst. Die M. wurden in den jeweiligen Kirchen aufbewahrt; daneben legten die Bf. e M.-Sammlungen an, die als Güterverzeichnisse des Bm.s dienten. M. Stefánsson

Lit.: KL XI, 264ff. – G. CEDERSCHIÖLD, Stud. öfver isländska kyrkomáldagar från Fristatstiden, ANOH 1887, 1–72 – K. v. AMIRA, Nordgerm. Obligationenrecht, II, 1895 [1973] – s. a. auch Lit. zu →Eigenkirche II (K. MAURER, Vorl. II, 1907–08 [1966]; I. SKOVGAARD-PETERSEN, 1960; M. STEFÁNSSON, 1975; 1978).

Maldon, Battle of, eine unvollständig erhaltene ae. Dichtung in 325 Stabreimzeilen, die ein hist. Ereignis des Jahres 991 – in der zweiten Periode der Skandinavierangriffe auf→England (A. V) – mit der Stil- und Motivkunst der ags. Poesie darstellt: Im Sommer 991 landet eine skand. Streitmacht auf der Insel Northey im Mündungsgebiet des Flusses Blackwater, ö. der Stadt M. in Essex. Den Zugang zum Festland über einen in sw. Richtung führenden Damm versperrt ihnen das militär. Aufgebot der Gft. Essex unter ihrem *ealdorman*→Byrhtnoth. Dieser gibt den Skandinaviern schließl. den Weg über den Damm frei; bei dem anschließenden Kampf auf dem sw. gelegenen Festland (diese Lokalisierung ist heute allg. akzeptiert) werden Byrhtnoth und viele Angelsachsen getötet, andere fliehen.

Die Schlacht fand am 10. oder 11. Aug. 991 statt und wird auch in anderen hist. Q. verzeichnet (bes. Ags. →Chronik, →Byrhtferths »Vita Oswaldi«, »Liber Eliensis«, »Ramsey Chronicle«). Der (unbekannte) Dichter war wohl nicht Augenzeuge, schrieb aber vermutl. schon bald nach dem Ereignis. Die hist. Zuverlässigkeit seiner Details ist umstritten; sicher fiktiv sind die Reden der ags. Krieger. Der Dichter kritisiert Byrhtnoth wegen seines Zugeständnisses an die Skandinavier, doch hat Byrhtnoth damit vielleicht einen Angriff der Skandinavier (unter deren Anführern →Olaf Tryggvason gewesen sein könnte) an anderem Ort verhindern wollen. Die Niederlage bei M. markiert auch einen Wendepunkt in der Politik des ags. Kg.s →Ethelred II. (Beginn von Tributzahlungen an die Skandinavier). So kann die »B. of M.« auch als ein Kleinepos mit polit. Wirkungsabsicht gelten, weniger als ein Preislied oder gar als Märtyrerdichtung oder Allegorie. Entstehungsgebiet der »B. of M.« ist sicher der S oder O (Ostanglien, Essex) Englands. Die einzige erhaltene ags. Hs., in der bereits Anfang und Ende der Dichtung fehlten (Cotton Otho A. xii), verbrannte 1731, doch eine um 1725 von D. Casley angefertigte Kopie blieb erhalten.
H. Gneuss

Ed.: The B. of M., ed. D. G. SCRAGG, 1981 – Lit.: H. GNEUSS, Die B. of M. als hist. und lit. Zeugnis, SBA. PPH 5, 1976–The B. of M. AD 991, hg. D. G. SCRAGG, 1991 [Aufsatzslg., Übers., Bibliogr.].

Maleïnoi, byz. Magnatenfamilie, ab der 2. Hälfte des 9. Jh. sicher belegt, im 10. Jh. typ. Vertreter der Militäraristokratie Anatoliens. Im Zuge der byz. Ostexpansion erwarben sie große Reichtümer und Grundbesitz. Der Mönch Michael M.os († 12. Juli 961), Gründer der Laura τοῦ Μαλεΐνου auf dem Kyminas-Berg in Bithynien, wird als Hl. verehrt. Im Zuge der zentralist. Tendenzen nach der Beendigung der Bürgerkriege zog Basileios II. die Güter des Magistros Eustathios M.os nach dessen Tod ein, womit die Glanzzeit der Familie beendet war. Siegel belegen einen Eunuchen M.os für das 1. Drittel des 11. Jh. als Ostiarios, für die 2. Hälfte des 11. Jh. wieder mehrere M.oi mit mittleren Rangtiteln. Ein Zweig der M.oi ist für das 11. und 12. Jh. in Thessalonike bezeugt, ein anderer in Kalabrien. W. Seibt

Q. und Lit.: L. PETIT, Vie de s. Michel M.os, ROC 7, 1902, 543–594 – I. ZEPOS–P. ZEPOS, Jus Graecoromanum I, 1931 [Neudr. 1962], 264f., A. 24 – E. HONIGMANN, Un itinéraire arabe à travers le Pont, APOSI 4, 1936, 261–271 – R. JANIN, Les Églises et les monastères des grands centres byz., 1975, 115–118 – V. v. FALKENHAUSEN, La dominazione biz. nell'Italia meridionale dal IX all'XI s., 1978, 107, 116, 154f., 165 – W. SEIBT, Die byz. Bleisiegel in Österreich I, 1978, Nr. 51, 142 – M. KAPLAN, Les grands propriétaires de Cappadoce (VIᵉ–XIᵉ s.) (Saggi e Ricerche Univ. Lecce, 6, 1981), 143–153, 157 – R. MORRIS, 'O Michaeles, Michaeles...' A Problem of Identification in Liutprand's Legatio, Byzantion 51, 1981, 248–254 – J.-C. CHEYNET, Pouvoir et contestations à Byzance..., 1990, bes. 214f., 268.

Malerbücher, allg. Bezeichnung für Anleitungen zur Monumental-, Tafel- und Buchmalerei. Die Bezeichnung wird v. a. für die 1839 auf dem →Athos entdeckte Ἑρμηνεία τῆς ζωγραφικῆς τέχνης des Dionysios v. Phurna (ca. 1670–1745/46) verwendet, deren frz. (J. A. DIDRON, Manuel d'iconographie chrét. gr. et lat., 1845) und dt. (G. SCHÄFER, Ἑρμηνεία. Das Hb. der Malerei vom Berge Athos, 1855) Übersetzung – gr. Text erst 1909 durch A. PAPADOPOULOS-KERAMEUS veröffentlicht – eine wichtige Rolle in den Forschungen zur Ikonographie wie Maltechnik des MA spielte. Sie enthält techn. Anleitungen zur Wand-, Ikonen- und Buchmalerei sowie einen langen ikonograph. Teil und stellt eine Kompilation älterer Texte dar. Als lit. genus nur teilw. in der Antike belegt (Plinius, n.h. 35/36, Vitruv VII, Dioskurides) und auch im byz. Bereich vor Dionysios nicht nachweisbar. Vergleichbare westl. Q. (Lucca, Bibl. Capit. Cod. 490, um 800; →Theophilus Presbyter, Schedula diversarum artium, um 1100; →Mappae clavicula; →Heraclius, De coloribus et artibus Romanorum, 11./12.Jh. und C. →Cennini, Il libro dell' arte, 1437) beschränken sich auf die techn. Unterweisung. Das genus des Athosbuches scheint allerdings im postbyz., gr., rumän. und slav. Bereich verbreitet (→Podlinnik). Die Malereitraktate Albertis und Leonardos schreiten in andere Bereiche vor, obgleich sie die Kenntnis der älteren Traktate verraten. Zu unterscheiden sind auch die →Musterbücher. M. Restle

Lit.: Q.schr. zur Kunstgesch. und Kunsttechnik des MA und der Renaissance, hg. R. EITELBERGER V. EDELSBERG, 1871–82 – E. BERGER, Q. und Technik der Fresko-, Öl- und Temperamalerei des MA..., 1912 [Neudr. 1973] – V. GRECU, Bücher über die byz.-kirchl. Malerei, Candela 19, 1922, 105–137 – DERS., Bücher der kirchl.-byz. Malerei. Einf. und krit. Ausg. der rumän. Versionen, 1936 – M. RESTLE, Die byz. Wandmalerei in Kleinasien, 1967, I, 193–230 – P. HETHERINGTON, The ›Painters Manual‹ of Dionysius of Fourna, An Engl. Transl. with Comm., 1975.

Malet, Robert, † wahrscheinl. 1105/06, als Nachfolger seines Vaters William, eines norm. Gefolgsmannes Kg. Wilhelms I. v. England, Kronvasall in Suffolk, wo er 1086 den honour of →Eye erhielt, und anderswo. Unter Wilhelm I. fungierte er kurze Zeit zweimal als Sheriff v. Suffolk (1071, 1080), doch fiel er wahrscheinl. unter Wilhelm II. in Ungnade. Die Feststellung von →Ordericus Vitalis, daß R.M. 1102 infolge der Krise nach dem Tod Wilhelms II. (1101) aus der Vasallität entlassen wurde, wird von HOLLISTER angezweifelt. Auf jeden Fall ist er bald wieder eingesetzt worden. Heinrich I. ernannte ihn vor 1106 zum Sheriff v. Suffolk und zum kgl. Kämmerer (→*chamberlain*; bereits 1105 belegt). R.M. bekleidete vermutl. das Amt des obersten chamberlain, da er bei der Übertragung der magistra cameraria 1133 durch Heinrich I. als der vorhergehende Inhaber genannt wird. Es ist aber unwahrscheinl., daß schon 1105 der formale Titel eines obersten Kämmerers existiert hat. J. Barrow

Lit.: C. W. HOLLISTER, Henry I and R. M., Viator 4, 1973, 115–122 – J. A. GREEN, English Sheriffs to 1154, 1990.

Mālik ibn Anas, geb. zw. 708/716, gest. 796, medinens. Gelehrter und Begründer der Rechtsschule *(maḏhab)* seines Namens, die v. a. in Maġrib und al-Andalus fast alleinherrschend wurde. Er ist der Verf. des »Kitāb al-Muwaṭṭaʾ«, das es unternahm, das Gewohnheitsrecht von Medina und des Ḥiğāz zu kodifizieren und zu systematisieren, und das dank seiner vermittelnden Sicht umstrittener Punkte gleichsam kanon. Geltung erlangte. Das Werk stellt nach Form und Inhalt den Übergang vom schlichten *fiqh* der frühesten Zeit zur *ḥadīt*-Wissenschaft dar.
H.-R. Singer

Lit.: EI² VI, 262–265; 278–283.

Malla, Felip de, katal. Schriftsteller, * um 1370, † 1431 in Barcelona, studierte v. a. in Paris, wurde erst nach seiner Rückkehr (vor 1403) zum Priester geweiht, seit 1407 Pfarrer v. Sta. Maria del Pi. Der vielseitig gebildete Geistliche pflegte die Predigt, aber auch die Redekunst im polit. (für →Ferdinand de Antequera) und kirchenpolit. (gegen →Benedikt XIII.) Bereich und war mehrfach mit Gesandtschaften betraut (u. a. Konstanzer Konzil, 1417; Neapel, 1422; päpstl. Kurie, 1423). Nur wenige seiner Reden sind erhalten. Sein Hauptwerk, »Lo pecador remut« (Der erlöste Sünder), ist eine in hochlit. Stil, z. T. in Versen von starker Musikalität gehaltene geistl. Dichtung, die (aufgrund von »apokryphen« ma. Glaubensvorstellungen) den hartnäckigen Widerstand Luzifers gegen den Opfertod Christi und damit gegen die Erlösung der Menschheit schildert. Das an bibl. und chr.-patrist., aber auch an klass. Zitaten reiche Werk zeigt die Hinneigung seines Autors zum »Humanismus. L.-C. Batlle

Lit.: Gran Enc. Cat. XIV, 1989, 279 [M. DE RIQUER] – G. DÍAZ PLAJA, Hist. general de las lit. hispán. III, 1953, 739f., 769–775 – J. MOLAS, Lit. catal. antiga, 3/I, 1963, 80–89 – M. DE RIQUER, Hist. de la lit. catal. III, 1985, 387-425.

Mallorca, Kgr. Grundlage für das eigenständige Kgr. M. bildete das 1272 in Montpellier verfaßte Testament Kg. Jakobs I. v. →Aragón, durch das sein ältester Sohn Peter (III.) die Herrschaft über die Kgr.e Aragón-Katalonien und →Valencia erhielt, sein jüngerer Sohn Jakob als Jakob II. v. M. hingegen außer der Herrschaft über →Montpellier die Gft.en →Roussillon und →Cerdaña, die Regionen von →Conflent und Vallespir sowie das 'regnum Maioricarum et insulae adiacentes', wozu neben M. selbst Menorca, Ibiza und Formentera gehörten (→Balearen), als frei verfügbares Eigen auf erbrechtl. Basis in Besitz nehmen konnte. Herrschaftszentrum des Inselreichs wurde →Palma de M., Mittelpunkt des Festlandbesitzes das zur Residenz ausgebaute →Perpignan. Obwohl sich Jakob II. im Sept. 1276 zum Kg. v. M. gekrönt hatte, sollte sein Bruder die Trennung der beiden Reiche niemals anerkennen. Bereits 1279 konnte Peter III. seinem jüngeren Bruder durch den Vertrag v. Montpellier die Lehnsabhängigkeit aufzwingen und so die kurze Phase der Existenz einer staatsrechtl. und unabhängigen 'Krone M.' beenden (SANTAMARÍA). Versuche Jakobs II., die völlige Unabhängigkeit seines Reiches mit Unterstützung des Papsttums und Frankreichs wiederzugewinnen, schlugen letztlich fehl; Alfons III. v. Aragón konnte Ende 1285/Anfang 1286 die Hauptinseln, im Jan. 1287 Menorca einnehmen (Aufhebung des Sonderstatus dieser Insel). Das M.-Problem und die Vertreibung Jakobs II. bildeten in den Verhandlungen der folgenden Jahre zw. Aragón, Frankreich und der Kurie einen ständigen Streitpunkt. Die Restitution des Kgr.es an Jakob II. v. M., allerdings unter Anerkennung der Lehnsabhängigkeit, erfolgte durch den Vertrag v. Anagni (24. Juni 1295) und endgültig durch die bilaterale Übereinkunft v. Argelès (29. Juni 1298) unter Jakob II. v. Aragón, dem Nachfolger Alfons' III., unter Mitwirkung des Papsttums. Die Wiedereinsetzung auf den Thron durch Prokuratoren wurde auf einer Versammlung des insularen *Consell General* (26. Okt. 1298) verwirklicht.

Wie wenig durch die Restitution des ständischen strukturierten und wirtschaftl. blühenden Reiches die Spannungen mit Aragón überwunden wurden, zeigte sich in den nachfolgenden Jahren, als Jakob II. daranging, nicht nur für M. ein eigenes Münz- und Geldsystem einzuführen (März 1301), sondern auch die Verfassungsstruktur und Verwaltungsorganisation zu verändern. Grundlage der Verfassung war seit 1230 die am 2. Aug. 1256 und 8. Febr. 1297 erneuerte und erweiterte *Carta de Franquicia* Jakobs I. gewesen, durch die das Inselreich als 'regnum' konstituiert, die →*Usatges* v. Barcelona als Rechtsgrundlage eingeführt und Rechtsprechungsorgane eingesetzt worden waren. Das Kg.sland genoß eine bes. Befreiung von der Zahlung der →*leudas* und *peatges*; die Stadt wurde von einem 1249 geschaffenen *Consell General* aus sechs *Jurats* regiert, deren Gremium jährl. auf der Grundlage des Kooptationsprinzips im Beisein des städt. *Batle* erneuert wurde. Das Haupt der kgl. Verwaltung war ein *Batle General*. Bereits im Juni 1287 war das alte, die städt. Autonomie fördernde System *De Franquesa*, das als Vorbild die Regelungen für →Valencia von 1247 gehabt hatte, durch das System *De Consolat* ersetzt worden, aufgrund dessen jährl. sechs Konsuln hundert Ständevertreter der Ober-, Mittel- und Unterschicht *(poble menut)* unter Mitwirkung der Oberhäupter der Zünfte und in Anwesenheit eines kgl. Prokurators mit Gebotsgewalt zur Teilhabe an der Regierung durch den *Consell General* auswählten. Die neue Konsulatsverfassung stärkte den Einfluß der unteren Schicht und der Handwerker, beschnitt andererseits die städt. Autonomie zugunsten einer Kontrolle durch die Krone und schloß die *Caballeros* wegen ihrer Unterstützung für Jakob II. von der Regierungsgewalt aus. Jakob II. wiederum verfügte durch seine *Ordinacions* eine Revision der Rechtsprechungsgrundlagen (30. Jan. 1300); für Menorca erließ er ein Privileg (Sept. 1301). Im Jan. 1300 änderte er zudem die Verwaltungsstruktur M.s und richtete sie ebenfalls unter Mißachtung der *Franquesa* von 1249 auf die kgl. Spitze aus, so daß er selbst die Jurats ernennen und in den Entscheidungsgremien auf allen Ebenen durch seine Vertreter die Kontrolle ausüben lassen konnte. Entsprechend wurde die Ausübung der grundherrschaftl. Rechte der kgl. Autorität unterworfen und den Eingriffen der kgl. Amtsträger geöffnet, gleichzeitig ein spezieller kgl. *Veguer* zur Ausübung der Rechtsprechung über die Landbevölkerung eingesetzt, was bis 1304 die Einrichtung von sechs Hauptsitzen der Justizverwaltung nach sich zog (Bunyola, Inca, Alcudia, Manacor, Artá, Porreres).

Als Sancho I. (1311-24) seinem Vater nachfolgte, konnte er sich dem Druck der Stände nicht widersetzen und mußte die *Franquesa*-Regelung mit ihrer Kooptation für die jährl. Erneuerung des *Consell* wiedereinführen, doch war es gleichzeitig erforderlich, den veränderten Siedlungsgegebenheiten durch die Einrichtung einer verwaltungsmäßigen *Part Forana* für die Landbevölkerung neben dem seit dem 13. Jh. beherrschenden Stadtsystem der *Ciutat de M.* Rechnung zu tragen und damit den Gegensatz Stadt–Land zu entschärfen. Ihren rechtsgültigen Ausdruck fand diese Neuordnung in der *Sentencia* von 1315, durch die die *Part Forana* mittels der *Consells parroquiales* (Pfarrgemeinderäte), des aus den Vertretern der Pfarrgemeinderäte zusammengesetzten *Consell de la Comunidad de las Villas* (Vorläufer des späteren *Consell del Sindicat de les Viles Foranes*) und der die im *Consell* gefaßten Beschlüsse ausführenden *Comisión de diez prohombres foráneos* (Vorläufer der *Comisió de Sindics del Sindicat Forà*) organisiert wurde. Für die Stadt selbst existierte der *Consell de la Ciutat*, für die gesamte Insel der *Consell General*, aus dem sich gegen Ende des 14. Jh. der *Gran i General Consell* entwickeln sollte, Ergebnis der Vereinigung des Consell de Ciutat mit dem Consell del Sindicat. Trotzdem sollte der inhärente Gegensatz zw. Stadt und Land im Kgr. niemals überwunden werden und sich im 15. Jh. in bürgerkriegsähnl. Eruptionen äußern (→*Forans*).

Die straffe Verwaltungsorganisation, der innere Ausbau M.s, die handelspolit. Bedeutung und die wirtschaftl. Prosperität des Inselreichs ließen, unterstützt durch die Barceloneser Kaufmannschaft, das Interesse des aragon. Kgtm.s an einer Wiederherstellung seiner Autorität über das Kgr. niemals erlahmen. Die Absicht Jakobs II. v. M., Barceloneser und andere katal. Kaufleute wie auswärtige Handelstreibende zu behandeln und mit Zöllen zu belegen, führte zu einem Handelsboykott und ließ Pläne zur Rekuperation der Insel reifen, v. a. als durch die Einrichtung mallorquin. Seekonsulate im Mittelmeerraum die Eigenständigkeit des Inselreichs offen dokumentiert und eine Absicht zur weiteren Expansion des Handels signalisiert wurden, nachdem die katal. Gesellschaften in Nordafrika längst ins Hintertreffen geraten waren. Bereits auf dem Treffen v. Tortosa (Mai 1318) und dann durch eine notarielle Erklärung in Perpignan (Jan. 1319) sollte Jakob II. v. Aragón (unter Rückgriff auf testamentar. Bestimmungen Jakobs I.) gegenüber Sancho I., der selbst die Unterstützung des Papstes bei der Regierungsübernahme benötigt hatte, den Standpunkt vertreten, im Falle des Todes des mallorquin. Kg.s ohne legitimen männl. Erben die Nachfolge antreten zu wollen. Demgegenüber vertrat Sancho I. das Thronfolgerecht seines Neffen Jakob (III.), Sohn des Infanten →Ferdinand v. M., und legte dies testamentar. fest, so daß bei seinem Tod 1324 zwar katal. Truppen die Gft. Roussillon und Perpignan besetzten, doch die Nachfolge des unmündigen Jakob gesichert wurde, indem der Infant Philipp, ein Onkel des Thronkandidaten, die Vormundschaft übernahm und durch die Übereinkunft v. Zaragoza (Sept. 1325) mit Jakob II., deren wichtigster Punkt die Heirat Jakobs mit der aragon. Infantin Konstanze, Tochter des Thronfolgers Alfons (IV.), war, die Rechtslage unter Wahrung der lehnrechtl. Bindungen sicherstellte, doch blieb das Verhältnis zw. den beiden Kronen trotz mancher gemeinsamer Aktionen immer ein gespanntes. Die rigorose Machtpolitik Peters IV. v. Aragón beendete die Selbständigkeit des Kgr.es M. Auf der Grundlage zweifelhafter Anklagen, die im Vorwurf des Verrats bzw. der Felonie gipfelten, schritt Peter IV. zur Eroberung der Insel, die am 31. Mai 1343 vollendet wurde. Für das Kgr. M. wurde sofort (22. Juni 1343) ein 'instrumentum unionis' ratifiziert; die offizielle Inkorporation in die Krone Aragón erfolgte 1344. Der geflohene Jakob III., der die ihm einzig verbliebene Herrschaft →Montpellier an den frz. Kg. verkaufen mußte, versuchte, sein Kgr. zurückzuerobern, fiel aber bei →Lluchmayor (25. Okt. 1349). Als Kgr. hörte M. endgültig auf zu bestehen, als es am 22. Juli 1365 de jure dem Prinzipat v. →Katalonien in der Weise angefügt wurde, daß »los mallorquins e poblats en aquella illa sien cathalons naturals, e aquell regne sia dit part de Cathalunya« und die Mallorquiner in Zukunft an den katal. Corts (→Cortes) teilnehmen sollten.   L. Vones

Q.: Proceso contra el rey de M., D. Jaime III., 3 Bde (CODOIN XXIX-XXXI), 1866 – A. CAMPANER, Cronicón Mayoricense, 1881, 1967² – J. M. QUADRADO, Privilegios y franquicias de M., 2 Bde, 1894-96 – A. PONS, Constitucions e Ordinacions del regne de M. (segles XIII-XIV), 2 Bde, 1932-34 – J. VICH Y SALOM-J. MUNTANER, Documenta Regni Majoricarum, 1945 – L. PÉREZ, Corpus documental balear. Reinado de Jaime I, Fontes Rerum Balearium, I-III, 1977-80 – Diplomatari del monestir de Sta. María, de la real de M., I: 1232-1360, 1982 – *Lit.:* GEC IX, 1976, 487-489 – A. LECOY DE LA MARCHE, Les relations politiques de la France avec le royaume de Majorque, 2 Bde, 1892 – G. MOLLAT, Jean XXII et la succession de Sanche de Majorque, Rev. d'hist. et d'archéol. de Roussillon 6, 1905, 65ff., 97ff. – C. A. WILLEMSEN, Der Untergang des Kgr.es M., SFGG.GAKGS 5, 1935, 240-296 – DERS., Jakob II. v. Mallorka und Peter IV. v. Aragón (1336-49), ebd. 8, 1940, 81-198 – J. E. MARTÍNEZ FERRANDO, La tràgica hist. dels reis de M., 1960 – A. PONS, Hist. de M., I, 1963 – I. MACABICH, Hist. de Ibiza, 2 Bde, 1966 – A. SANTAMARÍA, M. en el siglo XIV, AEM 7, 1970-71, 166-238 – J. MASCARÓ PASARIUS (Coord.), Hist. de M., I-III, 1970-72 – F. SEVILLANO COLOM, De la Cancillería de los Reyes de M., AHDE 42, 1972, 217-289 – G. ALOMAR, Urbanismo regional en la Edad Media: las »Ordinacions« de Jaime II (1300) en el reino de M., 1976 – M. L. SERRA BELABRE, Hist. de Menorca, 1977 – R. PIÑA HOMS, El Gran i General Consell de M., 1977 – A. SANTAMARÍA, Sobre la institucionalización de las asambleas representativas de M., AHDE 50, 1980, 266-302 – DERS., Los Consells municipales de la Corona de Aragón mediado el siglo XIII. El sistema de cooptación, AHDE 51, 1981, 291-364 – DERS., En torno al modelo de sociedad en el reino de M. (Estudis Balearis 3), 1981 – DERS., En torno a la institucionalización del reino de M. en el siglo XIII, Medievalia 2, 1982, 111-144 – DERS.,

Creación de la Corona de M. Las disposiciones testamentarias de Jaime I, Mayurqa 19, 1981, 125-144 – P. CATEURA BENNASSER, Política y finanzas del reino de M. bajo Pedro IV de Aragón, 1982 – A. SANTAMARÍA, Tensión Corona de M. – Corona de Aragón: la sucesión de Sancho de M., En la España Medieval III, 1982, 423-495 – DERS., Enfeudación de la Corona de M. a la Corona de Aragón, XI CHCA, Vol. 4, 1984, 187-211 – P. CATEURA BENNASSER, Sociedad, jerarquía y poder en la M. medieval, 1984 – R. PIÑA HOMS, El Consolat de Mar, M. 1326-1800, 1985 – A. SANTAMARÍA, La política municipal de Alfonso el Liberal en el reino de M. (1285-91), La ciudad hispánica durante los siglos XIII al XVI, T. II, 1985, 1271-1299 – P. CATEURA BENNASSER, La administración de justicia en la ciudad de M. en la época de Pedro el Ceremonioso, La ciudad hispánica... II, 1985, 1301-1319 – P. MACAIRE, Majorque et le commerce int. (1400-50 environ), 1986 – A. RIERA MELIS, La Corona de Aragón y el Reino de M. en el primer cuarto del siglo XIV, 1986 – S. TRÍAS, Història del Pensament a M., 1986 – R. PIÑA HOMS, La creación del derecho en el reino de M., 1987 – P. CATEURA BENNASSER, El municipio balear en la edad media cristiana, Concejos y ciudades en la edad media hispánica, 1990, 147-173 [Lit.].

Mallus, mallum, mlat. aus germ. *maþla-, *mahla-, 'Rede', 'Versammlung', entspricht ahd. *mahal, mal* 'Gerichtsversammlung', 'Gerichtsstätte'. Angesichts seiner Verbindung zur Volkssprache und zahlreicher von ihm abgeleiteter Wörter der franko-lat. Rechtssprache war m. der zentrale lat. Begriff des frk. Gerichtswesens. Glossiert wird m. meist mit →Ding. Als m. legitimus bzw. publicus bezeichnet es das ungebotene Ding, das alsbald unter dem Vorsitz des →Grafen zusammentretende ordentl. →Gericht. Ohne nähere Kennzeichnung meint es auch das Gericht schlechthin. Mit ihm konkurriert, doch stärker dem Sinn 'Gerichtstermin' verhaftet, →placitum. Lex Sal. 46,6 stellt noch das legitimum m. publicus unter dem Vorsitz des *thungin* den m. ante regem, das Gericht vor dem Kg., gegenüber. Im ersten Drittel des 7. Jh. ist m. auch als Bezeichnung des grundherrschaftl. Gerichts einer Kirche belegt (Lex Rib. 61). Als *mal* findet es sich noch im Mühlhäuser Reichsrechtsbuch um 1220.

Neben m. bezeichnet auch mallobergus, volkssprachl. *malberg,* die Gerichtsstätte. Das Gericht des *thungin* wie auch das des Kg.s finden in *mallobergo* statt (Lex Sal. 46,6). In mallobergo ('auf der Mahlstatt') sitzen die →Rachinburgen (Lex. Sal. 57,1). 'In mallobergo' nahm ferner die Bedeutung von 'gerichtl.' an. Meist abgekürztes 'mallobergo' leitet die in den lat. Text der Hss. der Lex Sal. eingestreuten volkssprachigen Rechtstermini und Redewendungen (→Malberg. Glossen) ein. Hier kann mallobergo mit 'in der Gerichtssprache' wiedergegeben werden. J. Weitzel

Lit.: HRG III, 150-152, 211-218 – J. WEITZEL, Dinggenossenschaft und Recht, 1985, 198, 232-234, 441-444, 740.

Malmedy, Kl. OSB (heut. Belgien, Prov. Lüttich). Kurz vor 650 übertrug Kg. →Sigebert III. dem hl. →Remaclus einen ausgedehnten Besitzkomplex in den Ardennen zur Gründung einer Abtei, die in Gestalt von zwei Monasterien, →Stablo (zum Bm. Lüttich) und M. (zum Ebm. Köln), konstituiert wurde. Diese außergewöhnl. Ausgangssituation war die Quelle wachsender Rivalität zw. den beiden Zwillingskl., die sich in der Abgrenzung der jeweiligen Domäne und in einem Rangstreit, v. a. in bezug auf Reliquienbesitz, Bautätigkeit und Ausstattung mit kirchl. Kunstwerken, äußerte. Abt Thierry († 1080) vermochte ein sechsjähriges Schisma zw. den beiden Kl. (1065-71) nur zu schlichten, indem er den Schrein des hl. Remaclus nach →Lüttich zu Heinrich IV. verbringen ließ; der Ks., beeindruckt von den Wundern des Hl.n, die von Bf. →Dietwin v. Lüttich bezeugt wurden, stellte die Suprematie Stablos über M. wieder her. – Unter den Äbten v. Stablo und M. sind zu nennen: die Reformer Odilo (938-954) und →Poppo (1020-48), desgleichen →Wibald, der große ksl. Ratgeber (1130-58). War Stablo dem hl. Remaclus zugewandt, so verehrte M. den hl. →Quirinus als seinen Patron. Die Kapelle St-Laurent diente vor der Stiftung der Kirche St-Géréon als Pfarrkirche. Der 1499 gewählte Abt Wilhelm v. Manderscheid führte die →Bursfelder Reform ein, stellte die Klosterzucht wieder her und restaurierte das Quirinus-Heiligtum. Das Kl. wurde 1796 aufgehoben. Ph. George

Q. und Lit.: LThK² VI, 1334 – J. HALKIN–C.-G. ROLAND, Recueil des chartes de St-M., 2 Bde, 1909-30 – U. BERLIÈRE, Monasticon belge II, 1928, 58-105 – F. BAIX, L'hagiographie à St.-M., RevBén 60, 1950, 120-162 – J. STIENNON, Le scriptorium et le domaine de M., Bull. de l'Inst. hist. belge de Rome 26, 1950, 5-42 – DERS., Étude critique des deux premiers actes relatifs à la léproserie de St.-M., Bull. de la Comm. Royale d'Hist. de Belgique 115, 1949, 443-458 – Trésors des abbayes de St.-M., 1965 [Kat.] – R. CHRISTOPHE, M. Ses rues, ses lieux-dits, Folklore St.-M., 1979-82 – PH. GEORGE, Les reliques de St.-M. (Malmedy, Art et Hist., 1989) [Lit.].

Malmesbury, bedeutende OSB-Abtei im ma. England, im N der gleichnamigen Stadt in Wiltshire. Am Beginn des 7. Jh. angebl. ein brit. Nonnenkl., wurde M. – nachdem sich der ir. Mönch und Eremit Mailduib 637 hier angesiedelt hatte – sicher das Zentrum einer der einflußreichsten christl. Gemeinschaften im ags. England. Der hl. →Aldhelm († 709), Nachfolger Mailduibs als Abt v. M., errichtete nicht nur eine neue Kl. kirche, sondern griff als erster Bf. v. →Sherborne wahrscheinl. die Regula Benedicti im w. Wessex auf. In der Folgezeit fehlen Nachrichten weitgehend, und das geregelte monast. Leben kam zum Erliegen. Im 10. Jh. gewann M. sein Ansehen dank der Förderung und der Schenkungen durch Kg. →Æthelstan v. Wessex zurück. Etwa innerhalb von 30 Jahren nach Æthelstans Tod (939) und seinem Begräbnis in M. wurde das Kl. erneut mit Benediktinern besiedelt. Trotz der Verwüstungen durch die Dänen bald nach 1000 gehörte das Kl. zu den 20 wohlhabendsten ags. Kl. z. Zt. der norm. Eroberung (1066). Im folgenden Jh. erlebte M. dank der Förderung durch Wilhelm I. und seine Nachfolger eine Blütezeit. 1115-40 errichteten die Mönche eine neue Abteikirche. In dieser Zeit wirkte hier auch der Chronist →Wilhelm v. M. (um 1090-1143). Leider begründete er keine historiograph. Tradition in M., und die späteren Q. der Konventsgesch. erhellen nur wenig die interne Entwicklung. Die spätma. Äbte, die die Mitra tragen durften und einen Sitz im Parlament erhielten, waren bedeutende Vertreter des öffentl. Lebens. Jedoch waren im 15. Jh. selten noch 30 Mönche in M. anwesend. Nach der Auflösung des Konvents im Dez. 1539 wurden Kirchenchor und Kl. gebäude zerstört, das Kirchenschiff blieb erhalten.
R. B. Dobson

Lit.: H. BREAKSPEAR, M. Abbey, Archaeologia 64, 1913, 399-436 – M. R. JAMES, Two ancient English Scholars, St. Aldhelm and William of M., 1939 – The Heads of English Religious Houses ..., hg. D. KNOWLES, C. N. L. BROOKE u. a., 1972, 54-56.

Malmö (dt. Ellenbogen), Stadt am Øresund, in →Schonen (im MA und bis 1658 Teil →Dänemarks, danach zu Schweden). Städt. Entwicklung wohl erst seit dem 13. Jh., unter dem Einfluß des →Fischfangs im Sund und der Schonischen Messen. 1275 werden Einwohner von M. als 'cives' genannt, ein kgl. Vogt ist 1294 belegt, 1331 der Rat, 1360 Bürgermeister. Die Stadtpfarrkirche St. Petri geht in ihren ältesten Teilen auf die Zeit um 1300 zurück (roman. Vorgängerbauten aus dem 12. Jh. nachgewiesen); neben ihr eine 1406 vom Papst bestätigte Schule. Blieb die Tätigkeit der Dominikaner kurzlebig (1333 Kapelle), so ließen sich zu Beginn des 15. Jh. die Franziskaner nieder (1487-89 neues Kl.). Mitte des 14. Jh. bestand ein Hl.-Geist-Spital (→Hospital), das in den 1470er Jahren (päpstl. Bestätigung 1480) auf Initiative des Rates in ein Kl. umgewandelt wurde. Das St. Georgs-Spital (St. Jørgen), ein Leprosorium, ist 1464 erwähnt, doch wohl älter.

Der Bau einer Stadtmauer (Vorgänger: Palisadenzaun, vor 1319; Stadtgräben, erwähnt 1387–89) wurde 1434 begonnen. Der wohl um 1370 bestehende Befestigungsturm wurde seit den 1430er Jahren von einer Burg (Feste M.) abgelöst. Anhand des Fehlens eines Marktplatzes (statt dessen Straßenmärkte: Östergatan, nördl. Teil der Södergatan) wird deutlich, daß M. keine Gründungsstadt war (erst 1528–38 Anlage eines Marktplatzes). Das ma. Rathaus (erwähnt 1353) lag zw. der Petrikirche und der Östergatan, der Hauptstraße M.s.

Hatte M. spätestens seit den 1320er Jahren Anteil an den Schonischen Messen, so war es am Ende des 14. Jh. der wichtigste Handelspartner →Lübecks in Schonen. 1329 bestand eine lübeck. Kompagnie, 1452 auch eine Rostokker und eine Stettiner (diese stiftete den Mauritiusaltar in der Petrikirche). Die 1438 erwähnte 'Dänische Kompagnie' wurde 1477 zur einzigen erlaubten Korporation der (auch dt.) Kaufleute, blieb aber ohne dauerhaften Erfolg. Seit 1360 ist die exklusive Knutsgilde (Kanutigilde) bezeugt. Aufgrund der Privilegien M.s (seit 1353) erließ der Rat Ordnungen für die Handwerkerzünfte (Seiler 1412, Gerber 1429, Bäcker 1430, Schneider 1432, Schmiede 1433, Schuster 1450, Böttcher 1499).

M., das wie das übrige Schonen 1332–60 unter schwed. Verwaltung stand, wurde 1368 von der schwed.-hans. Koalition (→Dänemark, C. II, 1) erobert. In den Jahren 1370–85 wurde die Feste, gemäß dem →Stralsunder Frieden, von den Hansestädten verwaltet. Im Sommer 1394 plünderten die →Vitalienbrüder M.

Kg. →Erich v. Pommern (1397/1412–39) und seine Nachfolger förderten M., dem 1440 neben dem Herbstmarkt noch ein weiterer Jahrmarkt (28. Juni – 2. Juli) gewährt wurde und das in der 2. Hälfte des 15. Jh. die einzige Münzstätte Dänemarks besaß. Die Stadt, die 1518 wohl um die 3400 Einwohner zählte, hatte im Dänemark des ausgehenden MA entscheidende polit. und wirtschaftl. Bedeutung. Th. Riis

Q.: M. Stads Urkundsbok, ed. L. WEIBULL, I, 1901 – Danmarks Gilde -og Lavsskraaer fra MA, I–II, ed. C. NYROP, 1895–1904 – Danmarks gamle Købstadlovgivning, IV, ed. E. KROMAN, 1961, 27–106 – Lit.: M. Stads Hist., hg. O. BJURLING, I–II, 1971–77 – S. ROSBORN, M. Den medeltida staden och omland (Medeltidsstaden 67, 1984) – L. LINDGREN-HERTZ u. a., Kvarteret Fisken (Elbogen XV, 1985, 49–90) – H. LUNDBAK, Såfremt som vi skulle være deres lydige borgere, 1985 – TH. RIIS, Should Auld Acquaintance Be Forgot... Scottish-Danish relations ca. 1450–1707, 1989 – R.-G. WERLICH, Kgtm. und Städte in Dänemark 1340–1439 [Diss. Greifswald 1989] – D. LINDSTRÖM, Skrå, stad och stat. Stockholm, M. och Bergen ca. 1350–1622 (Studia Historica Upsaliensia 163, 1991).

Malogranatum (dt. 'Granatapfel'; vgl. Hld 8,2), weitverbreitetes Werk spätma. Spiritualität, das auf über 320 Folien dem Menschen den dreifachen Weg zur Vollkommenheit weisen will. Im OCist-Kl. →Königsaal vor Mitte des 14. Jh. anonym kompiliert (Autorschaft →Peters v. Zittau nicht auszuschließen, sicher die Gallus' v. Königsaal), besteht es aus drei, aus 'didakt.' Gründen dialog. angelegten Büchern (de statu incipientium, de st. proficientium, de st. perfectorum). Es zeugt von einer reflexivsensiblen Ordensfrömmigkeit, die nicht nur wenigen Auserwählten, sondern der Schar der Frommen engste Gottverbundenheit zu erreichen verspricht. 75 Autoritäten werden namentl. angeführt, v. a. Gregor d. Gr., Augustinus, Bernhard v. Clairvaux und die Viktoriner. Implizit kommen auch u. a. Bonaventura (Breviloquium) und Heinrich Seuse (Horologium Sapientiae) zu Wort. Den lit. Durchbruch erzielte das M. im Zuge der böhm. Reformbewegung unter Ks. Karl IV. Über 150 Textzeugen (teils excerpta) sind erhalten (Ed. fehlt), die den Einfluß des Werkes bis auf die religiöse Laienbewegung der ndl. →Devotio moderna belegen (s. Übers. ins Ndl. und Dt.). M. Gerwing

Lit.: M. GERWING, M. oder der dreifache Weg zur Vollkommenheit, 1986 – DERS., Das Lehrgedicht des Abtes Peter v. Zittau und das M. (Fschr. G. LOURDEAUX, hg. W. VERBEKE u. a., 1991) [im Dr.].

Malory, Sir Thomas, engl. Autor, * vor 1410?, † 14. März 1471, mutmaßl. Verfasser von »Le Morte Darthur«. Obwohl auch ein Th. M. aus Yorkshire vorgeschlagen wurde, gilt nach überwiegender Forschungsmeinung Sir Thomas Malleorré of Newbold Revell aus Warwickshire, zeitweilig Gefolgsmann des Earl of Warwick, als Autor dieses großen, viele Stränge zusammenfassenden →Artus-Romans in Prosa. Dieser verbrachte viele Jahre seines späteren Lebens im Gefängnis. Die Abfassung des Werks erfolgte vermutl. über einen längeren Zeitraum bis 1469; Druck durch →Caxton 1485 (bis 1934 – Auffindung eines Ms. in der Fellows' Libr. des Winchester Coll. – einzige Textgrundlage). Caxton ließ das Werk als Ganzes erscheinen, teilte es in 21 Bücher, fügte Prolog und Epilog hinzu und gab ihm den (etwas irreführenden) Titel, der nur auf den letzten Teil zutrifft. E. VINAVER, der Herausgeber des Winchester-Ms., sprach sich gegen die Einheitstheorie aus und setzte acht selbständige »Romanen an. Die acht Romanen oder Romanteile sind (Titel gekürzt; mit Caxtons Einteilung): 1. King Arthur (mit Merlin; C. 1–4); 2. King Arthur and the Emperor Lucius (C. 5; von Caxton umgeschrieben); 3. Sir Launcelot du Lake (C. 6); 4. Sir Gareth of Orkney (C. 7); 5. Sir Tristram de Lyones (C. 8–12); 6. Tale of the Sankgreal (C. 13–17); 7. Sir Launcelot and Queen Guinevere (C. 18–19); 8. Most Piteous Tale of the Morte Arthur (C. 20–21). Die Q. sind (bis auf Gareth of Orkney) bekannt und von M. teilweise inhaltl. wie sprachl. in Übers. oder Paraphrase verändert worden: aus dem Frz. der Vulgata-Zyklus, ein Prosa-Tristan des 13. Jh. und der Pseudo-Boron (?); aus dem Engl. der (Alliterative) →»Morte Arthure« und der (Stanzaic) »Morte Arthur«. M.s Leistung besteht in einer Dynamisierung der Handlung(en) und in der Verwendung einer flüssigen, fast umgangssprachl. zu nennenden Prosa mit lebendigen Dialogen. Vertreter der Ganzheitshypothese (LUMIANSKY, MOORMAN, GÖLLER u. a.) hoben die kunstvolle Handlungsverknüpfung und die durchgehende Stimmigkeit in der Zeichnung der Hauptcharaktere hervor. M. betonte das »Ritterliche«, teilweise zuungunsten der geheimnisvollen, fast mag. Liebesbeziehungen (Tristram-Isode, Launcelot-Guinevere) und der religiös-myst. Signifikanz des Grals. Arthur wird als Herrscher in einer allerdings bedrohten ritterl. Welt stilisiert. M.s Werk ist somit eine spätma. Neu-Interpretation in einer langen literar. Tradition von Arthur und seinen Tafelrittern. E. Burgschmidt

Bibliogr.: NCBEL I, 674–678 – ManualMe 3.IX, 1972, 757ff., 806f., 911ff., 950f. – Ed.: Le Morte D'Arthur [Caxton], ed. J. COWEN (Einf. J. LAWLOR), 1969 [Nachdr. 1986] – The Works of Sir Th. M., ed. E. VINAVER, 3 Bde, 1967² – Lit.: K. H. GÖLLER, Kg. Arthur in der engl. Lit. des späten MA, 1963 – R. M. LUMIANSKY, M.'s Originality, 1964 – P. J. C. FIELD, Romance and Chronicle, 1971 – Aspects of M., hg. T. TAKAMIYA – D. BREWER, 1981 [Nachdr. 1986] – B. KENNEDY, Knighthood in the Morte Darthur, 1985.

Mal(o)s usos, die sechs 'schlechten Gewohnheitsrechte', die im katal. Raum der Grundherr vermutl. seit Mitte des 11. Jh. gegenüber seinen schollengebundenen Hintersassen in Anspruch nehmen konnte, wobei manche von ihnen gemäß den →*Usatges* ursprgl. nicht auf die Bauern beschränkt waren. Es handelte sich dabei um 1. die *remença*, die die Schollengebundenheit des Bauern festlegte, wenn er nicht einen vom Grundherrn frei zu bestimmenden Loskaufpreis entrichtete; 2. die *intestia*, aufgrund derer ein Grundherr den dritten Teil oder die Hälfte aller bewegl. Güter eines abhängigen Bauern erhielt (je nach der Anzahl der Hinterbliebenen), falls dieser starb, ohne ein Testament zu hinterlassen; 3. die *exorchia* (von *exorch* 'steril'), durch die dem Grundherrn beim Tod eines kinderlosen Bauern der für die Kinder bestimmte Pflichtteil zustand; 4. die *cugucia*, aufgrund derer beim Ehebruch der Frau eines Bauern dem Grundherrn Teile ihres Besitzes zustanden; 5. die *arsia* bzw. *arsina* (von *arsum* 'Brand'), eine Entschädigung, die der Bauer wegen eines unverschuldet aufgetretenen Brandes zu leisten hatte; 6. die *firma de spolii*, eine Abgabe, die der Grundherr empfing, damit er dem Bauern die Verpfändung jenes Besitzes gestattete, den dieser als Bürgschaft aus dem *dotum* und dem *sponsalitium* (*spoli*, Schenkung des Bräutigams an seine Verlobte wegen ihrer Jungfräulichkeit) einsetzte. Nachdem ständiger Mißbrauch dieser grundherrl. Rechte im 15. Jh. die Aufstandsbewegung der →*Remensas* ausgelöst hatte, wurden die M. 1486 unter Ferdinand II. v. Aragón ebenso wie die Schollengebundenheit durch den Schiedsspruch v. Guadalupe abgeschafft. Allerdings mußten sich die *Remensas* durch eine einmalige Zahlung von 60 Schilling je Mansus freikaufen. L. Vones

Lit.: E. DE HINOJOSA, El régimen señorial y la cuestión agrária en Cataluña, 1905 – W. PISKORSKI, El problema de la significación y del origen de los seis »malos usos« en Cataluña, 1929 (russ. 1899) – L. GARCÍA DE VALDEAVELLANO, Curso de Hist. de las Instituciones españolas, 1975⁴, 253f. – P. BONNASSIE, La Catalogne II, 1976, 824–829 – P. FREEDMAN, Assaig d'hist. de la pagesia catalana (segles XI–XV), 1988 – A. JORDÀ FERNÁNDEZ, Los Remensas: evolución de un conflicto jurídico y social del campesinado catalán en la Edad Media, BRAH 187, 1990, 217–297 – →Remensas.

Malouel, Jean, * um 1365/70 Nimwegen (?), † März 1415, Dijon. Franko-fläm. Maler aus der Malerfamilie Maelwael und Onkel der Brüder Limburg, 1396 als »schilderer« am Pariser Hof tätig. 1397–1415 Hofmaler der burg. Hzg.e und Leiter der Arbeiten an der Kartause v. Champmol. Zugeschrieben werden ihm ein Quadriptychon mit christolog. Szenen (Antwerpen, Mus. Mayer van den Bergh; Baltimore, Walters Art Gallery), ein »Schmerzensmann« (Troyes, Mus. des Beaux-Arts; um 1396), ein »Dionysiusaltar« (Paris, Louvre; 1396–1416), zwei »Pietà«-Tondi (Paris, Louvre; um 1400) und eine »Madonna mit Schmetterlingen« (Berlin, Staatl. Museen). U. Liebl

Lit.: F. GORISSEN, J.M. und die Brüder Limburg, Vereeniging tot beoefening van Geldersche geschiedenis, outheidkunde en recht, Bijdragen en mededelingen 54, 1954, 153–221 – P. M. DE WINTER, The Patronage of Philippe le Hardi, Duke of Burgundy (1364–1404), 1976, 262–272 – A. CHATELET, Les primitifs hollandais: la peinture dans le Pays-Bas du Nord au XVᵉ s., 1980, 14–20, 190–192.

Malsachanus (wohl richtiger: Mac Salchani), hibernolat. Grammatiker von ca. 700. Seine Grammatik, in der nur Nomen, Pronomen, Verb und Partizip behandelt werden (wobei auch unsicher bleibt, ob die Kapitel über Nomen und Pronomen authentisch sind), ist in zwei Hss. überliefert: Neapel IV. A. 34 und Paris lat. 13026. Paradigmata und lange Wörterlisten illustrieren die recht elementare Grammatik. Ihre Grundlage bildet Donat; daneben sind Priscian, Charisius, Diomedes, Pompeius, Consentius und Eutyches benutzt. M. ist aus drei Gründen interessant: erstens lernen wir durch ihn den grammat. Unterricht der Iren um 700 kennen; zweitens, weil er zu alten, jetzt verschollenen Q. Zugang hatte: u. a. enthält seine Grammatik ein sonst unbekanntes Accius-Zitat; drittens wegen der Wörterverzeichnisse, die zeigen, wie man u. a. durch rückläufige Ableitungen neue Wörter bildete (z. B. das Verb *geo*) und die von ir. Autoren als lexikal. Fundgruben benutzt wurden. B. Löfstedt

Ed. und Lit.: Der hibernolat. Grammatiker M., hg. B. LÖFSTEDT, 1965 [mit Behandlung der Q. und Parallelen sowie der Sprache] – S. MARIOTTI, 'Accio in Malsacano', Riv. di filologia e di istruzione classica 94, 1966, 181ff. [zum Accius-Zitat] – B. LÖFSTEDT, Arch. für das Studium der neueren Sprachen 126, 1974, 408f. [zum Weiterleben des Verbs *geo*] – L. HOLTZ, Donat et la tradition de l'enseignement grammatical, 1981, 295ff. – V. LAW, 'M. reconsidered', Cambridge Medieval Celtic Studies I, 1981, 83ff. – DIES., The Insular Latin Grammarians, 1982, 90ff.

Malta, Mittelmeerinsel. Bis zur Besetzung durch die Araber 870 unter byz. Herrschaft, wurde M. 1090 von Roger I. v. Hauteville erobert und zusammen mit der Nachbarinsel Gozo der Gft. (später Kgr.) Sizilien eingegliedert (abgeschlossen erst unter Roger II. 1127). Wegen seiner Eignung als Flottenstützpunkt wurde M. mehrfach dem Admiral des Kgr.es zu Lehen gegeben oder auch Personen, die imstande waren, die Insel vor den Angriffen der Sarazenen zu schützen. Diese Lehnsträger dehnten vielfach ihre Kontrolle auf andere Inseln und Küstenstriche des Mittelmeeres aus und betrieben zumeist auch Piraterie. Nach der Belehnung Margaritos v. Brindisi 1192 durch Kg. Tankred gaben Heinrich VI. und Friedrich II. die Gft. M. an den Genuesen Wilhelm Grassus und an dessen Schwiegersohn Heinrich Piscator, obwohl Ksn. Konstanze 1198 M. wieder der kgl. Domäne hatte zuführen wollen. Heinrichs Sohn und Nachfolger (seit 1232) Nikolaus trat auf die Seite der Guelfen und widersetzte sich Kg. Manfred, söhnte sich um 1259 jedoch mit diesem wieder aus und wurde schließlich 1270 von Karl I. v. Anjou in seinen Rechten bestätigt.

Auf M. und seinen Nachbarinseln, wo Getreide und Baumwolle produziert wurden und sich drei Kastelle mit Garnisonen befanden, unterschieden sich die Lebensformen noch Mitte des 13. Jh. beträchtl. vom übrigen Kgr., da infolge des starken muslim. Bevölkerungsanteils, der die Zahl der Christen und Juden weit überwog, der Latinisierungsprozeß trotz Errichtung eines lat. Bm.s durch die Normannen langsamer vor sich ging.

Nach der →Sizilianischen Vesper wurde M. von Roger Lauria (Lluria) für die Aragonesen gewonnen (Seeschlacht 8. Juli 1283). Friedrich III. v. Aragón gab M. Guglielmo Raimondo I. Moncada zu Lehen, der durch seine Ehe die Nachfolge des Andreas, des Sohnes des Nikolaus, beanspruchen konnte, dem die Gft. erwürde 1290 von Karl II. v. Anjou und 1292 von Jakob II. v. Aragón bestätigt worden war. Nachdem die Gft. von Moncada wieder an die Krone gefallen war, behielt sie Friedrich III. für seine Söhne ein. Während der Krise der Kg.smacht Mitte des 14. Jh. ging der Titel auf die großen siz. Barone über: unter Friedrich IV. wurde M. 1360 an Guido Ventimiglia verlehnt, 1365–92 war die Insel im Besitz der Chiaromonte. 1397 zog sie Martin v. Aragón wieder für die Krondomäne ein, in der sie bis 1530 verblieb, bis Ks. Karl V. 1530 die →Johanniter mit M. belehnte. S. Fodale

Lit.: Medieval M. Studies on M. before the Knights, ed. A. T. LUTTRELL, 1975.

Maltechnik → Tafelmalerei; Faßmalerei; →Technik der Buchmalerei; →Wandmalerei

Malteser → Johanniter

Malum → Übel

Malve (Malva sylvestris L./Malvaceae). Die schon von Dioskurides (II, 118) als malache beschriebene, in ganz Europa verbreitete M. oder Roßpappel war im MA als *malva* (ein auch für →Eibisch gebräuchl. Sammelname), *malva erratica* (Ps.-Apuleius, ed. HOWALD und SIGERIST, 87), *molocia* (Lorscher Arzneibuch, fol. 16v), *babela* (Hildegard v. Bingen, Phys. I, 97), *papel(a), bappel(a), pappele* (STEINMEYER-SIEVERS III, 482, 503, 515; Konrad v. Megenberg V, 49) bekannt. Die M. galt wegen ihres hohen Schleimgehalts als erweichendes, Geschwüre und Wunden vorzügl. heilendes Mittel (JÖRIMANN, 28, 33, 42; Macer, ed. CHOULANT, 1962–92; Albertus Magnus, De veget. 6, 378); sie wurde überdies bei Darmbeschwerden, Blasen- und Nierenleiden, Kopf- und Nervenschmerzen sowie gegen Schlaflosigkeit verwendet (JÖRIMANN, 43, 58; SIGERIST, 156, 166; Circa instans, ed. WÖLFEL, 72f.; Gart, Kap. 253). I. Müller

Lit.: MARZELL III, 32–50 – DERS., Heilpflanzen, 130–132 – J. JÖRIMANN, Frühma. Rezeptarien, BGM 1, 1925 – H. E. SIGERIST, Stud. und Texte zur frühma. Rezeptlit., StGM 13, 1923.

Mamāi, tatar. Emir, †1381. M. war nicht Mitglied der die →'Goldene Horde' regierenden Činggisiden-Dynastie und konnte daher keinen Anspruch auf die Chanswürde erheben. Doch suchte er seit 1361 als 'Emir des rechten Flügels' und Majordomus die durch Thronstreitigkeiten geschwächte Horde zu einigen und deren Tributherrschaft über das aufstrebende Gfsm. →Moskau zu erneuern. M. rückte im Bündnis mit dem Gfs.en v. →Litauen, →Jagiełło, gegen Moskau vor, unterlag aber am 8. Sept. 1380 in der Schlacht v. →Kulikovo dem Gfs.en v. Moskau, →Dmtrij Ivanovič 'Donskoj'. Kurz darauf verlor M. die Macht über die Horde an Chan Tohtamyš und floh ins genues. Caffa, wo er ermordet wurde. H. Göckenjan

Lit.: →Goldene Horde (G. VERNADSKY, 1953; B. SPULER, 1965²; CH. J. HALPERIN, 1985) – →Kulikovo (Kulikovskaja bitva ..., 1980).

Mamlūken. [1] *Definition:* Das arab. Wort *mamlūk* ('eigen', 'in Besitz genommen') bezeichnet den weißen, zum Kriegsdienst herangezogenen Sklaven meist türk., aber auch tscherkess., slav. u. a. Herkunft. Die Verwendung von M. geht v. a. auf den ᶜabbāsid. Kalifen al-Muᶜtaṣim (833–842) zurück (→Heer, Heerwesen, C). Ihr Kauf erfolgte möglichst kurz vor oder während der Pubertät, wenn sich ihre krieger. Vorzüge bereits zu entwickeln begonnen hatten, sie aber noch formbar genug waren, um sie zu gläubigen Muslimen und treuen Gefolgsleuten ihres Herren heranzubilden. Nach ihrer mehrjährigen intensiven militär. Ausbildung und religiösen Unterweisung wurden sie feierl. freigelassen. Zum Nachteil des Systems ging man im SpätMA dazu über, auch Erwachsene in ihre Reihen aufzunehmen; darunter die. Renegaten, was dazu führte, daß das über das it. *mammalucco* auch in die dt. Sprache eingedrungene Wort 'Mameluck' negativ besetzt wurde (»abtrünnig, heimtück.«).

[2] *Reich und Dynastie:* In →Ägypten wurden die M. erstmals unter dem letzten wichtigen Ayyūbidensultan aṣ-Ṣāliḥ zahlenmäßig und damit militär. sowie polit. bedeutsam. In der Krise, die sein Tod angesichts der Invasion Kg. Ludwigs IX. v. Frankreich auslöste, waren es v. a. seine Baḥrī-M. (so benannt nach ihren Kasernen auf der Nil [=Strom, arab. *baḥr*]-Insel Roda), die die Kreuzfahrer schlugen. Da ihre Treue – ein Kontinuum in der Gesch. der M. – nicht dem Staat oder der Dynastie galt, sondern allein ihrem Herrn, der sie gekauft und gefördert hatte, ermordeten sie seinen Sohn Tūrānšāh im Mai 1250, der sie durch seine Günstlingswirtschaft brüskiert hatte. Aus den blutigen Wirren der nächsten Jahre ging 1259 der M.emir Quṭuz als Sultan hervor. Am 3. Sept. 1260 schlug er an der →Goliathsquelle die Mongolen, die 1258 Bagdad erobert und das ᶜabbāsid. Kalifat ausgelöscht hatten. Mit diesem Sieg haben die M. nicht nur ein zweites Mal Ägypten vor der Eroberung bewahrt, sondern auch den sunnit. Islam gerettet, was erhebl. zu ihrer Legitimation beitrug. Als Sultan Quṭuz kurz darauf einer Verschwörung zum Opfer fiel, wurde der Emir →Baibars, der eigtl. Begründer des M.reiches, zum Sultan (1260–77) ausgerufen. Indem er zur weiteren Rechtfertigung der mamlūk. Herrschaft einen ᶜabbāsid. Abkömmling in Kairo als Kalif einsetzte, wurde Ägypten bis 1517 zum Hort des rechtgläubigen Islam. Unter Verknüpfung ayyūbid. und türk. Herrschaftsformen schuf er als fähiger Feldherr und kluger Staatsmann mit diplomat. Geschick ein durchorganisiertes, Ägypten und Syrien umfassendes und zentralist. regiertes Großreich, das dem der mongol. Īlḫāne ebenbürtig zur Seite trat. Mit seinen erfolgreichen Feldzügen sorgte er dafür, daß seine Nachfolger, die Sultane Qalāwūn (1279–90) und al-Ašraf Ḫalīl (1290–93), mit der von ihm aufgebauten Armee die Kreuzfahrer aus Syrien (Fall Akkons 1291) vertreiben konnten. Den europ. Mächten war das M.reich nicht nur für lange Zeit ein gefährl. Gegner, sondern auch der wichtigste Handelspartner in der Levante, da über seine Häfen der bedeutsame Indienhandel abgewickelt wurde. Unter strikter Beibehaltung des Brauchs, junge Sklaven zu importieren, konsolidierten Baibars und seine Nachfolger die Herrschaft der M., denen allein alle wichtigen Hof- und Staatsämter vorbehalten waren und die die militär. Elite stellten. Da die in Freiheit geborenen M. in strengem Sinne keine M. mehr waren, blieb diesen theoret. der m. cursus honorum versagt. Es mußte daher von außen zu einer ständigen Auffrischung der »one generation nobility« (D. AYALON) kommen, der zu ihrem Unterhalt vom Sultan eine Landübertragung (→iqṭāᶜ) gemacht wurde. Trotz der völligen Militarisierung des Staates erlebte das M.reich in seiner ersten Phase weitgehend eine Zeit wirtschaftl. Prosperität und innerer Stabilität – zu der auch noch die äußere Sicherheit trat, als Sultan an-Nāṣir Muḥammad während seiner dritten Regierung (1310–41) i. J. 1322/23 mit den Īlḫānen Frieden schloß – und eine einzigartige kulturelle Blütezeit. Unter den Burǧī-M. (so gen. nach ihren Kasernen auf der Zitadelle, arab. *burǧ*), 1382–1517, schwächten zunehmend Fraktionskämpfe innerhalb der mamlūk. Militäroligarchie, die keine verbindl. Thronfolgeregelung kannte, das Reich, das nach dem Tod Sultan Barqūqs (1382–89, 1390–99) durch die Feldzüge Timurs nach Syrien und die damit einhergehenden Verwüstungen schwer erschüttert wurde. Zwar konnte Barsbay (1422–37) das Regime noch einmal stabilisieren und 1426 Zypern abhängig machen, doch beging er den Fehler, weite Wirtschaftszweige zu monopolisieren, wodurch langfristig das Handelsvolumen schrumpfte. Hohe Steuern, Konfiskationen und Münzverschlechterungen ruinierten die Wirtschaft und machten Ägypten abhängig von der europ. Goldwährung, was zu einer zunehmenden polit. Schwächung führte. Das Vordringen der Portugiesen 1497 in den Ind. Ozean brachte den lebenswichtigen Indienhandel zum Erliegen. Hinzu kamen die schweren Pestepidemien, die Ägypten seit 1347 immer wieder entvölkerten. 1516/17 unterlagen die M. der modernen kämpfenden türk. Armee Sultan Selims I.; Ägypten und Syrien gingen im Osman. Reich auf. P. Thorau

Lit.: EI² VI, 314–331 – P. M. HOLT, The Age of the Crusades, 1986 – R. IRWIN, The Middle East in the MA, 1986 – U. HAARMANN, Der arab. O im späten MA (Gesch. der arab. Welt, hg. DERS., 1987), 215-263 – P. THORAU, The Lion of Egypt, 1992 [Lit.].

Al-Ma'mūn → Abbasiden

Man, Isle of, brit. Insel in der Ir. See, im MA Schauplatz der kelt., skand. und engl. Kultur. Die frühesten Inschriften der Insel (frühes 6. Jh.) zeigen brit. (P-kelt.) Einfluß, um 600 herrschte jedoch wahrscheinl. die goidel. oder Q-kelt. Sprache vor, von der die bis heute nicht ganz erloschene Manx-Sprache abstammt. Das Christentum scheint auf der Insel im 6. Jh., hauptsächl. unter ir. Einfluß, Fuß gefaßt zu haben; Steinkreuze mit eingeritzten →Ogam- und lat. Inschriften aus dieser oder etwas späterer Zeit sind erhalten. Seit dem frühen 9. Jh. siedelten norw. Wikinger auf der Insel, bes. in den feuchteren Gebieten im N und um Castletown im S. Die skand. Sprache, die zahlreiche Spuren in Ortsnamen (z. B. Snaefell, Jurby) und in Form von Runeninschriften auf Gedenksteinen hinterlassen hat, konnte das gäl. Manx nicht verdrängen. Jedoch zeigen soziale, kirchl. und Rechtsinstitutionen eine vollständige Vermischung der kelt. und skand. Gewohnheiten und Praktiken. Seit dem späten 12. Jh. war die Insel polit. mit den →Hebriden verbunden. Die Mitglieder der Dynastie des Godred Crovan (1079–95) herrschten als Kg.e v. M. bis 1266. Obwohl die meisten dieser Kg.e die norw. Oberherrschaft anerkannten, versuchten sie doch, ihre Herrschaft über die Hebriden auszudehnen, aber mit geringem Erfolg, außer bei den n. Inseln Skye und Lewis. Der herausragende Herrscher dieser Dynastie war Olaf d. Rote (1113–53), der Zisterzienser 1134 in Rushen ansiedelte. Als der Versuch des norw. Kg.s Hákon IV. Hákonarson, die norw. Oberhoheit über die Inseln 1263 erneut zu behaupten, fehlschlug, wurde die I. of M. Teil des schott. Kgr.es, und Alexander III. ernannte seinen ältesten Sohn Alexander zum Lord of M. In den schott. Unabhängigkeitskriegen (→Wars of Independence) wechselte der Besitz der Insel ständig zw. Schotten und Engländern. 1405 übertrug Kg. Heinrich IV. v. England sie an Sir John Stanley als »Kg.«, und dessen Nachkommen, die Earls of Derby, behielten die Herrschaft über die Insel bis zum 18. Jh. Die Insel war seit der Mitte des 11. Jh. der Sitz eines Bf.s. Die Diöz. wurde nach 1387 geteilt: die Hebriden bildeten das Bm. »of the Isles« innerhalb der schott. Kirche, die I. of M. (»Sodor and M.«, von norw. *sudreyiar* ['s. Inseln']) wurde eine engl. Diöz. G. W. S. Barrow

Lit.: R. H. KINVIG, The I. of M., 1975³.

Manasses

1. M., Gf., † 918, entstammte einer großen Familie Austriens und war vielleicht Sohn des Giselbert, Gf.en v. Condroz. Er soll mit Ermengard, einer Tochter →Bosos v. Vienne (→Bosoniden), vermählt gewesen sein und war 'fidelis' von Bosos Bruder, →Richard dem Justitiar. M. hatte (anscheinend seit 888) die Gft. →Beaune inne und gründete für die von den Normannen vertriebenen Religiosen von St-Vivant die Abtei →Vergy. Auch besaß er die Gft. →Chalon sowie weitere Gft.en im Umkreis von →Dijon (→Atuyer oder Oscheret). Nachhaltig unterstützte M. das Vorgehen Richards, ließ den gegnerischen Bf. Tedbald v. Langres, der die Erhebung von M.' Bruder Waldo zum Bf. v. Autun bekämpfte, blenden und intervenierte in →Sens, dessen Ebf. er gefangennehmen ließ (894, 895). M. setzte seine Verwandten in Sens, Auxerre, Troyes und Bar-sur-Seine ein und begründete so, gestützt auf Richards Autorität, den Aufstieg seiner Familie, insbes. seines Sohnes →Giselbert v. Vergy. 911 kämpfte M. gemeinsam mit Richard gegen →Rollo. J. Richard

Lit.: M. CHAUME, Les origines du duché de Bourgogne, I, 1926 – E. HLAWITSCHKA (Fschr. F. PETRI, 1970), 250–265.

2. M. I., Ebf. v. →Reims ca. 1070–80. Über ihn berichten nur feindl. Q., ohne Angaben über Beginn und Ende seines Lebens; aus den Memorialbüchern und den Bf.s-listen wurde er getilgt. Sohn einer Adelaide, Bruder eines Hugo, 'consanguineus' des Bf.s Hugo-Rainald v. Langres, wurde M. mit Unterstützung Kg. Philipps I. v. Frankreich, an dessen Hof er sich oft aufhielt und in dessen Urkk. er häufig als Zeuge fungiert, zum Ebf. gewählt. M. betrachtete die große Abtei St-Remi in Reims als ebfl. Eigenkl. und versuchte daher zweimal (1071, 1074), den Mönchen einen Abt seiner Wahl aufzuzwingen. 1074 bestätigte er die Reform der Abtei Moiremont in den Argonnen. Von seiner Metropolitanwürde durchdrungen, widersetzte er sich heftig den Jurisdiktionsansprüchen der von Gregor VII. entsandten →Legaten. Nach einer Denunziation des Propstes Manasses und des Scholasters Bruno zitierte ihn →Hugo v. Die vor die Synode v. Autun (Sept. 1077). Wegen Nichterscheinens und Zwangsmaßnahmen gegen seinen Klerus wurde M. schließl. für abgesetzt erklärt, doch konnte er durch eine Reise nach Rom, wo er die künftige Beachtung der Legatengewalt und den Verzicht auf die Veräußerung des Kirchengutes versprach, Verzeihung erlangen (Febr./März 1078). Er hielt im April 1078 ein Reformkonzil in Soissons ab. Als er jedoch 1079 seine Versprechungen nicht einhielt und auch eine Ladung nach Lyon nicht beantwortete (Anfang 1080), wurde M. am 17. April 1080 abgesetzt. Am 27. Dez. 1080 forderte Gregor Klerus und Volk v. Reims auf, einen neuen Ebf. einzusetzen. Nach →Guibert v. Nogent floh M. zu Ks. Heinrich IV., den er im Mai 1081 mit dem Titel eines Gesandten des Kg.s v. Frankreich nach Rom begleitete. Nach der Rückkehr zog sich M. in den lothring. Teil seiner Diöz., nach Braux-sur-Meuse, zurück (Sept. 1081). Eine Begegnung mit Hugo v. Die brachte keine Versöhnung. M.' weiteres Schicksal ist unbekannt (nach MABILLON vielleicht Jerusalem-Wallfahrt). M. Bur

Ed.: P. DEMOUY, Actes des archevêques de Reims d'Arnoul à Renaud II [Thèse, masch., Nancy 1982] – *Lit.:* GChr IX, 1751 – H. GAUL, M. I., Ebf. v. Reims, I, 1940 – J. R. WILLIAMS, Archbishop M. I of Rheims and Pope Gregory VII. The American Hist. Rev. 54, 4, 1949, 804–825 – N. HUYGHEBAERT, St Arnoul de Soissons et la consécration de l'église du prieuré de Coincy, 1082, AnalBoll 85, 3/4, 1967, 317–329.

3. M., Konstantinos, byz. Literat, * um 1115 (so nach den neuesten Forsch., nicht 1130), lebte und wirkte ganz oder überwiegend in Konstantinopel, kaum mit dem (gleichnamigen) Bf. v. Panion (Thrakien) oder dem Metropoliten v. Naupaktos ident. Demzufolge bleibt auch sein Todesjahr (bisher 1187) unbekannt. Neben zahlreichen kleineren rhetor. Schr., Gedichten und Briefen verfaßte er einen Jerusalem-Reisebericht (in Versen) und einen nur mehr fragmentar. erhaltenen Roman in Fünfzehnsilbern (»Τῶν κατ' Ἀρίστανδρον καὶ Καλλιθέαν ἐννέα λόγοι«). Wichtigstes Werk ist eine Verschronik von Adam bis 1081 (vor 1142/43, in Fünfzehnsilbern), die in einer Vielzahl von Hss. überliefert ist und 1344/45 ins Bulg. übers. wurde (Cod. Vat. slav. 2, mit Miniaturen).
P. Schreiner

Ed. und Lit.: Constantini Manassi Breviarium historiae metricum, rec. I. BEKKER, 1837 – BZ 13 1904, 313–355 [K. HORNA] – O. MAZAL, Der Roman des K. M., 1967 – HUNGER, Profane Lit. I, 419–422; II, 126–128 – O. LAMPSIDIS, Zur Biogr. von K. M. und seiner Chronik Synopsis, Byzantion 58, 1988, 97–111.

Manchester, Stadt in NW-England. Die Herrschaft *(lordship)* v. M. erscheint im →Domesday Book im Besitz eines Mannes namens Nigel (wahrscheinl. Nigel de →Stafford). Unter Wilhelm II. setzte vermutl. Roger le Poitevin, Inhaber des honour of Lancaster und Lord of Salford, Albert de Grelley in M. ein. Die Herrschaft v. M. blieb ein Lehen des honour of Lancaster und wurde nicht der Krone unterstellt, so daß sie gelegentl. als Baronie bezeichnet wurde. Die Grelley-Familie hatte M. in direkter männl. Linie bis zum Tod von Thomas Grelley 1311 inne, dem seine Schwester Joan († 1347), Gattin von John La Warr, folgte, in dessen Familie M. bis 1575 verblieb. Die Stadt M. entwickelte sich um den Herrenhof (→*manor*), der in später ags. Zeit zum Kg.shof v. Salford gehört hatte und über umfangreiche Ländereien verfügte. Das Gründungsdatum der Stadt ist unbekannt; 1222 erhielt Robert Grelley die Erlaubnis für einen zweitägigen Jahrmarkt. 1282 gab es dort fast 150 Bürgerhäuser und den Gerichtshof eines →*borough*. 1301 erhielt M. von Thomas Grelley eine Freiheitsurk. (→*charter*), die mehr die bestehenden Gewohnheiten bestätigte als neue Privilegien verlieh. Sie hat Ähnlichkeit mit den Freiheitsurkk. v. Salford (kurz vor 1232) und v. Stockport (um 1260). Die charter gewährte u. a. den Bürgern die Befreiung von Markt- und Jahrmarktzöllen. Der →*reeve* sollte jährl. gewählt werden, detaillierte Vorschriften galten dem Gerichtshof. Doch wurde später angezweifelt, daß die charter M. den Status eines borough verliehen habe, da M. wie eine ländl. Stadtgemeinde von zwei *constables* beaufsichtigt und kontrolliert wurde, nicht im Parliament vertreten und zu höheren Steuern nicht veranschlagt wurde. Deshalb ist M. wohl eher nur als Marktsiedlung zu bezeichnen, die bis zum 18. Jh. von geringer Bedeutung blieb.

M. C. Prestwich

Lit.: J. TAIT, Medieval M. and the Beginnings of M., 1904 – VCH Lancashire I, 1906, 326–334.

Mancipia (lat.; eigtl. 'handbare Sachen') bezeichnet über die Sklaven der griech.-röm. Antike hinaus im Früh- und HochMA die breite Schicht der wesentl. rechtlosen Unfreien verschiedenen Ursprungs – so v. a. durch Geburt, Kauf, Gefangenschaft, Autotradition und Schuldknechtschaft – und verschiedener Funktion. M. lassen sich bereits in merow. zeitl. Chroniken, Testamenten und in den sog. Volksrechten (→leges) als Arbeitssklaven in Haus und Hof (m. infra domum, m. servientes) in beträchtl. Zahl nachweisen, aber auch als servi manentes (mansuarii), die, den spätantiken *eslaves-colons* (P. VEYNE) entsprechend, auf kleinen selbständigen Wirtschaftseinheiten in enger Bindung an den Herrenhof einer →Grundherrschaft tätig sind. Diese Form der Abschichtung findet sich namentl. in kl. Großgrundherrschaften der karol. Epoche in ö. Frankenreich (z. B. Fulda um 830). Die Zahl der m. ist hoch. Sind servus und ancilla häufig als individuell handelnde Subjekte belegt, als Träger bestimmter Funktionen, v. a. als Knecht und Magd, aber auch als servus casatus (Behauster), als bäuerl. Inhaber einer erbl. →Hufe, der seinerseits in aller Regel über m. als Arbeitskräfte verfügte, um dem opus servile auf dem Herrenhof nachkommen zu können, so finden sich m. generell als Objekte oder Zubehör in Pertinenzformeln von Schenkungs-, Kauf-, Verkaufs- und Tauschurkk., die aber nicht selten – von dem Rechtsgeschäft ausgenommen – ihrem bisherigen Eigentümer verblieben, da sie eben nicht untrennbar mit Grund und Boden verbunden waren. Seit dem 9. Jh. gleichen sich die m. in ihrer ständ. Qualität der Schicht der homines an und gelten wie diese als Unfreie aller Art und Herkunft. Die m. gehen im allg. leistungspflichtigen bäuerl. Hörigenverband auf, der im HochMA sogar »freie« →Zensualen (Brixen 1065/67) umfassen kann und damit die ehedem streng gezogene rechtl. Grenze zw. m. (»Sklaven«), Freien und Halbfreien im Zeichen domanialer Abhängigkeit aufhebt.

D. Hägermann

Lit.: HRG III, 219–230 [Lit.] – K. BOSL, Freiheit und Unfreiheit (DERS., Frühformen der Ges. im ma. Europa, 1964), 180ff. – H. NEHLSEN, Sklavenrecht zw. Antike und MA I, 1972 – L. KUCHENBUCH, Bäuerl. Ges. und Kl.herrschaft im 9. Jh., 1978, 356ff. – PH. DOLLINGER, Der bayer. Bauernstand vom 9. bis zum 13. Jh., 1982, 196ff., 254ff. – D. HÄGERMANN, Einige Aspekte der Grundherrschaft ... (Le grand domaine ..., hg. A. VERHULST, 1985), 51ff.

Mancus (von arab. *manqūš* 'geprägt'), ursprgl. arab. Bezeichnung für den →Dīnār, seit dem 8. Jh. auch als Wertbezeichnung für 30 →Denare. Erste Erwähnung des M. in Italien 778, von dort nach England übertragen und seit dem Ende des 8. Jh. erwähnt, in Spanien seit 981 bis zum Ende des 11. Jh. Kg. →Offa v. Mercien erlegte 797 den →Peterspfennig in 365 M.a. Seine Goldprägung nach span.-arab. Vorbild, von der ein Exemplar in Rom gefunden wurde, kann zu den M.a gerechnet werden. Zu dem Begriff M. zählen auch die karol. Goldprägungen des 9. Jh. In Spanien wurde unter M. hauptsächl. der arab. Dīnār verstanden.

P. Berghaus

Lit.: F. v. SCHROETTER, Wb. der Münzkunde, 1930, 366f. – P. BELTRÁN VILLAGRASA, Introducción del 'Mancuso' en la economía carolingia, Centennial Publ. of the American Numismatic Society, 1958, 83–88 – P. GRIERSON–M. BLACKBURN, Medieval European Coinage 1, 1986, 327.

Mandat, Verfügung oder Weisung im Bereich der kgl. bzw. päpstl. Herrschaft und Verwaltung. Im Gegensatz zu den Diplomen/Privilegien ist das M. äußerl. einfach gestaltet (kleines Format, einfache Schrift), doch sind die Grenzen bisweilen fließend (z. B. MGH DD Karol. dt. I, Nr. 146; MGH DD H.IV. 367). Es gibt offene M.e und →litterae clausae. Eine Reihe von M.en sind in Briefslg.en überliefert. Öfter sind M.e als ergänzende Maßnahmen zu Diplomen/Privilegien nachgeschoben worden. Für den Petenten kam das M. mitunter einer Privilegierung gleich. Zahlreiche päpstl. M.e mit Formen der littera cum serico, Delegationsreskripte wurden dagegen immer als littera cum filo canapis ausgestellt. Obwohl die M.e im allg. Briefform annehmen, unterscheiden sie sich zumeist von diesen durch ihren weniger gehobenen Stil und die Tonart. Von den inneren Merkmalen sind v.a. →Inscriptio und →Salutatio hervorzuheben. Es gibt aber auch M.e mit →Invocatio, →Arenga und →Narratio ('Klagenarratio'). Wesentl. ist die Wendung für die Verfügung/Weisung. Die Skala der Ausdrucksformen reicht von der höfl. Bitte bis zum strikten Befehl, wobei sicher auch der Rang des Empfängers die Wortwahl bestimmt. Die Wirkungskraft eines M.s hing davon ab, was der Adressat in ihm sah: einen Befehl oder eine Aufforderung bzw. Ermahnung. Enthielt das M. z. B. keine Strafandrohung, stand es weitgehend im Ermessen des Empfängers, ob er der Weisung folgte. Seit der Merowingerzeit bezeugt, stammen die ersten im Original erhaltenen M.e aus der karol. Epoche. In Byzanz sind die ursprgl. mandata principis später den Gesetzen bzw. m.ähnl. Urkk. (Diatyposis, Hypotyposis) gewichen. Mit dem Ausbau von Justiz und Verwaltung und dem damit verbundenen Anwachsen der Schriftlichkeit nimmt die Zahl der M.e seit dem 12. Jh. stetig zu. In Verbriefungen von Hofgerichtsurteilen wurden verstärkt mandatähnliche Beurkundungsformen angewendet.

A. Gawlik

Lit.: BRESSLAU I, 63ff. – HRG III, 230ff. – TH. SICKEL, Lehre von den Urkk. der ersten Karolinger, 1867, 396ff. – C. ERDMANN, Unters. zu den Briefen Heinrichs IV., AU 16, 1939, 184ff., 193ff. – G. TESSIER, Diplomatique royale française, 1962, 16, 70f., passim – P. HERDE,

Beitr. zum päpstl. Kanzlei- und Urkk.wesen im 13. Jh., 1967², 59ff. – F. DÖLGER-J. KARAYANNOPULOS, Byz. Urkk.lehre I, 1968, 79f. – I. HLAVÁČEK, Das Urkk.- und Kanzleiwesen des böhm. und röm. Kg.s Wenzel (IV.)..., 1970, 50ff., passim – F. OPLL, Das ksl. M. im 12. Jh. (1125–90), MIÖG 84, 1976, 290ff. – P. CLASSEN, Ks.reskript und Kg.surk., 1977, 141ff. – P. CSENDES, Die Kanzlei Ks. Heinrichs VI., 1981, 91f. – O. HAGENEDER, Mandatum und Praeceptum im polit. Handeln Papst Innocenz' III., MIC C 7, 1985, 377ff.

Mande, Hendrik, mndl. Autor, Vertreter der →Devotio moderna, Visionär, stammte aus Dordrecht, † 1431 in Beverwijk, war Abschreiber im Dienste der Gf.en v. Holland, begab sich vor 1382 nach Deventer und Zwolle, 1395 als »redditus« (Chorherr ohne Priesterweihe) im Kl. →Windesheim, wirkte dort als Kopist und Illuminator. Seine Spiritualität ist geprägt durch starke Hinwendung zur inneren Offenbarung. In seinem Denken nimmt die Gottesliebe einen weitaus wichtigeren Platz ein als die Gottesfurcht, was seiner Spiritualität einen optimistischeren Zug als bei anderen Vertretern der Devotio moderna verleiht. Seine Zeitgenossen bezweifelten die Authentizität seiner unzähligen Visionen. Von seinen zwölf (elf?) kurzen geistl. Prosatexten wurden neun wiederentdeckt. Sein Werk besteht zu einem großen Teil aus »rapiaria«, persönl. Zusammenfassungen seiner Lektüre, die nur oberflächl. für andere Leser überarbeitet wurden. Daneben schrieb er Dialoge, Visionslit. und eine Allegorie.

Th. Mertens

Bibliogr.: TH. MERTENS, H.M., OGE 52, 1978, 363–396 – vgl. auch die jährl. Lit.übersicht in: OGE – *Lit.:* DSAM VII, 222–225 – J. BUSCH, Chronicon Windeshemense, hg. K. GRUBE, 1886, 122–135 – TH. MERTENS, H.M., teksthistor. en literairhistor. studies, 1986 [Diss. Nijmegen; frz. Zus.] – DERS., H.M. als visionair, Millennium 3, 1989, 106–114 – G. DE BAERE, H.M.s »L. de sapida sapientia« teruggevonden?, OGE (Ons geestel. erf) 63, 1989, 288–295.

Mandel, Mandelbaum (Prunus dulcis [Mill.] D.A. Webb/Rosaceae). Der in Mittelasien beheimatete, in Griechenland schon in der Antike eingebürgerte Baum war im MA unter den dt. und lat. Namen *mandelboum* (STEINMEYER-SIEVERS III, 494), *mandelpaum* (Konrad v. Megenberg IVA, 7), *amygdalus* (Hildegard v. Bingen, Phys. III, 10), *amigdalus* (Albertus Magnus, De veget. 6, 16–18: Gart; Kap. 35), *amandalarius* (Capitulare de villis 70), *amygdalarius* (Mlat. Wb. I, 600) bekannt. Seit der Karolingerzeit wird er auch in Süddeutschland und Frankreich kultiviert. Die Früchte der süßen Varietät wurden als *amigdal(a)e dulces* bzw. *suzemandelkern* von den bitteren M.n, *amigdal(a)e amar(a)e* bzw. *bitteremandelkern, bidder mandulun* (STEINMEYER-SIEVERS III, 534, 494), unterschieden. Letztere galten allein als heilkräftig bei Kopfschmerzen, Lungen-, Leber- und Steinleiden (JÖRIMANN, 35, 67, 75) sowie als menstruationsfördernd (Circa instans, ed. WÖLFEL, 13; Alphita, ed. MOWAT, 8). Wegen des grünenden M.zweigs →Aarons (Num. 17, 1–11) und des Wortspiels virga/virgo war der M.kern im MA auch ein Symbol für die Reinheit Marias (Konrad v. Würzburg, Die Goldene Schmiede, V. 432, 654).

I. Müller

Lit.: MARZELL III, 1092f. – LCI III, 146f. – J. JÖRIMANN, Frühma. Rezeptarien, BGM 1, 1925.

Mandelschild → Schild

Manderscheid, Gf.en v., begegnen seit dem Ende des 12. Jh. als Lokalvögte des Kl. →Echternach und Vasallen der Gf.en v. →Luxemburg. Sitz dieses den →nobiles zugezählten Seitenzweiges der Herren v. Kerpen (Eifel) war die unterhalb der Trierer Oberburg gelegene Niederburg M., in deren Umgebung er bis zur Mitte des 15. Jh. auf schmaler wirtschaftl. Grundlage lebte. Ein Zugriff auf den Trierer Erzstuhl 1430 scheiterte. Um 1440 leitete der Erbanfall der durch Eisenerzeugung prosperierenden Gft. Schleiden (samt Jünkerath) den Aufstieg der Familie und eine regionale Gewichtsverschiebung von der Süd- in die Mittel- und Nordeifel ein. 1468 erfolgte der Erwerb der Gft. Blankenheim (samt Gerolstein). Mit der Nachfolge in den Virneburger Besitzungen Neuerburg und Kronenburg (1487) sowie Teilen von Kerpen, Virneburg und Dollendorf (um 1500) stiegen die M.er zur mächtigsten Eifeldynastie am Ausgang des MA auf. 1488 wurde das Erbe auf verschiedene, sich immer weiter verästelnde Zweige aufgeteilt, was zu einer die polit. Handlungsfähigkeit der Gesamtfamilie lähmenden Besitzzersplitterung führte. Die in Lehnsbindung und Schutzunterworfenheit zum Ausdruck kommende polit. Abhängigkeit von den benachbarten Territorien →Jülich und Luxemburg konnte trotz Erhebung in den Reichsgf.enstand 1457 während des MA nicht abgestreift werden.

W. Janssen

Lit.: P. NEU, Gesch. und Struktur der Eifelterritorien des Hauses M. ... (Rhein. Archiv 80, 1972) – DERS., M. und das Reich, RhVjbll 36, 1972, 53–70 – Die M.er, Ausstellungskat., 1990.

Mandeville, engl. Adelsfamilie, geht zurück auf Geoffrey de M., der 1066 mit →Wilhelm dem Eroberer nach England kam und reiche Lehen, v.a. aus dem Besitz des gefangengenommenen engl. Großen →Esgar the Staller, empfing. Das Haus M. zählte neben den de →Vere zu den führenden baronialen Familien in →Essex. Bekannteste Mitglieder sind: →Geoffrey de M. († 1144), seit 1140 Earl of Essex, Sohn Williams de M. und Enkel des Begründers des Hauses, spielte in den Auseinandersetzungen zw. →Stephan v. Blois und →Mathilde eine bedeutende, in der engl. Geschichtsschreibung überwiegend ungünstig beurteilte Rolle; sein 3. Sohn William de M. († 1189), Earl of Essex, begleitete als loyaler militär. und polit. Helfer Kg. Heinrichs II. diesen auf zahlreichen Feldzügen und gewann 1180 durch Heirat mit Gfn. Hawise (Hadwig) die Gft. →Aumâle, die jedoch 1204 mit den anderen Gebieten der →Normandie wieder an Frankreich kam.

U. Mattejiet

Lit.: DNB XXXVI, 22f., 29f. – Lit. zu →Geoffrey de Mandeville.

Mandeville, Jean de (John, Johannes v.), enzykloräd. gebildeter Autor einer um 1356 ohne Originaltitel in frz. Sprache verfaßten Reisebeschreibung. Der in St. Albans in England geborene Ritter, der 1322 auf den Kontinent auswanderte, schrieb die »Reisen« nach eigenen (in den verschiedenen Fassungen des Werks divergierenden) Aussagen entweder nach einer Rückkehr in die Heimat oder (gemäß der Lütticher und der Vulgata-Version) in Lüttich auf angebl. Zuspruch des selbst lit. produktiven Arztes Jean de Bourgogne dit à la Barbe, dessen Identität mit J.d.M. aufgrund verschiedener Indizien, darunter Bemerkungen des Lütticher Chronisten Jean d'Outremeuse, anzunehmen ist. Das zweigliedrige Werk besteht aus einer Schilderung der Pilgerwege nach Jerusalem und dem Nahen Osten (bes. Hl. Stätten und Kairo) sowie einem am Phantastischen, Anomalen und Monströsen orientierten geogr. Bericht über eine fiktive Entdeckungsreise in Gebiete Afrikas, den Mittleren Osten, die ind. Inselwelt, China und das Reich des Priesters →Johannes. Die in über 250 Hss. und mehreren Frühdr. überlieferten und in zahlreichen Versionen und Übers. (Latein und alle geläufigen Volkssprachen) bekannten »Reisen« basieren auf den als Hauptq. herangezogenen Reiseberichten des Wilhelm v. Boldensele und des Odericus v. Pordenone, ergänzt mit Informationen aus den einschlägigen →Enzyklopädien, Erzählungen und Kreuzzugsberichten des Vinzenz v. Beauvais, Jacobus v. Vitry, Jacobus a Voragine, Haiton, Petrus Comestor und Wilhelm v. Tripoli. Die Bedeutung der Kompilation liegt in der Reorganisation bekannter Materialien zu einem neuen geogr. Weltbild (mit Hinweis auf die Kugelgestalt der Erde), in einer distanzierten Beschreibung des Fremden und in der lit. Umsetzung des durch die Vorgänger empir. gewonnenen Asienbildes in die neue Form des Reiseromans, wobei der Stoff auf den Erwartungshorizont eines spätma. Publikums abgestimmt zu einem deskriptiven Hb. der Geographie zusammengestellt wurde. I. Baumgärtner

Bibliogr.: NCBEL, I, 471–474 – Manual ME 7. XIX, 1986, 2239–2241, 2452–2457 [Nr. 5] – *Lit.*: Verf.-Lex.² V, 1201–1214 [E. BREMER] – W. GANSER, Die ndl. Version der Reisebeschreibung Johanns v. M., 1985 – C. DELUZ, Le livre de Jehan de M., 1988 – DIES., Le livre de J. de M. (1356), plagiat ou réécriture?, Acad. inscr. belles-lettres. Comptes r., 1989, 394–403 – G. MELVILLE, Herrschertum und Residenzen in Grenzräumen ma. Wirklichkeit (Fsl. Residenzen im spätma. Europa, hg. H. PATZE–W. PARAVICINI, VuF 36, 1991), bes. 52ff. – F. SCHMIEDER, Die Mongolen im Urteil des Abendlandes vom 13. bis zum Ende des 14. Jh. [Diss. masch., Frankfurt 1991] – K. RIDDER, J. de M.s »Reisen«, 1991.

Mandilion (μανδήλιον, Handtuch), Acheiropoietos und wundertätige Tuchikone(-reliquie) mit dem Abdruck des Antlitzes Christi (vera icon →Abgar, →Ikone, →Jesus Christus, III), die Christus selbst Kg. Abgar v. Edessa zugesandt haben soll. Nach Einmauerung in die Stadtbefestigung v. Edessa entstand ein wunderbarer Abdruck auf einem Ziegel (Keramidion; Q.: Euagrios. Kirchengesch.: Gregorius Archidiak. [ungedr., vgl. BECK, Kirche 551]; Rede Konstantins VII. u. a. Berichte [BECK, Kirche a. O. und BHG 727, 794, 796, 878d, 1486, 145, 544, 796g]). Beide 944 bzw. 968 nach Konstantinopel in die Marienkirche am Pharos überführt und 1204 verschleppt. Ansprüche, das wahre Reliquienbild zu besitzen, erhoben Rom, Genua und Paris (Ste-Chapelle). Von einem weiteren Tuchbild in Memphis (Ägypten) berichtet der Anonymus Placentinus (→Antoninus) (CSEL 39 [1898]). Auch das Bild v. Kamuliana war der wunderbare Abdruck einer Ikone auf der Schürze einer ungläubigen Frau (bereits 574 nach Konstantinopel gekommen), das sich in mehreren Abdrücken in Kleinasien verbreitete, allerdings nach den Perserkriegen des Herakleios verschwunden war. Früheste erhaltene Darstellung des Abgar mit dem M. auf dem Schoß auf einem Ikonentriptychon des Sinaikl. aus der Mitte des 10. Jh. (K. WEITZMANN, Stud. in the Arts at Sinai, 1982, 1.28). In der byz. Ikonographie ab dem 12. Jh. wird es an prominenter Stelle (meist am Scheitel des Chorbogens) in der Monumentalmalerei (Kap. 2a und 23 in Göreme, Djurdjevi Stupovi in Serbien) wie auf Ikonen (Novgoroder Ikone aus dem Uspenski Kathedrale in Moskau, Ende 12. Jh., augenblickl. Tretiakov Gal., vgl. V. LAZAREV, Novgorodian Icon Painting, 1963, 374f.; frühestes Beispiel möglicherweise das verlorene Mittelstück der oben erwähnten Abgarikone auf dem Sinai, Mitte 10. Jh.). M. Restle

Lit.: E. v. DOBSCHÜTZ, Christusbilder, 1894 – H. BELTING, Bild und Kult, 1990, 66ff., 233–252.

Mandorla, meist mandelförmige Rahmung, die als Weiterentwicklung des →Clipeus und im Gegensatz zum →Nimbus eine ganze Figur oder Szene umgibt, diese aus ihrer Umgebung heraushebt und in eine eigene Sphäre stellt. Häufig verwendet für Darstellungen Christi zu verschiedenen Ereignissen seines Lebens (Verklärung, Himmelfahrt), bes. aber für den thronenden Herrn (→Maiestas). Nicht selten wird die M. von Engeln gestützt, seit dem 6. Jh. im ö. Typ der →Himmelfahrt Christi, seit otton. Zeit auch im Abendland. Zunächst in der Kleinkunst, wird bis ins hohe MA der apokalypt. Christus in der M. auch auf Tympana dargestellt. Dies mit der Wandlung des Christusbildes seit dem 12. Jh. aufgegeben. Als bes. Auszeichnung von Hl.n oder hochgestellten weltl. Persönlichkeiten findet die M. ebenfalls Anwendung. Raute, Achtform oder Vierpaß sind teilw. bedeutungshaltige Sonderarten der M. K. Niehr

Lit.: LCI III, 147–149 – J. WIRTH, La représentation de l'image dans l'art du Haut MA, Rev. de l'art 79, 1988, 9–21.

Mandragora → Alraun

Manegold v. Lautenbach, † 24. Jan. (nach 1103). Über die Person des mit dem gleichnamigen, nach 1060 in Frankreich bezeugten Wanderlehrer ident. Mag.s M. ist nur wenig bekannt. Nachdem er 1085 von Anhängern Heinrichs IV. aus dem elsäss. Stift Lautenbach vertrieben worden war, fand er zunächst im bayer. Stift Rottenbuch Zuflucht und wirkte in den 90er Jahren des 11. Jh. an der Errichtung des Augustinerchorherrenstifts zu Marbach im Elsaß mit, dessen Propst er wurde. M., dessen Gelehrsamkeit →Otto v. Freising rühmte (Chron. V, prol.), besaß eine umfassende Kenntnis nicht nur der Schulautoren, sondern auch der philos. Schrifttums, insbes. der für den ma. Platonismus grundlegenden Komm. des →Macrobius, →Calcidius und →Boethius. Von den zahlreichen ihm zugeschriebenen exeget. Schr. und Komm. ist allein seine Autorschaft für einen (nicht erhaltenen) Psalmenkomm. gesichert. Mit zwei Streitschr. griff M. in die den →Investiturstreit begleitenden Auseinandersetzungen ein. Im »Liber contra Wolfelmum« warnte er vor den von den heidn. Philosophen ausgehenden Gefahren für den christl. Glauben und verwarf die dialekt. Methode zur Lösung theol. Probleme. In einem Ebf. →Gebhard v. Salzburg gewidmeten Traktat (»Liber ad Gebehardum«) bekämpfte er voller Haß die die Position des sal. Kgtm.s verteidigende Streitschrift des Trierer Scholasters Wenrich. Wenn er hierin die kgl. Herrschaft als ein vom Volke zugestandenes, zeitl. begrenztes Amt betrachtete, das seinem Inhaber ggf. auch wieder entzogen werden konnte, dann entsprach dies freil. mehr der vom Vertragsgedanken geprägten ma. Anschauung als der modernen Vorstellung von der »Volkssouveränität«. T. Struve

Ed.: Liber ad Gebehardum, ed. K. FRANCKE (MGH L. d. L. 1, 1891), 300–430 – Liber contra Wolfelmum, ed. W. HARTMANN (MGH Q. zur Geistesgesch. des MA 8, 1972) – *Lit.*: ECatt VII, 1951f. – LThK² VI, 1348 – MANITIUS III, 175–180 – Verf.-Lex.² V, 1214–1218 [Lit.] – WATTENBACH–HOLTZMANN–SCHMALE II, 401–405; III, 128* – C. MIRBT, Die Publizistik im Zeitalter Gregors VII., 1894, 26ff., passim – JDG H. IV. und H. V., Bd. 3, 1900, 512–520; 4, 1903, 431; 5, 1904, 32f. – A. FAUSER, Die Publizisten des Investiturstreits, 1935, 46–50 – W. HARTMANN, M. und die Anfänge der Frühscholastik, DA 26, 1970, 47–149 – P. DE LEO, Ric. sul Liber ad Gebehardum di M., Riv. di stor. e letteratura religiosa 10, 1974, 112–153 [hierzu: W. HARTMANN, DA 32, 1976, 260f.] – H. FUHRMANN, »Volkssouveränität« und »Herrschaftsvertrag« bei M. (Fschr. H. KRAUSE, 1975), 21–42 – I. S. ROBINSON, Authority and Resistance..., 1978, 124–131.

Manesse, Familie in →Zürich, ritterl. Ratsgeschlecht, erstmals erwähnt 1219, im städt. Rat bis 1434 ununterbrochen vertreten. Zweimal stellten die M. den Bürgermeister: Rüdiger M. 1359/60–83, Felix M. 1427–34. Rüdiger M. d. Ä. (volljährig 1252, † 1304) zählte zu den einflußreichsten Ratsmitgliedern. Er ließ sich als Kenner des Rechts und in einem Preislied des Zürcher Dichters →Hadlaub als Sammler des Minnesangs feiern. Zusammen mit seinem Sohn Johannes, dem Kustos der Propstei († 1297), legte er eine auf Vollständigkeit angelegte Slg. von Liederbüchern an. Die kurz nach 1300 entstandene »Gr. Heidelberger Liederhandschrift« wird seit J. J. BODMER (1748) als »Maness. Hs.« bezeichnet. Nach der sprachl. und paläograph. Analyse steht Zürich als Entstehungsort der Hs. fest; eine Beteiligung Rüdiger M.s an ihrer Herstellung ist nicht direkt bezeugt. R. Gamper

Lit.: NDB XVI, 23f. – W. Merz-F. Hegi, Die Wappenrolle von Zürich, 1930, 143–145 [Lit.] – Die Zürcher Ratslisten 1255–1798, hg. W. Schnyder, 1962 – H.-E. Renk, Der M.kreis, seine Dichter und die Maness. Hs., 1974 – R. Sablonier, Adel im Wandel, 1979, 61f., 123–129 – Johannes Hadlaub, hg. M. Schiendorfer, 1986, 187–196 – M. Lassner-C. Brinker, Pfaffen, Ritter, Bürger (Die Maness. Liederhs. in Zürich, Kat., hg. C. Brinker-D. Flühler-Kreis, 1991), 33.

Manessische Liederhandschrift → Liederbücher; Liederhandschriften

Manetti. 1. M., Antonio di Tuccio, * 1423 in Florenz, †1497 ebd., angesehener Mathematiker, Astronom und Architekt, der sich auch um die Vermittlung der – v. a. florent. – Kultur und Dichtung des 13. Jh. große Verdienste erwarb. Seine bedeutenden Schriften zur Architektur und zur Kosmographie der Jenseitsschilderungen bei Dante sind nur indirekt bezeugt (durch Cristoforo Landino und Girolamo Benivieni). U. a. ist ihm auch der Versuch einer vollständigen und mit Anmerkungen versehenen »Edition« der volkssprachl. Werke Dantes zu verdanken (Bibl. Naz. Florenz ms. II.I.33). M.s lit. Nachruhm knüpft sich jedoch in erster Linie an seine »Vita di Filippo Brunelleschi« (die Vasari als Q. dienen sollte) und an die lit. bedeutendere »Novella del Grasso legnaiolo«, die im Autograph ms. II.II.325 (Bibl. Naz., Florenz) an die Brunelleschi-Vita anschließt. Die Zuschreibung dieser wechselseitig aufeinander bezogenen Schriften an M. ist nach dem neuesten Forschungsstand so gut wie sicher. Die Novelle schildert, wie Brunelleschi und andere Florentiner Künstler, darunter Donatello, in einem grausamen Streich einen armen Holzschnitzer glauben machen, er sei nicht mehr er selbst, sondern habe sich in einen anderen Mann verwandelt. M. Picone

Lit.: The Life of Brunelleschi by A.M., ed. H. Saalman, 1970 – A.M., Vita di Filippo Brunelleschi, hg. D. de Robertis-G. Tanturli, 1976 [Bibliogr.].

2. M., Gianozzo, it. Humanist und Staatsmann, * 1396 in Florenz, † 1459 in Neapel. Gehörte zum Kreis des →Ambrosius Traversari, lernte neben Lat. und Griech. auch Hebr. und sammelte hebr. Hss. In Florenz bekleidete er bis zur Machtergreifung der Medici öffentl. Ämter. 1453 ging er ins Exil zu Nikolaus V., 1455 trat er in den Dienst Alfons' I. (V.) v. Aragón. Bedeutend sind seine Übers. aus dem Griech. (Aristoteles) und Hebr. Das 5. Buch der Verteidigung seiner Psalmenübers. »Apologeticus« (ed. A. de Petris, 1981) enthält eine humanist. Theorie des Übersetzens, mit dem Ziel, inhaltl. Treue mit stilist. Brillanz zu verbinden. M. verfaßte zahlreiche hist. und biograph. Werke (Viten von Nikolaus V., Dante, Petrarca, Boccaccio, Niccolò Niccoli, Sokrates und Seneca [ed. A. de Petris, 1979], ferner »De illustribus longaevis«, zwei »laudationes Ianuensium« [ed. G. Petti Balbi, 1974], »Chronicon Pistoriense«), polit. Reden in Volgare und Lat., Briefe, einen Traktat »De terremotu« (uned.) und die apologet. Schrift »Adv. Iudaeos«. Von seinen moral. Abhandlungen ist neben dem »Dialogus consolatorius de morte filii« (ed. A. de Petris, 1983) bes. hervorzuheben »De dignitate et excellentia hominis« (ed. E. R. Léonard, 1975), im Auftrag Alfons' v. Aragón 1452 im Wettstreit mit →Facio verfaßt, eine typ. humanist. Gegenüberstellung von »Vita activa« und »Vita contemplativa« im Gegensatz zu den asket. geprägten Wertvorstellungen des MA. D. Coppini

Lit.: A. de Petris, Le teorie umanistiche del tradurre e l'Apologeticus di G.M., Bibl. Hum. Renaiss. 37, 1975, 15–32 – L. Onofri, Sacralità, immaginazione e proposte politiche: la Vita di Niccolò V di G.M., Hum. Lovan. 28, 1979, 27–77 – A. de Petris, G.M. and his Consolatoria, ebd. 41, 1979, 493–596 – G. Fioravanti, L' apologetica antigiudaica di G.M., Rinascimento 2, 23, 1983, 3–32.

Manfred, Kg. v. Sizilien, aus dem Hause der Staufer, * 1232, ⚔ am 26. Febr. 1266 bei →Benevent. Eltern: Ks. Friedrich II. und Bianca Lancia; ⚭ 1. Beatrix v. Savoyen († 1258; Tochter: Konstanze, ⚭ Peter II. v. Aragón); 2. Helena v. Epirus († 1271; 3 Söhne, 2 Töchter). Nach dem Tode des Vaters wurde M. Fs. v. Tarent und führte für Konrad IV., der sich in Deutschland aufhielt, die Regentschaft in Sizilien. Im Konflikt mit dem siz. Adel und den hohen Amtsträgern suchte M. sich vergebl. mit Innozenz IV. zu verbinden, dessen Obhut Konradin, der Sohn Konrads IV., testamentar. anvertraut war. 1254 gelang es M. unter ungeklärten Umständen, den stauf. Schatz in seine Gewalt zu bekommen; gleichzeitig setzte er sich an die Spitze der sarazen. Truppen von →Lucera, die ihm auch später treu ergeben blieben. Nach Verbreitung des Gerüchts vom Tode des legitimen Thronerben Konrad ließ er sich 1258 zum Kg. v. Sizilien und Apulien krönen; trotz päpstl. Exkommunikation galt er – nach dem Tode →Ezzelinos III. da Romano – bald als Oberhaupt der it. Ghibellinen. Deren Sieg bei →Montaperti (7. Sept. 1260), der mit Hilfe der von M. gestellten dt. Truppen zustande kam, baute seine Vormachtstellung weiter aus. Gleichwohl war es nicht zuletzt dieser Sieg, der M. in der Folge in eine schwierige Lage brachte. Als Kg. v. Sizilien päpstl. Vasall, gelang es M. nicht, mit Papst Urban IV. ein Einvernehmen herzustellen. Dieser rief gegen ihn →Karl I. v. Anjou (1263 zum Senator v. Rom gewählt) ins Land und bot diesem den Thron von Sizilien an. Im März 1265 versuchte M., mit Hilfe des Petrus di Vico die Stadt Rom in seine Gewalt zu bekommen und rief vergebl. die Römer in einem »Manifest« auf, sich mit ihm zu verbünden. Obgleich die Versuche, die Ghibellinen Italiens um sich zu scharen und Karl v. Anjou mit Hilfe der siz. Barone aufzuhalten, fehlgeschlagen waren, stellte M. sich dem Heer Karls zur Schlacht. Er wurde jedoch bei Benevent geschlagen und fiel im Kampf. Karl v. Anjou soll ihm ein würdiges Begräbnis bereitet haben; Dante, der M. im Purgatorio ein lit. Denkmal setzte, gibt jedoch an, daß der Bf. v. Cosenza, Bartolomeo Pignatelli, dessen Grab bei der Brücke von Benevent zerstören und seine Gebeine in ungeweihter Erde verstreuen ließ. M.s Frau Helena und seine Kinder wurden eingekerkert.

M.s Herrschaft hatte keine legitime Basis: er handelte gegen den Papst, seinen obersten Lehnsherrn, und zum Schaden Konradins. Zudem regierte er mit Härte, aber nicht ohne staatsmänn. Geschick. Von seiner lit. Tätigkeit haben sich einige Gedichte sowie das Vorwort zu Friedrichs II. Falkenbuch und zu der Übers. aus dem Hebr. des »Liber de pomo« erhalten. F. Cardini

Lit. A. Frugoni, Il manifesto di M.i ai romani, 1951 – P. F. Palumbo, Contributi alla storia dell'età di M.i, 1959 – S. Tramontana, La monarchia normanna e sveva, 1986.

Manfredi, oberit. Familie ungeklärten (germ.?) Ursprungs, die bereits im frühen 12. Jh. mit *Guido* und *Alberico* in →Faenza polit. präsent war. In einem Abhängigkeitsverhältnis zu den Ortskirchen stehend, gelang es den M. an der Wende vom 12. zum 13. Jh., ihr Vermögen zu vermehren und ihren polit. Einfluß auf Faenza und sein Territorium zu verstärken, wobei sie im Gegensatz zu den rivalisierenden Accarisi zunehmend die guelf. Position vertraten. Ende des 13. Jh., nachdem sich die Stadt und ihr Umland der päpstl. Oberhoheit unterworfen hatten, erlangte die Familie hinreichend polit. Einfluß, um mit *Francesco*, defensor und später capitaneus populi (1313ff.),

die Signorie über Faenza zu errichten. Nach den Signorien des *Alberghettino* und dessen Neffen *Giovanni di Ricciardo* wurde des letzteren Sohn *Astorgio* (seit etwa 1379 apostol. Vikar) jedoch wegen Hochverrats 1405 enthauptet. Die Familie erreichte nach 1410 einen neuen Aufstieg, als Astorgios Sohn *Gian Galeazzo* die Anerkennung seines Vikariats vom Hl. Stuhl erwirkte und die Gft. Valdilamone erwarb (1412-13). Im 15. Jh. konsolidierte sich die Herrschaft der M. nicht zuletzt infolge einer ambitiösen Heiratspolitik und gestützt auf Söldnerkompanien. *Galeotto* (1477-88) entfaltete ein intensives Mäzenatentum. Geschwächt durch interne Rivalitäten, unterlagen die M. 1501 →Cesare Borgia.
A. Vasina
Lit.: Faenza nell'età dei M., hg. A. Savioli-C. Moschini, 1990.

M., Astorgio, † 1405, Sohn des Giovanni di Ricciardo und der Ginevra di Mongardino, errang im →Faenza der zweiten Hälfte des 14. Jh. den größten polit. Einfluß. A. war ein ungewöhnl. wagemutiger Kriegsmann, stand als Söldnerführer im Dienst verschiedener Machthaber seiner Zeit und gründete die Söldnerkompanie »della Stella«. Trotz einer Schaukelpolitik vermochte er, seiner Familie die Signorie in Faenza zu sichern, und entriß die Stadt 1378 in einem Überraschungscoup Niccolò III. Este, dem sie der Papst kurz zuvor überlassen hatte. Begünstigt durch die Wirren des →Abendländ. Schismas wurde A. 1379 als apostol. Vikar in Faenza anerkannt und 1390 für zehn Jahre in diesem Amt bestätigt. Seine Herrschaft über die Stadt schien sich damit zu konsolidieren und fand auch infolge seines Mäzenatentums Anerkennung: v. a. stand sein Hof der toskan. Kultur offen (Freundschaft mit F. →Sacchetti). 1397 beteiligte A. seinen Sohn Gian Galeazzo (aus der Ehe mit Leta, der Tochter Guidos da →Polenta) am Vikariat. Sein treuloses Verhalten gegenüber Bonifaz IX. trug ihm jedoch eine Anklage wegen Hochverrats ein. 1405 wurde er auf Anordnung des Kard. legaten Baldassare Cossa enthauptet.
A. Vasina
Lit.: →Manfredi.

Manfredi Lancia → Lancia Manfredi

Manfredonia, südit. Stadt (Prov. Foggia, Apulien), Gründung des Staufers →Manfred, der sie 1256 von Manfredo Maletta in der Nähe des wüstgefallenen →Siponto (dessen restl. Bewohner zur Übersiedlung gezwungen wurden) anlegen ließ. Als Erbe der alten daun. Stadt, ihres Bf.ssitzes und Hafens wegen auch »Sypontum Novellum« gen., erfüllte M. eine wichtige Funktion im Verkehr mit Dalmatien und dem Byz. Reich. 1263 wurde der Sitz des Ebf.s v. Siponto nach M. verlegt, wo in rascher Folge ein befestigtes Kastell, die Kathedrale und auch eine (bis zur Eroberung durch die Anjou) aktive Münze errichtet wurden. Weiterhin bedeutend waren in der Umgebung die von Paschalis II. 1117 geweihte Kirche S. Maria di Siponto und die Deutschordenskirche S. Leonardo (12. Jh.). Nach dem Scheitern Manfreds wurde die Stadt auch von den Anjou gefördert (Fertigstellung des Hafens, Salzgewinnung und Weinbau im Contado), die M. z. T. als Stützpunkt benutzten, um ihre Herrschaft zu konsolidieren und in die Levante zu expandieren. Als Domanialstadt, verfaßt als →universitas, entwickelte sich M. unter den Anjou und den Aragonesen in demograph. und wirtschaftl. Hinsicht und teilte das polit. Geschick der →Capitanata und insbes. des →Honor Montis S. Angeli bis an die Schwelle der Neuzeit, als es vom →Gran Capitán erobert und in das span. Vizekgr. eingegliedert wurde. P. De Leo
Lit.: IP IX, 230ff. – N. Kamp, Kirche und Monarchie im stauf. Kgr. Sizilien, I, 2, 1973-84, 530ff. – P. F. Palumbo, La fondazione di M.

(Contributi alla storia dell'età di Manfredi), 1959 – V. G. Valente, M., 1980.

Maniakes, Georgios, byz. Feldherr und Gegenks., † 1043, Sohn des Goudelios M., aus vornehmer kleinasiat. Familie, nach anderen ein homo novus türk. Herkunft; unter Romanos III. Argyros 1029 Protospathar und Stratege des taur. Thema Teluch, dann Stratege der Euphrat-Städte mit Sitz in Samosata; 1032 nahm er Edessa ein (Beute u. a. der →»Abgar-Brief«). 1034 Katepan in Vaspurkan, wurde er von Ks. Michael IV. mit dem Oberkommando der 1038 zur Unterstützung des Emirs gegen innere Feinde nach Sizilien entsandten Truppen betraut. Nach großen Erfolgen (Eroberung 13 ostsiz. Städte, Sieg bei Troina 1040) wurde M. wohl wegen eines Kompetenzenkonflikts von Stephanos, dem Schwager des Ks.s, des Hochverrats bezichtigt und 1040 nach Konstantinopel gebracht. Da M.' strateg. Fähigkeiten nach dem Verlust von Sizilien wieder benötigt wurden, ließ Michael V. Kalaphates (oder Ksn. Zoe) M. frei und erhob ihn zum Katepan v. Italia gegen den aufständ. →Argyros. Als der neue Ks. Konstantin IX. Monomachos, der Argyros auf diplomat. Weg auf seine Seite gezogen hatte, aufgrund der verleumder. Anklagen des Romanos Skleros M. nach Konstantinopel zurückbeorderte, ließ sich dieser zum Ks. ausrufen (zw. 12. Juni und Sept. 1042). Während sich das ksl. Heer unter dem Kommando des Argyros und des neuen Katepans Basileios Theodorokanos reorganisierte, setzte M. im Febr. 1043 mit seinen Truppen, darunter norm. Söldnern (Maniakatoi), auf einem Teil der ksl. Flotte nach Dyrrhachion über. Möglicherweise wollte M. seinen Angriff mit den im Sommer 1043 gegen Konstantinopel vorrückenden Russen koordinieren. Nach einem Sieg über Konstantinos Kabasilas, Dux des W, fiel M. in der Schlacht. F. Luzzati Laganà
Lit.: V. v. Falkenhausen, La dominazione biz. nell'Italia, 1978 – Dies., I Bizantini in Italia (I Bizantini in Italia), 1982) – J.-C. Cheynet, Pouvoir et contestations à Byzance (963-1210), 1990.

Manica → Rüstärmel

Manichäismus, Manichäer. Die M.er sind Anhänger der von dem Perser Mani im 3. Jh. in Mesopotamien (Irak) begründeten Weltreligion. Geboren am 14. April 216 bei Seleukia-Ktesiphon, wuchs Mani in einer jüd.-chr. Taufsekte auf, die sich auf Elchasai (Anfang 2. Jh. n. Chr.) zurückführte. Der Versuch, diese in seinem Sinn zu reformieren, mißlang und führte zu seinem Ausschluß (240). Zwei Visionen (228/229 und 240) begründeten seinen eigenen Weg zu einer streng dualist.-gnost. Weltanschauung. Er schuf sich eine festgefügte Gemeinde (»Kirche«), die aus den »Auserwählten« (electi) oder »Gerechten« (dikaioi) und den »Hörern« (auditores, katechumenoi) bestand und eine eigene Hierarchie (»Apostel« oder »Lehrer«, »Bischöfe« oder »Diakone«, »Presbyter«) besaß. Er sorgte auch für einen Kanon hl. Schriften (Evangelium, 'Schatz', Buch der Mysterien, Pragmateia, Ikonographie, Briefslg., Gebete und Psalmen). Die Duldung unter Schapuhr I. (242-273), dem er ein Werk (Schapuhragan) widmete, und Ohrmuzd I. (273/274) änderte sich unter Bahram I. (274-277), Mani starb im Frühjahr 277 im Gefängnis von Belapat (Gundeschapuhr).

Die Ausbreitung des M. erfolgte schon zu Lebzeiten Manis, der selbst Indien und die iran. Länder bereiste. Um 300 ist die 'Lehre des Lichts', wie sie sich nannte, in Syrien, Arabien, Ägypten und Nordafrika vorhanden, es folgen Palästina, Kleinasien und Armenien, Rom (Anfang 4. Jh.), Dalmatien, Gallien und Spanien. Ksl. Edikte (372, 381/382, 389, 405 u. a.), polem. Schriften chr. und nichtchr.

Autoren versuchten, den Einfluß des M. zu verhindern, dem selbst Augustinus 373–382/383 erlag. Mitte des 6. Jh. lassen die Aktivitäten im W nach. Dagegen ist die Verbreitung im O entlang der Seidenstraße noch bis ins MA erfolgreich: über das ostafrikan. Gebiete (Chorasan, Soghdien) etabliert sich die manichäische Kirche in Zentralasiasien (Turkestan, Tarim-Becken) und wird von 762–840 Staatsreligion des Uigurenreiches. 694 erreichten M.er China, wo ebenfalls Verfolgungen und Verbote (zuerst 843/844) ausgesprochen wurden. Während die zentralasiat. Gemeinden dem Mongolensturm (13.Jh.) zum Opfer fielen, finden sie sich noch weiterhin bis ins 17. Jh. in Südchina (Fukien).

Von den erwähnten Schriften Manis sind nur geringe Reste erhalten. Neben der bis ins 19. Jh. allein zugängl. häresiolog. Lit. (bes. Augustins) gibt es seit 1904 und 1930 Originaltexte in iran., alttürk., chin. und kopt. Sprache, denen sich 1969 der griech. Manicodex in Köln zugesellte; weitere Funde sind 1990 in Ägypten zutage gekommen. Die im oriental. MA verbreitete Tradition von »Mani, dem Maler« wird von den zentralasiat. Funden (Seiden-, Buch-, Wandmalereien, Kalligraphie) bestätigt. Die große Übers.lit. macht deutl., wie geschickt die M.er ihre Lehre in chr., zoroastr., buddhist. und chin. Vorstellungen umsetzten, ohne den Zentralgehalt aufzugeben, der sich so zusammenfassen läßt: Der dualist. Gedanke der »zwei Prinzipien« (Licht-Finsternis, Geist-Körper) wird von einem dreistufigen Weltprozeß (»Lehre der drei Zeiten«) ergänzt, der die Befreiung des Lichtes (Seele, Geist, Nus) aus der finsteren Materie (Hyle) zum Ziel hat. Der »Vater der Größe« (Gott) hat, nachdem bei dem erfolglosen Versuch des »Urmenschen«, die Finsternis zu besiegen, Teile von ihm (die »lebendige Seele«) verlorengingen, ein Befreiungswerk »berufen«, das die Weltschöpfung aus Licht-und Finsterniselementen zum Ausgang der Erlösung macht, die der »Glanz-Jesus« zuerst an Adam vollzieht und sukzessiv an den Menschen, sofern sie dem Ruf der 'Lichtapostel' (zu denen vor Mani u. a. Buddha, Zoroaster, der ird. Jesus und Paulus gehören) folgen und sich der manichäischen Kirche zuwenden. Die »Erwekkung« der Seele durch das »Vernunftlicht« (Nus) ist Ziel der manichäischen Predigt und der wenigen Zeremonien, wozu weder Taufe noch Eucharistie gehören, dafür aber (für die Electi) sexuelle Enthaltsamkeit, Fasten, vegetar. Speisen (Pflanzen enthalten das meiste Licht), keine Handarbeit. Obwohl materieller Reichtum nicht erlaubt war, konnte Kapital durch Zinsgeschäfte erworben werden, das der Kirche zugute kam. Die »Hörer« hatten die Electi zu versorgen (»Almosen«) und bei der tägl. einmaligen Mahlzeit (dem »Tisch«) zu bewirten; sie erhielten dafür Sündenvergebung und die Zuversicht, im nächsten Leben (Seelenwanderung!) erlöst zu werden. Das Endziel ist die Befreiung des Lichts (= Geistes) aus der materiellen Schöpfung, die am Weltende als »Klumpen« zurückbleibt und keine neue Aktivität entfalten kann.

Für das MA waren die M.er im Orient eine ernstzunehmende religiöse Potenz, mit der sich arab. und pers. Historiker und Theologen beschäftigten (Problem des Bösen und der Materie). Im W gab der Name M. für Jahrhunderte die Möglichkeit, häret. (»ketzerische«) Gegenbewegungen zur kath. Kirche zu diffamieren (»einzuordnen«, s. Spalte 196). Die ideolog. Wirkungsgesch. setzt sich vielfach schwer greifbar in den dualist. Strömungen des MA fort. K. Rudolph

Lit.: F. C. Baur, Das manichäische Religionssystem nach den Q. untersucht, 1831, 1928² – G. Flügel, Mani, seine Lehre und seine Schriften, 1862, 1969² – P. Alfaric, Les écritures manich., I, II, 1918 – C. Schmidt–H. J. Polotsky, Ein Manifund in Ägypten, 1933 (SB. PAW Phil.-hist. Kl. 1933/1) – H. J. Polotsky, M., PWRE, Suppl. VI, 1935, 24–272 – H. Ch. Puech, Le manichéisme, 1949, 1967² – G. Widengren, Mani und der M., 1961 [engl. Übers. 1965] – O. Klima, Manis Zeit und Leben, 1962 – Texte zum M., hg. A. Adam, 1969² [Q. z. T. übers.; Lit.] – H. J. Polotsky, Collected Papers, 1971, 645ff. – Der M., 1977, hg. G. Widengren [Lit.] – Die Gnosis, 3: Der M., hg. A. Böhlig, 1980 [Q. in Übers.; Lit.] – A. Tardieu, Le manichéisme, 1981 [italien. Übers. 1988] – P. Bryder, The Chin. Transformation of Manicheism [Phil. Diss. Lund 1985] – S. N. C. Lieu, Manichaeism in the Roman Empire and Medieval China, 1985, 1991² [Lit.] – Der Kölner Mani-Kodex, ed. L. Koenen–C. Römer, RWAkW Abh. Pap. Colon. XIV, 1987 – Manichean Studies, hg. P. Bryder, 1988 – J. Ries, Les études manichéennes de controverses de la Réforme au découvertes du XXᵉ s., 1988 [Lit.] – Das manichäische Urdrama des Lichtes, hg. K. M. Noschitz, M. Hutter, K. Prenner, 1989 – Manichaea Selecta (Fschr. J. Ries, hg. A. van Tangerloo–S. Giversen), 1991.

Mittelalterliche Ketzerbezeichnung: In der ma. Lit. werden Ketzer nicht selten M.er genannt und mit dem M. in Verbindung gebracht. Das gilt im O für die Paulikianer, dann für die →Bogomilen, im W betrachtet man seit dem 11.Jh. Ketzer als Manichäer. Am häufigsten steht der Name für die →Katharer. Als erster – soweit bekannt – behauptet und belegt →Ekbert (5.E.) v. Schönau 1163 unter Rückgriff auf Augustin diese Verbindung. In allen Fällen läßt sich der Versuch erkennen, neue ketzerische Gruppen in die von der theologischen Tradition bereitgehaltenen Schemata einzuordnen und sie zugleich in Verruf zu bringen. Der Name M. wird für unterschiedliche Erscheinungen gebraucht, die trotz mancher Gemeinsamkeit von den M.ern in Gestalt und theologischer Ausrichtung weit entfernt waren. G. Rottenwöhrer

Lit.: Ch. Schmidt, Hist. et doctrine de la secte des Cathares ou Albigeois, Bd. II, 1849, 252–261 – A. Borst, Die Katharer, 1953, 251f. – G. Rottenwöhrer, Unde malum?, 1986 – Ders., Der Katharismus, Bd. III, 1990.

Manisa. Die Nachfolgerin des antiken Magnesia am Sipylos (M. dağı) im sw. Kleinasien bildete ztw. das Exil von →Johannes III. Dukas Vatatzes († 1254). Nach dem gescheiterten Angriff der →Katalan. Kompa(g)nie 1304 wurde M. 1313 durch den türk. Emir Şaruḫān Beg (gest. ca. 1345/46) erobert. Chroniken und Münzen belegen die Selbständigkeit des Fsm.s, dessen bedeutendster Herrscher İsḥāq Beg (gest. 1338) war. Nach einem Thronstreit zw. seinen Söhnen Orḫan und Ḫiḍiršāh nahm →Bāyezīd I. die Stadt ein, welche nach der Schlacht v. Ankara (17. Aug. 1402) an Orḫan b. İsḥāq zurückfiel. →Timur soll sein Winterlager bei M. aufgeschlagen haben. Nach der Absetzung von Ḫiḍiršāh 1410 wurde M. endgültig in den osman. Bereich einbezogen. 1416/17 wird der Häretiker Hū Kemāl durch Bāyezīd Paşa in M. gehängt. →Murād II. macht M. neben Edirne zur zweiten Residenz. Sein Sohn Meḥmed bereitete mit seiner Prinzenstatthalterschaft (vgl. →Amasya) eine glanzvolle Tradition vor. Bevölkerungsbild und wirtschaftl. Leben M.s sind aus Registern des 16. Jh. gut bekannt. Die Stadt barg mit Ausnahme weniger Juden nur Muslime in ihren Mauern und zählte 1531 984 Haushalte (knapp 7000 Einw.). Unter den Bauten ragt der Moschee-Komplex des İlyās Beg (Ulu Ğāmiᶜ) von 1376 hervor. K. Kreiser

Lit.: EI², s. v. Maghnisa – F. M. Emecen, XVI. Asırda M. Kazâsı, 1989.

Manlius de Bosco, Johannes Jacobus, aus Alessandria (b. Mailand) stammender Arzt (J. H. Zedler), lebte im 15. Jh. ztw. in Pavia und zählte sich selbst zu den Apothekern. Sein Hauptwerk »Luminare majus omnibus medicis necessarium sive interpretatio super Mesue jun. Antidotarium et Practica« (Erstdr. 9. April 1494 Pavia; Nachdr. e seit 1496 [u. a. Venedig]) erhielt 1529 in Nürnberg in Teilen (Laxativa) Gesetzeskraft. Vom Erscheinen an galt es bis zur Mitte des 17. Jh. als authent. und praktikable Arzneivorschriftenslg. für Apotheker, erlangte jedoch nie allg. Gültigkeit. ZEDLER schreibt M. auch einen weitgehend unbekannten »Libellus medicus variorum experimentorum« zu. Gesichert ist die »Interpretatio simplicium secundum ritum officinarum«, die in das »Neue Herbar«, T. II, von Otto Brunfels 1536 Aufnahme fand.

R. Schmitz

Lit.: J. H. ZEDLER, Großes vollständiges Univ.-Lex.... IV, 1737, 797 – H. SCHELENZ, Gesch. der Pharmazie, 1904, 407 – B. SCHUMACHER, Das Luminare majus (1536), 1936 [dt. Übers.] – V. BIANCHI – M. BALDUZZI, G. G. Manlio de Bosco (Atti II. Congr. Internat. di Storia della Farmacia, 1958) – H. M. WOLF, Das Lumen apothecariorum von Quiricus de Augustis, 79–86 [Diss. rer. nat. München 1973].

Mannfall → Lehen, -swesen; Lehnrecht (Abschnitt I.4)

Manny, Walter of, bedeutender Heerführer und Diplomat unter Eduard III., * ca. 1310, † Jan. 1372, jüngerer Sohn von Jean, Herr v. Masny (dép. Nord), 1327 Page im Hofhalt der →Philippa v. Hennegau. Seine wichtigsten Feldzüge waren: 1332–33 Schottland, 1337 Überfall auf Cadzand als Admiral, 1338 Flandern, 1340 →Sluis, 1342–43 Bretagne, 1345–46 Gascogne, 1346–47 Belagerung von →Calais, 1350 Winchelsea, 1355–56 Schottland, 1359 Flandern und 1359–60 Teilnahme am Feldzug Eduards III. Jean →Froissart rühmte seine Taten. W. of M. erreichte zahlreiche Waffenstillstände und war ein Bürge für den Frieden v. →Brétigny (1360). 1347 wurde er als Lord Mauny zum Parliament geladen, seit 1359 Knight of the Garter (→Hosenbandorden). Er gründete das London Charterhouse, wo seine Gebeine (1947 untersucht) bis heute ruhen.

M. Jones

Lit.: DNB XII, 961–965 – Peerage VIII, 571–576 – D. KNOWLES – W. F. GRIMES, Charterhouse, 1954.

Mannyng de Brunne, Robert, * in »Brunne« (in Yorkshire?), traditionell mit Bourne, Lincolnshire, gleichgesetzt; gehörte dem Orden v. →Sempringham an. Er verfaßte – als freie Übertragung des anglonorm. »Manuel des Pechiez« – ein me. Beichthandbuch unter dem Titel »Handlyng Synne«, begonnen 1303 in Sempringham (12638 Verse, ed. SULLENS; neun Hss., darunter drei fast vollständig), sowie eine 1338 in Sixhills fertiggestellte me. Verschronik (Gesch. Englands; zwei mehr oder weniger vollständige Hss. u. ein Frgm.) von ca. 25000 Versen in zwei metr. verschiedenen Teilen, von denen der erste hauptsächl. auf dem »Brut« des →Wace basiert (bis zum Tode→Cædwallas, 689), während der zweite der Chronik v. Langtoft folgt (bis zum Tode Eduards I., 1307). Die Abweichungen des »Handlyng Synne« von seiner Q. im theol. Ansatz wie in den zahlreichen illustrierenden →Exempla bezeugen die narrative Begabung des Autors und seine Bemühung, für einen Leserkreis ohne höhere Bildung verständl. und gefällig zu schreiben. →Chronik, G. III.

M. A. Coppola

Bibliogr.: NCBEL I, 465f., 503f. – Manual ME 5.XIII, 1975, 1400–1403, 1648f. [Nr. 23]; 7.XX, 1986, 2255–2257, 2470–2474 [Nr. 1]; 8.XXI, 1989, 2625–2628, 2811–2818 [Nr. 8] – Ed.: Hb.: F. J. FURNIVAL, EETS 119, 123, 1901–03 [Neudr. 1975] – I. SULLENS, Med. & Ren. Texts & Stud. 14, 1983 – Chronik: F. J. FURNIVALL, RS, 2 Bde, 1887 [Neudr. 1965; 1.T.] – R. P. STEPSIS [Diss. masch. Harvard 1967; 2. T.] – Lit.: F. KEMMLER, 'Exempla' in Context ..., 1984 – J. A. W. BENNETT, ME Lit., 1986, 41–47, 93–100, 478f. – T. TURVILLE-PETRE, Politics and Poetry in the Early Fourteenth Cent. ..., RES 39, 1988, 1–28.

Manor (*manoir,* manerium), Form der engl. →Grundherrschaft, mit dem kontinentalen Fronhofsystem (→Fronhof) vergleichbar. Auf der Basis älterer grundherrschaftl. Strukturen entfaltete sich das *manorial system* bes. seit der norm. Eroberung (1066). An der Spitze eines einzelnen m. stand der Grundherr, der vom Kg. oder einem anderen Lehnsherrn mit dem Land und den dazugehörigen Rechten belehnt war. Ungeachtet der vielen regionalen Unterschiede erfolgte die Bewirtschaftung eines m. nach dem gleichen Grundprinzip: Während der Grundherr einen Kernbestandteil des m., bestehend aus dem Herrenhof mit Zubehör, unmittelbar verwaltete, wurde der übrige Teil des Landes an hörige Bauern gegen Abgaben und Frondienste ausgegeben; mit Hilfe dieser bäuerl. Dienste bewirtschaftete der Grundherr seinen Herrenhof. Dorf und m. waren in Einzelfällen zwar ident., wenn ein Grundherr über den Besitz eines ganzen Dorfes verfügte, doch gehörten die Bewohner eines Dorfes in der Regel mehreren Grundherren an. Nach einer Blütezeit während des 12. und 13. Jh. zerfiel das m. system im späten 14. Jh.

W. Rösener

Lit.: R. LENNARD, Rural England 1086–1135, 1959 – The Agrarian Hist. of England and Wales I, 2, 1972; II, 1988 – E. MILLER – J. HATCHER, Medieval England, 1978.

Manresa, Stadt in →Katalonien (comarca Bages), Name (Minoris[s]a) wahrscheinl. vorröm. Ursprungs, kam nach langer muslim. Besetzung an Gf. →Wilfred I. v. Barcelona (840–897). 889 bestätigte der westfrk. Kg. Odo dem Bf. Godmar v. →Vich den Besitz des Ortes. 908 ist in einer Urk. aus Vich erstmals die Gft. M. belegt; sie erscheint bis Mitte des 12. Jh. unter den Herrschaftstiteln der Gf. en v. →Barcelona. Die Herrschaft über Burg und Stadt übten im 11. Jh. die Balsareny (Adelsgeschlecht der Gft. Ausona/Vich), im 12. Jh. die →Cervera aus. 1351 gehörte M. zusammen mit →Gerona und Vich zu den Gft. en, die Peter IV. im Dukat v. Gerona als Apanage des Thronfolgers zusammenfaßte.

Das Stift Sta. Maria de M. wurde 1020 (nach völliger Zerstörung der Stadt durch die Muslime) von Gfn. →Ermessinde v. Barcelona und Bf. →Oliba v. Vich wiedererrichtet und neu dotiert. 1095/98 erfolgte unter dem bestimmenden Einfluß von Bf. →Berengar Seniofred v. Vich die Regulierung des Stiftes und die Übernahme der Augustinusregel. Bis zum Ende des MA bestand eine enge rechtl. Bindung an das Kathedralkapitel in Vich.

An der Kreuzung wichtiger Fernstraßen gelegen (zwei Brücken über den Cardener: 12. und 14. Jh.), verkörpert M. einen Stadttyp, der zw. Festung und Markt anzusiedeln ist. Hauptort der Mark v. Manresa und der im 13. Jh. geschaffenen *Vegueria* (Bages, Moianès, Lluçanès, wurden die Stadtrechte von Jakob II. 1315 durch Errichtung eines Stadtregiments mit vier Stadträten bestätigt. Im 14. Jh. erlebte M. eine wirtschaftl. Blüte: landwirtschaftl. Melioration durch den Bau eines Kanals unter Peter IV. (1339), Regelung der Wolltuchherstellung, Lederhandwerk; Bautätigkeit (got. Bauten, Stadtmauer). Nach der Schwarzen Pest zählte M. Mitte des 14. Jh. noch ca. 3200 Einw. Während des Bürgerkriegs (1462–72) erfolgte ein Niedergang, von dem sich M. erst am Ende des 15. Jh. erholte (1500: Reform des Stadtregiments auf der Grundlage der Sackwahl; →Wahl).

Carmen Batlle

Lit.: DHEE III, 1594 – Gran Enc. Cat. IX, 537–540 – J. SARRET ARBÓS, Hist. de M. (Mon. Hist. Civ. Minorisae I, 1921) [Nachdr. 1984] – DERS., Hist. religiosa de M. Iglésies y Convents (ebd. IV, 1924) – P. F. KEHR, PU Katalonien I, 128–130 – O. ENGELS, Episkopat und Kanonie im ma. Katalonien, SFGG.GAKGS 21, 1963, 83–135, bes. 88f. [Nachdr. in: DERS., Reconquista und Landesherrschaft, 1989, 149–201] – J. SABALA I SANFONT – P. CATALÀ I ROCA, Castell de M., Els Castells Catalans V, 1976, 652–666.

Manrique, kast. Adelsgeschlecht, das seinen Namen vom Gf.en Manrique de →Lara, Herrn v. Molina und Mesa, ableitete und sich auf dessen Nachkommen *Rodrigo Pérez M.,* den Herrn von Amusco (Stammsitz der Familie), zurückführt, der →Merino Mayor Alfons' VIII. war und seine Besitzungen nach Palencia, Burgos und in die Rioja ausdehnte. Der polit. Aufstieg des Geschlechts setzte unter der Regierungszeit Alfons XI. mit *Gómez M.,* Ebf. v. Toledo († 1375), und dem reichen Magnaten *Garci Fernández M.,* dem 5. Herrn v. Amusco († 1362), ein. Aus dessen 1. Ehe mit Urraca de Leiva stammen drei Söhne: *Pedro M.,* 6. Herr v. Amusco († 1381), der nur einen Bastardsohn hatte; *Gómez M.,* Herr v. Santa Gadea († 1411); *Juan García M.,* Ebf. v. Santiago († 1416 in Portugal), Großkanzler und kgl. Ratgeber (→*Consejo Real*), bekannt durch seine polit. Intrigen wie seinen Streit mit dem Ebf. v. Toledo, →Pedro Tenorio, auf dessen Höhepunkt er sich freiwillig ins Exil nach Portugal begab und dort Bf. v. Coimbra wurde. Aus der 2. Ehe des Garci Fernández M. mit Teresa Vázquez de Toledo gingen zwei Söhne hervor: *Garci Fernández M.,* Herr v. Estar, und *Diego Gómez M.,* 7. Herr v. Amusco, der ihm nachfolgte und in der Schlacht v. →Aljubarrota (1385) fiel. *Pedro M.* (1381-1440), 8. Herr v. Amusco, Treviño und Navarete, →Adelantado und Notario Mayor v. León, beteiligte sich an den Adelsaufständen unter der Herrschaft Johanns II. als Parteigänger der →Infanten v. Aragón. Er hatte drei Söhne, die alle hervorragende Stellungen unter der Herrschaft der Katholischen Kg.e einnahmen: *Diego M.,* Gf. v. Treviño, dessen Nachfolger, *Pedro M.,* 1482 den Titel eines Hzg.s v. Nájera erhielt; *Iñigo M.,* Ebf. v. Sevilla; *Rodrigo*→*M.,* Gf. v. Paredes und Meister des →Jacobusordens, Vater des berühmten Dichters Jorge→M. († 1479).

Ein anderer Zweig des Geschlechts waren die Gf.en v. Castañeda, ein Titel, den Johann II. dem Enkel des 1. Herrn v. Estar, seinem Großkanzler *Garci Fernández M.* († 1436), verliehen hatte, dessen 2. Sohn, *Gabriel M.,* 1453 den Titel eines Gf.en v. Osorno erhielt. R. Montero Tejada

Lit.: L. Salazár y Castro, Hist. Genealógica de la Casa de Lara, Madrid 1696.

1. M., Gómez, kast. Dichter, Dramatiker, * 1412 (?) in Amusco, † 1490 (?), Sohn des Adelantado v. León, Pedro M., und der Leonor de Castilla. M. war aktiv auf der Seite der Gegner von Alvaro de →Luna an den zeitgenöss. innenpolit. und militär. Auseinandersetzungen beteiligt. 1474 ernannte ihn Kg. Ferdinand v. Aragón zum→Corregidor v. Toledo. Als Dichter zeichnet sich M. aus durch Form- und Sprachbeherrschung. Er schrieb Liebesgedichte in höf.-konventioneller Manier. Die »Exclamación y querella de governança« gibt ein satir. Zeitbild. Bemerkenswerte Beispiele→lehrhafter Lit. sind die »Coplas para Diego Arias de Avila« und die Totenklagen auf Iñigo López de →Mendoza und Garcí Lasso de la Vega. Ansätze zur Entwicklung des Theaters und geistl. Spiels zeigen einige momos (weltl. Aufzüge) und szen. Ausgestaltungen liturg. Vorgaben (»La representación del Nacimiento de Nuestro Señor«, »Lamentaciones hechas para la Semana Santa«). D. Briesemeister

Ed. und Lit.: Cancionero, ed. A. Paz y Melia, 1885 – Cancionero del siglo XV, ed. R. Foulché-Delbosc, 2, 1915 [Gedichte] – H. Sieber, Dramatic symmetry in G. M.'s La representación del nacimiento..., Hispanic Review 33, 1965, 118–135 – S. Zimic, El teatro religioso de G.M., BRAE 57, 1977, 353–400 – F. López Estrada, La representación del Nacimiento..., Segismundo 18, 1984, 9–30 – K. R. Scholberg, Introducción a la poesía de G.M., 1984.

2. M., Jorge, * 1440 (?) in Paredes de Nava, † 1478 Burg Garci Muñoz, ⌂ Kl.kirche v. Uclés; Eltern: Rodrigo M. und Mencía de Figueroa; Herr v. Belmontejo und Comendador v. Montizón; ∞ mit Guiomar de Castañeda. Der kast. Santiago-Ritter und Dichter war zusammen mit seinem Vater ein Anhänger der Kgn. Isabella d. Kath. und fiel im Kampf gegen den aufständ. Marqués de Villena. Seine etwa 50 Gedichte sind im Cancionero General von Hernando del Castillo (1511 und 1535) überliefert, meist Liebesgedichte im konventionellen Stil der höf. Lyrik. Die »Coplas que fizo Don J.M. a la muerte del Maestre de Santiago Don Rodrigo M. su padre« (1476, erster dat. Druck 1494) in 40 Strophen zu dreimal wiederholten gereimten Folgen von zwei Acht- und einem Viersilber (estrofa manriqueña) sind häufig glossiert, nachgeahmt und übersetzt worden. Strophen 1–13 und 14–24 behandeln Vergänglichkeit und Eitelkeit des Lebens (Ubi sunt qui ante nos), 25–40 sind dem vorbildl. Leben und Tod Don Rodrigos gewidmet. Ein Zwiegespräch mit dem Tod (34–38) und ein Gebet beenden die Klage, die in ihrer Formvollendung, Gedankenführung und verhaltenen lyr. Stimmung zu den schönsten Gedichten des europ. Spät-MA und der span. Lit. zählt. D. Briesemeister

Ed.: Poesías, hg. A. Cortina, 1929 u. ö., CC94 – *Bibliogr.:* M. Carrión Gútiez, Bibliogr. de J.M. 1479–1979, 1979 – *Lit.:* A. Krause, J.M. and the Cult of Death in the Cuatrocientos, 1937 – P. Salinas, J.M. o tradición y originalidad, 1948; 1981² – V. Borghini, G.M., 1952 – N. E. Sánchez-Arce, Las glosas a las Coplas de J.M., 1956 – E. R. Curtius, Ges. Aufsätze zur roman. Philol., 1960, 353–372 – A. Prieto, Rev. de Lit. Mod. 2, 1960, 115–170 – Glosas a las Coplas de J.M., hg. A. Pérez Gómez, 1961–63 – P. N. Dunn, MAe 33, 1964, 169–183 – S. M. A. Matjasic, The Hist. of Criticism of las Coplas de J.M., 1979 – F. A. Domínguez, Love and remembrance. The poetry of J.M., 1988.

3. M. de Lara, Rodrigo, * 1416, † 1476, 2. Sohn des Adelantado Pedro M., aus altem kast. Adel, erster Gf. v. Paredes, Meister des →Jacobusordens, kämpfte unter den Kg.en Johann II. und Heinrich IV. v. Kastilien gegen die Mauren, nahm am Krieg gegen Portugal teil und diente den Kath. Kg.en. Sein 4. Sohn Jorge →M. widmete ihm die berühmteste Totenklage der span. Dichtung. Hernando del Pulgar gab in »Los claros varones de España« (tit. 13) ein ausführl. Porträt des Soldaten. D. Briesemeister

Manrusum, eine der Slg. en neumierter liturg. Gesänge in der armen. Kirche. Der M. unterscheidet sich etwa von dem Hymnarium Šaraknoc' sowohl durch eine viele eigene Zeichen enthaltende Notation als auch durch den lehrhaften Charakter der Gesänge (M. = 'kleine Lehre'). Die Slg. enthält ca. 160 Kirchengesänge, die nach den Tonarten angeordnet werden und oft bildhafte Bezeichnungen tragen. Die Notation ist weitgehend noch unerforscht, die liturg. Bedeutung der Slg. erinnert an das byz. Asmatikon, zumal die armen. Musikzeichen auf lange Melismata hinweisen. Die im M. angewendete Notation ist in ihren Grundzügen in Hss. ab dem 11.Jh. bezeugt (Erevan, Matenadaran 8909). Als Gesangbuch wurde es bei der Reform der Notation am Beginn des 19. Jh. nicht übertragen und kam daher außer Gebrauch. Ch. Hannick

Lit.: R. A. At'ayan, Haykakan xazayin notagrut'yn (usumnasirut'yan ev vercanut' yan haro'er), 1959, 89ff. – A. Ertlbauer, Gesch. und Theorie der einstimmigen armen. Kirchenmusik. Eine Kritik der bisherigen Forsch., 1985, 186ff.

Mansel, John, bedeutender Verwalter unter Kg. Heinrich III. v. England, † 1265. Von niedriger Herkunft, erhielt er 1234 ein Amt im kgl. →Exchequer, 1246–47 und 1248–49 wurde er mit der Aufsicht über das Gr. Siegel (Great Seal) beauftragt. Bedeutend waren seine diplomat. Fähigkeiten, insbes. bei der Vermittlung der Heirat Eduards, Sohn von Heinrich III., mit →Eleonore v. Kastilien und bei der Betreibung der Wahl →Richards v. Cornwall

zum dt. Kg. 1257. 1258 war er ein Mitglied des Ausschusses, der aus zwölf kgl. Räten und zwölf Beauftragten der Barone bestand, und des Rats der Fünfzehn, der im Oxford Parliament eingesetzt war (Provisions of →Oxford). Heinrich III. wurde 1261 genötigt, J.M. zu entlassen, der ihm immer loyal gedient hatte. 1263 floh er nach Frankreich, wo er in Armut starb. M. C. Prestwich
Lit.: DNB XXXVI, 84.

Mansfeld. [1] *Burg und Stadt:* Der am Ostausläufer des →Harzes gelegene Ort ging 973 vom Kl. Fulda an das Ebm. Magdeburg über. Die um 1075 erbaute, 1229 gen. Burg wurde auf beherrschender Höhe zu einer gewaltigen Anlage von 300 m Länge und 150 m Breite ausgebaut. Seit 1420 war die Anlage in zwei, seit 1501 in drei 'Örter' geteilt. Im Tal unterhalb der Burg ('Tal-M.') entwickelte sich an der Fernstraße von der Küste über Magdeburg und Erfurt nach Oberdeutschland im 13. Jh. die 1400 gen., vor 1408 befestigte Stadt. Der 1434 bezeugte Rat hatte die Nieder- und Obergerichte inne. Die im Kern roman. Stadtkirche St. Georg weist auf Entstehung im frühen 13. Jh. hin, ihr Neubau von 1497 spiegelt mit seiner reichen Ausstattung den durch Bergbau erlangten Wohlstand wider. Um 1500 ist mit etwa 2000 Einw. zu rechnen. Das in einiger Entfernung um 1160 gegr. OSB-Kl. ('Kl. M.') diente als Grablege des gfl. Geschlechts.

[2] *Grafschaft:* Im Raum zw. Wipper, Saale und Unstrut bildete sich im alten Hassegau im sö. Winkel des sächs. Stammeshzm.s gegen Ende des 11. Jh. eine Gft. mit Sitz in M. aus, als deren erster Inhaber wohl ein 1063 gen. Hoyer zu gelten hat. Die mit ihm beginnende Dynastie trat das Erbe der seit 1069 hier abgedrängten Wettiner an. →Hoyer II. zeichnete sich im Dienste des sal. Kgtm.s aus. In der 1. Hälfte des 12. Jh. erscheinen die Gf.en in eindeutig dem Hochadel zuzurechnender Stellung. Gf. Burchard († 1229), im dt. Thronstreit zunächst auf der Seite Philipps, dann 1208 auf der Ottos IV., schwenkte 1212 zu Friedrich II. um; er erschien öfters auf Hoftagen und als Urkk.zeuge. Mit ihm starb das (ältere) Haus M. aus. In seinem Todesjahr stiftete er bei der Burg M. ein Zisterzienserinnenkl. (1258 nach Helfta verlegt). Das Erbe fiel über seine zwei Töchter an die Burggf.en v. →Querfurt, die seit 1264 nur noch den Titel der Gf.en v. M. führten. Die Anlehnung an die Wittelsbacher brachte den Gf.en 1323 die kgl. Belehnung ein, seit 1364 schlossen sie sich eng an Ks. Karl IV. an, hielten sich 1400 zu Kg. Ruprecht, wurden 1415 von Kg. Siegmund belehnt und erscheinen als anerkannter Reichsstand seit 1432 in der Reichsmatrikel. Gegen die mächtigeren Nachbarn versuchten sie sich in einem durch Lehnsbindungen an Halberstadt, Magdeburg und Sachsen z. T. begünstigten, z. T. erschwerten Abwehrkampf zu behaupten. Mehrere von ihnen traten als Räte oder Statthalter in magdeburg. oder wettin. Dienste, bis sie schließl. bei andauernder formaler Reichsstandschaft zu sächs. Landständen wurden. Die Teilung in drei Linien 1420 schwächte ihre Stellung. 1501 kam es zur 'Hauptteilung' in einen Vorder-, Mittel- und Hinterort.

[3] *Bergbau:* Der seit dem ausgehenden 12. Jh. nachweisbare Kupferschieferbergbau stärkte die wirtschaftl. Kraft der Gf.en; von der Mitte des 14. bis zur Mitte des 16. Jh. stand er mit einer Jahresausbeute bis zu 20000 Ztr. Garkupfer in Blüte. 1215 waren die Gf.en mit dem Bergbau belehnt worden, 1364 bestätigte Ks. Karl IV. die Belehnung mit dem Bann, den Kupferbergwerken und dem Berggericht. 1477 begann die Kodifikation des M.er Bergrechts. Die seit 1363 feststellbaren wettin. Versuche, die Gft. aufzuteilen und zu mediatisieren, zwangen die Gf.en schließl. 1485 unter starkem Druck von ksl. und sächs. Seite, die Oberlehnsherrlichkeit Sachsens über ihre Bergwerke anzuerkennen. Mit der Einführung des Saigerverfahrens seit der Mitte des 15. Jh. hatte sich der Wert des M.er Kupfers erhöht. K. Blaschke
Bibliogr.: Bibliogr. zur dt. hist. Städteforsch., hg. H. Stoob, T. 1, 1986 (= Städteforsch. B 1), 347f. – *Lit.:* R. Leers, Geschlechtskunde der Gf.en v. M., M.er Bll. 21, 1907 – W. Möck, Der M.er Kupferschieferbergbau in seiner rechtsgesch. Entwicklung, 2 Bde, 1910 – W. Möllenberg, Das M.er Bergrecht und seine Gesch., 1914 – E. Hempel, Die Stellung der Gf.en v. M. zum Reich und zum Landesfsm. ... (Forsch. zur thür.-sächs. Gesch. 9, 1917) – K. Schmidt, Grundzüge der Territorialentwicklung der Gft. M., M.er Bll. 36, 37, 1927, 1930 – K. Mascher, Reichsgut und Komitat am Südharz im HochMA (Mdt. Forsch. 9, 1957) – H. Helbig, Der wettin. Ständestaat, 1980², 114–130.

al-Manṣūr bi-llāh, Muḥammad b. abī ʿĀmir (in ma. Chroniken: Almanzor), geb. 938, gest. 1002, fakt. Herr von →al-Andalus seit 978, entstammte einer arab. Sippe der Region v. Algeciras. Nach Studien in Córdoba durchlief er den *cursus honorum* und kam als Sachwalter des Kronprinzen – des späteren Kalifen Hišām II. – in Kontakt mit dessen Mutter, der Baskin Ṣubḥ 'Aurora', die seinen Aufstieg förderte. Beim Tod al-Ḥakams II. (976) half er dem *ḥāǧib* al-Muṣḥafī, den von den Palasteunuchen (*ṣaqāliba*) als Nachfolger begünstigten al-Muġīra zu beseitigen, entledigte sich später seines Gönners wie auch seines Schwiegervaters Ġālib (981), des bedeutendsten Generals der Armeen al-Ḥakams II. Hišām II. entmachtete er und verlegte die Verwaltung von →Madīnat az-Zahrāʾ in die von ihm erbaute Madīnat az-Zāhira, im O von Córdoba. Er umgab sich mit einem Kreis von Höflingen, Gelehrten und Poeten, ließ 987 die Hauptmoschee v. Córdoba um das Doppelte erweitern und versuchte, das Volk und die Juristen-Theologen durch die 'Reinigung' der großartigen Bibl. al-Ḥakams II. mit seiner Entmachtung der →Omayyaden zu versöhnen. Die Streitkräfte, einst von den Arabern gestellt, machte er in Forts. der Politik der beiden letzten Kalifen zu einem aus Berbern bestehenden reinen Söldnerheer und trug mit einer Serie von 56 oder 57 verheerenden Feldzügen den Angriff in die Christenstaaten des N (Zamora 981, Barcelona 985, Coimbra 987, León 988, Santiago de Compostela 997, Cervera 1000 erobert), sicherte aber auch das omayyad. Glacis in N-Marokko. Auf seinem letzten Zug zerstörte er →S. Millán de la Cogolla, starb aber auf der Rückkehr und wurde in Medinaceli beigesetzt. Sein Vorgehen bewirkte einerseits, daß sich der Gegensatz zw. Arabern und Berbern verschärfte und die ersteren sich der Wehrhaftigkeit entwöhnten, andererseits trug es zum Entschluß der Christen bei, den Islam aus Spanien auszumerzen. H.-R. Singer
Lit.: EI² VI, 430–432 – L. Molina, Las campañas de Almanzor, Al-Qanṭara 2, 1981, 209–263; 3, 1983, 467–472 – M. B. H. Radhi, El Ejército en la época del califato de al-Andalus, 1990, bes. 286–420.

Mansus → Hufe

Mantaille, Versammlung v. In der Pfalz M. (bei Vienne, altes Kgr. →Burgund; dép. Drôme, comm. Anneyron), die 866 aus ksl. Besitz an den Ebf. v. →Vienne übergegangen war, fand am 15. Okt. 879 eine Versammlung von weltl. Großen und Prälaten statt. Auf ihr wurde Hzg. →Boso, Schwiegersohn des ehem. Ks.s →Ludwig II., zum Kg. designiert. Erhalten sind die Akten der Zusammenkunft der Bf.e, in denen die Motive der Wahl und die Verpflichtungen des neuen Kg.s dargelegt werden.

R. H. Bautier hat gezeigt, daß Boso in M. nicht etwa zum Kg. der Provence gewählt wurde, sondern daß er für den gesamten Bereich, der Kg. Ludwig II. dem Stammler, vor sechs Monaten verstorben, unterstanden hatte, berufen wurde. Gleichwohl kamen die an der Versammlung teilnehmenden Prälaten im wesentl. aus dem burg. Herrschaftsgebiet Ks. Ludwigs II. (Kirchenprovinzen Aix, Arles, Vienne, Lyon, Tarentaise, Besançon); diesem Raum entstammten wohl auch die in M. anwesenden weltl. Großen. Insofern ist M. eine Präfiguration des Kgr.es →Provence, das 890 für den Sohn Bosos, →Ludwig d. Blinden, geschaffen wurde. J. Richard

Q.: MGH Cap. II, 365-369 – *Lit.*: →Boso v. Vienne (R. POUPARDIN, 1901; L. BOEHM, HJb 80, 1961; R. H. BAUTIER, PH 23, 1973).

Mantegna, Andrea, oberit. Maler, * Isola di Carturo 1430/31, † Mantua 1506. Schon während seiner Lehrzeit bei Squarcione in Padua, der ihn 1442 adoptierte und 1447 mit nach Venedig nahm, orientierte er sich wie die Humanisten an der Größe des alten Rom und seiner archäolog. Reste, die seinen skulpturalen Stil bis in die Form der Falten bestimmen. Seinen ersten großen Auftrag erhielt er bereits 1448 mit der Ausmalung der Ovetari-Kapelle (Emeritani, Padua, vollendet 1457, 1944 weitgehend zerstört); die Szenen überraschen durch die stereometr. plast. Formgebung und die kühnen illusionist. Verkürzungen, die im »Leichnam Christi« aus dem Nachlaß M.s (Mailand) gipfeln werden. Während der Altar für S. Giustina in Padua (1453/54, Mailand) die herkömml. Form eines Polyptychons mit Einzelfiguren zeigt, gruppiert der Hochaltar von S. Zeno in Verona (1456-60, Predella in Tours und Paris) die Madonna und die Hl.n in einer perspektiv. einheitl., luftigen Halle, angeregt von Donatello und der Florentiner Malerei. Von 1460 bis zu seinem Tode wirkte M. als Hofmaler in Mantua. Zu den Arbeiten für die zerstörte Palastkapelle S. Giorgio (1464) gehören evtl. die »Anbetung der Kg.e«, die »Himmelfahrt Christi«, die »Beschneidung« (Florenz) und der »Tod Mariae« (Madrid). Als Hauptwerk folgte 1465-74 die Camera picta gen. degli Sposi; unter dem Gewölbe mit der bahnbrechenden illusionist. Himmelsausblick entfaltet sich in zwei großen Gruppenbildern der Hofstaat Ludovicos II. Gonzaga. In kleineren Grisaille-Gemälden (bes. London) und v. a. in dem neunteiligen »Triumphzug Caesars« (vor 1486-nach 1492, Hampton Court) prägt sich sein Streben nach einer Neugeburt des alten Rom am reinsten aus. Ebenfalls für die Gonzaga entstanden der Sebastiansaltar aus Aigueperse (1480) und die »Madonna della Vittoria« mit Mgf. Francesco (1495), für das Studiolo seiner Gattin Isabella d'Este der »Parnaß« und der »Triumph der Tugend« (bis 1497 resp. um 1502; alle vier in Paris). 1466/67 hielt er sich in Florenz auf, von 1489-91 malte er die Kapelle Innozenz' VIII. im Belvedere (zerstört). Sein Einfluß, bes. auch auf die dt. Kunst (Pacher, Dürer), wurde durch die bedeutenden Stiche gefördert. Ch. Klemm

Lit.: E. TIETZE-CONRAT, M., 1955 – R. LIGHTBOWN, M., 1986.

Mantel, von beiden Geschlechtern getragenes Übergewand, das die verschiedensten Formen aufweisen kann; in den schriftl. Q. als Oberbegriff verwendet, der nur wenig über Schnitt, Material und Tragweise aussagt. Reich ist die Vielfalt der unter M. zu subsumierenden Kleidungsstücke; nicht immer ist eine Abgrenzung vom Terminus →Rock mögl.; eindeutig als M. zu bezeichnen sind alle ärmellosen, überwurfartigen Formen. Im Gegenzug ist das Kriterium des Vorhandenseins von Ärmeln nicht unbedingt maßgebl. für eine Einordnung als Rock. Der M. übernimmt in der ma. Ges. eine wichtige Rolle als Repräsentationsobjekt. Verwendete Stoffart, Farbe, Schnitt und Ausführung, Pelz und dgl. mehr machen den Träger als Angehörigen einer bestimmten Schicht kenntl.

Bestimmungen zum M., zu seinen Formen und seinem Aussehen sind immer auch fixer Bestandteil ma. →Kleiderordnungen. Der ma. M. in seiner ärmellosen Form findet seinen Ursprung in den antiken M.formen. Es handelt sich entweder um einen glockenförmigen, kreisrund geschnittenen Umhang mit Kopfloch (Vorbild: Paenula) oder um einen längsrechteckigen Zuschnitt (Vorbild: →Pallium) oder um ein halbkreisförmiges Tuch, das auf der Schulter mit einer →Fibel geschlossen wird (Vorbild: Sagum). Der Frauenm. bleibt im gesamten MA lang, während hingegen der Männerm. sich den jeweiligen mod. Strömungen im Zuschnitt stärker anpaßt. Im höf. →Zeremoniell schließen die verwendeten M.formen an röm. Traditionen an. Bei den Karolingern ist das Paludamentum in Verwendung; in roman. Zeit sind es das Pallium und v. a. das Sagum. Aufgrund der Inschrift datiert man den in der Schatzkammer in Wien aufbewahrten Krönungsmantel (Sagum) auf 1133. Im 13. Jh. wird dann der Tasselm. zum Ks.m. Erst im 15. Jh. erhält der Ks. ornat kirchl. Charakter. Die dazugehörige M.form wird dem →Pluviale nachgebildet.

Die häufigsten in den Q. sowie in der Kostümlit. verwendeten Termini sind: *Balandran, Balandrana* (in frz. Q. für einen langen M. mit Kapuze, v. a. auf Reisen getragen); →*Corset*; →*Cotte Hardie*; *Dogaline* (üppig geschnittener M. mit sehr weiten Ärmeln, die bisweilen auf die Schultern zurückgeschlagen werden; v. a. in Venedig ab dem 14. Jh. belegbar, als Männerm. bisweilen auch kniekurz getragen, sonst bodenlang bis schleppend); *Gaban* (von unterschiedl. Länge mit Ärmeln und Kapuze oder Kragen; der Ärmel wurde manchmal nur hinten in das Armloch genäht, so daß man durch das leere Armloch schlüpfen konnte und der Ärmel als Hängeärmel herabhing; ab Mitte 14. Jh. in frz. Q. nachweisbar); *Glocke*, frz. *cloche* (ab dem 14. Jh. belegbarer, kreisrund geschnittener, geschlossener M. mit Kopfloch und Kapuze, ein- oder beidseitig geschlitzt); *Heuke* (ab dem 13. Jh. in Frankreich, im 14. Jh. dann in Dtl. Terminus für einen ärmellosen, glockenförmig geschnittenen M., der als Männerm. zumeist auf der Schulter geknöpft, von den Frauen hingegen über den Kopf gezogen getragen wird); *Kappe,* frz. *chape* (in Bedeutung und Definition stark differierend; es kann sich um einen der Glocke verwandten M.typus, v. a. als Reisem. übl., oder um einen M. mit Ärmeln handeln; in frz. Q. belegt); →*Schaube*; *Schnurm.* (halbkreisförmiger Umhang, der mittels einer Schnürung am Hals zusammengehalten wird; von beiden Geschlechtern getragen, 12.-14. Jh. in Gebrauch. In seiner Länge paßt er sich den jeweils darunter getragenen Kleidungsstücken an); →*Tappert, Tasselm.* (eine Form des Schnurm.s, bei dem Schnur, Band bzw. Steg mit zwei scheibenförmigen, zumeist reich verzierten Tasseln an beiden Brustseiten befestigt werden; v. a. im 13. und 14. Jh. reich belegt). E. Vavra

Lit.: J. WIRSCHING, Die M.tracht im MA, 1915 – L. RITGEN, Die höf. Tracht ... (Waffen- und Kostümkde, 1962), 8-24, 87-111 – I. LOSCHEK, Reclams Mode- und Kostümlex., 1987 – E. BRÜGGEN, Kleidung und Mode in der höf. Epik des 12. und 13. Jh., 1989 – H. KÜHNEL, Bildwb. der Kleidung und Rüstung, 1991 [Lit.].

Mantellaten → Tertiaren

Mantes, Stadt und ehem. Gft. in Nordfrankreich (dép. Yvelines), am linken Ufer der →Seine, unterhalb von Paris, im S der Landsch. →Vexin, im umkämpften Grenzgebiet des Herrschaftsbereichs der Kg.e v. Frankreich zum Hzm. →Normandie. – Erwähnt seit dem 9. Jh. (862 Normanneneinfall), 1077 zur frz. Krondomäne, 1087 von →Wilhelm dem Eroberer eingenommen; dieser erlitt hier den tödl. Sturz. Unter den →Kapetingern des 12. und 13. Jh. verzeichnet M. häufigere Königsaufenthalte; 1110 verlieh Kg. →Ludwig VI. (im Zuge seiner Maßnahmen zur Konsolidierung der →Krondomäne) M. eine städt. Freiheitsurkunde (→*chartes*, →Kommune). Unter →Philipp II. Augustus war M. wichtige Residenz und Stützpunkt für die Kriege der frz. Monarchie zur Rückgewinnung der Normandie; der Kg. verstarb 1223 in M. 1346 (kurz vor →Crécy) wurde M. von Kg. Eduard III. v. England erobert; bis 1365 (infolge der Schlacht v. →Cocherel) gehörte die Gft. zum nordfrz. Territorialbesitz →Karls des Bösen, des Kg.s v. Navarra und Gf.en v. →Evreux. 1416–49 war M. ein letztes Mal unter engl. Herrschaft. Die Kirche Notre-Dame (12.–14. Jh.) ist ein bedeutendes Zeugnis got. Baukunst. – S. a. →Vexin.

U. Nothhelfer

Lit.: M. LACHIVER, Hist. de M. et du Mantois, 1971.

Mantes, Vertrag v. (22. Febr. 1354), stellte provisorisch den Frieden zw. dem Kg. v. Frankreich, →Jean (Johann) II., und seinem Schwiegersohn →Karl v. Navarra wieder her. Karl hatte am 8. Jan. 1354 in Laigle (Normandie) den →Connétable de France, Charles d'→Espagne, Günstling des Kg.s, ermorden lassen. Von einer engl. Invasion bedroht, sah sich der frz. Kg. gezwungen, dieses Verbrechen zu verzeihen und Frieden zu schließen. Verhandlungsführer war der Kard. Gui de →Boulogne. Dem Kg. v. Navarra wurde nicht nur Pardon gewährt, sondern er erhielt auch mehrere Herrschaften in der →Normandie übertragen (Beaumont-le-Roger, Pont-Audemer, Conches, Breteuil) und verfügte damit über ein nahezu geschlossenes, bis ans Meer reichendes Territorium, in dem er souveräne Jurisdiktionsgewalt (→Échiquier de Normandie), ohne Einschaltung des Parlement, ausübte (Vertrag v. Valognes, 1355).

F. Autrand

Lit.: R. CAZELLES, Société politique, noblesse et couronne sous Jean le Bon et Charles V, 1982.

Mantik, Kunst der Zukunftsvorhersage, im ma. System der artes unter den artes magicae (→artes incertae) abgehandelt, zeigt Verbindung zu →Magie, →Astrologie und →Medizin. Die Q. weisen auf arab. und z. T. auf antike Ursprünge zurück. Eine reichhaltige lat. und volkssprachl. Wahrsagelit. ist auf den Gebieten der Geomantie (Sandkunst, Los-, Punktier- und Würfelbücher), der Onomatomantie (Namenm.), der Chiromantie (Handlesekunst), der Oneiromantie (Traumbücher) und der Mondwahrsagung (Mondwahrsagebücher) überliefert. Die Wahrsagepraktiken waren von der Kirche als Aberglaube (superstitio) verboten, waren aber verbreitet und wurden z. T. als Gesellschaftsspiele betrieben. Hauptq. des SpätMA sind die mant. Schriften des Arztes Hans →Hartlieb, der im »Buch aller verbotenen Künste« (1455/56) einen krit. Überblick gibt und sieben Künste behandelt: nigramancia, geomancia, ydromancia, aremancia, pyromancia, ciromancia, spatulamancia.

W. Schmitt

Lit.: THORNDIKE, I–III – J. BOLTE, Zur Gesch. der Punktier- und Losbücher, Jb. für hist. Volkskunde 1, 1925, 185–214 – G. EIS, Wahrsagetexte des SpätMA, 1956 – W. SCHMITT, Das Traumbuch des Hans Lobenzweig, AK 48, 1966, 181–218 – DERS., Magie und M. bei Hans Hartlieb, 1966 – DERS., Zur Lit. der Geheimwiss. im späten MA (Fachprosaforsch., hg. G. KEIL–P. ASSION, 1974) – Ein ma. Wahrsagespiel: Konrad Bollstatters Losbuch, hg. K. SCHNEIDER, 1978 – Johannes Hartlieb, Das Buch aller verbotenen Künste, hg. F. EISERMANN–E. GRAF, 1989.

Mantikhora (gr. martichora), von Thomas v. Cantimpré (4,71; vgl. Albertus Magnus, animal. 22,119 und Vinzenz v. Beauvais, 19,90) sowohl nach der Aristoteles-Übers. des →Michael Scotus (h.a. 2,1 p. 501 a 24ff.) unter Verschweigen der Primärq. (des Arztes Ktesias) entstellt als »mauricomorion« als auch (Thomas 4,72; vgl. Albert 22,120) nach der lat. Tradition (Plinius, n.h. 8,75; Solinus 52,37f., vgl. Honorius, imago mundi 1,13 und Jakob v. Vitry, hist. orient., c. 88) als »manticora« als menschenfressendes Mischwesen der ind. Mythologie mit drei Zahnreihen (löwenartig mit menschl. Zügen, skorpionsartiger Schwanz u. a. m.) beschrieben und in manchen Bestiarien auch abgebildet.

Ch. Hünemörder

Q.: →Albertus Magnus, →Honorius Augustodunensis, →Jakob v. Vitry – Solinus, Collectanea rerum memorab., ed. TH. MOMMSEN, 1895 [Neudr. 1958] – Thomas Cantimpr., Liber de nat. rerum, T. 1, ed. H. BOESE, 1973 – Vinc. Bellov., Speculum nat., 1624 [Neudr. 1964] – Lit.: F. MCCULLOCH, Medieval Lat. and French Bestiaries, SRLL 22, 1960 – S. ZARADACZ-HASTENRATH, Die Manticora, AaKbll 41, 1971 (Fschr. W. KRÖNIG).

Mantua, oberit. Stadt (Lombardei), Bm. und Mgft., wahrscheinl. etrusk. Gründung, in der Folge cenomann. Siedlung, in röm. Zeit ohne bes. Bedeutung, was auf die hydrogeolog. Lage der Stadt (umgeben von dem teilw. versumpften Mincio) und des Umlands (die Flüsse Chiese, Oglio, Mincio, Po, Secchi hatten bis in das hohe MA hinein einen unregelmäßigen und kaum kontrollierten Verlauf) zurückzuführen ist. Der Tradition zufolge verbreitete sich das Christentum bereits seit dem 1. Jh.; die ältesten öffentl. Oratorien stammen aus den Jahren unmittelbar nach dem sog. Toleranzedikt (313). Mit den ersten Wellen des Völkerwanderung begann auch für M. eine schwierige Phase, in der, wie die Überlieferung des Treffens von Attila und Papst Leo d. Gr. am Mincio zeigt (452), das Gebiet von M. mehrmals geplündert wurde. Im 6. Jh. war M. ein Stützpunkt der Byzantiner. Zw. 569 und 572 von Alboins Langobarden belagert, wurde M. erst 603 von Agilulf völlig dem Langobardenreich einverleibt. Von der unbedeutenden langob. Siedlung im Gebiet von M. begegnen einige Spuren sowohl in Ortsnamen (Romanore erscheint als Silva Arimannorum in den Ks. urkk. bis ins 12. Jh.) wie im städt. Leben (zahlreiche Belege für Personen, die nach langob. Recht lebten). In karol. Zeit wurde M. zum Bm. erhoben und erhielt eine erste selbständige Verwaltung: 819 wird als erster Comes Mantue der Franke Oddo erwähnt. Mit einiger Sicherheit kann die feste Errichtung eines Comitats in M. und seinem Umland in die otton. Zeit gesetzt werden, in Verbindung mit der Schaffung der auch M. umfassenden Mark des Hauses →Canossa (977). Die Bf. e der Stadt erhielten von den Ks.n Privilegien und Regalien (Diplom Berengars 894, von Otto III. 997 bestätigt) und übten die Gerichtsbarkeit über die lehnrechtl. vom Episkopat kontrollierten Gebiete aus, hatten aber nie die Gf.enwürde in der Stadt inne, die stets von den Canossa bzw. von deren Vicecomites bekleidet wurde. Unter den Canossa erlangte die Stadt eine gewisse Prosperität: Der Episkopat gewann an Macht, große Kl. OSB wurden in der Stadt und im Umland gegründet, der Stadtkern wuchs über den ersten Mauerring hinaus; auch im Umland nahm die Bevölkerung zu, zugleich verringerte sich die Gefahr, die von den Flüssen ausging (zw. dem 11. und der 1. Hälfte des 13. Jh. bildete sich der heutige Verlauf der Flüsse heraus). Die allmähl. stadtsässig werdenden canossian. milites (Vertreter eines niederen Feudaladels) vereinigten sich – nicht ohne die unvermeidl. Spannungen – mit den städt. Oberschichten, die nach röm. Recht lebten, und gewannen unter dem Schutz des Bf.s den zur Bildung erster autonomer Strukturen des Stadtregiments notwendigen Freiraum, so daß schließlich nach dem Tode →Mathildes v. Tuszien (1115) eine konsular. Verfassung eingerichtet wurde. Im Zuge der Auflösung der Canossian. Mark und der Problematik der →Mathildischen Güter konsolidierte sich die Kommune M., und es kam zu den ersten Konflikten mit den Nachbarstädten um die Festlegung der Grenzen ihres »districtus«. Die Haltung der Stadt gegenüber dem Reich, das in spätcanossian. Zeit für die städt. Oberschicht als Schutzschild gegenüber den Suprematieansprüchen Mathildes gedient hatte, wurde in stauf. Zeit differenzierter: Nachdem M. Friedrich I. Barbarossa Treue geschworen (1158) und die Bestätigung der älteren ksl. Privilegien erwirkt hatte (1159), nahm es als Mitglied der 1. →Lombard. Liga an der Schlacht v. →Legnano teil (1176) und sandte eigene Vertreter zu den Abschlußverhandlungen des Friedens v. →Konstanz. Im frühen 13. Jh. wechselten sich die Grenzkonflikte mit den Nachbarstädten, die nun eingebunden waren in die große Auseinandersetzung zw. dem Staufer Friedrich II. und dem Papsttum, mit den internen Spannungen zw. den städt. Faktionen ab, denen die – im Vergleich zu anderen Städten wenig hervortretenden – Organisationen des »popolo« wenig Widerstand leisteten. M. betrieb nun eine im wesentl. antiksl. Politik. Der Niedergang der Staufermacht in Italien nach dem Tode Friedrichs II. veranlaßte M., die →Este und die →Sanbonifacio bei Cassano d'Adda gegen →Ezzelino da Romano zu unterstützen (1259). Im Inneren der Stadtkommune fand eine bedeutende institutionelle Veränderung statt: Nachdem Pinamonte →Bonacolsi Ludovico Sanbonifacio und Azzo VII. Este verdrängt hatte, wurde er 1272 zum »Capitano del popolo di M.« ernannt, anfangs gemeinsam mit dem Gf. en v. Marcaria und mit Ottonello Zancalli, später allein. Die Signorie der Bonacolsi, die sich aus ihrer angesehenen Stellung in der Stadt (sie kontrollierten den Großteil der »civitas vetus« rund um die Kathedrale) entwickelt hatte und auf beträchtl. Grundbesitz im Contado stützte, konnte die blutigen Faktionskämpfe schließlich nach einigen Jahrzehnten zum Stillstand bringen und festigte die Position M.s in der Poebene. 1311 erwirkten Rinaldo und Butirone Bonacolsi von Heinrich VII. den Titel eines Reichsvikars: Die Statuten von 1313, die ältesten erhaltenen städt. Statuten, bezeugen die organisator. Fähigkeiten und die legalisierte Vorrangstellung der Bonacolsi-Herrschaft. 1328 wurden die Bonacolsi von Luigi →Gonzaga verdrängt, der von Cangrande →Della Scala unterstützt wurde. Im gleichen Jahr sanktionierte Ludwig d. Bayer durch Verleihung des Reichsvikariats die Gonzaga-Herrschaft. Die Gonzaga, Vertreter des niederen Feudaladels der mathildischen Zeit, Vasallen des Kl. S. Benedetto del Polirone, die im Schatten der Bonacolsi aufgestiegen waren, die sie gegen die mächtigen Gf. en v. Casaloldo unterstützten, herrschten über die Stadt bis zu deren Fall an das Reich 1707. In dem komplexen Kontext von Kriegen und Bündnissen zw. den →Visconti (als deren Vasallen sich die Gonzaga 1358 bekennen mußten) und Venedig, dem traditionellen Verbündeten von M., das wegen des Salzhandels über Ferrara auf M. angewiesen war, festigten Guido (1360–69), Ludovico (1369–82) und v.a. Francesco Gonzaga (1382–1407) ihre Herrschaft über die Stadt. Ende des 14. und in den ersten Jahrzehnten des 15. Jh. annektierten Francesco und Gian Francesco Gonzaga (1407–44) infolge der Krise des Hzm.s →Mailand nach dem Tode Gian Galeazzo Viscontis (1402) einen breiten Gebietsstreifen an der Grenze zu Brescia und Cremona. Francesco ließ Anfang des 15. Jh. einen dritten Mauerring errichten, unterteilte die Stadt in Viertel und Contrade und reformierte mit Hilfe des bedeutenden Juristen Raffaele Fulgosi die bonacolsian. Statuten (1404). Unter Francesco und v.a. unter dessen Sohn Gian Francesco und dem Enkel Ludovico (1444–78) bildete sich im Gonzaga-Staat eine polit. und administrative Struktur heraus, die sich ohne scharfe Brüche zunehmend vom früheren kommunalen System löste. Neue Verwaltungsorgane wie das Consilium domini standen nun dem Signore zur Seite (der von Ks. Sigmund 1433 den Mgf. en-Titel erhalten hatte). Das Territorium wurde in Vikariate und Podestarien unterteilt. Hof und Ämter zogen wichtige auswärtige Familien, Künstler und Schriftsteller nach M. Die Gonzaga sicherten ihrer kleinen Mgft. die Dauer mittels geschickter Diplomatie und fähiger Kriegführung, wobei sie als Condottieri sowohl der Serenissima als auch dem Hzm. Mailand dienten. Auch die Beziehungen zur röm. Kirche bezeugen die zentrale Rolle, die die Mgft. im diplomat. System, das die it. Staaten verband, spielte: 1359 wurde der von Pius II. zur Befreiung Konstantinopels einberufene Fürstenkongreß in M. abgehalten. 1460 stellte die Familie in der Person Francescos, des Sohnes des Mgf. en Ludovico, einen Kardinal. Beim Zusammenbruch des it. Gleichgewichtssystems gegen Ende des 15. Jh. und während der Invasion der frz. Kg. e befehligte Francesco Gonzaga (1484–1519) als Generalkapitän die Liga, die gegen die Franzosen bei →Fornovo am Taro kämpfte (1495). Die Mgft. wurde 1530 von Karl V. zum Hzm. erhoben. I. Lazzarini

Q.: P. TORELLI, Reg. Chartarum Italiae, Reg. Mantov., 1914 – P. TORELLI-A. LUZIO, L'Archivio Gonzaga di Mantova, 1920–22 – P. TORELLI, L'Archivio capitolare della Cattedrale di Mantova fino alla caduta dei Bonacolsi, 1924 – U. NICOLINI, L'Archivio del Monastero di S. Andrea di Mantova fino alla caduta dei Bonacolsi, 1959 – R. NAVARRINI, Liber Privilegiorum Communis Mantue, 1988 – Mantova 1430. Pareri a G. Francesco Gonzaga, hg. M. A. GRIGNANI, A. M. LORENZONI, A. MORTARI, C. MOZZARELLI, 1990 – Lit.: P. TORELLI, Un comune cittadino in un territorio ad economia agricola, 1932–50 – AA VV, Mantova. La storia, le lettere, le arti, 1958–61 – V. COLORNI, Il territorio mantovano nel Sacro Romano Impero. Periodo comitale e periodo comunale (800–1274), 1959 – C. MOZZARELLI, Lo stato gonzaghesco. Mantova dal 1328 al 1707 (Storia d'Italia, ed. G. GALASSO, XVII, 1979), 359–405 – M. VAINI, Dal Comune alla Signoria, 1986.

Mantzikert, Schlacht v. (26. Aug. 1071) (M., Malazgirt, ca. 50 km n. Van-See). Ks. Romanos IV. Diogenes rückte, nachdem Sultan Alp Arslans Waffenstillstandsangebot ausgeschlagen hatte, am gleichen Tag spät gegen die Selğuqen vor. Auf des Ks.s kampfentscheidenden Entschluß zum Rückzug ins Lager folgte Andronikos Dukas' Verrat, der in der byz. Armee Panik auslöste und die Türken zum Gegenangriff veranlaßte. Der zahlenmäßig unterlegene Gegner schlug schließlich das vereinigte byz. Heer (ca. 60000 Mann) noch am gleichen Tage in die Flucht. Bestimmend für den Kampf war, daß auf byz. Seite von Anfang an zwei sich widersprechende strateg. Konzeptionen einander gegenüberstanden, welche die militär. Führung spalteten. Zudem ließ sich der Ks. von unüberlegt handelnden Truppenführern (wie Basilakes) stark beeinflussen. M. war für Byzanz keine militär. Katastrophe, das Kräfteverhältnis zw. dem Ksr. und seinem Gegner veränderte sich nicht fundamental. Der Vertrag bestätigte den territorialen Status quo beider Staaten, doch die hohen Kosten für den Feldzug und die Befreiung des Ks.s aus der Gefangenschaft belasteten die byz. Wirtschaft nachhaltig. Während M. aus türk. Sicht den Weg zu einer angebl. beabsichtigten Turkisierung und Islamisierung Anatoliens eröffnete, sprechen einige nichttürk. Fachleute von einer Katastrophe für das byz. Reich, andere von einer eher zufälligen und allmähl. nomad. Landnahme ohne Zutun der selğuqischen Zentralgewalt (CAHEN u. a.). CHEYNET schließt gar die Niederlage als Faktor zur Erklärung des Verlusts von Kleinasien an die Türken aus.

P. M. Strässle

Q. und Lit.: [Auswahl]: C. CAHEN, La campagne de M. d'après les sources musulmanes, Byzantion 9, 1934, 613–642 – J. STREATER, The Battle of M. 1071, Hist. today 17, 1967, 257–263 – A. SEVIM, Malazgirt Meydan Savaşı (Türk Tarih Kurumu, Yayınları XX, 1, 1971) – E. JANSSENS, La bataille de M. (1071) selon Michel Attaliate, APOSI 20, 1973, 291–304 – J. C. CHEYNET, M.: un désastre militaire?, Byzantion 50, 1980, 410–438 [wichtigste Q. und Lit.] – A. FRIENDLY, The Dreadful Day..., 1981.

Manuel

1. M. I. Komnenos, *byz. Ks.* (am 31. März 1143 bei Anazarbos zum Ks. ausgerufen, am 28. Nov. in Konstantinopel gekrönt), * 28. Nov. 1118, † 24. Sept. 1180; vierter Sohn des →Johannes II. Komnenos, ⚭ 1. →Bertha v. Sulzbach (in Byzanz Eirene gen.) am 6. (oder 12.) Jan. 1146 († Anfang 1160), 2. Maria, Tochter des →Raimund v. Poitiers, Fs. v. Antiochia, am 25. Dez. 1161; Kinder von 1.: Maria (1152–82, ⚭ 1163 mit →Béla [III.]-Alexios v. Ungarn), Anna (1156–60), von 2.: →Alexios II. M. gehört zu den glänzendsten und bedeutendsten Herrschern des Byz. Reiches. Kunst, Kultur und höf. Leben erreichten einen Höhepunkt wie unter Konstantin VII. In seinen polit. Intentionen griff er auf Basileios II. und sogar Justinian zurück, ohne dabei den Veränderungen in der gesamtpolit. Lage Rechnung zu tragen. Sein Versuch einer Rückgewinnung des byz. Italien scheiterte (1158). Der Plan einer Vereinigung des byz. und ung. Reiches kam nicht zustande, während er die serb. Fs.en unter seine Oberhoheit brachte. Im O gewann er große Teile →Kilikiens zurück und unterwarf sich das Fsm. →Antiocheia. Den ven. Einfluß suchte er durch Gewaltmaßnahmen und durch Vereinbarungen mit Pisa und Genua zurückzudrängen. Seine Westpolitik scheiterte an dem machtvollen Auftreten Ks. Friedrichs I. Ein Bündnis mit Kg. Ludwig VII. v. Frankreich kam durch den Tod des Ks.s nicht mehr zum Tragen. Im O schließl. hatte die Niederlage in der Schlacht v. →Myriokephalon (1176) gegen die Seldschuken die früheren Erfolge wieder zunichte gemacht. Unter M. steht das Byz. Reich letztmals im Zentrum einer gesamteurop. Politik, die auch die russ. Teilfsm.er einschließt. Eine geschickte Heiratspolitik unter Einbeziehung des großen Verwandtenkreises dient dem Zusammenhalt des Reiches. Trotz der hohen Militärausgaben bringt (entgegen einer verbreiteten Meinung) seine Regierungszeit auch eine wirtschaftl. Blüte, die unter den Nachfolgern rasch zerfällt.

P. Schreiner

Q. und Lit. [Auswahl]: Ioannis Cinnami Epitome, ed. A. MEINEKE, 1836 – F. CHALANDON, Les Comnènes, II, 1912 – OSTROGORSKY, Geschichte³, 311–325 – A. HOHLWEG, Beitr. zur Verwaltungsgesch. des Ostrőm. Reiches unter den Komnenen, 1965 – Nicetae Choniatae Hist., ed. J. A. VAN DIETEN, 1975 – R.-J. LILIE, Byzanz und die Kreuzfahrerstaaten, 1981, 135–211 – DERS., Handel und Politik..., 1984 – K. BARZOS, Ἡ γενεαλογία τῶν Κομνηνῶν, I, 1984, 423–477 – D. M. NICOL, Biogr. Dict. of the Byz. Empire, 1991, 78f. – P. SCHREINER, Bilancio pubblico, agricoltura e commercio a Bisanzio nella seconda metà del XII sec. (Venedig and die Wirtschaftswelt, 1992), 158–168.

2. M. II. Palaiologos, *byz. Ks.*, * 27. Juni 1350, † 21. Juli 1425, (zweiter) Sohn des →Johannes V. Palaiologos und der Helena Kantakuzena, wurde nach der Rebellion seines Bruders Andronikos am 25. Sept. 1373 Mitks., nachdem er schon 1366 und 1370/71 durch Reisen nach Ungarn und Italien an der Regierung Anteil hatte. 1382–87 verwaltete er Thessalonike. Am 16. Febr. 1391 übernahm er die Ks.herrschaft, heiratete am 11. Febr. 1392 die serb. Prinzessin Helene →Dragaš und wurde gleichzeitig zum Ks. gekrönt. Aus der Ehe gingen acht Söhne und zwei Töchter hervor, doch blieben nur sechs Söhne am Leben. In die Regierungszeit M.s fällt die Belagerung Konstantinopels durch die Osmanen (1394–1402), das Vordringen Timurs und die vorübergehende Auflösung der osman. Herrschaft (bis 1421). Um Hilfe zu erhalten, unternahm M. eine Reise nach Italien, Frankreich und England (1399–1403). Er erlitt am 10. Jan. 1421 einen Schlaganfall und legte die Staatsführung in die Hand seines Sohnes →Johannes VIII. M. war einer der gebildetsten byz. Herrscher und hinterließ neben einer Briefslg. zahlreiche rhetor. und theol. Werke (u. a. »Dialoge mit einem Türken«).

P. Schreiner

Lit.: PLP Nr. 21513 – Tusculum-Lex.³, 498–500 – A. TH. PAPADOPULOS, Versuch einer Genealogie der Palaiologen, 1938, 55f. [veraltet] – G. T. DENNIS, The Reign of M. II. Palaeologos in Thessalonica 1382–87, 1960 – J. W. BARKER, M. II. Palaeologos (1391–1425), 1969 – HUNGER, Profane Lit. [Index].

3. M. I., *Kg. v.* →Portugal aus dem Hause →Avís 1495–1521, * 31. Mai 1469, † 13. Dez. 1521, ▭ Kl. Belem, jüngerer Sohn des Infanten Ferdinand, eines Bruders →Alfons' V., und der Beatrix, Tochter des Infanten →Johann v. Portugal. Unter Kg. →Johann II., seinem Schwager, mit höchsten Würden ausgezeichnet (Hzg. v. →Viseu und Beja, Großmeister des →Christusordens, →Condestable u. a.), wurde M. (nach dem unerwarteten Tod des Thronfolgers Alfons, 1491) zum Erben des Reiches designiert. Wie die →Katholischen Kg.e, deren Schwiegersohn er durch Heirat mit ihrer ältesten Tochter Isabella (Burgos, 30. Nov. 1496) wurde, hat auch M. auf die monarch. Einheit der Iber. Halbinsel fixiert. Er befahl den Juden und Muslimen, im Zeitraum v. zehn Monaten (bis Okt. 1497) das Reich zu verlassen oder aber sich taufen zu lassen. Diejenigen Juden, die sich unter Druck des Kgtm.s zur (oft wohl nur nominellen) Konversion bereitfanden, blieben dem Staat als leistungsfähige Gruppe von Untertanen erhalten; der Kg. achtete darauf, daß ihre Rechte nicht exzessiv beschränkt wurden, fand dafür aber bei der altchr. Bevölkerung nicht immer den erwarteten Widerhall (1506 blutiges Judenpogrom in Lissabon).

Die Kath. Kg.e designierten, nach dem frühen Tod ihres Sohnes →Johann († 6. Okt. 1497), Isabella und M. bzw. deren Sohn Miguel (* 1498 in Zaragoza) zu Erben ihrer Reiche. Das z.T. schon mit den jeweiligen →Cortes ausgehandelte Vorhaben einer Vereinigung der drei großen Reiche der Halbinsel scheiterte jedoch am Tode Isabellas (im Wochenbett), Miguels als Kleinkind († 1500). Aus der 2. Ehe M.s mit Maria, der 2. Tochter der Kath. Kg.e (⚭ 30. Okt. 1500, † 7. März 1517), gingen acht Kinder, unter ihnen der Nachfolger Johann III. und Isabella, Gemahlin Ks. Karls V., hervor. Am 24. Nov. 1518 heiratete der gealterte Herrscher die (zunächst seinem Sohn Johann zugedachte) Schwester Karls V., Eleonore; sie gebar ihm noch 1521 die Infantin Maria. M. hat Karl V. mit Geld und Munitionslieferungen im Kampf gegen den Comuneros-Aufstand in Kastilien (1520–21) unterstützt, sich aber nicht in die antifrz. Allianzen Kastiliens hineinziehen lassen. Sein Bemühen um das Wohlwollen der Kurie (Obödienzleistungen 1505 und 1513, letztere im Rahmen einer pompösen, mit exot. Tieren arrangierten Delegation nach Rom) entsprachen den antitürk. und generell überseeischen Interessen Portugals. Zu M.s Zeit errangen ptg. Seefahrer und Konquistadoren auf allen Weltmeeren die größten Triumphe (Brasilien, →Afrika: Errichtung von Brückenköpfen an der Küste Marokkos, Arabien/→Araber, →Indien).

Portugals überseeische →Expansion stellte auch die Großen des Reiches vor erfüllende Aufgaben, so daß der Avís-Kg., weithin unbehelligt von hochadligen Revolten (→Braganza) und ohne selbständige Mitwirkung der →Cortes, als ein neuzeitl. Souverän seinen Staat (Rechts-,

Bildungs- und Gesundheitswesen) reformieren und modern verwalten konnte. Auch in der Lit. und in der Baukunst (»Manuelinischer Stil«) brach damals für Portugal ein »Goldenes Zeitalter« an. P. Feige

Q.: ungedr.: v.a. Lissabon, Arquivo Nacional da Torre do Tombo – gedr. [Auswahl]: Ordenaçoens..., 1797, 5 Bde – Cartas de quitação..., ed. A. BRAAMCAMP FREIRE, 1903–16 – Livro antigo de cartas e provisões..., ed. A. DE MAGALHÃES BASTO, 1940 – Documentos referentes a las relaciones con Portugal durante el reinado de los Reyes Cat., ed. A. DE LA TORRE–L. SUÁREZ FERNÁNDEZ, 3 Bde, 1963–65 – *Lit.*: M. DOMINGUES, D. M. I e a epopeia dos descobrimentos. Evocação hist., 1960 – M. LOPES DE ALMEIDA, Este rei D. M., Panorama, Sér. 4, 27, 1968, 7–10 – Panorama, Sér. 4, 32, 1969 [mit diversen Beitr.] – F. PORTUGAL, A Chancelaria de D. M., Ethnos 6, 1969, 261–270 – E. SANCEAU, The Reign of the Fortunate King, 1969 – A. CRUZ, No V Centenário de D. M. I, Rev. da Faculdade de Letras do Porto, História 1, 1970, 1–75 – J. T. MONTALVÃO MACHADO, Perfil moral e mental do rei Dom M. I., Arqueologia e história, sér. 9, 2, 1970, 303–334 – A. FERREIRA GAMBETTA, Regimento dado por D. M. I à casa da moeda de Lisboa, em 1498, Anais, Sér. 2, 20, 1971, 69–129 – J. PEREIRA DA COSTA, D. Manuel e a Torre do Tombo (Aufs. zur ptg. Kulturgesch. 10, 1972), 296–303 – D. HOOK, A Note on the Books sent to Pr. John in 1515 by King M. I, Studia 37, 1973, 303–315 – XXI Coll. Internat. d'Études Humanistes: L'Humanisme Portugais (1500–80) et l'Europe – J. VERÍSSIMO SERRÃO, Hist de Portugal 3, 1978, 11–33 – J. H. SARAIVA, A monarquia manuelina u. Os cristãos-novos e a Inquisição (DERS., Hist. de Portugal 2, 1987), 431–474.

4. M. Kantakuzenos, Despot →Kantakuzenoi

5. M. Gabalas, Metropolit v. →*Ephesos*, Schüler des Metropoliten →Theoleptos, * 1271/72 in Philadelpheia, †zw. 1355–60. In verschiedenen Kirchenämtern in Philadelpheia tätig, war er seit 1322 Mönch unter dem Namen Matthaios und vermutl. seit 1329 Metropolit v. Ephesos, das er aber erst 1339 übernehmen konnte, weshalb er zunächst in Konstantinopel lebte (seit 1332 im Besitz der Einkünfte der Metropole Brysis und vielleicht teilweise dort residierend). Verwickelt in die hesychast. Auseinandersetzungen (→Hesychasmus), wurde er 1347 verurteilt und 1351 abgesetzt. Ausgebildet in Konstantinopel im Kreise von Michael Gabras, Nikephoros →Chumnos und Theodoros →Metochites, zählt er zu den gebildetsten Persönlichkeiten des 14. Jh. Er verfaßte theol., rhetor. und philol. Werke. Seine zahlreichen Briefe gehören zu den wichtigsten zeitgesch. Q. P. Schreiner

Q. *und Lit.*: ST. I. KURUSES, Μανουὴλ Γαβαλᾶς εἶτα Ματθαῖος μητροπολίτης Ἐφέσου, 1972 – D. REINSCH, Die Briefe des Matthaios v. Ephesos, 1974 – PLP, Nr. 3309 – BECK, Kirche, 789 – HUNGER, Profane Lit., I, 233 – Tusculum Lex., 1982³, 260f. – D. M. NICOL, Biogr. Dict. of the Byz. Empire, 1991, 41.

6. M. Moschopoulos →Moschopoulos, Manuel

7. M. Philes, →Philes, Manuel

Manuel, kast. Adelsgeschlecht, begründet durch den Infanten Manuel (?–1283), Sohn Ferdinands III. v. Kastilien und der Beatrix v. Schwaben; ∞ 1. Infantin Konstanze v. Aragón, 2. Beatrix v. Savoyen. Er hatte zwei Söhne: *Sancho M.,* den Vater des *Juan Sánchez M.,* Gf. en v. →Carrión und →Adelantado v. Murcía, sowie den berühmten Politiker und Schriftsteller →*Juan Manuel* (1282–1348), Herrn v. →Villena, Adelantado Mayor de la Frontera. Dieser hatte von seiner ersten Frau, der Infantin Konstanze v. Aragón, eine Tochter *Konstanze M.,* die er schließlich mit dem Thronfolger Peter (I.) v. Portugal verheiratete. Aus seiner 2. Ehe mit Blanca v. →Lara und de la →Cerda gingen *Fernando M.,* Adelantado v. Murcía (*1350), und *Johanna M.,* die einzige legitime Erbin des Geschlechts, hervor. Johanna heiratete Heinrich v. →Trastámara, den künftigen Kg. v. →Kastilien (Heinrich II.), so daß die Nachfolge im Geschlecht von da an mit dem Kg.shaus verbunden war. *Sancho M.,* Herr v. Carcelén und *Enrique M.,* Gf. v. Cintra und Herr v. Cascaes in Portugal, begründeten als illegitime Söhne von Juan Manuel Seitenlinien des Geschlechts. Enrique kehrte nach der Schlacht v. →Aljubarrota (1385) nach Kastilien zurück (Verleihung der Dörfer Meneses und Montealegre, verbunden mit dem Gf. entitel). Er war Erzieher des Infanten Johann (II.) und einer der Reichsverweser während seiner Minderjährigkeit. Sein Sohn *Pedro M.* folgte ihm, wenn auch ohne Titel, in der Herrschaft nach. *Johann M.,* der Erstgeborene seines illegitimen Sohnes *Ferdinand M.,* war Herr v. Belmonte und Cevico de la Torre, Berater Johanns II. und treuer Diener Heinrichs IV. Sein gleichnamiger Nachfolger war Gesandter der Katholischen Kg.e und Parteigänger Philipps d. Schönen. R. Montero Tejada

Lit.: A. GIMÉNEZ SOLER, Don Juan M., 1932 – S. DE MOXÓ, De la nobleza vieja a la nobleza nueva, Cuadernos de Hist. 3, 1969, 190–195.

Manufaktur (auch staatl. M.), Betriebsform, die auf der Grundlage von Handarbeit, jedoch in arbeitsteiligem Verfahren produziert, hinsichtl. der Dimension den einfachen Gewerbebetrieb übersteigt und deutl. zw. Unternehmergewinn und Arbeitslohn unterscheiden läßt. In ihren Haupttypen als zentralisierte und dezentralisierte M. (Zentralwerkstatt des Unternehmers in Verbindung mit Werkstätten selbständiger Handwerker oder verlegter Heimarbeiter) ordnet sie sich vorwiegend dem 17.–18. Jh. zu, besitzt aber entsprechend der Tendenz zur Konzentration teilw. außerzünft. Arbeit weiter zurückreichende Vorläufer. Diese finden sich vorab im Bereich der Textilerzeugung – hier stellt der Großbetrieb gegenüber dem Kleinbetrieb eher die Ausnahme dar –, wogegen durch spezif. Technologien charakterisierte oder an das Grundeigentum gebundene Großbetriebe anderer Sparten wie Bergwerke, Hütten- und Hammerwerke, Salinen, Glashütten oder Werften aus dem engeren M.-Begriff herausfallen. Während in den →Gynäceen der frühma. →Fronhöfe nur das Merkmal der Arbeitszusammenfassung gegeben erscheint, ist die Aufteilung des Produktionsprozesses auf Werkstätten der Handwerker bzw. Heimarbeiter einerseits und Werkstätten *(botteghe)* mit Lohnarbeitern *(lavoranti;* →Ciompi) der Unternehmer andererseits ein Merkmal der Florentiner Tuchproduktion des späten 14. Jh.; allerdings gab es neben größeren Werkstätten (bis zu 47 Beschäftigte) auch solche mit erhebl. geringerer Personal- und Kapitalausstattung. Tendenzen zur dezentralisierten M. lassen sich seit 15. Jh. in der Genueser Seiden- sowie in der engl. Wolltuchindustrie nachweisen. Von Zunftschranken befreite M.en entstanden im →Buchdruck bereits vor 1500, etwa in Nürnberg (Anton →Koberger 1470), Venedig oder Paris. Im Gegensatz zu den mit Privileg eingeführten M.en in der frz. Kg.e für Luxusgüter (für Seidenstoffe in Tours 1466, Lyon 1536, für Tapisserien in Fontainebleau 1531) fand hier eine kontinuierl. Weiterentwicklung bis ins M.-Zeitalter statt.

Aus dem Erbe ihrer sasanid. und byz. Vorgänger übernahmen die islam. Herrscher überwiegend für den Staatsbedarf produzierende Großwerkstätten, wobei neben der Waffen- und der Papierherstellung die Produktion von Luxustextilien (Leinen, Seidenstoffe, Wollstoffe) einen zentralen Sektor darstellte. Staatl. M.en für Tuche *(ṭirāz),* die als Pachtbetriebe bes. in Dörfern und Kleinstädten teils mit Sklaven, teils auf der Basis von Lohnarbeit betrieben wurden, sind seit dem 9. Jh. in zahlreichen Ländern, v. a. in Ägypten und im Irak, nachweisbar. H. Knittler

Lit.: HRG III, 261–267 – W. SOMBART, Der moderne Kapitalismus II/2, 1921⁴ [1987], 758–799 – F. MELIS, Aspetti della vita economica medievale (Studi nell'Archivio Datini di Prato 1, 1962) – E. ASHTOR, A Social and Economic Hist. of the Near East in the MA, 1976 – DERS., Les lainages dans l'Orient médiéval ... (Atti delle »Settimane di studio« Prato 2, 1976), 657–686 – I. TURNAU, The Organization of the European Textile Industry from the Thirteenth to the Eighteenth Cent., The Journal of European Economic Hist. 17, 1988, 583–602 – A. STELLA, La bottega e i lavoranti ..., Annales 44/1, 1989, 529–551.

Manutius, Aldus, it. Druckerverleger, * 1449/50 in Bassiano (bei Velletri), † 6. Febr. 1515 in Venedig; begründete Anfang der 1490er Jahre in Venedig eine Offizin, die in der it. Renaissancetypographie bald den ersten Platz einnahm. Sie spezialisierte sich auf den Druck klass. Autoren und beschäftigte führende Gelehrte, die für eine solide Textgestaltung sorgten. Als erster gab M. gr. Autoren umfassend in der Originalsprache heraus und verwendete dabei vier gr. Typen, die der zeitgenöss. Gelehrtenkursive nachgebildet waren. Obwohl sie mit den zahlreichen Ligaturen, Nebenformen und diakrit. Zeichen aufwendig herzustellen und schwierig zu handhaben waren, bestimmten sie für lange Zeit den Stil der gr. Typographie. Den Anfang von mehr als 30 gr. Werkausg. bildete ein fünfbändiger Aristoteles (1495–98). In den folgenden Jahren druckte M. Aristoteles, Thukydides, Sophokles, Herodot, Xenophon, Demosthenes, Plutarch und Platon. Für lat. Texte verwendete er Antiqua-Schriften, die Francesco Griffo da Bologna für ihn geschnitten hatte. Stilbildend war die Antiqua des allegor. Romans »Hypnerotomachia Poliphili« des Francesco →Colonna, den M. im Auftrag des Juristen Leonardus Crassus 1499 druckte. Mit seinen 168 Umrißholzschnitten gilt das Buch als ein hervorragendes Beispiel ven. Buchkunst und eines der schönsten Bücher der Druckgesch. 1501 nahm M. die Produktion handl. Klassikerausg. kleinen Formats auf, von denen monatl. eine auf den Markt gekommen sein soll. Sie wurden mit einer Antiquakursive gedruckt, die ebenfalls von Griffo entworfen wurde und schnell Schule machte. Um den Preis dieser Ausg. zu senken, wurde die Aufl. auf mehr als 1000 Exemplare angehoben. Ob M. seine Bücher bereits mit einem »Verlegereinband« den Kunden anbot, ist umstritten. M. vertrieb seine Bücher in den wichtigsten europ. Ländern und förderte den Absatz durch Verlagskataloge mit Preisangaben. Als Lebensmaxime machte er über seine Druckermarke, welche einen von einem Delphin umschlungenen Anker zeigt, die Sentenz »Festina lente« bekannt. Unter den Nachfahren blühte das Unternehmen noch bis 1585. S. Corsten

Bibliogr.: Der Buchdruck im 15. Jh., hg. S. CORSTEN – R. W. FUCHS, I, 1988, 642–650 – *Lit.*: G. FOCK, Bibliotheca Aldina. Eine Slg. von 800 Drucken des A. M. und seiner Nachfolger, 1930 – Scritti sopra A.M., 1955 – Gr. Hss. und Aldinen. Eine Ausstellung anläßl. der Tagung der Mommsen-Ges. in der Hzg. August Bibl. Wolfenbüttel, 1978 – M. LOWRY, The World of A.M.; Business and Scholarship in Renaissance Venice, 1979 – H. G. FLETCHER, New Aldine Stud. Documentary Essays on the Life and Works of A.M., 1988.

Manzanedo, kast. Adelsgeschlecht, leitete sich von Gf. *Gómez González* her, der die namengebende Herrschaft M. wiederbesiedelte und 1110 in der Schlacht v. Candespina fiel. Ihm folgte *Rodrigo Gómez* (⚭ Elvira Ramírez). Er besaß das Vertrauen Alfons' VII., dessen Hausmeier *(Mayordomo)* sein Sohn *Gonzalo Rodríguez* wurde. Dessen Sohn, *Gómez González* ('el Castellano'), war am Hofe Ferdinands II. v. León, der ihn zum Gf. en erhob und zu seinem Mayordomo ernannte, polit. einflußreich. Das Amt des Hausmeiers hatte er auch unter Sancho III. v. Kastilien inne und war gleichzeitig *Tenente* (Statthalter) v. Cervara und Campóo. Sein Nachfolger *Manrique Gómez* hatte drei Söhne: *Gil Manrique, Manrique Gómez,* Meister des →Calatrava-Ordens, und *Rodrigo Gómez,* der Ferdinand III. auf seinen Feldzügen begleitete und María Ruiz de →Lara heiratete. Diesem folgte *Gómez Ruiz de M.,* der an der Eroberung Sevillas teilnahm (1248). Dessen Kinder, *Juana Gómez* (⚭ Infant Luis) und *Gonzalo Gómez,* der als →*rico-hombre* zur Gefolgschaft des mächtigen Gf. en Lope Díaz de →Haro zählte, und bei dessen Ermordung in Alfaro (1288) verwundet wurde. Sein Sohn und Nachfolger *Ruy González de M.* († um 1340) besaß die Herrschaft Alcalá de los Gazules. Aus seiner Ehe mit Berenguela Ponce de Mendoza hatte er einen Sohn gleichen Namens, der während der Regierungszeit Peters I. ohne Nachkommen starb. Mit ihm erlosch der Hauptzweig der Familie, deren Besitzungen an die Krone fielen.
R. Montero Tejada

Lit.: S. DE MOXÓ, De la nobleza vieja a la nobleza nueva, Cuadernos de Hist. 3, 1969, 98–101.

Maona → Mahona

Map, Walter → Walter Map

Mappae clavicula (Schlüssel zur Malkunst), wichtiges Kompendium der ma. Kunst- und Farbtechnologie. Grundbestand aus dem 9./10. Jh., mit Zusätzen bis ins 11. Jh. Zeitl. auf die →Compositiones ad tingenda musiva folgend, hat es den doppelten Umfang. Wie der →Heraclius-Traktat und im Gegensatz zu der späteren – redaktionell schon einheitl. – Schr. des →Theophilus Presbyter (um 1100) ist die M. c. eine anonyme Slg. unterschiedlichster Verfahren, die eine gewisse Kontinuität der antiken (z. B. Leidener/Stockholmer Papyri [3. Jh. n. Chr.]) zur frühma. Kunsttechnologie zeigen. Doch beweisen die erstmals reichl. vertretenen Anweisungen zur Buchmalerei die Originalität klösterl. Kunstübung. Kenntnisse antiker Lit. bezeugen die griech. Mineralnamen (mit vielen erklärenden Glossen). G. Jüttner

Ed.: TH. PHILLIPPS, Archeologia 32, 1847, 187–244 [Fassung 12. Jh.] – *Lit.*: R. PARKER JOHNSON, Speculum 10, 1935, 72–81; 12, 1937, 84–103 [Hss.] – H. ROOSEN-RUNGE, Farbgebung und Technik frühma. Buchmalerei ..., 2 Bde, 1967 – DERS., Farben und Malrezepte in frühma. technolog. Hss. (E. E. PLOSS u. a., Alchimia, 1970), 49–66 – D. GOLTZ, SudArch. Beih. 14, 1972, 44, 182–201.

Mar, Gebiet im mittleren und n. Aberdeenshire, Schottland, umfaßt den größten Teil der Flußlandschaft von Don und Dee. Zusammen mit Buchan bildete es eines der sieben Teilreiche des pikt., später schott. Kgr.es. Das Christentum hielt wahrscheinl. in M. noch vor →Columba v. Iona (Colum Cille) Einzug (ca. 500–550). M. wurde vor etwa 1150 von einem *mormaer* (Provinzialfs.en) regiert, an dessen Stelle seit dem 12. Jh. ein →*earl* trat. Durch M. verlief eine der am häufigsten benutzten Landverbindungen zw. dem n. und dem s. Schottland. Das war vielleicht der Grund, warum Kg. →Macbeth († 1057) und Kg. Lulach († 1058) in oder nahe der Provinz M. getötet wurden. Strateg. Erwägungen auch erklären, warum eine der bedeutendsten Steinburgen im Schottland des 13. Jh. von den earls in Kildrummy 2 km w. des Don errichtet wurde. Diese Burg ersetzte die ältesten Befestigungen mit Erdwällen, wie sie die earls in Lumphanan, Invernochty und Kindrochet (jetzt Braemar) besaßen. M. spielte eine bedeutende Rolle im ersten schott. Unabhängigkeitskrieg (→*Wars of Independence*), als sich Robert Bruce, der spätere Kg. Robert I., durch seine Heirat mit Isabel, Tochter Donalds, Earl of M., der earl-Familie verband, während seine Schwester den Bruder Isabels, Earl Gartnait, heiratete. Bereits im 12. Jh. verkleinerten die Kg.e v. Schottland den territorialen Besitz des Earldoms v. M., und im 13. Jh. geriet die ansässige earl-Familie in Streit mit den als Erben eingesetzten kgl. *durwards* (von *doorward* 'Türsteher', 'hostiarius') um deren Besitz, der mehr als die Hälfte des earldoms umfaßte. Donald, Sohn von Earl Gartnait, ein →*ward* von Robert Bruce, wurde in England von Eduard I. und dann von Eduard II. gefangengehalten, dem er sich schließl. anschloß. Als er 1327 nach Schottland zurückkehrte, versuchte er, mit Hilfe schott. Truppen die Wiedereinsetzung Eduards II. durchzusetzen, jedoch ohne Erfolg. 1332 wurde er Regent (*guardian*) v. Schottland im Namen des kindl. Kg.s David II. Earl Donald befehligte das schott. Heer, das bei Dupplin von Eduard →Balliol besiegt wurde, und fiel in der Schlacht. Der alte Familienzweig der earls endete mit Isabella, der Enkelin von Earl Donald, die Alexander Stewart heiratete, einen illegitimen Sohn eines Sohnes von Kg. Robert II. Dieser behielt das Earldom bis zu seinem Tod 1435. Dann wurde es von der Familie v. Erskine beansprucht, die von den kgl. Kämmerer (→*chamberlain*) Davids II. abstammte. Trotz beharrl. Ansprüche erhielt erst John, der sechste Lord Erskine, 1565 Earldom und Titel. G. W. S. Barrow

Lit.: Scots Peerage V, 1908 – W. D. SIMPSON, The Province of M., 1944 – DERS., Kildrummy and Glenbuchat Castles, 1957ff.

Marabotino (Maravedi, Almorabitino), Bezeichnung für die span.-ptg. Nachahmungen der von den →Almoraviden 1087 eingeführten arab. →Dīnārs. Z. T. tragen diese M.s kuf. Inschriften christl. Inhalts (→Alfons VIII. v. Kastilien), weisen in Portugal jedoch bildreiche Darstellungen auf und gleichen dem Vorbild nur im Gewicht. Mit →Alfons II. v. Portugal endet die Prägung des M.s, der gelegentl. in dt. Q. des 12. Jh. gen. wird (»XX M.s aureos persolvat«, Münster 1176). P. Berghaus

Lit.: F. v. SCHROETTER, Wb. der Münzkunde, 1930, 367f. – K. KENNEPOHL, Goldzahlungen in Westfalen im 11.–13. Jh., HBNum 3, 1949, 15–20.

Marabut (arab. *marbūṭ*, bzw. *murābiṭ* 'heiligmäßiger Einsiedler; Glaubenskrieger') bezeichnet in Nordafrika einen muslim. »Hl. n«, zumal den Eremiten einer *rābiṭa*, weswegen auch die Kuppelgräber solcher Männer in europ. Sprachen M. genannt werden, oder ein Mitglied einer islam. Bruderschaft. Andererseits ist es die Bezeichnung für einen muslim. Frommen, der für eine gewisse Zeit Kriegsdienst in einer Grenz- oder Küstenfestung (*ribāṭ*) verrichtete und schließlich speziell für die Anhänger des ʿAbdallāh ibn Yāsīn, Gründer der Bewegung der →Almoraviden. H.-R. Singer

Lit.: W. v. WARTBURG, Frz. Etymolog. Wb. XIX, 1967, 131f. – L. TORRES BALBAS, Rábitas hispano-musulmanas, Al-Andalus XIII, 1948, 475–491 – F. MEIER, Almoraviden und Marabute, WI 21, 1981, 80–163.

Maramures → Marmarosch

Marañón, kast. Adelsgeschlecht, das sich als Seitenlinie der Aza auf den →*rico-hombre Pedro Núñez* zurückführte, der die Herrschaft M. durch eine Schenkung Alfons' I. von Aragón erhielt. Ihm folgte sein Sohn *Rodrigo Pérez de M.*, Herr v. Briviesca; dessen Enkel, *Gonzálo Ruiz de M.*, Herr v. Bujedo y Villafruela (∞ María García de Aza) war Hausmeier (*Mayordomo*) Alfons' VII. und nahm eine hervorragende Stellung am Hofe Alfons' VIII. ein, der ihm 1169 den Ort Villasequilla und 1174 den Gf. entitel und die Würde eines →*Alférez Mayor* übertrug. Sein Sohn und Nachfolger, *Pedro González de M.*, verbündete sich mit den →Lara de Molina gegen Ferdinand III., so daß der Aufstieg des Geschlechts unter dessen Herrschaft ins Stocken geriet. Ihm folgte *Gil Pérez de M.*, der an der Erobe-

rung v. →Córdoba teilnahm (1236) und vom Kg. dafür mit Gütern belohnt wurde. Da er anscheinend keine Nachkommen hatte, erbte seine Schwester *Inés Pérez de M.*, die mit dem katal. Adligen Ramon Berenguer de Agel verheiratet war, alle seine Güter. Als die Ehe kinderlos blieb, gab Inés während der Regierungszeit Alfons' X. den Familienbesitz an den Santiago-Orden. Damit starb das Geschlecht Mitte des 13. Jh. aus. R. Montero Tejada

Lit.: S. DE MOXÓ, Da la nobleza vieja a la nobleza nueva, Cuadernos de Hist. 3, 1969, 127–129.

Marbach, Regularkanonikerstift St. Augustinus und Irenäus, sw. von Colmar, Frankreich (dép. Haut-Rhin). 1089 gründete der *militaris vir* (Ministeriale?) Burchard v. Gerberschweier († 1120) mit Unterstützung des Magisters und ersten Propstes →Manegold v. Lautenbach auf seinem väterl. Erbe in M. ein Reformstift für Kanoniker, das Teil der umfassenden Kanonikerreform und religiösen Erneuerungsbewegung des 11. und 12. Jh. war. M.s frühe und weitgehende Unabhängigkeit von den Bf. en v. Straßburg und Basel, in dessen Diöz. M. lag, erhöhte seine Anziehungskraft für den regionalen, reformer. gesinnten Adel, der M. mit reichen Schenkungen förderte. 1096 nahm Papst Urban II. M. in den apostol. Schutz auf und verlieh neben einer Besitzgarantie wichtige Vorrechte: freie Propstwahl, freie Wahl des Konsekrators bei Simonie oder fehlender Übereinstimmung des Diözesanbf.s mit dem Papst sowie das Recht, entlaufene Kanoniker zu exkommunizieren. M.s hohes reformer. Ansehen dokumentieren die Verbrüderungen mit mehr als 80 Kl. und Stiften.

Bibl. und Skriptorium verdankt M. seinen Aufstieg zu einem führenden geistigen Zentrum am Oberrhein im 12. und 13. Jh. Während der erste Teil (631–1200) der sog. M.er Annalen, einer erstrangigen Q. für die elsäss. und Reichsgesch., mit Hilfe der M.er Bibl.bestände verfaßt wurde, entstand der zweite Teil (1201–12) um 1230 in M. selbst. Berühmte Zeugnisse für die in M. geübte hohe Kunst der Buchmalerei sind das in Laon aufbewahrte Perikopenbuch (12. Jh.) und der Guta-Sintram-Cod. (1149/54). 1464 trat M. der →Windesheimer Kongregation bei. Nach kurzzeitiger Umwandlung in ein Damenstift wurde M. 1790 aufgehoben; von seiner dreischiffigen Basilika (12. Jh.) sind heute nur noch Bruchstücke vorhanden.

Consuetudines und Reformverband: M. folgte dem Ordo antiquus, der dritten Regel Augustinus'. Die ersten Kanoniker M.s kamen aus →St-Ruf/Avignon und →Rottenbuch. Die M.er Consuetudines v. 1122 waren die am weitesten verbreiteten im dt. Raum; v. a. im liturg. Teil dienten sie als Vorlage für die Gewohnheiten von →Springiersbach/Klosterrath. Der sich im 12. Jh. ausbildende M.er Reformverband (kaum erforscht) wurde 1462 aufgelöst. Folgende Stifte befolgten die M.er Gewohnheiten oder gehörten zu seinem Verband: Backnang, Indersdorf, Interlaken, Hördt, Frankenthal, Goldbach, St. Leonhard in Basel, Schwarzenthann, St. Arbogast und St. Trinitas in Straßburg. H. Seibert

Q.: J. SIEGWART, Die Consuetudines des Augustiner-Chorherrenstifts M. i. Elsaß (12. Jh.), 1965 – P. WITTWER, Q. zur Liturgie der Chorherren v. M. ..., ALW 32, 1990, 307–361 – *Lit.:* DBI II, 73–77 – C. HOFFMANN, L'abbaye de M. et le nécrologe de 1241 (Mitt. der Ges. für Erhaltung der gesch. Denkmäler im Elsaß II, 20, 1902), 67–230 – M. BARTH, Hb. der elsäss. Kirchen im MA, 1, 1960, 787ff. – J. SIEGWART, Die Chorherren- und Chorfrauengemeinschaften in der dt.sprach. Schweiz ..., 1962, 263–270 – S. WEINFURTER, Reformkanoniker und Reichsepiskopat im HochMA, HJb 97/98, 1978, 158–193 – B. WEIS, Die Nekrologien von Schwarzenthann und M. i. Elsaß, ZGO 128, 1980, 51–68 – Le Cod. Guta-Sintram ..., hg. B. WEIS, 1983.

Marbacher Bund. Gegen den am 21. Aug. 1400 gewählten Kg. Ruprecht v. d. Pfalz erwuchs u. a. infolge territorialer Reibereien mit dem Erzstift →Mainz und anderen Nachbarn eine starke Oppositionsbewegung, deren Anführer der Mainzer Ebf. →Johann II. v. Nassau wurde. Ihm schlossen sich Mgf. →Bernhard I. v. Baden und Gf. Eberhard III. v. Württemberg an. Deren Werbungen folgten Straßburg und unter der Führung von Ulm sechzehn schwäb. Reichsstädte. Am 14. Sept. 1405 schlossen sie in Marbach unter Berufung auf ihre Treuepflicht gegenüber dem Reich einen Vertrag gegen den Kg. mit Laufzeit bis zum 2. Febr. 1411, wobei sie sich auf jeweils ältere Partikulareinungen bezogen und diese vom Bündnis ausnahmen. Die Städte Speyer und Worms traten zwar dem Bund bei, lähmten aber durch ihre seit dem Städtekrieg von 1386 dauernden Querelen mit den Schwabenstädten die kommunalen Kooperationen. Durch geschickte Propaganda im Reich vermied Kg. Ruprecht die Stärkung der Opposition und den offenen Krieg. Der von ihm als Schiedsrichter gewonnene Kölner Ebf. →Friedrich III. v. Saarwerden vermittelte in Einzelinitiativen in Speyer mit Baden und Württemberg im Jan. 1407 und in Hemsbach am 27. Febr. 1407 mit Johann II. v. Mainz. Die im Ausgleich enthaltene Klausel, man werde ohne Vorwissen des Partners keine Einungen abschließen, band das Kgtm. in gefährlicher Weise an die Mainzer Zustimmung. Andererseits fanden Johanns II. Versuche, den M.B. 1408/09 parallel mit seinem Übertritt in die Pisaner Obödienz zu reaktivieren, kaum Gehör. Ruprechts Bündnis mit Straßburg und den Reichsstädten im Elsaß vom 5. April 1408 war ein gelungener Gegenschlag. In schismapolit. Bünde vom 4. März 1410 schloß der Kg. auch den Lgf.en Hermann II. v. Hessen mit offener Kriegsdrohung gegen Johann II. v. Mainz ein. War so der M.B. überwunden, bleibt er dennoch ein Symptom für den im 15. Jh. sich verstärkenden Dualismus zw. Kgtm. und Reichsgliedern, zeigt aber auch die Aussichtslosigkeit des Bündnisrechtes derselben gegen den Kronträger. A. Gerlich

Lit.: E. FRIEDLÄNDER, Zur Gesch. des M.B.es, 1893 – A. GERLICH, Kg. Ruprecht von der Pfalz (Pfälzer Lebensbilder 4, hg. H. HARTHAUSEN, 1987), 9–60 [Lit.].

Marbod v. Rennes, * um 1035 im Anjou, † 1123 Rennes. Schulmann und hochangesehener Begründer des 'studium' in Angers mit berühmtgewordenen Schülern, Archidiakon, 1096 Bf. v. Rennes. M. verfaßte mehrere Hl.nleben in Prosa und hexametr. Versen (allein die Passio ss. martt. Felicis et Adaucti in gereimten rhythm. Fünfzehnsilbern), darunter auf bfl. Vorgänger (Licinius, Magnobod, Maurilius) und Verslegenden vom Teufelsbündler Theophilus, der büßenden Dirne Thais und der thebaischen Legion des Mauritius. Das poet. Œuvre besteht gleichrangig neben dem überlieferungsmäßig ähnl. offenen des Klassizisten →Hildebert v. Lavardin und geschlossenen des →Baldericus v. Bourgeuil. Gegenüber Hildeberts gelehrt-artifizieller Kunst betont M. sein 'gradlinigeres' Kunstvermögen und -wollen (BULST, Studien 195f.); 67jährig hat er vermutl. dem 1102 Bf. v. Le Mans gewordenen Hildebert den Liber decem capitulorum gewidmet. Die Poesien versifizieren allerlei Frommes und Didaktisches, treten durch Epitaphien (und sonstige Stükke) in Berührung mit weltl. und geistl. Großen der Zeit, sind bibl. Kleinepik und bezaubern durch hübsche Miniaturen (wie Porticus est Romae mit je einsilbigen Wortschlüssen); bemerkenswert Diskussion und Tadel von überflüssigen Daten in Epitaphien oder die Summe eines Schulalltags (MPL 171, 1675. 1685. 1724). Die Amatoria der Jugend sind ein bedeutender Moment in der Gesch. der lat. Liebesdichtung des 12. Jh. Eine poet. Reflexion der Technik (de [30] ornamentis verborum) wie von Reim und Colores rhetorici, von Wort und Sache markiert Anspruch und Ernst, Sinn und Nutzen der Dichtung, die in den beiden Lehrgedichten De [60] lapidibus und bes. dem Liber decem capitulorum gipfelt (mit den 'Kapiteln' De apto genere scribendi →ars poetica, a. versificatoria; Tempus et aevum, Meretrix und Matrona, Senectus, Fatum et genesis, Voluptas, Vera amicitia, Bonum mortis, Resurrectio corporum): das Zehnkapitelbuch verrät manches von Biographie und Person des M., paart themat. Verwandtes und verbindet Welterfahrung mit Heilsgeschichte. R. Düchting

Ed. und Lit.: MANITIUS III, 719–730 – HLF Nouv. éd., 10, 1868, 343–392 – MPL 171 – Lib. decem capit., hg. W. BULST, 1947; hg. R. LEOTTA, 1984 – Liebesbriefgedichte M.s, hg. W. BULST (Liber floridus [Fschr. P. LEHMANN, 1950]), 287–301 – Carm. Leod., hg. W. BULST, 1975 – W. BULST, Stud. zu M.s Carm. var. und Lib. decem capit., 1939 – De lapid., ed. J. M. RIDDLE, 1977 – W. WIEMANN, Cuspinians Komm. des Lib. lapid. M.s, 1983 – A. DEGL'INNOCENTI, L'opera agiografica di M. di Rennes, 1990.

Marburg (Maribor), Stadt an der →Drau im NO Sloweniens. Als 'Burg in der Mark' (Marchburch) wird M. erstmals 1164 erwähnt, doch wahrscheinl. ließ Bernhard v. →Spanheim (1096–1147), Mgf. in der Pettauer Mark, die Burg schon am Übergang vom 11. ins 12. Jh. errichten. In diese Zeit reichen auch die ersten Anfänge der städt. Siedlung auf dem linken Flußufer, vielleicht auch der Bau der Brücke über den Fluß (erstmals Anfang 13. Jh. erwähnt). Als Pfarrgemeinde wird M. erstmals 1189 gen., als Markt 1209 und als Stadt 1254. Die eine Fläche von 25 ha umfassende Stadtmauer wurde 1255–70 errichtet, damals kamen auch die Minoriten nach M. Die ersten Juden sind 1277 bezeugt (1497 verbannt). Unter der habsbg. Herrschaft ab 1282 gewann M. an Bedeutung (v. a. Weinhandel). Um 1450 zählte die Stadt 185 Häuser und ca. 1000 Einw. P. Štih

Lit.: H. PIRCHEGGER, Die Herrschaft M., Zs. des Hist. Vereins für Steiermark 43, 1952 – J. MLINARIČ, Gradivo za zgodovino Maribora, I–VII, 1975–81 – Iz zgodovine Maribora, Kronika 31, 1983 – Iz zgodovine Maribora, Časopis za zgodovino in narodopisje 19 (LIV), 1983.

Marburg a. d. Lahn, Stadt in Hessen, deren Topographie durch ihre Lage an dem Süd- und Osthang des mächtigen, von W ins Lahntal ragenden Schloßbergs geprägt ist. Die Mauer, die ein nahezu quadrat. Stadtareal umfaßte, schloß von S und O her an die Befestigung des Schlosses an. Unter dessen Westflügel wurde 1989/90 ein Vorgängerbau, eine bis ins 10. Jh. zurückreichende Turmburg, ergraben. Etwa von 1140 datiert das erste schriftl. Zeugnis für die Existenz dieser Burg. Kernzelle der Stadt war eine Siedlung um den langgestreckten, hangaufwärts ziehenden Marktplatz; ebenfalls um 1140 ist durch Münzprägung Markthandel am Ort zu erschließen. Die Ausweitung der Stadt erfolgte in zwei Schritten hauptsächl. in w. Richtung.

Seit der 2. Hälfte des 13. Jh. setzte die n. der Stadt an der Stelle des von der hl. →Elisabeth gegründeten Hospitals entstandene Niederlassung des →Dt. Ordens mit der prächtigen Elisabethkirche einen neuen städtebaul. Akzent gegenüber dem zur Residenz ausgebauten Lgf.enschloß. Durch das Wirken der hl. Elisabeth in M., ihren Tod und ihre Heiligsprechung, durch die Deutschordensniederlassung und seine Residenzfunktion für die Lgf.en (neben Kassel) wurde M. zum ideellen Zentrum der →Lgft. Hessen.

Seit 1122 war M. im Besitz der →Ludowinger, die 1131

zu Lgf.en v. Thüringen erhoben wurden. Unter ihrer Herrschaft wurde M. als Vorort ihrer oberhess. Besitzungen Stadt (1222: civitas, burgenses; damals besaß M. bereits zwei Kirchen); die thür. und dann die hess. Lgf.en blieben stets M.s Stadtherren. Seine Verfassung ähnelt der zahlreicher anderer lgfl. Städte. An der Spitze der Stadtgemeinde standen ein stadtherrl. Schultheiß und ein Schöffenkolleg. Durch die Einführung des Bürgermeisteramtes (1284) und eines Rates sollte offenbar die Bürgerschaft an der Verwaltung stärker beteiligt werden. Seit dem letzten Viertel des 14.Jh. erließ der Stadtherr mehrere Verfassungsänderungen, durch die der bisher von der Führung der Stadt weitgehend ausgeschlossene größere Teil der Gemeinde mehr Mitspracherechte erhielt und v. a. der Lgf. größeren Einfluß auf die inneren Verhältnisse der Stadt gewann, der die Selbstverwaltungsrechte der Gemeinde immer stärker beschnitt. Die Wirtschaftskraft M.s beruhte zum einen auf den Kaufleuten, die auch den Tuchhandel (Gewandschnitt) betrieben, zum anderen auf den Handwerkern, bes. den Wollwebern, die die größte und wichtigste Zunft bildeten, hauptsächl. für den Export arbeiteten und ihre Produkte, Wolltuche mittlerer und einfacher Qualität, zu einem guten Teil auf der Frankfurter Messe absetzten. Im 15.Jh. ging die Bedeutung des Wollhandwerks zurück.

Um die Mitte des 15.Jh. hatte M. etwa 3200 Einw. Die Stadtmauer umschloß eine Fläche von ca. 15 ha. Dazu kamen mehrere Siedlungskomplexe außerhalb der Umwehrung, insbes. die Bebauung zw. der Stadt und der etwa 500 m entfernten Deutschordensniederlassung sowie die jenseits der Lahn gelegene Vorstadt Weidenhausen. F. Schwind

Q. und Lit.: Q. zur Rechtsgesch. der Stadt M., 1–2, bearb. F. KÜCH, 1918–31 – E. KEYSER, Die städtebaul. Entstehung der Stadt M., Zs. des Ver. für Hess. Gesch. 72, 1961, 77–98 – K. E. DEMANDT, Stadt und Staat, 1972 – M.er Gesch., hg. E. DETTMERING–R. GRENZ, 1982² – F.-J. VERSCHAREN, Ges. und Verfassung der Stadt M. beim Übergang vom MA zur NZ, 1985 – →Elisabeth v. Thüringen.

Marcabru, wahrscheinl. aus der Gascogne stammender Troubadour; seine Schaffenszeit wird traditionell zw. 1130 und 1149 datiert, die neuere Forschung neigt zu einer Verschiebung des Ansatzes über 1150 hinaus. Die ihm zugeschriebenen 44 Gedichte unterschiedl. Charakters (Liebeslieder, Kreuzlieder, satir. und parodist. Sirventesen, Tensonen und Pastourellen) weisen ihn als größten Dichter der zweiten Troubadourgeneration aus. Lange Zeit als »Moralist« und in stilist. Hinsicht als Bahnbrecher des »trobar clus« angesehen, zeigt er eher Züge der »Spielmannsdichtung«: d. h. er experimentiert geschickt mit verschiedenen Formen und Stilen – nicht von ungefähr bieten seine Dichtungen die ältesten Beispiele verschiedener poet. Genera. M.s Stärke liegt v. a. in der Parodie; im Gebrauch der Ironie ist er Meister. Abgesehen von →Wilhelm IX. und Jaufre →Rudel nimmt er mit Vorliebe die »Troubadours« (bei ihm ein negativ besetzter Begriff) der »escola N'Eblo« aufs Korn, die in der Manier des Vizegf.en Eble v. Ventadorn dichten und die ehebrecher. Liebe besingen. M. setzt Damen, die ihren Ehemann betrügen, Dirnen gleich und geißelt sie in satir. Tönen, die an →Marbod v. Rennes erinnern. Er selbst gefällt sich darin, seine Zusammenkünfte mit Dirnen im hohen Stil der »höfischen Liebe« zu besingen. Seine ideolog. Grundhaltung ist v. a. von Bernhard v. Clairvaux und Wilhelm v. St-Thierry geprägt. L. Rossi

Ed.: Poésies complètes du Troubadour M., hg. J.-M.-L. DEJEANNE, 1909 – Lit.: R. HARVEY–S. GAUNT, Bibliogr. comm. du troubadour M., M-A 94, 1988, 425–455 – S. GAUNT, Troubadours and Irony, 1989 – R. HARVEY, The Troubadour M. and Love, 1989.

Marcadé → Eustache Mercadé

Marcasita (arab. nach dem Vorkommensort). Im MA nimmt M. als Bezeichnung die Stelle des antiken pyrites ein. Neben Eisensulfid (heutiger Pyrit) wurden auch andere Metallsulfide damit bezeichnet, denen auch die Alchemie aufgrund ihres Farbenspiels und -wechsels (u. a. durch Erwärmung) Interesse entgegenbrachte. G.Jüttner

Lit.: D. GOLTZ, SudArch, Beih. 14, 1972 – H. LÜSCHEN, Die Namen der Steine, 1979².

Marcel, Pariser Familie. Die beiden ältesten nachweisbaren Vorfahren von Étienne →Marcel sind sein Ururgroßvater (1225 prévôt des monnaies in Paris) und sein Urgroßvater Pierre M. († vor 1270, als sergent Teilnahme am Kreuzzug Kg. Ludwigs IX.). Die Vorrangstellung, die die Familie M. um 1300 innerhalb des Pariser Bürgertums erlangte, geht auf den Großvater, Pierre M., zurück, der v.a. als Wechsler und Tuchhändler ein großes Vermögen erwarb, was ihn zu einem der höchstbesteuerten Bürger v. Paris machte. Von den sechs Söhnen von Pierre M., ebenfalls Tuchhändler wurden, standen die drei jüngeren, darunter der Vater von Étienne M., Simon, deutlich hinter den älteren zurück, die das Vielfache an Vermögen erwarben, Heiratsverbindungen mit den einflußreichsten Pariser Familien, den →Coquatrix, Rouy, Poilevilain und Pacy eingingen, und deren Söhne zum Teil geadelt wurden. Nähe zum Kgtm., insbes. zu →Philipp d. Schönen, und zur kgl. Verwaltung öffneten den Weg zu Besitz und Einfluß. Nach dem Tod seines adligen Vetters Garnier (1352; Schöffe am Pariser Stadtrat) wurde Étienne M. das Haupt des Familienclans, dessen Bedeutung mit dem Tode von Étienne M. endete. Nur ein Großonkel von Étienne M. trat in den geistl. Stand ein. N. Bulst

Lit.: H. FREMAUX, La famille d'Étienne M. 1250–1397, Mém. de la soc. de l'hist. de Paris et de l'Ile de France 30, 1903, 175–242 – R. CAZELLES, Étienne M. ..., Journal des Savants, 1965, 413–427.

M. Étienne, frz. Politiker, * 1310, † (ermordet) 31. Juli 1358 in Paris; ältester Sohn von Simon →Marcel († 1333) und Isabelle Barbou, Geschwister: Jean und Jeanne. Wie sein Vater Tuchhändler, belieferte É. M. 1334–53 das →Hôtel du roi; ⚭ 1. Jeanne de Dammartin († 1344), deren Vater sich den Plänen Kg. Philipps V. zu einer Münzvereinheitlichung entgegengestellt hatte (1321), 2. Marguerite, Tochter von Pierre des →Essarts (Mitgift: 3000 Goldfl., dadurch finanziell auf gleicher Stufe wie verwandtschaftl.). Die Erfahrungen, die É. M. nach dem Sturz des Schwiegervaters (1346) mit den korrupten Machenschaften seiner beiden Schwager machte (1353), dürften nicht unerhebl. für seine polit. Ziele gewesen sein. 1350 zum prévôt der grande confrérie gewählt, wurde er im Aug. (?) 1354 →prévôt des marchands. Bereits auf den →États Généraux des Languedoil (Dez. 1355) in Paris Sprecher des Dritten Standes, trat er bei den nun weiteren Ständeversammlungen (bis Febr. 1358) zusammen mit Robert →Le Coq als wichtigster Führer des ständ. Widerstandes auf, der zuerst zusammen mit dem Kgtm. (der Bruch erfolgte im Juli 1356), danach in offener Konfrontation grundlegende Reformen zu ergreifen zwang. Nach einem kurzfristigen Erfolg (Zugeständnis des Dauphins Karl V. im Jan. 1357: Entlassung und ggf. Aburteilung der »schlechten Ratgeber« des Kg.s, freie Einberufung von Generalständen, Widerruf der jüngsten Münzverschlechterung) führte der sich zuspitzende Konflikt zur wachsenden Isolierung des Dritten Standes und É. M.s, da Klerus und Adel sich immer weniger an den Generalständen beteiligten. Im

Juli 1357 erfolgte die Aufforderung des Dauphins an É. M., sich aus der Politik zurückzuziehen und auf Paris zu beschränken. Der 22. Febr. 1358 war der Höhepunkt der Auseinandersetzung, als unter der Führung É. M.s, in Gegenwart des Dauphins, dessen wichtigste Berater, die beiden Marschälle Jean de →Conflans und Robert de Clermont, im Louvre ermordet wurden. Unterstützung erhielt É. M. durch sein Bündnis mit dem Kg. v. Navarra, →Karl »d. Bösen«. Eine gewisse Entlastung für die Pariser brachte der Aufstand der →Jacquerie, den É. M. zur Zerstörung der um Paris gelegenen festen Plätze des Adels nutzte. É. M.s Pakt mit Karl v. Navarra und den Engländern sowie der Bruch mit dem Kgtm., der für den Großteil der Bevölkerung nicht vermittelbar war, führte zu É. M.s Ermordung am 31. Juli 1358, die unter führender Beteiligung seines Familienclans zu einem Zeitpunkt, als die militär. Bedrohung v. Paris durch den Dauphin gebannt war, erfolgte. É. M. ist angesichts der von ihm verfolgten Ziele als eher »traditionalist.« und »nostalg.« denn als »revolutionär« (CAZELLES) charakterisiert worden.

N. Bulst

Q.: →Frankreich, A. VI, C. VII – Lit.: D. D' AVOUT, 31 juillet 1358 – Le meurtre d' É. M., 1960 – R. CAZELLES, É. M., champion de l'unité française, 1984 – CH. AMALVI, L'érudition française face à la révolution d' É. M., BEC 142, 1984, 287-331.

Marcellinus (Μαρκελλιανός, Prok. Vand. 1,6,7), röm. Befehlshaber in Dalmatien (comes rei militaris). Als Anhänger von →Maiorianus zur Unterstützung gegen →Geiserich aufgerufen, besetzte M. 459 Sardinien und Sizilien, zog sich aber 461 nach Dalmatien zurück, wo er in Zusammenarbeit mit Byzanz eine weitgehend selbständige Herrschaft ausbaute (Phot. cod. 242, 343b; Suda s. v.). Er errang Erfolge im Vandalenkrieg 468 (als 2. Patricius und Magister Militum des →Anthemius), wurde aber von Offizieren seines Heeres ermordet. G. Wirth

Lit.: RE XIV, 1446; Suppl. XII, 684 – PLRE II, 708 – R. CESSI, AIVSL 75, 1915/16, 1476 – STEIN, Bas-Empire, I, 349ff.

Marcellinus und Petrus, hl., Märtyrer in Rom (Fest 2. Juni), enthauptet unter Diokletian. M. gilt als Priester, P. als Exorzist. Neben ihrer Katakombe an der Via Labicana erbaute Ks. Konstantin eine Basilika und das Mausoleum der Ksn. Helena (LP 1, 182). Für ihr Martyrium berief sich Damasus I. (Epigrammata, 160f.) auf ihren Henker und Bestatter. Ihre Namen gelangten in das 'Nobis quoque' der Messe. Sie erhielten eine Titelkirche auf dem Monte Celio. Die Passio (um 600?) ist legendarisch. 827 erwarb →Einhard ihre Reliquien für sein Kl. →Seligenstadt. K. H. Krüger

Lit.: BHL 5230-5233 – Bibl. SS VIII, 657-659 – Catholicisme VIII, 410 – LCI VII, 490 – LThK² VII, 1f. – MartHieron, 293f. – Vies des Saints VI, 41f. – P. JOUNEL, Le culte des saints, 1977, 243 – Die Katakombe 'Santi Marcellino e Pietro', 1987 – H. R. SEELIGER, RQ 83, 1988, 58-75.

Marcellus (Beinamen **Empiricus** oder Burdigalensis nz.), unter Theodosius d. Gr. und Arcadius 394/395 mag. officiorum. Im Ruhestand (um 408) kompiliert er als med. Laie für seine Söhne eine volkskundl. sehr wertvolle Rezeptslg. »De medicamentis« in 36 Kapiteln (a capite usque ad pedes), bes. mit physica remedia (nach der Sympathienlehre). Seine Hauptq. sind das Arzneibuch des Scribonius Largus und die →Medicina Plinii, daneben auch die Naturalis historia des Plinius. Weitere von ihm praef. 2 gen. Q. sind nicht faßbar. Das gilt v. a. für volksmed. Traditionen, die teilw. von den physica remedia nicht geschieden werden können. Für M.' Herkunft aus Gallien zeugen einheim. Pflanzennamen; die von Jakob Grimm begonnene Deutung einiger (unverständl.) Zaubersprüche zu Heilzwecken als gallokelt. Sprachreste überzeugt nur z. T. Die auch für Scribonius Largus wichtige Überlieferung beruht auf drei frühma. Hss.; Exzerpte in einem Bamberger Rezeptar (13. Jh.). K.-D. Fischer

Q.: M. Über Heilmittel, 1968 [lat./dt.; Lit.] – Lit.: HAW § 608.2 [K.-D. FISCHER; Lit.].

March. 1. M., Ausias, * 1397 (?) in Gandia (?), † 3. März 1459 in Valencia, Sohn des Pere →March und der Leonor Ripoll; ∞ 1. (1437-39) Isabel Martorell, 2. (1443-54) Joana Escorna. M. nahm an Feldzügen in Neapel, Sardinien, Korsika und Nordafrika teil (1420-24) und stand im Dienst Kg. →Alfons' V. (17. A.). Er hat in seiner Lyrik als erster ausschließl. die katal. Sprache verwendet. Die erste Druckausg. seiner 128 Gedichte (1539; mit kast. Übers. B. de Romaní) ist themat. in 4 Gruppen eingeteilt: Cants d'amor, C. de mort, C. morals, Cant espiritual. Seine Liebesgedichte mit der zentralen Figur der Teresa Brou wurzeln in der prov. höf. Tradition. Die Cants morals stehen in der Tradition der →lehrhaften Lit. Der Cant espiritual ist eine hymn. Gebetsmeditation über Sünde, reuige Askese und erlösende Gnade. M. gilt als einer der bedeutendsten Dichter der katal. Lit. im Übergang vom SpätMA zur NZ. D. Briesemeister

Ed.: Obres, ed. A. PAGÈS, 1912-14 – Poesíes, ed. P. BOHIGAS, 1980 – Obra poética completa, ed. R. FERRERES, 1990 [mit kast. Übers.] – Lit.: A. PAGÈS, Commentaire des poésies, 1925 – M. DE RIQUER, Traducciones cast. de A.M. en la edad de oro, 1946 – Revista Valenciana de Filología 6, 1959/62 [Sondernr.] – DERS., Hist. de la lit. catalana, 2, 1980, 471-568 – K. MCNERNEY, The influence of A.M. ..., 1982 – R. ARCHER, The pervasive image..., 1985 – L. ESTEVE – L. RIPOLL, Assaig de bibliogr. ausiasmarquiana, Llengua i lit. 2, 1987, 453-484.

2. M., Pere, * 1338 (?), † 7. Juni 1413 in Balaguer, aus niedrigem valencian. Adel, erbte väterl. Besitzungen bei Gandia und stand als Intendant 1370-1410 im Dienst des Hzg.s v. →Gandia. Wie sein Bruder Jacme Dichter. Iñigo López de Mendoza erwähnt lobend die sentenzenhaft-moralisierenden Gedichte. Die Versepistel »Lo Mal d'amour« beschreibt in konventioneller Topik die Liebeskrankheit. »L'arnès del cavaller« (1264 Sechssilber) bietet eine sinnbildl. Ausdeutung der ritterl. Waffenrüstung. In »La compte final« beklagt der Dichter den kärgl. Lohn für seine Dienste beim Hzg. D. Briesemeister

Ed. und Lit.: A. PAGÈS, A.M. et ses prédécesseurs, 1912 – DERS., Les coblas ... de Jacme, P. et Arnau M., 1949 – M. DE RIQUER, Hist. de la lit. catalana, 1, 1980 – A. Jaume e P.M., Cobles i noves rimades, ed. J. VIDAL ALCOVER, 1987.

March, Earls of, Earldom of. Als Titel und adliger Besitz ist das Earldom of M. ungewöhnl., da fast alle engl. Earldoms nach Gft.en benannt sind. Doch weist die Ernennung von Roger →Mortimer of Wigmore († 1330) zum Earl of M. (1328) auf seine große Machtstellung und seinen umfangreichen Besitz im walis. Grenzland (→Walis. Marken [*marches*]) hin. Durch Heirat, Erbschaft und Eroberung hatten seine Vorfahren und er in den walis. Marken die Herrschaften *(lordships)* v. Radnor, Maelienydd, Blaenllyfni, Ewyas Lacy, Denbigh, Narberth, Builth und St. Clears erworben. Sein Enkel fügte noch die Herrschaften v. Caerleon und Usk hinzu. Roger wurde der einflußreichste Adlige im Kgr. 1306 zum Ritter geschlagen, kämpfte er in Schottland und Irland, trat in den Dienst der Kgn. Isabella und half 1327 bei der Absetzung Eduards II. Gemeinsam mit der Kgn. regierte er England 1327-30, doch führte sein strenges Regiment zu seiner Gefangennahme, zum Verlust von Titel und Earldom und zur Hinrichtung 1330. Erst die hervorragende militär. Laufbahn seines Enkels Roger († 1360) bewirkte die Aufhebung der Verurteilung Roger Mortimers und die Wiederherstellung des Earldoms, das nun bis zum Tod Earl

Edmunds (1425) vom Vater auf den Sohn vererbt wurde. Nach Edmunds Tod folgte als Erbin seine Schwester Anne (∞ Richard, Earl of Cambridge). Ihrem einzigen Sohn →Richard, Duke of York, folgte dessen Sohn Eduard noch vor Richards Tod († 1460) als Earl of M. Unter Eduard IV. ging das Earldom an die Krone über.

R. A. Griffiths

Lit.: Peerage VIII – J. E. POWELL–K. WALLIS, The House of Lords in the MA, 1968 – P. A. JOHNSON, Richard, Duke of York, 1411–1460, 1988 – W. M. ORMROD, The Reign of Edward III, 1991.

Marche, la, Gft. im sw. Mittelfrankreich, Grenzregion zw. Poitou, Berry und Limousin, wurde im 10. Jh. als 'Mark' konstituiert und war seit Mitte des 10. Jh. selbständige Gft., unter dem sog. »Haus Charroux«, dessen Mitglieder wohl ursprgl. Vögte der großen Abtei →Charroux gewesen waren. Boso I. d. Ä. wird 958 als 'marchio' genannt; die »Chronik v. St-Maixent« bezeichnet ihn als Sohn des Sulpicius, der selber Sohn eines Gottfried war. Boso I. heiratete Emma, die Schwester des Gf.en Bernhard v. Périgord; seine Söhne und Nachfolger Audebert I. († 997) und Boso II. († zw. 1003 und 1023) waren daher zugleich Gf.en v. M. und Périgord. Auf Boso II. geht die Gründung der Abtei Le Moutier-d'Ahun zurück. Bernhard I., Sohn des Audebert, der bis 1038 als Gf. genannt wird und vor 1047 verstarb, hatte (mindestens) sechs Kinder, unter ihnen Audebert II. und Audemode (Almodis), in 1. Ehe mit Hugo V. v. →Lusignan verheiratet. Boso III., Sohn von Audebert II. († 1088), starb 1091 kinderlos.

Die Gft. M. ging vom Hause Charroux an die Familie →Montgomery über, aufgrund der 2. Ehe der Audemode, die zw. 1091 und 1098 Roger v. Montgomery heiratete. Letzter Gf. aus dieser Familie war Audebert IV., der nach dem Verlust seines einzigen Sohnes und vor dem Aufbruch zum Kreuzzug die Gft. 1177 an Kg. →Heinrich II. v. England verkaufte.

Obwohl Verwandte (der Gf. v. →Angoulême, der Sire de Lusignan) ihre Erbansprüche anmeldeten, blieb die M. von 1177 bis 1199 bei den Plantagenêt (→Angevin. Reich). Nach dem Tode von Richard Löwenherz entführte Hugo IX. v. Lusignan die Kgn. →Eleonore und ließ sich die Gft. M. zuerkennen, die – mit Ausnahme der Zeit von 1202 bis 1214, in der sie Kg. Johann v. England besetzt hielt – für ein gutes Jahrhundert in der Hand der Lusignan blieb; ihre Herrschaft endete mit dem Tod von Yolande († 1314), der Schwester des letzten Gf.en, Gui/Guyard († 1308).

Der spätere frz. Kg. Karl (IV.) hatte die Gft. M. von 1314 bis zu seiner Thronbesteigung 1322 als →Apanage inne, 1327 tauschte er die Gft. M. mit Ludwig I., Herrn v. →Bourbon, gegen die Gft. →Clermont-en-Beauvaisis. Das Haus Bourbon besaß die M. von 1327 bis 1435, doch war die Basse M. von 1390 bis 1442, als Mitgift für Anne, die Tochter des Hzg.s →Jean de Berry, in der Hand ihrer beiden Ehemänner, nämlich Jeans, Gf.en v. →Montpensier (∞ 1397), und →Ludwigs VII. v. Bayern-Ingolstadt (∞ 1402) sowie des aus dieser Ehe hervorgegangenen Sohnes →Ludwigs VIII. v. Bayern-Ingolstadt.

1435 zog sich Jacques II. v. Bourbon in einen Franziskanerkonvent zurück und vererbte die M. seiner mit →Bernhard v. Armagnac verheirateten Tochter Eleonore. Beider Sohn Jacques III. (1461–77) wurde schließlich als Rebell gegen Kg. Ludwig XI. enthauptet, die Gft. M. konfisziert und 1478 an die Tochter des Kg.s, →Anna, und ihren Gemahl →Peter II. v. Bourbon-Beaujeu ausgetan. Nach dem Tode des Schwagers der Beaujeu, Karls v. Bourbon-Montpensier, bei der Belagerung von Rom (1527) erfolgte die definitive Vereinigung mit der Krone.

Die Gft. M. verlor um die Mitte des 13. Jh. die Region von Bourganeuf und Peyrat, die an eine jüngere Linie der Lusignan kam und in der Folgezeit beim Poitou verblieb. In der gleichen Periode erfolgte andererseits der Erwerb der Vicomté →Aubusson (1262). Die M. war zweigeteilt: Die 'Haute M.' umfaßte sieben Prévôtés bzw. Châtellenies, nämlich Ahun, Aubusson, Crozant, Le Dognon (von der übrigen Haute M. durch Gebiete des Poitou abgetrennt), Drouilles, Felletin und Guéret, gehörte dem (gemeinrechtl. verfaßten) 'pays de droit écrit' an und war hinsichtl. Justiz und Fiskalwesen *(diocèse* und *aides)* dem Limousin angeschlossen. Die 'Basse M.' (diese Bezeichnung tritt erstmals 1400 auf) hatte ebenfalls sechs Prévôtés: zum einen Bellac, Rancon, Champagnac (gleichfalls 'de droit écrit' und mit dem Limousin verbunden), zum anderen Charroux, Calais, St-Germain, Le Dorat, die dem (gewohnheitsrechtl. verfaßten) 'pays de droit coutumier' (→Coutume) angehörten und hinsichtl. der Justiz zum Poitou zählten, während das Fiskalwesen *(diocèse, élection)* zw. Poitou und Limousin (Le Dorat) geteilt war. Die Gft. M. wurde seit dem Ende des 12. Jh. von einem →Seneschall verwaltet.

R. Favreau

Lit.: A. THOMAS, Le comté de la M. et le parlement de Poitiers (1418–36) (BEHE 174, 1910) – G. THOMAS, Les comtes de la M. de la Maison de Charroux (Xe s.–1177), 1928 – J. NOUAILLAC, Hist. du Limousin et de la M., 1931 – D. BRELINGARD, Hist. du Limousin et de la M., 1950.

Marche, Olivier de la → La Marche, Olivier de

Märchen und Märchenmotive im MA. Die gattungstheoret. Inkonsistenz des M.s, das sich in Schwank- und Novellenm. sowie Zauber- und Tierm. hilfsweise aufgliedern läßt, erlaubt auch bei unterschiedl. Motivgewichtung keine präzise Abgrenzung von den Gattungen des →Schwanks, der →Fabel, des →Exempels oder des →Märe. Die M. erzählung als Komposition ist fast immer jünger als märchenhafte Einzelmotive oder Motivkomplexe. Die allg. Verbreitung von Volksm. ist erst im späteren MA nachweisbar. Das Spektrum der mlat. Tradition ist evident vielfältig, wie die Schwankm. »Modus florum« (AaTh 852: REDEKAMPF), der →»Unibos« (AaTh 1535) oder der →»Rapularius« (AaTh 1689 A) zeigen. Derartige Belege bieten die für die Erzählforschung höchst relevanten →»Gesta Romanorum«, so num. 76: »Die drei Doktoren« (AaTh 660) oder num. 91: »Faulheitswettbewerb« (AaTh 1950) (weitere Motivnachweise bei →Johannes Gobii Junior, →Johannes v. Bromyard und →Robert Holcot). Die aus der Antike stammenden novellenartigen M. von »Polyphem« (AaTh 1135–1137) und »Rhampsinit« (AaTh 950) tradiert der →»Dolopathos« des Johannes v. Alta Silva, der zudem das einheim. M. von den Schwanenkindern (AaTh 451: Mädchen sucht seine Brüder) in seine ingeniöse Bearbeitung der oriental. »Sieben weise Meister« ebenso wie das Novellenm. »Fleischpfand« (AaTh 890; weiterer Beleg »Gesta Romanorum«, num. 195) integriert hat. Das Parabel-M. »Großvater und Enkel« (980 A-B) ist nicht nur bei →Jacobus v. Vitry und →Caesarius v. Heisterbach, sondern auch in den mhd. Verserzählungen »Kotzenmaere« (vor 1300) und »Die halbe Decke« des Heinrich Kaufringer vorgeformt. Die Gattung des Zauberm. ist motiv. vertreten im »Asinarius« (AaTh 430), bei →Geoffroy v. Monmouth der vom unglückl. Kg. und der verstoßenen jüngsten Tochter (AaTh 923: Lieb wie das Salz) erzählt, oder in der »Vita Offae primi« (AaTh 706: Mädchen ohne Hände) (auch bei Johannes Gobii Junior). Vorformen des Zauberm.s »Boten des Todes« (AaTh 335) sind u.a. bei →Hugo v. Trimberg, Johannes v. Bromyard und →Johannes Gerson belegt. Das auf jüd. Tradition (Salomon-Sage) basierende Doppelgängerm. von »Jovinianus« (AaTh 757) tradieren die »Gesta Romanorum« (num. 59). Durch →Petrus Alfonsi, Jacobus v. Vitry, →Nicole Bozon und den span. »Libro des los e(n)xemplos« gelangt das arab. Kettenm. »Häufung des Schreckens« (AaTh 2040) in die europ. Hochliteratur. Relevante Teile von Tierm. »Tiere auf Wanderschaft« (AaTh 130) werden von →Nivardus v. Gent im »Ysengrimus« und im »Roman de Renart« erzählt. Ob Egbert v. Lüttich eine Frühform des Rotkäppchen-M.s (AaTh 333) tradiert, ist umstritten. Wegen des knappen Raumes sei aus der Fülle einzelner Motivbelege hingewiesen auf »Die klugen Ratschläge« (AaTh 910) im »Ruodlieb«, den »Geist im Glas« (AaTh 331) bei →Gervasius v. Tilbury oder den »Geist im blauen Licht« (AaTh 562) in der »Vita Alberti Magni«. Eine Vielfalt von märchenartigen Strukturen bzw. Motiven findet sich im byz. Bereich, so in den akriteischen Liedern das Drachentöter-Motiv oder in den westl. beeinflußten Romanen des 14. und 15. Jh. »Kallimachos und Chrysorrhoe« oder »Belthandros und Chrysantza«. M. und Morallehre haben sich in den Reimerzählungen (13.-15. Jh.) »Peri Dystychias kai Eutychias« und »Ptocholeon« (AaTh 655: Die scharfsinnigen Brüder) verschwistert. Während im westl. Europa z.B. die volkssprachigen Versionen der »Gesta Romanorum« (Deutschland, England) oder des »Dolopathos« (Frankreich, Deutschland) für die Verbreitung märchenartiger Elemente sorgen, integrieren ma. Epen neben myth. und novellist. Motiven auch M.stoffe. Neben dem Nachweis der M.struktur kommen z.B. im »Beowulf« einzelne M.typen, wie »Drachentöter« (AaTh 300) oder »Die drei geraubten Prinzessinen« (AaTh 301) vor. Der »Partonopeus« des →Konrad v. Würzburg episiert den Typus »Amor und Psyche« (AaTh 425) bzw. »Mann auf der Suche nach der verlorenen Frau« (AaTh 400). Auf denselben Erzähltypen basieren →Konrads v. Stoffeln »Gauriel v. Montaubel« oder→Albrechts v. Scharfenberg »Seifrid v. Ardemont« sowie der späthöf. Ritterroman »Friedrich v. Schwaben« (AaTh 401: Prinzessin als Hirschkuh). Schließlich enthält der oberdt. →»Fortunatus«-Roman viele Einzelzüge märchenartigen Charakters (AaTh 566). Neben M.motiven hat →Chrétien de Troyes v.a. M.strukturen bewußt auf den Arthurischen Roman übertragen. Im frühen dt. Artus-Roman trägt der »Lanzelet« des →Ulrich v. Zatzikhoven deutl. den Charakter eines Feenm.s, auch die mndl. Artusbearbeitung »Walewein« weist M.einflüsse auf. z.B. AaTh 551: Wasser des Lebens und AaTh 550: Vogel, Pferd und Kg.stochter) auf. Im »Berte«-Epos des →Adenet le Roi (AaTh 403: Die schwarze und die weiße Braut), im »Dit de Messire Merlin« (AaTh 555: Fischer und seine Frau), im Versroman »Beuve de Hampton« (AaTh 314: Goldener) in der Chanson de geste →»Huon de Bordeaux« (AaTh 461: Drei Haare vom Bart des Teufels) sowie in den Fassungen der »Belle Hélène de Constantinople« (AaTh 706: Mädchen ohne Hände) lassen sich zahlreiche M.typen aufzeigen. Unabdingbar ist schließlich der Hinweis auf Vorformen (bret. Herkunft) von M.typen wie AaTh 432 (Prinz als Vogel), AaTh 400 (Mann auf der Suche nach der verlorenen Frau) und AaTh 612 (Drei Schlangenblätter) in den Lais der →Marie de France. Schließlich ist auch im nordeurop. Bereich M.einfluß evident, so in der →»Klári Saga« (AaTh 901: Zähmung der Widerspenstigen; Verwandtschaft mit AaTh 900: Kg. Drosselbart) oder im ma. nord. »Flateyrbók« (1380) (AaTh 314: Goldener und AaTh 502: Der wilde Mann). W. Maaz

Lit.: J. Bolte-G. Polívka, Anm. zu den Kinder- und Hausm. der Brüder Grimm, 1-5, 1913-32 – A. Wesselski, M. des MA, 1925 – Ders., Versuch einer Theorie des M.s, 1931 – A. Aarne-S. Thompson, The Types of the Folktale, 1961 (= AaTh; nach EM 4, 348-375 werden hier die dt. Typen-Bezeichnungen verwendet) – W. Scherf, Lex. der Zauberm., 1982 – M. Lüthi-H. Rölleke, M., 1990[8] – H.-J. Uther, M. vor Grimm, 1990 – vgl. die einschlägigen Artikel in EM, I-VI, 1975-90.

Marcher Lords → Walisische Marken

Marchettus de Padua (Marcus de P., Marcus Paduanus), it. Musiktheoretiker und Komponist, * 1274? in Padua. Bedeutsam waren seine Traktate Lucidarium in arte musicae planae (über Fragen des Tonsystems, der Intervalle und ihrer Teilung und über den gregorian. Choral und dessen Tonartensystem); v. a. das stark philos. fundierte Pomerium in arte musicae mensuratae und die für Anfänger vereinfachte Zusammenfassung Brevis compilatio in arte musicae mensuratae. Neben dem frz. Musiktheoretiker→Philippe de Vitry schuf er eine eigenständige Mensurations- und Notationslehre, die schon um die Jahrhundertmitte in Vergessenheit geriet. An erhaltenen Kompositionen werden ihm drei Motetten zugeschrieben.

H. Leuchtmann

Ed.: Lucidarium: GS III, 64-121 – Pomerium: GS III, 121-187 – CSM VI, 1961 – Brevis compilatio: CS III – *Lit.:* MGG – New Grove – Riemann–W. Apel, The Notation of polyphonic music, 1953, 368ff. – M. L. Martinez, Die Musik des frühen Trecento, 1963, 55-78 – G. A. Gallo, M. in Padua Trecento, AMW 31, 1974, 42ff.

Marchfeld, Schlacht auf dem → Dürnkrut

Marchiennes, St-Pierre et St-Paul de (später: Ste-Rictrude), Abtei OSB in Nordfrankreich (dép. Nord, arr. Douai), an der Scarpe, gegr. um die Mitte des 7. Jh. vom hl. →Amandus. M. unterstand als →Doppelkl. zunächst dem Amandus-Schüler Jonatus, dann der Äbt. Rictrude, der Witwe eines Großen namens Adalbald. Es blieb Doppelkl. bis zum Ende des 10. Jh.; danach verblieben in der Abtei nur mehr Nonnen, die 1024 durch Mönche abgelöst wurden. Nach einer schweren Krise wurde M. von dem aus der benachbarten Abtei →Anchin stammenden Abt Amandus (1116-36) reformiert und den cluniazens. Gewohnheiten angeschlossen (*coutumier* des 12. Jh., unediert). M. besaß das 2 km entfernte Priorat Hamage, hervorgegangen aus einem alten Doppelkl., das ebenfalls dem 7.Jh. entstammte, sowie etwa zehn 'curtes'; die Domäne der Abtei umfaßte ca. 12000 ha. In M. wirkten im 12. Jh. als Autoren der Abt Amandus, der Hagiograph Galbert und der Geschichtsschreiber →Andreas v. Marchiennes. Die Hss. aus M. befinden sich heute in der Bibl. Municipale v. Douai. B. Delmaire

Q.: Hucbald v. St-Amand, Vita Rictrudis, AASS Maii 3, 81-89 – L'Hist. polyptyque de M. (1116/1121), ed. B. Delmaire, 1985 [Bibliogr.] – *Lit.:* Catholicisme 8, 414-416 – L. Spriet, M. et son abbaye, 1898 – R. Naz, L'avouerie de l'abbaye de M., 1924 – B. Delmaire, Un état des recettes affermées de l'abbaye de M. (1269-70), Sacris erudiri, 1980, 265-287 – H. Platelle, Crime et chatiment à M., ebd., 155-202 – P. Černý, Les mss. à peintures de l'abbaye de M. jusqu'à la fin du XIIe s., Bull. de la Comm. dép. d'hist. et d'archéologie de Pas-de-Calais, 1981, 49-70.

Marcianopolis → Markianopolis

Marcianus → Markianos

Marcigny-sur-Loire, cluniazens. Priorat im südl. →Burgund (dép. Saône-et-Loire), gegr. vom hl. →Hugo, Abt v. Cluny (1049-1109), und seinem Bruder Gottfried (Geoffroy) v. Semur, anläßl. des Eintritts ihrer Mutter ins Kloster. M., dessen Kirche am 14. Jan. 1055 geweiht wurde, war das erste cluniazens. Frauenkl. Als Äbt. galt die Jungfrau Maria; die weibl. Gemeinschaft mit 99 Nonnen wurde von einer Priorin geleitet; ein weitaus geringer besetztes Männerpriorat gewährleistete, unter Aufsicht des Abtes v. Cluny, die spirituelle Versorgung und die Verwaltung der Güter. In das Kl. M. traten große Damen aus dem ganzen Abendland ein, aber auch Töchter lokaler Adelsfamilien; seine Besitzungen erstreckten sich bis nach England, Spanien und in die Niederlande. Der Aufstieg M.s endete jedoch bald nach dem Tode des Gründers, nicht zuletzt wegen des Zulaufs von →Fontevrault. Starker Niedergang im Hundertjährigen Krieg, als der Ort M. zw. den kämpfenden Parteien umstritten war. J. Richard

Lit.: J. RICHARD, Le cart. de M., 1957 – E.-M. WISCHERMANN, M.-sur-L., 1986 [Auswertung des von J. WOLLASCH wiederentdeckten Nekrologs].

Marcilhac, Abtei OSB in der südwestfrz. Landschaft Quercy (Bm. Cahors; dép. Lot, arr. Figeac, cant. Cajarc). Die Anfänge sind infolge mangelnder Q. (Testamente 922, 961; Chronik v. Madiran, 11. Jh.) und verschiedener Fälschungen (vgl. Urk. Kg. Pippins I. v. Aquitanien, 843/844) schlecht erhellt. Erst seit dem 10. Jh. liegen gesicherte Belege vor. M. war ursprgl. vielleicht eine Zelle v. →Moissac. Drei Schwerpunkte waren im 11. und 12. Jh. für die Gesch. der Abtei bestimmend: das Bemühen der Äbte v. M., den Besitz des Priorates Madiran (dép. Hautes-Pyrénées) zu wahren; ein langer Streit mit St-Martin de →Tulle um den Besitz des Marienheiligtums →Rocamadour, wobei M. 1193 definitiv Tulle unterlag; bedeutende Bautätigkeit an der Wende des 11. Jh. (roman. Kirchenschiff, Kapitelsaal). Die trotz wohl zahlreicher Güter im Quercy rasch verarmende Abtei litt im Hundertjährigen Krieg unter den Raubzügen der *Grandes Compagnies* ('Inquisitio' des Pierre Tisserand, 1389). Dies führte zur Verkleinerung des Konvents und zur Umwandlung der Abtei in eine Kommende, die im 14.–16. Jh. fast ununterbrochen der Familie Hébrard unterstand. J. Dufour

Lit.: E. ALBE – A. VIRÉ, L'Hébrardie. M. (Lot), 1924 – J.-R. MARBOUTIN, L'église abbatiale de M., Bull. de la Soc. des études litt., scientifiques et artistiques du Lot 58, 1937, 131–154 – M. DESHOULIÈRES, M., Congr. archéol. de France, 100, 1937 (1938), 63–81.

Marco Polo → Polo

Marculf, hl. (Fest 1. Mai). Nach der im 9. Jh. aufgezeichneten Tradition von Nant (Diöz. Coutances) ist M. in Bayeux geboren, gründete z. Z. Childeberts I. († 558) das Kl. und wurde von Bf. →Laudus bestattet. Vor den Normannen flüchteten die Mönche mit seinen Reliquien nach →Corbény (Diöz. Laon), wo Karl III. ihnen 906 ein Kl. einrichtete, das 954 Priorat v. St-Remi in Reims wurde. Seit dem 12. Jh. erscheint M. in den Martyrologien. Wohl sein Name (Mar-cou) ließ ihn im 13. Jh. zum Helfer bei →Skrofeln und anderen Halskrankheiten werden. Dies erklärt, warum ab 1354 (?) die frz. Kg.e ('rois thaumaturges') am Tag nach der Reimser Krönung das Priorat aufzusuchen pflegten. Von da an verbreitete sich der Kult des Hl.n über die Normandie, Laon und Reims hinaus nach Flandern, Brabant und Aachen. K. H. Krüger

Lit.: BHL 5266–5270 – Bibl.SS VIII, 748–751 – Catholicisme VIII, 425f. – LCI VII, 547–554 – LThK² VII, 94f. – Vies des Saints V, 23f. – M. BLOCH, Les rois thaumaturges, 1924 [B. II, Kap. IV] – Le sacre des rois, 1985, 85f. [P. DU VERDIER] – J. DUBOIS, Martyrologes, 1990, 232 s. v.

Marculfi Formulae → Formel, -sammlungen (Abschnitt A. III)

Marcus, hl., Evangelist → Markus

Marcus

1. M., *Papst* (hl.; Fest: 7. Okt.) seit 18. Jan. 336, † 7. Okt. 336, ◻ Rom, S. Balbina an der Via Ardeatina; Römer, der vielleicht schon seit Bf. →Miltiades († 314) eine führende Stellung in der röm. Gemeinde einnahm. Seine kurze Amtszeit fiel in die Zeit heftiger arian. Streitigkeiten (→Arius). Die Nachricht des Liber Pontificalis, daß die Bf.e v. Ostia fortan den Bf. v. Rom weihen sollten, ist glaubwürdig. M. erbaute zwei Basiliken (Titulus Marci, S. Balbina an der Via Ardeatina). Echte Schreiben sind von M. nicht erhalten. G. Schwaiger

Q.: LP I, 8of., 202–204; III [Register] – JAFFÉ² I, 30; II, 691 – *Lit.:* LThK² VII, 8f. – ALTANER-STUIBER, 1980⁹, 353 – E. CASPAR, Gesch. des Papsttums I, 1930, 131, 142 – J. SPEIGL, Die Päpste in der Reichskirche des 4. und frühen 5. Jh. (M. GRESCHAT, Das Papsttum I, 1985), 43–55 – A. MARTIN, Le fil d'Arius 325–335, RHE 84, 1989, 297–333.

2. M. Eremita (der Mönch), Mönch, geistl. Schriftsteller, gilt als Verf. mehrerer asket. und dogmat. Opuscula. Lebensumstände und -zeit sind umstritten: Palästina, Gegend von Tarsus, Ägypten; spätes 4. Jh., 5. Jh. oder frühes 6. Jh. Seine geistl. Lehre ist wohl aus Widerspruch zum Messalianismus (→Messalianer) zu sehen, ist jedoch nicht unbeeinflußt von einem gemäßigten Messalianismus. Sein Werk wurde im O weit verbreitet (syr., georg. und arab. Versionen), eine erste lat. Übers. erschien 1531 in Hagenau. K. S. Frank

Ed.: CPG 6090–6102 – MPG 65, 905–1140 – *Dt. Übers.:* O. HESSE, Markus E., Asket. und dogmat. Schr., 1983.

3. M. Graecus, als Autor des um 1250 geschriebenen →Feuerwerksbuches »Liber ignium ad comburendos hostes« genannt, von welchem 35 Rezepte in einer lat. Fassung überl. sind. Neben den offenbar älteren Teilen des Buches, u. a. über →Griech. (Byz.) Feuer, ist die Kenntnis des →Salpeters eine frühe Q. zur Entwicklung des →Schießpulvers in Europa. Der »Liber ignium« belegt für das 13. Jh., zusätzl. zu →Alderotti, auch die →Alkohol-Destillation »aqua ardens«. G. Jüttner

Lit.: →Griech. Feuer – M. BERTHELOT, La chimie au MA, I–III, 1893 – P. RICHTER, AGNT 4, 1913, 429ff. – E. O. v. LIPPMANN, Beitr. z. Gesch. der Naturwiss. und der Technik I, 1923, 60–123 – D. GOLTZ, SudArch Beih. 14, 1972, 167ff.

4. M. de Marconibus, * 1480 in der Nähe von Mantua, † 24. Febr. 1510, trat bei S. Matteo in Migliarino 1496 in die nach dem hl. Hieronymus benannte Eremitenkongregation ein. Ob er die Priesterweihe empfing, ist ungewiß. Sein Leben war von strenger Askese geprägt, was ihm schon zu Lebzeiten tiefe Verehrung eintrug. Kurz nach seinem Tod wurde das Grab zur vielbesuchten Wallfahrtsstätte. Bekannte Künstler (Paolo Veronese u. a.) und zahlreiche Ex-voto-Tafeln bezeugen, daß sein Kult schnell weite Verbreitung in Oberitalien fand. M. Gerwing

Lit.: ASS 40, 168ff. – E. IALLONGHI, Il B. Marco da Mantova, 1909 – Bibl.SS VII, 1967, 747f. (= Istituto Giovanni XXIII).

5. M. v. Montecassino, wahrscheinl. 2. Hälfte 6. Jh., Verf. eines Preisgedichtes auf →Benedikt v. Nursia und das von diesem gegr. Kl. →Montecassino in 33 eleg. Distichen, die von guter Schulung an klass. Texten und poet. Geschick zeugen. Das in ein Ersuchen an den Hl.n um Fürbitte mündende Gedicht tradiert Elemente der Gründungslegende von Montecassino, die sich nicht in den Dialogi Gregors d. Gr. finden, und wurde später von →Paulus Diaconus, →Aimoin v. Fleury u. a. benutzt. Daß es nach Benedikts Tod in Montecassino entstand, darf als sicher gelten; ob der Verf. Mönch oder nur Pilger war, ferner, ob er Benedikt noch persönl. kennengelernt hatte, ist nicht zu entscheiden. B. Pabst

Ed. und Lit.: MANITIUS I, 91f. – M. GALDI, Il carme di Marco poeta e l'apoteosi di S. Benedetto, 1929 – S. ROCCA, Versus in Benedicti laudem, Romanobarbarica 3, 1978, 335–364.

6. M., Domherr der Kathedralschule *v. Toledo,* als 'M. diaconus' 1191 urkundl. erwähnt, ging Ende des 12. Jh. an die unter →Dominicus Gundissalinus um 1140 gegr. Übersetzerschule v. Toledo, um aus den 'Armaria Arabum' Galenschr. zu finden und zu übersetzen. Die »Isagoge« des →Johannitius nach →Constantinus Africanus übertrug er in enger Vorlage an den arab. Titel »Kitab al-mudḫal fi't-ṭibb« als »Liber introductorius in medicinam«, ferner Galens Traktat »De pulsu ac de pulsus utilitate« als »Liber de tactu pulsus« (auch »De motu membrorum«). H. Schipperges

Lit.: V. ROSE, Ptolemaeus und die Schule v. Toledo, Hermes 8, 1874, 327-349 – M. TH. D'ALVERNY-G. VAJDA, Marc de Tolède, Al-Andalus 16, 1951, 99-140, 259-307 – H. SCHIPPERGES, Die Assimilation der arab. Med. durch das lat. MA, 1964.

Mardaiten, krieger. und räuber. christianisiertes Volk unbekannter ethn. Herkunft, bewohnte das Gebiet des Amanos und des Taurus. Als Verteidiger der kilik. Grenze waren die M. von Byzanz fast unabhängig. Unter →Konstans II. (641–668) drangen sie in den Libanon ein, wo sie für die arab. Gebiete zur ständigen Bedrohung wurden. Im Vertrag zw. →Justinian II. (685–695) und ᶜAbdalmalik (668–689), durch den die Araber tributpflichtig wurden, versprach der Ks., die M. ins Reich (nach Pamphylien) zu verlegen. Die Umsiedlung blieb unvollständig, ein Teil der M. ging später in den arab. Dienst über, wo sie, obwohl Christen, keine Untertanensteuer entrichteten, Sold erhielten und die Kriegsbeute behalten durften. Die Behauptung des Theophanes, Byzanz habe wegen des Abzuges der M. durch die Araber großen Schaden erlitten, ist übertrieben. Er berichtet auch, daß 12000 Mann der M. die byz. Truppen des Themas der Kibbyrrhaioten an der s. kleinasiat. Küste verstärkten und diese auf Kephallenia, in der epirot. Küstenstadt Nikopolis und auf der Peloponnes für den Dienst auf See stationiert wurden. J. Ferluga

Lit.: EI¹ – EI² – H. AHRWEILER, Byzance et la mer, 1966, 33, 44, 108, 399f. – N. STRATOS, Byzantium in the Seventh Century, 4: 668-685, 1978, 40-48 – J. FERLUGA, Unters. zur byz. Ansiedlungspolitik auf dem Balkan..., ZRVI 23, 1984, 54f., 59 [Lit.] – G. DAGRON, Das Firmament soll chr. werden... (Fest und Alltag in Byzanz, hg. G. PRINZING-D. SIMON, 1990), 144-156, 210-215.

Märe. Das mhd. Wort *daz maere* als Begriff für »Geschichte«, »Erzählung« ist von HANNS FISCHER (1968) als Terminus einer Gattung »Märe« verwendet worden, die von 220 dt., vom Beginn des 13. bis zum Beginn des 16. Jh. entstandenen Verserzählungen repräsentiert wird, welche in der Überlieferung in Einzelfällen und ohne erkennbaren distinktiven Anspruch als *maere* bezeichnet worden sind. Diese Verserzählungen, vor FISCHER auch als »Versnovellen« benannt, unter- oder überschreiten seiner Definition nach eine »mittlere Länge« (ca. 150–2000 V.) nicht, was sie von →»Bîspeln« bzw. →»Romanen« abhebt. Mit diesen haben sie gemeinsam den fiktiven, diesseitig-profanen und unter weltl. Aspekt betrachteten Gegenstand sowie das (überwiegend) menschl. Personal, was sie jeweils von den nichtfiktiven und geistl. Erzählungen (z.B. hist. Ereignisbericht, →Legenden, →Hagiographie) und den →Fabeln trennt. Enge, z.T. auch in der gemeinsamen Überlieferung sichtbare Verwandtschaft der M.n mit den genannten Gattungen in anderer Hinsicht ist damit ebensowenig bestritten wie gelegentl. Übereinstimmungen mit Spielen und den verschiedenen »Rede«-Formen, von denen sie sich durch den (zumeist auktorialen) Erzählgestus unterscheiden. Die M.n sind danach der dt. sprachige Teil jenes großen internationalen Erzählreservoirs, das »Novellistik« (→Novelle) genannt wird, vgl. die frz. →Fabliaux, →'Novellino' und →Boccaccios 'Decameron' in Italien, →Chaucers 'Canterbury Tales' usw. Dieser Novellistik ähnlich ist den M.n das z.T. mehrfache Aufgreifen und Neu-Erzählen von Stoffen unterschiedl. Provenienz, deren Parallelen z.T. in antiker, oriental. oder ma. lat. (Kleriker-)Lit. nachzuweisen sind (z.B. 'Hero und Leander', 'Der Dieb von Brügge', 'Das Schneekind'). Diese Bearbeitungen werden für verschiedenste, selten exakt zu bestimmende Zwecke instrumentalisiert: Sie sind komisch und didakt.-exemplar. (dies bes. in den Erzählungen aus dem Œuvre des →Strickers, mit denen das Genus, von Einzelfällen abgesehen, zuerst in dt. Sprache erscheint), sie sind höfisch und sentimental ('Pyramus und Thisbe', 'Der Schüler zu Paris'), formulieren implizit Thesen zu Themen der Liebeskasuistik (→'Moriz von Craûn') oder denunzieren Außenseiter (z.B. Juden im Werk des Nürnberger Barbiers Hans →Folz um 1500), sie sind obszön (z.B. 'Der Striegel') oder sozialkrit. (z.B. 'Helmbrecht' von →Wernher dem Gärtner). Auf die Inhomogenität des Textkanons, die in diesem Spektrum ansatzweise deutlich wird, beruft sich denn auch wesentl. die Kritik an einer »Gattung« M., die nach FISCHERS Kriterien für die M.n eine literarhist. Eigenständigkeit behauptet, die ihr so nicht zukam. H.-J. Ziegeler

Lit.: H. FISCHER, Stud. zur dt. M.ndichtung, 1968, 1983² [Ed. und Lit. bis 1981] – K.-H. SCHIRMER, Stil- und Motivunters. zur mhd. Versnovelle, 1969 – Das M. Die mhd. Versnovelle des späteren MA, hg. DERS., 1983 (darin: J. HEINZLE, M.nbegriff und Novellentheorie, 91-110) – H.-J. ZIEGELER, Erzählen im SpätMA. M.n im Kontext von Minnereden, Bispeln und Romanen, 1985 – I. STRASSER, Vornovellist. Erzählen. Mhd. M.n bis zur Mitte des 14. Jh. und afrz. Fabliaux, 1989.

Mare, Peter de la, →*knight*, erster →*speaker* des engl. →House of Commons, † um 1390; wahrscheinl. der ältere Sohn von Sir Reynold de la M. Er besaß zwei →*manors* in Herefordshire zu Lehen, eines von Edmund →Mortimer, Earl of March. P. de la M. war 1372–73 Sheriff v. Herefordshire. Seit dieser Zeit im Dienst des Earl, wurde er sein Steward. 1376 als 'Gft.sritter' (*shireknight*) für Herefordshire in das →Good Parliament gewählt, trug er dort die eröffnenden Anklagen gegen das Regime Eduards III. so ausdrucksvoll vor, daß die Commons ihn zu ihrem speaker vor den Lords ernannten. Später wurde er vom kgl. Rat gefangengenommen, doch bei der Thronbesteigung Richards II. freigelassen, in dessen erstem Parliament (Okt. 1377) er erneut als speaker fungierte. P. de la M. vertrat Herefordshire noch in fünf Parlamenten, doch ist über seinen weiteren Lebensweg nichts bekannt.
R. L. Storey

Lit.: J. S. ROSKELL, The Commons and their Speakers..., 1965 – DERS., Parliaments and Politics in late medieval England, 1981, II, 1-14.

Maréchal de France (pl. *Maréchaux*), hoher militär. Würdenträger der frz. Monarchie. Unter den frühen Kapetingern waren die Inhaber dieses Amtes noch von bescheidenem Rang; wenn ihr Name in den Zeugenlisten von Kg.surkk. auftritt, dann weit hinter den großen Amtsträgern wie Seneschall, Kämmerer, Mundschenk und →Connétable. Hauptaufgabe der Marschälle war damals wohl die Aufsicht über den kgl. Marstall (→*Écurie du roi*). Eine deutl. Wandlung erfolgte unter Kg. →Philipp II. August; das Marschallamt war von 1190 bis 1265 nahezu kontinuierlich in den Händen der Familie →Clément. Nach Aubry, der 1191 vor Akkon fiel, hatte sein Bruder Henri 1191-1214 die Würde inne. Gerühmt von →Wilhelm dem Bretonen wegen seiner einzigartigen ritterl. Tugenden und vielleicht dargestellt auf einem Glasfenster in →Chartres als Träger der →Oriflamme, errichtete Henri an seinem Stammsitz Le Mez (Mez-le-Maréchal, dép. Loiret) eine mächtige Burg. Seit Beginn des 13. Jh. sieht man den M., der nun betont 'M. de France' heißt, an der Spitze seiner Männer in vorderster Reihe kämpfen. Dieser

Aufstieg des M. entspricht im wesentl. der Entwicklung in England (mit William →Marshal/→Guillaume le Maréchal) und in der Champagne (mit Geoffroy de →Villehardouin, dem M. de Champagne). Auch die großen Lehnsfsm.er (Bourbon, Burgund, Bretagne, Dauphiné, Flandern, Normandie) errichteten zunehmend eigene Marschallämter. Dem Kg. v. Frankreich dienten, wegen der Dimensionen seiner Heeresmacht, gleichzeitig zwei M., von denen der früher ernannte den Vorrang beanspruchen konnte. Aufgrund bes. Voraussetzungen fungierten manchmal auch zugleich drei M. (so unter Karl VII. und Karl VIII.). Anläßl. der Leistung des Treueids erhielt der M. vom Kg. einen Stab verliehen; diese Zeremonie ist belegt für →Boucicaut (Jean II. le Meingre), der am 25. Dez. 1391 die Würde aus den Händen Kg. Karls VI. empfing, während er seinen Eid in die Hände Hzg. Philipps des Kühnen v. Burgund ablegte.

In der 1. Hälfte des 14. Jh. umgaben sich die M. innerhalb der großen Heeresaufgebote *(osts)* mit einer eigenen 'bataille', die als Vorhut kämpfte. Damals bildete sich auch die feste Hierarchie der großen militär. Ämter heraus; hierzu zählten der *Connétable*, die beiden M., der →*Amiral* und der *Maître des* →*Arbalétriers*.

Die M. waren mit der Aufrechterhaltung der Ordnung im Heer betraut. Hierfür zogen sie als Helfer einen oder mehrere →*prévôts* heran, deren Amt sich im 15. Jh. verselbständigte (vgl. dt. 'Profos' für den Inhaber der richterl. und Polizeigewalt im Heer). Die Jurisdiktion der *Connétablie* und *Maréchaussée de France* hatte selbst einen weitgehend eigenständigen Charakter angenommen. Eine Hauptaufgabe der M. war die Heerschau (v. a. der berittenen Truppen). In dieser Eigenschaft sandten die M. an die *trésoriers des guerres*, das Kriegsschatzamt, Musterungsrollen der inspizierten Kompagnien, unter dem gemeinsamen Siegel der Maréchaussée, das aus einem geteilten Schild mit den Wappen beider M. bestand. Bei ihren Musterungsaufgaben konnten sich die M. von →*lieutenants* vertreten lassen. Zur Bestellung eines neuen M. führte der Kg. manchmal eine förml. Wahl durch, wie bei der Einsetzung des Kanzlers oder des Connétable. Seit der 2. Hälfte des 14. Jh. betrug der üblicherweise dem M. gewährte Sold 2000 *livres tournois*; hinzutreten konnten eine →Pension und andere Einkünfte. Das Amt wurde nicht durchweg auf Lebenszeit verliehen: So wurde Arnoul d'→Audrehem 1368 aus Altersgründen vom Marschallamt entbunden und zum Hüter *(garde)* der →Oriflamme ernannt, während Louis de →Sancerre am 26. Juli 1397 vom M. zum Connétable befördert wurde. Im 13.–15. Jh. wurden gewöhnl. die M. aus dem mittleren und höheren Adel Frankreichs erwählt. Ph. Contamine

Lit.: Ph. Contamine, Guerre, État et société à la fin du MA, 1972 – D. Lalande, Jean II le Meingre, dit Boucicaut (1366–1421), 1988.

Margareta v. Antiochien, hl. Jungfrau und Märtyrerin (Fest 20. Juli, im O – unter dem Namen Marina – 13. Juli). [1] *Vita und Legende:* Nach der legendar. Passio – hist. Zeugnisse liegen nicht vor – unter Diokletian Anfang des 4. Jh. gemartert und enthauptet. Die von einem Theotimos verfaßte (typ. Jungfrauen-)Passio erfuhr zahlreiche lat. und dann volkssprachl. Bearbeitungen in Prosa und Vers: Von ihrem Vater, einem heidn. Oberpriester, als Christin verstoßen, wächst M. bei ihrer Amme auf. Der von ihr verschmähte Präfekt Olibrius läßt sie ins Gefängnis werfen und grausamen Martern aussetzen. Im Kerker erscheint ihr der Teufel, erst in Gestalt eines Drachen, der sie verschlingen will. M. vertreibt ihn mit dem Kreuzzeichen. Nach anderer Version wird M. vom Drachen verschlungen, aus ihm aber wieder befreit. (Die Legenda aurea, ed. Graesse, 400, hält letztere Version für »apokryph und unziemlich«.) Dem nun in Menschengestalt erscheinenden Teufel setzt M. den Fuß auf den Scheitel. Nach erneuten Martern, die sie unversehrt übersteht, wird sie schließlich enthauptet.

[2] *Verehrung:* M. zählt zu den populärsten Hl.n des MA. Früh in der griech. Kirche verehrt, wird sie im W zuerst im Martyrologium des Hrabanus Maurus erwähnt, später wird ihr Kult bes. gefördert durch den 1098 gegr. Zisterzienserorden. Reliquien befinden sich seit 1185 in Montefiascone in der Toskana. M. gehört neben →Katharina und →Barbara zu den »drei hl. Madln«, Schutzherrinnen des Nähr-, Lehr- und Wehrstandes bzw. – vielfach unter Hinzutreten von →Dorothea – zu den virgines capitales. Sie wird den 14 Nothelfern zugerechnet. Infolge des Drachen-Attributs wurde M. im MA zuweilen mit der vom hl. Georg befreiten Königstochter gleichgesetzt, so daß beide auch mehrfach gemeinsam als Kirchenpatrone erscheinen. Der M.-Tag war wichtiger Termin im bäuerl. Arbeitsjahr (Erntebeginn: vgl. Sachsenspiegel) und diente u. a. der Wettervorschau. Der Tag sollte arbeitsfrei gehalten werden (Synode in Oxford 1222). Nicht selten begegnet der Name der Hl.n auch als Ortsname. M. (Grete) war (mit Hans) der häufigste Vorname. M. gilt als Patronin der Hirten und Bauern (weil sie, wie die Legende berichtet, Schafe hütete), der Jungfrauen, unfruchtbaren Ehefrauen; sie wird angerufen bei schweren Geburten (da sie nach der Legende unversehrt aus dem Leib des Drachen befreit wurde), bei Gesichtskrankheiten, Wunden. [3] *Ikonographie:* M. wird als Einzelfigur häufig dargestellt, sowohl mit den allg. Attributen von Krone und Palme (Jungfräulichkeit und Martyrium) als auch mit individuellen, aus der Legende abgeleiteten Attributen: Drache zu Füßen, Kreuzstab oder Kruzifix in der Hand, auch mit Fackel und Kamm (Marterwerkzeuge). Sodann findet sich M. in Gruppen von hl. Jungfrauen und Märtyrern, u.a. den 14 Nothelfern. Dazu werden Szenen aus der Legende einzeln oder in Zyklen zum Thema in der Buchmalerei (seit dem 10. Jh.), in der Tafel- und Freskomalerei. E. Wimmer

Q. und Lit.: AASS Jul. V, 24–45 – HWDA V, 1634–1638 – LCI VII, 494–500 [Lit] – LThK² VII, 19 – Verf.-Lex.² V, 1239–1247 – G. G. van den Andel, Die M.legende in ihren ma. Versionen, 1933 – Th. Wolpers, Die engl. Hl.nlegende des MA, 1964 – J. Loimer-Rumerstorfer, Die »drei heiligen Madl« Katharina, Barbara und M. e, Salzbg. Heimatpflege 10/3, 1986, 79–104.

Margareta (s. a. Margarete)

1. M. (Margit), hl., Dominikanerin (Fest: 18. Jan.); * 1242 Burg v. Klissza (heute Kroatien), † 18. Jan. 1270; Tochter Kg. →Bélas IV. v. Ungarn und der Maria Laskaris, Nichte →Elisabeths v. Thüringen, wurde noch vor ihrer Geburt von ihren Eltern für die Befreiung Ungarns von den Tataren dem geistl. Stand versprochen. Seit 1246 wurde sie im Dominikanerinnenkl. Veszprém erzogen. 1252 brachte der Dominikanerprovinzial Michael sie in das von Béla IV. auf der Halbinsel (heute Margareteninsel) bei Buda gegr. Kl. Dort legte sie 1254 die Profeß ab und lebte bis zu ihrem Tod in strengster Armut und Buße. Ihr Grab wurde bereits kurz nach ihrem Tod von Pilgern besucht. 1276 seliggesprochen, erfolgte ihre Heiligsprechung erst 1943. I. Orbán

Q. und Lit.: BHL, 5330–5333 – LCI VII, 506f. – LThK² VII, 22f. – E. Lovas, Árpádházi boldog Margit élete, 1939.

2. M. Beutlerin v. Kenzingen OP, † 23. Dez. 1428 Basel, Mystikerin. Die aus Winterthur stammende M. heiratete 1390 den wohlhabenden Kaufmann Georg B., nach dessen Tod 1407 sie sich ganz ihrem Frömmigkeits-

leben widmete und ihre Tochter →Magdalena ins Kl. gab. Dem evangel. Armutsideal folgend, begann sie eine fünfjährige, abenteuerl. Bettelfahrt, suchte auch →Merswin auf. In den Dominikanerinnenkonvent Unterlinden zu Colmar eingetreten, gab sie sich nicht nur einem ekstat. Gnadenleben hin, sondern bemühte sich auch um die prakt. Verwirklichung der Ordensreform.
P. Dinzelbacher

Q.: H. Denifle, Das Leben der M. v. K., ZfdA 19, 1876, 478–491 – *Lit.:* →Magdalena B. v. K.

3. M. v. Cortona,

hl., * um 1247, † 22. Febr. 1297, aus einfachen Verhältnissen stammend, hatte M. eine etwa zehnjährige Liebesbeziehung zu einem Adligen, aus der ein Sohn hervorging. Als ihr Geliebter unter ungeklärten Umständen ermordet wurde und sie selbst von der Familie verstoßen wurde, bekehrte sich M. zu einem Leben der Buße und karitativen Tätigkeit. Sie bestritt ihren Lebensunterhalt, indem sie reichen Frauen von Cortona während der Schwangerschaft und im Kindbett beistand. Um 1277 (oder 1275) wurde M. Franziskanertertiarin. Ihr Beichtvater Fra' Giunta da Bevagna schrieb später ihre Biographie. Seit 1288 oder 1291 lebte M. als Einsiedlerin bei der Kirche S. Basilio. Bereits zu Lebzeiten wurde sie in Cortona wegen ihrer Wunder und Visionen sowie ihrer Friedensvermittlung zw. den städt. Faktionen als Hl. angesehen. Ihre Mystik ist durch leidenschaftl. Liebe zum himml. Bräutigam gekennzeichnet, dessen Ferne oder Gleichgültigkeit sie stets fürchtete.
G. Barone

Lit.: AASS Febr. III, 1658, 300–357 – Bibl. SS VIII, 759–773 – DSAM X, 337f. – Wörterb. der Mystik, 1989, 339f. – E. Menestò, La mistica di Margherita da C., Temi e problemi nella mistica femminile trecentesca, 1983, 183–206 – Hist. des saints ... VII, 1986, 178–183 [A. Benvenuti Papi] – Ders., »In castro poenitentiae«, 1990.

4. M. zum Güldin Ring,

reiche Basler Gottesfreundin, † vor 1405, stand in Kontakt mit Margareta →Ebner, →Tauler und →Heinrich v. Nördlingen, von denen sie das einzige heute erhaltene Ms. des »Fließenden Lichtes« der →Mechthild v. Magdeburg erhielt.
P. Dinzelbacher

Lit.: DSAM X, 348f.

5. M. Porete

(Marguerite Porète, Porrette), Geburtsjahr unbekannt, entstammte vermutl. dem Patriziat oder der städt. Aristokratie von Valenciennes (Hennegau). Der von ihr verfaßte afrz. »Mirouer des simples ames« ('Spiegel der einfachen Seelen'), wurde, heterodox klingender Sätze wegen, zw. 1296 und 1303 durch Gui II. v. Colmieu, Bf. v. Cambrai, zur öffentl. Verbrennung verurteilt. 1307 gelangte das Buch vor den Generalinquisitor des Kgr. es, den Dominikaner Guillaume de Paris (→Confesseur du roi, [2]). Ein Gremium von 21 Theologen erklärte am 11. April 1310 15 Sätze des »Mirouer« als häretisch. Am 30. Mai erfolgte das Urteil öffentl., am 31. Mai wurde M. P., die sich von ihrem Buch nicht distanziert hatte, den weltl. Behörden überantwortet, und am 1. Juni erlitt sie auf der Place de Grève in Paris den Feuertod.

Der »Mirouer«, zur im MA beliebten lehrhaften »Spiegel-Lit. gehörig, besteht aus 119 lose aneinander gereihten Kap. und einer Erg. von 20 Kap. Dialogisch angelegt, stellen wichtige Abschnitte ein Streitgespräch dar. Die Rede der Personifikationen (Gott, Seele, Liebe, Vernunft, Tugenden u. a.) geht an zentralen Stellen von didakt. Prosa in gebundene Sprache über. Inhaltl. beschreibt der »Mirouer« den myst. Weg in 6 Etappen. Auf ihm erreicht der Mensch den Status der Glorie, d. h. die ewige Seligkeit (7. Etappe), deren Vorgeschmack er schon hienieden kostet. Die myst. Liebeslehre des »Mirouer« vertritt die Möglichkeit einer von Ichbezogenheit freien Einheitserfahrung des Menschen mit Gott. Die afrz. Originalfassung wurde ins Lat., Altit. und ME übertragen. Zur enormen Wirkungsgesch. des »Mirouer« gehört die Paraphrase einiger Kap. in »Les Prisons« ('Die Gefangenschaften') der Margareta v. Navarra, v. a. die Übernahme des Decknamens für den fernnahen Gott: Loingpres – Gentil Loing Près.
L. Gnädinger

Ed.: R. Guarnieri, Il movimento de Libero Spirito..., Archivio it. per la storia della pietà 4, 1965, 513–635 – M. Doiron, Margaret P.: The Mirrour of Simple Souls. A ME Translation, ebd. 5, 1968, 241–355 – Margaretae P. Speculum simplicium animarum, ed. P. Verdeyen, CChrCM 69, 1986 – M. P., Der Spiegel der einfachen Seele, hg. L. Gnädinger, 1987 [Übers.] – *Lit.:* R. Lerner, The Heresy of the Free Spirit, 1972, 68–78 – K. Ruh, 'Le miroir des simples âmes' der Marguerite P. (Verbum et Signum [Fschr. F. Ohly, 1975, II]), 365–387 – P. Verdeyen, Le Procès d'inquisition contre Marguerite P...., RHE 81, 1986, 47–94 – A. Patschovsky, Freiheit der Ketzer (Die abendländ. Freiheit vom 10. zum 14. Jh., hg. J. Fried, 1991 [= VuF 19]), 265–286.

Margarete (s. a. Margareta)

1. M.

(Margarethe), Kgn. v. →Norwegen, *Reichsverweserin v.* →Dänemark seit 1387, in Norwegen und Schweden seit 1388 und bis 1397, * 1353, † 28. Okt. 1412 bei Flensburg, ☐ Sorø, Kl. kirche, 1413 in den Roskilder Dom überführt, 2. Tochter von Kg. →Waldemar IV. 'Atterdag' und Kgn. Helwig († um 1374). ∞ April 1363 Kg. →Håkon VI. v. Norwegen (1340–80), Sohn von Kg. →Magnús Eriksson v. Norwegen und Schweden (1316–74) und Kgn. Blanca v. Namur († 1363).

Nach ihrer Heirat kam M. nach Norwegen, wo Merete Ulvsdatter, Tochter der hl. →Birgitta, ihre Hofmeisterin wurde. 1370 wurde ihr Sohn Olav (dän. Oluf) geboren. Nach dem Tode Kg. Waldemars waren M. und ihr Neffe Albrecht v. Mecklenburg die nächsten Erben am dän. Thron. M. nahm den Titel »Tochter und Erbin Kg. Waldemars« an, gab ihn aber auf, als ihr Sohn 1376 zum Kg. v. Dänemark gewählt wurde. Nach dem frühen Tod Håkons erbte Olav den Thron Norwegens; während seiner Minderjährigkeit leitete M. die Außenpolitik Norwegens und die dän. Regierungsgeschäfte. 1385 wurde Olav volljährig († bereits am 3. Aug. 1387). Es gelang M. und Olav, die schon. Burgen 1385 von den Hansestädten (→Hanse) zurückzugewinnen, doch in der Frage des Hzm. s →Schleswig erkannten sie, daß die Kräfte Dänemarks für eine Auseinandersetzung mit den Gf. en v. →Holstein unzulängl. waren; so wurde Gf. →Gerhard VI. 1386 mit Schleswig belehnt. Schon nach der Personalunion 1380 zw. Norwegen und Dänemark und spätestens 1385 muß M. eine nord. Union mit Schweden erzielt haben, denn in diesem Jahr nahm Olav den Titel »rechter Erbe v. Schweden« an.

Sofort nach Olavs Tod empfing M. in Dänemark die Huldigung als Reichsverweserin, im Febr. 1388 wurde ihr auch in Norwegen, das die Ansprüche des Mecklenburgers nicht anerkannte, gehuldigt. Im März 1388 einigte M. sich mit der Magnatengruppe, die der 1386 verstorbene schwed. →Drost als Testamentsvollstrecker eingesetzt hatte und die etwa die Hälfte des Reiches verwaltete; auch hier wurde M. als Reichsverweserin anerkannt. Im Krieg mit Kg. →Albrecht v. Schweden wurde letzterer gefangengenommen (Åsle, 24. Febr. 1389); nur →Stockholm hielt danach noch zum Kg. Im selben Jahr wurde M.s Großneffen Bogislaw v. Pommern (* 1382) als Kg. v. Norwegen gehuldigt, er wurde von M. adoptiert und nahm den Namen Erik (→Erich VII. 'v. Pommern') an.

Die mecklenburg. Verwandten Albrechts unterstützten den →Kaperkrieg der →Vitalienbrüder, der aber nicht nur die Untertanen M.s schädigte. Unter hans. Vermittlung wurde 1395 der Lindholmer Vertrag geschlossen, der Albrecht die Freiheit zurückgab und nach einer dreijährigen Periode Stockholm an Schweden zurückkehren ließ. Erich erhielt 1396 in Schweden und Dänemark die Huldigung und wurde im folgenden Jahr (17. Juni 1397) in Kalmar gekrönt (→ Kalmarer Union). M. erhielt die formelle Generalquittung ihrer Amtsführung, blieb aber bis zu ihrem Tode die eigtl. Leiterin der Regierung.

M.s Politik hatte zum Hauptziel, verlorengegangene Provinzen wiederzugewinnen und die Ressourcen der Krone zu verbessern. So fanden sowohl in Schweden als auch in Dänemark Rekuperationen von Gütern statt, in Schweden und bes. in Finnland wurden Adelspatente überprüft. Stockholm kehrte 1398 an Schweden zurück, doch →Gotland wurde im gleichen Jahr vom Dt. Orden besetzt. Erst 1408 gelang es M. gegen Geld, die Insel zurückzugewinnen. Im letzten Lebensjahr M.s erhob die dän. Regierung Ansprüche auf →Estland, was sich mehrmals im Laufe des 15. Jh. wiederholte.

In Schleswig herrschte seit 1404 die Witwe Gerhards VI., und es gelang Erich, als Vormund für ihre Söhne anerkannt zu werden. Wegen ihrer schlechten Finanzlage mußte sie mehrmals Geld gegen Sicherheiten im Lande borgen. Auf diese Weise gelang es M., den größten Teil des Hzm.s unter ihre Kontrolle zu bringen; sie hatte soeben im Namen Erichs den Treueid →Flensburgs empfangen (24. Okt. 1412), als sie, vielleicht an der Pest, erkrankte und vier Tage später auf ihrem Schiff starb.

Gläubige Christin, verstand es M. gleichwohl, die Kirche für ihre Ziele einzuspannen. Die Ernennung loyaler Mitarbeiter zu Bf.en bedeutete die Schaffung solider Stützen im Reichsrat des betreffenden Landes. Auch nutzte M. die Möglichkeit, Anleihen bei der Kirche aufzunehmen, die sie öfters durch die Verleihung von Regalieneinkünften oder in Form von Schenkungen an die Kirche zurückzahlte. Ihre Gesetzgebung zur Sicherung des inneren Friedens (1396 in Dänemark und Schweden, in Norwegen zur Lebenszeit Olavs) und ihre Unterstützung der →Birgittiner zeigen sie als christl. Fsn., die ihre religiösen Ideale zu realisieren versuchte.   Th. Riis

Lit.: DBL³ IX, 1981, 414–417 [Lit.] – K. ERSLEV, Dronning Margrethe og Kalmarunionens Grundlæggelse, 1882, 1971² [grundlegend] – V. ETTING, Margrete den Første, 1986–HEG II, 1987, 910–913 [Lit.] – s.a. Lit. zu →Erich VII. (E. v. Pommern).

2. M. v. Babenberg, dt. Kgn., Kgn. v. Böhmen, * 1204/05 (1210/11?), † 29. Okt. 1266 in Krumau b. Krems, ▭ →Lilienfeld; Eltern: Hzg. →Leopold VI. v. Österreich und Theodora († 1246), Enkelin des byz. Ks.s Isaak II. Angelos; ∞ 1. Kg. Heinrich (VII.), 2. Kg. Ottokar II. Přemysl v. Böhmen; Kinder von 1.: Heinrich († 1242/45), Friedrich († 1251). Wenig berichten zunächst die Q. über die – nach einem engl. Eheprojekt – 1225 überraschend mit dem Sohn Ks. Friedrichs II. vermählte und 1227 zur röm. Kgn. gekrönte M. Nach dem Tod ihres Bruders →Friedrich II. v. Österreich (1246) kehrte sie, seit 1242 verwitwet, nach Kl.aufenthalten in Trier und Würzburg nach Österreich zurück, wo sie mit ihrer Nichte Gertrud eine bedeutende Rolle im Kampf um das babenberg. Erbe spielte. Zur Stärkung seiner Ansprüche heiratete sie Ottokar II. 1252, verstieß sie jedoch 1261 nach Konsolidierung seiner Herrschaft.   W. Koch

Lit.: NDB XVI, 15off. – K. LECHNER, Die Babenberger, 1976.

3. M. v. Brabant, dt. Kgn., Tochter Hzg. →Johanns I. v. Brabant und dessen zweiter Frau Margarete v. Flandern, * 4. Okt. 1275/76, † 14. Dez. 1311 Genua, ▭ ebd., San Francesco di Castelletto (abgerissen), Grabmal von Giovanni Pisano; ∞ 9. Juni 1292 Gf. →Heinrich IV. (oder VII.) v. Luxemburg (1308 Kg., 1312 Ks.), Kinder: Johann, Kg. v. Böhmen († 1346), Maria, Kgn. v. Frankreich († 1324), Beatrix († 1319). M.s Ehe besiegelte den Frieden zw. Brabant und Luxemburg nach der Schlacht v. →Worringen (1288). M. soll während des Italienfeldzuges mehrfach mäßigend auf ihren Gemahl eingewirkt haben. Sie erlag der Seuche, die während der Belagerung von Brescia Heinrichs Heer befallen hatte.   H. Thomas

Lit.: H. v. EINEM, Das Grabmal der Kgn. M. (Fschr. H. R. HAHNLOSER, 1961), 125–150 – →Heinrich VII.

4. M. v. Holland, dt. Kgn. →Ludwig IV. der Bayer (10. L.)

5. M., Kgn. v. →England, * um 1282, † 1318; Tochter Kg. Philipps III. v. Frankreich, zweite Gemahlin von →Eduard I. (∞ Sept. 1299), drei Kinder. Die zuerst 1294 geführten Verhandlungen über M.s Heirat mit Eduard zur Verhinderung eines Krieges zw. England und Frankreich hatten keinen Erfolg. Als 1298 Papst Bonifatius VIII. diesen Plan in seiner Funktion als Schiedsrichter im anglo-frz. Konflikt erneut aufgriff, fand nach Verhandlungen in Montreuil im Juni 1299 die Heirat im Sept. statt. M. war fromm und vermittelte in ihrem Streit zw. dem Kg. und seinem ältesten Sohn Eduard (II.) 1305, doch spielte sie keine bedeutende Rolle während der Regierung ihres Stiefsohns.   M. C. Prestwich

Lit.: DNB XXXVI, 136 – M. C. PRESTWICH, Edward I, 1988.

6. M. v. Anjou, Kgn. v. England, * 23. März 1430, † 25. Aug. 1482; Tochter →Renés v. Anjou und Isabellas v. Lothringen, ∞ 1445 mit Heinrich VI. (Lancaster), Sohn: →Eduard (9.). Ihre Heirat folgte einem Waffenstillstand (1444) zw. England und Frankreich und führte zur Abtretung der Gft. →Maine an das Haus →Anjou 1448. Die frz. Rückeroberung der Normandie 1450 machte sie in England unbeliebt. 1453 beanspruchte sie wegen der Krankheit Heinrichs die Regentschaft, doch konnte sie nicht verhindern, daß →Richard, Hzg. v. York, Protektor wurde. Nach dem Ausbruch des Kriegs zw. den Häusern York und Lancaster stand sie an der Spitze der »Lancastrians« und spielte eine bedeutende Rolle in den Kämpfen von 1459–61. Sie führte ein Heer (»northern men«) gegen London und besiegte 1461 Richard →Neville, Earl of Warwick. Nach der endgültigen Niederlage der »Lancastrians« bei →Towton am 29. März 1461 ging sie mit ihrem Sohn nach Schottland und dann nach Frankreich. Der Sturz Eduards IV. (1469–70) durch Warwick ermöglichte M. die Rückkehr nach England. Doch führte Eduards IV. erneute Besteigung des Throns zur Niederlage ihres Invasionsheeres im Mai 1471 in der Schlacht v. →Tewkesbury, bei der ihr Sohn den Tod fand und sie gefangengenommen wurde. Heinrich VI. wurde im Tower ermordet. Nach ihrer Freilassung 1476 kehrte sie nach Frankreich zurück.   G. L. Harriss

Lit.: DNB XII, 1023–1033 – →Heinrich VI.

7. M. v. Provence, Kgn. v. →Frankreich, * um 1221, † 30. Dez. 1295 in Paris, ▭ St-Denis; ältere Tochter von Raimund Berengar, Gf.en v. →Provence, und Beatrix v. Savoyen, ∞ 27. Mai 1234 zu Sens Kg. →Ludwig IX. 'd. Hl.n', dem sie elf Kinder gebar. Sie begleitete ihren Gemahl auf dem →Kreuzzug und verteidigte erfolgreich →Damietta (1250). M. förderte eine Wiederannäherung des Kg.s v. Frankreich an Heinrich III. v. England, der mit ihrer Schwester Eleonore vermählt war. Ihren Onkel →Thomas v. Savoyen unterstützte sie gegen die Bürgerschaft v. →Asti. M. stand im Konflikt mit →Karl v. Anjou, von dem sie eine Regelung ihres Wittums in der

Provence verlangte. 1263 forderte sie von ihrem Sohn, →Philipp (III.), ein diesbezügl. eidl. Versprechen; nach dem Tode ihres Gatten stellte sie ein Heer auf, um ihrer Forderung Nachdruck zu verleihen (1282). M. war nicht als Zeugin im Kanonisationsprozeß ihres Gemahls geladen, statt ihrer legte ihr Beichtvater, Guillaume de St-Pathus, Zeugnis ab. J. Richard
Lit.: G. SIVÉRY, Marguerite de Provence, 1987.

8. M. v. Burgund, Gemahlin →Ludwigs X. v. Frankreich (16. L.), † April 1315, Tochter Hzg. Roberts II. v. Burgund, mit dem frz. Thronfolger verlobt am 28. Febr. 1300, ⚭ 23. Sept. 1305 zu Vernon; damit wurde sie auch Kgn. v. →Navarra. Sie gebar am 28. Jan. 1312 eine Tochter, →Johanna (II.) v. Navarra. Anfang 1314 wurden M. und ihre Schwägerinnen, Johanna und Blanca, die mit den Söhnen Philipps IV., Karl und Philipp, vermählten Töchter des Pfgf.en →Otto IV. v. Burgund und der Gfn. →Mahaut v. Artois, unter Anklage des Ehebruchs gestellt und im Château-Gaillard eingekerkert. M. und Blanca sollen mit ihren Liebhabern, Philippe und Gautier d'Aunay, in flagranti ertappt worden sein. Diese gestanden auf der Folter ein schon dreijähriges Liebesverhältnis mit den Prinzessinnen. M. starb in ihrem Verließ wohl an Lungenentzündung; ihr trauriges Schicksal gab Anlaß zur Sage von der Tour de Nesle, deren Widerhall sich in der berühmten Ballade Villons von den Damen der vergangenen Zeit und bei Alexandre Dumas (1832) findet. E. Lalou

9. M. v. Schottland, Gemahlin Ludwigs XI. v. Frankreich →Ludwig XI., Kg. v. Frankreich (17. L.)

10. M., *Kgn. v.* →*Schottland,* hl. (Fest: 10. Juni, früher 19. Juni), * um 1044 in Reska b. Nádasd (Ungarn), † Dez. 1093 in Edinburgh; Tochter Eduards 'the Exile' († 1057), dem Sohn Kg. Edmunds Ironside v. England, und der Agathe v. Ungarn, offenbar einer Halbnichte Ks. Heinrichs III.; ⚭ Kg. Malcolm III. 'Canmore' v. Schottland 1070; Kinder: sechs Söhne (u. a. →Edgar, →Alexander I., →David I.), zwei Töchter. 1057 kam M. mit ihrem Vater, ihrem Bruder →Edgar 'the Ætheling' und ihrer Schwester Christina nach England. 1068 flohen Edgar und M. vor Wilhelm d. Eroberer und fanden Zuflucht in Schottland, wo Malcolm III. seine Heirat mit M. durchsetzte. M. war fromm und versuchte eine Reform des religiösen Lebens in Schottland. Ebf. →Lanfranc v. Canterbury half ihr bei der Gründung des OSB-Priorats in →Dunfermline (unter David I. Abtei). M. wurde 1251 kanonisiert, ihr Kult verbreitete sich in Schottland und in anderen Ländern.
G. W. S. Barrow
Q. und Lit.: A. DUNBAR, Scottish Kings, 1906 – A. O. ANDERSON, Early Sources of Scottish Hist., 1922 – S. VAJAY, Agatha..., Duquesne Review, 1962.

11. M. (Margherita) **v. Durazzo,** *Kgn. v. Sizilien (Neapel),* † 6. Aug. 1412 in Sanseverino bei Salerno; Eltern: Hzg. Karl v. Durazzo und Maria v. Anjou. Als ihr Vater von Ludwig I. v. Ungarn zum Tode verurteilt wurde (23. Juni 1348), flüchtete M. mit Mutter und Schwestern nach Avignon. Nach ihrer Heirat mit ihrem Vetter →Karl (III.) v. Anjou-Durazzo (24. Jan. 1370) ließ sich M. mit ihrem Gatten im Kgr. Ungarn nieder. 1376–80 lebte sie am Hof v. Neapel. Nach der Absetzung ihrer Tante, Kgn. →Johanna I., durch Urban VI. unterstützte M. mit ihren Kindern Johanna und Ladislaus von ihrem Besitz Morcone (Sannio) aus ihren Mann, der am 1. Juni 1381 von Urban VI. investiert worden war, bei der Eroberung des Kgr.es. Am 25. Nov. 1381 wurde sie in Neapel von Kard. Gentile di Sangro gekrönt. Während des Apulienfeldzuges Karls III. gegen Ludwig I. v. Anjou (18. April 1384–31. Jan. 1385) sowie nach der Abreise des Kg.s nach Ungarn (14. Sept. 1385) war sie Generalvikarin des Kgr.es. Auch nach dem Tod des Kg.s (Febr. 1386) führte sie für ihren Sohn Ladislaus die Regierung. Als ihre Autorität von den »Otto del Buono Stato« in Neapel eingeschränkt wurde, zog sie im Juli 1387 nach Gaeta, wo Ladislaus am 29. Mai 1390 zum Kg. gekrönt wurde. Unterstützt von dem päpstl. Legaten Kard. Angelo Accaiuoli, blieb sie bis zum Juli 1393 Regentin. S. Fodale
Lit.: A. VALENTE, Margherita di D. vicaria di Carlo III e tutrice di re Ladislao, 1919.

12. M. v. Österreich, *Regentin der Niederlande,* Hzgn. v. Savoyen, * 10. Jan. 1480 in Brüssel, † 30. Nov. 1530 in Mecheln, ⌐ Brou; Tochter →Maximilians und der →Maria v. Burgund, ⚭ 22. Juni 1483 Dauphin →Karl (VIII.). Sie wurde am frz. Hof zu →Amboise erzogen. Karls VIII. Heirat mit →Anna v. Bretagne (6. Dez. 1491) bedeutete die Abschiebung M.s, zugleich die Rückgabe des zu ihrer Mitgift gehörenden →Artois an Habsburg/Burgund (Vertrag v. Senlis, 12. Juni 1493). M. kehrte an den Hof ihrer Stiefmutter →Margarete v. York, nach Mecheln, zurück. Maximilian arrangierte für seine Kinder →Philipp und M. eine doppelte Verbindung mit den Kindern der →Kathol. Kg.e, →Johanna und →Johann. Doch schon fünf Monate nach der am 5. Okt. 1497 zu Burgos geschlossenen Ehe verstarb der Infant Johann. M. kehrte 1500 in die Niederlande zurück, um am 1. Dez. 1501 mit Hzg. →Philibert II. v. Savoyen verehelicht zu werden. Nach einigen glücklichen Jahren, in denen die Hzgn. intensiv an der Regierung Savoyens mitwirkte, starb ihr Gemahl (Sept. 1504). Sie kehrte erst im Nov. 1506 nach Mecheln zurück, um wegen des unerwarteten Todes ihres Bruders Philipp die Erziehung ihrer vier Neffen, unter ihnen Karl (V.), zu übernehmen. Am 18. März 1507 ernannte Maximilian sie zur Regentin der Niederlande. Sie erwies sich als umsichtige Politikerin und Diplomatin. Bestrebt, den Niederlanden den Frieden zu erhalten, verstand sie es, das Land weitestgehend von dem Druck ihres Vaters zu bewahren. Nachdem Karl mündig geworden war (1515), widmete sie sich der Errichtung der einzigartigen →Grablege für Philibert in →Brou. Von Karl anläßl. seines Aufbruchs nach Spanien erneut zur Regentin berufen, konnte sie 1528 einen definitiven Frieden mit dem Hzm. →Geldern aushandeln. 1529 war sie Architektin des sog. »Damenfriedens« v. Cambrai, in dem Frankreich auf seine Souveränitätsrechte über Artois und Flandern verzichtete. Die Regierung M.s war in den Niederlanden eine Periode des Friedens und Wohlstands; die Fsn. förderte an ihrem Hof zu →Mecheln ein reiches kulturelles Leben.
W. P. Blockmans
Lit.: NBW XII, 1987 – G. DE BOOM, M. d'Autriche-Savoie et la prérenaissance, 1935 – J. DE JONGH, M. v. Ö., 1946 – →Brou.

13. M. (Margarita), *Regentin des Kgr.es Sizilien,* † 1183, ⌐ Monreale (Epitaph); Tochter Kg. Garcias VI. Ramirez v. Navarra, ⚭ →Wilhelm I., Fs. v. Capua, vor seiner Krönung zum Mitkg. 1151. Söhne: Roger, seit 1156 Hzg. v. Apulien († 1160), →Wilhelm II. (* 1154), Heinrich, Fs. v. Capua (* 1160, † 1172). Den von Wilhelm I. vor seinem Tod 1166 als Ratgeber der Regentin bestellten Familiaren setzte M. zunächst den Kaid Petrus vor, ernannte dann ihren Verwandten Stephan v. Perche zum Kanzler und ließ ihn zum Ebf. v. Palermo wählen. Nach dessen Vertreibung (1168) bildeten zehn Familiaren einen Regentschaftsrat. Im März 1167 wird M. erstmals als Mitregentin in den Kg.surkk. genannt. Ein Mandat vom 6. Dez. 1171 ohne diese Klausel spricht für ein Ende der Vormund-

schaftsregierung zu diesem Zeitpunkt. Ein positives Ergebnis der Regentschaft war die Aussöhnung mit der Adelsopposition und die Rückholung der von Wilhelm I. Verbannten. Die großzügigen Schenkungen an die Kirchen scheinen von Wilhelm II. teilw. in Frage gestellt worden zu sein.
H. Enzensberger

Lit.: G. B. Siragusa, Hist. o Liber de Regno Siciliae e la Epistola ad Petrum Panormitanae Ecclesiae thesaurarium di Ugo Falcando, Fonti 22, 1897 – F. Chalandon, Hist. de la domination norm. en Italie et en Sicile, II, 1907 – G. M. Cantarella, La Sicilia e i Normanni, 1989 – E. Cuozzo, »Quei maledetti Normanni«. Cavalieri e organizzazione militare nel mezzogiorno norm., 1989.

14. M. v. Bayern, *Hzgn. v. Burgund* →Jean 'sans peur' (12. J.)

15. M. v. Flandern, *Hzgn. v.* →*Burgund*, * um den 13. April 1350 in Male, † 11. März 1405 in Arras, ⊡ Lille, in der Grablege ihrer Eltern. Tochter →Ludwigs v. Male, Gf.en v. →Flandern. Nachdem 1351 der engl. Hof für einen Sohn des engl. Kg.s um M. gefreit hatte, wurde die Gf.entochter am 14. Mai 1357 zu Arras mit Philipp v. Rouvres, Hzg. v. Burgund, vermählt, doch wurde sie schon nach sechs Monaten gemeinsamer Ehe zur Witwe (21. Nov. 1361). Erneut wurde eine engl. Verbindung, mit dem Prinzen Edmund, Gf.en v. Cambridge (→Edmund, Hzg. v. York), vorgeschlagen, die aber an der Dispensverweigerung durch den Papst scheiterte. M. heiratete am 19. Juni 1369 den Hzg. v. Burgund, →Philipp d. Kühnen, dem sie elf Kinder gebar. 1384 erbte sie die Gft.en ihres Vaters; damit begann in Flandern der Übergang an das Haus Burgund.
J. Richard

Lit.: M. Canat de Chizy, Mém. Acad. Dijon, 1858–59, 65–332 – J. J. Vernier, Philippe le Hardi..., son mariage avec Marguerite de Flandre, Bull. comm. hist. dép. Nord 22, 1900, 89–113 – E. Picard, Le château de Germolles et M. de F., Mém. Soc. Éduenne 40, 1912, 147–218.

16. M. v. York, *Hzgn. v.* →*Burgund*, * 3. Mai 1446, † 23. Nov. 1503 in Mecheln. Tochter des →Richard Plantagenet, Hzg.s v. →York, wurde M. zur begehrten Partie, nachdem ihr Bruder als →Eduard IV. zum Kg. erhoben worden war (1461). Eduard schlug, im Rahmen der Verhandlungen über die anglo-burg. Allianz (1466), die Verbindung dem burg. Thronfolger→Karl dem Kühnen (seit 1467 Hzg.) vor. Die Hochzeit wurde am 3. Juli 1468 zu →Damme gefeiert. Residierte das Herzogspaar bis Ende 1470 noch häufig gemeinsam, so lebte der durch seine Kriege absorbierte Hzg. in den späteren Regierungsjahren zunehmend entfernt von M.; die Aussicht auf gemeinsame Nachkommenschaft war geschwunden. M. trat polit. in Erscheinung, indem sie die Beziehungen Burgunds mit ihrem Hause, den York, absicherte (diese Politik führte sie auch nach dem Tode Karls, mit Unterstützung →Maximilians, gegenüber den →Tudor fort). Während der langen Abwesenheit des Hzg.s leitete M. die Verhandlungen mit den niederländ. Ständen. Auch trat sie als Auftraggeberin von Hss. und Porträts hervor. Nach Karls Tod (1477) zog sie sich nach →Mecheln zurück, förderte dort die Klosterreform im Sinne strenger Observanz und widmete sich nach dem Tode der →Maria v. Burgund († 1482) der Erziehung der beiden Kinder, Philipp und Margarete.
W. P. Blockmans

Lit.: Ch. Weightman, Margaret of York, 1989.

17. M. (Margaretha) **v. Konstantinopel**, *Gfn. v.* →*Flandern und* →*Hennegau*, * 1202, † 10. Febr. 1280, Tochter des Gf.en Balduin IX. v. Flandern (B. VI. v. Hennegau, →Balduin I., Ks. v. Konstantinopel, † nach 1205) und der Maria v. Champagne. M.s erste Ehe mit dem mächtigen Hennegauer Burchard v. →Avesnes (1212) wurde auf Betreiben ihrer älteren Schwester, Gfn. →Johanna, für ungültig erklärt (1215). 1223 schloß M. eine 2. Ehe mit Wilhelm v. →Dampierre.

Am 5. Dez. 1244 folgte M. ihrer kinderlos verstorbenen Schwester als Gfn. nach. In den heftigen Auseinandersetzungen um den Besitz der Gft.en Flandern und Hennegau erfolgte im Juli 1246 der Schiedsspruch Papst Innozenz' IV., der die Erbfolge in Flandern dem Hause Dampierre, in Hennegau dem Hause Avesnes zusprach; diese Entscheidung war beeinflußt von Kg. →Ludwig IX. v. Frankreich, der darauf bedacht war, den Gf.en v. Flandern als einen seiner mächtigsten Vasallen zu schwächen. Durch den Schiedsspruch entflammte die polit. Fehde aufs neue. Bis 1257 wurde M. durch Johann v. Avesnes, der aufgrund seiner Ehe mit Aleidis v. Holland eine gegen Flandern gesicherte Allianz zu knüpfen verstand (→Wilhelm II. v. Holland), in die Defensive gedrängt. Als nach dem Tode Wilhelms v. Dampierre (1251) Johann v. Avesnes gegen den Schiedsspruch von 1246 berufen wurde, stürzten sich M. und ihr Sohn →Gui (III.) v. Dampierre in eine Reihe militär. Abenteuer, die mit Mißerfolgen endeten (Niederlage auf Walcheren, 4. Juli 1253; Besetzung des aufständ. Hennegau mit Hilfe→Karls v. Anjou, 1253–54). Der Tod Johanns v. Avesnes (24. Dez. 1257) führte jedoch zu einem vorläufigen Ende des Bruderzwists.

Die äußerst kostspielige Politik der Gfn. trieb Flandern in finanzielle Abhängigkeit von Kreditgebern, v. a. frz. und it. Bankiers sowie den fläm. Städten, die sich ihre Hilfe mit wirtschaftl. und polit. Privilegien bezahlen ließen.

In der Folgezeit konnten M. und ihr Sohn Gui einige diplomat. Erfolge verbuchen, v. a. die Anerkennung ihrer Lehnsrechte in Reichsflandern durch den röm.-dt. Kg., →Richard v. Cornwall (27. Jan. 1260). Sie erweiterten ihr Territorium beachtlich (Herrschaften Béthune und →Dendermonde, 1263; Gft. →Namur, 1263–64). Andererseits löste M. in unbedachter Weise den fläm.-engl. Handelskrieg aus (1270–75), der die Verwundbarkeit der Gft. offenbar werden ließ, bes. als England das Handelsembargo auf engl. Wolle als polit. Waffe einsetzte. Diese Auseinandersetzungen verschärfte den innerflandr. Konflikt zw. Fürstenmacht und Städten, die mit einer wachsenden sozio-ökonom. Krise zu kämpfen hatten und der zentralist. Politik M.s und ihres Sohnes Widerstand entgegensetzten. Am 29. Dez. 1278 dankte M. als Gfn. v. Flandern ab, blieb aber bis zu ihrem Tode Gfn. v. Hennegau.
M. Vandermaesen

Lit.: Th. Luykx, De grafelijke financiële bestuursinstellingen en het grafelijk patrimonium in Vlaanderen tijdens de regering van Margareta van Constantinopel, 1961 – M. Vandermaesen, Vlaanderen en Henegouwen onder het huis van Dampierre, 1244–1384 (Alg. Geschiedenis der Nederlanden, II, 1982) – Lit. zu→Dampierre [Ch. Duvivier, 1894; Th. Luykx, 1952].

18. M. (Margaretha) **v. Frankreich**, *Gfn. v.* →*Flandern*, Nevers und Rethel, seit 1361 auch von →Artois und der Gft. (Freigrft.) →Burgund, * um 1312, † 9. Mai 1382, Tochter Kg. Philipps V. v. Frankreich. Ihre Heirat (21. Juli 1320) mit →Ludwig II. v. Nevers, dem künftigen Gf.en v. Flandern, sollte der polit. Allianz von Flandern und Frankreich (gegen England) als Unterpfand dienen. M.s feierl. Einzug *(Blijde Intrede)* in Flandern wurde wegen familiärer Probleme und angesichts des Aufstandes in Westflandern bis 1329 aufgeschoben. Erst nach dem Tode ihres Gemahls (⚔ 25. Aug. 1346 bei →Crécy) sind eigenständige polit. Aktivitäten der Gfn. erkennbar: Als Vormund ihres Sohnes →Ludwig v. Male betrieb M. mit Nachdruck dessen Vermählung mit →Margarete v. Brabant (1. Juli 1347), gegen das Drängen der fläm. Städte, die auf einer Eheverbindung mit Elisabeth v. England bestanden. Auch später, obwohl ihr inzwischen mündig gewordener Sohn eine eher opportunist. Politik verfolgte, wirkte sie als frz. Prinzessin unermüdlich auf ein Festhalten an der frz.-fläm. Allianz hin. Als Gfn. v. Artois und Burgund hatte sie starken Anteil am Zustandekommen der Ehe zw. Hzg. →Philipp dem Kühnen v. Burgund und ihrer Enkelin →Margarete v. Flandern (1369). M. war v.a. auf diplomat. Ebene aktiv, so als Vermittlerin zw. ihrem Sohn und dem aufständ. →Gent. M. Vandermaesen

Lit.: H. Van Werveke, Lodewijk van Male en de eerste Bourgondiërs (Alg. Geschiedenis der Nederlanden, III, 1951), 190–225 – M. Vandermaesen, Vlaanderen en Henegouwen onder het huis van Dampierre (ebd., II, 1983), 399–440 – s.a. Lit. zu →Ludwig II. v. Nevers und →Ludwig v. Male [H. S. Lucas, 1947; F. Quicke, 1947].

19. M. (Margaretha) **v. Brabant,** *Gfn. v.* →*Flandern,* * 9. Febr. 1323, † um den 25. April 1380, Tochter Hzg. →Johanns III. v. Brabant, ∞ 1. Juli 1347 →Ludwig v. Male, Gf. v. Flandern, Nevers und Rethel. Die seit 1345 angebahnte Ehe entsprach sowohl den Interessen des Gf.en v. Flandern, →Ludwigs II. v. Nevers, der Brabanter Hilfe zur Unterdrückung des flandr. Aufstands suchte, als auch denjenigen Johanns III. v. Brabant, der sich an die Bundesgenossen Frankreichs anlehnen wollte und zugleich hoffte, die Herrschaft über →Mecheln zurückzugewinnen. M., die polit. nicht selbständig hervortrat, war dennoch als künftige Erbin ihrer Schwester →Johanna v. Brabant eine polit. Trumpfkarte, die Ludwig v. Male geschickt auszuspielen verstand. Nach seinem Sieg im Brabanter Erbfolgekrieg (1356–57) erhielt M. den Titel einer 'Herrin v. Mecheln' und ansehnl. Einkünfte aus den Besitzungen zu →Antwerpen. Die wegen des fläm.-brabant. Krieges abgekühlten Beziehungen mit M.s Schwester Johanna besserten sich seit 1367. Von 1371 bis zum Tode war M. auf Schloß Château-Regnault (Rethel) interniert, wohl nachdem sie während eines Ehestreits ihrem Gemahl seine Untreue vorgeworfen hatte.

M. Vandermaesen

Lit.: F. Quicke, Les circonstances de la réclusion et de la mort de Marguerite de Brabant (Misc. van der Essen, 1947) – H. Van Werveke, Brabant in het midden van de veertiende eeuw (Algemene Geschiedenis der Nederlanden, III, 1951), 161–174 – s. Lit. zu →Ludwig II. v. Nevers und →Ludwig v. Male [H. S. Lucas, 1929; F. Quicke, 1947].

20. M. Maultasch, *Gfn. v.* → *Tirol,* 1318–69. Die Erbin →Heinrichs VI., Hzg.s v. Kärnten und Gf.en v. Tirol, als Kind mit →Johann Heinrich v. Luxemburg vermählt, vermochte nach dem Tode des Vaters 1335 Tirol, unterstützt von ihrem Schwager, dem späteren Ks. Karl IV., zu behaupten. Da sich M. in der Folge aus der Regierung verdrängt fühlte, schloß sie sich dem mit den Böhmen unzufriedenen Tiroler Adel an, der mit den Wittelsbachern konspirierte. M. verstieß Johann Heinrich und ehelichte 1342 den Mgf.en →Ludwig v. Brandenburg, den Sohn Ludwigs d. Bayern, nachdem dieser die Ungültigkeit der ersten Ehe hatte feststellen lassen. Der 'Eheskandal' erregte auch durch proksl. Stellungnahmen von →Marsilius v. Padua und →Wilhelm v. Ockham größtes Aufsehen. Benedikt XII. verhängte den Bann über das Fs.enpaar. Nach dem Tode Ludwigs 1361 und des Sohnes →Meinhard III. 1363 übertrug M. am 26. Jan. 1363 ihre Herrschaftsrechte den nächsten Verwandten, den Habsburgern Rudolf IV., Albrecht III. und Leopold III. Damit begründete M. die Vereinigung Tirols mit Österreich. – Die bis heute lebendige Bekanntheit M.s hängt gewiß auch mit dem seit etwa 1400 bezeugten Beinamen 'Maultasch' zusammen, der wohl auf die böhm. und päpstl. Propaganda gegen M. zurückgeht und nicht auf einer Verunstaltung der Mundpartie M.s beruht. Diese Interpretation wird ebenso wie die Verbindung mit der Burg Maultasch (b. Terlan) erst spät greifbar. J. Riedmann

Lit.: NDB XVI, 163f. – J. Riedmann, MA (J. Fontana u. a., Gesch. des Landes Tirol, 1, 1990²), bes. 442–458.

21. M. v. Ypern, * 1216, † 1237, sel., Mystikerin. Die Bürgerstochter entschied sich achtzehnjährig unter dem Einfluß des dominikan. Predigers Siger v. Lille, nicht zu heiraten, sondern in strenger Askese Bußschwester zu werden. Eine Gruppe von »geistl. Freundinnen« sammelte sich um sie. Ihre Christusliebe zeigte sich bes. in ihrer angebl. seit dem 5. Lebensjahr bezeugten Devotion zur Eucharistie und der Selbstgeißelung in Erinnerung an die Wunden Christi und wurde belohnt mit Traumvisionen, Erscheinungen Christi, Mariens und Hl.r. Ihre Vita verfaßte 1240/44 →Thomas v. Cantimpré nach Augenzeugenberichten. P. Dinzelbacher

Q.: G. Meersseman, Les frères Precheurs et le mouvement dévot en Flandre au XIIIe s., AFP 18, 1948, 69–130 – Lit.: Bibl. SS 8, 801f. – K. Glente, Mystikerinneviten aus männl. und weibl. Sicht (Religiöse Frauenbewegung und myst. Frömmigkeit im MA, hg. P. Dinzelbacher–D. Bauer, 1988), 251–264.

Margarethe Beaufort → Beaufort

Margarit i de Pau, Joan, katal. Humanist, * 1421 in Gerona (Girona), † 1484 in Rom; von adliger Herkunft, Dr. jur. (vermutl. auch Priesterweihe) 1443 in Bologna, 1453 Bf. v. →Elne, 1462 Bf. v. →Gerona, 1483 Kard. v. Sta. Lucia (Sizilien), häufig auf Reisen in diplomat. Mission (Beziehungen zw. Papsttum und Aragón), berühmt als kunstvoller Redner, z. B. auf den →Cortes *(corts)* v. Barcelona 1454 (Lobrede auf Katalonien). 1460 Rückkehr aus Italien, wo er mit Humanisten und Buchhändlern Beziehungen unterhielt. – Lat. Werke, u.a. »Templum Domini« über die Beziehungen von Kirche und Staat, »Corona Regum« (Ferdinand d. Kath. gewidmet) sowie »Paralipomenon der Iber. Halbinsel«, eine Art Vorgesch. Spaniens, erst 1545 gedruckt. Andere seiner Werke sowie seine reiche Bibliothek gingen verloren. L.-C. Batlle

Lit.: DHGE XV, 259 – Gran Enc. Catal. XIV, 1989, 391f. – E. Grahit, El obispo M., 1894 – F. Monsalvatge, El episcopado de Elna, 1914 – A. Masriera, El cardenal M., 1916 – J. Molas, Lit. catal. antiga 3, 1963, 7, 111–113, 119–121 – S. Sobrequés i Vidal, Societat i estructura política de la Girona medieval, 1975, 207ff. – B. Tate, M., Cardenal i Bisbe de Girona. La seva vida i les seves obres, 1976.

Margat (Qalᶜat Marqab), bedeutende Kreuzfahrerburg (→Burg, D.I) in Höhenlage an der Westflanke des Ğabal al-Anṣarīya, beherrschte Banyās und die syr. Küste, spätestens 1104 belegt, als sie kurzzeitig von byz. Truppen eingenommen wurde. Die Franken besetzten die Burg bereits 1117–18, doch war sie erst seit 1140 dauernd in frk. Hand und wurde von Rainald II. (Renaud Masoriers oder Mansoer), dem Sohn des ehem. Connétable des Fsm:s →Antiochia, als 'caput' seines Lehens befestigt. Rainalds Sohn Bertrand verkaufte sie zusammen mit Banyās für eine Jahresrente von 2200 Byzantii an die →Johanniter (1. Febr. 1186). Machte →Saladin während seines Syrien-Feldzugs im Frühjahr 1188 keinen Eroberungsversuch, so wurde M. 1204–05 vom Sultan v. Aleppo, al-Malik aẓ-Ẓāhir Ġāzī, belagert und erlitt Schäden. Danach verblieb es in der Hand der Johanniter bis 1285, als die Besatzung nach fünfwöchiger Belagerung die Burg an den Mamlūken-Sultan Qalāwūn übergab.

Die Anlage ist etwa dreieckig, mißt auf jeder Seite ca. 350 m und ist mit einer doppelten Mauer befestigt; der äußere Mauerzug ist mit abgerundeten vorspringenden Türmen verstärkt. Die Zitadelle (innere Burg) befindet sich in der südl. Ecke; der Bau (mit eingewölbten Räumen) umschließt einen dreieckigen Hof, in den sich im O eine Kapelle mit zwei Jochen, deren Innenraum früher ausgemalt war, einschiebt. Im südl. Winkel erhebt sich ein Rundturm (22 m Durchmesser), dessen Vorgelände das von den Mamlūken 1285 unterminierte 'Vorwerk' bildet.

D. Pringle

Lit.: EI² VI, 577–583 [N. Elisséeff] – P. Deschamps, Les châteaux des croisés en Terre Sainte, III, 1973, 259–285; Pläne XXXVI–LVI – s. a. Lit. zu →Krak des Chevaliers (P. Deschamps, Terre Sainte romane, 1964; W. Müller-Wiener, 1966; J. Folda, 1982).

Marginalität → Randgruppen

Marguerite → Margarete

Margut-sur-Chiers, Ort eines Herrschertreffens (Mai 980) zw. Ks. Otto II., Kg. Lothar v. Frankreich und seinem Sohn, Ludwig V., am rechten Ufer des Chiers etwa 10 km s. von →Ivois. 978 hatte Lothar seinen Anspruch auf →Lotharingien durch einen militär. Überfall auf Otto II. in Aachen bekräftigt, der anschließende Vergeltungsfeldzug führte den Ks. bis vor die Tore von Paris. Der Konflikt wurde in M. durch Handreichung, Friedenskuß und Freundschaftsbund (amicitia) beigelegt und damit die otton. Herrschaft über Lotharingien bekräftigt. Dieser Ausgleich belastete das Verhältnis der karol. Kg.e zum bis dahin verbündeten Hugo Capet, der seinerseits 981 Kontakte zum Ks. hof suchte.

B. Schneidmüller

Lit.: RI II, 811a – F. Lot, Les derniers Carolingiens, 1891, 118ff. – K. Uhlirz, JDG O. II. und O. III., I, 1902, 133f. – W. Mohr, Die lothr. Frage unter Otto II. und Lothar, RBPH 35, 1957, 705–725 – W. Kienast, Dtl. und Frankreich in der Ks. zeit (900–1270), I, 1974², 96ff. – I. Voss, Herrschertreffen im frühen und hohen MA, 1987, 59ff. – C. Brühl, Dtl. – Frankreich. Die Geburt zweier Völker, 1990, 568ff.

Maria, hl.
A. Mariologie, liturgische und außerliturgische Marienverehrung – B. Ikonographie – C. Literarisch (Mariendichtung)

A. Mariologie, liturgische und außerliturgische Marienverehrung

I. Frühchristentum und Ostkirche – II. Mariologie im lateinischen Mittelalter – III. Maria in der Liturgie – IV. Marienverehrung im lateinischen Mittelalter.

I. Frühchristentum und Ostkirche: Die M. verehrung des O ist nach ihrem eignen Verständnis bibl. begründet, Lk und Joh v. a. haben das zugrundeliegende Marienbild geschaffen, Lk enthält bereits erste Ansätze eines Marienlobs (1,28.45; 11,27). Die Väter haben es entfaltet, die Synoden es theol. fundiert, die Liturgie und das Stundengebet es weiter entwickelt und vermittelt und in der Frömmigkeit des Volkes lebendig erhalten, die Ikonographie hat es mit neuen Zügen ausgestattet und dem gläubigen Bewußtsein unauslöschl. eingeprägt.

Am Anfang des 2. Jh. gibt Ignatios Zeugnis von der Jungfrauschaft Mariens in der Empfängnis und Geburt des Herrn (Eph 18,2; 19,1; Trall 9,1; Smyrn 1,1). Um die Mitte und am Ende des Jh. sprechen Justin (Apol. 1,33) und Eirenaios (adv. haer. I 10,1) von der Geburt aus der Jungfrau und binde führen die Parallele Eva–Maria ein (Dial. 100,5; adv. haer. III 22,4), für beide ist M. einfach die »Jungfrau«. Eirenaios läßt M. ihr Magnifikat »im Namen der Kirche prophet.« singen (ebd. III, 10,2). Der Weg in die Tauf-/Glaubensbekenntnisse war damit vorgezeichnet. Die Alexandriner Clemens und Origenes vertreten die immerwährende Jungfräulichkeit Mariens (fragm. in ep. Judae; in Mt X 17). Für Origenes ist M., entsprechend seiner asket. Grundstimmung, bereits das Urbild der christl. Jungfräulichkeit. Die Gottesmutterschaft, von Anfang an wie selbstverständl. angenommen, kristallisierte sich in dem Terminus θεοτόκος spätestens bei Alexander v. Alexandreia († 328), verbunden dann mit dem Titel ἀεὶ παρθένος, wofür Epiphanios v. Salamis († 403) vielfach Zeuge ist. Wird ersterer durch die dritte Ökumen. Synode (431) feierl. präkonisiert, so begegnet letzterer in der fünften (553). Liturgie und Frömmigkeit, angeregt auch durch die Apokryphen (seit dem 2. Jh.), waren der offiziellen Lehraussage bereits zuvorgekommen. Zeugnis dafür waren etwa das Gebet Sub tuum praesidium (4. Jh.) und die rühmenden Epitheta auf M., die der O zu wiederholen nicht müde wurde: hl., ganz hl., die ganz reine, allzeit sel., ganz-unbefleckte, ruhmreiche Gottesmutter und Immer-Jungfrau. Bei der Ausformung der eucharist. Liturgie erhielt ihr Gedächtnis mehr als einen festen Platz. Immer aber begegnet sie in der Zuordnung zur Menschwerdung des Sohnes Gottes, nie ohne ihn. Aus dieser Zuordnung sind auch die Marienfeste von Anfang an zu verstehen. Ganz natürl. mußte ihr Gedächtnis verbunden sein mit der Feier der Geburt des Herrn, wie es bis heute am 26. Dez. begangen wird, jedenfalls als Ende des 4. Jh. das westl. Weihnachtsfest vom O übernommen wurde. Von Jerusalem verbreitete sich dessen ältestes Fest (15. Aug.); es wurde bald, sicher seit Mitte des 5. Jh., mit dem Gedächtnis der »Entschlafung« (Koimesis) Mariens verknüpft, als man eine Kirche bei Gethsemani über ihrem (angenommenen) Grab weihte. Die Texte zum Fest verkünden den Glauben an die leibl. Aufnahme Mariens in den Himmel, ohne Zweifel angeregt auch durch die Überlieferung der Transitus-Legende der Apokryphen. Ks. Maurikios (582–602) schrieb das Fest für das ganze Reich vor, ein »Marienfasten« (1.–14. Aug.) gab ihm einen bes. Charakter. Ks. Andronikos II. (1282–1328) weihte den ganzen Aug. dem Gedächtnis Mariens. Dem Geheimnis der Menschwerdung wieder v. a. zugeordnet sind die Feste des »Evangelismos« (Mariä Verkündigung; 25. März) und der »Hypapante« (Darstellung des Herrn; 2. Febr.). Ksn. Helena soll bereits eine Kirche in Nazareth gebaut haben, jedenfalls bestimmt Kanon 52 des Trull. II (691), das Fest sei auch in den Großen Fasten mit Eucharistie zu begehen. Das Fest Hypapante (»Begegnung« des Herrn mit dem Greis Symeon) ist seit Ks. Justin I. (518–527) für Konstantinopel bezeugt: ein Fest des Herrn, doch vom Gedenken Mariens ganz geprägt. Anstoß für die Feste der »wunderbaren Empfängnis der hl. Gottesmutter durch die hl. Anna« (9. Dez.), der Geburt Mariens (8. Sept.) und ihrer »Einführung in den Tempel« (21. Nov.) gaben wieder die Apokryphen, v. a. das Protoevangelium des Jakobus, dann auch die Weihedaten bestimmter Marienkirchen an Orten im Hl. Land, die man mit dem Marienleben in Verbindung brachte. Einen bes. Charakter hat der »Samstag des →Akathistos-Hymnos« in der 5. Fastenwoche, des schönsten Marienliedes der Orthodoxie, mit der Befreiung Konstantinopels von dreimaliger feindl. Belagerung (626, 677, 718) in Verbindung gebracht. Dazu gesellten sich viele lokale Feste, bes. der »wundertätigen Ikonen«, oder das der russ. Kirche eigene Fest »Mariä Schutz« (Pokrov, 1. Okt.). Gefördert wurde die M.verehrung bes. durch die liturg. Dichtung der →Kontakien und dann der sie ablösenden Kanones (Johannes Damaskenos, Andreas v. Kreta, Theophanes Graptos u. a.). Sie verfügt über einen geradezu unerschöpfl. Reichtum von zumeist bibl. Bildern und Allegorien, oft ganz überraschend, zuweilen eher gewagt, überbordend für westl. Empfinden, doch immer noch voll spürbarer Wärme, voll Andacht und Liebe zur Mutter des Herrn. Grundtenor in allen Hymnen und Troparen sind Gottesmutterschaft und Immer-Jungfrauschaft. So in den Marienkanones, gesungen an jedem Sonntag, Mittwoch und Freitag in der

Zeit der Oktoechos (Sonntag nach Pfingsten bis Vorfasten), bezeichnenderweise an den Tagen, die dem Gedächtnis des Herrn und seines Erlösungswerkes bes. geweiht sind. Im übrigen gibt es kaum eine Ode der zahlreichen Kanones während des Kirchenjahres, die nicht ein Theotokion, eine Strophe auf die Gottesmutter, enthielte, ob die Ode selbst z. B. das Lob des Dreieinigen Gottes singt oder der Verstorbenen gedenkt. Das Grundthema aber ist stets das gleiche: Mariens Stellung im Heilsplan Gottes zur Rettung des Menschen und der ganzen Schöpfung durch die Menschwerdung des Sohnes Gottes. – Schwer zu beurteilen ist im Rückblick, welche Bedeutung es für die M. verehrung jeweils genau hatte, daß eine Stadt M. gleichsam »umgewidmet« wurde, wie das mit Ephesos geschah: die Stadt der Artemis wurde zur Stadt der jungfräul. Gottesmutter. Für Konstantinopel (und das Reich) galt es als eine Ehre, sich als die »Stadt der Theotokos« wissen zu dürfen (vgl. den Anfang des Akathistos-Hymnos). Und der Athos betrachtete sich von Anfang an als den »Garten der Jungfrau und Gottesmutter«.

Einen nicht zu überschätzenden Beitrag zur M. verehrung leistete die Ikonographie in den *Marienikonen* (s. Abschnitt B). Als ihr eigtl. Schöpfer galt in der Überlieferung des O immer der Evangelist Lukas selber. Hintergrund dieser Legende ist die »Kindheitsgeschichte Jesu« in seinem Evangelium, was sich unübersehbar in der Thematik der meisten Ikonen widerspiegelt: die Mutter mit dem Kind, doch, über alle ikonograph. Klassifizierungen hinweg, in jeweils eigener Prägung und darum auch in je verschiedener Bedeutung für die Frömmigkeit der Menschen, die sie verehrten. Ähnl. wie die »Gnadenbilder« der kath. Kirche haben viele der Ikonen ihre eigene »Geschichte«, oft reich mit einem bunten Legendenkranz ausgestattet. Darin geht es um ihre Herkunft (→Lukasbilder, Acheiropoieten = »nicht von Menschenhand geschaffen«), um ihre »Erscheinung« oder Auffindung, um ihre bes. Verehrung als »wundertätig« in bestimmten Anliegen der Betenden. Andere Ikonen wurden zu Palladien eines Volkes und Landes oder einer Stadt, was immer eine Rückwirkung auf die Verehrung nicht nur der Ikone, sondern auch ihres »Urbildes« zur Folge haben mußte. Einige Ikonen stellen M. in ihrer Beziehung zum Erlösungswerk ihres Sohnes dar, wie die Ikone der Verkündigung (der »Menschwerdung«), der Geburt des Herrn, der Mutter unter dem Kreuz ihres Sohnes. Zu erwähnen sind nicht zuletzt Ikonen, die dem O bes. eigen sind und M. in ihrer Beziehung zur Kirche zeigen: M. inmitten der Apostel bei der Himmelfahrt Jesu und bei der Herabkunft des Hl. Geistes. Die (westl.) Verengung auf die Apostel allein als die Repräsentanten der Kirche ist aufgebrochen, die Kirche wird vielmehr im eigtl. Sinn repräsentiert durch M., deutl. erkennbar an deren Haltung und Gebärde. Ähnl. gilt von der Darstellung Mariens als Orante in den Absiden vieler Kirchen des O (sog. Platytera, d. i. »weiter als der Himmel«).

H. M. Biedermann

Lit.: DACL X, 2, 2035–2041 – DSAM X, 1, 423–446 – DThC IX, 2, 2433–2449 – ThEE VIII, 649–722 – Marienlex., bisher 3. Bd. passim, 1988 – H. Engberding, M. in der Frömmigkeit der byz. Liturgie, o. J., 37–68 – G. Gordillo, Mariologia Orientalis, OrChrAn 141, 1954 – K. Kirchhoff – Chr. Schollmeyer, Hymnen der Ostkirche, 1960² – W. Delius, Gesch. der M. verehrung, 1963 – H. Graef, M. Eine Gesch. der Lehre und der Verehrung, 1964 – E. Jungclaussen, M. verehrung im ö. Christentum (W. Beinert, M. heute ehren, 1979³) – Hb. der Marienkunde, hg. W. Beinert – H. Petri, passim, 1984 [Lit.].

II. Mariologie im lateinischen Mittelalter: Trotz der Traditions- und Autoritätsgebundenheit der ma. Theologie ist das MA in der Mariologie eine Zeit der Entwicklung und des Fortschritts, der in wechselnden Ausformungen alle ihre Phasen und Etappen bestimmt: die sog. »Karolingische Renaissance« mit der menschl.-mütterl. Sicht und der beginnenden Glorifizierung der Jungfrau-Mutter; die Frühscholastik des 12. Jh. (»das goldene Zeitalter der Mariologie«) mit der Einbeziehung M.s in das ma. Weltbild und ihrer Erhebung zur Königin der Erden- und des Himmelsstaates; die Hochscholastik mit dem Zug zur krit. Durchdringung und Weiterführung der Mariendogmen; die Spätscholastik mit der panegyr. Steigerung des Marienlobs, aber auch mit der aufkommenden marian. Mystik. Dieser Anstieg des marian. Gedankens ergreift alle religiös-kulturellen Bereiche und Ausdrucksformen und wird durch ihre Verbindung intensiviert: die Liturgie mit neu aufkommenden Festen (M.-heimsuchung; Empfängnis M.s), Antiphonen und Hymnen (»Ave Maris stella«, 9. Jh.: »Salve Regina«, Ende des 11. Jh.), die vermehrte Zahl marian. Predigten, die Schriftkomm. (mit der erstmaligen marian. Deutung des Hld durch Rupert v. Deutz), die ersten mariolog. Traktate (u. a. De partu Virginis des Paschasius Radbertus), die lat. Carmina und frühen volkssprachl. Dichtungen (s. Abschnitt C) und die Volksfrömmigkeit mit ihren vielen legitimen Bildungen (»Marienklagen« vom 12.–14. Jh.; das »Ave M.« vom Beginn des 11. Jh.; das Angelusgebet ab der Mitte des 13. Jh.; der Rosenkranz, entwickelt aus den »Marienbegrüßungen«) und illegitimen Ausformungen (Marienlegenden, →Miracula BMV und Marienvisionen).

Die theol. Bedingungen und Gestaltkräfte, die diesem Anstieg zugrundelagen, lassen sich an der Übergangsperiode der Karolingerzeit erkennen, in der sich ein Wandel von der heilsgesch.-typolog. Erfassung M.s (Eva-M. Parallele; M. als typus ecclesiae) zur individuell-gestalthaften Anschauung der Person der Jungfrau-Mutter vollzog. Gründend in einer Frömmigkeitshaltung mit Betonung des Subjektiven, des Gemüthaften und des persönl. Heilsbedürfnisses entstand ein eigengeprägtes Marienbild, das sich nicht nur von der klass. Gestalt M. s in der lat. Spätantike abhob, sondern auch von der Erhabenheit und der geheimnishaften Majestät der oriental. Marienauffassung unterschieden war. Zwar wurden die heilsgesch.-typolog. Elemente v. a. vom Früh- und HochMA aufgenommen und weitertradiert (die Eva-Maria-Parallele bei Ambrosius Autpertus, die M.-Kirche-Typologie bei Hugo v. St. Victor und Alanus ab Insulis), aber sie waren gleichsam eingeschmolzen in die neue Auffassungsform, in der M. als individuelle Gestalt, als Subjekt und Person mit ihrem einzigartigen Personalcharakter im Vordergrund stand. Im Zuge des Zurücktretens der heilsgesch. Perspektive und aus der so erfolgenden »Verselbständigung« der Mariengestalt erklärt sich auch die (relative) Lockerung der Verbindung zw. dem Christusdogma und der Marienwahrheit, die für die Patristik charakterist. gewesen war. Mit der relativen Verselbständigung der Mariengestalt und der Marienwahrheit beginnt die (überscharf so gen.) »Mariologie der Privilegien«, die nicht nur ihren Gegenstand individualisiert, sondern zu ihm auch den Menschen in ein individuelles Verhältnis setzt, das von Verehrung und Begeisterung, aber auch von individueller Heilserwartung bestimmt ist, die dem im Transzendenzbezug lebenden ma. Menschen wie selbstverständl. zu eigen war.

So konzentriert sich im Lehrglauben das Interesse v. a. auf das Dogma von der Gottesmutterschaft M.s, das von der Scholastik in rationaler Beweisführung begründet (Anselm, Petrus Lombardus, Albertus Magnus), aber noch deutlicher auf seine Konsequenzen hin ausgelegt wird und zwar sowohl in Richtung auf die realist. Erfassung des Beitrags M.s im objektiven Erlösungswerk (so wird im 9. Jh. der Titel mediatrix aus dem O übernommen) als auch auf ihre Beteiligung am subjektiven Heilsgeschehen, in dem sie sich als »Mutter der Barmherzigkeit« und als Gnadenspenderin erweist. Es verbindet sich auch das Interesse am ird. Marienleben und seiner edlen-kgl. Menschlichkeit (beeinflußt vom höf.-ritterl. Frauenideal) mit der jenseitigen Verherrlichung M.s am Throne ihres Sohnes. Diesbezügl. wirken sich auch Einflüsse der griech. Marienfrömmigkeit aus, die jedoch bei deren Verzicht auf weitere theol. Entwicklung und rationale Durchdringung (unter notwendigem Einschluß theol. Auseinandersetzungen) den arteigenen Typ der abendländ. Marienauffassung nicht alteriert. Er gewinnt seine Form in der Verbindung von subjektiv-individueller und eth. Aneignung der Mariengestalt und vernunftgemäßer theol. Erfassung der Heilswahrheit. Mit Hilfe der letzteren gelang es auch, die aufkommenden Übertreibungen innerhalb der Volksfrömmigkeit und der Verehrung in Schranken zu halten (so etwa durch Petrus Venerabilis und Albertus Magnus).

Träger der theol. und frömmigkeitsgesch. Entwicklung waren erstl. nicht Einzelgestalten, sondern die religiösen Orden und Gemeinschaften, die eine je eigene marian. Spiritualität entwickelten. Der Vorrang gebührte anfangs den Benediktinern (Beda Venerabilis, Ambrosius Autpertus, Alkuin, Radbertus, Ratramnus, Petrus Damiani, Anselm v. Canterbury, Eadmer, Osbert v. Clare u. a.), danach folgten die Zisterzienser (Bernhard v. Clairvaux, Isaak v. Stella, Ælred, Hélinand v. Froidmont) und Prämonstratenser (Philipp v. Harvengt), denen sich später die Bettelorden mit ihren großen Theologen (Albertus, Thomas, Bonaventura, Joh. Duns Scotus), die Karmeliten (John Bakanthorp, † 1348) und die Serviten (mit bes. Verehrung der sieben Schmerzen M.s) hinzugesellten. Daneben war der Einfluß des Säkularklerus geringer, aber nicht unerheblich (Fulbert v. St. Laurent).

Die *Lehrinhalte und das mariolog. Gedankengut*, das im Laufe der Entwicklung zur Ausreife gelangte, erfuhren, in der jungfräul. Gottesmutterschaft wurzelnd, verschiedene Ausformungen, unter denen Anselm v. Canterbury am Beginn der Scholastik einen für diese Zeit paradigmat. Typus darbot. Nach ihm gründet M.s Bedeutung für den sündigen Menschen wie für den ganzen Kosmos in der Gottesmutterwürde, mit der sie nicht nur eine einzigartige Reinheit und Heiligkeit erlangte, sondern vermöge ihrer Verdienste bei der Inkarnation auch den Grund für das von uns in sie gesetzte Vertrauen legte; denn es gilt: »mater dei est mater nostra« (Orat. 7). Dieses Vertrauen wird mehrmals durch den Gedanken vom Bruderschaftsverhältnis des Sohnes zu den Sündern bekräftigt, das M. vermittelte. Ihr Anteil an der Heilsverwirklichung ist so bedeutsam, daß das Heil »vom Willen des guten Bruders und der barmherzigen Mutter abhängt« (Orat. 6). Trotzdem stimmt Anselm nicht für die Unbefleckte Empfängnis, für die ihm die theol. Begründung zu fehlen scheint. Ähnlich wie Anselm bei der Gottesmutterwürde ansetzend, zieht jedoch sein Schüler Eadmer in dem Traktat »de conceptione s. M.e« unter Heranziehung des Grundsatzes »decuit, potuit, voluit, ergo fecit« Folgerungen auf die Unbefleckte Empfängnis M.s. Er begründet diese Überzeugung, die er nicht als den Glauben der Kirche ausgibt, nächst dem Rekurs auf die Frömmigkeit des einfachen Volkes mit der Beteiligung M.s am Werk des Erlösers, dessentwegen sie auch zur Herrin über die ganze Welt erhoben ist. Für das Doppelverhältnis des Menschen zu Christus wie zu M. hält Eadmer wohl erstmals die später vielgebrauchte und noch verstärkte, aber nicht unproblemat. Erklärung bereit, daß Christus als Richter erst nach gerechter Beurteilung auf die menschl. Anrufe antworte, M. dagegen kraft ihrer Verdienste den Beter sogleich erhöre (De excellentia V.M., 6). Die hier geknüpfte Verbindung zw. Volksfrömmigkeit und theol. Ratio ist bei Bernhard v. Clairvaux nach der Seite der Frömmigkeit hin verlagert, derentwegen der Einfluß des Kirchenlehrers später bes. wirksam (und aufgrund unechter Schriften übersteigert) wurde. In seinen marian. Homilien, die ihre Anziehungskraft wegen der sprachl. Schönheit und der mit edlen menschl. Zügen ausgestatteten Zeichnung der Mariengestalt gewannen, tritt der Gedanke der Mittlerschaft M.s zw. dem Sohn und den hilfsbedürftigen Menschen betont hervor, die in M. den »Aquädukt« der Gnade besitzen (wofür Hermann v. Tournai das Bild vom Hals setzt), mit welchem Bild M. schon in die Nähe einer »Quelle der Gnaden« gerückt wird. In der Frage der Unbefleckten Empfängnis nahm er allerdings in Ep. 174 ad Canonicos Lugdunenses, 7 wegen des mangelnden Traditionsbeweises eine ablehnende Haltung ein. Auch die von Bernhard vertretene Mittlerschaft M.s ist noch keine direkte und unmittelbare, für die Arnold v. Bonneval eintritt, der die Leiden M.s unter dem Kreuz Christi hervorhebt und behauptet, daß »beide zusammen Gott ein Opfer darbrachten« (De laudibus BMV: PL 189, 1727), was Wilhelm v. Newbury ähnlich von der »mitleidenden Mutter« sagt, deren »geistl. Mutterschaft« er hervorhebt. Noch stärker wird das Leidensthema von Amadeus v. Lausanne angeschlagen, das Ælred v. Rivaulx asket. anwendet, indem er den Einsiedlerinnen empfiehlt, M.s Leid und Tränen mit dem eigenen Schmerz zu vereinen (De inst. inclusarum: SC. 75 [1961] III).

Dagegen griff die Hochscholastik das marian. Thema nach dem Vorgang des Lombarden (Sent. III dist. 3, c. 1–2) unter mehr systemat. Aspekt auf und ordnete es der Christologie ein (Thomas, S.th. III qq. 27–33). Unter den ersten systemat. Schriften ist das Werk »De laudibus s.M.« des Richard v. St. Laurent freilich in der Parallelisierung von Christus und M. nicht frei von Übertreibungen (so wenn er von der »Allmacht« M.s spricht: Opera Alberti Magni [BORGNET] 38, 1.30, c.4), ähnlich wie das »Mariale super missus est« (Ps.-Albert) in der scholast.-systemat. Form viele mariolog. Nebensächlichkeiten behandelt. Es zeigt als Neuerung die Konstruktion aus dem Prinzip der Gnadenfülle, dem sich die Ableitung M.s als »adiutrix redemptionis per compassionem« anschließt (BORGNET 37, q. 150, 219). Der echte Albertus betont bei aller Würdigung ihre Unterordnung unter Christus, weshalb er auch bezügl. ihrer »Miterlösung« Zurückhaltung übt (In III Sent. dist. 3 a.3 ad 1). Von spekulativen Übertreibungen hält sich auch Thomas v. Aquin fern, wenn er die Marienlehre im Zusammenhang mit der hypostat. Union entwickelt (S.th. II qq. 27–33), doch würdigt er die Heilsbedeutung M.s neuartig, wenn er ihren Konsens bei der Verkündigung als Stellvertretung »loco totius humanae naturae« erklärt (S.th. III q. 30a 1). Einen mehr auf die Förderung der Gottesliebe (in Verbindung mit der Mutteraufgabe und in bibl. Orientierung) ausgerichteten Typus der Mariologie entwickelt Bonaventura, der auch einschränkende Regeln für die Zuweisung von Privilegien an M. aufstellt (Sent. III d. 3 p. 1 a. 1 q. 2). Diese auch von Joh. Duns Scotus (s. u.) innerhalb des theol. Denkens beheimatete Mariologie (mit Betonung der aktiven Rolle M.s bei der Inkarnation) wandert in der

Spätscholastik in den Bereich der Predigt und des einseitigen Lobpreises ab (Bernardinus v. Siena, Bernardinus de Bustis), der von mariolatr. Tendenzen nicht frei war. Eine arteigene Ausprägung erfährt der marian. Gedanke in der Mystik, in der M.s Anteil an der Erlösung stark hervortritt (Mechthild v. Magdeburg; Birgitta v. Schweden; Johannes Gerson).

Was die *spezielle Entwicklung des Mariendogmas* angeht, so liegt die bes. Bedeutung des MA in der sich langsam abklärenden Diskussion um die Himmelfahrt M.s und um die Unbefleckte Empfängnis. Die in der Karolingerzeit im Abendland beginnende Auseinandersetzung um das Endschicksal M.s, in der damals im allg. die agnostizist. oder verneinende Grundhaltung vorherrschte (Ps.-Hieronymus, »Cogitis me« des Paschasius Radbertus), wandelte sich durch Ps.-Augustinus »De assumptione b.M.V.« (wahrscheinl. aus dem Kreis um Anselm und Eadmer hervorgegangen) unter Einfluß des Grundsatzes »caro Jesu, caro M.e« und des Konvenienzprinzips langsam zu einer proassumptionist. Auffassung, der nur noch wenige Theologen widersprachen (so Isaak v. Stella), obgleich man die positive Annahme nicht als Offenbarungswahrheit ansah. Die proassumptionist. Auffassung erfuhr eine bedeutende Verstärkung durch die Autorität des Albertus M. fälschl. zugeschriebenen »Mariale«. So konnte sie von Franciscus de Mayronis und Johannes Gerson schon als sichere Lehre ausgegeben werden. Dramatischer verlief die Entwicklung bezügl. der Unbefleckten Empfängnis, deren Ansätze in traditionellen Vorstellungen über die Freiheit M.s von persönl. Sünde (Augustinus) und von ihrer Heiligung im Mutterleib (Bernhard v. Clairvaux) zwar vorhanden waren, aber wegen der eigentüml. Lehre von der passiven Empfängnis und der Beseelung des Menschen und wegen der vermeintl. Gefährdung der universalen Erlöserschaft Christi bei den meisten Theologen (Bernhard, Bonaventura, Thomas) nicht zur Entfaltung gelangten. Hier brachte (nach dem Vorgang Eadmers) erst Duns Scotus (der »doctor marianus«) die Wende mit seiner Lehre von der praeservatio und praeredemptio M.s durch Christus. Sie erwies sich als so wirksam, daß das Konzil v. Basel 1438 (damals freilich schon ohne rechtl. Autorität) das Fest und die Lehre der Unbefleckten Empfängnis billigte. Die Reformation rückte langsam von der ma. Entwicklung des Mariendogmas ab, ohne das Marienlob als solches aufzugeben. L. Scheffczyk

Lit.: HDG III, 4 [G. Söll, s. v. Mariologie] – Marienlex., hg. R. Bäumer–L. Scheffczyk, I–III, 1988–91 – St. Beissel, Gesch. der Verehrung M.s in Dtl. während des MA, 1909 – M. Jugie, La mort et l'assomption de la s. Vierge, 1944 – C. Balić, Testimonia de Assumptione B.M.V. ex omnibus saeculis, 2 Bde, 1948–90 – Ders., The Medieval Controversy over the Immaculate Conception up to the Death of Scotus (The Dogma of the Immaculate Conception, hg. F. O'Connor, 1958) – A. Fries, Die Gedanken des hl. Albertus Magnus über die Gottesmutter, 1958 – L. Scheffczyk, Das Mariengeheimnis in Lehre und Frömmigkeit der Karolingerzeit, 1959 – H. M. Köster, Die Frau, die Christi Mutter war, 2 Bde, 1961 – H. Barré, Prières anciennes de l'Occident à la Mère du Sauveur, 1963 – W. Delius, Gesch. der Marienverehrung, 1963 – H. Graef, M. Eine Gesch. der Lehre und Verehrung, 1964 – R. Laurentin, Court traité sur la Vierge Marie, 1967⁵ – A. Salzer, Die Sinnbilder und Beiworte Mariens in der dt. Lit. und lat. Hymnenpoesie des MA, 1967² – J.-M. Salgado, Divinitas 30, 1986, 53–77, 120–160, 240–270 – L. M. Spinelli, M. nei sermoni di San Massimo vescovo di Torino, 1983.

III. Maria in der Liturgie: Für einen M.kult nach Art des Märtyrer- und Hl.nkults fehlten die zwei wesentl. Voraussetzungen: das Grab und der Todestag. Die Liturgie gedachte zuerst der jungfräul. Mutterschaft M.s als eines Aspektes des Christusmysteriums im Umkreis des Weihnachtsfestes. Ein oft konstatierter Aufschwung einer sich auch gottesdienstl. äußernden M.verehrung im Anschluß an das Konzil v. Ephesos (431) ist jedenfalls im W nicht feststellbar; v. a. die röm. Kirche verhielt sich gegenüber dem Theotokos-Titel und der Feier eigenständiger M.feste bis ins 7. Jh. sehr zurückhaltend (Th. Klauser, JbAC 15, 1972, 120–135). Daß man in Rom bereits im 6. Jh. am 1. Jan. ein allg. M.fest (Natale S. M.ae) begangen habe (B. Botte, A. Chavasse), das im 7. Jh. von den neuen aus dem O importierten M.festen verdrängt worden sei, ist eine recht unsichere Hypothese. Jedenfalls wurde der heilsgesch. Stellung M.s in der Liturgie des 1. Jan. in der gelasian. wie in der gregorian. Tradition gedacht. Die Kollekte im Hadrianum rekurriert bereits auf die Interzession M.s, deren Stellung in der Liturgie damit an die der Märtyrer angeglichen ist. Ähnliches gilt für die gelasian. Postcommunio am Mittwoch des Dez.-Quatember, an dem übrigens die Perikopen des späteren Verkündigungsfestes (25. März) gelesen wurden. Die urspgl. Stellung M.s in der Liturgie in engem Zusammenhang mit der Inkarnation Christi (als theol.-doxolog. Nebenmotiv) sowie die Angleichung an die Hl.nverehrung (Bitte um Gemeinschaft, Fürbitte M.s) zeigt sich auch in der Erwähnung M.s im Kanon, wo sie als semper virgo und genitrix Dei et D.N.I.Chr. an der Spitze des Doppelchores von zweimal zwölf Hll. um ihre Fürsprache angegangen wird. Noch die Ende des 11. Jh. eingeführte allg. M.präfation ist letztl. ein Lobpreis auf das Mysterium der Inkarnation.

Auch außerhalb Roms ist das Weihnachtsfest der Quellgrund einer liturg. M.verehrung. Die altgall. Liturgie gedachte der Mutterschaft M.s am 18. Jan. Das Fest wurde später, unter Einfluß des apokryphen Transitus M.ae, »in Adsumptione S. M.ae« gefeiert. In Mailand hatte der letzte (6.) Adventssonntag den Charakter eines Verkündigungsfestes. Auch die span. Liturgie feierte die Verkündigung seit Mitte des 7. Jh. kurz vor Weihnachten am 18. Dez., zuvor an unterschiedl. Terminen. Die im »westgot. Orationale« erhaltenen Gebete für das Offizium dieses Festes sind allerdings schon Zeugnisse für eine veränderte Frömmigkeit: vier von ihnen sind an M. gerichtet (humani generis reparatrix!).

Im Laufe des 7. Jh. rezipierte die röm. Kirche vier der im O entstandenen M.feste: M.ae Entschlafung (15. Aug.; dormitio, pausatio, assumptio; das populärste M.fest, seit dem 8. Jh. mit Vigil), M.ae Geburt (8. Sept.), M.ae Verkündigung (25. März; urspgl. ein Herrenfest), Hypapante (2. Febr.; ebenfalls ein Herrenfest, erst außerhalb Roms purificatio S. M.ae gen.). Papst Sergius I. († 701) ordnete für diese vier Feste Prozessionen an, vielleicht nach konstantinopolitan. Vorbild. Zumindest ein Teil der dabei gesungenen Antiphonen sind Übers. aus dem Griech., so jedenfalls das »Adorna thalamum« und das »Ave gratia plena« vom 2. Febr. Ebenfalls östl. Ursprungs sind eine Reihe »marianisch« getönter Offiziumsantiphonen des Weihnachtsfestkreises (A. Baumstark, OrChr 33, 1936, 163–187). Die röm. Kirche nahm bis ins 14. Jh. (M.ae Heimsuchung, 2. Juli) kein weiteres M.fest in ihren Kalender auf.

Der aus der homilet. Lit. übernommene Brauch, M. in Antiphonen und Hymnen nach dem Vorbild des Engels zu begrüßen, führte seit karol. Zeit zu einer im 2. Jt. gewaltig anschwellenden Produktion von M.hymnen. Das »Ave maris stella« (9. Jh.?) läßt einerseits noch deutl. den Zusammenhang der M.frömmigkeit mit dem Heilsgeschehen der Inkarnation erkennen, andererseits wird aber schon hier M. von den Christen als ihre Mutter angerufen, was auf eine zunehmende Verselbständigung der M. verehrung hinweist. Diese Tendenz verstärkte sich freilich erst seit dem 11. Jh., als – nicht zuletzt angeregt durch den griech. →Akathistos-Hymnos – eine unüberschaubare Fülle von Grußhymnen, Sequenzen, Grußpsaltern und Litaneien entstand. Ihr Sitz im Leben war nicht in allen Fällen die Liturgie, doch läßt sich im MA keine scharfe Grenze zw. dieser und »paraliturg.« Andachten u. ä. ziehen. Ein Kuriosum, aber vielleicht charakterist., ist die Umdichtung des Te Deum in einen marian. Hymnus (Te matrem laudamus; ein Text aus dem 12. Jh. in EL 72, 1958, 293f.).

Das zunehmende Eigengewicht der M. verehrung zeigt sich in der Gesch. des Festes der Empfängnis M.s (8. Dez.). Es ist im lat. W zuerst im vornorm. England des 11. Jh. als Feier der wunderbaren Empfängnis der unfruchtbaren Mutter M.s (gemäß dem Bericht des Protoevangelium Jacobi) bezeugt. Seit dem 12. Jh. wurde es jedoch umgedeutet in ein Ideenfest der »unbefleckten Empfängnis«. Von England aus verbreitete es sich auf dem Kontinent; in Rom wurde es erst 1476 in den Kalender aufgenommen.

Wohl nicht in »privater« M.devotion, sondern in der klösterl. Liturgie, im Kult des zur Kirchenfamilie des Kl. gehörigen M.heiligtums, wurzelt das sog. Officium parvum BVM, dessen Anfänge seit der 2. Hälfte des 10. Jh. nachzuweisen sind. Aus ganz einfachen Formen (3 »lectiones«, meist aus der homilet. Lit., oft als Gruß an M.) entwickelte sich schon im 11. Jh. ein ganzer Horenzyklus, welcher von Ordens- (OPraem seit 12. Jh.) und Weltpriestern als Zusatzoffizium zur regulären Tagzeitenliturgie verrichtet wurde. Das Off. parv. prägte in gewissem Ausmaß auch die Laienfrömmigkeit, wie seine Aufnahme in die Laienbreviere (Livres d'heures, Primer) zeigt.

R. Meßner

Lit.: E. Bishop, Liturgica hist., 1918, 224–259 – B. Botte, La première fête mariale de la liturgie romaine, EL 47, 1933, 425–430 – P. Bruylants, Les origines du culte de la Ste Vierge à Rome, Questions liturg. 23, 1938, 200–210, 270–281 – B. Capelle, La liturgie mariale en occident (Maria, hg. H. du Manoir, I, 1949), 215–245 – A. Chavasse, Le Sacramentaire Gélas. (Vat. Reg. 316), 1958, 375–402, 651–656 – J. Leclercq, Fragmenta mariana, EL 72, 1958, 292–305 – G. G. Meerseman, Der Hymnos akathistos im Abendland, I–II, 1958–60 – J. Leclercq, Formes anciennes de l'office mariale, EL 74, 1960, 89–102 – G. Frénaud, Le culte de Notre Dame dans l'ancienne liturgie lat. (Maria, hg. H. du Manoir, VI, 1961), 157–211 – B. Capelle, Travaux liturg. de doctrine et d'hist., III, 1967, 276–455.

IV. MARIENVEREHRUNG IM LATEINISCHEN MITTELALTER: [1] *Mariologie und Marienfrömmigkeit:* Die Spezifik der ma. M. verehrung, wie sie ihren gegenständl. Ausdruck in der Bildenden Kunst, in M.dichtung und Legenden, im Wallfahrtswesen und in zahlreichen Frömmigkeitspraktiken fand, steht in kausaler Verbindung mit der frühchr. und ma. mariolog. Diskussion (vgl. Abschnitte A.I und A.II), die sich im wesentl. auf vier Aspekte bezog: M. als »Gottesgebärerin« (theotókos), die immerwährende Jungfräulichkeit M.s, die Freiheit M.s sowohl von der Erbsünde als auch von jegl. anderen Sünden sowie – abgeleitet aus der Lehre vom menschl. Leid und vom Tod als Erbsünde – der Glaube an die leibl. Aufnahme M.s in den Himmel, der für die Gesch. und Bezugspunkte der M.frömmigkeit generell und für zahlreiche Transituslegenden speziell von ausschlaggebender Bedeutung wurde.

Die kirchl. Mariologie war stets christolog. definiert: Durch den engen heilsgesch. Bezug zu Christus geriet M. zur »Mittlerin« (mediatrix) im Heilswerk Christi und zur Vermittlerin von Gnaden (»Gnadenmutter«), weswegen ihr eine den üblichen Hl.nkult übersteigende Verehrung zuwuchs. Dies belegen nicht nur die Litaneien und die liturg. Hl.nlisten, sondern auch populäre Aneignungen (z.B. »Gothaer Fiebersegen«, frühes 13. Jh.; Hofbibl. Gotha, Cod. Membr. Nr. I, fol. 407va–414vb). Mit dieser Entwicklung aber verband sich die elitäre theol. Diskussion ebenso wie die den populären Glauben betreffende Gefahr, daß die ursprgl. christolog. Zuordnung aufgebrochen und M. eine absolute Stellung eingeräumt wurde: über ihre Funktion als »Miterlöserin« entbrannten heftige Auseinandersetzungen, Rupert v. Deutz warf immerhin die – dann verneinte – Frage nach der Vierfaltigkeit Gottes auf (De divinis officiis, Kap. 13; MPL 170, 305–306). In der ma. M.lyrik findet sich bisweilen das Epitheton »Himmelsgöttin« (*himelgotinne*). Der sich aus konkreten Inhalten, Bezügen und Bildern, nicht jedoch aus abstrakten theol. Diskursen speisende Volksglaube konnte daher unschwer M. als eine (nahezu) gottgleiche Person betrachten, wogegen sich die Reformatoren wenden sollten.

[2] *Marienviten:* Trotz vereinzelter Zeugnisse wie M.bildern in den röm. Katakomben, des frühchr. Hymnus »Sub tuum praesidium« und der Errichtung von M.kirchen im 5. Jh., unter ihnen S. Maria Maggiore in Rom, setzte der eigtl., starke Impulse auf die Hl.nverehrung ausübende M.kult erst relativ spät ein, nämlich an der Schwelle von der reichskath. zur byz.-orth. Kirche. Eine mögl. Erklärung hierfür bietet innerhalb der am Gräber-, Hl.n- und Reliquienkult orientierten Religiosität des Frühchristentums (wie auch des MA) der Glaube an die leibl. Aufnahme M.s in den Himmel und das damit verbundene Fehlen von Grab- und Körperreliquien.

Während sich mit der Verehrung der →Märtyrer an ihren Gräbern eine konkrete gesch. Erfahrung verband, standen für das Leben und Sterben M.s mit Mt (z.B. 1, 16–24; 2, 11–13) und Lk (z.B. 1, 26–80) nur beschränkte Informationen zur Verfügung, die sehr bald im apokryphen »Protoevangelium des Jakobus« (2. Hälfte 2. Jh.) und in der »Kindheitserzählung des Thomas« (1. Hälfte 2. Jh.) durch Legenden ausgeschmückt wurden. Auf dem im 10. Jh. als Bearbeitung des »Protoevangeliums des Jakobus« entstandenen »Pseudo-Matthaeus« beruhte nicht nur die ma. Kenntnis der marian. Geburts- und Kindheitslegenden, aus ihm bezogen auch die Darstellungen des M.lebens und zahlreiche M.dichtungen ihre bildl. und lit. Motive (s. Abschnitt C). →Geistliche Spiele thematisierten entweder Ereignisse aus dem M.leben, so die Himmelfahrt, oder die →Kindheitsgesch. Jesu.

[3] *Wallfahrtswesen:* Populäre Frömmigkeit bedarf, wie das theatrum liturgicum zeigt, wahrnehmbarer Andachtshilfen und Ausdrucksformen. Für das ma. Wallfahrtswesen bedeutet dies neben der Teilnahme an liturg. Ritualen (z.B. Prozession) die Verfügbarkeit konkreter Dinge (z.B. Bilder, Statuen, Gräber, Reliquien). Auch in diesem Zusammenhang nimmt M. eine bes. Position durch das Fehlen von Grab- und Körperreliquien ein; an deren Stelle traten als Verehrungsobjekte 1. die zu Lebzeiten M.s entnommenen »Reliquien« (Haare, Fingernägel, Milch), 2. Textilien und Bekleidungsstücke, 3. Andachtsbilder und Figuren, wobei sich hist. Schichtungen erkennen lassen. Dabei erweisen sich Auffindungserzählungen als Parallelen zur Helena-Legende: so soll Ksn. Eudokia (408–450) das Leichentuch M.s erhalten und nach Konstantinopel gebracht, ferner 438 ihrer Schwägerin Pulcheria ein →Lukasbild (Theotokos Hodigitria) geschenkt haben.

Zu den M.reliquien, wie sie seit dem FrühMA aus Byzanz in den W gelangten, gehörten u.a. auch ein in der Chalkoprateiakirche in Konstantinopel aufbewahrter, mit einigen Tropfen Milch M.s getränkter Gürtel, den der

Überlieferung zufolge Pulcheria im Altarschrein niedergelegt hatte (MPG 147, 41). Seit dem 12. Jh. wuchs die Zahl solcher Reliquien sprunghaft an: Haare sind z. B. für die Reliquienschätze des Lateran und von S. Maria sopra Minerva in Rom, Teile der Fingernägel für Poitou nachweisbar.

Textilien und andere Dinge des tägl. Gebrauchs befanden sich an zahllosen Orten Europas. Seit 876 ist das von Karl d. Kahlen von Aachen nach Chartres transferierte Kleid (»Sancta Camisia«) bezeugt, das M. bei der Verkündigung getragen haben soll. Das Gewand, das sie bei der Geburt Christi trug, befindet sich zusammen mit dessen Windeln im M.schrein des Aachener Münsters, wohin eine der bedeutendsten ma. Heiltumsfahrten führte. Ähnl. Erinnerungsgegenstände wurden u. a. in Regensburg (St. Emmeram, erwähnt 980 u. ö.) und Trier (St. Maximin, 952; St. Paulin, 1148/1515) verehrt, ein Gürtel in Aachen, in der Kirche Notre-Dame-de-la-Délivrance im breton. Quintin, Schuhe in Soissons, Rodez und im 1247 nach Dalheim verlegten Kl. OCist Maria-Ophoven bei Wassenberg, ein Kamm in Trier (St. Maximin), und einer von mehreren Hochzeitsringen wurde im toskan. Chiusi aufbewahrt.

Neben solchen Reliquien erfreuten sich Pilgermitbringsel aus dem Hl. Land, z. B. M.öl (Abtei OPraem M. garten, Friesland), v. a. aber die im Heilbrauch verwendete »M.milch« (in Wasser aufgelöste Abschabungen von den Kreidefelsen der Grotte in Bethlehem, in der gemäß der Überlieferung die hl. Familie auf der Flucht nach Ägypten gerastet hatte) großer Beliebtheit. Ein Reliquiar mit der Milch M.s befindet sich in Loches. Eine ähnl. Entwicklung von der Devotionalie hin zum Andachtsgegenstand durchliefen Abmessungen (»Wahre Längen«) und Architekturkopien. Im engl. →Walsingham, das im MA zu den bedeutendsten Fernwallfahrten zählte, wurde das »Haus M.s« (Kopie des Hauses in Nazareth) verehrt. Zu einem Kristallisationspunkt marian. Frömmigkeit mit großem Einfluß auf die liturg. Dichtung (Lauretan. Litanei) wie auf die religiöse Sachkultur (z.B. »Loretoschlüssel« u.a.m.) aber wurde das mittelit. Loreto, wo bereits 1193 eine M.kirche bestand: nach einer erst Mitte des 15. Jh. faßbaren Legende sollen Engel die Santa Casa 1291 aus Nazareth zuerst ins dalmatin. Tersato, 1294 nach Recanati und schließlich 1295 nach Loreto gebracht haben. Unter dem Pontifikat Julius' II. (1503–13) entwickelte sich Loreto zu einem zentralen (M.-)Wallfahrtsort; seine eigtl. Bedeutung erlangten Loreto und Wallfahrten zu Santa-Casa-Kopien jedoch erst in der Gegenreformation.

Die frühesten M.bilder, denen eine bes. Verehrung zuteil wurde, repräsentieren den Bildtyp des »acheiropoieton« (s. Abschnitte A.I und B). Der auf sie bezogene Kult berechtigt jedoch keinesfalls, sie als Wallfahrtsziele zu bezeichnen. Das ma. Pilgerwesen orientierte sich vorrangig an Hl.ngräbern, christolog. Objekten (z.B. Hostien) und an den Terminen von Heiltumsweisungen. Die in den Ursprungslegenden vollzogenen frühen Datierungen (etwa Mariënweiher [Oberfranken] 1110, Straßengel [Steiermark] 1149) halten der hist. Überprüfung in den seltensten Fällen stand; der hohe Altersnachweis sollte dem Anspruch auf Ehrwürdigkeit dienen und verband im Rahmen der Kultpropaganda sicherl. auch merkantile Absichten. Tatsächl. erweist sich die peregrinatio zu marian. Zielen weitgehend als ein von der Gegenreformation gesteuertes Phänomen, indem sie etwa einstige Patronatsbilder nun zu Kultobjekten deklarierte. Auch die Gesch. →Altöttings als zentraler M.wallfahrtsort in Deutschland setzte erst im SpätMA ein; seit 1490 ist ein eigenes Pilgerzeichen bezeugt, von dem 1492 insgesamt 1855 Pfund (zu 250g) gegossen wurden (= ca. 130000 Exemplare). In →Einsiedeln, wo im 12. Jh. ein Patroziniumswechsel erfolgte, setzte ebenfalls erst im 15. Jh. die Massenwallfahrt ein.

Zusammen mit Altötting vertritt Einsiedeln den Bildtyp der »Schwarzen Madonna«, der nicht zuletzt für spätma., an den Wallfahrtswegen nach Santiago de Compostela gelegene Orte in Südfrankreich und Spanien (z.B. Rocamadour, Le Puy, Orléans, Montserrat) charakterist. ist. Solche Gnadenbilder machen die unterschiedl. semant. und perzeptor. Ebenen bewußt: kirchl. Exegese zog eine Verbindung zum Hld 1,5, die legendar. Deutung berichtete von der wunderbaren Unversehrtheit in einer Feuersbrunst, während rationale Erklärungen mit dem Verrußen der Statuen durch brennende Kerzen argumentierten. An der die spätma. Wallfahrt dominierenden Wundersucht setzte die reformator. Kritik mit dem Vorwurf betrüger. Manipulationen an (vgl. etwa das auf einer dt. Vorlage beruhende, um 1524 entstandene Spottgedicht »Peder Smed og Adser Bonde« über Karup, den wichtigsten dän. M. wallfahrtsort des SpätMA).

[4] *Marienlegenden und Frömmigkeitspraktiken:* Neben dem Wallfahrtswesen spiegelt v. a. die Legenden-, Mirakel- und Erbauungslit. die Formen marian. Frömmigkeit im MA (→Miracula). Die Grenzen dieses Schrifttums zu den M.leben, aber auch zu den Mirakelbüchern der Wallfahrtsorte, von denen z. B. für Altötting Exemplare von 1492, 1494 und 1497 vorliegen, sind fließend. Die abstrakte Theorie konkretisierender und dadurch auch für den ungebildeten Laien verständl. →Exempla reflektierten theol. Lehrmeinungen einerseits, den Wandel von Frömmigkeitsinhalten und -praktiken andererseits. Wunderberichte über Erscheinungen oder Heilungen beziehen sich auf den Ursprung von und auf die Propaganda für Wallfahrtsorte; sie nehmen zugleich Stellung zu bestimmten Theologemen wie der Funktion M.s als »mediatrix« und steuern eine aktive M.frömmigkeit. Sie schildern M. als die »Mutter der Barmherzigkeit« (mater misericordiae) und schreiben ihr eine fast in die Nähe antiker Psychopompen geratene Stellung als Helferin in der Sterbestunde zu. M. wird zur Patronin der Notleidenden und Schutzmutter aller Gläubigen (vgl. den Bildtyp der »Schutzmantelmadonna«). Insbes. aber tritt sie dem Teufel entgegen (→Theophilus-Sage, die verbreitetste ma. M.legende).

Zudem reflektiert die lat. und volkssprachl. Erzähllit. sensibel den Wandel marian. Frömmigkeit. Die Vorstellung von der mitleidenden Mutter Christi (Mater dolorosa) erbrachte zusammen mit dem Umbruch innerhalb der abendländ. Frömmigkeit die M.klage (Stabat Mater Dolorosa, zugeschrieben →Jacopone da Todi) und um 1300/50 die Verbreitung des Schmerzensmutterideals, das sicherl. in Verbindung mit der zentralen imago pietatis des SpätMA, dem »Schmerzensmann« (u.a. Ecce homo), zu sehen ist. Eine wichtige Nuancierung erfuhr der M.kult durch die ma. Frauen→Mystik und die→Visionslit. (z.B. →Birgitta v. Schweden). Von größter Tragweite für meditative Techniken wie auch für religiös-soziale Zusammenschlüsse (Rosenkranzbruderschaften) wurde die Einführung des →Rosenkranzes durch Adolf v. Essen OCart (um 1370/75–1439).

Trotz der unbestreitbaren Bedeutung, die M. für die Erlebniswelt des ma. Menschen besaß, setzten die eigtl. »marian. Jahrhunderte« erst mit der Gegenreformation ein.   Ch. Daxelmüller

Lit.: LThK² VII, 25–36, 78–80, 84–87 – J. A. S. COLLIN DE PLANCY, Dict. Crit. des Reliques et Images Miraculeuses, I–III, 1821-22 – F. A.

VON LEHNER, Die M.verehrung in den ersten Jh., 1881 – K. BENRATH, Zur Gesch. der M.verehrung, Theol. Stud. und Kritiken 1, 1886, 7–94 – A. SALZER, Die Sinnbilder und Beiworte M.s in der dt. Lit. und lat. Hymnenpoesie des MA, 1893 – F. BÄR, Die M.legenden der Straßburger Hs. Ms. Germ. 863 und ihr lit.hist. Zusammenhang, 1913 – S. BEISSEL, Wallfahrten zu Unserer Lieben Frau in Legende und Gesch., 1913 – G. HÜFFER, Loreto, I–II, 1913–21 – M. JUGIE, L'église des Chalkoprateia et le culte de la ceinture de la S. Vierge à Constantinople, EO 16, 1913, 308–312 – F. HEILER, Die Hauptmotive des Madonnenkults, ZThK NF 1, 1920, 417–447 – G. LÜERS, M.verehrung ma. Nonnen, 1923 – F. HEILER, Die Gottesmutter im Glauben und Beten der Jh., Hochkirche 13, 1931, 172–203 – DERS., Die Madonna als religiöses Symbol, Eranos-Jb., 1934, 277–317 – R. LANSEMANN, Die Hl.ntage, bes. die M.-, Apostel- und Engelstage in der Reformationszeit, 1939 – P. STRÄTER, Kath. M.kunde, I–III, 1947–51 – A. M. LEPICIER, Mater dolorosa. Notes d'hist., de liturgie et d'iconographie sur le culte de Notre Dame des Douleurs, 1948 – M., hg. H. DU MANOIR, I–V, 1949–58 – C. CECHELLI, Mater Christi, I–IV, 1956–59 – K. RAHNER, Virginitas in partu (Kirchen und Überl., ed. J. BETZ–H. FRIES, 1960), 52–80 – C. DILLENSCHNEIDER, Le Mystère de Notre Dame et notre devotion mariale, 1962 – W. DELIUS, Gesch. der M.verehrung, 1963 – V. L. KENNEDY, The Saints of the Canon of the Mass, 1963² – H. GRAEF, M. Eine Gesch. der Lehre und Verehrung, 1964 – H. BÜHLER, Die M.legenden als Ausdruck ma. M.verehrung, 1965 – C. A. DE RIDDER, M. als Miterlöserin?, 1965 – E. WIMMER, M. im Leid. Die Mater dolorosa insbes. in der dt. Lit. und Frömmigkeit des MA, 1968 – J. VOGT, Ecce ancilla Domini. Eine Unters. zum sozialen Motiv des antiken M.bildes, Vigiliae Christ. 23, 1969, 241–263 – J. SUMPTION, Pilgrimage – an Image of Medieval Religion, 1975 – M. WARNER, Alone of All Her Sex. The Myth and the Cult of Virgin Mary, 1976 – CH. DAXELMÜLLER–M.-L. THOMSEN, Ma. Wallfahrtswesen in Dänemark, JbV 1,1978, 155–204 – K. KOLB, The National Shrine of Our Lady Walsingham, ebd., 204–214 – N. GRASS, Loreto in Bayern, ebd. 2, 1979, 187–218 – G. M. LECHNER, M. Gravida, 1981 – Wallfahrt kennt keine Grenzen, hg. L. KRISS-RETTENBECK–G. MÖHLER, 1984.

B. Ikonographie

I. Frühchristentum – II. Byzanz – III. Westen – IV. Altrußland.

I. FRÜHCHRISTENTUM: In Entsprechung zum Fehlen einer eigenständigen kult. M.verehrung erscheint M. bis zum frühen 5. Jh. fast nur im Zusammenhang von Szenen der →Kindheitsgesch. Jesu: Weissagung →Bileams, Verkündigung (?), →Geburt Christi, Magierhuldigung (→Drei Königen); eine Ausnahme bilden kleine M.bilder auf →Goldglas. In unmittelbarem oder mittelbarem Zusammenhang mit dem Konzil v. →Ephesos 431 steht die Ausbreitung des »autonomen« M.bildes, das als Thronbild mit Kind auch als →Apsisbild erscheint. Wie das verlorene Apsismosaik der röm. M.kirche (S. M. Maggiore) aussah, bleibt jedoch umstritten, da der Bezug einer Westwandinschrift (M., Papst und fünf →Märtyrer) zur Apsis nicht eindeutig ist. Im 6. Jh. erscheint die thronende M. mit Kind im O und W zw. Engeln und Hl.n, bisweilen (mit und ohne huldigende Magier) dem Thronbild Christi gegenübergestellt (Ravenna, S. Apollinare nuovo; Vor- und Rückseiten von Elfenbeinbuchdeckeln); M. wird stehend mit Kind dargestellt (Rabula-Codex) oder als Orans in ö. Bildern der →Himmelfahrt Christi (ebd.; palästinens. Pilgerampullen); in den aus diesen entwickelten zweizonigen Nischenbildern überzeitl. Herrlichkeit Christi (Bawit) sehen wir sie in der unteren Zone zw. Aposteln und Hl.n als Orans oder thronend mit Kind, mehrfach auch dieses nährend. Letzteres Motiv (M. lactans), das bes. in Ägypten auch isoliert vorkommt, hängt formal sicher mit dem Bild der Isis zusammen, die den Horusknaben stillt. Ein Widerspruch zum Monophysitismus der Kopten ist im Bild der M. lactans nicht gegeben (VAN MOORSEL). Die verschiedenen Bildformen, in denen M. einen Schild mit Christusbild vor dem Körper hält, setzen mit Siegelbildern des Ks.s Maurikios ein (582–602). Die typ. ö. Bekleidung der M. mit dem blauen Mantelkopftuch (Maphorion) hat auch nach W ausgestrahlt. Der Einfluß des Protoev. des Jakobus und anderer →Apokryphen, in denen die →Kindheitsgesch. Jesu legendär erweitert und durch eine Kindheitsgesch. M.s ergänzt ist, die mit der Verkündigung an →Anna und →Joachim beginnt, ist seit dem 5. Jh. in bildl. Darstellungen erkennbar, allerdings, wenn man nicht für den Zyklus einer der Ciboriumssäulen in S. Marco (Venedig) ein vorikonoklast. Vorbild annimmt (LAFONTAINE-DOSOGNE), nur in Einzelszenen: Verkündigung an Anna, Verkündigung an M. beim Spinnen und an der Quelle, Tempelgang (?), Fluchwasserprobe, Salome bei der →Geburt Christi. Die beiden letzten Motive sollten den Glauben an M.s Jungfräulichkeit bekräftigen, Legenden (seit dem 6. Jh.) von M.bildern von Evangelisten Lukas (→Lukasbild) und von Acheiropoieta (→Ikone) den Wert von M.ikonen erhöhen. J. Engemann

Lit.: LCI III, 154–233 – Marienlex., hg. R. BÄUMER–L. SCHEFFCZYK, Iff., 1988ff – D. KLEIN, St. Lukas als Maler der M., 1933 – G. A. WELLEN, Theotokos, 1961 – J. LAFONTAINE-DOSOGNE, Iconographie de l'enfance de la Vierge dans l'empire byz. et en occident, I–II, 1964–65 – R. LANGE, Das M.bild der frühen Jhh., 1969 – P. P. V. VAN MOORSEL, Die stillende Gottesmutter und die Monophysiten (Kunst und Gesch. Nubiens in chr. Zeit, 1970), 281–290 – A. EFFENBERGER, Forsch. und Berichte 18, 1977, 158–168 – R. L. FREYTAG, Die autonome Theotokosdarst. der frühen Jhh., I–II, 1985.

II. BYZANZ: *Das autonome Marienbild* nach Beendigung des Bilderstreits (843) im O erfuhr eine rapide Entfaltung auf der Basis tradierter M.bildtypen. Die im Ikonoklasmus durch Johannes v. Damaskos intensivierte Bildlehre legte sich auf wenige hauptstädt. Bildtypen mit nachgewiesener Gnadenkraft fest, die auf ihrer Provenienz (→Lukasbilder, Acheiropoieta), Lokalisierung am Verehrungsort (Blachernenpalast) und auf erwiesener Wunderkraft als Palladium beruhte. Die tradierte Q. lit. kennt hinsichtl. diverser Bildtypen keine ikonograph. Exaktheit. Die Widersprüchlichkeit diverser Typenbezeichnungen rührt daher, daß die Kunstgesch. häufig Beischriften auf M. bildern als Typenbezeichnungen auffaßte und als solche tradierte, obgleich es sich in erster Linie um marian. Ehrentitel handelte.

Heute gelten nachfolgende Bildbezeichnungen als dominierende M.bildtypen, wobei Reihenfolge und Zuordnung weder auf Entstehungsalter, Häufigkeit des Vorkommens noch auf Verwandtschaft Rücksicht nehmen. Auch die Reihung ist variabel.

1. *Nikopoia* zeigt M. als Kathedra Christi, thronend mit Emanuel frontal in der Körperachse sitzend auf M.s Schoß. Diesen vorikonoklast. Typus kennzeichnet ein unkindl. Logosknabe mit segnender Rechten, in der Linken die Schriftrolle, ein Gesamtbild hierat. Strenge und Monumentalität, und bestens geeignet für repräsentative Darstellungen als Zentrum symmetr. Gruppierungen auf Triptychen und in Apsiden (H. Sophia, Konstantinopel; Hos. Lukas, Daphni und Mistra). Daß M. auch als Basilissa fungiert, zeigen ihr Purpurkleid und flankierende Engelwächter (Apsismosaik Gelati/Georgien) oder zusammen mit Hl.n auf Elfenbeinen und Ikonen, separat als Siegelprägung. Da keine hist. Bezeichnung tradiert ist, bot die Kunstgesch., ohne ihre Bezeichnung durchzuhalten, das Epitheton »Hypselotera« an.

2. Eine stehende – auch halbfigurige – Nikopoia trägt die Bezeichnung »Kyriotissa« (Kalenderhane Camij, Istanbul). Der Logosknabe ist eher schwebend vor M.s Brust wiedergegeben, nur andeutungsweise wird an Bein und Schulter des sitzenden Kindes M.s Handhaltung sichtbar. Ihre Linke hält gerne die Mappa und verweist wieder auf ihre Herrscherfunktion: Miniatur im Chludov-Psalter (Moskau), Votivmosaik (ca. 1118) mit Ks. Johannes II.

und Ksn. Irene (Empore der H. Sophia), ehemaliges Mosaik in der Koimesiskirche zu Iznik-Nikaia, in S. Marco Venedig, bezeichnet als »Nicopea«. Die betonte Zurschaustellung Emanuels verweist auch hier auf vorikonoklast. Wurzeln mit dem Kind im Schild vor M.s Brust nach antiken Nike-Darstellungen. So müßten auch nachikonoklast. schildlose Varianten als Siegwirkende = Nikopoia bezeichnet werden, zumal derartige Darstellungen gerne als Palladia zur Garantin eines Sieges ins Feld mitgetragen wurden (1204, Alexios V.). Die Bezeichnung »*Blacherniotissa*« geht auf eine unter Romanos III. (1031) im Blachernenpalast nachgewiesene Ikone zurück.

3. Die *Blacherniotissa* = *Maria Orans* mit betend ausgebreiteten Armen wurde ebenso bevorzugtes Schutzpanier in Kriegen. Im Unterschied zur Blacherniotissa-Platytera ist M. stehend frontal, halbfigurig oder als Brustbild ohne Kind wiedergegeben. In der ven. Variante hält M. die vor der Brust erhobenen Hände parallel nebeneinander, Handflächen sind dem Betrachter zugewandt. In betendfürbittender Funktion steht sie als Mittlerin zum Pantokrator, weshalb dieser mehr nachikonoklast. Typus bevorzugt in Apsiskonchen unter Christus angebracht erscheint, separiert aus einer Christi-Himmelfahrt-Ikonographie. Nachgewiesen ca. 864 für Konstantinopels M.kirche durch Patriarch Photios (Homilie X), ferner Ravenna, Kiev, Ochrid (Sv. Kliment) usw. Bes. Steinreliefplatten mit durchbohrten M.händen greifen den Orans-Typus auf, was auf gnadenbildartige Verwendung im ksl. Bäderritus im Blachernenpalast rückschließen läßt. Die Bezeichnung »Blacherni(o)tissa« ist ab Mitte 11. Jh. auf Münzprägungen tradiert.

4. Die *Blacherniotissa-Platytera* im Orantentypus zeigt Christus im Clipeus vor M.s Brust, wobei halbfigurige Wiedergabe den Clipeus auslassen kann. Ihr bevorzugter Platz ist wieder die Apsiskonche (Nereziza, Studenica, Prizren u.a.), im 14./15. Jh. in der russ. Ikonostase als Zentrum der Prophetenreihe und auf eucharist. Gerät (sog. Pulcheria-Schale, Xeropotamou). Die komparativ. Bezeichnung »Platytera« findet sich inschriftl. in Apsidenkonchen und entstammt der Basilios-Liturgie und dem Akathistos-Hymnos.

5. Wird die Platytera halbfigurig über einer Brunnenschale als lebensspendender Quell plaziert, als »*Zoodochos Pigi*«, entsteht die Brunnenmadonna, welche bevorzugt seit Anfang 15. Jh. an den Decken von Brunnenhäusern (z. B. am Athos) Verwendung findet. Über dem Naoszugang der Aphendikon zu Mistra ist die Bezeichnung inschriftl. ».. ἡ Ζωοδόχος Πηγή« tradiert, auch sie dürfte auf einem Heiligtum in Konstantinopel basieren. In der dortigen Chorakirche und in Lesnovo kann M. auch ohne Clipeuskind erscheinen. Verschiedentl. wird auch die Blacherniotissa-Platytera auf Reliefs mit durchbohrten und wasserspendenden Händen als Zoodochos Pigi bezeichnet, jedoch sind Brunnenschalen für derartige Bezeichnungen essentiell.

6. Wird M. betend ohne Kind im Halbprofil mit erhobenen Händen abgebildet, handelt es sich um die *Hagiosoritissa*. Als Brustbild scheint sie Teil einer Deesis zu sein, zumal wenn Christi Brustbild als Adressat in einer der oberen gegenüberliegenden Bildecken erscheint. Siegelbeschriftungen bezeugen diese Bezeichnung und verweisen auf ein hauptstädt. Gnadenbild, welches nach dem an zwei Stellen verwahrten hl. Soros benannt wurde, im Blachernenpalast oder der Chalkoprateiakirche. Durch KONDAKOV trägt die Hagiosoritissa deshalb die toponyme Bezeichnung »*Chalkoprateia*«. Beispiele sind das Lukasbild im Freisinger Dom und das Email im Domschatz zu Maastricht. Eine Variante (M.s Hände sind in Kopfhöhe erhoben) heißt »Chymeute«, inschriftl. mittels Sinai-Ikone belegt.

7. Als *Hodegetria* trägt M. den Logosknaben auf dem linken Arm. Als weiteres hauptstädt. Gnadenbild zählt sie zu den verehrtesten M.bildern mit Standort im Kl. der Wegführer, im Typus sowohl stehend als auch thronend, auch halbfigurig, kann der Oberkörper leicht nach links gewandt sein, wobei die freie Rechte verehrend das Kind weist, welches M. zugewandt segnend auf ihrem linken Arm sitzt, z. B. Mosaikikone (um 1200) in Chilandar. Zusätzl. trägt die Linke des Kindes die Schriftrolle, später das Buch. Die hohe Zeit dieses M.bildes beginnt direkt nach dem Bilderstreit, aber erst um 1200 wird die Hodegetria auch als Lukasbild bezeichnet. Als Topos orth. Rechtgläubigkeit erlebt es zahlreiche Kopien, während das Urbild 1453 bei Konstantinopels Einnahme verloren geht.

8. Nicht minder verbreitet ist die *Dexiokratousa*, M. mit Kind auf dem rechten Arm. Dabei könnte es sich um eine genet. Ableitung der Hodegetria handeln, wenn die spiegelbildl. Umkehrung als wunderbarer Abdruck über ein Keramidion (z. B. als Acheiropoietos-Bild) entstanden ist. Über Siegelabdrücke kann die spiegelbildl. Umkehrung der Hodegetria ebenso erfolgen. Auch die Dexiokratousa verweist durch ihr Urbild im Abramiten-Kl. nach Konstantinopel, wo durchaus »Hodegetria« für »Dexiokratousa« inschriftl. bezeugt ist. Doch hat sich zur besseren Unterscheidung »Dexiokratousa« allg. durchgesetzt. Trägt jedoch die Dexiokratousa wie am Gnadenbild zu Chilandar/Athos die zusätzl. Bezeichnung »Triche(i)rousa«, dann ist diese 3. Hand zusätzl. Votivgabe und basiert auf lokalen Legenden, u.a. nach Johannes Damaskenos.

9. Schmiegt das Kind auf dem linken Arm M.s (seltener auf dem rechten) sich mit dem Gesicht an das M.s, erhält das Gnadenbild zärtl. Ausdruck, dann trägt dieser Typus die Bezeichnung »*Eleousa*« oder »*Glykophilousa*«. Die gestische Variationsbreite ist wechselvoll bis hin zur zärtl. Umarmung der Mutter. Die Bezeichnung M.s als Barmherzige ist jedoch keine Typenbezeichnung, vielmehr marian. Ehrentitel der »Hermeneia«, während das russ. Pendant »Umilenie« M.s Rührung zum Ausdruck bringt. Reinste Verkörperung ist die Vladimirskaja (Anfang 12. Jh.) der Tretjakov-Galerie mit unzähligen Kopien. Neben Beschriftungen wie »Gorgoepekoos« und »Episkepsis« kommen auch »Hodegetria« und »Blacherniotissa« vor, was wieder auf ein Gnadenbild der Eleousa in den Blachernen verweisen würde. Denkmäler in Elfenbein (kopt. 7.–9. Jh. in Baltimore) und Freskenreste in S. Maria Antiqua Rom (7. Jh.) sind früheste Zeugnisse für weite Verbreitung. Für die mittelbyz. Zeit verwendet die griech. Kunstgesch. bes. für den selteneren Bildtypus, bei dem M. die Hand ihres Kindes zum Kuß an ihren Mund führt »Glykophilousa«, wie überhaupt dieser Begriff sich gegenüber »Eleousa« als geläufiger durchgesetzt hat.

10. Für die *Pelagonitissa*, M. mit spielendem Kind, ist die Glykophilousa Ausgangstyp; sie kommt erst ab dem 13. Jh. vor (ehem. Belgrad Nationalbibl. 297/3: Prizrener Evangeliar). Dieses Urbild wurde im makedon. Pelagonia (= Bitola) verehrt. Das Kind sitzt rittlings auf M.s Arm, dem Betrachter den Rücken zugewandt, den Kopf nach rechts zurückgeworfen, während M.s Blicke aus dem Bild gehen. Des Kindes Armbewegung kann so heftig sein, wenn es die Linke an M.s rechte Wange legt, daß der Mantel herabgleitet.

11. Die heftige Bewegung des Kindes der Pelagonitissa konstituiert die *Passionsmadonna*: Die Erzengel Gabriel und Michael fliegen im Velatiogestus mit Passionswerk-

zeugen auf M. zu, und der Logosknabe sucht ängstl. bei der Mutter Zuflucht (Mater de perpetuo succursu, Gnadenbild in S. Alfonso, Rom). Meist verliert das Kind durch heftige Bewegungen eine Sandale. Der Typus kommt erst im italo-kret. Kunstkreis in postbyz. Zeit vor und hat über Rom große Verbreitung weit über Italien hinaus gefunden. Als mittelbyz. Vorstufe dieses Typus wird die Darstellung mit dem auf M.s Armen liegenden Logosknaben gesehen: er kann ebenso mit hilflos ins Leere gestreckten Armen Jesu ausgedrückt werden (»furchterregende Theotokos v. Chilandar«, Freskenkopie 14. Jh.).

12. Die *»Galaktotrophousa«* zeigt die Gottesmutter das Kind nährend und greift auf einen weit verbreiteten vorikonoklast. Typus der Spätantike zurück. Hier scheint kein hauptstädt. Urbild als Archetyp vorzuliegen, eher eine allg. Bildidee, die geograph. weit gestreut vom 10.–14. Jh. monumental bes. in der Provinz nachgewiesen ist. Der Typus eignet sich vorzügl. zur Hereinnahme in genrehafte Szenenzusammenhänge wie Geburt Christi, Epiphanie und Flucht nach Ägypten.

13. Die *»Paraklesis«* zeigt M. ohne Kind mit Schriftrolle im Halbprofil meist nach rechts gewandt. Die Schriftrolle enthält einen fürbittenden Dialog M.s mit ihrem Sohn um Erbarmen für die bedrängte Menschheit, was die Einfügung in »Historienbilder« nahelegt. M. hat eine Hand an die Brust gelegt, die leicht vorgestreckte weist die Schriftrolle. Häufig wurde die auch inschriftl. belegte Paraklesis von der Hagiosoritissa abgeleitet, doch dürfte ihre Provenienz aus isolierter Kreuzigungsszene wahrscheinlicher sein. Nicht selten ist Christus im gegenüberliegenden Eckzwickel in Büstenform als Adressat abgebildet (Gottesmutter von Bogoljubov, M. 12. Jh.; Vladimir, Hist. Mus.). Bevorzugte Verbreitungsregion ist Serbien. In monumentaler Freskenmalerei können M. und Christus auf gegenüberliegenden Pfeilern verteilt angebracht sein: Sv. Nikita und Elasson, Olympiotissa.

In der russ. Kunst sind für die annähernd gleichen Grundtypen topograph. Bezeichnungen üblich. Städte und Kl. und auch Herrscher, die durch Wunderzeichen der M.bilder ausgezeichnet sind, werden zur Namensbezeichnung übernommen. (s. Abschnitt IV).

G. M. Lechner

III. WESTEN: Die Übernahme und Entfaltung des M.bildes im W basiert auf der Authentizität ostkirchl. M.darstellungen. Wege der Rezeption verlaufen über erbeutete oder exportierte Originale, über an Byzanz grenzende oder ehemals beherrschte Prov.en wie Veneto, S-Italien mit Sizilien und durch im W arbeitende byz. Meister. Brückenfunktion bilden Herrschergestalten, u.a. Ksn. Theophanu, die Kreuzzüge mit vorübergehender Lateinerherrschaft (ab 1204) in Konstantinopel mit rigoroster Kunstausbeutung und nach 1453 die Emigration v.a. hauptstädt. Meister nach Italien. Nicht nur Bildtypen fanden Übernahme, auch Bildformen und -anlässe, wobei Rom als zentraler Umschlagplatz fungierte. Im W ändert sich (verzögert in Italien) zunächst der Stil bei annähernd gleichbleibender Ikonographie. Westl. Eigenleistungen liegen vermehrt in Ausbildung von Sonderformen unter Vertiefung von Wesen und Funktion von Mutter und Sohn, was Neuschöpfungen wie Pietà, Schutzmantel- und Ährenkleidm. u.a. entstehen läßt. Der W kommt neuen liturg. Anforderungen und Empfindungsbereichen nach, bleibt nicht statisch, stellt sich beständig neuen theol. Deutungen, neuen formalen Einfällen und Funktionsrollen im Heilsgeschehen. Übergänge markieren das Book of Kells (8. Jh.), Gnadenbilder wie die Goldene Madonna v. Essen (973/982) und die Paderborner Imad-Madonna (ca. 1160), letztere sind Reliquienträger. Im W verliert der Typus zu Gunsten diverser Kunstlandschaften an Bedeutung, jede liefert genuine Deutungen seel. Verhaltens, ablesbar am Ausdruck, Gewandstil und der Beziehungsintensität des Sohnes zur Mutter. An kanon. Typen erkennbar bleiben hauptsächl. die Glykophilousa, die stehende Hodegetria, die thronende Nikopoia und Galaktotrophousa, wenn ab Mitte des 13. Jh. die Bewegungen des Kindes sich verselbständigen und M. jede Mühe hat, ihren Sohn zu zügeln beim Spielen mit Schleier und Brosche oder im Hinstreben zum Betrachter/Stifter, wenn er sich aufstellend auf M.s Knien, ihrem Schoß zu entfliehen sucht. Übergänge markieren in Italien des Coppo di Marcovaldo Nikopoia in S. Maria Magg. zu Florenz (ca. 1250), die Madonna del Voto (1262) des Guido da Siena (Siena, Pinacoteca), die Duccio nahestehende Madonna in throno im Pal. Pubblico, Siena, ebendort die Servi-Madonna, Cimabues Madonna aus SS. Trinità (Uffizien, Florenz, ca. 1280), Duccios Rucellai-Madonna (Uffizien, 1285) bis zur Ognissanti-Madonna (nach 1312) Giottos.

In Frankreich entstehen als Eigenschöpfung die sog. Trumeau-Madonnen an M.portalen der Kathedralen, deren Ausstrahlung in der got. Plastik einschließl. Spanien (z. B. Toro, S. Maria la Mayor, Ende 13. Jh.) bis ins 15. Jh. heraufreicht; Tympanen darüber schildern das M.leben: z. B. linkes Westportal Notre Dame (Paris, ca. 1210), Portal der Westfassade Amiens (ca. 1220/30, Vierge Doré) mit Höhepunkt (um 1260) am n. Querhausportal zu Notre Dame de Paris bis hin zur Mailänder Madonna im Kölner Dom. In Italien vertreten den Typus der Freifigur Marmormadonnen von Giovanni Pisano, Tino di Camaino, Nino Pisano und deren Schüler. Maria erscheint als Kgn. mit Szepter, Lilie oder Rose, als neue Eva reicht sie dem Kind eine Frucht: Magdeburger Dom-Madonna (ca. 1300). Rom dagegen bildet mit seinen geheiligten Gnadenbildern eine Insel, in der frühchristl. und byz. Ikonen und Mosaiken die strenge Hieratik noch ins 13. Jh. hereinretten. Lucca und Siena bevorzugen weiter die thronende Hodegetria in ihrer Monumentalität. Die schwere Tafel wird zum breitformatigen Dossale unter Hereinnahme von Hl.n, es entstehen Polyptychen von S. Martini (Pisa, 1319), P. Lorenzetti (Arezzo, 1320) und B. Daddi oder Retabel wie Duccios Maestà (1308/11, Siena, Domopera) bis hin zu Pieros della Francesca Altar (Brera). Die Sacra Conversazione auf solchen Tafeln verdrängt zunehmend das M.leben in den Flügelpartien und der Predella. Solche M.retabeln leben als monumentale Flügelaltäre im N fort bis hin zu Veit Stoß im Krakauer M.altar (1477–89), einem der wichtigsten Proponenten dieser Gattung nach T. Riemenschneider.

Im 14. Jh. vereinnahmt das intime Kleinformat als Andachtsbild das M.thema, wobei lyr. Ausdruck und myst. Deutung die Beziehung des Kindes zur Gottesmutter vielfältig abhandeln in Hausaltärchen und Hausmadonnen. In Italien sind es Künstler wie B. Daddi, T. Gaddi und S. Martini mit der Neuschöpfung der Umiltà. In Deutschland ist es die Kölner Malerei bis hin zum Paradiesgärtlein und Rosenhag, in Frankreich mehr höf.-burg. Eleganz bei J. Malouel und der Schule v. Dijon, in Böhmen die Brüxer und Raudnitzer Madonna, die Eichhorner des Hohenfurther Meisters, die M. aus dem Veitsdom, die Neuhauser Madonna und der Epitaph des Johann v. Jeren und das intime Interieur. Weicher Stil ab 1400 weitet im häusl. M.idyll genrehafte Motivik aus und zeigt M. webend, spinnend, nährend, wickelnd, mit dem Kind spielend, dem Engel beim Lesen, Schreiben, Musizieren und Essen assistieren. Ausgewählte Hl. (Virgines capitales) bilden M.s Hofstaat bis hin zur Vermählung mit Katharina v. Alexandrien oder Bernhards Lactatio. Die Sinnbildhaftigkeit vieler Kombinationen und Gesten wirkt bis zur Sedes Sapientiae (Gurker Dom; Goslar, Neuwerkkl.), zu den sog. Rosenstrauch- und Rosenkranzmadonnen, Schönen Madonnen und vielen Tondi-Madonnen (Donatello, Luca della Robbia, S. Botticelli u.a.), die Präsentation des Kindes steht im Vordergrund etwa bei Francesco Francia (München, Alte Pinakothek), A. Dürers (1496) Dresdner Madonna mit der Fensterbank und bei Maria im Strahlenkranz (A. Altdorfer u.a.).

Die fläm. Tafelmalerei geht insofern eigene Wege beim Meister v. Flémalle, den Gebrüdern van Eyck und Rogier van der Weyden, wenn basierend auf Privatoffenbarungen der Devotio moderna realist. abgebildete Gegenstände im M.kontext (Nüsse, Perlen, Korallen, Eier, Kerzenleuchter, Kelche und Glasflakons) neue Wesenszüge und Funktionen M.s hervorkehren: M. als Ekklesia, Priesterin, neue Eva, Tempel der Trinität, Gnadenmittlerin, Thron Salomonis und Apokalyptisches Weib. Dies alles vereint sich in vielen sog. Lukasmadonnen (Quentin Massys, Jan Gossaert, Joos van Cleve) oder bei M. Grünewalds Stuppacher Madonna (1519) mit Anleihen bei Anrufungen der gestaltannehmenden Lauretan. Litanei und in Legitimationsbildern wie A. Dürers Rosenkranzbild (1506, Prag Nationalgalerie) für Venedig. Der Reichtum typolog. Hinweise aus Speculen-Lit., Concordantien und Defensorien schafft neue Sondertypen und -formen, die als Gnaden- und Andachtsbilder weite Verbreitung und tiefe Verehrung erfahren: so Schreinmadonnen in Frankreich und Spanien, M. Gravida als Isolierung aus dem Heimsuchungsgeschehen, M. als Tempeljungfrau im Ährenkleid, M. im Wochenbett, als Ekklesia und Priesterin, als Vesperbild der Pietà, die Doppelmadonnen und der Englische Gruß, die Mater Misericordiae als it. Variante der Schutzmantelmadonna, das Sonnenweib der Apokalypse. Aus dem M.leben verselbständigen sich Gnadenbilder wie die Annunziata (Florenz), die Mater dolorosa aus der Kreuzigung (Soledad), Sieben-Freuden- und Sieben-Schmerzenmadonna und mit der Gürtelspende an Thomas die Assunta, mit der Tizian (Frari-Kirche 1518, Venedig) eine gesonderte Assuntaphase einleitet. Gnadenbilder mit ausreichender Lokaltradition sorgen durch laufende Repliken für kanon. Fortbestand traditioneller Typen: die Morenita vom Montserrat und die Chartreser, die Madonna von Einsiedeln und Altötting, das Loretobild und Maria-Hilf, viele Schöne Madonnen (z.B. Regensburg) mit aus Rom übernommenen altehrwürdigen Titeln: M. vom Guten Rat, Mutter der Barmherzigkeit, Madonna del Soccorso, della Clemenza, Avvocata, Salus populi Romani usw. Um bei solchen ma. M.bildern laufend neuen Wallfahrtsbedürfnissen und Stilentwicklungen Rechnung zu tragen, entwickelt sich im endenden 15. Jh. der Bekleidungsbrauch vieler Gnadenbilder, beim Tafelbild nach Brand- oder Kriegskatastrophen die Einfügung geheiligter Gnadenbildreste (Rom, Mad. di S. Maria Nuova) in neue Bildschöpfungen und Neuzusammenhänge bis hin zur Übernahme des uralten ostkirchl. Risagebrauches auch im W oder die feierl. Krönung und Inthronisation im Verein mehr oder weniger aufwendiger Prozessionen aus mannigfaltigen Anlässen wie Siegen und Säkularfeiern.

G. M. Lechner

Lit.: LCI III, 161-198 [Lit.] – Hb. der Marienkunde, hg. W. BEINERT-H. PETRI, 1984, Nr. X, 559-621 [Lit.] – Marienlex, hg. R. BÄUMER-L. SCHEFFCZYK, I-IV, 1988-92 [Lit.] – M. DEJONGHE, Roma santuario mariano, 1969 – E. SAUSER, M. und ihre vielen Namen. Zur Theol. der M.ikonen (Erbe und Auftrag 53, 1977), 217-223 – H. M. SCHMIDT, Die vergessene Bildersprache christl. Kunst, 1981, 195-256 – R. L. FREYTAG, Die autonome Theotokosdarstellung der frühen Jhh., Beitr. zur Kunstwiss. 5, 2 Bde, 1985 – W. SCHMITT-LIEB, Das M.bild im Wandel von 1300-1800, 1987 – G. ALTERI, M. nelle collezioni numismatiche del medagliere vaticano, Bibl. Apost. Vat., 1988 – Imago Mariae, Tesori d'arte della civiltà cristiana, hg. P. AMATO, 1988 – P. AMATO, De Vera effigie Mariae, Antiche Icone Romane, 1988 – E.-M. JUNG-INGLESSIS, Röm. Madonnen, 1989 – H. BELTING, Bild und Kult, 1990 – G. WOLF, Salus Populi Romani, Die Gesch. röm. Kultbilder im MA, 1990.

IV. ALTRUSSLAND: Von den Marienfesten des Byz. Ritus erlangte das Entschlafen (Uspenie, →Koimesis) den Rang eines national. Patronats, während M.ae Schutzmantel (Pokrov, ONASCH, Liturgie, 309-310) im 12. Jh. in →Vladimir-Suzdal' entstand. Oft als »russ. Madonnenmaler« bezeichnet, hat sich →Dionisij dem mariolog. Thema bes. gewidmet und in den Fresken der M.ae Geburtskathedrale (1500-1502) im Ferapontov-Kl. ein Denkmal gesetzt. Innerhalb des Festzyklus finden sich selbständige Interpretationen, wie bei der Verkündigung von Ustjug, aber auch synkretist. Einflüsse wie auf dem Sobor Bogomateri von →Feofan Grek (ONASCH, in: Gesellschaft und Kultur Rußlands im frühen MA, hg. E. DONNERT, 1981, 189-195). Der →Akathistos-Hymnos (Akafist) fand erst mit Ende unseres Berichtszeitraumes in Rußland Eingang.

Der byz. Bildstandard wird übernommen: a. Platytera: Gr. Panagija, 12. Jh., Znamenie, 12. Jh.; b. Hodegetria: Tichvinskaja, Smolenskaja u. a.; c. Eleousa: z. B. Vladimirskaja, Donskaja, Tolgskaja mit zahlreichen Varianten der M.-Kind-Betrachter-Koordinaten, wie die der Pelagonitissa als »Vzygrannaja« als indirekte »imago pietatis« (BELTING). Die meisten vertreten lokale oder Kl. patronate. – Da die lit. Aufarbeitung (Legenden, Marienikonen-Viten) erst im 16.-17. Jh. begann, ist die Entstehung der Kulte nicht mehr sicher festzustellen, will man sich nicht auf spät konventionalisierte Texte verlassen. – Vgl. auch →Ikonenmalerei, II; Kirchenbau, III.

K. Onasch

Lit.: A. JÄÄSKINEN, The Icon of Virgin ov Konevitsa, 1971 – H. BELTING, Das Bild und sein Publikum im MA. Form und Funktion früher Bildtafeln der Passion, 1981 – L. HEISER, M. in der Christusverkündung des orth. Kirchenjahres, 1981 – K. ONASCH, Liturgie und Kunst der Ostkirche, 1981, 141-146 – I. BENTSCHEV, Hb. der Muttergottesikonen Rußlands, 1985 – A. EBBINGHAUS, Die altruss. M.ikonen-Legenden, 1990.

C. Literarisch (Mariendichtung)

I. Lateinische Literatur – II. Byzantinische und slavische Literaturen – III. Französische, Provenzalische und Italienische Literatur – IV. Literaturen der Iberischen Halbinsel – V. Deutsche Literatur – VI. Englische Literatur – VII. Altirische Literatur – VIII. Skandinavische Literaturen.

I. LATEINISCHE LITERATUR: In der ältesten christl.-lat. Dichtung wird der Gottesmutter v. a. im Zusammenhang mit der Geburt des Erlösers gedacht: Bei dem Bibelepiker →Juvencus (I 52ff., 133ff. u. ö.), im »Carmen paschale« des →Sedulius (II 28ff.; dieser Stelle sind auch die Verse des Introitus an M. festen »Salve sancta parens« entnommen); in der Hymnik bei Ambrosius, »Intende qui regis Israel«, Sedulius »A solis ortus cardine« Strophe C-F; auch die »Himne la verge Maria« (hg. v. R. ROCA-PUIG, 1965[2]) ist das Fragment eines Christushymnus. Die erste eigtl. M.-dichtung ist der Hymnus des →Ennodius († 521), »Ut virginem fetam loquar« (SCHALLER-KÖNSGEN 16920), der das Ereignis der Jungfrauengeburt als Paradoxon rhetor. variiert. Noch ins 7. Jh. gehören wohl die in Spanien entstandenen Strophen »Fit porta Christi pervia« (Anal Hym 27, 118, Nr. 82,2 Str. 4-6), die vielleicht eine marian. Ergänzung zum Seduliushymnus darstellen, ferner »Hymnum Mariae virginis« (AnalHym 27, 120, wohl ebenfalls span.) und der mailänd. Hymnus »Mysterium ecclesiae« (AnalHym 51, 148). In diesen beiden Hymnen wird bereits der Übergang zu rhythm. Formen bemerkbar. Rein metr. hingegen sind →Bedas Verse, »Adesto Christe vocibus« (Bedae Venerabilis opera 3,433, CChr 122). Vor der Karolingerzeit sind jedoch M.hymnen verhältnismäßig selten, erst seit dem 9.Jh. - in dieser Zeit entsteht der berühmte und überaus verbreitete Hymnus →»Ave maris stella« - werden sie immer häufiger. In der →Sequenz wird bereits seit ihrer frühen Epoche sowohl im w. Bereich (hier z. B. mit »Beata tu virgo Maria«, Anal Hym 53, 191 und »Salve porta perpetua«, ebd. 188), als auch durch →Notker Balbulus, M. an ihren Festen gefeiert. Von den marian. Antiphonen geht die älteste, »Alma redemptoris mater« auf die späte Karolingerzeit zurück. Nach dem 9.Jh. nimmt die Zahl der M.dichtungen rasch zu. Während bis dahin der Gedankeninhalt v. a. um die Betrachtung der Auserlesenheit und Würde der Gottesmutter und das meist mit Paradoxa illustrierte Wunder der Jungfrauengeburt kreiste, sind die jetzt vor allem typolog. Bezüge (→Typologie) das Hauptthema der M.dichtung – in größter Dichte und Fülle z. B: in den Sequenzen des →Adam v. St. Victor. Als Fürsprecherin und Mittlerin wurde M. in allen Epochen angerufen, im späten MA, mit stärkerem Hervortreten des Persönlichen. V. a. steht jetzt der Gedanke des Mitleidens im Vordergrund. Für die Ausprägung des Motivschatzes solcher Compassio-Dichtung sind von grundlegender Bedeutung der M.klage des →Richard v. St. Victor, der ps.-bernhardin. »Liber de passione Christi et doloribus ... matris eius« (vor 1205 entstanden, vgl. M.lex. I 454) und Ps.-Anselm v. Canterbury, »Interrogatio de passione Domini« (nach 1238, vgl. ebd. 169f.). Die Haltung des Mitleidens findet in zahlreichen M.klagen Ausdruck (Planctus), aber auch in vielen betrachtenden Gedichten, für das →Stabat mater ein berühmtes Beispiel bietet.

Die außerliturg. M.dichtung beginnt mit dem M.-lob »Lingua prophetarum cecinit« (SCHALLER-KÖNSGEN 8941), das wahrscheinl. →Venantius Fortunatus zuzuschreiben ist. In karol. Zeit entstehen vor allem Tituli für M.kirchen und -altäre: schon→Alkuin hat hierzu manches beigetragen. Im Stil der Bibelepik dichtet im 10.Jh. →Hrotsvith ihr M.leben. Das Carmen »de excellentia Mariae« des →Petrus Comestor (WALTHER 17728) ist in vielen Hss. überliefert. Bedeutenden Einfluß v. a. auf die dt. M.lit. übte die umfangreiche, auch von →Vinzenz v. Beauvais exzerpierte »Vita b. virginis Mariae et salvatoris rhythmica« aus (entstanden in der ersten Hälfte des 13.Jh.; WALTHER 17250). Die »Stella maris« des →Johannes v. Garlandia ist eine Slg. von M.mirakeln. - Die M.dichtung hat an den meisten ma. Formen und Gattungen teil, den Hymnen, Sequenzen, →Conductus, →Motetten, Rondelli (für diese drei Formen bietet das Repertoire der →Notre-Dame-Schule Beispiele), Reimgebeten, Reimoffizien, →Akrostichen, Verbeten, Glossenliedern (über das Ave Maria und Magnificat), Dialogen und geistl. Schauspielen, sie bildet im SpätMA mit den Grußhymnen, Coronae, Rosarien, Psalterien und anderen zykl. Dichtungen wie dem Mariale des →Bernhard v. Morlas, die vorwiegend für die Privatandacht bestimmt sind, auch eigene Formen aus. G. Bernt

Ed. (Auswahl): F. J. MONE, Lat. Hymnen des MA, 2, 1854 - G. M. DREVES-CL. BLUME, Eine it. lat. Hymnendichtung, II, 228–301 – AnalHym [vgl. Reg., hg. M. LÜTOLF, 1978, 2, 85–90, 162] – G. G. MEERSSEMAN, Der Hymnos Akathistos im Abendland, I, 1958, II, 1960 – *Lit.:* WALTHER [Reg. s. 1170] – Marienlex., hg. R. BÄUMER, L. SCHEFFCZYK, 1988 [unter Initien und Autoren, »Hymnologie«, »Planc-

tus«, »Sequenz«] - G. G. MEERSSEMAN [s. Ed.] - G. ENGLHARDT, Die lat. lyr. M. im dt. Sprachraum von den Anfängen bis zum Barock, Münchener Theol. Zs. 16, 1965, 58–88 - J. SZÖVERFFY, Marian. Motivik der Hymnen, 1985.

II. BYZANTINISCHE UND SLAVISCHE LITERATUREN: Zu den ältesten M.hymnen gehört das Troparion ὑπὸ τὴν σὴν εὐσπλαγχνίαν (vel προστασίαν) καταφεύγομεν – Sub tuum praesidium confugimus, das bereits auf einem Papyrus aus dem 3.Jh. überliefert ist, sehr früh ins Lat. übersetzt wurde und heute noch im griech. Hesperinos (Vesper) in der Fastenzeit als Theotokion im plagalen Ton gesungen wird (Μουσικὸς πανδέκτης I: Ἑσπερινός - ἀπόδειπνον, 1967, 59).

In der griech. Hymnographie lassen sich die Kirchenlieder zu Ehren der Muttergottes unter vier themat. Gesichtspunkten einordnen: 1. als Bestandteil der Offizien für die M.feste; 2. als dogmat. Auslegung der Menschwerdung Christi (theotokia dogmatika, v. a. an den Sonntagsvespern in den 8 Tönen); 3. als Fürbitte in Verbindung mit der Kreuzigung Christi (staurotheotokia); 4. als Fürbitte im Rahmen des Verhältnisses der Muttergottes zu Christus.

Bei den M.festen ist zu betonen, daß der Inhalt der Hymnen oft aus dem apokryphen Protoevangelium Jacobi (BHG 1046) geschöpft wird. Am Fest des Euangelismos (25. März) singt man (4. plag. Ton) den berühmten→Akathistos Hymnos, dessen 24 Strophen am Samstag der 5. Fastenwoche feierl. vorgetragen werden. Die Bezeichnung Akathistos hat mit dem Begriff »sitzen« nichts zu tun, sondern weist darauf hin, daß der Vortrag der Strophen durch den Einschub von Kathismata, einer bes. Gattung von Kirchenhymnen, nicht unterbrochen wird. Metr.-musikal. zeichnen sich Hymnen zu M.festen gelegentl. durch kunstvolle Besonderheiten aus, so z. B. das Doxastikon zur Vesper der Dormitio, Θεαρχίῳ νεύματι, dessen musikal. Komposition Satz für Satz das System der 8 Töne durchläuft (ὀκτώηχος). Dieses Merkmal wurde auch in der kirchenslav. Übers. beibehalten.

Innerhalb der Parakletike bzw. Oktoechos begegnet sowohl an den Kleinen als auch an den Großen Vespern nach Abschluß des Lucernarium (Ps 140, 141, 129, 116) ein Theotokion, dessen Umfang und Thematik hervorstechen, und das die Bezeichnung dogmatikon erhält. Es handelt sich dabei um eine Auslegung der Heilsgesch. und der Incarnatio Christi unter Bezugnahme auf theol. zentrale Fragen wie z. B. die Zweinaturenlehre (Sonntag des 3. Tons: Πῶς μὴ θαυμάσωμεν). Diese Theotokia dogmatika, die Johannes v. Damaskos zugeschrieben werden, fanden Eingang in die neumierte Slg. Sticherarion und wurden musikal. transkribiert von H. J. W. TILLYARD, The hymns of the Octoechus II (MMB Transcr. 5, 1949, 103–162).

Staurotheotokia nennt man M.hymnen, die mittwochs und freitags, am Tag des Gedächtnisses der Kreuzigung Christi, die Rolle der Muttergottes bei den Leiden Christi, oft unter Bezug auf die Typologie (z. B. τόμος/Buchrolle Is 8,1 – λόγχη/Lanze Jo 19,34: Parakletike 229), verdeutlichen. Wenig Verbreitung erlangte eine Reihe von 30 Staurotheotokia in den 8 Tönen, die Ks. Leon VI. (886–912) zugeschrieben werden, die in den heutigen liturg. Büchern selten vorkommen. Einige dieser Hymnen begegnen in Hirmologia jeweils unter der 9. Ode. Diese Hymnen wurden anscheinend vereinigt, nicht die Verwendung von Χαιρετισμοί bzw. Klagen M.s (Οἴμοι) ihnen gemeinsam ist. Oft werden in den Staurotheotokia M. Worte in den Mund gelegt, die an die lat. Stabat mater-Dichtung erinnern. In der spätbyz. Zeit wurde diese Thematik von der liturg. Umrahmung losgelöst, in polit.

Verse umgegossen und als Μοιρόλογι τῆς Παναγίας weitertradiert. Aus der 2. Hälfte des 15. Jh. stammt ein Threnos der Theotokos auf die Passion Christi, ebenfalls in Fünfzehnsilbern, ein Werk des →Johannes Plusiadenos.

In den zahllosen Theotokia, die oft nicht mehr als kurze Fürbitten paränet. Charakters sind, konnte sich die mariolog. Typologie in voller Breite entfalten: Alabaster mit dem Salböl (Mt 26,7), Weinberg (Is 5,2), Orient der aufgehenden Sonne (Ez 40,6), Blume aus der Wurzel Jesse (Is 11,1), Weihegabe (Rm 11,16), Wagen (Ps 67,18), Königin (Ps 44,10), Dornbusch (Ex 3,2), Färse, die das Kalb gebärt (Jer 26,21), kgl. Diadem (Is 62,3), Tau vom Hermon (Ps 132,3), Eden durch Gott gepflanzt (Gen 2,8), Ölbaum (Jer 11,16), Brautgemach (Ps 18,6), Thron (Ps 44,7), Tür (Ez 44,2), Schönheit des Jakob (Ps 46,5), zweiter Vorhang (Hbr 9,3), Bundeslade (Ex 25,10), Leiter (Gn 28,12), goldene Sänfte Salomos, umgeben von 60 Helden (Hld 3,7), Griff, mit welchem die glühende Kohle auf dem Altar genommen wird (Is 6,6), Leuchte (Ex 25,31), erfrischende Wolke (Is 18,4), unbehauener Berg (Dn 2,34), Taube des Salomon (Hld 6,9), Tafel von Gott beschrieben (Ex 31,18), Fell des Gedeon (Jud 6,37), Stab Aarons (Num 17,20), nicht bestelltes Land (Mich 3,12). Solche typolog. Vergleiche werden oft mit der stereotypen Redewendung »Wie werden wir dich nennen – τί σέ καλέσωμεν« eingeleitet.

In der älteren Periode der Überlieferung der hymnograph. Slg.en vor dem 12. Jh. waren die Θεοτοκία gattungsmäßig zusammengeführt und nicht entsprechend ihrer Anwendung im Offizium verteilt. Als einzelne gattungsmäßig gebundene Slg. von Theotokia sind Theotokaria (slav. Bogorodičnik) überliefert, d. h. Slg.en von Kanones (nach den 9 Oden) zur Ehre der Muttergottes. Eine erste Ausg. von M.kanones veröffentlichte der Mönch Agapios aus Kreta in Venedig 1643. Vorwiegend aus Hss. des Kl. Grottaferrata edierte Ph. Vitali 1738. Bekannter ist das Θεοτοκάριον νέον des athonit. Mönchs Nikodemos aus Naxos (Venedig 1796). 1931 legte Metropolit Sophronios Eustratiades den ersten Band einer neuen, auf der Grundlage von 30 Hss beruhenden Ausgabe vor. Dieser erste Band, der lediglich. Hymnen in den 3 ersten Tonarten enthält, umfaßt 106 Kanones.

In der kirchenslav. Überlieferung sind zahlreiche griech. M.hymnen erhalten, die in der Originalsprache bisher nicht bekannt geworden sind, z. B. Theotokia in den 8 Tönen des Bf.s Paulos v. Amorion (10. Jh.).

Slavische Literaturen: Außer der orthodoxen liturg. Dichtung, vgl. das altpoln. Lied aus dem 13.–14. Jh., →Bogurodzica dziewica. – Im Alttschech. sind ab dem 14. Jh. versifizierte Fragmente (Achtsilber) über die Jungfrau M. erhalten, die im Passionale überliefert sind. Aus dem 14. Jh. stammen auch alttschech. versifizierte Bearbeitungen des Stabat mater als Lamentationes dominae Mariae (Pláči mému hodina). Ch. Hannick

Lit.: NEW GROVE IV, 363–371 [CH. HANNICK] – TH. TOSCANI–I. COZZA, De immaculata deiparae conceptione hymnologia graecorum, 1892 – A. BRÜCKNER, Literatura religijna w Polsce średniowiecznej, I, 1902, 154ff. – G. R. WOODWARD, The Most Holy Mother of God in the Songs of the Eastern Church, 1919 – S. EUSTRATIADES, Ἡ Θεοτόκος ἐν τῇ ὑμνογραφίᾳ, 1930 – Θεοτοκάριον, ed. S. EUSTRATIADES, 1931 – F. MERCENIER, L'antienne mariale grecque la plus ancienne, Muséon 52, 1939, 229–233 – K. KIRCHOFF, Über dich freut sich der Erdkreis. M.hymnen der byz. Kirche (Hymnen der Ostkirche 2), 1940 – O. STEGMÜLLER, »Sub tuum praesidium«. Bem. zur ältesten Überl., ZKTh 74, 1952, 76ff. – B. HAVRÁNEK–J. HRABÁK, Výbor české literatury od počátků po dobu Husovu, 1957, 194ff., 425ff. – E. WELLESZ, The Akathistos Hymn, MMB, transcr. 9, 1957 – A. KNIAZEFF, La Theotokos dans les offices byz. du Temps pascal, Irénikon 34, 1961, 21–44 – B. BOUVIER,

Le mirologue de la Vierge: chansons et poèmes grecs sur la passion du Christ, 1976 – BECK, Volkslit., 190f. – K. ONASCH, Kunst und Liturgie der Ostkirche in Stichworten unter Berücksichtigung der Alten Kirche, 1981, 359 – J. RAASTED, Zur Analyse der bulg.-griech. Melodie des Doxastikons »Bogonachalnim manoveniem«, Cah. de l'institut du MA grec et lat., Univ. Kopenhagen, 48, 1984, 131–147 – N. TOMADAKES, EEBS 46, 1983–86, 143ff. – Akathistos. Hymnen der Ostkirche, hg. H. GOLTZ, 1988 – G. TH. BERGOTES, Ἡ Θεοτόκος εἰς τὴν λατρείαν (Λειτουργικὰ μελετήματα I, 1989, 57–74) – ST. MPALOGIANNES, Ἡ Θεοτόκος εἰς τὴν ποίησιν τοῦ Ῥωμανοῦ τοῦ Μελῳδοῦ (Πρακτικὰ θεολογικοῦ συνεδρίου εἰς τιμὴν τῆς ὑπεραγίας Θεοτόκου καὶ ἀειπαρθένου Μαρίας, 1991, 281–294).

III. FRANZÖSISCHE, PROVENZALISCHE UND ITALIENISCHE LITERATUR: In der sehr reichen marian. Überl. aus *Frankreich* spielen Lebensbeschreibungen der Gottesmuter nur eine untergeordnete Rolle. Solche Dichtungen nehmen meist Bezug auf ein M.fest, wie die »Conception Nostre Dame« von →Wace (vor 1150, ca. 1800 Vv.), die das erst kurz vorher eingeführte Fest M.e Empfängnis propagieren sollte. Mit den wichtigsten M.festen Lichtmeß (2. Febr.), Verkündigung (25. März), Himmelfahrt (15. Aug.) und Geburt (8. Sept.) beschäftigen sich auch etliche, z. T. aus dem Lat. übers. frz. Predigten.

Seit dem 13. Jh. entsteht eine Vielzahl kürzerer, großenteils anonym überlieferter Gebete zu M.; vor allem das Ave Maria, aber auch das Salve regina u. a. lat. Gebete werden immer wieder übers. oder paraphrasierend zu erbaul. Meditationen erweitert: →Gautier de Coinci läßt auf seine »Miracles de Nostre Dame« (s. u.) zunächst eine mehr als 600 Verse umfassende Betrachtung über den Englischen Gruß folgen, die gängige Topoi des M.-lobs wie den Gegensatz Ave – Eva, die Deutung der Buchstaben, die den Namen M. bilden, u. a. entfaltet. Daran fügt Gautier noch mehrere Lob- und Bittgebete und eine Meditation über die fünf Freuden M.s an; dieser Texttyp wird im späteren MA bes. beliebt, die Zahl der Freuden wechselt (sieben, neun oder fünfzehn). Kontrastiv dazu stehen die auf den lat. Planctus Mariae zurückgehenden M.klagen wie die »Regrés Nostre Dame« des →Huon le Roi (Mitte 13. Jh., ca. 1000 Vv.). Eine Sonderform des Bittgebets wird dem Teufelsbündner Theophilus als dem Protagonisten einer bes. weit verbreiteten Mirakelerzählung in den Mund gelegt, der M. anfleht, ihn vor der sicheren Verdammnis zu retten (mindestens vier separat überlieferte »Prières Théophilus«). Die Grenzen zw. M.gebet und (vom Vorbild der höf. Lyrik beeinflußten) Preisgedichten ist fließend.

Den weitaus größten Teil der frz. M.dichtung machen Mirakelerzählungen aus: ca. 490 Stücke in Versen (davon über 100 anglonorm.), ca. 600 in Prosa; Einzelmirakel sind sehr selten, die z. T. sehr umfangreichen Mirakelslg.en sind entweder (mehr oder weniger getreue) Übers.en lat. Slg.en oder Kompilationen, die auf verschiedenen (meist lat.) Q. basieren.

In der 2. Hälfte des 13. Jh. übersetzte Adgar, ein anglonorm. Kleriker, eine lat. Slg., die einige der bekanntesten Mirakel enthielt (Theophilus, Basilius, Maria Aegyptiaca); ätiolog. Erzählungen begründen, warum bestimmte M.feste gefeiert werden etc. Während nach Adgars Verständnis eine gottgefällige Handlung die himml. Belohnung – das Wunder – gleichsam automat. nach sich zieht, legt Gautier de Coinci das Hauptgewicht auf das (unberechenbare) Wirken der göttl. Gnade. Die beiden Bücher seiner Slg. (35 bzw. 23 Mirakel) sind mit Prologen, M.liedern und -gebeten (s. o.) am Anfang und Ende sehr bewußt komponiert; der z. T. beträchtl. Umfang der Mirakel (mehr als 2000 Vv. für die Theophilusgeschichte) erklärt sich u. a. durch Gautiers Vorliebe für breit ausgeführte Wortspiele und zeitkrit. Exkurse. Die Macht M.s scheint bei ihm so absolut, daß sie auf die Unterstützung oder Zustimmung ihres Sohnes kaum noch angewiesen ist; dieser Standpunkt ist im HochMA weit verbreitet, steht aber in Gegensatz zur offiziellen Lehrmeinung der Kirche. M. erscheint hier wie auch später oft als die eigtl. Gegenspielerin des Teufels (die »Advocacie Nostre Dame«, eine Dichtung des 14. Jh., läßt M. vor Gottes Richterstuhl einen förml. Prozeß gegen den Teufel führen, der seinen Anspruch auf die sündigen Menschen natürl. nicht durchzusetzen vermag). Verbündete und Handlanger des Bösen sind bei Gautier, wie im M. mirakel allg., die Juden, gegen die sich irrationaler Haß richtet.

Der menschl. Protagonist der Mirakel ist ein Sünder, wie in den →Contes dévots; deshalb kommt es leicht zu Berührungen zw. beiden Gattungen. In den »Vies des pères« (Mitte 13. Jh.) machen M. mirakel mehr als ein Drittel des Ganzen aus, die Interpolationen in einzelnen späteren Hss. bestehen oft ganz aus Mirakeln. – Mit einer bestimmten Kirche verbunden sind die »Miracles de Notre-Dame de Chartres« des Jean le Marchant (1262), die getreue Übers. einer lat. Vorlage; die »Veräußerlichung des Wunders« (EBEL) geht hier so weit, daß M. oft nicht mehr als Person auftritt. Die später einsetzende Mirakelüberl. in Prosa reicht bis zu der Slg., die Jean Miélot 1456 für Hzg. Philipp d. Guten v. Burgund kompilierte. Die erste dramat. Bearbeitung eines M. mirakels aus Frankreich ist »Le Miracle de Théophile« von →Rutebeuf (ca. 1260), der u. a. auch eine Paraphrase des Ave Maria verfaßte. Dem 14. Jh. gehören die »Miracles de Nostre Dame par personnages« an.

Im okzitan. Sprachgebiet finden sich nur wenige Spuren von Mirakelerzählungen, dagegen sind M. lieder (die durchgehend auf die profane Liebeslyrik Bezug nehmen) nicht selten; auch in N-Frankreich beliebte Themen wie z. B. die sieben Freuden M.s wurden mehrfach behandelt. Auch aus *Italien* ist nur eine Slg. v. M. mirakeln in verschiedenen Redaktionen überliefert (14. Jh.); seit der 2. Hälfte des 13. Jh. entstanden in den Bruderschaften der →Flagellanten →Laude, die im Zusammenhang mit der Meditation über die Passion Christi auch den Schmerz seiner Mutter betrachten; die vielleicht bekannteste Lauda des →Jacopone da Todi ist eine M.klage, vergleichbare, z. T. myst. Erfahrungen spiegelnde Gedichte werden noch im 15. Jh. geschrieben. Aus den Laude entwickelt sich die dramat. Form der →Sacre rappresentazioni, die im 15. Jh. sowohl M. mirakel (z. B. die Theophilusgeschichte) wie auch die bekanntesten Ereignisse aus M.s Leben szenisch darstellen: Feo →Belcari dichtete 1471 ein kürzeres Stück (64 Strophen) »Dell'Annunciazione di Nostra Donna«, daneben gibt es z. B. mehrere Fassungen der »Purificazione« (Reinigungsopfer M.s im Tempel nach Christi Geburt). A. Gier

Bibliogr.: GRLMA VI 1, S. 13–19; VI 2, S. 36–49 [zu M. gebeten etc.] – R. BOSSUAT, Manuel bibliogr. de la litt. fr. du m.â., 1951, Nr. 3087–3192; Suppl. I und II, Nr. 6598–6618; Nr. 7748–7761; Suppl. III. Nr. 5669–5716; Nr. 7750 – G. M. MONTI, Bibliogr. delle laude, 1925 – *Ed.:* Wace, La Conception Nostre Dame, ed. W. R. ASHFORD, 1933 – Adgar, Gracial, ed. P. KUNSTMANN, 1982 – Treize miracles de Notre-Dame tirés du Ms. B.N. fr. 2094, ed. P. KUNSTMANN, 1981 – L'advocacie Nostre-Dame et La chapelerie Nostre-Dame de Baiex. Poème normand du XIVe s., 1869 – Jean le Marchant, Miracles de Notre-Dame de Chartres, ed. P. KUNSTMANN, 1973 – F. J. OROZ ARIZCUREN, La lírica religiosa en la literatura provenzal antigua, 1972 – Il libro dei cinquanta miracoli della Vergine, ed. E. LEVI, 1917 – *Lit.:* H. BECKER, Die Auffassung der Jungfrau M. in der afrz. Lit. [Diss. ..., 1905] – H. P. J. AHSMANN, Le culte de la S. Vierge et la litt. fr. profane du m.â., 1930 – M. V. GRIPKEY, The blessed Virgin Mary as mediatrix in the Latin and the Old French Legend prior to the 14th cent., 1938 – V. DE BARTHOLOMAEIS, Origini della poesia drammatica it., 1952[2] – J. SALVAT, La Sainte Vierge dans la litt. occitane du M.A. (Mél. de linguistique et de litt. romanes à la mémoire d'I. FRANK, 1957), 614–656 – U. EBEL, Das altroman. Mirakel, 1965 – M. L. ARCANGELI MARENZI, Aspetti del tema della Vergine nella lett. fr. del Medioevo, 1968 – M. ZINK, La prédication en langue romane avant 1300, 1976 – J. MONTOYA MARTINEZ, Las colecciones de milagros de la Virgen en la edad media (el milagro literario), 1981 – P.-M. SPANGENBERG, M. ist immer und überall, 1987.

IV. LITERATUREN DER IBERISCHEN HALBINSEL: Auf der Iber. Halbinsel stehen die M. verehrung wie der Jakobuskult in engem Zusammenhang mit der Reconquista (→Covadonga). Schon im späten 13. Jh. verteidigen span. Theologen die Lehre von der Bewahrung M.s vor der Erbschuld. Aus der altspan. Liturgie sind M. hymnen bekannt. Aus der mittellat. liturg. Dichtung sind als Beispiele die Cantilenae (13. Jh., Montserrat) und das Officium metricum des →Juan Gil de Zamora zu nennen, der auch →Alfons X. einen »Liber Jhesu et Mariae« widmete. Der erste namentl. bekannte kast. Dichter, der Priester →Gonzalo de Berceo, verfaßte neben den »Milagros de Nuestra Señora« Loblieder »Loores de Nuestra Señora« sowie eine M.klage »Duelo que fizo la Virgen« in Anlehnung an den ps. bernhardin. Traktat »De planctu BMV«. Die umfangreichste Slg. von M. gedichten stellen die →Cantigas de Santa Maria in galic.-ptg. Sprache von →Alfons X. dar. Sie zeichnen sich durch Formen- und Themenreichtum aus (Wundergeschichten, volkssprachl. Hymnen zu M. festen und Lobgedichte, Betrachtungen über die Schmerzen M.s). Die erhaltenen Prachthss. überliefern musikal. Notationen und Miniaturen. Die meisten Gedichte im »Libro de Buen Amor« von Juan →Ruiz, Arcipreste de Hita, sind der Gottesmutter gewidmet, darunter Kompositionen über die Sieben Freuden M.s in franziskan. Frömmigkeitstradition. Wie Berceos Gedichte haben auch die anon. »Gozos de la Virgen« (14. Jh.) die Form der →Cuaderna vía. Die Cancionero-Dichtung des 15. Jh. enthält zahlreiche M. lieder konventioneller Art. Traditionelle Themen und Technik werden *a lo divino* (auf geistl. Weise) umgestaltet. Auch die volkstüml. Überlieferung ist lebendig. Geistl.-theol. Inspiration zeigen gegen Ende des 15. Jh. der Franziskaner Iñigo de Mendoza (»Coplas de Vita Christi«, etwa 4000 Vv., gedr. 1482), Diego de San Pedro (»Pasión trobada«, gedr. ca. 1496; »Las siete angustias de Nuestra Señora«, Dr. 1534 verloren), Fray Ambrosio de Montesino (»Coplas sobre diversas devociones y misterios«, ohne Ort und Jahr gedr.), Juan de →Padilla (»Retablo de la vida de Christo«, 1485) und der Comendador Román (»Trobas de la gloriosa pasión de nuestro redentor Jhesu cristo«, um 1490 gedr.). M. themen werden hier in betrachtende Gedichte über das Leiden Christi einbezogen.

M.lieder gehören zu den ältesten Zeugnissen *katal. Dichtung:* Nach prov. Vorbild entwickelt sich die M.klage (Augats, seyós, qui credets Deu lo Payre, 13. Jh.). Ramon Llulls (→Raimundus Lullus) »Plant de la Verge« (31 Str., letztes Viertel 13. Jh.) gewinnt durch Sprache und Aufbau eine pathetische dramat. Wirkung. Für Llulls Mariologie sind neben den »Hores de Nostra Dona Santa Maria« (mit erweiterter Prosafassg. nach 1290) v. a. der allegor. Dialog »Libre de Sancta Maria« (lat. Fassg. 1494 gedr.) sowie der in den 'Roman' »Blanquerna« (II, 61–66) eingefügte Traktat »Libre de Ave Maria« wichtig. Mit dem Montserrat hängt das Wallfahrerlied »Rosa plasent, soleyl de resplandor« zusammen (2. Hälfte 13. Jh.). Der »Libre Vermell« des Montserrat enthält auch das erste Beispiel für die bis in die Gegenwart überlieferten *goigs* (volkstüml. Gedichte über die Sieben Freuden M.s), »Los set gotxs recomptarem«. Ein weiteres Beispiel für diese beliebte Form der M.frömmigkeit ist das Gedicht »Flor de lis, verge Maria«. Die bei einem Valencianer Dichterwettstreit verfaßten Kompositionen erschienen 1474 als erster poet. Text im Druck (»Les trobes en lahors de la Verge Maria«). Das religiöse Werk des →Joan Rois de Corella, der auch an dem Wettbewerb teilnahm, ist vorwiegend marian. Themen gewidmet (»Vida de la sacratíssima verge Maria en rims«, Oració, »Tractat de la concepció de la sacratíssima Verge Maria«, um 1490 gedr.). Für die volkssprachl. Erbauungslit. sind die »Excellències de la Mare de Déu« (1491 gedr.) bezeichnend.

In *Portugal* versuchte der Benediktinerabt André Dias (Andreas Hispanus, ca. 1348–ca. 1440) im »Livro das Laudes e Cantigas espirituais« die religiöse Dichtung nach dem Vorbild der it. Lauda zu erneuern. Die zw. Vers und rhythm. Prosa, zw. Übers. und Nachschöpfung stehende Slg. enthält auch M.gedichte. Der Zisterzienser Frei João Claro aus Alcobaça übersetzte ein Stundenbuch (»Livro de horas de Nossa Senhora«). Unter seinen geistl. Gedichten findet sich eine Paraphrase des Ave Maria. Der Cancioneiro Geral (1516) des Garcia de Resende überliefert eine Reihe von M. gedichten aus dem 15.Jh. D. Briesemeister

Ed. und Lit.: Gonzalo de Berceo, Obras completas, ed. B. DUTTON, II–III, 1971–75 – W. MUSHACKE, Altprov. M.klage, 1890 – E. WECHSSLER, Die roman. M.klagen, 1893 – F. ERMINI, Lo Stabat Mater ed. i pianti della Vergine nella lirica del medio evo, 1900 – J. MASSÓ TORRENTS, Rep. de l'antiga lit. catal. I, 1932 – J. S. PONS, R. Lulle et le Plant de N.D. Sainte Marie (Fschr. A. RUBIO I LLUCH, III, Estudis Univ. Catalans 22, 1936), 109–113 – A. SERRA I BALDO, Els goigs de la Verge Maria en l'antiga poesia catal., Estudis Univ. Catalans 22, 1936, 367–386 – P. LE GENTIL, La poésie lyrique espagnole et portugaise, I, 1949 – J. OROZ RETA, Paralelismo literario entre el Duelo de Berceo y el De Lamentatione y los Evangelios, Helmantica 2, 1951, 324–340 – R. ARAMON I SERRA, »De gran dolor cruzel ai mortal pena« (Fschr. J. VINCKE, I, 1962), 265–278 – DERS., Dos planys de la Verge del s. XV (Ges. Aufsätze zur Kulturgesch. Spaniens 21, 1963), 259–276 – M. DARBORD, La poésie religieuse espagnole des Rois catholiques à Philippe II, 1965 – W.-D. LANGE, El Fraile trobador. Zeit, Leben und Werk des Diego de Valencia de León (1350?–1412?), 1971, 214ff.

V. DEUTSCHE LITERATUR: [1] *Allgemein:* Grundlagen für die dt. M.dichtung des MA sind die mit der liturg. und außerliturg. Verehrung Marias verbundenen lat. Texte. Zu den Hauptquellen für die Marienepik gehören neben den wenigen bibl. Erwähnungen Marias der Stoff zweier ntl. →Apokryphen, des Kindheitsevangeliums des Ps.-Matthäus, in dem die Herkunft und Geburt Marias, ihre Jugend und Vermählung mit Joseph, die Geburt und Kindheit Jesu berichtet werden, und des »Transitus Mariae« des Ps. →Melito, in dem Marias Tod im Kreise der Apostel, ihr Begräbnis und ihre Himmelfahrt erzählt werden. Dieser Stoff ging ein in die beiden Sammelbecken apokryphen Materials des 13.Jh., die »Vita b. virginis Mariae et salvatoris rhythmica« und die »Legenda aurea« des →Jacobus de Voragine. Für die vielfältigen lyr. Formen waren lat. Hymnen, Sequenzen und Antiphonen Quelle und Vorbilder, für die teils lyr., teils dramat. Marienklagen v.a. die Sequenz »Planctus ante nescia«, der Bernhardstraktat (vor 1205) und die »Interrogatio Sancti Anselmi de Passione Domini« (nach 1238).

[2] *Epik:* Die Gesch. der Marienepik beginnt mit zwei Bearbeitungen des Ps.-Matthäus, der 1172 in Augsburg verfaßten »Maria« des Priester →Wernher und der um 1200 für ein höf. Publikum gedichteten »Kindheit Jesu« →Konrads v. Fußesbrunnen; auch Wernhers Werk erfuhr noch im 12. Jh. eine Überarbeitung im neuen höf. Stil. Die erste Himmelfahrtsdichtung ist »Unser vrouwen hinvart«, verfaßt um 1210 von dem Eichstätter Ministerialen →Konrad v. Heimesfurt. Seine Quelle ist der »Transitus Mariae«, den er im Stil der zeitgenöss. höf. Epiker mit großer Freiheit bearbeitete. Eine weitere, doch quellennahe Bearbeitung des »Transitus« entstand 1258 oder 1269 im Mainzer Raum, die sog. »Rheinfränkischen Marien Himmelfahrt«. Die späteren Himmelfahrtsdichtungen fußen zumeist auf den entsprechenden Teilen der »Vita rhythmica« und der »Legenda aurea«. Die »Vita rhythmica«, die alles apokryphe und kanon. Material über das Leben Marias von der Gesch. ihrer Eltern Joachim und Anna bis zu ihrer Himmelfahrt durch die neun Engelchöre und ihrer Krönung vereinigt, war die Vorlage für die Marienepen Walthers v. Rheinau (nach 1278), Bruder →Philipps (nach 1300) und des Schweizers Wernher (vor 1382). Von diesen drei Werken fand das für die Brüder des Dt. Ordens von Bruder Philipp in der Kartause Seitz verfaßte Marienleben die größte Wirkung und Verbreitung. Es wurde mit der Weltchronik →Rudolfs v. Ems zusammen überliefert, und in den Weltchronikkompilationen, die unter dem Namen →Heinrichs v. München im 14. Jh. verbreitet waren und um 1400 in Prosa aufgelöst wurden, bildete es den Grundstock für die neutestamentl. Zeit. Mit diesem Grundstock kompiliert wurden auch Teile des Marienlebens, das der ebenfalls mit dem Dt. Orden in Verbindung gebrachte Dichter des »Passional« Ende des 13.Jh. seinem Legendar als 'Unser vrouwen buch' voranstellte; seine Quellen waren die Abschnitte zu den Marienfesten in der »Legenda aurea« und die »Kindheit Jesu« Konrads v. Fußesbrunnen. Nach der Himmelfahrt Marias fügt er vor einem das Marienleben abschließenden Marienlob noch 25 Marienmirakel an; dies sind von der Vita deutlich zu trennende Erzählungen von wunderbaren Gebetserhörungen und Gnadenerweisen, die die erhöhte Maria wirkt. Von den auf eine bestimmte Person bezogenen Einzelmirakeln wurde das aus der Faustsage bekannte vom Teufelsbündler →Theophilus zu einem Spiel verarbeitet.

[3] *Lyrik:* Die dt. sprachige Marienlyrik beginnt mit fünf eigenständigen Dichtungen im 12. Jh.: das »Vorauer Marienlob«, in dem Marias heilsgeschichtl. Rolle typologisch begründet wird, das leichartige »Arnsteiner Mariengebet«, in dem Maria auch schon als Helferin erscheint, das »Melker Marienlied«, das mit seinen Anreden und typolog. Bezügen den Marienhymnen nahesteht; die Mariensequenzen aus →Muri und →St. Lambrecht (→Seckau) sind Nachbildungen der beliebten Sequenz »Ave praeclara maris stella«, die wie viele der seit dem 12. Jh. beliebten marian. Hymnen, Sequenzen und Antiphonen vom 13. bis 15.Jh. immer wieder dt. Bearbeitungen fanden in Form von Nachdichtungen, Paraphrasen und Glossenliedern. Unter den Bearbeitern und Nachdichtern sind bes. der →Mönch v. Salzburg (2. Hälfte 14.Jh.) und →Heinrich v. Laufenberg († 1460) hervorzuheben. In der Blütezeit des →Minnesangs ist nur der Leich →Walthers von der Vogelweide zu nennen, der formal und inhaltl. mit der Tradition der Mariensequenzen verbunden ist. Im Zusammenhang mit der frühen Frauenmystik und Beginenbewegung im Kölner Raum steht das nur in einer Hs. überlieferte »Rhein. Marienlob« (2. Viertel 14.Jh.), ein anonymer, in Teilen hymnisch geprägter und kunstvoll komponierter Marienpreis. Die wirkungsmächtigste Mariendichtung des 13. Jh. war →Konrads v. Würzburg »Goldene Schmiede« (um 1275), ein 2000 Verse umfassender Marienpreis mit einer Fülle kunstvoll formulierter und virtuos gereimter Bilder. Das Werk beeinflußte v.a. die

Spruchdichter, die seit dem 2. Drittel des 13. Jh. die Vermittler mariolog. Weisheit waren (→Reinmar v. Zweter, der →Marner, →Boppe, Rumelant v. Sachsen, Eberhard v. Sax, Frauenlob, →Heinrich v. Mügeln u.a.). Die im Gefolge der lat. Hymnen- und Sequenzendichtung entstandene dt. Tradition hatte in der »Goldenen Schmiede« einen Höhepunkt, der nur noch durch den Marienleich →Heinrichs v. 'Meißen' (Frauenlobs) († 1318) überboten wurde; dieses Werk gilt als bedeutendste Schöpfung der ma. dt. Marienlyrik.

Im 14. Jh. kommen als bes. Form der Marienlyrik die Mariengrüße auf. Dies sind auf lat. Vorbilder zurückgehende preisende, bittende, mahnende, meditierende Gedichte an Maria, in denen Grußformeln wie »Ave«, »Wis gegrüßet« o.ä. anaphorisch verwendet sind. Durch Strophenakrosticha aus den 100 Buchstaben des »Ave Maria« sind die »Marienlieder« des Bruders Hans (zw. 1391 und 1400) aus dem Kölner Raum gegliedert; das Werk ist ein formal bes. anspruchsvoller Marienpreis. Mit dem »Ave Maria« sind als weitere marian. Gebets- und Dichtungsformen der Marienpsalter und der Rosenkranz verbunden; sie knüpfen an die Sitte an, das »Ave Maria« 50mal (→Rosenkranz) zu beten und an jedes Ave eine clausula anzufügen, d.h. einen kurzen Satz mit einer Betrachtung aus dem Marien- und Jesusleben. Die Marienlyrik fand im →Meistersang am Ausgang des MA ihre größte Verbreitung. Erst unter dem Einfluß der Reformation tritt die Marienthematik bei den Meistersingern zurück.

[4] *Marienklage:* Dramat. Formen der M.dichtung entwickelten sich aus den Marienklagen. Auf den »Bernhardstraktat« geht »Unser vrouwen klage«, die am weitesten verbreitete Marienklage, zurück. Die »Interrogatio Anselmi« (s.o.) war die wichtigste Quelle des volkssprachigen Passionstraktats. Zahlreiche Marienklagen sind auch als Klagemonologe Marias oder als Klagedialoge Marias mit den Personen unter dem Kreuz in die Marienepen und in die geistl. Spiele eingelagert. K. Gärtner

Lit.: Reallex. der dt. Lit.gesch., 1965², 271–291 [H. FROMM, grundlegend, mit Bibliogr.] – Verf.-Lex.² [unter den jeweiligen Lemmata] – A. MASSER, Bibel, Apokryphen und Legenden, 1969 – P. APPELHANS, Unters. zur spätma. Mariendichtung. Die rhythm. Mariengröße, 1970 – G. M. SCHÄFER, Unters. zur dt.sprachigen Marienlyrik des 12. und 13. Jh., 1971 – H. HILG, Das »Marienleben« Heinrichs v. St. Gallen, 1981 – Rep. der Sangsprüche und Meisterlieder des 12. bis 18. Jh., hg. H. BRUNNER–B. WACHINGER, 15 Bde, 1986ff. – R. BERGMANN, Kat. der dt.sprachigen geistl. Spiele und Marienklagen des MA, 1987 – K. GÄRTNER, Das Hohelied in Frauenlobs Marienleich, Wolfram-Stud. 10, 1988, 105–116 – K. STACKMANN, Magd und Kgn. Dt. Mariendichtungen des MA, 1988 – U. MEHLER, Dt. Marienklagen des MA und der frühen NZ, 1992.

VI. ENGLISCHE LITERATUR: Das früheste Beispiel für M.dichtung in engl. Sprache findet sich in dem ae. Gedicht →»Christ I«, das – den Stoff der Advents-Antiphonen aufgreifend – das Geheimnis der Inkarnation und die Jungfräulichkeit M.s feiert. In einem Dialog zerstreut M. die Zweifel ihres Mannes Joseph. Die apokryphe Gesch. von seinen Nöten, die später in den →Mysterienspielen wiederkehrt, erscheint hier erstmals in England. Zwar werden auch anderwärtig in ae. Prosa und in der anglolat. Lit. M.themen behandelt, doch erst seit dem 13. Jh. kann man von einer gefestigten Tradition der M.dichtung sprechen. Vorläufer im 12. Jh. kündigen die Blütezeit an: Der Einsiedler Godric v. Finchale soll von M. selbst ein lat. M.lied gelernt und es ins Engl. übertragen haben. Das →»Ormulum«, eine Auslegung der Gottesdienst-Evangelien, enthält eine ansprechende Darstellung der Verkündigung und der Geburt Christi. Das umfangreiche Corpus der engl. M.dichtung, das vom 13. Jh. bis ans Ende des MA reicht, läßt sich teils der lyr. Gattung, teils der Legende zuordnen.

In Versform erscheint das Leben M.s (nach bibl. und apokryphen Q.) im →»Cursor Mundi« und im →»South English Legendary«. Es gibt Texte über M.s Aufnahme in den Himmel und über die Einrichtung des Festes der Unbefleckten Empfängnis. Die bekanntesten Legenden betreffen jedoch die Wunder, die auf die Fürsprache der Jungfrau M. zurückgeführt werden. Geschichten dieser Art wurden häufig gesammelt und erfreuten sich im ma. Europa einer weiten Verbreitung. Hierher gehören etwa die bekannten Geschichten vom Mönch Theophilus, der einen Pakt mit dem Teufel schloß, und von Beatrice, der sündigen Nonne. Die me. Texte sind zumeist in größeren Sammelhss. überliefert. Im 13. Jh. begegnet in der Hs. Digby 86 die Gesch. »How Our Lady's Psalter was Founded«; andere Gesch. erscheinen im »South English Legendary«, in dem etwas jüngeren →»Northern Homily Cycle« (ca. 1295–1306), im 14. Jh. z.B. mit neun Texten in der →Vernon-Hs. und im 15. Jh. Mit diesen Stoffen beschäftigen sich u.a. →Hoccleve (»How Our Lady's Psalter was Founded«) und →Lydgate (»Legend of Dan Joos«). In der »Prioress's Tale« von →Chaucer wird mit Eleganz und Pathos die Gesch. von dem angebl. von den Juden getöteten Knaben.

Noch zahlreicher sind die lyr. Gedichte und →Carols, die an M. gerichtet sind oder zu ihrem Lobpreis verfaßt wurden. Teilweise gehen sie auf lat. Hymnen oder Lieder zurück (»Ave Maris Stella«, »Angelus ad Virginem«). Häufig handelt es sich, wie bei dem Gedicht des hl. Godric, um einfache Bittgebete. Daneben gibt es längere meditative und ekstat. Texte (z.B. »On God Ureisun of Ure Lefdi« aus dem 13. Jh.). Bemerkenswert ist die Vielzahl der Themen. Das Gedicht »In a tabernacle of a toure« (mit dem Refrain »quia amore langueo«) bietet eine Vision von der gekrönten Himmelskgn. In anderen Werken werden die typolog. Vorbilder der Jungfrau M. angesprochen: sie ist der brennende Busch des Moses und die zweite Eva, deren Name im Engl. Gruß umgekehrt erscheint. Weitere Lieder befassen sich mit den Fünf Freuden Mariae. Das bekannte »I sing of a mayden that is makeles« verherrlicht den geheimnisvollen Eintritt des Gottessohnes in den Leib der Jungfrau. Reizvoll ist die Gruppe der Wiegenlieder, in denen die Gottesmutter ihr Kind einsingt, wobei sie mitunter auch der künftigen Leiden gedenkt. In anderen Gedichten wird M. unter dem Kreuz im dramat. Dialog mit dem sterbenden Christus dargestellt (z.B. »Stond wel, moder, under rode«) oder, wie in einer Pietà-Gruppe, ihre Klage über seinem Leichnam. Daneben stehen längere Klagen und Zwiegespräche, in denen M. etwa mit dem hl. Bernhard oder mit dem Kreuz disputiert (→Dialog, IX, 3). Auch anspruchsvolle »höf.« Dichter haben M.lyrik hinterlassen. Chaucer stellt der »Prioress's Tale« und der »Second Nun's Tale« lyr. Prologe voran (im letzteren Fall angelehnt an das Gebet des hl. Bernhard bei Dante), sein »ABC« ist eine Übersetzung nach →Guillaume de Deguilleville. Von →Dunbar gibt es ein ekstat. M.gedicht im verfeinerten »goldenen« (aureate) Stil: »Hale sterne superne«. Wie in den Legenden ist M. demütig und bereit, den Demütigen zu helfen, und zugleich die große und mächtige Himmelskgn.

Von hohem lit. Niveau ist Lydgates »Life of Our Lady«, eine Meditation über Episoden aus dem Leben M.s und über die M.feste des Kirchenjahrs. In diesem Gedicht treffen beide Elemente zusammen: der einfache Legendenstoff und das ekstat. lyr. Moment. D. Gray

Ed.: C. BROWN, Engl. Lyrics of the 13th Century, 1932 – DERS., Religious Lyrics of the 15th Century, 1939 – DERS., Religious Lyrics of the 14th Century (rev. G. V. SMITHERS), 1952 – B. BOYD, The ME Miracles of the Virgin, 1964 – *Lit.:* T. WOLPERS, Gesch. der engl. Marienlyrik im MA, Anglia 69, 1950, 3–88 – R. W. SOUTHERN, The Engl. Origins of the »Miracles of the Virgin« (Med. and Renaissance Stud. 4, 1958), 176–216 – R. WOOLF, The Engl. Religious Lyric in the MA, 1968 – D. GRAY, Themes and Images in the Medieval Engl. Religious Lyric, 1972 – M. CLAYTON, The Cult of the Virgin Mary in Anglo-Saxon England, 1990 – P. WHITEFORD, The Myracles of Oure Lady, 1990.

VII. ALTIRISCHE LITERATUR: Die Verehrung der Jungfrau M. ist in Irland früh und reich belegt; dichter. Werke wurden sowohl in lat. als auch in air. Sprache verfaßt. Das vielleicht bekannteste Gedicht ist »Cantemus in omni die« des Cú Chuimne aus Iona († 747), wohl im frühen 8. Jh. verfaßt. Es gilt als schönstes Beispiel hiberno-lat. Versdichtung, mit äußerst komplexer metr. Struktur, die ein typisch ir. Muster des Binnenreims mit großer techn. Fertigkeit im Lat. verbindet. Wohl zeitgenöss. ist ein anderes bedeutendes hibernolat. M.lob von Oéngus mac Tipraiti († 746), »Martine te deprecor«, das gleichfalls die Rolle M.s als Mutter Jesu hervorhebt. Noch älter ist »Benchuir bona regula« aus dem →Antiphonar v. Bangor (spätes 7. Jh.). Hier werden das Kl. und die Regel von →Bangor (Gft. Down) in einem hymn. Stil, wie er in späteren lat. Texten üblicherweise auf M. angewandt wird, gepriesen. Der früheste Bezug auf M. in einem ir. Text findet sich in einem obskuren rhythm. Enkomium auf →Brigida v. Kildare (um 600?), in dem die hl. Brigida als »andere M., Mutter des Herrn«, gerühmt wird. Dies hat zu der völlig irrigen Meinung geführt, daß Brigida im alten Irland mariengleiche Verehrung erfahren habe. Das hervorstechendste Beispiel für M. in air. Sprache sind zwei Gedichte von Blathmacc mac Con Brettan, wohl aus der Mitte des 8. Jh. (»Tair cucom, a maire boíd«, mit 149 Strophen; »A Maire, a grian ar clainde«, mit 109 erhaltenen Strophen); beide hatten wohl ursprgl., nach dem Vorbild der Psalmen, 150 Strophen. Sie zeigen einen in Hl. Schrift und →Apokryphen wohlbewanderten Autor, der aber die Erzählungen über Christus in Begriffen aus der zeitgenöss. ir. Gesellschaft darbietet. In derselben Slg. überlieferte Dichtungen, die wohl etwas früher entstanden, zeigen gleichfalls Vertrautheit mit der Kindheitsgesch. Jesu des apokryphen Thomasevangelium, in dem M. eine wichtige Rolle spielt.   D. Ó CRÓINÍN

Lit.: J. F. KENNEY, Sources for the Early Hist. of Ireland, 1929, 269f. – P. O'DWYER, Versiculi familiae Benchuir, 1975 – DERS., Devotion to Mary in Ireland, 700–1100, 1976.

VIII. SKANDINAVISCHE LITERATUREN: [1] *Allgemein:* Die skand. M.dichtung umfaßt sowohl lat. als auch volkssprachl. Werke, die mit wenigen Ausnahmen in das 14. und 15. Jh. zu datieren und in Hss. des 15.–16. Jh. überliefert sind. Zu den volkssprachl. Texten gehören neben Neudichtungen auch Übersetzungen und Paraphrasen von lat. und volkssprachl. Versvorlagen (Hymnen, Sequenzen bzw. Reimgebeten) sowie dichter. Umsetzungen von lat. und volkssprachl. Prosatexten. Entsprechend den zugrundeliegenden lat. Gattungen (Preislieder, Klagen, Gebete, Mariengrüße usw.) macht sich der Einfluß der rhetor. Stilmittel, der Strophenformen und des Gedankenguts der lat. Tradition bemerkbar, obwohl die island. Dichter anfangs noch der einheimischen Skaldik verpflichtet sind und sich folglich deren Versformen (u.a. →*dróttkvætt, hrynhent*), Gattungen (→*drápa*) und Stilmittel (Stabreim, →*kenningar*) in gewissem Umfang bedienen (→Skaldendichtung).

[2] *Island:* Die island. Lit. bietet den Hauptanteil der skand. M.dichtung. Hierzu zählen sowohl Gedichte in skald. Versmaßen als auch solche mit Endreim. Vertreter der ersten Gruppe sind die »Máríudrápa« ('Preislied auf María'; 14. Jh.; Hs. ca. 1400), der »Máríugrátr« ('Klage der María'; Ende 14./Anfang 15. Jh.), der »Máríulykill« ('[Strophen-] Schlüssel der María', eine clavis metrica; um 1430) sowie fünf vollständige und ein bruchstückhaft überliefertes Mirakel (13. Jh. – Anfang 15. Jh.), die z.T. nach in →Máríu saga enthaltenen island. Prosavorlagen gedichtet sind. Die »Máríudrápa« ist eine aufschwellende Wiedergabe der lat. Gaude-Andacht, des »Ave Maria« und des »Ave maris stella« in Form einer *drápa*. Der »Máríugrátr« (eine drápa im Versmaß *hrynhent*, →»Lilja«) behandelt trotz seines Namens nicht nur die Schmerzen M.s, sondern auch deren fünf Freuden und hat u.a. die island. Prosaversion des sog. Bernhardtraktats (in den island. Fassungen wird es Augustinus zugeschrieben) zur Quelle. Vorläufer dieser M.dichtung im eigtl. Sinne sind die Partien solcher heilsgeschichtl. Dichtungen wie →»Harmsól« (12. Jh.; Str. 59–61), »Lilja« (14. Jh.) und »Milska« ('Honigmilch'; 15. Jh.), die sich an M. wenden bzw. ihren Anteil am Heilsgeschehen hervorheben. V. a. die Lilja ist in vielerlei Hinsicht für die island. M.dichtung form- und stilbestimmend, ohne daß sich jedoch die späteren Dichter mit ihrem großen Vorgänger messen könnten. Das gleiche gilt für das Verhältnis zw. dem »Máríulykill« und dessen einem Vorbild, dem →»Háttatal« (→Snorra Edda) des →Snorri Sturluson. M.dichtung in endreimenden Versen kommt erst im 15. Jh. vor; das in die aus dem Lat. übernommenen Strophenformen eingeführte einheimische Stilmittel, der Stabreim, hat nunmehr lediql. den Charakter eines zusätzl. Schmucks, während die Kenning kaum noch eine Rolle spielt. Überliefert sind Preisgedichte (z. B. die »salutationes« IM II, 230ff. und 257ff.; IM II, 239f., 246ff. und die »Boðunarvísur 'Verkündigungsweisen'), von denen einige der Freuden M.s gedenken (IM II, 67ff., 73ff., 251ff.), Gebete (IM II, 241ff.) – beide z.T. mit eingeflochtenen lat. Brocken – sowie (schwer zu datierende) endreimende Mirakel (u.a. IM II, 123ff., 136ff., 142ff., 149ff., 163ff., 195ff.), die mit einer Ausnahme Vorlagen oder Gegenstücke in den in Máríu saga gesammelten Legenden haben. Schon einige der spätma. skaldischen Mirakel zeichnen sich durch gewisse balladenhafte Züge aus, doch stellt die endreimende Mirakeldichtung – die manchmal den Charakter einer Mirakelballade (SCHOTTMANN) hat – eine neue Gattung auf Island dar, die sich trotz einiger Ähnlichkeiten klar unterscheidet von den der einheim. Tradition kaum angepaßten, aus dem Dän./Norw. übernommenen Tanzballaden (island. *fornkvæði*), aber auch von den der island. Poetik adaptierten →*rímur* ('Reime').

[3] *Dänemark, Schweden, Norwegen:* Im Gegensatz zur island. weist die dän. und schwed. M.dichtung außer volkssprachl. Gedichten (z.B. reimenden Liedern auf M.s Freuden oder Schmerzen und Erweiterungen des Ave Maria) auch lat. Originalkompositionen auf. Hierzu gehören der dem Schweden →Brynolf Algotsson, Bf. v. Skara († 1317), zugeschriebene Reimpsalter »Stella Maria, maris, paris« (AnalHym 5, 72–74) sowie die »Salutacio beate Marie virginis gloriose« (um 1350) des Dänen Jacobus Nicholai († 1379), eine Weiterentwicklung des M.psalters. Eine Sonderstellung nehmen die vier (ein fünftes wird von einigen Forschern dazu gezählt) in Hs. von 1470–1500 überlieferten dän. (z.T. Per Ræff Lille zuzuschreibenden) Preislieder auf Maria im höf. Stil ein, welche an die Konventionen der Minnedichtung anknüp-

fen. Dieselbe Hs. enthält auch ein 'Litaneienlied' (dän. »litanivise«), auf der Grundlage des »Goldenen Ave Maria« (auch »Gebet des hl. Bernhard« oder »Gebet der hl. Birgitta« genannt) gedichtet, die den M. preis ins Zentrum stellt. Eine Besonderheit ist das im sog. 'Birgittinernorwegischen' (norw.-schwed. Mischsprache, entstanden unter Einfluß von Schriften aus dem Umkreis der →Birgittiner) abgefaßte Gedicht »Wor frw pinä« ('Der Liebfrauen Schmerzen') des norw. Franziskaners Johannes v. Nidrosia (ca. 1450), das die Lebensgesch. M.s u.a. als Ausgangspunkt für die Meditation über deren Schmerzen behandelt. Eigenständige norw. M. dichtung in ma. Quellen ist nicht überliefert. B. LaFarge

E.: F. Jonsson, Den norsk-islandske Skjaldedigtning, 1908-15, II/A 464-500; B, 496-545 – J. Helgason, Íslenzk miðaldakvæði (= IM), I-II, 1936-38 (s.o. und II, 120f., 129ff.) – Lit.: KL XI, 379-386 [Ed., Lit.] – H. Schottmann, Die isländ. M.dichtung, 1973.

Maria v. Ägypten, hl. Die alexandrin. Dirne wird bei einer aus Neugier unternommenen Pilgerreise nach Jerusalem sort durch eine unsichtbare Gewalt am Betreten der Grabeskirche gehindert. Vor einem Marienbild wird sie sich ihrer Sünden bewußt und zieht sich in die Wüste ö. des Jordans zurück mit drei Broten, von denen sie 47 Jahre lebt, bis der Mönch Zosimos sie – inzwischen am ganzen Körper mit Haaren bedeckt – findet und ihr die Eucharistie reicht. Nach Jahresfrist zurückkehrend, entdeckt er sie tot und begräbt sie mit der Hilfe eines herbeigeeilten Löwen. Der Inhalt der Legende setzt die Existenz von Marienikonen voraus. Erste Erzählungen in der Vita des hl. Kyriakos von →Kyrillos v. Skythopolis kurz nach der Mitte des 6. Jh. und bei →Johannes Moschos um 600; die anonyme endgültige Fassung der Legende, irrtüml. Sophronios v. Jerusalem zugeschrieben, wird dann in die metaphrast. Slg. aufgenommen. Lat. Übers. bereits Anfang des 7. Jh. Verwandtschaft mit der Legende der →Maria Magdalena (die Nacktheit bedeckender Haarwuchs, gelegentl. Darstellung mit Kelch, also von Engeln ernährt) einerseits und solchen der hl. Wüstenväter (z. B. Onuphrios, Haarwuchs) andererseits sind deutlich. Neben Einzeldarstellungen der Hl.n in üblicher repräsentativer Art, manchmal neben bzw. gegenüber dem hl. Zosimos ist bes. die Darstellung der Darreichung der Eucharistie durch Zosimos beliebt. Vitenzyklen scheinen eine hoch- bzw. spätma. Erscheinung zu sein. Früheste erhaltene Darstellung im O ist anscheinend die Wandmalerei in der Kapelle Nr. 31 in Göreme (10./11.Jh.), während die W bereits Sta. Maria antiqua in Rom (Kommunion, 9.Jh.) aufzuweisen hat. Die Monumentalmalerei des O hat das Thema weiterhin gepflegt (Göreme, Kap. 7, neuer Teil [13.Jh.?], Pantanassa in Mistra oder Georgskapelle von H. Paulu, Athos), bes. auch in Zypern (Asinu 1103/6. Lagudera 1192 u. a. im 16.Jh.). Doch auch die Buchmalerei weist Beispiele in Menologien auf (Par suppl. gr. 1276, fol 93, 12.Jh.), und Vita-Zyklen finden sich in der russ. Ikonenmalerei (z. B. K. Onasch, Die Ikonenmalerei, 1968, Abb. 60). Im W taucht die Vita auf Kapitellen des 13.Jh. (Mus. Toulouse, Unterlinden-Mus. in Colmar [aus Alpsbach] oder Glasfenstern (Kathedrale v. Bourges) auf. M. Restle

Lit.: BHG 1041z-1044e – BGL 5417 – LCI VII, 507-511 – Beck, Kirche, 435 – H. Kunst, Gesch. der Legenden der hl. M. Aegyptiaca, 1890 – Sv. Radohčič, Zbornik Narodnog muzeja 4, 1964, 255-265 – K. Kunze, Stud. zur Legende der hl. M. Aegyptiaca im dt. Sprachgebiet, 1969.

Maria (s.a. Marie)

1. M., byz. Ksn. →Manuel I. Komnenos

2. M. de Luna, Kgn. v. →Aragón, * 1357, † 29. Dez. 1406 in Vila-real (Kgr. Valencia); Tochter des Lope de Luna, Herrn v. Segorbe, und der Brianda d'Agoult; durch ihre Heirat 1372 mit dem Thronfolger →Martin I. Kgn. und Mitregentin der Krone Aragón. Nach dem Tode Johanns I. wehrte M., da ihr Gemahl sich in Sizilien befand, konkurrierende Thronansprüche der Witwe Johanns I., Violante, ebenso ab wie einen Einfall des Gf.en Matthäus v. →Foix, der im Namen seiner Gattin Johanna, Tochter Johanns I. und der Mata v. Armagnac, Anspruch auf den aragon. Thron erhob.

Als Kgn. trug M. 1404 zur Befriedung des Kgr.es →Valencia bei, das durch Kämpfe zw. den verfeindeten Adelsligen der →Centelles und der →Cervelló erschüttert wurde. Sie war eine Frau von starkem Charakter, die ihren Gatten in Regierungsangelegenheiten unterstützte und – wenn auch letztlich erfolglos – für eine Verbesserung der Lebensbedingungen der katal. Landbevölkerung eintrat.

J. Sobrequés i Callicó

Lit.: A. Gavierre Mur, M. de Luna, reina de Aragón (1396-1406), 1942.

3. M. v. Kastilien, Kgn. v. Aragón, * 1401 Segovia, † 4. Sept. 1458 Valencia, ▢ Kl. der Trinitarierinnen; Tochter Heinrichs III. v. Kastilien und der →Katharina v. Lancaster, ∞ am 12. Juni 1415 den Infanten Alfons (V.), dem künftigen Kg. v. Aragón (1416-58). Wegen der häufigen Abwesenheit ihres Gatten, der sich v.a. in Kastilien und Italien aufhielt, nahm sie als seine Statthalterin die Regierung in der Krone Aragón und bes. in Katalonien wahr. Als Alfons V. sich nach 1432 endgültig aus seinen Reichen auf der Iber. Halbinsel zurückzog, sah sie ihren Gatten nicht wieder. Sie griff vermittelnd in die polit. und wirtschaftl. Krise in Katalonien ein, die letztendl. zum Bürgerkrieg (1462-72) führen sollte. Mit ihrem Gatten führte sie eine ausgedehnte polit. und persönl. Korrespondenz. Ihr ständig schlechter werdender Gesundheitszustand beeinflußte jedoch ihre polit. Maßnahmen. Sie förderte viele Künstler und Schriftsteller und war den kulturellen Strömungen ihrer Zeit aufgeschlossen.

J. Sobrequés i Callicó

Lit.: L. Comenge, La medicina en el reinado de Alfonso V de Aragón, 1904 – F. Soldevila, La reyna M., muller del Magnánim, Memorias de la Real Academia de Buenas Letras de Barcelona, 1928 – F. Hernández-León de Sánchez, Doña María de Castilla, esposa de Alfonso V el Magnánimo, 1959 – A. Ryder, Alfonso the Magnanimous, 1990, passim.

4. M. v. Brabant, Kgn. v. →Frankreich, † 12. Jan. 1322, ▢ Paris, Cordeliers. Tochter Hzg. →Heinrichs III. v. Brabant und der Alix v. Burgund; ∞ Kg. →Philipp III. am 21. Aug. 1274 als dessen 2. Gemahlin, Krönung 24. Juni 1275; Kinder: Ludwig v. Évreux, Margarete (2. Gemahlin Eduards I. v. England), Blanche (Gemahlin Hzg. Rudolfs v. Österreich). M., die ihre Entourage mit an den Königshof brachte, stand an der Spitze einer 'Brabanter' Partei, die den Günstling Pierre de →La Broce bekämpfte. Im Zuge wechselseitiger Intrigen wurde M. im Aug. 1276 des Giftmords an Ludwig, dem Thronerben (Sohn Philipps III. aus 1. Ehe) angeklagt. Der Konflikt endete mit der Hinrichtung La Broces († 30. Juni 1278). M.s Wittum umfaßte die Kastellaneien Pacy, Mantes, Anet, Nogent-le-Roi und Bréval. Die schöne und gebildete Kgn., deren Vater schon als Trouvère hervorgetreten war, scharte um sich einen Musenhof (u.a. →Adenet le Roi und Guillaume de St-Cloud) und trat auch als geistl. Wohltäterin hervor (Kapellenstiftung für Notre-Dame de Mantes, Gunsterweise für Val des Écoliers, Kartäuser und Mathuriner zu Paris). E. Lalou

Q. und Lit.: Ch. V. Langlois, Le règne de Philippe III le Hardi, 1887 – Recueil des historiens de France, XXII, 467, 755 [Rechnungen].

5. Maria v. Luxemburg, Kgn. v. Frankreich→Karl IV. (11. K.)

6. M. v. Anjou, Kgn. v. →Frankreich, * 14. Okt. 1404, † 20. Nov. 1463 in der AbteiOCist Les Châtelliers (dép. Deux-Sèvres, arr. St-Maixent), ▭ St-Denis (an der Seite Karls VII.). Tochter Kg. →Ludwigs II. v. Sizilien und der Yolande v. Aragón, wurde sie dem Dauphin→Karl (VII.) am 18. Dez. 1413 versprochen, ⚭ April 1422 zu →Bourges. Sie gebar ihrem Gemahl 12 Kinder, unter ihnen →Ludwig (XI.) und →Charles de France. Ihre Stellung bei Karl VII. änderte sich, als dieser sich der Mätresse Agnès →Sorel, der weitere Geliebte folgen sollten, zuwandte. M. trug die Untreue ihres Gemahls mit Resignation; die Rechnungen ihres 'Hôtel de la Reine' aus den letzten Regierungsjahren Karls VII. weisen auf eine durchaus aufwendige Hofhaltung hin. Stark der Frömmigkeit und dem Pilgerideal zugewandt, bat M. nicht lange vor ihrem Tod den Hzg. →Philipp d. Guten v. Burgund in einem Brief, sie auf den geplanten Kreuzzug mitzunehmen. Blieb M.s polit. Rolle unbedeutend, so ist ihre Förderung für → Jeanne d'Arc bemerkenswert.   Ph. Contamine

7. M. de Molina, Kgn. v. Kastilien, † 1. Juli 1321 in Valladolid, ▭ SOCist Kl. S. María de Real de Valladolid, Tochter des Infanten Alfonso de M. und seiner dritten Frau Mayor Alfonso de Meneses, väterlicherseits Enkelin Alfons' IX. v. León und der Berenguela v. Kastilien. 1281 heiratete M. →Sancho (IV.), den Zweitgeborenen →Alfons' X., ohne die notwendige päpstl. Dispens wegen zu naher Blutsverwandtschaft einzuholen. Sanchos Regierungszeit (1284-95) war geprägt vom Kampf um die Erlangung der Dispens. 1293 starb die Herrin v. Molina, die Stiefschwester M.s, und überließ ihrem Schwager die Herrschaft, der sie seinerseits M. übertrug. Nach dem Tode Sanchos führte M. die Regentschaft während der Minderjährigkeit→Ferdinands IV. und stützte sich auf die →Concejos, um den aufrührer. Adel zu bändigen. Auch internat. Konflikte mußte sie bewältigen, da Aragón, Portugal und Frankreich die anarch., durch die Frage der Dispens noch verschärften Zustände als Vorwand zum Eingreifen nutzen wollten. 1302 übernahm Ferdinand die Regierung, aber als er (1312) und seine Gattin Konstanze (1313) starben, führte M. erneut die Regentschaft, diesmal für ihren Enkel Alfons XI. Sie starb noch während seiner Minderjährigkeit.   M. Rábade Obradó

Lit.: A. MARCOS POUS, Los dos matrimonios de Sancho IV de Castilla, Cuadernos de trabajo de la Escuela española de Hist. y Arqueología en Roma 8, 1956, 1–108 – M. GAÏBROIS DE BALLESTEROS, M. d. M., tres veces reina, 1967 – M. M. DE LOS HOYOS, Doña M. d. M., Boletín de la Institución Fernán González 179, 1972, 290–321; 180, 1973, 626–666 – C. GONZÁLEZ MÍNGUEZ, Fernando IV de Castilla (1295-1312). La guerra civil y el predominio de la nobleza, 1976.

8. M. v. Portugal, Kgn. v. →Kastilien, * 1313, † 18. Jan. 1357 in Évora, ▭ S. Clemente de Sevilla, Tochter Alfons' IV. v. Portugal und der Beatrix v. Kastilien (Schwester Sanchos IV.), ⚭ 1331 ihrem Neffen →Alfons XI. v. Kastilien in Alfayates (Portugal); zwei Söhne: Ferdinand, früh verstorben; →Peter (I.), späterer Kg. v. Kastilien. Ihr Eheglück zerbrach nach der Liaison ihres Gatten mit →Leonor de Guzmán. Dies führte zur polit. Kaltstellung der Herrscherin, die sich nach dem Tod ihres Gatten an der Nebenbuhlerin rächte, indem sie ihren Sohn veranlaßte, Leonor gefangensetzen und hinrichten zu lassen (1351). M. unterstützte Juan Alfonso de Alburquerque, der eine Annäherung an Frankreich betrieb, und verfeindete sich schließlich mit ihrem Sohn, da sie für seine legitime Gattin Blanche v. Bourbon eintrat, die er wegen María de →Padilla verlassen hatte. Gemeinsam mit den Söhnen ihrer ehem. Rivalin an einem gescheiterten Aufstand (Toro, 1356) gegen Peter beteiligt, erhielt sie danach die Erlaubnis, sich nach Portugal zurückzuziehen.

M. Rábade Obradó

Lit.: S. DE MOXÓ, La sociedad política castellana en la época de Alfonso XI, Cuadernos de Historia 6, 1975, 187–326.

9. M. v. Aragón, Kgn. v. Kastilien, † 18. Febr. 1445 in Villacastín, Tochter der Leonor v. Alburquerque und Kg. →Ferdinands I. v. Aragón, der nach dem Tode seines Bruders Heinrich III. in Kastilien die Regentschaft für seinen Neffen →Johann (II.) geführt hatte. M. heiratete Johann II. (Verlobung 1418, Hochzeit 1420), wobei ihre Brüder, die →Infanten v. Aragón, die aktiv in die kast. Politik eingriffen, diese Ehe begünstigten. Der Ehe entstammten vier Kinder: Katharina, Leonor und Maria, die noch minderjährig starben, und →Heinrich (IV.) (* 1425). Noch in ihren letzten Lebensjahren nahm die Herrscherin zusammen mit ihrem Sohn an polit. Verschwörungen zum Sturz des Günstlings ihres kgl. Gatten, des Condestable Alvaro de →Luna, teil. Nach diesem Zwist förderte M. die Ehe Heinrichs mit ihrer Nichte Blanca, der Tochter ihres Bruders→Johann II. v. Aragón.   M. Rábade Obradó

Lit.: E. BENITO RUANO, Los infantes de Aragón, 1952 – L. SUÁREZ FERNÁNDEZ, Los Trastámara de Castilla y Aragón en el siglo XV (= Hist. de Espana, XV, hg. R. MENÉNDEZ PIDAL, 1964).

10. M. v. Ungarn, Kgn. v. Sizilien (Neapel), † 25. März 1323, ▭ S. Maria Donna Regina, Neapel; Tochter Stefans V., Kg. v. Ungarn, ⚭ 1269 →Karl II. v. Anjou, den späteren Kg. v. Sizilien. Nach dem Tod ihres – mit M.s Schwägerin, Isabella v. Anjou, vermählten – Bruders Ladislaus IV. »des Kumanen« (10. Juli 1290) machte M., unterstützt von der Kurie, ihre Rechte auf die ung. Krone gegen →Andreas III. geltend. Anfang 1292 trat sie alle ihre Rechte an ihren Erstgeborenen (von 13 Kindern) Karl Martell ab, nahm jedoch weiterhin an der Ungarnpolitik Anteil. Nach dem Tod ihres Gatten (3. Mai 1309) widmete sich M., die eine Witwenapanage von jährl. 3000 Unzen Gold erhielt, frommen Werken; sie betrieb bei Johannes XXII. die Kanonisierung des Thomas v. Aquin und gründete in Neapel den von ihrer Schwester Elisabeth geleiteten Dominikanerinnenkonvent S. Pietro a Castello sowie den Klarissenkonvent S. Maria Donna Regina, wo sie bestattet wurde.   S. Fodale

Bibliogr.: R. CAGGESE, Roberto d'Angiò e i suoi tempi, 1922–31 – E. G. LEONARD, La jeunesse de Jeanne I reine de Naples, comtesse de Provence, I, 1932.

11. M., Kgn. v. Ungarn 1382–95, * 1371, † 17. Mai 1395 bei Ofen; Tochter von →Ludwig I., Kg. v. Ungarn und Polen, und Elisabeth, Tochter Stjepans II., Banus v. Bosnien; ⚭ Ks. Siegmund (1385, vereinbart seit 1375). Am 17. Sept. 1382 Krönung zur Kgn. v. Ungarn (»regina«, angebl. auch Bezeichnung als »rex«) in Stuhlweißenburg (Durchsetzung der Erbfolge gegen das Wahlprinzip). Der poln. Adel löste die Personalunion mit Ungarn (Wahl von M.s Schwester →Hedwig zur Kgn., Krönung 1384). In Ungarn teilte sich M. bis zu ihrer Heirat die Herrschaft mit der Mutter. Eine Gruppe der ung. Barone erzwang am 31. Dez. 1385 M.s Verzicht und die Wahl und Krönung →Karls III. v. Anjou-Durazzo (21.K.) zum Kg., der am 7. Febr. 1386 in den Gemächern M.s und ihrer Mutter ermordet wurde. Am 25. Juli 1386 gerieten beide bei Djakovo in die Gefangenschaft der Anhänger Karls (Burg Gomnec, dann Festung Novigrad, hier Ermordung Elisabeths). M. wurde am 4. Juni 1387 befreit. Sie trat fortan in der Herrschaftsausübung hinter Siegmund zurück.

M. Kintzinger

Lit.: BLGS III, 95 – B. HÓMAN, Gli Angioini di Napoli in Ungheria, 1938 – J. M. BAK, Kgtm. und Stände in Ungarn im 14.–16. Jh., 1973 – E. MÁLYUSZ, Ks. Sigismund in Ungarn, 1387–1437, 1990.

12. M. v. Burgund, *Hzgn. v. →Burgund,* Erbtochter der burg. Niederlande, * 13. Febr. 1457 in Brüssel, † 27. März 1482 in Brügge an den Folgen eines Jagdunfalls, ⌂ ebd., Liebfrauenkirche (bedeutendes Grabmal); Tochter von →Karl dem Kühnen und Isabella v. Bourbon. M. hat zwar als Persönlichkeit keinen bedeutenden polit. Einfluß ausgeübt, doch verliehen die allg. Voraussetzungen ihren Regierungshandlungen dauerhafte Wirkungen. Über ihre Heirat mit →Maximilian I., dem Erben Ks. →Friedrichs III., wurde bereits in den Jahren 1463 und 1473 verhandelt, auf burg. Seite mit dem Ziel des Erwerbs eines Königstitels. Doch wurde dieser dem Hzg. bei den offiziellen Verlobungsfeierlichkeiten (6. März 1476) nicht garantiert. Zu diesem Zeitpunkt war klar geworden, daß M. wegen des Ausbleibens eines männl. Nachfolgers die alleinige Erbin der burg. Länder sein würde. Daher wurde die künftige Reintegration dieser weitgehend unabhängig gewordenen Territorien ins Reich beschlossen. Der Tod Karls (✠ 5. Jan. 1477 bei →Nancy) ließ die von seiner Zentralisierungspolitik unterdrückten burg. Fsm.er ohne Verteidigung. →Lüttich und →Geldern sowie →Luxemburg (dieses bis 1480) schüttelten die burg. Herrschaft ab; Kg. →Ludwig XI. v. Frankreich annektierte die Gft. →Artois und das Hzm. Burgund mit Truppenmacht. M. besaß angesichts der Revolten ihrer Untertanen kaum Mittel der Gegenwehr; die Generalstände, zur Anerkennung der Erbfolge M.s und zur Mobilisierung der Verteidigung einberufen, präsentierten stattdessen lange Beschwerdelisten *(doléances).* Die der Hzgn. und ihren Räten in dieser Situation abgerungenen Privilegien (für die gesamten Niederlande wie für einzelne Fsm.er) unterstreichen, auch wenn ihnen die Zentralgewalt bald wieder entgegenarbeitete, die Bedeutung eines von den →Ständen getragenen dezentralen Gegenmodells. Mit der am 26. März verkündeten Entscheidung M.s, Maximilian zu heiraten (Hochzeitsfeier 19. Aug. 1477 zu Gent), traten die burg. Niederlande in den Bannkreis des Hauses Habsburg, bei dem sie bis 1794 verblieben. M. hinterließ bei ihrem frühen Tod zwei Kinder, →Philipp den Schönen und →Margarete v. Österreich, die eine bedeutende polit. Rolle spielen sollten. W. P. Blockmans

Lit.: Y. CAZAUX, M. v. B., 1967 – Le privilège général et les privilèges régionaux de Marie de Bourgogne, hg. W. BLOCKMANS, 1985.

13. M. (Caterina) **Mancini,** sel., * um 1350 in Pisa, † 22. Jan. 1431 ebd. Mit etwa 25 Jahren zum zweitenmal verwitwet und nach dem Verlust auch der letzten ihrer acht Kinder wurde M., bestärkt von →Katharina v. Siena, der sie 1375 in Pisa begegnet war, Dominikanertertiarin. Nach Eintritt in den Konvent OP S. Croce (1376/78) bildete sie mit Clara Gambacorta und anderen Mitschwestern eine der dominikan. Observanz (Namensänderung bei Ordenseintritt!) folgende Gruppe. 1385 traten Clara, M. und sechs Gefährtinnen aufgrund päpstl. Erlaubnis in das von der Familie Gambacorta erbaute neue Kl. S. Domenico ein. Ihr geistl. Leiter war Domenico Pecciolo, auch mit G. →Dominici standen sie in Kontakt. Nach Clara Gambacortas Tod (1420) wurde M. die dritte Priorin der Kommunität, die sie bis zu ihrem Tode leitete. Kultbestätigung am 2. Aug. 1855. G. Barone

Q. und Lit.: Bibl. BS VIII, 1967, 626 – LThK ²VII, 42 – Le lettere di S. Caterina da Siena, ed. N. TOMMASEO, 1860, 450–452 – R. P. MORTIER, Hist. des Maîtres généraux... III, 1907, 584ff. – A. WALZ, Compendium Historiae O Praed, 1948, 117, 666.

14. M. v. Montpellier, Tochter des »dominus« Wilhelm VIII. v. →Montpellier und der Eudoxia Komnena, † 21. Jan. 1213 in Rom; ⊕ 1194 in 1. Ehe den Vizgf.en Raimund Gottfried (Barral) v. Marseille, als Witwe in 2. Ehe den Gf.en Bernhard IV. v. →Comminges, die 1204 wegen zu naher Verwandtschaft annulliert wurde, in 3. Ehe 1204 Kg. →Peter II. v. Aragón. M. hoffte, gegen ihre illegitimen Halbgeschwister die Stadtherrschaft Montpellier auf diese Weise zu sichern, mußte aber 1205 nach der Geburt ihrer Tochter Sancha ihrem Gatten die Stadt übertragen, der sie dem Gf.en v. →Toulouse als Mitgift seiner Tochter versprach. Kaum war Sancha gestorben, strengte Peter bei Innozenz III. 1206 eine Ehenichtigkeitsklage an, deren Ziel er nicht erreichte. Erbe der Stadt Montpellier wurde der unter ungewöhnl. Umständen gezeugte Sohn Jakob I. v. Aragón (* 1. Febr. 1207). O. Engels

Lit.: J. VINCKE, Der Eheprozeß Peters II. v. Aragón, GAKGS 5, 1935 – O. ENGELS, Der Vertrag v. Corbeil (1258), ebd. 19, 1962, 125f. – J. FRIED, Der päpstl. Schutz für Laienfs.en, 1980, 179–184.

15. M. v. Oignies, * 1177 in Nivelles, † 23. Juni 1213 in Oignies, aus einer wohlhabenden Brabanter Familie. Mit 14 Jahren verheiratet, veranlaßte sie ihren Mann Johannes zu ehel. Enthaltsamkeit und zum Verkauf des Besitzes zugunsten der Armen. Einige Jahre lang pflegte das Paar die Aussätzigen in Willambroux. 1207 zog sich M. mit Einverständnis ihres Mannes in eine Einsiedelei bei dem Priorat v. Oignies zurück. →Jakob v. Vitry wurde unter ihrem Einfluß Augustinerchorherr und verfaßte zwei Jahre nach M.s Tod ihre in spiritueller Hinsicht bedeutsame, aber nur wenige biograph. Daten liefernde Vita. Jakob preist M.s Askese, Gebetseifer, ständige Meditation über die Passion Christi, ihre Tränengabe und langen Ekstasen, will aber offensichtl. auch die Aufmerksamkeit der Amtskirche auf eine neue Form religiösen Lebens lenken, das Beginentum, das gleichzeitig durch hohe Spiritualität und starkes karitatives Engagement gekennzeichnet ist. Ohne je kanonisiert zu werden, genoß M. stets große Verehrung. G. Barone

Lit.: Bibl. AA.SS. Iunii IV, 1707, 636–666 (Suppl. von Thomas v. Cantimpré, ebd., 666–677) – BS VIII, 1018–1025 – LThK VII², 42 – Wb. der Mystik, hg. P. DINZELBACHER, 1989, 346f. – Hist. des saints et de la sainteté chrétienne VI, 1986, 210–214 [A. F. LABIE].

Mariae Entschlafung → Koimesis

Mariae Heimsuchung → Andachtsbild

Mariae Verkündigung → Andachtsbild, →Maria

Mariager, dän. →Birgittiner-Abtei am M.-Fjord, n. von Randers, 1446 nach Aufhebung der OSB-Kl. Glenstrup (»Nørrekl.«) und Randers mit deren Gutsbesitz errichtet, vom Kl. →Maribo aus besiedelt und vom jüt. Adel und von Kg. →Christian I. ausgestattet, Zentrum spätma. Passionsfrömmigkeit (Hl. Grab). Um 1480 wurde M. ausgebaut, mit got. Kirche und Anlage eines Doppelkonvents. 1536 wurde die Aufnahme neuer Mitglieder verboten, der Konvent erlosch um 1590. Von der Kl.kirche blieben drei westl. Joche und der Westchor erhalten. T. Nyberg

Q.: Registratur over Breve i M. Klosters Arkiv 1584–1602, De ældste danske Arkivregistraturer 5, I, 1910, 643–761 – *Lit.:* P. S. CARLSEN, M. kloster, 1983 – K. R. JØRGENSEN, M.klosters oprettelse og etablering (til ca. 1490) (Birgitta, hendes værk og hendes klostre i Norden, hg. T. NYBERG, 1991), 231–279 – P. S. CARLSEN, Lægterordningerne i den birgittinske klosterkirke – et udviklingsforløb (ebd.), 143–165.

Maria Hebraea (M. Judaica), auch als M. Prophetissa mit Miriam, der 'Schwester Moses', gleichgesetzt. Seit den alexandrin. Alchimisten, u. a. →Zosimos (4. Jh.), als – neben Hermes und Demokrit – legendäre Mitbegründerin der Alchemie in neuplaton.-gnost. Kontext genannt. Geräte zur gleichbleibenden Erwärmung werden mit diesem Namen verbunden (→Alchemie III, 2): Wasserbad (balneum Mariae), Aschebad (thermospodium), 'Mistbeet'-Gärungswärme (venter equinum) sowie Metall-Wärmeplatten (kerotakis). G. Jüttner

Lit.: Ps. M. H. Practica in artem alchemicam (Artis auriferae..., Basel 1572) [dt. Frankfurt 1604] – THORNDIKE–H. BIEDERMANN, Handlex. der mag. Künste, 1968.

Maria Laach, Kl. OSB (Rheinland-Pfalz, Reg.-Bez. Koblenz), alte Erzdiöz. Trier an der Grenze zum Ebm. Köln. 1093 gründete der 1085 nach rein amtsrechtl. Vorgang zum Nachfolger der →Ezzonen bestimmte, begüterte rhein. Pfgf. Heinrich v. Laach (Luxemburger) zusammen mit seiner Frau Adelheid v. Orlamünde das Institut als Hauskl. und Familiengrablege bei seiner Burg Laach am Laacher See. Die ursprgl. Gründungsurk. ist verloren, die überlieferte eine spätere Fälschung. Die bis in jüngste Zeit angenommene erste Besiedlung durch Mönche aus St. Maximin in Trier beruht wohl auf einem Fehler →Butzbachs. Der Bau der Kirche geriet mit Heinrichs und Adelheids Tod 1095 und 1100 ins Stocken. Siegfried v. Ballenstedt, Adelheids Sohn aus erster Ehe, wiewohl Trierer Hochvogt und Nachfolger als Pfgf., führte erst seit ca. 1112 den Ausbau fort. Die Idee des Hauskl. verfolgte er nicht weiter, sondern unterstellte es als Priorat der auf seinem Besitz liegenden brabant. Abtei →Affligem und damit dem Einfluß cluniazens. Consuetudines. Erst 1135 erhielt es wieder einen eigenen Abt, der vermutl. zunächst dem Abt v. Affligem unterstellt blieb. Die M.L. er Buchproduktion des 12. Jh. weist starken brabant. Einfluß auf. 1131 tradierte Siegfrieds Sohn, Pfgf. Wilhelm, das Kl. dem Ebf. v. Köln, was in der Folge Anlaß bot zu Auseinandersetzungen zw. diesem, dem Trierer Diözesanbf. und den mächtigen Gf. en v. Are (wohl bis ca. 1210 Vögte des Kl.). 1156 Weihe der bis heute beinahe unverändert erhaltenen Kl. kirche (♂ St. Maria und Nikolaus) durch den Trierer Ebf. Hillin. Unter Abt Theoderich v. Lehmen erfolgte in der 2. Hälfte des 13. Jh. ein wirtschaftl. Aufschwung. 1469 bat der Abt v. M.L. den Abt Adam Mayer v. Groß St. Martin in Köln um Einführung der Bursfelder Reform in seinem Kl.; deren Durchführung scheiterte aber zunächst am Widerstand der Konventualen. Erst auf dem Erfurter Generalkapitel v. 1474 wurde das Kl. in die →Bursfelder Kongregation aufgenommen. Zu Beginn des 16. Jh. war M.L. mit dem Kreis um Butzbach eines der Zentren des rhein. Klosterhumanismus. J. Simon

Lit.: DIP V, 960–963 – J. C. L. GIESELER, Symbolae ad historiam monasterii Lacensis, 1826 – J. WEGELER, Das Kl. Laach. Gesch. und UB, 1854 – DERS., Kalendarium defunctorum monasterii beatae Mariae virginis in Lacu, AHVN 26/27, 1874, 268–306 – A. SCHIPPERS, Die Stifterdenkmäler der Abteikirche M.L. im 13. Jh., 1921 – ST. HILPISCH, Die Einführung der Bursfelder Reform in M.L., SMGB NF 13, 1926, 92–107 – P. CLEMEN, Die Kunstdenkmäler der Rheinprov. 7. Abt.: Die Kunstdenkmäler des Kreises Mayen, hg. J. BUSLEY–H. NEU, 1941, 282–336 [ältere Lit.] – H. E. KUBACH–A. VERBEEK, Roman. Baukunst an Rhein und Maas, II, 1976, 743–754 – B. RESMINI, Anfänge und Frühgesch. des Kl. Laach in den älteren Urkk., Jb. für westdt. Landesgesch. 11, 1985, 1–54 – G. BINDING – M. UNTERMANN, Ordensbaukunst in Deutschland, 1985, 145f.

Mariale, literarhist. Sammelbegriff für mariolog. Texte – Legenden, Wunderberichte, Traktate, Predigten, Hymnen und Gebete – kompilator. Ursprungs, die den »Laudes Mariae« dienen. Vinzenz v. Beauvais bezeichnete im Speculum hist. eine umfangreiche mariolog. Wunderslg. als M. magnum (VII, 81–113b). – Das M. des Kl. Reichenau (Ende 10. Jh.) überträgt lit. Zeugnisse der ostkirchl., byz. Marienfrömmigkeit der lat. karol. Theol. und Kirche.

Das M. v. St-Evroul (2. Hälfte des 12. Jh., ursprgl. zu einer OSB Abtei gehörend) fügt zu Texten der Hl. Schrift und Liturgie solche zeitgenöss. Theologen (Guigo v. Kastell, Bernhard v. Clairvaux, Hugo und Richard v. St. Victor). Das M. v. Lissabon (12./13. Jh.) enthält neben Wunderberichten des Hugo Farsit zahlreiche Gedichte auf Maria (u.a. Bernhard v. Morlas, Adam v. St-Victor). Das hochma. lit. Genus des M. sind die »Laudes«; der Lobpreis der Gnaden und Tugenden Marias. Vgl. Wilhelm v. Malmesbury OSB, »De laudibus et miraculis s. Mariae«, oder des Bernhard v. Clairvaux Homilien »Super missus est« und die Predigten des Amadeus v. Lausanne. Die Slg. von 160 alphabet. geordneten Marienpredigten des Jacobus de Voragine OP wurden im 15. und 16. Jh. als M. veröffentlicht. Im SpätMA (und v. a. in der Frühdr.) wird M. als Buchtitel gebräuchl. (Bernardinus de Bustis OM). – Das bekannteste M. des 13. Jh. ist die Ave Maria-Erklärung des Ps. Albertus Magnus 'Laus Virginis' (als M. super 'Missus est' in den Opera omnia Alberti überl. und ed. P. JAMMY, XX, 1651, 1–156, A. E. BORGNET XXXVII, 1898, 1–362). Diese der prakt. Frömmigkeit dienende Schrift entstand Mitte des 13. Jh. (älteste Überl. Hohenfurt, Österr.) und verwertete neben den Schriften Alberts den Traktat »De laudibus b. Mariae Virg.« des Richard v. St. Laurent (um 1239/45 entstanden). Unter dem Namen Alberts hatte das M. großen Einfluß (z. B. auf Engelbert v. Admonts »Tract. de gratiis et virtutibus BMV.«). R. Hetzler

Ed. und Lit.: LThK ²VII, 46f. – A. FRIES, Die unter dem Namen des Albertus M. überlieferten Schriften, BGPhThMA 37.4, 1954 – B. KOROSAK, Mariologia S. Alberti M. eiusque coaequalium, 1954 – B. KOLPING, ZKTh 83, 1961, 190–207 – A. PEDROSA, EphMar 11, 1961, 5–63 – H. BARRÉ, L'apport marial de l'Orient à l'Occident de s. Ambroise à s. Anselme, 1962 – DERS., EphMar 16, 1966, 265–288 – RevBén 77, 1967, 375–399 – A. A. NASCIMENTO, Didaskalia 9, 1979, 339–411.

Maria Magdalena, hl. [1] *Evangel. und patrist. Voraussetzungen:* M. M. ist die Hl. des Evangeliums, aus der Christus sieben Teufel austrieb, die mit anderen Frauen bei dessen Tod und Begräbnis anwesend war, ihn auferstanden sah und den Jüngern verkündete. Ob M.M. mit Maria v. Bethanien, der Schwester Marthas und Lazarus', und mit der namenlosen Sünderin ident. ist, die dem Herrn in Galiläa die Füße salbte zum Zeichen ihrer Bekehrung und Liebe, ist eine unter den Exegeten umstrittene Frage. Im Vergleich zu den Synoptikern finden sich anscheinend bei Joh die ersten Ansätze zu ihrer Verschmelzung. Wie dem auch sei, wird sie in der oriental. Vätertradition, so wie diese sich in Kult und Homiletik ausdrückt, von den anderen Frauen unterschieden, in der westl. aber, mindestens seit Gregor d. Gr., als eine und dieselbe mit ihnen identifiziert. Von dieser Überzeugung leben im Abendland Liturgie, Homiletik, hagiograph. Legende, Volksfrömmigkeit und Kunst bis zur Zeit der Vorreformation, wo Lefèvre d'Etaples zum ersten Mal wieder die Frage der drei Frauen aufwirft.

[2] *Kultanzeichen im FrühMA:* Die frühesten Anzeichen eines Kultes der Hl. n finden sich im O in Ephesos, wo nach dem Bericht Gregors v. Tours M.M. in einem Friedhof vor der Grotte der Siebenschläfer begraben lag und von wo sie Ks. Leo VI. nach Konstantinopel überführen ließ. Reliquien von ihr sind vor kurzem auch im W zum Vorschein gekommen, auf einem Pergamentstreifen von Chelles (Frankreich) aus dem 8. Jh. vermerkt. Ihr Jahrestag (22. Juli) wurde von Beda Venerabilis aus den byz. Synaxarien in sein Martyrologium übernommen, und Ado v. Vienne gab ihm die im MA klass. Formulierung. Zur Feier des Tages wurden die Homilien Gregors d. Gr.

gelesen und von Odo v. Cluny eigens eine Predigt verfaßt (in den Lektionarien allg. verbreitet). Die hagiograph. M.M.-Lit. hat sich im O wenig, im W jedoch sehr stark entwickelt. Das erste lat. Leben der Hl.n enstand Ende des 9.Jh. in Süditalien (sog. Vita eremitica, BHL 5454–56). Darin wird kurz erzählt, wie die Hl. nach Christi Himmelfahrt 30 Jahre in einer Wüste Buße tat und schließlich von einem anderen Eremiten die letzte Kommunion empfing, starb und begraben wurde. Aus der gleichen Zeit sind die ersten Meßformulare und ein wenig später die ersten Gebete für das Offizium erhalten.

[3] *Das Pilgerzentrum von Vézelay und die Hochblüte des M.M.-Kultes:* Obschon es Anzeichen gibt, daß in Vézelay (Burgund) M.M.-Reliquien schon Ende des 9.Jh. vorhanden waren, setzte dort die Hochblüte ihres Kultes erst 1037 ein. Unter dem energ. Impuls des Vézelayer Abtes Gaufridus (1037–51) wurde die lokale Kl.reform aufs engste mit der Entwicklung des M.M.-Kultes verbunden. Das Heiligtum wurde zum Ausgangspunkt einer nach Compostela führenden Pilgerstraße und zur Tribüne, wo der 2. und 3. Kreuzzug gepredigt wurden. Die große, noch bestehende Basilika wurde auch in dieser Zeit erbaut. Desgleichen entstand der Vézelayer hagiograph. Zyklus, der, im Zusammenhang mit der Predigt Odos v. Cluny (BHL 5439), in der Vita apostolica (BHL 5443) die legendar. Darstellung der ersten Christianisierung der Provence durch M.M. sowie den zweiten Translationsbericht ihrer Reliquien von der Provence nach Vézelay (BHL 5489–92) und das Mirakelbuch (BHL 5459–87, 5496–97) enthält und im ganzen Abendland Verbreitung fand. Im 12. und 13.Jh. kam es zu Überarbeitungen: BHL 5450 (in Dtl. entstandene Zusammenfass. von BHL 5439 und 5443); BHL 5508, fälschl. Hrabanus Maurus zugeschrieben, ist in Zisterzienserkreisen NOFrankreichs zw. 1153 und 1178 entstanden und faßt sämtl. Material in einem einheitl. Bild zusammen, das der Spiritualität Bernhards v. Clairvaux verpflichtet ist; BHL 5457–58 (Marseille Ende des 12.Jh.) ist eine Erweiterung der Vita apostolica mit romanhafter, aus dem Apolloniusroman geschöpfter Auferstehungsgesch. und Erzählung der Verkündigung des Evangeliums in Marseille durch M.M. Grund- und überarbeitete Formen der M.M.-Legende hat man seit dem 13.Jh. in den Kurzgendarien von Jean de Mailly, Bartholomäus v. Trient und bes. in der →Legenda aurea verwertet.

[4] *Die provenzalische Konkurrenz in St-Maximin:* 1279–80 veranstaltete der zukünftige Kg. v. Neapel, Karl v. Anjou, als Gf. der Provence eine Auffindung der M.M.-Reliquien in einer frühchr. Memoria (Totenkapelle) von St-Maximin. Diese Begebenheit gab dem Pilgerheiligtum von Vézelay den Todesstoß. Aufgrund der päpstl. Anerkennung (1295) des in St-Maximin Geschehenen ließ Karl über der Memoria eine got. Basilika bauen und gründete zu ihrem Dienst einen Konvent OP. Die Predigerbrüder versäumten es nicht, der M.M.-Legende eine ihnen günstige Prägung zu geben und für die Magdalenenkirche, an der zwei Jahrhunderte gebaut wurde, von den Avignon-Päpsten eine internat. Stellung als Pilgerziel zu erwirken. Der lit. Niederschlag ihrer Propaganda ist großteils noch unveröffentlicht (Urkk. und Berichte der Auffindung [BHL 5503–07, 5509], eine Kurzlegende [BHL 9040], Mirakelbuch [BHL 5510]). Auch wurden neue Meß- und Offiziumstexte verfaßt, die z.T. publiziert sind. Jedoch scheint diese Lit. auf den Widerstand des an die Vézelay-Texte gewöhnten Publikums gestoßen zu sein. V. Saxer

Bibliogr.: V. Saxer, Bibliogr. de ste. M.M. 1945–90, 1991 – *Lit.:* E.-M. Faillon, Monuments inéd. de l'apostolat de s.M.M., 2 Bde, 1848, 1865² – L. Duchesne, La légende de s. M.M., AM 5, 1893 – Fastes épiscop. de l'ancienne Gaule I, 1907, 321–359 - H. Hansel, Die M.M.-Legende, Greifswalder Beitr. zur Lit. und Stilforsch. 16,1, 1937 – Fr. Salet, La Madeleine de Vézelay. Ét. iconogr., 1948 – V. Saxer, Le culte de M.M. en Occident des origines à la fin du MA, CahArch 3, 1959 – Ders., Le dossier vézelien de M.M., Subhag 57, 1975 – U. Smend, Die Kirche Ste-M.M. und der Dominikanerkonvent in St-Maximin (Provence), Europ. Hochschulschr., XXVIII/102, 1990.

[5] *Ikonographie:* Vor dem 12.Jh. beschränken sich die Darstellungen der Hl. auf ihre Einbeziehung in die entsprechenden Szenen aus dem Leben Christi. Erst seit dieser Zeit begann unter der Führung Frankreichs die Entwicklung einer eigenen Typik und, hauptsächl. auf dem Gebiet der Glasmalerei, von speziell auf ihr Leben bezogenen Zyklen, zunächst aus den christolog. Szenen neu zusammengestellt, seit dem frühen 13.Jh. auch um legendäre, fast ausschließl. an die frz. Version gebundene Szenen erweitert (Glasmalerei; Chartres, s. Seitenschiff 2.Joch von W; um 1200). In diesen frühen Beispielen ist M.M. in ein langes Gewand, häufig zusätzl. auch in einen Mantel gekleidet und hat als Hauptattribut ein Salbgefäß. Ebenfalls noch im 13.Jh. entstand in Italien, das im 14.Jh. die führende Rolle übernahm, auf der Grundlage der it. Legenden der rasch sich nach Deutschland, Spanien und Frankreich verbreitende Typus der haarummantelten Büßerin (Tafelbild des Magdalenenmeisters, Florenz, Accad.; um 1280). Beginnend mit den dt. Flügelaltären wurde dieser Typus seit dem 15.Jh. von den Darstellungsformen der mit einem häufig nur die Brüste und die Knie freilassenden Haarfell bekleideten Hl.n (T. Riemenschneider und Werkstatt, Münnerstädter Altar; Münnerstadt, Magdalenenkirche/München, Bayer. Nat.mus./ Berlin, Dt. Museen; 1490/92), seit dem Jahrhundertende auch der halbnackten bzw. nackten Hl.n abgelöst (A. Dürer, Holzstich B 121; Berlin, Kupferstichkabinett; 1503). Parallel dazu wurde die Erhebungsszene zur wichtigsten Szene, die für die gesamte Vita stehen konnte.

U. Liebl

Lit.: M. Janssen, M.M. in der abendländ. Kunst [Diss. Freiburg i. Br. 1961] – M. La Row, The Iconography of Mary Magdalen [Diss. New York 1982] – Ausst. Kat. La Maddalena tra sacro e profano da Giotto a De Chirico, hg. M. Mosco, 1986 – Ausst.Kat. Marie Madeleine: Figure inspiratrice dans la mystique, les arts et les lettres, hg. E. Duperray, 1988.

Mariano Daniello di Jacopo, gen. Taccola, getauft 4. Febr. 1382, † um 1453/58, aus Siena, machte sich als Zivil- und Kriegsingenieur durch zwei umfangreiche Slg.en techn. Zeichnungen mit kurzen Erläuterungen »De ingeneis« und »De rebus militaribus« (auch »De machinis« gen.) einen Namen als 'Archimedes v. Siena'. Die Slg.en hatten schulbildende Wirkung und waren (mindestens z. T.) Francesco di Giorgio Martini und Leonardo da Vinci bekannt. Er tauschte sich mit Filippo →Brunelleschi aus und empfahl sich Ks. Sigmund als Ingenieur, Chronist und Buchillustrator. Neben ma. Kriegstechnik beschreibt er auch die damals neuen Feuerwaffen. Im zivilen Bereich tritt bei ihm erstmals die Kurbelwelle (→Kurbel) mit Pleuelstange als Antriebselement auf.   E. Knobloch

Ed.: Corpus der it. Zeichnungen 1300–1450, II/4, Kat. 717–719, M.T., hg. B. Degenhart u. a., 1982 – De ingeneis, 2 Bde, hg. G. Scaglia u. a., 1984 – De rebus militaribus (De machinis, 1449), hg. E. Knobloch, 1984 [mit dt. Übers.] – *Lit.:* DSB XIII, 233f. – G. Scaglia, An Allegorical Portrait of Emperor Sigismund by M.T. of Siena, JWarburg 31, 1968, 428–434 – E. Knobloch, M. di J. detto T.'s »De machinis« …, Technikgesch. 48, 1981, 1–27.

Marianos. 1. M. Argyros, Stratege v. Kalabria und Longobardia, * erstes Viertel des 10.Jh., † 16. Aug. 963 in Konstantinopel, aus der Familie der →Argyroi. M. wurde Mönch, kehrte aber bald wieder ins weltl. Leben zurück.

Ende 944 nahm er an einer Revolte gegen Ks. Romanos I. teil und wurde nach dessen Verbannung von Konstantin VII. zum *komes tou stablou* ernannt. 955–ca. 958 Stratege der beiden südit. Themen Kalabria und Longobardia. Er schlug einen Aufstand der Neapolitaner nieder und schloß nach erfolglosen Kämpfen gegen die Araber in Kalabrien einen Waffenstillstand mit dem fāṭimid. Kalifen al-Mu-ᶜizz. Unter Romanos II. (959–963) übernahm er den Oberbefehl über die byz. Truppen in Makedonien. Nach dem Tode des Ks.s schloß er sich der Partei des *parakoimomenos* Joseph Bringas an, der die Machtergreifung Nikephoros' II. zu verhindern suchte. Er starb bei den Kämpfen um die Thronbesteigung Nikephoros'II.   V. v. Falkenhausen

Lit.:J.-F. Vannier, Familles byz. Les Argyroi (XIᵉ–XIIᵉ s.), Byzantina 1, 1975, 25–27, 30–32.

2. M. Scholastikos →Anthologie

Marianus Scot(t)us (ir. Moél Brigte 'Calvus Brigitae', Verehrer der hl. →Brigida v. Kildare), lat. Schriftsteller aus →Irland, * 1028, † 1082 in Mainz. Die stammesmäßig-genealog. Zuordnung des M. bleibt unsicher, doch dürfte er aus der Nordhälfte Irlands stammen. 1052 trat M. ins Kl. Mag Bile (Moville, Gft. Down) ein, dem Abt Tigernach 'Bairchech' († 1061; aus Mourne [?], Gft. Down) vorstand. 1056 unternahm M. eine Bußwallfahrt, die ihm Abt Tigernach nach einem Streit auferlegt hatte. M. kam in Köln am 1. Aug. 1056 an und wurde hier Mönch in Groß St. Martin (seit 975 ein »Schottenkl. «). Als Abt →Siegfried v. Fulda um Ostern 1058 die Abtei visitierte, reiste M. (aus unbekannten Gründen) mit ihm nach Fulda zurück und lebte dort als »inclusus«. Am 13. März 1059 wurde er in St. Kilian zu Würzburg zum Priester geweiht. Am 3. April 1069 in Mainz, auf dessen Erzsitz Siegfried berufen worden war, angekommen, erfolgte seine Einschließung am 10. Juli dieses Jahres. M. verbrachte in Mainz seine letzten dreizehn Lebensjahre.

Das bekannteste Werk des M. ist seine Weltchronik (in drei Büchern), ein frühes Beispiel dieser Gattung, die im 12. Jh. größte Beliebtheit erlangen sollte. In der Abschrift, die sich in der Vaticana (Pal. Lat. ms. 830) befindet, nennt M. die wichtigsten Daten der eigenen Biographie; eigenhändig ist zu 1098 (= A. D. 1076) ein ir. →Akrostichon auf die Worte »Moél Brigte clausenáir romtiníol« (»M. der Inkluse kompilierte mich«) beigefügt. Die Chronik hat ihren Ausgangspunkt in den komputist. Studien (→Komputistik) des M., die ihn zu einer neuen Bestimmung des Passionsdatums, etwa 28 Jahre von der üblichen röm. Zeitrechnung abweichend, führten. Mehrere seiner komputist. Q. hat M. als Praefatio der Chronik beigefügt, gemeinsam mit zwei vollen dionysian. (→Dionysius Exiguus) Osterzyklen (A. D. 1–532, 533–1004), wobei die hist. Ereignisse als Marginalnotizen zu jedem Jahr erscheinen. Die eigtl. »Chronica clara« ist in 22 Kapitel gegliedert; in Buch 1 und 2 erläutert der Autor, wie es zu seiner revidierten Passionszählung gelangt ist: M.' Berechnung beruht auf drei »Emendationen« der dionysian. Zeitrechnung, für die er nach eigenen Angaben Konsularlisten, eine Papstliste und Dekretalen heranzog. M. fügte diesen Materialien eine ir. Königsliste bei, die die Herrscher der Nordhälfte Irlands ('Leth Cuinn') aufführt. Die vatikan. Hs. der Chronik enthält auch bemerkenswerte pseudo-hist. und apokryphe Texte in ir. Sprache. Die Chronik ist von hohem Q.wert für die Gesch. der →Schottenkl. im Deutschland des 10. und 11. Jh. sowie für die Zeit Gregors VII. und Heinrichs IV.; sie war ein Vorbild für bedeutende Vertreter einer gelehrten Chronistik wie →Sigebert v. Gembloux und →»Florentius« v. Worcester.

D. Ó Cróinín

Ed. und *Lit.*: G. Waitz, MGH SS 5, 1884, 481–564 (nur Buch 3) – Manitius, II, 388–394 – B. Mac Carthy, The Codex Palatino-Vaticanus No. 830, 1892, 3–36 – J. F. Kenney, Sources for the Early Hist. of Ireland, 1929, 614–616 – A. D. v. d. Brincken, M.S., unter bes. Berücksichtigung der nicht veröff. Teile seiner Chronik, DA 17, 1961, 191ff. – Wattenbach-Holtzmann-Schmale II, bes. 446–449 – A. D. v. d. Brincken, M.S. als Universalhistoriker iuxta veritatem Evangelii (Die Iren und Europa im früheren MA, hg. H. Löwe, 2, 1982), 1000–1007.

Maria Saal, ehem. Propstei n. Klagenfurt, →Kärnten. Der von Bf. →Virgil v. Salzburg nach Karantanien entsandte Chorbf. Modestus weihte hier um 760 eine Marienkirche, die einen Schwerpunkt der Karantanenmission bildete. M.S. war aber nie »Sitz« eines Chorbm.s. Kg. Ludwig d. Dt. schenkte 860 die Marienkirche »bei der Karnburg« (ad Carantanam) an das Ebm. Salzburg. 927 hielten in M.S. Ebf. Odalbert v. Salzburg, Hzg. →Berthold (3. B.), der karantan. Chorbf. Gotabert und zahlreiche Vertreter des Hochadels einen Rechtstag ab. Der Zoll, nach dem das umgebende →Zollfeld benannt ist, wurde im 12. Jh. zu solium ('Thron') latinisiert und auf den nahegelegenen Hzg.sstuhl bezogen. Danach wurde die Marienkirche seit 1167 ad Solium und später M.S. genannt. Im Rahmen der Kärntner Hzg.seinsetzung fanden hier das Hochamt und das feierl. Mahl statt. Der vor 1116 gegr. Propstei M.S. verlieh Ks. Friedrich III. einen Burgfried. Der Ks. trat das Landgericht M.S., das seit 1280 von Salzburg an die Habsburger verlehnt war, 1458 an Salzburg ab. Die befestigte Kirche wurde 1480 unter der Leitung des Kanonikers Jakob Radhaubt gegen die Ungarn verteidigt und hielt auch türk. Angriffen stand.

H. Dopsch

Lit.: R. Egger, Karnburg und M.S., Carinthia I/138, 1948, 198ff. – F. Zaisberger, Das Kapitel von M.S. in der 2. Hälfte des 15. Jh., Carinthia I/162, 1972, 181f. – H. Dopsch, Salzburg und der Südosten, Südostdt. Archiv 13, 1978, 10f. – H. Wolfram, Conversio Bagoariorum et Carantanorum, 1979 – R. Noll, Das Modestus-Grab..., AÖAW 116, 1979, 268–275.

Maribo, dän. →Birgittiner-Abtei auf Lolland, Bm. Odense, seit 1413 – auf Initiative von Kgn. Margarete – von Kg. Erich VII. und Kgn. Philippa gestiftet, 1416 mit Nonnen aus →Vadstena besiedelt. M. erhielt 1417 die Oberhoheit über die neugegründete Stadt M. und 1418 die päpstl. Approbation. Die Abtei sandte Nonnen nach →Munkeliv, Gnadenberg b. Nürnberg und →Mariager. Sie wurde nach ihrer Aufhebung ein adliges Frauenstift (1536–1621). Das Kirchenschiff wurde in zwei Phasen zu ungewöhnl. Länge ausgebaut.

T. Nyberg

Q.: Registratur over M. Klosters Breve, De ældste danske Archivregistratur 3, 1865, 251–312 – *Lit.*: T. Nyberg, Birgittin. Kl.gründungen des MA, 1965, 77–81 – J. E. Olesen, Kongemagt, birgittinere og Kalmarunion (Birgitta, hendes værk og hendes klostre i Norden, hg. T. Nyberg, 1991), 169–219 – T. Nyberg, Die Birgittinerstädte z. Zt. Kg. Erichs (Erich der Pommer und die Städte, hg. Th. Riis, 1992).

Maribor → Marburg

Marica, Schlacht an der, unweit von Tzernomianon (Çirmen, Črnomen), bei der in der Nacht des 26. Sept. 1371 das Heer des Kg.s v. →Serbien, →Vukašin, und seines Bruders, des Despoten →Jovan Uglješa, völlig geschlagen wurde. Lala Šahin, Heerführer →Murāds I., hatte das serb. Lager überfallen und so die seit Monaten vorbereitete Offensive der christl. Mächte unterbrochen. Der Kg. und der Despot waren unter den Gefallenen des über 15 000 Mann starken serb. Heeres. Uglješas Territorium wurde von den Byzantinern zurückerobert, der osman. Druck verstärkte sich. Der byz. Ks. wie auch die serb. und bulg. Territorialherren wurden Vasallen des Emirs.

S. Ćirković

Lit.: S. NOVAKOVIĆ, Boj na Marici, Ratnik 1, 1893 – G. ŠKRIVANIĆ, Bitka na Marici, Vojno-istoriski glasnik 3, 1963 – G. OSTROGORSKI, Serska oblast posle Dušanove smrti, 1965.

Maricourt, Pierre de → Petrus Peregrinus

Marie (s.a. Maria). **1. M. de Champagne**, *Gfn. v.* →*Champagne*, * 1145, † März 1198, ▭ Meaux, Kathedrale; ältere Tochter Kg. Ludwigs VII. v. Frankreich (daher auch: M. de France) und der →Eleonore 'v. Aquitanien'. 1153 und erneut 1159 dem Gf. en v. Champagne, →Heinrich I. ('le Libéral'), versprochen, ⚭ 1164, verwitwet 1181. Der Gf. v. →Flandern, →Philipp v. Elsaß, warb um sie 1183. – M. regierte 1181–87 die Gft. →Troyes während der Minderjährigkeit ihres Sohnes →Heinrich II., dem sie vergebl. die Heirat mit einer Tochter des Gf. en v. →Hennegau anriet. Nach Heinrichs II. Aufbruch zum Kreuzzug übte M. die Regentschaft aus und sandte wiederholt reiche Subsidien in den Osten. Nachdem Heinrich II. als Regent des Kgr. es →Jerusalem 1197 in Akkon verstorben war, führte sie noch für ihren zweiten, minderjährigen Sohn →Tedbald III. die Regentschaft bis zu ihrem eigenen Tod. Es sind 216 im Namen Heinrichs II. und M.s ausgestellte Urkk. erhalten. M. ist Stifterin der Kollegiatkirche Notre-Dame du Val zu →Provins. Der Trouvère →Gace Brulé nennt sie in einem ihr gewidmeten Gedicht 'Gfn. v. Brie', einer Landschaft, in der ihr Wittum lag.

Als Gönnerin der höf. Dichtung (→Frz. Literatur, II) spielte M. eine bedeutende Rolle. Zu nennen ist v. a. →Chrétien de Troyes, dessen großen Roman »Li chevalier de la charrete« (→Lancelot, I) die Gfn. in Auftrag gab. Gemeinsam mit ihrer Schwester Alix, Gfn. v. Blois, förderte sie auch →Gautier d'Arras. →Andreas Capellanus schreibt ihr in »De amore« den Urteilsspruch einer 'cour d'Amour' (→Minnehof) von 1174 zu, in dem die Gfn. die Unvereinbarkeit von Liebe und Ehe verkündet hatte.

M. Bur

Lit.: H. D'ARBOIS DE JUBAINVILLE, Hist. des ducs et des comtes de Champagne, IV, 1, 1864 – R. LEJEUNE, Rôle littéraire de la famille d'Aliénor d'Aquitaine, CCMéd, 1958, 3, 324–328 – J. BENTON, The court of Champagne as a literary center, Speculum 36, 1961, 551–591 – A. FOURRIER, Retour au terminus (Mél. J. FRAPPIER, 1970, I), 299–311 – J. H. MCCASH, M. de Ch. and Eleanor d'Aquitaine, a Relationship Reexamined, Speculum 54, 1979, 698–711 – P. STIRNEMANN, Quelques bibl. princières et la production hors scriptorium au XIIe s., Bull. arch., NS, 17–18, 1984, 7–38 – J. H. MCCASH, M. de Ch., »cuer d'ome et cors de fame«: aspects of feminism and misogyny in the 12th cent. (The Spirit of the Court, hg. G. S. BURGESS–R. A. TAYLOR, 1985), 234–245 – E. R. LABANDE, Les filles d'Aliénor d'Aquitaine, étude comparative, CCMéd, 1986, 1–2, 113f.

2. M. de France, älteste bekannte und schon bei den Zeitgenossen berühmte frz. Dichterin (* um 1130–um 1200), über deren Person und Leben kaum etwas bekannt ist. Möglicherweise ist sie mit der illegitimen Tochter Gottfrieds IV. v. Anjou, der Halbschwester Heinrichs II. Plantagenêt, späterer Äbt. v. Shaftesbury, identisch. Sicher stammte die in England lebende »Maria« aus dem Kgr. Frankreich bzw. der »Ile de France«. Die hohe Abkunft, die Verwandtschaft mit dem engl. Kg., die Stellung als Äbt. könnte die ungewöhnl. Haltung dieser Dichterin erklären helfen: sowohl ihre umfassende Bildung als auch ihr Insistieren auf Verfasserschaft und Abgrenzung von Dichterkollegen (Prolog »Lais«) sowie ihr Bruch mit Konventionen – sie verfaßte als Frau Liebeserzählungen und führte mit ihren (narrativen) »Lais« eine neue lit. Form und Schreibweise ein. Die Autorschaft der Lai-Autorin (die nicht einhellig akzeptiert wird) läßt sich u. a. an der eigenen Namensnennung in drei Werken verankern: den »Lais« (Prolog Guigemar), dem »Esope« (Epilog) und dem »L'Espurgatoire de Saint Patrice« (v. 2297). M. s Ruhm gründet sich v. a. auf ihre 12 »Lais« (um 1160–70), kürzere Erzählungen (zw. 100–1000 Vv.), in paarweise gereimten Achtsilbern, die von den »Lai«-Epigonen unerreicht blieben. Gattungskonstituenten: Prolog/Epilog (Bretonenbezug), Situierung des Geschehens in bret./artur. Welt (matière de Bretagne), Darstellung eines außergewöhnl. Ereignisses, Liebesthematik, höf. Rahmen, teilweise Verwendung märchenhafter Elemente, ernsthafter Ton. Die übereinstimmende Grundrichtung der heterogenen, immer aber kunstvollen »Lais« erweist sich an der »aventure«, einem außergewöhnl., zentralen Ereignis im Leben der Hauptperson (meist Liebeserfahrung). »Aventure« bedeutet oft den phys./psych. Übergang von der realen in eine höhere (irreale) (Gefühls-)Welt: statt Reintegration der Protagonisten in die Gesellschaft kommt es zu Evasion bzw. individueller (auch transzendenter) Problemlösung, schließlich zu Dekuvrierung (Sanktionierung) und Identifizierung des menschl. Wesens. M. distanziert sich von der »aventure«-Konzeption der ritterl. Bewährungsprobe (höf. Roman), aber auch von der fatalist. Schicksalhaftigkeit (Tristan), in den »amor mutuus«-Konstellationen auch von zeitgenöss. Liebeskonzeptionen (»amour courtois«; »fin'amors«). – M.s Fabelslg. »Esope« (zw. 1170–80) – eine erstbekannte Fassung der afrz. »Isopets« – enthält, neben Prolog und Epilog, 102 Fabeln (8–120 Vv.), die (nach 23 Mss. zu schließen) ebenfalls sehr beliebt waren. Es handelt sich um eine Art lit. »translatio« einer (nicht überlieferten) engl. Fassung des (lat.) Romulus und Phaedrus (die auf Äsop zurückgehen). Die Eigenständigkeit gegenüber der (lat.) Vorlage erweist sich in dem Bemühen, am Exemplum der Tierfiguren v. a. die Wirkung des (menschl.) Handelns auf andere, daneben aber auch die menschl. Moral sowie soziale Fragen (Diskrepanz von arm und reich, Korruption, Führungsschwäche usw.) zu veranschaulichen. – Das »Espurgatoire de Saint Patrice« (nach 1190), eine Nachdichtung des »Tractatus de purgatorio Sancti Patricii« (Henricus Salteriensis) erzählt in 2302 Vv. von der durch das Fegefeuer bewirkten Läuterung des Sünders Owein (→Visionsliteratur).

R. Kroll

Bibliogr.: G. BURGESS, M.d.F. An Analytical Bibliogr., 1977 – *Ed.*: Les Lais de M.d.F., hg. J. RYCHNER, 1966, 1983[3] (CFMA) – M.d.F. Die Lais, hg. D. RIEGER–R. KROLL, 1980 – Die Fabeln der M.d.F., hg. K. WARNKE, 1898, 1974 – Les Fables de M.d.F., hg. CH. BRUCKER, 1991 – M.d.F., Äsop, hg. H. U. GUMBRECHT, 1973 – Das Buch vom Espurgatoire S. Patrice der M.d.F. und seine Q., hg. K. WARNKE, 1938 – Œuvres complètes, hg. Y. OTAKA, 1987 – *Lit.*: R. BAUM, Recherches sur les œuvres attribuées à M.d.F., 1968 – R. SCHOBER, Von der wirkl. Welt in der Dichtung, 1970 – K. RINGGER, Die Lais, 1973 – E. J. MICKEL, M.d.F., 1974 – E. SINAERT, Les lais de M.d.F., 1978 – P. MÉNARD, Les Lais de M.d.F., 1979 – J. LE GOFF, La naissance du purgatoire, 1981 – R. KROLL, Der narrative Lai, 1984 – U. LIEBERTZ-GRÜN, Autorinnen im Umkreis der Höfe (Frauen Lit. Gesch., hg. H. GNÜG–R. MÖHRMANN, 1985) – U. ZAHN, Liebeskonzeption und Erzählverfahren in den L. der M.d.F. [Diss. Bochum, 1988].

Marienberg, OSB-Abtei im Vinschgau (b. Burgeis, Südtirol, Italien). Von den Herren v. Tarasp kurz vor 1100 zunächst in Schuls (Unterengadin) gegr., konsolidierte sich die von Ottobeuren entsandte Gemeinschaft um 1150 an ihrem neuen Standort. Die Besitzungen des eher bescheidenen Kl. lagen in Vinschgau, Engadin und im NW des heut. Bundeslandes Tirol. Trotz der direkten Unterstellung unter den Hl. Stuhl hatte M. unter den Übergriffen seiner Vögte, in →Matsch, zu leiden. Um 1390 schuf der Prior Goswin ein Registrum, das neben Urkk. texten auch allg. hist. Nachrichten enthält. Die qualitätsvollen und hervorragend erhaltenen Fresken in der Krypta der Kl.kirche aus der Zeit um 1170 sichern M. einen bedeutenden Rang in der Kunstgesch. J. Riedmann

Lit.: H. STAMPFER–H. WALDER, Die Krypta v. M. im Vinschgau, 1982 – G. JENAL, Die geistl. Gemeinschaften in Trentino-Alto Adige bis zu den Gründungen der Bettelorden (Atti d. Accademia Roveretana degli Agiati 235, 1985), 309–370, bes. 328–342 – J. RIEDMANN, MA (J. FONTANA u. a., Gesch. des Landes Tirol, 1, 1990²), 291–698 – DERS., Der Chronist Goswin v. M. (Der Vinschgau und seine Nachbarräume) [im Dr.].

Marienbild → Maria

Marienburg (poln. Malbork), →Deutschordensburg an der Nogat, einem Mündungsarm der Weichsel. Sie wurde etwa 1279 anstelle der älteren Burg Zantir als Sitz eines Komturs in der für die damaligen Ordensburgen charakterist. Form eines regelmäßigen Vierecks errichtet. Wohl 1284 wurde die gleichnamige Stadt gegründet. Zugleich mit der Erwerbung Pommerellens durch den Orden verlegte der Hochmeister 1309 seinen Sitz von Venedig nach M. Während des 14. Jh. wurde die bestehende Burg erweitert und neben ihr, auf dem Vorburg-Gelände, eine zweite, v. a. der Hofhaltung des Hochmeisters dienende Burg angelegt. Zusammen mit der neuen Vorburg entstand nun eine der ausgedehntesten Befestigungsanlagen des MA. Die M. war erhebl. größer als die Stadt und erstreckte sich in der Länge über etwa 700 m. Insbes. die Marienkirche im älteren Hochschloß und der Hochmeisterpalast im jüngeren Mittelschloß mit seinen drei Remtern gehören im Hinblick auf Architektur wie Ausstattung zum Besten, was von der norddt. Backsteinarchitektur überliefert ist. Die Verbindungen mit der großen Architektur der Zeit sind weitgehend ungeklärt.

Nachdem die Burg nach der Schlacht v. →Tannenberg 1410 nicht hatte eingenommen werden können, kam es nach dem Abfall der Stände des Landes vom Orden 1454 zu einer abermaligen Belagerung. Der Hochmeister sah sich genötigt, die Burg seinen Söldnern zu verpfänden, und diese übergaben sie 1457 dem poln. Kg. Der 2. →Thorner Friede v. 1466 bekräftigte, daß Stadt und Burg dem Orden verloren waren. H. Boockmann

Lit.: J. VOIGT, Gesch. M.s, 1824 – B. SCHMID, Die M., 1955 – K. GÓRSKI, Dzieje Malborka, 1973 – J. POWIERSKI, Chronologia początków Malborka, ZapHist 40, 1979, 5–32 – H. BOOCKMANN, Die M. im 19.Jh., 1982 – H. KNAPP, Das Schloß M., 1990.

Marienburg am Alt (lat. castrum sanctae Mariae, rumän. Feldioara, ung. Földvár), vom →Dt. Orden im →Burzenland nach 1211 auf oder neben einer früheren Erdburg (daher ung. Ortsname) errichtete Burg und mit Siebenbürger Sachsen (→Siebenbürgen) besiedelte Gemeinde. Ortsname, Burzenländer Wegenetz und die Ausrichtung der Straßendörfer auf M. weisen den Ort als Ordenssitz aus. Die Palisaden der Erdburg wurden nach 1220 durch Steinmauern ersetzt, die jedoch im Zuge der Vertreibung der Deutschordensritter durch Kg. Andreas II. und während des Mongolensturms zerstört wurden. Die heute sichtbaren Ruinen gehören zu einer Burg des 15.Jh., die Ordensresidenz wird im Kirchhof von M. lokalisiert. 1240 wurde der Kirchenzehnt von M. dem Zisterzienserkl. Kerz zugesprochen (erste urkdl. Nennung). Nach dem Mongolensturm übernahm das geogr. geschütztere →Kronstadt die burzenländ. Vorortsfunktion; als Sitz eines Gerichtsstuhls, zeitweise des Dekanats, mit Wochenmarktsrecht (1378), einem Spital (1413) und einer Schule (1429) behielt M. aber gewisse zentralörtl. Funktionen (vgl. →Minderformen). Trotz der von Kg. Siegmund angeordneten Befestigungsarbeiten wurde M. 1432 von den Türken zerstört. Danach erfolgte der Wiederaufbau. K. Gündisch

Lit.: G. JANESCH, H. MENGDEN, K. STEPHANI, M. im Burzenland, 1989².

Mariendichtung → Maria

Marien, Drei, hl. (Fest: 25. Mai, 20. Okt.). Die Evangelien berichten über Frauen, die von Galiläa bis Jerusalem im Gefolge Jesu waren und immer nach →Maria Magdalena gen. werden. Unter ihnen befinden sich zwei andere Marien: Maria, die Tochter des Klopas (Kleophas), Mutter des →Jacobus d. J., daher Maria Kleophe oder Jacobi gen., und Maria, die Tochter des Saloma (deshalb auch Salome gen.), Mutter der Söhne des Zebedäus (Mt 27,55f.; Mk 15,40,47; 16,1; Lk 8,2f.; 23,49,55; 24,10; Joh 19,25). Aus diesen wenig harmonisierten Angaben haben ma. Hagiographen eine Legende geschaffen, nach der die hl. Anna in drei verschiedenen Ehen drei den gleichen Namen tragende Töchter geboren habe: die Mutter Gottes, die des Jacobus und die der Söhne des Zebedäus: Dieses sog. »Trinubium Annae« (auch »De tribus Mariis et tribus maritis«), erstmals in einer Hs. des 11. Jh. bezeugt, ist in Vers- und Prosabearb. (BHL 505e–505zy) im Umlauf. Die in der Camargue am Meer gelegene Kirche S. Maria de Ratis, aus dem 12. Jh., trägt den Namen Saintes-Maries-de-la-Mer, seitdem König René v. Anjou, Gf. v. Provence, 1448 in ihr die vermeintl. Reliquien der hl. Maria Kleophe, Maria Salome und ihrer Dienerin Sarah, Patronin der Zigeuner, gefunden hatte (BHL 5436). Der Legende (BHL 5508) zufolge sind sie mit Maria Magdalena von Palästina kommend dort gelandet, wo später ihre Kirche zu stehen kam. V. Saxer

Lit.: LCI VII, 545 – M. FÖRSTER, Die Legende vom Trinubium Annae (Probleme der engl. Sprache und Kultur. Fschr. J. HOOPS, 1925) – G. PHILIPPART, AnalBoll 90, 1972, 186.

Marienfeld, SOCist-Abtei in Westfalen im Bm. →Münster (Krs. Gütersloh), 1185 von der ältesten westfäl. SO-Cist-Abtei Hardehausen auf Initiative Bf. Hermanns II. v. Münster (□ 1203 in M.) gegr., der 1180/81 Widukind v. Rheda bewog, zur Sühne für dessen Parteinahme zugunsten Heinrichs d. Löwen Stiftungsgut zur Verfügung zu stellen. Bis 1184 schloß sich u. a. →Bernhard (II.) zur Lippe, der spätere Abt v. →Dünamünde und Bf. v. →Selonien, aus dem gleichen Motiv als Mitstifter an. 1198 war der Besitzstand des Kl.s auf 70 Höfe angewachsen. Die Bibliothek enthielt bei der Gründung 75 Bde, im 18.Jh. 7000 Bde. Die Bauhütte strahlte weit über Westfalen in den Ostseeraum aus, noch bevor die roman. Abteikirche, ein spezif. Beispiel für die Entwicklung des westfäl. Hallenbaus, 1222 geweiht wurde. Die Ausstattung förderte die Gelehrsamkeit in M., die in dem Konziliartheoretiker Hermann Zoestius († ca. 1445) bes. hervortrat. Seit dem frühen 15.Jh. galt M., bestimmt von seinen z. T. in Erfurt und Prag ausgebildeten Konventualen, als Zentrum zisterzienis. Reform in Westfalen. Bedeutend ist der Altar von Johann →Koerbecke († 1490). H. Schoppmeyer

Lit.: P. LEIDINGER, M. (Westfäl. Kl.buch, T. I, hg. K. HENGST, 1992), 559–567 [Lit.].

Marienfeste → Maria

Mariengroschen. Um das bisherige, durch Münzbetrug in Mißkredit geratene Münzsystem der Bauern- und Matthiasgroschen zu reformieren, begann man in Goslar 1505 mit der Prägung von M. mit einem Silbergehalt von 1,461 g (Angleichung an den Wert des lüb. →Schillings) und der Darstellung der Muttergottes. Der M. bürgerte sich in Niedersachsen schnell ein und wurde 1510 in Braunschweig, 1514 in Göttingen, 1520 in Hildesheim, 1535 in Hannover, 1542 in Northeim und 1543 in Hameln eingeführt. Als Halbstück des M.s galt der Matthier (von Matthiasgroschen der Stadt Goslar). P. Berghaus

Lit.: F. v. SCHROETTER, Wb. der Münzkunde, 1930, 371-H. BUCK, Das Geld- und Münzwesen der Städte in den Landen Hannover und Braunschweig, 1935, 34-40 - R. CUNZ, Kleine Münzgesch. der Stadt Hannover, 1991, 12-14.

Marienikonen → Maria

Marienklage → Maria

Marienthal (im Rheingau), OFM-Kl., Niederlassung der →Brüder vom gemeinsamen Leben (1463 von Köln aus gegr.), bedeutender Wallfahrtsort (Gnadenbild [Pietà] um 1320 entstanden, wohl 1330 durch Ebf. →Balduin v. Trier geweiht, 1361 privilegiert). Ca. 1473 begann man hier zu drucken. In den Jahren 1474–76 erschienen Breviere für die Bm.er Mainz, Trier und Worms (z. T. in mehreren Ausg.) sowie andere liturg. Gebrauchstexte und einige wenige theol. Werke. Die Offizin verfügte über sechs Typenalphabete, die mit den Lettern gleichzeitiger Kölner Drucker nahe verwandt sind. S. Corsten

Lit.: LThK² VII, 77 – F. FALK, Die Presse zu M. im Rheingau und ihre Erzeugnisse, 1882 – GELDNER I, 220f. – W.-H. STRUCK, Gesch. der Stadt Geisenheim, 1972, 323–349.

Marienverehrung → Maria

Marienwerder (poln. Kwidzyn), Stadt am Ostrand des Weichseltales. 1233, zwei Jahre nach Beginn der Eroberung Preußens, gründete der →Dt. Orden die Burg M. Kurz darauf wurde sie an eine höher gelegene Stelle verlegt, und dort wurde auch die gleichnamige Stadt gegründet. 1254 wurde M. der Sitz des Bf.s v. →Pomesanien, der seine Residenz aber nach Riesenburg verlegte. In M. verblieben Dom und Burg des Kapitels. Beide wurden seit 1322 errichtet. Die Burg erhielt die typ. vierflügelige Gestalt der →Deutschordensburgen. Charakterist. ist der weit in die Flußniederung vorgeschobene und infolgedessen monumental wirkende Danzger (Abort). 1393 ließ sich die im folgenden Jahr verstorbene und 1976 kanonisierte Rekluse →Dorothea v. Montau im Dom von M. einschließen. H. Boockmann

Lit.: M. TOEPPEN, Gesch. der Stadt M., 1875 – B. SCHMID, M., 1944.

Marienwerder, Johannes OT, * 1343, † 19. Sept. 1417, Theologe. Studium der Artes in Marienwerder und Prag, dort 1367 Bacc., 1373 Priesterweihe, 1374 Dekan der Artistenfakultät; dann Theologiestudium, 1384 Prof. Theol. 1387 nach Marienwerder zurückgekehrt, trat er dem Dt. Orden bei und wurde 1388 Domdekan v. Pomesanien. Seine (nicht vollständig erhaltenen) lat. Werke umfassen Trauerreden, Exegetisches, Annalen und, am weitesten verbreitet, die antiwyclifit. »Expositio Symboli Apostolici«. Viele umfangreiche Schriften hat M. dem Leben und den Offenbarungen seines Beichtkindes →Dorothea v. Montau gewidmet, desgleichen eine dt. Vita.
P. Dinzelbacher

Lit.: ADB XX, 381ff. – Verf.-Lex.² VI, 56–61 – F. HIPLER, J. M., Zs. für Gesch. und Altertumskunde Ermlands 29, 1956, 1–92 – H. ROSSMANN, J. M., Archiv für Kirchengesch. v. Böhmen–Mähren–Schlesien 3, 1973, 221–253 – R. STACHNIK–A. TRILLER, Dorothea v. Montau, 1976, 60ff.

Marignano, Schlacht bei (13./14. Sept. 1515). Nach dem Pavierzug (1512) und der Restauration der →Sforza unter eidgenöss. Protektorat traten die eidgenöss. Orte als selbständige Partei in Oberitalien auf und behaupteten sich in der Schlacht v. →Novara (1513) gegen die Franzosen. Als Franz I. 1515 die Rückeroberung unternahm, erzwang das eidgenöss. Heer die Schlacht trotz des Vertrags v. Gallerate vom 8./9. Sept. Das Begegnungsgefecht über San Giuliano-Zivido längs der Straße Mailand-M. (heute Melegnano) brachte keinen durchschlagenden Erfolg; der am 14. Sept. wiederholte Angriff scheiterte an der vorbereiteten Verteidigung. Im Frieden v. Freiburg i. Ü. (1516) verzichtete die →Eidgenossenschaft auf die →Lombardei und hielt sich in der Folge in ihren Grenzen. Ausschlaggebend für die epochale Wende waren die takt. Unterlegenheit der Schlachthaufen gegenüber dem aufkommenden →'Geschütz' sowie, strateg. betrachtet, die strukturelle polit.-militär. und wirtschaftl. Rückständigkeit der eidgenöss. Bundessystems gegenüber den sich verfestigenden frühnz. Monarchien. W. Schaufelberger

Lit.: W. SCHAUFELBERGER, Morgarten (1315) und M. (1515), Allg. Schweiz. Militärzs. 131, 1965, 667–688 – E. USTERI, M. Die Schicksalsjahre 1515/1516 im Blickfeld der hist. Q., 1974.

Marignolli, Giovanni de', OFM, aus vornehmer florent. Familie, † 1358/59 in Prag oder Breslau. Als Legat Papst Benedikts XII. leitete er eine mit Geschenken ausgestattete und von Bevollmächtigten Kg. Roberts v. Sizilien begleitete Gesandtschaft (1339–53) nach Khan Baliq (Peking) zum Großkhan der Tataren und den chin. Christen, die nach dem Tod des →Johannes de Monte Corvino (147.J.) einen neuen Ebf. angefordert hatten. Der auch in chin. Q. verzeichnete Missionar drang als einer der letzten vor den Umwälzungen mit der Gründung der Ming-Dynastie (1368) durch die Wüste Gobi bis China vor und reiste über Vorderindien zurück; am 12. Mai 1354 erhielt er von Innozenz VI. das Bm. Bisignano in Kalabrien. Auf Veranlassung Ks. Karls IV., der nach seiner Ks.krönung M. als Hofkaplan nach Prag mitnahm, verfaßte M. zw. 1355 und 1358 die auf der Chronik des →Cosmas v. Prag beruhende »Cronica Boemorum«, in der er seine Reiseerlebnisse im universalhist. Zusammenhang verarbeitete.
I. Baumgärtner

Ed.: FontrerBohem 3, 1882, 492–602 – *Teiled.:* A. VAN DEN WYNGAERT (Sinica Franciscana I, 1929), 515–559 – *Lit.:* A. D. VON DEN BRINCKEN, Die universalhist. Vorstellungen des Johannes v. Marignola OFM, AK 49, 1967, 297–339 – H. FRANKE, Das 'himml. Pferd' des Johannes v. Marignola, ebd. 50, 1968, 33–40 – DERS., Die Gesandtschaft des Johann v. Marignolli im Spiegel der chin. Lit. (Fschr. H. HAMMITZSCH, 1971), 117–134 – W. GIESE, Tradition und Empirie in den Reiseberichten der Kronika Marignolova, AK 56, 1974, 447–456 – J. RICHARD, La papauté et les missions d'Orient au MA, 1977 – M. W. BALDWIN, Missions to the East in the Thirteenth and Fourteenth Cent. (A Hist. of the Crusades, hg. K. M. SETTON, V, 1985), 452–518.

Marigny

1. M., Enguerran de, Ratgeber Kg. →Philipps IV. des Schönen v. →Frankreich, † 30. April 1315 in Montfaucon am Galgen, ▫ Vauvert, Kartause, später: Écouis, Kollegiat-Kirche. M. entstammte einer Kleinadelsfamilie, ⚭ 1. Jeanne de St-Martin, 2. Alips de Mons (aus der Familie Grés), 1303 zum Ritter geschlagen. Zunächst als *panetier* (Brotmeister) und Rat im Dienst der Kgn. Johanna, trat er bald in den Kreis der kgl. Räte ein. 1304 wurde er anstelle des bei →Mons-en-Pévèle gefallenen Hugues de →Bouville zum →*Chambellan du roi* ernannt und brachte es rasch zum einflußreichen (zunächst inoffiziellen), königsnahen Ratgeber. Verantwortl. für die Ausgaben des →*Hôtel du roi* und des Neubaus des Palais de la Cité (1307–13), war er binnen kurzem mit den finanzpolit. (1305–12), aber auch den polit. und diplomat. Angelegenheiten des Kgr. es. befaßt. 1314 übertrug ihm der Kg. mit der Aufsicht über den kgl. Schatz die Leitung der Finanzpolitik des Kgr.es. M. stand in konstanten Beziehungen mit Gfn. →Mahaut v. Artois und Kg.→Eduard II. v. England (Reisen an dessen Hof, 1313 Darlehen von 15000 *livres*). Mit Eifer widmete sich M. der Flandern-Politik (1311 Teilnahme an den Verhandlungen v. Tournai). Ab 1313, auf dem Höhepunkt seiner Laufbahn, war er »principal conseiller du roi« und wurde von aragones. Gesandten 1315 als »secundus rex in Francia« eingestuft. Doch wurde er bereits nach dem »ruhmlosen« Flandern-Feldzug von 1314 (→Marquette) der Bestechung durch die Flamen verdächtigt. Tatsächl. unterhielt M. lebhafte Geschäftsbeziehungen mit dem großen fläm. Tuchhandel und häufte, simultan zu seiner polit. Karriere, ein umfangreiches Vermögen an: Immobilienbesitz in Paris und mehrere Lehen (M., Mainneville [mit Schloßbau], Gaillefontaine, Vascoeuil, Fontaine-Châtel), die er 1313 durch kgl. Gnadenerweis zur Baronie M. vereinigen konnte. Nach dem Tode Philipps des Schönen (29. Nov. 1314) entlud sich die Mißgunst der Großen, allen voran seines Todfeindes →Karl v. Valois, gegen M., der zudem wegen seiner finanz- und steuerpolit. Ämter bei der Bevölkerung unbeliebt war. Bis März 1315 noch Chambellan Kg. Ludwigs X., wurde er schließlich eingekerkert, in einem Prozeß zu Vincennes zum Tode verurteilt (wegen Verrats, Unterschlagung und Magie) und gehenkt. Die Chronisten nehmen ausführlich Bezug auf M.; der satir. »Roman de →Fauvel« führt ihn vor als machtbesessenen Hengst Fauvel und stellt gewiß die tatsächl. Machtposition M.s übertrieben dar. E. Lalou

Q. und Lit.: J. FAVIER, Un conseiller de Philippe le Bel: E. de M., 1963 – Cart. et actes d'E. de M., hg. DERS., 1965.

2. M., Jean de, Ebf. v. Rouen, † 27. Dez. 1351, Halbbruder von 1, dessen Protektion ihm zahlreiche Pfründen eintrug (Kantor zu Paris 1306, Pfarrer zu Gamaches 1306, Propst v. Douai 1311, Archidiakon v. Pont-Audemer und Sens 1312 u.a.), deren unbeschränkte Nutzung ihm durch ebensoviele Privilegien (Dispens von Alter, Weihe und Residenzpflicht) erleichtert wurde. Am 8. Jan. 1313 zum Bf. v. Beauvais erhoben, obwohl damals nur Subdiakon. 1314 Mitglied der Kommission zur Untersuchung der Amtsführung seines in Ungnade gefallenen Bruders und Gönners Enguerran; die günstigen Ergebnisse der Enquête konnten dessen Hinrichtung nicht abwenden. Dessenungeachtet blieb J. de M. *conseiller du roi* und war 1329 interimist. Siegelbewahrer. 1330 war ihm, gemeinsam mit dem Sire de →Craon, die Konfiskation der →Guyenne, für die der Kg.-Hzg. →Eduard III. den Lehnseid verweigert hatte, übertragen. In dieser Angelegenheit erteilte er dem Kg. sein 'consilium'. 1330-47 Mitglied des kgl. 'Geheimen Rats'. 1339-46 →*lieutenant du roi* (Generalstatthalter) im Languedoc. Zugleich hatte er als leitendes Mitglied der →*Chambre des comptes* volle Befugnis in Währungsfragen. Am 14. Mai 1347 zum Ebf. v. Rouen erhoben, residierte M. selten in seiner Diöz., da er mit administrativen Aufgaben des Kgr. es überhäuft war. E. Lalou

Lit.: R. CAZELLES, La société politique et la crise de la royauté sous Philippe de Valois, 1958 – s.a. Lit. zu 1 [J. FAVIER, 1963].

3. M., Philippe de, Ebf. v. Sens, † Dez. 1316, Bruder von 1, anfängl. kgl. Kleriker und *commissaire aux nouveaux* →*acquêts* im →*prévôté*. Paris (1301), Kanoniker und seit 22. Jan. 1306 Bf. v. Cambrai, am 23. April 1309 zum Ebf. v. Sens erhoben, woran sein mächtiger Bruder wohl nicht unbeteiligt war. Im Mai 1310 erhielt er das Recht, sich – wegen seines Königsdienstes – bei ebfl. Visitationen vertreten zu lassen; er nahm – indirekt – die Einziehung der Abgaben auf den Wollhandel im gesamten Kgr. vor. Am 16. Dez. 1314 endete diese Funktion. E. Lalou

Lit.: s. Lit. zu 1 [J. FAVIER, 1963].

Mariken van Nieumeghen, ndl. Legende, überliefert in einem anonymen Volksbuch (Druck ca. 1515 Antwerpen; spätere Ausg. 1608, 1615), das die Legende z. T. in Prosa erzählt, z. T. in →Rederijker-Versen dramatisiert. Ca. 1518 erschien in Antwerpen auch eine engl. Prosaversion. Ob »M. v. N.« ein selbständiges Mirakelspiel war, ist unbekannt; für dramat. Aufführungen im 15. und 16. Jh. fehlen die Belege. Die Gesch. ist plast. im konkreten Alltagsleben und in einem hist.-geogr. Rahmen situiert. Explizit wird auf polit. Ereignisse im Hzm. Geldern in den Jahren 1465 und 1471 hingewiesen. Inhalt: Vom Teufel in Menschengestalt u. a. mit dem Versprechen verführt, Einblick in die Sieben freien Künste zu erhalten, lebt M. sieben Jahre lang mit ihm in einer Kneipe in Antwerpen. Viele Leute werden mit ihrer Hilfe Opfer teufl. Blendwerks. Nach ihrer durch ein geistl. Theaterspiel veranlaßten Bekehrung vermag sogar der Papst sie nur bedingt zu absolvieren: Erst wenn die Eisenringe, die sie an Hals und Händen tragen muß, von selbst abfallen oder brechen, werden ihre Sünden vergeben werden. Nach schwerer Buße in einem Kl. in Maastricht wird M. durch einen Engel von den Fesseln befreit. D. Coigneau

Lit.: G. W. WOLTHIUS, Duivelskunsten en sprookjesgestalten, 1952 – M. v. N. Ingeleid en toegelicht door D. COIGNEAU, 1982 – D. COIGNEAU, M. v. N.: fasen en lagen, Stud. Germ. Gandensia XXIV, 1991.

Mariniden → Meriniden

Marino Sanudo → Sanudo

Marinos, neuplaton. Philosoph, 484 Schüler und Nachfolger des →Proklos in der Leitung der Akademie in Athen. Von seinen Schriften sind erhalten eine enkomiast. Biographie seines Lehrers sowie eine Einleitung zu den Data des Euklid. Verloren sind Komm. zu Schriften des Aristoteles und zu Platons Parmenides. J. Gruber

Ed.: Data: H. MENGE, Euclidis opera omnia, VI, 1896, 233-257 – Proklosvita: J. F. BOISSONADE, 1814 [Neudr. 1966] – V. COUSIN [mit lat. Übers.], 1864 – R. MASULLO (Testo crit., introduz., traduz. e commento), 1985 – CH. PARAGGIANA DI SARZANA [it. Übers.], 1985 – M. GASPAROV [russ. Übers.], 1986 – Lit.: KL. PAULY II, 1026f. – LAW 1851 – RE XIV, 1759-1767 – H. J. BLUMENTHAL, Byzantion 54, 1984, 469-494 – R. MASULLO, Ann. d. Fac. di Lett. e Filosof. d. Univ. Napoli 27, 1984/85, 193-205 und Koinonia 9, 1985, 43-51 – S. SAMBURSKI, SAH Math.-nat. Kl. 1985, 2.

Marinus
1. M. I. (zuweilen irrig Martin II.), Papst seit (15.? Dez.) 882, † (15.? Mai) 884, ▭ Rom, St. Peter; stammte aus Gallese, unter Leo IV. Subdiakon, unter Nikolaus I. Diakon und unter Johannes VIII. Bf. v. Cerveteri (Caere). Seit 860 nahm er meist als Legat aktiv an der päpstl. Politik teil, v. a. an der Auseinandersetzung mit Byzanz. Die Erhebung zum Papst wurde z. T. schon in zeitgenöss. Q. wegen Verletzung des Translationsverbotes kritisiert, doch könnte die gelegentl. Bezeichnung als *arcarius* oder *archidiaconus* einen Verzicht auf das Bf. samt schon vor der Wahl vermuten lassen. Sein Pontifikat setzt sich von dem seines Vorgängers Johannes VIII. ab; der von diesem bestrafte →Formosus wurde wieder in sein Bm. Porto eingesetzt. Bei einem Treffen mit Karl III. im Juni 883 in Nonantola wurden Reichsangelegenheiten verhandelt, die auch eine Ausschaltung Widos II. v. Spoleto betrafen. M.' Verhältnis zu Byzanz war wohl gespannt, wenn auch das Epitaph die Beilegung des Schismas mit Byzanz rühmt. K. Herbers

Q.: GP – PU – IP – JAFFÉ[2] I, 425f.; II, 704 – LP II, 224 – Lit.: DThC IX, 2476f. – HKG III/1, 175 – LThK[2] VII, 83 – HALLER[2] I, 179 – SEPPELT II, 331f. – F. DVORNIK, The Photian Schism, 1958 [Nachdr. 1970], 210-224 – D. RIESENBERGER, Prosopographie der päpstl. Legaten von Stephan II. bis Silvester II. [Diss. Freiburg/Br. 1967], 271-279 – H. ZIMMERMANN, Papstabsetzungen des MA, 1968, 51f.

2. M. II. (zuweilen auch dem 12. Jh. irrig Martin III.), *Papst* seit Ende Okt. 942, † ca. Anfang Mai 946, ▭ Rom, St. Peter (?). Wohl mit Hilfe des röm. Adligen →Alberich (3.A.) wurde der Römer und ehemalige Kard. priester von S. Ciriaco Papst. Unter dem bestimmenden Einfluß Alberichs läßt der kurze Pontifikat wenig eigenständiges Profil erkennen. Von den Rechtsakten ist wohl die Verleihung der Würde eines apostol. Vikars an Ebf. →Friedrich v. Mainz (47.F.) am wichtigsten, der Rechte in Germanien und Gallien erhielt. Die Besuche des Bf.s v. Augsburg und des Abtes v. Fulda bei M. hatten vielleicht auch polit. Hintergründe. K. Herbers

Q.: RI II/5, Nr. 165-187 - Papsturkk. 896-1046, ed. H. ZIMMERMANN, 1988², 172-191 - *Lit.*: DThC IX, 2477 - LThK² VII, 83 - SEPPELT II, 357f. - H. ZIMMERMANN, Das dunkle Jahrhundert, 1971, 84f.

3. M. de Caramanico, siz. Jurist, † vor 1288, unter Kg. Karl v. Anjou Mitglied der Magna regia curia, Verfasser der Glossa ordinaria (→Apparatus glossarum) zu den Consuetudines Regni (→Liber Augustalis), vor 1282.
P. Weimar

Ed.: Constitutiones Regni Siciliae (Liber Augustalis), Neapoli (Riessinger) 1475 [Faks. mit Einl. v. H. DILCHER, 1973] - Constitutionum Regni Siciliarum libri III, 1773 - *Lit.*: COING, Hdb. I, 275 [N. HORN; Lit.] - G. D'AMELIO, Indagini sulla transazione nella dottrina intermedia con un'appendice sulla scuola di Napoli, 1972, 149ff.

Mariologie → Maria

Mariscal (bzw. →Marschall), im astur.-leon. Kgr. in Analogie zu den →Hofämtern germ. Prägung derjenige, der sich um den kgl. →Marstall kümmerte. Später verschwand dieses Amt, bis es Johann I. 1382 wieder in Kastilien einführte, indem er nach frz. Vorbild zwei M. ernannte (Fernán Álvarez de Toledo, Pedro Ruiz Sarmiento) und ihnen eine eindeutig militär. Funktion unmittelbar unter der des →Condestable zuwies. In ihre Kompetenz fiel die Anhörung der das Heer betreffenden Zivil- und Kriminalsachen, die Festlegung der Preise des im Lager verkauften Proviants und v. a. Truppeneinquartierungen. In Navarra wurde das Amt des M. Ende des 14. Jh. eingeführt. Es löste den ehem. →*Alférez real* auf militär. Gebiet ab. Als jedoch 1430 das Amt des Condestable geschaffen wurde, kam es zu Kompetenzüberschneidungen und Rivalitäten; in diesem Kgr. blieb das Amt zudem mit der Bastardlinie des Hauses Navarra verbunden. - Im 16. Jh. wurde M. auch synonym als Bezeichnung für das Amt eines Hauptmanns der Wache verwandt.
A. B. Sánchez Prieto

Lit.: L. GARCÍA DE VALDEAVELLANO, Curso de Hist. de las Instituciones españolas, 1975⁴, 488, 493f. - D. TORRES SANZ, La administración central castellana en la Baja Edad Media, 1982, 254-256.

Maritza → Marica

Marius

1. M., Bf. v. →Avenches 574-594, Chronist, * 530/531 wahrscheinl. in Autun, aus vornehmer roman. Familie stammend. Nach der Verlegung des Bf.ssitzes von Avenches nach →Lausanne war M. dort ansässig. Er hat 585 an der Synode v. Mâcon teilgenommen. M. verfaßte eine Chronik, welche die des →Prosper v. Aquitanien von 455 bis 581 fortsetzt. Als Q. dienten ihm die Konsularlisten und die Annales Gallici. Er berichtet über die Ereignisse in Italien mit bes. Berücksichtigung der →Langobarden und die im O unter Erwähnung der Perser; wertvoll sind v. a. die Nachrichten zur Zeitgesch. seiner Heimat sowie zu den →Burgundern. Kennzeichnend ist sein Glaube an das röm. Reich. Sein Werk, sprachl. Zeugnis der Auflösung des Kasussystems, blieb ohne Nachwirkung im MA
J. M. Alonso Núñez

Ed.: MPL 72, 791-802 - TH. MOMMSEN, MGH AA XI, 1894, 225-239 - J. FAVROD, La chronique de M. d'Avenches (455-581), 1991 (Cah. Lausannois d'hist. médiévale, 4) - *Lit.*: ALTANER-STUIBER, 233 - BARDENHEWER, 378 - RE XIV, 1822f. - SCHANZ-HOSIUS IV, 2, 114f. - W. ARNDT, Bf. M. v. Aventicum..., 1875 - C. SANTSCHI, La chronique de l'évêque M., Revue Hist. Vaudoise 76, 1968, 17-34.

2. M. Mercator, altkirchl. Theologe und Schriftsteller, 5. Jh., vermutl. aus Italien stammend. 418/419 trat M. in Rom als Verteidiger der augustin. Gnadenlehre und Gegner des →Pelagius auf (Augustinus, Ep. 193; Hieronymus, Ep. 154,3). Später lebte er in einem Kl. in Thrakien, wo er seine antipelagian. Werke (2 Commonitoria gegen Caelestius; Gegen Pelagius, Caelestius und →Julianus v. Aeclanum) und einige antinestorian. Schr. verfaßte. Daneben übersetzte er gr. Schr. ins Lateinische. Sein dogmengesch. Material wurde wohl nach 533 mit anderen Schr. zusammengestellt (→Collectio Palatina).
K. S. Frank

Ed.: ACO I, 5, 1; IV, 3, 1 - S. PRETE, 1959 - *Lit.*: DSAM X, 610-615 - O. WERMELINGER, Rom und Pelagius, 1975.

3. M. Victorinus (G.), * zw. 281 und 291 in Nordafrika, † nach 365. Der mit einem Standbild auf dem Trajansforum geehrte Rhetor Roms wurde um 354 Christ (Eindruck auf Augustinus). Die biogr. Angaben (vgl. Augustin. Conf. VII, 9,13; VIII, 2,3-5,10; Hieronymus MPL 23,739; 25,406; 26,332; vgl. HADOT, M. V. 13-18) werden durch das lit. Werk ergänzt. Dem Trivium dienen die Ars grammatica, der Komm. zu Ciceros De inventione und Schriften zur Dialektik (Übers. der Isagoge des Porphyrius; zu weiteren Schr. vgl. HADOT, 112). Die libri platonicorum, die Augustinus und den W mit dem Neuplatonismus bekanntmachen, enthielten plotin. und porphyr. Texte. Ab 358 bis 363 verteidigte M. V. in 12 Schr. die Homousie des Sohnes und des Hl. Geistes (Arianer Candidus fiktiv?). Der erste große chr. Metaphysiker der lat. Sprache griff nicht auf Plotins subordinierende Henozentrik zurück, sondern auf den Neuplatonismus des Porphyrius, der das Eine mit dem Sein identifiziert und eine koordinierte Triadik entwickelt hat. Dabei wertete M. V. intensiv das NT aus. Nach 363 schrieb er die ersten lat. Pauluskomm. (zu Eph, Gal, Phil erhalten). Seine Zeit verstand kaum die schwierige Trinitätslehre. M. V. ist ein Schöpfer der lat. phil. Terminologie und wirkte (mehr indirekt) über Boethius, Cassiodor, Isidor auf das MA.
A. Ziegenaus

Ed. und Lit.: Ars grammatica, ed. J. MARIOTTI - De inventione, ed. P. HADOT, M. V., ebd. Frgm. anderer Schr. - Theol. Traktate: CSEL 83, 1 = SC 68/69 = dt. Übers. P. HADOT-U. BRENKE - Pauluskomm., CSEL 83,2 - P. HADOT, M. V., 1971 [Lit.] - A. ZIEGENAUS, Die trinitar. Ausprägung der göttl. Seinsfülle nach M.V., 1972 - W. ERDT, M.V. Afer (zu Pauluskomm.), 1980 - M. GIBSON, Bull. Phil. Méd. 24, 1982, 54-64 - M. BEUCHOT, Revista de Filosofia 18, 1985, 203-218 - W. STEINMANN, Die Seelenmetaphysik des M.v., 1991 [Lit.].

Mark. Sie erscheint in ags. und skand. Urkk. seit dem 9. Jh., in Köln seit 1045 (= 1/2 libra = 6 Unzen = 10 s. = 120 d., später = 140, 144, 135, 160 d. und 1/2 Pfd.) als Münzund Kaufmannsm. Ihr Ursprung lag in der beim Wägen natürl. Halbteilung; »bessem, id est: duas partes« (1207). Lüb. Q. unterschieden die M. 1. nach Zahl der Lot, Satin, Ferto, Quentin (feine, lötige, leichtere M.) bzw. 2. nach Zahl der gewogenen Schillinge, Denare, Sterlinge, Florenen (pecunia, moneta; talentum nummorum, schwerere M.). In Niederdtl. endete um 1180 eine ältere regionale Phase. Seit dem 13. Jh. zeigen sich Verflechtungen mit M. en aus Köln (231,3/233,6 g), der Champagne (Troyes), Flandern, Brabant, England. Eine M. von ca. 190 g hatte in Königsberg und Breslau Bestand. Die karol. Gewichtsm. (217,728 g) und Münzm. (204,120 g) - »librata pondere publico quod Karolus Magnus instituerat« (→Arnold v. Lübeck) - wurden durch regionale M.en verdrängt, die jedoch über Unze, Lot, Schillinge, Denare in gesicherten Relationen zu karol. Einheiten standen: u. a. 1 Lot Köln (14,580 g) = 1/14 karol. Halbpondus (204,120 g), 1 M. = 16

Lot (233,280 g). Die M. des Kaufmanns wurde Münzm. Mit der Mehrung und Verlagerung von Handelszentren setzten sich neue M.en durch – auch in Köln. In lokale Gewichtssysteme wurden sie übertragen mit Hilfe ganzzahliger Relationen. Es entstanden metr. nicht immer ident., angenäherte, jeweils richtige Einheiten. Daher findet man die Kölner M. in Europa mit 229–235 g, gerechnet im Verhältnis 20:19 bzw. 21:20 zur M. Troyes (240–247g) oder 6:5 zur Wiener M. (274–282g). Ihre Muttergewichte lagen auch in London, Brügge, Brüssel, Amsterdam und Paris. Sie verbirgt sich u. a. in der ptg., Brabanter, dän., Mainzer, Ulmer, Erfurter oder preuß. M. Im 16. Jh. wurde in Konkurrenz zur Nürnberger eine Kölner M. die alleinige Münzm. im Dt. Reich. Ein verbindl. Normalgewicht wurde für sie erst 1836/38 akzeptiert. H. Witthöft

Lit.: E. Nau, Epochen der Geldgesch., 1971 – H. Witthöft, Über den lüb. und andere norddt. Münzfüße (12.–14. Jh.), Zs. des Ver. für Lüb. Gesch. und Altertumskde 69, 1989, 75–120 – Ders., Das Fundament des Gewichts in Köln (14.–19. Jh.), JbKGV 61, 1990, 59–81.

Mark, Gf.en v. der, große Adelsfamilie, ein Zweig der rhein. Gf.en v. →Berg (an der Dhünn). Um 1160, nach dem Tode Adolfs IV. v. Berg, erhielt dessen ältester Sohn Eberhard (I.) († ca. 1174) durch Erbteilung die westfäl. Burg und Gft. →Altena (an der Lenne) und wurde zum Stammvater des Hauses Altena-M. Sein Enkel Adolf I. (1198–1249) erwarb die Burg M. an der Lippe (nahe der 1226 gegr. Stadt →Hamm) und verlegte den Stammsitz des Hauses dorthin. Im 12. Jh. und in der 1. Hälfte des 13. Jh. zählten die Gf.en v. Altena-M. zur Gruppe der treuen Vasallen des Ebf.s v. →Köln; ihnen wurden die köln. Lehen ihres Verwandten Friedrich v. Altena-Isenberg übertragen, der für den Mord an Ebf. →Engelbert v. Berg († 1225) verantwortlich war. Seitdem begannen die Selbständigkeitsbestrebungen gegenüber dem Ebm. Köln; sie erreichten ihren Höhepunkt mit der Schlacht v. →Worringen (1288), an der Gf. →Eberhard II. v. d. M. (1278–1308) auf der Seite des siegreichen →Johann I. v. Brabant teilnahm. 1288 erhielten die Gf.en die Vogtei des Stiftes →Essen (1288), die ein strateg. Bindeglied zw. der Gft. M. und dem Rheinland bildete. Gezielt in hohe kirchl. Ämter der gesamten Kölner Kirchenprovinz drängend, waren sie im 13. und 14. Jh. u.a. Bf.e v. Köln (Adolf, 1363/64, →Engelbert 1364–68), Bf.e v. Münster (Gerhard, 1261–72, Engelbert, 1357–63) und Lüttich (Adolf, 1313–44, Engelbert, 1345–64). Mit dem Tode des Ebf.s Engelbert v. d. M. (1368) schwand jedoch der Einfluß des Hauses M. auf die kirchl. Territorien. Doch im selben Jahr wurde der Anfall →Kleves an das märk. Gf.enhaus eingeleitet; 1521 schloß es unter seiner Ägide M., Kleve, →Jülich, Berg und Ravensberg zusammen. Kard. Eberhard (Erhard) v. d. M., Bf. v. Lüttich (1505–38) und Chartres, Ebf. v. Valencia, war ein bedeutender Kirchenpolitiker der beginnenden Gegenreformation. 1609 starb das märk. Gf.enhaus aus.

Seit Worringen besaßen die Gf.en eine herzoggleiche Stellung. Sie gründeten Städte und Freiheiten zur wirtschaftl. Konsolidierung des Landes. Um 1350 war der Ämteraufbau weitgehend abgeschlossen. Die schon im 13. Jh. nachweisbaren ständ. Kräfte traten 1347 für die Unteilbarkeit des Landes ein und gewannen im Verlauf des 15. Jh. an polit. Gewicht (→Seoster Fehde). Die landständ. Vertretung tagte seit 1470 in Wickede.

J. L. Kupper

Q. und Lit.: J. de Chestret de Haneffe, Hist. de la Maison de La Marck ..., 1898 – P. Harsin, La principauté de Liège ... (1477–1505), 1957 – U. Vahrenhold-Huland, Grundlagen und Entstehung des Territo-riums der Gft. M., 1968 – N. Reimann, Die Gf.en v. d. M. und die geistl. Territorien der Kölner Kirchenprov. (1313–1368), 1973 – W.-R. Schleidgen, Kleve-Mark Urkk. (1223–1368), I–II, 1983–86 – Der Tag bei Worringen, hg. W. Janssen–H. Stehkämper, 1988, 407–453.

Mark, -genossenschaft

[1] *Wortbedeutung und Abgrenzung:* Aus dem vielfältigen Bedeutungsfeld des Wortes 'M.', dem ursprgl. wohl die Bedeutung 'Grenze', erst daran anschließend 'umgrenztes Gebiet' entspricht, wird hier nur ein Segment herausgegriffen. Es geht um 'M.' als abgegrenztes Gebiet eines oder mehrerer →Dörfer (oder anderer ländl. Siedlungsformen), im häufigsten Fall also um die Dorfm. Dazu gehört die gesamte Gemarkung des Dorfes: Sowohl der besiedelte Ort als auch die individuell bestellten und genutzten Gärten, Felder usw. sowie schließl. die von den Dorfbewohnern gemeinsam genutzte Fläche (v. a. die eher am äußeren Rand der Dorfm. gelegenen Weiden und Wälder), die →Allmende.

Die begriffl. Abgrenzung der Allmende von der M. genossenschaft ist nicht ganz einfach. Während häufig die unausgesprochene Vorstellung zu herrschen scheint, der Unterschied liege darin, daß die Allmende sich auf ein Dorf, die M. genossenschaft hingegen auf mehrere Dörfer (M. genossenschaft also im Sinne von Genossenschaften mehrerer M.en) beziehe, scheint es von der Wortbedeutung her zutreffender, die M. genossenschaft als die Gruppe der berechtigten Benutzer (Einzelpersonen oder Dörfer), die Allmende hingegen als das dingl. Substrat ihrer Nutzungsrechte, also als die Liegenschaft anzusehen. Die Sprache der Q. hilft dabei nicht weiter. Obwohl in den meistdiskutierten Beispielen wie dem Vierdörferwald oder der Dornstetter M. in der Tat mehrere Orte berechtigt waren, ist in den einschlägigen Waldordnungen usw. nicht die Rede von M.genossenschaften, sondern von M. oder Allmende für das gemeinsam genutzte Land. Nur in Westfalen findet sich die Bezeichnung *marchenoten*, also M.genossen. M.genossenschaft ist ein modernes Kunstwort.

[2] *Entstehungszeit der Markgenossenschaften:* Sie (germ. Urzeit oder Hoch- bis SpätMA?) ist das Thema einer der klass. rechtshistor. Auseinandersetzungen, deren ideolog. Implikationen bis in die Gegenwart reichen. Die dt. verfassungsgesch. Forsch. des späten 18. und des 19. Jh. ging unter Berufung auf Angaben bei Caesar von der Vorstellung einer urgerm. Gemeinschaft freier, den Boden gemeinsam nutzender Bauern aus. Erst mit der langsamen Auflösung der Sippen sei für die guten, ortsnahen Böden der individuelle Besitz in den Vordergrund getreten und habe den gemeinsamen Besitz in die Randzonen der M. gedrängt. Diese Anschauung wurde sowohl von K. Marx und F. Engels als auch von der nationalsozialist. Ideologie aufgegriffen und wird auch heute noch vertreten. Jedoch hat sich schon seit Ende des letzten Jh. langsam die Auffassung verbreitet, daß die alleinige Bodennutzung durch einzelne Bauern die ältere Erscheinung ist. Nach dieser neueren Lehre sind die M.genossenschaften ein sekundäres Phänomen und verdanken ihre Entstehung erst der verstärkten Nutzung von Brachland und Wald zur Weide usw. In Zeiten extensiver Nutzung dieser Bereiche seien keine Regulierungen und Beschränkungen nötig gewesen, weil jedermann sich dort nach seinen Bedürfnissen befriedigen konnte. Deshalb hätten auch die Dorfm.en noch keine scharf gezogenen Grenzen gehabt. Der Druck, die Nutzungsrechte genau zu bestimmen und gegeneinander abzugrenzen, sei erst durch den Bevölkerungsanstieg und den damit verbundenen →Landesausbau im HochMA entstanden.

Diese Debatte ist wissenschaftsgesch. bedeutsam, weil die ältere Lehre sich auf die Interpretation der klass. rechtshist. Q. beschränkte, während die neuere Lehre ihre Erkenntnisse aus der Anwendung einer größeren Vielfalt von Methoden bezog. Typisch hierfür ist der Streit um Tit. 45 (in dem »100-Titel-Text« Tit. 80) der Lex Salica, demzufolge ein Neuankömmling nicht dauerhaft in einer villa siedeln darf, wenn einer der dort schon Wohnenden widerspricht. Wenn er hingegen zwölf Monate unwidersprochen am Ort wohnt, darf er wie die anderen vicini dort bleiben. Da sonst nichts über das Verhältnis zw. bereits dort Siedelnden und neu Hinzuziehenden gesagt ist, bleibt die Diskussionsgrundlage äußerst dünn. Bestenfalls ergibt sich für die These, die villa sei die M. und die vicini seien die M.genossen (deren Zustimmung deshalb nötig wäre, weil ein Neuankömmling ihren ideellen Anteil an der gemeinen M. schmälern würde), ein »non liquet«. Dieses Patt wird erst aufgelöst – und zwar zugunsten der neuen Lehre –, wenn man die Erkenntnisse aus der Siedlungs- und Wirtschaftsgesch. über den hist. Vorrang der individuellen Bodennutzung vor kollektiven Bewirtschaftungsformen wie etwa auch der →Dreifelderwirtschaft für die Rechtsgesch. nutzbar macht. Denn dann kann auch in »urgerm.« Zeit die Bewirtschaftung nicht in den Händen der M.genossenschaft gelegen haben. Zugleich ist damit den Vorstellungen von germ. Dorfgenossenschaften, die frei und gleichberechtigt kollektive Bewirtschaftungsformen betrieben hätten, die materielle Grundlage entzogen. Hist. zuverlässige Aussagen über M. und M.genossenschaften lassen sich erst vom Hoch- und SpätMA an machen.

[3] *Einzelfallstudien:* Vor allem Einzel- oder regional beschränkte Studien waren es, die – aufgrund intensiven Q.studiums – dazu beitrugen, den alten Streit über das Alter der M.genossenschaften zu überwinden. Der Versuch einer Gesamtdarstellung auf der Basis der neuen Lehre steht noch aus. Im einzelnen traten stärker als zuvor die Probleme der konkreten Ausgestaltung der M.genossenschaft in den Vordergrund. Es ging v. a. um die Nutzung außerhalb der abgegrenzten, dem Ackerbau dienenden Felder – auch Rebland ist ausnahmsweise in genossenschaftl. Hand – und damit v. a. um Weide- und Holznutzungsrechte. Das wichtigste sachl. Problem war dabei, diese Nutzung so zu begrenzen, daß der wirtschaftl. Bestand des Gemeinguts nicht gefährdet wurde. Dazu beschränkte man die Zahl und Art der für die Weide zugelassenen Tiere. Auch der Zeitraum der Waldweide war oft begrenzt (Schonfristen in der Hauptvegetationszeit). Genau geregelt waren auch die Mengen von Bau- und Brennholz, die die einzelnen Genossen schlagen bzw. auflesen durften. Außer zu diesen privaten Zwecken stellte man auch im Allgemeininteresse Holz bereit. Zur Nutzungsbegrenzung gehörte ferner das Bemühen, die als »Ausmärker« bezeichneten Nichtberechtigten möglichst auszuschließen. So konnte es zu bedeutsamen sozialen und wirtschaftl. Differenzierungen zw. den alteingesessenen Berechtigten und neu Hinzuziehenden kommen.

Diese Nutzungsbeschränkungen wurden oft in die →Weistümer aufgenommen, aber auch spezielle Verträge zw. den beteiligten Dörfern sind überliefert. Zur Durchsetzung der Beschränkungen gab es eigene M.gerichte, die unter Umständen einem benachbarten Herren übertragen waren, der die gerichtl. Entscheidungen durch seine Autorität stützte und dafür die Gerichtsgebühren bezog. Mit dieser herrschaftl. Innehabung des Gerichts ist ein weiterer alter Streitpunkt berührt, näml. der der herrschaftl. Beteiligung an den M.genossenschaften. V. a. A. Dopsch und seine Wiener Schule sahen diese Beteiligung als ganz überragend an. Daran ergeben sich jedoch Zweifel, wenn man Beispiele heranzieht, in denen Dörfer verschiedener Herren sich über die Nutzung eines gemeinsamen Waldes verständigen, oder Waldordnungen untersucht, bei denen der Gerichtsvorsitz die einzige dem Herren vorbehaltene Funktion ist. Eine endgültige Bewertung dieses Problems ist noch nicht möglich. Ein zu krasser, gar dialekt. Gegensatz bei der Zuordnung der M.genossenschaften zur herrschaftl. bzw. zur genossenschaftl. Sphäre wirkt jedenfalls unhist. A. Cordes

Lit.: HRG III, 302–316 – H. Schotte, Stud. zur Gesch. der Westfäl. M. und M.genossenschaften..., 1907 – W. Merk, ZRGGermAbt 55, 1935, 317–332 [Besprechung in H. Wiessner, Sachinhalt und wirtschaftl. Bedeutung der Weistümer] – M. Wellmer, Zur Entstehungsgesch. der M.genossenschaften, 1938 – E.-W. Böckenförde, Die dt. verfassungsgesch. Forsch. im 19. Jh., 1961, 134–147 – K. S. Bader, Dorfgenossenschaft und Dorfgemeinde, 1962, 116–182 – K. Kroeschell, Dt. Rechtsgesch. II, 1973, 137–139 – R. Schmidt-Wiegand, Marca (Unters. zur eisenzeitl. und frühma. Flur..., hg. H. Beck u. a., AAG 1979), 74–91 – L. Chatelet-Lange – P. Lorentz, Un règlement de forêt de 1400 pour Lampertheim et Mundolsheim, Rev. d'Alsace 113, 1987, 81–89.

Mark, -grafschaft
I. Frankenreich und Deutsches Reich – II. Östlicher Bereich.

I. Frankenreich und Deutsches Reich: M. (ahd. *marca, mar(c)ha;* mhd. *marke;* mlat. *marcha, marca, marchia, limes*) bedeutet Grenzland und bezeichnet seit frk. Zeit Gebiete an den Reichsgrenzen, die eine von militär. Erfordernissen geprägte Verwaltungsstruktur aufwiesen und einem einheitl. Oberbefehl unterstanden. Die M.en erfüllten eine militär.-administrative Doppelfunktion: Sie dienten einerseits als Truppenbereitstellungsraum zur Grenzverteidigung (MGH Cap. I, 139, n. 52; 808), andererseits hatten sie die Aufgabe, eroberte Gebiete in den Reichsverband zu integrieren. M.en waren keine scharf abgegrenzten Verwaltungsdistrikte, sondern breite Grenzsäume, die häufigen territorialen Veränderungen ausgesetzt waren. Gesichert wurden sie durch ein System von Burgen und Militärposten, die in karol. Zeit mit wehrpflichtigen Freien (franci homines) besetzt waren.

Das mlat. Wort für Mgf. 'marchio' erscheint um das Jahr 800 in den Kapitularien zum ersten Male, blieb aber unter Karl d. Gr. ungebräuchl. (MGH Cap. I, 206, n. 99, c. 5; 781–810); die mhd. Form *marcgrāve* begegnet erst im 13. Jh. 'Marchio' war anfängl. die Bezeichnung für »die in einer M. ansässigen Gf.en, die dem Befehl des Vorstehers der M. unterstanden« (K. F. Werner); ihrem Auftrag als Grenzschützer entsprechend hießen diese Gf.en auch custodes oder tutores. Vorsteher der M. war der vom Kg. eingesetzte dux (limitis) oder praefectus limitis; so wird der Befehlshaber der Breton. M., Hruodland (→Roland), von Einhard »Hruodlandus Brittanici limitis praefectus« genannt (Einhard, Vita Karoli Magni, ed. Holder-Egger, c. 9, S. 12). Unter Ludwig d. Frommen wandelte sich jedoch der Inhalt des Begriffes 'marchio': Nun bezeichnete er nicht mehr die Gf.en in einer M., sondern den M.-Präfekten selbst. 'Marchio' wurde damit zum Amtstitel eines kgl. Mandatsträgers, der in einer M. den militär. Oberbefehl innehatte und den dort amtierenden Gf.en gegenüber weisungsbefugt war. Der marchio stellte somit einen »neuen Typ des Funktionärs« dar (J. Dhondt), der in der Befehlshierarchie über den Gf.en stand. Der Etymologie zum Trotz war aber ein marchio nicht notwendigerweise das Oberhaupt einer M., sondern der Titel löste sich von den M.en. Entscheidendes Merkmal eines marchio wurde nun, daß er ein den Gf.en vorgesetzter, mit großen Befugnissen ausgestatteter Funktionär war, der in den

M. en, aber auch im Inneren des Reiches ein kgl. Mandat wahrnahm. Bezeichnenderweise ist daher Banzleib, der 838 als erster marchio namentl. erwähnt wird, nicht der Vorsteher einer M., sondern kgl. Amtsträger in Sachsen (BOUQUET, Rec. des Historiens 6, 617, n. 222). Ein marchio war regelmäßig zugleich →comes, wie auch aus der häufig wiederkehrenden Formel »comes et marchio« hervorgeht, und hatte daher die Rechte eines Gf. en inne. Die administrativ und militär. außerordentl. starke Stellung der marchiones in den M. en und in den regna des karol. Reiches ermöglichte es ihnen, in der Zeit schwindender Kg.smacht zu Stammeshzg. en aufzusteigen (→Luitpoldinger, Liudolfinger [→Ottonen]).

Die karol. M. en waren ausgedehnte Grenzgebiete, die in mehrere Gft. en zerfielen und dem praefectus limitis bzw. marchio unterstanden, wobei dieser in seiner Eigenschaft als comes eine der Gft. en selber verwaltete. Als »Span. M.« (marca Hispanica) wurden oft die frk. Eroberungen s. der Pyrenäen bezeichnet; sie bildeten, vom oberen Ebro bis Barcelona (801 erobert) reichend, ein Glacis gegen das omayyad. Emirat v. →Córdoba. Unter →Wilhelm v. Aquitanien († 812), dem Willehalm der Heldensage, war die Span. M. mit der Gft. Toulouse u. Septimanien vereinigt. Ludwig d. Fr. löste die Vereinigung mit Toulouse und formte aus der Span. M. u. Septimanien die M. Gothien. 865 wurde die Span. M. mit der Gft. Roussillon von der M. Gothien abgetrennt; Gf. →Wifred v. Barcelona, der letzte vom westfrk. Kg. eingesetzte Verwalter, starb 897. Von nun an verselbständigte sich die Span. M. zur Gft. →Barcelona, die 1137 durch Heirat mit dem Kgr. Aragón zusammengeschlossen wurde. Die M. Gothien wurde 1112 mit der Gft. →Toulouse vereinigt. Die von Karl d. Gr. gegründete »Breton. M.« diente als Ausgangsbasis der frk. Kriege zur Unterwerfung der Bretagne, die jedoch, obgleich die Bretagne als Reichsteil galt, nie in vollem Umfang gelang. Die M. bestand aus den drei Gft. en Nantes, Rennes und Vannes; der Vorsteher der M. war zugleich Gf. v. Nantes. Erster namentl. erwähnter Präfekt der M. war Hruodland, der 778 bei Roncesvalles fiel. Karl d. Kahle wurde im Frieden v. Angers (851) durch →Erispoë gezwungen, die M. an die Bretagne abzutreten. Die M. Friaul (marca Foroiuliensis), gelegen im nö. Oberitalien, sicherte die Reichsgrenze im SO gegen die Avaren und Slaven; sie bildete zusammen mit der bayer. Ostm. den Avaricus oder Pannonicus limes. Erster M.-Präfekt war der Alamanne →Erich († 799). Unter seinen Nachfolgern Cadolah († 819) und Balderich wurde die M. vergrößert und umfaßte das s. Kärnten, Krain, das Land s. der Drau und Dalmatien. Balderich wurde 828 abgesetzt und die M. Friaul in vier Gft. en aufgeteilt. Die it. Mgft. en Spoleto, Tuszien, Ivrea, Turin und Canossa waren keine M. en im eigtl. Sinne. Ob es eine n. der Elbe in Holstein gelegene karol. M. gegen die Dänen gab, ist umstritten. Wahrscheinl. war dort nur eine Reihe von Befestigungen vorhanden; belegt ist die Errichtung einer Burg durch Karl d. Gr. i. J. 810 bei Esseveldoburg (Itzehoe) (Chron. Moissiac. ad a. 810, MGH SS I 309; Einhard Ann. ad a. 809, ed. KURZE, S. 129f.). Die otton. M. en, die kleiner als die karol. M. en waren und nur eine Gft. umfaßten, schützten, mit Ausnahme der 952 gegründeten oberit. M. Verona, die ö. Reichsgrenzen. Ks. Heinrich III. gründete an der Grenze zu Böhmen die Böhm. M., die M. Cham, die M. Nabburg sowie die Neumark an der ung. Grenze; diese waren kleinräumige Gebilde von rein defensivem Charakter, die nicht die Bedeutung der karol. und otton. M. en hatten (vgl. Abschnitt II).

Die Mgf. en, die als fsl. Große dem älteren Reichsadel angehörten, konnten ihre fsl. Stellung im sog. jüngeren Reichsfs.enstand behaupten. Durch Erhebungen von Gf. en zu Mgf. en, die damit zu Reichsfs. en aufstiegen (die Gf. en v. Hennegau zu Mgf. en v. Namur 1188, die Gf. en v. Jülich zu Mgf. en v. Jülich 1336, Gf. Robert v. Bar zum Mgf. en v. Pont à Mousson 1354), und durch die Gewohnheit vieler mit Mgf. en verwandter Fs.enhäuser, den Mgf.entitel zu führen, wurde der Amtstitel endgültig zum Adelstitel. In Italien und Frankreich war der Mgf.entitel von geringer Bedeutung.   S. Kreiker

Lit.: J. FICKER–P. PUNTSCHART, I, Vom Reichsfs.enstande, 1861 [Nachdr. 1932] – A. HOFMEISTER, Mgf. en und Mgft. en im it. Kgr. in der Zeit von Karl d. Gr. (MIÖG, 7. Ergbd., 1907), 215–435 – R. HOLTZMANN, Frz. Verfassungsgesch., 1910 – K. BOSL, Die M. engründungen Ks. Heinrichs III. auf bayer.-österr. Boden, ZBLG 14, 1943/44, 177–247 – J. DHONDT, Le titre du marquis à l'époque carolingienne (ALMA, 1948), 407–417 – K. BRUNNER, Die frk. Fs.entitel im 9. und 10. Jh. (Intitulatio II, Lat. Herrscher- und Fs.entitel im 9. und 10. Jh., 1973), 179–340 – K.-F. WERNER, Missus-Marchio-Comes (Hist. comparée de l'administration, IVe–XVIIIe s., Beih. der Francia 9, 1980), 191–239.

II. ÖSTLICHER BEREICH: An der Ostgrenze des Frankenreiches entstand eine großräumige M. enorganisation zuerst im Grenzgebiet →Bayerns. Hier organisierte der Präfekt des Ostlandes (marchia orientalis) die Grenzverteidigung, in die zu Beginn des 9. Jh. auch abhängige avar. bzw. slav. Fs. en einbezogen wurden. Nach der Teilung der M. Friaul 828 wurden auch ganz →Kärnten und →Pannonien dem Ostm. präfekten (Ratbod 833–854) unterstellt. Als Inhaber dieses Amtes ab 856 strebte Karlmann nach selbständiger Herrschaft, rebellierte gegen seinen Vater, Kg. Ludwig d. Dt., und gewann schließl. 865 (als Kg. 876) die Macht über ganz Bayern. Auf der Basis des Mgf.enamtes in Kärnten (876–887) gelang dann Karlmanns unehel. Sohn Arnulf der Griff nach der Ks.krone, und schließl. leitete der von Arnulf begünstigte Mgf. →Luitpold (893–907) den Aufstieg seiner Familie (→Luitpoldinger) zu einer hzgl. Stellung in Bayern ein. Der Untergang seines Heeres gegen die Ungarn (907) bedeutete aber den Verlust der bayer. Ostm. bis zur Enns. Im weiter n. (entlang von Elbe und Saale) gelegenen Grenzgebiet werden eigene Mgf. en zunächst nicht gen. Erst mit Thakulf (847–873) wird eine M. der →Sorben greifbar, die in Personalunion an das thür. Amtshzm. gebunden war. Auch hier griff Ks. Arnulf ein und ersetzte den →Babenberger Poppo II. (880–892) durch Burchard (895–908). Später bauten die Liudolfinger (→Ottonen), die wohl schon seit der Mitte des 9. Jh. mgfl. Funktionen in Sachsen innehatten, bes. durch den späteren Kg. Heinrich I. ihre Machtbasis in Thüringen (um Merseburg) aus. Er machte die ö. der Saale lebenden Slavenstämme tributpflichtig (928–932) und unterstellte sie der Aufsicht von Legaten. Zur Intensivierung der Reichsherrschaft über die eroberten, daher als kgl. Besitz geltenden Territorien führte Ks. Otto I. Burgwardsystem (→Burgward) und Kirchenorganisation ein. Dabei baute er auf die Mitwirkung von Adelsgeschlechtern aus dem sächs. und thür. Grenzraum: →Gero (937–965, als marchio gen. ab 941) wurde der mittl. (etwa das Gebiet der Bm. er →Brandenburg und →Havelberg), →Hermann (Billung; 4.H.) der n. Elbslavenbereich (Bm. →Oldenburg) unterstellt (936–973, zunächst gen. als princeps militiae); im Gebiet der Sorben ö. der Saale sind dagegen Mgf.en, möglicherweise wegen des fortdauernden böhm. Einflusses, erst seit 968 bezeugt (bei den damals gegr. Bm.ern →Merseburg, →Zeitz und →Meißen). Nach 982 wurden die sorb. M. en zeitweilig in der M. Meißen vereint (später auch M. im →Milsener

Land [Land →Bautzen]). In kgl. Auftrag erfüllten die Mgf.en militär. (Oberbefehl über die Gf.en und Burgen) und administrative (Tribut-, Steuererhebung) Aufgaben. Während den so geförderten →Billungern der Aufstieg zum sächs. Hzm. gelang, starb Gero ohne direkten Erben, so daß seine M. geteilt wurde (in Nordm. und Ostm., später Lausitzer M.).

Zwar entschied der Kg. über die Einsetzung der Mgf.en (→Dietrich [v. →Haldensleben; 8.D.] v. der Nordm. 965-985; →Hodo [→Askanier] v. der Ostm., 965-993; →Thietmar I. v. Merseburg und Meißen, ca. 976-979 [→Gero II.]; Rikdag [→Wettiner] v. Meißen 982-985; →Ekkehard [→Ekkehardinger] v. Meißen 985-1002; Lothar [v. →Walbeck] v. der Nordm. 985/995-1003), doch machten deren Familien über Generationen hinweg Ansprüche auch dann geltend, wenn sie von der direkten Nachfolge ausgeschlossen wurden. Zur Absicherung der erworbenen Stellung, die ihnen in der Fs.enhierarchie den Platz hinter den Hzg.en sicherte, schlossen sie Eheverbindungen mit slav. Fs.enhäusern (→Heveller, →Piasten, →Přemysliden). Die poln. Fs.en Mieszko I. (992 als marchio gen.) und Bolesław I. Chrobry waren dadurch an der Herrschaft im M.engebiet (M. Lausitz, Milsener Land) zeitweilig ebenso beteiligt (Friede v. →Merseburg 1013, Friede v. →Bautzen 1018) wie böhm. Fs.en und Kg.e (u. a. Vratislav II., Vladislav II. in den M.en Meißen, Lausitz, Bautzener Land [1158-1253]).

Am Kampf um den Besitz der M.en nahm an der Seite Bolesławs I. Chrobry gegen Ks. Heinrich II. zunächst auch der im bayer. Nordgau amtierende und als marchio bezeichnete Gf. →Heinrich (v. Schweinfurt; 71.H.) aus der Familie der (jüngeren) →Babenberger teil. Diese waren seit 976, als Ks. Otto II. ganz Bayern neu ordnete und die Kärntner M. abtrennte (Umwandlung zu einem Hzm. mit mehreren kleineren M.en), auch im Besitz der wiederbelebten bayer. Ostm. (Mgf. →Leopold I.), wo sie in Konkurrenz zu den landsässigen Geschlechtern Besitz und Machtstellung kontinuierl. ausbauten. Sie erlangten die von Ks. Heinrich III. neu gegründeten, als Militärstützpunkte dienenden Kleinm.en gegen Böhmen und Ungarn (M. →Cham, M. Nabburg, die Böhm. M., →Neumark) und erreichten schließl. 1156 von Ks. Friedrich I. die Erhebung der Ende des 10. Jh. erstmals Ostarrichi gen. M. zum Hzm. (→Privilegium minus).

Während im N die Billunger (ausgestorben in männl. Linie 1106) nach dem →Slavenaufstand v. 983 allenfalls die chr. Dynastie der →Abodriten unterstützten und die Nordmgf.en (seit 1056 Gf.en v. →Stade, diese ab 1068 auch in der M. Zeitz) nur den Schutz gegen Einfälle der →Lutizen organisierten, schritt die Verflechtung der sorb. M.en mit dem w. benachbarten Altsiedelland im 11. Jh. voran. Der Aufbau von Landesherrschaft gelang aber zunächst nicht, da keine der beteiligten Adelsfamilien das Amt des Mgf.en kontinuierl. innehatte. Eine eindrucksvolle Territorialbildung betrieb Gf. →Wiprecht II. v. →Groitzsch, der 1123-24 die M.en Meißen und Lausitz besaß. Ihm folgten als Mgf.en die Repräsentanten jener rivalisierenden Familien, die - mit Hilfe des planmäßigen Landesausbaus - von nun an erfolgreich und expansiv den Ausbau eigenständiger fsl. Herrschaften betrieben: →Konrad (v. Meißen, 1123-57; 15.K.) als Begründer des Territorialstaates der Wettiner und der Askanier →Albrecht d. Bär († 1170), der nach vorübergehendem Besitz der Lausitzer M. 1134 mit der Nordm. belehnt wurde, die er zur M. →Brandenburg ausbaute. Chr. Lübke

Lit.: SlowStarSłow III, s. v. Marchia [Lit.] - W. SCHLESINGER, Die Entstehung der Landesherrschaft, 1941 - H. PATZE, Die Entstehung der Landesherrschaft in Thüringen, 1962 - W. HOPPE, Die M. Brandenburg, Wettin und Magdeburg, 1965 - H. LUDAT, An Elbe und Oder um das Jahr 1000, 1971 - R. WENSKUS, Sächs. Stammesadel und frk. Reichsadel, 1976 - Gesch. Salzburgs I/1, hg. H. DOPSCH, 1981 - HERRMANN, Slawen, 1985² - CHR. LÜBKE, Regesten zur Gesch. der Slaven an Elbe und Oder, I-IV, V [Register], 1985-88.

Mark Brandenburg → Brandenburg

Mark Lausitz → Lausitz

Mark Meißen → Meißen

Mark Zeitz → Zeitz

Marke → Beschauzeichen, →Hausmarken

Markellos, Bf. v. Ankyra (Ankara), † 375 (?), 325 Teilnehmer des Konzils v. →Nikaia als Mitstreiter →Athanasios' d. Gr. 335 verfaßte er eine polem. Schr. gegen den Arianer →Asterius (127 Frgm. bei →Eusebios v. Kaisareia überliefert), in der er vom orth. Dogma abweicht. Er wurde des Ebionismus und des →Sabellianismus verdächtigt und 336 und 338 auf Synoden in Konstantinopel verurteilt. 340 übergab M. Papst Julius I. in Rom ein orth. Glaubensbekenntnis in Form eines Briefes und wurde daraufhin rehabilitiert. Als 347 eine Synode in Mailand seinen Schüler Photeinos, Bf. v. Sirmium, verurteilte, wurde M. von Ks. Konstantios verbannt. Seine Schüler wurden 381 vom Konzil v. →Konstantinopel verurteilt. M. werden die Schr. »De sancta ecclesia«, »Sermo maius de fide« und »Expositio fidei« zugeschrieben.

E. Konstantinou

Lit.: LThK² VII, 4f. - ALTANER-STUIBER.

Markgraf v. Hohenburg, dt. Liederdichter des 12. Jh. aus dem bayer. Adelsgeschlecht der →Diepoldinger, die sich nach 1210 u. a. M.en v. H. nannten. Die drei großen Liederhss. weisen ihm (uneinheitl.) insgesamt 7 Lieder (20 Strr.) zu, die stilist. in den Umkreis der »zweiten stauf. Schule« am Hof Kg. Heinrichs (VII.) oder Konrads IV. gehören: →Friedrich v. Hausen und →Otto v. Botenlauben (für das Tagelied V) sind als Vorbilder deutl., zu →Gottfried v. Neifen (Lied IV) und Ulrich v. Winterstetten (formal Lied V) bestehen ebenfalls Bezüge. Damit kommen entweder Diepold V. (urkdl. 1205-25) oder sein Sohn Berthold III. (urkdl. 1230-54) in Frage; für Berthold spricht die in den Mund gelegte lat. 'Lamentatio', in der von gedichteten Liedern (Z. 6: carmina ... peregi) die Rede ist. Den dt. Liedern (VI: Treueversicherung gegenüber dem Kg.) sind keine biograph. Bezüge abzugewinnen. Möglich ist auch Autorschaft von Vater (II-V, VII) und Sohn (I, VI).

V. Mertens

Ed.: Dt. Liederdichter des 13. Jh., hg. C. v. KRAUS-H. KUHN, Nr. 25, 386, 393 - A. MOSCATI, La 'Lamentacio di Bertoldo di H.', BISI 65, 1953, 121-127 - Dt. Tagelieder, hg. S. FREUND, 1983, 149-H. HEINEN, Mutabilität im Minnesang, 1989, 258f. - *Lit.*: Verf.-Lex.² IV, 91-94 [V. MERTENS] - Dt. Liederdichter ... II, 223-239, 462-470 - W. v. GIESEBRECHT, Beitr. zur Genealogie der bayer. Adels ..., SBA.PPH 1870, I, 565-587 - M. DÖBERL, Berthold v. Vohburg-H., DZG 12, 1894/95, 201-278 - W. BUSSE, Der M.v.H. [Diss. Leipzig 1904] - F. NEUMANN, Der M.v.H., ZDA 86, 1955/56, 119-160 - H. KUHN, Minnesangs Wende, 1967², 83 - J. BUMKE, Mäzene im MA, 1979 [Register] - A. WOLF, Variation und Integration, 1979, 75-79 - O. SAYCE, The Medieval German Lyric 1150-1300, 1982 [Register] - G. ROHRBACH, Stud. zur Erforsch. des mhd. Tagelieds, 1986, 143-152 - M. EIKELMANN, Denkformen im Minnesang, 1988 [Register].

Markgrafenkrieg, Erster (1449/50). Die auf ganz →Franken gerichteten Herrschaftsansprüche des Mgf.en →Albrecht Achilles betrafen nicht das Hochstift →Würzburg, sondern v. a. die mit diesem verbündete Reichsstadt →Nürnberg, welcher der Mgf. am 29. Juni 1449 aus nichtigem Anlaß einen Absagebrief (→Absage) schickte, womit ein zermürbender Kleinkrieg im Nürnberger Umland begann. Nach einer Niederlage der Markgräflichen bei Pillenreuth (nö. Schwabach) am 11. März 1450 wurden die Kriegszüge fortgesetzt und die diplomat. Verhandlungen intensiviert. Die Bamberger Richtung (22. Juni 1450) beendete die Raub- und Streifzüge. Im Frieden v. Lauf a. d. Pegnitz (27. April 1453), den Hzg. →Ludwig IX. v. Bayern-Landshut vermittelte, konnte Nürnberg, dessen Handel starke Einbußen und dessen Landgebiet schwere Schäden erlitten hatte, seine Hoheitsrechte behaupten. A. Wendehorst

Q. und Lit.: Chron. dt. Städte 2, 1864 [Neudr. 1961]; 10, 1872 [Neudr. 1961] – →Albrecht Achilles, →Nürnberg.

Markgräflerland, nz. Bezeichnung für die Südschwarzwälder Vorbergzone und die benachbarte Rheinebene von Hochrhein und Rheinknie bei Basel bis n. Badenweiler und Neuenburg. Den Kern des M.es bilden die Gebiete der »Oberen Mgft. Baden«, den s. Komplex der aus den bad. Erbteilungen von 1515 und 1535 hervorgegangenen Mgft. Baden-Durlach. Ihre Bestandteile sind die jeweils mit dem Mgf.entitel verbundenen Herrschaften Hachberg-Sausenberg (Burg bei Kandern), Rötteln (Burg mit dem 1682 zur Stadt erhobenen Lörrach) und Badenweiler, die aufgrund eines Erbvertrages von 1490 (sog. Rötteler Gemächte) zw. der Hauptlinie der Mgf.en v. Baden und der mgfl. Linie Hachberg-Rötteln an Erstere fielen. Der Vertrag wurde 1505 vollzogen. Der eigtl. Bezugspunkt des M.es ist die Stadt →Basel, wo die Mgf.en seit dem SpätMA residierten. Die enge Nachbarschaft des M.es mit vorderösterr. Gebiet (Stadt Neuenburg, Rheinfelden), der Abtei St. Blasien und ihren Prioraten, dem Stift Säkkingen sowie dem Johanniterorden (Heitersheim) bezieht diese in die gemeinsame Gesch. der Region ein und läßt die herrschaftl. und konfessionellen Differenzen des MA und der frühen NZ in den Hintergrund treten.
H. Schwarzmaier

Lit.: Zs. »Das M.«, seit 1929/30 – Das M., hg. W. MÜLLER, 1969 – J. FISCHER, Territorialentwicklung Badens bis 1796 (Hist. Atlas von Baden-Württ., Karte VI, 1 [Beiwort, Lit.], 1974) – H. SCHWARZMAIER, Lörrach im MA (Lörrach. Landschaft–Gesch. –Kultur, 1982), 77–210.

Markianopolis (Marcianopolis), nach dem 2. Dak. Krieg (106 n. Chr.) über einer thrak. Siedlung in der Prov. Thracia von Ks. Trajan errichtet und nach dessen Schwester gen. (Organisation als gr. Polis; Griech. als offizielle Sprache von Inschriften und Münzen). Überreste finden sich im heut. Devnja 27 km w. von Odessos/Varna, wo die Straße von Odessos landeinwärts nach Nicopolis ad Istrum eine NS-Verbindung von Durostorum nach Anchialos kreuzte. Spätestens unter Mark Aurel wurde ein fünfeckiges Areal von 0,7 km² ummauert. 214 wurde M. (nun bei Moesia Inferior) von →Karpen überfallen, 250 oder 251 von →Goten erobert, 269 neuerl. von diesen bedrängt. M., unter Diokletian Hauptstadt der Moesia Inferior, ist ab 325 als Bm. nachweisbar. In den Gotenkriegen war M. wichtige Basis (mit Waffenfabrik) des Ks.s →Valens und wurde 378 wahrscheinl. von Goten erobert. Noch im 6. Jh. administratives und strateg. Zentrum (586 avar. Eroberung, 596 Ausgangspunkt für Slavenfeldzug des Petros), war M. im MA Siedlung mit Festung (Devina, Devono gen.?). P. Soustal

Lit.: B. GEROV, Studia Balcanica 10/2, 1975, 49–72 – A. MINČEV, Misc. Bulgarica 5, 1987, 297–306 – U. WANKE, Die Gotenkriege des Valens, 1990.

Markianos, oström. Ks. 450–457, Sohn eines einfachen Soldaten, erlangte nach erfolgreicher militär. Karriere das Vertrauen der Hofpartei, wurde nach dem Tode Theodosius' II. von dessen Schwester →Pulcheria zum Gemahl erwählt und auf ihr Betreiben hin von Senat, Volk und Heer zum Ks. erhoben. Außenpolit. war M.' Herrschaft sehr erfolgreich: Durch Tributverweigerung lenkte er die auf dem Balkan plündernden →Hunnen in den W ab, bisher den Hunnen untertänige Germanen und Sarmatenvölker siedelte er in den gefährdeten Donauprovinzen an. Angriffe der Araber auf Syrien und der Blemmyer auf Ägypten wehrte er ab, mit Vandalen und Persern hielt er weiterhin Frieden. Kirchenpolit. verurteilte das Konzil v. →Chalkedon (451) die Lehre der →Monophysiten. Zum Zwist mit dem röm. Bf. führte die Aufwertung des Patriarchats v. Konstantinopel gemäß Kan. 28, nach dem die Ks.stadt als zweite Stadt nach Rom anerkannt wurde. Durch die ihnen ausgesprochene Jurisdiktion über die ostillyr. Gebiete erhielt die Slavenmission fortan ihr byz.-orth. Gepräge. R. Klein

Lit.: KL. PAULY III, 995f. – A. DEMANDT, Die Spätantike, 1989, 183f. (HAW III/6).

Märkischer Städtebund. Gegen die Beeinträchtigung städt. Rechte und zur Wahrung des →Landfriedens einten sich in spätaskan. Zeit brandenburg. Städte (1308/09). In den Wirren nach dem Aussterben der →Askanier (→Brandenburg, Mark) kam es, durch die wittelsb. Landesherrschaft sanktioniert, zunächst zu regionalen, später zu überterritorialen (1321 mittelmärk.-lausitz. Städtebund) →Einungen gegen Friedebrecher. Im Streit um den von Ks. Karl IV. gestützten sog. »Falschen →Woldemar« stellte sich ein Bund von 35 Städten aus allen Landesteilen gegen die wittelsb. Herrschaft und erhielt dafür die Bestätigung der städt. Rechte, mit bes. Bestimmungen gegen Friedebrecher, die 1355 von den Wittelsbachern bestätigt wurden. Regionale →Städtebünde (mittelmärk. Städtebund 1393) blieben auch unter lux. Herrschaft wichtig. Im Zuge der landesherrl. Eingriffe in die städt. Autonomie wurde ein geplanter alt- und mittelmärk. Städtebund (1438) nicht mehr wirksam. F. Escher

Lit.: E. MÜLLER-MERTENS, Unters. zur Gesch. der brandenburg. Städte im MA, II (Wiss. Zs. der Humboldt-Univ. zu Berlin, Ges.-und sprachwiss. R. V, 1955/56), 191–307 – H. HELBIG, Ges. und Wirtschaft der Mark Brandenburg im MA, 1973.

Marklo (an der Weser). M. bedeutet 'Lichtung im Wald' oder auch 'Grenzwald'; die Identifizierung nw. von Nienburg ist umstritten. In der »Vita Lebuini antiqua« (um 840/864) wird glaubwürdig berichtet, daß die →Sachsen hier vor ihrer Eingliederung in das Frankenreich jährl. eine Stammesversammlung abhielten. Unter der Leitung der Gauvorsteher (satrapae) sollen sich zu M. »iuxta fluvium Wisuram« von jedem Gau 36 Vertreter versammelt haben, und zwar je zwölf der →Edelinge, der →Frilinge und der →Liten. Diese Repräsentanten der Heerschaften übten hier als zentrale Instanz der Westfalen, Engern und Ostfalen v. a. kult. Funktionen aus, sie sprachen aber auch Recht und entschieden über Krieg und Frieden. Zu M. wurden auch Gesandte anderer Stämme empfangen; um 770 trat hier der ags. Missionar →Lebuin auf. Die →Capitulatio de partibus Saxoniae (nach 782) setzte rechtl. dem altsächs. Stammesthing zu M. ein Ende. G. Spreckelmeyer

Lit.: HRG III, 319f. – Hist. Stätten Dtl. II, 1986⁵, 324 – Gesch. Niedersachsens I, hg. H. PATZE, 1977, 5, 8, 578–581, 616 – J. PRINZ, M., Westfalen 58, 1980, 3–23.

Marko Kraljević, Kg. v. →Serbien 1371–95 (aus der Mitherrscherfamilie und sogen. Dynastie der Mrnjavčevići), ✗ 17. Mai 1395 bei Rovine. Ältester Sohn von →Vukašin (Mrnjavčević), erhielt er der Doppelherrschaft von Zar →Uroš und Kg. Vukašin vor der Schlacht an der →Marica (26. Sept. 1371) den Titel *mladi kralj* ('junger Kg.'). Nach dem Tod des Vaters in dieser

Schlacht Mitherrscher des (kinderlosen) Zaren Uroš, nach dessen Tod legitimer Kg. v. Serbien, herrschte er aber faktisch nur in einem Teilgebiet (w. Makedonien), unter osman. Oberherrschaft. Benachbarte Magnaten nahmen ihm →Skopje und →Prizren. Außerdem teilte er die Herrschaft mit der Kgn.mutter und seinem Bruder Andrijaš. M. fiel im Kampf gegen die Türken an der Seite des valach. Voevoden →Mircea d. Alten.

Ungeklärt ist, warum gerade der türk. Vasall M. K. zur populärsten Gestalt der südslav. Volkslit. wurde. Mehrere hundert epische Gesänge rühmen M. als Helden von übermenschl. Kraft, der, auf den Landstraßen einherziehend, an den Türken Rache übt und die Schwachen vor Unterdrückung schützt. In dieser myth. Heldenfigur fanden die Wünsche und Sehnsüchte der bedrohten Christen im Osman. Reich ihren Ausdruck. R. Mihaljčić

Lit.: BLGS III, 103–105 [F. KÄMPFER; Lit.] – L. MIRKOVIĆ, Mrnjavčevići, Starinar 3 (1924–25), 11–41 – N. BANAŠEVIĆ, Ciklus Marka Kraljevića i odjeci francuskotalijanske viteške književnosti, 1935 – K. JIREČEK, Srpski car Uroš, kralj Vukašin i Dubrovčani (Zb. K. JIREČEKA I, 1959), 338–385 – R. MIHALJČIĆ, Kraj Srpskog Carstva, 1989².

Markomannen ('Grenzleute'), germ., Stamm, den →Sueben zugerechnet, siedelte zunächst im Maingebiet. Unter röm. Bedrohung (nach 9 v. Chr.) führte Marbod das Volk nach Böhmen, wo es, monarch. regiert, zusammen mit den verwandten →Quaden und anderen Stämmen unter Marc Aurel (161–180) auf Grund von Überbevölkerung und äußerem Druck vorübergehend zu einer schweren Belastung Roms wurde. Nach Landnahme in Pannonien gegen Ende des 4. Jh. wohl in kleineren Gruppen erfolgte im 5. und 6. Jh. eine allg. Abwanderung über die Donau nach Raetien und Noricum; Böhmen wurde entvölkert. Die Reste gingen in den Bajuwaren (→Bayern) auf. G. Wirth

Lit.: RE XIV, 1609 – K. ZEUSS, Die Deutschen und ihre Nachbarstämme, 1837, 372 – A. PREIDEL, Germanen in Böhmens Frühzeit, 1938 – L. SCHMIDT, Westgermanen I, 1940, 153 – E. SCHWARZ, Germ. Stammeskunde, 1955, 164 – J. DOBIAŠ, Historica 2, 1960, 37 – J. WERNER, Die Herkunft der Baiern und der ö. merow. Reihengräberkreis (WdF 60, 1965), 12 – A. PREIDEL, Bohemia 10, 1969, 12 – E. SCHWARZ (Grundfragen der alem. Gesch., 1970), 38 – K. REINDEL, Hb. der bayer. Gesch. I, 1981², 105.

Markos Eugenikos, hl., Metropolit. v. Ephesos 1437–45, * 1394 in Konstantinopel (Taufname Manuel), † ebd. 23. Juni 1445, ▭ Manganenkl. Sohn eines Patriarchatsbeamten, Schüler des →Johannes Chortasmenos und Georgios Gemistos →Plethon. Ab 1418 Mönch (Name Markos) auf der Insel Antigoni, ab 1442 in Konstantinopel; Hesychast (→Hesychasmus) und Palamit. 1436 Priester, 1437 Metropolit v. Ephesos; 1438/39 Teilnahme am Konzil v. →Ferrara-Florenz, auch als Stellvertreter des Patriarchen v. Alexandria; verteidigte als Hauptsprecher der byz. Kirche die Ablehnung des Filioque und stimmte als einziger der Union nicht zu. Zurück in Konstantinopel bekämpfte er sie mit wachsendem Erfolg. 1440 lehnte er eine Patriarchatskandidatur ab und war 1440/42 auf Lemnos in Haft. Werke: Von ca. 80 Titeln seien hervorgehoben: Widerreden gegen Manuel →Kalekas über Wesen und Energeia, Apolog. Schr. gegen die Lateiner (u. a. Ansprache an Papst Eugen IV., Über das Filioque, Konzilsbericht, Briefe), Erklärung der Liturgie, Hymnen, Lösungen exeget. Probleme, Schr. asket. und theol. Inhalts, Homilien, Briefe. J.-L. van Dieten

Lit.: DSAM X, 267–272 – DThC IX, 1968–1986 – LThK² VII, 11f. – PLP, 6193 – Repfont IV, 387 – ThEE VIII, 760–763 – BECK, Kirche, 755–758 – J. GILL, Personalities of the Council of Florence, 1964, 55–64, 222–232 – C. TSIRPANLIS, M.E. and the Council of Florence, 1973 – DERS., The Career and Political Views of M.E., Byzantion 44, 1974, 449–466 – DERS., M.E. on Purgatorium, Byzslav 37, 1976, 194–200 – G. PODSKALSKY, Theologie und Philos. in Byzanz, 1977, 219f.

Markscheidewesen, bergbaul. Vermessungskunde, die durch die Intensivierung der Bergbautätigkeit notwendig wurde. Im Salzbergbau steckte man bisweilen den aus der Vermessung des Salzberges gewonnenen Verlauf der Schaftrichte über Tag aus, um sich über das gegenseitige Verhältnis der Stollen und die Lage zu dieser zu den über Tag vermarkten Grubengrenzen klar zu werden. Als Bergmaß waren Klafter, Lachter und das Bergstabel in Gebrauch. Instrumente der Längenmessung waren zunächst Meßschnüre, Ruten und Stöcke, deren Längen von Bergwerk zu Bergwerk verschieden waren und die durch die Markscheider geheimgehalten wurden. Der →Kompaß, der für die unter Tag erforderl. exakte Einhaltung der Richtung notwendig war, wurde in der 2. Hälfte des 13. Jh. in →Massa Marittima und im Alpenraum 1474 von einem Schwazer Markscheider verwendet. Außer der magnet. Ausrichtung der Winkel- und Richtungsbestimmungen gab es auch die Form der analogen Winkelmessung durch Einritzen von Winkeln in Wachsscheiben. Ende des 15. Jh. kam das aus einem Haupt- und Nebengerät bestehende Schinzeug in Verwendung, das Winkel- und Längenmessung vereinigte. Beide Geräte, an denen Vorrichtungen zum Ablesen horizontaler Winkel und Lote zur Nivellierung angebracht waren, wurden im Winkel neu postiert. Zw. Haupt- und Nebengerät diente eine Meßschnur zur Distanzmessung, an der eine Setzwaage zur Messung des Steigungswinkels hing. Der so gemessene Gangzug ergab einen sog. Polygonzug. In der Vorausbestimmung von Streckenlängen beim Abteufen der Schächte oder beim Vortrieb der Stollen bediente man sich dann indirekter Methoden durch Schnurdreiecke auf der Basis von Strahlensätzen und ähnl. Dreiecke. R. Palme

Lit.: F. KIRNBAUER, Entwicklung des M.s, 1940 – M. ZIEGENBALG, Aspekte des M.s (Der Anschnitt, Beih. 2, 1984 [= Montanwirtschaft Mitteleuropas vom 12.–17. Jh.]) – R. PALME, Grubenvermessungswesen, Ingenieurvermessung, 1987.

Markt

I. Westlicher Bereich – II. Byzantinisches Reich und Südosteuropa.

I. WESTLICHER BEREICH: [1] *Spätantike und Frühmittelalter*: Im röm. Reich gehörten zu Munizipalstädten nundinae, d. h. ein period. M.verkehr. An anderen Orten war eine staatl. Genehmigung für M.handel notwendig. Diese Genehmigung ist sowohl einzelnen Personen wie Korporationen erteilt worden. In den Städten und in den mit M.recht begabten Orten gehörten die Straßen und der M.platz zur res publica. Eine solche Rechtsvorstellung war den Germanen urasprgl. fremd. In der Karolingerzeit gab es dann eine schillernde Vorstellung von der strata publica, die mit einer strata regia identifiziert wurde. So konnten die nachlebenden M.e in alten Römerstädten als kgl. angesehen werden, bis sie überwiegend nach und nach Bestandteile kirchl. Herrschaften wurden. Daneben gab es nichtkgl. grundherrschaftl. M.gründungen, für die seit dem Zerfall der röm. Staatsordnungen keine Genehmigungen mehr notwendig waren. Der röm. M.zoll, siliquaticum, hat sich in Italien unter got., langob. und frk. Herrschaft, nicht aber n. der Alpen erhalten. Trotzdem wurden M.abgaben erhoben, aber eben nicht mehr allein vom Kg., sondern von jedem, in dessen Herrschaftsgebiet ein M. lag. Das Recht, M.e zu schaffen, das M.regal, gehörte also nicht den ursprgl. Hoheitsrechten frühma. Kg.e, sondern wurde erst im Laufe des 9. Jh. vorübergehend dazu. Diese Entwicklung hängt damit zusammen, daß die innere Rechts- und Friedenswahrung in den Reichen, bes. in den karol. Teilreichen, damals in eine krit. Phase geriet. Die →Fehde als Rechtsregelungsverfahren breitete sich aus. Der Kg. brachte sich in eingeschränkter Weise durch von ihm verkündete Sonderfrieden zur Geltung. M.erhebung reduzierte sich im wesentl. auf die Verkündung eines kgl. M.friedens (frühes Beispiel: Eßlingen 866, Elenchus fontium, Dtl. Nr. 7). In nachkarol. Zeit nahmen im W regionale Fs.en das Recht wahr, während sich im O das kgl. M.privileg als festes Rechtsinstitut entwickelte. In otton. und frühsal. Zeit werden über 100 M.e als Rechtsgebilde durch kgl. Privileg gegründet.

[2] *Hoch- und Spätmittelalter:* Man unterscheidet zw. Fernhandels- und Nahhandelsm., eine Unterscheidung, die sich anfängl. mit jener zw. Jahres- und Wochenm. bzw. ständigem M. deckt. Später gab es viele Jahrm.e mit Nahhandelsfunktion. Im 11. und 12. Jh. war es in Deutschland regionalen Fs.en zunächst nur mögl., Wochen- und Nahhandelsm.e selbständig zu errichten. Für Jahresm.e brauchten sie die Bestätigung des Kg.s. Mehr und mehr verzichteten sie allerdings auf diese Bestätigung. Nur bei Reichsstädten blieb die M.regelung weiterhin kgl. Aufgabe. Im 12. Jh. begegnen viele Orte mit mehreren Jahrm.en. Utrecht besaß 1127 vier Jahrm.e, Köln am Anfang desselben Jh. drei, Trier am Ende des 12. Jh. drei. An einigen Stellen – wenigstens im Kolonisationsgebiet – dachte man an die Gründung ganzer M.systeme, eines Jahrm.es, dem mehrere Wochenm.e in benachbarten Orten zugeordnet wurden. Ein Beispiel ist vielleicht Jüterbog 1174. Während der Dauer eines M.es wurde wohl meist ein Kreuz als Symbol des M.friedens errichtet. Es bildete sich eine Gliederung der M.zeit in Verkaufszeit, Zahlzeit, Ankunfts- und Abfahrtszeit. Alle diese Perioden standen unter dem M.frieden. Die Jahrm.stermine wurden so angesetzt, daß die Kaufleute, die Jahrm.e benachbarter Städte besuchen wollten, dazu Zeit fanden. So füllte eine Kette von 10 Jahrm.en am Niederrhein in Köln, Aachen, Duisburg und Utrecht die Sommermonate. Da sich in der Praxis oft Jahrm.e mit kirchl. Festen, etwa Patrozinienfesten, verbanden, dehnte sich ein begrenzter kirchl. Schutz von Pilgern auf M.besucher aus (vgl. z. B. Kan. 14 des I. Laterankonzils v. 1123).

Das Recht, das M.besucher untereinander anwandten, das M.recht, wuchs mit örtl. Varianten aus einem allg. Kaufmannsrecht heraus und war vielfach der Ausgangspunkt für die Ausbildung von Stadtrechten. Im ausgehenden 19. Jh. entwickelten Gelehrte daraus die »M.rechtstheorie«, die verabsolutierend den Ursprung von Stadt und Stadtrecht im M.recht sah, dieses aber nicht mit dem Kaufmannsrecht verband, sondern einseitig als kgl. Rechtssetzung verstand. Seit dem ausgehenden 10. Jh. wird bei der Gründung eines neuen M.es vielfach der M.besuch eines anderen Ortes als Vorbild erwähnt. An erster Stelle steht Mainz, dessen M.recht vom Bodensee bis nach Sachsen erscheint. Dann kommt Köln, dessen Rechte bis zur Elbe und Mosel als vorbildl. gelten. Magdeburg wird in Norddeutschland genannt. Bestandteil des M.rechtes waren auch die Ansprüche des M.herrn gegenüber den M.bewohnern und -besuchern. Der Abt der Reichenau behielt sich bei der Neuordnung des M.es von Allensbach i. J. 1075 vor, daß dreimal im Jahr zwei Wochen lang die Kaufleute Wein und andere Dinge erst verkaufen dürften, wenn der Abt seine Verkäufe getätigt hatte (Elenchus fontium, Dtl. Nr. 45). Im 12. Jh. werden in den Urkk. besondere Zollsätze für die M.zeit genannt. Meistens, aber nicht immer, sind es günstigere Zollsätze als für andere Zeiten. Es gab sicherl. Vertreter der Herrschaft auf den M.en, die M.vögte. Aber bei vielen in den Q. genannten Kaufleutevorständen, Wikgf.en, Hansegf.en u. ä. muß es offenbleiben, ob es sich um Repräsentanten der Kaufleute im Sinne von Gildevorständen oder herrschaftl. Organen handelt. Die Kaufleute, auch die nicht seßhaften, übten jedenfalls eine eigene genossenschaftl. Gerichtsbarkeit aus, wohl meist beschränkt auf Fragen, die den Handel oder die Lebensmittel betrafen, wie es in einer Urk. Heinrichs III. für Quedlinburg heißt. Zu dem übergreifenden Kaufmannsrecht gehörte wahrscheinl. die Ansicht, daß ein auf einem Jahrm. abgeschlossener Kauf (ein negotiale) auch ohne die sonst üblichen Förmlichkeiten gültig sei. Es bildete sich das Rechtsinstitut des M.kaufes aus, das den, der gestohlene Ware auf dem M. kaufte, vor der üblichen Verfolgung wegen Diebstahls und Hehlerei schützte. Zum rechtl. Ausbau des M.es trug die Gründung von M.- oder Messegerichten mit einer eigenen Prozeßordnung für Schnellverfahren bei. In Europa n. der Alpen sind dabei die →Champagnemessen im 12. und 13. Jh. vorbildl. geworden. Die Gf.en der Champagne hatten hier Marktwächter, *gardes de foire*, eingesetzt. Letztere hatten nicht nur polizeil. Gewalt und waren als Schiedsrichter tätig. Ein wichtiges polizeil. Mittel war die Verhängung der Messesperre gegen einzelne Personen. Weiterhin gab es auf diesen Messen Institutionen öffentl. Glaubens. Bei den Vorstehern geistl. Konvente an den Messeorten gab man die Schuld- oder Rückzahlungsanerkenntnisse ab und begehrte ihre urkundl. Bestätigung. Diese Vorsteher hatten in den damit zusammenhängenden Streitigkeiten auch eine Gerichtsbarkeit, in deren Rahmen sogar geistl. Zensuren verwandt wurden. In Deutschland waren im SpätMA und in der frühen NZ die Frankfurter Fasten- und Herbstmessen die berühmtesten Jahrm.e. Die letzteren sind im 12. Jh. aus einem landwirtschaftl. (vornehml. Pferde-) M. für die Umgebung von →Frankfurt a. M. hervorgewachsen. Der Anlaß für die ersteren war der wachsende Absatz von Elsässer Wein in Nordeuropa seit dem 14. Jh. Die Fastenmesse wurde 1330 durch ein Ks.privileg bestätigt. 1337 erhielt Frankfurt vom Ks. das Versprechen, daß keiner anderen Stadt, am wenigsten Mainz, ein Messeprivileg gegeben würde, das Frankfurt abträgl. wäre. 1360 wurde Frankfurt das Privileg gegeben, daß die Messegäste während der Dauer der Messe auf den Wege dahin nicht von einem anderen wegen einer Rechtssache, die bei einem ksl. Hofgericht oder irgendeinem Reichsgericht anhängig war, verfolgt, angefallen oder gehindert werden dürften. 1376 kam die Suspension der Reichsacht für Messebesucher hinzu. Das Verkehrsverbot mit den Geächteten sollte für den Messeverkehr nicht gelten. Ein eigtl. Meßhandelsgericht hat sich in Frankfurt nicht ausgebildet. 1465 erhielt die Stadt trotzdem vom Ks. ein wichtiges Meßgerichtsprivileg. Bei Messestreitigkeiten sollte nicht, wie sonst üblich, das heimatl. Gericht des Beklagten Gerichtsstand sein, sondern das Frankfurter Schöffengericht.

Im Laufe des HochMA verbindet sich mit dem M.recht mehr und mehr ein Monopolrecht. Frühe Beispiele solcher Verbindungen sind Urkk. Ks. Friedrichs I. für München und Staffelstein (Elenchus fontium, Dtl. Nr. 70 und 77). In Skandinavien ist ein frühes Beispiel die Urk. eines schwed. Kg.s von 1284 für Jönköping (Elenchus fontium, Skandinavien Nr. 36). Es gab M.zwänge verschiedener Art: Mit Hilfe der Territorialfs.en der Umgebung wurde ein →Stapel- oder Niederlagezwang auf einem städt. M. durchgesetzt. Eine andere Form war der Zwang, bestimmte Waren nur an bestimmten Plätzen oder in bestimmten Häusern zu bestimmten Zeiten in einer Stadt zu verhandeln. In Hamburg z. B. durften Großhändler

Kleinvertrieb nur auf den Jahrm.en üben. Ähnliches galt jedenfalls im 12.Jh. für die Tuchhändler aus Lüttich und Huy in Köln.

[3] *Marktorte:* Bei vielen, aber nicht bei allen der im frühen und hohen MA außerhalb nachlebender röm. Städte gegründeten M.en entstanden neue Städte. In anderen Fällen behielten die M.siedlungen den Charakter von Dörfern. Zahlreiche Dörfer mit M.en gewannen gewissermaßen einen Sonderstatus und nahmen den Titel eines M.es im Sinne einer rechtl. Siedlungsbezeichnung an. Im hohen MA wurde begriffl. zunächst die villa fori von der civitas oder dem oppidum abgehoben. Im SpätMA und der NZ ist der M. eine Siedlung, deren Status zw. dem des Dorfes und dem der Stadt liegt. Zumeist kleiner als Städte, erfüllt sie aber tlw. städt. Funktionen und hat städt. Ordnungen (→Minderformen). Die kommerzielle Funktion beschränkt sich meist auf den Nahhandel. Im SpätMA spalten sich die M.orte in zwei Typen: Im 14. Jh. gab es in Bayern z. B. ein M.recht des Landshuter Rechtskreises, dessen Träger sich außer im Titel in nichts von Städten unterschieden. Anders war es z. B. mit dem frk. Kissingen, das von Ludwig d. Bayern einen Jahrm. und einen Wochenm. erhielt und durch eigene Organe nur Friedensbrüche während der M.zeit innerhalb eines Freibezirks ahnden durfte. In Schlesien wurde die Unterscheidung zw. M.flecken, die kleinen Städten gleich waren, und M.dörfern, Dörfern mit Jahrm.en, entwickelt.

R. Sprandel

Q. *und Lit.:* S. Rietschel, M. und Stadt in ihrem rechtl. Verhältnis, 1897 [Neudr. 1965] – B. Kuske, Die M.e und Kaufhäuser im ma. Köln, JbKGV 2, 1913, 75ff. – W. Spiess, Das M.privileg, 1916 – W. Stein, Handels- und Verkehrsgesch. der dt. Ks.zeit, 1922 [Neudr. 1967] – H. Borchers, Unters. zur Handels- und Verkehrsgesch. am Mittelrhein und Oberrhein bis zum Ende des 12. Jh. [Diss. masch. Marburg 1952] – La foire, RecJeanBodin 5, 1953 – H. Dachs, Ein M.recht des Landshuter Rechtskreises, ZBLG 18, 1955, 291–307 – H. Eichler–R. Laufner, Hauptm. und M.kreuz zu Trier, 1958 – H. Reinhard, Der M.kauf in den schweiz. Stadtrechten des MA [Diss. Zürich 1959] – H. Protze, Das Wort »M.« in den mitteldt. Mundarten, 1961 – W. Schlesinger, Forum, villa fori, ius fori (Ders., Mitteldt. Beitr. zur dt. Verfassungsgesch. des MA, 1961), 275–305 – Das M.problem im MA, hg. P. Schöller (WF 15, 1962) – G. Höhl, Frk. Städte und M.e, 1962 – T. Endemann, M.urk. und M. in Frankreich und Burgund vom 9.–11. Jh., 1964 – E. v. Lehe, Die M.e Hamburgs von den Anfängen bis in die NZ, VSWG Beih. 50, 1966 – Elenchus fontium historiae urbanae, hg. L. van de Kieft–J. Niermeyer I, 1967 – M. Mitterauer, Jahrm.e in Nachfolge antiker Zentralorte, MIÖG 75, 1967, 237ff. – W. Metz, M.rechtsfamilie und Kaufmannsfriede in otton.-sal. Zeit, BDLG 108, 1972, 28–55 – H. Knittler, Städte und M.e (Beitr. zur Typologie der österr. Länder aus ihren ma. Grundlagen II, 1973) – W. Schlesinger, Der M. als Frühform der dt. Stadt (Vor- und Frühformen der europ. Stadt im MA. Ber. über ein Symposium in Reinhausen bei Göttingen, 1973) – H. Weczerka, Stadt und M.gründungen und Stadtabgänge in Schlesien 1450–1800, ZOF 23, 1974, 193–261 – F. Hardt-Friedrichs, M., Münze und Zoll im ostfrk. Reich bis zum Ende der Ottonen, BDLG 116, 1980, 1–31 – Th. Szabó, Antikes Erbe und karol.-otton. Verkehrspolitik (Institutionen, Kultur und Ges. im MA, hg. L. Fenske u. a., 1984), 125–145 – Gilden und Zünfte, hg. B. Schwineköper (VuF 29, 1985) – Urkk. zur Gesch. des Städtewesens in Mittel- und Niederdtl., hg. H. Stoob–F. B. Fahlbusch, 1ff., 1985ff. – Unters. zu Handel und Verkehr der vor- und frühgesch. Zeit in Mittel- und Nordeuropa, hg. K. Düwel u. a., AAG, 1987 – E. Ehmann, M. und Sondermm...., 1987 [= Nürnberger Werkstücke zur Stadt- und Landesgesch. 40].

II. Byzantinisches Reich und Südosteuropa: [1] *Byzantinisches Reich:* Einzelne M.plätze nahmen die Stelle eines einheitl. »nationalen« M.es ein. Das galt v. a. für Konstantinopel und in der Frühzeit (bis ins 7. Jh.) auch für die mit der Hauptstadt ansatzweise konkurrierenden Städte wie Alexandria und Antiocheia. Die Vorrangstellung des M.es von Konstantinopel blieb vom 8. bis zum 12.Jh. unbestritten; danach bildete sich im zersplitterten Byz. Reich eine Anzahl von bedeutsamen Handelszentren heraus. In der spätbyz. Zeit sorgten it. Kaufleute für eine Verbindung der großen Märkte wie Konstantinopel und Thessalonike, wobei sie eigene Handelsknotenpunkte schufen. Der →Handel war je nach Warenart verschieden organisiert. In der Frühzeit wurden Luxuswaren aus dem O in den *mitata* (Herbergen mit Warenlager) an die byz. Behörden verkauft, die ihrerseits den Weiterverkauf organisierten. Die russ. Kaufleute erhielten in Konstantinopel in der Vorstadt Ag. Mamas einen bestimmten Raum für Aufenthalt und Geschäfte zugewiesen. Ebenso hatten die Bulgaren einen bestimmten Platz. Allmähl. wuchs die Zahl der fremden Kaufleute und seit dem Ende des 11.Jh. auch die ihrer Kontore in Konstantinopel; über diese wurde der größte Teil des Außenhandels abgewickelt. Einheim. Erzeugnisse wurden freier und an viel mehr Plätzen verkauft, doch ebenso zumeist unter Aufsicht des Staates. An der Hauptstraße von Konstantinopel, der Mese (in Thessaloniki an der Egnatia), befanden sich unter Arkaden vom 9. bis ins 11.Jh. die Läden der Kaufleute für Gegenstände aus Edelmetall *(argyropratai)* und die der Geldwechsler *(trapezitai).* Dieser Teil der Mese hieß *agora* (Name für einen Platz mit M.funktion und auch für Ladenstraße). Außerdem gab es Läden für andere wertvolle Waren, einschließl. der Buchläden. Die Konzentration verschiedenster Handelszweige ist auch für andere Ladenstraßen oder Stadtviertel charakteristisch.

Die Spezialisierung auf bestimmte Handwerkserzeugnisse oder Lebensmittel in bestimmten Regionen des Reiches führte zur Ausprägung bes. M.plätze, auf denen zumeist auf großen Tischen und unter Zeltdächern die Waren verkauft wurden. Eine wichtige Stellung kam den Vieh- und Sklavenm.en zu, die an bestimmten Orten zu festgesetzten Tagen (z. B. an einem bestimmten Wochentag) stattfanden. Solche M.e verwischten weitgehend die Unterschiede zw. M. und →Messe, so daß diese beiden Formen ineinander übergingen. Allmähl. wurden die meisten großen M.e – wie es schon immer für Messen üblich war – vor die Stadtmauern verlagert. Es gab also M.e in unbefestigten Siedlungen, in Dörfern und sog. *komopoleis* (kleinere unbefestigte Orte). Das Aussehen der M.e ist nur für Konstantinopel im 14. und 15.Jh. bekannt, wo der M. sich unter großen Hallen entlang des Goldenen Horns erstreckte. Ein großer Teil der Waren wurde auch außerhalb der M.e und *ergasteria* verkauft. Kleine Kaufleute und Handwerker boten auf den Straßen an Ort und Stelle Waren und Reparaturdienste an.

Die staatl. Kontrolle der M.e hatte verschiedene Formen und war lange Zeit auch von entscheidender Bedeutung. Das zeigte sich bes. bei Grundnahrungsmitteln, v. a. Brot, dessen kostenlose Verteilung an die Armen der Stadt bis ins 7. Jh. eine wirkliche Versorgung darstellte. Auch später, bis ins 11.Jh., hielt der Staat mittels großer Getreidemagazine die Kosten für Grundnahrungsmittel niedrig. Der Hof, das Heer, die Kirche und ein großer Teil der Beamten versorgten sich durch bes. Bestellungen, oft über die Staatswerkstätten, was eine Vermittlung des M.es ausschloß. Hierin lag einer der Gründe für die außerordentl. Preisstabilität; ein anderer war die allumfassende Kontrolle. Ökonom. Faktoren wirkten immer stärker auf die Preise ein, in denen das →Kommerkion (10%), die Haupthandels- und Warensteuer im byz. Reich, enthalten war. Sie wurde an allen Handelsplätzen von den Kommerkiariern erhoben. Die allmähl. tlw. oder vollständige Befreiung der it. Handelsrepubliken vom Kommerkion im 11. und 12. Jh. minderte die Konkurrenzfähigkeit von Erzeugnissen des einheim. Handwerks auf dem M. Da die Kaufleute oft mit geliehenem Kapital arbeiteten, wirkten sich auch die Zinsen (4–8% oder etwas höher) auf den Endpreis der Waren aus. In der spätbyz. Zeit stellte das Privileg, das Kommerkion für Zwecke der Stadt selbst zu verbrauchen (so für Monemvasia), eine bes. Erscheinung dar. Hierin lag letztl. eine Gleichstellung des Stadtrechtes mit dem M. recht. Lj. Maksimović

Lit.: The Oxford Dict. of Byzantium, s.v. [A. LAIOU] – A. P. RUDAKOV, Očerki vizantijskoj kul'tury po dannym grečeskoj agiografii, 1917 (ndr. 1970) – G. OSTROGORSKY, Löhne und Preise in Byzanz, BZ 32, 1932, 293–333 – M. JA. SJUZJUMOV, Rol' gorodovemporiev v istorii Vizantii, VV 8, 1956, 26–41 – DERS., Ekonomika prigorodov vizantijskich krupnych gorodov, VV 11, 1956, 55–81 – E. KIRSTEN, Die byz. Stadt (Ber. zum XI. Int. Byz.-Kongr. 1958, H. V, 3) – J. L. TEALL, The Grain Supply of the Byz. Empire, DOP 13, 1959, 89–139 – A. P. KAŽDAN, Derevnja i gorod v Vizantii IX–X vv., 1960 – H. ANTONIADIS-BIBICOU, Recherches sur les douanes à Byzance, 1963 – E. A. ZACHARIADOU, Prix et marchés des céréales en Romanie (1343–1405), NRS 61, 1977, 291–306 – N. OIKONOMIDÈS, Hommes d'affaires grecs et latins à Constantinople (XIIIe–XVe s.), 1979 – A. LAIOU, The Byz. Economy in the Mediterranean Trade System: 13th–15th Cent., DOP 34/35, 1980/81, 177–222 – A. LAIOU, Händler und Kaufleute auf dem Jahrmarkt (Fest und Alltag in Byzanz, 1990), 53–70, 189–194 – LJ. MAKSIMOVIĆ (Βυζαντιναί Μελέται 2, 1991), 92–115 – →Handel, B.

[2] *Südosteuropa*: Die mehrdeutige slav. Bezeichnung *trg* für M. wurde im MA von den Nachkommen der altbalkan. Bevölkerung übernommen (alban. *treg*, rum. *tirg*); ursprgl. Bedeutung: 'Waren' *(merces)*, seit Ende des 12. Jh. auch M. platz. Der trg stellte nicht immer eine Siedlung dar, er war keine dauerhafte Einrichtung und konnte verlagert werden. Kaufleute versammelten sich hier einmal oder mehrmals im Jahr, in Verbindung mit einem bedeutenden Feiertag. Während der M. dauer (manchmal 8 oder 15 Tage) galten M. freiheit und M. frieden. Verstöße wurden mit Geldbußen bestraft. Diese Einkünfte, die dem M. herrn zustanden, übertrugen die serb. Kg.e häufig ihren Stiften. Der M. in dieser Bedeutung wurde auch *panadjur* und *nundine* genannt. Seit dem 13. Jh. bezeichnete trg außerdem einen Siedlungstyp, bes. die Bergbausiedlung. In Bosnien waren M. e meistens Suburbien, die den Namen ihrer Hochburg führten: Podvisoki – Sottovisochi, Podsoko – Sottosocho usw., aber auch Podzvonik – Civitas Campane (heute: Zvornik). Die M. orte (oppida, borghi) waren nicht befestigt, manche Bergbaustädte erhielten im Laufe der Zeit Mauern und Zitadellen. Die autonome Stellung der M. e von Kroatien bis Mazedonien beruhte auf den Privilegien der →*hospites* oder *saxones* (Sasi, dt. Bergleute). Ihre Verwaltungsorgane waren iudex bzw. comes und der Rat der Geschworenen (iurati cives, purgari, borghesani). Im 15. Jh. taucht in Serbien auch außerhalb der Bergbaugebiete die Bezeichnung 'trg' für einen Siedlungstyp auf. Diese jüngeren M. e haben sich unter der osman. Herrschaft erhalten *(bazar)* und zum Urbanisationsprozeß beigetragen. S. Ćirković

Lit.: C. JIREČEK, Staat und Ges. im ma. Serbien (Denkschr. der Ksl. Akad. der Wiss. in Wien 56, 1912), 63–68 – D. KOVAČEVIĆ-KOJIĆ, Gradska naselja srednjovjekovne bosanske države, 1978 [Lit.: S. 373–389].

Marktkirche. Im Gegensatz zu Dorf-, Stadt-, Burg-, Kaufmanns- oder Bergmannskirche tritt die Bezeichnung 'M.' als Gattungsbegriff in der Überlieferung und in der wiss. Terminologie nur sehr selten auf. Die in das 10. Jh. zu datierende ecclesia forensis (St. Pankratius) in →Paderborn steht zieml. allein, weist aber auf einen Kirchentyp hin, der in einer Marktsiedlung im frühen Stadium der Stadtentstehung anzutreffen ist, ohne ausdrückl. als M. bezeichnet zu werden. Auch konnte eine bereits bestehende Kirche durch Ansiedlung eines Marktes nachträgl. zur M. werden. In den nach 1150 entstandenen Städten ergibt sich die rückblickende Definition der M. aus ihrem Standort im Stadtgrundriß, der Rückschlüsse auf ihre Entstehungszeit und ihren Bauherrn zuläßt. Die Kirche auf oder neben dem Markt gehört hier zur voll ausgebildeten Bürgergemeinde unter der Leitung eines Rates, dem oft auch der Patronat zustand. In mittel- und ostdt. Städten tritt dabei häufig das Marienpatrozinium auf, doch gibt es kein Patrozinium, das vorzugsweise mit der Stellung am Markt zu verbinden wäre. Bei Neustadtgründungen nach 1200 wurde in der Regel die Stadtkirche auf dem Markt erbaut (z. B. Hildesheim um 1215). K. Blaschke

Lit.: K. BLASCHKE, Kirchenorganisation und Kirchenpatrozinien..., Städteforsch. A 27, 1987, hg. H. JÄGER, 23–57 – M. BALZER, Siedlungsgesch. und topograph. Entwicklung Paderborns im Früh- und Hoch-MA, ebd., 133.

Marktkreuz → Kreuz E

Marktplatz → Platz

Marktrecht → Markt, →Forum III

Markus, Evangelist (Fest: 25. April; gr. 11. Jan.; kopt. 26. März), Begleiter (Apg 12, 15) der Apostel →Paulus und Barnabas auf der ersten Missionsreise nach Antiochien, des Barnabas allein nach Zypern (Apg 13, 13; 15, 37). 1 Petr. 5, 13 nennt M. Petrus' geistigen Sohn. Um 63/64 in Rom, verfaßte er auf Bitten der Römer das zweite, kürzeste Evangelium. Erster Bf. v. Alexandria, erlitt er ca. 67 das Martyrium (Gefangennahme während des Ostergottesdienstes, Schleifung durch die Stadt oder Verbrennen). 829 entführten Venezianer die Gebeine des M. aus Bucoles nach Venedig. Nach der Reliquienwiederauffindung im 10. Jh. wird →Venedig (S. Marco) Kultzentrum; weitere Zentren sind Aquileia und Reichenau-Mittelzell, jeweils mit eigenen Mirakeltraditionen.

M. ist meist in antik. Tracht dargestellt, in Venedig seit Ende des 15. Jh. in mod. Kleidung, als Bf. v. Alexandria Ornat mit Pallium (S. Marco, Narthexmosaiken). Der O bevorzugt runden Bart, jugendl. Aussehen, kraftvolles oder breites Gesicht, dunkles Haar mit Schnurrbart. Der W übernimmt diesen Typus bei stattl. Wuchs, langem Bart und kahlköpfig mit hochangesetzten Augenbrauen. Vor dem 10. Jh. sind Varianten mit Graubart bei Jugendlichkeit nicht selten (Rom, S. Marco, Apsiskonche, ca. 840). Attribute: Rolle oder Buch, Schreibutensilien, geflügelter Löwe (→Evangelistensymbole), in der Tafelmalerei auch fruchtloser Feigenbaum (Mk 11, 13). Bevorzugt ist als Evangelist das Autorenbild, entweder schreibend oder im Augenblick der Inspiration (durch Sophia: Cod. Rossanensis, Ende 6. Jh., f. 121) durch Gottes Hand oder Löwen. Bei Betonung Petri als Quelle sitzt M. zu dessen Füßen oder erhält das Evangeliar. Als geogr. Abfassungshinweis auf Rom dienen Architekturhintergrund (Assisi, Oberkirche S. Francesco, Ende 13. Jh.; London, Victoria and Albert-Mus., Elfenbein, 11. Jh.), Inschrift oder Vertreter des röm. Volkes (Dresden, Landesbibl. Ms. A 94, um 1185). Sonderform spätbyz. Kunst ist die sinnende Haltung des Schreibers bei Schreibpause (Palaiologina-Evangeliar Vat. Ms. gr. 1158; Athen Nat. bibl. Cod. 56). G. M. Lechner

Lit.: Bibl. SS VIII, 734–738 – LCI I, 696–713; VII, 549–562 [Lit.] – J. SCHULTZE, M., 1966 – C. NORDENFALK, Der inspirierte Evangelist, WJKu 36, 1983, 175–190.

Markward. 1. M. v. Annweiler, † Mitte Sept. 1202, Reichsministeriale, löste v. a. in Italien militär. und diplomat. Aufgaben für Heinrich VI., der seinem Truchseß die

Freiheit schenkte (1195) und die Hzm.er Ravenna und Romagna, die Mark Ancona und die Gft.en Abruzzo und Molise übertrug. Nach Heinrichs Tod (1197) verließ M. auf Befehl der Ksn. Konstanze das Kgr. Sizilien, kehrte jedoch nach ihrem Ableben (1198) zurück und beanspruchte unter Berufung auf das Testament der Ks.s, zu dessen Vollstrecker er eingesetzt war, mit Einverständnis Philipps v. Schwaben die Regentschaft für den minderjährigen Friedrich II. Nachdem er 1201 mit der Hauptstadt Palermo auch den Kg. in seine Gewalt bringen konnte, hatte sich dem vom Papst Gebannten fast die gesamte Insel unterworfen, als er einer Dysenterie erlag. R. Neumann

Lit.: NDB XVI, 225f. [H. Zielinski; Lit.].

2. M. I. v. Fulda, Mönch v. Michelsberg (Bamberg), 1142–50 erster Reformabt des Bamberger Eigenkl. Deggingen (bei Nördlingen), 1150–65 Abt v. Fulda, 1165–68 Propst v. Andreasberg (Neuenberg) bei Fulda, † 23. Juli 1168 ebd. Mit überragendem Organisationsgeschick gelang es M., der auf Vorschlag Kg. Konrads III. am 3. April 1150 zum Abt v. →Fulda gewählt wurde, v. a. die zerrütteten wirtschaftl. Verhältnisse der Reichsabtei zu bessern. Der Rückgewinnung verlorenen Besitzes diente die unter M. von dem Mönch Eberhard angelegte große Slg. der Rechte und Güter des Kl. (»Codex Eberhardi«, mit Bildnis M.s). Auch im Reichsdienst häufig tätig, trat M. 1164 zurück und begab sich nach Michelsberg, wurde aber von Friedrich I. in Fulda wieder eingesetzt. Jedoch setzte ihn der Ks. Mitte Aug. 1165 vermutl. wegen seiner Haltung zur ksl. Kirchenpolitik ab. Der erfolgreiche Abt hinterließ einen selbst verfaßten Rechenschaftsbericht.

K. Heinemeyer

Ed.: Gesta Marquardi (Traditiones et antiquitates Fuldenses, hg. E. F. J. Dronke, 1844), Kap. 76, 153–157 – Q.: Chronica Fuldensis. Die Darmstädter Frgm.e der Fuldaer Chronik, hg. W. Heinemeyer, ADipl Beih. 1, 1976 – Wibaldi epistolae, Jaffé, BRG 1 – Lit.: M. Sandmann, Die Folge der Äbte (Die Kl. gemeinschaft v. Fulda im früheren MA, hg. K. Schmid [MMS 8], 1, 1978), 203f. – F.-J. Jakobi, Die Auseinandersetzungen um den Fuldaer Abbatiat in den Jahren 1147–50 (ebd. 2.2, 1978), 963–987 – J. Leinweber, Die Fuldaer Äbte und Bf.e, 1989, 56–59.

Marlborough Statut, 1267 zur Schlichtung der Auseinandersetzungen während des Bürgerkriegs zw. Heinrich III. und den Baronen (→Barone, Krieg der) erlassen. Einige Teile des Statuts enthielten Zugeständnisse, die Heinrich bereits den Baronen in den Provisions of →Westminster 1259 gemacht hatte. Im Mittelpunkt standen die Entschädigungen der kleineren Landbesitzer. Rechtl. Bestimmungen zu Angelegenheiten wie falsche Beschlagnahme, betrüger. Landübertragung und falsche Gerichtsurteile dominierten in den Statutenklauseln. Von großer Bedeutung war, daß dieses Statut die Lehnsherrn ihres Heimfallrechts beraubte (→Lehen, -swesen). Künftig konnte ein Lehnsherr nur noch formal von dem Land seines verstorbenen Lehnsmannes Besitz ergreifen, um seine Lehnsherrschaft zu dokumentieren. B. Lyon

Lit.: F. W. Maitland, The Hist. of English Law I, 1898² – B. Lyon, Constitutional and Legal Hist. of Medieval England, 1980².

Marle, Henri de, Kanzler v. Frankreich, † 1418, stammte aus der Gegend v. Laon, Lic. jur. 1373, →*Avocat* am →*Parlement* spätestens 1378, →*Bailli* des Bf.s v. Paris 1381, trat als 4. *Président* in das Parlement ein, ohne vorher kgl. Rat *(conseiller)* gewesen zu sein. 1403 wurde er dem Parlement als 1. *Président* aufgenötigt. M.s Aufstieg vollzog sich aufgrund der Gunst des Hzg.s →Jean de Berry, doch auch wegen hoher Kompetenz (Ausübung diplomat. Missionen). 1413, nach der Zerschlagung der Bewegung der 'Cabochiens', spielte M., nun →*Chancelier de France*, innerhalb der Regierung d. →'Armagnacs' eine gewichtige Rolle. Er stand im Zentrum eines weitgespannten Klientelnetzes, das sich über das Parlement und weite Teile der kgl. Verwaltung erstreckte. Nach dem Einzug der 'Bourguignons' fiel M. – wie sein Sohn Jean, Bf. v. Coutances – dem gegner. Terror zum Opfer, während seine Frau, Mahaut Le Barbie (Tochter eines Advokaten aus Senlis), mit dem größten Teil der Familie nach Poitiers entfliehen konnte. Hier trugen die Verwandten und Gefolgsleute M.s zur Bildung der Armagnac-Regierung in Mittel- und Westfrankreich (sog. 'Kgr. v. Bourges') bei. Die Familie M. stellte über viele Generationen hohe Amtsträger in Parlement und kgl. Verwaltung. F. Autrand

Lit.: F. Autrand, Naissance d'un grand corps de l'État. Les gens du Parlement de Paris 1345–1454, 1981.

Marmarosch (rumän. Maramureş, ung. Máramaros), wald- und weidenreiche Gebirgslandschaft beiderseits der Waldkarpaten im Quellenbereich v. Theiß und Samosch, (heute) im N Rumäniens sowie in der Ukraine. Im ma. →Ungarn erstmals als kgl. Jagdgebiet in *terra Maramorosiensis* (1199) und in ung. Quellen seit 1368 als eigenständiges Adelskomitat erwähnt, das wegen seiner Steinsalz- und Erzlager zunächst durch sieben *hospites*-Dörfer (1271) im SW entlang der Theiß wirtschaftl. erschlossen wurde. Die Bevölkerung umfaßte zumindest seit dem 14. Jh. Ruthenen (N), Rumänen (O, S), Ungarn (W) und die →*hospites*, deren kath. Teil dem Bf. v. →Siebenbürgen unterstand; die ostkirchl. Rumänen und Ruthenen orientierten sich nach dem orth. Ebm. →Halič, erlangten aber im 15. Jh. um den geistigen Mittelpunkt Kl. Peri (ung. Körtvélyes, 1391) unter dem Patronat der Familie Drag/ Drágfy gewisse Autonomie. Die Lokalverwaltung lag im 14./15. Jh. bei rumän. Dorfknesen (→Knez), aus deren Reihen die ersten Fs.en der →Moldau hervorgingen. K. Zach

Lit.: I. Szilágyi, Máramaros vármegye egyetemes leirása, 1876 – R. Popa, Țara Maramureșului în veacul al XIV-lea, 1970 (Bibl. istorică 25).

Marmor, -handel. Der M.handel war im MA, in weit stärkerem Maße als in Antike und NZ, an die Nähe der M.vorkommen zu einem schiffbaren Wasserweg oder zum Meer gebunden; infolge des Schwundes an techn. Fertigkeiten (Heben, Zerlegen in Blöcke) und des Verfalls des Straßennetzes seit der Spätantike waren dem Transport auf dem Landweg sehr enge Grenzen gesetzt. Andererseits bewirkte die ungemeine Wertschätzung des M.s, dem im MA hohe symbol. Bedeutung zugemessen wurde, daß in den mühsamen Landtransport große Summen investiert wurden. Auch die Wiederverwendung bearbeiteten M.s war durchaus üblich. Das christl. Abendland verwandte noch lange bei Kirchenbauten Überreste antiker (röm.) Bauten in der nächsten Umgebung. Als die örtl. Reserven nicht mehr ausreichten, ließen die Baumeister des 11. und 12. Jh. aus oft weit entfernten Ruinenstätten Bauteile aus M. heranschaffen (so aus dem Rheinland, der Provence, Elba, Luni, Rom und sogar aus dem Orient). Seit dem 9. Jh. schickten Herrscher oder Äbte (so Karl d. Gr. [Aachener Pfalz], Äbte v. Moissac, Cluny, S. Michele di Pisa, Montecassino, St-Denis) ihre Beauftragten auf die Suche nach geeigneten »Spolien« für ihre neuen Kirchen- oder Palastbauten. Etwas später begannen – begünstigt durch die Kreuzzüge – die großen Seestädte Italiens, Venedig, Genua und Pisa, die Ruinenfelder des Ostens zu plündern. Der Abtransport der antiken M.teile erforderte, zunächst temporär, den Einsatz von für die Zeit beeindruckenden techn. Hilfsmitteln und war nur mit hohen Kosten zu bewerkstelligen. Ein echter Handel setzte aber – parallel zur Vervollkommnung der Abbau- und Bearbeitungstechniken sowie der Organisation der Werkstätten – erst seit dem 13. Jh. ein, infolge der verstärkten Nachfrage durch die aufstrebenden Städte, die Fs. en und schließl. Privatpersonen, die von antik-humanist. Idealen durchdrungen waren. Auf den großen Dombaustellen Italiens (Pisa, Siena, Florenz) waren seit dem Ende des 13. Jh. bestimmte Meister neben ihren architekton. und künstler. Aufgaben mit dem Abbau und dem Transport des M.s aus z. T. weitentfernten Brüchen (→Carrara) befaßt; manchmal wurden diese Aufträge durch Ausschreibung vergeben. Vom Einsatz erfahrener Baumeister und Künstler (anstelle einfacher Fuhr- und Transportunternehmer) erwartete man sich eine sorgsamere und sachgerechtere Auswahl und Behandlung des kostbaren Materials. Erst seit dem späten 14. Jh. bzw. dem 15. Jh. erschienen beim Export des it. M.s und des (mit dem M. konkurrierenden) engl. Alabasters (Stuckm.s) lokale Vermittler und spezialisierte Unternehmer, die imstande waren, die Funktionen von Beauftragten der Bauwerkstätten zu übernehmen. Diese Umstrukturierung war zum großen Teil das Ergebnis einer beginnenden Serienproduktion von M. blöcken, die aber das Auffinden und Bearbeiten von M. auf spezielle Anfrage (und damit den notwendigen Einsatz von hochspezialisierten M. brechern, Steinmetzen und Schleifern) nicht verdrängte. Als der M. handel gegen des Ende des MA seinen Höhepunkt erreichte, zeigten die kaufmänn.-gewerbl. Zusammenschlüsse noch den starken Einfluß der Gesellschaften des seit dem 12.–14. Jh. aufblühenden Seehandels. Der Handel mit M. aus Carrara wurde lange Zeit mit einem einfachen Versicherungssystem betrieben, das auf dem Seedarlehen (mutuum) beruhte (→Seeversicherung). Für das SpätMA läßt sich zwar das Netz derjenigen Städte, die M. bezogen, darstellen, doch ist es unmögl., den M. verbrauch einer Stadt auch nur annähernd zu bestimmen, geschweige denn das Gesamtvolumen des M. handels zu schätzen. Wegen der stark schwankenden Nachfrage lassen sich sogar die Hauptrouten, auf denen die bekanntesten M. sorten exportiert wurden, nicht genau benennen. Der M. handel gewann seine Unabhängigkeit und Modernität erst am Beginn des 16. Jh. Ch. Klapisch-Zuber

Lit.: A. Esch, Spolien. Zur Wiederverwendung antiker Baustücke und Skulpturen im ma. Italien, AK 51, 1969 – Ch. Klapisch-Zuber, Les maîtres du marbre, 1969 – Lanfranco e Wiligelmo. Il Duomo di Modena, hg. E. Castelnuovo u.a., 1984, 307-360 – N. Ramsay, La production et exportation des albâtres anglais médiévaux (Artistes, artisans et production artistique au MA, hg. X. Barral I Altet, III, 1990), 609–620.

Marmousets, Gruppe von kgl. Räten im Frankreich des späten 14. Jh. Der Begriff 'M.' bezeichnete ursprgl. Affen oder groteske Figuren und wurde von einigen Autoren des SpätMA, v. a. →Froissart, gelegentl. benutzt, um auf iron. Weise die Günstlinge der Fs. en zu charakterisieren. Das Wort gefiel dem Historiker Jules Michelet (1798–1874), der es in seine »Hist. de France« einfließen ließ; hier bezeichnet es die Gruppierung von Staatsmännern, die als frühere Räte Kg. →Karls V. für dessen Sohn und Nachfolger →Karl VI. 1388–92 die Regierungsgeschäfte führten. Es handelte sich im wesentl. um Bureau de la →Rivière, Jean le Mercier, Jean de →Montaigu, den Connétable Olivier de →Clisson, Nicolas du Bosc und Pierre de Vilaines, die ihrerseits wieder über ein Netz von Gefolgsleuten verfügten (z. B. Arnaud de Corbie), das sich über die gesamte kgl. Verwaltung und bis zur avignones. Kurie ausdehnte. Mit der alten Partei des Kard. Gui de →Boulogne verbunden, unterstützten die M. entschlossen →Clemens VII. Sie waren bestrebt, ein zusammenhängendes polit. Programm, dessen Ausdruck die Schrift »Le Songe du vieil pelerin« von Philippe de →Mézières ist, zu verwirklichen. Im Zentrum ihrer Politik standen die inneren Angelegenheiten. Bestrebt, die Unterstützung der Untertanen für den neuen Staat zu gewinnen, organisierten sie eine Serie von Festen und Zeremonien (Ritterfest zu St-Denis und Begräbnis Bertrands →Du Guesclin, Mai 1389; feierl. Einzug der Kgn. →Isabella v. Bayern, ihre Weihe und Krönung im Aug.; Reise Karls VI. ins Languedoc, bei der auch über pflichtvergessene Beamte Gericht gehalten wurde, Sept. 1389–Febr. 1390). Über die älteren Reformideen hinausgehend, unterzogen die M. das gesamte Räderwerk der Verwaltung einer durchgreifenden Revision (Ordonnanz vom 5. Febr. 1389). Zwei neue Finanzgerichtshöfe wurden geschaffen, die *Cour du Trésor* und die *Cour des* →*Aides*. Das System der Wahl, das bei der Einstellung von kgl. Beamten angewandt wurde, sicherte die Homogenität des Milieus, verstärkt durch die Schaffung einer hierarch. Autorität und die Entstehung eines Korpsgeists. Die den kgl. Beamten zuerkannten Garantien und Privilegien begründeten eine Art Statut der öffentl. Funktionsträger. Die M. ließen den Dienst am Staat zu einem fast religiösen Ideal werden. Im →Finanzwesen schafften sie die →*tailles* ab, behielten dagegen →*aides* und →*gabelle* bei. Durch Verbesserung der Verwaltung strebten sie eine Steigerung der Einkünfte aus der →Krondomäne an. Der Widerstand der Fs. en, namentl. der Onkel des Kg.s, führte schließlich zur Entmachtung der M. Sie stürzten 1392 über den Krieg mit dem Hzm. →Bretagne und wurden zudem für die Erkrankung des Kg.s verantwortl. gemacht. Ihr Werk, das die Fundamente der frz. Monarchie festigte, hat sie überdauert.

F. Autrand

Lit.: F. Autrand, Charles VI. La folie du roi, 1986.

Marmoutier, 1. M., große Abtei OSB in Westfrankreich, an der Loire, östl. v. Tours (dép. Indre-et-Loire), geht auf den hl. →Martin zurück, der, 371 zum Bf. v. →Tours erhoben, sich nach M. ins Einsiedlerleben zurückzog, gleichwohl sein Bf. samt ausübte. Seine Ausstrahlungskraft zog zahlreiche Schüler an, die als Eremiten in Hütten (wie der Hl.) oder aber in Höhlen, die sie in das weiche Gestein gegraben hatten, lebten und sich nur zu gemeinsamem Mahl und Gebet versammelten. Sie legten keine Gelübde ab; manche verließen M., um andere »martinian. Gemeinschaften« zu gründen und sich der Evangelisation der Touraine und anderer Landschaften zu widmen.

Die Gemeinschaft überdauerte den hl. Martin. Einige seiner Nachfolger, wie der hl. Leobard, setzten das Einsiedlerleben fort. Doch zu einem nicht genauer bestimmbaren Zeitpunkt, vor dem 9. Jh., wandelte sich die Gemeinschaft zu einem Kl., das die →Regula s. Benedicti befolgte. Einige Abtnamen abgesehen, sonst nur wenige Nachrichten. Die 'extra muros' am Flußufer gelegene Abtei war den Plünderungen der Normannen ausgesetzt (seit 853). Die Mönche gaben M. auf; Kanoniker aus St-Martin de Tours traten an ihre Stelle. Bald entwickelten sich aber Spannungen zw. St-Martin und dem von ihm abhängigen M.; im Laufe des 10. Jh. kam es an die Gf. en v. →Blois, dann an die Gf. en v. Anjou (→Angers), die aber Tours bemächtigt hatten. Demgegenüber war St-Martin Abtei der Kg.e v. →Frankreich, die das Laienabbatiat ausübten. In M. bestanden in dieser Zeit kaum reguläre monast. Lebensformen.

Um die Situation zu bessern, übertrug Odo I. v. Blois 982 M. an den Abt v. →Cluny, den hl. →Maiolus, der sich hier mit 13 Mönchen aus Cluny niederließ, doch das Abbatiat bald an Gilbert übertrug. Dieser wie sein Nachfolger Bernard lag aber in permanentem Konflikt mit der monast. Gemeinschaft. Daher erging der Ruf um Abhilfe an den Abt v. St-Julien de Tours, →Gauzbert, der M. den 'ordo cluniacensis' auferlegte, ohne aber irgendein rechtl. Abhängigkeitsverhältnis gegenüber Cluny zu begründen. Etwas später befreite sich M. von jeder Laiengewalt; Bartholomäus war wohl der letzte Abt, der seinen Stab aus den Händen des Gf.en v. Anjou, Gottfrieds d. Bärtigen, empfing (1063). Seine Nachfolger wurden vom Ebf. v. Tours investiert. Als ein Teil der Gemeinschaft auch diese Bindung abstreifen wollte, kam es am Beginn des 12. Jh. zu gewaltsamen Auseinandersetzungen zw. Abt Wilhelm und dem Ebf. v. Tours, Raoul II. v. Orléans. Das reformierte M. genoß als aktives Zentrum des religiösen Lebens hohes Ansehen. Während des ganzen 11. und 12. Jh. entsandte es Mönche, die sich der Reform anderer Abteien (u. a. St-Florent de →Saumur, St-Nicolas d'→Angers, St-Magloire de Paris, St-Médard de Dolon) widmeten. Blieb auch der größte Teil dieser Abteien selbständig, so wurden einige als Priorate von M. abhängig. Die meisten Äbte gründeten neue Priorate, so Abt Albert nicht weniger als 36. M. empfing auf diese Weise reiche Schenkungen, insbes. aus den Händen von Laienadligen zahlreiche Eigenkirchen, die diese im Zuge der Gregorian. Reform freigegeben hatten. Am Ende des 12. Jh. sah sich M. im Zentrum eines riesigen Netzes von Prioraten und Pfarrkirchen, die in den Herrschaftsbereichen der Plantagenet (Bretagne, Normandie, Anjou, Maine, Touraine, Poitou) wie der Kapetinger (Orléanais, Berry, Ile-de-France, Picardie) lagen. Mehrere Äbte erlangten Güterbestätigung durch päpstl. Bullen: so von Urban II., der die Abteikirche geweiht hatte, Paschalis II., Calixt II., Coelestin II., Alexander III. u. a. Zur Verwaltung des gesamten Komplexes ließ Abt Warner 1147 ein »Generalkapitel« abhalten. Die Ausdehnung des Besitzes war andererseits Quelle von Konflikten, v. a. mit anderen Abteien (z. B. →Redon), aber auch mit weltl. Herren.

Im 13. Jh. war die Expansion von M. offenbar beendet. Seit dem 14. Jh. wurde die immer noch wohlhabende Abtei häufig als Pfründe an der Kurie nahestehende Prälaten vergeben. Zu Beginn des 15. Jh. erfolgte die Umwandlung in eine →Kommende. G. Devailly

Lit.: DIP V, 1006f. – P. Delalande, Hist. de M. depuis sa fondation par saint Martin jusqu'à nos jours, 1897 – P. Rabory, Hist. de M. et de ses prieurés, 2 Bde, 1910 – G. M. Oury, Hist. religieuse de la Touraine, 1975.

2. M., Abtei im Elsaß →Maursmünster

Marner, der, wandernder Berufsdichter, der zw. 1230 und 1280 lat. und dt. Sangspruchstrophen und Minnelieder verfaßt hat. Über Person und Leben bieten die eigenen Texte und zeitgenöss. Dichter nur wenige Anhaltspunkte: der M. besaß eine beachtl. Bildung, weilte in Kärnten (1231 lat. Lobgedicht auf den Seckauer Elekten Heinrich v. Zwettl), Thüringen (evtl. 1247 dt. Lobstrophe auf Gf. Hermann I. v. →Henneberg), Mähren (ca. 1255 lat. Lied auf den Bf. v. Olmütz, →Bruno v. Schauenburg) und Schwaben (1266/67 dt. Preisstrophe auf Kg. →Konradin); er wurde, laut Walther v. Sachsen, als blinder alter Mann ermordet. Nach einer Aussage von Hermann →Damen muß er vor →Konrad v. Würzburg (1287) gestorben sein. Weitere Angaben zu Namen und Stand bildeten sich erst in der Meistersingertradition heraus.

Die lit. gesch. Bedeutung des M. beruht v. a. auf seinen dt. Sangsprüchen, die in sieben verschiedenen Tönen die zeitgenöss. Themenbreite der Gattung umfassen: Gottes- und Marienlob, Gebet, religiöse Belehrung, moral. Ermahnung, Zeitkritik, Bittstrophen. Der M. repräsentiert den Anspruch der Laiendichter des 13. Jh. konkurrierend und polemisierend neben den Geistlichen, über die Welt, rechte Lebensweise, Zeitgeschehen und Kunst zu belehren. In einer Publikumsschelte (XV, 14) genannte Personen und Motive der Helden- und Spielmannsepik hat der M. wohl nicht – wie oft angenommen – in kurzen Erzählliedern selbst besungen, allerdings gehörte die oft erwähnte Minnesang zu seinem Repertoire. Die Überlieferung (Gr. Heidelberger Liederhs.; Jenaer Liederhs.; Kolmarer Liederhs. mit Melodien) weist den M. auch als Verf. von acht Minneliedern aus (Minneklage, Frauenpreis, Minnelehre, zwei Tagelieder). Er bezeichnet →Walther von der Vogelweide als seinen Meister (XIV, 274), doch wohl mehr in Verehrung eines verstorbenen Großen, stilist. steht er →Neidhart, Ulrich v. Winterstetten wie auch →Gottfried v. Neifen näher, und er läßt den Einfluß lat. Lyrik erkennen. Nicht sicher zu entscheiden ist, ob der M. in der Frühphase seiner Tätigkeit die spätstauf. Lyrik selbst mit geprägt hat (Drastik, Sinnlichkeit, disparate Metaphorik sprachl. gewandt einsetzend) oder ob er eher im Laufe der Zeit als versierter Sänger den Interessen seines Publikums im neuen Zeitstil Rechnung trug. Reflektierende und belehrende Elemente in den Minneliedern dokumentieren den Zusammenhang der beiden lyr. Gattungen Minnelied und Sangspruch. Die fünf lat. Dichtungen (z. T. in der Hs. der →Carmina Burana clm 4660/4660a überl.) umfassen zwei Preisgedichte für geistl. Bezugspersonen, eine 15stroph. Invektive gegen die Bettelorden, einen Spruch über die Sieben freien Künste und sechs darauf aufbauende Fächer sowie ein Minnelied.

Die →Meistersinger verehrten den M. als einen der zwölf alten Meister und benutzten drei seiner Töne weiter; darüber hinaus vermehrten sie die ihm zugeschriebenen Töne und Texte, doch auch die späte Überlieferung dürfte echte M.-Strophen enthalten, die in der Sammlung der Gr. Heidelberger Liederhs. (81 dt. und 1 lat. Lied- und Spruchstrr.) nicht erfaßt sind. U. Schulze

Ed.: Der M., ed. Ph. Strauch, 1876 [Neudr. mit Nachw., Register und Lit. verz. von H. Brackert, 1965] – Lit.: Verf.-Lex.² VI, 70–79 [B. Wachinger; Lit.] – De Boor III, 1, 1962, 324–326 – U. Müller, Unters. zur polit. Lyrik des dt. MA, 1974 – B. Wachinger, Anm. zum M., ZDA 114, 1985, 70–87.

Maroniten, ursprgl. Bezeichnung der Mönche, die sich der geistl. Leitung des hl. Maron unterworfen hatten und monast. Leben mit direkter Seelsorge an den verschiedenen Christengemeinden in der Umgebung ihrer Kl. vereinten. Über das Leben Marons († 410) berichtet Theodoret (MPG 82, 1418); seinen Einfluß bei der Missionierung der Bewohner der Berge Phöniziens bezeugt ein an ihn adressierter Brief des Johannes Chrysostomos (Ep. 51, MPG 51; vgl. dazu auch Ep. 52f., 123f., 126, 204, 224, ebd.).

Zw. dem 5. und 7. Jh. verbreiteten sich die maronit. Mönche in den röm. Provinzen Syria Prima und Secunda, Phoenicia Prima und Secunda wie auch in deren näherer Umgebung. Unter der Leitung eines Abtes lebten nicht nur Mönche, sondern auch Priester und Bf.e. Ihre theol. Schule war sehr aktiv, polemisierte gegen →Jakobiten bzw. →Monophysiten. Nach dem Konzil v. →Chalkedon (451) blieben die Mönche des hl. Maron den Beschlüssen des Konzils treu und bildeten zusammen mit der Bevölkerung, deren Seelsorge sie betrieben, das Volk der M., das sich aus den Christen der syr. Ebene und den chr. Phöniziern in den Bergen des Libanon zusammensetzte; dem Glauben nach waren die M. Synoditen (Chalkedonier).

Um 660, als die Synoditen sich wegen der vom byz. Ks. Konstans II. diktierten monothelet. Lehre (→Monotheletismus) zerstritten, und die Araber das ganze Territorium des Patriarchats v. Antiocheia erobert hatten, trennten sich die M. von den Anhängern der ksl. Lehre (→Melkiten) und bildeten eine neue Patriarchalkirche, bestehend aus Mönchen, Laien und Bf.en, die gemeinsam einen Patriarchen aus ihren Reihen wählten. Im 12. Jh., bei der Ankunft der Kreuzfahrer in ihrem Gebiet, nahmen die M. engeren Kontakt mit diesen auf, über sie dann auch mit der Kirche des W. Trotz zwischenzeitl. Schwierigkeiten infolge der polit. Verhältnisse blieb diese Verbindung fortan bestehen. M. Breydy

Lit.: DThC X, 1–142 – LThK² VII, 101–103 – P. Naaman, Theodoret de Cyr et le monastère de S. Maron, 1971 – M. Breydy, L'emergere di chiese autonome ed i Principi regolatori per la loro genesi, Kanon V, 1981, 95–103 (= Jb. der Ges. für das Recht der Ostkirchen) – Y. Moubarak, Pentalogie antiochienne/Domaine Maronite, 7 Bde, 1984 – M. Breydy, Gesch. der Syro-arab. Lit. der M. vom 7. bis 16. Jh., 1985, 6–25 [Lit.], 30–32, 61, 77ff.

Marozia (diminutiv für Maria), röm. Senatrix († vor 936). Die Tochter und Erbin →Theophylakts gilt samt ihrer Mutter →Theodora als Repräsentantin des »röm. Hurenregiments«. Ihr übler Ruf schon in zeitnahen Q. (Liutprand v. Cremona, Benedikt v. S. Andrea, Flodoard) resultiert wohl aus herrschsüchtigen Heiraten (bzw. Konkubinaten?) mit Hzg. →Alberich I. v. Spoleto (nach 904?, nach 915?), Mgf. Wido v. Tuscien (ca. 926) und (gegen kirchl. Recht) mit dessen Stiefbruder, dem it. Kg. →Hugo v. Arles (932). Fünf Kinder sind namentl. bekannt. Einem Ehebruch mit Papst Sergius III. soll Johannes XI. sein Leben verdanken, der nach dem von M. veranlaßten Mord an Johannes X. Papst wurde. Eine Tochter (Bertha?) sollte 932 dem byz. Ks. Stephan Lekapenos verheiratet werden. Der von den Zeitgenossen als »männlich« empfundenen Herrschaft der auch als »Patricia« bezeichneten Mutter machte →Alberich II. 932 ein Ende. Beim Friedensschluß des röm. Fs.en mit dem aus Rom entflohenen Hugo 936 wird die nach ihrem Sturz eingekerkerte M. nicht mehr erwähnt. H. Zimmermann

Lit.: V. E. Löscher, Hist. des röm. Huren-Regiments der Theodorae und M.ae, 1705 – P. Fedele, Ricerche per la storia di Roma e del papato nel sec. X, ASRSP 33, 1910, 177–247 – L. Duchesne, Serge III et Jean XI, MAH 33, 1913, 42–46 – H. Zimmermann, Das dunkle Jh., 1971 – Ders., V. E. Löscher, das finstere MA und dessen Saeculum obscurum (Monogr. zur Gesch. des MA 11, 1975), 259–277.

Marquard. 1. M. (Marchardus, Marquart) **v. Randeck** (Randegg), Bf. v. →Augsburg 1348–65, Patriarch v. →Aquileia 1365–81, * um 1300, † 3. Jan. 1381 Udine, ◻ Aquileia, Dom; ab 1317 Rechtsstudien in Bologna, dort 1322 Prokurator der Natio Germanica; seit 1331 Kanoniker an der Augsburger Domkirche, 1336 Dompropst in Bamberg. 1335–44 war M. an sieben Gesandtschaften, die im Auftrag Ludwigs d. Bayern die Kurie in Avignon aufsuchten, maßgebl. beteiligt. Nach erfolglosen Bemühungen um den Bamberger Bf.sstuhl (dort 1343 Elekt) betraute ihn Karl IV. mit zwei Missionen an die Kurie (1347/48). Von Papst Clemens VI. am 30. März 1348 zum Bf. v. Augsburg erhoben, wurde er erst 1354 geweiht. Der waffengewandte Kirchenfs. diente 1355–57 Karl IV. zunächst als Generalkapitän v. Tuszien und Pisa, dann von ganz Reichsitalien. Am 15. Aug. 1365 ernannte Papst Urban V. M. zum Patriarchen v. Aquileia. Er erließ ein Zivil- und Strafgesetzbuch (»Constitutiones patriae Foriulii«, 1366) und verteidigte den territorialen Besitzstand seines Patriarchats v. a. gegen die Republik →Venedig.
G. Kreuzer

Q. und Lit.: NDB XVI, 236f. – Parlamento Friulano I, hg. P. S. Leicht, 1917 – F. Zoepfl, Das Bm. Augsburg und seine Bf.e im MA, 1955, 295–314 – Die Urkk. des Hochstifts Augsburg 769–1420, hg. W. E. Vock, 1959 – G. Wunder, Lebensbilder aus Schwaben und Franken VII, 1960, 1–17.

2. M. v. Lindau (M. us de Lindaugia) OFM, * 1320/30, † 13. Aug. 1392, Kustos der Konstanzer Kustodie, ab 1389 Provinzial in Straßburg. Verf. zahlreicher lat. und dt. Schr. Sein lat. Hauptwerk »De reparatione hominis« (ed. H.-J. May, 1977), legt in 30 articuli die Heilsgesch. aus, wobei v. a. Augustinus, Anselm v. Canterbury, Hugo v. St-Victor, Bonaventura, Meister Eckhart und Nikolaus v. Lyra zu Wort kommen. In »De paupertate« (ed. J. Hartinger, 1965) identifiziert er Armut im Sinne Bonaventuras mit nuditas und in Anlehnung an Meister Eckhart mit *abegescheidenheit*. Sein »Buch der 10 Gebote« (ed. J. W. van Maren, 1984), im SpätMA zu den einflußreichsten dt. religiösen Prosatexten gehörend, fußt v. a. auf dem Traktat »De X praeceptis« des →Heinrich v. Friemar d. Ä. und bietet eine chr. Lebenslehre mit tiefen mariolog. und myst. Perspektiven. In vielen Hss. ist sie zugleich überliefert mit dem »Auszug der Kinder Israel«, einer deutl. an »Benjamin minor« des →Richard v. St-Victor orientierten allegor.-myst. Auslegung der Gesch. der Israeliten. Insges. betrachtet geht es M. v. a. um die Frage nach der Vollkommenheit, die zu erlangen dem Menschen in statu gratiae (auf-)gegeben ist. Die via negativa des (Ps.)→Dionysius Areopagita wird krit. als *gelazenheit* und myst. *erstorbenheit* entfaltet. Sie verdichtet sich in tiefer Leidensmystik. Angestrebt wird letztl. die Vereinigung mit dem armen, demütigen und leidenden Gott-Menschen. M.s Schriften und Predigtslg.en verbreiteten sich rasch und beeinflußten die →Devotio moderna. M. Gerwing

Lit.: DSAM X, 645–648 – Verf.-Lex.² VI, 81–126 [N. F. Palmer] – H.-J. May, M. v. L., 1977 – N. F. Palmer (AnalCart 106, 1983), 70–110 – zu den lat. Predigten s. J. B. Schneyer-Nachlaß in der Ruhr-Univ. Bochum.

Marqués, Mgf.; Titel, der in den span. Reichen seit dem HochMA als Ehrentitel oder Würde vom Herrscher für bestimmte Dienste verliehen wurde. Vom Rang her zw. Hzg. und Gf. stehend, erscheint M. bereits ohne Amtsumschreibung in den →Siete Partidas (II, tit. I, 11), wonach M. »den Herrn eines Landes an der Grenze des Reiches« bezeichnet. Der erste Titel dieser Art wurde auf der Iber. Halbinsel spät, nämlich 1332, von Alfons IV. v. Aragón dem Infanten →Ferdinand (14. F.) verliehen, als er ihn zum M. v. →Tortosa ernannte; in Kastilien wurden als erste erbl. M.-Titel die v. →Santillana und v. →Villena 1445 durch Johann II. vergeben. A. B. Sánchez Prieto

Lit.: L. García de Valdeavellano, Curso de Hist. de las Instituciones españolas, 1975⁴, 373f.

Marquette, Vereinbarungen v. (3. Sept. 1314), Abkommen im Krieg zw. dem Kgr. →Frankreich und der Gft. →Flandern. Nach den großen Auseinandersetzungen von 1302–04 eröffnete ein für den 8. Sept. 1314 zu Arras versammeltes kgl. Heeresaufgebot (*ost*) erneut den offenen Krieg gegen Flandern (zugleich Verhängung des →Interdikts über die aufständ. Flamen). Die frz. Truppen scheiterten vor →Tournai und →Lille. Der frz. Kg. →Philipp IV. der Schöne, dessen Erinnerung an die Katastrophe der »Goldsporenschlacht« →Kortrijk noch sehr lebendig war, ließ sich (gegen →Karl v. Valois, der auf militär. Vorgehen drängte) von Enguerran de →Marigny und Ludwig v. Évreux zur Aufnahme von Verhandlungen bewegen. Diese fanden statt vor Namur (Abtei Les Prés-Porcins) und vor Lille (Heerlager zu M.); Verhandlungsführer waren Marigny und der als Vermittler eingeschaltete Johann v. Namur. Die wichtigsten Ergebnisse waren: Der Gf. v. Flandern bittet um Verzeihung, tritt die Kastellanei v. Kortrijk ab und setzt →Ludwig (II.) v. Nevers zum Erben ein. Dieser soll (bei Regierungsantritt) dem Kg. als Lehnsmann huldigen und der Abtretung von weiten Gebieten des Wallon. Flandern ('transport' v. Lille, →Douai und Béthune) zustimmen (gegen Rückerhalt der Gft.en →Nevers und→Rethel). Als Besiegelung der Versöhnung wurde die Ehe zw. einem Sohn Ludwigs v. Évreux und einer Tochter Ludwigs I. v. Nevers vereinbart, der Gf. v. Flandern, →Robert v. Béthune, aus frz. Gefangenschaft entlassen. Den frz. Parteigängern in Flandern wurde als Ausgleich für erlittene Schäden die Summe von 20000 livres zugesprochen. Nach Abschluß dieses von Ludwig I. v. Nevers am 3. Sept. 1314 zu M., von Kg. Philipp am 10. Okt. 1314 zu St-Denis ratifizierten Abkommens zog das frz. Heer kampflos ab; in den Berichten der frz. Chroniken schwingt Unzufriedenheit über diesen Ausgang und den »Verrat« Marignys mit. Die Konvention v. M. vermied den Kampf, vermochte aber das Problem der Abhängigkeit der Gft. Flandern vom Kgr. Frankreich nicht dauerhaft zu lösen. E. Lalou

Lit.: F. FUNCK-BRENTANO, Philippe le Bel en Flandre, 1897, 660–670.

al-Marrākušī, ʿAbd'alwāḥid, 1185–1227, marokkan. Historiograph, der über Fes und Sevilla in den O ging und dort starb. In Bagdad vollendete er 1224/25 sein Werk »al-Muʿǧib fī talḫīṣ aḫbār al-Maġrib«, eine Gesch. des Maġribs bis auf seine Zeit, zwar eine Kompilation, aber, v. a. für die Epoche der →Mulūk aṭ-ṭawāʾif, auch von literarhist. Interesse. Der Epoche der →Almohaden galt seine bes. Aufmerksamkeit. H.-R. Singer

Ed. und Lit.: EI² I, 94 – R. DOZY, Hist. of the Almohades, 1881² – frz. *Übers.*: E. FAGNAN, 1893 – span. *Übers.*: A. HUICI MIRANDA, 1955.

Mars → Planeten

Marsan, Vicomté (Vizgft.) in SW-Frankreich. Seit Beginn des 6. Jh., unter westgot. Herrschaft, ist das Bm. →Aire-sur-l'Adour (Atura, Vorort des pagus der Tarusates) belegt. Nach dem Zusammenbruch der merow. und karol. Herrschaftsinstitutionen in dieser Randzone des →Frankenreiches entstand, im Rahmen des Hzm.s →Gascogne, die Vizgft. v. Tursan. Im 12. Jh. erfolgten zwei einschneidende Wandlungen: Mit der Gründung des befestigten Burgorts *(castelnau)* Mont-de-Marsan durch den Vizgf. en (1140) trat dem Bf.ssitz ein Zentrum weltl. Herrschaft gegenüber. Gleichzeitig wurde die Vicomté (nun als M. bezeichnet) durch Heirat mit der Gft. →Bigorre vereinigt. Die letzte Gfn. v. Bigorre übertrug das M. an eine ihrer Töchter, die sie dem Vicomte v. →Béarn, Gaston VII. Moncada (1223–90), in die Ehe einbrachte. Unter dem mächtigen Hause →Foix-Béarn, das auch mehrere Herrschaften im N von M. (das Gabardan und die Seigneurie v. Captieux) kontrollierte, gewann Mont-de-M. (mit seiner Burg Nolibos) Bedeutung als Handelszentrum (Umschlagplatz für Wein und Getreide, die aus dem →Armagnac nach →Bayonne geführt wurden). Während des Hundertjährigen Krieges wurde das Schicksal des M. (wie das der anderen Territorien der Foix-Béarn) von der Neutralitätspolitik seiner Fs.en bestimmt. Mit der Übernahme des Thrones v. →Navarra durch die Foix-Béarn und ihrem Ehebündnis mit dem Haus →Albret gehörte M. am Ende des MA zum letzten großen Ensemble feudaler Herrschaft in Frankreich, das sich der Kontrolle des Kgtm.s noch zu entziehen vermochte. P. Tucoo-Chala

Lit.: →Gascogne, →Foix, →Béarn.

Marsberg, im engr. Westfalen an der Diemel, auf dem Boden der →Eresburg (Oberm.; 380–410 m NN) und im Bereich der 900 mit Marktprivileg versehenen Corveyer Furtsiedlung »Horohusun« (Niederm.; 250 m NN) gelegen, ist ein gutes Beispiel für die →Doppelstadt, in der mehrere Territorialgewalten (Corvey, Paderborn, Köln) um die Stadtherrschaft konkurrierten. Die auf Karl I. zurückgehende erste Kirche war 826 an →Corvey übertragen worden. Vor ihr entstand bis zum 11. Jh. ein Markt, dem nach 1220 im S eine vor 1306 ummauerte, 25 ha umfassende Plananlage folgte, als die Bewohner des im 10./11. Jh. aufgeblühten Horhusen (im 11. Jh. St. Dionysius und St. Magnus-Kirche, Nikolaikapelle 12. Jh.; um 1100 ca. 750 Einw.), um Paderborner Ansprüchen zu entgehen, mit Kölner Hilfe in die Oberstadt umsiedelten, deren eine Hälfte Corvey 1230 dem Kölner Ebf. überlassen mußte. Die ca. 21 ha umfassende, umwallte Talsiedlung hatte seitdem nur mehr minderstädt. (→Minderformen) Leben und unterstand dem 1229 bezeugten Rat der Oberstadt. Seit 1442 prägte sich bis ins 19. Jh. für beide Teile der Name Stadtberge aus. Infolge der Konkurrenzsituation in der Stadtherrschaft und des zurückgehenden Bergbaues verlor M. seit dem 14. Jh. stark an Bedeutung. F. B. Fahlbusch

Lit.: H. STOOB, M. (Dt. Städteatlas, 2. Lfg., Bl. 9, 1979).

Marsch → Deich- u. Dammbau, →Marschhufendorf

Marschall (mlat. marescalcus, marescallus, constabulus; in frk. Zeit: comes stabuli [→comes, II]; mhd. *marschalc*, ahd. *marahscalc* für 'Pferdeknecht'). Aufgabe des M.s war die Aufsicht über den kgl. Reitstall und das Transportwesen des kgl. Haushaltes. Der M. gehörte zu den Hofbeamten, die bereits am Hofe der Merowingerkg.e erschienen (→Hofämter). →Hinkmar v. Reims zählt in seiner um 882 verfaßten Schrift »De ordine palatii« den M. zu den Amtsträgern, die für die Hofverwaltung verantwortl. waren. Die comites stabuli der Karolingerzeit, deren Amt im wesentl. ein adliger Ehrendienst war, nahmen lediglich Aufsichtsfunktionen wahr, während den tatsächl. Hofdienst Untergebene versahen, die zu dieser Zeit noch, bevor das Wort zu seiner späteren Bedeutung aufstieg, als marescalci ('Pferdeknechte') bezeichnet wurden (MGH Cap. I, n. 77, S. 171, 801–813). Zudem traten viele M.e Karls d. Gr. als Heerführer auf und begründeten damit die militär. Tradition dieses Amtes. Symbol. Hofdienste der Stammeshzg.e sind aus otton. Zeit bekannt: Beim Krönungsmahl Ottos d. Gr. 936 diente Hzg. Arnulf v. Bayern und beim Hoftag Ottos III. in Quedlinburg 986 Hzg. Bernhard v. Sachsen als M. Aus diesen bei feierl. Anlässen geleisteten fsl. Ehrendiensten, die im 12. Jh. wieder in Gebrauch kamen, entwickelte sich, parallel zu den anderen Erzämtern, das Amt des Erzm.s, das, wie der →Sachsenspiegel um 1220 feststellt (Landrecht III. 57. 2), mit dem Erstkurrecht verbunden war und vom Hzg. v. Sachsen ausgeübt wurde. In der →Goldenen Bulle (1356) wurde die Würde des Hzg.s v. Sachsen als Erzm. (sacri imperii archimarescallus) – mit den bei der Krönung zu versehenden Ehrendiensten des Schwerttragens und Haferverteilens – reichsrechtl. fixiert (IV, 3; XXII; XXVII, 1).

Der tatsächl. M.dienst wurde vom Träger des eigtl. Hofamtes geleistet, der in den Q. marescalcus noster, marescalcus regis und marescalcus imperii genannt wird. Zu seinen Aufgaben gehörte die Sorge für die Sicherheit und Gesundheit des Kg.s sowie die disziplinarische Aufsicht über den kgl. Hof; zudem organisierte er den äußeren Ablauf der Hoftage und übte während der Tagungen die

Gerichtsbarkeit aus. Im Kriege war der M. Anführer der kgl. Reiterei und seit dem 12. Jh. auch des gesamten Heeres. Vom Beginn des 12. Jh. bis zum Ende des alten Reiches hatte die Reichsministerialenfamilie v. →Pappenheim das M.amt als Erbamt inne, das vom Erzamt des Hzg.s v. Sachsen zu unterscheiden ist, den der M. v. Pappenheim als vice marescallus unterstellt war (XXVII, 1). Daneben kennt die Goldene Bulle noch den imperialis sive regalis curie marescallus, den ksl. bzw. kgl. Hofm., der den Erzm. oder den Erbm. bei Ehrendiensten vertreten durfte (XXVII, 1; XXX, 4) und v. a. den tägl. M.dienst am Hof übernahm. An den Höfen der meisten weltl. und geistl. Reichsfs.en gab es das Amt des M.s seit der Mitte des 12. Jh. Auch dort übte der M. militär. und polizeil.-jurisdiktionelle Funktionen aus und war zudem gelegentl. Sprecher des Lehnsadels (Landm.).

Das Erweisen des M.- und Stratordienstes, also das Steigbügelhalten (officium marscalci) und das Führen des Pferdes am Zügel (officium stratoris), forderten die Päpste von den frk. bzw. dt. Kg.en und Ks.n (zuerst Papst Stephan II. von Kg. Pippin 754). Lothar III. leistete 1131 Innozenz II. diesen Dienst, woraus die Kurie, da das Steigbügelhalten eine vasallit. Pflicht gegenüber dem Lehnsherrn war, die Lehnsabhängigkeit des Ks.s vom Papst ableitete; Friedrich I. fand sich zur Leistung dieses Dienstes 1155 jedoch erst bereit, nachdem Papst Hadrian IV. von dieser Auffassung abgerückt war. In der Folgezeit war der M.- und Stratordienst eine bloße Ehrenbezeugung, die der Ks. dem Papst (auch innerhalb des Ks.krönungszeremoniells) erwies. →Maréchal, →Marshal, →Marstall. S. Kreiker

Lit.: J. Ficker–P. Puntschart, Vom Reichsfs.entstande, II/1, 1923 [Neudr. 1961] – R. Holtzmann, Der Ks. als M. des Papstes, 1928 – W. Kraft, Das Reichsm.amt, Jb. des hist. Ver. für Mittelfranken 78, 1959, 1-36, 79, 1960/61, 38-96 – I. Latzke, Hofamt, Erzamt und Erbamt im ma. dt. Reich [Diss. Frankfurt/M. 1970] – W. Rösener, Hofämter an ma. Fs.enhöfen, DA 45, 1989, 485-550.

Marschhufendorf, Siedlungstyp, der sich aus gereihten Höfen (Reihensiedlung) und einer ursprgl. zumeist hofanschließenden Breitstreifenflur (→Flur [3]) zusammensetzt und auf Marschboden angelegt ist. Formal verwandt ist das Waldhufendorf. Beim M. entstanden geländebedingt bes. regelmäßige Formen, die exakte Planung und Vermessung erkennen lassen. Das Gelände erforderte zudem spezielle Entwässerungsanlagen (Gräben, Siele) sowie →Deiche zum Schutz vor Überflutungen. Die Aufteilung erfolgte in →Hufen von 10–50 ha. Bes. in den Niederlanden entstanden solche Siedlungen z. T. auf Moorboden (→Moor), so daß zw. Marsch- und Moorhufen nicht scharf zu unterscheiden ist.

Der im 10. und 11. Jh. im Rhein-Maas-Delta ausgebildete Siedlungstyp wurde von Holländern in die Marschen bei Bremen übertragen, als sie dort ca. 1113 von Ebf. →Friedrich I. angesiedelt wurden. In der Folge wurden M.er in den Bruchgebieten an Unterweser und -elbe mit Beteiligung holl. Kolonisten angelegt (Hollerkolonien). Die Kolonisation in den Elbmarschen wie auch in den Niederlanden setzte sich bis in das 14. Jh. fort. Auch Altsiedlungen in der Marsch wurden dabei zu M.ern umgeformt. Infolge von Realerbteilung, Bevölkerungsvermehrung, Änderungen der Wirtschaftsweise, Sackung des Untergrundes und durch Sturmfluten änderte sich die ursprgl. Siedlungsanlage. Die Hufen zerfielen in Schmalstreifen, die zumeist geschlossene Besitzlage zersplitterte, die Siedlungsreihen wurden verdichtet, z. T. kumuliert oder verlegt. Dennoch blieb der Charakter von Reihensiedlungen mit regelmäßiger Streifenflur weitgehend erhalten. A. E. Hofmeister

Lit.: D. Fliedner, Die Kulturlandschaft der Hamme-Wümme-Niederung, 1970 – H. van der Linden, De Cope, 1980² – A. E. Hofmeister, Besiedlung und Verfassung der Stader Elbmarschen im MA, II, 1981 – Siedlungsforsch. 2, 1984 (bes. H.-J. Nitz, H. van der Linden, G. J. Borger) – H.-J. Nitz–P. Riemer, Die hochma. Hufenkolonisation in den Bruchgebieten Oberstedingens, Oldenburger Jb. 87, 1987 – P. A. Henderikx, Die ma. Kultivierung der Moore im Rhein-Maas-Delta (10.–13. Jh.), Siedlungsforsch. 7, 1989.

Marseille (lat. Massilia, prov. Marsilha, Marsiho), Stadt in Südfrankreich (Hauptstadt der Région Provence-Alpes-Côte d'Azur und des dép. Bouches-du-Rhône), Bm., im MA der Gft. →Provence unterstehendes Lehen.

I. Spätantike und Frühmittelalter – II. Städtische Entwicklung im Hochmittelalter – III. Der Niedergang im Spätmittelalter – IV. Der Neubeginn im 15. Jahrhundert.

I. Spätantike und Frühmittelalter: Das von ion. Phokaiern um 600 v. Chr. gegr. M. lebte im 3. Jh. n. Chr. noch in seinen aus griech. Zeit stammenden Befestigungen, wie neue Ausgrabungen ergeben haben. 310 wurde es von Ks. Konstantin d. Gr., der hier seinen Schwiegervater Maximinian gefangennahm, belagert. In wirtschaftl. Rückgang begriffen und unter der Konkurrenz von →Arles und →Fréjus leidend, gab M. allmähl. seine überkommenen griech. Institutionen auf, um den Charakter einer spätröm.-gall. Stadt anzunehmen. Diese Entwicklung korrespondiert mit den ersten bekannten Zeugnissen christl. Lebens: zwei bei St-Victor gefundenen Märtyrergräbern (um 250); 314 Erwähnung des ersten bekannten Bf.s, Oresius. Proculus (Episkopat 380–430) ließ die Kathedrale mit großem Baptisterium errichten und war bestrebt, den Primat der Kirche v. M. in der ganzen Gallia Narbonensis durchzusetzen. 416 kam der aus Scythia minor gebürtige Johannes →Cassianus nach M. und gründete die Abtei St-Victor, von der eine kleine Basilika in den Krypten der späteren Abteikirche erhalten geblieben ist; Cassians Schriften sollten das abendländ. Mönchtum tief beeinflussen. Es bildete sich eine theol. Schule, deren wichtigste Repräsentanten →Salvianus und →Gennadius waren. Um St-Victor entstand eine chr. Nekropole, deren Marmorsarkophage, ausgeführt oder doch beeinflußt von der Schule v. Arles, bei mehreren Ausgrabungskampagnen freigelegt wurden.

476 bemächtigte sich der Kg. der →Westgoten, →Eurich, der Stadt M., die jedoch 536 dem →Frankenreich angegliedert wurde, dessen Fenster zum Mittelmeer sie bildete. Der Hafen v. M. stand mit Byzanz, Syrien, Ägypten, Italien und Spanien in Handelsbeziehungen, die durch die muslim. Expansion des 7. Jh. jedoch einen empfindl. Einbruch erlitten. Die Stadt wurde mehrfach geplündert: 736 und 739 von →Karl Martell, 838 von span. Muslimen, 848 von griech.-byz. Korsaren. Hinzutraten Epidemien (591, 599, 650). In dieser Periode des Niedergangs wurde der städt. Siedlungsraum auf das Château Babon (um die heut. Kirche St-Laurent) reduziert. Die Bf.e zogen sich nach St-Victor zurück, dessen Äbte sie zugleich waren. Einer der Bf.-Äbte, Wadaldus, ließ 814 ein Güterverzeichnis seiner Kirche anlegen. 923 wurde auch St-Victor Opfer einer Razzia der Sarazenen, woraufhin der Bf.-Abt Drogo für einige Zeit in Arles Zuflucht suchte.

II. Städtische Entwicklung im Hochmittelalter: 950 übertrug →Konrad I., Kg. v. Burgund, M. dem Vizgf.en Arnulf; dieser stützte sich bei der Wiederherstellung der Civitas auf seinen Vetter Honoratus (Bf. 948–978). St-Victor wurde reorganisiert und der →Regula s. Benedicti erschlossen (977); die Abtei baute ein Netz von Prioraten in der Provence, Spanien, Italien und Sardinien auf und gründete das Frauenkloster St-Sauveur. Abt Isarn (Yzarn, 1021–47), dessen herrliche Tumba erhalten ist, ließ den ersten Turm der Abtei bauen; sein Nachfolger Kard. Richard v. Millau (1079–1106), der später Ebf. v. →Narbonne wurde, verfügte über großen Einfluß am Hl. Stuhl.

Gegen Ende des 11. Jh. umschloß eine neue Befestigung ein Stadtgebiet von ca. 40 ha, das im wesentl. dem Areal der antiken Stadt entsprach. Es war jedoch seit 1069 geteilt: in die Unterstadt *(ville basse)*, die der Stadtherrschaft (Seigneurie) des Vizgf.en unterstand, und die Oberstadt *(ville haute)*, unter Stadtherrschaft des Bf.s. Diese Situation bestand in polit. Hinsicht bis 1257, verwaltungsmäßig sogar bis 1348.

Im 12. Jh. vollzog sich der Wiederaufstieg M.s. Die Bevölkerung wuchs dank neuer Zuwanderer. Die Kathedrale (Notre-Dame 'la Major') und die Kirche St-Laurent wurden errichtet. Die Stadtmauer wurde erweitert, um auch die östl. Vorstädte einzubinden; dagegen wurde der Mauer, die das nördl. Ufer des Hafens begrenzte, niedergelegt, um die Schiffahrt zu erleichtern. Infolge des Aufschwungs des Hafens im Zeitalter der →Kreuzzüge entfalteten die Marseiller seit 1150 Aktivitäten in Palästina und gründeten einen →Fondaco in →Akkon, aufgrund der ihnen von →Guido v. Lusignan, Kg. v. Jerusalem, im April 1190 verliehenen Privilegien. In Nordafrika traten sie um 1211 in →Ceuta und ließen sich 1220 in Bugia durch einen Konsul vertreten. Hatten die ersten beiden Kreuzzüge M. noch nicht berührt, so diente die Stadt 1187 den Kreuzfahrern unter Richard Löwenherz (3. Kreuzzug) als Hafen, desgleichen den Teilnehmern des →»Kinderkreuzzugs« (1212), den Rittern Johanns v. Brienne (1217), Tedbalds v. Champagne (1239) und Joinvilles (1248); jedes Jahr stachen Jerusalempilger von M. aus in See. Regelmäßige Verbindungen bestanden mit den →Champagnemessen, auf die Marseiller Kaufleute Orientwaren brachten.

Die städt. Gemeinschaft bildete sich unter starkem Einfluß der Hl.-Geist-Bruderschaft *(Confrérie du St-Esprit)* aus; erstmals sind 1178 →Konsuln genannt; diese lösten nach und nach die Rechte der Vizgf.en ab, deren letzter, Roncelin, 1215 starb. Dreißig Jahre lang war M. faktisch unabhängig; es unterstand der lockeren Oberhoheit der weitentfernten Gf.en v. →Toulouse und Gf.en v. →Barcelona, die sich den Besitz der Provence teilten. Die städt. Statuten wurden im Laufe der 1. Hälfte des 13. Jh. redigiert; sie regelten insbes. den Personentransport und den Seehandel. Der Wechselbrief tritt auf.

Das religiöse Leben wurde von mehreren Orden geprägt. Die →Trinitianer widmeten sich seit 1203 dem Loskauf von Gefangenen; die →Karmeliter, seit 1207 präsent, wandten sich an Handwerker und Kaufleute; um 1225 erschienen die →Franziskaner, deren Adressat v. a. die Oberschicht war, während die wenig später auftretenden →Dominikaner ihre Tätigkeit namentl. in den Kreisen der Geschäftsleute entfalteten. 1214 wurde eine erste, von St-Victor abhängige Kapelle auf dem Hügel von N.D. de la Garde errichtet.

→Karl v. Anjou wurde 1246 Gf. der Provence und strebte danach, M. seiner Autorität zu unterwerfen. Nachdem sich die Bürger mehrmals gegen ihn erhoben hatten (1250, 1252, 1256), bekräftigten die »Friedenskapitel« von 1257 zwar die Aufhebung der Kommune, ließen aber eine Reihe von Privilegien bestehen, die erst von den späteren Stadtherren geschmälert werden sollten. Im übrigen begünstigte der Friedensschluß den Handel; die Bevölkerungszahl M.s erreichte nun an die 20000 Einw.

Nochmals wurden die Stadtmauern im O erweitert, die Vorstädte La Calade und Paradis einbezogen; hinter dem Hafen bildete sich mit dem Plan Fourmiguier ein Werftbereich aus; das südl. Ufer des Hafenbeckens gehörte der Abtei St-Victor, die die dortigen Salzgärten betrieb.

III. Der Niedergang im Spätmittelalter: Die →Sizilian. Vesper (1282) und der Verlust →Akkons (1291) markieren den Beginn einer langen Verfallsperiode. M. wurde zum Militärhafen für die angevin. Expeditionen zur Rückgewinnung des von den Aragonesen eroberten Kgr.es →Sizilien. M. stellte mehrere Admiräle (Guillaume Vivaud, Barthélemy Bonvin, Guillaume Cornut) und rüstete zahlreiche Schiffe aus, von denen etliche verlorengingen (Seeschlachten v. Malta, 1283, Neapel, 1284, Las Hormigas, 1285). M.s Seehandel wurde in der →Levante, über →Zypern und →Alexandria, noch bis 1320 fortgeführt, beschränkte sich danach jedoch auf den westl. Mittelmeerraum. Tuch aus Flandern, Frankreich und Languedoc sowie →Koralle, die in den Gewässern Sardiniens gefischt und in M. verarbeitet wurde, waren die Hauptgüter, die M. im Austausch gegen →Gewürze, →Zucker, →Baumwolle und Farbstoffe (→Farbe, I) in den Orient exportierte.

Im 14. Jh. wurde der Niedergang durch mehrere Faktoren beschleunigt: Aufgrund der Verlegung der Papstresidenz wurde →Avignon zum großen Geschäftszentrum im unteren Rhônetal; der Schwarze Tod von 1348 (→Epidemien) verschärfte eine bereits latent vorhandene demograph. Krise; die Wirren des →Hundertjährigen Krieges und die Invasionen der Provence durch die Söldnerbanden des »Archiprêtre« Arnaud de →Cervole, 1357–62, Bertrands →Du Guesclin, 1368–69, und Raimunds v. →Turenne, 1386–99, führten zu ständiger Unsicherheit auf den Landstraßen; das Meer wurde von aragones. Flotten beherrscht; der Bürgerkrieg zw. den Anhängern der Durazzo und der Anjou (um die Thronfolge der Kgn. →Johanna, † 1382) band alle Kräfte. M. blieb der Kgn. Johanna und ihrem Nachfolger, →Ludwig I. v. Anjou, treu; dies bewahrte der Stadt zwar eine gewisse Autonomie, doch markiert die aragones. Plünderung (20.–23. Nov. 1423) einen Tiefpunkt. Die Einwohnerzahl sank auf knapp 10000.

Gegen die militär. Bedrohung wurden Verteidigungsmaßnahmen eingeleitet: um 1360 Vergrößerung der Mauer (Einbeziehung des Plan Fourmiguier); 1362–65 Befestigung der Abteikirche v. St-Victor durch Papst Urban V. (früher Abt v. St-Victor); Papst Benedikt XIII. residierte 1404–07 in St-Victor. Zw. 1371 und 1405 führte ein Jude namens Crescas Davin das zukunftsträchtige Gewerbe der Seifensiederei (→Seife) in M. ein.

IV. Der Neubeginn im 15. Jahrhundert: Etwa zwanzig Jahre nach der Katastrophe von 1423 markieren drei Ereignisse den Beginn des Wiederaufstiegs M.s: 1442 verzichtete Kg. →René auf Neapel, wodurch der Frieden zur See wiederkehrte; 1444 wurden die Messen v. →Lyon begründet, was eine Öffnung M.s zum mittel- und nordeurop. Raum zur Folge hatte; im selben Jahr machte der Großunternehmer Jacques →Coeur M. zur Basis seiner Galeerenflotte, mit der er regelmäßige Verbindungen in die Levante unterhielt; die Konvois der Florentiner und Venezianer, die den Nahen Osten und Magrib mit den Nordseehäfen verbanden, machten wieder Zwischenstation in M. Der M.er Seehandel mit Beirut, Alexandria und den nordafrikan. Häfen wurde wiederaufgenommen. 1447–51 wurde die Tour St-Jean zum Schutz der Hafeneinfahrt erbaut. Die im 13. und 14. Jh. mehrfach erweiterte und verstärkte Mauer erhielt 1480 ihren endgültigen Verlauf (Canebière, Cours Belsunce, Boulevard des Dames) und umschloß ein Stadtareal von 70 ha, in dem 10–15000 Einw. lebten, doch ist (unter Einschluß der Ortschaften des nächsten Umlands) wohl von einer Gesamtzahl von 20–25000 Bewohnern auszugehen.

Die Großkaufleute gewannen wachsende wirtschaftl., bald auch polit. Bedeutung; die führenden Familien waren: Forbin, Vento, Villages, Altovitis, Remesan, Vivaldi, Pazzi, viele von ihnen Zuzügler aus Florenz oder Genua. Die Einrichtung eines Handelsgerichtshofs durch den Seneschall Jean de Cossa (1474) sowie die Munizipalordnung von 1475 sicherten ihre Führungsposition in der städt. Regierung und Verwaltung. Einer dieser Notabeln, Palamède de →Forbin, schuf polit. und diplomat. die Voraussetzungen für den Übergang der Provence und M.s an die Krone →Frankreich. Die Vereinigung wurde wirksam mit dem Tod des letzten Gf.en der Provence, Karl III., der sein Land am 11. Dez. 1481 testamentar. dem Kg. →Ludwig XI. vermachte. F. Reynaud

Q. und Lit.: B. GUÉRARD, Cart. de l'abbaye de St-Victor de M., 1857 – L. BLANCARD, Doc. inédits sur le commerce de M. au MA, 2 Bde, 1884–85 – R. PERNOUD, Les Statuts municipaux de M., 1949 – Hist. du commerce de M., hg. G. RAMBERT, I [R. BUSQUET–R. PERNOUD], 1949; II [E. BARATIER – F. REYNAUD], 1951 – G. LESAGE, M. angevine, 1950 – A. BOUYALA D'ARNAUD, Evocation du Vieux M., 1959 – M. ZARB, Les Privilèges de la ville de M., 1961 – P.-A. FÉVRIER, Le développement urbain en Provence de l'époque romaine à la fin du XIVᵉ s., 1964 – J.-R. PALANQUE, Le Dioc. de M., 1967 – Hist. de M., hg. E. BARATIER, 1973 – R. BUSQUET, Hist. de M., 1978² – P. GUIRAL – P. AMARGIER, Hist. de M., 1983 – J. H. PRYOR, Business contracts of medieval Provence, 1984 – P. GUIRAL – F. REYNAUD, Les Marseillais dans l'hist., 1988 – P. JOUTARD, Hist. de M. en treize événements, 1988 – A. BLÈS, Dict. hist. des rues de M., 1989 – Marseille avant Marseille, Zs. »Marseille« 160, 1990.

Marshal, bedeutendes erbl. Amt in England. Nachdem der M. im Hofhalt der anglo-norm. Kg.e ein untergeordneter Beamter gewesen war, erhielt er Aufgaben im →Exchequer und als Aufseher über Gefangene der Obergerichtshöfe. Die Einsetzung von Stellvertretern erfolgte, als das Amt erbl. wurde. John FitzGilbert the →Marshal († 1165) folgte sein gleichnamiger Sohn († 1194) und dann dessen berühmter Bruder William. Das Amt hatte nun die Marshal-Familie, die Earls of Pembroke, bis zu ihrem Erlöschen 1245 inne. Anschließend ging das Amt an die älteste Schwester des letzten Earl über und wurde von ihren Nachfolgern aus der →Bigod-Familie, den Earls of Norfolk, bis 1306 übernommen. Es folgten einzelne Inhaber, meistens Earls, die vom Kg. bis 1386 ernannt wurden, als Richard II. den Titel des →Earl Marshal an Thomas →Mowbray verlieh. Nach einer Unterbrechung (1397–1412) verblieb das Amt bei den Mowbray, Dukes of Norfolk, bis zu deren Erlöschen und ging dann an ihre Erben, John →Howard (1483) und William →Berkeley (1485), über. Nach dem Tod des letzteren 1492 fiel das Amt an die Krone zurück. R. L. Storey

Lit.: Peerage II, 605f., 610–613.

Marshal, Familie, erhielt ihren Namen von dem vererbbaren engl. →Marshal-Amt des kgl. Hofhalts, das insbes. für die Pferde des Kg.s zuständig war. Im frühen 13. Jh. stieg diese Familie von relativ dunkler Herkunft außerordentl. auf, als William M., Earl of Pembroke, während der unsicheren polit. Verhältnisse unter der Minderjährigkeitsregierung Heinrichs III. die Stellung eines Regenten einnahm und großes Ansehen erlangte. Das Amt des M. scheint im 11. Jh. kaum von Bedeutung gewesen zu sein, und die ersten Inhaber sind nicht bekannt. Der erste überlieferte M. war *Gilbert* the M. († um 1130) unter der Regierung Heinrichs I. Vielleicht stammte er von *Robert* ab, der im Domesday Book als Inhaber von Cheddar in Somerset aufgeführt ist. Gilberts Sohn *John FitzGilbert* († 1165) zahlte £ 22 13 s. 4 d. für die Erbschaft von Amt und Ländereien seines Vaters. Er spielte eine bedeutende Rolle bei den Ereignissen unter Stephan v. Blois. Der Kg. übertrug ihm den Schutz der Burg Marlborough, aber seit 1141 unterstützte John Ksn. Mathilde und war an den Kämpfen in →Wiltshire beteiligt. Er stand nicht in dem Maße in der Gunst Heinrichs II., wie er es sich erhofft hatte: John verlor Marlborough 1158, doch erhielt er wohl kgl. Anerkennung, als er →Thomas Becket 1164 verfolgte. Sein Sohn *Gilbert* († 1166) überlebte ihn nur kurz. Als M. folgte dessen Halbbruder *John* († 1194), der erste Sohn aus der zweiten Ehe von John FitzGilbert mit Sybil, der Schwester von Patrick, Earl v. Salisbury. Erbe wurde sein Bruder, der berühmte *William* M., Earl of →Pembroke († 1219). Seine Laufbahn wird ausführl. in der um 1226 verfaßten Verschronik »Histoire de →Guillaume le Maréchal« beschrieben. Er diente im Hofhalt von Heinrich II. sowie dessen ältestem Sohn Heinrich und erwarb sich einen großen Ruf bei Ritterturnieren. Er erhielt sein earldom durch Heirat mit Isabel, Tochter und Haupterbin von Richard de →Clare – ein Gunstbeweis Richards I. Löwenherz. William stieg von einem Ritter ohne Landbesitz zu einem der bedeutendsten Magnaten im Kgr. auf. Sein Verhältnis zu Kg. Johann Ohneland wurde getrübt, als er 1205 Kg. Philipp II. August v. Frankreich als seinem Lehnsherrn für seine Ländereien in der Normandie huldigte. Aber in der schwierigen Zeit am Ende der Regierung Johann Ohnelands unterstützte er den Kg., während sein ältester Sohn die Partei der opponierenden Barone (→Barone, Krieg der) ergriff. Nach dem Tod Johanns war William fakt. – wenn auch ohne Titel – Regent v. England für den jungen Heinrich III. 1217 besiegte er frz. Truppen und die rebellierenden Barone in →Lincoln, und seine Bemühungen, nach den krieger. Auseinandersetzungen den Frieden im Inneren wiederherzustellen, waren bemerkenswert. William M. hatte fünf Söhne: *William* († 1231), *Richard* († 1234), *Gilbert* († 1241), *Walter* († 1245) und *Anselm* († 1245). Richard, der opponierte und besiegt wurde, starb an seinen Kriegsverletzungen, während Gilbert bei einem Turnier den Tod fand. Bemerkenswert ist, daß keiner der Söhne Williams direkte Nachkommen hinterließ. Nach dem Tod von Anselm wurden die großen Besitzungen zw. seinen fünf Schwestern oder deren Erben geteilt.

Eine Nebenlinie der M.-Familie stammte von *John* M. († 1235) ab, möglicherweise einem illegitimen Sohn von John M. († 1194). Da dieser loyal Kg. Johann Ohneland unterstützte und William M. nahestand, erhielt er durch Heirat die Baronie v. Rye. Ihm wurde das Amt des M. in Irland 1207 übertragen. Sein Sohn *John* († 1242) heiratete Margarete, Schwester und Miterbin von Thomas, Earl of Warwick († 1242). John folgte sein Bruder *William* († 1265). Obwohl die Familie traditionell im Dienst der Krone stand, unterstützte dieser Simon de →Montfort während des Kriegs der Barone. Dessen Sohn *John* († 1282) erlangte das Amt des M. in Irland zurück. *William* M. († 1314) wurde als Baron unter Eduard II. in das Parlament berufen und in der Schlacht v. →Bannockburn getötet. Der letzte direkte Nachkomme der Linie war sein Sohn *John* († 1316). Die Besitzungen wurden zw. Schwestern geteilt. M. C. Prestwich

Ed. und Lit.: →Guillaume le Maréchal – Peerage VIII, 525–529; X, 91–96, 358–377 – S. PAINTER, William M., 1933 – D. CROUCH, William M., 1991.

Marsi (Marser), **Gf. en der.** 843 wurde die Marsia (hauptsächl. Teil der heutigen it. Region Abruzzen) vom langob. Hzm. →Spoleto abgetrennt und zum autonomen Comitatus erhoben, an dessen Spitze die vom Ks. ernannten comites Marsorum standen. Die Territorien, aus denen die Marsia bestand, sind aus der Bf.sliste des LP zu erschließen: »Reatinus, Furconensis, Valvensis, Teatinus, Pinnensis, Marsicanus (episcopus)«. 926 ernannte Kg. →Hugo v. Arles den mit ihm blutsverwandten Burgunder Atto zum Gf. en des Ostteils der Marsia und den Franken Berardus, einen mit dem Königshaus verwandten Salier, zum Gf.en des Westteils. Nur das Gebiet des Berardus bewahrte den Namen Comitatus Marsicanus. Unter die Nachfolger Berards (comites Marsorum) aufgeteilt, zersplitterte die Gft. in zahlreiche kleinere Herrschaften, die bis 1143 autonom blieben, als sie sich Kg. Roger II. unterwarfen. In der Organisation des norm. Kgr.es Sizilien wurden aus den Gebieten der comites Marsorum die beiden neuen Gft. en Celano und Albe gebildet und zwei Vertretern der bisherigen frk. Gf.enfamilie zu Lehen gegeben. Im Konkordat v. →Benevent (1156) wurde Kg. Wilhelm I. von Hadrian IV. auch mit der Marsia investiert (letzte Erwähnung des Wortes Marsia in einer öffentl. Urk.). Ebenso wie den Namen verlor die Region auch die Autonomie; sie wurde in den folgenden Jahrhunderten als »in finibus Aprutii« liegend bezeichnet. E. Cuozzo

Lit.: C. Rivera, I conti dei M., 1913, 5 – E. Jamison, I conti di Molise e di Marsia nei secc. XII e XIII, 1932 – E. Cuozzo, Catalogus Baronum. Comm., 1984, 335-340, 355-360.

Marsili Luigi, Augustinermönch, Philosoph, Theologe und Literat, * um 1342 in Florenz, † 1394 ebd. 1379 Mag. Theol. in Paris, machte M. nach seiner Rückkehr nach Florenz den Konvent S. Spirito zu einem kulturellen Zentrum und war in diplomat. Missionen der Signoria tätig, die beim Papst zweimal vergebl. seine Ernennung zum Bf. zu erwirken suchte. M.s polem. Haltung gegenüber der Kurie in Avignon und seine Offenheit für die neuen »humanist.« Ideen machten ihn dem konservativen Flügel des intellektuellen Klerus verhaßt. M.s kulturelle Position ist zweifellos durch das Vorbild seines Freundes→Petrarca geprägt: Zu zwei polit. Canzonen und zu drei Sonetten Petrarcas gegen die Kurie in Avignon schrieb M. Kommentare. Von ihm sind Briefe und ein Beichtsp. »Devotissima e utilissima confessione« erhalten. D. Coppini

Lit.: Lettere, hg. O. Moroni, 1978 – O. Moroni, La »Devota Confessione« di L. M., Critica letteraria 12, 1984, 3-28 – G. Belloni, Due commenti di L. M. a Petrarca, Stud. petrarch. 4, 1987, 119-141 – A. Lanza, Polemiche e berte letterarie nella Firenze del primo Rinascimento (1375-1449), 1989², 73-78.

Marsilio Ficino → Ficino

Marsilius. 1. M. v. Inghen, * um 1340 in Nijmegen, † 20. Aug. 1396, studierte in Paris wahrscheinl. unter →Johannes Buridanus, 1362 in Paris magister artium, mehrfach procurator seiner engl. Nation (1373-75) und Rektor (1367, 1371). Er war Abgesandter der Univ. an der päpstl. Kurie in Avignon (1369) und Rom (1377/78); als Anhänger der röm. Obödienz im Schisma konnte er nicht ins 'clementist.' Paris zurückkehren. Durch Pfgf. Ruprecht I. wurde er 1386 Gründungsrektor der Univ. →Heidelberg, die er in Verfassung und Lehrordnung der Pariser Univ. anschloß. Er war Berater des Pfgf.en, Rotulus-Gesandter an der Kurie und zw. 1386-96 neunmal Rektor. 1395/96 wurde er als erster zum doctor theol. graduiert. Seine große Bibliothek hinterließ er der Univ. Zu seinem reichen philos., log. und naturphilos. Schr. vgl. Ch. H. Lohr, Traditio 27, 1971, 323-334, zum Sentenzenkomm. RCS I, n. 521, zu den Schriftkomm. RBMA III, nn. 5463-5465. Der von Johannes Buridanus initiierte Pariser Terminismus fand in M. einen selbständigen, im 15. Jh. in Ostmitteleuropa höchst einflußreichen Fortsetzer, der in seinen Schisma-Schr. auch zu aktuellen Kirchenfragen Stellung nahm. J. Miethke

Lit.: DThC X, 151-153 – NDB XVI, 260f. – Verf.-Lex.² VI, 136-141 – G. Ritter, Stud. zur Spätscholastik, I: M. v. I. und die okkamist. Schule in Dtl., SAH.PH 1921, 4 – W. Möhler, Die Trinitätslehre des M. v. I., 1949 – E. P. Bos, M. v. I., Treatises on the Properties of Terms, 1983 – M. J. F. M. Hoenen, M. v. I., Bibliogr., BSIEPh 31, 1989, 150-167; 32, 1990, 191-195 – Ders., Der Sentenzenkomm. des M. v. I., TQ 171, 1991, 114-129 – M. of I., Acts of the Int. M. of I. Symposion, ed. H. A. G. Braakhuis–M. J. F. M. Hoenen [im Dr.].

2. M. (de' Mainardini) **v. Padua,** Mag. der Artes liberales und Arzt, wohl bedeutendster polit. Theoretiker des lat. Aristotelismus (→Aristoteles) im SpätMA, Berater Ks. Ludwigs d. Bayern.

[1] *Leben:* * um 1290, genaues Todesdatum unbekannt (am 10. April 1343 von Papst Clemens VI. als Verstorbener gen.). Seine Familie gehörte zur laikalen, aber schriftkundigen administrativen Elite der Stadt. Er studierte zunächst wohl in Paris die Artes (magister artium), dann ebenfalls dort – parallel zu dem von ihm erteilten Unterricht an der Artesfakultät – Medizin (und Theologie), ohne weitere Graduierungen zu erlangen; zum ersten Mal im Dez. 1312/März 1313 als Rektor der Pariser Univ. bezeugt. Für die Wahl seines Faches und Studienortes war wohl der aus Paduas Nähe stammende Mediziner Pietro d'Abano († 1316) maßgebend, mit dessen Schüler →Johannes v. Jandun (124. J.) ihn lebenslange Freundschaft verband. Seine Beziehungen zum frz. Hof nutzte M. für die oberit. Ghibellinen Matteo →Visconti und Cangrande I. →della Scala, ohne daß wir von Ergebnissen wüßten. Ebensowenig zeitigten Erfolge Pfründenexspektanzen, die M. sich an der Kurie Johannes' XXII. (1316, 1318) besorgte. Seit etwa 1320 muß M. am »Defensor Pacis« (DP) gearbeitet haben (abgeschlossen am 24. Juni 1324). Zeitgenöss. Polemik hat fast ausnahmslos neben M. auch Johannes v. Jandun als Autor angesehen, doch haben sich dafür bisher keine durchschlagenden Argumente finden lassen. M. darf als Hauptautor des DP gelten. Gewiß nicht als geheimes Memorandum gedacht, zirkulierte der Text zunächst in der Univ. Paris, bevor 1326 der bfl. Inquisitor den Autor und seinen Freund vorlud. Gemeinsam entzogen sich beide durch überstürzte Flucht dem Verfahren. Im Herbst gewährte Ludwig d. Bayer ihnen Schutz. Als Berater des dt. Herrschers gewannen sie Einfluß, während der DP an der Kurie in Avignon verurteilt wurde (»Licet iuxta doctrinam«, 23. Okt. 1327), als Ludwig längst zu seinem Italienzug aufgebrochen war. M. und Johannes v. Jandun in seinem Gefolge. Die »stadtröm.« Ks.krönung (am 17. Jan. 1328) wird auf M.s Einfluß zurückgeführt. Der Ks. ernannte damals M. zu seinem »vicarius in spiritualibus«. Nach dem Scheitern des Italienunternehmens (seit 1330) lebte M. in München, er ist auch als Leibarzt des Ks.s bezeugt. Es gelang ihm aber nie wieder, maßgebl. Einfluß auf dessen Politik zu gewinnen, auch wenn er (in der Ehescheidungsaffäre der →Margarete Maultasch) entsprechende lit. Versuche machte. Seine Konkurrenz zu →Wilhelm v. Ockham und den Franziskanern ist mehrfach zu greifen.

[2] *Werke und Nachwirkung:* Die aus dem Artes-Unterricht erwachsenen Schr.en (Quaestionen, Slg. von Aristotelesexzerpten: »Parvi flores«) sind stark von fremden Vorgaben (etwa Johannes' v. Jandun) abhängig und eher kompilator. Leistungen. Der DP dagegen ist originär. M.

unternimmt es, mit den damals neuesten Instrumenten aristotel. Wiss. aktuelle polit. Streitfragen seiner Zeit theoret. zu durchleuchten. Angeleitet von Aristoteles, doch auch die zeitgenöss. Streitschriftenlit. – etwa die franziskan. Forderungen nach einer »armen Kirche« – breit aufnehmend, analysiert M. seine Welt. Er meint, die entscheidende Wurzel der Schäden seiner Gegenwart in kirchl. Usurpation polit. Kompetenz gefunden zu haben: ist jene ausgerottet, lassen sich alle anderen Probleme lösen. M. formalisiert den aristotel. Ansatz, drängt die Frage nach der materiellen Vernünftigkeit der polit. Ordnung zurück zugunsten des formell überprüfbaren Ergebnisses von Prozeduren. Eine stärkere Betonung des Willens findet sich schon in der Analyse der Gründe menschl. Vergesellschaftung, da die Not des Daseinskampfes, nicht die kommunikative Existenz eines sprachl. Wesens (so noch bei →Thomas v. Aquin) die Bildung polit. Ges. erklärt (DP I,3,4). Den Zweck des schlichten Überlebens (»sufficienter vivere«), nicht des eth. Lebensvollzuges (»bene vivere«) verfolgten die Menschen in ihrem willentl. Zusammenschluß; so kündigen sich hier die Vertragstheorien der NZ an. Menschl. Zusammenleben wird durch »Gesetze« geregelt. Unter Zuspitzung einer aristotel. Definition sieht M. in ihnen Normen, die aus zwingender Gewalt (»potestas coactiva«) auferlegt werden, welche die Befolgung sanktioniert. Die materiell vernünftigste Norm ohne zwingende Gewalt kann nicht als Gesetz gelten, auch ein unvernünftiges Gesetz aber, sofern es vom kompetenten Organ erlassen ist, ist Gesetz, gewiß kein vollkommenes, aber ein gültiges (DP I,10,5). Kompetentes Organ zum Erlaß von Gesetzen ist (damit geht M. erneut über Aristoteles hinaus) »allein (!) die Gesamtheit der Bürger oder ihr wichtigerer Teil« (DP I,12,5). Aus dieser Kernthese ergibt sich alles weitere: der jeweilige Gesetzgeber erlegt im Geltungsbereich der Normen (flexibel von einer Kommune bis zum Weltreich) die Durchführung der »pars principans« der Ges. auf, Arbeitsteilung und Differenzierung bestimmen die anderen Gesellschaftsbereiche und damit auch die Kirche. Das Monopol staatl. Zwangsgewalt in der Ausschließlichkeit der »potestas coactiva« ist der Schlüssel, der die Lösung aller Streitigkeiten seiner Zeit für M. erschließt: es geht um Frieden, nicht primär um Freiheit, schon gar nicht um Demokratie, auch wenn in der Konstruktion der Gesetzgebungskompetenz Momente einer Theorie der »Volkssouveränität« entdeckt werden können. Für die Weltansprüche der Kirche, für Bonifatius' VIII. extreme Forderungen, bleibt kein Raum. Weil nicht der Ausspruch der Wahrheit, sondern nur der Erlaß des Gesetzes legitime Ordnung begründet, hat die Kirche keinen eigenständigen Zugriff auf die polit. Ordnung: ihre Sanktionen gelten nur im Jenseits, auf Erden gilt ausschließl. das, was der »legislator« ausdrückl. bestimmt bzw. übernimmt (z. B. die Ketzergesetze: DP II,10). Damit stellt M. die Auffassungen der kurialen Papalisten (etwa eines →Aegidius Romanus [11.Ae.] oder →Augustinus v. Ancona [3.A.]) geradezu auf den Kopf. Die moderne Trennung von Staat und Kirche zeichnet sich ab.

Seine entschlossene Anwendung des aristotel. Instrumentariums auf die (sehr verschiedenartigen) polit. Lebenswelten seiner Zeit, auf Kommunen, Flächenstaaten und Imperium, hatte Wirkungen (vgl. →Dietrich v. Nieheim und →Nikolaus v. Kues). Der DP ist mit Recht eng auf die oberit. Kommunen im Übergang von der Podestà-Verfassung zur Signorie bezogen worden (GEWIRTH, RUBINSTEIN), man hat seinen Widmungsadressaten Ludwig d. Bayern unterstrichen (QUILLET), man hat einen integralen Aristotelismus als sein Ziel ausgemacht (STERNBERGER), man konnte ihm eine konservative Absicht zuschreiben (SEGALL). Früh ins Frz. übersetzt (verloren), wurde der DP schon 1363 ins It. übertragen (ed. PINCIN); Teile von ihm gingen noch im 14.Jh. in das »Somnium viridarii« und den →»Songe du Vergier« ein; (lat.) Erstdruck in Basel 1522. Dt. und engl. Teilübers. en folgten im 16.Jh.

Von den Münchner Schr.en zeichnet die hs. Überl. nur den meist anonym umlaufenden Traktat »De translatione imperii« (mit 24 Mss.) aus, eine »Bearbeitung« eines Traktats des Landolfo →Colonna, die durch Wortumstellungen, Hinzufügungen und Streichungen dessen (kurialist.) Tendenz »umdreht«. Hier kann M. naturgemäß kaum Eigenes bieten. Die Schr.en zur Maultasch-Affäre (1 Ms.) scheint M. in eine Schrift eingebracht zu haben, die er »Defensor minor« (1 Ms.) nannte (freil. wird auch ein umgekehrtes Verhältnis in der Forsch. angenommen, etwa PINCIN, QUILLET). Darin findet sich manche Spezifizierung, zumal M. sich gegen Wilhelm v. Ockhams abweichende Argumente profiliert. Eine sichtbare Wirkung hat der Text nicht erzielen können. J. Miethke

Ed.: Teilausg. mit frz. Übers.: M.d.P., Œuvres mineures: »Defensor minor«, »De translatione imperii«, ed. C. JEUDY–J. QUILLET, 1979 (SHM) [Lit.]. – Univ.schr.en: ed. P. DI VONA, Atti accad. sc. morali e politiche (Napoli) 89, 1979, 251–281; ed. J. QUILLET, Medioevo 5, 1979, 126–142; ed. R. LAMBERTINI–A. TABARRONI, Medioevo 10, 1984, 70–93 – Les »auctoritates Aristotelis«, éd. J. HAMESSE, 1974 – DP: ed. C. W. PREVITÉ ORTON, 1928; ed. R. SCHOLZ, 1932/33 (MGH Fontes [in us. schol. 7]); »DP« nella traduzione in volgare fiorentino del 1363, ed. C. PINCIN, 1966 – Maultasch-Schr.en: in: C. PINCIN, Marsilio, 1967, 262–283 – Lit.: M. de P., 1942 – A. GEWIRTH, John of Jandun and the »DP«, Speculum 23, 1948, 267–272 – DERS., M. of P. The Defender of Peace, I, 1951 [u. ö.] – H. SEGALL, Der »DP« des M.v.P. (HF 2, 1959) – P. E. SIGMUND, The Influence of M. of P. on XVth cent. Conciliarism, JHI 23, 1962, 392–402 – N. RUBINSTEIN, M. of P.... (Europe in the Late MA, hg. J. HALE, R. HIGHFIELD, B. SMALLEY, 1965), 44–75 – J. HYDE, Padua in the Age of Dante, 1966 – L. SCHMUGGE, Johannes Jandun (1285–1328) (PHS 5, 1966) [Lit.] – C. PINCIN, Marsilio, 1967 [Lit.] – G. DE LAGARDE, La naissance de l'esprit laïque au déclin du MA, Nouv. éd., III: Le DP, 1970 – J. QUILLET, La philosophie politique de M.d.P., 1970 [Lit.] – M. J. WILKS, Corporation and Representation in the »DP«, SG 15, 1972, 251–292 – P. DI VONA, I principi del »DP«, 1974 – H. G. WALTHER, Ursprungsdenken und Evolutionsgedanke..., Misc. mediaevalia 9, 1974, 236–261 – C. VASOLI, M.d.P. (Storia della cultura Veneta, hg. G. FOLENA, II, 1976), 207–237 – P. MARANGON, M. tra preumanesimo e cultura delle arti, Medioevo 3, 1977, 89–119 – G. PIAIA, M. da P. nella riforma e nella controriforma, 1977 – T. STRUVE, Die Entwicklung der organolog. Staatsauffassung im MA, 1978 – Medioevo 5/6, 1979/80 – D. STERNBERGER, Die Stadt und das Reich in der Verfassungslehre des M.v.P. (SB der Wiss. Ges. an der Johann Wolfgang Goethe-Univ. Frankfurt/M. 18,3, 1981), 87–149 [DERS., Die Stadt als Urbild, 1985, 76–142] – M. DAMIATA, »Plenitudo potestatis« e »universitas civium« in M. de P., 1983 – H. J. SIEBEN, Die Konzilsidee des lat. MA 847–1378, 1984 – C. DOLCINI, Crisi di poteri e politologia in crisi, 1988 – J. MIETHKE, M.v.P., AAG III 179, 1989, 52–76 – B. TIERNEY, M. on Rights, JHI 52, 1991, 3–18 – C. FLÜELER, Rezeption und Interpretation der aristotel. »Politica« im 13. und 14.Jh., 1992.

Marstall, der Pferdestall (mhd. *marhstall* von ahd. *marah*, mhd. *mare* 'Pferd') einer Hofhaltung des Kg.s, geistl. und weltl. Herren, Adliger und von Dienstmannen (Magistrate), in dem eine größere Zahl von Dienstleuten beschäftigt war. An ihrer Spitze stand der →Marschall bzw. der Stallmeister. Der Marschall erschien bereits bei den Merowingerkg.en als Hofbeamter (→Hofämter). Die eigtl. Hofgeschäfte gingen an den Hofmarschall, die ursprgl. Funktion im M. an den (obersten) Stallmeister über. M. und Stallmeister kamen große Bedeutung und Rang zu, da das →Pferd als Leibpferd bei Waffenspiel und Jagd, als

Paradepferd und als Streitroß in Fehde und Krieg eine hervorragende Rolle spielte. Als gegen Ende des 14. Jh. das Pferd allmähl. auch als repräsentatives Trag- und Zugtier von Sänfte und Kutsche eingesetzt wurde, standen im M. neben den Pferden des Herrn (des Kg.s) auch jene der Hofdienste sowie Trag- und Zugpferde. Die Dienstleute des M.s (stratores) waren Pferdeknecht (strator, protostrator, staffa, stapha, *rossknecht, stallknecht,* auch *marstaller*), Fohlenwärter (poledrarius), Hufschmied (faber equarius), Knappe (famulus) und Schildknappe (scutarius).

Die große Zahl der für Kriegs- und Kreuzzüge, aber auch für Feste und Versammlungen benötigten Pferde jeder Haus- und Hofhaltung wie auch ihre hohe Wertschätzung erforderten ausgedehnte Stallungen sowie eine Überwachung des Einkaufs oder der eigenen Zucht, die ebenfalls zu den Aufgaben des M.s bzw. des Stallmeisters zählten. Der M. befand sich in nächster Nähe des Wohntraktes der Burg oder des Hauses (auch in den Städten, z. B. bei den Bf.shöfen) oder lag als eigener Hof separat; zu ihm gehörte die M.kammer (Geschirrkammer), Pferdeschwemme und Tränke. Gewöhnl. wurden die Reitpferde des Herrn von denen seiner Familie im M. getrennt, wodurch eine Teilung in kleinen (ranghöheren) und großen M. herbeigeführt wurde, dem schließlich eigene Stallmeister vorstanden, die am frz. Hof institutionalisiert wurden (→ *Écurie du roi de France*). G. Kugler

Q.: Hofordnung Karls d. Gr. ..., hg. V. KRAUSE (MGH Fontes III, 1894) – Capitulare de villis (AusgQ 31, 1967), 39–59, § 13 – *Lit.*: A. SCHULTE, Anläufe zu einer festen Residenz der dt. Kg.e im HochMA, HJb 55, 1936 – A. WAAS, Hofamt und Staat im dt. FrühMA, 1938 – K. BOSL, Die Reichsministerialität der Salier und Staufer, 2 Bde, 1950/51 – →Marschall.

Marsuppini, Carlo, it. Humanist und Politiker, * 1398 in Genua, † 1453 in Florenz. M.s Familie stammte aus Arezzo (daher wird er häufig Carlo Aretino genannt). Er erhielt eine humanist. Ausbildung bei Giovanni Malpaghini und wahrscheinl. bei→Guarino Veronese. Zuerst Präzeptor in der Familie Medici, war er Mitglied der Gesandtschaft zum neuen Papst Eugen IV. und erhielt 1431 trotz des Widerstands→Filelfos einen Ruf an die Univ. Florenz, wo zu seinen Schülern u. a. Matteo Palmieri, Donato Acciaioli und Cristoforo Landino zählten. 1444 wurde er L. →Brunis Nachfolger als Leiter der Kanzlei. Erhalten sind eine Trostschrift an Lorenzo de' Medici anläßl. des Todes der Mutter, Briefe, Epigramme und Elegien. Beachtenswert sind seine Tätigkeit als Philologe und als Übersetzer aus dem Griech.: Er emendierte Silius Italicus und übertrug die Batrachomyomachia [»Froschmäusekrieg«] und – auf Wunsch Papst Nikolaus' V. – das 1. Buch der Ilias und die Reden aus dem 9. Buch, wobei er seiner Arbeit einen eleganten Begleitbrief in Hexametern beifügte. Völlig unbegründet wird C. M. in einigen Hss. die »Philodoxeos fabula« des L. B. Alberti zugeschrieben. D. Coppini

Lit.: P. G. RICCI, Una consolatoria inedita del M., Rinascita, 3, 1940, 369–433 – G. ZIPPEL, C. M. d'Arezzo. Notizie biograf., 1897 (jetzt in: Storia e cultura del Rinascimento it., 1979, 198–214).

Martellus, Henricus → Henricus Martellus

Märterbuch, eines der beliebtesten dt. Verslegendare des MA, um 1300 entstanden, enthält Zyklus dt. Legenden in Reimpaaren. Der unbekannte, wohl geistl. Verf. gibt an, das Werk für eine Gfn. v. Rosenberg durch Übers. '*aus lateinen*' geschaffen zu haben. Daß Auftraggeberin und Entstehungsort in (S-)Böhmen gesucht werden müssen, ist umstritten. Die überlieferten Hss. bezeugen ledigl. eine dichte Verbreitung des M.s im bayer.-österr. Raum, darüber hinaus auch in ganz Oberdeutschland (ohne das Oberrheingebiet). Klarer ist die Q.frage. Glaubte G. EIS, die lat. Vorlage im »Magnum Legendarium Austriacum« (Niederösterreich, um 1190) gefunden zu haben, hat K. KUNZE als Hauptq. eine andere Slg. kurzgefaßter Legenden, die ins 12. Jh. zurückreicht, erwiesen. Sie lieferte für 77 Legenden die Textgrundlage; für die übrigen 26 Legenden ist die Q.frage noch offen. Meist im Januar beginnend, folgt der Zyklus des M.s dem Kalender und ordnet die Legenden den Marien-, Kreuz- und wichtigsten Hl.nfesten zu. Kurztexte wechseln mit solchen von beträchtl. Umfang. Durchgängig verbindet sich künstler. Anspruchslosigkeit mit dem Eifer des Verf., die Gläubigen am Beispiel der Hl.n zu einem gottgefälligen Leben zu bekehren. Bedeutende Nachwirkung erreichte das M. auch dadurch, daß 64 der Legenden in Prosafassung in das legendar. Sammelwerk »Der Heiligen Leben« (Ende 14. Jh.) aufgenommen wurden. P. Assion

Lit.: Verf.-Lex.[2] I, 1093–1095 – E. GIERACH, Das M., 1928 [Ed.] – G. EIS, Die Q. des M.s, 1932 – K. KUNZE, Die Hauptq. des M.s, ZDPh 88, 1969, 45–57 – DERS., Das M. Grundlinien einer Interpretation, ebd. 90, 1971, 429–488 – R. SÖDER, M. und Prosapassional [Diss. Würzburg 1972].

Martha, hl. (Fest 29. Juli). Nach den Evangelien ist M. Gastgeberin des Herrn (Lk 10, 38–42), Schwester des →Lazarus (Joh 11, 1–44) und wird beim Gastmahl in Bethanien erwähnt (Joh 12, 2). In der judenchristl. Lit. und im Hld-Komm. des →Hippolytus wird sie nicht immer von anderen Frauen, bes. von →Maria Magdalena, unterschieden. In der Patristik und im MA ist M. Symbol der →Vita activa. 1187 wurde in Tarascon ein Leichnam entdeckt, den man mit der M.s identifizierte. Damals wurde wahrscheinl. die Legende verfaßt (BHL 5545–5547; gekürzte Fassungen im »Speculum sanctorale« des →Vinzenz v. Beauvais und in der →»Legenda aurea« des →Jacobus de Voragine). Die voll ausgebildete Version enthält die im 12. Jh. von einem Zisterzienser verfaßte »Vita SS. Mariae Magdalenae, Marthae et Lazari« (BHL 5508). Alle Fassungen enthalten die Episode vom Drachen Tarascus, von dem M. die Stadt Tarascon befreit hat (daher häufig Attribut). V. Saxer

Lit.: Bibl. SS VIII, 1204–1215 – LCI VII, 656–668 – LThK[2] VII, 111 – E. M. FAILLON, Mon. inédits sur l'apostolat de s. Marie Madeleine en Provence..., 1848, 1865[2] – V. SAXER, Les saintes Marie Madeleine et Marie de Béthanie dans la tradition liturgique et homilétique orientale, Revue des sciences religieuses, 32, 1958, 1–37 – DERS., Le dragon dans la lit. hagiographique lat. ancienne et médiévale, Cah. des Alpes-Maritimes, 6, 1990, 53–88 – DERS., Marie Madeleine dans le Comm. d'Hippolyte..., RevBén 101, 1991, 219–239.

Martial im Mittelalter. Das Œuvre des Dichters, dessen Ruhm auf seiner scharfen, Obszönes nicht scheuenden Gesellschaftskritik sowie seiner formalen Brillanz beruht, ist in drei auf antiken Rezensionen basierenden Hss.-Familien tradiert. Nachweisl. hat der röm. Advokat Torquatus Gennadius 401 den M.-Text emendiert. Von Ausonius, Sidonius Apollinaris und Luxorius wird M. zitiert und auch imitiert. Grammatiker wie Plotius Sacerdos, Charisius, v. a. aber Priscian zitieren aus seinem Werk. Isidor v. Sevilla führt insgesamt vierzehnmal Verse seines Landsmanns an. Eigenständige Benutzung M.s, die sonst in karol. Zeit kaum nachweisbar ist, zeigen Hrabanus Maurus und Walahfrid Strabo. Im 9. Jh. finden sich ferner Exzerpte M.s für den prosod. Unterricht bestimmten »Florilegium Sangallense« und dem Florileg des Micon v. St. Riquier, ebenso im »Florilegium Frisingense« (11. Jh.). Im späteren MA ist M. in wichtigen Florilegien, so im »Florilegium Gallicum« überliefert. Intensive M.-Rezeption läßt sich im 11. und 12. Jh. im anglonorm.

Raum nachweisen, so bei Godefrid v. Winchester, der im 13. und 14. Jh. mit M. verwechselt wird, und Heinrich v. Huntingdon, dessen »Epigrammata Seria« (2 B.) detaillierte M.-Kenntnis belegen. Johannes v. Salisbury, Giraldus Cambrensis, der (De princ. inst. 1, 18) von einer veritablen M.-Lektüre erzählt, und Walter Map zitieren M. häufig, wie später auch Vinzenz v. Beauvais. Bei Hildebert v. Lavardin und Hugo Primas, die beide preziöse Epigramme im Stil M.s verfaßt haben, ist weniger das direkte Zitat als der Wille zur Assimilation des Vorbilds evident. Zwar hat die moral.-satir. Didaxe seiner Epigramme M.s Rezeption im hohen MA begünstigt, die Integrierung in den ma. Bildungskanon dürften aber die oft obszön anstößige Thematik sowie die heidn.-amoral. Grundtendenz (z. B. Verspottung von Gebrechen) verhindert haben, wie M. auch keine Kommentierung erfahren hat. So zeigen auch einerseits zahlreiche ma. M.-Imitationen gute Kenntnisse seiner Epigrammatik, andererseits werden aber auch M. in jegl. Hinsicht fremde poet. Gebilde unter seinem Namen tradiert. Nicht eindeutig erklärbar ist übrigens sein seit dem 11. Jh. belegtes Cognomen »Cocus«. M.s Wiederentdeckung durch die it. Humanisten, wie Petrarca, Boccaccio, Salutati, Domenico di Bandino, Aurispa und Beccadelli, wird durch die paduan. Frühhumanisten Lovati, A. Mussato und Zambono di Andrea vorbereitet, die M.-Zitate aus einer vollständigen Hs. verwerken. Bereits vorher haben Albertanus da Brescia und Geremia da Montagnone M. ebenfalls des öfteren exzerpiert. Später nennt K. Celtis M. in seiner »Ars Versificandi« neben Ausonius als Vertreter des antiken Epigramms. W. Maaz

Lit.: Manitius, I–III [Register] – G. BERNT, Das lat. Epigramm im Übergang von der Spätantike zum frühen MA, 1968 – F.-R. HAUSMANN, M. in Italien, StM 17, 1976, 173–218 – DERS., M., CatTransl. Comm 4, 1980, 249–296, hier 250–253 – W. MAAZ, Stud. zur lat. Epigrammatik des hohen MA [Diss. Berlin 1982] – DERS. (Ma. Komponenten der europ. Bewußtseins, hg. J. SZÖVÉRFFY, 1983), 101–129 – M. D. REEVE (Texts and Transmission, hg. L. D. REYNOLDS, 1983), 239–244 – B. MUNK OLSEN, L'étude des auteurs class. lat. aux XIe et XIIe s., 2, 1985, 93–104 – C. JEUDY (Scire litteras, hg. S. KRÄMER – M. BERNHARD, 1988), 221–226 – Praef. der krit. Ausg. v. D. R. SHACKLETON-BAILEY, 1990, V–XI.

Martialis, hl. (Fest 30. Juni), in →Limoges als erster Bf., Schutzpatron und schließlich als Apostel verehrt. Nach →Gregor v. Tours war M. einer der sieben Missionare, die um 250 in Gallien wirkten. In späterer Zeit machte ihn jedoch eine kurze Vita bereits zum Schüler des Apostels →Petrus, doch blieb der Kult an seinem Grabe (848 Gründung der Abtei St. Martial de Limoges) lange Zeit ohne auffällige Ausstrahlung. Erst am Ende des 10. Jh. wurde M., im Zusammenhang mit der →Gottesfriedensbewegung, zu einem der führenden Hl.n Galliens. Eine neue legendenhafte Ausschmückung seiner Lebensgesch. machte ihn zum jüngeren Vetter des Apostelfürsten Petrus und zum Gefährten Jesu, der beim letzten Abendmahl das Handtuch gehalten habe und auch bei der Himmelfahrt Christi und dem Pfingstgeschehen zugegen gewesen sei. Beflügelt durch diese »aurelian. Legende«, erbauten die Mönche eine neue, als Pilgerkirche am →Santiago-Weg errichtete Basilika (spektakuläre Weihe 1028) und betrieben die Erhöhung ihres Hl.n zum Apostel, zu dessen Ehren sie eine apostol. Liturgie entwickelten. Doch bereits während der Inaugurationszeremonie (3. Aug. 1029) trat Benedikt v. Cluse diesem Anspruch entgegen und überwand →Ademar v. Chabannes, den Wortführer der Apostolizität des Hl.n, in einer öffentl. Disputation. Doch verfaßte Ademar Fälschungen und legendar. Erzählungen, in denen Papst, Konzilien und Zeitgenossen seiner Sache beipflichteten; gestützt auf Ademars Gedankengut, erreichten die Mönche v. St. Martial ein gutes Jahrhundert später die allg. Anerkennung des Apostolats M.' für neun Jahrhunderte. Eine große Heiltumsweisung wurde 1388 veranstaltet; bis zum 16. Jh. bildete sich der (noch heute lebendige) Brauch heraus, die Reliquien des Hl.n alle sieben Jahre in feierl. Prozession durch Limoges zu führen. R. Landes

Q.: Viten BHL 5551 und 5552, vgl. auch BHL 5553–5586 – R. LANDES-PAUPERT, Naissance d'Apôtre: La Vie de S. M. de Limoges, 1991 – s. a. →Ademar v. Chabannes [Ed. in Vorber.] – *Lit.:* LThK² VII, 112 [Lit.] – J.-L. LEMAÎTRE, Les miracles de S. M. accomplis lors de l'ostensoin de 1388, Bull. Soc. arch. hist. du Limousin 102, 1975, 67–139 – J.-C. POULIN, L'idéal de sainteté dans l'Aquitaine carol., 1975 – D. CALLAHAN, Sermons of Ademar of Chabannes and the Cult of St. M. of Limoges, RevBén 86, 1976, 251–295 – R. LANDES, The Life and Times of Ademar of Chabannes (989–1034) [im Dr.].

Martianus Capella, Autor der lat. Enzyklopädie über die sieben freien Künste, die zur Grundlage einer weit über das MA hinausreichenden europ. Bildungsstruktur werden sollte. Er selber nennt sich im Werk mit seinen beiden Hauptnamen Felix bzw. Capella. Nach seinen eigenen Angaben läßt sich schließen, daß er Anwalt war. – In der Frage der Datierung des Werkes ist die Forschung bis heute uneins (zuletzt D. SHANZER [1982]: nach 470; R. SCHIEVENIN [1986]: zw. 330 und 429).

[1] *Aufbau des Werkes:* »Die Hochzeit Merkurs und der Philologie« entspricht der »Satura Menippea« (Wechsel von Prosa- und Verseinlagen). Von dem in neun Bücher gegliederten Ganzen enthalten die beiden ersten in der Darstellung eines Hierós Gamos die fabula als mytholog. Rahmen zur Abhandlung der sieben freien Künste in den nachfolgenden Büchern III–IX. Merkur, dem Gott der Beredsamkeit, wird von Apollon das ird. Mädchen Philologia (doctissima virgo) zur Braut empfohlen. (Im Sinne Martians anderer Name für »disciplina«, bedeutet das wiss. geordnete Streben nach Weisheit.) Trotz gegenseitiger Liebe stellen sie erst durch explizite Berechnung der ihren beiden Namen zugrundeliegenden Zahlen fest, daß ihre Ehe zur Vollkommenheit führt (3 + 4 = 7 als die der Pallas/Sapientia geheiligte Zahl; deshalb auch 7 artes). Als Brautgabe erhält Philologia von Merkur die Artes als sieben Dienerinnen (virgines dotales oder mercuriales), die nacheinander ihr Wissen offenbaren (Grammatik, Dialektik, Rhetorik, Geometrie, Arithmetik, Astronomie und Harmonie/Musik). Abweichend von der Liste Varros zählt M. »Medizin« und »Architektur« nicht zu den freien Künsten, weil sie, mit sterbl. und ird. Dingen befaßt, mit dem Himmel und Himmlischen nichts gemein hätten (IX, 891). Die Einkleidung des Werks bezeugt die Bedeutung und Funktion der Allegorie (fabula) in der spätplaton. Schule.

[2] *Zeugnisse und Nachwirken:* Fulgentius, der Mythograph, zitiert um 500 erstmals das Werk, zugleich wird damit – neben dem Autornamen Felix Capella – die älteste erhaltene Form des Werktitels greifbar: de nuptiis Mercurii et Philologiae (später auch in Umkehrung der Namenfolge zitiert). Securus Melior Felix (Subskription zu B.I) nahm um 534 erstmals eine Revision des Textes vor (auf Anregung Cassiodors, der M.C. erwähnt?), und bei Gregor v. Tours (Historiae) erscheint M.C. bereits als »noster Martianus« apostrofiert. Wie weit sein Werk schon damals eine Rolle für die Ausbildung gespielt hat, ist nicht bekannt. Handschriftl. erscheint das Werk seit der 2. Hälfte des 9. Jh. und beginnt sich dann stark zu verbreiten; häufig finden sich Auszüge aus verschiedenen Teilen des

Werkes. Nach der Mitte des 9. Jh. setzt auch die Kommentierungstätigkeit ein, vielleicht mit dem sog. Dunchad (Martin v. Laon?); am bedeutendsten sind die »Annotationes« des Johannes Scottus (Eriugena) sowie der Komm. des Remigius v. Auxerre. Eine Übers. der ersten beiden Bücher ins Ahd. stammt von →Notker Labeo. Ein repräsentatives Zeugnis der konstant hohen Einschätzung des Werkes über das ganze MA: Johannes v. Salisbury nennt Vergil (!) »non inferior Marciano«. Gleich hohe Bedeutung maß man ihm in früher NZ zu (etwa Hugo Grotius).

H. Backes

Ed.: A. Dick–J. Préaux, correctio altera, 1978, nicht ersetzbar durch: J. Willis, 1983 – Dunchad Glossae in M., ed. C. E. Lutz, 1944 – *Lit.:* Kl. Pauly III, 1054–1056 – L. Saltet, BLE 26, 1925, 161–186, 278–302; 27, 1926, 117–139, 145–160; 32, 1931, 149–165 – M. T. d'Alverny, La Sagesse et ses sept filles (Mél. F. Grat, 1946) – G. Nuchelmans, Philologia et son mariage avec Mercure jusqu'à la fin du XIIe s., Latomus 16, 1957 – C. Leonardi, I codici di Marziano C., Aevum 33, 1959; 34, 1960 – G. Mathon, Les formes et la signification de la pédagogie des arts libéraux au milieu du IXe s. (Arts libéraux et philos. au moyen âge [Actes du IVe congr. internat. de philos. médiévale de Montréal 1967], 1969) – K. A. Wirth, Eine illustrierte M.C. – Hs. aus dem 13. Jh., Städel Jb. NF 2, 1969, 43ff. – W. H. Stahl–R. Johnson mit E. L. Burge, M.C. and the Seven Liberal Arts, I–II, 1971–77 [dazu Rez. v. D. Shanzer, Beitr. zur Gesch. der dt. Sprache und Lit. 104, 1982] – J. Préaux, Les mss. principaux du De nupt...., Coll. Latomus CLVIII, 1978 – G. Schrimpf, Johannes Scottus Eriugena und die Rezeption des M.C. im karol. Bildungswesen, Eriugena (AAH Phil.-Hist. Kl., 3. Abh.), 1980 – H. Backes, Die Hochzeit Merkurs und der Philol., 1982 – L. Cristante, Marziano C.: Un'edizione impossibile?, Mus. Pat. IV, 1986 – R. Schievenin, Marziano C. e il proconsulare culmen, Latomus XLV, 1986.

Martin v. Tours, hl. →Martin 9.

Martin

1. M. I. 'el Humano' ('l'Humà'), Kg. v. →*Aragón* (1396–1410) *und* →*Sizilien* (1409–10), * 29. Juli 1356 in Perpignan, † 31. Mai 1410 in Barcelona, ⌂→Poblet (seit 1460); 2. Sohn →Peters IV. 'el Ceremonioso' und der Eleonore v. Sizilien ('Trinacria'), ⚭ 1372→Maria v. Luna, Erbin der Herrschaft Segorbe.

[1] *Sizilien:* M. folgte seiner Mutter in deren Rechten an der Krone Siziliens nach, denen er 1380 (durch Schenkung) die Rechte Peters IV. hinzufügen konnte. Er setzte den von Peter IV. ausgearbeiteten Plan zur Begründung eines zweiten aragon. Kgr.es, dem Vorbild der Politik Aragóns gegenüber →Mallorca und Sizilien im späten 13. Jh. folgend, ins Werk und vermied es, eine simple Annexion vorzunehmen. Die Entführung der Kgn. Maria ermöglichte deren Eheverbindung mit dem erst vierzehnjährigen Infanten →Martin d. J., simultan mit der (erst 1391 abgeschlossenen) Vorbereitung einer großangelegten Flottenexpedition. M., seit 1387 Hzg. v. Montblanc, landete als Generalvikar seines Sohnes und seiner Schwiegertochter am 22. März 1392 in Trapani an der Spitze einer großen Heeresmacht (katal. und aragon. Kompagnien, Söldner aus Gascogne, Bretagne und Hennegau), die er durch den von ihm gestifteten kgl. Ritterorden der *Corretja* zusammenhielt. Von den Adelsfamilien der →Peralta und →Moncada zunächst unterstützt und von der Bevölkerung, die nach vierzigjähriger Herrschaft der →Barone eine starke kgl. Zentralgewalt erwartete, hoffnungsvoll begrüßt, errichtete er seine Herrschaft jedoch mit extremer Brutalität (Hinrichtungen, Güterkonfiskationen der 'vikariellen' Adelsfamilien, »Katalanisierung« des Adels, wirtschaftl. Monopolbildung durch Katalanen). Der heftige Widerstand der Großen und der Städte, mit genues. und pisan. Unterstützung, führte zur Isolation M.s, der 1393 und 1394 Hilfskontingente von →Maria v. Luna und →Johann I. erhielt. Der verheerende Belagerungs- und Kleinkrieg (Plünderung der Kirchengüter, Neuverteilung der Baronate) erschöpfte Sizilien. Eine verfeinerte Diplomatie, die eine Proklamation der clementist. Obödienz in Sizilien sorgsam vermied, führte jedoch zum allmähl. Abbröckeln der Widerstandsfront. Von 1397 bis zum Tode Martins d. J. († 1409) war M. darauf bedacht, die Regierungshandlungen seines Sohnes von Aragón aus zu kontrollieren (direkte Korrespondenz mit den Räten), und konnte zumindest bis 1403 seinen Willen durchsetzen. Nach dem Tode des Sohnes zog M. die Herrschaft über das Kgr. Sizilien, das nun erstmals faktisch mit der Krone Aragón vereinigt war, unmittelbar an sich, überließ die Regierung jedoch im wesentl. der Kgn. witwe Blanca. M. zeigte stets großes Interesse für das von ihm persönl. eroberte Sizilien und wurde in der siz. Kanzlei lange Zeit als Mitherrscher neben Martin d. J. und Maria intituliert.

H. Bresc

[2] *Aragón:* Nach dem Tode Johanns I. kehrte M. nach Aragón zurück und übernahm im Mai 1397 als Kg. die Regierung. Erst 1400 und 1402 konnte er die Huldigung des Prinzipats v. →Katalonien und des Kgr.es v. →Valencia entgegennehmen. Seine wichtigsten innenpolit. Maßnahmen bestanden in der Erklärung der Unveräußerlichkeit des Königsgutes (1399) und in einer Rekuperationspolitik der zu Lebzeiten seines Vaters verlorengegangenen Besitzungen.

Außenpolit. war M. an mehreren Fronten gleichzeitig gefordert: in Italien (Befreiung Sardiniens und Siziliens), in Nordafrika (Abwehr muslim. Piraten), im europ. Rahmen (Unterstützung→Benedikts XIII.). M.s friedfertiger Charakter bewog ihn zum Abschluß von Friedens- und Freundschaftsverträgen mit Frankreich (1406), Navarra (1402: Heirat →Martins d. J. mit Blanca v. Navarra), Kastilien, Granada und Tunis.

Seine Regierung war nach dem frühen Tod der Söhne aus seiner Ehe mit Maria v. Luna (der Erstgeborene, Martin, starb 1410) vom Nachfolgeproblem überschattet. Aus seiner 2. Ehe mit Margarita v. Prades (⚭ 1409) gingen keine Kinder mehr hervor. M.s Tod führte zu einem zweijährigen Interregnum, das erst mit der Wahl des kast. Infanten →Ferdinand v. Antequera in →Caspe (1412) zu Ende ging.

Der gebildete Kg. wirkte bei den Blumenspielen mit und war mit bedeutenden Schriftstellern wie Bernat →Metge und Francesc →Eiximenis wie auch mit Vicent →Ferrer befreundet. Nicht zuletzt durch seine kunstvolle Rede auf den →Cortes in Perpignan (1406) ging M. als großer Förderer der lit. Renaissance in Katalonien in die Geschichte ein.

J. Sobrequés i Callicó

Lit.: D. Girona i Llagostera, Itinerari del rey en Martí, 1916 – R. Tasis i Marca, Pere el Cerimonios i els seus fills, 1962² – M. T. Ferrer i Mallol, Lluites de bandols a Barcelona en temps del rei Martí l'Humà, Estudis d'Hist. Med. 1, 1969, 77–94 – F. Giunta, Aragonesi e catalani nel Mediterraneo, 1973 – H. Bresc, Un monde méditerranéen: économie et soc. en Sicile (1300–1460), 1986 – I. Peri, Restaurazione e pacifico stato in Sicilia 1377–1501, 1988.

2. M. d. J., Kg. v. →*Sizilien*, * 1376, † 25. Juli 1409 in Cagliari, Sohn →Martins I. 'el Humano'. M. wurde als aragones. Prinz zum Instrument der ehrgeizigen Politik →Marias v. Luna. Er heiratete 1390, mit Dispens Clemens' VII., die (weitaus ältere) siz. Thronerbin Maria. Die eher symbol. Teilnahme des jungvermählten Königspaares an den siz. Kriegszügen des Vaters ab 1392 war Bestandteil des Eroberungsplanes, den M.s Vater mit seinen Räten in abrupter Abkehr von der »trinakrischen« Tradition→Friedrichs III. durchzusetzen versuchte. In der Zeit nach dem Abzug des Vaters (1396 Antritt der aragones. Thronfolge) konnte der siz. Aufstand beendet werden (1398). M. blieb stets unter Kontrolle der von seinem Vater ausgewählten Räte (Jaume de Prades, Pere Serra, Uc de Santapau). Ohne Nachkommen (der Infant Peter starb früh) und 1401 verwitwet, heiratete M. 1402 auf Weisung des Vaters die Prinzessin Blanca v. Navarra, die als Vikarin ihres Gatten Sizilien tatkräftig regierte. Protagonist der ritterl. Kriegstaten, der Turniere und galanten Liebesaffären, starb M. während eines seiner militär. Abenteuer, dem Versuch, →Sardinien definitiv der Krone Aragón zu unterwerfen (1408–09). H. Bresc

Lit.: D. GIRONA I LLAGOSTERA, Martí, rey de Sicilia, primogénit d'Aragó, 1919 – →Martin I. el Humano (Abschn. 1).

3. M. I., Papst (hl.; Fest: Westkirche 12. Nov., Ostkirche 13. April, 16. Sept.) seit 5. Juli 649, abgesetzt 17. Juni 653; * Todi (Umbrien), † 16. Sept. 655, ▭ Cherson (Krim); Diakon und Apokrisiar Papst Theodors I. in Konstantinopel, dem er ohne ksl. Bestätigung nachfolgte. M. berief und leitete die Lateransynode zur Verurteilung des →Monotheletismus (Okt. 649), deren griech. und lat. Akten von →Maximus Confessor und →Anastasius d. Mönch redigiert wurden. M. befahl den Brüdern Theodor Spoudaios und Theodosius Presbyter, die wegen ihres dyothelet. Glaubens Verbannten zu besuchen. Der Versuch des Exarchen Olympios (Herbst 649–650; † 652), M. zu verhaften, schlug fehl. Der Exarch Theodor Kalliopa konnte jedoch den Papst gefangennehmen und beschuldigte ihn in Konstantinopel des Hochverrats. Am 27. Dez. 653 zum Tode verurteilt, wurde M. auf Bitten des Patriarchen v. Konstantinopel, Paulus II., begnadigt, aber am 26. März 654 nach Cherson verbannt. Überliefert sind vier Briefe aus Konstantinopel und Cherson an Theodoros Spoudaios (später Verf. der zwei Berichte über die dyothelet. Märtyrer); ein Brief aus Cherson an Maximus Confessor wird erwähnt. M. und die Lateransynode sind in den verschiedenen griech.-oriental. Kirchen sehr bekannt, weniger in den w. Kirchen. M. fand über →Beda Venerabilis im Martyrologium des →Florus v. Lyon Aufnahme. Die Lateransynode wurde eine wichtige Q. für →Pseudo-Isidor. P. Conte

Q.: JAFFÉ² I, 230–234; II, 699, 740 – LP I, 336ff. – ACO, Ser. II, I – CPG IV, 175ff. – Lit.: E. CASPAR, Gesch. des Papsttums II, 1933, 553ff. – P. CONTE, Chiesa e primato, 1971 – DERS., Il Sinodo Lateran., 1989 [Lit.] – DERS., »Consortium fidei apostolicae« (Primato del vescovo di Roma, 1991), 363ff.

4. M. II., Papst →Marinus I.

5. M. III., Papst →Marinus II.

6. M. IV. (Simon de Brion), Papst seit 22. Febr. 1281 (Wahl in Viterbo), * Brion b. Angers, † 28. März 1285 in Perugia; nach Studium in Paris u. a. Thesaurar v. St-Martin in Tours, 1260 »Kanzler« und Großsiegelbewahrer Kg. Ludwigs IX. v. Frankreich, 1261 Kardinalpresbyter v. S. Caecilia durch Urban IV., der ihm wichtige kirchenpolit. Aufgaben anvertraute, so v. a. die folgenreichen Verhandlungen mit →Karl v. Anjou (19. K.), die zu dessen Belehnung mit Neapel-Sizilien führten (1264); seit 1274 war er Legat in Frankreich für den auf dem II. Konzil v. →Lyon beschlossenen Kreuzzug.

Intensive Bindungen an sein Heimatland Frankreich und das frz. Kg.shaus prägten auch Haltung und Politik des Papstes, dessen Wahl der siz. Kg. maßgebl. mitbestimmt hatte. Als dessen gefügiges Werkzeug hat M. höchst einseitig die Politik Karls unterstützt, dem er die Senatorenwürde von Rom wiederverlieh und in seiner gegen Byzanz gerichteten Expansionspolitik freie Hand ließ. Als die→Siz. Vesper 1282 die Macht Karls erschütterte, hat M. gegen die beiden Hauptgegner des siz. Kg.s alle Machtmittel der Kirche eingesetzt: gegen Peter III. v. Aragón ließ er das Kreuz predigen; der byz. Ks. Michael VIII. Palaiologos wurde gebannt. Auch den Kirchenstaat überließ M. dem Anjou, respektierte freilich außerdem die Reichsrechte (POTTHAST Nr. 21757f.), doch förderte gerade das den traditionellen guelf.-ghibellin. Gegensatz in Italien. Konflikte mit den Römern zwangen M., meist außerhalb seiner Bf.sstadt zu residieren. Persönl. anspruchslos und frei von Nepotismus, Förderer des OFM (Bulle »Ad fructus uberes«, 1281; POTTHAST Nr. 21821), gilt M. als verhängnisvoll parteiisch und schwach.

B. Roberg

Q. und Lit.: DThC X, 194–197 – LThK² VII, 113f. – POTTHAST II, 1756–1795 – MGH SS XXII, 477–481 – RISS, ed. MURATORI III (1), 1723, 608–610 – Les Registres du M. IV, éd. F. OLIVIER-MARTIN u. a. (Bibl. des Écoles Françaises d'Athènes et de Rome, 2ième sér. XVI, 1901–35) – Acta Rom. pont. ab Innoc. V ad Bened. XI (1276–1304), coll. F. M. DELORME–A. L. TAUTU, 1954–HALLER V, 57–72, 334–343 – SEPPELT III, 555–565, 618–621 – ST. RUNCIMAN, The Sicilian Vespers, 1958 [dt. Übers.: 1959, 1976²] – D. J. GEANAKOPLOS, Emperor Michael Palaeologus and the West 1258–1282, 1959 [it. Übers.: 1985] – B. ROBERG, Die Union zw. der griech. und der lat. Kirche auf dem II. Konzil v. Lyon (1274), 1964, 214–219 – R. KAY, M. IV. and the Fugitive Bishop of Bayeux, Speculum 40, 1965, 460–483 – P. HERDE, Karl I. v. Anjou, 1979.

7. M. V. (Oddo →Colonna), Papst seit 11. Nov. 1417 (Wahl; Krönung: 21. Nov.), * 1367 in Genazzano, † 20. Febr. 1431 in Rom; ▭ ebd., S. Giovanni in Laterano; Rechtsstudien in Perugia, unter Urban VI. Referendar, unter Bonifaz IX. apostol. Protonotar und Kanoniker am Lateran, von Innozenz VII. 1405 zum Kard. kreiert. 1408 löste er sich von der röm. Obödienz und war an den Unionsverhandlungen der vereinigten Kard.skollegien in Livorno Ende 1408 sowie an dem daraus resultierenden Konzil v. →Pisa beteiligt. Von Johannes XXIII. wurde er 1411 als Legat in den Kirchenstaat entsandt und übernahm vorübergehend die Administration des Bm.s Palestrina. Im gleichen Jahr führte er im Auftrag des Papstes den röm. Prozeß gegen Johannes→Hus. Am Konzil v. →Konstanz nahm er von Anfang an teil, dabei auf der Seite Johannes' XXIII. stehend, von dem er sich am 4. Mai 1415 lossagte. Im weiteren Verlauf des Konzils blieb er im Hintergrund, so daß seine überraschend schnelle und einstimmig erfolgte Wahl im Konklave vom 11. Nov. 1417 den Zeitgenossen als wunderbar erschien. Mit M.s Wahl in Konstanz war das→Abendländ. Schisma als gesamtkirchl. Problem überwunden, da Gregor XII. und Johannes XXIII. ihren Anspruch aufgegeben hatten und das aragon. Restschisma (→Benedikt XIII.; →Clemens VIII.) keine größere Bedeutung erlangte. Durch den Entschluß, auf dem Konzil nach der Verabschiedung einiger Reformdekrete (»Frequens«, »Si vero«, etc.) der Papstwahl vor einer umfängl. Behandlung der Kirchenreform den Vorrang einzuräumen, war M. für seinen Pontifikat die Reform als Programm aufgetragen worden. Dies wurde vor der Wahl in einem Reformkatalog festgehalten. M. ging die ihm gestellte Aufgabe noch auf dem Konzil an, so in seiner »Responsio... super reformatione... data nationibus« vom 18. Jan. 1418 und in den Reformdekreten vom 21. März 1418, die sich mit Exemptionen und Inkorporationen, den fructus medii temporis, Simonie, Dispensen bei Benefizienverleihungen, Zehnten und der Lebensführung der Kleriker befaßten. Auch die mit den Konzilsnationen abgeschlossenen sog. »Konkordate« verfolgten dieses Ziel. Sie waren allerdings, mit Ausnahme des engl. »Konkordats«, auf fünf Jahre beschränkt. Die Reform blieb insgesamt ein Torso, denn weder wurden alle Reformvorlagen des Konzils vor dessen Ende behandelt, noch ging eine wirkl. religiöse Erneuerung von ihm aus. Eine Fortsetzung des Reformwerks auf dem gemäß »Frequens« für 1423 einberufenen Konzil v. Pavia und Siena scheiterte an der sich dort verschärft artikulierenden konziliarist. Opposition gegen den Papst, so daß M. die Synode auflösen und das nächste Konzil für 1431 nach →Basel einberufen ließ. Papst und Kurie haben zwar die Konstanzer Dekrete durchgeführt, eine konsequente Fortführung des Reformgedankens erfolgte jedoch nicht. M. bewährte sich als erfahrener Verwaltungsmann und Politiker v. a. im zweiten großen Anliegen seines Pontifikats, dem er Priorität beimaß: der Reorganisation des Kirchenstaates und der Kurie nach dem Abendländ. Schisma. Ihm gelang es, die zerrütteten Finanzen zu konsolidieren und dem Kirchenstaat eine Rückkehr in das Konzert der europ. Mächte zu ermöglichen. Auch um den Wiederaufbau der während des Schismas zerstörten Stadt Rom machte M. sich verdient. Er stützte sich bei seinen Bemühungen auf die Hilfe seiner Verwandtschaft, die er dafür mit Ämtern, Benefizien und Besitzungen in Latium und im Kgr. Neapel reich ausstattete; den Neffen Prospero kreierte er 1426 zum Kard. Dies trug M. den Vorwurf des→Nepotismus ein und führte zu Auseinandersetzungen mit anderen großen Familien, v. a. den →Orsini. Andererseits war der Papst v. a. nach dem Tode des Söldnerführers Braccio da Montone (→Fortebraccio, Andrea) nach der Schlacht v. L'Aquila 1424, einer Aussöhnung mit Kg. Alfons V. v. Aragón (Vertrag v. Valencia 1427) und der Niederringung eines Aufstands der Stadt Bologna (1429) zum ruhenden Pol innerhalb der it. Politik geworden, wobei er bei den meisten Parteien wegen seines aufrichtigen Friedenswillens in hohem Ansehen stand. J. Grohe

Q.: O. Raynaldus, Annales ecclesiastici 27, 1874 – K. A. Fink, Die polit. Korrespondenz M.s V. nach den Brevenregistern, QFIAB 26, 1935/36, 292–307 – Chr. Uginet, Le Liber Officialium de M. V (= Pubbl. degli Archivi di Stato–Fonti e Sussidi VII, 1975) – A. L. Tautu, Acta Martini P.P.V. (1417–1431). E regestis Vaticanis aliisque fontibus collegit ..., 1980 – Lit.: DThC X, 197–202 – LThK² VII, 114f. – K. A. Fink, Papsttum und Kirchenreform nach dem Gr. Schisma, TQ 126, 1946, 110–122 – P. Partner, The Papal State under M. V., 1958 [ältere Lit.] – Seppelt-Schwaiger IV², 258–276 – W. Brandmüller, Das Konzil v. Pavia-Siena 1423–1424, I–II, 1968–74 – F.-M. Greschat, Das Papsttum, II, 1985, 27–33 – M. Harvey, M. V and Henry V, AHP 24, 1986, 49–70 – J. N. D. Kelly, The Oxford Dict. of Popes, 1986, 239f. [Lit.] – D. Girgensohn, Ber. über Konklave und Papstwahl auf dem Konstanzer Konzil, AHC 19, 1987, 351–391 – W. Brandmüller, Papst und Konzil im Gr. Schisma (1378–1431). Stud. und Q., 1990, 85–110, 264–281.

8. M. v. Braga (Bracara), hl., Bf. v. Braga, * ca. 515 in Pannonien, † 580, unternahm eine Pilgerreise nach Palästina, wurde dort Mönch. 550 kam er nach Gallaecia. In Dumio bei Braga gründete er ein Kl., dem er als Abt und Bf. vorstand. Teilnehmer des ersten Konzils v. →Braga (561), leitete er das zweite Konzil v. Braga (572). Zum Ebf. ernannt, bekehrte M. die arian. →Sueben zum Katholizismus.

Werke: Für seine Schr. »Formulae vitae honestae«, an den sueb. Kg. Miro und seine Umgebung gerichtet, und »De ira«, Bf. Vitimer v. Aurea gewidmet, diente ihm Seneca als Vorbild. Er ist Autor dreier asket. Schr.: »Pro repellenda iactantia«, »De superbia« und »Exhortatio humilitatis«. Die Pastoralinstruktion »De correctione rusticorum«, auf Anregung von Bf. Polemius v. Astorga verfaßt, bekämpft Reste von Heidentum bei den neubekehrten Sueben. Die »Sententia patrum Aegyptiorum« ist eine Bearb. der →Apophthegmata patrum. Die »Epistola ad Bonifacium de trina mersione« handelt von der Taufliturgie. Die »Capitula Martini« sind eine kleine kanonist. Slg. Außerdem hat er drei Versinschriften verfaßt.

J. M. Alonso-Núñez

Ed.: MPL 72, 17–52; 74, 381–394; 84, 569–586 – C. W. Barlow, 1950 – Lit.: DHEE III, 1429f. – Brunhölzl I, 68–74, 519 – M. Martins, Correntes da filosofia religiosa em Braga, 1950, 215–286 – J. Madoz, M. de B. En el XIV centenario de su advenimiento a la Península (550–1950), Estudios Eclesiásticos 25, 1951, 219–242 – A. García-Gallo, El testamento de S. M. de Dumio, AHDE 26, 1956, 369–385 – I Congresso Internacional de Estudos Martinianos, Bracara Aug. 8, 1957 – K. Schäferdiek, Die Kirche in den Reichen der Westgoten und Suewen, 1967, bes. 120f. – R. Garcia Villoslada, Hist. de la Iglesia en España, I, 1979, 394–396 – J. Orlandis–D. Ramos-Lissón, Die Synoden auf der Iber. Halbinsel 1981, passim.

9. M. v. Tours (Fest 11. Nov., 4. Juli), hl., * ca. 336 (?), † 397, Bf. v. Tours 371. Q.: V. a. des Sulpicius Severus Vita s. Martini (veröff. 396), drei Briefe (der dritte zum Tod M.s) und die M.sdialoge, in denen dargelegt wird, wie sehr M. als Asket und Wundertäter die Ägypter übertreffe. Dieser dem Autor gehörende Wille zur Überbietung trübt die Überlieferung. Spätere Viten bezeugen Wunder und Verehrung M.s.

Als Sohn eines röm. Militärtribunen in Sabaria (Pannonien; Szombathely, Ungarn) geb., wurde M. fünfzehnjährig vom Vater den Gesetzen gemäß zum Militär gegeben. Achtzehnjährig getauft, verließ M. 356 mit 20 Jahren den Dienst der scolares (unter Constantinus II. und seit 355 unter Julian Apostata) in spektakulärem Verzicht auf die donativa Julians vor einem neuen Germanenfeldzug. Die Mantelteilung vor Amiens geschah noch während der Soldatenzeit. M. begab sich zu →Hilarius v. Poitiers als dem Hort der Orthodoxie, begnügte sich aber mit der Weihe zum Exorzisten. Bevor Hilarius als Folge der Ablehnung seiner Lehre – spätestens im Nov. 356 – Gallien verließ, war M. zu Mission und Predigt nach Sabaria gegangen. Dort von Arianern vertrieben, lebte er seither vor Mailand als Eremit, von wo ihn der Arianer Auxentius verjagte. Die Insel Gallinaria vor der ligur. Küste verließ er, als Hilarius 361 nach Poitiers zurückkehrte. Nun lebte er in locker gefügter Gemeinschaft bei Poitiers (Logotiacum/Ligugé, nach Fontaine evtl. eine Villa der Familie des Hilarius. 371 gewann man ihn mit List zum Bf. v. Tours, den der aristokrat. Episkopat Galliens jedoch eher ablehnte. M.s Lebensweise blieb asketisch: zuerst in einer Zelle an der Kathedrale, dann gründete er eine laurenähnl. Kolonie an der Loire nahe Tours (Marmoutier), deren ca. 80 unter M.s Leitung lebende Mönche (kein persönl. Eigentum; Verbot von Kauf und Verkauf; materielle Grundlage wohl Spenden und kirchl. Zuschüsse; ungewöhnl.: keine Handarbeit außer dem Schreiben; eine tägl. gemeinsame Mahlzeit, gemeinsames Gebet, strenge Klausur) keine erkennbare Verbindung zum Kathedralklerus hatten. M.s Episkopat war nicht nur von zahlreichen Wundern, sondern v.a. von Mission und der Gründung von Landpfarreien mit Hilfe seiner Mönche geprägt. Dies ermöglichte ihm, den Pfarreiklerus monast. zu organisieren; M. selbst hat die Verbindung von Mönchtum, Mission und Seelsorge schon in Ligugé gelebt. Zu der Gemeinschaft von Marmoutier gehörten auch Mitglieder des gall. Adels. Höchste gall. Beamte bemühten M. als Wunderheiler. M.s Ruf, sein prophetengleich gebieter. Auftreten, ermöglichte ihm eine straflos bleibende Konfrontation mit dem Usurpator Maximus. M. versuchte – vergebl. – die von ihm selbst abgelehnten Priscillianer vor blutiger Verfolgung zu retten. Tief beeindruckt von M. waren →Paulinus v. Nola (der am Felixheiligtum zu Nola ein Kl. gründete, in dem er lebte) und dessen Freund, der Rhetor →Sulpicius Severus (der sein Primuliacum zum Sitz einer asket. lebenden gelehrten Gesprächsgemeinschaft machte).

M.s Ruhm beruhte kaum auf seinem Mönchtum. Gegenüber Paulinus und Sulpicius drang er auf asket., kaum auf monast. Leben. Auch das unorganisierte gall. Mönchtum der Zeit, zumal Aquitaniens, geht kaum ursächl. auf M. zurück. Schon zu Lebzeiten, erst recht später, beruhte seine Verehrung auf Wundern, die nach seinem Tode zunahmen. Die Hl.nverehrung setzte sofort nach M.s Tod ein. Die Mönche zu Ligugé hüteten die M.szelle und den Ort der Totenerweckung, wie ausgegrabene Gebäudereste bezeugen (Zerstörung schon in den Germanenstürmen des frühen 5. Jh.). In Tours wurde neben dem Grab der Mantel (cappa) M.s die wichtigste, von den Merowingern seit Chlodwig hoch verehrte Reliquie (Reichsreliquie, seit 679 im Kg.sschatz). Rasch griff die M.sverehrung in weite Räume aus, nicht nur an Plätzen seines Itinerars (z.B. Mailand, Trier, Candes, wo er starb), förderl. war auch die Wirksamkeit derer, die M. verehrten: z.B. Victricius v. Rouen, Ninian (Casa Candida, Withorn, Britannien). Perpetuus v. Tours (461–491) trug M. in den Festkalender des Bm.s ein und errichtete eine neue Basilika mit M.spatrozinium, das sich nun rasch in der Gegend ausbreitete. Im Laufe der Merowingerzeit stieg die Zahl der gall. Bf.sstädte mit M.skirchen auf ca. 30; vergleichbar war die Ausbreitung des M.skultes an Pfarr- wie Kl.kirchen. Seit ca. 500 verbreiteten sich Patrozinien in Italien (Rom unter Symmachus, Montecassino unter Benedikt, Ravenna nach 540 etc.); im 6. Jh. auch in Spanien. Der Suebenkg. Chararich (550–559), den Wunder M.s von der Richtigkeit der Orthodoxie überzeugten, erhielt M.sreliquien für Braga. Wohl unter Pippin d. Mittleren kam die cappa in die Obhut der Karolinger, die die M.sverehrung belebten, nach Friesland und in die rechtsrhein. Gebiete trugen. Seit der Mitte des 9. Jh. ließ die kgl. Förderung des M.skultes zumal im Ostreich nach; man bevorzugte jetzt v.a. Kulte röm. Märtyrer.

Der M.szyklus in der Taufkirche am Sitz des Sulpicius Severus (Primuliacum) umfaßte die frühesten, freilich verlorenen bildl. Darstellungen des M.slebens (bezeugt durch ep. 32 des Paulinus v. Nola, der die tituli zu diesen Bildern schrieb). Dargestellt wird der Hl. als Bf. oder als Soldat. Verbreitetes Attribut ist der Bettler zu seinen Füßen. D. von der Nahmer

Ed. und Lit.: →Sulpicius Severus; →Paulinus v. Nola – Vite dei Santi IV [lat.-it.], 1975 – Paulini Petricordi carmina, ed. M. Petschenig, CSEL 16, 1888 – Gregor v. Tours, Libri de virtutibus s. M.i, ed. B. Krusch, MG SSRM I/2, 1885 [Nachdr. 1969] – LCI VI, 572–579 [S. Kimpel] – E. C. Babut, St. M. de Tours, 1912 – C. Jullien, Remarques crit. sur les sources de la vie de st. M., REA 24, 25, 26, 1922–24 – J. van den Bosch, Capa, Basilica, Monasterium et le cult de St-M., Latinitas Christianorum primaeva 13, 1959 – Fr. Prinz, Frühes Mönchtum im Frankenreich, 1965 – J. Fontaine, Hagiographie et politique, de Sulpice Sévère à Venance Fortunat, RHEF 62, 1976, 113–140 – E. Ewig (Spätantikes und frk. Gallien, Francia Beih. 3, 2, 1979), 355ff., 371ff. – Cl. Stancliffe, St. M. and His Hagiographer, 1983 – D. von der Nahmer, M. v. T., sein Mönchtum – seine Wirkung, Francia 15, 1987, 1ff.

10. M. v. Alnwick

(Alnewyk, Anglicus) OFM, * ca. 1270, † 1336 Newcastle upon Tyne, seit 1300 gewiß dem Oxforder Konvent zugehörig und ebd. als 32. Lektor zu Ansehen gelangt, zählte 1309 im Armutsstreit (→Bettelorden [3]) zu den vier Beratern des Generalministers Gonsalvus Hispanus in Avignon. Im Bm. York übernahm er am 1. Okt. 1318 geistl. Ämter. Sein augustin. geprägter Komm. zu Erkenntnisfragen aus I. Sent (vgl. F. Stegmüller, Rep. comm. in sententias Petri Lombardi, 1947, n. 523) bezeugt eine krit. Auseinandersetzung mit →Thomas v. Aquin und →Heinrich v. Gent in der Oxforder Franziskanerschule. Er gilt auch als Autor der Schr. »De veritate et falsitate propositionis« (ed. L. M. de Rijk, Some 14th century tracts on the 'Probationes terminorum', 1982, 5–43). M. Laarmann

Lit.: F. Pelster, Schol 27, 1952, 359–367 – G. J. Etzkorn, BSIEPh 21, 1979, 84 – L. M. de Rijk, a.a.O. 5*–17* [Lit.].

11. M. v. Alpartil

* in Alpartil/Zaragoza, † 1440 in Zaragoza; nach Studien der Rechtswissenschaft in Lérida ab ca. 1382 an der Kurie und bis 1412 im Dienst Benedikts XIII., der ihn mit Pfründen in Tortosa und Zaragoza versah. M. war an seiner Seite bis zur Flucht aus dem belagerten Avignon (1403), begleitete ihn auf seinem Italienzug 1406/08 und wurde für verschiedene diplomat. Missionen eingesetzt. Nach 1412 zog sich M. auf seine Pfründen in Zaragoza zurück. Seine Chronik ist von außerordentl. Q.wert für die Gesch. des →Abendländ. Schismas, v. a. für 1394–1404 (genaue Schilderung der Belagerung v. Avignon). Später, insbes. nach 1412, werden die Nachrichten spärlicher (beendet um 1431). Geschrieben in etwas schwerfälligem, nicht immer korrektem Latein, schildert sie das Schisma aus der Sicht Benedikts. Dabei ist M. um präzise Darstellung bemüht. Neben eigenen Tagebuchnotizen und weiteren Dokumenten schöpfte er aus der heute verschollenen Chronik »Acta Benedicti XIII.« des päpstl. Beichtvaters Hieronymus de Ochón OSB. J. Grohe

Ed. und Lit.: DHEE, Suppl. I, 22f. [Lit.] – F. Ehrle, M. de A.s Chronica actitatorum tempore domini Benedicti XIII, 1906.

12. M. v. Amberg

Priester zu Amberg, Verf. des »Gewissensspiegel« (Gsp.), um 1380. Trifft die wahrscheinl. Identifikation M.s mit einem urkdl. in Prag erwähnten 'inquisitor Martinus' und dem in Straßburg belegten 'Martinus presbyter de Bohemia' zu, ergibt sich für M. eine Inquisitoren-Laufbahn in Straßburg (1374), Regensburg (ab 1380), Würzburg und Erfurt (1391), Prag (1396), Nürnberg und Bamberg (1399) sowie 1400–1401 Tyrnau, Hartberg in der Steiermark und Ödenburg. Der »Gsp.«, in 34 Hss. ganz oder fragmentar. (13) erhalten, ist eine Einf. für lateinunkundige Laien in die Grundsätze der chr. Glaubenslehre. Ausführlicher als eine einfache Beichttafel, bleibt er überschaubar und erreicht bei weitem nicht den Umfang seiner Hauptq., des »Compendium theologicae veritatis« →Hugo Ripelins v. Straßburg. Die von der Tradition vorgegebene Anordnung mit Apostolicum, Dekalog, Hauptsünden, Sakramenten, Gaben des Hl. Geistes, Werken der Barmherzigkeit, fünf Sinnen, Feier- und Festtagen wird beibehalten, aber M. schafft durch geschickte innere Disposition mehr als eine reine Aneinanderreihung. Die Nähe zu den Werken →Johanns v. Neumarkt ist erwiesen, auch besteht Überlieferungsgemeinschaft. Der »Gsp.« war Q. u. a. für Hans Vintlers »Plumen der Tugent« und die »Hymelstrasz« des →Stephan v. Landskron. R. Weigand

Ed.: S. N. Werbow, 1958 [dazu: K. Ruh, PBB (Tübingen) 82, 1960, 421–428] – *Lit.:* Verf.-Lex.² VI, 143–149 – M. Schwinger, M. v. A. Der Gsp. Zur hs. Überlieferung [Diss. Graz 1966] – G. Steer, Der Gsp. M.s v. A. und das 'Compendium theologicae veritatis' Hugos v. Straßburg, PBB (Tübingen) 90, 1968, 285–302 – H. Schweitzer, Tugend und Laster in der ill. didakt. Dichtung des spät. MA: Hans Vintlers Blumen der Tugend [Habil.-Schr. Eichstätt 1991], 149–152.

13. M. v. Laon

Ire, * 819, † 875, Lehrer in Laon, in enger Verbindung zu →Johannes Scot(t)us (175. J.) stehend, aus dessen Gedichten er die gr. Verse und Wörter exzerpierte und glossierte. Dies sowie eigene gr. Verse

sind als Autograph erhalten (Hs. Laon, Bibl. Municip. 444; Spuren seiner Hand vermutl. auch in anderen Laoner Hss.). Ob M. ein gr.-lat. Glossar »Scolica graecarum glossarum«, ferner einen Komm. zu Martianus Capella verfaßt hat, kann nur vermutet werden. B. Gansweidt
Ed.: MGH PP 3, 696f., Taf. V [Ind.] – M. L. W. Laistner, Notes on Greek from the Lectures of a Ninth Century Monastery Teacher, The Bull. of the John Rylands Library 7, 1923, 421–456 – *Lit.*: Brunhölzl I, 475f., 570 [Lit.] – J. J. Contreni, The Cathedral School of Laon from 850 to 930..., 1978, bes. 95–111 – Ders., John Scottus, Martin Hiberniensis, the Liberal Arts, and Teaching, Papers in Mediaeval Stud. 1, 1981, 23–44.

14. M. Le Franc, frz. und lat. Autor, * um 1410 in der Normandie, † 8. Nov. 1461 in Genf. Im Dienste von →Amadeus VIII. v. Savoyen, bei dem er sich mit einer lat. Prosaepistel um eine Stelle beworben hatte, wird er päpstl. Sekretär, als dieser am Konzil v. →Basel 1439 zum Papst gewählt wird (Felix V.). Von 1443 bis zu seinem Tod ist M. prévôt v. Lausanne. Am Basler Konzil macht er die Bekanntschaft mit Aeneas Sylvius Piccolomini (→Pius II.); wiederholt steht er im Kontakt zum burg. Hof. Für den burg. Hzg. und zum Lob der Frauen schreibt er 1440–42 den »Champion des dames« (über 24000 Verse). Das enzyklopäd. Werk findet nicht das erhoffte Echo, was M. in einer »Complainte du livre du Ch. d. d.« zum Ausdruck bringt. Sein Prosimetrum »L'estrif de Fortune et Vertu« (1447–48) zeigt, z. T. in Anlehnung an →Petrarca, wie die Tugend mit Fortuna fertig wird. Die Verseinlagen sind der erste Versuch einer frz. philos. Dichtung. Zur frz. Bibel des Jean Servion trägt M. die Übers. des Jer-Prologes bei. Die umfangreiche Trostschr. »De bono mortis« nimmt in Dialogform das Fortuna-Problem z. T. wieder auf. Erhalten sind weiter 16 lat. Hexameter gegen den Koran. M.s Beitr. zum frz. Humanismus ist noch kaum untersucht. M.-R. Jung
Ed.: Champion: Verse 1–8144: A. Piaget, 1968 – 11221–14886: D. A. Fischer, 1981 – 23865–24336: J. C. Brooks, 1976 – Complainte: G. Paris, Romania 16, 1887, 383–437 – *Lit.*: A. Piaget, M.L., prévôt de Lausanne, 1888 – O. Roth, Stud. zum 'Estrif de Fortune et Vertus' des M.L., 1970 – Ders., M.L. et les débuts de l'humanisme italien (Il Petrarca al Arquà, 1975), 240–255 – J. C. Brooks, La filiation des mss. du 'Champion...' de M.L. [Diss. Florida State Univ. 1976] – D. A. Fischer, Ed. and Study of M.L.'s 'Le Champion...' [Diss. Florida State Univ. 1976] – M.-R. Jung, Rhétorique contre philos.? Un inédit de M.L. (Rhetoric Revalued, hg. B. Vickers, 1982), 241–246 – Helvetia Sacra I/4, 1988, 386f. – P. F. Dembowski, M.L., Fortune, Virtue, and Fifteenth-Cent. France (Continuations. Essays... in Honor of J. L. Grigsby, hg. N. J. Lacy, 1989), 261–276.

15. M. v. Leibitz OSB, * ca. 1400 Leibitz (hs. Lewbicz), † 28. Juli 1464 Wien. Mag. art. in Wien, ebd. Studium des Kanon. Rechts, vor 1431 OSB in Subiaco, dann 1435 Prior, 1446 Abt (Resignation 1460/61) des Wiener Schottenstifts, wo er als Ordensreformer wirkte und den wiss. Austausch mit dem Kl. Melk und der Univ. Wien förderte. M. Laarmann
Ed.: Senatorium seu dialogus hist. senem inter et iuvenem (1464), ed. H. Pez, Scriptores rerum austriacarum II, 1725, 623–674 – Cod. diplom.-hist.-epistolaris, III, ed. H. Pez, 1729, 326f. [2 Briefe] – Trialogi ascetici..., ed. C.-J. Jellouschek, 1932 [Trialogus de militia christiana (vor 1456), Sermo in visitatione (1451), Ceremoniale, Quodlibetarium] – *nicht ed.*: Trialogus de gratitudine beneficiorum Dei – *Lit.*: DSAM X, 683f. – LThK² VII, 117 – Verf.-Lex.² VI, 153–157 [Lit.].

16. M. v. Troppau OP, Historiograph, * wohl vor 1230 Troppau (Schlesien), † 12. Juni 1278 Bologna, ◯ ebd., Dominikanerkl. M. gehörte zunächst dem Dominikanerkonvent in Prag an (wohl wegen dessen Einbindung in die poln. Ordensprovinz später »Polonus« gen.). 1261–78 ist er als apostol. Pönitentiar in Rom bezeugt.

Von Nikolaus III. wurde M. am 21. Mai 1278 zum Ebf. v. Gnesen geweiht. Auf der Reise dorthin starb er. – Die in verschiedenen Fassungen vorliegende lat. (Papst-Ks.-) Chronik M.s (bis 1277) wurde vielleicht von Clemens IV. angeregt. Das Werk will unter Heranziehung zahlreicher Q. (u. a. →Orosius, →Gottfried v. Viterbo [27. G.], →Vinzenz v. Beauvais) die »Historia Scholastica« des →Petrus Comestor fortsetzen. In synchronist.-schemat. Weise werden jeweils links die Päpste, rechts die Ks. behandelt und gleichzeitige Geschehnisse hinzugefügt. Der letzten Redaktion sind mehrere Zusätze (u. a. über die vier Weltreiche) vorangestellt. Als beliebtes chronolog. Hb. für Theologen und Kanonisten, das zudem in der Schlußfassung zahlreiche Anekdoten und Fabeleien (→Johanna, Päpstin; auch Kfs.enfabel) enthielt, erreichte die Chronik ungemein weite Verbreitung (→Martins-Chroniken). Übers. in zahlreiche Sprachen (sogar ins Pers.) liegen vor. Außerdem stellte M. eine Predigtslg. und eine Konkordanz zum →Decretum Gratiani (»Margarita Decreti«) zusammen. K. Schnith
Ed.: Chronicon, ed. L. Weiland (MGH SS XXII, 1872), 377–475 – *Lit.*: Verf.-Lex. VI, 158–166 [Lit.] – Wattenbach II, 466–472 – Th. Kaeppeli, Scriptores... III, 1980, 114–123 – A.-D. v.d. Brincken, Stud. zur Überl. der Chronik M.s, DA 41, 1985, 460–531; 45, 1989, 551–591 – Dies., Geschichtsschreibung..., 1987, 155–193 – Dies., Geogr. Weltbild und Berichtshorizont... (Ex Ipsis Rerum Documentis, Fschr. H. Zimmermann, 1991), 91–101 – →Martins-Chroniken.

Martínez Alfonso de Toledo, * 1398, † 1468, Erzpriester v. Talavera, Kostpfründner der Kathedrale v. Toledo und Kaplan Kg. Johanns II., verfaßte themat. verschiedenartige, von den didakt. und moralisierenden Tendenzen der spätma. scholast. Kultur geprägte Werke: »Vidas de San Ildefonso y San Isidoro« (1444), asket. Schriften, »Atalaya de las Coronicas« (1443, von anderen bis etwa 1483 unter Benutzung zeitgenöss. Chroniken fortgesetzt); in der Tradition der Predigtlit. steht sein erfolgreichstes, 1438 vollendetes Werk »Arçipreste de Talavera« (mindestens zwei Inkunabeln und fünf Ausg. aus dem 16. Jh.) in vier B., Untertitel der 1. Druckausg. »Corbacho o Reprobación del amor mundano« (weil man unbegründeterweise einen Zusammenhang mit Boccaccios »Corbaccio« herstellte); trotz seiner ganz im MA wurzelnden Thematik (es wendet sich gegen Unzucht, die Frauen, die Astrologie) und seines traditionellen Aufbaus wirkt es ungewöhnl. lebendig, weil die üblichen Exempla aus Mythologie und Gesch. häufig durch Begebenheiten aus dem Alltagsleben ersetzt sind und die Erzählweise der gesprochenen Sprache sehr nahe kommt. A. Várvaro
Ed. und Lit.: GRLM IX, 2,7, Nr. 6675 – Vidas de San Ildefonso y San Isidoro, ed. J. Madoz, 1952 – Atalaya de las coronicas, ed. J. B. Larkin, 1983 – El Arcipreste de Talavera, ed. M. Penna, 1955 – Corbacho, ed. M. Gerli, 1979 – R. und L. de Gorog, La atribución de las Vidas de S. Ildefonso y San Isidoro al Arcipreste de T., Bol. R. Acad. Esp. 58, 1978, 169–193 – Diess., Concordancias del Arcipreste de T., 1978 – M. Pardo, Remarques sur l'Atalaya de l'archiprêtre de Talavera, Romania 88, 1967, 350–398 – D. Alonso, Obras completas, 2, 1973, 443–452 – E. M. Gerli, A.M. de T., 1976 – D. J. Viera, An annot. bibliogr. on A.M. de T., Kentucky Romance Quart. 24, 1977, 263–279 – E. v. Richthofen, 50 Jahre A. de T.-Stud., ZRPh 104, 1988, 12–19.

Martini, Simone, * 1284 in Siena, † 1344 in Avignon, wo er sich vermutl. um 1336 niedergelassen hatte. Schüler →Duccios, neben diesem und den →Lorenzetti der bedeutendste Vertreter der sienes. Malerei des 14. Jh. →Petrarca, mit dem er befreundet war und für den er ein Porträt von Laura gemalt hatte, pries ihn neben Giotto als den größten Maler seiner Zeit. Einflüsse Duccios und →Giottos verbinden sich in seinem Schaffen mit lyr. Zartheit des Ausdrucks, höf. Formeneleganz und erlesener Farbigkeit.

Groß war seine Wirkung auf die frz. Malerei des 14. Jh. und damit auch auf die internat. Gotik. Sein frühestes gesichertes Werk ist die Maestà im Palazzo Pubblico in Siena (1315). In Neapel entstand im Auftrag Kg. Roberts d. Weisen um 1317 die Altartafel des hl. Ludwig v. Toulouse (Neapel, Museo di Capodimonte). Weitere Altarwerke sind u.a. die Polyptychen für die Dominikanerkirche in Pisa (1319; Pisa, Museo di S. Matteo) und Orvieto (um 1320, Orvieto, Museo dell' Opera) sowie der Verkündigungsaltar für den Dom v. Siena (1333; Florenz, Uffizien). 1328 datiert ist das Fresko des Guidoriccio da Fogliano im Palazzo Pubblico in Siena. Umstritten dagegen ist das Datum der Tätigkeit M.s in S. Francesco in Assisi, wo v.a. die Ausmalung der Martinskapelle von ihm stammt (vermutl. um 1325). Werke seiner Spätzeit sind die Fresken in Notre-Dame-des-Doms in Avignon sowie der Flügel eines ehem. Diptychons mit der Darstellung der hl. Familie (1342; Liverpool, Art Gallery).

J. Poeschke

Lit.: G. PACCAGNINI, S. M., 1955 – G. CONTINI – M. C. GOZZOLI, S. M., 1970 – J. POESCHKE, Die Kirche S. Francesco in Assisi und ihre Wandmalereien, 1985 – S. M., Atti del Convegno Siena 1985, 1988 – A. MARTINDALE, S. M., 1988.

Martinsberg (Pannonhalma, Szentmárton), OSB Kl. in Ungarn. Die seit dem Beginn des 11. Jh. verbreitete Legende, daß Sabaria, der Geburtsort von →Martin v. Tours, hier zu suchen sei, ist nicht glaubhaft. Von →Géza vor 997 gegr., wurde das Kl. von Kg. →Stephan I. dem hl. Martin geweiht und erhielt 1002 die Privilegien v. →Montecassino, die bfl. Rechte über das Territorium Somogy und zehn Güter. Mit der Gründung des Bm.s →Zagreb um 1090 verlor M. seine Diöz., wurde jedoch von →Ladislaus I. entschädigt. In der kgl. Pfalz neben dem Kl. schloß 1096 →Koloman Frieden mit →Gottfried v. Bouillon, dem Führer der Kreuzfahrer. 1102–89 unterstand M. dem päpstl. Schutz, 1216 ging es in den Besitz des Hl. Stuhls über. Urias (Uros, 1207–43), der bedeutendste Abt, ordnete die Rechte des Kl., ließ alle Güter, Hörigen und ihre Pflichten registrieren (1240 Albeuskonskription) und verteidigte 1242 das befestigte Kl. gegen die Mongolen. 1256 ließ Papst Alexander IV. alle ung. OSB Kl. durch den Abt v. M. reformieren. 1296–1315 eroberten die Gf.en v. Güssing M. und setzten ihre Vögte ein; diese wurden nach 1317 durch die Bgf.en Kg. Karls I. v. Anjou abgelöst. Im 14. Jh. brachen wegen der kgl. Patronatsrechte und des päpstl. Investiturrechts Konflikte um Wahl und Ernennung der Äbte aus. Seit 1372 ernannten die Kg.e meist Gubernator- bzw. Kommendataräbte, seit 1404 behielt Kg. Siegmund die Einkünfte des Kl. für sich. Wirtschaftl. wie geistig geriet das Kl. in eine Krise, vor 1500 zählte der Konvent nur noch zehn Mitglieder. Abt Matthäus Tolnai (1500–35), zuvor Angehöriger der kgl. Kanzlei, der als Erzabt aller ung. Benediktiner auch M. reformierte, verhinderte den Untergang. Nach 1526 diente M. meist als Grenzburg gegen die Türken, von denen es 1593 erobert wurde. Gy. Györffy

Lit.: A pannonhalmi Szent-Benedek-rend története, ed. L. ERDÉLYI – P. SÖRÖS, I–IV, 1902–16 [mit Gesamted. der Urkk.] – Gy. GYÖRFFY, Geogr. Hist. Hung. II, 1987, 626–634.

Martins-Chroniken. Das SpätMA verwendete die Bezeichnung Chronicae Martinianae (oder ähnl.) für eine Vielzahl von Geschichtswerken, näml. sowohl für die Papst-Ks.-Chronik →Martins v. Troppau und deren Fortsetzungen wie für rivalisierende Chroniken, etwa die →Flores temporum eines Minoriten »Martinus«, und allg. für universalhistor., die Papst-Ks.-Geschichte einbeziehende Darstellungen. Manche der späteren M.-Ch. hielten an der synchronist. Stoffanordnung nach der Art Martins v. Troppau fest; andere wandten sich von dem Schema der »Zeittafel« ab und behandelten Päpste und Ks. in getrennten Blöcken, wodurch die Aufnahme erzählender Einschübe wie Exempla, Anekdoten, Predigtmärlein erleichtert wurde. Vom 14. Jh. an machten sich zusätzl. Interessen geltend, so bei einem Trierer »Martin«, der eine eigene »landesgeschichtl.« Kolumne zur Gesch. der Trierer Ebf.e und eine weitere über allg. bedeutsame Ereignisse hinzufügte. Weiteste Verbreitung fand die Chronik Martins v. Troppau, die in so gut wie allen europ. Ländern zu Schulzwecken verwendet wurde und namentl. auch in den Bibliotheken der Univ.städte nicht fehlte. Die Nachwirkung der M.-Ch. hielt bis in die Reformationszeit und sogar darüber hinaus an. Die neuere Forsch. urteilte, diese schemat. Kompendien hätten jahrhundertelang den geschichtl. Sinn eher erstickt als gefördert (H. GRUNDMANN). Doch kam die systemat.-lehrhafte Darstellungsweise offensichtl. einem Bedürfnis der Zeit und ihres Unterrichtsbetriebs entgegen. K. Schnith

Ed.: u.a. in MGH SS XXIV, 1879 – Lit.: O. LORENZ, Dtl.s Geschichtsq. im MA, Bde I–II, 1886/87³ (M.-Ch. aus Fulda I 160, Trier II 10f., Köln II 59) – K.-H. KRÜGER, Die Universalchroniken, 1976 – B. GUENÉE, Hist. et Culture historique dans l'Occident médiéval, 1980 – A.-D. v. D. BRINCKEN, Zu Herkunft und Gestalt der M.-Ch., DA 37, 1981, 694–735 – →Chronik, →Flores temporum, →Martin v. Troppau.

Martinus (s.a. Martin)
1. M. de Dacia, dän. Kleriker, † 10. Aug. 1304, mag. theol., studierte an der Univ. Paris. Um 1288 wurde er zum Kanzler des dän. Kg.s Erich VI. ernannt, der ihn 1290 zum Bf. v. Roskilde vorschlug. Die Kandidatur scheiterte am Widerstand des Ebf.s v. Lund →Johannes Grand. Neben seinem Kanonikat in Paris erhielt er vom Kg. Kanonikate in Roskilde, Lund und Schleswig (dort auch das Dekanat). Gegen Ende seines Lebens kehrte er nach Paris zurück, wo er als Kanoniker des Domstifts Notre-Dame starb. Neben einer Chronik der Ebf.e v. Bremen und der »Chronica Bremensis« verfaßte M. zw. 1250–70 die grammat. Abh. »De modis significandi«, ein erster Versuch, die ganze grammatikal. Analyse auf der Grundlage des modus significandi aufzubauen. Damit wurde M. zum ersten Vertreter der →Modisten. Formal löste er sich ganz vom Text des →Priscianus. Nach einer kurzen metatheoret. Präambel teilt sich das Werk in zwei Teile: Ethimologia (partes orationis) und Diasinthetica (constructio), wobei die erstgenannte die Funktion der zweiten übernimmt und zum Endziel modist. Grammatiker wird. Dank M.' klarer und einfacher Darstellung wurde die Abh. rasch zu einem Standardwerk (27 Hss., 9 Komm.). M. verfaßte auch einige Quaestiones zur Logica vetus.

E. Pérez Rodríguez

Ed. und Lit.: M. GRABMANN, Ma. Geistesleben, I–II, 1926/36 – DERS., Gentile da Cingoli, ein it. Aristoteleserklärer aus der Zeit Dantes, 1941 – H. ROOS, De modis significandi des M. d. D., 1952 – L. HAMMERICH, Hvem var M. de D.?, Hist. Tidskrift 11, 1953, 56–69 – M. d. D., Opera, hg. H. ROOS, 1961 – DERS., Neue Hss.funde zu den Modi significandi des M. d. D., ThPh 41, 1966, 243–246.

2. M. de Fano (Martino del Cassero), it. Rechtslehrer und Staatsmann, * in Fano, † nach 1272 in Bologna. Aus vornehmster guelf. Familie stammend, studierte M. in Bologna, unter →Azo, →Jacobus Balduini und Bonifacius de Bonconsiliis, und lehrte, seit 1229, in Fano, in Neapel oder Salerno (?), in Arezzo und Modena. In den Jahren 1260 und 1262 war M. Podestà v. Genua. Bald darauf trat er in den Dominikanerorden ein. Er verfaßte ein Notariatshandbuch, den sog. »Liber formularii«, 1232 (→Ars notariae, →Libellus), Monographien, →Quaestiones, →Notabilia (auch zum Gratian. Dekret und zum Liber Extra) sowie Zusätze zur Accurs. Glossa ordinaria (→Accursius) und bearbeitete den beliebten→Ordo iudiciarius 'Ad summariam notitiam'. P. Weimar

Ed.: Das Formularium des M. (WAHRMUND I.8) – De iure emphyteutico (Tractatus universi iuris, Venedig 1584), VI.1, 189 [unter dem Namen Guido de Suzaria] – U. NICOLINI, M. e i trattati »De positionibus« a lui attribuiti, 1935 – DERS., Il trattato »De implorando bracchii saecularis« di M., SDHI 1943, 36–45 – DERS., Il trattato »De alimentis« di M., 1948 (alle abgedr. in: DERS., Scritti di storia del diritto it., 1983, 179–224, 284–302, 303–335) – L. FRATI, L'epistola »De regimine et modo studendi« di M., Studi e mem. per la storia dell'Univ. Bologna VI, 1921, 21–29 – Der Ordo Iudiciorum des M. (WAHRMUND I.7) – *Lit.*: DBI XXXVI, 442–446 [F. LIOTTA] – SAVIGNY V, 487–495 [alte Ed.] – SCHULTE, II, 138f. – E. M. MEIJERS, L'Univ. di Napoli nel sec. XIII, 1924 (abgedr. in: DERS., Études d'hist. du droit III, 1959, 149ff.) – L. SORRENTI, Testimonianze di Giovanni d'Andrea sulle 'Quaestiones' civilistiche, 1980 – L. FOWLER-MAGERL, Ordo iudiciorum vel ordo iudiciarius, 1984, 144, 248 – G. DOLEZALEK, Rep. mss. veterum Codicis Iustiniani, 1985, 930ff.

3. M. Gosia, Bologneser Rechtslehrer, * in Bologna, † ebd. 1158/66, der zweite der →Quattuor doctores. Adliger Abkunft, wurde M. als Exponent einer den Gedanken der Billigkeit (aequitas) pflegenden Rechtswiss. und ihrer Anhänger, der 'Gosiani«, von der herrschenden strengrechtl. Richtung der »Nostri doctores« scharf angefeindet (→Dissensiones dominorum). M. scheint Glossenapparate zu den Digesta vetus und novum, dem Codex und den Institutionen geschrieben zu haben, die auch außerhalb Bolognas großen Einfluß erlangten, z. B. auf die →Exceptiones legum Romanarum. Die Nachfahren des M., unter denen sich mehrere ausgezeichnete Juristen befanden, wurden im Jahre 1274 wegen ihrer ghibellin. Gesinnung aus Bologna vertrieben. P. Weimar

Lit.: SAVIGNY IV, 124–140, 481–493 [Ed. Glossen] – H. KANTOROWICZ, Stud. in the Glossators of the Roman Law, 1938 [Neudr. mit Add. 1969], bes. 86–102, 253–266 [Ed. De computatione graduum und De iure dotium] – G. DOLEZALEK, Der Glossenapparat des M.G. zum Digestum Novum, ZRGRomAbt 84, 1967, 254–349 [mit Probenausg.] – P. WEIMAR, Die legist. Lit. der Glossatorenzeit (COING, Hdb. I), 129–260 – J. FRIED, Die Entstehung des Juristenstandes im 12. Jh., 1974, bes. 90ff. – G. DOLEZALEK, Rep. mss. veterum Codicis Iustiniani, 1985.

Martorell. 1. M., Bernat (Bernardo), katal. Maler, nachweisbar in Barcelona ab 1427, † 1453. Die archival. Zuweisung des Altars von Púbol (1437, Gerona) ermöglicht die Identifikation des »Meisters des hl. Georg«, benannt nach seinem Hauptwerk, dem Altar der Deputación de la Generalidad (Paris, Chicago), mit M. Er steigerte und verfeinerte den internat. got. Stil Luis Borrossás in einer vielbeschäftigten Werkstatt. Ch. Klemm

Lit.: J. G. RICARD, B.M., 1959 – M. GRIZZARD, La provenance du retable de Saint Georges par Bernard M., Revue du Louvre 33, 1983, 89.–96.

2. M., Joanot, * 1413/14 in Gandia, 2. Sohn von Francesc M., ∞ Damiata de Monpalau, der streitbare valencian. Adlige lebte zeitweilig in London (1438/39), reiste nach Portugal (1443) und besuchte Neapel. Sein schriftsteller. Werk umfaßt das Frgm. »Guillem de Varoich«, eine Mischung zw. Ritterroman und Abhandlung über das Rittertum auf der Grundlage des »Libre de cavalleria« von Ramon Llull, der erzählende Teil beruht auf Gui de Warwick-Fassungen. Es geht ein in den ersten 39 Kap. des »Tirant lo Blanch« (1490 gedr., mit Zusätzen von Martí Joan de Galba), eine der bedeutendsten Schöpfungen der kat. Lit. In diesem Ritterroman führt Guillem de Varoich den jungen Tirant in den Ritterstand ein. Nach ersten Heldentaten in England zeichnet T. sich im Kampf gegen die Türken aus. Er heiratet heimlich Carmesina, die Tochter des Ks.s v. Konstantinopel. Nach mannigfachen Verwicklungen – Schlachten, Gefangenschaft, abenteuerl. Reisen – stirbt der »Weiße Ritter« auf der Höhe seines Erfolgs. Das Werk spiegelt das geogr.-hist. Umfeld des Mittelmeerraums z. Zt. der kat. Expansion in der Levante (Kriegswesen, soziales Leben, Ritterethos). Es verarbeitet zahlreiche Texte und Vorlagen in Anspielungen und Zitaten. Cervantes preist es (Don Quijote I,6) als »das beste Buch der Welt« in seiner Art, das die spätma. ritterl. Welt in ihren Widersprüchen nicht nur realist., sondern auch in kom.-phantast. Brechung darstellt. D. Briesemeister

Ed.: Faks. der Erstausg. 1904, ed. M. DE RIQUER, 1979, 1983 – *Übers.*: Der Roman vom weißen Ritter T. lo B., 1990ff. – *Lit.*: H. THOMAS, Span. und Portug. Romances of Chivalry, 1920 – M. VARGAS LLOSA – M. DE RIQUER, Las cartas de batalla de J.M., 1972 – M. DE RIQUER, Història de la lit. cat., 2, 1980, 632–721 – R. BELTRAN LLAVADOR, T. lo B., 1983 – K. MCNERNEY, T. lo B. Revisited, 1983 – E. T. AYLWARD, M's T. lo B., 1985.

Märtyrer → Martyrium, →Martyrologium

Märtyrer v. Zaragoza → Zaragoza, Märtyrer v.

Märtyrerakten (acta martyrum). Das lat. Wort 'acta' bezeichnet ein offizielles Dokument in Gestalt eines Protokolls. In altchristl. Zeit wird es so gut wie nie auf die Berichte über →Martyrien angewandt; diese heißen üblicherweise 'passiones' oder 'gesta martyrum'. Der Begriff 'a.m.' geht erst auf eine Anthologie des ausgehenden 17. Jh. zurück. In strengem Sinne kann er nur auf die in Prozeßform gehaltenen oder eine solche nachahmenden Q. texte bezogen werden und bildet so den Gegenpol zu der stärker erzählenden Gattung der Passio. In weiterem Sinne deckt der Name M. jedoch die Gesamtheit der Q. über die →Märtyrer des frühen Christentums ab.

Im W sind die ältesten M. diejenigen der um 180 in Karthago hingerichteten Scilitan. Märtyrer, in der ursprgl. Redaktion (BHL 7527) Wiedergabe des Dialogs zw. den Angeklagten und ihrem Richter sowie des Todesurteils, nach allg. Ansicht ein für den liturg.-erbaul. Gebrauch allenfalls oberflächl. überarbeitetes Archivdokument. Bei den meisten anderen M. waren jedoch die Eingriffe von seiten der chr. Redaktoren weit weniger zurückhaltend; in Ermangelung offizieller Q. wurden bisweilen auch fiktive Verhörprotokolle verfaßt. Im Zuge wechselnder Q.kritik werden derzeit nicht einmal 15 Texte aus dem Bereich der M. für echt gehalten. Allg. entwickelten die Erzählungen über Märtyrer, die sich in der Frühzeit noch durch dramat. Kürze auszeichneten, mit zunehmendem zeitl. Abstand von der Periode der Christenverfolgungen stärker romanhafte Züge. Ein kürzl. entdeckter Brief des hl. Augustinus an →Paulinus v. Mailand illustriert diesen Vorgang. Augustinus lehnt die von Paulinus erbetene Neufassung mehrerer (teils den Gerichtsakten, 'gesta forensia', entsprechender, teils bereits stärker ausgearbeiteter) 'passiones' ab, da er eine eigene Neuerzählung von Martyrien als Verwässerung der Authentizität der überkommenen 'acta publica' empfand. Andere Bearbeiter teilten Augustins krit. Bedenken nicht: So entstanden allein sieben oder acht Bearbeitungen der Akten der Scilitan. Märtyrer; die am stärksten überarbeitete Redaktion (BHL 7534b) macht sie zu Opfern des Ks.s Julianus Apostata und verlegt ihr Martyrium von Karthago nach Rom. Das Abgleiten ins Legendarische begann frühzeitig. Um 379 bereits kontaminierte →Gregor v. Nazianz die Gesch. des →Cyprianus v. Karthago mit derjenigen eines gewissen Magiers aus Antiochia. Im 5. Jh. überwucherten Legenden und hagiograph. Zyklen (→Hagiographie) im O wie W die zeitgenöss. Dokumente der Christenverfolgung. Die Entwicklung des Märtyrer- und →Reliquienkults, die private Lektüre hagiograph. Texte und – in manchen Regionen – ihre Einbindung in die Liturgie begründete, zusammen mit Wandlungen der lit. Mode, eine Nachfrage nach neuen einschlägigen Werken. Die Gattung der M. im eigtl. Sinne, d.h. im Stil röm. Prozeßprotokolle, erlosch seit dem 7. Jh. (jüngstes Beispiel ist wohl die Passio der Kurtisane →Afra). Doch lebten die narrativen Formen über das ganze MA weiter; die frühchr. Erzählungen wurden aus kult. oder ästhet.-religiösen Gründen immer wieder abgeschrieben oder neugefaßt. Insbes. wurde die altchr. Kirche Afrikas vieler ihrer Märtyrer beraubt; so wurde das Martyrium des Bf.s Felix v. Thibuca in den späteren Bearbeitungen nach Nola und Venosa verlegt (→Felix v. Nola), der Centurio Marcellus v. Tanger von der span. Stadt León vereinnahmt. Bar aller hist. Bedenken wurden gar die Passiones mehrerer Märtyrer der →Donatisten, die den Verfolgungen von seiten der kath. Autoritäten zum Opfer gefallen waren, weitertradiert. Die M. bilden zusammen mit den Viten der Confessores (Bf.e und Äbte) und der Wüstenväter ein Grundelement der hagiograph. Überlieferung. Mindestens bis ins 12. Jh. wurden zufällig aufgefundene antike Inschriften und Gräber häufig als Beweise für Martyrien gedeutet, was die Abfassung neuerer Passiones, die oft gänzl. dem Repertoire der älteren hagiograph. Überlieferung entnommen sind, zur Folge hatte. F. Dolbeau

Lit.: Th. Ruinart, A. m., 1859² (1689¹) – BHL, 3 vol., 1898–1901, 1986 – A. Dufourq, Ét. sur les »Gesta Martyrum« romains, 5 Bde, 1988² (1900–07¹) – H. Delehaye, Les Passions des martyrs et les genres litt., 1966² (1921¹) – B. de Gaiffier, La lecture des Actes des martyrs dans la prière liturg.en Occident, AnalBoll 72, 1954, 134–166 – G. Lazzati, Gli sviluppi della lett. sui martiri nei primi quattro secc., 1956 – S. Pezzella, Gli Atti dei martiri, 1965 – B. de Gaiffier, La lecture des Passions des martyrs à Rome au IXᵉ s., AnalBoll 87, 1969, 63–78 – H. Musurillo, The Acts of the Christian Martyrs, 1972 – G. Lanata, Gli Atti dei martiri come documenti processuali, 1973 – W. Berschin, Biogr. und Epochenstil im lat. MA, I, 1986 – V. Saxer, Bible et hagiographie. Textes en thèmes bibl. dans les Actes des martyrs authentiques des premiers siècles, 1986 – A.R. Bastiaensen u.a., Atti e passioni dei martiri, 1987 – J. Divjak u.a., Oeuvres de saint Augustin. Lettres 1*–29*, 1987, 414–417, 573–580 – G. A. Bisbee, Pre-Decian Acts of Martyrs and 'Commentarii', 1988 – Th. Baumeister, Genese und Entfaltung..., 1991 – G. Lanata, Confessione o Professione? Il dossier degli atti dei martiri [im Dr.].

Martyrium
A. Theologie – B. Archäologie, Ikonographie – C. Baukunst, – D. Judentum

A. Theologie
I. Frühchristliche Zeit – II. Lateinisches Mittelalter – III. Ostkirche.

I. Frühchristliche Zeit: Die an vielen Orten des röm. Reiches zuerst lokal aufbrechenden und im 3. Jh. (Septimius Severus, Decius, Valerius und Diokletian) period. auf das ganze Reichsgebiet ausgeweiteten Christenverfolgungen führten im Urchristentum schon bald zu einer intensiven theol. Reflexion über den Sinn ihres aufgezwungenen Glaubenszeugnisses für die ganze Kirche. Die frühchr. Autoren knüpften dabei bewußt an die martyrolog. Überzeugungen des Spätjudentums, v. a. am Gedanken des endzeitl. Lohnes und der bes. Sühnekraft des Märtyrertodes an und verweisen dazu ausdrückl. auf die Beispiele der atl. Märtyrer (vgl. 1. Clem 2–3; Tertullian, Scorpiace 8; Origenes, Exhortatio ad m. 22–26). Im Mittelpunkt steht jedoch ein dreifacher, ntl. begründeter (v. a. Lk 23, 43; Joh 15,13 und 1 Petr 4,13–16) Gedankenkreis einer christolog., eucharist. und ekklesiolog. Sinndeutung des M.s.

Das Sterben der Märtyrer gilt von Anfang an als engste Vereinigung mit Christus, Mitvollzug nicht nur seiner vollkommenen Liebe, sondern auch seines gewaltsamen Kreuzestodes. Schon Origenes nennt die Märtyrer »Nachahmer Gottes und Christi« und deutet das Stellvertretermotiv im Sinne einer myst. Gegenseitigkeit: die Gegenwart Jesu schenkt dem Märtyrer bes. Kraft. Er findet Trost in dem Gedanken, daß es Christus selber ist, der in ihm angeklagt wird und seinen Tod erwartet (vgl. Johanneskomm. II,24, 209; Jeremiahomelien 14,7 und Exhort. ad m. 12.27.36). Bes. bei Ignatius v. Antiochien und im Bericht über das M. des Polykarp nimmt die Nachahmung Christi eine ausgesprochen eucharist. Färbung an. Ignatius nennt sich ein »Weizenkorn Gottes«, das durch die Zähne der wilden Tiere gemahlen zum »reinen Brot Christi« werden soll (Ad Rom. 4,1; 7,3). Die bes. Umstände des Feuertodes Polykarps, dessen Körper auf dem Scheiterhaufen nicht verbrennt, sondern wie in einem Schmelzofen geläutert wird, wecken bei Eusebius die gleichen Assoziationen an die eucharist. Verwandlung des Leibes Christi (Hist. eccl. XV, 33; vgl. auch Irenäus, Adv. haereses V,28). Weil der Märtyrer am Mysterium des Todes Christi teilhat, wird er nach dem Glauben der Urkirche auch unmittelbar die Kraft der Auferstehung an sich erfahren und sofort mit Christus ins Paradies eingehen (vgl. Tertullian, De anima 55,4–5; Origenes, Exhort. ad m. 13, Cyprian, Ep. 55,20,3). Diese Nähe zum gekreuzigten und überhöhten Jesus, die ikonograph. im Motiv der Bluttaufe und der Siegeskrone zum Ausdruck kommt, bildet die Brücke zur bes. Bedeutung, die der Tod des Märtyrers für die ganze (ird. und himml.) Kirche gewinnt. Während bei Origenes noch die ganze Welt aus Engeln, Dämonen und Menschen um die Sterbeszene versammelt ist, in der die Märtyrer den »Kampf um das Christentum« bestehen (Exhort. ad m. 18), verliert sich diese imposante kosmolog. Weite mit der zunehmenden Aufmerksamkeit, die prakt. Fragen wie die bes. Kraft des fürbittenden Gebetes der Märtyrer, ihre lokale Konkurrenz zu den ordinierten Amtsträgern und die außergewöhnl. Rekonziliationsvollmacht der Bekenner für die in der Verfolgung gefallenen Christen bieten (vgl. Eusebius, hist. eccl. V,2,7–6; Tertullian, Ad martyres 1). Augustinus förderte in der afrikan. Kirche die Verehrung der Märtyrer, wies aber zugleich religionsgesch. Mißverständnisse (des Heroenkultes) zurück (vgl. De civ. Dei XXII,10).

II. Lateinisches Mittelalter: Nach der konstantin. Wende erfuhr das M. in Kirche und Theologie einen bemerkenswerten Wandel: Das frühchr. Zeugnis erlangte auch in der Zeit der Heidenmission, der Kreuzzüge und Religionskriege keine neue lebensprakt. Bedeutung, vielmehr wuchs im FrühMA die Verehrung der Märtyrer (des →Stephanus, →Laurentius) zusammen mit der der Hl.n: Anrufung ihrer Namen, Kult der Reliquien, Begräbnis bei den Märtyrergräbern. Das theol. Interesse richtet sich nun hauptsächl. auf die klassifikator. Einordnung des M.s in den Tugendkanon und die Lehre von der dreifachen Taufe (im Wasser, im Blut und im Geist). – Thomas v. Aquin nennt das M. die wirksamste Taufe, weil in ihr die Kraft des Leidens Christi nicht nur in symbol. Repräsentation oder durch die Übernahme seiner inneren Haltung gegenüber dem Tod, sondern »per imitationem operis« (S. Th. III,66,12) wirksam ist. In subtilen Unterscheidungen versucht Thomas auseinanderzuhalten, unter welcher Rücksicht das M. jeweils zur Tugend der Liebe, des Glaubens oder der Tapferkeit gehört. Die Zuordnung zur »fortitudo« ist ihm durch die chr. Rezeption der Kardinaltugenden bei Ambrosius vorgezeichnet (vgl. De off.

I, 35, 178). Außer an diesem traditionellen Aufriß findet sie aber dadurch auch einen Anhalt in der Sache selbst, daß zum eigtl. Begriff des M.s notwendig das Erleiden des Todes und damit die Inkaufnahme des äußersten Übels gehören. In dieser aktiven und kämpfer. Perspektive gesteht die Sentenzenkomm. den Märtyrertitel auch dem getauften Soldaten zu, der in einem Glaubenskrieg sein Leben läßt (IV Sent 49,3,2 ad 11). In S.th. II II 124,1–5 rückt Thomas jedoch stärker die Verbindungslinien zu den beiden theol. Tugenden der Liebe und des Glaubens in den Mittelpunkt. Unter Berufung auf Joh 15,13 und 1 Kor 13,3 nennt er nun die Liebe das »primum et principale motivum« des Märtyrers, dessen Bedeutung für die Kirche einer späteren Zeit darin liegt, daß er die Glaubenswahrheit nicht nur durch die »credulitas cordis«, sondern durch das öffentl. Zeugnis einer »exterior protestatio« bekennt.

Die Lust am Zahlenspiel führt in der geistl. Theol. des MA zu einer Dreiteilung, die das rote, im vergossenen Blut besiegelte M. dem weißen, in Askese und Jungfräulichkeit bewahrten und dem grünen, durch Buße und Glaubensmission erworbenen gegenüberstellt. Ähnl. triad. Reihen finden sich in der Predigtlit. (vgl. Bernhard v. Clairvaux, In Natali SS. Innocentium; Richard v. St. Victor, Expl. in Cantica 20 und 29). Die Zuflucht zu solchen Allegorien zeigt, daß der Gedanke des »wahren« Christseins sich längst von der Gestalt des Märtyrers gelöst und mit anderen Lebensformen, wie der des Mönchs oder des Kreuzfahrers verbunden hat.

S. a. →Peregrinato. E. Schockenhoff

Lit.: E. Peterson, Zeuge der Wahrheit, 1937 – M. Pellegrino, Cristo e il martire nel pensiero di Origene, Divinitas 3, 1959, 144–170 – N. Brox, Zeuge und Märtyrer, 1961 – H. v. Campenhausen, Die Idee des M.s in der alten Kirche, 1964² – E. Dassmann, Sündenvergebung durch Taufe, Buße und Märtyrerfürbitte in den Zeugnissen frühchr. Frömmigkeit und Kunst, 1973 – C. Noce, Il martirio, 1976 – Th. Baumeister, Die Anfänge der Theol. des M.s, 1980.

III. Ostkirche: Das Wort M. wird in der Sprache und Theologie der Ostkirche mit den folgenden drei Bedeutungen benutzt:

1. M. ist die freiwillige Annahme des Opfertodes um des chr. Glaubens willen. Der Märtyrer ist ein Blutzeuge, der in einer Verfolgungssituation geduldig Qualen erleidend, über seine unverändert feste Verbundenheit mit den chr. Wahrheiten Zeugnis ablegt (μαρτυρεῖ). Nach der Lehre der Kirchenväter und den liturg. (hymnolog.) Texten der Ostkirche sind die Merkmale des M.s, das »mit dem Erweis von Geist und Kraft verbunden« (1. Kor 2,4) ist, log. Überlegung, Seelenruhe, Heldenmut, Kühnheit, Tapferkeit, Fröhlichkeit, Sanftheit, Milde, Güte, Gebet für die Verfolger, Verzeihung für den Henker. Charakterist. Ausdruck der Psychologie des M.s sind die Worte des hl. Polycarp v. Smyrna († 156), der auf den Befehl, sich von Jesus Christus durch Verfluchung loszusagen, erwiderte: »Sechsundachtzig Jahre diene ich ihm, und er hat mir nie ein Leid getan; wie könnte ich meinen König lästern, der mich erlöst hat?« Das M. ist Nachfolge Christi und Gemeinschaft mit dem getöteten und auferstandenen Herrn.

2. M. (μαρτύριον) wird ferner die Literaturgattung genannt, die die Verurteilung und Hinrichtung der Märtyrer beschreibt. Dabei gibt es versch. Grundformen: a) Die Acta oder Gesta umfassen die offiziellen Prozeßprotokolle des Verhörs und der Aburteilung der Märtyrer. b) Die Passiones sind die von Augenzeugen oder Zeitgenossen verfaßten Darstellungen über Einzelheiten des Gerichtsprozesses, der Verurteilung und des Todes der Blutzeugen. c) Die Märtyrerlegenden sind ähnl. Erzählungen späterer Zeit, die zum Teil unhist. sind, jedoch Elemente des traditionellen Bewußtseins der Kirche enthalten und gelegentl. schätzenswerte volkstüml., folklorist., soziale, kulturelle, geogr. und naturkundl. Nachrichten bieten. Mit dem ostkirchl. Gebiet sind verbunden die Martyrien Polycarpi (2. Jh.); des Ptolemäus und Lucius (2. Jh.); des hl. Carpus, Papylus und Agathonice (2. Jh.); der Jungfrau Potamiaena und des Soldaten Basilides (202/203); des Pionius (3. Jh.); der 40 Märtyrer (4. Jh.); der Märtyrer von Palästina (4. Jh.); pers. Märtyrer (4. Jh.) u. v. a. Die Kirchengesch. des Eusebios benutzt einen Teil der von ihm veranstalteten »Sammlung alter Märtyrerakten«, die verlorengegangen ist.

3. M. wurden auch die Begräbnisstätten der Märtyrer genannt, die ihre Reliquien enthielten. Dort fand die eucharist. liturg. Versammlung der Christen statt, die den Jahrestag des Todes der Blutzeugen als den wahren »dies natalis« (ἡμέρα γενέθλιος) feierten. Über den Martyrien, die einen Altar hatten, war oft ein großer Kirchenraum errichtet (z. B. Kirche des hl. Dimitrios in Thessaloniki, des hl. Leonidas in Athen-Ilissia). So kann man die Gewohnheit erklären, Hl.nreliquien unter dem »Heiligen Tisch« (ἁγία τράπεζα) der Kirchen zu bewahren (s. →Martyrium, Baukunst). E. Theodorou

Lit.: H. v. Campenhausen, Die Idee des M.s in der alten Kirche, 1936 – Altaner–Stuiber–G. Krüger–G. Ruhbach, Ausgew. Märtyrerakten, 1965⁴ – H. Musurillo, The Acts of the Christian Martyrs, 1972 – S. Papadopoulos, Πατρολογία, I, 1977.

B. Archäologie, Ikonographie

Einfluß auf die ma. Architektur und Bildkunst hatten fast ausschließl. Märtyrer (M.) aus den Christenverfolgungen der röm. Ks.zeit. Trotz vereinzelter Zeugnisse für vorausgehende M.verehrung wurden auch die M. der letzten großen Verfolgung unter Diokletian ohne bes. Aufwand beigesetzt. Erst der nach dem Kirchenfrieden unter Konstantin I. aufblühende M.kult führte zum Bau von Gedächtniskirchen (Martyrien, Memorien) und zur Hervorhebung von M.gräbern auf Friedhöfen, z. B. in den röm. Katakomben, bes. unter Papst Damasus († 384). Das →Begräbnis in Memorialkirchen oder in der Nähe von M.gräbern war begehrt, da man die Fürbitte der bereits im Himmel geglaubten M. suchte. Auch für das MA wichtig war das bald einsetzende Bestreben, die →Reliquien von M.n zu besitzen, die im W auch schon früh unter dem eucharist. →Altar geborgen wurden; es führte zur Suche nach M.gebeinen (z. B. Ambrosius v. Mailand: Gervasius und Protasius für seine Kirche), zu deren Überführung (z. B. Babylas in neue Kirche bei Antiochia), zur Erfindung neuer M. (z. B. Vitalis in Ravenna als Vater von Gervasius und Protasius), im O schließlich auch zur Reliquienteilung, der Rom bis ins 7./8. Jh. die Verteilung von Kontaktreliquien gegenüberstellte. Obwohl in der Lit. schon früh zykl. Darstellungen erwähnt werden (Stellen: Wessel, 663f.), beschränken sich die erhaltenen Beispiele zunächst auf isolierte M.bilder, die allenfalls durch eine Namensbeischrift identifiziert sind. Lediglich →Laurentius fällt durch den Kreuzstab auf, der ihm als einzigem M. neben Petrus gegeben wird. Im Mausoleum der Galla Placidia (Ravenna, vor Mitte 5. Jh.) ist ihm auch der Rost seines Martyriums beigegeben, während die inschriftl. gesicherten M. mit Marterwerkzeugen neben Maria in der röm. Kirche S. Maria Maggiore nicht erhalten sind. Seit dem 6. Jh. werden M. in w. Apsisbildern durch Engel oder Petrus und Paulus (die hier eher als Apostelfürsten denn als M. fungieren) bei Christus oder Maria mit Kind eingeführt oder nehmen selbst die Apsismitte ein (Beispiele:

IHM, 115); sie erhalten von Christus den Kranz (S. Vitale, Ravenna) oder werden von ihm bekränzt (z. B. Nebenapsiden Parenzo-Poreč). Darstellungen von Martyrien blieben beschränkt; z. B. Menaspyxis in London: Urteil, Enthauptung, Verehrung des Menas (zw. den Kamelen seiner Legende); Rom, bei S. Maria Antiqua: Martyrium der 40 M. v. Sebaste. Die z. T. phantasiereichen Beschreibungen von Leben, Leiden und Tod der M. und der Wunder, die sie v. a. nach ihrem Tod gewirkt haben sollen, fanden erst im MA (oft in volkstüml. Umsetzungen in der →Legenda aurea) vollen Niederschlag in ausführl. Zyklen (z.B. →Ursula, →Stephanus). Die Bergung der irrtüml. allg. M.n zugeschriebenen Gebeine aus röm. Katakomben in innerstädt. Kirchen im 7./9. Jh. verstärkte die Vorstellung von großen M.zahlen (vgl. bes. in Deutschland die Legenden der Thebäischen Legion und der elftausend Gefährtinnen der hl. Ursula), nährte den Reliquienhandel (Beispiele: RICHÉ) und motivierte an vielen Orten die Errichtung von Altären, Kapellen und Kirchen. J. Engemann

Lit.: RByzK I, 662–690 [K. WESSEL]; II, 1034–1093 – A. GRABAR, Martyrium, I–II, 1946 – CH. IHM, Die Programme der chr. Apsismalerei..., 1960 – P. RICHÉ, M–A 82, 1976, 201–218 – J. M. McCULLOGH (Pietas [Fschr. B. KÖTTING, 1980]), 313–324 – F. G. ZEHNDER, Sankt Ursula, 1985 – Vgl. auch Lit. zu →Heilige, →Märtyrerakten.

C. Baukunst

M. (Martyrion, Memoria, Coemeterialkirche), Bauwerk, das an einem Ort entstand, der zur Erinnerung an einen Hl.n oder durch eine Reliquie ausgezeichnet war. Erste bedeutendere M.en wurden durch Ks. Konstantin I. auf den verehrten Stätten des Hl. Landes errichtet; in unterschiedl. Bautypen, häufig mit zentralisierender Tendenz, jeweils auf das Grab oder den hl. Ort bezogen. Mit der Überführung der Reliquien in allg. Kirchen oder Umwandlung in Kl.- oder Stiftskirchen endet die ursprgl. Bedeutung der frühchristl. M.en. G. Binding

Lit.: TH. KLAUSER, Vom Heroon zur Märtyrerbasilika, 1942 – A. GRABAR, M., 1946 – S. GUYER, Grundlagen ma. abendländ. Baukunst, 1950 – G. BANDMANN, Ma. Architektur als Bedeutungsträger, 1951 – F. W. DEICHMANN, Märtyrerbasilika, M., Memoria und Altargrab, Röm. Mitt. 77, 1970.

D. Judentum

Die schon im antiken Judentum ausgebildete Thematik des M.s erhielt, bedingt durch zahlreiche Verfolgungen, im MA neue Aktualität. Die von der →Halacha her definierte Pflicht, eher in den Tod zu gehen, als sich zum Götzendienst zwingen zu lassen, sowie die zahlreichen Morde und Selbsttötungen von Juden bei Pogromen seit dem Ende des 11. Jh. führten zu einer ausgesprochen opfertheol. Bewertung der Ereignisse. Das M. wurde insbes. in liturg. Dichtungen (→Pijjut) als Wiederaufnahme des bis zur Tempelzerstörung bestehenden Opferkultes angesehen, das dazu beitrug, die Sündenschuld der jüd. Gemeinschaft vor Gott in Form der stellvertretenden Hingabe zu mindern. Als Prototyp des zur Selbstaufgabe bereiten Märtyrers galt der bibl. Isaak in Verbindung mit dem Geschehen von Gen 22. Auch die Erzählung von zehn hervorragenden jüd. Gelehrten, die in röm. Zeit von der damaligen Besatzungsmacht gefoltert und hingerichtet worden sein sollen, spielte rezeptionsgesch. eine große Rolle. Dennoch führte die opfertheol. Sinndeutung nicht dazu, daß man die nichtjüd. Verfolger in den ma. Texten für ihr Tun exkulpierte. Vielmehr wurde in den Dichtungen Gottes Strafe auf sie herniedergewünscht.

H.-G. v. Mutius

Lit.: EJud (engl.) X, 981 ff., s.v. Kiddush Hashem (H. H. BEN-SASSON) – S. SPIEGEL, The Last Trial, 1967.

Martyrologium, -gien. [1] *Allgemein:* Unter einem M. ist ein Werk zu verstehen, das die Namen der →Heiligen, die Verehrung erfahren, in tageweiser Anordnung und im Prinzip zu ihrem jährl. Gedenktag, verzeichnet. Das griech. Wort μαρτυρολόγιον tritt erst 692 im can. 63 des Trullanum II (→Trullan. Synoden) auf, richtet sich gegen gefährl. und unwahre μαρτυρολόγια. Der Begriff des M.s wurde im ostkirchl. Bereich – anders als im Abendland – nicht zur Bezeichnung von Hl.enverzeichnissen verwendet (→Synaxarien, →Menologien).

In der lat. Kirche sind die ältesten M.en →Kalendarien. Über einen langen Zeitraum wurden die Begriffe »calendarium« und M. weithin synonym gebraucht. Nach dem Sprachgebrauch der heut. Forschung (die Terminologie des MA ist eher vage) kann eine Slg. dann als M. gelten, wenn sie zumindest einige topograph. Angaben aufweist, während das reine Kalendarium sich auf die bloßen Angaben der Hl.enfeste beschränkt.

Aufgrund des Brauches, während der Prim (→Stundengebet) gemeinsam mit den Hl.n auch der Verstorbenen an ihrem Todestag zu gedenken, wurden die Obituarien (→Necrolog) oft mit den M.en in einer Slg. zusammengefaßt, so daß der Name M. z.T. auch auf die Obituarien überging. Doch sollen hier nur die M.en im eigtl. Sinn behandelt werden.

[2] *Liturgische Bedeutung der Martyrologien:* Der älteste liturg. Text, der das Wort M. verwendet, ist der Ordo XVII, eine Beschreibung der Meßfeier im monast. Bereich (Ostfrankreich, 8. Jh.). Nach diesem Ordo kündigt der Diakon am Ende der hl. Handlung die wöchentl. Hl.nfeste »secundum martirologium« an. Im Aachener Kapitular (10. Juli 817) wurde dann die Lesung aus dem M. während der Prim, verbunden mit Lobgesang oder Homilie, vorgeschrieben (CCM I, 480).

[3] *Das historische Martyrologium:* Das älteste lat. M., das sog. →Martyrologium Hieronymianum (Oberitalien, Mitte des 5. Jh., überarbeitet in Auxerre, Ende 6. Jh.), war, zumeist in Kurzfassungen, in der lat. Kirche des FrühMA weit verbreitet. Doch wurden seine wenig eingehenden Angaben im Zuge sich verbreitender Hl.nverehrung (s.a. →Hagiographie, →Passional) zunehmend als zu summarisch empfunden. Der Typ des ausführlicheren »hist.« M.s wurde entwickelt von →Beda Venerabilis, der in seinem Werkverzeichnis von 731 das von ihm verfaßte M. nennt; er habe, wie er dort mitteilt, alle ihm erreichbaren Nachrichten über den betreffenden Hl.n aufgeführt, nicht nur den Tag, an dem dieser die Welt besiegte (d.h. das Maryrium erlitt oder den Glauben bekannte), sondern auch Umstände und Beschaffenheit dieses Kampfes und den Richter, unter dem sich dieser vollzog, angegeben. Dies war der Ausgangspunkt des (v.a. im 9. Jh. gepflegten) Typs des hist. M.s, das einen Abriß der Lebensgesch. der Hl.n gibt. Seine Bezeichnung als »hist.« hat aber nichts mit einer vom Autor oder Kompilator angestellten hist. Kritik zu tun. Bedas M. ist in einer unvollständigen Hs. des 9. Jh. (St. Gallen, ms. 451) und in mehreren ergänzten Hss. für den liturg. Gebrauch, ebenfalls aus dem 9. Jh., überkommen. Seine Wirkung auf die späteren hist. M.en, die gern Beda als ihren Verfasser nennen, war erheblich. Dieser Einfluß erstreckte sich auch auf die versifizierten M.en, die sich im 8. und 9. Jh. stark verbreiteten, ohne aber als liturg. Bücher zu gelten. Das berühmteste dieser M.en, das sog. »poet. M. des d'Achery«, beschrieben von H. QUENTIN, wurde wohl in England (→York oder →Ripon) um die Mitte des 8. Jh. abgefaßt; Texte dieses Werkes gingen in das poet. M. →Erchemperts v. Montecassino († nach 889) ein.

Unter dem Namen Bedas ist ein Codex des 9. Jh. (Paris,

BN lat. 3879), das anonyme M. v. Lyon überliefert. Der Kompilator dieser einflußreichen Slg. vom Beginn des 9. Jh. hat den Umfang der (von ihm teilweise stark umgestellten) Bedaischen Textvorlage auf das Doppelte erweitert, die Tage, für die er keine Angaben hatte, mit Anleihen aus dem M. Hieronymianum aufgefüllt.

Das M. des großen Lyoner Autors →Florus († um 860) ist durch H. QUENTIN anhand der Autoren, die sich ausdrückl. auf das M. des Florus beziehen (Wandalbert, Ado, Usuard), als Text identifiziert worden, der sich an das anonyme M. v. Lyon anschließt. Nach H. QUENTIN handelt es sich um kein abgeschlossenes Werk; vielmehr spiegeln die verschiedenen überkommenen Hss. unterschiedl. Stufen der Abfassung wider (erste Rezension um 825, die zweite um 840).

Das M. →Ados v. Vienne, das während des Lyoner Aufenthalts des Autors wohl um 855 entstand, ist seit langer Zeit identifiziert und ediert. Eine gewisse Anzahl der Hss. enthält eine Praefatio Ados, in der dieser aus seiner Sicht Absichten und Methode seiner Arbeit darlegt. Ado hat das M. des Florus, ein Passional und zahlreiche lit. Texte benutzt; ihnen entnahm er Namen von Personen, die zuvor nie als Hl.e verehrt worden waren und denen Ado Festtage ad libitum zuwies. Auch sonst ging er z.T. recht willkürlich vor (Austausch von Hl.nnamen, Erfindung von Details, Verschmelzung von Homonymen usw.) und schuf so ein M., das seinen Erfolg nicht zuletzt der scheinbaren Vollständigkeit verdankt. Seinen Kritikern präsentierte er ein »venerabile perantiquum martyrologium«, das tatsächl. ein von ihm verfälschend überarbeitetes M. des 9. Jh. war. Die erste (um 865) und zweite (vor 875) Rezension des M. des Ado sind z.T. geprägt durch aus dem →Liber Pontificalis und dem Kalendarium v. Vienne entnommene Einschübe. In betonter Anlehnung an den Aufbau des M. Hieronymianum hat Ado seinem M. einen »Libellus« mit Angaben zu den Aposteln, ihre Schüler und die Märtyrer der ersten chr. Jahrhunderte vorangestellt.

→Usuard († um 877), Mönch in →St-Germain des Prés und Verfasser des hist. M.s mit der größten Nachwirkung über das MA hinaus, arbeitete anders als seine Vorgänger. Er hat zwar zahlreiche weitere Texte des Hl.nlobs hinzugefügt und seine Vorlagen (Ado, dessen M. er für eine abweichende Fassung des M.s von Florus hielt; Florus; anonymes M. v. Lyon) stark überarbeitet, andererseits aber hat er v.a. Kürzungen vorgenommen. Sein vollständiges und gut benutzbares M. verbreitete sich schnell und diente dem M. Romanum (Baronius, 1586), dem offiziellen M. der kath. Kirche der NZ, als wesentl. Grundlage. Usuard verfaßte sein M. 859, nach der Rückkehr von einer Spanienreise, auf der er nach Reliquien gesucht hatte; die Hs. BN lat. 13745 entstand unter Usuards Aufsicht, wenn sie nicht sogar ein Autograph ist. Usuard hat den Text von 860 bis 877 immer wieder überarbeitet.

[4] *Eigenständige Martyrologien des 9. bis 11. Jh.:* Diejenigen M.en, die nicht oder nur bedingt der Linie Beda – anonymes M. v. Lyon – Florus – Ado – Usuard folgten, erlangten in der Regel nur beschränkte Verbreitung.

Zu nennen sind: Das M. v. St-Quentin; es enthält einen Großteil der Texte Bedas und Auszüge aus dem M. Hieronymianum, ebenso wie darüber hinaus Angaben zu mehreren nordfrz. Hl.n. – Das M. des →Hrabanus Maurus (843/854) benutzt neben Beda eine ganze Reihe lit. Quellen. – Das M. →Wandalberts v. Prüm (848) stützt sich v.a. auf Florus, den es in der Praefatio ausdrückl. erwähnt. Es ist für fünfzehn Hl.e das erste Kultzeugnis.

Die letzten eigenständigen M.en sind im wesentl. von Ado abhängig; →Wolfhard v. Herrieden verfaßte, auf der Grundlage der ersten Rezension Ados, spätestens 895 sein M. →Notker Balbulus († 912), Mönch v. →St. Gallen, verband das M. Ados (in seiner zweiten Rezension) mit der zweiten Rezension des M.s des Hrabanus Maurus und fügte Materialien zu anderen Hl.n hinzu, zumeist dem M. Hieronymianum entlehnt. →Hermann v. Reichenau († 1054) war der letzte Kompilator eines hist. M.s. Er nahm das Werk Notkers zur Grundlage, unter vollständiger Einfügung der (von Notker nur verkürzt wiedergegebenen) Passagen aus Hrabanus Maurus und Ado.

[5] *Irische und altenglische Martyrologien:* In Irland entstanden volkssprachl. M.en, die für die Hl.n der ir. Kirche hohen Quellenwert haben. Zu nennen sind v.a. die im 9. Jh. abgefaßten, eng benachbarten großen Slg.en des M.s v. →Tallaght und des →Félire Oengusso sowie für die spätere Zeit das zw. 1166 und 1174 von Máel Máire Ua Gormán, Abt v. Knock, kompilierte M., das sowohl genuin ir. Hl.e als auch zahlreiche kontinentale Hl.e, auf der Grundlage Usuards, verzeichnete und somit der seit dem 11. und frühen 12. Jh. durchgeführten starken kirchl. Anpassung Irlands an die röm.-kontinentaleurop. Kirche Rechnung trägt. Wohl im 9. Jh. entstand auch ein ae. M., das in fünf Hss. bzw. Frgm.en erhalten ist. Möglicherweise wurde es nicht nach einem (verlorenen) lat. M. übersetzt, sondern stellt eine eigenständige Kompilation nach zahlreichen lat. Q. dar. *J. Dubois†*

Ed. und Lit.: H. QUENTIN, Les martyrologes hist. du m.â., 1908 – M. romanum ad formam editionis typicae scholiis historicis instructum, hg. Soc. des Bollandistes, 1940 – R. AIGRAIN, L'hagiographie, ses sources, ses méthodes, son hist. 1954 – J. DUBOIS, Le martyrologe d'Usuard, 1965 – DERS.-G. REYNAUD, Éd. pratique des martyrologes de Bède, de l'Anonyme lyonnais et de Florus, 1976 – J. DUBOIS, Les martyrologes du MA lat. (TS, fasc. 26, 1978) – G. KOTZOR, Das ae. M., 1981 – J. DUBOIS-G. REYNAUD, Le martyrologe d'Adon, 1984 – DERS., Martyrologes, 1990 – J. HENNIG, Medieval Ireland..., 1989.

Martyrologium Hieronymianum, ältestes lat. →Martyrologium, verdankt seine traditionelle Bezeichnung zwei apokryphen Briefen. Der erste ist gerichtet an den hl. →Hieronymus, der von den Bf.en →Chromatius v. Aquileia und Heliodorus v. Altino (Venetien) um Abfassung eines M.s gebeten wird; im zweiten Brief legt Hieronymus dar, in welcher Weise er diese Aufgabe erfüllt hat. Tatsächl. wurde das Werk um die Mitte des 5. Jh. in Oberitalien, wohl im Umkreis v. →Aquileia, verfaßt, unter Benutzung des Röm. Kalendariums, eines afrikan. Kalendariums und eines oriental. M.s.

Das M.H. bietet im wesentl. Personen- und Ortsnamen, denen bisweilen kurze Angaben über die Passionen der jeweiligen Märtyrer beigefügt sind. Die Weiterführung, über die ursprgl. Redaktion hinaus, vollzog sich über mehrere Jahrhunderte, läßt sich aber nicht im Detail rekonstruieren, da die ältesten erhaltenen Hss. erst drei Jahrhunderte nach der ersten Fassung entstanden.

Das M.H. wurde in →Auxerre unter Bf. →Aunacharius (561–605) überarbeitet und für die Bedürfnisse der Kirchenprov. adaptiert. Die schwierige Überarbeitung der möglicherweise fehlerhaften und ungeordneten Textvorlage ging über eine bloße Aktualisierung (Hinzufügung gallischer Heiligennamen) weit hinaus und erfaßte auch die älteren Heiligenlisten. Im Zuge der zahlreichen wiss. Untersuchungen des M.H. ergab sich, daß bestimmte Heiligennamen als sicher gelten können, andere ausgetauscht wurden und manche sich einem Identifikationsversuch völlig entziehen.

Die erhaltenen Hss. des M.H., spät entstanden und vielfach interpoliert, sind kostbare Zeugnisse aus quellenarmer Periode. Die ags. Hs. E (Echternach), vom Beginn des 8. Jh., ist der einzige überkommene Repräsentant der ersten Handschriftenfamilie. Zwei weitere Hss. entstammen dem 8. Jh.: B (Bern), die für die Abtei St-Avold bei Metz geschrieben wurde und insbes. Hl. e des Berry zusätzlich aufnahm; W (Weißenburg), die spätestens 772 entstand, sich zunächst in →Fontenelle (Normandie) befand und dann nach→Weißenburg (Elsaß) kam, wo sie mit Randglossen versehen wurde. Der Weißenburger Hs. stehen andere bedeutende Hss. nahe (Sens, Corbie, Lucca, Florenz u. a.). Das bis ins 12. Jh. häufig (in Kurzfassungen) abgeschriebene M.H. bildet für die Forschung eine unabdingbare Grundlage. J. Dubois†

Ed.: AASS Nov. II/1, ed. J. B. DE ROSSI–L. DUCHESNE, 1894 – *Lit.:* H. DELEHAYE, Commentarius perpetuus in M.H. ad rec. Henrici Quentin, AASS Nov. II/2, 1931 – J. DUBOIS, Les martyrologes du m-a latin, 1978, 29–37.

Maruelh → Arnaut de Maruelh

Marutha, Bf. v. Maipherkat (Martyropolis, heute Silvan, SO-Türkei), † vor 420. Bezeugt als Teilnehmer an mehreren Synoden, 399/400 und 409/410 als byz. Gesandter am Hof des Perserkg.s, bemühte sich auf der Synode v. Seleukeia/Ktesiphon 410 energ. um die Reorganisation der pers. Kirche und sammelte Akten und Reliquien pers. Märtyrer unter Kg. Schapur II. Echte Werke: Traktat über die Häresien (hg. I. R. RACHMANI, Stud. Syriaca 4, Charfé 1909, 98–103) und eine Predigt auf den Palmsonntag (hg. M. KMOSKO, Oriens Christianus 3, 1903, 384–415). Anderes ist zweifelhaft. J. Aßfalg

Lit.: Diz. Patrist. II, 1983, 2157ff. – LThK² VII, 140 – Vitae et pass. patrum II, 1874, 17–32 [armen. Vita] – I. ORTIZ DE URBINA, Patrolog. Syr., 1965², 51–54 – J. NORET, AnalBoll 91, 1973, 77–103 [griech. Vita] – J.-M. FIEY, AnalBoll 94, 1976, 35–45 – A. VÖÖBUS, The Canons Ascribed to M. of M., 1982 (CSCO 439 und 440).

Märzfeld (campus Martius) Bezeichnung für die allg. Heeresversammlung der Franken wie der Langobarden, die damit offenbar einem altgerm. Brauch folgten, so genannt, weil die Versammlung wohl aus militär. Gründen im allg. im März abgehalten wurde. Unter Kg. →Chlodwig erscheint der campus Martius als Heerschau (Greg. Tur. II, 27), die zugleich Gelegenheit bot, dem Kg. die üblichen dona annualia darzubringen (Ann. Lauriss. min. a. 753). Unter seinen Nachfolgern verschwand das M. in Neustrien und in Burgund, blieb aber in Austrasien bestehen, wo Kg. Childebert II. es seit 591 auch zur Gesetzgebung (z. B. Capit. 1, 20) heranzog. Ende des 7. Jh. dehnten die →Arnulfinger mit der Ausweitung ihrer Herrschaft das M. wieder auf das ganze Reich aus. Kg. Pippin verlegte es 775, wiederum aus militär. Gründen, in den Mai. Seitdem heißt die Versammlung →Maifeld.

J. Fleckenstein

Lit.: WAITZ, 2, 213ff., 225ff. u. ö. – SCHRÖDER-KÜNSSBERG, 1922⁶, 160f. – BRUNNER, DRG II, 1958, 174f. – vgl. a. GRIMM, RA 4¹, 1899 [Neudr. 1965], 340ff.

Mäšā'allāh (M. ibn Aṭarī oder ibn Sāriya, lat. Messahalla), gest. um 815, jüd. Astrologe und Astronom aus Baṣra, tätig am Kalifenhof. War maßgebl. an den astrolog. Berechnungen zur Grundsteinlegung v. →Bagdad 762 beteiligt. Unter seinem Namen sind zahlreiche v. a. astrolog. Schr. in Arab. und in lat. Übers. (manche nur lat.) erhalten, deren Erforsch. und Zuordnung im wesentl. noch aussteht. Kannte und benutzte offenbar pers., ind. und gr. Material (aber noch nicht den →Almagest). Aus seinen Werken lassen sich wichtige Erkenntnisse über das Frühstadium der arab. Rezeption antiker →Astronomie und →Astrologie sowie über Inhalte seiner nicht erhaltenen Q. ableiten. Durch seine zahlreichen in lat. Übers. zirkulierenden Schr. weithin bekannt; der in Europa meistverbreitete Text über Herstellung und Gebrauch des →Astrolabiums ist eine westl. Kompilation des 13. Jh., die ihm durch Verwechslung mit dem span.-arab. Astronomen →al-Maǧrīṭī zugeschrieben wurde. P. Kunitzsch

Lit.: DSB IX, 159–162 – EI² VI, 710–712 – SEZGIN VI, 127–129; VII, 102–108 – ULLMANN, Nat., 303–306 – F. J. CARMODY, Arabic Astronomical and Astrological Sciences in Lat. Translation. A Critical Bibliogr., 1956, 22–38 – P. KUNITZSCH, The Arabs and the Stars, 1989 [Teil X].

Masaccio (eigtl. Tommaso di Ser Giovanni Cassai), Florentiner Maler, * 1401 in Castel S. Giovanni Valdarno, † 1429 Rom. Seine Ausbildung, vielleicht in der Werkstatt des Bicci de Lorenzo, schließt an die florent. giotteske Tradition an; anfangs 1422 wird er in die Arte dei Medici e Speziali aufgenommen und ist sein erstes Werk, ein Triptychon aus San Giovenale a Cascia di Regello (Florenz, Sopraintendenza) datiert. Drei Profilbildnisse (Boston, Stewart-Gardner; Washington; Chambéry) werden mit einem verlorenen Hauptwerk, dem Fresko der Weihe von S. Maria del Carmine, in Verbindung gebracht. 1424/25 arbeitet er mit →Masolino an einer Anna Selbdritt (London) und den Fresken in der Brancacci-Kapelle der gleichen Kirche zusammen (»Vertreibung aus dem Paradies« und Szenen aus dem Leben Petri: »Der Zinsgroschen«, »Die Taufe«, »Die Schattenheilung«, »Die Almosenspende und der Tod des Ananias«, »Petrus in Kathedra« und »Auferweckung des Sohnes Theophili«, vollendet von Filippino →Lippi). Die schweren Gestalten, die Klarheit der Erzählung und die organ. Aktausbildung, das stark modellierende Licht und die log. räuml. Entfaltung stellen diesen Zyklus als Gründungswerk an den Beginn der Frührenaissance. Von dem 1426 für die Karmeliterkirche in Pisa entstandenen Polyptychon sind nebst Hl. nfiguren die thronende Madonna (London), die hochexpressive »Kreuzigung« (Neapel) und die Predellenszenen (Berlin) enthalten. Das Trinitätsfresko in S. Maria Novella, Florenz (neuerdings durch ein Chronogramm auf 1429 datiert) entfaltet die neue, von →Brunelleschi erarbeitete math. Zentralperspektive bereits illusionist. in den realen Raum. Von der erneuten Zusammenarbeit mit Masolino in Rom zeugt nur noch eine Tafel mit Johannes und Hieronymus (London) von dessen für S. Maria Magg. gemaltem Triptychon. Ch. Klemm

Lit.: M. COLE, M. and the Art of Early Renaissance Florence, 1980 – L. BERTI, M., 1988 – F. HUBER, Das Trinitätsfresko (1429) von M. und Filippo Brunelleschi in S. Maria Novella zu Florenz [Diss. München 1986].

Maschine. Als dt. Wort im MA nicht belegt, ansonsten durchgängig – mit Übernahmen in die roman. Sprachen – in der lat. Form 'machina' (m.). Diese bezeichnet ursprgl. eine übertragende Kraft oder Bewegung, ihre Bedeutung konkretisiert sich in der Verwendung für Vorrichtungen, die Muskelkraft vervielfachen oder ersetzen (vgl. die Verwendung bei Vitruv). Im MA verengt sich der Gebrauch auf größere hölzerne Hilfskonstruktionen (z. B. [Bau]Gerüste: MGH SRM V p. 231; Annalen v. Corbie, 1112).

Von realen Konstruktionen losgelöst, wird m. dementsprechend dann ebenso für die tragende Struktur eines Gebäudes verwendet wie für das innere Gefüge der Institution Kirche (→Honorius Augustodunensis, um 1120), den menschl. Körper (so bei →Albertus Magnus) sowie schon seit dem frühen MA regelmäßig für die Idee des von Gott geschaffenen Weltengerüstes, der »m. mundi« (Konstitutionen v. Melfi [→ Liber Augustalis], 1231).

Für größeres Kriegsgerät wird m. in der Tradition antiker Militärschriftsteller und der Vulgata (insbes. 1. Makk)

für einzelne Konstruktionen und als Sammelbegriff (Galbertus, um 1129; Galvano →Fiamma 1341) weiterhin gebraucht, im späten MA aber häufig durch »ingenium« ersetzt, das zunehmend Erfindungen aller Art wie auch den auf das Weltl. gerichteten Intellekt an sich bezeichnet. Conrad→Kyeser (1405) verwendet m. nicht; bei→Mariano Daniello di Jacopo, gen. Taccola, bezeichnet m. einen rollbaren Mauerbrecher, ebenso rollbare Plattformen mit Aufbauten für unterschiedl. Zwecke. Taccolas Schrift »De rebus militaribus« (1449, auch mit Beschreibungen von Winden, Kränen, Mühlen) versieht bezeichnenderweise erst ein Kopist des 16. Jh. mit dem Titel »De machinis«. Der nz., am Zusammenwirken bewegl. Teile orientierte M.nbegriff läßt sich im MA nicht nachweisen; so findet sich m. im Zusammenhang mit der Wassermühle nur zur Hervorhebung eines Kennzeichens (»rotalis m.« in den Viten der Juraväter wohl im Hinblick auf das Wasserrad; »ictibus ut pannum fullonis m.« mit Bezug auf die Schlaghölzer der Walkmühle:→Carmen de gestis Frederici I., um 1160).

Der Humanist Georgius →Agricola benutzt m. in seinem Hauptwerk »De re metallica« (1556) schon im modernen Verständnis von M., beispielsweise für Förderanlagen des Bergbaus, Treträder, Pferdegöpel. In der Übers. von Philipp Bech (1557) stehen anstelle von m. stets dt. Wörter wie 'Gezeug' oder 'Kunst'. Noch im 17. Jh. erscheint M. »im lat. Gewande« (J. und W. GRIMM), ehe die Schreibung »M.« die volle Übernahme des Wortes ins Dt. anzeigt. K.-H. Ludwig/M. Popplow

Lit.: A. REHMANN, Die Gesch. der techn. Begriffe fabrica und m. in den roman. Sprachen [Diss. Münster, Bochum 1935] – B. GILLE, Le machinisme au MA (AIHS 6, 1953), 281–286.

Maschopei (mâtschopie, von mnd. *mâtschop*, *mâschop* 'Genossenschaft', 'Gesellschaft'). Im hans. Raum gebräuchl. (auch *'selschop'*, *'kumpanie'*) Bezeichnung für eine von zwei oder mehr 'maschoppen' mit verschiedenen mögl. Verteilungsmodellen von Kapital (oft auch stille Teilhabe) und Risiko, zumeist nur kurzfristig geschlossene →Handelsgesellschaft, um den Kapitaleinsatz erhöhen bzw. das Frachtrisiko (→Partenreederei) mindern zu können. Üblich war die Haftung nur mit dem eingebrachten Kapital ('vulle maschopei' = weitergehende Haftung mit dem Vermögen). Hanse-Kaufleute waren zumeist Beteiligte mehrerer Handelsgesellschaften. F. B. Fahlbusch

Lit.: HRG I, 1936ff. [Lit.] – F. IRSIGLER, Der hans. Handel im SpätMA (Die Hanse, Kat. Hamburg 1989), 518ff. [Lit.] – K. FRIEDLAND, Die Hanse, 1991, 168–171.

Maschtotz → Mesrop

Masken, Maskenumläufe (vor 1500)
I. Entwicklung des mittelalterlichen Maskenwesens – II. Maskenarten und -formen.

I. ENTWICKLUNG DES MITTELALTERLICHEN MASKENWESENS: Der Gebrauch von M., die ihre Träger äußerl. entstellen oder völlig unkenntl. machen, ist schon im frühen MA bezeugt. Aus den schriftl. Hinweisen vor der Jahrtausendwende ergibt sich jedoch kein klares Bild der ideengesch. Ursprünge. Im 8. und 9. Jh. war der Auftritt von M. gestalten offenbar noch vorwiegend an pagane, trotz chr. Missionierung weitergefeierte Kalenderfeste gebunden. Darauf deuten zumindest die ältesten Nachrichten – durchweg kirchl. Klagen (Bonifatius, Pirmin u. a.) – hin. Mit der Entstehung im 10. Jh. erhielt das M.wesen eine neue Funktion. Seit dem 12. und 13. Jh., als im liturg. Drama v. a. Laien zu agieren begannen, wurden von diesen zur Verkörperung wichtiger heilsgesch. Figuren zunehmend M. getragen, deren Aussehen sich an den ikonograph. Vorgaben der chr. Kunst orientierte. Für die Mitwirkenden hatten die höchste Attraktivität Dämonen- und Teufelsm., weil sie durch ihr Rollenklischee viel 'Spielraum' für Improvisationen boten. Bei Figuralprozessionen etwa zu →Fronleichnam vermehrte sich dieser Typus daher im SpätMA oft geradezu inflationär. Vom 15. Jh. an tauchten M. auch immer zahlreicher in der →Fastnacht auf, wobei es sich anfangs überwiegend um Stücke aus kirchl. Requisitenbeständen für geistl. Spiele handelte (Belege aus Überlingen, Wasserburg u. a.). Umläufe von Schreckm., die sich ebenfalls aus liturg. Kontexten verselbständigt hatten, gab es seit dem SpätMA außerdem im Advent, bes. am Vorabend des Nikolaustages (6. Dez.), und in den zwölf Rauhnächten (Schwerpunkte: Tag der Unschuldigen Kinder [28. Dez.], vor dem Epiphaniefest [6. Jan.]). Glaube und Aberglaube sind in den M.bräuchen des ausgehenden MA so unentwirrbar ineinander verflochten, daß sich eine monokausale Sinndeutung verbietet. Keinesfalls haltbar ist die These von MEULI, wonach M. interkulturell grundsätzl. als wiederkehrende Tote zu sehen seien.

II. MASKENARTEN UND -FORMEN: Abgesehen vom einfachsten Fall der Entstellung des Gesichts durch Ruß oder Mehl ist unter einer M. in der Regel die Verhüllung des Kopfes durch eine Larve, meist verbunden mit ganzkörperl. Verkleidung zu verstehen. Die offenbar vielfältigen ma. M.typen waren teils anthropomorph, teils theriomorph. Ob das Material der ma. Gesichtslarven nur Holz war, ist unbewiesen. 1990 wurde in Ulm ein, dem archäolog. Kontext nach ins 15. Jh. gehörendes Frgm. einer Teufelslarve aus Ton gefunden (Archäolog. Landesmus. Konstanz). Eine Sonderform des ma. M.wesens sind die z. T. aus Blech oder Eisen gefertigten Justiz- oder Schandm. zur demütigenden Strafe für begangenes Unrecht. W. Mezger

Lit.: HWDA V, 1744–1852 [K. MEULI] – L. SCHMIDT, Das Wiener M.wesen des MA und der Renaissance, Jb. der Ges. für Wiener Theaterforsch., 1950/51 – H. MOSER, Zur Gesch. der M. in Bayern (M. in Mitteleuropa, hg. L. SCHMIDT, 1955) – H. KINDERMANN, Das Theaterpublikum des MA, 1980 – B. NEUMANN, Geistl. Schauspiel im Zeugnis der Zeit, 2 Bde, 1987 – W. MEZGER, Narrenidee und Fastnachtsbrauch ..., 1991 – DERS., St. Nikolaus zw. Katechese und Klamauk, 1992.

Maskenhelm, Helm mit aufklappbarer oder starr befestigter, naturalist. getriebener Gesichtsmaske; hellenist. Erfindung, die sich – wohl als Würdezeichen – im ganzen Vorderen Orient verbreitete; von Ks. Hadrian (117–138) als Teil einer orientalisierenden Prunkrüstung bei den Reiterspielen des röm. Heeres eingeführt. In Persien wurde die Klappmaske mit einer spitzen Helmglocke vereinigt. Von dort gelangte der M. einerseits zu iranisierten Nomaden der russ. Steppe (erhaltene Exemplare des 12. bis 15. Jh.), andererseits – in abstrakterer Gestaltung – nach Vorderindien. Ein Helm mit starrer Gesichtsmaske wurde in der Spätantike anscheinend Teil der oström. Generalsrüstung (dargestellt am einstigen Sockel der Arcadiussäule in Konstantinopel, 402 n. Chr.). Die Nordgermanen haben ihn während der Vendelzeit als Würdezeichen kopiert (Schiffsgrab v. →Sutton Hoo, 7. Jh.; Brit. Mus., London). O. Gamber

Lit.: O. BENNDORF, Antike Gesichtshelme (Denkschr. der ksl. Akad. der Wiss., phil.-hist. Classe 28, 1878) – A. KIRPITSCHNIKOW, Drewerusskoe Oruschtschie, ArchSSSR, E1–36, 1971 – J. GARBSCH, Röm. Paraderüstungen, 1978 – T. G. KOLIAS, Byz. Waffen, 1988.

Maso di Banco, Florentiner Maler, dort 1336 bis 1350 gen., einer der jüngsten und wohl der bedeutendsten Schüler →Giottos; an dessen Ausmalung der Kapelle im

Castel Nuovo zu Neapel (1328–33) dürfte er geringen Resten nach zu schließen beteiligt gewesen sein. Sein Hauptwerk schuf er mit den Szenen aus der Legende Papst Silvesters und Ks. Konstantins in der Kapelle der Bardi di Vernio in S. Croce in Florenz um 1330/40; die monumentale Szenerie entfaltet einen neuen stimmungsmächtigen Raum. Ferner werden ihm zwei Polyptychen zugewiesen (S. Spirito, Florenz; Berlin, ehem. Berlin, New York).

Ch. Klemm

Lit.: M. A. BIANCHI, M. d. B., 1966 – D. G. WILKINS, M. d. B., 1985.

Masolino da Panicale, eigtl. Tommaso di Cristoforo Fini, Florentiner Maler, * Panicale 1383, † Florenz vor 1447. Wohl bei Gherardo Starnina noch in der got. Tradition des Weichen Stils ausgebildet, trat er 1407 in die Werkstatt Ghibertis ein. Das früheste gesicherte Werk ist eine 1423 dat. Madonna in Bremen; von den Szenen der Kreuzlegende in S. Stefano in Empoli von 1424 sind nur noch Fragmente erhalten. Kurz danach beginnt die Zusammenarbeit mit dem jüngeren, aber dominierenden Masaccio in der Brancacci-Kapelle in S. Maria del Carmine, Florenz, und ab 1428 in der Cappella Branda in S. Clemente in Rom, die er nach dessen frühem Tod vollendet. Um 1435 malte er im Baptisterium und der Collegiata v. Castiglione Olona für Kard. Branda Castiglione Fresken, die wieder seinen got.-schönlinigen Stil mit Einsprengseln v. Masaccios Neuerungen zeigen. Ch. Klemm

Lit.: E. MICHELETTI, M.d.P., 1959 – L. BERTI, Masaccio, 1988.

Masora → Bibel, C.

Masowien, urspgl. ein Stammesterritorium, das den Landstrich am rechten Weichselufer in der Umgebung von →Płock umfaßte. Die Herkunft des Namens ist ungeklärt. Seit dem 10. Jh. gehörte es zum Staat der Piasten und bildete eine der Prov.en mit dem Zentrum in Płock (seit 1075 Bf.ssitz). Infolge des Testaments von →Bolesław III. Krzywousty (1138) wurde M. mit →Kujawien und dem Land von →Sieradz-Łęczyca zu einem Fsm. vereinigt. Nach 1234 war M. selbständig, und es teilte sich nach 1313 in drei Teilfsm.er mit den Zentren Płock, Czersk-Warszawa und Rawa Mazowiecka. Die masow. Herrscher wurden zu Vasallen der poln. Krone. Nach dem Aussterben ihrer – zur Piasten-Dynastie zählenden – Nebenlinien fielen die Territorien an das Kgr. Polen heim. Ein wesentl. Merkmal der masow. Landesherrschaft war, daß die Tradition der patrimonialen Monarchie weiterlebte, während sich die ständ. Verfassung langsamer als im Kgr. Polen entwickelte.

Die im allg. niedrige Ertragsfähigkeit der Böden sowie die starke Bewaldung engten die erste Besiedlung auf die Flußtäler ein. Die ungünstigen Ertragsverhältnisse zwangen die Bewohner sogar zur Abwanderung in die angrenzenden Gebiete. Die geringe Erschließung des Landes, die Lage M.s an der Peripherie Polens und die bes. im 13. und 14.Jh. zahlreichen Überfälle der Prußen, Jadwinger (Sudoven) und Litauer wirkten auf die gesellschaftl. Verhältnisse ein. Verspätet bildeten sich in M. größeres Grundeigentum und ritterl. Privilegien aus. Beträchtl. aber war im 14.–16.Jh. die Verarmung des Adels in M. (ehem. Grenzwächter; ca. 25% der Bevölkerung). Auch die Lage der Bauern unterschied sich von anderen Teilen Polens. Die Kolonisation zu dt. Recht (→ius Theutonicum) spielte hier eine geringe Rolle. Die lokale Form der Zinswirtschaft basierte auf dem sog. »ordo terrae«, einem individuellen Abkommen mit dem Siedler *(kmetho)*, wodurch dieser auf unbegrenzte Zeit Pächter des Bodens wurde, dem weitgesteckte persönl. Freiheiten zustanden und der den Landgerichten, nicht aber der Dominialgerichtsbarkeit unterstellt war. Die ersten Städtegründungen zu dt. Recht fanden in M. schon im 13. Jh. (u. a. in Płock) statt. Für die wirtschaftl. Entwicklung M.s spielten die nach N und SO führenden Handelswege eine gewisse Rolle. Von größerer Bedeutung waren jedoch die Kontakte mit den pommerschen Städten Danzig, Elbing und Thorn.

S. Russocki

Lit.: SłowStarSłow III, 187ff. – S. RUSSOCKI, Spory o średniowieczne Mazowsze (Rocznik Mazowiecki IV, 1972), 217ff. – DERS., Ritterl. Gutseigentum... bes. in M. (Grundherrschaft im späten MA, I, hg. H. PATZE, 1983), 577ff. – DERS., Creative Processes in the Formation of the Masovian Petty Gentry (The Polish Nobility in the MA, hg. A. GĄSIOROWSKI, Polish Hist. Library 5, 1984), 55ff.

Maß

I. Westlicher Bereich – II. Byzantinisches Reich und Südosteuropa – III. Islamischer Bereich.

I. WESTLICHER BEREICH: M., Zahl und Gewicht sind grundlegende Kategorien der Erkenntnis. Sie gaben seit jeher den materiellen Erfahrungen des Menschen und der Gesellschaft ihre Ordnung. In den frühen Hochkulturen erscheinen sie gebunden an die als statisch erfahrene Natur. Sinnvolle, natürl. Zahlen und Relationen fügten sich zu Systemen, die auch wirtschaftl. Prozesse rational gliederten. Ausgewählte Werte der Systeme wurden in begrenzter Anzahl für den prakt. Gebrauch real gefertigt – als M.-Stäbe, M.-Gefäße, Gewicht-Stücke oder Waagen. Seit dem 13. Jh. sind sie uns in bis dahin unbekannter Größe und Vielfalt überliefert: Das Wormser Ölm. von 1278, die Lübecker Scheffel von ca. 1330, das Lüneburg-Bremer Markpfund von ca. 1360, das Trierer Salzm. von 1408, die frz. Pile de Charlemagne aus dem späten 15. Jh. u.a.m.

Seit dem 11./12. Jh. gewannen M., Zahl und Gewicht allmähl. eine neue sekundäre, sich von der Natur der Dinge lösende, rechner. abstrakte Bedeutung von variabler Art. Das ältere, primär objektgebundene M.wesen statischer Kulturen blieb zwar in Randbereichen bis weit in die NZ erhalten, jedoch ging das Verständnis dafür verloren. Im 13. Jh. begann der nordit. Kaufmann, die ind.-arab. Zahlenschrift zu lernen und die M.e seiner Partner in Übersichten zu erfassen. Georgius →Agricola bemühte sich um die »die Wiederfestsetzung der M.e und Gewichte« (1549) und meinte, im Normale u. a. im pes Romanus in den Gärten des Angelo Colocio und in dem Gewicht goldener solidi (72 je libra) gefunden zu haben. Die Aporie von Natur und Kultur, von Gegenstand und Erkenntnis, von (theoret.) Definition und (prakt.) Realisierung/Darstellung ist der histor. Metrologie immanent.

Die Münz- und M.reform Karls d. Gr. (793/794) blieb die einzige im Frk. bzw. Dt. Reich bis zur Einführung metr. Einheiten nach 1806/07 (Bayern 1809). Sie verklammerte die bestehenden regionalen Systeme und Einheiten mit Hilfe gemeinsamer Vielfacher und setzte neben die röm. nunmehr nordeurop. (= islam.) Basiseinheiten, die sich metr. markant unterschieden (röm. Unze = 6 sol. Gold = 27, 2875 g; karol. Unze = 16 den. Silber = 27, 216 g). Alle späteren regionalen/lokalen Differenzierungen oder Vereinheitlichungen vollzogen sich systemimmanent.

Die M.gattungen bildeten ein geschlossenes System; Längen-, Flächen- und Hohlm. sowie Gewicht waren aufeinander bezogen. Alle Einheiten konnten auf enge Bereiche z. B. in einzelnen Gewerben begrenzt und zugleich in ganz Europa zu finden sein. Das Entstehen und die Übertragung von Einheiten mit Hilfe von Näherungswerten war die Ursache für ihr Auftreten unter gleichem Namen, aber in metr. abweichender Größe (Kölner Marken von 229–235 g).

Das Reich kannte weder verbindl. Urm.e, noch eine zentrale Eichbehörde, noch verfügte es über die Instrumente einer M.setzung aus eigenem Recht. Dem steht das Faktum einer aus der mittelmeer. Antike in die dt. NZ führenden lückenlosen Kette ganzzahliger Relationen mit ihren korrespondierenden M.einheiten gegenüber – ohne erkennbare systemat. Abweichungen.

Noch um 1800 war das Wissen präsent, daß man in der Antike die Basisgrößen des M.wesens aus dem Erdumfang abzuleiten vermochte: 216000 Stadien à 500 pygon (371,066 mm) = 40075,2 km (PFEIFFER). Um 1040 bestimmte aber auch bereits →Hermann v. Reichenau die geogr. Breite seines Ortes und berechnete den Erdumfang nach den Angaben des Eratosthenes (BERGMANN). H. Witthöft

Lit.: H. ZIEGLER, Flüssigkeitsm.e, Fässer und Tonnen in Norddtl. vom 14.–19.Jh., BDLG 113, 1977, 276ff. – H. WITTHÖFFT, Umrisse einer hist. Metrologie, 1979 – Mensura. M., Zahl, Zahlensymbolik im MA, hg. A. ZIMMERMANN, 1983 – W. BERGMANN, Innovationen im Quadrivium des 10. und 11.Jh., 1985 – E. PFEIFFER, Die alten Längen- und Flächenm.e, 1986 – Die hist. Metrologie in den Wiss., hg. H. WITTHÖFT u.a., 1986 – DERS., Georg Agricola über M. und Gewicht der Antike und des 16.Jh. (Hist. socialis et oeconomia, hg. W. CONZE, H. KELLENBENZ, H. POHL, 1987) – Metrolog. Strukturen und die Entwicklung der alten M.systeme, hg. H. WITTHÖFT, J.-C. HOCQUET, I. KISS, 1988 – Acta Metrologiae Hist., II, hg. H. WITTHÖFT–C. NEUTSCH, 1989.

II. BYZANTINISCHES REICH UND SÜDOSTEUROPA: [1] *Byzantinisches Reich:* Byzanz setzt das röm. Erbe auch in diesem Bereich fort, wobei im Laufe der Jahrhunderte die von den Römern übernommenen Gegebenheiten oft erhebl. verändert wurden und v.a. regional völlig unterschiedl. M.e und Gewichte gleichen Namens begegnen. Hauptq. unserer theoret. Kenntnisse sind eine Reihe von M.traktaten, überliefert oft zusammen mit antiken Texten und daher nur in krit. Methode und im Vergleich mit konkreten Angaben in byz. und lat. Urkk. benutzbar. Aussagen über M.e und Gewichte sind zeitl. und regional unterschiedl., mit Schwerpunkten in frühbyz. Zeit (Papyri aus Ägypten und Palästina) und im 13. und 14.Jh. dank vermehrter Q., während die dazwischenliegenden Jahrhunderte nur sporad. Material liefern. Zu unterscheiden sind die Längen-, Flächen-, Hohl- und Gewichtsm.e. Längenm.e haben weitgehend die Kontinuität aus der Antike gewahrt (etwa der »Fuß«), doch fehlen vielfach noch konkrete Bauvermessungen. Die Flächenm.e stehen in enger Verbindung zu Saat und Ernte, wodurch sich wiederum eine Verbindung zu den Hohlm.en für Trockenprodukte ergibt, v.a. dem *modios/moggio*, der seinerseits wiederum für die Versteuerung grundlegend ist. Die Gewichtsm.e, die eng mit dem Münzsystem in Verbindung stehen, gehen in ihren Relationen (ein Goldsolidus = 1/72 des röm. Pfundes) auf die Reformen Konstantins d. Gr. zurück und haben bis zum Ende des byz. Reiches Gültigkeit. In die Handelspraxis dringen v.a. in spätbyz. Zeit it. Gewichte und im 15.Jh. auch türk. (auf der Basis des islam. M.systems) ein. Bes. hervorzuheben ist (wie analog auch im W) die Fülle lokaler M.e und Gewichte, die oft nur durch wenige Angaben bekannt sind und im Gegensatz zum polit. Zentralismus in Byzanz zu stehen scheinen. Fundstücke von Gewichten, (geeichten) Gefäßen und Waagen sind noch nicht systemat. gesammelt und ausgewertet. P. Schreiner

Q. und Lit.: E. SCHILBACH, Byz. Metrologie, 1970 – DERS., Byz. metrolog. Q., 1982 – H. HELLENKEMPER, Ein byz. Baumaß, Istanb. Mitt. 39, 1989, 181–190–P. SCHREINER, Texte zur spätbyz. Finanz-und Wirtschaftsgeschichte, 1991, 331–338.

[2] *Südosteuropa:* Die von der Antike überlieferten systemat. geordneten M.e und Gewichte wurden einerseits vom byz. Staat, andererseits vom Mittelmeerhandel benötigt. Die alten volkssprachl. Benennungen wurden auf byz. Einheiten übertragen, z.B. *vreteno, gonjaj* oder *zlatica* für *modios* als Flächenm. Einige der sog. natürl. Einheiten wie Elle, Fuß und Spanne haben ihre urspr. Form beibehalten, wurden aber ins byz. System eingefügt. Bei den Gewichten sind die Termini und die Einheiten übernommen worden. Auch hier war die *libbra* (griech. und slav.: *litra*) in 12 Unzen (*unče, unkije, onze*) von je 6 Exagia (*aksada, saggio*) aufgeteilt und in Einheiten von 100 (*kentenar, centenario*) und von 1000 (*miljar, milliare*) zusammengesetzt. Die *litre* waren jedoch von Stadt zu Stadt verschieden. Eigenes Gewicht war bei den küstenländ. Kommunen und den Bergbaustädten ein Zeichen von Autonomie. Die phys. Größe nur einiger dieser *litre* konnte ermittelt werden. Das Nebeneinander verschiedener Einheiten und Systeme (byz., ven., osman.) sowie der Anwendungsbereiche (Bergbau, Salzhandel, Tuchhandel) und die Vieldeutigkeit der Termini erschweren die Interpretation der Q.n und verhindern jeden Quantifizierungsversuch. Äquivalente für einige M.e und Gewichte finden sich in den Handelstraktaten bes. bei Pegolotti, aber nur für die Küstenstädte. Kurze Aufzeichnungen der M.e und Gewichte in slav. Hss. sind aus dem Griech. übersetzt worden und nur für die Kenntnis der Terminologie von Nutzen. S. Ćirković

Lit.: M. VLAJINAC, Rečnik naših starih mera u toku vekova, I–IV, 1961–74 – M. KURELAC–Z. HERKOV, Bibliogr. metrologiae hist., I–II, 1971–73 [Additamenta, 1975] – Z. HERKOV, Naše stare mjere i utezi, 1973 – A. CONSTANTINESCU, Măsurile in evul mediu românesc (Stud. şi articole de istorie 26, 1974), 138–145; 27–28, 1974, 183–195 – Mere na tlu Srbije kroz vekove, 1974.

III. ISLAMISCHER BEREICH: Der koran. Auftrag (»Und gebt, wenn ihr zumeßt, volles Maß und wägt mit der richtigen Waage«, Koran 17:35) gerät mit der Metapher der Sündenwaage (Koran 18:105,55:9) in den Sog der Eschatologie und erstarrt zu einem Sinnbild gerechten Handelns. Die phys. Normierung muß die Praxis übernehmen. Eine einzige Festlegung gelingt dem islam. →Recht (Šarīʿa) mit der Bestimmung des grundlegenden Verhältnisses für das islam. Gewichtssystem: Der *dirham* (gr. Drachme) verhält sich zum *miṯqāl* (röm.-byz. Solidus) wie 10:7. Doch selbst dieses Verhältnis schleift der ökonom. Alltag zu dem handlicheren Verhältnis 3:2 ab. Die Entwicklung der metr. Systeme bleibt gänzlich unberührt von religiöser Offenbarung (z.B. Koran 69:32) und gesetzl. Kanonisierung. Nur dem Zeitmaß drückt die Religion ihren Stempel auf: Das rituelle Mondjahr (29–30 Monatstage) verdrängt das natürl. Sonnenjahr in Randbereiche der Verwaltung und Wissenschaft.

Somit bleibt die Herausbildung von Maßsystemen dem Kräftespiel zw. kulturräuml. Traditionen und herrschaftl. Geheiß überlassen. Die Ausbreitung des Islam erzeugt bis ins 10.Jh. einen interkontinentalen Wirtschafts- und Kulturraum, in dem sich Maßeinheiten altägypt., arab., gr., röm.-byz., mesopotam. und pers. Herkunft vermischen. Aus der kaum übersehbaren Vielfalt regionaler und funktionsspezif. Maßsyteme, die daraus hervorgingen und ständig machtpolit. Modifizierungen ausgesetzt blieben, lassen sich deshalb nur theoret. lückenlose, regionale Besonderheiten nicht berücksichtigende Maß- und Gewichtsreihen zusammenstellen.

Längeneinheiten: 1 *ašl* = 1 *ḥabl* (Seil) = 1 *silsila* (Kette) = 10 *bāb* = 10 *qaṣaba* (Rohr) = 60 *dirāʿ* (Elle) = 360 *qabaḍa* (Faust) = 1440 *iṣbaʿ* (Finger) = 3600 *fals* = 8640 *šaʿīr* (Gerstenkorn).

Volumeneinheiten: 1 *azāla* = 1 *kurr* = 100 *ḍirāʿ* = 6000 *qafīz* = 172 800 *qabaḍa* = 11 059 200 *išbaʿ*.

Gewichtseinheiten: a) Münzgewichte: 1 *dirham* = 6 *dāniq* = 20/24 *qirāṭ* (gr. Keration) = 60/72 *ḥabba* = 240 *aruzza* = 600 *fals*/*dirham* = 6/12 *dāniq* = 10 *ʿašīr* (Zehnt) = 24 *ṭassūǧ* = 60 *ḥabba*/*ʿašīr* = 96 *fals*.

b) Warengewichte: 1 *kurr* = 60 *qafīz* = 480 *makkūk* = 600 *ʿušr* = 1440 *kīlaǧa* = 6570 *rubʿ* (Viertel) = 7200 *raṭl* = 11 520 *tumn* (Achtel).

Ausgangspunkt aller Längen- und davon abgeleiteten Maße ist die 'schwarze' Elle, angelegt an der Elle eines abbasid. Nilmessers aus dem 9. Jh., mit 54,04 cm. Fast 30 weitere Ellen-Maße variieren bis zum dreifachen dieses Bezugswertes. Grundlage der Gewichtseinheiten ist das *mitqāl*, dessen Münzgewichtswert Glasexagia aus dem 8. Jh. auf 4,233 Gramm festlegen. Für Münz- wie Warengewichte lassen sich *mitqāl*-Werte von drei bis sechs Gramm belegen. Über die Systematisierung der Maßeinheiten gibt eine spezialist. und sui generis regionalspezif. Lit. zur Verwaltungskunst Auskunft. Wichtigstes Instrument dabei ist die Verhältniszahl, über die der Zugang zu anderen regionalen oder warenspezif. Maßreihen geregelt wird. Ab dem 10. Jh. nehmen auch Mathematiker von den verworrenen Verhältnissen Kenntnis und systematisieren in populären Rechentraktaten den Umgang mit Maßeinheiten in der erklärten Absicht, Umrechnungen im Zoll-, Markt- und Steuerverkehr zu standardisieren. Hier treten erstmals physikal. Größe, Maßeinheit und Maßzahl auseinander. Dadurch werden Ausmessungsmethoden popularisiert, teilw. mit normativer Rückwirkung auf die islam. Rechtspraxis. U. Rebstock

Lit.: L. C. Bleibtreu, Hb. der Münz-, Maß- und Gewichtskunde, 1863 – H. Sauvaire, JA, 1879–88 (insbes.: JA VIII, 7, 1886; 8, 1886) – G. C. Miles, Early Arabic Glass Weights and Stamps, 1948 – C. Cahen, Quelques problèmes économiques et fiscaux de l'Iraq Buyide d'après un traité mathématique, Annales de l'inst. d'études orientales 10, 1952, 326–363 – W. Hinz, Islam. Maße und Gewichte. Umgerechnet ins metr. System, 1955 (HO, Ergbd. 1,1) – A. S. Ehrenkreutz, The Kurr System in Medieval Iraq, JESHO 5, 1962, 305–514 – U. Rebstock, Rechnen im islam. Orient, 1992, 112–129.

Maß (im Bauwesen). Eine ausgewogene Gestaltung wird in der Architektur erreicht durch feste Maßverhältnisse einzelner Bauteile zueinander und zum Ganzen (Proportion), ausgehend von dem Grundmaß oder von Grundfiguren. Das Grundmaß ist als Werkmaß die Länge der Grundstrecke bei der Vermessung von Bauten, angegeben als Fuß (röm. Fuß 29,6 cm, karol. Fuß 33,29 cm, stauf. Fuß 30,40 cm, frz. Kg.sfuß 32,5 cm u. a.), als Modul (der untere Halbmesser einer Säule als Verhältnismaß für den zu errichtenden Bau) oder eine andere, die Proportion bestimmende Grundstrecke wie der Goldene Schnitt, die Teilung einer Strecke in zwei Teile, die sich zueinander verhalten wie der größere zur Gesamtstrecke (schon im Altertum verwendet). Die Grundfigur ist entweder ein gleichseitiges Dreieck (Triangulatur), ein Quadrat (Quadratur) oder ein Fünfeck (Pentagramm, auch Drudenfuß), denen jeweils eine entsprechende zweite Figur diagonal eingeschrieben ist usw., also jeweils mit entsprechenden kleineren Seitenlängen. G. Binding

Massa Marittima, Stadt in Mittelitalien (Toskana, Maremmen). Eine Siedlung »Massa maritiba«, deren Umfang unbekannt ist, erscheint erstmals 738 und 746 in den Urkk. Zw. 835 und 842 wurde der Bf.ssitz aus dem von Piraten zerstörten Populonia nach M. M. verlegt. Die Verwüstung der Stadt durch die Sarazenen (935) tat der beständigen Machtzunahme der Bf.e keinen Abbruch, bis im Vergleich zu den anderen kleineren Städten sehr früh die kommunale Verfassung eingerichtet wurde. Die reichen Bodenschätze des Umlands (u. a. Kupfer-, Silberbergbau) sowie seine nur geringe Einw. zahl ließen M. M. zum begehrten Ziel der Hegemoniepolitik der großen Nachbarstädte Pisa und Siena werden, für die sich jeweils in M. eine Faktion bildete, ein Umstand, der mit wechselndem Geschick den Prozeß der Unterwerfung M.s bestimmte und auch in der Struktur der Stadt wie in den Traditionen deutl. Spuren hinterließ (sienes. geprägte Ober- oder Neustadt, pisan. geprägte Unter- oder Altstadt). – Anfang des 14. Jh. wurden in M. M. Münzen mit dem Bild des hl. Cerbone (Cerbo), Bf. v. Populonia geprägt, dessen Reliquien in den Dom von M. übertragen worden waren. Im Laufe des 14. Jh. wurde M. M. endgültig von →Siena unterworfen und teilte dessen polit. Schicksale, bis es 1554 ebenfalls dem Medici-Großhzm. eingegliedert wurde. Nachdem der Bergbau eingestellt worden und ein Großteil der Bevölkerung nach Siena gezogen war, hatte M. M. im 16. Jh. nur mehr etwa 1000 Einw. und wurde zudem durch die Ausbreitung der Malaria bedroht. Auf M.s Blütezeit im 13. Jh. gehen die wichtigsten Bauwerke zurück, wie der Dom, der »Palazzo del pretorio« und der älteste Teil des Palazzo comunale; jedoch haben auch die Bauten des 14. Jh., wie die Festung, eine stilist. Reife und Eleganz, die von einer relativen Prosperität der Stadt zeugen. P. M. Conti

Lit.: L. Petrocchi, M. M., 1900 – G. Volpe, Per la storia delle giurisdizioni vescovili, della costituzione comunale e dei rapporti tra stato e chiesa nelle città medievali, 1913 – Europ. Bergrecht in der Toscana. Die Ordinamenta von M. M. im 13. und 14. Jh., hg. D. Hägermann-K.-H. Ludwig, 1991.

Massay, Abtei OSB in Mittelfrankreich, →Berry (dép. Cher, cant. Vierzon), soll 738 gegr. worden sein. Unter →Benedikt v. Aniane reformiert, 873 von den Normannen geplündert. Im 10. Jh. wurde sie der Leitung der Äbte v. →Cluny, Berno und →Odo, unterstellt, schied aber aus dem cluniazens. Verband bald wieder aus. Kg. →Robert d. Fr., der sich für das Berry interessierte, ernannte zu Äbten v. M. und anderer Abteien dieser Region zwei seiner 'familiares', die 'literati' Ingo und Arenarius. Ingo soll die Güter von M. verschwendet haben. Kg. Robert versuchte auch, eine Burg, die die Herren v. →Déols nahe M. errichtet hatten, zu zerstören, was mißlang. Die fortan stagnierende Abtei M. wurde 1128 durch Brand zerstört. Die erhaltene Abteikirche (an der Stelle des alten Chores) stammt vom Ende des 14. Jh. G. Devailly

Q.: Annales Masciacenses, MGH SS III, 169f. – Lit.: Ch. Pfister, Études sur le règne de Robert le Pieux, 1895 – G. de Valous, Le monachisme clunisien, des origines au XVᵉ s., 1970 – G. Devailly, Le Berry du Xᵉ au milieu du XIIIᵉ s., 1973.

Masse d'or, frz., größte ma. Goldmünze (Durchmesser 32 mm, Gewicht 7,05 g, Feingehalt 916/1000), auch 'Florenus ad sceptrum', 'Regalis ad massam', 'Grand Florin', 'Parisis d'or' gen., eingeführt 1296 unter Kg. Philipp IV. Münzbild der Vorderseite: thronender Kg. im Siebenpaß; Rückseite: Lilienkreuz im Spitzvierpaß. Die M. wurde erst 1337 mit der Einführung des Écu d'or abgelöst. Die M. wurde allg. zu 2 Florentiner →Gulden bewertet. P. Berghaus

Lit.: F. v. Schroetter, Wb. der Münzkunde, 1930, 376 – J. Lafaurie, Les monnaies des rois de France, Hugues Capet à Louis XII, 1951, 28 – J. Belaubre, Hist. numismatique et monétaire de la France médiévale, 1986, 78.

Masselin, Jean, * ca. 1433, † 27. Mai 1500, ☐ Rouen, Kathedrale, Chor; aus bürgerl. Familie, Vater Guillaume M., Mutter Jeanne Grenier, Familiengrablege St-Étienne des Tonneliers in Rouen; Dr. beider Rechte. Ab 1468

Kanoniker des Kathedralkapitels v. Rouen (weitere Kanonikate in Évreux, Lisieux, Coutances), bekleidete er bis zu seinem Tode hohe und höchste Ämter im Kapitel und im Dienst der Ebf.e v. Rouen (*auditeur des comptes* 1473, *trésorier* 1477 und Generalvikar). Ein Höhepunkt seiner Karriere war seine Rolle als Präsident der Sektion Normandie und Mitglied wichtiger Kommissionen auf den Generalständen (→États généraux) v. 1484 in Tours. Sein detaillierter, gleichwohl von polit. Rücksichten geprägter Bericht (ed. A. BERNIER, 1835) sollte ihn wohl für ein hohes kgl. Amt empfehlen. Seine außerkirchl. Karriere blieb jedoch auf das Amt eines geistl. Rats am →*Échiquier* der Normandie beschränkt. Ab 1488 kumulierte er das Amt des Dekans des Kathedralkapitels mit dem des Offizials des Ebf.s (ab 1483) bzw. Generalvikars (ab 1494).

N. Bulst

Lit.: A. FOURÉ, Jehan M., doyen du chapitre de Rouen, 1433–1500, Rev. des soc. sav. Haute-Normandie 66, 1972, 15–29.

Mäßigkeit (lat. temperantia, mhd. mâze) gehört zu den vier →Kardinaltugenden, deren Ursprung bis in die griech. Antike zurückreicht und in der ma. Ethik monast., patrist.-scholast. wie lakaler Tradition zur Geltung kam. Durch Zenon v. Kition fand M. Eingang in die stoische Schulphilosophie. Im Anschluß an Philon v. Alexandrien suchte Ambrosius M. zusammen mit den anderen drei Grundtugenden bibl. zu begründen, wobei er die Bedeutung der M. vor allem im Blick auf geschlechtl. Enthaltsamkeit und Fasten verdeutlichte. Augustinus stellt den Bezug der Tugenden zu Gott heraus. Er suchte M. aus der Gottesliebe abzuleiten und als »amor sese integrum Deo incorruptumque servans« (De mor. eccl. 1, 25) zu denken. Im Blick auf die Trieblehre hielt er daran fest, daß M. als »refrenatio cupiditatis ab iis quae temporaliter delectant« zu aktivieren sei (De div. quaest. 83, q. 61, 4 MPL 40, 51). In der Frühscholastik gewinnt die augustin. Bestimmung von M. die Oberhand (Petrus Lombardus, Sent. III, 33), obgleich das durch Boethius ins MA gelangte aristotel. Verständnis von M. von Abaelard (Ethica, hg. LUSCOMBE 1) und der Schule Gilberts v. Poitiers aufgegriffen wurde. Gleichzeitig avancierte mâze zur »Mutter der höfischen Tugenden«, beeinflußt vom monast. Maßhalten und der benedikt. Mäßigung (discretio, RB64). Durch M. sollen die ritterl. Mannestugenden (Tapferkeit, Einsatzwille, Waffenbeherrschung, Kraft usw.) vor Extremisierungen und Verkehrungen bewahrt und die gesellschaftl. Umgangsformen insgesamt kultiviert werden. Dank der M. vermag der Mensch sich selbst zu leiten (»Temperantia regit homo seipsum«, Wilhelm v. Conches). Im Rückgriff auf Aristoteles war auch Thomas v. Aquin bestrebt, M. aus ihrer negativ-repressiven Fassung zu lösen, sie als »virtus generalis« zu bestimmen, die in allem den Menschen nach der rechten Mitte suchen läßt, um sie sodann als »virtus specialis«, als Ordnungsmacht des sinnl. Begehrungsvermögens, zu definieren. M. ist ihm das in sich kluge Abgestimmtsein und Wohlgeordnetsein des Menschen in selbstloser Selbstbewahrung. Für Thomas kommt der M. der unterste Platz innerhalb der Hierarchie der Tugenden zu, weil sie ausschließl. auf den Einzelnen abzielt. In der Devotio moderna wird M. nicht mehr als Ideal gesehen: Das Scheitern im Streben nach M. treibt so gerade zur radikaleren Nachfolge Christi an.

M. Gerwing/W. Knoch

Lit.: DSAM Fasc. XCVI–XCVIII, 142–149 (R. SAINT-JEAN) – HWP V, 838ff. (W. STOECKLE) – W. HERMANNS, Über den Begriff der Mäßigung in der patrist.-scholast. Ethik von Clemens v. Alexandrien bis Albertus Magnus [Diss. Bonn 1913] – J. PIEPER, Zucht und Maß, 1955[7] – K.-D. NOTHDURFT, Stud. zum Einfluß Senecas auf die Philos. und Theol. des 12. Jh., 1963 – S. MÄHL, Die Kardinaltugenden in der Geistesgesch. der Karolingerzeit, 1969 – H. RÜCKER, Mâze und ihre Wortfamilie in der dt. Lit. bis um 1220, 1975 – R. C. CECIRE, Encratism [Diss. Univ. of Kansas 1985] – P. J. WADELL, Friends of God. Virtues and Gifts in Aquinas, 1991.

Maßwerk, »gemessenes Werk«, geometr. konstruiertes Bauornament zur Aufteilung des über der Kämpferlinie gelegenen Bogenfeldes (Couronnement) von Fenstern, später auch zur Gliederung von Wandflächen (Blendm., Schleierwerk) und für Brüstungen. M. entsteht im beginnenden 13. Jh. aus der Zusammenziehung enggruppierter Fenster unter einem Blendbogen (Chartres um 1200). Das mit dem profilierten Fenstergewände eine Einheit bildende M. besteht aus senkrechten, profilierten, auch mit Rundstab oder schlanken Säulchen besetzten Stäben (Stabwerk) und aus dem M. oberhalb der Kämpferlinie, das aus Kreisformen und später aus geometr. Figuren zusammengesetzt ist. An den Chorkapellen der Reimser Kathedrale von 1211–27 findet sich das erste echte M., ein umgreifender Spitzbogen wird von zwei Spitzbogen auf Säulchen unterteilt, deren Scheitel, auf kurzer Strecke mit ihm verschmolzen, einen Sechspaß im Kreis tragen. Die Fenster können auch durch die Stäbe in zwei, drei, vier oder mehr Bahnen geteilt sein, wobei die Stäbe in ihrer Dicke unterschieden sind in die mittig teilenden, alten Stäbe oder Hauptstäbe und in die dünneren, jungen Stäbe oder Nebenstäbe. Schon zu Ende des 12. Jh. rücken in England schlanke Lanzettfenster zu Dreier- oder Fünfergruppen zusammen und werden von einem Spitzbogen überfangen, eine zumindest unmittelbare Vorform des M.s als spezif. engl. Bildung, die sich bis etwa 1300 fortentwickelt und mit frz. Formen verschmilzt. Das eigtl., den Spitzbogen füllende M. wird in der Gotik allgemein mit Kreisen und Dreiviertelkreisen (Pässe) oder Blättern (spitzbogig abgeschlossenes Element, hauptsächl. in krummlinig begrenzten, sphär. Dreiecken oder Quadraten) ausgesetzt. Die eine Spitze bildenden Stöße der Pässe können in verdickten, häufig dreiblättrigen Nasen auslaufen.

In der zweiten Stufe zu Beginn des 14. Jh. wird die Grundkonstruktion linienhafter, freier. Wiederum in Frankreich entwickelt, entsteht eine Gitterstruktur: ein sphär. Dreieck auf den Scheiteln dreier Spitzbogen, selbst wieder in drei sphär. Dreiecke gespalten, welche spitzbogige Dreipässe lückenlos umschließen. Dem Spitzbogen angeglichene sphär. Drei- und Vierecke, spitzblättrige Drei- und Vierpässe sind ihre Leitformen. Hierzu kommen strahlenartige Gebilde, als Vierstrahl in Frankreich, als Dreistrahl in Dtl. Aus dem Architekturglied wird ein Ornament. In England werden in dieser Zeit Wellenlinien, Zwickelblasen, Dreipässe mit lanzettförmiger Zuspitzung, Kielbögen und komplizierte, netzartige Verflechtungen üblich (*flowing tracery*).

In der dritten Stufe seit dem letzten Viertel des 14. Jh. wird in Frankreich das M. züngelnd-bewegt (*Flamboyant*). In England erstarren die Wellenbewegungen; ein senkrecht-waagerechtes Gitter fängt als Muster des Grundes die hängenden Tropfen und Nasen ein, hinzu kommt ein Rautenornament, das aus der Durchdringung zweier Spitzbogen, gleich der Kreuzung paralleler Bogen, entsteht. Daneben finden sich Fenster, die in Fortführung der dichtgestellten Lanzettfenster nur aus Stabwerk bestehen. In Dtl. wird das M. mit reicher Erfindungsgabe zu vielgestaltigen Formen geführt. Die ruhige Strahlung wird zur Rotation. Als neue Gestalt kommt das Schneuß auf, eine Art Fischblase, die durch Zusammenbiegen der geraden Schenkel eines Spitzbogens entsteht; drei Schneuße können auch zusammenwachsen, wobei sich die Mittellamelle auflöst. Das M.- und Stabwerk wird netzartig, ohne Unterscheidung von Haupt- und Nebenstäben. Bewegungen und Verflechtungen führen zu einem schimmernden Muster, in dem die klaren geometr. Figuren der Hochgotik (1210–1270/80) und der nachklass. Gotik (1270/80–1370/80) untergehen.

In der vierten Stufe, im beginnenden 16. Jh., verhaken sich die Schneuße, indem die eingesetzten Nasen sich durchdringen und über ihre ursprgl. Spitze nach beiden Seiten hinauswachsen, wo sie plötzl. astartig abbrechen; die Muster werden noch reicher und netzartiger. Der gleichen Entwicklung unterliegen die großen Rosen der Kirchenfronten: aus den zunächst runden Lochscheibenfenstern entwickeln sich geometr. Kreisgebilde, die dann strahlenförmig und schließlich netzartig überspannt werden. G. Binding

Lit.: L. BEHLING, Gestalt und Gesch. des M.s, 1944 – G. KIESOW, Das M. in der dt. Baukunst bis 1350 [Diss. masch. Göttingen, 1957] – G. BINDING, M., 1989.

Massys, Quinten (Quentin Matsys, Metsijs), ndl. Maler (Löwen 1465/66 – Antwerpen 1530). Wohl in Löwen ausgebildet, seit 1491 Freimeister in Antwerpen, knüpft er an →Bouts und →Memling an, wie die frühen Madonnen in London und Brüssel zeigen. Seine beiden großen Hauptwerke, der Annenaltar für die Sint Pieterskerk in Löwen (1507–09, Brüssel) und der Johannesaltar mit der 'Grablegung Christi' aus der Kathedrale in Antwerpen (1508–11) stehen bereits an der Schwelle zur Renaissance, die in den späteren Werken durch den Einfluß der Leonardo-Nachfolge dominiert. Ch. Klemm

Lit.: M. J. FRIEDLÄNDER, Quentin M., Die altndl. Malerei, VII, 1929 [1971²] – A. DE BOSQUE, Quentin Metsys, 1974 – L. SILVER, The paintings of Q.M., 1984.

Master of Game, zw. 1406 und 1413 durch →Eduard, Hzg. v. York (15.E.), gefertigte engl. Übers. des ersten Teils von »Le livre de la Chasse« des →Gaston Fébus. Der monumentale, die Jagd nach allen ihren Teilen behandelnde »Livre« (zw. 1387 und wahrscheinl. 1389 in ausgezeichnetem, durch norm.-picard. Ausdrücke gefärbtem Frz. verfaßt [→Jagdtraktate]) erhielt lediglich in England – wohl aufgrund der starken anglo-norm. Bindungen an Frankreich – eine zeitgenöss. Übers. Die 36 Kap. des »M. of G.« enthalten detaillierte Beschreibungen der verschiedenen Wildarten, der Jagdhunderassen sowie der Hundehaltung, der auf das geschilderte Wild ausgeübten Jagdmethoden, einschließlich der Hetzjagd. Eduard, Hzg. v. York, soll diese engl. Übers. als Gefangener auf Pevensey Castle oder während einer erzwungenen Rückzugsphase auf seinem Besitz angefertigt haben. S. Schwenk

Lit.: The »M. of G.« by Edward, Second Duke of York, ed. W. A. und F. BAILLIE-GROHMANN, 1904.

Mastix(strauch) (Pistacia lentiscus L./Anacardiaceae). Das schon von Dioskurides (I, 70) hochgeschätzte Harz kannte man im MA unter den mlat. und dt. Namen *masticum, mestik* als Produkt der *mastigbom, hachboum, mel(i)boum* (STEINMEYER-SIEVERS III, 530, 40) oder *lentiscus, lendpaum* (Konrad v. Megenberg IV A, 24) gen., im Mittelmeerraum heim. Pflanze. Hauptlieferant des kostbaren Harzes war die Insel →Chios; die reichen Einnahmen aus dem H.handel wurden seit 1346 von der →Mahona de Chio kontrolliert. Wegen seiner klebenden Eigenschaften wurde M. zur Wundheilung und Festigung der Zähne sowie zur Therapie von Knochenbrüchen empfohlen (Circa instans, ed. WÖLFEL, 73). Das vielfältig verwendete Harz galt v. a. als blutstillendes, verdauungsförderndes, blähungstreibendes, den Haarwuchs stärkendes (Albertus Magnus, De veget. VI, 130–135; SIGERIST, 24–28, 47–51 u. ö.) und die Pest abwehrendes Mittel (Gart, Kap. 268). I. Müller

Lit.: MARZELL III, 794 – H. E. SIGERIST, Stud. und Texte zur frühma. Rezeptlit., StGM 13, 1923 – W. GÖPFERT, Drogen auf alten Landkarten und das zeitgenöss. Wissen über ihre Herkunft (Math.-Nat. Diss. Düsseldorf 1985), 346–365 – Lit. zu →Chios, →Mahona de Chio.

Masuccio Salernitano (Tommaso Guardati), it. Prosaschriftsteller, * 1410, † 1475. Nach Studien in seiner Heimatstadt Salerno kam M.s literar. Talent in der vibrierenden kulturellen Atmosphäre am Hof der Aragón in Neapel zur vollen Entfaltung, wo er mit den großen Humanisten in Kontakt trat, die von Alfons V. gefördert wurden (G. Pontano, A. Beccadelli), und den großen Vertretern der Renaissance der volkssprachl. Lit. nahestand (Galeota, De Jennaro). Von 1463 bis fast an sein Lebensende lebte M. wieder in dem provinziellen Ambiente des Hofes der →Sanseverino in Salerno, deren Kanzlei er leitete.

M.s »Novellino« ist zwar dem »Decameron« verpflichtet, folgt dem Vorbild jedoch nur zur Hälfte. Von Boccaccio wird die Idee übernommen, die Novellen in eine tragende Struktur einzubinden, ihnen einen Rahmen zu geben, gleichzeitig reduziert sich jedoch die Ausführung der Novellen auf die Hälfte: statt der vollkommenen Zahl der »Centonovelle« die unvollkommene Zahl 50. Die wichtigste strukturelle Veränderung gegenüber dem Vorbild Boccaccio betrifft das Verhältnis von Rahmen und Novelle: Beide sind nicht mehr zu einem Text-Continuum verschmolzen, sondern zerfallen in drei von einander abgesetzte Teile (Exordium mit einem Widmungsbrief an eine Persönlichkeit des Hofes; Narratio, d. h. die eigtl. Novelle, und schließlich ein moralist. oder philos. Komm., vorgetragen von M. selbst). Der Autor tritt nun nicht mehr nur am Anfang und am Ende des Buches in Erscheinung, wie im Decameron, sondern führt auch die Verbindung der einzelnen Novellen durch (Brief-Rahmen), erzählt sie und legt ihren Sinn klar. Eine weitere bedeutende Neuerung des »Novellino« besteht in seiner Anordnung in Dekaden, statt in Tage wie bei Boccaccio. Diese Dekaden untergliedern den erzählten Stoff in fünf Themenkategorien (Laster der Kleriker, Streiche mit erot. Hintergrund, trag. und kom. Themen, Tugenden der Fürsten), die in weiterem Sinne die Thematik der Tage des Decameron widerspiegeln. Seine Sprache vereinigt das »tiefe« und das »hohe« Stilregister: so steht z. B. die Karikatur der betrüger. Mönche neben der Schilderung trag. Ereignisse aus der Welt des Adels. M. Picone

Ed. und Lit.: M. S., Il Novellino, hg. G. PETROCCHI, 1957 – DERS., Il Novellino, hg. S. NIGRO [Nachdr. 1975] – S. NIGRO, Le brache di San Griffone, 1983.

al-Mas‘ūdī, Abū l-Ḥasan ‘Alī, geb. ca. 896 oder früher in Bagdad, † 956 in Ägypten (Altkairo?), Polyhistor, doch v. a. als Historiker und Geograph geschätzt. Die beiden einzig erhaltenen Werke seiner 36 Nummern zählenden Autobibliographie, 'Goldwäsche', Murūǧ aḏ-ḏahab, und 'Buch des Anrufs', Kitāb at-Tanbīh, bezeugen al-M.s enzyklopäd. Interessen, welche eigene, bzw. glaubhaft tradierte zeitgenöss. Autopsie als dem Buchwissen wenigstens ebenbürtig anerkennen. Seine die geograph., kulturellen und religiösen Grenzen des Islams transzendierende Neugier bringt ihn in freundschaftl. Verkehr auch mit Nichtmuslimen. Obwohl er außer Indien keine nichtislam. Länder bereist hat, überliefert er aus (nahezu) zeitgenöss. schriftl. wie mündl. Quellen wertvollste Nachrichten über Germanen, Slaven, Chazaren, Türken, Byzantiner u.a. L. Richter-Bernburg

Übers.: Masoudi, Le livre de l'avertissement et de la revision, übers. CARRA DE VAUX, 1896 – Masoudi, Les prairies d'or, hg. CH. PELLAT, 3 Bde, 1962–71 – Mas'udi, The Meadows of Gold, übers. P. LUNDE-C. STONE, 1989 – *Lit.*: EI² VI, 784a–789a – T. KHALIDI, Islamic Historiogr., 1975 – A. M. H. SHBOUL, Al-Mas'udi and His World, 1979.

Matapan(o) (urtsprgl. arab. 'Sitzender'), Bezeichnung für den 1202 in Vorbereitung des 4. Kreuzzugs eingeführten ven. ducatus argenti oder grosso im Wert von 2 soldi (24 denari), Gewicht 2,2 g, Feingehalt 965/1000. Der M. zeigt den thronenden Christus, auf der Rückseite die Belehnung des Dogen durch den hl. Marcus. Der M. wurde bis zur Mitte des 14. Jh. geprägt und in it. Münzstätten, in Byzanz, Chios und Serbien nachgeahmt. P. Berghaus

Lit.: F. v. SCHROETTER, Wb. der Münzkunde, 1930, 378 – P. GRIERSON, The Origins of the grosso and the gold Coinage in Italy, Numismatický Sborník 12, 1971/72, 33–44 – DERS., Coins of medieval Europe, 1991, 106f.

Matasuntha, ostgot. Kgn. seit 536, Tochter→Amalasunthas, aus polit. Gründen zwangsweise mit →Vitigis verheiratet, kam 540 nach der ostgot. Kapitulation nach Byzanz, wo sie nach dem Tod des Vitigis mit Germanos, dem Neffen Justinians, verheiratet wurde. Der Ehe entstammte ein nachgeborener Sohn. 550 wurden in Byzanz Münzen mit dem Monogramm M.s geprägt. Nachrichten über Verratsversuche an der got. Sache (538; Prokop, Got. 2, 10f.) müssen als fraglich gelten. G. Wirth

Lit.: RE XIV, 2180 – TH. BURNS, A Hist. of the Ostrogoths, 1984, 92ff. – H. WOLFRAM, Gesch. der Goten, 1990³, 27, 343.

Matera (Materia), it. Prov.hauptstadt (seit 1927) in der Basilicata. M. kam 849 bei der Teilung des langob. Hzm.s →Benevent an das Fsm. →Salerno. Nach der Besetzung durch die Araber wurde M. 867 von Ks. Ludwig II. erobert und zerstört. Seit 891 unter byz. Herrschaft, wurde M. 996 für kurze Zeit von Arabern erobert. 1042 schloß sich M. den gegen die byz. Truppen siegreichen Normannen an, scheint aber in den folgenden Jahren wieder unter byz. Herrschaft gestanden zu haben. 1064 wurde M. von Robert v. Montescaglioso erobert und kam nach dessen Tod (1080) an seinen Bruder Gottfried, Gf. v. →Conversano. M. gehörte zu den Städten der→Basilicata, in denen der gr. Ebf. v. →Otranto 968 im Auftrag des Patriarchen v. Konstantinopel gr. Bf. e weihen sollte. Es ist jedoch kein gr. Bf. v. M. bezeugt. M. gehörte dann zum vermutl. um 1059 von Nikolaus II. errichteten Ebm. →Acerenza, erhielt aber nach dem Niedergang dieser Stadt 1203 von Innozenz III. kathedralen Rang und wurde von den Ebf.en als Residenz bevorzugt. In M. befanden sich viele Höhlenkirchen und mehrere OSB Kl., darunter das 1093 von Urban II. besuchte S. Eustachio. 1277 hatte M. 525 Feuerstellen (ca. 2500–3000 Einw.), 1532 1898 Feuerstellen (ca. 9500–11 000 Einw.). H. Houben

Lit.: F. UGHELLI, Italia sacra 7, 1721² [Neudr. 1970], 10–12 – L. GIUSTINIANI, Diz. geografico-ragionato del regno di Napoli V, 1802, 409–413 – IP IX, 453–455 – M. MORELLI, Storia di M., 1963 – T. PEDIO, Le pergamene di M. (1082–1794). Regesto (G. FORTUNATO-T. PEDIO, Badie, feudi e baroni della Valle di Vitalba 3, 1968), 357–494 – N. KAMP, Kirche und Monarchie im stauf. Kgr. Sizilien, I, 2, 1975, 772–779 – Monasticon Italiae, III, hg. H. HOUBEN, G. LUNARDI, G. SPINELLI, 1986, 187–189 – W. JAHN, Unters. zur norm. Herrschaft in S-Italien (1040–1100), 1989, 35, 37, 79, 241f.

Materia. 1. M. (m. communis, m. individualis, m. prima, m. secunda, m. signata). Im Anschluß an Aristoteles (Phys. 245 b 10) ist m. das, 'woraus etwas wird' (Thomas v. Aquin, S. th. I 92, 2 ad 2). Prima m. (gen. et corr. 329 a 29), reine passive Potenz (Thomas, ScG I 17), wurde von Gott aus Nichts geschaffen sub formis distinctis (S. th. I 66, 1), weil sie nur in Verbindung mit Form existiert. Anders Aristoteles: Sie ist unentstandenes und unvergängl. Substrat aller Veränderung. Als solches ist sie ἀρχή, vgl. Thomas (S. th. I 4, 1): principium ... imperfectissimum. Verschiedene Formen erfordern verschiedene m. (Met. 1044 a 27ff.; Thomas, S. th. I 76, 5 ad 1). Für die vier Arten der Veränderung gibt es je besondere m. (Met. 1042 a 32ff.; Thomas, In Met. 8, 1, 1688ff.). Körperl. Dingen gemeinsame m. heißt m. sensibilis communis (S. th. I 85, 1 ad 2; In Met. 7, 10, 1490; vgl. Arist. Met. 1035 b 27ff.) im Unterschied zur m. individualis, der konkreten Materie eines stoffl. Seienden (S. th. I 85, 1 ad 2). Geformte m. als Substrat zusätzl. bestimmter Formen ist m. secunda (Joh. Micraelius, Lex. philosophicum terminorum ... 1662² [Nachdr. 1966], 720). Als Individuationsprinzip gilt vielfach die m. individualis (vgl. Arist. Met. 1034 a 5ff.), welche die Formen in abgegrenzten Dimensionen aufnimmt und quantitativ bestimmt ist: m. signata (Thomas, De ente et ess. 2; De trin. 5, 2; S. th. I 75, 4). Zur Herkunft dieses Ausdrucks vgl. M. D. ROLAND-GOSSELIN, Le 'De ente et essentia' de s. Thomas d'Aquin, 1948, 11, 58ff. Intelligibilis m. ist das reine Kontinuum (In Met. 7, 10, 1496; 11, 1533), aber auch die Substanz als intelligible m. der Quantität (De trin., 5, 3; S. th. I 85, 1 ad 2; vgl. Arist. Met. 1036 a 9ff.; 1037 a 4; 1045 a 33ff.); auch hier wird unterschieden m. intelligibilis communis/individualis. K. Bormann

Lit.: HWP II, s.v. Form und Materie, I–II, 977–1011 [mehrere Verf.]; IV, s.v. Individuation, Individuationsprinzip, 295–297 [J. HÜLLEN]; V, s.v. M. communis/M. individualis, M. prima, M. secunda, M. signata, 841f. [RED.], Materie, I. Antike, 870–880 [W. DETEL], Materie, II. MA, 881–904 [M. SCHRAMM].

2. M. ('Stoff') bezeichnet in der ma. gelehrten Lit. den Gegenstand oder Inhalt einer Schrift, bei Kommentaren (→Apparatus glossarum, →Commentum) und →Summen, des lit. bearbeiteten Textes. Als M.e wurden auch die Einleitungen gelehrter Schriften bezeichnet (sonst »accessus«, »praefatio«, »exordium« u.ä.), weil darin, gemäß rhetor. Vorschrift, nach einer Erklärung des Titels (nomen) v.a. allgemeine Bemerkungen über den Gegenstand (materia) sowie über Zweck und Nutzen (intentio, utilitas, finis) der Schrift und deren Ort im philosoph. (wiss.) System (pars philosophiae) ihren Platz hatten. Mehrere M.e aus den Anfängen der scholast. Rechtswiss. sind selbständig überliefert. P. Weimar

Lit.: H. KANTOROWICZ, Stud. in the Glossators of the Roman Law, 1938 [Neudr. mit Addenda 1969], 37–67 – P. WEIMAR, Die legist. Lit. der Glossatorenzeit (COING, Hdb. I), 140f. [Lit.].

Materialobjekt/Formalobjekt (lat. obiectum materiale/obiectum formale). Die im MA und der Scholastik gebräuchl. Unterscheidung zw. o.m. und o.f. meint den Unterschied zw. dem, was Gegenstand einer Tätigkeit, eines Vermögens oder eines Habitus war, also das »Erfragte« ist und dem, unter welchem Gesichtspunkt (ratio) es befragt wird. Das o.m. ist der Gegenstands- oder Sachbereich als solcher einer Wissenschaft (Wiss.) und das o.f. die Gegebenheitsweise von Gegenständen, der spezif. Gesichtspunkt, unter dem Dinge oder Sachverhalte Gegenstände einer Wiss. sein können. Dabei ist der spezif. Gesichtspunkt für die Einheit und Methode der entsprechenden Wiss. (disciplina) konstitutiv. Das o.f. ist so auch das Kriterium der Abgrenzung und damit der Pluralität der Wiss.en, die sich wiederum auf dasselbe o.m. beziehen können. Die Verschiedenheit der Gesichtspunkte begründet dann auch die Verschiedenheit der Wiss.en.

Nachdem der Sache nach sich das Problem bereits bei

Platon findet (Phaidon 99c), bildet erst Aristoteles' Auffassung von Wiss. (Eth. Nic. VI, 3.1139b31f.; Anal. post. I, 2.71b17-22; Metaph. XI, 4.1061b31; Anal. post. I, 28.87 a38f.; Anal. post. I, 10.76b11-16) die Ausgangslage der Distinktion von o.m. und o.f. im lat. MA. Die Unterscheidung zw. dem o.m. als dem Subjekt einer Wiss. und dem o.f. als dem »Gegenstand« des Habitus oder der Tätigkeit dieser Wiss. wird dann erst im Zuge der Aristotelesrezeption und dem Bekanntwerden der Zweiten Analytiken seit dem 13. Jh. bedeutsam. Neben Albertus Magnus (In Metaph. I, 1,2) ist hier v. a. Thomas v. Aquin zu nennen; der Grund der Einheit einer Wiss. wird von der Einheit der Gattung des Zugrundeliegenden her genommen und der Grund der Verschiedenheit der Wiss.en von der Verschiedenheit der Prinzipien (In Anal. post. I, 41 n.365). Daher unterscheidet nicht die materiale Verschiedenheit des Gegenstandes den Habitus, sondern die formale (ebd. n.366). Die »ratio formalis obiecti« (S.th. I, 1,3c.), der gemeinsame, formale Gesichtspunkt, unter dem Gegenstände in einer Wiss. betrachtet werden, begründet Einheit und Verschiedenheit der Wiss. und damit des entsprechenden Habitus. Man kann so von dem »Subjekt« einer Wiss. als dem, wovon etwas ausgesagt wird, sprechen; aber dieses Subjekt ist im vornhinein als »obiectum« eines Vermögens (potentia), eines Habitus oder einer Tätigkeit (actus) zu »erheben«, damit es zum Gegenstand der entsprechenden Wiss. werden kann (S.th. I,77,3). Der »Hinblick« (intentio) des Vermögens und seine verschiedenen »obiecta« sind maßgebend für die unterschiedl. Weisen, sich zu diesen Gegenständen zu verhalten.

Thomas führt die Distinktion zw. o.m. und o.f. ein, um die innere Einheit und die Verschiedenheit der Akte, Vermögen und der Habitus bestimmen zu können. Maßgebend dafür ist die Verschiedenheit der »ratio formalis obiecti« (S.th. I, 59,4). Die Begründung des Habitus »Wissenschaft« spielt dabei eigtl. nur eine untergeordnete Rolle; die wird freilich für die ma. Autoren wichtig bei der Bestimmung des Gegenstandes der Metaphysik. Bei der Begründung der Einheit und Verschiedenheit des Habitus Wiss. kommt es darauf an, was jeweils unter dem »formalen Gesichtspunkt« oder unter dem o.f. verstanden wird. Hatte Thomas die Einheit und Verschiedenheit dieses Habitus durch die unterschiedl. gemeinsamen Gesichtspunkte, unter denen Gegenstände betrachtet werden, begründet, so ist für Johannes Duns Scotus die Gemeinsamkeit des Gesichtspunktes nicht der maßgebende für den Habitus Wiss., sondern die der »Virtualität«, des Enthaltenseins aller Gegenstände und Inhalte einer Wiss. in ihrem »ersten Subjekt–Objekt« (vgl. z.B. Ordinatio, prol. p.3 q.1–3, n.145, ed. Vat. I,98f., näheres: L. Honnefelder, 3–19). Die von Duns Scotus noch aufrecht erhaltene wenigstens »virtuelle« Gemeinsamkeit des o.m. und o.f. einer Wiss. in ihrem »ersten Subjekt–Objekt« wird bei Wilhelm v. Ockham hinfällig, indem – wie von Ockham – der Habitus Wiss. streng als »habitus conclusionum«, d. h. als »Wissen von Sätzen«, genommen wird. An die Stelle der »Gemeinsamkeit der Virtualität« tritt die Theorie der Supposition. Einheit und Verschiedenheit der Wiss.en werden durch den formalen Gesichtspunkt begründet, wofür die im Satz verwendeten Termini stehen: Einige Termini supponieren für die Dinge außerhalb der Seele, »pro rebus«, andere für die Begriffe des Geistes, »conceptibus mentis«, und wiederum andere für die Worte, »vocibus« (In Sent. I, d.2, q.4, Opera Theol. II, 136); entsprechend gibt es dann Real- und Formalwiss.en.

J. H. J. Schneider

Lit.: HWP V, 870 [D. Schlüter] – A. Zimmermann, Ontologie oder Metaphysik? Die Diskussion über den Gegenstand der Metaphysik im 13. und 14. Jh., 1965 – L. Honnefelder, Ens inquantum ens, BGPhThMA, NF 16, 1979 – W. Kluxen, Philos. Ethik bei Thomas v. Aquin, 1980².

Materia medica, pharmazie- bzw. medizinspezif. Sammelbegriff für das Gesamtkorpus aller als Arznei verwendeten Stoffe (Arzneimittel) aus den drei Naturreichen.
I. Arzneimittelbegriff – II. Die drei Naturreiche – III. Arzneimittelverfälschung – IV. Theoretische Klassifizierungen – V. Überlieferung.

I. Arzneimittelbegriff: Als hist. verwendete Bezeichnungen überwiegen gr. φάρμακον und lat. medicamen, medicamentum, remedium. Sprachgesch. älter, leitet sich φάρμακον von *pharma 'Zauber', 'Blendwerk' ab, medicamentum hat die Wurzel modus 'Maß'. Arznei (mhd. arzenîe) geht auf das ahd. Lehnwort arzat (von gr. ἀρχιατρός 'Hofarzt') zurück. Arzat verdrängte schon in merow. Zeit den germ. Lachinon (lachi 'besprechen'). Bei den Begriffen 'Arznei(mittel)' und 'Medikament' steht der Arzt als Therapeut im Vordergrund; bei 'Pharmakon' hingegen der Wirkstoff, das physiolog. wirksame Agens. 'Heilmittel' zielt dagegen auf das Ganze, d. i. die →Gesundheit von Körper und Seele.

II. Die drei Naturreiche: [1] Das Pflanzenreich (Vegetabilia) ist die älteste und am weitesten verbreitete Produktionsstätte für Arzneimittel. Seit altersher werden Pflanzen in den verschiedensten Zubereitungsformen innerl. und äußerl. als Einzelmittel (→Simplicia), seit Galen (2. Jh.) bevorzugt in Kombination mit anderen Substanzen und Stoffen (→Composita) genutzt. Sie beherrschen nicht nur rein quantitativ den ma. Arzneischatz; z.B. noch bei Joh. Minner im »Thesaurus medicaminum« (1479) im Verhältnis von ca. 600 Vegetabilia zu 170 Mineralia und ca. 230 Animalia. [2] Das Mineralreich (Mineralia). Seit den mesopotam. Schriftzeugen, v.a. aber den ägypt. Papyri (ca. 1550 v. Chr.) ist die Verwendung von Mineralstoffen in zubereiteter Form gesichert: äußerl. zu kosmet. Zwecken, aber auch innerl., dort meist in Form von Salzen. Erst bei →Paracelsus setzt die systemat. Suche nach der quinta essentia der unbelebten Natur ein, die in erster Linie der Aufarbeitung der Mineralien zugute kommt: »quinta essentia ist allein die natur, kraft, tugent und arznei« (Op. Param.). Bei der Systematisierung der →Mineralia spielt die (alchemist.) Siebenzahl eine dominierende Rolle. Auf die sieben Metalle vermögen die vier spiritus einzuwirken. Die Steine werden in solche unterschieden, die spiritus enthalten und damit Flüssigkeiten bzw. Sublimate produzieren. Es sind ebenfalls sieben, die sich aus Markasiten (Schwefelverbindungen), Vitriolen (Sulfate des Eisens, Aluminiums, Kupfer etc.) und den Salzen zusammensetzen. Gebräuchl. Salze waren: →Sal ammoniacum (Salmiak) und Sal nitri (→Salpeter). Der Rahmen der im MA gebräuchl. Mineralien ist weit gespannt. Er reicht vom →Acetum (Essig) bis zum Talkum und →Tutia (→Cadmia). [3] Das Tierreich (Animalia). Lieferanten der Animalia sind Mensch und Tier. Das MA setzte vom Menschen in erster Linie →Harn und Frauenmilch sowie axungia hominis (Armsünder- oder Henkersfett) und gepulvertes cranium (Hirnschale) ein – Mumie und Exkremente sind spärlicher aufgeführt. Die aus dem Wirkungsbereich des Henkers akquirierten ossa hominum (Gebeine des Menschen) werden gebrannt, in einem Trank verrührt und helfen u.a. gegen Epilepsie. Das tier. Potential wird voll ausgeschöpft. Zu ihm gehören v.a. die Fette, die als Salbengrundlage dienen, aber auch die tier. Exkremente der späteren sog. Dreckapotheke. Die Skala der Indikationen und Zubereitungen von Animalia wird im Laufe des MA immer extensiver und bereitet gedankl. den Boden für die Organtherapie der NZ vor.

III. ARZNEIMITTELVERFÄLSCHUNG: Die →Arzneimittelverfälschung ist im MA von zwei Gesichtspunkten bestimmt: Ersatz schwer zu beschaffender →Drogen (Pseudoverfälschung) und krimineller Betrug. Die in MA und früher NZ gebräuchl. Termini für den Ersatz bzw. die Substitution verordneter Substanzen und Stoffe sind adulteratio ('Verfälschung'), permutatio ('Vertauschen') und sophisticatio ('Spitzfindigkeit', 'geschickte Verschleierung') sowie das volkstüml., in Frageform gekleidete 'quid pro quo' (was [nehme ich] für was?). Hauptkriterien für betrüger. Verfälscher: Erhalt des Gewichtsmenge, Gleichheit der Farben, Aussehen, Geruch, Geschmack sowie ähnl. bzw. ident. Wirkung. Gegenmaßnahmen waren u. a. amtl. Kontrollen, z. B. durch 'Gerbelatur' (Venedig) und 'Schauämter' (Nürnberg), sowie als wirksamstes Mittel die Apothekenvisitationen. Die zur Verwirrung beitragende ungeordnete Arzneibuchnomenklatur führte über Synonymenlisten zu gesonderten Substitutionsanweisungen in Form von Drogenersatzregistern, die manchmal sogar →Arzneibüchern beigebunden wurden.

IV. THEORETISCHE KLASSIFIZIERUNGEN: Als M. m. werden alle in der Apotheke zu bevorratenden Rohstoffe und Zubereitungen verstanden, die zum Zwecke therapeut. Anwendung in eine bestimmte Form (→Arzneiformen) gebracht und als Arznei im spez. Sinne aufgefaßt wurden. Der Terminus 'M. m.' selbst wird anscheinend seit der Renaissance ubiquitär, wohl im Zuge des Rückgriffs auf die Antike, wo er gebräuchl. war. (ὕλη ἰατρική = 'M. m.' des →Dioskurides, 1. Jh. n. Chr.). Erste Differenzierungen entstammen der Antike und haben sich bis heute erhalten. Weitere sind u. a. der Spaltung der Ärzte in Galenisten, die an den überkommenen – meist arab. überlieferten Arzneimitteln und -formen festhielten, und Paracelsisten, die die von Paracelsus eingeführten chym. und spagyr. Mittel bevorzugten, zu verdanken. →Johannes v. St-Amand († vor 1312) nimmt in den »Areolae« eine äußerl. Einteilung der M. m. nach pharmakolog. Prinzipien vor: 1. alphabet. geordnete, pharmakodynam. Grundsätze; 2. Organmittel (Abszeß- und Wund- auch Abführmittel), eingeteilt a capite ad calcem (von Kopf bis Fuß) nach →Marcellus Empiricus (um 400 n. Chr.); 3. Grundsätze der Arzneimittel-Verordnung und Mischungen. Die Simplicia verteilen sich dabei auf 27 Hauptgruppen. Gründe für den Einsatz von Composita sind: Mangelnde Wirkung der Simplicia, bestimmte Stoffe wirken nur in Kombination mit anderen, Vermeidung von Nebenwirkungen und schlechtem Geschmack, Komplikationen, Erzielung einer spezif. antitox. Wirkung, Verstärkung von Wirkung und Eigenschaften.

Pharmazeut. Unterteilungen erfolgen nach Alphabet, Naturreichen, Simplicia und Composita, Indikationen sowie Arzneiformen. Das älteste amtl. dt. Arzneibuch (Nürnberg 1546/47) teilt z. B. in 14 Tituli auf: Confectiones aromaticae, Conf. opiatae, Condita, Conservae, Lenitiva et Solutiva, Pilulae, Sirupi, Robub, Lohoch, Trochisci, Emplastra, Cerota und Olea. Der Aufbau des Einzelrezepts folgt dem Schema: Bestandteile – Dosierung – Indikation und Wirkung. In den Addenda finden sich oft technolog. Hinweise und solche über Verfügbarkeit sowie über das angewandte Gewichtssystem.

V. ÜBERLIEFERUNG: Sie erfolgte in Antidotarien (v. a. →Antidotarium Nicolai, Mitte 12. Jh.), Rezeptarien, →Kräuterbüchern (→Minner, →Hortus Sanitatis), →Bestiarien, →Lapidarien, →Konsilien, Traktaten u. v. a. Arzneibüchern. Aus der Rezeptlit. des frühen MA ragen die meist anonym überlieferten »Libri antidotarii« und »Libri receptarii« heraus. Eine Sonderstellung nimmt hier das →Lorscher Arzneibuch (um 788) ein, das einen gegliederten Eindruck der frühma. M. m., bes. der pharmaz. Problematik mit über 560 Rezepten und einer Gewichtstabelle, vermittelt. Eine gewisse Pilotfunktion kamen den Antidotarien des Nicolaus und des Ps. →Mesuë für die folgenden Jahrhunderte zu. Sie wurden durch die Pharmakopöen des 16. Jh. abgelöst.

R. Schmitz

Lit.: M. NEUBURGER, Gesch. der Med., II, 1, 1911, 370ff. – K. H. BARTELS, Drogenhandel und apothekenrechtl. Beziehungen zw. Venedig und Nürnberg (QStGPh 8), 1966 – D. GOLTZ, Begriffsgesch. und Bedeutungswandel von vis und virtus im Paracelsistenstreit, Med. Hist. Journal 5, 1970, 169–200 – U. SCHMITZ, Hans Minners 'Thesaurus medicaminum' (QStGPh 13), 1973 – P. H. BERGES, Quid pro quo [Diss. Marburg] – D. GOLTZ, Ma. Pharmazie und Medizin, VIGGPh NF 44, 1976 – K. E. ROTHSCHUH, Konzepte der Med. in der Vergangenheit und Gegenwart, 1978, 185–223 – R. SCHMITZ, Mörser, Kolben und Phiolen, 1978² – K. GOLDAMMER, Zur philos. und religiösen Sinngebung von Heilung und Heilmittel (Fschr. R. SCHMITZ, hg. P. DILG, 1983), 113–29 – R. SCHMITZ, Der Arzneimittelbegriff der Renaissance, Mitt. der Komm. für Hum. Forsch. der DFG, XI, 1984, 1–22 – DERS., Der Arzneimittelbegriff (Fortschritte der Arzneimittelforsch., hg. H. OELSCHLÄGER, 1984), 307–22 – Lex. der Pharmazie, hg. S. EBEL – H. J. ROTH 1987, 59–62 – U. Stoll, Das 'Lorscher Arzneibuch', SudArch Beih. 28, 1992 – P. Dilg, 'arteny' und 'valschery', Arzneimittelsubstitution im Mittelalter (MGH Schr. 33, V, 1988) 703–22 – DERS., M. m. mediaevalis: Die Arzneimittelverse des Otho v. Cremona (um 1200), in: Das Lorscher Arzneibuch und die frühma. Medizin, 1991, 129–47.

Materia prima (m. cruda, m. confusa, himml. Hyle). In Anlehnung an die aristotel. Lehre von den →Elementen und die Konzeption der hyle, welcher durch die Entelechie erst die Individualstruktur eingeprägt wird, ist die M. p. in der Alchemie des MA der ungeformte jungfräul. Urstoff, dem durch spezif. Insemination bestimmte Strukturen eingeprägt werden – um damit willentl. auf das stoffl. Endprodukt Einfluß zu nehmen (→Magisterium) –, Grundlage der Transmutations-Theorie, basierend auf der angenommenen 'Biologie' der Mineralien und Metalle. Durch ars und τέχνη soll die Schöpfung nachgeahmt werden, als Wandlung, Läuterung und 'Vollendung' der Natur, woran sich auch die homunculus-Idee und die Vorstellung einer allheilenden →Panacee anlehnt. Zunächst ist es Ziel der operationes (→Alchemie, III), vorhandenen Stoff seiner Form zu 'entkleiden' (u. a. putrefactio) und diese M. p. dann durch neue Struktureinpflanzung zu veredeln. Auch das ersehnte Medium (semen) dazu, das →Elixir, die →Tinctur, der →Stein der Weisen, benötigt diese Verfahren, wobei – ein allemein. (Tarn-)Paradoxon – die Zielvorstellungen der Transmutation (z. B. Gold) und des verwandelnden Mediums (Elixir, Tinctur) sich z. T. überschneiden.

G. Jüttner

Lit.: H. BIEDERMANN, Handlex. der mag. Künste, 1968, 238ff. – DERS., M. p., 1973 – s. a. Lit. →Elemente, →Elixir, →Alchemie.

Matfre, Ermengaud → Ermengaud Matfre

Matfrid, Gf. v. →Orléans, † 836/837. Seit 815 am Hof Ks. Ludwigs d. Fr. nachweisbar, wurde M. mit wichtigen polit. und militär. Aufgaben betraut. Seine Bedeutung als maßgebl. Berater des Ks.s zeigt sich in der M. gewidmeten Schr. »De institutione laicali« des →Jonas v. Orléans, aber auch in →Agobards v. Lyon Kritik an der höf. Korruption. Wegen angebl. Versäumnisse bei einem Spanienfeldzug (827) wurden M. und Gf. →Hugo v. Tours (14. H.) im Febr. 828 ihrer Ämter und Lehen enthoben, vermutl. das Werk einer rivalisierenden Hofpartei um Ksn. →Judith und Gf. →Bernhard v. Barcelona, dessen Verwandter

Odo in M.s Gft. einrückte. Seither als Verfechter der Reichsidee der →Ordinatio imperii von 817 scharfer Gegner Ks. Ludwigs und Anhänger v. a. Ks. Lothars in den Aufständen v. 830 und 833/834, mußte sich M. trotz militär. Erfolge unterwerfen. Mit anderen frk. Adligen folgte er 834 Ks. Lothar nach Italien, wo er mit einem Großteil der frk. Aristokratie 836/837 einer Epidemie zum Opfer fiel. Seine vermutl. Nachkommen (HLAWITSCHKA) spielten sowohl in Lothars Umgebung als auch in der Gesch. →Lotharingiens (Matfridinger) eine wichtige Rolle.
 B. Schneidmüller

Lit.: B. SIMSON, JDG L.d.Fr. I–II, 1874 – H. H. ANTON, Fs.enspiegel und Herrscherethos in der Karolingerzeit, 1968, 212f. – E. BOSHOF, Ebf. Agobard v. Lyon, 1969, 131ff. – E. HLAWITSCHKA, Die Anfänge des Hauses Habsburg-Lothringen, 1969, 154ff. – K. BRUNNER, Oppositionelle Gruppen im Karolingerreich, 1979 – J. HANNIG, Consensus fidelium, 1982, 262ff. – A. KRAH, Absetzungsverfahren als Spiegelbild von Kg.smacht, 1987, 58ff. – Charlemagne's Heir, ed. P. GODMAN–R. COLLINS, 1990 [v. a. Beitr. R. COLLINS].

Mathematik

I. Ursprünge; Spätantike – II. Byzanz – III. Islamische Länder – IV. Abendland.

I. URSPRÜNGE; SPÄTANTIKE: Griech. Autoren führen den Ursprung der M. meist auf Ägypten zurück. So schreibt Aristoteles (Met. 981b, 20–25), daß die ägypt. Priesterschaft hierfür die nötige Muße hatte, während Herodot (II, 109) und Proklos darauf hinweisen, daß die jährl. wiederkehrenden Überschwemmungen des Nils eine ständige Neuvermessung der Ackerfläche bedingten, was zur Begründung der →Geometrie führte. Wenn auch aus ägypt. Zeit mehrere math. Texte überliefert sind (Papyrus Rhind, Moskauer Papyrus usw.), so ist doch aufgrund moderner Forschungen der Beitrag Mesopotamiens wesentlich höher einzuschätzen (GERICKE, 1984; WASCHKIES, 1989 usw.).

In Griechenland nahm die M. bald eine bes. Stellung innerhalb des Kanons der Wissenschaften ein und entwickelte sich zu einer bisher nie erreichten Blüte, die für das gesamte MA rahmensetzend bleiben sollte und erst in der NZ deutlich überschritten wurde. Schon die Pythagoreer betrieben die M. in ihren vier »mathemata« (Lehrgegenstände; davon später unter Bedeutungsverengung abgeleitet M.): Arithmetik, Geometrie, Astronomie und Musik (Harmonielehre), die bei →Boethius das »Quadrivium« bilden und von ihm zusammen mit dem »Trivium« (Grammatik, Dialektik, Rhetorik) zu den für das gesamte MA grundlegenden sieben →Artes liberales zusammengefaßt wurden. Zu den Höhepunkten der griech. M. zählen die Werke eines →Euklid, →Archimedes und Apollonios, die dank der Bemühungen und dem Interesse der Byzantiner und Araber zu einem beträchtl. Teil erhalten geblieben sind und seit dem 12. Jh. allmählich auch im Westen wieder zugänglich wurden. Wichtige Zentren der späteren griech. M. waren v.a. →Alexandria mit seinem Museion (Zerstörung der Gebäude um 270 n. Chr., der Nebenbibliothek am Serapeion um 390), wo nach der Überlieferung u. a. Euklid, Eratosthenes v. Kyrene, Apollonios, →Heron, →Ptolemaios, Diophantos, →Pappos, →Theon und →Hypatia wirkten, sowie die Platon. Akademie (geschlossen 529) in →Athen, wo in der Spätantike →Proklos Diadochos, →Domninos v. Larissa, →Marinos und →Simplikios lehrten. Nach der Schließung der »heidn.« Schulen zogen die letzten Gelehrten teils in den Mittleren Osten und leisteten dort zusammen mit anderen Emigranten einen wichtigen Beitrag zum Überleben der griech.-hellenist. Kultur bis zum Aufkommen der Araber.

II. BYZANZ: Die Hauptbedeutung von Byzanz innerhalb der Gesch. der M. liegt in der Bewahrung griech. Gedankenguts. In Alexandria, wo neben der heidn. Hochschule seit dem Ende des 2. Jh. auch eine christl. Katechetenschule bestand, an der außer den berühmten Kirchenlehrern ztw. vielleicht auch Neuplatoniker tätig waren wie an der Hochschule (reger Austausch mit neuplaton. Gelehrten in Athen und Konstantinopel), wirkten neben den obenerwähnten Wissenschaftlern u. a. der Christ und Polyhistor →Johannes Philoponos sowie →Eutokios v. Askalon, der wichtige Kommentare zu Apollonios und Archimedes verfaßte. An dem Bildungszentrum, das Theodosios II. im Jahr 425 in Konstantinopel errichtete, hatten auch die Lehrgegenstände des Quadriviums ihren Platz. Der Baumeister der Hagia Sophia, →Anthemios v. Tralleis, kam bei Untersuchungen über den Brennspiegel zu neuen Erkenntnissen über die Kegelschnitte; aus dem Umkreis seines Nachfolgers →Isidoros v. Milet stammt das sog. Buch XV von Euklids Elementen. Mit →Stephanos v. Alexandria, um 612 von Ks. Herakleios nach Konstantinopel berufen wurde und dort über Philosophie und das Quadrivium las, endet die erste Phase byz. M.

Anders als in der griech. Antike spielten in der byz. M., wie bei den Römern (→Varro, Balbus, →Frontinus, →Martianus Capella, →Macrobius, →Boethius, →Cassiodor usw.; →Vermessung), stets prakt. Interessen eine große Rolle; theoret. M. wurde meist nur als Propädeutik betrieben. Logistik, Geodäsie und andere elementare Stoffe des Quadriviums wurden an den Schulen gelehrt. Es gab geometr. Rezeptsammlungen, die seit dem 8. Jh. in zahlreichen Hss., oft unter dem Namen des →Heron, überliefert werden. Erhalten sind hiervon aus dieser ersten Periode Papyri und eine Holztafel aus dem 6. oder 7. Jh., auf denen u. a. Bruchrechnungen nach Art der Ägypter dargestellt sind, sowie →Rätsel aus der →Unterhaltungsm., die Metrodoros, ein Bruder des Anthemios, zusammenstellte.

Nachdem, u. a. wegen äußerer Feinde und innerer Auseinandersetzungen (→Bilderstreit), die Wiss. etwa 200 Jahre lang darniedergelegen hatte, förderten →Theophilos (829–842) und seine Nachfolger, v.a. die Ks. der →Makedon. Dynastie, neben der Architektur und Kunst auch die M. wieder. →Leon der Mathematiker, der um ca. 860 mit dem Philosophieunterricht an der neuorganisierten Schule im Magnaura-Palast in Konstantinopel betraut wurde, bemühte sich v.a. um die Erhaltung der math. Lit.; in dieser Zeit entstanden, bei der Einführung der Minuskelschrift, die Hss. der griech. Klassiker (Euklid, Diophantos, Apollonios, Archimedes, Ptolemaios), auf denen unsere Überlieferung beruht. Daneben gingen aus Leons Unterricht Erläuterungen zu Archimedes und Euklidscholien hervor; er selbst benutzte schon Buchstaben, um arithmet. Beziehungen allg. darzustellen. Unter →Konstantinos VII. Porphyrogennetos (913–959) entstanden Exzerptsammlungen und Enzyklopädien, darunter auch die Geodäsie des Heron v. Byzanz (ca. 938). Ebenfalls aus dem 10. Jh. stammt die griech. Euklidhs. (Vat. gr. 190), die eine vortheonische Redaktion der »Elemente« repräsentiert, und der Archimedes-Palimpsest, der u.a. die »Methodenlehre« überliefert. Der Polyhistor Michael →Psellos (1018–1078/97) verfaßte auch math. Schr.; sie zeigen den Einfluß neuplaton. und oriental. →Zahlenmystik. Unter Manuel I. (1143–80) gelangten griech. Hss. u.a. von Ptolemaios und Archimedes an den Normannenhof nach Sizilien; der →»Almagest« wurde dort ins Latein. übersetzt.

Seit dem 12. Jh. verbreiteten sich die ind.-arab. Ziffern

in Byzanz; ein Rechenbuch aus dem Jahre 1252, das die neuen Methoden lehrte, veranlaßte Maximos →Planudes, der auch die beiden ersten Bücher von Diophants Arithmetik kommentierte, um 1300 zu einem ähnl. Werk. Ein Schüler von Planudes, Manuel →Moschopulos, verfaßte eine (vermutl. von älteren arab. Texten beeinflußte) Abhandlung über →mag. Quadrate. Etwa gleichzeitig schrieb Johannes →Pediasimos Scholien zu Ptolemaios und Kleomedes, behandelte arithmet. Fragen und faßte die damaligen bescheidenen Kenntnisse auf dem Gebiete der Geometrie in einer geodät. Schrift zusammen. Zu erwähnen sind auch Georgios →Pachymeres (ca. 1242–1310) und seine wertvolle Abhandlung zum Quadrivium. Ein Schüler des auch math. gebildeten Logotheten Theodoros →Metochites (um 1270–1332) war der Polyhistor Nikephoros →Gregoras, der u.a. Schriften über das Astrolabium und über Quadratzahlen verfaßte. Zeitgenossen von Gregoras waren der Mönch →Barlaam aus Kalabrien, der u.a. eine Bruch- und Proportionenlehre verfaßte, und Nikolaos →Rhabdas (um 1341), der das Rechenbuch des Planudes überarbeitete, Probleme der Logistik behandelte und ein Verfahren angab, wie man die Zahlen unter 10000 mit Hilfe der Finger darstellen kann.

Über Trapezunt gelangte in der 1. Hälfte des 14.Jh. pers. Wissen nach Byzanz. Unter pers. Einfluß stand z.B. →Isaak Argyros (um 1350), der u.a. Scholien zu Euklid, zum Rechenbuch des Maximos Planudes sowie eine Geometrie nach Art des Heron verfaßte. In den letzten Jahrzehnten vor dem Untergang des Reiches (1453) ist nur noch ein Interesse an den elementaren Zweigen der M. (Logistik, Geodäsie, Quadrivium) feststellbar. →Bessarion, →Georg v. Trapezunt und andere Gelehrte brachten aber in großem Umfang griech. Hss. nach Italien und ermöglichten dadurch das Wiederaufleben griech. M. im Westen. →Byz. Lit., →Übersetzungen.

M. Folkerts/E. Neuenschwander

III. ISLAMISCHE LÄNDER: Die arab. Lehrbücher zur Arithmetik, wie das frühe →al-Ḫwārizmīs (ca. 820) und das spätere →Kūšyār b. Labbāns, unterscheiden sich wegen der frühen Aneignung des ind. Zahlensystems und des damit verbundenen Rechnens inhaltl. nur wenig (→Rechenkunst, →Rechenbücher, →Zahl). Nach der Erklärung des Stellenwertsystems werden die Grundoperationen der Addition, Subtraktion, Multiplikation, Division, ihre Proben (zumeist nur die Neunerprobe), dazu manchmal die Sonderfälle der Halbierung und der Verdoppelung, für ganze Zahlen und Brüche erläutert. Weiter werden das Quadratwurzelziehen, manchmal auch das Kubikwurzelziehen und dazugehörige Näherungsverfahren sowie das Rechnen mit quadrat. und kub. Irrationalitäten dargelegt. Die Grundoperationen werden auch für die in der Astronomie gebräuchl. Sexagesimalbrüche erklärt. Bei →al-Uqlīdisī (ca. 950) werden zusätzl. die Dezimalbrüche eingeführt (dabei dient ein Trennungszeichen zur Abgrenzung der ganzen und dezimalen Stellen); dies findet man im 15.Jh. wieder bei →al-Kāšī und im Abendland bei F. Pellos. Derselbe al-Kāšī bringt auch ein Iterationsverfahren zur numer. Auflösung der Gleichungen 3. Grades. Der binom. Lehrsatz für natürl. Exponenten war bereits →al-Karaǧī (ca. 1000) bekannt, der die Werte der Binominalkoeffizienten mit Hilfe des sog. Pascalschen Dreiecks ableitete.

Die (theoret.) Geometrie lernten die islam. Gelehrten aus den Übers. griech. Werke kennen, wie z.B. der Elemente Euklids, der Kegelschnitte des Apollonios und einiger Schr. des Archimedes. Durch die Diskussionen um das 5. Postulat Euklids (sog. Parallelenpostulat) ergaben sich erste Ansätze zur nichteuklid. Geometrie (→Ṯābit b. Qurra, →Ibn al-Haiṯam, →ʿUmar al-Ḫaiyām, →Nāṣiraddīn aṭ-Ṭūsī). Die Fortsetzung griech. Untersuchungen erfolgte sowohl im Rahmen der Geometrie Euklids, d.h. anhand von mit Zirkel und Lineal allein durchführbaren Aufgaben – die auf Gleichungen 1. und 2. Grades führen –, als auch in Aufgaben, die jenseits dieser Einschränkung liegen: Winkeldreiteilung, Konstruktion der Seite des regelmäßigen Sieben- und Neunecks (→al-Kūhī, Abū l-Ǧūd, →al-Bīrūnī); im letzteren Fall wurden Kegelschnitte zur Lösung der zugrundeliegenden Gleichungen 3. Grades benutzt. Vorstudien zur Integralrechnung bilden die Quadratur der Parabel, die Volumenberechnung von Rotationskörpern und die Bestimmung von Schwerpunkten durch Ṯābit b. Qurra, al-Kūhī und Ibn al-Haiṯam. In seiner Optik ermittelte der letztgenannte die Reflexionsstellen an sphär., zylindr. und kon. Spiegeln unter Vorgabe der Lage von Lichtquelle und Auge (Auflösung von Gleichungen 4. Grades mit Kegelschnitten).

Neben diesen theoret. Werken gab es prakt. Anleitungen zur Messung von Figuren und Körpern sowie zur Berechnung der Höhe oder Entfernung unerreichbarer Objekte (→Abū l-Wafāʾ). Im letzteren Falle wurde z.T. ebene →Trigonometrie benutzt, deren Grundlagen von den Indern erhalten worden waren, die aber von den islam. Gelehrten beträchtl. erweitert wurde (Einführung der 6 trigonometr. Funktionen). Für die Astronomie war die sphär. Trigonometrie von Bedeutung, die durch die islam. Gelehrten, ausgehend von griech. Abhandlungen zur Sphärik, ihr modernes Gesicht erhielt (Abū l-Wafāʾ, al-Bīrūnī, →al-Battānī, Nāṣiraddīn aṭ-Ṭūsī). Für den Gebrauch der Astronomen und Geographen entstanden hervorragende astron. und math. →Tafeln. Unter Benutzung von Euklids Elementen wurden auch neue Untersuchungen zur Zahlentheorie durchgeführt, deren berühmtestes Ergebnis der Satz Ṯābit b. Qurras zur Ermittlung sog. »befreundeter Zahlen« ist – d.h. von Zahlenpaaren, bei denen die Summe der Teiler der einen (sie selbst ausgenommen) gleich der anderen ist.

Für die Entwicklung der Algebra spielte das Grundwerk al-Ḫwārizmīs trotz seines elementaren Charakters eine wichtige Rolle, denn es enthielt bereits alle wesentl. Züge, die sich auch in den späteren Werken (zuerst bei →Abū Kāmil, ca. 900) finden: die algebraischen Identitäten und die Auflösung der Gleichung 2. Grades werden anhand von geometr. Darstellungen erläutert, irrationale Größen (in der Form von Wurzelausdrücken) werden zugelassen, die Algebra wird zur Berechnung unbekannter Größen in geometr. und kaufmänn. Problemen angewandt. Wie bei den Babyloniern und Griechen betrachtete man nur Gleichungen mit positiven Koeffizienten und mindestens einer positiven Lösung. Die Gleichung 2. Grades (inkl. degenerierte Fälle) erschien deshalb unter sechs verschiedenen Grundformen ($ax^2 = bx$, $ax^2 = c$, $bx = c$; $ax^2 + bx = c$, $ax^2 + c = bx$, $bx + c = ax^2$), auf welche sich die Ausgangsgleichung durch Anwendung zweier Grundoperationen zurückführen läßt, nämlich al-ǧabr ('Wiederherstellung', d.h. Beseitigung eines Gliedes, das abgezogen ist, durch dessen Addition auf beiden Seiten der Gleichung) und al-muqābala ('Gegenüberstellung', d.h. Wegnahme gleicher Gliederteile auf beiden Seiten der Gleichung); daher wurde die Algebra als (Kunst von) al-ǧabr und al-muqābala, später al-ǧabr allein bezeichnet (woraus unser Wort Algebra). Dementsprechend ließen sich die Gleichungen 3. Grades auf 25 bzw. 14 verschiedene Grundformen zurückführen; nach einigen Vorarbeiten im 10.–11.Jh. gelang es ʿUmar al-Ḫaiyām, die letztgenannten 14 Fälle mit Hilfe von Kegelschnitten geometrisch zu lösen, was als eine der Glanzleistungen der islam. M. gilt und ein weiteres Beispiel für die enge Beziehung zw. Geometrie und Algebra in der islam. M. bildet.

Die vorwiegende Benutzung der Algebra zur Lösung von Aufgaben aus dem Handelsverkehr und dem tägl. Leben hinderte nicht, daß die →Unterhaltungsm. (die man zuvor, wenn auch in geringerem Maße, bereits bei den Griechen findet) zu einem wesentl. Bestandteil jedes Lehrbuchs wurde. Dabei wurden allgemeine Lösungsformeln für Systeme von linearen Gleichungen aufgestellt (zuerst von Abū Kāmil und al-Karağī), wobei die Anfangsbedingungen nach Belieben vermehrt und verwickelt wurden; dies gipfelte in den Werken des (in arab. Ländern geschulten) →Leonardo Fibonacci. Unter den math. Spielen am weitesten entwickelt waren die Herstellungsverfahren für →mag. Quadrate, für welche die islam. Gelehrten anscheinend ohne Vorläufer waren.

J. Sesiano/E. Neuenschwander

IV. ABENDLAND: Im westl. MA war bis zum 11. Jh. nur ein Teil des griech. math. Wissens zugänglich. Wegen geringer griech. Sprachkenntnisse war man auf die dürftigen Texte der Römer zur M. und die wenigen lat. Übersetzungen griech. math. Schriften angewiesen. Am wichtigsten waren die Werke des →Boethius; seine weitverbreitete, auf Nikomachos zurückgehende Arithmetik informierte die ma. Gelehrten über die Zahlentheorie der Pythagoreer. Durch Boethius und →Cassiodor wurden Arithmetik, Geometrie, →Astronomie und →Musik (Harmonielehre) als »Quadrivium« verbindl. Gegenstand des weltl. Unterrichts an →Kloster- und →Domschulen, seit dem 12. Jh. auch an den →Universitäten (→Artes liberales). Die im Zusammenhang mit der Berechnung des →Osterfests (s. a. →Osterstreit) entwickelte →Komputistik wurde durch →Beda abgeschlossen und dann bis etwa 1500 verfahrensmäßig immer weiter mechanisiert (s. a. →Chronologie). →Gerbert v. Aurillac führte im Klosterbereich ein Rechenbrett (→Abakus) ein, das mit Rechensteinen arbeitete, auf denen bereits die arab. Ziffern vermerkt waren (→Apices, →Zahl); doch setzten diese sich damals nicht allg. durch. In der →Geometrie benutzte man v.a. die Schriften der röm. Feldmesser (→Vermessung) und Exzerpte aus der Euklidübersetzung des Boethius, die im 7./8. Jh. in →Corbie, dem ersten geometr. Zentrum der westl. Welt, gesammelt wurden, wo im 8./9. Jh. auch die sog. Geometrie I des Boethius entstand. Einflußreich war auch Gerberts (allerdings nur fragmentar. erhaltene) Geometrie. In Verbindung mit Diskussionen um geometr. Grundbegriffe (»Winkelstreit«) verfaßte →Franco v. Lüttich kurz vor 1050 eine Abhandlung zur →Kreisquadratur.

Math. Aufgabensammlungen, die der Unterhaltung und Belehrung dienen sollten, wurden schon um 800 zusammengestellt; die wichtigste stammt vermutl. von →Alkuin. Im Hoch- und SpätMA waren derartige Aufgaben in Slg. en der Klosterlit. (»Enigmata«, »Subtilitates«) und später bei den Rechenmeistern sehr beliebt (→Rätsel, →Unterhaltungsm.). – Ausgehend von zahlentheoret. Problemen, die mit Boethius' Arithmetik zusammenhängen, wurde um 1030 in Süddeutschland (Würzburg) die →Rithmimachie entwickelt, ein Brettspiel, dessen Figuren die pythagoreischen Zahlenverhältnisse repräsentieren und welches das Verständnis für die Arithmetik und die anderen Fächer des Quadriviums wecken sollte.

Mit dem 12. Jh. beginnt eine neue Phase der westl. M.: Durch die staatl. geförderte Übersetzertätigkeit (→Übersetzer, Übersetzung) aus dem Arab. ins Lat., zu der sich seit dem Beginn des 12. Jh. in →Toledo (Rückeroberung 1085), →Córdoba und anderen Teilen Spaniens Gelehrte aus ganz Europa einfanden, und durch vereinzelte Anstrengungen in anderen Teilen des Mittelmeerraumes wurden auch die wichtigsten math. Werke der Griechen und Araber in lat. Sprache zugänglich (→Adelard v. Bath, →Johannes v. Sevilla, →Hermann v. Carinthia, →Robert v. Chester, →Dominicus Gundissalinus, →Gerhard v. Cremona). Weniger verbreitet waren Übers. direkt aus dem Griech., die um 1160 in Unteritalien/Sizilien entstanden (z.B. Euklid, Ptolemaios), und die spätere Übersetzung der Schriften des Archimedes durch →Wilhelm v. Moerbeke (1269). Gegen Ende des 12. Jh. standen als Ergebnis dieser Bemühungen u.a. die Elemente →Euklids, die Sphärik von Theodosios und Menelaos, die Kreismessung des →Archimedes, der →Almagest des →Ptolemaios sowie die Arbeiten →al-Ḫwārizmīs zur Arithmetik und Algebra zur Verfügung; allein Gerhard v. Cremona soll nach Angaben seiner Schüler über 80 wiss. Werke ins Lat. übersetzt haben. Die Übers. von al-Ḫwārizmīs Arithmetik führte zur Entstehung der sog. Algorismus-Traktate (benannt nach der mlat. Umschrift von al-Ḫwārizmī), in denen die ind.-arab. Ziffern und das schriftl. Rechnen mit ihnen behandelt wurden. Neben den vier Grundrechenarten wurden auch das Verdoppeln und Halbieren, einfache (arithmet. und geometr.) Reihen und das Wurzelziehen gelehrt. V.a. durch die Algorismen von →Johannes de Sacrobosco und →Alexander de Villa Dei wurden diese Inhalte in den Unterricht der Artistenfakultät an den neuentstandenen Univ. eingeführt und später auch im Volk bekannt; jedoch dauerte es bis zum 15. Jh., ehe die röm. Ziffern und das Rechnen auf dem Rechenbrett (→Abakus) allmählich durch die neuen Verfahren verdrängt wurden. Das kaufmänn. Rechnen nach den neuen (ind.-arab.) Methoden setzte sich seit →Leonardo Fibonacci zunächst in Italien, dann aber auch in den Handelsstädten Süddeutschlands und Südfrankreichs durch, wo Rechenmeister (*maestri d'abbaco*, z.B. Paolo dell'Abbaco, Pietro →Borghi, Luca →Pacioli) an privaten oder städt. Rechenschulen in der Volkssprache unterrichteten (→Rechenbücher, →Rechenkunst, Rechenmethoden; →Zahl, Ziffer).

Theoret. M. wurde im Rahmen des Quadriviums an den ma. Univ. betrieben, und zwar zunächst in →Paris und →Oxford. Als »Lehrbuch« dienten hauptsächl. didakt. Bearbeitungen der Elemente→Euklids; am verbreitetsten war diejenige des →Campanus v. Novara (um 1250; 1482 erstmals gedr.). Sie sollten den Studenten der Artes liberales auch Beihilfe zur Lösung nicht-math., v.a. philos. Fragen geben: In Verbindung mit dem Studium der aristotel. Schriften und der Kommentare dazu stieß man auf Probleme des Unendlichen und der Stetigkeit und versuchte, Formeln für die Bewegung eines Körpers anzugeben. Die lat. Euklidbearbeitungen lieferten die hierzu benötigten math. Grundlagen, indem sie die Proportionenlehre für die formelmäßige Darstellung der Bewegung zur Verfügung stellten und sich mit der Teilbarkeit von Größen und ihrem kleinsten gemeinsamen Maß beschäftigten. Dies führte im 14. und 15. Jh. zu schöpfer. Leistungen, die über das griech.-arab. Erbe hinausgingen: Thomas →Bradwardine, der in der 1. Hälfte des 14. Jh. in Oxford am Merton College wirkte, warf die Frage auf, ob sich das →Continuum ohne Ende teilen lasse oder ob es (endlich oder unendlich viele) kleinste Teile (Indivisibeln) gebe; dabei nahm er mengentheoret. Paradoxa vorweg. – Die Frage, ob der Winkel zw. Kreisbogen und -tangente (Kontingenzwinkel) den Wert Null habe oder nicht, führte zur Kritik an der griech. Vorstellung, eine stetige Größe durchlaufe alle Zwischenwerte, wenn sie von einem kleineren zu einem größeren Wert übergehe. – Um den Zusammenhang zw. bewegender Kraft, Widerstand und Geschwindigkeit im Sinne des Aristoteles zu ermitteln, stellte Bradwardine ein exponentielles Bewegungsgesetz auf. Dies regte den in Paris lehrenden →Nikolaus Oresme dazu an, Regeln für das Operieren mit gebrochenen Verhältnissen zu schaffen und dadurch den Potenzbegriff auf positive gebrochene Exponenten zu erweitern. – In Paris und am Merton College (→Mertonschule) wurde im 14. Jh. auch die Lehre von den Formlatituden (→Latitudines formarum) behandelt. Dabei wird die räuml. bzw. zeitl. Veränderung der Intensität der aristotel. Qualitäten (z. B. Wärme, Dichte, Geschwindigkeit) symbolisch durch geometr. Figuren dargestellt. Bei der Geschwindigkeit gibt die Länge ('longitudo') die Zeit, in der die Bewegung erfolgt, und die Breite ('latitudo') die Größe (Intensität) der Geschwindigkeit an; die Fläche der Figur ('configuratio') ist ein Maß für den Wert der Qualität, d. h. für den zurückgelegten Weg (→Bewegung, →Dynamik, →Kinematik). Dies ist der erste Versuch, funktionale Abhängigkeiten graphisch darzustellen; erst im 17. Jh. bildete sich bei Pierre de Fermat und René Descartes eine Koordinatengeometrie aus. Mit Hilfe der Theorie der Formlatituden untersuchte man auch den Wert unendlicher Reihen. So betrachtete →Richard Swineshead eine Qualitätsveränderung, bei der das Zeitintervall 1 in die Abschnitte $\frac{1}{2}, \frac{1}{4}, \ldots, \frac{1}{2^n}, \ldots$ unterteilt ist und die Intensitäten in den aufeinanderfolgenden Intervallen wie die Glieder einer arithmet. Folge 1, 2, 3, … wachsen. Er bewies, daß die mittlere Intensität gleich der Intensität im zweiten Teilintervall ist, d.h. $\frac{1}{2} \cdot 1 + \frac{1}{4} \cdot 2 + \ldots + \frac{1}{2^n} \cdot n + \ldots = 2$. Auf ähnl. Weise bewies man die Konvergenz anderer Reihen, sogar solcher, die auf den Logarithmus führen, und die Divergenz der harmon. Reihe (Nikolaus Oresme, Alvarus →Thomas).

Auch zur theoret. Arithmetik lieferten Gelehrte des HochMA originelle Beiträge. Nach dem Muster von Euklids »Elementen« verfaßte →Jordanus Nemorarius (1. Hälfte des 13. Jh.) eine axiomatisch aufgebaute Arithmetik, die ohne geometr. Hilfsmittel auskommt und – anders als Boethius' Arithmetik – alle Sätze beweist. Jordanus findet neue Sätze über Proportionen, die auf Euklid (Elemente, Buch VII–IX) aufbauen, er löst unbestimmte Gleichungen nach der Methode der Inder und beweist zahlentheoret. Sätze. Mit arithmet. Fragen befaßte sich wenig später auch der wohl bekannteste ma. Mathematiker, →Leonardo Fibonacci, der im Anschluß an die Araber die Auflösung linearer Gleichungssysteme sowie der Gleichung 2. Grades studierte und sich auch mit der numer. Lösung der Gleichung 3. Grades beschäftigte. Leonardos Schriften haben die it. *maestri d'abbaco* bis auf Luca →Pacioli entscheidend beeinflußt und zumindest indirekt wohl auch auf dt. und frz. Mathematiker wie Nicolas →Chuquet und →Regiomontanus eingewirkt. Beredtes Zeugnis von der damaligen Verbreitung der Algebra in Italien legen die gegen 300 bis jetzt bekannten Traktate zu Algebra und Elementarmathematik ab, die vor 1500 dort entstanden. Die allg. algebraische Auflösung der Gleichung 3. Grades gelang jedoch erst Scipione del Ferro (1465–1526); Girolamo Cardano (1501–76) veröffentlichte sie 1545 in der »Ars magna« gleichzeitig mit der von Ludovico Ferrari (1522–65) gefundenen Lösung der Gleichung 4. Grades. – In Italien wurde vor 1380 auch eine algebraische Symbolik entwickelt, bei der die Unbekannte (lat. res, radix; it. *cosa*; dt. *Coß*; daraus später der zeitgenöss. Name der Renaissance-Algebra: *Coß* sowie *Cossisten*) und ihr Quadrat durch Buchstaben bezeichnet wurden. Ähnl. Ansätze finden sich bereits bei Diophantos und den Arabern sowie später z. B. bei Luca Pacioli. Das heute übliche Symbol für die Wurzel und die Zeichen + und − sind jedoch das Ergebnis einer Entwicklung im süddt. Raum, die um 1450 beginnt (Regiomontanus, Fridericus →Gerhart), sich an den Univ. Wien, Erfurt und Leipzig (Johannes →Widman, um 1486) fortsetzt und um 1525 einen ersten Abschluß findet (Grammateus, Adam Ries).

Aufbauend auf arab. Quellen, wurden auch trigonometr. →Tafeln erstellt, von denen die des →Johannes de Lineriis besonders verbreitet waren; sie dienten i. a. astron. Berechnungen. Die Verbindung zw. →Trigonometrie und →Astronomie blieb bis zum 15. Jh. sehr eng (→Johannes v. Gmunden, Giovanni →Bianchini). Erst →Regiomontanus verfaßte nach 1460 (gedr. 1533) eine Darstellung der ebenen und sphär. Trigonometrie, die erstmals in Westeuropa von astron. Anwendungen losgelöst ist. Mit Regiomontanus, der auch Sinus- und Tangenstafeln berechnete, beginnt die Entwicklung der Trigonometrie als selbständige math. Disziplin.

In der prakt. Geometrie benutzte man im MA Näherungsformeln zur Flächen- und Inhaltsbestimmung, die in der Tradition der röm. Feldmesser standen (→Vermessung, →Geometrie); bes. einflußreich waren die »Practica geometriae« von →Hugo v. St-Victor, →Leonardo Fibonacci und →Dominicus de Clavasio, denen mehrere ähnl. Werke folgten. Über die Arbeit der Baumeister informieren →Bauhüttenbücher, insbes. jenes von →Villard de Honnecourt (um 1235). Mit der Inhaltsbestimmung von Weinfässern beschäftigten sich Visiertraktate (→Visierkunst), erwähnt seit Mitte des 14. Jh. und im 15.–17. Jh. mit dem Aufschwung des →Weinhandels allg. verbreitet. Die Bedürfnisse des Handels und des →Finanzwesens in den europ. Monarchien und in den Kommunen Italiens führten zum Aufschwung des →Bankwesens und der →Buchhaltung, was die Entstehung des Berufsstandes der Rechenmeister begünstigte, der wesentl. zur weiteren Entwicklung von Arithmetik und Algebra beitrug. In Verbindung mit Malerei und Architektur behandelten toskan. Künstler des SpätMA und der Renaissance (→Brunelleschi, →Ghiberti, L. B. →Alberti, →Uccello, →Piero della Francesca, Leonardo da Vinci) auch Probleme der →Perspektive und veranlaßten dadurch, daß dieses Gebiet seit dem 16. Jahrhundert von Mathematikern wiss. behandelt wurde. Praktiker haben somit im ausgehenden MA und der Renaissance den weiteren Aufschwung der M. wesentlich beeinflußt.

M. Folkerts/E. Neuenschwander

Lit.: allg. und zu [I]: DSB – RE – SARTON – THORNDIKE-KIBRE – Tusculum-Lexikon – C. KREN, Medieval Science and Technology. A Selected, Annotated Bibliography, 1985 – S. GÜNTHER, Gesch. des math. Unterrichts im dt. MA bis zum Jahre 1525, 1887 [Neudr. 1969] – T. L. HEATH, A Hist. of Greek Mathematics, 1921 – M. CLAGETT, Archimedes in the MA, 5 Bde, 1964–84 – A. P. JUSCHKEWITSCH, Gesch. der M. im MA, 1964 [frz. Teilübers.: Les mathématiques arabes, 1976] – F. ROSENTHAL, Das Fortleben der Antike im Islam, 1965 [engl. Übers.: The Classical Heritage in Islam, 1975] – A Source Book in Medieval Science, hg. E. GRANT, 1974 – W. M. FELDMAN, Rabbinical Mathematics and Astronomy, 1978³ – Science in the MA, hg. D. C. LINDBERG, 1978 – M. CLAGETT, Stud. in Medieval Physics and Mathematics, 1979 – J. TROPFKE, Gesch. der Elementarmathematik, 1, 1980⁴ – Infinity and Continuity in Ancient and Medieval Thought, hg. N. KRETZMANN, 1982 – Mensura. Maß, Zahl, Zahlensymbolik im MA, hg. A. ZIMMERMANN, Misc. mediaevalia 16, 1983/84 – H. GERICKE, M. in Antike und Orient, 1984 – CH. J. SCRIBA, Die math. Wiss. im ma. Bildungskanon der Sieben Freien Künste, Acta hist. Leopoldina 16, 1985, 25–54 – Mathematics and its Applications to Science and Natural

Philos. in the MA, hg. E. GRANT – J. E. MURDOCH (Essays M. CLAGETT, 1987) – M. FOLKERTS, Die Bedeutung des lat. MA für die Entwicklung der M. (CH. HÜNEMÖRDER, Wissenschaftsgesch. heute, 1987), 87–114 – K. VOGEL, Kleinere Schr. zur Gesch. der M., Boethius 20, 1988 – Traduction et traducteurs au MÂ, hg. G. CONTAMINE, 1989 – M. FOLKERTS, E. KNOBLOCH, K. REICH, Maß, Zahl und Gewicht: M. als Schlüssel zu Weltverständnis und Weltbeherrschung, 1989 – W. R. KNORR, Textual Stud. in Ancient and Medieval Geometry, 1989 – D. J. O'MEARA, Pythagoras Revived. Mathematics and Philos. in Late Antiquity, 1989 – H.-J. WASCHKIES, Anfänge der Arithmetik im Alten Orient und bei den Griechen, 1989 – A. BORST, Computus. Zeit und Zahl in der Gesch. Europas, 1990 – H. GERICKE, M. im Abendland: Von den röm. Feldmessern bis zu Descartes, 1990 [weitere Lit.].

Zu [II]: The Oxford Dict. of Byzantium, hg. A. P. KAZHDAN, 1991 – H. HUNGER–K. VOGEL, Ein byz. Rechenbuch des 15. Jh., DÖAW, Philos.-hist. Kl. 78, Abh. 2, 1963 – K. VOGEL, Byz. Science (CMH 4, Part 2, 1967, Ch. 28), 264–305, 452–470 – DERS., Ein byz. Rechenbuch des frühen 14. Jh., Wiener Byzantinist. Stud. 6, 1968 – E. SCHILBACH, Byz. Metrologie (HAW, Abt. 12, T. 4, 1970) – DERS., Byz. Metrolog. Q., 1970 – HUNGER, Profane Lit., Kap. 9 [Lit.] – N. STULOFF, M. in Byzanz (K. VOGEL in memoriam: Vier Vorträge, 1988), 39–62 – s.a. Lit. zu I (HEATH, 1921, Bd. 2, 518ff usw.).

Zu [III]: EI¹, EI² – SEZGIN V [Zusätze VIIff.] – F. WOEPCKE, Études sur les mathématiques arabo-islamiques, 1842–74 [Nachdr. 1986] – E. WIEDEMANN, Ges. Schr. zur arab.-islam. Wiss.gesch., 1876–1927 [Nachdr. 1984] – H. SUTER, Beitr. zur Gesch. der M. und Astronomie im Islam, 1892–1922 [Nachdr. 1986] – E. WIEDEMANN, Aufs. zur arab. Wiss.gesch., 1902–28 [Nachdr. 1970] – C. SCHOY, Beitr. zur arab.-islam. M. und Astronomie, 1911–26 [Nachdr. 1988] – A. ANBOUBA, L'algèbre arabe aux IXᵉ et Xᵉ s., Journal for the Hist. of Arabic Science 2, 1978, 66–100 – A. DJAFARI NAINI, Gesch. der Zahlentheorie im Orient, 1982 – G. MATVIEVSKAYA–B. ROZENFELD, Matematiki i astronomyi musulmanskovo srednevekovia i ikh trudyi, 3 Bde, 1983 – R. RASHED, Entre arithmétique et algèbre: Recherches sur l'hist. des mathématiques arabes, 1984 – G. J. TOOMER, Lost Greek Mathematical Works in Arabic Translation, Mathematical Intelligencer 6.2, 1984, 32–38 – J. L. BERGGREN, Episodes in the Mathematics of Medieval Islam, 1986 – K. JAOUICHE, La théorie des parallèles en pays d'Islam: Contribution à la préhist. des géométries non-euclidiennes, 1986 – E. NEUENSCHWANDER, Reflections on the Sources of Arabic Geometry, SudArch 72, 1988, 160–169 – Gesch. der Algebra, hg. E. SCHOLZ, 1990, Kap. 4–5 – U. REBSTOCK, Rechnen im islam. Orient, 1992 – s.a. Lit. zu I (JUSCHKEWITSCH, 1964/1976; ROSENTHAL, 1965/1975 usw.).

Zu [IV]: H. L. L. BUSARD, Über unendl. Reihen im MA, L'Enseignement math. 8, 1962, 281–290 – DERS., Quelques sujets de l'hist. des math. au MÂ, Conférence Palais de la Découverte, No. D 125, 1968 – M. FOLKERTS, Math. Aufgabenslg.en aus dem ausgehenden MA, SudArch 55, 1971, 58–75 – L. R. SHELBY, The Geometr. Knowledge of Mediaeval Master Masons, Speculum 47, 1972, 395–421 – W. KAUNZNER, Beitr. zur math. Lit. des 13. bis 16. Jh., SudArch 57, 1973, 315–328 – P. L. ROSE, The It. Renaissance of Mathematics, 1975 – G. R. EVANS, The »Sub-Euclidean« Geometry of the Earlier MA, up to the Mid-12th Cent., AHExSc 16, 1976, 105–118 – K. VOGEL, Ein it. Rechenbuch aus dem 14. Jh., Veröff. des Forsch.inst. des Dt. Mus. ..., Reihe C, Bd. 33, 1977 – W. KAUNZNER, Über die Hs. Clm 26639 der Bayer. Staatsbibl. München: Eine mögl. Q. zu Widmanns dt. Rechenbuch von 1489, 1978 – H. LANGE, Les données math. des traités du XIIᵉ s. sur la symbolique des nombres, Cah. de l'Inst. du MÂ Grec et Latin. Univ. de Copenhague 32, 1979 – ST. K. VICTOR, Practical Geometry in the High MA, Memoirs of the American Philos. Soc. 134, 1979 – W. VAN EGMOND, Practical Mathematics in the It. Renaissance: A Catalog of It. Abbacus Ms. and Printed Books to 1600, 1980 – J. SESIANO, Une arithmétique médiévale en langue provençale, Centaurus 27, 1984, 26–75 – W. BERGMANN, Innovationen im Quadrivium des 10. und 11. Jh., 1985 – R. FRANCI–L. TOTI RIGATELLI, Towards a Hist. of Algebra from Leonardo of Pisa to Luca Pacioli, Janus 72, 1985, 17–82 – J. SESIANO, The Appearance of Negative Solutions in Mediaeval Mathematics, AHExSc 32, 1985, 105–150 – A. BORST, Das ma. Zahlenkampfspiel, 1986 – W. KAUNZNER, Über Charakteristika in der ma. abendländ. M., Math. Semesterber. 34, 1987, 143–186 – J. SESIANO, Survivance médiévale en Hispanie d'un problème né en Mésopotamie, Centaurus 30, 1987, 18–61 – Mathematics from Manuscript to Print: 1300–1600, hg. C. HAY, 1988 – A. GERL, Trigonometr.-astron. Rechnen kurz vor Copernicus, Boethius 21, 1989 – H. L. L. BUSARD, Jordanus de Nemore, De elementis arithmetice artis, Boethius 22, 1991.

Matheolus → Matthaeus v. Boulogne

Matheus. 1. M. (v. Aiello), siz. Kanzler, civis von Salerno, wohl aus der städt. Oberschicht, † 21. Juli 1193; in der siz. Kg.skanzlei nahezu 40 Jahre lang nachweisbar: als Notar (ab 1154), magister notarius (1166), Vizekanzler (1169), Kanzler (1190). Eltern: Nicolaus († vor 1168); Marotta († 1173); Brüder: Konstantin, Abt v. Venosa (* um 1152, † vor 1168); Johannes, Elekt v. Catania († 1169); Roger, Oberrichter in Sorrent, als erster der Familie in den Ritterstand aufgestiegen († vor 1171). ⚭ 1. Sica Capece aus Neapel († vor 1171), 2. Iudith († 1180), von Petrus v. Eboli als Bigamist verleumdet. Söhne: Richard; Nicolaus, Ebf. v. Salerno (1182–1221); Johannes; Wilhelm de Lictera. Der Beiname *de Agello* wurde erst im 13. Jh. von Nachkommen des Gf.en Richard angenommen, für M. ist er in den Q. nicht belegt. Am Hof in Palermo erzogen, wurde M. enger Mitarbeiter des Admirals →Maio v. Bari. Wilhelm I. ernannte ihn 1166 zum Familiaren und magister notarius und stellte ihn mit dem Elekten Richard v. Syrakus als Ratgeber der Regentin Margarita (→Margarethe) zur Seite. Obwohl ihn der von ihr ins Land geholte Kanzler Stephan 1168 ohne Grund einkerkerte, gelang es ihm, dessen Sturz herbeizuführen. Als Mitglied des Familiarenkollegiums ist M. danach in allen Privilegien als Datar genannt; als Vizekanzler bekämpfte er die stauferfreundl. Politik Ebf. Walters v. Palermo. In seinem Amt erwarb er großen Besitz, den er für fromme Stiftungen in Palermo und Salerno nutzte. Nach dem Tode Wilhelms II. (1189) setzte er die Erhebung →Tankreds v. Lecce zum Kg. v. Sizilien durch und wurde 1190 mit dem Kanzleramt belohnt. Sein Sohn Richard, um 1192 zum Gf.en v. Aiello ernannt, vertrat ihn wegen Krankheit öfters im Amte. H. Enzensberger

Lit.: K. A. KEHR, Die Urkk. der norm.-sic. Kg.e, 1902, 54ff., 89ff. – R. FRASCONA, Il cancelliere M. d'A., 1920 – H. ENZENSBERGER, Beitr. zum Kanzlei- und Urk.wesen der norm. Herrscher Unteritaliens und Siziliens, 1971, 54–57 u.ö. – N. KAMP, Kirche und Monarchie im stauf. Kgr. Sizilien, I, 1973–1982, 425ff., 1388 u.ö. – H. ENZENSBERGER (Potere, società e popolo nell'età dei due Guglielmi, 1981), 103–138, bes. 120–123 – H. HOUBEN, Il »libro del capitolo« del monastero della SS. Trinità di Venosa (Cod. Casin. 334), 1984, 144, 148, 159 – H. ENZENSBERGER (Mediterraneo mediev. [Fschr. F. GIUNTA, 1989]), 393–415, bes. 395, 398.

2. M. de Libris, † 1275, Sohn eines Buchhändlers (daher vielleicht der Beiname) Albertus, Mag., öffentl. Notar in Bologna, schrieb eine »Doctrina salutationum« sowie eine kürzere und eine längere, dem Kard. Ottobonus Fliscus (1251–76, später Hadrian V.) gewidmete »Summa artis dictaminis« mit zahlreichen Briefen und Briefanfängen, die als Formularbehelfe für den Podestà und andere Beamte der Stadt Bologna, aber auch für Kleriker, Studenten und Bürger gedacht waren. Für die Gesch. der it. Schriftsprache sind wichtig seine in Volgare abgefaßten »Arringhe« (oder »Dicerie«); eine Slg. von 66 Mustern für öffentl. Reden in der Nachfolge des →Guido Faba. H. M. Schaller

Ed. und Lit.: P. O. KRISTELLER, Matteo de' Libri, Bolognese Notary of the Thirteenth Cent. and his Artes dictaminis, Fontes Ambrosiani 26, 1951, 283–320 [Teiled.] – E. VINCENTI, Matteo de Libri, Arringhe, 1974, 1–182 [Ed.].

Mathieu → Matthaeus (Matthäus)

Mathilde (s.a. Mahaut; s.a. Mechthild)

1. M., *Kgn. des ostfrk.-dt. Reiches,* hl. (Fest: 14. März), * ca. 896, † 14. März 968 Quedlinburg, ⌂ ebd.; Tochter Gf.

Dietrichs aus dem Geschlecht des Sachsenhzg.s →Widukind und der Reinhild aus dän. und fries. Geschlecht; ⚭ 909 Kg. →Heinrich I. († 936); Kinder: vgl. Artikel →Heinrich I. Die Heirat Heinrichs mit M., seiner 2. Gemahlin, die aus der »stirps magni ducis Widukindi« stammte, bedeutete für die Liudolfinger einen Zuwachs an Einfluß und Besitz im w. Sachsen, wo M. im Raum Herford/→Enger über reiches Erbgut verfügte. Deutlicheres Profil gewinnt M. erst für die Zeit nach dem Tode Heinrichs I., als sie ihr Wittum, das sie mit der Hausordnung Heinrichs 929 erhalten hatte, dazu benutzte, geistl. Gemeinschaften einzurichten, denen sie die Pflege der →Memoria ihres Gatten und aller verstorbenen Verwandten und Freunde auftrug. In →Quedlinburg leitete sie den am Grabe Heinrichs eingerichteten Frauenkonvent dreißig Jahre lang selbst. Die Nutzung ihrer »dos« zur Gründung geistl. Gemeinschaften brachte sie aber auch in Konflikt mit ihren Söhnen, die ihr nur den lebenslangen →Nießbrauch der Güter gestatten wollten. M. verließ deshalb eine Zeitlang sogar Ostsachsen und zog sich auf ihr väterl. Erbe im W zurück. Polit. engagiert scheint sie in der Frage der Nachfolge im Kgtm. gewesen zu sein; sie favorisierte wohl ihren jüngeren Sohn Heinrich. Die Schwierigkeiten eines Urteils über wesentl. Stationen im Leben der Kgn. resultieren nicht zuletzt aus der Tatsache, daß ihre beiden Lebensbeschreibungen (in Nordhausen um 974 bzw. um 1002 entstanden) tendenziöse und fiktive Nachrichten mischen und überdies einer speziellen causa scribendi ihre Entstehung verdanken: dem Versuch, mit einem »Fürstinnenspiegel« aktuelle Probleme der Gegenwart zu beeinflussen.   G. Althoff

Q.: Vita M. reginae (posterior), hg. G. H. Pertz (MGH SS 4, 1841), 282-302 - Vita M. reginae antiquior, hg. R. Köpke (MGH SS 10, 1852), 573-582 - Lit.: NDB XVI, 371f. - G. Waitz, JDG H. I., 1963⁴ - L. Bornscheuer, Miseriae regum, 1968, bes. 60-102 - H. Beumann, Sachsen und Franken... (Sett. cent. it. 32, 1986), 887-912, bes. 898ff. - P. Corbet, Les saints ottoniens, 1986, 30ff., 120-234 - G. Althoff, Causa scribendi... (Fschr. J. Autenrieth, hg. M. Borgolte-H. Spilling, 1988), 117-133 - W. Glocker, Die Verwandten der Ottonen..., 1989, 7ff. - G. Althoff, Quedlinburg und Gandersheim, FMASt 25, 1991, 123-144.

2. M., Tochter →Ottos I. und der Ksn. →Adelheid, Äbt. v. →Quedlinburg, * 955, † 8. Febr. 999 Quedlinburg, ⌂ebd., Stiftskirche. Von vornherein für den geistl. Stand bestimmt, wurde M. 11jährig in Anwesenheit Ottos I. 966 zur Äbt. v. Quedlinburg geweiht. Wenig später widmete ihr →Widukind v. Corvey seine Sachsengeschichte, wobei bisher nicht geklärt ist, welche Funktion diese »Widmungsfassung« für die junge Äbt. haben sollte. Die polit. Rolle der »domina imperialis« war insbes. in den Zeiten ihres Bruders Otto II. und ihres Neffen Otto III. ausgeprägt. Sie begleitete Otto II. auf Italienzügen und fungierte als Stellvertreterin Ottos III. in Sachsen, wobei sie nach dem Zeugnis der Quedlinburger Annalen sich als Leiterin von Stammestagen bewährte. Der Titel »matricia« erscheint in ihrer Grabinschrift (Otto III. zugeschrieben). Quedlinburg wurde in ihrer Zeit von den Ottonen durch Privilegien nachhaltig gefördert und durch Stiftungs- und Bautätigkeit als Zentralort der Dynastie ausgestaltet. M. übernahm von ihrer gleichnamigen Großmutter auch die Sorge um die otton. →Memoria.   G. Althoff

Lit.: NDB XVI, 376ff. - K. und M. Uhlirz, JDG O. II. und O. III., 2, 1902-54 - E. E. Stengel, Die Grabschrift der ersten Äbt. v. Quedlinburg, DA 3, 1939, 361-370 - C. Erdmann, Forsch. zur polit. Ideenwelt des FrühMA, 1951, 97ff. - Th. Vogelsang, Die Frau als Herrscherin im hohen MA, 1954, 27ff. - G. Althoff, Adels- und Kg.sfamilien im Spiegel ihrer Memorialüberl., 1984, 168ff., 210ff. - W. Glocker, Die Verwandten der Ottonen..., 1989, 201ff. - G. Althoff, Quedlinburg und Gandersheim, FMASt 25, 1991, 123-144.

3. M., Tochter →Ottos II. und der Ksn. →Theophanu, * 978, † 4. Nov. 1025 in Esch, ⌂ →Brauweiler; ⚭ Pfgf. →Ezzo; zehn Kinder. Der Heiratstermin ist umstritten; fragl. ist, ob er noch in die Zeit der Vormundschaftsregierung der Theophanu fallen kann, die nach der Brauweiler Fundatio ihr Einverständnis für die Ehe mit einem Adligen des Reiches gegeben haben soll. Die gleiche Q. überliefert die Anekdote, Pfgf. Ezzo habe die Kg.stochter von Otto III. zugesagt bekommen, nachdem ihm dieser für ein gewonnenes Schachspiel einen Wunsch freigestellt hatte. Die Heirat erregte nach →Thietmar v. Merseburg das Mißfallen vieler. Von den sieben Töchtern wurde ledigl. eine (Riche[n]za) an →Mieszko II. v. Polen verheiratet, die anderen wurden Äbt.en bedeutender Kl. Über die polit. Bedeutung Ezzos ist wenig bekannt, diskutiert wird eine mögl. Anwartschaft Ezzos oder seiner Söhne auf die Kg.snachfolge 1002, für die es in der zeitgenöss. Überl. jedoch keinen Rückhalt gibt.   G. Althoff

Lit.: E. Kimpen, Ezzonen und Hezelineiden in der rhein. Pfgft., MIÖG Ergbd. 12, 1933, 1-91 - U. Lewald, Die Ezzonen, RhVjbll 43, 1979, 120-168 - W. Glocker, Die Verwandten der Ottonen..., 1989, 211ff.

4. M., dt. Kgn., Ksn., * wohl Febr. 1102, † 10. Sept. 1167, ⌂ Abteikirche Bec-Hellouin; Tochter Kg. Heinrichs I. v. England; ⚭ 1. Ks. Heinrich V. 1114, 2. Gf. Gottfried v. Anjou 1128; Kinder von 2.: Heinrich, Gottfried, Wilhelm. - M. kam 1110 als Braut Heinrichs V. nach Deutschland, wurde in Mainz zur Kgn. gekrönt und Ebf. →Bruno v. Trier zur Erziehung anvertraut. 1117 begleitete sie ihren Gemahl nach Rom, wo sie an einer Festkrönung teilnahm, aber nicht regulär zur Ksn. gekrönt wurde. Sie ist als Vorsitzende des Hofgerichts in Norditalien bezeugt. 1125/26 kehrte M. als kinderlose Witwe zunächst in die Normandie, dann nach England zurück. 1127 sprach eine engl. Reichsversammlung ihr als dem nunmehr einzigen legitimen Sproß Heinrichs I. (→Blanche-nef) die successio in dessen Ländern zu, obwohl eine dominato feminea unpopulär war. M. nannte sich fortan imperatrix, führte aber das Siegel einer regina Romanorum. Ihre Ehe mit Gf. Gottfried wurde von Heinrich I. aus polit. Gründen herbeigeführt. Nach dem Tod ihres Vaters 1135 wurde Stephan v. Blois zum engl. Kg. erhoben. M. behauptete sich in der Normandie und landete 1139 in England, um dem Rivalen die Krone zu entreißen. Das Land wurde dadurch in jahrelange »Anarchie« gestürzt (→England A. VII). Kg. Stephan geriet in Gefangenschaft. 1141 ließ sich M. auf einem von →Heinrich v. Blois (80. H.) einberufenen Konzil zur domina Anglorum wählen. Sie suchte in London Fuß zu fassen, wurde aber von den Bürgern vertrieben. Während Stephan die Macht wiedererlangte, wurde M. auf den SW Englands beschränkt. 1148 zog sie sich in die Normandie zurück und lebte fortan in Rouen und Le Pré, war Ratgeberin ihres Sohnes Heinrich (→Heinrich II. v. England) und trat durch religiöse Stiftungen hervor.   K. Schnith

Q.: Stephan v. Rouen, Draco Normannicus, hg. R. Howlett (RS, 1885) - Reg. Regum Anglo-Normannorum III-IV, 1967-69 - Lit.: K. Schnith, »Ksn.« M. (Großbritannien und Dtl., Fschr. J. W. P. Bourke, 1974), 166-182 - Ders., Regni et pacis inquietatrix, Journal of Medieval Hist. 2, 1976, 135-157 - K. Leyser, The Anglo-Norman Succession 1120-1125 (Anglo-Norman Stud. 13, 1990), 233-239 - M. Chibnall, The Empress M., 1991 [Lit.].

5. M. (Mahaut), Gfn. v. →Boulogne, Kgn. v. Portugal, * ca. 1200, † 14. Jan. 1262, Tochter des Gf.en Rainald (Renaud) v. Dammartin und der Gfn. Ida v. Boulogne. Im Aug. 1201 besiegelte ihre Verlobung mit →Philipp Hurepel, dem Sohn Philipps II. August, Kg.s v. Frankreich, und der Agnes v. Meranien, ein Bündnis des Kg.s mit ihrem Vater. 1216 wurde die Ehe vollzogen, und Philipp erhielt die nach der Schlacht v. →Bouvines an die Krone gefallenen Lehen von Boulogne und →Mortain. Nach dem Tode ihres Gatten (19. Juli 1234) heiratete M. auf Betreiben der Kgn. →Blanca den am frz. Hofe weilenden Infanten Alfons v. Portugal (Mai 1239). Nachdem dieser 1248 als →Alfons III. Kg. geworden war, ließ er kurze Zeit später seine kinderlos gebliebene Ehe scheiden (1253). M. blieb in Frankreich. Nach ihrem Tode fiel die Gft. Boulogne an ihre Nichte Alix v. Brabant. U. Vones-Liebenstein

Lit.: S. Corbin, Notes sur le séjour et le mariage d'Alphonse III de Portugal à la Cour de France, Bull. des Études Portugaises, n.s. X, 1945, 159-166.

6. M., Hzgn. v. Bayern und Sachsen, * ca. 1157, † 28. Juni 1189 in Braunschweig, ▭ ebd., Dom; Tochter Kg. Heinrichs II. v. England und seiner Gattin Eleonore. Ebf. →Rainald v. Dassel vermittelte 1165 ihre Verlobung mit Hzg. →Heinrich d. Löwen, am 1. Febr. 1168 wurde die Ehe im Mindener Dom geschlossen (Tochter: Richenza-Mathilde; Söhne: →Heinrich V., rhein. Pfgf., Ks. →Otto IV. und →Wilhelm, Hzg. v. Braunschweig-Lüneburg). Das erste Exil ihres Gatten verbrachte sie an dessen Seite, während dessen zweiten Exils wahrte sie in Braunschweig seine Interessen. O. Engels

Lit.: →Heinrich d. Löwe – E. Ennen, Frauen im MA, 1984, 128f. – J. Ahlers, Die Welfen und die engl. Kg.e 1165 bis 1235, 1987 – H. M. Schaller, Das geistige Leben am Hofe Ks. Ottos IV. v. Braunschweig, DA 45, 1989, 54-82 – J. Fried, »Das goldglänzende Buch«. Heinrich d. Löwe, sein Evangeliar, sein Selbstverständnis, GGA 242, 1990, 34-79.

7. M. v. Tuszien, Mgfn. (comitissa et ducatrix), * 1046, † 24. Mai 1115 in Bondeno (zw. Mantua und Modena), ▭ S. Benedetto al Po (→Polirone, s. von Mantua), 1634 Peterskirche, von Papst Urban VIII. nach Rom überführt, einziges überlebendes Kind des Mgf.en →Bonifaz v. Tuszien und der →Beatrix [7. B.], der Tochter →Friedrichs II. v. Oberlothringen. Nach der Wiederverheiratung der Mutter mit Hzg. →Gottfried III. v. Oberlothringen wurde M. mit dessen Sohn, →Gottfried IV. dem Buckligen († 1076), 1069 in unglückl. Ehe vermählt. Nach der Geburt eines Kindes, das nach wenigen Tagen starb, ging M. 1071 endgültig nach Italien zurück und führte gleichberechtigt mit ihrer Mutter ein straffes Regiment. Energ. in ihren polit.-militär. Aktionen, war sie gleichzeitig in tiefer Frömmigkeit der Kirchenreform zugeneigt, die v. a. in Papst Gregor VII. ihren größten Protagonisten fand, dem M. zeitlebens eng verbunden blieb. Im ausbrechenden →Investiturstreit nahm M. zunächst zw. Kg. Heinrich IV. und Gregor VII. eine vermittelnde Position ein, was zur Absolution Heinrichs IV. auf ihrer Stammburg →Canossa (Jan. 1077) durch den Papst führte. In den erneuten Auseinandersetzungen zw. Kgtm. und Papsttum trat M. entschieden auf die Seite der röm. Kirche, der sie zur Sicherung ihres eigenen Besitzstandes gegen 1079/80 ihr gesamtes Eigengut (auch in Lothringen) vermachte, sich allerdings die volle Verfügungsgewalt darüber vorbehielt (erneuert in schriftl. überlieferter Form 1102). Ab 1081 befand sich M. in Reichsacht und wurde ihrer Lehen für verlustig erklärt. Eine auf Wunsch Papst Urbans II. eingegangene, polit. motivierte Scheinehe der Zweiundvierzigjährigen mit dem 17jährigen →Welf V. war 1095 fakt. beendet. In zunehmenden Konflikten mit ihren Vasallen, Bürgern und dem städt. hohen Klerus, die ihren kirchl. Reformkurs ablehnten, suchte M. Unterstützung beim Gf.en Guido Guerra I. (→Guidi) und fand schließlich Rückhalt bei Ks. Heinrich V., der sich mit ihr dergestalt vertragl. arrangierte, daß M. die Reichsverweserschaft in Ligurien und Tuszien verliehen wurde, während dem letzten Salier die erbl. Nachfolge im canusis. Eigengut zufallen sollte (→Mathild. Güter). Der Mönch →Donizo v. Canossa setzte in seiner »Vita Mathildis« der Mgfn. ein lit. Denkmal. Die Blüte der roman. Steinmetzkunst, die sich mit den Namen eines →Wiligelmus bzw. Nicolo, Bauten wie den Domen v. Modena und Cremona und der Kl.kirchen v. Nonantola und Polirone verbindet, dürfte dem großzügigen Mäzenatentum M.s zu verdanken sein. D. Hägermann

Q. und Lit.: N. Grimaldi, La contessa M. e la sua stirpe feodale, 1928 – G. Nencioni, M. di Canossa, 1940² – Stud. Matildici, 3 Bde, 1964, 71, 78 – W. Goez, Gestalten des HochMA, 1983, 175-201 – Donizone, Vita M.is (Facs. Ms. Vat. Lat. 4922), ed. V. Fumagalli, 1984 – Wiligelmo e M. L'officina romanica, ed. A. C. Quintavalle, 1991.

Mathildische Güter, umfangreicher Komplex von Besitzungen und Herrschaftsrechten in Ober- und Mittelitalien, den das Haus →Mathilde v. Tuszien als letzte Erbin des Hauses →Canossa innegehabt hatte. Er umfaßte sowohl den reichen Allodialbesitz als auch die Reichs- und Kirchenlehen. Die Masse der Güter war von den direkten Vorfahren der Mathilde, Atto († 988), Tedald († um 1011) und Bonifaz († 1052) in den vom Reich verliehenen Gft.en Modena, Reggio und Mantua erworben worden, zu dem sich noch der Besitz in den Gft.en Brescia (mit Cremona), Ferrara (als Kirchenlehen), Parma und Verona gesellte, während in der Mgft. Tuszien s. des Apennin und in den Städten Pisa, Florenz und Siena nur wenige Rechte nachweisbar sind. Diesem ital. Teil der M. n G. sind noch die Besitzungen (Allod und Reichslehen) in Niederlothringen hinzuzurechnen, die durch die Heiraten der →Beatrix v. Tuszien und der Mathilde in die Erbmasse gelangt waren, die nach dem Tode der Mgfn. an Kl. wie Orval oder St-Jacques in Lüttich bzw. an den Gf.en v. →Namur fielen. Bereits gegen 1080 (bestätigt 1102) vermachte Mathilde ihr Gut der röm. Kirche, behielt sich aber die freie Verfügung darüber vor. 1111 sagte sie ihr Allod ihrem entfernten Verwandten Ks. Heinrich V. zu, der sich 1116 in den Besitz der M.n G. setzte. Als Erbe der Salier versuchte der Staufer Konrad III. 1128/30 die M.n G. an sich zu ziehen, rief damit erstmals den Widerspruch des Papstes hervor, der 1133 den nicht erbberechtigten Ks. Lothar III. und wohl 1139 dessen Schwiegersohn, Hzg. →Heinrich X. d. Stolzen, mit den M.n G.n belehnte. Nahm Konrad III. als Kg. die M.n G. wiederum als Erbe unangefochten in Anspruch, so kam es 1159 zu einer Auseinandersetzung zw. Ks. Friedrich I. und Papst Hadrian IV. um die M.G., nachdem der Staufer bereits 1152 →Welf VI. u. a. mit den M.n G.n belehnt hatte. Der Streit erhielt eine neue Qualität durch ksl. Berufung auf die Unveränderlichkeit von Reichsrechten, zu denen er auch die M.n G. zählte, wie sie in dem Regalienweistum v. →Roncaglia niedergelegt worden war. Auch die Friedensschlüsse v. →Anagni (1177) und →Konstanz (1183) schufen keinen dauerhaften Interessenausgleich zw. Ks. und Papst. Ob Ks. Heinrich VI. in Zusammenhang mit seinem Erbreichsplan zur Restitution der M.n G. tatsächl. bereit war, läßt sich nicht zweifelsfrei erweisen; sein Nachfolger Philipp v. Schwaben agierte jedenfalls 1195/96 als Herr der M.n G., Otto IV. folgte ihm trotz anderslautender geheimer Absprachen mit dem Papsttum. Erst Friedrich II. verbriefte mit der Goldbulle v. →Eger den Verzicht des Reiches auf die M.n G. De facto war das Problem der M.n G. seit der zweiten Hälfte des 12. Jh. mehr und mehr obsolet geworden, da Kommunen wie Modena und Reggio beim Ausgriff auf den →contado sich einen großen Teil der M.n G. angeeignet und die ehemals mathild. Vasallen zum Bürgereid gezwungen hatten. D. Hägermann

Lit.: HRG III, 381-388 – FICKER, Italien – A. OVERMANN, Gfn. Mathilde v. Tuszien, 1895 [grundlegend] – A. HAVERKAMP, Herrschaftsformen der Frühstaufer in Reichsitalien, 2 Bde, 1970/71 – H. H. ANTON, Bonifaz v. Canossa, HZ 214, 1972, 529-556 – TH. GROSS, Lothar III. und die M.n G., 1990.

Mathuriner → Trinitarier

Matière de Bretagne. Seit Ende des 12. Jh. läßt sich die Aufteilung der wichtigsten lit. Themenkreise in die drei matières (de B., de France [→Karl I. d. Gr., B. II], de Rome [→Trojadichtung]) beobachten. Sie ist explizit erstmals von Jean →Bodel (im Prolog zur »Chanson des Saisnes«) formuliert worden. Die einzelnen Stoffe unterscheidet er aber nicht nur nach Inhalt, sondern auch – wohl leicht polem. – nach ihren Eigenschaften: ist die m. de Rome lehrreich und die m. de France authentisch, so sind die Erzählungen der m. de B. 'vains' und 'plaisants'. Heute bezeichnet m. de B. alle Lit., welche vor arthur. Hintergrund (→Artus) spielt, in Chronik- oder Romanform, weltl. oder geistl. Ausrichtung, in Lat. oder einer Vulgärsprache. R. Trachsler

Bibliogr.: Bull. Bibliogr. de la Soc. Internat. Arthurienne – The Arthurian Bibliogr., hg. C. PICKFORD – R. LAST, 1981 – Arthurian Legend and Lit., I, hg. E. REISS, L. REISS, B. TAYLOR, 1984.

Matilda → Mathilde

Matrikel. [1] *Mittelalterliche Kirchenbücher* (v. a. Taufeinträge einer Pfarrei): Die in der Antike weit verbreitete M.führung ist im MA nicht kontinuierl. nachweisbar. Vereinzelte Zeugnisse für Taufm.n stammen v. a. aus dem west- und südeurop. Raum: Sacramentarium Gelasianum, 6. Jh.; Ordo Romanus XI, 7. Jh.; →Hinkmar v. Reims, Synode v. Soissons, 853; →Burchard v. Worms († 1025); →Ivo v. Chartres († 1115/16). Über das →Decretum Gratiani gelangten Forderungen nach Taufm.n in das Corpus iuris canonici (De cons. D. 4 c. 60). Lit. Q. für Taufm.n in Frankreich liegen um 1305 vor, 1379 für Gemona/Friaul. Das älteste erhaltene Kirchenbuch Italiens im umfassenderen Sinne stammt aus Ravenna (1492). Im dt. Reich werden Taufm.n gelegentl. erwähnt (wahrscheinl. 1270 in Westfalen), doch sind diese zeitl. und räuml. Besonderheiten. Im 15. Jh. nehmen kirchenbuchartige Einträge zu. Erst seit der Reformation bzw. dem Tridentinum sind M.n im heutigen Sinne vorgeschrieben, die neben der Taufe auch Geburt, Firmung, Eheschließung und Sterbefälle einer Pfarrei enthalten.

[2] *Studentische Matrikel:* Verz. der an einer Univ. oder Hohen Schule eingeschriebenen Studenten (z. T. auch der Professoren). Neben den Namen vermerken sie oftmals Herkunft, abgelegte Prüfungen, Gebühren usw. Die ältesten M.n stammen aus Bologna (1289), Heidelberg und Wien (1386). – Kirchenbücher und Universitätsm.n (von letzteren sind die meisten deutschen ediert) bilden eine wichtige Grundlage für die Kirchen- und Universitätsgesch. und die Genealogie bzw. Namensforsch. D. Zimpel

Lit.: zu [1]: LThK² VII, 170 – H. BÖRSTING, Gesch. der M.n von der Frühkirche bis zur Gegenwart, 1959 [Lit.] – zu [2]: TH. O. ACHELIS, Universitätsm.n und ihre Benutzung (Schriftumsber. zur Genealogie und zu ihren Nachbargebieten 2, 1963), 25–67.

Matrimonium → Ehe

Matrix → Alchemie

Matsch, Herren v. Die seit Mitte des 12. Jh. nachweisbaren hochfreien H. v. M. verfügten über Rechte und Besitzungen im Gebiet des Ursprungs der Etsch (Vinschgau), des Inn (Engadin) und im Veltlin. V. a. als Vögte des Hochstifts →Chur und des Kl. →Marienberg bauten sie ihre Position mit dem Zentrum Churburg (bei Schluderns) planmäßig aus. Erst um 1350 mußten sie die Oberhoheit der Tiroler Landesfs.en anerkennen. Versuche zur Erlangung der Reichsunmittelbarkeit während des 15. Jh. schlugen fehl. Mit Gaudenz v. M. erlosch das Geschlecht 1504 in männl. Linie. Ihr Erbe übernahmen die mit ihnen verschwägerten Trapp. J. Riedmann

Lit.: J. LADURNER, Die Vögte v. M., später auch Gf.en v. Kirchberg, Zs. des Ferdinandeums III/16, 1871, 5–292; III/17, 1872, 5–236; III/18, 1873, 5–159 – J. RIEDMANN, MA (J. FONTANA u. a., Gesch. des Landes Tirol, 1, 1990²), 191–698.

Matthaeus, Apostel und Evangelist. Fest: 21. Sept. Dem nach Mk 2, 14–17 und Lk 5, 27–32 von Jesus berufenen Zöllner Levi wird in Mt 9, 9–13 der Name M. gegeben. M. erscheint auch in den ntl. Aufzählungen der →Apostel, bei Mt 10, 3 mit dem Zusatz »der Zöllner«. Seit Papias (phryg. Bf., 2. Jh.) wird M. ein hebr. (aramäisches) Evangelium zugeschrieben (Angabe bei Euseb. hist. eccle. 3, 39, 16; vgl. auch 3, 24, 6 und 6, 25, 4). Die frühchr. Lit. ging von der Identität des Autors mit dem Apostel aus; sein →Evangelistensymbol (oder ggf. -attribut) wurde der Mensch, weil Mt mit der Erzählung von der Menschwerdung Jesu beginnt. Da die symbol. Vier Wesen meist geflügelt dargestellt sind, wurde das Menschen-Symbol des M. zum Engel. Später wurde M. das Pseudo-Mt-Ev. zugeschrieben: →Apokryphen. Nachrichten über das Wirken des M. und die verschiedenen Orte und Arten seines Todes sind widersprüchl. und rein legendär, ebenso die M.reliquien (meist it.; Translatio nach Salerno i. J. 1084, dort Patronat). Im O war der Darstellungstypus des M. als Greis mit vollem Haar, langem Bart und herabhängendem Schnurrbart seit dem 12. Jh. fixiert; im W findet sich neben dem bärtigen Mann u.a. auch der bartlose Jüngling. Attribute des Apostels sind v.a. Geldbeutel oder Zählbrett als Berufshinweise und Schwert, Hellebarde oder Beil als Hinrichtungswerkzeuge. Das Buch des M. trägt Texte aus Mt, meist die Anfangsworte. Bei den für die →Evangelisten seit dem 6. Jh. und das MA hindurch häufigen Bildern als sitzende Autoren konnte dem Attribut des M., der geflügelte Mensch, zugleich als inspirierender oder ihm die Feder führender Engel dienen (Beispiele: LECHNER, 593f.). Szen. Darstellungen, die auch zykl. erweitert wurden, zeigen bes. die Berufung des Zöllners und das Gastmahl Levis für Christus (z.B. Nürnberg, Cod. aureus Eptern. fol 20r); aus den Legenden (→Legenda aurea) v.a. die Verteidigung der Jungfräulichkeit einer Kg.stochter Iphigenie, die zur Enthauptung des M. am Altar führte. J. Engemann

Lit.: LCI VII, 588–601 [M. LECHNER] – G. KAFTAL, Iconography of the Saints in Tuscan Painting, 1952, 726–730 – L. RÉAU, Iconographie de l'art chrétien, III, 2, 1958, 927–931 – vgl. auch Lit. zu →Evangelisten.

Matthaeus, Matthäus (s.a. Matheus; s.a. Matthaios)

1. M. (Mathieu) **I.,** *Hzg. v.* →*Lothringen* 1139–76, † 13. Mai 1176, □ Clairlieu (dép. Meurthe-et-Moselle); Sohn Hzg. Simons I. und der Adelheid v. Löwen; ∞ Bertha v. Schwaben (→Staufer; kurz nach 1139). Er förderte eine Reihe von Kl.gründungen (u.a. in der Nähe von Nancy: Johanniterkomturei Laxou, ca. 1140; Zisterzinserabtei Clairlieu, 1159; bei Neufchâteau [dép. Vosges]: Zisterzienserinnenkl. L'Étanche, ca. 1148). Seine Eroberung der ehem. kgl. Pfalz Gondreville an der Mosel zum Schaden der Kirche v. Toul führte 1153 zu seiner Exkommunikation durch Papst Eugen III. Dank der Unterstützung seines Schwagers Friedrich I. Barbarossa gelang es ihm, sich in Gondreville zu halten, wo er eine Burg errichten ließ und die Würde eines Gf.en v. Toul per judicium erwerben konnte. Während seiner Regierungszeit wird erstmals von der hzgl. Münzprägung in →Nancy und von der Befestigung der Stadt berichtet. J.-L. Fray

Lit.: E. DUVERNOY, Le duc de Lorraine Mathieu Ier (1139–76), 1904 – G. POULL, La Maison ducale de Lorraine, 1991².

2. M., Bf. v. Krakau seit 1143, † 18. Okt. 1166, Nachfolger des Breslauer Bf.s Robert, der kurz vor seinem Tod nach Krakau übergesiedelt war. In der »Chronik v. Polen« des →Vincencius Kadłubek (→Chronik, M. II) erscheint M. als Gesprächspartner von Johann, Ebf. v. Gnesen. M. ist berühmt wegen seines in erhabenem Stil verfaßten Briefs an →Bernhard v. Clairvaux, in dem er etwa um 1147 den Zisterzienser zur Missionierung der »gens Ruthenica« einlud. M. selbst war aber nicht in der Mission in der Rus' tätig. G. Labuda

Q. und Lit.: PSB XX, 194f. – Z. KOZŁOWSKA-BUDKOWA, Repertorjum polskich dokumentów doby piastowskiej, 1937, Nr. 43, S. 49ff. – M. PLEZIA, List biskupa Mateusza do św. Bernarda (Prace z dziejów Polski feudalnej, 1960), 123–140 – Annales Cracovienses priores cum Kalendario, ed. Z. KOZŁOWSKA-BUDKOWA (MPH NS V, 1978), 58, 62.

3. M. v. Krakau, Theologe und Bf. v. Worms (seit 1405), * zw. 1330–35 in Krakau, † 5. März 1410 in Worms; Sohn eines dt. Stadtschreibers (dictus: Notarii); studierte seit 1347 an der Univ. Prag und wurde hier 1365 Mag. artium, 1387 Dr. theol. und Prof. an der theol. Fakultät. Nach dem Streit um die →Nationes verließ M. Prag; es folgte ein kurzer Aufenthalt in Krakau (1390–91), dann die Übersiedlung nach Heidelberg, wo er 1395 den Lehrstuhl für Theologie und 1396 das Amt des Rektors übernahm. Auf Einladung des poln. Kg.s Władysław Jagiełło begab er sich nach Krakau, um dort die theol. Fakultät der restaurierten Universität aufzubauen (1397–99), und kehrte 1400 nach Heidelberg zurück; am 19. Juni 1405 zum Bf. v. Worms gewählt.

M. entwickelte eine rege Tätigkeit als Prediger und Verf. von Homilien und theol. Schriften; Hauptwerk: »Rationale operum divinorum« (1390) mit reformator. Inhalt im Geiste des Konziliarismus. Er kritisierte die Zustände an der Röm. Kurie (»De squaloribus curiae Romanae« bzw. »De praxi curiae Romanae«, 1403). Im Kanonisationsverfahren der hl. →Birgitta v. Schweden reichte er bei Papst Urban VI. die Petition ein. Von Kfs. →Ruprecht II. v. d. Pfalz zum Geheimen Rat und Beichtvater ernannt, leitete er in dessen Auftrag verschiedene diplomat. Missionen an die röm. Kurie und den frz. Hof (in Heiratsangelegenheiten). G. Labuda

Lit.: LThK² VII, 174f. – PSB XX, 196–198 – T. SOMMERLAD, M.v.K., 1891 – A. L. SZAFRAŃSKI, Mateusz z Krakowa (Materiały do Hist. Filozofii w Polsce 8, 1967), 25–92 – W. SEŃKO, Mateusz z Krakowa: De praxi Romanae curiae, 1969.

4. M. v. Acquasparta OFM, * ca. 1235–40 in Acquasparta (Umbrien), † 1302, aus der Familie Bentivenga stammend, trat wahrscheinl. 1254 in den OFM ein; er studierte ca. 1268 unter Bonaventura in Paris, war 1271/72 Bacc. Sententiarum, 1275/76 Mag. Theol. in Paris, lehrte anschließend in Bologna und wurde 1279 bis zu seiner Wahl zum Generalminister der Franziskaner (bis 1289) in Rom. Nach seiner Ernennung zum Kard. 1288 nahm er bis zu seinem Tode diplomat. Aufgaben im Dienste der Kurie wahr. In der Führung des Ordens bemühte er sich um Ausgleich zw. den verschiedenen Strömungen; er versuchte insbes. die Spiritualen in der Gemeinschaft zu halten. Philos.-theol. zeigt er sich i. allg. – v. a. in der Erkenntnis-, Seelen- und Gnadenlehre – als Anhänger der augustin. Tradition, bemüht, die Lehren seiner Vorgänger Bonaventura und Johannes Peckham fortzuführen und zu vertiefen. In der Kontroverse über Einheit und Vielheit der substantiellen Wesensform spricht sich M. für die Pluralität der Formen im Kompositum aus. M. verfaßte Komm. zu verschiedenen B. der Hl. Schrift, einen Komm. zu Sent. I, II und IV und mehr als 100 Quaestiones disputatae (großteils ed. in der »Bibl. Francisc. Schol. Medii Aevi« [Quaracchi]) sowie zahlreiche Predigten.
A. Huning

Lit.: DSAM X, 799–802 – Catholicisme 8, 931–934 [Lit.] – J. AUER, Die Entwicklung der Gnadenlehre in der Hochscholastik mit bes. Berücksichtigung des Kard.s M.d'A., 1942–51 – PH. WEBER, RThAM 34, 1967, 238–254 – J. D. DOWD, FStud 34, 1974, 34–73 – G. R. PAYNE, FStud 41, 1981, 346–384 – Francesco d'Assisi, 1982, 99–110 [E. MENESTÒ] – ST. P. MARRONE, FSt 65, 1983, 252–290 – P. MAZZARELLA, Vichiana 13, 1984 (Fschr. G. ARNALDI), 107–125 – Essays honoring A. B. WOLTER, 1985, 131–152. 153–164 [Z. HAYES, G. MARCIL].

5. M. Bonel, einflußreicher siz. Baron, Führer der Adelsrevolte gegen den ammiratus ammiratorum →Maio, den er 1160 tötete. Nach dem Zusammenbruch des Aufstands zog sich M. mit anderen Verschwörern auf seine Burg Caccamo zurück. Zunächst wagte der Kg. nicht, gegen ihn vorzugehen. Erst nach einer erneuten Verschwörung ließ er ihn 1161 auf Anraten des Gf.en Silvester v. Marsico grausam verstümmeln.
H. Enzensberger

Q. und Lit.: G. B. SIRAGUSA, Hist. o Liber de Regno Siciliae... di Ugo Falcando (Fonti 22), 1897 [Ind.] – F. CHALANDON, Hist. de la domination normande en Italie et en Sicile, II, 1907 [Ind.] – G. M. CANTARELLA, La Sicilia e i Normanni. Le fonti del mito (Il mondo medievale, 19), 1989 [Ind.].

6. M. v. Boulogne (frz. Mathieu, pikard. Mahieu, bekannt als Matheolus), mlat. frz. Dichter am Ende des 13. Jh., entstammte einer Klerikerfamilie in Thérouanne und Boulogne, Stud. des Rechts und der Logik in →Orléans. Als Kleriker und Advokat heiratete er – nach dem Konzil v. →Lyon (1274), das Kanones gegen die sog. →Bigamie der Kleriker erlassen hatte – eine Witwe und ging damit des Klerikerprivilegs verlustig. Nach zwanzigjähriger enttäuschender Ehe schrieb er um 1298 ein lat. Poem in 4000 Hexametern, in vier Büchern, »Lamentationes Matheoli«, das den Ehestand als Torheit und Quelle unendlicher Drangsale geißelt und seit der frz. Übersetzung des Jean →Lefèvre zu den bekanntesten frauenfeindl. Texten des MA zählt. M. hatte gute Kenntnisse der Bibel, der antiken Autoren, der Kirchenväter, des von der Erzähl- und Exempelliteratur tradierten Stoffguts sowie der für seine Zwecke brauchbaren Texte von Bernhard v. Clairvaux, Alanus ab Insulis, Johannes v. Salisbury (über den er möglicherweise Zugang zu Theophrast hatte) und Thomas v. Aquin. Unsicher bleibt, ob M. den →Rosenroman, die andere große Autorität misogynen Gedankenguts im SpätMA, kannte.
P. Bourgain

Ed. und Lit.: A. G. VAN HAMEL, Les Lamentations de M., 2 Bde, 1892, 1905 – A. SCHMITT, Matheus v. B., Lamentationes Matheoli. Kommentierte und krit. Ed. der beiden ersten Bücher [Diss. Bonn 1974].

7. M. v. Gubbio, † ca. 1347, bedeutender Vertreter des →Averroismus in Bologna. Seit ca. 1327 ebd. Mag. art. und als ein 'doctor logicae et philosophiae' gerühmt, 1341 Disputation mit →Walter Burleigh. Unter Einfluß skotist. Theoreme (→Wilhelm v. Alnwick) leugnete er als wohl erster Averroist eine reale Differenz von Intellekt und Wille.
M. Laarmann

Ed. und Lit.: Z. KUKSEWICZ, Averroisme bolonais au XIVᵉ s., 1965, 217–316 [Quaestiones variae] – CH. H. LOHR, Traditio 27, 1971, 338f. [Werkverz.] – Quaestiones de anima, ed. A. GHISALBERTI, 1981, 53–227 [Autorschaft unsicher] – CH. H. LOHR, Medieval Lat. Aristoteles Commentators, 1988, 171 – R. LAMBERTINI, Cahiers de l'Inst. du MA grec et lat. 59, 1989, 30–60 [Determinatio de ente rationis; Lit.].

8. M. v. Königsaal (M. Steynhuz), SOCist, † 1427 in Altzelle b. Nossen, Sachsen, wurde gegen Ende des 14. Jh. in Königsaal bei Prag Zisterzienser, 1404 Mag. artium in Prag, las von 1405–07 die Sentenzen und erhob öffentl. gegen die Lehre des J. →Hus Einspruch. Wegen des Nationalitätenstreites (1409) an der Univ. und der hussit. Auseinandersetzungen verließ er 1411 Prag und ging nach Altzelle, wo er bis zu seinem Tode Vorlesungen hielt. Auf dem Konzil zu Konstanz trat er als Prediger auf (Predigt vom 4. Juli 1417 mehrfach überl.). Sein zw. 1418 und 1423 gehaltener Komm. zu den Hymnen des Zisterzienserbreviers ist eine lit. Rarität. M. Gerwing

Lit.: Biogr. Lex. zur Gesch. der böhm. Länder, hg. H. STURM, 2, 1984, 605 – Verf.-Lex.² VI, 170ff. – A. ARNOLD, Frater M. Steynhus., CistC. 48, 1936, 225–230 – RBMA III nn. 5519f. – K. LAUTERER, M. v. K., CistC. 71 1964, 93–109 (Werkübers.; DERS., ebd. 73, 1966, 33–43, 71–75; ebd. 74, 1967, 129–141, 170–180) – J. KADLEC, Řeholní generální studia při Karlově univ. v době předhusitské, Hist. Univ. Carol. Prag. VII-2, 1966, 104–107 – J. TŘÍŠKA, Rep. biograph. univ. Prag. praehuss., 1981, 358.

9. M. Paris, OSB, engl. Historiograph und Hagiograph, * wohl bald nach 1200, † 1259. Er trat 1217 in die Abtei →St. Albans ein, stand in Kontakt zu Kg. Heinrich III. sowie weltl. und geistl. Großen und reformierte 1248 in päpstl. Auftrag das norw. Kl. St. Benet Holm. Sein Hauptwerk bilden die »Chronica Maiora«, eine Forts. der Weltchronik →Roger Wendovers für die Jahre 1234–59. Das Blickfeld der Darstellung umfaßt ganz Europa und das Hl. Land (→Chronik, B, G). Um 1250 fügte M. eine umfangreiche Dokumentenslg. (»Liber Additamentorum«) hinzu und kompilierte – großenteils durch Zusammenstellung von Auszügen aus den »Chronica Maiora« – mehrere Werke zur engl. Gesch., darunter die »Historia Anglorum« (ab 1066, bis 1253 fortges.). Daneben verfaßte M. Schr. zur Gesch. seines Kl. (»Gesta Abbatum« 793–1255, »Vitae Offarum«), lat. Hl.nviten (über die Ebf.e Stephen →Langton und →Edmund v. Abingdon) und anglonorm., aus lat. Vorlagen übers. Vers-Viten (u. a. Biogr. Eduard d. Bekenners, für Kgn. Eleonore geschrieben, sowie Erzählungen über die hll. Alban, Thomas Becket und Edmund v. Abingdon). Vielfach veranschaulichte M. seine Werke durch künstler. anspruchsvolle Illustrationen, kartograph. Skizzen und Wappen. Er übt vehemente Kritik an den zentralist. Tendenzen der röm. Kurie und am engl. Hof, soweit dieser die hergebrachten Freiheiten von Landeskirche und Adel zu bedrohen scheint. Das Urteil mutet oft einseitig und subjektiv an. M. mißt gleichsam die polit. Vorgänge an Prinzipien und Rechtszuständen seiner Abtei. Bei aller Heraushebung der →Community of the realm sollte er nicht als 'Konstitutionalist' betrachtet werden. Seine lit. Nachwirkung war beträchtl. (u. a. Thomas→Walsingham). K. Schnith

Ed. [Auswahl]: Chronica Maiora, ed. H. R. LUARD, 7 Bde, 1872–83 (RS) – Hist. Anglorum, ed. F. MADDEN, 3 Bde, 1866–69 (RS) – Gesta Abbatum, ed. H. T. RILEY, 3 Bde, 1867–69 (RS) – Vitae Duorum Offarum..., ed. W. WATS, 1639 – Estoire de Seint Aedward le Rei, ed. H. R. LUARD, 1858 (RS) – La Vie de Saint Edmond, ed. A. T. BAKER, Romania 55, 1929 – *Lit.:* R. VAUGHAN, Matthew P., 1958 [Lit.] – A. GRANSDEN, Hist. Writing in England, I, 1974, 356ff. [Lit.] – K. SCHNITH, England in einer sich wandelnden Welt (1189–1259)..., 1974 – H.-E. HILPERT, Ks.- und Papstbriefe in den Chronica Maiora des M.P., 1981 [dazu K. PENNINGTON, Speculum 59, 1984] – J. TAYLOR, Engl. Hist. Lit. in the Fourteenth Cent., 1987 [Über Forts.en] – →Chronik, →Historiographie.

10. M. v. Sachsen, OESA, Prediger und geistlicher Schriftsteller, * nach 1350 Zerbst, 1390 als Lektor in Magdeburg bezeugt, Todestag unbekannt. Unter seinen hs. überkommenen Schr. befinden sich neben zahlreichen Predigtwerken die kleinen Traktate »De angelis« und »De mensuratione crucis et passione Christi« sowie ein umfassendes Hb. der asket.-myst. Theologie »De triplici adventu Verbi« (Clm 8432, fol. 1–197). Bei aller Anlehnung an die Summe des Thomas v. Aquin, die er oft seitenweise wörtl. zitiert, ist das Werk nach Aufbau und Inhalt eine durchaus originelle Leistung. Ausgehend vom Geheimnis der Menschwerdung versteht er das geistl. Leben des Christen im Sinne der dt. Mystik als ein Geborenwerden und Wachsen des göttl. Wortes in der Menschenseele bis zum 'Vollalter Christi'. A. Zumkeller

Lit.: DSAM X, 814–816 [Lit.] – LThK² VII, 175f. [Lit.] – NDB XVI, 399 [Lit.] – ZUMKELLER, Manuskripte 327–329, 609f. [Werkliste] – A. KUNZELMANN, Gesch. der dt. Augustiner-Eremiten V, 1974, 111.

11. M. Silvaticus, spätsalernitaner Arzt, * um 1280, † 1342, unternahm pharmakobotan. Reisen und zog in einem Kräutergarten fremdländ. Samen (z. B. aus Griechenland). Sein nach 1309 vollendeter 'Liber pandectarum medicinae' steht in der Tradition der 'Clavis sanationis' →Simons v. Genua und strebt ähnl. Vollständigkeit an wie der 25bändige 'Continens' von →Rhazes, wobei M. v. a. klass. antike bzw. arab. Autoren auszuschöpfen sucht ('Dyascorides alphabeticus', Ps.-Serapion 'Aggregator', Galen, Avicenna, Plinius u. a.); salernitaner Autoren werden vielfach übergangen bzw. kritisiert (Constantinus Africanus). Trotzdem ist der formale Einfluß des 'Circa instans' sowie des →Rufinus (Alphabetisierungstendenzen) spürbar. Das Abheben auf die Synonymik entspricht Salernitaner Vorgaben ('Tabulae salernitanae', 'Alphita') und benutzt das formale Vorbild eines Dioskurides-Kapitels. – Die 'Pandekten der Heilkunde' behaupteten sich als universitäres Standardwerk der Pharmakobotanik und phytotherapeut. Nomenklatur: Erstdr. 1474, 10 Inkunabeln. Die Wirkungsgesch. des sog. Pandectarius ist nur ansatzweise aufgearbeitet. G. Keil

Lit.: BLÄ III, 117 – H. FISCHER, Ma. Pflanzenkunde, 1929 – J. AGRIMI – CH. CRISCIANI, »Edocere medicos«: medicina scolastica nei secc. XIII–XV, 1989.

12. M. v. Vendôme, † wohl Ende des 12. Jh. Nach dem Tod des Vaters beim Onkel, dem Ebf. v. Tours, erzogen; Schüler des →Bernardus Silvestris; Studium der artes liberales und Dichtkunst; in Orléans z. Zt. des →Hugo Primas, dann zehn Jahre in Paris; Rückkehr nach Tours und Anschluß an Ebf. (seit 1174) Bartholomaeus. Werke: a) »Ars versificatoria« (Titel von L. BOURGAIN, 1879), in Orléans in Distichen geschriebene Poetik mit Beispielen aus antiken und zeitgenöss. Dichtungen; b) »Epistulae« (Titel von F. MUNARI, 1982), ein in Paris verfaßter 'Briefsteller', Musterslg. für Briefe in poet. Form; c) Dichtungen: Die meisten der im Prolog der »Epistulae« erwähnten Gedichte sind verloren, erhalten sind: »Piramus et Tisbe«, Distichen nach Ovid, met. 4, 55–166; »Milo«, Komödie in eleg. Versmaß; »Tobias«, in Distichen verfaßt nach dem (im hebr. AT fehlenden) bibl. Buch, Ebf. Bartholomaeus und dessen Bruder gewidmet. R. Peppermüller

Ed. und Lit.: F. MUNARI, Mathei Vindocinensis Opera, 3 Bde, 1977–88 – KINDLERS Neues Lit. Lex. XI, 1990, 340f.

Matthaios Kantakuzenos, Fs. in Thrakien, Mitks. 1353–57, * um 1325, † 1383 im Fsm. Morea; ältester der drei Söhne des Ks.s →Johannes VI. Kantakuzenos und der Eirene Asenina. Während des Bürgerkriegs zw. seinem Vater und seinem Schwager →Johannes V. Palaiologos wurde M. mit der Befehlsgewalt über Adrianopel und andere Städte Thrakiens betraut. Als sein Vater im Mai 1347 in Konstantinopel die Kaiserwürde übernahm, kämpfte M., der sich mit bloßen Ehrentiteln abgespeist sah, mit Waffengewalt gegen die Bevorzugung Johannes' V., an dessen Stelle er sich im April 1353 zum Mitks. proklamieren ließ. Da der Patriarch →Kallistos ihm den kirchl. Segen verweigerte, wurde ein neuer Patriarch, →Philotheos, eingesetzt, der im Febr. 1354 an M. die Krönung vornahm. Doch wurde M.'Vater im Dez. dieses Jahres zur Abdankung zugunsten Johannes' V. gezwungen. M. leistete erst nach dreijährigem Widerstand Verzicht auf seinen Thronanspruch und ging 1361 an den Hof seines Bruders Manuel Kantakuzenos, des Despoten v. Morea. Hier wirkte M. an der Regierung mit und verfaßte philos. und theol. Werke. Er hatte von seiner Gemahlin Eirene Palaiologina zwei Söhne, Johannes und Demetrios, und drei Töchter. D. M. Nicol

Lit.: D. M. NICOL, The Byz. Family of Kantakuzenos, 1968, no. 24.

Matthias, Apostel (Fest: 24. bzw. 25. Febr.; gr. und syr. 9. Aug.; kopt. 4. März). Apg 1, 15-26, berichtet von seiner Wahl zum Ersatzapostel für →Judas. Weitere Nachrichten über sein Leben vermitteln apokryphe Apostelgeschichten (→Apokryphen I), v.a. die »Acta Andreae et Matthiae apud anthropophagos«. Als Missionsgebiet gilt im chr. W meist Judäa. Die divergierenden Berichte über sein Martyrium sind nach Vorbildern gestaltet (Steinigung und Enthauptung, Kreuzigung). Im 12. Jh. verfaßte Lambert v. Lüttich in Trier eine Vita, ferner auf der Grundlage älterer Slg.en Berichte über Translation und Auffindung der Gebeine und eine Slg. von Wundern.

Als Graborte des M. gelten im chr. W seit dem 11./12. Jh. Rom, Trier und Padua (S. Giustina). →Jacobus de Voragine berichtet in der →Legenda aurea vom Versuch, die Grabtraditionen in Rom (S. Maria Maggiore) und Trier zu harmonisieren. Die Auffindung der Apostelgebeine um die Mitte des 11. Jh. in→Trier und eine Überführung von Teilreliquien von Trier nach →Goslar, wo sich eine spez. M.verehrung entwickelte, ist ungesichert. Wie andere bedeutende Reliquien (bes. der →Hl. Rock) sollen auch die Gebeine des M. auf Veranlassung der Ksn. →Helena nach Trier verbracht worden sein. Die im 11. Jh. erkennbaren Anfänge der M.verehrung in Trier sind einem 'Reliquienprogramm' zuzuordnen, bei dem Parallelen zw. Rom und der Roma secunda Trier deutl. werden. Während eines mehrmonatigen Aufenthaltes in Trier (1147/48) sanktionierte Papst Eugen III. den Kult, den der Trierer Ebf. förderte und von dem er in den Auseinandersetzungen mit der Abtei St. Maximin sowie im Rangstreit mit den rhein. Ebf.en profitierte. M. Matheus

Lit.: BHG 1229 - BHL 5695-5719 - Bibl. SS IX, 150-154 - LThK² VII, 180f. - R. LAUFNER, M.-Verehrung im MA, TThZ 70, 1961, 355-360 - M. MATHEUS, Der Apostel M. (Politik und Hl.nverehrung im Hoch-MA, hg. J. PETERSOHN [VuF; voraussichtl. 1993]).

Ikonographie: M. wurde gewöhnl. als bärtiger Mann dargestellt, selten jugendlich; außer in Darstellungen der Geistaussendung (→Pfingsten), von Tod und Himmelfahrt der →Maria und seiner Wahl zum Apostel (bereits im Rabula-Codex von 568, fol. 1r) erscheint er in Reihen der zwölf →Apostel mit dem Credo, dessen letzter Satz ihm zugeteilt ist: et vitam aeternam; während er sonst meist aus der Zwölfzahl durch Paulus verdrängt wird (so schon in S. Vitale, Ravenna, Mitte 6. Jh.). Szenen aus seiner legendären Vita sind erst ma.: z.B. Predigt in Judäa, Kerkerhaft und Befreiung, Gifttranklegende und Heilung, Steinigung und Enthauptung (Bildverzeichnis: LECHNER, 606f.). Attribute des M. sind neben Buchrolle oder Codex für den Apostel seit dem 13. Jh. verschiedene Marterwerkzeuge: Steine, Kreuz, Lanze und v.a. Beil oder Hellebarde. In der ö. Kunst hat M. geringe Bedeutung. Die Erwählung des M. durch das Los regte im SpätMA die Erfindung von Liebes- und Todesorakeln an. J. Engemann

Lit.: HWDA V, 1867-1872 - LCI VII, 602-607 [M. LECHNER] - LThK² VII, 179f. - N. IRSCH, Die Trierer Abteikirche St. M., 1927 - P. J. HAU, Die St. M. verehrung im Rheingau während des 12. Jh., 1948 - L. RÉAU, Iconographie de l'art chrétien, III, 2, 1958, 925f.

Matthias

1. M. I. Corvinus (M. Hunyadi), Kg. v. →Ungarn 1458-1490, * 23. Febr. 1443 Klausenburg, † 6. April 1490 Wien, ▭ Stuhlweißenburg (Székesfehérvár), Kathedrale; jüngerer Sohn von Johannes →Hunyadi und Elisabeth →Szilágyi; ⚭ 1. Katharina, Tochter von →Georg v. Podiebrad 1461, 2. Beatrix v. Aragón am 22. Dez. 1476; illegitimer Sohn: Johann Corvin.

Am 24. Jan. 1458 wählte eine Magnatenliga M. zum Kg. v. Ungarn, während die gegner. Liga am 17. Febr. 1459 Ks. Friedrich III. zum Gegenkg. bestimmte, in dessen Besitz sich die ung. Krone befand. M. konnte zwar die innenpolit. Gegner bezwingen, doch mußte er für die Auslösung der Stephanskrone Friedrichs ung. Kgtum. anerkennen und dem Haus Habsburg im Vertrag v. Wiener Neustadt 1463/64 die Erbfolge in Ungarn zugestehen, falls er ohne legitime Erben sterben sollte. Nach seiner Krönung in Stuhlweißenburg (29. März 1464) wurde M. 1468 von Friedrich zur Verteidigung Österreichs gegen Böhmen zu Hilfe gerufen. Entgegen den Absichten des Ks.s eroberte M. Mähren, Schlesien und die beiden Lausitzen und ließ sich in Olmütz am 3. Mai 1469 zum Gegenkg. von Georg v. Podiebrad wählen. Seine Herrschaft über die ö. Kronländer Böhmens mußten auch Podiebrads Nachfolger →Vladislav II. und dessen Verbündeter Friedrich III. im Waffenstillstand v. Breslau (8. Dez. 1474) anerkennen. Mit der Rückeroberung der Grenzfestung Sabac gelang ihm ein letzter großer Sieg über die Türken. In der Folgezeit konzentrierte sich M. vornehml. auf die Auseinandersetzung mit dem Ks., der mit der Anerkennung Vladislavs II. als Kg. v. Böhmen und Kfs. des Reiches eine neue jagiellon.-habsbg. Allianz gegen Ungarn zustandebrachte. M.' neuerl. Sieg über die Verbündeten verschaffte ihm im Vertrag v. Korneuburg 1477 die Anerkennung als Kg. v. Böhmen durch Friedrich III. Dennoch blieb das Verhältnis zw. dem Ks. und M. durch die Flucht des Ebf.s v. Gran, Johann Beckensloer, an den Hof des Ks.s (1476) sowie durch die Einmischung M.' in den Salzburger und Passauer Bm.sstreit weiterhin gespannt, bis M. 1482 in die Steiermark und nach Kärnten einfiel und größere Teile Niederösterreichs eroberte. Schließlich gelang M. am 1. Juni 1485 die Einnahme Wiens, wo er sich als »Hzg. v. Österreich« fortan überwiegend aufhielt, um die Eroberung von ganz Niederösterreich zu leiten. Friedensverhandlungen mit dem Sohn Friedrichs III., Maximilian (I.), scheiterten an den von Friedrich hartnäckig vertretenen Thronfolgeplänen in Ungarn, an den hohen Geldforderungen M.' für die Rückgabe der österr. Eroberungen sowie an dessen Thronfolgeplänen für seinen unehel. Sohn Johann Corvin. – In der Innenpolitik gelang M. eine umfassende Zentralisierung. Er konnte – gestützt auf das Komitatsadel – den Einfluß der →Magnaten zurückdrängen und durch die Errichtung eines ständigen Heeres Unabhängigkeit gegenüber dem Banderialaufgebot (→Banderien) gewinnen. Die Reform des Steuerwesens führte am Ende seiner Regierung zu jährl. Einnahmen von nahezu 1 Mill. Goldgulden. M. ließ die Höfe in Ofen und Visegrád im Stil der it. Renaissance ausbauen und die weltberühmte »Bibliotheca Corviniana« (→Bibliothek, VIII; →Corvinen) anlegen. Sein Hofhistoriograph Antonio Bonfini führte in seinen »Rerum Ungaricarum decades« die Herkunft des aus dem Komitatsadel aufgestiegenen Hunyaden auf das röm. Adelsgeschlecht der Corvini zurück. K. Nehring

Lit.: BLGS III, 117–119 – M.C. und die Renaissance in Ungarn, 1458–1541, Ausst.Kat. Schallaburg, 1982 – GY. RÁZSÓ, Die Türkenpolitik M.'C., ActaHistHung 32, 1986, 3ff. – K. NEHRING, M.C., Ks. Friedrich III. und das Reich, 1989².

2. M. v. Bucheck, Ebf. v. →Mainz, * ca. 1275 (?), † 9. Sept. 1328, ▭ Mainz, Dom; Sohn Gf. Heinrichs v. Bucheck und der Adelheid, Tochter des Gf. en Berthold v. Straßberg. Den Kustos der OSBAbtei →Murbach und Propst v. →Luzern providierte Papst Johannes XXII. am 4. Sept. 1321 mit dem Ebm. Mainz. Die ihm vom Papst zugedachte Aufgabe, im Thronstreit die habsbg. Partei zu fördern, konnte er nur unvollkommen erfüllen. Infolge der Schulden mußte sich M. mit den Städten →Erfurt und Mainz arrangieren (Privilegien v. 1322 und 1325). Sein Verhältnis zu Kg. Ludwig d. Bayern wurde zunächst seit dem Sommer 1323 durch vorsichtiges Lavieren bestimmt. Den Lehensstreit mit Hessen (→Landgrafschaft Hessen) nahm er 1324 wieder auf, verbündete sich mit den Gf.en v. →Nassau und →Ziegenhain, erlitt jedoch in der Schlacht bei Wetzlar am 10. Aug. 1328 eine Niederlage. Die vom Vorgänger →Peter v. Aspelt überkommenen Reichspfandschaften am Mittelrhein konnte M. aufgrund der mit Ludwig d. Bayern in Nürnberg am 20. Juli 1323 geschlossenen Verträge halten. Dennoch schwenkte M. im Frühjahr 1325 wieder zur päpstl.-habsbg. Partei zurück und ließ die gegen Ludwig gerichteten Prozesse verkünden. Der sittenstrenge Ebf. versuchte mit den Beschlüssen der Aschaffenburger Synoden v. 1323 und 1327 der Verwilderung des Klerus zu steuern. A. Gerlich

Q. und Lit.: E. VOGT, Reg. der Ebf.e v. Mainz, I,1, 1913, 446–579, Nr. 2261–2967 [Nachdr. 1970] – DERS., Ebf. Mathias v. M., 1905 – L. FALCK, Mainz in seiner Blütezeit als Freie Stadt 1244 bis 1328 (Gesch. der Stadt Mainz, 3, 1973), 147–152 [Lit.].

3. M. v. Arras, Werkmeister des Prager Veitsdomes, †1352 in Prag, 1344 oder kurz vorher aus Avignon nach Prag berufen, wo er den Neubau des Veitsdomes unter dem Einfluß frz. Hochgotik, bes. St-Just in Narbonne, entwarf und bis zu seinem Tode leitete. Ob er auch an der Burg →Karlstein, am Prager Emmauskl. und an der Stephanskirche in der Prager Neustadt beteiligt war, ist unsicher. G. Binding

Lit.: THIEME-BECKER 24, 242.

4. M. v. Janov (M. Parisiensis), * vor 1355 in Janov (Südböhmen), † 30. Nov. 1393 in Nová Ves (nw. von Prag), Schüler von →Milíč v. Kremsier, studierte seit 1375 in Paris, wo er 1381 den Grad eines Magister erlangte. Von →Adalbertus Rankonis unterstützt, setzte M. sein Studium in Prag fort, wurde Titulardomherr und Beichtvater von →Johannes v. Jentzenstein. In seinen Predigten entwickelte M. ein weithin beachtetes Reformprogramm, das gegen kirchl. Hierarchie und Gewohnheitschristentum die Rückkehr zur Urkirche und zu den Grundlehren der Hl. Schrift forderte. Seine Schr. wurden deshalb überprüft, worauf M. auf einer Prager Synode 1389 seine Lehren widerrufen und sich in die Dorfpfarrei in Nová Ves zurückziehen mußte. Neben seinem Hauptwerk »De regulis Veteris et Novi testamenti«, in dem er auf der Grundlage der Evangelien wahre chr. Frömmigkeit verlangt und Milíčs Idee des Kampfes gegen den Antichrist betont, verfaßte er die Schr. »Super passione Christi« (1378) und »De decem praeceptis« (1381). M. Polívka

Ed.: De regulis Veteris et Novi Testamenti, 1–4, hg. V. KYBAL, 1908–13; 5, hg. DERS.–O. ODOŽILÍK, 1926 – J. NECHUTOVÁ, Tractatus de Corpore Christi, Listy filologické, 1970, 260–267 – *Lit.:* Verf.-Lex.²

VI, 183–186 – V. KYBAL, M. Matěj z Janova, 1905 – E. VALÁŠEK, Das Kirchenverständnis des Prager Magisters M. v. J., 1971 – J. B. ZEMAN, The Hussite Movement and the Reformation in Bohemia..., 1977, 166ff.

5. M. v. Linköping (Mathias Ouidi oder Övidsson), bedeutender schwed. Theologe, * um 1300, † um 1350 in Stockholm (?); Mag. in artibus et in theologia (in Paris?), bis 1346 Beichtvater der hl. →Birgitta. M. trat als der theol. Garant der »Offenbarungen« der hl. Birgitta auf und schrieb den Prolog »Stupor et mirabilia«. Im Dienste der Verkündigung verfaßte er – außer einigen kleineren Schrr. in Poetik und Rhetorik – drei größere Werke: »Alphabetum distinccionum (Concordancie)«, eine Zusammenstellung bibl. Begriffe mit allegor. und moral. Deutungen, »Homo conditus«, eine Dogmatik in kerygmat. Form, und »Exposicio in Apocalypsim«, einen Komm. zur Offb des Johannes mit starker Kritik an der Hierarchie und der Univ.stheologie. Letztgenanntes Werk war lehrmäßig die Hauptq. für →Bernardinus v. Siena und wurde auch von →Nikolaus v. Kues geschätzt. A. Piltz

Ed.: Stupor et mirabilia (Revelaciones, Liber I, ed. C.-G. UNDHAGEN, 1978) – Homo conditus, ed. A. PILTZ, 1984 – *Lit.:* SBL, s.v. [Lit.] – A. PILTZ, Mag. M. of Sweden (The Ed. of Theol. and Philos. Texts from the MA, 1986), 137–160.

6. M. v. Neuenburg, Historiograph, * um 1295, † wohl 1364 oder bald danach, aus patriz. Familie der Stadt Neuenburg (Breisgau); ⚭ Elisabeth Münch aus einem Basler Geschlecht. M. studierte 1315/16 in Bologna kanon. Recht. 1327 ist er am bfl. Gericht in Basel bezeugt; 1329 ging er nach Straßburg, wo er Bf. Berthold v. Bucheck nahestand. 1335 und 1338 führte M. Verhandlungen in Avignon. In der Nachfolge →Martins v. Troppau schrieb er von den dreißiger Jahren an eine lat. Chronik, die in den beiden Hauptfassungen von 1245 bis 1350 reicht. Das Werk besteht aus einer lockeren Folge von Kapiteln. Es ist eine wichtige (habsburgfreundl.) Q. für die Reichsgesch. und bietet Einblick in die gesellschaftl.-kulturelle Situation am Oberrhein, z.B. auch für die Pestjahre 1348/49. Die »Gesta Bertholdi de Bucheck« sind wohl ebenfalls M. zuzuschreiben. K. Schnith

Ed.: Die Chronik des M. v. N., ed. A. HOFMEISTER (MGH SRG NS IV, 1924–40) – *Lit.:* LHOTSKY, Quellenkunde, 278–280 – Verf.-Lex² VI, 194–197 – Gesch.sschreibung und Gesch.sbewußtsein..., 1987, 695–726 [P. MORAW; Lit.] – R. SPRANDEL, Stud. zu M. v. N. (Fschr. F.-J. SCHMALE, 1988), 270–282.

Mattsee, Kollegiatstift n. von Salzburg. Unter dem Schloßberg von M. gründete Hzg. →Tassilo III. v. Bayern vor 784 (traditionell 777) ein Kl. (im 9. Jh. wohl OSB). Das Michaelspatrozinium könnte auf eine Besiedlung mit Mönchen aus →Mondsee hinweisen. Am Beginn des 9. Jh. entstand ein Skriptorium; das Reichenauer Verbrüderungsbuch nennt für das 9. Jh. über 150 Mönche und einen Abt Johannes. Nach dem Aachener Kl.katalog hatte M. keinen Kriegsdienst, aber Ehrengeschenke an das Reich zu leisten. Zur Unterstützung der Slavenmission erhielt M. 860 von Ludwig d. Dt. Besitz am Zöbernbach in Niederösterreich. Sein Sohn Karlmann schenkte die Abtei M. 877 an das von ihm gegr. Kl. →Altötting. Durch Purchard, Abt v. M., Altötting und Kremsmünster, seit 903 Bf. v. →Passau, kam M. als Eigenkl. an das Bm. Passau. Bf. Berengar (1013–45) wandelte M. in ein Kollegiatstift um. Die Bf.e v. Passau übten Vogtei und Hochgericht aus, die Kanoniker konnten sich 1196 freie Propstwahl und 1305 eine beschränkte Immunität sichern. Der Dechant Christian Gold verfaßte im 14.Jh. die Annales Mattseenses als weltgesch. Kompilation mit antihabsburg. Tendenz. Die

Bf. e v. Passau verkauften Burg und Herrschaft M. 1390/98 an das Ebm. →Salzburg, das Stift M. gehörte aber kirchl. bis 1790/1807 zum Bm. Passau. H. Dopsch

Lit.: M. KASERER, Das weltpriesterl. Collegiatstift M., 1877 – W. ERBEN, Q. zur Gesch. des Stiftes und der Herrschaft M., FontrerAustr II/49, 1896, 1–226 – Fschr. 1200 Jahre M., 1977 – H. SPATZENEGGER, 1200 Jahre M. ..., SMBO 88, 1977, 285–292 – W. STEINBÖCK, Die Kl. gründungen von Mondsee und M. durch die Agilolfingerhzg. e ..., ebd., 496–530 – Gesch. Salzburgs – Stadt und Land, I/2, 1984, 1015ff. [H. DOPSCH] – W. STÖRMER, Die Anfänge des karol. Pfalzstifts Altötting (Fschr. F.-J. SCHMALE, 1989), 61–72.

Matutine Erkenntnis/Vespertine Erkenntnis. Das Begriffspaar findet sich erstmals in Augustins Litteralkomm. zur Genesis. Dort beschreibt er die Erkenntnis der Engel als einen Kreislauf von 'Abend'- und 'Morgenerkenntnis' und stellt der Erkenntnis der Dinge in ihrer eigenen Natur (cognitio vespertina) die Erkenntnis der Dinge im göttl. Wort (c. matutina) gegenüber (De gen. ad litt. 4, 20–25; Civ. Dei 11, 29).

Dieses von Augustin im angelolog. Kontext ausgearbeitete Modell von m./v. E. gewinnt auch für die theol. Anthropologie an Bedeutung; es wird zum Ausdruck des kognitiven Verhältnisses der rationalen Kreatur zu Gott und zur Welt. Ferner versucht die →Christologie mit Hilfe dieses Schemas die überlieferte These von der vollkommenen Erkenntnis Christi zu explizieren. So hat für Alexander v. Hales auch Christus eine doppelte Erkenntnis: »matutina in Verbo et vespertina in generibus rerum« (Q. D. XLII de scientia Christi, m. 1 n. 13; m. 2 nn. 23–25).

An der Schwelle zur Hochscholastik wird das Schema von m./v. E. zu einem allg. Erkenntnismodell: Gott ist das erste Objekt der Erkenntnis (cognitio matutina); folglich muß auch die der rationalen Kreatur eigene Erkenntnis der Dinge (c. vespertina) auf diesen Ursprung alles Erkennens hin gedacht werden. Bonaventura macht sie zur Grundlage seiner exemplarist. Erkenntnismetaphysik. Dabei bedient er sich einer erstmals von Wilhelm v. Auxerre eingeführten Differenzierung der v. E. und spricht nun von einer 'cognitio in Verbo, in seipso et in proprio genere', welche der Seinsordnung widerspiegelt (3 Sent d 14 a 3 q 1 c; Brevil. IV, 6).

Thomas v. Aquin verknüpft das augustin. Grundmodell verstärkt mit der aristotel. Erkenntnistheorie. Mithin versteht er unter der cognitio vespertina nicht mehr eine Erkenntnis der Welt mittels eingegossener Erkenntnisbilder (scientia infusa). Die v. E. kann nur durch die Erfahrung aktuell werden (sc. acquisita), die sinnl. Welterkenntnis ist nicht nur nachträgl. Bestätigung, sondern Voraussetzung auch der vollkommenen Erkenntnis (Q. D. de ver. q 20 a 3). Hingewiesen sei schließl. noch auf Dionysius d. Kartäuser, dessen Abh. in 2 Sent d 4 q 4 zugleich als ein Überblickl. über den ma. Diskussionsverlauf angesehen werden kann. A. Speer

Lit.: TRE IX, 599–609, s. v. Engel, V [G. TAVARD] – J. TH. ERNST, Die Lehre der hochma. Theologen von der vollkommenen Erkenntnis Christi, 1971 – A. SPEER, Triplex Veritas ..., Franziskan. Forsch. 32, 1987.

Maubuisson, Zisterzienserinnenabtei in Nordfrankreich, nw. von Paris (dép. Val d'Oise, arr. Pontoise, cant./comm. St-Ouen-l'Aumône), alte Diöz. Rouen. Die Abtei (ursprgl. Notre-Dame-la-Royale) wurde um 1236 von der frz. Kgn. →Blanca v. Kastilien auf ihrer Domäne Aulnay bei Pontoise in einem altbesiedelten Gebiet gegr., als Seelenstiftung für ihren Gemahl Kg. →Ludwig VIII. († 1226) und die kgl. Familie. 1242 fertiggestellt, nahm die Abtei im folgenden Jahr den Namen M. an, nachdem Kgn. Blanca diese Domäne hinzuerworben hatte. M. wurde zu einem Kristallisationspunkt für das frz. Königshaus und die Familien der Hocharistokratie, die hier ihre Töchter eintreten ließen und ihre Toten bestatteten. Die ersten Nonnen kamen aus St-Antoine-des-Champs zu Paris; als erste Äbt. wurde eine Nichte der Kgn. Blanca eingesetzt. Die Grundausstattung mit stark diversifizierten Einkünften (Agrarbesitz, aber auch Zehnten und Renten auf →Kastellaneien) sicherte der Abtei hohe Liquidität; gestützt auf reiche Schenkungen (des Kgtm.s, in der 1. Hälfte des 14. Jh. auch von Leuten aus der Entourage der großen Fs. en), baute M. bis ins 14. Jh. seine Grundherrschaften erfolgreich aus und erwarb in den Nachbarregionen (Normandie, Parisis, Beauvaisis) weitere Besitzungen. Wie alle Kl. der Region vom Hundertjährigen Krieg schwer getroffen, kam die Umwandlung in eine →Kommende doch erst spät (1543). 1787 Aufhebung durch die kgl. 'Commission des Réguliers', 1791 Verkauf der Gebäude. Auf dem Abteigelände wurden 1978 und 1987 bedeutende archäolog. Grabungen durchgeführt. Ph. Racinet

Q. und Lit.: A. DUTILLEUX–J. DEPOIN, Cart. de l'abbaye de M., 1890 – PH. RACINET, L'implantation monastique dans la basse vallée de l'Oise au MA, M–A, 1989, 1, 5–35.

Mauburnus, Johannes (Jan Mombaer, Joh. de Bruxella), * um 1460 Brüssel, † wohl 29. Dez. 1501 Paris, letzter herausragender Autor der →Devotio moderna. An der Domschule zu Utrecht ausgebildet, tritt er um 1480 in das Fraterherrenstift St. Agnetenberg bei Zwolle ein. Er ist ztw. Inspektor der Windesheimer Kl. bibl. en. Seit 1496 wirkt er in Frankreich als Kl. reformer und wird 1501 Abt v. Livry. Sein unter Einfluß von →Wessel Gansfort als Methodik des geistl. Lebens konzipiertes, die religiöse Lit. seiner Zeit gelehrt und umfassend verarbeitendes und bis in die Jesuitenmystik des 17. Jh. wirkendes »Rosetum exercitiorum spiritualium« (ed. 1494 u. ö.) stellt eine Summe der spirituellen Lehren und Praktiken der Willensmystik in der Devotio moderna dar. Zur Unterstützung der Meditation durch opt. Gedächtnishilfen dient sein mnemotechn. »Chiropsalterium«. M. Laarmann

Lit.: DSAM X, 1516–1521 [Lit., Edd.] – Wb. der Mystik, hg. P. DINZELBACHER, 1989, 361f.

Mauclerc, Walter, engl. Verwalter, Bf. v. →Carlisle 1223–46, † 28. Okt. 1248, ▭ Oxford; wahrscheinl. frz. Herkunft. M. war ein talentierter Schreiber und diente seit 1202 Johann und Heinrich III. in verschiedenen Ämtern: als →bailiff in Lincolnshire, im ir. Exchequer, als Gesandter zu Innozenz III. (1215) und als Reiserichter (1219). Als Befehlshaber der Burg Carlisle und Sheriff v. →Cumberland (1222–32) wurde er 1223 zum Bf. v. Carlisle gewählt. Auf Lebenszeit 1232 zum kgl. Schatzmeister (→treasurer) ernannt, führte seine Entlassung 1233 zu einem ernsten, aber kurzen Bruch mit Kg. Heinrich. Er reiste als Gesandter 1235 zu Ks. Friedrich II. und fungierte 1242–43 als Regent während der Abwesenheit Heinrichs aus England. 1246 legte M. sein Bf. samt nieder und trat in den Dominikanerorden ein. R. L. Storey

Lit.: BRUO II, 1243 – DNB XIII, 79f. – VCH Cumberland, II, 24–26.

Mauer, Mauerwerk. Die M. ist eine aus natürl. oder künstl. Steinen aufgesetzte, massive Konstruktion; dadurch unterscheidet sich die M. von der Wand, die aus einem konstruktiven Gerüst (zumeist Fachwerk) und Gefachen besteht, die mit flexiblem Material (Holz, Flechtwerk oder auch M. werk) gefüllt sind; im allg. Sprachgebrauch wird auch die Ansichtsfläche einer M. Wand genannt (Wandaufriß, Innenraumbegrenzung durch Wände). Die Dimensionen werden mit Länge, Höhe und Dicke angegeben. Die untere Begrenzung der M., ihre

Standfläche, nennt man M. sohle, den oberen Abschluß M. krone, die sichtbare Schmalseite M. haupt; zweihäuptiges M. werk hat auf beiden Seiten eine sauber ausgeführte Sichtfläche. Die Dicke einer M. hängt von der Bauart, Höhe, Belastung und der Festigkeit der verwendeten Materialien ab. M. verband nennt die Art und Weise der Zusammenfügung von M. steinen zu einem M. werk, durch die der Zusammenhalt und die Biege- und Zugfestigkeit des in Schichten (Schar) aus Läufer (Stein, dessen Schmalseite parallel zur M. flucht liegt) aufgebauten M. werkskörpers gewährleistet sind. Bei einer Rollschicht liegen die hochkant gestellten Binder winkelrecht zur M. flucht, bei einer Schränkschicht unter einem Winkel von 45–60° zur M. flucht, bei einer Strom- oder Sägeschicht entsprechend, jedoch flachliegend. Den zumeist mit einem Bindemittel gefüllten Raum zw. zwei aneinanderliegenden Steinen bezeichnet man als Fuge, die waagerechte als Lager-, die senkrechte als Stoßfuge, die Anordnung der Fugen als Fugenschnitt. Das M. werk wird nach der Verwendung des Bindemittels unterschieden in: Trockenm. werk ohne Bindemittel bei primitiven Bauten oder als Begrenzung von Höfen oder Gärten; auch als Futterm. (meist geböschte M. als Stützm. gegen Erddruck); Lehmm. werk mit Lehm als Bindemittel bei primitiven oder frühen Bauten oder als Sperre gegen aufsteigende Bodenfeuchtigkeit; Mörtelm. werk mit Kalk, Traß oder Zement als Bindemittel, das mit Sand oder Ziegelsplitt gemagert wird. Nach dem Steinmaterial, der Bearbeitung und der Versatztechnik (Verband) wird das M. werk weiter unterteilt.

[1] *M. werk aus natürl. Steinen (opus italicum):* Bruchsteinm. werk (opus antiquum, incertum) verwendet die Steine, wie sie aus dem Steinbruch kommen. Um mit flachen Steinen höhere Schichten zu erreichen, werden die Steine schräg gestellt; zum Ausgleich des so vorhandenen Schubes wird die nächste Schicht in Gegenrichtung gelegt (ähren- oder fischgrätförmiges Bild, opus spicatum). Feldsteinm. werk wird aus Lesesteinen vom Feld oder aus Flüssen bei frühen Bauten oder in Gegenden, die fern von Steinbrüchen liegen, verwandt. Hausteinm. werk besteht aus Bruchsteinen, deren Kanten mit dem Hammer grob beschlagen werden; im 9. Jh. aufkommend und bei bedeutenden Bauvorhaben verwandt, um waagerechte Lagerfugen und durchgehende, aber wechselnde Schichthöhen zu erhalten. Quaderm. werk (opus romanum) wird aus steinmetzmäßig bearbeiteten Natursteinen gemauert, deren Front (Kopf), Lager und Stöße jeweils rechtwinklig zueinander stehen und eine glatte Vorderansicht bilden: in gleich hohen Schichten (opus isodomum), in wechselnden Schichthöhen (o. pseudoisodomum) oder aus quadrat. Steinen (o. quadratum); n. der Alpen seit dem 11. Jh. angewandt. Normalerweise liegt die Ansichtsfläche bündig mit der M. flucht und ist glatt bearbeitet mit 1,5 bis 4,0 cm breitem Randschlag und Spiegel, bossiert oder gespitzt (grobes Abarbeiten mit dem Spitzeisen oder der Spitze), bei beidhändig geführten spitzen Hacke), geflächt (feines Arbeiten mit der beidhändig geführten beilähnl. Fläche), gekrönelt (feines Überarbeiten mit einem Kröneleisen, das aus einer senkrecht angeordneten Reihe von Spitzen besteht) oder gestockt (Überarbeitung mit einem aus vielen Pyramidenspitzen bestehenden Stockhammer). Der Spiegel kann aber auch als Bosse (Rohform) vor dem Randschlag vorstehen (Rustikam. werk = opus rusticum). Als Buckelquader- oder Bossenm. werk seit frühstauf. Zeit bei Pfalzen und Burgen bes. beliebt, wird die Bosse um 1200 immer mehr kissen- oder polsterartig abgespitzt (Polsterm. werk), bis sie um 1250 nur noch gering vorsteht und langsam aufgegeben wird.

[2] *M. werk aus gemischten Materialien:* Es stellt jeweils einen Rückgriff auf röm. Vorbilder dar. Zu nennen sind: Verblendm. werk (opus reticulatum), im westfrk. Reich seit der Merowingerzeit in der Fortführung röm. Tradition verbreitet (sog. Krypta v. Jouarre, 8. Jh.; Lorscher Torhalle, um 800), ist dadurch charakterisiert, daß die dreieckigen, quadrat., sechseckigen oder rhombenförmigen Steine in das hinterfüllende M. werk unregelmäßig einbinden. Anders beim Füllm. werk (opus empletum), bei dem die Einbindung der beidseitigen Verblendschichten nur sehr gering oder kaum vorhanden ist. Diese Technik ist eine durchgehend angewandte Bautechnik. Davon zu unterscheiden ist die Inkrustation, ein Verkleiden des rohen M. körpers mit verschiedenfarbigen Platten aus edleren Materialien wie Stein, Marmor, Ton, bes. reich von den →Cosmaten bei Bauten Oberitaliens angewandt. Das Schichtm. werk (opus mixtum) weist zumeist wechselnde Quader- und Backsteinlagen auf (karol.-sal.), verwendet auch Tuffstein und Säulenbasalt (seit 13. Jh.).

[3] *M. werk aus Guß- oder Stampfmasse:* Es besteht aus →Kalk oder Traß, und als Zuschlagstoff dient Kies oder Stein- bzw. Ziegelsplitt. Diese Masse wird entweder zw. zwei Holzschalungen gegossen, die nach dem Abbindeprozeß wieder entfernt werden, Beton (opus caementicium), oder sie wird auf einen Boden bzw. in einen Fundamentgraben als Gußwerk (opus fusile) gegeben, oder aber sie dient zw. zwei Steinschalen als Füllwerk (opus empletum).

[4] *M. werk aus Backsteinen:* Es hat aus Ton oder Lehm geformte, gebrannte künstl. Steine (opus latericium) verarbeitet. In frühma. Zeit nur vereinzelt verwandt, wird der Backstein (→Backsteinbau) seit der Mitte des 12. Jh. bes. in steinarmen Gegenden Italiens und N-Europas zum bestimmenden Baustoff entwickelt.

Das M. werk wird auch sichtbar belassen und erst seit der Mitte des 16. Jh. von Kalkputz oder Stuck verdeckt. – S. a. →Befestigung, →Burg, →Stadtmauer. G. Binding

Lit.: RDK VII, 1086–1137, s.v. Feldsteinbau [A. KAMPHAUSEN-K. MÖSENEDER] – F. RUPP, Inkrustationsstil der roman. Baukunst zu Florenz, 1912 – K. FRIEDERICH, Die Steinbearbeitung, 1932 – A. KIESLINGER, Gesteinskunde für Hochbau und Plastik, 1951 – F. HART-E. BOGENBERGER, Der M. ziegel, 1967 – E. REUSCHE, Polychromes Sichtm. werk byz. und von Byzanz beeinflußter Bauten SO-Europas [Diss. Köln 1971] – A. CLIFTON-TAYLOR, The Pattern of English Building, 1972 – G. BINDING, Architekton. Formenlehre, 1987, 80–83 – s.a. →Befestigung, →Burg, →Stadtmauer.

Mauerbrecher, im 14., 15. und 16. Jh. schweres Belagerungsgeschütz. →Legstück, →Steinbüchse. E. Gabriel

Lit.: V. SCHMIDTCHEN, Bombarden, Befestigungen, Büchsenmeister, 1977.

Maulā (arab. sowohl 'Schutzherr' als a. 'Schutzbefohlener, Klient'), meist 'zum Islam übergetretener Freigelassener', der in seiner sozialen Gruppe oder als Einzelperson einem arab. Stamm oder einer arab. Persönlichkeit zugerechnet wurde. Zw. ihm und seinem ehem. Herrn besteht ein bes. Verhältnis gegenseitiger Verpflichtungen. Im iran. O zählte zumal die Masse der Iranier zu den *mawālī*, die in der Abbasidenzeit zunehmend an Bedeutung gewannen, in Nordafrika der Berber und in→al-Andalus die (dort so genannten) *muwalladūn* (span. *muladí*, o. Mulatte), die im 10. Jh. versuchten, die Herrschaft der Araber abzuschütteln. In Marokko wird *maulāy* (dialektal *mūlāy*) bzw. *maulānā* (*mulâna*) als Anrede bzw. Erwähnung (»mein/unser Herr«) von Scherifen, konkret der herrschenden Familie der ᶜAlawiden sowie der →Idrīsiden verwendet. Die hochsprachl. Form wird in formellen Situationen verwendet, die dialektale im Alltag.

H.-R. Singer

Lit.: EI² VI, 874–882 – P. CRONE, Roman, provincial and Islamic Law. The Origins of the Islamic Patronate, 1987.

Maulbeerbaum → Seide, →Beerenfrüchte

Maulbronn, Abtei SOCist (Baden-Württ.), 1138 von Walther v. Lomersheim in Eckenweiher bei Mühlacker gegr. und von der Abtei Neuburg im Elsaß besiedelt. Sie gehört über Neuburg–Lützel–Bellevaux zu den Filiationsabteien der Primarabtei →Morimond. Der Konvent des 1146/47 nach M. verlegten Kl. wuchs anfängl. wohl nicht rasch, denn 1153 wurde es zwar Paternitätskl. v. Bronnbach, entsandte aber nicht den Gründungskonvent. Dieses war erst 1157 bei der Gründung von →Schöntal möglich. M. erhielt früh päpstl. (1148) und ksl. (1156) Bestätigungen und wurde zum reichsten Kl. Württembergs (1156: 11 Grangien, 1177: 17). Die verwaltete seine Güter um 1500 in sieben Pflegen (Pflegehöfe in Speyer, Heilbronn, Pforzheim, Bruchsal). Ks. Friedrich I. hatte das Kl. 1156 unter ksl. Vogtei genommen, die 1231 vom Bf. v. Speyer anerkannt wurde. Doch dessen Nachfolger zog den Schirm bereits an sich, und die Herren v. Enzberg übten die Vogtei im Namen der Bf. e v. Speyer 1237–70 aus, wobei jedoch zw. 1240–43 der Reichsvogt v. Wimpfen diese Aufgabe nochmals kurzfristig wahrnahm. Rudolf v. Habsburg nahm die Vogtei 1273 neuerl. zum Reich, das diese seit 1280 in seinem Auftrag vom Bf. v. Speyer ausüben ließ. Die Vogtei gelangte in den 60er Jahren des 14. Jh. an die Pfgf.en b. Rhein und fiel von diesen 1504 an Württemberg. M. wurde 1554 endgültig ev. Die ma. Kl.anlage ist durch ihre weitgehend vollständige Erhaltung von hoher kunsthist. Bedeutung (roman. Pfeilerbasilika [1147/78], Paradies [um 1215], Herren- und Laien- oder Winterrefektorium [um 1230], Kreuzgang [13.–15. Jh.], Brunnenkapelle [1512/18], Chorgestühl [15. Jh.]).

I. Eberl

Lit.: C. KLUNZINGER, Urkdl. Gesch. der vormaligen Zisterzienserabtei M., 1854 – I. DÖRRENBERG, Das Zisterzienser-Kl. M., 1938 – E. GOHL, Stud. und Texte zur Geistesgesch. der Zisterzienserabtei M. im späten MA [Diss. masch. Tübingen 1977] – Kl. M. 1178–1978, 1978 – G. FRANK, Das Zisterzienserkl. M. [Diss. masch. Freiburg 1989] – Das Zist.kl. M. (GS NF) [in Vorber.].

Maulesel, -tier → Saumtier

Maulwurf (lat. talpa), als unterird. Gänge mit schweineartigem Rüssel und menschenhandähnl. Füßen (nur Bartholomaeus Anglicus, 18,100) grabendes und dort lebensfähiges Tier mit schwarzem Fell und gutem Gehör seit der Antike relativ gut bekannt. Die von Aristoteles durch Autopsie auf Verkümmerung der subkutan vorhandenen Augenanlagen erklärte Blindheit (h.a. 1,9, vgl. Plinius, 11,139), durch die arab.-lat. Version des Michael Scotus vermittelt, ist für Thomas v. Cantimpré (4,103) ein Beispiel für Gottes Providenz. Das unreine Tier, nach der Glossa ordinaria zu Lev. 11,30 durch Urzeugung aus faulender Erde stammend, soll diese oder Pflanzenwurzeln fressen, nach Thomas aber (richtig!) Würmer und nach Albertus Magnus (aus Erfahrung! [animal. 22,143]) auch Kröten und Frösche. Thomas kennt auch die im Frühjahr in Oberflächennähe zum Bau hinführenden Gänge. Volksmed. wird der verbrannte, pulverisierte M. mit Eiweiß gegen Lepra, sein Blut gegen Haarausfall empfohlen. Der M. galt als Allegorie (wegen Freßsucht) für Habgier (Thomas), Häresie (Hrabanus Maurus, univ. 8,2) und (wegen Blindheit) für die Heiden.

Ch. Hünemörder

Q.: →Albertus Magnus – →Bartholomaeus Anglicus – →Hrabanus Maurus – Ps.-Walahfrid, Glossa ordinaria (MPL 113) – Thomas Cantimpr., Liber de nat. rerum, T. 1, ed. H. BOESE, 1973.

Maupertuis, Schlacht v. → Poitiers, Schlacht v., 1356

Mauregato, Kg. v. →Asturien 783–788/789, Sohn →Alfons' I. und einer (wahrscheinl. maur.) Sklavin, erlangte den Thron nur nach Auseinandersetzungen mit den Anhängern →Alfons' (II.). Seine Regierungszeit wird als Tyrannei bezeichnet. Er machte sein Kgr. vom Emirat v. →Córdoba abhängig, sicherte ihm damit einen Frieden, der den Ausbau der inneren Organisation erlaubte.

J. M. Alonso-Núñez

Q.: Chronicon ex hist. Compostellanae (H. FLOREZ, España Sagrada 23, 1767), 325–328 – Crónicas asturianas, ed. J. GIL FERNÁNDEZ, J. L. MORALEJO, J. I. RUIZ DE LA PEÑA, 1985 [Chronik Alfons' III.; Chronicon Albeldense] – Lit.: C. SÁNCHEZ-ALBORNOZ, M.: A Leaf from Asturian Hist. (I. F. BAER, Jubilee volume publ. by the hist. Soc. of Israel, 1960), 174–185 [hebr., mit engl. Zusammenfassung] – FRAY JUSTO PÉREZ DE URBEL-R. DEL ARCO GARAY, España cristiana. Comienzos de la Reconquista (711–1038), 1982⁴ – P. GARCÍA TORAÑO, Hist. del reino de Asturias (718–910), 1986 – →Asturien.

Mauren (lat. Mauri), in der Antike die Bewohner Mauretaniens (Algerien-Marokko), verwandt mit den Numidiern und anderen 'libyschen' Völkern. Die muslim. Bewohner der Pyrenäenhalbinsel heißen M., in Spanien speziell die Marokkaner *(moro)*. In korrektem Gebrauch sollte man heute M. für jene muslim. Bewohner der früheren Barbareskenstaaten verwenden, die ihrer Herkunft nach aus →al-Andalus stammen und von den Autochthonen dieser Länder selbst als bes. Bevölkerungsgruppe gesehen werden (z. B. tunes. *l-ándləs* gen.). Im übrigen Europa verwendete man meist →'Sarazenen' für die (islam.) Araber bzw. Orientalen.

H.-R. Singer

Lit.: EI² VII, 235f., s. v. Moors.

Maurer → Baubetrieb, →Baugewerbe

Mauretania. Mit Errichtung der Prov. en M. Caesariensis (zw. Ampsaga und Muluccha, Hauptstadt →Caesarea [1] und M. Tingitana (zw. Muluccha und Atlantik, Hauptstadt Tingis [Tanger]) kam das Gebiet des heutigen w. Algerien und Marokko, das zuerst unter dem Einfluß Karthagos und später von Numidierkg. en stand, unter röm. Herrschaft und wurde gegen die Wüstenstämme mit einem Limes geschützt, der im 3. Jh. nach S verschoben wurde. 293 wurde der ö. Teil der Caesariensis als M. Sitifensis (Hauptstadt Sitifis) selbständige Prov. In der Spätantike war M. Roms wichtigster Lieferant für Getreide (dazu Wein, Oliven, Citrusholz) und bedeutend wegen seiner Pferde-, Rinder- und Schafzucht sowie seiner Bodenschätze. 427 drangen die →Vandalen, unterstützt von maur. Stämmen, in M. ein, das seit 533 Byzanz z. T. für sich erobern konnte (→Belisar). 708/711 besetzten die Araber M.

J. Gruber

Q. und Lit.: RE XIV, 2344–2386 – Inscriptions lat. de l'Algérie, 1922ff. – L. CHATELAN, Inscriptions lat. du Maroc I, 1942 – J. CARCOPINO, Le Maroc antique, 1943² – CH. A. JULIEN, Hist. de l'Afrique du Nord, 1951² – E. ALBERTINI, L'Afrique romaine, 1955⁶ – P. ROMANELLI, Storia delle province romane dell'Africa, 1959 – G.-CH. PICARD, Nordafrika und die Römer, 1962 – H. J. DIESNER, Der Untergang der röm. Herrschaft in Nordafrika, 1964 – Aufstieg und Niedergang der röm. Welt II. 10. 2, 1982 [Lit.] – F. LÓPEZ PARDO, M. Tingitana [Diss. Madrid 1987] – M. EUZENNAT, Le limes de Tingitane, 1989.

Maurice de Craon → Moriz v. Craûn

Maurienne (Moriana), Tallandschaft und ehem. Gft. in den frz. Alpen (dép. Savoie), im alten Kgr. →Burgund, umfaßt das Tal des Flusses Arc von seinem Quellgebiet der Gletscherzone bis zur Mündung in die Isère (gegenüber der Burg Miolans), begrenzt im N durch das Vanoise-Massiv, im S durch die Gebirgsketten des →Dauphiné.

Nachrichten über das Gebiet sind in gallo-röm. und burg. Zeit spärlich. Hatte die Region in der Frühzeit kirchl. zum Bm. →Turin gehört, so wurde, wohl um 579, auf Initiative des Merowingerkg.s →Guntram das Bm. St.-Jean-de-M. in der 'villa' M. eingerichtet. Es war mit den Reliquien Johannes' des Täufers, die eine einfache Frau, Thekla, von einer Wallfahrt aus dem Orient mitgebracht hatte, ausgestattet. Mit der Eingliederung der neuen Diöz. in die burg. Kirchenprov. v. →Vienne wurde M. auch vom Kgr. →Italien abgetrennt.

Nach Zerstörungen durch die Sarazeneneinfälle des 10. Jh. entstand hier, im Zuge der Zerstückelung des hochma. Kgr.es→Burgund, eine Herrschaft, die später als Gft. einen Kernbereich des Fsm.s →Savoyen bildete, von den Anfängen unter dem Begründer→Humbert I. Weißhand (1000–48) bis zu →Amadeus VIII. (1391–1449). Seit der Zeit des Staufers Konrad III. war sie Reichslehen. Die Gf.en (später Hzg.e) v. Savoyen, die das Gebiet am rechten Arc-Ufer besaßen und es mit Hilfe der Herren v. La Chambre verwalteten (das linke Ufer war 'terra episcopalis' der Bf.e v. St-Jean-de-M.) kontrollierten effektiv den gesamten Warenstrom, der den Mt-Cenis überschritt (→Alpenpässe), und galten daher als »Torwächter der Alpen«. Die Zollrechnungen v. Montmélian, am Eingang der Klause v. →Chambéry, geben einen Begriff von der Intensität dieses transalpinen Verkehrs.

Als 1326 im bfl. Territorium der M. ein gegen den Bf. Aymon d'Urtières gerichteter Volksaufstand ausbrach, ließ sich Gf. →Eduard v. Savoyen die Niederschlagung durch den Abschluß eines Mitherrschaftsvertrages (Abkommen v. Randens, nahe Aiguebelle, 2. Febr. 1327) vergelten; die 'terre épiscopale' war damit auch der vollen gfl. Souveränität unterstellt. Erst gegen Ende des 15. Jh. erreichten die Savoyer die völlige Unterwerfung der weltl. Adligen; der allzu mächtig gewordene Gf. Louis de La Chambre wurde am 31. Aug. 1491 wegen seiner Revolte gegen die Regentin, Hzgn. Blanca v. Montferrat, verurteilt, seine Schlösser geschleift. V. Chomel

Q. und Lit.: A. BILLIET–J. ALBRIEUX, Chartes du dioc. de M., 1861–M. DE LAVIS-TRAFFORD, Études sur les voies transalpines dans la région du Mt-Cenis ..., Bull. philol. et hist., 1960, 61–91 – R. H. BAUTIER–J. SORNAY, Les sources de l'hist. économique et sociale du MA. Provence ... États de la maison de Savoie, I, 1968, LXVIII, XCII, 456; II, 803–805.

Maurikios, byz. Ks., * 539 Arabissos (Kappadokien), † 27. Nov. 602 (hingerichtet), war nach jurist. Ausbildung (notarius) in der Hofverwaltung und im diplomat. Dienst tätig. Unter →Justin II. comes der Gardetruppen, übernahm M. 577 ein Feldherrnkommando im Pers. Krieg (bis Sommer 582). Am 5. Aug. 582 wurde er zum →Cäsar ausgerufen, am 13. Aug. zum Ks. Ca. Mitte Sept. 583 heiratete er Constantina, die Tochter seines Vorgängers, die ihm 6 Söhne und 5 Töchter gebar. Er wurde durch →Phokas abgesetzt und mit seinen Söhnen hingerichtet. In seine dank →Theophylaktos Simokates und anderer Q. gut dokumentierte Regierungszeit fiel das massive Vordringen der Avaren und Slaven in die Balkanhalbinsel und nach Griechenland, während der Krieg an der Ostgrenze durch den Frieden mit →Chosroes II. 591 beendet wurde. Er errichtete die →Exarchate Ravenna und Karthago und ist wahrscheinl. Verf. eines Kriegshb.es. P. Schreiner

Q. und Lit.: Theophylacti Simocattae historiae, ed. C. DE BOOR, 1887 – Übers.: P. SCHREINER, 1985 [dt.] – MICHAEL WHITBY – MYRY WHITBY, 1986 [engl.] – OSTROGORSKY, Geschichte³, 67–71, 84, 101 – M. WHITBY, The Emperor Maurice and his Historian ..., 1988.

Maurisio, Gerardo, Notar und Chronist, * vor 1173 in Vicenza (1198 Prokurator), † vermutl. nach 1237, stammte aus einer adligen und reichen städt. Familie. Ein Anhänger der ghibellin. Faktion und der Familie da →Romano, nahm er als Jurist und Notar aktiven Anteil an der komplexen Politik der Kommune →Vicenza in der ersten Hälfte des 13. Jh. Bei der Einnahme von Vicenza (1236) wurde er von der Soldateska Friedrichs II. mißhandelt und beraubt. Um die gebührende Entschädigung zu erhalten, schrieb er die »Cronica dominorum Ecelini et Alberici fratrum de Romano«, in der er die Gesch. der trevisan. Mark von 1183 bis 1237 schildert und dabei die Rolle der beiden Signoren sowie seine eigene und diejenige seines Vaters Pietro in ihren Diensten in sehr parteiischer Weise hervorhebt. Die Chronik, das erste einigermaßen geschlossene hist. Werk des 13. Jh. in Venetien, bietet wertvolle Nachrichten über den polit. Alltag der Kommune während einer hist. sehr komplexen Phase. Aus jüngsten Urkk.funden geht hervor – falls es sich nicht um einen Namensvetter handelt –, daß M. auch noch einige Zeit nach d. J. 1237, mit dem er seine Chronik abschließt, am Leben war.

A. Menniti Ippolito

Ed. und Lit.: G. i M.ii Cronica..., hg. G. SORANZO, R. I. S.², VIII, 4, 1914 – G. ARNALDI, Realtà e coscienza cittad. nella testimonianza d. storici e cronisti vic. dei secc. XIII e XIV (AA VV., Storia di Vicenza, II, hg. G. CRACCO, 1988), 295ff. – A. SOMMERLECHNER, Stadt, Partei und Fs., 1988.

Mauritius, hl. (Fest 22. Sept.), Märtyrer. Laut Bf. →Eucherius v. Lyon († 449/450), der sich für seine »Passio Acaunensium martyrum« auf eine mündl. Zeugenkette beruft, kam M. als Führer der →Thebaischen Legion im Lager bei Agaune (Wallis) gegen Ende des 3. Jh. um. Dort bewahrte die wohl um 360 erbaute Kirche, ab 515 als Kl. →St-Maurice und ab 824 als Stift, den Kult am Fuß des Passes über den →Großen St. Bernhard. Die zahlreichen Pilger verbreiteten ihn nach Frankreich, Italien, Deutschland, England, auch Spanien. Der Erwähnung bei →Gregor v. Tours (Gloria martyrum, 75) entspricht die Aufnahme in das Martyrologium Hieronymianum. Schon von Merowingern verehrt, erscheint M. als Militär-Hl. in den karol. →Laudes regiae und wird 888 Patron des Kgr.es Burgund. Ks. Otto I. widmete das 937 gegr. Kl. und das 967 durchgesetzte Ebm. →Magdeburg M., dem er den Ungarnsieg von 955 zurechnete, und ließ 962 sein Fest vom Papst bestätigen. Otto III. übergab Bolesław Chrobry eine →Hl. Lanze als M.speer. Auch unter den Saliern blieb M. ein Reichspatron. Vom 12. Jh. an wurde der Ks. in St. Peter am M.-Altar gesalbt (Ordo Cencius II). Im 15. Jh. wurde M. Patron von Ritterorden (→Goldenes Vlies, Orden vom). Seit dem 12. Jh. als 'herzoge der Môre' bezeichnet (Dt. Ks.chronik, vs. 6503), wird er zunächst vereinzelt (Magdeburg), vom späten 14. Jh. an sehr häufig als Schwarzer dargestellt. Darum gilt er als Patron der Farbhandwerke. K. H. Krüger

Lit.: BHL 5737–5764 – MartHieron, 521 – Bibl.SS IX, 193–206 – Catholicisme VIII, 953–955 – LCI VII, 610ff.; VIII, 429ff. – LThK² VII, 195 – Vies des Saints IX, 451–458 – A. J. HERZBERG, Der hl. M., 1936 [Nachdr.: 1981, Lit.] – L. DUPRAZ, Les passions de s.M., 1961 – P. JOUNEL, Le culte des saints, 1977, 290 – M. ZUFFEREY, Der M.kult im Früh- und HochMA, HJb 106, 1986, 23–58 – H. BEUMANN, Ausgew. Aufsätze, 1987 – G. SUCKALE-REDLEFSEN, M.: Der hl. Mohr, 1987 – M. ZUFFEREY, Die Abtei St-Maurice, 1988 – M. STROLL, Symbols as Power, 1991, 79–84.

Mauritius

1. M., Bf. v. →Burgos seit 22. Aug. 1213, * um 1175, † 12. Okt. 1238 in Burgos, □ Burgos, Kathedrale, stammte aus Kastilien, wahrscheinl. aus Medina de Comar (Burgos), und hatte engl. Vorfahren. M. studierte in Paris die Rechte, wurde um 1209 Archidiakon v. Toledo. Mit

Unterstützung des Ebf.s v. Toledo, →Rodrigo Jiménez de Rada, bestieg er den Bf.sstuhl. Als Bf. zeichnete er sich bes. durch innerkirchl. Aktivitäten aus und galt als vorbildl. Leiter seines Bm.s. Als Teilnehmer des IV. →Laterankonzils sorgte er für die Durchführung der Konzilsbeschlüsse in seiner Diöz. M. wurde vom Papst zum Schiedsrichter in verschiedenen Streitfällen im kast. Klerus bestellt. Ztw. verwaltete er das Bm. →Calahorra. Er unterstützte die Thronbesteigung Ferdinands III. in Kastilien, wurde einer seiner engsten Mitarbeiter und führte in Deutschland die Verhandlungen über eine Heirat mit Beatrix von Schwaben. Zu seiner Zeit wurde mit der Errichtung der Kathedrale in Burgos begonnen.
J. M. Nieto Soria

Lit.: L. SERRANO, Don Mauricio, obispo de Burgos y fundador de su catedral, 1922 – D. MANSILLA, Iglesia castellano-leonesa y Curia Romana en tiempos de San Fernando, 1945 – DERS., Episcopologio de Burgos. Siglo XIII, Hispania Sacra 4, 1951, 321f.

2. M. Hibernicus (v. Provins) OFM, wahrscheinl. Franziskaner und nicht Dominikaner, stammte nach Angaben →Salimbenes aus der Region Provins, wo ihm der Chronist ca. 1248 als Lektor im dortigen Franziskanerkonvent in Auseinandersetzung mit starken joachit. Kräften im Orden begegnete. 1275 wurde er zum Procurator der natio Anglicana der Univ. Paris ernannt. Ca. 1250 verfaßte M. Distinctiones sacrae Scripturae, d.h. ein alphabet. gegliedertes Predigthb., das eine nach dem vierfachen Schriftsinn geordnete Zusammenstellung von Stichworten der Hl. Schrift bot und große zeitgenöss. Beachtung fand (Teiled. Venedig 1603). D. Berg

Lit.: Bibliogr. Francis. XIII, 48, 85, 88, 98 – HLF XXI, 132–137 – RBMA III, 5566ff. – J. H. SBARALEA, Suppl. ad scriptores II, 1921, 240f. – J. B. SCHNEYER, Gesch. der kath. Predigt, 1969, 166, 181.

3. M. de Portu (O'Fihely) OFM, * 1460 in Clonfert oder Baltimore in Irland, † 1513 in Galway (Irland), studierte an der Univ. Oxford, 1488 zum Regens am Generalstudium in Mailand ernannt, lehrte ab 1491 an der Univ. Padua, wo er zunächst auch nach seiner Ernennung zum Ebf. v. →Tuam (Irland) 1506 blieb. 1512 nahm er am 5. Laterankonzil teil. M. galt zu seiner Zeit als einer der besten Kenner der Werke des →Johannes Duns Scotus und hat viele von dessen Schr. herausgegeben und kommentiert. Komm., Notizen und Scholien zu Scotus sind z. T. in die von L. WADDING veranstaltete Ausg. der Werke des Duns Scotus aufgenommen worden. Wegen seines sanftmütigen Charakters erhielt M. den Beinamen 'flos mundi'. Hauptwerke: »Annotationes in quaestiones metaphysicales Scoti« (1497); »Expositio in quaestiones dialecticas Scoti« (1505); »Enchiridion fidei« (1509); Ed. von Scotus-Schr.: »Quaestiones Scoti in Metaphysicam Aristotelis« (1497); »Quaestiones Scoti super universalibus Porphyrii et Aristotelis praedicamentis et pereihermeneias ac elenchorum« (1502); »Libri IV Sent. scripti Oxoniensis D. Scoti« (1506). H.-J. Werner

Lit.: DThC X, 1404f. – K. WERNER, Der Endausgang der ma. Scholastik, 1887 – G. BROTTO–G. ZONTA, La facoltà teologica dell'Univ. di Padova, 1922.

Mauritius, Ritterorden vom hl., am 8. Okt. 1434 von Hzg. →Amadeus VIII. v. Savoyen (9. A.) gegr. und nach dem hl. →Mauritius (Schutzpatron der Savoyerdynastie) benannt. Der Hzg. zog sich nach 43jähriger Regierungszeit aus der Welt zurück, um in um Château de Ripaille zusammen mit sechs Rittern ein Eremitenleben zu führen, wobei er sich selbst den Rang des Dekans vorbehielt. Die Verfassung der »militia S. Mauritii« und v. a. das Testament Amadeus' VIII. vom 6. Dez. 1439 beschreiben die für den Eintritt in den Orden erforderl. Eigenschaften. Die Ordensritter mußten adliger Herkunft sein, sollten sich bereits im Dienst des Hzg.s in zivilen und militär. Ämtern ausgezeichnet haben und nach ihrem Eintritt in den Orden dem Hzg. selbst und seinen Nachfolgern mit Rat und Hilfe beistehen. Die Ritter verpflichteten sich, ein ehrenvolles und frommes Leben zu führen und in Ripaille, dem Sitz des Ordens, zu residieren. Aus den Q. geht jedoch nicht hervor, ob die milites S. Mauritii beim Eintritt religiöse Gelübde ablegen mußten. Nach der Wahl Amadeus' VIII. zum Papst (Felix V.) am 5. Nov. 1439 begann der langsame Niedergang des Ordens. E. Mongiano

Lit.: M. BRUCHET, Le château de Ripaille, 1907 – F. COGNASSO, Amedeo VIII, I–II, 1930 – M. JOSÉ DE SAVOIE, Amédée VIII: le duc qui devint pape, I–II, 1962 – Amadée VIII de Savoie-Félix V. (Coll. internat., Ripaille-Lausanne, 1990 [= Bibl. hist. vaudoise; im Dr.]).

Mauro, Fra, ven. Kartograph, Kamaldulenser im Kl. S. Michele (Murano), † 1460, fertigte gemeinsam mit Andrea →Bianco im April 1459 im Auftrag Kg. Alfons' V. v. Portugal eine Weltkarte (Original verloren, Kopie in der Bibl. Naz. Marciana, Venedig). Sie mißt ca. 2m im Durchmesser und folgt dem seltenen, wohl arab. beeinflußten Typ der gesüdeten Weltkarte. Die Welt ist abgebildet als der (einzige) Kontinent, umgeben von dem (einzigen) Ozean (T-Karte, →Karte). Fra M. durchbrach diesen Typ mehrfach in bezug auf die europ. und afrikan. Küstenlinien, die verschiedentl. Einbuchtungen erfahren (u.a. Ostsee, Mittelmeer, Einbuchtung, die den Verlauf der westafrikan. Küste ansatzweise wiedergibt [→Afrika, III]), was belegt, daß er von den geogr. Erkundungen im Umkreis des ptg. Hofs wußte. Da er zugleich am Typ der T-Karte festhielt, gelangte er zu der kartograph. Aussage, daß Afrika umschiffbar sei, und stellte sich so in Gegensatz zur →Ptolemäus-Projektion. Fra M.s Asienkenntnis stammt großenteils von Marco →Polo (→Japan, -bild). Seine gerundete Karte nimmt in ihrer Zweidimensionalität wesentl. Teile der Aussage vorweg, die Martin →Behaim mit seinem Globus von 1492 zur Darstellung brachte. H. Kleinschmidt

Lit.: G. H. T. KIMBLE, Geography in the MA, 1938 – L. C. WROTH, The Early Cartography of the Pacific, Papers of the Bibliographical Soc. of America 38, 1944, 103–109, Nr. 5f., 9, 11–13 – L. BAGROW–R. A. SKELTON, Hist. of Cartography, 1964, 72f. – M. DESTOMBES, Mappemondes, 1964, Nr. 52 – A. D. VON DEN BRINCKEN, 'ut describeretur universus orbis', Misc. medievalia 7, 1970, 249–278 – A. CORTESÃO, Hist. of Portuguese Cartography II, 1971, 172–181 – M. MOLLAT u.a., Sea Charts of the Early Explorers, 1984, 46–49 – J. B. HARLEY–D. WOODWARD, The Hist. of Cartography I, 1987, 314f. – K. NEBENZAHL, Atlas of Columbus and the Great Discoveries, 1990, 4–13 – U. KNEFELKAMP, Projekt 'Behaim Globus', Periplus I, 1991, 163–165.

Mauropus, Johannes, Metropolit v. Euchaïta, gelehrter byz. Autor, * wohl um 990 in Paphlagonien (Geburtsort nicht sicher bekannt), † in hohem Alter an einem 5. Okt. (Todesjahr umstritten, nach einer Q.: 1092). – M. kam in jungen Jahren nach Konstantinopel. Als Michael→Psellos ihm (zw. 1028 und 1034) begegnete, war M. bereits ein angesehener Lehrer, der in seinem Privathaus Unterricht erteilte. Mehrere Quellen machen deutlich, daß M. seit ca. 1046/47 großen Einfluß am Hofe Ks. →Konstantins IX. ausübte. Er war mit der Redaktion der ksl. →Novellen betraut und gründete eine Rechtsschule. Um 1050–52 fiel M. aus unbekannten Gründen jedoch in Ungnade; die Einsetzung als Metropolit v. Euchaïta diente als Vorwand zu seiner Entfernung aus der Hauptstadt. Bald nach 1075 legte er sein Hirtenamt nieder, um die letzten Lebensjahre im Kl. St. Johannes d. T. zu Petra (Konstantinopel) zu verbringen. – Hauptquelle der Schriften des M. ist der Cod. Vat. Gr. 676 (11. Jh.); er überliefert 59 Epigramme,

77 Briefe, 12 Reden, die Novellen Konstantins IX. und die Vita des hl. →Dorotheos d. J. Auch verfaßte M. eine Vita des hl. Baras und eine große Anzahl (meist noch unedierter) Kanones. A. Karpozilos

Ed. und Lit.: Ioh. Euchaitorum metropolitae que in Cod. Vat. Gr. 676 supersunt, ed. P. DE LAGARDE-J. BOLLIG, AGG 28, 1882 – A. KARPOZILOS, Συμβολὴ στὴ Μελέτη τοῦ Βίου καὶ τοῦ Ἔργου τοῦ Ἰωάννε Μαυρόποδος, 1982 – DERS., The Letters of Ioannes Mauropus, Corpus Fontium Hist. Byz. 34, 1990.

Maurperg, Leonard v., Alchemiker des 14. Jh., der sich zeitweilig in »Maurperg« (wohl Mailberg/Niederöst.), Preßburg und Gran aufhielt. Auf Reisen nach Venedig, Rom, Neapel und Montpellier, i. J. 1394 dann über Krakau, Livland und die Krim nach Jerusalem und Täbris traf L. v. M. zahlreiche Alchemiker und erwarb metallurg.-alchem. Fachtexte. Seine Collectanea alchemica bietet das wohl älteste autobiogr. Zeugnis eines mitteleurop. Wanderalchemikers. Sie zeigt L. v. M. als transmutator. tätigen Metallurgen, der Beziehungen mit dem Bf. v. Gran und Kard. Agapet (Rom) unterhielt, und informiert über die alchem. Praxis von zahlreichen Anhängern der »ars philosophica« aus dem Kreis weltl. Großer (Kg.e von Navarra, England und Sizilien, Hzg. Albrecht von Österreich), von Geistlichen und anderen Personen (Francesco Petrarca).
J. Telle

Lit.: J. CORBETT, L'alchimiste Léonard de M. (XIVᵉ s.), BEC 97, 1936, 131–141 – DERS., Cat. mss. alchim. lat., I: Mss. des bibl. publ. de Paris antérieurs au XVIIᵉ s., 1939, 173–175.

Maursmünster (Marmoutier), elsäss. Abtei OSB (♂ Apostel Petrus und Paulus, hl. Martinus), 6 km s. von Zabern (Saverne; dép. Bas-Rhin), stand bis Anfang des 12. Jh. unter der geistl. (und weltl.) Jurisdiktion der Bf.e v. →Metz, gehörte dann zum Bm. →Straßburg; 1792 aufgehoben. Die Gründung um 590, die durch den Mönch Leobard (oder Liuberat) z. Zt. Kg. Childeberts II. (575–596) erfolgt sein soll, wird von der neueren Forsch. jedoch angezweifelt und in die Zeit Childeberts (III.) († ca. 662) verlegt. Von Anfang an trat M. als bfl., im 9. Jh. (819, 870) auch als kgl. Kl. in Erscheinung. Die Bf.e v. Metz waren Inhaber der Obervogtei, die sie als Lehen den Herren v. Geroldseck übertrugen. Von der Mitte des 8. bis zur Mitte des 9. Jh. entstand aus den iro-merow. das frk.-benediktin. monasterium. Bedeutende Persönlichkeiten dieser Zeit waren: Abt Maurus (ca. 724–761), →Benedikt v. Aniane (Abt 814–815) und Celsus (827–853), in dessen Abtszeit Bf. →Drogo v. Metz (823–855), bes. durch die Übertragung der Reliquien der hl. Bf.e v. Metz, Celestis und Auctor, das Kl. erneut mit dem Bm. Metz verband. Während vom Ende des 10. bis Anfang des 12. Jh. das Kl. weltl. Herrschern unterstand, konnten die Reformäbte Adelo (1117–32), Meinhard (1132–46) und Anselmus (1146–54), von Bf. Stephan v. Metz (1120–62) unterstützt, die wirtschaftl. Leitung wieder zurückerlangen, bes. durch ein genaues Güterinventar und eine Neubestimmung der Rechte des Kl. Theodewin, Prior des Kl., wurde zum Abt v. Gorze (um 1125) und zum Kard. (1134) ernannt. Auf dem nahen Sindelsberg wurde das 1117 gegr. Tochterkl. mit Benediktinerinnen besiedelt, die bereits vorher erworbene Cella Godelsadis (bei Sarrebourg) mit Mönchen aus M. (ca. 1122, ♂ St. Quirin). Die Angliederung an die Reformbewegungen von →Gorze und →St. Blasien begünstigte die geistige Erneuerung; 1517 Aufnahme in die →Bursfelder Kongregation. Von der in der 1. Hälfte des 12. Jh. errichteten Kirche steht noch das Westwerk; got. Kirchenschiff (erhalten) und Chor (Mitte des 18. Jh. erneuert) entstanden im 13. Jh.

Die Mark M. (Marca Aquileiensis) bildete wahrscheinl. eine administrative oder fiskale Einheit, bevor sie von den merow. Kg.en dem Kl. als Eigentum übergeben wurde. Durch das Aussterben der Herren v. Geroldseck 1390 wurde die Mark unter verschiedenen Lehns- oder Markherren aufgeteilt. R. Bornert

Lit.: LThK² VII, 197 – F. SIGRIST, Rev. cath. d'Alsace 1–5, 1882–86 – DERS., L'abbaye de Marmoutier, 1899 – E. HERR, Der Güterbesitz der Abtei M. im 9. Jh., ZGO 85, NF 46, 1932, 169–229 – W. GOLDINGER, Die Verfassung des Kl. M. im Elsaß, ZGO 90, NF 51, 1938, 1–63 – Marmoutier..., Annuaire de la soc. d'hist. et d'archéol. de Saverne et environs, 1954, Nr. 3–4 [Lit.] – A. M. BURG, Les débuts du monachisme en Alsace, Archives de l'Église d'Alsace 23, 2ᵢᵉᵐᵉ sér. 7, 1956, 30–32 – M. BARTH, Hb. der elsäss. Kirchen im MA, ebd. 28, 1961, 810–814 – F. PRINZ, Frühes Mönchtum im Frankenreich, 1965, 170, 283 – I. HEIDRICH, Die Grundausstattung der elsäss. Kl.... (VuF 24, 1977), 37ff. – H. BÜTTNER, Gesch. des Elsaß, I, 1991, passim.

Maurus, hl., Gefährte des hl. Benedikt, Sohn des röm. Patriziers Aequitius, wurde von diesem als Oblate dem hl. →Benedikt übergeben, als dieser bereits einige Kl. in Subiaco gegründet hatte. M. ist Protagonist einer berühmten Episode in den Dialogi Gregors d. Gr. (II, 7), in der er durch einen Akt des Gehorsams das Leben des kleinen Placidus, eines anderen Oblaten, rettet.

Ohne hist. Glaubwürdigkeit ist die von Odo v. Glanfeuil (863) verfaßte Vita des Hl.n, die fälschl. unter dem Namen eines Benediktjüngers Faustus zirkulierte, der M. auf seiner Reise nach Gallien begleitet haben soll. M. habe u. a. das Kl. Glanfeuil gegründet, in dessen Kirche (St. Martin) er angebl. begraben wurde. Obgleich Odos v. Glanfeuil M.-Vita phantasievoll-legendären Charakter trägt, sind einige ihrer Elemente durch hist.-archäol. Zeugnisse erhärtet: so stammen etwa die Anfänge der Martinskirche von Glanfeuil aus dem 6. Jh.; auch fand die Regula S. Benedicti in Frankreich eine sehr frühe Verbreitung. Wichtigstes Zentrum der M.-Verehrung im MA war die frz. Abtei St-Maur-des-Fossés, wohin die vermeintl. Reliquien des Hl.n gelangten, bevor sie schließlich nach St-Germain-des-Prés (Paris) übertragen wurden (1793 vernichtet). Die Verehrung des Hl.n in Montecassino ist liturg. und lit. seit dem 11. Jh. bezeugt.
M.-A. Dell'Omo

Lit.: Bibl. SS IX, 210–223 – DACL VI, 1283–1319 – DHGE XXI, 141–145 – J. MABILLON, Ann. Ordini S. Benedicti I, 1703, 629–654 – B. PLAINE, De l'authenticité de la mission de S. Maur en France, SMOB 16, 1895, 639–646 – F. NEWTON, A Newly Discovered Poem on St. Maur by Laurence of Amalfi, Benedictina 20, 1973, 91–107 – DERS., A Third and Older Cassinese Lectionary for the Feasts of Saints Benedict, Maur and Scholastica, Monastica III (Misc. Cass. 47, 1983), 45–75 – B. FIORE, Mauro d'Equizio discepolo e collaboratore di S. Benedetto, 1984 – S. M. AVANZO, San Mauro abate discepolo di San Benedetto, 1991.

Maurus

1. M., Bf. v. Krakau seit 1109/10, † 1118, □ Krakau, Dom, St. Leonhard-Krypta; stammte wahrsch. aus Frankreich oder Italien. Am Beginn seiner Amtszeit ließ M. ein Inventar des Domschatzes anfertigen (MPH I, 377). M. war an den Stiftungen einiger Adelskirchen beteiligt, vollendete und weihte (1115?) die untere Kirche (St. Leonhard-Krypta) auf dem Wawel (Krakau), deren Ausstattung Kölner Einfluß zeigt. 1938 wurde dort sein Grab entdeckt. Aus dem Fehlen der Buchstaben »C(arnis) R(esurrectionem)« in der Inschrift zu Tod und Credo M.' auf einer darin gefundenen Bleitafel schloß P. DAVID kühn auf Einflüsse des →Manichäismus im damaligen Polen. Auch die Hypothese von D. BORAWSKA, M. sei mit dem Chronisten →Gallus Anonymus und mit Johannes Maurus, dem vor 1105 verbannten Bischofselekten v. Torcello b. Venedig, ident., fand keine Zustimmung. J. Strzelczyk

Lit.: PSB XX, 261f. – A. BOCHNAK, Grób biskupa Maura w krypcie św. Leonarda na Wawelu, Rocznik Krakowski 30, 1938, 239–248 [vgl. auch: Z. KOZŁOWSKA-BUDKOWA, KH 53, 1939, 85–88] – P. DAVID, Un credo cathare? RHE 35, 1939, 756–761 – A. VETULANI, Krakowska biblioteka katedralna w świetle swego inwentarza z r. 1110, SlAnt 4, 1953, 163–192 – D. BORAWSKA, Gallus Anonim czy Italus Anonim?, PrzgHist 56, 1965, 111–119.

2. M. v. Salerno, 'optimus physicus' des 12. Jh. (Beiname 'secundus Gal[i]enus'), * um 1130 in Süditalien (Kalabrien), † 1214, ausgebildet in Salerno unter Matthaeus→Platearius, arbeitete mit Nicolaus, dem Verfasser des →'Antidotarium Nicolai' zusammen. Von 1165 bis etwa 1200 Leiter der Schule v. →Salerno. Als typ. Vertreter Salernitaner Frühscholastik war M. mit ersten gräkolat. Versionen aristotel. 'libri naturales' und mit der 'Kanon'-Übers. →Gerhards v. Cremona (→Avicenna) über Guido d'Arezzo d. J. bekannt. Als Begründer der Harnregionenlehre (→Uroskopie) revolutionierte er die Harnschau; als Schöpfer der Salernitaner Hämatoskopie (→Diagnostik) blieb er über die →aderlaßbegleitende Blutschau bis weit in die NZ hinein für die klin. Krankheitsfindung maßgebend; sein 'Kurzer Harntraktat' ist der meistgelesene Text ma. Medizinlit. Seine anderen Fachschriften (u. a. Anatomien, Kommentare, Fieberschriften) waren weit weniger erfolgreich und sind großteils noch nicht ediert.
G. Keil

Lit.: Verf.-Lex.² VI, 201–203 – G. KEIL, Der 'kurze Harntraktat' des Breslauer 'Codex Salernitanus' und seine Sippe [Diss. Bonn 1969] – DERS., Die urognost. Praxis in vor- und frühsalernitan. Zeit [Habil.schr. Freiburg i. Br. 1970], 136–149 – M. H. SAFFRON, M. of S., 1972 – P. O. KRISTELLER, Studi sulla Scuola med. salernit., 1986, 41–43, 99f. – F. LENHARDT, Blutschau, Würzb. med. hist. Forsch. 22, 1986 – R. REISERT, Der siebenkammerige Uterus, ebd. 39, 1986, 44 – J. AGRIMI-CH. CRISCIANI, »Edocere medicos«: medicina scolastica nei secc. XIII–XV, 1989, 13f., 247f.

Maus → Nagetiere

al-Mauṣilī, Isḥāq, geb. 767 Rayy, gest. 850 Bagdad, gefeiertester Musiker der Blütezeit des Abbasidenkalifats, Sohn des fast gleich angesehenen Ibrāhīm ibn Māhān. Als Sänger, Instrumentalist und Theoretiker vertrat er gegenüber der Neuerungen aufgeschlossenen 'pers.' eine eher traditionsgebundene 'arab.' Richtung; in zahlreichen Schr. (ausschließl. Fragmente erhalten) sammelte er eigene und fremde Dichtung und Vertonungen.
L. Richter-Bernburg

Lit.: EI² IV, 110f. – H. G. FARMER, Sources of Arabian music, 1965, 3 (Ind.) – SEZGIN II, 578 (Ind.) – E. BENCHEIKH, Les musiciens et la poésie, Arabica 22, 1975, 114–152 – A. SHILOAH, The Theorie of Music in Arabic Writings (c. 900–1900): Descriptive Catalogue of Mss. . . . , 1979 (Répert. intern. des sources musicales, B 10) – DERS., Music in the PreIslamic Period . . . , Jerusalem Stud. in Arabic and Islam 7, 1986, 109–120.

Mausoleum → Grab, -mal

Maut → Zoll

Mavortius (Flavius Vettius Agorius Basilius M.), röm. Philologe. Unter Theoderich comes domesticorum, consul ordinarius 527 (Priscian, Inst. 8, 12, 17) gehört er zur lit. interessierten Oberschicht Roms (wohl Nachkomme des Vettius Agorius Praetextatus, Herleitung des Geschlechts von den Decii). Bekannt durch krit. Emendationen zu Werken des Horaz (zusammen mit dem Rhetor Felix) und des Prudentius. Eigene lit. Versuche (Centones) sind daneben in geringer Zahl erhalten (Anth. Lat. 1, 10; 10, 16).
G. Wirth

Lit.: PLRE II, 736 – SCHANZ-HOSIUS II, 264 – J. SUNDWALL, Abh. zur Gesch. des ausgehenden Römertums 1919, 139.

al-Māwardī, Abū l-Ḥasan ᶜAlī ibn Muḥammad, geb. 974 al-Baṣra, gest. 27. Mai 1058 Bagdad, Jurist, Diplomat und Ratgeber der Kalifen al-Qādir und al-Qāʾim; fruchtbarer, vielseitiger Autor, bes. in Ethik und polit. Theorie. Sein über Fachgrenzen hinaus wohl bekanntestes Werk »Herrschergewalt betreffende Satzungen und religiöse Ämter« ist ein sunnit.-orth. Abriß der Institution des →Kalifats, damit zugleich Theorie legitimer islam. Obrigkeit; al-M. zielt auf das Unmögliche: einen gangbaren Kompromiß zw. religionsgesetzl. Ideal und polit., von weitgehender Ohnmacht des Kalifen geprägter Realität.
L. Richter-Bernburg

Ed. und Lit.: EI² VI, 869 [veraltet] – D. P. LITTLE, A New Look . . . , Muslim World 64, 1974, 1–18 – A. K. S. LAMBTON, State and Government in Medieval Islam, 1981, bes. 83–102 [Lit.] – T. NAGEL, Staat und Glaubensgemeinschaft im Islam, I, 1981 – N. CALDER, Friday prayer . . . , Bull. of the School of Oriental and African Stud. 49, 1986, 35–47 – T. NAGEL, Festung des Glaubens, 1988 – al-M., al-Aḥkām as-sulṭānīya wal-wilāyāt ad-dīnīya, hg. A. M. AL-BAGHDADI, 1989 [bedingt krit. Ed.].

Maxentios, Johannes (zur problemat. Authentizität des Taufnamens GLORIE, XLf.), Abt oder Archimandrit, führender Kopf der sog. »skyth. Mönche«, die sich wegen theol. Streitigkeiten mit ihrem Oberhirten, Bf. Paternus v. Tomi, ca. 518 nach Konstantinopel und von da aus nach Rom begaben, um ihren Glaubenspositionen, u. a. der Formel »Unus ex trinitate passus est«, zur Anerkennung zu verhelfen. Sie lösten dadurch die »theopaschit.« Kontroverse (→Theopaschismus) aus, die gegen den zuvorigen Widerstand Roms (Papst →Hormisda) im Glaubensedikt Ks. Justinians I. v. 533 (und 553 im 10. Anathem des 5. Ökumen. Konzils) zugunsten dieser Formel entschieden wurde. Das Dossier zu den skyth. Mönchen weist insgesamt acht v. M. lat. verfaßte Schr. auf (CPL Nr. 656–664, doch 664 nicht von ihm).
G. Prinzing

Ed.: CCL LXXXV A, ed. FR. GLORIE, Nr. 1–7, 1978 [Lit.] – *Lit.:* DThC XIV, 1746–1753 – BECK, Kirche, 375 – J. A. MCGUCKIN, JEcH 35, 1984, 239–255 [mit engl. Übers. von CPL 663] – A. GRILLMEIER, Jesus der Christus im Glauben der Kirche, II/2, 1989, 334–359 [Lit.].

Maxentius, Usurpator 306–312, Sohn Ks. →Maximianus', Schwiegersohn des →Galerius, wurde gegen den westl. Augustus Severus, der in Rom neue Steuern erheben wollte, von der Prätorianergarde zum Augustus erhoben. Nachdem es ihm gelungen war, Galerius siegreich abzuwehren, herrschte er zusammen mit seinem Vater. Die christl. Bewohner Roms gewann er durch die Einstellung der Verfolgung und Zulassung einer Bf.swahl. Auf der Ks.konferenz v. Carnuntum (308) zum Staatsfeind erklärt, wurden die von ihm beherrschten Gebiete Italien, Spanien und Afrika dem →Licinius zugesprochen. Nach dem Selbstmord seines Vaters verlor M. Spanien und Nordafrika und geriet in Gegensatz zu dem mit Licinius verbündeten→Konstantin d. Gr., der ihn am 28. Okt. 312 in der Schlacht an der Milvischen Brücke besiegte. M. ertrank auf der Flucht im Tiber. Von der konstantin. Propaganda als Christenfeind gebrandmarkt, verfiel sein Andenken der 'damnatio memoriae'.
R. Klein

Lit.: RE XIV, 2417ff. – H. v. SCHOENEBECK, Beitr. zur Religionspolitik des M. und Constantin, 1939 – A. DEMANDT, Die Spätantike (HAW III, 6, 1989), 63ff. – W. KUHOFF, Ein Mythos in der röm. Gesch. Der Sieg Konstantins d. Gr. vor den Toren Roms am 28. Okt. 312, Chiron 21, 1991, 125ff.

Maxime. »Maximas propositiones« nennt Boethius (De diff. top. 1, MPL 64, 1176D; In top. Ciceronis 1, ebd. 1051ff.) universale, völlig evidente Sätze als Grundlagen der Beweise; Aristoteles habe sie »loci« genannt. Unterschieden werden (ebd., 1052B) an sich notwendige oder an sich probable m. pr.; die notwendigen kommen offenbar für streng wiss. Argumentation, die probablen für die

Rhetorik in Betracht. Bei Alanus ab Insulis wird M. für die Theologie wichtig: Alle Wissenschaften des Triviums und Quadriviums, ferner Physik, Ethik und Theologie haben ihre obersten Regeln oder M.n (Regulae sive Maximae theologicae, MPL 210, 621A). Das in Boethius' »Liber regularum« (= De hebdomadibus) geforderte math.-deduktive Verfahren wird auf die Theologie angewendet. Albertus Magnus (An. post. I tr.1 c.2), hebt die evidenten M.n ab von solchen, die lediql. M. zu sein scheinen. M. als communis animi conceptio (Boethius, hebd. I) heißt auch dignitas (ebd., tr.2 c.4). »Diese sind in den verschiedenen Wiss. verschieden«. Petrus Hispanus versteht M. als höchst evidente Sätze und bietet zahlreiche Beispiele (tr. 5, 4ff.). Zur Verwendung von M. für oberste jurist. Prinzipien in der 2. Hälfte des 15.Jh. vgl. J. Fortescue, De laudibus legum Angliae, c.8 (ed.S. B. Crimes, 1949).

K. Bormann

Lit.: HWP II, 179f.; V, 941-944 - Gilson, Hist. - A. Lang, Die theol. Prinzipienlehre der ma. Scholastik, 1964 - L. M. de Rijk, Peter of Spain, Tractatus, 1972.

Maximianus

1. M., röm. Ks. 285-310, Beiname 'Herculius'. Aus einfachen Verhältnissen stammend, wurde er wegen seiner militär. Tüchtigkeit 285 von 'Iovius' Diokletian zum Caesar, am 1. April 286 zum Augustus für den w. Reichsteil ernannt. M. kämpfte in Gallien erfolgreich gegen die →Bagaudes und schützte die Rheingrenze durch Siege über germ. Stämme. Als sich Carausius in Britannien gegen die röm. Herrschaft erhob, wurde →Constantius Chlorus zum Caesar des W erhoben, während M. in Nordafrika gegen die Mauren, an Rhein und Donau gegen die Alemannen siegreich kämpfte. Er beteiligte sich energ. an der Christenverfolgung Diokletians und legte zusammen mit diesem die Herrschaft nieder (1. Mai 305). Als unwürdiges Nachspiel gilt sein Eingreifen in die Thronwirren nach der Ausrufung seines Sohnes →Maxentius zum Ks. 306. Auf der Konferenz v. Carnuntum (308) erneut zur Abdankung gezwungen, begab er sich zu →Konstantin d.Gr. (∞ M.' Tochter Fausta) nach Gallien. Nach einer letzten Empörung von Konstantin in Marseille belagert, gab er sich schließlich selbst den Tod.

R. Klein

Lit.: RE XIV, 2406ff. - A. Pasqualini, M. Herculius, 1979 - T. D. Barnes, The New Empire of Diocletian and Constantine, 1982, 32ff. - F. Kolb, Diokletian und die erste Tetrarchie, 1987, 22ff. - A. Demandt, Die Spätantike (HAW III, 6, 1989), 47ff.

2. M., Bf. v. →Ravenna, * 498 oder 499 in →Pula, † 22. Febr. 556 oder 557 in Ravenna, anfängl. Diakon in Pula, reiste später nach Alexandrien und von dort nach Konstantinopel, wo er die Gunst des Ks.s →Justinian I. gewann, der ihn wegen seiner Vermittlerrolle im →Dreikapitelstreit als Nachfolger für den 546 in der Hauptstadt gestorbenen Bf. v. →Ravenna, Victor, bestimmte. M. wurde in Patras 546 von Papst →Vigilius geweiht, erhielt von ihm das Pallium und trug seither den Titel des Ebf.s. In Ravenna, das 540 von →Belisar eingenommen worden war, stieß er bei Klerus und Bevölkerung wegen seiner kaiserfreundl. Kirchenpolitik auf anfängl. Reserve, die er aber zu überwinden verstand. M. bemühte sich nachdrückl. um den Grundbesitz seiner Kirche, die Ausbildung des Klerus, die Anlage von Kirchenmatrikeln und die Beschaffung von Kirchengerät, bes. aber um den Bau und die Ausschmückung der Kirchen (oft in Zusammenwirken mit dem Bankier Julianus argentarius), darunter S. Apollinare in Classe, S. Andrea (hier ist M. bestattet) und S. Maria Formosa in Pula; berühmt ist v.a. die von ihm geweihte Kirche S. Vitale mit den Apsismosaiken der Ksn. →Theodora und des Ks.s Justinian, mit ihrem jeweiligen Hofstaat, darunter mit dem Kreuz in der Hand die hohe, hagere und asket. Gestalt des Bf.s mit Beischrift seines Namens. Mit M.' Namen ist auch die berühmte Elfenbeinkathedra verbunden (Mus. arcivescov., Ravenna). M. verfaßte eine Chronik, die nur durch wenige Zitate erhalten ist.

J. Ferluga

Q.: Agnellus, LP eccl. ravenn., MGH SRL, 325-333 - F. W. Deichmann, Ravenna. Hauptstadt des spätantiken Abendlandes, 3 Bde, 1969ff. - A. Simonini, Autocefalia ed Esarcato in Italia, 1969 - F. W. Deichmann, Einf. in die chr. Archäologie, 1983 [Lit.].

3. M., lat. Elegiker der 1. Hälfte des 6.Jh. (Datierung ins 9.Jh. umstritten), von dem sechs Elegien unterschiedl. Umfangs (erot. Themen, Altersklage) erhalten sind. Sprache und Stil orientieren sich an den Klassikern, bes. Ovid. Da M. im MA wegen asket. Tendenzen als ethicus Schullektüre war, ist die Überlieferung, auch in Exzerpten, breit gefächert (zu den me. Versionen vgl. →Memento Mori). Der in einigen Hss. erhaltene Anhang von weiteren sechs Gedichten stammt nicht von M.

J. Gruber

Ed.: E. Baehrens, Poetae lat. minores V, 1883, 313-348 - M. Petschenig, 1890 - R. Webster, 1900 [Komm.] - J. Prada, 1919 - T. Agozzino, 1970 [it. Übers., Komm.] - Appendix: H. W. Garrod, Classical Quarterly 4, 1910, 263-266 - W. Schetter, Philologus 104, 1960, 116-126 - A. Fo, Romanobarbarica 8, 1984/85, 151-230 - Lit.: RE XIV, 2529-2533 - L. Alfonsi, Studi sulle elegie di M., AIVSL 101, 1941/42, 333-349 - G. Boano, Su M. e le sue elegie, Rivista di filologia e di istruzione classica NS 27, 1949, 198-216 - W. Schetter, Stud. zur Überlieferung und Kritik des Elegikers M., 1970 - F. Spaltenstein, Comm. des élégies de M., 1983 - R. Leotta, Giornale it. di filologia, NS 16, 1985, 91-106 - Ch. Ratkowitsch, M. amat..., SAW. PH 463, 1986 - A. Fo, Hermes 115, 1987, 348-371 [Lit.] - Ch. Ratkowitsch, Wiener Stud. 100, 1987, 227-246; 103, 1990, 207-239.

Maximilian I., dt. Kg., erwählter röm. Ks. aus dem Hause →Habsburg, * 22. März 1459 in Wiener Neustadt, † 12. Jan. 1519 in Wels (Oberösterreich), ▭ Wiener Neustadt, St. Georgskirche (Grabmal in der Hofkirche Innsbruck); Eltern: Ks. →Friedrich III. und →Eleonore v. Portugal; Schwester: Ehzgn. Kunigunde († 1520); ∞ 1. →Maria v. Burgund, Tochter Hzg. →Karls d. Kühnen, am 19. Aug. 1477 in Gent; 2. →Bianca Maria Sforza, Tochter des Galeazzo Maria →Sforza, am 20. Nov. 1493 durch Prokuration in Mailand, persönl. am 16. März 1494 in Innsbruck. Kinder: →Stammtafeln Habsburger.

[1] *Jugend, Erbfolgekrieg in den Niederlanden, Tirol:* M.s Vater, Ks. Friedrich III., vermochte seine universalksl. Herrschaftsansprüche wegen seiner schwachen Hausmacht kaum zu verwirklichen. Bei der Zusammenkunft Friedrichs III. mit Hzg. Karl d. Kühnen in Trier (1473) wurde die dynast.-polit. Vereinigung der Häuser Österreich-Burgund vorbereitet, nach dem Tod Karls in der Schlacht v. →Nancy (5. Jan. 1477) heiratete M. die Erbtochter Maria. M. konnte die Einheit der burg. Niederlande im 15jährigen Erbfolgekrieg gegen Frankreich verteidigen (Sieg bei →Guinegat[t]e, 7. Aug. 1479). Seine Übernahme des zentralist. Systems Karls d. Kühnen erregte den Widerstand der burg. Länder. Als Hzgn. Maria im März 1482 starb, drohte M. der Verlust des burg. Erbes. Adel und Handelsstädte verbanden sich mit Frankreich, brachten die Vormundschaft über Ehzg. →Philipp († 1478) an sich und verlobten Ehzgn. →Margarete († 1480) mit Karl (VIII.) v. Frankreich. Hzm. und Freigft. Burgund mußten als Mitgift an Frankreich abgetreten werden.

Am 16. Febr. 1486 wurde M. mit Unterstützung des Vaters in Frankfurt zum röm. Kg. gewählt und am 9. April in Aachen gekrönt. M. kehrte in die Niederlande zurück, geriet in die Gefangenschaft der Stadt Brügge und wurde dort Febr.-Mai 1488 festgehalten. Friedrich III. befreite

M. durch einen Reichsfeldzug gegen Flandern. M. heiratete am 16. Dez. 1490 per procuram Hzgn. →Anna v. Bretagne (8. A.), was Frankreich als Bedrohung seiner staatl. Existenz betrachtete. Karl VIII. eroberte die Bretagne; Anna folgte dem Sieger freiwillig in die Ehe, nachdem die nicht vollzogene Ehe mit M. kirchl. annulliert worden war. Karl VIII. schickte seine Verlobte, Ehzgn. Margarete, dem Vater zurück, ohne deren Mitgift, u.a. das Hzm. Burgund, herauszugeben. M. führte daraufhin einen Rachefeldzug gegen Frankreich. Der Friede v. Senlis (23. Mai 1493) beendete den Erbfolgekrieg und gab M. die Freigft. Burgund zurück. Die Aufteilung der burg. Niederlande, deren Besitz die habsbg. Großmacht sicherte, war verhindert worden.

Das burg. Vorbild beeinflußte M.s Staatsdenken, die Ordnung der Regierung, die Verwaltung des Kriegswesens und alle weiteren Reformen. M. bewog seinen Vetter, Ehzg. →Siegmund, zur Abtretung Tirols und der Vorlande (16. März 1490) und bereitete damit die Wiedervereinigung aller habsburg. Länder vor. In Tirol begann M. seine österr. Verwaltungsreformen nach burg. Vorbild: Einrichtung eines Regiments (polit. Verwaltung und Gerichtswesen) und einer Raitkammer (Finanzen) in →Innsbruck. Nach dem Tod Friedrichs III. wurden diese Institutionen auch auf andere Länder übertragen, jedoch gelang eine Zusammenfassung der Finanzverwaltungen der österr. und burg. Länder sowie des Reiches nicht. Nach dem Tod des Kg.s Matthias Corvinus v. Ungarn (6. April 1490) eroberte M. Wien und die verlorenen österr. Länder zurück. Er bewarb sich um die Stephanskrone, stieß gegen Ungarn vor (Sept.–Dez. 1490) und schloß mit dem neuen Kg. Władysław den Frieden v. →Preßburg (7. Nov. 1491), der ihm das habsbg. Erbrecht und den Titel eines Kg.s v. Ungarn sicherte.

[2] *Reichspolitik, Regierung, Verwaltung:* Am 19. Aug. 1493 folgte M. seinem Vater im Reich. Er sah in der Ks.krone das Symbol des universalen Reiches der röm.-dt. Ks., das er wiederherstellen wollte. Eine tiefgreifende, der universalen Ks.politik dienende →Reichsreform, eigene Regierungs- und Verwaltungsorgane des Reiches, →Landfriede, →Kammergericht, Reichssteuer (→Gemeiner Pfennig) und stehendes Heer sollten das Reich im Innern ordnen und zu auswärtigen Kriegen befähigen. Fs.en und Stände dagegen forderten die Regierung eines ständ. Reichsrates, in dem der Kg. nur eine Art Ehrenvorsitz führte. Wortführer der Ständepartei war zunächst Erzkanzler →Berthold v. Mainz. Der Wormser Reformreichstag (März–Aug. 1495) schloß nach harten Verhandlungen mit einem Vergleich, der Gegensatz zw. kgl. Alleinregierung und ständ. Mitwirkung wurde nicht gelöst. Der Lindauer Tag (1496/97) versagte M., der nach Italien gezogen war, jede Reichshilfe, so daß er unverrichteter Dinge umkehren mußte. M. richtete einen eigenen Hofrat mit Hofkammer und Hofkanzlei als oberste Regierungs- und Verwaltungsorgane Österreichs und des Reiches ein (1497/98), wodurch er die Reichsstände verstimmte. Kfs.en und Fs.en sammelten sich unter Bertholds Führung gegen M.s Alleinregierung. Die Niederlage im →Schwabenkrieg (1499) und der Verlust →Mailands (1500) ermöglichten den Reichsständen eine Entmachtung des Kg.s. Die Augsburger Regimentsordnung (2. Juli 1500) übergab einem ständ. Reichsrat Regierungsgewalt und Kriegshoheit und ließ M. nur den Ehrenvorsitz. Das Nürnberger Regiment setzte sich aber nicht durch und wurde von M. aufgelöst (21. März 1502), der die Reichsregierung wieder seinem Hofrat übertrug. Der Gelnhäuser Kurverein (Juni/Juli 1502) versuchte vergebl. Widerstand. M. konnte Erzkanzler Berthold ausschalten und den reichsfsl. Widerstand brechen. Hatte sich M. bis 1500 um eine kfsl.-fsl. Mitregierung bemüht, so übertrug er nun die Geschäfte kleineren Gf.en und Herrengeschlechtern und neuen kleinadligen oder bürgerl. Beamten, Juristen und Geschäftsleuten. Nur im Kriegsdienst des Reiches behaupteten sich einige jüngere Fs.en. Auf dem Kölner Tag 1505 wurde M.s Hofregiment von den Reichsständen hingenommen. Nach Bertholds Tod setzte M. die Reichsreform nicht ohne Erfolg fort: er plante reichsritterl. Schutztruppen zur Sicherung des Landfriedens und Rittergerichte im ganzen Reich, eine Verbesserung des Kammergerichtes, die Einrichtung der Reichskreise, die Wiederherstellung eines allg. anerkannten Reichsregimentes, die Aufstellung einer Reichskriegsordnung und eines Reichsheeres, was Fs.en und Stände fast durchweg ablehnten.

[3] *Italienpolitik, Verhältnis zu Frankreich:* Als Karl VIII. Italien überfiel und Neapel eroberte (1494/95), sammelte M. alle seine Kräfte zur Verteidigung Italiens. Durch seine Heirat mit Bianca Maria Sforza hatte er in Mailand eine Stütze gewonnen. Mit dem Papst, Spanien, Venedig und Mailand schloß er die Hl. Liga v. Venedig (31. März 1495) zur Vertreibung der Franzosen; dazu kam die österr.-span. Doppelheirat zw. Ehzg. Philipp und →Johanna (5. J.) einerseits (20. Okt. 1496) sowie dem span. Erbprinzen Johann und Ehzgn. Margarete andererseits (3. April 1497). M. unternahm mit geringen Geldmitteln und Truppen seinen ersten Italienzug (Juli–Dez. 1496), mußte jedoch die Belagerung von Livorno mangels Unterstützung durch Reich und Liga abbrechen. Es folgten die allmähl. Auflösung der Hl.en Liga, die Niederlagen gegen die →Eidgenossen und der Friede v. →Basel (22. Sept. 1499), der die Eidgenossen fakt. aus der Reichsgemeinschaft entließ. Die Franzosen besetzten Mailand (1499/1500), wodurch M. seinen zahlungskräftigsten Bundesgenossen verlor.

Die Geburt Karls (V.) eröffnete M. die Aussicht auf das span. Weltreich (1500). Außerdem konnte durch Erbschaft die Gft. Görz am Isonzo und damit ein fester Stützpunkt in Italien gewonnen werden. M. verpachtete vorübergehend die gesamte Finanzverwaltung dem Augsburger Unternehmer Jörg Gossembrot (1501/02) und stellte enge Geschäftsverbindungen zu den →Fuggern her. Eine neue Finanzpolitik sollte mit großen Anleihen auf die Bergwerke, mit Verpfändungen, außerordentl. Steuern etc. die Universalpolitik finanzieren, was zu einer schweren Belastung der österr. Länder führte.

M. versuchte nach 1500, sich durch eine Annäherung an Frankreich aus der Isolierung zu befreien, und schloß mit diesem den Friedensvertrag v. Hagenau (4. April 1505). Eine Heirat zw. Karl (V.) und Claudia v. Frankreich sollte das habsbg.-span. Heiratsbündnis ergänzen und die chr. Mächte gegen die Türken einigen. Ludwig XII. kündigte den Ehevertrag wieder auf, als er sein Hauptziel, die Investitur mit dem Reichslehen Mailand, erreicht hatte. Die kurze Freundschaft sicherte M. die Neutralität Frankreichs während des →Landshuter Erbfolgekrieges (1504–05), wo er sich für das Erbrecht von Bayern-München einsetzte und im Kölner Spruch (30. Juli 1505) das bayer. Unterinntal (Rattenberg, Kitzbühel und Kufstein) und Gebiete in Oberösterreich (Mondsee, St. Wolfgang, Neuhaus und Rannariedl) für sich behielt.

Im Mai–Juli 1506 unternahm M. einen Feldzug gegen Ungarn, wo eine nationale Partei die habsbg. Erbrechte bestritt, und bereitete die österr.-ung. Doppelheirat von 1515 vor. Sein Sohn Philipp nahm nach dem Tode Isabellas das Kgr. Kastilien in Besitz (1504–06). In einem gemeinsamen dt. und kast. Flottenunternehmen wollte M. Rom erreichen, für sich die Ks.krone und für Kg. Philipp die dt. Kg. swahl sichern. Der überraschende Tod Philipps (25. Sept. 1506) stellte alles in Frage. Kg. Ferdinand II. »der Katholische« schloß eine neue frz. Ehe, um seiner Dynastie die span. Länder zu erhalten. Am Plan des Romzuges und der Ks.krönung hielt M. fest. Der Konstanzer Reichstag (April–Aug. 1507) versprach ihm nur unzureichende Hilfe für den Krönungszug. Da M. die Grenzsperren der Venezianer und Franzosen entlang den Alpen nicht durchbrechen konnte, ließ er sich am 4. Febr. 1508 im Trienter Dom zur vorläufigen Sicherung des Ks.titels gegen französische Ansprüche zum »Erwählten Röm. Ks.« ausrufen.

Damit begann der große Krieg um Italien (1508–16). Nach Landverlusten und Rückzügen schloß M. die Liga v. Cambrai (10. Dez. 1508) mit dem Papst, Frankreich, Spanien und England gegen Venedig. Mit frz. Waffenhilfe konnte M. Verona, Padua, Triest und Görz besetzen. Die Liga versöhnte M. allmähl. auch mit Kg. Ferdinand v. Spanien, wodurch das Erbrecht der Habsburger endgültig gesichert war und eine enge polit. Freundschaft mit Spanien und England (»Dreieinigkeit«) begründet wurde.

Kg. Ferdinand plante eine span.-österr. Lösung der Italienfrage unter Ausschluß Frankreichs. Er schloß mit dem Papst eine neue Hl. Liga (4. Okt. 1511) und bewog auch den Ks., einen Waffenstillstand mit Venedig zu schließen, sich mit dem Papst und dem Laterankonzil auszusöhnen und der Hl. en Liga beizutreten (Nov. 1512). Nachdem die Franzosen mit Hilfe der Schweizer aus Italien vertrieben worden waren, griff M. den Plan zur Vernichtung im eigenen Land wieder auf; mit engl. Hilfe schlug er die Franzosen bei Guinegat(t)e (16. Aug. 1513), doch der geplante Vormarsch gegen Paris scheiterte. Ludwig XII. gelang es, durch ein trüger. Heiratsangebot an den Ks. und Spanien die »Dreieinigkeit« zu sprengen und England für sich zu gewinnen.

Der neue Kg. Franz I. v. Frankreich schlug die Eidgenossen bei→Marignano (Sept. 1515) und gab dem Krieg in Italien eine entscheidende Wendung, während M.s Mailänder Feldzug (März–Mai 1516) an der Unzuverlässigkeit der Bundesgenossen und am Geldmangel scheiterte. Von seinem Enkel Karl (V.) gedrängt, mußte M. Friedensverhandlungen zustimmen. Der Waffenstillstand v. Noyon (13. Aug. 1516) und der Friede v. Brüssel (3. Dez. 1516) gewährten dem Ks. eine Kriegsentschädigung von 550000 Kronen. Tirol erhielt als Entschädigung einige Grenzgebiete (Riva, Rovereto, Ala, Cortina).

[4] *Ostpolitik:* In der Ostpolitik errang M. die dauerhaftesten Erfolge. Kg. Władysław v. Ungarn erkannte, daß nur ein Bündnis mit den Habsburgern Ungarn vor den Türken retten konnte, während sein Bruder Kg. Siegmund I. v. Polen auf die jagiellon. Alleinherrschaft im Donauraum nicht verzichten wollte. M. konnte durch eine antipoln. Koalition mit dem Gfs.en v. Moskau, dem Dt. Orden in Preußen und Livland, Dänemark, Brandenburg, Sachsen u.a. Polen zum Einlenken zwingen. Siegmund stimmte den Wiener Verträgen v. 1515 zu. Der Wiener Kongreß schloß mit der Doppelhochzeit vom 22. Juli 1515 zw. den ung. Kg.skindern (Ludwig und Anna) und den Enkeln M.s (Ferdinand und Maria). Der Heiratsvertrag wurde durch einen habsbg.-jagiellon. Erb- und Adoptionsvertrag, durch die Verleihung des Reichsvikariats an den Prinzen Ludwig und durch ein Bündnis gegen die Türken ergänzt. Bereits 1526 trat unerwartet der Erbfall ein, wodurch die nz. Donaumonarchie begründet wurde. Die Wahl Karls (V.) zum künftigen Ks. bereitete M. auf dem Augsburger Reichstag im Juni–Okt. 1518 entscheidend vor. Aber der Papst versagte M. eine Ks.krönung außerhalb Roms, so daß vorerst auch kein Kg. gewählt werden konnte. Gleichwohl unterstützte M. die Kreuzzugspläne des Papstes und dessen Vorgehen gegen Luther. Vom Augsburger Reichstag zurückgekehrt, starb M. in Wels.

[5] *Kultur und ihre Förderung:* M.s »Hofakademie« beschäftigte bedeutende Humanisten wie →Celtis, Hutten, →Brant, Cuspinian, Grünpeck, Peutinger, →Pirckheimer, →Wimpfeling u.a. Die Hofkanzlei und der lit. publizist. Dienst gaben Anstöße zur Bildung der dt. Schriftsprache. Die Hofmaler und Graphiker (→Dürer, Altdorfer, Strigel, Kölderer, Burgkmair u.a.) verbreiteten M.s Ruhm durch große Holzschnittfolgen (Ehrenpforte, Triumph) und zahlreiche Porträts. M. entwarf mehrere lat. und dt. Autobiogr. Als »letzter höf. Epiker« ließ M. die ma. Heldensagen sammeln (Ambraser Heldenbuch) und schuf eigene dichter. Werke. Das »Geheime Jagdbuch«, »Freydal«, »Theuerdank« und »Weißkunig« sind Lebensgeschichten nach dem Vorbild burg. Chroniken und beruhen meistens auf M.s Diktaten.

H. Wiesflecker

Lit.: ADB XX, 725–736 – NDB XVI, 458–471 [Ed., Q., Lit.] – M. I. 1459–1519, Wiener Ausst.-Kat., 1959 – H. FICHTENAU, Die Lehrbücher M.s I., 1961 – M. I., Innsbrucker Ausst.-Kat., 1969 – H. WIESFLEKKER, Ks. M. I., das Reich, Österreich und Europa an der Wende zur NZ, 5 Bde, 1971–86 [Bibliogr.] – H. GOLLWITZER, Zur Gesch. des weltpolit. Denkens I, 1972 – W. HÖFLECHNER, Die Gesandten der europ. Mächte, des Ks. s und des Reiches 1490–1500, AÖG 129, 1972 – F. UNTERKIRCHER, Das Ambraser Heldenbuch, 2 Bde, 1973 – K. BACZKOWSKI, Zjadzd Wiedeński 1515, 1975 – J.-D. MÜLLER, Gedechtnus, Lit. und Hofges. um M. I. (Forsch. zur Gesch. der älteren dt. Lit. 2, 1982) – I. FRIEDHUBER, Ks. M. I. und M. Lang (Fschr. H. WIESFLECKER, 1983) – H. ANGERMEIER, Die Reichsreform, 1984 – H. WIESFLECKER, M. I. (Ks.gestalten des MA, hg. H. BEUMANN, 1984) – DERS., M. I., 1991.

Maximinus. 1. **M. Daia,** *röm. Ks.* 310–313, Neffe des Ks.s →Galerius, der seine militär. Laufbahn förderte und ihn am 1. Mai 305 zum Caesar für die Diöz. Oriens und Ägypten ernannte. M. ließ dort die Christengesetze Diokletians in aller Schärfe durchsetzen. Bereits 310 von seinen Soldaten zum Augustus erhoben, gelang es ihm nach dem Tode des Galerius, Kleinasien für sich zu gewinnen; eine Oberhoheit über die Augusti und Caesares des W erreichte er jedoch nicht. Aufgrund des Toleranzedikts des Galerius (311) und der christenfreundl. Haltung →Konstantins d. Gr. und →Licinius' gab er die Christenverfolgung widerstrebend auf (Sabinusreskript, Tyrosedikt), setzte jedoch seine christenfeindl. Propaganda fort. Bei dem Versuch, Thrakien und Illyrien zu gewinnen, schlug ihn Licinius 313 bei Tzurulon (nahe Adrianopel) entscheidend. M. starb noch im gleichen Jahr auf der Flucht im kilik. Tarsus.

R. Klein

Lit.: RE IV, 1986ff. – H. CASTRITIUS, Stud. zu M. D., 1969 – Galerius Valerius Maximinus, hg. J. CHRISTENSEN, 1974 – A. DEMANDT, Die Spätantike (HAW III/6, 1989), 62ff.

2. **M.,** Bf. einer arian. Gemeinde in Illyrien, * 360/365, † nach 430. M. ist ein bedeutender Vertreter des lat. Arianismus (→Arius). Er schrieb die »Dissertatio contra Ambrosium«, drei Traktate gegen die Häretiker (d.h. Katholiken), Juden und Heiden, 24 kurze Erklärungen (Expositiones) zu den Evangelien und 15 Homilien. Die »Collatio Augustini cum Maximino« ist das Protokoll einer Disputation mit Augustinus in Hippo i. J. 427 oder 428.

K. S. Frank

Ed.: R. GRYSON, CCL 87, 1982 – *Lit.:* Diz. Patristico II, 1983, 2165f.

Maximos. 1. M. Homologetes (Maximus Confessor), byz. Theologe und asket. Schriftsteller (580–662). Nach einer kurzen Laufbahn am Hofe Ks. Herakleios' widmete sich M. dem Klosterleben in Chrysopolis und Kyzikos und war mit Anastasius apocrisiarius befreundet. Offenbar um der Gefahr bei der pers. Belagerung Konstantinopels 626 auszuweichen, begab sich M. nach Afrika und nach Rom, wo er anläßl. der Lateransynode v. 649 gegen den Monotheletismus auftrat. Er starb in der Verbannung in Lazike. Er wird unter dem 21. Jan. als Hl. verehrt (Reliquientranslation am 12. bzw. 13. Aug.: vgl. BHG 1231–36). Einen liturg. Kanon zu seinen Ehren verfaßte Johannes v. Damaskos (MR III 317–325), ein anderer wird Andreas v. Kreta zugeschrieben. Seine Vita ist eine späte Kompilation aus der Mitte des 10. Jh., ein Werk des studit. Mönches Michael Exabulites, das aus Synaxarnotizen sowie aus einem wahrscheinl. um 681, nach der Synode v. Konstantinopel über die Zweiheit der Willen, verfaßten Bios schöpft.

Sein umfangreiches Werk, über das Patriarch Photios in seiner Bibliotheke cod. 192–95 (HENRY III 74–89) referierte, umfaßt Exegetisches (Quaestiones ad Thalassium), Asketisches (Capita de caritate), Apologetisches, Briefe, eine Erklärung der Liturgie (Mystagogia), Komm. und Scholien zu Gregor v. Nazianz, Dionysios Areopagites. Als der größte theol. Denker des 7. Jh. bekämpft M. auch den Monophysitismus und den Monergenismus. Zweifelhaft bleibt sein Anteil an den Loci communes, einem patrist. Florileg. Chr. Hannick

Ed.: CPG 7688–7721 sowie: Mystagogie, CPG 7704, hg. G. SOTEROPULOS, 1978 – Quaest.ad Thal. I, CPG 7688, hg. C. LAGA–C. STEEL, CChr 7, 1980 – Quaestiones et dubia, CPG 7689, hg. H. DECLERCK, CChr 10, 1982 – Ambigua ad Johannem, versio lat. a Scoto Erigena interpr., CPG 7705, hg. E. JEAUNEAU, CChr 18, 1988 – Opuscula exegetica duo, CPG 7690–91, hg. P. VAN DEUN, CChr 23, 1991 – *Lit.*: BECK, Kirche, 436–442 – K. KEKELIDZE, Svedenija gruzinskich istočnikov o Maksime Ispovednike, Ètjudy po istorii drevnegruzinskoj literatury 7, 1961, 14–54 – W. VÖLKER, M. Confessor als Meister des geistl. Lebens, 1965 – W. LACKNER, Zu Q. und Datierung der Maximosvita (BHG 1234), AnalBoll 85, 1967, 287–316 – Bibl. SS IX, 41–47 – S. BROCK, An Early Syriac Life of M. the Confessor, AnalBoll 91, 1973, 299–346 – Analhym gr. XII: Canones augusti, hg. A. PROIOU, 1980, 141–162, 462–466 – R. B. BRACKE, Ad s. Maximi vitam. Studie van de biograph. documenten en de levensbeschrijvingen betreffende M. C., 1980 – Maximus confessor. Actes du symposium sur M. le Confesseur, hg. F. HEINZER–C. V. SCHÖNBORN, 1982 – E. DECKERS, Maxime le Conf. dans la tradition lat. (After Chalcedon, hg. C. LAGA u.a., 1985), 83–97 – P. RIEDINGER, Die Lateranakten von 649 ..., Βυζαντινά 13,1, 1985, 517–534 – M. L. GATTI, Massimo il Conf., 1987 – C. DE VOCHT, Un nouvel opuscule de Maxime le Conf. ..., Byzantion 57, 1987, 415–420.

2. M. Planudes →Planudes, Maximos

Maximum/minimum. Max. (Größtes) und min. (Kleinstes) sind für das natürl. Bewußtsein sowohl unter quantitativer als auch unter qualitativer Perspektive extreme Grenzwerte im Bereich der erfahrbaren Realität. Entsprechend definiert →Aristoteles, das max. sei etwas, das kein Überschritten-Werden (ὑπερβολή) zulasse [Metaph. X 4, 1055 a 11); dem max. könne, so kommentiert →Averroes, keine Hinzufügung (additio) zuteil werden, da ihm ein vollkommener Status zu eigen sei (In Aristotelis Metaph. X. comm. 13; Venetiis 1562, 261 vH); ersetzt wird der Begriff »additio« durch den wirkungsgesch. bedeutsameren Terminus »excessus« (Überschritten-Werden) bei →Albertus Magnus (Metaph. X, 2,3; Ed. Colon XVI/2, 445, 14–16) und →Thomas v. Aquin (In Metaph. X 4, n. 844; X 5, 4, n. 2027). Physikal. Probleme im Zusammenhang mit der Max./min.-Theorie erörtert bewußt aus der Perspektive des Metaphysikers im Rekurs auf die ma. Tradition Franciscus Suárez (Disp. metaph. XLVI 4; Opera omn. 26, Parisiis 1866, 776 b–781 b).

Für →Anselm v. Canterbury ist es die göttl. Natur, die nicht nur als Bestes (optimum), sondern auch als Größtes (max.) – so auch →Raimundus Lullus; vgl. LOHR –, als höchstes Seiendes und als Höchstes von allem, was ist, durch vernünftige Argumentation bestimmt werden kann (Mon. I-4). Das max. ist so aber noch etwas, über das hinaus Größeres zumindest *gedacht* werden kann. Um die notwendige Existenz der Gottheit zu beweisen, bedient sich Anselm daher eines neuen Arguments, indem er das, was in der Bestimmung »etwas, über das hinaus nichts Größeres gedacht werden kann« verdeckt enthalten ist, Schritt für Schritt auseinanderlegt (Prosl. 2–3).

Die göttl. Präsenz im max. und min. spricht Meister →Eckhart an (In Exod. n. 91; Lat. Werke 2,94, 8–15). Im Anschluß an Eckhart entwickelt →Nikolaus v. Kues eine neuartige Max./min.-Theorie: Weil das max., die Gottheit, alles das ist, was sein kann, ist es gänzl. in Wirklichkeit; es kann weder größer noch kleiner sein; vom min. gilt Entsprechendes; daher koinzidiert das min. mit dem max. (De docta ign. I 4 h 10, 12–16). Für Cusanus sind max. und min. in der erfahrbaren Realität nur fiktive Grenzwerte, die stets überschritten werden können. Max. ist nur das absolute max., das dann mit dem absoluten min. zusammenfällt, was freilich gewußt werden kann, da die Vernunft, die durch das max. und min. hindurchsieht, selbst eine entsprechende koinzidentale Struktur aufweist (De beryllo 9 h 10,3–5).

Kritisiert wird Cusanus' Max./min.-Theorie von →Johannes Wenck v. Herrenberg und →Vinzenz v. Aggsbach, rezipiert wird sie von →Bernhard v. Waging, von →Heymericus de Campo, der Cusanus' math. Fundierung dieser Theorie bes. schätzt, von Jacques →Lefèvre d'Étaples (Iacobus Faber Stapulensis) und Gérard Roussel (Gerardus Ruffus) mit seiner These, das min. sei der Anfang der Zahlen, das max. bestimme jede Zahl und sei das Ziel aller Zahlen; deshalb seien max. und min. in der höchsten Einheit, der Gottheit, anzutreffen; sie sei das max., die nicht nur alles das sei, was sei, sondern was sein könne; mit ihr koinzidiere somit das min. (Divi Severini Boethii Arithmetica, Parisiis 1521, 12 v.). Die theologisierenden Cusanus-Rezeptionen des 16. Jh. (von Johannes Reuchlin über Martin Luther bis hin zu Benedikt Biedermann) lehnen die Koinzidenztheorie entweder strikt ab oder erlauben ihr allein in einem fideistischen Sinne – also verfremdet – eine partielle Geltung.

Von Giordano Bruno wird Cusanus' Max./min.-Theorie geschätzt; über Cusanus hinaus begreift er aber das absolute max./min. im Anschluß an →David v. Dinant auch als Materie und als Universum (De la causa 3 u. 5). Bruno gewichtet neu: Nicht mehr das max., sondern das min. (als Punkt, Atom und Monas) steht im Zentrum der Spekulation (De tripl. min. I 5; Opera lat. I/3, ed. TOCCO-VITELLI, 1889, Neudr. 1962, 138–140, 150).

Über Athanasius Kircher dringt das Max./min.-Denken in die NZ, ist explizit nachweisbar bei Leibniz und auch für die Philosophie Hegels konstitutiv. B. Mojsisch

Lit.: HWP V, 944–949 – X. ATANASSIEVITCH, La doctrine métaphysique et géométrique de Bruno, exposée dans son ouvrage »De triplici minimo«, 1923 – D. W. SINGER, Giordano Bruno, 1968 – G. v. BREDOW, Die Bedeutung des Min. in der coincidentia oppositorum, Nicolò Cusano ..., Atti del Congr. 1964, 1970, 357–366 – G. GAWLICK, Zur Nachwirkung Cusan. Ideen im 17. und 18. Jh., ebd., 225–239 – S. DANGELMAYR, Max. und Cogitare bei Anselm und Cusanus. Zur Problematik des Proslogion-Arguments, Analecta Anselm. IV/1, 1975, 203–210 – P. R. BLUM, Aristoteles bei Giordano Bruno, 1980 – R. IMBACH, Das »Centheologicon« des Heimericus de Campo und die darin enthaltenen Cusanus-Reminiszenzen, Traditio 39, 1983, 466–477 – CH. H. LOHR, Metaphysics, The Cambridge Hist. of Renaissance Philos., 1988, 537–638 – Kann Gottes Nicht-Sein gedacht werden? Die Kontroverse zw. Anselm v. Canterbury und Gaunilo v. Marmoutiers, übers., erl. und hg. B. MOJSISCH, Einl. v. K. FLASCH, 1989 – ST. MEIER-OESER, Die Präsenz des Vergessenen. Zur Rezeption der Philos. des Nicolaus Cusanus vom 15. bis zum 18. Jh., 1989.

Maximus (s.a. Maximos)

1. M. Magnus, Usurpator 383–388. Aus einer einfachen span. Familie stammend, vielleicht mit der des →Theodosius verwandt, wurde M. nach einer erfolgreichen militär. Laufbahn als Befehlshaber von den Truppen Britanniens zum Ks. ausgerufen und brachte leicht Gallien und Spanien in seine Hand. Auf der Flucht vor ihm wurde →Gratian getötet. Mehrfache Gesandtschaften an →Valentinian II. scheiterten, doch gelang wohl 384 ein Einvernehmen mit Theodosius zur Reichsteilung. Als jedoch M. 387 in Italien einfiel, Valentinian vertrieb und Aquileia als Hauptstadt wählte, entschloß sich Theodosius zur Gegenaktion. Seinem got.-hunn. Heer unterlag M. bei Siscia (Šišak) und Poetovio (Pettau), mußte kapitulieren und wurde getötet. Bezeichnend, aber nur als Politikum zu deuten, ist das rigorose Vorgehen gegen die →Priscillianer, das trotz Intervention durch →Ambrosius und →Martin v. Tours zur Hinrichtung des Sektengründers in Trier führte. R. Klein/G. Wirth

Lit.: PLRE I, 588 – RE XIV, 2546–2555; Suppl. XIII, 863–979 – G. RAUSCHEN, Jbb. der chr. Kirche unter Theodosius d. Gr., 1897, 142ff. – O. SEECK, Gesch. des Untergangs der antiken Welt, V, 1920, 167–216 – H. R. BALDUS, Theodosius d. Gr. und die Revolte des M., Chiron 14, 1984, 175ff. – A. DEMANDT, Die Spätantike (HAW III, 6, 1989), 129ff.

2. M. Petronius, röm. Ks. 454–455. Aus aristokrat. röm. Familie stammend, versah M. früh hohe Verwaltungsämter und scheint maßgebl. an der Beseitigung des →Aetius beteiligt gewesen zu sein. Nach der Ermordung →Valentinians III. (17. März 455) zum Ks. ausgerufen, zog er sich wegen seiner Familienpolitik (Zwangsheirat der Ksn., Erhebung des Sohnes zum Caesar) und wohl wegen mangelnder Verbindung mit Byzanz den allg. Unwillen zu und wurde nach der Landung →Geiserichs in Italien getötet. G. Wirth

Lit.: PLRE II, 749 – RE XIV, 2534 – J. SUNDWALL, Weström. Stud., 1915, 104 – G. ZECCHINI, Aezio, 1983.

3. M., Bf. sicher seit 398 in →Turin, † zw. 408 und 423. Gennadius, De vir. ill. 41, zählt 28 Titel von ihm auf. Erhalten sind etwa 100 Predigten zu Zeiten und Festen des Kirchenjahres, bibl. Themen und bes. Gelegenheiten. Ihr theol. Interesse liegt auf der Kirche und den Sakramenten Taufe und Eucharistie. Ihr Hauptanliegen ist prakt. Christentum (Gebet, Werke der Barmherzigkeit, Fasten), Überwindung des Heidentums und Formung einer wirkl. chr. Gesellschaft. K. S. Frank

Ed.: A. MUTZENBECHER, CCL 23, 1962 – *Lit.:* DSAM X, 852–856.

Maxwell, Familie. Sie erhielt ihren Namen von der Baronie M. im sw. Schottland und besaß die Burg →Caerlaverock. Das früheste bekannte Mitglied war *Herbert de Maccuswell* (oder M.), um 1200 Sheriff v. Teviotdale in Roxburghshire. Sein Sohn *John* erscheint mehrmals als Zeuge in Urkk. Kg. Wilhelms d. Löwen v. Schottland. Unter Kg. Alexander II. war er Chamberlain v. Schottland, ebenso wie sein Erbe *Aymer*. Er unterstützte die →Comyn-Familie und wurde 1255 aller öffentl. Ämter enthoben. Sein Sohn *Herbert* († 1298) ergab sich 1296 Kg. Eduard I. v. England, doch wurde er erneuert getötet, als er zwei Jahre später gegen die Engländer in →Falkirk kämpfte. Herberts Sohn *John* war i. J. 1300 nicht in Caerlaverock anwesend, als die Burg der Familie von den Engländern eingenommen wurde. Die Familie wechselte mehrmals ihre Gefolgschaft während der schott. Unabhängigkeitskriege (→Wars of Independence): *Eustace* hielt 1312 Caerlaverock im Dienst der Engländer, aber verband sich später mit →Robert Bruce. Nach dessen Tod unterstützte er Eduard →Balliol und die Engländer. Sein Bruder *John* ging zu den Schotten über und wurde in der Schlacht v. →Neville's Cross 1346 gefangengenommen. Er hatte zwei Söhne, *Herbert,* das letzte Familienmitglied, das die Engländer unterstützte, und *John* († um 1373), der wieder auf die schott. Seite zurückkehrte. Seit dieser Zeit verhielt sich die M.-Familie weitgehend loyal gegenüber der schott. Krone. 1410 erhielt *Herbert* M. († 1421) die erbl. Stewardschaft v. Annandale. Dessen Sohn *Herbert* († 1454) wurde in den frühen 40er Jahren des 15. Jh. zum Lord M. erhoben. M. C. Prestwich

Lit.: Peerage VIII, 586–592.

Mayen, Herrschaft. Schon in vorgesch. Zeit und während der röm. Herrschaft wurden die Basaltvorkommen in der nächsten Umgebung von M. (Landkrs. M.-Koblenz, Rheinland-Pfalz) ausgebeutet. Der auf Besiedlungskontinuität hinweisende Ortsname (kelt. *magos* 'Feld') wurde auch namengebend für den früher als die eigtl. Siedlung belegten M. gau, über dessen Ausdehnung und Bedeutung keine eindeutigen Angaben gemacht werden können. Sicherl. bildete M. den Mittelpunkt dieses Bezirks. Nach der Zurückdrängung des Reiches beanspruchten zunächst die Pfgf.en und später die Gf.en v. →Virneburg Herrschaftsrechte. Seit dem Ende der 70er Jahre des 13. Jh. dominierte allerdings das Erzstift →Trier, das auch die Vogtei erwarb. Seit dem 14. Jh. war M. Sitz eines kurtrier. Amts und unterstand somit trier. Landeshoheit. D. Kerber

Lit.: E. EWIG, Frühes MA (Rhein. Gesch., 1/2, 1980) – F. HÖRTER – F.-J. HEYEN, Älteste urkdl. Erwähnung von M. zum Jahre 855?, Landeskundl. Vierteljahresbll. 30, 1984, 47f. – Gesch. v. M., 1991.

Mayor (Mumadonna, Munia), Gfn. v. →Kastilien, Kgn. v. Pamplona-→Navarra 1010–35, † um 1066, Tochter des Gf.en v. Sancho García v. Kastilien und der Urraca Salvadórez; verheiratet mit ihrem Neffen zweiten Grades, →Sancho III. 1024 nahm sie den Namen Mayor an, vielleicht als Anspielung auf ihre Rechte auf die Gft. Kastilien, wo sie die Herrschaft nach der Ermordung ihres Bruders →García Sánchez (9. G.) übernahm. Sancho besetzte im Namen seiner Gemahlin Kastilien und riß auch die leones. Gebiete zw. Cea und Pisuerga an sich. Dies führte zum Krieg mit León, der durch die Heirat der leones. Infantin Sancha mit dem Zweitgeborenen der M., →Ferdinand (5. F.), endete. M. war auch die Mutter der Kg.e →Gargía III. v. Pamplona und →Gonzalo v. Sobrarbe und Ribagorza. Zudem adoptierte sie den illegitimen Sohn ihres Gatten, →Ramiro, den ersten Kg. v. Aragón. Nach dem Tode Sanchos III. blieb M. mindestens bis 1045 in Navarra und zog sich dann nach Kastilien zurück, wo sie starb.

M. Rábade Obradó

Lit.: J. PÉREZ DE URBEL, Sancho III el Mayor de Navarra, 1950 – DERS., El Condado de Castilla, III, 1970.

Mayor, engl. Bezeichnung für →Bürgermeister. Der erste engl. m. wurde wahrscheinl. 1191 in →London ernannt, als die Londoner Bürger eine kommunale Verfassung erhielten. Andere Städte folgten dem Londoner Beispiel, und 1216 wurden bereits neun von m.s geleitet. Das Bürgermeisteramt *(mayoralty)* wurde nun ein üblicher, jedoch nicht allg. Bestandteil der städt. Verfassungen. Bei seiner Ausbildung spielten die Kaufleutegilden eine wichtige Rolle. Der Vorsitzende einer Gilde *(alderman)* wurde manchmal der erste Bürgermeister. Einige bedeutende Städte wurden sogar noch 1500 von einem alderman geleitet; →Norwich ernannte keinen Bürgermeister bis 1404. Die rechtl. Inkorporation der →boroughs war häufig mit der Schaffung eines Bürgermeisteramtes (bes. nach 1500) verbunden. Der m. vertrat die Bevölkerungsgruppe einer Stadt, für die die Freiheitsprivilegien (franchise) galten. Doch mußte er auch dem Stadtherrn ergeben sein, der meistens der Kg. war, da Städte mit anderen Stadtherrn nur selten m.s besaßen. Der m. sollte das Stadtregiment führen und allen Gerechtigkeit widerfahren lassen. Die ersten Bürgermeister erhielten ihr Amt auf Lebenszeit, doch wurde die jährl. Wahl bald institutionalisiert. Bes. im 14. Jh. hatten jedoch in einigen Städten einzelne mächtige Personen für längere Zeit das Amt inne. Begrenzte Amtszeiten und geregelte Wahlen wurden oft erst nach Streitigkeiten eingerichtet. Seit 1400 wird die herausragende Stellung des m. deutl., die sich auch in der bes. Kleidung und dem Schwertträger zeigt. In London und York wurde die Bezeichnung »Lord M.« üblich. →Bürger, F.   D. Keene

Q.: British Borough Charters. 1307–1660, ed. M. WEINBAUM, 1943 – Lit.: J. TAIT, The English Medieval Borough, 1936 [Nachdr.: 1968] – S. REYNOLDS, An Introduction to the Hist. of English Medieval Towns, 1977.

Mayorazgo, eine Art Familienfideikommiß, prägte sich im SpätMA in Spanien als geeignetes Mittel zur Erhaltung der Wirtschaftskraft und des Ansehens des Adels aus. Aber in der Folgezeit wurden M. nicht nur von Mitgliedern des Adels, sondern auch von Bürgern und hohen Verwaltungsbeamten errichtet. Es sind zwei Formen von M. zu unterscheiden: a) strenge Einbindung der Familiengüter in die Form des →Fideikommiß; sie blieben so im Ganzen als Güterkomplex erhalten; es gab keine Besitzveräußerung oder Präskription mehr, in einigen Fällen war es nicht einmal mehr möglich, langfristig (Verlehnung, Verpachtung, usw.) über sie zu verfügen; b) Festlegung einer bestimmten Nachfolgeordnung durch den Stifter des M., wobei es zu vielfältigen Varianten kam: M. in rein agnat. Linie unter Ausschluß der Töchter; in künstl. festgelegter agnat. Linie, Nachfolge in rein männl. Linie, unter Berücksichtigung der Söhne der Töchter; in rein weibl. Linie unter Ausschluß der Söhne; in künstl. festgelegter weibl. Linie, Nachfolge aller Kinder des Gründers des M. und ihrer Nachkommen, usw. Da die Gründung eines M. dem Stifter große Freiheiten zugestand, wollte auch das Kgtm. durch die bereits sehr früh erfolgte Gewährung von autorizaciones (Genehmigungen, eine Gründung vorzunehmen) oder confirmaciones (Bestätigung bereits gegründeter M.) dabei nicht abseits stehen. Traten schwerwiegende Probleme bei der natürl. Erbfolgeordnung auf, so z. B. bei der Existenz illegitimer Kinder, berief sich das Kgtm. auf seine Oberherrschaft, um die Rechtslage des M. zu sichern. In den »Leyes de Toro« (1505) versuchten die →Kath. Kg.e, die Ausbildung des M. zumindest in seinen Grundzügen zu ordnen.   J. L. Bermejo Cabrero

Lit.: B. CLAVERO, M., 1989².

Mayordomo, als →Hofamt erstmals im 9. Jh. im astur.-leon. Reich erwähnt, wo es nach Vorbild des frk. Reiches den Vorsteher der Hofhaltung bezeichnete. Seit dem 12. Jh. wurde er zum wichtigsten Würdenträger des kgl. Hofes, da er für die »Finanzierung der Hofhaltung« (Partida II) verantwortl. war. Er wurde als M. mayor zur Unterscheidung vom M. menor und vom M. des Kgr.es bezeichnet. Auch in der Krone Aragón gab es das Amt eines M., das seit den »Ordinacions de Cort« (1344) dem Seneschall v. Katalonien zustand; gleichzeitig wurden drei Adlige zu M. ernannt, die M. v. Aragón, Katalonien, Valencia und Mallorca. Stand auch der M. mayor in Kastilien zunächst an der Spitze des kgl. Rechnungshofes, wobei die Finanzverwaltung des Reiches selbst an contadores delegiert war, so blieb er letztendl. im 15. Jh. auf die Funktion der Verwaltung des kgl. Haushaltes beschränkt. Zu diesem Zeitpunkt war das Amt aber bereits an einen Nebenzweig der →Mendoza-Familie übergegangen.

A. B. Sánchez Prieto

Lit.: L. GARCÍA DE VALDEAVELLANO, Curso de Hist. de las Instituciones españolas, 1975⁴, 592–595 – D. TORRES SANZ, La administración central castellana en la Baja Edad Media, 1982, 76–82.

Mayr, Martin, gelehrter Rat, * um 1420 in Wimpfen, † 17. Nov. 1480 in Landshut, studierte seit 1438 Rechtswissenschaft in Heidelberg. Seit 1449 war er für die Reichsstadt Nürnberg und für verschiedene dt. Fs. en tätig. Seit 1459 Kanzler Hzg. →Ludwigs d. Reichen v. Bayern-Landshut (31. L.), beeinflußte er dessen Politik entscheidend. Schon vorher hatte er sich für eine durchgreifende Reichsreform eingesetzt und betrieb nun nachdrückl. die Kandidatur des böhm. Kg.s Georg v. Podiebrad als röm. Kg. Da sich dies nicht verwirklichen ließ, entwickelte er 1463 ein Reformprojekt: Ks. Friedrich III. sollte an der Spitze eines Fs. enbundes stehen, er selbst das Amt des Reichskanzlers erhalten. Maßgebl. Anteil nahm M. an der Eröffnung der Univ. →Ingolstadt (1472).

M. Thumser

Lit.: ADB XX, 113–120 – NDB XV, 712–714 – Verf.-Lex.² VI, 241–248 – G. SCHRÖTTER, Dr. M. M., 1896 – M. WATANABE, Imperial Reform in the mid-fifteenth Century: Gregor Heimburg and M. M., The Journal of Medieval and Renaissance Stud. 9, 1979, 223ff.

Mazaris, Verf. des satir. Werkes »Fahrt des M. in die Unterwelt«, das auch die einzige Q. zu seinem Leben bildet. Vor 1399 (dem Antritt der Abendlandreise Manuels II.) am Ks.hof von Konstantinopel, später auf Lemnos und auf der Peloponnes, wo er 1414–15 sein Werk verfaßte. Einer von zwei (?) gleichnamigen Schriftstellern, Manuel (Hagiograph, Hymnograph, Kleriker in Thessalonike 1416–29) und Maximos (Mönch, Verf. grammat. Kanones), eventuell aber auch beide, könnten mit ihm ident. sein. Literarisch steht das Werk in der Tradition der Nekyomantie Lukians, bietet aber als zeitgenöss. satir. Pamphlet eine Fülle z. T. noch nicht vollst. geklärter Anspielungen auf Höflinge und Ereignisse.   E. Trapp

Ed.: M.' journey to Hades, Arethusa monographs 5, 1975 – Lit.: PLP VII, 16117 – Tusculum-Lex.³, 515 – E. TRAPP, Zur Identifizierung der Personen in der Hadesfahrt des M., JÖBG 18, 1969, 95–99 – HUNGER, Profane Lit. II, 155–158.

Mäzen, Mäzenatentum

I. Allgemeine Grundlagen – II. Vom Früh- und Hochmittelalter zum Spätmittelalter – III. Typologische Fragen – IV. Renaissancemäzenatentum – V. Soziale Funktion des Mäzenatentums.

I. ALLGEMEINE GRUNDLAGEN: Die Worte 'Mäzen' und 'Mäzenatentum' (M.) gehen zurück auf Gaius Maecenas (um 70 v. Chr. – 8 v. Chr.), einen Günstling des Augustus, der den Prototyp eines Gönners der Literatur und Schönen Künste verkörpert. M. bezeichnet die fördernde und wohltätige Haltung gegenüber Künstlern, Schriftstellern und Gelehrten. Ohne daß der Begriff auf eine bestimmte Epoche oder Gesellschaftsform begrenzt wäre, beruht er auf der doppelten Voraussetzung der Verfügung des 'Mäzens' über Geld und Macht. Das MA, das den erst in der beginnenden Neuzeit aufkommenden Begriff des M.s nicht verwendete, kannte gleichwohl die durch ihn umschriebene Realität; Ausgangspunkt war: zum einen die Praxis des »Geschenks«, das dazu diente, in der adligen Gesellschaft die Bande der Abhängigkeit zu festigen; zum anderen die Vergabe von →Almosen an die Kirche und ihre Einrichtungen, zur Ehre Gottes und zur büßenden Rechtfertigung des Besitzes von Geld. Das M. erscheint somit als Erweiterung der »Freigebigkeit« des Ritters und Adligen und des Praktizierens karitativer Frömmigkeit (→Barmherzigkeit, →pietas, →Stiftung), damit auch als Lösung des Problems des »guten Gebrauchs« des Reichtums. Eng verbunden mit diesen beiden Momenten kann auch die Pflege der genealog. und dynast. Traditionen (→Memoria, Memorialwesen) ein wichtiges Motiv für die Ausübung von M. sein.

II. Vom Früh- und Hochmittelalter zum Spätmittelalter: Neben der Gesellschaft des alten →Irland (→*fili*) und derjenigen des altnord. Bereichs (→Skalden) begegnet M. insbes. seit der Karolingerzeit; mit dem Neuansatz der →Bildungsreform Karls d. Gr. begann eine gewichtige Förderung von Literatur, geistl.-exeget. Schrifttum und Kunst, zunächst im Aachener Hofkreis sowie in einer Reihe großer Abteien und ihren Skriptorien. Karolingischen, aber auch einheim. insularen Vorbildern verpflichtet war das verwandte M. →Alfreds d. Gr. in England. Das M. des HochMA prägt sich im 12. und 13. Jh. aus; bedeutende Repräsentanten waren z. B. →Suger, der seine Abteikirche in →St-Denis, Vorbild der →Gotik, der »Ehre Gottes« weihte; die Fs.en Aquitaniens, die die Dichter, die ihre ritterl. Tugenden rühmten, reich belohnten; die Kg.e v. →Sizilien, von →Roger II. bis zu Ks. →Friedrich II., die den Glanz ihres Kgtm.s durch die kostbare Ausschmückung ihrer Paläste erhöhten und zugleich Künste und (Natur-)Wissenschaften pflegten, als deren Förderer auch →Alfons X. der Weise v. Kastilien hervortrat; für Paris zu nennen ist u. a. der Kanoniker →Robert de Sorbon, der das Kolleg stiftete, das seinen Namen bewahrt. Für M. im Zeitalter der höfischen →Kultur und Gesellschaft (→Troubadour, →Trouvère, →Minnesang) lassen sich zahlreiche Beispiele anführen. Ausgehend von dieser Blüte, vollzog sich in den letzten Jahrhunderten des MA die Entwicklung und Verbreitung eines M.s, dessen reiche und vielfältige Belege spezische Züge und Charakteristika tragen und das in das klass. M. der Renaissance einmündet.

III. Typologische Fragen: Die Typologie des ma. M.s läßt sich zum einen anhand der Kategorien der Mäzene, zum anderen anhand der geförderten Künste und Wissenschaften umreißen. Bei der erstgenannten Einteilung ist zu unterscheiden zw. dem M. von Geistlichen und Laien, der adlig-seigneurialen Schichten, der Kg.e und Fs.en (bzw. Fürstenhäuser), der Aristokratie und der städt. Bürgertums (bzw. Patriziates), der individuellen und kollektiven Mäzene, wobei innerhalb des kollektiven M.s wiederum das M. der Städte und Kommunen, der Korporationen, Zünfte und Gilden und der Bruderschaften voneinander abzuheben ist. Bei einer Einteilung nach »Förderungsschwerpunkten« ist M. mit intellektuellen, künstler., naturwiss. und selbst techn. Zielsetzungen (→Innovation) zu unterscheiden. Für alle genannten Typen des M.s gibt es - oft zahlreiche - Beispiele aus der Zeit des 14.-16. Jh. Schließlich sind die Triebkräfte, Methoden und Zweckbestimmungen des mäzenat. Handelns zu analysieren, um so die spezifischen Züge des Mäzens und die Rolle des M.s in der hist. Konjunktur zu definieren.

Im kirchl. Bereich liefern die großen Abteien der →Cluniazenser ein Beispiel für künstlerische und intellektuelle Förderung, sowohl durch Errichtung und Dekoration ihrer monumentalen Bauten als auch durch den Aufbau von →Bibliotheken. In späterer Zeit verwirklichte das Papsttum (→Kurie) während seines etwa siebzigjährigen Aufenthaltes in →Avignon ein M., das für den prunkvollen Ausbau der Stadt (Papstpalast, Kardinalsresidenzen: *livrées*), unter Heranziehung von Architekten und Künstlern aus verschiedenen Ländern, sorgte und durch die päpstl. →Kapelle die Musikentwicklung (Verbreitung der →ars nova) förderte. Die Rückkehr der Kurie nach Italien im 15. Jh. gab dem M., v. a. seit →Nikolaus V., neuen Auftrieb. Das Vatikan. Archiv, insbes. die Rechnungen der Apostol. →Kammer, liefern reiche Belege für die Bemühungen der Päpste um glanzvolle Kunstförderung. Bf.e und Kanoniker trieben ihrerseits den Bau und die Verschönerung der Kathedralen voran und förderten durch Stiftungen und Legate die Errichtung von →Hospitälern in der gesamten Christenheit.

Das Aufblühen des M.s der Fs.en korrespondiert mit den Fortschritten der polit. Gewalt, der Ausbildung des Hoflebens (→Hof) und der Verfügung über gewachsene fiskal. Einkünfte. Ein M. (mit jeweils unterschiedl. Intensität und Ausrichtung) entstand sowohl auf der Ebene der Königshöfe (Frankreich der →Kapetinger und →Valois, England von den →Plantagenêt bis zu den →Tudor, Aragón, Kastilien, Neapel, Sizilien; röm.-dt. Kgtm. und Ksm. unter →Staufern, →Wittelsbachern, →Luxemburgern und →Habsburgern, Böhmen, Ungarn, Polen usw.) als auch auf der Ebene der großen Fs.en und feudalen Machtträger (frz. und engl. Fs.en wie z. B. →Jean de Berry und →Humphrey, Duke of Gloucester, in gewissem Umfang dt. Landesherren, it. Signoren und Fs.en). Die bedeutendsten Beispiele sind im 15. Jh. das M. der Hzg.e v. →Burgund, v. a. →Philipps des Guten, und dasjenige der →Medici zu →Florenz, bes. Lorenzos 'il Magnifico'.

IV. Renaissancemäzenatentum: Im Goldenen Zeitalter des M.s, der →Renaissance, wirkten nicht nur hochgeborene Fs.en als Mäzene, sondern auch Leute von bürgerl. Herkunft. Die in Hochfinanz und kaufmänn. Unternehmertum engagierten städt. Führungsschichten gingen in Deutschland (z. B. →Fugger, →Stromer) wie in Frankreich (Jacques →Coeur) aus der bürgerl. Kaufmannsschicht hervor.

Auf kommunaler Ebene pflegten die Bürger der großen Städte, wie Florenz, Pisa, Venedig, Nürnberg, Antwerpen, Lyon und Barcelona, im Bemühen um die Hebung des Ansehens ihrer Stadt, ein urbanistisch geprägtes M. Für die Gesch. des M.s gilt das Wort L. Febvres: »Der neue Reiche ist das Salz der Sozialgeschichte«.

Der Aufschwung des M.s war von einer starken Diversifizierung der Förderung begleitet: Mäzene ermöglichten die geistige Arbeit, z. B. durch Stiftung von Kollegien und Bursen, Aussetzung von Pensionen für Schriftsteller und Künstler, Sorge um Kontakte von Dichtern und Gelehrten untereinander, Bemühen um die Publikation und Verbreitung ihrer Werke. Diese mäzenat. Aktivitäten standen im Florenz des →Humanismus im Vordergrund. Noch größeren Glanz verlieh die Gewinnung von bildenden Künstlern durch einen Mäzen, der seine Schützlinge reich belohnte und ihren Werken Aufmerksamkeit beim Publikum verschaffte.

Am Ende des MA interessierten sich Mäzene auch für technolog. und wissenschaftl. Fortschritte, insbes. in den Bereichen der Hydraulik, des →Bergbaus und →Hüttenwesens sowie des →Buchdrucks. Bes. in Portugal und Kastilien wurden Entdeckungsfahrten (→Expansion, europ.) und →Kartographie von kgl. und fsl. Mäzenen, aber auch von einflußreichen geistl. und weltl. Persönlichkeiten, in enger Verbindung von wirtschaftl., polit., missionar. und wissenschaftl. Motiven, gezielt gefördert (→Heinrich 'der Seefahrer').

V. Soziale Funktion des Mäzenatentums: Wenn das M. ein sozialer Faktor war, was erwartete der Mäzen von seinem Handeln? Freigebigkeit erfolgte manchmal zweckfrei, v.a. bei geistl. und wohltätigen Stiftungen (die allerdings manchmal als eine Art »Investition« für das Seelenheil zu werten sind). Der Mäzen der Schönen Künste suchte im Umgang mit Schriftstellern, Künstlern und Gelehrten in gewissem Maße wohl sich selbst. War er jedoch ein echter Mäzen, so begnügte er sich nicht – wie der Typ des »egoistischen« Sammlers – mit dem individuellen Genuß erlesener Bücher (→Bibliophilie) oder Kunstwerke, sondern strebte immer öffentl., auf die Gesellschaft bezogene Wirkung an (z.B. indem er durch die von ihm errichteten Bauwerke zum Ruhm seiner Heimatstadt beitrug).

Wichtig für den Mäzen war eine zu seinen Lebzeiten herausgehobene soziale Anerkennung, letztendlich der durch seine Leistungen erworbene Ruhm. Diesen aber galt es über den Tod des Mäzens hinaus zu perpetuieren, durch Werke von Dichtern und Literaten, →Bildnisse, →Büsten und Statuen wie durch den verschwender. Reichtum der →Grablegen (z.B. →Brou). Anläßlich eines reichen Ankaufs von Kunstschätzen konnte Lorenzo de' Medici sagen: »Dieses Geld scheint mir gut angelegt, und ich bin es wohl zufrieden.« M. Mollat

Lit.: R. S. Lopez, Hard Time and Investment in Culture in the Renaissance. A Symposium, Metropolitan Mus., New York, 1952 – A. Chastel, Arts et humanisme à Florence au temps de Laurent le Magnifique, 1959 – C. Bec, Les marchands écrivains à Florence 1375-1434, 1967 – Storia dell'arte it., hg. G. Previtali–F. Zeri, 1979–83 – A. van Nieuwenhuysen, Les finances du duc de Bourgogne Philippe le Hardi. Économie et Politique, 1984 – M. Mollat, Les aspects économiques du Mécénat en Europe (XIVᵉ-XVIIIᵉ s.), RH 273, 1985, 2, 265–281 – F. Salet, Mécénat royal et princier au MA, Comptes Rendus Acad. Inscr. et Belles Lettres, 1985, 620–625 – Les aspects économiques du Mécénat en Europe (XIVᵉ-XVIIᵉ s.) (XVII Sett. di Studio, Istituto Datini, Prato, 1985) [im Dr.].

Mazze → Speisegesetze, jüdische

Meath → Mide

Meaux, Stadt und Bm. in der westl. →Champagne, Brie, östl. von Paris (dép. Seine-et-Marne), Vorort der Civitas der Meldi, innerhalb der Provinz Lugdunensis IV; die Stadt (Name in galloröm. Zeit: Iatinum) lag auf einer Schwemmlandterrasse der mäandrierenden Marne, im Kreuzungspunkt des ost-west-gerichteten Flußtals mit einer Nord-Süd-Route (von Sens nach Beauvais). Am Ende des 3.Jh. zogen sich die Bewohner in ein durch den Fluß geschütztes Oppidum (9 ha) zurück. Nach der Überlieferung wurde M. in der 1. Hälfte des 4.Jh. von einem Schüler des hl. →Dionysius, dem hl. Sanctinus (Saintin), christianisiert. Über seinem Grabe, am linken Marneufer, wurde eine →Basilika errichtet; die erste Bf.skirche (ŏ St. Stephanus) wurde dagegen 'intra muros' erbaut. Im 7.Jh. stand das Bm. unter dem Einfluß →Columbans; der hl. Faro, Bruder der hl. Fara, gründete als Bf. im N der Stadt ein Hl.-Kreuz-Kl., das später sein Patrozinium erhielt.

Die Normannen griffen M. zweimal an (862, 888). Im 10.Jh. gewann →Heribert II., Gf. v. Vermandois, die Gft. M. infolge Heirat mit einer Tochter des westfrk. Kg.s Robert I. Heribert übertrug M. seinem Sohn Robert, der auch Gf. v. →Troyes wurde. Damit konstituierte sich ein Gft.skomplex, der den Kern des entstehenden Fsm.s →Champagne bildete. Der Gf. besaß in M. die Befestigungsmauern und einen Teil des Stadtgebietes. Er ließ in der SW-Ecke des alten Oppidums eine Burg errichten. Um 1000 gelang es den Gf.en zwar für kurze Zeit, ihre Hand auf den 'episcopatus' zu legen (Bf.swahl des hl. Gilbert), doch mußten sie diese Vormachtstellung aufgeben, als die Gft.en in der Champagne an das Haus →Blois fielen. M. wurde wieder zum kgl. Bm., doch behielten die Gf.en das weltl. Regalienrecht in Zeiten der Sedisvakanz und das →Spolienrecht, auf das sie erst 1125-28 verzichteten. Bei alledem haben die Champagnegf.en (Tedbaldiner) die Partei der Gregorianer unterstützt; Gf. →Tedbald I. förderte 1081 die Abhaltung eines Konzils unter dem päpstl. Legaten →Hugo v. Die.

Die Stadt M. hatte eine günstige strateg. Lage und vermochte im Kriegsfall →Paris zu bedrohen, insbes. wenn die Gf.en ihre Feindseligkeiten gegen die →Kapetinger mit den anglonorm. Kräften koordinierten. Daher versuchte Kg. Ludwig VI., die Stadt 1111 einzunehmen. In dieser Zeit war M. Wohnsitz zahlreicher Ritterfamilien; die bedeutendsten waren die de Cornillon (aus einem Ort südl. v. M., am Abfall der Brie-Hochebene), du Donjon (wohl Inhaber des großen Turms der Befestigung) und de la Ferté-Ancoul (La Ferté-sous-Jouarre), denen die Vicomté unterstand. Die Bf.e hatten eine gewisse Vorrangstellung aufgrund des Münzrechts, das die Gf.en ihnen jedoch zu entreißen trachteten; um 1158 erreichten sie, daß der bfl. 'denier meldois' dem gfl. 'denier provinois' (→Denier) angeglichen wurde. Zu Beginn des 13.Jh. stellten die Bf.e ihre Münzprägung ein.

Die Entwicklung des 12. und frühen 13.Jh. war geprägt von demograph. Aufschwung und Landesausbau, der zu ausgedehnter Rodungstätigkeit im Forst v. Brie führte. Das Einzugsgebiet der Stadt verschob sich vom N stärker in den südl. Bereich; M. wurde zum zentralen Marktort eines reichen Weinbau-, Ackerbau- und Weidegebiets. Das Handwerk war dagegen nur gering entwickelt; der Handelsverkehr wurde von Gf.en, zum Nachteil seines bfl. Konkurrenten, auf den gfl. Messeplatz →Lagny umgeleitet. 1179 verlieh Gf. →Heinrich I. 'le Libéral' der unruhig gewordenen Bürgerschaft eine Charta nach dem Vorbild v. →Soissons, deren Privilegien er bald auf mehrere nahegelegene Dörfer ausdehnte. Das Kathedralkapitel führte um 1234 auf seinen Domänen die Zinsleihe ein. Es trieb auch den got. Kathedralneubau voran, begonnen um 1170-80. Der Gf. wiederum vergrößerte seine Seigneurie, indem er das Marktviertel (Le Marché, um die Kirche St-Saintin) besiedeln, befestigen und mit einem Kanal (Canal de Cornillon) umgeben ließ. Die so verdoppelte Stadt wurde am Ende des 13.Jh. zum Sitz eines der vier Bailliages der Champagne; nach ihr ist eines der vier champagn. Gewohnheitsrechte (*coutumes*) benannt.

Um die Mitte des 14.Jh. war kein Geringerer als →Philipp v. Vitry, der Begründer der →Ars nova, Bf. v. M. (1350-61). 1358 schlossen sich die Bewohner von M. der aufständ. Pariser Kommune unter Étienne →Marcel an, wurden aber von einer Kreuzfahrertruppe, die gerade von einer →Preußenreise zurückkehrte (unter den gascogn. Herren Gf. →Gaston Fébus und Jean de Grailly, Captal v. Buch), geschlagen, der Bürgermeister Jean Soulas gehenkt, die Stadt mit Aufhebung ihrer Charta bestraft.

1422-39 fiel die Stadt in die Hand der Engländer. Nach der Befreiung setzte ein demograph. Wiederaufstieg ein. Zwei neue Viertel entstanden; das gesamte Stadtareal erhielt eine neue Mauer. Die Stadtfläche 'intra muros' betrug um die 20 ha, ohne den Marché (ca. 10 ha) und den an der Straße nach Deutschland gelegenen Faubourg St-Nicolas. Ende des MA hatte M. wohl ca. 6000 Einw. M. Bur

Lit.: Dom T. Duplessis, Hist. de l'Église de M., 1731 – A. de Longpérier, Recherches sur les monnaies de M., RNum, 1840, 128–153 – A. E. Carro, Hist. de M. et du pays meldois, 1865 – O. Jouin-Lambert, Le

PALAIS ÉPISCOPAL DE M., BullMon 65, 1901, 594 – G. BOURGIN, La commune de Soissons et le groupe communal soissonnais, 1907 – M. BUR, Aux origines du fermage: l'exemple du chapitre cathédral de M., Rev. du Nord, 1967, 5–21 – P. KURMANN, La cathédrale St-Étienne de M., étude architecturale, 1971 – M. BUR, La formation du comté de Champagne, 1977 – DERS., M. dans l'hist. de la Champagne du Xe aux XIIe s., Revue d'hist. et art de la Brie et du pays de M. 28, 1977, 1–11 – J. MESQUI, Les routes dans la Brie et la Champagne occidentale, hist. et techniques, 1980 – R. KAISER, Bf.sherrschaft..., 1981.

Meaux-Paris, Vertrag v., beendete den Albigenserkreuzzug (→Albigenser, II). Ein Entwurf wurde von Papst Gregor IX. in einem Brief vom 25. Juni 1228 an den Legaten Romano Frangipani formuliert. Die am 21. Nov. zu Narbonne zw. Gf. →Raimund VII. v. Toulouse und Élie Guérin, Abt v. Grandselve, festgesetzten Bedingungen wurden im Jan. 1229 zu Meaux vor Gf. →Tedbald IV. v. Champagne, der als Vermittler gewählt worden war, bestätigt. Am 12. März 1229 wurde Raimund zu Notre-Dame de Paris mit der Kirche wiederversöhnt und trat in die 'fidelitas' des Kg.s v. Frankreich ein; der Gf. wurde jedoch bis zur Aushändigung seiner Tochter an den Kg. im Louvre festgehalten.

Im Vertrag wurde Raimund im Besitz der Gft. →Toulouse, der Diöz. →Agen, →Rodez, →Albi (bis zum →Tarn) und →Cahors bestätigt; an den Kg. fielen dagegen die Besitzungen westl. der →Rhône, während die Territorien östl. der Rhône in päpstl. Besitz kamen. Der Gf. hatte die Kirchen zu entschädigen, die Kosten einer in Toulouse zu gründenden Universität zu tragen und die kgl. Burgen zu finanzieren; er ächtete die Häretiker in seinen Ländern und versprach, die Befestigungen von Toulouse und 30 Burgen schleifen zu lassen. Seine Tochter Johanna heiratete einen Bruder des Kg.s und wurde Erbin der Gft. Toulouse; das weitere Schicksal der übrigen Territorien des Gf.en wurde weniger genau definiert. Da Johannas Ehe mit →Alfons v. Poitiers kinderlos blieb, fielen die Besitzungen schließlich an den Kg. J. Richard

Lit.: C. DE VIC-J. VAISÈTE, Hist. générale de Languedoc VI, 1879, 629–646; VIII, 1879, 632–637.

Meaux, ehem. OCist-Abtei in Yorkshire, gegr. 1150 von Wilhelm I. »the Fat« († 1179), Earl of Albemarle, im Bereich seiner Lordship of →Holderness. Die Gründung erfolgte anstelle einer von Wilhelm gelobten Pilgerfahrt ins Hl. Land. Er beauftragte Adam, einen Mönch aus der →Fountains Abbey, mit der Auswahl eines Ortes für seine Gründung. Angebl. erreichten Adam und zwölf andere Mönche M. am 1. Jan. 1151, um hier das siebente und letzte Tochterkl. der Fountains Abbey zu errichten. Die spätere Gesch. der Abtei M., insbes. die Landerwerbungen in Yorkshire, ist gut in der »Chronica monasterii de Melsa« überliefert, die von Thomas Burton, 1396–99 Abt des Konvents, verfaßt wurde. Wie bei vielen anderen OCist-Kl. in Yorkshire wuchsen Vermögen und Konvent schnell an (1249: 60 Mönche und 90 Konversen). Seit diesem Jahr bezogen Abt und Kapitel ein jährl. Einkommen von über 300 £. Das Kl. erholte sich jedoch nicht mehr völlig von der Heimsuchung durch die Pest 1349. Bei der Aufhebung des Kl. im Dez. 1539 zählte der Konvent nur noch 25 Mönche. Von den Gebäuden blieb nichts erhalten.
R. B. Dobson

Q.: Chronica monasterii de Melsa, RS, 3 Bde, 1866–68 – Lit.: VCH York III, 1913, 146–149 – D. KNOWLES–R. N. HADCOCK, Medieval Religious Houses, England and Wales, 1971, 122 – J. BURTON, The Origins and Development of the Religious Orders in England, c. 1069–1200 [Diss. York Univ., 1977], 227–237.

Mechanik. M. war in der klass. Antike und im MA zunächst die »Kunst«, durch menschl. (künstl.) Eingriffe in das natürl. Geschehen Körper entgegen ihrem natürl. Verhalten zu bewegen und die dazu erforderl. Geräte zu konstruieren (→artes mechanicae, →[physica] Physik). Diese v. a. auf →Aristoteles zurückgehende Auffassung sowie die fundamentale Unterscheidung und Abgrenzung der Bewegungslehre im sublunaren Bereich von derjenigen in der Himmelsregion, für die andere Gesetze galten (→Kosmologie, →Weltbild), wurden erst im 17. Jh. von Galileo Galilei und Isaac Newton definitiv überwunden, obwohl es bereits im MA Ansätze zu einer theoret. M. (→Bewegung, →Kinematik, →Dynamik, →Statik) gab. E. Neuenschwander

Mecheln (ndl. Mechelen, frz. Malines), Stadt in Belgien (Prov. Antwerpen, Arr. M.), bis 1559 zum Bm. →Cambrai, dann eigenes Bistum. Der Ort Malinas, Begräbnisstätte des hl. Rumold (Rombout), eines ir. Missionars, und Standort einer Abtei, wird erstmals im Vertrag v. →Meerssen (870) erwähnt und kam mit der umliegenden Grundherrschaft als Lehen an die Bf.e v. →Lüttich. Um 992 soll Bf. →Notker die Abtei in ein Säkularkapitel umgewandelt haben.

Südl. des Bereichs des Kapitels, am linken Ufer der Dijle, bei einem Straßenkreuz und nahe einer Burg der örtl. Vögte aus dem Geschlecht der Alarde, bestand eine Fischer- und Kaufmannssiedlung, die auf die Zeit der frk. Landnahme zurückgeht. Das in der Gegend von M. begüterte Geschlecht der →Berthout usurpierte die Vogteirechte über die gesamte Lütticher Domäne. Die Pfarrechte an der M.er Liebfrauenkirche gingen aus dem Besitz des Kathedralkapitels v. Cambrai (vor 1116) durch Verkauf (1134) an das Kapitel von St. Rombout über, das um 1205 den Sitz der Pfarrei in die eigene Kirche verlegte.

Die Berthout, die den fernen Lütticher Landesherrn und den Hzg. v. →Brabant gegeneinander ausspielten, errichteten eine weithin selbständige Herrschaft; über ihre rasch aufblühende Stadt M., die zum hzgl. Stapelplatz für Fisch, Salz und Hafer wurde, dominierten sie das gesamte Brabanter Flußnetz. Bereits vor 1200 umschloß ein Wall den Kern der Stadt, um St. Rombout und das Kaufmannsviertel an der Dijle. 1255 wurde die ursprgl. Pfarrei aufgeteilt, vor 1300 eine weitere Befestigung errichtet. Neben verschiedenen geistl. Niederlassungen (u.a. Deutschordenskomturei), einem Hospital und einem Leprosorium entstanden ein Beginenhof und Bettelordenskonvente (Minoriten, Augustiner, Karmeliter).

Seit Beginn des 13. Jh.s, v. a. um 1270, entwickelte sich nach fläm. Vorbild ein exportorientiertes Tuchgewerbe. Auf seinem Höhepunkt um 1330 produzierte die Stadt ca. 20000 hochwertige Wolltuche. Mit dem Verfall der Tuchproduktion ging auch die Bevölkerungszahl stark zurück (1367 noch ca. 15000 Einw.). Neben seiner Marktfunktion (Fisch, Salz) war M. ein bedeutender Standort der Leinen- und Wirkteppichproduktion, des Geschütz- und Glockengusses und des Schiffbaus.

Bereits vor 1237 fungierte ein Schöffengericht (→Schöffen), vor 1300 nur gelegentl. unter Teilnahme von Geschworenen. Nachdem 1301 der elitäre Charakter dieses Schöffenamts, unter Mitspracherecht der Tuchgilde, bestätigt worden war, mußten 1302 Johan Berthout und sein Lehnsherr, der Hzg. v. Brabant, den Handwerkerkorporationen ein Mitbestimmungsrecht zugestehen. Um stärker in M. Fuß zu fassen, verlieh der Fürstbf. v. Lüttich, Thibaud, 1305 der Stadt ein freizügiges Privileg, das der Stadtverwaltung ausgedehnte Kooptationsrechte und den Handwerkern starke Beteiligung zusicherte. Doch wurde nach dem Aufruhr von 1361 der Einfluß der

Handwerkerkorporationen zurückgedrängt. 1349 und 1467 wurden die städt. Autonomie und Rechtsprechung dem fsl. Einfluß unterworfen, die Schöffenzahl von 12 auf 7 reduziert.

Im Kampf um den Besitz M.s überwog der Einfluß Brabants insgesamt denjenigen Lüttichs, für das M. eine Außenbesitzung blieb. Nach dem Tode des letzten Berthout, Floris († 1331), schlossen →Ludwig v. Nevers, Gf. v. →Flandern, und →Johann III., Hzg. v. Brabant, einen Vertrag, der M. (als Lütticher Lehen) dem ältesten Sohn des Hzg.s und damit dem Hause Brabant sicherte. Im Brabanter Erbfolgekrieg (nach dem Tode Johanns III., † 1355) fiel M. jedoch an den Gf.en v. Flandern, →Ludwig v. Male (Vertrag v. Ath, 1357), und kam über dessen Nachlaß an →Burgund.

→Karl der Kühne erhob M. 1473 zum Sitz seiner Zentralregierung. Infolge der Opposition, die sich nach dem Tode des Hzg.s (1477) gegen den burg. Zentralismus erhob, verblieb in M. schließlich nur der Oberste Gerichtshof bzw. das *Parlement* (später: Großer Rat). M. blieb während des Ancien Régime Zentrum einer unabhängigen Herrschaft, die im Verband der (habsbg.) Niederlande Selbstverwaltung genoß. R. van Uytven

Lit.: Handelingen Kon. Kring voor Oudheidkunde, Letteren en Kunst van M., 1, 1891 – J. LAENEN, Geschiedenis van Mechelen (M.) tot op het einde der Middeleuwen, 1934² – M. de Heerlijke, hg. R. FONCKE, 1938-39 – De Geschiedenis van M., hg. R. VAN UYTVEN, 1991.

Mechthild. 1. M. v. Ha[c]keborn, hl., Mystikerin, * 1241/42, † 19. Nov. 1298/99 in Helfta, war siebenjährig ins Kl. Helfta bei Eisleben gekommen, dort magistra und cantrix. Ihre myst. Erfahrungen hielt sie bis zu ihrem 50. Jahr geheim. Seit damals wurden ihre Offenbarungen unter Mitwirkung →Gertruds v. Helfta als »Liber specialis gratiae« zunächst ohne ihr Wissen niedergeschrieben, doch später von ihr autorisiert; das letzte Buch enthält Offenbarungen Gertruds. Deren Schauungen ähneln denjenigen M.s in hohem Maß, sowohl inhaltl. – Brautmystik, Unio mystica als »summa experientia«, Liebeswunde, Herz-Jesu-Verehrung, Eucharistie, Liturgie, Sorge für die Armen Seelen – als auch stilist., wobei M. Priorität zukommen dürfte. Groß ist der Reichtum an Allegorien (z. B. Tugendbrunnen, Herzensgarten, Personifikationen, Zahlensymbolik). Als Askeseleistung legte M. zur Erinnerung an die Passion Scherben in ihr Bett oder wälzte sich in ihnen, bis sie vor Blut triefte, um den Zorn Gottes abzuwenden. Häufig wurde M. über das Schicksal Verstorbener befragt; die Schwestern versammelten sich um sie wie um einen Prediger. – M.s Werk fand Leser bei den Gottesfreunden, war Seuse und Tauler bekannt und wurde noch im MA ins Ndl., Engl. und Schwed. übersetzt.
P. Dinzelbacher

Bibliogr.: G. J. LEWIS, Bibliogr. zur dt. Frauenmystik des MA, 1089, 184-195 – Ed.: Revelationes Gertrudianae et Mechtildianae, II, ed. Solesmenses monachi, 1877 – Het boek der bijzondere genade van M. van H., ed. R. BROMBERG, o. J. [1965] [unvollst. Fasssg.] – Lit.: DSMA X, 873-877 [M. SCHMIDT] – Verf.Lex.² VI, 251-260 [DIES.] – K. RICHSTÄTTER, Die Herz-Jesu-Verehrung der dt. MA, 1924², 82-94 – P. BOEYNAEMS, M. v. H.'s waarneming van de 3e en 4e hartton, Scientiarum Hist. 6, 1964, 25-29 – C. W. BYNUM, Jesus as Mother, 1982, 209-277 – A. HAAS, Themen und Aspekte der Mystik M.s v. H. (Temi e problemi nella mistica femminile trecentesca = Convegni del Centro di studi sulla spiritualità medievale 20, 1983), 47-83 – DERS., Geistl. MA, 1984, 373ff. – J. FINNEGAN, M. of H. (Peace-Weavers = Cistercian Studies Ser. 72, 1987), 213-222 – J. LANZKOWSKI, Einige Überlegungen zu... M. v. H..., Erbe und Auftrag 63, 1987, 424-440 – M. SCHMIDT, Elemente der Schau bei M. v. Magdeburg und M. v. H. (Frauenmystik im MA, hg. P. DINZELBACHER-D. BAUER, 1990²), 123-151 – S. SPITZLEI, Erfahrungsraum Herz, 1991.

2. M. v. Magdeburg, * um 1207, † um 1282 im Kl. Helfta (→Gertrud d. Gr.), trat, um die asket. Heimatlosigkeit zu verwirklichen, gegen 1230 einer Beginengemeinschaft in Magdeburg bei. Auf Geheiß des Dominikaners Heinrich v. Halle begann sie um 1250 eigenhändig ihre geistl. Erfahrungen aufzuzeichnen. Ihr Werk »Das fließende Licht der Gottheit« blieb im mnd. Original nicht erhalten. Die einzige vollständige Hs. (Cod. Einsidlensis 277) überliefert eine zw. 1343-45 in Basel im Kreise der Gottesfreunde um →Heinrich v. Nördlingen entstandene obd. Übertragung. Eine z. T. noch zu Lebzeiten M.s entstandene lat. Übers. ist in einer Hs. aus der Mitte des 14. Jh. überliefert. Die sieben in lose Kap. unterteilten Bücher des »Fließenden Lichts der Gottheit« (I-V vor 1260; VI zw. 1260-1270/71; VII zw. 1271-1282) teilen Einheitserfahrungen mit Gott mit, Einsichten über Gott, Welt, Menschheit, Kirche. Anregungen für M. ergaben sich aus der mndl. Frauenmystik, durch das Hld, die Evangelien, die Werke von Augustin, Bernhard v. Clairvaux, Hugo und Richard v. St. Victor, Dionysius Areopagita und die Liturgie. M.s kosm. und apokalypt. Schau steht in der Nachfolge →Hildegards v. Bingen. Stilist. auffällig ist der häufige Übergang von Reimprosa in Versrede und der Kolonreim sowie die hohe poetische Bildkraft.
L. Gnädinger

Ed. und Lit.: Verf.-Lex.² VI, 260-270 [H. NEUMANN] – M. v. M., Das fließende Licht der Gottheit. Nach der Einsiedl. Hs...., hg. H. NEUMANN, I: Text, hg. G. VOLLMANN-PROFE (MTU 100), 1990 – A. M. HAAS, Sermo mysticus, 1979, 67-135 – P. MICHEL, Durch die bilde über die bilde. Zur Bildgestaltung bei M. v. M. (Abendländ. Mystik im MA, hg. K. RUH, 1986 [= Germanist. Symposien 7], 509-526) – U. WIETHAUS, The Reality of Mystical Experience: World and Self in the Work of M. v. M. [Diss. Temple Univ. Philadelphia 1987] – M. HEIMBACH, »Der ungelehrte Mund« als Autorität. Myst. Erfahrung als Q. kirchl.-prophet. Rede im Werk M.s v. M., 1989.

Mechthilde von der Pfalz, * 7. März 1419 Schloß Heidelberg, † 22. Aug. 1482 ebd., ⌂ Kartause Güterstein (seit 1554 Tübingen, Stiftskirche); Tochter des Pfgf.en →Ludwig III. bei Rhein und der Gfn. Matilda Mafalda v. Savoyen-Achaja; ∞ 1. 1419 (Beilager 1436) Gf. →Ludwig I. v. Württemberg, † 1450; 2. 1451 (Beilager 1452) Ehzg. Albrecht VI. v. Österreich, † 1463; Kinder: von 1.: Gf. Ludwig II. († 1457) und Gf. →Eberhard V. im Bart v. Württemberg. Dank ihrer gelehrten Bildung und ihres Interesses an der Renaissance und dem Humanismus wurde der Hof zu einem Zentrum von Dichtern, Musikern, Künstlern und Gelehrten, so hielt sich →Niklas v. Wyle an ihrem Hofe auf. Während der Minderjährigkeit ihrer Söhne auch polit. aktiv, hat sie an den Gründungen der Universitäten Freiburg und Tübingen beratend mitgewirkt, ebenso bei den Maßnahmen zur Kirchenreform in Württemberg und Schwäb. Österreich.
I. Eberl

Lit.: I. EBERL, Gesch. des Benediktinerinnenkl. Urspring bei Schelklingen 1127-1806, 1978 – B. THEIL, Lit. und Literaten am Hofe der Ehzgn. M. in Rottenburg, Zs. für Württ. Landesgesch. 42, 1983, 125ff. – G. RAFF, Hie gut Wirtemberg allewege, 1988 [Lit., 280ff.].

Mecklenburg
A. Slavischer Burgwall – B. Fürstentum, Herzogtum

A. Slavischer Burgwall

Die M., ein großer slav. →Burgwall s. von Wismar, wurde auf der Südspitze einer in ein Niederungsgebiet ragenden Endmoränenzunge errichtet (*grad* bei →Ibrahim ibn Ya'kub und 'Michelenburg' in der Urk. Ottos III. 995). Die im 7./8. Jh. gegr. Hauptburg der →Abodriten, Sitz der Fs.en des abodrit. Gesamtverbandes, wurde wahrscheinl. 808 erfolglos von dän. Kg. Gøttrik (→Gudfred) belagert, der anschließend den Handelsplatz

→Reric zerstörte. Seit dem späten 10. Jh. war M. Residenz der →Nakoniden. Nach Zerstörung des Bf.ssitzes →Oldenburg infolge des →Slavenaufstandes v. 983 nahm die M. ztw. dessen Funktion mit eigener Kirche und Kl. ein. Nach dem Tod des Fs.en →Gottschalk (1066) verlor die M. ihre führende Stellung an →Alt-Lübeck, wurde aber 1167 Sitz des Fs.en →Pribislav. Wohl 1256 siedelten seine Nachfolger nach Wismar über; im 14.Jh. wurde die M. aufgelassen.

Die ovale Wallanlage umschloß einen Innenraum von 1,4 ha. Die erste Bauphase bestand aus einem Holz-Erde-Wall in Kastenkonstruktion (Basisbreite von 12,75 m, Höhe von 6 m), das Gesamtvolumen betrug rund 34000 m³, davon für die Holzkonstruktion 9400 m³. Damit ist die M. der größte und aufwendigste aller archäolog. erforschten frühslav. Burgwälle. Bis zum 12.Jh. wurde der Wall fünfmal erneuert. Auf der Wallinnenseite sind Reste von Block- und Flechtwandhäusern des 7.-10. Jh. nachgewiesen; Schuh- und Lederreste, Gußtiegel und andere Geräte deuten auf Werkstätten im Innenraum der M. hin. Eine Siedlung im Vorgelände der M. (7.-12. Jh.) erbrachte nur geringe Hinweise auf handwerkl. Produktion, mehrere Kleinsiedlungen in der unmittelbaren Umgebung hatten wahrscheinl. rein agrar. Charakter. P. Donat

Lit.: W. H. Fritze, Probleme der abodrit. Stammes- und Reichsverfassung und ihrer Entwicklung vom Stammesstaat zum Herrschaftsstaat (Siedlung und Verfassung der Slawen zw. Elbe, Saale und Oder, 1960), 141–219 – P. Donat, Die M. – eine Hauptburg der Obodriten, 1984 – Ders., Heidn. Religion und chr. Kirche als Problem obodrit. Politik (Jb. für Bodendenkmalpflege in M., 1989), 193–203.

B. Fürstentum, Herzogtum
I. Territoriale Entwicklung – II. Verfassung und Verwaltung – III. Wirtschaft – IV. Kirchengeschichte.

I. Territoriale Entwicklung: 1167 gab Heinrich d. Löwe das Abodritenland (→Abodriten) ohne Wagrien und Polabien, die schon 1140/45 verlorengegangen waren, →Pribislav als sächs. Lehen zurück. Auch das Gebiet der neugeschaffenen Gft. →Schwerin wurde ausgegliedert. Pribislavs Herrschaftsbereich umfaßte nur etwa ein Drittel des nz. M. Als Heinrich d. Löwe in die Reichsacht kam, zwang Kg. Waldemar die mecklenburg. Fs.en unter dän. Lehnshoheit, die erst 1227 mit der Schlacht bei →Bornhöved abgeschüttelt wurde. 1203 konnte aus dem Ratzeburger Erbe das Land Gadebusch erworben werden. Die Schweriner Gf.en bekamen die Länder Wittenburg und Boizenburg. Nach dem Tod Heinrich Borwins I. 1227 kam es unter seinen Enkeln zur ersten dynast. Teilung: Johann erhielt M., d.h. das Land um die Wismarbucht und den Schweriner See, Nikolaus das Land Wenden (Werle-Güstrow), Heinrich Borwin III. das Land Rostock und Pribislav das Land Parchim-Richenberg. Alle vier Fsm.er waren wieder sächs. Lehen. Durch das Aussterben einzelner Linien kam es zu einer Konzentration. 1256 fiel Parchim, 1314 Rostock an die Hauptlinie M. zurück. Werle-Güstrow hatte bis 1436 Bestand. Seit dem Ende des 13.Jh. gelangten aus der zerfallenden Gft. Dannenberg die Länder Jabel und Wehningen (um Dömitz und Grabow) an die mecklenburg. Hauptlinie. Heinrich II. gelang es 1292, durch seine Vermählung mit Beatrix, der Tochter Mgf. Albrechts III. v. Brandenburg, das ursprgl. pommersche, seit 1236 brandenburg. Land Stargard zu erwerben, das seine Nachfolger mit den Ländern Lychen und Wesenberg auch behaupten konnten. Dazu kamen 1350 noch Stadt und Land Fürstenberg. Zw. 1343 und 1358 gelang es Albrecht II. von M., die Gft. Schwerin zu erwerben und ihr Gf.enhaus nach Westfalen (Tecklenburg) zu verdrängen.

1348 hatte Kg. Karl IV. Stargard von der brandenburg. und das übrige Land von der sächs. Lehnshoheit befreit und M. zum Hzm. und Reichslehen erhoben. Johann drängte darauf seinen älteren Bruder Albrecht zur Landesteilung. 1352 erhielt er Stargard und einige kleinere Gebiete. Nach dem Erwerb der Gft. Schwerin sprach man von den Hzm.ern M.-Schwerin und M.-Stargard. Nach dem Anfall von Werle-Güstrow war die Ausdehnung des Landes zunächst einmal abgeschlossen. Die nord. Politik →Albrechts III. brachte keine territorialen Veränderungen. Als 1471 mit Ulrich die Stargarder Linie ausstarb, konnte ganz M. in einer Hand vereinigt werden. Nach dem Tod Magnus' II. 1503 trat jedoch der Wunsch nach Teilung wieder hervor. Zunächst einigte man sich auf eine gemeinsame Regierung, danach 1520 im Neubrandenburger Hausvertrag auf ein Mittelding zw. Teilung und Gemeinschaft. Diese Vereinbarung wurde jedoch nicht verwirklicht. In den Auseinandersetzungen zw. Heinrich V., der in Schwerin, und Albrecht VII., der in Güstrow regierte, erklärten sich die Stände M.s 1523 für unteilbar.

II. Verfassung und Verwaltung: In den einzelnen Territorien stand an der Spitze der jeweilige Fs. Wenn auch die Anfänge der Stände in die Kolonisationszeit zurückreichen, so beginnt ihre eigtl. Gesch. doch erst gegen Ausgang des 13.Jh. Die Landesherren riefen ihre Mannen zusammen, um Vormundschaftssachen zu regeln oder um über die Tilgung ihrer Schulden beraten zu lassen. Auch Städte waren schon beteiligt, denn seit Beginn des 14.Jh. zogen die Fs.en sie wegen ihrer Finanz- und Wehrkraft regelmäßig zu den Versammlungen der Ritterschaft hinzu. Das galt nicht für Rostock und Wismar, die größten Städte, die versuchten, eigene Wege zu gehen. Mit dem Beginn des 15.Jh. wurden auch die Prälaten zu den Landtagen eingeladen.

Die Stände entstanden in den einzelnen Territorien, aus denen M. zusammenwuchs. Daher richtete sich ihre Organisation nach den jeweiligen Gebietsveränderungen. Im 15. Jh. kam es aber auch zu Sonderlandtagen von Teilherrschaften. Die Rechte der Stände beruhten auf fsl. Privilegien, die ohne Zustimmung kaum zurückgenommen werden konnten. Dem Steuerforderungsrecht der Landesherren stand das Steuerbewilligungsrecht der Stände für außerordentl. Forderungen gegenüber. Hzg. Magnus II. setzte seit 1484 die mecklenburg. Gesamtlandtage durch.

Zunächst übten die Fs.en Reiseherrschaft aus. Seit dem 13. Jh. hielten sie sich häufiger in Städten auf, seit 1359 bes. in →Schwerin. Die Burg entwickelte sich aber im MA nicht zum Verwaltungsmittelpunkt des Landes. Das Amt des →Marschalls wurde bei drei Familien erblich, im Hzm. M. bei den Lützows, in Werle-Güstrow bei den Levetzows und in Werle-Goldberg bei den Maltzahns. An die wend. »Länder« (terrae) knüpften als lokale Verwaltungen die Vogteien an. Die Vögte (Amtleute) waren seit der Mitte des 14. Jh. fsl. Beamte und Vertreter des Landesherrn in ihrem Bezirk. Da viele Grundherren der Gerichtsbarkeit an sich gezogen hatten, beschränkte sich die Zuständigkeit des Vogtes allmähl. auf das fsl. Dominium und die amtssässigen Städte und Flecken. Die Stadtgründungen erfolgten in der Kolonisationszeit in der Regel planmäßig in Anlehnung an eine wend. Siedlung. Die Städte gehörten zu vier Rechtskreisen, dem lübischen, dem Schwerin-Güstrower, dem Parchimer und dem magdeburg.-märk. Recht. Die größeren Städte konnten sich bis zur Mitte des 14.Jh. dem Vogteigericht entziehen.

III. Wirtschaft: Die Wirtschaft M.s wurde durch die Landwirtschaft bestimmt. Die Trennung von Hof- und

Bauernacker setzte erst im 15. Jh. ein. Roggen, Gerste und Hafer standen an Getreidearten im Vordergrund. Bedeutung kam dem Hopfenanbau zu. Die Pferdehaltung scheint nicht unerhebl. gewesen zu sein. Die Rinder-, Schweine- und Schafzucht diente im wesentl. der eigenen Versorgung und der des Umlandes. Der Adel produzierte auch für den Export. Die landwirtschaftl. Konjunktur des 15./16. Jh. veranlaßte den Adel, seine grundherrl. Rechte zu nutzen und seine Eigenbetriebe auszubauen. Die Bauern waren, abgesehen von den Freischulzen, die zu Lehnrecht saßen, Erbpächter. Sie hatten neben den Diensten die unterschiedlichsten öffentl.-rechtl. und grundherrl. Geld- und Naturalabgaben zu leisten. Da die Geldabgaben sich in ihrer Höhe nicht veränderten, wurden sie mit der Zeit entwertet. Daher konnten die Bauern im 15. Jh. zu Wohlstand und Ansehen gelangen. Der Niedergang des Bauerntums ging von den Diensten aus. Waren sie zunächst unbedeutend, so nutzten die Ritter sie zunehmend seit Anfang des 15. Jh., um ihr vergrößertes Ackerland zu bewirtschaften. Die Hand- und Spanndienste machten damit für den Grundherrn den eigtl. Wert der Bauernhöfe aus.

Der starke Zustrom an Siedlern in der Kolonisationszeit (→Landesausbau und Kolonisation) führte, nach dem Entstehen von Schwerin und Rostock, zw. 1218 und 1250 zur Gründung von 17 Städten. Bis 1275 verdoppelte sich ihre Zahl. Spätere Gründungen hatten kaum Entwicklungsmöglichkeiten. Das Handwerk der Landstädte diente im allg. der Versorgung der Bevölkerung in einem engeren Umkreis. Auffallend ist der hohe Anteil der Wollweber und Schuhmacher. Eine bedeutende Stellung in Handwerk und Handel nahmen die beiden Seestädte, Rostock und Wismar, ein. Sie waren die einzigen mecklenburg. Städte, die der →Hanse angehörten.

IV. KIRCHENGESCHICHTE: Kirchl. gehörte M. im wesentl. zur Erzdiöz. →Hamburg-Bremen, zu den Bm.ern →Schwerin und →Ratzeburg sowie für die Insel Poel zu →Lübeck. Im O reichte das exemte Bm. →Kammin seit etwa 1230 bis Güstrow in das Land. Der S und SO unterstand den Bm.ern →Havelberg und für ein kleines Gebiet →Brandenburg und damit der Erzdiöz. →Magdeburg. Über die Errichtung eines Domstifts an der Rostocker Jakobikirche 1484 durch die Hzg.e Magnus II. und Balthasar kam es zur Rostocker Domfehde. Weitere Kollegiatstifte gab es in Güstrow und Bützow, Stifte regulierter Chorherren in Ratzeburg, Broda und Alt Strelitz.

Die ältesten Kl. des Landes gründete Bf. →Berno mit Zisterziensern: 1171 Althof (nach der Zerstörung in →Doberan neu gegr.), das mit Mönchen aus Amelungsborn an der Weser besetzt wurde, und 1172 →Dargun, dessen Konvent aus dem Kl. →Esrum auf Seeland kam. Die Antoniter ließen sich in Tempzin nieder, die Kartäuser in Marienehe. Nonnenkl. errichteten die Zisterzienser in Zarrentin (später Benediktinerinnen), Ivenack, Rostock und Wanzka. Die Benediktinerinnen hatten es schwer, sich zu halten. Eldena und Rühn hatten Bestand. Dobbertin war ursprgl. Mönchskl. und wurde 1234 in ein Nonnenkl. umgewandelt. Neukloster übernahmen die Zisterzienserinnen, Rehna die Prämonstratenserinnen. Röbel wurde von den Magdalenerinnen gegründet, 1298 nach Alt Malchow verlegt und gelangte schließl. an die Zisterzienserinnen. Von den Bettelorden waren bes. die Franziskaner und die Dominikaner vertreten. Die Klarissen hatten sich in Ribnitz niedergelassen, Augustiner-Eremiten in Sternberg. Die Via moderna führte zu einer Niederlassung der Brüder vom gemeinsamen Leben in Rostock, die dort die erste Druckerei in M. errichteten, und zu einem Schwesternhaus in Bützow. Verbreitet waren die Beginen, Begarden gab es nur in Rostock.

1419 gründete die Stadt Rostock zusammen mit den Hzg.en Albrecht V. und Johann IV. sowie dem Bf. v. Schwerin die Univ. Rostock. Papst Martin V. privilegierte sie, allerdings ohne theol. Fakultät, deren Errichtung erst Eugen IV. 1432 gestattete.   H. Bei der Wieden

Q.: M.er UB (bis 1400), Bd. 1–25 B, 1863–1977 – M.er Urkk. und Daten (1170–1900), ausgew. H. SACHSSE, 1900 – Ernst v. Kirchberg, Chronicon Mecklenburgicum An. 1378 rhitmice scriptum (E. J. v. WESTPHALEN, Monumenta inedita, Bd. 4, 1745), 593–840 – Lit.: Jbb. des Ver. für mecklenburg. Gesch. und Altertumskde (ab Jg. 95, 1931, Mecklenbg. Jbb.), Bd. 1–108, 1836–1991 [werden fortges.], 2 Beih. zu Jg. 77, 101 – Hist. Atlas von M., Karte 1–8, hg. F. ENGEL, ab Karte 5: R. SCHMIDT, 1960–88 [wird fortges.] – H. WITTE, Mecklenburg. Gesch., 1–2 [bis 1755], 1909, 1913 – K. SCHMALTZ, Kirchengesch. M.s, I: MA, 1935 – M. HAMANN, Das staatl. Werden M.s (Mitteldt. Forsch. 24, 1962) – DERS., Mecklenburg. Gesch. (ebd. 51, 1968) – J. PETERSOHN, Der s. Ostseeraum im kirchl.-polit. Kräftespiel des Reichs, Polens und Dänemarks vom 10. bis 13. Jh. (Ostmitteleuropa in Vergangenheit und Gegenwart 17, 1979).

Medaille (it. *medaglia*, frz. *médaille*, engl. *medal*, nl. *penning*). M.n sind münzähnliche, aber nicht als Zahlungsmittel kursierende Metallstücke (Gold, Silber, Bronze, Blei), im SpätMA gegossen, erst seit Ende des 16. Jh. auch geprägt oder getrieben. M.n haben in der Regel ein höheres Relief als geprägte ma. Münzen. Münzähnl. Zierstücke in Form von Schmuckbrakteaten und Denarimitationen kannte auch das frühe MA (→Medaillon). Von Inkunabeln um 1390 in Italien (Medaillen des Carrarameisters) und um 1400 am Hofe des Hzg.s v. Berry (Heraclium., Constantinum.) abgesehen, ist die Medaille eine Neuschöpfung der it. Renaissance aus der 1. Hälfte des 15. Jh., längere Zeit in der gegossenen Form bevorzugt. Der Maler →Pisanello (Antonio Pisano, um 1395–1455) wurde mit einer 1438 auf Ks. Johannes VIII. Palaiologos entstandenen Medaille ihr erster und zugleich bedeutendster Meister. Namhafte Zeitgenossen waren Bertoldo di Giovanni, Antonio Marescotti, Matteo de Pasti, Bartolommeo Savelli Sperandio und Niccolò di Forzore Spinelli, gen. N. Fiorentino. Nördl. der Alpen fand die M. erst nach 1500 Verbreitung.   W. Steguweit

Lit.: G. HABICH, Die Medaillen der it. Renaissance, 1923 – G. F. HILL, A Corpus of It. Medals of the Renaissance before Cellini, 1930 [Lit.] – R. WEISS, The Medieval M.s of Constantin and Heraclius, The Numismatic Chronicle, 1963, 129–143 – M. JONES, A Cat. of the French Medals in the Brit. Mus. 1, 1982 [Lit.].

Medaillon (it. *medaglione*, frz. *médaillon*) (Multiplum). [1] *Spätantike und Frühmittelalter:* M.s sind Sonderprägungen der Spätantike mit Münzcharakter in Gold, Silber und Bronze, in Größe und Gewicht ein Vielfaches von →Aureus, →Solidus und →Siliqua, auch als Bronzeabschläge überliefert. M.s wurden unter chr. Ks.n der Spätantike auch als Geschenke (u.a. auch an Barbarenfürsten) und Auszeichnungen zu bes. Anlässen verwandt. Sie beziehen sich auf dynast. Ereignisse oder Auszug, Rückkehr, Einzug, Jubiläen oder Siege der Ks. Beispiele mit chr. religiösen Reliefs (z.B. Washington, D.C., Dumbarton Oaks Coll., mit Darstellungen der Kindheitsgesch., 6. Jh.) sind ebenfalls bekannt. Die spätantiken M.s wurden im 5./6. Jh. in Skandinavien und Osteuropa nachgeahmt (Fundorte in Skandinavien, Polen und Ungarn) und zeigen dort in Anlehnung an die röm. und byz. Vorbilder Darstellungen, die sich auf die nord. Sagenwelt beziehen; sie fanden ihre Fortsetzung in den Goldbrakteaten (→Brakteat) der Völkerwanderungszeit. In der Nachfolge der Goldsolidi →Ludwigs d. Fr. kommen gegossene Münzm.s im einfachen oder mehrfachen Perlkreis vor, z.T. mit Bezug auf die →Laudes regiae, auch unter Nachahmung röm. Münzen, fortgesetzt in gegossenen Bronze-Münzm.s, die zu den silbernen →Schmuckbrakteaten des 10. und 11. Jh. überleiten. Eine bes. Gruppe der M.s waren die aus Messing (seltener Bronze) geprägten oder gegossenen Kontorniaten (2. Hälfte 4. Jh., 1. Hälfte 5. Jh.; Name wegen des erhöhten Randes); mit ihren eindeutig nichtchr. Propagandamotiven sind sie als Geschenke der heidn. Aristokratie Roms anzusehen (ALFÖLDI).

In Architektur und Kunsthandwerk sind M.s mit Reliefs oder Malerei (oft Porträts) gefüllte Auf- oder Einsätze mit runder oder ovaler Rahmung.   J. Engemann

Lit.: EncArteAnt IV, 944–948 – KL XVI, 271–275 [P. BERGHAUS; s.v. Smyckebrakteater] – KL. PAULY I, 1296f.; III, 1125 – A. ALFÖLDI, Die Kontorniaten, 1943 – J. M. C. TOYNBEE, Roman M.s, 1944 [Neudr. 1986] – N. L. RASMUSSON, Were Medals of Merit Used and Worn in Antiquity?, Acta Archaeologica 16, 1945, 211–222 – A. GRABAR, Un médaillon en or de Mersine, DOP 6, 1951, 27–49 – M. C. ROSS, Cat. Dumbarton Oaks Coll. 2, 1965, 33–35 – A. und E. ALFÖLDI, Die Kontorniats-M.s, 1–2, 1976–90 – R. GÖBL, Antike Numismatik, 1978, I, 30f.; II, 134–136 – P. E. SCHRAMM, Die dt. Ks. und Kg.e in Bildern ihrer Zeit, 751–1190, 1983, 134 – K. HAUCK, Die Goldbrakteaten der Völkerwanderungszeit, 1985.

[2] *Byzanz:* In Byzanz wurde der Gedenkcharakter von M.s im wesentl. durch Münzen (→Münzwesen) verkörpert. Während diese Funktion in spätröm. Zeit noch häufig begegnet, tritt sie in der byz. Epoche mehr und mehr zurück, mit Ausnahme einiger exzeptioneller Prägungen (insbes. Münzen anläßl. von Krönungen, z. B. 'nomisma trachy' Alexios' I. für Johannes II. Komnenos, 1092, Cat. B.N. Paris, pl. XCIII, 03).

Der kommemorative Aspekt ist bei den sog. »Medaillons« erkennbar, die tatsächl. zumeist Nachprägungen in Gold oder Silber von gängigen Münzprägungen waren und zu bestimmten Anlässen ('donativa' bei Regierungsantritten, Jahrestagen, Triumphen usw.) verteilt wurden. Die letzten dieser Nachprägungen entstanden bereits unter Maurikios (582–602) – das auf Phokas (602–610) geprägte Stück (Cat. Dumbarton Oaks, Nr. 21) ist eine Fälschung; unter Heraklios (610–641) wurden Stücke im Gewicht von 2 1/2 Solidi, jedoch als Solidus-Münzen, geschlagen. Die Bezeichnung von anderen pseudomonetären Objekten (z. B. Schmuck, der Münzformen nachahmt) als M.s ist irrig.   C. Morrisson

Lit.: J. M. C. TOYNBEE, Roman Medaillons, 1944 [Neudr., mit Erg. von W. E. METCALF, 1989] – P. GRIERSON, The Kyrenia Girdle of Byz. Medaillons and Solidi, The Numismatic Chronicle, 1955, 55–70 – P. BASTIEN, Les multiples d'or de l'avènement de Dioclétien à la mort de Constantin, RNum, 1972 – W. E. METCALF, Medaillions (The Age of Spirituality, hg. K. WEITZMANN, 1979), 36–46.

Medardus, hl. (Fest 8. Juni), * um 480, † vor 561, wohl aus frk.-röm. Lokaladel des Vermandois. 15 Jahre Bf. v. →Noyon (535/546 bis 550/561), bekämpfte er das Heidentum in seiner Diöz. Er weihte Kgn. →Radegundis zur Nonne, starb in angesehenem Alter und wurde von Kg. Chlothar I. vor Soissons bestattet (St-Médard). Als Patron auch Sigeberts I. und Theudeberts II. bleibt er frk. Kg.s-heiliger. Von Wundern berichtet 563/565 →Nicetius v. Trier. →Gregor v. Tours nennt einen 'Liber de mirabilibus', ist Augenzeuge von Wundern und kennt älteste Patrozinien. Die sehr frühe Ausstrahlung des Kultes zeigen auch Kirchen in Cambrai, Noyon und Limoges. Die älteste Vita entstand um 600 (MGH AA 4,2). Schon die dort erzählten Wunder weisen auf Volkstümlichkeit. In Frankreich tragen 70 Gemeinden und Pfarreien M.' Namen. Er gilt als Helfer der Bauern bei Ernte, Wetter, gegen Fieber, Zahnweh und Gemütskrankheiten.   K. H. Krüger

Lit.: BHL 5863–5874 – MartHieron, 309f. – Bibl. SS IX, 262–264 – Catholicisme VIII, 1045 – LCI VII, 664 – J. LECOMTE, St. Médard, 1959 – K. H. KRÜGER, Kg.sgrabkirchen, 1971, 125–133 – E. EWIG, Spätantikes und frk. Gallien, 1976–79, 2, 645 [Register] – M. HEINZELMANN, Gall. Prosopographie, Francia 1, 1982, 651, 656, 676f.

Medici, Florentiner Familie. Bereits im 13. Jh. bildeten die M., eine Familie des Popolo, eine verzweigte Consorterie. Die wichtigsten Zweige stammten von den beiden Söhnen des *Giambuono* ab (der in der 2. Hälfte des 12. Jh. lebte), *Bonagiunta* und *Chiarissimo.* Von letzterem, seinem Sohn *Filippo* und dessen Sohn *Averardo*, leitete sich die Hauptlinie her, genannt »di Averardo« oder »di Cafaggiolo« (nach dem Ort im Mugello, wo sich bedeutende Besitzungen der Familie befanden). Von einem anderen Enkel Chiarissimos, der wie sein Großvater hieß, stammte *Salvestro di Alamanno M.*, Gonfaloniere im Jahre 1378, der während des →Ciompi-Aufstandes eine Rolle spielte. Obgleich die M. bereits im 14. Jh. beachtl. Reichtum besaßen (seit dem 13. Jh. waren sie Mitglieder der Arte di →Calimala), erreichten sie die höchsten polit. und gesellschaftl. Positionen erst Ende des 14./Anfang des 15. Jh. durch den Erfolg ihrer Handels- und Finanzgeschäfte. 1397 gründete nämlich *Giovanni di Bicci* (1360–1429) die M.-Bank, die sich – v.a. kraft ihrer Förderung durch die Kurie – innerhalb weniger Jahrzehnte zu einer der wichtigsten Firmen Europas entwickelte. Ein Gegner der Oligarchie, die in Florenz an der Macht war, erwarb Giovanni di Bicci die Sympathien des Popolo und scharte um seine Familie eine »Faktion«, die beachtl. polit. Einfluß in Florenz gewann, den seine Nachkommen in die effektive Ausübung der Regierungsgewalt umsetzen konnten. Mit seinem Sohn und Enkel →*Cosimo* nahm die Kryptosignorie der M. in Florenz ihren Anfang, die nicht nur das komplizierte polit. Spiel innerhalb der Stadt, sondern auch die Beziehungen zu den zahlreichen Zentren dieses Staatswesens beherrschte, das sich nunmehr allmähl. zu einem Territorialstaat regionalen Umfangs entwickelte. Cosimo und nach ihm sein Sohn →*Piero* und dessen Sohn →*Lorenzo il Magnifico* boten alle Mitglieder der verzweigten M.-Consorterie und der verbündeten Familien auf und suchten jeden Bereich des öffentl. Lebens (Kunst und Kultur, Wirtschaft, Kirche, Verwaltungsbürokratie) unter ihre Kontrolle zu bringen, was nicht ohne lebhaften Widerstand abging. Der Niedergang der großen Medici-Bank in den letzten Jahren des 15. Jh. wurde durch den polit. Aufstieg der Familie mehr als aufgewogen, die durch strateg. Bündnisse mit anderen Staaten und Signorien Italiens und des Auslands neue Gewinnmöglichkeiten und Mittel fand, ihre Macht in Florenz zu festigen. Nicht zufällig wurde ein Sohn Lorenzos il Magnifico, *Giovanni,* noch als Knabe zum Kard. erhoben und bestieg als Leo X. den päpstl. Thron. 1494 erlebten die M. jedoch eine schwere Krise, als →Piero, Lorenzos il Magnifico Sohn, während des Italienzugs Kg. Karls VIII. v. Frankreich, gezwungen wurde, Florenz zu verlassen, das für wenige Jahre wieder das alte republikan. Stadtregiment einführte, das die M. völlig ihren Zwecken dienstbar gemacht hatten, ohne es formell abzuschaffen. 1512 kehrten die M., die in der NZ das Hzm. und später das Großhzm. Toskana regieren sollten, wieder an die Macht zurück.   M. Luzzati

Lit.: G. A. BRUCKER, The M. in the Fourteenth Cent., Speculum XXXII, 1957, 1–26 – R. DE ROOVER, The Rise and Decline of the M.Bank, 1397–1494, 1963 – N. RUBINSTEIN, The Government of Florence under the M. (1434 to 1494), 1966.

1. M. Cosimo, gen. »il Vecchio« (d. Ä.), zur Unterscheidung von dem gleichnamigen Großhzg. der Toskana (1519–1574), * 1389 in Florenz, † 1464 in der Villa Careggi bei Florenz, Sohn des Giovanni di Bicci, ⚭ 1413 Contessina Bardi. C. war aktiv an der Verwaltung der Bank und der anderen Firmen der M. beteiligt und beschritt die im polit. Leben von Florenz übliche Ämterlaufbahn, nahm jedoch dabei gegenüber der regierenden Oligarchie und deren wichtigstem Exponenten Rinaldo degli →Albizzi eine distanzierte Haltung ein und vertrat entsprechend der Familientradition die »populären« Interessen. Unter dem Verdacht regierungsfeindl. Konspiration wurde er 1433 eingekerkert und schließlich für zehn Jahre verbannt. Er ließ sich in Venedig nieder, das ihn mit offenen Armen empfing, wurde jedoch bereits im darauffolgenden Jahr nach Florenz zurückgerufen, wo sich die polit. Situation völlig gewandelt hatte und seine Gegner vertrieben wurden. Von diesem Zeitpunkt an basierte die gesamte florent. Politik auf seiner Person, seiner verzweigten Familie und der 'Faktion' oder 'Partei', die sie stützte. C. führte keine wesentl. Veränderungen in der Verfassungsstruktur der Stadtrepublik ein (auf seine Initiative ging die Einrichtung eines neuen Rates zurück, des sog. »Consiglio dei Cento«) und verzichtete auf eine persönl. Dauerbesetzung der wichtigsten Ämter (so war er z. B. nur zweimal Gonfaloniere). Gestützt auf das Klientelnetz, das sich in Florenz um die M. gebildet hatte, und die engen Beziehungen zur Kurie (nicht zuletzt infolge der Bankgeschäfte der Familie) und zu den anderen Mächten in Italien, v. a. zum Mailand der Sforza, beschränkte sich C. darauf, die traditionellen Wahlmechanismen zu kontrollieren, wobei er auch nicht vor Korruption zurückschreckte und nur in Ausnahmefällen (wie bei der Balia des J. 1458) außergewöhnl. Maßnahmen anwandte, um die Vorherrschaft seiner »Partei« zu sichern. Die Garantie, daß die wichtigsten Regierungsorgane im wesentl. seinen Direktiven folgen würden, ermöglichte es ihm, hinter den Kulissen und mit einem kleinen Kreis von Mitarbeitern die florent. Innen- und Außenpolitik zu beeinflussen und zu leiten und dabei unbezweifelbare Erfolge zu erzielen. Eine fundamentale Grundlage seiner polit. Erfolge war zudem sein großzügiges Mäzenatentum (aus privaten und öffentl. Mitteln): U. a. initiierte er den Bau oder die Restaurierung von Gebäuden (Palazzo Medici, S. Lorenzo, Konvent S. Marco, Badia Fiesolana) und die Errichtung von Bibliotheken (→Michelozzi). In seinen letzten Lebensjahren zog er sich in seine Villa in Careggi bei Florenz zurück. C.s entscheidender Beitrag zum Machtgewinn des Florentiner Staates wurde nach seinem Tode offiziell anerkannt: die Signoria ließ den Titel »pater patriae« auf sein Grab in S. Lorenzo einmeißeln.   M. Luzzati

Lit.: →Medici, Familie – A. Mohlo, C. de M.: »Pater patriae« or »Padrino«?, Stanford It. Rev. I, 1979, 5–33.

2. M. Lorenzo »il Magnifico«, * 1449 in Florenz, † 1492 ebd. Eltern: Piero, Lucrezia Tornabuoni. L. übernahm 1469 zusammen mit seinem Bruder Giuliano die polit. Funktionen seines Vaters und war sehr bald in der Lage, jedem Versuch wirksam zu begegnen, den Einfluß der M. in der Regierung des florent. Staats zu schwächen, wobei er beim Kg. v. Neapel und beim Hzg. v. Mailand Unterstützung fand. Er entwickelte noch effizientere Methoden als sein Großvater Cosimo und sein Vater, um die Wahlen für Regierungsämter in seinem Sinne zu beeinflussen. Noch stärker als seine Vorfahren übte L. dadurch eine persönl. Herrschaft aus, die allerdings formal im Rahmen der republikan. Tradition verblieb und auch Raum für oppositionelle Gruppen ließ. Auf diese gestützt, versuchte Papst Sixtus IV., die M.-Herrschaft zu Fall zu bringen: zuerst durch die Pazzi-Verschwörung (1478), bei der L.s Bruder Giuliano getötet wurde, danach durch einen Krieg, den er mit Hilfe von Neapel und Siena gegen Florenz entfachte. Dank des kühnen Entschlusses, sich persönl. nach Neapel zu begeben (1479), gelang es L., Frieden zu schließen und die Kontrolle über die Florentiner Politik wiederzugewinnen. Mit Hilfe einer Reihe von Reformen (u. a. Einführung des Consiglio dei Settanta i. J. 1480) vereinigte L. die Fäden der Macht in seiner Hand und reduzierte den Einfluß der Oligarchie (die sich nie völlig dem Willen der Kryptosignorie der M. beugte), ohne sie jedoch zu eliminieren. Bis zu seinem Tod hatte L., immer von einem kleinen Kreis fähiger Mitarbeiter umgeben, nie ernsthafte Schwierigkeiten, sein polit. Programm zu verfolgen: Florenz die Rolle eines stabilisierenden Faktors im Gleichgewichtssystem der Staaten Italiens zu geben sowie das Territorium des florent. Staates zu reorganisieren. Der Erfolg seiner Außen- und Innenpolitik rechtfertigte die Anstrengungen, die L. unternahm, um die Macht seiner Dynastie zu konsolidieren. Durch eine geschickte Heiratspolitik verband er sich (1468 ⚭ Clarice) und seinen Sohn Piero mit den Orsini. Seine Tochter Maddalena verheiratete er mit Franceschetto Cybo, dem Sohn Papst Innozenz' VIII. Nach dem vergebl. Versuch, für seinen Sohn Giuliano den Kardinalspurpur zu erhalten, verschaffte L. 1489 seinem anderen Sohn Giovanni die Kardinalswürde (später Papst Leo X.). Trotz der Krise der Familienbank konnte L. den Reichtum seines Hauses durch Investitionen vermehren. Selbst ein hervorragender Dichter und Prosaschriftsteller (Liebeslyrik, religiöse Dichtungen, Karnevals- und Tanzlieder, Eklogen, Idyllen, mytholog. Verserzählungen, platonisierende didakt. Gedichte u. a.), ist »il Magnifico« durch sein umfassendes Mäzenatentum als das Modell eines Renaissancefs.en und Schirmherrn der Künste und Wissenschaften in die Geschichte eingegangen.   M. Luzzati

Ed. und Lit.: L. de' M. Opere, hg. A. Simioni, 1939² – L. de M., Lettere, I–VI (1460–1482), ed. N. Rubinstein, R. Fubini, M. Mallett, 1977–90 [Komm. und Bibliogr.]. →Medici, Familie.

3. M. Piero, Vater des Lorenzo il Magnifico, gen. il Gottoso (der Gichtbrüchige), * um 1415, † 1469, I. J. 1464 übernahm er von seinem Vater Cosimo die Führung der Familie, die bereits fakt. die Signorie im Florentiner Staat errungen hatte. In den wenigen Jahren, in denen er an der Macht war, mußte er sich mit einer schweren Krise der M.-Bank sowie mit den Versuchen der gegner. oligarch. Partei, die frühere republikan. Regierungsform wiederherzustellen, auseinandersetzen.

4. M. Piero, erster Sohn des Lorenzo il Magnifico, * 1472, † 1503 in der Schlacht am Garigliano (ertrunken), folgte seinem Vater 1492 nach. Schon am Anfang seiner Regierung durch die Krise der Gleichgewichtspolitik, die von seinem Vater initiiert und unterstützt worden war, in Schwierigkeiten geraten, wurde er ein Opfer seiner Politik beim Italienzug Karls VIII. v. Frankreich 1494, die zu einem Aufstand der Florentiner und schließlich zur Vertreibung der M. führte. Seine Versuche, wieder an die Macht zu gelangen, waren erfolglos.   M. Luzzati

Lit.: →Medici, Familie.

Medicina Plinii, ein im 4. Jh. n. Chr. v. a. auf der Grundlage der Naturalis historia des älteren Plinius (23–79 n. Chr.) von einem hs. gen. Plinius Secundus Iunior verfaßtes Breviarium von Rezepten, die dank leicht aufzutreibender Arzneien und in kurzer Zeit fertigzustellender Präparate auf Reisen die Selbstmedikation ermöglichen und zugleich kostpielige Arzthonorare einschränken sollen. Die im MA unter dem Namen »Physica Plinii« zirkulierenden erweiterten Fassungen der M.P. jedoch empfehlen recht zeitaufwendige Heilmittelzubereitungen und Therapien. Zw. der ältesten »Physica Plinii«-Version (Bambergensis, 5./6. Jh.) und der jüngsten, sehr umfangreichen Fassung (Florentino-Pragensis, 13./14. Jh.) steht die an Beschwörungsformeln und mag. Anweisungen reiche Sangallensis (6./7. Jh.; Hs. des 9. Jh.).

M. E. v. Matuschka

Ed.: A. ÖNNERFORS, Plinii Secundi Iunioris ... De medicina libri tres, 1964 (CML 3) – Physica Plinii Bambergensis..., ed. DERS., 1975 – Physicae quae fertur Plinii Florentino-Pragensis liber primus, 1984, ed. J. WINKLER (Lat. Sprache und Lit. des MA, 17); liber secundus, ed. W. WACHTMEISTER, 1985 (ebd., 21); liber tertius, ed. G. SCHMITZ, 1988 (ebd., 24) – *Lit.*: HAW 8/5, 75–77 – RE XXIX, 81–85 – A. ÖNNERFORS, Die ma. Fassungen der M.P., (Mediaevalia ..., 1977 [= Lat. Sprache und Lit. des MA, 6], 9–18 – DERS., Iatromag. Beschwörungen in der 'Physica Plinii Sangallensis', Eranos 83, 1985, 235–252 – DERS., Zaubersprüche in Texten der röm. und frühma. Med. (Études de médecine romaine, ed. S. GUY, 1988), 113–156.

Medikament → Materia medica

Medina, Stadt im heut. Saudi-Arabien, Zentrum des frühen →Islam. Mit der Umsiedlung des Propheten →Mohammed von seiner Vaterstadt →Mekka nach M. (622), der *Hiǧra*, beginnt die islam. Zeitrechnung (→Chronologie, F). Zw. 622 und 664 war M. die Hauptstadt des neuen muslim. Gemeinwesens. Diese Periode gilt frommen Muslimen als unerreichbares Muster gottgefälligen Lebens. Mit der Eroberung Syriens und des Irak (634, 642) verlagerte sich das polit. Zentrum nach →Damaskus und später nach →Bagdad. In M. lebten jedoch Theologen, Rechtsgelehrte und v. a. jene Männer, die aus eigener Anschauung über das Leben Mohammeds und seiner Gefährten berichten konnten. Die Sichtung und schriftl. Niederlegung dieser Informationen, die für spätere Zeiten normative Kraft besaßen (→Ḥadīṯ), erfolgte häufig in M. Auch war M. eine der Geburtsstätten des islam. religiösen →Rechts.

Den Mittelpunkt bildete damals wie heute die Große Moschee, in die die Gräber Mohammeds sowie der ersten →Kalifen einbezogen sind. Sie wurde zu Anfang des 8. Jh. vergrößert und dazu die Wohnungen der Frauen des Propheten abgerissen. Eine der ältesten ausführl. Beschreibungen der Gr. Moschee stammt von Ibnᶜ Abd Rabbihī, einem andalus. Literaten und Hofmann des frühen 10. Jh., der nach dem Augenschein Säulen, Decke, Fenster und Inschriften beschrieb. Im späten 15. Jh. verfaßte der Ägypter as-Samhūdī eine hist. Darstellung der Moschee mit Angaben über die Brände von 1256 und 1481. Nach 1481 ersetzte der Mamlūkensultan Qāʾitbāy die Holzkuppel über dem Grab des Propheten durch eine steinerne. Der Moschee war eine bedeutende Bibliothek angeschlossen.

Der hohe geistl. Gewinn der (nicht obligator.) Pilgerreise nach M. für die muslim. Gläubigen wird von Ibn ᶜAbd Rabbihī wie as-Samhūdī mit dem Hinweis auf die einfachen Bauten und Gebrauchsgegenstände, die an die Zeit Mohammeds und seiner Gefährten erinnern und an die Bedeutungslosigkeit weltl. Prunks mahnen sollen, unterstrichen. S. Faroqhi

Lit.: F. WÜSTENFELD, Gesch. der Stadt M., 1860 – J. SAUVAGET, La mosquée omeyyade de Médine, 1947 – A Description of the two Sanctuaries of Islam by Ibn ᶜAbd Rabbihi (940), hg. M. SHAFI (Stud. E. G. BROWNE, 1922), 416–438.

Medina Azahara → Madīnat az-Zahrāʾ

Medina del Campo, Stadt in Zentralspanien (Prov. Valladolid), im 15. und 16. Jh. bedeutender Messeort (→Messe); nach 1090 im Rahmen der Wiederbesiedlungspolitik der Extremaduras von →Kastilien besiedelt, obwohl es zur leones. Diöz. →Salamanca gehörte. Im 13. Jh. gab es im Stadtgebiet mehr als 50 Aldeas (Weiler), von denen einige im SpätMA, als M. größere polit. Bedeutung erlangte, →Wüstungen wurden. 1302, 1305 und 1318 wurden in M. →Cortes abgehalten, 1388 kam die Herrschaft M. an Konstanze, die Tochter Peters I., später an Leonor de Alburquerque, Ferdinand v. Antequera und seinen Sohn, den Infanten Johann, 1444 fiel sie wieder an den Kg. als →Realengo zurück. Das Stadtregiment lag in der Hand des örtl. *Caballero*-Adels, dessen Einfluß im 14./15. Jh. seinen Höhepunkt erreichte, das Amt des *regidor* den sieben Patriziergeschlechtern vorbehalten blieb, während der Rest der Bürgerschaft, die *hombres buenos exentos* der Stadt und die *hombres buenos pecheros* der Aldeas je einen der Prokuratoren stellten.

Trotz der Brände von 1491, 1492 und 1520 fand im 15. Jh. in M. dank des Aufschwungs der Messen eine große Stadterneuerung statt: Erbaut wurden die Kirche v. S. Antolín (1480 in ein Kollegiatstift umgewandelt), die Kl. S. Andrés und Las Dueñas, das Hospiz der Piedad und die neue Burg, La Mota. Die Bevölkerung wuchs zu Beginn des 16. Jh. auf 4138 Vollbürger *(vecinos)* an (insges. wohl mehr als 20000 Einw.).

Die Messen *(ferias)* von M. wurden 1407 von Ferdinand v. Antequera begründet und erhielten 1421 ihre erste Ordnung. Als die Stadt an den Kg. zurückfiel, wurden alle Käufe und Verkäufe an den Markttagen von der Zahlung der →*alcabala* befreit. Mitte des Jahrhunderts waren die Messen von M. bereits zu den bedeutendsten des Reiches aufgestiegen; eine kgl. Urk. v. 1491 bezeichnet sie als *ferias generales* von Kastilien. Die zwei jährl. Messetermine (im Mai und Okt.) wurden 1495 um einen dritten während der Fastenzeit vermehrt. Ein Quartiermeister (→*aposentador mayor*) mit Hilfskräften sorgte für ordnungsgemäßen Ablauf und Vergabe der Standplätze an die Kaufleute. Handelswaren waren u. a. Tuch, Wolle, Leder, Seide, Teppiche und Leinen. Zudem begann man im letzten Viertel des 15. Jh., Geldtermingeschäfte und andere finanzielle Operationen sowohl öffentl. als privater Natur abzuwickeln. Die Blütezeit der Messen v. M. lag im 16. Jh., bis ungefähr 1575. M.-A. Ladero Quesada

Lit.: E. ESPEJO–J. PAZ, Las antiguas ferias de M., 1908 – M.-A. LADERO QUESADA, Las ferias de Castilla, siglos XII a XV, CHE 67/68, 1982, 269–347 – Hist. de M. y su tierra, hg. E. LORENZO SANZ, 3 Bde, 1986.

Medina del Campo, Schiedssprüche (Sentencias) **v.** (1441 und 1465), waren Höhepunkte im Kampf zw. Adel und Krone →Kastiliens um die polit. Vormachtstellung. 1441 (10. Juli) konnte die Adelsliga dank ihrer erdrückenden militär. Überlegenheit die Sentencia v. M. gegen Alvaro de →Luna durchsetzen; diese ließ, da sie einzig der Befriedigung ehrgeiziger Ziele des Adels diente, jedoch das eigtl. Problem der Regierung des Kgr.es ungelöst. Ähnlich war die Lage 1464, als die Adelspartei unter Führung des Marqués v. Villena, Juan→Pacheco, den Kg. zu Verhandlungen zwang, deren Ergebnis die zweite Sentencia v. M. war (16. Jan. 1465); der Infant Alfons, den er als Erben anerkannte, wurde Pacheco übergeben, und Beltrán de →La Cueva verzichtete zu seinen Gunsten auf den →Maestrazgo des Santiago-Ordens. Im Febr. 1465 hob Heinrich IV. den Schiedsspruch auf, was zum Wiederausbruch der Feindseligkeiten führte. →Cabezón-Cigales, Verträge v. A. B. Sánchez Prieto

Ed.: Memorias de don Enrique IV de Castilla, II, 1913, 355–479 (Sentencia v. 1465) – *Lit.*: W. D. PHILIPPS JR., Enrique IV and the Crisis of Fifteenth-Century Castile, 1978 – M.ª D.-C. MORALES MUÑIZ, Alfonso de Ávila, rey de Castilla, 1988, 63ff.

Medina del Campo, Vertrag v. (27. März 1489), geschlossen zw. →Kastilien und →England, in dem beide Länder einen polit. und militär. Pakt, der sie zum Krieg gegen Frankreich verpflichtete, eine Liberalisierung des Handels sowie die Ehe zw. dem Prince of Wales und →Katharina v. Aragón vereinbarten; dabei eröffneten v. a. die wirtschaftl. Aspekte gute Zukunftsaussichten.
   A. B. Sánchez Prieto
Ed. und Lit.: L. SUÁREZ FERNÁNDEZ, Política internacional de Isabel la Católica, T. III, 1969, 124-147, Nr. 12, 39ff.

Medina Sidonia, leones. Adelsgeschlecht, faßte dank Alfonso Pérez de →Guzmán *el Bueno* († 1309) in →Sevilla Fuß, zeichnete sich bei der Verteidigung der Meerenge v. Gibraltar gegen die Mauren aus und besaß Herrschaften in Sanlúcar de Barrameda, Chiclana, Conil und Vejer. Zudem gingen die M. eine familiäre Verbindung mit dem mächtigen Adelsgeschlecht der →Ponce de León ein, die zusammen mit den Guzmán das polit. Leben Sevillas im 14. und 15. Jh. beherrschten. Der Enkel von Alfonso Pérez, Juan Alonso de Guzmán, erhielt zum Dank für geleistete Dienste 1368 die Herrschaft →Niebla von →Heinrich v. Trastámara (20. H.), dessen illegitime Tochter Beatrix er heiratete. Sein ältester Sohn Heinrich starb 1436 bei dem Versuch, das granadin. →Gibraltar zu erobern. Sein Sohn Johannes erhielt 1445 die Stadt Medina zusammen mit dem Hzg.stitel, dem ersten, der einem andalus. Adligen verliehen wurde. Das Geschlecht erlebte seine Blütezeit 1468-1507 unter den Hzg.en Heinrich und Johann: die Herrschaften Jimena de la Frontera und Gibraltar (bis 1502) fielen an die M., die seit 1497 auch die Statthalterschaft *(tenencia)* über Melilla ausübten. Die Bevölkerung der hzgl. Güter umfaßte an die 8500 Vollbürger *(vecinos)*, d.h. an die 40000 Leute, und die Einkünfte beliefen sich auf 40000-50000 Dukaten jährl., was die M. zu einem der ersten Adelsgeschlechter der Krone Kastiliens machte.   M.-A. Ladero Quesada
Lit.: I. GALAN PARRA, El linaje y los estados señoriales de los duques de M. S. a comienzos del siglo XVI, En la España Medieval 11, 1988, 45-78 - R. SÁNCHEZ SAUS, Caballería y Linaje en la Sevilla Medieval, 1989, bes. 209-219 [Stammtaf.] - M.-A. LADERO QUESADA, Niebla, de reino a condado, 1992.

Medinaceli, kast. Adelsfamilie, ursprgl. Repräsentant des Hauptzweigs des Königshauses v. →Kastilien, stammt sie doch ab von dem Erstgeborenen Alfons' X., Ferdinand de la →Cerda, der 1275 vor seinem Vater gestorben war. Seine Nachfahren übernahmen seinen Beinamen. Alfons de la Cerda, der Erstgeborene Ferdinands, verteidigte seine Ansprüche auf den Thron bis 1304. Dann verzichtete er im Schiedspruch v. →Torrellas darauf und erhielt dafür bedeutende Einkünfte aus großen, aber verstreut liegenden Herrschaften (→*señoríos*), mit voller Verfügungsgewalt über diese. Um die Mitte des 14. Jh. war der Großteil des Erbes des Alfons de la Cerda an seine Enkelin Isabella de la Cerda übergegangen; diese wurde auf Betreiben Kg. Heinrichs II. mit dem nach der Bürgerkriegsära in Kastilien verbliebenen frz. Söldnerkapitän Bernal de Bearne, dem ersten Gf.en v. M., vermählt. Die Erben beider übernahmen auch den mütterl. Familiennamen. Der zweite Gf. v. M., Gaston de la Cerda, heiratete Maria de →Mendoza, die Tochter des Marqués v. Santillana, und begründete damit die dauernde polit. Allianz der beiden Geschlechter, die in den Bürgerkriegen der Zeit →Heinrichs IV. große Bedeutung erlangen sollte. 1479 erhoben die →Kath. Kg.e den fünften Gf.en v. M. zum Hzg. und seine Herrschaft Puerto de Sta. María (bei Cádiz) zur Gft. Seit 1520 sind die Hzg.e v. M. als Granden v. Spanien anerkannt.   A. B. Sánchez Prieto

Q. und Lit.: A. PAZ Y MELIA, Doc. del Archivo y Biblioteca del Excmo. Sr. Duque de M., 1.ª ser. hist., 1915 - J. GONZÁLEZ MORENO, Cat. de Archivo Gen. de la Casa Ducal de M., 3 Bde, 1973.

Mediocres → Sozialstruktur

Meditatio de nudis pactis, 'Erwägung über bloße Vereinbarungen', byz. Rechtsschr. aus dem 11. Jh. Es handelt sich um eine sehr ausführl. richterl. Relation über folgenden Fall: Ein Kl. hatte sich verpflichtet, jemanden gegen ein bestimmtes jährl. Entgelt zu beherbergen und zu versorgen. Nach längerer anstandsloser Vertragserfüllung wurde formlos vereinbart (→Pactum), das Entgelt zu erhöhen. Die andere Seite hielt sich aber nicht an die Vereinbarung. Der Verf. billigt dem Kl. weder eine Klage (→Actio) wegen der Differenz noch eine Einrede (→Exceptio) auf Verweigerung der eigenen Leistung zu. Er begründet seine Meinung aus den Digesten Justinians (→Corpus iuris civilis) und verwirft die auf die →Basiliken gestützte Ansicht, wonach eine Einrede zu gewähren sei, weil die Basiliken insoweit unklar seien.   P. E. Pieler
Ed.: Jus Graecoromanum, ed. J. ZEPI-P. ZEPI, 1931, VII, 364ff. – *Lit.*: L. WENGER, Die Q. des röm. Rechts, 1953, 710 - P. E. PIELER, Byz. Rechtslit. (HUNGER, Profane Lit. II), 467f.

Meditation, im ma. Christentum die bewußte und ausschließl. Konzentration von Gedanken und Gefühlen auf religiöse Themen. Ziele sind Gottesschau bzw. Unio mystica schon in diesem Leben (→Mystik), Erweckung von Gottesliebe und -furcht, Reue, Demut. Mlat. *meditatio* hat allerdings ein weiteres Begriffsfeld: Bibelstudium, Privatgebet, Betrachtung, Reflexion. Trotz vielfacher Vermischung in der Lit. lassen sich scheiden 1. die ma. Praktiken der M. und die Anleitungen dazu von 2. den theoret. Reflexionen der ma. Theologen über die M.

[1] Bis ins 12. Jh. war die M. fast ausschließl. Religiosen und Priestern vorbehalten, praktiziert in Form dauernder Wiederholung des Gotteswortes (ruminatio) und der seel. Angleichung daran: M. ist »Aufgabe sowohl des Mundes als auch des Herzens« (Cassian, Instit. 2,15,1). Sie ist verbunden mit Bibellesung und Gebet, kann aber auch während der Arbeit erfolgen. Nach Gregor d. Gr. geht der geistl. Weg von der Lesung zur M. und zum Gebet, gelangt zur Kontemplation (der kurzen Schau des »unumschriebenen Lichtes«), um sich dann mit der Glaubensverkündung in die Welt zurückzuwenden.

Etwa um 1100, mit den »Meditationes« des →Anselm v. Canterbury, beginnt eine neue Epoche in der Gesch. der M. (wie in der Mystik): Anselm konzentriert sich auf das Erdenleben Christi und erweckt Mitleid mit seiner Passion und mit den Schmerzen der Gottesmutter. Doch hat den entscheidenden Anstoß für die meditative Beschäftigung mit dem hist. Jesus →Bernhard v. Clairvaux gegeben. Die konkrete, plast. M. des Christuslebens beginnt in Bernhards Predigten (bes. über die Geburt); desgleichen die Betrachtung der hl. Wunden. Auch für seinen Freund →Wilhelm v. St. Thierry nimmt die Passions-M. einen bes., eucharistiegleichen Rang ein: »Ich küsse die Füße dessen, der am Kreuzesholz hängt, ich lege meine Hände an die Stelle der Nägel...« (Med. 10, MPL 180, 235f.) – was ein sich Hineinversetzen in die hist. Situation der Kreuzigung impliziert. Mit den Zisterziensern des 12. Jh. bekam nicht nur die M. des Christuslebens ihren festen Platz in der ma. Spiritualität, sondern wurden überhaupt »Meditationes«, »Orationes meditativae« u.ä. zu einem eigenen lit. Genre (Guigo I. und II., Wilhelm v. St. Thierry, Ekbert v. Schönau u.v.a.).

Bes. intensiv weitergeführt wurde die M. des Erdenlebens des Heilands von den Franziskanern. →Bonaventura etwa fordert bei der M. über die Geburt Christi sich und den Leser auf: »Umarme nun also, meine Seele, diese göttl. Krippe, drücke die Lippen auf die Füße des Kindes, küsse sie beide, schau auf das herbeieilende Heer der Engel...« (Lign. vitae 1,4). Damit ist der Betrachter in seiner Phantasie in das Heilsgeschehen »zu jener Zeit« hineingenommen. Nicht von ungefähr wurde daher der wichtigste M.straktat des SpätMA, der eben diese M.technik durch volkssprachl. Übers. auch bei Laien weit verbreitete, Bonaventura zugeschrieben, die →»Meditationes Vitae Christi«. Sie leiten vermittels dramat. Erzählungen zur Praxis einer persönl. mitvollziehenden Betrachtung der Passion an. Ihr Stil ist visuell, haptisch, konkret: »Betrachtet also mit den Augen des Geistes!... Jetzt ist er entkleidet, er steht ganz nackt vor dieser großen Menge. Zum dritten Mal erneuern sich die Schmerzen der Wunden, die man ihm beigebracht hat, der Kleider wegen, die an seinem Fleisch festklebten: das Blut rinnt in Strömen... Und schon reißt man Maria den Sohn mit Gewalt aus den Händen, führt ihn zu den Füßen des Kreuzes...« Doch entspricht diese Betrachtungsweise einem Zeitbedürfnis, wie z. B. die gleichzeitige »Pagina meditationum« der Marguerite d'Oingt OCart. zeigt. Zahlreiche volkssprachl. Christusviten führen diese Tradition fort (→Michael v. Massa, →Ludolf v. Sachsen, →Jordanus v. Quedlinburg, Heinrich v. St. Gallen etc.). Offensichtl. bestehen Beziehungen zum paraliturg. Spiel (dramat. Laude) und Verwandtem (Franziskus' Krippe bei Greccio; Einführung von Kreuzweg und Kalvarienberg).

Diese »haptische« M. geht bei myst. begabten Personen, bes. Frauen, oft in eine ekstat. Vision über: das bewußt Meditierte wird zum unwillkürl. Miterlebten (z. B. →Elisabeth v. Spalbeeck; auch beim autobiograph. Werk →Mechthilds v. Magdeburg läßt sich nicht immer sagen, wo die M. aufhört und die Vision beginnt). Die M. kann von solcher Intensität sein, daß sie nicht nur zu Visionen, sondern auch zu körperl. Phänomenen führt. – Selbstgeißelung bei der Passionsm., zur Imitatio und Identificatio Christi, empfahl z. B. →Ludolf v. Sachsen und praktizierte u. a. auch →Seuse.

Wenigstens seit dem 13. Jh. findet die M. auch in die Laienfrömmigkeit Eingang; daher werden neben Übers. auch in den Volkssprachen verfaßte M.straktate zahlreich, wie z. B. Llulls (→Raimundus Lullus) »Libre de Contemplacio en Déu« (1271/73) oder →Hiltons »Scale of Perfection« (der jedoch die individuelle M. gegenüber dem »von der Kirche bestimmten Gebet« abqualifiziert). Doch dient auch die →Erbauungs- und Offenbarungslit. der M. Etwa ab dem 12. Jh. bekommt auch das Kunstwerk seine Funktion als M.shilfe. Schon →Aelred v. Rievaulx schreibt für Einsiedlerinnen einen Kruzifixus zur M. vor, und der Usus der Bildm. läßt sich aus vielen Hl.nleben und Autobiographien belegen (z. B. Vita Odilias v. Lüttich, † 1220; M. →Ebners »Offenbarungen«, Seuses Autobiographie, das M.sbild des →Nikolaus v. Flüe). Hauptträger sind Buchmalerei, später Holzschnitt. →Andachtsbild, Christus-Johannes-Gruppen.

Im Vergleich mit den christolog. M.en (und mit diesen untrennbar verknüpft, den mariolog., vgl. →Rosenkranz) treten andere Themen im 12. und 13. Jh. weit zurück. Am wichtigsten scheinen die (bes. von den Zisterziensern entwickelte, aber bald weit verbreitete) Introspektion (Selbsterkenntnis) und die meditatio mortis (vgl. →Contemptus mundi). Letztere sollte, gefördert durch das gr. Sterben (→Pest), im ausgehenden MA geradezu allgemein üblich werden (→Ars moriendi). Sie war eingebettet in die M. der »Vier letzten Dinge« (Tod, Gericht, Himmel,

Hölle), die das Thema zahlreicher Schriften (bes. erfolgreich: →Dionysius v. Rijkel) und Bilder wurde (Ikonographie des personifizierten Todes). – In einem weiteren Sinn kann auch das Betrachten von Hl.nleben (Bonaventura, »Itinerarium«, Prol. 2) als M. bezeichnet werden. Auch eine im SpätMA wieder beliebte Form der ruminatio, der Brauch, oft hunderte bis tausende Male dieselben Gebete hintereinander zu sprechen, diente als M.sbehelf.

[2] Die theoret. Darstellungen der M. entspringen einem erkenntnistheoret. und psycholog. Interesse; sie gehen von oft zahlensymbol. gegliederten Aufstiegsschemata aus, beschreiben die →Betrachtung und die →Kontemplation. Präzise method. gefaßt und in ein Stufenschema gebracht haben sie die Autoren der →Devotio moderna, bes. Gerhard Zerbolt v. Zutphen († 1398), Florent Radewijns († 1400), →Thomas v. Kempen (»Orationes et Meditationes de Vita Christi«) und J. →Mauburnus (»Rosetum«), durch den die ma. M.stechnik an die Jesuiten weitergegeben wurde. P. Dinzelbacher

Lit.: DSAM X, 906–919 – H. WATRIGANT, Quelques promoteurs de la méditation méthod. au 15ᵉ s., 1919 – M. MARX, Incessant Prayer in Ancient Monastic Lit., 1946 – M. GOOSSENS, De meditatie in de eerste tijd van de Moderne Devotie, 1952 – N. PALMER, Die letzten Dinge in Versdichtung und Prosa des späten MA (Dt. Lit. des späten MA, hg. W. HARMS u. a. 1975), 225–239 – V. GILLESPIE, Lectio and M. in some Late Med. Spiritual Miscellanies, AnalCart 106, 1983 – G. HOCQUARD, Guigues et ses Méditations (Historia et spiritualitas cartusiensis, ed. J. DE GRAUWE, 1983) – CL. LAMPARELLI, Tecniche della meditazione crist., 1987 – D. DESPRES, Ghostly Sights. Visual M. in Late-Med. Lit., 1989.

Meditationes vitae Christi, um 1300 vermutl. von einem unbekannten toskan. Franziskaner für eine Klarissin lat. verfaßt. In einer paraphrasierenden Synopse der Evangelien, in Anlehnung an ältere Werke der Leben Jesu- und Passionsfrömmigkeit und angereichert durch die gestaltende Inspiration des Autors werden Leben, Leiden und Auferstehung Christi in meist poet. Sprache und dramat. popularisierender Form zur miterlebenden Betrachtung vorgelegt. Die »M. v. Ch.« wurden auch in Auszügen überliefert, früh in Volkssprachen übers. und galten als erfolgreiches Werk des franziskan. Schrifttums. Ihr kultureller Einfluß ist unübersehbar. Er wird durch ihre Einbindung in die »Vita Christi« des Michael v. Massa OESA († 1337) und des →Ludolf v. Sachsen erhöht. W. Baier

Ed.: Bonaventurae Opera omnia, ed. A. C. PELTIER, XII, 1868, 509–630 – Meditationes de Passione Christi, ed. M. J. STALLINGS, 1965 – Johannes de Caulibus, Die Betrachtungen vom Leben Jesu Christi, übers. V. ROCK-G. HASELBECK, 1931² – Bibliogr.: Bibliogr. Francisc. 15, 1981–85, 213 – Lit.: LThK² VII, 234 – Marienlex. IV, 1992, 170f. – Verf.-Lex.² VI, 282–290 [Lit.] – Wb. der Mystik, hg. P. DINZELBACHER, 1989, 423 f. – W. BAIER, Unters. zu den Passionsbetrachtungen in der Vita Christi des Ludolf v. Sachsen, 1977, 325–361 [Lit.].

Medizin

A. Westen (unter Einbeziehung der arabischen Medizin) – B. Byzantinisches Reich – C. Südosteuropa

A. Westen (unter Einbeziehung der arabischen Medizin)
I. Die Grundlagen der ma. Heilkunde – II. Schulbildungen des Hohen Mittelalters – III. Das System der Heilkunde.

I. DIE GRUNDLAGEN DER MA. HEILKUNDE: [1] *Frühma. Kompendien*: Seit der Spätantike finden wir den Kosmos der Wiss. gegliedert in mehr rhetor. orientierte Humanwiss. und naturkundl. informierte Realwiss., die in ihrer Gesamtheit erst mit dem 12. und 13. Jh. aus griech.-arab. Q. rezipiert werden konnten. Zw. dem 5. und 7. Jh. kam es zu einer breitangelegten Rezeption hellenist. Traktate vorwiegend kompilator. Charakters. Als Vorlagen dazu dienten: das Rezeptbuch des Qu. Serenus Sammonicus »De medicina praecepta saluberrima«, der »Liber medicinae ex animalibus« des S. Placitus Papyrensis, die »Medicina ex oleribus et pomis« des Gargilius Martialis sowie ein Traktat »De expertis remediis« des Vindicianus. Als weitere Basis dienten die →»Medicina Plinii«, eine Rezeptslg. »De medicamentis empiricis« des →Marcellus Empiricus (um 410) sowie die »Herbarum vires et curationes« eines Ps.-Apuleius, meist als »Herbarius Ps.-Apulei« geführt. Dem 6. Jh. entstammt die »Sapientia artis medicinae«, ein anonymes Kompendium, in dem hippokrat. und galen. Wissensgut mit eigenständigen Puls- und Harntraktaten zusammengewachsen ist. Erwähnt sei weiterhin ein »Medicinae libellus« des Benedictus Crispus (um 720), ein Lehrgedicht in 241 Hexam. Im frk. Kulturraum beginnen Ende des 8. Jh. ksl. Verordnungen die äußere Lebensform zu stilisieren. Im →Diedenhofener Kapitular gehört auch die M. zum Bildungsstoff (De medicinali arte, ut infantes hanc discere mittantur). In die Verordnungen aufgenommen wurde die Anlage von Nutzgärten, die auch die Heilkräuter berücksichtigte. Das wohl älteste eigenständige Arzneibuch stammt aus den 90er Jahren des 8. Jh. (→Lorscher Arzneibuch). Antikes Fachwissen kommt mit chr. Krankenpflege zum Einklang. Die M. als allg. Naturkunde (physica) basiert auf den Formalwiss. (logica) und verweist auf eine verbindl. Verhaltenslehre (ethica); sie dient sowohl der Erhaltung des Körpers (ars conservandi) als auch der Heilung der Krankheiten (ars restituendi sanitatem). Neben einer Verteidigung der Heilkunde bietet der Codex eine repräsentative Übersicht über diätet. Schr., die frühma. Rezeptlit. und sozialpolit. Regularien innerhalb eines sich entwickelnden Medizinalwesens. Auf dem Boden des lat. Fachschrifttums entstand schon frühzeitig eine breitgestreute landessprachige M.lit., die zum Teil kompilator. Charakter trägt, so im ags. →Leech Book, aber auch eigene Wege geht und Brücken schlägt zur Volksheilkunde wie zur Laien-M. (→Arzneibücher, →Monatsregeln, →Pesttraktate).

[2] *Die M. im System der »Artes liberales«:* In seinen »Institutiones« gibt bereits →Cassiodor Hinweise auf med. Texte. Die Mönche sollten sich mit dem »Wesen der Pflanzen« ebenso wie mit dem »Mischungen der Drogen« vertraut machen. Sehr bewußt rechnete →Isidor v. Sevilla die »medicina« nicht zu den »artes«, weil sie deren Wissensbereiche voraussetze; er bezeichnet die Heilkunst daher als »secunda philosophia«. Die M. gliedert sich in zwei Bereiche: Gesundheitsschutz (tuitio corporis) und Krankenheilung (restauratio salutis). Gegenstand der Krankheitslehre sind innere Leiden (morbi) und äußere Verletzungen (vulnera). Ihren Namen erhält die M. vom »Maß« (nomen autem medicinae a modo). Gesundheit wird definiert als »integritas corporis« innerhalb einer »temperantia naturae«, während Krankheiten als akute oder chron. Gleichgewichtsstörungen im Säftesystem gelten. Bei seiner Heilkunde bedient sich der Arzt der Anamnestik (praeterita agnoscere), der Diagnostik (praesentia scire) und der Prognostik (futura providere).

[3] *Das Zeitalter der Klostermedizin:* Die Frühzeit der abendländ. M. – von benediktin. Geiste geprägt und von Mönchsärzten getragen – führt zu Recht den Namen →Kloster-M. Dieser Mönchs-M. verdanken wir weniger heiltechn. Errungenschaften als die Tradierung des spätantiken Bildungsgutes, das von christl. Gesinnung geprägt wird und zu einem umfassenden Versorgungssystem ausreift. Die Kl. waren ihrem Selbstverständnis nach Heilstätten wie Heilsstätte zugleich (officina salutatis et sanitatis). Die →»Regula Benedicti« bringt ein eigenes Kapitel über die Krankenversorgung (De infirmis fratribus) mit Vorschriften über Krankenräume, Gebrauch der Bäder, Krankenkost, Krankenpflege (cura infirmorum), wobei dem Abt die höchste Sorge (cura maxima) in der Aufsicht über die Krankenfürsorge obliegt. Bis weit ins 12. Jh. hinein waren es die Kl., die zu Schwerpunkten der med. Versorgung wurden und dadurch zu Schaltstellen der Wissensvermittlung werden konnten. Neben der Krankenpflege widmeten die Mönche sich der Arzneimittelbereitung; Kräuterlisten und Rezepte sind z. B. aus dem »Hortulus« des →Walahfrid Strabo bekannt. Auf humoral-patholog. Basis setzten sich als wichtigste diagnost. Maßnahme die →Harnschau und als häufig geübter therapeut. Eingriff der →Aderlaß durch. Zahlreiche →Arzneibücher (libri medicinales) dienten als heilkundl. Kompendium Ärzten wie Helfern; sie standen auch der Selbstmedikation zur Verfügung. Am Ausgang der Kloster-M. repräsentiert die heilkundige →Hildegard v. Bingen noch einmal die vielschichtigen Funktionen der Mönchs-M. Ihr »Liber compositae medicinae« (nach dem Kopenhagener Codex 90 b »Causae et curae« gen.) bezieht seine Q. aus der Hl. Schrift, der Patristik, aus frühma. Enzyklopädien wie auch weiten Bereichen der Volksheilkunde, nicht jedoch aus der Rezeption der griech.-arab. M. Antike Elemente und germ. Heilwissen, christl. Frömmigkeit und scholast. Didaktik, symbolist. Durchformung und Erfahrungen der Kloster-M. werden in exemplar. Weise zu einer Synthese gebracht. Mit dem Ausgang des 12. Jh. erschöpft sich das Bildungspanorama der »Artes liberales« und beschränkt sich auf propädeut. Funktionen. An ihre Stelle treten auch in der M. die Ordnungsprinzipien der aristotel. Wissenschaftstheorie arab. Provenienz. Begriffe wie »medicus« und »physicus«, lange Zeit synonym, differenzieren sich am Ende des 12. Jh., wo der »physicus« als mit den Wiss. Vertrauter den nur volksheilkundl. gebildeten »medicus« verdrängt. Die Kloster- und Kathedralschulen treten in eine lebhafte Auseinandersetzung mit jenen gelehrten Korporationen, aus denen sich rasch – unter dem Einfluß des »neuen Aristoteles« – die Univ. entwickeln. Die akadem. Ausbildung des Arztes im »studium generale« erst war in der Lage, der ma. M. völlig neue Wege zu weisen.

II. Schulbildungen des hohen Mittelalters: [1] *Die Heilkunst im Lehrgut der »Articella«:* Daß die empir. orientierte Heilkunst der Mönchsärzte innerhalb weniger Generationen aus einer Volksheilkunde zu einer wiss. Disziplin, zu einer eigenen »facultas« im »studium generale« werden konnte, verdankt sie in erster Linie der Rezeption und Assimilation der griech.-arab. Heilkunde. Seit der Mitte des 12. Jh. häufen sich neue Bildungsstoffe und strengere Bildungskriterien, die nicht nur einer Verwissenschaftlichung der Heilkunst, sondern auch einer Professionalisierung des Ärztestandes vorarbeiten. Ausdruck für diesen Umbruch ist eine Einführungsschrift in das med. Schulwesen, die unter dem Namen →»Articella« (= Ars parva) geführt wird und als Sammelschrift repräsentativer Texte zu Lehr- und Prüfungszwecken zu werten ist. Die »Articella« beginnt mit der klass. Isagogik des →Johannitius, einer Einführung in den Raum und Geist der M. nach der Fassung des Ḥunain ibn Isḥāq in der Übers. des →Constantinus Africanus oder des →Marcus v. Toledo. Die Heilkunde als Ganzes zerfällt in zwei Gebiete, in Theorie und Praxis. Ihrer Theorie nach ist die M. sowohl Gesundheitslehre (scientia conservandi sanitatem) als auch Heilkunst (scientia curandi infirmitatem); in ihrer Praxis gliedert sie sich in Chirurgie (manus operatio), Pharmazie (medicamentum) und Diätetik (observatio vitae). Zur »Articella« zählen weitere Grundschriften wie die Prognostik des Aristoteles, der Harntraktat des Theophilus und die Pulsschrift des Philaretus nach byz. Q. sowie ein »Liber diaetarum«. Später treten die Aphorismen des Hippokrates hinzu und vereinzelte Teile des »Canon Avicennae«. Diese Produkte einer großangelegten Assimilationsbewegung machten im Verlaufe des 12. Jh. das Abendland zum legitimen Erbe des griech.-arab. Kulturgutes. Ihre begriffsgesch. Struktur fand einen Niederschlag in zahlreichen hs. überlieferten Gliederungen der M. (als »Arbor divisionis medicinae« oder als »Tabulae introductoriae in medicinam«).

[2] *Die Bedeutung der Schule v. Salerno:* Im Zuge der ersten Rezeption griech.-arab. Texte entwickelte sich im Verlaufe des 12.Jh. die Schule v. →Salerno zu einer eigenständigen Gelehrtenrepublik (Civitas Hippocratica), die als Modell einer sich korporierenden Univ. gelten kann. Promotor dieser frühen Rezeptionsbewegung war →Constantinus Africanus, der arab. Texte ins Lat. übersetzte und der Salernitaner Medizinschule zur Verfügung stellte. Anatomie und Chirurgie entwickelten sich in der Folge zu eigenen Disziplinen; Diätetik und Hygiene fanden einen tradierbaren Platz (vgl. »Regimen sanitatis Salernitanum«). Die Pharmazie formierte sich aus Kräuterbüchern und Rezepturen zu einem eigenen Fachgebiet. Unter den zahlreichen Gelehrten seien erwähnt: →Alphanus († 1085), seit 1058 Ebf. v. Salerno, der u.a. einen »Tractatus de pulsibus« verfaßte sowie Ursus v. Lodi († 1225), der auf theol. Fundamenten und mit naturphilos. Gerüst ein weitgespanntes Lehrgebäude der Heilkunde vorstellte. Mit weiteren Lehrern wie →Matthaeus Platearius, Petrus Musandinus oder Maurus Salernitanus bot Salerno ein Gelehrtengremium, das als frühes Muster einer Univ., jedenfalls als Zentrum der med. Bildung maßgeblich wurde.

[3] *Schulbildungen und Schulrichtungen:* Im Zentrum der geistigen Bewegung um den »neuen Aristoteles« bildete sich um die Mitte des 12.Jh. an der Kathedralschule v. →Chartres ein den neuen Wiss. aufgeschlossener Schwerpunkt. Von Chartres aus ging →Adelardus v. Bath an die arabist. Zentren in Spanien und Sizilien und schrieb nach seiner Rückkehr für seinen Neffen die »questiones naturales«. Weitere arabist. instruierte Werke widmeten →Hermann v. Carinthia und Robertus Ketenensis ihren Lehrern in Chartres. Ein Chartres-Schüler, Rudolf v. Brügge, schlug in Toulouse eine Brücke zw. den frk. Schulen und Toledo, →Daniel v. Morley erweiterte diese bis nach Oxford. Die alten Kathedralschulen wurden zu Zentren des Aristotelismus. Neben Salerno kam die M.schule v. Montpellier zu neuer Blüte; 1180 stiftete Gf. Wilhelm VIII. für die Schule auf dem Mons Pessulanus die ersten Privilegien. Eine Gründungsurk. durch den Kard. Konrad (1220), die Statuten des Bf.s Jean de Montlaur II. (1242) sowie die Universitätsbulle Papst Nikolaus' IV. (1289) erhoben in Verbindung mit philos. und jurist. Studien die M.schule zu einem »Studium generale«. 1314 erschienen erste Statuten zum Unterricht, 1334 zur Unterrichtsreform. Dem Unterricht zugrunde lagen: Hippokrates und Galen nach arab. Übersetzungen, Lehrstücke aus dem Schrifttum des jüd.-arab. Arztes →Isaac Judaeus, ferner Teile aus →Rhazes und →Avicenna. Als Sammelbecken und Promotor der sich rasch verzweigenden Rezeptionsbewegungen zw. Salerno, Chartres oder Montpellier erwies sich seit der Mitte des 12.Jh. die Übersetzerschule v. →Toledo. Als einer der frühen Übersetzer wirkte der jüd. Gelehrte →Johannes Hispanus (Avendehut = Ibn Dawud), in der Blütezeit der Schule v. a. →Gerhard v. Cremona, der mit Übers. und Überarbeitungen aus Galen, Rhazes, Alfarabius, Avicenna und Abulcasis ein geschlossenes Corpus griech.-arab. Naturphilos. und Heilkunde zur Verfügung gestellt hatte. Mit der Toledan. Wissenschaftslehre bekam die M. erstmalig ihren systemat. Standort und eine verbindl. Nomenklatur. Ihre Systematik geht aus vom enzyklopäd. Charakter der Heilkunde: Die M. setzt sich mit Logik und Physik ebenso wie mit der Ethik auseinander, um sich alsdann als eigenständige Disziplin gegen die übrigen Fakultäten abzugrenzen. Ihre Gegenstände sind die Naturkunde (res naturales), eine Lebenskunde (res non naturales) und eine spezif. Verhaltenslehre (moralia). In der Klassifikation der Wiss. nach Avicenna rangieren die »Naturalia« gleichwertig neben den »Logica«, »Mathematica« und »Metaphysica«. Ihrer Struktur nach überragt die M. alle Naturwiss. (medicina igitur inter scientias naturales precellit nobilitate sue materie scilicet corporis humani). So →Dominicus Gundissalinus in »De divisione philosophiae« (Ed. BAUR 84, 9), wo die M. (scientia physica sive naturalis) ihrer Theorie nach als »scientia conservandi sanitatem et curandi infirmitatem« definiert wird. Ihr »genus« ist die Physiologie; ihre »materia« sind die Pathologie und Therapie. Als bes. »species« gelten die drei körperl. Dispositionen (sanitas, aegritudo, neutralitas). Träger der Heilkunst ist der »artifex«, der hier noch den Titel »medicus« führt. Sein »officium« geht über »sana conservare« und »aegra vel neutra ad sanitatem revocare« auf ein Ziel zu, das lautet: Erhaltung der Gesundheit durch Diätetik (per regimen sanitatis conservatio) und Heilung der Krankheiten durch spezif. Heilmaßnahmen (per curationem sanatio, id est aegritudinum expulsio). Der neue Wiss.sbegriff eroberte auch in der Naturkunde über →Michael Scotus in Palermo, →Adam v. Bocfield in Oxford, →Petrus Hispanus in Paris oder →Johannes de Dacia in Paris die klass. Scholastik des hohen und späten MA, ehe er um 1600 durch das »Novum Organum« des Francis Bacon abgelöst wurde. Einen repräsentativen Querschnitt durch die spätscholast. Schulrichtungen bieten die »Opera Medica« des Petrus Hispanus († 1277 als Papst Johannes XXI.). Innerhalb der Naturordnung (Ordo naturalis) und im Rahmen eines geschlossenen Elementargefüges (nexus elementorum) stellt der Mensch als »animal nobilissimum« das exemplar. Lebewesen (perfectius exemplar) dar. Seiner Natur nach ist er aber auch das patholog. Mängelwesen (coagulatio mollis, levis, debilis), das prinzipiell therapeut. Hilfe (ars conservanda) bedarf. In seinen »Opera Medica« (Cod. Matrit. 1877, s. XIII) bringt Petrus neben den Leitlinien der Physiologie (integritas perfecta) eine durchgegliederte Krankheitslehre (privatio rei), die als Therapeutik in die »scientia medicinalis« und eine »ars conservativa« mündet. – Mit dem 14. und 15. Jh. erscheinen umfassende Kompendien wie die »Parabolae medicationis« (um 1300) des →Arnaldus v. Villanova, das »Lilium medicinae« des →Bernhard v. Gordon (um 1300), der »Rosa Anglica« des John of Gaddesden (um 1315) oder das »Philonium« des Valescus de Taranta (1418). Daneben finden sich Sachwörterbücher wie die »Clavis sanationis« des Simon v. Genua (1270–1303), der »Conciliator« des Pietro d'Abano (1250–1315) oder die »Practica« des Michele Savonarola (um 1435). Als weitere Gattung der Spätscholastik setzten sich die »Consilia« durch, begründet von Taddeo →Alderotti (um 1223–1303) und weitergeführt von →Gentile da Foligno († 1348).

III. DAS SYSTEM DER HEILKUNDE: [1] *Aufbau der medizinischen Disziplinen:* Im Rahmen der universitären Schulprogramme und bereichert durch die griech.-arab. Bildungsstoffe steht uns am Ende des 12.Jh. ein geschlossenes System der Heilkunde vor Augen. Danach gliedert sich die theoret. M. in drei Teile: 1. die Physiologie als Lehre vom Gesunden (res naturales), ausgebaut zu einer Gesundheitslehre (→regimina sanitatis); 2. die Pathologie (res contra naturam) als Lehre von den Krankheiten und 3. die Therapeutik als Lehre vom Heilen, aufgegliedert in Diätetik, Arzneimittellehre und Chirurgie. Formaliter differenziert sich die Heilkunde in drei Kategorien: 1. Gesundheit (sanitas) als konstitutiv sich auswirkende »creatio continua«; 2. Krankheit (infirmitas) als Abweichen (modus deficiens) vom erstrebten Idealzustand (destitutio, deformatio, degeneratio); 3. ein neutrales Übergangsfeld (neutralitas) zw. gesund und krank mit allen Möglichkeiten einer Diätetik und Hygiene (vgl. Schema).

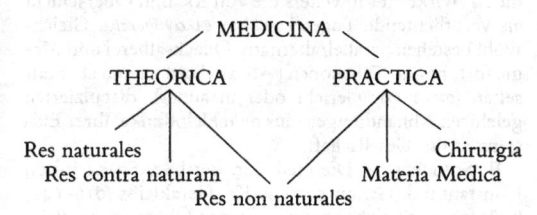

```
            MEDICINA
          /          \
    THEORICA        PRACTICA
      /\              /\
     /  \            /  \
Res naturales              Chirurgia
Res contra naturam      Materia Medica
        Res non naturales
```

(Aer / Cibus et potus / Motus et quies / Somnus et vigilia / Excreta et secreta / Affectus animi)

Fig. 1: Schema der Heilkunde

[2] *Einbau der klassischen Fächer in die Heilkunst:* Als Brücke zw. der theoret. Lebensordnung und der Praxis der Lebensführung erscheint die alle Therapie begründende und begleitende Diätetik (ordo vitalis). In einer eigenständigen Literaturgattung, den »Regimina sanitatis«, werden als die sechs Muster gesunder Lebensführung vorgetragen: 1. Umgang mit Licht und Luft, Wasser und Wärme, Boden und Klima (aer); 2. Kultivierung der Lebensmittel im engeren Sinne (cibus et potus); 3. die Rhythmisierung des Alltags durch Wechsel von Bewegung und Ruhe (motus et quies); 4. Kultivierung von Schlafen und Wachen im Rhythmus von Tag und Nacht (somnus et vigilia); 5. Beachtung von Ausscheidungen und Absonderungen (excreta et secreta), darin eingeschlossen die Badekultur und die Sexualhygiene; 6. Beherrschung der Affekte und Emotionen (affectus animi). – Zw. Diätetik und der Chirurgie, als »ultimo ratio« des ärztl. Eingreifens, erscheint die vermittelnde »Materia Medica«, der Arzneimittelschatz. Am Anfang der auf der Basis von Kräuterbüchern sich entwickelnden Arzneibücher, die über Beschaffenheit, Aufbewahrung und Dosierung von Arzneien Auskunft geben, steht das →»Antidotarium Nicolai«, das im 12. Jh. an der Schule v. Salerno zusammengestellt und durch den Arzneistoff-Traktat →»Circa instans« ergänzt wurde. Nach antikem Muster gliedert sich der Arzneischatz in »Simplicia« und »Composita«. Unter den Lehrbüchern, basierend auf Dioskurides und bereichert durch arab. Arzneiwissen, setzten sich im hohen MA schemat. Schachtafelbücher (taquīm) durch, die in übersichtl. Weise die vier Elemente und Säfte den Qualitäten und Wirkungsgraden gegenüberstellen. Der nützl. Einfluß (iuvamentum) wird mit dem schädl. (nocumentum) ausgewogen. Aus spätantiken Q. gelangte die »Materia Medica« über byz. und mehr noch arab. Überlieferungen im 12. und 13. Jh. an die M.schulen der abendländ. Univ. Erst im 16. Jh. knüpfte man wieder an direkte griech. Q. an, so in Italien Matthiolus, in Spanien Andreas de Laguna, in Deutschland Leonhard Fuchs. – Im Rahmen der therapeut. Fächer setzt sich die dritte Säule, die →Chirurgie, im Verlaufe des hohen MA als eigene Disziplin durch (manuum operatio sive chirurgia). Als ihr Propädeutikum gilt die →Anatomie, die an der Schule v. Salerno eine bes. Pflege erfuhr (Anatomia Cophonis; Anatomia Mauri; Anatomia Ricardi). Ihre Lehrbücher waren durchweg Präparieranweisungen, so noch die »Anatomia« des Mundino dei Luzzi. Die Wundarzneikunst wurde weitgehend durch »medici« ausgeübt; erst nach dem 11. Jh. traten bes. »rasatores« und »sanguinatores« auf, Vorläufer der späteren →Bader und Aderlasser. Als Teil der Chirurgie galt die →Frauenheilkunde und Geburtshilfe, die sich der vielfach illustrierten »Gynaecia« des Muscio (Mustio), eines nordafrikan. Schriftstellers aus dem 6. Jh., bediente und als wichtige Q. den griech. Arzt Soranos v. Ephesus anführt. Neben den anatom. Schemata für Chirurgen und Hebammen lieferte sie genauere Angaben über Geburtsvorgänge und Kindslagen sowie eine Pflichtenlehre für den Geburtshelfer. – Zahlreiche Hss. führen eigene Instrumentenlisten (ferramentorum nomina): neben Messern, Nadeln und Sonden auch Nahtmaterialien sowie verschiedene Formen von Brenneisen zur →Kauterisation. In chirurg. Texten werden weiterhin erwähnt: Wundhaken (angistrum), Skalpelle (similaria), Säge (serra), Aderlaßmesser (phlebotomum), Schädelbohrer (terebra), Starnadel (spicula) sowie Bruchbänder (emplastra). Zur Extraktion der Kugel bei Verletzungen durch Schußwaffen dienten Storchschnabel, Rabenschnabel, gezähnte Zangen sowie löffelförmige Kugelzangen. Bei Knochenbrüchen bediente man sich der Arm- oder Beinlade. Erstarrende Verbände hielten mit Hilfe von Eiweiß oder Harzen die Extremitäten in ihrer Stellung fest. Verrenkungen wurden reponiert und durch fixierende Verbände ruhiggestellt. Die Prothetik (Armprothesen, Holzbein, Ledergamasche, Eiserne Hand u. ä.) blieb ein primitiver Notbehelf. Als eigenständige Disziplin gelangte die Chirurgie am Ausgang des 12. Jh. zur Blüte. 1170 und 1180 verfaßte →Roger »Frugardi« eine »Chirurgia«, der von seinem Schüler Rolando Capelluti aus Parma weiterführende Glossen (Additiones) beigefügt wurden. Im 13. Jh. wurden sie zu einer Gruppe von Lehrschriften, der sog. »Viermeisterglosse«, erweitert. Aus der Bologneser Chirurgenschule um →Wilhelm v. Saliceto übermittelte →Lanfrancus die Wundarzneikunst an die Schulen in Frankreich. Sein größter Schüler wurde →Heinrich v. Mondeville, Leibarzt Philipp des Schönen; Heinrichs Schüler→Guy de Chauliac bildete den Höhepunkt der ma. Chirurgie, v. a. an der Schule von Paris, wo die Chirurgengilde eine korporative Sonderstellung (Collège de St. Côme) erwarb. Eine Ausgrenzung erfuhr die Chirurgie durch kirchl. Regularien des 12. und 13. Jh., so auf der Papstsynode von Clermont (1130), in Reims (1131) sowie auf dem Laterankonzil (1215), wo den Mönchen und Regularkanonikern Studien der M. und Ausübung der Chirurgie untersagt wurden.

[3] *Ausbau des öffentlichen Gesundheitswesens:* Die wachsende Rolle der M. im öffentl. Leben spiegelte sich in der Medizinalordnung Friedrichs II. wider (1231), die, ausgehend von den Konstitutionen Rogers II. (1140), detaillierte Richtlinien für die ärztl. Ausbildung, das Unterrichts- und Prüfungswesen und die öffentl. Gesundheitsdienste bot. Mit der Medizinalordnung kam es nicht nur zu einer zunehmenden Professionalisierung der ärztl. Standes, sondern auch, etwa durch die Trennung von Arzt und Apotheker, zu einer Neugliederung des öffentl. Gesundheitswesens. Hierunter fallen →Badewesen, die Organisation der Irrenpflege (→Geisteskrankheiten) wie auch zunehmend Einrichtungen einer Altersfürsorge. Eine

große Rolle spielte in der öffentl. Gesundheitspflege das Spitalwesen (→Hospital). 1182 gaben sich die Johanniter in Jerusalem eine eigene Hospitalordnung (ordo) mit einer bes. »regula« für die Bruderschaft (fraternitas) und detaillierten Anweisungen für Ärzte und Hilfspersonal. Mit dem 13. und 14. Jh. kam es zu umfassenden Maßnahmen einer öffentl. Hygiene, die sich in städt. Verordnungen zur Abfallbeseitigung, Trinkwasserversorgung wie im Seuchenschutz (→Quarantäne) dokumentiert. Die großen Seuchenzüge, die Pest, erforderten umfangreiche diätet. und gesundheitspolizeil. Maßnahmen (→Pesttraktate). – Was zw. der Mönchs-M. im frühen Abendland und den scholast. Systemen des ausgehenden MA zur Entwicklung kam und als bleibendes Erbe tradiert wurde, war einmal das methodolog. ausgewogene formale Gleichgewicht der M. in »Theorica et Practica«, des weiteren ein höchst lebendiges Verhältnis von »Magister et discipulus«, das als »Universitas studentium et professorum« auch der M. im »Studium generale« ihren legitimen Platz gesichert hat, und nicht zuletzt die therapeut. Trias von Diätetik, Pharmazeutik und Chirurgie, die sich trotz aller Aufsplitterungen in Einzeldisziplinen hat halten können bis in die neueste Zeit. Hinzu traten die bleibenden sozialen Einrichtungen eines öffentl. Gesundheitswesens. S.a. →Anatomie, →Arzneibücher, →Arzt, →Chirurgie, →Geisteskrankheiten, →Hospital, →Hygiene, →Klostermedizin, →Krankheit, →Materia medica, →Regimina.

H. Schipperges

Ed. und Lit.: L. CHOULANT, Hb. der Bücherkunde für die ältere M., 1841 – J. F. K. HECKER, Die großen Volkskrankheiten des MA, 1865 – V. ROSE, Ptolemaeus und die Schule v. Toledo, Hermes 8, 1874, 327–349 – H. HAESER, Lehrb. der Gesch. der M., 1875 – P. GIACOSA, Magistri Salernitani nondum editi, 1901 – K. SUDHOFF, Eine Verteidigung der Heilkunde aus der Zeit der »Mönchsm.«, SudArch 7, 1913, 223–237 – DERS., Beitr. zur Gesch. der Chirurgie des MA, 1914–18 – F. HARTMANN, Die Lit. von Früh- und Hochsalerno, 1919 – H. E. SIGERIST, Stud. und Texte zur frühma. Rezeptlit., 1923 – J. JÖRIMANN, Frühma. Rezeptarien, 1925 – W. PUHLMANN, Die lat. Lit. des frühen MA, Kyklos 3, 1930, 395–416 – WICKERSHEIMER, Dict. – L. C. MAC KINNEY, Early Medieval Medicine, 1937 – A. BECCARIA, I codici di medicina del periodo presalernitano, 1956 – L. THORNDIKE–W. H. HEIN–K. SAPPERT, Die Medizinalordnung Friedrichs II., 1957 – M. TABANELLI, Lo strumento chirurgico e la sua storia, 1958 – J. DOLCH, Lehrplan des Abendlandes, 1959 – Artes liberales, hg. J. KOCH, 1959 – J. DUFT, Stud. zum St. Galler Kl. plan, 1962 – P. DIEPGEN, Frau und Frauenheilkunde in der Kultur des MA, 1963 – B. LAWN, The Salernitan Questions, 1963 – D. DE MOULIN, De heelkunde in de vroege middeleeuwen, 1964 – H. SCHIPPERGES, Die Assimilation der arab. M. durch das lat. MA, 1964 – V. L. BULLOUGH, The Development of Medicine as a Profession, 1966 – D. JETTER, Gesch. des Hospitals I, 1966 – CH. H. TALBOT, Medicine in Medieval England, 1967 – CHR. PROBST, Der Dt. Orden und sein Medizinalwesen in Preußen, 1969 – J. DUFT, Notker der Arzt, 1972 – Maurus of Salerno, Twelfth-century »Optimus Physicus«, hg. M. H. SAFFRON, 1972 – G. ZIMMERMANN, Ordensleben und Lebensstandard, 1973 – G. BAADER, Die Schule v. Salerno, MedJourn 13, 1978, 124–145 – M. im ma. Abendland, hg. G. BAADER–G. KEIL, 1982 – M. J. IMBAULT-HUART, La médecine au MA, 1983 – A. NIEDERHELLMANN, Arzt und Heilkunde in den frühma. Leges, 1983 – B. D. HAAGE, Aberglaube und Zauberei in der mhd. Dichtung. Mannheimer Ber. Forsch. und Lehre 30, 1986, 53–72 – Das »Lorscher Arzneibuch«, hg. G. KEIL, 1989 – Thomae de Wratislavia Practica Medicinalis, hg. TH. J. ANTRY, 1989 – N. G. SIRAISI, Medieval and Early Renaissance Medicine, 1990.

B. Byzantinisches Reich

I. Allgemeines – II. Schrifttum – III. Ärztlicher Werdegang und Stand – IV. Hilfspersonal und med. Einrichtungen – V. Behandlungsmethoden.

I. ALLGEMEINES: Bestimmende Kräfte sind das Bekenntnis der Disziplin zum Lehrgebäude hippokrat.-galen. Prägung als Grundlage jedweder im Detail durchaus empir. Theorie und Praxis sowie der Anspruch des Christentums als Heilsreligion für Seele und zugleich Körper, auch diesen Bereich gestaltend zu durchdringen. Die kirchl. Gegnerschaft gilt dabei überwiegend der selbstbewußtfreidenker. Ärzteschaft (ἰατροί, παῖδες ἰατρῶν, ἀσκληπιάδαι), darunter Juden, während weitgehende Methodenakzeptanz und gar die Innovation der umfassenden institutionellen Krankenbetreuung (→Hospital) das im damaligen Vergleich hohe, durch den Hang zum Enzyklopädismus dauerhaft abgesicherte med. Gesamtniveau unterstützen und eine Wechselwirkung mit dem entsprechenden arab. Wissen und Ausstrahlung auf den ma. W Europas (Schule v. →Salerno) gewährleisten. Stimulierend für die M. wirkt intern weiters die von Ks. und Oberschicht als verpflichtende Tugend geübte φιλανθρωπία. Gleichwohl bestehen parallel/alternativ Quacksalberei und Magie fort, bes. in Tabuzonen (→Sexualität), treten aber nur selten (etwa vor Gericht oder in äußerl. distanzierten gelehrten Abhandlungen) aus dem Halbdunkel ihrer Existenz in der Gesellschaft.

II. SCHRIFTTUM: Die med. Lit. der byz. Frühzeit von Konstantin d. Gr. bis etwa zu Ks. Herakleios (610–641) knüpft zunächst ohne nennenswerten Übergang an diejenige der Spätantike an. Die unumstrittenen Autoritäten (Corpus Hippocraticum, Galen) wurden in der Spätblüte der alexandrin. Hochschule exzerpiert, kommentiert und vielfach kompiliert. Dort studierten oder praktizierten drei der vier bedeutendsten med. Autoren dieser Zeit; als frühester der aus Pergamon gebürtige →Oreibasios, Leibarzt Ks. Julians (361–363). Er schuf in 70 Büchern das erste große Sammelwerk der nachgalen. M. (nur zu etwa einem Drittel erhalten, ed. I. RAEDER, I–IV, 1928–33); für seinen Sohn, ebenfalls Arzt, verfertigte er daraus später (um 390) eine vollständig erhaltene Epitome in 9 Büchern. Richteten sich diese beiden Werke an Fachleute, so verstand sich sein dem befreundeten Rhetor Eunapios gewidmetes Buch über leicht beschaffbare Heilmittel (Euporista) als Nachschlagewerk für den gebildeten Laien. Oreibasios erweist sich als rational denkender Wissenschaftler ohne Neigung zu Astrologie und Magie; des. erwähnt sein anatom. Untersuchungen an Affen. Gerade seine beiden kürzeren Werke (ed. I. RAEDER, 1926) wirkten schon früh und nachhaltig auf den lat. W. Erst das 6. Jh. weist mit Aëtios v. Amida (ebenfalls in Alexandreia ausgebildet) einen med. Kompilator von Rang auf, der in seinen 16 Büchern (krit. ed. nur 1–8, A. OLIVIERI, I–II, 1935–50) neben Galen auch ausgiebig Oreibasios auswertete. Bei ihm finden sich erstmals mag. Rezepte in größerer Zahl, doch warnt er vor ihrer überteuerten Anpreisung durch Scharlatane. Das Hauptwerk des →Alexander v. Tralleis († ca. 605, Bruder des →Anthemios v. T.) ist eine Pathologie und Therapie der inneren Krankheiten in 12 B.; Spezialwerke handeln von Eingeweidewürmern und Augenaffektionen (ed. TH. PUSCHMANN, I–III, 1879–87). Verhaltene Galen-Kritik paart sich bei ihm mit der Tolerierung mag. Praktiken. Augenzeuge der arab. Eroberung Alexandreias (642) wurde →Paulos v. Aigina, der bereits einen guten Ruf als Chirurg und Geburtshelfer hatte und in der Folgezeit zu den am häufigsten zitierten griech. Ärzten in der arab. Fachlit. zählt. Sein auch im W geschätztes Werk, eine Epitome aus Galen und Oreibasios in 7 B. (ed. I. L. HEIBERG, I–II, 1921–24) zeichnet sich durch große Übersichtlichkeit aus; auch sind Erfahrungen aus der eigenen Praxis eingeflossen (v. a. Chirurgie einschließl. Kriegschirurgie). Hohe Bedeutung in der Diagnostik kam neben der Pulsmessung der Uroskopie zu; vorbildhaft auf diesem Gebiet war das Werk eines gewissen Theophilos (ed.

I. L. IDELER I, 1841, 261–283), der wohl im 6.–7. Jh. lebte und möglicherweise mit Theophilos Protospatharios, dem Verfasser einer stark chr. geprägten, ansonsten v.a. auf Galen beruhenden physiolog.-anatom. Schrift (ed. G. A. GREENHILL, 1842) ident. ist. Noch wenig erforscht ist die med. Lit. der mittelbyz. Zeit; eine Hauptursache ist nach H. HUNGER das Mißverhältnis zw. der Qualität der zu erwartenden Texte und dem für ihre Erschließung nötigen Aufwand. Ein derartig magerer Extrakt ist die Σύνοψις ἰατρική des unter Ks. Theophilos (829–842) lebenden Leon (ed. F. Z. ERMERINS, 1840, 79–221), in dessen Beinamen ἰατροσοφιστής das altalexandrin. Arztphilosophentum nachklingt. In einem weiteren Werk (ed. R. RENEHAN, 1969) erweist er sich als Exzerptor der mehr teleolog. als med. ausgerichteten Anatomie des Mönches Meletios aus der Zeit des Bilderstreits. Die vorwiegend aus Oreibasios schöpfenden Werke des Theophanes Chrysobalantes (jahrhundertelang nur unter seinem von A. Darmarios [*1540] erfundenen Namen Theophanes Non(n)os bekannt) – eine Epitome über die Behandlung von Krankheiten (ed. I. ST. BERNARD, I–II, 1794–95), eine Schrift über die Eigenschaften der Nahrungsmittel (anonym, ed. I. L. IDELER II, 1842, 257–281) und eine Epitome über Arzneimittel – entstanden im Zuge der enzyklopäd. Bestrebungen unter Ks. Konstantin VII. Porphyrogennetos, die auch für die Tradierung der klass. Hippiatrika, einer ihrerseits kompilierten Slg. aus frühbyz. Zeit zur Veterinärm. (ed. E. ODER–C. HOPPE, I–II, 1924–27) verantwortl. sein dürften. Im 11. Jh. wird ein Einfluß der arab. M. erkennbar: Der polyglotte, einige Jahre in Salerno tätige Konstantinos v. Rhegion (→Constantinus Africanus) übersetzte das med. Hausbuch für Reisende (Zād al-musāfir) des Abū Ǧaʿfar ibn al-Ǧazzār (gest. um 1004) sowohl ins Griech. als auch ins Lat.; bedeutend darin ist z.B. die Beschreibung der Masern und der →Pocken. Michael →Psellos' († 1078) jamb. Paraphrase der Bücher 1–6 des Paulos v. Aigina und der Harnlehre des Theophilos (Übersicht über Edd.: VOLK, Psellos) wandte sich nicht an M. studenten, sondern an befreundete Geisteswissenschaftler; Motiv war die Bewunderung der ärztl. Kunst, die nicht zu den Fächern seiner privaten Lehranstalt zählte. Ein weiterer Gelehrter des 11. Jh. mit gediegenen naturwiss. Kenntnissen war der des Arab. mächtige, weitgereiste →Symeon Seth; seine alphabet. angelegte Slg. über die Kräfte der Nahrungsmittel (ed. B. LANGKAVEL, 1868) machte die Byzantiner erstmals mit oriental. Produkten wie Ambra, Haschisch und Kampfer bekannt und beschrieb als erste zweifelsfrei den Spargel; in einer eigenen kleinen Schrift (ed. CH. DAREMBERG, 1853, 45–47) übte er temperamentvoll Galen-Kritik. Ein beliebtes Thema war die unterschiedl. Lebensfähigkeit der 7-, 8- und 9-Monatskinder, zu deren Erklärung oft (auch von Psellos) die pythagoreische Zahlenmystik herangezogen wurde. Die dem 3., 9. und 40. Tag bei der Entwicklung des Embryos und bei der Verwesung des Leichnams beigemessene Bedeutung behandelt ein anonym oder pseudepigraph. überlieferter Text (ed. K. KRUMBACHER, SBA.PPH, 1892, 345–347). Der weitverbreiteten →Gicht ist ein Werk des Demetrios Pepagomenos, Leibarzt Ks. Michaels VIII. Palaiologos (1259–82) gewidmet (ed. I. ST. BERNARD 1743). Bis ins 17. Jh. schließlich galt in Frankreich die lat. Übers. des griech. noch ungedr. Δυναμερόν von Nikolaos Myrepsos (spätes 13. Jh., über 2600 Rezepte) als offizielle Pharmakopöe. Ihren letzten Höhepunkt findet die byz. med. Lit. im Schaffen des Johannes →Zacharias Aktuarios in der 1. Hälfte des 14. Jh. Seine Harnlehre in 7 B. (ed. I. L. IDELER II, 3–192) ist die umfangreichste Darstellung dieser Materie, bedeutsam auch wegen der eingestreuten Fallberichte. Den Einfluß des Pneuma auf Gesundheit und Krankheit nebst diesbezügl. Diät- und Hygienevorschriften behandelt er in 2 B. Sein Spätwerk »De methodo medendi«, neuartig gegliedert in je 2 B. über Diagnostik (ed. IDELER II, 353–463), über prakt. Therapie und über Pharmazie, faßt unter Verwendung auch von Übers. aus dem Arab. die M. seiner Zeit systemat. zusammen. – Eine eigene Lit. gattung, dem ärztl. und volksmed. Alltag gewiß eng verbunden, waren Diagnosehilfen und Rezeptslg.en, in denen sich prakt. Erfahrung aus Spitälern (Werk des πρωτομηνίτης [Oberarzt mit monatl. Dienstwechsel] Romanos aus dem 10./11. Jh., ed. A. P. KOUSIS, Praktika Akad. Ath. 19, 1944, 163–170) und dortiger Gebrauch abzeichnen (s. E. JEANSELME, Mél. DIEHL I, 1930, 147–170; MILLER, Hospital 178–184), ferner chirurg. Inventarlisten (ed. H. SCHÖNE, Hermes 38, 1903, 280–284), diätet. Monatsregeln (ed. I. L. IDELER–A. DELATTE), Schriften über die Eigenschaften von Nahrungsmitteln sowie Hausbücher (»Iatrosophia«, eines aus Cod. Paris. gr. 2316 ed. I. OIKONOMU-AGORASTU, 1982). Unzureichende (editor.) Erfassung des Bestandes entziehen diese Gruppe vorerst einer eingehenden Würdigung.

III. ÄRZTLICHER WERDEGANG UND STAND: Die programmat. Schrift Galens »Der erstrangige Arzt ist zugleich Philosoph« (ed. WENKEBACH) zeigt, daß eine »akademische« Ausbildung zum Mediziner den breiteren Lehrkontext des klass. Fächerkanons (ἐγκύκλιος παιδεία) berücksichtigen will. Vor diesem Hintergrund sind die Beschäftigung der Ärzte Antonios Pyropulos mit Philosophie oder Michael Pantechnes, Georgios →Chrysokokkes u.a. mit Astronomie bzw. umgekehrt med. Schriften der Universalgelehrten Michael →Psellos und Nikephoros →Blemmydes sowie derartiger Unterricht an der Patriarchalschule (Nikolaos→Mesarites, Beschreibung der Apostelkirche, cap. 42, 2–5 [DOWNEY]) zu sehen. Wiederholte Lektüre von Basiswerken, analyt.-synopt. Erfassen ihrer Aussagen und Sichtung bisheriger Komm. dominierten den med. Vorlesungsablauf wohl nicht nur zu Alexandreia, der wichtigsten Schule dafür (Gregor v. Nyssa, Opera X/1, 10 [HEIL]) bis über die arab. Eroberung hinaus. In Konstantinopel erscheint die Wiss. vermittlung lange auf althergebrachtes »handwerkliches« Anlernen und kleine private Studentengruppen (Iohannes Chrysostomos, MPG 61, 39–40; Gregor v. Nyssa, Opera I, 36–37 [JAEGER]) um einen mitunter bildungspolit. geförderten Lehrer reduziert. Erst das Amt des διδάσκαλος τῶν ἰατρῶν (Michael→Italikos) und der – laut Typikon (ed. GAUTIER) – Unterricht am Xenon des Pantokrator-Kl. bezeugen im 11./12. Jh. weiterreichende Strukturen. Der vom Serbenherrscher →Stefan II. Uroš (1282–1321) gestiftete Kral-Xenon, in Funktion bis in die letzten Jahre vor der türk. Eroberung 1453, konfirmiert (samt seiner Bibliothek, →Dioskurides-Hs. Cod. Vind. med. gr. 1) das Konzept der Verbindung von Q. studien (über das Fach hinaus) und aktivem Sammeln von Erfahrung (πεῖρα) am Krankenbett (vgl. Georgios Lakapenos, Brief 10 [LINDSTAM] über den studierenden Johannes →Zacharias). Beides wird bereits im 12. Jh. als Voraussetzung genannt für das Abschlußexamen seitens des προεξάρχων τῆς ἰατρικῆς (RHALLES-POTLES V, 76), der offenbar an der Spitze der ärztl. Hierarchie stand. Die vom Gemeinwesen begünstigten ἀρχιατροί der Spätantike wurden zumindest in Rom durch ein →Collegium gewählt. Der jüngst (aufgrund von Prokop, Anekdota 26, 5–7, Streichung der annona) behauptete radikale Privilegienabbau unter →Justinian I. ist unwahrscheinl., Titel und Berufsorganisation, eigene Tracht, existierten fort: Als Autorität galt ein κόμης τῶν ἰατρῶν (Mir. Cos. Dam 23 [DEUBNER]), Theodoros →Studites differenziert πρώταρχοι, ἀρχιητροί, μέσοι und den ἐν στάσει ὑπηρέτου (Brief 477 [FATOUROS]). Gleich der Notarzunft des 10. Jh. (→Eparchenbuch, § 1) stehen den Medizinern im Pantokrator-Typikon πριμμικήριοι vor. Sie und die nachgeordneten πρωτομηνῖται, ἰατροί und ὑπουργοί empfangen Geld- und Naturalzuwendungen. Der ursprüngl. nichtmed. Terminus und Rang ἀκτουάριος zeichnet ca. ab dem 11. Jh. (SATHAS, Mes. Bibl. V 96–102) Hofärzte aus. Ihre wiederholt einflußreiche Rolle dort vermag vom Wissenspotential und dem Bedarf danach zu profitieren. Selbst das (frühbyz. hagiograph.) Zerrbild ärztl. Raffgier und Unfähigkeit muß Inanspruchnahme durch weite Bevölkerungskreise einräumen, die kostenlosen Anargyroi-Ärztehl.n (so Kosmas und Damian) bleiben zweite Wahl. Neuerl. Polemik der Vertreter rein spirituellen Heilens im 10. Jh. gilt einer gefestigten, im System integrierten Ärzteschaft mit steigendem Sozialprestige, welches sich etwa auch in einer starken Präsenz in der satir. Lit. (Timarion, Mazaris, Theodoros →Prodromos, Δήμιος ἢ ἰατρός, ed. PODESTÀ, Aevum 21, 1947 über eine Zahnextraktion) niederschlägt. Nebst prosopograph. Evidenz beweisen gerade die gegenüber der Schulm. krit. Hl.nviten, daß Ärzte in allen Reichsteilen anzutreffen waren, freilich ein Qualitätsgefälle zu Konstantinopel bestand (BHG 188, Anal. Boll 25, 1906, 80f.; Theodoros →Prodromos, Monodie auf Stephanos Skylitzes, IRAIK 8, 1902, 34).

IV. HILFSPERSONAL UND MED. EINRICHTUNGEN: Das spätröm. Spezialistentum in Art der auricularii, Steinschneider und Starstecher dauert den Q. nach in der (Unfall-)Chirurgie (ἐπιστάμενος κλάσματα θεραπεύειν bei Frakturen, κηλοτόμος für Bruchleiden) und Pharmazie (πημεντάριοι, μυρεψοί) fort. Zunehmend verdrängt die Hebamme – μαῖα, ἰατρόμαια, Fach-ἰάτραινα/ἰατρίνη – den vollwertigen Mediziner aus dem Alltag von →Frauenheilkunde und Obstetrik. Verwundete Soldaten fielen in die Obsorge des Feldschers (δηποτάτος, Strategikon des Maurikios II 9). Beim monast. νοσοκόμος und den Xenon-ὑπηρέται überwiegt schon der Pflegeaspekt den der Behandlung. – Ἰατρεῖον bezeichnet zunächst die Räumlichkeiten der öffentl. Arztpraxis (Iohannes Chrysostomos MPG 48, 804; MPG 51, 356); die inhaltl. Begriffserweiterung zur Poliklinik spiegelt den Wandel anfangs (4. Jh.) unspezif. chr. Wohlfahrtsanstalten zu med. Zentren wider; daneben bestehen einfachere Kl.infirmierien und Siechenheime (γηροκομεῖον, →Leprosenhäuser) fort. Sofern techn. und finanziell möglich, hat auch schon der byz. Patient ärztl. Visite und Behandlung im vertrauten häusl. Milieu bevorzugt, das Hospital wird in Notsituationen aufgesucht (Typikon, Mamas-Kl., ed. S. EUSTRATIADES, Hellenika 1, 1928, 288; Ptochoprodromika IV, 442f.).

V. BEHANDLUNGSMETHODEN: Aufgrund der →Humoralpathologie führte man generell Krankheiten auf Fehlmischungen der vier Körpersäfte Blut, Schleim, gelbe und schwarze Galle zurück, verursacht nicht zuletzt durch falsche Ernährung, auch psych. Störungen und Umwelteinflüsse. Die infektiöse Komponente blieb weitgehend unerkannt, mit gravierenden Folgen bei Epidemien (→Pest). Aus dem Spektrum an Heilpraktiken kommt in früh- und mittelbyz. Zeit häufig die Chirurgie (τέμνειν καὶ καύειν); Schneiden und →Brennen, →Kauterisation) zur Anwendung, welche auf anatom. Kenntnisse vom Sezieren her bauen kann; bezeichnenderweise wird der Arzt als Metzger verspottet (Mir. Artem. 25 [PAPADOPULOS-KERAMEUS]). Ein reiches Instrumentarium dient zum Öffnen von Abszessen, Tumorentfernung, Amputation und Operationen am Auge (Trachom), sogar die Trennung siames. Zwillinge wird einmal gewagt. Etwaige ärztl. Haftung nach mißglücktem Eingriff ausschließen will der Rechtsgestus, daß vom Patienten das Skalpell dem Chirurgen übergeben wird. Die allmähl. Abkehr von operativen Techniken – ausgenommen den auch von Laien ausgeführten Aderlaß (φλεβοτομία) – geht auffällig mit dem gesellschaftl. Imagegewinn der Mediziner einher. Die Badetherapie behauptet stets ihren Platz und nutzt auch Thermalquellen. Mehr und mehr Raum hingegen nehmen die auf Behebung von Dyskrasien abzielende Diätetik ein und in Form von Salben, Kataplasmen, Zäpfchen oder primär flüssig-oral verabreichte Pharmaka. Erst künftige chem. Analysen (erste Studien durch RIDDLE und KELLER) werden Wirksubstanzen und Placebo-Ingredienzien der Rezepte erkennen lassen. Edelsteine, zum einen in zerriebener Form eingenommen, zum anderen als Amulette getragen, verdeutlichen die unscharfe Grenzlinie zur Magie. Zu diesem Komplex indirekt beigetragen haben kirchl. Kreise mit dem Glauben an die Heilkräfte von Ikonen, »Eulogiai« wie Ampullen und dgl. und ihrer Annahme, (Geistes-)krankheiten seien dämon. Natur und mittels →Exorzismus kurierbar.   E. Kislinger/R. Volk

Bibliogr.: HUNGER, Profane Lit. II, 287–320 – Symposium on Byz. Medicine, DOP 38, 1984 (mit 22 Beitr. zu einzelnen Bereichen) – Univ. Jean Monnet – St. Étienne (Centre Jean Palerne), Lettre d'informations 1-(dzt.) 19 – *Lit.*: RAC XIV, 223–249 [F. KUDLIEN] – H. J. FRINGS, M. und Arzt bei den griech. Kirchenvätern bis Chrysostomos, 1959 – O. TEMKIN, Byz. Medicine: Tradition and Empiricism, DOP 16, 1962, 95–115 – N. F. MARCOS, Los thaumata de Sofronio. Contribución al estudio de la incubatio cristiana, 1975 – D. W. AMUNDSEN, Medicine and Faith in Early Christianity, BHM 56, 1982, 326–350 – A. M. IERACI-BIO, Testi medici di uso strumentale, JÖB 32/3, 1982, 33–43 – A. CH. EUTYCHIADES, Εἰσαγωγὴ εἰς τὴν βυζαντινὴν θεραπευτικήν, 1983 – J. A. M. SONDERKAMP, Unters. zur Überl. der Schriften des Theophanes Chrysobalantes (sog. Theophanes Nonnos), 1987 – E. KISLINGER, Ἡ γυναικολογία στὴν καθημερινὴ ζωή τοῦ Βυζαντίου ('Ηκαθημερινή ζωή στο Βυζάντιο, 1989), 135–145 – K. H. LEVEN, Das Bild der byz. M. in der Satire »Timarion«, Gesnerus 47, 1990, 247–262 – R. VOLK, Der med. Inhalt der Schriften des Michael Psellos, 1990 – speziell zu [III]: E. TRAPP, Die Stellung der Ärzte in der Ges. der Palaiologenzeit, Byz. Slav. 33, 1972, 230–234 – V. NUTTON, Archiatri and the Medical Profession in Antiquity, Papers Brit. School Rome 45, 1977, 191–226 – A. HOHLWEG, Johannes Aktuarios: Leben – Bildung und Ausbildung – »De Methodo Medendi«, BZ 76, 1983, 302–321 – DERS., La formazione culturale e professionale del medico a Bisanzio, Koinonia 13/2, 1989, 165–188 – *zu [IV]*: P. GAUTIER, Le typikon du Christ Sauveur Pantocrator, REB 32, 1974, 1–145 – R. VOLK, Gesundheitswesen und Wohltätigkeit im Spiegel der byz. Kl.typika, 1983 – T. S. MILLER, The Birth of the Hospital in the Byz. Empire, 1985 – E. KISLINGER, Xenon und Nosokomeion – Hospitäler in Byzanz, Historia Hospitalium 17, 1986/88, 7–16 – U. B. BIRCHLER-ARGYROS, Die Q. zum Kral-Spital in Konstantinopel, Gesnerus 45, 1988, 419–443 – *zu [V]*: E. GURLT, Gesch. der Chirurgie und ihrer Ausübung, 1898, I, 523–593 – H. J. MAGOULIAS, The Lives of the Saints as Source of Data for the Hist. of Byz. Med. in the Sixth and Seventh Cent., BZ 57, 1964, 127–150 – K. HEINEMANN, Die Ärztehll. Kosmas und Damian, MedJourn 9, 1974, 255–317 – G. SCHMALZBAUER, Med.-diätet. über die Podagra aus spätbyz. Zeit, JÖB 23, 1974, 229–243 – A. BERGER, Das Bad in der byz. Zeit, 1982, 26–27, 34–39, 72–79 – L. J. BLIQUEZ–A. KAZHDAN, Four Testimonia to Human Dissection in Byz. Times, BHM 58, 1984, 554–557 – G. E. PENTOGALOS–J. G. LASCARATOS, A Surgical Operation performed on Siamese Twins during the Tenth Cent. in Byzantium, BHM 58, 1984, 99–102 – J. M. RIDDLE, Ancient and Medieval Chemotherapy for Cancer, Isis 76, 1985, 320–330 – E. KISLINGER, Der kranke Justin II. und die ärztl. Haftung bei Operationen in Byz., JÖB 36, 1986, 39–44 – A. KELLER, Die Abortiva in der röm. Ks.zeit, 1988 – J. M. RIDDLE, Oral Contraceptives and Early-Term Abortifacients during Classical Antiquity and the MA, PP 132, 1991, 3–32.

C. Südosteuropa

Bei allen Balkanvölkern waren im MA Praktiker der

traditionellen Volksm. tätig (Wundärzte, Bruchschneider, Hebammen). Sehr nahe standen ihnen die heilkundl. tätigen Barbiere (barberii et medici). Alle setzten ihr Wirken auch nach dem Auftreten der gelehrten Ärzte fort. Erhalten blieb auch der Einfluß der abergläub.-magischen oder christlich inspirierten Heilkunde (Gebete gegen Krankheiten, Heilungen bei Heiligengräbern usw.).

Seit dem 12. Jh. werden bei den Kl. Krankenhäuser (Hospitalia, Xenodochia, Nossokomia, bol'nice) erwähnt mit Abteilungen für Mitbrüder und hilfsbedürftige Arme. Das Personal war ohne fachl. Ausbildung, aber wohl an med. Schriften interessiert, sind doch die meisten Hss. med. Inhalts in Kl. erhalten geblieben.

Gelehrte Ärzte aus Italien wurden von den Kommunen an der Adriaküste berufen. Unter ihrem Einfluß führten die Städte eine Art Gesundheitspolitik und einige entsprechende Institutionen ein. Mit den medici und physici gelangten auch die in Testamenten und Inventaren verzeichneten med. Bücher nach SO-Europa. Seit dem Ende des 14. Jh. finden sich it. Ärzte auch im Dienst der Herrscher und Territorialherren. Guillelmus de Varegnana, Leibarzt des kroat. Landesherren Mladen II. v. Bribir, widmete sein Werk über die »Secreta sublimiae medicinae« seinem Patron. An den Höfen der serb. Herrscher wirkten auch griech.-byz. Ärzte.

Die Lehren vom menschl. Körper und die Namen der großen med. Autoritäten der Antike drangen in die slav. Lit. ein durch Übers. allg. religiöser Werke (Hexameron, Quelle der Weisheit usw.), aber auch durch Iatrosophien, die den Inhalt der *lekaruše*, der volkstüml. Schriften über Krankheiten und Arzneien, beeinflußten. Übersetzungen lat. med. Schriften der Schulen v. →Salerno und →Montpellier (u.a. auch die Practica brevis des I. Platearius) finden sich in zwei serb. Sammelhss. des 15./16. Jh. (Chilandar und Hodos). S. Ćirković

Lit.: R. Jeremić–J. Tadić, Prilozi za istoriju zdravstvene kulture starog Dubrovnika, I–III, 1938-40 – M. D. Grmek, Bibliogr. medica Croatica I, 1 1470-1874, 1955 – Hilandarski medicinski kodeks N. 517, 1980 [Faks.] – M. D. Grmek, Sadržaj i podrijetlo Hilandarskog medicinskog rukopisa br. 517, Spomenik SANU 90, Od. društv. nauka 12, 1961, 45-57 – R. Katić, Srpska srednjovekovna medicina, 1990.

Medizinalordnung (Medizinalstatuten), siz., Friedrichs II., im →Liber Augustalis (III, 44-47) enthaltene, 1231 und 1240 erlassene medizinalpolit. Bestimmungen, die ersten umfassenden in Europa. Die ärztl. Ausbildung, Prüfung, Approbation, Praxisausübung und Gebührenordnung, der Studiengang der Chirurgen, die Beaufsichtigung der →Apotheken durch Ärzte und vereidigte Beamte, Arzneipreise, Apothekengründungen, die Vereidigung der Apotheker und die berufl. Trennung von Arzt und Apotheker wurden reglementiert und dadurch die Spezialisierung innerhalb der Heilkunde gefördert. Neben norm., byz., islam. und spätantiken Rechtsvorstellungen wurden prakt. Erfahrungen aus dem Gesundheitswesen und den Medizinschulen (→Salerno) verarbeitet. Dieses Normengut beeinflußte indirekt das spätere europ. Medizinal- und Apothekenwesen. K. H. Bartels

Lit.: W. H. Hein–K. Sappert, Die M. Friedrichs II., VIGGPharm 12, 1957 – J. M. Powell, Greco-arabic influences on the public health legislation in the constitutions of Melfi, Archivio storico Pugliese 32, 1978, 77-93.

Medres(s)e → Madrasa

Medwall, Henry, frühester namentl. bekannter Autor engl. Dramen, * 8. Sept. 1461 in Southwark, Surrey (heute London), † ca. 1514. Nach Studien am King's College, Cambridge, vermutl. in London als Jurist und Notar tätig, seit 1487 im Dienst von Kard. John →Morton während dessen Amtszeit als Ebf. v. Canterbury. Nach 1501 verliert sich M.s Spur. Seine zwei erhaltenen, in den 1490er Jahren entstandenen zweiteiligen Interludien waren für Bankettaufführungen im Lambeth Palace, der Londoner Residenz des Ebf.s, bestimmt: »Nature«, ein allegor. Drama über Versuchung und Buße in der Tradition engl. →Moralitäten, jedoch mit humanist. Differenzierung der Thematik (gedr. ca. 1530), und »Fulgens and Lucrece«, die Dramatisierung eines Streitgesprächs um Geburts- und Verdienstadel (nach Buonaccorsos da Montemagno d. J. »De vera nobilitate«; engl. Übers. von John →Tiptoft [ca. 1460]) unter Einbeziehung einer parodist. Nebenhandlung; dieses weltl. Stück nimmt Techniken der elisabethan. Komödie vorweg. Ein Exemplar der von John Rastell besorgten Druckausg. (ca. 1512-16), der frühesten eines engl. Dramas, wurde erst 1916 wiederentdeckt (heute Huntington Library, San Marino, Calif.). W. Habicht

Bibliogr.: C. J. Stratman, Bibliogr. of Medieval Drama, 1972², I, 609-613 – D. J. White, Early English Drama, 1986, 180-187 – Ed.: The Plays of H.M., ed. A. H. Nelson, 1980 – The Plays of H.M., ed. M. E. Moeslein, 1981.

Meerssen, Vertrag v. (8. Aug. 870). Bei M. (Prov. Limburg, Niederlande, am Maasufer), schon 847 und 851 Ort frk. Herrschertreffen, kamen nach längeren Vorgesprächen Karl (II.) d. Kahle und Ludwig II. d. Deutsche zur Aufteilung →Lotharingiens zusammen. Dieses regnum war Produkt der Teilung des im Vertrag v. →Verdun 843 formierten Reichs Ks. Lothars I. unter seine drei Söhne. Nachdem Lothar II. die Anerkennung seines Sohnes →Hugo (6.H.) nicht erreicht hatte, richteten sich nach Lothars Tod (8. Aug. 869) Expansionswünsche der karol. Herrscher auf das ehem. Zentrum des Frankenreichs. Freilich waren weder der von Papst Hadrian II. unterstützte Bruder Lothars, Ks. Ludwig II., noch sein Onkel, Ludwig d. Deutsche, zum raschen Eingreifen imstande. So ließ sich Karl d. Kahle – entgegen früheren Abmachungen – auf einem schnellen Zug nach Metz am 9. Sept. 869 zum lotharing. Kg. krönen, konnte aber seine Ansprüche auf das ganze regnum Lotharii angesichts massiver Drohungen des Bruders nicht behaupten. So handelten die beiden Kg.e genau ein Jahr nach Lothars II. Tod in M. eine Teilung Lotharingiens aus, die sich nicht an sprachl. oder ethn. Gegebenheiten orientierte und ungefähr den Flußläufen von Maas, Mosel und Saône folgte. Trotz einer erhaltenen Notiz ist der genaue Grenzverlauf nicht in allen Einzelheiten zu rekonstruieren: Neben gen. Kirchen und Gft.en erhielt Ludwig die Bf.sstädte Trier, Utrecht und Straßburg, dazu Aachen und Metz; während Karl neben zahlreichen Kirchen und Gft.en die Bf.sstädte Lyon, Besançon, Vienne, Lüttich, Toul, Verdun, Cambrai, Viviers und Uzès erlangte. Der Vertrag v. M., der die Existenz des lotharing. Mittelreiches n. der Alpen beendete, wurde bereits 879/880 in den Verträgen v. Verdun und →Ribémont revidiert, als das ganze regnum Lotharii O-Franken zufiel. B. Schneidmüller

Q. und Lit.: MGH Cap. II, 251 – RI I 1479 c–h; 1480, 1480a – Dümmler II², 297ff. – R. Parisot, Le royaume de Lorraine sous les Carolingiens, 1898, 366ff. – J. Calmette, La diplomatie carolingienne du traité de Verdun à la mort de Charles le Chauve, 1901, 126f. – J. Hoyoux, La clause ardennaise du traité de M., M–A 53, 1947, 1-13 [dazu P. Gorissen, ebd. 55, 1949, 1-4] – E. Hlawitschka, Lotharingien und das Reich an der Schwelle der dt. Gesch., 1968, 19 – Großer Hist. Weltatlas II, 1979², 11c [dazu Erl., hg. E. W. Zeeden, 1983, 59f.] – I. Voss, Herrschertreffen im frühen und hohen MA, 1987, 41ff.

Meerzwiebel (Urginea maritima [L.] Bak./Liliaceae). Die an den Küsten des Mittelmeeres wachsende, als Bulbus Scillae noch heute offizinelle M. wird seit der Antike (Plinius, Nat. hist. 20, 97–101), frisch oder geröstet, mit Öl, Wein oder Essig gekocht, vielseitig angewendet. Im MA war sie u. a. als *scille, cilla* (Alphita, ed. MOWAT, 173f.), *squilla, cepa marina* bzw. *wildknoblouch, wilde cloberloich* (STEINMAYER-SIEVERS III, 532 und 545) bekannt. Albertus Magnus (De veget. VI, 431) leitet den Namen *cepa muris* (statt maris) davon ab, daß sie Mäuse töte; Konrad v. Megenberg (V, 77) nennt sie entsprechend *mäuszwival*. Die M. galt im MA als wirksames Antidot, weshalb die Trochisci squillitici zu den Hauptbestandteilen des →Theriak gehörten. Außerdem wurde sie bei Wasser- und Gelbsucht, Milzleiden, Menstruationsbeschwerden und als harntreibendes sowie abführendes Mittel empfohlen (Circa instans, ed. WÖLFEL, 141; Gart, Kap. 373). Vor der Tür aufgehängt, sollte die M. alle Übel abwehren.

I. Müller

Lit.: MARZELL IV, 911–913 – HWDA VI, 76–78 – E. HIRSCHFELD, Stud. zur Gesch. der Heilpflanzen. 2. Scilla, Kyklos 2, 1929, 163–179 – R. MÜLLER, Beitr. zur Gesch. der offizinellen Drogen Bulbus Scillae, Herba Absinthii und Flos Cinae, 1931, 3–38 – J. STANNARD, Squill in ancient and medieval materia medica, with special reference to its employment for dropsy, Bull. N.Y. Acad. Med. 50, 1974, 684–713.

Megas dux → Dux I,2

Megaspelaion, Kl. in der Diöz. Kalavrita und Aigialeia (Peloponnes), am Fuß eines gewaltigen Felsens der Bergkette am Golf v. Korinth, vor einer Höhle. Legendenumwoben sind Gründung und Leben der Gründer, als welche zwei leibl. Brüder, Symeon und Theodor aus Thessalonike, gelten. Nach der Überlieferung lebten sie im 4. Jh. in strenger Askese und hatten auf einer Pilgerreise nach Palästina die Priesterweihe empfangen. Aufgrund einer Vision kamen sie auf die Peloponnes, wo eine junge Hirtin sie zur wunderbaren Gottesmutterikone in der Höhle führte. Die beiden Mönche errichteten in der Höhle einen Altar und wirkten als Missionare. Gefährten schlossen sich an zu einer 'hl. Bruderschaft'. Die Höhle mit der Ikone wurde zum vielbesuchten Heiligtum. Die Gründerbrüder starben wenige Tage nacheinander und wurden in der Höhle beigesetzt. Ihr Gedächtnis, zusammen mit dem der Hirtin Euphrosyne, die als Inklusin bei der Höhle lebte, wird am 18. Okt. gefeiert. Das Kl. erfuhr eine wechselvolle Geschichte. 840 legten es Ikonoklasten in Brand. Früh erhielt es den Status des Stauropegions und eines ksl. Klosters. Ks. Andronikos II. Palaiologos gestaltete es 1285 großräumig um. Im 14. Jh. angesehen und einflußreich, gewährte ihm Ks. Johannes VI. Kantakuzenos ein Chrysobull. Im MA sollen bis zu 300 Mönche dort gelebt haben. Durch wiederholte Brände (1400, 1460, 1640, 1934, 1943) gingen die reichen Hss.bestände zum größten Teil verloren. Gerettet wurde die Gottesmutterikone, ein →Lukasbild, wie viele Ikonen dieses (Hodigitria-)Typos.

H. M. Biedermann

Lit.: ThEE VIII, 871–881; XI, 548 – LThK² VII, 238 – G. A. SOTERIOU, Archaiologikon Deltion 4, 1918, 30–44 – Κριτομικὸν ἢ προσκυνητάριον τῆς ἱερᾶς καὶ βασιλικῆς μονῆς τοῦ Μεγάλου Σπηλαίου, hg. G. ANDREOPOULOS, 1925 – K. LAPPAS, Τὰ προσκυνητάρια τῆς μονῆς τοῦ Μεγάλου Σπηλαίου: Μεσαιωνικὰ καὶ νέα Ἑλληνικά I, 1984, 80–125.

Meginhart v. Fulda, Mönch und Schriftsteller, † nicht vor 867; als Urk.schreiber ist M. in Fulda seit den vierziger Jahren bezeugt, von 857 an begegnet er als Presbyter. Nach dem Tod →Rudolfs v. Fulda (8. März 865) vollendete sein Schüler M. die »Translatio s. Alexandri« (BHL 283); Auftraggeber war →Widukinds Enkel Waltbert, der die Reliquien von Rom nach Wildeshausen gebracht hatte. M. hat wohl unechte Diplome für sein Kl., die im Zehntstreit zw. Fulda und Mainz eine Rolle spielten, redigiert. Nicht ausreichend begründet ist die These, er habe sich seit dem Ende der sechziger Jahre in Mainz aufgehalten und dort die ost-frk. →Rechtsannalen (sog. Annales Fuldenses) bis 887 fortgesetzt.

J. Prelog

Ed.: B. KRUSCH, Die Übertragung des Hl. Alexander..., NGG Philol.-Hist. Kl. 1933, 405–436 – *Lit.*: NDB XVI, 616f. – WATTENBACH–LEVISON–LÖWE VI, 671–683, 713f. – K. SCHMID, Die Kl.gemeinschaft v. Fulda im früheren MA, II/1, 1978, 259f. – M. RATHSACK, Die Fuldaer Fälschungen I, 1989, 201–234.

Megiste Laura (»größte Klostergemeinschaft«), Urkl. des →Athos, gegr. vom hl. →Athanasios Athonites. Nikephoros Phokas und Johannes I. Tzimiskes statteten das Kl. mit großen Geldsummen und Ländereien aus. Seine größte Blüte erlebte das Kl. von der Mitte des 11. Jh., wo es 700 Mönche zählte, bis zum 14. Jh. als koinobit. Kl. Ab dem 15. Jh. beobachtet man infolge der türk. Eroberung von Byzanz eine unaufhaltsame Dekadenz der 'M. L.'. Die Folge war, daß das Kl. für lange Zeit vom Koinobitischen zum Idiorrhythm. (individuell gelebtes Mönchtum) verfiel. Seit 1980 fungiert die 'M. L.' wieder als koinobit. Kl. Das Katholikon in der Mitte des ummauerten Hofes (Kreuzkuppelkirche, 2. Hälfte des 10. Jh.) war ursprgl. Mariae Verkündigung, seit dem 15. Jh. dem hl. Athanasios Athonites geweiht. 1535 wurden die Innenräume von Theophanes v. Kreta bemalt. Zur 'M. L.' gehören darüber hinaus 34 Parekklesia (kl. Kapellen), davon 15 im Innenhof und 19 außerhalb. Die Bibliothek des Kl. umfaßt 1046 Hss., darunter kostbare Pergamenturkk. von Ks.n, Patriarchen und Sultanen. Zum reichen Kl.schatz gehört auch der sog. Sakkos des →Nikephoras Phokas, goldene und silberne Evangelienbeschläge, Reliquienschreine, kostbare Meßgewänder und hervorragende tragbare Ikonen.

E. Konstantinou

Lit.: PH. MEYER, Die Haupturkk. für die Gesch. der Athoskl., 1894 [Nachdr. 1965] – F. DÖLGER, E. WEIGAND, A. DEINDL, Mönchsland Athos, 1943 – I. DOENS, Bibliogr. de la Ste. Montagne de l'Athos, Le Millenaire du Mont Athos 963–1963, Ét. et Mél. I., 1965, 337–495 – K. DELOPOULOS, Beitr. zur Bibliogr. des Hl. Berges, 1701–1971, 1971 [gr.] – NIKODEMOS (Mönch) NEOSKETIOTES BILALIS, Der Hl. Athanasios Athonites, 1, 1975 [gr.] – →Athos.

Mehmed

1. M. I., osman. Sultan (→Osman. Reich) 1413–21, geb. in den 1380er Jahren (?), gest. 1421, dritter (?) Sohn →Bāyezīds I.; Titel: Çelebi, Giyāşal-Dīn; Beiname: Kirişçi. Seit 1398 herrschte M. als Prinz-Gouverneur in →Amasya (Nordanatolien) und behielt diese Position auch während des Interregnums nach der osman. Niederlage gegen →Timur (Schlacht v. →Ankara, 1402). Von Amasya aus betrieb M. im Kampf mit seinen Brüdern die Wiederherstellung der Reichseinheit. Er nahm ʿĪsā →Bursa ab, wurde aber von dem älteren Bruder Süleymān, der von Rumelien aus nach Anatolien vorrückte, nach Osten abgedrängt. Als →Mūsā Çelebi 1409 von der →Valachei aus seinen Herrschaftsanspruch geltend machte und Süleymān dadurch zur Rückkehr nach Rumelien zwang, konnte M. die Kontrolle über den größten Teil Westanatoliens zurückerlangen. Nach der Ausschaltung Süleymāns (1411) blieb Mūsā einziger Konkurrent. Indem M. ein nichtaggressives Verhalten versprach, gewann er die Hilfe des Byz. Reiches und wohl auch diejenige der militär. Machthaber in Rumelien, die sich Mūsā entfremdet hatten. 1413 konnte M. als Sieger den Thron des neugeeinten Reiches besteigen. (Ein Bericht über diese Kämpfe, der die Partei M.s ergreift, ist dem Geschichtswerk →Neşrīs eingefügt). M.s Herrschaft wurde durch das Auftreten →Bedrüddīns, des ehem. Heeresrichters Mūsās, erschüttert, dessen Aufstand brutal unterdrückt wurde (1416). Im selben Jahr flammte auch die Revolte des Muṣṭafā (Düzme) auf. Das Verhältnis zu Byzanz war trotz des Friedensvertrages nicht frei von Spannungen. In der Ägäis setzten sich unter M. die osman. Angriffe fort; Verhandlungen zw. den lokalen Fs.en, Byzanz und →Venedig über die Gründung einer antiosman. Liga blieben ohne Ergebnis. 1416 vernichteten die Venezianer jedoch die Flotte M.s und sicherten so ihre Vorherrschaft zur See. Anderseits besetzten M.s Truppen 1417-18 →Albanien und griffen →Mircea den Alten an, der die Aufstände Bedrüddīns und Muṣṭafās unterstützt hatte. Die Beziehungen zu →Serbien waren dagegen friedlich. Die bedeutendsten Gegenspieler M.s in Anatolien waren die →Karaman, die Bursa 1413 und während der Krise von 1416 angriffen. Im Gegenzug führte M. zwei Angriffe gegen die Karaman: 1415 nahm er →Smyrna (İzmir) ein und vertrieb Cüneyd, den späteren Verbündeten Muṣṭafās; 1417 führte er einen weiteren verheerenden Feldzug, vor dem sich die Karaman nur retteten, indem sie Vasallen der →Mamlūken wurden. M. schwächte auch die Stellung der →İsfendiyār und besetzte das genues. →Samsun. Die Städte, die er in der Gegend von İzmir unterwarf, stiftete er als Besitzgrundlage für den Yeşil (»Grüne«) Moschee-Mausoleum-Komplex, eines Meisterwerks frühosman. Kunst. C. Kafadar

Q.: Neşrī, →Dukas - *Lit.*: IA, s. v. - E. Werner, Die Geburt einer Großmacht. Die Osmanen (1300-1481). Ein Beitr. zur Genese des türk. Feudalismus, 1985 - C. Imber, The Ottoman Empire, 1300-1481, 1990.

2. M. II., 'der Eroberer', osman. Sultan (→Osman. Reich) 1444-46, dann 1451-1481, geb. 1432, gest. 3. Mai 1481. Die erste Regierungszeit fällt in die Jahre, in denen sein Vater →Murād II. sich freiwillig aus den Regierungsgeschäften zurückgezogen hatte, dieser wurde jedoch nach einem erneuten Kreuzzug und einem Aufstand der →Janitscharen zurückgerufen. Der erste Feldzug des jungen Sultans galt dem bereits auf einen Stadtstaat zusammengeschrumpften →Konstantinopel (Eroberung 29. Mai 1453). Es folgte ein Krieg gegen →Serbien, der das Land mit Ausnahme der Festung →Belgrad in osman. Hand brachte (1454-59). Es folgten Feldzüge gegen →Albanien, das gegen den Widerstand →Georg Kastriotas (Skanderbeg) bis 1467 unterworfen wurde, und gegen die →Valachei und →Moldau; diese wurden Vasallenstaaten. In der Peloponnes wurde das von einem Zweig der byz. Palaiologendynastie beherrschte Fsm. →Morea unterworfen, desgleichen die ven. Besitzung Negroponte (→Euboia) besetzt (1458-60, 1476). In Anatolien wurde →Karaman, das mächtigste der dort etablierten Fsm.er, niedergeworfen; dies brachte dem Sultan den Besitz der früheren Zentren des Reiches der →Selǧuqen, →Konya, →Kayseri und →Akşehir (1464-74). Die Grenze zw. osman. und mamlūk. Herrschaftsbereich verlief jetzt quer durch Kilikien. Eine Serie von Kriegen gegen →Uzun Ḥasan, den turkmen. (Aqqoyunlu-)Herrscher v. Ostanatolien und Mesopotamien, resultierte in der Einverleibung von Kelkit, Şebinkarahisar und Koyulhisar (1472-73). Im Schwarzmeergebiet wurden die genues. Basen, u. a. →Amasra und →Caffa (1475), erobert; dasselbe war schon vorher mit dem von Komnenenfürsten regierten Stadtstaat →Trapezunt geschehen. Damit war der gesamte Schwarzmeerbereich in osman. Händen. In Istanbul und Edirne (→Adrianopel) baute M. mehrere Paläste sowie in Istanbul einen Komplex von Moscheen und theol. Schulen. Er veranlaßte die Neubesiedlung Istanbuls mit muslim. und christl. Untertanen des Osman. Reiches. Die türk. Aristokratie wurde von ihm weitgehend entmachtet, an ihre Stelle traten Männer, die aus der →Knabenlese hervorgegangen waren. Die Theologen und Rechtsgelehrten wurden unter engere Kontrolle des Palastes gebracht, zahlreiche fromme Stiftungen eingezogen und in Militärlehen umgewandelt. Gegen diese letzte Maßnahme gab es starke Opposition, und sie wurde von seinem Nachfolger →Bāyezīd II. rückgängig gemacht. Pläne zur Eroberung Italiens veranlaßten M., it. Künstler und Humanisten an seinen Hof zu ziehen, er ließ sich von G. →Bellini porträtieren. S. Faroqhi

Lit.: F. Babinger, M. der Eroberer und seine Zeit, 1953 – H. Inalcik, Fatih devri üzerinde tetkikler ve vesikalar, 1954 – Ders., The Policy of M. II toward the Greek Population of Istanbul and the Byz. Buildings of the City, DOP 23-24, 1969-70, 231-249 – C. Imber, The Ottoman Empire, 1300-1481, 1990.

3. M., frühosman. Dichter, von dem nur ein 1398 abgeschlossenes und einem osman. Prinzen gewidmetes reizvolles Gedicht von 8700 Blankversen bekannt ist. Sein Titel »ʿIšq-nâme« (Buch der Liebe) sollte (nach Sohrweide) richtiger »Ferruch u Humâ« lauten (Namen der beiden liebenden Hauptheden). Die einzige Hs. (Paris) enthält Lücken, die nach einer Prosafassung von 1601 ergänzt werden können. A. Tietze

Ed. und Lit.: S. Yüksel, M., Işk-nâme, 1965 – A. Tietze, Mehemmeds Buch der Liebe (Fschr. O. Spies, 1967), 660-685 – H. Sohrweide, Neues zum ʿIšq-nâme (Studi preottomani e ottomani, 1976), 213-218.

Mehun-sur-Yèvre, Stadt in Mittelfrankreich, →Berry (dép. Cher), altes kelt. Oppidum, gelegen auf einem beherrschenden Kalkhügel über Sumpfland, seit dem frühen 10. Jh. Sitz einer kleinen →Kastellanei, in Lehnsabhängigkeit vom Ebf. v. →Bourges. Sie fiel um die Mitte des 11. Jh. an eine jüngere Linie des Hauses →Vierzon; diese errichtete bei der Burg ein kleines Kollegiatstift, dem Ebf. Philippe →Berruyer 1250 Statuten gab. Infolge von Heiraten kam M. an die Herren v. →Courtenay, die der Stadt die Charte v. Lorris verliehen, schließlich an den Kapetinger →Robert III. v. Artois. Das Lehen wurde 1332 konfisziert, dann an →Johann v. Luxemburg, Kg. v. Böhmen, verlehnt und kehrte bald darauf anläßl. der Heirat der Bonne (Guda) v. Luxemburg mit Kg. Johann II. v. Frankreich an die →Krondomäne zurück. 1361 wurde M. ein Teil der →Apanage des Hzg.s →Jean de Berry, der hier 1367-90 ein prachtvolles Schloß erbauen ließ (berühmte Miniatur im →Stundenbuch), das nach seinem Tod (1416) aufgegeben wurde. Es war unter Karl VII. wieder eine wichtige Residenz. G. Devailly

Lit.: R. Crozet, L'art roman en Berry, 1932 – G. Devailly, Le Berry du Xe au milieu du XIIIe s., 1973 – Hist. du Berry, 1980^2 – s.a. Lit. zu →Jean, Hzg. v. Berry [F. Lehoux].

Meier, -recht, In der →Grundherrschaft des FrühMA war der M. (maior, villicus) der Verwalter eines →Fronhofes; er betrieb die Hofwirtschaft mit Hilfe des Hofgesindes und der →Frondienste abhängiger Bauern. Bereits im →Capitulare de villis werden maiores als Verwalter von Kg.shöfen genannt, die dem iudex, dem Leiter von größeren Fiskalbezirken unterstellt waren. Der M.hof selbst heißt in älterer Zeit zumeist curia villicalis oder c. villicatus. →Keller (cellerarii) oder →Schultheiße (sculteti) konnten ähnl. Funktionen bei der Verwaltung von Herrenhöfen wahrnehmen. Neben der Bewirtschaftung des Fronhofes war der M. auch mit der Einziehung der grundherrl. Abgaben von den zu einer →Villikation gehörenden Hufenbauern beauftragt. Ferner leitete er das Hofgericht (M.ding), das im Rahmen des →Hofrechts zu regelmäßigen Sitzungen über grundherrl. Gerichtsfälle zusammentrat.

Aufgrund ihrer wichtigen Funktionen bei der Verwaltung der Villikationen erlangten die urspgl. unfreien M.

im Laufe der Zeit eine bedeutsame Stellung im Grundherrschaftsbereich, die sie im HochMA zu Aufstiegsbestrebungen stimulierte. Diese Emanzipationsversuche der M. und ihre Ambition, eine ritterl. Position zu erringen, sind im 11. Jh. z. B. bei St. Gallen zu erkennen, wo die M. sich mit ritterl. Waffen ausstatten, ihre M. ämter als erbl. Lehen beanspruchen und die landwirtschaftl. Arbeiten niedriger gestellten Personen überlassen. In St. Gallen und in anderen Grundherrschaften hatte dieses Selbständigkeitsstreben der M. z. T. Erfolg, so daß mächtige M. geschlechter in die →Ministerialität und schließlich in den niederen Adel aufstiegen. Im bayer. Raum waren die M. jedoch bäuerl. Hintersassen, so daß hier keine Aufstiegsprozesse in den Ritterstand zu verzeichnen sind. Das Streben der M. nach Selbständigkeit hat im 12. und 13. Jh. wesentl. dazu beigetragen, daß das Villikationssystem zerfiel. Die Grundherren lösten die Villikationen auf, verpachteten das Salland der Fronhöfe und gingen zu einem überwiegenden Rentensystem über. Die Villikationen wurden zuerst stellenweise auf Zeit gegen einen Festzins (pensio) verpachtet – eine Rechtsform, die als ius villici (M. recht) bezeichnet wurde. Später trennte man die Fronhöfe von den Bauernhufen und verpachtete sie gesondert an die M. Im nordwestdt. Raum näherte sich die Rechtsstellung der übrigen Hofgenossen an der der M. an, so daß auch die Höfe der Hufenbauern nach M. recht vergeben wurden. Auf diese Weise ist offenbar das M. recht entstanden, das in Niedersachsen bes. während der frühen NZ zu einer weitverbreiteten bäuerl. Pachtform wurde; das M. recht entwickelte sich dabei dank des landesherrl. Bauernschutzes von einem zeitl. befristeten zu einem erbl. Besitzrecht. In SW-Deutschland wurden viele Fronhöfe im Zuge der Auflösung der Villikationen ebenfalls an M. verliehen, doch bildete sich kein spezielles M. recht. Die M. waren hier die selbständige Bewirtschafter ihrer Höfe, die im SpätMA in der Regel zu den größten Bauern im Dorf gehörten und mit Sonderrechten ausgestattet waren. Die M. übten außerdem wichtige administrative Funktionen für den Grundherrn aus, organisierten das Hofgericht und besaßen einen sozialen Vorrang vor den übrigen Bauern.

W. Rösener

Lit.: HRG III, 439ff. – W. Wittich, Die Grundherrschaft in Nordwestdtl., 1896 – V. Ernst, Die Entstehung des niederen Adels, 1916 – A. Dopsch, Herrschaft und Bauer in der dt. Ks.zeit, 1939, 60ff. – G. Fourquin, Hist. économique de l'Occident médiéval, 1979², 56ff. – W. Rösener, Grundherrschaft im Wandel (Veröff. des Max-Planck-Inst. für Gesch. 102, 1991), 467ff.

Meier Helmbrecht → Wernher der Gartenaere

Meile, in MA und NZ gebräuchl. Maß für längere Strekken und größere Entfernungen. Thorn erhielt 1233/51 weichselabwärts Nutzungsrechte »ad unum miliare«, landeinwärts »per dimidium miliare«. Die »Geometria Culmensis« kennt um 1400 zur Landmessung die dt. Rast = 10 und mehr welsche M.n (miliarum Gallicum), die kleine Rast/leuca = 2 welsche M.n à 8 Gewend (1 Gewend/stadium = 625 Fuß/pes, 1 Schritt/passus = 5 Fuß, 1 Elle/ulna = 2 Fuß à 16 Finger/digitus; die dt. M. (miliarum Teutonicum) = 180 Seil/corda = 5400 Schritt = 27000 Fuß, 1 Seil = 10 Ruten/pertica à 3 Schritt; das miliarum quadratum (1800 × 1800 Ruten) = 260 Huben = 1080 Morgen; die dt. M. »in der lantstrosse« (strata regia) = 1 miliare × 1 Rute = 6 Morgen = 1800 Quadratruten. Das Brügger Itinerar (14. Jh.) mißt in M. n: 1713 rechnet der sächs. Postordnung 1 M. = 1 Std., »bey bösen Wegen und Bergen« 1 1/2 Std., »zum Reyten« 3/4 Std. Im 18./19. Jh. galt die gesetzl. »Wegstunde« 3692–4800 m (Saarbrücken-Schweiz), die (Chaussee/Post/Land-)M. 7363–7586 m (Weimar-Österreich) bzw. 8035–9264 m (Holstein-Lippe). Sie waren ganzzahlige Vielfache von (1000, 2000) Klafter, Faden, Lachter, Ruten. Zedler unterscheidet math., gesetzl., gemeine M.n. Um 1816 war es üblich, 1 Meridiangrad = 15 geogr. M.n anzunehmen (= 69 See-M. n).

H. Witthöft

Lit.: Zedler, Universal-Lex. XX, 1739 – H. Mendthal, Geometria Culmensis (Publ. des Ver. für die Gesch. von Ost- und Westpreußen, 1886, 20ff. – H.-J. v. Alberti, Maß und Gewicht, 1957, 70ff. – H. Witthöft, Rute, Elle und Schuh in Preußen, Scripta Mercaturae 15, 1, 1981, 1ff.

Meilenrecht, beinhaltete ein Sonderrecht, das innerhalb eines bestimmten, durch das Maß einer Meile oder auch mehrerer Meilen bemessenen örtl. Gebietes (→Bannmeile) galt. Soweit dieses Gebiet mit wirtschaftl. Einrichtungen versehen war, gewährleistete das M. die Herstellung und Sicherung eines wirtschaftl. Einflußgebietes unter Ausschluß anderer Wettbewerber. Dementsprechend stand deren Verbot im Vordergrund. Das M. erscheint in den hoch- und spätma. Städten (→Bürger) des SO (→Böhmen, →Freistadt in Österreich [1363]).

G. Köbler

Lit.: O. Gönnenwein, Das Stapel- und Niederlagsrecht, 1939 – H. Fischer, Burgbezirk und Stadtgebiet, 1956 – W. Küchler, Das Bannmeilenrecht, 1964.

Meinardino Alberti degli Aldighieri, Bf. v. →Imola, † nach 1250, zunächst Kanoniker zu Bologna, dann Dompropst und Subdiakon in seiner Heimatstadt Ferrara, seit 1207 Bf. v. Imola, ist u. a. als Teilnehmer am 4. →Lateran-konzil 1215, Stadtoberhaupt (Podestà zu Imola 1209/10 und 1221) und Reichsfs. (Beteiligung an den Reichstagen v. Cremona 1226 und Ravenna 1231/32) nachgewiesen. Die Gesch. Imolas und eine stauf. gesinnte Biogr. Friedrichs II. des noch im Nov. 1247 bezeugten, 1248 aus seinem Bm. vertriebenen Bf. s sind verloren, jedoch konnte letztere wenigstens z. T. von Güterbock (Einschränkungen von Baethgen und Kantorowicz) aus →Collenuccio, →Calco und →Villani rekonstruiert werden.

R. Neumann

Lit.: DBI II, 86f. [Q., Lit.] – P. Scheffer-Boichorst, Zur Gesch. des XII. und XIII. Jh., 1897, 275–283 – J. Werner, Nachlese aus Zürcher Hss., NA 31, 1906, 590 – F. Baethgen, Zu M. v. Imola, ebd. 38, 1913, 684–687 – E. Kantorowicz, Ks. Friedrich II., Ergbd., 1931 [Neudr. 1980], 303f.

Meineid (mhd. *meineit*; von 'mein' = falsch) ist der falsche eidl. Schwur. Sein Bereich entspricht dem des →Eides selbst, weshalb zw. (promissor.) Versprechensm. – auch Treubruch gen. – und (assertor., eigtl.) Aussagem. zu unterscheiden ist. In beiden Fällen soll durch den Eidesschwur eine Behauptung dadurch gesichert und in der Glaubwürdigkeit und Überzeugungskraft bestärkt werden, daß der Schwörende in ritualisierter Form sich total, mit dem Einsatz seiner ganzen Persönlichkeit (bis zum Tode), hinter sie stellt. Der Schwörende ruft Instanzen an, die ihn vernichten können (seine Waffen, die Natur, dämon. Kräfte, eine Gottheit) und dies auch tun sollen, wenn seine Behauptung nicht zutrifft. Das Christentum ließ auf die Reliquien eines Hl. en oder auf den Namen Gottes selbst schwören. Die ird. Folgen eines M. es waren sicherl. relevanter: näml. (zumindest bei wiederholtem Male) Ehrverlust und damit Rechtlosigkeit (und Eidesunfähigkeit). Darüber hinaus sah die Kirche in dem M. sündhaftes Lügen und zugleich den Mißbrauch des Namens Gottes und seiner Hl.en, damit ein Religionsdelikt (verwandt der →Gotteslästerung). Der M. wurde deshalb von der geistl. Gerichtsbarkeit mit Kirchenstrafen geahndet. – Das weltl. Recht kümmerte sich um den Versprechensm. kaum. Nur in den Fällen, wo öffentl. Belange betroffen waren (wie z. B. bei Amtseid, Urfehdeeid, Treueid, Bürgereid, Friedenseid), oft auch nur bei Wiederholungen, wurde der M. mit Hand- oder Schwurfingerverlust, im S (im Zusammenhang mit Gotteslästerung) mit Zungenausreißen bestraft. Bei Entdeckung des M.es gingen die durch den Versprechenseid erlangten Vorteile und Rechte (z. B. eines Stadtbürgers oder Amtsträgers) verloren, weshalb z. B. der meineidige Bürger der Stadt verwiesen, auch gebrandmarkt und gestäupt werden konnte. – Auch der Aussagem. wurde nur selten als Missetat erwähnt und mit Sanktionierung bedroht. Der Grund liegt wohl darin, daß der Eid im gerichtl. Verfahren nicht als solcher entscheidend war, sondern als einheitl. Schwurkörper aus den Eiden der Eideshelfer. Gelang es dem Eidesführer nicht, die erforderl. Anzahl von Eideshelfern zu finden (etwa weil sie seiner Behauptung nicht glaubten), hatte er ohnehin den Prozeß verloren, weshalb die Frage nach einem M. sich gar nicht stellte. Nur dort, wo der Gegner nach Eidesschelte durch →Zweikampf oder →Gottesurteil den siegreichen Beweis führen konnte, war eine Sanktionierung des M.es möglich und in den Volksrechten auch vorgesehen (als Bußzahlung [→Buße] an den Gegner). Mit der Änderung des Verfahrens, v. a. durch Zulassung des Zeugenbeweises, wurden die Möglichkeiten auch einer Entdeckung des M.es vor Gericht erweitert, nun oft im Zusammenhang mit Falschaussage oder falschem Zeugnis. W. Schild

Lit.: HRG III, 447–458 – F. E. v. Liszt, M. und falsches Zeugnis, 1876 – R. His, Das Strafrecht des dt. MA, T. 2, 1964, 9–18.

Meinhard

1. M. III. (I.), Gf. v. →Görz und →Tirol, * um 1200/05, † Jan./Febr. 1258, ▭ Schloß Tirol; Sohn des Gf.en Engelbert III. v. Görz und der Mathilde v. Andechs-Meranien; ⚭ Adelheid, Tochter des Gf.en Albert III. v. Tirol. Ks. Friedrich II. ernannte M. 1248 zum Reichsverweser und Hauptmann in →Steiermark und →Kärnten, 1250 auch in Österreich. Im Kampf gegen Hzg. →Bernhard II. v. Kärnten und dessen Sohn →Philipp, den Elekten v. Salzburg, unterlag M. 1252 bei Greifenburg (Oberkärnten) und mußte im Frieden v. Lieserhofen seine Söhne →Meinhard IV. und Albert II. als Geiseln stellen, wichtige Besitzungen von Salzburg zu Lehen nehmen und 4900 Mark Silber an Philipp bezahlen. Nach dem Tode Alberts III. teilte M. mit seinem Schwager, Gf. Gebhard v. Hirschberg, am 10. Nov. 1253 den Tiroler Besitz, wobei M. das s. Tirol mit Meran zufiel. 1256 erwarb er auch noch die Lehen des Bm.s Trient. Damit hatte M. den Hauptbesitz der Gf.en v. →Eppan, v. Ulten und v. Tirol in seiner Hand vereinigt. H. Dopsch

Lit.: NDB XIII, 666f. – J. Riedmann, Die Beziehungen der Gf.en und Landesfs.en v. Tirol zu Italien..., 1977 – Ders., Das MA (Gesch. des Landes Tirol I, hg. J. Fontana u.a., 1985) – W. Baum, Zur Kirchen- und Kl.politik der Gf.en v. Görz..., Der Schlern 62, 1988, 466–479.

2. M. IV. (II.), Gf. v. →Görz und →Tirol, Hzg. v. →Kärnten, * um 1238, † 1. Nov. 1295 Greifenburg, ▭ Stift Stams in Tirol; Sohn des Gf.en →Meinhard III. v. Görz und Tirol; 1252–58 als Geisel auf Burg Hohenwerfen inhaftiert; ⚭ 1259 Elisabeth, Tochter Hzg. →Ottos II. v. Bayern und Witwe Kg. Konrads IV. Als Enkel des letzten Gf.en v. Tirol erwarb M. von Gf. Gebhard v. Hirschberg 1263–84 die Besitzungen im Inntal mit der Saline →Hall. Am 4. März 1271 teilte er den Görz-Tiroler Besitz mit seinem Bruder Albert II., wobei ihm Tirol zufiel. Als Vogt der Bm.er Trient und Brixen konnte M. deren geistl. Fsm.er – tlw. durch Gewaltmaßnahmen – in das werdende Land Tirol integrieren. Durch Reformen des Münz- und Rechtswesens, der Verwaltung (v. a. Rechnungswesen, Kanzlei) und die Förderung von Bergbau, Handel und Verkehr steigerte M. die Einkünfte in Tirol, das stets den Schwerpunkt seiner Herrschaft bildete.

Die Verbindung zu Kg. Rudolf v. Habsburg wurde 1274 durch die Ehe von dessen Sohn →Albrecht (1. A.) mit M.s Tochter Elisabeth gefestigt. Im Kampf gegen Ottokar II. eroberte M. Kärnten und die →Steiermark. Kg. Rudolf setzte ihn unmittelbar nach Kriegsende zum Reichsstatthalter (Hauptmann) in Kärnten und →Krain ein. Die endgültige Übertragung dieser Länder und die damit verbundene Erhebung in den Reichsfs.enstand scheiterten v. a. am Widerstand der Kirchenfs.en. Durch die Gründung des OCist Kl. Stams 1284 bahnte M. den Ausgleich mit der Kirche an. Am 1. Febr. 1286 belehnte Kg. Rudolf in Augsburg M. mit Kärnten (Einsetzung 1. Sept. 1286 am Kärntner Herzogsstuhl). Krain und die Wind. Mark blieben von den Habsburgern an M. verpfändet. Als Kg. Adolf v. Nassau M. 1292 die Belehnung versagte, kam es in Tirol und bes. in Kärnten zu einem von Salzburg und Bayern unterstützten Aufstand. Nach dessen Niederschlagung 1293 konnte M.s Sohn Ludwig aus Salzburger Haft befreit werden. M.s Herrschaft über Kärnten fand im Frieden v. Linz 1293 Anerkennung.

H. Dopsch

Lit.: A. Dopsch, Die Kärnten-Krainer Frage..., AÖG 87, 1899, 1–111 – H. Wiesflecker, M. II...., 1955 – W. Köfler, Beitr. zum Urkk. wesen M.s II...., Mitt. des österr. Staatsarchivs 26, 1973, 56–93 – J. Riedmann, Die Beziehungen der Gf.en und Landesfs.en v. Tirol zu Italien..., 1977 – C. Fräss-Ehrfeld, Gesch. Kärntens, I: Das MA 1984 – J. Riedmann, Das MA (Gesch. des Landes Tirol, I., hg. J. Fontana u.a., 1985).

3. M., Bf. v. →Üxküll, * vielleicht 1130/35, † 14. Aug. (11. Okt.?) 1196; Augustinerchorherr in dem von →Vicelin 1134 zur Missionierung Wagriens gegründeten Stift Segeberg (Holstein). M. reiste nach 1182 mit handeltreibenden dt. Kaufleuten von →Lübeck über →Gotland an den Unterlauf der →Düna, begann unter den Liven den christl. Glauben zu predigen und ließ dazu in Üxküll von Steinmetzen aus Gotland eine Kirche und eine Burg errichten, die ersten steinernen Bauwerke im Ostbaltikum. 1186 wurde er von Ebf. →Hartwig II. v. →Hamburg-Bremen zum Bf. v. Üxküll geweiht. Das Missionswerk blieb wegen der Angriffe der heidn. →Litauer und →Semgaller und wegen des wiederholten Abfalls der Liven gefährdet. Obwohl die Christianisierung Livlands endgültig erst durch das Wirken seines zweiten Nachfolgers →Albert v. Buxhövden (1199–1229) gesichert wurde, gebührt M. das Verdienst, aus eigener Initiative, von keinen weltl. Mächten, sondern nur von angeworbenen Kräften verschiedener Reformorden unterstützt, die Bekehrung →Livlands eingeleitet und dafür den kirchenorganisator. Rahmen abgesteckt zu haben. K. Neitmann

Q.: →Heinrich v. Lettland – *Lit.:* NDB XVI, 665f. – M. Hellmann, Die Anfänge christl. Mission in den balt. Ländern (VuF, Sonderbd. 37, 1989), 7–38.

4. M. v. Bamberg, † 20. Juni 1088 wohl in Würzburg, benannt nach der Stätte seiner Hauptwirksamkeit, entstammte einem edelfreien, eher mainfrk. als rheinfrk. Geschlecht. Ausgebildet in Speyer und Reims wurde er ca. 1058 von Bf. →Gunther nach →Bamberg berufen, wo sich unter seiner Leitung die Domschule zu einem reichsweit anerkannten geistigen Zentrum entwickelte. 66 (oder 68) Briefe an meist hochgestellte Adressaten, die er z.T. im Auftrag der Bf.e Gunther und →Hermann I. (10. H.) sowie des Domkapitels verfaßte (ed. C. Erdmann–N. Fickermann, MGH Epp. DK 5), bilden eine wichtige Q. zur Gesch. des →Investiturstreites. Sie zeigen M. vertraut mit der literar. Überlieferung der Antike und als Meister der lat. Diktion. Von seinen theol. Werken blieb nur der Traktat »De fide« erhalten. Ks. Heinrich IV. ernannte M., nachdem er den Würzburger Bf. →Adalbero (8. A.) 1085 abgesetzt hatte, zu dessen Nachfolger. Doch starb M. bereits nach dreijähriger bewegter Regierungszeit.

A. Wendehorst

Lit.: NDB XVI, 670 – Verf.-Lex.² VI, 310–313 – A. WENDEHORST, Das Bm. Würzburg 1 (GS NF 1, 1962), 117–119 – E. FRHR. V. GUTTENBERG, Die Reg. der Bf.e und des Domkapitels v. Bamberg, 1963 – O. MEYER, Oberfranken im HochMA, 1973, 38–44.

Meinhardiner → Görz, Gf.en v.

Meinwerk, Bf. v. →Paderborn seit 13. März 1009 (Weihe), * um 975, † 5. Juni 1036 in Paderborn, ⌐Kl. Abdinghof. Als nachgeborener Sohn des angesehenen, mit dem sächs. Kg.shause verwandten Geschlechts der → »Immedinger« (Vater: Gf. Immad, Mutter: Adela, Tochter des Gf.en Wichmann v. Hamaland) zum Geistlichen bestimmt, wurde M. an den Domschulen zu Halberstadt und Hildesheim, wo der spätere Ks. Heinrich II. sein Mitschüler war, erzogen. Von Otto III. in die kgl. Hofkapelle berufen, empfahl er sich dessen Nachfolger Heinrich II. aufgrund seiner vornehmen Herkunft und seines Reichtums für die Übernahme der vergleichsweise armen Paderborner Bf.skirche. Durch Güterschenkungen und eine energ. betriebene Erwerbspolitik schuf M. die Voraussetzung für die Entstehung des Hochstifts Paderborn. Außergewöhnl. war sein Einsatz im Kg.sdienst, den er – wie Konrad II. lobend hervorhob – mit größerer Ergebenheit und häufiger als andere Bf.e »nicht nur einmal, sondern fast das ganze Jahr über« (DK II. 171) versah. M. unterstützte Heinrich II. und Konrad II. bei ihren krieger. Unternehmungen, insbes. gegen die Polen, und begleitete beide Herrscher zur Ks.krönung nach Rom (1014, 1027). Während seiner Amtszeit wurde Paderborn zu einem der führenden Residenzorte im Reich. M.s unermüdl. Dienste für Kg. und Reich wurden durch zahlreiche kgl. Schenkungen belohnt (u.a. Übertragung der Abteien Helmarshausen und Schildesche durch Heinrich II. [= DD. 371 und 403]).

Aufgrund eines gesteigerten bfl. Repräsentationsbedürfnisses entfaltete M. eine rege Bautätigkeit. So erneuerte und erweiterte er den im Jahre 1000 abgebrannten Dom. Von dem Plan zur Errichtung weiterer, kreuzförmig um den Dom angeordneter Kirchenbauten wurden lediglich Kl. Abdinghof in der w. Vorstadt, das M. zu seiner Grablege bestimmte, und die nach dem Vorbild der Jerusalemer Grabeskirche ö. des Dombezirks errichtete Stiftskirche Busdorf ausgeführt. Sw. des Doms ließ er einen zweigeschossigen Bf.spalast bauen. Unter seiner Leitung wurde vermutl. auch die neue Kg.spfalz mit einem 45 m langen Saalbau errichtet. Bes. Aufmerksamkeit wandte er der Verwaltung des Kirchengutes zu. Trotz seiner weltl. Verpflichtungen vernachlässigte er jedoch seine pastoralen Aufgaben nicht und bemühte sich um die Verbesserung der kirchl. Organisation. Weniger eine Gelehrtennatur, wenn auch den geistigen Strömungen seiner Zeit keineswegs fremd gegenüberstehend, verkörperte M. das Ideal eines Reichsbf.s otton.-frühsal. Zeit.

T. Struve

Q.: Vita Meinwerci episcopi Patherbrunnensis, ed. F. TENCKHOFF (MGH SRG [59], 1921) [verf. um 1165 von einem Abdinghofer Mönch] – Lit.: LThK² VII, 242f. – NDB XVI, 680 f. – J. BAUERMANN, M. (Westfäl. Lebensbilder 1, 1930), 18–31 – H. BANNASCH, Das Bm. Paderborn unter dem Bf.en Rethar und M. (983–1036) (Stud. und Q. zur Westfäl. Gesch. 12, 1972) – M. BALZER, Zeugnisse für das Selbstverständnis Bf. M.s v. Paderborn (Tradition als hist. Kraft, hg. N.

KAMP–J. WOLLASCH, 1982), 267–296 – H. J. BRANDT–K. HENGST, Die Bf.e und Ebf.e v. Paderborn, 1984, 64–79 – M. BALZER, M. v. Paderborn (1009–1036), 1986 [Lit.].

Meir Ben Baruch aus Rothenburg, jüd. Gesetzesgelehrter und Rabbi, geb. um 1220 in Worms, gest. 1293, studierte bei bedeutenden Talmudisten in Würzburg und N-Frankreich, wo er 1242 Zeuge der Pariser Disputation über den →Talmud und seiner anschließenden, durch die kgl. Regierung angeordneten Verbrennung wurde. M. besang das Ereignis in einem berühmt gewordenen Klagelied, das Eingang in die dt.-jüd. Liturgie zum 9. Ab gefunden hat. Hernach ließ er sich in Rothenburg ob der Tauber nieder, wo er zur maßgebl. rechtsgelehrten Autorität des damaligen dt. Judentums wurde. In seinen →Responsen, von denen mehr als 1000 bekannt sind, behandelt er rituelle Fragen, eherechtl. Streitigkeiten, Probleme der Umlage aufzubringender Steuern und Fragen des Schuld- und Sachenrechts. Eine Einmischung in Streitigkeiten, die ihm von Privatpersonen direkt zur Entscheidung angetragen wurden, lehnte er prinzipiell ab, um die Autorität der lokalen Gemeindegerichte nicht zu untergraben. Deshalb beantwortete er im Zivilrecht nur gerichtl. Anfragen. Fast völlig verlorengegangen sind seine Komm. zu verschiedenen Talmudtraktaten in Form von Tosafot (→Tosafisten). Bedingt durch die antijüd. Repressionspolitik Kg. Rudolfs v. Habsburg, entschloß er sich nach über vierzigjährigem Aufenthalt in Rothenburg 1286 gegen ein kgl. Verbot zur Auswanderung, mutmaßl. ins Hl. Land. Bei der Alpenüberquerung wurde er von einem Apostaten erkannt und beim Gf.en v. →Görz angezeigt, der ihn festnahm und Kg. Rudolf überstellte. Für den an wechselnden Orten gefangengehaltenen Rabbi M. verlangte Rudolf bei den dt. Juden ein enorm hohes Lösegeld. Obwohl die Vertreter der dt. Judenheit zur Zahlung bereit waren, lehnte der Gefangene es ab, sich für 20000 Mark auslösen zu lassen. Er starb in der Haft, als über seine Freilassung erneut verhandelt wurde. Sein Leichnam wurde erst 1307 gegen eine erhebl. Geldzahlung an einen jüd. Privatmann übergeben, der ihn zu Worms bestatten ließ.

H.-G. v. Mutius

Lit.: E. D. GOLDSCHMIDT, Rothenburg ob der Tauber, (GJ II/2, 709ff.) [Q., Lit.] – I. J. YUVAL, M.b.B. aus Rothenburg (um 1220–93), supremus magister (Gesch. und Kultur der Juden in Bayern – Lebensläufe, 1988), 21ff. [Q., Lit.].

Meißen

I. Burg, Markgrafschaft, Burggrafschaft – II. Bistum – III. Stadt.

I. BURG, MARKGRAFSCHAFT, BURGGRAFSCHAFT: Auf seinem Slavenzug von 928/929 ließ Kg. Heinrich I. am Ostrande des slav. besiedelten Gaues →Daleminzien auf einem über die Elbe sich erhebenden Hügel eine Burg erbauen, die nach dem Bach zu ihren Füßen (Meisabach) den Namen 'Misni' erhielt. Sie bildete in der Folgezeit als Glied der an der Elbe als Ostgrenze des Reiches aufgereihten Burgenkette den Hauptstützpunkt der dt. Herrschaft. Als hölzerne, palisadenbewehrte Anlage fiel sie 984 einem böhm., 1002 einem poln. Angriff anheim. Seit 968 ist ein hier eingesetzter Mgf. bezeugt, im gleichen Jahre wurde der Burgberg Sitz des Bf.s für das neugegründete Bm. M. Als dritte reichsunmittelbare Gewalt trat der seit 1068 nachweisbare Bgf. hinzu, so daß die Reichsburg M. im hohen MA ein hervorragender Mittelpunkt im Herrschaftsgefüge des Reiches war. Burgdienstpflichtige Sorben (vethenici, Weitsessen) gehörten zur Burgbesatzung. Die später weiter ausgebaute Mgf.enburg wurde seit 1472 durch den prächtigen Bau des 1521 vollendeten Albrechtsburg ersetzt, die baugeschichtl. an der Nahtstelle von der ma. Burg zum nz. Schloß steht. Die für die Mgft. namengebende Burg verlor jedoch seitdem ihre Residenzfunktion an das nahegelegene Dresden.

Der Herrschaftsbereich des Mgf.en erstreckte sich über den slav. besiedelten Gau Daleminzien, dehnte sich aber im 11.Jh. bis an die Neiße aus. Im Zuge der dt. →Ostsiedlung erweiterte sich die Mgft. durch Rodung in das angrenzende Flachland und nach S in das östl. Erzgebirge und wurde so zum flächenhaft ausgebildeten Territorium. Nach einem 983 bezeugten Mgf.en Rikdag erscheinen seit 985 die →Ekkehardinger als Mgf.en, 1046 gelangte die »marchia Misnensis« an das Haus Weimar-Orlamünde, 1067 an die →Brunonen, von denen Ekbert II. im Investiturstreit 1089 abgesetzt wurde. Zum Nachfolger wurde im gleichen Jahr der Wettiner Heinrich I. v. Eilenburg eingesetzt, mit dem die dauerhafte Herrschaft dieser Dynastie in der Mgft. begann (→Wettiner). Mgf. Konrad (1123–56) erwarb das Erbe des Hauses →Groitzsch hinzu, Mgf. Otto (1156–91) organisierte die bäuerl. Kolonisation, das beginnende Städtewesen und den Silberbergbau in →Freiberg. Das 1162 gegründete Zisterzienserkl. Altzella b. Nossen war als Grablege der Mgf.en das bedeutendste Kl. der Mgft.

Die Absicht Ks. Heinrichs VI., die Mgft. M. 1195 als erledigtes Reichslehen einzuziehen, konnte wegen seines Todes 1197 nicht verwirklicht werden; Mgf. Dietrich baute sie sodann zielstrebig weiter aus. Seit 1247/64 war sie mit der Lgft. Thüringen in der Hand der Wettiner vereint, so daß beide Herrschaftsgebiete zu einer territorialen und landständ. Einheit zusammenwuchsen. Neben der Burg M. bildete sich das Landding zu Füßen des Collmberges bei Oschatz zu einem polit. Mittelpunkt der Mgft. aus, wo von 1185 bis 1259 Zusammenkünfte der adligen und geistl. Herrschaftsträger nachzuweisen sind. Nachdem ein zweiter Versuch der Reichsgewalt, die Mgft. an sich zu ziehen, mit der Schlacht bei →Lucka 1307 gescheitert war, dehnte sich der Herrschaftsbereich der Mgf.en im 14. und 15.Jh. im Zuge einer erfolgreichen Territorialpolitik mit Hilfe von Waffengewalt, Heirat und Geld ständig aus, wobei neben den Besitzungen von Bgf.en, Edelherren und Reichsministerialen auch das Reichsterritorium Pleißenland einbezogen wurde. Mit der Übertragung des Hzm.s Sachsen-Wittenberg und der damit verbundenen Kurwürde an Mgf. Friedrich IV. v. M. 1423 ging die Mgft. im größeren Territorialverband des Kfsm.s Sachsen auf und verlor damit die Eigenschaft eines selbständigen Reichsfsm.s. Bei den wettin. Landesteilungen von Altenburg 1445 und Leipzig 1485 galt der meißn. Teil als der wertvollere.

Die Bgf.en von edelfreier Abkunft erscheinen als Inhaber der Gerichtsbarkeit in dem mit sorb. Schöffen (Supanen) besetzten Landgericht für die slav. Bewohner des meißn. Gebietes und des M.er Stadtgerichts. Als militär. Befehlshaber der Burg waren sie urspgl. den Mgf.en nebengeordnet, konnten diese Stellung gegenüber der wachsenden Selbständigkeit des mgfl.en Amtes jedoch nicht halten, spielten aber im polit. Leben der Mgft. im 12./13.Jh. eine beachtl. Rolle. Die seit 1171 als Bgf.en auftretenden Meinheringer (aus Werben b. Weißenfels) bauten daher folgerichtig ihren Territorialbesitz weit entfernt in der Gft. Hartenstein aus, die jedoch mit dem Bgf.enamt ebenso wenig zu tun hatte wie die seit etwa 1330 erworbenen Herrschaften Frauenstein, Lichtenwalde, Purschenstein und Pöhlberg, wohin sie vor dem Druck der Mgf.en auswichen. Mit dem Tode des letzten Meinheringers in der Hussitenschlacht v. Aussig 1426 erlosch das Geschlecht, der Kfs. riß die bgfl. Rechte und Befugnisse an sich.

II. BISTUM: Das Bm. M. wurde 968 im Zusammenhang mit dem großangelegten Konzept der Ostmission Ks. Ottos I. als Suffragan von →Magdeburg gegründet. Seine Diöz. reichte von der Ostgrenze der Bm.er Merseburg und Zeitz im Muldegebiet nach O bis in den Oderraum, dessen kirchl. Organisation im 10.Jh. noch nicht festgelegt war. Wenn auch die von Ks. Otto III. beschriebene Ostgrenze entlang der Oder, die auch N-Böhmen einschloß, niemals verwirklicht wurde, so umfaßte der Sprengel des M.er Bf.s doch ein sehr großes Gebiet von der Mulde bis zur Oder und zum Queis, vom Erzgebirge bis in den Raum s. von Berlin. Als Westgrenze wurde 1017 die Mulde festgelegt, um 1070 bezog das Bm. M. den urspgl. zu Brandenburg gehörigen Raum bis zur Schwarzen Elster in seine Diöz. ein.

Von 57 Pfarrkirchen im frühen 11.Jh. stieg die Zahl im Zuge der dt. Ostsiedlung auf über 1200. Die Gliederung der Diöz. in Archidiakonate ist nach 1200 nachzuweisen, sie blieb bis zur Reformation unverändert. Kgl. Schenkungen von →Burgwarden seit 1006 verschafften dem Bm. einen Grundbesitz, den es 1040 durch Urk.fälschung um den Burgward Wurzen, vor 1222 durch Kauf um die Herrschaft Stolpen und im letzten Viertel des 13.Jh. durch Verdrängung der Herren v. Mügeln aus ihrer Herrschaft vergrößerte. Grenzverträge mit dem Kg. v. Böhmen in der Oberlausitz 1241 und dem Mgf.en v. M. im Wurzener Land 1284 sicherten den Territorialbestand des sich herausbildenden Hochstiftsgebietes, für dessen Festigung der Bf. 1250 sogar zur Exkommunikation des Mgf.en griff.

Im späten MA zogen sich die Bf.e jedoch vor der Übermacht der Mgf.en aus ihrem Kathedralort zurück und residierten seit 1400 auf ihrer Burg Stolpen, seit etwa 1500 bevorzugten sie ihre Stadt Wurzen als Residenz. Unterdessen gelang es den Mgf.en dank ihrer guten Beziehungen zur Kurie, das Bm. stärker unter ihre Botmäßigkeit zu bringen. Nachdem der Versuch Ks. Karls IV. gescheitert war, das Bm. aus dem Magdeburger Metropolitanverband aus- und dem Prager einzugliedern, erreichten die Wettiner 1399 die Exemtion. Zw. 1399 und 1500 ging das Besetzungsrecht für alle Domherrenstellen an sie über, während ein Versuch, auch die Besetzung des Bf.sstuhls in die Hand zu bekommen, abgewehrt wurde. Dessen ungeachtet wurden die Bf.e bei Aufrechterhaltung ihrer formalen Reichsunmittelbarkeit stärker in den meißn.-sächs. Territorialstaat einbezogen, zu Landtagen eingeladen, in Ratsdienste genommen und in ihrem polit. Status den Landständen angenähert, was auf ihre Mediatisierung hinauslaufen sollte. Dazu ist es jedoch vor der Reformation nicht gekommen. Bei der Leipziger Teilung der wettin. Länder 1485 wurde eine wettin. Oberhoheit über das Hochstift M. beansprucht, die im gemeinsamen Besitz beider Linien blieb.

Bei der Gründung des Bm.s dürfte eine als sicher vorauszusetzende Burgkapelle als Domkirche verwendet worden sein. Der Bau einer ersten Kathedralkirche im frühen 11.Jh. ist nur zu vermuten. Fundamente eines in der 1. Hälfte des 12.Jh. erbauten roman. Domes sind ergraben worden. Um 1260 begann der got. Bau, der bis 1500 abgeschlossen, aber nicht vollendet wurde. Seit etwa 1400 traten die Bf.e als Bauherren zurück, da nunmehr die Mgf.en und Kfs.en den Dombau übernahmen. Die dem W-Portal vorgelagerte Fürstenkapelle wurde seit 1428 zur Grablege der sächs. Kfs.en aus dem Hause Wettin.

III. STADT: Unterhalb des Burgberges bildete sich in Elbfurtlage ein 983 gen. portus, der 1015 als suburbium erscheint. Daran anschließend entstand zu Füßen der Burg um 1000 ein platzartiger Markt (Jahrmarkt), eine offene, unter bgfl. Grundherrschaft stehende Siedlung mit Laurentiuskirche. Nach 1100 entwickelte sich an einer s. an der späteren Stadt entlangführenden, die Elbe überquerenden Straße am Neumarkt eine Kaufmannssiedlung mit Nikolaikirche. Die 1150 überlieferte Bezeichnung civitas drückt einen fortgeschrittenen Stand der Stadtentwicklung aus. Sie bezieht sich entweder auf die Jahrmarktsiedlung oder auf die bereits vorhandene Bürgerstadt mit dem 1205 gen. forum als Mittelpunkt und der neuerbauten Frauenkirche am (dritten) Markt. Sie stand unter mgfl. Stadtherrschaft. Die Elbbrücke dürfte um diese Zeit auf steinernen Pfeilern errichtet worden sein. Auf der Höhe über der Stadt wurde die vor der Burg gelegene »Freiheit« mit Ritterhöfen und Domherrenkurien bebaut, auch erstreckte sich hier im Anschluß an die 984 genannte Burgwardkirche St. Afra das 1205 gegr. Augustiner-Chorherrenstift. Der ca. 22 ha umfassende Mauerbau des 14. Jh. vereinigte mit Ausnahme des Neumarktes alle diese verfassungsmäßig selbständigen Stadtteile zu topograph. Geschlossenheit.

Unterhalb der Stadt erhielt 1217 ein bereits bestehendes Benediktinerinnenkl. zum Hl. Kreuz seinen endgültigen Standort. Um 1250 wurde das Franziskanerkl. eingerichtet. Bürgermeister und Rat erscheinen erstmals 1316, der Rat erwarb die Gerichtsbarkeit in zwei Schritten 1423 und 1446, womit auch die Jahrmarktsiedlung ganz in dessen Botmäßigkeit überging; ihre Häuser besaßen kein Braurecht, das nur in der mgfl. Stadt ausgeübt werden durfte. Die Judengemeinde wurde 1349 vertrieben. Die Bürgergemeinde bestand vorwiegend aus Handwerkern, unter denen die Fleischer und später die Tuchmacher hervortraten. Der Neubau des stattl. Rathauses (seit 1472) belegt den Wohlstand der Stadt, die allerdings im Schatten der drei auf dem Burgberg herrschenden Gewalten keine polit. Rolle spielen konnte. Um 1500 zählte sie rund 2500 Einw. K. Blaschke

Bibliogr.: Bibliogr. zur sächs. Gesch., hg. R. Bemmann–J. Jatzwauk, 3 Bde, 1918–32 – Bibliogr. zur dt. hist. Städteforsch., hg. H. Stoob, T. 1, 1986 (= Städteforsch. B 1), 304–306 – Q. und Lit.: zu [I]: Q.: Die Urkk. der Mgf.en v. M., Codex diplomaticus Saxoniae Regiae I A 948–1234, B 1381–1427, 7 Bde, 1881–1941 – Reg. der Urkk. des Sächs. Landeshauptarchivs Dresden, Bd. 1, 948–1300, bearb. H. Schieckel, 1960 – Lit.: O. Posse, Die Mgf.en v. M. und das Haus Wettin bis zu Konrad d. Gr., 1881 – Ders., Die Wettiner, 1897 – Das Lehnbuch Friedrichs des Strengen..., hg. W. Lippert–H. Beschorner, 1903 – R. Kötzschke, Die dt. Marken im Sorbenland (Fschr. G. Seeliger, 1920), 79–114 – Ders., Die Anfänge der Mgft. M. (Meißn.-sächs. Forsch., hg. W. Lippert, 1929), 26–53 – Registrum dominorum marchionum Missnensium, hg. H. Beschorner, 1933 – R. Kötzschke–H. Kretzschmar, Sächs. Gesch., 2 Bde, 1935 – W. Schlesinger, Zur Gerichtsverfassung des Markengebietes ö. der Saale im Zeitalter der dt. Ostsiedlung, JGMODtl 2, 1952, 1–94 – H. Schieckel, Herrschaftsbereich und Ministerialität des Mgf.en v. M. im 12. und 13. Jh. (Mitteldt. Forsch. 7, 1956) – W. Hessler, Mitteldt. Gaue des frühen und hohen MA (Abh. der Sächs. Akad. d. Wiss., Phil.-hist. Kl., 49, H. 2, 1957) – W. Coblenz, Zur Frühgesch. der M.er Burg, 1961 – Die Albrechtsburg zu M., hg. H. J. Mrusek, 1972 – H. Helbig, Der wettin. Ständestaat (Mitteldt. Forsch. 4, 1980²) – Sachsens Gesch., hg. K. Czok, 1989 – K. Blaschke, Sachsens im Ma, 1990 – Ders., Der Fs.enzug zu Dresden. Denkmal und Gesch. des Hauses Wettin, 1991 – zu [II]: Q.: UB des Hochstifts M. Codex diplomaticus Saxoniae Regiae II, Bd. 1–3, bearb. E. G. Gersdorf, 1864–67 – Lit.: E. Machatschek, Gesch. der Bf.e des Hochstifts M. in chronolog. Reihenfolge, 1884 – H. Beumann–W. Schlesinger, Urkk.stud. zur dt. Ostpolitik unter Otto III., ADipl 1, 1955, 132ff. – W. Schlesinger, Kirchengesch. Sachsens im MA, 2 Bde (Mitteldt. Forsch. 27, 1962) – W. Haupt, Die M.er Bm.smatrikel von 1495 (Q. und Forsch. zur sächs. Gesch. 4, 1968) – K. Blaschke, W. Haupt, H. Wiessner, Die Kirchenorganisation in den Bm.ern M., Merseburg und Naumburg um 1500, 1969 – J. Huth, Der Besitz des Bm.s M. (Das Hochstift M. [Sonderbd. Herbergen der Christenheit, 1973]), 77–98 – E. Lehmann–E. Schubert, Der Dom zu M., 1975² – B. Streich, Die Bm.er Merseburg, Naumburg und M. zw. Reichsstandschaft und Landsässigkeit (Mitteldt. Bm.er im SpätMA, hg. R. Schmidt, 1988), 53–72 – J. Huth, Anfänge der chr. Mission im Gebiet des Bm.s M. vor dem Jahre 968 (Herbergen der Christenheit, Jb. für dt. Kirchengesch. 17, 1989/90), 47–62 – K. Blaschke, Die Christianisierung des Landes ö. der Saale (Ebd.), 63–89 – zu [III]: Q.: UB der Stadt M. Codex diplomaticus Saxoniae Regiae II, 4, hg. E. G. Gersdorf, 1873 – H. Gröger, Tausend Jahre M., 1929 – W. Schlesinger, Die Anfänge der Stadt Chemnitz und anderer mitteldt. Städte, 1952, 177–182 – H. J. Mrusek, M., 1957 – Atlas des Saale- und mittleren Elbegebietes (Mitteldt. Heimatatlas, hg. O. Schlüter–O. August, 2. T., 1960), Bl. 38 und Beih. 187f.

Meißner, der, mhd. Sangspruchdichter der 2. Hälfte des 13. Jh., über den keine biograph. Daten bekannt sind. Die 128 in der Jenaer Liederhs. überlieferten Strophen in 20 Tönen weisen auf Gönner und entsprechende Tätigkeit im ost- und norddt. Raum. Er nennt insbes. Kg. Ottokar II. v. Böhmen, Kg. Rudolf v. Habsburg, die Mgf.en Otto IV., Otto V., Albrecht II. v. Brandenburg, Bf. Hermann v. Kammin. Zeitgenöss. Dichter haben den M. gerühmt (Rumelant v. Sachsen, Hermann →Damen) und gegen ihn polemisiert (Fegefeuer, →Konrad v. Würzburg) im Zusammenhang mit seiner Orientierung an →Reinmar v. Zweter. Gelehrte Bildung und Dominanz religiöser Themen zeichnen die Sprüche des M. aus. U. Schulze

Ed.: Der M. der Jenaer Liederhs., ed. G. Objartel, 1977 – Lit.: Verf.-Lex.² VI, 321–324.

Meißner Groschen. In Anlehnung an den →Prager Groschen 1338 von Mgf. Friedrich II. v. Meißen eingeführte Groschenmünze (→Groschen), Gewicht 3,80 g, Feingehalt anfangs 888/1000. Darstellung auf der Vorderseite: Meißn. Löwe, Rückseite: Blumenkreuz im Vierpaß. Der Wert des M. G.s, der anfangs zu 1/20, später zu 1/21 rhein. →Gulden gerechnet wurde, verschlechterte sich fortlaufend, v. a. seit 1360. Seit 1369 wurde er als →Kreuzgroschen, seit 1407 als Schildgroschen, später in anderen Varianten unter weiterer Verschlechterung geprägt. Der M.G., den der →Schreckenberger 1498 endgültig ersetzte, wurde von Münzstätten in Eichsfeld, in Hessen und Niedersachsen nachgeahmt, in Thüringen, Hessen, Niedersachsen und Westfalen gegengestempelt (→Gegenstempel). P. Berghaus

Lit.: F. v. Schroetter, Wb. der Münzkunde, 1932, 384f. – G. Krug, Die meißn.-sächs. Groschen, 1974.

Meister. Der Begriff des M.s (magister) findet – hier nur auf den Bereich des Handwerks und Gewerbes beschränkt – von den frühen Anfängen bis hin zum 13./14. Jh. fast ausschließl. auf den Vorsteher oder Vertreter einer Gewerbegruppe, also nur in Ausnahmefällen auf den einzelnen Handwerker Anwendung. Eine wichtige Veränderung markiert der vom 12. zum 13. Jh. zu beobachtende Übergang vom grund- und stadtherrschaftl. bestimmten oder legitimierten M. (Straßburger und Trierer Bf.s- und Stadtrecht, vgl. F. Keutgen, 127f., 131) hin zum von den Zunftmitgliedern selbst gewählten Zunftm. (Basler Zunfturkk. des 13. Jh., ebd., 270, 277). Seit der Mitte des 13. Jh. erlangten die Zunftm. als Vertreter der →Zünfte in manchen Fällen ein gewisses polit. Mitspracherecht, das aber vielfach erst im 14. Jh. fester und dauerhafter verfassungspolit. verankert wurde. Untereinander bezeichneten sich die Zunftmitglieder als Gesellen, was gelegentl. zu Mißverständnissen in der Forsch. geführt hat. – Voraussetzung für die M.schaft im Sinne der Zunftmitgliedschaft waren anfangs v. a. drei Komponenten: Unbescholtenheit, Berufserfahrung und Entrichtung einer Zunftaufnahmegebühr, die von Anfang an für M.söhne bzw. nicht in die Zunft geborene Antragsteller unterschiedl. hoch war. Seit der 2. Hälfte des 14. Jh. kamen – je nach Gewerbe, Region und Verfassung der jeweiligen Stadt in sehr unterschiedl. Weise – zusätzl. Forderungen hinzu, wie die nach der ehel., eventuell auch dt. Geburt und der Ehrlichkeit. Starke Abweichungen sind auch hinsichtl. des Erfordernisses des Bürgerrechtserwerbs anzutreffen, in vielen Fällen galt das Zunftrecht – mit Ausnahme der Wahrnehmung höherer städt. Ämter – als ausreichend. Seit der Wende vom 14. zum 15. Jh. werden vereinzelt bereits die neuen Bedingungen für die M.schaft genannt, näml. abgesehen von der vollständig absolvierten Lehre (→Lehrling) die Wanderzeit (→Gesellen), die Ableistung einer Muthzeit (Zeit der Anwartschaft und Probe) sowie die Anfertigung eines M.stücks. Letzteres wurde in dieser Zeit v. a. von hochspezialisierten und kunstfertigen Gewerben (Goldschmiederei) und regional organisierten Handwerkerbünden gefordert, z. T. aber noch nicht konsequent praktiziert. Vielfach wurden die oben gen. Aufnahmebedingungen erst im 16. Jh., bes. im letzten Drittel desselben, zur Geltung gebracht. Wie es in einigen Fällen (Basel) ermittelte Zahlen belegen, blieb im MA der Zugang zur M.schaft auch für zunftfremde Gesellen meist noch recht offen, was Ansätze zu ab- und ausgrenzenden Tendenzen jedoch nicht ausschloß. Mit der Aufnahme in den Kreis der Zunftgenossen erlangte der neue M. das Gewerberecht und übernahm verschiedene Pflichten: Beschwören und Befolgen der Zunftordnung, Zahlung der im 15. Jh. häufig ansteigenden Zunftaufnahmegebühr, sodann der laufenden Mitgliedsbeiträge (Stubengeld, Abgaben für Kirche und Spital), Präsenz bei den Zunftversammlungen sowie den gemeinsamen Gottesdiensten und Totenfeiern, Beteiligung an den ggf. über die Zünfte organisierten Wachdiensten und militär. Leistungen für die Stadt. K. Schulz

Lit.: E. Mummenhof, Der Handwerker in der dt. Vergangenheit, 1901, 1924² – F. Keutgen, Ämter und Zünfte, 1903 [Neudr. 1965] – H. Lentze, Nürnberger Gewerbeverfassung des SpätMA, JbfFL 24, 1964, 207–281 – R. Wissell, Des alten Handwerks Recht und Gewohnheit, 1, 1971²; 2, 1974² – Zünfte und Gilden im frühen und hohen MA, VuF 29, hg. B. Schwineköper, 1985.

Meister (In der folgenden Artikelreihe vermißte Stichwörter sind unter dem Hauptnamensbestandteil zu suchen; z. B. Meister Bertram →Bertram, Meister Eckhart →Eckhart.)

Meister des Albrecht-Altares, Wiener Maler, um 1440 tätig. Ein 1438 vollendeter Marienaltar (Tafeln in Wien, Berlin, Budapest) knüpft noch an die Formen des →Weichen Stils der lokalen Tradition und der ndl. →Buchmalerei an; zu schwerer Plastizität und stoffl. Dichte steigerte sich der zu den großen realist. Neuerern seiner Zeit gehörende Meister in seinem Hauptwerk, dem 1438/39 im Auftrag Kg. Albrechts II. für die Karmeliterkirche 'zu den neun Chören der Engel', Am Hof, in Wien geschaffenen Hauptaltar (innen: acht Marienszenen; erste Wandlung: 16 Tafeln mit den Chören der Lauretan. Litanei; außen: ehem. Passionsdarstellungen, Klosterneuburg). Ch. Klemm

Lit.: A. Stange, Dt. Malerei der Gotik, 11, 1961, 28–32.

Meister des Bartholomäus-Altars, benannt nach dem sog. Bartholomäus-Altar (München, Alte Pinakothek, Inv. Nr. 11863–11865). Eine klare Vorstellung über den anonymen Meister und sein Schaffen besteht noch nicht. Allg. hat sich die Meinung durchgesetzt, er sei um 1450 in den nördl. Niederlanden geboren und gegen 1510 in Köln gestorben. Das von ihm ausgestattete Stundenbuch der Sophia v. Bylant (Wallraf-Richartz-Mus.), datiert 1475, weist auf eine auch stilkrit. nachweisbare Orientierung an der Kunst in Utrecht und Arnheim um 1470/80 hin. In Köln, wo er seit um 1480/85 gewirkt haben kann, schloß er sich der Kölner Tradition an, blieb aber doch ein Individualist, dessen Körper- und Raumempfinden sowie Einfühlung in komplizierte, neu gesehene Themenzusammenhänge hier unübertroffen waren. Er wurde zu einem der wichtigsten Vertreter Kölner Malerei am Ausgang des MA. Nach Stange (1967) stehen am Anfang des Werkes neben dem erwähnten Stundenbuch (1475) um 1470–80 die Hl. Anna Selbdritt (Alte Pinakothek, München) und ein Altarflügel mit dem Treffen der Hl. Drei Könige (Lulworth Castle). In die Jahre ab 1480 müssen datiert werden eine Anbetung der Kg.e (Privatbesitz), die Hochzeit zu Kana (Brüssel, Mus. Royaux), das Bildnis eines Mannes (Köln, Wallraf-Richartz-Mus.), die Gregorsmesse (Ebfl. Mus. Trier) und Teile eines Marienaltars (u.a. München, Alte Pinakothek). Zu seinen reifsten Werken um 1500 zählen die Altäre für die Kartäuserkirche in Köln, der Bartholomäus-Altar (München, Alte Pinakothek), der Kreuzaltar und der Thomas-Altar (Köln, Wallraf-Richartz-Mus.) sowie die Muttergottes mit der Nuß (Köln, Wallraf-Richartz-Mus.), der Kreuzabnahme-Altar (Paris, Louvre und Arnheim, Gemeente-Mus.) und Andachtsbilder (Salisbury, Darmstadt, Nürnberg und Washington). Zum Spätwerk ab 1505 gehören u.a. wohl zwei Flügel eines Altars (Mainz und London, Nat. Gall.).

F. G. Zehnder

Lit.: L. Scheibler, Schongauer und der M. des Bartholomäus, Rep. f. Kunstwiss. 7, 1884, 31ff. – M. J. Friedländer, Neues über den M. des B.-A., Wallraf-Richartz-Jb. 3/4, 1926/27, 174ff. – Thieme-Becker, 37, 1950, 34ff. [K. vom Rath] – Der M. des B.-A./Der M. des Aachener Altares. Kölner Maler der Spätgotik, Ausst. kat. des Wallraf-Richartz-Mus., 1961 – R. Wallrath, Kölner Maler der Spätgotik, Kunstchronik, 14, 6, 1961, 149f. – A. Stange, Krit. Verz. der dt. Tafelbilder vor Dürer, I, 1967, Nr. 237–261 – D. Martens, Une Maria in Sole inédité par le Maître du retable de saint Barthélémy, Wallraf-Richartz-Jb. 50, 1989, 313ff. – F. G. Zehnder, Kat. der Altkölner Malerei (Kat. des Wallraf-Richartz-Mus. XI), 1990, 418ff., Abb. 265–278.

Meister der Darmstädter Passion, schwäb., am Mittelrhein tätiger Maler, um 1435–um 1455. Die Innentafeln (Kunsthaus Zürich) seines frühesten Werkes, des großen Altars aus dem Zisterzienserinnenkl. Baindt bei Ravensburg, führte er nach Wolfson noch als Geselle und nach Entwürfen eines älteren, dem →Weichen Stil verpflichteten, wohl Ulmer Meisters aus, während die Außenseite (Wundertaten Christi; Stuttgart, München) einen fortschrittlicheren Realismus zeigen. Charakterist. für die uneinheitl. stilist. Verwerfungen der oberdt. Malerei des 15. Jh. ist die stets wieder anders beantwortete Frage nach dem Verhältnis der drei Hauptwerke des Meisters: der beiden Passionstafeln von gedrängter, oberrhein. beeinflußter Ausdruckskraft (Darmstadt), des großen, 1983 in der Pfarrkirche Bad Orb verbrannten Kalvarienberges und der möglicherweise zu diesem gehörenden, nach Wolfson aber eher in Köln entstandenen Altarflügel in Berlin (Anbetung der Kg.e, Verehrung des hl. Kreuzes, Maria mit Kind, Dreifaltigkeit), die bei starker Einwirkung →Campins und →Rogier van der Weydens seine außerordentliche maler. und kolorist. Fähigkeit auf ihrem Höhepunkt zeigen. Ch. Klemm

Lit.: A. Stange, Dt. Malerei der Gotik, 3, 1938, 147–154 – H. M. Schmidt, Zum M.d.D.P., Kunst in Hessen und am Mittelrhein 14, 1974, 7–49 – M. Wolfson, Der M.d.D.P., ebd. 29, 1989.

Meister E. S., hochbedeutender Kupferstecher am Oberrhein, benannt nach den Initialen E. S. auf einigen seiner Blätter. Die vereinzelt eingefügten Jahreszahlen 1466 und 1467 dürften etwa das Ende seiner Schaffenszeit angeben. Das stilist. und techn. heterogene Œuvre von ca. 320 Stichen und zwei Zeichnungen ist nur durch krit. Verglei-

chung chronolog. zu ordnen. Voraussetzungen liegen in der Malerei des Oberrheins; daneben auch Aufnahme ndl. Kunst des frühen 15.Jh. Zu den überwiegend religiösen Themen der Arbeiten kommen wenige Blätter, die, durchaus mit sozialkrit. Untertönen, das Leben der späthöf. Gesellschaft illustrieren. Die Wirkung der als Massenprodukte im Werkstattbetrieb hergestellten →Graphiken auf Malerei und Skulptur der Spätgotik war enorm.
K. Niehr

Lit.: M. E. S., Ausstellungs-Kat., bearb. H. BEVERS, 1986/87 – H. APPUHN, Das Monogramm des M.s E. S. und die Pilgerfahrt nach Einsiedeln, ZAK 45, 1988, 301–314 – M.E.S. Alle 320 Kupferstiche, hg. DERS., 1989 – M. NASS, Der Kupferstich der Muttergottes mit den Maiglöckchen des Monogrammisten E.S., JbBM 33, 1991, 239–251 – F. ANZELEWSKY, Der Meister der Spielkarten, der M.E.S. und die Anfänge des Kupferstichs (Der hübsche Martin, Ausstellungskat., 1991), 113–123.

Meister v. Flémalle → Campin, Robert

Meister H. L., Bildhauer und Graphiker, am Oberrhein durch Signaturen und Daten 1511-33 bezeugt. Zum signierten Hauptwerk, dem 1523–26 entstandenen Hochaltar im Münster zu Breisach, gesellen sich stilist. Gründen der Hochaltar der Pfarrkirche St. Michael im benachbarten Niederrotweil, die Statuen v. Johannes d. Täufer und Johannes Evangelist im Germ. Nationalmus. Nürnberg und die Statuettengruppe Adam und Eva im Augustinermus. Freiburg i. Br. Das graph. Werk umfaßt 24 Kupferstiche und 6 Holzschnitte; auf den Stichen erscheinen die Daten 1511, 1519, 1522 und als spätere Veränderung 1533. Auffallend sind Einflüsse →Mantegnas. Angesichts des unkonventionellen und hochrangigen Werkes von H.L. suchte die Forsch. immer wieder das Rätsel seiner Person zu lösen, wobei die Komplexität seines Œuvres allseits beleuchtet wurde, die Biogr. jedoch im Dunkeln blieb. Archival. Q. fehlen fast ganz. Am 28. März 1523 schickt der Rat v. Breisach den Meister – ohne Namensnennung –, dem er »ein tafeln in unserm chor der kilchen zu schniden verdingt« mit einem Begleitschreiben an den Rat v. Freiburg, damit man ihm behilfl. sei, das hierfür nötige Holz zu beschaffen. Anderseits hat G. MÜNZEL im Freiburger Steuerbuch 1519 und 1520 in der Gruppe der Maler, denen die Bildhauer beigesellt waren, einen 'Hans Loy' gefunden, die auch die Initialen H.L. passen, und der 1520 wegzog. Vom andern großen protobarocken Spätgotiker, Hans→Leinberger, dem 1913 H.L.s graph. Werk zugewiesen wurde, setzt sich Meister H.L. klar ab. Er ist einzigartig im Kontrast von antik. Figürlichkeit und wild expressivem Falten-, Haar- und Wolkenwerk, persönl. subtil in der nur andeutenden Teilpolychromie. A. Reinle

Lit.: M. ROSENBERG, Der Hochaltar im Münster zu Altbreisach, 1877 – M. LOSSNITZER, Hans Leinberger. Nachbildungen seiner Kupferstiche und Holzschnitte, 1913 – TH. DEMMLER, Der Meister des Breisacher Hochaltars, JPKS 35, 1914, 108–135 – G. MÜNZEL, Der Mutter-Anna-Altar im Freiburger Münster und sein Meister, Freiburger Münsterbll. 10, 1914, 45–72 – CL. SOMMER, Der Meister des Breisacher Hochaltars, ZDVKW 3, 1936, 245–274 – G. VON DER OSTEN, Über den Monogrammisten H.L., Jb. der Staatl. Kunstslg.en in Baden-Württ. 3, 1966, 69–82 – Spätgotik am Oberrhein, Kat. Bad. Landesmus. Karlsruhe, 1970, 201–205, 321f. – I. KRUMMER-SCHROTH, Der Schnitzaltar in Niederrotweil..., Jb. der Staatl. Kunstslg.en in Baden-Württ. 8, 1971, 65–96 – H. SCHINDLER, Der Schnitzaltar..., 1978 – H. BROMMER, War Hans Loy der M. H.L.?, Freiburger Diözesan-Archiv 100, 1980, 161–202 – H. SCHINDLER, Der M. H.L. = Hans Loy?, 1981.

Meister v. Hohenfurth, böhm. Maler, um 1350 tätig, benannt nach einem Retabel mit neun christolog. Szenen, das er im Auftrag eines Herrn v. Rosenberg (wahrscheinl. Peter II.) für die Zisterze H. (Vyšší Brod) geschaffen hat (Prag, Nar. gal.). Kein einheitl. Werk, wahrscheinl. von einer größeren Werkstatt, zeigen diese Gemälde eine für die Jahrhundertmitte nicht untyp. Stilmischung aus schönlinig nördl. Tradition und toskan. und ven. Stilmitteln für räuml. Gestalten und Lichtmodellierung. Das von G. SCHMIDT vorgeschlagene Entstehungsdatum von 1355 findet durch einige Initialminiaturen des in den späten fünfziger Jahren entstandenen liber viaticus eine Bestätigung. Um den H.er Zyklus gruppieren sich eine Reihe v. Madonnenbildern in Veveři, Brüx (Most) und Vyšší Brod.
G. Fritzsche-Laipple

Lit.: K. M. SWOBODA, Gotik in Böhmen, 1969, 171–179 [G. SCHMIDT; dort ältere Lit.] – Kaiser Karl IV., Ausst. Kat. Nürnberg, Köln 1978/79, 375 – J. PEŠINA, Der H.er M., 1982 – Dt. Kulturlandschaft an Moldau und Maltsch. Der südböhm. Heimatkreis Kaplitz-H.-Gratzen, I, 1986, 143–155 [G. FRITZSCHE].

Meister des Marienlebens, Notname nach einer Folge von acht Tafeln mit Szenen des Marienlebens in München (Alte Pinakothek, WAF 618–624) und London (Nat. Gall., Nr. 706), die aus St. Ursula in Köln stammen; vermutl. um 1460–90 in Köln tätig. Sein Stil ist so auffallend ndl. geprägt, daß ein vor der Kölner Tätigkeit vorausgehender Aufenthalt in den Niederlanden (v. a. Orientierung an →Rogier van der Weyden und Dieric →Bouts) anzunehmen ist. Wahrscheinl. stammte er aus Köln, denn sein Stil steht der Maltradition dieser Stadt bes. nahe. Der Meister zeigt sich deutlich beeinflußt von der Malerei der Lochnerzeit, deren Farbigkeit und Gemessenheit er in seinem Schaffen umsetzte. Sein Stil ist charakterisiert von klarer Komposition, von eleganter Körpergestaltung, von Betonung der Einzelfigur, von eher altertüml. Räumlichkeit, von genrehaften Zügen und von einer gefühlsbetonten Themendurchdringung. Lange wurde er mit dem gleichzeitig tätigen Meister der Lyversberg-Passion identifiziert. Das dem M. d. M. ursprgl. zugeschriebene umfangreiche, uneinheitl. Œuvre wurde in jüngerer Zeit (zuletzt H. M. SCHMIDT, 1978) auf diese beiden Maler und den Meister der Georgslegende aufgeteilt. Zu seinen Hauptwerken zählen neben dem um 1465 geschaffenen Marienleben: Passionstriptychon im St. Nikolaus-Hospital zu Bernkastel-Kues (um 1460), Triptychon des Stiftsherrn Gerhard ter Steegen de Monte (Wallraf-Richartz-Mus., Köln; um 1480–82), Maria mit dem Kind und der hl. Bernhard (ebd.; um 1480), Maria mit dem Kind (Berlin, Gemäldegalerie), Bildnis eines Baumeisters (München, Alte Pinakothek, WAF 612; um 1470), Bildnis eines Mannes (Karlsruhe, Kunsthalle; vor 1485). Diese beiden Bildnisse sind die frühesten selbständigen Porträts in Köln. Der Meister, von dessen Werkstatt entscheidende künstler. Impulse für die Kölner Malerei der 2. Hälfte des 15. Jh. ausgingen, hat vermutl. v. a. mit dem Meister der Lyversberg-Passion zusammengearbeitet.
F. G. Zehnder

Lit.: H. REINERS, Die Kölner Malerschule, 1925, 124ff. – THIEME-BECKER 37, 1950, 219f. – H. M. SCHMIDT, Der M. d. M. und sein Kreis, 1978 – F. G. ZEHNDER, Kat. der Altkölner Malerei, Kat. des Wallraf-Richartz-Mus.s XI, 1990, 466ff.

Meister v. Mondsee, Maler, Ende 15. Jh. im Salzburgischen tätig. Wohl im Kreis des Schottenmeisters in Wien ausgebildet, entwickelt er dessen, letztl. von →Rogier van der Weyden abhängigen Stil ins lyr. Pretiöse in dem für Abt Benedikt Eck v. →Mondsee gemalten Altar (1497; Maria im Ährenkleid mit dem Stifter, Flucht nach Ägypten, 2 Hl. e; Wien), eventuell zugehörig drei bedeutendere Tafeln »Darbringung Christi«, »Beschneidung Christi«, »Christus unter den Schriftgelehrten« (ehem. Slg. Liechtenstein, Wien, Vaduz, jetzt verschollen).
Ch. Klemm

Lit.: A. STANGE, Dt. Malerei der Gotik, 10, 1960, 48–50 – Spätgotik in Salzburg, Ausst.-Kat. 1972, 137–39.

Meister v. Moulins → Hey, Jean

Meister der Tegernseer Tabula Magna, bayer. Maler, benannt nach seinem 1445/46 entstandenen Hauptwerk, einem übergroßen Passionsaltar mit Kreuztragung und figurenreicher Kreuzigung übereinander in der Mitte, vier Passionsszenen und Szenen aus den Viten von Quirinus und Ks. Philippus außen auf den Flügeln (Nürnberg und München, Bayer. Nat.mus., Berlin, Lippertskirchen; die Hintergründe z. T. im 17. Jh. übermalt). Vom Meister der Worcester Kreuztragung ausgehend, steigert er dessen expressiven Stil ins Pathetisch-Hektische und derb Plastische. Eine weitere gleichfalls aus dem OSB Kl. →Tegernsee stammende, steinfarbene Kreuzigung (München, Alte Pinakothek) in einer illusionist. Rahmenarchitektur ist noch oder wieder ruhiger.   Ch. Klemm

Lit.: A. STANGE, Dt. Malerei der Gotik, 10, 1960, 63–68.

Meister des Tucher-Altares, Nürnberg, 2. Viertel des 15. Jh., benannt nach dem seit 1615 mit dem Tucher-Wappen versehenen, aus der Augustinerkirche stammenden (seit 1816 in der Frauenkirche) großen Altar (Verkündigung, Kreuzigung, Auferstehung; Flügel: innen Hl.e, außen: St. Veit, Aufnahme Mariae im Himmel, St. Leonhard, Visio Augustini; Predella im Germ. Nat.mus.). Wohl gegen die Jahrhundertmitte entstandenes Spätwerk eines zur Generation der großen Realisten →Multscher und Konrad →Witz gehörenden Meisters, der anscheinend vom Meister der St. Lamprechter Votivtafel ausging und von →Campin stark berührt wurde. Die gleiche extrem plast. statuar. Auffassung zeigt das Epitaph des Johannes v. Ehenheim († 1438; Stifter mit drei Hl.n vor d. Schmerzensmann, Nürnberg, St. Lorenz).   Ch. Klemm

Lit.: A. STANGE, Dt. Malerei der Gotik, 9, 1958, 23–31 – P. STRIEDER, Misz. zur Nürnberger Malerei des 15. Jh., Anz. des Germ. Nat.mus., 1975, 42–51 – A. STANGE, Krit. Verz. der dt. Tafelbilder vor Dürer, 3, 1978, 40–44.

Meister der hl. Veronika, um 1395–1415 in Köln tätiger anonymer Hauptmeister des internationalen weichen Stils, ben. nach der Tafel mit der hl. Veronika in München (Alte Pinakothek, Inv.Nr. 11866). Von kölnischer Tradition (vermutl. von einem Kölner Meister des späteren 14. Jh. ausgebildet und v.a. vom Älteren Meister des Klarenaltars beeinflußt), aber auch von westl. Einflüssen geprägt (wahrscheinl. Aufenthalt im burg. Kunstkreis um Jean →Malouel und Jacquemart de Hesdin in →Dijon). In Köln hat er durch eine neue Verbindung von Tradition und franko-flämischem Zustrom auf seine Zeitgenossen einen starken Einfluß ausgeübt. Seine Vorliebe galt hauptsächl. dem kleinen Format und dem Andachtsbild. Als frühe Arbeiten um 1395–1400 werden die Kreuzigung in Washington (Nat. Gall. of Art) und der Schmerzensmann zw. Maria und der hl. Katharina in Antwerpen (Koninklijk Mus. voor Schone Kunsten) gesehen. Um 1400–10 entstanden wohl das Flügelaltärchen der Sammlung Kisters, Kreuzlingen, und der sog. Kleine Kalvarienberg des Wallraf-Richartz-Mus., Köln. Zu den reifen Arbeiten um 1410 zählen die Tafeln für hl. Veronika in London (Nat. Gall.) und München (s.o.) sowie die Madonna mit der Erbsenblüte in Nürnberg (Germ. Nat. Mus.). Die Kölner Madonna mit der Wickenblüte und die Breittafel mit dem Gekreuzigten zw. Maria, Johannes und sieben Aposteln (beide Wallraf-Richartz-Mus.) zählen zum Spätwerk um 1410–15 und zeigen bereits die Mitarbeit des vermuteten Werkstattnachfolgers, des Meisters v. St. Laurenz. Identifizierungsversuche (so mit dem in Köln begüterten Maler Hermann Wynrich von Wesel) blieben bislang erfolglos.
       F. G. Zehnder

Lit.: K. H. SCHWEITZER, Der Veronikam. und sein Kreis [Diss. 1935] – O. H. FÖRSTER, Um den M. der V., Wallraf-Richartz-Jb. 19, 1957, 225ff. – P. PIEPER, Zum Werk des M.s der Hl. V. (Fschr. G. VON DER OSTEN, 1970), 85ff. – F. G. ZEHNDER, Der M. der hl. V. (Vor Stefan Lochner..., Ausst.kat. des Wallraf-Richartz-Mus., 1974), 36ff. – DERS., Der M. der Hl. V. [Diss. Bonn 1974], 1981 – DERS., Kat. der Altkölner Malerei, Kat. des Wallraf-Richartz-Mus.s XI, 1990, 316ff.

Meister v. Wittingau, bedeutendster Tafelmaler, der um 1380 bis 1390 in Prag tätig war. Namengebend ein aus der Augustinerchorherrenkirche St. Ägidien in W. (Třeboň, Südböhmen) stammendes Retabel, von dem drei beidseitig bemalte Tafeln (Christus am Ölberg, Grablegung, Auferstehung; Rückseiten Hl.nfiguren) erhalten sind (Prag, Národní Gal.). M. v. W. gilt als Initiator des »Schönen Stils« in der böhm. Malerei. Seine von Licht und Farbe durchdrungenen Hl.ngestalten finden zu einer für die böhm. Variante des Internationalen Stils kennzeichnenden Schönlinigkeit zurück, die man während der 2. Hälfte des 14. Jh. so nicht kannte. Stilist. Einflüsse aus dem franko-fläm. Bereich dürften für diese spezifische Gestaltung von Figuren, aber auch für die d. Bildgeschehen untermalenden Landschaftsräume verantwortlich sein. Weitere Zuschreibungen: Kreuzigung aus St. Barbara bei W. (vor 1380, Prag. N.g.), Anbetung des Kindes in Frauenberg (gegen 1380, Aleš Galerie), Madonna Aracoeli (Prag, Domschatz) und Raudnitzer Madonna (Prag. N.g.), beide um 1390, sowie die Tafel mit Pietà und Christophorus v. Cirkvice bei Kuttenberg als Spätwerk.
       G. Fritzsche-Laipple

Lit.: K. M. SWOBODA, Gotik in Böhmen, 1969, 225–230 [G. SCHMIDT] – Die Parler und der Schöne Stil 1350–1400, Ausst.Kat. Köln 1978, 2, 765–769 [J. PEŠINA; dort umfangreiche Lit.].

Meistersinger. Als Meistergesang (-sang) bezeichnet man das Dichten und den Vortrag von Meisterliedern (Ml.n) durch die Meistersinger (M.), diejenigen Einwohner dt. Städte, meist südt. Reichsstädte, die sich im 15. bis 17. Jh., vereinzelt auch noch im 18. und 19. Jh., zum Zweck des Dichtens und Vortragens von Ml.n zu »Gesellschaften« oder »Bruderschaften« zusammenschlossen. In der Regel handelte es sich um Handwerker, vereinzelt auch um Geistliche, Juristen und Lehrer. Den Meistergesang (Mg.) übten sie neben ihrem Beruf aus. Die für das Dichten der Ml. geltenden Regeln wurden im 16. Jh. in den →»Tabulaturen« kodifiziert; die für die Organisation, die meist öffentl. Konzerte (»Singschulen«) und den Vortrag geltenden Vorschriften waren in den »Schulordnungen« enthalten. Die Gesellschaften waren überall gleich oder ähnl. organisiert und standen in Beziehung zueinander. Gemeinsam war den M.n ein ausgeprägtes Kunstbewußtsein. Sie unterstanden überall der strengen Aufsicht durch die Stadtbehörden.

Wichtigste Q. für die Kenntnis des Mg.s sind rund 120 Hss. des 15. bis 19. Jh. mit ca. 16000 Ml.n. Diese sind zum größten Teil ungedruckt; sie werden durch das RSM (s. u.) umfassend erschlossen. Weiter von Bedeutung sind die Tabulaturen und Schulordnungen, darunter bes. der 1571 und 1596 gedr. »Gründliche Bericht des dt. Meistergesangs« von Adam Puschman (1532–1600), ferner die aus Augsburg, Iglau und Nürnberg erhaltenen (in modernen Editionen vorliegenden) Singschulprotokolle, Eingaben an die Behörden, zeitgenöss. Darstellungen von Nicht-M.n, bes. Johann Christoph Wagenseils »Buch von der Meistersinger Holdseligen Kunst« (Altdorf 1697).

Über die Entstehung des Mg.s ist nichts bekannt. Die ersten nachweisbaren Gesellschaften gab es im 15. Jh. Die M. verehrten als Begründer ihrer Kunst die mhd. Sangspruchdichter (→Spruchdichtung) des 13. bis 15. Jh., von denen sie Themen, Darstellungsstil, eine Anzahl von Strophenformen (»Tönen«) und Kunstbewußtsein übernahmen und denen sie auch ihren Namen verdankten: die Sangspruchdichter wurden in ihrer Zeit ihrer Gelehrsamkeit wegen als *meister* bezeichnet, in Beziehung auf sie taucht im 13. Jh. auch erstmals der Begriff *meistersanc*, Gesang der *meister*, auf. Im frühen 16. Jh. überhöhten die M. den Zusammenhang durch die »Ursprungssage«, nach der die Mg. 962 durch Ks. Otto und Papst Leo privilegiert worden sei. Im 15. Jh. gab es M. u. a. in Nürnberg, Augsburg, Mainz, Straßburg. Am meisten bekannt ist über die Nürnberger Gesellschaft. Ihr ältester Autor war Fritz Kettner (nachweisbar 1392/1430), ihr berühmtester Hans →Folz (1435/40–1513). Neuen Aufschwung nahmen die Gesellschaften und der Mg. überhaupt durch Hans →Sachs (1494–1576). Er dichtete 4285 Ml. und stellte den Mg. entschieden in den Dienst der Reformation. Im 16./17. Jh. gab es Gesellschaften u. a. in Nürnberg (G. Hager, B. v. Watt, H. Winter, A. Metzger u. a.), Augsburg (O. Schwartzenbach, J. Spreng u. a.), Colmar (J. Wickram), Straßburg (W. Spangenberg), Breslau (A. Puschman), Mainz, Freiburg i. Brsg., in Oberösterreich, Tirol, Mähren. Die Ulmer Gesellschaft bestand bis 1839, die Memminger bis 1875. Das späteste erhaltene Ml. entstand 1788.

Die Mehrzahl der Ml. aus vorreformator. Zeit hat geistl. Themen (Maria, Trinität, Passion usw.), nach der Reformation stehen geistl. Themen, v. a. Bibelversifikationen, und weltl. Themen (hist. Stoffe, Fabeln, Schwänke) etwa gleichberechtigt nebeneinander; häufig ist die Mg. selbst Thema (»Schulkünste«). Ml.er bestehen stets aus einer ungeraden Zahl von Strophen, mindestens drei. Die M. selbst bezeichnen ihre Lieder als →»Bare«. Sie sind nicht in individuellen Strophenformen, sondern in vorweg feststehenden »Tönen« abgefaßt (→»Ton« bezeichnet die Gesamtheit von Strophenform und Melodie). Insgesamt sind über 1000 Meistertöne bekannt – ein Teil von ihnen stammt von Sangspruchdichtern des 13. bis 15. Jh. –, die freilich nicht immer und überall verwendet wurden. Die Töne haben in der Regel mindestens sieben, meist jedoch mehr Zeilen mit Endreim, typisch ist eine Länge von zwölf bis zwanzig Zeilen. Die Zeilenlänge wurde seit dem 15. Jh. nach Silben gemessen, rhythm. Alternation spielte eine eher untergeordnete Rolle. Alle Töne folgen der Kanzonenform (AAB). Charakterist. ist die Bezeichnung der Töne durch den Namen ihres Urhebers und den eigtl. Tonnamen, z. B. Frauenlob, Langer Ton; Konrad Nachtigall, Abendton; Marner, Kreuzton. Die Tonnamen beziehen sich meist auf inhaltl. oder formale Momente eines in ihnen abgefaßten Textes (der Kreuzton etwa heißt nach den für das Schema kennzeichnenden Kreuzreimen abab).

Für die Konzerte, die »Singschulen«, galten strenge Regeln. Gesungen wurde stets einstimmig und ohne Instrumentalbegleitung. Die Veranstaltungen liefen als Wettbewerb zw. den Singern ab, der Vortrag wurde von den »Merkern« überwacht und bewertet. Gesungen wurden keineswegs nur von den jeweiligen Singern selbst gedichtete Lieder, vielmehr standen Texte der allgemein bekannten Autoren meist im Vordergrund. – Nicht zum eigtl. Mg. gehörte die Tätigkeit mancher M. als Dichter von Theaterstücken und die Aufführung solcher Stücke. In einigen Städten hatten die M. allerdings auch das Theaterprivileg.

Der Mg. bot den Stadtbewohnern des SpätMA und der frühen NZ v. a. die Möglichkeit, sich mit religiöser und weltl. Bildung vertraut zu machen. Ml. waren ein Kommunikationsmedium, durch das diese Bildung in den allgemeinen offenen Zustand der Hörbarkeit überführt wurde. Freilich verlor der Mg. diese Funktion im 17./18. Jh. immer mehr. Durch starres Festhalten an traditionellen Inhalten und Regeln geriet er teilweise in den Geruch der Lächerlichkeit. Im 18. und 19. Jh. haben bedeutende Autoren (Goethe, Jean Paul, E. T. A. Hoffmann) den Mg., oft in Zusammenhang mit Hans Sachs, behandelt, durch Richard Wagners »Die Meistersinger von Nürnberg« (1868) wurde er weltweit bekannt.

H. Brunner

Lit.: H. BRUNNER–B. WACHINGER, Rep. der Sangsprüche und Ml. (abgek.: RSM), 16 Bde, 1986ff. – J. K. W. WILLERS, H. Sachs und der Ms., 1981 – I. STAHL, Die M. v. Nürnberg, 1982 – B. TAYLOR, A. Puschman, 2 Bde, 1982 – F. SCHANZE, Meisterl. Liedkunst, 2 Bde, 1983/84 – R. HAHN, Mg., 1985 – D. MERZBACHER, Mg. in Nürnberg um 1600, 1987.

Meit, Conrad, dt. Bildhauer, † 1550/51, stammte aus Worms, arbeitete zw. 1505 und 1510 für den Hof des Kurfs.en Friedrichs d. Weisen in Wittenberg. Für das Prachtwerk einer alabasternen Doppelmadonna mit etwa vierzig Engeln stellte ihm Lukas Cranach seine Werkstatt zur Verfügung. Wie andere in Wittenberg tätige fremde Künstler zog er, wahrscheinl. 1512, in die Niederlande, wo er 1514–34 im Dienste der österr. Statthalterin →Margarete in Mecheln wirkte. →Dürer besuchte ihn anläßl. seiner ndl. Reise mehrmals und porträtierte ihn zweimal. 1534 zog er nach Antwerpen, wo er bis 1544 bezeugt ist. Werke: Ein Frühwerk, die Alabasterstatuette der Judith mit der Signatur CONRAT MEIT VON WORMS (Bayer. Nationalmus., München), bezeugt die Auseinandersetzung mit der Renaissance im Umkreis von Dürer und Cranach. Im weiten ndl.-burg. Herrschaftsgebiet der Statthalterin Margarete war M. als führender Figuralplastiker tätig. Für die herrschaftl. Grablege in der Kirche v. →Brou schuf er die Liegefiguren auf den Tumben von Margarete, ihrem Gatten Philibert v. Savoyen und dessen Mutter Margarete v. Bourbon. In der Kathedrale v. Besançon erhielt sich eine um 1530 vom Beichtvater der Statthalterin Margarete, Antoine de Montecut, gestiftete alabasterne Pietà. Verloren ist das von M. 1531–34 in der Franziskanerkirche v. Lons-le-Saunier errichtete Grabmal für Johann II., Prinz v. Oranien, seine Gattin Philiberte v. Luxemburg und ihren Sohn, untergegangen auch Sakramentshaus und Heiliggrab (1538) in der Prämonstratenserkirche Tongerloo (Belgien).
A. Reinle

Lit.: THIEME-BECKER XXIV, 349–351 – A. FEULNER–TH. MÜLLER, Gesch. der dt. Plastik, 1953, 434–437 – G. TROESCHER, Kunst- und Künstlerwanderungen in Mitteleuropa 800–1800, I, 1953; II, 1954 – W. PAATZ, Verflechtungen in der Kunst der Spätgotik zw. 1360 und 1530, 1967, 57–61.

Mejía, cordobes. Adelsfamilie des SpätMA, deren Zweig der M. Carillo im 15. Jh. die Herrn v. Santovenia (Santa Eufemia) und La Guardia stellte. Die Machtstellung der Familie war von *Gonzalo M.* begründet worden, der unter Heinrich II. die einer alten Familie entstammende Teresa Carrilo, Erbin v. Santa Eufemia, geheiratet hatte. Desgleichen erwarb Gonzalo M. als *Comendador* v. Segura de la Sierra zeitweilig die Verwaltung des →Maestrazgo des Ordens v. Santiago. Die bedeutendsten Persönlichkeiten der Familie im 15. Jh. waren *Gonzalo II. M.* und sein gleichnamiger Sohn. Gonzalo II. tat sich einerseits durch Besitzusurpationen (selbst gegenüber dem →Realengo v. Los Pedroches) und Räubereien sowie als Gegner der →Mesta und der Gf.en v. Belalcazar hervor, nahm andererseits als Oberkämmerer des Condestable Miguel Lucas de Iranzo, *Regidor* und *Alcaide de los donceles* in Córdoba unter Heinrich IV. eine starke Stellung ein. Der *Señorío* der M., dem *Gonzalo III. M.* noch La Guardia in Jaén hinzufügen sollte, lag im NO der heut. Prov. Córdoba und umfaßte Ende des 15. Jh. neben Santa Eufemia El Viso, El Guijo, ein Stadtviertel von Torremilano und die Burg Madroñiz. L. Vones

Lit.: F. Messía y Messía, Memorial de la casa solar de Messía, 1958 – M. A. Ladero Quesada, Andalucía en el siglo XV, 1973, 53f., 86 – Hist. de Andalucía, III, 1981, 111f. – J. Edwards, Christian Cordoba, 1982 – E. Cabrera Muñoz, Usurpación de tierras y abusos señoriales en la sierra cordobesa durante los siglos XIV y XV, Andalucía Medieval 2, 1982, 33–84.

Mekka, Stadt im heutigen Saudi-Arabien, Ziel der →Wallfahrt, die für alle Muslime mit den nötigen finanziellen Mitteln verpflichtend ist. Der Sinn der Pilgerfahrt, die bereits im vorislam. Arabien bestand, aber nach dem Sieg des →Islams in streng monotheist. Sinne umgestaltet wurde, ist das Erlebnis der Einheit und Allmacht Gottes. Die Pilger besuchen neben der Kaʿba, dem Zentrum der Großen Moschee M.s, auch die Ebene von ʿArafāt außerhalb der Stadt. Der Aufenthalt in ʿArafāt zu einer bestimmten Zeit am Ende des muslim. Mondjahres ist Grundbedingung für die Gültigkeit der Wallfahrt. Entsprechend bestimmte der Rhythmus der An- und Abreise der Pilger das städt. Leben. Diejenigen, die von weither angereist kamen, verbrachten oft mehrere Monate in der Stadt. Ihre Schutzherren waren die in →Bagdad residierenden →Kalifen, nach dem Ende der →Abbasiden (1258) die Ägypten und Syrien beherrschenden Mamlūkensultane (→Mamlūken). Mehrere Herrscher haben M. mit monumentalen Bauten geschmückt, jedoch blieb die Kaʿba bis zu ihrem Zusammenbruch im 17. Jh. unangetastet. In der →Omayyaden- und frühen Abbasidenzeit wurden die den Moscheehof begrenzenden Galerien erbaut: Abbasidenkalifen und Mamlūkensultane errichteten Minarette (→Moschee), die seit dem 16. Jh. durch osman. ersetzt wurden. Bes. gefeiert waren die Stiftungen Sultan Qāʾitbāys (1468–96) und Qānṣūh al-Ġaurīs (1501–16). Die Gemahlin →Hārūn ar-Rašīds (786–809), Zubaida, ließ eine Wasserleitung bauen, die den Aufenthalt größerer Pilgerscharen überhaupt erst ermöglichte. Das Baurecht in M. wurde auswärtigen islam. Herrschern nicht immer gewährt; das Ansinnen des Osmanensultans →Meḥmed II. (1451–81), eine Hülle für die Kaʿba zu stiften, wurde zurückgewiesen. Spätestens seit Ende des 12. Jh. wurden die Stadtherren aus der Familie des Propheten →Mohammed (Scherifen) durch ägypt. Geld- und Getreidelieferungen unterstützt; nach der osman. Eroberung Ägyptens unterwarfen sich die Scherifen 1517 daher freiwillig Sultan Selīm I.

Zahlreiche Pilger haben über ihre Wallfahrt berichtet; u. a. im 12. Jh. al-Harawī, der eine Beschreibung der zu besuchenden Stätten hinterlassen hat. Ausführlicher berichtet der Andalusier →Ibn Ğubair, der 1183 in M. war, über die Bauten, das städt. Leben und sein eigenes Pilgererlebnis. →Ibn Baṭṭūṭa (1304–1368/77) hat seinen Bericht z. T. übernommen. Mitte des 16. Jh. verfaßte der al-Ğazīrī ein Handbuch, das den techn. Ablauf der Pilgerfahrt von Kairo nach M. beschreibt und Praktiken aus der Mamlūkenzeit reflektiert. Bildl. Darstellungen M.s finden sich auf Pilgerdiplomen, die denjenigen ausgestellt wurden, die für einen verhinderten Pilger die Wallfahrt unternahmen und ihre Anwesenheit in ʿArafāt beurkunden lassen mußten. S. Faroqhi

Lit.: EI², s. v. Makka – R. Ettinghausen, Die bildl. Darstellung der Kaʾaba im islam. Kulturkreis, ZDMG 86–87, 1932–34, 111–137 – F. Wüstenfeld, Gesch. der Stadt M. nach den arab. Chroniken [Neudr. 1964] – A. ʿAnkawi, The Pilgrimage to Mecca in Mamluk Times, Arabian Stud. 1, 1974, 146–170 – F. Peters, Jerusalem and Mecca. The Typology of the Holy City in the Near East, 1986.

Melancholia → Humoralpathologie

Melania. 1. M. d. Ä., Kl. gründerin, * ca. 350, † ca. 410; entstammte einer senatorialen röm. Familie, Tochter (oder Enkelin) des Antonius Marcellinus (341 Konsul), Verwandte des hl. →Paulinus v. Nola; ⚭ Valerius Maximus (361–362 Stadtpräfekt), drei Kinder. Mit 22 Jahren verwitwet, übergab sie ihren einzigen überlebenden Sohn Publicola einem Erzieher und brach 372 in den Osten auf. Sie suchte die Mönche der Wüste v. Nitria (s. von Alexandria) auf, um anschließend ins Hl. Land zu reisen. In →Jerusalem gründete sie auf dem Ölberg ein Kl. mit 50 Nonnen. Gemeinsam mit →Rufinus v. Aquileia empfing sie hier Pilger, u.a. Silviana, →Palladios v. Helenopolis und →Evagrios Pontikos, der einen bedeutenden Brief an sie richtete. Kurz vor 400 kehrte sie nach Italien zurück und traf hier ihre gleichnamige Enkelin (→ 2. M.). Vor 408 reiste sie nach Afrika und erneut nach Jerusalem, wo sie verstarb. B. Flusin

Lit.: LThK² VII, 249f. – DIP V, 1140 – DSAM LXVI–LXVII, 1978, 955–960 – A. H. M. Jones u.a., The Prosopography of the Later Roman Empire, 1, 1971, 592f. – N. Moine, »Melaniana«, Recherches Augustiniennes 15, 1980, 3–79.

2. M. d. J., hl., Kl. gründerin, * um 383, † 31. Dez. 439, Enkelin von 1., Tochter des Valerius Publicola und der Albina; ⚭ Valerius Pinianus, zwei (frühverstorbene) Kinder. Als M. 20 Jahre alt war, verkauften sie und ihr Gatte ihren umfangreichen Besitz und führten ein Leben in Enthaltsamkeit. Kurz vor 410 reisten sie (mit der Mutter Albina) nach Sizilien, anschließend (410–411) nach Afrika und lebten in Thagaste. Dort gründeten sie zwei Kl., halfen dem Bf. Alypius und traten in Kontakt zu dem hl. →Augustinus. 417 gingen sie nach Ägypten, dann nach Jerusalem. Nach einer zweiten Ägyptenreise ließ sich M. für 14 Jahre in einer »cellula« auf dem Ölberg einschließen. Sie gründete am Ölberg zwei Kl., das eine für Frauen, das andere für Männer, weiterhin ein »Apostoleion«, in dem sie den Leichnam des Pinianus bestatten ließ, schließl. ein »Martyrium« mit abgeschlossenem Männerkl., das 438 von Ksn. →Eudokia und →Kyrillos v. Alexandria feierl. eingeweiht wurde. B. Flusin

Lit.: LThK² VII, 250 – DIP V, 1139f. – DSAM LXVI–LXVII, 960–965 – M. Rampolla del Tindaro, Sta M. Giuniore Senatrice romana, 1905 – D. Gorce, Vie de Ste Mélanie (SC 90, 1962) – s.a. Lit. zu 1. [A. H. M. Jones, N. Moine] – A. D. Booth, Quelques dates hagiographiques: Mélanie l'Ancienne, S. Martin, Mélanie la Jeune, Phénix 37, 1983, 144–151.

Melanius (frz. Melaine), hl., Bf. v. →Rennes, * in Platz (bei →Redon, Bm. Vannes), † um 530 ebd., ⌑ an den Toren von Rennes. Nach BHL 5887/5888 (1. H. des 9. Jh.) entstammte M. einer Adelsfamilie und errichtete auf Familiengütern ein Oratorium. In guten Beziehungen zu Kg. →Chlodwig, nahm er am 1. Konzil v. →Orléans teil; im 8. Jh. sah man in ihm gar den Redaktor der Konzilsakten. M. ist um 515/520 Mitunterzeichner eines Rügebriefs an zwei bret. Priester, Lovocat und Catihern, wegen auf dem Kontinent unübl. liturg. Bräuche. Ein von Gregor v. Tours (BHL 5892) erwähnter Brand am Grabe des M. weist auf frühe Verehrung hin. Die geistl. Einrichtung, die seine Reliquien beherbergte, wurde wohl erst in karol. Zeit als Kl. konstituiert. 875 wurden die Reliquien angesichts der Normannengefahr in die Touraine geflüchtet. Die interpolierte Vita wurde um die Mitte des 11. Jh. versifiziert (BHL 5890 d) und spätestens im 14. Jh. zweimal in frz. Verse übersetzt. Das →Martyrologium Hieronymianum memoriert M. zum 6. Jan. (ordinatio) und 6. Nov. (depositio). J.-C. Poulin

Lit.: Bibl. SS 9, 286f. – Catholicisme VIII, 1101f. – L. Duchesne, St-M., 1904, 105–109 – A. Angot, Deux Vies rythmées de St-M. à l'usage de l'église de Laval, Rev. hist. et archéol. du Maine 34, 1893, 166–179 – F. Dolbeau, Frgm. métr. consacrés à s. M. de Rennes, AnalBoll 93, 1975, 115–125 – J.-C. Poulin, Les dossiers des ss. Melaine, Conwoion et Mérovée (SHG) (Mss. hagiograph. et travail des hagiographes, hg. M. Heinzelmann), 1992.

Melchior Cibinensis (M. v. Hermannstadt, M. Szebeni), Kaplan am Hof der ung. Kg.e Władislaw II. und Ludwig II.; wegen Falschmünzerei auf Befehl Ferdinands I. 1531 hingerichtet (Jung, 453). M. richtete an Władislaw II. († 1516) eine nach Vorbild einer Meßliturgie kontrafakturartig gestaltete alchem. Fachschrift (»Processus sub forma missae«). Identität suggerierende Christus/Lapis philosophorum- oder Transsubstantiation/Metalltransmutation-Analogien wurden von M. nicht explizit formuliert; trotzdem erblickte man im »Processus« ein Zeugnis enger Wechselbeziehungen zw. der spätma. Transmutationsalchemie und Theol. Als Meßritus-Allegorie vom Opus alchemicum weist das Werk auf Theoalchemica frühnz. Allegoriker voraus. J. Telle

Ed.: Nicolas Barnaud, Commentariolum in aenigmaticum quoddam epitaphium, Leiden 1597, 37–41 [Ed. pr.] – Arch. dell'Unicorno 2, 1976, 15–20, 49–56 – Processus Chim. sous forme de la Messe, 1977 – Lit.: M. Noize, Le Grand Œuvre, RHR 186, 1974, 165f. – R. Halleux, Les textes alchim., 1979, 143 – Die Alchemie in der europ. Kultur- und Wiss.sgesch., hg. Ch. Meinel, Wolfenbütteler Forsch. 32, 1986.

Melchisedech

I. Frühchristentum – II. Mittelalter.

I. Frühchristentum: Der atl. Priester und Kg. M., der Abraham Brot und Wein reicht (Gen 14, 18–20), wird Hebr. 6, 20; 7 mit Christus als Hohepriester verglichen. Neben dieser Deutung findet sich in der frühchr. Lit. auch schon früh (z. B. Clemens Alex., strom. 4, 161, 3; Cyprian, ep. 63, 4) die typolog. Auslegung der Szene als Opfer, das Christi Opfer und dessen Vergegenwärtigung in der →Eucharistie vorbildet. Diese Bedeutung findet sich auch im Gebet »Supra quae« des röm. Meßkanons und in bildl. Darstellungen seit dem frühen 5. Jh. Daß die Darstellung der Begegnung von Abraham und M. so zu deuten ist, ergibt sich für die Langschiffmosaiken von S. Maria Magg. in Rom aus der Feldervertauschung, die die Szene in größte Altarnähe brachte, für die Mosaiken in S. Vitale in Ravenna (Mitte 6. Jh.) aus der anachronist. Zusammenstellung der Opfer Abels und M.s an einem chr. Altar und der Parallelität mit dem Isaakopfer und der Mamreszene →Abrahams. Im byz. Bereich kommt M. nur selten vor. J. Engemann

II. Mittelalter: Auf diesen Vorstellungen basieren auch theol. Deutungen und bildl. Darstellungen des MA. M. wird als Priester am Altar mit Kelch und Patene gezeigt, häufig ist er neben Abel und der Opferung Isaaks als weiteren Typen des Opfers Christi dar. m. damit wird auch die Aussage des Kanons illustriert (Drogo-Sakramentar). Außer in der Zuordnung zum gekreuzigten Christus seit dem 12. Jh. und im System größerer typolog. Reihen, findet sich M. deshalb v. a. als Gegenüberstellung zum Abendmahl, oft an Kunstwerken mit liturg. Funktion: auf Tragaltären, Patenen und Kelchen, womit der unmittelbare Sinnbezug zur Messe deutlich wird. Seltener ist die Übertragung in große Format: M. als Einzelfigur neben Abraham am Nordportal v. Chartres. Am Wechselburger Lettner flankieren M. und Abraham den Kreuzaltar. Die hier, vielleicht auch an der inneren Westwand der Kathedrale v. Reims dargestellte Begegnung nach der Schlacht bes. in Zyklen des SpätMA (→Armenbibel) und an Altären (D. Bouts, K. Witz) neben dem Mannawunder Vorbild des Abendmahls. Eine typolog. Inbezugsetzung M. s zu weltl. Personen, wie der Vergleich mit Kg. Childebert bei Venantius Fortunatus, bleibt die Ausnahme. K. Niehr

Lit. zu [I und II]: LCI III, 241f. – RDK VI, 175–178 – Réau II, 1, 128f. – F. W. Deichmann, Melchisedek (Bild und Verkündigung, Festg. H. Jursch, 1962), 31–37 – F. Ohly, Schriften zur ma. Bedeutungsforsch., 1977, 392f. – R. Suntrup, Te igitur-Initialen und Kanonbilder in ma. Sakramentarhss. (Text und Bild, 1980), 278–382, 307ff. – E. Hütter – H. Magirius, Der Wechselburger Lettner, 1983, 244f. – R. Suntrup, Präfigurationen des Meßopfers in Text und Bild, FMASt 18, 1984, 468–528, 475ff. – B. Welzel, Abendmahlsaltäre vor der Reformation, 1991 – S. Schrenk, Unters. zu bibl.-typolog. Darstellungen in frühchristl. Zeit [Diss. Bonn 1992].

Meldis, Galfredus de (Geoffroi de Meaux), vermutl. Magister der artes und der Med. an der Pariser Univ., gehörte zu den 40 Personen, die 1310 die »Ars brevis« von →Raimundus Lullus prüften. Außer in Paris lehrte er vielleicht auch in Oxford. Er verfaßte zahlreiche (bislang unedierte) astrolog. Schr., u. a. über die →Kometen (1315 und 1337), über →Konjunktionen der Jahre 1325 und 1345 und über die Ursachen der Pest, für die er die Sonnenfinsternis von 1345 verantwortl. machte. M. vertrat die übliche Ansicht, daß die Gestirnskonstellationen die Ereignisse auf der Erde beeinflussen (→Astrologie). Seine Schr. beruhen auf antiken (→Aristoteles, →Ptolemaios), byz. (→Johannes Damaskenos) und arab. Q. (→Abū Maʿšar). M. Folkerts

Lit.: Duhem IV, 69–74 – Thorndike III, 281–293, 715–717 – Sarton III, 659f.

Melendus (Hispanus), Kanonist, Lehrtätigkeit um 1180 bis 1205 in Bologna, wo er mehrfach aus England um Rechtsbeistand angegangen wurde, und 1209 in Vicenza nachweisbar, 1210–25 Bf. v. Osma (Spanien). Seine wenigen Glossen zum Dekret sind am besten überliefert in der Hs. Gnesen, Metropolitankapitel 28. Von →Laurentius Hispanus werden seine Ansichten öfter zusammen mit denen des →Bernhard v. Compostella d. Älteren referiert. Eine Kommentierung der Compilationes I–III durch M. ergibt sich aus der namentl. Erwähnung bei Vincentius Hispanus. N. Höhl

Lit.: St. Kuttner, Bernardus Compostellanus antiquus, Traditio 1, 1943, 291, 301ff., 325 – R. Weigand, Die bedingte Eheschließung im kanon. Recht, I (MthSt III/16, 1963), 283–286 – Ders., Die Glossen zum Dekret Gratians, SG 26, 1991, 619–623.

Meles (Melo) **v. Bari**, hochrangiger Notabel (»dynastes«) in →Bari, † 23. April 1020 in Bamberg. Führer eines lange vorbereiteten Aufstands, der im Mai 1009 mit der Besetzung Baris zum Ausbruch kam. Von dem Katepan B. →Mesardonites besiegt, floh M. in langob. Gebiet. Im Rahmen der von Benedikt VIII. und von Ks. Heinrich II. betriebenen antibyz. Politik ging M. mit langob. und norm. Truppen wieder zum Angriff gegen die Byzantiner über. Nach anfängl. Siegen unterlag er dem Katepan B. →Boioannes im Okt. 1018 bei Canne. Anfang 1020 traf er am Hof Heinrichs II. in Bamberg ein, der ihm den Titel »dux Apuliae« verlieh und damit Rechte auf Süditalien geltend machte. Sein Geschenk an den Ks., ein golddurchwirkter Mantel, ist im Domschatz v. Bamberg (h. Diözesanmus.) erhalten. Der früher als patriot. hochangesehene Aufstand wird heute auf die Unzufriedenheit wegen der zunehmenden Steuerlasten infolge des Bulgarenkrieges (1004–14) zurückgeführt und im Zusammenhang mit den Machtkämpfen des lokalen Adels gesehen.

F. Luzzati Laganà

Lit.: J. Gay, L'Italie méridionale et l'Empire byz. ... 1904, 399–413 – V. von Falkenhausen, La dominazione biz. nell'Italia meridionale, 1978, 54, 56f., 59, 89 – Dies. (I Bizantini in Italia, 1982), 65–67 – J. Cheynet, Pouvoir et contestations à Byzance (963–1210), 1990, 35.

Meletios, unter Constantius II. 360 als Bf. v. →Antiochia eingesetzt, bald wieder abgesetzt, kehrte unter Julianus Apostata zurück, war unter Valens zweimal in der Verbannung, stimmte 379 den Glaubensaussagen von Papst Damasus I. zu, wurde aber von Rom nicht anerkannt, obwohl er sich zuvor schon dem Nizänum genähert hatte und für den Orient zum Symbol der Rechtgläubigkeit geworden war. Er starb als Präsident des Konzils v. →Konstantinopel 381. H.-J. Vogt

Lit.: H. C. Brennecke, Stud. zur Gesch. der Homöer, 1988, bes. 66–81.

Melfi, Stadt in Süditalien (Prov. Potenza, Basilikata) in beherrschender Lage an wichtigen Verkehrs- und Handelswegen. Seit dem 8. Jh. von Byzantinern und Langobarden umkämpft, Anfang des 11. Jh. von →Boioannes befestigt, wurde die Stadt 1040 von den Normannen erobert. Bald zum Bm. erhoben, stieg M. zum polit.-administrativen Zentrum des Dukats →Apulien auf. Nach der Schlacht v. Civitate wurden die →Hauteville auf der Synode v. M. (Aug. 1059) von Nikolaus II. legitimiert. Weitere für die Reform der Kirche und für die Neuorganisation Süditaliens bedeutende Synoden fanden in M. 1067, 1089 und 1100 statt. Apanage der Erben Roberts Guiscard, fiel M. im Aug. 1128 mit Zustimmung Honorius' II. an Roger, den späteren Kg. v. Sizilien. Zusammen mit dem Hzg. unterstützte M. Anaklet II., der 1130 in M. eine Synode abhielt. Mit Hilfe Ks. Lothars III. wurde die Stadt jedoch von Innozenz II. erobert (Mai 1137) und Rainulf v. Capua übertragen. Nach Beilegung des Konflikts zw. Roger II. und Innozenz II. blieb M. auch nach der Gründung des Kgr.es Sizilien Hauptstadt des Dukats. In stauf. Zeit blühte die Stadt auf, da Friedrich II. das Kastell von M. zu einem seiner Lieblingssitze machte und wichtige parlamenta dort abhielt (1231 Promulgation der Constitutiones Melphitanae [→Liber Augustalis]). Trotz des Bestrebens Innozenz' IV., M. dem Kirchenstaat einzuverleiben (Gewährung der städt. Freiheiten 23. Okt. 1254), blieb M. weiterhin staufertreu und erlitt daher harte Strafmaßnahmen von Seiten der Anjou. Als sich nach dem Frieden v. Caltabellotta die Anjouherrschaft konsolidierte, begann der Niedergang M.s. 1348–1382 Lehen der Acciaiuoli, fiel M. danach an die Marzano d'Ascoli sowie an die Caracciolo, die Literaten und Künstler an ihren Hof zogen. Im Kastell v. M. begann die Verschwörung der →Barone gegen Kg. Alfons v. Aragón (1485). Die Stadt wurde mehrmals von Erdbeben betroffen (1348, 1456) und während des Kampfes zw. Spanien und Frankreich um das Kgr. Neapel 1528 von Lautrec zerstört. P. De Leo

Lit.: IP, IX, 496–499 – V. v. Falkenhausen, Unters. über die byz. Herrschaft in Süditalien vom 9. bis ins 11. Jh., 1967 – N. Kamp, Kirche und Monarchie..., I, 2, 1975, 486–494; I, 4, 1982, 1304 – Monasticon Italiae, III: Puglia e Basilicata, 1986, 189–190.

Melfi, Konstitutionen v. → Liber Augustalis

Melgueil, Ort im Languedoc (heute Mauguio, 12 km östl. Montpellier, dép. Hérault). Das castrum M. erscheint erstmals in den Urkk. des beginnenden 11. Jh. (cartul. Gellone, p. 56; cartul. Maguelone, T. 1, p. 6). Es wurde zu einem Hauptsitz der Gf.en v. Substantion (der früheren Gf.en v. →Maguelone), die spätestens 898 im castrum Substantion Zuflucht gesucht hatten, in M. eine Münzstätte errichteten und sich (durchgängig seit Mitte des 12. Jh.) nach M. nannten. Um 1085/88 unterstellten Peter v. M. und seine Gemahlin ihre Gft. dem Papst, unter Verzicht auf das Recht der Bischofsernennung in Maguelone; als Zeichen ihrer Vasallität entrichteten sie dem Hl. Stuhl jährl. eine Unze Gold. 1172/76 kam die Gft. durch Heirat an den künftigen Gf.en v. →Toulouse, →Raimund VI.; aufgrund der Exkommunikation des Gf.en (→Albigenser, II) wurde die Gft. M. auf Weisung →Innozenz' III. 1213 konfisziert und 1215 dem Bf. v. Maguelone, gegen Entrichtung eines hohen 'introitus' und eines Jahreszinses von 20 Silbermark, übertragen. Ein Mitglied der Grafenfamilie, Pons, war 1109–22 Abt v. →Cluny. – Die Entstehung der bedeutenden Münzstätte wird (aufgrund unsicherer Quellenbelege) manchmal auf 963 (oder bereits 949) datiert. Die Münze von M. war eine Nachahmung der feodalen Prägung von Narbonne. Seit der Mitte des 11. Jh. kursierte in ganz Südfrankreich der *Melgorien*, der den halben Wert des *Toulousain* hatte; im 12. Jh. überflügelte er hier alle anderen feodalen Prägungen und hatte einen besseren Ruf als selbst die kgl. Münze. Die Herren v. →Montpellier partizipierten seit 1125 am Münzgewinn von M.; später, in der 1. Hälfte des 13. Jh., trat der Bf.-Gf. ihnen wie auch den städt. →Konsuln v. Montpellier einen Teil seiner münzherrl. Rechte ab. Angesichts der Konkurrenz des *Gros d'argent* der Kg.e v. →Aragón aus der Münzstätte Montpellier, später der kgl. frz. Münzen verschwand die Münze von M. im 14. Jh. allmähl. aus dem Münzumlauf. J. Caille/J. C. Hélas

Lit.: A. Germain, Étude hist. sur les comtes de Maguelone, de Substantion et de M., Mém. Soc. Arch. Montpellier, 1850–54, 523–640 – Ders., Mém. sur les anciennes monnaies seigneuriales de M. et de Montpellier, ebd., 133–256 – M. Castaing-Sicard, Monnaies féodales et circulation monétaire en Languedoc, X^e–XIIIe s., 1961 – P. Grierson, Monnaies du MA, 1976 – G. Depeyrot, Le trésor de Toulouse et le numéraire féodal aux XIIe et XIIIe s., Annales du Midi 94, 1982, 125–149.

Méliacin, Roman de → Girart d'Amiens

Meliador → Froissart, Jean

Melilla (arab. *Malīla*, heute *Mlīlya* zu berb. *Ta-mlil-t* 'die Weiße'), Küstenstadt im NO Marokkos, seit 1497 span. *Presidio*. In der Antike vermutl. *Rusadir* (das *Rhyssadir* des Plinius, Nat. hist. V, 18), dessen Gründung und Gesch. unbekannt ist. ʿAbdarraḥmān III. von Córdoba (→Omayyaden) besetzte und befestigte 930 die Stadt, die er seinem Verbündeten Mūsā b. Abī l-ʿĀfiya von den Miknāsa überließ und so zum Hauptstützpunkt des marokkan. Glacis von →Córdoba gegen die →Fāṭimiden machte. Ab 1067 in der Hand eines →Ḥammūdiden, fiel es nacheinander den Almoraviden (ab 1080), →Almohaden und →Marīniden (1272) anheim und verlor vermutl. durch diese Ereignisse seine Bedeutung als Warenumschlagplatz an das etwas weiter w. gelegene Gassāsa/Alcudia.
H.-R. Singer

Lit.: EI² VI, 1008f.

Melingoi (Μηλιγγοί), slav. Stamm, angesiedelt an den w. Hängen des Taygetos auf der Peloponnes, den →Ezeriten benachbart; Herkunft und Etymologie des Namens sind nicht restlos geklärt. Nach Konstantin VII. Porphyrogennetos (»De administrando imperio«; ed. G. Moravcsik-R. J. H. Jenkins, 1967², Kap. 50, Comm. 183, 186) kamen die M. um die Mitte des 9. Jh. nach einem Aufstand unter byz. Oberhoheit (bei gleichzeitiger Annahme des Christentums) und hatten einen Tribut von 60 Nomismata zu zahlen, der unter Ks. Romanos I. Lakapenos (920–944) nach einem erneuten, mit den Ezeriten unternommenen Aufstand auf 600 Nomismata erhöht wurde. Noch unter Romanos I. wurde ihnen verziehen und der alte Tribut wieder eingeführt. Sie erhielten eine gewisse Autonomie unter eigenen, vom Strategen des →Themas Peloponnes eingesetzten →Archonten. Nach 1204, unter frk. Herrschaft, konnten sie ihre Autonomie behalten, mußten aber Heeresdienst leisten. Durch Inschriften und andere Q. ist noch lange das Fortleben des slav. Sprachinsel der M. auf der Peloponnes bezeugt, doch setzte sich schließlich das Griechische durch. J. Ferluga

Lit.: VASMER, Slaven in Griechenland, 164–174, passim – A. BON, Le Péloponnèse byz. jusqu'en 1204, 1951 – OSTROGORSKY, Geschichte³, 161 Anm. 4; 185 Anm. 2 [Lit.] – D. MOURIKI, The Frescoes of the Church of St. Nicholas at Platsa in the Mani, 1975, 14–18 – H. BIRNBAUM, Noch einmal zu den slav. Milingen auf der Peloponnes (Fschr. H. BRÄUER, 1986), 15–26 [Lit.].

Meliores, Meliorat. Seit dem 11. Jh. traten in den werdenden Städten Männer auf, die z. B. in Toul 1069 m., in Köln 1074 primores, in Worms 1106 maiores und in Goslar 1108 optimi gen. wurden. Primores wurden bereits im 9. Jh. in Birka und Haithabu erwähnt. Im 12. Jh. mehren sich die Belege. Da die m. anfangs meist mit Rufnamen überliefert sind, sind sie nur selten später bezeugten Geschlechtern zuzuordnen. Erst seit der Mitte des 12. Jh. werden Nachnamen häufiger, die sicherere Identifizierungen zulassen. Die m. wurden von Bf.en, Äbten oder weltl. Herren oft als Urk. zeugen herangezogen. An einzelnen Orten erhielten sie vom Stadtherrn, wie in Toul bereits im 11. Jh., die später dem Rat zustehenden Aufgaben übertragen, oder sie nahmen solche wahr, weil sie ihnen als der wichtigsten Gruppe am Ort zufielen. Sie schufen sich jedoch meist noch keine eigenen Institutionen, sondern übten ihren Einfluß in der stadtherrl. Herrschaftsorganisation aus. Sie bildeten eine stadtgesessene Führungsgruppe, zu der Personen unterschiedl. Standes mit verschiedenen Berufen, wie Kaufleute, Münzer, Zöllner, Ministeriale, gehören konnten. Entscheidend für ihre Zugehörigkeit war ihr Einfluß auf den Stadtherrn und ihr zumeist durch Handel erworbenes Vermögen. Welchen Anteil →Ministeriale an den m. hatten, war von Stadt zu Stadt unterschiedl., wobei diese im S und W in bfl. und kgl. Städten stärker als im N und O des Reichs in der Führungsgruppe vertreten waren. Im 11. und 12. Jh. waren die m. manchmal Träger von Aufständen gegen den Stadtherrn (1073 Worms, 1074 Köln, 1077 Mainz). Ihr Gruppenbewußtsein war vielfach schon im 11. Jh. so stark, daß selbst stadtherrl. Ministeriale an ihrer Seite gegen ihre Herren stritten. Die Gruppe der m. hatte sich noch nicht so wie das spätere →Patriziat abgeschlossen. Ein Aufstieg neuer Männer war möglich. Der Aufsteiger mußte über Vermögen verfügen, das er in der Regel im Handel verdient hatte. Eine solche Führungsgruppe des 11.–12. Jh. nannte H. PLANITZ Meliorat. Neuerdings wenden einzelne Historiker den Begriff auch auf eine späteren Jahrhunderten angehörende Führungsschicht an, die sich nicht zum Patriziat abgeschlossen, sondern auf ein Connubium und auf eine fakt. Ratsbeherrschung beschränkt habe, wie in Goslar, Hamburg, Lüneburg, Lübeck, →Münster (Honoratioren) und Regensburg. K. Militzer

Lit.: HRG III, 1551–1558 – H. PLANITZ, Zur Gesch. des städt. Meliorats, ZRGGermAbt 67, 1950, 141–175 – C.-H. HAUPTMEYER, Vor- und Frühformen des Patriziats mitteleurop. Städte (Die alte Stadt 6, 1979), 1–20.

Melisende (Melisande), Kgn. v. →Jerusalem 1131–50, † 1161, ▭ St. Maria in Josaphat; Tochter Kg. →Balduins II. und der armen. Prinzessin Morphia. Als Erbin des Kgr.es durch ein Konzil (Ende 1127/Anfang 1128) formell anerkannt, ⚭ 1129 Gf. →Fulco v. Anjou, 14. Sept. 1131 gemeinsame Krönung des Königspaares und des Sohnes →Balduin (III.) in der Grabeskirche. Die bis 1136 von der Macht ferngehaltene Kgn. führte nach dem Tode ihres Gemahls (10. Nov. 1143) für ihren Sohn die Regierung (Krönung zusammen mit Balduin III. am 25. Dez. 1143); bei militär. Aufgaben stützte sie sich auf ihren Vetter, den Connétable Manasses de Hierges. Da M. es ablehnte, ihrem 1145 mündig gewordenen Sohn die Macht zu übergeben, kam es 1150 zum Bruch. 1152 konnte Balduin III. rasch die von seiner Mutter gehaltene Hälfte des Reiches militär. unterwerfen; M. wurde von der Regierung ausgeschlossen, nahm aber von ihrem Witwensitz →Nablus aus nach 1154 wieder an Staatsangelegenheiten teil. – Die Kgn. war nach dem Zeugnis →Wilhelms v. Tyrus eine »hochweise Frau, erfahren in allen Staatsgeschäften, die über die Grenzen ihres Geschlechts triumphierte«. Auch →Bernhard v. Clairvaux, mit dem sie regelmäßig korrespondierte, pries ihre hohen Fähigkeiten. Die Förderung von geistl. Einrichtungen (Gründung des Konvents v. Bethanien, Stiftungen für die Grabeskirche, St. Maria in Josaphat, Templum Domini u. a.) und Kunstwerken (berühmter Psalter, heute im Brit. Museum, London) sind Ausdruck der Bildung und Frömmigkeit dieser bedeutenden Herrscherin. S. Schein

Lit.: H. E. MAYER, Gesch. der Kreuzzüge, 1985⁶ – DERS., Stud. in the Hist. of Queen Melisande of Jerusalem, DOP 26, 1972 – T. S. R. BOASE, Ecclesiastical Art in the Crusader States (A Hist. of the Crusades, IV, ed. H. W. HAZARD, 1977) – B. HAMILTON, Women in the Crusader States: The Queens of Jerusalem (1100–90) (Medieval Woman, hg. D. BAKER, Stud. in Church Hist., Subsidia 1, 1978).

Melismos (von gr. μελίζω 'mit Gesang lobpreisen'), erstmals inschriftl. für die Darstellung der Verehrung Christi als Kind durch Engel mit Rhipidia in der Nikolaoskirche von Melnik (1. Hälfte 13. Jh.) belegt. Die häufige Beischrift für das Kind ΑΜΝΟΣ ΘΕΟΥ ('Lamm Gottes') macht den eucharist. Bezug des Bildthemas deutl., dessen Platz denn auch oft in der Apsis und unmittelbar hinter dem Altar zu finden ist (z. B. Studenica, Sv. Joakim i Ana, 1313/14). Das Christuskind liegt in der Regel auf dem Altar, im Diskos (= Patene, mit dem liturg. Tuch bedeckt) oder erhebt sich gar als Brustbild aus dem Kelch. Der Kelch ist immer in unmittelbarer Nähe zu finden. Anstelle der Engel-Diakone oder daneben auch lobpreisende Kirchenväter und Liturgen. So wird der liturg.-eucharist. Parusiegedanke ausgedrückt. Die Verpflanzung des Themas in den großen Zusammenhang der himml. Liturgie und in die Fußzone der Mittelkuppel (Peć, Apostelkirche, 13. Jh.; Staro Nagoričino, 1316/17; Gračanica um 1320; Dečani, 1327–35 [bärtiger Christus]) machen den Theophanie-Parusiecharakter des Bildes noch deutlicher, ohne dabei den liturg.-eucharist. Kontext aufzugeben. Das Thema ist ab dem 13. Jh. im serb.-makedon. Raum (bereits angeführte Beispiele, dazu mehrere in der Gegend des Prespa-Sees sowie H. Nikolaos Orphanos, Thessalonike, 1310/20) verbreitet. Die Beispiele in Mistras (Peribleptos, Anfang 14. Jh. [in der Kuppel]) wie Trapezunt (H. Sabas) lassen jedoch auch auf (nicht erhaltene) hauptstädt. Prägungen des Sujets schließen. M. Restle

Lit.: RByzK I, 93 [s.v. Agnus Dei]; 1010f. [s.v. Christusbild].

Melissa, Antonios, asket. Schriftsteller des 11.–12. Jh., dem eine Slg. eth.-religiöser Sprüche aus der Bibel, den Kirchenvätern, antiken und spätantiken Autoren (z. B. Heliodoros, Achilleus Tatios) unter dem Namen »Biene« zugeschrieben wird. Die Kompilation weist Ähnlichkeiten mit den Sacra parallela des Johannes v. Damaskos (CPG 8056) auf und ist in zwei B. und 176 Kap. eingeteilt. Unter dem Namen Pčela ist diese Slg. (ergänzt durch Auszüge aus den Loci communes des Maximos Homolo-

getes [CPG 7718]) ab dem 1. Viertel des 13. Jh. in Rußland und ab der 2. Hälfte des 14. Jh. bei den Südslaven bekannt.
Ch. Hannick

Ed.: MPG 136, 765–1244 – M. Ein byz. Florilegium, ed. D. TSCHIŽEWSKIJ, 1968 – Serb. und bulg. Florilegien (Pčele) aus dem 13.–15. Jh., ed. D. TSCHIŽEWSKIJ, 1970 – *Lit.*: DSAM I, 713f.; V, 492–494 – BECK, Kirche, 643 – A. N. EGUNOV, Erotici scriptores v drevnerusskoj »Pčele«, TODRL 24, 1969, 101–104 – DJ. TRIFUNOVIĆ, Azbučnik srpskih srednjovekovnih književnih pojmova, 1974 – R. MARTI, Stud. zur Sprache der russ. Pčela, 1981 – R. MARTI, Gattung Florilegien (Gattungsprobleme der älteren slav. Lit.en, 1984), 121–145.

Melisse (Melissa officinalis L./Labiatae). Die zahlreichen mlat. und mhd. Namen der M. wie *melisophilus, apiacum, apiastrum* bzw. *bin(e)suga, biniuurt* (STEINMEYER-SIEVERS III, 106; IV, 245) verweisen auf die schon für die Antike (Plinius, Nat. hist. 21, 149) belegte Verwendung als Bienenfutterpflanze. Andere Bezeichnungen wie *citraria, citrago* (Alphita, ed. MOWAT, 115), *citrina* (Circa instans, ed. WÖLFEL, 83) spielen auf den zitronenartigen Duft der frischen Blätter an. Das in Vorderasien und im Mittelmeerraum heim. Heilkraut wurde bereits im MA in Deutschland kultiviert und vielfältig als Herz und Magen stärkendes (Hildegard v. Bingen, Phys. I, 59), blähungstreibendes und Geschwüre erweichendes Mittel (Albertus Magnus, De veget. VI, 382–383) benützt. Der Name *muterkrut* hebt die schon von Dioskurides (III, 104) empfohlene Verwendung der M. bei Frauenleiden (Gart, Kap. 250) hervor.
I. Müller

Lit.: MARZELL III, 128–133 – DERS., Heilpflanzen, 205f. – W. F. DAEMS, Melissa officinalis, von panazee zur essentia cordis (Artes mechanicae en Europe médiév., ed. R. JANSEN-SIEBEN, 1989), 151–161.

Melissenoi, eine der langlebigsten byz. und postbyz. Magnatenfamilien (8.–17. Jh.), über die eine zusammenhängende Untersuchung noch fehlt und der keineswegs alle Träger dieses Namens angehören. Erster bekannter Träger ist Michael M.os in der 2. Hälfte des 8. Jh., Schwager des Ks.s Konstantin V.; sein Sohn Theodotos war 815–821 Patriarch. Ein weiterer M.os (Leon) nahm unter →Basileios II. als Feldherr am Bulgarienfeldzug teil, doch war insgesamt die Bedeutung der Familie unter Basileios II. zurückgedrängt. Hervorzuheben ist im 11. Jh. Nikephoros M.os, der 1081 gegen Alexios I. Komnenos als Kronprätendent auftrat, dann aber mit hohen Würden geehrt als Feldherr tätig war. Zu dieser Zeit setzte sich auch ein Zweig der Familie auf Kreta fest. Zur vollen Entfaltung kam die inzwischen weit verbreitete Familie während der Paläologenzeit (13.–15. Jh.) als Inhaber von Militär- und Verwaltungsämtern, bes. in Griechenland und der Peloponnes, wo sie während der Türkenherrschaft auch Metropolitensitze innehatte.
P. Schreiner

Lit.: MEE [mit Vorsicht zu benutzen] – PLP VII, s. v. [auch nicht zur Familie gehörige M.] – I. K. CHASIOTES, Μακάριος, Θεόδωρος καὶ Νικηφόρος οἱ Μελισσηνοί, 1966 – F. WINKELMANN, Q.stud. zur herrschenden Klasse in Byzanz im 8. und 9. Jh., 1987, 152, 182.

Melitene, Stadt und Bm. (Metropolis) im ö. →Kappadokien, in einer fruchtbaren Ebene gelegen, Straßenknotenpunkt (heute Eskimalatya, 9 km n. von Malatya).

[1] *Römische und byzantinische Zeit*: In der etwa 10 km w. des Euphrats liegenden Nachfolgesiedlung des hethit. Milidia (Malitiya) wurde 70 n. Chr. die Legio XII Fulminata stationiert; seit damals wichtige Garnison des Euphrat-Limes. 575 von den Sāsāniden niedergebrannt, 656 von den Arabern erobert und belagert. 863 fiel der Emir v. Malatya im Kampf gegen die Byzantiner (→Digenes Akrites); 934 von den Byzantinern zurückerobert, wird M. Thema und sein Gebiet mit syr. →Jakobiten neu besiedelt. Nach dem Abzug der Byzantiner (1071) wurde M. bis zur Eroberung durch die Danişmendiden 1102 von Armeniern beherrscht. 1178 selǵuqisch, im 14. Jh. mamlūk., gehörte M. im 15. Jh. zum Emirat Dulkadır. Seit 1516 osmanisch.
F. Hild

Lit.: EI¹ III, 213–218 – EI² (frz.) VI, 224–226 – KL. PAULY III, 1179 – RE XV, 548f. – TIB 2, 233–237.

[2] *Osmanische Zeit*: Nach der Hinrichtung des Fs. en ʿAlī 1522 (→Dulġadïr Oġullarï) wurde M. endgültig in die osman. Provinzialverwaltung einbezogen. Es gehörte 1527 zum *eyālet* Rūm, ab Mitte des 16. Jh. zu Dulġadïriye, im 17. Jh. zu Marʿaş. Der Zensus von 1530 erwähnt 5 Freitagsmoscheen, 24 *mescids*, öffentl. Bäder und Wirtschaftsbauten. Im *sančak* Malatya wurden 31 148 steuerpflichtige Bewohner erfaßt, die sich auf 672 größtenteils muslim. Dörfer und Kleinstädte verteilten. Rund 93% der Bevölkerung bekannten sich zum Islam; der Rest bestand zumeist aus armen. Christen. M. hatte um 1560 etwa 8000–10 000 Einw., die überwiegend innerhalb der Mauern ansässig waren.
K. Kreiser

Lit.: N. GÖYÜNÇ, Kanûnî devrinde Malatya şehri, VII. Türk Tarih Kongresi II, 1973, 654–659 – R. YINANÇ – M. ELIBÜYÜK, Kanunî devri Malatya tahrir defteri ⟨1560⟩, 1983.

Meliteniotes, Theodoros → Theodoros Meliteniotes

Melito, Pseudo-Melito. Von den Schr. des Bf.s M. v. Sardes (2. Jh.) liegen nur noch Titel und Bruchstücke vor. →Eusebius (Hist. eccl. IV, 26) und →Hieronymus (De vir. ill. 24) nennen ihn auch als Verf. einer Clavis. Ein erstmals bei →Theodulf faßbares allegor. Bibelglossar (Clavis sacrae scripturae) hielt J. B. PITRA für eine lat. Übers. der verlorenen Schr. des M.; es ist jedoch eine originallat. Kompilation aus Augustinus, Gregor d. Gr. u. a. Von →Hrabanus Maurus benützt, scheint die Clavis, die sich durch Schlichtheit auszeichnet, auch weiterhin ihre Wirksamkeit entfaltet zu haben, wofern ihr Inhalt nicht schon längst exeget. Gemeingut geworden wäre.
E. Heyse

Ed.: AnalSacra Spicilegio Solesmensi parata, ed. J. B. PITRA, II, 1884 [Nachdr. 1966], 3ff. [Clavis; nach Vatic. Barb. lat. 492 (XI. 135)] – *Lit.*: O. ROTTMANNER, TQ 78, 1896, 614–629 – P. LEHMANN, Erforschung des MA, V, 1962, 438f. – B. FISCHER, Bibeltext und Bibelreform unter Karl d. Gr. (Karl d. Gr., II: Das geistige Leben, 1965), 177f. – BRUNHÖLZL I, 332, 556.

Melk, OSB Kl. in Niederösterreich, auf einem Felssporn an der Donau in oder bei einer älteren Burganlage als Kanonikerstift gegr., nach der Haustradition von den →Babenbergern, vielleicht schon unter den Mgf.en Leopold I. († 994) oder Heinrich I. v. Österreich, spätestens unter Mgf. Adalbert (1018–55). 1014 wurde der Märtyrer →Coloman in M. in der Peterskirche beigesetzt. Den v. a. in M. residierenden Babenbergern diente das Stift bis gegen Ende des 11. Jh. auch als bevorzugte Begräbnisstätte. Unter Mgf. →Leopold II. wurde das Kanonikerstift 1089 mit Mönchen aus →Lambach in eine OSB Abtei Junggorzer Prägung umgewandelt. Mgf. →Leopold III. ließ 1110 das Kl. unter päpstl. Schutz stellen, regelte die Besitzverhältnisse neu und sicherte sich und seinen Nachfolgern die Hauptvogtei. Wahrscheinl. mit dem aus →Admont geholten Abt Engilschalk (1116–21) hielt die →Hirsauer Reform in M. Einzug, die einen Aufschwung von Schreibschule, Bibl. und Kl.schule bewirkte. 1123 legte man einen Annalenkodex an, der auch das M.er Marienlied, das »Breve chronicon Mellicense« und andere Aufzeichnungen zur Gesch. der Babenberger enthält. Es wurde auch eine Leidensgesch. des hl. Coloman zusammengestellt. M., das seit dem 12. Jh. seine Stellung als babenberg. Hauskl. verlor, konnte im späten MA mit Unterstützung der Landesfs.en seinen Vorrang vor den anderen österr.

Kl. und Stiften wahren. Um 1290 ließ Abt Friedrich den im ö. Ober- und im ö. Niederösterreich gelegenen klösterl. Streubesitz in einem Urbar verzeichnen. Der Brand der Kl. anlage 1297 erschütterte die Existenzgrundlage des Kl. auf lange Zeit. Abt Ulrich II. (1306-24), der einen notdürftigen Wiederaufbau bewerkstelligte, gilt als zweiter Gründer. Die wirtschaftl. Lage des Kl. blieb jedoch angespannt und dem religiösen Leben wenig zuträgl., wie der Untergang des angeschlossenen Frauenkl. zeigt. Nachhaltige Förderung erfuhr das Kl. durch den Habsburger Hzg. Rudolf IV. (1358-65), der es zu einem geistl. Zentrum seines Landes machen wollte und das Grab des Landeshl. Coloman sowie verschiedene Reliquien neufassen ließ. Diese Bemühungen hatten in M. auch literar. Werke zur Folge, so eine Gründungsgesch., die »Vita beati Gothalmi«, die »Historia de particula S. Crucis Mellicensis« und das älteste Kopialbuch des Kl.

Die im Anschluß an das Konzil v. →Konstanz auf Betreiben Hzg. Albrechts V. v. Österreich eingeleitete Reform der österr. OSB Kl. begann in päpstl. Auftrag in M., wo →Nikolaus Seyringer als Abt an die Spitze trat (1418-25). Unter ihm und seinen Nachfolgern wurde M. ein Musterbeispiel strenger Kl. disziplin, das in mehreren Wellen in den österr.-süddt. Raum ausstrahlte. Zahlreiche Kl. übernahmen die Statuten v. M. und M. er Mönche als Äbte. Die engen Beziehungen zw. den Kl. der sog. *Melker Reform* verdichteten sich allerdings nicht zu einer eigenen Kongregation; auch die Unionsbestrebungen zw. der M. er, Bursfelder (→Bursfelder Kongregation) und Kastler Reform (→Kastl) im 3. Viertel des 15. Jh. blieben erfolglos. Wie in M., das der Wiener Univ. nahestand, war überall mit der Reformbewegung eine Neubelebung von Liturgie, Wissenschaft, Buch- und Erziehungswesen sowie eine verstärkt praxisbezogene Schriftlichkeit (z. B. M. er Urbar v. 1420) verbunden. Dennoch gelang es im 15. Jh. letztl. nie, das geistig-religiöse Zentrum M., dessen neue Kl. kirche 1429 geweiht wurde, auch wirtschaftl. zu sanieren. In der Zeit Ks. Friedrichs III. litt das Kl. als Landesfestung wiederholt unter feindl. Angriffen.

S. Haider

Lit.: DIP V, 1154f. - Hist. Stätten Österr. I, 417-420 - LThK² VII, 259f. - Topographie v. Niederösterreich VI, 1909, 370ff. - G. Flossmann-W. Hilger, Stift M. und seine Kunstschätze, 1976 [Lit.] - 1000 Jahre Babenberger in Österreich, Kat. des Niederösterr. Landesmus.s NF 66, 1976 [Lit.] - Stift M., Gesch. und Gegenwart, 3 Bde, 1980-83 - F. Reichert, Landesherrschaft, Adel und Vogtei, Beih. AK 23, 1985, 170ff. - Kat. 900 Jahre Benediktiner in M., 1989 [Lit.] - H. Dienst, Regionalgesch. und Gesellschaft, MIÖG Ergbd. 27, 1990 - F. Opll, Zum Hauptstadtproblem im babenberg. Österreich, Mitt. des Museumvereins Lauriacum-Enns NF 29, 1991, 14ff. - M. Niederkorn-Bruck, Die M. er Reform im Spiegel der Visitationen [im Dr.].

Melkiten, vom syr. *malka* 'Kaiser' abgeleitete Bezeichnung für Christen, die das Konzil v. →Chalkedon (451) rezipierten und Communio mit der Reichskirche besaßen: fast das gesamte Jerusalemer Patriarchat, Teile des Antiochener und eine kleine Minderheit des Alexandriner Patriarchats. Ab dem Ende des →Akakian. Schismas und der henot. Bewegung (→Henotikon) ksl. gestützt, wurden die M. unter den Persern und in der arab. Blütezeit zugunsten der →Monophysiten zurückgedrängt (mit zeitweilig längeren Vakanzen in Bm. ern); der diplomat. Schutz durch Byzanz blieb. Nach byz. Rückeroberungen in Syrien waren sie wieder staatl. gefördert. In Kreuzfahrerstaaten unterstanden sie meist lat. Bf. en. Die Osmanen tolerierten ihre Eigenart. Liturg. und kanonist. blieben die M. zunächst bei lokalen Traditionen; vor der Jahrtausendwende begann eine Assimilation an Protektoren in Konstantinopel; gegen 1200 setzte sich der byz. Ritus durch. Gottesdienstsprache war bis ins 17. Jh. syr., dann arab., in Städten (und in Ägypten, solange es Chalkedonier gab) von jeher auch griech.

E. Chr. Suttner

Lit.: LThK² VII, 253-256 - C. Karalevskij, Hist. des Patriarcats Melkites, 2 Bde, 1910/11 - S. Runciman, The Byz. 'Protectorate' in the Holy Land, Byzantion 18, 1948, 207-215 - R. Janin, Les Églises orientales et les rites orientaux, 1955, 146-171 - D. Hopwood, The Russian Presence in Syria and Palestine, 1969 - H. Kennedy, The Melchite Church from the Islamic Conquest to the Crusades (17. Byz.-Kongr. Washington 1986), 325-343.

Mellifont, ehem. Abtei SOCist im östl. →Irland (Gft. Louth), entstand 1142 auf von Donnchad O Cearbaill, Kg. v. Oriel, geschenktem Land; der Gründung vorausgegangen waren die engen Kontakte, die →Malachias v. Armagh mit →Bernhard v. Clairvaux angeknüpft hatte (1139-40). Bei der Gründung gehörten eine Reihe frz. →Zisterzienser der Gemeinschaft v. M. an, doch kehrten die meisten von ihnen, unzufrieden mit ihren ir. Mitbrüdern, nach →Clairvaux zurück. 1157 wurde die Abteikirche geweiht. M. wuchs rasch, gründete zw. 1147 und 1153 sieben Tochterkl. und baute die 'filiatio Mellifontis' auf, die zu Beginn des 13. Jh. 23 Häuser umfaßte. Im 2. Jahrzehnt des 13. Jh. brachen Streitigkeiten über die Visitationsrechte aus; auf Betreiben des zisterziens. Generalkapitels wurden zw. 1220 und 1228 (nicht durchweg erfolgreiche) Anstrengungen zur vollen Durchsetzung der zisterziens. Gewohnheiten in M. und zur Bekämpfung der 'conspiratio Mellifontis' unternommen; sie gipfelten 1228 in den Maßnahmen Abt →Stephans v. Lexington, der die meisten Kl. des Verbandes v. M. der Überwachung engl. Abteien unterstellte, eine Reihe von Mönchen in andere Kl. versetzte und die Zahl der Mönche in M. auf 50, die der Laienbrüder auf 60 beschränkte. 1274 wurden die ir. Abteien wieder ihrer urprgl. Filiation zugeführt.

Im 13. Jh. war M., obwohl im angloir. Siedlungsbereich gelegen, im wesentl. in der Hand von Iren; noch 1321 wird die Zurückweisung von Mönchen engl. Herkunft beklagt. Dies wandelte sich im Laufe des 14. Jh. ins Gegenteil; nun dominierten ausschließl. Anglo-Iren, und der Abt v. M. saß im ir. →Parliament. Die Abtei litt unter der wirtschaftl. Depression im M. und frühen 15. Jh., gewann seit den späten 15. Jh. jedoch ihren Wohlstand zurück. Bei der Aufhebung 1539 besaß M. ca. 2000 ha Land, Wassermühlen und Fischgründe sowie die Einkünfte von 10 Pfarreien.

G. MacNiocaill

Lit.: DIP V, 1156f. - Fr. Colmcille, OCSO, The Story of M., 1958 - G. MacNiocaill, Na Manaigh Liatha in Eirinn, 1959 - A. Gwynn-R. N. Hadcock, Medieval Religious Houses: Ireland, 1970 - J. A. Watt, The Church and the Two Nations in Medieval Ireland, 1970 - R. Stalley, The Cistercian Monasteries of Ireland, 1987.

Mello, Dreu de, →Connétable de France, * Mitte des 12. Jh. (?), † 1218, St. Bris-le-Vineux (dép. Yonne, arr. Auxerre, cant. Auxerre-Est) an der Seite seiner Gemahlin Ermengarde de Moucy. - Während sein älterer Bruder Guillaume die Herrschaft M. (dép. Oise, arr. Senlis, cant. Montataire) ererbte, erhielt Dreu de M. aus dem väterl. Erbe die Herrschaft St-Bris, ein Lehen der Gf. en v. →Auxerre. An der Seite Guillaumes des →Barres kämpfte M. 1188 bei Soindres (nahe Mantes) gegen Kg. Richard I. v. England. M. nahm im gleichen Jahr das Kreuz und zog 1191 auf den Kreuzzug Kg. Philipp Augusts. 1193 wurde er (auf Lebenszeit) Connétable und gehörte zur ständigen kgl. Entourage. Der Kg. verlieh 1204 die neueroberte Burg →Loches dem gleichnamigen, seit 1188 an der Seite des Vaters belegten Sohn des Connétable. Dieser nahm, offensichtl. aus Altersgründen, an den Schlachten v. La

→Roche-au-Moine und →Bouvines (1214) nicht mehr teil. Ph. Contamine

Lit.: L. PRIEUR, Église de Saint-Bris-le-Vineux (Congrès arch. de France 116, 1958, 1959), 169-183 – J. W. BALDWIN, The Government of Philip Augustus, 1986.

Mellrichstadt, Schlacht bei (7. Aug. 1078). Angesichts der ergebnislos verlaufenen Friedensverhandlungen zu Fritzlar drängte der Gegenkg. →Rudolf v. Rheinfelden auf eine militär. Entscheidung in der Auseinandersetzung mit Heinrich IV. und stieß mit einem sächs. Heer über Thüringen nach Franken vor. Bei M. (unweit d. Einmündung d. Streu in d. frk. Saale) traf er auf Heinrich IV., der zuvor Rudolfs Vereinigung mit einem von den oberdt. Hzg.en Berthold und Welf geführten schwäb. Aufgebot verhindert hatte. Die Flucht der Bf.e Werner v. Magdeburg und Werner v. Merseburg löste auf sächsischer Seite eine Massenflucht aus. Nur →Otto v. Northeim und Pfgf. Friedrich v. Sommerschenburg konnten sich behaupten und schlugen ihrerseits Heinrich IV. in die Flucht. Zwar kehrte dieser, gestärkt durch ein Kontingent des Hzg.s →Vratislav II. v. Böhmen, auf das Schlachtfeld zurück; eine Entscheidung war damit jedoch nicht gefallen.

T. Struve

Q.: Bruno, De bello Saxonico, c. 96-102 (MGH DMA 2, 1937, 88-92) – Lit.: W. v. GIESEBRECHT, Gesch. der dt. Ks.zeit, III, 1890⁵, 469f. – JDG H. IV. und H. V., 3, 1900, 137-145 – K.-G. CRAM, Iudicium belli, AKG Beih. 5, 1955, 140-143 – J. VOGEL, Gregor VII. und Heinrich IV. nach Canossa (Arbeiten zur FrühMAforsch. 9, 1983), 123f., passim.

Melnik (gr. Μελ[έ]νικος/-κον), Kleinstadt in SW-Bulgarien, östl. des Struma/Strymon, umgeben von den Ausläufern des Pringebirges, geht zurück auf eine Festung Zar →Samuels, hist. erstmals greifbar anläßl. der Inbesitznahme durch das →Byz. Reich 1014, unter →Basileios II. 1195, unter →Kalojan, kam sie wieder an →Bulgarien. M., das im 12. Jh. zu den von →al-Idrīsī besuchten Orten zählt, erlangte erst nach 1204, wegen seiner nahezu uneinnehmbaren Festung und der günstigen Grenzlage zw. Lat. Ksr./Byzanz und Bulgarien, größere Bedeutung: Unter dem fast unabhängigen →Alexis Slav wurde M. um 1209 Sitz seines sich bis in die →Rhodopen erstreckenden Herrschaftsbereiches, der aber nach 1230 wieder ganz unter die Kontrolle des Zaren →Ivan II. Asen geriet. Nach dem Tode Zar →Kolomans 1246 konnte Ks. →Johannes III. Vatatzes v. →Nikaia durch Gewährung eines Privilegs (DÖLGER-WIRTH, Reg. 1789) erneut in M. die byz. Herrschaft etablieren, die erst 1342 durch die der Serben abgelöst wurde. 1395 kam auch M. unter osman. Herrschaft. Kirchl. war M. Suffraganbm. v. →Serrhes, seit ca. 1285 eigene Metropolie. Aus den Kirchen M.s und seiner Umgebung, wo die→Athos-Kl. Vatopedi und Iberon größere Besitzungen hatten, sind nur wenige Kunstwerke und Hss. erhalten (Fresken aus den Resten der Nikolaos-Kirche, 13. Jh., Nat.Mus. Sofia; illuminiertes Evangeliar des 11./12. Jh., Nat.bibl. Athen). Die lange für genuin byz. gehaltene Ruine eines für den Balkan (außerhalb Konstantinopels) einzigartigen Wohngebäudes stammt von der Zeit→Mehmeds II., nach 1453. G. Prinzing

Q. und Lit.: V. LAURENT, Un acte grec inédit du despote serbe Constantin Dragas, RevByz 5, 1947, 171-184 – TH. N. VLACHOS, Die Gesch. der byz. Stadt Melenikon, 1969 [vgl. G. PRINZING, BZ 64, 1971, 119-123] – S. DUFRENNE, Une icone byz. à M., Byzantion 38, 1968, 18-27, 5 Taf. – I. DUJČEV, M. au MA, ebd., 28-41 – A. VACALOPOULOS, Hist. of Macedonia 1354-1833, 1973 [s. Reg.] – A. XYNGOPULOS, Τὸ Εὐαγγέλιον τοῦ Μελένίκου..., 1975 – L. MAVRODINOVA, Carkvata Sv. Nikola pri M., 1975 [Abb.] – N. K. MUTSOPULOS, Τὸ ἀρχοντικὸ τῶν Μπάμπουρα στὸ Μελένικο..., Ἐπετηρίδα τῆς Πολυτεχνικῆς Σχολῆς (Θεσσαλονίκη) 9, 1981-82, 235-346 – Sammelbd.: Melnik, Bd. 1, 1989, 18-33.

Mělník, Stadt im N Mittelböhmens, am Zusammenfluß von Elbe und Moldau. Die Burg der →Přemysliden wurde Ende des 9. oder im 10. Jh. auf der flachen Landzunge des rechten Elbeufers als Kastellaneizentrum gegründet. Nach →Christian (6. Ch.) soll sich zuvor in M. oder in der Nähe die Burg Pšov befunden haben, die zur Herrschaft Slavibors, des Vaters der hl. →Ludmila († 921), gehörte. Am Anfang des 11. Jh. lebte Emma, Gattin des Fs.en →Boleslav II., in M. (Münzprägung mit der Inschrift 'Emma regina' und 'civitas Melnic'). Wohl im 11. Jh. entstand das Domkapitel der Peter- und Paulskirche, 1158 wird der Kastellan Zvěst bezeugt. Nach 1250 wurde die Stadtgemeinde M. errichtet, gefördert durch die günstige Verkehrslage an der Elbe. 1274 gestattete Přemysl →Ottokar II. der Stadt den Import von Salz, Salzheringen und anderen Waren, was zu Auseinandersetzungen mit einigen Elbestädten führte. M. gehörte zu den Leibgedingstädten (→Leibgedinge) der böhm. Kgn.nen, hatte jedoch nur regionale Bedeutung.

J. Žemlička

Lit.: L. BÖHM, Královské věnné město M. a okres Mělnický, 1892 – V. WACHSMANOVÁ, M., 1960 – J. SLÁMA, Střední Čechy v raném středověku III, 1988, 43-45.

Melnosee, Friede v. (27. Sept. 1422), abgeschlossen zw. dem Hochmeister Paul v. Rusdorf, dem Landmeister in Livland, Siegfried Lander v. Spanheim, dem Deutschmeister Eberhard v. Seinsheim (durch spätere bes. Urk.) einerseits und Kg. Władisław Jagiello v. Polen, Gfs. Witold v. →Litauen und den Hzg.en Johann und Semowit v. →Masovien andererseits, beendete die nach 1410 trotz des Ersten →Thorner Friedens mehrfach aufgekommenen Kriegshandlungen. Der Dt. Orden hatte Gebietsabtretungen hinzunehmen, so die von Haus und Gebiet Nessau an den Kg. v. Polen sowie von→Schemaiten an den Gfs.en v. Litauen, während der Kg. v. Polen auf die Ansprüche auf Pommerellen, Kulmer Land und Michelau verzichtete. Innenpolit. erwies sich die Mitwirkung von Ständevertretern bei den Friedensverhandlungen als bedeutsam, da die preuß. Stände fernerhin eine Art Kontrollrecht gegenüber der Einhaltung des endgültig erst 1426 besiegelten Friedensvertrages beanspruchten. C. A. Lückerath

Lit.: C. A. LÜCKERATH, Paul v. Rusdorf, 1969, 43-55 – DERS., Deutschmeister Eberhard v. Saunsheim, ZOF 18, 1969, 270-287 – K. NEITMANN, Zur Revindikationspolitik des Dt. Ordens nach Tannenberg, JbGO 31, 1983, 50-80 – DERS., Staatsverträge des Dt. Ordens in Preußen 1230-1449, 1986, 171-193 – C. A. LÜCKERATH, Über Staatsverträge des Dt. Ordens in Preußen (Gedenkschr. R. OLESCH, hg. H. ROTHE u.a., 1991), 103-114.

Meloria, Seeschlacht (6. Aug. 1284) bei der Insel M. gegenüber Portopisano, brachte die Entscheidung zw. Genua und Pisa im Kampf um die Vorherrschaft im Tyrrhen. Meer und gilt zudem als eines der wichtigsten Ereignisse in der Gesch. der Seekriegführung. Nachdem die pisan. Flotte unter dem Kommando des Podestà, des Venezianers Alberto Morosini, Ende Juli die ligur. Küste angegriffen hatte, verfolgten die Genuesen die Pisaner nach Portopisano und erzwangen durch einen Angriff die Seeschlacht. Kommandant der genues. Flotte war einer der beiden Capitani del popolo, Oberto Doria, der angeblich von rund 250 Mitgliedern seiner Familie begleitet wurde. Die von den Genuesen angewandte siegreiche Taktik bestand darin, ihre Schiffe in zwei Linien aufzustellen (Kommandant der zweiten Flottenabteilung war Benedetto Zaccaria) und die Pisaner einzukreisen. Sieben pisan. Galeeren wurden versenkt, 29 aufgebracht, mehr als 5000 Gefangene gemacht. Beide Seiten hatten ungeheure Verluste an Menschen und Schiffen. G. Petti Balbi

Lit.: Iacopo Doria, Annales Genuenses (C. IMPERIALE DI SANT'ANGELO, Annali di Caffaro e de'suoi continuatori [Fonti V, 1929]), 47–60 – AA.VV., Genova, Pisa e il Mediterraneo. Per il VII centenario della battaglia della M., Atti Soc. Ligure stor. patr. XXIV, 1984.

Melozzo da Forlì, it. Maler, * 1438 Forlì, † 1494 ebd. Vermutl. von Ansuino da Forlì ausgebildet, der ihm bereits die Neuerungen →Mantegnas und →Pieros della Francesca vermitteln konnte. Nach 1464 ging M. nach Rom; von der Ausmalung der Alten Bibliothek existiert außer geringen Resten nur noch »Sixtus IV. ernennt B. Platina zum Präfekten der vatikan. Bibliothek« (1477, Pinacoteca Vat.), ein Gruppenbildnis der Umgebung des Papstes in der Art von Mantegnas Camera degli Sposi; von der großen »Himmelfahrt Christi« in der Apsis von SS. Apostoli, 1478–80 im Auftrag Kard. Riarios entstanden und 1711 zerstört, haben sich nur Fragmente (Pinacoteca Vat.; Quirinal) erhalten. Die Ausmalung der Scheinkuppel der Sakristei von S. Marco in Loreto (1486) zeigt in Scheinarchitekturen Propheten und fliegende Engel mit den Leidenswerkzeugen. Sein letztes Werk, gemeinsam mit seinem Schüler Palmezzano, ist die Ausmalung des Gewölbes der Cappella Feo in S. Biagio, Forlì (im 2. Weltkrieg zerstört). Die schlechte Überlieferung seines Werkes verdunkelt seine Stellung als bedeutendster mittelit. Monumentalmaler vor Raffael und Michelangelo.
Ch. Klemm

Lit.: R. BUSCAROLI, M. e il Melozzismo, 1955 – E. RUHMER, M. als Zeichner (Fschr. U. MIDDELDORF, 1968).

Melrose, erste schott. OCist-Abtei, 1136 gegr., Tochterkl. von →Rievaulx. Kg. David I. beauftragte den ersten Konvent mit der Errichtung eines Kl. nahe dem River Tweed und nicht weit entfernt von einem mit dem hl. →Cuthbert verbundenen northumbr. Kl. Von den ersten Gebäuden blieb wenig erhalten, weil mehrere Umbauten erfolgten (Flamboyant-Stil, 15. und frühes 16. Jh.). M. entwickelte sich rasch zu einem Mutterkl. von schott. Zisterzienserkl., zu denen v.a. Newbattle, Holm Cultram, Kinloss, Deer und Balmerino gehörten. Einige Mönche v. M. wurden Bf.e in der schott. Kirche, bes. erwähnenswert ist Jocelin, Bf. v. →Glasgow (1175–99). Einer der ersten Äbte war der dem schott. Kg.shaus verbundene hl. →Waltheof (Waldevus) v. Senlis, dessen von →Jocelin v. Furness verfaßte Vita erhalten ist. Die Abtei verfügte über umfangreichen Grundbesitz im s. Schottland und wurde rasch ein Wollproduzent, wobei die Wolle v.a. in die fläm. Tuchzentren exportiert wurde. Die zw. 1140 und 1270 in M. entstandene Chronik hat bes. die schott. Gesch. zum Gegenstand, enthält aber auch wichtige Angaben zu den Kreuzzügen und über Simon de →Montfort († 1265). Wenige Jahre vor der Plünderung und Niederbrennung der Abtei durch die Engländer (1545) zählte der Konvent mindestens 32 Mönche.
G. W. S. Barrow

Ed. und Lit.: The Chronicle of M., ed. A. O. und M. O. ANDERSON, 1936 – I. B. COWAN – D. E. EASSON, Medieval Religious Houses, Scotland, 1976.

Melton, William, Ebf. v. York seit 1317, † 5. April 1340 in Cawood (Yorkshire), ▢ York, Minster; seit 1294 Beamter in der kgl. →*wardrobe* Eduards I. und dort 1307–14 Leiter unter Eduard II. W. M. betrieb die Einstellung zahlreicher Beamten aus Yorkshire in die kgl. Verwaltung. Dank kgl. Gunst wurde W. M. Inhaber mehrerer Pfründen und schließlich Ebf. Dann wurde er Mitglied im kgl. Rat und Schatzmeister (*treasurer*) v. England (1325–26, 1330–31). Doch hielt er sich häufig in seiner Diöz. auf. Sein umfangreiches Register (739 Folianten) beweist seine bfl. Aktivität. Er war beteiligt an der Verteidigung des n. England und an der anglo-schott. Diplomatie.
R. L. Storey

Q.: The Register of W. M., Canterbury and York Society, I–III, 1977–88 – *Lit.:* DNB XIII, 227–229 – L. H. BUTLER, Archbishop M. ...., JEcH 2, 1951, 54–68 – J. L. GRASSI, Royal Clerks from the York Archdiocese (Northern Hist. V, 1970), 22f.

Melun, Stadt und Gft. in Frankreich, sö. Paris. Der bereits in gall. Zeit besiedelte, unter röm. Herrschaft sich vergrößernde Ort war bedeutend wegen seiner strateg. Lage am Übergang über die →Seine. Zu Beginn des 9. Jh. ist ein Gf. v. M. namens Donatus (Donat) und ein Vicecomes namens Genesius (Geniès) belegt. 856 wurde M. von →Normannen geplündert. Am Ende des 9. Jh. stand es unter unmittelbarer Kontrolle des Marchio v. →Neustrien.

→Heribert II. v. Vermandois brachte das Melunais zu einem unbestimmten Zeitpunkt, zw. 926 und 943, in seine Hand. Nach Heriberts Tod (943) standen seine Kinder unter der Vormundschaft ihres Onkels von mütterl. Seite, des Robertiners →Hugo d. Gr., der 946 eine Teilung des Erbes vornahm und hierbei die Gft. M. sich selbst vorbehielt.

Um 960 übertrug →Hugo Capet die Gft. M. an →Burchard v. Vendôme (Heirat Burchards mit Elisabeth, der Witwe Haimos, des Gf.en v. →Corbeil). 999 (nach Richer: 991) versuchte sich der Gf. v. Blois (Odo II. oder Odo I.), als Nachfahre Heriberts v. Vermandois der Burg M. zu bemächtigen. Gegen ihn bot der Kg. ein Heer auf, zwang den Gf.en durch Belagerung zur Flucht und ließ den zu Odo abgefallenen Vizgf.en Gautier und dessen Gemahlin hängen. Nach dem Letzten Willen des Gf.en Burchard erhielt dessen Sohn Renaud, Bf. v. Paris, die Gft. M. und das Vendômois. Nach Renauds Tod (1016) fiel M. an die →Krondomäne.

Unter den Kapetingern fungierten nur noch Vizgf.en v. M.; einer von ihnen, Adam († 1220), war Teilnehmer der Schlacht v. →Bouvines (1214). Seit Kg. Robert II. (996–1031) war M. 'castrum'; unter Philipp I. (1060–1108) war es Standort eines Palastes und Sitz eines kgl. →Prévôt. Unter Ludwig VI. (1108–37) traten Wegzoll (*péage*) und Markt hinzu. Unter Ludwig VII. (1137–80) sind in M., dem Ort des polit. wie wirtschaftl. gleichermaßen bedeutenden Seineüberganges, Zollstelle, Königspalast, Mühle, Viguerie, kgl. Prévôt und Einnahmestelle der →*taille* belegt.

M., das zur Diöz. →Sens gehörte, besaß mehrere geistl. Einrichtungen: Notre-Dame, St-Étienne, St-Père (alle drei seit Hugo Capet vom Kgtm. abhängig), St-Sauveur (seit Ludwig VI. unter Kontrolle des Kg.s). 1003 erhielt St-Père die kgl. →Immunität.
E. Lalou

Lit.: D'ARBOIS DE JUBAINVILLE, L'historien Richer et le siège de M. en 999 (BEC 20), 393–398 – W. NEWMAN, The Kings, the Court and the Royal Power in France in the XIth Century, 1929 – DERS., Le domaine royal sous les premiers Capétiens (987–1130), 1937 – R.-H. BAUTIER, La châtellenie de M. au milieu du XIVe s. (Actes du 100e congr. des sociétés savantes, 1975, t. II, 1978, 59–66) – M. BUR, La formation du comté de Champagne, v. 950 – v. 1150, Nancy, 1977.

Melusine (frz. Mélusine), lit. Stoffkomplex um die Fee M., genealog. Ursprungssage des Hauses →Lusignan. Die erste lit. Gestaltung des Stoffs ist der Prosaroman des Jean d'Arras (1393 verfaßt, gewidmet dem Hzg. →Jean de Berry); bald nach 1401 entstand der Versroman des Coudrette. Vorstufen waren Feensagen, die seit dem 12. Jh. von Klerikern überliefert wurden, so von →Gervasius v. Tilbury. Kernfabel ist die Eheschließung eines Sterblichen mit einer Fee, wobei er die Beachtung eines bestimmten Verbots verspricht; durch den Bruch des ihm auferlegten Tabus büßt er die Gefährtin und den ihm verliehenen

Reichtum ein, behält aber die mit der Fee gezeugte Nachkommenschaft. Die (nicht an einen bestimmten Ort gebundenen) folklorist. Erzählungen dieses Typs werden von G. DUMÉZIL als »mélusinien« charakterisiert. In der M.-Sage heiratet Raimondin eine schöne Unbekannte, die er am Samstag nicht sehen darf. M. beschenkt ihren Gemahl mit zahlreichen Burgen und gebiert ihm zehn Söhne, alle – wie ihre Mutter – mit einem tier. Mal behaftet. Jeden Samstag verwandelt sich M. in eine Schlange. Der tapferste der Söhne, Geoffroy à la Grand Dent, provoziert schließlich die Übertretung des Verbots. Die belauschte Fee entschwindet, das Haus Lusignan hat seine übernatürl. »Ahnfrau«. Der Eintritt dieser Legende in die geschriebene Lit. hängt zusammen mit der Rückeroberung des →Poitou, der Heimat der Lusignan, aus engl. Hand durch den Hzg. v. Berry, insbes. aber mit der Gestalt des Lusignan-Kg.s Leo VI. v. Armenien, der, von den Sarazenen vertrieben, seine Tage am frz. Hof beschloß. In den M.-Romanen feiert der Kreuzzugsmythos seine letzten Triumphe. Der M.stoff, der (in Bearb. nach Jean d'Arras) auch in anderen roman. Ländern und in England bekannt wurde, erfreute sich namentl. in Deutschland großer Beliebtheit; älteste Fassung ist der 1456 abgeschlossene und 1474 erstmals gedr. Prosaroman des Berner Ratsherren Thüring v. Ringoltingen, eine Übertragung des (in Frankreich selbst wenig beachteten) Versromans von Coudrette. Zwei engl. Fassungen entstanden um 1500: die Versromanze »Romauns of Partenay« (nach Coudrette) und die Prosaromanze »Melusine« (nach Jean d'Arras).
L. Harf-Lancner

Ed.: Jean d'Arras, ed. L. STOUFF, 1974 – Coudrette, ed. E. ROACH, 1982 – M., ed. H.-G. ROLOFF, 1969 [Th. v. Ringoltingen] – *Lit.:* Kindler Lit.-Lex. IV, 2364–2369 – Manual ME I. I., 1967, 165f., 321–324 (Nr. 109, 110) – H.-G. ROLOFF, Stilstud. zur Prosa des 15. Jh. Die M. des Thüring v. Ringoltingen, 1970 – J. LE GOFF – E. LE ROY LADURIE, M. maternelle et défricheuse, Annales, 1971, 587–622 – C. LECOUTEUX, M. et le chevalier au cygne, 1982 – L. HARF-LANCNER, Les fées au MA, 1984 – DIES., La vraie hist. de la fée M., l'hist. 119, 1989, 8–15 – F. CLIER-COLOMBANI, La fée M. au MA, 1991 – B. LUNDT, M. und Merlin im MA, 1991.

Memel (litauisch Klaipėda), Stadt am n. Ende des Kurischen Haffs, etwa 40 km n. der Einmündung des gleichnamigen Flusses. 1252 gründeten für den livländ. Zweig des →Dt. Ordens der Deutschmeister →Eberhard v. Sayn und →Heinrich v. Lützelburg (90. H.), Bf. v. Kurland, Burg und Stadt M. Statt des zunächst ins Auge gefaßten Dortmunder erhielt M. 1257 →lüb. Recht. Die älteste erhaltene Handfeste wurde 1365 anstelle einer früheren, durch Brand vernichteten ausgestellt. 1328 wurden Burg, Stadt und Umland dem preuß. Zweig des Dt. Ordens übertragen. Bis 1525 residierte in der Burg der Komtur v. M. 1392 übernahm der Orden das bisher dem Bf. v. Kurland (→Kuren) gehörige Drittel der Stadt, die nun zur Diöz. →Samland kam. 1457 wurde ihr anstelle des lüb. das Kulmer Recht (→Kulmer Handfeste) verliehen. Nach dem 2. →Thorner Frieden 1466 erhielt die bisher ganz im Schatten der Burg gelegene kleine Stadt Bedeutung für Handel und Schiffahrt. Beim großen Stadtbrand 1854 wurde zerstört, was damals noch aus dem MA stammte.
H. Boockmann

Lit.: J. SEMBRITZKI, Gesch. der Kgl.-Preuß. See- und Handelsstadt M., 1900.

Memento mori
A. Begriff, Mittellateinische Literatur – B. Volkssprachliche Literaturen

A. Begriff, Mittellateinische Literatur
Der Unvermeidlichkeit des Sterbens zu gedenken, ist eine Forderung der Weltweisheit ('Hominem te memento', vgl. Hieronymus, Epist. 39, 2, 8) und erst recht der christl. Gesinnung. Predigt und Betrachtung, Beispielerzählung und moral. Dichtung mahnen zur Geringschätzung der vergängl. Welt und ihrer Güter (→Contemptus mundi). Die Mahnung kann an verschiedene Bibelstellen anknüpfen (Gen 3, 19; Hiob 7, 7 'memento, quia ventus est vita mea'; 13, 28; 17, 14; Sir 7, 40 (36) 'in omnibus operibus tuis memorare novissima tua'; Offb 2, 5) wie auch an Gedanken aus der profanen Tradition (s. Abschnitt II). Das Wort 'M. m.' selbst scheint vor dem 13. Jh. nicht belegt zu sein. – Christl. Jenseitserwartung entspricht es indessen, wenn der Tod nicht nur als ein Übel gesehen wird: er ist der Eintritt ins eigtl. Leben (→Tod). Der wahre Schrecken ist das Gericht und der 'zweite Tod' (Offb 2, 11), die Verdammnis. Das Erinnern ans Sterben ist daher ein Aufruf zur Buße und Vorbereitung. Diese wird im SpätMA von der →Ars moriendi und anderen, z.T. sehr verbreiteten Schriften gelehrt, wie dem Speculum peccatorum (MPL 40, 983–92), dem 'Cordiale de IV novissimis' des Gerhard van der Vlyderhoven, in Schriften des →Jakob v. Jüterbog.
G. Bernt

Lit.: H. WALTHER, Proverbia sententiaeque latinitatis medii aevi, 1963ff., Nr. 14632a, 25237 – W. BLOOMFIELD u.a., Incipits of Latin Works etc., 1979, 749 [mors] – W. REHM, Der Todesgedanke in der dt. Dichtung vom MA bis zur Romantik, 1928, 20–114 – P. VON MOOS, Consolatio, 1971/72, Indexbd. 137 – Death in the MA, hg. H. BRAET-W. VERBEKE, 1983.

B. Volkssprachliche Literaturen
I. Deutsche Literatur – II. Romanische Literaturen – III. Englische Literatur.

I. DEUTSCHE LITERATUR: Die Betrachtung der Endlichkeit des menschl. Lebens, verbunden mit dem Ausblick auf das Schicksal in der Ewigkeit, durchzieht die gesamte ma. dt. Lit., überwiegend in weitere themat. Zusammenhänge verflochten, begegnet aber auch als zentraler Aspekt einzelner Texte. Ziel der predigthaften Erinnerung an die Vergänglichkeit ist die rechte Gestaltung des Lebens. Eine spezif. Unterscheidung zw. Contemptus mundi – und M.m.-Texten ist nicht möglich. Die rein negative Wertung der Welt gegenüber dem Blick für ihre Schönheit auf der Folie der Vergänglichkeit ergibt sich aus der Verankerung des jeweiligen Autors in übergreifenden Tendenzen lit. Welterfassung.

Das alem. M.m., Ende des 11. Jh. von einem nicht sicher zu identifizierenden Noker verfaßt, verbindet die Vergänglichkeitsthematik mit sozialkrit. Gesichtspunkten. Die »rede von des todes hugegede« (genaue Übers. des lat. Ausdrucks M.m.) des sog. →Heinrich v. Melk (überliefert um 1300, entstanden wohl um 1200) prangert neben einer allg. Ständebußpredigt mit drast. Bildern von Tod, Verwesung und Qualen nach dem Tode bes. das ritterl. Leben an. Der geistl. Verf. reagiert hier auf ein neues Selbstverständnis des Adels, das sich in der höf. →Kultur um 1200 ausprägt. Doch für deren bedeutende Repräsentanten gehörte ihrerseits die Vergänglichkeitsperspektive durchaus zur Aneignung und Eigenreflexion religiösen Gedankenguts, bes. bei →Hartmann v. Aue und →Wolfram v. Eschenbach. Die Sangspruchdichter des 13./14. Jh. widmen dem Thema selbständige Strophen (→Walther v. d. Vogelweide, →Reinmar v. Zweter, →Konrad v. Würzburg, der →Marner, →Heinrich v. Meißen/Frauenlob u. a.). Konrad v. Würzburg behandelt es in einer Verserzählung »Der Welt Lohn«. Im SpätMA entstehen in Anlehnung an lat. Werke zahlreiche, nur z. T. edierte Vers- und Prosatexte, die zur Buße angesichts des Todes aufrufen. Sie wenden sich an den einzelnen Menschen, doch nicht an bestimmten Adressaten. Wie bereits im alem. M.m. des 12. Jh. der Tod als *ebenaere* (Gleichmacher) bezeichnet wurde, taucht das Motiv der Stände- und Altersunterschiede nivellierenden Gewalt häufig auf. Trotz Verwendung gleicher Motive und gegenseitiger Übernahme von Versen sind bestimmte Texttypen zu unterscheiden, die M.m.-Charakter besitzen: Jammerruf des Toten (Übers. von »O vos omnes qui transitis«); Erzählung von den →»Drei Lebenden und den drei Toten«; Gespräch zw. Leib und Seele; →Ars moriendi; →Totentanz, sog. →Contemptus mundi-Texte in Prosa und Versen (bezeichnet nach RUDOLF). Die z. T. vorhandene Gesprächsform verbindet diese Texte mit Spielen (→Drama, V) vom sterbenden Menschen und bes. Gericht nach dem Tode. Bereits in der hs. Überlieferung tauchen häufig Illustrationen auf, die in →Blockbüchern und →Einblattdrucken zum M.m.-Thema dominierende Bedeutung gewinnen. U. Schulze

Ed.: Die religiösen Dichtungen des 11. und 12. Jh., hg. F. MAURER, I, 1964, Nr. 5; III, 1970, Nr. 52, 53 – Ma. Texte und Zeugnisse, hg. H. DE BOOR, 1965, I, 518–553 – Der tanzende Tod. Ma. Totentänze, hg. G. KAISER, 1982 – weitere Ed.-Hinweise s. u. den Autoren – *Lit.*: Verf.-Lex.² II, 5–8, 226–228; III, 787–797; IV, 500–503; VI, 381–386 – R. RUDOLF, Ars moriendi, 1957 – ST. COSACCHI, Makabertanz, 1965 – N. PALMER, Die letzten Dinge in Versdichtung und Prosa des späten MA (Dt. Lit. des späten MA. Hamburger Coll., 1973), 225–239.

II. ROMANISCHE LITERATUREN: Als implizite Aufforderung, die vergängl. ird. Dinge geringzuschätzen (→Contemptus mundi) und sich den jenseitigen zuzuwenden, hat das M.m. seinen festen Platz in der Predigt; im Anschluß an lat. Vorbilder (→Innozenz III.) malen frz. Predigten die Todesfolgen wie Verwesung des Leichnams eindringlich aus. Aus der Reimpredigt entwickeln sich die »Vers de la mort«: Die von →Hélinand de Froidmont begründete Tradition wird in Frankreich (Robert le Clerc, Adam de la Hale) und Italien weitergeführt. Die Mahnungen richten sich meist an die Mächtigen, u. U. an namentl. genannte Adressaten. Ein beliebter Topos ist die Konfrontation eines Lebenden (oder mehrerer) mit Toten: Schon in der →Barlaam und Josaphat-Geschichte, die dem Abendland mehrere Exempla vermittelt, aus denen sich das M.m. ableiten läßt, wird der Held u. a. durch den Anblick eines Toten veranlaßt, sich die Frage nach dem Sinn des menschl. Daseins zu stellen. Die Mahnung des Toten an den Lebenden »Sum quod eris« wird im Exempel XXXII der Disciplina clericalis des →Petrus Alfonsi thematisiert (vgl. auch ebd. Exempel XXXIV: Dialog eines Eremiten mit seiner Seele, Ubi sunt-Motiv) und in mehreren Fassungen des Streitgedichts »Des trois morts et des trois vifs« weiter ausgeführt (→Drei Lebende und drei Tote). Von hier ergibt sich auch eine Verbindung zum →Totentanz. Die Topoi des M.m. werden in der didakt. Lit. vielfach variiert: So läßt →Juan Manuel im »Libro de los enxiemplos del conde Lucanor« (Ex. 4) einen reichen Genuesen in der Todesstunde mit seiner Seele sprechen: All seine Schätze, die er ihr bietet, können sie nicht daran hindern, den Körper zu verlassen. – Bes. Beliebtheit erfreut sich die M.m.-Thematik im 15. Jh., in Spanien (Jorge Manrique, »Coplas por la muerte de su padre«) wie in Frankreich: François Villons Testament faßt wesentl. M.m.-Motive, wie Ubi sunt, körperl. Verfall im Alter etc., noch einmal zusammen. A. Gier

Ed. und Lit.: ST. GLIXELLI, Les cinq poèmes des Trois morts et des trois vifs, 1914 – I. SICILIANO, François Villon et les thèmes du MA, 1934, 227ff. – M. LIBORIO, Contributi alla storia dell'»Ubi sunt«, Cultura Neolat. 20, 1960, 141–209 – GRLMA VI/1, 62–64; 77; VI/2 passim – M. ZINK, La prédication en langue romane avant 1300, 1976.

III. ENGLISCHE LITERATUR: In seiner moral.-didakt. Funktion steht das M.m. in enger Verbindung mit der Predigt- (→»Fasciculus morum«, →John de Grimestone) und Bußlit. (→»contemptus mundi«). Die einzelnen Topoi (wie Sir 7,40; »Sum quod eris«; »Ubi sunt?«) tauchen oft gemeinsam in den Texten auf, die von einfachen Merkversen (wie Ind. Nr. 3969) bis zu längeren, meditativen Werken reichen. Bereits ae. Warnungen aus dem Grabe sind bekannt (nach →Caesarius v. Arles). Zu den frühme. Beispielen zählen Ind. Nr. 4044 und das noch aus dem 12. Jh. stammende »The Grave« (Ind. Nr. 3497). Von den späteren weisen einige feste ikonograph. Bezüge auf. Die abstrakte Vorstellung vom Tod wird zur Begegnung mit dem Toten (vgl. den Monolog des Lazarus in den »Towneley Plays« und [Ps.-?] →Henrysons »The Thre Deid Pollis«). Eine Sonderform stellt die Begegnung der →»Drei Lebenden und der drei Toten« bei Ps.-→Audelay (Ind. Nr. 2677; Bild schon im De Lisle-Psalter, ca. 1310) dar. Die Stadien der Verwesung werden bisweilen kraß ausgemalt (wie in Ind. Nr. 2255). Innerhalb des schon seit ae. Zeit bekannten Gesprächs zw. Seele und Leichnam sind Ind. Nr. *47 (Suppl. *2684.5), Nr. 3517 und der späte Dialog zw. Leichnam und den Würmern (Ind. Nr. 1563) bes. schockierend. Die kat. artigen signa mortis erscheinen auch in den Versionen der Elegie von →Maximianus (Ind. Nr. 718, 1115, 1216) und als Reflex in →Chaucers »Pardoner's Tale« und Henrysons »Ressoning betuix Aige and Yowth«. Eine weitere Gruppe bedient sich des »Timor mortis« aus dem Totenoffizium als Refrain (u.a. Ind. Nr. 693 [Audelay] und →Dunbars »Lament for the Makeris«).
K. Bitterling

Bibliogr.: C. BROWN-R. H. ROBBINS, The Ind. of ME Verse, 1943 [Suppl.: R. H. ROBBINS-J. L. CUTLER, 1965] – *Lit.*: R. WOOLF, The English Religious Lyric in the MA, 1968 – D. GRAY, Themes and Images in the ME Religious Lyric, 1972 – P. TRISTRAM, Figures of Life and Death in Medieval Engl. Lit., 1976.

Memleben, Dorf an der Unstrut w. Merseburg. Hier bestand eine noch nicht genau lokalisierte, von den frühen Ottonen bes. gern besuchte Kg.spfalz. In ihr starben Heinrich I. 936 und Otto I. 973. Die Einkünfte der Ortskirche wurden um 950 dem im Raum von Zeitz eingesetzten Missionar →Boso (3. B.) zugewiesen. Ks. Otto II. gründete hier zw. 976 und 979 ein OSB Kl., dem er 981 eine außergewöhnl. große Schenkung von 11 →Burgwarden im Slavenland ö. von Elbe und Saale zukommen ließ. Offenbar sollte das Kl. anstelle des aufgelösten Bm.s →Merseburg Missionsaufgaben übernehmen, doch konnte es diese nicht erfüllen. Nachdem Otto III. die Stiftung mit Markt-, Münz- und Zollrecht ausgestattet hatte, entzog ihr Heinrich II. 1015 alle Schenkungen und Privilegien und inkorporierte sie dem Reichskl. →Hersfeld. Anstelle der doppelchörigen ersten Kl.kirche des 10. Jh. wurde in der 2. Hälfte des 13. Jh. ein Neubau errichtet. K. Blaschke

Lit.: Von der otton. Stiftskirche zum Bauhaus, hg. H. J. MRUSEK, 1967, 340 – Vorroman. Kirchenbauten. Kat. der Denkmäler bis zum Ausgang der Ottonen, Lfg. K-Q, bearb. F. OSWALD, 1968 – E. SCHUBERT, ZUR DATIERUNG DER OTTON. KIRCHE ZU M. (SIEDLUNG, BURG UND STADT. STUD. ZU IHREN ANFÄNGEN, HG. K. H. OTTO-J. HERRMANN, 1969), 515–524 – W. WEISE, Archäolog. Unters. im Bereich der vermutl. Kg.spfalz M. ..., 1981 (Fachschulfernstud. Mus. für dt. Gesch. Berlin).

Memling, Hans, ndl. Maler, * Seligenstadt 1435/40, † Brügge 1494, wo er sich 1465 niederließ und als wohlhabender Bürger öfters gen. wird. Schon sein erstes datierbares Werk, das Triptychon mit dem Jüngsten Gericht, das auf dem Transport nach Florenz 1473 einem Korsar in die Hände fiel und von diesem in die Marienkirche in Danzig gestiftet wurde, zeigt die Kenntnis von Arbeiten →Lochners, v. a. aber des Altars →Rogier van der Weydens in Beaune. M.s Kunst ist weitgehend von dessen Stil geprägt; er übernimmt häufig Kompositionen und Einzelheiten, wobei er entsprechend seinem weicheren Temperament den Ausdruck ins Beschauliche wendet. Er muß längere Zeit in dessen Werkstatt in Brüssel gearbeitet haben; schon seit dem frühen 16. Jh. wird seine Mitwirkung an Werken des älteren Meisters postuliert. Von den beiden signierten und 1479 datierten Triptychen ausgehend, die zusammen mit einem weiteren und dem bedeutenden Ursulaschrein von 1489 im Sint Janshospitaal in Brügge verwahrt werden, konnten M. ungewöhnl. viele Werke zugewiesen werden, sowohl große Altäre wie das Triptychon Moreel (1484, Brügge) oder als spätes Hauptwerk das Passionstriptychon in Lübeck (1491), als auch kleinere Triptychen (z. B. für Sir John Donne, London, und in Wien) mit thronender Madonna, Stifter und Hl. n. Bedeutende Einzeltafeln: »Verkündigung« (New York, Lehmann), »Sebastiansmarter« (Brüssel), »Bathseba im Bade« (Stuttgart, zugehöriges Frgm. mit Kg. David neuerdings ebd.). Die Vorliebe für Landschaftsgründe kommt in den großen Simultanhistorien mit Episoden aus dem Leben Mariae (1480, München) und der Passion Christi (Turin) bes. zur Geltung. Zahlreich sind die öfters für it. Handelsherren gemalten Bildnisse. Ch. Klemm

Lit.: M. Corti-G. T. Faggin, L'opera completa di M., 1969 - M. J. Friedländer, Early Netherlandish Painting, VI, 1, 1971 - P. Philippot, Ann. d'Hist. de l'Art et d'Archéol. Bruxelles 5, 1983, 33-45.

Memmingen, Stadt in Oberschwaben, erstmals 1128 als oppidum im Besitz der Welfen gen. Unter Welf VI. wohl zu einem zentralen Ort ausgebaut (castrum, Schottenkl.; vermutl. Marktrecht), ging M. 1191 an die Staufer über, die es in ihre systemat. Städtepolitik eingliederten (1216 officialis/Ammann, um 1200 Münze, 1215 Antoniter). 1268 ans Reich gelangt, erfuhr die Bürgergemeinde (1266 universitas civium, 1270 Siegel, um 1285 Rat) 1286 die kgl. Bestätigung des tradierten Stadtrechts und die Begabung mit Überlinger Recht, 1296 zusätzl. mit Ulmer Recht. Weitere kgl. Privilegien (1312 Vorschlagsrecht und 1350 Übernahme des Ammannrichts, 1344 Beschränkung des Todfalls, 1354 Exemtion, 1403 Blutbann) vervollständigten die Autonomie gegenüber der ostschwäb. Reichslandvogtei, während 1347 der Übergang zur Zunftverfassung (Bürgermeister, 12 Zünfte, darunter die patriz. Großzunft) die innere Stabilisierung brachte; 1396 wurde das Stadtrechtsbuch erneuert. Die erste Ummauerung war spätestens um 1270 beendet. Mit den bis 1445 einbezogenen Vorstädten erreichte die Stadt eine Fläche von 40 ha bei ca. 4000 Einw. um 1450. Die Lage im Kreuz der Salzstraße von Bayern an den Bodensee und der Handelsstraßen Augsburg/Ulm - Kempten/Lindau begünstigten den wirtschaftl. Aufschwung: zu Wein und Salz kam seit dem 13. Jh. die Leinwand- (1332/47 Bleichen), in der 2. Hälfte des 14. Jh. die Barchentherstellung in Stadt und Land. Ansatzpunkte für den Ausbau eines Territoriums boten die Kommunalisierung des Spitals 1365, die Pflegschaft über die städt. Stiftungen und Kl., erst Ende des 15. Jh. eigener Ratsbesitz. Die Beteiligung an städt. Bündnissen (ab 1330 Landfrieden, Schwäb. Städtebund, 15. Jh. regionale Verträge) sicherte M. eine Vorrangstellung im Rahmen der oberschwäb. Reichsstädte. R. Kießling

Lit.: DStB V/2, 361-372 - R. Kiessling, Die Stadt und ihr Land, 1989, 266-530 - Die Gesch. der Stadt M., I, hg. J. Jahn, 1992.

Memmius (frz. Memmie, Menge), 1. Bf. v. →Châlons-sur-Marne, zu Beginn des 4. Jh., ⌐ Buxeria (später St-Memmie), sö. von Châlons. Die Legende schreibt ihm röm. Herkunft zu und macht ihn zu einem der sechs Missionare, die der Apostel Petrus (nach der Vita Ia) oder aber Papst Clemens (nach den späteren Fassungen) nach Gallien entsandt habe. Die rege Verehrung im 6. Jh., bezeugt durch das →Martyrologium Hieronymianum (5. Aug.), wird auch durch eine persönl. Schilderung →Gregors v. Tours (in gl. conf. 65) beleuchtet. Ein Wunder am Grabe des Hl. n i. J. 677 gab Anstoß zur Erzählung einer 'inventio' (BHL 5911) und vielleicht zu der ersten Vita (BHL 5910); diese wurde bald nach 868 von →Almannus v. Hautvillers (BHL 5909, uned.) umgearbeitet, diese Fassung wiederum im 12. Jh. überarbeitet (BHL 5912).

Eine Urk. Roberts d. Fr. von 1027 schreibt M. die Weihe von St-Pierre-aux-Monts, östl. v. Châlons, zu (catal. Newman, 1937, Nr. 70). Um 1066 wurden seine Reliquien vom Bf. v. Châlons mit bewaffneter Hand entführt und zerteilt (Jaffé-Löwenfeld[2] I, Nr. 4607). 1237/38 ließ sich Kg. Ludwig d. Hl. auf einem Glasfenster, das er der Kathedrale v. Châlons stiftete, gemeinsam mit dem hl. M. darstellen. J.-C. Poulin

Lit.: B. Cignitti, Bibl. SS IX, 313-315 - J. van der Straeten, Vie inédite de s. Memmie, AnalBoll 92, 1974, 297-319 - J.-P. Ravaux, Les évêques de Châlons-sur-Marne, Soc. agriculture... de la Marne 98, 1983, 49-121 - Ders., Les vitraux de l'abside de la cathédrale de Châlons-sur-Marne donnés par saint Louis, ebd. 104, 1989, 73-89.

Memoiren → Autobiographie; →Commynes, Philippe de

Memorbücher, Gedenkbücher v. a. dt.-jüd. Gemeinden, die nach den Judenverfolgungen (→Judenfeindschaft) des 1. Kreuzzugs aufkamen und in denen die jeweilige Ortsgemeinde die Namen der umgekommenen Gemeindemitglieder verzeichnete. Gelegentl. wurden auch Tote aufgenommen, die nicht Opfer spezif. antijüd. Gewalttaten geworden waren, z. B. bei Raubmord durch Wegelagerer umgekommene Juden. Auch tauchen in den Verzeichnissen hervorragende Gelehrte, bedeutende Gemeindeleiter und Wohltäter auf, die eines natürl. Todes gestorben waren. Die Listen, mit Gebeten und Dichtungen martyrolog. Inhalts angereichert, wurden im synagogalen Gottesdienst bei bestimmten Gelegenheiten zur Erinnerung an erlittene Leiden und Verfolgungen verlesen und bis weit in die NZ hinein fortgeschrieben. M. stellen für die Topographie und Chronologie von antijüd. Ausschreitungen eine wichtige Q. dar; auch über die Anzahl der Opfer liefern sie aufschlußreiche Hinweise.

H.-G. von Mutius

Lit.: S. Salfeld, Das Martyrologium des Nürnberger Memorbuches, 1898.

Memoria, Memorialüberlieferung. [1] *Definition:* M., die Überwindung des Todes und des Vergessens durch »Gedächtnis« und »Erinnerung«, bezeichnet fundamentale Bereiche des Denkens und Handelns von Individuen und Gruppen und verweist auf eine Fülle von Gegebenheiten in Religion und Liturgie, Weltdeutungen und Wissen und auf das »kulturelle Gedächtnis« in seinen objektivierten Formen von Memorialüberlieferung in weitestem Umfang: Texte und Bilder, Denkmäler und Riten, Geschichtsschreibung und Dichtung. Im sozialen Sinn ist M. Ausdruck einer religiös begründeten Ethik des »Aneinander-Denkens« und »Füreinander-Handelns« (J. Assmann). Zur M. gehört auch das Sich-Erinnern der Nachwelt, der Ruhm (fama, nomen). Die Erscheinungsformen von M. sind ein spezif. Ausdruck jeder Kultur.

[2] *Liturgie, Theologie, Philosophie, Gedächtnis-»Kunst«:* Das Christentum ist eine »Gedächtnis«- oder »Erinne-

rungs-Religion«, weil das Gedenken der Heilstaten Gottes Hauptinhalt des Glaubens ist. Deshalb entscheidet auch das Gedenken Gottes an die Menschen (wie sein Vergessen) über Heil oder Verdammnis. Durch Erinnerung (Anamnesis) wird die Gemeinschaft der Gläubigen konstituiert (1 Kor. 11, 24ff.): M. ist der »Zweck, zu dem sich die Gemeinde versammelt« (I. ILLICH). Die Feier der Liturgie als Vergegenwärtigung des Heilsgeschehens konnte sogar in typolog. Auslegung gedeutet werden (→Honorius Augustodunensis, »Gemma animae«) als ein geistl. Spiel, das im liturg. Handeln des Priesters alle Zeiten und Räume der Gesch. als Präfigurationen zusammenführt »im Heute der liturg. Repräsentation« (F. OHLY).

Die theol., philos. und psycholog. Dimensionen der M. hat Augustinus im 10. und 11. Buch seiner »Confessiones« begründet. M. enthält demnach die Bilder von Dingen der Außenwelt (als Wahrnehmungen oder als Vorstellungen der Phantasie) und alle Wissensinhalte, sie umfaßt seel. und geistige Zustände und jegliches Erkennen, Lernen und Wissen bis hin zum Wissen des Wissens und zum Erinnern der Erinnerung und des Vergessens. M. ist Bewußtsein im umfassendsten und tiefsten Sinn, die Gegenwart aller Wirklichkeit und des Geistes selbst. In der Selbstbesinnung kraft der M. findet der Geist in seiner eigenen Tiefe zu Gott. Auch die Zeit in ihren drei Dimensionen definiert Augustinus als Hervorbringung des Geistes, der immerfort Künftiges erwartet, Gegenwärtiges wahrnimmt und an Vergangenes sich erinnert, so freilich, daß Zukunft, Gegenwart und Vergangenheit eins sind. Gegenwart ist also »ohne Ausdehnung, weil sie im Augenblick ist und nicht mehr ist«; es gibt demnach nur Künftiges und Vergangenes. Aber auch das Vergangene ist nur im Geist als »Erinnerung an das Vergangene« (memoria praeteritorum). M. ist die »Gegenwart des Vergangenen« (praesens de praeteritis).

Die monast. Meditation und Lesung des Früh- und HochMA wurde verstanden als das körperl. mitvollzogene Memorieren des Wortes Gottes. Die antike Tradition der M. als →Mnemotechnik (ars memoriae, ars memorativa) blieb im MA bekannt und wurde seit dem 13. Jh. mit stärkerer Einbindung in die Ethik neu angeeignet (→Albertus Magnus, →Thomas v. Aquin). Eine eigene Position vertritt →Raimundus Lullus, der M. als einen Aspekt seiner »Kunst«, einer systemat. Darstellung aller Wahrheiten, erläutert. Die großen Textcorpora der Scholastik (→Decretum Gratiani, →Glossa ordinaria, Sentenzen des →Petrus Lombardus) sowie die →Enzyklopädien und theol. →»Summen« können als umfassende und deutende M. der Autoritäten verstanden werden. Die hochma. Kathedrale mit ihren Bildern und Skulpturen macht als »Zeitenraum« (F. OHLY) die Memorabilien der Heilsgesch. sichtbar. In der höf. Lit. wird im Zeichen von M. an exemplar. Verhalten erinnert, um zum richtigen Handeln anzuleiten.

[3] *Dichtung und Geschichtsschreibung als Memoria:* Jede auf Gesch. bezogene Aufzeichnung kann als Memorialüberlieferung verstanden werden: Urkk., Briefe, Inschriften, Konzilsakten, Consuetudines usw. In der Geschichtsschreibung des MA ist die M. im histor. Sinn oft verschränkt mit der sozialen M. auf der Grundlage religiösen und liturg. Gedenkens. Die Lebensbeschreibung Bf. →Bennos II. v. Osnabrück soll dem Gedenken seiner Taten (gesta memoria digna) dienen, zugleich aber im Kreis der Mönche von →Iburg das Gebet für den Kl. gründer stimulieren. Biograph. und hagiograph. Schriften sowie →Gesta (episcoporum; abbatum) dienen der M. in beiden Hinsichten, ebenso Fundationsberichte, Stifterchroniken, Traditionsbücher und Namenslisten v. Äbten, Bf.en, Kg.en und Päpsten. Eine zweifache »Memorial-Struktur« charakterisiert die Chronik des Bf.s →Thietmar v. Merseburg. Die Bitte um ein Gebetsgedenken findet sich auch in →Otfried v. Weißenburgs Evangeliendichtung. Ebenso bittet →Hartmann v. Aue im »Armen Heinrich« wie im »Gregorius« um das Gebetsgedächtnis. →Gottfried v. Straßburg beginnt seinen »Tristan« mit »schwerwiegenden Versen über das Gedenken« (F. OHLY). →Dante hat in seiner »Commedia« eine Jenseitswanderung erdacht, die zu Begegnungen mit Menschen aller Epochen führt, und damit »eine Art von Weltgedächtnis« geschaffen, wie es keine spätere Dichtung »je wieder enthielt« (F. OHLY). In der Dichtung am Hofe Ks. Maximilians I. hat der Gedanke der M. *(gedechtnus)* einen auf den Ks., seine Taten und seine Herkunft aus dem Geschlecht der Habsburger bezogenen umfassenden Ausdruck gefunden.

[4] *Memoria im sozialen Sinn:* Formen dieser M. sind das schon in der Antike am Grab begangene Totenmahl, das liturg. begangene Gedenken während der Messe (Memento-Gebet für Lebende und Tote) sowie die Namenrezitation im Stundengebet der Kanoniker und Mönche. Aus den älteren Diptychen, die auf dem Altar lagen, entstanden die »Gedenkbücher« (»Libri memoriales«) oder »Libri vitae«, die als Repräsentation des himml. »Buchs des Lebens« (Apk. 3, 5) verstanden wurden und die v.a. aus Kl. des 8./9. Jh. (u.a. Reichenau, St. Gallen, Salzburg, Remiremont, S. Giulia/Brescia) überliefert sind. Sie enthalten die Namen von Einzelnen und Gruppen, von Stiftern und Wohltätern sowie »verbrüderten« geistl. und monast. Kommunitäten. Häufig finden sich solche Nameneintragungen auch in den liturg. Büchern selbst (z.B. in Sakramentaren). Andere Formen solcher Memorialüberlieferung, ebenfalls seit dem 8./9. Jh., sind die nach dem Todestag geordneten →Necrologien, entstanden aus der Aufzeichnung der Namen der Hl.en in →Kalendarium und →Martyrolog, sowie die Totenannalen (Fulda). Memorialüberlieferung dieser Art bezeugt Personen und Personengruppen, nicht nur die monast. Kommunitäten selbst, sondern auch die ihnen verbundenen adligen Familien und Verwandtenkreise und andere laikale Gruppen (z.B. amicitiae). Seit dem HochMA haben Adelsgeschlechter, →Gilden, →Bruderschaften und andere Gruppenbildungen ihre eigene M. und Memorialüberlieferung begründet. Liturg. und soziale M. waren stets mit Armenfürsorge verbunden. Sie haben auch in Skulpturen und Bilddarstellungen (Memorialbildern) ihren Ausdruck gefunden, u.a. in bildl. Sukzessionsreihen, Genealogien, Familienbildern. Mit der M. ist – von der Antike bis in die frühe NZ – das Stifterwesen verbunden, mit dessen Erforschung unter religiösen, sozialen, wirtschaftl. und rechtsgeschichtl. Aspekten soeben erst begonnen wurde. O. G. Oexle

Lit.: *zu [1]:* O. G. OEXLE, Die Gegenwart der Toten (Death in the MA, hg. H. BRAET–W. VERBEKE, Mediaevalia Lovaniensia I/9, 1983), 19–77 – M., hg. K. SCHMID–J. WOLLASCH, MMS 48, 1984 – F. OHLY, Bemerkungen eines Philologen zur M. (Kultur und Gedächtnis, hg. J. ASSMANN–T. HÖLSCHER, 1988), 9–68 [Einzeldruck: 1991] – Mnemosyne, hg. A. ASSMANN–D. HARTH, 1991 – *zu [2]:* F. A. YATES, The Art of Memory, 1966 [dt.: 1991^2] – F. OHLY, Schr. zur ma. Bedeutungsforsch., 1977 – M. J. CARRUTHERS, The Book of Memory, 1990 – H. WENZEL, Imaginatio und M. (Mnemosyne, s.o., 1991), 83–100 – J. COLEMAN, Das Bleichen des Gedächtnisses (Gedächtniskunst..., hg. A. HAVERKAMP–R. LACHMANN, 1991), 207–227 – I. ILLICH, Im Weinberg des Textes, 1991 – *zu [3]:* J. D. MÜLLER, Gedechtnus. Lit. und Hofges. um Maximilian I., 1982 – K. SCHMID, Der Stifter und sein

Gedenken. Die Vita Bennonis als Memorialzeugnis (Tradition als hist. Kraft, hg. N. KAMP-J. WOLLASCH, 1982), 297-322 - E. FREISE, Kalendar. und annalist. Grundformen der M. (M., s.o., MMS 48, 1984), 441-577 - zu [4]: O. G. OEXLE, M. und Memorialüberlieferung im frühen MA, FMASt 10, 1976, 70-95 - J. WOLLASCH, Gemeinschaftsbewußtsein und soziale Leistung im MA, ebd., 268-286 - Die Kl. gemeinschaft v. Fulda im früheren MA, hg. K. SCHMID, 5 Bde, MMS 8, 1978 - Das Verbrüderungsbuch der Abtei Reichenau, hg. J. AUTENRIETH u.a. (MGH Libri Memoriales et Necrologia NS 1, 1979) - Synopse der cluniacens. Necrologien, hg. J. WOLLASCH, 2 Bde, MMS 39, 1982 - O. G. OEXLE, Liturg. M. und histor. Erinnerung (Tradition als hist. Kraft, s.o., 1982), 323-340 - DERS., M. und Memorialbild (M., s.o., MMS 48, 1984), 384-440 - Gedächtnis, das Gemeinschaft stiftet, hg. K. SCHMID, 1985 - Das Martyrolog-Necrolog v. St. Emmeram zu Regensburg, hg. E. FREISE u.a. (MGH Libri Memoriales et Necrologia NS 3, 1986) - J. GERCHOW, Die Gedenküberl. der Angelsachsen (Arbeiten zur FrühMAforsch. 20, 1988) - M. BORGOLTE, Stiftungen des MA in rechts- und sozialhist. Sicht, ZRGKanAbt 74, 1988, 71-93 - DERS., Petrusnachfolge und Ks.imitation (Veröff. des Max-Planck-Inst. für Gesch. 95, 1989) - Monast. Reformen im 9. und 10. Jh. (VuF 38, 1989) [D. GEUENICH, K. SCHMID, J. WOLLASCH] - TH. FRANK, Stud. zu it. Memorialzeugnissen des XI. und XII. Jh. (Arbeiten zur FrühMAforsch. 21, 1991) - D. POECK, Totengedenken in Hansestädten (Vinculum Societatis, hg. F. NEISKE u.a., 1991), 175-232.

Mena, Juan de → Juan de Mena

Menäen, Slg. liturg. →Hymnen in der orth. Kirche entsprechend den Festen eines jeden Monats. Das M. als liturg. Buch, das Texte für jeden Tag des Monats enthält, konnte erst ab der umfassenden liturg. Reform am Ende der ikonoklast. Wirren (Mitte des 9. Jh.) und der Schaffung neuer Kanones für viele Hl.en des Kalenders, z.T. Werk des →Josephos Hymnographos, entstehen. In der Frühphase der hs. Überlieferung ab dem 10. Jh. - namentl. in der altslav. Überlieferung, in den sog. altruss. Jagić M. (Ende 11. Jh.). erhalten - sind die Hymnen unter den jeweiligen Tagen nach Gattung, nicht nach Ablauf des jeweiligen Offiziums angeordnet. Das M. ist somit z.T. eine Kompilation aus früheren Hymnenslg.en, z.B. dem Sticherarion für die Sticheria idiomela, dem Sticherokathismatarion für die Stichera prosomoia und die Kathismata, dem Tropologion für die Troparia. Erst ab dem 12.-13. Jh. erhalten die M. die bis heute übliche Form, entsprechend dem Ablauf der Offizien (Kleinvesper, Großvesper, Orthros, Leiturgia). M. sind gewöhnl. nicht neumiert (→Neumen). Gelegentl. sind die Synaxarnotizen und die bibl. Perikopen im M.on am entsprechenden Ort des liturg. Vortrages mit überliefert. Die Slg. der M. für die 12 Monate des Kirchenjahres (Beginn Sept.) umfaßt in der Regel 12 Bände; oft werden 2 oder 3 Monate (SPb GPB Q. n. l. 12 [2. Hälfte des 12. Jh.]), manchmal 4 Monate (VITALI) in einem Bd. vereinigt; seltener begegnen Halbjahrm. (Moskau CGADA, Sin. tip. 131 [12. Jh.]). Aus dem umfangreichen Repertoire der M. wurde ab dem 12. Jh. (Vat. gr. 1541) eine Auswahl an Festtagen getroffen, der Anthologion/Cvetoslov oder slav. auch Trefoloj gen. wurde. Ch. Hannick

Ed.: Άνθολόγιον I-III, ed. PH. VITALI, 1738 - I. V. JAGIĆ, Službebnye minei za sentjabr', oktjabr' i nojabr', 1886 - Μηναῖα τοῦ ὅλου ἐνιαυτοῦ I-VI, 1888-1901 - Anal. hymnica graeca e codicibus eruta Italiae Inferioris, ed. I. SCHIRÒ I-XIII, 1966-83 - Άνθολόγιον I-IV, ed in О. Longr. Eccl. Or., 1967-68 - H. ROTHE - E. M. VEREŠČAGIN, Gottesdienstmenäum für Dez. (Bausteine zur slav. Philologie und Kulturgesch. NF 1: Teildruck), 1992 - *Lit.:* T. P. THEMELES, Τά μηναῖα ἀπὸ τοῦ ια' μέχρι τοῦ ιγ' αἰῶνος, Ἐκκλησιαστικός Φάρος 30, 1931, 287- 312, 348-387 - C. KOROLEVSKIJ, L'éd. romaine des ménées grecs, Boll. della Badia greca di Grottaferrata NS 3, 1949, 30-40, 153-162, 225-247; 4, 1950, 15f. - Gran Enciclopedia Rialp II, 1971, 323f. - CH. HANNICK, Stud. zu den gr. und slav. liturg. Hss. der Österr. Nat.bibl., 1972, 23-77 - A. I. ROGOV, Minei (Metodičeskoe posobie po opisaniju slavjano-russkich rukopisej dlja Svodnogo kataloga rukopisej chranjaščichsja v SSSR, 1973), 297-305 - K. ONASCH, Kunst und Liturgie der Ostkirche in Stichworten, 1981, 262.

Menandros Protektor, frühbyz. Historiker, * 1. Hälfte 6. Jh., † nach 582 (wohl vor 602), aus in Konstantinopel ansässiger, vielleicht aus dem O (Syrien/Mesopotamien) stammender Familie. Nach rhetor. und jurist. Ausbildung führte M. nach eigener Aussage ein leichtsinniges Leben, ehe er sich auf Betreiben Ks. Maurikios' hist. Stud. widmete. Der Zeitpunkt seiner Erhebung zum προτίκτωρ ist unbekannt. Sein nur in Bruchstücken bei →Konstantin VII. Porphyrogennetos und in der →Suda erhaltenes Geschichtswerk behandelt im Anschluß an →Agathias Ereignisse der Jahre 558-582, zeichnet sich durch sachl. Darstellungsweise, Einbau zeitgenöss. Dokumente und wertvolle geogr. und ethnolog. Exkurse aus und ist die wichtigste Q. für die letzten Regierungsjahre des Ks.s Justinian I. und für die Ks. Justin II. und Tiberios II. Konstantinos. Ungesichert ist seine Autorschaft an einem Epigr. zur Überführung einer Kreuzesreliquie unter Justin II. Weiters wird ihm ein Epigramm auf einen zum Christentum bekehrten pers. Zarathustra-Priester zugeschrieben (Anthologia Palatina I, 101). O. Kresten

Ed.: R. C. BLOCKLEY, 1985 [mit engl. Übers.; Bibliogr.] - *Dt. Teilübers.:* E. DOBLHOFER, 1955 (Byz. Geschichtsschreiber, 4) - *Lit.:* MORAVCSIK, ByzTurc I, 422-426 [Bibliogr.] - F. HALKIN, Un nouvel extrait de l'historien byz. Ménandre? (Zetesis. Album amicorum... E. DE STRYCKER, 1973), 664-667 - HUNGER, Profane Lit. I, 309-312 [Bibliogr.] - B. BALDWIN, Menander Protector, DOP 32, 1978, 99-125 - L. R. CRESCI, Teoria e prassi nello stile e nella storiografia di Menandro Protettore, Κοινωνία 5, 1981, 63-96 - R. DOSTÁLOVÁ, Frühbyz. Profanhistoriker (Q. zur Gesch. des frühen Byzanz..., hg. F. WINKELMANN - W. BRANDES, 1990 [Berliner Byz. Arbeiten, 55]), 156-179.

Mende, Stadt und Bm. im südl. Massif central, trat als Hauptort des →Gévaudan an die Stelle des alten Vororts Javols (Anderitum); die Bischofsresidenz soll nach traditioneller Auffassung erst im 10. Jh. verlegt worden sein, wurde aber vielleicht schon im 6. Jh. transferiert. Der Bischofssitz wurde bei dem angebl. Grab des im 3. Jh. gemarterten hl. Privatus errichtet, wobei die nach Lothringen gelangten Reliquien des Hl.n im 10. Jh. wieder nach M. zurückgebracht worden sein sollen, um ihren Platz in der Kirche Ste-Thècle neben der Kathedrale zu finden.

Entscheidend für die Stadtgesch. von M. war der Episkopat Bf. Aldeberts III. (1150/51-87), der 1161 vom Kg. die Regalien empfing und die festen Häuser der Adligen im Kathedralviertel durch Kauf in seine Hand brachte. Als nahezu unabhängiger Stadtherr ließ er M. 1165-70 befestigen. Der Bf. stärkte seine polit. Stellung auch durch Translation des angebl. Sarkophags des hl. Privatus aus Ste-Thècle in die Kathedrale (1170). In der 2. Hälfte des 14. Jh. erfolgte die Verstärkung der Stadtmauer, die ein Stadtgebiet von ca. 30 ha einschloß. Die Pfarrkirche St-Gervais et Protais lag im Süden, extra muros. Seit 1369 got. Umbau der Kathedrale.

Die Bürger der Stadt errangen nur begrenzte städt. Freiheiten (1194, 1261). Erst seit 1276 hatten sie zeitweilig das Recht auf städt. Repräsentanten; 1350 wurde eine ständige städt. Verwaltung unter dem Vorsitz von →Syndici eingesetzt, doch weiterhin unter bfl. Kontrolle. 1469 nahmen die Bürger die Bm.sbesetzung durch Kg. Ludwig XI. - im Zuge seiner Auseinandersetzungen mit den Gf. en v. →Armagnac - zum Anlaß, die Syndici durch unabhängige →Konsuln zu ersetzen, doch konnte der Bf. nach langem Prozessieren seine Herrschaftsrechte zurückgewinnen. G. Fournier

Lit.: M. BALMELLE–S. POUCET, Hist. de M., 1947 – CH. PORÉE, Hist. du consulat de M., 1908 – D. M. BARBOT, M. au XIIe s., Revue du Gévaudan, 1960, 77–93 – R. KAISER, Bischofsherrschaft zw. Kgtm. und Fürstenmacht, 1981, 328–337 – s. a. Lit. zu → Gévaudan.

Mendel, patriz. Handelsfamilie in → Nürnberg. Ihren Höhepunkt erlebte die M.-Firma unter Marquart I. († 1385), Konrad I. († 1414) und Peter I. († 1423). 1377–1441 hielten die M. in Venedig eine eigene Kammer im → Fondaco dei Tedeschi. In Köln bestand eine Hauptfiliale. Eng verquickt waren Politik und Geschäft in den Beziehungen zur röm. Kurie und zum Prager Kg.shof. Das »Buch der Hantierung« Marquarts II. M. († 1438) zeigt schon fortgeschrittene Buchungstechniken. 1449 machte die Nürnberger Firma Bankrott. Die Zwölfbrüderstiftung Konrads I. von 1388 war für alte und bedürftige Handwerksmeister bestimmt. Das Hausbuch der Stiftung (ab 1425) zeigt die Insassen bei ihrer früheren berufl. Tätigkeit und ist ein einzigartiges handwerksgesch. Zeugnis.   J. Schneider

Lit.: Das Hausbuch der M.schen Zwölfbrüderstiftung zu Nürnberg, 2 Bde, hg. W. TREUE, 1965 – W. STROMER, Das Schriftwesen der Nürnberger Wirtschaft vom 14. bis zum 16. Jh. (Beitr. zur Wirtschaftsgesch. Nürnbergs, II, 1967), 751–799 – Die drei Brüder M. (Berühmte Nürnberger aus neun Jahrhunderten, hg. CH. IMHOFF, 1989²), 28–30.

Mendikanten → Bettelorden

Mendo Gonçalves (Menendo González), Gf. in → Portugal und → Galicien seit 961, † 6. Okt. 1008 (ermordet oder in der Schlacht gefallen); Sohn des Gf.en in Portugal, Gonçalo Mendes (950–997?), und seiner Gattin Ilduara Pais; ⚭ Toda (Tutadomna; † vor 1025). M. nutzte seine mächtige territoriale Stellung in der Gft. als Haupt einer Adelspartei, um als Rivale des Gf.en v. → Kastilien, → Sancho García, Einfluß auf die Geschicke des in einer inneren Krise befindl. leones. Kgr.es → León zu gewinnen. Als 'tutor' (die Entscheidung über die 'tutela' traf als Schiedsrichter ᶜAbd-al-Mālik, der Sohn des cordobes. Feldherrn → al-Manṣūr) und ztw. 'vicarius' Kg. Alfons' V. (999–1028) verstand es M., seine Familie dem Kg.shaus zu verbinden und seine Tochter Elvira mit seinem Schützling zu verheiraten. Von seinen mindestens sieben Kindern trat sein ältester Sohn Ramiro Mendes nach M.s Tod die Nachfolge in der Gft. an; seine Tochter Ilduara heiratete den Gf.en Nuno Alvites.   L. Vones

Lit.: J. MATTOSO, A nobreza medieval portuguesa, 1981, 145–149.

Mendoza, kast. Adelsgeschlecht, aus der bask. Provinz Álava, deren jüngere Linie im 14. und 15. Jh. eine hervorragende Stellung in der *nobleza nueva* (→ Nobleza) unter der Dynastie der → Trastámara einnahm und unter den Kath. Kg.en als reichste Familie des Reiches galt.

Enneco López, Herr. v. Llodio, ist Ende des 11. Jh. erstmals bezeugt. Seit Mitte des 12. Jh. nannte sich die Familie, deren Leitnamen Enneco, Lope und Hurtado waren, nach ihrer Burg M. Sie war tonangebend in der Cofradía v. Arriaga, einer Adelseinung, die bis zu ihrer Auflösung und ihrem Aufgehen im → Realengo (1332) eine wichtige Rolle in Álava spielte.

Um die Mitte des 13. Jh. machte Alfons X. v. Kastilien *Ruy López de M.* zu seinem Almirante Mayor de la Mar (1254–60) und verlieh ihm nach der → Reconquista v. Sevilla große Besitzungen. Seine Tochter *Mayor* begründete den Sevillaner Zweig der Familie. Bes. Bedeutung erlangten: *Diego Fernández* († 1411), der während der Minderjährigkeit Heinrichs III. dem Regentschaftsrat angehörte und → Alcalde Mayor v. Sevilla wurde, und sein Bruder *Lope* († 1445), Bf. v. Mondoñedo (1393–1407) und Ebf. v. Santiago (1407–45). Die Parteinahme für die Infanten v. Aragón führte zum Niedergang dieses Familienzweiges.

Ungleich größere Bedeutung erlangte ein zunächst in Álava verbliebener, mit den → Haro verschwägerter Familienzweig, der Anfang des 13. Jh. nach → Kastilien zog und die Linie der M. v. Guadalajara begründete. *Pedro González* (⚔ 1385 bei → Aljubarrota) unterstützte zunächst → Peter I., bis er nach dem Fall von Burgos 1366 zur Partei → Heinrichs v. Trastámara überging. Sein Lohn waren große → Mercedes des Kg.s (Hita, Buitrago), die Ernennung zum → Mayordomo Mayor des Thronfolgers Johann II. und die Berufung in den Thronrat. Er knüpfte Beziehungen zu allen wichtigen Adelsfamilien der *nobleza nueva* wie den Ayala und → Manrique. Einer seiner Söhne heiratete eine illegitime Tochter Heinrichs II., ein anderer, der Admiral *Diego Hurtado de M.* († 1404), der in drei Seeschlachten gegen Portugal siegreich war, die Erbtochter der → Vega, was ihm reiche Besitzungen in → Asturien einbrachte.

Iñigo López de M. (1398–1458), erster Marqués v. Santillana (bedeutend auch als Mann der Literatur), sah sich unter Johann II. in die Auseinandersetzungen zw. der kast. und aragon. Linie der Trastámara verwickelt. Seit 1420 mit den → Guzmán, den Álvarez de → Toledo und den → Velasco verbündet, wandte er sich erst nach 1440 gegen Álvaro de → Luna, als dieser die Besitzungen der M. in Asturien und Guadalajara für sich beanspruchte und trug letztendlich zu dessen Sturz (1449) bei. Iñigo López spielte während der Regierung → Heinrichs IV. und in den Auseinandersetzungen um die Nachfolge zw. der Kg.stochter → Johanna und der Nichte → Isabella der Kath. eine wichtige Rolle. Von seinen Söhnen sind v.a. zu nennen: der Kard. *Pedro González* (→ Mendoza, Pedro González); *Diego Hurtado* (1417–79), 2. Marqués v. Santillana, Gf. v. Real de Manzanares und Hzg. des → Infantado (1475); *Iñigo López* (1442–1515), Gf. v. → Tendilla, Generalgouverneur v. Granada, der 1486/87 auf einer Gesandtschaft zu Innozenz VIII. einen Friedensvertrag zw. der Kurie und Ferrante v. Neapel (→ Ferdinand I. v. Aragón) aushandelte und eine Stärkung der kgl. Stellung im Kgr. → Granada erreichte; *Lorenzo Suárez de Figueroa* († ca. 1480), Gf. v. La Coruña und Vgf. v. Torija. Hatten die Brüder zunächst die Thronfolge Johannas mit allen Mitteln betrieben, so wechselten sie nach der Heirat Isabellas mit → Ferdinand v. Aragón auf deren Seite und unterstützten seit 1473 tatkräftig ihre Ansprüche. Nach 1480 zogen sie sich aus der Politik zurück und hielten prunkvoll Hof in Guadalajara.

Von → ricoshombres waren die M. im Gefolge der Trastámara zu einer der ersten Adelsfamilien Kastiliens aufgestiegen. Sie häuften Ämter und Titel, gehörten dem → Consejo Real an, besetzten häufig die Bf.ssitze v. → Sigüenza und → Calahorra und stellten zwei Kardinäle. Zusammen mit Fernán Pérez de → Guzmán war der Marqués de Santillana (→ Mendoza, Iñigo López) einer der Träger der von NADER als »caballero-Renaissance« bezeichneten Literatur. Der letzte Vertreter dieser Familientradition, der in seinen Schriften religiöse Toleranz für Konvertiten und Moriscos forderte, war der Gf. v. Tendilla, der dadurch in Opposition zu Kard. → Cisneros und ins polit. Abseits geriet. Erwähnt seien auch die Coplas des Dichters Iñigo de M. (1424–ca. 1502).   U. Vones-Liebenstein

Lit.: Gran Enciclopedia Rialp XV, 1984, 538 – DHEE III, 1973, 1469 – F. LAYNA SERRANO, Hist. de Guadalajara y sus Mendozas, 4 Bde, 1942 – J. RODRÍGUEZ-PUERTOLAS, Fray Iñigo de M. y sus coplas de Vita Christi, 1968 – S. DE MOXÓ, De la nobleza vieja a la nobleza nueva, Cuadernos de Hist. 3, 1969, 105–112 – G. MARTÍNEZ DÍEZ, Álava Medieval, 1974 – L. SUÁREZ FERNÁNDEZ, Nobleza y Monarquía, 1975² – S. DE MOXÓ, La Sociedad política castellana en la época de Alfonso XI, Cuadernos de Hist. 6, 1975, 187–326 – H. NADER, The M. Family in the

Spanish Renaissance (1350 to 1550), 1979 – N. BINAYAN CARMONA, De la nobleza vieja... a la nobleza vieja (Estudios en homenaje a Don C. SÁNCHEZ-ALBORNOZ, Bd. IV, 1986), 119f. – R. SÁNCHEZ SAUS, Caballería y Linaje en la Sevilla Medieval. Estudio Genealógico y social, 1989, 305-321.

1. M., Iñigo López de, Marqués de Santillana,
Conde del Real de Manzanares, span. Dichter, * 19. Aug. 1398 in Carrión de los Condes (Palencia), † 25. März 1458 in Guadalajara, nahm unter der Herrschaft Johanns II. an zahlreichen polit. und militär. Unternehmungen teil (Eroberung der Festung Huelma [1438] und Schlacht v. Olmedo [1445], die ihm seinen Titel eintrug). Ein typ. Vertreter der span. Vorrenaissance, genoß er als Mann von großer Bildung hohes Ansehen, trug eine für seine Zeit bemerkenswerte Bibliothek zusammen und gab den Anstoß für die Übers. klass.-antiker Autoren. Unter seinem bedeutenden poet. Œuvre ragt die »Comedieta de Ponça« hervor, die wenige Monate nach der Niederlage Alfons' V. in der Seeschlacht vom 25. Aug. 1435 (→Ponza) entstand. Als lehrhafte Versdichtung mit großem allegor. Apparat gewinnt die »Comedieta« Überzeugungskraft in den ep. Abschnitten, in denen die Kampfhandlungen und die Gefangennahme des Helden und seiner beiden Brüder geschildert werden. Gleichfalls allegor. Charakter tragen andere Kurzepen, wie die »Defunción de don Enrique de Villena«, eine laudatio funebris, die »Coronación de Mossén Jordi«, ein Panegyrikus auf den katal. Dichter, ferner der »Planto que fizo Pantasilea«, der mehr noch als die anderen Dichtungen antike Anklänge aufweist. Auf ähnl. Stilebene liegen auch andere erzählende »decires«, wie »Infierno de los enamorados«, in dessen 548 Versen eine fiktive Reise zur Burg Amors geschildert wird und das →Dantes Einfluß zeigt (während der kürzere »Triumphete de Amor« sich an →Petrarca anlehnt) oder der »Sueño«, in dem Motive aus Boccaccio und Lukan verknüpft sind. Einen ausgeprägt moralisierenden Charakter weisen andere Werke auf: Der »Diálogo de Bías contra Fortuna« ist ein wichtiges Beispiel für die Aufnahme von Elementen stoischer Philosophie (neben den berühmten »Coplas« des Jorge →Manrique), die »Proverbios de gloriosa doctrina« oder »Centiloquio« eine Art Sittenlehre oder Fürstenspiegel für den Sohn Johanns II., Don Enrique, »Doctrina de privados« eine bittere Polemik gegen Don Alvaro de →Luna, den polit. Gegenspieler. Seine kürzeren Dichtungen sind ungekünstelt, wie die »canciones«, »decires líricos« und die reizvolle »serranillas« mit bukol. Thematik. In den über 40 »Sonetos fechos al itálico modo«, deren Themen u. a. um Liebe, Lobpreisungen und Belehrungen kreisen, wird der erste Versuch unternommen, die Struktur des it. Elfsilblers der span. Sprache anzupassen. Die »Glosas« erläutern die »Proverbios«. Sein »Prohemio« bietet ein Resumé der prov., galic.-ptg., it. und katal. Dichtung, dessen Bedeutung nicht nur auf der Kenntnis und Qualität der abgegebenen Urteile (natürl. vom rhetor. Standpunkt aus) beruht, sondern auch auf der ihnen zugrundeliegenden Konzeption der Dichtkunst. Eines der größten Verdienste M.s – der zu den bedeutendsten Persönlichkeiten im kulturellen Leben Spaniens im 15. Jh. zählt –, das seine anderen Leistungen noch überragt, ist der Anstoß zu einer kulturellen Erneuerung, den er v. a. durch seine enthusiast. Aufnahme der von Italien ausgehenden kulturellen Strömungen gegeben hat. G. E. Sansone

Ed.: Prohemios y cartas literarias, ed. M. GARCÍ-GÓMEZ, 1984 – Obras completas, ed. A. GÓMEZ MORENO – M. P. A. M. KERKHOF, 1988 – Comedieta de Ponça, ed. M. P. A. M. KERKHOF, 1987 – Los sonetos al itálico modo, ed. M. P. A. M. KERKHOF – D. TUIN, 1985 – Bías contra Fortuna, ed. M. P. A. M. KERKHOF, 1982 – *Bibliogr.*: J. SIMÓN DÍAZ, Bibliogr. de la lit. hispánica III, 2, 1965, 161-178 – Manual de bibliogr. de la lit. española, 1982, 145-147 – *Lit.*: M. SCHIFF, La bibl. du M. de S., 1905 [Nachdr. 1967] – P. LE GENTIL, La poésie lyrique esp. et pgt. à la fin du MA, 1949-53 – J. M. AZÁCETA, Italia en la poesía de S., Revista de Lit. 3, 1953, 17-54 – R. LAPESA, La obra lit. del M. de S., 1957 – M. DURÁN, S. y el Prerrenacimiento, NRFH 15, 1961, 343-363 – A. G. REICHENBERGER, The M. de S. and the Classical Tradition, Iberoromania 1, 1969, 5-34 – D. W. FOSTER, The M. de S., 1971 – F. FERRIS, Aspiraciones del humanismo español de S. XV, RFE 57, 1974/75, 195-209 – M. J. LÓPEZ DE BASCUÑANA, La mitología en la obra del M. de S., Boletín Bibl. Menéndez Pelayo 54, 1977, 297-330 – M. GARCÍA, La théorie poétique chez le Marquis de Santillane, Recherches ibériques et cinématographiques 4, 1985, 1-17 – H. LIVERMORE, S. and the Galaico-Portuguese Poets, Iberoromania NF 31, 1990, 53-64.

2. M., Pedro González de, Kard., * 3. Mai 1428 in Guadalajara, † 11. Jan. 1495 ebd.; Sohn von 1 und Catalina v. Figueroa. Für die geistl. Laufbahn bestimmt, wurde er am Hofe seines Onkels, des Ebf.s Gutierre v. Toledo, erzogen, studierte in Salamanca die Rechte, wurde Mitglied der kgl. Kapelle, bevor er bereits 1453 zum Bf. v. →Calahorra geweiht wurde. Nacheinander bestieg er die Bf.sstühle v. →Sigüenza (1467-95), →Sevilla (1474-83) und →Toledo (1482-95). Am 7. Mai 1473 wurde er von Sixtus IV. zum Kard. v. Sta. Maria in Dominica promoviert, am 6. Juli 1478 zum Kard. v. Sta. Croce. – Seit 1454 am Hofe Heinrichs IV. bezeugt, schloß er sich 1474 der Partei Isabellas der Kath. an und wurde als Mitglied des Kronrates zu einem ihrer engsten Berater. Als Haupt der M. erlangte er Besitzungen wie auch geistl. und weltl. Titel für seine Familie. Sein illegitimer Sohn Rodrigo wurde zum Marqués de →Cenete und Gf. en v. Cid erhoben.
U. Vones-Liebenstein

Lit.: LThK² VII, 270f. – Gran Enciclopedia Rialp 15, 1984, 539f. – F. J. VILLALBA RUIZ DE TOLEDO, El Card. M., 1988 – s.a. →Mendoza, Familie [H. NADER].

Meneses, kast. Adelsfamilie, die von *Mayor,* der Tochter des leones. Gf. en →Pedro Ansúrez, abstammt. Ihr Enkel Tello Pérez erhielt 1179 von Kg. Alfons VIII. v. Kastilien die Burg M., die dem Geschlecht den Namen gab. Der Machtschwerpunkt der M. lag in der Tierra de Campos, später kamen Besitzungen in der Transierra und um →Sevilla hinzu.

Die M. erlebten ihre Blütezeit im 13. und frühen 14. Jh. Sie unterstützten Ferdinand III. gegen die →Lara, nahmen an der →Reconquista von →Sevilla und →Córdoba teil, bekleideten das Amt eines kast. →*Justicia Mayor* u. gingen Heiratsverbindungen mit d. Gf. en v. →Traba und den Kg. en v. Portugal und Kastilien ein (so heiratete Mayor Alfonso de M. den Infanten Alfonso de Molina, ihre Tochter →Maria de Molina [7. M.] Sancho IV. v. Kastilien). Aus der Ehe des *Alfonso Téllez* mit Teresa, der Tochter des ptg. Kg.s Sancho I., ging *Juan Alonso* hervor, der die ptg. Linie der M. de Alburquerque begründete (Alfonso Téllez, Mayordomo Alfons' IV. v. Portugal und Leonor Téllez de M., die Ferdinand I. V. Portugal heiratete). *Suero Téllez,* der Bruder Alfons', war der Stammvater der M. v. →Toledo, deren wichtigste Vertreter *Tello Gutiérrez,* Justicia Mayor Alfons' X., und dessen Bruder *García Suárez* Alguacil v. Toledo waren. Diese Toledaner Linie ging im 14. Jh. im Adelsgeschlecht der Leiva auf.

Nach dem Tode des Tello M. kam das Erbe an seine Tochter *Isabella* aus der Ehe mit →Maria v. Portugal (8. M.), die durch ihre Heirat mit *Juan Alonso* de Alburquerque († 1354), der eine hervorragende Rolle am Hofe Peters I. v. Kastilien spielte, die beiden Linien des Hauses wieder vereinte. Mit der Ermordung ihres Sohnes *Martín Gil* (1365) auf Befehl Peters I. starb das Geschlecht aus.

Die M. gründeten das Hospiz von Villa Martín, die

Leproserie von San Nicolás del Camino, das Kl. von Palazuelos und stellten mit *Tello Téllez* einen bedeutenden Bf. v. →Palencia, der dort ein Studium Generale einrichtete. U. Vones-Liebenstein

Lit.: J. GONZÁLEZ, El reino de Castilla en la época de Alfonso VIII, I, 1960, 345-352 – S. DE MOXÓ, De la nobleza vieja a la nobleza nueva. La transformación nobiliaria castellana en la Baja Edad Media, Cuadernos de Historia 3, 1969, 66-72 – P. MARTÍNEZ SOPENA, La Tierra de Campos Occidental, 1985, 391-398.

Ménestrel de Reims, Recits d'un, von N. DE WAILLY geprägter Name für eine um 1260 entstandene frz. Sammlung (teils hist.) Anekdoten, deren Verf. wahrscheinl. aus Reims stammt. Das Werk nimmt zum Ausgangspunkt die Zeit nach der Regierung der ersten Herrscher des Kgr.es Jerusalem, Gottfried v. Bouillon und Balduin I. († 1118), verdichtet sich aber erst für die Periode ab ca. 1180, um mit dem Friedensschluß zw. Kg. →Ludwig d. Hl.n und dem Kg. v. England (1259) zu schließen. In farbiger Erzählweise wechseln große und kleine Szenen, echte und erfundene Anekdoten (so über die leidenschaftl. Liebe der Kgn. →Eleonore zu →Saladin). Der Autor, der gern Wendungen wie »des ores mais revenrons« oder »des eos vous dirons« einschiebt, ist mehr Erzähler als Geschichtsschreiber und versteht es, den – fiktiven – Zuhörer in die Welt des Orients zu entführen, die großen Geschehnisse der Vergangenheit durch volkstüml. Überlieferungen auszumalen und selbst Tierfabeln (Reineke und die Ziege, die Kohlmeise und der Bauer) einzustreuen. Vom Erfolg des Werks zeugen nicht nur elf erhaltene Hss., sondern auch die Benutzung der Sammlung durch spätere Geschichtsschreiber (norm. Chronik des Pierre →Cochon, »Gestes des nobles François«). F. Vielliard

Ed.: N. DE WAILLY, Récits d'un m. de R. au XIIIᵉ s., 1876 (SHF) – Lit.: MOLINIER, 2528 – BOSSUAT, 3764-3768, 6710; Suppl. 1960-80, 6196f. – M. HAYEZ, Un exemple de culture hist. au XVᵉ s.: la Geste des nobles français, MAH 75, 1963, 127-178 – D. W. TAPPAN, The Mss. of the Récits d'un m. de R., Symposium 25, 1971, 70-78 – DERS., An eleventh ms. of the Récits d'un m. de R., Romance Notes 24, 1983-84, 70-78.

Ménfő, Dorf s. von Győr (→Raab), am 5. Juni 1044 Ort einer Schlacht, in der Ks. Heinrich III. mit Hilfe bayer. und böhm. Truppen den ung. Kg. →Aba besiegte. Dieser wurde auf der Flucht getötet. Auf Bitten des 1042 aus Ungarn vertriebenen →Peter Orseolo, der von der Kirche unterstützt wurde, war Heinrich schon 1043 gegen Aba gezogen. Obwohl dieser die Aussöhnung mit dem Ks. suchte, überquerte Heinrich 1044 siegreich die Sümpfe von Rabnitz und Raab. Die eroberten Insignien Stephans I. sandte der Ks. dem Papst und ließ Peter in →Stuhlweißenburg (Székesfehérvár) krönen. Gy. Györffy

Q.: Annales Altahenses maiores, ed. E. v. OEFELE (MGH SRG [in us. schol. 4]), 32-37 – SSrerHung I, 330-334 – Lit.: HÓMAN, I, 252.

Mennige (lat. minium; mhd. *minig, menig*), rotes Bleioxid, zählt zu den beliebtesten (mit →Zinnober) Farben in der →Buchmalerei (vornehml. rote Initialen: »Miniatur« aus minium abgeleitet). Meist künstl. durch Glühen von Bleiweiß (Rezepte seit dem 10. Jh. erhalten). Häufige terminolog. Verwechslung mit Zinnober (Quecksilbersulfid). Daneben wurden als rote, mineral. Buchmalereipigmente auch Karminlack (lacca) und Hämatit (lapis emathites; mindere Sorte: Rötel) verwendet. G. Jüttner

Lit.: E. E. PLOSS, Ein Buch von alten Farben, 1967, 80 [dort weitere Lit.: 158-165] – H. ROOSEN-A. RUNGE, Farben- und Malrezepte in frühma. technolog. Hss. (E. PLOSS-A. RUNGE, Alchemia, 1970), 47-66 – D. GOLTZ, Stud. zur Gesch. der Mineralnamen, SudArch Beih. 14, 1972 – H. LÜSCHEN, Die Namen der Steine, 1979².

Menologion, Slg. von Hl. enviten und Homilien für die Feste des unbewegl. Kirchenjahres (Monatszyklus). Die hs. Überlieferung der M. geht auf verlorene Slg. en von Märtyrerakten zurück, die nach der liturg. Reform in der orth. Kirche am Ende der ikonoklast. Wirren (Mitte des 9. Jh.) mit homilet. Material vereinigt wurden. Gesonderte Slg. en von Texten biograph. Charakters zur Ehre von Hl. engattungen (z.B. →Martyrologien) existieren nicht. Bereits in patrist. Zeit entstanden zur Ehre der Märtyrer Enkomia (z.B. Lobrede des Basilius v. Caesarea auf die 40 Märtyrer v. Sebasteia [BHG 1205]). Daher erklärt sich vor Anfang an der gemischte Charakter der M.a, die in Ganz- und Halbjahr-, Zwei- und Einmonatsslg.en überliefert sind. Aus diesen Slg.en für alle Tage des Kirchenjahres wurden die Panegyrika als Slg. von Homilien für die Herren- und Marienfeste ausgesondert. Im 10. Jh. unterzog →Symeon Metaphrastes die gesamte M. einer stilist. Revision. M. wurden nicht selten illuminiert (→Homilie). In der slav. Überlieferung wurden die verschiedenen Typen der byz. M. und Panegyrika ab den Anfängen des slav. Schrifttums übernommen, so z.B. das März-M. im Cod. Suprasliensis. In der georg. Überlieferung wird das Festhomiliar Mravaltavi, in der arm. Tradition Čašoc' gen.

Daneben bezeichnet der Begriff M. auch die Tabelle der bibl. Lesungen für die Feste des unbewegl. Kirchenjahres (Monatszyklus), den Teil des Horologions, das entsprechend den Monaten des Kirchenjahres das Troparion Apolytikion und das Kontakion bietet, und Synaxarnotizen, die am Morgenoffizium nach der 6. Ode verlesen werden. Ch. Hannick

Lit.: H. DELEHAYE, Les ménologes grecs, AnalBoll 16, 1897, 311-329 – A. EHRHARD, Überlieferung und Bestand der hagiograph. und homilet. Lit. der gr. Kirche I-3, 1937-1952 – R. DEVRESSE, Introduction à l'étude des mss. grecs, 1954, 199-201 – J. NORET, Ménologes, synaxaires, ménées..., AnalBoll 86, 1968, 21-24 – M. VAN ESBROECK, Les plus anciens homéliaires géorgiens, 1975 – CH. HANNICK, Maximos Holobolos in der kirchenslav. homilet. Lit., 1981, 23-37 – K. ONASCH, Kunst und Liturgie der Ostkirche in Stichworten, 1981, 262-63 – G. TH. BERGOTES, Λεξικὸ λειτουργικῶν καὶ τελετουργικῶν ὅρων, 1991, 98.

Menora. Die M. der Stiftshütte wird in Ex 25,31-40; 37,17-24 und Num 8,1-4 als siebenarmiger Leuchter aus Gold beschrieben. Die Form der 10 Leuchter im salomon. Tempel ist unbekannt. Im 2. Tempel stand eine M., die auf den Münzen des Antigonus Mattathias (40-37 v. Chr.) abgebildet ist und nach der Tempelzerstörung (70 n. Chr.) mit den anderen Tempelgeräten nach Rom gebracht wurde. Der Leuchterfuß auf dem Relief am Titusbogen in Rom (81 n. Chr.) hat wegen des heidn. Dekors eine Diskussion über die ursprgl. Form des Fußes ausgelöst. In der Spätantike kam die M. zunächst nach Karthago, dann nach Konstantinopel; sie gilt seitdem als verschollen. Die M. ist das wichtigste jüd. Symbol in Antike und Spätantike und tritt in allen Kunstgenera auf. Sie ist einfaches Symbol für das Judentum, als brennende M. zusammem mit Lulav, Ethrog und Schofar Symbol für ewiges Leben und Hoffnung auf den →Messias (3. Tempel). In den ma. Hss. wird sie zusammen mit den übrigen Tempelgeräten zum Symbol für die Hoffnung auf den Tempel in messian. Zeit (bes. span. Bibeln). H. Künzl

Lit.: L. YARDEN, The Tree of Light, 1971 – H. KÜNZL, Die archäolog. Funde aus der Zeit des Frühjudentums und ihre religionsgesch. Bedeutung (Lit. und Religion des Frühjudentums, hg. H. MAIER-J. SCHREINER, 1973), 414ff., bes. 434ff. [Lit.].

Mensa → Altar

Mensalgüter (bona mensae), →Tafelgüter, entwickelten sich aus der ursprgl. einheitl. Vermögensmasse gallo-frk. Kirchen in der karol. Epoche als zweckgebundene Sondervermögen zur dauerhaften Sicherung der 'Tafel' (victus et vestimentum) v. a. geistl. Gemeinschaften (Kapitel,

Konvente), aber auch einzelner Amtsträger (Bf.e, Äbte, Pröpste). M. konnten sich aus Naturaleinkünften und/oder Grundbesitz und dessen Erträgen sowie aus Anteilen am Spendenaufkommen der Gläubigen zusammensetzen. Derartige Sondervermögen sollten dem Zugriff Dritter, insbes. der Kirchenleitung, entzogen sein, was deren Vergabe als Lehnsobjekt bzw. →Precaria ausschloß. M. ergänzten oder ersetzten normierte, oft monatl. Zuweisungen von Subsistenzmitteln, so zuerst für die Domkapitel v. Auxerre 819, v. Freising 825 und v. Paris 829, für den Kl.konvent v. St. Peter am Blandijnberg (Gent) zw. 814 und 844. Auch in England kommt es in dieser Zeit zur Ausformung von M.n innerhalb kirchl. Institutionen. Die M. basierten häufig auf privaten Seelgerätstiftungen, die durch Bf.e und Äbte aus dem eigtl. Kirchengut angereichert wurden, wozu Schenkungen seitens des Kgtm.s traten. Der Nießbrauch (usus) umfaßte die rechtl. Verfügungsgewalt über die M. zunächst nicht. Diese blieb vielmehr bei den Kirchenoberen im Rahmen der grundherrschaftl. Wirtschaftsführung. Zunächst für Langres 834 nachzuweisen, wird die Kombination von Nutzungs- und Verfügungsrecht seit der Mitte des 9.Jh. im Linksrhein. (auch im lothr. Köln 866 bezeugt) mehr und mehr üblich. Im ostfrk.-dt. Reich ist zwar die Ausstattung der Domkapitel mit M.n seit 865 (Speyer) verbürgt, die eigenständige Verwaltung dieses Sondervermögens setzt sich aber erst in der Mitte des 11.Jh. durch. Dabei dürfte die Gründung des Bm.s Bamberg 1007, dessen Domkapitel bereits mit seiner Errichtung die volle Jurisdiktionsgewalt über seine M. besaß, eine wichtige Vorreiterrolle gespielt haben. Die gleiche Entwicklung findet sich in den weltl. Kollegiatstiften, wo die Aussonderung der Vermögensbereiche zw. Propst und Konvent im 11.Jh. einsetzte. Die M. zerfielen im HochMA zumeist in einzelne Präbenden.

D. Hägermann

Lit.: A. Pöschl, Bf.sgut und mensa episcopalis, II, 1909 – E. Lesne, L'origine des menses dans le temporel des églises et des monastères de France au IXe s., 1910 – G. Kallen, Der rechtl. Charakter der frühma. sog. Güterteilung zw. Bf. und Kapitel [Diss. masch. Bonn 1924] – E. John, The Divisions of the Mensa in Early English Monasteries, JEH 6, 1955, 143–155 – R. Schieffer, Die Entstehung von Domkapiteln in Dtl., 1976, 261ff. – B. Schneidmüller, Verfassung und Güterordnung weltl. Kollegiatstifte im HochMA, ZRGKanAbt 72, 1986, 115–151 – D. Hägermann, Der Abt als Grundherr (Herrschaft und Kirche, hg. F. Prinz, 1988), 375–385.

Mensch (anthropologisch). Zum Verständnis des ma. M.en ist die Kenntnis seiner zeitgemäßen Lebensform und seines selbstgeschaffenen soziokulturellen Umfeldes erforderlich. Beide lassen sich auch anthropolog. aus Skelettfunden erschließen, z.T. durch einige körperl. Merkmale (z.B. die Körperhöhe), v.a. aber durch die Bevölkerungsstruktur in bezug auf Männer, Frauen, Kinder und Greise sowie durch den generellen Gesundheitsstatus der →Bevölkerung insgesamt und ihrer Teile. Sämtl. Aspekte variieren sowohl regional als auch in Abhängigkeit von der Sozialstruktur, welche wiederum einem zeitl. Wandel unterliegt. Generelle Trends lassen sich zwar aufzeigen, jedoch ist eine lückenlose Dokumentation aufgrund der variablen und häufig fragmentar. Datenlage derzeit nicht realisierbar. Infolge der notwendig generalisierenden Betrachtungsweise ist die Gefahr einer modellhaften Vorstellung von »dem M.en« des MA stets gegeben, so daß eine detaillierte Kausalanalyse des konkreten, vom allg. Modell durchaus abweichenden Einzelfalles geraten ist. Als übergeordnete, die eingangs genannten Parameter steuernden Prozesse dürfen für das MA der generelle Bevölkerungsdruck mit den resultierenden agrartechn. und ökolog. Umwälzungen sowie die zunehmende Urbanisierung angenommen werden. Diese sind in ihren Auswirkungen anthropolog. faßbar.

→Landesausbau und Urbanisierung schufen ganz neue Rahmenbedingungen für das soziale Miteinander, was sich punktuell an Skelettserien belegen läßt (z.B. das Aufgeben der strikten Geschlechtertrennung bei den Bestattungen in der Merowingerzeit). Die Schaffung erster Ballungsräume führte jedoch auch zu einer Verschlechterung der allg. Lebensbedingungen und zeigt sich als diachroner Trend in der Säuglingssterblichkeit, die von unter 20% im frühen MA bis auf über 30% im ausgehenden MA stieg, begleitet von einer ebenso signifikanten Abnahme der mittleren Lebenserwartung zum Zeitpunkt der Geburt. Diese Tendenz in den Sterbedaten wird ebenfalls begleitet von einer Reduktion der Körperhöhe bei den Erwachsenen. Zwar kann man im Verlaufe des MA Veränderungen in der Morphologie der europ. Bevölkerung beobachten, welche sich auch aus Bevölkerungsmischungen infolge Migration erklären lassen, jedoch zählt die Körperendhöhe zu den umweltplast. Maßen und ist beeinflußt durch die Ernährungsweise und das Krankheitsgeschehen im Kindesalter.

Die anthropolog. Datenlage ist derzeit noch für eine epidemiolog. Auswertung ungeeignet. Aufgrund allgemeinbiolog. Tatsachen darf jedoch unter Zuhilfenahme der bereits vorliegenden Daten gefolgert werden, daß das Infektionsgeschehen aufgrund der größeren Bevölkerungsdichte zugenommen haben muß. Insbes. betrifft dies Infektionskrankheiten mit kurzer Inkubationszeit und einem Verbreitungsweg z.B. durch Tröpfchenübertragung. Hinzu kommen die Zoonosen, also jene Krankheiten, welche der M. mit seinen Haustieren und den Kulturfolgern teilt. Die →Pest darf hier als herausragendes Beispiel gelten. Seuchenzüge sind z.B. an einer Übersterblichkeit der jungen Erwachsenen beiderlei Geschlechtes hist.-anthropolog. erkennbar.

Im MA war bereits der anthropogene Schadstoffeintrag in die Umwelt ein ernstzunehmender Gesundheitsfaktor. Die Emission von SO_2 und die Verbreitung von Schwermetallen sind so alt wie die Erzverhüttung und in ihren Auswirkungen überregional erkennbar. Bleibelastungen in toxischen Größenordnungen sind bereits bei ca. 1000 Jahre alten Skelettfunden bekannt. Bes. betroffen waren damals wie heute die Kinder, so daß hier ein weiterer Ursachenfaktor für den Sterblichkeitstrend im MA benannt werden kann.

Mittels analyt.-chem. Verfahren läßt sich heute das Nahrungsverhalten und damit unmittelbar verbunden die Wirtschaftsweise auf der Grundlage von Skelettfunden hinreichend gut rekonstruieren. Erste Ergebnisse lassen eine Parallelisierung der diachronen Sterbedaten mit der Nahrungsqualität vermuten. Dies trifft auch für regionale Unterschiede zu, welche sich sowohl in bezug auf die Säuglingssterblichkeit als auch in bezug auf die Qualität der Grundnahrung in einem W-O-Gefälle manifestiert. Für sozial stratifizierbare Friedhöfe finden sich Anhaltspunkte für eine verbesserte Ernährungssituation bei den sozial privilegierten Personen.

Parasitolog. Auswertungen ma. Kloaken belegen die regelmäßige Durchseuchung der Bevölkerung mit Eingeweideparasiten. Hierdurch entwickelt der Wirtsorganismus wiederum eine höhere Anfälligkeit gegenüber Infektionskrankheiten. Bevölkerungsdruck und Urbanisierung dürften also im MA von entsprechenden hygien. Problemen begleitet gewesen sein und bedeuteten für den

M. en nicht nur eine Zunahme des Krankheitsgeschehens, sondern v.a. auch dessen grundsätzl. neue Qualität.

Die hohe Säuglings- und Kleinkindersterblichkeit darf jedoch nicht als ungenügendes elterl. Investment mißverstanden werden. Die Bestimmung des Entwöhnungszeitpunktes für Kleinkinder mittels Spurenelementanalysen belegt ein erhöhtes Sterberisiko für die Kinder in dieser krit. Lebensperiode, bedingt durch Fehlernährung entweder durch unzureichendes Muttermilchsubstitut oder infolge von Erkrankungen des Intestinaltraktes. Diese Situation ist grundsätzl. analog jener in heutigen vorindustriellen Bevölkerungen. Die Schwere der Krankheitssymptome an den kindl. Skeletten spricht in vielen Fällen für eine mehrwöchige oder gar mehrmonatige Erkrankung der Kinder. Das Überleben schwerkranker Kleinkinder über diese Zeiträume impliziert im Gegenteil ein hohes elterl. Fürsorgeverhalten. Bei den überlebenden Individuen ist diese krit. Lebensperiode retrospektiv an einer vorübergehenden Verlangsamung des Wachstums erkennbar. Eine gelegentl. beobachtbare zweite Wachstumskrise jenseits des 7./8. Lebensjahres ist dagegen eher als sozialpsycholog. Phänomen erklärbar.

Die quellenkundl. Überlieferung legt eine Veränderung des Anteiles erwachsener Frauen in der ma. Bevölkerung nahe, wobei diese im frühen MA eher unterrepräsentiert waren. Aufgrund des jeweiligen sozioökonom. Hintergrundes soll in der frühma. ländl. Ges. eher ein Männerüberschuß geherrscht haben, wohingegen die neuen ökonom. Möglichkeiten im Zuge der Urbanisierung die Chancen auch für ledige Frauen verbessert haben sollen. Dieses Modell läßt sich anhand von Skelettfunden wiederum punktuell bestätigen. Für das FrühMA ist jedoch häufig die Praxis des Mädcheninfantizides abgeleitet worden. Diese Hypothese ist v.a. vor dem Hintergrund soziobiolog. Erkenntnisse weitgehend nicht mehr haltbar, auch läßt sich eine Benachteiligung von Mädchen empir. nicht durchgängig bestätigen. Die zwischenzeitl. zur Verfügung stehenden Kriterien zur anthropolog. Geschlechtsdiagnose von Kindern werden zur Klärung dieser Frage in der Zukunft entscheidend beitragen können. Ebenso sind neue Erkenntnisse in bezug auf die differentielle Lebenserwartung erwachsener Frauen und Männer zu erwarten. Die chronolog. Bestimmung des Sterbealters mit Hilfe der Zuwachsringe des Zahnzementes hatte in ihren ersten Applikationen z.B. zum Ergebnis, daß zumindest in den privilegierten Bevölkerungsschichten Sterbealter auch jenseits des 80. Lebensjahres nicht notwendigerweise die Ausnahme waren (z.B. Domdignitäten des St. Paulus-Domes zu Münster). Eine Revision der chronolog. Sterbealter von Frauen und Männern wird die Frage einer Über- oder Unterrepräsentanz der Geschlechter in der ma. Bevölkerung aufgrund möglicher geschlechtsspezif. Sterberisiken (v.a. Schwangerschaften- und Geburtenrisiken) endgültig beantworten können. Das Bild vom ma. M. en wird sich daher in naher Zukunft nochmals wandeln.
G. Grupe

Lit.: P. Donat-H. Ullrich, Einw.zahlen und Siedlungsgröße der Merowingerzeit, ZA 5, 1971, 234ff. – J. Brunner, Die frühma. Bevölkerung von Bonaduz, Schr.reihe des Rät. Mus.s Chur 14, 1972 – H. Etter, Die Bevölkerung vom Münsterhof (Der Münsterhof in Zürich, T. 1, hg. J. Schneider u.a., 1982), 179ff. – H. Etter-J. Schneider, Die Pest in Zürich, Turiculum 1982, 43ff. – B. Herrmann, Parasitolog.-epidemiolog. Auswertungen ma. Kloaken, ZAMA 13, 1985, 131ff. – F. Langenscheidt, Methodenkrit. Unters. zur Paläodemographie am Beispiel zweier frk. Gräberfelder (Materialien zur Bevölkerungswiss., Sonderh. 2, 1985) – G. Grupe, Umwelt und Bevölkerungsentwicklung im MA (Mensch und Umwelt im MA, hg. B. Herrmann, 1986), 24ff. – B. Herrmann, Anthropolog. Zugänge zu Bevölkerung und Bevölkerungsentwicklung im MA (Determinanten der Bevölkerungsentwicklung im MA, hg. B. Herrmann–R. Sprandel, 1987), 55ff. – G. Hühne-Osterloh, Ursachen von Kindersterblichkeit in einer hochma. Skelettserie, Anthropolog. Anz. 47, 1989, 11ff. – G. Grupe, Umweltbeziehungen des ur- und frühgesch. M. en (Natur und Gesch.: Naturwissenschaftl. und hist. Beitr. zu einer ökolog. Grundbildung, Schr.reihe des Niedersächs. Umweltministeriums, 1989), 154ff. – Dies., Die »Ressource Frau« – Aussagemöglichkeiten der Biowiss. (Frauen in Spätantike und FrühMA, hg. W. Affeldt, 1990), 105ff. – B. Sasse, Frauengräber im frühma. Alamannien (ebd.), 45ff. – G. Grupe, Sozialgruppenabhängiges Nahrungsverhalten im frühen MA am Beispiel der Skelettserie von Altenerding, Ldkr. Erding, Bayern (5.–7. Jh.), Anthropolog. Anz. 48, 1990, 365ff.

Mensch (natürlicher; vollendeter). Die reichhaltigen, wenn auch noch nicht systematisierten Inhalte der ma. →Anthropologie (kosmolog., philos., psycholog. Herkunft) stehen bereits im Führungsfeld des Glaubens und der Theol. (vgl. etwa die Problematik um die anima separata: Thomas, S. th. I q. 89), näherhin unter der Vorgabe der Schöpfungswahrheit. Auch wenn die menschl. Natur unter formal-philos. Aspekt betrachtet wird, ist der Naturbegriff kein neutral-abstrakter, sondern ein infrakreatianischer, vom schöpfer. Handeln Gottes am M. en real qualifizierter. So stehen bes. die das Wesen des Geistes betreffenden Aussagen der Erkenntnismetaphysik in Ausrichtung auf den Schöpfer (bei Hugo v. St. Victor vermöge des »inneren Sinnes« für das Unsichtbare: De sacramentis I. 1, 6; bei Albert vermöge des durch Gott erleuchteten Intellekts: Sent. I d. 2 a. 5). Auch Thomas, der die aristotel.-arab. Welthaftigkeit der Seele mit der augustin. Gottinnigkeit in eins zu bringen sucht, weiß um die Besonderheit des Geistes in der natura intellectualis, die keine bloße res naturalis und kein ens naturale ist, sondern vom Wirken eines appetitus superior erfüllt ist, der das Naturgegebene zugleich übersteigt (De veritate q. 25 a. 1). Daraus resultiert die Überzeugung, daß alle Geistwesen, Engel wie M. en, auf das Ziel der Gotteserkenntnis, der Gottesverehrung und der Teilnahme an Gottes Seligkeit ausgerichtet sind (Hugo v. St. Victor: ebd. 1. 1, 6; Petrus Lombardus: Sent. II d. 1 c. 3, 5), auch wenn damit die Art der beseligenden Vollendung noch nicht vollauf getroffen ist.

Diese Konstellation erfährt eine noch tiefere Begründung aus dem Eingefügtsein der geistigen Natur als geschaffener in die Ordnung der Erlösung und der Heilsgesch., in deren Verlauf sie verschiedene Zuständlichkeiten (status) erfährt, welche die ihr eigentüml. Bestimmung durch die Gnade (sei es im Sinne der Erfüllung oder des Mangels) zum Ausdruck bringen. Der »multiplex status hominis« (so Alexander v. Hales: Summa II p. 1 inqu. 4 tr. 3 tit. 1 c. 1) wird vom Lombarden anhand des Kriteriums der Freiheit oder Unfreiheit gegenüber der Sünde in vier Ständen entfaltet (ante peccatum, post peccatum, post reparationem, post confirmationem: Sent. II d. 25c. 6), wobei bezeichnenderweise ein status naturae purae im Sinne einer abstrakten bloßen Natur, wie das ganze MA hindurch, nicht in den Blick kommt. Thomas nennt mit bes. Beziehung zu Christus drei Stände: innocentiae, culpae, gloriae (S. th. III q. 13 a. 1 ad 2), damit die Ausrichtung auf das übernatürl. Vollendungsziel verdeutlichend, das er schon im diesseitigen Glauben umrißhaft aufscheinen sieht (II. II. q. 4 a. 1).

Die so immer heilshaft verstandenen Qualifizierungen der geistigen Natur bestimmten das theol. Denken, dieser offensichtl. mehrdimensionalen Struktur gemäß. Natur in der Verspannung von Natur- und Gnadenhaftem, von geschaffener, aber unvollendeter, durch die Sünde gebrochener, in Christus erhobener und vollendeter Natur genauer nachzugehen, um den Zusammenhang zu ergründen. Als Prüfstein dafür galt mit Recht die Lehre vom Urstand (»Paradies«), weil darin die erstmalige und prototyp. Verwirklichung der Idee Gottes mit dem M.en ausgedrückt gesehen wurde. Hier schon konnte sich entscheiden, ob die (auf endgültige Vollendung drängende) Gnade als bloße Hinzufügung zur Natur zu gelten habe oder ob die Erschaffung der Natur in der Gnade (»in gratuitis«) erfolgt sei, wie am Anfang des 13. Jh. Praepositinus v. Cremona lehrte. Ungeachtet der anfangs bezügl. der wesenhaften Gnadenhaftigkeit der iustitia originalis (vgl. die Schule der Porretaner) und der damit auch in der Hochscholastik bestehenden Unterschiede zw. den Schulen der Dominikaner und Franziskaner in der Erbsündenproblematik, verstand doch schon die Frühscholastik die bes. Gaben des paradies. M.en als geschenkhaft von Gott verliehen (Hugo v. St. Victor, a.a.O., 1,6). Thomas übernahm diese Auffassung, weil er nur durch die Erschaffung im Gnadenstand die »Rechtheit« des M.en als gesichert erachtete (In Sent. II d.20 q.2 a.3). Damit war jeder Weg zur Annahme einer natura pura abgeschnitten, so daß der Aquinate folgerichtig zur Anschauung von der immanenten Zielausrichtung der menschl. Natur auf die Gnade und vom Dynamismus des Geistes auf seine Vollendung in der Gottschau fortschreiten konnte und so die Gottförmigkeit als Wesensvollendung des endl. M.en gegen jeden Extrinsezismus begründete. Diese Zielausrichtung des natürl. M.en gewinnt ihre Kraft nicht aus der rein passiven potentia oboedientialis, sondern nur aus der immanenten Dynamik des desiderium naturale, so daß gilt: Omnis intellectus naturaliter desiderat divinae substantiae visionem« (S. c. g. III, 57; vgl. S. th. I q. 12 a. 1; I. II. q. 3 a. 8). Da diese Begierde in der Natur des Geistes angelegt und supralapsarisch begründet ist, kann sie auch durch die Sünde nicht ausgelöscht werden, obgleich die Sünde die natürl. Neigung vermindert (S. th. I. II q.85 a. 1). Das Nichtvorhandensein eines Anspruchs auf Gnade seitens des M.en und ihre Ungeschuldetheit seitens Gottes begründet Thomas mit dem Hinweis, daß dieses Verlangen kein appetitus perfectus und kein hinreichendes oder proportioniertes Strebevermögen ist (In IV. Sent. d.49 q.1 a.3; S.c.g. III, c.44). Eine Entsprechung und eine gewisse Konkretion gewinnt diese Anschauung in der scholast. Lehre von dem →Ebenbild Gottes im M.en, durch welches eine Ergänzung nach der Seite der eth. Entscheidung und des akthaften Vollzugs hin erfolgt (S. th. I q.93 a.4). L. Scheffczyk

Lit.: HDG II,3b (H. M. KÖSTER) – A. AUER, Die Entwicklung der Gnadenlehre in der Hochscholastik, 1942–51 – H. BOUILLARD, Conversion et grâce chez s. Thomas d'Aquin, Ét. hist., 1944–H. DE LUBAC, Surnaturel, 1948 – L.-B. GILLON, Angelicum 26, 1949, 3–30; 115–142 – J. ALFARO, Lo Natural y lo Sobrenatural, 1952 – W. A. VAN ROO, Grace and Original Justice, 1955 – B. NEUMANN S.A.C., Der M. und die himml. Seligkeit nach der Lehre Gottfrieds v. Fontaines, 1958 – W. BREUNING, Erhebung und Fall des M.en nach Ulrich v. Straßburg, 1959 – L'homme et son destin., Act. 1. Congr. Int. de Phil. Méd., 1960 – B. ALBRECHT, Stand und Stände, 1963 – J. LAPORTA, La destinée de la nature humaine selon Thomas d'Aquin, 1965 – W. GROCHOLL, Der M. und sein ursprgl. Sein nach der Lehre Landulfs v. Neapel, 1969 – R. SCHENK, Die Gnade vollendeter Endlichkeit, 1989.

Menschenwürde, eine sich v. a. auf die Bibel stützende hohe Wertschätzung des Menschen. Die Patristik lehrt, auf Gn 1,26f. (→Ebenbildlichkeit) rekurrierend, die Vorrangstellung des Menschen in der hierarch. gedachten Wirklichkeit des geschaffenen Seins. →Augustinus erkennt die M. in den die Trinität abbildenden (imago) Lebensvollzügen der Seele (de trinitate IX–XI), weswegen →Petrus Lombardus den Menschen als »trinitas creata« bezeichnen kann. Die Kirchenväter (Leo I., serm. 21,3, CCL 138, 85–89) erheben überdies die Inkarnation zu einem zentralen Argument für die M. Erst die Personenmetaphysik der Christologen des 13. Jh. reserviert »dignitas« allein für den Personbegriff. →Alexander v. Hales unterscheidet »Person« von »Subjekt« und »Individuum«. Das Proprium des Personseins ist seine Würde, die im »moralischen Sein« begründet liegt (»persona res moris est, quia dicit proprietatem dignitatis«, Glossa in III Sent. 6,87,8), was auch →Philipp der Kanzler vertritt (»esse personae est morale et respicit dignitatem«, Q. de incarn. 2, n. 30, ed. W. H. PRINCIPE, 1975, 177). Als ein Wesen der Freiheit hat die Person Würde. →Thomas v. Aquin und →Bonaventura rezipieren diese Lehre, setzen die konstitutiven Unterschiede des naturhaften und vernunfthaften Seins für den neu entstehenden Personbegriff voraus und betonen, daß der Mensch sich nicht restlos in den Begriff »Individuum einer Spezies« fassen läßt, sondern daß ihm noch eine bes. Dignität zukommt, die jenseits der Unterscheidung der Einzelheit (singularitas) und der Unmittelbarkeit (incommunicabilitas) ihn zur »Person« macht. Bonaventura sieht den »unendlichen Verdienst« der Erlösungstat Christi in der »unendlichen Würde seiner Person« begründet (III Sen. 13,1,2 ad 3). Diesen Gedanken greift Petrus Johannis →Olivi auf und überträgt die »unendliche Würde« auf die menschl. Natur. Durch die Verbindung der Person Christi mit der menschl. Natur kommt ihr dieselbe unendl. Würde zu, die jegl. Größe eines Geschaffenen übersteigt (Quaestiones de incarnatione et redemptione q.2, 103). Auch Meister →Eckhart sieht in der Menschwerdung Gottes die M. garantiert: »dadurch ist erhöht und geadelt das ganze Menschengeschlecht« (Vom Adel des Menschen, ed. QUINT, 178), eine Würde, die selbst durch die Sünde nicht ausgelöscht werden kann. Der Renaissancehumanismus resümiert in seinen nun auch monograph. Abh. zur M. (G. →Manetti, G. →Pico della Mirandola u. a.) das Gesamt der von Antike, Bibel, Patristik und MA vorgegebenen Themen und Begriffe. M. Gerwing

Lit.: V. RÜFNER, Homo secundus Deus, PhJb, 1955, 248–291 – CH. TRINKAUS, In our Image and Likeness, 2 Bde, 1970 – W. H. PRINCIPE, Philipp the Chancellor's Theology of the Hypostatic Union, 1975 – TH. KOBUSCH, Mystik als Metaphysik des moral. Seins (Abendländ. Mystik im MA, hg. K. RUH, 1986, 49–62) – Cambridge Hist. of Renaissance Philos., hg. CH. B. SCHMITT – Q. SKINNER, 1988, Register s. v. man, dignity of – L. HÖDL, Die Gottebenbildlichkeit des Menschen und der sakramentale Charakter des Christen (Welt-Wissen und Gottes-Glaube in Gesch. und Gegenwart, hg. M. GERWING, 1990), 191–212 – TH. KOBUSCH, Die Entdeckung der Person. Die Metaphysik der Freiheit und das moderne Menschenbild, 1992.

Menschheit, Menschengeschlecht. In der hellenist. Philos. (Auct. ad Herenn. II, 16, 24) ist weniger in bildungstheoret. als vielmehr in philanthrop. Bedeutung von Menschheit (Mh.) die Rede. Als Einzeltugend wurde Menschlichkeit als entgegenkommendes Wohlwollen der Gerechtigkeit zugeordnet (Macrobius, Super somnium Scipion., I, 8) und in der chr. Tugendlehre (Thomas v. Aquin, S. th. II–II. q.80) durch die Idee der Philantropie Gottes (Tit 3, 4) überhöht (vgl. HWP VII, 543–549). Die ma. Theol. übernahm den Terminus Mh. aus der gr. Patristik, die diesen in der Auseinandersetzung mit dem monophysit. Verständnis der →Inkarnation prägte (Konzil v. →Chalkedon 451, DENZINGER-SCHÖNMETZER nr. 301, vgl. auch 272f.) und der fortan zu einem christolog. Grundbegriff wurde (Johannes Damaskenos, De fide orth. III). Gegen die nestorian. 'Trennungschristologie' schrieb im W →Boethius sein Opusculum »Contra Eutychen et Nestorium«, in dem er personale Einheit und naturale Verschiedenheit von Gottheit und Mh. in Christus zu klären suchte (c. 4, 6). →Notker III. übertrug wohl als erster bei seiner Boethius-Übers. humanitas mit ahd. *mennisgheit*; →Gilbert v. Poitiers, In Boeth. de trin. I, 4, 4, expliziert den Begriff des komplexen substanzialen Wesens in seiner Einheit, Ganzheit und Konformität. Das 'quo homo est' des Menschseins des inkarnierten Logos hob er vom 'qui homo est' ab und erweckte den Anschein, die menschl. Natur in Christus nur als 'habitus' zu verstehen. Im Streit um diesen sog. christolog. →Nihilianismus fand eine strenge Überprüfung der sprachlog. Aussageweisen statt. Erst die hochscholast. Lehre von der →hypostat. Union brachte eine Klärung: Mh. ist das formale Ganze dessen, was nach Maßgabe seiner Wesensbedeutung im Einzelnen wirkl. ist (Thomas v. Aquin, S. th. I, 3, 3). Da die Mh. des menschl. Sohn Gottes endl.-begrenzt und gebrechl. ist, gaben die Aussagen der Väter über die naturalen Mängel Christi und dessen Wachstum in der Weisheit (Lk 2, 40) den frühscholast. Theologen viele Fragen auf, ebenso das Problem der Anbetungswürdigkeit der Mh. Christi (vgl. DSAM VII, 1033-1108). Von →Origenes, Gregor v. Nyssa (De hom. opif. 16) über →Johannes Scotus Eriugena (De divis. nat. V, 31) wurde die Mh. des Menschen in neuplaton. Sicht in ihrer universalen, einfachen, geschichts- und geschlechtslosen Idee betrachtet, die in der Inkarnation des Logos in ihren unergründl. und unerforschl. Ursprung zurückgebracht wird. Die Spiritualität der →Amalrikaner ist ebenso wie die Anthropologie des Renaissanceplatonismus davon inspiriert. Nikolaus v. Kues macht die Idee der reinen, universalen Mh. zum Inbegriff der Erkenntnis des Absoluten (De vis. Dei 9).

Die Mh. in ihrer gesch. Verfaßtheit ist das Menschengeschlecht (Mg.). Im Kontext der kosmopolit. orientierten hellenist. Philos. handelte Cicero (De re publ. I, 2. 25; II, 26) von Mg. als auf Recht und Menschlichkeit gegr. Gemeinschaft aller nicht-barbar. Menschen. Vom röm. Recht (Cod. Iust. I, 1, 8; 17, 2) ging diese Betrachtung auch ins kanon. Recht über (Decr. Grat. I, 1 Prol.). Die gattungsrealist. Betrachtung des einen Mg.es gründet theol. in der bibl. Schöpfungs- und Erlösungslehre. Die kreatian. Einheit des 'corpus Adamiticum' ist Voraussetzung der soteriolog. Einheit des 'corpus Christi', vgl. Petrus Lombardus, II Sent. 18, 1, 2; III, 13, 1, 2 (mit Komm.). Die ursprgl. kreatian. Einheit in der Paradiesesgnade der Eintracht aller Menschen ist durch die Entzweiung in Sünde und Tod der Menschen verlorengegangen. Im Widerstreit von 'civitas Dei' und 'civitas terrena' muß das Mg. in der Heilsökonomie Gottes durch die Gnade Christi zur Einheit geführt und erzogen werden (Aug. civ. Dei 10, 14; vgl. HWP II, 735-739). In dieser augustin. Tradition steht die ma. Idee des Weltstaates, der vom (geistl. oder profanen) Weltmonarchen geleitet wird (→Dante, →Marsilius v. Padua, Raimundus Lullus, Franciscus v. Meyronnes u. a.) sowie die Idee der brüderl. Gemeinschaft der Mendikanten.   L. Hödl/M. Laarmann

Lit.: HDG II. 3a1; II. 3b – HWP III, 1231f.– J. Gross, Gesch. des Erbsünden-Dogmas, I–IV, 1960–72 – W. H. Principe, The Theol. of the Hypostatic Union in the Early Thirteenth Century, I–IV, 1963–75 – R. Rieks, Homo, Humanus, Humanitas ..., 1967 – A. Grillmeier, Jesus der Christus im Glauben der Kirche, Iff., 1979ff. – Gesch. Grundbegriffe, hg. O. Brunner u. a., 3, 1982, 1063–1128.

Menschwerdung. Die doppelt-eine Wendung im christolog. Artikel des Symbolum Constantinopolitanum »et incarnatus est ... et homo factus (inhumanatus) est ...« (Denzinger-Schönmetzer nr. 150) – vgl. Joh 1, 14; Phil 2, 7 – kehrt auch in den theol. Aussagen der Väter und ma. Theologen wieder. Johannes Damaskenos, De fide orth., III c. 11 (55), meinte, daß 'Fleischwerdung' dasselbe ist wie M. In der (gr. und) lat. Theol. hat sich der Terminus →Inkarnation durchgesetzt und man sprach nur gelegentl. von Inhumanatio (→Facundus v. Hermiane); in der dt. Theol. ist gemeinhin von M. die Rede und nur in ausnehmender Bedeutung von Fleischwerdung (Heinrich Seuse, Das Büchlein der Wahrheit, IV). Inkarnation wurde und wird mit M. übersetzt. In den langwierigen frühscholast. Auseinandersetzungen um den sog. christolog. →Nihilianismus (vgl. die Verurteilung Alexanders III. von 1177; Denzinger-Schönmetzer nr. 750) mußte krit. geklärt werden, in welchem Sinne von einem Werden Gottes gesprochen werden kann. »Est enim Filius Dei homo et humanatus Deus ...«. Der Terminus M. ist interpretationsbedürftig: Meister Eckhart, Pr. 6 (ed. J. Quint, 178) »Gott ist nicht nur Mensch geworden, vielmehr: hat er die menschl. Natur angenommen.« Für Nikolaus v. Kues ist der menschgewordene Sohn Gottes in seiner Singularität und Individualität 'die vollkommene Gestalt endl. Seins' (U. Offermann). Thomas v. Aquin legte das →Mysterium der M., des 'Verbum incarnatum', so aus, daß das 'menschl. Gottessohnsein' Paradigma des menschl., von Gott 'angenommenen Sohnseins' ist (G. Lohaus). Vgl. →Christologie [Lit.], →Hypostat. Union.   L. Hödl

Lit.: HDG III. 1a; 2a – TRE XVI, 726–759 [Lit.] – W. H. Principe, The Theol. of the hypostatic union in the early thirteenth cent., I–IV, 1963-75 – J. Meyendorff, Christ in Eastern Christian Thought, 1975² – G. Lohaus, Die Geheimnisse des Lebens Jesu, 1985 [Lit.] – U. Offermann, Christus Wahrheit des Denkens ... Zur Schrift 'De docta ignorantia' des Nikolaus v. Kues, 1991 [Lit.].

Menstruation. Im MA galt als selbstverständl., daß die Frauen synchron mit einer der Mondphasen menstruierten. Entsprechend bezeichneten 'mensis'/'menses' 'Mond(e)' und 'menstruum'/'menstrua' 'Monatsfluß' der angebl. vom Mond(-Monat) regierte M. Populär waren die Wendungen 'Blüte' oder 'Blume' für die Regel der Frau; wie der Baum keine Früchte ohne Blüte hervorbringt, so vermag die Frau ohne vorangegangene M. kein Kind zu gebären (»Das Speyrer Frauenbüchlein« Kap. 111; um 1460).

Die ma. Vorstellung von der M., basierend insbes. auf den Erklärungsversuchen der hippokrat. Medizin, gelangte überwiegend zur Ansicht, daß →Frauen eine feucht-kühle, weniger aktive Disposition als Männer haben. Daher stauen sich im weibl. Organismus kontinuierl. überflüssige Blutmengen und Stoffwechselschlacken, die im Einklang mit dem Mondstand period. ausgestoßen werden. Das während der Gravidität nichtevakuierte Blut trägt zur Ernährung der Leibesfrucht bei. In der Zeit des Stillens steht überzähliges Blut im Dienst der Laktogenese.

Gregor I. d. Gr. († 604) bzw. das frühma. »Responsum beati Gregorii ad Augustinum episcopum« (Beda, Hist. Eccl. I, 27), →Hildegard v. Bingen († 1179; Causae et curae II), der Kanonist →Huguccio († 1210), →Albertus Magnus († 1280; In II. Sent. d. 20, 4. 5 sol.) und andere sahen in der M. eine Folge des Sündenfalls. Diese Anschauung stützte in der Tradition der mosaischen Reinheitsvorschriften (Lev 15, 19–30) die Einschätzung der Menstruierenden als (kult.) unrein und festigte daneben die in Spätantike und FrühMA weitverbreitete Vorstellung vom Monatsblut als Gift (Plin. Nat. hist. VII, 13, 63–66; XXVIII, 23, 77–82; Isid. Etym. XI, I, 141f.). Altir. Pönitentialien untersagten die Kohabitation mit der Menstruierenden. Spätere →Bußbücher übernehmen diese Vorschrift. Hieronymus († 420; In Ezech. l. 6. c. 18), später arab. Autoritäten wie →Avicenna (gest. 1037) und al-Ġazzālī (gest. 1111) meinten, in der Periode würden die krüppelhaften Kinder der 'leprosi et elephantiaci' gezeugt.

Außer schädl. Einflüssen versprachen Monatsblut bzw. M. auch Heilkraft. Z. B. empfahl Hildegard Menstrualblutbäder bei Aussatz (Physica I, c.114); der normale M.zyklus bewahrte nach ihrer Ansicht entsprechend den Körperkonstitutionen vor Melancholie, Kopfleiden, Gicht, Wassersucht, Geschwüren u. a. m. (Causae et curae, II). Albertus Magnus argumentierte, Frauen lebten aufgrund der physiolog. reinigenden Wirkung der M. per accidens länger als Männer (Quaest. de animal. XV, q.9). →Frauenheilkunde, →Sexualität. M. E. v. Matuschka

Lit.: H. G. Müller-Hess, Die Lehre von der M. vom Beginn der NZ bis zur Begründung der Zellenlehre [Diss. Berlin 1938] – V. L. Bullough, Medieval Medical and Scientific Views of Women, Viator 4, 1973, 485–501 – E. Fischer-Homberger, Krankheit der Frau, 1979 – M. E. v. Matuschka, Lambert van Velthuysens (1622–85) M.stheorie in ihrer wiss.shist. Bedeutung, 1980 – P. Shuttle–P. Redgrove, Die weise Wunde M., 1980 [engl. 1978] – C. E. Paschold, Die Frau und ihr Körper im med. und didakt. Schrifttum des frz. MA, 1988 [Diss. Heidelberg 1986], 64–80 – A. Demyttenaere, The Cleric, Women and the Stain... (Frauen in Spätantike und FrühMA, hg. W. Affeldt, 1990), 14–165, bes. 158ff. – R. Siegmund, 'Das Speyrer Frauenbüchlein' [Diss. Würzburg 1990] – →Frauenheilkunde, →Sexualität, →Schwangerschaft und Geburt.

Menstruum. Im Gegensatz zur antiken Bed. (= monatl. Gabe, Amtshandlung) ein meist stark wirkendes Lösungsmittel im chem.-technolog. Schrifttum des MA. Neben Wasser und Alkohol v.a. die damals bekannten organ. Säuren (u.a. Essig) und die Mineralsäuren (Aqua regia, Aqua fortis – Königswasser, Scheidewasser), somit auch in der Scheidekunst (→Bergbau) gebräuchlich.

G. Jüttner

Lit.: →Alchemie (Verfahren).

Mensur → Notation

Mensuralmusik (lat. musica mensurabilis meßbare Musik oder m. figuralis; figura [notae] die Gestalt des Tonhöhenzeichens [Note], welche deren relativen Dauerwert erkennen läßt), im Gegensatz zur musica plana, der einstimmigen Musik des liturg. (gregorian.) Chorals, dessen Notierungsweise die in den choralen Notenformen implizierten rhythm. Bedeutungen längst vor dem Auftreten der M. eingebüßt hatte, die vorzugsweise mehrstimmige abendländ. geistl. und auch weltl. Musik seit Anfang des 13. Jh. bis heute, deren schriftl. Fixierung ermöglicht wurde durch ein neuartiges Notationssystem (→Franco v. Köln, Ars cantus mensurabilis, um 1250), welches neben den Tonhöhen (→Guido v. Arezzo) die relative Tondauer der einzelnen Töne festhält. Es benutzt die choralen Notenformen für definierte Tondauerverhältnisse: eine Länge ([nota] Longa) = drei Kürzen ([nota] Brevis) als grundlegende Relation, die erweitert wird um die doppelt lange (nota) Duplex longa (= 2 Longen) und die kürzeste (nota) Semibrevis (3 Semibreven = 1 Brevis). Nur die Duplex longa ist also zweizeitig. Die aus der Modalnotation (rhythm. →Modi) übernommene vorherrschende Dreizeitigkeit der Dauerverhältnisse zw. Longa, Brevis und Semibrevis verlangt zu ihrer Durchführung gewisse Regeln, nach denen dreizeitige Werte unter bestimmten Umständen als zweizeitig gelten (Imperfizierung) oder Werte um das Doppelte ihrer notierten Dauer verlängert werden müssen (Alterierung). Nach bis zur Unübersichtlichkeit sich komplizierenden Notationsformen und rhythm. Möglichkeiten im 14. Jh. (→Ars nova, Philippe de Vitry; Marchettus v. Padua, bes. in Italien, bildet sich eine Standardnotierung aus, die mit leichten Änderungen bis heute gültig geblieben ist. Neben die vorherrschende Dreiteilung der Notenwerte tritt die Zweiteiligkeit. Die M. unterscheidet ab dann zw. drei »Gradus«: der Modus maior bestimmt das Verhältnis zw. der Maxima (der früheren Duplex longa) zur Longa bzw. als Modus minor der Longa zur Brevis; das Tempus das Verhältnis der Brevis zur Semibrevis; und die Prolatio das Verhältnis der Semibrevis zur Minima. Die jeweils geltende Teilung der Notenwerte in den einzelnen Gradus wird durch Mensurzeichen vor den einzelnen Stimmen angezeigt. Sog. →Proportionen regeln bei der Ausführung evtl. vorzunehmende willkürl. Verdoppelungen, Verdreifachungen usw. und auch Verkleinerungen notierter Notenwerte. Um 1500 besitzt die M. durch stärkere Unterteilung der kürzeren Tondauer anstelle der vier Notenwerte Francos schon acht Werte bis hin zur Semifusa (Sechzehntelteilung der Brevis).

H. Leuchtmann

Ed.: Franco v. Köln, Ars cantus mensurabilis, hg. G. Reaney–A. Gilles, CSM XVIII, 1974 – Mensurabilis musicae tractatuli, hg. F. A. Gallo, AntMI, SS I, 1966 – Franchinus Gaffurius, practica musicae (1496), hg. A. Miller, MSD XX, 1968 – Lit.: MGG s.v. – NEW GROVE Notation § III – Riemann, s.v. – Hb. der Notationskunde 1913 [Nachdr. 1963] – Hb. der musikal. Terminologie, 1971ff., s.v. Longa-Brevis, Minima, Modus, Perfectio, Prolatio, Proprietas, Semibrevis, Semiminima, Tactus [W. Frobenius] – G. Jacobsthal, Die Mensuralnotenschrift des 12. und 13. Jh., 1871 – J. Wolf, Gesch. der Mensuralnotation von 1250–1460, 3 Bde 1904 [Nachdr. 1965] – F. Gennrich, Abriß der Mensuralnotation des XIV. und der ersten Hälfte des XV. Jh., 1948 – K. V. Fischer, Zur Entwicklung der it. Trecento-Notation, AMW XVI, 1959, 87ff. – C. Parrish, The Notation of Medieval Music, 1959² – W. Apel, Die Notation mehrstimmiger Musik, 1970 – H. Besseler–P. Gülke, Schriftbild der mehrstimmigen Musik (Musikgesch. in Bildern III/5, 1973).

Mentelin, Johannes, Druckerverleger und Buchhändler, * um 1410, † 12. Dez. 1478 in Straßburg. Nachdem er vorher als Schreiber und Buchhändler tätig gewesen war, begann M. Ende der 1450er Jahre im Haus 'Zum Thiergarten' in Straßburg zu drucken. Mit einem umfangreichen Typenapparat (meist Gotico-Antiqua-Schriften, aber auch bereits reine Antiqua-Lettern) produzierte er 40, überwiegend großformatige und umfangreiche Werke, unter denen theol.-philos. Gebrauchs- und Kompendienlit. den ersten Platz einnimmt. Aus dem Rahmen des Üblichen fallen Ausg.n antiker Klassiker (Vergil, Terenz), die erste dt. Bibel und zwei mhd. Versepen (Parzival, Jüngerer Titurel). Bemerkenswert sind auch M.s Buchanzeigen, die über seine Intentionen als Verleger Auskunft geben.

S. Corsten

Lit.: K. Schorbach, Der Straßburger Frühdrucker J.M., 1932 – Geldner, I, 55–59 – H. M. Winteroll, Summae innumerae, 1987, 169–242.

Menteše Oğullarï, türk. Dynastie eines blühenden Emirats im sw. Kleinasien, das aus dem Zerfall des Sultanats der 'Rum' – →Selǧuqen hervorgegangen war. Gründer war wohl ein türk. Anführer namens Sal(am)pakis, der in zeitgenöss. byz. Quellen als Μανταχίας erwähnt wird. Im Kampf mit Byzanz eroberte er um 1280 die Stadt Tralleis. Seine Nachkommen, die M., beherrschten die fruchtbare Stromebene des Mäander (Menderes) und dehnten ihre Macht bis zum Kap Makri (Fetihye) aus; ihre wichtigsten Städte waren →Milet (Palatia, Balat), Mylassa und Muğla. Sie griffen ab 1302/03 die Ägäischen Inseln an. Die →Johanniter, die 1309 →Rhodos eroberten, vermochten ihre Aktionen zwar einzudämmen, doch konnten die M., nun im Bunde mit →Genua, noch 1311 Rhodos angreifen. In den 1330er Jahren machten die M. durch ihre gefürchteten Razzien zahlreiche Territorialherren der Ägäis zu tributpflichtigen Vasallen. Das Emirat unterhielt Handelsbeziehungen mit dem Westen, insbes. seit ca. 1300 mit →Venedig über →Kreta; die Verträge der M. mit dem »Duca di Candia« nennen als Handelswaren Getreide und andere Agrarprodukte, daneben Güter der nomad. Viehzucht (Rinder, Häute, bes. Pferde) sowie Sklaven. In Palatia residierte ein ven. Konsul. Während der Kreuzzugsunternehmungen gegen die muslim. Emirate der Ägäis (1333-34, 1343-44) zeigten die M. eher die Neigung zum Paktieren mit den Christen als mit den benachbarten →Aydïn Oğullarï. Nachdem das Emirat schon 1390-1402 von den Osmanen ztw. annektiert worden war, kam es 1421 dauernd unter die Herrschaft des →Osman. Reiches, in dem es eine Provinz bildete.

E. A. Zachariadou

Lit.: P. WITTEK, Das Fsm. Mentesche, 1934 – B. FLEMMING, Landschaftsgesch. von Pamphylien, Pisidien und Lykien im SpätMA, 1964 – E. A. ZACHARIADOU, Trade and Crusade, Venetian Crete and the Emirates of Menteshe and Aydin (1300-1415), 1983 – H. İNALCIK, The Rise of the Turcoman Maritime Principalities in Anatolia (Byzantium and the Crusade. Byz. Forsch. 9, 1986).

Mentonay, Jacques de, Kard. unter Papst →Clemens VII., † 16. Mai 1391 (Testament vom 28. April 1391), ▭ Avignon, Kathedrale; entstammte einer Adelsfamilie des Genevois (wohl Menthonnex-en-Bornes, dép. Hte-Savoie), Bacc. des Zivilrechts, erhielt im April 1363 auf Ersuchen der Mathilde v. Boulogne, Gfn. v. Genf, von Urban V. ein bepfründetes Kanonikat an der Kirche v. →Besançon; studierte kanon. Recht. Er verzichtete auf diese Pfründen, um von Gregor XI. ein bepfründetes Kanonikat und Archidiakonat in Reims zu erlangen (19. Juni 1371). Wohl Archidiakon v. Genf, befand er sich im Gefolge Roberts v. Genf, als dieser zum Papst (Clemens VII.) gewählt wurde. Clemens VII. ernannte ihn zum Cubicularius. M. erbat vom Papst ein Kanonikat mit Anwartschaft auf eine Pfründe in Paris (Nov. 1378). An der avign. →Kanzlei kehrte er das Amt des Datars inne. Am 23. Dez. 1383 zum Kard. v. S. Clemente, dann v. SS. Marcellino e Pietro erhoben, folgte er Kard. Pierre de Monteruc († 30. Mai 1385) als Vizekanzler nach. In Avignon besaß er nacheinander die Kard.spaläste *(livrées)* v. Le Puy und Dax und erwarb oder verkaufte mehrere Bastides.

M. Hayez

Q. und Lit.: →Clemens VII. – S. STELLING-MICHAUD, Genevois à la curie d'Avignon au XIVᵉ s. (Bull. Soc. Hist. et d'arch. de Genève 9, 1950) – L. BINZ, Genèse et débuts du grand schisme, 1980 – J. SERRA ESTELLES, Los registros de suplicas y letras pont. de Clemente VII, 1988 – École française de Rome, Lettres comm. d'Urbain V, n° 7691, 23779; Lettres comm. de Grégoire XI [im Dr.].

Mentorella, la (bis zum 11.Jh. S. Maria in Vulturella, 12.-13.Jh. S. Maria in Vultuilla, 14.Jh. Montis Relle), mittelit. Marienwallfahrtskirche auf dem M. Guadagnolo (Diöz. Tivoli, Latium). Die Örtlichkeit ist im Reg. Sublacense seit 958 belegt. 984 schenkte eine nicht näher bekannte Rosa den Berg mit der Marienkirche dem Kl. S. Gregorio e S. Andrea al Celio (Rom). An der Wende vom 10. zum 11.Jh. versuchte anscheinend das Kl. OSB →Subiaco – erfolglos –, Rechte auf die Benediktinergemeinschaft, die sich dort niedergelassen hatte, geltend zu machen. Seit der Belehnung Riccardo Contis mit der M. (1208) durch Innozenz III. gehörte die M. den Conti, die seit dem 15.Jh. bis in die NZ als Kommendataräbte figurieren. Da Margherita →Colonna daran denken konnte, die von ihr gegr. Frauenkommunität beim Heiligtum anzusiedeln, hatte die Mönchsgemeinschaft bereits Ende des 13.Jh. offenbar einen starken Niedergang erlebt. Im Lauf des 13.Jh. verbreitete sich die Legende der Gründung durch den hl. Eustachius und Weihe durch Silvester I. Der reiche Kirchenschatz zeugt von der Bedeutung des Heiligtums.

G. Barone

Lit.: A. ROSSI, S. Maria in Vulturella, 1905 – A. LIPINSKI, Il tesoro del santuario di S. Maria in Vulturella, Arte cristiana 66, 1978, 1–24 – Monasticon Italiae, I, Roma e Lazio, 1981, nr. 57, 129.

Méobec (Méobecq), ehem. Abtei OSB in Mittelfrankreich (dép. Indre, arr. Châteauroux), im Bas-Berry (→Berry), Diöz. →Bourges. Die im Tal der Claise gelegene Abtei wurde um 642 auf Gütern des burg. Hausmeiers →Flaochad vom hl. Sigiram (Cyranus) gegr., der wohl kurze Zeit zuvor, gleichfalls auf von Flaochad geschenktem Land ('Saltus' v. Brenne), eine Abtei gegr. hatte, die später ihm zu Ehren St-Cyran-en-Brenne genannt wurde. St-Cyran und M. gelten als älteste Benediktinerabteien der Diöz. Bourges, die den in M. begrabenen hl. Cyranus verehrte (4. Dez.). M. war die bedeutendste Abtei der Herrschaft→Buzançais, die seit den Tagen→Fulco Nerras (987–1040) einen Vorposten der Gf.en v. Anjou (→Angers, Anjou) im Berry bildete. M. unterstanden die Pfarreien des Buzançais. Die wohlhabende Abtei litt wiederholt unter den krieger. Auseinandersetzungen zw. Plantagenet und Kapetingern in dieser Grenzzone. 1204 erfolgte die dauernde Unterstellung unter kgl.-frz. Herrschaft.

U. Nothhelfer

Lit.: GAUDIN, Hist. des abbayes royales de M. et de St-Cyran, 1887 – G. DEVAILLY, Le Berry du XIᵉ au XIIIᵉ s., 1973 – →Buzançais.

Meogo (oder Moogo, 'Mönch'), **Pero,** galic. Dichter des 13.Jh. Die von ihm im Cancioneiro da Vaticana (Nr. 789–797) bzw. im Cancioneiro da Biblioteca Nacional (Nr. 1184–1192) überlieferten 9 →Cantigas de amigo zeichnen sich durch empfindsamen lyr. Ton und erot. Bildlichkeit (Hirsch, Quelle, Haarwaschen) aus.

D. Briesemeister

Ed. und Lit.: GRLM II, 1,6 – X. L. MÉNDEZ FERRÍN, O cancioneiro de P.M., 1966 – R. SENABRE SEMPERE, Las cantigas de P.M., Anuario de estud. filológ. 3, 1980, 229–241 – L. DE AZEVEDO FILHO, As cantigas de P.M., 1981 – J. FERREIRO ALEMPARTE, A poesia de P.M., Lusorama 9, 1989, 75–101.

Meopham, Simon, Ebf. v. Canterbury seit 1328, † 12. Okt. 1333 in Mayfield (Sussex), ▭ Canterbury, Kathedrale; stammte aus Kent, seit ca. 1290 Schüler in Oxford, seit 1315 dort ein bedeutender Theologe. Er erhielt mehrere Pfründen. Seine Unauffälligkeit und seine polit. Neutralität dürften zu seiner Wahl zum Ebf. v. Canterbury während der Minderjährigkeit Eduards III. beigetragen haben. Nachdem ihm 1329 die Versöhnung des Kg.s mit Heinrich, dem Earl of →Lancaster, gelungen war, vermied er ein weiteres Eingreifen in weltl. Angelegenheiten. Doch stieß er bei der Ausübung seiner ebfl. Gewalt auf die Gegnerschaft des Ebf.s v. York und der Suffragane, deren Diöz.n er visitieren wollte. Bei seinem Tod drohte ihm die Exkommunikation wegen eines Streits mit der St. Augustine's Abbey in Canterbury.

R. L. Storey

Lit.: DNB XIII, 260–263 – BRUO II, 1261.

Meranien, Bezeichnung für die adriat. Küstenregion am Kvarner (Quarnero), um Rijeka (Fiume), im südl. Bereich des Hzm.s →Krain. M. war im 12. und 13. Jh. (gemeinsam mit der Mgft. →Istrien) bedeutendes Herrschaftsgebiet der Gf.en v. →Andechs, seit 1180 Hzg.e v. M.

Meranier, Bezeichnung für eine regionale ostfrk. Pfennigsorte (→Pfennig) weltl. und geistl. Schlages der Zeit um 1150–1250, die einen eigenwilligen, bildreich-dekorativen Stil aufweist. Münzherren waren die Gf.en v. →Andechs und die Bf.e v. →Bamberg, von denen mehrere dem Geschlecht der Gf.en v. Andechs entstammten.

P. Berghaus

Lit.: F. v. SCHROETTER, Wb. der Münzkunde, 1932, 386.

Mercadé, Eustache → Eustache Mercadé

Mercadier (Marchadaeus, Marcades, Marchader[i]us, Merchaderius), † 10. April 1200, neben →Cadoc und Lupescar (Lobar) bekanntester Führer der Söldner (ruptarii, *routiers*) im späten 12. Jh., kämpfte im Dienst der →Plantagenet (Heinrich II., Richard I. und Johann) gegen die →Kapetinger. M., der sein Kriegshandwerk mit Geschick und Grausamkeit betrieb, wird in den Q. als 'Fs. der →Brabanzonen' und Anführer der 'Cotereaux' gewürdigt. Wohl aus SW-Frankreich stammend, wurde er 'famulus' Kg. Richards I., den er auf dem →Kreuzzug (Belagerung v. →Akkon, 1190–91) begleitete und von dem er später als Gunsterweis die Lehen des Adémar de Beynac im Périgord empfing. 1195 entriß M. dem Kapetinger die Burg →Issoudun (Berry); 1197 nahm er den krieger. frz. Prälaten Philippe de →Dreux, Bf. v. Bayeux, gefangen. 1198 durchzog M. Normandie und Flandern (u. a. Ausplünderung der die Messe v. →Abbeville besuchenden Kaufleute). Nach dem Tode Kg. Richards vor Chalus (1199) bekundete M. auf seine Weise Trauer und ließ den Mann, der seinen Herrn getötet hatte, grausam foltern. M. wurde am Ostertag 1200 zu Bordeaux von einem *sergent* des Brandin, Seneschalls v. Gascogne, erschlagen.

Ph. Contamine

Lit.: H. GÉRAUD, M. Les routiers au XIIIᵉ s., BEC 3, 1841, 417–447 – M. POWICKE, The Loss of Normandy, 1961².

Mercatum, Mercatus → Markt; →Emporium

Mercedarier, Orden der, von →Petrus Nolascus († 1245) gegr., um christl. Gefangene von den Muslimen loszukaufen. Der Orden trat zuerst um 1230 in Erscheinung, nach der Eroberung →Mallorcas durch Kg. Jakob I. v. Aragón († 1276). Papst Gregor IX. approbierte 1235 die nach der →Augustinusregel verfaßte Ordenssatzung. Die Regel wurde von 1272 abgefaßten und 1327 und 1588 abgeänderten Konstitutionen ergänzt. Im 13. Jh. ließ sich der Orden hauptsächl. in dem Gebiet der Krone Aragón nieder, wo 29 Kommenden entstanden. 11 weitere Kommenden gab es 1300 in Murcia, Occitania und Navarra; einige wurden auch entlang der kast. Grenze zu dem muslim. →Granada eingerichtet. Im 14. Jh. entstanden weitere Häuser in Portugal und auf Sardinien. Der Orden teilte sich selbst 1319 in die Provinzen Katalonien, Aragón und Navarra, Valencia, Provence und Kastilien-Portugal. Im 15. Jh. folgten Gründungen in den Kgr.en Neapel und Sizilien. Im 14. Jh. kam es zu einem Streit zw. Priesterbrüdern und Laienbrüdern, der seinen Höhepunkt 1317 mit der Ernennung von Ramón Albert († 1330) zum ersten geistl. Ordensmeister durch Papst Johannes XXII. und dem Ausschluß der Laienbrüder von allen Ämtern fand. Die Päpste beanspruchten nun das Recht, die Ordensmeister zu ernennen, und die aragon. Kg.e versuchten, nicht nur über die Ordensmeister, sondern auch über die Leiter der Kommenden und sogar einzelne Brüder ihre Oberhoheit auszuüben. Ein Versuch des Ordensmeisters Ponce de Barellis (1348–64), diesen Bestrebungen 1357 entgegenzuwirken, schlug fehl. Die Lösegelder wurden mit dem Verkauf von Grundbesitz finanziert, wobei die meisten dieser Güter aus dem Kgr. Valencia stammten, aber auch mit Spenden, die vorwiegend von den befreiten Gefangenen aufgebracht wurden. Der Orden stellte den Gefangenen Subsidien als Lösegeld zur Verfügung, doch wurden häufiger vom Ordenskapitel Beauftragte mit Lösegeld nach Granada oder an die Küste Nordafrikas entsandt, um dort christl. Gefangene loszukaufen. 1448 verlieh Papst Nikolaus V. den M.n die Exemtion von der bfl. Jurisdiktion. Bis zum 16. Jh. gab es keine Mercedarierinnen, doch bezeichnet eine nicht belegbare Tradition 1265 Maria v. Cervelló als das erste weibl. Mitglied der M.

J. W. Brodman

Lit.: DIP V, 1219–1228 – G. VÁZQUEZ, Manual de Hist. de la Orden de N.S. de la Merced, 1931 – F. D. GAZULLA, La Orden de N.S. de la Merced, 1934 – M. T. FERRER I MALLOL, La redempció de captius a la Corona catalano-aragonesa (segle XIV), Anuario de Estudios Medievales 15, 1985, 237–297 – J. W. BRODMAN, Ransoming Captives in Crusader Spain…, 1986.

Mercedes enriqueñas, Gnaden- und Gunsterweise des kast. Kgtm.s an den Adel, die in der Regel aus Schenkungen großer Territorien aus dem →Realengo, samt Einkünften und Jurisdiktionsgewalt, bestanden. Zuerst wurde diese Schenkungspraxis, die zur Entstehung ausgedehnter Adelsherrschaften mit dem Charakter von Landesherrschaften führte, von Kg. Heinrich II. v. Kastilien (1369–79) angewandt, der auf diese Weise in der entscheidenden Phase seines Kampfes gegen Peter I. sowie dessen Anhänger und nach Beendigung des Bürgerkriegs die aufsteigenden Adelsschichten (sog. *nobleza nueva*) an sich binden und die Macht der Trastámara-Dynastie sichern wollte. Darüber hinaus wurden noch ausländ. Heer- u. Söldnerführer, Adlige aus anderen Reichen, die Trastámara-Verwandten sowie den Trastámara treue →Concejos und Kathedralkapitel bedacht. Zwar wurde so der Realengo geschmälert, schließl. vollends ruiniert, und in Kombination mit der Möglichkeit, einen →Mayorazgo zu begründen, wurden die wirtschaftl. und rechtl. Machtgrundlagen des Adels über alle Maßen erweitert, doch behielten die Kg.e bis zur Mitte des 15. Jh. diese polit. Linie bei, bevor die →Kath. Kg.e auf den →Cortes v. Toledo 1480 mit unterschiedl. Erfolg versuchten, eine Revision des territorialen Besitzstandes zugunsten der Krone durchzusetzen und durch die Inkorporation der →Maestrazgos der Ritterorden den Realengo wieder aufzufüllen. →Nobleza, →Señorío.

L. Vones

Lit.: J. VALDEÓN BARUQUE, Enrique II de Castilla: La guerra civil y la consolidación del régimen (1366–1371), 1966, 117ff., 274ff. – DERS., Notas sobre las mercedes de Enrique II de Castilla, Hispania 28, 1968, 38–55 – E. MITRE FERNÁNDEZ, Evolución de la nobleza en Castilla bajo Enrique III (1396–1406), 1968, 109ff. – Mª. I. DEL VAL VALDIVIESO, Resistencia al dominio señorial durante los últimos años del reinado de Enrique IV, Hispania 34, 1974, 53–104.

Merchant Adventurers, in England Bezeichnung für Fernhandelskaufleute (→Fernhandel, →England, H); ausgenommen waren die Wollhändler, die *Merchant Staplers* genannt wurden. Die Märkte der engl. Fernhandelskaufleute lagen in den dt. Ländern, in Norwegen, auf der Iber. Halbinsel und v.a. in den Niederlanden, wo →Antwerpen führend war. Beim Export dominierten Tuche, während vorwiegend allg. Güter importiert wurden. In jeder bedeutenden engl. Provinzstadt (einschl. Bristol, Newcastle, York und Hull) organisierten sich die M.A. in Handelskompanien *(Companies of M. A.)*. In ihren wichtigsten Fernhandelsorten schlossen sich diese Kaufleute zum Schutz ihrer Interessen zusammen und erhielten Privilegien von den örtl. Stadtherren, die von den engl. Kg.en bestätigt wurden (z.B. verlieh der Hochmeister des Dt. Ordens Privilegien an die M. A. in Preußen und der Gf. v. Holland und Seeland nach 1407 Privilegien an die M. A. in den Niederlanden). Die Privilegien gewährten das Recht, eigene Versammlungen einzuberufen und Vertreter zu wählen. Als im 15. Jh. die M. A. aus vielen ihrer traditionellen Absatzmärkte für Tuche verdrängt wurden, auch in den balt. Ländern, konzentrierten sie ihren Handel bes. auf die Niederlande und v.a. auf Antwerpen.

Die Londoner M. A. begannen, den Tuchhandel zu monopolisieren. Sie gehörten zunächst verschiedenen Gilden an, von denen die *Mercers* die bedeutendste war. 1486 schlossen sie sich zu einer Gilde zusammen, und 1496 verfügte Heinrich VII., daß alle, die Tuchhandel betreiben wollten, in die Londoner Gilde oder Handelsgesellschaft eintreten mußten. Diese Gesellschaft besorgte die Schiffe, kontrollierte die Fahrten und legte die Handelsbedingungen fest. Die M. A. der anderen Städte waren weiterhin am Handel beteiligt, doch verloren sie das Recht, über ihren Handel zu bestimmen. Im 16. Jh. aus Antwerpen vertrieben, verlegten die M. A. ihre Niederlassung an verschiedene kontinentale Orte, insbes. nach Hamburg. E. King

Lit.: E. M. Carus-Wilson, Medieval M. Venturers, 1967[2] – J. Wiegandt, Die M.A.' Company..., 1972 – J. L. Bolton, The Medieval English Economy 1150-1500, 1980.

Mercien, das mächtigste der ags. Kgr.e (ca. 650–825), von dem jedoch wegen der mangelhaften Überlieferung am wenigsten bekannt ist (→England, A). Die am häufigsten über M. berichtenden Urkk. stammen aus Kent (jedoch weitgehend feindl. gesonnen) oder aus Worcester in dem ursprgl. unabhängigen Kgr. →Hwicce. Der Name 'M.' bedeutet 'Grenzbewohner'. Das Zentrum des Kgr.es lag wohl am mittleren und oberen Trent, mit dem Bf.ssitz in →Lichfield, den Gerichtsversammlungen zu Weihnachten in Tamworth und einem der bedeutendsten Kl. in →Repton. Die Grenze zu den Briten lag vermutl. an Dee und Severn. Das merc. Kg.shaus leitete sich von dem legendären →Offa v. Angeln ab und hieß Icelingas nach Icel, dem vielleicht ersten merc. Herrscher in Britannien. Aber der tatsächl. Begründer der merc. Machtstellung war →Penda (633?–655), der 628 das zu →Wessex gehörende Cotswold-Gebiet eroberte, das zum Unterkgr. von M. (Hwicce) wurde. Er besiegte und tötete 633 Kg. Edwin und 642 Kg. Oswald v. Northumbrien, vielleicht im Bunde mit den walis. Kg.en, dann suchte er Wessex, East Anglia und Northumbrien heim, bevor er selbst von →Oswiu v. Northumbrien 655 besiegt wurde. Penda errang v.a. die merc. Vorherrschaft über die Mittelangeln in den s. und ö. Midlands. Sein Tod führte zur Teilung M.s und unmittelbaren Herrschaft Northumbriens 655–658, doch konnte die merc. Unabhängigkeit und Machtstellung durch seinen Sohn Wulfhere (658–675) wiederhergestellt werden. Er war der erste merc. Kg., der tatsächl. London und seine Umgebung kontrollierte. Die »Tribal Hidage« führt die kleineren Volksstämme auf, die von Penda und Wulfhere abhängig gemacht wurden und zum Gebiet des »Greater M.« (zw. Humber und Themse) gehörten. Es war nun Ziel der merc. Politik, Klientelherrscher durch Mitglieder aus der eigenen kgl. Dynastie und dem Adel oder durch unzufriedene Mitglieder der lokalen Dynastien zu ersetzen. Nach 716 sind zwei Merkmale für die merc. Gesch. kennzeichnend: der Machtzuwachs über die s. engl. Kgr.e und die Machtkämpfe innerhalb der eigenen Dynastie. →Æthelbald (716–757) hielt sich zunächst im Exil auf, in den 30er Jahren des 8. Jh. war er Herr über alle s. Kgr.e. Allerdings wird seine Macht jenseits der Grenzen von »Greater M.« u.a. nur durch die Existenz von drei aufeinanderfolgenden merc. Ebf.en v. Canterbury (731–760) belegt. Nach seiner Ermordung bestieg →Offa (757–796) den Thron, der in den 80er Jahren des 8. Jh. (vielleicht auch bereits früher) verstärkt begann, in die s. Herrschaftsräume vorzudringen. Die Herrscher von Hwicce und die südsächs. Herrscher wurden zu duces herabgestuft und dann abgesetzt. Kent und East Anglia wurden nun direkt von M. aus beherrscht. Offa war sicher der tatkräftigste Kg., der überliefert ist. Sein Sohn Ecgfrith (787 gesalbt) regierte weniger als sechs Monate, und Kg. Cenwulf (796–821) war ein entfernter Verwandter, der den Aufstand in Kent und East Anglia bekämpfen mußte. Cenwulfs Machtposition in Zentral- und SO-England war der Stellung Offas vergleichbar, aber ebenfalls durch schlechte Beziehungen zu Canterbury gekennzeichnet. Ein ernster dynast. Konflikt nach 821 ermöglichte es East Anglia, die Unabhängigkeit wiederzugewinnen, und führte zur Eroberung des SO (826) und sogar M.s (829–30) durch →Egbert v. Wessex. Unter den letzten merc. Kg.en Wiglaf († 839), Berthtwulf († 852), Burgred (Abdankung 874) und Ceolwulf II. (874–?) sind Münzfälschung und Veräußerung von Immunitätsrechten Anzeichen für die sinkende Macht M.s. Wahrscheinl. führte der ständige Konflikt zw. den von Wiglaf, Berthtwulf und Ceolwulf II. abstammenden Linien des Kg.shauses zur Teilung M.s zw. Wikingern und Westsachsen in den 80er Jahren des 9. Jh. P. Wormald

Lit.: Stenton[3], 82ff., 202–238 – A. T. Thacker, Kings, Saints and Monasteries in pre-Viking M. (Midland Hist., 1985), 1–25 – N. P. Brooks, The Formation of the M. Kingdom (The Origins of Anglo-Saxon Kingdoms, hg. S. Bassett, 1989), 159–170 – D. P. Kirby, The Earliest English Kings, 1990, 113–136, 163–189 – B. Yorke, Kings and Kingdoms of Early Anglo-Saxon England, 1990, 100–127.

Merciless Parliament → Appellants

Mercoeur, bedeutendstes auvergnat. Adelsgeschlecht; ihm entstammt der hl. →Odilo (994–1049), Abt v. →Cluny. Namengebend war das Dorf Margeride (dép. Haute-Loire, arr. Brioude, cant. Lavoûte-Chilhac). Der (roman.) Name des ersten bekannten Mitglieds des Hauses, Ithier (Aetherius, um 900), deutet wohl hin auf Abstammung von Itherius, dem von Karl d. Gr. 778 eingesetzten Gf.en der →Auvergne. Andere M. trugen dagegen Namen germ. Ursprungs (Béraud/Berard, Odilo), ein Hinweis auf Abkunft von (im aquitan. Raum angesiedelten) Familien der karol. Reichsaristokratie. Die auf Béraud (Berard), den Sohn von Ithier und dessen Gemahlin Arsinde, und seine Gattin Gerberge zurückgehende Nachkommenschaft ist genealog. gut rekonstruierbar, nicht zuletzt dank der berühmten cluniazens. Urk. von 1025 über die Gründung des Priorats Lavoûte-Chilhac, an der die gesamte Verwandtschaft des Abtes Odilo beteiligt war. Die ungewöhnl. starke, wohl auf das Vorbild Odilos zurückgehende Hinwendung zu geistl. Aufgaben (das Haus M. stellte u. a. Bf. v. →Le Puy und →Clermont, Äbte v. →St-Chaffre und →La Chaise-Dieu) ließ die M. im Gegensatz zu anderen Adelsfamilien später die feudale Krise unbeschadet überstehen.

Das ausgeprägte →Allodialgut der Familie tritt bereits im Testament Ithiers von 926 (reiche Schenkungen an St-Julien de →Brioude) hervor. Die Autoren des 11.Jh. →Petrus Damiani, →Radulf Glaber und →Jotsaldus betonen durchgängig die glanzvolle Stellung der Familie Odilos, der Cluny zu einem die Länder Westeuropas überspannenden Imperium machte. Als Béraud VI. v. M. im Mai 1247 dem Gf.en v. Auvergne, →Alfons v. Poitiers, den ligischen Lehnseid leistete, erklärte er, daß seine Besitzungen zuvor keinem Lehnsherrn auf der Welt untertan gewesen waren.

Die M., die in Heiratsverbindungen mit anderen großen Familien der Aristokratie standen (Polignac, →Auvergne, →Burgund, →Bourbon, →Forez u. a.), starben 1321 mit Béraud X., Connétable der Champagne, im Mannesstamm aus. Die immensen Güter fielen an seine Nichte, die Gfn. v. Joigny (⚭ Karl v. Valois, Gf. v. Alençon und Chartres, Bruder Kg. Philipps VI.), die gleichfalls kinderlos starb, und an die Nachkommen des Vicomte Armand V. v. Polignac und der Béatrix v. M., der Tante des letzten Béraud. Ch. Lauranson-Rosaz

Lit.: G. MASSEBEUF, Saint Odilon, sa famille: les M.; son village natal: St-Cirgues, Almanach de Brioude, 1977, 85ff. – CH. LAURANSON-ROSAZ, L'Auvergne et ses marges (Velay, Gévaudan) du VIIIe au XIe s. La fin du monde antique?, 1987 – F.-H. FORESTIER, La fortune minière des premiers M., Cah. de la Haute-Loire, 1990, 47–92 – →Auvergne, →Odilo.

Mercurius. Gehört der Siebenzahl der antiken →»Planeten« (→Astrologie) an. In der mesopotam., dann antiken Entsprechung →Metalle–Planeten (auch in ihren alchem. Zeichen!) steht M. seit der Spätantike meist für →Quecksilber, dessen Besonderheiten (flüssig, leichtflüchtig; Sublimation) der mythol. Identität von M. und geflügeltem, androgynen Hermes (Hermaphrodit) entsprechen, Inbegriff auch des geheimen Wissens, u.a. in der →Alchemie (→Corpus Hermeticum; →Hermet. Lit.; →Hermes Trismegistos; →Elemente). G. Jüttner

Lit.: D. GOLTZ, Stud. zur Gesch. der Mineralnamen, SudArch Beih. 14, 1972 [Lit.] – H. LÜSCHEN, Die Namen der Steine, 1979².

Mergentheim. Die nahe einer Tauberfurt der via regia Würzburg–Schwäb. Hall gelegene, wohl in alem.-frk. Zeit entstandene und vermutl. 720/750 mit einer ersten Kirche (ô Martin) begabte, 1058 erstgen. Siedlung (Reichshof) geriet z.Z. der frühen Staufer an die v.a. als Erben der Gf.en v. Lauda auftretenden →Hohenlohe (Burg und Markt 2. Hälfte 12. Jh.). Um 1190 gründeten die Johanniter ein Spital und erlangten 1207 die Pfarrechte; 1219 gaben die Hohenlohe die Burg (Ausbau ab 1289) dem →Dt. Orden. Nach Abschluß der Stadtwerdung 1250/80 (Planerweiterung, 1268 Bürgergemeinde, Dominikaner, Juden) war bis 1355 die Auseinandersetzung der Johanniter und städt. Führungsgruppen mit dem Orden um die Ortsherrschaft beherrschend; letzterer obsiegte mit Hilfe Ludwigs IV. unter dem Deutschmeister Wolfram v. Nellenburg (kgl. Privilegien 1340ff., Steinebering 1330–55 mit Erweiterung auf 18 ha incl. Burg). 1525 wurde neben dem Deutschmeister- auch der Hochmeistersitz in das ca. 2000 Einw. zählende M. verlegt. F. B. Fahlbusch

Q. und Lit.: H. STOOB, M. (Dt. Städteatlas I, 1, 1973) – K. ULSHÖFER, M.: Vom Deutschordenssitz zur Badestadt (Stadt in der Gesch. 9, 1982), 26–36 [Lit.].

Mergentheimer Stallung, am 5. Nov. 1387 zw. der Fs.enpartei und dem →Schwäb. Städtebund geschlossener Landfriedensvertrag, der im wesentl. die Bestimmungen der →Heidelberger Stallung aufgriff und ihre Laufzeit bis zum 23. April 1390 verlängerte. Die durch kgl. Räte vermittelte und in drei städt. Gutachten vorbereitete Friedensvereinbarung, von der eine fsl. und eine städt. Fassung überliefert sind, sieht als wesentl. Neuerung ein Schiedsgericht bei Konflikten zw. den Parteien vor. De facto bedeutete die in Mergentheim ausgehandelte Stallung eine polit. Trennung der Städtebünde, da die rhein. Gruppe den Beitritt verweigerte. Der erneut aufbrechende Gegensatz zw. den zerstrittenen Parteien Oberdeutschlands führte bereits 1388 dazu, daß die Städtebünde bei →Döffingen und Worms einzeln geschlagen wurden. Die M. St. war damit binnen Jahresfrist hinfällig. Ihr rasches Scheitern eröffnete der kgl. Pazifizierungspolitik neue Möglichkeiten einer wirkungsvollen Initiative.

Th. M. Martin

Lit.: RTA I, 588–595, Nr. 324 – H. ANGERMEIER, Kgtm. und Landfrieden im dt. SpätMA, 1960, 286ff.

Meriadeuc (Meriadeux), Roman → Chevalier aux deux épées

Mérida, Stadt und ehem. Ebm. im sö. Spanien, Estremadura, Prov. Badajoz.

[1] *Römische und westgotische Zeit:* Als röm. Veteranenkolonie Emerita Augusta 25 v. Chr. von P. Carisius, Legaten des Augustus, am Zusammenfluß von Guadiana und Albarregas gegr., entwickelte sich M. mit seinem umfangreichen Territorium als Hauptstadt der Provinz →Lusitania zu einer der bedeutendsten Städte der Iber. Halbinsel, wie noch heute ansehnl. Reste antiker Bauten (Tempel, Theater, Amphitheater, Mithräum, Brücken, Wasserbauten) bezeugen. Bereits um 250 Sitz eines Bf.s, war M. in der Spätantike Stätte der Märtyrerverehrung (→Eulalia, 2). 439 eroberten es die →Sueben unter Rechila, 457 gelangten die →Westgoten unter →Theoderich II. bis M., 469 besetzte es →Eurich. M. wurde Residenz westgot. Kg.e, im 7. Jh. reichstes Bm. Spaniens und Sitz eines Metropoliten. Ab 568 ist es als Münzstätte bezeugt.

J. Gruber

Lit.: KL. PAULY I, 737 – RE² V, 2493–2496 – D. CLAUDE, Gesch. der Westgoten, 1970 – R. STILLWELL, The Princeton Encyclop. of Class. Sites, 1976, 114–116 – M. ALMAGRO BASCH, A. E. – eine hispan. Provinzhauptstadt der röm. Kaiserzeit (150 Jahre Dt. Arch. Inst., 1981), 143–162 – J. M. BLÁZQUEZ, Religión y urbanismo en E. A., Arch. Españ. de Arqueol. 55, 1982, 89–106 – M. P. CALDERA DI CASTRO–A. VELÁZQUEZ JIMÉNEZ, A. E., 1983 – J.-G. GORGES, Prospections archéolog. autour d'E. A., Rev. Études Anc. 88, 1986, 215–236 – J. SÁENZ ÁLVAREZ DE BURUAGA, Materias para la hist. de M., 1986 – A. M. CANTÓ, Colonia Iulia A. E. Consideraciones en torno a su fundación y su territorio, Gerion 7, 1989, 149–205.

[2] *Arabische Zeit:* M., arab. Mārida, wurde nach längerer Belagerung von Mūsā b. Nusair am 30. Juni 713 eingenommen, nachdem er seit seiner Landung im Juni 712 zunächst Medina Sidonia, Carmona und Sevilla erobert hatte. In der »Zeit der Gouverneure« (716–756) war M. eine Art Auffangstellung für eine Reihe berberischer und einheim. Rebellen, die immer wieder den Emir v. →Córdoba zu Gegenmaßnahmen zwangen, v.a. im 9. Jh. der *muwallad* ᶜAbdarraḥmān b. Marwān al-Gillīīqīī (»der Gallego«). 928 kehrte M. endgültig zur Botmäßigkeit zurück, verlor aber seit dem 11. Jh. zugunsten von →Badajoz an Bedeutung, zumal als diese Stadt in der Epoche der →*Mulūk aṭ-ṭawā'if* Hauptstadt des Afṭasiden-Staates wurde. 1228 eroberte Kg. Alfons IX. v. León die Stadt, deren röm. Ruinen auch bei den arab. Geographen Staunen hervorriefen und detailliert beschrieben wurden. – Die Metropolitanrechte waren bereits 1120 auf Zeit, ab 1124 dann dauernd auf →Santiago de Compostela übertragen worden. H.-R. Singer

Q.: E. LÉVI-PROVENÇAL, La Péninsule ibérique (Ar-Rawḍal-mi ᶜṭār), 175–177 [arab.], 210–213 [frz.] – Lit.: EI² VI, 568 – V. NAVARRO DEL CASTILLO, Hist. de M. y pueblos de su comarca, I/II, 1975².

Merindades → Merino

Meriniden (Banū Marīn), berber. Dynastie der Wāsīn-Zanātā (→Berber), beherrschte 1244–1465 den w. Maghrib. Ursprgl. im Steppengebiet der alger.-marokk. Grenzzone nomadisierende Schafzüchter (Merino!), wurden sie durch den Druck arab. Stämme von N-Marokko abgedrängt und eroberten beim Verfall des Almohadenreichs zw. 1244 und 1269 ganz Marokko. Es folgte von 1269–1358 eine Phase der Expansion nach O (Eroberung v. Tlemsen 1337 und Tunis 1347) und jenseits der Meerenge, wo sie den Westteil des Kgr.es →Granada (Ronda) besetzt hielten und wie in anderen Hinsichten die Rolle der →Almohaden fortsetzten. Das Ringen um die Meerenge endete mit der Niederlage am Salado und der Eroberung v. Algeciras durch Alfons XI. (1340 bzw. 1344). Diese Ereignisse bezeichnen sowohl den Höhepunkt der merinid. Macht unter Abūl-Ḥasan ᶜAlī (1331–51), dem neunten der 26 Sultane der Dynastie, als auch den Beginn der Verfallsphase, in der auch die →Naṣriden v. Granada eine wichtige Rolle spielten. Die M. waren ihren Aspirationen auf Nachfolge der Almohaden schon von der demograph. Basis her nicht gewachsen (ca. 40000 Reiter z. Zt. des gen. Sultans, dazu arab., 'andalus.' und zw. 2000 und 5000 chr. Söldner). Ihr schwächster Punkt war die Flotte. In geistig-kultureller Hinsicht haben sie aber viel geleistet, v. a. in der Baukunst (erste →Madrasa vor 1285, drei Stadtgründungen etc.); sie förderten aber auch die Wirtschaft sehr. In den Augen der Nachwelt erschien ihre Herrschaft als Blütezeit. Ihr Ende, wiewohl die M. von einer verwandten Sippe (Waṭṭāsiden) abgelöst wurden, kündet das Heraufkommen marabut.-scherif. Strömungen an. H.-R. Singer

Lit.: EI² VI, 571–574 – R. THODEN, Abū-'l-Ḥasan ᶜAlī. M.politik zw. N-Afrika und Spanien..., 1973 – M. SCHATZMILLER, L'historiographie mérinide. Ibn Khaldūn et ses contemporains, 1982 – H. L. BECK, L'image d'Idrīs II, ses descendants de Fās et la politique sharīfienne des sultans marīnides, 1989.

Merino (maiordomus, maiorinus, *maiorino,* villicus, bajulus), in Kastilien, León, Aragón und Navarra Verwalter großer Territorialherrschaften unter Befehl eines Gf.en oder Machthabers, war zum einen für die wirtschaftl. Administration der Güter, für die Einziehung der Steuern und Abgaben sowie für die Leistung der Dienste verantwortl., konnte zum anderen aber auch im Auftrag des Kg.s (auf Kg.sgut), einer Kirche, eines Kl. oder eines Laien die niedere Gerichtsbarkeit und die Organisation des Heeresaufgebots wahrnehmen, wobei seine Amtsbezirke die Bezeichnung *merináticos* oder *Merindades* erhielten. Seit der Regierung Alfons VIII. ist in Kastilien ein *M. del Rey* (Merinus regis in Castella) bzw. später ein *M. Mayor de Castilla* nachzuweisen, der für das ganze Kgr. zuständig war und die M.s beaufsichtigte. Ende des 12. und dann im 13. Jh. tritt der M. Mayor auch für León, Asturien, Altkastilien, Guipúzcoa und Galicien als öffentl. Amtswalter auf. Diese Verwalter reichsweiter Merindades wurden direkt vom Kg. ernannt und erhielten die Ausübung des monarch. Jurisdiktionsrechts zugesprochen, wobei sich ihre Amtsfunktionen durchaus mit denen der →Adelantados Mayores überschneiden konnten, obwohl diese zumeist übergeordnet waren. Im SpätMA existierten neben Adelantamientos auch Merindades Mayores, die unterteilt sein konnten in Adelantamientos sowie Merindades menores und v.a. im alten kast. und navarres. Siedlungsgebiet die Funktionen der früheren Gft.en übernahmen, ja sogar die Grundlage für genossenschaftl. Zusammenschlüsse bildeten. L. Vones

Lit.: A. SINUES RUIZ, El m., 1954 – L. GARCÍA DE VALDEAVELLANO, Curso de Hist. de las Instituciones españolas, 1975⁴ – R. PÉREZ-BUSTAMANTE, El gobierno y la administración territorial de Castilla, 2 Bde, 1976 – J. SÁNCHEZ-ARCILLA BERNAL, La Administración de Justicia Real en León y Castilla en la baja Edad Media, 2 Bde, 1980 – G. MARTÍNEZ DÍEZ, Libro Becerro de las Behetrías, 3 Bde, 1981 – J. SÁNCHEZ-ARCILLA BERNAL, Las reformas de Alfonso X el Sabio. VII Centenario, 1985, 115–127 – I. ÁLVAREZ BORGE, El feudalismo castellano y el libro Becerro de las Behetrias: La merindad de Burgos, 1987.

Merino → Schaf, -zucht

Merkantilismus. Die mit dem Wirtschaftswachstum des HochMA zunehmenden Eingriffe staatl. Gewalten in Wirtschaftsabläufe bleiben zunächst punktuell und sporad. Trotz des Überwiegens meist fiskal. Einzelinteressen wird mit dem Gedanken des »Gemeinen Besten« aber in den Städten und Territorien ein wirtschaftspolit. Konzept erkennbar, das den Nutzen aller am Wirtschaftsprozeß Beteiligten zumindest theoret. zur Handlungsmaxime erhebt.

Wirtschaftspolit. Hauptaufgabe der Stadtregierungen war die gesicherte Versorgung der Einw. zu angemessenen Preisen. Diesem Ziel dienten Maßnahmen zur Importförderung, Export- und Fürkaufverbote (→Fürkauf), Preis- und Lohntaxen, Aufwandsreglementierungen, direkte Marktinterventionen (öffentl. Vorratspolitik). Darüber hinaus wurden Handel und Gewerbe durch strukturelle Verbesserungen (z. B. Verkehrsbauten) gefördert. Dem Schutze der Konsumenten wie der Funktionsfähigkeit des Marktes dienten Eingriffe gegen Monopolbildungen und zur Sicherung der Produktqualität, bes. in Exportgewerbestädten. Allg. verstärkten sich ab dem späten MA die protektionist. Tendenzen, was auch zeitgenöss. Kritik hervorrief (z. B. in der →»Reformatio Sigismundi«). In zünft. wie in patriz. regierten Städten (z. B. Zürich bzw. Nürnberg) und bes. in den flandr. Tuchmetropolen Brügge, Gent und Ypern wurde der Schutz der heim. Gewerbe verstärkt. Entsprechend protektionist. wurde in vielen Städten die Handelspolitik gestaltet, unter systemat. Benachteiligung der Fremden. Regelrechte Wirtschaftskriege zum Schutze der eigenen Handelsinteressen wurden von der Hanse geführt.

Nach dem Ende der auch wirtschaftspolit. sehr aktiven Stauferdynastie (Friedrich II. hat auch bes. im Kgr. Sizilien die Wirtschaft unter fiskal. Vorgaben systemat. gefördert) traten im dt. Raum die territorialfsl. Wirtschaftsmaßnahmen in den Vordergrund. Die Pläne der lux. Ks. Karl IV. und Siegmund zur Verlegung der transkontinentalen Wirtschaftswege blieben ebenso folgenlos wie der Versuch Ks. Maximilians, Druckprivilegien als wirtschaftspolit. Mittel einzusetzen. Begrenzt war die Wirkung der Reichsgesetze zur Monopolfrage und Münzwesen (Ende 15./Anfang 16. Jh.), doch wird hier das nachfolgende Zusammenwachsen von Staatsgewalt und Wirtschaft bereits erkennbar.

Die landesherrl. Maßnahmen zur Wirtschaftsförderung galten zunächst dem Handel, vorrangig aus fiskal. Motiven, doch wuchs auch das Bewußtsein einer Interessengemeinschaft von Wirtschaft und Politik. Durch Verkehrspolitik, Markt- und Messeprivilegien sowie Städtegründungen sollte der eigene Machtbereich gefördert werden. Zukunftsträchtiger waren die landesherrl. Interventionen im gewerbl. Bereich: Die Textilgewerbe (Entstehung der spätma. Baumwollindustrie Mitteleuropas), der Bergbau und allg. strukturpolit. Maßnahmen (z. B. Landeszunftordnungen) sind hier zu nennen. Die Möglichkeit zur großräumig konzipierten Politik verschafft dem Flächenstaat zunehmendes Übergewicht gegenüber den Stadtstaaten.

Insgesamt war an der Wende zw. MA und NZ das Instrumentarium merkantilist. Wirtschaftspolitik bereits vorbereitet. Was noch weitgehend fehlte, waren Systematik und theoret. Überbau. U. Dirlmeier

Lit.: U. DIRLMEIER, Ma. Hoheitsträger im wirtschaftl. Wettbewerb, VSWG Beih. 51, 1966 – E. MASCHKE, Die Wirtschaftspolitik Ks. Friedrichs II. im Kgr. Sizilien, VSWG 53, 1966, 289–328 – F. BLAICH, Die Wirtschaftspolitik des Reichstags im Hl. Röm. Reich, 1970 – M. M. POSTAN, E. E. RICH, E. MILLER, The Cambridge Hist. of Europe, III, 1971 – H. BUSZELLO, Die auswärtige Handelspolitik der engl. Krone im 15. Jh. (Q. und Darstellungen zur hans. Gesch., NF 23, 1976), 64–82 – W. V. STROMER, Die Gründung der Baumwollindustrie in Mitteleuropa, 1978.

Merks, Thomas, Bf. v. →Carlisle seit 1397, † 1409; seit ca. 1376 Mönch der Westminster Abbey, studierte in Oxford und wurde 1395 Doktor der Theologie. Als Mitglied des kgl. Hofhalts von Richard II. erhielt er als Ausstattung das Bm. Carlisle. Er verhielt sich loyal gegenüber dem abgesetzten Kg. 1400 wegen Verrats an Heinrich IV. verurteilt, wurde ihm sein Bm. durch eine päpstl. Übertragung an Salmas (»in partibus infidelium«) entzogen. Bald wurde er jedoch aus dem Gefängnis entlassen, erhielt von Kg. Heinrich eine Pfründe und war als Suffraganbf. in den Diöz. v. Winchester und Canterbury tätig. Th. M. hielt sich häufig am Queen's College in Oxford auf, wo er eine bemerkenswerte Abhandlung über »Dictamen« (→Ars dictaminis III) verfaßte. Zuletzt ist er als Teilnehmer an dem Konzil v. →Pisa bezeugt.   R. L. Storey

Lit.: DNB XIII, 282–285 – BRUO II, 1263f.

Merkur → Planeten

Merkverse (Memorialdichtung), charakterist. Erscheinung des ma. Bildungswesens: Die Form der M. soll der Einprägsamkeit dienen und Gegenstände, bes. Reihenfolgen, dem Gedächtnis, weniger dem Verständnis vermitteln. Sie sind auch als lit. Form zu finden, z. B. bei→Eugenius v. Toledo (4.E.; †657), carm. 37f., oder →Hildebert v. Lavardin († 1113), carm. 34. Ob ein Gedicht zum bloßen Zwecke des Einprägens oder in poet. Absicht verfaßt wurde, läßt sich nicht immer entscheiden.

[1] *Chronologische Merkverse:* Schon vorkarol. ist die »Tabula angelica«; im 9.Jh. verfaßte →Walahfrid Strabo vier komputist. Gedichte (BISCHOFF, II,46). Indem man die Zahlen durch Buchstaben ersetzte (z.B. 1 = a, 2 = b usw.), wurde es mögl., Wortreihen mit→Akrostichon zu bilden, meist in Verbindung mit anderen Informationsträgern, z. B. der Anzahl der Buchstaben eines Wortes. Die Worte solcher Verse konnten sich zu einem Text verbinden und einen von der komputist. Information verschiedenen Sinn, wenn auch oft nur streckenweise, ausdrücken und dementsprechend mißdeutet werden. Im 13.Jh. gab →Alexander de Villa Dei in der »Massa compoti« eine Art Standardslg. komputist. M.

[2] *Sonstige Merkverse:* Auf anderen Gebieten blieb es üblich, sinntragende Wörter in Versen zu binden; gelegentl. wurden die Wörter auf Silben reduziert, zuerst in den M.n für die vergil. Bücher »Ty for dic si cur...« (BISCHOFF, III, 307), dann z. B. in den M.n zu den Artes liberales de France unter Kg. (WALTHER 7263), zu den Büchern der Bibel »Sunt genes ex levi nu ...« (WALTHER 18824). Aus unverkürzten Worten wurden M. zu den meisten Wissensgebieten verfaßt: über die Bücher und Kapitel der Bibel (manchmal durch Glossen erläutert) und den vierfachen Schriftsinn (»Littera gesta docet ...«, WALTHER 10358) ebenso wie z. B. über die Namen der Neumen (»Eptaphonus, strophicus...«, 11. Jh., vgl. SCHALLER-KÖNSGEN 4491; hier sind die M. sogar eine der wichtigen Q.), über die Modi nach Figuren des Syllogismus (»Barbara, celarent...«, LThK² VI, 1117; →Schlußmodi) über die Tierkreiszeichen (»Sunt aries, taurus...«, WALTHER 18806), Antidota oder Anzeichen des nahenden Todes. Zu Memorial-Alphabeten, die aus Gegenständen gebildet wurden, vgl. BISCHOFF, III, 134. →Cisiojanus; →Fachliteratur II, 3; →Lehrhafte Dichtung.   G. Bernt

Lit.: H. HAJDU, Das mnemotechn. Schrifttum des MA, 1936, bes. 49ff. – B. BISCHOFF, Ma. Stud., II, 1967, 192–227 [bes. zu 1]; III, 1981 – WALTHER [im Register unter den verschiedenen Disziplinen] – M. BERNHARD (Cantus Planus, 1990), 227–236 [musikal. M.].

Merle, Foucaud, Sire de (Foulques de Marle), Maréchal de France unter Kg. →Philipp IV. v. Frankreich, 1295–1314, † bald nach Sept. 1314 (testamentar. Stiftung an Notre-Dame de la Genevray). 1295 war M. mit Flotteninspektionen befaßt; bei der Niederlage bei →Kortrijk (11.Juli 1302) war er im Sept. 1302 in →Flandern und befehligte 1303–04 die Garnison *(establie)* v. →Tournai. 1305 gewährte ihm der Kg. eine Rente (200 *livres*). M., der auch an Sitzungen des→Échiquier teilnahm (Ostern 1309, 1312), begleitete den Kg. zum Konzil v. →Vienne (1312). Er erhielt vom Papst im April 1312 das Vorrecht der Benutzung eines Tragaltars.   E. Lalou

Q.: Gallia philippica, Arch. nat., Paris.

Merlin(us) (Myrddin; bei →Giraldus Cambrensis M. silvester), kymr. Dichter, Sohn des Morfryn, erwähnt im 6.Jh. bei →Aneirin (»Y Gododdin«, 465), hist. Existenz umstritten. M. werden polit. Gedichte zugeschrieben, die innere Kämpfe teils des 6., teils des 12./13.Jh. prophezeien: Die letzten Britenkg.e werden wiederkehren und die Angelsachsen zurück in ihre Heimat treiben, indes die ebenfalls besiegten Normannen im Land bleiben. Die spätere polit.-prophet. Dichtung nimmt M. gern als Autorität in Anspruch. Als authent. Material sind in einer Hs. des 13.Jh. erhalten: »Afallennau« (Apostrophe an Apfelbäume); »Oiannau« (Apostrophe an Ferkel); »Gespräch mit →Taliesin« und das »Gespräch mit seiner Schwester«. Letzteres erzählt, daß M. seinen Herrn in der Schlacht v. Arthuret im heutigen Südschottland (573) verlor und daraufhin 50 Jahre unter den Wilden umherirrte, um seinen Verfolgern zu entgehen. Diesen Bericht nimmt →Geoffrey v. Monmouth in der »Vita M.i« auf. Die in Tierbildern verschlüsselten, polit. »Prophetiae M.i« legt Geoffrey v. Monmouth im 7. Buch der »Historia regum Britanniae« dem Knaben M.us Ambrosius in den Mund, der, von einem incubus (Luftgeist) und einer Jungfrau gezeugt, die Britenkg.e →Vortigern und Uther berät. Diese zweite M.gestalt, unter dem Namen Ambrosius bereits bei→Nennius erwähnt, erfährt seit Ende des 12.Jh. in frz. Vers- und Prosaromanen Weiterungen und verbreitet sich in andere volkssprachige Lit.en. →Artus.   H. Pilch

Q.: Llyfr Du Caerfyrddin, hg. A. O. H. JARMAN, 1982, Nr. 1, 15–17 – Lit.: P. ZUMTHOR, M. le prophète, 1943 – A. O. H. JARMAN, The Welsh Myrddin Poems (Arthurian Lit. in the MA, ed. R. S. LOOMIS, 1959), 20–30 – DERS., The Legend of M., 1976² – H. DOBIN, M.'s Disciples: Prophecy, Poetry and Power in Renaissance England, 1990.

Merobaudes, Flavius, lat. Dichter, Senator und Heerführer des 5. Jh. aus Spanien. Von ihm sind in einem Palimpsest (Sangall. 908) Gedichte v.a. panegyr. und ekphrast. Inhalts sowie Reste eines Prosapanegyrikus überliefert. In der heidn.-christl. Tradition eines →Claudianus verherrlicht er in hohem rhetor. Stil das Herrscherhaus (→Valentinianus III.) und die Taten des →Aetius (Ehrenstatue auf dem Forum Traiani mit Inschrift CIL VI 1724 = ILS 2950). Gesondert überliefert ist das Gedicht De Christo über die 2 Naturen Christi.   J. Gruber

Ed.: B. G. NIEBUHR, 1824 – F. VOLLMER, MGH AA 14, 1905 [Neudruck 1961] – F. M. CLOVER, 1971 [mit englischer Übersetzung und einem Kommentar] – Lit.: RE XV, 1039–1047; Suppl. XII, 863–866 – S. GENNARO, Da Claudiano a M., 1959 – A. LOYEN, REA 74, 1972, 153–174 – T. JANSON, A concordance to the Latin panegyrics, 1979 – A. Fo, Romanobarbarica 6, 1981–82, 101–128 – G. ZECCHINI, Aezio, 1983, 291ff. – M. MAZZA, La poesia tardoantica, 1984, 379–430 – G. ZECCHINI, Latomus 44, 1985, 124–142.

Merowech, frk. Kg. Nach dem glaubwürdigen Bericht bei →Gregor v. Tours (Hist. II, 9; MGH SRM 1, 58) war M. der Vater →Childerichs und Großvater →Chlodwigs. Nach Kontamination mit dem myth. Ahn Mero bei→Fredegar (III,9) wurde er irrigerweise zum Heros Eponymos der →Merowinger. Weitere Angaben dort (III,9;11: M. Sohn Chlodios) und in einem späten Zusatz zum »Liber hist. Francorum (c.5) sind wohl dahin zu verstehen, daß M. Verwandter →Chlodios war, ca. 440/450 die Seitenlinie v. Tournai begründete, vielleicht gegen die Hunnen kämpfte und bis 457/458 lebte. H. H. Anton

Q.: Greg. Tur., Hist. II, 9 – Fredegar III, 9; 11 – Liber hist. Francorum, c. 5 – *Lit.:* Hoops² IV, 476–478 – L. Schmidt, Aus den Anfängen des salfrk. Kgtm.s, Klio 34, 1942, 306–327 – W. J. de Boone, De Franken. Van hun eerste optreden tot de dood van Childerik, 1954 – E. Zöllner, Gesch. der Franken bis zur Mitte des 6. Jh., 1970 – E. Ewig, Die Namengebung bei den ältesten Frankenkg.en und im merow. Kg.shaus, Francia 18/1, 1991, 21–69 (Prosopographie Nr. 1).

Merowinger, frk. Kg.shaus. [1] *Politische Entwicklung und politische Aktion:* Als erste Repräsentanten der M. – vielleicht ist ein Seitenzweig schon bei einem frk. Kg. und frk.-röm. Heerführern des 4. Jh. (Merogaisus; Merobaudes) zu fassen – treten die Kg. e →Chlodio und →Merowech, der irrigerweise zum Namengeber wurde, an der Spitze von Verbänden des salfrk. Teilstammes ca. 440/455 in die Gesch. ein (Greg. Tur., Hist. II, 9; MGH SRM I, 58). Beide setzten Anfänge für die Reichsbildung der M., jener, indem er Cambrai einnahm und bis zur Somme vordrang, dieser, indem er den Seitenzweig von Tournai begründete. Merowech war Vater des →Childerich und Großvater Chlodwigs. Die M. standen wohl in kognat. und agnat. (Ragnachar; →Chararich) Verwandtschaftszusammenhang zu anderen Stammeskg.en. Childerich kämpfte als röm. Verbündeter gegen die Westgoten (463; 469). Der eigentl. Begründer der Dynastie und des merow. Reiches war →Chlodwig (482–511). Er wurde der mächtigste Mann in Gallien und führte die Franken in den Kreis der germ.-roman. Großreiche. Bei seinem Tod und wieder 561 wurden vier an den im Kerngebiet der →Francia gelegenen röm. civitates Reims, Orléans, Paris und Soissons ausgerichtete Reichsteile gebildet. Chlodwigs Söhne →Theuderich, →Chlodomer, →Childebert I. und →Chlothar I. führten die Eroberung Galliens fort und nahmen es fast ganz in Besitz (534 Burg. Reich; 536 Provence). Bes. unter den Kg.en v. Reims griffen sie auf Gebiete ö. des Rheins (u.a. 531 Thür. Reich) und ztw. sogar auf Italien über. Nach 561 geriet die Dynastie durch Bürgerkriege v.a. zw. Soissons und Reims in die Krise, doch gelang die Restauration des Kgtm.s. Wesentl. sind die tiefen Wandlungen, die Herausbildung der drei Teilreiche Burgund, Austrien und Neustrien und das Hervortreten des Adels. Das neustr. Einigkeitskgtm. →Chlothars II. (613–629) und →Dagoberts I. (629–638/639) brachte eine Reorganisation des Reiches und die Klimax der Dynastie. Das bereits von Chlodwig zur cathedra regni gemachte →Paris erlebte mit der Abtei →St-Denis glanzvollen Aufschwung. Doch dann folgte der Zerfall der Dynastie. In dem polit. Dualismus Austrien – Neustrien/Burgund gerieten die Kg.e in Abhängigkeit von den Hausmeiern. Im Kampf der Adelsgruppen griff 656 der Pippinide →Grimoald glücklos nach der Krone, in Neustrien/Burgund betrieben der Hausmeier →Ebroin und zunächst noch Kgn. →Balthild eine zentralisierende monarch. Politik. →Childerich II. (662/673–675) regierte als letzter M. selbständig. 679 erlosch die merow. Linie in Austrien. →Pippin d. M. hatte nach 687 fakt. die Macht im Frankenreich inne. Unter ihm und seinen Nachfolgern verblieb den M.n eine legitimierende, zeitweise sogar unterbrochene Scheinherrschaft. 751 wurden sie endgültig aus der Herrschaft verdrängt.

[2] *Ideologie, Präsentation, institutionelle Grundlagen und Wandlungen:* Der Kg.smythos, der sich in der Vorstellung göttl. Abstammung (Fredegar III, 9: wohl Spitzenahn Mero) und in der Verbindung mit dem Gott Frô ausdrückte, weist auf ein archaisches Sakralkgtm. Einem anderen Vorstellungsbereich gehört die Version trojan. Abstammung (→Trojaner) der frk. gens (Isidor, Et. IX, 2; Fred. II, 4–6; III, 2) an. Z. Zt. Kg. Childerichs I. war die Transformation zum Heerkgtm. erfolgt. Seine Würdezeichen, Siegelring und Speer, deuten auf Wotan. Neben diesen gentilen Elementen ist bei Childerich I., Chlodwig I. und bes. Theudebert I. der Bezug zum (ost)röm. Reich bzw. imitatio imperii erkennbar. Die myth. Grundlagen wirkten wesensmäßig auf die Verfaßtheit. Aus der Vorstellung, das Reich gehöre dem mit Kg.sheil versehenen Haus der M., sind Reichsteilungen, Thronfolge, Brüdergemeinschaft und Kinderkgtm. zu erklären. Die Teilung, schon bei einer Seitenlinie geübt (Greg. Tur., Hist. II, 42), war rechtl. Grundregel im M.reich des 6. Jh., auch wenn sie 511 vielleicht fakt. modifiziert wurde. Beim Erbgang galten das Eintritts- und das Anwachsungsrecht. Ein Erhebungsordo (urspgl. Schilderhebung, Investitur; Thronerhebung; Umfahrt) trug neben der Umwandlung der Reichsteile in Teilreiche zur Objektivierung des Kgtm.s bei, die sich auch in Kg.sthron und Kg.skronen ausdrückt. Nach forciertem Rekurs auf die archaische Tradition um 600 (Name Merowech) wandelte sich im 7. Jh. das Gefolgs-Heerkgtm. zur Institution. Verfassungsgeschichtl. entsprechen dem die Beachtung der Integrität der Teilreiche, die Einführung des Unterkgtm.s (spätestens 623 und 633) sowie die jetzt häufiger (→Brunichild; Dagobert I.; Balthild) erkennbaren Tendenzen zur Beendigung der Teilungen. Hinzu kam eine deutl. Verchristlichung, die nun auch schon in Mahnschreiben (→Fürstenspiegel) formuliert, bei Dagobert I. und Balthild in Förderung von Kirchen und Kl.wesen und daraus hergeleiteter kult.-religiöser Stärkung der Dynastie Höhepunkte hatte.

Für die Verfassungspraxis war das Verhältnis von Kgtm. und Adel entscheidend. Die urspgl. wohl gegebene Identität wich ständ. Abschließung und polit. Rivalität. Mitwirkung der Großen an der Kg.seinsetzung ist bezeugt, nicht ein Widerstandsrecht. Konzessionen an den Adel und Ansätze zur Konsensgebundenheit (Chlothar II.; Childerich II.) gehören zur Institutionalisierung und Bildung einer Reichsaristokratie. Rechtl. Grundlage der Kg.sherrschaft war die Banngewalt (→König, Königtum). Röm. Traditionen waren v.a. in der Verwaltung (Kanzlei) wirksam. Das urspgl. auf das Kg.shaus bezogene Hausmeieramt (→Hausmeier) wurde zur Schaltstelle der Adelsmacht; die nach spätantiken Bf.sherrschaften des 6. Jh. entwickelten spätmerow. Bf.sstaaten wurden Elemente eines das Kgtm. einschränkenden paratakt. Herrschaftsgefüges. H. H. Anton

Lit.: [allg.]: →Franken, Frankenreich, B. I – →König, Königtum, A – P. Périn – L. Ch. Feffer, Les Francs, 2 Bde, 1987 – H. K. Schulze, Vom Reich der Franken zum Land der Deutschen. M. und Karolinger, 1987 – E. Ewig, Die M. und das Frankenreich, 1988 – W. Bleiber, Das Frankenreich der M., 1988 – E. James, The Franks, 1988 – [speziell]: E. Ewig, Die M. und das Imperium, 1983 – M. McCormick, Clovis at Tours (Das Reich und die Barbaren, ed. E. Chrysos – A. Schwarcz, 1989), 155–180 – H. H. Anton, Liutwin..., Zs. für die Gesch. der Saargegend 39, 1991, 21–51 – E. Ewig, Die Namengebung bei den ältesten Frankenkg.en und im merow. Kg.shaus, Francia 18/1, 1991, 21–69.

Merseburg, Stadt an der Saale (Sachsen-Anhalt); Gft., Bm.

I. Burg, Pfalz und Grafschaft – II. Stadt – III. Bistum.

I. Burg, Pfalz und Grafschaft: In einem seit der Jungsteinzeit besiedelten Gebiet befand sich auf dem Domhügel am W-Ufer der Saale im frühen MA eine Burg, die im Hersfelder Zehntverzeichnis um 850 als civitas Mersiburc, im 10. Jh. als urbs, castrum und oppidum aufgeführt wurde. Sie beherrschte den Flußübergang wichtiger Fernstraßen vom Rhein-Main-Gebiet nach dem O. In karol. Zeit gehörte sie zu einem seit 780 erschließbaren frk. Burgensystem, das wohl gegen die Sachsen gerichtet war. Die Burgsiedlung Altenburg wird damals schon bestanden haben. Vor 910 gehörte die Wehranlage einem senior →Erwin. Die, obwohl bald wieder aufgelöste, Ehe mit dessen Tochter Hatheburg brachte den späteren Kg. Heinrich I. in den Besitz M.s. So bildete sich umfangreiches Kg.sgut um M., dessen Burg mit einer Mauer umwehrt wurde. Ein→comitatus M. erscheint von 932 bis 1042, ein →Burgward M. erstreckte sich zu beiden Seiten der Saale, die nach den Slavenzügen Heinrichs I. 929–932 ihre Funktion als Ostgrenze des Reiches verlor. Die von →Widukind v. Corvey gen., zur Grenzwacht gegen →Sorben und →Ungarn bestimmte legio Mesaburiorum hatte möglicherweise ihren Sitz in M. Ein 968 gen. M.er Mgf. Gunther hatte keine nachweisbaren Nachfolger, zur Ausbildung einer Mgft. ist es nicht gekommen.

Auf dem Domhügel wurde unter Kg. Heinrich I. eine nicht genau lokalisierte Pfalz erbaut, mit Kg.shof sowie einer Kg.smühle an der Saale. Kg. Otto I. ließ vor 955 eine zweite Pfalz errichten, die er bald darauf in geistl. Besitz überführte. Die Bezeichnungen palatium 933, magna domus und regalis aula 955, regia domus 968, curia regis 1002 und curtis regia 1004 bezeugen das Bestehen einer kgl. Pfalz, die bis ins 15. Jh. nachzuweisen ist. 69 Kg.saufenthalte sind bis 1252 überliefert, 26 Hoftage fanden hier statt. Als Grenzort zum slav. Siedlungsgebiet, als Ausgangspunkt für mehrere Heereszüge gegen Polen und Böhmen zw. 997 und 1050 und als Ort polit. Entscheidungen über den O und N Europas hatte M. in jener Zeit hervorragende Bedeutung, die jedoch unter den sal. Kg.en abnahm. Im →Tafelgüterverzeichnis des Röm. Kg.s erscheint M. als ein bes. ertragreicher Hof. Friedrich I. Barbarossa feierte ein Pfingst- und ein Weihnachtsfest in M. und stellte bei vier Aufenthalten zahlreiche Urkk. aus. Doch hatte sich das Kgtm. damals schon weitgehend aus M. zurückgezogen, so daß die Pfalz wahrscheinl. während des →Interregnums in die Verfügung der Bf.e übergehen konnte.

Die erst 1012 gen. Peterskirche dürfte bereits in frk. Zeit bestanden haben. Bei der Pfalz wurde die Johanniskirche erbaut, die nach 955 dem hl. Laurentius geweiht war; sie diente seit 968 als Kathedralkirche. Die neue Pfalz Ottos I. wurde zur Ausstattung des nach 955 errichteten Laurentiusstifts verwendet. Bei der Peterskirche wurde 1059–93 ein OSB-Kl. gegründet. Die vor 968 vorhandene Münzstätte übertrug Otto II. an das Bm.

II. STADT: Die Stadtentwicklung begann im Anschluß an die Burg- und Pfalzanlage sehr früh. Die 1004 gen. Kaufleute in- und außerhalb der Burg mit Markt, Münze und Zoll waren wohl schon vor 981 ansässig, ebenso Juden. Zu dieser frühen Phase wird die Stadt an der Burgstraße und um die Maximikirche (1347 forensis ecclesia) vermutet. Um die davon etwas abgelegene, zw. 1040 und 1050 erbaute Sixtikirche bildete sich ein zweiter Stadtkern. Im frühen 12. Jh. füllte sich der Raum der späteren Stadt mit regelmäßig angelegten Siedlungsteilen um die Gotthardsgasse und die Breite Straße ('Neustadt') auf, auch der zur Saale führende Brühl dürfte im Stadtentstehungsprozeß seine eigene Bedeutung gehabt haben. Jedenfalls erreichte die Ausbildung der ma. Stadt noch vor 1150 ihren Abschluß. 1218 wurde sie mit einer Mauer umgeben. An die Saalebrücke unmittelbar anschließend erwuchs seit 1188 die straßenförmige Siedlung Neumarkt mit der Thomaskirche am ö. Saaleufer. Die wirtschaftl. Grundlagen der Stadt bildeten Kaufmannschaft und Handwerk, die geringe Größe der Stadtflur bot keinen Raum für nennenswerte Landwirtschaft. Erst als im Spät-MA benachbarte Dörfer wüst wurden, vergrößerte sich die Stadtflur. Gegen die Konkurrenz von →Leipzig und →Naumburg konnte M. keine überregionale Bedeutung erlangen. Im frühen 15. Jh. bestanden Verbindungen zur →Hanse. Als Stadtherr erscheint stets der Bf., Rat und Bürgergemeinde werden 1289 gen. Die Vollversammlung der Bürger besaß das Recht, Abgaben zu erheben und den Wachdienst anzuordnen. 1273 erscheint ein bfl. Schultheiß. 1478 wurde das Alte Rathaus an der Maximikirche erbaut. Um 1500 umfaßte die ummauerte Altstadt 33 ha, der nö. anschließende Altenburg-Bereich 26 ha.

III. BISTUM: In der mit der Mission verbundenen Ostpolitik Kg. Ottos I. nahm der alte Grenzort M. mit seiner Pfalz einen wichtigen Platz ein. Das Gelübde vor der Ungarnschlacht 955, im Falle des Sieges dem Tagesheiligen →Laurentius in M. ein Bm. zu errichten, läßt Ottos Pläne erstmals deutl. werden. 962 stimmte eine päpstl. Bulle dieser Absicht zu, sie wurde jedoch erst im Zusammenhang mit der Gründung des Ebm.s →Magdeburg verwirklicht, als dessen Suffraganbm. M. auf der Synode v. →Ravenna 968 ins Leben trat. Der aus St. →Emmeram stammende Mönch →Boso wurde zum ersten Bf. bestimmt. Gleichzeitig wurden auch in Zeitz und Meißen Bf.e eingesetzt. So beschränkte sich die Diöz. M. neben einem kleinen, dem Bm. →Halberstadt entnommenen westsal. Gebiet im wesentl. auf den sorb. Gau Chutizi zw. Saale und Mulde zuzügl. eines schmalen Streifens ö. der Mulde. Von den drei damals errichteten sorbenländ. Bm.ern war es das kleinste, es besaß keine Ausdehnungsmöglichkeit. Die Ausstattung des Bm.s beruhte auf kgl. Schenkungen, die schon seit 955 vorausschauend dem Johannis-Laurentius-Stift gemacht worden waren. Es folgten weitere Zuwendungen an Ortschaften und ganzen Burgwarden und die Verleihung der Immunität. Bes. Ks. Otto II. bedachte das Bm., zu dessen zweitem Bf. →Giselher er in engen Beziehungen stand, mit reichen Schenkungen. Als einer der bevorzugten Berater des Ks.s in polit. Fragen setzte Giselher alle seine diplomat. Fähigkeiten ein, um den 981 vakant gewordenen Magdeburger Erzstuhl zu erlangen. Dies führte zur ztw. Aufhebung des Bm.s M., das zw. den Diöz.en von Halberstadt, Magdeburg, →Meißen und →Zeitz aufgeteilt wurde.

Im Zusammenhang mit der Gestaltung der Kirchenorganisation in den ö. Nachbarländern des Reiches am Ende des 10. Jh. wurde seit der Synode v. →Pavia 997 die Frage der Wiederherstellung des Bm.s M. erörtert. Der Tod des von Ks. und Papst scharf gerügten Giselher 1004 machte den Weg dafür frei. 1009–18 war →Thietmar aus dem Hause der Gf.en v. →Walbeck der M.er Oberhirte. Er machte sich die Rückerwerbung des alten M.er Besitzes zur Aufgabe, die ihm allerdings nicht vollständig gelang; 1017 wurde die Mulde zur O-Grenze des Bm.s bestimmt. Thietmar hat 1015 den Grundstein zum Bau einer repräsentativen Kathedralkirche gelegt. Im Investiturstreit stand das Bm. M. unter Bf. Werner (1063–93) auf der Seite der →Gregorian. Reform, am Sachsenaufstand gegen Kg. Heinrich IV. nahm der Bf. teil. Sein Nachfolger hielt sich mehr an die kgl. Seite. Im Rahmen der dt. Ostkolonisation (→Landesausbau) vermehrte sich die Zahl der Dörfer und Pfarrkirchen der M.er Diöz. beträchtl.; 1186 ist erstmals eine Gliederung in fünf Archidiakonate bezeugt. Flächenmäßig blieb M. eines der kleinsten dt. Bm.er, wies aber dank dichter Besiedlung am Ende des MA 310 Pfarr- und Filialkirchen auf.

Im Bestreben, eine eigene Landesherrschaft aufzubauen, suchten die Bf.e v. M. am Anfang des 13. Jh. ohne nachhaltigen Erfolg, Besitzansprüche an dem inzwischen weitgehend aufgeteilten Wald zw. Saale und Mulde durchzusetzen. Mit dem Mgf.en v. Meißen kam es 1221 zum Konflikt, wobei der Bf. Exkommunikation und Interdikt einsetzte, ohne einen wirkl. Territorialgewinn zu erzielen. Die Herrschaft über die Stadt Leipzig konnten sich die Bf.e trotz der Wirren im Hause der →Wettiner nach 1288 nicht sichern. Ihr Territorium blieb auf den Raum um Lützen und Markranstädt beschränkt, wozu im späteren 13. Jh. noch Schkeuditz und im 14. Jh. Lauchstädt traten. Sie besaßen damit ein geschlossenes, aus vier Amtsbezirken bestehendes Hochstiftsgebiet; Lützen diente als Nebenresidenz. Gegen Ende des MA waren die Bf.e dem polit. Druck der Wettiner ausgesetzt, die sie unter Mißachtung der →Reichsunmittelbarkeit in die kursächs. Landstandschaft einzuordnen suchten. Bei der →Leipziger Teilung 1485 wurde das Hochstift M. dem albertin. Hzm. Sachsen zugewiesen. K. Blaschke

Lit.: zu [I]: R. Kötzschke, Die dt. Marken im Sorbenland (Fschr. G. Seeliger, 1920), 79–114 – W. Hessler, Gaue des frühen und hohen MA, AAL, Phil.-hist. Kl. 49.2, 1957 – W. Schlesinger, M., Dt. Kgs.pfalzen. Beitr. zu ihrer hist. und archäolog. Erforschung I, 1963, 158–206 – W. Lampe, Die archäolog. Grundlagen der Entstehung M.s (Wiss. Beitr. der Martin-Luther-Univ. Halle-Wittenberg, 1966) – Von der otton. Stiftskirche zum Bauhaus, hg. H. J. Mrusek, 1967, 340–342 – *zu [II]:* M. Steffenhagen, Gesch. der Stadt M., 1898 – Mitteldt. Heimatatlas II, 1960, Bl. 37; Beih. 172–176 – E. Herzog, Die otton. Stadt, 1964, 45–53 – *zu [III]:* W. Schlesinger, Kirchengesch. Sachsens im MA I–II, Mitteldt. Forsch. 27, 1962 – K. Blaschke, W. Haupt, H. Wiessner, Die Kirchenorganisation in den Bm.ern Meißen, M. und Naumburg um 1500, 1969 – P. Ramm, Der M.er Dom..., 1978 – Denkmale in Sachsen-Anhalt, hg. Inst. für Denkmalpflege Halle, 1983 – Chr. Lübke, Reg. zur Gesch. der Slaven an Elbe und Oder, II–IV, 1985ff. [V, Register: 64f.] – B. Streich, Die Bm.er M., Naumburg und Meißen zw. Reichsstandschaft und Landsässigkeit (Mitteldt. Bm.er im SpätMA, hg. R. Schmidt, 1988), 53–72 – K. Blaschke, Die Christianisierung des Landes ö. der Saale (Herbergen der Christenheit, Jb. für dt. Kirchengesch. 17, 1989/90), 63–89.

Merseburg, Friede v. (1013). Zwei Konflikte wollte Heinrich II. beenden, bevor er nach Italien aufbrach: die Fehde mit dem Pfgf.en →Ezzo und den Krieg mit →Bolesław I. Chrobry. Bindeglied zw. den Parteien war Ezzos Tochter →Richeza. Gemäß der schon durch Otto III. in Gnesen (1000) getroffenen Übereinkunft wurde sie nun mit →Mieszko (II.) vermählt, nachdem Bolesław auf dem Hoftag v. M. (23.–25. Mai 1013) dem Kg. den Lehnseid geschworen hatte. Der Polenfs. erhielt dafür die umkämpften Marken Lausitz und Milsenerland zu Lehen, und Ezzo wurde bedeutendes Reichsgut übereignet. Die überregionalen Ziele des M. er F.ns erfüllten sich nicht: ein durch sächs. Truppen unterstützter Zug Bolesławs gegen Kiev blieb erfolglos. Die Kämpfe zw. den unzufriedenen Partnern begannen erneut und wurden erst 1018 durch den Frieden v. →Bautzen beendet. Chr. Lübke

Q.: Thietmar v. Merseburg, VI, 91 (MGH SRG, 1955²) – *Lit.:* H. Ludat, An Elbe und Oder um das Jahr 1000, 1971 – Chr. Lübke, Reg. zur Gesch. der Slaven an Elbe und Oder, T. III/IV, 1986/87, Nr. 461, 463–465a, 468.

Merseburg, Hoftag v. (25. Juli 1002). Der von Vertretern anderer Stämme bereits am 7. Juni 1002 in Mainz zum Kg. erhobene Heinrich II. traf mit den geistl. und weltl. Großen des sächs. Stammes in →Merseburg zusammen. Der Ablauf des Treffens – in der Forsch. als 'Nachwahl' charakterisiert – ist v. a. durch den Bericht →Thietmars v. Merseburg bekannt. Hzg. →Bernhard I. (10. B.) nahm Heinrich das Versprechen ab, die sächs. lex zu achten, und betraute ihn durch Übergabe der →Hl. Lanze mit der cura regni. Die Großen huldigten ihm. Noch auf diesem Hoftag kam es zu Unstimmigkeiten mit dem Polenhzg. →Bo-

lesław I. Chrobry, die eine der Ursachen für die langwierigen 'Polenkriege' Heinrichs II. waren. Das sächs. Sonderverhalten bei der Kg.swahl, wohl auf Uneinigkeit des Stammes in der Nachfolgefrage beruhend, wiederholte sich bei der Wahl Konrads II. 1024 in ähnlicher Weise (→Minden, Hoftag v.). G. Althoff

Q. und Lit.: Thietmar v. Merseburg, V, 15–18 (MGH SRG V, 1955²) – R. Schmidt, Kg.sumritt und Huldigung in otton.-sal. Zeit (VuF 6, 1961), 114ff. – R. Schneider, Die Kg.serhebung Heinrichs II. i. J. 1002, DA 28, 1972, 74–104 – W. Schlesinger, Die sog. Nachwahl Heinrichs II. in M. (Fschr. K. Bosl, hg. F. Prinz u. a., 1974), 350–369 [Nachdr.: Ausgew. Aufs. W. Schlesinger 1965–79, hg. H. Patze – F. Schwind, 1987, 255–271] – W. Giese, Der Stamm der Sachsen und das Reich..., 1979, 26ff.

Merseburger Zaubersprüche, zwei ahd. Zauberformeln aus germ.-heidn. Zeit, im 10. Jh. von einer Hand auf das leere Vorsatzblatt (85ʳ) eines aus Fulda stammenden lat. Sakramentars (9. Jh.) der Merseburger Domstiftsbibliothek (Cod. 136) aufgezeichnet. Beide Sprüche sind zweigliedrig: Einem epischen Einleitungsteil, der ein früheres Ereignis schildert, folgt die eigtl. magische Beschwörung in Form eines Analogiezaubers; den inneren Aufbau bestimmen Parallelismen und Anaphern. Der erste, vierzeilige Spruch dient der Befreiung Gefangener. Drei Gruppen zauberkundiger Frauen (Idisen), deren Identifizierung unklar bleibt (Walküren, Hexen, Matronen, Jungfrauen?) legen und lockern Fesseln und bannen feindl. Heere; die letzte Zeile artikuliert die Erlösungsformel. Mit dem zweiten, doppelt so umfangreichen Spruch soll die Fußverrenkung eines Pferdes geheilt werden: Bei Wotans und Phols Ritt in den Wald verletzt sich Balders Tier, die sich anschließende Wiederherstellung verläuft dreistufig. Eine Besprechung durch zwei Götterpaare schlägt fehl, Wotan selbst gelingt die Heilung mit einer Formel, in der die betroffenen Körperteile in asyndetischer Reihung benannt werden. Hierzu existieren indoeurop. Parallelen. Probleme wirft die Relation Phol/Wotan/Balder auf, neue Deutungsversuche bieten keine akzeptablen Antworten. Formal stellen die M. Z. ein Übergangswerk dar – die alternierenden Langzeilen mit Schlußbeschwerung besitzen teils Stab-, teils Endreime; inhaltl. reflektieren sie eine vorchristl. Lebenswelt.

R. Bauschke

Ed.: Denkmäler dt. Poesie und Prosa, 1964⁴, I, 15f. (Nr. IV, 1 und 2); II, 42–47 – W. Braune, Ahd. Lesebuch, 1979¹⁶, 89 – *Lit.:* Verf.-Lex.² VI, 410ff. [Lit.] – W. H. Vogt, Zum Problem der 'M. Z.', ZDA 65, 1928, 97–130 – F. Genzmer, Germ. Zaubersprüche, GRM 32, 1950/51, 21–35 (§ 5) – A. Schirokauer, Form und Formel einiger altdt. Zaubersprüche, ZDPh 73, 1954, 353–364 – W. Haubrichs, Gesch. der dt. Lit. I, 1: Die Anfänge, 1988, 430–435 – D. Kartschoke, Gesch. der dt. Lit. im frühen MA, 1990, 121f.

Merswin, Rulman, * 1307 in Straßburg, † 18. Juni 1382 ebd., Kaufmann, der sich, von →Heinrich v. Nördlingen für die →Gottesfreunde gewonnen, mit 40 Jahren von seiner Frau und seinen Geschäften trennte und →Tauler als Seelenführer wählte. Er pachtete 1367 das verfallene Kl. Grünenwörth in Straßburg, wo er seinen Lebensabend in Andacht und Buße verbrachte. M. schrieb 22 erbaul.-kompilator. dt. Traktate (u.a. »Briefbuch«, »Buch von den vier anfangenden Jahren«, »Zwei-Mannen-Buch«, »Fünf-Mannen-Buch«, »Neun-Felsen-Buch«, »Meisterbuch«). Darin führt er (oder sein Schüler Nikolaus v. Löwen, 1339–1402[?]) als vorgebl. Verf. die Figur des 'großen Gottesfreundes vom Oberland' ein, die Mystifikation des paradigmat. chr. Lehrers aus dem Laienstand, von Christen, Juden und Heiden hochverehrt, der erst den berühmten Prediger Tauler zu wahrer Heiligkeit geführt und dem Papst 1377 in Rom den Tod als göttl. Strafgericht verkündet habe. Mit M.s Tod riß jeder Kontakt zu dem Mystagogen ab, und mehrere Suchexpeditionen nach seiner Klause im Schweizer Oberland blieben erfolglos.

P. Dinzelbacher

Ed.: PH. STRAUCH, Schr. aus der Gottesfreundlit., 1927ff. – *Lit.:* DE BOOR-NEWALD III/2, 298-303 [A. HAAS] – Verf.-Lex.² VI, 420-442 [G. STEER] – W. OEHL, Dt. Mystikerbriefe des MA (1100-1550), 1935, 397-424 – E. DEHNHARDT, Die Metaphorik... in den Schr. des R. M. [Diss. Marburg 1940] – J. M. CLARK, The Great German Mystics, 1949 – W. RATH, Der Gottesfreund vom Oberland, 1962³.

Merton, Walter de, † 27. Okt. 1277; Sohn von William Cook (?) und Cristina Fitzace of Basingstoke, wo sich ein kgl. →*manor* befand; seit ca. 1230 stand er mit dem Priorat v. M. in Verbindung, von dem sich sein Name ableitet, um 1233 erhielt er Cuddington, eine der Prioratskirchen. Möglicherweise hielt er sich einige Zeit an der Univ. v. Oxford auf und stand dort in Kontakt mit Gelehrten. Seine entscheidende Laufbahn begann vor 1240, hauptsächl. im Dienst Heinrichs III. Er war 1259-60 zeitweise kgl. Siegelbewahrer *(Keeper of the Seal)* und 1261-63 Kanzler. W. de M. war der erste Kanzler Eduards I. und 1272-74 der eigtl. Regent. So vertrat er die kgl. Position bei dem Konflikt mit den Baronen 1258-65 (→Barone, Krieg der) und während der Teilnahme Eduards am Kreuzzug →Ludwigs d. Hl. Für seine Dienste wurde er mit der Übertragung von Kirchen, Präbenden in den Kathedralkirchen von Wells, Exeter, Lincoln, London, Salisbury und schließlich 1274 mit dem Bm. v. →Rochester belohnt. Er gründete das M. College in Oxford und verfaßte 1264 und 1274 seine Statuten.

J. H. Denton

Lit.: DNB XIII, 297-299 – The Early Rolls of M. College Oxford, ed. J. R. L. HIGHFIELD (Oxford Hist. Society, NS 18, 1964), 5-58.

Merton, Statut v., 1236 von dem engl. Kg. Heinrich III. und seinem Great →Council als erste Ergänzung zum Statutenrecht der →Magna Carta erlassen. Es beinhaltet u. a. den Schadensersatz bei Wittumsprozessen, bei Prozessen um Besitzverlust und die Begrenzung der gerichtl. →*writs*. In der bedeutendsten Klausel, die als Antwort auf eine Anfrage der Geistlichkeit, ob die vor einer Hochzeit geborenen Kinder als legitim zu gelten haben, erscheint, erklärten sich die →Barone bereit, die Gesetze Englands nicht zu verändern (»nolumus leges Angliae mutare«).

B. Lyon

Lit.: F. W. MAITLAND, The Hist. of Engl. Law, I, 1898² – T. F. T. PLUCKNETT, A Concise Hist. of the Common Law, 1956⁵ – B. LYON, A Constitutional and Legal Hist. of Medieval England, 1980².

Mertonschule. Die Naturphilosophen und Mathematiker in →Oxford, die in der Zeit kurz nach der Abfassung des »Tractatus de proportionibus velocitatum in motibus« (1328) von Thomas →Bradwardine tätig waren und von diesem Werk stark beeinflußt wurden, sind bisweilen als »M.«, aber auch als »Oxford Calculators« bezeichnet worden. Die wichtigsten Vertreter dieser Richtung sind – neben Bradwardine selbst – William →Heytesbury, →Johannes Dumbleton und →Richard Swineshead. »M.« ist kein von Zeitgenossen geprägter Begriff; er wird von einigen Historikern abgelehnt, u.a. weil nicht alle von Bradwardines »De proportionibus« beeinflußten Oxforder Denker mit dem Merton College assoziiert waren.

E. Sylla

Lit.: R. GUNTHER, Early Science in Oxford, 2 Bde, 1922-23 – A. MAIER, An der Grenze von Scholastik und Naturwiss., 1952² – M. CLAGETT, The Science of Mechanics in the MA, 1959, 199-329 – J. WEISHEIPL, The Place of John Dumbleton in the »Merton School«, Isis 50, 1959, 439-454 – A. G. MOLLAND, The Geometrical Background to the »Merton School«, British Journal for the Hist. of Science 4, 1968, 108-125 – J. WEISHEIPL, Ockham and Some Mertonians, MSt 30, 1968, 163-213 – DERS., Repertorium Mertonense, ebd. 31, 1969, 174-224 –

E. SYLLA, Medieval Quantifications of Qualities: The »Merton School«, AHExSc 8, 1971, 9-39 – DIES., Medieval Concepts of the Latitude of Forms: The Oxford Calculators, AHDL 40, 1973, 223-283 – DIES., Oxford Calculators (N. KRETZMANN, A. KENNY, J. PINBORG, The Cambridge Hist. of Later Medieval Philosophy, 1982), 540-563.

Merula, Giorgio (Giorgio Merlano di Negro), * 1430/31 in Acqui (Alessandria, Piemont), † 1494. Nach Studien in den wichtigsten kulturellen Zentren Norditaliens unter F. Filelfo, Galeotto Marzio und Gregorio Tifernate lehrte M. in Mantua, Venedig, Pavia und schließlich, seit 1485, in Mailand. Ludovico il Moro beauftragte ihn, eine Gesch. der Visconti zu schreiben (Antiquitates Vicecomitum), die unvollendet blieb; die erste Dekade wurde in Mailand bei Alessandro Minuziano gedruckt. M. stützte sich dabei auf Urkk. und Archivmaterial. Von M. sind ferner ausgezeichnete Editionen und Komm. lat. Autoren erhalten, Übers. aus dem Griech. und einige Briefe. Wahrscheinl. ist ihm auch eine Diskussion über den mutmaßl. Autor der »Rhetorica ad Herennium« zuzuschreiben. Mit ihm in Zusammenhang steht auch der wichtige Fund griech. Hss., die sein Schreiber Giorgio Galbiate 1493 in Bobbio machte. M. ist auch durch seine heftigen Polemiken bekannt, die er gegen F. Beroaldo (Contra Ph. Beroaldum Adnotationes), Filelfo, Poliziano (nach der Veröffentlichung der ersten Zenturie von dessen »Miscellanea«) und Domizio Calderini (wegen des Martial-Komm.) führte.

D. Coppini

Lit.: A. BELLONI, Tristano Calco e gli scritti inediti di G. M., IMU 15, 1972, 283-328 – L. PEROTTO SALI, L'opuscolo ined. di G. M. contro i »Miscellanea« di Angelo Poliziano, Interpres 1, 1978, 146-183.

Merveilles de Rigomer, Les. Die M., deren Autor sich Jehan nennt, gehören zur Generation der arthur. Versromane von ca. 1250 und sind wie die meisten dieser Romane schmal überliefert (eine Hs. Ende 13. Jh., die nach 17271 Versen unvermittelt abbricht). Ebenfalls typ. für diese Textkategorie ist das Aufbrechen der kanon. Romanstruktur (→Chrétien de Troyes) in eine Vielzahl von – teils sehr archaisch anmutenden, teils bereits den klass. Roman parodierenden – Einzelerzählungen, worin sich das Integrationspotential für Techniken und Erzählstoffe aus anderen Gattungen (Prosaroman [→Roman], →Mabinogion, →mündl. Lit.tradition) manifestiert. Trotzdem bleibt die Erzählstruktur klar erkennbar: Es ist die der Graalromane (→Graal), nur daß hier die Zauberwelt Rigomers die transzendierenden Elemente der Graalsburg substituiert und in der Rolle des Auserwählten der mondäne →Gawain erscheint.

R. Trachsler

Ed.: Les M.d.R., ed. W. FÖRSTER-H. BREUER, 2 Bde, 1908-15 – *Frz. Teilübers.:* La Légende Arthurienne, ed. D. REGNIER-BOHLER, 1989, 959-1037 [Bibliogr.] – *Lit.:* K. BUSBY, Diverging Traditions of Gauvain... (The Legacy of Chrétien de Troyes, ed. N. LACY, 2, 1988) 92-109.

Mesardonites, Basileios, byz. Adliger. Wird mit Basileios Argyros identifiziert, dessen Schwester Maria von Ks. Basileios II. (976-1025) mit Johannes, dem Sohn des Dogen v. Venedig, Petrus Orseolus II., vermählt wurde. Durch die Lakapenoi mit dem Kaiserhaus verwandt, ist er anscheinend ein Bruder des Romanos III., der 1028 den Thron bestieg. Zuerst Stratege des Themas Samos, wurde er im März 1010 als Nachfolger des Johannes Kurkuas Katepan v. Italien mit dem Titel eines Protospatharios. Er bekämpfte den Aufstand des →Meles, eroberte Bari und restaurierte dort die befestigte Residenz der Katepane im Bereich der heutigen Basilika S. Nicola, auf einer Fläche, die u.a. seine Gründung S. Demetrio einschloß. Zuletzt im Aug. 1016 in Italien belegt, begab sich M. danach nach

Buthroton in Epiros, um als Stratege mit dem Titel Patrikios das neue Thema Vaspurakan zu befehligen.

F. Luzzati Laganà

Lit.: A. GUILLOU, Un doc. sur le gouvernement de la province, Stud. on Byz. Italy (Var. Repr.), 1970, VIII – V. VON FALKENHAUSEN, La dominazione biz. nell'Italia meridionale, 1978, 54, 89, 118, 143, 151, 180, 191–193, et passim.

Mesarites, Nikolaos, byz. Kleriker und Literat, * 1163/64 in Konstantinopel, † ca. 1220, Diakon und Skeuophylax an der Palastkirche und Richter an der Hagia Sophia zu Konstantinopel, seit ca. 1207 Repherendarios des byz. Patriarchen in Nikaia, seit 1212 Metropolit v. Ephesos. 1206 und 1214 spielte er eine führende Rolle als Vertreter der orth. Kirche bei Verhandlungen mit Gesandten der Kirche Roms. Neben einer wertvollen Beschreibung der Apostelkirche in Konstantinopel sind unter seinen Werken eine Grabrede auf seinen Bruder Johannes und Berichte über polit. und kirchl. Ereignisse von Bedeutung.

F. Tinnefeld

Lit.: LThK² VII, 316 – Tusculum-Lex.³, 521f. – BECK, Kirche, 666f. – A. HEISENBERG, Q. und Stud. zur spätbyz. Gesch., hg. H.-G. BECK, 1973 – A. KAZHDAN–S. FRANKLIN, Stud. on Byz. Lit. of the Eleventh and Twelfth Centuries, 1984, 224–255.

Meschinot, Jean, frz. Autor aus der →Bretagne, * um 1420, † 1491, Herr v. Les Mortiers, von Hzg. →Jean V. 1442 zum Schildknappen *(écuyer)* ernannt, war Inhaber von Ämtern am bret. Hofe *(gentilhomme de la Garde,* schließlich Hofmeister unter Hzgn. →Anna), unternahm im Gefolge Peters II. und Arthurs III. Reisen ins Kgr. Frankreich (1451, 1455, 1457) und hielt sich am Musenhof des Hzg.s →Charles d'Orléans auf. Der mit dem Beinamen 'le Banny de Liesse' geehrte M. ist v. a. bekannt durch sein Werk »Lunettes des Princes« (verfaßt hauptsächl. 1461–65), ein Prosimetron, das didakt. Züge, v. a. des →Fürstenspiegels, trägt (→Lehrhafte Lit., IV). Einem (dunklen) autobiograph. Teil folgt eine Traumvision *(songe)* und ein allegor. Abschnitt, der den Fs.en durch die weisen Lehren von Tugendgestalten *(Prudence, Justice, Force, Tempérance)* zu vorbildl. moral. Handeln erziehen will. Innerhalb der weiteren Teile des Werks ist v. a. ein Balladenzyklus von 25 Gedichten, der (in engem Anschluß an den burg. Dichter Georges →Chastellain) Kg. →Ludwig XI. angreift, hervorzuheben. M., ein Moralist von kompromißloser Haltung, war zugleich ein guter Verstechniker; der langanhaltende Erfolg seines Werks wird durch 22 Ausgaben zw. 1493 und 1539 bezeugt.

C. Thiry

Ed. und Lit.: C. MARTINEAU-GENIEYS, Les Lunettes de Princes de J. M., 1972.

Meschullam Ben Kalonymos, jüd. Gelehrter, aus Lucca stammend, wirkte in der 2. Hälfte des 10. Jh. hauptsächl. in Italien, in seinen letzten Lebensjahren auch in Mainz. Seine Rechtsgutachten (→Responsen), die er auf Anfragen jüd. Gemeinden aus S-Frankreich, Deutschland und Italien erteilte und von denen knapp hundert überliefert sind, geben einzigartige Einblicke in die Wirtschafts- und Sozialstrukturen der jüd. Gemeinden jener Zeit, auch in ihren Beziehungen zur nichtjüd. Umwelt. So nimmt er zu Fragen des innerjüd. Wettbewerbs bei der Bedienung nichtjüd. Kundschaft, zum Erbrecht von Apostaten, zur Genußtauglichkeit von Nahrungsmitteln nichtjüd. Herkunft, aber auch zum Ehe- und Nachbarrecht Stellung. Neben seiner Tätigkeit als Rechtsgutachter wirkte er auch als liturg. Dichter und verfaßte einen Komm. zum Mischnatraktat der Sprüche der Väter. Ein polem. Schreiben gegen die →Karäer zur Stärkung der rechtgläubigen jüd. Gemeinde in Konstantinopel ist ebenfalls erhalten

geblieben. Die weit verzweigte Familie der Kalonymiden, der er angehörte, stellte v. a. im rhein. Judentum bis ins 13. Jh. hinein etliche Gelehrte und Gemeindeoberhäupter.

H.-G. v. Mutius

Lit.: A. GROSSMANN, Chakame Aschkenas ha-Rischonim, 1981, 49ff. – H.-G. v. MUTIUS, Rechtsentscheide rhein. Rabbinen, I, 1984, 21ff.

Mesembria (heute Nesebăr), Stadt an der bulg. Schwarzmeerküste auf einer mit d. Festland verbundenen (Halb)-insel. Als Station der russ. Handelsschiffahrt zw. Kiev und Konstantinopel, seit der 2. Hälfte des 13. Jh. Umschlagplatz der ven., genues. und ragusan. Handels mit Getreide und Stoffen, spielte M. u. a. dank der guten Wegverbindungen zu den bulg. Zentren →Preslav, →Pliska und →Tărnovo eine Mittlerrolle zw. Byzanz und dem Bulgarenreich. Kirchl. unterstand M. bis ins 9. Jh. als Bm. der Metropolis Adrianupolis, war dann autokephales Ebm. und schließl. Metropolis ohne Suffragan. Nach der Eroberung durch →Krum (812) fiel M. in den Kriegen gegen Symeon (9./10. Jh.) wieder an die Bulgaren (bis 971). 1257 Eroberung durch Venezianer (Raub der Reliquien des Theodoros Stratelates). Im 14. Jh. unterstand M. ztw. bulg. Herrschern; →Ivan Alexander beschenkte Kirchen und Kl. 1366 riß →Amadeus VI. v. Savoyen M. an sich und übergab es Ks. Johannes V. 1396–1403 und 1411–13 war M. türk., dann gehörte es wieder zum byz. Apanage-Besitz am Schwarzen Meer, fiel 1453 endgültig an die Türken. Erhalten sind Teile der Stadtmauern und bedeutende Kirchen.

P. Soustal

Lit.: A. RACHÉNOV, Églises de Mésemvria, 1932 – Nessebre, I–II, 1969, 1980 – V. GJUZELEV, Očerk vărhu istorijata na grad Nesebăr v perioda 1352–1453, Godišnik na Sofijskija universitet, Filosofsko-istoričeski fakultet 64, 3, 1970, 57–97 – DERS., Chronicon M.e, ebd. 66, 3, 1972/73, 147–192 – V. VELKOV u. a., Mesambria – Mesemvria – Nesebăr, 1986 – Bulgaria Pontica Medii Aevi 2, 1988, 570–592 – TIB 6, 1991, 355–359.

Meseritz (Międzyrzecz), Kastellaneiburg an der unteren Obra, an der Westgrenze →Großpolens, erbaut an der Stelle einer früheren Burg aus der Stammeszeit (9. Jh.), an einem wichtigen Knotenpunkt der Straßen aus Posen nach Pommern, Polabien und Deutschland gelegen. Die Burg wird erstmals in der Chronik des →Gallus Anonymus (II/14) zu 1094 erwähnt, als →Bolesław III. Krzywousty sie von den Pommern zurückeroberte. In der Vorburg entwickelte sich vor 1259 eine Stadt nach →Dt. Recht. Vor 1005 bestand in M. eines der ältesten poln. OSB Kl., von dem →Thietmar v. Merseburg (VI/27) berichtet, daß es die Truppen Ks. Heinrichs II. auf dem Feldzug nach Posen verlassen aufgefunden hätten. Versuche, die Einsiedelei der Fünf Märtyrerbrüder in M. zu lokalisieren, sind strittig, eher sind →Kazimierz oder →Kazimierz Biskupi anzunehmen.

A. Wędzki

Q.: Galli Anonymi Cronicae, ed. K. MALECZYŃSKI (MPH NS II, 1952) – Thietmar v. Merseburg, ed. R. HOLTZMANN (MGH SRG NS IX) – *Lit.*: SłowStarSłow III, 251 – G. LABUDA, O siedzibach najstarszych klasztorów w Polsce, Spr. Poznańskiego, Towarzystwa Przyjaciół Nauk 1969, nr. 1, 105–107 – T. DUSZA, Pięciu braci – kwestie kontrowersyjne, Nasza Przeszłość 68, 1987, 30f.

Mesīḥī, Dichtername (eigtl. Name: ʿĪsā) eines nach 1512, vermutl. sogar nach 1518 gest., bedeutenden, originellen osman. *dīwān*-Dichters; geb. in Priština (Kosovo), kam er in seiner Jugend nach Istanbul, wo er *dīwān*-Sekretär des Großwesirs Ḥādīm ʿAlī Paša wurde. Neben einem türk. →Dīwān und »Gül-i şad-berg«, einer Slg. eleganter Stilmustertexte (inšāʾ) verfaßte er das »meşneī Şehrengīz«, eine humorvolle Beschreibung schöner Jünglinge Edirnes in Versform. Allg. wird angenommen, daß das Şehrengīz-Genre in der osman. Dichtung mit M. begann (das

Šehr-engīz des osman. Dichters →Zātī stammt allerdings aus ungefähr derselben Zeit), doch gab es pers. Vorläufer.
E. Ambros

Lit.: EI² VI, 1026f. [Lit.].

Mesna → Mesuë

Mesnada, krieger. Gefolgschaft der kast.-leones. Kg.e und mächtigen Herren, die sich aus der 'militia' der astur.-leones. Kg.e (militia palatii) und Hochadligen entwickelte und aus aufgrund ihrer Vasallität gebundenen *milites* bzw. →Caballeros und →Infanzones bestand. Der Begriff M. (auch: Compaña) entstand im 12. Jh.; die Bezeichnung mesnatarii oder *mesnaderos* wurde gleichbedeutend mit 'Vasallen'. Die Bindung an den Kg. oder einen Herren *(señor)* wurde durch die Verleihung von Gebieten in Form des →Prestimonio oder Zuwendungen materieller Art, am häufigsten durch Geldzahlungen *(stipendia, soldata)*, hergestellt, so daß die Mesnaderos schließlich nur zum Kampf verpflichtet waren, wenn sie dafür entlohnt wurden. Aufgrund dieser Soldzahlungen unterschied man in Kastilien, Aragón und Navarra zw. Vasallen, die von ihrem Herren aufgezogen und unterhalten wurden (*vasallos de criazón* in Kastilien, *vasallos de cosiment* in Aragón u. Navarra), und Vasallen, die ohne nähere Beziehung nur durch Zahlungen für einen Herrn kämpften *(vasallos asoldados, vasallos de soldata)*.
L. Vones

Lit.: R. MENÉNDEZ PIDAL, La España del Cid I, 1969⁷, 270ff. – H. GRASSOTTI, Las instituciones feudo-vassalláticas en León y Castilla, 2 Bde, 1969 – L. GARCÍA DE VALDEAVELLANO, Curso de Hist. de las Instituciones españolas, 1975⁴ – DERS., El feudalismo hispánico, 1981 – A. GARCÍA-GALLO, Las instituciones sociales en España en la alta edad media, 1981.

Mesrop (so vom 8. Jh. an, in den ältesten Q.: Maschtotz), Erfinder der armen. Schrift, *360, †440. Griech. gebildet, zunächst in der Verwaltung tätig, dann Mönch, Priester, Missionar und schließlich Chorbf., schuf er um 407, gefördert von Katholikos Sahak († 439) und Kg. Vramschapuh (401–408/409), das armen. Alphabet. An der bald einsetzenden Übers.stätigkeit und Schaffung der armen. Originallit. nahm er tatkräftig Anteil (→Armen. Sprache und Lit.). Mit guten Gründen wird ihm die im Gesch.swerk des →Agathangelos enthaltene sog. 'Lehre Gregors' (des Erleuchters) zugeschrieben. M.s Leben beschrieb um 422 sein Schüler Koriun, der ihm auch die Erfindung der Schrift der Georgier und der kaukas. Albaner zuschreibt.
J. Aßfalg

Lit.: Diz. Patristico e di Antichità Cristiane II, 1984, 2231f. – HO VII, 157f., 160f. – Kindlers Lit.-Lex. V, 1969, 1540–1542 – LThK² VI, 556f.; VII, 319 – V. INGLISIAN, Das Leben des hl. Maschtotz (W. SCHAMONI, Ausbreiter des Glaubens, 1962), 119–146 – F. FEYDIT, Considérations sur l'alphabet de S. M., 1964 – Revue des études arméniennes NS 1, 1964, 427–432 [R. HEWSEN]; 2, 1965, 361–373 [A. HOVHANNISSIAN]; 3, 1966, 359–367 [A. KANALANIAN]; 14, 1980, 55–111 [S. MOURAVIEV]; 17, 1983, 625 [K. YUŽBAŠYAN] – R. W. THOMSON, The Teaching of S. Gregory, 1970 – Koriun, Vark' Mashtots'i, introd. K. MAKSOUDIAN, 1985 – E. B. AGHAIAN, M. Mashtots, 1986.

Messalianer (gräzisierte Form von syr. mᵉsalleyané 'die Betenden', gr. Εὐχῖται), asket., aus dem gr. Mönchtum hervorgegangene Bewegung, erstmals bei →Ephraem Syrus († 373) erwähnt. Ausgehend um 350 von Syrien und Mesopotamien verbreiteten sich die M. im s.-mittleren Kleinasien. Verurteilt von den Synoden in Side (388), Antiochien (390) und Konstantinopel (426), vertrieb Ks. Theodosius II. (428) ihre Anhänger aus dem Reich. Das Konzil v. →Ephesus (431) verschärfte das Urteil, das aufgrund des »Asketikon«, das Lehre und Praktiken der M. enthielt, erfolgte. Trotz ihrer Verurteilung behaupteten sich die M. im Verlauf des 5. Jh. in Kleinasien und ihre Spuren finden sich noch bis zum 7. Jh. in Byzanz, Persien und Ägypten. Grundgedanken des »Asketikon« sind bei Gregor v. Nyssa und bes. bei →Makarios d. Ä. zu finden. Die M. gaben dem privaten unaufhörl. Gebet absoluten Vorrang, das zusammen mit strenger Askese den mit dem Menschen wesenhaft vereinten Dämon, die Wurzel der Sünde, austreibt und das sichtbar-ekstat. Erfüllt-Werden mit dem Hl. Geist bewirkt. So erreicht der Fähige die absolute ἀπάθεια, wonach er über der Sünde steht und keine Askese mehr braucht. Im Zustand der Vollkommenheit sind für ihn Sakramente, Lehre und Ordnung der Kirche ohne Belang.
J. Panagopoulos

Lit.: DSAM X, 1074–1083 – R. STAATS, M.forsch. und Ostkirchenkunde (Makarios-Symposium über das Böse, hg. W. STROTHMANN, 1980), 47–71 – A. HATZOPOULOS, Two Outstanding Cases in Byz. Spirituality: The Macarian Homilies and Symeon the New Theologian, AnalVlatadon 54, 1991 [Lit.].

Meßdarstellungen. Die Messe ist in der Gesamtheit ihrer Riten (hinterer Elfenbeindeckel, Drogo-Sakramentar; Paris, Bibl. nat. ms. lat. 9428; n. 844), v.a. jedoch hinsichtl. des eucharist. Hochgebetes Gegenstand der chr. Ikonographie. Ein erster Darstellungstyp der sog. liturg., d.h. das reale Geschehen abbildenden Gruppe zeigt den Zelebranten in Nachahmung der Kreuzeshaltung Christi mit ausgebreiteten Armen beim Gebet, meist während Präfation oder Kanon (Uta-Evangelistar; München, clm 13061; Regensburg, um 1020; fol. 4r) oder in Verbindung mit dem Kanonbild in Sakramentaren und Missalien (Drogo-Sakramentar; fol. 87r). Seit dem 11. Jh. sind Darstellungen der Konsekration von Brot und Wein belegt: der Zelebrant erhebt mit der linken Hand die Hostie, segnet sie und den Kelch mit der Rechten und spricht dabei die Einsetzungsworte (Einzelblatt; Berlin, Staatl. Mus. Preuß. Kulturbesitz, Kupferstichkabinett Nr. 637; Freising, um 1070). Diese Darstellungsform wird seit der Einführung der sog. großen Elevation im 13. Jh. mehr und mehr durch das Bild des Zelebranten abgelöst, der die konsekrierten Opfergaben (Pontifikale von Reims; Rouen, Bibl. mun. ms. 370; 13. Jh.; fol. 36r) oder das Christuskind (gewirktes Antependium aus Mecheln; Paris, Mus. Cluny Inv-Nr. 11995; Anfang 14. Jh.) erhebt. Seltener sind Darstellungen der Kommunion, die häufig, in roman. Zeit noch regelmäßig, an die Hl.nikonographie gebunden sind und seit dem SpätMA in Zyklen der sieben Sakramente für das Altarsakrament stehen (Fresko; Neapel, S. Maria Incoronata; 2. Viertel 14. Jh.). Auch sonst sind M., häufig in Verbindung mit Wunderereignissen, in der Hl.nikonographie sehr verbreitet. Bekanntestes Beispiel sind die seit den späten 14. Jh. zunächst im N v.a. in Dtl., später in ganz Europa verbreiteten Darstellungen der →»Gregoriusmesse«: sie haben die Erscheinung Christi als Schmerzensmann, meist im Sarkophag stehend und von den Arma Christi umgeben, vor Papst Gregor während der Meßfeier zum Thema. Eines der am häufigsten dargestellten Hostienwunder ist dasjenige von →Bolsena aus dem Jahr 1263.

Auf das Meßopfer können auch typolog. Darstellungen anspielen. So gehören Bilder der Kreuzigung seit dem späten 8. Jh. als Kanonbild (Sakramentar von Gellone; Paris, Bibl. nat. ms. lat. 12048; um 750/780; fol. 143v) zum festen Bestandteil der Ausstattung von Sakramentaren und Missalien. Daneben sind aufgrund ihrer Erwähnung im »Supra quae« des Kanons die Opfer Abels, Abrahams und Melchisedechs von Bedeutung, deren Ikonographie sich mit einer Ausnahme (Drogo-Sakramentar; fol. 15v) jedoch außerhalb der Kanonillustration entwickelt.
U. Liebl

Lit.: LCI III, 250–254 [Lit.] – RDK VI, 154–254 [Lit.] – R. SUNTRUP, Te igitur-Initialen und Kanonbilder in ma. Sakramentarhss., Text und Bild, hg. v. CH. MEIER–U. RUBERG, 1980, 278–382 – Ausst. Kat. Die Messe Gregors d. Gr., Köln 1982/83 – E. REYNOLDS, Image and Text, Viator 14, 1983, 59–75 – B. G. LANE, The Altar and the Altarpiece, 1984 – U. SURMANN, Stud. zur otton. Elfenbeinplastik in Metz und Trier, Beitr. zur Kunstgesch. 5, 1990, 22–107.

Messe

I. Name – II. Ritus – III. Theologie und Frömmigkeit.

I. NAME: M. von lat. missa (Entlassung), seit der Spätantike terminus technicus für die Eucharistiefeier und zeitweilig häufig in der feierl. Pluralform: missae, missarum sollemnia. Als Lehnwort in viele Volkssprachen eingegangen (MEYER, Eucharistie 35.40f. [Lit.]).

II. RITUS: [1] *Nichtröm. M.riten:* Sie gehen vermutl. ebenso wie der röm. Ritus auf gemeinsame Wurzeln abendländ. Liturgie zurück, haben aber mehr als dieser östl. Einflüsse rezipiert. Abgesehen vom ambrosian. (→Mailänder Liturgie) und geringen Resten (in Toledo) des altspan. Ritus sind sie alle vom röm. M.ritus verdrängt worden: der altgallische im 8.Jh., der altspanische im 11.Jh., der keltische vom 8.–11.Jh. (Q. und Lit. bei VOGEL, 107–110, 273–289; MEYER, Eucharistie 152–164 [Lit.]).

[2] *Der römische M.ritus:* An der Wende von der Antike zum MA hatte die röm. M. jene Gestalt erreicht, die im Lauf des MA nur noch unwesentl. verändert wurde. Der erste der →Ordines Romani (Ed. ANDRIEU II 65–108) bezeugt für den →Stationsgottesdienst des Bf.s v. Rom für das 7./8.Jh. folgende Elemente (die eingeklammerten Stücke erwähnt er nicht):

Einzug mit Introitopsalm, Begrüßung des Evangelienbuches und des Altars, Kyrierufe, Gloriahymnus, Oration; Epistellesung, Antwortpsalm und Halleluja oder Tractus, Evangelienlesung, (Predigt?); Bereitung des Altares und der Gaben, Brot und Wein, mit Offertoriumsgesang, (Gabengebet); Präfation, Sanctus, Kanongebete; (Vaterunser mit Embolismus), Friedensgruß und -kuß, Brechen des Brotes und Mischungsritus mit →Agnus Dei, Kommunion mit Kommunionpsalm, Schlußoration; Entlassungsruf, Auszug mit Segenswort.

Diese mit aufwendigem Zeremoniell und zahlreicher Assistenz (Bf.e, Priester, Diakone, Subdiakone, Akolythen, Sängerchor), aber bereits mit geringer Volksbeteiligung gefeierte stadtröm. Liturgie hatte trotz ihres auf den mittelit. Jurisdiktionsbezirk des Bf.s v. Rom begrenzten Geltungsbereiches weitreichenden Vorbildcharakter, konnte vergleichbar allenfalls an anderen Bf.ssitzen und in großen Kl., aber nur mit großen Abstrichen in den von Priestern geleiteten städt. oder Landgemeinden gefeiert werden.

[3] *Der römisch-fränkische Mischritus:* Vom 8.–11.Jh. vollzog sich im Zusammenhang mit der dem Zusammenbruch des weström. Reiches folgenden Schwerpunktverlagerung der polit. Macht und des kulturellen Lebens in den Raum nördl. der Alpen ein Inkulturationsprozeß, in dessen Verlauf die sog. röm.-frk. Liturgie entstanden ist. Die Herrscher des aufstrebenden Frankenreiches wollten – wie schon vor dem 8.Jh. manche Bf.e und Kl. – die verderbte, zersplitterte, mit röm. Elementen vermischte (→Sakramentar: Gelasianum vetus, Gelasiana des 8.Jh.) altgall. Liturgie durch die Rezeption der Liturgie Roms überwinden, um so als Nachfolger der röm. Ks. ihre Rolle als Schirmherren Roms und die Einheit ihres Reiches zu festigen. Karl d. Gr. erbat daher von Papst Hadrian I. (772–795) ein reines gregorian. →Sakramentar, das als Musterexemplar für die einheitl. Liturgie des Reiches dienen sollte. Er erhielt das sog. Hadrianum, das nur den →Stationsgottesdienst des Bf.s v. Rom enthielt und daher ergänzt werden mußte. Aus älteren gregorian., alt- und junggelasian., altgall. und -span. Q. wurden M.formulare (für Sonn- und Wochentage, →Votivm.), Präfationen, Segensformeln u. a. m. anhangsweise angefügt, dann auch ganz oder teilw. eingearbeitet (DESHUSSES, VOGEL 79–102). Da zudem die wertvollen einzelnen Codices oft noch lange weiterverwendet und viele neue an örtl. Bedürfnisse angepaßte geschaffen wurden, entstand eine große, schwer durchschaubare Fülle von liturg. Büchern und Praktiken. Das gilt auch für die M.gesänge (→Antiphonar) und für die Leseordnung (→Lektionar, Perikopenordnung). Außerdem wurde der Ritus gall.-frk. Traditionen angepaßt und durch germ. Frömmigkeit entsprechende Elemente erweitert: Ein privates Vorbereitungs- und Schlußoffizium (Psalmen, Versikel, Oration) sowie Gebete zum An- und Ablegen der liturg. Gewänder umrahmen die Feier; das Stufengebet (Ps 42/43 mit →Confiteor) entsteht; zahlreiche Apologien (Schuldbekenntnisse) und andere private Priestergebete werden bes. im Eröffnungs-, Offertorial- und Kommunionteil eingefügt; die M.orationen werden vervielfältigt, um verschiedenen Anliegen in derselben M.feier Genüge zu tun; Altar, Evangelienbuch, Brot (seit dem 8.Jh. ungesäuert) und Wein werden inzensiert; man hält eine feierl. Evangelienprozession (Leuchter, Rauchfaß) und übernimmt vom O das →Credo; die Gabenbereitung wird zum →Offertorium mit Begleitgebeten; der von der Präfation (mit Sanctus-Benedictus) getrennte →Kanon wird leise gebetet und durch zahlreiche Gebärden (Kreuzzeichen, Verneigungen, Haltung der Arme) dramatisiert; am Schluß steht der feierl. bfl. bzw. einfachere priesterl. Segen. Die Gesänge der M. werden durch Sequenzen bereichert und durch →Tropen erweitert. Weggefallen sind hingegen schon seit dem frühen MA die Entlassung der Katechumenen, die →Fürbitten, das Brechen des Brotes (da für die selten gewordene, in den Mund gereichte Gläubigenkommunion kleine →Hostien verwendet werden) mit dem Begleitgesang →Agnus Dei (jetzt Begleitgesang zur →Pax oder zur Kommunion). Diese lat., wo immer mögl. mit zahlreicher Assistenz, aber ohne nennenswerte Volksbeteiligung gefeierte Klerusliturgie ist – mit vielen Varianten von Kirche zu Kirche – bis zum 11.Jh. voll ausgebildet (Rhein. Meßordo; MEYER, Eucharistie 204–208 [Lit.]). Sie verbreitete sich bes. durch die in den Kl. des Frankenreichs zahlreich geschaffenen liturg., als »römisch« deklarierten Codices auch in Italien und in Rom selbst (wo Ks. →Heinrich II. es 1014 durchsetzte, daß man das Credo in die röm. M.feier aufnahm) und wurde schließlich als genuin röm. Liturgie angesehen. Die angestrebte Vereinheitlichung wurde jedoch nur sehr bedingt erreicht, und das Ergebnis war eine in vielen Varianten verbreitete röm.-gall.-frk. Mischliturgie.

[4] *Von der Gregorianischen Reform bis zum Trienter Konzil:* Im Rahmen der →Gregorian. Reform (2. Hälfte 11.Jh.) entstand die röm. Kurie als zentrales Verwaltungsorgan und als gottesdienstl. Pendant die päpstl. Kapelle, deren Liturgie nicht mehr Feier des Bf.s mit seiner Stadtgemeinde, sondern der röm. Kurie mit dem Papst als Oberhaupt der lat. Kirche war. Diese aus der röm.-frk. sich bildende Liturgie »secundum usum Romanae Curiae« wurde zum Modellritus und verbreitete sich, seit dem 13.Jh. unterstützt durch den Franziskanerorden, der sie übernahm (und seit Mitte 15.Jh. begünstigt durch den →Buchdruck), überall hin (VAN DIJK). Der kuriale M.ritus wurde durch päpstl. Zeremoniare weiterentwickelt (DYKMANS, SCHIMMELPFENNIG), bis hin zu dem spät-

ma. Ordo missae secundum consuetudinem S.R.E. (1498 u. ö.) des J. →Burckard, der für das nachtridentin. Missale Pius' V. (1570) Pate gestanden hat. Der traditionelle Textbestand wurde in dieser Epoche im wesentl. treu weiter überliefert, ledigl. die priesterl. Privatgebete (bes. die Apologien) und die M.gesänge hat man reduziert bzw. gestrafft, um größere Einheitlichkeit, Klarheit und Kürze zu erreichen. Es entsteht jedoch (wohl zugunsten der an Zahl und Bedeutung wachsenden Pfarreien) ein neuer Buchtyp, das Plenar- oder Vollmissale, das nicht nur die Gebete des Zelebranten, sondern auch die Lesungen und Gesänge enthält und seit dem 13. Jh. die Sakramentare verdrängt (→liturg. Bücher). Die bedeutendste Änderung im Ritus ist die seit dem 12. Jh. entstehende →Elevation der Hostie und des Kelches nach den Konsekrationsworten; außerdem verselbständigt sich der mit katechist. Elementen, Gebeten und Gesang angereicherte →Predigtteil, der ebenso wie die selten gewordene, seit dem 12. Jh. immer häufiger nur in der Brotsgestalt gereichte Kommunion der Gläubigen (gerechtfertigt durch die Konkomitanzlehre der scholast. Theol.), vor oder nach bzw. zw. zwei M.n gehalten wird. Vom hohen bis zum späten MA setzt sich ferner der Brauch durch, nach dem Schlußsegen der M., diesen fortsetzend bzw. verstärkend, Joh 1,1–14 zu lesen.

Eine weit wichtigere, Texte und Ritus der M. nicht unmittelbar betreffende Veränderung, die sich seit dem frühen MA vorbereitet und über das MA hinaus Konsequenzen hat, ist noch zu erwähnen: Bis ins 12. Jh. wurde die öffentl., in der Regel gesungene, am Hochaltar gefeierte Gemeinde- bzw. Konvent-M. als Grundform der M. feier betrachtet. Neben ihr nahm aber die Zahl und Bedeutung der nichtöffentl., ohne Gesang (Lesem.), vom Priester allein (missa solitaria) oder nur mit einem M. diener an Nebenaltären gefeierten sog. Privatm.n zu, um dem Verlangen der Gläubigen nach von ihnen durch Stiftungen und M.stipendien veranlaßten Votiv- und →Seelenm. zu entsprechen. Im 13. Jh. entstand für diese Form an der röm. Kurie ein eigener M. ordo. In der von Haymo o. Faversham OFM stammenden Fassung (ed. S. J. P. VAN DIJK, Sources of the Modern Roman Liturgy, II, 1963, 2–14) war er bis zum Ende des MA bestimmend, wurde zur neuen Grundform und, vermittelt durch den oben gen. Ordo Burckards, zur Grundlage der M.ordnung im Missale Pius' V., Zeugnis einer Priester- bzw. Klerusliturgie, in der die Gemeinde keine aktive Rolle spielt.

III. THEOLOGIE UND FRÖMMIGKEIT: Die Lebens- und Denkweise der germ. Völker hat die ma. Eucharistielehre geprägt. Ein objektivierendes Verständnis, dessen Hauptinteresse der Frage nach dem Wie der Realpräsenz Christi gilt, löst das Symboldenken der Väterzeit ab. Nicht die im lobpreisenden Gedenken der Gemeinde sich ereignende Vergegenwärtigung des Heilswerkes Christi, sondern die durch das vollmächtige Konsekrationswort des Priesters bewirkte Gegenwart seines Leibes und Blutes, nicht das Lebensopfer Christi, sondern das Opfer, das der Priester für Lebende und Verstorbene darbringt, wenn er die M. als Repräsentant der Kirche feiert, ist das zentrale Thema. In der Linie dieses Denkens konzentriert sich die scholast. Theol. darauf, die Frage nach der gültigen Materie (ungesäuertes Brot, Wein von Trauben) und Form (Konsekrationsworte), die das sakramentale Zeichen konstituieren, nach der notwendigen Vollmacht und Intention dessen, der es setzen darf (der entsprechend disponierte, gültig geweihte Priester), und nach der Wirkung seines Tuns (Transsubstantiation) zu klären. Folgerichtig wurden au-

ßer der notwendigen Kommunion des Priesters alle anderen Texte und Riten ledigl. als schmückendes Beiwerk (ornatus) betrachtet, das ebensowenig wie die Anwesenheit und das Mitfeiern der Gemeinde konstitutive Bedeutung hat. Die Rolle der Gläubigen besteht nur in ehrfürchtigem Schauen, die M. »hören«, der M. »beiwohnen«, im persönl. Beten und Betrachten während der M. und im Empfangen der »Früchte der M.«, die ihnen durch den Dienst der Priester zugewendet werden, im späteren MA auch im Singen (z. T. volkssprachig; Leisen, Zwischenstrophen zu den Sequenzen, Predigtlied, die lat. Ordinariums- und Propriumsgesänge waren hingegen Sache der Kleriker und Sänger). Entsprechend der zentralen Stellung, die man der Konsekration im Handeln des Priesters beimaß, war aber seit dem hohen MA der unüberbietbare Höhepunkt der Teilnahme der Gläubigen das Anschauen der Hostie bei der Elevation (MEYER, Elevation). Große Bedeutung für das Verständnis der M. und für die M.frömmigkeit hatte die seit dem frühen MA (bes. durch »Amalarus v. Metz) weit verbreitete M.allegorese (→Allegorie, Allegorese, III a). V. a. in ihrer rememorativen, allerdings nur die sichtbare Gestalt der Riten (die lat. Texte waren nur wenigen zugängl. und nur teilweise hörbar) mit Ereignissen der Heilsgesch. (bes. der Passion und der Verherrlichung Jesu) in Beziehung setzenden Form kompensierte sie teilweise den Verlust der Gedächtnisdimension in der Eucharistielehre, erreichte aber nicht die Tiefe des objektiv vergegenwärtigenden Mysteriengedächtnisses, sondern verfiel einer subjektiv-historisierenden, oft sehr willkürl. Deutung der zeremoniellen »Schauseite« der M. (FRANZ, 351–613; KOLPING; MEYER, Luther, s. v. Meßallegorese).

H. B. Meyer

Lit.: A. FRANZ, Die M. im dt. MA, 1902 [Nachdr. 1962] – A. KOLPING, Amalar v. Metz und Florus v. Lyon, ZKTh 73, 1951, 424–464 – S. J. P. VAN DIJK-J. HAZELDEN WALKER, The Origins of the Modern Roman Liturgy, 1960 – J. A. JUNGMANN, Missarum Sollemnia, I–II, 1962[5] – H. B. MEYER, Die Elevation im dt. MA und bei Luther, ZKTh 85, 1963, 162–217 – DERS., Luther und die M., KKSt 11, 1965 – J. DESHUSSES, Le sacramentaire Grég., ses principales formes d'après les plus anciens ms. I, Spicilegium Friburgense 16, 1971 – A. GERKEN, Theol. der Eucharistie, 1973 – B. SCHIMMELPFENNIG, Die Zeremonienbücher der röm. Kurie im MA, 1973 – M. DYKMANS, Le Cérémonial papal de la fin du MA à la Renaissance, I–IV, 1977–85 – C. VOGEL, Medieval Liturgy, Rev. and transl. by W. G. STOREY-N. K. RASMUSSEN, 1986 – A. ANGENENDT, Das FrühMA, 1989, bes. 90f., 246–250 – H. B. MEYER, Eucharistie. Gesch., Theol., Pastoral, Gottesdienst der Kirche IV, 1989, bes. 152–247 [Lit.].

Messe (Handelsmesse)

I. Westlicher Bereich – II. Byzantinisches Reich.

I. WESTLICHER BEREICH: Die M. (von lat. missa ['kirchl. Festtag'], ähnlich feria, foire, fair, fiera, fiesta, aber unterschieden von nundinae ['Wochenmarkt']) war ein Warenbzw. Geldmarkt, der entweder einmal oder an mehreren bestimmten Tagen im Jahr abgehalten und meistens durch bes., im Gegensatz zum Wochen- oder tägl. Marktverkehr (→Markt), günstigere Rechtsbestimmungen gefördert wurde. Nicht alle Jahrmärkte sind als M.n anzusehen, sondern nur herausgehobene von überregionaler Bedeutung. M.n spielten eine wichtige Rolle zu Zeiten schwächeren Verkehrs (wie der Merowingerzeit) und beim Wiederaufleben des →Fernhandels um die Jahrtausendwende. Beim Abhalten einer M. kam es darauf an, eine genügende Nachfrage einem bedeutenderen Angebot gegenüberzustellen. Deswegen wurde eine M. zunächst meistens mit kirchl. Festen, z. B. Patrozinienfesten, am M.ort verbunden, die unter reger Beteiligung der Bevölkerung stattfanden. Eine wesentl. Voraussetzung für den

Erfolg der M. war ferner stets eine günstige geogr. Verkehrslage.

Wahrscheinl. gingen zahlreiche M.n in ihren Anfängen auf den Verkauf des jährl. Ertrags von Bauernstellen aus der näheren Umgebung zurück, während ihre Inhaber einige Fernhandelsgüter einkaufen konnten. Schon früh jedoch erreichten bestimmte M.n auch eine überregionale Bedeutung. Die M. von St-Denis bei Paris (überl. durch eine Schenkung Dagoberts I. am 9. Okt. 634/635) fiel mit der Weinernte zusammen und zog im 8. Jh. Friesen und Sachsen an. Noch im 12. Jh. fand in England eine Reihe von M.n, die von fläm. Wollhändlern besucht wurden, gleich nach der Schafschur statt. Berichte über M.n aus merow. und karol. Zeit sind sehr spärlich. Das kann jedoch auf die allg. Q.lage zurückzuführen sein. Spätere Belege finden sich vielfach in fsl. Gründungsurkk., können aber häufig als Bestätigungen vorher bestehender Bräuche bzw. als Zusagen einer verbesserten Rechtslage erklärt werden. Die in der Folgezeit übl. fsl. Privilegien sicherten den Kaufleuten ein bes. →Geleit während der Hin- und Rückreise zur M. sowie Schutz am M. ort zu und regelten den dortigen M. verlauf. Manchmal wurden Verstöße sowie Streitigkeiten zw. den Kaufleuten von einem M. gericht mit eigener Prozeßordnung im Schnellverfahren abgeurteilt, vielfach auch Zölle und sonstige Abgaben während der M. erlassen oder bedeutend verringert.

Die zeitl. begrenzten M.n gingen in einigen Regionen durch den Zusammenschluß der Jahrmärkte in verschiedenen benachbarten Städten in einen über die ganze Geschäftssaison hindurch andauernden Markt über. In Flandern fanden die M.n v. Torhout (gen. 1084), →Ypern, →Lille (beide gen. 1127), Mesen/Messines (gen. 1159) u. Brügge (gen. 1200) von Febr. bis Nov. statt. Sie wurden im 13. Jh. allmähl. zu Sammel- und Verteilermärkten (hauptsächl. für Tuche und Wolle) im Dienste des aufkommenden Zentralmarktes von →Brügge, verloren freil. meistens ihre Bedeutung im SpätMA, als diese Entwicklung für Brügge abgeschlossen war und die dortige Kaufmannschaft die Handelsorganisation im Inneren Flanderns ohne Vermittlung beherrschte. Den bekanntesten M.zyklus stellen die →Champagnem.n entlang der Verkehrsachse zw. Italien und den Niederlanden dar. Sie behauptets sich als Marktplatz in einem weiten Bereich bis um 1300, u. a. auch, weil infolge der Inbetriebnahme der Seeroute zw. dem Mittelmeer und der Nordsee Brügge zu wahrhaft europ. Bedeutung aufstieg. Nacheinander traten →Chalon-sur-Saône, →Genf und →Lyon auf z. T. wesentl. regionalerer Ebene ihre Nachfolge an.

Im SpätMA war in einigen Handelsregionen das Bedürfnis des Handels an M.n durch die Entwicklung ständiger Zentralmärkte in bestimmten Orten geringer geworden. Die Erteilung von M.privilegien wurde zu einem Instrument territorialer Wirtschaftspolitik. Die Errichtung einer oder mehrerer M.n in einer Stadt im fsl. Machtbereich bewirkte, daß der Handel hier konzentriert wurde. Die Bewilligung zweier M.n in →Antwerpen (um 1315) sollte dieser Stadt einen Anteil an dem in Flandern und Holland zunehmenden Verkehr sichern. Die zwei Jahrmärkte in →Zutphen, die vom Hzg. v. Geldern eingerichtet wurden, waren als Konkurrenz zu den M.n in →Deventer gedacht. Die Privilegierung Lyons durch Kg. Ludwig XI. (1463) bezweckte, den Handel von der Genfer M.n abzuziehen.

In relativ rückständigen Regionen dagegen blieben M.n geradezu unentbehrl. Instrumente des Fernhandels. Die M.n von →Schonen wurden zu einem wichtigen Bindeglied Skandinaviens mit der Außenwelt. Seit dem 15. Jh.

erlangten die M.n von →Nižnij-Novgorod eine zentrale Stellung für den russ. und die von →Lublin für den poln. Außenhandel. Damals gewannen auch die M.n von →Leipzig an Bedeutung als Verbindung zw. Zentral- und Westeuropa mit dem O. Für die europ. Wirtschaft wurde seit dem 14. Jh., dank des steigenden Verkehrs auf der rhein. Route und der wachsenden Entwicklung Süddtl.s und Zentraleuropas, die M. von →Frankfurt a. M. wichtig.

Allg. waren M.n als Fälligkeitstermine der nicht nur auf Handelsgeschäften, sondern auch auf öffentl. und privaten Anleihen begründeten Schulden von bes. Bedeutung für das →Kreditwesen. J. A. van Houtte

Lit.: F. BOREL, Les foires de Genève au XVe s., 1892 – G. DES MAREZ, La lettre de foire à Ypres, 1907 – A. DIETZ, Frankfurter Handelsgesch. I, 1910 – C. ESPEJO-J. PAZ, Las antiguas ferias de Medina del Campo, 1912 – M. BRÉSARD, Les foires de Lyon aux XVe et XVIe s., 1914 – L. ZDEKAUER, Fiera e mercato in Italia sulla fine del medio evo, 1920 – S. POIGNANT, La foire de Lille, 1932 – Z. W. SNELLER, Deventer, die Stadt der Jahrmärkte, 1935 – V. RAU, Subsidios para o estudo das feiras medievais portuguesas, 1943 – La foire, RecJeanBodin V, 1953 – C. VERLINDEN, Markets and Fairs (Cambridge Economic Hist. 3, 1963), 119–153.

II. BYZANTINISCHES REICH: Im Unterschied zu ständigen Märkten, die ganzjährl. oder saisonal abgehalten wurden, kannte das Byz. Reich eine erhebl. Anzahl von M.n. Von bes. Bedeutung waren M.n, die z. B. zu Ehren eines Hl.en an dessen Festtag abgehalten wurden. Oft war eine enge Verbindung zum Pilger- und Wallfahrtswesen gegeben. Zu erwähnen sind hier u. a. die M.n zu Ehren des hl. Phokas in Sinope, des hl. Eugenios in Trapezunt, des hl. Tryphon in Nikaia, des Erzengels Michael in Chonai, des hl. Demetrios in Thessalonike, des Johannes Theologos in Ephesos sowie die M. am Himmelfahrtstag in Adrianopel. Wie schon in der Spätantike (vgl. Cod. Iust. 4, 60; Dig. 50, 11) konnten auch die byz. Ks. period. stattfindende Märkte einrichten. Eine Novelle Basileios' II. (vgl. DÖLGER, Reg. Nr. 783) zeigt, daß (spätestens im 10. Jh.) πανηγύρεις auch von »Marktherren« eingerichtet werden konnten. Als solche traten neben mächtigen Privatpersonen (δυνατοί) Kirchen, Kl. oder Gemeinden auf. Einige Hinweise deuten darauf hin, daß sich die teilnehmenden Kaufleute (πραγματευταί) in Korporationen zusammengeschlossen haben. Manche der byz. M.n (Trapezunt, →Thessalonike) hatten eine große Bedeutung für den internat. Fernhandel. Der Marktverkehr wurde besteuert; erstmals 795 ist das κομμέρκιον als Marktsteuer belegbar.

W. Brandes

Lit.: PH. KUKULES, Βυζαντινῶν βίος καὶ πολιτισμός, III, 1949, 270–283 – SP. VRYONIS, The Panegyris of the Byz. Saint (The Byz. Saint, hg. S. HACKEL, 1981), 196–228 – C. ASDRACHA, Les foires en Épire médiévale, JÖB 32/3, 1982, 437–446 – A. E. LAIOU, Händler und Kaufleute auf dem Jahrmarkt (Fest und Alltag in Byzanz, hg. G. PRINZING–D. SIMON, 1989), 53–70, 189–194.

Messe des Bartlosen → Spanos

Messer, Blankwaffe mit einschneidiger Klinge und asymmetr. Handgriff, kurz, mittellang oder von schwertartiger Länge (Langes Streitm.). In der gesamten antiken Welt bekannt, hauptsächl. in Asien verbreitet, wo im FrühMA der gerade pers. *Pallasch* und der osttürk.-mongol. 'Säbel' mit krummer Klinge erschienen. Das asiat. M. wurde oft in kurzer und langer Ausführung zusammen getragen, wie die fälschl. 'Schwerter' gen. Blankwaffen der japan. Samurai. In Europa reicht die Gesch. dieser Waffe von der griech. *Macheira,* dem kelt. M., dem altgerm. *Sachs* (Vimose-Typus), dem frühma. Sachs hunn. Ursprungs bis zur spätma. 'Bauernwehr' (Hirschfänger, Dussack). Im

13. Jh. erschien unter oriental. Einfluß der mit Schwertgriff, geradem Klingenrücken und gekrümmter Schneide ausgestattete *Malchus* (engl. *Falchion*). Im SpätMA wurden ähnl. Bastardformen mit M.klinge und schwertähnl. Griffen häufig. O. Gamber

Lit.: W. BOEHEIM, Hb. der Waffenkunde, 1890 – H. SEITZ, Blankwaffen, I, 1965 – O. GAMBER, Waffe und Rüstung Eurasiens, I, 1978.

Meßerklärung (expositio missae), zunächst nur Teil der mündl. Einführung der Gläubigen in Schrift, Symbolum, Vaterunser und Liturgie, dann bes. für den Klerus lit. fixiert und entfaltet (v. a. Meßliturgie [→Messe], →Stundengebet und →Kirchenjahr). Isidors v. Sevilla († 636) »De ecclesiae officiis« hat wegweisende Bedeutung für die Erklärung von Ritus und Text der Messe in der karol. Theol.: Alkuin, Hrabanus Maurus, Walahfrid Strabo und Amalarus v. Metz, gegen dessen allegor. M. Florus v. Lyon »De actione missae« (MPL 119, 15–72) schrieb. Er stellt im Anschluß an die Patristik die Messe als einziges, umfassendes Mysterium heraus. Die eigtl. Zeit der M.en endet im 10. Jh. Einen neuen Ansatz finden die dt. Symbolisten im 12. Jh.: Rupert v. Deutz, Honorius Augustodunensis und Gerho(c)h v. Reichersberg. Sie begründen das Mysterium der Messe im Mysterium der Kirche. Diese Sicht ergänzt die Scholastik des 12. und 13. Jh. mit der Auslegung der Sakramententheologie für die kirchl. Praxis und Frömmigkeit. Insbes. sind zu nennen: Johannes Beleth, Präpositinus, Lothar v. Segni, (Ps.-)Albertus' Magnus »Opus de mysterio missae«, sowie das liturg. Hb. des ges. SpätMA, das »Rationale divinorum officiorum« des Guillelmus Duranti d. Ä. († 1296). Das SpätMA kennt nur noch volkssprachl. M.en, die – wie die Predigten – der Frömmigkeit dienen (→devotio moderna); z. B. Marquards v. Lindau »Eucharistie-Traktat« (ed. A. J. HOFMANN, Hermaea 7, 1960). W. Knoch

Ed.: J. M. HANSSENS, Institutiones liturgicae de Ritibus Orientalibus, I–III, 1930ff. – *Lit.*: DACL V, 1014–1027 – LThK² VII, 334f. [Lit.] – R. SCHULTE, Die Messe als Opfer der Kirche (LWQF 35, 1959) – A. FRIES, Der Doppeltraktat über die Eucharistie unter dem Namen des Albertus Magnus (BGPhMA NF 25, 1984).

Meßgewand → Kleidung, II

Messias (Judentum). Die Erwartung eines M. aus david. Hause, der das Volk Israel einschließl. der seit der assyr. Eroberung Nordisraels im 8. Jh. v. Chr. verschwundenen zehn Stämme aus dem Exil erlösen und die Israel verfolgenden Völker der Welt unterwerfen oder vernichten würde, gehörte zu den zentralen Glaubensgütern der ma. Judenheit. Nach diesen Vorstellungen sollte das messian. Zeitalter durch schwere Judenverfolgungen (→Judenfeindschaft) und kosm. Katastrophen eingeleitet werden, so durch eine Hitzewelle, blutigen Regen und eine dreißigtägige Sonnenfinsternis. In Anknüpfung an die Messianologie der talmud. Zeit wurde jedoch die M.gestalt zweigeteilt. Zunächst erwartete man das Auftreten des M. Ben Josef, der die Heimführung der Zerstreuten nach Palästina bewerkstelligen werde, aber im Kampf gegen die Völker der Welt mit ihrem satan. Kg. Armilus zu Tode kommen werde. Erst danach werde der david. M. auftreten, Armilus und seine Heere vernichten und in Jerusalem sein Friedensreich mit erneuertem Tempel und unter Auferstehung der Toten errichten. Rationalist., antiapokalypt. Konzeptionen des messian. Zeitalters wie die des Moses →Maimonides, der die Endzeit ausschließl. als polit. Umwälzung zugunsten des jüd. Volkes definierte, blieben eher die Ausnahme. Mit dem 12. Jh. setzten auch Versuche ein, entgegen einem entsprechenden talmud. Verbot die Ankunft des M. zu berechnen. Das Ausbleiben seines Erscheinens wurde theol. mit der Sündigkeit der Gemeinde und ihrem mangelnden Toragehorsam begründet. Insbes. – aber nicht nur – bei Verfolgungssituationen traten das ganze MA hindurch Betrüger auf, die sich vor den jeweiligen Gemeinden als der verheißene M. ausgaben, sie zum Verkauf ihrer Habe und zum Auszug ins Hl. Land aufforderten. Die Gemeindeoberen, die die polit. Verwicklungen mit der christl. oder islam. Obrigkeit absehen konnten, gingen gegen solche Prätendenten in der Regel scharf vor, ließen sie auspeitschen und/oder exkommunizierten sie. H.-G. v. Mutius

Lit.: Midresche ge'ullah, hg. Y. EBEN-SCHEMUEL, 1954² – A. Z. ESCHKOLI, Hatenuᶜot hameschichiyyot be-Yisra'el, I, 1956 – A. H. SILVER, A Hist. of Messianic Speculation in Israel, 1959² – J. SARACHEK, The Doctrine of the Messiah in Medieval Jewish Lit., 1968².

Messier (messey, massier, messeur, moisseur), in Frankreich Hüter der Äcker und Weinberge in der Zeit der Ernte, war auch mit der Ahndung von Feldfrevel beauftragt. In Lothringen hieß der Feldhüter 'Bannward' oder 'bangard', im Lande um Metz 'banneret'. E. Lalou

Lit.: F. GODEFROY, Dict. de l'ancienne langue française, 1888, V, 305.

Messina, Stadt auf Sizilien, deren Bedeutung als Hafen und ein Großteil ihrer Geschichte sich durch ihre Lage erklären: sie wird durch die Monti Peloritani vom übrigen Sizilien getrennt und durch die Meerenge mit Kalabrien verbunden. M. war die einzige Stadt Siziliens, die der Aufteilung der Provinzstädte in coloniae und municipia entging und zu den oppida civium Romanorum gezählt wurde. Nach dem Ende des weström. Reiches 476 verlor M. jedoch an Bedeutung, nicht zuletzt infolge der Auswirkungen der Gotenkriege. Unter byz. Herrschaft blühten die Stadt und mit ihr die Wirtschaft wieder auf, deren Schwerpunkte die Handelsbeziehungen mit Kalabrien sowie die zunehmende Verbreitung der Seidenraupenzucht im Umland bildeten. 843 von den Arabern erobert, erlitt M. das Schicksal aufrührer. Städte und ging einem Niedergang entgegen (im Gegensatz zu Palermo und den anderen Zentren Westsiziliens), der durch die Flucht eines Großteils der Bevölkerung nach Rometta, einem wichtigen befestigten Zentrum in den Monti Peloritani, dramat. Züge annahm. Mit den Normannen begann seit 1061 in großem Umfang der Wiederaufbau der Stadt. Gaufredus Malaterra zufolge erkannten →Roger I. und →Robert Guiscard, daß die Stadt, die zu einem an der Peripherie gelegenen Fluchthafen für muslim. Piraten herabgesunken war, die Funktion einer »clavis Siciliae« zukam. Durch die Zuwanderung von Christen aus Kalabrien und dem Val Demone rasch wiederbevölkert, erlebte M. einen beachtl. Aufschwung. Zeugnis dafür sind die Konzentration von Verwaltungsorganen in der Stadt, der Bau eines Palatium, die Gründung des Bm.s, die Verbreiterung und Verstärkung des Mauerrings, die Aktivität der Schiffswerft und die Vergrößerung des Hafens, der Kaufleute aus Genua, Pisa und Amalfi anzog. Neben der Hauptstadt Palermo war M. bevorzugter Residenzort der norm. Kg.e.

Die Quellen lassen häufig die internationale Funktion des Hafens von M. erkennen, der zur obligaten Etappe für die Kreuzfahrerschiffe auf der Fahrt in das Hl. Land wurde und dazu beitrug, die Beziehungen zw. dem Okzident und der Levante zu verstärken; die wichtigsten Handelsgüter waren dabei landwirtschaftl. Produkte: Früchte, Kastanien, Haselnüsse, Holz, Baumwolle, Zucker, daneben auch Eisen, das in den umliegenden Bergen abgebaut wurde. Konkrete Angaben über die Einw.zahl der Stadt fehlen. Mitte des 12. Jh. äußert sich →al-Idrīsī lobend über die Vitalität der Märkte sowie die Struktur des Hafens, die das Löschen und Einladen der Waren erleichterte, während →Hugo Falcandus (36. H.) einige Jahre später die negativen Seiten dieser Entwicklung betont, da sich in den Hafengassen verbrecher. Gesindel herumtreibe, das vor nichts zurückschrecke.

Von städtebaul. und polit. Bedeutung war der Bau der Kathedrale S. Maria la Nuova und verschiedener Kirchen und Klöster. V. a. ist jedoch die Gründung des Basilianerkl. San Salvatore am äußersten Ende des sichelförmigen Streifens, der den Hafen abschloß, hervorzuheben, das mit beachtl. Grundbesitz ausgestattet wurde und mit seinen Erzeugnissen zur wirtschaftl. Entwicklung der Stadt beitrug. Als Mutterhaus aller seiner Jurisdiktion unterworfenen Basilianerkl. erhielt es seit 1131 von Roger II. verschiedene Privilegien, darunter die Exemtion von jeder kirchl. und weltl. Autorität. Es mußte jedoch jährl. dem Bf. von M. einen Zins von 100 Pfund Wachs, 20 Pfund Weihrauch, 20 *cafisi* Öl und 20 solidi zahlen.

Als der Staufer Friedrich II. begann, die autonomen Rechte und Freiheiten der Stadt zu beschränken, kam es in M. Ende 1232 zu einem Aufstand, den die Ks. jedoch ziemlich rasch unterdrücken konnte. Auf der Seite der Anjou stehend, deren Politik die handeltreibende Schicht förderte, war M. die letzte Stadt, die sich in der →Sizilianischen Vesper erhob. Nach einer kurzfristigen Episode, in der M. sich als Communitas konstituierte, trat es auf die Seite Kg. Peters III. v. Aragón und dessen Nachfolgern. Während der langen aragones. Herrschaft erhielt M. verschiedene Privilegien und konnte im 15. Jh. als die in wirtschaftl. Hinsicht dynamischste und aktivste Stadt der Insel gelten. Trotz einiger sozialer Spannungen wuchs die Produktion von Rohseide, die Handelsmesse nahm an Umfang und Bedeutung zu, die Bankgeschäfte verstärkten sich, es entstand ein blühendes Druckereigewerbe, Gold- und Silberschmiedekunst florierten, und M. wurde auch ein kulturelles Zentrum (hervorzuheben ist v. a. der Maler→Antonello da M.). Mit Einschluß der →Casali, die bis Milazzo und Taormina reichten, zählte M. im 15. Jh. 5700 Feuerstellen und 31 385 Einw. (mehr Einw. als Palermo). Die Zunahme der Stadtfläche erforderte im 16. Jh. eine Erweiterung des Mauerrings. S. Tramontana

Lit.: P. Pieri, La storia di M. nello sviluppo della sua vita comunale, 1939 – C. Trasselli, I messinesi tra quattro e cinquecento, Annali. Fac. Economia e commercio Univ. M., X, 1972, 311–391 – E. Pispisa, M. nel trecento. Politica, economia, società, 1980 – S. Tramontana, M. normanna, Nuovi Annali d. Fac. Mag. M., I, 1983, 629–650.

Messing, eine Legierung von →Kupfer mit Zink, einem Metall, das erst 1742 isoliert wurde. Für →Biringuccio ist M. (anders als für Plinius, der das »auriscalcum« für ein aus einem eigenen Erz gewonnenes Metall hält) eine Sonderform des Kupfers; Biringuccios Zeitgenosse Paracelsus bezeichnet es als »Bastard von Kupfer«. Zur Gewinnung von M. wurde in Schmelztiegeln dem Kupfer →Galmei zugesetzt und in einem bes., schon von →Theophilus beschriebenen Ofen zu M. verschmolzen. M. ist härter als Kupfer, schmiedbar, stark korrosionsbeständig, läßt sich leicht walzen und glätten. Eine M. produktion entwickelte sich in mehreren Regionen Europas, die über Zinkerze, im Verbund mit Blei- und Kupfererzen, verfügten, insbes. in der Gegend um →Aachen (»Aachener Reich«). Zu Zentren der M.verarbeitung wurde im MA v. a. eine Reihe von Städten mit traditionsreichem Kupfergewerbe wie →Dinant (→Dinanderie), →Köln, →Braunschweig, →Lübeck und →Nürnberg (s. a. →Apengeter, →Gelbgießer; →Gießerei). Seit dem späten 7. Jh. (frk. und burg. Grabfunde) sind M.auflagen (als Ersatzstoff für kostbare Metalle, bes. Gold) auf eisernen Objekten belegt. Die aus karol. und otton. Zeit datierenden M.arbeiten (z. B. Löwen an Kirchentüren, Taufbecken, Kerzenhalter, Kruzifixe, Weihrauchgefäße) stammen insbes. aus →Hildesheim, →Trier, →Huy und →Verdun. Das Maastal (→Maaskunst) wurde zu einem der wichtigsten Zentren der M.verarbeitung für einen weiträumigen Export. Die in der Massenproduktion hergestellten M.waren konnten wegen der metall. Verbindungen und der wechselnden Farbgebung von den Zeitgenossen kaum von Kupfererzeugnissen unterschieden werden. Ein wichtiger Erwerbszweig in Nürnberg waren seit der 2. Hälfte des 15. Jh. Herstellung und Vertrieb von naturwiss.-techn. →Instrumenten aus M. (Lineale, →Kompasse, →Armillarsphären, →Quadranten, →Astrolabien).

Der Arbeitsvorgang des Hämmerns führte im 14. Jh. zu einer Annäherung der Kupfer- und M.schläger, die in denselben Zünften organisiert wurden. Diese traten seit Mitte des 15. Jh. zunehmend auch als kaufmänn. Unternehmer auf, produzierten →Draht und →Blech in außerhalb der Stadtmauern gelegenen Werkstattbetrieben, unter Einsatz hydraul. →Energie (→Mühle). M.blech wurde zu vielfältigen Produkten des Alltagslebens weiterverarbeitet, insbes. zu Bechern und Schüsseln, die mit Ornamenten in Treibarbeit geschmückt waren; diese Erzeugnisse wurden in den gesamten europ. Raum, den Mittleren Osten (über →Venedig) und nach Afrika (über →Antwerpen) exportiert. Ph. Braunstein

Q.: →Theophilus, →Albertus Magnus, →Agricola, →Biringuccio –
Lit.: H. Pirenne, Les marchands-batteurs de Dinant au XIVe et au XVe s., VSWG 3, 1904 – R. A. Peltzer, Gesch. der M.industrie und der künstler. Arbeiten in M. (Dinanderies) in Aachen und in den Ländern zw. Maas und Rhein . . . , Zs. des Aachener Gesch.svereins 70, 1908 – F. Tenner, Gesch. der ehem. Nordharzer M.industrie, 1952 – J. R. Maréchal, Petite hist. du laiton et du zinc, Techniques et civilisations 3, 1954 – T. G. Werner, Nürnbergs Erzeugung und Ausfuhr wiss. Geräte im Zeitalter der Entdeckungen, Mitt. des Vereins für Gesch. der Stadt Nürnberg 53, 1965 – R. Stahlschmidt, Das M.gewerbe im spätma. Nürnberg, ebd. 57, 1970.

Meßstipendium (stipendium, stips, oblatio), Gabe (meist Geld), die der Priester außerhalb der Messe empfangen darf, um ein Meßopfer nach der Meinung des Gebers oder Stifters darzubringen (Applikation). Es ist zw. Hand- (Manual-) und Stiftungsstipendium zu unterscheiden. Im MA war das M. eine Einnahme bes. Art nur für Kleriker mit Priesterweihe, entstanden aus der Gabenbringung (oblationes communes) bei der Eucharistiefeier. Bald wurde die Gabe schon vor Beginn der Messe überreicht. Mit der Beschränkung auf einen Geber ist das M. entstanden. Die rechtl. Durchbildung erfolgte um die Wende vom 13. zum 14. Jh. Seit dem 11. Jh. trat an die Seite der während der Privatmesse gegebenen Oblation die Meßstiftung (→Seelgerät, Jahrtagsstiftung), es vermehrten sich die für bestimmte Messen außerhalb (vor) dieser gegebenen Einzelgaben (oblationes peculiares). Die Gabe blieb freiwillig, den Priester aber traf nach deren Annahme die Rechtspflicht, die Messe zu applizieren. Eine gemeinrechtl., abschließende Regelung erfolgte im MA noch nicht. Eine große Rolle spielten das Partikular- und Gewohnheitsrecht. Ersteres suchte auch Mißbrauch zu verhindern. Dogmat. Grundlage des M.s ist die Lehre von der bes. Frucht jeder Messe, die der Priester Personen oder Anliegen zuwenden kann. Ihre Rechtfertigung finden die M.en in der Verpflichtung der Gläubigen, zum Unterhalt der Priester beizutragen, im von den Gläubigen Gott dargebrachten Opfer und in der von der Kirche gebilligten Gewohnheit (X. 5. 7. 12 § 5; X. 5. 3. 42); vgl. auch die

Parallele zum röm.-rechtl. honorarium. Die Legitimität der M.en wurde unter verschiedenen Rücksichten in Frage gestellt (z. B. Wyclif). R. Puza

Lit.: DDC V, 1203–1212–RGG IV, 907f. – G. ROHNER, Die Meßapplikation nach der Lehre des hl. Thomas, DT 2, 1924, 385–410; 3, 1925, 64–91 – E. TENBÖRG, Die M.en nach dem Cod. Iur. Can., 1934 – PLÖCHL II, 435–437 – A. MAYER, Triebkräfte und Grundlinien der Entstehung des M.s, 1976.

Mesta, Verfassungsinstitution. In →León und →Kastilien ursprgl. Bezeichnung für das lokale, der Allgemeinheit zugängliche Weideland (→Weide), wurde der Begriff seit der Mitte des 13. Jh. auf den genossenschaftl., in Form der →Hermandad erfolgten Zusammenschluß der Viehzüchter und Hirten angewandt (in Aragón *ligallos*, von Liga, dort die mächtigste die Casa de Ganaderos de Zaragoza), die sich drei- bis viermal jährlich trafen, um die Anwendung der gewohnheitsrechtl. Normen zu beraten, Streitfälle zu schlichten sowie über Abgaben (→Portazgo) und Strafen (→Montazgo) zu befinden, v. a. wenn diese mit der jährl. stattfindenden →Transhumanz über die *carrarias* (Viehzugwege; in Kastilien im SpätMA *cañadas*, in Aragón *cabañeras*, in Katalonien *carreratges*) zu den Weidegründen im Sommer und Winter zusammenhingen. Solche regionalen, meist munizipalen M., manchmal auch nur *esculcas* bzw. *oteros* (bewaffnete Patrouillen zur Sicherung des Viehbestandes), sind seit der 2. Hälfte des 12. Jh. in León, Soria, Segovia und Cuenca feststellbar, bevor sich die Viehzüchter zw. 1230 und 1263 zu einer einzigen zentralen *M. de los pastores* zusammenschlossen (BISHKO), aus der später der *Honrado Concejo de la M. de los pastores de Castilla* hervorgehen sollte. Diese erfuhr 1273 durch vier kgl. Ordonnanzen Alfons' X. eine einheitliche, landesweite Institutionalisierung (KLEIN), und ihre Entscheidungen bzw. Befehle (*avenencias* bzw. *posturas*) hatten allg. Gültigkeit. Die Motivation des Kg.s, der selbst auf dem →Realengo über Viehherden verfügte, bestand einerseits in dem Bestreben, durch verstärkte Viehzucht und die damit zusammenhängende Wollproduktion (v. a. nach der Zucht des Merino-Schafes um 1300; →Schaf, -zucht, →Wolle, Wollhandel) unabhängig von Fremdimporten an Tuchen zu werden, andererseits in dem Wunsch, die kgl. Fiskalität durch die wachsenden Einnahmen aus Abgaben (Viehkopfsteuer), Zöllen und Strafgebühren zu stärken. An der Spitze der M., deren Viehbestand in *cuadrillas* eingeteilt war, stand ein *Alcalde Entregador Major,* der dem Hochadel angehörte und die aristokrat. Ausrichtung der Organisation verdeutlichte, während die Alcalden *(Alcaldes de la M., Alcaldes de cuadrilla),* die für die Sicherheit der Viehtriebsstrecken zu sorgen und die Konflikte mit den Landwirten sowie den ortsfesten Viehzüchtern zu schlichten hatten, ebenso wie die als Appellationsrichter fungierenden *Alcaldes de alzada* von der in der Regel zweimal im Jahr (im Jan. im S, im Sept. oder Okt. im N) stattfindenden allg. Versammlung der Hermandad gewählt wurden. 1347 unterstellte Alfons XI. den gesamten Viehbestand des Concejo de la M., unter Vereinheitlichung der Steuererhebung (*servicio y montazgo,* eingezogen durch die *Procuradores del Puerto*), seinem Schutz und faßte ihn zu einer *cabaña,* der Cabaña Real, zusammen, die reichsweit bes. Nutzungs- und Viehtriebprivilegien erhielt und deren rechtl. Besitzstand von den Kg.en v. Kastilien immer wieder bestätigt wurde. Nach einer letzten Privilegierung (1489) ließen die Kath. Kg.e die Ordonnanzen und Rechte der M. 1492 in einer ersten *Recopilación* zusammenstellen. Der kgl. Einfluß auf die M. wurde bereits seit den Zeiten Alfons' X. durch die *Alcaldes Entregadores* repräsentiert, die im Auftrag des Kg.s mit richterl. Befugnissen ausgestattet waren und speziell gegen jene Grundherren sowie Concejos vorgehen konnten, welche unrechtmäßig Abgaben erhoben oder (als Entschädigung für erlittene Verluste) Vieh entfremdet hatten. Der *Alcalde Entregador Mayor* war häufig ein →Letrado, der durch den Kg. eingesetzt wurde, gehörte normalerweise dem Kg.shof an und war seit 1454 Mitglied des →Consejo Real. Die Kath. Kg.e schufen schließlich 1500, als der *Concejo de la M.* rund 3000 Viehzüchter umfaßte, das Amt des *Presidente de la M.* Im größeren Rahmen der →Reconquista ist die M. als ein Instrument der Landnahme und nachfolgenden Landerschließung zu betrachten, das zuerst von lokalen Interessengruppen und schließlich vom Kgtm. genutzt wurde. L. Vones

Lit.: J. KLEIN, Los privilegios de la M. de 1273 y 1276, BRAH 64, 1914, 202–219 – DERS., La M., 1985³ [klass. Standardwerk; erste engl. Fass. 1920] – F. RUIZ MARTÍN, Pastos y ganaderos en Castilla: La M. (1450–1600) (La lana come materia prima. Atti Sett. Datini Prato, 1972), 271–290 – R. PASTOR DE TOGNERI, La lana en Castilla y León antes de la organización de la M. (DIES., Conflictos sociales y estancamiento económico en la España medieval, 1973), 133–171 – J. RODRÍGUEZ MOLINA, La M. de Jaén y sus conflictos con los agricultores (1278–1359), Cuadernos de Estudios Medievales 1, 1973, 67–81 – L. GARCÍA DE VALDEAVELLANO, Curso de Hist. de las Instituciones españolas, 1975⁴, bes. 263–271 – CH.-E. DUFOURCQ–J. GAUTIER DALCHÉ, Hist. économique et sociale de l'Espagne chrétienne au MA, 1976, 134–136 – L. V. DÍAZ MARTÍN, La M. y el Monasterio de Guadalupe. Un problema jurisdiccional a mediados del siglo XIV, AHDE 48, 1978, 507–542 – CH. J. BISHKO, Stud. in Medieval Spanish Frontier Hist., 1980 – DERS., Sesenta años después: La M. de J. KLEIN a la luz de la investigación subsiguiente. Historia, Instituciones, Documentos 8, 1982, 1–49 – J. M. MÍNGUEZ, Ganadería, aristocracía y reconquista en la Edad Media castellana, Hispania 42, 1982, 342–354 – J. A. GARCÍA DE CORTÁZAR, La sociedad rural en la España medieval, 1988, bes. 142ff. – C. ARGENTE DEL CASTILLO OCAÑA, Precedentes de la organización del Concejo de la M. (Alfonso X el Sabio, I, 1989), 115–125 – P. GARCÍA MARÍN, La M., 1990.

Mestničestvo ('Rangplatzordnung'), regelte die Unterordnung des Dienstadels des Moskauer Souveräns (→Moskau) und weist gewisse Analogien mit dem →Majorat und den vasallit. Lehensbeziehungen auf. Dieses altruss. hierarch. System bildete sich im 14.–15. Jh. aus der Sitzordnung an der gfsl. Tafel aus und bestimmte bis 1682 im Moskauer Reich die offizielle Würde und Dienstbeziehungen zw. adligen Familien. M. war eine Einrichtung, welche die Interessen der Sippe und deren Platz in der Adelswelt und danach erst den einzelnen Adligen innerhalb einer Sippe vertrat. Im 15. Jh. regelte das M. zuerst die Dienstbeziehungen unter Mitgliedern des Hochadels (ehem. Teilfs.en und Moskauer Erbbojaren) bei den Militär-, Hof- und Verwaltungsämtern, breitete sich daraufhin auf den ganzen Dienstadel aus, wobei das Dienstprinzip über die Herkunft die Überlegenheit gewann und die polit. Position des Hochadels gemindert wurde. Rivalität um Ehre, Rang und Diensternennungen festigten die Stellung des Souveräns gegenüber den adligen Untertanen. Genealog. Streitigkeiten führten zum Entstehen einer umfangreichen, für das 15. Jh. z. T. erhaltenen Dokumentation. A. Poppe

Lit.: A. I. MARKEVIČ, Istorija mestničestva v Moskovskom gosudarstve v 15–17 vv., 1888 – H. NEUBAUER, Car und Selbstherrscher, 1964, 66, 91–97 – S. O. ŠMIDT, Stanovlenie rossijskogo samoderžavstva, 1973, 263–307 – JU. M. ESKIN, M. [in Vorber.].

Mestre Racional, gemäß den von Kg. →Peter IV. v. →Aragón im 14. Jh. erlassenen Verordnungen (Ordinacions) einer der vier Hofbeamten, die sich die Leitung der kgl. Haus- und Hofhaltung teilten. Ihm kam die Verwaltung des Königsguts und die Oberaufsicht über Einnahmen und Ausgaben zu. Er verwaltete die kgl. Schatulle und prüfte die Rechnungsführung der einzelnen Hofämter (→Finanzwesen, B. VI). Der Schatzmeister hatte ihm Rechenschaft abzulegen, ohne ihm allerdings völlig zu unterstehen. Der Kanzlei zugeordnet, kontrollierte der M. auch ihre Rechnungsführung.

Das Amt scheint sich aus der stauf. Verwaltung im Kgr. Sizilien abzuleiten, wo es Peter III. kennengelernt hatte. 1288 verschwand es im Rahmen einer Verwaltungsreform Alfons III., wurde aber 1293 von Jakob II. definitiv eingerichtet. Zw. 1338 und 1410 war es voll ausgebildet. Wegen der erforderl. Registerführung standen dem M. ein Stellvertreter und zwölf Schreiber zur Verfügung. Gab es zuerst nur einen M. im Bereich der Krone Aragón, so schuf Alfons V. 1419 dieses Amt auch für das Kgr. →Valencia. 1339 wurden M. für Korsika und Sardinien ernannt, die sich jedoch nur für eine kurze Zeit halten konnten. J. Lalinde Abadía

Lit.: F. Ferraz Penelas, El Maestre R. y la Hacienda foral, 1913 – A. Masiá de Ros, El Maestre R. y la Corona de Aragón. Una Pragmática de Juan II sobre dicho cargo, Hispania 10, 1950, 25–60 – T. de Montagut i Estragués, El M. R. a la Corona d'Aragó (1283–1419), I–II, 1987 – E. Cruselles, El Maestre R. de Valencia, 1989.

Mesuë, Bezeichnung für zwei syr. Ärzte des FrühMA und ein lombard. Arzneibuch des SpätMA.

1. M. Senior: Abendländ. Bezeichnung für zwei Angehörige einer syr.-chr. Ärztefamilie (Vater und Sohn).

a) *pater M.:* Abū Yūḥannā Māsawaih, † nach dem Regierungsantritt al-Maʾmūns (813), hatte drei Jahrzehnte am Krankenhaus zu Gondischapur (Ǧundišāpūr) praktiziert, bevor er wegen seines Ansehens durch Ǧibrīl, den für das Spital zuständigen Leibarzt des Kalifen →Hārūn ar-Rašīd, als mangelhaft gebildet verleumdet und daraufhin entlassen wurde. Nach Bagdad umgezogen, gelang es ihm, die Gunst des Wesirs al-Faḍl b. ar-Rabīʿ († 824) zu gewinnen, zum Hofarzt aufzusteigen und seinen Rivalen an Ruhm zu übertreffen.

b) *filius M. (antiquior):* Abū Zakarīyāʾ Yūḥannāʾ ibn Māsawaih, * um 777 in Gondischapur, † um 857, folgte seinem Vater als Leibarzt des Kalifen al-Maʾmūn und wirkte bis zu seinem Tode als Primararzt und Krankenhausdirektor in Bagdad bzw. Sāmarrā. Seine Übersetzertätigkeit hatte er bereits unter Hārūn aufgenommen; al-Maʾmūn sandte ihn nach Konstantinopel, um gr. Texte med. Fachprosa zu erwerben; als Leiter der Übersetzergruppe bildete er seinen Schüler und Mitarbeiter →Johannitius aus. Zahlreiche gr.(-syr.)-arab. Übertragungen und Kompilationen, aber auch eigenständige heilkundl.-naturphilos. Schr. (z. B. der pharmazeut. »Kitāb ǧawāhir aṭ-ṭīb al-mufrada« über die aromat. einfachen Arzneistoffe) sind von ihm erhalten; sein Werkverz. (F. Sezgin) umfaßt 57 Titel. Wie sein Vater nahm er sich bes. der Augenheilkunde an; seine dialekt.-dichotom. Wissensorganisation mit ihren Ramifikationsschemata rückt ihn in die Nähe von Petrus Ramus.

2. M. Junior (filius Mesuë junior/posterior; Johannes filius Mesuë filii Hamech filii Heli filii Abdela regis Damasci): Pseudonym, hinter dem sich der lombard. (?) Kompilator des »Grabadin« (< [al-]qarābāḏīn < γραφίδιον) verbirgt, eines Antidotars mit Pharmakopöe-Charakter, das sich – nach 1200 zusammengetragen – schon gegen 1300 als Hauptkonkurrent des aus vorsalernitan. Q. gespeisten →Antidotarium Nicolai durchsetzte und den Formelbestand für zusammengesetzte Arzneimittel bis ins 19. Jh. bestimmte. Der zeitl. Wirkungsgipfel des 'divus mesues' fällt ins 16. Jh., doch bleibt sein Werk auch im 17. Jh. unangefochten: Es stützt sich auf den ab 1200 verfügbaren Formelbestand, schöpft aus salernitan. Q. und insbes. arabist. Vorlagen der Zweiten Rezeptionswelle (→Avicenna, Canon; Rhases; Albucasis; →Aggregator), gliedert den Stoff sowohl nach Arznei- wie nach Anwendungsformen (12 distinctiones, die erste in zwei partes) und geht mit seinen 432 Rezeptvorschriften (nebst 145 Varianten) in die frühnztl. Pharmakopöen sowie pharmazeut. Lehrschr. ein. Die im 13. Jh. einsetzende hs. Überlieferung ist noch ebensowenig aufgearbeitet wie die 1471 beginnende Tradition der »Grabadin«-Drucke (früheste med. Inkunabel; 25 Auflagen bis 1602); das gleiche gilt für Übers.en. Eine dt. Streuüberlieferung läßt sich seit dem 15. Jh. nachweisen. Das hohe Ansehen des »Grabadin« führte dazu, daß gegen 1300 eine ans →Circa instans angelehnte Drogenkunde De simplicibus unter das werbewirksame Pseudepigraph M.s gestellt wurde; die unterschiedl. Texteingänge lassen daran zweifeln, daß es sich um eine einzige pharmakograph. Schr. handelt. Das »Grabadin« ist nicht nur imitiert, sondern auch interpretiert worden; die Tradition der M.-Kommentare setzt um 1300 ein (→Mondino de' Liuzzi). G. Keil

Lit.: Verf.-Lex.² VI, 451–453 – L. J. Vandewiele, De Grabadin van Pseudo-M.s (XIᵉ–XIIᵉ eeuw [!]) en zijn invloed op de ontwikkeling van de farmacie in de zuidelijke Nederlanden [Diss. Gent 1962; Übers.] – Sezgin, III, 229–236 – Ullmann, Medizin, 112–115, 205, 226, 304, 314 – R. Jansen-Sieben, Rep. van de Middelnederlandse artesslit., 1989, 353 (J20).

Met, ältestes alkoholhaltiges Getränk, in nahezu allen idg. Sprachen belegt, u.a. im alten Indien als *madhu* bekannt, war im europ. MA v.a. ö. der Elbe und in Skandinavien gebräuchl., wo Weinreben fehlten, doch Zeidelwirtschaft getrieben wurde. Hergestellt wurde M. durch Vergärung von Honig, gekocht mit Wasser, unter Zusatz von Hefe und schmackhaften Kräutern oder Gewürzen wie Hopfen oder Ingwer, in Skandinavien auch von Getreide, v.a. Weizen. Weil M. nicht lange lagerfähig war, wurde er kaum exportiert. Auch in Westeuropa war das Getränk bekannt, bei den Römern als hydromel oder mulsa, im Capitulare de villis (cap. 34) als medum. In der Mythologie (v.a. in Skandinavien) spielt der M. als Getränk, das Dichtkunst und Weisheit, für die Götter auch Unsterblichkeit, bringt, eine wichtige Rolle. J. M. van Winter

Lit.: KL XI, 656–661 – E. Veckenstedt, Der M. nach Wesen und gesch. Bedeutung, 1897 – H. Thunæus, Mjödet genom tiderna, Svensk bryggeri tidskr. 68, 1953, 225ff. – H. Wiswe, Kulturgesch. der Kochkunst, 1970.

Metalle, Metallbearbeitung (von gr. μέταλλον '[Bergwerks-]Grube', 'Mine', 'Mineral', 'Metall'), Sammelbezeichnung für bestimmte feste (und flüssige) Stoffe, im MA zunächst auch nur für Münzm., insbes. Silber. Die hochma. Philosophie nominierte allg. sieben Metallarten, die sie oft 'Planeten' zuordnete: Gold (aurum)/Sonne, Silber (argentum)/Mond, Blei (plumbum)/Jupiter, Kupfer (cuprum)/Saturn, Zinn (stagnum, stamnum)/Venus, Eisen (ferrum, chalybs)/Mars und Quecksilber (argentum vivum, mercurium)/Merkur. Die →Alchemie entwickelte, erkenntnismäßig gestützt auf Halbm. wie Arsen oder salzartige Metallverbindungen mit Sulfatresten und Hydratwasser wie den Alaun oder die Vitriole, ihre Lehre von der Transmutation der M. In der bergmänn. Praxis wurden zumeist Erzverbindungen verschiedener M. gewonnen, die auch nach der Aufbereitung und Verhüttung (→Bergbau) noch Legierungen erbrachten, die vom Blei abzutreiben, bei Gold/Silber-Verbindungen durch Kupellation oder Scheidewasser zu feinen und zu trennen sowie bei Silber/Kupfer-Verbindungen durch Zementations-, später Saiger- und Abdarrverfahren zu separieren waren, um M. in annähernder Reinheit zu erhalten. Je nach der erreichten Qualität konnten bei Edel-, v.a. aber bei Gebrauchsm.n, danach Standardisierungen erfolgen. Das Feinkupfer von →Massa Marittima z. B. durfte im 13. Jh. allenfalls 2,5% an Verunreinigungen enthalten, wenn der Barren das Gütesiegel »M« erhalten sollte. Zumindest im dt. Raum wurde zur gleichen Zeit das 'cuprum Goslaricum' seines Feingehalts wegen vor allen anderen hochgeschätzt. In der Praxis der Metallbearbeitung, die →Theophilus Presbyter in seiner »Diversarum artium schedula« (1122/23) ausführl. erläuterte, galten naturgemäß auch Legierungen wie →Bronze und →Messing als M.

Der hoheitl. Anspruch (Regal) auf Edelm. (→Bergrecht), der sich 1027 in der Ordnung der Kg.skammer v. Pavia für (Wasch-)Gold abzeichnete, danach im Hinblick auf Silbergruben (argentarie [Roncaglia 1158]) verstärkt wurde, erschien beim Übergang auf das Landesfsm. bis zur →Goldenen Bulle v. 1356 auch auf Erzeugungsstätten 'des Zinns, Kupfers, Eisens, Bleis und sonstiger Metallarten' ausgedehnt, ohne in einem jeden Fall auch wahrgenommen zu werden. Den Produktionswert aller M. errechnete Jakob →Fugger 1525 in einem Brief an Hzg. Georg v. Sachsen allein für Deutschland mit 2,5 Mio. Gulden jährl. Eine Urk. Karls V. aus demselben Jahr bezifferte ihn mit 2 Mio. Gulden 'eher mehr dann minder' und betonte, daß 'etliche hunderttausend Menschen' aus der Metallproduktion und -verarbeitung ihre Nahrung beziehen. K.-H. Ludwig
Lit.: L. AITCHISON, A Hist. of Metals, 2 Bde, 1960 – D. GOLTZ, (Sud-Arch, Beih. 14, 1972) – H. LÜSCHEN, Die Namen der Steine, 1979².

Metallschnitt (fälschl. Schrotschnitt), graph. Technik im Hochdruckverfahren. Die Figurenumrisse und die Gewandfalten bleiben als Stege auf der ca. 4 mm starken Metallplatte stehen; feinere Linien, wie Ornamente, Pflanzen und Schriften werden eingetieft, Schattierungen durch Abschaben des Grundes oder Punktieren erzielt. Die Technik wird bereits um 1200 in Theophilus v. Helmarshausens »Diversarum artium schedula« beschrieben. Man benutzte den M. zunächst in N-Deutschland zum Verzieren von Grabplatten. Vom Zentrum in Lübeck verbreitete sich der M. an den Niederrhein, nach England, Skandinavien und Finnland. Um 1450 begann man, unter dem Einfluß von Holzschnitt und Kupferstich (→Graphik) von kleineren, in M. angefertigten Platten Abdrucke auf Papier herzustellen. Ursprgl. schnitt man häufig den Hintergrund heraus (frühestes Exemplar: Darstellung des hl. →Bernardinus v. Siena 1454 [Paris]). In Köln entwickelte sich der M. zur Illustrationstechnik im →Buchdruck. Auch in Nürnberg, Mainz, Leipzig, Speyer und Straßburg setzten Drucker den M. für die Buchillustration ein. Bald nach 1480 endete die Blütezeit des M.s. Eine Nachblüte gab es von ca. 1500–20 im ndl. und frz. Buchdruck, doch wurden hier die Platten in reiner Hochdrucktechnik geschnitten. F. Anzelewsky
Lit.: W. L. SCHREIBER, Die Meister der Metallschneidekunst nebst einem nach Schulen geordneten Kat...., 1926 – DERS., Hb. der Holz- und M.e des 15. Jh., V, 1928; VII, 1929, 69–84 [1976³].

Metalogik (Metalogicon), wohl μετὰ λογικῶν 'mit den Logikern' oder 'für' sie (WEBB, xxii), Titel eines Werkes des →Johannes v. Salisbury, in dem er das Trivium, vornehml. die Logik, gegen 'Cornificius' verteidigt (zu diesem WEBB, 8, Anm. 1). »Et quia logicae suscepi patrocinium, Metalogicon inscriptus est liber« (1. Prol.). Ohne Logik ist Philosophie unmöglich (2, 1. 3. 5.). Gegliedert ist die Logik in demonstrativa, probabilis (dialectica und rhetorica) und sophistica (apparens et non existens sapientia, 2,3). Ihre Bedeutung für die Wissenschaften entspricht dem Atem bei den Lebewesen (2, 11). Die Dialektik ist die nützlichste der artes, aber nur in Verbindung mit Wissen (2, 9). Aristoteles hat in der Logik nicht seinesgleichen (4, 27); folglich empfiehlt Johannes v. Salisbury eindringl. das Studium des gesamten »Organon«, analysiert und charakterisiert es. Verbunden hiermit sind Ausführungen zur Erkenntnislehre, zum Universalienproblem und zum Studium der Philosophie. Zu früherer Ablehnung und Verteidigung der Logik vgl. GILSON, 615f.; OEING-HANHOFF, 177f.; ÜBERWEG II, 81ff. K. Bormann
Q. und Lit.: Ioannis Saresberiensis Metalogicon, rec. C.C.I. WEBB, 1919 – HWP II, 175-184, s.v. Dialektik [L. OEING-HANHOFF]; V, s.v. M., 1172–1174 [TH. RENTSCH] – GRABMANN, Scholastik II, 1911, 447–452 – UEBERWEG II – H. DANIELS, Die Wiss.slehre des Johannes v. Salisbury, 1932 – GILSON, Hist. – The World of John of Salisbury, hg. M. WILKS, 1984.

Metaphysica Aristotelis (ursprgl. und in der frühen lat. Übers. im Pl., später aber im ganzen MA im Sgl. verstanden) umfaßt 14 B. (griech. A+a–N). Nach einer partialen lat. Übers., der sog. »Vetustissima« des Jakob v. Venedig (ed. G. VUILLEMIN-DIEM, Arist. Lat. XXV. 1, 1970) entstand vor der Wende zum 13. Jh. die fast vollständige Übers. (I–X, XII–XIV) der »Translatio Anonyma sive 'Media'« (ed. DIES., ebd. XXV. 2, 1976). Vor 1237 wurden Textbuch und Komm. des →Averroes durch →Michael Scotus aus dem Arab. übertragen. →Wilhelm v. Moerbeke OP revidierte die »Media«, am stärksten die B. X–XII; das XI. B. (K) übersetzte er erstmals ins Lat. Aus uns unbekannten Gründen übertrug er auch die Bücher M und N (XIII–XIV) neu aus dem Griech. Seine zweite Redaktion (nach 1265) war allg. verbreitet und wurde häufig kommentiert: Translatio et Recensio Guillemi de Moerbeca (ed. DIES., ebd. XXV. 3–4). Die M. des Aristoteles war im MA bis ins 16. Jh. das Text- und Lehrbuch der Schule, das in Komm. und Quästionen erklärt wurde.
L. Hödl
Lit.: G. VUILLEMIN-DIEM, Misc. Med. 18, 1986, 289-366 – CH. H. LOHR, Medieval lat. Aristotle Comm., Traditio 23, 1967; 29, 1973 [Erg.] – DERS., Commentateurs d'Aristotle au Moyen Latin, 1988 – DERS., Lat. Aristotle Comm., II: Renaissance Authors, 1988.

Metaphysik. [1] *Voraussetzungen:* M., seit Platon und Aristoteles Zentrum der theoret. Philos., stand im MA in einem doppelten Interessenhorizont: zum einen als philos. Grunddisziplin, welche das Seiende als Seiendes untersucht, zum anderen als der Theol. zugewandte Wiss. vom ersten, göttl. Seienden, das im Unterschied zu allem anderen Seienden materie- und prozeßfrei, unverursacht und zeitlos ist. Als *Theorie des Seienden* sah sich die M. mit der Frage konfrontiert, ob sie Gegenstands- oder Prädikationstheorie ist; als *Theorie des göttlichen Seienden* hatte sie sich mit der Konsequenz zu beschäftigen, letztendlich in der Theol. aufzugehen. M. hat immer schon – und dies galt auch für das MA – über ihren Gegenstand hinaus die eigenen Möglichkeitsbedingungen mitzureflektieren, die prinzipiell anderer Natur sind als die der Theol., deren Prinzipien offenbarungsgegeben, während die Prinzipien der M. vernunftgesetzt sind. Die Philosophen des MA haben die hier auftretende Spannung nachdrückl. thematisiert, das Spektrum der vorgetragenen Lösungen reichte von einer *M. des Transzendenten* (im Gefolge des Neuplatonismus) über eine *M. der Substanz* (im Gefolge des Aristotelismus) bis hin zu einer *M. als Theorie der Prädikation* (im Gefolge des Nominalismus). Die hiermit angedeutete Entwicklung verdankt sich im wesentl. zwei Grundbedingungen ma. Philosophierens: der Rezeption der Antike und der Entwicklung eines eigenen Wiss.sverständnisses unter dem Einfluß des aristotel. Wiss.sbegriffs. Gegenstand der Rezeption waren der antike Platonismus, der frühchristl. Neuplatonismus und der Aristotelismus (→ Aristoteles im MA) sowohl in seiner arab. wie in seiner lat. Form. Zentrale Thesen des antiken Platonismus wie die Absage an Sinneswahrnehmung und Einzelding und die Theorie der Ideen als apriorischer Seins- und Erkenntnisgründe wurden im Neuplatonismus zu wichtigen Bestandteilen einer Theorie des in unmittelbarer Schau zugängl. geistigen Seins. Dieser platon.-neuplaton. Tradition stand die vom Aristotelismus geprägte Auffassung von M. als Theorie des Seienden als Seienden gegenüber. Zwar schloß auch diese Konzeption formal die Untersuchung eines ersten, ausgezeichnet Seienden und damit des göttl. Seienden ein, doch konnte dieser Ansatz infolge der Übernahme der aristotel. Wiss.skonzeption der Zweiten Analytiken deutlicher philos. Selbständigkeit gegenüber der Theol. behaupten.

[2] *Geschichtliche Entwicklung:* Der neuplaton. M.-Tradition war von Anfang an eine weitgehend ungebrochene Kontinuität beschieden. Über die Schule v. Alexandria (→ Clemens, → Origenes) im 2. Jh. lief die griech. Rezeptionslinie ins 9. Jh. zu → Johannes Scottus (Eriugena): M. war *philosophische Theologie,* Garant für die Wahrheit der M. war die göttl. Offenbarung. Die für das MA bes. wichtige neuplaton. Emanationslehre → Plotins wurde von Porphyrios zwar mit der aristotel. Logik und Kategorienlehre verknüpft, ohne daß M. damit schon zur Seinswiss. geworden wäre; sie blieb Theorie des göttl. Seins und damit der Theol. zugeordnet. Dies galt zunächst auch für Augustinus, der ganz im Sinne des frühen Platon eine M. der Erkenntnis vertrat: Erkennen hieß Abwendung vom Äußeren und Veränderlichen, dem mundus sensibilis, und Hinwendung in das eigene Innere und damit zur Welt des Geistigen, dem mundus intelligibilis der Ideen. Die Ideen freilich – hier trennten sich die Wege Platons und Augustins – wurden nicht als selbständige Realitäten, sondern als Gedanken Gottes verstanden. Auch ist Ideenerkenntnis nach Augustinus dem Menschen nicht von ihm selbst her möglich, sondern nur durch göttl. 'Erleuchtung' (illuminatio). Durch sie erhält der Mensch Anteil an der Wahrheit. Eine der frühesten systemat. Darstellungen neuplaton. M. bot die 'Theol. Elementarlehre' (στοιχείωσις θεολογική) des Proklos im 5. Jh. In 211 Lehrsätzen entwarf er eine in ihren wesentl. Teilen geistige Struktur der Wirklichkeit. Auszüge dieser Schrift gingen in den »liber de causis« ein, ein Werk, durch das neuplaton. Gedankengut wie die Lehre von der Transzendenz Gottes als der Ersturache alles Seienden, vom Hervorgang alles Seienden aus dem Geist, von der Seele und ihrer Erkenntnisweise etc. Eingang in das Denken des Islam fand.

Die *Vor- und Frühscholastik* rezipierte eine Fülle von neuplaton. Thesen und Theorien (Prävalenz der geistigen vor der empir. wahrnehmbaren Welt, M. als Wiss. vom Immateriellen, als Weisheit von den göttl. Dingen, Konzeption der Ideen als Gedanken Gottes, Teilhabe des Menschen an der Wahrheitserkenntnis durch Illumination, Stufentheorie des Seienden), ermangelte aber formal einer eigenständigen, wiss.theoret. abgesicherten Konzeption von M. im Disziplinenkanon der Philosophie, der nach wie vor aus Physik, Ethik und Logik bestand. Erste Ansätze zu einer Konzeption der M. als eigener Disziplin hatten sich unter dem Einfluß des aristotel. Organon bereits im 5. Jh. bei →Boethius angedeutet. Unter dem Einfluß der aristotel.-boethian. Logikkonzeption und in inhaltl. Anknüpfung an die Tradition des Neuplatonismus legte Johannes Scottus Eriugena im 9. Jh. mit seiner spekulativen Schrift »Periphyseon« ('Über die Einteilung der Natur') ein in Dialogform verfaßtes Werk vor, mit dem Ziel, die Wirklichkeit als ein begriffl. zugängl. Ordnungsgefüge darzustellen.

Mit dem Bekanntwerden der aristotel.-boethian. Logik begann im 11. Jh. die Diskussion um ein weiteres zentrales Thema der ma. M., um das sog. →Universalienproblem. Den Realisten (von Anselm v. Canterbury über Thomas v. Aquin bis Johannes Duns Scotus) war es darum zu tun, dem Allgemeinen eine reale Fundierung in den Einzeldingen zu sichern, während die Nominalisten (von Roscelin bis Buridan) dem Allgemeinen einen rein intramentalen Status zuwiesen. Eine ambivalente Stellung im Universalienstreit nahm →Abaelard ein, für den das Allgemeine zwar ein reines Denkprodukt war, als bedeutungstragender Bestandteil menschl. Rede aber doch einen Realbezug zu den Dingen beanspruchte. Einen weiteren Themenschwerpunkt bildeten Fragen der Kosmologie. Dies galt v. a. für das arab. Denken, das wegen der Schöpfungslehre des Islam an der Kosmologie der Antike, insbes. an Platons »Timaios« interessiert war. Da man diesem kosmolog. Interesse zugleich eine wiss. Fundierung geben wollte, wie sie die aristotel. Logik und Wiss.slehre erlaubte, mischte sich neuplaton. mit aristotel. Gedankengut (Al-Kindi, Al-Farabi). In der Wende zum 11. Jh. jedoch kam es bei Avicenna zu einer deutl. Zurückdrängung des Neuplatonismus zugunsten des Aristotelismus. Erstmals trat im Kanon der theoret. Wiss.en, die ganz im Sinne des Aristoteles von den prakt. Wiss.en (Ethik, Ökonomik und Politik) unterschieden wurden, zur bisherigen Trias Logik, Physik und Mathematik die M. als eigenständige Disziplin hinzu. Die damit dringl. Frage nach dem Gegenstand dieser Disziplin beantwortete Avicenna in einer für die Folgezeit richtungweisenden Form: Gegenstand der M. ist das Seiende als Seiendes. Diese These wurde im 12. Jh. von Dominicus Gundissalinus übernommen und fand im 13. Jh. weite Verbreitung (Michael Scottus, Albertus Magnus, Thomas v. Aquin). Doch schon im 12. Jh. erfuhr diese These erklärten Widerspruch seitens Averroes', für den Gegenstand der M. dasjenige Seiende ist, das sich keinem anderen Seienden verdankt: Gott. Der Widerstreit zw. der 'ontolog.' und der 'theol.' (A. ZIMMERMANN) Auffassung von M. wurde für das HochMA von grundsätzl. Bedeutung. Das 'theol.' M.-Verständnis, wie es Averroes favorisiert hatte, beeinflußte vornehml. die Denker der älteren Franziskanerschule (Alexander v. Hales, Bonaventura). Es zeigte sich schon bald, daß diese Konzeption auf der einen Seite zu viel, auf der anderen zu wenig behauptete: zu viel, weil dem Anspruch, M. könne vom ersten ausgezeichnet = göttl. Seienden ausgehen, eine Kritik der menschl. Vernunft und ihrer Reichweite erforderte; zu wenig, weil sie nicht die allem Seienden gemeinsame Bestimmung erfaßte, sondern nur vom ausgezeichnet Seienden ausging. Zugleich ergaben sich von der Offenbarungstheol. her Probleme mit der theol. Konzeption von M.: Man fragte sich, wozu es überhaupt noch der Theol. bedurfte, und v. a., was mit den mit der christl. Theol. unvereinbaren Gedanken eines mit Notwendigkeit handelnden ersten Bewegers zu tun sei. – Auch im jüd. Denken des MA stand die M. unter dem Einfluß des Neuplatonismus und des (arab. vermittelten) Aristotelismus. So fand sich der neuplaton. Gedanke einer stufenweisen Emanation alles Seienden aus Gott schon im 9. Jh. bei →Isaac Judaeus (Israeli). Im 11. Jh. suchte Salomon Ibn →Gabirol mit Hilfe der Lehre von Materie und Form das neuplaton. Emanationsschema auf eine völlig neue Weise zu strukturieren, indem er die Materie nicht als Ding-, sondern als Strukturprinzip begriff: Die Formen, die aus der Potentialität der 'Universalmaterie' (materia universalis) einzelnes materielles Seiendes entstehen ließen, befänden sich im Geiste Gottes. Es sei Gottes Wille, Materie und Form im konkreten Einzelseienden zusammenkommen zu lassen. Eine unverkennbar metaphys. Anlage zeigte auch das Hauptwerk des Moses→Maimonides, 'Führer der Unschlüssigen', in dem die Probleme der Möglichkeit einer angemessenen Rede von Gott und des Widerspruchs zw. der philos. Thesen von der Ewigkeit der Welt und der Glaubensüberzeugung vom Anfang der Welt behandelt wurden.

Hochscholastik: Die Philosophen der Hochscholastik, für die M. einen ausgezeichneten Rang innerhalb der Wiss.en innehatte, nahmen in ihrer Mehrzahl unter dem Einfluß der aristotel. Wiss.skonzeption nicht die theol., sondern die ontolog. M.-Konzeption auf, wie sie sich bei Avicenna gefunden hatte: M. hat ihren eigenen, von der Theol. verschiedenen Gegenstand: das Seiende als Seiendes. Bei der Ausgestaltung zeigten sich freilich gewichtige Differenzen. So bezeichnete Albertus Magnus als Gegenstand dasjenige »gemeinsame Prädikat« (commune praedicatum), welches das menschl. Erkenntnisvermögen als erste und allem zukommende Bestimmung erfaßt: »seiend«. Thomas v. Aquin nahm diesen Gedanken auf: Es gibt ein Prädikat, das sich (a) nicht auf ein anderes zurückführen läßt und das deshalb ein erstes ist, und das sich (b) von allem, was existiert, gleichermaßen aussagen läßt: »seiend«. Infolge seiner Erstheit ist dieses Prädikat nicht notwendig mit den Ko-Prädikaten Materialität und Prozessualität verknüpft, was der M. als Wiss. vom Seienden als Seienden auch die Möglichkeit verlieh, Aussagen über Gott zu tätigen, dies jedoch nicht im Sinne des Offenbarungsglaubens an ein transzendentes Wesen, sondern im Sinne widerspruchsfreier Existenzprädikation. Gegenstand der M. ist daher nach Thomas der für die menschl. Erkenntnis erste und in seinem Fundamentalcharakter allgemeinste Begriff 'seiend' sowie die mit ihm konvertiblen Bestimmungen (passiones entis) des Guten, des Wahren, der Einheit, des Etwas (bonum, verum, unum, aliquid). Alle diese Begriffe sind wie der des Seienden transkategorial, d. h. sie gehen jeder Aufteilung in Kategorien voraus. Wenn in der M. der Begriff des Seienden verwendet wurde, so im Sinne des Seienden, das Gott *ist*, während es das Geschaffene lediglich *hat*, und auch dies nur insoweit, als es am göttl. Sein *partizipiert*. Mit dem dem Neuplatonismus entstammenden Teilhabe-Gedanken rückte Thomas v. Aquin die M. wiederum in die Nähe zur Theol., seine M. wurde »Onto-Theologie« (L. HONNEFELDER).

Um die erneute Gefahr einer theol. Fundierung der M. zu vermeiden und doch zugleich die Bestimmung von M. als Wiss. vom Seienden als Seienden aufrechtzuerhalten, suchte Johannes Duns Scotus den Begriff 'seiend' so allgemein zu fassen, daß er, frei von jegl. inhaltl. Bestimmtheit, als ein solcher aufweisbar wird, der Erkenntnis allererst mögl. macht. Die größtmögl. Allgemeinheit von 'seiend' besteht darin, daß mit ihm lediglich Widersprüchlichkeit ausgeschlossen ist: 'Seiend' ist dasjenige, was widerspruchsfrei existiert oder existieren kann bzw. von dem solches prädizierbar ist. M. bestimmte sich von daher als Wiss. vom allgemeinsten, alle Kategorien übersteigenden Prädikat 'seiend' samt seinen umfangsgleichen Ko-Prädikaten. Da 'seiend' und die mit ihm konvertiblen (Einheit, Wahrheit, Gutheit) sowie die disjunktiven Bestimmungen (endlich/unendlich, geschaffen/ungeschaffen, möglich/wirklich, kontingent/notwendig etc.) den kategorialen Bereich übersteigen, nannte Duns Scotus die M. 'Wiss. von den transkategorialen Bestimmungen' (scientia de transcendentibus). Da das Prädikat 'seiend' bei Duns Scotus nicht mehr wie noch bei Thomas mit dem Seinsakt (actus essendi) ineins gesetzt wurde, sondern lediglich Nicht-Widersprüchlichkeit (non-repugnantia) meinte, konnte seine Anwendung auf das ungeschaffene und das geschaffene Seiende keine analoge, sondern mußte eine univoke sein. M. hat damit keinen inhaltl., transphysikal. Gegenstand; ihr Gegenstand ist vielmehr jene formale Struktur, innerhalb derer endliches wie unendliches, kontingentes wie notwendiges Seiendes überhaupt erst zum Gegenstand wiss. Aussagen werden kann. Auch hat M. nicht mit apriorischen Ursachenbeweisen (demonstrationes propter quid), sondern nur mit aposteriorischen Beweisen aus Wirkungen (demonstrationes quia) zu tun. Damit lag seit Duns Scotus eine für die Folgezeit tiefgreifend neue M.-Konzeption vor: M. definierte sich nicht weiter von ihrem Gegenstand, weder von der Theol. (weil M. nicht das Seiende als Seiendes und zugleich seine Ursache – und damit doch auch Seiendes – zu betrachten vermochte) noch von der Physik her (weil M. sonst von dieser abhängig wäre und damit ihren Charakter als Fundamentalwiss. verloren hätte).

Spielte schon bei Duns Scotus der strengere Wiss.sbegriff der aristotel. Zweiten Analytiken eine wichtige Rolle, so wurde dies bei →Wilhelm v. Ockham für die M. grundlegend: Gegenstand von Wiss. sind nicht Dinge, sondern Sätze. Gegenstand der M. konnte daher nicht irgendwelches Seiendes, sei es Substanz oder Akzidens, sein, sondern nur eine bestimmte Art von Sätzen. Hinsichtl. der Ordnung der Aussagen (ordo praedicationis) stand der Terminus 'seiend' im Mittelpunkt von M.; wählte man hingegen den Gesichtspunkt der Vollkommenheit (ordo perfectionis), gehörte auch Gott als das vollkommenste Wesen zur M., dies freilich in den Grenzen einer aposteriorischen, d. h. aus den Wirkungen schließenden Wiss. Ockham baute den scot. Gedanken der Nicht-Widersprüchlichkeit zur metaphys. Theorie aus: 'Seiend' läßt sich außer im Falle Gottes, der nicht nichtsein kann, nur von solchem aussagen, das grundsätzl. auch *anders* sein, ja *nicht* sein könnte, sofern damit kein Widerspruch verbunden ist. M. konnte damit weder Theol. noch Seinswiss. sein: nicht Theol., weil sie grundsätzl. nicht durch ihren Gegenstand und damit auch nicht durch das erste ausgezeichnet Seiende bestimmbar war, und nicht Seinswiss., weil sie nicht vom Sein, sondern von den Möglichkeiten der Prädikation 'seiend' handelte. Dieses Prädikat aber läßt sich, mit Ausnahme Gottes, nur vom Einzelseienden in der Welt aussagen. Alles außergöttl. Seiende aber ist dadurch gekennzeichnet, daß es auch anders sein könnte, als es ist. M. wurde damit bei Ockham zur Wiss. von der Prädizierbarkeit des Terminus 'seiend' in einer Welt durchgängiger Kontingenz. Ihre Prinzipien sind Widerspruchsfreiheit, Singularität und Kontingenz. M. hat nicht ein, sondern viele Subjekte; wiss. Allgemeinheit und Notwendigkeit verdankt sie nicht ihren Gegenständen, sondern ihren Aussagen; ihr Vorgehen ist nicht apriorischer, sondern aposteriorischer Natur. Damit wurde M. in den Kreis der wiss. Disziplinen integriert, zwar um den Preis der Eingrenzung ihres Anspruchs, doch mit dem Vorzug der Reflexion auf die Möglichkeiten menschl. Vernunfterkenntnis. M. und Kritik traten zueinander erstmals in ein wechselseitiges Bedingungsverhältnis.

Spätscholastik: In der zweiten Hälfte des 14. Jh. geriet die M., die sich wesentl. durch die Frage bestimmte, ob in einer Welt durchgängiger Kontingenz allgemeingültige Aussagen über die Struktur der Realität überhaupt mögl. sind, in den Streit der Schulen (Thomismus, Skotismus,

Ockhamismus) und die damit verbundenen Dogmatisierungen und Radikalisierungen. Einzelne Denker bemühten sich gleichwohl, das zuvor erreichte Reflexionsniveau zu halten. So →Johannes Buridanus, der M. die »allgemeinste« Wiss. nannte, weil sie mit der Untersuchung des Fundamentalbegriffs 'seiend' im Unterschied zu den übrigen Disziplinen schlechthin alles Seiende untersucht. → Walter Burleigh wandte sich der Analyse der Zeichenfunktion metaphys. Termini zu, wobei er gegen Ockham an der These einer realen Fundierung der →Universalien festhielt. Die unterschiedl. Stellungnahme zum Universalienproblem wurde zu einem der Kennzeichen des sog. »Wegestreits« zw. den Denkern der via antiqua, die der Position eines gemäßigten Realismus folgten und den Allgemeinbegriffen einen Direktbezug zur Wirklichkeit der Dinge zusprachen, und den Vertretern der via moderna, die einen gemäßigten Nominalismus vertraten und die Eigenwelt des Log. und des Semant. betonten. Die oft subtilen log. und semant. Dispute, die Kritik an der M. in ihrer alten wie in ihrer neuen Form (via antiqua – via moderna) und die vielfältigen Auseinandersetzungen unter den sich etablierenden Univ.en bedeuteten auch für die M. eine Periode des Umbruchs, aus der ein Ansatz herausragt, der die neuplaton. Wurzeln metaphys. Denkens mit den inzw. entwickelten log.-semant. Methoden verband: der Ansatz des → Nikolaus v. Kues. M. mußte für ihn in der Lage sein, selbst die Aufhebung des Prinzips der Nicht-Widersprüchlichkeit zu denken, da sie sonst das Absolute, das allem Widerspruch vorausliegt, verfehlen mußte. Ähnliches galt vom Kontingenz-Prinzip, das seine Grenze darin fand, daß das Unendliche in keine vernünftige Relation zum Endlichen und damit Kontingenten gesetzt werden konnte. In dem Ansatz, alles Seiende und damit auch Gott unterliege dem Prinzip der Nicht-Widersprüchlichkeit, vermochte der Cusaner ledigl. eine Wissens-, keine Vernunftlogik zu erkennen; letztere aber hielt er für erforderl., um den 'Zusammenfall der Gegensätze' (coincidentia oppositorum) begreifen zu können. Die menschl. Erkenntniskraft bleibe, soweit sie auf Logik und Widerspruchsprinzip angewiesen ist, im Bereich der Mutmaßungen (coniecturae), jenseits derer dem Menschen nur gelehrte Unwissenheit (docta ignorantia) mögl. ist. Bei aller grundsätzl. Verschiedenheit gilt der menschl. Geist als dem göttl. verwandt; gleichwohl ist er nur Abbild, er besitzt nur assimilierende Kraft, während der Geist Gottes seinssetzender (entificativa) Natur ist. Der Cusaner wollte hiermit nicht einer Zwei-Welten-Theorie das Wort reden, sondern eine metaphys. Bestimmung in und derselben Wirklichkeit aus je verschiedener Bezüglichkeit geben. In gewissem Sinne kehrt die M. des Cusaners an eine der wichtigsten Wurzeln der ma. M., zum Neuplatonismus, zurück (Urbild/Abbild, intellektuelle Schau); indem sie aber zugleich den Gedanken der Vernunftkritik unterstrich, wies sie weit in das Denken der NZ und Gegenwart voraus.

[3] *Systematische Bedeutung:* Die ma. Diskussion um das subiectum metaphysicae war in ihrem Kern eine Auseinandersetzung um die Möglichkeit von M. selbst: Vermochte sie Gott und damit Transzendentes zu denken oder erwies sich ihr Gegenstand infolge einer Analyse der Grenzen menschl. Vernunft als ein transzendentaler? In der Antwort auf diese Frage kam man zunehmend zu der Erkenntnis, daß M. das Transzendente, wenn überhaupt, nur unter den Bedingungen und in den Grenzen menschl. Vernunft zu denken vermochte; je deutlicher dieselben gezogen wurden (Nicht-Widersprüchlichkeit, Kontingenz), desto problematischer gestaltete sich die Möglichkeit einer M. des Transzendenten. Auf der anderen Seite war es den Denkern des MA nicht darum zu tun, Gott aus dem Bereich der M. auszugrenzen. Sie fragten daher zunehmend nicht mehr, ob das prozeß- und materiefreie Seiende Gott Gegenstand der M. sei, sondern wie wiss. Aussagen sowohl über endliches wie unendliches Seiendes möglich wären. Diese Verschiebung des Diskurses von der Rede von Gegenständlichem zur Untersuchung von Aussagemöglichkeiten eröffnete zwei zuvor nicht beachtete Wege, die sich überdies unter bestimmten Bedingungen miteinander verknüpfen ließen: den Weg, M. als Wiss. vom Transzendentalen, d. h. von den die kategoriale Begrifflichkeit übersteigenden Fundamentalbegriffen zu verstehen, wie dies Duns Scotus in paradigmat. Weise vorgetragen hatte, und den Weg, M. als Theorie der Prädikation des Terminus 'seiend' im Horizont radikaler Nicht-Notwendigkeit zu konzipieren, wie dies richtungweisend Ockham entwickelt hatte. Die systemat. Bedeutung der ma. M. liegt daher nicht nur darin, daß sie durch Aufnahme antiker Traditionen Kontinuität wahrte, sondern auch darin, daß sie durch eigene, innovative Beiträge ein systemat. Verständnis der M. der NZ erleichtert, und dies in mehrfacher Hinsicht: Erstens wurde mit der Konzeption einer M. des Kontingenten der Boden für eine M. des Werdens vorbereitet, zweitens wurde mit dem Fundamentalprinzip der Widerspruchsfreiheit die Diskussion einer M. möglicher Welten eingeleitet, drittens wurde mit der Theorie der M. als Transzendentalwiss. der bis in die Gegenwart zentrale Gedanke einer notwendigen Verbindung von M. und Vernunftkritik auf den Weg gebracht; viertens schließlich wurden mit der Unterscheidung zw. gegenstands- und prädikationstheoret. Ansätzen von M. Anstöße gegeben, die bis in die Gegenwart fortwirken.

J. P. Beckmann

Lit.: G. Martin, Wilhelm v. Ockham, 1949 – L. Oeing-Hanhoff, Ens et unum convertuntur, 1953 – Ders., Die Methoden der M. im MA (Die M. im MA, hg. P. Wilpert, 1963), 71–91 – A. Zimmermann, Ontologie oder M.?, 1965 – J. P. Beckmann, Die Relationen der Identität und Gleichheit nach Johannes Duns Scotus, 1967 – W. Beierwaltes, Platonismus in der Philos. des MA, 1969 – K. Kremer, Die neuplaton. Seinsphilos. und ihre Wirkung auf Thomas v. Aquin, 1971[2] – J. C. Doig, Aquinas on Metaphysics, 1972 – K. Flasch, Die Einen bei Nikolaus v. Kues, 1973 – L. Honnefelder, Ens inquantum ens..., 1979 – Philos. im MA, hg. J. P. Beckmann, L. Honnefelder, G. Schrimpf, G. Wieland, 1987 – L. Honnefelder, Scientia transcendens, 1990.

Metaplasmus (gr.), grammat. Terminus für die Umformung von Wörtern durch Hinzufügen, Wegnehmen, Austauschen und Umstellen von Buchstaben aus Gründen des Redeschmucks bzw. des Metrums (Isid. etym. 1,35, antiken Grammatiken folgend, z. B. Consent.ars); erlaubter →Barbarismus. Im MA wird der Begriff erwähnt bei →Clemens Scottus, →Sedulius Scottus in Don. mai., →Hugo v. St. Victor, →Eberhard v. Béthune, →Alexander de Villa Dei. B. Gansweidt

Lit.: ThLL VIII, 876f. – Ch. Thurot, Notices et extraits de ms. de la bibl. imp. ..., 22,2, 1868 [Nachdr. 1964] – W. O. Neumann, De barbarismo et metaplasmo quid Romani docuerint [Diss. Königsberg 1917] – H. Lausberg, Hb. der lit. Rhetorik, 1973[2].

Metatheton, Bezeichnung für die in der Ostkirche verbreitete Praxis einer gegen das Translationsverbot (ἀμετάθετον) verstoßenden Bischofsversetzung. Nach dem Recht der Ostkirche war es grundsätzl. untersagt, einen Bf. von einer Diöz. in eine andere zu versetzen (Kanon 15 der I. Synode von →Nikaia, Kanon 21 der Synode von Antiocheia, Kanones 1–2 der Synode von →Sardica, 14. Apostelkanon, Kanon 48 der Synode von Karthago; vgl. auch Kanon 20 der Synode von →Chalkedon und Nomokanon in 14 Titeln, 1, 26). Grund dieses Verbotes war die Vorstellung, daß der Bf. mit seiner Diöz. wie in einer Ehe verbunden war. Daher mußte die Versetzung in eine andere Diöz. gewissermaßen als »Ehebruch« erscheinen. Aus der wiederholten Einschärfung des Translationsverbots kann auf dessen häufige Übertretung geschlossen werden. Dementsprechend sind auch zahlreiche Fälle von Bischofsversetzungen bekannt (z. B. →Gregor v. Nazianz). Als Legitimation für diese Praxis konnte der 14. Apostelkanon herangezogen werden, der die Translation eines Bf.s ausnahmsweise erlaubt, wenn ein vernünftiger Grund vorliegt und mehrere Bf.e zustimmen.

J. M. Konidaris

Lit.: K. M. RHALLES, Περὶ μεταθέσεως ἐπισκόπων κατὰ τὸ δίκαιον τῆς 'Ορθοδόξου'Ανατολικῆς Ἐκκλησίας, 1898 – L. OBER, Die Translation der Bf.e im Altertum, AKKR 88, 1908, 209–229, 441–465, 625–648; 89, 1909, 3–33 – E. I. THEODOROPULOS, Τὸ ἀμετάθετον τῶν Ἐπισκόπων, 1962 [= DERS., Ἀμετάθετον, ThEE II, 1963, 344–351] – J. DARROUZÈS, Le traité des transferts, REB 42, 1984, 147–214.

Métayage → Teilbau

Metellus v. Tegernsee, Mönch und lat. Dichter bisher ungeklärter Identität, schrieb etwa 1165–75 die »Quirinalia«, einen polymetr. Gedichtzyklus in 6 Büchern über Vita, Passio, Translatio und Miracula des hl. →Quirinus, des Tegernseer Patrons (Buch I–IV: Oden, zunächst in den Versmaßen der horaz. Oden und Epoden, danach im Anschluß an Prudentius, Boethius u.a. mit insgesamt 36 Versarten in 55 Strophenformen; V: Prolog und 10 Eklogen nach dem Vorbild Vergils; VI: Periparacliton sive de advocatis, Tegernseer Kl.gesch.n des 11.–12. Jh. in satir.-polem. Hexametri retrogradi, unvollst. erhalten). Das Werk erweitert den Stoff der älteren Passio S. Quirini wesentl.; es enthält reiche lokalhist. Nachrichten und diente auch kl.polit. Interessen. Es sind zwei Autorenfassungen erhalten, die ältere (4049 Verse) nur in spätma. Hss., die zweite (4852 Verse) in dem vom Autor selbst teilweise geschriebenen und korrigierten Cod. Admont. 267. Außerdem läßt sich M. ein lat. Kreuzzugsepos zuschreiben (4845 Verse), das die Admonter Hs. ebenfalls mit Korrekturen des M. überliefert, eine Versifikation der »Historia Hierosolimitana« des Robertus Monachus. Anklänge an den →Ludus de Antichristo und eine Episode, die auch →Arnold v. Lübeck kennt (Zweikampf des Wichers), sind bes. zu vermerken.

P. J. Jacobsen

Ed.: P. C. JACOBSEN, Die Quirinalien des M. v. T., 1965 – DERS., M. v. T., Expeditio Ierosolimitana, 1982 – Lit.: Verf.-Lex.² VI, 453–460.

Meteor, Meteorit. Das im MA von der Antike übernommene Prinzip der Unveränderlichkeit des →Himmels (Isidor, etym. III, 71: »stellae cadere non possunt«; →Weltbild) erschwerte erhebl. eine wiss. Deutung der Erscheinung von M.en. Der Fall von Meteoriten (Feuerkugeln) auf die Erde wurde zwar beobachtet, aber gewöhnl. außerhalb eines wiss. Rahmens lediglich als übernatürl. (Schreckens-)Zeichen verstanden. Meteoriten (darunter der Stein v. →Mekka) galten als Sitz magischer Kräfte. Keine M.en sind die im dt. →'Lucidarius' erwähnten »steine, die da uallent« (I, 100), sondern Hagelkörner. Kleinere, die Erde nicht erreichende Meteoriten (Sternschnuppen) wurden entweder als optische Täuschungen deklariert (Wilhelm v. Conches III, 7, 22; Thomas v. Cantimpré XVIII, 3) oder unter Berufung auf die aristotel. Lehre (meteor. I 4) als rein meteorolog. Phänomene betrachtet und zwar als Ergebnis der Entzündung von bis zum oberen Teil der sublunar. Region emporgestiegenen trockenen Dünsten. Albertus Magnus bietet eine ausführl. Phänomenologie dieser »feurigen Erscheinungen« (Meteor. I,4); die von ihm gebrauchte Sammelfachbezeichnung *assub* entstammt der älteren arab.-lat. Übersetzung der ʿMeteorologicaʾ des Aristoteles.

L. Sturlese

Q.: →Aristoteles, →Isidor, →Albertus Magnus – Thomas v. Cantimpré, L. de natura rerum, ed. H. BOESE, 1973 – Wilhelm v. Conches, Philosophia, ed. G. MAURACH, 1980 – Dt. Lucidarius, ed. D. GOTTSCHALL–G. STEER, 1992 – Lit.: HWDA VI, 217–228 – RE 2. R., III, 2439–2446 – R. R. NEWTON, Medieval Chronicles and the Rotation of the Earth, 1972, 687–689 – U. DALL'OLMO, Meteors, meteor showers and meteorites in the MA, JHA 9, 1978, 123–134 – J. G. BURKE, Cosmic Debris. Meteorites in Hist., 1986 – D. GOTTSCHALL, Sternschnuppen und Altweibersommer, ZDA 119, 1990, 154–162.

Meteora (τὰ Μετέωρα, 'die in der Luft Schwebenden'), Name einer Gruppe von byz. Kl., gelegen bei Kalambaka (Stagoi) in Thessalien (Nordgriechenland), in kühner Lage auf Felsen oder in Felsspalten errichtet. Die ersten Mönche, die als Einsiedler in Höhlen des Dupiane-Felsens hausten, eiferten dem altchr. 'sketischen' oder 'thebaischen' Eremitentum nach. Um die Mitte des 14. Jh. lebten und lehrten zwei vom →Hesychasmus geprägte Mönche, Gregorios und sein Schüler Athanasios, auf dem Felsen Stylos. Athanasios baute als erster ein – noch rudimentäres – Kl. für 14 Mönche auf dem Gipfel des ʿBreiten Felsensʾ (Platys Lithos); dies war der Kern des ʿGroßen Meteoronʾ. Nach Athanasiosʾ Tod (1383) errichtete sein Freund und Nachfolger Johannes Uroš (ʿJoasaphʾ), Sohn des serb. Fs.en v. Thessalien, Symeon Uroš, das Gr. Meteoron 1388 neu. Ältestes erhaltenes M.-Kl. ist das von Einsiedlermönchen v. Dupiane begründete Hypapante-Kl. (Darbringung Christi, 1366–67). Der (nicht zuletzt auf Stiftungstätigkeit von Serben beruhende) Ausbau, verbunden mit der Einrichtung eines geregelten monast. Lebens nach dem Vorbild des →Athos, führte zu Spannungen mit den Anhängern eines strengeren Einsiedlertums in der Skete v. Stagoi. Der beiden Strömungen gemeinsame Gedanke der Weltflucht wurde begünstigt durch die abgeschiedene Lage der nur über Seile und Strickleitern erreichbaren M.-Kl. Auch nach der türk. Eroberung Thessaliens (1393) konnten die Mönche ihrem meditativen Ideal ungestört nachstreben. Neue Kl. entstanden: Hagia Trias (1476), Hag. Stephanos (ab 1404), Barlaam (1542), Rusanu (1545). Von den einstmals wohl 14 M.-Kl. verfügten einige über Besitzungen in der Walachei und Moldau. Alle boten mit Kapelle, Refektorium, Küche, Zisternen, Zellen, Bibliothek und Schatzkammer das charakterist., jedoch der Topographie des jeweiligen Felsens angepaßte Erscheinungsbild eines byz. Kl. Mehrere M.-Kl. (insbes. Hypapante, Barlaam, Gr. Meteoron und Hag. Nikolaos, 1527) bergen reiche Wandmalereien des 14.–16. Jh.

D. M. Nicol

Lit.: D. M. NICOL, The Rock Monasteries of Thessaly, 1975² – J. KODER–F. HILD, Hellas and Thessalia (Tabula imp. byz. 1, 1976) – G. CH. SOULIS, The Serbs and Byzantium during the Reign of Tsar Stephen Dušan and his Successors, 1984.

Metge, Bernat, * 1340/46 in Barcelona, † 1413, Notar, Sekretär der Hofkanzlei und katal. Dichter. Sohn des Apothekers Guillem M. *Werke:* In der Ich-Form verfaßte allegor. Reimerzählung »Libre de Fortuna e Prudència« (1381); parodist.-satir. Briefgedicht »Medicina apropiada a tot mal« (entstand 1396 im Gefängnis); »Sermó«, Predigtparodie in Versen; »Ovidi enamorat«, Teilübertragung in Prosa des ps. ovid. mlat. Gedichts »De vetula«; Übers. der »Història de Valter e la pacient Griselda« (um 1388), Fragm. der »Apologia« (1395), beides für die frühe katal. Petrarca- und Boccaccio-Rezeption bedeutsam; M.s Hauptwerk ist der Dialog »Lo somni« (1399) in 4 B. In einer Traumvision erscheint dem skept. Autor im Gefängnis der tote Kg. Johann I. in Begleitung von Orpheus und Tiresias. Ihre philos.-theol. Gespräche handeln von der Seele, Unsterblichkeit und Freiheit. Den Abschluß bildet ein Lob der Frau. In der Kompilation verbinden sich klass.-humanist. Bildungsinteressen mit erlebter Zeitgesch. (Sündenbekenntnis des Kg.s) und dem Versuch der persönl. Rechtfertigung zu einem herausragenden Zeugniskatal. Prosa. D. Briesemeister

Ed. und Lit.: Obres, ed. R. MIGUEL I PLANAS, 1910–12; M. DE RIQUER, 1959–Obra completa, ed. L. BADIA–X. LAMUELA, 1983–M. CASELLA, Il somni d'en B.M., e i primi influssi it. sulla lett. catal., AR 3, 1919, 145–205 – A. VILANOVA, La génesis de lo somni, Bol. R. Acad. de Buenas Letras 27, 1957/58 – M. DE RIQUER, Hist. de la lit. cat., 3, 1984, 31–106 – L. BADIA, De B.M. a Joan Rois de Corella, 1988.

Method → Konstantin und Method

Methode. Das MA verwendete für M. im Sinne von 'Weg wissenschaftl. Vorgehens' v.a. den lat. Begriff via, methodus dagegen selten. Aufschluß über die im MA bekannten M.n gewährt Joh. Damaskenos, Dialectica, 49. 53 (übers. von Robert Grosseteste, hg. O. A. COLLIGAN, 1953): Die divisive M. teilt die Gattung durch mittlere Differenzen in Arten, die definitive M. definiert den Gegenstand durch die Gattung und die Differenzen, die resolutive (analyt.) M. löst das Zusammengesetzte in das Einfachere auf, womit eine Leistung des Denkens gemeint ist. Diese M. heißt naturalis resolutio, weil nicht ein Begriff, sondern naturhaft Seiendes auf seine konstituierenden Prinzipien zurückgeführt wird. Die demonstrative M. beweist einen vorgegebenen Satz durch einen Mittelbegriff ('Eselsbrücke'; vgl. H. SCHEPERS). Bei der resolutiven M. werden die rationalis resolutio (log. Analyse) und die math. von der natürl. Analyse unterschieden. Die log. Analyse führt einen →Syllogismus zwecks Beurteilung der Folgerichtigkeit auf die ihm eigene Figur zurück; die math. Analyse, im MA selten angewendet, betrachtet das Erfragte (z.B. ob die Seele unsterbl. ist) als schon erwiesen und dringt zu etwas Zugestandenem vor (z.B. weil die Seele unsterbl. ist, gibt es Vergeltung guter und böser Taten, gibt es den Richter und den zu Richtenden, gibt es die Vorsehung, was nicht bezweifelt wird). Dann folgt die compositio (z.B. weil es die Vorsehung und den Richter gibt, gibt es Vergeltung, gibt es den zu Richtenden; also ist die Seele unsterbl.). Geläufig war der prakt. ma. Philos. die Anwendung der math. Analyse auf die Mittel, die zur Verwirklichung eines Zieles führen, vgl. Aristoteles, EN 1112b 20. Zur prakt. Anwendung der Math. auf Maße und Meßverfahren vgl. H. WITTHÖFT (Hg.). Die M.n ma. →Metaphysik (vgl. L. OEING-HANHOFF) sind gemäß Thomas v. Aquin (Expos. super libr. Boethii de trin. 6,) 1. Die Verwendung probabler Argumente, deren Ergebnis opinio vel fides, nicht aber scientia ist, und die resolutive Rückführung einer opinio auf die ersten Prinzipien, wodurch eine Meinung beurteilt und zur Gewißheit erhoben werden kann. 2. Die naturalis resolutio, die von den Wirkungen zu den Ursachen führt. Die compositio geht den umgekehrten Weg von den Prinzipien und Ursachen zum Bewirkten. 3. Die compositio dringt von den allgemeinen zu den besonderen Formen vor; die entsprechende resolutio bis zur Betrachtung des Seins und dessen was dem Sein eigen ist. Anders Bonaventura (Coll. in Hex. 10, 18): Die resolutio eines endl. Seienden gelangt zum Sein Gottes. Die Metaphysik hat im Gegensatz zu den anderen Wiss. nachzuweisen, daß ein Gegenstand ist und was er ist (Thomas v. Aquin, In Met. nr. 1151; vgl. Aristoteles, Met. 1025 b 17). Die dem →Platonismus entstammende Unterscheidung in affirmative, negative und superlative Theol. besagt, daß positive Benennungen Gott nur in unendl. verminderter Bedeutung zukommen, negative Aussagen wahrer sind, größtmögl. Annäherung an Gott durch Verneinung der Verneinungen erreicht wird. Bei Nikolaus v. Kues kulminiert dies in der Formulierung: »Du siehst, daß einander Widersprechendes von Gott verneint wird, so daß er weder ist noch nicht ist, noch ist und nicht ist, noch ist oder nicht ist; sondern alle diese Aussagen reichen nicht an ihn hinan« (De princ. nr. 19; vgl. De coni. 1. nr. 21). Bezügl. einer angenäherten Gotteserkenntnis verwendet Nikolaus das Prinzip der →coincidentia oppositorum und die M. des incomprehensibiliter inquirere (De docta ign. 1 nr. 5): Im Ausgang von uns völlig Bekanntem, dem Mathematischen als einer Schöpfung unseres Verstandes, sind die math. Figuren als aktual unendl. zu setzen (Koinzidenz aller unendl. Figuren); dann sind die Verhältnisse der unendl. Figuren unter Absehen von allem Figürlichen auf Gott als das unendl. Einfache zu übertragen (ebd. nr. 33).

Ein sachl. und ein method. Problem betrifft die Frage der 1277 verurteilten doppelten Wahrheit. Ma. M.nverständnis beruht auf antiker Methodologie (Platon, Aristoteles), ebenso wichtig ist Boethius (vgl. De trin. 2, 16). Zur scholast. M. →Scholastik. K. Bormann

Lit.: HWP I, 232–248 [Analyse/Synthese; L. OEING-HANHOFF]; II, 164–184 [Dialektik; W. RISSE, A. MÜLLER, L. OEING-HANHOFF], 242–244 [Dihairesis; F. P. HAGER], 285–287 [Doppelte Wahrheit; L. HÖDL], 743–745 [Eselsbrücke; H. SCHEPERS]; IV, 544–574 [Invention; A. HÜGLI, U. THEISSMANN]; V, 1304–1311 [M.; J. RITTER, F. P. HAGER, M. LEMOINE, L. OEING-HANHOFF], 1332–1336 [M., analyt./synthet.; C. F. GETHMANN]; VII, 1336–1335 [Prinzip; P. AUBENQUE, G. WIELAND] – L. OEING-HANHOFF, Die M. der Metaphysik im MA, Misc. Medievalia 2, 1963, 71–91 – Die hist. Metrologie in den Wiss.en, hg. H. WITTHÖFT u.a., 1986.

Methodios I. d. Bekenner, hl. (Fest: 14. Juni), Patriarch v. Konstantinopel seit 4. März 843, * Ende des 8. Jh. in Syrakus, † 14. Juni 847. Nach einer hervorragenden Ausbildung in Syrakus wurde M. in →Bithynien Mönch und später Abt, kam 815 nach Rom, trat für die Bilderfreunde ein und trug dazu bei, Annäherungsversuche der Ikonoklasten (→Bilderstreit) abzuwenden. 821 nach Konstantinopel zurückgekehrt, wurde er bis 829 wegen seiner romfreundl. Haltung gefangengehalten. Unter Ks. Theophilos (829–842) hielt sich der wegen seiner Bildung von diesem verehrte M. am Hof auf. Nach einem weiteren Klosterjahr wurde er anstelle des zum Rücktritt gezwungenen →Johannes VII. Grammatikos (48. J.) auf den Patriarchenthron berufen. Eine Synode vom März 843 in Konstantinopel restituierte den Bilderkult und signalisierte den Ausklang der dogmat. Dispute, den M. ein Jahr später durch die Einführung des Sonntags der Orthodoxie besiegelte. Bei der Säuberung des hohen Klerus versuchte M., aus kirchenpolit. Überlegungen Maß zu halten, was ihm die Feindschaft der Studiu-Mönche (→Studiu-Kl.) einbrachte. M. verhängte darauf über sie den Bann, was noch kurz vor seinem Tod zum Schisma führte. Von M. wurden auch als Handschriftenschreiber bekannten M. sind Schr. religiösen Inhalts überliefert (bildertheol. Abh., Briefe, Viten, liturg. Dichtung). G. Makris

Ed.: MPG 100, 1271–1325 – J. GOUILLARD, Une œuvre inédite du patriarche M.: La vie d'Euthyme des Sardes, BZ 53, 1960, 36–46 – *Lit.*: BECK, Kirche 496–498 – DThC X, 1597–1606 – GRUMEL-LAURENT, Nr. 414–443 – LThK² VII, 368f. – ThEE VIII, 899–902 – V. DOBSCHÜTZ, M. und die Studiten, BZ 18, 1909, 41–105 – V. GRUMEL, La politique religieuse du patriarche saint M., EO 34, 1935, 385–401 – I. DOENS-CHR. HANNICK, Das Periorismos-Dekret des Patr. M. I. gegen die Studiten Nektarios und Athanasios, JÖB 22, 1973, 93–102 – P. CANART, Le patriarche M. de Constantinople copiste à Rome, Palaeographica, Diplomatica et Archivistica, I, 1979, 343–353 – J. DARROUzès, Le patriarche M. contre les iconoclastes et les Stoudites, RevByz 45, 1987, 15-57.

Methodius, Pseudo-Methodius. Die sog. Revelationes Methodii, als deren Verfasser Methodios v. Patara, Bf. v. Olympos (um 300) galt, enthalten einen in einer eigentüml. Form von Geschichtsklitterung verfaßten Abriß der Weltgesch., der in Prophezeiungen übergeht, die vom Untergang der Reiche, zuletzt des röm. Kg.s in Jerusalem, vom Auftreten des →Antichrist, von seiner Überwindung durch den Gottessohn und vom Anbruch des Weltgerichts künden. Die syr. Urfassung der Revelationes, die im 7. Jh. entstand, wurde bald ins Gr. und (vielleicht wiederholt) ins Lat., dann auch in Volkssprachen übersetzt. Die Verbreitung der Revelationes war außerordentl. stark, ist aber im einzelnen noch nicht zu überblicken. Bedeutend ist der Einfluß, den sie auf einzelne Werke (z. B. →Adso, epist. ad Gerbergam; →Ludus de Antichristo), v. a. aber auf Grundvorstellungen des MA ausübten. E. Heyse

Ed.: in der lat. Übers. des Petrus monachus, E. SACKUR, Sibyllin. Texte und Forsch., 1898, 59ff. – M. LAUREYS–D. VERHELST [in Vorber.] – *Lit.:* P. LEHMANN, SBA.PPH 8, 1918, 78f. [= DERS., Erforsch. des MA I, 1959, 37f.] – A. SIEGMUND, Die Überlieferung der griech. chr. Lit., 1949, 172ff. – BRUNHÖLZL I, 144ff., 527; II, 155, 579 – O. PRINZ, Bem. zum Wortschatz der lat. Übers. des Pseudo-M. (Fschr. H. F. HAEFELE, hg. A. REINLE u. a., 1985), 17ff.

Methone → Modon und Koron

Metlinger, Bartholomäus (in der Augsburger Steuerliste Mettlinger; in Dr. des 18. Jh. fälschl. Merlinger), Arzt, * in Augsburg als Sohn des Arztes Peter M., † 1491/92 ebd. 1472 schrieb er sich nach Gründung der Univ. Ingolstadt dort ein, war zu dieser Zeit aber bereits als Arzt in Augsburg, ab 1476 in Nördlingen tätig, wo er sich für die Gesundheitsfürsorge der Stadt einsetzte und eine »series medicamentorum« herausgab. Ab 1484 war er wieder in Augsburg. Erstmals in dt. Sprache veröffentlichte M. »Ein Regiment der jungen Kinder« (Inkunabeldr. 7. Dez. 1473 bei Günther Zainer, Augsburg). Das in 4 Kapitel unterteilte Büchlein (27 bedr. Blätter), ein Ratgeber für Eltern, handelt von der Pflege des Säuglings, bis dieser laufen und sprechen kann, von Kinderernährung, Ammenwahl und Entwöhnung, 25 Kinderkrankheiten, Ratschlägen zur Pflege, Diätetik und Erziehung der Kinder zw. 2 und 7 Jahren. Als Q. nennt M. die Aphorismen des Hippokrates sowie Galen, Razes, Avicenna, Averroes, Avenzoar, Constantinus, Gentile da Foligno. Die Schrift erlebte bis 1550 zahlreiche Auflagen. J. N. Neumann

Lit.: K. SUDHOFF, Erstlinge der pädiatr. Lit., 1925 [Faks. der Erstausg.] – A. PEIPER, Chronik der Kinderheilkunde, 1992⁵; bes. 106.

Metochites. 1. M., Georgios, * ca. 1250, † 1328 in Konstantinopel, Palastkleriker ebd., theol. Schriftsteller, Vater des Theodoros M., Freund des Patriarchen→Johannes XI. Bekkos, genoß wegen unionsfreundl. Gesinnung das Vertrauen Ks. Michaels VIII. Palaiologos, reiste in dessen Auftrag mehrmals an die päpstl. Kurie, wurde aber unter Andronikos II. als Unionsanhänger abgesetzt, 1285-90 in einer Festung bei Nikomedien und später in Konstantinopel inhaftiert. Er starb, bis zuletzt unbeugsam, im Gefängnis. In einem umfangreichen Traktat über das →Filioque und in Streitschr. gegen Zeitgenossen verteidigte er seine romfreundl. Glaubensüberzeugung. Am bedeutendsten ist seine »Historia dogmatica«, eine hist.-dogmat. Darstellung der Kontroversen nach dem Konzil v. →Lyon 1274. F. Tinnefeld

Lit.: LThK² IV, 703f. – PLP VII, 214, Nr. 17979 [Lit.] – BECK, Kirche, 684 [Werke] – A. PAPADAKIS, Crisis in Byzantium, The Filioque Controversy..., 1983 – E. DE VRIES-VAN DER VELDEN, Théodore Métochite. Une réévaluation, 1987, 31ff.

2. M., Theodoros, byz. Humanist und Politiker, * 1270 in Konstantinopel, † 13. März 1332 ebd., ⌐ Chorakl.; 1283–ca. 1290 mit seinem Vater Georgios im Exil in Kleinasien. 1290 nach Konstantinopel zurückgekehrt, begann M. bald eine polit. Karriere am Hof Ks. Andronikos' II., die ihn bis in Konkurrenz zu seinem ursprgl. Freund und späteren Feind Nikephoros →Chumnos bis zum höchsten Amt im Staate (μεσάζων, 'Ministerpräsident') aufsteigen ließ. Zugleich bestimmten M. und Chumnos ca. 1315-27 den lit. 'Betrieb' in Konstantinopel und erwarben ein bedeutendes Vermögen. Der für Andronikos II. unglückl. Ausgang des Bürgerkriegs gegen seinen Enkel (1328) brachte dem Ks. und seinem Freund M. die Konfinierung und den Verlust ihrer polit. Stellung sowie der materiellen Ressourcen.

Das umfangreiche Œuvre des M. enthält a) Rhetorisches (18 Texte im Cod. unicus Vindob. Phil. gr. 95 aus der Zeit unmittelbar nach dem Tod des M.): 2 große Ks.-Enkomien (auf Andronikos II.), eines auf Konstantinopel (Byzantios), je eine Monodie auf die Ksn. mutter Theodora und den Philosophen Joseph, eine Ekphrasis auf Nikaia, eine Synkrisis von Demosthenes und Aristeides und 6 Hagiographica. Inhaltl. überwiegend rhetor. sind auch die 20 Gedichte in 9188 oft mangelhaften Hexametern. – b) Philosophisches: Die konventionell als »Miscellanea philosophica et historica« bezeichnete Slg. von 120 Essays (im Blick auf Plutarchs Moralia geschrieben) behandeln Themen der Philosophie, Ethik, Religion, Politik, Lit.gesch., Gesch., Astronomie, Mathematik und Physik. Eine Reihe von Aristoteles-Paraphrasen liegt nur in lat. Übers. des 16. Jh. vor. Ziel dieser Paraphrasen war für M. leichtere Verständlichkeit und Verbreitung der aristotel. Texte in Gegenwart und Zukunft. Um Philosophie und naturwiss. Fragen ging es in den zwei polem. Schr. gegen Nikephoros Chumnos (Nr. 13, 14 im Vindob.). – c) Naturwissenschaftliches: Nach wenigen Jahren der Einführung durch Manuel→Bryennios schrieb M. über Sonnen- und Mondfinsternis und eine große Einführung in die Astronomie (Stoicheiosis), von der nur das Prooimion und eine Kapitelübersicht gedruckt vorliegen. Dieses Werk und auch die kleinere »Einführung in die Mathematik des Ptolemaios« sollte der Erneuerung der in Byzanz schon vergessenen Astronomie und Verbreitung ihrer Kenntnis dienen. Beweis für den Erfolg waren etwa der Entwurf des Nikephoros Gregoras zur Kalenderreform und die in den folgenden Generationen in Byzanz tätigen Astronomen wie Georgios Chrysokokkes, Isaak Argyros, Theodoros Meliteniotes u. a. – d) Sui generis ist der Presbeutikos, der Bericht des Politikers M. über eine diplomat. wichtige Reise zu Kg. Milutin (1299). In dem wohl schon in den letzten Lebensjahren geschriebenen Ethikos (ἡ περὶ παιδείας) liegt ein bes. autobiogr. Zeugnis des chr. Humanisten M. vor. In einer späteren Beurteilung des eigenen Schwankens zw. βίος θεωρητικός und βίος πρακτικός, dem Ideal des Wissenschaftlers und des Staatsmannes, hebt er unter den Vorzügen der ›theoret.‹ Lebensführung die Verbreitung seiner Gedanken in Wort und Schrift, die Liebe zum Buch und die Bedeutung einer eigenen Bibl. sowie die Förderung der Bildung allg. hervor. In einem Brief an die Mönche des von ihm als Stifter prunkvoll restaurierten →Chorakl. betont M. nachdrückl. den pädagog. und bildungspolit. Wert seiner im Kl. untergebrachten Bibl. Rund 150 Briefe des M. gingen durch einen Brand im Escorial verloren. H. Hunger

Lit.: Tusculum-Lex.³, 525–528 [Ed.] – H.-G. BECK, Die Krise des byz. Weltbildes im 14. Jh., 1952 – H. HUNGER, T.M. als Vorläufer des Humanismus in Byzanz, BZ 45, 1952, 4–19 – DERS., Der Ethikos des

T. M., Hellenika, Partartema 9, 1957, 141–158 – I. ŠEVČENKO, Études sur la polémique entre Théodore Métochite et Nicéphore Choumnos, 1962 [mit Ed. von Nr. 13, 14 aus Vindob. 95] – DERS., T. M., the Chora, and the Intellectual Trends of his Time (The Kariye Djami, IV, 1975), 19–91 – E. DE VRIES – VAN DER VELDEN, Théodore Métochite. Une réévaluation [Diss. Amsterdam 1987; dazu: H. HUNGER, BZ 80, 1987, 374–377; H.-V. BEYER, *Βυζαντινά* 15, 1989, 7–77].

Metohija, Landschaft im SW Serbiens (im autonomen Gebiet Kosovo), ein weiter, fast allseits von hohen Gebirgen umgebener Kessel, der im O über einen niedrigen Gebirgszug Verbindung zum →Kosovo polje hat. Die Landschaft, die im MA noch nicht den Namen M. (abgeleitet von griech. *metóchion*, im ma. Serbien übl. Bezeichnung für Kirchenbesitz) trug, war in zahlreiche einzelne →župe ('Gaue') aufgegliedert, die alle in den 80er Jahren des 12. Jh. unter die Herrschaft der serb. →Nemanjiden gelangten. Dank der günstigen natürl. Gegebenheiten war das Gebiet dicht besiedelt, überwiegend von Serben; die meisten ma. Ortsnamen sind bis heute erhalten. Die Bevölkerung betrieb Ackerbau und transhumante Viehzucht. Alle Getreidearten wurden angebaut; im 13. und 14. Jh. folgten Wein-, Obst- und Gemüseanbau.

Die ständige Residenz der serb. Ebf.s in →Peć bzw. →Žiča, zwei Bf.ssitze, große »Kg.skl.« und zahlreiche Kirchen machten die Landschaft zu einer religiösen und kulturellen Zentralregion des serb. Staates. →Prizren, wo sich einer der Höfe der serb. Zaren befand, hatte einen tägl. Markt sowie einen Jahrmarkt und war ein bedeutendes Gewerbezentrum. Auch der Patriarchensitz Peć wurde ein Handelsmittelpunkt. Im ma. Serbien war die M. das am weitesten entwickelte Gebiet. M. Blagojević

Lit.: K. JIREČEK, Istorija Srba I, II, 1952 – G. ŠKRIVANIĆ, Hvosno u srednjem veku, Zbornik Filozofskog fakulteta u Beogradu 11-1, 1970, 331–337 – Istorija srpskog naroda I, II, 1981/82 – M. BLAGOJEVIĆ, Pregled istorijske geografije srednjovekovne Srbije, Zbornik Istorijskog muzeja Srbije 20, 1983, 45–126 – M. JANKOVIĆ, Episkopije i mitropolije srpske crkve u srednjem veku, 1985 – S. ĆIRKOVIĆ, Srednjovekovna prošlost današnjeg Kosova, Zadužbine Kosova, 1987, 553–557.

Metrik → Vers- und Strophenbau

Metrodora. Die Hs. Laurentianus plut. 75/3 (s. XI) enthält fol. 4v–33r als einzige einen Auszug (*ἐκ τῶν*) des Werks der M. *περὶ τῶν γυναικείων παθῶν τῆς μήτρας*. Die derart überschriebenen 108 Kap. reichen inhaltl. allerdings über Leiden des Gebärmutterbereichs und Obstetrik hinaus, berücksichtigen Brüste und Magen, bieten Pharmaka sowohl dazu als auch zu hier unspezif. Beschwerden (Husten, Quartanfieber, Aussatz?), ferner Kosmetika, →Aphrodisiaca und dubiose mag. Mittel, etwa zum Vermeiden oder Erkennen von Ehebruch. Diese breite, v. a. im ersten Teil bis Kap. 61 dem Tätigkeitsfeld von Hebammen in der →Frauenheilkunde entsprechende Fächerung sowie die ledigl. bei internen Erkrankungen zwecks Differentialdiagnose unabdingbare und daher angeführte Symptomatik legen eine praxisorientierte Funktion (vgl. den wiederholten Hinweis *διὰ πείρας*) des wohl mehrfach (unsystemat.) erweiterten Traktats nahe. Die ansonsten unbelegte M. mag als Verfasserin fiktiv sein (*ἡ μήτρα* = Uterus, *τὸ δῶρον* = Geschenk, Gabe); zeitl. ist durch Bezüge auf →Alexander (v. Tralleis, 6. Jh.) nur ein terminus post quem sicher. E. Kislinger

Ed.: A. P. KOUSIS, Praktika Akad. Athenon 20, 1945, 46–68 – G. DEL GUERRA, Il libro di M., 1953 – *Lit.*: RE XV, 1474 [DEICHGRÄBER] – S. ZERVOS, SudArch 3, 1910, 141–144 – DERS., Athena 24, 1912, 401–412 – TH. MEYER-STEINEG, Zur Gynäkologie der M. (Internat. Beitr. zur Gesch. der Medizin, 1928), 261–264.

Metrophanes, Metropolit v. Smyrna, Kirchenpolitiker und geistl. Schriftsteller. Als unversöhnl. Gegner des Patriarchen →Photios kurz nach dessen Erhebung 858 abgesetzt und auf den Chersones verbannt, kehrte er nach dessen Sturz 867 in sein Amt zurück und trat auf der antiphotian. Synode v. →Konstantinopel 869/870 als Wortführer der Anhänger des Patriarchen →Ignatios auf. Wegen seiner Weigerung, mit dem restituierten Photios in kirchl. Gemeinschaft zu treten, auf der photian. Synode 879/880 exkommuniziert, verliert sich seine Spur. Seine Schr. erweisen M. als beachtenswerten Bibel-Exegeten, Hagiographen und Hymnendichter. Bes. Bedeutung haben seine Kanones auf die Hl. Dreifaltigkeit erlangt. Sie stehen in der Oktoechos der orth. Kirche und werden im 8-Wochen-Zyklus zum Mitternachts-Offizium der Sonntage gesungen (dt. Übers.: K. KIRCHHOFF, Hymnen der Ostkirche, 1960, 27–74). P. Plank

Lit.: DSAM X, 1126–1129 – D. STIERNON, Konstantinopel IV, 1975.

Metropolit. Die Provinzhauptstadt im ö. Teil des röm. Imperiums, Sitz des Prov.statthalters und der Prov.verwaltung, trug den Titel *μητρόπολις*. Die Übertragung dieses zunächst rein polit. Namens im kirchl. Sprachgebrauch auch auf den Bf.ssitz dieser Stadt, dessen Inhaber den Titel eines M.en erhielt, und die ihr zugrundeliegende Angleichung der kirchl. Ordnung an die staatl. Verhältnisse geschah wahrscheinl. nach dem Ende der letzten großen Verfolgung unter Diokletian zu Beginn des 4. Jh. Denn in den Akten des 1. Ökumen. Konzils v. Nikaia (325) erscheinen die Bezeichnungen *μητρόπολις* (K. 7) und *μητροπολίτης* (K. 4; 6) wie selbstverständl., wobei die Deckungsgleichheit von polit. Prov. (*ἐπαρχία*) und kirchl. Metropolitanbezirk vorausgesetzt wird (K. 4; 5; 6). Danach ist für die Wahl und Weihe des Bf.s einer Diöz. (*παροικία*) durch die Bf.e der entsprechenden Prov. die Zustimmung des zuständigen Metropoliten erforderl. (K. 4; 6). Vorgeschrieben wird bereits eine regelmäßig stattfindende Zusammenkunft der Bf.e (Synode) auf Einberufung durch den M.en (übernommen durch die Synode v. Antiocheia [341; K. 20] und von den Apostol. Kanones [K. 37], vom 4. Ökumen. Konzil v. Chalkedon erneut eingeschärft [451; K. 19]). – Daß es sich bei der Metropolitanverfassung im übrigen wirkl. um die bewußte Angleichung der kirchl. Ordnung an die polit. Gliederung des Oström. Reiches handelt, zeigt bes. die Synode v. Antiocheia: K. 9, während weitere Kanones (11, 13, 14, 15, 16, 19, 20, 23) die Metropolitanverfassung sichern wollen. – Offenbar sind seit dem 4. Jh. bereits die Metropolien, nicht das einzelne Bm., die wirkl. »Ortskirchen« mit einer vollständigen Struktur der kirchl. Verwaltung. Theodoros →Balsamon will darum in seinem Komm. zu K. 2 v. Nikaia in ihr die ursprgl. »Autokephalie« erkennen (MPG 137, 317 D). Entscheidend aber für das bis heute geltende Grundprinzip der ostkirchl. Verfassung, die enge Verbindung der kirchl. Ordnung mit den nationalen bzw. staatl. Gegebenheiten, herausgewachsen aus der usprgl. Metropolitanverfassung des 4. Jh., wurde schließl. das Konzil v. Chalkedon (K. 17: »Ist eine Stadt auf Entschließung des Ks.s gegründet worden, oder wird es in Zukunft, dann soll sich die Ordnung der kirchl. Bm.er dem polit. und öffentl. Vorbild angleichen.«); bekräftigt durch Trullanum II, K. 38. Die Metropolitanverfassung verlor zwar durch die polit. Veränderungen wie auch mit zunehmendem Gewicht des Patriarchate an Bedeutung, doch wirkten die M.en partiell an der Patriarchatsverwaltung, wie z. B. in Konstantinopel, durch ihren Sitz in der »permanenten« Synode (→Synodos endemusa) mit. Verzeichnisse der Metropolien – notitiae episcopatuum – wurden seit dem Ende des 4. Jh. bis zum 14./15. Jh. mehrfach zusammengestellt, ohne daß diese beabsichtigen müssen, jeweils den wirkl. Bestand wiederzugeben; dazu BECK, 148–200. H. M. Biedermann

Lit.: LThK² VII, 373-375 [Lit.] – DDC I, 927–934 – ThEE VIII, 1130f. – BECK 36–41; 67–74; 148–200 – PHILARET, Gesch. der Kirche Rußlands (Übers. BLUMENTHAL), o.J., 85–106 – E. HERMAN, Appunti sul diritto metropolitico nella Chiesa biz., OrChrP 13, 1947, 522–550 – H. GROTZ, Die Hauptkirchen des O., OrChrAn 169, 1964 – J. DARROUZÈS, Recherches sur les Οφφίκια de l'église byz., 1970 – H. M. BIEDERMANN (Fschr. Julius Kard. DÖPFNER, 1973), 284–303 – Notitiae episcopatuum ecclesiae Constantinopolitanae, ed. J. DARROUZÈS, 1981.

Mettlach, Benediktinerkl. (Saarland, Krs. Merzig), im 7. Jh. vom austras. Adligen Liutwin als St. Peter und Maria geweihte Doppelanlage gegr. Liutwin trat selbst in die klösterl. Gemeinschaft ein, wurde später Bf. v. Trier, Reims und Laon. Daraus ergab sich bis in das 10. Jh. eine Personalunion in der Leitung des Trierer Bm.s und des Kl. M. Vermutl. auf Konfiskation durch Karl Martell zurückgehende kgl. Rechte übte noch Lothar I. aus, seitdem erscheint M. als trier. Eigenkl. Bf. Ruotpert v. Trier (931–956) gewährte freie Abtswahl und leitete eine auf Trier ausgerichtete Kathedralprozession der sö. Diözesanpfarreien nach um. Die unter Abt Lioffin (987–993) begonnene Grabkapelle Liutwins (sog. 'Alter Turm'), der älteste erhaltene sakrale Monumentalbau im Saarland, hagiograph. und homilet. Schr., Briefwechsel mit →Gerbert v. Aurillac, roman. Bauplastik und ein um 1220/28 entstandenes Kreuzreliquiar bezeugen die kulturelle Blüte des Kl., das 1793/94 von seinen Mönchen verlassen wurde. H.-W. Herrmann

Lit.: Hist. Stätten Dtl. V, 235f. – P. VOLKELT, Die Bauskulptur und Ausstattungsbildnerei des frühen und hohen MA im Saarland (Veröff. des Inst. für LK des Saarlandes 16, 1969), 21–37, 96–125, 218–265, 298–352 – TH. RAACH, Kl. M./Saar und sein Grundbesitz (Q. und Abh. zur mittelrhein. Kirchengesch. 19, 1974) – M. KLEWITZ, Zur Baugesch. der Benediktinerabtei M. (1300 Jahre M., 1975), 81–94 – ST. FLESCH, Die monast. Schriftkultur der Saargegend im MA (Veröff. der Kommission für saarländ. Landesgesch. 20, 1991), 12–71.

Metz, Stadt und Bm. in Ostfrankreich, →Lothringen (Hauptstadt des dép. Moselle).
A. Stadt – B. Bistum – C. Klöster und Stifte
A. Stadt
I. Allgemeine und politische Geschichte – II. Topographie – III. Wirtschaft.

I. ALLGEMEINE UND POLITISCHE GESCHICHTE: [1] *Antike:* M. war Vorort der galloröm. civitas der Mediomatrici (Name: Divodurum, später: Mettis, hieraus Mets, Metz); auf einem schmalen, langgestreckten Höhenzug gelegen, etwa 1 km vor der Einmündung der Seille in die →Mosel. In röm. Zeit entstand auf dem höchsten Punkt eine weiträumige Thermenanlage, deren Wasser über einen Kanal von 23 km Länge aus Gorze herangeführt wurde; im S lagen zwei Amphitheater. Durch Ausgrabungen sind Teile der röm. Mauer und vollständig erhaltene Mosaiken freigelegt worden (Museum in den Thermen). Die Entwicklung von M. beruhte auf der günstigen Verkehrslage im Moseltal, in dem auch die civitates →Toul und →Trier lagen. Eine von →Lyon in Richtung Trier und →Köln verlaufende röm. Straße kreuzte bei M. einen von →Reims nach →Mainz bzw. →Straßburg führenden Verkehrsweg.

[2] *Mittelalter: a) Früh- und Hochmittelalter:* Die Stadt erscheint in den Q. anläßl. ihrer Zerstörung durch die Truppen →Attilas (451). In einer Liste (um 760), die die Kirchen aufführt, die der Bf. während der Osterzeit zu besuchen hat, sind 34 Kultstätten erwähnt, die ein besiedeltes Areal erkennen lassen, das etwa zwei- bis dreimal so groß war wie die ummauerte Fläche der Römerzeit (70 ha).

In der Karolingerzeit erfolgte der Aufstieg der als Wirkungsstätte des hl. →Arnulf ausgezeichneten Stadt zur Begräbnisstätte der Dynastie. In der Apostelkirche (später: St-Arnoul), die das Grab des hl. Vorfahren der Karolinger barg, fanden Söhne Pippins II., Töchter und eine Gemahlin Karls d. Gr., schließlich Ludwig d. Fromme die letzte Ruhestätte. Karl d. Gr. hatte vielleicht die Absicht, M. zu seinem Hauptsitz zu machen, bevor seine Wahl auf →Aachen fiel (O. G. OEXLE, 1967). In M. ließ sich 869 Karl d. Kahle krönen.

In den folgenden Jahrhunderten unterstand die Stadt den Bf.en; Herrscherbesuche sah sie nur noch selten. Die Bf.e brachten nach und nach die Herrschaftsrechte in ihre Hand und wurden so in Hinblick auf Gerichtsbarkeit, Herrschaftsausübung und wirtschaftl. Nutzung zu alleinigen Stadtherren; seit ca. 1000 (oder etwas früher) prägten sie Münzen; auch bestimmten sie Gf.en und Vögte. Gegen diese Vorherrschaft der Bf.e regte sich während des ganzen 12. Jh. starker Widerstand; der wirtschaftl. und demograph. Aufschwung verstärkte die Machtposition der Bürger. Bf. →Bertram (1180–1212) bemühte sich noch einmal um die Aufrechterhaltung der bfl. Stellung (Organisation der jährl. Wahl des Schöffenmeisters, Kontrolle über die Vereinigungen der Fleischer und Wechsler, Einrichtung der →Amandellerie [→Schreinswesen]). Das entstehende Bürgertum forderte vom Bf. die finanzielle Beteiligung des Klerus am Bau der Stadtmauer und setzte die *Treize jurés* (Dreizehngeschworenen) als städt. Verwaltungsgremium ein. Ks. Friedrich II. konnte durch persönl. Eingreifen zugunsten des Bf.s (1215: *Communia pacis*) die kommunale Bewegung nur kurzfristig eindämmen; mit der »guerre des amis« (1224) war die Macht der →Patrizier fest etabliert; der Bf. wurde nun zunehmend aus der Stadt hinausgedrängt und zog sich schließl. nach Vic-sur-Seille zurück.

b) Spätmittelalter: Mit dem 13. Jh. beginnt die Gesch. der städt. Kommune M., die bis ins späte 15. Jh. prosperierte. Eine neue Befestigungsmauer umschloß die beiden Vorstädte »outre Seille« und »outre Moselle« sowie das Kaufmannsviertel im SO der alten Stadt (Vesigneuf, Champ à Seille, Neufbourg). An der Spitze der städt. Institutionen standen der Schöffenmeister *(maître-échevin)* und die Dreizehngeschworenen; hiervon ausgehend, bildeten sich die Siebenergremien der *Sept de la Guerre* und *Sept du Trésor*. Die städt. Institutionen entfalteten eine reiche Gesetzgebungstätigkeit, die das polit., wirtschaftl. und selbst geistl. Leben ordnete. Das polit. Leben der Stadt wurde von den fünf großen Geschlechterverbänden *(paraiges)* beherrscht, die im 12. und 13. Jh. durch Zusammenschluß der verschwägerten, jeweils in einem Viertel sitzenden führenden Patrizierfamilien entstanden waren (Port-Sailly, Porte-Moselle, Outre-Seille, St-Martin, Jurue). Das M.er Patriziat zeigte in seiner Lebensweise und seinem Selbstverständnis adlige Züge. Die Stadt beherrschte das Umland mit über 130 Dörfern. Gegen die wachsende Macht der Stadt formierte sich im frühen 14. Jh. eine Koalition der vier großen Territorialfs.en der Region, des Ebf.s v. →Trier, des Hzg.s v. →Lothringen sowie der Gf.en v. →Bar und →Luxemburg (1324–26).

Das 13. und 14. Jh. waren auch der Höhepunkt der kulturellen Leistungen, die kontinuierl. bis ins 16. Jh. gepflegt wurden. Im Wettstreit mit Abteien und Stiften förderte das Patriziat die Buchmalerei, schuf Bibliotheken, leistete einen Beitrag zur höf. Literatur und namentl. zur blühenden städt. Geschichtsschreibung (Annalistik, Chronistik, Tagebücher), die die Anfänge der Stadt z. T.

ins Legendäre überhöhte und ihren glanzvollen Höhepunkt mit dem Kaufmann und Autor Philippe de Vigneulles (1471–1528) erreichte.

Die Stadt M. war Reichskammergut, genoß auswärts reiche Zollprivilegien und nahm unter den Reichsstädten einen ehrenvollen Rang ein. Ks. Karl IV. erließ hier am 25. Dez. 1356 die →Goldene Bulle in ihrer definitiven Gestalt. M. war eine führende Kraft im Raume Lothringens und konnte den Bf. vollends in die Defensive drängen. Die Finanzkraft der Stadt verlockte die Hzg.e während des gesamten 15. Jh. wiederholt zu Eroberungsversuchen, die aber sämtlich erfolglos blieben. M. unterhielt zwar sowohl mit dem Kg. v. Frankreich als auch mit dem röm.-dt. Kg. und Ks. gute Beziehungen, war aber gegenüber den Ambitionen der regionalen Mächte wachsam. Es verband sich mit den Hzg.en v. →Burgund und widerstand erfolgreich den Annexionsversuchen der Lothringerhzg.e aus dem Hause →Anjou (→René I. und →René II.). Nach der Belagerung v. 1552 (Sieg des Hzg.s v. Guise über die Truppen Karls V.) unterstellte es sich der Herrschaft Frankreichs.

II. TOPOGRAPHIE: M. hatte im MA eine Bevölkerung von 25 000–30 000 Einw. innerhalb des vom neuen Bering aus dem frühen 13. Jh. umschlossenen Areals von 159 ha. Die ältesten Viertel lagen beiderseits der röm. Achse, von der Porte Serpenoise bis zur Höhe v. Ste-Croix und zur Kathedrale. Unterhalb im O lagen Place du Change, Zentrum des Finanzgeschäfts, und die Märkte von Le Vésigneul und Le Champ à Seille; jenseits der Seille erstreckten sich die Pfarreien St-Maximin und St-Eucaire, bewohnt von Handwerkern und Patriziern, bis hin zur Porte des Allemands (ursprgl. benannt nach einem Deutschordenshaus, später wegen der Orientierung auf den dt. Bereich). Am linken Ufer der Mosel lagen die Abtei St-Vincent (auf einer Moselinsel) sowie mehrere kleine Frauenkl. und agrarisch genutzte Parzellen. Im S, extra muros, dehnten sich die Flecken (burgi) der Abteien St-Arnoul, St-Clément und St-Symphorien mit eigenen Pfarreien, Feldmarken und Märkten aus.

III. WIRTSCHAFT: M., seit der Karolingerzeit ein führendes Handelszentrum, lag in einer Talaue mit reicher Eigenproduktion (Getreide-, Weinanbau; Pferdezucht) und war Umschlagplatz des hierher verschifften Salzes aus dem Saulnois; die eigene Gewerbetätigkeit der Stadt blieb jedoch begrenzt. Neben den Märkten mit eher lokalem Einzugsbereich verfügte M. über mehrere Jahrmärkte, betrieb Export und war v. a. ein wichtiger Etappenort zw. Flandern und dem Mittelmeerraum. Die Münzprägung gewann im 12. Jh. große Bedeutung; das Geldgeschäft (um 1300: 60 Wechslerbänke) umfaßte sowohl das große Kreditwesen (Darlehen an Abteien und Adlige, Investition in Grundbesitz) als auch den Wucher. Hauptvertreter der M.er Hochfinanz waren die Bellegrée, Le Gronaix, de Heu, d'Esch u. a.

B. Bistum

Die ersten Bf.e (Clemens, Patiens, Felix) wirkten seit dem Ende des 3. Jh. in M.; ihre Abfolge ist ununterbrochen. Nach Amtsträgern aus dem Senatorenadel treten seit dem Ende des 6. Jh. Bf.e von frk. Herkunft auf. Der Episkopat des hl. →Arnulf (617–639) leitet die glanzvolle Periode der M.er Bistumsgesch. ein. →Chrodegang (742–766), der als päpstl. Vikar und führende Persönlichkeit der frk. Kirchenreform wirkte, erhielt als erster M.er Prälat das ebfl. →Pallium. Sein Nachfolger →Angilram (768–791) war Erzkapellan Karls d. Gr.; es folgte eine etwa zwanzigjährige Sedisvakanz. →Drogo (822–855), der auch Ebf. war, fungierte als Erzkapellan der →Hofkapelle der Ks. Ludwig und Lothar und als päpstl. Vikar; v. a. aber führte er das M.er Skriptorium zu höchster Blüte (→Drogo-Sakramentar). Bf. Adventius krönte 869 Karl d. Kahlen in der Kathedrale. Bf. Wala fiel 882 bei der Abwehr der Normannen in der Schlacht v. Remich. Letzter Bf., der die Würde eines Ebf.s innehatte, war Robert. →Adalbero I. (929–964), aus großer lotharing. Familie, wurde von den Metzern gegenüber Kg. Heinrich I. durchgesetzt; er förderte die monast. Bewegung (→Lotharing. Reform). Gleiches gilt für seinen Nachfolger Theoderich I. (965–984), der von Otto I. und →Brun v. Köln eingesetzt wurde (→Otton.-sal. Reichskirchensystem). Unter Theoderich und seinem Nachfolger →Adalbero II. (984–1005) wurden die Besitzgrundlagen der bfl. Machtstellung geschaffen. Der Komplex der entstehenden Territorialherrschaft umfaßte einen großen Teil der Diöz. selbst, insbes. das wegen seiner Salzgewinnung ertragreiche Saulnois (von Vic bis Dieuze), reichte aber in die Täler von Mosel (→Épinal) und Meurthe (→Senones) hinein, mit Ausläufern bis ins Elsaß (Neuwiller, →Maursmünster), in den Wormsgau, im N bis vor die Tore v. Lüttich und nach St-Truiden (St-Trond), erstreckte sich im W auf Gebiete des Maastales (Dugny, →Commercy) und bis in die Champagne. Theoderich II. (1006–47) beteiligte sich an einer Koalition seiner Familie gegen Heinrich II. und erlitt zwei Belagerungen. →Adalbero III. v. Luxemburg (1047–72) folgte →Hermann (1073–90), ein Anhänger Gregors VII. Das Bm. M. war ein umkämpfter Schauplatz des →Investiturstreits. Seit dem 12. Jh. entstammten die Bf.e in der Regel den Fs.enhäusern von Lothringen oder Bar; ihre polit.-territorialen Aktivitäten beschränkten sich zunehmend auf Stadt und Diözesanbereich. Der Kölner Jurist →Bertram (1180–1212), von Friedrich Barbarossa eingesetzt, versuchte noch einmal, die bfl. Position gegenüber den erstarkenden städt. Kräften zu retten. →Konrad v. Scharfenberg (1212–24), der zugleich das Bischofsamt v. →Speyer ausübte, war als Kanzler Friedrichs II. in erster Linie mit der Reichspolitik befaßt. Der letzte Bf., der die Vasallen der M.er Kirche zur Einhaltung ihrer Lehnspflicht nötigte, war →Jakob v. Lothringen (1239–60). In der folgenden Zeit standen die Bf.e unter der Autorität der päpstl. Kurie, die ihr Besetzungsrecht wahrnahm, wenn auch die polit. Position von M. immer wieder zu Interventionen der großen weltl. Mächte führte. Bedeutende Prälaten des SpätMA waren Theoderich und Conrad Bayer von Boppard und Georg v. Baden.

Trotz starker territorialer Verluste infolge von Entfremdungen des Kirchenguts durch adlige Lehnsleute blieb das Bm. M. ein reiches geistl. Fsm. Seine etwa 20 großen Burgen fungierten als Mittelpunkte der in *prévôtés* gegliederten Verwaltung. Hauptzentren des Bm.s waren im S Chaligny und Épinal im Moseltal, Ramberviller und Moyen im Tal der Mortagne, Deneuvre und Senones-Salm im Meurthetal, die Region von Vic dem Saulnois sowie die Umgebung der Bischofsstadt selbst. 1552 kam das Bm. M. unter die Herrschaft des Kgr.es Frankreich und bildete den Kern der ab 1648 als »Trois-Évêchés« bezeichneten Territorialeinheit des Ancien Régime.

C. Klöster und Stifte

Die Basiliken über den Gräbern von frühen Hl.en (St-Félix, St-Symphorien, Saints-Apôtres) lagen im S der civitas. Um 650 gründete Kg. Sigibert III. am linken Moselufer die Männerabtei St-Martin. In der civitas wurden im Laufe des 7. Jh. zwei Frauenabteien gegründet (später unter den Patrozinien Ste-Glossinde und St-Pierre-aux-Nonnains voneinander unterschieden). Chrodegang gab den Klerikern des Kathedralkapitels eine Verfassung und gründete die Abtei →Gorze. Im Zuge der von den Gorzern vorangetriebenen monast. Reform (→Lothating. Reform) kamen Mönche 940 nach St-Arnoul, 945 nach St-Félix (oder St-Clément); es erfolgte die Gründung von St-Vincent (965/970), wohingegen St-Symphorien ir. Mönchen vorbehalten war (992). Als dritte Frauenabtei entstand Ste-Marie (1000). Zu den acht Benediktinerabteien in der civitas und ihrer Umgebung traten Kanonikerkapitel hinzu, so die kleinen Stifte innerhalb der Kathedralgruppe (St-Pierre, Notre-Dame), dann St-Sauveur (vor 1070) und St-Thiébaut (um 1170). Im 12. Jh. ließen sich →Templer (in der Stadt selbst) sowie →Johanniter nieder; →Prämonstratenser begründeten das Stift St-Éloi (später: Ste-Croix) vor den Toren der Stadt; mehrere Benediktinerpriorate (Notre-Dame des Champs, abhängig von Chézy-sur-Marne) entstanden. Das 13. Jh. stand im Zeichen der →Beginen und der Bettelorden, die in M. sowohl mit ihren männl. als auch weibl. Zweigen vertreten waren. Mehrere Abteien und Stifte waren aktive Bildungszentren, insbes. St-Arnoul und St-Vincent (hier lehrte im 11. Jh. →Sigebert v. Gembloux), in gewissem Maße auch St-Symphorien, später auch die Coelestiner-Kl. M. hatte ca. 20 Pfarrkirchen. Die Kathedrale St-Étienne wurde zum ersten Mal in frühroman. Zeit neuerrichtet (970–1030), ab 1223 dann in got. Stil vergrößert, wobei sich die Baumaßnahmen bis ins 14. und 15. Jh. hinzogen (große Renaissancefenster). M. Parisse

Q.: Gesta episc. Mett., MGH SS X – J. F. HUGUENIN, Les Chroniques de la ville de M., 1838 – *Lit.: [allg. und zu A]*: REV, 1240f. – P. MENDEL, Les atours de la ville de M., 1932 – J. SCHNEIDER, Bourgeois et officiers épiscopaux. La fin de l'avouerie et la ministérialité épiscopale à M. (XIIIe et XIVe s.), Ann. Soc. Hist. Arch. Lorraine 48, 1947, 75–94 – DERS., La ville de M. aux XIIIe et XIVe s., 1952 – Y. DOLLINGER-LEONHARD, De la cité romaine à la ville médiévale dans la région de la Moselle et de la Haute-Meuse (VuF4, 1958), 195–226 – R. WEIDEMANN, Zur Topographie von M. in der Römerzeit und im frühen MA, Jb. des röm.-germ. Zentralmus. 17, 141–171 – O. G. OEXLE, Die Karolinger und die Stadt des hl. Arnulf, FMASt 1, 1967, 250–364 – J. SCHNEIDER, M. et la Bourgogne au temps du Téméraire, Mém. Acad. de M., 1980, 305–335 – A. M. STAHL, The Merovingian Coinage of the Region of M., 1982 – Hist. de M., 1986 – M. PARISSE, Austrasie, Lotharingie, Lorraine, 1990 – *[zu B, C]*: CHR. PFISTER, L'archevêque de M. Drogon (823–856) (Mél. P. FABRE, 1902) – L. WEBER, Einbanddecken, Elfenbeinafel, Miniaturen, Schriftproben aus M.er liturg. Hss., 1913 – TH. KLAUSER-R. ST. BOUR, Un document du IXe s. Notes sur l'ancienne liturgie de M...., Ann. Soc. Hist. Lorraine 38, 1929, 497–640 – J. B. PELT, Études sur la cathédrale de M. La liturgie (V^e–XIIIe s.), 1937 – P. ACHT, Die Cancellaria in M., 1940 – F. MÜTHERICH, Observations sur l'enluminure de M., Gazette des Beaux-Arts, 1963, 47–62 – St-Chrodegang, 1967 – M. PARISSE, Remarques sur les fondations monastiques de M. au MA, Annales de l'Est, 1979 – M. PAULMIER, Vie familiale à M. Le témoignage de Philippe de Vigneulles (1471–1528), Annales de l'Est, 1979, 225–238 – N. GAUTHIER, L'évangélisation des pays de la Moselle, 1980 – F. R. ERKENS, Die Trierer Kirchenprovinz im Investiturstreit, 1987 – M. enluminée. Autour de la bible de Charles le Chauve, 1989.

Meulan, Burg, Stadt und Gft. westl. v. →Paris, nördl. der Seine (dép. Yvelines), im 9. Jh. Sitz einer Untergliederung des →Pagus v. Paris, unter dem Befehl eines Vicecomes. Nach 1018 wird Galeran, Sohn des Vicecomes Odo, in den Königsurkk. als 'comes' intituliert. Im 11. Jh. unterstand die Gft. M. unmittelbar der →Krondomäne. Doch fielen am Ende des 11. Jh. und zu Beginn des 12. Jh. mehrere Gf.en v. M. von ihren Lehnsherren, den Kapetingern, ab und ergriffen die Partei der Hzg.e v. →Normandie (zugleich Kg.e v. →England). Seit der 2. Hälfte des 12. Jh. waren die Gf.en v. M. eng mit dem großen Pariser Bürgertum verbunden. Hugo und Robert waren kgl. →Baillis. Anscheinend bestand in M. zugleich ein kgl. und ein gfl. Bailliage. Die von den Gf.en zu Beginn des 11. Jh. gegr. Kollegiatkirche St-Nicaise wurde 1069 in ein Priorat der großen norm. Abtei OSB Le →Bec-Hellouin umgewandelt. 1189 verlieh Gf. Robert IV. den Einwohnern von M. eine →Kommune, deren Statuten sich am Kommunalprivileg Kg. Philipps II. August für →Pontoise orientierten. Eine klare Trennung von Bürgertum und Adel bestand in M. damals nicht; als *maires* fungierten häufig Ritter und selbst Mitglieder der Grafenfamilie. Gf. Galeran II. ließ eine Seinebrücke erbauen. Nachdem M. 1204 der Krondomäne einverleibt worden war, stellte Kg. Philipp IV. die Gft. M. für seinen Sohn, Ludwig (X.), wieder her. Nach Ludwigs Tod (1316) fiel die Gft. an dessen Tochter →Johanna, Kgn. v. →Navarra, dann an deren Sohn →Karl II. »den Bösen«, der bald in offenen Konflikt mit Kg. Johann II. eintrat und mit England paktierte. Das seit 1346 von den Anglo-Navarresen beherrschte M. wurde 1364 von dem Fz. Feldherrn →Du Guesclin eingenommen und blieb nach der Schlacht v. →Cocherel (1365) im Besitz des Kg.s v. Frankreich. 1419 fiel die Stadt jedoch in die Hände der »Bourguignons« und konnte von Kg. Karl VII. erst 1432 wieder eingenommen werden. Kg. Ludwig XI. ließ die Gft. M. 1474 für seinen Barbier und Geheimagenten Olivier Le Daim wiederherstellen. G. Devailly

Q. und Lit.: E. HOUTH, Recueil des chartes de St-Nicaise de M., 1924 – DERS., Cat. des actes de Galeran II. ..., Bull. phil. et hist., 1965, 499–543 – M. LACHIVER, Hist. de M. et de sa région par les textes, 1965 – M. MOLLAT, Hist. de l'Ile-de-France et de Paris, 1971 – R.-H. BAUTIER, La politique capétienne et le domaine royal ... (Connaître les Yvelines, 1988), 49–62.

Meung-sur-Loire, Stadt in Mittelfrankreich (dép. Loiret), am nördl. Ufer der →Loire, flußabwärts von →Orléans; kelt. und gallo-röm. Oppidum, im 6. Jh. n. Chr. aufgegeben, als hier der hl. Liphard, ein Mönch aus →Micy, eine Einsiedelei begründete, aus der ein kleines Kl. entstand. Im 9. Jh. erwähnt Bf. →Theodulf v. Orléans eine diesem Kl. angeschlossene Schule. Im Laufe des 11. Jh. wurde es in ein Kollegiatstift umgewandelt; ihm unterstanden acht Pfarrkirchen, unter ihnen St-Pierre de M. 891 wurde in M. ein Konzil abgehalten. Im 11. Jh. bestand in M. eine dem Bf. v. Orléans gehörende Burg, deren sich einer der bfl. Vasallen, Lionnet, durch einen Aufstand ztw. bemächtigte (1103). Im 12. Jh. verstärkten die Bf.e ihre Burg. Zu Beginn des 13. Jh. ließ Bf. Manassès v. Seignelay eine steinerne Loirebrücke errichten. Im →Hundertjährigen Krieg wurde die Stadt 1428 von den Engländern unter Johann, Gf. v. Salisbury, eingenommen, von →Jeanne d'Arc am 15. Juni 1429 befreit. 1459 etablierten sich »extra muros« Franziskaner (Cordeliers) aus Orléans. Aus M. stammen die Autoren →Balderich v. Bourgueil und Jean Clopinel (gen. J. de M.), der Verf. des zweiten Teils des Rosenromans. François →Villon wurde hier auf Befehl des Bf.s v. Orléans eingesperrt, anläßl. des Durchzugs des neuen Kg.s, Ludwig XI., aber freigelassen (1461). G. Devailly

Lit.: PAITRON, Dict. des communes du dép. du Loiret, 1870 – Abbé J. COUTANT, M.-s.-Loire: son hist., sa légende, 1975.

Meung, Jean de → Roman de la Rose

Meuting, Kaufmannsfamilie in →Augsburg. Nach ersten urkdl. Erwähnungen im 13. Jh. stiegen die M. – nach 1368 zunächst in der Weber-, dann in der Kaufleutezunft – zur Spitze der städt. Vermögensinhaber auf. Die von den Brüdern Hans d. Ä. und Ulrich 1436 mit Verwandten und weiteren Bürgern vertragl. fixierte Gesellschaft drang neben dem traditionellen Handel mit Venedig und Wien unter Ludwig d. Ä. an führender Stelle in das Tiroler Montangeschäft vor, als ihr Hzg. →Siegmund v. Tirol 1456 gegen ein Darlehen von 35 000 fl. die Ausbeute der Silbergewerke überließ; seit 1479 sind zudem Geschäftsverbindungen mit Antwerpen belegt. Spätestens 1481 löste sich die Gesellschaft in Einzelfirmen auf, die aber die herausragende Bedeutung nicht halten konnten. Ztw. arbeiteten Familienmitglieder nun als Faktoren der →Fugger. Den sog. 'Mehrern der [patriz.] Gesellschaft' zugehörig, wurden die M. erst 1538 ins Augsburger Patriziat aufgenommen. R. Kießling

Lit.: J. STRIEDER, Zur Genesis des modernen Kapitalismus, 1935², 94–99 – R. STEINER, Die M. in Augsburg, 1978 – R. RIEBARTSCH, Augsburger Handelsgesellschaften des 15. und 16. Jh., 1987.

Mevleviye, Derwischorden, begründet von Mevlānā Ğelāleddīn Rūmī (1207–73), nach dessen Ehrentitel (»unser Herr«) benannt. Mevlānā Ğelāleddīn lebte und studierte in →Konya. Seine Schr., in pers. Versen, wurden innerhalb des Ordens studiert und rezitiert. Der Orden pflegte Lit. und Musik. Diese war die Voraussetzung für den für die Mevlevīs charakterist. zeremoniellen Tanz.

Der Sohn Mevlānā Ğelāleddīns, →Sulṭān Veled, konsolidierte den Orden. Auf eine Enkelin Mevlānās geht die Niederlassung der Mevlevīs in →Tokat zurück. Ulu ʿĀrif Çelebi (1272–1320) und Divāne Meḥmed Çelebi (15.–16. Jh.) waren bedeutende Nachfolger Mevlānās; beide gehörten dem antinomian. Zweig des Ordens an; Meḥmed Çelebi brachte die Niederlassung in Afyon-Karahisar zur Blüte.

Eine Hauptq. für die Gesch. des Ordens ist die halblegendäre Slg. von Biographien des Aḥmed Eflākī, der Ende des 13. Jh. nach Konya kam und sich Sulṭān Veled und Ulu ʿĀrif Çelebi anschloß. Die erste Fassung wurde 1318–19, die zweite 1353 verfaßt. Der M.-Orden besaß eine reiche Stiftungsausstattung, neben städt. Grundbesitz auch die Steuern zahlreicher Dörfer um Konya. Das Stadtviertel mit der Ordenszentrale genoß viele steuerl. Erleichterungen und war das bedeutendste von Konya. Auch stellten die Derwische eine große, noch heute existierende Bibliothek mit vielen Unikaten zusammen.

Neben der Zentrale in Konya, die von den Qaramaniden und →Osmanen gefördert wurde, gab es Niederlassungen in den türkischsprachigen Gebieten des Reiches. Mevlevīs in Bagdad, dem Hidschas und in Kairo rekrutierten ihre Anhänger aus der osman. Oberschicht. In Istanbul besaß der Orden eine 1491–92 gegr. Niederlassung in →Galata, eine andere außerhalb von Kadiköy. Die Zeremonien der Mevlevīs waren auch für Nichtmuslime zugängl. Viele Ausdrücke aus dem Ordensleben d. Mevlevīs sind in die türk. Umgangsspr. eingegangen. S. Faroqhi

Lit.: ABDÜLBAKI GÖLPINARLI, Mevlânâ'dan sonra Mevlevîlik, 1953 – Ahmet Eflaki, Ariflerin menkibeleri, Einl. und Übers. TAHSIN YAZICI, o.J. – J. SPENCER TRIMINGHAM, The Sufi Orders in Islam, 1971.

Meydenbach, Jakob, Druckerverleger, 1491–95 in Mainz nachweisbar. M. brachte im Hof 'Zum Saulöffel' nur wenige (acht Drucke sind bekannt) Titel heraus, darunter einige reich bebilderte Holzschnittbücher. Ein »Hortus sanitatis« von 1492 weist immerhin 1073 Abb. auf, die z.T. nach Kupferstichen des →Meisters E. S. gerissen wurden. Ein Totentanz »mit figuren« desselben Jahres hat 41 Holzschnitte, die auch bei dem Heidelberger Drucker Heinrich Knoblochtzer vorkommen. Mit diesem scheint M. in engeren geschäftl. Beziehungen gestanden zu haben. Seine (einzige) Texttype hat Nürnberger Charakter. S. Corsten

Lit.: GELDNER, I, 42.

Meyendorf(e), in →Livland ansässiges Edelherrengeschlecht aus Ostsachsen (um Magdeburg und Halberstadt), nachweisbar seit 1162/78 als nobiles, wurden später Ministerialen; im 17. Jh. im Magdeburgischen ausgestorben, in Livland schon 1257. Ihr Lehnsname »de Üxküll« ging auf ein anderes Geschlecht, von Bardewisch (ebfl. bremische Ministerialen aus dem Lande →Stedingen) über. 1201 erhielt Conradus de Meyendorfe die Burg Üxküll, 1224 das halbe Fsm. →Gerzike als bfl. Lehen. Die Nachfahren dieser Herren v. →Üxküll stellten Livland viele wichtige Persönlichkeiten. M. Hellmann

Q.: →Heinrich v. Lettland, Chronicon V, 1 – Livländ. Güter-Urkk. I, nr. 4, nr. 24 – Lit.: A. v. TRANSEHE, Zur Gesch. derer von Üxküll, Genealog. Jb. 1899, 151 ff. – M. FRHR. v. TAUBE, Die von Üxküll, I, 1936; II, 1930; III, 1955 – A. v. TRANSEHE-ROSENECK, Die ritterl. Livlandfahrer, 1960, 18, 64 f.

Meyer. 1. M. (Villicus), **Adam** OSB, * ca. 1410, † 17. Febr. 1499, trat um 1430 in die Reformabtei St. Matthias/Trier ein. 1448 nach Groß St. Martin/Köln gesandt und dort 1454 zum Abt gewählt, schloß er sein Kl. im Jahr darauf der →Bursfelder Kongregation an. Als »bedeutendste Persönlichkeit« dieser Reformbewegung (P. VOLK) wirkte er an der Aufnahme vieler Konvente in die Kongregation mit. Noch wichtiger war M.s Tätigkeit als Präsident und Generalvisitator der Benediktinerprov. Köln–Trier, auch wenn manche seiner Reformbemühungen scheiterten. M. arbeitete an der 2. Fassung der Bursfelder »Liber ordinarius« mit und hielt mehrere Predigten auf Kongregations- und Prov. kapiteln. Nur wenige der ihm zugewiesenen Schrr. können als echt gelten. H. Rüthing

Q. und Lit.: Die Generalkapitels-Rezesse der Bursfelder Kongregation, I, hg. P. VOLK, 1955 [Register] – Verf.-Lex.² VI, 470–473 – O. OPLADEN, Groß St. Martin, 1954, 44–58.

2. M., Johannes (Turicensis) OP, * 1422/23 in Zürich, † 20. Juli 1485, trat in Zürich 1432 dem Orden bei und schloß sich 1442 dem reformierten Konvent zu Basel an. Er entfaltete große seelsorger. Aktivitäten – v. a. Beichtvater bei Dominikanerinnen – in Bern (Inselkl., 1454), in Schönensteinbach nahe Gebweiler (1457–65), in Silo bei Schlettstadt (1467), in Liebenau bei Worms (1473), in Adelshausen bei (heute in) Freiburg i. Br. (1482 bis zu seinem Tod). Zahlreiche Schr. belegen sein Anstrengungen, das spirituelle Leben v. a. von Dominikanerinnen zu fördern und die Ordensreform durchzusetzen. Seine Chroniken sind für die Erforsch. der Gesch. der Dominikaner, aber auch für die Kultur- und Mentalitätsgesch. sehr wertvoll. M. Gerwing

Lit.: Verf.-Lex.² VI, 474–489 [W. FECHTER; Werkverz., Ed., Lit.] – G. GIERATHS, Die Lehre vom Gebet bei den dt. Dominikanern des 15. Jh., 1950 – TH. KAEPPELI, Scriptores Ordinis Praedicatorum, II, 1975, 476–480.

Mézières, Philippe de, frz. Schriftsteller, * um 1327 in Mézières en Santerre (dép. Somme), † 29. Mai 1405 in Paris, stammte aus einer Kleinadelsfamilie, studierte bei den Kanonikern v. Notre-Dame d'Amiens. Er diente in Italien Lucchino →Visconti, dann →Andreas v. Ungarn und zog nach →Smyrna im Gefolge des Dauphins des Viennois, →Humberts II., der ihn 1346 zum Ritter kürte. Der Besuch des hl. Grabes ließ in M. den Plan der Gründung seiner 'Militia Passionis', eines dem Ideal des →Kreuzzugs geweihten →Ritterordens, reifen. Im →Zypern der →Lusignan fand er bei →Peter (I.), dem Sohn des Kg.s, Aufnahme und Förderung; dagegen schenkten der Papst und der Kg. v. Frankreich, Johann II., seinem Kreuzzugsprojekt kein Gehör (1348–49). M. diente in der Normandie (1354–56). Sein Gönner, Peter I., berief ihn nach der Thronbesteigung (1359) zum Kanzler v. Zypern.

1361 schloß er, anläßl. der Eroberung v. Adalia, Freundschaft mit dem päpstl. Legaten Pierre Thomas. M. begleitete Peter I. auf seinen Europareisen und auf dem Zug gegen →Alexandria (1365). In Venedig erfuhr er von der Ermordung seines Kg.s (1368). Danach lebte M. eine Zeitlang an der avignones. Kurie und erreichte beim Papst die Übernahme des ursprgl. griech. Festes des Tempelganges Mariens durch die lat. Kirche (1373). Kg. →Karl V. berief ihn als Ratgeber *(conseiller)* und Prinzenerzieher an den frz. Hof. M. zog sich schließl. in den Pariser Konvent der →Coelestiner zurück und trat von hier aus für die Sache →Clemens' VII. (→Abendländ. Schisma) und den Kreuzzugsgedanken ein.

1366 verfaßte er die »Vie de saint Pierre Thomas« in Hinblick auf die Kanonisation seines Freundes. Er entwarf für seine »Militia« eine Regel (1368), die er zweimal (1384, 1396) revidierte. Einem Neffen, der Priester geworden war, widmete er Ratschläge; auch schrieb M. Werke des Marienlobs und der myst. Betrachtung (»Contemplatio horae mortis«, »Soliloquium peccatoris«) sowie eine »Epître lamentable et consolatoire« über die Katastrophe v. →Nikopolis (1396). Das Werk, mit dem M. die polit. Kultur des spätma. Frankreich am tiefsten beeinflussen sollte, war jedoch sein »Songe du Vieil Pèlerin«, die Schilderung einer imaginären Reise, voll kritischer Reflexionen über den Zustand der Welt und mit zahlreichen an den Kg., Karl V., gerichteten Reformvorschlägen.

J. Richard

Ed.: Epistre lamentable et consolatoire (Froissart, Œuvres, ed. Kervyn de Lettenhove, XVI, 1872, 444–523) – J. Smet, The Life of St. Peter Thomas by Ph. de M., 1954 – A. H. Hamdy, Ph. de M. and the new Order of the Passion, Bull. of the Faculty of Arts, Alexandria Univ., 18, 1964, 1–104 – Le Songe du Vieil Pelerin, ed. G. W. Coopland, 2 Bde, 1969 – Letter to King Richard II, ed. Ders., 1971 – A. Guillemin, Le testament de Ph. de M., 1392 (Mél. J. Lods, I, 1978), 299–322 – W. E. Coleman, Ph. de M.' Campaign for the feast of Mary's Presentation, 1981 – Lit.: N. Iorga, Ph. de M. et la croisade au XIVe s., 1896 [Neudr.: 1973] – O. Caudron, La spiritualité d'un chrétien du XIVe s.: Ph. de M. (Positions des Thèses de l'Éc. nat. des chartes, 1983).

Mezzadria → Teilbau

Miasma, krankheitsverursachende Luftverschmutzung, als epidemiolog. Paradigma seit dem 5. Jh. eingeführt (Hippokrates, flat. 5) und in der Folgezeit als Deutungsmodell für die Entstehung von Seuchen (→Epidemien) in das System der →Humoralpathologie integriert. Seine wirkungsvollste Ausprägung erfuhr das M.-Modell 1348 im 'Pariser Pestgutachten' (I, 1), wo es die *'cause de l'epydimie universelle'* anhand der Wassermann-Konstellation aller drei Oberen Planeten zu erklären vermochte und über das 'Pesthauch'-Konzept die theoret. Grundlage bereitstellte für die osm. Repellens-Prophylaxe der →Pest (Parfüm, Räucherungen). 1495 wurde das Konzept unter ident. Voraussetzungen auch auf die Pandemie der Frambösie (→Syphilis) angewandt.

G. Keil

Lit.: R. Sies, Das 'Pariser Pestgutachten' in afrz. Fassung, 1977 – W. Schreiber–F. K. Mathys, Infectio, 1986 – G. Keil, Seuchenzüge des MA (Mensch und Umwelt, hg. B. Herrmann, 1989⁴), 109–128 – Die hippokrat. Epidemien, hg. G. Baader–R. Winau, SudArch, Beih. 27, 1989.

Michael, Erzengel (Fest: 29. Sept.; frz.: 16. Okt.).
I. Biblisch-theologisch und Verehrung – II. Darstellung, Westen – III. Darstellung, Byzanz – IV. Darstellung, Altrußland.

I. Biblisch-theologisch und Verehrung: In der lat. Bibel erweist sich der Völkerengel Israels (Dan 10, 13.21 und 12,1) als Erzengel, der mit dem Teufel um den Leib des Moses streitet (Jud 9), und als Anführer der Engel im endzeitl. Kampf mit dem Drachen der Offb 12,7ff. Origenes identifiziert als M. den Feldherrn (archistrategos) aus Jos 5,14 des gr. AT (MPG 12, 821, anders 854f.). Er ist als erster der →Engel Mittler und Träger der Gebete, Gelübde und guten Werke von der Erde zum Himmel (Avitus v. Vienne; MGH AA 6, 2, 15f.). Er heißt 'Wer (ist) wie Gott?' und erhält Aufgaben, die bes. Kraft erfordern (Gregor d. Gr.; MPL 76, 1251). Er fungiert als Seelengeleiter der Sterbenden (Gregor v. Tours; MGH SRM 1, 1, 296, 1, 2, 39), ist Vorsteher des Paradieses (Ps. Melito, De transitu Mariae 8, 2) und Seelenwäger (s. Darstellung), auch erster Lehrer des ewigen Gottesreiches (Alkuin; MGH PP 1, 307). – Im O entwickelte sich der Kult seit dem Anfang des 4. Jh. in Ägypten. Früh bekannt ist auch das Quellhl.tum Chonai in Phrygien, wo der jüd. M. an die Stelle heidn. Heilgötter getreten war (Mansi 2, 570 can. 35 zu 380); die Legende entstammt dem 6. Jh. In Byzanz soll K.s Konstantin ein Michaelion gegr. haben; dort gab es im 6. Jh. etwa zehn Kirchen für den Patron von Ks.n und Beamten. – Im W geht der Kult nach der →Legenda aurea von drei Erscheinungen aus, 1. auf dem apul. Monte →Gargano am 8. Mai (492/508), 2. auf dem Mont St-Michel am 16. Okt. (708), 3. auf der →Engelsburg (fiktiv zu 590). Doch schon im 5. Jh. scheinen it. M.skirchen belegt. Eine röm. wurde vor 514 erweitert (LP I, 262). Das Weihedatum der Basilika an der Via Salaria, der 29. Sept. (MartHieron, 532), wird 558 und 813 Fest für das Frankenreich. Die apul. Legende gehört in das 9. Jh.; erst spätere Notizen datieren die Erscheinung. V.a. von byz. Gebieten aus verbreitete sich der Kult über ganz Italien (bis zu 800 Kirchen). Seit 647 war M. Sieghelfer langob. Kg.e (Paulus Diaconus; MGH SRL 135, 161). In Frankreich finden sich erste Patrozinien in Lyon (vor 506; CIL 13, 2372), Arles, Limoges und Le Mans. Am bekanntesten wurden →Mont-St-Michel und →Le Puy. M. war Patron der Valois und erschien der →Jeanne d'Arc. Ludwig XI. gründete ihm 1469 einen Orden. In Dtl. verbreitete sich der Kult bes. im S. Das Feldzeichen der →Lechfeldschlacht von 955 trug M.s Bild und Namen (MGH SRG 60, 57. 125). Ks. wie Otto III. und Lothar III. besuchten das apul. Heiligtum.

K. H. Krüger

Lit.: BGH 1282–1294c – BHL 5947–5956 – MartHieron, 532f. – Bibl. SS IX, 410–446 – Catholicisme IX, 88–96 – HWDA 6, 232–240 – LThK² VII, 393–395 – Vies des Saints IX, 601–609 – W. v. Rintelen, Kultgeogr. Stud., 1968, 1–55 – J. P. Rohland, Der Erzengel M. Arzt und Feldherr, 1977 – A. Rosenberg, Engel und Dämonen, 1986, 92–107 – G. Otranto–C. Carletti, Il santuario di S. Michele Arcangelo sul Gargano, 1990.

II. Darstellung, Westen: Bis ins 15. Jh. wird M. nimbiert als Jüngling dargestellt. Abgesehen von seiner Einbindung in Trägerszenen sind drei Haupttypen zu unterscheiden. Beruhend auf der frühchr.-byz. Kunst, die ihn in Tunika und Pallium bzw. Chlamys und mit Stirnbinde darstellt, dominiert im FrühMA der Typus des Himmelsfürsten (Mosaik, Mailand, Sant'Ambrogio, Chornische; 1. Hälfte 9. Jh.), als Wächter und Thronassistent mit dem Labarum, als nun auch liturg. gekleideter göttl. Bote mit Stab und Globus. Der Typus des gerüsteten Drachentöters mit Speer bzw. Schwert und Schild und evtl. Kreuzstab kommt im FrühMA auf, meist in Anlehnung an die auf Ps 90, 30 beruhenden Darstellungen Christi auf Löwe und Basilisk (Elfenbeinrelief; Leipzig, Stadtbibl.; 9. Jh.) oder nach Offb 12,7ff. im siegreichen Kampf mit dem Drachen (Pala d'oro, Aachen, Dom, um 1020). Über die Verbindung dieses apokalypt. Motivs mit dem Engelsturz wurde letzterer seit dem SpätMA immer mehr zu einer Szene der M.legende. Ein weiterer Haustyp ist die aus seiner Funktion als Seelenbegleiter entwickelte Darstellung M.s als Seelenwäger in liturg. Gewandung und mit der Waage (Rogier van der Weyden, Das Jüngste Gericht; Beaune, Hôtel de Dieu; entstanden zwischen 1443 und 1451). U. Liebl

Lit.: LCI III, 255-265 – RDK V, 621-674 – L. KRETZENBACHER, Die Seelenwaage, 1958 – Millénaire monastique du Mont Saint-Michel, Bd. 3, hg. M. BAUDOT, 1971.

III. DARSTELLUNG, BYZANZ: Die Darstellung des beliebten M.-Bildes im O resultiert aus den bibl.-jüd. Q., erweitert um die einschlägigen ntl. Stellen (Judasbrief 9 und Offb) sowie spätere Legenden (»De transitu Mariae« oder »Narratio de miracula a Michaele Archangelo«..., hg. BONNET, 1890) und liturg. Texten. M. ist als Einzelbild auf Siegeln (älteste bekannte Darst. Tonsiegel, Brit. Mus., London Nr. 930), Münzen, Ikonen, Elfenbeinen, Emails, Marmorreliefs und sogar als Bronzestandbild auf einer Säule (mit Ks. Michael VIII. Palaiologos, vgl. RByzK IV, 711f.) dargestellt bzw. in Mosaik- und Malereiprogrammen integriert sowohl als Einzelbild wie auch szenisch (mit Josua bei Jericho; den Drachen tötend) oder in Parusie-/Weltgerichtkompositionen. Jugendl. Aussehen eines kräftigen, hoheitsvollen Mannes, Flügel, hellenist. Kg.sbinde und Nimbus sind allg. Charakteristika. Die jeweilige Gewandung gibt Hinweise auf die Rollen des Erzengels: Mit Dibetesion und Chlamys als Hofbeamter und Thronassistent (Mosaik im Bemagewölbe der H. Sophia, Konstantinopel) oder als praepositus paradisi (Elfenbeintafel, Brit. Mus. London) oder in ksl. Gewandung als ὁ ἄρχων ὁ μέγας (nach Dan 12. 1; Limburger Staurothek) auch mit Vorliebe in übernatürl. Größe dargestellt (Çavuşin a. 965) und als Zeichen der Würde den Stab der Silentiarier oder das Szepter (Emailikone, Schatz von S. Marco, Venedig) bzw. das Labarum (anstelle des eigtl. gemeinen flabellum; Limburger Staurothek) haltend. Als μέγας ταξιάρχης oder ἀρχηστράτηγος trägt er soldat. Kleidung, Lanze und Schwert, auch in der Szene mit Josua (Josuarotulus Bibl. Vat. Pal. gr. 431, Hosios Lukas, Cavusin). Auch als Reiter und Drachentöter wird er gezeigt (πρωτοστράτης τῶν ἀγγέλων; Offb 12.7, Judasbrief 9). Im Zusammenhang von Parusie und Gericht mit Posaune als Herold (Faras) sowie als Seelenwäger (Torcello) und -geleiter (ψυχοπομπός, φωταγωγός). Daraus erhellt seine Verbindung mit dem Totenkult (zu Grabkapellen mit M.-Patrozinium vgl. A. GRABAR, Martyrium I. 87f. und 97). Die Wunderszenen seit dem 10. Jh. ausgehend von Kolossai-Chonai sind nicht nur auf Ikonen (Sinai), sondern auch in der Wandmalerei (H. Theodoros, Mistras) beliebt. In Monumentalprogrammen ist sein Platz vorwiegend in unmittelbarer Nähe des thronenden Christus oder des Kreuzes bzw. der Maria mit Kind, also in der Apsis (Koimesiskirche Nikaia), dann auch im Medaillon in Gewölben (Hosios Lukas). M. Restle

Lit.: RAC V, 53-322 – RByzK III, 13-119.

IV. DARSTELLUNG, ALTRUSSLAND: Unter den von Byzanz übernommenen Motiven wurde in Altrußland das des himml. Heerführers (voevoda) als Garant der Integrität des Reiches Gottes im Himmel und auf Erden bes. beliebt, weil es persönl. und religiös.-polit. Identifikationen erlaubte. So gehört die Ikone »Erscheinung M.s vor Josua« (12./13. Jh.) zu den ältesten erhaltenen Denkmälern. Eine um 1399 gemalte Ikone »M. mit Taten« fand ihre Aufstellung in der Erzengel-Kathedrale im Moskauer Kreml. Neben dem alten Motiv M. mit den Viehpatronen Flor und Lavr wurde das bes. auf feuerrotem Pferd reitenden M. mit Ende des MA als Besieger des →Drachens weit verbreitet. K. Onasch

Lit.: →Engel, D. IV.

Michael (s.a. Michail, Michele, Mihail)

1. M. II. Asen, *bulg. Zar* (→Bulgarien) 1246–56, * um 1239, † Herbst 1256; Sohn →Ivans II. Asen aus 3. Ehe (mit Irina/Eirene, Tochter des →Theodoros Dukas v. →Epeiros). Nachfolger seines wohl ermordeten Halbbruders →Koloman, stand M. zunächst unter der Regentschaft seiner Mutter (noch gemeinsame Darstellung im Stifterbild, Erzengel-Michael-Kirche zu Kastoria, ca. 1255). Die Schwäche Bulgariens (Tributpflicht gegenüber der →Goldenen Horde) wurde vom Fs.en v. →Epeiros wie vom Ks. v. →Nikaia zur Rückgewinnung einiger seit 1230 (→Klokotnica) verlorener Territorien ausgenutzt: Epeiros agierte in W-Makedonien, Nikaia in Zentral- und O-Makedonien sowie in den Rhodopen bis zum Mittellauf der Marica. Die neue nikän.-bulg. Grenze wurde im Frieden vom Nov. 1246 (DÖLGER-WIRTH, Reg. 1787) festgelegt, auf den hin ein erneuter nikän.-bulg. Angriff gegen das →Lat. Kaiserreich im ostthrak. Vorfeld Konstantinopels (Einnahme u.a. Tzurulons) erfolgte (1247). Aus der relativ ruhigen Zeit 1248–53 ist ein Handels- und Bündnisvertrag (gegen →Serbien) M.s mit →Ragusa überliefert (1253). Nach dem Tode Johannes' III. v. Nikaia (1254) versuchten die Bulgaren unter M., die an Nikaia abgetretenen Gebiete samt →Adrianopel zurückzugewinnen, doch führte der Feldzug Ks. →Theodoros' II. Laskaris 1254/56 zum Frieden vom 6. Aug. 1256 (DÖLGER-WIRTH, Reg. 1839c), der ungefähr den vorherigen Zustand zugunsten der Byzantiner wiederherstellte. Folglich wuchs die Opposition gegen M., der einer Verschwörung unter Führung seines Vetters Kaliman erlag. G. Prinzing

Q. und Lit.: Georgius Acropolites, hg. A. HEISENBERG, I, 1903 [Nachdr.: 1978, Reg.; dt. Übers.: W. BLUM, 1989] – Istorija na Bălgarija, 1982, 266–271 – I. BOŽILOV, Familijata na Asenevci (1186–1460), 1985, Nr. 19, 106–110 [Lit.] – J. V. A. FINE, The Late Medieval Balkans, 1987, 140, passim – P. SOUSTAL, Thrakien, 1991, 107f. [Lit.].

2. M. III. Šišman, *bulg. Zar* (→Bulgarien) 1323–30/31, * vor 1292, † zw. 28. Juli 1328 und 16. April 1331, ▭ Kl. Sv. Georg, Staro-Nagoričino bei Kumanovo, Makedonien; erster Zar der Dynastie Šišman, aus der Ehe des Fs.en v. Vidin, →Šišman, mit einer Enkelin →Ivans II. Asen; ∞ ca. 1292 mit Anna, Tochter des Kg.s →Stefan Milutin v. Serbien. Vor 1308 Nachfolger seines Vaters in →Vidin, Anfang 1323 zum Nachfolger des Zaren →Georg II. Terter gewählt. M. hielt den weiteren Zerfall des Reiches auf und gewann (bis auf →Philippopel) die von Byzanz besetzten Gebiete zurück. Nach einem letzten Angriff gegen das byz. →Thrakien (Mitte 1324) revidierte M. seine Politik: Er trennte sich von der Serbin Anna, heiratete Theodora Palaiologina (nach VAN DIETEN wohl Herbst 1325), die Witwe Theodor Svetoslavs und Schwester →Andronikos' III., und schloß mit diesem im Mai 1327 in Černomen ein gegen →Andronikos II. und den Kg. v. Serbien, →Stefan Dečanski, gerichtetes Bündnis. Ein knappes Jahr später stand M. aber wieder auf der Seite Andronikos' II. M.s Plan, Konstantinopel während des byz. Bürgerkrieges an sich zu bringen, konnte indes der Gewinner Andronikos III. durchkreuzen. Der Konflikt mit diesem wurde im Frieden v. Kremna (Okt. 1328) beigelegt (DÖLGER, Reg. 2723). M.s Versuch, mit Byzanz gegen Stefan Dečanski zu Felde zu ziehen, mündete in seine Niederlage bei Velbăzd/Kjustendil ein (28. Juli 1330), mit der sich Serbiens Vormachtstellung ankündigte. M. starb in serb. Gefangenschaft an seinen Verwundungen oder durch die Hand →Stefan Dušans (s. dessen Selbstzeugnis in seinem Gesetzbuch). G. Prinzing

Q.: Nikephoros Gregoras, Rhomäische Gesch. ..., übers. J.-L. VAN DIETEN, 2. T., 1. und 2. Halbbd., 1979; 3. T. ..., 1988 [Komm.] – Joh.

Kantakuzenos, Gesch., übers. G. FATOUROS–T. KRISCHER, 1. T. (B. I), 1982; 2. T. (B. II), 1986 [Komm.] – VizIzv 6, 1986 [serb. Komm.] – *Lit.:* OSTROGORSKY, Geschichte³, 414, 416f. – BLGS III, 173f. – Istorija na Bălgarija 3, 1982, 323-332 [V. GJUZELEV] – I. BOŽILOV, Familijata na Asenevci (1186-1460), 1985, Nr. 26, 119-134 [Lit.] – P. SOUSTAL, Thrakien (Tabula imp. byz. 6), 1991, 115f.

3. M. I., *byz. Ks.* 811-813, * 2. Hälfte 8. Jh., † 11. Jan. 844; Sohn des Theophylaktos ὁ τοῦ Ραγγαβέ, was bereits auf die zweite Generation dieses vielleicht slav. Familiennamens hinweist. Sein Vater hatte schon die Würde eines Patrikios und den Rang eines →Drungarios, als er 781 nach einer Usurpation verbannt wurde. M. (∞ Prokopia, Tochter Nikephoros' I.) war Kuropalates und wurde, angesichts der schweren Verwundung des Ks.s →Staurakios, in einer Art Staatsstreich am 2. Okt. 811 zum Ks. ausgerufen. In seine Regierungszeit fielen die Anerkennung des Ksm.s Karls d. Gr., aber auch erneute Vorstöße der Bulgaren, die er nicht genügend abwehren konnte. Er wurde daher am 11. Juli 813 abgesetzt, floh mit seinen Söhnen Theophylaktos und Niketas (→Ignatios, Patriarch v. Konstantinopel) in ein Kl. (Theotokos tu Pharu) und wurde Mönch. P. Schreiner

Lit.: BLGS III, 174f. – H. DITTEN, Prominente Slawen und Bulgaren… (Stud. zum 8. und 9. Jh. in Byzanz, 1983), 109f. – F. WINKELMANN, Q. stud. zur herrschenden Klasse von Byzanz im 8. und 9. Jh., 1987, 63, 155, 194 – W. TREADGOLD, The Byz. Revival 780-842, 1988, 177-189 – D. TURNER, The Origins and Accession of Leo V (813-820), JÖB 40, 1990, 187-197 – Oxford Dict. of Byzantium, 1362.

4. M. II., *byz. Ks.* 820-829, † 2. Okt. 829, Begründer der amor. Dynastie, mit dem Spottnamen 'τραυλός' (Lispler); ∞ 1. Thekla, Tochter seines Waffengefährten Bardanes und Nichte →Leons V., 2. Euphrosyne, Tochter →Konstantins VI., Sohn von 1: (Ks.) →Theophilos. M., schon unter Nikephoros I. und Michael I. zusammen mit dem Armenier Bardanes, seinem Vorgänger Leon V. und dem Usurpator Thomas (mit denen er in einer Art Clan-Verbindung stand) in verschiedenen militär. Ämtern tätig, bekleidete zuletzt das Amt des Vorstehers der Gardetruppen (→Exkubiten) im Range eines Patrikios. Am 25. Dez. 820 ließ er →Leon V. ermorden und wurde zum Ks. ausgerufen. In der Auseinandersetzung mit dem ehem. Gefährten →Thomas dem Slaven erfuhr das Reich einen seiner blutigsten Bürgerkriege. In seine Regierungszeit fallen die arab. Eroberung Kretas und der Beginn der Eroberung Siziliens. In der Frage der Bilderverehrung blieb er zurückhaltend. Durch Krönung seines Sohnes (12. Mai 821) sorgt er für das Ksm. in der Familie. P. Schreiner

Lit.: BLGS III, 175f. – W. TREADGOLD, The Byz. Revival 780-842, 223-262 – D. TURNER, The Origins and Accession of Leo V (813-820), JÖB 40, 1990, bes. 202 – Oxford Dict. of Byzantium, 1363.

5. M. III., *byz. Ks.* 842-867, * 9./10. Jan. 840, einziger Sohn aus der Ehe des →Theophilos und der →Theodora (II.). Nach dem Tod des Theophilos 842 übernahm Theodora die Regentschaft. 856 entfernte M. seine Mutter aus dem Palast und übernahm die Alleinherrschaft (15. März 856). Am 26. Mai 866 krönte er →Basileios I. zum Mitks., der ihn in der Nacht vom 23. auf den 24. Sept. 867 ermorden ließ. Die Geschichtsschreibung der Makedonenzeit schildert M. als zügellosen jungen Mann in den düstersten Farben, und erst die Forsch. des letzten halben Jahrhunderts haben das Bild entscheidend korrigiert. In seine Regierungszeit fiel der große polit. und kulturelle Aufschwung des Reiches: die Wiederherstellung der Bilderverehrung (843; →Bild), Flottenzug gegen Kreta und Ägypten, entscheidende Siege in Kleinasien. Gleichzeitig trug die Berufung des →Photios zum Patriarchen zu ernsthaften Spannungen mit der röm. Kirche bei. P. Schreiner

Lit.: BLGS III, 176f. – E. KISLINGER, Eudokia Ingerina, Basileios I. und M. III., JÖB 33, 1983, 119-136 – J. N. LJUBARSKIJ, Der Ks. als Mime …, ebd. 39-50 – E. KISLINGER, M. III. – Image und Realität, Eos 75, 1987, 389-400 [Lit.] – P. KARLIN-HAYTER, M. III. and Money, Byzslav 50, 1989, 1-8 – Oxford Dict. of Byzantium, 1364.

6. M. IV., *byz. Ks.* 1034-41, stammte aus einfacher Familie in Paphlagonien, kam durch seinen Bruder, den Eunuchen Johannes Orphanotrophos, an den Ks. hof. Ksn. →Zoe ernannte ihn zum Vorsteher der Diener ihrer Vorzimmer (ἄρχων τοῦ πανθέου) und heiratete ihn (nach der Ermordung →Romanos' III.) am 11. April 1034. Sein Hauptaugenmerk galt der Balkanpolitik, wo er den Aufstand des Peter →Odeljan (1040/41) unterdrückte, während er der Selbständigkeitsbewegung der serb. Fs.en nicht Herr wurde. Er starb an einer Krankheit, die er sich auf der Serbienexpedition zugezogen hatte, am 9. oder 10. Dez. 1041. P. Schreiner

Lit.: BLGS III, 177 [Lit.] – OSTROGORSKY, Geschichte, 268-270 – P. SCHREINER, Die byz. Kleinchroniken, 2, 1977, 142f. – J. FERLUGA, Aufstände im byz. Reich zw. den Jahren 1025 und 1081, Rivista di Studi Bizantini e Slavi 5, 1985, 137-164 – Oxford Dict. of Byzantium, 1365.

7. M. V., *byz. Ks.* 1041/42, Neffe →Michaels IV., Beiname Καλαφάτης ('Kalfaterer'), obwohl sein Vater, ein Bruder Michaels IV., diese Tätigkeit nicht selbst ausübte, sondern eher eine Funktion im Arsenal hatte. M. besaß den Rang eines καῖσαρ und war noch vor dem Tod seines Onkels adoptiert worden. Nach Ausrufung und Krönung (11. Dez. 1041?) schickte er seinen zweiten Onkel, Johannes Orphanotrophos, aber auch Ksn. →Zoe in die Verbannung. Die Verdrängung der legitimen Herrscherin führte zu einem Volksaufstand, der am 21./22. April 1042 M. Thron und Leben kostete. Seine kurze Herrschaftszeit ist fakt. bedeutungslos, läßt aber erstmals die Verwurzelung legitim-dynast. Denkens erkennen. P. Schreiner

Lit.: OSTROGORSKY, Geschichte³, 269f. – P. SCHREINER, Die byz. Kleinchroniken, II, 1977, 143-146 – J.-C. CHEYNET, Pouvoir et contestations à Byzance (963-1210), 1990 – The Oxford Dict. of Byzantium, 1366.

8. M. VI., *byz. Ks.* 1056/57, hoher Verwaltungsbeamter, wohl λογοθέτης τοῦ στρατιωτικοῦ (Vorsteher des Amtes für Finanzierung und Registrierung der Soldaten), aber selbst kein Militär, aus der Familie der Bringas, wurde schon in älteren Jahren (Beiname ὁ γέρων 'der Greis') noch zu Lebzeiten der Ksn. →Theodora III. am 22. Aug. 1056 zum Ks. ausgerufen (Alleinherrscher seit 27. Aug.). Sein Desinteresse an militär. Problemen (Vordringen der Selğuqen) führte zu einer auch von Patriarch →Michael Kerullarios unterstützten Militärrevolte (unter →Isaak I. Komnenos), die M. am 3. Sept. 1057 zu Abdankung und Eintritt in ein Kl. zwang. P. Schreiner

Lit.: P. SCHREINER, Die byz. Kleinchroniken, II, 1977, 149f. – M. D. SPADARO, La deposizione di Michele VI: Un episodo di 'Concordia discors' fra chiesa e militari?, JÖB 37, 1987, 153-171 – J.-C. CHEYNET, Pouvoir et contestations à Byzance (963-1210), 1990, 66f., 341f. – The Oxford Dict. of Byzantium, 1366.

9. M. VII., Dukas, *byz. Ks.* 1071-78, * vielleicht vor 1050, † 1090, ältester Sohn aus der Ehe des →Konstantin X. Dukas und der →Eudokia Makrembolitissa, wurde nach der Thronbesteigung des Vaters am 25. Dez. 1059 zum Mitks. gekrönt. Nach dem Tode →Romanos' IV. trat er am 1. Okt. 1071 zusammen mit seiner Mutter die Ks. herrschaft an, schickte diese jedoch schon am 1. Nov. ins Piperudion-Kl. bei Konstantinopel. Zu unbekanntem

Zeitpunkt vor dem Regierungsantritt heiratete M. eine abchasische Prinzessin, die den Namen Maria annahm und ihm einen Sohn namens Konstantin gebar. Während seiner schwachen Herrschaft, die von Geldverschlechterung, Preissteigerung, Militärrevolten und der Festsetzung der Selǧuqen in Kleinasien gekennzeichnet ist, lag die Staatsführung in Händen von Hofbeamten, u. a. seines Lehrers Michael →Psellos, der für ihn mehrere Schr. verfaßte und ihn in seinem Gesch.swerk verherrlichte. Unter dem Eindruck der Usurpation des →Nikephoros III. Botaneiates dankte M. am 24. März 1078 ab, wurde Mönch und später Bf. v. Ephesos (das er kaum betrat). P. Schreiner

Q. und Lit.: BLGS III, 178 – P. SCHREINER, Die byz. Kleinchroniken, II, 1977, 156-158 [Q.] – D. I. POLEMIS, The Doukai, 1968, 42-46 – LJ. MAKSIMOVIĆ, La bulle de l'autocrator Michel VII Doukas et le début de son règne, ZRVI 23, 1984, 89-94 [serb.] – The Oxford Dict. of Byzantium, 1366.

10. M. VIII. Palaiologos, byz. Ks. 1. Jan. 1259–11. Dez. 1281,

* 1224/25 Nikaia oder Nymphaion, † bei Pachomiu (nahe Rhaidestos), Sohn des Statthalters v. Thessalonike unter →Johannes III. Dukas Vatatzes, an dessen Hof er aufwuchs. 1246 Kommandant in →Melnik und →Serrhes, 1253 wegen Hochverrats eingekerkert, 1254 freigelassen, gelobte er Treue und heiratete Theodora, eine Großnichte des Ks.s. 1256 unter →Theodor II. Laskaris erneut verdächtigt, floh er zu den Selǧuqen, kehrte aber 1257 begnadigt zurück. 1258 dirigierte er den Mord am für →Johannes IV. Laskaris eingesetzten Regenten Georgios →Muzalon und ließ sich, unterstützt vom Patriarchen →Arsenios, zum regierenden Mitks. küren. Der Sieg über das Bündnis von Michael II. (Angelos) Dukas Komnenos, Manfred v. Sizilien und Wilhelm II. v. Achaia in der Schlacht bei →Pelagonia (1259) und die Wiedereroberung von Konstantinopel 1261 festigten M.s Stellung so, daß er sich als Hauptks. krönen ließ und Johannes IV. blendete. Arsenios, der M. exkommunizierte, ließ er 1264 absetzen, aber erst →Josef I. hob die Exkommunikation auf (1267). Im Tausch gegen drei Festungen der →Morea ließ M. 1262 Wilhelm II. frei und begann die Wiedereroberung der Peloponnes. Da das 1261 mit Genua geschlossene Bündnis sich nicht bewährte, schloß M. sich 1268 wieder an Venedig an. Die größte Herausforderung erwuchs M., als Karl I. v. Anjou 1266 in Süditalien und auf Sizilien die Staufer ablöste und die Eroberung Konstantinopels betrieb. Durch Verhandlungen und eine Union mit Rom (Konzil v. →Lyon 1274) konnte M. lange Zeit die Gefahr abwehren. Die Kehrseite seiner Westpolitik waren Unfrieden im Reich durch Verfolgung der Unionsgegner und Vernachlässigung des ö. Reichsteils. Als Papst Martin IV. 1281 M. wegen des Mißerfolgs der Union exkommunizierte, bekam Karl v. Anjou freie Hand, aber M. hatte vorgesorgt durch Unterstützung seiner Gegner auf Sizilien und der Eroberungspläne Peters III. v. Aragón. Die →Siz. Vesper (30. März 1282) und die Invasion Peters im Aug. 1282 bannten für Byzanz die Gefahr aus dem W. Bald danach starb M. und hinterließ seinem Sohn →Andronikos (II. Palaiologos) ein Reich in Unfrieden mit einem geschwächten und bedrohten Ostteil. Eine Art Autobiogr. M.s enthält die Vorrede zum →Typikon, das er dem Demetrioskl. in Konstantinopel schenkte. J.-L. van Dieten

Q.: DÖLGER, Reg. 1857-2075 – Autobiogr.: H. GRÉGOIRE, Byzantion 29/30, 1959/60, 447-476 – Lit.: BLGS III, 178-180 [Lit.] – PLP, Nr. 21528 – C. CHAPMAN, M. Paléologue, 1926 – D. J. GEANAKOPLOS, Emperor M. P. and the West 1258-82, 1959 [it. Übers. 1985] – D. I. POLEMIS, The Doukai, 1968, 157f. – A. FAILLER, Chronologie et composition dans l'Hist. de Georges Pachymère, RevByz 38, 1980, 5-103; 39, 1981, 145-249 – [passim] – R. MACRIDES, The New Constantine and the New Constantinople 1261?, Byz. and Modern Greek Stud. 6, 1980, 13-41 – A. FAILLER, La proclamation impériale de Michel VIII, RevByz 44, 1986, 237-251.

11. M. IX. Palaiologos, byz. Mitks., * 1277, † 21. Mai 1320,

ältester Sohn →Andronikos' II. und Annas, Tochter →Stephans V. v. Ungarn, präsumptiver Thronfolger, seit 1281 (noch unter Michael VIII.) Mitks. neben seinem Vater, seit 1294 als 'Autokrator' (→Autokratie) dem Hauptks. fast gleichgestellt. Seine zahlreichen militär. Niederlagen sind wohl weniger ihm als dem miserablen Zustand der byz. Armee seiner Zeit zuzuschreiben. Er unterlag 1302 türk. Truppen im Hermostal bei Magnesia am Sipylos, 1304 in Thrakien dem Bulgarenherrscher Theodor Svetoslav, 1305 bei Apros der →Katal. Kompa(g)nie, die Rache für die Ermordung ihres Anführers Roger de →Flor nahm, und ca. 1311 dem türk. Söldnerführer Ḥalīl in Thrakien. Zumindest ztw. residierte er in Adrianopel; 1318 zog er sich mit seiner Gattin Maria (Rita v. Kleinarmenien, ∞ 1295) bis zu seinem Tod nach Thessalonike zurück. Eine Reihe von Urkk., v. a. Privilegien für Kl., sind in seinem Namen ausgestellt. F. Tinnefeld

Lit.: PLP, Nr. 21529 – DÖLGER, Reg., 4, Nr. 2613-2648 – B. FERJANČIĆ, Savladarstvo u doba Paleologa, ZRVI 24/25, 1986, 307-384, bes. 323-333.

12. M. I. Dukas, Herrscher v. →Ep(e)iros 1204–14,

illegitimer Sohn des Sebastokrators Johannes Dukas, Vetter der byz. Ks. Isaak II. und Alexios III., gehörte zu den vornehmen Geiseln, die die Byzantiner Ks. →Friedrich I. zur Garantie des Friedens v. Adrianopel (1190) überstellten. Zw. 1190 und 1195 Dux und Anagrapheus des kleinasiat. Themas Melanudion und Mylasa, lehnte er sich gegen den Ks. auf und flüchtete zu den →Selǧuqen. Nach der Eroberung Konstantinopels durch die Kreuzfahrer des 4. →Kreuzzuges (1204) schloß sich M. →Bonifaz v. Montferrat an, setzte sich aber bald von ihm ab und errichtete im Gebiet v. Epiros, mit →Arta als Hauptort und dem Territorium des Themas →Nikopolis als Kernregion, ein unabhängiges Staatswesen, das zu einem wichtigen Widerstandszentrum der Byzantiner gegen das →Lat. Kaiserreich wurde. Trotz Abmachungen mit dem lat. Ks. und der Anerkennung der vorübergehenden Lehnshoheit →Venedigs (1210) betrieb M. eine expansive Politik nach Thessalien und in nw. Richtung, so daß sich der epirot. Machtbereich bei seiner Ermordung (wohl Ende 1214, s. ZRVI 27-28, 1989, 109f.) von Naupaktos bis →Dyrrhachion (erobert 1212) ausdehnte. M. B. Wellas

Lit.: D. M. NICOL, The Despotate of Epiros, 1957 – L. STIERNON, Les Origines du Despotat d'Épire, RevByz 17, 1959, 90-126 – D. I. POLEMIS, The Doukai, 1968, Nr. 45 – P. SOUSTAL-J. KODER, Nikopolis and Kephallenia, 1981, 58-61 – G. PRINZING, Stud. zur Provinz- und Zentralverwaltung..., Epeirotika Chronika 24, 1982, 73-120 – A. STAURIDU-ZAPHRAKA, Νίκαια καὶ Ἤπειρος τὸν 13. αἰῶνα, 1990 [Lit.].

13. M. II. Dukas Komnenos (Angelos), Herrscher v. →Ep(e)iros ca. 1231–67/68, † wahrsch. Mai 1267 und Aug. 1268,

illegitimer Sohn Michaels I. v. Epiros, Despotes, ∞ (hl.) Theodora Petraliphas, kehrte ca. 1230 aus dem Exil nach Epiros zurück und konnte in den folgenden Jahren die Herrschaft in Epiros und Teilen Thessaloniens konsolidieren. M. verteidigte in mehreren Konflikten seit 1251 die Selbständigkeit Epiros' gegen das nikän. Ksm. und, nach 1261, gegen das restaurierte byz. Ksr. 1258/59 schloß er mit Wilhelm II. v. Achaia und Kg. →Manfred v. Sizilien, dem er Korfu und epirot. Küstenplätze überließ, ein Bündnis gegen Nikaia, ließ aber vor der entscheidenden Schlacht bei →Pelagonia seine Verbündeten im Stich. Sein daraufhin von nikän. Truppen besetztes Herrschaftsgebiet konnte M. aber zum größten Teil wiedererobern. In den folgenden Jahren kämpfte M. mit wechselndem Erfolg gegen das Byz. Reich, bis es 1264 zu einem dauerhaften Frieden kam. M. B. Wellas

Lit.: BLGS III, 180f. – PLP, Nr. 220 – D. M. Nicol, The Despotate of Epiros, 1957 – L. I. Branuses, Χρονικὰ τῆς μεσαιωνικῆς καὶ Τουρκοκρατουμένης Ἠπείρου, 1962, 49–54 – D. I. Polemis, The Doukai, 1968, Nr. 48 – D. M. Nicol, The Despotate of Epiros (1267–1479), 1984.

14. M. I. Višević, *Archont v. Zahumlje,* 1. H. 10. Jh.; nach der Überlieferung stammte seine Familie aus dem Weichsel-Gebiet. In dem Werk »De administrando imperii« Konstantins VII. Porphyrogennetos trägt er die byz. Titel Anthypatos und Patrikios. Im Kampf zw. Bulgarien und Byzanz stand er zunächst auf der Seite von Simeon, den er 916 über das Treffen des serb. Fs.en Peter mit dem Strategen Leon v. Durazzo unterrichtete. Peter bedeutete für M. eine unmittelbare Bedrohung, denn er hatte die Nachbargebiete Travunien und Paganien unterworfen. Später schloß sich M. Byzanz an; hiervon zeugen auch seine byz. Titel. M. nahm wahrscheinl. an der Synode v. Split i. J. 925 teil. Westl. Q.n zufolge überfiel er am 10. Juni 926 die Stadt Siponte. B. Ferjančić

Lit.: Jireček – Vizantiski izvori za istoriju naroda Jugoslavije II, 1959, 54, Anm. 178; 60, Anm. 209 – Istorija srpskog naroda I, 1981, 157–160 – J. V. A. Fine, The Early Medieval Balkans, 1983.

15. M. (Mihajlo), *Herrscher v. →Zeta,* um 1055–um 1082, Sohn und Nachfolger →Stefan Vojislavs. Zunächst 'Freund und Verbündeter' des Byz. Reiches und mit dem Titel eines Protospatharios ausgezeichnet, sandte M. nach der Niederlage Ks. Romanos' IV. Diogenes bei →Mantzikert (1071) seinen Sohn →Konstantin Bodin mit einer Hilfstruppe zur Unterstützung des antibyz. Aufstands →Georg Vojtechs in Skopje (1072). Später versöhnte er sich jedoch wieder mit Byzanz. Die oft wiederholte Behauptung, M. habe von Papst Gregor VII. Kg.stitel und -abzeichen erhalten, ist unbegründet. Als 'Kg. der Slaven' tituliert, wurden ihm die Fahne und das Pallium, wohl für den Ebf. v. Ragusa, versprochen (1077). Der Schwerpunkt seiner Macht lag im S, im Hinterland der byz. Küstenstädte; seine Residenzen waren in →Kotor und Prapratna, zw. Bar und Ulcinj. Trotz seines Bündnisses mit den unterit. Normannen blieb M. 1081 beim Angriff auf →Dyrr(h)achion im Lager des byz. Ks.s. S. Ćirković

Lit.: Istorija srpskog naroda I, 1981.

16. M. I., *jakobit.* (→Jakobiten) *Patriarch v. →Antiochia* 1166–99, syr. Autor und Chronist. * 1126 in Melitene, † 1199, zunächst Mönch, dann Abt im Bar Ṣaumā-Kl. Neben theol., kirchenrechtl. und liturg. Werken verfaßte er eine 'Chronik' (»makṭbānūṭ zaḇne«) in 21 Büchern, von der Erschaffung der Welt bis 1195 reichend. Der Text umfaßt in drei Kolumnen geordnet Kirchengesch., Profangesch., Verschiedenes, dazu noch sechs wertvolle Anhänge. Für die ältere Zeit kompiliert M. viele, z.T. sonst verlorene Q., für die Kreuzfahrerzeit ist er z.T. Augenzeuge. Das Werk ist nur in einer lückenhaften syr. Hs. erhalten, von der eine getreue arab. und 1248 eine recht freie armen. Übers. angefertigt wurde. J. Aßfalg

Ed. und Übers.: J.-B. Chabot, Chronique de Michel le Syrien, 4 Bde, 1899–1924 – Lit.: LThK² VII, 401 – A. Baumstark, Gesch. der syr. Lit., 1922, 298–300 – G. Graf, Gesch. der chr. arab. Lit., II, 1947, 265–267 – I. Ortiz de Urbina, Patrologia Syriaca, 1965², 221 – M. van Esbroeck, AnalBoll 97, 1977, 291f. – K. Karayannopulos–G. Weiss, Q.kunde zur Gesch. von Byzanz (324–1453), 1982, 441.

17. M. I. Kerullarios, *Patriarch v. Konstantinopel* 1043–58, * ca. 1005–1010, † 21. Jan. 1059, stammte aus einer Familie mit Zugang zum Kaiserhof. Die Teilnahme an einer gescheiterten Verschwörung gegen Michael IV. veranlaßte M. 1040 zum Eintritt in den Mönchsstand. Konstantin IX. Monomachos erhob ihn gegen den Widerstand des Klerus am 25. März 1043 auf den Patriarchenthron.

Persönl. Auseinandersetzungen M.s mit dem byz. Katepan Italiens, →Argyros, mündeten in scharfe Polemik zw. Ost- und Westkirche über rituelle Unterschiede (u. a. →Azymen, Samstagsfasten) und die Stellung des Papsttums, die zum Schisma führten, als die röm. Kardinallegaten→Humbert v. Silva Candida und Friedrich v. Lothringen am 16. Juli 1054 ihre Bannbulle gegen M., →Leon v. Ochrid u. a. auf dem Altar der Hagia Sophia deponierten. M. wurde u. a. das Recht auf den Titel »Ökumen. Patriarch« abgesprochen. Seine Position gibt das nach der Synode vom 24. Juli verfaßte Σημείωμα wieder, dagegen wird die ihm von A. Michel zugeschriebene Πανοπλία κατὰ τῶν Λατίνων heute als erst um 1274 verfaßt angesehen. Wichtig sind auch seine Briefe an den irenisch gesinnten →Petros III. v. Antiocheia.

Unter Ksn. Theodora geriet M. mit dem πρωτοσύγκελλος Leon Paraspondylos in Konflikt. Er unterstützte 1057 den Sturz Ks. Michaels VI. durch anatol. Generäle unter Isaak Komnenos, den er krönte. Doch kam es mit dem neuen Ks., u. a. wegen der Konfiskation von Klosterbesitz und der Anmaßung ksl. Kleidung (Purpurschuhe) durch M., zum Streit. Isaak ließ M. schließl. im Nov. 1058 verhaften und nach Proikonnesos und Imbros verbannen. M. starb zu Beginn des gegen ihn eröffneten Prozesses. Als Patriarch unterhielt er eine luxuriöse Hofhaltung. Wegen seines Geldbedarfes ließ er sich von →Psellos über die Kunst des Goldmachens unterrichten.

M. Bibikov/K.-P. Todt

Lit.: V. Grumel–J. Darrouzès, Regestes, I. 2, 3, 1989, Nr. 855a–886 – Beck, Kirche, 533/534 und Reg. – Ders., Gesch. der orth. Kirche im byz. Reich, 1980, 142–147 – J.-M. Hussey, The Orthodox Church in the Byz. Empire, 1986, 129–138 – F. Tinnefeld, M. I. K. Krit. Überlegungen zu einer Biographie, JÖB 39, 1989, 97–127 [Lit.].

18. M. IV. Autoreianos, *Patriarch v. Konstantinopel* 20. März 1208–26. Aug. 1214, Freund der Brüder Michael und Niketas →Choniates, von denen Briefe an ihn erhalten sind. Spätestens ab 1204 Megas Sakellarios. Er wurde in Nikaia, der Exilresidenz des byz. Ks.s, zum Nachfolger von →Johannes X. Kamateros gewählt und vollzog sofort die Krönung des schon 1205 von dem kleinasiat. Städten zum Ks. proklamierten →Theodor I. Laskaris. Zusammen mit der Synode versicherte er ihm schriftl. die Loyalität der Kirche sowie die Ablehnung der rivalisierenden Thronprätendenten. Allen Soldaten, die für das Vaterland im Kampf (gegen die Lateiner) fallen würden, verhieß er schriftl. Sündenvergebung. Im Okt. 1213 sicherte er dem Ks. Trauung nach kanon. Brauch mit einer arm. Prinzessin zu. J.-L. van Dieten

Q. und Lit.: ThEE VIII, 1204 – V. Laurent, RevByz 27, 1969, 129–133 [Chronologie] – Grumel-Laurent, IV, 1971, 1–22 – A. Schminck, Drei Patriarchalschreiben aus der ersten Hälfte des 13. Jh., Fontes Minores 5, 1982, 194–214, bes. 200–205 – Oxford Dict. of Byzantium, 1365.

19. M. Aiguani v. Bologna OCarm, Theologe, * Bologna, † 16. Nov. 1400 ebd.; trat in das Karmeliterkl. in Bologna ein, studierte in Paris, wurde zum Dr. theol. promoviert und lehrte an der Univ. Bologna. 1375 Leiter der Ordensprov. Bologna, wurde M. 1380 von Urban VI. zum Generalvikar des Ordens ernannt, aber 1386 abgesetzt. 1395 von Bonifaz IX. zum Generalvikar für die Prov. Bologna berufen, bekleidete M. dieses Amt bis zu seinem Tod. Theol. Werke: Sentenzenkomm. (Stegmüller, Rep. Sent. I nr. 536–540), Bibelkomm.e (Stegmüller, Rep. Bibl. III nr. 5588–5615), Dictionarium sacrum.

R. Averkorn

Lit.: DSAM X, 1172 – DThC X, 1674–1677 [Lit.] – LThK² VII, 392 – B. M. XIBERTA, De scriptoribus scholast. s. XIV ex ordine Carmel., 1931, 324–393 – J. SMET–U. DOBHAN, Die Karmeliten, 1981, 68f., 86 – K. REINHARDT, Zur Überl. eines ma. Hld-Komm., Traditio 39, 1983, 163–181.

20. M. Apostoles, griech.-byz. Literat, Unionist, Kopist, Hss.sammler, * ca. 1422, wohl in Konstantinopel, aus peloponnes. Familie, † in Candia (Herakleion)/Kreta, frühestens 1474, vielleicht erst nach 1486. M. war wohl nicht Schüler →Plethons (WOODHOUSE, 224f.), wohl aber seit 1448 Schüler des Johannes →Argyropulos, dessen Nachfolger am Museion er 1452 wurde. Bald nach der türk. Eroberung der Stadt 1453 nahm er Wohnsitz in Candia, reiste 1454 als Anhänger der Kirchenunion nach Italien, um von Kard. →Bessarion Hilfe bei der Gründung einer griech. Schule in Italien oder auf Kreta zu erwirken. Bessarion beauftragte ihn mit der Beschaffung griech. Hss. aus dem levantin. Raum. Ein großer Teil der Hss. in der Bessarion-Bibl., später Grundstock der Slg. griech. Hss. der Bibl. Marciana (Venedig), wurde durch M. erworben oder kopiert. Wenig geachtet wurden seine Beitr. zugunsten Platons im Philosophenstreit um Platon und Aristoteles. Erfolglos war sein Bemühen, um 1468 Ks. Friedrich III. für einen Türkenkreuzzug zur Befreiung Byzanz' zu gewinnen. Seine lit. Hinterlassenschaft umfaßt Reden, Briefe, Epigramme, eine theol. und philos. Sprichwörtersslg.

F. Tinnefeld

Lit.: DHGE III, 1030–1035 – PLP, Nr. 1201 – D. J. GEANAKOPLOS, Greek Scholars in Venice, 1962, 73–110 [überarb. it. Übers.: Bisanzio e il Rinascimento, 1967, 81–126] – C. M. WOODHOUSE, Gemistos Plethon, 1986.

21. M. Attaliotes →Attaleiates, Michael

22. M. v. Cesena OFM, † 29. Nov. 1342 in München. Der Zeitpunkt seines Ordenseintritts ist unbekannt. Nach Erwerb des Magistertitels in Paris wurde M. 1316 zum Generalminister gewählt. Unmittelbar nach seiner Wahl erließ er gemeinsam mit den Definitoren neue Generalkonstitutionen (Assisi 1316). In den ersten Jahren seiner Amtsführung, die von der Verurteilung der Spiritualen und Fratizellen durch Johannes XXII. und den ersten Hinrichtungen von Spiritualen der Provence auf dem Scheiterhaufen (Marseille 1318) geprägt waren, ging M. konform mit der Politik der Kurie (z.B. Verurteilung von →Olivis Thesen). Als Johannes XXII. jedoch das Fundament der franziskan. Armut, die These, daß Christus und die Apostel weder individuelles noch gemeinsames Eigentum besessen hätten, verurteilte, organisierte M. den Widerstand gegen die Position des Papstes: Das Kapitel bekräftigte im Juni 1322 in Assisi die traditionelle Auffassung des Ordens in der Armutsfrage. Nach Avignon zitiert, floh M. von dort zusammen mit →Wilhelm v. Ockham und →Bonagratia v. Bergamo zu Ludwig d. Bayern nach Pisa. Von diesem Zeitpunkt an übte M. großen Einfluß auf die ideolog. Fundamentierung der Politik des Ks.s aus, der z.T. von den Theorien des →Marsilius v. Padua abrückte und die Polemik der Franziskaner gegen den Papst übernahm. M., der sich stets geweigert hatte, den von Ludwig d. Bayern ernannten Gegenpapst anzuerkennen, versuchte stattdessen, ein Konzil zu organisieren (1334), das die Kontroverse schlichten sollte, wobei er seine guten Beziehungen zum Hof von Neapel und zu Kard. Napoleone →Orsini nutzte. Seine Thesen werden v.a. in den Dokumenten des J. 1328 (Appellatio maior und minor) und 1330 deutlich; M. bekräftigte sie jedoch auch 1338 durch eine Verurteilung Benedikts XII., der von den Positionen seines Vorgängers Johannes XXII. nicht abgerückt war. Nach M.s Tod sind Gruppen von *Michelisti* in Neapel, im Veneto und in Mittelitalien belegt. Die Gruppen, die sich im 15. Jh. auf ihn beriefen, standen jedoch seinen Positionen sehr ferne und strebten nach einer völligen Erneuerung der chr. Welt.

G. Barone

Q.: A. CARLINI, Constitutiones generales OFM anno 1316 Assisii conditae, AFH 4, 1911, 269–302, 503–536 – BF V, 410–427 – Formulae et documenta e cancellaria Fr. Michaelis de C., OFM ministri generalis 1316–1328, ed. M. BIHL, AFH 23, 1930, 106–171 – *Lit.*: LThK² VII, 392 – A. CARLINI, Fra' Michelino e la sua eresia, 1912 – P. GLORIEUX, D'Alexandre de Halès à Pierre Auriol, AFH 26, 1933, 80 – F. HOFMANN, Der Anteil der Minoriten am Kampf Ludwigs d. Bayern gegen Johann XXII., 1959 – C. DOLCINI, Il pensiero politico di Michele de C., 1977 – A. TABARRONI, Paupertas Christi et apostolorum. L'ideale francescano in discussione (1322–1324), 1990, passim.

23. M. v. Cornwall (M. Blaunpayn), Zeitgenosse →Heinrichs v. Avranches, den er in einem 1250/60 entstandenen Gedicht (1276 gereimte Hexameter) befehdet. In gefeilter Invektive rügt M. Heinrichs dichter. Fähigkeiten ('pseudopoeta', v. 627), beschuldigt ihn des Plagiats (97ff., 387f., 457ff.), verspottet den Namen (245ff., 289f.), die norm. Herkunft (49ff., 231ff., 334ff., 973ff., 1049), die altersbedingten Schwächen seines Gegners (349ff.). Ob M. weitere Gedichte verfaßt hat, ist ungewiß.

B. Gansweidt

Ed.: A. HILKA (Festgabe H. DEGERING, 1926), 123–154 – *Lit.*: WALTHER, 1432 – H. WALTHER, Das Streitgedicht in der lat. Lit. des MA, 1929 [erw. Neudr. 1984] – J. C. RUSSELL–J. P. HEIRONIMUS, The Shorter Lat. Poems of Master Henry of Avranches Relating to England, 1935 – D. TOWNSEND–A. G. RIGG, MSt 49, 1987, 352–390.

24. M. Dukas Glabas Tarchaneiotes, byz. Militär, * ca. 1235, † zw. 1305–08, ◻ Pammakaristos-Kl., Konstantinopel, kämpfte mit wechselndem Erfolg über vierzig Jahre lang unter den Ks.n Michael VIII. Palaiologos und Andronikos II. Palaiologos gegen Reichsfeinde in SO-Europa. Administrative Aufgaben führten ihn vor 1293 nach Thrakien und 1297–1302/03 nach Thessalonike. M. war nicht nur im Festungsbau tätig, sondern renovierte bzw. stiftete Kl. in Makedonien, Sozopolis und Konstantinopel (Pammakaristos-Kl., Atheniotissa-Kl.) sowie einen Xenon (Hospital) wohl ebendort. Eine Schr. zu Fragen der Strategie (E. MARTINI, RIL, ser. II, vol. 29, 1896, 470) und eine bibl. Katene (BECK, Kirche, 711) von ihm sind verschollen. Aus der Ehe mit Maria (Martha) Dukaina Komnene Palaiologina Tarchaneiotissa ging eine Tochter, die spätere Gattin des Schriftstellers Andronikos Komnenos Dukas Angelos Palaiologos, hervor.

I. G. Leontiades

Lit.: PLP, Nr. 27504 – P. SCHREINER, Eine unbekannte Beschreibung der Pammakaristos-Kirche, DOP 25, 1971, 231–233 – C. MANGO, The Monument and its Hist. (DOS 15, 1978), 11–22 – A. FAILLER, Pachymeriana altera, RevByz 46, 1988, 75–83.

25. M. Klopskij, hl., Narr um Christi willen, † 11.Jan. um 1453/56; Heiligsprechung 1547. M. begab sich am 23. Juni 1408 ins Klopskij-Kl. bei Novgorod und verblieb dort, ohne Namen und Herkunft preiszugeben. Fs. Konstantin Dimitrievič v. Novgorod erkannte bei einem Besuch in ihm seinen nahen Verwandten. M. führte ein asket. Leben, schrieb Bücher ab. Furchtlos klagte er Fs. →Dmitrij Šemjaka (1420–53) der Blendung seines Bruders, des Gfs.en Vasilij II., an; er sagte die künftige Eroberung Novgorods durch Moskau voraus (1478). Auf sein Gebet hin öffnete sich im Kl. nach einer Dürre eine Quelle und auch die Brotvorräte vermehrten sich.

C. Patock

Lit.: I. NEKRASOV, Zarožděnie nacional'noj literatury v Severnoj Rusi, I, 1870 [zu den Viten] – V. KLJUČEVSKIJ, Žitija Svjatych kak istoričeskij istočnik, 1871, 209–217 – E. BENZ, Russ. Hl.nlegenden, 1953, 429 – L.

A. Dimitriev, Povesti v žiti Michaila Klopskogo, 1958 – N. K. Gudzij, Gesch. der russ. Lit. 11.–17. Jh., 1959, 349f. – Mineja. Janvar' (11). Izdanie Moskovskoj Patriarchii, 1983, 409.

26. M. de Leone, * um 1300 in Würzburg, † 3. Jan. 1355, Sohn des von Mainz zugewanderten Juristen Konrad Jude, wirkte M. nach Rechtsstudium in Bologna (1324–28) in Würzburg als öffentl. ksl. Notar, 1336–48/50 als bfl. Protonotar, 1348/50 bis zu seinem Tode als Scholaster am Stift Neumünster. 'De Leone' nannte er sich nach dem Löwenhof, den er 1332 erwarb und 1349 seinem Neffen vermachte. Erfordernisse des bfl.-kirchl. Dienstes, Stolz auf die Heimatstadt und Fürsorge für das 'Haus' gaben auch den Anstoß zu seinen lit. Aktivitäten als lat. Schriftsteller (Zeitgesch. und Kanonistik) und als Sammler lat. und dt. Texte. Die Slg. des »Manuale« diente der Ausbildung der Kleriker von Neumünster; die Slg. des sog. »Hausbuchs« mit seinen Texten zum Hausregiment, zu sittl. und religiöser Lebensführung, aber auch zu verfeinerter Kultur (Lieder →Reinmars und →Walthers) war angelegt als 'Lehr- und Lesebuch für die künftigen Generationen', bestimmt für den jeweiligen Löwenhof-Eigentümer »von sinem geslecht« (Kornrumpf). B. K. Vollmann

Lit.: Verf.-Lex.² VI, 491–503 [G. Kornrumpf] – De Boor-Newald, III, 2, 1987, 24–29 [I. Glier].

27. M. (Becucci?) **v. Massa,** OESA, Theologe und geistl. Schriftsteller, * um 1298 Massa Marittima, † 20. Mai 1337 noch vor seiner Magisterpromotion. In seiner Pariser Sentenzenlesung (I. und II. B.) von 1325/26 ist der Einfluß der via moderna spürbar; zugleich ist M. der erste scharfe Kritiker Wilhelms v. Ockham unter den Theologen seines Ordens. Die weitverbreitete, auch mehrfach gedr. und ins Ndl. und Alemann. übers. »Vita Jesu Christi« (in Ms Leipzig UB 800 ihm zugeschrieben) diente →Ludolf v. Sachsen für sein Leben Jesu als Vorlage. In zahlreichen Hss. und in einer mhd. Übers. ist sein »Tractatus de passione Christi« überliefert. Wie dieser ist auch kein anderes seiner übrigen zahlreichen Werke (Komm. zu Mt und Lk, De quatuor virtutibus cardinalibus, Tract. secundum ordinem alphabeti usw.) im Dr. erschienen.

A. Zumkeller

Lit.: Gindele 266 – Teeuwen nrr. 1356–59, 3629, 4670, 5905, 5916 und 5981 [zur lebhaften Diskussion um die »Vita Jesu Christi« s. nrr. 3628, 3738, 3740f, 4726, 4752, 5982–84] – DSAM X, 1182f. – Verf.-Lex.² VI, 503–509 [Werkliste, Lit.] – Zumkeller, Augustinerschule, hier 209f. – D. Trapp, Augustinianum 5, 1965, 58–133 – L. Hödl, Scientia Augustiniana, 1975, 234–256 – W. Baier, Unters. zu den Passionsbetrachtungen..., I–III, 1977, passim – K.-H. Geith, Die Vita Jesu Christi des M. v. M., Augustiniana 38, 1988, 99–117.

28. M. Psellos → Psellos, Michael

29. M. Rhetor, 12. Jh., wohl Neffe oder Zögling des byz. Metropoliten v. Thessalonike (Basileios v. Ochrid?), früher fälschl. als M. v. Thessalonike bezeichnet. Aus Konstantinopel stammend, war er ab 1148/49 Inhaber verschiedener Lehrämter an der Sophienkirche, wurde 1155 Protekdikos (höherer kirchl. Richter), dann Magister der Rhetoren. M. verfaßte (außer nicht Ungedrucktem) drei Reden an Ks. Manuel I. Komnenos in Zusammenhang mit der Anklage der Zugehörigkeit zur Häresie des Soterichos Panteugenes (1156), die auch wertvolles Material zur Gesch. der byz. Außenpolitik seiner Zeit bieten (ed. W. Regel, Fontes rerum byz., I, 1, 1892, 131–182 [Neudr. 1982]), außerdem eine Beschreibung (Ekphrasis) der Hagia Sophia (ed. C. Mango–J. Parker, DOP 14, 1960, 233–245) sowie eine Rede anläßl. der Erhebung zum 'ökumen. Didaskalos' (Neued. des Prooimion J. Lefort).

M. Bibikov

Lit.: R. Browning, The Patriarchal School at Constantinople in the 12th Century, Byzantion 33, 1963, 12–14 – J. Lefort, Prooimion de Michel neveu de l'archevêque de Thessalonique, TM 4, 1970, 379–393 – A. P. Každan, Neizvestnoe grečeskoe svidetel'stvo o russko-vizantijskoh otnošenijach v. XII v. (Feodal'naja Rossija vo vsemirnoistoričeskom processe, 1972), 235f.

30. M. Scotus, * vor 1200, † um 1235, aus Schottland oder Irland. In Toledo und im Umkreis →Friedrichs II. wirkender Gelehrter und Übersetzer, über den nur wenige verläßl. Informationen vorliegen. M. spielte eine wichtige Rolle in der Vermittlung arab. astrolog. Werke sowie in der lat. Aristoteles/Averroes-Rezeption, späteren Generationen galt er jedoch in erster Linie als Magier. Bereits »magister« begegnet M. im Gefolge des Ebf.s Rodrigo v. Toledo beim 4. →Laterankonzil 1215. 1217 beendete er in Toledo mit Hilfe des »Abuteus levita« die Übers. von →al-Biṭrūǧī »Kitāb fī l-hai'a«. 1220 hielt er sich in Bologna auf. 1224–27 verwendeten sich Honorius III. und Gregor IX. für ihn unter ausdrückl. Erwähnung seiner Bildung und Sprachkenntnisse bei Stephan →Langton, Ebf. v. Canterbury; M. besaß in dieser Zeit mehrere Lehen in England und Schottland, lehnte die Ernennung zum Ebf. v. →Cashel in Irland hingegen wegen mangelnder Kenntnisse der Landessprache ab. Bis zu seinem Tod (ungefähres Datum aus einem Gedicht des →Heinrich v. Avranches zu erschließen) wirkte M. als Astrologe im Umkreis Friedrichs II. – *Übersetzungen:* al-Biṭrūǧī »kitāb fī l-hai'a«; →Aristoteles »De animalibus«, vor 1220 beendete er erste lat. Übers. der drei arab. vorliegenden Bücher Hist. animalium, De partibus a., De generatione, die durch die Rezeption bei →Albertus Magnus großen Einfluß erlangte; →Avicenna »Abbreviatio de animalibus«, Friedrich II. gewidmet, der den Text für sein »De arte venandi« benutzte; Aristoteles »De caelo« mit dem Komm. des →Averroes. – *Eigene Werke:* »Liber Introductorius« (L. I.), bestehend aus a) »Liber quatuor distinctionum« (L. q. d.) bislang fälschlicherweise mit dem Titel des Gesamtwerkes bezeichnet (Burnett), Einführung v. a. in Astronomie, Astrologie, Meteorologie, Medizin, Musik und Komputistik; b) »L. Particularis« (L. Part.), kürzer und gleichsam ein Supplement zum L. q. d. « auf höherer Ebene, mit den Fragen Friedrichs II. an M.; c) »L. Physiognomie« (L. Phys.), auch »De secretis nature«, in den Hss. mit einem Traktat »De urinis«, behandelt im 1. Teil v. a. Geschlechtsverkehr, Schwangerschaft und Embryologie, im 2. und 3. Teil die eigtl. Physiognomie. Ferner: »Ars Alchemie« (oder »Magisterium«; »Divisio philosophiae«, fragmentar. überliefert bei Vinzenz v. Beauvais; Komm. zu Sacrobosco »De sphera«; »Vaticinium« (die Zukunft einiger it. Städte betreffende Prophetie, wörtl. auch bei →Salimbene v. Parma); Beschreibung der Folgen einer Zwillings-Fehlgeburt (galt lange als Tumor-Beschreibung, O'Neill); kleinere alchem. und med. Texte.

S. Ackermann

Ed.: G. Edwards, The L. I. of M. S. [Diss. Phil., ungedr. Univ. South Calif., 1978] [Prooemium] – *Lit.:* DSB IX, 361–365 [Lit. und Ed. bis 1974, mit weiteren Zuschreibungen von Übers.] – J. F. Rivera, Personajes hispanos asistentes en 1215 al IV Conc. de Letran, Hispania sacra 4, 1951, 335–355 – P. Glorieux, La Fac. des Arts et ses Maîtres au XIIIᵉ s., 1971, 258–260 [Hss.] – F. A. Gallo, Astronomy and Music in the MA: The L. I. by M. S., Musica Disciplina 27, 1973, 5–9 – Y. O'Neill, M. S. and Mary of Bologna: Clio Medica 8, 1973, 87–111, Add., Clio Medica 9, 1974, 125–129 – R. Manselli (L'averroismo in Italia, Acc. Naz. Lincei, Atti Conv. 40, 1979), 63–80 – U. Bauer, Der L. I. des M. S. in der Abschr. Clm 10268..., 1983 – P. Morpurgo, Atti Acc. Naz. Lincei, Ser. 8, Rendic., Cl. scienze mor. stor. filolog. 38, 1983, 59–71, 387–400 – G. Edwards, The two Redactions of M. S.'s »L. I.«, Traditio 41, 1985, 329–340 – C. Sirat (Trad. et traducteurs, hg. G. Contamine, 1989), 169–191 – A. van Oppenraay (Rencontres de cultures dans la philos. ma., 1990), 121–129 – C. S. F. Burnett, M. S.

and the Transmission of Scientific Culture from Toledo to Bologna via the Court of Frederick II Hohenstaufen [im Dr.].

31. M., Synkellos des Patriarchen v. Jerusalem, später v. Konstantinopel, * um 761/762 in Jerusalem, † 4. Jan. 846 in Konstantinopel, Mönch der Sabas-Laura, ab 798 Priester. Um 813 wurde er als Synkellos wegen der Kontroverse um das →Filioque nach Rom geschickt und dann jedoch in Konstantinopel infolge des wiederauflebenden Bilderstreits eingekerkert. Als Ks. Leon V. 820 starb, wurde er freigelassen, aber unter Theophilos erneut verhaftet. Nach dem Sieg der Bilderverehrer 842 wurde er Abt des →Chora-Kl. und Synkellos in Konstantinopel. M. ist Autor der ältesten byz. Schr. über Syntax, und sein Name ziert eine Reihe von Schr., die nur z.T. echt sein können: Homilien auf Hl.e, ein Glaubensbekenntnis, ein anakreont. Gedicht auf die Bilderverehrung und liturg. Gedichte. Auch von ihm sind vermutl. eine ps.-damasken. Rede und ein Leben des →Johannes Damaskenos.

J.-L. van Dieten

Ed. und Lit.: DThC X, 1710f. – ECatt VIII, 958f. – LThK² VII, 40of. – BECK, Kirche, 503–505 – HUNGER, Profane Lit., II, 15 – Tusculum-Lex., 1982³, 533f. – D. DONNET, Le Traité de la construction de la phrase…, 1982 [vgl. auch Byzantion 57, 1987, 174–180].

Michaelskapelle → Kapelle, I

Michaelsorden, →Ritterorden, gestiftet von Kg. →Ludwig XI. v. →Frankreich (Amboise, 1. Aug. 1469). Die Zahl der erwählten Ritter betrug nominell 35 (faktisch bis zum Ende des 15. Jh. aber nur etwa die Hälfte). Der (schon vom 14. Jh. an, verstärkt seit der Regierung Karls VII. in Frankreich hochverehrte) Erzengel→Michael wurde nach der Präambel des Ordensstatuts zum Patron erkoren, weil er als »erster Ritter« den →Drachen, den »alten Feind der menschl. Natur«, bezwungen habe und sein Heiligtum, den →Mont Saint-Michel, stets gegen die »alten Feinde des Kgr.es« (d.h. die Engländer) geschützt habe. Mit der Stiftung des Ordens, dessen Statuten weithin denen des →Goldenen Vlieses nachgebildet waren, verstand es der (sonst am Rittertum desinteressierte) Ludwig, den Ritterorden benachbarter Souveräne (Burgund, England, Savoyen) Konkurrenz zu machen und die Treue seiner Gefolgsleute in bedrohl. polit. Situation zu festigen. Demonstrativ erkor er die meisten seiner →*capitaines d'ordonnance* zu Rittern des M.s. Durch 'lettres royales' (Plessis-du-Parc, 22. Dez. 1476) wurden die Statuten ergänzt und weitere Ordensämter geschaffen (Prévôt, Zeremonienmeister, Kanzler, Schreiber, Schatzmeister, Herold u.a.). Ludwig XI., der sich gleichwohl die Ernennung neuer Ritter absolut vorbehielt, veranstaltete nie ein Generalkapitel, wohl aus Besorgnis, daß es zum Forum von Beschwerden werden könne. Die Verleihung des »ordre du roi« galt auch unter Ludwigs Nachfolgern als höchste Auszeichnung. Ordensinsignie war ein goldenes Halsband in Muschelform mit einem Medaillon, das den hl. Michael als Drachenüberwinder zeigt; Devise: »Immensi tremor Oceani«. Jeder neuerwählte Ritter erhielt eine hs. Kopie der Statuten; mehrere Exemplare sind erhalten.

Ph. Contamine

Q. und Lit.: Statuts de l'ordre de St-Michel, Paris 1725 – PH. CONTAMINE, L'ordre de St-Michel au temps de Louis XI et de Charles VIII (La France aux XIVᵉ et XVᵉ s., 1982) – J. D. BOULTON D'ARCY, The Knights of the Crown, 1987, 427–447 – PH. CONTAMINE, Louis XI, François II et l'ordre de St-Michel, 1469–70 (Des pouvoirs en France, 1300–1500, 1992).

Michail

1. M., Fs. v. →Černigov, * um 1185, † 20. Sept. 1246. Seit 1206 nahm er am Kampf seines Vaters Vsevolod v. Černigov um den Kiever Thron (→Kiev) teil; 1223 beteiligte sich M. an der Schlacht an der →Kalka. 1225 und 1229 wurde er auf den Fürstensitz v. →Novgorod berufen. 1226 wurde er Fs. v. Černigov. 1228–1235 unterstützte er die Gegner seines Schwagers Daniil v. →Halič. Im Sommer 1238 bestieg M. den Kiever Thron; im Sommer 1239, nach der Einnahme Černigovs durch die →Mongolen, floh er nach Polen und Ungarn. Nach seiner Rückkehr 1241/42 mit dem Versuch einer Koalitionsbildung gegen die Mongolo-Tataren gescheitert, machte er eine Huldigungsreise an den Hof des Chans →Batu. Da M. wegen religiöser Bedenken eine (polit.) Reverenz vor den Standbildern des Großchans verweigerte, wurde er hingerichtet (zweifellos aus machtpolit. Motiven, denn religiöse Intoleranz lag den Mongolen fern). In der Rus' als Märtyrer verehrt, begann sein Kult auf lokaler Grundlage im 13. Jh., erfaßte im 14. Jh. weitere aruss. Länder und verbreitete sich im 15. Jh. allgemein.

A. Poppe

Q.: PSRL 5, 1925², 230–235 – Skatanie o knjaze M.e Černigovskom i o ego bojarine Feodore, 1988 [mit Faks.] – *Lit.:* M. DIMNIK, Mikhail, Prince of Chernigov and Grand Prince of Kiev, 1981 – Slovar' knižnikov i knižnosti, I, 1987, 412–416.

2. M. Jaroslavič, Fs. v. →Tver' seit 1285, Gfs. »der ganzen Rus'« 1304–17, *1271, † 22. Nov. 1318 (hingerichtet), ⌂ 6. Sept. 1319 Erlöser-Kathedrale, Tver'. M., Neffe →Alexander Nevskijs, unterstützte zuerst den Fs.en v. Moskau, →Daniil, begann nach 1300 eine selbständige Politik, die ihm 1304 den →jarlyk für das Gfsm. →Vladimir verschaffte. In der Auseinandersetzung mit →Jurij Danilovič v. Moskau um Machtpositionen und polit. Einfluß auf andere altruss. Fsm.er, in →Novgorod und die Kirche verlor M. 1316 die Gunst der →Goldenen Horde, wurde vor Chan Özbegs Gericht gerufen und hingerichtet. – Als 'megas rex pasēs Rhōsias' in Konstantinopel anerkannt, suchte M. seine Herrschaft als direkte Beziehung zu Christus zu legitimieren, was, mit deutl. Anknüpfung an Stifterbilder byz. Ks., auf der Stifterminiatur einer die Chronik des Georgios Monachos enthaltenden altruss. Hs. (um 1305) zum Ausdruck kommt. M.s Berater, der Mönch Akindin, der seinem 'Alleinherrscher' das Recht auf Schiedsspruch in kirchl. Angelegenheiten (Metropolit→Petr) und die Pflicht, in göttl. Auftrag Ordnung im geistl. und weltl. Bereich zu schaffen, zusprach, schrieb um 1311: »Du, o Herr Fürst, du bist der Kaiser in deinem Lande«. Der hagiograph. Bericht über M.s Tod (um 1320) idealisiert M. als Vorkämpfer gegen das Tatarenjoch und wahren chr. Herrscher, der sich, um sein Land vor einer tatar. Strafexpedition zu retten, dem Gericht Özbegs stellte. Lokal seit dem 14. Jh. verehrt, wurde M. von der Synode v. Moskau 1549 in die Liste der allruss. Hl.en eingetragen.

A. Poppe

Q. und Lit.: GVNP nr. 4–12 – RIB VI, 150–158 – V. A. KUČKIN, Povesti o Michaile Tverskom, 1974 – F. KÄMPFER, Das russ. Herrscherbild, 1978, 148f., Abb. 72 – V. I. OCHOTNIKOVA, Prostrannaja redakcija Povesti o Michaile Tverskom, Drevnerusskaja knižnost', 1985, 16–27 [älteste Fassung der Vita] – Slovar' knižnikov i knižnosti drevnej Rusi, I (XI–pervaja polovina XIV v.), 1987, 34f., 166–168 – s.a. Lit. zu →Tver'.

3. M. Aleksandrovič, Gfs. v. →Tver' seit 1366, * 1333, † 26. Aug. 1399, erzogen am Hofe Ebf. Vasilijs v. Novgorod. M. suchte die nach dem Tode seines Großvaters →Michail Jaroslavič zunehmende Spaltung Tver's in Teilfsm.er zu verhindern, wobei es ihm gelang, die polit. Einheit seines Tver'er Herrschaftsbereiches nahezu herzustellen. Mit dem Fs.en v. Moskau, →Dmitrij Donskoj, rivalisierte er um die Machtstellung in der Rus'. Anders als bei seinen Vorgängern, seinem Onkel und Vater, →Dmitrij und Aleksandr († 1339), waren M.s Beziehungen zur

→Goldenen Horde gut, doch vermochte er nicht, den gfsl. Thron von →Vladimir in Besitz zu nehmen. Seine engen Beziehungen zu den Gfs.en v. Litauen →Olgerd, →Kynstute und →Witowt verschafften ihm militär. Unterstützung gegen →Moskau, was jedoch seine Niederlagen nur zu mildern vermochte. Sogar angesichts des tatar. Vergeltungszuges gegen Moskau 1382 und trotz der wohlwollenden Haltung des Metropoliten→Kiprian konnte M. die führende Rolle Moskaus nie in Frage stellen. Bemüht um den wirtschaftl. Aufbau des Landes, suchte M. in den letzten Jahren seiner Regierung friedl. Beziehungen zu den Nachbarn. 1385 verheiratete er zwei seiner Töchter mit dem Fs.en Svjatoslav v. →Smolensk und Vladimir Olgerdovič v. →Kiev. M.s jüngster Sohn Fedor heiratete 1391 die Tochter des mächtigen Moskauer Adligen Koška. Um 1395 verpflichteten sich M. und Gfs. →Vasilij I. vertragl. zu gutnachbarl. und friedl. Beziehungen zw. Tver' und Moskau. A. Poppe

Lit.: DDG nr. 9f., 15-GVNP nr. 15-18-A. ĖKZEMPLJARSKIJ, Velikie i udel'nyja knjaz'ja, II, 1891, 485-497 – V. A. KUČKIN, Formirovanie gosudarstvennoj territorii Severo-Vostočnoj Rusi v X-XVI vv. M., 1984, 173-198 – s.a. Lit. zu →Tver'.

4. M. Borisovič, Gfs. v. →Tver' 1461-85, * 1453, † um 1505, versuchte die ausgewogene Politik seines Vaters →Boris Aleksandrovič weiterzuführen, mußte sich aber mehr und mehr den Wünschen seines Schwagers, des Moskauer Herrschers →Ivan III., fügen, u.a. durch die Teilnahme an Feldzügen gegen →Novgorod (1471, 1477) und gegen die Tataren (1480). 1483 wollte sich M. durch einen Vertrag mit →Kasimir Andreas IV. v. Polen-Litauen von Moskau lösen, wurde aber gezwungen, den Vertrag für nichtig zu erklären und die Abhängigkeit von Moskau anzuerkennen. Da M. sich damit nicht abfinden konnte, floh er nach Litauen. Das Fsm. Tver' wurde aufgehoben. A. Poppe

Lit.: A. ĖKZEMPLJARSKIJ, Velikie i udel'nyja knjaz'ja, II, 1891, 512-515 – s.a. Lit. zu →Tver'.

Michault, Pierre, frz. Dichter der 2. Hälfte des 15. Jh., »orateur et subjet« des Hzg.s v. Burgund 1465, »humble secretaire« des Gf.en v. Charolais 1465, in der Subscriptio der »Dance aux aveugles« im ms. n. a. fr. 10722, B.N. Paris, als *presbitre* bezeichnet. Diese Daten schließen eine Identität mit Michault le Caron, gen. →Taillevent aus, mit dem er lange verwechselt wurde. Von P. M. sind vier zw. 1461 und 1466 zu datierende Werke (mit Ausnahme der »Complainte« in Prosimetrum-Form) erhalten: »Procés d'honneur feminin« (nach 1461, 1 Hs.) verteidigt die Frauen gegen die Angriffe Juvenals, des Matheolus und des Jean de Meun; »Dance aux aveugles« (1464, 19 Hss.) handelt von den irrationalen Treiben von Amor, Fortuna und Mars; »Complainte sur la mort d'Ysabeau de Bourbon« (1465, 2 Hss.) besteht zum Großteil aus einem débat zw. Mort und Vertu; »Doctrinal du temps present« (1466, 10 Hss.). P.M.s Werk ist in die Nähe der Schriften der sog. Grands→rhétoriqueurs zu setzen, ohne jedoch deren Charakteristiken in ihrer extremen Form zu übernehmen. A. Vitale Brovarone

Ed. und Lit.: P.M., ed. B. FOLKART, 1980 – Doctrinal: ed. TH. WALTON, 1930 – Procés: ed. B. FOLKART, 1978 – DERS., Perspectives médiév. sur la mort: la complainte de P.M. sur la mort d'Ysabeau de Bourbon (1465), Le Moyen Français 3, 1979 – K. BALDINGER, Vocabulaire étymolog. de P.M., Rev. Ling. Rom. 46, 1982, 35-98 – J. LEMAIRE, Un ms. inconnu du Doctrinal de cour de P.M. (Mél. A. PLANCHE, 1984), 299-309.

Michel, Jean, † 1501, frz. Autor eines im Aug. 1486 in Angers aufgeführten »Mystère de la Passion«. M. entnimmt ganze Passagen aus dem gleichnamigen →Mysterienspiel von Arnoul →Gréban, konzentriert aber die Handlung auf das Leben Jesu, von Johannes dem Täufer bis zur Grablegung. An die Stelle der allgemeinen Wunder und der Erlösung des Menschengeschlechts tritt die Bekehrung und das Heil des Einzelnen. Die Verstechnik unterstreicht die Bedeutung der affektiven Rede. Nur Jesus und ihm nahestehende Figuren verwenden Kurzverse und längere, z. T. heterometr. Strophenformen.

M.-R. Jung

Ed.: O. JODOGNE, 1959 – Lit.: A. BOSSUAT, Manuel bibliogr., Suppl. III, 8183-88 – M. ACCARIE, Le théâtre sacré de la fin du MA, 1979 [dazu J.-P. BORDIER, Trétaux 3, 1981, 35-42] – T. W. MARTIN, Novel aspects of Pilate in M.s Mystère de la Passion, Fifteenth Cent. Studies 16, 1990, 177-188.

Michele da Piazza, Verfasser einer Chronik (Società sic. di Storia patria di Palermo, ms. B.I 30 und ms. B.I. 3), über dessen Person und Lebensumstände nichts bekannt ist. Der Titel des Werkes, der Name des Verfassers und dessen präsumptive Zugehörigkeit zum Minoritenorden gehen auf zwei verschollene Hss. zurück, die nur aufgrund von Notizen A. Amicos und R. Pirros, zweier Gelehrter des 17. Jh., bekannt sind. Auch der Text der Chronik bietet keine Anhaltspunkte für konkrete Daten der Biographie M.s, gibt jedoch Aufschlüsse über Persönlichkeit und Mentalität M.s, seine Bildung und seinen polit. Standpunkt. Die Chronik berichtet in einem ungeschliffenen und häufig dunklen Latein voller Anakoluthe Monat für Monat über die Ereignisse, die sich in Sizilien von 1337 bis 1361 unter Peter II. v. Aragón und seinen Nachfolgern, Ludwig I. und Friedrich IV., abspielten, und enthält Abschriften wichtiger Urkk. Sie weist verschiedene Lücken auf und bricht bei Kap. 83 des 2. Teils ab. Der 1. Teil besteht aus 129 Kapiteln. Zum Unterschied zu anderen zeitgenöss. Chroniken stellt sie nicht allein die Kg.e, Barone und großen Städte der Insel in den Mittelpunkt, sondern schildert die Ereignisse, die in allen Zentren Siziliens auch die unteren Schichten betrafen.

S. Tramontana

Ed.: R. Gregorio, Bibl. Scriptorum qui res in Sicilia gestas sub Aragonum imperio retulere, Panormi 1791-92 – Lit.: G. FASOLI, Cronache mediev. di Sicilia, 1950 – S. TRAMONTANA, M. e il potere baronale in Sicilia, 1963.

Michèle de France, Hzgn. v. →Burgund, * 1395, † 8. Juli 1422 in Gent, Tochter Kg. Karls VI. v. Frankreich, ⚭ 1409 den burg. Thronfolger →Philipp (den Guten), Gf.en v. →Charolais, während ihr Bruder, der Dauphin →Ludwig, Hzg. v. Guyenne, mit Margarete, der Schwester Philipps des Guten, vermählt wurde. 1412 richteten die Vier →Leden van Vlaanderen an den Kg. die Bitte, M. (und ihrem Gemahl) die Residenz in der Gft. Flandern zu gestatten, »um Sprache, Lebensweise und Sitten des Landes kennenzulernen, auf daß sie sie liebe und selbst geliebt werde.« 1413 nahm M. feste Residenz in Gent. In den ersten Regierungsjahren Philipps als Hzg. v. Burgund, ab Nov. 1419, stand sie als Vertreterin ihres Gemahls an der Spitze der Regierung von →Flandern und →Artois.

W. P. Blockmans

Lit.: →Philipp der Gute.

Michelotti, Biordo, it. Söldnerführer und Signore, * 1352 in Perugia, † 10. März 1398 (ermordet). Anführer der guelf. Raspanti (Popularen) im Kampf gegen die ghibellin. Beccherini (Adlige) in Perugia, wurde M. 1384 unter der Anklage vertrieben, er wolle die Stadt den avignones. Papst Clemens VII. unterstellen. Im Dienst der Visconti ein gefürchteter Söldnerführer, kehrte M. nach dem Scheitern der Erhebung des Pandolfo Baglioni gegen die Raspanti 1393 nach Perugia zurück und machte sich zum

Stadtherrn. Seine Territorialherrschaft erstreckte sich bis Orvieto und Città della Pieve. Infolge seines polit. Wechselspiels als Generalkapitän der Florentiner Truppen (1397) scheiterte jedoch sowohl sein Bündnis mit Florenz als auch mit Mailand. Er fiel einer von seinem Schwager, Abt Francesco Guidalotti, angeführten und vom Papst geförderten Verschwörung zum Opfer. L. Pandimiglio

Q. und Lit.: P. PELLINI, Dell'hist. di Perugia, I–II, Venetia 1664; III, Perugia 1970 – Cronaca della città di Perugia dal 1309 al 1491, hg. A. FABRETTI, ASI XVI, 1850, 69–750 – E. RICOTTI, Storia delle compagnie di ventura in Italia, 3 Bde, 1929 – G. FRANCESCHINI, B.M. e la dedizione di Perugia al duca di Milano, Boll. Deputaz. Stor. Patria Umbria XLV, 1948, 3–44 – M. MALLETT, Mercenaries and their Masters, 1974 – A. GROHMANN, Città e territorio tra Medioevo ed Età Moderna (Perugia, secc. XIII–XVI), 2 Bde, 1981 – s. a. →Perugia.

Michelozzo, Bildhauer und Architekt, * 1396 in Florenz, † 1472 ebd., ☐ S. Marco. In seinem Werk verbinden sich Anklänge an die Antike, das Erbe des Trecento und der Einfluß seines Lehrers Ghiberti und Donatellos, mit dem er häufig zusammenarbeitete. M. hat eine Schlüsselstellung in der Weitergabe der Ideen der Frührenaissance an die nachfolgende Künstlergeneration. Seinem Wirken ist zum Großteil die Umgestaltung von Florenz in eine Renaissance-Stadt zu verdanken: u.a. war er an den Arbeiten am Dom, an S. Marco sowie am Palazzo Vecchio beteiligt. Außerhalb von Florenz sind zunächst die Tomba Aragazzi im Dom v. Montepulciano, das Grabmal des Kard. Brancacci in Sant'Angelo a Nilo in Neapel, die Kanzel des Doms v. Prato sowie der Rektorenpalast in Ragusa-Dubrovnik zu nennen. Mit Cosimo d. Ä. →Medici verband ihn ein freundschaftl. Verhältnis, das weit über die Beziehung zw. Auftraggeber und Künstler hinausging. Vermutl. begleitete er Cosimo sogar in die Verbannung nach Venedig (1433). Für ihn schuf er den Palazzo Medici (später Riccardi) in Florenz und die kastellartigen Villen von Cafaggiolo und Careggi. L. Pandimiglio

Q. und Lit.: G. VASARI, Le vite, hg. R. BETTARINI–P. BAROCCHI, 6 Bde, 1966–86 – J. VON SCHLOSSER, Künstlerprobleme der Frührenaissance, 1933 – O. MORISANI, M. architetto, 1951 – H. MCNEAL CAPLOW, M., 2 Bde, 1977 – A. NATALI, L'umanesimo di M., 1980 – M. FERRARA–F. QUINTERIO, M. di Bartolomeo, 1984.

Michelstadt, Stadt in Deutschland im s. Hessen. Mit der 741/742 erfolgten Übertragung der villa Michilstat durch Karlmann gelangte das frk. Kg.sgut, eine frühere Römersiedlung unweit des Odenwaldlimes an militär. Fernwegen am Oberlauf der Mümling, in den Besitz des Bm.s →Würzburg. 815 schenkte Ludwig d. Fr. den Ort M. mit dazugehöriger Basilika →Einhard, der im nahen Steinbach eine neue →Eigenkirche errichtete und hier, bis zur Übersiedlung und Verbringung der ursprgl. für seine Gründung vorgesehenen Reliquien der hl. Märtyrer →Marcellinus und Petrus nach →Seligenstadt, seinen Alterssitz nahm. 840 kam M. samt gleichnamiger Mark gemäß des Übergabevertrags v. 819 als Einhards Erbe an das Kl. →Lorsch, das den Verwaltungsmittelpunkt seiner Besitzungen im Odenwald einrichtete und um 960 mit einer steinernen Burg befestigte. Mit der Aufhebung des Reichskl. 1232 fiel M. endgültig an die Herren v. →Erbach als den Lorscher Vögten. Nach Zerstörung M.s 1307 durch Pfgf. Rudolf I. bauten die Erbacher die ihnen fortan als Kurpfälzer Lehen überlassene Burg und Stadt wieder auf. Die Ende des 14. Jh. errichtete, ca. 4 ha umfassende Befestigungsmauer sicherte die als Erbacher Hauptort genutzte, um 1500 unter 400 Einw. zählende Stadt, die über einen ausgedehnten Pfarrsprengel, Zentgericht, Kellerei, Markt und ein regional bedeutendes Handwerk und Gewerbe verfügte. U. Braasch-Schwersmann

Lit.: M. – vom MA zur NZ (Rathaus- und Museumsr. 6, 1986).

Michiel, bedeutende ven. Familie, die bereits in vorkommunaler Zeit zur städt. Führungsschicht gehörte. Vom 11. bis 12. Jh. hatten einige M. das wichtige Amt eines Judex inne, und drei waren Dogen: *Vitale I.* (1096–1101 oder 1102) führte diplomat. Verhandlungen mit dem Kg. v. Ungarn, einer seiner Söhne leitete ein Aufgebot ven. Kreuzfahrer ins Hl. Land. In seine Amtszeit fiel auch die Übertragung der Reliquien des hl. →Nikolaus nach Venedig. *Domenico* (1117 oder 1118–1129) trug zum Machtzuwachs von Venedig bei; er kommandierte die Flotte in verschiedenen militär. Unternehmungen und besiegte die Sarazenen (Befreiung von Jaffa und Einnahme von Tyrus), die Byzantiner und die Ungarn. *Vitale II.* (1155–72) hatte große Schwierigkeiten, sowohl in Italien (Venedig gehörte zu den gegen Friedrich I. Barbarossa verbündeten Kommunen) als auch im O zu bestehen: der byz. Ks. Manuel Komnenos verhaftete die Venezianer im gesamten byz. Reichsgebiet und beschlagnahmte ihr Vermögen (1171). Die als Revanche gedachte Flottenexpedition unter Vitales Kommando scheiterte, und er selbst wurde nach seiner Rückkehr in einem Volksaufstand getötet. In der Folgezeit waren die M. in verschiedenen Ämtern im politischen Leben tätig, auch nach der »Serrata« ('Schließung') des Maggior Consiglio (1297). Auch im kirchlichen Bereich zeichneten sich die M. aus: *Anna*, die Gattin des Nicolò Giustinian wurde seliggesprochen; *Giacomo* schenkte 1233 den Minderbrüdern die Laguneninsel, die später »Isola di S. Francesco del Deserto« hieß; die Familie stellte auch einige Bf.e und zwei Vertreter des reformierten benediktinischen Mönchtums (15. Jh.): *Giovanni* (Teofilo), Abt v. S. Benedetto in Mantua, und *Giovanni*, Abt v. S. Giorgio Magg. in Venedig.
F. Sorelli

Lit.: A. DA MOSTO, I dogi di Venezia..., 1960² – R. CESSI, Venezia ducale, II, I, Commune Venetiarum, 1965 – P. SAMBIN, L'abate Giovanni M. († 1430) e la riforma di S. Giorgio Magg. di Venezia (Misc. G. MEERSSEMAN, II, 1970), 483–545 – G. CRACCO, Un »altro mondo«. Venezia nel Medioevo..., 1986 – G. RÖSCH, Der ven. Adel bis zur Schließung des Großen Rats..., 1989.

Micon v. Saint-Riquier, Dichter und Grammatiker, † nicht vor 853; war Mönch und Diakon im Kl. →St-Riquier und erteilte in der Kl.schule Unterricht. Er legte ein an den Schulbedürfnissen orientiertes, eine ältere Slg. erweiterndes prosod. Florileg an, das – mit Nennung der Autoren – alphabetisch nach den Wörtern, deren Messung belegt wird, geordnete Verse bietet, und schrieb einen v. a. auf Priscians Darlegungen fußenden Traktat über Silbenquantitäten. Da diese Abhandlung in einem Brüsseler Codex des 9. Jh. zusammen mit →Dicuils Schrift über die prima syllaba überliefert ist, hat der Hg. MANITIUS irrtümlich alles M. zugeschrieben. Ferner verfaßte M. ein Glossar. Viele wohl von ihm stammende kleine Gedichte gesichert ist seine Verfasserschaft im Einzelfall nicht – sind in der Slg. der →»Carmina Centulensia« (9. Jh.) enthalten, darunter Epitaphien für →Nithard und →Angilbert.
J. Prelog

Ed.: MGH PP III, hg. L. TRAUBE, 1896, 279–368 – M. MANITIUS, M.s v. St-R. De primis syllabis, MMus I, 1912, 126–154 [124–126, 154–177: Dicuil] – Lit.: V. SIVO, Appunti sull' »Opus prosodiacum« di Micone di St-R., Annali Fac. Lettere Filosofia Univ. Bari 30, 1987, 217–236 – J. LEONHARDT, Dimensio syllabarum, 1989, 81–86, 198, 227.

Micy St-Mesmin, Abtei in Frankreich, Orléanais (Bm. Orléans, dép. Loiret), an der Einmündung des Loiret in die Loire. Nach hagiograph. Überlieferung des 9. Jh. wurde M. im 6. Jh. gegr., als Schenkung Kg. Chlodwigs für zwei hl. Männer aus Verdun, Euspicius und seinen Neffen

Maximinus (Mesmin). Letzterer war Gründungsabt und wurde als einer der Klosterpatrone verehrt. Während der Kriege des 8. Jh. aufgegeben, gründete Bf. →Theodulf v. Orléans die Abtei um 800 neu, mit nach der Regel lebenden Mönchen, entsandt von →Benedikt v. Aniane. Das älteste authent. Zeugnis ist aber erst eine Zollbefreiung Ks. Ludwigs d. Fr. (815). Im 9. Jh. verfaßten mehrere Mönche, insbes. Bertholdus, hagiograph. Berichte über die Anfänge der Abtei; M. baute eine reiche Bibliothek auf. Als Teil der »Miracula s. Maximini« (nach 982) schrieb der Mönch →Letald eine Gesch. der Abtei, in der er die ungerechte Behandlung durch die Bf. e v. Orléans stark betont. M. erlebte einen Aufschwung unter Abt Albert, der in den Jahren nach 1020 die Kirche neu errichten ließ. An ihre Stelle trat später ein got. Bau. M. wurde von den Engländern während der Belagerung v. →Orléans (1428), später von den Hugenotten (1562) geplündert und während der Frz. Revolution zerstört. Th. Head

Q.: M.-M. LEMARIGNIER, Études sur les anciennes chartes de l'abbaye St-Maximin de M. [Thèse Paris 1937] – AASSOSB I, 581-597; 6.1, 252f. – Letaldus v. Micy, Miracula Maximini, MPL 137, 795-824 – Lit.: L. H. COTTINEAU, Rép. topo-bibliogr. 2, 1845-46 – DACL XI, 912-927 – LThK² VII, 406f. – NCE IX, 811f. – E. JAROSSAY, Hist. de l'abbaye de M., 1902 – A. PONCELET, La Bibliothèque de l'abbaye de M. au IXᵉ et au Xᵉ s., AnalBoll 25, 1904, 76-84 – DERS., Les Saints de M., ebd. 24, 1905, 5-104 – B. BACHRACH, Robert of Blois, RevBen 88, 1978, 123-146 – TH. HEAD, Hagiography and the Cult of Saints, 1990, 202-234.

Middelburg, Stadt in Seeland (Niederlande, Hauptstadt der Prov. Zeeland), auf der (ehem.) Insel Walcheren.

[1] *Stadt:* M. ging hervor aus einer Burg aus der Mitte oder der 2. Hälfte (um 880) des 9. Jh., deren Umrisse noch im heut. Straßennetz erkennbar sind. Sie war, gemeinsam mit den Burgen in Souburg und →Domburg sowie ähnlichen Burgen im fläm. Küstengebiet (→Bergues-St-Winnoc, →Veurne, →Oostburg), wohl Teil eines Verteidigungssystems gegen die Normannen. Aus einer bloßen Befestigungsanlage entwickelte sich die Burg über eine (mehrmals erhöhte) Fluchtburg zum ständig besiedelten Platz. Als 'Mittelburgensis portus' wird die Stadt 1103 erstmals in Thiofrieds Vita Willibrordi erwähnt. Sie unterhielt damals bereits regen Handelsverkehr mit →Antwerpen. Das früheste erhaltene Stadtprivileg von 1217, das auf eine ältere Urk. zurückgeht, wurde von →Johanna v. Flandern und ihrem Lehnsmann, dem Gf. en →Wilhelm v. Holland, verliehen. Im Zuge der raschen städt. Entwicklung, die Kirchen, Kl. und einen Beginenhof entstehen ließ und zur Gründung eines Marktes führte, erweiterte der röm.-dt. Kg. →Wilhelm v. Holland 1254 das Stadtrecht von 1217. In der Folgezeit vergrößerte sich die Stadt erheblich; ihr Areal dehnte sich von 11 auf 48 ha aus. Das blühende Wirtschaftsleben, das sich anfangs auf den Wein- und Tuchhandel konzentrierte, erreichte 1406 mit dem Erwerb des →Stapelrechts für ganz Walcheren einen Höhepunkt. Die verkehrsgünstig gelegene Stadt war mit der Reede v. Walcheren, einem natürl. Hafen, in dem Seeschiffe mit Ladung für Antwerpen gelöscht wurden, über die Arne verbunden und entwickelte sich als bedeutendste Stadt Seelands zum Markt- und Verwaltungszentrum Walcherens.

[2] *Abtei:* Um 1100 bestand in M. vielleicht eine Gemeinschaft säkularer Kanoniker. Nachdem Seeland westl. der Schelde nach 1112, v. a. durch die Bemühungen →Tanchelms, vorübergehend unter die Herrschaft des Bf.s v. →Thérouanne, der die Gregorian. Reform stark förderte, geraten war, gelang es dem fläm. Propst des Regularkanonikerstifts von Voormezele bei Ypern, Alboldus, im Kl. M. die Augustinusregel einzuführen. Ab 1128 traten, unter dem Einfluß des Bm.s →Utrecht, Norbertiner (→Prämonstratenser) aus der Abtei St. Michael in Antwerpen allmähl. an die Stelle der Augustiner. Das in der Burg, dem Sitz der Gf.en v. →Holland, gelegene Norbertinerkl. wurde 1256 vom Gf.en Wilhelm II. (Kg. →Wilhelm v. Holland) zur Abtei erklärt; dessen Sohn →Floris V. ließ den Leichnam des erschlagenen Vaters in der Abteikirche beisetzen. Nicht zuletzt dank der Gunst der Gf.en v. Holland wurde die Abtei zum größten Landbesitzer Seelands. Der Abt hatte seinen Sitz in den seeländ. Ständen. 1492 wurde ein großer Teil der Abtei, einschließl. der Bibliothek, durch Feuer vernichtet.

L. H. J. Sicking

Lit.: W. C. BRAAT, Souburg en M., Oudheidkundige Mededelingen uit het Rijksmuseum van Oudheden te Leiden XXII–XXIII, 1941, 52-69 – J. A. TZIMPE BURGER, Een oudheidkundig onderzoek in de abdij te M., Berichten ROB 1964, 97-132 – G. A. DE KOK, Abdij van M., 1965 – W. S. UNGER, De geschiedenis van M., 1966 – C. DEKKER, Zuid-Beveland, 1971, bes. 324-334.

Mide ('die Mitte'), altes ir. Kgr. (→Irland), dessen Name in den heut. Gfts.namen Meath und Westmeath fortlebt; bezeichnete ursprgl. das Land um die vorgesch. Stätte Uisnech (Gft. Westmeath), die als Mittelpunkt ('Nabel') des alten Irland hohes Ansehen genoß. Nach anderen Überlieferungen wurde M. jedoch von einem myth. Vorfahren der →Connachta (und nachfolgend der →Uí Néill), dem Kg. und Eroberer Tuathal Techtmar (angebl. um 150 n. Chr.), aus den übrigen Prov. des Landes (→Cóiceda) herausgelöst. Seit frühgesch. Zeit wurde mit dem Landesnamen M. jedoch ein weiträumigeres Gebiet, das im wesentl. den heut. Gft.en Westmeath, Longford und (größtenteils) Offaly entsprach, bezeichnet; auch das weiter im Osten gelegene Kgr. →Brega (heut. Gft. en Monaghan, südl. Louth, nördl. Dublin) galt als Teil von M. Das »neue« Provinzialkgr. v. M. schloß neben dem alten Vorort Uisnech auch den berühmten Königssitz →Tara (Temair, Gft. Meath) ein. Die Dynastie des Landes, →Clann Cholmáin, ein Zweig der südl. →Uí Néill, errang erstmals mit →Domnall Mide (743-763) die Würde des →Hochkönigs, wurde zur beherrschenden polit. Kraft im mittleren Irland und konnte bis zum 11. Jh. die konkurrierende Dynastie der →Síl nAédo Sláne v. Brega vom Hochkgtm. verdrängen. Der Clann Cholmáin Máir v. M. untermauerte seine Herrschaftsansprüche durch Führung des ehrwürdigen Titels »ríg Uisnig« ('Kg.e v. Uisnech'). Infolge dieser Vorgänge wurde M. allmähl. zur Bezeichnung eines ausgedehnteren Gebiets, das über das eigtl. M. und Brega hinausreichte. Die Benennung *Iarthar Mide* ('westl. M.', Westmeath) ist bereits um 1100 belegt.

D. O'Cróinín

Lit.: T. F. O'RAHILLY, Early Irish Hist. and Mythology, 1946, 166-168.

Midgard (Mittgart, an. *Miðgarðr*, ahd. *mittilgart, mittangard*, ae. *Middangeard*). In der heidn.-germ. Kosmologie das Zentrum der Welt, der von Menschen bewohnte und ihnen vertraute Raum der Mitte. Daher steht got. *midjungards* für lat. *orbis terrarum* (allerdings glossiert ae. *middangeard* auch »chosmos«). Außerhalb von M. liegt das von Riesen und Dämonen bewohnte Utgard, das in einigen Thorsabenteuern der →Snorra Edda durch einen (Jenseits-)Fluß von M. getrennt ist; umgeben ist M. auch vom Weltozean, in dem sich die die ganze Ökumene umspannende Weltschlange *(Miðgarðsormr)* windet und in den eigenen Schwanz beißt. M. ist ursprgl. die von Menschen und Göttern gleichermaßen bewohnte Erde; erst die Kosmologie der heidn. Spätzeit siedelt, vielleicht unter chr.

Einfluß, das Asgard der Götter über M. oder im Zentrum M.s an. Laut →Grímnismál und →Snorri (Gylfaginning 4-7) wurde der schützende Wall um M. aus den Brauen des Urriesen Ymir erbaut. R. Simek

Lit.: KL XI, 610 [E. E. HALVORSEN] – J. DE VRIES, An. Religionsgesch., 1970³.

Midrasch, eine spezif. Methode jüd. Bibelauslegung (→Bibel, C.IV), die vom einfachen Wortsinn des Bibeltextes oft stark abweicht. Grundlegend ist der Unterschied zw. halach. und haggad. Midraschim. Erstere interpretieren, ergänzen und harmonisieren die gesetzl. Bestimmungen der Bibel (→Halacha), letztere behandeln die erzählenden Stoffe, indem sie die Lebensumstände bibl. Personen erweitert schildern, anonyme Personen im Bibeltext identifizieren und viele Vorgänge mit in der Bibel nicht überlieferten Details ausschmücken (→Haggada). Mehr den haggad. Midraschim sind die homilet. Midraschim zuzurechnen, die bibl. und außerbibl. Erzählstoffe aus Israels heilsgesch. Vergangenheit zu Predigtentwürfen für die moral. und geistige Erbauung der Gottesdienstbesucher verarbeiten. Obwohl die Blütezeit der Midraschauslegung in der Spätantike liegt, sind viele Traditionen aus dieser Zeit erst im MA schriftl. fixiert oder unter Zusammenstellung älterer, teilweise nicht mehr erhaltener schriftl. Werke neu redigiert worden. Ersteres gilt z. B. für alle haggad. Überlieferungen, die den Tod des →Moses schildern, letzteres für die großen Auslegungsmidraschim Jalkut Schimᶜoni zur ganzen Bibel und M. haGadol zum Pentateuch (beide 13. Jh.). Die erst seit dem MA faßbare Gesch. der hebr. oder aram. geschriebenen Midraschtexte ist zuweilen so kompliziert, daß ein Urtext nicht rekonstruiert werden kann und die Rezensionen synopt. oder einzeln veröffentlicht werden müssen.

H.-G. v. Mutius

Lit.: H. L. STRACK–G. STEMBERGER, Einl. in Talmud und M., 1982⁷, 222ff. – G. STEMBERGER, Vom Umgang der Rabbinen mit der Bibel, 1989.

Miechów, Stadt n. von →Krakau in Polen. Jaksa (v. M.), der bei seiner Rückkehr von einer Pilgerfahrt nach Jerusalem (1162) →Kreuzherrn des Hl. Grabes im Gefolge hatte, gründete hier um das Jahr 1163 für sie ihr erstes Kl. in Polen. Die Stiftung entwickelte sich in der 2. Hälfte des 12. Jh. dank zahlreicher Privilegien und Besitzungen (bekannt aus der Urk. des Patriarchen Monach v. 1198 und dem sog. »M.er Album« [wahrscheinl. Kopie des Verbrüderungsbuches aus dem 12.Jh., Original 1863 vernichtet]). Im Kl. entstanden die M.er Annalen, die seit dem 13. Jh. eigene Aufzeichnungen enthalten. Seit dem 12. Jh. wurden Tochterkl. gegr. und in den folgenden Jahrhunderten umfaßte die M.er Kongregation 20–30 Zentren in Polen und Ungarn. Die Abtei wurde 1819 aufgelöst. Neben dem Kl. ist eine Marktsiedlung entstanden (erwähnt 1232), die 1290→dt. Recht erhielt. A. Wędzki

Q.: S. NAKIELSKI, Miechova, Cracoviae 1634 – Z. BUDKOWA, Rocznik Miechowski, StŹródł5, 1960, 119–135 – *Lit.*: SłowStarSłow III, 245f. – Kościół w Polsce I, 1966, 436f. – Z. PĘCKOWSKI, M., 1967 – W. OBLIZAJEK, Najstarsze dokumenty bożogrobców miechowskich (1198), StŹródł24, 1979, 97–108.

Miecław (Meczlaus, Mojslav), Fs. in →Masowien, † 1047. Die Herrschaftsbildung M.s geht auf die Zeit nach dem Tode →Mieszkos II. v. Polen (1034) zurück, dessen Dienstmann er ursprgl. war (Gallus Anonymus, I/20). Daß M. seine Macht auf ganz Polen ausdehnte, ist unwahrscheinlich. Der aus dem Exil am Hof Ks. Heinrichs III. nach Polen zurückgekehrte Sohn Mieszkos, →Kasimir I., ging, als M. sich nicht unterwarf, schließlich mit Waffengewalt gegen ihn vor. Er fand Unterstützung bei Gfs. →Jaroslav v. Kiev, dessen Interesse den →Jadwingern, den ö. Nachbarn Masowiens, galt, gegen die er 1038 gezogen war. Ein gemeinsamer Kriegszug Kasimirs und Jaroslavs gegen die Masowier (1047) bedeutete M.s Ende.

Chr. Lübke

Q.: Galli Anonymi Cronicae, ed. K. MALECZYŃSKI (MPH NS II, 1952) – PSRL I, 103f. – *Lit.*: SłowStarSłow III, 246f. – J. BIENIAK, Państwo M.a, 1963 – H. ŁOWMIAŃSKI, Początki polski, V/1, 86–95.

Miesenburg (Moson), Burg, Stadt, Komitat in Ungarn, zusammen mit Óvár (Altenburg; das röm. castrum Ad Flexum) vereinigt zu Mosonmagyaróvár. Neben den Ruinen des röm. castrum gründete Kg. Stephan I. Anfang des 11. Jh. am Hauptweg nach Deutschland die Grenzburg mit dem Komitat, der sich zw. Donau, Leitha und den Sümpfen des Neusiedler Sees (Fertő) erstreckte. Mit Hilfe seines Schwagers Ks. Heinrich IV. eroberte der zuvor aus Ungarn vertriebene Kg. →Salomon 1063 M. 1074 zog er sich nach erneuter Vertreibung nach M. und Preßburg zurück, doch Heinrich IV. übergab M. nun dem Bf. v. →Freising, bevor Kg. →Ladislaus I. es 1079 zurückeroberte. 1096 wurde M. von Kreuzfahrern erfolglos belagert. Seit dem 12. Jh. tritt die Burgorganisation mit comes (→Gespan), →iobagiones und castrenses (Bauern) hervor. Zur Zeit des Mongolensturms (1241–42) fiel M. an Hzg. →Friedrich II. d. Streitbaren. 1271 und 1273 eroberte und verwüstete →Přemysl Ottokar II. M. Vergebl. trachtete Konrad v. Óvár 1263–85 nach der Domäne um M. Vielmehr verlor er auch Óvár, und seit Anfang des 14. Jh. waren die kgl. Burggf. en v. Óvár auch die Gespane v. M. Die Domäne gehörte 1384 der ung. Kgn., seit 1408 war sie im Besitz der Familie Wolfart v. Vereskő (Bibersburg), dann der Gf. en v. Szentgyörgy (St.-Georg) und Bazin.

Gy. Györffy

Lit.: D. CSÁNKI, Magyarország történelmi földrajza a Hunyadiak korában, III, 1897, 669–677 – P. ENGEL, Királyi hatalom és arisztokrácia viszonya a Zsigmond-korban, 1977, 140.

Mieszko

1. M. I., Fs. v. →Polen seit ca. 960, † 25. Mai 992; Vater: Siemomysł; ∞ 1. →Dobrawa, Tochter →Boleslavs I. v. Böhmen, 2. Oda v. →Haldensleben, Tochter des Mgf.en →Dietrich v. der Nordmark (8.D.); Kinder: von 1: s. Dobrawa; von 2.: Mieszko, Świętopełk, Lambert (Lebensdaten unsicher). M. aus der Dynastie der →Piasten ist der erste durch zeitgenöss. Q. (zuerst 963 als Fs. der →Licicaviki) bekannte Herrscher Polens. Von →Gnesen aus expandierte M. n. über die Warthe und w. über die Oder hinaus. Die Kollision mit den Interessen Ks. Ottos I. (Kriegszug des Mgf.en →Gero in die Lausitz 963), der seit 940 das Gebiet w. der Oder beanspruchte und dort i. J. 948 die Bm.er →Brandenburg und →Havelberg gegr. hatte, zwang M. zu einer Neuorientierung, die den Verlauf der poln. Gesch. in den nächsten Jahrzehnten prägte: Der noch heidn. M. erkannte die Tributhoheit Ottos über einen Teil seines Landes an, schloß ein Heiratsbündnis mit Boleslav I. v. Böhmen, nahm die Taufe, förderte die →Mission (Bm. →Posen, erstmals erwähnt 968) und vollzog den Anschluß an des christl. Europa. Für den jüd. Reisenden →Ibrāhīm ibn Yaᶜkūb war M. um 965 der »Kg. des N«, der neben →Großpolen noch →Kujavien und →Masowien beherrschte, der von seinen Untertanen Steuern einzog und dessen militär. Macht auf einer Gefolgschaft (→Drużina) von 3000 Gepanzerten basierte. 967 besiegte M. auch die →Wolliner und festigte damit seinen Anspruch auf die Odermündung und Pommern.

Die Beziehungen M.s zum Reich blieben nicht auf die höchste Ebene beschränkt: Auf den Konflikt mit Mgf. →Hodo (v. der Ostmark) und Ks. Otto II. reagierte M.

mit der Beteiligung am Aufstand Hzg. →Heinrichs v. Bayern (31.H.) und →Boleslavs II. v. Böhmen (974–977). Nach dessen Niederschlagung und dem Tod der Dobrawa intensivierte er die Kontakte zum sächs. Adel. M.s zweite Ehe mit Oda begründete das dauerhafte Interesse der Piasten an den Marken (→Mark, -grafschaft, II). Nach dem →Slavenaufstand der heidn. →Lutizen von 983 und dem Tod Dietrichs v. der Nordmark (985) trat M. hier, im Einvernehmen mit der Reichsregierung, als Sachwalter der Interessen seiner Gattin auf. Als Ergebnis seiner zielgerichteten, dabei von diplomat. Geschick geprägten Politik erlangte er die wohlwollende Neutralität des Reiches gegen Böhmen bei der Einverleibung →Schlesiens und →Kleinpolens (990). Auf dem Höhepunkt seiner Macht unterstellte M. sein Reich dem apostol. Stuhl (990/991 →Dagome-iudex-Dokument), um kirchenpolit. Unabhängigkeit und Dauerhaftigkeit der Grenzen zu sichern. In seinem Sohn aus erster Ehe, →Bolesław I. Chrobry, der nach dem Tode M.s Oda und ihre Kinder im Kampf um die Nachfolge ausschaltete, fand er einen entschlossenen Fortsetzer seiner Politik.   Chr. Lübke

Q.: Widukind v. Corvey, ed. P. Hirsch (MGH SRG [in us. schol.] 60, lib. III/66–68) – Thietmar v. Merseburg, ed. R. Holtzmann (MGH SRG NS IX) – Kronika Thietmara, ed. M. Z. Jedlicki, 1953 – *Lit.*: S. Zakrzewski, M. I jako budowniczy państwa polskiego, 1922 – R. Grodecki–St. Zachorowski, Dzieje Polski średniowiecznej, T. 1 (bis 1194), 1926 – Labuda, Studia – Łowmiański, Początki Polski, IV–VI/1 [VI/2 Ind.] – H. Ludat, An Elbe und Oder um das Jahr 1000, 1971 – Chr. Lübke, Reg. zur Gesch. der Slaven an Elbe und Oder, T. II–III, V [Ind.], 1985ff. – *zum Namen M.*: J. Hertel, Imiennictwo dynastii piastowskiej..., 1980, 64–95.

2. M. II. Lambert, Fs. v. Polen, ab 1025 Kg. v. Polen, * 990, † 10. Mai 1034; Eltern: →Bolesław I. Chrobry, Fs. und Kg. v. Polen, →Emnild; ∞ →Richeza, Tochter des Pfgf.en →Ezzo und der →Mathilde (Schwester Ks. Ottos III.); Kinder: →Kasimir I. (Restaurator); →Gertrud (1.G.), ∞ Gfs. →Izjaslav (1.I.) v. Kiev; Tochter, ∞ Kg. →Béla I. v. Ungarn. Von Kindheit an verlief M.s Leben in den Bahnen, die durch die Politik seiner Vorfahren (→Mieszko I., Bolesław Chrobry) vorbestimmt waren. Zu den i. J. 1000, anläßl. des Treffens v. Gnesen, getroffenen Absprachen zw. Bolesław und Ks. Otto III. gehörte auch die Ehe M.s mit der Nichte des Ks.s, Richeza. Der überraschende Tod Ottos und kurz darauf des Mgf.en →Ekkehard I. v. Meißen sowie die Thronbesteigung Heinrichs II. bedeuteten aber das Ende der damaligen Perspektiven. Als Sohn der aus der Lausitz stammenden Edlen Emnild war M. zudem von den nun ausbrechenden Kämpfen zw. Heinrich und Bolesław (vorrangig um die Herrschaft in den Marken →Lausitz und →Milsenerland) ebenso in bes. Maße betroffen wie von der Fehde zw. dem Kg. und dem Pfgf.en Ezzo um die Erbgüter der Ottonentochter Mathilde. So lag auch der Schlüssel zum Abschluß des Friedens v. →Merseburg (1013) in seiner Person: Der Vollzug der Heirat M.s mit Richeza unter Mitwirkung Heinrichs II. bedeutete für Polen die Bestätigung des Gnesener Konzepts. Als die Kämpfe kurz danach dennoch wieder ausbrachen, stand M. – wie die Schilderung →Thietmars v. Merseburg zeigt – im inneren Konflikt zw. den Bindungen an den Ks. (Treueid M.s 1013) und den sächs. Adel (1014 Intervention zugunsten des in Geiselhaft befindlichen M.) sowie den Verpflichtungen gegenüber dem Vater. Erst der Friede v. →Bautzen 1018 ermöglichte eine längere Phase friedl. Beziehungen, in der M. in die Gebetsbrüderschaft des von Heinrich II. geförderten Kl. Michelsberg (→Bamberg, III) aufgenommen wurde.

Es waren die Kg.skrönungen Bolesławs I. (Frühjahr 1025) und nach dessen baldigem Tod (17. Juni 1025) auch M.s und damit – aus Sicht der →Piasten – die Vollendung der Gnesener Konzeption, die den raschen Niedergang Polens einleiteten. Wenn auch im Reich das grundsätzl. Anrecht M.s auf die Kg.swürde nicht bestritten wurde, man sogar seine kgl. Tugenden rühmte (Mathilde, Gemahlin Hzg. →Friedrichs II. v. Lothringen [23.F.]), so war die Krönung doch ohne Zustimmung Ks. Konrads II. erfolgt. Die Übereinstimmung mit dem Ks. suchten nun aber die beim Thronwechsel in Polen unberücksichtigten Verwandten M.s: Bolesławs ältester Sohn →Bezpřym (ein Neffe Kg. Stefans v. Ungarn), der auch Unterstützung bei Gfs. →Jaroslav v. Kiev fand, und die bereits bei Tode M.s I. übergangenen →Haldenslebener. Vergebl. versuchte M., einer Einkreisung durch eine militär. Offensive gegen das ö. Sachsen entgegenzuwirken. Feldzüge Konrads von W und Jaroslavs von O her besiegelten 1031 innerhalb kürzester Zeit Niederlage und Sturz M.s sowie den Verlust umstrittener Grenzregionen an die Nachbarn. M.s Familie floh ins Exil nach Deutschland. Der auf den Thron gelangte Bezpřym unterwarf sich sofort dem Ks. und übersandte ihm die poln. Throninsignien. Als er bereits nach wenigen Monaten ermordet wurde, gelang M. die Rückkehr, doch mußte er 1033 auf einem Hoftag in Merseburg die Aufteilung Polens durch Konrad anerkennen. Das schnelle Ableben der Mitregenten ermöglichte ihm noch einmal für kurze Zeit die Alleinherrschaft, bevor er starb. Er hinterließ ein von Aufständen und heidn. Reaktion zerrüttetes Land.   Chr. Lübke

Q.: Thietmar v. Merseburg, ed. R. Holtzmann (MGH SRG NS IX) – Wipo, Gesta Chuonradi II. imperatoris, c. 9, 29, ed. H. Bresslau (MGH SRG [in us. schol.] 61) – *Lit.*: R. Grodecki–St. Zachorowski, Dzieje Polski średniowiecznej, T. 1 (bis 1194), 1926 – A. Pośpieszyńska, M. II a Niemcy, Roczn. Hist. 14, 1938, 239–295 – Łowmiański, Początki Polski, VI/1 [VI/2 Ind.] – H. Ludat, An Elbe und Oder um das Jahr 1000, 1971 – Chr. Lübke, Reg. zur Gesch. der Slaven an Elbe und Oder, T. II–III, V [Ind.], 1985ff. – →Bolesław I. Chrobry, →Polen, →Piasten.

3. M. III. Stary (d. Alte), Fs. v. Polen, * um 1126, † 13. März 1202; 5. Sohn von →Bolesław III. Krzywousty und Salome v. Berg; ∞ 1. (um 1140) Elisabeth, Tochter des Almos (?), Fs. v. Ungarn, 2. (1151/54) Eudoksja († 2. April 1209), Tochter →Izjaslavs Mstislavič, Fs. v. Kiev; Kinder: von 1.: Odo (* 1141/45, † 20. April 1194), Stephan (* um 1150, † 1166/67), drei Töchter; von 2.: Bolesław (* 1159, † 1195), Mieszko (* 1160/65, † 2. Aug. 1193), Władysław Laskonogi (* 1161/66, † 3. Nov. 1231), zwei Töchter. Nach dem Tod Bolesławs III. Krzywousty (1138) gerieten M. und seine Brüder als 'Junioren' 1142–46 in Konflikt mit dem 'Senior' →Władysław II., der zu seinem Schwager, Kg. Konrad III., floh. Konrads Heereszug zu Władysławs Unterstützung scheiterte aber. Die Oberherrschaft fiel an →Bolesław IV. Kędzierzawy, mit dem M. eng zusammenarbeitete, v. a. während der Intervention Ks. Friedrichs I. zugunsten Władysławs II. (1157) und seiner Söhne (1163, 1173; →Bolesław I. Wysoki). 1147 nahm M. am →Wendenkreuzzug teil. 1173 wurde M. Gfs. ('Senior'), und als 'dux tocius Polonie' war er bestrebt, seine Oberherrschaft zu sichern. Die zu seiner Zeit gefestigten →Regalien nutzte M. im Kampf mit dem Hochadel und im Interesse fsl. Einnahmen. Die Münzprägung übergab er an Juden. Er förderte den Kult des hl. →Adalbert (15.A.) als Patron Polens. In Krakau setzten 1177 revoltierende Magnaten M.s jüngsten Bruder →Kasimir II. auf den Thron, wenig später wurde M. durch einen Aufstand seines Sohnes Odo aus →Großpolen vertrieben. Er suchte zuerst Hilfe in

Böhmen, dann bei Ks. Friedrich I. 1181 gewann M. mit Unterstützung seines Schwiegersohnes →Bogislaw I. v. Pommern Gnesen. Die Oberherrschaft Kasimirs II. erkannte er nicht an. 1191 konnte M. vorübergehend Krakau wiedererlangen. Nach dem Tod Kasimirs II. 1194 strebten die Magnaten nach der Umwandlung des Senioratsteilfsm.s in ein Erbfsm. für den minderjährigen →Leszek Biały. Da es M. am 13. Sept. 1195 in der Schlacht an der Mozgawa nicht gelang, eine Entscheidung herbeizuführen, zog er sich zurück. Erst als M. in Verhandlungen 1198 und erneut 1199 den Magnaten Einfluß auf die Regierung eingeräumt hatte, konnte er Krakau für sich gewinnen. S. Gawlas

Q.: Magistri Vincentii Chronica Polonorum, MPH II, 1872 – Lit.: PSB XXI, 35f. – S. SMOLKA, M. St. i jego wiek, 1881, 1959² – K. JASIŃSKI, Uzupełnienia do Genealogii Piastów, StŹródł 3, 1958, 201f.; 5, 1960, 89–110 – Dzieje Wielkopolski I, hg. J. TOPOLSKI, 1969, bes. 284f. – Sztuka polska przedromańska i romańska do schyłku XIII w., 1971 – O. KOSSMANN, Poln. Prinzessinnen auf pommerschem Thron?, ZOF 25, 1976, 403–437 – Poczet królów i książąt polskich 1980, 114f. – S. SZCZUR, Zmiany polityczne w Wielkopolsce w latach 1181–95, Rocz. Hist. 46, 1980, 1–15 – Społeczeństwo Polski średniowiecznej, hg. S. K. KUCZYŃSKI, II, 1982, 11f., 26f.

4. M. I., Hzg. v. Ratibor und Oppeln, * 1132–46, † 16. Mai 1211; zweitältester Sohn →Władysławs II. (Stammvater des schles. Piastenhauses) und der Ks. enkelin Agnes v. Babenberg; ⚭ Ludmilla (přemyslid. Herkunft?). M. ging 1146 mit seinen Eltern ins Exil nach Dtl. und kehrte 1163 mit seinem älteren Bruder →Bolesław I. Wysoki (d. Langen) dank Intervention des ksl. Vetters Friedrich Barbarossa nach →Schlesien zurück. Nach anfängl. gemeinsamer Regierung der beiden Brüder erfolgte eine Herrschaftsteilung: Bolesław erhielt Mittel- und Niederschlesien und M. die kleinen Gebiete von Ratibor und Teschen an der oberen Oder. 1177/78 konnte M. jedoch von Kleinpolen die Gebiete von Beuthen, Auschwitz, Sator, Sewerien und Pleß, die kirchl. weiterhin bei der Diöz. Krakau blieben, dazugewinnen, 1201 das Oppelner Land von Mittelschlesien erobern und dauerhaft behaupten sowie 1210/11 auch →Krakau als ältester lebender Piast in Besitz nehmen. Während Krakau bei seinem Tode wieder verloren ging, blieben die übrigen Gebiete als Hzm. →Oppeln, wohin M.s Sohn Kasimir den Regierungssitz verlegte, zusammen. M. wurde so zum Begründer des Hzm.s Oppeln, des späteren Oberschlesien, und des Oppelner (oberschles.) Seitenzweiges der schles. →Piasten. Er stiftete auch mit seiner Gemahlin das erste oberschles. Kl. in Rybnik, das später nach Czarnowanz bei Oppeln verlegt wurde. J. J. Menzel

Lit.: PSB XXI, 36f. – K. WUTKE, Stamm- und Übersichtstaf. n der schles. Piasten, 1910, Taf. VI – J. GOTTSCHALK, Die oberschles. Piastenhzg. e im 12. und 13. Jh. (Der Oberschlesier, 1931), 347–357 – K. JASIŃSKI, Rodowód Piastów Śląskich, 1973, 49–55 – Gesch. Schlesiens, hg. L. PETRY, 1, 1988⁵, 87–93.

Mignon, Robert, † 1360, Kleriker (→clerc) des kgl. frz. Rechnungshofs (→Chambre des Comptes) unter Philipp VI. Er entstammt einer Familie, die seit dem 13. Jh. ein Lehen in der Nähe von →Montfort-l'Amaury innehatte. Von seinem Bruder Jean (dieser war Archidiakon v. Blois, clerc des Comptes 1317, maître des Comptes 1320–43) als Kleriker an die Chambre berufen, erhielt M. 1329 von Kg. Philipp VI. die Heiratserlaubnis, die Bestätigung in seinen Funktionen sowie Titel und Einkünfte eines kgl. Klerikers. Die Ordonnanz v. Le Vivier-en-Brie, die die Chambre des Comptes ordnete, schrieb auch die Erstellung von →Inventaren für ihr Archiv vor. Von diesem Vorhaben ist nur das von M. geschaffene Inventar erhalten; obwohl es nur die Rechnungen der Periode von 1275 bis 1328 berücksichtigt (und auch hier ledigl. einen Teil des damals vorhandenen Materials), führt es nahezu 3000 Einzelvorgänge auf und belegt bereits für diese Zeit die komplexe Verwaltung des kgl. →Finanzwesens. M. ist auch bekannt durch die Gründung eines bedeutenden Kollegs (Collège M.), das er als Testamentsvollstrecker seines Bruders Jean M. († 1343) in dessen Pariser Haus, nahe der Porte St-Germain, einrichtete und das zwölf Studenten aus der Familie M. oder ihrem Umkreis aufnahm. F. Autrand

Q.: Recueil des historiens de la France, Doc. financiers, ed. CH.-V. LANGLOIS, 1899 – Lit.: R. CAZELLES, La société politique et la crise de la royauté sous Philippe VI de Valois, 1958 – F. LOT-R. FAWTIER, Hist. des institutions françaises au MA, 2, 1958.

Mihai(l) I., Fs. der →Valachei (31. Jan. 1418–Aug. 1420), ⚔ 1420; Sohn des Fs.en →Mircea d. A., seit 1413 (oder bereits 1409?) Mitregent, stellte sich in den Thronstreitigkeiten der Zweige des Fürstenhauses der Valachei auf die Seite Ungarns, sein Vetter Dan (später Fs. →Dan II.) auf die der Byzantiner, dann der Osmanen. M. fiel in der Schlacht gegen Dan, und türk. Reiter plünderten danach die Gebiete von Hatzeg und Broos (rumän. Orăştie) in →Siebenbürgen. Diese Auseinandersetzungen waren Teil des osman.-ungar. Machtkampfes um die Oberhoheit über die beiden rumän. Fsm.er und um die Vorherrschaft an der unteren Donau, wobei der Besitz der Donaufestung →Severin (ung. Szöreny) eine Rolle spielte. K. Zach

Lit.: C. C. GIURESCU, Istoria românilor, II/1, 1937².

Mihaloğulları, auf Köse Mīḥāl († nach 1326), einen Griechen und vielleicht →Palaiologen, zurückgehende Familie erbl. Kommandanten osman. aqïnğï und yaya-Einheiten. ĠāzīʿAlīBeg spielte in der 2. Hälfte des 15. Jh. auf Balkanfeldzügen eine wichtige Rolle. Ausgedehnter Grundbesitz sicherte der weitverzweigten Familie nach dem Ende ihrer militär. Bedeutung Ende des 16. Jh. Bestand und gewisse Prominenz. Ch. K. Neumann

Lit.: EI² VI, 34f. – IA VIII, 285–292 – A. S. LEVEND, Gazavāt-nāmeler ve Mihal-oğlu Ali Bey' in Gazavāt-nāmesi, 1956 – H. DOĞRU, Osmanlı Imparatorluğunda Yaya-müssellem-tayci teşkilatı, 1990.

Mikulčice, ehem. slav. →Burgwall und →Burg (C. VI) in Südmähren (Bez. Hodonín). Ein Siedlungskomplex entstand am rechten Marchufer schon in der 1. Hälfte des 7. Jh. (»Na valách«), in dessen Zentrum sich eine 4 ha große, mit Palisaden und Wall befestigte Burg, Sitz des Stammesfs.en und seiner Gefolgschaft, befand. Im Innern standen Pfosten- und Blockhäuser sowie Werkstätten zur Bearbeitung von Gold, Silber, Bronze und Eisen. Ende des 8. Jh. wurden die Palisaden durch Steinmauern (3 m breit, 9 m hoch) mit Holzkonstruktion ersetzt, das befestigte Areal umfaßte nun 7 ha. Im Burggelände konnten Fundamente von fünf Kirchen und der Teil eines profanen Palastgebäudes freigelegt werden. Bes. ist eine dreischiffige Basilika und Zweiapsidenrotunde hervorzuheben. Befestigte Herrenhöfe im Umkreis der Burg ließen einen Siedlungskomplex von 200 ha entstehen, in dem insgesamt elf Kirchen nachgewiesen sind, wovon einige →Eigenkirchen aus der 1. Hälfte des 9. Jh. waren. Die dort gefundenen Gräber von Angehörigen der Fs.enfamilie enthielten Eisenschwerter, Prunksporen und Gürtel mit vergoldeten Riemenzungen, die Frauengräber Gold-, Silber-, Bronze- und Glasschmuck mit Filigran und Granulation. Viele Gräber waren aber ohne Beigaben.

In der 3 ha großen, befestigten Vorburg (gen. Štepnice) bildeten 70 Blockhäuser (16–70 m²) in unregelmäßiger Reihe schmale Gassen (Funde vieler Haustier- und Wildknochen sowie Keramikscherben). Sie wurde durch eine Steinmauer, einen Wall und einen Marcharm geschützt, über den eine Holzbrücke führte. Bei den Brückenpfeilern wurden zwei Boote (Länge: 8,33 m und 9,80 m), in der Umgebung der Brücke tlw. bearbeitete Stämme, Holzgegenstände, Getreide, Weintraubenkerne, Gurkensamen sowie Pfirsich- und Pflaumensteine gefunden. Im Siedlungskomplex von M. gab es Schmiede-, Textil-, Töpfer, Beinverarbeitungs-, Zimmermanns-, Böttcher- und Schmuckwerkstätten, mit deren Erzeugnissen Handel getrieben wurde. Die Versorgung mit Nahrungsmitteln erfolgte durch die umliegenden bäuerl. Siedlungen, doch wurde auch auf den Herrenhöfen intensive Viehzucht betrieben. M. hatte ca. 2000 Einw. Die gewaltige Befestigung, die Produktionseinrichtungen, die Wohnstätten der Fs.en- und Adelsschicht und die Häufung sakraler Bauten belegen, daß hier eine Burgstadt existiert hat, aus der der mähr. Staat →Mojmírs I. hervorging und die im ganzen 9.Jh. ein polit. und kirchl. Zentrum Großmährens war.

In der 1. Hälfte des 10. Jh. verfielen die Befestigungen und Kirchen von M. Die Bevölkerung aus dem Umkreis zog nun in das ursprgl. Herrschaftszentrum und schuf dort eine Dorfsiedlung, etwa ident. mit dem Marktflecken Slivnice. Anfang des 17.Jh. wurde hier eine Furt über die March als »Mikulec-Paß« bezeichnet.
B. Chropovský

Lit.: J. Poulík, The Latest Archaeological Discoveries from the Period of the Great Moravia Empire, Historica I, 1959, 7 – Ders., Der archäolog. Beitrag zur Gesch. Großmährens. Großmähren – ein versunkenes Slavenreich..., 1967 – Z. Klanica, Zur Frage des Burgwalles »Valy« bei M., ArchRoz 22, 1970 – D. Třeštík, Trh Moravanů-ústřední trh staré Moravy, ČČH 6, 1973 – J. Poulík, M., 1975.

Milas, beim antiken Mylasa im SW Kleinasiens, erscheint in ma. Q. u. a. in den Formen Milaso, Milaxo und Melaso. Wie die Vorgängersiedlungen stand es in einer Wechselbeziehung mit dem Burgberg Peçin. Unter den Emiren der →Menteşe Oğullarï war M. ein wichtiges religiöses und kulturelles Zentrum, wahrscheinl. ab 1330 auch ihre Hauptstadt (Moscheen des Orḫan Beg 1330 und Aḥmad Ġāzī 1378). Von der Hofhaltung Orḫans berichten die arab. Reisenden→Ibn Baṭṭūṭa und al-ʿUmārī. 1394 stiftete Fīrūz/Pīrūz als Statthalter →Bāyezīds I. eine Moschee, deren Datum gleichzeitig den terminus ante quem für die Osmanenherrschaft bietet. K. Kreiser

Lit.: EI² VII, s.b. – E. A. Zachariadou, Trade and Crusade. Venetian Crete and the Emirates of Menteshe and Aydin, 1983.

Milch von Kühen, Schafen und Ziegen wurde innerhalb der ma. Ernährungswirtschaft v. a. zur Herstellung von →Butter und →Käse genutzt. Süße Rohm., sauer gelegte Dickm. und Butterm. waren wie der Käse insbes. in viehwirtschaftl. bestimmten Regionen Grundnahrungsmittel des bäuerl. und unteren städt. Haushalts (Fleischersatz). Im gehobenen bürgerl. und adligen Bereich hatte M. gegenüber der Fleischnahrung nur eine untergeordnete Funktion: M. wurde v. a. für die Kleinkindernährung (Rohm., Breie), als Bestandteil der sog. Küchenspeise (Mus, *frumenty*), zur Zubereitung von Desserts und Süßspeisen (Sahne, *joncate, canditio latte*) sowie tlw. als Fastenspeise (Suppen, Mandelm.) verwendet. Aufgrund ihrer Verderblichkeit kam M. nur aus dem nahen Umland in den städt. Detailhandel. Daneben hielt man auch in größeren spätma. Städten und in gehobeneren Haushaltungen zur Selbstversorgung M. vieh. In der ma. Diätetik wurde die M. unterschiedl. beurteilt: In der Tradition von Avicenna wurde die Ziegenm. am höchsten eingeschätzt. →Anthimus und die Verfasser zahlreicher spätma. →Arznei- und →Kochbücher hielten gelegentl. auch den Genuß roher M. für zuträgl.; M. wurde tlw. sogar als Heilmittel angesehen. Dagegen stand eine diätet. Richtung, die vor gesundheitl. Schädigungen der Rohm. warnte.
G. Fouquet

Q. und Lit.: HWDA VI, 243–293 – Il libro di casa Cerruti, 1983 [dt. 1985] – C. Pfister, Klimagesch. der Schweiz, II, 1985², 37ff. – F. Irsigler, Ein großbürgerl. Kölner Haushalt am Ende des 14. Jh.s (Fschr. M. Zender, II, 1972), 635–668.

Milchbrüder (-schwestern), an. *fóstrbrœðr, fóstrsystr* ('Ziehbrüder', 'Ziehschwestern'), waren Zieheltern anvertraut, mit deren leibl. Kindern sie Milch aus einer Brust tranken. In Skandinavien galten sie ursprgl. als verwandt. Reste dieser künstl. Verwandtschaft finden sich im →Gulaþingslǫg, c. 239, wo im M. bei Tötung des anderen bußberechtigt ist. Seit der Christianisierung wird die Pflegeverwandtschaft nicht mehr durch die mag. Wirkung des Milchtrinkens, sondern durch Kniesetzung begründet. Die →Grágás definiert die Pflegekindschaft (*lǫgfóstr*) im Konungsbók, c. 89 (ed. V. Finsen, I, 161), Staðarhólsbók, c. 289 (ed. Ders., 322), doch bewirkt sie dort nur noch Verwandtschaft zu den Zieheltern, nicht mehr zu den Pflegegeschwistern. Das fóstbrœðralag der isländ. Sagas meint dagegen die Bluts- oder Schwurbrüderschaft. →Fosterage. D. Strauch

Lit.: Ebert II, 189f.; VIII, 190f. – HWDA VI, 288f. – KL IV, 540f. – K. Maurer, Island, 1874, 359f. – Ders., Vorlesungen. über an. Rechtsgesch., III, 1908, 190f. – M. Pappenheim, Pflegekindschaft in der Graugans (Fschr. H. Brunner, 1910), 1ff.

Milchstraße. Unbestrittene Q. für die Lehre von der M. war für das ganze FrühMA →Macrobius (Somn. Scip. I, 15), der die Hypothese des Poseidonios vertrat, die M. sei eine Ansammlung von Sternenhitze. Die Lehre des Demokrit, die M. bestehe aus lauter kleinen Sternen, wurde von Macrobius zwar referiert, aber verworfen. Eine weitere alte Theorie, die M. sei die leuchtende Spur, welche die Sonne in ihrer Bahn hinterläßt, wurde von →Isidor erwähnt (etym. III, 46) und bereits durch →Beda als volkstüml. abgetan (De nat. rer. 18). Die Erklärung des Macrobius wurde im 13.Jh. durch jene des Aristoteles ersetzt. Nach aristotel. Lehre (meteor. I,8) ist die M. eine meteorolog. Erscheinung, die wie die →Kometen und die →Meteore (Meteoriten) aus der Anhäufung von trockenen und brennbaren Dämpfen in den oberen Schichten der sublunar. Region entsteht, welche durch das Licht der dahinterstehenden Sterne angestrahlt werden. Diese Lehre blieb nicht unumstritten: Die Unveränderbarkeit der Position der M. im Sternenhimmel war nach →Albertus Magnus ein Beweis dafür, daß die M. ein siderisches, in der Fixsternensphäre lokalisiertes Phänomen war (Meteor. I,2,6). →Dietrich v. Freiberg (De elem. 9) bekräftigte diese Theorie durch das Argument, daß die M. den Parallaxeeffekt, den die Beobachtung aller der Erde näher stehenden Körper bis Merkur charakterisiert (nach Ptolemaios, Synth. math. VII, 5), nicht aufweist. L. Sturlese

Q.: →Aristoteles, →Isidor, →Albertus Magnus – Beda, De naturis rerum, ed. C. W. Jones, 1975–Dietrich v. Freiberg, Opera omnia, IV, 1985 – *Lit.:* HWDA VI, 367–374 – RE VII, 560–571 - S. K. Jaki, The Milky Way before Galileo, JHA 2, 1971, 161–167 – P. Hossfeld, Die Lehre des Albertus Magnus über die M., PhilNat 20, 1983, 108–111.

Milde (mhd. *milte,* ahd. *milti*; lat. clementia 'Schonung', 'Nachsicht') erscheint in der röm. Rechtslehre als eine den jeweiligen Erfordernissen entsprechende Haltung des Richters, der über einen Straftäter im Urteil zu fällen hat. Im übrigen erscheint die M. als Teilfunktion der temperantia (Seneca, Clementia 2,3,1). Insgesamt gibt sich die M. als Tugend der Archonten zu erkennen: »lenitas superioris ad inferiorem in constituendae poenis« (Seneca, Clementia 2,3). Die ma. Ethik erbringt gegenüber den

Auskünften der antiken Wiss. eigtl. nichts Neues. Exemplar. dafür ist Thomas v. Aquin, der die M. als Tugend geringerer Ordnung einstuft; sie ist nach ihm das Gegenstück zur crudelitas. Nach Vorgabe von Seneca beschreibt er sie als »lenitas superioris adversus inferiorem in constituendis poenis« (STh II, II, 157, 1 ob 1). M. ist wiederum Angelegenheit und Verpflichtung derer, die als Richter über schuldig Gewordene zu urteilen haben. Davon abgesehen versteht es Thomas, die M. in den größeren Kontext der mansuetudo einzubinden (STh II, II, 157, 1 c). Auch das ma. Ethos, das bes. in der Lit. seinen Ausdruck findet, versteht die M. als Verpflichtung des Herrn, gegenüber seinen Untergebenen in allen Fällen Nachsicht walten zu lassen. In der Folgezeit wandelte sich das Verständnis von M. ab hin zu Mildtätigkeit der Reichen gegenüber den Armen, sie wird zur Bereitschaft der polit. wie ökonom. Herrschenden, Nachsicht und Nachgiebigkeit gegenüber Straffälligen und Notleidenden zu erbringen. Im →Fs.enspiegel der mhd. Dichtung (z. B. Parzival) gehörte die *milte* zu den Herrentugenden. →Thomasin v. Zerclaere widmete im »Wälschen Gast« '*reht, milte, staete und maze*' je ein ganzes Buch. B. Stoeckle
Lit.: E. G. Kolbenheyer, Das gottgelobte Herz, 1938 – A. Goes, Über die M., 1948 – H. Lausberg, Hb. der lit. Rhetorik, 1973.

Mildrith-Legende. Sie ist faßbar in einem Komplex von Schriften über Hl.e und fsl. Personen aus dem kent. und anderen engl. Kg.shäusern des 7. und frühen 8. Jh. und handelt u. a. von der hl. M. ('Mildred'), der zweiten Äbt. der von ihrer Mutter Domne Eafe gegr. Abtei Minster-in-Thanet (Kent). Domne Eafe – in der Tradition fälschl. mit ihrer Schwester Eormenburg ('Ermenburga') identifiziert – hatte für die Gründung von Kg. Egbert v. Kent Land erhalten, als Teil des →Wergelds für ihre ermordeten Brüder Æthelberht und Æthelred (Urenkel Kg. →Æthelberhts v. Kent). Zu den Hl.en aus M.s Verwandtschaft zählten ihre Schwestern Mildburg v. Much Wenlock und Mildgyth sowie Æthelburg v. Lyminge, →Werburg v. Hanbury und Æthelthryth ('St. Audrey') v. Ely (→Etheldreda). Die M.-L. dürfte im 8. Jh. entstanden sein, doch setzt die Überl. erst im späten 10. und frühen 11. Jh. ein; sie umfaßt ae. Texte und die lat. »Passio sanctorum Ethelberti et Ethelredi«, die auf →Byrhtferth zurückgeht (ca. 970) und im 12. Jh. die »Historia Regum« (→Simeon v. Durham zugeschrieben). Ausgeprägt erscheint die M.-L. in den Viten der Mildrith, Werburg und Mildburg. Im späteren hagiograph. Schrifttum wird sie häufig wiederaufgegriffen. D. W. Rollason
Bibliogr.: NCBEL I, 326 – ManualME 2.V, 1970, 614 – *Lit.*: F. Liebermann, Die Hl.en Englands, 1889 – D. W. Rollason, The M.L., 1982.

Milegastus, Fs. der →Wilzen, Sohn →Liubs und älterer Bruder →Cealadrags, übernahm nach dem Tod des Vaters, der im Kampf mit den ö. →Abodriten gefallen war, die Herrschaft. Da er sie nicht nach den alten Gewohnheiten führte, übertrugen die Wilzen die Herrschaft auf Cealadrag. Beide erschienen 823 in Frankfurt vor dem Ks. und erbaten sein Urteil in ihrem Herrschaftsstreit. Ludwig d. Fr. stimmte nach der Befragung des Stammes der Absetzung des M. zu. L. Dralle
Q.: Annales regni Francorum, ad a. 823, ed. F. Kurze (MGH SSRG VII, 1891) – Vita Hludowici imperatoris, c. 36, ed. G. H. Pertz (MGH SS II, 1829) – *Lit.*: M. Hellmann, Grundzüge der Verfassung der Liutizen (Siedlung und Verfassung der Slawen, 1960), 105f. – L. Dralle, Slaven an Havel und Spree, 1981, 119ff.

Miles → Ritter, →Chevalier

Mileševa, Kl. bei Prijepolje (Serbien) in einem Seitental des Lim, in den 20er Jahren des 13. Jh. von Vladislav (Kg. 1234–43) gegr. Wohl 1236 wurde der Leichnam des hl. →Sava nach M. überführt, und das Kl. wurde im 13. Jh. ein kleines lit. Zentrum. Eventuell wurde der bosn. Ban Tvrtko 1377 in M. zum Kg. gekrönt. Im 15. Jh. war M. Zentrum der Metropolie →Dabar und wichtigste orth. Kirche Bosniens. Die einschiffige, mit kleinen seitl. Chornischen ausgestattete Kl.kirche stammt architekton. aus der 'Schule v. Raška'. Wahrscheinl. bei der Bestattung des hl. Sava wurde das Erdgeschoß des Exonarthex in eine Art Krypta verwandelt. Die kyrill. beschrifteten, qualitätsvollen Fresken in Schiff und Narthex, vermutl. von Malern aus Saloniki zw. 1222 und 1228 verfertigt, zeigen neben einem Zyklus über Christi Leben und Hl.endarstellungen auch Porträts von Angehörigen der Nemanjidendynastie (Simeon Nemanja, Sava, die Kg.e Stefan der Erstgekrönte und Radoslav, der Stifter Vladislav). V. J. Djurić
Lit.: S. Radočić, M., 1963 – K. Koshi, Über das Bildprogramm der Kl.kirche von M., Orient X, 1974, 115–140 – R. Hamann-MacLean, Grundlegung zu einer Gesch. der ma. Monumentalmalerei in Serbien und Makedonien, 1976, 317–320 – D. Nagorni, Bemerkungen zum Stil und zu den Meistern der Wandmalerei in der Kl.kirche M. (XVI. Internat. Byzantinistenkongr., Akten, II/5, 1982), 159–172 – M. dans l'hist. du peuple serbe (Colloque scientifique internat. à l'occasion de 750 ans de son existence, hg. V. J. Djurić, 1987).

Milet, alte Metropole Kariens im sw. Kleinasien, im 6. Jh. autokephales Ebm., im 11. Jh. Metropolis (ohne Suffragane) in der Kirchenprov. Karia. In diokletian. Zeit und im 6. Jh. – wohl unter Einfluß des in Konstantinopel lebenden →Hesychios von Milet – nochmals rege Bautätigkeit, u. a. vergebl. Versuche, die Verlandung des Hafens durch die Anschwemmung des Mäanders zu verhindern. Die neue Stadtmauer aus dem 7./8. Jh. umschloß nur mehr ein Viertel des zuerst im Jahr 263 befestigten Stadtareals; schließlich wurde die Stadt im 12. Jh. auf das im Theater errichtete Kastell reduziert und erhielt nach diesem den neuen Namen Palatia (heute *Balat*). Ursprgl. im Thema Thrakesion gelegen, wurde M. nach →Mantzikert (1071) kurz von den Türken besetzt, später dem neuen Thema Mylasa und Melanudion zugeteilt. Seit etwa 1285 im Emirat →Menteše. Das zu M. gehörige Apollon-Heiligtum von Didyma wurde als »Hieron« Bf.ssitz. Im Latros-Gebirge ö. von M. entstand seit dem 8. Jh. eines der bedeutendsten monast. Zentren des Byz. Reiches. F. Hild
Lit.: The Oxford Dict. of Byzantium II, 1372f. [zu M.], 1188f. [zum Latros] – W. Müller-Wiener, Von der Polis zum Kastron, Gymnasium 93, 1986, 435–475 – W. Brandes, Die Städte Kleinasiens im 7. und 8. Jh., 1989, 89–92.

Milet, Jacques, frz. und lat. Autor, † 1466, 1448 Magister der Artistenfak. Paris, Studium der Rechte in Orléans 1450–52. Sein Hauptwerk ist die »Histoire de la destruction de Troie la grant par personnages« (1450–52; 13 Hss., 12 Drucke 1484–1544). Diese älteste dramat. Bearbeitung des Trojastoffes (→Trojadichtung) benutzt v. a. →Guido de Columnis. Obwohl das Stück als '*transgredie*' bezeichnet wird, entspricht die Dramaturgie noch den Mysterienspielen (4 journées mit über 27000 Vv.). Das Nachwort betont die polit. Dimension des hist. Stoffes. Die »Forêt de Tristesse« (1459; ca. 3500 Vv.; nur im →Jardin de Plaisance überliefert) ist eine Liebesallegorie, die mit einem Prozeß gegen Matheolus und Jean de Meun endet. Lat. Texte: Epitaphien für Agnès →Sorel und Jean de Meun; Epigramme im Austausch mit it. Humanisten (z. B. Leonardo Dati). An einen unbekannten it. Korrespondenten richtete M. eine lat. Prosaepistel, in welcher die frz. Lit. gelobt wird. M. ist der erste frz. Dichter, für den eine Totenklage geschrieben wurde (Simon →Gréban). M.-R. Jung

Ed.: *Destruction de Troie:* E. STENGEL, 1883 (Abschrift der ed. pr. 1484) – *Forêt de Tristesse:* ca. 1501 im Jardin de Plaisance – *Epigramme:* A. THOMAS, StM I, 1904, 263–270 – *Lit.:* M.-R. JUNG, J.M. et son Epître épilogative, Travaux de linguistique et lit. 16, 1, 1978, 241–258 [Bibliogr.] – DERS., La mise en scène de l'Istoire ... de J.M. (Atti del IV Coll. della Soc. Internat. pour l'Étude du Théâtre Médiéval, 1984), 563–580 – DERS., J.M., déplorateur (Études lit. sur le XVe s. Actes du Ve Coll. internat. sur le Moyen Francais, III, 1986), 141–159.

Mileto, Stadt in Süditalien (Prov. Vibo Valentia, Kalabrien). Im 10.Jh. während der Sarazeneneinfälle als byz. Siedlung entstanden, wurde M. von Roger v. Hauteville 1060 zur Gft. erhoben und zum befestigten Stützpunkt für die Eroberung Siziliens ausgebaut. Auf dessen Betreiben übertrug Gregor VII. 1080/81 den Sitz des alten Bm.s Bivona nach M. (Urban II. fügte 1093 auch den Titel von Laureana hinzu). Der norm. Gf. erbaute die Kathedrale, das Episcopium, die Abtei OSB SS. Trinità und das Palatium, den Verwaltungssitz der Gft. und die Münze. Nach Gründung des Kgr.es Sizilien und der Übersiedlung Rogers II. nach Palermo wurde M. von Gouverneuren regiert. Die Reihenfolge der Gf.en im 12. und 13.Jh. ist nur lückenhaft überliefert. In aragones. Zeit war M. zuerst Apanage R. →Llurias (Laurias), danach Lehen der →Sanseverino. 1505 wurde M. von Ferdinand d. Kath. an Diego de Mendoza verlehnt, der gemeinsam mit dem →Gran Capitan Kalabrien erobert hatte. Die ma. Stadt wurde 1783 durch ein Erdbeben zerstört. P. De Leo
Lit.: IP X, 136–160 – N. KAMP, Kirche und Monarchie ... I, 2, 816–822; I, 4, 1326 – V. F. LUZZI, Le »Memorie« di Uriele Maria Napoleone, I, Memorie per la Chiesa di Mileto, 1984.

Miliaresion (lat. miliarense), byz. Silbermünze, etymolog. abgeleitet von 'mille', da sie z. Zt. Konstantins d. Gr. 1/1000 des Goldpfundes entsprochen haben soll. Ihr Gewicht ist bis zur Herrschaft Leons III. (717–741) verschiedenen Schwankungen unterworfen. Vom 8. bis zum 14.Jh. bleibt das Verhältnis zum →Nomisma ('Hyperpyron') relativ stabil 1:12, und 1:288 zum Follis (→Währung). Das M. ähnelte unter Leon III. dem arab. →Dirham. Das ursprgl. Münzbild (Vorderseite: Name des Ks.s in fünf Zeilen, Rückseite: Stufenkreuz) wurde im 11.Jh. durch Darstellungen der Maria und des Ks.s ersetzt. Das M. begegnet in Funden der Wikingerzeit im Ostseegebiet. Es wurde an der n. Schwarzmeerküste und im Ostseegebiet nachgeahmt. P. Schreiner/P. Berghaus
Lit.: P. GRIERSON, Byz. Coins, 1982, 344 – M. F. HENDY, Stud. in the Byz. Monetary Economy c. 300–1450, 1985, bes. 504–506 – I. HAMMARBERG, B. MALMER, T. ZACHRISSON, Byz. Coins found in Sweden, 1989 – P. GRIERSON, The Coins of medieval Europe, 1991, 223 – The Oxford Dict. of Byzantium, 1372.

Milíč z Kroměříže, Jan (Johannes Militsch v. Kremsier, Iohannes Milicius de Cremsir), * um 1320, † 29. Juni 1374 in Avignon; stammte aus einer mähr. niederadligen Familie und erwarb seine Bildung vermutl. in Olmütz, wirkte in verschiedenen Kanzleien, zuletzt 1358–62 in der kgl. Kanzlei in Prag, wurde 1362 Kanonikus des Prager Domkapitels und Administrator eines Archidiakonats der Prager Erzdiöz. Unter dem Eindruck der bei seinen Visitationsreisen gemachten Erfahrungen sowie der Predigten →Konrads v. Waldhausen (56. K.) verzichtete er 1363 auf alle Ämter und Würden und wirkte als armer Bußprediger an der Prager Ägidius-Kirche. Neben Kirchenkritik und Forderungen nach asket. wie sittl. reiner Lebensweise charakterisierte ein starker adventist. Zug seine Predigten. Er erwartete die Ankunft des Antichrist für die Jahre 1365–69 und bezeichnete den bei einer seiner Predigten anwesenden Ks. selbst als den leibhaftigen Antichrist; das trug ihm zeitweilige Einkerkerung, aber keineswegs dauernde Ungunst des Ks.s ein. Mit dem Ziel, Papst Urban V. zur durchgreifenden Reform der Kirche zu bewegen, zog M. 1367 nach Rom, wo er Bekanntschaft mit der Inquisition machte, aber seine Vorstellungen vom Antichrist vor Papst und Kard.en vortragen durfte (schriftl. Ausarbeitung ist der »Libellus de Antichristo«). Danach wirkte er hauptsächl. wieder in Prag, und zwar in Nachfolge des 1369 gestorbenen Konrad v. Waldhausen als Prediger an der Prager Teinkirche; berühmt wurde seine Mission unter den Prager Dirnen, die er in einem 'Jerusalem' gen. Haus in einer religiösen Gemeinschaft sammelte. Dies v.a. brachte ihn neben seiner Kritik an Kirche und Klerus in Konflikt mit bestimmten Kreisen der Geistlichkeit Prags, der in einen Ketzerprozeß einmündete, in dessen Verlauf M. nach Avignon ging, wo er starb. Von M. sind zahlreiche, zumeist noch unedierte Schrr. erhalten: Gebete (tschech. und dt.), Briefe, theol. Werke (»Libellus de Antichristo«, »Angelus«), v.a. ein umfangreiches Predigtwerk (»Abortivus«, »Gratiae Dei«, Sermones quadragesimales, Synodalpredigten usw.). A. Patschovsky
Ed. und Lit.: P. SPUNAR, Repertorium auctorum Bohemorum... 1, 1985, 171–192, Nr. 441–510 – Verf.-Lex.² VI, 522–527 – V. HEROLD-M. MRÁZ, Johann M. v. K. und das hussit. revolutionäre Denken (Mediaevalia philosophica Polonorum 21, 1975), 27–52 – M. KAŇÁK, M. z Kroměříže, 1975.

Miliduoch, Fs. der →Sorben, zu Beginn des 9.Jh. Als Karl, der Sohn Karls d. Gr., mit einem Heer 806 durch das Land der Sorben zog, leistete M. Widerstand und wurde im Kampf getötet. Der Feldzug der Franken diente vermutl. zur Entlastung für den gleichzeitigen Böhmenfeldzug des Ks.s. Über Herrschaftsgebiet und verfassungspolit. Stellung M.s ist sich die Forsch. uneins. L. Dralle
Q.: Annales regni Franc., a. 806, ed. F. KURZE (MGH SRG [in us. schol.] 6, 121) – Chron. Moissacense, a. 806, ed. G. H. PERTZ (MGH SS I, 308) – *Lit.:* W. SCHLESINGER, Die Verfassung der Sorben (Siedlung und Verfassung der Slawen, hg. H. LUDAT, 1960), 78f., 80, 100f.

Milingoi → Melingen

Militär → Heer, Heerwesen

Miliz. Im europ. MA bezeichnet das lat. Wort *militia/milicia* (→Miliz) aufgrund seiner etymolog. Verwandtschaft u.a. 1. den Kriegsdienst, den der *miles* ausübt, 2. das Heer als Gesamtheit der Soldaten (*militia* = *miles/milites* = *exercitus*), 3. eine meist adlige Gefolgschaft (auch *militia Christi*; s.a. →Ritterorden) oder 4. dörflich-bäuerl. bzw. städtisch-bürgerl. →Aufgebote.

Die Entstehung von M.en im Sinne von Nr. 4, die etwa dem modernen M.-Begriff entspricht, als Bezeichnung von Streitkräften, deren Angehörige nur eine kurzfristige militär. Ausbildung haben und erst im Kriegsfall einberufen werden, ist unlösbar verbunden mit einer fundamentalen Wechselbeziehung zw. Heeres- und Staatsverfassung in Zusammenhang mit einer sozialen und wirtschaftl. Differenzierung. In karol. Zeit wurde – mit geogr. und zeitl. Verschiebung innerhalb Europas – durch militär. Bedürfnisse (Araber-, Normannenabwehr) das allg. Heeresaufgebot aller Freien stärker von einem Berufskriegertum, v.a. Panzerreitern (→Ritter), abgelöst (→Heerwesen). Diese Entwicklung hatte eine starke Rückwirkung auf die sozialen Verhältnisse und führte zu einer zunehmenden Feudalisierung des Kriegswesens, das weite Bevölkerungskreise vom Kriegsdienst ausschloß.

Das Aufkommen von M. (und →Söldnern) im heut. Sinn setzt bei wachsender Geldwirtschaft eine Zunahme (bzw. ein Wiederaufleben) der Städte voraus, die jetzt zu einem selbständigen Element in der feudalen Welt werden. Im 12. Jh. erlangen v. a. unter dem Einfluß der Kriege Ks. Friedrich Barbarossas die it. Städte vermehrt mit ihren Bürgerm.en (sie können aus stadtsässigem Adel, Ministerialen und Bürgern im weitesten Sinne des Wortes bestehen) militär. Bedeutung (s. a. →Lombard. Liga). In Frankreich werden städt. Aufgebote als Stütze des →Königtums in Verbindung mit kirchl. Kampfmitteln (→Gottesfriedensbewegung) gegen den fehdefreudigen Adel und unbotmäßige Vasallen eingesetzt; in England erhalten sie durch die *assize of arms* Kg. Heinrichs II. 1181 ihre Stellung im Heerbann. In Deutschland spielen bei zunehmenden Einwohnerzahlen die wirtschaftl. aufblühenden rhein. Städte im Ansatz erstmals in sal. Zeit (→Heinrich IV.) eine gewisse polit. und militär. Rolle. V.a. treten dt. Städte (z. B. →Köln) seit dem späten 12. Jh. im Thronstreit zw. Philipp v. Schwaben und Otto IV. in Erscheinung, sei es als Geldgeber, sei es als militär. Bollwerke durch ihre Mauern und städt. M.en. Vom 13. Jh. an finden sich stärker städt. Aufgebote wie in Straßburg, wo 1228 Albrecht IV. v. Habsburg als »dux milicie Argentinensis« begegnet. Vom späten 12. Jh. an lieferten die entwickelten Städte Flanderns, Hennegaus und Brabants gute Städte-M.en, die v.a. als Fußvolk auftraten (→Kortrijk, 1302). Während insbes. in der Schweiz (auch Spanien) aus den städt. und dörfl. Aufgeboten eine Form der M. entsteht, in der die moderne Infanterie (→Landsknechte) ihren Ursprung hat, stützen sich vorwiegend in Italien und Deutschland die Städte wegen der mangelnden Offensivkraft und Risikobereitschaft der M.en oder in zunehmendem Maße seit dem späten MA auf kriegserfahrene und besser bewaffnete Söldner(heere), die im Bedarfsfall angeworben wurden. P. Thorau

Lit.: Eine moderne Darst. fehlt – PH. CONTAMINE, La guerre au MA, 1980 [reiche Lit.] – J. F. POWERS, A Society organized for War, 1988.

Millstatt, ehem. OSB-Abtei (ŏ Salvator und allen Hl.n) in Kärnten, von Pfgf. Aribo II. v. Bayern (→Aribonen) und seinem Bruder Boto um 1070/77 gegr. Der erste namentl. bekannte Abt, Gaudentius, kam nach 1091 aus dem Reformkl. →Hirsau. Pfgf. Engelbert v. Bayern aus dem Geschlecht der Gf.en v. →Görz unterstellte das Kl. 1122 dem päpstl. Schutz. Im 12. Jh. blühten unter Äbten aus dem Hochadel Architektur (roman. Abteikirche), Steinmetzkunst (Westportal, Kreuzgang), Malerei und die Schreibschule mit prachtvollen Hss. (M.er Evangeliar). Die Zuschreibung der Frgm.e v. Riesenbibeln und der dt. »M.er Hs.« mit Genesis und Physiologus ist umstritten. Das seit dem 12. Jh. bestehende Frauenkl. M. wurde um 1455 aufgehoben. Die Vogtei ging von den Gf.en v. Görz 1385 an die Gf.en v. →Ortenburg in Kärnten, 1418 an die Gf.en v. →Cilli und 1456/60 an Ks. Friedrich III. über, der 1469 bei Papst Paul II. die Aufhebung erwirkte. Der Ks. übergab M. als Sitz an den von ihm gegr. →St. Georgsritterorden. Nach dessen Aufhebung kam M. 1598 an das Grazer Jesuitenkollegium. H. Dopsch

Lit.: E. WEINZIERL-FISCHER, Gesch. des Benediktinerkl. M. in Kärnten (Archiv für vaterländ. Gesch. und Topographie 33, 1951) – C. KROMER, Das Kl. M. im MA (Gesch. und Kunst in M., Fschr. 1970), 29ff. – H. MALLOTH, Eine Hs.gruppe der it. Riesenbibeln in der M.er Überl. (Carinthia I, 160, 1970), 509–535 – H. KOLLER, Der St. Georgsritterorden Ks. Friedrichs III. (VuF 26, 1980), 417ff. – Symposien zur Gesch. von M. und Kärnten (masch. verf. Ber.), hg. F. NIKOLASCH, 1981ff. – C. FRÄSS-EHRFELD, Gesch. Kärntens, I: Das MA, 1984.

Millstätter Genesis → Genesisdichtung, dt.

Milo. 1. M., Bf. v. →Trier und →Reims, † 761/762. M., Sohn und Nachfolger des Bf.s Liutwin v. Trier, gehörte als →Widone zur höchsten austras. Aristokratie. Verwandtschaftl. mit den Frühkarolingern verbunden, war er eine entscheidende Stütze für →Karl Martell, erhielt 722/723 die Bm.er Trier und Reims. Seine weltl. Lebensführung (Verteilung von Reimser Kirchengut unter seine Kinder; Schädigung trier. Kirchen) ist Ausdruck eines instrumentalisierten Kirchentums. Als dessen Repräsentant konnte M. gegen die allg. Entwicklung eine weltl. Bf.sherrschaft in Trier bewahren und wurde für die bonifatian. Reformpartei Prototyp (»Milo et eiusmodi similes«) eines depravierten Episkopats. H. H. Anton

Lit.: H. SCHMIDT, Trier und Reims in ihrer verfassungsrechtl. Entwicklung bis zum Primatialstreit des 9. Jh., ZRGKanAbt 18, 1929, 1–111 – E. EWIG, Milo et eiusmodi similes (St. Bonifatius. Gedenkgabe..., 1953), 412–440 [Nachdr. 1954; Nachdr.: DERS., Spätantikes und frk. Gallien, Bd. 2, 1979, 189–219] – DERS., Treverensia, Arch. f. mittelrhein. Kirchengesch. 6, 1954, 229–233 – H. H. ANTON, Trier im frühen MA, 1987 (Q. und Forsch. aus dem Gebiet der Gesch. N.F. 9) – DERS., Liutwin – Bf. v. Trier und Gründer von Mettlach, Zs. f. d. Gesch. der Saargegend 39, 1991, 21–51.

2. M. v. St-Amand, * nach 809, † 871/872, einer der begabtesten und angesehensten Dichter im Frankenreich Karls d. Kahlen. In jungen Jahren Mönch in →St-Amand geworden, stieg er dort zum Presbyter auf. Zw. 845 und 855 formte er die karge ältere Prosavita des Kl. gründers in eine metr. »Vita s. Amandi« (4 B.) um, die er zunächst seinem Lehrer Haimin, später mit zwei vorangestellten →Figurengedichten Karl d. K. widmete. Seiner Vorlage fügte er nach 855 eine z. T. aus selbständigen Festhomilien bestehende Ergänzung in Prosa hinzu, die sich v. a. mit Tod, Übertragung und Wundern des Hl.n beschäftigt. Kurz vor seinem Tod vollendete M. sein hauptsächl. von →Prudentius' »Psychomachie« und →Aldhelms »De virginitate« inspiriertes Lehrgedicht über die Mäßigkeit (»De sobrietate«), das vorzugsw. bibl. Exempla (im ersten Buch aus dem AT, im zweiten aus dem NT) für diese Tugend und das konträre Laster schildert. Die geplante Überreichung an Karl d. K. wurde erst nach 875 von M.s Neffen und Schüler →Hucbald mit einem Begleitgedicht vollzogen. Alle Dichtungen M.s zeichnen sich durch klare Sprache und anschaul. Erzählweise aus. B. Pabst

Ed.: L. TRAUBE, MGH PP III, 557–675 – B. KRUSCH, MGH SRM V, 450–483 – *Lit.*: MANITIUS I, 577–581 – E. WALTER, Opus geminum [Diss. Erlangen 1973], 66–69 – BRUNHÖLZL II, 103ff., 571.

Miloš Kobilić, serb. Krieger, fiel am 15. Juni 1389 bei →Kosovo polje, übte nach der Überlieferung das Attentat auf Sultan Mūrad aus. Die ältesten Q. sprechen von der Ermordung Mūrads I., ohne den Namen des Täters zu nennen. Nach der Mehrzahl der Q. gelangte M. K. durch eine List in das Zelt Mūrads; ein it. Text spricht von zwölf Verschworenen, die sich während der Schlacht bis zum Sultan durchkämpften. Bei →Konstantin Kostenecki beginnt sich die Legende vom Helden M. K. (Obilić in jüngeren Hss. und ep. Liedern) zu formen. Viele Orte, mehrere Stämme und Völker streiten um seine Herkunft; die Überlieferung machte aus der hist. Gestalt einen unübertreffl. Helden mit ritterl., doch immer menschl. Zügen. Die lit. Gestaltung des Helden fand ihre Vollendung durch den montenegrin. Herrscher und Dichter Petar Petrović Njegoš im 19. Jh. R. Mihaljčić

Lit.: I. RUVARAC, O knezu Lazaru, 1888 – D. KOSTIĆ, M. Kopilić – K. Obilić, Revue Internat. des études balkaniques 1, 1934, 232–254 – R. MIHALJČIĆ, Junaci kosovske legende, 1989 – DERS., The Battle of Kosovo in Hist. and Popular Tradition, 1989.

Milsener (in den Q. Milczane, Milzieni u. ä.), slav. Stamm in der (Ober-)→Lausitz um →Bautzen. Der →Geographus Bavarus (Mitte 9. Jh.) zählte bei den M.n 30 Burgen (civitates). Neben Ackerbau haben die M., wie eine Urk. Ks. Ottos I. von 971 erkennen läßt, Schweinezucht, Zeidlerei und Pelztierjagd betrieben und vom Handel mit Tuchen, Sklaven und Silber auf dem Handelsweg von Merseburg über Bautzen nach Krakau profitiert. Im Verlauf der Kriege gegen die Slaven ö. von Elbe und Saale zwang Kg. Heinrich I. die M. 932 zu Tributzahlungen. Aber auch böhm. Einfluß reichte in ihr Gebiet. Erst nach der Unterwerfung →Boleslavs I. v. Böhmen unter Ks. Otto I. (950) wurde der 'pagus Milzsane' allmähl. in die Marken- und Kirchenorganisation (Bm. →Meißen, 968) des Reiches eingegliedert. Doch konnten die M. ihre 'Freiheit' (Thietmar v. Merseburg, V/7) im Grenzgebiet des Reiches, Polens und Böhmens zunächst noch bewahren. Wahrscheinl. hat der senior →Dobromir damals Herrschaftsrechte in der Lausitz wahrgenommen, dessen Tochter →Emnild 987 →Bolesław I. v. Polen heiratete. Offenbar als Folge damit verbundener Absprachen wurden die M. nun durch Mgf. →Ekkehard v. Meißen unterworfen. Nach Ekkehards Tod 1002 erhielt Bolesław die Länder der Lusici und M. von Kg. Heinrich II. zu Lehen, doch wurden sie in der Folge zum Zankapfel und Schauplatz der Kriege zw. Heinrich und dem Polenfs.en. Zweimal (Friede v. →Merseburg 1013, Friede v. →Bautzen 1018) mußte der Ks. die Regelung von 1002 bestätigen, und zuletzt wurde sie durch Bolesławs vierte Ehe mit Oda, einer Tochter Ekkehards, bekräftigt. Als die Herrschaft Mieszkos II. v. Polen 1031 zusammenbrach, wurde das M.land in die Mark Meißen eingegliedert und damit den Ekkehardinern (Mgf. →Hermann [3.H.]), dann den Gf.en v. →Weimar und den →Wettinern unterstellt, 1158 gelangte es als Land Bautzen als Reichslehen an die böhm. Kg.e. Chr. Lübke

Lit.: SłowStarSłow III, 256f. – H. LUDAT, An Elbe und Oder um das Jahr 1000, 1971 – HERRMANN, Slawen, 1985² – CHR. LÜBKE, Reg. zur Gesch. der Slaven an Elbe und Oder, T. II-IV, V [Ind.], 1985ff. – →Bautzen, →Lausitz.

Miltiades, hl. (Melchiades), 310/311–314 Bf. v. Rom; wahrscheinl. röm., nicht afrikan. (so der Liber Pontificalis) Abkunft. Zur Schlichtung des Donatismusstreites (→Donatisten) lud Ks. Konstantin I. Vertretungen der afrikan. Parteien und auf deren Wunsch drei gall. Bf.e und den röm. Bf. auf ein bfl. Schiedsgericht nach Rom ein (313). Indem M., der – wohl nach dem Wunsch des Ks.s – den Vorsitz führte, 15 it. Bf.e eigenmächtig hinzuzog, wandelte er das überwiegend neutral besetzte bfl. Schiedsgericht in eine kirchl. Synode mit für die Donatisten aussichtslosen Mehrheitsverhältnissen um, auf der Donatus verurteilt, Caecilian dagegen entlastet wurde. Ksl. Beauftragung und Verhandlungsführung M.' signalisieren einen primatialen Rang des Bf.s v. Rom in der Westkirche. N. Brox

Q. und Lit.: LP I, 168 – LThK² VII, 421 – RE XV, 1706f. – SEPPELT I, 72–75 – H. KRAFT, Ks. Konstantins religiöse Entwicklung, 1955 – H. U. INSTINSKY, Bf.sstuhl und Ks.thron, 1955 – K. M. GIRARDET, Ks.gericht und Bf.sgericht, 1975.

Milutin → Stefan Uroš II. Milutin

Milutinschule, Bezeichnung einer byz. Malerwerkstatt, die im Auftrag des serb. Kg.s Stefan Uroš II. Milutin (1282–1321) zahlreiche Kirchen ausgemalt hat. Die Bestimmung erfolgt mittels der auf Gewändern und Gegenständen einzelner Hl.er überlieferten Malerinschriften in drei Kirchen, die die Namen Michael Astrapas und Eutychios nennen. Die Inschriften sind nicht als Signaturen zu verstehen. Die früheste Nennung erfolgt in der ehemaligen Peribleptoskirche in →Ochrid (heute Sv. Kliment), in der die Maler im Auftrag des Progonos Sguros 1294/95 tätig waren. (Die von HALLENSLEBEN vorgeschlagene Spätdatierung – ca. 1310/11 – hat sich nicht durchsetzen können). Der Name Astrapas – ohne Michael – kehrt in einer Inschrift im Exonarthex der im Auftrag von Milutin neu errichteten Bogorodica Ljeviška in →Prizren wieder, wo er als Protomagister der Ausmalung (ca. 1308/09–12/13) Erwähnung findet. Ein Werkstattzusammenhang mit der Malerei der Peribleptoskirche steht außer Zweifel; fragl. bleibt, ob es sich bei dem Erstgenannten um einen Sohn dieses Astrapas handelt. Michael und Eutychios sind auch durch eine Inschrift für Sveti Nikita bei Čučer belegt. Vorzügl. dokumentiert ist ihre Arbeit in der Georgskirche von Staro →Nagoričino, die sie von ca. 1315–18 für Milutin ausmalten. Unangefochten – trotz fehlender Namensnennung – ist die Zuschreibung der Ausmalung der Königskirche in →Studenica (1313/14) und der Kirche von →Gračanica (vor 1321) an die M. Nicht nur stilist. Kriterien und der gleiche Auftraggeber, sondern Programmstrukturen, neue Bildthemen sowie eine spezif. ikonograph. Redaktion sind Indizien für eine derartige Zuschreibung. Ausmalungen wie die von →Žiča (nach Prizren) lassen sich ebenfalls dieser Werkstatt zuordnen. Bei anderen Denkmälern herrscht Uneinigkeit in der Forschung, ob die Malereien unmittelbar der M. oder einem weiteren Kontext angehören (z.B. auf dem Athos: Vatopedi, Protaton, Hilandar; Exonarthex Peć). Die Inanspruchnahme der Werkstatt durch Milutin steht im Einklang mit einer allg. Byzantinisierung des serb. Staates in diesem Zeitraum. Zahlreiche Indizien, nicht nur der Name Astrapas, sprechen für eine Herkunft der M. aus Thessalonike, wo sie auf einen umfassenderen Werkstattkontext zurückzuführen ist. Die Malereien im Umgang des Pammakaristoskl. in Konstaninopel sind jüngst mit denen der Euthymioskapelle in Thessalonike, des Protatonkl. auf dem Athos und der Peribleptoskirche in Ochrid in Zusammenhang gebracht worden, wodurch die Eingrenzung auf einen mazedon. Ursprung erneut in Zweifel gezogen wurde. Die Nennung von Malernamen ist in der Palaiologenzeit (1261–1453) nicht singulär und zeigt auffallende Parallelen zu vergleichbaren Phänomenen im Italien des Duecento und Trecento. Anders als dort gibt es hier keine Aufgabe der ma. Werkstattorganisation, so daß ein Individualstil nicht gleichermaßen ausgebildet wird. Innerhalb der Palaiologenmalerei gehören die Malereien der M. mit zu den bedeutendsten ihrer Zeit.

B. Schellewald

Lit.: G. MILLET, La peinture du MA en Yougoslavie, Album, hg. A. FROLOW, 4 Bde, 1954ff. – R. HAMMAN-MACLEAN–H. HALLENSLEBEN, Die Monumentalmalerei in Serbien und Makedonien vom 11. bis zum frühen 14. Jh., 1963 – H. HALLENSLEBEN, Die Malerschule des Kg.s Milutin, 1963 – P. MILJKOVIĆ-PEPEK, Deloto na zografite Michaelo i Eutichij, 1967 – V. J. DJURIĆ, Byz. Fresken in Jugoslawien, 1976 – D. MOURIKI, Stylistic Trends in Monumental Painting of Greece at the Beginning of the Fourteenth Century. L'art byz. au début du XIV° s. (Symposium Gračanica 1973), 1978, 55–83 – T. GOUMA-PETERSON, The Frescoes of the Parekklesion of St. Euthymios in Thessaloniki (Papers from the Coll. Held at Princeton Univ. 8–9 May 1989, hg. S. ĆURČIĆ–D. MOURIKI, 1991), 111–129.

Milz, ahd. *milzi,* mhd. *milze,* gr. σπλήν, lat. lien und splen. Anatom. mit der M. des Schweins verglichen (Aristoteles, Thomas v. Cantimpré, Konrad v. Megenberg), wird sie in der ma. →Humoralpathologie als »kalt und trocken« der »Erde« und der »schwarzen Galle« (melancholia) zugeordnet. So ist sie für Galen und die arabist. Tradition ein spongiöses Organ, das die unreinen Bestandteile des Blutes als schwarze Galle auszieht und über ein hypothet. Gefäß zur Verdauung an den Magen abgibt. Funktionsstörungen der M. bewirken eine zum Gehirn aufsteigende melanchol. Dyskrasie; sie ist Ursprung der Traurigkeit und Geistesverwirrung, aber auch des Lachens (Plinius, Isidor, Constantinus Africanus, Thomas v. Cantimpré, Bartholomaeus Anglicus). H. H. Lauer

Lit.: M. HÖFLER, Dt. Krankheitsnamen-Buch, 1970², 415f. – R. HERRLINGER, Die M., Ciba-Zs. 8, 1958, 2902–3012 – E. SCHÖNER, Das Viererschema in der antiken Humoralpathologie, SudArch Beih. 4, 1964 – H. FLASHAR, Melancholie und Melancholiker in den med. Theorien der Antike, 1966 – H. SCHIPPERGES, Melancolia als ein ma. Sammelbegriff für Wahnvorstellungen, Stud. Generale 20, 1967, 723–736.

Mímir (Mímr), weiser Gott oder Riese in der nord. Mythologie. M. tritt in zwei Mythenkomplexen auf, dem von M.s Haupt (Völuspá 48, Sigrdrífumál 14; Snorri Sturluson, Ynglingasaga 4, 7) und dem von M.s Brunnen (Völuspá 28; Snorri: Gylfaginning 14, 50). Die kargen Informationen der →Edda lassen nur die Aussage zu, daß M.s Haupt als weiser Ratgeber und M.s Brunnen als Quelle der Weisheit betrachtet wurden. Vielleicht hat erst →Snorri Sturluson die beiden Mythen zu einem vereint, aber auch die kelt. Mythologie kennt ein Haupt in einer Quelle als Orakel. Die lit. Aufbereitung Snorris stellt M. als weisen →Asen dar, den diese nach dem Wanenkrieg als Ratgeber Hœnirs als Geisel an die →Wanen übergaben. Als die Wanen erkennen, daß Hœnirs Weisheit nur von M. stammt, köpfen sie M. und schicken sein Haupt an die Asen, wo ihn Odin durch Zauber vor der Verwesung bewahrt und weiterhin als Orakel verwendet. Auch zu den →Ragnarök holt sich Odin Rat von M. am Brunnen.
R. Simek

Lit.: KL XI, 629f. – G. SVERDRUP, Rauschtrank und Labetrank im Glauben und Kultus, 1940 – J. SIMPSON, M.: Two Myths or One? Saga Book 16, 1962, 41–53.

Minarett → Moschee

Minden, Bm., Stadt in Westfalen, n. des Weser-Wiehengebirges, an der Kreuzung eines W-O-Fernwegs (→Hellweg vor dem Santforde) und einer S-N-Verbindung (Frankfurter Straße) an einer Weserfurt.
I. Bistum – II. Stadt.

I. BISTUM: Für den Missionsbezirk zw. Oberweser und Leine wurde um 790 der Fuldaer Mönch Erkanbert zum Bf. ernannt. Zentrum der Mission bildete das Romanuskl. in →Hameln. Um 803/804 wurde M. Sitz des zum Kölner Metropolitanverband geschlagenen Bm.s (Petrus-Patrozinium aus Köln; zusätzl. Gorgonius-Patrozinium nach Dombrand v. 947 und Reliquientranslation), während Fulda mit Erkanbert den ersten Bf. stellte (noch vor 819 Verbrüderungsvertrag M.-Fulda). Die Förderung sächs. Adliger bewirkte im 9. Jh. eine rasche Entwicklung der Pfarrorganisation. Zur seelsorger. Versorgung des Umlandes wurden u. a. die Kl. Wunstorf (871 bestätigt) und Möllenbeck (896) gegründet. Die Grenzen der in 12 Archidiakonatsbezirke gegliederten Diöz. bildeten im NW Wildeshausen, im NO Soltau, im SW das Wiehengebirge und im SO das Weserbergland.

Die engen Beziehungen der Bf.e Landward (952–969) und Milo (969–996) zu den otton. Ks.n führten zur Verleihung der →Immunität für die M.er Kirche (961) und der →Regalien für den Bf.ssitz (977). Kgl. Aufenthalte fallen in die 1. Hälfte des 11. Jh., als die Stadt u. a. durch Bf. Sigebert (1022–36) weitere Förderung erfuhr (um 1026 Martin-Stift gegr., Skriptorium). Der Dom- und Stadtbrand von 1062 markiert auch das Ende einer kurzen Blütezeit. Nach dem Rückgang des kgl. Einflusses an der Mittelweser übten ab etwa 1073/80 →Billunger Hzg.e die Stiftsvogtei aus. Deren Lehnsmannen, die Herren vom Berge, fungierten bereits um 1096 (bis 1398) als erbl. Edelvögte. Landesherrl. Rechte konnten die M.er Bf.e seit dem 13. Jh. fast nur w. der Weser durchsetzen, während es den Gf.en v. →Hoya, →Wölpe, Roden-Wunstorf, →Schaumburg und →Ravensberg bzw. den Edelherren v. →Diepholz und vom Berge gelang, eigene Territorien innerhalb der Diöz. zu errichten. Zu spät bedienten sich d. Bf.e einer Burgen- u. ansatzweise einer Städtepolitik (Stadterhebung v. Lübbecke um 1279, Petershagen um 1360, Schlüsselburg 1400) zur Sicherung des Hochstifts und zur Verdichtung der Landesherrschaft. Um 1300 hatte der Bf. die Gewalt über seinen Bf.ssitz verloren, die Burg Petershagen mit sich bildender Minderstadt (→Minderformen, städt.) diente seit 1306 als bfl. Vorzugsort. Im SpätMA konnte das stark verschuldete Hochstift seinen territorialen Bestand nur durch wechselnde Bündnisse mit benachbarten Landesherren wahren. Eine s. Erweiterung des Territoriums gelang 1398 nach dem Aussterben der Herren vom Berge. Etappenpunkt bei der Entstehung der Landstände, denen Domkapitel, Städte und Ritterschaft angehörten, stellte der zur Finanzverwaltung verordnete 'geschworene Rat' von 1348 dar, der aus zwei Domkapitularen bestand.

II. STADT: M. wuchs aus mehreren Siedlungskernen auf oberer und unterer Weserterrasse an Flußübergang und Straßenkreuzung zusammen. Neben dem vor der Errichtung des Bf.ssitzes besiedelten Domhügel befand sich im N eine Furtsiedlung von Fischern und eine bäuerl. Siedlung im Bereich der Marienkirche. Seit dem 10. Jh. (977 Zoll-, Markt- und Münzprivileg) besiedelten Kaufleute die Niederungszonen im W und N der Domburg. Im 11. Jh. wurde die Siedlungsfläche der Oberstadt abgerundet durch Verlegung des St. Marien-Kl. (OSB; zw. 996 und 1002) und Gründung des Augustiner-Chorherrenstifts St. Martin (1029). Auf einer Weserinsel entstand 1042 das 1434 in die Stadt verlegte St. Mauritius-Kl. (OSB). Die ca. 4 ha umfassende Domimmunität mit Dom und otton. Bf.spfalz schützte seit dem 11. Jh. eine Steinmauer. Nach S fand die Ausdehnung der Stadtfläche in der 2. Hälfte des 12. Jh. ihr Ende (1207 Pfarrkirche St. Simeon); im W entstand das St. Paulus-Kl. (1236 Dominikanerkl.; →Heinrich v. Herford). Bis 1553 bestanden die unbefestigten und landwirtschaftl. geprägten Simeons- und Marienvorstädte, die wie die 1383 befestigte Fischerstadt Sondergemeinden bildeten.

Seit der Mitte des 12. Jh. verdrängte der comes civitatis (1165, ab 1181 *wicgrave* gen.), der Verwalter der bfl. Wichgf.envillikation, den Kirchenvogt aus der bfl. Gerichtsbarkeit. Um 1180 war die Stadtbildung abgeschlossen; der Bau einer Stadtmauer wurde begonnen (ca. 48 ha mit 1500–2000 Einw.). Von städt. Selbstwaltung kann erst im 1230 gesprochen werden, als die 'burgenses in Minda' siegelten (1231) und 'arbitres et rectores' als Vertreter der Bürgerschaft gegenüber dem Stadtherrn auftraten (1232; consules 1244). Zur Sicherung seiner Rechte und zum Schutz seines Handels nahm M. am Ladbergener (1246) und am →Rhein. Bund teil. 1256 bestätigte Bf. Wedekind unter Vermittlung der mit M. verbündeten westfäl. Städte M. seine Rechte (Dortmunder Stadtrechtskreis; Weitergabe des M.er Stadtrechts an die entstehenden Städte innerhalb der Diöz., u. a. →Hannover) und söhnte sich mit der Stadt aus. Um 1300 hatte der Rat den Einfluß des Bf.s zurückgedrängt und eine mit dem bfl. Wichgf.en konkurrierende Niedergerichtsbarkeit errichtet. 1301 erließ der Rat ein Wahlstatut, das die Kaufleute, Schuster, Fleischer und Bäcker begünstigte. Ein Machtkampf innerhalb des Rates führte 1405 zur 'M.er Schicht' (bis 1410), deren Ergebnis v. a. eine Ausweitung des Kreises der Ratswähler auf die übrigen Handwerkerämter und Bewohner der Vorstädte war.

Wirtschaftl. Schwerpunkte bildeten im SpätMA Brauerei und Bierexport sowie Getreide- und Holzhandel weserabwärts (Schiffsmühlen um 1326; Ansprüche auf einen Weserstapel). Zur →Hanse wurden erst im 15. Jh. Beziehungen geknüpft. Die Interessen der nun ca. 3500–4000 Einw. umfassenden Stadt sicherten vornehml. mit den Territorialherren des Wesergebietes eingegangene Bündnisse. F.-W. Hemann

Lit.: zu [I]: B. Frie, Die Entwicklung der Landeshoheit der M.er Bf.e, 1909 – W. Dräger, Das M.er Domkapitel und seine Domherren im MA, 1933 – W. Dammeyer, Der Grundbesitz des M.er Domkapitels, 1957 – D. Scriverius, Die weltl. Regierung des M.er Stifts von 1140 bis 1397, I–II, 1966/74 – K. Ortmanns, Das Bm. M. in seinen Beziehungen zu Kg., Papst und Hzg. bis zum Ende des 12. Jh., 1971 – E. Freise, Die Sachsenmission Karls d. Gr. und die Anfänge des Bm.s M., M.er Beitr. 20, 1983, 57–100 – zu [II]: W. Schroeder, Chronik des Bm.s und der Stadt M., 1886 – Zw. Dom und Rathaus, hg. H. Nordsiek, 1977 – M. Zeugen und Zeugnisse seiner städtebaul. Entwicklung, 1979 – W. Ehbrecht (Städt. Führungsgruppen und Gemeinde in der werdenden NZ, hg. Ders., 1980), 115–152 – Ausgrabungen in M., hg. B. Trier, 1987.

Minden, Hoftag v. (Weihnachten 1024). Nach dem Tode Heinrichs II. (13. Juli 1024) beschlossen die Sachsen in Werla, der Kg.swahl fernzubleiben. Im Anschluß an die Wahl und Erhebung des Saliers Konrad II. in Kamba erfolgte eine Einladung des Kg.s durch den sächs. Hzg., die Huldigung auf sächs. Boden entgegenzunehmen. Dieser für beide Seiten rechtskonstitutive Akt fand Weihnachten 1024 in M. durch den sächs. Stamm statt; anwesend waren neben dem Kg. die Ebf.e v. Mainz, Köln, Magdeburg und Hamburg-Bremen, die Bf.e v. Augsburg, Verden und Minden sowie Hzg. Bernhard II. und die Gf.en Siegfried und Hermann. Vorausgegangen war die Bestätigung der 'lex crudelissima Saxonum' durch Konrad II. Vorbild hierfür waren die Vorgänge bei der Wahl Heinrichs II. auf dem Hoftag v. →Merseburg (1002). F.-W. Hemann

Lit.: R. Schmidt, Kg.sumritt und Huldigung in otton.-sal. Zeit (VuF 6, 1961), 97–233 – E. Boshof, Die Salier, 1987 – W. Giese, Reichsstrukturprobleme unter den Saliern (Die Salier und das Reich, I, hg. S. Weinfurter, 1991), 273–308.

Minderformen, städtische, in der Stadtgeschichtsforsch. üblich gewordener Oberbegriff für alle Siedlungsformen, deren Funktionalität und/oder rechtl. Qualität über der eines →Dorfes liegen, den Grad einer →Stadt aber nur unvollkommen oder nur in einzelnen stadtdefinierenden Kategorien erreichen. Die Minderformbezeichnungen der Q. sind vielfältig (bes. →Flecken, Freiheit, →Markt, Tal, Weichbild, libera villa [Ungarn], opidulum, auch teilweise oppidum als Übers. von Weichbild oder Freiheit; vgl. auch →Hakelwerk), erlauben aber im Einzelfall durchaus Unterscheidungen zw. einzelnen minderstädt. Formen, wobei weniger die sich vom Dorf unterscheidende Rechtsstellung (bes. städt. Erbrecht, cives bzw. Bürger, freie Wahl der Selbstverwaltungsorgane: 'rad usis wigbeldis to Alvelde' 1358) als vielmehr die stadtähnl. Zentralfunktionen (Markt, Gericht, Herrschaftssitz), die Einw.zahl und das Siedlungsbild ('geschlossene' Bauweise, Befestigung, Planmäßigkeit und Größe der Anlage) den Grad erreichter Urbanität definieren.

Zu den M. sind auch die Kleinst- bzw. Zwergstädte, häufig 'städtle', 'stediken' usw. gen. (bes. im alem.-frk. Raum und im Bereich der Ostsiedlung), mit weniger als 500 Einw. und unter ca. 8 ha Fläche zu zählen, die ab dem 14. Jh. entstanden (1311: 'opidulum de villa nostra Dulme ne') und sich v. a. durch Rechtsminderung, schwächere Befestigung, wenig ausgeprägte Gemeindeorgane von den voll entwickelten Kleinstädten früherer Entstehungszeit abheben. Sie prägten sich überwiegend im Rahmen des spätma. Ausbaus von Kleinstterritorien aus (z. B. Krautheim/Jagst), oft auch in Weiterentwicklung eines suburbiums bei einer Burg (Burgtal). Als Kümmerformen sind nach H. Stoob diejenigen M. aufzufassen, deren Stadtentwicklung unfertig blieb (z. B. Barntrup, Schwalenberg) oder deren Stadtqualität sich wieder zurückentwickelte (z. B. →Deutz). Eine systemat. Unters. zu diesen abgegangenen Städten (Extremfall: Totalwüstung, z. B. Blankenrode) steht noch aus, wobei allerdings deutl. zw. dem Anspruch einer Privilegierung und ihrer Verwirklichung zu unterscheiden ist. Diesen beiden Gruppen steht diejenige entgegen, für die H. Stoob den Begriff Minderstadt prägte: Im wesentl. zw. 1300 und 1450 entstanden, ist von vornherein eine Qualitätsminderung gegenüber den (Voll-)Städten beabsichtigt gewesen (z. B. →Iburg 1359, Gröningen 1371: 'dat we... Groninge... hebbet to einem wikbilde gemaket', Fürstenau 1402, Cloppenburg 1411), auch wenn – mit Ausnahme der Bezeichnung – die Unterschiede zu den Kleinstädten bis zur Unkenntlichkeit verschwinden (z. B. Sachsenhagen). Während in Räumen territorialer Zersplitterung die Zwergstadt vorherrscht, sind Räume einer flächenhaft-zielstrebigen Landesherrschaft (v. a. Westfalen, Niedersachsen) im SpätMA gekennzeichnet durch »verschiedene Spielarten der bewußten Minderstadt-Gründung« (H. Stoob). Insgesamt ist also zw. Formen mit gewollter und solchen mit ungewollter Reduktion der Stadtqualität deutl. zu unterscheiden.

Ein Forsch.sproblem stellen die kleinstadtgleichen Märkte des SO (Bayern, Österreich, Südböhmen einschließl. der ung. Oppida) dar, die z. T. nach Funktion und Größe durchaus städt. sind, denen aber zumeist Ummauerung (zahlreiche Gegenbeispiele), Stadtprivileg und -bezeichnung fehlen (z. B. Markt Rosenheim – Stadt Aibling). Das Phänomen der städt. M. ist ebenso in Westeuropa verbreitet: →villes neuves, →bastides, castelli, →borghi franchi. F. B. Fahlbusch

Q. und Lit.: Urkk. zur Gesch. des Städtewesens in Mittel- und Niederdtl., 2, 1992 [= Städteforsch. C 4] – C. Haase, Ma. Weichbildprivilegien..., Osnabrücker Mitt. 66, 1954, 103–144 – H. Stoob, Forsch. zum Städtewesen in Europa, I, 1970, 25ff., 225ff., 305ff. – A. Kubinyi, Einige Fragen zur Entwicklung des Städtenetzes Ungarns... (Städteforsch. A 4, 1977), 164–183 – E. Ladányi, Libera villa, civitas, oppidum..., Annales Universitatis Scient. Budapestinensis, Sec. Hist. 18, 1977, 3–43 – W. Katzinger, Die Märkte Oberösterreichs... (Forsch. zur Gesch. der Städte und Märkte Österreichs, I, 1978), 69–150 – H. W. Schüpp, Minderstädt. Orte im lipp. Einflußbereich (Westfäl. Städteatlas, III, Bl. 1, 1990) – M. Stercken, Städt. Kleinformen in der Nordostschweiz. Vorstud. zu einem Städteatlas, RhVjbll 55, 1991, 176–204.

Minderstadt → Minderformen, städtische

Mindowe (litauisch Mindaugas), Kg. v. →Litauen 1253–63, entstammte einem Fs.engeschlecht der Landschaft → Aukštaiten. In den 30er und 40er Jahren des 13. Jh. gelang M. durch Beseitigung oder Unterordnung anderer Kleinfs.en eine sehr weitgehende Zusammenfassung der polit. Macht in Litauen. Mit der Eroberung v. a. Schwarzrußlands setzte unter ihm darüber hinaus die dauerhafte litauische Inbesitznahme ostslav. Gebiete ein. Infolge eines Konflikts mit Verwandten, u. a. mit seinem Neffen Tautwil (litauisch Tautvilas), geriet M. jedoch um 1249 in eine gefährl. Lage, denn jene verbündeten sich mit den Fs.en v. →Halič-Volhynien und mit den Livländern (→Livland). M. vermochte aber, diese Koalition zu sprengen, indem er 1251 mit dem →Dt. Orden in Livland ein Einvernehmen erzielte. Vermittelt durch den livländ. Landmeister Andreas v. Felben, wurde der Fs. 1253 getauft und im Auftrage Innozenz' IV. zum Kg. gekrönt. Gleichzeitig entstand ein kath. Bm. Litauen. Dem Orden trat M. als Gegenleistung →Schemaiten ab. Obwohl sich im Orden starke Kräfte gegen die Förderung des litauischen Kgtm.s regten und die Schemaiten energisch gegen die Inbesitznahme ihres Gebiets durch die Deutschen kämpften, kam es erst 1261 zum offenen Bruch jenes Bündnisses: Nach großen Erfolgen der Schemaiten schloß sich M. ihrem Kampf gegen den Orden an, wurde aber 1263 von litauischen Widersachern getötet. Zwar siegte danach wieder die heidn. Reaktion im Lande, und es kam dort eine Zeitlang zu inneren Wirren, doch blieb Litauen als selbständige Macht erhalten, wofür M. Grundlegendes und Richtungweisendes geleistet hatte.   N. Angermann

Q.: Livländ. Reimchronik, ed. L. MEYER, 1876 – PSRL II – Preuß. UB I, 1–2, 1882–1909 [Neudr. 1961] – Lit.: J. TOTORAITIS, Die Litauer unter dem Kg. M. bis zum Jahre 1263, 1905 – H. LOWMIAŃSKI, Studja nad początkami społeczeństwa i państwa Litewskiego, II, 1932, 232ff. – Z. IVINSKIS, Mindaugas und seine Krone, ZOF 3, 1954, 360ff. – M. HELLMANN, Der Dt. Orden und die Kg.skrönung des Mindaugas, ebd., 387ff. – Z. IVINSKIS, Lietuvos istorija iki Vytauto Didžiojo mirties, 1978, 152 ff. – M. HELLMANN, Die Päpste und Litauen (La Cristianizzazione della Lituania, 1989), 32ff.

Mineralia (kelt./engl. und dt. *mine*: 'unterird. Gang, Erzgrube'; damit M.: Erz, 'Berggut'). Seit dem 13. Jh. lat. »lapides minerales« und dem 16. Jh. (Paracelsus) im Dt. belegt. Das regnum minerale (und die darunter begriffenen M.) bildet zusammen mit dem regnum vegetabile (Pflanzen) und dem regnum animale (Menschen, Tiere) die drei Reiche der Natur. Seit den ersten Klassifizierungsversuchen durch Aristoteles (orykta-Steine, Erden; metalleuta-Erze, Metalle) und Theophrast sind noch in der Antike und dann im MA verschiedenste Kriterien der M. zur Einordnung der vielfältigen und unterschiedl., auch organ. (calculi), lapides, fossilia (»Grabgut«), gemmae, petroi und lithoi – unter Ausgrenzung oft der damals bekannten →Metalle – herangezogen worden. Nach Aussehen, Farbe und Form (Signatur; Allegorie), Wert, Verwertung und Behandlung, arzneil. Einsatz, sowie mag.-alchem. und färbetechn. Gebrauch sind Zuordnungen der M. im MA getroffen worden, die jeweils auch eigenes Schrifttum (bes. in der Technologie und im →Bergbau (Montanistik) wie auch in der →Alchemie) hervorgebracht hat: →Edelsteine; →Corpus Hermeticum; →Lithotherapie; →Lapidarien; →Physiologus; →Magia naturalis. Ähnlich wie in der ma. →Pflanzenkunde haben die vielfältige Synonymik (u. a. griech./lat./hebr./arab./dt.) und die getrennten Fachgebiete sowie Tradierungsfehler zu einer terminolog. Verwirrung geführt, welche erst die Philologie des Humanismus klar erkannt und in einer Vielzahl von Abhandlungen und Kommentaren zu bereinigen versucht hat. Damit ist im 16. Jh. mit G. →Agricola die Wende von der antiken und ma. →Steinkunde zur Mineralogie erst anzusetzen. Doch sind in den ma. lat., arab. und dt. →Enzyklopädien Versuche einer übergreifenden Systematik zu finden.   G. Jüttner

Lit.: (Einzel-Mineralia, s. jeweiliges Stichwort) – H. O. LENZ, Mineralogie der alten Griechen und Römer, 1861 – D. GOLTZ, SudArch Beih. 14, 1972 [Lit.] – H. LÜSCHEN, Die Namen der Steine, 1979².

Minervois, Landschaft in Südfrankreich (Bas-Languedoc, dép. Aude und Hérault), nördl. →Carcassonne, am Fuße der Montagne Noire, teilt sich in zwei Zonen: eine trockene, fast siedlungsleere Hochebene *(Causse)* und fruchtbare Terrassen mit Weinbau. Das M. ist (wohl durchgängig) seit dem Paläolithikum besiedelt. In der Karolingerzeit galt das M. bald als einer der sechs 'pagi' der Civitas v. →Narbonne (835: pagus Minarbensis), bald als 'suburbium' des Pagus v. Narbonne (852: suburbium Minarbense). Wie im gesamten Narbonnais sind auch im M. des FrühMA ländl. Siedlungen fast ausschließlich 'villae' belegt, mit Ausnahme des namengebenden castrum Minerba (873), das Sitz einer Vogtei *(viguerie)* und – vom 10. Jh. an – einer Vizgft. *(vicomté)* war. Während der Feodalepoche unterstand das M. den Vicomtes v. Minerve, über die (mehr oder weniger kontinuierl.) die Vgf.en/Gf.en v. Carcassonne (→Trencavel) ihre Lehnshoheit ausübten. Mit der Einnahme von Minerve durch Simon de →Montfort (1210) kam das M. an die Montforts, später an die Krone Frankreich, die 1258 auch die Rechte, die die Krone Aragón in diesem Gebiet ausübte, übernahm. Die 1242 aufgehobene Vizgft. wurde in ein →Bailliage umgewandelt, 1255 in eine bloße →Viguerie, die ab 1320 mit der Viguerie Carcassonne vereinigt wurde. Die kirchl. Situation war geprägt durch große, im späten 8. Jh. entstandene Benediktinerabteien (→Caunes, Citou) und mehrere 'cellae' (Cabrespine, 814), die von benachbarten Kl. abhingen. Wohl seit der Frühzeit bildete das M. ein Archidiakonat der Diöz. →Narbonne; die Ebf.e wandelten es in ein Archipresbyterat um, das ohne größere Veränderungen bis zur Errichtung des Bm.s →St-Pons (1318), dem große Teile des M. zugeschlagen wurden, bestand.   J.-C. Hélas

Lit.: ABBÉ SABARTHÈS, Dictionn. topographique du dép. de l'Aude, 1912 – E. GRIFF, Hist. religieuse des anciens pays de l'Aude, 1933 – Les anciens pays de l'Aude dans l'Antiquité et au MA, 1974 – Études d'hist. audoise (IXᵉ–XIVᵉ s.), 1976.

Mingo Revulgo-Coplas → Coplas de Mingo Revulgo

Miniator, im MA nur spärl. belegte Bezeichnung für denjenigen Schreiber, der ursprgl. wie der →Rubrikator die Ausstattung von Hss. (Überschriften, einfache Initialen etc.) zumeist mit roter Farbe (minium 'Mennig') vornahm, im SpätMA aber auch mit Buchmaler (Illuminator, →Buchmalerei) ident. gesetzt wurde. Seit dem HochMA zunehmend als bürgerl. Beruf nachweisbar (→Buch, A. III, 2b).   P. Ladner

Lit.: J. W. BRADLEY, A dict. of Miniaturists, Illuminators, Calligraphers and Copists, 3 Bde, 1887–89 – W. WATTENBACH, Das Schriftwesen im MA, 1896³, 346f., 364f. – P. D'ANCONA – E. AESCHLIMANN, Dict. des miniaturistes du MA et de la Renaissance, 1949² – F. MASAI, De la condition des enlumineurs et de l'enluminure à l'époque romane, APINS 2/3, 1965/67, 2, 135–144 – B. BISCHOFF, Paläographie des röm. Altertums und des abendländ. MA, 1986² – O. MAZAL, Lehrbuch der Hss.kunde, 1986, 149 – J. LEMAIRE, Introduction à la codicologie, 1989, 186–195.

Miniatur → Buchmalerei

Minima naturalia → Atomistik

Minimen → Paulaner

Ministerialität, Ministerialen. Die M. als Rechtsform und Institution war auf der einen Seite durch Elemente der persönl. Bindung, auf der anderen durch polit., wirtschaftl. und militär. Funktionszuweisungen charakterisiert, die sie schließlich oft in eine ritterl. und adelsgleiche Stellung hineinrücken ließ. Sie stellte eine Besonderheit des Dt. Reiches einschließl. des lothring.-flandr. Grenzraums dar und gestaltete den Gesellschaftswandel des HochMA (vom frühen 11. bis zum 13./14. Jh.) im starken Maße mit.

[1] *Vorstufen:* Beides, Funktion und Begriff, sind wesentl. älter als die Entstehung des eigtl. Instituts. In merow. Zeit wurden mit den pueri regis (ministeriales) ab-

hängige Gefolgsleute, die das Vertrauen des Kg.s genossen, zu militär. Aufgaben und zur Wahrnehmung der Hausämter herangezogen. Im 8. Jh. erhielten sie bereits Lehen. Der in der späteren Karolingerzeit benutzte Begriff des ministerialis bezeichnete aber noch ständ. unspezif. – vom Bf. bis zum →Knecht – Inhaber kgl. Amtsfunktionen.

[2] *Entstehung:* Die Herausbildung des eigenen, bald rechtl. abgegrenzten Ministerialenstandes erfolgte seit der Wende vom 10. zum 11. Jh., und zwar zuerst erkennbar auf der Ebene der Reichskirche. Diese versuchte, der Gefahr der Entfremdung von Besitz und Rechten durch den Adel zu begegnen und die gewachsene →Grundherrschaft und die mittlerweile erlangte Stadtherrschaft mit Hilfe qualifizierter, aber abhängiger Amtsträger herrschaftl. zu durchdringen. Im Zuge dieser Bemühungen sind die frühen →Dienstrechte entstanden: das bekannte Wormser Hofrecht des Bf.s →Burchard I. v. Worms (1023/25), das die einst kgl. Fiskalinen als Sondergruppe innerhalb der →familia des Bf.s heraushob und zum Kern der M. machte. Bei den Reichskl. Prüm (Eifel) und St. Maximin (Trier) war es die durch bes. Dienste (Warentransporte, berittener Geleitschutz) sowie durch spezielle Hufen- und Lehenszuweisungen herausgehobene Gruppe der Scharmannen, aus der die M. hervorging. In Verbindung mit dem sal. Hauskl. →Limburg traten in ähnl. Stellung die berittenen und mit einem Lehen ausgestatteten Sulzbacher Lazen hervor. Wenn also den Kern der entstehenden M. verschiedentl. bereits qualifizierte Sondergruppen der grundherrschaftl. familia bildeten, so war doch daneben, wie es das gerade erwähnte Recht der Limburger Kl.leute (1035) zugleich erkennen läßt, auch der Aufstieg von einfachen →Manzipien und Knechten am Herrenhof bei Bewährung mögl. Allerdings machten sich schon frühzeitig abschließende und ausgrenzende Tendenzen der sich formierenden M. bemerkbar. Was sich im Wormser Hofrecht abzeichnete, erschien mit dem Bamberger Dienstrecht (1061/62) erstmals voll ausgebildet. Neben den gerichtl. und verwaltungsmäßigen Aufgaben in der Grundherrschaft als villicus/Meyer erfolgte die Zuweisung der gehobenen →Hofämter (Truchseß, Schenk, Kämmerer, Marschall, Jägermeister) und des Reiterdienstes auf der rechtsverbind. Grundlage der Ausstattung mit einem erbl. Lehen. Damit trat die M., die im Fall von Bamberg (1063) bereits ein bemerkenswertes Gruppen- und Selbstbewußtsein entwickelt hatte, als eigener Rechtsstand mit einer bes. Gerichtsbarkeit hervor. Von der gleichfalls aufstrebenden →Zensualität unterschied sie sich dadurch, daß sie wichtige Aufgaben wahrnahm, keine persönl. Abgaben leistete und bemüht war, einen eigenen Rechts- und Sozialstatus gesondert von Hofrecht und familia zu erlangen und abzusichern.

[3] *Frage der Unfreiheit:* Trotz der gehobenen Stellung der M. blieben Merkmale der Unfreiheit erkennbar, etwa in Fragen der Eheschließung, des Verfügungsrechts über →Besitz (Inwärtseigen) und →Lehen (Dienstlehen); andere gern genannte Elemente wie Verkauf- und Vertauschbarkeit von M. sind stärker unter dem Aspekt des Herren-/Herrscherwechsels zu betrachten. Folgende Faktoren trugen bes. im Laufe des 12. Jh. zur weitgehenden Aufhebung der Unfreiheit der gehobenen M. (Angleichung an den Adel) bei: 1) der Eintritt von Edelfreien in die M., nicht zuletzt auch aus Karrieregründen; 2) Eheschließungen mit freien Frauen; 3) Erlangung von hohen – mit dem Adel oft gleichrangigen – geistl. Würden bes. in Domstiften und in den neuen Orden der Zisterzienser und Prämonstratenser durch Angehörige der M.; 4) Teilhabe an der Steigerung des Ritterbegriffs zum miles christianus und am Bild des höf. Ritters durch Zugehörigkeit zum Rittertum; 5) insbes. die Übertragung echter (vasallit.) Lehen auch von fremden Herren; 6) die herausragenden Funktionen in Politik, Wirtschaft und Heerwesen.

[4] »*Staatliche*« *Funktionen (Reich und Territorien):* Die seit Konrad II. hervortretende Reichsm. erlangte im Zuge des →Investiturstreits, gefördert von Heinrich IV., einen spürbaren polit. Einfluß in Beraterfunktionen und als Träger der kgl. Rekuperationsbemühungen in Sachsen sowie der Burgenpolitik. Die volle Entfaltung der Reichsm. erfolgte mit den Staufern. Die Intensivierung und Ausdehnung des Engagements in Italien, wie sie bes. unter Friedrich Barbarossa und Heinrich VI. (Kgr. Sizilien) geschah, eröffnete den Ministerialen ein großes neuartiges Aufgabengebiet. Hier rückten sie mitunter in Positionen ein, die ihnen sonst verschlossen blieben, wie etwa der berühmte →Markward v. Annweiler. Mit dem Thronstreit verlor diese Entwicklung an Bedeutung; um so größeres Gewicht erlangte die Reichsm. für die Reichslandpolitik seit den siebziger Jahren des 12. Jh. Dies betraf in erster Linie die Errichtung und Beherrschung von Burgen, die Gründung von Städten, dörfl. Siedlungen und den Landesausbau sowie die Wahrnehmung gerichtl., verwaltungsmäßiger und wirtschaftspolit. Aufgaben. Bes. deutl. war das in Schwaben, der oberrhein. Tiefebene, der Wetterau und in Franken der Fall. Ähnliches gilt für die Ministerialen der Reichsfs.en, etwa der Welfen, Zähringer oder auch zahlreicher Bf.e, die noch annähernde Gleichrangigkeit beanspruchen konnten. Nachgeordnet waren jedoch meist die Ministerialen von Äbten und Äbt.nen, Gf.en, Edelherren wie auch die von herausragenden Vertretern der Reichs- und Reichskirchenm., die schon gegen Ende des 12. Jh. eigene Herrschaften gebildet hatten und über ein eigenes ritterl. Gefolge verfügten (vgl. die Herren v. →Bolanden). Von daher erklärt sich auch die von →Eike v. Repgow im Sachsenspiegel beklagte Unüberschaubarkeit und Vielgestaltigkeit der Dienstrechte und Dienstmannschaften. Demgegenüber stellte die prinzipielle Zugehörigkeit der M. zur höf.-ritterl. Ges. ein überwölbendes Element dar. Der Anteil der Ministerialen an der höf. Dichtung darf allerdings nicht mehr ganz so hoch eingeschätzt werden wie früher (vgl. J. BUMKE; →Kultur und Ges., höf.).

[5] *Konflikte:* Dieser insgesamt bemerkenswerte Aufstieg der M. im 12. Jh. verlief jedoch nicht ohne Reibungen und schwere Auseinandersetzungen. Zahlreiche Aufstände, bes. der Reichskirchenm., die im Gefolge des Investiturstreits mit tlw. großer Härte gegen die Herren durchgeführt wurden (1104 Ermordung des Gf.en Sieghard v. Burghausen, 1160 Ermordung des Mainzer Ebf.s →Arnold v. Selenhofen), legen davon beredtes Zeugnis ab. Einerseits handelte es sich um heftige Reaktionen auf vermeintl. oder tatsächl. Verletzungen des Rechtes oder der ständ. Ehre einer einflußreichen, aber der eigenen Position noch nicht selbstgewissen Aufsteigergruppe. Andererseits wurde der Anspruch artikuliert, bes. an Bf.swahlen vollberechtigt mitzuwirken (1131 Wahl des Ebf.s →Albero v. Trier), und eine größere Mitverantwortlichkeit für die Bereiche von Politik, Wirtschaft und Gerichtsbarkeit von der gruppenmäßig organisierten M. gefordert (um 1146 Reichsm. in Sachsen, um 1150 Kl. Corvey). Umgekehrt wurden gerade von Reichsklöstern und kleineren Grundherrschaften Gegenmaßnahmen ergriffen, um die Abschließungstendenzen ihrer M. und die Anerkennung eines eigenen erbl. Standes zu konterkarieren. In diesem Zusammenhang entstand eine Anzahl von

Fälschungen, die auf die großen Herrscher ferner Jh. e zurückdatiert wurden und den Zweck verfolgten, die fortbestehende rechtl. Einbindung der M. in die grundherrschaftl. familia, den Dienstgedanken und das Leistungsprinzip sowie die Pflicht zum Gehorsam erneut zu betonen (Reichskl. Ebersheim, Erstein, Klingenmünster, Weißenburg).

[6] *Fortentwicklung:* Seit der Wende zum 13. Jh., gefördert durch den Thronstreit, traten Ansätze zutage, die zwar noch keine Auflösung, wohl aber eine Differenzierung und Neuorientierung der M. erkennen ließen. Der eine Strang führte letztl. hin zum niederen Adel, der andere in die Führungsschicht des Bürgertums, und zwar mit einer für die weitere Stadtentwicklung wichtigen Trennung in eine ritterl. und eine bürgerl. M. (gegen letzteren Begriff hat J. FLECKENSTEIN Einspruch eingelegt; ich möchte dennoch an ihm festhalten, weil er m. E. den gemeinten Sachverhalt klar beleuchtet). Während die vornehmere Gruppe der stadtgesessenen milites gleichsam einen Stadtadel bildete und zum Stadtherrn und Landadel weitere engere Beziehungen unterhielt, ist die z. T. aus der M. hervorgegangene bürgerl. Führungsschicht in vielen Fällen maßgebl. an der Ausbildung von Ratsverfassung und bürgerl. Selbstbestimmung beteiligt gewesen. Sie war von Hause aus (ursprgl. im stadtherrl. Auftrag) mit den städt. Belangen durch die Zuständigkeit etwa für Gerichtsbarkeit, Markt, Münze und Zoll eng verbunden und nahm selbst am städt. Wirtschaftsleben aktiven Anteil. Neben ihrer Rolle im Geld- und Wechselgeschäft (→»Münzerhausgenossen«) übte sie durch das Verfügen über städt. Grund und Boden sowie über Lehnsbesitz im Umland der Städte erhebl. Einfluß aus. Im Zuge der innerstädt. Auseinandersetzungen im 14./15. Jh. und der Formierung einer neuen Führungsschicht verloren jedoch beide Gruppen häufig an Bedeutung. Die stadtadligen Geschlechter gingen nun vielfach in dem niederen Adel auf. Letzterer war seit der Wende vom 12. zum 13. Jh. in einem langwierigen Prozeß der Angleichung und Verschmelzung der zahlreichen Ministerialen mit der zahlenmäßig sehr viel kleineren Gruppe edelfreier Herren entstanden. Gemeinsame Grundlage dieses neuen Standes waren nun Ritterbürtigkeit und Abschließung des Ritterstandes, dessen Bildung durch die vereinheitlichenden Maßnahmen der Landesherrschaft gefördert worden war.

K. Schulz

Lit.: WAITZ V – F. KEUTGEN, Die Entstehung der dt. M., VSWG 8, 1910, 1–16, 169–195, 481–547 – D. v. GLADISS, Beitr. zur Gesch. der stauf. Reichsm. (Hist. Stud. 249, 1934) – U. SEGNER, Die Anfänge der Reichsm. bis zu Konrad III. (Diss. Berlin-Braunschweig 1938] – K. BOSL, Reichsm. – DERS., Frühformen der Ges. im ma. Europa, 1964 – J. M. VAN WINTER, Rittertum (1965), 1979 – K. SCHULZ, M. und Bürgertum in Trier, Rhein. Archiv 66, 1968 – Stadt und M., hg. E. MASCHKE-J. SYDOW, 1973 [= Veröff. der Komm. für gesch. LK in Baden-Württ. B 76] – Das Rittertum im MA, hg. A. BORST, 1976 [= WdF 349; bes.: C. ERDMANN, E. OTTO, A. BORST, J. JOHRENDT] – J. B. FREED, The Origins of the European Nobility..., Viator 7, 1976, 211–241; 9, 1978, 67–102 – Herrschaft und Stand, hg. J. FLECKENSTEIN, 1977 [bes.: DERS., T. ZOTZ, H. DOPSCH] – B. ARNOLD, German Knighthood 1050–1300, 1985 – J. BUMKE, Höf. Kultur, 2 Bde, 1986 – J. FLECKENSTEIN, Ordnungen und formende Kräfte des MA, 1989 – K. SCHULZ, Reichsklöster und M. (Fschr. K. BOSL zum 80. Geb., hg. F. SEIBT, II, 1989), 37–54 – T. ZOTZ, Die Formierung der M. (Die Salier und das Reich, 3, 1991), 3–50.

Minne. [1] *Zum Begriff:* Das mhd. Wort *minne* wird seit dem 19. Jh. als Terminus gebraucht: 1. in der Lit. gesch. für die in der höf. Dichtung (→Deutsche Lit.; →Kultur und Gesellschaft, höf.) vielfältig thematisierte »Liebe«, 2. in der Rechtsgesch. für die gütl. Einigung im Gegensatz zu einem an Verfahrensnormen und materiellem Recht orientierten Urteil. Das ma. Wort mit der Grundbedeutung einer positiven mentalen und emotionalen Zuwendung, »freundliches Gedenken«, wurde für die Beziehung der Menschen zu Gott und für die Beziehung der Menschen untereinander in karitativer, freundschaftl., erot. und sexueller Hinsicht verwendet und erfuhr im SpätMA eine Bedeutungsverengung auf den letzten Aspekt, die zu dem heute noch gültigen Ersatz von M. durch »Liebe« geführt hat.

[2] *Literaturgeschichte:* Die an die Wiederentdeckung des Wortes im 18. Jh. anknüpfende terminolog. Verwendung von M. beruht auf dem Bemühen, für den aus Frankreich übernommenen *amour courtois*, aber auch für die in ma. Lit. thematisierte Liebe allgem. die Alterität gegenüber neuzeitl. Vorstellungen zum Ausdruck zu bringen. Abgesehen von der Beschränkung lit. Kommunikation auf die Adelsgesellschaft im HochMA und deren Einbettung in ein übergreifendes hierarch. Ordnungsgefüge ist die Novität der im 12./13. Jh. entfalteten Liebesthematik zu betonen, die eine bis in die Neuzeit reichende Tradition begründet hat und die sich in einer Vielfalt von Erscheinungsformen darstellt. M. wird seit etwa 1170 in Deutschl. zu einem zentralen Thema in der Lyrik und Epik, und zwar in dem eigenständig und unter roman. Einfluß entwickelten →Minnesang wie in allen aufkommenden Formen erzählender Lit.: Antiken-, Artus-, Grals- und Tristanroman; Heldenepik dt. Provenienz (→»Nibelungenlied«) und frz. Herkunft (→Wolfram v. Eschenbach, »Willehalm«); Legendenroman (→Hartmann v. Aue, »Gregorius«); Traktat (Hartmann, »Klage«). Die lit. Behandlung der M. als einer lebensbestimmenden Kraft, die dem Menschen ein neues Selbstwertgefühl verleiht, erfolgt im Zusammenhang mit der Rezeption antiker und roman. Lit. und ist von umfassenden mentalitätsgeschichtl. Veränderungen getragen. Im religiösen Bereich artikuliert sich im 11./12. Jh. eine Emotionalisierung und Individualisierung der Beziehung des Menschen zu Gott (Brautmystik; Marienverehrung, →Maria), deren Erfahrungsbeschreibungen zum Vorlauf der dt. M.dichtung gehören. Analog zu dem religiösen Beziehungsmodell sind für die zwischenmenschl. Konstellation wesentlich: Ausprägung des Ich-Bewußtseins, Hinwendung zu einem nicht austauschbaren Du, Selbstreflexion und -analyse. Dabei werden bes. Verbalisierungsmöglichkeiten entwickelt, und zwar in beiden Bereichen unter Adaptation von Bezeichnungen aus dem lehnsrechtl. System. Die Verwendung von *herre/vrouwe, man, triuwe, hulde, dienest, lôn* ist bereits vor der Rezeption roman. Lit. bezeugt. Trotz der Darstellung von Distanz und Gefälle zw. den Liebenden im Einzelfall sind Gegenseitigkeit und Beständigkeit der emotional und erotisch besetzten Beziehung tendenziell als Ziel zu erkennen. Im Streben nach Vereinigung rücken die Beteiligten prinzipiell auf eine Ebene, und die →Frau erfährt eine – freilich realitätsferne – Aufwertung. Im höf. Roman wird die M.konzeption durch den Entwurf der Liebesehe (z. B. »Erec« Hartmanns in der Nachfolge →Chrétiens) auf eine realitätsanaloge Lebensform übertragen.

Die Beziehung zw. den Geschlechtern wird – ohne Aussparung der sexuellen Komponente – lit. in zahlreichen Varianten dargestellt, die im einzelnen nicht in der Realität verankert sind, sondern durch Gattungsrahmen, wie Lied, Roman und weitere textartspezif. und stoffgeschichtl. Vorgaben, aber auch durch Präferenzen und Wertungen der jeweiligen Autors bestimmt sind. Gegenüber diesen Darstellungsvarianten mit verschiedenen Phasen der Beziehung, verschiedenen Stufen von Distanz und Nähe, bedeutet ein in der Forschung auftauchendes, eingeengtes Verständnis von M. als hoffnungslose, unerfüllbare Liebe, die als solche akzeptiert lediglich den Gewinn eth. Vervollkommnung bringt, die Verabsolutierung einer Variante des Minnesangs. Gerade die »Entsagungs-M.« und ihre ritualisierten Äußerungsformen haben lit. Gegenkonzepte provoziert, die das Vorstellungsspektrum mit bestimmen. Im höf. Roman sind Bewährung im M.dienst und Erfüllung durch Erringen von Hand und Land der umworbenen Frau einander zugeordnet.

Gattungsübergreifend erscheint M. mit wiederkehrenden Motiven, Denk- und Vorstellungsformen als ein sehr komplexes Phänomen. Im Minnesang und im Roman wird ihre antithet. Wesensstruktur als unauflösbare Spannung von *liebe und leit* veranschaulicht und erörtert, insbes. im »Tristan« →Gottfrieds v. Straßburg. Die Formel bezeichnet den Antagonismus von Distanz und Nähe, der aus der *conditio humana* resultierend in der höf. Gesellschaft seine spezif. Konkretisierung erfährt. Charakterist. ist der in Lyrik und Epik unterschiedl. hergestellte Rückbezug der Zweierbeziehung auf die Gesellschaft, die als Bedrohung, aber auch als notwendiger Wirkungs- und Repräsentationsraum verstanden werden kann. Die grundsätzl. Einordnung unter die zentralen Werte der höf. Gesellschaft schließt negative Valenzen der M. nicht aus. Ihre zerstörende Wirkung kommt zum Tragen durch Lähmung der rationalen Kräfte, Isolierung aus der Gesellschaft und Vernachlässigung gesellschaftl. Verpflichtung (z. B. in →Heinrichs v. Veldeke »Eneasroman«, Hartmanns »Iwein«, Gottfrieds »Tristan«). An der Ehebruchsliebe wird die überwältigende, irrationale Kraft demonstriert und – in ambivalenter und erkenntniskrit. Haltung – die Geltung bes. Wertmaßstäbe erwogen. Eine religiöse Dimension erhält die M. in Einzelfällen durch sakrale Sprache und Metaphorik, so daß sie nicht nur als Analogon zu der Beziehung zw. Gott und Mensch erscheint, sondern als ein mögl. Weg zum Heil (in Hartmanns »Klage« und Wolframs »Parzival«). Die spielerische Handhabung und Repetition dargestellter M.-Konstellationen in der Lit. des 13. Jh. entspricht der Ausweitung lit. Kommunikation und der unterschiedl. Aneignung der vermittelten Erfahrungs- und Reflexionsmöglichkeiten. Sie setzt sich fort im Meistersang, Volkslied und Liebesroman.

Die Funktion der M.lit. in der gesellschaftl. Realität war ähnlich vielfältig wie die dargestellten Beziehungsvarianten, sie dienten der Entfaltung von Emotionen ebenso wie der Beherrschung sexuellen Begehrens, der Bestätigung gesellschaftl. Exklusivität wie der Umdefinition soz. Beziehungen.

[3] *Rechtsgeschichte:* Die rechtl. Bedeutung des Wortes M. beschränkt sich auf den Diskurs über Rechtsfragen und ist dort an die antithet. Formel »M. und/oder Recht« gebunden, die zwei Wege rechtl. Erledigung von Streitfällen zeigt, die nach nicht sicher geklärter Vorgeschichte im →Sachsenspiegel erstmals deutsch formuliert werden, auf jeden Fall an die mündl. Rechtspraxis anknüpfend. Zunächst bedurfte das Verfahren nach M. der Zustimmung der Parteien, doch in den spätma. Schiedsgerichten hatte der Richter – zumindest in einigen Regionen – auch die Befugnis zu einem bindenden Urteil nach Billigkeit.

U. Schulze

Lit.: HRG III, 582–588 [Lit.] – H. WENZEL, Frauendienst und Gottesdienst. Stud. zur M.ideologie, 1974 – U. LIEBERTZ-GRÜN, Zur Soziologie des »amour courtois«, Umrisse der Forsch., 1977 – H. KUHN, Determinanten der M. Höf. Dichtung oder Lit. im Feudalismus, Zs. für Lit.wiss. und Linguistik 26, 1977, 83–94 – Liebe als Lit. Aufs. zur erot. Dichtung in Dtl., hg. R. KROHN, 1983 – J. BUMKE, Höf. Liebe (DERS., Höf. Kultur, Bd. 2, 1986), 502–582 – M. ist ein swærez spil. Neue Unters. zum M.sang und zur Gesch. der Liebe im MA, hg. U. MÜLLER, 1986 – G. SCHWEIKLE, M.sang, 1989.

Minneallegorie. Die M. entsteht in *Frankreich* im 13. Jh. und bleibt in der frz. Lit. bis ans Ende des MA lebendig. Der Palast Amors, wo die Minneregeln erlassen werden, erscheint schon bei Andreas Capellanus (→Andreas [9. A.]) in der →Minnerede des Adligen zur Adligen, wodurch die M. als bes. Redeform des Adels gekennzeichnet wird. Amors Palast ist eine der Konstanten der M.; im 15. Jh. fungiert er oft auch als Tribunal (→Minnehof). Von der ep. M. sind die allegor. *artes amandi* zu unterscheiden, etwa der auch in andere Sprachen übers. »Bestiaire d'amour« von →Richard de Fournival (1201–60). Auch im anonymen »Arbre d'Amours« z. B. werden die einzelnen Teile des Liebesbaumes allegor. beschrieben, doch fehlt jegl. erzähler. Komponente, während im »Romans du vergier et de l'arbre d'Amours« (13. Jh.) auf die allegor. Beschreibung des Liebesbaumes ein erzählender Teil die siegreich überstandene Belagerung des *verger d'Amour* vorführt; auch der »Arbre d'Amour« von Raimond Badaut (1345) ist eine echte M., die deutlich auf den →»Roman de la Rose« zurückgeht, welcher das große ep.-dynam. Vorbild der meisten M.n ist, und der, mit Ausnahme der Jagdmetaphorik, praktisch alle Elemente enthält, die in den späteren M.n verwendet werden: Traum, Reigen der Liebenden im Garten *(verger)*, von dem die Unwürdigen ausgeschlossen sind; Begegnung mit Amor; dessen Liebesregeln; Unterweisung der Liebenden pro und contra, Erstürmung der Burg, alles mit einem ganzen Arsenal von personifizierten guten und schlechten Eigenschaften. Insofern die M. eine Analyse der Gefühle des Erzählers und der Dame betrifft, kann sie als Vorläufer des Ich-Romans betrachtet werden. Die Grundidee lieferte schon der erste Teil des »Roman de la Rose« von Guillaume de Lorris (um 1240), doch fand der Text erst nach Abschluß des zweiten Teils durch Jean de Meung Verbreitung (ab ca. 1280). – Die fünf allegor. Texte der Troubadours blieben hingegen ohne Nachwirkung. Es sind dies eine fiktive →Tenso von Guillem de Saint-Didier (12. Jh.), dann, aus dem 13. Jh., eine →Canso von →Guiraut de Calanso, und drei längere Texte: »Chastel d'Amor« (Fragm.), der sich auf eine allegor. Beschreibung von Amors Palast beschränkt; der didakt. angelegte *romanz* mit dem modernen Titel »Cour d'Amour« sowie die Novelle von Peire Guillem (1253), in der eine Begegnung des Autors mit Amor geschildert wird. – Noch vor 1280 wird das in der höf. Lyrik häufig auftretende Motiv des Liebesgefängnisses von Baudouin de Condé in »Prison d'Amours« als M. gestaltet. Ein voll ausgebildetes Liebestribunal erscheint in »Le Court d'Amours« von Mahieu le Poirier, während die Tiermetaphorik in der »Panthère d'amours« von Nicole de Margival in einer M. verwendet wird (beide Texte 1. Viertel des 14. Jh.). Die allegor. Jagd als ars amandi begegnet zuerst im »Dit du cerf amoureux«; in der »Prise amoureuse« von Jean Acart de Hesdin (1332) wird die Jagd als umfassende M. gestaltet. Mit den großen Autoren des 14. Jh., →Guillaume de Machaut und Jean →Froissart, wird die M. in der Form des →Dit lit. und autobiograph. neu gestaltet, doch begegnet die Großform auch noch später, etwa in den →»Echecs amoureux« oder im »Trésor amoureux«. In den M.n, die als Reaktion auf die »Belle dame sans merci« von Alain →Chartier (1424) entstanden sind, geht es nicht nur um die Beurteilung des Verhaltens der Belle Dame (Gerichtshof), sondern v. a. um die Problematik des höf. Redens von der Liebe. Der allegor. Liebesprozeß wird jeweils vertagt, d. h. die Unmöglichkeit der Veridiktion im Bereich der höf. Liebe wird thematisiert: Baudet Herenc, »Parlement d'Amour«; »La dame leale en amour« (1430); Achille Caulier, »La cruelle femme en amour« und »L'Hôpital d'Amour«; »Les erreurs du jugement de la Belle dame sans merci«. Im »Champion des dames« von Martin →Lefranc (1440-42) wird dann die höf. Liebe scharf verurteilt. Die höf. Tradition der M. wird aber weitergeführt im »Livre du Cuer d'Amours espris« des Kg.s →René d'Anjou (Prosimetrum, 1457), in der »Forêt de Tristesse« von Jacques →Milet (1459), im »Chevalier aux dames« eines Doulant Fortuné oder in der »Chasse d'Amours« von Octovien de →Saint-Gelais. *Italien:* Auch wenn der »Rosenroman« in Italien rasch rezipiert wurde, sind die eigtl. M.n selten (mit Ausnahme des→»Fiore«). Der »Tesoretto« von B. →Latini oder die »Intelligenza« (Ende 13. Jh.) sowie →Frezzis »Quadriregio« enthalten alle eine starke kosmolog.-enzyklopäd. Komponente. – *Iberische Halbinsel:* M. begegnen im 15. Jh. Die katal. »Scachs d'Amor« führen in 64 Strophen ein allegor. Schachspiel vor. Die »Passio Amoris secundum Ovidium« (154 Vv.) von →Jordi de Sant Jordi (aktiv 1416-24) fügt in die Beschreibung des Hauses von Amor 15 Troubadourzitate ein, während »La glòria d'Amor« von Bernat Hug de Rocabertí (1467) enzyklopäd. angelegt ist. Von den span. Autoren sind die *decires* des Marqués de Santillana (→Mendoza) zu erwähnen. Auch die →Cancioneros enthalten einige wenige M. Als eine Weiterentwicklung der ma. M. können einige höf. Prosaromane betrachtet werden, etwa die autobiograph. »Sátira de la felice e infelice vida« des ptg. Condestable Dom Pedro, »El siervo libre de amor« von →Juan Rodriguez del Padrón und v. a. die erfolgreiche *novela sentimental* »La Cárcel de amor« von →Diego de San Pedro. →Minne, →Minnerede. M.-R. Jung

Lit.: GRLMA VI und X/2 – M.-R. JUNG, Ét. sur le poème allégor. en France, 1971 – D. RUHE, Le Dieu d'Amours avec son paradis, 1974 – M. THIEBAUX, The Stag of Love, 1974 – P.-Y. BADEL, Le Roman de la Rose au XIVᵉ s., 1980. Eine umfassende Studie zur M. im SpätMA fehlt.

Minnehof

I. Begriff; romanische und deutsche Literatur(en) – II. Englische Literatur.

I. BEGRIFF; ROMANISCHE UND DEUTSCHE LITERATUR(EN): Unter M.en verstand man in der Lit.- und Kulturgeschichtsschreibung Versammlungen adliger Damen im 12. und 13. Jh., die v. a. in der Provence zusammenkamen, um Streitfragen der erot. Liebe zu entscheiden oder Liebesregeln festzulegen. Diese Vorstellung taucht zum ersten Mal 1575 bei Jehan de Nostredame auf, beruhte aber auf offensichtl. irrigen Annahmen über Chronologie und sonstigen biograph.-hist. Fakten der von ihm dargestellten Troubadours. Im 19. Jh. wurde dann der Traktat »De Amore« (ca. 1185/86) des →Andreas Capellanus zur Hauptstütze für die Annahme real existierender M.e. In diesem Traktat sind neben dilemmat. Liebesstreitfragen auch 21 Liebesurteile (iudicia amoris) zusammengestellt, die von namentl. gen. Damen der frz.-engl.-angevin. Hocharistokratie ausgesprochen werden (Eleonore v. Aquitanien, Marie de Champagne etc.). Doch gerade Andreas macht in der Verwendung des Ausdrucks curia amoris deutlich, daß Liebesurteile und cour d'amour für ihn nicht zusammengehören. Tatsächl. verwendet er den Begriff nicht im Zusammenhang mit den Urteilen – nur bei Urteil 18 tritt eine curia dominarum zusammen –, sondern an ganz anderen Stellen seines Traktats (insgesamt zehnmal) im Sinne allegor. Bildlichkeit als Hof des Liebesgottes, zu dessen Mitgliedern alle wahrhaft Liebenden sich zugehörig fühlen dürfen. In der vom Geist der Romantik inspirierten Frühphase der MA-Philologie wurden aber die 21 Liebesurteile als getreue Abbildung der Wirklichkeit verstanden und v. a. für die lit. Welt der Troubadours im 12. Jh. – ohne daß es dafür in deren Gedichten Belege gäbe – erneut als real existierende Lit.salons behauptet, eine Vorstellung, die in vielen Kulturgesch. des MA bis heute anscheinend unausrottbar ist. In dem Maße aber wie die Forsch. (durchaus auch schon im 19. Jh.) zu der Ansicht gelangte, daß es sich bei dem Traktat des Andreas nicht um die Abbildung von Realität und auch nicht um die Kodifizierung der höf. Liebe handeln konnte, sondern wohl eher um ein enzyklopäd. angelegtes Panorama der sexuellen Geschlechterbeziehungen mit misogynen Untertönen und handfester literaturpolit. Satire, in diesem Maße verflüchtigte sich auch die Vorstellung vom M. als lit. Salon in der Art des 18. Jh. Wahrscheinl. parodiert Andreas in den Minnegerichtsurteilen, wie auch an anderen Stellen, Formen und Typen der höf. Lit. der Zeit, aber nicht etwa Lebensformen.

Bei den volkssprachigen Dichtungen wie M., Minnegericht, dilemmat. Minnestreitfragen etc. handelt es sich um jeweils formal (aber nur schwach inhaltlich) ausdifferenzierte Varianten der lit. Minnekasuistik, wie sie auch in der Tenzone und dem jeu parti (prov. joc partit) der Troubadours und Trouvères häufig auftritt (→Streitgedicht), die →Débatlit. wesentl. bestimmt, gelegentl. auch im Roman zu finden ist (z. B. im »Meraugis de Portleguez« von →Raoul de Houdenc). Im Fall der M. e bzw. Minnegerichte wird der Kasus in einer quasi-jurist. äußeren Form abgehandelt, in der dilemmat. Streitfrage in Reim oder Prosa als gesellschaft. Spiel inszeniert. Ein Richter (oft »Gott« Amor), eine Richterin oder auch das Publikum werden zur Entscheidungsfindung angerufen. Aus chronolog. Perspektive liegt es nahe zu vermuten, daß im lat. Traktat des Andreas (letztes Viertel des 12. Jh.) Reflexe von volkssprachigen Lit.formen ihren Niederschlag fanden, die damals noch weitgehend mündl. tradiert wurden und Teil der Spielkultur des Adels waren.

»Historisch« belegt ist um 1400 eine →Cour amoureuse in Paris, deren Gründungsurk. und Mitgliederlisten erhalten sind. Es handelt sich offensichtl. um die Übertragung von Lit. ins Leben und deren gespielte Inszenierung als Teil der adligen Festgestaltung und des höf. Literaturbetriebs.

Provenzalische und französische Literatur: Texte, die expressis verbis einen von real benannten Damen geleiteten M. inszenierten, gibt es nicht. Im »Meraugis de Portleguez« sind es die Romanfiguren, die zum M. zusammentreten. Hinter Werktiteln wie z. B. dem des prov. Textes »La cour d'amour« (hier wie in anderen Fällen ist der Titel vom modernen Hg. gewählt) verbirgt sich in der Regel eine Allegorie vom Hof des Liebesgottes oder der Liebesgöttin (Amor, Venus etc.), an welchem »Urteile« gefällt oder »Gesetze« der Liebe erlassen werden (→Minneallegorie). Erst zu Beginn des 14. Jh. setzt mit »Le Court d'amours« von Mahieu le Poirier ein Texttyp ein, der die zu entscheidenden Minnekasus stärker formal an jurist. Gerichtsverfahren anlehnt. Allerdings sind auch hier nicht adlige Damen die Richterinnen, sondern ein *baillieu*, also ein »beamteter« Richter. In den Minnegerichtsdichtungen »Jugements du Roi de Behaigne«, »Jugement du Roi de Navarre« von Guillaume de →Machaut werden die im Titel genannten Kg.e als Minnerichter angerufen. Bei →Christine de Pisan könnten möglicherweise die in den Minneurteilsdichtungen »Livre du Dit de Poissy« und »Livre des Trois Jugements« als Richter angerufenen

»Richter«, die Hochadligen Charles d'Albret bzw. Jean de Werchin, in Zusammenhang mit der Pariser Cour amoureuse gebracht werden, was den Spielcharakter dieser Thematik unterstreichen würde. Der lebhafte Lit. streit im 15. Jh. um Alain →Chartiers »La Belle Dame sans merci« zeigt, daß die daran beteiligten Autoren sich für die Ausgestaltung des Themas immer stärker an jurist. Verfahren anlehnen, um Aussagen über Liebe Geltung zu verschaffen. Konsequent formaljurist. im Sinne der zeitgenöss. Rechtspflege durchstrukturiert sind dann die mit dem Autornamen Martial d'Auvergne verbundenen Arrêts d'Amour (um 1460), die zugleich Höhepunkt und Schlußstück dieses Texttyps sind. Eine Stütze für die reale Existenz der M. e findet sich darin nicht.

Deutsche Literatur: Neben der für das ganze 14. und 15. Jh. geltenden diffusen Einwirkung der frz. allegor. Minnedichtung auf die entsprechenden dt. Dichtungen von Amors Reich und der Minne Burg, die unter dem Oberbegriff →Minnereden zusammengefaßt werden, sind deutl. Einflüsse der frz. Minnegerichtsdichtungen in zwei rhein. Minnereden (beide um 1300) zu fassen. In »Minnehof« entscheiden namentl. gen. Damen die Streitsache und in »Ritterfahrt« wird der bekannte Kasus, wem in der Liebe der Vorzug zu geben sei, dem Ritter oder dem Kleriker, zugunsten des ersteren entschieden. Ansonsten übt der Traktat des Andreas Capellanus im ganzen 15. Jh. starken Einfluß auf die Minnredenlit. aus. Es werden aber nur die Liebesregeln übernommen, nicht die Liebesurteile, so daß insgesamt die dt. Lit. auch keine Stütze für die M. e bietet, die über die Bestätigung einer lit. Form hinausginge. A. Karnein

Lit.: DLFMA, s. v. Cours d'Amours – Jehan de Nostradame, Les vies des plus célèbres et anciens poètes provençaux, Lyon 1575 [Neuausg. 1913] – P. Remy, Les »cours d'amours«, légende et réalité, Rev. Univ. Bruxelles 7, 1955, 179–197 – U. Peters, Cours d'amour – M., ZDA 101, 1972, 117–133 – I. Glier, Artes Amandi, 1971 – U. Liebertz-Grün, Zur Soziologie des amour courtois, Beih. zum Euph. Heidelbg., 1977 – R. Schnell, Andreas Capellanus. Zur Rezeption des röm. und kanon. Rechts in De Amore, 1982 – A. Karnein, De Amore in volkssprachl. Lit., 1985 – K. Becker, Amors Urteilssprüche. Recht und Liebe in der frz. Lit. des SpätMA, 1991 – s. a. Cour amoureuse [Th. Straub].

II. Englische Literatur: Den Hauptanstoß für die literar. Verwertung des M.-Motivs und für den Minnekult überhaupt gab im ma. England →Andreas Capellanus mit seinem lat. Traktat »De arte honeste amandi« (um 1186). Zwar stand dieser am Hof v. Troyes in der Tradition der Troubadours, aber er setzte deren platonischem Ästhetizismus doch eine komplexere, den Sexus einschließende Liebeskonzeption entgegen, die später auch in England vorherrschen sollte: Die Frau ist nicht mehr nur emotional passiv und sachl. Richterin über das Liebesmühen des Mannes, sondern in Ansätzen Partnerin. In der me. Lit. hinterläßt das Motiv der M. e erst ca. 200 Jahre nach Capellanus seine Spuren, z. B. in →Chaucers »Canterbury Tales« in der »Knight's Tale« und in seiner Übersetzung des frz. →Rosenromans sowie in »Sir Gawain and the Green Knight« mit der pikanten Variation der höf. Liebe durch die verführer. Lady Bertilak. Zur beliebten literar. Metapher bzw. →Allegorie (V,3) avancierte der M. v. a. bei den →Chaucernachfolgern des 15. Jh. Bezeichnende Titel aus dieser Zeit sind: »The →Assembly of Ladies«, »La Belle dame sans merci«, »The →Isle of Ladies« und »The Court of Love«. M. Markus

Lit.: W. A. Neilson, The Origins and Sources of the Courts of Love, 1899 – S. Painter, French Chivalry, 1940 – J. Lawlor, Patterns of Love and Courtesy, 1967 – F. McNeely Leonard, Laughter in the Courts of Love: Comedy in Allegory, from Chaucer to Spenser, 1981.

Minnekästchen → Holzschnitzkunst

Minner, Hans, bedeutendster Apotheker des dt. MA, * um 1415/20, 1440–80 Knecht bei Jakob Schwarzmurer und damit Verwalter einer der ältesten Apotheken Zürichs. Er redigierte das →»Antidotarium Nicolai«, übersetzte das »Lilium medicinae« →Bernhards v. Gordon sowie beide Teile der »Chirurgia parva« →Guys de Chauliac, verfaßte zwei Fachglossare (eines davon nach →Simon v. Genua), schrieb ein »Tierbuch« und schloß 1479 sein »Kräuterbuch« ab, das auf zahlreichen Q. (→Serapion) fußt, mit 438 Drogenmonographien →»Gart der Gesundheit« wie »Schwarzwälder Kräuterbuch« an Umfang übertrifft und zum Wertvollsten gehört, was die dt. Fachprosa an pharmakolog. Werken besitzt (→Kräuterbücher). G. Keil

Ed.: H. Broszinski, Eine alem. Bearbeitung der dem Guy de Chauliac zugeschr. »Chirurgia parva« [Diss. Heidelberg 1969] – F. Knoedler, De egestionibus, Würzburger med. hist. Forsch. 18, 1971, 19–21 [M.s Stuhlschau] – U. Schmitz, H. M.s Thesaurus medicaminum, Q. Unters. Gesch. Pharm. 13, 1974 – Lit.: Verf.-Lex.² VI, 585–593.

Minnerede

I. Allgemein und Deutsche Literatur – II. Mittelniederländische Literatur.

I. Allgemein und Deutsche Literatur: Der Gattungsbegriff der M. bezeichnet eine themat. ausdifferenzierte Form der (mhd.) Reimrede, die lehrhaft bis erzählend von der Geschlechterliebe handelt und deren Blütezeit ins SpätMA fällt. Die meisten der rund 500 erhaltenen M.n sind anonym in Sammelhss. ab der Mitte des 14. Jh., hauptsächl. aber in solchen aus dem 15. Jh. überliefert. Für einige wenige gibt es auch namentl. Zuschreibungen: z. B. Heinzelin v. Konstanz, Meister Egen v. Bamberg, Meister Altswert. Eine typ. M. beginnt mit einem Maispaziergang des Erzähler-Ichs, das dann an einem »schönen Ort« (Baum mit Quelle, oder Zeltstadt, gelegentl. Burg oder Baumgarten) auf eine unglückl. Dame oder auch allegor. weibl. Figur trifft, mit der es zu einem Gespräch über Liebesprobleme (und die zum semant. Feld der Minne gehörenden Tugenden wie Treue, Ehre, rechter Dienst usw.) kommt, oder ein Gespräch über Liebe zweier Damen belauscht oder einer Gerichtsverhandlung über einen Minnekasus beiwohnt. Daneben gibt es kurze, einfachere Formen, in welchen Minneklage oder Preis der Geliebten, Liebesbekenntnis oder Amorleben ohne bes. narrative oder allegor. Einkleidung dargestellt werden. Sofern es bei der großen Zahl der Texte, die sich zeitl. über zwei Jahrhunderte hinweg erstrecken, überhaupt mögl. ist, von einer gattungstyp. Minnekonzeption (→Minne) zu sprechen, ließe sich diese, von den parodist. Texten, die es auch gibt, einmal abgesehen, als eine der Lyrik nahe, eher konservativ-traditionelle, an den Minnedienstidealen einer früheren Zeit orientierte Liebe beschreiben. Der Minnediskurs ist in der Mehrzahl der Texte auf eine stark idealisierte adlige Lebenswelt hin entworfen, in welcher soziale Realität (z. B. einschließl. der →Ehe) ausgeblendet bleibt und nur der immer wieder durchbrechende Ton der Klage erkennen läßt, daß die Autoren im Bewußtsein einer starken Gefährdung, wenn nicht gar Antiquiertheit des Liebesideals ihre Texte schreiben. Dies gilt v. a. für die sog. Kleinformen der M., die in der Regel einen Umfang von einigen hundert Versen haben und zahlenmäßig die Gattung dominierten, doch finden sich auch v. a. im 14. Jh. einige wenige sog. Großformen (Johann v. Konstanz, »Minnelehre«, 2550 V.; »Kloster der Minne«, anon., 1894 V.; »Minneburg«, anon., 5488 V.; →Hadamar v. Laber, »Jagd«, 565 Str.), die allegor. die Werbung um eine Dame darstellen und die aufgrund themat.-stilist. Nähe zu den

Kleinformen ebenfalls unter der Bezeichnung M. geführt werden. In beiden Bereichen gilt frz. Einfluß als wahrscheinlich. →Minneallegorie; →Minnehöfe.   A. Karnein

Lit.: T. Brandis, Mhd., mnd. und mndl. M., 1968 – W. Blank, Die dt. Minneallegorie, 1970 – I. Glier, Artes amandi, 1971 – Dies., Die dt. Lit. im späten MA, 1987, 74–85.

II. Mittelniederländische Literatur: Die Gattung kennt im Mndl. nur eine beschränkte Überlieferung. Die mndl. M.n, durchschnittl. nicht länger als 300 bis 400 Zeilen, haben vielleicht eine frz. Einfluß auf dt. M. übermittelt. In der Gruuthuse-Hs. (um 1400) sind die sieben eingetragenen M.n von der afrz. Tradition des Rosenromans (2 mndl. Übers. am Anfang des 14. Jh.) beeinflußt worden. Die Übereinstimmungen zw. mnd. und mndl. M.n sind größer in der Haager Lieder-Hs. und der Hulthemsche-Hs. (beide um 1400). Die hierin enthaltenen M.n unterscheiden sich jedoch von der mnd. M. durch ihre Metrik (Annäherung an das Minnelied) und die Neigung zu Kleinformen (Minneklage, Frauenpreis, Liebesgruß). In ihrer Tendenz zur Personifikation bevorzugen sie einen systematisierenden »Traktatstil«. Die Texte bei Willem v. Hildegaersberch (um 1400) sind keine reinen M.n. Der Minnen Loep von Dirc Potter (um 1370–1428) ist eine M. in großer Form (über 11 000 Zeilen), in überwiegendem »Traktatstil« verfaßt, in dem sowohl klass. als auch ma. Einflüsse spürbar sind.   G. H. M. Claassens

Minnesang heißt in Anlehnung an die ma. Bezeichnung die höf. Liebeslyrik von ihren Anfängen um 1150 bis zum Auslaufen der klass. Traditionen am Anfang des 14. Jh. (→Deutsche Lit., III; →Minne). Es ist üblich, den M. in »Phasen« darzustellen, wobei räuml. Gliederungen mit den zeitl. konkurrieren und sie relativieren. Die erste Phase (ca. 1150–70) bildet der sog. donauländische M. mit dem stilistisch ältesten Lyriker, dem →Kürenberger, →Dietmar v. Aist (beide mittlerer Donauraum?), Meinloh v. Sevelingen (Söflingen bei Ulm), dem →Burggf.en v. Regensburg und dem →Burggrafen v. Rietenburg. Diesen lit. Zeugnissen geht eine vorlit. Tradition voraus, deren Reflexe in lat. Dichtung (→Tegernseer Briefsammlung, →Ruodlieb) erkennbar sind. Die Begegnung mit der prov. Lyrik im Rahmen des 2. Kreuzzugs 1147/49 (frz. Kreuzheer in Regensburg) könnte das Bedürfnis nach vergleichbarer lit. Repräsentation beim dt. Adel ausgelöst haben. Formal ist der donauländ. M. weitgehend unabhängig von roman. Vorbildern: Die vorherrschende Langzeilenstrophe kommt aus heim. Tradition (Nibelungenstrophe), die breite Thematik umfaßt schon fast alle Möglichkeiten der Folgezeit: →Tagelied, Dialoglied, Werbung in Männer- und Frauenstrophen, übersteigerte männl. Selbstdarstellung, Parodie (?), →Natureingang; Dienstminne und Hohe Minne werden nur bei Meinloh bzw. Dietmar thematisiert. Neben Anregungen aus der prov. Lyrik wird mit solchen aus der lat. Dichtung und heimischer brauchtüml. Tradition gerechnet.

In der zweiten Phase (ca. 1170–1190) kommt es zu regional unterschiedl. Entwicklungen. Das wichtigste Zentrum bildet anscheinend der Stauferhof (»erste stauf. Schule«, »rhein. Minnesang«) mit Ks. →Heinrich (VI.), →Friedrich v. Hausen, →Bernger v. Horheim, →Ulrich v. Gutenberg, →Bligger v. Steinach. Hier wird formal (→Canzone, Reimschemata, komplexe Strophenform für jedes individuelle Lied, reiner Reim, »Kontrafaktur« von roman. Strophenschemata und Melodien [?]) und inhaltlich verengt (Dienstminne, Hohe Minne, Kreuzzugsthematik dominieren) auf roman. Modelle zurückgegriffen, z.T. in enger Berührung wie bei Friedrich v. Hausen und →Conon de Béthune (beim Mainzer Hoftag Barbarossas 1184?), sowie dem Gf.en →Rudolf v. Fenis. Daneben bleiben ältere Traditionen (Langzeilen, Einstrophigkeit) wirksam. →Heinrich v. Veldeke verarbeitet Anregungen aus der roman. und mlat. Tradition zu eigenständigen Liedern, z.T. mit (brauchtüml. verwurzeltem?) Tanzbezug im dt. Nordwesten (Maasland) und wirkt nach seiner Übersiedlung an den Thüringer Hof (vor 1184) auf die dortigen Lyriker wie →Heinrich v. Morungen. Einen eigenen oderdt. Literaturkreis (→Heinrich v. Rugge, →Albrecht v. Johansdorf, Hartwig v. Raute) kann man nur vage bestimmen.

Eine dritte Phase (ca. 1190–1210) zeigt kein einheitl. Bild: die stark bildhafte, lat. Einfluß aufnehmende Lyrik Heinrichs v. Morungen am Thüringer und/oder Meißner Hof, →Hartmann v. Aue am Oberrhein (Zähringerhof?) mit stärker theoretisch-didakt. Einfluß und →Reinmar (der Alte), vielleicht zunächst ebenfalls am Oberrhein (?), später in Wien mit einem v.a. theoret.-reflektierenden Stil. Formale Virtuosität wird selbstverständlich, der Bezug auf roman. Modelle sehr locker, das inhaltl. Repertoire ist durch weitgehende Variation und Binnendifferenzierung gekennzeichnet. Mehr als vorher ist mit einer umfassenderen »Literaturszene« zu rechnen.

→Walther v. der Vogelweide knüpft an Reinmar an und entwickelt, angeregt durch mlat. Traditionen, neue Typen (»Mädchenlieder«, →Pastourelle), daneben stehen stark thesenhaft verdichtete und pointierte Minnereflexionen, die seiner eigenen →Spruchdichtung angenähert sind. Seine außerordentl. themat. Vielfalt ist in Zusammenhang mit seiner Existenz als fahrender Sänger zu sehen, aber seine Repertoires bestimmten Höfen zuzuordnen, ist nur ansatzhaft möglich (»Meißner Naturlieder«?). →Wolfram v. Eschenbach setzt sich v.a. mit der dt. und roman. Tageliedtradition in eigenwillig intensivem Stil auseinander (Thüringer Hof?).

Mit →Neidhart, erst am bayer. Herzogshof (Landshut) und dann am Wiener Hof, beginnt eine charakteristisch verengte themat. und formale Typenbildung, die von großem Einfluß auf die weitere Lyrikproduktion geworden ist: Sommer- und Winter(tanz)lieder, in denen das höf. Minneprogramm in eine artifizielle, aber mit viel Detailrealismus ausgestattete bäuerl. Sphäre transponiert wird. Neidhart wirkt auf →Burkart v. Hohenfels, →Gottfried v. Neifen, Ulrich v. Winterstetten, →Steinmar und andere »Neidhartianer« und initiiert eine umfangreiche anonyme Folgeproduktion von Zusatz- und Ergänzungsstrophen zu seinen Liedern, seine mythisch gewordene Gestalt wird zum Zentrum von Schwänken. Am Wiener Hof greift der →Tannhäuser Neidhartsche Motive auf.

Zw. 1225/30 und 1245/50 wird die »zweite staufische Schule« im Umkreis Heinrichs (VII.) und Konrads IV. angesetzt: gemeinsam ist Burkart v. Hohenfels, Gottfried v. Neifen und Ulrich v. Winterstetten eine bewußt formal-artist. Komponente, bei den beiden letzten mit dem Zurücktreten weiterer inhaltl. Differenzierung. Vergleichbare Tendenzen zeigt der steir. Ministeriale →Ulrich v. Lichtenstein, dessen Lieder in seine fiktive Minne-Biographie »Frauendienste« (um 1250) eingeordnet sind.

In Nord- und Mitteldeutschland treten in der 2. Hälfte des 13. Jh. vermehrt fsl. Minnesänger auf: Mgf. Heinrich v. Meißen, Kg. Wenzel v. Böhmen, Hzg. →Heinrich (III., IV.?) v. Breslau, Fs. →Wizlaw v. Rügen u.a.: offensichtlich gehört hier zur fsl. Repräsentation auch die Selbstinszenierung als Minnesänger, die in den kulturell fortschrittlicheren Regionen meist an die Förderung von Berufskünstlern delegiert worden ist. Mit Gedrut/Geltar und Leuthold v. Seven fassen wir Repertoires solcher Sänger.

Bes. reich ist auf Grund der hs. Überlieferung der Schweizer M. mit den umfangreicheren Oeuvres des Walther-Adepten Ulrich v. Singenberg, Konrads Schenk v. Landeck, Steinmars und →Konrads v. Würzburg mit der Vorliebe für thesenhafte Topik und formales Spiel. Um den Thurgauer Walther v. Klingen wird ein eigener Kreis vermutet, ebenso wie um 1300 in Zürich um Johannes→Hadlaub (und die→Manesse), der mit seinen Erzählliedern (»Romanzen«) das Typenrepertoire noch einmal bereichert und mit der Vorbereitung der Sammlung für die Gr. Heidelberger Liederhandschrift im Kreis der Manesse zusammengebracht wird. →Heinrich v. Meißen, gen. Frauenlob, schreibt seinen Minneleich und seine (z.T. sangspruchhaften) Lieder (Anzahl der echten zwischen 1, bzw. 7 und 13 umstritten) in einem hermet.-allegor. Stil aus Anregungen der lat. Literatur und mit formalen Parallelen zur frz. Liebeslyrik (etwa →Guillaume de Machaut), er wird traditionsbildend v.a. im →Meistergesang. Im 14. Jh. orientierten sich noch →Hugo von Montfort, der →Mönch v. Salzburg und →Oswald v. Wolkenstein (1376/78–1445) an Minnesang-Typen, letzterer verarbeitet v.a. musikalisch it. und frz. Einflüsse.

Die Musik des M. ist weitgehend verloren, originalnahe Aufzeichnungen existieren in der Hs. der →»Carmina Burana« und im Kremsmünsterer Walther-Fragment in (kaum umsetzbaren) adiastematischen Neumen, breit sind Neidharts Melodien überliefert (allerdings mehrheitlich im Stil des 15. Jh.), und zu Hugo v. Montfort und v.a. Oswald v. Wolkenstein existiert ein (fast) komplettes Melodierepertoire. Für den hochma. M. rechnet man neben Eigenerfindungen mit der (abgewandelten?) Übernahme von roman. Melodien bzw. Modellen (Kontrafakturen). Analog zur umgestaltenden Variation des inhaltl. Thematik wird auch bei der Musik mit dem produktiven Umgang m. vorgegebenen formalen und melod. Modellen zu rechnen sein. Die Musiktraditionen des M. bleibt anscheinend weitgehend unbeeinflußt von der »modernen« geistl. Kunstmusik, obwohl →Gottfrieds v. Straßburg Beschreibung von Walthers Gesang musikal. Fachtermini verwendet (v. 4800–4804), die auf ein hohes Maß an Professionalität verweisen, das am ehesten im geistl. Bildungsraum erworben werden konnte. Es scheint zwei polare Stildimensionen gegeben zu haben: einen zeremoniös-»aristokratisierenden« »schweren« und einen »brauchtümlich«-tänzerischen »leichten« Stil, ersterer durch melismenreiche, weitgespannte Melodielinien, letzterer durch kurzmotivische, rhythmisch akzentuierte Melodik gekennzeichnet. Walther L 53, 25 und Morungen MF 142, 19 gehörten zum »schweren« Stil, die Neidhart-Lieder anscheinend zum »leichten«; in späterer Zeit greift diese Unterscheidung noch teilweise bei Oswald. Die Tatsache der weitgehend melodielosen Überlieferung reflektiert neben der Form des (mehr oder weniger) öffentl. Vortrags durch adlige Dilettanten und Berufskünstler die Möglichkeit, M. auch lesend zu rezipieren und ihn als Bildungs- und Kulturrequisit zu sammeln, wie die illustrierten Hss., v.a. die prunkvolle Große Heidelberger Liederhs. ausweisen.

Die Typen des M. lassen sich in »subjektive« Gattungen mit Minneklage und -reflexion eines Rollen-Ich und »objektive«, erzählende mit Figurenrede (Bote, rollentyp. Frau/Mann) einteilen – zu letzteren gehören der oft produzierte Typ des Tagelieds und die nur ansatzweise aus dem Roman. rezipierte Pastourelle. Weitere Unterscheidungsmöglichkeiten bieten sich von spezifischen Themenkomplexen an: Kreuzzug (→Kreuzzugsdichtung, III, 3), Jahreszeit (mit Brauchtümlichkeiten vgl. Neidhart), Minnediskussion und -lehre als Hauptgegenstände.

Die Überlieferung konzentriert sich v.a. auf die Sammelhss. (Kl.e und Gr. Heidelberger Liederhs., Weingartner Liederhs., Jenaer Liederhs.; →Liederhs.), daneben stehen Autorhss. (Würzburger Liederhs. mit Reinmar und Walther, Neidhart, Hugo v. Montfort, Oswald v. Wolkenstein); hinzu kommen Streuüberlieferung in Hss. verschiedenen Inhalts. Ursprünglich wurde M. in der »Vortragsszene« tradiert (Einzelblätter, kleinere Repertoires), daneben gab es wohl »Dedikationsexemplare« der Autoren. Textvarianten in der Überlieferung sind grundsätzlich eher als Aufführungsreflex denn Schreiberänderungen zu betrachten.

Die Traditionskette endet im 15. Jh., wiederentdeckt wurde der M. in der Mitte des 18. Jh. (J.J. BODMER) und bald aus dem Geist der Anakreontik rezipiert (Übersetzungen GLEIMS), bzw. als Zeugnis der romant. Universalpoesie verstanden (TIECK, Minnelieder von 1803). Romant. Interpretationsmuster (Erlebnishaftigkeit und Empfindungstiefe, Biographismus) bleiben lange gegenüber dem Verständnis des M. als Gesellschaftskunst und 'poésie formelle' virulent. Die heute vielfach übliche Deutung des M. als soziales Phänomen erfolgt unter divergierenden Vorzeichen: Artikulierung von Aufsteigerproblematik (KÖHLER), Homogenisierung der Spannungen am Hof (PETERS, ELIAS, KLEINSCHMIDT), Ersatz eines realen Funktionsverlustes des Kriegeradels durch artistisch-kulturelle Leistung, artist. Utopie einer von sozialen Zwängen entlasteten Gemeinschaft (KUHN), Entlastung von realen Restriktionen in den Geschlechterbeziehungen durch Eröffnung erot. Utopien (THUM), Domestizierung von konventionsüberschreitenden Bedürfnissen der weibl. Hörerschaft (WILLMS), daneben stehen Deutungen mit psycholog. Modellen.

V. Mertens

Ed.: (s.a. unter den Autoren): J.J. BODMER–J.J. BREITINGER, Slg. von Minnesängern aus dem schwäb. Zeitpuncte... Bd. 1, 2, Zyrich 1758/59 [Abdruck der Gr. Heidelberger Hs.] – F. H. v. DER HAGEN, Minnesänger, 5 Tle in 4 Bden, Leipzig 1838, Berlin 1856 [Nachdr. 1963] – K. LACHMANN–M. HAUPT, Des M.s Frühling, Leipzig 1857ff.; 36. Aufl. bearb. H. MOSER–H. TERVOOREN, 1977 – K. BARTSCH, Die Schweizer Minnesänger, 1886 – C. v. KRAUS, Dt. Liederdichter des 13. Jh., 2 Bde, 1952/58, 1978² – Gedichte von den Anfängen bis 1300, hg. W. HÖVER–E. KIEPE, 1978 – Die mhd. Minnelyrik I. Die frühe Minnelyrik. Texte und Übertragungen v. G. SCHWEIKLE, 1977 – E. JAMMERS, Die sangbaren Melodien zu Dichtungen der Manesse Hs., 1979 – Bibliogr.: H. TERVOOREN, Bibliogr. zum M. und zu den Dichtern aus »Des M.s Frühling«, 1969 – Lit.: [Gesamtdarst.]: Reallex. der dt. Lit.gesch. 2, 1965², 303–314 [F. NEUMANN] – O. SAYCE, The Medieval German Lyric 1150–1300, 1982 – Lyrik des MA. Probleme und Interpretationen, hg. H. BERGNER u.a., 2 Bde, 1983 – H.–H. S. RÄKEL, Der dt. M., 1986 – G. SCHWEIKLE, M., 1989 – [Aufsatzslg. en]: Der dt. M., hg. H. FROMM, I, 1969, 1972²; II, 1985 – H. KUHN, Ges. Schr. I, 1959, 1969²; II, 1969; III, 1980 – Interpretationen mhd. Lyrik, hg. G. JUNGBLUTH, 1969 – K. RUH–W. SCHRÖDER, Beitr. zur weltl. und geistl. Lyrik des 13. bis 15. Jh., 1973 – P. WAPNEWSKI, Waz ist minne, 1975, 1979² – Liebe als Lit. (Fschr. P. WAPNEWSKI, hg. R. KROHN, 1983) – M. in Österreich, hg. H. BIRKHAN, 1983 – Minne ist ein swaerez spil, hg. U. MÜLLER, 1986 – Höf. Literatur, Hofgesellschaft, höf. Lebensformen um 1200, hg. G. KAISER–J. D. MÜLLER, 1986 – [übergreifende Lit.]: W. MOHR, M. als Gesellschaftskunst, Deutschunterr. 6, 1954, 83–107 – H. KOLB, Der Begriff der Minne und das Entstehen der höf. Lyrik, 1958 – E. KÖHLER, Trobadorlyrik und höf. Roman, 1962 – U. PETERS, Cour d'amour – Minnehof, ZDA 101, 1972, 117–133 – CH. WALLBAUM, Stud. zur Funktion des M.s in der Gesellschaft des 12. und 13. Jh., 1972 – A. KIRCHER, Dichter und Konventionen, 1973 – H. WENZEL, Frauendienst und Gottesdienst, 1974 – E. KLEINSCHMIDT, M. als höf. Zeremonialhandeln, AK 58, 1976, 35–76 – F. C. TUBACH, Struktur im Widerspruch, 1977 – B. THUM, Aufbruch und Verweigerung. Lit. und Gesch. am Oberrhein, 1979 – T. EHLERT, Konvention – Variation – Innovation, 1988 – P. FRENZEL, M. The Conjunction of Singing and Loving in German Courtly Song, German Quarterly 55, 1982, 336–348 – G. SCHWEIKLE, Ma. Realität in der dt. höf. Lyrik und Epik um 1200, GRM 63, 1982, 265–285 – R. SCHNELL, Causa amoris, 1985 – V. MERTENS, Erzähler. Kleinstformen. Die genres objectifs im dt. Minnesang (Kleinere Erzählformen im MA, hg. K. GRUBMÜLLER-P. JOHNSON, 1988), 49–66 – M. EIKELMANN, Denkformen im MA, 1988 – V. HELD, Ma. Lyrik und »Erlebnis«. Zum Fortwirken romant. Kategorien in der Rezeption der Minnelyrik, 1989 – H. HEINEN, Mutabilität im M., 1989 – E. WILLMS, Liebesleid und Sangeslust, 1990 – [zur Musik]: B. KIPPENBERG, Der Rhythmus im M., 1962 – F. GENNRICH, Die Kontrafaktur im Liedschaffen des MA, 1965 – H. VAN DER WERF, The Chansons of the Troubadours and Trouvères, 1972 – P. GÜLKE, Mönche, Bürger, Minnesänger, 1975 – H.-H. S. RÄKEL, Die musikal. Erscheinungsform der Trouvèrepoesie, 1977 – H. V. MCMAHON, The Music of Early M., 1990.

Minnetrinken, ein in Dtl., seltener in anderen Gebieten Mittel-, West- und Nordeuropas, im MA, noch dichter aber in der frühen Neuzeit (kath. Gegenden) belegter Brauch (→Brauchtum), beinhaltet das gegenseitige Zutrinken gesegneten Weines (→Benediktionen) zu Ehren eines (Patronats-)Hl.n, um sich diesen in 'Minne' geneigt zu machen und seinen Schutz (vor Krankheit, Mißernten, jähem Tod u.a. Gefahren) zu gewinnen. Neben dem M. zu Ehren verschiedener Hl.r (z.B. Sebastians-, Michaels-, Martins-, Stephans- und Gertrudenminne; in Skandinavien Erichs- und Olavsminne) tritt v.a. die *Johannesminne* (→Johannes, Evangelist) stark hervor, in engem Bezug zur Giftbecherlegende. Seit dem 11.Jh. belegt (→Ekkehard IV., Liber benedictionum), gewann der Brauch kirchl. Anerkennung, wurde auch im monast. Bereich gepflegt und ging vielerorts in den Ablauf der Jahresfeste ein (27. Dez., Weinweihe). In ihrem reichen, komplexen Symbolgehalt war die Johannesminne eng mit den Erlebnissituationen des Abschieds (vor gefahrvoller Reise: Pilger, Soldaten, Seeleute; auch lit. Metapher: z.B. bei Oswald v. Wolkenstein Abschied der Liebenden), der Versöhnungs- und Freundschaftsbekundung (Mähler von Zünften, Gesellschaften, Bruderschaften), des Sterbens (Darreichung des Johannesweins auf dem Sterbebett) und des Totengedenkens verknüpft. →Wein, liturg. und kulturgesch. Bedeutung.   U. Mattejiet

Lit.: LThK² VII, 430 – G. SCHREIBER, Dt. Weingesch., 1980, 375–388 [reiche Materialzusammenstellung, Lit.].

Minoriten → Franziskaner

Minot, Laurence, engl. Dichter, 1. Hälfte des 14. Jh. Über M.s Leben ist nichts Näheres bekannt; vielleicht begleitete er das engl. Heer als professioneller Spielmann (→Minstrels). Jedenfalls verfaßte er zw. 1333 und 1352 elf polit. Gedichte (insgesamt 923 Verse) in verschiedenen Versformen, darunter mehrere in Alliterationsversen (→Alliteration, C). In patriot. Tonfall verherrlicht M. die Kämpfe Kg. Eduards III. gegen die Schotten und Franzosen (z. B. Sieg bei →Halidon Hill 1333; Einnahme von →Calais 1347) und verspottet Eduards Gegner. Die Gedichte entstanden wohl bald nach den jeweiligen Ereignissen; wieweit M. selbst daran teilgenommen hatte, ist jedoch unklar. Um 1352 faßte M. die Gedichte zusammen und gab ihnen Überschriften (je ein Verspaar). Überliefert sind sie nur in einer späteren Hs. (BL Cotton Galba E. IX, um 1425). Ihr dichter. Wert wird gewöhnl. als eher mittelmäßig eingestuft; sie gehören aber mit zu den frühesten literar. Zeugnissen für engl. Nationalismus.   H. Sauer

Bibliogr.: RENWICK-ORTON, 321f. – NCBEL I, 710 – ManualME 5. XIII, 1975, 1412–1416, 1657–1661 – *Ed.:* J. HALL, The Poems of L.M., 1887, 1897², 1914³ – R. H. ROBBINS, Historical Poems of the XIVth and XVth Centuries, 1959, 30–39, 261–268 – T. B. JAMES–J. SIMONS, The Poems of L. M., 1989 – *Lit.:* J. P. OAKDEN, Alliterative Poetry in ME, 1930, I, 106f., 201–216 – Neues Hb. der Lit.wiss., VIII: Europ. SpätMA, hg. W. ERZGRÄBER, 1978, 385f. [TH. WOLPERS].

Minsk, aruss. Menesk, an der Svisloč' Mitte des 11. Jh. auf der Wasserscheide zw. →Dnepr, Berezina und Njemen (Memel) gebaute große Burganlage, die der Ausbreitung des Herrschaftsbereichs der Fs.en von →Polock in sw. Richtung diente. Die erste Erwähnung von M. erfolgte 1067 aufgrund seiner militär. Rolle im Kampf des Fs.en Vseslav gegen die Söhne→Jaroslavs des Weisen. Um 1101 zur Fürstenburg aufgewertet, wurde die Befestigungsanlage verstärkt. Archäolog. Funde zeigen M. bereits im 12.Jh. als burgstädt. Anlage mit stark entwickeltem Handwerk. Die anliegenden Siedlungen extra muros wurden bislang erst ansatzweise erforscht: Im SpätMA hatte M. wohl drei suburbia, etwa 20 ha, mit großen Stadtparzellen, jede 220–250 m². Einige Straßen hatten Holzfahrbahnen. Eine der Hauptstraßen, 4 m breit, mit 13 Straßenschichten aus dem 11.–15.Jh. und Drainageeinrichtungen, ist z. T. erhalten. 1499 mit →Magdeburger Recht ausgestattet, gehörte M. zu den mittelgroßen Städten, mit Schloß und wenigstens 10 Tavernen. Der Widerstand zahlreicher Adliger und Geistlicher gegen städt. Abgaben führte zu Konflikten mit dem Bürgertum. M. blieb ein polock. Teilfsm. und war im 12.Jh. zeitweise auch direkt dem Kiever Herrscher (→Kiev) unterstellt. Nach dem Einfall der →Mongolen geriet M. unter litauischen Einfluß. Seit 1326 gehörte es ständig zum Gfsm. →Litauen. Anfang des 15.Jh. wurde das Teilfsm. von →Witowt durch eine Statthalterschaft ersetzt.   A. Poppe

Lit.: G. V. ŠTYCHOV, Goroda Polockoj zemli M., 1978, 72–81 – V. E. SOBOL', Istoriko-archeologičeskoe izučenie Minska XII–XVIII vv., Drevnosti Belorussii i Litvy, 1982, 157–164 – E. M. ZAGORUL'SKIJ, Vozniknovenie Minska, 1982 – L. D. POBOL', Novye dannye o drevnem Meneske (Minske), Drevnosti slavjan i Rusi, 1988, 47–52 – s. a. →Litauen, →Polock.

Minster (ae. *mynster,* lat. *monasterium*), allg. Bezeichnung für die Niederlassung ags. religiöser Gemeinschaften, die nach der vita communis lebten, oder für ihre Kirchen. In allen ags. Kgr.en wurden nach dem Übertritt zum Christentum zahlreiche M.s von Kg.en und Adligen gegründet, hauptsächl. zw. der Mitte des 7. und der Mitte des 8. Jh. Ihre religiösen Gemeinschaften zeigten Unterschiede, oft gehörten ihnen nicht nur Mönche, sondern auch Nonnen und Priester an. Sie folgten verschiedenen Formen des monast. Zusammenlebens, einige der →Regula Benedicti. Im 10. Jh. besaßen viele der M.s Pfarreirechte über große Territorien. Die seelsorger. Tätigkeit gehörte wohl von Anfang an zur M.-Institution. Im 9. und 10. Jh. sanken infolge der kgl. Abgabeforderungen und der Wikingereinfälle Wohlstand und Bedeutung der M.s. Seit der Mitte des 10. Jh. wurde ihre Pfarrhoheit durch zahlreiche, von lokalen Grundherren gegründete Kirchen bedroht. Bedeutendere M.s wurden reformiert, so die Benediktinerkl. im späten 10. Jh., andere wie die der Augustiner-Chorherren im 12. Jh. Viele der ehem. M.s blieben im Hoch- und SpätMA bedeutender als die Pfarrkirchen.   W. J. Blair

Lit.: C. N. L. BROOKE, Rural Ecclesiastical Institutions in England (Sett. cent. it. 28, 1982) – J. BLAIR, Secular M. Churches in Domesday Book (Domesday Book: a Reassessment, hg. P. H. SAWYER, 1985) – M.s and Parish Churches, hg. J. BLAIR, 1988 – S. FOOT, The Parochial Ministry... (Stud. in Church Hist. 26, 1989) – Pastoral Care before the Parish, hg. J. BLAIR–R. SHARPE, 1992.

Minstrel, allg. Wort für den →Spielmann, bezeichnet im ME einen Musikanten, Sänger, Erzähler, Akrobaten und Schauspieler, selten auch allg. einen Bediensteten (von afrz. *menestrel*, mlat. ministrallus). Daneben existieren eine Reihe anderer me. Bezeichnungen wie *jogelour, gestour, disour* und *gleman,* deren Bedeutungsumfang im einzelnen jedoch unscharf bleibt. Zum Repertoire eines Spielmanns gehörten Lieder, Schwänke, Legenden und z. T. vorgelesene, z. T. aber auch frei vorgetragene →Romanzen. Umstritten ist dabei, ob der M. nur auswendig rezitierte oder ob er, wie der ags. →Skop, in einer →mündl. Lit. tradition stand und schöpfer. am Tradierungsprozeß teilhatte. Anzunehmen ist, daß es unterschiedl. M. typen gab, den jongleurhaft rezitierenden Spielmann ebenso wie den kreativen mündl. Sänger, eine Ansicht, die schon Thomas Percy in seinem »Essay on the Ancient M.s in England« (Reliques of Ancient English Poetry, 1765) vertrat.   K. Reichl

Lit.: J. Ritson, A Diss. on Romance and Minstrelsy (Ancient English Metrical Romances, 1802) – E. K. Chambers, The Mediaeval Stage, 1903, I, 1–86 – A. Brandl, Spielmannsverhältnisse in frühme. Zeit, SPA.PH 91, 1910, 873–892 – W. Salmen, Der fahrende Musiker im europ. MA, 1960 – A. C. Baugh, The ME Romance: Some Questions of Creation, Presentation, and Preservation, Speculum 42, 1967, 1–31 – K. Reichl, The ME Popular Romance: M. versus Hack Writer (The Ballad and Oral Lit., hg. J. Harris, 1991), 243–268.

Minucius Felix, frühchr. Apologet, spätes 2./frühes 3. Jh. (ca. 160–230), stammte aus Nordafrika, war wohl längere Zeit in Rom als Anwalt tätig. Sein Dialog Octavius – ein fiktives Gespräch zw. dem Heiden Caecilian und dem Christen Octavius, wobei der Autor als Schiedsrichter mitwirkt – ist eine Verteidigung des Christentums. Die üblichen Vorwürfe gegen die Christen werden zurückgewiesen, der Monotheismus, der Glaube an die Unsterblichkeit und das hohe Ethos der Christen dargelegt. Die vornehme Apologie steht in deutl. Nähe zu Cicero (De natura Deorum) und Seneca. Lactantius (Div. inst. V 1, 22f.) scheint M. F. als ersten lat. Autor anzuführen; Hieronymus (De vir. 58; Ep. 70,5) ordnet ihn nach Tertullian ein. Die Prioritätsfrage wird heute weithin zugunsten Tertullians entschieden. Andere Schriften sind nicht bekannt. Nur durch eine einzige karol. Hs. (als »liber octavus« von Arnobius adversus nationes) erhalten geblieben, war M. F. darüber hinaus wie die meisten Apologeten dem MA so gut wie unbekannt. Erst seit der ed. pr. (Rom 1534 noch als 8. B. des Arnobius) erfreut sich das Werk wegen seines Stiles neuer Hochschätzung.   K. S. Frank

Ed.: CSEL 2,3; B. Kytzler, 1982 [mit dt. Übers.]; CPL 37 – *Lit.*: C. Becker, Der Octavius des Minucius Felix, 1967 – H. G. Roetzer, Der Octavius des Minucius Felix. Chr. Apologetik und heidn. Bildungstradition (Fschr. W. Naumann, 1981), 33–48 – B. Aland, Christentum, Bildung und röm. Oberschicht. Zum Octavius des Minucius Felix (Fschr. H. Doerrie, 1983).

Minus (Mino, Jacobino/Jacopino) **de Colle,** wichtiger Vertreter der städt. →ars dictaminis in Oberitalien, † nach Juli 1287 (Testament). Bis Juni 1266 Notar in Colle und Figline (Toskana), wurde M. als Ghibelline nach der Niederlage Manfreds bei →Benevent oder nach dem guelf. Sieg in der Schlacht v. Colle (1269) verbannt. In Arezzo wirkte er danach als Lehrer der Ars dictandi, v. a. des »stilus altus« in der Nachfolge des Bonfiglio. Vermutl. stammen aus dieser Zeit die beiden mit ser Monaldo da Soffena gewechselten Sonette, die ihn als einen der Juristen-Dichter ausweisen, welche die it. Lit. einleiten. Weitere Aufenthalte in S. Miniato, Volterra und Pisa sowie in Bologna, wo M. »in facultate grammatice« lehrte und mit →Rolandino de' Passeggeri in Verbindung stand.   F. Luzzati Laganà

Ed.: Teiled. des umfangreichen theoret. und prakt. Schrifttums in Vorber. – *Lit.*: G. Zaccagnini, Mino da C. ..., Misc. stor. Valdelsa, 39, 1931, 3–16 – H. Wieruszowski, Politics and Culture in Medieval Spain and Italy, 1971 – Dies., QuF 52, 1972, 797–814 – F. Luzzati Laganà, Un maestro di scuola toscano del Duecento: Mino da C. di Valdelsa (Città e servizi sociali nell'Italia dei sec. XII–XV, 1990), 83–113.

Minuskel, Schriftart, bei der bestimmte Buchstaben Ober- oder Unterlängen aufweisen, so daß die Schrift insgesamt in ein Vierliniensystem eingebunden wird. Im lat. Schriftbereich kündet sich die M. seit dem 3. Jh. in der »jüngeren röm. Kursive« (M.-Kursive) an, die allmähl. die »ältere röm. Kursive« (Majuskel-Kursive) ablöst. Ebenfalls im 3. Jh. bilden sich aus einer M.-Kursive die ältere und im 4. Jh. aufgrund eines fortgeschrittenen Stadiums der Kursive die jüngere →Halbunziale als nichtkursive M.-Schriften heraus. Mit Ausnahme gewisser →Auszeichnungsschriften beruhen alle Buch-, Geschäfts- und Urkk.-Schriften des MA und der NZ auf der M.: die festländ. vorkarol. Schriften, die →Insulare (ir., ags.), die →karol. M., die got. Schriften (→got. Buchschrift, →got. Urkk.schrift) sowie die →Humanistenschriften. Inschriftl. Denkmäler in M. begegnen erst seit dem 14. Jh. (→Textura), zunächst in Paris (Grabinschrift des Ebf.s Simon Matifas de →Bucy, † 1304), später in Mainz (Grabinschrift des Ebf.s →Peter v. Aspelt, † 1328); gegen 1400 verdrängt die M. die →Majuskel fast völlig. Im gr. Schriftbereich erfolgt die Umformung der Schrift zur M. in der »byz. Kursive« im 4. Jh. Die unverbundene Buch-M. erscheint jedoch erst um 800 (älteste datierte Hs.: Codex Uspenskij [Evangeliar, St. Petersburg Gr. 219] von 835); sie nimmt bis zum Ende des MA verschiedene Formen an, wobei die größten Veränderungen seit dem ausgehenden 12. Jh. zu beobachten sind.   P. Ladner

Lit.: H. Hunger, Stud. zur gr. Paläographie, 1954 – GTÜ, I, 88ff., 94ff. – W. Schubart, Gr. Paläographie, 1966 – R. Kloos, Einführung in die Epigraphik des MA und der frühen NZ, 1980, 134–153 – B. Breveglieri, Materiali per lo studio della scrittura minoscola latina i papiri letterari, Scrittura e civiltà 7, 1983, 5–49 – B. Bischoff, Paläographie des röm. Altertums und des abendländ. MA, 1986², 99–107; Register.

Minzen (Mentha-Arten/Labiatae). Die Namen für die formenreiche Gattung M. variieren im MA stark. Die dt./lat. Bezeichnungen wie *feltminza, uuildi(u)minza, cornminzce/nepita, bachmintz/sinsimbria* (Steinmeyer-Sievers III, 42, 521, 563, 573), *horsmynthe/menta silvatica, mentastrum, calamentum agreste* (Alphita, ed. Mowat, 27 und 115) beziehen sich meist auf die wildwachsenden Arten (M. aquatica L., M. arvensis L., M. longigolia L.) im Unterschied zu Bezeichnungen wie *menta domestica vel ortolana, mynte, ediosmus* (Alphita, ed. Mowat, 115), *crusmince, gartminza, munta nigra* (Steinmeyer-Sievers III, 526–602), die v. a. die kultivierte Krausminze (M. aquatica var. crispa [L.] Benth.) betreffen. Als Heilpflanze hoch geschätzt wurde auch die im MA als *poley(a)* (Hildegard v. Bingen, Phys. I, 126; Gart. Kap. 300) bekannte Poleiminze (M. pulegium L.). Die *menta romana vel saracena* (Alphita, ed. Mowat, 116) war vermutl. keine M. art, sondern Chrysanthemum balsamita. Die schon im »Capitulare de villis« (70, 29, 41–43) und im St. Galler Klosterplan genannten M. arten wurden im Mittelalter vielseitig verwendet, besonders gegen Zahnfäule, Erbrechen, Blutspukken, Lungen- und Blasenleiden, Brustdrüsenentzündungen sowie als herz- und magenstärkendes, giftwidriges und wurmtreibendes Mittel (Circa instans, ed. Wölfel, 73f.; Sigerist, 110f., 118, 139, 164f.; Gart. Kap. 251 [mit Abb.]).   I. Müller

Lit.: Marzell III, 136–164 – Ders., Heilpflanzen, 213–215 – H. E. Sigerist, Stud. und Texte zur frühma. Rezeptlit., StGN 13, 1923 – G. B. Sgoll, Von der M. zur Pfeffermin. Eine pflanzengeschichtl. Plauderei, BGPharm 25, 1973, 25–28.

Mi-parti, aus der →Heraldik übernommener Begriff für in Längsrichtung geteilte Kleidung, wobei Farbe gegen Farbe oder Einfarbiges gegen Gestreiftes gesetzt wird, aber auch Gewänder in Schräg- und Querstreifen, Würfeln oder Rhomben zusammengesetzt (vestis incisa) werden. Auf Bildq. finden sich die ältesten Darstellungen des M. im 10. Jh.; zunächst nur auf die Farbgebung der Strümpfe beschränkt, erstreckt es sich bald auch auf die Oberkleider und wird im 12. und 13. Jh. typ. für Dienstleute. Als Zeichen für Abhängigkeit und Dienstbarkeit tragen M. auch Herolde, Amtsdiener oder städt. Bedienstete. Andererseits führt M. zur Steigerung der Buntheit der Kleidung und symbolisiert damit Luxus und Weltlichkeit und wird so bevorzugtes Ausdrucksmittel der adligen →Kleidung. In negativer Bedeutung wird M. von Scharfrichtern, Henkern und im ausgehenden 15. Jh. von Landsknechten getragen. Ambivalent ist die Bedeutung des M. bei Spielleuten und Narren; es kann einerseits deren Abhängigkeit bedeuten, andererseits auf die Standes-u. Ehrlosigkeit d. →Fahrenden verweisen.   E. Vavra

Lit.: V. Mertens, M. als Zeichen (Kulturgesch. Forsch. 1, 1983).

Miqwäh → Bad, B. III

Mir, katal. Gf.en → Miro

Mir Geribert, † vor 1069; stammte über seine Mutter Ermengard von den Gf.en v. →Barcelona ab, über seinen Vater Geribert von den Vgf.en v. Barcelona; ⚭ 1. mit Disposia, Tochter Wilhelms v. Sant Martí im Penedès, 2. mit seiner Cousine Guisla, Tochter Gombals v. Besora; sein Vetter Guislabert war seit 1034 Bf. v. Barcelona. Als Senior verschiedener Kastelle im Penedès nutzte er die Unmündigkeit des Gf.en nach dem Tod →Berengar Raimunds I., sich zum Verteidiger der Grenze gegen die Mauren aufzuwerfen, und wurde im Verein mit anderen vgfl. Familien die Seele des Aufstandes gegen ein Wiedererstarken der gfl. Gewalt in →Katalonien (1041–59).

O. Engels

Lit.: S. Sobrequès Vidal, Els grans comtes de Barcelona, 1961 – P. Bonnassie, La Catalogne du Xe à la fin du XIe s., 1975, 625ff.

Mirabilia urbis Romae. Die älteste Fassung des höchstwahrscheinl. von dem Kanoniker →Benedikt verfaßten Texts entstand um 1143, in der Zeit der »renovatio senatus« und der Bildung der Kommune in Rom. Das Werk ist ein Zeugnis für das neuerwachte Interesse für die Welt der Antike im 12. Jh. Nach kurzer Beschreibung der Mauern, Stadttore und Brücken Roms schildert der Autor eine Reihe von Monumenten v. a. aus paganer Zeit, mit denen er häufig Legenden verbindet (z. B. Statue des Mark Aurel, Pantheon, Aracoeli) und damit eine Art Kontinuität zw. der heidn. Vergangenheit und dem christl. Rom herzustellen versucht. Das Werk hatte sofort Erfolg: die →Graphia aureae urbis Romae enthält bereits einen Text der M., der in engem Zusammenhang mit Benedikts Schrift steht. An der Wende vom 12. zum 13. Jh. verfaßte ein – vielleicht aus England stammender – magister Gregorius seinerseits eine Schrift »De Mirabilibus urbis Romae«, tilgte dabei einen Teil des Legendenmaterials und gab der Beschreibung der Monumente breiteren Raum, die er mit einem fast modern anmutenden Sinn für Ästhetik um ihrer selbst willen bewunderte. Die M. wurden schließlich die Grundlage aller Reiseberichte aus Rom bis zum Ende des MA. Seit dem Ende des 14. Jh. wurden in den Hss. dem Text der M. häufig Pilgerführer (Libri indulgentiarum) beigefügt. Nach der Erfindung des Buchdrucks erschienen zahlreiche Ausg. der M., häufig in Verbindung mit den »Libri indulgentiarum«, v. a. in der Zeit unmittelbar vor dem Jubeljahr 1500.   G. Barone

Ed.: R. Valentini-G. Zucchetti, Cod. topografico della città di Roma, 3 (Fonti 90), 1946, 17–65 (comm. 1–16) – *Lit.:* L. Duchesne, L'auteur des M., MAH 24, 1904, 479f. – A. Weissthanner, Zur Überl. der M. und Indulgentiae urbis Romae, Archival. Zs. 49, 1953, 39–64 – J. K. Hyde, Medieval Descriptions of Cities, Bull. J. Rylands Libr. 48, 1965–66, 320–323 – Indici delle edd. romane a stampa (1467–1500) (Scrittura, biblioteche e stampa a Roma nel Quattrocento), 1980, ad ind. – G. Buccilli, L'aggiornamento riguardante reliquie ed indulgenze in alcune edd. romane di Libri indulgentiarum a stampa del sec. XV, QFIAB 70, 1990, 328–347.

Miracula, Mirakel. Der Begriff miraculum war schon im MA derart komplex, daß die Forsch. bis heute noch nicht zu einer erschöpfenden Theorie oder gar allgemeingültigen Eidologie des Mirakels (M.) gelangte. Auch die im AT für miraculum verwandten Bezeichnungen signa, virtus, prodigia, mirabilia, paradoxa sind für eine Definition wenig hilfreich. Kriterien für eine Phänomenologie des M.s registriert →Augustinus in seinen Werken De Genesi ad litteram, De trinitate, De utilitate credendi und De civitate Dei. Nach Augustinus waren M. wunderbare von Gott initiierte in der Welt sichtbare Ereignisse nicht contra naturam, sondern praeter oder supra naturam (MPL 41,722). Fortgesetzt wurde Augustinus' Diskussion u. a. von →Anselm v. Canterbury (De conceptu virginali 2, 11), →Abaelard (Expos. in Hexam: MPL 178, 746; Theol. Christ. 3, 128–129), →Thierry v. Chartres, →Adelard v. Bath (Ward, 5–7), William v. St-Thierry (MPL 180, 339–340) und Gregor v. Tours (Topographia Hibernica) sowie →Geraldus Cambrensis. Verflochten wurde die Diskussion durch →Hieronymus mit den Wundergeschichten der antiken Philosphen-Aretalogie und durch das AT (Ex 7, 12–25) mit der paganen Magie, die schon bei Augustinus (De civ. Dei 10,9: MPL 41, 286) aufgrund der interpretatio christiana überwunden wurde. Der hl. →Martin und hl. →Benedikt galten als einzigartige Bezwinger der heidn. Dämonen und Magie (Sulpicius Severus, Vita S. Martini 23,5; Gregor d. Gr., Dialogi de vita et miraculis patrum Italicorum 2,8). Als weiterer Insurgent gegen die pagane Magie wurde der hl. →Cuthbert verehrt (Beda, Vita S. Cuthberti 9). Die von Gregor v. Tours über merow. Hl.e berichteten M. sind exzeptionelle Testimonien der saevitas Dei gegen die heidn. Magie. →Johannes v. Salisbury, der sich mit seinem Bekenntnis (Polycraticus) über Magie, M. und Naturmächte hinsichtl. der verbotenen mag. Künste auf →Isidor v. Sevilla (Etymologie: MPL 82, 310–360) stützt, ist ein typ. M.-Theoretiker seiner Zeit. Die Beschäftigung mit der Medizin und der Natur, den vier Elementen, mit Steinen, Pflanzen und Tieren gehörte nicht zu den verbotenen mag. Künsten. Die aus dieser Beschäftigung resultierenden Prophetien waren keine praestigia inferna, sondern supera miracula.

Eine bes. Rolle innerhalb der ma. Diskussion über das M. kommt den Eucharistiewundern zu. Das traditionelle Verständnis der Eucharistie als Mysterium – nicht Wunder – des Leibs Christi, den die Kirche verkörpert, war das zentrale Thema der patrist. Lehre, wie es Augustinus (Sermo 272: MPL 38, 1246–1247) artikuliert und der an diesen philosph. geschulte Anselm v. Canterbury (Orationes 3,3). Für →Hugo v. St-Victor war die Wandlung von Brot und Wein zum Leib und Blut Christi ein reales miraculum, für →Stephan v. Autun miraculosa, und →Simon v. Tournai verglich sie mit der wunderbaren Erweckung des Lazarus. So konträr die Diskussion über die Mechanismen der Eucharistiewunder auch war, letztlich waren sie Ausdruck von Gottes wunderbarem Werk. Vorbild für das M. im frühen Christentum und während des ganzen MA waren »Episoden« des AT und NT, die Schöpfung der Welt, die Schaffung Adams, die Jungfräuliche Geburt, die Speisung der fünf Tausend, die Verwandlung von Wasser in Wein, die Erweckung des Lazarus vom Tod und die Heilung der Kranken. Durch die Bibelexegese wurden die Wunder vermehrt tradiert. Ein beredter Beweis dafür ist der Komm. des →Hrabanus Maurus zum mit M. am meisten ausgestatteten Buch Exodus, die sich um Moses, Aaron und Elias gruppieren.

Die Wunderberichte des AT und NT, der Bibelexegese und apokryphen Apostelgeschichten wurden zu grundlegenden Q. für die M. in Märtyrerakten, Hl.nviten und -legenden sowie M.büchern und Exempelslg.en. →Bedas M. des hl. Cuthbert entsprechen den Wundergeschichten der Propheten, Patriarchen und Apostel. →Sulpicius Severus entlehnt seine M. des hl. Martin aus den Wundergeschichten um Christus (Vita S. Martini 3). Gregor d. Gr. gibt in seinen Erzählungen der M. des hl. Benedikt Analogien zu atl. Episoden (Dialogi 2,8). Ähnlich wie Gregor berichtet→Desiderius v. Montecassino in seinen Miracula S. Benedicti, einer ausführl. Darstellung der Wundertaten des Klosterpatrons in Dialogform mit moral. Exkursen, wie der Abt Apollinarius v. Montecassino im 9.Jh. wie Christus (Mt 14,25) und Petrus (Mt 14,29) über das Wasser wandelt.

Bes. einflußreiche Q. für die M.lit. bis zum SpätMA waren die von Evagrius v. Antiochia ins Lat. übersetzte Vita Antonii (ca. 357) des →Athanasius v. Alexandria, die drei legendhaften Viten über Paulus v. Theben, Malchus und Hilarion des →Hieronymus, das Martin-Leben des Sulpicius Severus, Leben und M. des hl. Benedikt im 2. Buch der Dialogi Gregors d. Gr., die aus einer Vielfalt von Q., an Wundergeschichten überreichen Vitae Patrum (MPL 73–74), des Anonymus und Bedas Vita S. Cuthberti. Mit dem Aufkommen und der schnellen Verbreitung der Hl.nverehrung entstand eine enorm anwachsende Produktion von Hl.nviten, -legenden und -M.n nicht zuletzt auch in der Funktion als kanonisationsbefördernde Dokumente. Von bes. Bedeutung waren in diesem Zusammenhang die Grabwunder der Hl.n in Analogie zum Grab Christi, insbes. Krankenheilungen. (Eine der größten Slg.en schildert die M. des Thomas Becket, 1171–1184 von den Mönchen Benedikt und Wilhelm v. Canterbury zusammengestellt.) Grabschändung, Grabraub oder am Grab des Hl.n gesprochene Meineide oder Lügen werden streng bestraft. Die Begräbnisstätte des Hl.n wird oft auf wunderbare Weise bestimmt, bes. durch weisende Tiere, z. B. von einem treu ergebenen Löwen für die hl. Einsiedler Antonius, Paulus, für Maria Aegyptiaca und Onuphrius. Reliquien werden unter wunderbaren Begleiterscheinungen gefunden (unversehrter Leib). Vorbild für die Grabwunderlit. war Augustinus (De civ. Dei 22,8).

Zahlreiche M. ranken sich um das Thema Pilger, Pilgerfahrt und Missionierung. Ein beredtes Zeugnis ist der Liber Miraculorum S. Jacobi u. a. mit den Reisewundern nach und in Compostela, die Miracula S. Anselmi, die Historiae sui temporis des →Radulf Glaber, die Vita des Gerald v. Aurillac des →Odo v. Cluny, Gregors v. Tours De Gloria Martyrum, die Vita Theodosii I Mettensis episcopi des →Sigebert v. Gembloux, die Historia Hierosolymitana des →Baldericus v. Bourgueil, des →Fulcher v. Chartres, die M. von →Rocamadour und die Gesta Regum des →Wilhelm v. Malmesbury. Mit der gewaltigen Expansion der Marienverehrung setzte eine außerordentl. Produktion der Marienviten, -legenden und -m. ein, die in zahlreichen Bearbeitungen in Prosa und Poesie Ausdruck fand. Einen Eindruck über die umfangreiche Überlieferung der Marienm. bietet A. PONCELET (AnalBoll 21, 1902, 241–360; BHL 5356 sqq: Miracula varia in unum collecta; BHL 5347: Vita beate virginis Marie et salvatoris rhythmica). →Hermann v. Laon verfaßte eine der größten Marienm.slg., ebenso Wilhelm v. Malmesbury; dazu kommen die Marienm. von Chartres und von Rocamadour. Noch 1484 erschien in Rom des Johannes Biffo Miraculorum vulgarium bb. V. Mariae (BHL 5374). Das populärste Marienm. ist das Teufelsbündner-Motiv (→Theophilus).

Eine Fundgrube für Marienm. ist auch das Promptuarium exemplorum (15. Jh.) des Johannes Herolt OP. Mit diesem Werk ist schon die →Exempellit. angesprochen, in die das M. zahlreich Eingang fand als Hilfsmittel für Lehrer und Prediger zu didakt. Zwecken und zur Erbauung der Mitglieder religiöser Orden, aber auch als Q. für ma. Gelehrte zur Geschichtsschreibung. Dazu gehören die Gesta regum Anglorum des Wilhelm v. Malmesbury, das Pantheon des →Gottfried v. Viterbo, der Policraticus des Johannes v. Salisbury, →Alexander Neckams De naturis rerum.

Speziell der Erbauung dienen die M.bücher des cluniazens. Abtes →Petrus Venerabilis, des →Herbert v. Clairvaux OCist, dessen Werk später in →Konrads v. Eberbach Exordium magnum cisterciense weiter ausgebaut wurde. Berühmt wurden die M.bücher des →Caesarius v. Heisterbach (Dialogus miraculorum; Libri VIII miraculorum), die Sermones des Augustiners →Jakob v. Vitry, die Predigt- und M.slg. des engl. Predigers →Odo v. Cheriton. Weite Verbreitung erfuhren die Kompilationen der Exempel- und M.handbücher der Bettelorden. Bedeutende Prediger, die reichl. Anlaß zu Wundergeschichten gaben, waren insbes. →Franziskus v. Assisi, →Antonius v. Padua und der Ordensgründer →Dominikus. Ein breites Spektrum für M. bieten die Legendarien, z. B. die →Legenda aurea des →Jacobus de Voragine OP. Exempel und M. in themat. Vielfalt überliefern außerdem das Liber exemplorum, die Tabula exemplorum, das Speculum laicorum, das Alphabetum narrationum (1300) des →Arnold v. Lüttich, die Scala celi des →Johannes Gobii Junior, die Summa predicantium (14.Jh.) des J. Bromyard und das Speculum exemplorum.

Thematik und Inhalt der M. sind unübersehbar. Eingegangen sei noch auf die Eucharistiewunder, die sich vornehml. vom 12. bis 15.Jh. ausbreiten und zeitgenöss. Eucharistievorstellungen, theol. Kontroversen, kult. Entwicklungen, volksmäßige Vorstellungen und Bräuche sowie zeitgesch. Ereignisse widerspiegeln. Eucharistiewunder fungieren als Beweismittel für die reale Gegenwart Christi im Sakrament. Hostienwunder handeln von Erscheinungen der Eucharistie (Unversehrtheit im Feuer, Tieranbetung, Engelspeisung) oder von verwandelten Gestalten (Blut-, Fleischhostie); Hl.e oder fromme Ordensleute erfahren durch die Eucharistie eine wunderbare Speisung. Eucharistieaberglaube begründet viele →Hostienfrevel. Die Hostie dient vielfach als Glücksbringer, als Segens- und Heilmittel, zum Liebes- und Schadenzauber. Die meisten Hostienm. beinhalten →Blutwunder (eucharist. Verwandlungswunder).

Die Tradition des christl. M.s ist ungebrochen; sie reicht von der Spätantike bis zum SpätMA, bis zur M.polemik der Reformationszeit und weit darüber hinaus bis in die NZ. F. Wagner

Lit.: EM VI, 51–63, 1277–1284 – E. C. BREWER, A Dict. of Miracles, 1884 – G. FRENKEN, Einl. zu Wunder und Taten der Hl.n, 1925 – H. GÜNTER, Psychologie der Legende, 1949 [Register] – I. BRÜNING, Das Wunder in der ma. Legende, 1952 – R. M. GRANT, Miracle and Natural

Law, 1952 – TH. WOLPERS, Die engl. Hl.n des MA, 1964 [Lit.] – CH. MOULE, Miracle, 1965 – P. BROWE S. J., Die Verehrung der Eucharistie im MA, 1967² – M. WALTZ, Zum Problem der Gattungsgesch. im MA. Am Beispiel der M.s, ZRPh 86, 1970, 22–39 – D. BOUTHILLIER-J.-P. TORRELL O. P., Miraculum, Rev. Thom. 88, 1980, 549–566 – P.-M. SPANGENBERG, Maria ist immer und überall, 1987 – B. WARD, Miracles and the Medieval Mind. Theory, Record and Event 1000–1215, 1987² [Lit.] – H. HOFMANN (Grundriß der roman. Literaturen des MA, XI, 1, 1987) [Register M., Vita] – P. v. MOOS, Gesch. als Topik, 1988 [Lit.; Register: M., mirabile, imitatio/admiratio, Wunder].

Miracula s. Demetrii, hagiograph. Zyklus zu Ehren des Stadtpatrons v. →Thessalonike, des hl. →Demetrios. Als Grundlage für die 1. Serie gilt die um 620 von dem als Kanzelredner berühmten Johannes I., Metropoliten v. Thessaloniké (605 – ca. 630), verfaßte Reihe von 13 Predigten zum Fest des Hl.n am 26. Okt. (BHG 499–516). In einer zweiten, anonym überlieferten Serie aus der 2. Hälfte des 7. Jh. (um 680–690) werden unter Kenntnis der 1. Serie sechs dem hl. Demetrios zugeschriebene Wunder geschildert (BHG 516z–523). Die (nicht nur sprachl.) Besonderheiten der 2. Serie deuten hin auf geringeres soziales Niveau ihrer Verfasser, die wahrscheinl. aus dem niederen Klerus v. Thessalonike stammten (Kritik an Hierarchie und ziviler Administration). Die zwei ersten Serien erweisen sich als erstrangige Quellen – jedoch ohne genaue chronolog. Angaben – zur Gesch. der Slaveneinfälle in Griechenland, deren Zeuge Johannes war; die 2. Serie kann als Lokalchronik Thessalonikes gelten. Ab der 2. Hälfte des 10. Jh. und bis in das 15. Jh. hinein wurde der hagiograph. Zyklus weiter ausgebaut und fand z. T. Eingang in die slav. Überlieferung. In der 2. Hälfte des 13. Jh. formte der →Chartophylax der Metropolie von Thessalonike, Johannes Staurakios, das Material aus den M. in eine Lobrede um (BHG 532), die sehr früh ins Slav. übersetzt wurde (Cod. Rila 4/8, a.D. 1479). Die zwei älteren Serien der M. wurden wahrscheinl. noch in der altbulg. Epoche ins Slav. übersetzt, sind jedoch erst in russ. Hss. des 16. Jh., den sog. Großen Lese-→Menäen des Makarij (VMČ, Okt., S. 1872–1961), erhalten. *Ch. Hannick*

Ed.: P. LEMERLE, Les plus anciens recueils des miracles de Saint Démétrius, I–II, 1979–81 – vgl. BHG 499–532 – Lit.: SłowStarSłow 7, 294–297 – Viz Izv I, 1955, 173–216 [F. BARIŠIĆ] – Politico-hist. works of Symeon, archbp. of Thessalonica, hg. D. BALFOUR, 1979, 39–69, 103–106 [Lit.] – J. KODER, Anm. zu den M.s D. (Fschr. A. STRATOS, 1990), 523–538 – R. MACRIDES, Subversion and Loyalty in the Cult of St. Demetrios, Byzslav 51, 1990, 189–197.

Miraflores, Kartause (→Kartäuser) in Altkastilien, 4 km östl. von →Burgos, gegr. 1441/42, am Platz eines älteren Königspalastes, von Kg. Johann II., der M. für sich und seine 2. Gemahlin Isabella v. Portugal als →Grablege bestimmte. Die Ausstattung der ab 1454 nach Plänen des Kathedralbaumeisters v. Burgos, Hans v. Köln (Juan de Colonia), errichteten einschiffigen Kirche geht in ihrer reichen und formvollendeten Gestaltung wesentl. auf die Stiftertätigkeit→Isabellas der Kath. gegen Ende des 15. Jh. zurück (bedeutende Arbeiten des niederländ.-burg. Bildhauers Gil de Siloë). M. zählt (neben anderen berühmten Stätten der Memorialpflege wie z. B. der Église de→Brou oder den Denkmälern in der Innsbrucker Hofkirche) zu den eindrucksvollen Zeugnissen fsl. →Mäzenatentums im Europa der Frührenaissance. *U. Mattejiet*

Lit.: LTh K² VII, 435 – H. FLÓREZ, España Sagrada, XXVII, 554ff. – La Orden de los Cartujos, 1954, Anh. – s.a. →Burgos, →Kartäuser.

Mirakelspiele
I. Romanische Literaturen – II. Englische Literatur.

I. ROMANISCHE LITERATUREN: Der Terminus »M.« bezeichnet zunächst nur solche Stücke, die ein spezif. göttl. Wunder behandeln, wobei häufig Maria oder sonst eine Hl.ngestalt als Mittler auftritt, doch werden hier auch die Spiele besprochen, die ein Hl.nleben (einschl. der postum bewirkten Wunder) zum Gegenstand haben. – Für die Romania fließt die Überlieferung reichl.: mehr als 100 (teilw. sehr lange) Spiele in frz. oder prov. Sprache sind erhalten (und ca. 50 weitere sind bezeugt); dazu treten über 60 it. und etwa 40 Stücke von der Iber. Halbinsel (in katal., kast. und einige in ptg. Sprache). Im Gegensatz hierzu sind nur wenige dt. Texte erhalten, sowie 3 engl. (s. Abschnitt II) und je ein ndl., korn. und breton. Spiel.

Zwei Haupttypen sind zu unterscheiden: Einmal die eigtl. M.e, die ein wunderbares Ereignis darstellen, häufig in einen zeitgenössisch ma. Rahmen eingebettet; zu nennen sind hier Stücke über das Altarsakrament oder die Hl. Messe (Texte aus Frankreich, England, Italien, Spanien und Holland) sowie Spiele über Marienwunder (→Maria; in Frankreich sehr zahlreich) oder Wunder anderer Hl.r (wie etwa Nikolaus). Den zweiten Typus bilden die Hl.nspiele, die vom Leben, Wirken und Sterben eines Hl.n handeln. Dabei lassen sich zwei Gruppen unterscheiden: Spiele über Hl. aus der Bibel oder der Frühzeit der Kirche (vornehml. Märtyrer), oft aus der →»Legenda aurea« abgeleitet (allen Sprachgebieten gemeinsam); die zweite Gruppe umfaßt die Stücke über Regional- und Lokalhl., die vielfach dem MA selbst angehören.

Die eigtl. M.e sind in Italien und Spanien selten; in Frankreich hingegen machen sie zwar nicht dem Umfang, aber der Anzahl nach fast die Hälfte des Corpus aus. Das älteste erhaltene Marienwunder (ca. 1275) ist →Rutebeufs Fassung der →Theophiluslegende (auch im It. belegt). Eine Gruppe von 40 Spielen, überliefert in der bekannten Cangé-Hs., wurde etwa zw. 1340 und 1380 für die Pariser Goldschmiedezunft zusammengestellt, die zu den Jahresversammlungen der Confrérie de St-Éloi (→Elegius) je eines davon aufführte; sie schöpfen ihre Stoffe aus einer Vielzahl erzählender und hist. Q. oder aus Viten von Hl.n, denen die Gottesmutter begegnet, wie etwa →Johannes Chrysostomos oder →Wilhelm v. Aquitanien (der Bühnenplan für ein dt. Wilhelmspiel ist in Luzern erhalten). Eines der seltenen it. M.e bringt →Bernhard v. Clairvaux mit Maria zusammen. In anderen M.en erscheint die Gottesmutter als Fürbitterin und Retterin von Sündern, die bei ihr Zuflucht suchen, oder als Helferin der zu Unrecht Verfolgten. Dabei ergeben sich oft interessante Einblicke in den Alltag und die Rechtsauffassung des MA (so im »Miracle de l'enfant ressuscité«. Nikolaus ist der einzige Hl., über den es auch lat. M.e gibt (vielleicht weil er u.a. als Patron der Schüler galt). Einfache frühe Texte sind aus Hildesheim und Einsiedeln überliefert; alle weiteren kommen aus Frankreich. Die in einer Hs. aus Fleury (12. Jh.) gesammelten lat. Spiele und dasjenige des →Hilarius v. Orléans schildern 5 verschiedene Nikolauswunder; eines davon, bei dem der Hl. als Schatzhüter auftritt, ist auch im »Jeu de St-Nocilas« des Jean →Bodel behandelt (1201). Bis vor kurzem kannte man nur noch ein weiteres volkssprachl. Nikolausspiel aus dem 16. Jh. (der Hl. bürgt für einen Christen, der bei einem Juden Geld leiht). 1988 tauchte jedoch eine Hs. des 15. Jh. mit 8 prov. Spielen (zusammen ca. 1500 Zeilen) auf; drei von ihnen stellen Ereignisse aus dem Leben des Hl.n vor; die anderen geben Wunder wieder, die bereits aus den lat. Nikolausspielen bekannt sind. Eine ähnl. Gruppe von Texten ist dem Leben und den Wundern der Hl. →Genovefa gewidmet; möglicherweise gehören sie zum Repertoire der 1401 in Paris gegründeten Confrérie de la Passion. Episoden aus den Legenden um Jacobus und die Fahrt nach Santiago begegnen in frz., it. und (drei) kast. Spielen.

Was die Hl.nspiele anlangt, so gibt es zunächst eine große Anzahl von stummen Darbietungen und kurzen Szenen, die Bestandteil der Fronleichnamsprozessionen waren, insbes. in Spanien und Italien, wo diese Umzüge vielfach mit einem Aufzug der Hl.n der triumphierenden Kirche beschlossen wurden, die (zumindest in Spanien) ihre Attribute mit sich führten. Zuweilen hatten die Darsteller kurze Texte vorzutragen (so etwa in Bologna), aber häufig schritten oder ritten sie nur wortlos einher. Daneben stehen jedoch viele echte Spiele, die sich durch ihre bunte Mischung aus erbaul. und drast. Elementen auszeichnen. Die für 40 Aufführungstage angelegten frz. »Actes des Apostres«, in denen alle Apostel und zahlreiche andere Gestalten des NT erscheinen, warten mit einer Fülle von Teufeln, Folterknechten, Wundern und Theatereffekten auf. Ansonsten gibt es nur wenige bibl. Themen, die dramat. behandelt wurden. Ein Spiel aus Lille befaßt sich mit den Makkabäern; häufiger wird die Himmelfahrt der Maria dargestellt; die Bekehrung des Paulus begegnet im Lat. sowie im Frz. (mehrmals), Prov., It., Kast. und Engl. Mehrfach findet sich auch die Geschichte von Petrus und Simon Magus, für die ein prov. Regiebuch bes. Bühnentricks vorsieht. Im Frz. wird →Dionysius unter die Apostel eingereiht. Die Bekehrung des Kgr.es Marseille durch Maria Magdalena wird, unter Einsatz eines Theaterschiffs, zusammen mit weiteren Wundern in frz., engl. und it. Spielen gezeigt. Ein it. Stück handelt von Simon und Judas, ein kast. von Andreas, ein katal. von Matthäus.

Weitaus zahlreicher und vielfältiger sind jedoch Spiele, die Gestalten aus der Frühzeit der Kirche gewidmet sind. Sie reichen von der Bekehrung des Constantinus durch Silvester (kast.), der Bekehrung des Chlodwig durch Remigius (frz.) bis zu einer Vielzahl von Märtyrerspielen, unter denen die Barbara-Spiele hs. hervortreten; drei frz. sowie kast., ptg. und it. Texte sind erhalten, und mehr Aufführungen als für irgend ein anderes Hl.nspiel sind bezeugt. →Margareta und ihr Drachen erscheinen in Frankreich und Italien. Noch volkstüml. ist der Drachentöter und Nothelfer →Georg; sein Drachenkampf wurde im Abendland freilich erst im 13. Jh. mit der Verbreitung der »Legenda aurea« bekannt und verdrängte dann die Geschichte seines Martyriums in der Wertschätzung des Publikums. Drachenkampf und Passion des Hl.n sind im Katal. (Barcelona verehrte ihn als Schutzpatron) in getrennten Spielen behandelt; der Drachenkampf allein erscheint in dt., it. und kast. Texten; Aufführungen beider Spieltypen sind für Frankreich, Savoyen und Piemont bezeugt. Während des Hundertjährigen Krieges (in dem die Engländer den beliebten Soldaten-Hl.n zu ihrem nationalen Patron erkoren hatten) beschränken sich die Aufführungen in frz. Sprache auf Gebiete, die mit Burgund verbunden waren; ausnahmsweise wurde 1422 in Paris einmal eine Vorstellung für Heinrich V. v. England und seine frz. Gemahlin Katharina gegeben.

Die letzte Gruppe umfaßt die Spiele, in denen die regional verehrten Hl.n und die Hl.n des MA selbst gefeiert werden. Mehr als 100 verschiedene Hl.ngestalten sind hier zu registrieren, darunter freilich auch solche von nur lokaler Bedeutung, wie etwa Eudalt (Mallorca), Nonna (Bretagne), Justus und Pastor (Alcalá, wo sich ihre Reliquien befinden). Die frz. Texte bilden hier der Anzahl nach und - mit ca. 500000 Zeilen - auch der Masse nach das größte Kontingent. Teilweise oblag ihre Aufführung einzelnen Zünften oder religiösen Bruderschaften. Gelegentl. sind den Texten Inszenierungsanweisungen vorangestellt, so etwa den Spielen über Laurentius oder über →Crispinus und Crispinianus, die Patrone der Schusterzunft (auch aus Mallorca haben wir ein Crispinus-Spiel mit Anweisungen), doch beruhen unsere Kenntnisse über die Aufführungspraxis hauptsächl. auf der weitaus größeren Gruppe von Stücken, die - wie die →Mysterienspiele - von einzelnen oder mehreren Ortschaften gemeinsam ausgerichtet und mit erhebl. Aufwand auf öffentl. Plätzen vor zahlenden Zuschauern in Szene gesetzt wurden. Solche Veranstaltungen fielen, was ihre Länge und Anziehungskraft betrifft, sehr unterschiedlich aus: Die Skala reicht von dem 1509 in Romans dargebotenen Stück von den »Trois Doms«, den Schutzhl.n der Stadt, für das man 3 Tage benötigte (Text und Aufführungsunterlagen sind erhalten), bis zu den kurzen prov. Dorfspielen von St-Eustace oder St-Pons. Über Kg. →Ludwig d. Hl. sind zwei Stücke erhalten, vier über →Martin v. Tours. Für die Aufführung des Spiels über die kurz zuvor heiliggesprochene →Katharina v. Siena, die 1468 in Metz stattfand, ist erstmals der Auftritt einer Frau auf einer Bühne bezeugt.

In Italien beginnt die Tradition im späten 13. Jh. mit gesungenen volkssprachl. Lauden (→Lauda), deren Stoffe dem jeweiligen Tagesevangelium entnommen waren und die von Flagellantengruppen an Sonn- und Feiertagen das ganze Kirchenjahr hindurch vorgetragen wurden. Im 14. Jh. entwickelten sich daraus längere Sprechstücke. In diesen werden vielfach bibl. Hl.e gepriesen (Johannes d. Täufer, Petrus und Paulus), aber auch die Patrone der betreffenden Bruderschaften; zu nennen sind hier Antonius (auch im Prov. belegt), Franciscus (zweimal in Orvieto; weitere Beispiele aus Spanien, Mallorca und Portugal), Dominicus (Perugia, Orvieto; auch in Frankreich belegt) und zwei wichtige Dominikanerhl., nämlich Thomas v. Aquin (dreitägiges Spiel aus Orvieto) und Petrus Martyr (L'Aquila). Vom 15. Jh. an entstanden dann, vornehml. in Florenz, zahlreiche »sacre rappresentazioni«, in denen mehr als 40 Hl. gefeiert wurden. Die Aufführungen oblagen verschiedenen religiösen Gruppen und Gemeinschaften oder etwa auch der Knabentruppe der Compagnia di San Giovanni e Paolo in Florenz (für die Lorenzo de' Medici ein Stück über ihre beiden Patrone verfaßte). Sie waren zwar für die Öffentlichkeit bestimmt, aber weitaus bescheidener angelegt als es in Frankreich üblich war; ein bes. Aufwand oder etwa der Einsatz der für die Florentiner Verkündigungs- oder Himmelfahrtsspiele (→Mysterienspiele) konstruierten Maschinerie läßt sich kaum nachweisen. Die meisten Texte wurden gedruckt und bis ins 17. Jh. nachgedruckt.

Die erhaltenen katal. Hl.nspiele sind in der Mehrzahl für die Kathedrale v. Mallorca bestimmte »consuetas«. Viele wurden zu lat. Hymnenmelodien gesungen, wobei jeder handelnden Person ihre bes. Melodie zugeteilt war. Aus Regieanweisungen geht hervor, daß man mit 4 Bühnengerüsten arbeitete und vermutl. samt den Zuschauern von einem Spielort zum nächsten weiterzog (vgl. die Bühnenpläne von Donaueschingen und Alsfeld). Die in Valencia beheimateten katal. Stücke dagegen und ebenso die kast. Hl.nspiele wurden auf Bühnenwagen gespielt, die man in der Fronleichnamsprozession mitführte. Am beliebtesten war die Geschichte des Christophorus, die zweimal in Mallorca sowie in Valencia und in Kastilien anzutreffen ist. In Spanien ist die Tradition des Fronleichnamspiels und insbes. auch des Hl.nspiels bis heute lebendig. L. Muir

Lit.: →Drama - →Geistliches Spiel - →Miracula - A. CIONI, Bibliogr. delle Sacre Rappresentazioni, 1961 - K. FALVEY, It. Vernacular Religious Drama of the 14th-16th Century: a Selected Bibl., RORD 26, 1983 - R. SURTZ, El teatro en la Edad Media, 1983 - L. R. MUIR, The Saint Play in Medieval France (The Saint Play in Medieval Europe, ed.

C. Davidson, 1986) – K. Falvey, The It. Saint Play (ebd.) – L. R. Muir, A Newly discovered MS of plays of St Nicholas, 1987 – The Theatre of Medieval Europe, ed. E. Simon, 1991 – L. R. Muir, The Mass on the Medieval Stage (Drama of the MA [2nd series], ed. C. Davidson und J. Stoupe, 1991).

II. Englische Literatur: Die Unterscheidung zw. dem biograph. angelegten Heiligenspiel (»Saint play«) und dem auf ein Ereignis begrenzten M. im engeren Sinn setzt sich auch in der englischsprachigen Forsch. durch, trotz fließender Übergänge. Beide Spieltypen wurden hauptsächl. von religiösen Gilden und kleinen, oft ländl. Kirchengemeinden aufgeführt. Die Vielzahl der Träger machte sie zur verbreitetsten Schauspielgattung des engl. MA. Die Auflösung der religiösen Gilden (Chantries Acts 1545, 1547) und der meist wohl geringe Aufführungsaufwand haben jedoch bewirkt, daß nur dürftige Zeugnisse und ganz wenige Texte erhalten geblieben sind. Das erste in England bezeugte miraculum ist ein Katharinenspiel (Dunstable, ca. 1110), wahrscheinl. in einer Kl.schule auf Lat. aufgeführt. Frühzeitig erregten M.e den Unwillen strenger Kleriker wie → Robert Grosseteste (1235/53); vgl. William of Wadingtons »Manuel des Pechiez« (Ende 13. Jh.) und die wycliffit. »Treatise of Miraclis Pleyinge« (Anfang 15. Jh.). Das einzige vollständig erhaltene M. im engeren Sinn ist das »Croxton Play of the Sacrament« (East Anglia). Es berichtet von einem Hostienwunder, das hier nach Aragón in das Jahr 1461 verlegt wird, und zeichnet sich durch eine eigentüml. Mischung von antilollard. Didaxis (→ Lollarden) und volkstüml. Spielelementen aus. Daneben existieren zwei Fragmente, die möglicherweise Reste von Marienmirakeln sind (»Durham Prologue«, »Dux Moraud«). Außer dem korn. »Beunans Meriasek« (ca. 1475–1500) sind nur zwei Heiligenspiele in England erhalten: »Mary Magdalene« und »The Conversion of St. Paul« (→ Digby Plays, frühes 16. Jh.). Beide gehören der offenbar sehr reichen Spielgesellschaft East Anglia an und weisen zahlreiche Ähnlichkeiten mit → »Ludus Coventriae« und der → Moralität »The Castle of Perseverance« (→ Macro Plays) auf. → Drama, VI.   H. J. Diller

Bibliogr.: A. Harbage, Annals of English Drama, überarb. S. S. Wangenheim, 1990³ – Ed.: W. Stoke, Beunans Meriasek, 1872 – N. Davis, Non-Cycle Plays and Fragments, EETS SS 1, 1970 – Lit.: D. L. Jeffrey, English Saints' Plays (Medieval Drama, hg. N. Denny, 1973), 69ff. – A ME Treatise on the Playing of Miracles, hg. C. Davidson, 1981 – Ders., The Saint Play in Medieval Europe, 1986 – P. Sheingorn, The Saints in Medieval Culture: Recent Scholarship, Envoi 2, 1990, 1ff.

Mirande, Stadt (→ Bastide) in SW-Frankreich (dép. Gers). 1281 unterzeichnete der Seneschall Philipps III. v. Frankreich, Eustache de Beaumarchais, im Namen des Kg.s ein → Pariage mit dem Abt der Zisterzienser → Berdoues und dem Vicomte v. → Astarac zur Gründung der Bastide M. Dank der 1300 vervollständigten Statuten (→ Coutumes), die der neuen Stadt ein → Konsulat, einen Wochenmarkt, zwei Jahrmärkte, freies Besitzrecht und Mitsprache bei Steuer- und Abgabenerhebung gewährten, nahm die Bastide einen raschen Aufschwung. 1314 zählte sie 336 Familienvorstände; die Bürger lebten wohlgeschützt hinter einer starken, durch vier befestigte Tore gesicherten Mauer. Der viereckige Grundriß war von perfektem Regelmaß: zwei geradlinige Hauptachsen von 430 m Länge kreuzten senkrecht auf dem Hauptplatz, der über eine städt. Halle (mit Rathaus im Obergeschoß), gedeckte Arkadengänge und eine Kirche verfügte. M. überstand den Hundertjährigen Krieg ohne größere Schäden und konnte neben landwirtschaftl. Tätigkeit im 15. Jh. ein Tuchgewerbe, gestützt auf die reichen Wollerträge aus den Pyrenäen (→ Transhumanz), aufbauen. Die Tuchhändler aus M. unterhielten privilegierte Handelsbeziehungen mit → Toulouse. Aufgrund seines wohlerhaltenen Grundrisses und seiner Geschichte kann M. als klassisches Beispiel einer Bastide in Okzitanien gelten.

Lit.: M. et son pays, 1981.   P. Tucoo-Chala

Mirandola, oberit. Stadt (Emilia), seit dem 11.–12. Jh. belegt. Im 13. Jh. wurde M. administrativer Mittelpunkt des Gebiets der früheren curtes Quarandoli, S. Possidonio, S. Stefano und Gavello. In dem Territorium, das zur Diöz. Reggio E. gehörte, hatten um das Jahr 1000 das Kl. → Nonantola sowie die Bf.e v. Reggio und v. Modena umfangreiche Besitzungen; im 11. Jh. fiel es an die → Canossa und ging dann auf ein Adelskonsortium, die sog. Filii Manfredi, über. 1311 erhielt Francesco → Pico aus einer Hauptlinie dieser Familie von Ks. Heinrich VII. M. und dessen Umland als Erblehen (1354 von Karl IV. als reichsunmittelbar erklärt). In der Folgezeit strebten die Pico danach, die Autonomie ihres Territoriums zu stärken. 1386 entstanden die Statuten von M., gegen Mitte des 15. Jh. der heutige Dom und der Palazzo Comunale, 1485 der Desco dei Poveri, 1495 der Monte di Pietà.

B. Andreolli

Lit.: Memorie stor. della città e dell'antico ducato della M., 25 Bde, 1872–1932 – V. Cappi, La M., 1973 – M. e le terre del basso corso del Secchia dal Medioevo all'età contemporanea, 1984 – B. Andreolli, Signori e contadini nelle terre dei Pico, 1988 – s. a. → Pico.

Mirandola, Giovanni, Philosoph → Pico della Mirandola

Mircea. 1. M. I., d. Alte, Fs. der → Valachei seit 23. Sept. (?) 1386, * um 1360, † 31. Jan. 1418, ▭ Kl. → Cozia; Sohn des Fs.en → Radu I. und der Calinichia, folgte seinem Stiefbruder → Dan I., womit die Thronstreitigkeiten zw. »Dăneşti« und »Drăculeşti« eröffnet wurden; ∞ 1. unbekannt, 2. Mara, ung. Adlige; auch seine Söhne → Mihail I., → Radu II. und → Vlad II. Dracul regieren die Valachei.

Die osman. Herrschaft über den Balkan erreichte 1394 die Donaulinie. Zur Verteidigung seines Fsm.s führte M. mehrere Kriegszüge (1388 in der Dobrudscha; 1390/91 und 1393/94 in Bulgarien; Sieg von → Rovine 1394/95; 1407/08 bei Silistra [→ Durostorum]). Am Ende von M.s Regierung war die Valachei zwar innerl. autonom, aber den Osmanen tributpflichtig (1394–1402, dauerhaft seit 1415). Auch Giurgiu, Turnu und die Dobrudscha wurden türk. besetzt (Raya).

Das angespannte Lehensverhältnis der Valachei zu Ungarn führte sowohl zu Bündnissen mit → Władysław II. Jagiełło v. Polen gegen Kg. Siegmund, als auch zu direkten Streitigkeiten (z. B. um den → Banat 1388, um Festungen im S der Donau 1390–91). Später verbündete sich M. mit den Ungarn (Vertrag zu Kronstadt 1395) gegen die Türken (Schlacht bei → Nikopolis 1396). Die erneuerten Handelsprivilegien der Valachei für die Kaufleute Polen-Litauens (1409) und → Kronstadts (1412), ein stehendes Heer und eine aktive Kirchenpolitik bezeugen M.s tatkräftiges Handeln im Innern.   K. Zach

Lit.: C. C. Giurescu, Istoria Românilor I, 1935² – N. Şerbănescu–N. Stoicescu, M. cel Mare (1386–1418),. 1987.

2. M. (II.), 1481 (Sept.) kurzfristig Fs. der Valachei; illegitimer Sohn des Fs.en → Vlad II. Dracul. Als Kandidat des Moldaufs.en → Stefan d. Gr., der 1481 einen Krieg gegen den valach. Fs.en → Basarab IV. d. J., Schützling der Osmanen, geführt hatte, konnte sich M. als Fs. der Valachei gegen die Opposition u. a. der Städte Buzău, → Brăila und Rimnic nicht durchsetzen. Sein Versprechen verbesserter Handelsbedingungen für die Kronstädter Kaufleute

(→Kronstadt) brachte ihm nichts ein. Er trat darauf in Verhandlungen mit den Türken, wurde aber von →Vlad IV. dem Mönch (Călugărul), den nunmehr Stefan d. Gr. und die Ungarn unterstützten, verjagt. K. Zach

Lit.: C. C. Giurescu, Istoria Românilor, II/1, 1937².

Mirebeau, Stadt in Westfrankreich, nw. von Poitiers (dép. Vienne). Obwohl im →Poitou gelegen, verdankt M. seine Entstehung dem mächtigen Gf. en v. Anjou (→Angers). →Fulco Nerra errichtete hier am Ende des 10. Jh. eine Burg, für die er 1027 dem Gf. en v. Poitiers den Lehnseid leistete, befreite sich aber bald wieder aus dieser Vasallität. Örtl. Lehnsträger der Gf. en v. Anjou bemächtigten sich in der Folgezeit der Burg, die ihnen Gottfried Plantagenet 1130 wieder entzog. Kg. →Heinrich II. Plantagenet übertrug M. seinem Sohn →Johann 'Ohneland'. Dieser besiegte bei M. am 13. Juli 1202 seinen von Kg. →Philipp II. August v. Frankreich unterstützten Neffen →Arthur v. Bretagne. Doch nahm Philipp die Burg kurze Zeit später ein und übergab sie seinem Getreuen Thibaud de Blason. – Die bei der Burg entstandene kleine Stadt umfaßte seit dem 11. Jh. zwei Pfarreien. Um die Mitte des 12. Jh. wurden zwei Jahrmärkte eingerichtet (24. Aug., 30. Nov.). Im 12. Jh. bestanden fünf Kirchen, darunter zwei Priorate, abhängig von→Bourgueil bzw. →Vézelay. M. besaß ein Kaufmannsviertel (mit Franziskanerkonvent). G. Devailly

Lit.: E. Chevallier, Faits et anecdotes relatifs à l'hist. de M., 1892 – Regard sur M. et son canton, 1978.

Mirepoix → Lévis

Mīr-i āḫūr (auch Imrāḫor 'Stallmeister'), im Rahmen des Äußeren Palastdienstes *(bīrūn)* des Osman. Reiches für den großherrl. Stall zuständig. Nach Teilung des Amtes war der Große oder Erste M. *(büyük m.* oder *m.-i evvel)* für das im Stalldienst beschäftigte Personal (1527: 2830 Mann), aber auch für die sultan. Pferdezucht in den Prov.en und die Hilfstruppe der *voynuq* verantwortlich. Dem Kleinen oder Zweiten M. *(küçük m.* oder *m. i sānī)* unterstanden die Leibpferde des Herrschers, diese Kutscher und die Tiere der *ič-oğlan.* Ch. K. Neumann

Lit.: EI² VI, 1026f. [Lit.] – Uzunçarşılı, Saray Teşkilâtı, 1945, 488–510 – Y. Ercan, Osmanlı İmparatorluğunda Bulgarlar ve Voynuklar, 1986.

Mirk (Myrc), John, um 1400, Augustiner-Chorherr in Lilleshall (Shropshire), schrieb drei religiöse Werke als Hilfsmittel und Handbücher für wenig gebildete Pfarrpriester, die z. T. weite Verbreitung erlangten. 1. Die »Instructions for Parish Priests« in Versform (1934 me. Verse) sind in ca. sieben Hss. erhalten. Sie behandeln u. a. die Sakramentenspendung und die Todsünden und sind hauptsächl. eine freie Übertragung von Teilen des »Oculus Sacerdotis« (auch: »Pars Oculi«, »Pupilla Oculi«) des William de Pagula. 2. Das »Festial« (»Liber Festialis«) in me. Prosa entstand um 1382–90 (?); es ist eine Slg. von ca. 70 Predigten für die Hauptfeste des Kirchenjahres, die u. a. viele Heiligenlegenden (Predigten für Heiligenfeste) umfaßt; die Hauptq. dafür war die→»Legenda aurea« (B.V.). Das »Festial« ist in ca. 26 Hss. überliefert und wurde zw. 1483 und 1532 in ca. 18 Auflagen gedruckt. 3. Das lat. »Manuale Sacerdotum« ist in ca. 5 Hss. erhalten, aber anscheinend noch unediert. H. Sauer

Bibliogr.: Renwick-Orton, 322f. – NCBEL I, 488, 497, 687, 692 – ManualME 2. V. 1970, 445, 638f. [Nr. 306]; 7.XX, 1986, 2369–2371, 2575f. [Nr. 233] – *Ed.:* 1. »Instructions«: E. Peacock, EETS OS 31, 1868, 1902² – G. Kristensson, 1974 – 2. »Festial«: T. Erbe, EETS ES 96, 1905 – *Lit.:* G. R. Owst, Literature and Pulpit in Medieval England, 1961² T. Wolpers, Die englische Heiligenlegende des MA, 1964, 370²–372 – S. Volk-Birke, Chaucer and Medieval Preaching, 1991, Kap. VI.

Miro

1. M. I., d. Ältere, entstammte der Gf. enfamilie v. →Carcassonne, † 894/895; sein Vater →Sunifred (Mutter: Ermessenda) beherrschte 834 die Gft. en Urgel und Cerdaña und seit 844 auch die Gft. en Gerona, Barcelona und Narbonne (alles bis 848). Dessen Sohn→Wifred I., ca. 870 von Kg. Karl d. Kahlen mit den Gft. en Urgel und Cerdaña beauftragt, auch seit 878 in den Gft. en Gerona und Barcelona, beteiligte in eigenem Namen seinen Bruder M. an der gfl. Herrschaft in Cerdaña. 878 wurde M. für das Roussillon vom Kg. ernannter alleiniger Gf. M. ist eines der ältesten Beispiele für den Übergang der karol. Amtsgft. en in Herrschaften der Gesamtfamilie. Um eine vom Bruder unabhängige Legitimation von Karl d. Kahlen zu erhalten, besorgte er 871 der Abtei Exalada-Cuixà (→Cuxa) Immunität und ließ sie sich gleichzeitig vom Kg. schenken, um über Fiskalgut zu verfügen. O. Engels

Lit.: R. d'Abadal i de Vinyals, Els primers comtes catalans, 1958 – O. Engels, Schutzgedanke und Landesherrschaft im östl. Pyrenäenraum (9.–13. Jh.), 1970, passim – P. Bonnassie, La Catalogne du milieu du Xᵉ à la fin du XIᵉ s., 1975, passim.

2. M. II., d. Jüngere, † Okt. 927, Sohn des Gf. en →Wifred I. v. Urgell, Cerdaña, Barcelona, Gerona und Osona, übernahm 897 von seinem Vater die Gft. Cerdaña und ca. 911 von seinem Onkel Radulf die Gft. Besalú. Er kümmerte sich intensiv um die Besiedlung u. a. von Besalú, zog in diesem Rahmen auch die Abtei S. Joan de les Abadeses in seinen Einflußbereich (1. Äbt. seine Schwester Emma und 5. Äbt. wohl seine Tochter, Fredeburga). Nach seinem Tod führte die Gattin Ava für die unmündigen Kinder Sunifred, Wifred, Oliba und Miro die Regentschaft; von ihm ist auch →Miro III. (später zugleich Bf. v. Gerona) als »comes« bereits betitelt, was eine gfl. Samtherrschaft der Familie voraussetzt. O. Engels

Lit.: R. d'Abadal i de Vinyals, Els primers comtes catalans, 1958, passim – O. Engels, Schutzgedanke und Landesherrschaft im östl. Pyrenäenraum (9.–13. Jh.), 1970, passim – P. Bonnassie, La Catalogne du milieu du Xᵉ à la fin du XIᵉ s., 1975, passim.

3. M. III. »Bonfill«, † Anfang 984, ▭ Kl. →Ripoll; Sohn des Gf. en →Miro II v. →Cerdaña und →Besalú und dessen Gemahlin Ava. Beim Tod seines Bruders →Sunifred (965) ging Besalú auf seinen Bruder →Oliba »Cabreta« über. M. wurde Mitgraf, doch ist er schon 941 als »levita« bezeugt. Er behielt den Gf. entitel bei, als er 971 Bf. v. →Gerona wurde. M. gründete 977 das Kanonikerstift S. Maria und das Kl. S. Pere (beide in Besalú) so, daß sie Gründungen der Gf. enfamilie v. Besalú (und nicht der Kirche v. Gerona) blieben. O. Engels

Lit.: R. d'Abadal i de Vinyals, Els primers comtes catalans, 1958, passim – O. Engels, Schutzgedanke und Landesherrschaft im östl. Pyrenäenraum (9.–13. Jh.), 1970, passim – P. Bonnassie, La Catalogne du milieu du Xᵉ à la fin du XIᵉ s., 1975, passim.

4. M., Sohn Gf. →Suñers I. v. →Barcelona und seiner Gattin Riquilda, zusammen mit seinem Bruder →Borell II. seit 947 Mitgf. v. Barcelona, Gerona und Osona (nicht aber wie Borell auch noch in Urgell), handelte gemeinsam mit ihm kurz vor seinem Tod (966) einen Frieden am Kalifenhof in Córdoba aus. O. Engels

Lit.: R. d'Abadal i Vinyals, Els primers comtes catalans, 1958, 292, 317 – A. de Fluvià, Els primitius comtats i vescomtats de Catalunya, 1989, 27.

Miroir → Spiegel, -literatur

Mirož, Vorstadt von →Pskov mit Kl. Christi Verklärung, dessen Katholikon von →Nifon, Bf. v. →Novgorod, um 1150 gestiftet und innen mit qualitätsvollen Fresken ausgestattet wurde (bis heute erhalten). Die Kreuzkuppelkirchen, mit drei halbzylindr. Apsiden, einschl.

einer weit ausgebuchteten Hauptapsis, wurde unter byz. Einfluß aus Bruchkalkstein mit Lagen flacher Ziegel erbaut. Der äußere Narthex folgte später. Von derselben Bauhütte wurde auch eine andere Stiftung Nifons, die Kirche des Hl. Klemens in →Alt-Ladoga, errichtet. Die kubisch-untersetzte Gestalt der Kirche in M. wurde 1310 beim Bau des Pskover Snetogorsk-Kl. nachgeahmt. Die Fresken der M.-Kirche sind in einem typ. byz. graph. und streng linearen Stil gehalten, so daß sie wohl einem byz. Maler zuzuschreiben sind. Ikonograph. Besonderheiten (Deesis in der Apsis anstatt Oranta, die Himmelfahrt Christi anstelle des Pantokrators, das Jüngste Gericht an der Westwand) scheinen auf vorikonoklast. Traditionen in der provinziellen byz. Monumentalkunst hinzuweisen.

A. Poppe

Lit.: G. ALFEROVA, Architekturnoe Nasledstvo 10, 1958, 3–32 – M. N. SOBOLEVA, Drevnerusskoe iskusstvo. Chudožestvennaja kul'tura Pskova, 1968, 7–50.

Mirror of our Lady, me. Übers. und Auslegung des gesungenen marian. Stundengebets und der Messe zum Gebrauch im Birgittinerinnenkl. Syon in Isleworth bei London. Als Verf. des in zwei Hss. und mehreren frühen Drucken (Richard Fawkes, 1530) überlieferten, aus der 1. Hälfte des 15. Jh. stammenden Werkes vermutet man Thomas →Gascoigne, Richard Whytford oder Clement Maidstone. Zwei Prologe erläutern Inhalt und Zweck des Buches und gehen auf die Übers.sproblematik ein. Part I (mit zahlreichen →Exempeln) behandelt allg. den Gottesdienst des Ordens, Part II die Ordnung des tägl. Gebets im Ablauf der Woche, Part III die Messe. Der »M.« ist ein wichtiges volkssprachl. Zeugnis spätma. monast. Frömmigkeit und ein beachtenswertes Beispiel spätme. (Übers.-)Prosa von hoher lit. Qualität. W. Sauer

Bibliogr.: ManualME 2.VI, 1970, 470–472, 657 [Nr. 8] – Ind. of Printed ME Prose, ed. R. E. LEWIS, N. F. BLAKE, A. S. G. EDWARDS, 1985, 269 – Ed.: J. H. BLUNT, The Myroure of oure Ladye, EETS, ES, 19, 1873 [Nachdr. 1973] – →Birgittiner.

Mirror of Life (Speculum Vitae), me. Bearbeitung von Teilen der »Somme le roi« von Lorens d'Orléans, Richard →Rolles »Form of Living« und anderer religiöser Erbauungsschr. Das Werk besteht aus ca. 8000 vierhebigen Reimpaaren und befaßt sich mit den Hauptstücken des chr. Glaubens: Vaterunser, Credo, Zehn Gebote, Sakramente, Tugenden, Gaben des Hl. Geistes, Todsünden, Werke der Barmherzigkeit, Seligpreisungen usw. Es stammt aus dem späten 14. Jh., wird William →Nassyngton zugeschrieben und ist ursprgl. in einem n. oder nordostmittelländ. Dialekt abgefaßt. 40 erhaltene Hss. bezeugen die außergewöhnl. Popularität des wohlgegliederten katechet. Werkes. Eine spätere, kürzere Prosaversion sw. Herkunft existiert als »Myrour to Lewde Men and Wymmen«. W. Sauer

Bibliogr.: ManualME 7.XX, 1986, 2261f., 2479–2481 [Nr. 7f.] – NCBEL I, 520 – Ed.: A. D. GUNN, Accidia and Prowess [Diss. Pennsylvania 1969] – J. W. SMELTZ, Speculum Vitae [Diss. Duquesne 1977] – Lit.: V. C. NELSON, A Myrour to Lewde Men and Wymmen, 1981, 9–14.

Mischehe → Paulinisches Privileg

Mischna → Talmud

Mischregel → Regula mixta

Misericordia. 1. M. (gr. ἐλεημοσύνη, ἐλεός – Barmherzigkeit, Erbarmen, Mitleid). In scharfer Abgrenzung zu den Aussagen der griech.-röm. Moralphilos., die den Begriff der M. (ἐλεημοσύνη) nicht kennt und im ἐλεός (Mitleid) eine affektgesteuerte und daher vernunftwidrige Haltung sieht, bzw. eine »aegritudo animi«, eine gefährl. Bedrohung der gelassenen Seelenruhe (Stoa, vgl. Sen. clem. 2, 4, 4), wird die M. in der vom ntl. Gottesbild maßgebl. bestimmten chr. Väterlehre unter Verweis auf das Erbarmen Gottes als Heilmittel herausgestellt (Clemens v. Alexandria). Augustinus klagt über die »duritia« der Stoiker, »quae misericordiam vituperant« (ep. 104). Im Ethos des MA konzentrierte sich die M. als sittl. Praxis vornehml. auf die dem leidenden Menschen zukommende ärztl. Fürsorge (→Barmherzigkeit). Bei den Ordensgemeinschaften bezeichnete M. den Ort, wo die Armen wie auch die Gäste versorgt wurden, ebenso auch die Instrumente zur Linderung der (Speise, Trank und Kleidung betreffenden) strengen Disziplin (s. a. die →Misericordia im Chorgestühl).

Während die myst.-kontemplative Theologie (Bernhard v. Clairvaux) in erster Linie der christolog.-soteriolog. Perspektive zugewandt ist und das von dem heilswilligen Gott auf den Menschen zukommende Erbarmen (teils dichter. im Widerstreit zur göttl. Gerechtigkeit) vorzustellen versucht, verweilt die scholast. Theologie eher bei der anthropolog. Bedeutsamkeit der M. So bestimmt Thomas v. Aquin, S. Th. II, II. q. 30 a. 1–4, die M. als jene Tugend, welche Schmerz und Mitleid empfindet angesichts des Übels, das einem anderen widerfahren ist und zwar als äußeren Akt der Liebe, der mehr intellekt- als affektgeleitet ist, und die Nöte anderer in leibl. und geistigen Werken behebt (leibl. Werke der Barmherzigkeit).

B. Stoeckle

Lit.: →Barmherzigkeit – J. ROHLS, Gesch. der Ethik, 1991.

2. M. (dt. 'Gnad dir gott'), spätma. kurzer Dolch für den 'Gnadenstoß'. Der M. besaß eine kantige, bisweilen mehrschneidige Stichklinge und ein rundes Stichblatt.

O. Gamber

Lit.: W. BOEHEIM, Hb. der Waffenkunde, 1890 – H. SEITZ, Blankwaffen, I, 1965.

Misericordie, konsolenförmiger Teil an der Unterseite der Sitze eines →Chorgestühls. In hochgeklapptem Zustand dient die M. beim Messe lang stehenden Kleriker als Stütze. Roman. Gestühle besitzen dieses Element noch nicht, auch fehlt es in der Werkzeichnung eines got. im Zeichenbuch→Villards de Honnecourt (um 1220/50, Taf. 50a). Es erscheint erstmals am got. Gestühl um 1250 im Dom von →Xanten. Wichtig ist die M. als beliebter Bildträger geschnitzter Reliefdarstellungen bis zum Ende der Gotik und z. T. darüber hinaus. Die meisten Beispiele finden sich in England, Frankreich und Deutschland. Formal leiten sich diese Bildwerke von der steinernen Konsolplastik unter Statuen, Wandkonsolen und Gewölbeansätzen her. Sie sind auch themat. mit diesen verwandt. Weitere Vorbilder entstammen der Buchillustration. Virtuos wird die Reduktion auf wenige Figuren und der Umgang mit der Räumlichkeit gehandhabt. In den Themen treten hochheilige Gestalten und Heilsereignisse weit zurück, atl. und ntl. wie die Stammeltern, Jonas und der Walfisch, Samsons Taten, dazu der Greifenflug →Alexanders des Großen werden bevorzugt. Sie werden übertroffen durch die Monatsarbeiten im Jahresablauf, durch Bilder von Handwerkern, Händlern, Lehrern, Künstlern, turnierenden Rittern, streitenden Eheleuten, spielenden Kindern. Häufig sind Tierfabeln und schlichte Tierbilder aller Gattungen, Fabelwesen, Dämonen, Karikaturen, eine Fülle kulturgesch. Materials. A. Reinle

Lit.: A. GARDNER, English Medieval Sculpture, 1973, 279–290.

Mispel (Mespilus germanica L./Rosaceae). Von den mlat. Namen *mespilarius* für den Baum (Capitulare de villis 70) und *mespilum* für die Frucht (Alphita, ed. MOWAT, 116)

sind die ahd. Bezeichnungen *nespil, mispele* bzw. *nespelboum, nespilbom* (STEINMEYER-SIEVERS III, 41, 53, 127, 534, 720) hervorgegangen. Lat. Synonyma wie avellanus, appelena weisen auf Verwechslung mit der Haselnuß hin. Nach Albertus Magnus (De veget. 6, 133) wird die M. fälschl. auch esculus genannt. Die Früchte galten als stopfendes, magenstärkendes und blutreinigendes Mittel (Hildegard v. Bingen, Phys. III, 13). Das Holz wurde auch zur Herstellung von Prügelstäben, um »bösen wyben do mit die lenden zu schmieren«, verwendet (Konrad v. Megenberg, IV, 30; Gart, Kap. 282).   I. Müller

Lit.: MARZELL III, 184–190 – V. J. BRØNDEGAARD, Ein ags. Pflanzenname: openars(e), SudArch 63, 1979, 190–193.

Missale ('Meßbuch'), in der lat. →Liturgie das Buch des Bf.s oder Priesters zur Messe, in dem er Handlungsanweisungen (Ordo; rubricae etc.) und die ihm übertragenen Texte, v. a. die (sog. Präsidial-) Gebete (Orationen u. a.) findet. Wechselnde kirchen- und kulturgesch., auch liturgierechtl. Vorgaben wirken auf die Gestalt des M. ein.

Die wiss. Terminologie unterscheidet das (insbes.) frühma. Sakramentar, das nur Präsidialgebete zur Messe (und damit verbundene Amtshandlungen) kennt, vom M., nennt aber (mit frühma. Q., z. B. →Admonitio generalis, c.72) noch einige Sakramentare »M.« (»M. Gothicum« u. ä.).

Bis zum 13. Jh. wurden die Textelemente des Sakramentars, die Lesungen aus dem →Lektionar und die Gesangstexte aus →Cantatorium, →Antiphonale, →Graduale zunehmend im M. zusammengefaßt, da die Praxis sich durchsetzte, dem Zelebranten alle in der Feier vorzutragenden Texte zuzuweisen.

Lokale Autoritäten suchten (auch durch Einrichtung von →Scriptoria) die einheitl. Gestaltung des M. zu sichern. So war das (seit 1570) für die ganze röm.-kath. Kirche verbindl. M. Romanum zunächst das M. für die Ortskirche von Rom. Zu dt. Übers. s. A. HÄUSSLING.   B. Kleinheyer

Lit.: LThK² VII, 449–451 – Verf.-Lex.² VI, 607–612 – J. A. JUNGMANN, Missarum Sollemnia 1, 1962⁵, 77–87 – E. J. THIEL, Die liturg. Bücher des MA (Börsenbl. für den Dt. Buchhandel 23, 1967), 2379–2395 (2388) – A. A. HÄUSSLING, Das M. deutsch, 1, 1984 (LQF 66) – C. VOGEL, Medieval Liturgy, 1986, 33–46, 61–110 – H. B. MEYER, Eucharistie, 1989, 189–196, 216–219, 252–254, 261–264.

Missaticum → Missus

Mission
A. Allgemein – B. Lateinkirchliches Abendland – C. Ostkirche – D. Judentum – E. Islam

A. Allgemein
M. ist ein Wesensmerkmal von »Universalreligionen«, die sich global an jeden als Individuum wenden (Buddhismus, hellenist. Mysterienreligionen, Christentum, Islam, z. T. auch Judentum), beruhend auf der Glaubensgewißheit, jeweils allein den Zugang zum »Heil« zu kennen, und der Verpflichtung, entsprechendes Wissen als Voraussetzung zur Heils-Chance auszubreiten (die im Typ älteren »Gentilreligionen« sehen ihre Gottheiten auf den Eigenbereich beschränkt). Erfolgsaussichten sind, strukturbedingt, größer von Universal- zu Gentilreligion, geringer zw. Universalreligionen. Im MA bewirkte M. die gegenseitige Abgrenzung von byz.-ostslav. Osten, lateinkirchl. Abendland und islam. Welt. Nie erlangte sie vergleichbare Allgemeinbedeutung, ausgenommen bei der Begründung Lateinamerikas (→Indianer).

Die christl. M. fußt auf dem »Taufbefehl« des auferstandenen Christus (Mt 28, 19f.; Mk 16, 15f.). Nach ntl. Sprachgebrauch meint er alle →»Heiden («ἔθνη, gentes), d. h. »Nichtjuden«, während die Bekehrung der Juden der »Fülle der Heiden« folgen sollte (Röm 11, 25f., dazu Apg 13, 46); die Umdeutung in »Völker« (einschließlich Juden) ist jünger (ca. 4./5. Jh.). Das Christuswort, für Christen göttl. Gebot, weckte, sobald das Christentum sich mit staatl. Macht verband, die Frage, ob Ausführung um jeden Preis durchzusetzen sei, selbst mit staatl. Zwang. Neben Interessen außergeistl. Art wirkten dabei vielfach eschatolog. Naherwartungen motivierend, als Visionen vom unwiderrufl. Ende aller M. Daß Heiden- wie Judenbekehrung sich erst endzeitl. vollenden, ist Bibelaussage (Mt 24, 14; Mk 13, 10; Röm 11, 25f. u. ö.). – Innerkirchl. Auseinandersetzung mit eingedrungenen Synkretismen und häret. Bewegungen sind nicht als M. im strengen Sinn zu betrachten.

Ein Sonderproblem ist die unerläßl. Umsetzung christl. Verkündigung in Sprachen, die weder im Wortschatz noch in ihren Denkstrukturen auf sie vorbereitet sind, da sie z. B. gentilreligiös statt universalreligiös geprägt sind. Im Verhältnis zu deren Sakralwortschatz treten dabei, wie überhaupt gegenüber Nichtchristlichem, Ireniker und Polemiker gegeneinander: weitgehende Anknüpfung an vorgegebene Ausdrucksmöglichkeiten, die die nötige Umdeutung dann allmähl. erfahren, oder Ersatz durch Lehnwörter und Neuschöpfungen. Abschließende Lösungen brauchen eine oft mehrhundertjährige Übergangszeit; Kl. sind mit Glossierungsarbeiten intensiv beteiligt. Je nachdem, ob in der Volkssprache auch →Liturgie und →Bibelübersetzung angestrebt werden (Ostkirche) oder nur mündl. Verkündigung (Abendland), ergeben sich Unterschiede, die nicht zuletzt die Wirkung des Gottesdienstes als M. smittel berühren.   H.-D. Kahl

Lit.: W. BÜHLMANN, Die christl. Terminologie als missionstechn. Problem, Neue Zs. für M.swiss., Suppl. 1, 1950 – H.-D. KAHL, Papst Gregor d. Gr. und die christl. Terminologie der Angelsachsen, Zs. für M.swiss. 40, 1956 – Kirchengesch. als M.gesch., hg. G. FROHNES u. a., 1974–78 (II/1, 1978, bes. H. EGGERS) – Cristianizzazione ed organizzazione ecclesiastica delle campagne nell'alto medioevo (Sett. cent. it. 18, 1982) – I. STRASSER, Ir. im Ahd.? (Die Iren und Europa im frühen MA, hg. H. LÖWE, 1982) – H.-D. KAHL, Wie entstand die kirchl. Terminologie der Alpenslawen? (Die Slaw. Sprachen 8, 1985) – DERS., Was bedeutet: »MA«?, Saeculum 40, 1989.

B. Lateinkirchliches Abendland
I. Theologische Grundlagen – II. Missionsgeschichte.

I. THEOLOGISCHE GRUNDLAGEN: Im Abendland entwickelten sich M.sprinzipien allmählich. →Augustinus wünschte völlige Gewaltlosigkeit im Dienst des positiven M.sziels (Bekehrung zu Christus und seiner Kirche); Gewalt ließ er nur im Dienst des negativen M.sziels zu (Ausmerzung unchristl. Vorstellungen und Kulte), nur gegen Sachen (Kultstätten und Kultobjekte) und nur für die öffentl. Hand. Markstein des Übertritts war die →Taufe, Sakrament und Rechtsakt (Unterstellung unter kirchl. Disziplinargewalt) in einem. Das schuf das Problem, welcher Lehrbestand schon vorher und was etwa erst nachträgl. mitzuteilen sei (→Katechumenen). Augustinus wünschte möglichst vollständige Unterrichtung und uneingeschränkte Freiwilligkeit des Übertritts. Spätere Kirchenlehrer, mindestens seit →Gregor d. Gr., machten in beiderlei Hinsicht Abstriche: Reduktion der M.sverkündigung (schließl. weitgehend eingeschränkt auf die Allmacht Gottes und die Furchtbarkeit seines Gerichts als Stimulans für rasche Unterwerfung unter seinen Willen im Taufakt, wobei gentilreligiöse Neigung zum Synkretismus mit dem Anspruch auf Einzigkeit [1. Gebot] und damit der Verteufelung bisheriger Gottheiten kollidierte); bei langem Zögern trotz Freiwilligkeit waren als Nachhilfe Repressalien vorgesehen, die schließlich sehr weit gehen konnten. Vulgärchristentum hat sich um die diffizilen Distinktionen hoher Theologie und Kanonistik wenig gekümmert und häufig Bekehrungszwang unter Todesdrohung geübt, bes. in Judenpogromen (→Judenfeindschaft [-haß, -verfolgung]). Eine Folge solch oberflächlicher Methoden waren bei quantitativ z.T. großen Erfolgen (Massentaufen) zwangsläufig Synkretismus, als Ballast der Pastoralseelsorge durch Jahrhunderte mitgeschleppt, sowie häufig, bes. bei Juden, →Apostasie. Sie wurden bekämpft in der →Beichte, später auch durch →Sendgericht und →Inquisition, wieder oft mit drast. Mitteln.

Die Arbeit am negativen M.sziel war auch dadurch behindert, daß eingehende Auseinandersetzung mit nichtchristl. Religionen für lange Zeit ganz unterblieb. »Heidentum« galt in Nachwirkung spätantiker Vorstellungen unbesehen als einheitl. dritte Menschheitsreligion neben Christen- und Judentum mit ledigl. wechselnden Götternamen, hinter denen sich immer wieder die gleichen Teufel und →Dämonen verbargen; ihre Machtlosigkeit vor dem Christengott wurde gern durch »Tatmission« dargetan (straflose Zerstörung vorchristl. Kultstätten und Kultobjekte, im Erfolgsfall als →Gottesurteil ausgelegt, während erfolgreiche Übergriffe gegen christl. Kirchen keine entsprechende Deutung erfuhren). Klischeevorstellungen vom Wesen des Heidentums (polytheist. Bilderverehrung usw.) wurden zunächst sogar auf den Islam übertragen. Auch antijüd. Polemik ging mangels Kenntnis des Talmud normalerweise an der geistigen Realität zeitgenöss. Judentums vorbei.

Die M.sleitung blieb jahrhundertelang Einzelinitiativen überlassen. In der Spätantike galt der Herrscher, vicarius Christi, auch als oberster M.sherr. Dies kam im Westen wegen Schwäche und schließl. Ausfalls des Ksm.s lange nicht zum Tragen (vielleicht im →Frankenreich unter →Dagobert I.), wurde aber unter den →Karolingern bewußt erneuert und gern mit Patenschaftsbindung z.B. zw. Ks. und neubekehrtem Kg. (→Harald Klak; vgl. auch →Widukind) besiegelt. Das Papsttum wirkte erkennbar als M.sleiter erstmals mit Gregor d.Gr. gegenüber den Angelsachsen in →England. Zusammenwirkend mit Initiativen →ags. M. schuf es später, lange vor Ausbildung des jüngeren päpstl. →Legatenwesens, die apostol. Legation für M.sgebiete (→Willibrord; →Bonifatius [10. B.]; →Ebo; →Ansgar). In Ländern wie →Pannonien, dem Großmähr. Reich (→Mähren), →Polen und →Ungarn traf sich sein Anspruch mit Eigenstreben nach Unabhängigkeit von ostfrk. bzw. dt. kirchl. Instanzen. Ksl. und päpstl. Anspruch konkurrierten bei der Gründung des Ebm.s →Magdeburg. Ganz erlosch die Konzeption vom Ks. als berufenem M.sleiter wohl erst im 12.Jh. (deutl. noch bei →Helmold v. Bosau), sicher infolge der Einschaltung neuer, romgebundener Orden (→Prämonstratenser, →Zisterzienser, später →Franziskaner und →Dominikaner).

Fundamental blieb die gleichzeitige Ausbreitung von Christentum und Bm.sorganisation (wichtig bes. durch die feste Bindung der Weihegewalt, selbst für Altäre, an bfl. Rang). Diese förderte auch die Gemeindebildung als Basis für die missionar. Nacharbeit in der Pastoralseelsorge. Übergroße Pfarrsprengel (→Pfarrei) wurden erst allmähl. zerlegt; das →Eigenkirchenwesen durchkreuzte lange die bfl. Diözesanhoheit. Kl. hatten eher die Funktion rückwärtiger Etappenstationen (wirtschaftl. Stützung; Herstellung liturg. Geräte und Hss.; Personalschulung) und zeigten weniger unmittelbaren Einsatz: Mönche brauchten wegen gelobter stabilitas loci bes. →Dispens (konsequenter durchgeführt in der späteren Karolingerzeit). Einige Kl. bildeten in Übergangszeiten selbständige Seelsorgebezirke, denen aber nur selten der Aufstieg zum Bm. gelang (→Eichstätt). Manche schufen sich für ein stärkeres missionar. Engagement abhängige, vorgeschobene Chorherrenstifte (z.B. →Fulda in Hameln).

Bewaffnete Exekutionen hatte Augustinus nur gegen Abweichler von dem befürwortet, was er als wahre Kirche verstand. Erste greifbare Vorstellungen über den Einsatz krieger. Mittel im eigtl. M.swerk entwickelte Gregor d.Gr., offenbar ohne viel an mögliche Mißbrauch zu denken (sog. »indirekter M.skrieg«: Ersatz »heidn.« Obrigkeit durch christl., um in deren Schutz ungestört friedlich-kirchl. M. üben zu können). Damit waren ins »Völkerrecht« »gerechte« Kriegsgründe eingeführt, die allein gegen Heiden galten – Völkerrechtsobjekte zweiten Ranges. Dies wurde bis in die span. Neuscholastik immer wieder diskutiert. Weitergehende Formen (»direkter M.skrieg« mit Friedensgewährung nur an Taufbereite) blieben kirchl. zunächst außer Betracht (die →Sachsenkriege Karls d. Gr. waren Sache des Frk. Reiches), doch gab es Prophetien sibyllin. Gepräges, die eine direkte Zwangsm. durch den letzten Ks., den →Friedenskaiser, in Aussicht stellten. In Phasen verdichteter Endzeiterwartung gewannen sie zeitweise offenbar stärkeren Einfluß, gut belegbar z.B. im 1. und 2. →Kreuzzug und selbst bei →Bernhard v. Clairvaux (28. B.), unter dessen Einfluß Papst →Eugen III. 1147 in der Bulle »Divini dispensatione« für den sog. →Wendenkreuzzug erstmals bewaffnete Missionierung als mögliches Kreuzzugsziel sanktionierte (»Missionskreuzzug«). Er fand Nachfolger bis tief ins 13.Jh.

II. MISSIONSGESCHICHTE: Christl. M. blieb, soweit für Europa bedeutsam, bis nach 500 innerhalb der Grenzen des röm. Imperiums (Ausnahme: →Irland). Hauptaufgabe war neben der Gewinnung der Reichsbevölkerung, was in abgelegenen Gebieten nur zögernd gelang, die Katholisierung der seit 375 eindringenden, meist germ. Ethnien (arian. →Westgoten, →Burgunder, →Langobarden, →Bayern). Sie störten vielfach den Bestand vorgefundener Bm.er und stellten die Aufgabe einer zweiten Christianisierung der betroffenen Gebiete. Unklar bleibt einerseits, ob und wie Zentren wie →Mailand, →Aquileia und →Sirmium in neue Ethnien des Donau-Alpen-Raums hineinwirkten, bevor →Avaren und Slaven wieder Störungen brachten (→Kärnten, →Pannonien), und andererseits völlig die Rolle des dortigen provinzialroman. Restchristentums. Wanderasketen (→Irland, C; →Frankenreich, C) zersplitterten bes. im 7. Jh. ihre Kräfte ohne bleibenden Erfolg (→Amandus).

Mit der frk. Ostexpansion wurde die Christianisierung angegliederter Gebiete, für die Ansätze meist schon vorher bestanden, abgeschlossen (Alamannen, Bayern, Kärnten, Friesen, →Sachsen). Neue Rückschläge und damit z.T. eine regional dritte Christianisierungsaufgabe brachten die →Wikinger mit ihren Landnahmebewegungen in England (→Danelaw) und Frankreich (→Normandie). Um 900 war die Elbe weitgehend eine Grenze zu den Heiden geworden, die z.T. überschritten wurde (bes. in →Böhmen); erste Missionare hatten sich in →Dänemark und →Schweden gezeigt. Um 1000 waren entscheidende Durchbrüche in →Polen und →Ungarn erreicht, auch in Dänemark, →Norwegen und →Island, in Schweden erst im 12. Jh. Bes. wechselvoll war die M. unter den →Elb- und Ostseeslaven, die von Aufständen 983 (→Slavenaufstand) und 1066 (→Gottschalk; →Kruto) durchkreuzt und vielfach erst im Gefolge des Wendenkreuzzugs neu belebt wurde, in engem Zusammenhang mit christl.-dt. Herrschaftsbildung und Siedlungstätigkeit, z.T. in Konkurrenz zw. Deutschen, Polen und Dänen (→Otto v. Bamberg, →Vicelin, →Rügen, auch →Lebus). Die balt. und ostseefinn. Stämme kamen meist gezwungen im 13. Jh. zur Taufe, vielfach durch Kreuzzüge in Verbindung mit dem →Dt. Orden, z.T. gegen Dänemark (→Esten, →Finnland, →Kuren, →Livland). Um 1300 kann die äußere Christianisierung Europas als im wesentl. abgeschlossen gelten, abgesehen von →Litauen sowie den verstreuten Kleingruppen von Juden. Die innere Christianisierung, v.a. die Auseinandersetzung mit dem Nachleben einheim. Altreligionen, erstreckte sich z.T. bis über die Reformationszeit hinaus. Ausgriffe in außereurop. Gebiete begannen, von den Kreuzzügen abgesehen, im 13. Jh. (bes. →Mongolen).

Akkulturationsvorgänge begleiteten die M. im MA unmittelbar nur ausnahmsweise, so stark auch stets ihre kulturgesch. Nachwirkung blieb. Im röm. Imperium war Romanisierung eine fast selbstverständl. Begleiterscheinung von Katholisierung. Bei Elb- und Ostseeslaven sowie bei den →Prußen trat die entscheidende Phase zusammen mit intensiver dt. Einwanderung, die mit dem Import überlegener landwirtschaftl. Produktionsweise und des Städtewesens das Dt. zur Sprache sozialen Aufstiegs werden ließ (→Ostsiedlung; →Kolonisation und Landesausbau). Im Ostbaltikum war es in abgeschwächter Weise ähnlich. Normalerweise waren Niveauunterschiede zw. M.strägern und Zielbevölkerungen relativ gering, und Sonderformen christl. Hochkultur blieben zunächst auf neugegründete Kl. im Lande beschränkt. Wenig genutzt wurde wohl die von Gregor d. Gr. eingeräumte Möglichkeit, vorchristl. Kultstätten zu Kirchen umzugestalten, schon weil diese Stätten außerhalb des Imperiums meist abseits von Siedlungen lagen, an die Kirchen sich binden mußten. Im einzelnen ist hier noch vieles offen. H.-D. Kahl

Idee und Wirklichkeit der M. änderten sich im 13. Jh. unter dem Einfluß der beiden Mendikantenorden und der (gerade auch von ihnen in Paris vertretenen) wissenschaftl. Theologie. Während die geistl. Ritterorden (Dt. Orden, →Templer, Orden v. →Alcántara u.a.) die Heidenbekehrung mit dem Heidenkampf betrieben (»Tod oder Taufe!«) – vgl. →Bernhard v. Clairvaux, »Liber Ad milites Templi De laude Novae Militiae«, ed. Ed. Cisterc. III, 205–239 –, wollten die Bettelorden die Ungläubigen durch die Verkündigung des Evangeliums, durch die theol. Auseinandersetzung und durch das überzeugende Beispiel der »evangel. Lebensform« bekehren. Das Feindbild des bösen und gewalttätigen Heiden, den man gegebenenfalls auch töten müßte, wurde in der wissenschaftl. Theologie und Philosophie, die sich mit den heidn. Philosophen auseinandersetzen mußten, abgebaut und durch das Bild des unwissenden Heiden, der der Unterweisung fähig und würdig ist, ersetzt (vgl. →Abaelard, »Dialogus«; →Thomas v. Aquin, »Summa contra gentiles«; →Raimundus Lullus; →Nikolaus v. Kues, u.a.). Auf Betreiben von Raimundus Lullus, der bewußt den kämpfer. Ritter den (geistl.) Ritter der Religion entgegensetzte, wurde 1276 das Trinitätskolleg zu Miramar als erstes M.sseminar gegründet, in dem die Brüder die arab. Sprache lernten und auf die M.sarbeit bei den Muslimen vorbereitet wurden. Der hl. Franziskus hat selber 1219 als Missionar vor dem Sultan gepredigt. Die Generalkapitel von 1217 und 1219 entsandten die ersten Missionare in nichteurop. Länder nach Syrien und Marokko, wo der Orden die ersten Märtyrer-Missionare hatte. Nach den Mißerfolgen der Kreuzzüge nahm auch die päpstl. Kurie zu den Herrschern der Heiden-Völker Beziehungen auf. Im Auftrag der Päpste reisten die Franziskaner-Missionare →Johannes de Plano Carpini († 1252) und →Johannes de Monte Corvino († 1328/30) zu den Mongolen. In den polit. Wirren während der 2. Hälfte des 14. Jh. ging das franziskan. M.swerk in China unter. Der Bericht des →Odoricus v. Pordenone OFM († 1331) über seine M.sreise nach Peking zählt zu den frühesten und auch bedeutendsten Dokumenten der M.sgesch. Auch der Dominikaner Andreas v. →Longjumeau († nach 1270) missionierte bei den Mongolen. In Spanien wuchs dem Predigerorden die M.sarbeit unter den Mauren zu (vgl. auch Abschnitt E). Der Dominikanermissionar →Raimundus Martini (ca. 1284) gründete 1250 eine Schule in Tunis. →Berengar v. Landora († 1330) reorganisierte als Generalmagister die »societas peregrinantium propter Christum« (1312), das M.s-Seminar des Ordens, das dem Generalkapitel von 1328 für die M. im nahen und fernen Osten an die hundert Missionare zur Verfügung stellte. L. Hödl

Lit.: LThK² VII, 453–456, 462–468 – G. Schnürer, Kirche und Kultur im MA, II, 1929 – U. Monneret de Villard, Il libro della Peregrinazione nelle parti dell'Oriente, 1948 – H.-D. Kahl, Bausteine zur Grundlegung einer missionsgesch. Phänomenologie des HochMA (Misc. Hist. Ecclesiasticae I, 1961) – Heidenm. und Kreuzzugsgedanke in der dt. Ostpolitik des MA, hg. H. Beumann, 1963 [= 1973] – J. Richard, La papauté et les missions d'Orient au MA, 1977 – H.-D. Kahl, M. im MA (Kirchengesch. als M.sgesch. II/1, 1978) – J. Petersohn, Der s. Ostseeraum im kirchl.-polit. Kräftespiel des Reiches, Polens und Dänemarks vom 10.–13. Jh., 1979 – H. Łowmiański, Religija Słowian i jej upadek (w. VI–XII), 1979 – H.-D. Kahl, Zw. Aquileja und Salzburg (Die Völker an der mittleren und unteren Donau im 5. und 6. Jh., hg. H. Wolfram–F. Daim, 1980) – G. Fedalto, La chiesa latina in Oriente I, 1981² – Die Iren und Europa im frühen MA, hg. H. Löwe, 2 Bde, 1982 – H.-D. Kahl, Karl d. Gr. und die Sachsen (Politik, Ges., Geschichtsschreibung. Gießener Festg. für F. Graus, 1982) – Die Rolle des Ritterordens in der Christianisierung und Kolonisierung des Ostseegebietes, hg. Z. H. Nowak, 1983 – A. Angenendt, Ks.herrschaft und Kg.staufe, 1984 – Virgil v. Salzburg, Missionar und Gelehrter, hg. H. Dopsch–R. Juffinger, 1985 – H. Dopsch, Passau als Zentrum der Slawenmission, Südostdt. Archiv 28/29, 1985/86 – Der hl. Method, Salzburg und die Slawenm., hg. Th. Piffl-Percevic–A. Stirnemann, 1987 – Irland und die Christenheit, hg. N. Chatain–M. Richter, 1987 – Stud. über die Anfänge der M. in Livland, hg. M. Hellmann, 1989 – D. Kurze, Christianisierung und Kirchenorganisation zw. Elbe und Oder, Wichmann-Jb. 30/31, 1990/91 – Gli inizi del Cristianesimo in Livonia-Lettonia (Atti del colloquio internaz. di storia ecclesiastica in occasione dell'VIII centenario della chiesa in Livonia [Roma 1986]), 1990 – B. Wavra, Salzburg und Hamburg. Ebm.gründung und M.spolitik in karol. Zeit, 1991 – M. Diers, Bernhard v. Clairvaux, BGPhMA 34, 1991 – H.-D. Kahl, Die weltweite Bereinigung der Heidenfrage – ein übersehenes Kriegsziel des Zweiten Kreuzzugs (Spannungen und Widersprüche. Gedenkschr. für F. Graus, 1992) – Ders., Das Fsm. Karantanien und die Anfänge seiner Christianisierung: Der Alpen-Adria-Raum im FrühMA. Internat. Koloquium St. Veit a.d. Glan 1990 [im Dr.].

C. Ostkirche

Die Ostkirche hat keine Theologie der M. geschaffen. Der Taufbefehl des Herrn, das Vorbild der Apostel, der im NT ausgesprochene allg. Heilswille Gottes (Joh 3,16; Röm 8,21; 1 Tim 2,4) und die allumfassende Heilswirklichkeit der Erlösung Christi (Apg 4,12; Mk 10,45 u. o.) waren Begründung und Rechtfertigung der M. »bis an die Grenzen der Erde« (Apg 1,8). Vom Anfang der M. berichtet die Apg, Charakteristisches erfahren wir aus den Apostelbriefen. Darüber hinaus sind wir ohne sichere Nachricht, soviel auch Apokryphe und Legenden im Sinn der M. erzählen. Innerhalb des röm. Imperiums setzten staatl.

und gesellschaftl. Verhältnisse einer uneingeschränkten Verkündigung des Christentums Grenzen. Sie fielen mit den Toleranzerlassen zu Beginn des 4. Jh. Das Christentum erhielt volle Freiheit der Verkündigung und der Ausübung seines Kultes. Der M.sauftrag seines Herrn war damit drängend geworden. Es galt, das ganze Reich zu Christus zu führen, das Reich selbst war also vornehmstes Ziel der M. Das um so mehr, als Ks. Theodosios I. 380 das christl. Glaubensbekenntnis als verbindl. für alle Bürger erklärte und 392 alle heidn. Kulte verbot. Der Ks. begründete damit die neue, fortan enge Verbindung von röm. Staat und christl. Kirche, gesehen als unauflösliches Zusammenwirken beider für die »Sache Gottes« und die »Sache des Ks.s«, symbolhaft ausgesprochen im Epitheton Konstantins, des ersten christl. Ks.s, als des ἰσαπόστολος und zeichenhaft dargestellt in der Beisetzung der Ks. (in der Regel) in der Apostelkirche. Es nimmt von daher nicht wunder, daß das Interesse der Kirche wie des Staates von Anfang an auch der M. unter den »Barbaren« jenseits der Reichsgrenzen und unter den eingesickerten Fremdstämmigen galt, so unter den Goten, Nachbarn der gr. Siedlungen auf der Krim und an der Nordgrenze des Reiches selbst. Bei ihnen hat nach Basilius d. Gr. (ep. 164 MPG 32, 634/637) bereits ein Bf. Eutyches gewirkt, und Theophilos, »Bf. v. Gotien«, unterschrieb die Akten des Konzils v. →Nikaia (325). In Konstantinopel besaßen die Goten eine Kirche, in der →Johannes Chrysostomos predigte. Für die Krimgoten weihte er den Bf. Unilas (ep. 14, 5, MPG 52, 618); er berichtet von got. Mönchen in der Hauptstadt (ep. 207, MPG 52, 726). Für die Goten n. der Donau weihte →Eusebios v. Nikomedeia →Ulfila zum Bf.; dieser trat, um einer Verfolgung durch einen Gaufs.en auszuweichen, mit christl. Goten 348 auf das Reichsgebiet über, doch bezeugen got. Martyrer den Fortbestand des christl. Glaubens jenseits der Reichsgrenze. – In Georgien wurde das Christentum durch die hl. Nino, eine Kriegsgefangene, und gr. Missionare, die sie zu Hilfe gerufen hatte, verkündet, und es war bereits Mitte des 4. Jh. Staatsreligion. Aus dem Reich verschleppte Kriegsgefangene, unter ihnen Kleriker, waren wiederholt die ersten Missionare bei benachbarten Völkern. – Ein M.sgebiet war im 4. Jh. auch Äthiopien. →Athanasios weihte Frumentios zum Bf. v. Aksum (Apol. 29, 31; MPG 25, 632, 636f.). Um die Wende vom 5. zum 6. Jh. wurde Äthiopien durch die »neun Heiligen« wieder missioniert, wahrscheinl. syr. Mönche und Vertreter des sog. →Monophysitismus. Im 4. Jh. beginnt auch die einhellig von den Kirchenhistorikern berichtete M. unter den Beduinen/Sarazenen, die im 5./6. Jh. bei den Stämmen im Grenzgebiet zu Persien fortgesetzt wurde. Die Sicherung der Reichsgrenze spielte auch in der nächsten großen M.sepoche unter den Ks.n Justin I. und Justinian I. eine wichtige Rolle, weshalb die Initiative bei den Ks.n liegen konnte. Dagegen waren sie mehr als Vermittler tätig, wenn Missionare oder deren Unterstützung erbeten wurden. Initiatoren der M. konnten auch charismat. Persönlichkeiten, bes. aus dem Mönchtum, sein. Mit der immer noch notwendigen Heidenm. in Kleinasien betraute Justinian →Johannes v. Ephesos, der nach eigener Angabe erfolgreich wirkte, allerdings im antichalkedon. (monophysit.) Sinn. Auch in Nordafrika suchte der gleiche Ks. dem Christentum zum vollen Durchbruch zu verhelfen, durch Missionare und das Verbot nichtchristl. Kulte. Wenig Erfolg hatten frühere Versuche, dem Christentum in Südarabien bei den (jüd.) Himyariten Eingang zu verschaffen. Anfang des 6. Jh. kam es dort sogar zu einer Christenverfolgung; Ks. Justin gewann den äthiop. Ks. Kaleb für militär. Aktionen und unterstützte ihn mit einer Flotte, doch ohne Gewinn für die M. Sie war dagegen erfolgreich in Äthiopien selbst, wobei die Initiative beim äthiop. Ks. Aidog (oder Kaleb) lag und der monophysit. Patriarch v. Alexandria die Missionare sandte. Unter Justinian begann auch die M. in Nubien, zuerst bei den Nobaden, dann bei den Makuriten, zuletzt bei den Alodäern. Die M. der Nestorianer erreichte Malabar, Nordarabien, Indien, Turkestan und war v. a. bei den →Mongolen erfolgreich. – Ein dunkles Kapitel in der Gesch. der M. des 6. Jh. ist die Konkurrenz zw. Anhängern und Gegnern des Konzils v. →Chalkedon, die aus der gegensätzl. Haltung des Kaiserpaares, Justinian und Theodora, jeweils für ihre Partei Nutzen zu ziehen wußten. – Eine andere Stoßrichtung der M. galt der ö. und n. Schwarzmeerküste, wobei polit. Motive der beteiligten Partner eine Rolle spielten. Trotz der M. kam es zur militär. Besetzung der Stammesgebiete von Tzanen und Abasgen durch das Reich. Unter anderen Umständen ließ sich Kg. Tzath der Lazen 522 in Konstantinopel auf eigenen Wunsch taufen. Zur Taufe kam auch Grepes, Kg. der Heruler, mit seiner Familie und seinem »Heer« 528 nach Konstantinopel, im gleichen Jahr schließlich Grod, Kg. der Hunnen auf der Krim; nach seiner Rückkehr wollte er das Heidentum radikal beseitigen, was zu seiner Ermordung bei einem Aufstand der heidn. Partei führte. In allen diesen Fällen ging es um eine »M. von oben«: zuerst Taufe des Kg.s und der Großen, dann des Volkes. Bischofslisten zeugen für die Existenz von Bm.ern, damit für den Bestand des Christentums bei den Stämmen bis in den Kaukasus, auch wenn die M. etwa bei den Alanen erst im 10. Jh. unter →Nikolaos Mystikos, bei anderen noch später zum Abschluß gelangte. – Die folgenreichste Epoche byz. M. sind die 9. und 10. Jh., verbunden zunächst mit den Namen von →Konstantin/Kyrill und Methodios. Obwohl ihre Arbeit in Mähren infolge polit. Vorgänge und wegen der rivalisierenden M. der bayer. Diöz.en keinen Bestand hatte, war sie entscheidend für die M. bei Süd- und Ostslaven. Nach dem Tod des Methodios (885; Konstantin/Kyrill war 869 in Rom gest.) wurden seine Schüler vertrieben. Sie fanden Aufnahme bei dem bulg. Fs.en →Boris I., der sich 864/865 hatte taufen lassen und sich schließlich gegen Rom für Byzanz entschied. Die von ihm aufgenommenen Methodiosschüler Kliment und →Naum schufen die Voraussetzungen für eine erste slav. Nationalkirche byz. Tradition. Zu Bf.en erhoben, ersetzten sie das glagolit. Alphabet durch das kyrill., erzogen einen einheim. Klerus und besorgten für seine Ausbildung weitere Übersetzungen gr. Schrifttums. Das erwies sich dann noch einmal als entscheidend für die Übernahme des byz. Kirchentums durch Serben und Rumänen, doch fruchtbar v. a. im 10. Jh. für die M. in der Kiever Rus' (→Kiev, A.II). Bereits die Fsn. →O'lga, selbst Christin geworden und vielleicht in Konstantinopel getauft, versuchte um die Mitte des 10. Jh. ihr Volk zu bekehren. Sie erbat dafür zunächst von Ks. Otto I. Missionare. Doch ihr Sohn →Svjatoslav und anfangs auch ihr Enkel →Vladimir d. Hl. hielten am Heidentum fest. Erst als letzterem unter der Bedingung der Taufe die Hand der Schwester Ks. Basileios' II., Anna, zugesagt wurde, ließ er sich 988/989 taufen; es folgte die z. T. erzwungene Taufe der waräg. Gefolgsleute und der slav. Bevölkerung. Die hierarch. Angliederung an das byz. Patriarchat, nicht gleich bezeugt, sicher nachweisbar seit 1039, ergab sich aus dem Kan. 28 des Konzils v. Chalkedon. Über Bulgarien verbreiteten sich kirchenslav. Liturgie und Schrifttum in die Rus' und prägten, ungeachtet der gr. Hierarchie, Leben und Kultur der Ostslaven. Setzte der vordringende Islam der byz. M. in der Folge immer engere Grenzen, so tat sich ein weites Feld für die russ. Kirche auf. Daß sie sich ihrer Verantwortung für die M. bewußt war, dafür zeugt etwa das Werk Stephans v. Perm (1340–96). Er schuf für die finn. Syrjänen ein Alphabet und übersetzte Liturgie und Hl. Schrift. Im gleichen Jahrhundert wirkte unter den Lappen Lazar (* Konstantinopel, † 1391), Mönch eines Kl. in Murmansk. – In aller Regel ging mit der M. durch die Ostkirche der Versuch einer Hellenisierung der Hierarchie und der Liturgie einher. An ersterer hielt Konstantinopel möglichst lange fest, großzügig war man dagegen bald in der Zulassung der volkssprachl. Liturgie. Doch gerade dadurch ist es Byzanz gelungen, eine gemeinsame religiös-kirchl. wie kulturelle Einheit des ö. Christentums in einem – recht verstanden – »hellenist. Geist« zu schaffen und zu bewahren. H. M. Biedermann

Lit.: RAC X, 497–531 – G. Stökl, Gesch. der Slavenm., 1961, 75–87 – G. Moravcsik, Byz. M. im Kreise der Turkvölker... (Proceedings of the XIIIth Internat. Congr. of Byz. Stud., 1967), 15–28 – L. Müller, Byz. M.en des Schwarzen Meeres vor dem 11.Jh. (ebd.), 29–38 – F. Dvornik, Byz. Missions among the Slavs, 1970 – I. Engelhardt, M. und Politik in Byzanz, 1974 – Ch. Hannick, Die byz. M.en (Kirchengesch. als M.sgesch. II/1, 1978), 279–359 – H.-G. Beck, Gesch. der orthodoxen Kirche im byz. Reich, 1980, bes. 128–133 – J. M. Hussey, The Orthodox Church in the Byz. Empire, 1986, 90–101 passim – R. Solzbacher, Mönche, Pilger und Sarazenen, 1989 – Die Anfänge des Christentums unter den Völkern Ost- und Südosteuropas, hg. A. M. Ritter, 1990.

D. Judentum
I. Judenmission – II. Jüdische Mission.

I. Judenmission: Unter dem Eindruck eines weitgehenden Fehlschlags der Judenm. sagte Paulus die Bekehrung der Juden erst für die Endzeit voraus und wandte sich der Heidenm. zu. Konstantin d. Gr. förderte die Judenm., indem er Konvertiten (→Konversion) vor Verfolgung (Steinigung) schützte und den Abfall zum Judentum (→Apostasie, III) verbot. Dementsprechend schrieb B. Blumenkranz für das frühe MA der »M.skonkurrenz« entscheidenden Einfluß auf die christl.-jüd. Beziehungen zu. Um die Wende des 4./5.Jh. deuten häufige Synagogenzerstörungen und Zwangsbekehrungen auf Bestrebungen, das Judentum ähnl. wie Heidentum und Häresien zu eliminieren. Demgegenüber legte Gregor d. Gr. die Kirche grundsätzl. darauf fest, die Juden durch Predigt, milde Behandlung und materielle Anreize zu bekehren. Seine »Sicut-Iudaeis«-Formel, die Bekehrungszwang und Verfolgung verbot, wurde von den Päpsten in zahlreichen Bullen seit dem 12.Jh. ständig wiederholt. Dennoch erfolgten immer wieder Zwangsbekehrungen, so im 7. Jh. in den Reichen der Westgoten, Byzantiner und merow. Franken, seit den Kreuzzügen auch im Verlauf spontaner Verfolgungen. Als Innozenz III. die Unterscheidung von »absolutem« und »bedingtem« Zwang in das Kirchenrecht einführte, galt auch eine unter Todesdrohung akzeptierte Taufe als freiwillig. Damit verfielen rückfällige Konvertiten den Strafen für Apostaten, d. h. seit Ende des 13.Jh. dem Tod durch Verbrennung. Scholastiker und Kanonisten diskutierten auch die Frage, ob jüd. Kinder den Eltern entführt und getauft werden dürften. Die seit der Spätantike entwickelte Form der Auseinandersetzung mit der jüd. Religion in den sog. Adversus-Iudaeos-Traktaten und literar. Dialogen diente weniger der Judenm. als der Verteidigung und Festigung des eigenen Glaubens gegen äußere Anfechtung. Seit der Mitte des 13.Jh. versuchte die Kirche durch öffentl. Disputationen, bald auch durch Zwangspredigten die Judenm. voranzutreiben. Die Ende des 14.Jh. in span. Territorien erzwungenen Massentaufen schufen das Problem der Marranen, die insgeheim an jüd. Riten festhielten. Neben erzwungenen Massentaufen gab es stets auch Übertritte aus Überzeugung. Jüd. Konvertiten taten sich oft durch bes. Fanatismus hervor und suchten die Glaubwürdigkeit ihrer Bekehrung durch Polemik gegen ihren ehemaligen Glaubensgenossen, Verleumdung des jüd. Glaubens und Denunzierung des Talmud zu beweisen. F. Lotter

Lit.: P. Browe, Die Judenm. des MA und die Päpste, 1942 – B. Blumenkranz, Juifs et chrétiens dans le monde occidental, 1960 – H. Maccoby, Judaism on Trial, 1972 – G. Dahan, Les intellectuels chrétiens et les juifs au MA, 1990.

II. Jüdische Mission: Die in der Spätantike tlw. recht intensive, innerjüd. freilich immer umstrittene Bekehrung von Nichtjuden zum jüd. Glauben nahm im MA aus mehreren Gründen ein weitgehendes Ende: Die Selbstabgrenzung Israels von den Völkern der Welt führte schon in talmud. Zeit zur Bildung eines komplizierten, die Aufnahme ins Judentum nicht eben einfach machenden Übertrittsrituals; darüber hinaus verboten Christentum und Islam durch mannigfache Gesetze den Angehörigen ihrer Religionen den Übertritt zum Judentum und den Juden die Werbung für ihren Glauben. Eine Besonderheit bildete freilich das durch Missionierung im FrühMA zum Judentum bekehrte Turkvolk der →Chazaren zw. Don und Wolgamündung, das bis zur 2. Hälfte des 10. Jh. einen polit. Machtfaktor in jener Region darstellte. Das ganze MA hindurch traten einzelne Christen zum Judentum über; doch beruhte deren Konversion auf persönl. Überzeugung und kaum auf jüd. Missionierung. H.-G. v. Mutius

Lit.: The World Hist. of the Jewish People, II, 2: The Dark Ages, 1966, 69ff., 325ff. u. a. – J. Schacht, An Introduction to Islamic Law, 1971, 133 u. a.

E. Islam
In der Begegnung von Christentum und Islam trafen zum ersten Mal in der ma. Gesch. der Alten Welt zwei religiöse Systeme aufeinander, die einen Universalanspruch erheben. Die Form des Zugriffs auf die Welt stellt sich in den beiden Religionen jedoch unterschiedl. dar. Das Christentum erfüllt einen im NT ausgesprochenen Sendungsauftrag, der die Ausbreitung von Glaubensvorstellungen beinhaltet, ohne die Methode des bezweckten Religionswandels zu bestimmen. Der Islam dagegen, der die Welt in ein Gebiet des Islams (dar al-islām) und ein Gebiet des Krieges (dar al-harb) einteilt, hat weniger den Religionswandel als vielmehr die Ausbreitung des Geltungsbereichs des islam. Rechts und eines wie auch immer gearteten islam. polit. Systems zum Ziel. Dafür werden militär. Mittel als eine Möglichkeit angesehen. Die islam. Toleranz gegenüber einigen fremden Glaubensvorstellungen hat zu einem bemerkenswert langsamen Religionswandel in vielen Gebieten, in denen er z. T. schon seit Jahrhunderten die staatl. Kontrolle ausübte, geführt. Angesichts der zivilisator. Überlegenheit der islam. Welt gegenüber der westl. Christenheit sahen die Muslime keinen Anlaß, sich mit dem Christentum auseinanderzusetzen. Das abendländ. Christentum befand sich dagegen in einer anderen Situation. Lange Zeit hatte es der Ausbreitung des Islams als religiöses und staatl. System nur unfundierte Polemik entgegenzusetzen. Erst seit dem 13. Jh. kann von einer ernsthaften Auseinandersetzung christl. Theologen und Kirchenlehrer mit dem Islam gesprochen werden. →Petrus Venerabilis war der erste, der eine grundsätzl. inhaltl. Auseinandersetzung mit dem Islam anregte. Zu diesem Zweck ließ er 1143 durch Robert v. Ketton in Toledo das hl. Buch der Muslime, den Koran, und einige andere Bücher aus dem Arab. übersetzen. In diesem Kontext sind

auch Werke wie das »Glossarium Latino-Arabicum« des 12. Jh. und der »Vocabulista in Arabico« des 13. Jh. zu sehen. Es kommt nicht von ungefähr, daß diese Werke auf der Iber. Halbinsel in unmittelbarer Nachbarschaft zu islam. Staaten entstanden. Auch →Thomas v. Aquin verstand seine »Summa contra gentiles« und »De rationibus fidei« als Mittel der M. unter den Muslimen. Die aus diesen Werken gewonnenen Kenntnisse sah Thomas als Voraussetzung für eine erfolgreiche M.stätigkeit an. Seit dem Beginn des 13. Jh. waren es v. a. die →Franziskaner und →Dominikaner, die sich der Bekehrung der Muslime widmeten. Zu nennen ist hier Ricoldus de Monte Crucis († 1320), der sich mehrere Jahre in Bagdad aufhielt und mit seinem »Contra legem Saracenorum« die Rechtfertigung des Christentums auf dem Hintergrund und in der Auseinandersetzung mit der koran. Theologie suchte. Sein Werk wirkt sich noch auf die Vorstellungen des →Nikolaus v. Kues und von Martin Luther über den Islam aus. Als größter Muslim-Missionar des MA gilt →Raimundus Lullus, der eine Reihe von Kollegien speziell für die M. unter Muslimen einrichtete und M.sreisen nach Nordafrika unternahm und unter Muslimen in Neapel, auf Sizilien, Zypern und Mallorca missionierte. Er wollte die Muslime durch Diskussionen für das Christentum gewinnen und lehnte Zwangsbekehrungen, wie sie in Spanien nach dem Erfolg der→Reconquista üblich wurden, ab. P. Heine

Lit.: J. KRITZECK, Peter the Venerable und Islam, 1964 – R. BULLIET, Conversion to Islam in the Medieval Period, 1979 – N. DANIEL, The Arabs and Medieval Europe, 1979 – R. SOUTHERN, Das Islambild des MA, 1981 – L. HAGEMANN, Christentum und Islam zw. Konfrontation und Begegnung, 1983.

Missus, missaticum. M. ist die allg. Bezeichnung für den Bevollmächtigten eines Großen, v. a. des Kg.s im Frankenreich; missaticum für den Sprengel des kgl. m.

[1] *Missus:* Neben dem kgl. m., dem Kg.sboten, erscheinen auch missi von Hzg.en, Gf.en und →Centenaren; sie sind stets auf bestimmte Einzelfälle beschränkt (missi ad hoc) und werden von der geistl. und weltl. Großen ausschließlich in ihren Besitzungen verwandt. Während die Kg.sboten der Merowinger in der Regel ebenfalls missi ad hoc sind, ändert sich dies unter den Karolingern, unter denen sie mit der Vollmacht des Kg.s (»ex nostri nominis auctoritate«) auftreten und mit bedeutend erweiterten Funktionen gewöhnl. im Unterschied zu den übrigen missi als missi dominici, fiscales, regales oder regis bezeichnet werden. Soweit uns bekannt ist, hat Karl d. Gr. begonnen, die Kg.sboten regelmäßig jährl. auszusenden. Sie wurden ursprgl. aus den kgl. Gefolgsleuten und Vasallen gewählt und waren bestimmt, als Verbindungsglieder zw. den geistl. und weltl. Großen zu fungieren, die sie gegebenenfalls auch zu beaufsichtigen hatten. Ihnen oblag die Kontrolle des Fiskal- und Kirchenguts, ebenso die Bekanntmachung von kgl. Anordnungen, insbes. auch der →Kapitularien. Spezielle Aufgaben wurden ihnen in Form von capitularia missorum erteilt. Zu ihnen gehörte z. B. die Abnahme des Treueids für den Kg. Ihre wesentl. Aufgabe bestand aber darin, daß sie die Durchführung der kgl. Anordnungen zu überwachen hatten. Im Falle ihrer unterbliebenen oder unzureichenden Realisierung hatten sie die Mängel abzustellen; gelang dies nicht, war dem Kg. Meldung zu erstatten.

Angesichts der Vielfalt und Bedeutung dieser Aufgaben stellte sich heraus, daß die Kg.sboten immer häufiger ihrem Auftrag nicht gewachsen waren. Als Grund dafür wird ihre Bestechlichkeit und v. a. die Furcht vor den Großen (timore potentum) erkennbar. Um diesen Mißstand zu beheben, hat Karl d. Gr. 802 das Institut der Kg.sboten reorganisiert, indem er nun nicht mehr kleine Vasallen, sondern potentes (Ebf.e und Äbte, Hzg.e und Gf.en) als missi bestellte und sie obendrein jeweils zu zweit, einen Geistlichen und einen Weltlichen, in je einem Sprengel zusammen agieren ließ. Dazu verfügte er, daß sie mit Rücksicht auf die ordentl. Gerichtsbarkeit ihren Sprengel nicht beliebig, sondern viermal im Jahr (im Jan., April, Juli und Okt.) zu bereisen hatten. Die Regelung hat sich unter Karl d. Gr. vorzügl. bewährt. Doch stellten sich bereits unter Ludwig d. Fr. empfindl. Schwächen ein, die mit der Rivalität zw. Kgtm. und Adel und mit der Fixierung der Kg.sboten auf ihre Sprengel zusammenhingen.

[2] *Missaticum:* Wie aus den Cap. missorum spec. von 802 hervorgeht und die Lorscher Annalen ad 802 (MGH SS 1, 38) ausdrückl. berichten, war das ganze Reich in missatica aufgeteilt. Ihre Zahl und ihr Umfang wechselten. Ein Kapitular Ludwigs d. Fr. vom Jahre 825 (MGH Cap. 1, 308) berichtet von 10 missatica, für die charakterist. ist, daß sie sich an die großen Erzdiöz.n anlehnten. Wie erwähnt, war es die Regel, daß je ein geistl. und ein weltl. Großer in ihnen schaltete, die der Kg. ernannte, wobei er sich in den bekannten Fällen an die Großen aus der Region des betreffenden Sprengels hielt. Während man früher annahm, daß die Kg.sboten jährl. wechselten, geht aus neueren Forschungen hervor, daß der Kg. sich in der Regel an die bewährten Helfer hielt, die Kg.sboten also im allg. längere Zeit im Amt blieben. So trat allmähl. eine Verfestigung im Verhältnis der Kg.sboten zu ihrem Sprengel ein. Dies war unbedenkl., solange die Autorität des Kg.s die Kg.sboten an seinen Willen band. Solange erwies sich das Institut der Kg.sboten und ihrer Sprengel als wirkungsvolles Kontrollinstrument der Reichsverwaltung. Sobald allerdings die Großen mehr und mehr ihre eigenen Wege gingen, verlor die Kontrolle ihren Sinn. Bereits Ende des 9. Jh. ist das missat. Institut verfallen; im 10. Jh. ist es verschwunden. J. Fleckenstein

Lit.: V. KRAUSE, Gesch. der Inst. der missi dominici, MÖIG 11, 1890 – BRUNNER, DRG II, 253ff. – L. HALPHEN, Charlemagne et l'empire carolingien, 1949, 150ff. – W. A. ECKHARDT, Die Kapitulariensig. B. Ghaerbalds v. Lüttich, 1955, 25ff. – DERS., Die Capitularia missorum specialia von 802, DA 12, 1956, 498ff. – F. L. GANSHOF, Charlemagne et les inst. de la monarchie franque (Karl d. Gr. I, 1965), bes. 366ff. – K. F. WERNER, M.-marchio-comes (Hist. comparée de l'administration [Beih. der Francia 9, 1980]), 191ff.

Mistel (Viscum album L./Loranthaceae). Die immergrüne, v.a. auf Apfel- und Nadelbäumen wachsende M. spielte im Volksglauben der Kelten und Germanen eine bedeutsame Rolle (Plinius, Nat. hist. XVI, 245–251). Das viscum quercinum (→Eichenm.) des Plinius wurde später oft mit der nahverwandten 'echten', nur auf Eichen schmarotzenden M. verwechselt. Unter den Namen *mistel(e), cameliunta* (STEINMEYER-SIEVERS III, 553), *viscus, wy de chene* (Alphita, ed. MOWAT, 191f.) galt die M. als wirksames Mittel gegen Fallsucht (JÖRIMANN, 42), Geschwülste, Milz- und Leberleiden (SIGERIST, 19, 59) sowie Erkrankungen der Brust und Lungen (Hildegard v. Bingen, Phys. III,2). Überdies wurden ihr apotropäische, Glück und Fruchtbarkeit bringende Kräfte nachgesagt. I. Müller

Lit.: MARZELL IV, 1197–1209 – DERS., Heilpflanzen, 82–84 – HWDA VI, 381–393 – H. E. SIGERIST, Stud. und Texte zur frühma. Rezeptlit., StGM 13, 1923 – K. VON TUBEUF, Monographie der M., 1923 – J. JÖRIMANN, Frühma. Rezeptarien, BGM 1, 1925 – H. BECKER und H. SCHMOLL gen. EISENWERTH, M. Arzneipflanze, Brauchtum, Kunstmotiv im Jugendstil, 1986.

Mistra (Mystras), Ruinenstadt am Gipfel (621 m ü. M.) und ö. Abhang eines steilen n. Vorberges des Taygetos-Gebirges auf der s. Peloponnes, etwa 7 km nw. von Sparta

(Sparte), dessen Name seit frühbyz. Zeit Lakedaimon(ia) (L.) lautet. Trotz der Plünderung durch die Heruler (267) und der Zerstörung durch Erdbeben (375) und Goten (Alarich, 395) und der slav. Landnahme ab Ende des 6. Jh. bestand L. als Siedlung weiter, wurde jedoch nach 588 durch die slav. Ansiedlung der byz. Hoheit entzogen und erst im Zuge der byz. Reconquista durch Skleros (Gründung des →Themas Peloponnes) um 805 als Stadt wieder aufgebaut. Mit der Wiedererrichtung des Bm.s (frühbyz. Suffragan von →Korinth, dann von →Patras, wahrscheinl. 1082/84 Erhebung zur Metropole) am Anfang des 9. Jh. begann die (Re)Christianisierung, die noch in der 2. Hälfte des 10. Jh. im Gange war (→Nikon 'Metanoeite'). Ab dem ausgehenden 10. Jh. entwickelte sich L. zum regionalen Handelszentrum (Siegel von kommerkiarioi [→Kommerkion], um 1000 Etablierung ven. Kaufleute; im 12. Jh. Seidenproduktion). Im Gefolge der von 1205 bis 1248 dauernden Eroberung der Peloponnes durch die Teilnehmer des 4. →Kreuzzuges ließ Wilhelm II. v. Achaia ab 1248/49, nach der Eroberung von →Monemvasia (1248), auf dem Berg Mystras (Myzethras) eine Festungsanlage bauen. Wilhelm, nach der Schlacht v. →Pelagonia (1259) byz. Kriegsgefangener, kaufte sich mit der Herausgabe der Festungen M., Maina, Monemvasia und Geraki frei, deren Territorien ab 1262 den Kern der spätbyz. Reconquista bildeten. Unterhalb der Burg M. entstand ab 1264 durch Umsiedlung der Bewohner von L. und durch rege Bautätigkeit (zunächst Metropolis, Palastererweiterung, Brontochion-Kl.) eine ausgedehnte Hangstadt, welche die zentralörtl. Funktionen von L. übernahm (als Hauptstadt v. →Morea Sitz der →Despoten v. M. und der Metropoliten v. L.). Die die byz. Ks. repräsentierenden Gouverneure bzw. (ab 1348) Despoten (letztere waren Verwandte der Ks., zunächst →Kantakuzenoi, dann →Palaiologoi) entwickelten eine intensive Bautätigkeit, neben Befestigungen und Palästen auch Kirchen und Kl. (Euangelistria, H. Sophia, Hodegetria, Pantanassa, Peribleptos). Die polit. und wirtschaftl. Blüte M.s als Hauptstadt der bis in das 15. Jh. expandierenden byz. Region schlug sich in einem starken Bevölkerungsanstieg und im Bau von Patrizierhäusern (Archontiko, Haus der Laskaris, der Phrangopuloi) nieder und zog Künstler und führende geistige Persönlichkeiten an (u. a. →Kydones, →Isidor v. Kiev, →Bessarion, →Plethon). Angesichts der türk. Bedrohung versuchte Theodor I. Palaiologos 1402, M. an die →Johanniter v. Rhodos abzutreten, was am Widerstand der Bevölkerung scheiterte. Auf mehrere türk. Vorstöße bis M. (ab 1423) und der Tributpflicht an die Osmanen (ab 1446) folgte Ende Mai 1460 die Übergabe der Stadt durch →Demetrios Palaiologos an die Truppen Meḥmeds II.

J. Koder

Lit.: RE III, A, 1265–1528 [Sparta] – G. MILLET, Monuments byz. de M., 1910 – A. K. ORLANDOS, Παλάτια και σπίτια του Μ., Archeion Byzantinon Mnemeion 3, 1937, 3–116 – K. ANDREWS, Castles of the Morea, 1953, 159–182 – M. G. SOTIRIOU, M., une ville morte, 1956 – R. HAUSCHILD, M., die Faustburg Goethes, 1963 – CH. DELVOYE, M. (Corsi di cultura arte ravenn., 1964), 115–132 – S. DUFRENNE, Les programmes iconographiques des églises byz. de M., 1970 – I. P. MEDVEDEV, M., Očerki istorii kul'tury pozdneviz. goroda, 1973 – W. v. LÖHNEYSEN, M., 1977 – ST. RUNCIMAN, M., Byz. Capital of the Peloponnes, 1980 – M. CHATZIDAKIS, M., die ma. Stadt und die Burg, 1981.

Mitau, Burg in →Kurland, 43 km sw. von →Riga am linken Ufer der Semgaller Aa und am Wege nach Schaulen (Litauen), 1265 vom →Dt. Orden zur Unterwerfung →Semgallens erbaut. Bis 1497 Komturei M., dann Teilgebiet des Landmarschalls (mit →Segewold, Ascheraden und →Dünamünde). 1345 wird ein →Hakelwerk erwähnt, das 1573 rig. Stadtrecht erhält und Residenz des Hzg.s v. Kurland wird. H. v. zur Mühlen

Q. und Lit.: Liv-, Est- und Kurländ. UB, 1852ff. – K. v. LÖWIS OF MENAR, Burgenlex. für Alt-Livland, 1922 – BL [A. BAUER] – H. LAAKMANN (R. WITTRAM, 1954), 315 – F. BENNINGHOVEN, 1965 – s. a. →Kurland (A. TUULSE, 1942).

Mitgift, Aussteuer einer Braut, die sie bei der Eheschließung (→Ehe) von den Eltern als →Gabe erhielt, während der Mann →Wittum und →Morgengabe einbrachte. →Frau.

Mithras, -kult. Die Mysterien des M. haben sich v. a. auf dem Boden des Imperium Romanum entwickelt, wo im Osten wohl schon im 1. Jh. v. Chr. unter dem Einfluß griech.-oriental. synkretist. Bewegungen mit Elementen der indisch-vedischen und iranisch-avestischen Götterwelt, der chaldäischen Gestirnreligion, der griech. Mysterienkulte und griech.-röm. Gottesvorstellungen aus der M.verehrung ein im wesentl. monotheist. Kult wurde. In der Kaiserzeit vermischte er sich noch mit dem oriental. Sonnengottglauben.

In diesem Kult ist M. der Schöpfer-, Vater- und Erlösergott. Grundaussagen der Mysterien waren: 1. Jeder Tod birgt neues Leben in sich. Daher ist die zentrale Szene eines jeden Heiligtums die Stiertötung durch M. Der verendende Stier ist mit seinem verströmenden Blut Ernährer und Erhalter anderen pflanzl. und tier. Lebens. Dadurch, daß in einem hl. Mahl der Gott und die Mysten vom Blut des Stieres kosten, nehmen sie ebenfalls daran teil. 2. Jeder Myste konnte sieben Grade der Einweihung (Initiation) durchlaufen, die seinen Aufstieg durch die sieben Planetensphären zur Ewigkeit des Fixsternhimmels symbolisieren.

Anhänger der eher männerbünd. Mysterien (kein weibl. Myste bekannt) wurden Personen aus allen Bevölkerungsschichten, nach Ausweis der Heiligtümer aber v. a. Soldaten und Angehörige der »Mittelschicht«. Da die Gläubigen sich loyal zum Ks. und seinem Kult verhielten, konnte man sich der Unterstützung der Ks., bes. in der Severerzeit, sicher sein.

Der Kult spielte sich in einer normalerweise kleinen, dreischiffigen nachgeahmten dunklen Höhle (spelaeum) ab. In ihr fanden Feiern statt, deren (geheimen) Verlauf wir als Wort- und Opfer- oder Speisegottesdienst erschließen können.

Die Nähe zum christl. Mysterium ist evident: sogar die Geburt des Gottes wurde am gleichen Tag gefeiert. Inhalte und Formen haben vielfach den gleichen religiösen Hintergrund. Es kam zu erbitterten Auseinandersetzungen zw. Anhängern beider Religionen (z. B. Zerstörungen im Mithräum v. Santa Prisca in Rom).

Unter →Konstantin d. Gr. wurde mit der offiziellen Bevorzugung des Christentums den M.anhängern die Basis ihres Wirkens genommen. Vereinzelt finden sich im Imperium Romanum noch Denkmäler und Heiligtümer bis in die Mitte des 4. Jh. n. Chr. Rituale und Formen, die denen des M. ähnlich sind, haben sich im →Manichäismus, im Zoroastrismus, ja sogar bis in die armen. Epen des 19. Jh. erhalten; der eigtl. M. ist aber mit dem Imperium Romanum untergegangen. E. Schwertheim

Lit.: F. CUMONT, Textes et monuments figurés relatifs aux mystères de Mithra, 2 Bde, 1896–98 – M. J. VERMASEREN, Corpus inscriptionum et monumentorum religionis Mithriacae, 2 Bde, 1956–60 – DERS., M. Gesch. eines Kultes, 1965 – R. MERKELBACH, M., 1984 – M. CLAUSS, M. Kult und Mysterien, 1990.

Mithridat → Theriak

Mitjaj (Michail), aruss. Charaktergestalt, Priester aus →Kolomna, Kanzler des Moskauer Gfs.en →Dmitrij Donskoj. Anfang 1376 in den Mönchsstand versetzt, wurde er →Archimandrit des fsl. Erlöser-Kl. in →Moskau und Kandidat für die Nachfolge des Metropoliten Aleksej. Seine Ernennung bildete die Moskauer Reaktion auf die Erhebung →Kiprians zum Metropoliten von →Kiev und designierten Nachfolger Aleksejs durch den Patriarchen →Philotheos Kokkinos (1375). Nach dem Tode Aleksejs (12. Febr. 1378) übernahm M. als von der Mehrheit der Bf.e bestätigter Elekt dessen Amt und wurde vom Patriarchen Makarios zur Ordination nach Konstantinopel eingeladen. Bei der hohen russ. Geistlichkeit weckte diese mit Spaltung drohende Designierung Vorbehalte. →Sergej v. Radonež distanzierte sich, aktiv dagegen stellte sich →Dionisij v. Suzdal'. In die kurze Amtszeit M.s fällt die Einsegnung →Stefans von Perm. Im Juli 1379 reiste M. nach Konstantinopel, starb aber auf dem Schiff und wurde in →Galata beigesetzt. Der »Bericht über Mitjaj« wie auch die meiste erhaltene Überlieferung wurde von M.s Gegnern verfaßt oder retuschiert. Zur Verfälschung der Q. über M. hat sicher Kiprian selbst beigetragen. Sie beeinflußt bis heute die Geschichtsschreibung. A. Poppe

Lit.: Rib VI, 1880, Nr. 20, Suppl. Nr. 30–33 - E. Golubinskij, Istorija russkoj cerkvi, II.1, 1900, 209–216, 226–243, 276–277 - G. M. Prochorov, Povest'o Mitjae, 1978 - Die Orth. Kirche in Rußland. Dokumente ihrer Gesch., 1988, 186–191 [Ber. über M. in Übers.] - s. a. Lit. zu →Moskau.

Mitkaiser → Kaiser, II

Mitleid → Misericordia

Mitra → Pontifikalien

Mitregentschaft → Kaiser

Mitte wird schon vor Platon als Vortreffliches verstanden (H. Kalchreuter). Aristoteles übernimmt die Mesoteslehre von Platon (H. J. Krämer); zur angebl. Entlehnung aus der Med., Krämer, 363ff. Arete ist die feste Grundhaltung, die M. in bezug auf uns zu finden; axiolog. ist sie höchster Wert (EN 1106b28); zu M. in der Politik vgl. Pol. 1295a35ff. Im Lat. gilt M. (medium) teils als Mittelmäßigkeit (Terenz, Andria 59ff.), teils als allg. Verhaltensregel (Horaz, carm. 2, 10, 5; Ovid, Met. 2, 137), teils wird sie gemäß Aristoteles aufgefaßt (Horaz, ep. 1, 18, 9). Chr. Texte: Hieronymus (Comm. in Eccl. 7, 17) nennt Vollkommenes und Tugendhaftes M.; während der Arist.-Rezeption werden die aristotel. Aussagen zunächst verbindungslos neben die augustin. gestellt, vgl. Wilhelm v. Auxerre (Sent. III c.2) und Wilhelm v. Auvergne (De virt. c.1). Alexander v. Hales und Bonaventura suchen augustin. und aristotel. Lehren zu harmonisieren (vollständig bei Albertus Magnus). Beide unterscheiden »medium sufficientiae« (Befolgen von Geboten) und »medium excellentiae« (erlaubtes Mehrtun, P. IV q.28 m.1; Sent. III d.34 a.1 q.3 ad 4). Für die Summa virtutum (coll. 85 a.1) ist M. nicht auf dianoet. Tugenden anwendbar (anders Thomas v. Aquin, S. th. I–II 64, 3; De virt. 13; zu M. als Höchstmaß und richtigem Plan, S. th. I–II 64, 1f.; zur Anwendung des arithmet. und geometr. Mittels auf die Gerechtigkeit, De virt. 13 ad 7). Die virtutes theol. befinden sich nicht in der M. von Extremen (S. th. I–II 64, 4; De virt. 13); so auch Alexander v. Hales und Bonaventura. Zu M. in Ontologie und Kosmologie s. Parmenides (VS 28B8, 44; 12, 3); zum Kernfeuer der Pythagoreer 44B7. In übertragener Bedeutung ist Gott die M. von allem (Nikolaus v. Kues, De docta ign. II n. 156; vgl. Ps.-Arist., De mundo 401a 29); principium, medium, finis sind trinitar. gedeutet bei Nikolaus v. Kues (De ven. sap. n. 92, 13; pythagoreisch: Aristoteles, De caelo 268a10ff.; Platon, Leges 71 5e7ff.; Proklos, In Parm. VI 1113). K. Bormann

Lit.: HWP V, s. v. Mesotes, 1158–1161 [H. Ottmann]; s. v. M., 1421–24 [H. Röttges] – H. Kalchreuter, Die Mesotes vor und bei Arist., 1911 – R. Klingseis, Das aristotel. Tugendprinzip der richtigen M. in der Scholastik, DT 7, 1920, 33ff.; 8, 1921, 1ff. – H. J. Krämer, Arete bei Platon und Arist., 1967².

Mittel griech. διά τινος, τὰ πρὸς τὸ τέλος, ὄργανον, lat. auch medium: a) Mittleres hat nicht notwendig gleichen Abstand von den Extremen (Thomas v. Aquin, De ver. 4, 1 ad 3 u. 4). »Zur Vereinigung von Körpern sind immer zwei M.glieder erforderl.« (Platon, Tim. 32b2f.), von Nikolaus v. Kues umgeformt als allg. Regel für entgegengesetzte Einheiten (De coni. I n. 13, 5ff.). b) Mittleres zw. Wirkendem und Erleidendem ist alles, wodurch das agens wirkt. Es kann dem agens oder dem patiens näher sein, sich aber auch genau in der Mitte befinden. Die Form als medium ist immer dem agens näher. Gott der Sohn als verbum und formendes Prinzip ist »medium inter patrem creantem et creaturam factam per verbum« (Thomas v. Aquin, De ver. 4, 1 ad 3 u. 4; vgl. Philon v. Alexandria, Cher. 127: Der Logos ist Werkzeug Gottes bei der Weltschöpfung; ferner Jo 1, 3: »omnia per ipsum facta sunt«). Zu Form oder Urbild als M. vgl. Seneca, ep. 65, 13. Causa instrumentalis Gottes zum Bewirken der Gnade sind die Sakramente (Thomas v. Aquin, S. th. III 62, 1 und 5). Über die Zweitursachen als M. der Erstursache in geordneten Ursachereihen →Kausalität. c) Arithmet., geometr., harmon. M. waren schon den Pythagoreern (→Pythagoras) bekannt (VS 18, 15; 47 B2). d) Medium im →Syllogismus ist der M.begriff, definiert von Arist., An. pr. 25b35. ὄργανον für etwas sind bei Arist. (part. an. 645b14ff.) auch Körperteile, in eminenter Weise die Hand (De an. 432a1 u. a.); der Leib ist ὄργανον der Seele. Ps.-Arist., Probl. (im 13.–15. Jh. viermal ins Lat. übers.) 955b 23ff.: Der Verstand ist M. der Seele, M. des Verstandes ist das Wissen; wichtiges M. der Erkenntnis ist, die Konsequenzen entgegengesetzter Voraussetzungen zu überblikken (Top. 163b9ff.). Arist. zur Handlungspsychologie: Die βούλησις (rationales Wünschen) richtet sich auf das Ziel (EN 1111b26); die Mittel zum Ziel sind Gegenstand der βούλευσις (Überlegung) und der προαίρεσις (vorzugebende Wahl); die Wahl eines bestimmten M.s löst die Handlung aus (EN 1139a31). Zum hier angesprochenen prakt. →Syllogismus vgl. De motu an. 701a 7ff. Die lat. Aristoteliker verstehen βούλησις als voluntas und verwenden zusätzl. Augustinus' Unterscheidung uti-frui (vgl. O. Lottin). Drei Willensakte beziehen sich auf die M.: eligere, consentire, uti; der electio geht das consilium voraus (Thomas v. Aquin, S. th. I–II 13–16). Uti folgt als actus voluntatis auf die electio: Willentl. Verwendung von M.n zwecks Erlangen des Zieles. K. Bormann

Lit.: HWP V, s. v. Mittel, 1431–1439 [A. Hügli] – O. Lottin, La psychol. de l'acte humain chez Saint Jean Damascène et les théologiens du XIIIᵉ s. occidental (Psychol. et morale du XIIᵉ et XIIIᵉ s., I, 1957), 393–424.

Mittelalter

I. Begriff – II. Raum – III. Epoche.

I. Begriff: Die Vorstellung von einem mittleren Zeitalter, das die als klass. empfundene lat. Antike von der Gegenwart oder NZ trennte, entstand bei den Humanisten des 14. und 15. Jh. (→Humanismus, A. II). Diese Vorstellung hatte zunächst einen rein ästhet., auf die Gegenstände der Sprach- und Literaturgesch. bezügl. Inhalt; für die Gliederung der allg. oder Weltgesch. behielten die Humanisten die traditionelle Zweiteilung in jüd.-heidn. Altertum und neuere chr. Zeit oder andere ältere Vorstellungen wie die Folge der vier Weltreiche (→Historiographie, →Translatio imperii), in Frankreich auch die der drei Kg.sdynastien bei. Die Erweiterung des ästhet. Begriffs zu einem allg. hist. begann, als der Leidener Historiker Georg Horn 1666 die Kirchengesch., dann der Hallenser Christoph Cellarius 1688 die Gesch. überhaupt erstmals nach dem Drei-Perioden-Schema »Altertum – MA – NZ« gliederte. Seinen Erfolg verdankte dieses Schema der Säkularisierung des geschichtl. Denkens durch die Aufklärung, die in der Periodenfrage der Christianisierung des röm. Reiches durch Ks. Konstantin d. Gr. mehr Gewicht beilegte als der Offenbarung des christl. Glaubens durch Jesus Christus. Es kam hinzu, daß in den großen europ. Kriegen von 1700–21 das Osman. und das Russ. Reich, also die muslim. und die gr.-orthodoxe Großmacht, endgültig in das polit. System des europ. Gleichgewichtes eintraten, ein Vorgang, der es nahelegte, das röm.-kath. Abendland als Schauplatz der Weltgesch. durch den Erdteil Europa zu ersetzen. Der im Zusammenhang damit etablierte neue Begriff vom MA erwies sich freilich sehr rasch als problemat. Insbes. hängt seine zeitl. und räuml. Begrenzung von einer Erkenntnis des »Wesens« der ma. Kultur ab. Diese entzieht sich jedoch hartnäckig einer wiss. Begründung.

II. RAUM: Setzt man, wie es der Entstehung des Begriffs entspricht, voraus, daß das MA des Bezugs auf ein vorangegangenes, seine Ursprünge bedingendes Altertum bedurfte, aus dem es sich in wiederholten Renaissancen zu erneuern vermochte, um auf diesem Wege schließl. die NZ oder die moderne Welt aus sich hervorzubringen, so beschränkt sich der Schauplatz auf das kath. Abendland in dem bis 1517 bewahrten Umfang, denn nur dessen Völker besaßen dank des nie erloschenen Gebrauchs des Lat. als Literatur- und Wissenschaftssprache einen unmittelbaren Zugang zur röm. Lit. der Antike und waren daher renaissancefähig. Diese Fähigkeit ging den gr.-orthodoxen Völkern SO- und O-Europas ab: den Byzantinern deshalb, weil ihr klass. Altertum, das altgriech. war und bereits der Attizismus des 1. und 2. Jh. n. Chr. ihr Verhältnis zu diesem in unveränderl., jede Entwicklung ausschließender Weise festgelegt hatte (→Byz. Literatur); den ostslav. deswegen, weil ihre ersten Missionare, →Konstantin und Method, im 9. Jh. das Slav. zur Schrift- und Kirchensprache erhoben und durch ihre Übersetzertätigkeit den sprach- und literaturgeschichtl. Zusammenhang der ostslav. Kirchen mit der Antike unterbrochen hatten. Vom gr. und russ. MA kann daher nur in einem übertragenen Sinne gesprochen werden, wie denn auch diese Länder an kaum einem der zur zeitl. Begrenzung des lat. MA gebräuchl. Ereignisse oder Vorgänge teilhatten. Die Erforschung ihrer Gesch. ist daher nicht Aufgabe der (lat.) Mediävistik, sondern der mit den entsprechenden Philologien verbundenen Fächer Byzantinistik und Osteurop. Gesch. Da das wiss. Interesse für Byzanz seit dem 16. Jh. aus dem Studium des klass. Altertums hervorgegangen ist, hat die Byzantinistik bis an die Schwelle der Gegenwart als Teilgebiet der klass. Philologie gegolten; erst die Entstehung einer byz. Diplomatik seit der Mitte des 19. Jh. hat von dort eine Brücke zur lat. Mediävistik geschlagen. An solcher aus der Praxis der Forsch. entstandenen Kombination der Fachwiss. Mediävistik mit bestimmten Hilfswiss.en findet der Forschungsgegenstand MA seinen festesten Halt. Zugleich beschränkt sich damit dessen eigtl. Schauplatz auf »Alteuropa«, d. h. auf die Gruppe derjenigen Länder des Okzidents, die sich seit dem 13. Jh. in zunehmendem Maße von den anderen Kulturwelten der Erde abhoben, um den Durchbruch zur modernen Welt vorzubereiten (O. BRUNNER).

III. EPOCHE: Was die zeitl. Grenzen anlangt, so ergaben sich unterschiedl. Stichjahre je nachdem, wie man das Wesen des MA bestimmte. Erkannte man es in der ungeteilten Christlichkeit des Abendlandes, so drängten sich als Anfang die »konstantin. Wende« (das Toleranzedikt v. 313) und als Ende das Reformationsjahr 1517 auf. Setzte man das Wesen dagegen in die polit. Ordnung der vom ksl.-päpstl. Universalismus überwölbten nat. Kgr.e, so ergaben sich als Anfang entweder der Vorstoß der →Hunnen i. J. 375, der mit der Völkerwanderung die Entstehung der roman.-germ. Nationen einleitete, oder der Sturz des weström. Kaisertums i. J. 476, als Schlußjahr dagegen der Zug Kg. →Karls VIII. v. Frankreich (15. K.) nach Italien i. J. 1494, der das nz. europ. Staaten- und Gleichgewichtssystem ins Leben rief. Nahm man schließl. als Wesen des MA die geschlossene kontinentale Gemeinschaft der roman.-germ. Völker im Gegensatz einerseits zur Mittelmeerkultur der Antike, andererseits zur Weltkultur der NZ an, so folgten als Beginn des MA die Jahre 635–650, in denen die →Araber das Mittelmeer zur Grenze Europas machten, als Ende aber die Entdeckung Amerikas i. J. 1492.

Auf neue Weise stellte sich das Problem seit dem Ende des 19. Jh. in dem Maße, wie wirtschafts-, sozial- und kulturgesch. Betrachtungsweisen in der Geschichtswiss. um sich griffen und zu dem Versuch führten, das Wesen des MA durch den Nachweis einer typ. Gesellschaftsformation des →Feudalismus zu bestimmen. Damit war der Verzicht auf die Suche nach bestimmten Grenzjahren verbunden; an die Stelle trat die Aufgabe, am Anfang und am Ende des MA Zeiträume des Übergangs zu den angrenzenden Formationen abzustecken. Hier ist die Forsch. voll im Fluß. Für den Übergang vom Altertum zum MA bestimmt die maßgebl. von A. DOPSCH 1918/20 formulierte Kontinuitätstheorie die Diskussion (→Kontinuität); neuerdings konnte mit Blick auf die konstantin. Wende gesagt werden: »Das 'Mittelalter' – wenn diesem negativen, rezenten Begriff überhaupt irgendetwas Wirkliches entspricht – muß um mindestens vier Jahrhunderte jünger gemacht werden« (J. DURLIAT 1990). Was den Übergang zur NZ anlangt, so stehen die Renaissanceforsch. und die nationalökonom. Theorie von der →Agrarkrise des SpätMA im Mittelpunkt der Überlegungen. Nachdem J. BURCKHARDT 1860 zum ersten Mal das Wesen der Renaissance als Kulturerscheinung am Beispiel ihrer it. Blütezeit von 1400–1525 bestimmt hatte, war der Wiss. die Aufgabe gestellt zu ermitteln, welche Anteile an deren Entstehung dem Altertum und dem MA zukamen. H. THODE leugnete 1885 den maßgeblichen Einfluß der Antike und meinte, bereits →Franziskus v. Assisi, jener typ. Vertreter ma. Religiosität, habe mit seiner freudigen Hinwendung zum Menschen und zur göttl. Schöpfung nicht nur die Befreiung des Individuums aus den Schranken ma. Kirchlichkeit vorbereitet, sondern auch den schon bei →Giotto di Bondone hervortretenden neuen Realismus erweckt, auf den die Renaissance der Künste fußte. Wirksamer als dieses Pauschalurteil waren konkrete Einzelunters. wie die von É. BERTAUX am →Castel del Monte, der von Ks. Friedrich II. in Apulien errichteten Burg, die als vorzeitiges und bereits vollkommenes Denkmal einer Renaissance antiker Kunst galt, bevor BERTAUX 1903 nachwies, daß die wesentl. Konstruktionsmerkmale aus der Architektur der frz. Gotik übernommen worden waren, während die Bauplastik bereits in gelehrten Zitaten antike Motive aufnahm. Auf diesem Wege schreitet die Forsch. seither fort.

Als Epoche bieten sich die mit der Dichterkrönung von 1341 beginnende Wirksamkeit des Francesco →Petrarca und das mit dem Tode des Simone →Martini (1344) einsetzende Intervall in der Entwicklung der Malerei an. Die zur gleichen Zeit, nämlich um die Mitte des 14. Jh., manifest werdende Agrarkrise verweist dagegen auf den endgültigen Zusammenbruch der dem MA eigentüml. Wirtschaftsweise (→Hauswirtschaft, geschlossene; →Naturalwirtschaft), auf der der Feudalismus beruhte; zugrunde lag der Übergang zur marktorientierten Wirtschaftsweise »Alteuropas«, die in SpätMA und früher NZ, dem Zeitalter des Ständestaates, den Durchbruch der modernen Welt vorbereitete (→Frühkapitalismus). Nimmt man hinzu, daß E. TROELTSCH bereits 1906 den traditionellen ma. Charakter von Luthers und Calvins Altprotestantismus hervorgehoben und dem aufgeklärten des späteren Neuprotestantismus gegenübergestellt hat, so zeichnet sich für das Ende des MA der Übergangszeitraum vom 14. bis zum 17. Jh. ab, den E. HASSINGER 1957 erstmals als solchen beschrieben hat.
E. Pitz

Lit.: L. v. RANKE, Über die Epochen der neueren Gesch. [1854/55], hg. A. DOVE, 1888, 1921⁸ [Neudr. e seit 1954] – J. BURCKHARDT, Die Kultur der Renaissance in Italien, 1860, 1927¹⁶, Gesamtausg. Bd. 5, 1930 – H. THODE, Franz v. Assisi und die Anfänge der Kunst der Renaissance in Italien, 1885, 1934⁴ – É. BERTAUX, L'art dans l'Italie méridionale, I–III, 1903, 1968²; IV-VI: Aggiornamento dell'opera di É. BERTAUX sotto la direzione di A. PRANDI, 1978 – E. TROELTSCH, Die Bedeutung des Protestantismus für die Entstehung der modernen Welt, HZ 97, 1906; Beih. 2 der HZ, 1924³ – H. SPANGENBERG, Die Perioden der Wirtschaftsgesch., HZ 127, 1923 – W. VOGEL, Über den Rhythmus im geschichtl. Leben des abendländ. Europa, HZ 129, 1924 – G. v. BELOW, Über hist. Periodisierung, 1925 – G. OSTROGORSKY, Die Perioden der byz. Gesch., HZ 135, 1927 – E. R. CURTIUS, Europ. Lit. und lat. MA, 1948, 1978⁹ – O. HALECKI, The Limits and Divisions of European Hist., 1950 [dt.: 1957] – W. NÄF, Frühformen des »modernen« Staates im SpätMA, HZ 171, 1951 – O. HALECKI, Borderlands of Western Civilization, 1952 [dt.: 1957]; dazu W. SCHLESINGER, JGMODtl 9/10, 1961, 424–428 – E. HASSINGER, Das Werden des nz. Europa 1300-1600, 1959, 1964² – OSTROGORSKY, Geschichte³, 1–18 – O. BRUNNER, Neue Wege der Verfassungs- und Sozialgesch., 1968² – J. Voss, Das MA im hist. Denken Frankreichs, 1972 – K. ZERNACK, Osteuropa. Eine Einführung in seine Gesch., 1977 – ST. SKALWEIT, Der Beginn der NZ. Epochengrenze und Epochenbegriff, 1982 – U. NEDDERMEYER, Das MA in der dt. Historiographie vom 15. bis zum 18. Jh., 1988 – H.-D. KAHL, Was bedeutet: »MA«?, Saeculum 40, 1989, 15–38 – B. SCHIMMELPFENNIG u. a., Renaissance, Protorenaissance ... (Kontinuität und Transformation der Antike im MA, 1989), 383–390 [Lit.] – J. DURLIAT, Les finances publiques de Dioclétien aux Carolingiens (284–889), 1990 – K. KASER, Südosteurop. Gesch. und Gesch.swiss. Eine Einführung, 1990, 155–171.

Mittelenglische Literatur, Bezeichnung für die engl. Lit. zw. ca. 1100 und ca. 1500. Als Folge der norm. Eroberung von 1066 sprachen Kg.shof und Oberschicht frz. und förderten dementsprechend die frz. Lit. (→Anglonorm. Lit.); die Sprache der Kirche und der Gelehrsamkeit war Lat. Für die engl. Lit. blieb zunächst nur begrenzter Raum, v. a. in Form religiöser Unterweisung für das Volk (→Geistl. Dichtung, IV, 2; →Bibeldichtung, IV). Eine erste Blüte erlebte die me. Lit. dann aber bereits um 1200 mit Dichtungen wie →Laȝamon's »Brut« und »The →Owl and the Nightingale« sowie den religiösen Prosatexten der →»Katherine«-Gruppe und der →»Ancrene Riwle«. Mit dem Rückgang des Frz. und dem Wiederaufstieg des Engl. ab der 2. Hälfte des 13. Jh. eroberte sich auch die me. Lit. neue Bereiche, z. B. erschienen die ersten me. →Romanzen. Ihren Höhepunkt erreichte die me. Lit. dann in der 2. Hälfte des 14. Jh. mit den Dichtern Geoffrey →Chaucer, John →Gower, William →Langland sowie dem →»Pearl«-Dichter, von dem auch die Romanze →»Sir Gawain and the Green Knight« stammt (vgl. auch →Alliteration, C. IV). In dieser Zeit entstand ferner die →Wycliff-Bibel (s. a. →Lollarden). Das 15. Jh. gilt demgegenüber oft als Epigonenzeit mit →Chaucernachfolgern wie Hoccleve, →Lydgate, →Dunbar, →Henryson usw. Doch gibt es auch aus dem 15. Jh. herausragende Werke wie Sir Thomas →Malorys großen Prosaroman »Morte Darthur«. Im 14./15. Jh. blühte zudem das me. →Drama (VI). →Lyrik (3, b) ist aus der ganzen me. Zeit überliefert; aus dem 12. Jh. allerdings erst sporad. (s. a. →Lied [II]; →Mariendichtung). Nicht zu vergessen sind ferner die me. Geschichtsschreibung (→Chronik, G. III), Fachlit. (→Lehrhafte Lit., XII) und die Briefslg. en des 15. Jh. (→Brief, B. IV).
H. Sauer

Bibliogr.: NCBEL I – ManualME – Lit.: J. A. W. BENNETT–D. GRAY, ME Lit., 1986 – W. R. J. BARRON, Engl. Medieval Romance, 1987 – →Engl. Lit.

Mittelenglische Sprache. Als Me. bezeichnet man die engl. Sprache zw. ca. 1100 und ca. 1500 (bis ca. 1300: Frühme., bis ca. 1400: Blütezeit, bis ca. 1500: Spätme.). Im Me. machte das Engl. tiefgreifende Wandlungen durch. Die unbetonten Endvokale und damit auch viele Flexionsendungen wurden abgeschwächt und fielen schließl. ganz weg, so daß auch die alten Deklinationsklassen weitgehend untergingen; dafür wurde die Wortstellung fest (Subjekt–Prädikat–Objekt) und man verwendete verstärkt Präpositionen, so daß sich der Sprachtyp vom synthet. zum eher analyt. wandelte; im hem. Wortschatz wurden viele Wörter einsilbig. Für den Wortschatz ist ferner die Übernahme zahlreicher frz. Lehnwörter charakterist. (infolge der norm. Eroberung von 1066), wodurch er zu einem germ.-roman. Mischwortschatz wurde; ein Teil des ae. Wortgutes starb aus. Nach der norm. Eroberung ging auch die spätwestsächs. Standardsprache unter und die einzelnen Dialekte traten zunächst gleichberechtigt nebeneinander. Für das Me. unterscheidet man gewöhnl.: s. (sw.), sö. (kentisch), west- und ostmittelländ., n. – z. T. sind noch feinere Unterteilungen mögl.; z. B. sind die frühme. →»Ancrene Riwle« und die →»Katherine-Gruppe« in der westmittelländ. AB-Sprache geschrieben. Ab dem späteren 14. Jh. bildete sich allmähl. wieder eine Standardsprache heraus, und zwar auf der Grundlage der Sprache Londons, die ihrerseits vom (ost-)mittelländ. Dialekt beeinflußt war.
H. Sauer

Bibliogr.: J. FISIAK, A Bibliogr. of Writings for the Hist. of the English Language, 1987² – M. TAJIMA, Old and ME Language Stud., 1988 – Lit.: A. MCINTOSH u. a., A Linguistic Atlas of Late Medieval English, 4 Bde, 1986–87 – →Ae. Sprache; →Engl. Sprache.

Mittelfranzösische Literatur → Französische Literatur

Mittelfranzösische Sprache → Französische Sprache

Mittelhochdeutsche Literatur → Deutsche Literatur

Mittelhochdeutsche Sprache → Deutsche Sprache

Mittellateinische Sprache und Literatur → Lateinische Sprache und Literatur

Mittelmeerhandel. [1] *Allgemein:* Die Entwicklung des M.s im MA ist durch zwei Grundtatsachen gekennzeichnet: Zum einen folgte einer Periode des Rückganges des M.s während der Merowinger- und Karolingerzeit seit der 2. Hälfte des 10. Jh. eine Phase der Expansion, die, zwar unterbrochen von Krisen, sich bis zum Ende des MA fortsetzte; zum anderen trat der Orient, der in den ersten Jahrhunderten des MA im M. dominierte, seine aktive Rolle seit ca. 1000 zunehmend an den Westen ab.

[2] *Frühmittelalter (5. Jh.–ca. 950):* Im FrühMA hatte der wirtschaftl. Rückgang im westl. Mittelmeer einen Verfall des Handelsaustausches zur Folge. 'Syrische' Kaufleute

exportierten →Seide und →Gewürze aus dem Fernen Osten sowie ägypt. →Papyrus bis nach Gallien, während Juden und 'Levantiner' (→Levante, -handel) in den Haupthäfen tätig waren. Als Träger dieses →Fernhandels erwiesen sich insbes. die jüd. Rhadaniten (→Juden, -tum, A.IV), die um 850 ein weiträumiges Netz von Handelsbeziehungen knüpften, das von Südfrankreich und Spanien bis nach →Indien und →China reichte. Während die Einfuhr östl. Luxusgüter ins Abendland, das eine durchgreifende Verknappung an →Gold und →Silber erfuhr, erfolgte, wurden Salz, Holz, Sklaven und Metalle im Gegenzug exportiert. Ein lokaler Handel mit Agrarprodukten blieb erhalten (Küstenschiffart: Provence, Languedoc, Iber. Halbinsel). In Spanien bestanden größere Handelsbeziehungen nur über →al-Andalus. Luxuswaren für chr. Kg.shöfe sowie weltl. und geistl. Große gelangten im Austausch gegen Sklaven aus dem östl. Frankenreich und den Slavenländern auf der 'via merchanderia' über die Pyrenäenpässe ins omayyad. Spanien. Die Muslime Spaniens strebten offenbar nach Kontrolle über den Handel im westl. Mittelmeer (Eroberung der →Balearen, Errichtung des Stützpunkts →Fraxinetum in der Provence).

Im Bereich Italiens (→Italien, B) spielten nur noch diejenigen Regionen, die in Kontakt mit dem →Byz. Reich und seinem Einzugsgebiet geblieben waren, eine aktive Rolle; →Venedig verzeichnete seit dem 9. Jh. einen bemerkenswerten Aufschwung des Handels und der Handelstechniken (vgl. das Testament des Dogen Giustiniano →Partecipazio, 829); auch die unterit. Hafenstädte wie →Neapel, →Gaeta, →Bari und namentl. →Amalfi hielten die Beziehungen mit dem Osten aufrecht. Nicht zuletzt durch Rompilger gelangten auf der 'via Francigena' die von it. Kaufleuten importierten Luxusgüter (Seidenstoffe, Gewürze, Kunstgegenstände) in die westl. und zentralen Länder des Frankenreichs. Die von H. PIRENNE aufgestellte These eines Abbruchs des M.s infolge der arab. Eroberungen ist somit nicht zutreffend; der Handel wurde in jedoch nur bescheidenem Ausmaß fortgeführt, mit klarem Übergewicht der Importe aus dem Osten.

Im Gegensatz zum wirtschaftl. Niedergang des Abendlandes verfügte die byz. und muslim. Welt weiterhin über eine Reihe blühender Hafenstädte (u. a. →Konstantinopel, →Thessalonike, →Trapezunt und →Cherson; →Alexandria, →Damaskus, →Aleppo und →Antiochia), kannte entwickelte Handelstechniken (Kreditwesen, Handelsgesellschaften auf Familienbasis, Bildung von Etappenorten: *funduq*, it.: *mitata*) und war entscheidend geprägt von der aktiven Rolle des Staates, der Handel und Gewerbetätigkeit zugleich anregte und kontrollierte. Bis zur arab. Eroberung von →Ägypten (639–642) beruhte die Lebensmittelversorgung Konstantinopels wesentl. auf den jährl. Getreidelieferungen aus Ägypten (→annona); →Seide und andere Waren aus dem Fernen Osten erreichten Byzanz über das Rote Meer und vielleicht über Trapezunt (→Handel, B). Nach dem 7. Jh. bezog Konstantinopel die Seide von arab. Kaufleuten, während die →'Waräger' →Honig, →Wachs und →Pelze über den Schwarzmeerraum heranführten.

Im muslim. beherrschten Mittelmeerraum war der (noch aktivere) Handelsverkehr begünstigt durch die bis ca. 960 bestehende arab. Seeherrschaft. Er beruhte nicht nur auf lokaler Eigenproduktion (Weizen, ägypt. Papyrus, Früchte und Öl aus dem Nahen Osten, Häute und Perlen aus Arabien), sondern verstärkt auf Importwaren afrikan. (Gold, Elfenbein, Sklaven, Gewürze, Holz, Früchte) und fernöstl. Provenienz; für diesen weiträumigen Fernhandel waren die Araber (→Araber, III) die unab-

dingbaren Zwischenhändler. Nach der Unterwerfung Ägyptens durch die →Fatimiden (969) begannen →Kairo und Alexandria als große Emporien, den Häfen am Pers. Golf erfolgreich Konkurrenz zu machen.

[3] *Hochmittelalter (ca. 950–ca. 1270):* Seit der Mitte des 10. Jh. vollzog sich im gesamten Mittelmeerraum eine Wandlung hin zu einer dynamischeren, durch intensiven Handelsaustausch geprägten Wirtschaft *(économie d'échanges).* Auf dem Höhepunkt dieser Entwicklung drängten Italiener und Katalanen die byz. und muslim. Kaufleute allmähl. in den Hintergrund. Im westl. Mittelmeer ermöglichte ein 940 geschlossener Friede den Handelsschiffen der Christen die sichere Fahrt zu den Häfen Andalusiens. Das Zollregister v. Jaca in Aragón (um 1080–90) belegt Handel mit Wollstoffen, Seidenwaren, Leinwand, Metallen, Waffen und Pfeffer über die Pyrenäenpässe. In →Kastilien belebten die von den Taifenreichen (→Mulūk aṭ-ṭawā'if) den chr. Herren entrichteten Tribute (→Parias) den Handelsverkehr der Grenzstädte. Im katal. →Barcelona bildete sich seit dem späten 12. Jh. eine Gruppe von Großkaufleuten und Reedern, die ihr Handelsnetz bald auf Kastilien, →Granada, die →Provence, →Sizilien, das nordafrikan. Reich v. →Tlemsen und den Orient ausdehnte. Auch→Valencia, →Lérida und→Tortosa entwickelten Handelsaktivitäten.

In Italien erlangten →Genua und →Pisa, infolge der gegen die Sarazenen durchgeführten Rückeroberungszüge, Zollprivilegien in Nordafrika (→Afrika, II) und bauten schließl. Handelskolonien in →Ceuta, Bugia und →Tunis auf. Auch nutzten sie die Ressourcen der Provence (Salzgewinnung, Getreide). Bei der Expansion der it. Seestädte in den östl. Mittelmeerraum waren Venedig und Amalfi den Genuesen und Pisanern vorangegangen (→Flotte, B. VI). Amalfi besaß feste Handelsniederlassungen in Konstantinopel (seit den Jahren um 940) und Ägypten (seit ca. 970). Die durch den Salzhandel reich und mächtig gewordenen Venezianer bauten ihre Beziehungen mit Byzanz immer stärker aus, bis sie 1082 völlige Zollfreiheit erreichten.

Die Kreuzzüge haben die bereits bestehenden Handelsbeziehungen ledigl. erweitert; sie ermöglichten den it. Seerepubliken die Schaffung eigener Viertel (→Fondaco) und den Erwerb großer Zollprivilegien in den eroberten Städten Syriens und Palästinas. Genua lenkte einen Großteil seiner Investitionen in die 'Kreuzfahrerstaaten', während Pisa die Beziehungen mit Ägypten favorisierte und Venedig seine Position im Byz. Reich mächtig ausbaute, bis Byzanz 1171 mit der Vertreibung der Venezianer reagierte.

Im 12. Jh. wurde der M. weitgehend durch die Aktivitäten der it. Kaufleute belebt; es bestand eine Verbindung über →Alpenpässe und Rhônetal zu den →Champagnemessen. Zugleich aber strebten die Träger des M.s, z. T. in heftigen Auseinandersetzungen, nach einer Überwindung der ihnen in Byzanz und Ägypten noch auferlegten Einschränkungen, um so den direkten Zugang zu den Gütern des Orients zu gewinnen.

Im 13. Jh. führten das Vordringen der →Mongolen, die Öffnung des →Schwarzen Meers für die abendländ. Händler, der Sturz des Kalifats der →Abbasiden und die Herrschaft der →Mamlūken in Ägypten zu einer Umwälzung der bisherigen Handelsbeziehungen. Die it. Seestädte dehnten ihre Vorherrschaft auf die Gesamtheit des Mittelmeerraums aus. Genua verwirklichte 1277 die erste regelmäßige Verbindung mit Flandern und England durch die Straße v. →Gibraltar, hierin bald gefolgt von Venedig, dessen Konvoi-System *(mude)* am Ende des

13. Jh. etabliert wurde. Der Verlust der frk. Besitzungen in Syrien und Palästina (1291 Fall →Akkons) wurde ausgeglichen durch die Gründung neuer Handelskolonien im Schwarzmeerraum (→Caffa, →Trapezunt), die den it. Kaufleuten den Weg nach Asien öffneten (Reisen Marco →Polos). Diese verschafften sich andererseits durch Gründung von Faktoreien im gesamten Maghreb Zugang zum Gold des Sudans. Die päpstl. →Embargos gegen den Sarazenenhandel wurden rasch umgangen und verloren nach 1350 an Schärfe. Der Handelsaustausch hatte in dieser Zeit einen hochgradig komplexen Charakter angenommen: Die abendländ. Kaufleute exportierten in den Osten Tuche und Leinwand, Öl, Wein und Metallwaren; sie importierten Gewürze, Seidenstoffe, Farbstoffe, aber auch Getreide, Honig, Wachs und Pelze, wobei sie sogar als Zwischenträger zw. den großen Ländern des Ostens fungierten und dadurch hohe Profite erzielten. Nach allg. Auffassung wurde in den Jahren um 1290 der Höhepunkt des M.s erreicht.

[4] *Spätmittelalter:* Die Krisen des SpätMA beeinflußten das Volumen des M.s negativ, doch nicht seine Grundstrukturen. Im westl. Mittelmeer vollzog sich der Handelsaufschwung des (nun größenteils unter Herrschaft Kastiliens stehenden) Andalusien simultan zum Aufstieg Kataloniens. →Sevilla, →Cádiz und die Häfen am →Guadalquivir bildeten den Kreuzungspunkt zw. Mittelmeerraum und Afrika. Genuesen, Katalanen und Toskaner beherrschten hier einerseits die Ausfuhr von Metallprodukten, Wolle, Öl und Früchten, andererseits die Einfuhr von Textilien, während sich die Kastilier für die Ressourcen Westafrikas und der Kanar. Inseln (→Atlant. Inseln) zu interessieren begannen: Gold, Sklaven, Häute, Farbstoffe. Der katal. Handel erreichte seinen Höhepunkt um 1420–30. Die Unternehmer aus →Barcelona, →Valencia und →Mallorca (→Balearen) importierten gleichermaßen Tuche aus dem Gebiet nördl. der Alpen und aus Italien, Orientwaren, →Getreide aus →Sizilien, im Gegenzug exportierten sie Lebensmittel, Öl, Wolle und Metall. Sie bekämpften, v. a. nach der Eroberung des Kgr.es →Neapel durch die Krone Aragón, die starke Konkurrenz der Genuesen.

Die it. Kaufleute waren überall vertreten. Im Maghreb interessiert am Einkauf von Häuten, Wolle und Gold, exportierten sie im Gegenzug Tuche und Leinwand aus Westeuropa. In ihren Händen lag der Handel mit Salz aus Ibiza wie mit Öl und Früchten aus Andalusien. In Languedoc und Provence schlugen sie Salz, Getreide, Tuche und Leinwand gegen die Güter des Orients um. Venedig dominierte mit seinem Salzhandel an der Küste →Dalmatiens. Die Firmen der Florentiner (→Florenz, B), deren Schwerpunkt das Bank- und Wechselgeschäft war, handelten darüber hinaus mit allen am Markt befindl. Gütern. Das östl. Mittelmeerbecken war ein Gebiet heftiger Konflikte zw. Genuesen, Venezianern und Katalanen. Die Genuesen unternahmen große, aber nicht immer erfolgreiche Anstrengungen zur Beherrschung des Schwarzmeerhandels (Getreide, Salz, Fisch, Wachs, Pelze). Sie erzwangen gleichsam ein Monopol des Alaunhandels (→Alaun), bis zur Entdeckung der Alaunminen v. Tolfa. Die Venezianer errangen im großen Levantehandel die Spitzenstellung (v. a. Export westeurop. Textilien, Gewürzimport). Der M., der im SpätMA bereits quasikolonialen Charakter annahm (westl. Fertigprodukte gegen östl. Rohstoffe), ließ neben Venezianern und Genuesen auch Kaufleute aus Barcelona, Florenz, Ragusa, Ancona, Marseille, dem Languedoc und sogar aus Frankreich (Jacques →Coeur) partizipieren.

Einige dieser Kaufleute richteten einen Teil ihrer Aktivitäten jedoch auf den Atlantik, so daß der Mittelmeerraum nun gleichsam zu einem Experimentierfeld für die atlant. Expansion wurde. M. Balard

Lit.: →Levantehandel, →Handel – R. LOPEZ–I. W. RAYMOND, Medieval Trade in the Mediterranean World, 1955 – J. HEERS, Gênes au XVe s., 1961 – F. MELIS, Aspetti della vita economica medievale (Studi nell'Archivio Datini di Prato, 1962) – CH.-E. DUFOURCQ, L'Espagne catalane et le Maghrib aux XIIIe et XIVe s., 1966 – C. MANCA, Aspetti dell'espansione economica catalano-aragonese nel Mediterraneo occidentale, 1966 – C. CARRÈRE, Barcelone centre économique à l'époque des difficultés 1380–1462, 2 Bde, 1967 – M.-E. MALLETT, The Florentine Galleys in the 15th Cent., 1967 – Y. RENOUARD, Les hommes d'affaires italiens du XIIIe au XVe s., 1968 – F. LANE, Venice. A Maritime Republic, 1973 – C. BATTLE, Barcelona a mediados del siglo XV, 1976 – CH.-E. DUFOURCQ–J. GAUTIER-DALCHÉ, Hist. économique et sociale de l'Espagne chrétienne, 1976 – J. HOCQUET, Le sel et la fortune de Venise, 2 Bde, 1978 – R. DELORT, Le commerce des fourrures en Occident à la fin du MA, 2 Bde, 1979 – H. BRESC, Un monde méditerranéen. Économie et société en Sicile 1300–1450, 2 Bde, 1986 – J. GUIRAL-HADZIIOSSIF, Valence, port méditerranéen au XVe s. (1410–1525), 1986 – M. A. LADERO QUESADA, Granada. Hist. de un país islamico (1232–1571), 1989.

Mittelniederdeutsche Literatur → Niederdeutsche Literatur

Mittelniederdeutsche Sprache → Deutsche Sprache, IV

Mittelniederländische Literatur. Dem Artuszyklus entnommene Taufnamen, die in Genter Urkk. aus dem 2. Jahrzehnt des 12. Jh. vorkommen (Iwein 1117, Walewein 1118), bezeugen eine Lit. in der Volkssprache um 1100 in Flandern. Die ältesten mndl. Texte datieren jedoch erst aus dem Ende des 12. Jh. und stammen aus der Maas-Rhein-Gegend. Dazu rechnet man u. a. das Fragment »Van den nehher Wisselau« und die Bruchstücke des sog. »Trierer Floyris«, aber erst das Werk des aus der Gft. Loon gebürtigen Hendrik van Veldeke (→Heinrich [148. H.]) ist genauer datierbar (um 1174). Das Gedicht »Van Sente Brandane« über die neunjährige Meerfahrt, die der ir. Hl. als Strafe für seinen Unglauben vollbringen mußte, beruht auf einer nicht überlieferten rheinländ. Vorstufe aus dem 12. Jh. Fragmentar. überlieferte Bearbeitungen afrz. Epen wie »Roelantslied« und »Renout van Montalbaen« werden dem 1. oder 2. Viertel des 13. Jh. zugerechnet, ebenso die früheste Rezeption des afrz. Artusromans in der Form von Bearbeitungen von →Chrétiens »Perceval« und der →»Vengeance Raguidel«. Der Trojastoff ist in dem vermutl. dreigliedrigen Roman des Segher Diengotgaf, teilw. nach →Benoîts »Roman de Troie«, teilw. eigener Erfindung (»Tprieel van Troyen«), vertreten; das Werk ist wahrscheinl. für den Brabanter Hof geschrieben. Die ep. Lit. des 13. Jh. ist größtenteils verlorengegangen; nur ein Karlsepos, »Karel ende Elegast«, ist vollständig überliefert; von zahlreichen anderen Ritterepen (»Aiol«, »Floovent«, »Ogier«, »Geraert van Vianen«, »Gwidekijn van Sassen« usw.) sind nur dürftige Bruchstücke erhalten, meistens in Fragmenten von Hss. aus dem 14. Jh.; nur mit dem bruchstückhaft überlieferten Epos »Willem van Oringen« (»Guillaume d'Orange«) kann der Name eines Dichters verbunden werden: Clays ver Brechten sone van Haerlem. – In den brabant. Städten blüht die Frauenmystik auf. Von →Beatrijs van Nazareth (auch B. van Tienen) ist nur ein myst. Traktat überliefert; das imposante Werk von →Hadewijch, die einem Kreis von »mulieres religiosae« (vermutl. Beginen) vorstand, besteht aus Visionen, Briefen und Liedern. Aus dem O des Sprachraumes stammen die →»Lunder Lieder«, weltl. Liebespoesie komplizierter Struktur. – Um 1250 tritt Flandern mit →Lantsloot vander Haghedochte«, einer Versbearbeitung des »Lancelot en prose«, in den Vordergrund; es folgen der vermutl. ursprgl. »Roman van Walewein« von Penninc und Vostaert und der Roman »Ferguut«, teils eine Übersetzung, teils eine Bearbeitung des afrz. »Fergus«. Ein Mäzenat des fläm. Gf. enhofs, der im allg. frankophone Dichter beauftragte, ist denkbar im Fall von »Floris ende Blancefloer« des Diederic van Assenede, der 1270 als Kleriker der Gfn. Margaretha genannt wird. »Van den Vos Reynaerde«, das Meisterwerk eines fläm. Dichters Willem (dessen »Madoc« nicht überliefert ist), wird jetzt zw. 1225 und 1275 datiert. Es ist eine Satire auf die Feudalgesellschaft, in der Reynaert, der schlaue Ratgeber des Kg.s Nobel, das Böse verkörpert. – Der fruchtbarste und vielseitigste Dichter dieser Periode ist der Flame Jacob van Maerlant (→Jakob [23.J.]), der, nachdem er sich mit seinem »Alexander«, seiner »Historie van Troyen« und einigen Artusromanen einen großen Ruf erworben hat, unter der Devise »nutscap ende waer« (Nutzen und Wahrheit) im Auftrag holländ. und seeländ. Aristokraten wichtige didakt. und hist. Werke verfaßt; in seinen stroph. Gedichten nimmt er Stellung zu aktuellen Fragen. Aus Flandern stammt wahrscheinl. auch die gereimte »Natuurkunde van het heelal«, ein kosmolog. Traktat, der, neben einem Teil von Maerlants Werk, die früheste Fachlit. vertritt. – Brabant erlebt während der Regierung von Hzg. Johann (Jan) I. (1261–94), von dem neun Liebeslieder erhalten sind, eine lit. Blütezeit. Die Entstehung des umfangreichen Romans »Heinric ende Margriete van Limborch« ist im Zusammenhang mit dem Erwerb des limburg. Hzg.stitels als Folge des Sieges Johanns I. bei Worringen (1288) zu verstehen. Als Hzg.e von Nieder-Lothringen waren die Brabanter Hzg.e an der fiktiven Vorgesch. des Geschlechts der Lothringer interessiert, die in dem Roman »Roman der Lorreinen« behandelt wird. Eine farbenreiche Beschreibung der Schlacht bei Worringen findet sich in der Chronik des Jan van Heelu. – Aus dem monast. Umkreis stammen einige hagiograph. Werke wie das Leben der hl. Lutgart von Tongern des Willem van Afflighem und eine Evangelienharmonie in Prosa, das sog. »Limburgse leven van Jezus«, auch »Lütticher Diatessaron« genannt. Das Gedicht »Van den levene Ons Heren« beschreibt für ein Laienpublikum das Leben Jesu. – Gegen Ende des 13. Jh. wird der →»Roman de la Rose« zweimal ins Mndl. übersetzt: einmal, sehr selbständig, von einem fläm., einmal von einem brabant. Dichter. – Um 1300 kommt die Historiographie in der Volkssprache auf. Melis Stoke verfaßt eine Chronik des holl. Gf.enhauses. Der brabant. Dichter Lodewijc van Veltheim führt Maerlants unvollendete Weltgesch., den »Spiegel historiael«, bis 1316 weiter und fügt Maerlants Merlingeschichte einen weiteren Roman, »Coninc Arturs Boec«, hinzu. Wahrscheinl. war Veltheim auch an der Herstellung der »Lancelot-Kompilation« beteiligt, einer Versübers. des dreiteiligen afrz. Zyklus »Lancelot-Queste-Mort Artu«, in die sieben nach älteren mndl. Fassungen bearbeitete Artusromane eingeschaltet sind. Der Antwerpener Stadtschreiber Jan van →Boendale verfaßt eine Gesch. Brabants, die »Brabantsche Yeesten«, und einige didakt. Werke, darunter den »Lekenspiegel«, eine Zusammenfassung des gesamten Wissens, das einem gebildeten Laien zur Verfügung stehen muß. In einem Kapitel, »Hoe dichters dichten sullen«, befaßt er sich mit den Anforderungen, die an einen Dichter gestellt werden. Zahlreiche didakt.-moralist. Abhandlungen in Versen stammen aus derselben Periode (»Dietsche Doctrinale«, »Dietsche Lucidarijs«, »Spieghel der Sonden« und die »Leringhe der Salichede« des Brügger Dichters Jan →Praet). Für Laien werden wiss. Schriften ins Mndl. übersetzt, z. B. das »Medicinenboec« und die »Cyrurgie« des Arztes Jan →Yperman aus Ypern. – Im Kl. Groenendael bei Brüssel legt Jan van →Ruusbroec seine von Bernhard v. Clairvaux und den Victorinern inspirierte myst. Lehre in zahlreichen Schriften nieder. Um 1360 übersetzt ein anonymer Mönch, wahrscheinl. ein Kartäuser, im Auftrag eines Brüsseler Patriziers, einen großen Teil der Bibel. Von Ruusbroec beeinflußt ist u. a. Geert Grote, der Stifter der →»devotio moderna« und Gründer des Meester-Geertshauses zu Deventer, des ersten der zahlreichen Häuser der Schwestern und Brüder des gemeinsamen Lebens, die nun überall innerhalb und außerhalb der Niederlande errichtet werden. Grotes Übers. des lat. Stundenbuches findet große Verbreitung. Im Kl. Windesheim bei Zwolle, einem der Zentren der neuen Spiritualität, arbeiten u. a. die Mystiker Hendrik →Mande und Johan Scutken, Übersetzer des NT und der Psalmen. Aus dem Umkreis der Devoten stammt auch eine große Zahl geistl. Lieder. – Unter den bayer. Gf.en, bes. Albrecht I. (1358–1404), wird Holland ein bedeutendes kulturelles Zentrum, wo Dichter wie Augustijnken und Willem van →Hildegaersberch Erfolge erzielen beim Vortrag ihrer oft moralist. oder allegor. Gedichte. Dirc →Potter, Beamter in der gfl. Kanzlei, verfaßt eine mit zahlreichen Exempeln illustrierte Liebeslehre, »Der minnen loep«. Der Hofprediger →Dirc van Delft legt in seiner »Tafel van den kersten ghelove« eine imposante Zusammenfassung der christl. Lehre vor. Auch die Haager Liederhs. ist mit dem holl. Hof in Verbindung gebracht worden. Aus Flandern stammt »Reinaerts historie«, eine zyn. Fortsetzung des »Reynaert« aus dem 13. Jh. – Um 1400 entsteht in Brügge im Kreis einer lit. Gesellschaft die dreiteilige →Gruuthuse-Hs., die neben 7 Reimgebeten und 15 überwiegend allegor. Gedichten ein Liederbuch mit 143 weltl. Liedern mit Noten enthält. Die Form dieser Lieder verrät frz. Einfluß; ihre Sprache verweist absichtlich auf den dt. →Minnesang. Die umfangreiche →Hulthemsche Hs., um 1410 in Brüssel entstanden, enthält u. a. eine große Zahl meist erzählender mndl. Gedichte und vier sog. →»abele spelen«, »Esmoreit«, »Gloriant«, »Lanseloet van Denemerken« und »Vanden Winter ende vanden Somer«. Diese frühesten Vertreter nicht-komischen weltl. Theaters spielen sich in einem aristokrat. Milieu ab, sind aber vermutl. für ein bürgerl. Publikum bestimmt. Jedem der vier Dramen folgt ein Schwank. Die Fachlit. in der Volkssprache nimmt einen großen Aufschwung, wobei Prosa an die Stelle der früheren Versform tritt. – Während sich die Macht der burg. Hzg.e immer weiter über die Niederlande erstreckt, blüht eine städt. Kultur mit eigenständigem bürgerl. Charakter auf. In vielen Städten und Dörfern entstehen sog. »rederijkerskamers«, Gesellschaften von lit. Dilettanten, die Gedichte schreiben, Theaterstücke verfassen und aufführen und städt. Feste veranstalten. Ihre bevorzugten lit. Formen sind der »refrein«, ein Gedicht, in dem alle Strophen mit derselben spruchhaften Zeile, dem »stok«, schließen, das allegor. Drama (»spel van sinnen«), das Mysterienspiel und kom. Gattungen wie »esbattement« und »tafelspel«. V. a. in dem »refrein« verwenden die »rederijkers« eine preziöse Sprache voll Neubildungen. Von dem Dichter Anthonis de →Roovere, der als »factor« (Dichter und Intendant) der Brügger Kammer »De Heilighe Gheest« auftrat, ist ein umfangreiches lyr. und dramat. Werk erhalten. →Colijn van Rijssele, wahrscheinl. derselbe wie Colijn Keyaert, der vor 1485 als Stadtdichter von Brüssel erwähnt wird, ist der Verfasser von zwei mytholog. Spielen und einem umfangreichen

Drama, »Spiegel der minnen«. Matthijs Castelein, »factor« der beiden Kammern zu Oudenaarde, schreibt ein Handbuch der Dichtkunst, »Die const van rhetoriken«, in dem er die Regeln für kunstvolle Dichtformen festlegt. Eines der Themen in den drei Slg.en von »refrein«-Gedichten der Antwerpener Schulmeisterin Anna Bijns ist der Protest gegen alles Reformatorische. Von Zeit zu Zeit veranstalten die Kammern einen überregionalen Theaterwettkampf, »landjuweel« genannt. Die Spiele des Genter »landjuweel« von 1539 enthalten zahlreiche reformator. Elemente. Das Werk früher Renaissancedichter wie Lucas d'Heere und Jan Baptist Houwaert hat seine Wurzeln zum Teil in der Kunst der »rederijkers«. – Der Drucker Gheraert Leeu zu Gouda ist der erste, der mndl. weltl. Werke druckt, zu Beginn v. a. hist. Stoffe (Alexander 1477, Troja 1479) und eine »Historie van Reynaert de Vos« in Prosa (1479). 1487 erscheint in Gouda eine von Heinric van Alkmaar glossierte Ausgabe von »Reinaerts historie«, die als Vorlage für den ndt. »Reinke de Vos« (Lübeck 1498) dienen wird. – Nach 1500 wird Antwerpen das große Zentrum der Buchproduktion. Neben geistl. Lit. geben Drucker wie Jan van Doesborch, Roland van den Dorpe und Willem Vorsterman auch viele Prosaromane heraus, Bearbeitungen älterer Versepik, wie »De historie vanden vier Heemskinderen« (nach »Renout van Montalbaen«), »Floris ende Blancefleur« und »Margarieta van Limborch« (nach dem Limborchroman des 13. Jh.). Auch populärwiss. und zeitgenöss. Unterhaltungslit. werden aufgelegt, z. B. eine umfangreiche prognost. Lit. und die Possen von »Tyl Uylenspiegel«. Von den Spielen der »rederijkers« werden nur wenige gedruckt; eine Ausnahme bildet das allegor. Spiel »Elckerlijc« eines unbekannten Verf., das mehrfach gedruckt und ins Lat. und Engl. übersetzt wird. Aus dem Jahre 1508 datiert der älteste überlieferte Druck von →»Mariken van Nieumeghen«. – Um 1540 setzt die große Zeit der gedr. Liederbücher ein. Das »Devoot ende profitelijck boecxken« (1539) enthält 259 geistl. Lieder mit Melodien; die »Souterliedekens« (1540), eine Slg. gereimter Psalmen auf weltl. Melodien, werden Willem van Zuylen van Nyevelt zugeschrieben; das Antwerpener Liederbuch (»Een schoon liedekensboeck«, 1544) gibt mit seinen 217 weltl. Liedtexten, teils aus dem 15. Jh., teils neueren Datums, einen Eindruck von der Liedkultur im Antwerpen der Jahrhundertmitte.

W. P. Gerritsen

Bibliogr.: Bibliogr. v. d. Ned. taal- en lit.wet. (ab 1965) – L. D. PETIT, Bibliogr. der Mnl. taal – en letterk., 1880-1910 – *Repertoria*: W. M. H. HUMMELEN, Rep. v. h. rederijkersdrama, 1500–ca. 1620, 1968 – H. KIENHORST, De handschr. v. d. Mnl. ridderepiek, 1988 – R. JANSEN-SIEBEN, Repert. v. d. Mnl. artes-lit., 1989 – *Lit.gesch.*: G. P. N. KNUVELDER, Hb. tot de gesch. der Ned. letterk., T. 1, 1970⁵ – J. TE WINKEL, De ontwikkelingsgang der Ned. letterk., 1-2, 1922² [Neuaufl. 1973] – *Stand.*: De studie v. d. Mnl. letterk.: stand en toekomst, hg. F. P. VAN OOSTROM–F. WILLAERT, 1989 – F. P. VAN OOSTROM u. a., Misselike tonghe, De Mnl. ltk. in interdisciplinair verband, 1991 – *Lit.*: H. PLEIJ, De sneeuwpoppen van 1511, Lit. en stadscult., 1988 – F. P. VAN OOSTROM, Court and Culture, Dutch Lit. 1350-1450, 1992.

Mittelniederländische Sprache. Das mndl. Sprachkontinuum läßt sich weder räuml. noch zeitl. genau eingrenzen. Die Nordsee bildet die Grenze zum W, das Friesische zum N und das Frz. zum S hin, wobei zu berücksichtigen ist, daß die germ.-roman. Sprachgrenze im NW Frankreichs noch weiter südl. verlief als heute. Am schwersten läßt sich die Ostgrenze ziehen. Im allg. zählt man den Niederrhein noch zum Ndl., das Gebiet östl. der Ijssel und den gesamten NO der heut. Niederlande jedoch zum Bereich des Niederdeutschen.

Den Übergang vom Alt- zum Mittelndl. markiert der Verdumpfungsprozeß der hellen Vokale in unbetonten Silben. Diese Neuerung läßt sich zeitl. nicht genau eingrenzen, sie ist jedoch zum ersten Mal belegt in der ältesten Hs. der Servatiuslegende des Henric van Veldeke (→Heinrich [148.]) aus dem letzten Jahrzehnt des 12. Jh. Dieses nur bruchstückhaft überlieferte Ms., das die Periode recht spärl. altndl. Überlieferung beendet und am Anfang einer kontinuierl. schriftl. Tradition steht, läutet die Epoche des M.en ein.

In amtl. Texten wird im Laufe des 13. Jh. das Lat. durch die Volkssprache abgelöst. Während die ältesten lit. Zeugnisse aus der östl. Peripherie stammen, setzt der Gebrauch der Volkssprache in amtl. Dokumenten erstaunlicherweise erst ein Vierteljahrhundert später, und zwar im SW, ein. Die ältesten Dokumente entstanden ab ca. 1236 in Gent und Ostflandern. Kurz danach gehen Brügge und die übrigen fläm. Städte massiv zum Gebrauch des Ndl. über. Nach der Mitte des 13. Jh. schließen sich die Regionen Seeland-Holland, Brabant und Utrecht an. Die ältesten amtl. Texte aus Limburg und vom Niederrhein sind fast ein Jahrhundert jünger als die lit. Zeugnisse aus derselben Region. Als letzte und erst zum Ende des 13. Jh. wechseln die Städte im NO zur Volkssprache über.

Das M.e besteht aus einer Reihe von Regionalsprachen. Deutl. ausgeprägt sind die inguaeonischen Merkmale der Küstendialekte Flanderns, Seelands und Hollands. Während der N Westflanderns und der fläm. Küstenstreifen bis hinunter nach Calais sich durch eigentüml. Lautentwicklungen deutl. vom übrigen West- und Ostflandern abheben, bildet im N die Mündung der Schelde die Grenze zum Seeländischen, das nur geringfügig vom Flämischen abweicht. Das Delta von Rhein und Maas ist die Südgrenze des Holländischen. Östl. der Schelde und des Dender schließen sich das Brabantische und das Limburgische an. Vom W heben sich diese Mundarten u. a. durch Umlaute der Langvokale und Diphtonge ab. Limburg, die alte Gft. Loon, war anfängl. nach O ausgerichtet, orientierte sich aber nach dem brabant. Sieg in der Schlacht bei Worringen westwärts. Die limburg. und niederrhein. Mundarten zeichnen sich im Vergleich zum W durch einen großen Laut- und Formenreichtum aus. Utrecht unterlag seit jeher starkem holl. Einfluß und zeigt wenig ausgeprägte sprachl. Charakteristika.

Bereits in den frühesten amtl. Dokumenten ist eine Tendenz zur Vereinheitlichung der Schriftsprache spürbar. Sie zielt darauf ab, die auffallendsten Dialektmerkmale tunlichst zu vermeiden. Als einflußreichstes sprachl. Zentrum stellt sich im 13. Jh. die Region Flandern heraus. In der Kanzlei der Gf.en v. Holland und in den wichtigen brabant. Städten Antwerpen und Mecheln läßt sich fläm. Einfluß nachweisen. Ganz in Übereinstimmung damit ist die Tatsache, daß Mäzene aus dem N dem fläm. Dichter →Jacob van Maerlant Aufträge vergaben.

Als Vasallen des frz. Kg.s waren die Gf.en v. Flandern dazu prädestiniert, als Vermittler zw. Frankreich und dem dt. Reich zu fungieren. Der fläm. Hof wurde zur Drehscheibe für die Weitergabe frz. Lit. und Kultur sowie höf. Wortgutes aus der Romania an den N und O. Allerdings bediente man sich bei Hofe bereits seit dem Ende des 12. Jh. des Frz., so daß das Flämische sein Prestige als angesehenste Schriftsprache im Lande nicht dem Status einer Hofsprache verdanken kann. Die Gründe für seine Vormachtstellung sind wahrscheinl. vielmehr die hervorragende wirtschaftl. und kulturelle Situation der Region und seiner Städte. Auch die Kirche und der niedere Adel werden ihren Beitrag dazu geliefert haben.

Im 14. und 15. Jh. verlagerte sich der interne Schwerpunkt nach →Brabant (s. a. →Brabantisch). Bes. die in der burg. Zeit an Einfluß gewinnenden brabant. Städte, darunter die Hafenstadt Antwerpen, die zum Ende des 15. Jh. ein reges Zentrum der Buchdruckerkunst wurde, prägten die sich weiterentwickelnde Schriftsprache. Ansätze zu einer eigenständigen holl. Hof- und Literatursprache mit starken dt. Zügen während der Regierungszeit der →Wittelsbacher (1354 bis 1425) haben sich nach der Einverleibung des N durch die Burgunderhzg.e nicht durchsetzen können. Ähnlichen dt. Einfluß findet man in der berühmten Liederhs. von →Gruuthuse aus Brügge.

Der Übergang vom Mittel- zum Frühndl. wird meist in das 16. Jh. datiert. Eine internlinguist. Begrenzung ist schwer zu geben, da die Phänomene, die den Übergang markieren (etwa die Diphtongierung von langem ü und i) sich regional zu recht unterschiedl. Zeitpunkten ereignet haben. Der Prozeß setzte bereits im 14. Jh. in Brabant ein und dehnte sich später von Brabant und Holland über große Teile des Gebietes aus. In manchen Mundarten jedoch ist er bis zum heut. Tage noch nicht abgeschlossen.
A. Berteloot

Lit.: E. VERWIJS-J. VERDAM, Middelnederlandsch woordenboek, 1873-1952 - J. FRANCK, M. Grammatik mit Lesestücken und Glossar, 1910² - F. A. STOETT, Middelnederlandse spraakkunst, Syntaxis, 1923 - A. VAN LOEY, Middelnederlands leerboek, 1947 - R. WILLEMYNS, Het niet-literaire Middelnederlands. Een leerboek met bloemlezing. M. m. v. J. GOOSSENS, 1979 - J. GOOSSENS, Middelnederlandse vocaalsystemen, Verslagen en Mededelingen van de Koninklijke Academie voor Nederlandse Taal- en Letterkunde, 1980, 161-251 - A. VAN LOEY, Middelnederlandse spraakkunst, T. 1: Vormleer; T. 2: Klankleer, 1980 - A. BERTELOOT, Bijdrage tot een klankatlas van het dertiende-eeuwse Middelnederlands, 2 Bde, 1984 - A. M. DUINHOVEN, Middelnederlandse syntaxis..., 1988.

Mlada (Maria), Äbt. des OSB Kl. St. Georg auf dem Hradschin, * um 935, † nach 983, ▭ Marien-, heute Annen-Kapelle bei der Georgskirche, Prag; Tochter des böhm. Fs.en →Boleslav I., wahrscheinl. aus der Ehe mit Biagota; Geschwister: →Dobrawa, →Boleslav II. und Strachkvas (→Christian? [6.Ch.]). Nach →Cosmas v. Prag ging M. im Zusammenhang mit der Errichtung des Bm.s Prag nach Rom, wo sie sich mit dem Kl.leben vertraut machte. Nach Prag zurückgekehrt, soll sie einen Brief von Papst Johannes XIII. mitgebracht haben, in dem dieser seine Zustimmung zur Gründung des Bm.s Prag sowie des OSB Kl. St. Georg (Georgskirche bereits um 915 durch →Vratislav I. errichtet) auf dem Hradschin gab. Dieser nur bei Cosmas überlieferte Brief ist eine Fälschung, die er wohl selbst verfertigt hat. M. wurde Äbt. dieses ersten OSB Kl. in Böhmen (→Benediktiner, B. IX). Zu ihrer Zeit wurde die Georgskirche für die Bedürfnisse des Kl. umgebaut. A. Wędzki

Q.: Cosmas v. Prag, Chronica Boemorum I, 22, 26, ed. B. BRETHOLZ (MGH SS NS 2, 1923) - Lit.: SłowStarSłow III, 266f. - V. RYNEŠ, M. Přemyslovna, 1944 - Z. FIALA, Dva kritické příspěvky ke starým dějinám českým, SbornHist 9, 1966, 5-65 - I. BORKOVSKÝ, Svatojiřská bazilika a klášter na Pražském hradě, 1975.

Mladá Boleslav (Jung Bunzlau), Stadt am Fluß Iser im NO Mittelböhmens. Die Burg wurde in der 2. Hälfte des 10. Jh. auf der von Iser und Klenice gebildeten Landzunge errichtet und gehörte zu den wichtigsten Verwaltungszentren im frühma. Böhmen. 1159 ist der Kastellan Věcen bezeugt, wenig später weitere Kastellane und Burgbeamte. In der Nähe der Burg entwickelten sich Vorburgsiedlungen, v.a. Podolec mit einer St. Veitskirche. Im Laufe des 13. Jh. gewannen hier die Kastellane aus dem Geschlecht der Markwartinger eine einflußreiche Position auf Kosten der kgl. Gewalt. Podolec, wo 1255 eine Johanniterkommende errichtet wurde, entwickelte sich im Verlauf des 13. Jh. zu einer stadtähnl. Siedlung, die 1334 von Ješek v. Michalovice (Linie der Markwartinger) in das Areal der ehem. Fs.enburg verlegt wurde. So entstand die Stadtgemeinde in M. B., während Podolec Vorstadt blieb. Im dreieckigen Grundriß dominiert der längl. Ring, dessen Abschluß die got. Burg an der Spitze der Landzunge bildet. Eine bedeutende Rolle in Kultur und Wirtschaft spielte M. B. erst ab der 2. Hälfte des 15. Jh. J. Žemlička

Lit.: B. WALDSTEIN-WARTENBERG, Markwartinger, 1966 - M. B. Od minulosti k dnešku, 1974 - J. SLÁMA, Střední Čechy v raném středověku, II, 1986, 81.

Mladen II., einer der bedeutendsten Vertreter der kroat. Magnatenfamilie Šubić v. Bribir, † vor 1341. Seine Vorfahren erlangten am Ende des 13. Jh. dauerhaft die Herrschaft über fast ganz Kroatien und Dalmatien. Als Paul v. Bribir auch einen großen Teil Bosniens unter seine Herrschaft brachte, gab er seinem Sohn M. den Titel 'Croatorum et Bosne banus terreque Hum dominus generalis'. Die Versuche der Bribirer, die dalmatin. Städte →Zadar, Šbenik und →Trogir durch Übernahme des städt. Oberamtes zu unterwerfen, waren nur ztw. erfolgreich. Die Städte verbündeten sich, und mit ven. Hilfe gelang es ihnen, die Bribirer auszuschalten. Mit der Niederlage von Blizna (bei Splitz) 1322 begann der Machtabstieg der Bribirer: Kg. Karl Robert v. Anjou führte M. als Gefangenen nach Ungarn, wo er starb. M.s Nachfolger verloren fast alle Territorien außer dem ursprgl. Gebiet der Župania Bribir im Hinterland von Šbenik und Split. I. Goldstein

Q. und Lit.: T. SMIČIKLAS, Cod. diplomaticus regni Croatiae, Dalmatiae et Slavoniae VIII-IX, 1908-1909 - V. KLAIĆ, Bribirski knezovi od plemena Šubić do godine 1347, 1897 - N. KLAIĆ, Povijest Hrvata u razvijenom srednjem vijeku, 1976.

Mnemotechnik (lat. ars memorativa, ars memoriae, ars memorandi). Mnemotechnic. Verfahren sind charakteristisch für Kulturen, deren techn. Möglichkeiten, Erfahrung und Wissen schriftlich zu fixieren, beschränkt sind. Im weiten Sinn werden darunter unterschiedl. Methoden und Techniken verstanden, die Erinnerung anzuleiten und zu schulen, um Wörter und Sachverhalte dem Gedächtnis einzuprägen und verfügbar zu machen. Die Praktiken reichen dabei von einfachen, auditiven Gedächtnishilfen (→Cisiojanus, →Merkverse) bis hin zu komplizierten, auf dem visuellen Gedächtnis basierenden Techniken. Im engeren Sinn bezeichnet M. ein in der griech. Sophistik entwickeltes, vom natürl. Gedächtnis (memoria naturalis) unterschiedenes künstl. Gedächtnissystem (memoria artificiosa), über dessen Techniken am ausführlichsten die Rhetorik des »Auctor ad Herennium« (III 28-40), Ciceros »De oratoria« (II 350-360) und Quintilians »Institutio oratoria« (XI 2, 1-26) berichten. Die Grundprinzipien, wie sie diese, für die Tradition der M. bis zur frühen NZ einflußreichen Textstellen überliefern, sind folgende: Zunächst wird dem Gedächtnis eine durchnumerierte, nach bestimmten Regeln (z.B. Anschaulichkeit, Unterscheidbarkeit) ausgewählte Reihe von realen oder fiktiven Orten (loci) eingeprägt. Auf diese Orte werden die ebenfalls nach bestimmten Regeln (etwa Auffälligkeit) entworfenen Bilder (imagines) derjenigen Worte oder Sachen, die erinnert werden sollen, in einer geordneten Folge bezogen. Geht man später im Geist die Orte der Reihe nach durch, dann lassen sich die Bilder bzw. die durch sie vertretenen Worte oder Sachen erinnern. Die M. war von Hellenismus bis in die Spätantike Bestandteil der Rhetorik und diente insbes. dem Zweck, eine Rede in der richtigen Reihenfolge vorzutragen. Spuren ihrer Kenntnis finden sich etwa noch bei →Martianus Capella (De nuptiis Philologiae et Mercurii), dessen Personifikationen der →artes liberales nach den

Regeln der M. entworfen sind (F. A. YATES). Doch schon Quintilian steht den praecepta der M. skeptisch gegenüber, und in den spätantiken Rhetoriken werden sie nur noch kurz erwähnt (etwa bei C. Iulius Victor), jedoch kaum mehr verstanden. Im FrühMA verliert sich die Kenntnis der antiken M.: weder in den »Etymologiae« des Isidor v. Sevilla noch in den Rhetoriklehren des Beda Venerabilis oder Alkuins wird sie berücksichtigt.

Entscheidend für die im 13. Jh. einsetzende ma. Rezeption der klass. Q. der antiken M. ist, daß sie beinahe ausschließl. auf dem entsprechenden Abschnitt der (Cicero zugeschriebenen) Schrift »Ad Herennium« beruht, die im Zusammenhang mit Ciceros »De inventione« und dessen Definition der vier Kardinaltugenden interpretiert wurde. Deshalb finden sich die scholast. Traktate über die M. nicht wie in der Antike innerhalb der Rhetorik, sondern innerhalb der Ethik. Die Bedeutung der (christl.) Ethik für die ma. Auslegung der antiken M. bezeugt schon die »Rhetorica Novissima« (1235) des Bologneser Lehrers der →ars dictaminis →Boncompagnus, und auch die einflußreiche Neufassung der ars memorandi durch →Albertus Magnus und →Thomas v. Aquin ist ethisch fundiert. Beide verbinden die – als Teil der prudentia verstandene – M. mit der Lehre der Assoziationstypen, wie sie Aristoteles in der Schrift »De memoria et reminiscentia« entwikkelt hatte. Die imagines der antiken M. werden so bei Thomas zu »körperhaften Gleichnissen« für »subtile und geistige Intentionen« und zu Symbolen einer christl.-moral. Welt umgedeutet, die für die spezif. Erfordernisse der ma. Redekunst oder Andachtsübung verwendet werden konnten (F. A. YATES). Dies dokumentieren etwa das Predigtbuch »Summa de exemplis ac similitudinibus« des →Johannes v. S. Gimignano und die v.a. für Laien bestimmte volkssprachl. Ethik »Ammaestramenti degli antichi« des →Bartholomaeus v. Pisa, die beide die thomist. Gedächtnisregeln empfehlen. Seit dem 15. Jh. entsteht eine Vielzahl von lat. und volkssprachl. (etwa Hans →Hartliebs »Kunst der gedächtnüß«, 1432) Traktaten zur ars memorativa, das bekannteste und verbreitetste Werk war der »Phoenix, sive artificiosa memoria« (Erstdr. Venedig 1491) des Petrus v. Ravenna. Diesen meist von Dominikanern verfaßten Werken steht eine bes. von Franziskanern aufgegriffene Traditionslinie gegenüber. Sie geht auf →Raimundus Lullus zurück, dessen M. nicht auf der rhetor. Tradition, sondern auf philos., insbes. platon. Gedächtnistheorien aufbaut und als Methode log. Forschung gefaßt ist. Auch wenn die Erfindung des →Buchdrucks einen allmähl. Funktionsverlust der traditionellen M. zur Folge hatte, blieben ihre Regeln und Techniken bis zum 18. Jh. wirksam. Im Kontext der neuplaton. Bewegung seit der Renaissance mit ihren hermet. und kabbalist. Interessen wandelte sie sich zu einer einflußreichen, vom Lullismus geprägten, mag. und okkult ausgerichteten Kunst, die etwa für die Philos. G. Brunos von zentraler Bedeutung war. →Memoria. H. Zedelmaier

Lit.: HWP V, 1444–1448 – L. VOLKMANN, »Ars memorativa«, JKS, N.S. 30, 1929, 111–200 – H. HAJDU, Das Mnemotechn. Schrifttum des MA, 1936 [Nachdr. 1967] – P. ROSSI, Clavis Universalis, 1960 – F. A. YATES, The Art of Memory, 1966 [dt. 1991] – H. BLUM, Die antike M., 1969 – J. LE GOFF, Storia e memoria, 1977 [dt. 1992] – Jeux de mémoire, hg. B. ROY – P. ZUMTHOR, 1985 – La memoria del sapere, hg. P. ROSSI, 1990 – Mnemosyne, hg. A. ASSMANN – D. HARTH, 1991 – Gedächtniskunst, hg. A. HAVERKAMP – R. LACHMANN, 1991.

Möbel

I. Westen – II. Byzantinisches Reich.

I. WESTEN: Zur Bezeichnung der Raumausstattung an Bänken, Stühlen, Betten, Truhen, Schränken usw. ist im MA kein spezieller Begriff vorhanden. Das Wort M. wurde im 17. Jh. aus frz. Meuble (von lat. mobile) übernommen. Bona mobilia, Fahrhabe, waren im MA nur ein Teil der M.; Einrichtungsgegenstände wie Bänke, Schränke, Gestelle bildeten zum Teil ein wandfestes Rauminventar; manchmal wurden auch etwa die schweren Baldachinbetten des SpätMA als unbeweglich angesehen.

Seit dem FrühMA ist ein universal gebräuchl. Fundus an Elementarm. bezeugt oder aus anderen, z.T. auch aus rezenten Sachtraditionen erschlossen. Dazu gehören die Baumsessel (Blockstühle), Baumstümpfe, die durch Bearbeitung eine gerade oder konkave Lehne erhalten haben oder die durch die Ausgründung des Stammes geschaffenen, im Beziehungsfeld zum Trog wie zum Sarg stehenden Einbaumtruhen. Von diesem Bestand unterscheiden sich die in konstruktiver Fügung gestalteten M.-Typen in einem breiten Spektrum der Gebrauchsgattungen und deren Ausprägungen, wie sie v.a. durch die nicht immer eindeutig interpretierbaren Bodenfunde sowie durch Bildq. bekannt sind, sich jedoch für das Früh- und HochMA nur in wenigen originalen Exemplaren erhielten. Sitzmöbel (Schemel oder Hocker, mit Rückenlehne versehene Stühle und Kastensitze) waren auf Funktionen, insbes. aber auf die Kennzeichnung sozialer Abstufung bezogen, wie dies u.a. die Vita des hl. Martin mit der Charakterisierung der dreibeinigen sellula rusticana oder die erhaltenen Faldistorien (→Faltstuhl) zeigen. Letztere weisen ebenso wie die Tischart, die man in Bodenfunden aus den alem. Gräbern von Oberflacht zu erkennen glaubt, auf den Einfluß der Spätantike auf die ma. M.-Kultur. Bewegl. Sitzm. wie auch Tische gehörten lange Zeit nicht zur Dauereinrichtung der Wohnräume, sondern wurden als mobile Stücke nur zweckbezogen, z.B. zur Mahlzeit, aufgestellt. Noch im 14. Jh. waren im adligen Milieu auf Böcke gelegte Speisetafeln mit langen, das Untergestell verhüllenden Tüchern nicht ungewöhnlich. Daß der Tisch allmähl. zum festen Bestandteil der Raumausstattung wurde, ist möglicherweise auf den Einfluß der Kl. zurückzuführen (vgl. St. Galler Klosterplan, um 820, Tische als Einrichtung im Refektorium). Das wichtigste M. für die Vorratshaltung an Lebensmitteln wie zur Aufbewahrung von Gegenständen war die Truhe. Ihre Herstellung und Formung ist vom Hausbau und den hier angewendeten Techniken bestimmt. Im wesentl. sind zwei Typen, die Frontal- und die Seitwandstollentruhe (Schmalseiten als Stollen über den Kastenboden hinaus verlängert, den Inhalt vom Boden abzuheben; Schiffsbestattung v. Oseberg, Norwegen, um 850 n. Chr.) zu unterscheiden. Schon früh wurde der von den Alpenländern bis nach Skandinavien und England verbreitete Truhentyp mit Eisenbeschlägen an den Ecken ausgestattet (Kl. Ebstorf, dendrochronolog. um 1179 datiert). Die Überlieferung der Frontalstollentruhen mit den Eckstollen und den zw. diesen verschneidbaren Wandungsbrettern beginnt mit dem 12. Jh. (durch Architekturmotive dekorierte Truhen aus Valeria ob Sitten; für die Aussteuer der Nonnen gebrauchte Truhen in den Frauenkl. der Lüneburger Heide, in Wienhausen, Isenhagen, Ebstorf, Medingen und Lüne in Lüneburg). Die frühen Frontalstollentruhen der niedersächs. Frauenkl. sind aus mit dem Beil geglätteten, aus einem radial gespaltenen Baumstamm gewonnenen Bohlen zusammengefügt. Wie beim Balkenwerk des Hauses verlaufen die Fasern des Holzes in der Waagrechten (Wandung) und in der Senkrechten (Stollen). Die Ausprägung als Dachtruhe hat Anlaß geboten, diese in die vermutete Einflußzone der Spätantike mit den gleichfalls mit einem Satteldach und Eckakroterien versehenen Steinsarkophagen einzuordnen. Der Dekor (Zirkelschlagornamente, Ritzdekor, Kerbschnitt) ist häufig schlicht und zimmermannsmäßig gehalten. Außer dem Zimmermann hat der Drechsler einen wichtigen Anteil an der M.-Ausstattung. Dies belegen über die Jahrhunderte Einzelzeugnisse wie Stuhl und Liege (Bett) des 6. Jh. (Fs. engrab unter dem Kölner Dom), die gedrechselte Kirchenbank aus Alpirsbach im Schwarzwald, Anfang 12. Jh., oder die alte Nachbildung der Bank aus der Gerichtslaube in Berlin, 13. Jh. Die M. der Romanik sind farbig, bevorzugt in Mennigrot gestrichen. Zum Bildträger wurden nur Einrichtungsgegenstände kirchl. Gebrauchs (Reliquienschreine aus der Liebfrauenkirche in Halberstadt, um 1230–40, und aus Doberan, Ende 13. Jh.). Für den Besitz an textiler Ausstattung gab es bis in das SpätMA keine bes. Schrankmöbel. Kleider hingen an Pflöcken in den Wänden oder lagen über Stangen. Dagegen waren schrankartige Gestelle für Hausgeräte oder für Vorräte gebräuchlich (Bezeichnung im St. Galler Klosterplan *toregma*, ein Wort, das in der Übersetzung als *drasli* möglicherweise auf die Tätigkeit des Drechslers deutet oder als *scafreita* den Geschirr- und Speiseschrank kennzeichnet). Zur Bezeichnung des mit Türen versehenen Schrankes waren der lat. Begriff →armarium und Ableitungen daraus üblich. Schrankm. waren zunächst Behälter von Büchern, von religiösen und liturg. Geräten; die Übernahme in den Haushalt ist im einzelnen zeitlich schwer zu bestimmen, um 1300 waren in Norddeutschland die Schränke im sakralen und profanen Bereich gleichförmig. In Süddeutschland und den Alpengebieten waren Untersuchungen zum Almer-Begriff zufolge während des 15. Jh. in den bürgerlichen Haushaltungen schrankartige Behältnisse auch als Wirtschaftsm. vorhanden.

Während bis in das 13. Jh. die Herstellung des Kastenm.s v. a. zum Bereich des Zimmermanns gehörte, wurden seit damals mit dem Auftreten der *Huchiers*, der Truhenmacher, in Paris (livre des métiers von Etienne Boileau, wohl 1268), von denen die feinen Zimmermannsarbeiten und die Fertigung der *huche* ('Truhe') übernommen wurden, Spezialisierungen erkennbar. In der 2. Hälfte des 14. Jh. übernahm der Tischler/Schreiner zunehmend die M.-Erzeugung, wie dies die Bestätigung der Korporation der Huchiers-Menusiers in Paris 1382 anzeigt. Im dt. Sprachraum scheint die Absonderung der Tischler von den Zimmerleuten am Anfang des 15. Jh. vollzogen, gelegentl. weisen Berufsbezeichnungen auf weitergehende Unterschiede und Abstufungen (z. B. in Lübeck im 15. Jh. neben dem Kistenmacher der für feinere M. zuständige Kunthor- und Panelenmaker). In der Regel erwies sich die Abgrenzung der Arbeitsgebiete der einzelnen Handwerke als schwierig; Zimmerleute fertigten in Lübeck gleichfalls Schapps (Schränke), jedoch arbeiteten sie in den Häusern der Auftraggeber, nicht in der Werkstatt. Auch auf den Burgen des Mittelrheingebietes oblag die M.-Herstellung häufig dem Zimmermann, der z. B. Betten oder selbst Stollenschränke fertigte. Im Zusammenhang mit der Aufteilung der holzverarbeitenden Handwerke sowie den gesteigerten Wohnbedürfnissen stehen grundlegende Wandlungen in der M.-Konstruktion durch die Intensivierung des Stollenbaues mit den mittels Nut und Feder eingefügten Füllungen und mit dem verbesserten Zusammenpassen der Teile durch den nun wieder als wichtiges Werkzeug gebrauchten Hobel. Mit der Ausbreitung des Schreinerhandwerks wurde auch das Verzinken des Kastens nach dem Verlaufe des Holzes üblich. Auf der Grundlage der sich verdichtenden Überlieferung wird die Einwirkung der verwendeten Holzarten auf die Beschaffenheit und Ornamente der Werkstücke zunehmend deutlich. Für die Beschaffenheit und Dekoration der M., insbes. der Kastenm., kann die verwendete Holzart zu einem wesentl. Faktor werden, Eiche wurde häufig aufgrund natürl. Gegebenheiten bes. in Südschweden, aber auch in Norddtl. bis hin zum Mittelrhein sowie in England im n. und mittleren Frankreich bevorzugt verarbeitet, im S wurden überwiegend Weichholz, daneben auch Eiche verwendet. Die Anwendung geänderter Holzbearbeitungstechniken bezeugt sich in der Ausbreitung neuer M. typen, so der Stollenschränke N- und W-Europas, die als wohl älteste Zier- und Luxusm. der Aufbewahrung und Zurschaustellung von Geschirr und Gerät dienten. Hauptbewahrm. blieb die Truhe, neben die Seitwandstollen- und Frontalstollentruhe, die in Norddtl. zunächst zur Sicherung und dann später zur Dekoration einen Beschlag von Eisenbändern erhielt, trat der verzinkte Truhenkasten (in den Alpenländern und angrenzenden Gebieten auf einen Sockel gesetzt). Erst allmähl. wurden die bis dahin nur in Kirchen und Kl. gebräuchl. Schränke Hausm. (1376 im Inventar eines bayer. Ritters 9 Truhen und 11 Schränke). Im 15. Jh. entstanden in den Zentren der M.-Produktion im süddt.-alpinen Bereich, so auch in Ulm, in Nürnberg und bes. in Tirol, die großen, zweigeschossigen Schränke, die zumeist für die Sakristeien geschaffen wurden. Ausschließl. im süddt.-alpenländ. Gebiet waren auch die Waschkästen (Wasserbehälter in den Stuben zum Händewaschen während der Mahlzeiten) verbreitet. Endlich wurde in der Spätgotik der Tisch häufiger zu einem beständigen Einrichtungsgegenstand in den Wohnungen. Als Kastentisch (in Köln: Theke) mit überstehender, abnehmbarer Platte war er auch als Schreibm. (Magistrate, Kaufleute) gebräuchlich. Die →Bank wurde nach wie vor vielfach wandfest gearbeitet, bewegl. Bänke erhielten einen Truhenkasten und manchmal auch eine umlegbare Rückenlehne, um zum Kaminfeuer im Wechsel zu- und abgewandt sitzen zu können (Sedel, Sidel). Einzelsitze bewahrten lange Zeit ihre traditionelle Geltung als Würde- und Ehrensitze. Nur allmähl. vermehrte sich die Zahl der Stühle in Wohnungen, in Köln waren in größeren Häusern im 15. Jh. 3–4, gewöhnl. aber 2 Stühle vorhanden. Unter den Klappm.n spielt neben dem altüblichen Faltstuhl nach it. Vorbild der aus bewegl. Leisten gebildete Scherenstuhl in den Alpenländern eine Rolle. Der wegen der Standfestigkeit seit alters aus drei Stützen zusammengesetzte Pfostenstuhl war in gleicher Ausformung, wie er auf spätma. Bildq. bezeugt ist, bis in das 19. Jh. in seiner Heimat, u. a. in Westfalen und den Rheinlanden, üblich. Er ist ein Produkt des Drechslers, dessen Anteil am M. bau nun klarer umreißbar wird; in Köln fielen in seine Zuständigkeit die Spannbetten mit den in den Gestellrahmen gespannten Seilen, die Kochbänke zur Aufbewahrung von Lebensmitteln und Geschirr, tannene Bänke mit Eichenfüßen und Tische aus Hartholzsorten mit tannenen Beinen. Mit dem Wandel der Lebensformen auf den Adelssitzen wie in den Städten, mit der Differenzierung der am M. bau beteiligten Gewerbe steigerte sich die Tendenz zur Ausstattung der häusl. Einrichtung von Ornamenten. Die im SpätMA wirksam werdende Verbesserung und Erweiterung im Gebrauch des Hobels wird in der schreinermäßigen Dekoration der M.-Füllungen mit dem Faltwerk sichtbar. Die von Burgund und den Niederlanden aus nach Nordwestdtl., insbes. in die Rheinlande sich verbreitende Zierweise besteht aus Folgen von mit dem Profilhobel ausgearbeiteten Hohlkehlen und Rundstäben, die an ihren Enden umrissen oder abgestochen sind und deshalb wie Pergamentrollen wirken. Insbes. für die Nadelholzm. Süddtl.s und des Alpengebiets charakterist. ist der Flachschnittdekor, bei dem der Umriß des Ornamentmotivs, zumeist Rankenformen, in die Holzfläche eingeschnitten und anschließend in die Umgebung der Zeichnung ausgegründet oder eingetieft wird. Das am meisten bezeichnende Dekorationssystem der Gotik, das → Maßwerk, findet als Reliefschnitzerei wie als durchbrochene Arbeit Anwendung, ausgeführt von Schnitzern oder Holzbildhauern. Durchbrochene Fensterrosetten waren bes. im Kranzgesims der Schränke angebracht (vgl. Handwerkerbilder, Mendelsches Hausbuch, Nürnberg, kurz vor Mitte des 15.Jh.). Die Bemalung gelangte in künstler.-aufwendiger Form in Italien bei den zum Prunkm. entwickelten → Cassoni seit dem 15.Jh. zur Geltung; daneben wurden vereinzelt Tischplatten zu Bildträgern. Mit der Anhebung des Wohnstandards erweiterte sich der Gebrauch der Haustextilien, so der Kissen für die Sitzmöbel. Die Frage nach der Beziehung zw. einer sich differenzierenden Aufteilung der Wohnverhältnisse, wie sie in der Verbreitung der → Stube erkennbar wird, und dem M.-Bestand in den Haushaltungen ist schwer zu beantworten. Viele Stuben des SpätMA erscheinen als relativ möbelarm. Der Schrank, soweit er der Aufbewahrung von Kleidern, Büchern, Wertgegenständen diente, war in der Kammer aufgestellt. B. Deneke

Lit.: (Auswahl): H. HAVARD, Dict. de l'Ameublement et de la Décoration depuis le XIIIe s. jusqu' á nos jours, 4 Bde, 1887-90 – E.-E. VIOLLET-LE-DUC, Dict. raisonné du Mobilier Fr. de l'epoque carol. à la Renaissance, 6 Bde, 1871-75 – F. PAUKERT, Die Zimmergotik in Dt.-Tirol, 1-9, 1892-1907 – M. HEYNE, Das dt. Wohnungswesen von den ältesten gesch. Zeiten bis zum 16.Jh., 1899 – R. SCHMIDT, M., 1913, 1974^{10} – A. v. WALCHER-MOLTHEIM, Ma. Giebelschränke aus dem österr. Alpen, Kunst und Kunsthandwerk 17, 1914, 1-9 – P. SCHUBRING, Cassoni, Truhen und Truhenbilder der it. Frührenaissance, 2 Bde, 1915 – O. v. FALKE, Dt. M. des MA und der Renaissance, 1924 – F. HELLWAG, Die Gesch. des dt. Tischlerhandwerks, 1924 – A. FEULNER, Kunstgesch. des M.s seit dem Altertum, 1927 (1980) – H. C. SMITH, Catal. of English Furniture & Woodwork, I.: Gothic and Early Tudor, Victoria and Albert Mus., 1929 – E. (MEYER-)WURMBACH, Das Wohnungs- und Kleidungswesen des Kölner Bürgertums um die Wende des MA, 1932 – O. MOSER, Kärtner Bauernm. Handwerksgesch. und Frühformen von Truhe und Schrank, 1949 – J. M. GREBER, Die Gesch. des Hobels, 1956 – K. RUMPF, Frühformen hess. Truhen, Zs. des Ver. für hess. Gesch. und Landeskunde 68, 1957, 185-194 – DERS., Frühformen hess. Schränke, ebd. 71, 1960, 131-143 – R. EDWARDS, The Shorter Dict. of English Furniture from the MA to the Late Georgian Period, 1964 – J. VIAUX, Bibliogr. du meuble (Mobilier civil fr.), 1966, Suppl. 1965-1985, 1988 – G. HIMMELHEBER, Zweigeschossige Schränke der Spätgotik in Oberdtl., MUJb F. 3, 18, 1967, 97-110 – H. KREISEL, Die Kunst des dt. M.s., I, 1968, 1983^3 – F. LÉVY-COBLENTZ, L'art du meuble en Alsace, I, 1975 – F. PRODINGER, Got. M. aus Salzburg, Ausst. Kat. Spätgotik in Salzburg, 1976 – P. EAMES, Furniture in England, France and the Netherlands from the Twelfth to the Fifteenth Cent. Furniture Hist. 13, 1977 – G. HIMMELHEBER, Kleine M. Modell-, Andachts- und Kassettenm. vom 13.-20.Jh., 1979 – H. APPUHN, M. des hohen und späten MA in den ehem. Frauenkl. um Lüneburg (Klösterl. Sachkultur des SpätMA. Internat. Kongr. Krems 18. bis 21. Sept. 1978, 1980), 343-352 – H. APPUHN-J. WITTSTOCK, Ma. Hausm. in Norddtl. (Aus dem Alltag der ma. Stadt, Ausst.Kat. Bremen 1982), 43-53 – F. WINDISCH-GRAETZ, M. Europas, 1982 – R. EDWARDS, The Dict. of English Furniture, 3 Bde, 1983-86 – H. APPUHN, Ma. Truhen in Kl. Ebstorf, Jb. Mus. für Kunst und Gewerbe Hamburg NF 3, 1984, 49-62 – E.-M. HANEBUTT-BENZ u.a., Die Kunst des Lesens, Ausst. Kat. Frankfurt/M., 1985 – H. APPUHN, Einige M. aus der Zeit um 1200 (Zur Lebensweise in der Stadt um 1200. Bericht über ein Kolloquium in Köln vom 31. Jan. bis 2. Febr. 1984, hg. H. STEUER, 1986), 111-128 – N. DE REYNIES, Le mobilier domestique. Vocabulaire Typolog., T. 1, 2, 1987 – U. WIRTLER, Spätma. Repräsentationsräume auf Burgen im Rhein-Lahn-Mosel-Gebiet, 1987 – B.

GRODDE, Hölzernes Mobiliar im vor- und frühgesch. Mittel- und Nordeuropa, 1989 – P. THORNTON, The It. Renaissance Interior. 1400-1600, 1991.

II. BYZANTINISCHES REICH: [1] *Allgemeines:* M. als zumeist hölzerne und daher relativ kurzlebige Gebrauchsgegenstände des Alltags breiter Bevölkerungsschichten haben sich kaum erhalten. Wir sind bei ihnen wie auch beim luxuriöseren Mobiliar wohlhabender Häuser bis hin zum Ks. palast angewiesen auf schriftl. Zeugnisse (noch am ergiebigsten sind Inventare, Testamente u.a. Urk., Klostertypika sowie lat.-griech. Glossare; für die ksl. Einrichtung das Zeremonienbuch Konstantins VII. Porphyrogennetos) und auf bildl. Darstellungen, wobei bei letzteren die stereotype Wiederholung bestimmter Muster (z. B. Schreibpulte auf Abbildungen der Evangelisten) den Q. wert schmälern kann, während erstere entweder – vom selbstverständl. Wissen des zeitgenöss. Lesers ausgehend – oft wenig mehr als den bloßen Terminus bieten, oder durch antikisierenden Sprachgebrauch die Unterscheidung verschiedener M.bauarten manchmal eher erschweren.

[2] *Möbeltypen:* Generell unterscheiden sich byz. M. in ihren Grundformen von den heutigen wenig. Der Tisch (τράπεζα, τραπέζιν) konnte rund oder rechteckig, drei- oder vierbeinig, oder eine auf Untersätze gelegte Platte sein und war als Eßtisch mindestens bis ins 10. Jh. hinein, als man die Mahlzeiten auf speziellen Sofas (ἀκκούβιτα, στιβάδες) liegend einnahm, entsprechend niedrig. Neben einfachen Holzausführungen sind vielfältig verzierte Exemplare (Drechslerarbeiten, Metallbeschläge, Elfenbeinreliefs, Marmor- und Alabasterplatten usw.) belegt. Bes. erwähnt seien Klapptische (τραπέζια συστελτά). Sitzm. reichten vom (Klapp-)Hocker über Stühle und Bänke mit und ohne Rückenlehnen bis zum aus kostbaren Materialien gearbeiteten Polstersessel mit Armlehnen (θρόνος), der von einem passenden Fußschemel (ὑποπόδιον, σουβσέλλιον) ergänzt wurde. Das byz. → Bett (κράββατος, κρεββάτιν) war ein leichteres M. als die kaum transportable antike κλίνη, näml. ein mitunter sogar zusammenklappbares Holzgestell; Gewebebänder, Schnüre oder Ketten trugen die Matratze, zur Ausstattung gehörte üblicherweise ein Kopfpolster (προσκεφάλαιον), gelegentl. auch ein Moskitonetz (κωνωπεών). Zwar sind luxuriöse Bettausführungen häufig erwähnt, doch konnte auch eine Strohmatte als Schlafplatz dienen. Das universellste M. war die Truhe (κιβωτός, κίστα, ἄρκλα, κάψα, ζύγαστρον, σανδούκιν), in Größe und Machart stark variierend (vgl. Funde aus Karanis/Ägypten), die neben Wandborden und (Einbau-)Regalen zur Aufbewahrung von Utensilien aller Art und Sitzgelegenheit genutzt wurde. Weniger häufig waren wohl Schränke (ἀρμάρια), die in offenbar recht hoher oder wuchtiger Ausführung »Türmchen« (πύργιον, πυργίσκος) oder gar »Festung« (πενταπύργιον): Zeremonienbuch 70, 15; 21) hießen. Frühbeleg für einen Bücherschrank ist ein Mosaik im Mausoleum der Galla Placidia zu Ravenna. R. Volk

Lit.: PH. KUKULES, Βυζαντινῶν βίος καὶ πολιτισμός II 2, 1948, 60-85; V, 1952, 140-144. – E. D. & H. P. MAGUIRE – M. J. DUNCAN-FLOWERS, Art and holy powers in the early Christian house, 1989, 45-50; 85-95 – H. EIDENEIER, Ptochoprodromos' Tafelfreud und Tafelleid (Fest und Alltag in Byzanz, hg. H. PRINZING – D. SIMON, 1990, 77-90), 77-80 [zum Tisch] – N. OIKONOMIDES, The Contents of the Byz. House from the Eleventh to the Fifteenth Cent., DOP 44, 1990, 205-214.

Mocedades de Rodrigo, Las → Cid, II.

Mocenigo, bedeutende ven. Familie, die seit dem 11.Jh. belegt ist. Bereits im 12. und 13.Jh. aktiv am polit. Leben der Lagunenstadt beteiligt, gewann sie in der Folgezeit weiter an Ansehen und Einfluß, so daß im 15. Jh. drei Mitglieder der Familie und weitere vier in der NZ das Dogenamt bekleideten. Bes. hervorzuheben ist *Tommaso* (ca. 1343-1423), Sohn des Pietro, der nach verschiedenen diplomat. Missionen und militär. Operationen 1414 zum Dogen gewählt wurde, als er sich auf einer wichtigen Gesandtschaftsreise in Lodi befand. Während seines Dogats dehnte →Venedig seine Herrschaft auf NO-Italien, Dalmatien und Albanien aus. Der Chronist Marin→Sanudo schreibt ihm einige Reden zu, darunter eine interessante Darlegung der wirtschaftl. und finanziellen Situation Venedigs, die er 1423 in Opposition zu der Kriegstreiberei seines späteren Nachfolgers Francesco →Foscari gehalten haben soll. Ebenfalls Dogen waren seine Neffen (die Söhne seines Bruders Leonardo) Pietro und Giovanni. *Pietro* (ca. 1405-76) krönte mit dem Dogat (seit 1474) eine wichtige zivile und militär. Karriere: er war u.a. Procuratore von S. Marco und Generalkapitän der Flotte gegen die Türken; seine Taten wurden von den Humanisten Coriolano Cippico, Bartolomeo Pagello und Domenico Bollani hervorgehoben. *Giovanni* (um 1409-85) wurde 1478 Doge, nachdem er zuvor weniger angesehene Ämter bekleidet hatte. Seine Amtszeit gestaltete sich schwierig und krisenreich (Pest, Brand des Dogenpalastes, Krieg gegen →Ferrara). F. Sorelli

Lit.: A Da Mosto, I dogi di Venezia nella vita pubblica e privata, 1960² - B. Betto, Linee di politica matrimoniale nella nobiltà ven. fino al XV sec. Alcune note genealogiche e l'esempio della famiglia M., ASI 139, 1981, 3-64 - G. Cozzi-M. Knapton, Storia della Repubblica di Venezia. Dalla guerra di Chioggia alla riconquista della Terraferma, 1986 - G. Rösch, Der ven. Adel bis zur Schließung des Großen Rats. Zur Genese einer Führungsschicht, 1989.

Mochtae (Mauchteus), hl., † 535, Patron und wahrscheinl. Gründer des ir. Kl. Lugmad (Louth, Gft. Louth). Die einleitende 'salutatio' eines verlorenen Briefs, den M. verfaßt hat (»sic ipse scripsit«), ist in den Annalen erhalten, die ihn als »M., ein Sünder und Priester (Bf.?), Schüler des hl. Patrick« erwähnen (→Patrick). →Adamnanus nimmt in der 2. Praefatio seiner »Vita Columbae« (um 700) diese Tradition auf, indem er M. »einen bestimmten brit. Pilger, einen hl. Mann, Schüler des hl. Bf.s Patrick« nennt und hinzufügt, daß →Columba ein Kl., in Nachbarschaft von M.s Kl. zu Louth, gegründet habe. Sonst ist nur wenig über M.s brit. Herkunft und Laufbahn in Irland bekannt, doch kann die überlieferte Beziehung zu Patrick als authentisch gelten, insbes. in Hinblick auf die frühe Kultverbreitung M.s im Gebiet zw. Slemish (Gft. Antrim) und der Umgebung v. Louth. Es wird angenommen, daß sich alle Hss. der »Confessio« des hl. Patrick von einem einzigen Ms., das von Missionaren aus Louth im 7. Jh. in die Francia mitgebracht wurde, herleiten. M.s Verbindung zu Patrick liefert wertvolle hist. Argumente für die Annahme der bedeutenden Rolle, die Kleriker aus Louth in der späteren Gesch. von →Armagh spielten. Die Vita des M., kompiliert wohl um 800, unterstreicht diese Beziehung für den Abbatiat des Torbach († 807), eines Klerikers aus Louth, der die Patrick-Texte in das →Book of Armagh einfügen ließ. D. Ó Cróinín

Lit.: J. F. Kenney, Sources for the Early Hist. of Ireland, 1929, 351 - J.-M. Picard, Ireland and Northern France AD 600-850, 1991, 59f. [C. Doherty].

Mo-Chuaróc sapiens, hl. (auch M. ind ecnai 'M. der Weisheit', 'maccu Neth Sémon' (aus dem ir. Stamm der 'Semuine', cf. Ogam-Inschrift: NIA SEGAMONAS, einer Volksgruppe der Déisi, Gft. Waterford, im sö. →Munster). M. ist Patron des Kl. Cell Chuaraín (Killoran, nahe Youghal, Gft. Cork). Der Hl. genoß noch bis ins frühe 20. Jh. örtl. Verehrung als 'Cuaran of the None', da er (nach einer im →Félire Óengusso, um 800, erwähnten Legende) die None innerhalb der Abfolge der ir. Stundengebete eingeführt haben soll, wohingegen eine andere Herleitung seines Beinamens auf der Zuschreibung eines komputist. Gedichts (»Nonae Aprelis norunt quinos«) beruht. Ein Hs.-Fragment (heute in Würzburg) nennt ihn einen »Schüler des hl. Sinlán, berühmten Lehrers der Welt«, i.e. Sinlán/Sillán/Sinlanus al. Mo-Sinu moccu Min († 610), Abt v. →Bangor (Gft. Down), der auch ein Lehrer des hl. →Columbanus war. M. soll von Sinlán den griech. Computus erlernt haben. Nach der Würzburger Notiz galt M. der röm. Partei in der ir. Kirche des 6./7. Jh. als »Lehrer der ganzen Welt«. Festtag 9. Febr. D. Ó Cróinín

Lit.: D. Ó Cróinín, Peritia 1, 1982, 281-295.

Mo-Chutu, hl., † 637, Sohn des Fínall, aus dem ir. Stammesverband der Ciarraige Luachra (→Ciarraige), Patron der Kl. Rathan (Rahan, Gft. Offaly) und Less Mór (Lismore, Gft. Waterford). M. ist die Koseform von 'Ca(r)thach' (lat. Carthagus). Die Verbindung des Hl.n mit Rahan überlagerte offenbar eine ältere Beziehung dieses Kl. zu Camelacus (Caomlach, Camelacus 'Comiensium'), einem sonst unbekannten Kleriker, der schon früh mit dem hl. →Patrick in Verbindung gebracht wurde (Übertragung Rahans durch Patrick an Camelacus; bedeutender Hymnus [Abecedarium] auf Camelacus, eines der frühesten Zeugnisse hibernolat. Dichtung). Die Verdrängung des hl. Camelacus durch die M.-Verehrung konnte nicht befriedigend erklärt werden. M. selbst wurde 'in diebus paschalibus' aus Rahan vertrieben, was traditionell als Hinweis auf den erbittert geführten →Osterstreit des 6. und 7. Jh. interpretiert wird. M.s neue Gründung →Lismore entwickelte sich schon im 7. Jh. zur bedeutenden Pflegestätte der lat. Literatur und der kanon. Rechtsstudien. Die lat. und ir. Viten des hl. M. sind wichtige Q. für die spätere Gesch. seiner Kirchen, nicht so sehr für die Zeit des 7. Jh. In einigen Hss. wird dem hl. M. irrtümlich eine metrische Mönchsregel zugeschrieben. D. Ó Cróinín

Lit.: J. F. Kenney, Sources for the Early Hist. of Ireland, 1929, 473.

Modalität, modus. Modus bedeutet 'Art und Weise' und hat verschiedene Verwendungsbereiche. Im allg. wird in der ma. Philos. alles als modus bezeichnet, was zu einer Sache hinzutritt. In spezif. Weise wird der Begriff erstmals von Augustinus verwendet, der die von Gott geschaffene Ordnung durch die Begriffe modus und species interpretiert und darauf den Frieden einer jeden Natur mit sich selbst gegründet sieht (De civ. Dei XII, 5). Auf dieser Basis erlangt modus im MA v.a. eth. Bedeutung und wird häufig mit mensura gleichgesetzt. Thierry v. Chartres bestimmt modus als »medium ... inter maius et minus« (Tractatus de sex dierum operibus, c. 44, ed. N. Häring, 247) und bewegt sich damit im metaphys. Rahmen. Dieser ist im 13. Jh. unter dem Einfluß des Aristoteles bestimmend bei der Einteilung der modi essendi in negatio bzw. privatio; generatio, corruptio und motus; proprietates substantiae; und die Substanz selbst (Thomas v. Aquin, In Met. IV. 1, n. 540-543). Die sich bei Thomas zeigende Problematik des Verhältnisses der modi essendi zur Einheit der Substanz wird in einem eigenen Traktat des Aegidius Romanus aufgegriffen (D. Trapp). Bei Johannes Duns Scotus erhält der Begriff im Rahmen der inneren Bestimmung des Seienden einen neuen metaphys. Stellenwert. Die inneren modi des Seienden sind die Bestimmungen finitum/infinitum, potentia/actus, contingens/necessarium. Das Verhältnis von ens und modus führt ihn und die Scotisten (→Scotismus) zur Lehre von der distinctio modalis (Ord. I, d. 19, q. 1), die mehr ist als distinctio rationis, aber nicht den ontolog. Status der d. formalis und der d. realis erreicht. Auch das Verhältnis zw. esse essentiae und esse existentiae wird von den Scotisten als modale Verschiedenheit begriffen. Überdies taucht der Begriff modus in verschiedenen Verwendungen auf. Wilhelm v. Ockham unterscheidet zw. modi arguendi, m. fallaciae, m. significandi, m. intelligendi und m. scribendi. Grammatikal.-log. Überlegungen führen unter Rückgriff auf Aristoteles und Boethius in der Hoch- und Spätscholastik zur Lehre von der dictio bzw. propositio modalis. Von einer propositio modalis kann man nach Thomas v. Aquin sprechen, wenn in einem Satz ein modus auftaucht, der weder das Subjekt noch das Prädikat, sondern die Verbindung beider bestimmt (»ut cum dicitur 'Socrates currere est impossibile' et ab hoc solo modo dicitur propositio modalis«: De prop. mod., ed. P. MARIETTI, n. 270). Es ergeben sich so die klass. Modalbestimmungen von contingens/necessarium und possibile/impossibile, denen oft noch die Bestimmungen verum/falsum hinzugefügt werden, so z.B. v. Petrus Hispanus (→Johannes XXI.), der allerdings zusätzl. die adverbiale Form hervorhebt (vgl. Summulae logicales 1.28, ed. I. M. BOCHENSKI, 1947, 10). Die Zahl der modalsatzbildenden Sätze wird nicht einheitl. bestimmt. So werden verum und falsum von vielen Autoren (z.B. Vinzenz v. Beauvais, Thomas v. Aquin) nicht als modalsatzbildend anerkannt, während in der späteren Scholastik die Tendenz besteht, die Zahl der modi ins Unbegrenzte zu erhöhen. So fügt Duns Scotus zu den vier klass. modi hinzu: per se, falsum, dubitum, scitum, opinatum, apparens, notum, volitum, dilectum (vgl. A. MAIÉRU, 355), während Walter Burleigh zu den erwähnten sechs modi zurückkehrt. Grammatikal. wird der Modalsatz im allg. so bestimmt, daß das dictum (z.B. »Socratem currere«) Subjekt, der modus (z.B. »est possibile«) Prädikat ist. H.J. Werner

Lit.: D. TRAPP, Aegidii Romani de doctrina modorum, Angelicum 12, 1935, 449–501 – N. HÄRING, Die Erschaffung der Welt und ihr Schöpfer nach Thierry v. Chartres und Clarenbaldus v. Arras (Platonismus in der Philos. des MA, hg. W. BEIERWALTES, 1969) – A. MAIÉRU, Terminologia logica della tarda scolastica, 1972 – H. SCHNARR, Modi essendi. Interpretationen zu den Schriften De docta ignorantia, De conjecturis und De venatione sapientiae von Nikolaus v. Kues, 1973 – Sprache und Erkenntnis im MA, hg. W. KLUXEN, 1981 – S. KNUUTTILA, Modal Logic (The Cambridge Hist. of Later Medieval Philos., hg. N. KRETZMAN, A. KENNY, J. PINBORG, 1982) – L. HONNEFELDER, Scientia transcendens. Die formale Bestimmung der Seiendheit und Realität in der Metaphysik des MA und der NZ, 1990.

Modalnotation → Notation

Mode, abgeleitet von lat. modus ('Maß, Art und Weise, Regel'); erst im 16. Jh. erfolgte im Frz. eine Geschlechtertrennung in le mode (maskulinum) in der Bedeutung von Maß, Regel, Modus und in la mode (femininum) als zeitgemäße Kleidung, Lebensart etc. In dieser Bedeutung wurde das Wort M. in das It. (2. Hälfte 17. Jh.) und Dt. übernommen. M. bezeichnet Veränderungen innerhalb der →Kleidung und/oder »den augenblicklichen Zeitgeschmack im benehmen und thun der gesellschaft« (GRIMM). »M. ist eine auf Imponier-, Geltungs- und Nachahmungstrieb, auf Schmuckbedürfnis, erotische Anziehung, seit geschichtlicher Zeit auf Äußerungen sozialer, seit der Neuzeit auch finanzieller Unterschiede, auf Zeitgeschmack, Sitte und Gesellschaftsform beruhende Art und Weise der äußeren Lebenshaltung. M. ist somit Selbstdarstellung ebenso wie Ausdruck der Lebens- und Denkweise zumindest einer Gruppe von Menschen in einer Zeit« (LOSCHEK).

Definiert man M. in dieser Weise, so läßt sich der Terminus auf das gesamte MA anwenden. M. kann sich im MA wie in der NZ entweder nur im Detail äußern (z.B. vielfältige Ärmelformen, Accessoires, →Kopfbedeckungen, →Haar- und Barttrachten [→Bart]) oder aber in grundlegenden Veränderungen, was Länge, Weite etc. der Kleidung (z.B. Auftreten von →Schecke oder →Schaube) betrifft. Träger mod. Neuerungen war in den meisten Fällen der Adel. Das Bürgertum konnte und wollte diesen meist nur zeitverzögert und mit Einschränkungen folgen. Belege dafür liefern die →Kleiderordnungen. Sie zeigen, daß neue M.n nur dann gebilligt wurden, wenn sie ökonom. Überlegungen und sittl. Empfinden nicht zuwiderliefen. E. Vavra

Lit.: GRIMM, DWB XII, 2435f. – S. R. STEINMETZ, Die M. (Gesammelte kleinere Schr. zur Ethnologie und Soziologie, III, 1935) – I. PETRASCHEK-HEIM, Die Sprache der Kleidung, 1966 – R. KÖNIG, Kleider und Leute, 1967 – DERS., Macht und Reiz der M., 1971 – I. LOSCHEK, Reclams M.- und Kostümlex., 1987 – H. KÜHNEL, Mentalitätswandel und Sachkultur (Menschen, Dinge und Umwelt in der Gesch., hg. U. DIRLMEIER-G. FOUQUET, 1989), 102–127.

Model Parliament, Bezeichnung für das engl. →Parliament vom Nov. 1295, die mit einiger Rechtfertigung von dem Historiker W. STUBBS geprägt worden ist, einerseits wegen des (in späteren Parliamentsvorladungen nicht mehr erscheinenden) Satzes aus dem röm. Recht »quod omnes tangit ab omnibus approbetur«, der in dem →writ enthalten ist, mit dem der Klerus zu dem Parliament geladen wurde, und andererseits wegen der definitiven Form, in der die Vorladungen für die Vertreter der Ritter (→knights) und Gft.en (shires) abgefaßt waren. Diese wurden aufgefordert, am Parliament mit der ihnen übertragenen »plena potestas« teilzunehmen, um das ausführen zu können, was der Common Council beschließen würde. Es gibt jedoch keinen Hinweis darauf, daß dieses Parliament vorbildhaft für die folgenden Parliamentsversammlungen war. M. C. Prestwich

Lit.: W. STUBBS, Constitutional Hist. of England, II, 1906 – M. C. PRESTWICH, Edward I, 1988.

Modena, Stadt und Bm. in Oberitalien (Emilia Romagna). Das ehemals blühende röm. municipium »Mutina« erlebte in der Spätantike einen Niedergang (Ambrosius, Ep. 39, 3), der sich im 6. und 7. Jh. infolge der Überschwemmungen der Flüsse Secchia und Panaro verstärkte. Um die Mitte des 3. Jh. christianisiert, wurde M. im 4. Jh. Bf.ssitz. Am Grab des später als Stadtpatron verehrten Bf.s Geminianus († 397) gründete der Via Aemilia gründete dessen Nachfolger Theodolus eine neue Kathedrale, die das Zentrum der ma. Stadt bilden sollte, während der Großteil des weiter ö. gelegenen röm. Mutina aufgegeben wurde. Erobert von den Langobarden, die die Ostgrenze ihrer Herrschaft an den Scoltenna (Panaro) vorschoben, wurde M. unter Kg. Cunincpert ca. 698 wiederaufgebaut. Kg. Liutprand befestigte das neue Zentrum Cittanova sechs Meilen w. von der röm. Stadt. Kg. Aistulf gründete 752 die Abtei S. Silvestro in →Nonantola im Ager Mutinensis. Nach der Eroberung durch die Franken gewann M. als Bf.sstadt neue Bedeutung: 822 erhielt der Bf. ein Privileg von Ludwig d. Fr.; ein Gefolgsmann des Ks.s, Autramnus, wurde zum Comes von M. eingesetzt. Infolge der Befestigung des Stadtzentrums unter Bf. Leodoinus (891) durch einen rund 700 m langen Mauerring hielt M. den Angriffen der Ungarn stand, die jedoch das Umland verwüsteten. In der Ungarngefahr wuchs die weltl. Macht des Bf.s (904 Dipl. Berengars I.), und der Kult des hl. Geminianus erlebte einen Aufschwung. An der Wende vom 10. zum 11. Jh. blühte das städt. Leben auf: M. war nun Castrum und Marktort, in der Vorstadt entstanden die Kl. OSB S. Pietro (996) und S. Eufemia (1. H. 11 Jh.), die kulturelle Aktivität des Domklerus und der Kathedralschule nahm zu (bedeutendes Skriptorium). Seit dem 10. Jh. zählten die Bf. e zu den mächtigsten des Reiches und spielten eine wichtige Rolle im Investiturstreit: Bf. Eribertus (1056–95) trat auf die Seite des Ks. s, nicht zuletzt, um sich dem Einfluß →Mathildes v. Tuszien zu entziehen, die den Contado beherrschte. Unter seinem papsttreuen Nachfolger Dodo (1100–34) wurde der neue Dom, ein Hauptwerk der oberit. Romanik (→Lanfrancus, →Wiligelmus), in Anwesenheit der Gfn. Mathilde und Paschalis II. 1106 begonnen (Weihe 1184 durch Lucius III.). Nach Mathildes Tod (1115) entwickelte M. Ansätze zu einem kommunalen Stadtregiment: die bereits seit 1093 (D H.IV. 438) neben dem Bf. genannten cives verstärkten ihr polit. Gewicht und stellten den »rector urbis« (1119); 1135 wurde das konsular. Stadtregiment eingeführt. Der Versuch des Bf.s und der Stadt, 1149 die Abtei Nonantola zu unterwerfen, führte zum Kampf mit Bologna. Der Konflikt zw. den beiden Städten sollte erst im 14. Jh. seinen Abschluß finden. 1167 trat M. der →lombard. Liga bei und war bei →Legnano und im Frieden v. →Konstanz präsent. Im Laufe des 11.-13. Jh. wuchs die Bevölkerungszahl, und die Stadt gewann an Bedeutung (1182 Gründung der Univ. durch den Juristen →Pilius; 1188 Erweiterung des städt. Mauerrings auf 3146 m; 1194 Bau des neuen Palazzo comunale). Der Krieg gegen das guelf. Bologna flackerte wieder auf (1240 Belagerung von M.; 1249 →Fossalta). Die Ghibellinen wurden 1264 aus M. vertrieben. Das zumindest seit 1229 festzustellende starke Übergewicht der Führer der Zünfte im Consiglio Generale verhinderte zwar innere Kämpfe, aber auch den Aufstieg potentieller Signoren-Familien. Nachdem das Frignano und ein Großteil der Diöz. in ein Abhängigkeitsverhältnis zu der Kommune M. getreten waren, löste man das Problem eines stabileren Stadtregiments durch die Übergabe der Stadt an den Mgf. en v. Ferrara, Obizzo d'Este (1290). Nach kurzer Zäsur durch ein republikan. Stadtregiment (1306–11), eine Periode interner Kämpfe und die Signorie des Mantuaners Passerino Bonacolsi beherrschten die →Este die Stadt definitiv seit 1335.

1327 entstanden die ersten städt. Statuten, die 1420 reformiert wurden. Im 14. Jh. wurde M. von der Pest und einer Reihe von Naturkatastrophen betroffen, die zu einer allg. Krise führten. 1401 zählte man 1636 Familienoberhäupter, was einer städt. Bevölkerung von rund 8000 Einw. entspricht, die sich auf die in Pfarreien und »cinquantine« eingeteilten Stadtviertel Porta Albareto (N), Porta Cittanova (W), Porta Baggiovara (SW) und Porta S. Pietro (SO) verteilte. Die aktive Bevölkerung bestand 1420 vorwiegend aus Handwerkern und anderen Zunftangehörigen, viele Einwohner waren Ackerbürger. M. war im MA von Kanälen durchzogen; ein Kanal führte zum Panaro, so daß Ferrara, der Sitz des Este-Hzg. s, auf dem Wasserweg erreichbar war. Die Este regierten die Stadt durch Gouverneure und hielten sich von Zeit zu Zeit in M. auf (denkwürdig ist der Besuch Borsos d'Este 1453).

Die Kirche war in M. stets sehr präsent: waren Früh- und HochMA v. a. durch den Kult des hl. Geminianus und die Ausübung öffentl. Funktionen durch den Bf. gekennzeichnet, so waren im SpätMA v. a. die Bettelorden bedeutsam (1221 S. Francesco, 1243 S. Domenico). Die z. T. erhaltenen Akten des seit 1292 in M. tagenden Inquisitionsgerichts bezeugen im 13. und 14. Jh. eine starke häret. Präsenz in M. und seinen Territorien. Eine Friedensperiode ließ Mitte des 15. Jh. die Künste in M. aufblühen

(Agnolo und Bartolomeo degli Erri, Guido Mazzoni), bis auch M. und sein Umland in die Kriege der Este-Herrscher mit Venedig (1482–84) und mit der Kirche verwikkelt wurden. 1501 wurde M. von einem schweren Erdbeben betroffen.
P. Golinelli

Lit.: G. TIRABOSCHI, Memorie stor. modenesi, 1793–95 – C. G. MOR-P. DI PIETRO, Storia dell'Univ. di M., 1975 – G. PISTONI, San Geminiano, 1983 – AA. VV., Lanfranco e Wiligelmo, 1984 – Storia illustr. di M., hg. P. GOLINELLI-G. MUZZIOLI, 1990–91, 100–440 [Bibliogr.].

Moderni → Antiqui – moderni

Modi essendi → Modalität

Modi, rhythmische, starre Muster für Reihenrhythmen im dreizeitigen Metrum unter Verwendung ein-, zwei- und dreizeitiger Notenwerte, die in der Theorie zur Notre-Dame-Musik (erstmals bei →Johannes de Garlandia) und später beschrieben werden. Man unterscheidet sechs bzw. fünf M. Welcher M. vorliegt, zeigt sich in der Modalnotation an der Abfolge der →Ligaturen, da die Einzelnote erst in der Mensuralnotation Rhythmus wiedergibt. In der Notenschrift finden die M. zuerst in den Discantuspartien und →Clausulae zu →Organa, daneben in →Conductus Verwendung. Mit der Modalnotation kann erstmalig Rhythmus notenschriftl. festgehalten werden, was in der Mehrstimmigkeit dazu führt, den rhythm. Verlauf (und damit das klangl. Verhältnis der Stimmen zueinander) eines Musikstücks vorherzubestimmen, was wesentl. zum Begriff der Komposition gehört.
B. Schmid

Lit.: MGG – NEW GROVE – W. FROBENIUS, Modus (Rhythmuslehre) (Hwb. der mus. Terminologie) – B. GILLINGHAM, Modal Rhythm, Wiss. Abh. XLVI, 1986.

Modi significandi → Modisten

Modisten, Vertreter der wiss. Strömung der spekulativen Grammatik, in enger Beziehung zur zeitgenöss. Metaphysik und Logik, deren Terminologie sie teilweise übernahmen. Ihre Blüte erlebte sie um 1270–1320 an der Pariser Univ., nach einer vormodist. Periode (Magister Jordanus [v. Sachsen], Roger Bacon, Robert Kilwardby u. a.) und griff auch auf Bologna (Gentile da Cingoli) und Erfurt (Nominalisten-Streit) über. Der erste modist. Grammatiker war →Martinus de Dacia; neben ihm bilden Boetius und Johannes de Dacia, Michael v. Marbais, Ps.-Albertus Magnus und Petrus Croccus die erste M.-Generation. Zw. 1280 und 1300 waren dann Kommentatoren der Werke Martins tätig wie auch Simon de Dacia mit seinen Quaestiones. Die M. erreichten ihren Höhepunkt und Abschluß (1300–20) mit Radulfus Brito, →Siger v. Courtrai und →Thomas v. Erfurt. Der Triumph des →Nominalismus löste die Modalgrammatik ab, obwohl sie noch einige Zeit unterrichtet wurde und es später Tendenzen gab, sie für den Lateinunterricht an Schulen zu verwenden (Johannes Stobnicensis, 16. Jh.).

Die M. nahmen die Formulierungen Priscians auf und wandelten sie in wissenschaftliche um, indem sie auf das Konzept des Modus significandi, den Kern ihrer Lehre, anwandten. Ihre Schriften in traditioneller Form verfaßt (erklärend oder kommentierend: minores, d. h. modus per disciplinam) oder als Quaestiones oder Sophismata (maiores, d. h. modus per inventionem), bestanden meist aus drei Teilen: der Beschreibung 1. der Metaaussage, 2. der Sprache (Etymologie) und 3. des Sprachaufbaus (Diasynthetik), wobei der Schwerpunkt der Lehre lag.

Abgesehen von einzelnen punktuellen Diskrepanzen zw. den verschiedenen Grammatikern, lassen sich als grundlegende Thesen festhalten: Die Grammatik ist eine Wiss., d. h. universal, und beschäftigt sich deshalb ausschließl. mit dem, was allen Sprachen gemein ist (der Tiefenstruktur), wobei sie die jeweiligen Besonderheiten außer Acht läßt. Zu Studienzwecken wird das Latein als am besten bekannte Sprache herangezogen. Die Sprache wird als Abbild der realen Welt gesehen. Das Wort (dictio) ist das Ergebnis der durch den Intellekt verwirklichten Vereinigung (impositio) eines phonet. Phänomens (vox) und eines konkreten materiellen Inhalts (res). Keines davon ist Gegenstand der Grammatik. Der Intellekt gibt (secunda impositio) zudem jedem Ausspruch eine formale Bedeutung (consignificatio), wodurch dieser sich in einen Redeteil verwandelt: 'dolor' und 'doleo' drücken materiell gesehen den gleichen Inhalt, jedoch auf verschiedene Art und Weise (per modum habitus bzw. per modum fluxus) aus, die man als 'modus significandi' bezeichnet und deren Studium Aufgabe der Grammatik ist. Etymologie: sie bewirkt, daß die modi significandi für die Unterschiede zw. den acht partes orationis, den Wortklassen, verantwortl. sind (modi significandi essentiales) wie auch für ihre Eigenschaften: Geschlecht, Zahl, Fall usw. (modi significandi accidentales).

Diasynthetik: die wichtigste Eigenschaft der Sprache ist, daß sich ihre Elemente vereinigen können, um vielschichtige Begriffe auszudrücken (constructio). Die modi significandi ermöglichen eine solche Vereinigung (principia constructionis), deren Sinngebung (significatio) allerdings selbst nicht Gegenstand der Grammatik ist. Es gibt transitive und intransitive Konstruktionen, je nach Ausrichtung der zw. ihren beiden Komponenten bestehenden Abhängigkeit. Ihre Syntax behandelt zudem die congruitas (in Bezug auf die Grammatik), die auf der Wechselbeziehung zw. den Modi significandi beruht, und die perfectio (eine Rede ist dann vollständig, wenn sie suppositum und appositum enthält).

E. Pérez Rodríguez

Q. und Ed. s. Lit. zu den Personenartikeln – *Lit.:* M. GRABMANN, Die Sophismatalit. des 12. und 13. Jh., 1940 – H. ROOS, Sprachdenken im MA, CM 9, 1947, 200–215 – J. PINBORG, Die Entwicklung der Sprachtheorie im MA, 1967 – G. L. BURSILL-HALL, Speculative Grammars of the MA, 1971 – R. H. ROBINS, Data-orientation vs. Theory-orientation, Historiographia linguist. 1, 1974, 11–26 – E. J. ASWORTH, The Tradition of Mediev. Logic and Speculative Grammar, 1978 – L. G. KELLY, Modus Sign.: an Interdisciplinary Concept, Historiographia linguist. 6, 1979, 159–180 – K. JACOBI, Die Modalbegriffe in den log. Schriften des Wilhelm v. Shyreswood, 1980 – A. PILTZ, Die gelehrte Welt des MA, 1982 – J. PINBORG, Speculative Grammar (The Cambridge Hist. of Later Mediev. Philos., 1982), 254–269 – I. ROSIER, La Grammaire spéculative des Modistes, 1983 – M. A. COVINGTON, Syntactic Theory in the High MA, 1984 – A. MAIERU, La Grammatica speculativa, Aspetti della lett. nel s. XIII, 1986, 147–167.

Modius publicus und denarii novi erscheinen 794/795 (Frankfurter Kapitular) als Eckpfeiler konstanter Relationen von Maß-, Gewicht- und Zahlgrößen einer agrar.-feudalen Ordnung. Das Capitulare Saxonicum erweiterte 797 diese Ordnung: »Quales deben solidi esse Saxonum« – pro solidus gaben die Bortrini 40 scapili »de avena« oder 20 »de sigale«, die Septemtrionales 30 oder 15 – »in argento duodecim solidum faciant«. Derartige modii waren normierte Rechen- bzw. Volumeneinheiten, mit denen z. B. die Grundherrschaft Werden 880/900 ihre Erträge notierte (Hömberg) – nicht gebunden an ein bestimmtes Getreide! Es faßten ein m. de avena ein m. publicus theoret. 78, 381 (794), die scapili der Sachsen 38, 38/39, 19 l bzw. 58, 78/29, 39 l (797), ein m. für Nymwegen 156, 76 l (806). Nach HOCQUET hielt ein m. in den Statuten →Adalhards v. Corbie rund 52 l (823). Noch im 19. Jh. rechnete man im Hzm. Westfalen 2 Scheffel = 1 Mütte; letztere je nach Ort zw. 20,081 (Beckum) und 272,801 (Medebach); 1846/41 hielten die Soester Mütte 59,25 l und ein Dortmunder Ortsscheffel 39,78 l.

H. Witthöft

Lit.: H. WITTHÖFT, Münzfuß, Kleingewichte, pondus Caroli und die Grundlegung des nordeurop. Maß- und Gewichtswesens in frk. Zeit, 1984 – H. WITTHÖFT, Getreidemaße im s. Westfalen im 19. Jh. (WF 40, 1990), 150–194 – J.-C. HOCQUET, Le muid carolingien, Cahiers de Métrologie 10, 1992, 43–60.

Modoin (Muadwin), Dichter, † 840/843, der 'Naso' der Hofgesellschaft Karls d. Gr.; ausgebildet in Lyon, zw. 804 und 814 am Hof, 815 Bf. v. Autun; stand in literar. Verbindung mit →Theodulf v. Orléans, →Florus v. Lyon und →Walahfrid Strabo. Als junger Mann verfaßte M. zwei Eklogen ('libri'); er widmete sie Karl, dessen Herrschaft sie als Erneuerung der Größe Roms und, in Anlehnung an Vergils 4. Ekloge, als Wiederkehr des Goldenen Zeitalters preisen; entschiedener als die meisten Zeitgenossen drückt M. die Empfindung aus, die Epoche einer Renaissance mitzuerleben. Er betont den hohen Rang der Dichtkunst – und den reichen Lohn, den Dichter von Ks.n, auch von Karl, davongetragen haben (1, 85ff., u.a. Angilbert, Alkuin, Theodulf, Einhard). M.s poet. Gabe läßt trotz einiger sprachl. Schwächen reizvolle bukol. Dichtung entstehen; Vorbild ist v.a. der sonst im MA wenig bekannte Bukoliker Calpurnius Siculus. Als Bf. schrieb M. ein Gedicht an Theodulf, in dem er diesem Trost in der Verbannung zuspricht und seine Fürsprache zusagt.

G. Bernt

Ed.: Eclogae: MGH PP I, 382–392 – NA 11, 1886, 86–91 – D. KORZENIEWSKI, Hirtengedichte aus spätröm. und karol. Zeit, 1976, 73–101 [lat./dt.] – P. GODMANN, Poetry of the Carol. Renaissance, 1985, 190–196 [Nr. 1, lat./engl.] – Rescriptum ad Theodulfum epis.: MGH PP I, 569–573 – *Lit.:* BRUNHÖLZL, I, 309–311, 552f. – K. SMOLAK, SW 67, NF 17, 1983, 207–209 – P. GODMAN, FMASt 19, 1985, 248–253 – P. KLOPSCH (Lectures médiévales de Virgile, Actes…, 1985 [Coll. de l'École franç. de Rome 80]), 159f.

Modon (und Coron), gr. Mothone (Methone) bzw. Korone, zwei wichtige messen. Hafenstädte an der W- bzw. O-Seite der Südwestspitze der Peloponnes (→Morea), frühbyz. zur *eparchia* →Hellas gehörig, frühe Bf.ssitze, zunächst Suffragane v. →Korinth, im Zuge der byz. Reconquista um 805 der neu gegr. Metropole →Patras zugeordnet (postbyz. bei Monemvasia). 533 war M. Stützpunkt der Flotte Belisars; 881 wurde es durch den muslim. Renegaten Photios geplündert. M. hatte in mittelbyz. Zeit eine jüd. Gemeinde und war seit 1082 ven. Handelsplatz. In M. landete im Winter 1204/05 eine kleine Gruppe von Kreuzfahrern, die von hier bzw. →Nauplion aus Morea zu erobern begann. 1207 nahm die ven. Flotte die beiden Festungen samt Hinterland in Besitz (Bestätigung im Vertrag v. Sapientza, Juni 1209). M. und C. wurden zunächst als Lehen vergeben; wegen ihrer Schlüsselstellung für die Handelsschiffahrt im ö. Mittelmeer wurden sie aber ab der Mitte des 13. Jh. von →Venedig unmittelbar verwaltet; sie hatten auch als regionale Handelsplätze (Öl, Salz, Wachs, Seide) große Bedeutung. M. und C. wurden im Aug. 1500 von der Armee Bāyezīds II. erobert.

J. Koder

Lit.: S. LUCE, M., a Venetian Station in Mediaeval Greece (Classical and Mediaeval Stud. i.H. E. RAND, 1938), 195–208 – K. ANDREWS, Castles of the Morea, 1953, 11–23, 58–83 – E. FOLLIERI, Santi di Metone, Byz 41, 1971, 378–451 – CHR. MALTEZU, Βενετικές και γενουάτικες κτήσεις (Hist. Helleniku Ethnus IX, 1979), 261 ff. – A. BASILIKOPULU-IOANNIDU, Η επισκοπή Κορώνης στις αρχές του 13ου αιώνα, Peloponnesiaka 16, 1986, 376–384 – PHL. EUANGELATU-NOTARA, Η Μεθώνη σταθμός στα ταξίδια βυζαντινών αυτοκρατόρων στη Δύση, ebd., 97–107 – D. M. NICOL, Byzantium and Venice, 1988.

Modrekili, Mik'ael, georg. Hymnograph aus dem 10.–11. Jh. Sein neumiertes Hymnarium *(Iadgari),* als Autograph im Cod. Tbilisi S-495 erhalten, wurde 978–988 angefertigt und umfaßt 544 Seiten; entsprechend dem Kolophon enthält es vorwiegend aus dem Griech. übertragene Hymnen für das gesamte Kirchenjahr sowie für den Zyklus der 8-Töne (Oktoechos), die M. zusammenstellte und ergänzte. Seine eigenen Kompositionen sind auch in anderen Hss. überliefert. M.s Herkunft und Wirkungsort bleiben umstritten. Mit dem athonit. Iberon-Kl. soll er Beziehungen unterhalten haben, auch wenn er vorwiegend im südgeorg. Kl. Šaṭberdi lebte. Chr. Hannick

Lit.: M. M.s himnebi X daukune, I–III, ed. V. Gvaḥaria, 1978 – M. Tarchnišvili, Gesch. der kirchl. georg. Lit., 1955, 118–121.

Möðruvallabók, isländ. Hs. AM 132 Fol., aus 200 in Holzdeckel eingebundenen Pergamentbll. bestehende, um 1350 geschriebene, größte und bedeutendste ma. Slg. von isländ. →Sagas. Sie umfaßt Njáls saga, Egils s. (→Egill Skallagrímsson), Finnboga s., Bandamanna s., Kormáks s., Víga-Glúms s., Droplaugarsona s., Ölkofra þáttr, Hallfreðar s., Laxdœla s. und Fóstbrœðra s. und stellt für fast alle die wichtigste Hs. grundlage dar. Ihren Namen erhielt die Hs. erst im 19. Jh., aufgrund einer Eintragung über den Aufbewahrungsort von 1628; ob sie tatsächl. in Möðruvellir in Eyjafjörður geschrieben wurde, ist unsicher, doch weisen Schreibweise und Sprachform auf eine Entstehung in N-Island hin. M.-Cl. Heß

Ed. und Lit.: KL XII, 185f. – Corpus Codicum Islandorum V, 1933 [Faks.] – A. von Arkel-De Leeuw van Weenen, M. AM 132 Fol., I: Ind. and Concordance; II: Text, 1987.

Möðruvellir í Hörgárdal (Eyjafjarðarsýsla, N-Island), bedeutender Hof und Augustinerkl., seit der Landnahme einer der größten und reichsten Häuptlingssitze N-Islands. Der Hof hatte schon früh den Status einer eigenkirchl. Schenkung (staðr; →Eigenkirche, II) und war im 12./13. Jh. einer der Brennpunkte in der Auseinandersetzung zw. den Bf.en und den Kircheneignern um das Patronatsrecht. In einem Schiedsspruch billigte der norw. Kg. M. 1293 den weltl. Eignern zu, aber Bf. Jörundur Þorsteinsson v. →Hólar (1267–1313) kaufte den Hof und richtete dort ein Augustinerkl. ein. Im Widerspruch zu kanon. Recht und Ordensregeln setzte er ledigl. einen Prior ein und unterstellte die Ökonomie des Kl. bfl. Aufsicht. Durch seine umfangreiche Sammel- und Abschreibetätigkeit erhielt das Kl. eine der wichtigsten Bibl. Islands. M.-Cl. Heß

Lit.: J. Jónsson, Um klaustrin á Íslandi, Tímarit hins íslenzka bókmenntafélags 8, 1887, 256–264 – J. Helgason, Islands kirke..., 1925, 168, 186 – J. Jóhannesson, Íslendinga saga, I, 1956, 234; II, 1958, 107.

Modus Tenendi Parliamentum, lat. Traktat, der die Arbeitsweise eines idealen engl. →Parliaments beschreibt und in vielen Punkten von der üblichen Praxis abweicht; nicht vor dem späten 14. Jh. hs. überliefert, doch wohl aufgrund von Texthinweisen Anfang der 20er Jahre des 14. Jh. entstanden. Die Version von G. O. Sayles, nach der der Traktat viel später, auf einem ir. Original basierend, verfaßt worden sein soll, erscheint möglich, wirkt jedoch nicht überzeugend. Der Traktat weist sehr nachdrückl. auf die Bedeutung der Vertreter der Gft.en und →*boroughs* hin, bes. in bezug auf die Gewährung und Verweigerung von Steuern. Er wurde wohl von einem mit der Praxis der Parliaments sehr vertrauten Schreiber verfaßt, möglicherweise von William Airmyn oder William Maldon. Es gibt zwei Hauptfassungen und eine frz. Übers. Eine Fassung des frühen 15. Jh. beschreibt die Arbeitsweise der ir. →Parliaments. M. C. Prestwich

Lit.: N. Pronay–J. Taylor, Parliamentary Texts of the Later MA, 1980 – G. O. Sayles, »M. T. P. «: Irish or English (England and Ireland in the Later MA, hg. J. F. Lydon, 1981).

Moerbeke, Wilhelm → Wilhelm v. Moerbeke

Moers, Gf.en v. Die seit 1186 bezeugten Edelherren (seit 1228 alternativ, seit etwa 1375 ausschließl. Gf.en) v. M. vermochten zw. den sich bildenden Territorien Kurköln (→Köln), →Kleve und →Geldern eine kleine Herrschaft aufzubauen, die um die gleichnamige Burg konzentriert war, an die sich eine um 1300 zur Stadt erhobene Siedlung anschloß, die ebenso bedeutungslos blieb wie das 1372 mit Stadtrechten ausgestattete Krefeld. Als köln. Vasallen, später in ligischer Lehnsabhängigkeit v. Kleve, gelang es den Gf.en v. M., ihre Selbständigkeit zu behaupten. Der Aufstieg des Hauses begann mit der Verwicklung in den geldr. Nachfolgekrieg um die Mitte des 14. Jh., in dem mehr noch als der regierende Gf. en Friedrich I. (1346–56) und Dietrich IV. (1356–72) ihr nachgeborener Bruder Johann durch den Erwerb einflußreicher Verwaltungspositionen und Pfandschaften die Machtgrundlage für ausgreifende polit. Ambitionen legte. Sie war die Voraussetzung für die Heiratsverbindung zw. dem Gf.en Friedrich II. (1372–1417) und Walpurga, der Schwester des Kölner Ebf.s →Friedrich v. Saarwerden, die nicht nur das Ansehen des Hauses M. stärkte und ihm 1397 die Nachfolge in der Gft. →Saarwerden einbrachte, sondern u. a. Friedrichs II. Sohn Dietrich den Weg auf den Kölner Erzstuhl öffnete. Mit Ebf. →Dietrich II. v. Köln (1414–63) sowie seinen Brüdern Walram, (Gegen-)Bf. in Utrecht (1433) und Münster (1450), und Heinrich, Bf. v. Münster (1424–50), erreichten drei M. er Gf.ensöhne reichsfsl. Rang, während der regierende Bruder Friedrich III. (1417–18) als diplomat. Vermittler im Dienst des burg. Hzg.shauses polit. Aktivitäten europ. Ausmaßes entfaltete, was u. a. der Sicherung des umfangreichen Pfandbesitzes diente. Die Verflechtung in die wechselnden Schicksale Gelderns und die Anlehnung an Burgund, denen das Haus M. seinen erstaunl. Aufstieg verdankte, sollten zugleich die Ursache seines Niedergangs sein. Gf. Vincenz (1448–99) schloß sich der antiburg. Politik der geldr. Stände an, ließ sich 1473 zum Vertreter des gefangenen Hzg.s Adolf wählen und verlor gegen Hzg. →Karl d. Kühnen fast seinen ganzen Besitz. Durch seinen Widerstand gegen Ks. Maximilian beschleunigte er den Verfall des Hauses M., das – wiederum auf das Kerngebiet der Gft. M. zurückgeworfen – mit seinem Enkel Bernhard 1501 ausstarb. W. Janssen

Lit.: M. Barkhausen, Die Gf.en v. M. als Typus kleiner Territorialherren des späteren MA (Ders., Aus Territorial- und Wirtschaftsgesch., 1963), 56–107 – W. Paravicini, Zur Königswahl v. 1438, RhVjbll 39, 1975, 99–115 – Ders., M., Croy und Burgund, AHVN 179, 1977, 7–113.

Moesia (Mösien), in der Antike geogr. Begriff von schwankendem Umfang (Grenzen: im N Donau, O Schwarzmeer, S Thrakien [bzw. Haimos-Gebirge] und Makedonien, W Dalmatien und Pannonien). Die unter Tiberius errichtete röm. Prov. M. wurde um 85 in M. superior (prima, gr. Mysia A [etwa N-Serbien: Hauptstadt Viminacium]) und M. inferior (secunda, Mysia B [zw. Donau und Haimos: Markianopolis]) geteilt (Grenze bei den Flüssen Ciabrus und Almus). Nach der Aufgabe →Dakiens (272) wurden unter Diokletian in M. er M. superior und inferior die Prov.en Dacia ripensis und D. mediterranea (Zentren Ratiaria und Serdica) geschaffen und von Untermösien der NO als Scythia (Tomis) abgetrennt. Der Fluß Utus (Vit) bildete die W-Grenze Untermösiens. Ab Mitte des 3. Jh. ist die Gesch. Niedermösiens durch Einfälle und Ansiedlungen von Goten (z.T. als foederati) geprägt. Nach dem Abzug der Ostgoten Theoderichs (488) erste bulg. Einfälle. Anfang 7. Jh. Einwanderung der Slaven. Um 681 etablierten sich Bulgaren mit unterworfenen slav. Stämmen in Niedermösien, das zum Kernland →Bulgariens wurde. Im archaisierenden byz. Sprachgebrauch stehen Mysia und Mysoi für Bulgarien und Bulgaren (11.–15. Jh.). Den Namen Mysia führte auch ein Gebiet im NW Kleinasiens. P. Soustal

Lit.: V. VELKOV, Cities in Thrace and Dacia in Late Antiquity, 1977–H. WOLFRAM, Gesch. der Goten, 1979 – U. WANKE, Die Gotenkriege des Valens, 1990.

Mogilno, OSB Kl., Stadt in Polen (Woiwodschaft Bydgoszcz). Aus der seit Ende des 8. Jh. bestehenden Siedlung entstand im 10. Jh. eine Burg auf der Halbinsel des M.er Sees. Als im 12. Jh. das hier gelegene OSB Kl. expandierte, wich die Bevölkerung auf das Gebiet der heutigen Stadt am Ostufer des Sees aus. Das Stadtrecht stammt von 1398.

Das Kl. wurde wahrscheinl. von Kasimir I. (1034–58) gegründet und mit Besitzungen in Großpolen, Kujavien und Masovien reich ausgestattet. Bei der Gründung, die zur Erneuerung der poln. Kirche nach der Krise der 30er und 40er Jahre beitragen sollte, wirkten Benediktiner aus dem Köln-Lütticher Raum entscheidend mit, der erste Konvent entstammte wahrscheinl. dem Kl. →Niederaltaich (J. PŁOCHA); Verbindungen nach Bayern (Regensburg) und Franken (Bamberg) bestanden noch im 12., vielleicht auch im 13. Jh. Auf eine erste Blütezeit (1131–ca. 1206), in der das Kl. in Pommern missionierte, mit Bamberger Hilfe die →Hirsauer Reform durchsetzte und in der es 1179 den päpstl. Schutz erhielt, folgte im 13. Jh. ein spürbarer Niedergang. Von der dreischiffigen Basilika (ŏ Johannes Evangelista; Chor und Apsis, ohne Transept) sind Außenmauer und zwei Krypten erhalten; sie gilt als prächtigste Benediktinerbau Polens. J. Strzelczyk

Lit.: SłowStarSłow III, 274 f. – K. POTKAŃSKI, O założeniu i uposażeniu klasztoru w Mogilnie (DERS., Pisma pośmiertne, II, 1924), 166–208 – B. KÜRBISÓWNA, Najstarsze dokumenty opactwa benedyktynów w Mogilnie (XI-XII w.), StŹródł 13, 1968, 27–59 – J. PŁOCHA, Najdawniejsze dzieje opactwa benedyktynów w Mogilnie, 1969 – Studia z dziejów ziemi mogileńskiej, 1978 – Materiały sprawozdawcze z badań zespołu pobenedyktyńskiego w Mogilnie, 1–3, 1978–83 – J. CHUDZIAKOWA, Romański kościoł benedyktynów w Mogilnie, 1984 – K. ŻUROWSKA, Kościół opactwa benedyktynów w Mogilnie..., Zeszyty Naukowe Uniwersytetu Jagiellońskiego – Prace Historyczne 89, 1989, 27–42.

Moglena, bulg. Măglen, serb. Moglen, Stadt in der gleichnamigen Ebene in →Makedonien, am Oberlauf des Flusses Moglenitsa. Das Tal war im MA dicht besiedelt. Zur Stadt gehörte eine als Ruine noch heute erhaltene Festung. Anfang des 11. Jh. erwähnen die Q. M. anläßl. der Kriege →Basileios' II. gegen Zar →Samuel und dessen Nachfolger. Basileios eroberte die Stadt 1015 und nahm die ganze Besatzung gefangen. Der Bf. v. M. wurde um 1020 Suffragan des Ebf.s v. →Ochrid. Unter Zar Samuel war M. zeitweilig Sitz des Patriarchen. Seit den achtziger Jahren des 11. Jh. wird M. als byz. Thema (→Themen) erwähnt. M. Blagojević

Lit.: A. STRUCK, Makedon. Fahrten, II: Die makedon. Niederlande, 1908, 74–75 – VASSILIKI KRAVARI, Villes et villages de Macédoine occidentale, 1989, 35–43, 58, 82–83.

Mogliano, Gentile da, Signore v. →Fermo (1348–55), † (hingerichtet) 1356, aus einer adligen Familie des Contado; ∞ Onestina, Tochter des Francesco Ordelaffi, Signore v. Forlì. Militär. Erfolge als Söldnerführer verhalfen ihm zu großem Ansehen, so daß er 1348 die Signorie über Fermo erringen konnte. Von 1348 bis 1351 führte er gegen Ascoli Krieg um die Vorherrschaft an dem Küstenstreifen vom Tronto bis Potenza. Geschwächt durch den Kampf mit den →Malatesta (1353 Belagerung von Fermo), unterwarf sich G. 1354 Kard. →Albornoz und wurde zum Vexillifer s. Ecclesiae ernannt, trat jedoch im folgenden Jahr dem Bündnis der →Ordelaffi, →Manfredi und Malatesta gegen Albornoz bei. Nach dem Sieg des Kard. über die Malatesta wurde G. von den päpstl. Truppen in der Rocca v. Fermo belagert, zur Kapitulation gezwungen und verbannt. Bei einem Plünderungszug in den Gebieten des Kirchenstaats wurde er gefangengenommen und mit seinem Sohn Ruggiero und anderen Anhängern schließlich hingerichtet. G. Avella-Widhalm

Lit.: Cronache della città di Fermo, hg. G. DE MINICIS–M. TABARRINI, 1870 – G. FRANCESCHINI, La situazione politica delle Marche alla venuta del Card. Egidio Albornoz, Studia Picena 27, 1959, 20–55 – s.a. →Albornoz, →Fermo.

Möglichkeit, lat. potentia, possibilitas, wird v.a. eingeteilt in 'reale M.' und 'log. M.'; das Adjektiv possibile taucht auch auf als eine der Modalbestimmungen des Satzes (→Modalität, Modus). Die reale M. wird meist als Gegenbegriff zum actu esse verstanden und mit der Unbestimmtheit der Materie gleichgesetzt. Clarenbaldus v. Arras spricht u.a. von der mit der geschöpfl. realen M. gegebenen Veränderlichkeit; sie findet sich auch bei Thomas v. Aquin, der die reale M. in potentia passiva und p. activa einteilt und letztere in der p. Dei begründet sieht. Diese ist entweder potentia absoluta oder auf die konkrete Schöpfung bezogene potentia ordinata (vgl. De pot. I, 1; S. Th. I, 25, 5). Urform der potentia passiva ist die Materie, die in ihrer Hinordnung zur aktualen Form in Analogie mit der Hinordnung des endl. Wesens zum actu esse zu sehen ist. Ausführl. ist der Begriff M. von Johannes Duns Scotus erörtert worden. In der Bestimmung der log. M. als »modus quidam compositionis factae ab intellectu, causatus ex habitudine terminorum illius compositionis, scilicet quod non repugnant« (IX Met. q. 2, n. 3) greift er auf die aristotel. Tradition zurück. Die reale M., eingeteilt in potentia activa, p. passiva, p. obiectiva (= p. ad existentiam) und p. subiectiva (= Offenheit der Substanz für weitere Realisierungen), ist gleich der p. metaphysica, die ihren Ursprung in der p. ordinata des göttl. Willens hat und selbst gebunden ist an die p. Dei absoluta, welche nur durch Widerspruchsfreiheit bestimmt ist. Eine Rückführung der endl. M. auf die unendl. M. Gottes nimmt auch Nikolaus v. Kues vor, der die reale und log. M. auf das Denken Gottes bezieht, das Können und Sein vereinigt (possest) und alle endl. Gegensätze in einer coincidentia oppositorum aufhebt (Trialogus de possest, passim). H. J. Werner

Lit.: A. FAUST, Der M.sgedanke. Systemgesch. Unters., II, 1932 – I. PAPE, Tradition und Transformation der Modalität, I, 1966 – N. HÄRING, Die Erschaffung der Welt und ihr Schöpfer nach Thierry v. Chartres und Clarenbaldus v. Arras (Platonismus in der Philos. des MA, hg. W. BEIERWALTES, 1969), 161–267 – M. A. PERNOUD, The Theory of the 'Potentia Dei' according to Aquinas, Scotus and Ockham, Antonianum 47, 1972, 69–95 – H. J. WERNER, Die Ermöglichung des endl. Seins nach J. Duns Scotus, 1974.

Mohács, Schlacht v. (29. Aug. 1526). Unter Führung des Sultans Süleyman II. des Prächtigen, der von seinem Vater Selim I. ein wohlgeordnetes Reich übernommen hatte, stieß ein etwa 50000 bis 70000 Mann starkes Heer der →Osmanen nach der Eroberung Belgrads 1521 gegen →Ungarn (1529 und 1532 vor Wien) vor. Die Schlacht bei M. am rechten Donauufer (Südungarn, Komitat Baranya) war schnell entschieden, da Kg. Ludwig II. v. Ungarn zum einen ohne weitere Hilfe mit einem etwas mehr als 25000 Mann starken Aufgebot weit unterlegen war, zum anderen aber auch, weil die inneren Zwistigkeiten in Ungarn v. a. bei der Gestellung der →Banderien verheerende Auswirkungen hatten. Die Niederlage, die den Kg. (auf der Flucht) wie auch viele ung. Magnaten, v. a. Bf.e, das Leben kostete, hatte trotz des baldigen Abzugs der Türken wegen logistischer Unzulänglichkeiten nicht nur für Ungarn und den Balkanraum einschneidende Folgen, sondern berührte auch durch die Thronprätentionen der →Habsburger (Vertrag →Maximilians I. von 1491 [→Preßburg] und 1515) die Gesch. Österreichs, die Mittelmeerpolitik der it. Staaten (Lepanto 1571) und die arab. Staatenwelt in Nordafrika (Tunis 1534) und damit die europ. Gesch. der frühen Neuzeit. Die Türkengefahr (Türkenzugsplan Maximilians von 1517), seit dem Fall →Konstantinopels immer wieder beschworen, aber wegen der reichsinternen Streitigkeiten nicht bekämpft (→Türkenkrieg), wurde mit dem osman. Sieg bei M. zur unmittelbaren Bedrohung. Der innerung. Streit um die Thronfolge, der von den Osmanen und Franz I. v. Frankreich gegen Ferdinand (I.) geführt wurde, endete letztlich mit einer Dreiteilung Ungarns. Die Bereinigung der Situation gestaltete sich durch die Auswirkungen der Reformation auf Ungarn und durch die Personalunion der →Jagiellonen Ungarn-Böhmen (Ende der »Staatlichkeit«) bis zum Jahr 1526 nicht unbedingt einfacher. Erschwert wurde die Lage durch die undurchschaubare Politik Frankreichs, das in den Osmanen einen willkommenen Verbündeten gegen die Universalmonarchie Karls V. zu sehen glaubte. K. Amann

Q. und Lit.: Stefan Brodarics (Bf. v. Syrmien), Descriptio clavis M.; Ausz. bei J. v. FARKAS, Ungarns Gesch. und Kultur in Dokumenten, 1955, 45–49 – W. FRANKNOI, Ungarn vor der Schlacht bei M., 1886 – E. v. GYALOKAY, Die Schlacht bei M., Ung. Jbb. 6, 1927, 228–257 – F. G. HEYMANN, The Death of King Ladislaw. Historiographical Echoes of a Suspected Crime, Report of the Annual Meeting of the Canadian Hist. Assoc., 1961, 96–111 – CH. TURETSCHEK, Die Türkenpolitik Ferdinands I., 1968 – S. LABIB, The Era of Süleyman the Magnificent: a Crisis of Orientation, Saeculum 20, 1978, 269–282.

Mohammed (Muḥammad), Prophet und Religionsstifter des →Islams, geb. um 569 in →Mekka, gest. 632, gehörte dem Clan der Banū Hāšim des in Mekka führenden Stammes der Qurais an. Über M.s Jugend und erste Mannesjahre ist wenig bekannt; die Überlieferung ist von Legenden überwuchert. Er verwaiste früh und kam in die Obhut zunächst seines Großvaters, dann seines Onkels Abū Ṭālib (gest. ca. 619), der ihm zeit seines Lebens eine Stütze war. M. wuchs in das wichtigste quraišitische Gewerbe, den Karawanenhandel, hinein und heiratete um 595 die etwa 20 Jahre ältere Kaufmannswitwe Ḥadīğa (gest. ca. 619). Etwa 40jährig wurde M. zum Propheten berufen. Dieses Ereignis ist vor dem Hintergrund der kult. Tradition Mekkas – die Stadt war einer der wichtigsten heidn. Wallfahrtsorte Arabiens – und dem Einströmen hochreligiöser christl. und jüd. Einflüsse zu sehen. Es gab ein 'Gottsuchertum', das das Bekenntnis zu Christentum und Judentum verweigerte, jedoch eine asket. ausgerichtete, auf den kultlosen Hochgott Allāh bezogene Vertiefung des Lebens anstrebte. Hierzu trat M. in Konkurrenz; seine Offenbarungen verkündeten Allāh als den die Welt lenkenden Schöpfergott, der von den Menschen jedoch keine Askese verlangte, sondern eine sittl. Lebensführung im Bewußtsein des künftigen Weltgerichts (→Koran). Ob M. schon bald nach seiner Berufung an die Öffentlichkeit gegangen ist oder erst nach längerem Zögern, ist ungewiß. Jedenfalls hat sich im Laufe des öffentl. Auftretens in Mekka eine immer schärfere Polemik um die mekkan. Lokalgottheiten entwickelt, deren Nichtigkeit angesichts des einen Allāh ein ums andere Mal im Koran hervorgehoben wird. Hierdurch geriet der einträgl. Kaʿba-Kult in Gefahr; M. galt den führenden Quraišiten nunmehr als gefährl. Störenfried. Daß er wohl nur den Kaʿba-Kult läutern und dem einen Allāh weihen wollte, wurde nicht geglaubt. Daher verzeichnen die Q. in den mittleren und späten mekkan. Jahren M.s zunehmende Übergriffe gegen seine Anhänger, unter denen nur wenige aus den prominenten Clans stammten. Nach dem Tod Abū Ṭālibs und Ḥadīğas wurde die Lage für ihn selber prekär, er mußte um sein Leben fürchten.

Mütterlicherseits hatte M. verwandtschaftliche Verbindungen zu den Arabern von Yaṯrib/→Medina. Dieses Oasengebiet wurde von den sich blutig befehdenden Aus und Ḥazrağ sowie von einigen judaisierten Stämmen bewohnt. M. knüpfte Beziehungen zu den Aus und Ḥazrağ an und scheint sich als Schiedsmann in ihren Streitigkeiten angedient zu haben. Im übrigen hoffte er, Medina werde, da teils judaisiert, einen fruchtbaren Boden für seine Predigten abgeben. Zuerst gingen große Teile seiner Anhänger aus Mekka dorthin, schließlich folgte er ihnen (622, hiğra/Hidschra). Höchst unerquickl. war für ihn der Beginn seines Wirkens in Medina. Zwar fand er Aufnahme und Unterstützung bei den Aus und Ḥazrağ, doch lehnten die judaisierten Stämme seinen Anspruch auf die Prophetenschaft schroff ab. Das stürzte ihn in eine tiefe innere Krise; ihn plagten Zweifel an der Wahrheit seiner Botschaft. Da verschaffte ihm ein krieger. Erfolg unerwarteten Spielraum. Bei der Örtlichkeit Badr nahm er im Handstreich eine wenig gesicherte mekkan. Karawane und machte reiche Beute (624). So wuchs sein Rückhalt, und er fühlte sich in den kommenden Jahren stark genug, gegen die Juden vorzugehen, sie teils zu vertreiben, teils zu töten. Damit büßten die Gegner, die M. auch unter den Aus und Ḥazrağ hatte, mögl. Verbündete ein. Mit Glück überstand er die Vorstöße der Mekkaner, die Rache für Badr suchten. 628 konnte er es sogar wagen, gegen Mekka zu ziehen, um, wie er verbreiten ließ, die Pilgerriten zu vollführen. Die Mekkaner traten ihm in den Weg, ließen sich aber auf Verhandlungen ein. Deren Ergebnis – 10 Jahre Waffenstillstand; Zusage, im kommenden Jahr einen Pilgerbesuch M.s zu gestatten – waren ihm von großem Nutzen. Die führenden Mekkaner erkannten, daß er dank der von ihm gestifteten Religion Macht und Einfluß Mekkas erhebl. vergrößern würde. Unter einem Vorwand brach M. Anfang 630 den ausgehandelten Frieden und nahm kampflos von seiner Vaterstadt Besitz. Die folgenden Ereignisse zeigten, daß die Mekkaner sich nicht in M. getäuscht hatten. Er focht energ. gegen verschiedene den Quraišiten feindl. Stämme; spät bekehrte Mekkaner übernahmen wichtige Aufgaben im sich herausbildenden islam. Staat. Zwar residierte M. nach wie vor in Medina, aber der Islam war »quraišitisch geworden« und erstreckte sich in dieser Form fast über die ganze Arabische Halbinsel, als M. starb.

M.s weltgesch. Bedeutung liegt in der Einigung der Araber auf religiöser Basis, ein Prozeß, der in den Eroberungszügen der Folgezeit seine Dynamik entfaltete, jedoch wegen der Rückbindung an die Partikularinteressen der Qurais auch mit einem scharfen Widerspruch belastet war. T. Nagel

Lit.: W. M. WATT, Muḥammad at Mecca, 1953 – DERS., Muḥammad at Medina, 1956 – R. PARET, M. und der Koran, 1957.

Mohn (Papaver somniferum L./Papaveraceae). Der ursprgl. zur Ölgewinnung angebaute, in Europa nur als

Kulturpflanze verbreitete Schlaf-M. ist bereits im »Capitulare de villis« (70) und im St. Galler Klosterplan erwähnt. Er wurde im MA als *papaver hortense* bzw. *magenkraut* (Albertus Magnus, De veget. 6,419; Konrad v. Megenberg V,61) oder *magsame(n)* (für die Pflanze wie den Samen) terminolog. und botan. von dem arzneil. unbedeutenden, *papaver silvaticum* oder *agreste* bzw. *wiltmago, wildimago* (STEINMEYER-SIEVERS III, 199; 507; 589) gen. roten Klatsch-M. (P. rhoeas L.) unterschieden. Wie schon in der Antike, so galten auch im MA die M.kapseln (codiae) und der daraus gewonnene eingedickte Milchsaft (→Opium) als vorzügl. Schmerz-, Husten- und Schlafmittel (SIGERIST, 17f., 24ff., u. ö.). Zubereitungen des M.s waren wirksamer Bestandteil des →Theriaks und wurden auch bei Durchfallerkrankungen (Antidotarium Nicolai: 'Diacodion'; Gart, Kap. 299), ferner bei Gicht und Geschwüren (Circa instans, ed. WÖLFEL, 92f.) sowie Hautausschlägen (Hildegard v. Bingen, Phys. I,96) angewandt. I. Müller

Lit.: MARZELL III, 534–569 – HWDA VI, 450–452 – H. E. SIGERIST, Stud. und Texte zur frühma. Rezeptlit., StGM 13, 1923 – F.-J. KUHLEN, Zur Gesch. der Schmerz-, Schlaf- und Betäubungsmittel in MA und früher NZ, QStG Pharm 19, 1983.

Moichianischer Streit (μοιχεία 'Ehebruch'), nach der ehebrecher. zweiten Ehe des Ks.s →Konstantin VI. genannte kirchenpolit. Auseinandersetzungen (795–812). Unter dem (sich auf Intrigen der Ksn.mutter →Irene stützenden?) Vorwand, seine Frau, die Paphlagonierin Maria, trachte ihm nach dem Leben, verstieß Konstantin sie im Jan. 795 und veranlaßte sie zur klösterl. Profeß. Trotz der Warnung des Patriarchen →Tarasios heiratete er seine Geliebte Theodote, die Hofdame seiner Mutter, und krönte sie sogar zur Augusta. Die den kirchl. Kanones widersprechende Handlung des Ks.s und die nachsichtige (seinen Gegnern nach opportunist.) Haltung des Patriarchen lösten in radikalen Mönchskreisen eine heftige Reaktion aus, die körperl. Züchtigung der Mönche, Einkerkerung des Abtes des Sakkudionkl., Platon, und Verbannung seines Neffen →Theodoros Studites zur Folge hatte. Die Strafe der beiden Mönche wurde unter der Alleinherrschaft von Irene aufgehoben, als sie ihren Sohn entthronte und blenden ließ. Erst dann belegte Tarasios den Abt des Katharakl., Joseph, der die ksl. Trauung eingesegnet hatte, mit Kirchenstrafen. Nach Irenes Sturz (802) wurde Joseph auf Wunsch des neuen Ks.s Nikephoros rehabilitiert. Die von einer 809 einberufenen Synode beschlossene Anerkennung der umstrittenen Ehe führte zu erneuten Protesten der Mönche und zu Verfolgungen. Der Streit endete 812, als der stark unter dem Einfluß der Studiten stehende Ks. Michael I. den Patriarchen →Nikephoros I. veranlaßte, Joseph erneut abzusetzen. Sp. Troianos

Lit.: R. DEVREESSE, Une lettre de S. Théodore Studite relative au synode moechien (809), AnalBoll 68, 1950, 44–57 – H.-G. BECK, Hb. der Kirchengesch., III/1, 1966 44ff. – P. HENRY, The Moechian Controversy and the Constantinopolitan Synod of January AD 809, JTS NS 20, 1969 495–522 – TH. KORRES, Τὸ ζήτημα τοῦ δευτέρου γάμου τοῦ Κωνσταντίνου ΣΤ', 1975 – P. SPECK, Ks. Konstantin VI., 1978, I, 251ff. – J. A. FUENTES ALONSO, El divorcio del Constantino VI y la doctrina matrimonial de San Teodoro Estudita, 1984.

Moissac, St-Pierre de, ehem. Abtei OSB in SW-Frankreich (Bm. Cahors, dép. Tarn-et-Garonne, arr. Castelsarrasin), gegr. wohl unter dem Episkopat des Bf.s →Desiderius v. Cahors (630–655), wurde 721 und 732 von Sarazenen zerstört. Unter Ludwig d.Fr. wiederhergestellt, erlitt M. um die Mitte des 9. Jh. erneut Zerstörungen durch Normannen und Ungarn. Für den Zeitraum von 850 bis 1050 sind nur wenige Quellennachrichten überliefert. Die geschwächte Abtei wurde 1048/53, v.a. auf Initiative Bf. Bernhards v. Cahors (1047–53), →Cluny affiliert. Der erste »cluniazens.« Abt, Durand de Bredons († 1072), setzte die Befreiung von der Schutzherrschaft der Laienabts durch und führte zugleich die innere Reform der Abtei durch, wirkte als Bf. v. →Toulouse (seit 1059, unter Beibehaltung der Abtswürde in M.) für die Reform im Toulousain (Konzil v. Toulouse, 1062). Am 6. Nov. 1063 weihte Durand die neue Kirche in M. Unter dem Abbatiat des Hunaud de Gabarret (1072–85) wuchs der Besitz der Abtei rasch an (Güter in den Bm.ern Agen, Albi, Cahors, Lectoure, Narbonne, Toulouse u.a.); in dieser Zeit (1078) wurde M. auch die Reform mehrerer Abteien in Katalonien übertragen (→Camprodón; →Arles-sur-Tech). Doch veranlaßten die schweren Konflikte, die M. mit Lézat und St-Sernin de →Toulouse austrug, sowie innere Spannungen den Abt Hunaud zum Rücktritt. Das Abbatiat des Anquetil (1085–1115) markiert die Hochblüte der Abtei, mit weiterer Besitzentwicklung, v.a. aber Bautätigkeit von höchster Bedeutung (neue monast. Bauten, 1100 vollendeter Kreuzgang, monumentale Portalplastik). M. strahlte aus auf Kreuzzugsbewegung und Patriarchat Jerusalem (Legat Sergius, 1088) sowie auf die Iber. Halbinsel (über den Mönch v. M., Gerhard, den Cantor v. Toledo, schließlich Ebf. v. →Braga wurde [1095–1109]). 1096 bestätigte Papst Urban II. die Güter der Abtei, die er am 13. Mai dieses Jahres visitierte. Unter Abt Roger (1115–ca. 1135) wurden die Vorhalle errichtet und die Translation der Reliquien der hll. Julian und Cyprian (um 1125) vorgenommen.

Seit der Mitte des 12. Jh. vollzog sich ein allmähl. Niedergang. 1212 traten Abt Raymond de Proet und seine Mönche im Albigenserkrieg (→Albigenser, II) noch als Verbündete der Kreuzfahrer hervor. Abt Bertrand de →Montaigu (1260–95) stellte den Kreuzgang wieder her und gründete im Priorat St-Pierre-des-Cuisines zu Toulouse ein Kolleg für zwölf Mönche. Der hochgebildete Abt Aymeric de Peyrac (1377–1406) verfaßte eine Chronik der Äbte v. M. und eine Totenklage auf Karl d. Gr. Eine Bulle Pauls V. von 1618 (erlassen erst 1623) verfügte die Säkularisation der Abtei, die durch ihre einzigartigen architekton. und bildhauer. Zeugnisse (ihr überquellender Dekor soll →Bernhard v. Clairvaux zu seiner berühmten Streitschrift »Apologia ad Guillelmum« veranlaßt haben) und ihre reiche Bibliothek, die gegen Ende des MA ca. 280 Handschriften (zumeist aus der Zeit vor dem 13. Jh.) zählte, bleibende Bedeutung gewonnen hat.

J. Dufour

Lit.: E. RUPIN, L'abbaye et les cloîtres de M., 1897 [Neudr. 1981] – M. et l'Occident au XIe s., 1964 – J. DUFOUR, La bibl. et le scriptorium de M., 1972 – CH. LEFEBVRE-BECQ, Les plus anciennes chartes du monastère de M. [Thèse de l'École des Chartes, 1974; masch.] – J. DUFOUR, La composition de la bibl. de M., Scriptorium 35, 1981, 175–226 – A. MÜSSIGBROD, Die Abtei M. 1050–1150, 1988 – DERS.–J. WOLLASCH, Das Martyrolog-Necrolog von M./Duravel, 1988 [Faks.] – J. ZINK, M., Beaulieu, Charlieu – Zur ikonolog. Kohärenz roman. Skulpturenprogramme im SW Frankreichs und in Burgund, AaKbll 56/57, 1988/89, 73–182 – P. MIRONNEAU, Aymeric de Peyrac... [Thèse de l'École des Chartes, 1989; masch.].

Moiturier, Antoine le → Morel, Jacques

Mojmír. 1. M. I., der erste in den Q. (Annales Fuldenses: Moimarus) erwähnte Herrscher des Großmähr. Reiches (ca. 830–846; →Mähren), nach dem die Dynastie der »Mojmiriden« benannt wird. M. trat wohl um 830 seine Herrschaft an. 833–836 vertrieb M. →Pribina, Fs. v. →Nitra, und dehnte seine Macht bis in die Westslowakei aus. Unter der Regierung M.s wurden fsl. Zentralgewalt und

Gesellschaftsstruktur des Großmähr. Reiches gefestigt. Offene Auseinandersetzungen mit dem ostfrk. Reich, wo Pribina Zuflucht gesucht hatte, gab es zunächst nicht, und die Haltung M.s gegenüber den bayer. Einflüssen, die aus →Salzburg und →Passau kamen, ist nicht bekannt. Wahrscheinl. wurde M. 846 von Ludwig d. Dt. abgesetzt, wohl im Verlauf des ersten bekannten ostfrk. Feldzugs gegen Mähren; mit Zustimmung der Franken folgte dann →Rostislav, der Neffe M.s, als Herrscher. Doch könnte der Feldzug Ludwigs auch erst nach dem Tode M.s (846) zur Unterstützung Rostislavs stattgefunden haben.

J. Žemlička

Lit. V. NOVOTNÝ, České dějiny, I. 1, 1912, 289–294 – V. VAVŘINEK, Großmähren, 1968, 4–6 – H. ŁOWMIAŃSKI, Początki Polski IV, 1970, 314–317, 324–327 – M. KUČERA, Postavy veľkomoravskej histórie, 1986, 51–89 – DEJINY SLOVENSKA (do roku 1526), 1986, 90–93.

2. M. II., letzter Herrscher des Großmähr. Reiches (894–ca. 905/906; →Mähren), folgte seinem Vater →Svatopluk († 894). Mit seiner Herrschaft endete die expansive Phase des Großmähr. Reiches. 895 verweigerten die böhm. duces den Gehorsam und unterstellten sich dem ostfrk. Kg. →Arnulf. Als Kämpfe mit M.s jüngerem, von Bayern unterstütztem Bruder Svatopluk II. ausbrachen, mußte er Angriffe aus Bayern, Böhmen und Pannonien abwehren, die durch Friedensverträge jeweils nur kurzfristig unterbrochen wurden. Um 900 gelang es M. dennoch, die Zentralmacht wieder zu festigen. Doch zerstörte bald ein vernichtender Angriff der →Ungarn das Großmähr. Reich. Die Gefolgschaft (→Družina, II), der Garant der fsl. Macht, wurde zerstreut; M. fand wahrscheinl. bei den Kämpfen den Tod. Damit war die Gesch. der Dynastie der »Mojmiriden« beendet; über das Schicksal Svatopluks II. ist nichts bekannt.

J. Žemlička

Lit.: V. NOVOTNÝ, České dějiny, I. 1, 1912, 419–434 – H. ŁOWMIAŃSKI, Początki Polski IV, 1970, 388–394 – L. E. HAVLÍK, Morava v 9.–10. století, 1978, 94–101 – M. KUČERA, Postavy veľkomoravskej histórie, 1986, 222–235 – D. TŘEŠTÍK, Pád Velké Moravy (Typologie raně feudálních slovanských státu, 1987), 27–76.

Mo-Laisse → Laisrén moccu Imde

Molay, Jacques de, letzter Großmeister der →Templer, † 19. März 1314, stammte aus der Franche-Comté, trat um 1265 in den Orden ein (Komturei Beaune), war eine Zeitlang in England, seit 1275 im lat. Osten. Als Nachfolger des im Mai 1291 vor St. Johann v. Akkon gefallenen Großmeisters Guillaume de Beaujeu wurde M. 1293 in Zypern gewählt. M., der auf Reisen im Abendland um Hilfe warb und (auf Ersuchen Clemens' V.) von Zypern aus 1306 in einer Denkschrift für einen allg. Kreuzzug und die Vereinigung der Ritterorden des Hl. Landes eintrat, kam Anfang 1307 nach Frankreich und versuchte vergebl., die Verhaftung der Templer durch Kg. Philipp den Schönen (im Morgengrauen des 15. Okt. 1307) abzuwenden. Am 24. Okt. »gestand« M. unter Folterdrohung – wie zahlreiche andere Templer – schwerste Verbrechen (u. a. häret.-blasphem. Praktiken und homosexuelle Perversionen). Diese von den Magistern der Univ. Paris am 25. Nov. bekräftigten »Bekenntnisse« wurden jedoch von M. und anderen Würdenträgern des Ordens im Dez. gegenüber zwei vom Papst entsandten Kardinälen widerrufen. Am 26. Dez. 1309 verteidigte M. vor einer Diözesankommission seinen Orden. Er lehnte es stets ab, vor einem andern als Papst Clemens V. als Richter auszusagen. Nachdem das Konzil v. →Vienne (Okt. 1311–Mai 1312) die Aufhebung des Templerordens verfügt hatte, trat im Dez. 1313 eine von Clemens V. ernannte Kommission dreier Kardinäle (unter ihnen Nicolas de Fréauville) zum Gericht über die letzten Würdenträger des Ordens zusammen und verhörte diese am 18. März 1314. Während Hugues de Pairaud und Gonneville zur Sache schwiegen (und lebenslang in Haft blieben), distanzierten sich M. und der Meister der Normandie, Geoffroy de Charney, erneut von ihrem früheren, erpreßten Geständnis und wurden am nächsten Morgen auf einer kleinen Seineinsel, unterhalb der Ile de la Cité, verbrannt; sie beeindruckten (nach dem Zeugnis →Wilhelms v. Nangis) durch ihre Standhaftigkeit die Zuschauer der Hinrichtung tief. Legende und Literatur der Romantik bemächtigten sich der trag. Gestalt des letzten Templermeisters (angebl. Fluch M.s über Philipp den Schönen und Clemens V.). M. kann als eines der ersten Opfer eines großinszenierten polit. Prozesses gelten.

E. Lalou

Q.: S. BALUZE–G. MOLLAT, Vitae Paparum Avenionensium, 1916–22, II, 76 – G. LIZERAND, Le dossier de l'affaire des templiers, 1923 – Lit.: M. BARBER, Jacques de M., Stud. Monastica 14, 1972 – A. DEMURGER, Vie et mort de l'ordre du Temple, 1985 →Templer, -prozeß.

Moldau, Fsm. (Moldavien; Moldovahia, Maurovlahia, Valahia minor, Valahia maior, Valachia; türk.: Kara Boğdan).

I. Landschaftsgliederung – II. Staatsbildung – III. Institutioneller Ausbau – IV. Ethnische und konfessionelle Struktur – V. Handel.

I. LANDSCHAFTSGLIEDERUNG: Die Landstriche von den Abhängen der Nord- und Ostkarpaten (→Karpaten) bis zum Dnjestr und zum →Schwarzen Meer bildeten seit dem 14. Jh. eines der beiden rumän. Fsm.er, das nach seinem frühesten staatl. Kristallisationskern am gleichnamigen Flüßchen M. (rumän. Moldova) benannt ist. Dieses Gebiet fällt zur russ. Steppe ab und wird durch in nord-südl. Richtung in die →Donau oder das →Schwarze Meer mündende Flüsse gegliedert, die im HochMA Handelswege bildeten und bis heute Landschaftsgrenzen bezeichnen: An die eigtl. M. zw. Ostkarpaten, Sereth (rumän. Siret) und Pruth (rumän. Prut) schließt bis zum Dnjestr und dem Meer →Bessarabien an. Im NW, zw. Baia und Pruthbogen, liegt die →Bukovina.

II. STAATSBILDUNG: Sie nahm ihren Ausgang von der Bukovina und erfolgte um die Mitte des 14. Jh. im schrittweisen Verdrängungskampf gegen die Herrschaft der →Goldenen Horde und unter Bezug auf starke Nachbarn im N (→Halič, →Polen-Litauen), W (→Ungarn) und SO (Goldene Horde; →Byz. Reich, →Osman. Reich). Hauptträger waren mächtige rumän. Familien (Knesen) aus der benachbarten →Marmarosch. Wegen Quellenarmut läßt sich dieser Prozeß jedoch nicht näher umreißen. Auslösend wirkten das Interesse der ung. Krone an der Grenzsicherung gegenüber der Goldenen Horde wie an Handel und Bergbau jenseits der Karpaten, jedoch auch rumänischerseits Bestrebungen nach kirchl. und polit. Eigenständigkeit. Schwächen der Mongolen seit der Mitte des 14. Jh. wurden genutzt. Die Mitwirkung ortsansässiger Eliten ist anzunehmen. Grenzsiedlungen von szekler und dt. →hospites aus →Siebenbürgen sowie von Ungarn vorgetragene Kriegszüge gegen die Tataro-Mongolen bestimmten das Geschehen um die legendären Vasallen der Angevinen, →Dragoș, der an der M., von →Baia aus, eine Grenzmark errichtete (ca. 1342). Seine Nachfolger wurden vertrieben von →Bogdan v. Cuhea (um 1359/61), der in den klösterl. Kommemorationen *(pomelnice)* als erster eigenständiger Moldaufs. gilt und die regierende Wojwodendynastie der Mușatin begründete. Ihm wie Dragoș waren viele Orthodoxe aus Siebenbürgen und der Marmarosch gefolgt. Von Baia ausgehend, wurde das Herrschaftsgebiet rasch nach O bis über den Pruth zum Dnjestr und auf poln. Lehen im N – z. B. Schepeniker Land oder

→Pokutien (zeitw., zw. 1388 und ca. 1436 sowie nach 1491) – erweitert. Die Ausdehnung nach S (Țara de Jos) erfolgte noch bis zur Jahrhundertwende; zuletzt kam das der Goldenen Horde unterstehende (Süd-)Bessarabien hinzu (1392, gesichert 1408). Als erster rühmte sich Fs. Roman I. 1392, »von den Bergen bis zum Meer« zu herrschen. Die Grenze zur →Valachei bildete um 1475 der Milcov-Fluß.

Mit Polen rangen mehrere Moldaufs.en um Pokutien (1388 war es an den Fs.en Pétru I. verpfändet und nicht ausgelöst worden), Halič und die Grenzfestungen am Oberlauf des Dnjestr. Zunächst mit Ungarn, das den →Levantehandel mitbestimmen wollte, sodann mit den Osmanen stritten die Moldaufs.en um die Vorherrschaft über die wichtigen Schwarzmeer- und Donauhäfen, insbes. →Kilia und Moncastro (→Aqkerman) mit ihren genues. Kontoren. Die Osmanen eroberten 1484 diese Städte und bald danach auch Südbessarabien. Diese Konstellation bestimmte zum einen die relativ späte Staatsgründung, zum anderen die Allianzenvielfalt der Moldaufs.en. Den Emanzipationsbestrebungen gegenüber Ungarn entsprechen die Vasallitätseide an die poln. Krone (1370, 1386, 1402, 1404, 1407, 1411, 1415, 1459, 1485), jedoch auch der Bündniswechsel Alexanders d. Guten zu Litauen und dem →Dt. Orden (1431) wie derjenige Stefans d. Gr. zu Ungarn (1475, 1486). 1436 entrichtete Fs. →Iliaș I. erstmals einen Naturalzins an Polen (Pferde, Vieh, Fisch u. a.). Fs. Petru Aron zahlte den Türken, die bereits 1420 einmal in die M. eingefallen waren, erstmals 1456 einen jährl. Tribut von 2000 Golddukaten. Nach einem gescheiterten Versuch seines Nachfolgers Stefan III., den Tribut auszusetzen (1473), wurde er ab 1489 bzw. 1492 regulär entrichtet. Fs. Stefan d. Gr. mußte trotz Erfolgen bei der Türkenabwehr (Sieg bei Vaslui, 1475) die osman. Oberhoheit anerkennen. So war die M. zu verschiedenen Zeiten der Vasall ihrer drei stärkeren Nachbarn Polen, Ungarn und des Osman. Reiches.

III. INSTITUTIONELLER AUSBAU: Der Auf- und Ausbau des Fsm.s geht insbes. zurück auf →Alexander I. d. Guten (1400–32) und →Stefan III. d. Gr. (1457–1504), der als »Neubegründer« nach der langen Bürgerkriegszeit von 1432–57 gilt. Dem Herrscher zur Seite stand ein Fsl. Rat aus Großbojaren, unter denen die wichtigsten Staatsmänner, die von den Hofämtern noch nicht geschieden waren, aufgeteilt waren. Institutionen der Landesverteidigung, ein grobmaschiges Steuer- und Verwaltungswesen und die fsl. Kanzlei bildeten sich bereits unter Alexander I. heraus. Die Rechtsprechung nach der Pravila folgte. Das monarch. Prinzip stellte eine Mischung aus Erblichkeit und Wahl dar (»os domnesc«). Die Titulatur der Fs.en lautete 1387 »dux terrae Moldaviae«. Hauptstadt der M. ist zunächst Baia (Fs. Dragoș), dann Siret (Fs. →Lațcu) und schließlich ab ca. 1374 →Suceava (Petru I.), seit 1564 dann →Jassy.

IV. ETHNISCHE UND KONFESSIONELLE STRUKTUR: Die Bevölkerungsvielfalt spiegelt sich auch im konfessionellen Gefüge wider. Der Handel brachte neben den Genuesen (→Genua) auch Griechen, Armenier und Juden ins Land. Die teils schon vor Gründung des Fsm.s M. entstandenen Städte beherbergten auch →Szekler, Deutsche und Ungarn. Ihre Statuten, Siegel und Organisationsformen weisen auf mitteleurop. Usus. Dazu treten Rumänen und Slaven. Die komplexe Ethnogenese hat in der M. neben ansässigen und eingewanderten Rumänen (1164 und 1234 in ausländ. Q. erstmals erwähnt) wie den genannten hospites auch Ukrainer, Kumanen und Pečenegen, Bulgaren und Magyaren zu berücksichtigen, da sie auf einem Gebiet, das über 1000 Jahre Durchzugsland war und seit 1241 für weitere über hundert Jahre der Goldenen Horde unterstand, erfolgte.

Zwei kath. Bm.er, Siret (1371) und Baia (1413), sowie mehrere Dominikaner- und Franziskanerkl. treten hervor. Das antem. Bm. wurde zeit- und ortsgleich mit dem ostkirchl. Ebm. 1401 in Suceava gegründet. Letzterem unterstanden die Bm.er Roman (1408/9) und Rădăuți (1413 oder erst 1472). Die orth. Kirche der M. war zunächst nach dem Ebm. Halič orientiert. Der ökumen. Patriarchat zögerte, eine eigenständige Hierarchie im neuen Fsm. anzuerkennen (1401) und ließ noch über ein halbes Jh. griech. Hierarchen für die Kirche der M. weihen. Seit der Herrschaft Alexanders d. Guten wurden zahlreiche orth. Kl. begründet – Neamț, Moldovița, Probota, →Bistrița, Putna u. a.

V. HANDEL: Seit der Mitte des 13. Jh. bestimmten die Genuesen den Handel mit der Levante und Ostmitteleuropa. Zu den Donau- und Schwarzmeerhäfen führte, von →Leipzig kommend, die »»Hohe Straße«. Von →Lemberg zweigte der »moldauische Weg« über Suceava, Hîrlău, Jassy (oder Bender) ab. Diese Anbindung an eines der großen Verkehrsnetze des europ. Fernhandels war entscheidend für Entwicklung und Prosperität der M., deren Münzprägung selbst während der Bürgerkriege weiterging. Die Fs.en verliehen den Städten der M. Privilegien, den benachbarten Handelszentren →Lemberg (1408 »Großes Privileg«), Bistritz (1412), →Kronstadt (1435) und →Hermannstadt (1433) gewährten sie Handelsfreiheit und Zollpräferenzen. Die geogr. Position brachte dem Fsm. M. im 15. Jh. einerseits eine wirtschaftl. und kulturelle Blütezeit (→Moldauklöster), andererseits aber einen eingeengten polit. Spielraum, den Zwang zu wechselnden Bündnissen und schließlich den Eintritt in die Welt der Vasallen des Osman. Reiches.   K. Zach

Lit.: N. IORGA, Hist. des Roumains et de la Romanité orientale, IV–VI, 1937 – H. WECZERKA, Das ma. und frühnz. Deutschtum im Fsm. M., 1960 – Cultura moldovenească în timpul lui Ștefan cel Mare, hg. M. BERZA, 1964 – E. VÖLKL, Das rumän. Fsm. M. und die Ostslawen, 1975 – K. ZACH, Orth. Kirche und rumän. Volksbewußtsein im 15. bis 18. Jh., 1977 – V. SPINEI, Moldavia in the 11th–14th Centuries, 1986.

Moldauklöster. Als bedeutendste Denkmäler des Fsm.s der →Moldau, das als letztes europ. Land von der Ausstrahlung der byz. Kultur erfaßt wurde, entstanden die orth. M. in der Zeitspanne vom ausgehenden 14. Jh. (Siret, Neamț) bis zum 17. Jh. (Dragomirna, Iași). Viele der Kl. sind Stiftungen →Stefans d. Gr. (1457–1504), der durch seine militär. Erfolge gegen das osman. Reich viele Künstler aus den ehemals byz. Ländern anzog. Durch die Nachbarschaft Siebenbürgens bereits mit w. Kunstformen vertraut, ließ Stefan auch Baumeister aus anderen, kath. Ländern an seinen Hof bringen, wodurch den Kl. jene großartige Verknüpfung traditionell heim. byz. und w. got. Elemente zu eigen ist. Neben den Baudenkmälern und ihren Wandmalereien entstanden in den Kl. viele illuminierte Hss. und pretiose Stickereien.

Die Gesamtanlage der Kl. entspricht dem, v. a. in den Athoskl. ausgeprägten, byz. Schema des freistehenden Katholikon, die viereckige Anordnung der Umfassungsmauer mit den daran angelehnten übrigen Gebäuden und Ecktürmen ist analog in russ. Kl. ausgebildet.

Klosterkirchen: Am Beginn der moldauischen Kirchenarchitektur steht als älteste erhaltene Steinkirche die Bf.skirche St. Nikolaus in Rădăuți (1359–64), in der bereits das Aneinanderreihen von Raumkompartimenten deutl. wird. Die raumtrennenden Mauern, eine aus der Blockbauweise der ursprgl. Holzkirchen entnommene

Tradition, werden dabei nach außen hin als Strebepfeiler fortgesetzt. Ebenfalls den heim. Holzkirchen entstammen die hohen, breit ausladenden Dächer. Das Prinzip des trikonchalen Kuppelnaos, eine von der Megiste Laura am Berg Athos in Verknüpfung mit der Kreuzkuppelkirche ausgehende Schöpfung der mittelbyz. Architektur, gelangte am wahrscheinlichsten über die serb. Kreuzkuppelkirchen der →Morava-Schule (Ravanica) und die Dreikonchenkirchen der Walachei (Cozia) in den moldauischen Raum (ältestes Beispiel Dreifaltigkeitskirche des Kl. Siret, 1392). Seit dem Ende des 15. Jh. können die Lateralkonchen ledigl. als in den Mauern ausgesparte Nischen auftreten (Arbore). Der Kuppelunterbau der Moldaukirchen ruht direkt auf den Seitenwänden, so daß der Saalcharakter des Langhausnaos gewährleistet ist. Diese Entwicklung läuft kontroversiell zu den Bemühungen des byz. Zentralbaus und läßt sich auf die Langhaustradition der vorhergehenden Holzkirchen zurückführen. Die – meist um eine Grabkammer erweiterten – Kl. kirchen von Putna (1469) und Neamţ (1497) repräsentieren den Höhepunkt der fsl. Kl. kirchen. Ende des 15. Jh. bildet sich das moldauische Gewölbe (Überleitung von den Langhausmauern als Gewölbebasis zur schmalen Moldaukuppel) aus (Pătrăuţi, 1487). In den turmartigen Moldaukuppeln verquickt sich die byz. Kuppeltradition mit dem der w. Gotik eigenen Streben nach Vertikaltendenz. Vermittlerrolle zw. beiden könnte die moldauische Holzbautradition mit den übereinandergeschichteten, diagonal versetzten Balkenrahmen der Holzdecken gespielt haben. In der Kl. kirche von Moldoviţa (1532) wurde der Exonarthex erstmals als offene, von got. Bögen rhythmisierte Vorhalle gestaltet, eine Neuerung, die ab dem späten 16. Jh. allg. üblich wurde. Auch andere dem got. Formengut entnommene Elemente (spitzbogige Fenster, Türen, Portale, Maßwerk, Rippengewölbe) zum einen, byz. Ideen (polychromes Schichtmauerwerk, in die Mauer eingelassene glacierte Ziegel und Terrakotten) zum anderen, bezeichnen die komplexe Verflechtung von O und W, die dank der schöpfer. Kraft der moldauischen Kunst zu einem harmon. Ganzen verschmelzen. – In ihren Wandmalereien orientierten sich die M. vorwiegend an der byz. Tradition; ihre ikonograph. und stilist. Verwandtschaft mit der spätpaläolog. Wandmalerei erklärt sich aus der Bestellung griech. Künstler. Doch werden die Kompositionen zunehmend freier behandelt, eine gewisse Lebhaftigkeit und die räumlichere Darstellung von Hintergrundarchitekturen lassen abendländ. Einflüsse erkennen. Ihre weitreichende Bekanntheit verdanken die M. v. a. der Besonderheit der durchgehenden Bemalung der Außenwände einiger ihrer Kl. kirchen (Humor, Voroneţ, Moldoviţa, Arbore, Suceviţa, u. a.), möglicherweise nach dem Vorbild serb. Vorgänger (Fragmente in Peć) oder sogar der Renaissancefassaden der Profanbauten w. Länder (Venedig). Entsprechend der kurzen Zeitspanne ihrer Entstehung (Humor 1530, Suceviţa 1595) ist eine stilist. weitreichende Übereinstimmung der Fassadenmalereien festzustellen. Intensiv blaue und grüne Hintergrundfarben sind typisch. Die übereinstimmenden Bildprogramme zeigen die himml. Hierarchie als Spiegelbild der weltl. feudalen Gesellschaftsordnung. Die Außenmalereien können als Pendant zur dekorativ ornamentalen, georg. und osman. Formen übernehmenden Bauplastik der Kirchenfassaden in der Walachei (Curtea de Argeş) betrachtet werden, die schließlich auch in die spätmoldauische Kunst aufgenommen wurden (Iasi). Nicht zuletzt die durch Wandmalereien gestalteten Außenwände unterstreichen das ikon. Verständnis des Gesamtkunstwerks Kirche als Abbild der himml. Kirche. Th. Steppan

Lit.: A. GRABAR, L'origine des facades pointes des églises moldaves (Mél. N. M. IORGA, 1933), 217–258 – S. BALŞ–C. NICOLESCU, Kl. Neamţ, 1958 – DIES., Das Kl. Moldoviţa, 1958 – M. MUSICESCU – M. BERZA, Mănăstirea Suceviţa, 1958 – P. COMARNESCU, Leitfaden zu den Kunstdenkmälern der n. Moldau, 1962 – V. VATASIANU, Rumänien (PKG III, 1968), 275–285 – E. WIDDER, Kirchenkunst im O, 1970 – H. NICKEL, Osteurop. Baukunst des MA, 1982.

Molesme, Abtei in →Burgund (dép. Côte d'Or). Die monast. Gemeinschaft, die sich 1075 in M. niederließ, hatte zunächst in einer Einsiedelei des Forstes v. Collan gelebt, unter der Leitung des hl. →Robert, des früheren Abtes v. St-Michel de →Tonnerre, der die Mönche zu einer rigiden Befolgung der Regula Benedicti, in größter Armut, veranlaßt hatte. Seit 1081 sah er sich aber genötigt, Kirchenschenkungen, Zehnten usw. für M. zuzulassen; M. wurde eine Abtei großen Zuschnitts, die über 74 Priorate, vom Artois bis zum Waadtland, gebot. Zwei Priorate wurden für weibl. Religiosen errichtet: Jully, das diejenigen frommen Frauen, die zunächst in M. gelebt hatten, aufnahm; Crisenon, das ursprgl. ein Männerpriorat gewesen war (1130). Die Institution eines Generalkapitels wurde im Laufe des 12. Jh. geschaffen.

Der Reichtum von M. stieß gleichwohl manche Mönche ab; Robert selbst zog sich zunächst eine Zeitlang nach Aulps (1094), dann nach →Cîteaux zurück, um ein vom Eremitenideal geprägtes Leben zu führen. Dieser Auszug machte Skandal; der Gf. v. →Nevers steckte gar die Kirche v. M. in Brand. Schließlich ließ sich Robert dazu bewegen, wieder an die Spitze von M. zu treten, doch ließ er in Cîteaux neun Mönche zurück, die im Streben nach einem strengeren monast. Leben ein 'novum monasterium' gründeten. J. Richard

Lit.: J. LAURENT, Les cart. de M., 1907 – K. SPAHR, Das Leben des hl. Robert v. M., 1944 – J. MARILIER, Chartes et documents de l'abbaye de Cîteaux, 1961 – J.-D. MOREROD – A. PARAVICINI BAGLIANI, M. et ses possessions dans le diocèse de Lausanne: Deux fausses lettres pontificales du XIIe s. (Fälschungen im MA, MGH Schr 33,3, 1988), 667–674.

Moleyns, Adam, Bf. v. →Chichester, kgl. Beamter in England, Humanist, † 1450; Sohn eines Adligen aus Lancashire, studierte an der Univ. v. Oxford, seit 1429 an der röm. Kurie tätig, wo er auch Prokurator des engl. Kg.s und des Bf.s Thomas →Bourchier war; mit Poggio und Enea Silvio Piccolomini befreundet. Ohne Erfolg wurde er für den Bf.ssitz v. →Armagh 1435 vorgeschlagen. Nach England kehrte er wohl 1435 zurück und wurde 1436 Schreiber des King's →Council, 1444 Keeper of the Privy Seal und 1445 Bf. v. Chichester. Führend an den engl. Friedensverhandlungen mit Frankreich beteiligt, vermittelte er auch die Heirat des engl. Kg.s Heinrich VI. mit →Margarete v. Anjou. Er wurde in Portsmouth tödl. verwundet, als er den Truppen ihre längst fällige Bezahlung überbrachte. R. Dunning

Lit.: BRUO – R. A. GRIFFITHS, The Reign of King Henry VI, 1981.

Molinet, Jean, frz.-burg. Dichter und Historiograph, * 1435 Desvres (dép. Pas-de-Calais), † 24. Aug. 1507 Valenciennes; Mag. art. in Paris, tritt ca. 1473 in burg. Dienste, wo er 1475 Nachfolger des offiziellen Historiographen Georges →Chastellain wird. Er behält diese Stelle auch unter dem Haus Österreich für die Belange Burgunds; seine »Chroniques« umfassen die Jahre 1474–1506. M. verfaßte zw. 1464 und 1506 etwa 60 poet. Werke im Stil der →Rhétoriqueurs. Da seine poet. Werke Gelegenheitsdichtung sind, lassen sie sich oft mit der Darstellung der gleichen Ereignisse in der Chronik vergleichen, wodurch sich interessante Aufschlüsse darüber ergeben, wie ein

Ereignis zur Fiktion wird. Fest, Tod, Politisches werden in der Dichtung facettenreich zelebriert. M. vermag alle Register zu ziehen, religiöse, moral., mondäne, schlüpfrige. Er erschöpft sich nicht in der Darstellung des höf. Pomps, sondern findet auch engagierte Töne, wenn es um die Greuel des Krieges und die Leiden des Volkes geht. Auch die traditionelle Preisdichtung wird von M. mit der ihm eigenen Rhetorik erneuert: »Complainte de Grèce«, 1464; »Temple de Mars«, 1475; »Chappelet des dames«, 1478; »Journée de Therouenne«, 1479; »Ressource du petit peuple«, 1481. Vor 1492 verfaßt M. eine »Art de rhétorique«, um 1500 setzt er den Rosenroman in Prosa um und versieht ihn mit einem allegor. Komm. (»Le Roman de la Rose moralisé«; nur Hss. und alte Drucke). Fragl. ist, ob M. das »Mystère de s. Quentin« verfaßt hat, obschon seine Tätigkeit als Theatermann belegt ist. Verschiedene Gedichte sind als 'joca clericorum' zu werten, wozu auch ein *fatras*, Figurengedichte und *prenostications* gehören. M.-R. Jung

Ed.: Chroniques, hg. G. DOUTREPONT-O. JODOGNE, 1935-37 – Faictz et dictz, hg. N. DUPIRE, 1936-39 – Plusieurs Ditz de la maniere d'aucunes femmes, hg. M. DE GREVE, 1961 – *Lit.*: Repfont IV, 547 – N. DUPIRE, J.M., 1932 [einzige Monogr.] – Manuel bibliogr. de la litt. française du moyen âge de R. BOSSUAT, Troisième Suppl., hg. F. VIELLIARD-J. MONFRIN, II, 1991, Ind. 992, 1012 – F. FERRAND, Le Grand Rhétoriqueur M. ... (Musique, litt. et société au moyen âge, hg. D. BUSCHINGER-A. CREPIN, 1981) – C. THIRY, Au carrefour des deux rhétoriques. Les prosimètres de M. (Du Mot au Texte, hg. P. WUNDERLI, 1982) – A. L. GORDON, 'La Resource du petit peuple' (1481), Travaux de Litt. 2, 1989.

Momčilo, Magnat aus dem →Rhodopengebiet, erste Hälfte des 14. Jh. Nach Angaben von →Johannes VI. Kantakuzenos (7. J.) war M. Bulgare, gemäß →Nikephoros Gregoras Serbe. Aus Bulgarien vertrieben, diente er zunächst Ks. →Andronikos III. Palaiologos, dann dem serb. Kg. →Stefan Dušan. Als Johannes Kantakuzenos im Frühwinter 1343/44 mit den →Selğuqen Städte im thrak. Küstengebiet überfiel, schloß M. sich ihm an. Aufgrund von Versprechungen der Ksn. →Anna v. Savoyen verließ M. Johannes wieder und erhielt aus Konstantinopel als Lohn den Titel eines Despoten. Schließlich trat er erneut zu Johannes über, der ihm den →Sebastokrator-Titel verlieh. Nach abermaligem Seitenwechsel fiel M. Anfang Juni 1345 vor der Festung Peritheorion. Die Erinnerung an M. blieb in der serb. und bulg. Volksüberlieferung lebendig. B. Ferjančić

Lit.: ST. KYRIAKIDES, Μομτσίλος καὶ τὸ κράτος του, Makedonika 2, 1941-42, 332-345 – G. GJUZELEV, M. v svetlinata na edin nov istoričeski izvor, Vesti na nar. muzej v Haskovo 1, 1965, 21-30 – M. BARTUSIS, Chrelja and M., Occasional Servants of Byzantium in Fourteenth Century Macedonia, Byzantinoslavica 41, 1980, 201-221.

Mömpelgard → Montbéliard

Monaco, strateg. günstig gelegener Hafen an den Seewegen im w. Mittelmeer. Im Früh- und HochMA wiederholt von germ. Völkern und von den Arabern angegriffen, trat M. schließlich in den Einflußbereich der Kommune →Genua, die danach trachtete, die Grenzen ihrer Herrschaft bis einschl. M. und Portovenere auszudehnen. Obgleich Friedrich I. Barbarossa (1162) und Raimund v. St-Gilles (1174) diese Ansprüche anerkannten, konnte Genua M. erst 1215 mit Waffengewalt erobern und errichtete kurz darauf gegen Angriffe zu Lande das Alte Kastell, dessen Umfang dem heut. Fs.enpalast entsprochen haben soll; 1250 Bau des Neuen Kastells am Hafeneingang und Verleihung umfangreicher Steuerprivilegien. 1297 wurde M. durch einen Handstreich von einer Gruppe exilierter Genuesen unter der Führung des Guelfen Francesco →Grimaldi erobert. Von diesem Zeitpunkt an wurde M., trotz genues. Proteste, der ideale Stützpunkt der Korsarenflotte der Grimaldi, die sich dort endgültig niederließen.
G. Petti Balbi

Lit.: N. LAMBOGLIA, Il principato di M., 1942 – J. B. ROBERT, Hist. de M., 1973 – R. PAVONI, Liguria medievale, 1992.

Monaldeschi, mächtigste ma. guelf. Familie in →Orvieto. Spitzenahn war *Pietro di Cittadino* (1157-95), von dessen drei Söhnen eine verzweigte Nachkommenschaft abstammte (bis 1330 zählt man rund 80 männl. Familienmitglieder), die reichen Grundbesitz in Orvieto selbst, in dessen Contado und im →Patrimonium S. Petri besaß. Zahlreiche Mitglieder der Familie M. betrieben Handel und Bankgeschäfte und bekleideten Kirchenämter. Der Name des Geschlechts leitet sich von einem der Söhne Pietros, *Monaldo*, her, der sich im Kampf gegen die Häresie hervortat (Martyrium des →Pietro Parenzo, Vertreibung der Häretiker v. Orvieto 1199). An der Wende vom 12. zum 13. Jh. besaß die Familie ein befestigtes Zentrum bei Orvieto, Rocca Sberna, sowie ein »palatium« in der Stadt. Die M. begegnen nun häufig in Gesandtschaften und in den öffentl. Ämtern Orvietos sowie als Podestà und Capitano del popolo in verbündeten Städten (wie Siena und Florenz). 1240-42 brachen die ersten Auseinandersetzungen mit der ghibellin. rivalisierenden Familie Filippeschi aus (vgl. Dante, Purg. VI, 106-109), die 1272 ihren blutigen Höhepunkt erreichten. Danach war ca. 40 Jahre lang die Macht beider rivalisierender Familien durch ein popolares Stadtregiment beschränkt. 1313 gewannen die M. endgültig die Oberhand über die Filippeschi. 1332-33 errichtete *Ermanno (Manno)* trotz Gegnerschaft *Napoleones* (der 1334 ermordet wurde) eine persönliche Signorie in Orvieto. Nach dem Tode Mannos (1337) bekämpften sich die Linien della Cervara, del Cane, della Vipera und dell' Aquila untereinander; sie vermochten jedoch keine stabile Signorie in Orvieto zu errichten, so daß 1354 die Stadt in den Kirchenstaat eingegliedert wurde.
P. Cammarosano

Lit.: →Orvieto.

Monarchia Sicula, Gesamtheit der kirchenhoheitl. Rechte, welche die Kg.e v. Sizilien zur Begründung und Ausweitung ihres Staatskirchenregimes (Regia Monarchia) bes. seit dem 16. Jh. unter Berufung auf das Legationsprivileg Urbans II. vom 5. Juli 1098 für Gf. Roger I. v. Sizilien und dessen Erben (IP 8, 25 Nr. 81 = IP 10, 188 Nr. 86, JAFFÉ 5706) beanspruchten, bestätigt durch die interpretativ einschränkende Urk. Paschalis' II. vom 1. Okt. 1117 (IP 8, 30 Nr. 104 = JAFFÉ 6562): Demnach wollte der Papst 1. keinen →Legaten ohne Zustimmung des Herrschers in das Reich entsenden, 2. alle Aufträge päpstl. Legaten durch den Herrscher selbst (legati vice) ausführen lassen, 3. diesem die Auswahl der Personen und die Anzahl der zu päpstl. Konzilien zu entsendenden Geistlichen überlassen. Die Normannen und ihre Rechtsnachfolger, v.a. die span. Kg.e Siziliens seit Ferdinand II. d. Kath. und Philipp II., leiteten daraus im Sinne des kgl. Absolutismus immer weitergehende Rechte (als legati nati) und eine kirchl. Jurisdiktion (mit Schaffung eines Judex Mon. Sic. als oberster kgl. Instanz in kirchl. Sachen, 1579) ab, die von den Päpsten schließlich nicht mehr anerkannt wurden. Dies führte zu oft heftigen Konflikten und einer Flut von Streitigkeiten, bes. seit dem quellenkrit. und jurist. Angriff des Kard.s Caesar Baronius gegen die M.S. (Annales Ecclesiastici XI, Roma 1605). In der Bulle »Suprema« (1864, publ. 10. Okt. 1867) wurden Legationsprivileg und Rechtskomplex der M.S. aufgehoben. Im Garantiegesetz vom 13. Mai 1871 verzichtete die it. Regierung auf die Rechte der Apostol. Legation und der M. S. A. Becker

Lit.: ECatt VIII, 1266-1268 – LThK² VII, 534f. – NCE IX, 1018f. – J. Deér, Der Anspruch der Herrscher des 12. Jh. auf die Apostol. Legation, AHP 2, 1964, 117-186 – G. Catalano, Osservazioni sulle origini della Legazia Apostolica in Sicilia (Il diritto Eccles. 80, 1968), 205-225 – S. Fodale, Comes et legatus Siciliae, 1970 – G. Catalano, Studi sulla Legazia Apostol. di Sicilia, 1973 – G. Ingraiti, Sulla legittimità della Legazia Apostol. di Sicilia (Sicilia Normanna, 1973), 460-466.

Monarchie, Herrschaft eines Einzelnen. »Staat« und Gesellschaft waren im MA weitgehend herrenständ. organisiert.

[1] *Allgemein und Deutsches Reich:* In der Völkerwanderungszeit besaßen die germ. Stämme vielfach eine monarch. Spitze mit sakral-kult. Legitimierung. Aus der christl. Tradition trat die Vorstellung hinzu, jede M. sei gottgewollt (nach Röm 13) und habe die Funktion, Friede und Recht zu wahren (→Gottesgnadentum). Der theokrat. Charakter der M. zeigte sich in spezif. liturg. Formen, die bis zum HochMA voll ausgebildet wurden (→Krönung und →Salbung, →Ordines). Der Monarch sollte Garant für die Übereinstimmung zw. dem christl. Volk und Gott sein. Verbreitet war die Auffassung, das frk.-dt. Ksm. setze die antik-röm. Welt-M. bis zum Ende der Zeiten fort. Im SpätMA gebrauchte die dt. Staatssprache die Begriffe »imperium« und »Romana monarchia« synonym und sah im Ks. den Herrn der Welt. →Dante betrachtete die den regna gegenübergestellte Universalmonarchie als weltnotwendig. Die Staatstheorie setzte sich seit dem 13. Jh. aber auch mit der aristotel. Konzeption der M. als einer »richtigen« Staatsform, in der ein Einzelner zur Herrschaft legitimiert ist und für das allg. Wohl sorgt, auseinander (z.B. →Marsilius v. Padua, →Wilhelm v. Ockham). Im Dt. Reich wurde eine Wahlm. praktiziert. Zudem entstanden Territorialfsm.er (→Landesherrschaft und -hoheit), welche die staatl. Aufgaben in ihrem Bereich wahrnahmen. Das Wahlkgtm. wurde geschwächt. Im Reichstag trat die Korporation der Reichsstände der M. entgegen, die sich gegen ihre großen Vasallen nicht durchsetzen konnte, aber an der Herrschaft über die Reichsstände prinzipiell festhielt (→König, Königtum, B.; auch zum dt. Hausmachtkgtm.).

[2] In *Frankreich und England* wurden dagegen – trotz mancher Rückschläge – ein allmähl. Wachstum und eine Intensivierung des monarch. Staates erreicht. Basis hierfür war ein zentripetal ausgerichtetes Lehnswesen, das in Frankreich zur Zeit Kg. →Philipps II. August, in England schon nach der norm. Eroberung endgültig Gestalt annahm. Parallel hierzu fand in beiden Reichen bei der Thronfolge das Erbprinzip Anerkennung (→König, Königtum, D. und E.).

a) Die *französische Monarchie* stützte sich auf das karol. Herkommen und einen religiös verbrämten Kg.smythos. Ererbte Herrschaftsinsignien wie Kronreif und Szepter und neue Zeichen wie →Lilie und →Oriflamme (→St-Denis) verwiesen auf die unverwechselbare Eigenart dieses Kgtm.s. Die M. wurde zum Kristallisationspunkt für ein frühnationales Bewußtsein, welches dem frz. Volk eine spezielle göttl. Auserwählung und eine bes. Verpflichtung zum Schutz des Hl. Landes zuschrieb. Im 13./14. Jh. diente auch das altröm. Ks.recht dazu, die Singularität der von den Häusern Capet und Valois repräsentierten M. zu untermauern. Die Krone galt als dauerndes Symbol und als Institution (→Corona, →Karl V.). Gegen Ende des MA verstärkte sich die Tendenz, in dem frz. Monarchen, »der niemals stirbt«, das Haupt des myst. Leibes des Regnum zu sehen und gleichzeitig einen *prélat*

ecclésiastique. Der Weg führte zur absolutist. M. der frühen NZ.

b) In *England* begegnet schon im 12. Jh. die Auffassung, der Kg. sei gleichzeitig auch »legatus apostolicus, patriarcha, imperator« und alles, was er sein wolle. Von Heinrich II. bis zu Johann Ohneland herrschte ein theokrat. »Despotismus«, der den Kg. über die im Land geltende Rechtsordnung hinaushob (»no writ runs against the king«). In der →Magna Carta von 1215 mußte aber die M. der Adelsopposition große Zugeständnisse machen. Fortan trat dem Kg. eine von den →Baronen getragene communitas regni (→*community of the realm*) gegenüber mit dem Anspruch, korporativ bestimmte Freiheiten und Rechte zu besitzen. Die Konstituierung einer polit. Zweiheit von Kgtm. und Land kündigte sich an. Im SpätMA fand dieser Dualismus seine volle Ausformung im Wechselspiel zw. Krone und Parlament. In der Staatslehre wurde die engl. Verfassung als glückl. Verbindung eines dominium regale mit einem dominium politicum gefeiert (John →Fortescue). Bei all dem hielt man an der theokrat. Position des Monarchen grundsätzl. fest. Der Weg führte zum Absolutismus der Tudor-Zeit, deren Juristen »zwei Naturen« im Kg. unterschieden: den (sterbl.) *body natural* und den *body politic*, in dem die M. als dauernde Institution verkörpert war.

[3] Von den anderen Reichen, die eine absolutist. Form des modernen Staates hervorbrachten, sei →*Kastilien* genannt; →*Aragón* dagegen stellt ein Beispiel dafür dar, daß die Stände eine Kontrolle über die M. ausübten (→König, Königtum, F.).

So differenziert die Entwicklung im einzelnen verlief, beruhte das gesamte monarch. System Europas doch auf der Idee eines großen, verwandtschaftl. miteinander verbundenen Fs.enkreises und wurde hierdurch zusammengehalten. Zum Kgtm. in Sizilien, Skandinavien, Böhmen, Polen, Ungarn, Südosteuropa und zum Kgtm. v. Jerusalem vgl. →König, Königtum, C. und G.-L. – Zur »theokrat. M.« der Päpste, die vom Pontifikat Innozenz' III. (1198-1216) an eine Blütezeit erreichte, vgl. →Papst, Papsttum. K. Schnith

Lit.: HRG III, 625-630 – F. Kern, Gottesgnadentum und Widerstandsrecht im früheren MA, 1954² – W. Ullmann, Principles of Government and Politics in the MA, 1961 – O. Brunner, Vom Gottesgnadentum zum monarch. Prinzip (Das Kgtm., hg. Th. Mayer [Neudr. 1963]) – E. Schubert, Kg. und Reich, 1979 – H. K. Schulze u.a., M. (Gesch. Grundbegriffe 4, hg. O. Brunner, W. Conze, R. Koselleck, 1979), 133-214 – Das spätma. Kgtm. im europ. Vergleich, hg. R. Schneider, 1987 – R. E. Giesey, Le roi ne meurt jamais, 1987 – Princes, Patronage, and the Nobility – The Court at the Beginning of the Modern Age c. 1450-1650, hg. R. G. Asch – A. M. Birke, 1991 – →König, Königtum, →Krönung.

Monasterboice, Kl. im östl. Irland (Gft. Louth), gegr. vom hl. Buithe im späten 5. oder frühen 6. Jh., bis zum 12. Jh. von Bedeutung. Es ist bemerkenswert durch die erhaltenen Verstraktate des Flann v. M. († 1056) über hist. und pseudohist. Themen und durch die reich skulptierten Hochkreuze mit bibl. Darstellungen. G. MacNiocaill

Lit.: R. A. S. Macalister, M., 1946 – A. Gwynn – R. N. Hadcock, Medieval Religious Houses, Ireland, 1970 – P. Harbison, Guide to the Nat. Monuments in the Republic of Ireland, 1975 – N. Edwards, The Archaeology of Early Medieval Ireland, 1990.

Monasterevin (Rosea Vallis, Rosglas), Kl. im östl. Irland (Gft. Kildare), gegr. vom hl. Eimíne im späten 7. Jh. Über seine ältere Gesch. ist wenig bekannt. Um 1178 erfolgte eine Wiedergründung, wohl zunächst unter der Benediktinerregel, später (seit 1189) in Affiliation zum Zisterzienserkl. →Baltinglass. Seine weitere Gesch. gleicht weithin derjenigen anderer ir. Zisterzienserkl. (→Mellifont); auch

M. war verstrickt in die Auseinandersetzungen der sog. 'conspiratio Mellifontis'. Im späten 14. und 15. Jh. war M. insbesonders durch das Liebesverhältnis eines Abtes mit einer Nonne des nahegelegenen Kl. →Kildare bekannt. Unter Heinrich VIII. erfolgte die Aufhebung.

G. MacNiocaill

Lit.: G. MAC NIOCAILL, Na Manaigh Liatha in Éirinn 1142 – c. 1600, 1959 – A. GWYNN-R. N. HADCOCK, Medieval Religious Houses, Ireland, 1970.

Monasterium → Kloster, →Stift

Monastisch-mystische Theologie. Die mo. Theol. ist in geschichtl. Sicht die Theol. der →Klosterschulen, die im frühen MA (mit den →Domschulen) Träger der Bildung und Erziehung waren. Sie hatte ihren Ort in den Schulen der alten kirchl. →Orden, ihren Sitz in der »lectio divina« der liturg. und m. Schriftlesung, sie wurde in symbol. (myst.) Bibelexegese, in Predigt und Unterweisung (Collatio) überliefert. Sie war nicht weniger spekulativ als die scholast. →Theologie; sie bezog aber alles Wissen auf die Betrachtung und das Gebet (speculatio = contemplatio). Seit dem 12. Jh. trat die in den neugegr. Stadtschulen gelehrte scholast. Theol. in Konkurrenz zur mo. Theol. Diese Spannung führte zu leidenschaftl. Kontroversen (→Lanfranc v. Bec gegen die dialekt. Abendmahlslehre des →Berengar v. Tours, Abt →Bernhard v. Clairvaux gegen die Theol. →Abaelards und →Gilberts v. Poitiers, die Franziskaner-Spiritualen gegen die verwissenschaftl. Theol.), aber auch zu fruchtbaren Synthesen von »Wissenschaft und Gottverlangen«, wie J. LECLERCQ die m. Theol. (seit 1945) literarwiss. begründete. Die Zisterzienser (→Wilhelm v. St. Thierry, Guerricus v. Igny, † 1157, →Ælred v. Rievaulx, →Isaac v. Stella), die Cluniazenser und die Augustiner-Chorherren (→Hugo, →Richard und →Andreas v. St. Victor, →Thomas Gallus) unterschieden die »theologia divina« von der »th. mundana« und verstanden ihre mo. Theol. als Betrachtung der in Bildern verborgenen, in Symbolen (»mystice«) verschlüsselten göttl. Wahrheit, die in gesammelter Nachdenklichkeit erfaßt und im konzentrierten Blick geschaut werden kann. Dieser Blick ist Gnade der lichtenden erleuchtenden Gottes-Wahrheit, für alle Glaubenden mühelos zu erlangen und er hat »fazialen« (personalen) Charakter (Thomas v. Aquin S. th. II II q. 180 a. 5, Nikolaus v. Kues, De visione Dei). Die diesseitige Schau der göttl. Wahrheit ist noch nicht Wesensschau (→visio Dei), aber deren Vorbereitung (»inchoatio«). Die mo. Theol. der Mendikantenorden im 13. Jh. in der Zielsetzung einer kontemplativen (Thomas v. Aquin) bzw. einer affektiven (Bonaventura) Gotteserkenntnis ist nur als Synthese von »Scholastik und Mystik« recht zu verstehen (M. GRABMANN). Die Ekstase und andere außernatürl. religiöse Erfahrungen sind Charismen, aber keine Wesenselemente der myst. Gotteserkenntnis. Gegen eine einseitige, an der Logik und Dialektik orientierte scholast. Theol. im 14./15. Jh. wurde die »Theologia mystica« thematisiert, z.B. von →Hugo v. Balma, →Johannes Gerson, Jakob v. Paradies OCart († 1465), →Dionysius d. Kartäuser († 1471), →Nikolaus Kempf. Die myst. Theol. wuchs aus diesen beiden Stämmen zusammen: die Tradition des Ps.→Dionysius (»De mystica theologia«) im Kontext der griech. Theol. (→Origenes, →Gregor v. Nyssa, →Maximos Homologetes) und die plotin.-augustin. Tradition im Kontext der lat. Theol. (→Gregor d. G.). Die myst. Traktate beschrieben die 3 klass. Wege, die »7 Straßen« (→Rudolf v. Biberach) des gotteinenden Erkennens und Liebens und begründeten so die theol. Mystik i.e. Sinn, die in der Auseinandersetzung mit der myst. Theol. den Dienst des philos. und theol. Erkennens in der Mystik bestritt (vgl. den Streit des Nikolaus v. Kues mit der Kartäusermystik). Vom Christusmysterium der Menschwerdung bzw. des Kreuzes her empfing die myst. Theol. ihre unterschiedl. inkarnator. (→Eckhart) und kreuzestheol. (→Bonaventura, →Ludolf v. Sachsen) Ausprägung.

L. Hödl

Lit.: A. GARDEIL, La contemplation mystique, RTh 14, 1931, 840–64, 15, 1932, 226–50, 379–93 – M. LENGLANT, La théorie de la contemplation mystique dans l'œuvre de Richard de St. Victor, 1935 – J. MARÉCHAL, Et. sur la psychologie des mystiques, I–II, 1937 – J. LECLERCQ, L'amour des lettres et le désir de Dieu. Initiation aux auteurs monastiques du MA, 1957, 1963² [dt. Übers. 1963] – J. JAVELET, Psychologie des auteurs spirituels du XII° s., 1959 – V. CILENTO, Medio Evo monastico e scolastico, 1961 – J. LECLERCQ, Irenikon 37, 1964, 50–74 – A. COMBES, La théol. mystique de Gerson, I–II, 1963 – DERS., La mystique Rhenan, 1963.

Monat, von →Mond abgeleitet, auf den sich auch in den meisten Fällen der mit dem M. in Verbindung gebrachte Aberglaube bezieht. Bestimmte M.e galten für glück-oder unglückbringend. Beliebt war die Personifikation in Dichtung, Malerei und bildender Kunst (→Kalender). In der Einteilung des Jahres in M.e und Wochen folgte das MA antiker Tradition. Mit der Julian. Zeitrechnung (→Chronologie) übernahm es auch die röm. M.e. Bisweilen erscheinen die lat. Namen in etwas veränderter Form, oder es werden Bezeichnungen angewendet, die sich auf bestimmte Feste, Jahreszeiten oder Feldarbeiten beziehen. Von den germ. M.en sind die ältesten – abgesehen von dem einzig erhalten gebliebenen got. – bei →Beda (»De temporum ratione«) überliefert. Wo →Ostern den Jahresanfang bildete, bezeichnete man im frühen MA bei der Zählung den Osterm. als ersten M. Ähnlich verfuhr man bei den →Quatembertagen (März = mensis primus). Karl d. Gr. hat eine für sein Reich zu beobachtende dt. Namenreihe für die M.e eingeführt, die jedoch die lat. Namen nicht verdrängen konnte. Die M.sdatierung in Urkk. (lat. durchwegs mit röm. Namen) erfolgte nach dem röm., von den Kalenden, Nonen und Iden rückläufig zählender Kalender, oder die Tage wurden vom ersten bis zum letzten fortlaufend gezählt bzw. der M. in zwei verschieden gezählte Hälften geteilt. Die fortlaufende Zählung stammt aus dem Orient und ist im W zuerst in Italien (erste Beispiele aus der Zeit Gregors I.; in den langob. Präzepten ist sie die Regel) und dann in Gallien bekanntgeworden. Dort ist sie auch in die merow. Kanzlei eingedrungen (mit röm. Zählung beim ersten M.stag oder einem Tag der zweiten M. shälfte). Vereinzelt begegnet diese Praxis noch bis kurz nach 800 bei den Karolingern, die dann ausschließl. zur röm. Zählung übergehen. Nachdem sie in einigen Fällen unter Friedrich I. und Heinrich VI. (in norm. Diplomen seit 1144) wieder erscheint, hat sich die fortlaufende Zählung in der Reichskanzlei nach einigen Schwankungen im 15. Jh. durchgesetzt (die bologns. Datierung findet sich seit Heinrich VI.). In Privaturkk., v.a. in it., war die Verbreitung der fortlaufenden Zählung groß. In den päpstl. →Breven des 15. Jh. ist sie zur Regel geworden. In Byzanz erscheint seit 681 eine bes., aus M. und →Indiktion (beides vom Ks. mit roter Tinte hinzugefügt) bestehende Datierungsweise, das sog. Menologem.

A. Gawlik

Lit.: HWDA VI, 465ff. – BRESSLAU II, 397ff. – H. GROTEFEND, Zeitrechnung des dt. MA und der NZ, I, 1891, 125ff. – B. M. LERSCH, Einl. in die Chronologie, II, 1899², 1ff. – GINZEL III, 105ff. – EG. I. STRUBBE-L. VOET, De chronologie van de middeleeuwen en de moderne tijden in de Nederlanden, 1960, 25ff. – F. DÖLGER-J. KARAYANNOPULOS, Byz. Urkk.lehre, I, 1968, 53, passim.

Monatsbilder →Jahresdarstellung

Monatslesung → Menologion

Mönch, Mönchtum
A. Ostkirche – B. Abendländische Kirche

A. Ostkirche
I. Anfänge – II. Palästina und Syrien – III. Byzantinisches Reich – IV. Russisches Mönchtum.

I. Anfänge: Der Begriff μόναχος begegnet zuerst in der gr. Bibelübers. des Symmachos um 180 in der Grundbedeutung »allein lebend«; so noch bei →Eusebios v. Kaisareia. Seine spezielle Bedeutung als Bezeichnung für einen bestimmten Stand in der Kirche erhielt er seit dem 4. Jh. mit dem Erscheinen und der Ausbreitung einer neuen Lebensform in der kirchl. Gemeinschaft, zunächst des Ostens. Von Anfang an hatte es Männer und Frauen gegeben, die um des Evangeliums willen ein asket. Leben führten und v. a. auf die Ehe verzichteten. Sie lebten aber weiter in ihren Familien und Gemeinden. Wann genau sich ein erster aus der Gemeinschaft in die Einsamkeit zurückzog, ist geschichtl. nicht mehr festzustellen. Doch gegen Ende des 3. und dann v. a. im 4. Jh. setzte eine ganze Bewegung ein, die bald den gesamten Osten des röm. Reiches erfaßte und die den Beginn des chr. Mönchtums überhaupt bedeutete. Die Biographie des »Ureremiten« →Paulos v. Theben schrieb →Hieronymus. Er soll in einer Höhle nahe dem Roten Meer, die heute im Pauloskl. gezeigt wird, gelebt haben und 341 gestorben sein. Stark legendär geprägt, wird die Darstellung doch einen histor. Kern enthalten. Nachwirkungen gingen davon nicht aus. Als »Vater der M.e« aber darf mit Recht →Antonius d. Eremit gelten († 356). Seine Vita schrieb kein Geringerer als →Athanasius v. Alexandria (MPG 26, 837–976). Auch sie will sicher nicht als histor.-krit. in unserem Sinn verstanden werden. Wichtig wurde sie aber noch für die Ausbreitung des Mönchtums im Westen, wie Augustinus bezeugt (Conf. VIII 6, 14–7, 18). Besseren Zugang zu Antonius und seinem Anliegen bieten die von Hieronymus (Vir. ill. 88) erwähnten sieben Briefe (MPG 40, 977–1000; vgl. dazu aber Rubenson), der kleine Brief über die Kraft echter Reue (ebd., 1065) und vielleicht die unter seinem Namen überlieferten 38 →Apophthegmata (MPG 65, 71–440). Hatte er zuerst noch in der Nähe seines Dorfes die Einsamkeit gesucht, zog es ihn schließlich tiefer in die Wüste. Zuletzt lebte er auf dem Berg Kolzim westl. des Roten Meeres, wo sich viele Jünger um ihn sammelten und eine erste Mönchskolonie unter seiner Leitung bildeten. Antonius besaß keine höhere Schulbildung, seine Motive und Lebensregeln gewann er aus dem Evangelium; so gab er sie auch seinen Schülern weiter.

Etwa zur gleichen Zeit entstanden auf der anderen Seite des Nils, südl. von Alexandria, ebenfalls mehrere Zentren von →Anachoreten unter der geistl. Führung von Ammun, →Makarios d. Ä., →Makarios d. Alexandriner und anderen Pneumatophoren, die in ihren Apophthegmata weiter leben: die Mönchssiedlungen der Nitria, der Sketis und der Kellien. Die M.e lebten jeder für sich in einem nicht allzu weit voneinander entfernten Zellen. Allwöchentl. kamen sie zusammen zur gemeinsamen Feier der →Eucharistie. Es bestand keine offizielle Organisation und keine amtl. Leitung. Die spirituelle Führung lag bei den »Geistträgern«, den »Vätern«. Hierher zog sich ein →Evagrios Pontikos (346–399) zurück, als er 382 um seines Seelenheils willen seine Predigertätigkeit in Konstantinopel aufgab. Er war der erste literar. tätige und fruchtbare Vertreter des Mönchtums und vermittelte das asket. Gedankengut des →Origenes. Auf dem V. Ökumen. Konzil v. →Konstantinopel (553) wurde er darum mit dem →Anathem belegt, zusammen mit Origenes und →Didymus d. Blinden, was den Verlust eines großen Teils seiner gr. verfaßten Werke bedeutete; doch ist das meiste in lat., syr. oder arm. Übers. erhalten. Sein Einfluß blieb weiterhin bedeutsam. →Palladios, →Cassian, →Maximos Homologetes sind von ihm abhängig.

Einen anderen Weg beschritt →Pachomios (294?–346). Aus Oberägypten (Thebais) stammend, wurde er nach dem Kriegsdienst im Alter von etwa 20 Jahren getauft und entschied sich für das asket. Leben, zunächst unter dem Anachoreten Palaimon. Nach sieben Jahren verließ er ihn und gründete ein erstes Kl. in Tabennese (um 320). So wurde er der Begründer des →Koinobitentums. Auch sein Aufbruch fand ein weites Echo. Er gründete acht weitere Männer- und zwei Frauenkl., schloß sie unter seiner Leitung zu einem straffen Verband zusammen und gab ihnen eine gemeinsame Regel, die in einer längeren und einer kürzeren Rezension durch die Übers. des Hieronymus erhalten ist (ed. A. Boon, Pachomiana latina, 1932); die längere Rezension ist wahrscheinl. die ursprüngliche. Als die erste Mönchsregel, die nach der Legende von einem Engel übergeben wurde (»Engelregel«), hat sie im Osten →Basileios d. Gr. beeinflußt, im Westen Cassian, →Caesarius v. Arles und nicht zuletzt →Benedikt v. Nursia. Die nächsten Nachfolger des Pachomios waren →Theodoros und →Horsiese, die sein Werk fortsetzten. Auch Pachomios gewann für sich und seine M.e ebenso wie Antonius die entscheidende Wegweisung aus der Hl. Schrift. Beide besaßen sicher ein gutes Verständnis für den Menschen, seine Stärken und Schwächen. Beide setzten auf Gebet, Ehelosigkeit und den vollkommenen Auszug aus der Welt, nicht zuletzt aus der eigenen Verwandtschaft. Daß die bes. Zeitverhältnisse – v. a. seit dem 4. Jh. mit dem Ende der Verfolgung des Christentums durch den röm. Staat und dessen wachsender Christianisierung – ihren Teil zur Entstehung und Ausbreitung der neuen Bewegung beigetragen haben, beweist schon die Tatsache, daß diese gleichzeitig fast auf dem ganzen Reichsgebiet in Ost und West einsetzte.

II. Palästina und Syrien: Das Mönchtum entfaltete sich ziemi. zur selben Zeit in *Palästina* und Syrien bis nach Mesopotamien. Als Väter des palästinens. Mönchtums gelten →Chariton († 356) und →Hilarion v. Gaza († 371). Hilarion war zuerst Schüler des Antonius. Heimgekehrt, lebte er als Einsiedler bei Majuma. Als seine Zelle bald von Besuchern überflutet wurde, floh er nach Ägypten, zog weiter nach Sizilien und Dalmatien; er starb auf Zypern. Chariton dagegen gründete die erste →Laura, eine Form des Mönchslebens, die für Palästina charakterist. werden sollte. Im 5./6. Jh. erfuhr sie ihre höchste Blüte unter →Euthymios († 473), Theodosios Koinobiarchos († 529) und →Sabas († 532). In den christolog. Kämpfen traten sie entschieden für die Beschlüsse des Konzils v. →Chalkedon ein. Sie waren aufgeschlossen für die sozialen Probleme, offen auch für andere kirchl. Traditionen, denen sie Wohnrecht in ihren Kirchen gaben. Ihre Viten hat →Kyrillos v. Skythopolis geschrieben (ed. E. Schwartz, TU 49/2). Die Lauren verbanden Koinobion und Anachorese. Erst nach gründl. Erprobung in der Gemeinschaft wurde dem M. das Eremitenleben gestattet.

Von anderer Art war das Mönchtum *Syriens*. Von Anfang an durch rigorose Askese und radikale Lebensformen gekennzeichnet, entfaltete es sich etwa seit Mitte des 4. Jh. stärker, wenn manche auch den M. Aones bzw. den ersten Bf. v. Nisibis, Jakobos, als die frühesten Anachoreten an den Anfang des Jahrhunderts setzen wollen, auch sie schon als Vertreter der rigorosen Haltung. In Syrien begegnen uns Dendriten, die auf Bäumen hausten, und bes. die berühmten Säulensteher (→Styliten), zu deren bekanntesten Vertretern Symeon Stylites d. Ä. und Symeon Stylites d. J. (Ende des 5. bzw. des 6. Jh.) gehörten. Beide waren als Prediger und vielgesuchte Ratgeber auch seelsorgl. tätig, wie diese M. e überhaupt trotz persönl. Radikalität den Menschen nahe blieben.

III. BYZANTINISCHES REICH: Für die byz. Tradition entscheidend wurden Weg und Werk Basileios' d. Gr. († 379). Er hatte die gr. Klassiker gründl. studiert, zuletzt in Athen, wo →Gregor(ios) v. Nazianz sein Studiengefährte war. Zurückgekehrt in die Heimat Kaisareia in Kappadokien, ließ er sich 356 taufen, um sich schon bald für das Ideal der Askese nach der Weise, wie er sie bei →Eustathios v. Sebaste fand, zu entscheiden. 357/358 besuchte er die Mönchszentren in Ägypten, Palästina, Syrien und Mesopotamien. Dann begann er in der Nähe von Neokaisareia auf seinem Familienbesitz Annesoi mit Gleichgesinnten eine Art Kl. leben. Mit Gregor v. Nazianz schuf er hier die »Philokalia«, eine Blütenlese aus den Werken des Origenes, und verfaßte die beiden »Regeln«, nicht im Sinn der Pachomiosregel oder der westl. Kl. regeln, sondern mehr in der Weise einer Katechese für das asket. Leben voll kluger Diskretion (regulae fusius tractatae bzw. brevius tractatae; MPG 31, 889–1052; 1051–1306). Sie bilden bis heute das geistige Fundament des koinobit. Lebens in der Orthodoxie. 364 in Kaisareia zum Priester geweiht, entfaltete er eine ebenso seelsorgl. wie soziale Tätigkeit, deren Frucht nach seiner Erhebung zum Metropoliten v. Kappadokien und Exarchen des Pontos schließlich die Errichtung der »Basilias« war, einer großzügigen und weiträumigen Kl. anlage mit Werkstätten, Krankenhaus für Arme, Leprosorium, medizin. Versuchsstation und Pilgerhospiz. Wenn später die byz. Kl. einen wichtigen Beitrag auf den sozialen Sektor leisteten, so hatte sie hier ihr (freilich später nie mehr erreichtes) Vorbild.

Auf dem Sinai und der gleichnamigen Halbinsel hatte schon die Pilgerin →Aetheria M. e getroffen (um 400), die sie und ihre Begleitung freundl. aufnahmen. Ks. Justinian erbaute später zu ihrem Schutz das wehrhafte St. Katharinenkl. →Johannes »Klimakos« lebte hier, dessen »Leiter zum Paradies« ein Wegweiser für Generationen von M. en wurde. In Kleinasien verbanden sich die Mönchsniederlassungen gern mit einem Berg, wie mit dem bithyn. Olymp, wo man ab dem 4. Jh. an die 40 Kl. zählte, oder mit Latmos, später Latros genannt, wo seit dem 7. Jh. Kl. entstanden (in der Nähe von Milet). M. e, die vor den Sarazenen vom Sinai flüchteten, waren die ersten, die sich hier nießerließen. Natürl. wurde auch die Hauptstadt des Reiches zu einem bedeutenden Zentrum. 382 ist hier das erste Kl. bezeugt. →Johannes Chrysostomos berichtet bereits von einem Kl. got. M. e. 536 zählte man 73 Kl. Ein Kl. besonderer Art war das der →Akoimeten. Ihr Gründer Alexandros († 430) kam aus Mesopotamien. Sein Ziel war das ununterbrochene Gotteslob, das seine M. e wie in drei »Schichten« Tag und Nacht vollzogen. Doch waren mit dem Kl. auch ein Pilgerhospiz, ein Krankenhaus und eine ausgezeichnete Bibliothek verbunden. – Von größter Bedeutung für die weitere Entwicklung des byz. Mönchswesens wurde das Studiukl. (463 vom ehem. Konsul Studios gegr.) unter seinem Abt →Theodoros Studites (759–826). Theodoros, vorher Abt des Kl. Sakkudion (bei Prusa), war mit einem Teil seiner M. e 798 dorthin übergesiedelt. Er machte es zu einem Zentrum des byz. Mönchtums, bes. durch seine Ansprachen (gesammelt in der »Großen« und der »Kleinen Katechese«), in denen er die Grundgedanken des Koinobitentums im Sinn Basileios' vertrat: Straffe Leitung unter einem Abt als dem geistl. Führer und ein ausgewogenes Verhältnis von Betrachtung und Gebet, von körperl. Arbeit und Askese. Aus seinem Geist wurde nach ihm die »Hypotyposis« erarbeitet, als eine Art Hausregel für das Kl. Seine Reform wurde durch Athanasios Hagiorites für die Megiste Lavra und damit für den →Athos übernommen; sie wurde schließlich bestimmend für das ganze orthodoxe Mönchtum, als →Feodosij Pečerskij sie im 11. Jh. in die Pečerskaja Lavra v. →Kiev übertrug. – Eine entscheidende Rolle spielte das Mönchtum während des →Bilderstreits auf der Seite der Bilderfreunde. Bes. zu nennen sind: →Johannes Damaskenos und →Stephanos d. J. im 8. Jh., Theodoros Studites im 9. Jh. Das II. Konzil v. →Nikaia (787) übernahm im wesentl. die Ikonentheologie des Johannes Damaskenos. Gegen die Absicht der ikonoklast. Ks. trug der Bilderstreit nicht wenig zur Ausbreitung des Mönchtums bei. In Unteritalien und auf der Krim schuf es sich neue Zentren, auch der Athos bot Zuflucht für jene, die nach der Anachorese verlangten; diese erfuhr dadurch einen neuen Aufschwung, entgegen den beabsichtigten Einschränkungen staatlicher- wie kirchlicherseits.

Das Mönchtum des Athos wurde ausschlaggebend für die weitere Entwicklung des ostkirchl. Mönchtums überhaupt, innerhalb wie außerhalb der Grenzen des Byz. Reiches. Seine bleibende Gestalt erhielt es selbst, nach einer Zwischenstufe des Anachoretentums unter einem Protos, durch →Athanasios Hagiorites (Athonites, † gegen 1004). Mit Unterstützung seines ksl. Freundes Nikephoros II. Phokas errichtete er 963 ein koinobit. Kl., die Megiste Laura. Ihr Typikon atmete ganz den Geist der studit. Reform unter Theodoros. Ks. Johannes I. Tzimiskes gab 972 dem Athos eine erste »Verfassung«, den »Tragos« (weil auf Bockshaut geschrieben), bereits von 58 →Hegumenoi unterzeichnet. Das zweite Typikon, von Ks. Konstantin IX. Monomachos erlassen, unterschrieben 180 Vertreter. Ein drittes Typikon erließ 1406 Ks. Manuel II. Palaiologos, aber 1430 kam der Athos schon unter türk. Herrschaft; doch griffen die Sultane nicht in die innere Ordnung ein. – Eine bedenkl. Entwicklung hatte mit dem 14. Jh. eingesetzt: die sog. Idiorrhythmie. Die Großkl. lösten sich in kleine, für sich lebende und sich selbst versorgende Gruppen auf, das koinobit. Ideal verschwand fast ganz. Zwar hatte es immer im Verband der Koinobien Anachoretensiedlungen mit Kellien (2–3 M. e) und Kalyben (ein Anachoret) gegeben; nun aber drang diese Lebensweise in die Koinobien selbst ein und löste ihr festes Gefüge gleichsam von innen her auf. Möglicherweise war die Bewegung des →Hesychasmus, die diese Entwicklung begünstigte (BECK, Kirche, 128). Erhalten blieb der nationale Charakter der Kl., bewohnt je von Griechen, Iberern (Georgiern), Amalfitanern, seit dem 12. Jh. auch von Slaven (Russen, Serben, Bulgaren). Zugleich bestand eine gemeinsame »Verwaltung«, die von Anfang an ihren Sitz in Karyais hatte und für die Ordnung auf dem Hl. Berg zuständig war. Die unter Ks. Michael VIII. Palaiologos abgeschlossene Union (1274) mit Rom lehnten die M. e geschlossen ab. Jurisdiktionell standen mit dem 13. Jh. die Neugründungen zumeist als Stauropegialkl. unter dem Patriarchen v. Konstantinopel; 1313 unterstellte ihm Ks. Andronikos II. Palaiologos die ganze athonitische Mönchsgemeinschaft.

Bereits früh war die Frage nach dem Verhältnis des Mönchtums zur Hierarchie gestellt worden. Antonius und Pachomios hatten die M. e zum Gehorsam gegenüber den Bf. en angehalten. Dann aber wurden Kl. ohne Kontaktaufnahme mit dem Ortsbf. gegründet, und ihre Zahl wuchs immer schneller. So sah sich das Konzil v. Chalkedon (451), nach einigen Lokalsynoden, als erstes vor die Notwendigkeit gestellt, Bestimmungen für Kl. und M.e zu erlassen. Kan. 3 verbot die Übernahme weltl. Aufgaben durch Kleriker und M.e, Kan. 4 die Gründung von Kl. ohne Erlaubnis des Bf.s; Kan. 7 untersagte den Waffendienst, Kan. 8 unterstellte die Kleriker in den Kl. dem Bf.; Kan. 24 verbot die Umwandlung von Kl. in weltl. Einrichtungen. Auffällig ist, daß in einer Reihe dieser Kanones Kleriker und M.e bereits zusammen genannt werden. Ks. Justinian I. versuchte, das immer noch ausufernde Eremitentum in den Griff zu bekommen, v. a. durch die Nov. 133: Fortan sollten nur noch Koinobien und fest umschriebene Lauren bestehen. Die Zellen der Hesychasten, deren Zahl stark eingeschränkt wurde, sollten innerhalb der Kl.umfriedung liegen. Neu war auch die Vorschrift einer dreijährigen Probezeit. Die II. Trullan. Synode (691) erließ ebenso mehrere Kanones (40–47) für das Mönchtum, so über das Alter beim Eintritt (Kan. 40) und eine dreijährige Erprobung des künftigen Eremiten in der Kl.gemeinschaft (Kan. 41). Trotz der – ungewollten – Förderung des Eremitentums infolge des Bilderstreits gewann zwar das Koinobion in der Organisation den Vorrang, in der Wertschätzung aber stand die Anachorese immer vornean.

Einfluß auf die Verfassung des Kl. nahmen auch jeweils die Stifter, ob Ks. und Laien oder Patriarchen und Bf.e, nicht immer zu deren Vorteil. Umgekehrt brachten die Stiftungen beträchtl. Besitz ein, was nicht ohne Rückwirkung auf die allg. Wirtschaft des Reiches blieb, obwohl Kl. auch wichtige soziale Aufgaben dem Staat abnahmen. Ks. Nikephoros II. verbot schließlich weitere Gründungen, was Basileios II. wieder rückgängig machen mußte. Vielleicht zuerst als Hilfe gedacht, erwies sich das →Charistikariersystem als schädigende Einflußnahme, manchmal als schamlose Ausbeutung. Patriarchen mußten wiederholt gegen Mißbrauch und Ausweitung der Einrichtung vorgehen. Auf der anderen Seite bildete das Mönchtum eine geistige Macht, die auf das kirchl. und selbst staatl. Leben wesentl. Einfluß nehmen konnte und tatsächl. nahm. Zuletzt, schon am Abend des Byz. Reiches, zeigte sich dies entscheidend in der Zurückweisung der Union v. →Ferrara-Florenz (1438/39) durch das Mönchtum, womit deren Schicksal überhaupt entschieden war.

IV. RUSSISCHES MÖNCHTUM: Seinen eigenen Weg ging das russ. Mönchtum seit der Christianisierung der Ostslaven am Ende des ersten Jahrtausends. Von der Gründung zweier »Stifterkl. « in Kiev erfahren wir durch die Lavrentij-Chronik unter dem J. 1037. Entscheidend aber wurde für das russ. Mönchtum die Gründung des »Höhlenkl.« (Pečerskaja Lavra), die die Chronik mit dem Namen eines Priesters →Ilarion verbindet. Zum ersten russ. Metropoliten ernannt, fand er in Antonij einen Nachfolger. Vom Besuch von Kl. im byz. Umkreis zurückgekehrt, gesellten sich ihm Gefährten bei, darunter im Priester Nikon, hinter dem der Metropolit Ilarion vermutet wird, der 1054 einem Griechen hatte weichen müssen. Jedenfalls vertrat er als Abt entschieden den nationalen Charakter des Kl. gegenüber der gr. Hierarchie wie das Interesse der Kirche gegenüber dem Fs.en. Doch der eigtl. Gründer des russ. Mönchtums wurde erst Feodosij († 1074), der im Kl. die koinobit. Lebensweise des Studiukl. einführte. Die Kievo-Pečerskaja Lavra wurde das Urbild des russ. Mönchtums, das sich vom 11. bis zum 13. Jh. rasch ausbreitete. Mitte des 13. Jh. zählte man etwa 70 Kl., wobei Kiev und →Novgorod Hauptzentren waren. Verständlicherweise konnte sich das Mönchtum nicht überall auf der Höhe des Anfangs halten. Überspitzte Askese wie Schwankungen und Entartungen stellten sich ein. Trotzdem blieb der Einfluß des Mönchtums auf die gesamte religiöse Entwicklung des Volkes groß, durch innere Führung ebenso wie durch soziale Tätigkeit. Und im 14. Jh. erschien wieder ein überragender Vertreter des Mönchtums in der Person des →Sergej v. Radonež (1314–92). Der Mongolensturm hatte Kiev zerstört (1240), das Gewicht der Entwicklung hatte sich nordostwärts verlagert. In den Wäldern jenseits der Wolga entfaltete sich ein neues Eremitentum. Aus den Einsiedeleien entstanden neue Kl., die sich wieder zum strengen Koinobitentum bekannten. Charakterist. ist dabei stets der bestimmende Einfluß des Gründers. Sergej wurde so durch seine Gründung, die Troice-Sergieva Lavra, zum Reformator des ma. russ. Mönchtums. In näherer oder entfernterer Verbindung mit ihm standen die Gründer aller weiteren Kl. im N bis hinaus zum Weißen Meer. Mehr beispielhaft seien genannt →Stefan v. Perm († 1396), der Missionar der Finnen, und →Kirill v. Beloozero († 1427), dessen Weg strengerer Askese am Ende des 15. Jh. noch einmal eine neue Bewegung auslöste: die der Transwolga-Starcen, deren bedeutendster Vertreter →Nil Sorskij war (1433–1508). H. M. Biedermann

Q. und Lit.: DACL XI, 1802–1847 – DSAM X, 1536–1560 [Lit.] – BECK, Kirche, 120–140 [Lit.] – ST. SCHIWIETZ, Das morgenländ. Mönchtum, I–III, 1904/13/38 – W. BOUSSET, Apophthegmata, 1923 – K. HEUSSI, Der Ursprung des Mönchtums, 1936 – E. SCHWARTZ, Kyrillos v. Skythopolis, TU 49,2, 1939 – I. SMOLITSCH, Russ. Mönchtum, 1953 – L. UEDING, Die Kanones v. Chalkedon in ihrer Bedeutung für Mönchtum und Klerus: Chalkedon II 569–676, 1953 – E. AMAND DE MENDIETA, La Presqu'île des Caloyers. Le Mont-Athos, 1955 [engl.: 1972] – Il monachesimo orientale, OrChrAn 153, 1958 – A.-J. FESTUGIÈRE, Les Moines d'Orient I–IV, 2, 1961–65 – Le Millénaire du Mont Athos, I, II, 1964 – B. MÜLLER, Weisung der Väter, 1965 – G. DAGRON, Les moines et la ville..., TM 4, 1970, 229–276 – F. RUPPERT, Das pachomian. Mönchtum und die Anfänge des kl. Gehorsams, 1971 – A. FAILLER, Le monachisme byz. aux IXᵉ–XIIᵉ s. ..., Cah. d'Hist. 20, 1975, 279–302 – A. GUILLAUMONT, Aux origines du monachisme chrétien ... (Spiritualité orient. 30, 1979) – H.-G. BECK, Gesch. der orth. Kirche im byz. Reich (Die Kirche in ihrer Gesch., I D1, 1980), 43–51, 90–93, 179–183, passim – G. PODSKALSKY, Christentum und theol. Lit. in der Kiever Rus' (988–1237), 1982, 50–56, passim – A. PAPADAKIS, Byz. Monasticism Reconsidered, Byzslav 47, 1986, 34–46 [Lit.] – P. BROWN, The Body and Society. Men, Women and Sexual Renunciation in Early Christianity, 1988 [dt.: 1991] – D. FREYDANK – G. STURM, Das Väterbuch des Kiewer Höhlenkl., 1989 – R. SULZBACHER, M.e, Pilger und Sarazenen. Stud. zum Frühchristentum auf der s. Sinaihalbinsel, 1989 – S. RUBENSON, The Letters of St. Antony (Bibl. Hist.-Eccles. Ludensis 24, 1990) – Les femmes et le monachisme byz., ed. J. Y. PERREAULT, 1991 – YI. HIRSCHFELD, The Judean Desert Monasteries in the Byz. Period, 1992.

B. Abendländische Kirche

I. Anfänge – II. Augustinus und seine Zeit – III. Das Jahrhundert des Lérinischen Mönchtums – IV. Mönchtum um den heiligen Benedikt – V. Die Anfänge der Verbreitung der Regula Benedicti.

I. ANFÄNGE: Das lat. Wort 'monachus' wird erst mit der ältesten (lat.) Fassung der »Vita Antonii« des →Athanasios faßbar. Die wahrscheinl. 357 verfaßte Vita wurde offenbar von Abgesandten aus dem Westen, die das Werk von den verfolgten und exilierten Bf. erbeten hatten, an Ort und Stelle ins Lat. übersetzt. Die Praefatio, als Brief an überseeische (d. h. abendländ.) M.e gerichtet (diese M.e hatte Athanasios wohl in seinen Exiljahren in Trier, 335–337, und Italien, 340–346, kennengelernt), belegt erstmals die Existenz einer monast. Bewegung im Westen. Die älteste Fassung der »Vita Antonii«, die in ihrer einfachen sprachl. Gestaltung noch nicht einmal das Wort 'monasterium' kennt, ist das früheste lit. Denkmal des abendländ. Mönchtums. Als allzu wörtl. Wiedergabe ihrer Vorlage erlangte sie nur geringe Verbreitung (einzige Hs.: Vat.

Arch. S.P.A 2); erst die elegantere Übertragung durch →Evagrios v. Antiocheia, entstanden in den nächsten beiden Jahrzehnten, brachte dem grundlegenden Werk im Abendland die verdiente Beachtung.

Der Einfluß der »Vita Antonii« im Osten wie im Westen ist kaum zu überschätzen. Ihre Lektüre hat nicht nur Persönlichkeiten des weltl. Lebens zum Übertritt ins Mönchtum motiviert (so die beiden Trierer Beamten, deren Beispiel Augustinus zur eigenen Konversion bewog, Mailand 386; vgl. Conf. 8, 15), das Werk inspirierte auch →Hieronymus zu seinen Viten der hll. →Paulus v. Theben (375) und →Hilarion v. Gaza (386-390), den ersten genuin lat. Manifestationen des neuen monast. Ideals (abgesehen von der Vita des Malchus).

Neben dieser Rezeption des großen hagiograph. Werks ist es der lebhafte Briefwechsel des hl. Hieronymus, der die entstehende monast. Bewegung zugleich widerspiegelte und antrieb. Seine ersten Briefe, in denen er seine lit. Begabung in den Dienst der →Askese stellt, enthalten ergreifende Aussagen über das frühe Mönchtum, so das Lob seines Freundes, des Eremiten Bonosus (Ep. 3, 4-5, 7-3), oder den flammenden Appell an den Freund Heliodorus v. Altinum, seiner Vaterstadt den Rücken zu kehren und gemeinsam mit Hieronymus in der Wüste v. Chalkis zu leben (Ep. 14). Hieronymus selbst machte allerdings nur kurze Bekanntschaft mit dem Einsiedlerdasein (Syrien, 375-377) und lebte zumeist in den Großstädten Antiocheia, Konstantinopel und Rom. Während seines Aufenthalts in Rom (382-385) verfaßte er für Eustochium, die Tochter der mit ihm befreundeten Witwe Paula, das Büchlein zur Bewahrung der Jungfräulichkeit; dieser Leitfaden hatte nicht nur Bedeutung für die Religiosität der Frauen (der Hieronymus eine monast. Prägung geben wollte), sondern auch für das monast. Leben der Männer, v. a. durch drei berühmt gewordene Exkurse, von denen die Beschreibung der verschiedenen Arten von M.en in Ägypten (Ep. 22, 34-36) die größte Bedeutung erlangte; handelt es sich doch um ein Hauptstück des monast. Denkens des Hieronymus, in dem er erstmals klar die beiden Grundkategorien des Mönchtums, →Anachoreten und →Koinobiten, definiert und sie, in Abhebung von anderen Lebensweisen (die er ablehnt), als organ. aufeinander bezogene Lebensformen charakterisiert.

Von Bethlehem aus (dort seit 386, gemeinsam mit Paula und Eustochium) beeinflußte Hieronymus das abendländ. Mönchtum durch eine Reihe von Briefen und Schriften, in denen er seinen Korrespondenten auf ihre jeweilige Situation bezogene Weisungen zur Verwirklichung des asket. Ideals erteilte und die mönch. (oder quasi-mönch.) Lebensform sowohl durch leidenschaftl. Lobreden auf vorbildl. Repräsentanten des monast. Ideals als auch durch Polemiken gegen Gegner (insbes. Helvidius, Jovinian und →Vigilantius) propagiert. Ein anderer Beitrag des Hieronymus zum Aufschwung des Mönchtums ist seine Übersetzung der Schriften des →Pachomios und seiner Schüler (404), die sowohl der Abfassung der »Institutiones« des Cassian wie den Adaptationen der Pachomios-Regel im Abendland (»Regula Pachomii brevis«, »Regula Orientalis«) zugrundeliegt. Die Schriften des Hieronymus bilden nur den augenfälligsten Ausdruck vielfältiger monast. und asket. Bestrebungen im Abendland. In seiner Vita des hl. →Martin v. Tours (397) stellt →Sulpicius Severus für das gebildete Publikum den exemplar. Lebensweg eines großen M.s dar. Er betont zwei exemplar. Charakterzüge des martin. M.s: den starken Missionsgeist, der den ehemaligen Soldaten zur Evangelisation der ländl. Gebiete trieb, und den Verzicht auf klösterl. Handarbeit, nach Art der →Messalianer in Syrien. Sulpicius Severus, der mit der Vita des hl. Martin die erste Biographie eines genuin lat. M.s schrieb, kontrastiert in den späteren »Dialogi« (404) den religiösen Heros der M.e Galliens mit den M.en Ägyptens.

Die ersten ksl. Gesetze, die sich mit M.en befassen, sind dem Mönchtum ungünstig gesonnen. Bereits Valens wendet sich 370 gegen Deserteure, die sich ihrer städt. Amtspflichten (→munus, →decurio) durch Flucht in die ägypt. Wüste entziehen (CTh XII, 1, 63). Drei Jahre später verbietet Valentinian I. den Klerikern und den 'continentes' (M.en) die ihnen von der röm. Aristokratie vorgeworfene Jagd auf reiche Erbschaften (CTh XVI, 2, 20). Eine ablehnende Haltung des röm. Stadtadels gegenüber der monast. Propaganda ist bei Hieronymus bezeugt (mönchsfeindl. Unmutsäußerungen beim Begräbnis der jungverstorbenen Asketin Blesilla, † 384; Hier., Ep. 39, 6); entsprechend beklagt →Ambrosius v. Mailand 376 die Erfolgslosigkeit seiner Werbung für das jungfräul. Leben (De virg. I, 57f.). Doch lobt er in diesem Zusammenhang (ebd., 60f.) anderseits die Entstehung einer Gemeinschaft von etwa 20 Bologneserinnen, die sich dem psalmod. Gebet der Handarbeit und einem tätigen Bekehrungsdrang geweiht haben – erster bekannter Beleg für eine monast. Frauengruppe. Zugleich unterstützte der Bf. v. Mailand in materieller wie geistiger Hinsicht ein Männerkl. vor den Toren Mailands, dem ein Priester vorstand, wie uns Augustinus berichtet (De mor. Eccl. 70; Conf. 8,15).

II. AUGUSTINUS UND SEINE ZEIT: Nach dem Zeugnis des →Augustinus hatte Rom i. J. 388 Männer- wie Frauenkl., in denen die →Fasten gehalten und zur Sicherung des Lebensunterhaltes gearbeitet wurde (De mor. Eccl. 70). Augustinus legte die Normen seiner in Thagaste 388 und in Hippo 391 gegründeten Gemeinschaften um 395 in zwei kurzen Texten fest, dem »Ordo monasterii« und dem »Praeceptum«. Diese beiden frühesten normativen Q. des abendländ. Mönchtums bilden den Kern der (später z. T. veränderten und durch Zusätze für Frauen- und Männerkl. ausgebauten) →Augustinusregel. Die Einrichtung des morgendl. Gottesdienstes und die Festlegung von Stunden für Arbeit und Lesung zeigen, daß der »Ordo« vom palästinens. und ägypt. Mönchtum beeinflußt war. Das »Praeceptum« schließt sich dem Vorbild der christl. Urgemeinde v. Jerusalem an; der Einklang der Herzen soll sich, bei Beachtung der individuellen Verschiedenheit der Bedürfnisse, in der Gütergemeinschaft ausdrücken (Apg 4, 32-55). Als Bf. v. Hippo versuchte Augustinus, bestimmten, vom Messalianismus geprägten M.en aus Karthago die Verpflichtung zur manuellen Arbeit aufzuerlegen (»De opere monachorum«). In seiner Bf.skirche forderte er von den Klerikern Güterverzicht und gemeinsames Leben, gemäß einer von ihm aus gegebenem Anlaß (unerlaubte Güterveräußerung eines seiner Priester) erteilten Weisung (Serm. 355-356).

In Spanien wurde in dieser Zeit die monast. Entwicklung durch die von →Priscillianus, dem Bf. v. Ávila, entfachte asket. Bewegung zugleich angeregt und verzögert. Die Verurteilung seiner heterodoxen Irrlehren sollte die Entstehung eines span. Mönchtums erhebl. verzögern. Schon die Gegenmaßnahmen des Konzils v. Caesaraugusta (→Zaragoza) kündigten 380 die Krise an. Gleichwohl zeigen mehrere Briefe des Bachiarius die starke Anziehungskraft des monast. Modells auf die Religiosität einiger Frauen und Kleriker. Das Reskript des Papstes Siricius an den Bf. Himerius v. Tarragona (385) belegt die Existenz von »Monasterien« für Männer und Frauen in

Spanien und gestattet den M. en den Eintritt in den Klerus, schreibt für sie zugleich aber die Beachtung der Weihefristen vor.

In Italien verdienen außerhalb des stadtröm. Bereichs zwei Persönlichkeiten als »Mönchsbischöfe« Aufmerksamkeit: in Oberitalien →Eusebius v. Vercelli (um 350), in Unteritalien →Paulinus v. Nola (ca. 410–431). Der Sarde Eusebius dürfte als Lektor in Rom den Einfluß des dort im Exil lebenden Athanasios erfahren haben; Eusebius' Konzept religiösen Gemeinschaftslebens ist zugleich vom Gedanken monast. Askese und der Treue zum Nicaenum (→Nikaia, Konzil v. 325) geprägt. Ambrosius (Ep. 63) wie auch →Maximus v. Turin (Serm. 7) gedenken mit Hochachtung der von Eusebius begründeten Gemeinschaft von Kleriker-M.en, dem ersten Beispiel einer Synthese, die sich als folgenreich erweisen sollte. Der Aquitanier Paulinus v. Nola, der sich am Grabe des hl. →Felix in Nola niederließ, wurde berühmt durch die jährl. poet. Lobpreisungen seines Hl.en (Natalicia) und wegen seines mönchsähnl. Lebens, gemeinsam mit seiner Gemahlin und einer Gruppe von Anhängern, wobei er zugleich in lebhafter Korrespondenz mit zahlreichen Freunden, v. a. Sulpicius Severus, stand.

Die Verehrung des Paulinus für den hl. Felix illustriert die enge Beziehung des Mönchtums zur Gedankenwelt des →Martyriums. Ein führender Vertreter dieser Richtung war Bf. Victricius v. Rouen, der den Märtyrerkult (»De laude Sanctorum«, um 396) mit der lebhaften Förderung von Kl. und Kirchen im ländl. Umkreis (in der Tradition des hl. Martin) verband, aber auch in seiner Bischofsstadt fromme Jungfrauen, Witwen und M.e ('continentes') um sich scharte (Paulinus v. Nola, Ep. 18 und 37). Für sie erwirkte Victricius bei Papst Innozenz I. kanon. Regelungen (404), so daß sie neben dem Klerus der civitas Anerkennung fanden.

III. Das Jahrhundert des Lérinischen Mönchtums: Im äußersten Süden Galliens gab die Gründung des Kl. →Lérins (Lerinum) durch den jungen Adligen →Honoratus den Anstoß zu einer der fruchtbarsten Epochen des frühen abendländ. Mönchtums. Das Kl. wurde um 400/410 mit Unterstützung des Bf. s v. →Fréjus, der Honoratus zum Priester weihte, errichtet und gewann schnell eine starke Ausstrahlungskraft. Der etwa ein Vierteljahrhundert später von →Hilarius v. Arles zum Gedenken des hl. Honoratus verfaßte Sermo (sog. »Vita Honorati«, 430, BHL 3975) berichtet über die Gründung von Lérins. Sie gab wohl den Anlaß zu dem zweiten normativen Text des abendländ. Mönchtums, der »Vier-Väter-Regel«, die als Weisung von drei (bzw. vier) ägypt. M.svätern (Serapion, Makarios, Paphnutios und nochmals Makarios) gehalten ist und den →Gehorsam aller gegenüber dem Vorsteher (»is qui praeest«) betont. Im Unterschied zur älteren →Augustinusregel hält die »Vier-Väter-Regel« an einer strikt vertikalen und hierarch. Struktur fest und ist zugleich besorgt um die Formierung der Neueingetretenen und die Beziehung zu den Gästen des Kl., M.en und Klerikern. Wie in den nordafrikan. Kl. beschränkt die Regel v. Lérins jedoch die spirituelle →Lesung auf drei Stunden pro Tag, die übrige Zeit soll der Handarbeit vorbehalten sein. Diese Bevorzugung der manuellen Tätigkeit war gegen den Einfluß der Messalianer gerichtet, in Befolgung der Worte des Apostels Paulus, die für das abendländ. Mönchtum bindend werden sollten: »Arbeitet mit euren Händen« und »Betet ohne Unterlaß« (1 Thess 4, 16; 5, 17).

Im Gegensatz zur Augustinusregel gibt die Regel v. Lérins keine konkreten Anweisungen für das gemeinschaftl. →Gebet, doch erhalten wir hierüber Aufschluß in den »Institutiones« des Johannes →Cassian(us), dessen zw. 420 und 430 in Marseille entstandenes Werk beherrschenden Einfluß auf das lat. Mönchtum in seiner Gesamtheit ausübte. Der mit lat. wie griech. Bildung vertraute, weitgereiste Autor und Klostergründer, der u. a. enge Beziehungen zum paläst instens.-ägypt. Mönchtum und zu →Johannes Chrysostomos geknüpft hatte, muß als wichtigster Vermittler monast. Erfahrung an das Abendland gelten. In den für ein Kl. in Apt (Provence), einer Gründung des Bf.s Castor, geschriebenen »Institutiones« beschreibt er das ägypt. und oriental. Koinobitentum und entwickelt, in Anlehnung an seinen Lehrer →Evagrios Pontikos, die Lehre von den acht Hauptsünden. In den 24 »Conlationes Patrum«, die als Gespräche mit ägypt. Eremiten gehalten sind, stehen zunächst eremit. Ideal und Praxis als überlegene Formen des Mönchslebens im Vordergrund, doch wendet sich der Autor schließlich dem Koinobitentum zu, das er im Urchristentum verwurzelt sieht (Conl. 18, 5).

Der Mythos eines apostol. Ursprungs des Koinobitentums, gestützt auf →Eusebius' und →Rufinus' Interpretation (Hist. Eccl. II, 17) des Werkes »De vita contemplativa« von →Philon, verlieh dem ägypt. Mönchtum eine vorbildl. Stellung, sah Cassian in ihm doch das Fortleben der vom Evangelisten →Markus in Alexandrien begründeten altkirchl. Tradition. Allerdings konnte Cassian seine Forderung, die sparsameren liturg. Gebräuche der ägypt. M.e (12 Psalmen des Abend- und Gottesdienstes) einzuführen, in der Provence (und insbes. in Lérins, das eine aufwendige Liturgie pflegte) nicht durchsetzen.

Im Zuge des starken Aufblühens der Gemeinschaft v. Lérins in den Jahren um 425–430 (Zunahme der Zahl der M.e, Errichtung eines zweiten Kl. auf der Nachbarinsel) wurde eine Reihe von Äbten und M.en v. Lérins zu Bf.en bestellt (Arles: Honoratus, Hilarius und →Caesarius; Lyon: →Eucherius u. a.). Eine einzigartige lit. Produktion setzte ein, deren Hauptrepräsentanten Eucherius, →Vincentius, →Salvianus und →Faustus waren. Die Nachfolge des Honoratus, die Maximus 426 antrat, war Anlaß einer Neufassung der »Vier-Väter-Regel« in Gestalt der kürzeren »Zweiten Regel der Väter«. Dieser Text, der beachtl. Einfluß gewinnen sollte, fordert für den neuen, vom Bf. eingesetzten Oberen umfassenden Gehorsam, zeigt aber auch Interesse für die Beziehungen der Brüder untereinander. Auch gibt die Zweite Regel in eher beiläufiger Weise Aufschluß über den Kranz von 'cellae', mit dem sich Lérins inzwischen umgeben hatte. Derartige, wohl von Eremiten bewohnte cellae hatten sich auch die unter Cassians Einfluß stehenden Kl. in und um Marseille geschaffen (Îles d'Hyères).

Unter dem dritten Abt v. Lérins, Faustus, brach ein Konflikt mit dem Bf. v. Fréjus aus. Ein Konzil v. Arles beendete 456 den Streit, indem es festsetzte, daß der Abt sich für die Spendung aller Sakramente an den Bf. zu wenden habe, er im übrigen aber allein über seine Laien-M.e gebiete (CCL 148, 133–134). Diese wichtige Entscheid diente den analogen Beschlüssen der Konzilien v. Karthago (525, 536) als Präzedenzfall.

IV. Mönchtum um den heiligen Benedikt: Mit der Gründung der Jurakl. Condat und Lauconne durch den hl. Romanus und seinen Bruder Lupicinus (→Juraväter) vollzog sich im Bereich des Kgr.es →Burgund seit der 1. Hälfte des 5. Jh. eine bedeutsame Neuentwicklung. Zu diesem Verband zählte auch das von einer Schwester der beiden Juraväter geleitete Frauenkl. Balma (Baume-les-Dames), das strengste →Klausur praktizierte. Der dritte der Juraväter, Eugendus († 510), führte um 500 den allg. Schlafraum

(Dormitorium) ein, der an die Stelle der inviduellen 'cellae' trat (→Kloster). Diese Neuerung, die etwa zur gleichen Zeit auch in Rom und Konstantinopel eingeführt wurde, ist Ausdruck der wohl entscheidendsten Wandlung in der Gesch. des frühen Mönchtums, wurde nun doch die private Zelle, letztes Überbleibsel des urspgl. Anachoretenlebens, zugunsten einer kompromißlosen vita communis aufgegeben.

Die bedeutende »Vita Patrum Iurensium«, die von diesen Entwicklungen berichtet, wurde von einem Anonymus für zwei Mönche des Kl. →St-Maurice d'Agaune geschrieben. Dieses Kl. war v. a. berühmt durch die vom Burgunderkg. Sigismund 515 gestiftete 'laus perennis', das ununterbrochene Gebet, das nach byz. Vorbild (→Akoimeten) entstand. Mehrere große merow. Männer- und Frauenkl. ahmten ihrerseits das Vorbild von St-Maurice nach.

Gleichsam als Gegenstücke zur Vita der Juravätter können zwei andere wertvolle Viten der Zeit gelten: Die »Vita Severini« des →Eugippius, verfaßt 511 in Neapel, schildert das bewegte Leben des prophet. M. s →Severinus; sein Biograph Eugippius gab der Kl.gemeinschaft des Severinus, die nach dem Tode des Hl.en aus Noricum nach Neapel (Castellum Lucullanum) geflohen war, um 530 eine durch die bevorzugte Rezeption der Gesetzgebung Augustins und Anleihen bei der »Regula Magistri« bedeutsame Regel (wohl identisch mit BN Paris, Ms.lat. 12634). – Die »Vita« des →Fulgentius v. Ruspe (in Nordafrika) schildert die monast. Erfahrung eines jungen Aristokraten und seinen Aufstieg zum Abt und Bf., unter den schwierigen Bedingungen vandal. Verfolgung und sard. Exils.

Unter dem (wenig bekannten) Abt Porcarius v. Lérins entstand eine kleine Lérinische Regel, zugeschrieben einem fiktiven Makarios (»Makariosregel«), die der »Zweiten Väterregel« wichtige Neuerungen (v. a. hinsichtl. der Aufnahme von Postulanten) hinzufügt. Die wohl ebenfalls in Lérins entstandene »Regula Orientalis«, basierend auf Exzerpten der »Regula Pachomii« und der »Zweiten Väterregel«, enthält einige eigenständige Ergänzungen, vom Verf. der Viten der Juraväter vielleicht einer Regel v. Lérins entnommen. Die Reihe der Lérinischen Mönchsregeln endet 535 mit der »Dritten Väterregel«, einem Werk des Konzils v. →Clermont, aufgebaut auf der »Makariosregel«.

Der große Repräsentant des gall. Mönchtums in der 1. Hälfte des 6. Jh., Caesarius v. Arles (ca. 470–542), der als M. in Lérins begann, hielt während seines Episkopates (502–542) stets auch am Mönchtum fest, erlegte seinem Klerus quasi-monast. Disziplin auf und bekümmerte sich um Männer- und Frauenkl. Für Frauen gründete er St-Jean d'Arles (unter Leitung seiner Schwester Caesaria, dann der gleichnamigen Nichte) mit 150 Religiosen, für die er die erste speziell für ein Nonnenkl. bestimmte Regel schuf (allmähl. Abfassung zw. 512 bis 534), wobei er sich zunächst an Cassian und anderen östl. Q. orientierte, dann aber an der seit 525 von ihm rezipierten Augustinusregel, schließlich brachte er auch stark originale Züge ein. Aufwendige Liturgie (eigener liturg. 'ordo' nach dem Vorbild von Lérins) und Strenge der Klausur charakterisieren die Observanz von St-Jean d'Arles. Aufgrund der ausführl. Nonnenregel verfaßte Caesarius 534–542 eine kurze Mönchsregel, für deren Ausbreitung sein Neffe, der Presbyter Teridius, sorgte. Die Nonnenregel erreichte verschiedene Gebiete Galliens, v. a. durch Kgn. →Radegunde Poitiers, durch →Donatus v. Besançon Jussa Moutier, durch →Praeiectus (Priest) Clermont. Die Vita der hl. Äbt. Rusticula († 632) bezeugt, daß die Nonnen von Arles mehr als ein Jahrhundert lang an den strengen Gewohnheiten ihrer Regel festhielten.

In Italien tritt im Umkreis von Rom, zw. 500 und 530, die sog. →»Regula Magistri« auf; ihr Name hängt zusammen mit dem Aufbau des Werks, dessen meiste Kapitel in Frage-Antwort-Form gehalten sind (analog zur Basiliusregel); auf die Fragen der Schüler folgt die Antwort des Meisters, eingeleitet gewöhnl. mit der feststehenden Rubrik »Der Herr hat geantwortet durch den Meister«. Oft befremdl. anmutend, repräsentiert der Magisterregel das fast einzigartige Bemühen, alle Fragen des monast. Lebens in kleinen Kl. minuziös zu regeln. Nach langen Einleitungen, die die Bindung der 'schola' der Kl. an die Kirche und des Mönchslebens an die Taufe betonen, folgt ein spiritueller, vom Denken Cassians geprägter Teil, dann ein institutioneller Abschnitt, der die Designation des Abtes durch seinen Vorgänger vorschreibt. Dieser in der Kirche Roms zw. 500 und 530 praktizierte Brauch bietet (neben den Angaben über die röm. geprägte Liturgie und das Samstagsfasten) einen entscheidenden Hinweis auf die Lokalisierung des Textes, der mit Sicherheit vor die zw. 530 und 560 entstandene →»Regula Benedicti« zu datieren ist.

Die Benediktusregel, die nur ein Drittel des Textes der Magisterregel umfaßt, folgt dieser in ihrem spirituellen Teil fast wörtl. und lehnt sich in den institutionellen Kapiteln mehr oder weniger eng an sie an. Im Gegensatz zu seiner Vorlage läßt →Benedikt den Abt durch die M. e des Kl. wählen, gemäß der alten Kirchendisziplin, die in Rom grundsätzl. 530–532 wiederhergestellt worden war. War die 'schola' der Magisterregel ausschließl. vertikal (Formung des M.s durch seine Oberen) ausgerichtet, so gab Benedikt dem monast. Leben eine neue Dimension, indem er die hierarch. Ordnung in die brüderl. Liebe (→Caritas) einband. Hier ist der Einfluß Augustins unverkennbar, und es drängen sich Parallelen zu der etwa ein Jahrhundert älteren »Zweiten Väterregel« von Lérins auf.

Neben den beiden großen Regeln entstanden im Italien des 6. Jh. die (oben erwähnte) Eugippiusregel, die wie die Regula Benedicti die Augustinusregel mit der Magisterregel verband, sowie die sog. »Regel der hll. Paulus und Stephanus«. Größere Bedeutung als diese kleineren Texte erlangte jedoch das Wirken von →Cassiodor und →Gregor d. Gr. Cassiodor gründete sein Kl. Vivarium, in dem er die M.e anregte, nicht nur das Studium der Hl. Schrift, sondern auch bestimmte weltl. Wissenschaften zu betreiben. Neben dem eigtl., am Ufer gelegenen Monasterium bot er mit dem Mons Castellum eine Stätte, an der einzelne M.e das Eremitenleben in Verbindung mit der vita coenobitica pflegen konnten. Gregor d. Gr. wurde durch Papst Pelagius II. nach Konstantinopel entsandt, wo er für die ihn begleitenden Brüder das Buch Hiob interpretierte; die so entstandene »Moralia in Job« wurden zu einer Summe der Spiritualität, die das Mönchtum des MA faszinierte.

V. DIE ANFÄNGE DER VERBREITUNG DER REGULA BENEDICTI: In Gallien schloß sich Bf. →Aurelianus v. Arles bei seinen Vorschriften für zwei neue Kl. (Mönchskl. und Nonnenkl.) eng an die Regeln des Caesarius an. Nach ihm bildeten die »Regula Tarnantensis« und die Regel des hl. Ferreolus v. Uzès die letzten Glieder der provençal.-arelatens. Traditionskette. Am Ende des 6. Jh. erneuerte der Ire →Columban, der das Kl. →Luxeuil gründete, das Mönchtum Galliens. Zeigt Columbans fast ausschließl. spirituell ausgerichtete »Regula monachorum« Spuren benediktin. Einflüsse, so sind in seiner disziplinar. »Regula coenobialis« mehrere Schichten faßbar, wobei sich die

Zusätze seiner unmittelbaren Nachfolger feststellen lassen. Vor der Mitte des 7.Jh. verfaßte →Jonas v. Bobbio eine Vita des hl. Columban und berichtete über Leben und Wirken von dessen Schülern, den Äbten Eustasius v. Luxeuil, Athala und Bertulf v. Bobbio, sowie der Äbt. Fara v. Eboracum (→Faremoutiers). Für Fara verfaßte Waldebert v. Luxeuil eine Regel, in der die Anleihen bei Benedikt die Züge columban. Mönchtums stark überwiegen. Diese Vorzugsstellung der »Regula Benedicti«, die sich auch bei Donatus findet, beruhte einerseits auf ihrem Ansehen als 'röm.', von Papst Gregor empfohlener Gesetzgebung, andererseits auf den ihr eigenen Qualitäten. Hatte bereits Columban sie gelesen und benutzt, so ist verständl., daß seine Schüler sie neben und vor dem Werk ihres Meisters applizierten. Im merow. Gallien bezeugen zahlreiche Gründungen des 7.Jh., die unter den doppelten Auspizien Benedikts und Columbans erfolgten, die friedliche Symbiose der beiden aus Italien und aus Irland stammenden Richtungen.

Nach der Zerstörung von →Montecassino durch die Langobarden (um 580) war wohl das Rom Gregors d. Gr. und seiner Nachfolger der wichtigste Ausgangspunkt für die früheste Verbreitung der Benediktusregel. Von Rom aus brachen 595 →Augustinus (2. A.) und die Mönche des Coelius zur Mission des ags. England auf. Doch hier vollzog sich die Durchsetzung der Benediktusregel weniger friedl. als in Gallien, bekämpften in England doch röm. und kelt. Einflüsse einander (s. a. →Osterstreit, →Whitby). Kl. wie →Jarrow und Wearmouth, gegr. vom hl. →Benedikt Biscop, und das lit. Werk →Bedas bezeugen die Vitalität des Mönchtums kontinentaler Prägung im frühma. England.

Im westgot. Spanien entstand eine Reihe von Regeln: Im Süden schuf →Leander v. Sevilla für seine Schwester Florentina eine Nonnenregel, während →Isidor v. Sevilla eine Mönchsregel verfaßte; im Nordwesten entstanden die Regel des →Fructuosus v. Braga sowie die »Regula communis«, desgleichen die kleine »Regula consensoria«, die nicht ohne Bezüge zu den für das westgot. Mönchtum kennzeichnenden »Pacta« ist.

Um 700 findet die schöpfer. Periode des frühen lat. Mönchtums ihren Abschluß. Es hat in den ersten drei Jahrhunderten seines Bestehens um die 30 'Regeln' geschaffen, ganz unterschiedl. in Dimension, Form und Gehalt; fast alle sollten ein Jahrhundert später in den »Codex regularum« →Benedikts v. Aniane eingehen.

Zur Entwicklung des Mönchtums seit der Karolingerzeit s. u. a. →Benediktiner sowie die Beiträge zu den Reformbewegungen (→Lothar. Reform, →Gorze, →Cluny, →Fruttuaria etc.) und den Orden (→Kartäuser, →Zisterzienser, →Prämonstratenser etc.), aber auch die kirchengeschichtl. Beiträge zu den einzelnen Ländern wie →Deutschland, →Frankreich, →England, →Italien, →Irland usw.

A. de Vogüé

Q. und Lit.: – Augustinusregel, →Regula Magistri, →Regula Benedicti, →Benedikt v. Aniane, →Eugippius, →Cassian(us), →Columban – DIP VII, 1420–1434; 1542–1617 – »Regula cuiusdam Patris ad uirgines« [= Regula Waldeberti, MPL 88, 1053–1070] – H. PLENKERS, Unters. zur Überlieferungsgesch. der ältesten lat. M.sregeln, 1906 – Les Règles des saints Pères, ed. A. DE VOGÜÉ, SC 297f. [dt.: M. PUZICHA, Die Regeln der Väter, 1990] – La Règle du Maître, ed. A. DE VOGÜÉ, SC 105–107 [dt.: K. S. FRANK, Die Magisterregel, 1985] – Césaire d'Arles, Œuvres monastiques, ed. A. DE VOGÜÉ–J. COUREAU, SC 345 – Pachomiana Latina, ed. A. BOON, 1932 [dt.: H. BACHT, Das Vermächtnis des Ursprungs II, 1983] – Regula Consensoria, ed. R. ARBESMANN–W. HÜMPFNER (Liber Vitasfratrum, 1943), 485–488 – C. J. BISHKO, The Date and Nature of the Spanish »Consensoria monachorum«, American Journal of Philology 59, 1948, 377–395 – Regula Pauli et Stephani, ed. J. E. VILANOVA (Scripta et Documenta 11, 1959) – San Leandro, San Isidoro, San Fructuoso. Reglas monásticas de la España visigoda, ed. J. CAMPOS RUIZ–I. ROCA MELIA (Biblioteca de autores cristianos 321, 1971) – St-Martin et son temps, StAns 46, 1961 – Théologie de la vie monastique, Théologie 49, 1961 – G. PENCO, Storia del monachesimo in Italia, I, 1961 – F. VILLEGAS, La »Regula cuiusdam Patris ad monachos«, RHS 49, 1973, 3–35, 135–144 – A. LINAGE CONDE, Los Orígenes del monachato benedictino en la Península Ibérica, 1973 – F. VILLEGAS, La »Regula monasterii Tarnantensis«, RevBén 84, 1974, 7–65 – A. SCHMIDT, Zur Komposition der M.sregel des Hl. Aurelian v. Arles, Studia Monastica 18, 1975, 237–256: 19, 1976, 17–54 – K. S. FRANK, Frühes Mönchtum im Abendland, 1975 – A. DE VOGÜÉ, La Règle de saint Benoît, VII. Commentaire doctrinal et spirituel, 1977 [dt.: 1983] – DERS, La Règle de Donat pour l'abbesse Gauthstrude, Benedictina 25, 1978, 219–313 [vgl. ebd. 27, 1980, 11, nr. 1] – S. PRICOCO, L'isola dei santi. Il cenobio di Lerino e le origini del monachesimo gallico (Filologia e critica 23, 1978) – V. DESPREZ, Règles monastiques d'Occident, IVe–VIe s., 1980 – A. DE VOGÜÉ, St. Benoît (Vie monastique 12, 1981) – Atti del 7° congr. internaz. di studi sull'alto medioevo, 1982 – V. DESPREZ, La »Regula Ferrioli«, RevMab 60, 1982, 129–148 – H. LEDOYEN, La »Regula Cassiani« ..., RevBén 94, 1984, 154–194 – A. DE VOGÜÉ, Le Maître, Eugippe et saint Benoît, RBSt 17, 1984 – DERS., Les règles monastiques anciennes (400–700) (Typologie des sources du MA occidental 46, 1985) – DERS., La »Regula Cassiani«, RevBén 95, 1985, 185–231 – Basilii Regula, ed. K. ZELZER, CSEL 86, 1986 – G. LAWLESS, Augustine of Hippo and his Monastic Rule, 1987 – F. PRINZ, Frühes Mönchtum im Frankenreich, 1988² – A. DE VOGÜÉ, St. Colomban, Règles et Pénitentiels monastiques (Vie monastique 20, 1989) – M. DUNN, Mastering Benedict; Monastic Rules and their Authors in the Early Medieval West, EHR 105, 1990, 567–594 – A. DE VOGÜÉ, Hist. littéraire du mouvement monastique dans l'Antiquité, I (356–385), 1991 – C. M. KASPER, Theologie und Askese (Beitr. zur Gesch. des alten Mönchtums und des Benediktinerordens 40, 1991) – A. DE VOGÜÉ, The Master and Benedict: A Reply to M. DUNN, EHR 107, 1992, 95–103 – M. DUNN, The Master and St. Benedict: A Rejoinder, EHR 107, 1992, 104–111 – A. DE VOGÜÉ, Les débuts de la vie monastique à Lérins, RHE 88, 1993.

Mönch v. Salzburg, bedeutendster dt. Lyriker der 2. Hälfte des 14.Jh. Er war Mitglied des prunkliebenden Hofs des Ebf.s v. Salzburg, →Pilgrim II. v. Puchheim (reg. 1365–96), der u. a. zw. Kg. Wenzel und Papst Clemens VII. Vermittlungsverhandlungen zur gegenseitigen Anerkennung führte. Der 'Hofdichter' von europ. Format widmete seinem Mäzen ein Marienlied (SPECHTLER, G 2) durch das Akrostichon PYLGREIM ERCZPISCHOF LEGAT. Zwei poet. Liebesbriefe an die in Salzburg gebliebenen Hofdamen (MAYER-RIETSCH, 30,18) sind auf 1387 und 1392 datiert, letzteres dem Ebf. in den Mund gelegt, weswegen der M. v. S. auch mit dem Ebf. gleichgesetzt worden ist (KORTH), was jedoch nicht bewiesen werden kann. Verschiedene Hinweise in der Überlieferung von über hundert Hss. (größte Überlieferung eines dt. ma. Lyrikers) nennen prominente Mitglieder des ebfl. Hofs; die Überschrift zum einzigen lat. Lied G 9 verweist auf eine Beziehung zum Lyriker Peter v. Sachs. Das umfangreiche Werk vereinigt alle Formen und Themen der spätma. Liedkunst: von den 49 geistl. Liedern sind 20 Maria gewidmet, die übrigen verteilen sich auf das Kirchenjahr, 27 sind Übertragungen lat. Hymnen und Sequenzen, neun stehen mit ihren umfangreichen stolligen Strophen zw. Sangspruchdichtung und Meistergesang. Das Weihnachtslied »Josef, lieber neve mein« ist bis heute lebendig. Die 57 weltl. Lieder zeigen die gesamte Variationsbreite der Liebeslyrik: Tageliedvarianten, Sehnsucht, Treueversicherung, Preis der Geliebten, Neujahrswünsche, Falkenjagd, Farballegorie, Brief, Schelte gegen die 'Klaffer' (böse Zungen bei Hof), Trinklieder, darunter der erste dreistimmige Kanon (Martinskanon) in dt. Sprache. Die Mondsee-Wiener Liederhs. (→Liederbücher [2]) überliefert unter seinem Namen die erste Mehrstimmigkeit der dt. Lyrik. F. V. Spechtler

Ed.: F. A. MAYER–H. RIETSCH, Die Mondsee-Wiener Liederhs. und der M. v. S., 1896 [weltl. Lieder] – Die geistl. Lieder des M. s v. S., hg. F. V. SPECHTLER, 1972 – Der M. v. S. Auswahl, hg. F. V. SPECHTLER, M. KORTH, J. HEIMRATH, 1980 – *Lit.*: Verf.-Lex.² VI, 658–670 [B. WACHINGER, Lit.] – F. V. SPECHTLER, Lyrik des ausgehenden 14. und des 15. Jh., 1984 – DERS., Ma. Liedforsch., II: Beischr. zu Liedern des M. s v. S. (Fschr. I. REIFFENSTEIN, 1988), 511–526 – B. WACHINGER, Der M. v. S., 1989.

Mönchsbeichte ist die im Zusammenhang mit den monast. Entwicklungen in der Ostkirche zu beobachtende Praxis, im Zuge der spirituellen Lebensführung das Sündenbekenntnis vor einem geistl. Leiter abzulegen. Anders als bei der →Laienbeichte sind geistl. Qualifikation und moral. Kompetenz des Gegenübers – häufig ein →Abt, aber zumeist kein Priester oder Bf. – von entscheidender Bedeutung. Auf das Bekenntnis folgt deshalb die geistl. Weisung, die konkrete Bußauflagen einschließen kann. Diese zunächst innerklösterl. Praxis griff im O und im monast. geprägten Milieu →Irlands auf die nicht im Kl. lebenden Laien über (einzelne Fälle bei →Adamnanus v. Hy, Vita Columbae 27b/28a). Während die M. im O sogar zur vorherrschenden Form der kirchl. Buße wurde, stellte die vom ir. Mönchtum ausgehende, von der monast. Buße angeregte Umgestaltung des Bußwesens im W (→Buße; →Bußbücher) die Bindung des Bußverfahrens an das kirchl. Amt nicht in Frage. Nach dem Bußbuch Columbans ebenso wie nach der frk. Instruktion »Quotienscumque« sind es die Priester, die das Sündenbekenntnis entgegennehmen und die Bußauflage sowie die Rekonziliation erteilen. Im O erkennen erst →Balsamon († nach 1195) und →Symeon v. Thessalonike († 1429) die Vollmacht zur Leitung des Bußverfahrens ausschließl. Priestern und Bf. en zu. L. Körntgen

Lit.: – Buße, C – HDG IV, 3, 1978² [Lit.] – LThK² VII, 538f. – F. VAN DE PAVERD, La pénitence dans le rite byz. (Questions liturgiques 54, 1973), 191–203.

Mönchskleidung → Ordenstracht

Mönchspfeffer (Vitex agnus -castus L./Verbenaceae). Name und Anwendung des im Mittelmeergebiet verbreiteten Strauches sind aus der Anlehnung der gr. Bezeichnung der Pflanze agnos (Dioskurides, I, 134) an das gr. hagnos (heilig, rein, keusch) entstanden. Der Gleichklang mit lat. agnus = Lamm (Isidor, Etym. XII, 1, 12), das als Symbol der Keuschheit zu lat. castus für das gr. hagnos bestens paßte, brachte im christl. MA die Namen *agnus castus* (Alphita, ed. MOWAT, 3; Constantinus Africanus, De grad., 378) bzw. *käusch lamp* (Konrad v. Megenberg IV A, 1) hervor und legte die Anwendung der Samen als Antaphrodisiakum nahe (Albertus Magnus, De veget. 6, 23f.). Überdies galt der M. als Mittel gegen Gonorrhöe, Wassersucht, Milz- und Gebärmutterleiden (Circa instans, ed. WÖLFEL, 7; Gart, Kap. 52). I. Müller

Lit.: Marzell IV, 1209–1212 – HWDA I, 651f.; IV, 1301f. – C. HOBBS, The Chaste Tree: Vitex agnus castus, Pharmacy in History, 33, 1991, 19–24.

Mönchsregel → Mönch

Mönchsweihe (benedictio, ordinatio monachi) heißt im FrühMA die liturg. Feier, in der (nach der Probezeit des sog. Noviziates) ein Kandidat des Mönchtums verbindl. seine Zusage zum monast. Stand und zur Kl. gemeinde ausspricht und die Mönchsgemeinde unter bittendem Gebet die Zugehörigkeit des neuen Mönches akzeptiert. Typ. ist die Verschränkung von rechtl. und liturg. Elementen: förml. Bekundung von seiten des Novizen, formalisiertes liturg. Gebet von seiten der Kirche. Das Ritual, dessen erster und wichtigster Zeuge die im MA normative →Regula Benedicti ist (Kap. 58), findet normalerweise innerhalb der Meßfeier, nach der Gabenoblation, statt; die rituellen Elemente sind gewöhnl.: Klärung der Willigkeit des Kandidaten in einem Frage-Antwort-Skrutinium, Verlesung der Profeßurk. und deren Niederlegung auf dem Altar durch den Kandidaten, steigernd-wiederholter Gesang von Ps 118, 116 (alternierend: Kandidat – anwesende Mönchsgemeinde), Segensgebet des Liturgen (Priester, Abt), Bekleidung mit dem Mönchsgewand, Aufnahme in die Kl. gemeinde bezeugt durch Friedensgruß. Bei den Nonnen wird eine solche Tradition schon früh mit den bes. Riten der Jungfrauen- bzw. Witwenweihe vermengt. Die tradierten Text- und Ritengefüge enthalten Elemente gall., aber auch (alt-)span. Herkunft. Die im 12. Jh. neu entstehenden Orden (Ritterorden, dann v. a. Dominikaner und Franziskaner) haben eher das Moment der (Ordens-)Profeß als Erklärung der Selbstübergabe vor dem Kl. obern (nach Art der Lehensritterschaft) herausgestellt; man spricht bei ihnen nicht mehr von M. Diese Sicht wirkt noch im MA auch auf die älteren monast. Orden ein; die M., theol. (und nicht unproblemat.) gern als »2. Taufe« charakterisiert, tritt im Verständnis zunehmend zurück. Deren Ritual wird dann auch durch Elemente des →geistl. Spiels, wie Darstellung des (myst.) Absterbens (der Welt) und des Begräbnisses, verunklart.
A. A. Häußling

Lit.: O. CASEL, Die M., JLW 5, 1925, 1–47 – H. FRANK, Unters. zur Gesch. der benediktin. Profeßliturgie im frühen MA (SMGB 63, 1951), 93–139 – J. LECLERCQ, Messes pour la profession et oblation monastiques, ALW 4, 1, 1955, 93–96 – B. FISCHER, Coram Deo = coram Christo (Kassian, Inst. 4, 36, 2)... (DERS., Die Ps als Stimme der Kirche, hg. A. HEINZ, 1982), 139–152 – R. HOMBACH–P. NOWACK, Das Kap. 58 der Regula Benedicti und die benediktin. Profeßliturgie (Itinera Domini... [Beitr. zur Gesch. des alten Mönchtums. Suppl. 5], 1988), 31–75.

Mönchtum → Mönch

Mond, das kleinere der beiden »luminaria magna« des Schöpfungsberichts (Gen 1, 16), ist der am besten sichtbare Himmelskörper. Im FrühMA boten Plinius, Martianus Capella und Macrobius den systemat. Rahmen, in dem die auffallenden Eigenschaften des M.s (M. flecken, -phasen, period. Zeiten und Einflüsse, v. a. auf die Gezeiten) interpretiert wurden. Der Umfang des M.s wurde nach →Plinius, Nat. hist. II, 8, 51f., für viel größer (→Honorius Augustodunensis [8.H.], Imago mundi I, 74) als der der Erde gehalten, während der dt. →Lucidarius (I, 85) vereinzelt M. und Erde gleichsetzt und die Sonne als doppelt so groß betrachtet. Der Radius, mit dem der M. seine Bahn rund um die Erde vollzieht, wurde auf 15625 Meilen geschätzt (Plinius, II, 19, 83; Honorius Augustod., I, 88; →Hugo Ripelin v. Straßburg [53.H.], Compend. II, 3). Die größere Erdnähe wurde als die Folge einer im Vergleich zu den anderen Himmelskörpern dichteren, durch einen größeren Anteil von Wasser und Erde charakterisierten Mischung seiner Substanz betrachtet, die sich in den verschiedenen Reflexionsgraden der M. oberfläche widerspiegelte: daher die M. flecken (→Macrobius, Comm. I, 19, 12; →Wilhelm v. Conches, Philos. II, 15, 68; De mundi const. I, 163). Erdnähe und feuchte Kälte der M. substanz (Wilhelm v. Conches, II, 15, 77; →Thomas v. Cantimpré, Lib. de nat. rerum XX, 13; dt. Lucidarius I, 93) begründeten die bes. Wirksamkeit seines Einflusses auf die ird. Welt.

Eine weitere, bes. auffallende Erscheinung war die regelmäßige Veränderung der M. gestalt in einem 28-

tägigen Zyklus. Die wiss. Erklärung der M.phasen war aus der Astronomie der Antike bekannt, man wußte Vollm.-Tafeln zu erstellen (→Beda bis 1063, →Walcher v. Malvern bis 1112). Bekannt war ebenfalls der Vorgang, der beim Zusammenkommen von M., Erde und Sonne in den M.knoten (sog. Haupt und Schwanz des Drachen) zu einer →Finsternis führte. Das Wissen über die verschiedenen period. Zeiten des M.s war für die →Osterfestberechnung (→Epakte) erforderl. und bildete ein wichtiges Objekt der →Komputistik (→Computus): selbst allg. enzyklop. Schr. (z. B. De mundi const. I, 175–178) informierten über den Unterschied zw. sider. Umlaufzeit und Lunation (28 bzw. 30 Tage), über die period. Wiederkehr des M.s zu demselben Knotenpunkt (»drakonit. Umlaufzeit in Breite«: 19 Jahre), über die große M.-Periode (»Exeligmos«: 55 Jahre) und das große Mondjahr (15000 Jahre). Ausführlichere Details über das klass. Erklärungsmodell der M.bewegung wurden im lat. MA erst mit der Übers. von Ptolemaeus' →Almagest zugängl., dessen Bücher 4–6 der Darstellung der exzentr.-epizykl. Erklärung bzw. dem Studium der M.anomalien und der Finsternisse gewidmet sind. Die Lehre des Ptolemaeus blieb bis zum Ende des MA maßgebend, und Verbesserungsversuche (z. B. von →Nāsiraddīn al-Ṭūsī) und alternative Modelle der M.bewegung (→Ibn al-Šāṭir, →Levi ben Gerson) hatten keinen Erfolg (→Astronomie). Erfolglos blieb auch →Ibn al-Haiṯams Versuch, die M.flecken auf Gesteine zurückzuführen, welche infolge ihrer geringeren Absorptionskraft weniger Licht reflektierten. Die Kenntnisnahme des Corpus Aristotelicum ergab nur isolierte Korrekturen der frühma. M.lehre, v. a. in bezug auf die M.substanz, die man fortan aus der Quinta essentia und nicht mehr aus den 4 →Elementen bestehen ließ, und auf die Deutung der M.flecken, die →Averroes (De subst. orb. 2) als Verdichtungen der himml. Materie interpretierte. Eine solche Lehre vertrat →Dante Alighieri in Conv. II, 13, 9, verwarf sie aber später (Parad. II, 58ff.), indem er die M.flecken durch die Abschwächung der Kraft und des Lichts der himml. Intelligenzen erklärte. Dante wies viele andere (→Alexander Neckam [27.A.], De nat. rerum I, 14; Eckhart, Expos. lib. Gen. 107; →Konrad v. Megenberg [47.K.], Buch von den natürl. Dingen II, 7) auf die volkstüml. Vorstellung hin, das M.bild zeige einen Verbrecher, der eine Dornenbürde trage.

Gezeiten, Menstrualzyklus und eine Reihe anderer med. und zoolog. Beobachtungen galten im ganzen MA als Beweise einer wachstumsfördernden bzw. -hemmenden Wirkung der zu- und abnehmenden M.phasen auf die wäßrigen Körperkomponenten (→Bartholomaeus Anglicus, De propr. rerum VIII, 29). Die Überzeugung, daß auf die M.einflüsse sorgfältig Rücksicht genommen werden müßte, und daß aufgrund deren Kenntnis zukunftweisende Aussagen möglich waren, wurde weder in der med. Praxis (vgl. →Galen, De diebus criticis) noch im tagtägl. Leben bezweifelt (vgl. Heinrich v. Herford, Catena III, 3, 26–59) und fand in einer umfangreichen Reihe von Bauernregeln, in der breiten Lit. der →Lunaren und im astrolog. Schrifttum ihren Niederschlag. In der →Alchemie wurde der M. mit Silber assoziiert. L. Sturlese

Q.: De mundi celestis terrestrisque constitutione, hg. C. Burnett, 1985 – Heinrich v. Herford, Catena aurea entium, hg. L. Sturlese, 1987 – Dante Alighieri, Convivio, hg. C. Vasoli, Opere minori, I.2, 1988 – Lucidarius, hg. D. Gottschall–G. Steer, 1992 – Meister Eckhart, Expositio libri Genesis, ed. L. Sturlese, 1992 – Lit.: EDant III, 732–734 – HWDA VI, 477–534 – RE XVI, 76–105 – Verf.-Lex.² V, 1054–1062 [Lunare]; VI, 674–681 [Mondwahrsagetexte] – Thorn-dike-Kibre, 1866 – G.-K. Bauer, Sternkunde und Sterndeutung der Deutschen im 9.–14. Jh., 1937 – M. Rodinson, La lune chez les Arabes et dans l'Islam (La lune, mythos et rites, 1962), 151–215 – B. Nardi, Saggi di filosofia dantesca, 1967², 3–39.

Mondbewegung → Astronomie

Mondéjar, Marqués de (Kastilien, Prov. Guadalajara), von Ferdinand d. Kath. und Kgn. Johanna 1512 an Iñigo López de →Mendoza, 2. Gf.en v. Tendilla, verliehener Titel mit Einkünften von 15000 Dukaten. Iñigo López (* um 1442, † 1515, ⌑ Granada, S. Francisco de la Alhambra), ∞ 1. Marina Lasso de Mendoza († 1477), die ihm die Herrschaft M. einbrachte, um deren Besitz er mehr als 25 Jahre prozessierte, ∞ 2. Francisca, Tochter des Juan →Pacheco (6 Söhne, 3 Töchter). Erzogen am Hofe seines Onkels, des Kard.s →Mendoza, zeichnete er sich 1482 bei der Reconquista →Granadas aus und weilte 1486–88 als Gesandter an der Kurie. Nach 1492 wirkte er als Generalgouverneur v. Granada und →Alcaide der Alhambra gemeinsam mit Ebf. Hernando de →Talavera für eine Politik des friedl. Zusammenlebens von Mauren und Christen, was seit 1499 zu Konflikten mit Kardinal →Cisneros führte. In der Krise nach dem Tode Isabellas der Kath. (1504–10) unterstützte er anders als seine Familie die Partei Ferdinands gegen die Habsburger und wurde von diesem 1506 zum Vizekg. v. Andalusien ernannt. Er gründete zwei Franziskanerkonvente in M. und Granada, war humanist. gebildet und hinterließ eine reiche Korrespondenz. U. Vones-Liebenstein

Q. und Lit.: Marqués de Mondejar, Hist. de la Casa de M., y sucesión de la Baronía de Moncada, Madrid BN, Ms. 2215 – J. Cepeda Adán, Andalucía en 1508: Un aspecto de la correspondencia del virrey Tendilla, Hispania 22, 1962, 38–80 – Ders., El Gran Tendilla, medieval y renacentista, Cuadernos de Hist. 1, 1967, 159–168 – H. Nader, The Mendoza Family in the Spanish Renaissance, 1350 to 1550, 1979.

Mondeville, Henri de → Heinrich v. Mondeville (129. Heinrich)

Mondino (Raimund) **de' Liuzzi** (Liucci, Luzzi), Anatom, * um 1275 in Bologna, † ebd. 1326, aus ursprgl. Florentiner Patrizierfamilie, studierte in Bologna Medizin unter Taddeo →Alderotti, promovierte gegen 1300 und gehörte der med. Fakultät an. Sein anatom. Unterricht (u.a. für →Guy de Chauliac prägend) setzte gezielt die Lehrsektion (→Anatomie, II) ein. Wie seine Stellungnahme zum Siebenkammerigen Uterus (→Siebenkammermodell) zeigt, setzte er sich über den Galenismus und den Einfluß der 'Salerner Anatomien' nur z.T. hinweg. Seine →'Konsilien' stehen in der Tradition Alderottis; sein Mesuë-Komm. und die Traktate über 'einfache Arzneistoffe' sowie das Medizinieren (De ponderibus, De dosibus medicinae) bekunden pharmazeut. Interesse; andere Traktate bzw. Komm. (zu →Galen und →Hippokrates) gelten nosolog. und prognost. Themen. Am berühmtesten ist seine »Anathomia« (1316), die in ihrer sechsteiligen Gliederung dem Sektionsablauf folgt. Von Zeitgenossen gefeiert, beherrschte mit seinem Lehrbuch die universitäre Anatomie bis ins 16. Jh. G. Keil

Ed.: Anatomies de M. dei Luzzi et de Guido de Vigevano, hg. E. Wickersheimer, 1926 – M. d. L., Anatomia, riprodotta di un codice bolognese del sec. XIV e volgarizzata nel sec. XV, a cura di L. Sighinolfi (Classici it. della medicina 1, 1930) – Lit.: DSB IX, 467–469 – Frühe Anatomie. Von M. bis Malpighi, hg. R. Herrlinger–F. Kudlien, 1967, 1–14, 111–116, 124 u.ö. – N. Siraisi, Taddeo Alderotti and his pupils..., 1981, 66–70 u.ö. – Der Humanismus und die oberen Fakultäten, hg. G. Keil, B. Moeller, W. Trusen (DFG, Mitt. der Komm. für Humanismusforsch. 14, 1987), 187–189 u.ö. – R. Reisert, Der siebenkammerige Uterus (Würzburger med.-hist. Forsch. 39), 1987, 54f.

Mondoñedo (Mindonium, Mondoniensis, Dumiense, Vallibriense), Kl. dann Bm. in →Galicien, das sich zw. El Ferrol und den Ufern des Eo erstreckte (Prov. La Coruña), Patrozinium San Martín. Seit der sueb. Epoche als benediktin. Mönchskonvent konstituiert, trat M. nach Mitte des 9. Jh. unter obskuren Umständen die Nachfolge des zur Kirchenprov. →Braga gehörenden Kl.bm.s →San Martín de Dumio (gegr. um 554 durch→Martin v. Braga) und der Diöz. Britonia an (Britannia; nach dem Kl. Santa María de Britonia). Berühmtester Bf. v. M. war der hl. →Rosendo (927–977), der später als lokaler Bm.sheiliger galt. Sichere Aussagen zur frühen Besitzgesch. sind wegen Dürftigkeit und späterer Verfälschung der Überlieferung kaum möglich. Lange Zeit im Schatten des bedeutenden Kl. Lorenzana, fand M. erst im 12. Jh. größeres Interesse, als sich die Kirche v. →Santiago de Compostela unter →Diego Gelmírez (unter Verschiebung der Bm.sgrenzen) einerseits wichtige Bezirke des Diözesangebietes v. M., vornehml. Archipresbyterate, einverleiben wollte, andererseits die (eigtl. zur galic. Metropole →Braga) gehörende Kirche als Suffraganbm. einer zu schaffenden Compostellaner Kirchenprov. einzugliedern gedachte. Die Suffraganzugehörigkeit M.s zugunsten von Compostela wurde erst nach jahrhundertelangen Auseinandersetzungen (→Braga; →Santiago de Compostela; →Toledo) definitiv 1394 durch das Papsttum (avignones. Obödienz) entschieden, die 1113 auf dem Konzil v. →Palencia beschlossene und 1117 von Kgn. →Urraca v. Kastilien-León angeordnete Verlegung des Sitzes nach Villamayor de Brea (das heut. M.) dagegen ohne Schwierigkeiten durchgeführt. Das Kathedralkapitel lebte nach der Augustinusregel; in Ribadeo, das für ein halbes Jahrhundert (seit 1182) Bf.ssitz war, befand sich ein Kollegiatstift. Außer dem Kl. San Salvador de Lorenzana waren die wichtigsten Konvente auf Mindunienser Gebiet die Kl. San Martín de Jubia (nachweisbar seit 890, 1113 als Priorat an →Cluny übertragen) und San Juan de Caabeiro (gegr. 1. Hälfte des 10. Jh.; 2. Hälfte des 12. Jh. umgewandelt in ein Augustinerchorherrenstift). Im 15. Jh. spielten in Stadt und Bm. die Geschlechter der Enríquez de Castro, Sarmiento und Osorio de Lemos, Gf.en v. Trastámara, die führende Rolle.

L. Vones

Lit.: DHEE III, 1716–1721 – FLÓREZ, España Sagrada, XVIII, 1764 – R. SANJURJO Y PARDO, Los obispos de M., 2 Bde, 1854 – E. SAÉZ, Notas al episcopologio minduniense del siglo X, Hispania 6, 1946, 3–79 – A. PALOMEQUE TORRES, Episcopológio de las sedes del reino de León, 1966, 349–403 – H. DE SÁ BRAVO, El monacato en Galicia, I, 1972, 293ff., 315ff., 461ff. – R. A. FLETCHER, Obispos olvidados del siglo XII de las diócesis de M. y Lugo, Cuadernos de Estudios Gallegos 28, 1973, 318–325 – DERS., The Episcopate in the Kingdom of León in the Twelfth Century, 1978, bes. 61–65 – L. VONES, Die 'Hist. Compostellana' und die Kirchenpolitik des nordwestspan. Raumes, 1070–1130, 1980, passim [Lit.] – Y. GARCÍA ORO, Galicia en los siglos XIV y XV, I, 1987, 153ff.; II, 1987, 94ff. – s. a. Lit. zu→Braga, I [P. DAVID, 1947; D. MANSILLA, Disputas…, 1955; DERS., Restauración…, 1955; DERS., Formación…, 1961].

Mondsee, Kl. OSB in Oberösterreich, (vor) 748 am N-Ufer des gleichnamigen Sees von dem Bayernhzg. →Odilo gegr., besiedelt nach der Haustradition aus →Montecassino, wahrscheinl. aber aus St. Peter in →Salzburg. Das im 8./9. Jh. führende Skriptorium brachte z. B. den Psalter v. Montpellier, das →Ingolstädter Evangeliar und die M.er lat.-ahd. Fragmente hervor, vielleicht auch den →Codex Millenarius v. Kremsmünster. Das seit 788 karol. Reichskl., das 818/819 zur reichsten Leistungsgruppe gezählt wurde, war seit 803 im Besitz Ebf.s →Hildebald v. Köln, des kgl. Erzkapellans, und seit 833/837 der Bf.e v. →Regensburg, deren Herrschaft es erst im 12. Jh. wieder lokern konnte. Bf. →Wolfgang v. Regensburg, der sich vermutl. 976/977 in M. aufhielt, öffnete das Kl. der Gorzer Reform. Unter Abt Konrad II. (1127–45) bewirkte die Siegburger Reformrichtung einen allg. Aufschwung, wenig später dürfte →Admont Hirsauer Geist vermittelt haben. 1142 verbriefte Papst Innozenz II. dem Kl. den päpstl. Schutz und die freie Abtwahl. Streitigkeiten unter den Gf.en v. →Ortenburg verwickelten M. im 13. Jh. in Auseinandersetzungen um Vogtei- und Besitzrechte zw. dem Erzstift Salzburg und den Hzg.en v. Bayern. In dieser Zeit suchte der österr. Landesfs. Přemysl Ottokar II. Einfluß auf das Kl. zu gewinnen. Dessen Besitzungen konzentrierten sich im sog. M.- und Wolfgangland, der Streubesitz erstreckte sich von Bayern bis Niederösterreich. Seit 1400 durften die Äbte die Pontifikalien gebrauchen. 1435 leitete die Melker Reform (→Melk) eine lange Blütezeit ein, in der das Kl. auch von der berühmten Wallfahrt nach St. Wolfgang profitierte. Die tüchtigen Äbte dieser Periode waren Simon Reuchlin (1420–63), der als zweiter Gründer bezeichnet wurde, Benedikt Eck (1463–99), der die 1104 geweihte roman. Kl.kirche durch einen got. Neubau ersetzte und an dessen Seite der gelehrte Prior Hieronymus de Werdea wirkte, sowie der Humanist Wolfgang Haberl (1499–1521).

S. Haider

Lit.: C. PFAFF, Scriptorium und Bibl. des Kl. M. im hohen MA (Veröff. der Komm. für Gesch. Österreichs 2, 1967) – R. ZINNHOBLER, Die Beziehungen des hl. Wolfgang zu Oberösterreich, Jb. des Oberösterr. Musealvereines 117, 1972, 14ff. – Kat. Das M.land, 1981 [Lit.] – F. REICHERT, Landesherrschaft, Adel und Vogtei, Beih. AK 23, 1985, 173f. – H. WOLFRAM, Die Geburt Mitteleuropas 1987, 153ff., 227ff. – G. RATH – E. REITER, Das älteste Traditionsbuch des Kl. M. (Forsch. zur Gesch. Oberösterreichs 16, 1989).

Mondseer Fragmente enthalten lat.-ahd. Texte: 1. Matthäus-Evangeliar, 2. Homilie von den Bestimmungen der Völker, 3. Isidor: Über den kath. Glauben gegen die Juden, 4. Bruchstücke einer Homilie, 5. Augustinus, Predigt 36. Im oberösterr. OSB Kl. →Mondsee im ersten Jahrzehnt des 9. Jh. geschrieben, daselbst um 1500 zur Anfertigung von Einbänden zerschnitten. Im 18. und 19. Jh. aus diesen abgelöst: 2 Bll. in Hannover, Niedersächs. Landesbibl., Ms. I, 20; 220 Stücke, davon 163 seit 1834 zu 38 mehr oder minder fragmentar. Bll. zusammengestellt in Wien, Österr. Nat.-Bibl. cod. 3093*. Die von zwei Händen (BISCHOFF, 21) geschriebene Hs. gehört in die Frühzeit Abt →Hildebalds († 818), der Erzkaplan Karls d. Gr. und Ebf. v. Köln war und daher wahrscheinl. für die Vorlagen der Texte und die Übertragung ins Altbairische sorgte.

K. Holter

Lit.: Verf.-Lex.² I, 296–303 [K. MATZEL] – G. A. HENCH, The Monsee Fragments, 1890 [Faks.] – C. PFAFF, Scriptorium und Bibl. des Kl. Mondsee im hohen MA, 1967, 24, 76 [Lit.] – B. BISCHOFF, Die südostdt. Schreibschulen und Bibl. in der Karolingerzeit, II, 1980, 10, 21f. [Lit.] – D. KARTSCHOKE, Gesch. der dt. Lit. im frühen MA, 1990, 23, 90f., 93, 107–111 [Lit.], 113, 257.

Mondseer Liederhandschrift → Wiener Fragmente

Moneda forera, Münzsteuer, ursprgl. in Höhe von 1 Maravedí von den →Cortes – im Kgr. León schon seit 1202 – unter Ausnahme des Adels und der Kathedralkanoniker gewährt und schließlich alle sieben Jahre erhoben. Als Gegenleistung versprach der Kg., das Münzrecht und -gewicht nicht zu verändern sowie keine Münzverschlechterung vorzunehmen. Allerdings erreichte bereits →Alfons X. der Weise, daß die m. unabhängig von allen Zusagen als Anerkennung der Kg.sherrschaft eingezogen und damit ein unveräußerl. Recht der Krone wurde. Die m. war danach von jedem nicht eximierten Abgabepflichtigen zu zahlen. Sie betrug sechs Maravedís in León, acht in Kastilien, der Extremadura und den Grenzzonen und wurde zur Deckung des nicht allein durch andere gewohnheitsrechtl. Abgaben zu bestreitenden Steueraufkommens, der *servicios extraordinarios*, verwendet.

L. Vones

Lit.: C. SÁNCHEZ-ALBORNOZ, Devaluación monetaria en León y Castilla al filo de 1200?, Estudios sobre las instituciones medievales españolas, 1965, 441–447 – J. F. O'CALLAGHAN, The Cortes and Royal Taxation During the Reign of Alfonso X, Traditio 27, 1971, 379–398 – E. S. PROCTER, Curia and Cortes in León and Castile 1072–1295, 1980, 53ff., 82ff. – M. A. LADERO QUESADA, El siglo XV en Castilia. Fuentes de renta y política fiscal, 1982 – DERS., Las transformaciones de la fiscalidad regia castellano-leonesa en la segunda mitad del siglo XIII, Hist. de la hacienda española, 1982, 319–406 – J. F. O'CALLAGHAN, The Cortes of Castile-León 1188–1350, 1989, 133ff. – L. VONES, Les »Cortes« et la centralisation de la fiscalité royale dans les couronnes de Castille et d'Aragon au bas MA, Genèse médiévale de l'Espagne moderne, 1991, 51–74 [Lit.].

Monemvasia (Μονεμβασία, Malvasia, Malmsey), Festungsstadt in Griechenland, im SO der Peloponnes, auf einem der O-Küste vorgelagerten, bis 300 m hohen, langgestreckten Felsrücken (ursprgl. Halbinsel), der durch eine etwa 130 m lange Steinbrücke als 'einzigem Zugang' (μόνε 'εμβασία) mit dem Festland nahe dem antiken Epidauros Limera verbunden ist. Laut der Chronik v. →M. und anderen Q. wohl um 582 im Zusammenhang mit der slav. Landnahme in der Peloponnes durch Griechen aus Sparta gegr., wurde M. frühzeitig Bm. und unter Ks. Michael VIII. Palaiologos († 1282) Metropolitensitz. Die ma. Siedlung erstreckte sich ursprgl. auf dem Plateau des Felsens (Oberstadt und Kastron 'Gulas', hier auch die Hauptkirche H. Sophia [ca. 1100 oder 1150]), später auch auf dessen SO-Flanke (Unterstadt); M. war von Anfang an ummauert (Mauern heute großteils ven. erneuert), im Innern hat sich der spätma. Besiedlungsplan weitgehend erhalten. Nach dem IV. Kreuzzug erst 1248/49 an die frz. Herren der Peloponnes übergeben, gelangte M. bereits nach der Schlacht v. →Pelagonia 1262 wieder an Byzanz und bildete mit →Mistra, Maina und Geraki den Kern des spätbyz. 'Despotats' v. →Morea. 1383 versuchte der byz. Gouverneur v. Morea, Theodoros I. Palaiologos, die Stadt an Venedig zu verkaufen, was die Monemvasioten, geführt von der Adelsfamilie Mamonas, verhinderten. M. kam erst 1460 unter päpstl. Kontrolle und 1463 an die Venezianer, die es 1540 an die Türken übergeben mußten. – Der nach Malvasia benannte, im MA und früher Neuzeit berühmte 'Malvasier' wurde vorzugsweise auf Kreta produziert und galt im Unterschied zum 'Muskateller' als trockener Wein.

J. Koder

Lit.: Oxford Dict. Byzantium 2, 1991, 1394f. – RE VI,1, 50f. – K. ANDREWS, Castles of the Morea, 1953, 192–210 – K. E. KALOGERAS, M., η Βενετία της Πελοποννήσου, 1956 – P. SCHREINER, Notes sur la fondation de M. en 582–583, TM 4, 1970, 471–475 – W. R. ELLIOTT, M., the 'Gibraltar' of Greece, 1971 – P. G. NIKOLOPULOS, Η αρχαιοτέρα άμεσος γραπτή μνεία της Μονεμβασίας, Lakonik. Spudai 4, 1980, 227–246 – K. M. SETTON, The Papacy and the Levant, III, 1984, 448ff. – A. und CH. KALLIGAS, Monembasia, 1985 – E. G. STIKAS, Ο ναός της Αγίας Σοφίας επί της Μονεμβασίας, Lakonik. Spudai 8, 1987, 270–376 – LJ. MAKSIMOVIĆ, The Byz. Provincial Administration under the Palaiologoi, 1988, bes. 261–266 – H. KALLIGAS, Byz. M. The Sources, 1990 – E. KARPODINE-DEMETRIADE, Kastra Peloponnesu, 1990, 110–131.

Monemvasia, Chronik v., Titel einer anonymen byz. Chronik, die zwar die Gründung der Stadt →Monemvasia behandelt, hauptsächl. jedoch der Gesch. der Peloponnes, insbes. der Metropole →Patras, gewidmet ist. Der Hauptteil des Textes entstand (nach DUJČEV) zw. 963/969 und 1018; die Überlieferungsgesch. kennt verschiedene spätere Modifikationen und Versionen des Textkernes. Ähnlichkeiten mit den Scholien von →Arethas erlauben es freilich, (mit KODER) in ihm auch den Verf. der Ch. v. M. zu vermuten. Das Werk ist eine der wichtigsten Q. zur Gesch. der slav. Besiedlung auf der Peloponnes: nach der Ch. v. M. lebten die →Avaren und Slaven seit 587 bis Anfang des 9. Jh. auf der Peloponnes. Glaubwürdigkeit, Datierung und Autorschaft der Ch. v. M. sind bis heute in der Forsch. umstritten.

M. Bibikov

Ed.: P. LEMERLE, La chronique improprement dite de M.: le contexte hist. et légendaire, RevByz 21, 1963, 5–49 – Cronaca di M., ed. I. DUJČEV, 1976 [mit it. Übers., Komm., Lit.] – *Lit.:* J. KODER, Arethas v. Kaisareia und die sog. Ch. v. Monembasia, JÖB 25, 1976, 75–80 – HUNGER, Profane Lit., I, 482 – J. KARAYANNOPULOS–G. WEISS, Q.kunde zur Gesch. von Byzanz (324–1453), 1982, 373 Nr. 271 [Lit.].

Monenergismus. Auf dem 4. ökumen. Konzil v. →Chalkedon (451) wurde die Lehre der unvermischten und ungetrennten zwei Naturen (göttl. und menschl.) in Christus als rechtgläubig entschieden. Zu den Bemühungen, in der Folgezeit eine theol. Brücke zw. Dyo- und Monophysiten zu schlagen, gehörte der Vorschlag der Annahme *Einer gottmenschl. Wirkung* (Monenergeia) oder *Eines gottmenschl. Willens* (Monothelema). Beides ging vom bibl. Jesus aus. Der Versuch scheiterte an der begriffl. Unklarheit, weiter am Desinteresse der →Monophysiten an der Kommunikation, schließlich an der zunehmenden Politisierung des Problems. Der Streit führte zu ernsthafter Entzweiung zw. der röm. und der byz. Kirche und bestimmte die byz. Innenpolitik im 7. Jh.

Bereits im 6. Jh. erwogen einzelne ö. Theologen Probleme der *Einen Wirkung*. Die erste Phase der Verwendung dieser Idee als theol.-polit. Mittel zur Rückgewinnung der monophysit. Kirchen reichte von 616 bis 638. Sie ist mit den Namen der Patriarchen →Sergios v. Konstantinopel, des Patriarchen Kyros v. Alexandreia, des Ks.s Herakleios, des Papstes Honorius I., des Patriarchen →Sophronios v. Jerusalem verbunden. 638 erließ Ks. Herakleios einen Erlaß (Ekthesis), der die Diskussion über die Wirkungen untersagte, dagegen die Formel des *Einen Willens* ins Spiel brachte. Die nächste Etappe, in der bes. →Maximos Homologetes und der Patriarch Pyrrhos v. Konstantinopel hervortraten, wurde 648 durch ein Reskript des Ks.s Konstans II. beendet, das den Streit sowohl über Energien als auch Willen bei hohen Strafen verbot. Die folgende Etappe war von polit. Machtkämpfen zw. Byzanz und dem röm. Stuhl bestimmt. Die sog. Lateransynode v. 649 ist eine Fiktion, ihre Akten sind eine publizist. Waffe gegen den →Monotheletismus. Die Etappe endete mit der Verurteilung des Papstes Martin I., des Maximos und seiner Schüler wegen Hochverrats. Sie starben im Exil (Martin I. 655, Maximos und Anastasios Monachos 662, Anastasios Apokrisiarios 666). Ks. Konstantin IV. (668–685) beendete die Politik der Konfrontation mit Rom. Schließlich verurteilte das 6. ökumen. Konzil v. →Konstantinopel (680/681) M. und Monotheletismus und anathematisierte die Patriarchen v. Konstantinopel Sergios, Pyrrhos, Paulos, Petros – ein schwerer Reputationsverlust Konstantinopels –, Kyros v. Alexandreia, Theodoros v. Pharan und Papst Honorios I. – diesen gegen den Protest Roms. Zu einer kurzen Wiederbelebung des Monotheletismus in Byzanz kam es unter der Regierung des Ks.s Philippikos (711–713), des Armeniers Bardanes.

F. Winkelmann

Q.: ACO Ser. II, Vol. I; Vol. II, Pars I – *Lit.:* CPG IV, 167–172 – P. SHERWOOD, An Annotated Date-list of the Works of Maximus the Confessor, 1952 – W. ELERT, Der Ausgang der altkirchl. Christologie, 1957, 203–212 – P. CONTE, Chiesa e primato nelle lettere dei papi del secolo VII, 1971 – F. X. MURPHY–P. SHERWOOD, Constantinople II et III, 1974, 131–260 – G. KREUZER, Die Honoriusfrage im MA und in der NZ, 1975 – M. L. GATT, Massimo Confessore, 1987 – F. WINKELMANN,

Die Q. zur Erforsch. des monenerget.-monothelet. Streits, Klio 69, 1987, 583–627.

Monenna, hl. (auch: Darerca 'Tochter des Erc'; Doppelung des Namens ungeklärt), † 517, Gründerin des bedeutenden ir. Nonnenkl. Cell Slébe Cuilinn (Killeevy, Gft. Armagh), das bis 923 (Zerstörung durch Wikinger) blühte. Lag das Kl. im Gebiet der Conaille Murthemni (südl. Down, nördl. Louth) und stellte diese Volksgruppe spätere Äbtissinnen, so wird in einigen Q. Abkunft der hl. M. aus der vornehmen Königssippe der Uí Echach Cobo, des führenden Zweiges der →Dál nAraidi, behauptet; diese kontrollierten die Conaille Murthemni. Vielleicht ist aber die Verehrung der hl. M. eher als Beispiel unterworfener Bevölkerung durch die Oberherren zu werten. Aufgrund einer Verwechslung der M. mit der engl. Nonne Modwena, der Schutzpatronin v. →Burton-on-Trent, verbreitete sich die Verehrung M.s im 11. Jh. in England; dies führte zur Erhaltung alten Quellenmaterials über M. und Killeevy. Die Vita des Conchubranus (11. Jh.) beruht auf frühen Q.; einige Hss. überliefern eine wertvolle Liste der frühen Äbtissinnen v. Killeevy. D. Ó Cróinín

Lit.: J. F. Kenney, Sources for the Early Hist. of Ireland, 1929, 366–371 – R. Sharpe–M. Lapidge, Bibliogr. of Celtic-Latin Lit. 400–1200, 1985, 87.

Moner, Francesc, * 1462 Perpignan, † 1491 Barcelona, diente bis 1479 als Page am Hof Kg. Johanns II. v. Aragón und Navarra. Danach stand er in Adelsdiensten sowohl in Frankreich (bis 1481) als auch in Katalonien und nahm um 1482 am Feldzug zur Rückeroberung von Granada teil. Nach einer unglückl. Liebesaffäre wurde er Franziskaner in Lérida. M. schrieb Gedichte und Prosa in katal. und kast. Sprache. »L'ànima d'Oliver« fingiert ein visionäres Gespräch mit der abgeschiedenen Seele des Dichters Francesc Oliver, der sich aus Liebeskummer das Leben nahm. Einige der kast. Gedichte setzen die Liebeskasuistik in allegor. Form um. Die Prosakomposition »La Noche« erklärt das menschl. Leben im Bild eines Schlosses. Die kurzen *letrillas* folgen dem Beispiel Juan del →Encinas. D. Briesemeister

Ed.: Faks. der Ausg. 1528, 1951 – Obres catalanes, 1970.

Moneta v. Cremona OP, * in Cremona, † um 1260 in Bologna. M. studierte in Bologna und wurde an der dortigen Univ. magister. 1220 trat er in den Dominikanerorden ein, lehrte im Ordensstudium in Bologna Theologie und wurde danach Inquisitor in der Lombardei. Er erwarb eine umfassende Kenntnis häret. Lehren, die er später in seinem Werk »Adversus Catharos et Valdenses libri quinque« (verfaßt um 1241) verwertete. Die Hauptcharakteristik des Traktats ist die Fülle der verwendeten Quellen: außer auf die eigene Erfahrung als Inquisitor griff M. auch auf die Werke der Häresiarchen zurück und widerlegte ihre Thesen mit seinem reichen theol. Wissen. In seinem Werk nimmt die Häresie der Katharer eine wichtigere Stelle ein als die Lehre der Waldenser, wobei M. überzeugt ist, daß es sich bei der kathar. Häresie »eher um ein ausgebildetes Lehrsystem handelt als um Manifestationen eines intensiv gelebten Glaubens« (Manselli). Die ed. pr. seines Werkes stammt aus dem Jahre 1743. E. Pásztor

Lit.: A. Borst, Die Katharer, 1953 – G. Schmitz-Valckenberg, Grundlehren kathar. Sekten des 13. Jh. Eine theol. Unters. mit bes. Berücksichtigung von »Adversus Catharos et Valdenses« des M. v. C., 1971 – R. Manselli, L'eresia del male, 1980².

Monetagium, alle drei Jahre anfallende Steuer, seit 1080 in der Normandie nachweisbar, später auch in anderen frz. Regionen, zahlbar z. T. als →Herdsteuer an den Münzherren als Vergütung für dessen Verzicht auf die period. Münzverrufung und Münzverschlechterung (→Münze). Das M. wurde von Kg. Wilhelm I. auch in England eingeführt, von Heinrich I. jedoch wieder abgeschafft. P. Berghaus

Lit.: G. C. Brooke, M., Numismatic Chronicle, 1912, 98–106 – A. Luschin v. Ebengreuth, Allg. Münzkunde und Geldgesch. des MA und der neueren Zeit, 1926², 259, 270 – F. v. Schroetter, Wb. der Münzkunde, 1930, 442.

Monetarius → Münze

Monferrato → Mon(t)ferrat

Mongolen

I. Geschichte – II. Institutionen und Sozialgefüge – III. Beziehungen zum Westen.

I. Geschichte: Zentralasiat. Volk, das mit →Türken und Tungusen zur altaischen Sprachfamilie gehört. Als selbständiger polit. Verband (*ulus*), in den auch türk. Ethnien einbezogen waren, treten die *Monggol* seit Ende des 11. Jh. im NO der heut. Mongol. Republik in Erscheinung. Nach dem Niedergang des ersten M.reiches, der bis etwa 1150 aufgrund von Rivalitäten zw. führenden Clans der Borjigid und der Tayiči'ut eingetreten war, einigte Temüjin ('Schmied'), der selbst den Borjigid angehörte, 1195–1206 gewaltsam die zerstrittenen Gruppen und wurde 1206 auf einer Reichsversammlung als Činggis Khan (→Dschingis Chān) auf den Thron gehoben. Seit 1206 kommt in Titulatur und Herrschaftssymbolik des neuen Großkhans ein gesteigertes Machtbewußtsein zum Ausdruck, das sich auf göttl. Sendung beruft. 1206–09 leitete Činggis Khan mit der Einführung des Dezimalsystems in die Heeresverfassung die Auflösung der vorhandenen Gentilverbände ein, ersetzte die alte Clan-Aristokratie durch eine ihm persönl. ergebene und hierarch. gegliederte, aber sozial durchlässige Führungselite und schuf so ein schlagkräftiges Heer, das hohe Mobilität mit disziplinierter Manövrierfähigkeit verband. Bei der Neuordnung des Heeres vermittelten Überläufer aus den Völkern der Khitan und Uiguren, später auch Chinesen und Muslime den M. neue Waffen- und Belagerungstechniken und das für die Verwaltung des Reiches unentbehrl. Schrift- und Kanzleiwesen. Seit 1213 stellten sie eigene Truppenverbände (»Schwarze Armee«, →Tataren), die das Gros der mongol. Armee bildeten und nicht selten – etwa bei der Eroberung→Chinas – eine entscheidende militär. Rolle spielten. Gestützt auf diese autokrat. regierte und militär. festgefügte Gesellschaft konnte Činggis Khan seine Eroberungszüge über den Herrschaftsbereich der Steppenvölker hinaustragen. 1206 hatte sich das den M. kulturell überlegene türk. Volk der Uiguren angeschlossen. 1211–34 wurde Nordchina erobert. Ein Krieg gegen das islam. Großreich des Ḫwārezmšāh brachte 1217–22 das westl. Zentralasien und Nordpersien unter mongol. Herrschaft. 1223 erlag ein russ.-kuman. Aufgebot an der →Kalka mongol. Vorausabteilungen. Doch setzte erst nach dem Tode Činggis Khans (1227) erfolgte Zerschlagung des nordchines. Chin-Reiches Kräfte für einen umfassenden Westfeldzug (1237–42) frei, in dessen Verlauf der Činggis Khan-Enkel →Batū und dessen Heerführer Sübe'etei 1237 die →Wolgabulgaren und →Kumanen niederwarfen und bis 1240 alle russ. Fsm.er mit Ausnahme Novgorods eroberten. Die sich anschließenden, zeitl. und räuml. aufeinander abgestimmten Operationen in Ungarn und Polen führten zu den Niederlagen des Piastenherzogs →Heinrich des Frommen (69. H.) bei →Liegnitz (9. April 1241) und des ung. Kg.s →Béla IV. bei Mohi (11. April 1241). Erst der Tod des Großkhans Ögödei

(11. Dez. 1241) veranlaßte die M. zum Abzug aus Ungarn und Polen. Rußland verblieb hingegen unter M.herrschaft, die allerdings nur mittelbar ausgeübt wurde (Tribute, Heeresfolge). Seit Gfs. →Alexander Nevskij reisten die russ. Fs. en nach →Saraj oder Qara Qorum (→Karakorum), um sich von den mongol. Khanen durch Gnadenbriefe (→Jarlyk) in ihrem Amt bestätigen zu lassen. Unter den Großkhanen Möngke (1251–59) und Qubilai (1260–94) erreichte das mongol. Weltreich die größte Machtentfaltung. 1257/58 eroberte Hülegü das Kalifat der →Abbasiden. 1276 wurde das südchines. Sung-Reich unterworfen.

Die mongol. Eroberungskriege hatten für die unterjochten Völker z. T. katastrophale Folgen, da deren Widerstand mit planmäßigem Terror gebrochen wurde. Blühende Städte wurden entvölkert, ganze Landstriche verödet und fruchtbare Anbaugebiete in Weideland verwandelt. Allein in →Ungarn fiel dem M.sturm etwa die Hälfte der Bevölkerung zum Opfer. Bei freiwilligem Anschluß der Gegner oder nach vollendeter Unterwerfung konnte indes eine dauerhafte Friedensordnung (Pax Mongolica) in Kraft treten, die Rechtssicherheit gewährleistete und den unbehinderten Austausch von Waren, Personen und Ideen dank eines weitgespannten Post- und Kurierdienstes zw. den Kulturen Europas, Zentralasiens und des Fernen Ostens ermöglichte. Dem diente auch die religiöse Toleranz der mongol. Herrscher, die freilich nur unter der Prämisse gewährt wurde, daß die Geistl. der verschiedenen Bekenntnisse für das Wohl der Dynastie zu beten hatten. Der Höhepunkt der Machtentfaltung des mongol. Weltreiches um 1260 war zugleich der Beginn von dessen Niedergang. Der Zerfall in die vier Teilreiche (ulus) der Khanate China, Čaɣatai, Qipčaq (→Goldene Horde) und des Īlchānats war auf das Fehlen eines eindeutig geregelten Thronfolgerechts und die Rivalitäten unter den Činggisiden zurückzuführen, hatte seine tieferen Ursachen v. a. in der Tatsache, daß die Eroberer in die ökonom. und kulturelle Abhängigkeit der unterworfenen Kulturvölker gerieten und deren Assimilationsdruck nicht standzuhalten vermochten. Die Nachkommen Činggis Khans hielten sich in Persien bis 1356 und als Khane der →Goldenen Horde bis 1502. Die mongol. Yüan-Dynastie wurde aus China 1368 vertrieben.

II. INSTITUTIONEN UND SOZIALGEFÜGE: Die mongol. Gesellschaft setzte sich im 13. Jh. aus ethn. und kulturell sehr heterogenen Elementen zusammen. Ihr gehörten neben mongol. Kernverbänden auch ursprgl. türk. Ethnien (Naiman, Kereit u. a.) an. Völlig verschieden waren die bei ihnen üblichen Wirtschaftsformen. Bereits die vermutl. um 1240 verfaßte »Geheime Geschichte« der M. unterscheidet zw. dem »Volk der Filzzelte« (isɣai tu'urgatan), d. h. den Hirtennomaden und den »Waldleuten« (oyin irgen) Cis- und Transbaikaliens, die von Jagd und Fischfang lebten. Das Hirtennomadentum bildete aber schon im 13. Jh. die dominierende Wirtschaftsform, die auf einer extensiven Viehhaltung beruhte. Gehalten wurden fünf Tierarten (Pferde, Kamele, Rinder, Schafe, Ziegen), mit denen die aus kleineren Familiengruppen bestehenden Jurtenlager (ayil) in ihren Weidegebieten (nutuɣ) jahreszeitl. bedingte regelmäßige Wanderungen unternahmen. Daneben betrieb man als Subsistenzwirtschaft Landbau (Hirse, Gerste, Weizen). Der Bedarf an Luxus- und Verbrauchsgütern (Getreide, Tee, Waffen, Seidenstoffe, Edelmetalle u. a.) wurde durch Handel mit seßhaften Nachbarn und durch deren Tributzahlungen, in unsicheren Zeiten auch durch Raubzüge gedeckt. Die mongol. Gesellschaft gliederte sich in etwa achtzig patrilineare und exogame Clans (yasun 'Knochen'), die zugleich Abstammungs- und Kultgemeinschaften, aber auch polit. Einheiten bildeten und sich bisweilen zu Clan-Föderationen zusammenschlossen. An die Spitze einer solchen Liga trat im Kriegsfall ein von einer Ratsversammlung (qurilta) gewählter Khan, dessen Eignung weniger durch seine Abstammung als durch sein persönl. Charisma (qutuɣ) bestimmt wurde, das er sich als Führer einer Gefolgschaft (nöküd) erworben hatte. Als Reiternomaden wiesen die M. wie andere zentralsiat. Wanderhirtenvölker alle Merkmale des »steppennomad. Kultursyndroms« auf, da »gleiche ökolog. Bedingungen, wie sie die halbariden Steppenzonen bieten, zu gleichen ökolog. Formen und ergolog. Lösungen führen« (W. HEISSIG). Zu den z. T. bis in vorchr. Zeit zurückreichenden stereotypen Komponenten dieser Hirtenkulturen gehörten die Herdentierzucht, die Nomadenkleidung, das Rundzelt (Jurte, ger) und die Bewaffnung (Reflexbogen, Pfeile, Säbel, Fangschlinge). Das religiös-geistige Leben war bestimmt durch den Glauben an einen höchsten Schöpfergott, den »Ewigen blauen Himmel« (Köke möngke tngri) und durch den →Schamanismus. Zu den bestimmenden Merkmalen der mongol. Religion gehörten der Ahnenkult, die Verehrung von Bergen und Höhen und Opfer zu Ehren der die Feldzeichen (tuɣ) belebenden Geister, der sülde. Obwohl der Schamanismus bis ins 16. Jh. im Volksglauben vorherrschte, fanden Hochreligionen früh auch in synkretist. Form Aufnahme. Seit Beginn des 11. Jh. verbreitete sich bei einigen Stämmen (Kereit, Naiman u. a.) das nestorian. Christentum (→Nestorios), zu dem sich im 13. Jh. auch Mitglieder der Familie Činggis Khans bekannten. Im 13. Jh. kamen die M. in Berührung mit dem Lamaismus, der sich aber erst im 16. Jh. allgemein durchsetzte. Der Islam errang in der →Goldenen Horde unter Berke (1257–66) und im Īlchānat (→Īlchāne) seit Gazan (1295–1304) die endgültige Vorherrschaft.

III. BEZIEHUNGEN ZUM WESTEN: Erste Nachrichten über die Eroberungszüge Činggis Khans erreichten den W im Frühjahr 1221, als sich im Kreuzfahrerlager vor →Damietta das Gerücht verbreitete, ein König David, Nachfolger des Priesterkönigs →Johannes Presbyter, habe Persien erobert und nahe zur Befreiung Jerusalems. Der Vorstoß der M. in den Kaukasus und die Schlacht an der Kalka fanden im Westen ebenfalls Beachtung, gerieten aber nach deren Rückzug bald in Vergessenheit. Erst 1237 meldeten ung. Dominikaner einen erneut bevorstehenden Angriff der M. Sie brachten ein Sendschreiben des Großkhans Ögödäi mit, das Ks. Friedrich II. und Kg. Béla IV. v. Ungarn zur Unterwerfung aufforderte. Der mongol. Westfeldzug von 1237–42 löste zwar allgemein Schrecken und Verwirrung aus, doch fanden ein Kreuzzugsaufruf Papst Gregors IX. und ein Appell Friedrichs II. nur mäßigen Widerhall, da die Auseinandersetzungen zw. Kaiser- und Papsttum anhielten. Unterdessen leitete Innozenz IV. in der päpstl. M.politik eine Wende ein. Mit Billigung des 1245 einberufenen I. Konzils v. →Lyon richtete er vier Gesandtschaften (Laurentius v. Portugal, →Johannes v. Plano Carpini [157. J.], Ascelin, Andreas v. Longjumeau) an die M. mit der Aufforderung, alle weiteren Angriffe einzustellen und sich taufen zu lassen. Zugleich wurden die Gesandten beauftragt, das Heerwesen der M. und deren künftige Zielsetzungen zu erkunden. Zwar bereicherten die Berichte der Gesandten, die weite Verbreitung fanden, die Kenntnisse der abendländ. Welt über die M. beträchtl., doch blieben die polit. Erwartungen der Kurie unerfüllt. Der neugewählte Großkhan Güyük (1246–48) forderte vielmehr die päpstl. Unterwerfung und erhob seinen eigenen Anspruch auf Weltherrschaft. Erst ein Bündnisangebot des mongol. Statthalters Eljigidei an Kg. Ludwig IX. d. Hl. v. Frankreich weckte neue Hoffnungen, so daß der Kg. 1253 den Papst aufforderte, Missionsbm. er bei den M. zu errichten. Ludwig entsandte gleichzeitig den fläm. Franziskaner →Wilhelm v. Rubruk nach Qara Qorum, der von seiner Reise den bislang ausführlichsten Bericht über die M., aber auch die Erkenntnis mitbrachte, daß die Vorstellungen von einem christl. M. reich im O nicht zutrafen. Für eine künftige Allianz mit den M. wurde daher aus päpstl. Sicht deren Übertritt zum Christentum zur unabdingbaren Voraussetzung, zumal dringende Hilferufe aus Ungarn und Polen eintrafen, die von erneuten Einfällen der M. in Osteuropa (1255/56 und 1259) berichteten. Die Eroberung des Abbasidenkalifats durch Hülegü 1258 und dessen Vordringen nach Syrien riefen im W eher Verwirrung hervor. Erst der Sieg der →Mamlūken an der →Goliathsquelle am 3. Sept. 1260 über die M. ließ eine Annäherung zw. Kurie und den Īlchānen geboten erscheinen.

Die Īlchāne Hülegü (1256–65), Abaqa (1265–82) und Arġūn (1284–91) gaben nach dem Zerfall des Gesamtreiches den Anspruch auf Weltherrschaft auf und nahmen im Innern eine betont christenfreundl. Haltung ein. Sie suchten dem Zweifrontenkrieg gegen die Goldene Horde und die Mamlūken auch dadurch zu begegnen, daß sie Verbindungen zu den chr. Mächten aufnahmen. Obwohl 1262–91 acht Gesandtschaften im W eintrafen, kam ein Bündnis nicht zustande, da die Päpste auch weiterhin auf der vorherigen Taufe der Īlchāne beharrten. Weit erfolgreicher waren die Versuche der Kurie, Kontakte mit den in Khanbaliq (China) residierenden Großkhanen zu knüpfen. Schon 1275 hatten die Venezianer Niccolò, Matteo und Marco →Polo – von den chin. Q. aber nicht bestätigte – Verbindungen zum Großkhan Qubilai aufgenommen. 1294 gelang es dem päpstl. Legaten und ersten lat. Ebf. v. Khanbaliq, →Johannes de Monte Corvino (147.J.), mit Zustimmung des Großkhans eine rege Missionstätigkeit zu entfalten. Eine letzte päpstl. Legation unter Leitung von Giovanni da →Marignolli OFM weilte 1342–45 am Hofe des Großkhans Toyon Temür (1333–68). Hatte Marignolli 1352 über ein blühendes kirchl. Leben in den neugegr. Ebm. ern Sarai (Khanat Qipčaq), Sultāniyah (Īlchānat) und Khanbaliq berichten können, so brachen nach dem Sturz der mongol. Yüan-Dynastie in China alle Verbindungen des W.s zu den chr. Gemeinden Zentralasiens und Chinas ab. H. Göckenjan

Lit.: C. D'Ohsson, Hist. des M., I–IV, 1852 – G. Strakosch-Grassmann, Der Einfall der M. in Mitteleuropa in den Jahren 1241–42, 1893 – E. Bretschneider, Mediaeval Researches, I–II, 1910 [Neudr. 1967] – P. Pelliot, Les M. et la papauté, ROC 3.Ser., 1922/23, 3–30; 4, 1924, 225–333; 8, 1932, 3–84 – Sinica Franciscana, hg. A. v. d. Wyngaert, I–II, 1929 – G. Soranzo, Il papato, l'Europa cristiana e i Tartari, 1930 – Rasid ad-Din, Sbornik letopisej, I–III, hg. L. A. Chetagurov u. a., 1946–60 – Die Geheime Gesch. der M., hg. E. Haenisch, 1948 – B. J. Vladimircov, Le régime social des M., 1948 – P. Pelliot, Notes sur l'hist. de la Horde d'Or, 1949 – P. Pelliot-L. Hambis, Hist. des campagnes de Gengis Khan, 1951 – G. Vernadsky, The M. and Russia, 1953 – H. Dörrie, Drei Texte zur Gesch. der Ungarn und M., NAG I, Phil.-hist. Kl. 6, 1956 – Juvaini, The Hist. of the World-Conqueror, hg. J. A. Boyle, I–II, 1958 – M. de Ferdinandy, Tschingis Khan, 1958 – G. Labuda, Wojna z Tatarami w roku 1241, PrzgHist 50, 1959, 189–224 – P. Pelliot, Notes on Marco Polo, I–III, 1959–73 – B. Spuler, Die Goldene Horde, 1965² – Ders., Gesch. der M., 1968 – K. Lech, Das Mongol. Weltreich, 1968 – B. Spuler, Die M. im Iran, 1968³ – R. Grousset, Die Steppenvölker, 1970 – I. de Rachewiltz, Papal Envoys to the Great Khans 1971 – J. J. Saunders, The Hist. of the Mongol Conquests, 1971 – G. A. Bezzola, Die M. in abendländ. Sicht, 1974 – J. Richard, Orient et Occident au MA, 1976 – W. Bartold, Turkestan down to the Mongol Invasion, 1977 – G. A. Bezzola, La Papauté et les missions d'Orient au MA, 1977 – J. A. Boyle, The Mongol World Empire 1206–1370, 1977 – D. Sinor, Inner Asia and its Contacts with Medieval Europe, 1977 – Tataro-Mongoly v Azii i Evrope, 1977² – H. Franke, From Tribal Chieftain to Universal Emperor and God, SBA.PPH 2, 1978 – S. Jagchid–P. Hyer, Mongolia's Culture and Society, 1979 – C. Dawson, The Mission to Asia, 1980 – B. Limper, Die M. und die chr. Völker des Kaukasus [Diss. Köln 1980] – L. L. Viktorova, Mongoly, 1980 – G. Györffy-J. Szűcs, A tatárjárás emlékezete, 1981 – K. E. Lupprian, Die Beziehungen der Päpste zu islam. und mongol. Herrschern im 13. Jh., 1981 – W. Heissig, Ethn. Gruppenbildung in Zentralasien, Abh. der Rhein.-Westf. Akad. der Wiss. 72, 1982, 29–55 – P. Ratchnevsky, Cinggis-Khan, 1983 – J. Richard, Croisés, missionaires et voyageurs, 1983 – Moravcsik, Byzturc, I–II, 1983³ – H. Göckenjan–J. R. Sweeney, Der M. sturm. Berichte von Augenzeugen und Zeitgenossen 1235–50, 1985 – D. Morgan, The M., 1986 – Die M., hg. M. Weiers, 1986 – Th. T. Allsen, Mongol Imperialism, 1987 – Die M. und ihr Weltreich, hg. A. Eggebrecht, 1989 – Die M., hg. W. Heissig–C. C. Müller, 1989 – Walstatt 1241, hg. U. Schmilewski, 1991.

Moniage, Guillaume → Wilhelmsepen

Moniage, Rainoart → Wilhelmsepen

Monika, hl. (Fest 27. Aug., früher 4. Mai), Mutter des hl. →Augustinus v. Hippo, * um 332 in Nordafrika, † 387 in Ostia bei Rom, aus einer christl. Familie, ∞ Patricius, ein Mitglied des Rates des Municipiums Tagaste, der bis kurz vor seinem Tod (370/371) Heide blieb; Kinder: Augustinus, Navigius und eine Tochter. Der Lebenswandel des Augustinus (seit 370 in Karthago) und seine Hinwendung zum Manichäismus bereiteten M. große Sorgen. 385 fuhr sie zu ihrem Sohn nach Mailand und war bei seiner Taufe durch Ambrosius (Osternacht 387) anwesend. Im Herbst des gleichen Jahres starb sie auf ihrer Heimreise nach Afrika in Ostia und wurde dort begraben. Die ersten Spuren ihre Kultes stehen in Verbindung mit der angebl. Übertragung ihrer Reliquien nach Arrouaise i.J. 1162. Nach örtl. Tradition blieben M.s Reliquien in Ostia, bis sie unter Martin V. 1430 nach Rom (S. Agostino) überführt wurden. F. Scorza Barcellona

Q.: Aug., Conf. IX, 8.17–13.37; Ep. 36, 14.32; Contra Acad. II, 5.13, De ord. I, 11.31; II, 1.1; 7.21; De beata vita, passim; vgl. BHL 5999–6004; AA. SS. Mai I, 473–492 – *Lit.:* Augustinus Lex. I, 519–534 – Bibl. SS IX, 548–558 – Catholicisme IX, 556–567 – DACL XI, 2232–2256 – Diz. Patr. e di Antichità Crist. 2288 f. – LCI VIII, 22 f. – RE Suppl. VI, 520–529 – A. Mandouze, Prosopogr. de l'Afrique chrét. (303–533), 1982, 758–762 – F. Vattioni, L'etimologia di M., AugR 22, 1982, 583 f.

Monile, gr. μόννος, ahd. *menni*, am Hals getragenes Geschmeide, auch als Totenbeigabe. Seit röm. Zeit nur von Frauen getragen, im Unterschied zum 'torques' des Mannes. Anhänger des M. (Edelstein, Kristall, →Lunula), oft mit Amulettcharakter, wurden im chr. Bereich zunächst abgelehnt, in Byzanz durch Kreuz ersetzt, in apotropäischer Funktion manchmal Tieren beigegeben. Halsschmuck ('gylden sigle' [Beda, Hist. eccl. 4,19], 'hêlag halsmeni' [Heliand, 1722]) verleiht Würde und mag. Kraft. Für das Grab Childerichs I. († 482) erschlossen, vielfach erwähnt, so von Abt Suger (De reb. in admin. sua gestis, 32) als merow. Weihgaben für St-Denis, für die Frauen am Hofe Karls d. Gr. oder für Isabella, Braut Friedrichs II. (1235), stellen 'm.ia imperialia' (so schon Gregor v. Tours, Hist. Franc. V, 34) ein wesentl. Element fsl. Zierarts dar. Dies gilt auch im übertragenen Sinne, z. B. für die 'immensis m.ibus' glänzende Himmelstadt (Diehl, Inscriptiones, 98c). Über Aussehen und Beschaffenheit des ma. M. unterrichten erhaltene Stücke wie die aus dem 'Hort der (dt.) Ksn.en', ferner künstler. Darstellungen des frühen MA, bes. charakterist. das 'Hemd der

Kgn. →Balthild' in Chelles. Das späte MA kennt auch wieder die Halskette für Männer. V. H. Elbern

Lit.: KL. PAULY III, 1410f. – RE XXXI, 120ff. – J. v. SCHLOSSER, Schriftq. zur karol. Kunst, 1892, Nr. 91, 590–Ma. Schatzverzeichnisse I, 1967 – E. KNÖGEL, Schriftq. zur Kunstgesch. der Merowingerzeit, 1936 – S. PFEILSTÜCKER, Spätantikes und germ. Kunstgut in der frühags. Kunst, 1936, 160ff. – K. HAUCK, Halsring und Ahnenstab als herrscherl. Würdezeichen (Herrschaftszeichen und Staatssymbolik, I, hg. P. E. SCHRAMM, 1954), 145ff. – E. STEINGRÄBER, Alter Schmuck, 1956 – E. COCHE DE LA FERTÉ, Palma et Laurus, JbBM 3, 1961, 134ff. – P. E. SCHRAMM–F. MÜTHERICH, Denkmäler der dt. Kg. e und Ks., 1962 – Kat. Age of Spirituality, 1977, Nr. 281ff. – H. VIERCK, La chemise de S-Bathilde à Chelles (Centenaire de l'abbé Cochet. Actes du colloque internat. d'archéologie, 1978), 521–564.

Moniot d'Arras, frz. Trouvère, aktiv 1213–39, zunächst Mönch in Arras (Moniot 'Mönchlein'). Mit Sicherheit können ihm nur 18 Stücke zugeschrieben werden, doch weisen sie eine breite Thematik auf; sie sind z. T. auch hs. weit verbreitet. Vier Lieder enthalten einen oder mehrere Refrains; vier dienten als Modell (→Contrafactum), davon eines für ein altprov. →Sirventes; zwei Stücke werden im »Roman de la Violette« von →Gerbert de Montreuil zitiert. Ein Lied ist an Jean de →Braine gerichtet, ein anderes an dessen Bruder, den Gf.en Robert III. v. →Dreux, oder an den Vidame v. Amiens und an →Alfons III. v. Portugal (21. A.), Gf. v. Boulogne. Mit →Guillaume le Vinier schrieb M. ein Jeu-parti (→Streitgedicht). Erhalten sind auch eine Motette, ein Frauenlied und eine Pastourelle/Pastorale, die Paul Hindemith inspiriert hat. M.-R. Jung

Ed.: H. PETERSEN DYGGVE, Mémoires de la Soc. Néophilol. XIII, 1939 – H. VAN DER WERF, Trouvères-Melodien II, 1979 (Mon. Monodica Medii Aevi XII) – Lit.: MGG – NEW GROVE-R. W. LINKER, A Bibliogr. of Old French Lyrics, 1979 – G. LAVIS–M. STASSE, Les chansons de M., concordances et ind., 1985.

Monkwearmouth → Jarrow-Wearmouth

Monmouth, Stadt im SW Englands an der Grenze zu Wales, an der Mündung des Wye in den Monnow. Nach der norm. Eroberung errichtete William →FitzOsbern, Earl v. →Hereford, dort 1067 eine Burganlage und stattete M. mit dem Recht v. →Breteuil-sur-Iton aus. Im →Domesday Book wird M. unter der Gft. Hereford geführt. Vor 1082 wurde eine Benediktinerpriorei (Patronat: St-Florent Saumur) gegründet. Sowohl Stadtherr als auch Prior konnten das Bürgerrecht verleihen; Weihe der Pfarrkirche St. Mary: 1101. Der Charakter einer Grenzstadt zeigt sich auch in der Zugehörigkeit zu den Diöz.en Hereford und →Llandaff. Ein Privileg für Eisengewinnung und -handel wurde 1166 und 1177 verliehen, Privilegienbestätigung 1256 durch Kg. Heinrich III. 1257 fiel M. an die Krone, seit 1267 war es im Besitz des Hauses →Lancaster. Die ca. 35 ha umspannende Befestigung mit vier Toren und zwei Brücken wurde vor 1297 begonnen. Westl. des Monnow entwickelte sich die Vorstadt Over Monnow. 1441 hatte M. wohl ca. 1000 Einw. Kg. Heinrich VI. inkorporierte M. 1447 mit einer festen Jahresrente (fee-farm) von £ 27; Hauptstadt der 1536 gegr. Gft. M.-shire. B. Brodt

Q. und Lit.: South Wales and M. Record Society Publ., I, 1932ff. – The M.shire Antiquary, 1, 1961ff. – W. T. BAKER, Guide to the M.shire Record Office, 1959 – A. CLARK, The Story of M.shire, I, 1962 – K. E. KISSACK, Medieval M., 1974.

Monodie. Eine der Formen der Trauerrede bzw. Totenklagen in der byz. Lit., wobei im Unterschied zum reinen →Enkomion das Moment der Klage und der persönl. Betroffenheit entsprechend berücksichtigt wird. Obwohl von (Ps.-)Menandros Rhetor in der Akzentsetzung von den anderen Trauerreden abgehoben, ist die M. mit dem Epitaphios (→Epitaphium IV.) häufig identisch. Die oft umfangreichen Prosastücke – dies im Gegensatz zu ἐπιτάφιοι und ἐπιτύμβιοι στίχοι – sind abgesehen von rhetor. Übungen vorwiegend auf den Tod von Personen oder andere zu beklagende hist. Ereignisse (vgl. auch Threnoi auf Konstantinopel) verfaßt. G. Schmalzbauer

Q. und Lit.: HUNGER, Profane Lit. I, 132–145 – A. SIDERAS, Die byz. Grabreden. Prosopographie, Datierung, Überlieferung (Ungedr. Habilschr. Göttingen 1982) – DERS., Byz. Leichenreden (Leichenpredigten als Q. der Hist. Wiss., hg. R. LENZ, 1984), 17–49 – DERS., Eine neue M. - von Niketas Eugenianos?, JÖB 37, 1987, 181–220 – P. A. AGAPITOS, Michael Italikos, Klage auf den Tod seines Rebhuhns, BZ 82, 1989, 59–68 – A. SIDERAS, Ἀνέκδοτοι βυζαντινοὶ ἐπιτάφιοι, Κλασσικὰ γράμματα 5, 1991.

Monogramm, aus Buchstaben zusammengesetzte Figur für Namen oder Titel, auf →Münzen, →Siegeln (→Bulle), Bauwerken und in Urkk. In Kg.s- und Ks.urkk. war das M. von der merow. Zeit bis ins SpätMA üblich, galt seit Ludwig d. Bayern als ksl. Vorrecht. Formal lassen sich vier Gruppen unterscheiden: 1.: Kreuzm. (am charakteristischsten das Rautenm. Karls d. Gr., das oft als Vorbild diente); 2. Schaftm. (mit den Grundformen H, TT, M, N), auf den von Ludwig d. Fr. geschaffenen Typ zurückgehend und bis zum Ende der Stauferzeit verwendet; 3. Kreism. (unter Lothar III., 1125); 4. Netzm. (Buchstabenverbindung durch meist dünne Striche, seit Rudolf I.; Friedrich III. griff wieder auf den Schafttyp zurück). Von Wilhelm v. Holland sind zwei verschiedene, von der herkömml. Form abweichende M.e überliefert, die päpstl. Einfluß verraten. Das M. Karls d. Gr. war ein reines Namensm. Nach westfrk. Vorbild wurde unter Otto II. der Titel in das M. aufgenommen. Später kamen 'dei gratia' und die Ordnungszahl hinzu. Friedrich III. fügte seinem M. die Devise →AEIOU ein. Das M. findet sich an verschiedenen Stellen, zuerst innerhalb der Signumzeile, später getrennt von ihr oder (in Frankreich unter den Nachfolgern Ludwigs VI. und häufig in spätma. dt. Herrscherurkk.) ganz ohne diese. Manche Notare rückten das M. in den Mittelpunkt der Urk. und unterstrichen damit bes. auffällig den Willen des Ausstellers zur Repräsentation. Von der karol. bis in die sal. Zeit trugen die frk.-dt. Herrscher eigenhändig den sog. Vollziehungsstrich ein. Eine Reihe von Diplomen seit den Merowingern tragen aus Zeiten der Vormundschaftsregierung bzw. Mitregentschaft zwei oder mehrere M.e. Es konnten aber auch (bes. im ostfrk. Reich) Privilegien der Vorgänger auf diese Weise bestätigt werden. In Urkk. Ottos III. und Heinrichs IV. wurde gelegentl. auch der Herrschername in der →Intitulatio monogrammat. gestaltet. Die feierl. Papsturkk. tragen seit Leo IX. den bis dahin ausgeschriebenen Schlußgruß 'Bene valete' in Form eines M.s, das – als Pendant zur →Rota – rechts unter den Schriftblock gesetzt wurde. Analog zu den Kg.s- und Papsturkk. wurden auch in Privaturkk. des 10. bis 12. Jh. M.e eingezeichnet, in Benevent und Capua nach byz. Vorbild mit roter Tinte. →Christusmonogramm. A. Gawlik

Lit.: BRESSLAU II, 186ff. – W. ERBEN, Die Ks.- und Kg.surkk. des MA in Dtl., Frankreich und Italien, 1907, 134f., 145ff., 195f., 220ff. – V. GARDTHAUSEN, Das alte M., 1924 – B. SUTTER, Die dt. Herrscherm.e nach dem Interregnum (Fschr. J. F. SCHÜTZ, 1954), 246ff. – G. TESSIER, Diplomatique royale française, 1962, 91ff., passim – D. HÄGERMANN, Stud. zum Urkk.wesen Wilhelms v. Holland, 1977, 254ff. – J. DAHLHAUS, Aufkommen und Bedeutung der Rota in den Urkk. des Papstes Leo IX., AHP 27, 1989, 9ff. – P. RÜCK, Die Urk. als Kunstwerk (Ksn. Theophanu, 1991), passim – Graph. Symbole in ma. Urkk., hg. DERS. [im Dr.]

Monolog, dramatischer → Dit; →Sermons joyeux

Monophysiten. Nach dem Ende der (semi-) arian. Wirren (→Arius), als das nizän. Glaubensbekenntnis zur Gottheit des inkarnierten Logos außer bei Germanenkirchen Allgemeingut der Christenheit war, suchte die altkirchl. Theologie, die Einheit von Gott-Sein und Mensch-Sein in Jesus Christus genauer auszusagen (→Christologie). Unabhängig und zunächst wohl auch ohne Kenntnis voneinander legte man in ihren beiden Hauptzentren den Akzent auf je einen bestimmten Aspekt. Die erlösende Nähe Gottes zur Menschheit herausstellend, betonte die Kirche →Alexandrias, daß durch die Inkarnation des Logos die Einheit des Göttlichen mit dem Geschöpflichen geschenkt wurde. Mit Blick auf die je eigene Würde Gottes und der Schöpfung unterstrich die Kirche →Antiochias, daß die Menschwerdung die Vollkommenheit und die Unterscheidung beider Naturen nicht aufhebt. Nach der Erhebung des Antiocheners →Nestorios zum Ebf. v. Konstantinopel (428) führte der Unterschied zum Konflikt zw. beiden Seiten. Dieser hätte 431 auf dem Konzil v. →Ephesos behoben werden sollen. Doch das Konzil wurde unter dem Vorsitz →Kyrillos' v. Alexandria parteiisch durchgeführt. Ohne dem von den Antiochenern vertretenen Aspekt gebührend Rechnung zu tragen, verurteilte das Konzil den Zweifel an der Personeneinheit des göttl. Logos mit dem Sohne Mariens als irrigen Nestorianismus. Dem Verdacht, daß Antiochias Theologie diese Einheit leugne, widersprach 433 ein Briefwechsel, in dem die Antiochener aufzeigten, daß ihre Aussagen mißverstanden wurden und Kyrillos von allzu scharfen alexandrin. Formulierungen abrückte. Der zw. den Kirchen drohende Bruch war abgewendet.

Nach Kyrillos' Tod wandten sich seine Parteigänger von der Einigung v. 433 ab. →Eutyches lehrte sogar, die Inkarnation vermische Göttliches und Menschliches zu einer einzigen gottmenschl. Natur (μόνη φύσις daher 'Monophysitismus'). Jesus Christus wäre in seiner Sicht weder Gott noch Mensch, sondern ein Zwischenwesen. →Theodoret v. Kyros (der Vater der Einigung von 433) widersprach. Die Synode v. Konstantinopel verurteilte Eutyches 448, doch 449 rehabilitierte ihn ein 2. Konzil v. Ephesos (sog. 'Räubersynode') unter dem Vorsitz →Dioskoros' I. 451 verwarf das Konzil v. →Chalkedon das Vorgehen und verurteilte den Monophysitismus des Eutyches als Verfälschung der Glaubensbotschaft. Es formulierte die Lehre von der Inkarnation in einer Weise, die Alexandrinern und Antiochenern gerecht werden sollte, bediente sich aber eines in Rom geprägten Wortlauts, der im Streitgebiet für viele unverständl. blieb. Der irrige Vorwurf kam auf, Chalkedon stehe gegen den Entscheid v. 431 und leugne die Einheit des Sohnes Gottes mit dem Sohne Mariens. Mit der Zeit rezipierte die Reichskirche das Konzil v. Chalkedon; einige Kirchen taten es nicht. Als die Parteien feststanden, nannte man alle Konzilsgegner M., auch jene, die den wirkl. Monophysitismus des Eutyches verwarfen. Diese sog. M. hielten die Chalkedonenser, die ausdrückl. an der Entscheidung v. 431 festhielten, für Nestorianer und nannten sie →'Melkiten' ('Kaiserliche'), was den starken Einfluß nichttheol. Motive auf die Parteibildung belegt.

Die Rezeption des Chalkedonense wurde verweigert von der kopt. Kirche, von großen Teilen des Patriarchats v. Antiochia und (nach Schwanken) von der arm. Kirche. Bezeichnenderweise wünschte man in der Heimat dieser Kirchen Unabhängigkeit von Byzanz. Wegen enger Beziehung zu Kopten und Syrern blieb auch die äthiop. Kirche nichtchalkedon.; nach einem Schisma unter den Thomas-Christen Südindiens im 17. Jh. schloß sich ein Teil von ihnen der nichtchalkedon. syr. Kirche an. Alle diese Nicht-Chalkedonenser verwerfen die Lehre des Eutyches. Ihre Christologie, die zurückgeht auf →Severus v. Antiochia, versteht unter 'Natur' (φύσις) nicht wie die Chalkedonenser das Wesen als solches, sondern ein individualisiert existierendes Wesen. Darum ist sie außerstande, die chalkedon. Formel von der Daseinsweise Jesu Christi 'in zwei Naturen' anzuerkennen, denn in ihrer Begrifflichkeit sagt sie die Existenz zweier Personen aus. Aber sie bekennt ausdrückl. das volle Gott-Sein und volle Mensch-Sein Jesu Christi. Ihre Formel von der 'einen menschgewordenen Natur' unterscheidet sich von der in Chalkedon gelehrten →hypostat. Union im Wortlaut und widerspricht sachl. der ähnlich formulierten Lehre des Eutyches. Echte Anhänger der Lehre des Eutyches (wirkl. M.) kennt die Kirchengesch. kaum.

Bis zur definitiven Rezeption des Chalkedonense in Konstantinopel konnten Chalkedonenser und ihre Gegner im Reich Bf.e sein. Danach förderten die Ks. die melkit. Partei und unterdrückten die Konzilsgegner. 'Im Untergrund' schuf →Jakobos Baradaios († 578) für die Anhänger der Christologie des Severus (sog. M.) eine Hierarchie. Weil die Hierarchien der späteren sog. monophysit. Kirchen im wesentl. darauf zurückgehen, werden sie auch →jakobit. gen. Wegen ihrer Gegnerschaft zum Ks. waren sie im Vorteil gegenüber den Melkiten, wo man Unabhängigkeit von Byzanz erstrebte, ebenso unter Persern und Arabern. E. Suttner

Lit.: W. Frend, The Rise of the Monophysite Movement, 1972 [Lit.] – A. Grillemeier, Jesus der Christus im Glauben der Kirche, 1979ff. [Lit.] – L. Perrone, La chiesa di Palestina e le controversie cristologiche, 1980 [Lit.] – E. Suttner, Der christolog. Konsens mit den Nicht-Chalkedonensern, OKS 41, 1992, 3–21.

Monopol, Marktsituation eines einzigen Anbieters bestimmter Sachgüter, Nutz- und Dienstleistungen oder Tauschmittel. In Produktion und Handel waren Ansatzpunkte für M.e die Beschaffung und Vermittlung seltener und räuml. konzentriert vorhandener Rohstoffe und Naturschätze (z. B. Eibenholz, Gewürze), das Verfügen über aufwendige Produktionsmittel und -verfahren oder eine Schlüsselstellung im Absatz, die mit →Verlag oder kollektivem Lieferungsvertrag abgesichert werden konnte (Poperinger Tuch, Breckerfelder Stahl 15. Jh.). Zu herrschaftl. genutzten oder vergebenen M.en (Staatsm.) kam es bes. bei Bodenschätzen (→Regale). An Dienstleistungen seien erwähnt die Transportm.e an bestimmten Wegstrecken (→Alpenpässe) und von Genossenschaften in der Binnenschiffahrt.

Im MA waren die Grundlagen von (z. T. nur kurzfristigen bzw. lokalen) M.en oft Sonderrechte, u.a. als Ausgleich für finanzielle oder andere Leistungen, zu Förderung und Schutz nahestehender Personen und (z. T. neuer) Gewerbe sowie zur besseren Regelung und Kontrolle des Warenaustauschs (Vermittlungs- und Zwischenhandelsm.e: Kölner Lederwirt 15. Jh.). Neben Individualm.en für eine oder mehrere Einzelpersonen standen Maßnahmen zugunsten von Gruppen, Einrichtungen und ganzen Orten (Zwang zur Benutzung von Kran, Kaufhaus, Waage, Mühle, Bleiche; →Stapel- und Niederlagsrechte, spezielle Handelsm.e: Steyr und Leoben für Eisen). Zu den Kollektivm.en zählen u.a. das Münz- und Wechselm. von →Münzerhausgenossen, Gewandschnittprivilegien oder Zunftstatuten, die Bezug und Absatz und das Recht zur betreffenden Produktion (Arbeitsm.) eigenen Mitgliedern vorzubehalten suchten. Zum Zwecke der Marktkontrolle über ein Oligopol bzw. kollektives M. bildeten sich auch eigene Zusammenschlüsse (Kartelle und Syndikate) von Kaufleuten bzw. Produzenten (hans. Wachshändler in England 1309, oberdt. Preis-Mengen-Kartell für Kupfer 1498, Oberpfälzer Hammereinung 1387); monopolist. Ziele in bestimmten Bereichen verfolgte über ihre Privilegien die →Hanse insgesamt.

Gegen M.e im Sinne rechtswidriger Marktbeherrschung richteten sich die wirtschaftseth. Kritik von Theologen (z. B. →Thomas v. Aquin) und Predigern (→Bernardinus v. Siena, Johannes→Geiler v. Kaisersberg) sowie zahlreiche Verordnungen (→Fürkauf). Ende des 15. Jh. setzte im Reich eine heftige, bes. gegen die →Handelsgesellschaften gerichtete Antimonopolbewegung ein, die zw. 1520 und 1530 ihren Höhepunkt erreichte. R. Holbach

Lit.: HRG III, 633–645 – J. STRIEDER, Stud. zur Gesch. kapitalist. Organisationsformen, 1925² – F. BLAICH, Die Reichsmonopolgesetzgebung im Zeitalter Karls V. (Schr. zum Vergleich von Wirtschaftsordnungen, 8, 1967) – J. HÖFFNER, Wirtschaftsethik und M.e im 15. und 16. Jh., 1969² – E. MASCHKE, Dt. Kartelle des 15. Jh. (DERS., Städte und Menschen, 1980), 447–460 – H. HOF, Wettbewerb im Zunftrecht [Diss. zur Rechtsgesch., 1, 1983] – J. RIEBANTSCH, Augsburger Handelsgesellschaften des 15. und 16. Jh., 1987.

Monotheletismus (μόνη θέλησις, μόνον θέλημα, ein Wollen, ein Wille) ist der polit. Versuch, eine Glaubensformel zu finden, der unter Verschweigen des Chalkedonense sowohl dessen Anhänger als auch Gegner zustimmen könnten. Ks. Heraklios (610–641) wollte nach den Perserkriegen die rückgewonnenen Provinzen auch kirchl. wieder an das byz. Reich binden. Das Konzil v. →Chalkedon hatte die Zweiheit der Naturen in Christus gelehrt. Patriarch Sergios v. Konstantinopel (610–638) suchte die Lösung in der Einheit der Person Christi, aus der das eine Wollen und Wirken komme. In Übereinstimmung mit →Theodoros v. Pharan und Kyros v. Phasis (seit 631 Patriarch v. Alexandreia) verkündete der 633 in Alexandreia geschlossene Pakt: Ein und derselbe Christus hat das Gottwürdige und Menschliche in einer einzigen gottmenschl. Tätigkeit (θεανδρικῇ ἐνεργείᾳ) gewirkt. Nur theoret. kann man die Elemente unterscheiden, aus denen die Einigung gemacht ist. Dagegen wandte sich Sophronios: Das Wollen und Wirken entspringt der Natur, nicht der Person. In seinem Synodikon, das er nach seiner Erhebung zum Patriarchen v. Jerusalem (634–638) erließ, hielt er fest, daß aus zwei Naturen auch zwei Willen folgen. Im Gespräch mit ihm in Konstantinopel gab Sergios die abstrakte Formel auf und stimmte zu, man solle nicht von Energien sprechen, sondern von dem einen wirkenden Christus. Sergios berichtete diese Übereinkunft an Papst Honorius (625–638), der in seiner Zustimmung allerdings von voluntas (Wille) als dem jeweils konkreten menschl. Willensakt spricht. Fortan ging der Streit nicht mehr um Wirkweise, sondern um Wille. Sergios erreichte von Ks. Heraklios 638 den Erlaß der »Ekthesis«. Darin heißt es, daß ein und derselbe eingeborene Sohn, unser Herr Jesus Christus, sowohl das Göttliche als auch das Menschliche wirke. Des Ausdrucks »eine Tätigkeit (μία ἐνέργεια)« solle man sich enthalten. Dieser Wille ist nicht theoret., sondern aktuell gemeint. Man wollte nicht die Unversehrtheit der Naturen in Christus leugnen, sondern rang um eine Terminologie. Diese Schwierigkeit überwand →Maximos Homologetes. Er lehnte 640 die Ekthesis ab: Der phys. Wille gehört zur Natur, im Unterschied zur Entscheidungsfreiheit (θέλημα γνωμικόν), die Sache der Person ist. Doch wurde diese Unterscheidung in den folgenden Diskussionen nicht beachtet. Da sich unter seiner Führung in Nordafrika Widerstand regte, setzte Ks. Konstans II. (641–668) durch seinen »Typos« von 648 die Ekthesis außer Kraft und verbot darin, von einer oder zwei Energien und einem oder zwei Willen zu sprechen, allerdings erfolglos. Maximos wandte sich an Papst Martin I. (649–653), der auf der Lateransynode von 649 Ekthesis und Typos verwerfen, zwei phys. Willen in Christus anerkennen und Sergios, seinen Nachfolger Pyrrhos (638–641) und Kyros v. Phasis exkommunizieren ließ. Über Honorius schwieg man. Der Ks. reagierte heftig, ließ 653 Martin gefangennehmen und in Konstantinopel in einem Hochverratsprozeß zum Tod verurteilen. Zur Verbannung begnadigt, starb er 655. Das gleiche Schicksal traf auch Maximos, der 662 verstümmelt im Exil starb. Konstans II. wurde auf seiner Reise in die Italia Byzantina 668 in Sizilien ermordet. Sein Nachfolger Konstantin IV. (668–685) hatte an dem Streit kein Interesse mehr. Dessen Ziel war durch die arab. Eroberung Syriens, Palästinas, Ägyptens und dann auch Nordafrikas hinfällig geworden. So erhob er auch keinen Widerspruch, als Papst Agathon (678–681) auf der Synode von 680 den M. verurteilte. Dessen Lehrschreiben schloß sich das Konzil v. Konstantinopel (III) 680/681 an und legte fest: »Wer nicht gemäß den heiligen Vätern zwei innigst verbundene Willen eines und desselben Christus, unseres Gottes, den göttl. und den menschl., im eigentl. und wahren Sinne bekennt, und zwar weil er mit beiden Naturen auf natürliche Weise unser Heil wollte, der sei verurteilt« (Kanon 10) und »Wer nicht gemäß den heiligen Vätern zwei innigst verbundene Tätigkeiten eines und desselben Christus, unseres Gottes, eine göttl. und eine menschl., im eigentl. und wahren Sinne bekennt, und zwar deswegen, weil er mit beiden Naturen auf natürl. Weise unser Heil gewirkt hat, der sei verurteilt« (Kanon 11). Die überwiegende Mehrzahl der Bf.e stimmte zu. Nur Patriarch Malearios v. Antiochia und fünf weitere Bf.e lehnten ab und wurden zusammen mit Theodoros v. Pharan, Kyros v. Phasis, den Patriarchen Sergios und Pyrrhos sowie Papst Honorius mit dem Kirchenausschluß belegt. Der M. lebt noch einmal auf, als Ks. Philippikos Bardanes (711–713) das Konzil von 680 verwarf und den M. als allein-verbindl. dekretierte. Mit seinem Sturz endete dieses Nachspiel. B. Plank

Q.: MANSI, X, XI – Concilium Universale Constantinopolitanum Tertium, ed. R. RIEDINGER, ACO, Ser. 2, 2,1, 1990 – Concilium Lateranense a. 649 celebratum, ed. R. RIEDINGER, 1984 (ACO, Ser. 2, 1) – Lit.: H.-G. BECK, Die frühbyz. Kirche (HKG, 2, 2, 1975), 1–92 – F. X. MURPHY–P. SHERWOOD, Konstantinopel II und III (Gesch. der ökumen. Konzilien, 3, 1990) [zu Konstantinopel III, 161–315; Anhang: Texte, 350–368].

Monreal del Campo (Teruel), Ritterorden, um 1124 von Kg. Alfons I. v. Aragón auf Rat des Gf.en Gaston v. →Béarn nach dem Beispiel der Vorgänge in Jerusalem ins Leben gerufen, um nach dem Sieg über die Muslime auf dieser Seite des Meeres einen Seeweg ins Hl. Land zu eröffnen. Da von Daroca bis Valencia nur unwegsame Landstriche existierten, errichtete er eine Stadt mit Namen M., »regis celestis habitationem«, als Sitz und Versorgungsstation für den neuen Orden, dem er reichen Besitz und hohe Einkünfte übertrug und dessen Mitglieder er großzügig privilegierte. Die anfängl. Ausstrahlungskraft der 'confraternitas', die neben bedeutenden Adligen auch den Ebf. v. →Auch und den Abt v. →San Juan de la Peña umfaßte und schnell zu einem kreuzzugsartigen Unternehmen in das Gebiet v. →Valencia führte, ließ anscheinend bald nach. Da der Orden v. M. ebensowenig wie die *Cofradia* de →Belchite 1134 im Testament Alfons' I. bedacht wurde, scheint er zu dieser Zeit bereits aufgelöst gewesen oder im Templerorden aufgegangen zu sein.

L. Vones

Lit.: C. L. DE LA BEGA Y DE LUQUE, La Milicia templaria de M., Ligarzas 7, 1975, 63–80 – A. Ubieto Arteta, Hist. de Aragón, 1981, 168–171 – M.ª L. Ledesma Rubio, Templarios y Hospitalarios en el Reino de Aragón, 1982, 30f. – Colección diplomática de Alfonso I de Aragón y Pamplona, ed. J. A. Lema Pueyo, 1990, 206–208, Nr. 141.

Monreale, Stadt auf Sizilien. Kg. →Wilhelm II. begann 1174 die Gründung einer Abtei OSB auf einer Bergterrasse oberhalb seiner Residenz →Palermo, an der Stelle eines arab. Dorfes namens Balharā. Dabei habe er sich von der Hoffnung leiten lassen, das gottgefällige Werk werde ihm zu einem Erben verhelfen (Richard v. S. Germano). Von Anfang an stattete er das Kl. reich mit Besitzungen aus. Auch erwirkte er dafür von Alexander III. bedeutende Vorrechte, v.a. die Romunmittelbarkeit. 1176 bezogen es 100 Mönche aus →La Cava. Dies war aber nur die erste Stufe eines weiterreichenden Planes. Die eigtl. Absicht wird dadurch offenbar, daß der erste Abt, Theobaldus, schon bald nach seiner Einsetzung gelegentl. mit dem Bf. stitel genannt wird. In der Tat erhob Clemens III. 1183 die Abtei zum Ebm., wobei das Domkapitel OSB-Konvent blieb (bis 1867). Die Diöz. wurde aus Teilen der Bm.er Palermo, Mazara del Vallo und Agrigent zusammengesetzt. Gleichzeitig bestimmte der Papst Catania zum Suffragan-Bm. und 1188 auch Syrakus; beide Bm.er waren bis dahin exemt gewesen.

Wilhelm II. übertrug nach den ersten Schenkungen der Abtei, dann dem Ebm., zahlreiche Besitzungen nicht nur auf der Insel Sizilien, sondern auch in den festländ. Territorien seines Reiches. Darüber hinaus brachte er nach und nach die zuständigen Bf.e dazu, in diesen Besitzungen die bfl. Rechte an M. abzutreten, und verlieh seiner Gründung die weltl. Jurisdiktion in ihnen. 1189 fand er sein Grab im Dom von M.

Der Palermitaner Ebf. →Walter soll durch die Errichtung eines Ebm.s vor den Toren seiner Stadt, maßgebl. gefördert durch seinen Rivalen, den Vizekanzler →Matthäus v. Salerno, derart gedemütigt worden sein, daß er – ganz im Gegensatz zur vorherrschenden Meinung im Kgr. Sizilien – dem Kg. geraten habe, seine Tante →Konstanze mit dem späteren Ks. Heinrich VI. zu vermählen und ihr im Fall seines kinderlosen Todes das Reich zu hinterlassen. So habe er aus Rache den Keim für die maßlosen inneren Kriege gelegt, die »deutschen« Erben und deren Anhänger gelegt (Richard v. S. Germano). Jedenfalls ist es eine plausible These, Kg. Wilhelm habe für die Ausstattung seiner Lieblingsgründung die Kräfte seines Reiches im Übermaß beansprucht und damit seine Untertanen gegen sich aufgebracht. In der Zeit der Wirren nach seinem Tode und noch während der Regentschaft für den minderjährigen Friedrich II. gehörte M.s zweiter Ebf., Carus, zu den einflußreichsten Persönlichkeiten des Kgr.es, inbes. als Vertrauensmann Innozenz' III.

Der eindrucksvolle Dom (S. Maria la Nuova) aus den Gründungsjahren der Abtei hat mitsamt dem Kreuzgang, dessen Vollendung schon in das 13. Jh. fällt, seine ursprgl. Gestalt im wesentl. bis heute bewahrt (abgesehen von den beiden Portikus). Hingegen ist vom damals entstandenen Gesamtkomplex der alte Konvent großenteils verschwunden, während der benachbarte Kg.spalast durch den Umbau zum bfl. Seminar sein früheres Aussehen gänzlich eingebüßt hat. Neben der Raumwirkung der Kathedrale, geprägt durch die überwiegend antiken Säulen, neben den Mosaiken an den Wänden und Decken sowie den beiden Bronzeportalen (1185, 1190) repräsentieren die polychromen Apsiden den Höhepunkt des norm. Stils, einzigartig durch die Kombination griech. mit lat. Elementen und arab. Einflüsse.

Nach der ersten Glanzzeit teilte M. die Schicksale der Bm.er der Insel →Sizilien. Die Ebf.e verfügten über eine ansehnl. Mensa, deren Einkünfte im späteren MA mit 6000 Gulden jährlich veranschlagt wurden, doch hatte ihre Diöz. nur eine geringe Ausdehnung. An kirchl. und polit. Bedeutung waren ihnen die Ebf.e der nahen Hauptstadt Palermo stets überlegen. Dort, in der Bibl. nazionale, befinden sich heute auch die zahlreichen Pergamenturkk. aus der Frühzeit von Abtei und Ebm.   D. Girgensohn

Lit.: C. A. Garufi, Catalogo illustr. del tabulario di S. Maria Nuova in M., 1902 – L. T. White Jr., Latin Monasticism in Norman Sicily, 1938, 132–148 – Rationes decimarum Italiae nei sec. XIII e XIV, Sicilia, hg. P. Sella, 1944, 3–5 – E. Kitzinger, I mosaici di M., 1960, 1991 – R. Salvini, Il chiostro di M. e la scultura romanica in Sicilia, 1962 – W. Krönig, Il duomo di M. e l'architettura normanna in Sicilia, 1965 – N. Kamp, Kirche und Monarchie im stauf. Kgr. Sizilien, I, 3, 1975, 1184–1202 – IP X, 272–281 [mit älterer Lit.] – G. Schirò, M. capitale normanna, 1978 – Ders., M. Territorio, popolo e prelati dai normanni ad oggi, 1984 – W. Melczer, La porta di Bonanno a M. Teologia e poesia, 1987 – E. Borsook, Messages in Mosaic. The Royal Programmes of Norman Sicily (1130–1187), 1990, 51–86, Taf. 57–118.

Mons (ndl. Bergen), Stadt in Belgien, Hauptstadt der Gft. (heute Provinz) →Hennegau.
I. Stadt – II. Kapitel Ste-Waudru und St-Germain.

I. Stadt: Um 650 gründete die hl. Waldetrud (Waudru), aus der frk. Aristokratie, an den Hängen eines Hügels ein 'monasterium', an einem Ort, der wohl bereits Teil eines (vielleicht kgl.) Grundherrschaftsverbandes war, seit dem 10./11. Jh. den Namen 'Mons' (ursprgl. M. Castrilocus) oder 'Montes' trug und domaniales Zentrum für die Besitzungen der Abtei war. Genuin städt. Charakter bildete sich erst seit dem 13. Jh. heraus. Der Aufstieg zur Stadt vollzog sich unter dreifachem Aspekt: fortifikator., wirtschaftl. und rechtl.-administrativ. Wohl im 3. Viertel des 10. Jh. entstand eine Burg der Gf.en v. →Hennegau; →Richer spricht vom 'oppidum Ragneri', nach dem Gf.en →Reginar III., der 958/959 von Otto d. Gr. exiliert wurde. M. wurde dem Sohn des Gf.en, Reginar IV., mit einem Teil der Gft. Hennegau zurückerstattet und konnte seitdem als »Hauptstadt« der Gft. gelten. Es erhielt im 12. Jh. eine Umwallung durch die Gf.en, zw. ca. 1290 und 1390 eine kommunale Stadtbefestigung. Auf wirtschaftl. Gebiet ist im 9. Jh. eine Münzstätte belegt, im 12. Jh. ein Wechsler. Seit dem späten 13. Jh. Stapelplatz für →Wein, war M. ein wichtiger Ort des Durchgangshandels für Weine aus Ile-de-France, Champagne, Burgund sowie (über den Seeweg) Bordelais. Die Weinhändler nahmen innerhalb der städt. Gemeinschaft einen bevorzugten Platz ein. Das Tuchwesen (im SpätMA *sayetterie*) hatte eher regionale Bedeutung (Tuchhalle 1265). Der urbane Aufschwung ließ ab 1348 einen großen Marktplatz (heut. Grand-Place) entstehen. Seit dem 12. Jh. wurde zu Allerheiligen eine →Messe abgehalten, deren Blütezeit im 15. Jh. lag. In rechtl. Hinsicht erreichte M., trotz des Fehlens städt. Freiheitsurkk., am Ende des 12. oder Anfang des 13. Jh. den Status einer Kommune. Die städt. Autorität war seit dieser Zeit dem Gf.en, dem Kapitel v. Ste-Waudru und der kommunalen Gewalt geteilt. Ein Rathaus ('maison de la paix') ist 1288 genannt, zu einem Zeitpunkt, als Johann v. Avesnes, Gf. v. Hennegau, der Stadt Privilegien gewährte, insbes. das Recht des Einzugs der *maltotes* (Verbrauchssteuer), zugunsten des Baus der neuen Stadtmauer. Hauptschöffen für weite Bereiche der Gft. Hennegau, übte das Schöffenkolleg von M. seit 1428 die Hochgerichtsbarkeit aus. Ein *mayeur* (maior, *maire*) war Repräsentant des Gf.en gegenüber den Schöffen. Im 12. Jh. als erbl. Amt belegt, war die *mairie* ein Amtslehen, das der Landesherr im Namen der 'benoite affique', des hochverehrten Gewandes der hl. Waudru, verlieh. Bereits im 11.Jh. begegnet als weiteres Erbamt in M. der mit administrativen und jurist. Befugnissen ausgestattete *châtelain*. Im 13.Jh. finden wir den *prévôt*, der (als nichterbl. gfl. Amtsträger) an der Spitze eines Verwaltungssprengels, dessen Hauptort M. war, stand. Die Stadt war auch Sitz bzw. Tagungsort der zentralen Institutionen der Gft. Hennegau: gfl. Rat, Gerichtshof (ursprgl. lehnsherrl. Gericht, 'cour de M.'), Gericht des *Bailliage* des Hennegau, Ständeversammlung *(États)*. In kirchl. Hinsicht war M. durchgängig Sitz eines Dekanats des Bm.s →Cambrai. Aus dem ursprgl. einzigen Pfarrsprengel, St-Germain, wurden infolge des demograph. Aufschwungs des 13.Jh. mehrere neue Pfarreien ausgegliedert. Die Einwohnerzahl, die um 1280 ca. 4700 betrug, war um 1490 auf ca. 8900 angewachsen.

II. KAPITEL STE-WAUDRU UND ST-GERMAIN: Die kleine, um die Mitte des 7. Jh. von der hl. Waldetrud (Waudru, † um 688) gegr. religiöse Gemeinschaft, die der Hl. Jungfrau geweiht war, soll in ihrer Anfangszeit der Benediktinerregel gefolgt sein. Ihre Erstausstattung bestand aus Allodien, gestiftet von der Gründerin. Die Religiosen nahmen wohl 816 die Aachener Kanonikerregel (→Institutiones Aquisgranenses) an. Zuständig für die Seelsorge des Frauenstifts war ein Männerkl., St-Pierre, das bis zum Ende des 11.Jh. bestand. In karol. und otton. Zeit geriet Ste-Waudru in Abhängigkeit vom Gf.en v. Hennegau, der im 10.Jh. zugleich Laienabt und (Hoch-)Vogt des Stiftes war. Er vergab die auf reichen Besitzungen beruhenden Präbenden an die adligen Damen dieses seit dem 12.Jh. gänzlich säkularisierten Stiftes. In Anerkennung des Eigentumsrechts des Kapitels am Boden von M. leistete der Gf. ihm einen Jahreszins, war aber v.a. bestrebt, die geistl. Institution über seinen M.er Kirchenpropst zu kontrollieren.

Das Kapitel St-Germain, zu Beginn des 11.Jh. erwähnt, könnte zu diesem Zeitpunkt (oder früher) vom Gf.en v. Hennegau gegr. worden sein und nahm schon bald die (bis dahin bei St-Pierre liegenden) Seelsorgeaufgaben für Ste-Waudru wahr. Seine Säkularisation, die sich schon im 12.Jh. ankündigte, wurde im 13.Jh. vollendet. Geleitet vom (gfl.) M.er Kirchenvogt mit einem Dekan, unterhielt das Kapitel seit 1195 mindestens eine Schule (spätere Lateinschule). Ste-Waudru und St-Germain waren mehrfach in Rangstreitigkeiten verstrickt.   J.-M. CAUCHIES

Q.: L. DEVILLERS, Inv. anal. des arch. de la ville de M., 3 Bde, 1882–96 - Chartes du chapitre de Ste-Waudru à M. (831–1804), I–III, hg. DERS., 1899–1908 – *Lit.*: [zu I]: G. J. DE BOUSSU, Hist. de la ville de M., 1725 [Neudr. 1982] – P. FAIDER–H. DELANNEY, M., Ann. Cercle arch. M. 50, 1928 – M. DE WAHA u.a. Château de M. Bilan et perspectives, 1985 – A.-M. HELVETIUS, Avant la ville, la campagne: recherches sur les paroisses primitives et les domaines anciens autour de M. (Mél. G. DESPY, 1991), 367–381 – [zu II]: J.-M. CAUCHIES u.a., Ste-Waudru devant l'Hist. et devant la Foi, 1989.

Mons Badonicus, Sieg der →Briten, der zu den gut belegten Ereignissen des Kampfes um die brit. und ags. Vorherrschaft im s. Britannien zw. ca. 440 und 633 gehört. →Gildas (Mitte 6.Jh.) meint die Schlacht auf sein Geburtsjahr datieren zu können, näml. vor 44 Jahren. Nach der meisten Berechnungen hat demnach die Schlacht wohl zw. ca. 490 und 500 stattgefunden. Keine Glaubwürdigkeit besitzt die Datierung auf 516 in den »Annales Cambriae« aus dem 10.Jh. und auch nicht ihre Identifizierung des Anführers der Briten mit Arthur (→Artus), der wie Konstantin das Kreuz Christi auf seinen Schultern trug. M.B. konnte nicht mit Sicherheit lokalisiert werden. Als Möglichkeiten wurden u. a. Badbury Rings, Dorset und Bath vorgeschlagen.   P. WORMALD

Lit.: Gildas, Ruin of Britain, ed. M. WINTERBOTTOM, 1978, chap. 26 – Gildas: New Approaches, ed. M. LAPIDGE–D. DUMVILLE, 1984, 22f., 51ff., 61ff.

Mons-en-Pévèle (N-Frankreich, dép. Nord, arr. Lille, cant. Pont-à-Marcq), Schlacht bei (18. Aug. 1304), Sieg des frz. Heeresaufgebotes *(ost)*, befehligt persönlich von Kg. →Philipp IV. dem Schönen, über das Aufgebot der Gft. →Flandern, unter Führung von Philipp v. Thiette, Johann v. Namur und Wilhelm v. Jülich. Die Schlacht war bedeutsam als Antwort auf die katastrophale frz. Niederlage bei →Kortrijk ('Goldspornschlacht', 11. Juli 1302). Der Kg. dankte dem Himmel für seinen Sieg und stiftete reiche Renten an die Notre-Dame geweihten Kirchen zu Chartres, Paris und Boulogne und an St-Denis, ließ eine Reiterstatue in Notre-Dame zu Paris aufstellen und schenkte seine Rüstung an Chartres. Die Zahl der Gefallenen auf fläm. Seite (unter ihnen Gf. Wilhelm v. Jülich) erreichte an die 7000 Mann. Der Schlacht folgte der Friedensschluß v. →Athis (Juni 1305), der das Problem der Abhängigkeit der Gft. Flandern vom Kgr. Frankreich aber nur provisorisch lösen konnte.   E. LALOU

Lit.: J. F. VERBRUGGEN, The Art of Warfare in Western Europe during the MA, 1977, 176–183.

Mons-en-Vimeu, Schlacht v., fand statt am 31. Aug. 1421 zw. den burg. Truppen unter Hzg. →Philipp dem Guten und den Anhängern des Dauphins →Karls (VII.), auf dem linken Ufer der Somme, unweit der Furt v. La Blanquetaque, flußabwärts v. →Abbeville (dép. Somme). Die Schlacht reiht sich ein in die militär. Operationen des mit Kg. →Heinrich V. v. England verbündeten Hzg.s Philipp in der →Picardie (ab 1420). Bei M. griff eine 'armée dauphinoise' unter dem Befehl von Poton de →Xaintrailles, die dem von den Burgundern belagerten St-Riquier Entsatz bringen sollte, das burg. Heer an und wurde geschlagen. Obwohl eingesetzte Kräfte und militär. Bedeutung des Treffens offenbar gering waren (der Chronist →Monstrelet verweigert M. gar den Rang einer Schlacht, sei doch die Konfrontation zufällig und ohne Entrollen eines Banners erfolgt), nimmt M. in den burg. Chroniken einen nicht unbedeutenden Platz ein, da es als erste persönl. Kriegstat Hzg. Philipps, der vor der Schlacht von Johann v. Luxemburg die Ritterwürde empfangen hatte und sich bei M. durch große Tapferkeit auszeichnete, gewertet wurde.   B. SCHNERB

Q.: Enguerran de Monstrelet, Chronique, ed. L. DOÜET-D'ARCQ, IV, 1860, 54–68.

Monselice, Stadt in Oberitalien (Prov. Padua, Venetien). Seit dem 6.Jh. als 'castrum' mit militär. Funktionen belegt, 602 von den Langobarden erobert. Anfangs wohl »iudiciaria« und langob. Gastaldat, dann Hauptort eines Comitatus, hing M. seit der Mitte des 10.Jh. als districtus minor von dem neugebildeten Comitatus →Padua ab. Noch 1050 wird M. als 'civitas' mit Mauern (914 belegt) und Stadttoren bezeichnet. Unter Friedrich I. Barbarossa war M. der Angelpunkt der polit. Präsenz des Reiches im Padovano; seine strateg. Bedeutung wurde von Friedrich II. um 1239 durch den Bau einer Festung auf dem Hügel verstärkt. Nach der Mitte des 12.Jh. Kommune mit konsular. Stadtregiment, gelangte M. in den Einflußbereich der Nachbarstadt Padua, die seit 1260 endgültig die polit. Oberherrschaft gewann. Im 14.Jh. bewahrte M. seine militär. Schlüsselstellung und war zeitweise Residenz der da →Carrara, Signoren v. Padua. Seit 1406 unter der Herrschaft Venedigs, behielt M. seinen Status als Podesteria. 1281 wurden 1093 Herdstellen gezählt, um 1460 weisen die Steuer-(Estimo-)Listen 221 Familienverbände (sowie mehr als 80 im Territorium) auf. Seit dem 9./10. Jh. unterhielten bedeutende Kl. wie S. Zeno/Verona, S. Giustina/Padua, S. Zaccaria/Venedig in M. Niederlassungen.

D. Gallo

Lit.: Città murate del Veneto, hg. S. BORTOLAMI, 1988 – A. CASTAGNETTI, Il Veneto nell'alto medievo, 1990 – DERS., Tra »Romania« e »Langobardia«, 1991 – Storia di M., hg. A. RIGON, 1993.

Monsfrag, jener Teil des Ritterordens v. →Montjoie (Monteagudo; auch: Orden de Santo Redentor de Alfambra, nach seiner 1188 vollzogenen Vereinigung mit dem Hospital v. Teruel), der die 1196 von Alfons II. v. Aragón verfügte und von Papst Coelestin III. bestätigte Inkorporation des Ordens in den →Templerorden nicht mittragen wollte und sich auf die kast. Burg M. als autonome Gemeinschaft zurückzog. Die 1215 auf dem IV. Laterankonzil bekanntgewordenen Angliederungsbestrebungen dieser Gemeinschaft an den Orden v. →Calatrava führten 1221 zur endgültigen Vereinigung; Besitzstreitigkeiten mit den Templern wurden vom Papsttum zugunsten Calatravas entschieden (1217, 1234, 1245). Der von Jakob II. v. Aragón unterstützte Versuch der Wiederbelebung des Ordens nach dem Untergang der Templer (1312) endete mit der Wahl der Burg →Montesa als neuem, namengebenden Ordenszentrum.

L. Vones

Lit.: DIP VI, 94f. – F. D. GAZULLA, La Orden de Santo Redentor, Bol. Soc. Castellonense de Cultura 9, 1928, 90–107 u. ö.; 10, 1929, 38–41 u. ö. – A. J. FOREY, The Order of Mountjoy, Speculum 46, 1971, 250–266 – D. W. LOMAX, Las Ordenes Militares..., Rep. de Hist. de las Ciencias Eclesiásticas en España 6, 1977, 67.

Monstranz, Schaugefäß der →Hostie, im wesentl. aus frühgot. Reliquien- und Sakraments-Ostensorien entwickelt. Erhaltene Beispiele aus dem 14. Jh. sind selten, ab dem 15. Jh. zahlreich. Teile des Gefäßes: Fuß, Schaft mit Tragknauf (Nodus), zu öffnender Schaubehälter, der hinter Glas oder Kristall die Hostie staubdicht aufnimmt. Diese wird für gewöhnl. in einer sichel- oder kreisförmigen Fassung (→Lunula) festgeklemmt, die sich in den Schaubehälter einschieben läßt. Die Weisungen der Kirche verlangen als Material zersetzungsfestes Metall wie Gold oder Silber – v. a. für die Lunula –, aber auch vergoldete Kupferlegierungen, Nickel oder Elfenbein. BRAUN unterscheidet verschiedene entwicklungsgesch. aufeinanderfolgende Typen: die insbes. in Italien bis in die Renaissance vorherrschende Laternen- oder Pyxiden-M.; die zahlenmäßig den anderen Typen weit überlegene Turm-M. mit aufrecht stehendem Schauzylinder, der von reichen Architekturformen umgeben und bekrönt ist, und die nach Art eines Altarretabels dreiteilige, gegen Ende des 15. Jh. aus der Turm-M. abgeleitete Retabel-M. PERPEET-FRECH bezeichnet die M. mit liegendem Zylinder, im Lauf der Zeit auf eine flache Kapsel reduziert wird, als Scheiben-M. Dieser Typus erscheint mit und ohne aufwendige Zierarchitektur und ist gerade in seiner schlichteren Variante in entwicklungsgesch. Hinsicht von großer Bedeutung, da er direkter Ausgangspunkt und formale wie ikonolog. Grundlage für die barocken Sonnen-M.en war. Eine kleine Gruppe innerhalb der Scheiben-M. stellen die aus den Vortrage- und Reliquienkreuzen entstandenen Kreuz-M.en dar, bei denen die Hostienkapsel im Schnittpunkt eines Kreuzes angeordnet ist. Sondergut des SpätMA ist die Statuen-M. (Hostiengehäuse analog dem Büstenreliquiar in der Brust der Ganz- oder Halbfigur) sowie die v. a. in Spanien bekannte, mitunter über 3 m hohe ständerlose Turm-M. Im Mittelpunkt der Bildprogramme der M. steht die Verherrlichung des Sakraments durch die Engel, die Repräsentation Christi durch Propheten, Apostel, Hl.e und Märtyrer, die Erlösung durch Christus mit Hinweisen auf seine Menschwerdung (Maria), Passion (Kreuz, Kreuzigung, Kruzifix, Schmerzensmann) und Auferstehung sowie der Gedanke der Teilhabe am Sakrament durch Fürbitter und Stifter. Verbindung auch mit folgenden Bildideen: Deesis, Gnadenstuhl, Hl. Grab, himml. Jerusalem, Lamm, Pelikan, Weltgericht, Wurzel Jesse usw.

M. Grams-Thieme

Lit.: LCI III, 280f. – LThK² VII, 574f. – TRE XII, 400f. – J. BRAUN, Das christl. Altargerät, 1932, 348–411 – M. ANDRIEU, Aux origines du culte de Saint-Sacrement. Reliquiaires et monstrances eucharistiques, Anal-Boll 58, 1950, 397–418 – L. PERPEET-FRECH, Die got. M. im Rheinland [Diss. Bonn 1956], 1964 – E. KOHLHAUSSEN, Nürnberger Goldschmiedekunst des MA und der Dürerzeit 1240 bis 1540, 1968, 203–235.

Monstrelet, Enguerran(d) de, burg. Chronist, * um 1395, † 20. Juli 1453, entstammte einer Adelsfamilie des Ponthieu, in einer Urk. vom 19. Mai 1447 (über einen gemeinsam mit seiner Frau Jeanne de Valhuon getätigten Weinbergkauf) nennt er sich →'écuyer'. 1436 Schöffe in Cambrai, 1436–40 Bailli des dortigen Kathedralkapitels, zw. 1444 und 1453 mehrfach Prévôt, unternahm zw. Ende April 1449 und Mai 1450 eine Romreise. Familiar des Gf.en v. →St-Pol, verfaßte M. die bedeutendste burg. Chronik, wohl aus eigenem Antrieb, ohne eigtl. Auftrag und mit dem Ziel, das Werk →Froissarts fortzusetzen. In seinem in zwei Bücher (1400–22 und 1422–44) gegliederten Werk hat M. nach eigenen Angaben mündl. Zeugnisse von »rois d'armes, hérauts et poursuivants« (→Herold) sowie von »plusieurs nobles hommes et autres notables personnes« verwertet, aber auch offizielle Dokumente, deren Wortlaut er wiedergibt (so die Verteidigung des Jean →Petit oder die Remonstrance v. 1412); er macht Anleihen bei lat. Texten, im 1. Buch v. a. bei der »Chronographia regum francorum« (aus St-Denis). Seine Haltung ist gemäßigt, gleichwohl parteilich: alle seine Gewährsleute gehören der Partei der 'Bourguignons' an. M.s Stil ist weitschweifig und bar jeder Eleganz. Mathieu d'→Escouchy fügte eine Forts. (für 1444–61) an. Die (noch bis 1467 weitergeführte) Chronik wurde bei Antoine Vérard gedruckt (zwei Ausg., undatiert). Georges →Chastellain hat die Chronik M.s in breitem Umfang benutzt, seine Vorlage aber umgearbeitet und die Darstellung flüssiger gestaltet.

F. Vielliard

Ed.: L. DOUËT D'ARC, La chronique d'E. de M., 6 Bde, 1857–62 (SHF) – B. GUENÉE – F. LEHOUX, Les Entrées royales françaises de 1328 à 1515 (Sources d'hist. médiévale 5, 1968), 75–79 – *Lit.:* MOLINIER, 3946 – BOSSUAT 5203–5210bis – BOSSUAT Suppl. 1960–80, 7986 – H. MORANVILLÉ, Note sur l'origine de quelques passages de Monstrelet (BEC 62, 1901), 52–56 – A. LESORT, Note biogr. sur E. de M. dans Bull. philol. et hist., 1908, 153–157 – G. T. DILLER, The Assassination of Louis d'Orléans: the Overlooked Artistry of E. de M., Fifteenth Century Stud. 10, 1984, 57–68.

Monstren (lat. monstra »Zeichen«, syn.: miracula, portenta, ostenta, prodigia, gr. τέρατα) stellten echte oder fiktive Mißgeburten, d. h. mit Mißbildungen geborene Menschen und Tiere bzw. mensch-tiergestaltige oder aus verschiedenen Tierarten hervorgegangene Mischwesen dar. In der Antike verwiesen M. auf außerordentl. Ereignisse. Das MA, mit Ausnahme seiner Spätphase, überwand diese Vorstellung weitgehend. M. gehörten zum unerklärl. Weltplan des Schöpfers.

→Hildegard v. Bingen sah in M. u. a. das Ergebnis widernatürl. Verbindungen (Causae et curae II). Verübte Bestialität galt im MA ganz allg. als eine der möglichen Ursachen für monströse Früchte; das zeigen z. B. im Fall der Mißgeburt entsprechend restriktive Vorschriften der älteren Taufpraxis (FERRARIS I, 499, Baptismus V, 7–8). →Albertus Magnus hingegen beurteilte die M. als Störungen in der natürl. Entwicklung der Individuen. Minotauren bestünden nur in den Fabeln der Poeten (animal. XVIII, 47-48). Als »großen Mißstand« kritisierte →Nikolaus Oresme die Folgerung, M. resultieren aus zwischenartl. Zeugung (De causis 3, 713-717).

Die Unterscheidung von beseelten und unbeseelten M. durch →Konrad v. Megenberg berührte latent Fragen der Taufpraxis. Keine Seelen hätten jene »Wundermenschen« (monstruosi), die »von der stern kraft in der muoter leib« kommen und darum z.B. mit einem Viehhaupt geboren würden (Buch der Natur, 486-489). Die Kopfform war für→Petrus de Abano zur Beantwortung der Frage, ob ein Lebewesen als Mensch anzusehen und zu taufen sei, entscheidend (Problem. Arist. 4, 13).

Der sehr alte Gedanke, der Anblick oder die Vorstellung (Imagination) von Widerwärtigem während der Gravidität lasse M. entstehen, gehört zu den »Elementargedanken« der Völker. Die werdende Mutter durfte u.a. nicht alles sehen sowie nicht alles einnehmen. Die im 11. Jh. verfaßte »Wiener →Genesis« (646/660) sprach von pflanzl. bedingter Teratogenese: Adam habe seine Töchter vor dem Verzehr embryotoxischer (leibesfruchtschädigender) Kräuter vergebl. gewarnt, weswegen M. zur Welt gekommen seien.

M.- oder Zwitterbildung vermutete man ferner für den Fall einer Sameneinnistung in der Scheitelkammer des »siebenzelligen Uterus«. Bei Überschuß- oder Mängelmißbildungen sah man entsprechend zu große bzw. zu geringe Spermaquantitäten als ursächl. an. Klumpfuß und Schiefwuchs führte man auf Seitenlage beim Koitus zurück. Abartiger Verkehr sowie Vereinigung während der →Menstruation sollte teratolog. Entgleisungen bewirken. – Im SpätMA sollten Intimitäten mit →Dämonen M., Hermaphroditen und gelegentl. Albinos erzeugen. Die Entstehung der M. stand nunmehr auch unter dem Einfluß der Planeten.

Unter den arab. Autoren übermittelt Ibn al-Qifṭī (gest. 1248) die seinerzeit dort verbreitete Ansicht, Mißgeburten entstünden, wenn bei der embryonalen Entwicklung das angebl. den Uterus ausfüllende Sperma durch Beimischung von Urin verdrängt werde.

Der Talmud beschreibt Mißbildungen, die auch heute teratolog. bekannt sind, und anerkennt »menschl. Körperbildung«, wenn das Gesicht menschl. Züge trage; dabei mag der übrige Körper wie ein Ziegenbock gestaltet sein. – s.a. →Fabelwesen [Lit.], →Frauenheilkunde [Lit.].

M. E. v. Matuschka

Lit.: The Enc. of Religion, ed. by M. ELIADE, X, 1987, 76-80 – RAC IX, 569 – RE XLVI, 2283-2296 – L. FERRARIS, Bibl. canonica, iuridica, moralis, theologica..., 9 Bde, 1885-99 [Neuausg.] – J. PREUSS, Bibl.-talmud. Med., 1911, 484-487 – T. W. GLENISTER, Fantasies, Facts and Foetuses, the Interplay of Fancy and Reason in Teratology, MedHist 8, 1964, 15-30 – K. SMITS, Die frühmhd. Wiener Genesis, Krit. Ausg., Philol. Stud. und Q., 59, 1972, 135 – O. NICCOLI, »Menstruum quasi Monstruum«: Parti mostruosi e tabù mestruale nel '500, Quaderni Storici 15, 1980, 402-428 – F. KLEIN-FRANKE, Vorlesungen über die Med. im Islam, SudArch, Beih. 23, 1982, 49f. – C. LECOUTEUX, Les Monstres dans la Litt. Allemande du MA, 3 Bde, GAG 330, 1982 – Nicole Oresme and the Marvels of Nature. A Study of his »De causis mirabilium«, ed., komm. und übers. B. HANSEN, 1985 – G. KEIL, Die Frau als Ärztin und Patientin in der med. Fachprosa des h. MA (Frau und spätma. Alltag, 1986), 157-211, hier: 195 – J. KUNZE-I. NIPPERT, Genetik und Kunst. Angeborene Fehlbildungen in verschiedenen Kulturepochen, 1986 – R. REISERT, Der siebenkammerige Uterus (WmF 39, 1986), bes. 47, 49f.

Montagna, Bartolomeo, Vicentiner Maler, um 1449-1523. Seine Ausbildung erhielt M. in Venedig, wo er 1469 bezeugt ist, möglicherweise bei Giovanni →Bellini; 1482 arbeitete er an der Ausstattung der Scuola Grande di San Marco mit und wurde von den Neuerungen →Antonellos da Messina und Alvise Vivarinis berührt. In Vicenza war er bereits 1474 und bis weit ins 16. Jh. als führender Maler tätig; sein umfangreiches Werk besteht v.a. aus halbfigurigen Madonnen, Christusdarstellungen und großen Altarbildern, meist mit einer →Sacra Conversazione.

Chr. Klemm

Lit.: L. PUPPI, B. M., 1962 – F. BARBIERI, Pittori di Vicenza 1480-1520, 1981, 23-31.

Montagnana, Bartolomeo (da), Medizinprofessor in Padua 1422-41, † 1460, Autor mehrerer, z.T. noch im 17. Jh. gedruckter Werke, so der »Consilia medica« (Erstdruck Venedig 1497), der »Consilia sex et trecenta« (Venedig 1525), der balneolog. Schr. »De balneorum varietate, facultate et usu« (Basel 1537) und des »Antidotarium« (Venedig 1497; dt. Hs. um 1490). Sektionsbefunde und krit. Fallstud. charakterisieren M.s Œuvre ebenso wie die zeitgenöss. Volksmedizin.

K. Bergdolt

Lit.: BLA IV, 245 – THORNDIKE-KIBRE, 1758 – Verf.-Lex.² I, 620 – E. GURLT, Gesch. der Chirurgie, I, 1898, 880-883 – M. NEUBURGER, Gesch. der Med., II, 1911, 442, 507f.

Montagu, engl. Adelsfamilie, die unter der Regierung Eduards I. zu großem Ansehen gelangte. *Simon M.,* dessen Familie in Somerset über Landbesitz verfügte, diente Eduard in Schottland und der Gascogne. Als er 1316 starb, führte sein Sohn *Wilhelm* († 1319) die Familientradition des Kg.sdienstes fort. Er wurde →*knight* im Hofhalt Eduards II., →*steward* des kgl. Hofhaltes 1317 und Seneschall der Gascogne 1318. Aber die Familie erlangte ihren Höhepunkt unter Wilhelms gleichnamigem Sohn (* um 1302, † 1344), der zu den führenden Mitgliedern der Gruppe im Hofhalt Eduards III. gehörte, die 1330 am Sturz Roger →Mortimers und der Kgn. →Isabella beteiligt war. *Wilhelm* blieb einer der einflußreichsten Höflinge Eduards III. Er diente in den Schottlandfeldzügen der 30er Jahre des 14. Jh. und erhielt 1337 den Titel eines Earl of Salisbury. In der ersten Phase des →Hundertjährigen Krieges kämpfte er an der Seite des Kg.s in Flandern und wurde eine der führenden Persönlichkeiten in der polit. Krise von 1340/41. Sein Einfluß auf den Kg. und die Geldschaffung in England für den Krieg machten ihn unpopulär. Sein Sohn *Wilhelm* (* 1328, † 1397) kämpfte in →Crécy und →Poitiers, nahm an verschiedenen anderen Feldzügen in Frankreich in den Jahren vor dem Frieden v. →Brétigny teil und wurde Ritter des →Hosenbandordens. 1347 heiratete er Johanna (Joan) v. Kent, die später die Frau →Eduards, des »Schwarzen Prinzen«, wurde. Johanna hatte vor ihrer Vermählung mit Wilhelm heiml. Sir Thomas →Holland geheiratet, und als Holland 1347 nach England zurückkehrte, konnte er mit Hilfe einer Petition an den Papst Johannas Ehe mit Wilhelm annulieren lassen. Als der Krieg 1369 erneut ausbrach, diente Wilhelm wieder in Frankreich und wurde 1379 Befehlshaber v. Calais. In England erhielt er verschiedene Ämter und nahm auch an Friedensverhandlungen mit Frankreich teil. Nach seinem Tod erhielt sein Neffe *John* den Titel des Earl of Salisbury, da sein einziger Sohn 1382 gestorben war. John (* um 1350, † 1400) sammelte bereits als junger Mann militär. Erfahrungen, doch hielt er sich während der Regierung Richards II. am Hof auf. 1383 wurde er kgl. knight und im Parliament vom Sept. 1397 einer der →Appellants, die die Feinde des Kg.s von 1386-88 des Verrats beschuldigten. Anders als seine Mitankläger wurde er jedoch für seine Loyalität gegenüber dem Kg. nicht mit einem Hzm. belohnt. Trotzdem begleitete er Richard 1399 nach Irland. Nach der Invasion von Heinrich (IV.) Bolingbroke kehrte er vor dem Kg. nach England zurück, um einen Widerstand gegen die Invasion zu organisieren. Doch schlug diese Unternehmung fehl, und nach der Machtergreifung Heinrichs wurde John im Tower eingekerkert. Im Jan. 1400 versuchte er erneut vergebl. Heinrich IV. zu stürzen. Eine aufgebrachte Menschenmenge ermordete John in Cirencester. Im folgenden Jahr wurde er vom Parliament postum des Verrats für schuldig erklärt, sein Earl-Titel sowie sein Landbesitz fielen an die Krone. John, der bei seinen Zeitgenossen im Ruf eines Dichters stand, wurde von →Christine de Pisan als ein »gracieux dicteur« beschrieben. Nach dem frz. Dichter und Chronisten Jean Creton soll er Balladen, Chansons, Rondeaux und Laissen verfaßt haben. Doch ist keine seiner Dichtungen überliefert. Als sein Sohn *Thomas* 1409 mündig wurde, übertrug Heinrich IV. ihm den Earl-Titel und den Landbesitz der Familie. Dafür leistete Thomas Heinrich V. und Heinrich VI. militär. Dienste. Er kämpfte in →Agincourt und war an der Eroberung der Normandie führend beteiligt. Ihm wurde die Comté de →Perche übertragen. Thomas versuchte nach der Niederlage in Baugé 1421, die engl. Position in der Normandie zu festigen, und begann einen Gegenangriff im Anjou. Nach 1422 diente er unter der Regentschaft von →Johann, Duke of Bedford (18. J.), weiterhin in Frankreich und war vielleicht einer der bedeutendsten Befehlshaber in dem von dem Haus Lancaster beherrschten Teil Frankreichs. Er wurde am 3. Nov. 1428 getötet, als er die Engländer bei der Belagerung v. →Orléans anführte. Obwohl er zweimal verheiratet war, hatte er keinen männl. Erben. So gelangten Earl-Titel und Ländereien über seine Tochter *Alice* an die →Neville-Familie. J. A. Tuck

Lit.: K. B. McFarlane, Lancastrian Kings and Lollard Knights, 1972, – C. T. Allmand, Lancastrian Normandy, 1415-1450, 1983 – W. M. Ormrod, The Reign of Edward III, 1990.

Montaigu, aus M. im Laonnois (Picardie) stammende Familie von ursprgl. bescheidenem Rang, deren Mitglieder im späten 14. und frühen 15. Jh. zu bedeutenden Amtsträgern des frz. Kgtm.s aufstiegen. F. Autrand

I. M., Gérard de, kgl. Sekretär, † Okt. 1391, ▭ Ste-Croix-de-la-Bretonnerie, Kapelle St-Michel (neben seiner Gemahlin); an der Univ. Paris ausgebildet, kgl. →Notar; ∞ Biette Cassinel (aus it. Familie), Schwester eines kgl. Notars. M. wurde vom Kg. zum Leiter des kgl. Archivs (→Trésor de chartes) ernannt, legte am 31. Dez. 1370 vor der →Chambre des Comptes den Amtseid ab und erhielt die Schlüssel ausgehändigt. Im Aug. 1374 mit dem Titel 'sécretaire du roi et trésorier des chartes' genannt, übte er sein Amt bis zum Lebensende aus. Seine Leistung für die Reorganisation des Trésor des chartes, den er aus einem »Meer von Papier« (so seine eigene Einschätzung) in ein sorgsam verwaltetes Archiv verwandelte, ist bedeutend. Neben der Schaffung mehrerer Inventare ist v. a. sein System der Klassifizierung der Registratur in 'layettes' (oder 'boîtes') und 'registres' hervorzuheben; er unterschied zw. laufendem ('registres utiles') und abgeschlossenem ('registres inutiles' und 'complètement inutiles') Geschäftsschriftgut. Sein Projekt eines Gesamtinventars blieb unvollendet. (Als Laie) zum Maître de la Chambre des Comptes (27. Mai 1384) und zum kgl. Ritter ernannt (→Chevalier le roi, März 1391), wurde er vom Kg. mit Gunstbeweisen (500 Goldstücke 1378, 500 *livres d'or* 1391) bedacht. E. Lalou

2. M., Gérard de, Sohn von 1, † 25. Sept. 1420 im Exil, folgte dem Vater in den Ämtern am Trésor, dessen Schlüssel ihm am 18. Okt. 1391 ausgehändigt wurden. →Avocat du roi am →Parlement, apost. und ksl. Kleriker, ist er bis 1400 in seinen Funktionen belegt. Er war es wohl, der den »Recueil des traités de Charles V« (um 1378–79) anlegte. Später Kanzler des Hzg.s →Jean de Berry, war er 1403–09 Bf. v. Poitiers, 1409–20 v. Paris. E. Lalou

3. M., Jean de (d. Ä.), kgl. Amtsträger und Ebf. v. Sens, Sohn von 1, ⚔ 1415 bei Azincourt (→Agincourt), gehörte wie seine Brüder dem einflußreichen Politikerkreis der sog. →Marmousets an, die die Pariser →Coelestiner förderten, sich nachhaltig für den Fortschritt der staatl. Institutionen einsetzten und der Partei der Orléans (bzw. Armagnacs) anhingen. 1390–1406 Bf. v. Chartres, 1406–15 Ebf. v. Sens, 1398–1413 Präsident der →Chambre des Comptes. Ergriff Partei gegen die Ermordung Hzg. →Ludwigs v. Orléans (1407) und wurde nach der Hinrichtung seines Bruders (1409) leidenschaftl. Verfechter der Sache der →Armagnacs. Trotz seiner geistl. Würde kämpfte der krieger. Ebf. (für die Zeitgenossen ein Skandal) bei Azincourt mit und fand den Tod. F. Autrand

4. M., Jean de (d. J.), kgl. Amtsträger, Sohn von 1, * um 1350, † 1409, kgl. Sekretär, spezialisiert auf Finanztechnik, den →Marmousets durch seine Heirat mit Jacqueline de La Grange, Nichte des Kard.s La →Grange, verbunden (1390). Er trat 1395 in das →Hôtel du roi über. Zum Ritter gekürt, befehligte er eine militär. Expedition und wurde →Chambellan du roi. Seit 1401 war er *souverain maître* am Hôtel du roi, leitete die kgl. Finanzen und hatte dominierenden Einfluß in der Regierung. Nach der Ermordung Hzg. →Ludwigs v. Orléans (1407) leistete er Widerstand gegen das Vordringen der Burgunder, bis ihn Hzg. Johann (→Jean sans Peur) 1409 hinrichten ließ. M. baute eine wertvolle Bibliothek auf, stiftete einen Coelestinerkonvent zu Marcoussis (wo er ein Schloß besaß) und erreichte die Einheirat seiner vier Kinder in fsl. Kreise; sein Aufstieg empörte die Zeitgenossen. F. Autrand

Lit.: L. Merlet, Biogr. de J. de M. [BEC 1851/52] – H. F. Delaborde, Étude sur la constitution du trésor des chartes, 1909 – A. Artonne, Le Recueil des traités de Charles V (Mél. C. Brunel, I, 1955), 58–63 – M. Rey, Les finances royales sous Charles VI, 1965 – F. Autrand, Charles VI, 1986, 438.

Montaigu, Bertrand de, Abt. v. →Moissac, 14. Aug. 1260 (Nachfolger von Guillaume Bessens) – † Aug. 1295, stand in guten Beziehungen zu →Alfons v. Poitiers, dem kapet. Gf. en v. →Toulouse, und den kgl. Seneschällen in Südfrankreich. Nach Alfons' Tod stieg M. rasch zum Ratgeber der frz. Kg.e Philipp III. und Philipp IV. für die neueroberten südfrz. Gebiete auf, an deren jurist. Organisation er Anteil hatte (Überarbeitung und Publikation der →Coutumes v. Toulouse, führende Tätigkeit im Languedoc als Reiserichter in der kgl. →Commission des Parlement, ab 1280, und am →Parlement v. Toulouse, 1287–90/91). Auch war er mit der Verproviantierung der frz. Truppen während des Kreuzzugs gegen →Aragón (1285) betraut. Seine Abtei profitierte vom Einfluß ihres Abtes, der nicht nur ihren Besitzstand absicherte (bereits 1262 militär. Vorgehen gegen den Bf. v. →Cahors), sondern sich auch durch Gründung eines Kollegs in Toulouse und den Ausbau der Bibliothek um die geistl. Belange seiner 80 Mönche verdient machte. In guten Beziehungen zu den Dominikanern stehend, nötigte M. dagegen die Franziskaner, sich nicht in Moissac, sondern in Rabastens niederzulassen. E. Lalou

Lit.: Y. Dossat, L'abbaye de Moissac à l'époque de B. de M., Cah. de Fanjeaux 19, 1984, 117–152.

Montaldo, aus →Gavi im Oltregiogo stammende Popolarenfamilie, die in der 2. Hälfte des 14. Jh. in den Machtkämpfen um den Dogat in →Genua zusammen mit den →Adorno, Guarco, →Campofregoso eine Hauptrolle spielte. Ihr erster hist. bedeutender Vertreter ist *Leonardo*, Sohn des Paolo, Richter und Berater des ersten Dogen Simon →Boccanegra, der bei allen Machthabern seiner Zeit als Gesandter der Stadt Genua fungierte, dann in Ungnade fiel und 1362 nach Rumänien gesandt wurde. Nach vergebl. Versuchen, an die Macht zu kommen (1365 und 1366), wurde Leonardo schließlich 1383 Doge, starb jedoch im folgenden Jahr an der Pest. Sein Sohn *Antonio* trat in die Fußstapfen seines Vaters und wurde der Führer einer Popolarenfraktion, die ihn zweimal (1392/93; 1393/94) zum Dogen erhob. Im ersten Jahrzehnt des 15. Jh. suchte *Battista* sich wieder in das polit. Spiel um den Dogat einzuschalten. 1404 wurde ein Sohn von Leonardo, *Raffaele*, Gouverneur v. Korsika. Trotz der Unterstützung durch die adlige Familie →Spinola vermochten die M. keine dauerhaften Machtpositionen zu erreichen und verschwanden rasch vom polit. Schauplatz. 1528 gehörten sie zum albergo Vivaldi. G. Petti Balbi

Q. und Lit.: L. LEVATI, Dogi perpetui di Genova, 1928 – G. Stella, Annales Genuenses, hg. G. PETTI BALBI, RIS XVII/2, 1975 [Ind.] – G. PETTI BALBI, Simon Boccanegra e la Genova del Trecento, 1991.

Montalvo, Alonso Díaz de, * ca. 1405 im kast. Arévalo (Ávila), † ca. 1499 in Hueste (Cuenca), studierte beide Rechte an den Univ. →Salamanca und →Lérida. Von Geburt→Hidalgo, bekleidete er wichtige Ämter im Dienste der kast. Krone, wie das eines →Corregidor, eines Gerichtsbeisitzers und Auditors in der Chancillería von Valladolid. Unter →Johann II., →Heinrich IV. (22.H.) und den→Kath. Kg. en gehörte er dem →Consejo Real an. Auf den Cortes von Toledo erhielt er 1480 den Auftrag, die kast. Gesetze zu kompilieren. In Hueste, wohin er sich zurückgezogen hatte, vollendete er am 11. Nov. 1484 die erste der kast. Kompilationen mit dem Titel *Ordenanzas reales*, die als *Ordenamiento de Montalvo* bekannt wurde, und fügte dieser noch eine *Secunda Compilatio legum et ordinationum regni Castellae* hinzu. Zudem verfaßte er Schr. zugunsten der konvertierten Juden sowie über strittige Rechtsfragen, setzte sich mit dem Werk →Alfons' X. des Weisen auseinander und glossierte den *Fuero Real de España*. J. Lalinde Abadía

Lit.: F. CABALLERO, Elógio del Doctor A.D. de M. Discurso en la Real Academia de la Hist., 1870 – COING, Hdb. I, 296–297, 299, 362, 558.

Montanhagol, Guilhem de, Troubadour aus Toulouse, wirkte zw. 1233 und 1268. Stand zuerst im Dienst Jakobs I. (des Eroberers), dann Raimunds VII. v. Toulouse und Raimund Berengars v. Provence. Zw. 1252 und 1257 begab er sich an den Hof →Alfons' X. des Weisen. Ihm werden 14 Dichtungen zumeist mit Liebesthematik zugeschrieben. Obgleich ein strenggläubiger Katholik, verfaßte er seine Dichtungen in einer Zeit, in der die Inquisition in jeder Verherrlichung des →Fin' Amor eine Gefahr sah. Sein dichter. Temperament erscheint vergeistigt und etwas blutleer. Nicht zuletzt seine Behauptung, daß aus Liebe »Keuschheit kommt«: »e d'amor mou castiatz« (P. C. 225, 2, v. 18) ließ ihn in den Augen mancher Literaturkritiker als einen Vorläufer der it. Stilnovisten (→Dolce stil novo) erscheinen, auch wenn er nicht deren spekulative Tiefe besitzt. L. Rossi

Ed.: J. COULET, Le troubadour G. de M., 1898 – P. T. RICKETTS, Les poésies de G. de M., 1964 – Lit.: F. BRANCIFORTI, Note al testo di G. de M., Filologia e Lett. 14, 1968, 337–405 – E. MELLI, Interpretazione di M., Studi Marco Boni, 1984, 97–142.

Montanismus, nach dem Gründer Montanus benannte, etwa 160–170 in Phrygien entstandene innerkirchl. Erweckungsbewegung, die sich selbst als 'Prophetie' oder 'neue Prophetie' verstand und auf Grund wachsender Ablehnung zur Sekte wurde. Montanus und seine Beglei-

terinnen Priscilla (Prisca) und Maximilla traten als ekstat. Propheten auf, aus denen der Gottesgeist sprach, die Visionen hatten und geheimnisvolle Stimmen hörten; nach gängiger Interpretation der meist polem. tradierten Prophetensprüche und früher Zeugnisse erwartete man in der Wiederbelebung urchristl. Erwartungen die nahe Vollendung der Welt und die Herabkunft des himml. Jerusalem in der phryg. Heimat. Die strengen eth. Forderungen dürften durch die Naherwartung motiviert gewesen sein: Auflösung von Ehen; Verzicht auf Bußmöglichkeit, die grundsätzl. nicht bestritten wurde; Wunsch nach dem Martyrium; Fasten. Der M. des spätestens 207 hinzugekommenen →Tertullian unterschied sich im *kasuist*. Rigorismus von der Bewegung der ersten Generation (z. B. Ablehnung der 2. Ehe nach dem Tod eines Partners). Der kleinasiat. M. wurde von christl. Ks. n und kath. Bf. en als Häresie bekämpft. Letzte Zeugnisse sprechen für eine Existenz bis ins 6. und vielleicht 8./9. Jh. Th. Baumeister

Q.: P. DE LABRIOLLE, Les sources de l'hist. du montanisme, 1913 – N. BONWETSCH, Texte zur Gesch. des M., 1914 – R. E. HEINE, The Montanist Oracles and Testimonia, 1989 [Lit.] – Lit.: Diz. patristico II, 1983, 2299–2301 – DSAM X, 1670–1676 – LThK² VII, 578–580 – RE XVI, 1, 206–210 – The Oxford Dict. of Byzantium II, 1401f. – P. DE LABRIOLLE, La crise montaniste, 1913 – W. SCHEPELERN, Der M. und die phryg. Kulte, 1929 – K. ALAND, Kirchengesch. Entwürfe, 1960, 105–148, 149–164 – ST. GERO, Montanus and Montanism According to a Medieval Syriac Source, JTS 28, 1977, 520–524 – TH. BAUMEISTER, M. und Gnostizismus, TThZ 87, 1978, 44–60 – A. STROBEL, Das hl. Land der Montanisten, 1980 – W. H. C. FREND, Montanism: Research and Problems, Rivista di storia e lett. religiosa 20, 1984, 521–537 [Lit.].

Montaperti, am Arbiabach unweit von Siena (Toskana) gelegener Schlachtort, wo am 4. Sept. 1260 die ghibellin. Truppen unter sienes. Führung dem zahlenmäßig überlegenen guelf. Heer, das von den Florentinern aufgeboten worden war, eine vernichtende Niederlage beibrachten. Entscheidend war der Verrat des Florentiners Bocca degli Abati, der dem Feldzeichenträger der eigenen Kavallerie die Hand abschlug, so daß die Reiterei völlig die Orientierung verlor (vgl. Dante, Inferno, XXXII, 73–123). Als Folge der Niederlage kam es in →Florenz zum Sturz der Regierung des Primo Popolo und zur Installierung eines ghibellin. Stadtregiments; Kg. →Manfred und seine ghibellin. Verbündeten erreichten ihre größte Machtfülle, bevor im Kampf um das Kgr. Sizilien die Anjou endgültig die Oberhand gewannen. In der Toskana blieb die Erinnerung an M. jahrhundertelang in öffentl. und privaten Q. und im kollektiven Gedächtnis lebendig (noch heute Mitführung eines Fahnenwagens beim Palio v. Siena zur Erinnerung an den in M. erbeuteten florent. Carroccio).
L. Pandimiglio

Q. und Lit.: G. Villani, Cronica, VI, 78 – P. Mini, Discorso della Nobiltà di Firenze, e de Fiorentini, Firenze 1593 – DERS., Avvertimenti e digressioni sopra 'l Discorso della Nobiltà di Firenze, e de Fiorentini, Firenze 1594 – R. MORGHEN, Gli Svevi in Italia, 1974 – T. BURCKHARDT, Siena città della Vergine, 1978 – S. RAVEGGI, M. TARASSI, D. MEDICI, P. PARANTI, Ghibellini, Guelfi e Popolo grasso, 1978.

Montargis, Vertrag v. (22. Okt. 1484). Da →Franz II., Hzg. v. →Bretagne (1458–88), nur Töchter hatte, stellte sich die Nachfolgefrage (Heirat seiner ältesten Tochter →Anna) mit aller Schärfe, zumal sich der Gesundheitszustand des Fs. en verschlechterte. Gegen Pierre →Landais, den frankophoben Generalschatzmeister der Bretagne, stellte sich eine frankreichfreundl. Partei, die vom Kg. v. Frankreich mit Pensionen unterhalten wurde. Um sich die Anhängerschaft des ztw. Führers dieser Gruppierung, des Sire de Rieux, Jean, und anderer bret. Barone zu sichern, erließ Karl VIII. in ihrer Gegenwart am 22. Okt. 1484 zu M. (dép. Loiret) eine Urk., in der er ausführte, daß das

Hzm. Bretagne beim Tode Franz' II. rechtmäßig an ihn, den Kg., heimfallen werde; zugleich erkannte er die Rechte der Stände *(États)* der Bretagne an (bes. in finanzieller und militär. Hinsicht) und stellte den verbündeten Baronen militär. Würden und Ämter in Aussicht, versprach eine ehrenvolle Verheiratung der Töchter des Hzg.s und sagte zu, er werde, falls er mehrere Söhne haben würde, einem von ihnen den Herzogstitel der Bretagne verleihen. Der Vertrag v. M. markiert einen wichtigen Schritt auf dem Wege zur Vereinigung der Bretagne mit Frankreich.
Ph. Contamine

Q.: DOM MORICE, Mémoires pour servir de preuves à l'Hist. civile et ecclésiastique de Bretagne, III, 1746, 441–444.

Montauban, Jean de, frz. militär. Befehlshaber und Amtsträger, * um 1412, † 1466, entstammte einer angesehenen bret. Adelsfamilie; ein Vorfahr, Guillaume, hatte sich beim legendären 'Combat des Trente' (1351) ausgezeichnet. M. war Sohn von Guillaume, Sire de M., und Bonne →Visconti, Hofdame der frz. Kgn. →Isabella v. Bayern. In Nachfolge seines Bruders Arthur war M. Maréchal de Bretagne unter den Hzg.en Peter II., Arthur III. und Franz II., zählte anderseits aber als Rat (→Conseil) und →Chambellan Karls VII. zu den namhaften Bretonen im Dienst des Kg.s v. Frankreich. Während des Prozesses des Gilles de → Rais (1440) war er dessen allzu entgegenkommender Wächter. M. nahm an der Rückeroberung der Normandie (1448–50) und Guyenne (1452–53) teil und befehligte bei Castillon (1453) das frz. Heer. Er war Familiar und Günstling des Dauphins→Ludwig (XI.), der ihm nach seinem Machtantritt (1461) ehrenvolle Ämter verlieh: Grand maître des →Eaux et forêts, →Amiral de France (anstelle des abgesetzten →Sancerre), →Gouverneur v. →La Rochelle, diplomat. Missionen (u.a. Mailand). Sein großes Vermögen kam (im Zuge des Nießbrauchs) an seinen Schwager Georges de →La Trémoïlle, den Gatten der wegen Sittenlosigkeit gefangengesetzten Maria v. M.
F. Autrand

Lit.: COMTE DE BELLEVUE, Maison de M., 1898 – P. R. GAUSSIN, Louis XI roi méconnu, 1976 – PH. CONTAMINE, Un serviteur de Louis XI dans la lutte contre Charles le Téméraire: Georges de La Trémoille, Annuaire-Bull. de la Soc. de l'Hist. de France 1976/77 (1978), 63–80 – PH. CONTAMINE, Des pouvoirs en France, 1300–1500, 1992, 131–146.

Montauban, Stadt in S-Frankreich am Tarn (dép. Tarnet-Garonne), gegr. 1144, auf Bitten der Bewohner des bereits bestehenden abteilichen Dorfes Montauriol, durch den Gf.en v. →Toulouse, Alfons Jourdain, der der neuen Stadt ihren Namen gab und sie mit einer städt. Charta bewidmete. Das bei der Grafenburg errichtete M. war seinem Charakter nach ein 'castrum' (bzw. burgus), gilt aber wegen seiner recht regelmäßigen urbanist. Anlage als Vorläufer der aquitan. →Bastides des 13. Jh. Die Stadt, deren Bürger um 1195 weitreichende städt. Freiheiten erwarben, erfuhr einen raschen Aufstieg. War das 13. Jh. durch heftige soziale Kämpfe zw. Bürgern und 'Popolaren' gekennzeichnet, so erreichte das städt. Leben in der 1. Hälfte des 14. Jh. seinen Höhepunkt. 1317 zum Bf.ssitz erhoben, war M. ein wichtiger Handelsplatz, dessen Dynamik durch die Geschäftstätigkeit der Brüder Bonis illustriert wird. Die Jahre 1348–52 leiteten mit Schwarzer Pest und Hundertjährigem Krieg eine Rezession ein, die das an der Schnittstelle der Einflußzonen Englands und Frankreichs gelegene M. mit Härte traf. Obzwar durch feste Mauern geschützt, litt die Stadt wirtschaftl. unter der Verwüstung der ländl. Regionen und der Unterbrechung ihrer Flußhandelsroute über Tarn und Garonne. Auch nach dem Wiederaufbau der 2. Hälfte des 15. Jh. blieb M. im Schatten von→Toulouse.
B. Cursente

Lit.: PH. WOLFF, Réflexions sur l'hist. médiévale de M., Actes du 10ᵉ Congrès de la Féd. des Soc. Acad. et Savantes Languedoc-Pyrénées-Gascogne, 1956, 9–26 – Hist. de M., hg. D. LIGOU, 1984, Kap. 3–5.

Montaudon, Mönch v., prov. Troubadour, wirkte zw. 1139 und 1210, stammte vermutl. aus Vic (dép. Cantal), war Mönch der Abtei Orlhac und Prior v. M. (Mons Odonis) bei Clermont-Ferrand, kehrte jedoch später in den Laienstand zurück. Sein satir. Temperament und seine Originalität heben ihn unter den Troubadouren um die Wende vom 12. zum 13. Jh. hervor. 19 Dichtungen werden ihm zugeschrieben: Liebesgedichte, *enuegs* (Aufzählungen unangenehmer Dinge, in Italien von Gerardo →Patecchio nachgeahmt), ein *plazer* sowie Sirventesen und Tenzonen. Bes. beachtenswert ist seine →Peire d'Alvernhe verpflichtete satir. Porträtgalerie der wichtigsten Troubadoure seiner Zeit »Pos Peire d'Alvernh'a cantat«. Unter seinen Parodien sind auch die Tenzonen mit Gott und den Hl.en zu nennen. In seinen Liebesdichtungen verwendet er hingegen die traditionellen Formen und Muster.
L. Rossi

Ed. und Lit.: E. PHILIPPSON, Der M. v. M., 1873 [Nachdr. 1977] – M. J. ROUTLEDGE, Les Poésies du Moine de M., 1977 – DERS., The Monk who knew the Ways of Love, Reading Medieval Studies, 12, 1986, 13–25 – S. ASPERTI, La data di »Pos Peire d'Alvernh'a cantat«, Studi Prov. e Francesi 86/87, 1989, 127–136.

Montazgo (montaticum; in Katalonien *forestatge*), jährl. Abgabe in Geld oder Naturalien, durch die die Einw. von Siedlungen oder Höfen die Fiskalrechte des →Concejo, Grundherrn oder Kg.s für die Nutzung der Berge und Wälder in ihrem Umkreis abgalten. Wie der →Portazgo erlangte auch der M. bei der seit dem 13. Jh. einsetzenden Organisation der Viehwirtschaft mit ihren jährl. Weidezügen (→Mesta) größte Bedeutung. Im Zuge der unter →Alfons XI. v. Kastilien 1343 eingeleiteten Abgabenreform wurde der M. für Kg.sland, der sich mit der seit 1270 als *servicio extraordinario* bestehenden Viehkopfsteuer *(servicio de ganados)* vermischt hatte, zusammengelegt, als Servicio y M. eingetrieben und schließlich wie der →Herbazgo eine wichtige regelmäßige Einkunft der kgl. Kammer.
L. Vones

Lit.: M. A. LADERO QUESADA, La Hacienda Real de Castilla en el Siglo XV, 1973, 151ff. – L. GARCÍA DE VALDEAVELLANO, Curso de Hist. de las Instituciones españolas, 1975⁴, 254, 264ff., 606 – E. S. PROCTER, Curia and Cortes in León und Castile 1072–1295, 1980, 219f., 280 – M. A. LADERO QUESADA, Las transformaciones de la fiscalidad regia castellano-leonesa en la segunda mitad del siglo XIII, Hist. de la hacienda española, 1982, 319–406 – s. a. Lit. zu →Mesta (v. a. KLEIN).

Montbazon (Dép. Indre-et-Loir). Am Ufer der Indre liegt der älteste erhaltene rechteckige →Donjon (außen 19,65 m × 13,75 m, innen 15,24 m × 9,33 m), bis 28 m hoch, außen mit rechteckigen und halbrunden Contreforts, wohl von →Odo II. v. Blois um 1000 erbaut; vor dem Eingang an der Westseite ein rechteckiger »petit donjon« mit Mauertreppen zum Hocheingang. Durch einen tiefen Halsgraben ist der Donjon vom Plateau abgeschnitten. Die unregelmäßigen Außenseiten sind möglicherweise durch Einbeziehung älterer Reste entstanden, Vorburgreste auf der Zunge talwärts. Jenseits des Halsgrabens befindet sich eine kleine →Motte, vielleicht das Bazoneau von →Fulco Nerra.
H. Hinz

Lit.: A. CHATELAIN, Donjons romans de Pays d'ouest, 1973 [Bibliogr.].

Montbéliard (dt. Mömpelgard), Stadt und ehem. Gft. in Ostfrankreich (dép. Doubs), nahe der Burg. Pforte. Die Gft.srechte lagen im 10. Jh. anscheinend bei den Gf.en v. →Mâcon. Der mit einer Nichte Kg. Rudolfs III. v. Burgund vermählte Ludwig v. Mousson erhielt M. vermutlich kurz vor 1044 von Kg. Heinrich III. Die Gft. M. wird erstmals nach 1070 erwähnt und dürfte durch die Heirat von Ludwigs Sohn Dietrich († 1102) mit Ermentrud, Tochter Gf. Wilhelms v. Burgund und Erbin der Gft.srechte, entstanden sein. Nach dem Tod Dietrichs II. († 1162), der keine Nachkommen hatte, übernahm dessen Enkel Amadeus v. →Montfaucon aus der älteren Linie dieses Hauses die Gft. M., die in Sohnesfolge an Richard († 1237), dann an Dietrich II. 'le grand baron' (1222–82), der schon zu Lebzeiten seines Vaters mitregierte, überging. Dietrich gründete das Spital in M., wurde 1255 Mitglied des →Rhein. Städtebundes, erwarb Pruntrut als Pfand des Bf.s v. →Basel (bis 1461) und nahm die Gft. von Kg. Rudolf v. Habsburg zu Lehen. Er setzte seine Urenkelin Wilhelmine v. Neuenburg und deren Ehemann Rainald v. Burgund als Erben ein. Letzterer gewährte der Stadt M. umfangreiche Privilegien. Sein Versuch, die Lehnsabhängigkeit M.s vom dt. Kg. zu lösen, scheiterte 1284 am Widerstand Kg. Rudolfs. Da Rainalds Sohn Othemin († 1332) geisteskrank und unverheiratet war, kam M. 1322 an dessen Schwester Agnes und ihren Ehemann Heinrich v. Montfaucon (aus der jüngeren Linie), dessen Fehden M. ebenso belasteten wie mehrfache Seuchen. Heinrichs Nachfolger Stephan († 1397) überlebte seinen 1396 bei →Nikopolis gefallenen Sohn Heinrich. Dessen Erbtochter Henriette wurde 1397 verlobt mit Gf. →Eberhard IV. v. Württemberg, der (nach anfängl. Regentschaft des Vaters) 1409 die Regierung in M. antrat. Die Gft. Mömpelgard, mit Stadt und rund 50 Dörfern, den Herrschaften Cherval und Passavant (beide dép. Doubs), den Orten Etobon, Granges und Saulmot (alle dép. Hte-Saône) sowie Pruntrut, wurde in Südwestdtl. zum Leitbegriff für sämtl. linksrhein. Besitzungen →Württembergs. Nach Eberhards Tod regierte 1419–44 seine Witwe Henriette. Einer kurzen Gesamtherrschaft ihrer Söhne →Ludwig I. und →Ulrich V. folgte die alleinige Regierung des ersteren gegen eine Schuldverschreibung von 40000 fl. Die Gft. wurde 1473–82 von Gf. Heinrich v. Württemberg († 1519) v. Neuburg regiert, kam durch den Münsinger Vertrag über Eberhard d. J. an Gf. →Eberhard im Bart. Seit 1801 definitiv bei Frankreich. I. Eberl

Lit.: Mém. Soc. d'Emulation de M., 1ff. – Ch. Duvernoy, Ephémerides du Comté de M., 1832 – P. E. Tuefferd, Hist. des comtes souverains de M., 1877 – P. F. Stälin, Gesch. Württembergs, I, 1–2, 1882–87 – A. E. Adam, Mömpelgard und sein staatsrechtl. Verhältnis zu Württemberg, Württ. Vierteljahrshefte für LG 7, 1884, 181ff., 278ff. – M. Pigallet, Le Comté de M. et ses dépendances, 1915 – M. Grosdidier de Matons, Le Comté de Bar des origines au Traité de Bruges, 1922 – A. Gilbert, La Porte de Bourgogne et d'Alsace, 1930 – W. Grube, Mömpelgard und Altwürttemberg, Alem. Jb. 1959, 135ff. – P. Kläui, Hochma. Adelsherrschaft im Zürichgau, 1960 – H. Bühler, Studien zur Gesch. der Gf.en v. Achalm und ihrer Verwandten, ZWLG 43, 1984, 7ff.

Montcada, großes katal. Adelsgeschlecht, dessen sagenhafter Ahn, der Dapifer (Seneschall) v. M., als einer der 'neun Barone' um 773 gemeinsam mit Otger Cataló in den Maurenkampf gezogen sein soll. – Erster bekannter M. ist Wilhelm v. Muntanyola († um 1040), Sohn des Vgf.en Sunifred, v. →Gerona, der die Burg M., die die Römerstraße und den Zugang nach →Barcelona beherrschte, zu Lehen erhielt. Der Aufstieg der Familie setzte sich fort mit seinem Sohn Wilhelm Raimund II., der bereits als Dapifer oder Seneschall bezeichnet wurde. Er war Testamentsvollstrecker Gf. →Raimund Berengars I. und Parteigänger von Gf. →Raimund Berengar II. sowie von dessen Sohn gegen Gf. →Berengar Raimund II. Um 1088 erhielt er die Stadtburg von →Vich zu Lehen, die zum Verwaltungsmittelpunkt seiner ausgedehnten Besitzungen wurde und bis Mitte des 14. Jh. in der Hand der Familie verblieb. Um 1120 vereinigte Wilhelm Raimund IV., der »Große Seneschall«, einer der bedeutendsten Vertreter des Geschlechts, die beiden Zweige der M. durch Heirat mit seiner Cousine Beatrix, eine Ehe, die 1135 annulliert wurde. Nach einem Streit mit →Raimund Berengar IV. v. Barcelona, in dessen Verlauf Wilhelm Raimund die Wasserzufuhr Barcelonas sperrte, bestätigte der Gf. ihm 1136 gegen eine Lehensauftragung den Besitz der Herrschaften M., Besora, Torelló u. a. 1146 sicherte er ihm für seine Mitwirkung an der Reconquista Tortosas die Herrschaft über ein Drittel der zu erobernden Stadt zu. Wilhelm Raimund begleitete den Gf. en auf allen wichtigen Reisen nach Kastilien und in die Provence und nahm an der Reconquista v. →Lérida, →Tortosa und Fraga teil. Auf seinen Besitzungen bei Tarragona gründete er zusammen mit seinen Söhnen Wilhelm, Raimund und Berengar die berühmte Zisterze →Santes Creus (1150). Gemeinsam mit dem Ebf. v. Tarragona, Wilhelm v. Tarroja, übte er für den minderjährigen Alfons II. die Regentschaft aus, bis er fast achtzigjährig 1173 starb.

Durch die Heirat seines Erstgeborenen Wilhelm († 1172) mit Maria, der Erbtochter der Vgft. →Béarn, wurden diese 1214 mit den katal. Besitzungen der M. in den Bm.ern Barcelona, Vich und Gerona vereint. Wilhelm v. M. († 1229), ⚭ Garsenda v. Provence, war einer der mächtigsten Adligen unter Jakob I. Durch die Heirat der Töchter des letzten Vzgf.en Gaston VII. (1229–90) mit den Häusern →Foix, →Armagnac und →Cornwall fielen die Vizgft. und das katal. Erbe der M. 1319 an eine Seitenlinie der Foix, die →Castellbó.

Der zweite Sohn des Großen Seneschall, Raimund († 1190), erbte das Amt des Seneschalls, die Herrschaft in Tortosa sowie die Besitzungen in Tarragona und im →Pallars. Dessen Söhne, Raimund II. († 1229), der Tortosa erbte, und Wilhelm Raimund († 1228) bildeten zwei neue Zweige, die ihre Besitzungen durch die Teilnahme an der Reconquista v. →Mallorca und →Valencia erweitern konnten. Wilhelm v. M. († um 1278) aus der Linie v. Tortosa trat 1255 seine Rechte in Lérida für die Baronie Fraga an den Kg. ab; er fungierte als kgl. Ratgeber (1255–60), Gesandter in Tunis und Generalstatthalter in Katalonien (1273). Nach dem Tode seines Sohnes Wilhelm (Raimund) († 1328) fiel Tortosa durch Heirat an die Linie der M. v. Aitona-Seròs. Wichtige Vertreter dieses Zweiges waren: der Seneschall Wilhelm Raimund († 1228), der durch die Heirat mit Konstanze, einer illegitimen Tochter Peters II. v. Aragón, die Anbindung an das Kg.shaus erreichte und dem Regentschaftsrat während der Minderjährigkeit Jakobs I. angehörte, und der Seneschall Ot (1303–41), dessen Schwester Elisenda, Gründerin des Klarissenkl. Pedralbes, 1322 Jakob II. heiratete, während er selbst als Mayordomo und Berater des Infanten Alfons höchsten Einfluß am Hofe hatte. Seine Parteinahme für den Infanten Peter (IV.) gegen die Kgn. Eleonore v. Kastilien führte zum Zerwürfnis mit Alfons IV. und zum definitiven Entzug des Seneschall-Amtes, das an die Krone zurückfiel. Sein Sohn Peter de M. i de Llora († 1352), Admiral und kgl. Prokurator, unterstützte Peter IV. im Kampf gegen Jakob III. v. Mallorca, sein Enkel Roger († 1413) war Kämmerer Martins I. sowie Gouverneur v. Sardinien (1398), Valencia und Mallorca (1401–06). Im Streit um die Thronfolge standen die M. auf der Seite des Gf.en v. Urgel, erkannten aber nach dem Kompromiß v. →Caspe (1412) die Herrschaft Ferdinands (I.) v. Antequera an, wenn sie auch in den folgenden Jahren auf den →Cortes meist zur Opposition gehörten.

Die kirchl. Laufbahn schlugen u. a. ein *Peter v. M.* († um 1285), Meister der Templer in Katalonien-Aragón, *Wilhelm v. M.*, Bf. v. Lérida (1257–83), *Gaston v. M.* († 1334), Familiar Papst Johannes XXII., Bf. v. Huesca (1324–28) und Gerona (1328–34), *Wilhelm Raimund v. M.*, Bf. v. Vich (1474–93) und *Ot v. M.*, Bf. v. Tortosa (1415–47), der am Basler Konzil teilnahm (1438–43) und von Felix V. am 12. Okt. 1440 zum Kard. v. Santa Pudenziana promoviert wurde.

Im 14. und 15. Jh. gewann eine Seitenlinie der M. in Sizilien, wo sie die Gft. Aderno erhielten, größere Bedeutung. Zu nennen sind *Johann v. M. i d'Alagò* († 1452), der 1423 zum kgl. Kämmerer ernannt wurde, sowie *Wilhelm Raimund v. M. i d'Alagò* († 1466/68), Großkanzler Siziliens (1433), kgl. Kämmerer (1452) und Vizekg. (1429, 1432), sowie *Wilhelm Raimund v. M. i de Fenollar*, Justitiar (1453–66) in Sizilien, Präsident des Sacro Consiglio (1462), Kastellan v. Palermo und Gouverneur v. Benevent (1463–65), von Alfons V. mehrfach mit Gesandtschaften betraut (1442 Friedensverhandlungen mit René I. v. Anjou-Neapel). In Katalonien dagegen waren die M., wie der anonyme Verfasser von »La Fi del comte d'Urgell« vermeldet, am Ende des MA zerstreut und vernichtet.

Carmen Batlle/U. Vones-Liebenstein

Lit.: General Enc. Catalana X, 222–237 – DHEE supl. 1, 512f. [zu Kard. Ot v. M.] – Diccionari Biogràfic III, 221–270 – S. SOBREQUÉS VIDAL, Els barons de Catalunya, 1957 – A. PLADEVALL, Els senescals dels comtes de Barcelona durante el segle XI, Anuario de estudios med. 3, 1966, 111–130 – Els Castells Catalans, II, hg. P. CATALÀ I ROCA II, 1969, 60–64; IV, 1973, 1011–1023 – J. SHIDELER, A Medieval Catalan Noble Family. The M., 1000–1230, 1983.

Montdidier (Mons Desiderii), Stadt in Nordfrankreich sö. v. →Amiens (dép. Somme). Die Gft. M., abgetrennt von der Gft. Amiens, erscheint zu Beginn des 10. Jh. mit einem Gf. en Hilduin, der zunächst Vasall →Heriberts v. Vermandois (928), dann →Hugos d. Gr., Dux der Francia (vor 956), war. M. wurde von Hugo Capet zurückgewonnen, dann aber von den Nachkommen Hilduins, Manasses und Odo, zurückgefordert; letzterer konnte sie von Kg. Heinrich I. wiedererlangen. Vor 1054 ging M. a. die Großgft. Amiens-Valois Raouls IV. über; 1077, als Raouls Sohn Simon Mönch wurde, kam M. mit dem →Valois an den neuen kapet. Gf.en des Vermandois, Hugo, einen Bruder Kg. Philipps I. Durch den Vertrag v. →Boves (1185) wurde M. der Krondomäne einverleibt.

B. Delmaire

Lit.: V. DE BEAUVILLÉ, Hist. de la ville de M., 3 Bde, 1875² – BORRELLI DE SERRES, La réunion des provinces septentrionales à la couronne par Philippe Auguste, 1899 – J. DHONDT, Études sur la naissance des principautés territoriales en France (9.–10. Jh.), 1948 – P. FEUCHÈRE, Une tentative manquée de concentration territoriale entre Somme et Seine: la principauté d'Amiens-Valois au XIe s., M–A, 1954, 1–37.

Monte → Montes

Monteagudo, Gft. in Kastilien (Prov. Soria, Bm. Osma), wurde 1366 von →Heinrich II. v. Trastámara gemeinsam mit der Herrschaft Almazán an Bertrand →Du Guesclin als Dank für seine Unterstützung gegen Peter I. v. Kastilien gegeben. Heinrich III. übertrug beide Herrschaften 1394 an seinen Mayordomo Juan Hurtado de →Mendoza, ∞ Maria v. Kastilien, Cousine des Kg.s. Dessen Sohn, Ruy Díaz, Herr v. Mendivil, begründete die Linie der Mendoza, Herren v. Almazán. 1475 wurde Pedro Gonzalez de M., der Neffe des Hzg.s v. Infantado, zum Dank für die Unterstützung der Mendoza in der Nachfolgefrage von →Isabella der Kath. zum Gf.en v. M. erhoben. Sein Sohn Antonio de Mendoza, 2. Gf. v. M., ∞ 1502 Maria de Mendoza, Tochter des Marqués v. →Mondéjar, verhielt sich jedoch, anders als sein Schwiegervater, in den Wirren um die Nachfolge in Kastilien nach dem Tode Isabellas der Kath. neutral.

U. Vones-Liebenstein

Lit.: J. R. L. HIGHFIELD, The Catholic Kings and the Titled Nobility of Castile (Europe in the Late MA, hg. J. HALE u. a., 1965), 358–385 – E. MITRE FERNÁNDEZ, Evolución de la Nobleza en Castilla bajo Enrique III, 1968, 162–172.

Monteagudo, Vertrag v. (29. Nov. 1291), geschlossen zw. Kg. →Jakob II. v. Aragón und Kg. →Sancho IV. v. Kastilien. Durch ihn wurde der seit Jahren andauernde Konflikt zw. den beiden Reichen beigelegt. Jakob II. gab die Unterstützung der Infanten De la →Cerda im kast. Thronstreit von Kastilien auf und überließ seinem Vertragspartner in Nordafrika Marokko bis hin nach →Ceuta als potentielles Eroberungs- und Einflußgebiet. Sancho IV. gestand in gleicher Weise Aragón die ö. der Mündung des Flusses Moulouya (Grenze zu Tlemcen) gelegenen Zonen in der Barbarei bis Tunis zu. Auch verpflichteten sich beide, keinen Separatfrieden mit Frankreich einzugehen, und bekräftigten ihre Übereinkunft durch die Heirat Jakobs mit der kast. Infantin Isabella (Soria, 1. Dez. 1291; die Ehe wurde nie vollzogen und später wieder aufgelöst). Ziel des Bündnisses war für Jakob II. die Rückendeckung gegen Frankreich, die er zur endgültigen Vereinigung Siziliens mit der Krone Aragón benötigte. Der kast. Kg. erhoffte sich statt dessen katal. Unterstützung gegen die Banū Marin und bei der Eroberung von →Tarifa. Da der Vertrag aufgrund kurzfristiger Zielsetzungen abgeschlossen worden war, hatte er nur vorübergehend Bestand.

L. Vones

Q.: Barcelona, ACA, Reg. 55, f. 52v. – *Lit.:* H. E. ROHDE, Der Kampf um Sizilien in den Jahren 1291–1302, 1913 – M. GAÏBROIS DE BALLESTEROS, Hist. del reinado de Sancho IV de Castilla, I–III, 1922–28 – V. SALAVERT Y ROCA, Cerdeña y la expansión mediterránea de la Corona de Aragón, I, 1956, 85ff. – CH.-E. DUFOURCQ, L'Espagne catalane et le Maghrib aux XIIIe et XIVe s., 1965, 219ff.

Monte Amiata, vulkan. Bergmassiv ca. 40–50 km ostnordö. Grosseto (Toskana). Ma. Besiedlung bes. auf der quellenreichen Stufe in ca. 600–900 m Höhe um den Berg herum. Im O über dem Pagliatal, einer der wichtigen Frankenstraße, wurde das Kl. OSB (heute Abbadia S. Salvatore) ca. 750 durch Erfo aus Friauler Adel mit Hilfe des Langobardenkg.s Aistulf gegründet. Ursprgl. Besitzzone war nur der Ostteil des M.; im 9. Jh. Entwicklung zur bedeutenden Reichsabtei mit zentralen Gütern ö. und w. des M. und Fernbesitz von Tarquinia bis Montepulciano, von Roccalbegna bis Bagnoregio. Eine negative Entwicklung setzte im 10. Jh. ein, Glanzperiode unter Abt Winizo (Anfang 11. Jh.). Im 11. Jh. verlor das Kl. seine beherrschende Stellung am M. an die Aldobrandeschi; im 12. Jh. Niedergang und Beginn des Sieneser Einflusses. 1228 wurde das Kl. durch Papst Gregor IX. zur Reform an die Zisterzienser übertragen. Es folgte eine Blütezeit im 14. Jh. – Reiches frühma. Archiv (215 Urkk. bis 1000); ma. Kunstschätze: →Codex Amiatinus (8. Jh.); Reliquienkästchen (8. Jh.); Casula, angebl. des Papstes Marcus (9. Jh.); vorroman. Kirche (frühes 11. Jh.).

W. Kurze

Lit.: Codex diplom. Amiatinus, hg. W. KURZE, I–II–IV, 1974–82 – L'abbazia di San Salvatore al M., hg. W. KURZE–C. PREZZOLINI, 1988 – W. KURZE, Monasteri e nobilità nel Senese e nella Toscana medievale, 1989 – L'Amiato nel Medioevo, hg. M. ASCHERI–W. KURZE, 1989 – Romanico nell'Amiata, hg. I. MORETTI, 1990 – F. MANCINELLI, Reliquie e reliquiari ad Abbadia S. Salvatore, Rendic. Ponif. Accad. Rom. Archeol. 46, 1973/74 – Abbadia S. Salvatore e il suo territorio. Contrib. bibliogr. ..., Comune di Abbadia S. Salvatore, 1991.

Montearagón, Jesús Nazareno de, Kl. in →Aragón, 5 km von Huesca entfernt, von Kg. Sancho Ramírez 1086 gegr., 1089 mit Kanonikern aus Loarre besiedelt und 1093 dotiert. Sancho Ramírez, der es zu seiner Grablege bestimmte, und sein Sohn Peter I. v. Aragón gewährten dem Stift bedeutende Privilegien: sie übertrugen ihm alle kgl. Kapellen *(capillas reales)* in Aragón und Navarra, die *zuda* v. Huesca, die Zehnten aller zw. den Flüssen Gállego und Alcanadre gelegenen Kirchen und das Recht auf die Hälfte aller Zehnten von Neusiedelland, woraus endlose Kompetenzstreitigkeiten mit dem Bf. v. →Huesca erwachsen sollten. Urban II. nahm M. 1089 in den Papstschutz und bestätigte dem Kg. ein Approbationsrecht bei der Abtswahl. Innozenz II. erwähnte 1138 erstmals die Augustinusregel. 1177 übertrug Kg. Alfons II. Abt Berengar (1169–1205, dem späteren →Ebf. v. Narbonne) Burg und Stadt M. einschließl. aller hohen und niederen Gerichtsrechte. Nachdem die Regelobservanz unter dem Abbatiat des Infanten Ferdinand v. Aragón († 1248) gelockert worden war, kam es 1258 nach einer päpstl. Visitation zu einer Mensateilung zw. Abt und Kapitel. Die Äbte hatten das Recht, die Mitra zu tragen, und einen eigenen Sitz auf den →Cortes v. Aragón; alle zwei Jahre mußten sie an die Kurie reisen. Im Krieg zw. den Anhängern des Gf.en v. Urgel und Ferdinand (I.) v. Antequera wurde das Kl. ruiniert und aufgegeben. Es erlebte aber eine neue Blüte, nachdem es Ferdinand I. 1414 in seinen Schutz genommen hatte. Im 16.Jh. wurden seine Güter zur Dotierung der neugeschaffenen Bm.er →Jaca und →Barbastro verwandt. Abhängige Priorate und Stifte: San Pedro de Siresa, San Andrés de Fanlo, San Jenaro de Gállego, San Pedro de Loarre, Santiago de Funes, Santa María de Ujué, San Pedro de Antefronz, San Martín de Valdonsera (Kanonissen). J. J. Vallejo Penedo

Q.: Archivo Hist. Nac. Madrid [vollständig erhaltenes Kl.archiv] – Lit.: DHEE III, 1601f. – General Enc. Catalana X, 1977, 218 [A. PLADEVALL] – R. DE HUESCA, Teatro hist. de las Iglesias del Reyno de Aragón, 1802, 286–425 – R. DEL ARCO, El monasterio de M., 1914 – A. DURÁN GUDIOL, La Iglesia de Aragón durante los reinados de Sancho Ramírez y Pedro I (1062–1104), 1962 – J. UTRILLA UTRILLA, La Zuda de Huesca y el monasterio de M. (Homenaje J. M. LACARRA, I, 1977), 235–306 – A. DURÁN GUDIOL, El Castillo Abadia de M. (siglos XII y XIII), 1987 – C. ESCO SAMPÉRIZ, El Monasterio de M. en el siglo XIII, 1987.

Montebello, Friede v. Die Anfang 1175 geführten Verhandlungen zw. Friedrich Barbarossa und dem Lombardenbund waren Ausdruck beiderseitiger Kriegsmüdigkeit. Nach Abschluß eines Unterhändlervertrages (16. April) unterwarfen sich die Lombarden formal am 17. April 1175 dem Ks., während der eigtl. Friedensvertrag einem Schiedsverfahren vorbehalten bleiben sollte. Diese Verhandlungen wurden ergebnislos abgebrochen, weil der Ks. auf der Zerstörung →Alessandrias bestand; der Krieg wurde wieder aufgenommen (→Legnano, Schlacht bei). Th. Kölzer

Q. und Lit.: MGH Const. I, 339–346, Nr. 242–245 – W. HEINEMEYER, Der Friede v. M. (1175), DA 11, 1954, 101–139.

Montecassino (Prov. Frosinone, s. Latium), Mutterkl. OSB, gegr. um 529 durch den hl. →Benedikt v. Nursia (Norcia) auf einem Berg oberhalb des antiken Castrum Casinum (h. Cassino). Das erste Oratorium (hl. Martin) erhob sich im Bereich des heutigen »Chiostro d'ingresso« auf den Resten des Tempels (3./2. Jh. v. Chr.) der antiken Akropolis. S. dieses Bereiches lagen die Kl.gebäude. Zum Unterschied von der mehrere kleine Kl. umfassenden Gemeinschaft in →Subiaco wies die Neugründung eine einheitliche, zentrale Struktur auf. Um 577 wurde das Kl. durch die Langobarden unter Zotto, Hzg. v. Benevent, zerstört; die Mönche flohen nach Rom, wo die Kommunität nach unbestimmter Zeit ausstarb. Erst 718 konnte Abt →Petronax v. Brescia mit Unterstützung des Kl. →S. Vincenzo al Volturno in M. wieder eine Mönchsgemeinschaft begründen. Die Wiedergeburt des Kl. M. war das Ergebnis kooperierender Politik des Dukats Benevent, in dessen Territorium es lag, und des Papsttums. 744 schenkte Gisulf II., Hzg. v. Benevent, dem Kl. »cuncta in circuitu montana et planiora« (Chronica S. Benedicti Casin., 21) und schuf damit das Kerngebiet der mit der Zeit immer mehr anwachsenden »Terra Sancti Benedicti«, über die das Kl. jahrhundertelang die geistl. und weltl. Gerichtsbarkeit ausüben sollte. Päpstl. Privilegien (Zacharias, Nikolaus I.) verliehen M. und seinen Besitzungen die Exemtion von jegl. bfl. Jurisdiktion. Seit dem 8. Jh. haben sich in M. auch in der Observanz der →Regula Benedicti eigene Gewohnheiten ausgebildet. Die Vorbildrolle und zentrale Stellung M.s in der Zeit, in der sich die benediktin. Observanz in Europa durchsetzte, bezeugen eine Reihe wichtiger Besucher, die sich Belehrung über die Praxis des Lebens nach der Regel holten: u. a. →Sturmi v. Fulda (747/748), der von →Bonifatius nach M. gesandt wurde, zur gleichen Zeit, als der Onkel Karls d. Gr., →Karlmann, in das Kl. eingetreten war; →Liudger v. Münster; →Adalhard, der spätere Abt v. Corbie. Unter Abt Optatus wurde 758 eine Reliquie des in M. bestatteten Leichnams des hl. Benedikt in das von Cassineser Mönchen gegründete Kl. →Leno bei Brescia übertragen. In polit. Hinsicht erfüllte in dieser Zeit die Abtei eine Vermittlerfunktion zw. Papsttum, Langobarden und Franken, wie die Mönchsweihe des ehem. Langobardenkg.s →Ratchis und die diplomat. Missionen bezeugen, mit denen Papst Zacharias Abt Optatus im Frankenreich (750–751) und bei dem Langobardenkg. Aistulf (752) betraute. Gleichwohl bezeichnete die Wahl des Franken Theodemar († 796) zum Abt eine, zumindest temporäre, frankenfreundl. Ausrichtung der cassines. Politik, die durch den Besuch Karls d. Gr. gekrönt wurde, der am 28. März 787 der Abtei ihre Besitzungen und Immunitäten sowie das Recht der freien Abtwahl bestätigte. Die Anwesenheit des Paulus Diaconus in M. gab dem kulturellen Leben des Kl. jener Zeit Impulse (Bassacius; ars grammaticae des Hildericus; vgl. auch Ms. Paris, lat. 7530).

Abt Gisulf (796–817), ein Mitglied der langob. Hzg.s-familie v. Benevent, trug entscheidend zur wirtschaftl. Blüte und zur baul. Ausgestaltung des Kl. bei und erbaute am Fuß des Berges eine Salvator-Kirche mit Kl. – Monasterium maius –, das das rechtl.-administrative Zentrum der bereits ausgedehnten Kl.herrschaft werden sollte. Der Reichtum der Abtei erregte jedoch auch die Gier der Langobardenhzg.e v. Benevent: Abt Deusdedit (828–834), durch →Sichard, Fs. v. Benevent, gefangengesetzt, starb im Kerker.

Nach wiederholten Angriffen sarazen. Banden gegen das Salvatorkl. (846/847) unterstützte Abt Bassacius (837–856) die diplomat. Initiativen von Capua und Salerno bei Ks. Lothar I., um der Sarazenengefahr zu begegnen; diese konnte 848 zumindest ztw. durch den erfolgreichen Feldzug unter dem Ks.sohn Ludwig II. eingedämmt werden. Durch seinen wichtigen Beitrag zu dem Friedensvertrag zw. den Prätendenten des Fsm.s Benevent nach Fs. Sichards Tod zog Bassacius entscheidende Vorteile für die Abtei, die zusammen mit S. Vincenzo al Volturno unter ksl. Schutz gestellt wurde und völlige Steuerbefreiung erhielt. Sein Nachfolger Bertarius (856–883), ein gewandter Politiker und kulturell hochstehender Mann, verstärkte die Befestigungen des Kl. und gründete in der Ebene die Stadt Eulogimenopolis (San Germano). Am 4. Sept. 883 wurde M. von den Sarazenen aus Rache für die Politik des

Abtes, die ein umfassendes antisarazen. Bündnis in Süditalien anstrebte, zerstört. Bertarius und seine Mönche wurden am 22. Okt. in der Salvatorkirche hingemetzelt.

Die Kontinuität des monast. Lebens wurde durch Propst Angelarius gesichert, der von Bertarius mit einem großen Teil der Kommunität in das cassines. Filialkl. S. Benedetto in Teano entsandt worden war. Nach einem Brand des Kl. in Teano (896), bei dem Urkk. und Hss. zugrundegingen, siedelten die Mönche 914 nach Capua über; von dort kehrte die Kommunität erst unter Abt Aligernus (948–985) in das Mutterkl. zurück. Trotz des Versuchs Odos v. Cluny durch Einsetzung seines Schülers Balduin (zugleich Abt der beiden röm. Kl. S. Paolo fuori le mura und S. Maria auf dem Aventin), die cluniazens. Reform einzuführen, blieb die Kommunität weiter vom langob. Capua abhängig. So folgten nach Aligerns Tod die Äbte Manso (986–996) und Atenulf (1011–22), beide Mitglieder des capuan. Herrscherhauses, dessen Bindung an Ks. Otto I. dazu geführt hatte, die Abtei M. unter das →mundiburdium des Ks.s zu stellen.

Infolge seiner geogr. Lage geriet M. häufig in einen Interessenkonflikt der beiden Mächte, die die Oberhoheit über Süditalien beanspruchten: Byzanz und das Reich, dessen Einfluß im S sich unter den Ottonen verstärkt hatte. Als Atenulf den von Benedikt VIII. und Ks. Heinrich II. geförderten Aufstand (→Meles) gegen den Katepan v. Bari nicht unterstützte, zog dies Vergeltungsmaßnahmen des Ks.s nach sich, so daß der Abt zur Flucht nach Byzanz gezwungen war, auf der er umkam. Mit dem neuen Abt Theobald (1022–35), einem Schüler Aligerns, suchte Heinrich die ksl. Kontrolle über die Abtei zu verstärken, was ihm nur zum Teil gelang. Erst mit Richer v. →Niederaltaich (1038–55) entwickelte sich M. zu einer Art Vorposten des Reiches im Süden. Der kgl. Schutz garantierte der Kl.-Herrschaft von M. u. a. die volle niedere Gerichtsbarkeit und zugleich die Exemtion von jeder Art öffentl. districtio und gestattete damit die Ausstellung von chartae libertatis an städt. oder ländl. Zentren (z. B. Traetto, Suio).

Zur gleichen Zeit zeigte sich eine neue Bedrohung am polit. Horizont: die Normannen, gegen die sich Leo IX. wiederholt der Unterstützung von M. bediente. Zur Entwicklung eines besseren Verhältnisses zw. Papsttum und Normannen unter Nikolaus II. trug entscheidend Abt Desiderius bei (1058–87, später Papst →Viktor III.), der nach anfängl. antinorm. Einstellung die Bedeutung der Normannen für die polit. Zukunft Süditaliens erkannte und freundschaftl. Beziehungen mit Richard v. Hauteville, Fs. v. Capua, und mit Robert Guiscard anknüpfte. Im März 1059 wurde Desiderius, einer der größten Äbte M.s, zum Kardinalpresbyter von S. Cecilia, danach zum päpstl. Vikar mit Oberaufsicht über die Kl. Kampaniens, des Fsm.s Capua, Apuliens und Kalabriens erhoben. Im Aug. des gleichen Jahres begleitete er den Papst auf die Synode v. →Melfi. Während des Pontifikats Alexanders II. (1061–73) erreichte die Abtei M. ihren polit. Höhepunkt dank ihrer Ausgleichspolitik zw. Rom und den Normannen. Bei der Weihe der neuen Basilika (1. Okt. 1071) waren sowohl der Papst und zahlreiche Ebf.e und Bf.e als auch die norm. Fs.en v. Capua, Richard und sein Sohn Jordan, anwesend. Unter →Gregor VII. war Abt Desiderius weiterhin bemüht, eine Friedens- und Ausgleichspolitik zu betreiben und einen definitiven Bruch zw. Papsttum und Normannen zu verhindern. Durch seine geschickte Taktik gegenüber Heinrich IV. in Albano 1082/83 (Ablehnung des Treueids, jedoch Unterstützung bei der Versöhnung mit dem Papst) schützte Desiderius M. vor eventuellen Strafsanktionen des mit den Normannenfs.en v. Capua verbündeten Kg.s.

Der polit. Vitalität M.s im 11. Jh. entspricht eine Phase starker kultureller Impulse, in der ein bedeutender Buchbestand geschaffen wurde (u. a. Cicero, Vergil, Varro, Ovid, Frontinus, Seneca, Solinus, Tacitus, Apuleius sowie Augustinus, Hilarius, Gregor d. Gr.). Der Höhepunkt der kulturellen Hochblüte M.s fällt in die Zeit des Desiderius, in der – abgesehen von der bereits von seinen Vorgängern, v. a. Theobald, angeregten Tätigkeit des Skriptoriums – das architekton. Erscheinungsbild des gesamten Kl. und der Basilika (mit Vorbildfunktion für den zeitgenöss. Kirchenbau Mittel- und Süditaliens) erneuert wurde. Die kulturelle Dimension M.s in jenen Jahren zeigt sich auch an der Präsenz von Literaten und Gelehrten (u. a. →Laurentius v. Amalfi, →Alfanus, →Albericus, →Leo Marsicanus, →Amatus, →Guaiferius, →Constantinus Africanus, Johannes v. Gaeta (später Papst Gelasius II.). In der Liturgie trat bereits unter Papst und Abt Stephan IX. (1057–58) der röm. Ritus an die Stelle des Beneventaner Ritus; die zeitgenöss. spirituellen und disziplinären Reformbestrebungen fanden unter Abt Desiderius außer in zahlreichen liturg. Hss. v. a. in kanon. Slg.en ihren Niederschlag.

Die unmittelbaren Nachfolger des Desiderius konnten die erreichte Höhe nicht halten, obgleich unter Oderisius I. (1087–1105) die Besitzungen von M. v. a. dank Förderung durch die Normannen anwuchsen. Im Schisma von 1130 wechselte M. von Anaklet II., dessen Partei Kg. Roger II. vertrat, zu Innozenz II. über und erlitt dafür Strafsanktionen des Normannenherrschers.

1156 wurde M. Teil des Normannenreiches und ging gleichzeitig einem Niedergang entgegen, wie die Einflußnahme der Kg.e v. Sizilien auf die Abtswahlen bezeugt. Die Nachfolgekämpfe nach dem Tod Kg. Wilhelms II. (1089) hatten schwere Auswirkungen auch auf die Terra Sancti Benedicti und auf das Kl. M. selbst, wo Abt Roffredus de Insula (1188–1210) anscheinend eine normannenfreundl. Haltung einnahm, während der Dekan und spätere Abt Adenulf (1211–15) und die Kommunität sowie die Stadt San Germano sich zu Heinrich VI. bekannten.

Nach der Krönung Ks. Friedrichs II. (1220) erlebte die Abtei die Auswirkungen der Machtkonzentration, die der neue Herrscher anstrebte, sowie des Konflikts zw. diesem und dem Papst. 1239 vertrieb Friedrich wegen der strateg. Position des Kl. einen Teil der Mönche und legte eine Garnison nach M.

Der aus Frankreich stammende Bernhard Ayglerius (1263–82), früher Abt v. Lérins, von Urban IV. nach M. berufen, Verfasser eines im ma. Mönchtum sehr bekannten asket. Traktats »Speculum monachorum« (1274) und eines Regelkommentars (1282), bemühte sich in bes. Weise um eine grundlegende Reorganisation der Terra Sancti Benedicti auf der Basis formeller »Inquisitiones«, mittels derer er alle Rechte M.s sowie die der Abtei gebührenden Abgaben und Dienstleistungen feststellen ließ.

Abt Thomas (1285–88) brachte die Neuorganisation des Patrimoniums des Kl. zum Abschluß und erließ ein grundlegendes Statut für die gesamte Terra Sancti Benedicti. Der Versuch Papst Cölestins V., durch Einsetzung des Mönchs Angelarius von S. Spirito del Morrone zum Abt (1294–95) die benediktin. Observanz durch die coelestinische zu ersetzen, fand unter Bonifatius VIII. ein rasches Ende.

Die Zeitspanne Ende 13./Anfang 14. Jh. war durch eine Reihe kurzer und instabiler Abbatiate gekennzeichnet. Am 2. Mai 1322 verlieh Johannes XXII. im Rahmen seiner

Politik, die guelf.-angevin. Hegemonie in Italien zu etablieren, der Abtei M. den Bf.srang (Bulle Supernus opifex). Am 9. Sept. 1349 erlitt das Kl. schwere Erdbebenschäden. Der erst unter dem vorletzten Abt-Bf., Angelo della Posta (1358–62) begonnene Wiederaufbau wurde unter Urban V., der sich die Abtwürde vorbehielt, beendet. Der ruinöse Zustand des Kl., negative Auswirkungen der häufigen Abwesenheit der Bf.e, schwere Übergriffe benachbarter Vasallen und die Schäden durch den Einfall der Ungarn in das Kgr. Neapel nach der Ermordung →Andreas' v. Ungarn (1345) bewogen den Papst 1367 zur Aufhebung des Bm.s. In der Bulle Monasterium Casinense (15. Febr. 1369) legte er allen Kl. OSB die Zahlung eines Sechzigstels ihrer Einkünfte für den Wiederaufbau M.s auf.

Dem Reformeifer des im Dez. 1369 mit Zustimmung der Kommunität zum Abt ernannten Kamaldulensers Andreas v. Faenza († 1373) sind u. a. die Statuta d. J. 1372 zu verdanken. Unter Abt Petrus de Tartaris (1374–95) wurde die Abtei von den polit. Komplikationen des →Abendländ. Schismas und von den Nachfolgekämpfen im Kgr. Neapel nach dem Tod Roberts v. Anjou betroffen. Trotz der polit. Probleme zeigten sich auch künstler. Ansätze (u. a. Neubau des Dachs der Basilika nach dem Vorbild von S. Giovanni in Laterano). Das intellektuelle Leben M.s blieb jedoch im ganzen 14. Jh. ohne starke Impulse.

In der zweiten Hälfte des 15. Jh. wurde M. Kommende. Der erste der vier Kommendataräbte, Kard. Ludovico Trevisan (1454–65), versuchte vergeblich, das Kl. an die Reformkongregation von →S. Giustina anzuschließen. Dem Interesse Papst Pauls II., der sich die Kommende M. vorbehielt (1465–71), ist die Zusammenstellung des Katalogs der Mss. von M. (Cod. Vat. lat. 3961) zu verdanken; Kard. Johann v. Aragón, Sohn Kg. Ferrantes v. Neapel (1471–85), sorgte u. a. für die bauliche Ausgestaltung des Kl. und ließ erneut das Grab des hl. Benedikt untersuchen, wobei die Auffindung unter Desiderius bestätigt wurde. Erst unter Giovanni de' Medici, später Papst Leo X. (1486–1504), sank die Kommende zum Recht auf den Genuß der Einkünfte des Kl. herab. In jenen Jahren erregte die Bibl. v. M. das bes. Interesse verschiedener Humanisten: wie einst Boccaccio (1362) besuchten sie u. a. →Poggio Bracciolini (1429), →Biondo Flavio, →Ambrosius Traversari. Das spirituelle Leben M.s gewann jedoch erst mit dem Eintritt des Kl. in die Kongregation von S. Giustina (1504), der das Ende der Kommende bedeutete, Auftrieb, dem sich im 16. Jh. eine neue, glanzvolle Blüte anschloß. – s. a. →Benediktiner.   M. A. Dell'Omo

Lit.: (Auswahl): DIP VI, 80–89 – ECatt VIII, 1350–1356 – LThK VII, 582–584 – [Allg.]: T. Leccisotti, M., 1983 – H. Bloch, M.C. in the MA, 1–3, 1986 – [6.Jh.]: E. Caspar, NA 34, 1908, 195–207 – M. dalla prima alla seconda distruzione, hg. F. Avagliano, Misc. Cass. 55, 1987 – [8.–9.Jh.]: J. Chapman, RevBén 21, 1904, 74–80 – G. Falco, Casinensia, 2, 1929, 457–548 – N. Cilento, Monastica, 2, Misc. Cass. 46, 1984, 247–260 – [10.–12.Jh.]: R. Palmarocchi, L'abbazia di M. e la conquista norm., 1913 – M. Inguanez, M. e l'Oriente nel medioevo (Atti 4° Congr. naz. di Studi Romani, 1938), 1–8 – H. Bloch, DOP 3, 1946, 163–224 – R. Gregoire (Il monachesimo e la riforma eccles. [1049–1122], 1971), 21–53 – A. Lentini, Benedictina 23, 1976, 9–13 – H. Dormeier, M. und die Laien im 11. und 12.Jh., 1979 – H. E. J. Cowdrey, The Age of Abbot Desiderius. M., the Papacy, and the Normans in the Eleventh and Early Twelfth Cent., 1983 – H. Houben, Benedictina 35, 1988, 343–371 – s. a. →Petrus Diaconus – [13.–15.Jh.]: T. Leccisotti, Arch. Stor. Terra di Lavoro 2, 1960, 133–157; 3, 1960–64, 173–212 – Ders., S. Tommaso d'Aquino e M., 1965 – P. Herde (Bibl.-Buch-Gesch. [Fschr. K. Köster, hg. G. Pflug u. a., 1977]), 387–403 – [Äbte]: M. Inguanez, Cronologia degli abati cass. del sec. XIII, Casinensia 2, 1929, 409–456 – A. Saba, Bernardo I Ayglerio abate di M., 1931 – L. Wollemborg, L'abate Desiderio da M. e i Normanni, Samnium 7, 1934, 5–34, 99–119 – N. Picozzi, Gli abati commendatari di M. (1454–1504), 1946 – W. Wühr, Die Wiedergeburt M.s unter seinem ersten Reformabt Richer v. Niederaltaich († 1055), StGreg 3, 1948, 369–450 – H. Hoffmann, Die ältesten Abtslisten von M., QFIAB 47, 1967, 224–354 – G. A. Loud, Abbot Desiderius of M. and the Gregorian Papacy, JEcH 30, 1979, 305–326 – F. Avagliano, Il Registrum II di Bernardo Aiglerio, abate di M. (1263–1282) [Fschr. F. Kempf, 1983], 363–370 – M. Dell'Omo, Paolo II abate commendatario di M., AHP 29, 1991, 63–112 – [Rechts- und Wirtschaftsgeschichte]: L. Diamare, ASRSP 68, 1945, 33–61 – L. Fabiani, La Terra di S. Benedetto, 1–2, 1968 [Nachdr. 1981] – T. Leccisotti, Note sulla giurisdizione di M., 1–2, 1972 – P. Toubert, Pour une hist. de l'environnement économique et social du Mont-Cassin (IXe–XIIe s.), Comptes rendus Acad. des Inscriptions et Belles-lettres, 1976, 689–702 – [Bibl. und Archiv]: L. Tosti, La bibl. dei cod. mss. di M., Scritti vari 1, 1886, 161–292 – M. Inguanez, Cod. Casin. mss. cat., 1–3, 1915–41 – P. M. Ferretti, I mss. musicali gregor. dell'Arch. di M., Casinensia 1, 1929, 187–203 – I. Santinelli Fraschetti – C. Scaccia Scarafoni, Cat. degli incunabuli di M., 1929 – M. Inguanez, Cat. cod. Casin. antiqui (saec. VIII–XV), 1941 – T. Leccisotti, L'Archivio di M., 1964 – F. Avagliano, I cod. liturgici dell'Archivio di M., Benedictina 17, 1970, 300–325 – H. Hoffmann, Chronik und Urkk. in M., QFIAB 51, 1972, 93–206 – F. Newton, The Desiderian Scriptorium at M., DOP 30, 1976, 35–53 – M. e la cultura scritta, ed. A. Pratesi–R. Cosma, o. J. [1980] – M. Dell'Omo, Per uno »status quaestionis« sui rapporti tra papa Paolo II e la bibl. di M., Benedictina 36, 1989, 165–178 – Literar. Leben: s. Lit. in den Artikeln Alberich v. M.; Alfanus; Amatus; Bruno v. Segni; Constantinus Africanus; Erasmus v. M.; Erchempert; Guaiferius; Laurentius v. Amalfi; Leo v. Ostia; Marcus v. M.; Paulus Diaconus; Petrus Diaconus; Regula Benedicti – ferner: G. Minozzi, M. nella storia del Rinascimento, 1925 – A. Lentini, L'»Ars Hilderici« nel cod. Cass. 299, Benedictina 7, 1953, 191–217 – F. Brunhölzl, Zum Problem der Casin. Klassikerüberl., Abh. Marburger gelehrte Ges. 3, 1971, 111–143 – La cultura antica nell'Occidente lat. dal VII all'XI sec., I, 1975, 357–414 [G. Cavallo] – M. Oldoni, Intellettuali cass. di fronte ai Normanni [s. XI–XII] (Fschr. N. Lamboglia, 1978), 95–153 – A. Lentini, Medioevo letterario cass., ed. F. Avagliano, 1988 – [Archäologie, Kunst]: A. Pantoni, Le vicende della basilica di M. attraverso la documentazione arch., Misc. Cass. 36, 1973 – E. Bertaux, L'art dans l'Italie méridionale, hg. A. Prandi, IV, 1978 – A. Pantoni, L'acropoli di M. e il primitivo monastero di S. Benedetto, Misc. Cass. 43, 1980 – B. D'Onorio–G. Spinelli, L'abbazia di M. (storia, religione, arte), 1986^2 – L'età dell'abate Desiderio, II: La decorazione libraria, hg. G. Cavallo, 1989 – [Grab des hl. Benedikt]: Il sepolcro di S. Benedetto, 1951 – Il sepolcro di San Benedetto, II, 1982 – Q.: Chronica s. Benedicti Casin., hg. G. Waitz, MGH SRL, 467–488 – Continuatio Casin. der Hist. Langob. des Paulus Diaconus, hg. G. Waitz, MGH SRL, 198–200 – Ann. Casinates, hg. G. H. Pertz, MGH SS 3 (914–1042), 171–172 – Ann. Cass. a. 1000–1212, hg. G. H. Pertz, MGH SS 19, 303–320 – Ann. Cass. ex Ann. Montis Casini antiquis et continuatis excerpti inde ab a. 1000 usque ad a. 1098, hg. G. (W.) Smidt, MGH SS 30, 2, 1385–1429 – Epitome chronicorum Casin., hg. L. A. Muratori, RIS^2, 1723, 347–370 – Chronica monasterii Casin., hg. H. Hoffmann, MGH SS 34 – Placido Petrucci, Libri quinque chronicorum Casin. monasterii [ms. sec. XVI] (Cod. Casin. 756, 757, 758) – Onorato Medici, Annali Casin. [ms. sec. XVII Cod. Casin. 681) – Regesti Bernardi I abbatis Casin. fragmenta, hg. A. M. Caplet, 1890 – M. Inguanez, Regesto di Tommaso Decano o Cartolario del Convento Cass. (1178–1280), 1915 – Bibl. Casin. 1–5, 1873–1894 – Spicilegium Casin. 1–4, 1888–1936 – IP VIII, 107–193 – Abbazia di M., I Regesti dell'Archivio, I–XI, hg. T. Leccisotti (seit IX in Zusammenarbeit mit F. Avagliano), 1964–1977.

Montecatini, Kastell und Kleinstadt in Mittelitalien (Toskana), in einer das Nievole-Tal beherrschenden strateg. Position gelegen; konstituierte sich Ende des 12. Jh. als Kommune. Die von G. →Villani berichtete Gründungssage führt die Ursprünge M.s auf Catilina zurück. Die Gesch. der Burg und ihres Districtus ist seit dem 11. Jh. urkundl. belegt. Im 12. Jh. betrieb die Kommune M. eine Bündnispolitik mit Lucca und Florenz und stand in Gegnerschaft zu Pistoia. 1315 belagerte Uguccione →della Faggiola das von den Florentinern besetzte Kastell:

am 29. Aug. erlitt die von Florenz angeführte und vom Kgr. Neapel unterstützte Koalition der toskan. Guelfen bei M. eine verheerende Niederlage. Im Gegenzug entriß Florenz nach fast einjähriger Belagerung M. den Lucchesen und gliederte es in seinen Herrschaftsbereich ein. Die darauffolgende lange Zeit relativer Ruhe ließ die Einw.-zahl von M. von 541 (1427) auf 984 (1551) anwachsen. 1554 wurde M., das von den frz. Truppen unter dem Kommando Piero Strozzis besetzt war, von Cosimo I. Medici erobert; Kastell und Mauern wurden geschleift; auch das bereits damals berühmten Bäder litten Schaden und das öffentl. Archiv verbrannte. L. Pandimiglio

Q. *und Lit.*: L. Livi, Memorie e notizie istor. della terra di M. in Valdinievole, 1811 – E. Repetti, Diz. geogr. fis. stor. della Toscana, 1833–45 – R. Davidsohn, Gesch. v. Florenz, 1896–1927 – Marchionne di Coppo Stefani, Cronaca fiorentina, hg. N. Rodolico, RIS², 30, I, 1903.

Montefeltro da, mittelit. Familie, stammte nach glaubwürdiger Traditon von den Gf. en v. Carpegna (Montefeltro) ab. Ihr Aufstieg begann im späten 12. Jh. Mit ihrem ersten hist. bedeutenden Vertreter, *Montefeltrano*, faßte die Familie Fuß in S. Leo und in dessen Umland, erwirkte im Dienst der Stauferherrscher eine Reihe von Rechten, umgab sich mit einer Schar von Vasallen und gewann die Kontrolle über den lokalen Bf.ssitz. Im Lauf des 13. Jh. griffen die M. v. a. gegen N aus, in das Gebiet um Cesena und Rimini und übernahmen allmähl. eine Kontroll- und Schiedsrichterfunktion in den Konflikten zw. den Städten der Romagna; v. a. in Rimini, wo sie das Bürgerrecht erhielten, erreichten sie beachtl. polit. Einfluß. Ihr Ausgreifen nach S in Richtung Urbino und Città di Castello wurde in den ersten Jahrzehnten des 13. Jh. durch die Politik Papst Innozenz' III. und seiner Nachfolger behindert (Gründung der Prov. Massa Trabaria). Im Lauf des 13. Jh. festigte sich die Position der M. infolge ihrer erneuten Unterstützung der stauf. Politik: Friedrich II. verlieh 1226 den Söhnen von Montefeltrano, *Buonconte* und *Taddeo*, die Gft. →Urbino und bestätigte ihre Rechte auf die Gft. M. Ihr wachsender polit. Einfluß zeigte sich auch darin, daß sie häufig als Podestà und Capitani in den wichtigsten Zentren ihres Einflußgebietes und in benachbarten Städten fungierten. Daneben standen sie als Kriegsleute in ksl. Diensten. Der Zusammenbruch der Stauferherrschaft in Italien hatte schwerwiegende Auswirkungen auf die M.: neben der traditionell kaisertreuen Hauptlinie bildete sich eine guelf. Gruppierung (Hauptvertreter Taddeo aus der Linie Pietrarubbia), was den Zusammenhalt und das polit. Ansehen der Familie sehr schwächte. Gleichzeitig geriet die Expansionspolitik der M. in der sö. Romagna in eine Krise, da die guelf. →Malatesta von Rimini, die sich in der Folgezeit als ihre stärksten Rivalen erweisen sollten, dort die Vorherrschaft gewannen; infolgedessen konzentrierten sich die M. vorrangig auf die Konsolidierung ihrer Macht in Urbino.

In den letzten Jahrzehnten des 13. Jh. erfuhren die M. unter *Guido* (ca. 1220–98), dem Sohn Montefeltranos II. und Enkel Buoncontes, einen Aufschwung in allen Bereichen ihres Einflußgebietes und ihrer Herrschaft, insbes. jedoch in der Romagna. Ein hochbegabter Politiker und Diplomat und zugleich ein äußerst fähiger Condottiere, führte Guido mehrere Jahre lang das sich neu organisierende Ghibellinentum auf der Apenninhalbinsel an und setzte dem Bestreben der Päpste Nikolaus III. und Martin IV., die Romagna und Bologna dem Kirchenstaat einzugliedern, von Forlì aus, dem Zentrum des Versuchs der M., eine regionale Signorie zu errichten, starken Widerstand entgegen. Nach anfängl. Erfolg (Sieg am 1. Mai 1282 bei Forlì über den »blutigen Haufen« [Dante, Inf. XXVII, 44] der angevin.-päpstl. Truppen) mußte Guido jedoch bereits im folgenden Jahr, in seiner Stadt von den neuformierten päpstl. Truppen belagert, der Übermacht weichen, auf seine Pläne, in der Romagna eine Territorialherrschaft zu errichten, endgültig verzichten und ins Exil gehen. Er nahm – vergeblich – Kontakte mit den Ghibellinen anderer it. Städte (Pisa, Asti usw.) auf, um einen Gegenschlag zu organisieren, und zog schließlich wieder in Urbino ein. In seinen letzten Lebensjahren mit der Kirche ausgesöhnt (Cölestin V., Bonifatius VIII.), trat er in Ancona in den Franziskanerorden ein und erfüllte so außer einem persönl. Gelübde eine Familientradition, hatten doch die M. von Anfang an die franziskan. Bewegung unterstützt und an ihr teilgenommen. Dennoch verurteilt ihn Dante (Inf. XXVII) als »trügerischen Ratgeber«.

Im Laufe des 14. Jh. konnten die M. – trotz der anhaltenden Schwierigkeiten, die ihnen einerseits die Herrschaft der Päpste, andererseits lokale Signoren (Gabrielli, Brancaleoni und v. a. Malatesta) bereiteten – ihre Machtpositionen bewahren und durch Erwerb oder Wiedergewinnung einiger Ortschaften (Gubbio, Cantiano, Città di Castello, Casteldurante u. a.) ausbauen. *Nolfo* (1295–1363) wurde apostol. Vikar von Cagli und Urbino (1355); Martin V. bestätigte *Guidantonio* (1378–1443) den Vikariat und dehnte ihn auch auf Gubbio und Assisi aus. Der Ruhm des Geschlechts verbindet sich jedoch v. a. mit den Namen seiner letzten beiden Vertreter, Federico und Guidobaldo, die sich nicht nur durch ihre intensive und vielfältige polit. Aktivität und ihre Kriegstaten auszeichneten, sondern insbes. dadurch, daß sie ihren Hof in Urbino zu einem der fruchtbarsten Zentren der humanist. Kultur machten.

Federico (1422–82), natürl. Sohn Guidantonios, trat 1444 das schwierige Erbe seines in einer Verschwörung ermordeten Bruders Oddantonio an. 1426 von Martin V. legitimiert, wurde er nach Studien in Mantua bei →Vittorino da Feltre 1433 zum Ritter geweiht. In vieler Hinsicht hochbegabt, entwickelte er sich zu einem gesuchten Condottiere, der an vielen Fronten der Halbinsel erfolgreich war. In Fortsetzung der ambitiösen Heiratspolitik seiner Familie ∞ F. 1437 Gentile Brancaleoni, 1460 Battista Sforza († 1472) und hatte mindestens zehn Kinder. Voll in die Gleichgewichtpolitik eingebunden, stand er als Kriegsmann im Dienst der Großmächte des stabilisierten Italien (Rom, Neapel, Mailand, Florenz); zugleich verstärkte er die Position seiner Familie und machte Urbino zu einem glanzvollen Hzg.shof, der sowohl in polit.-militär. und diplomat. wie in künstler.-lit. Hinsicht hohes Ansehen genoß. In langem Kampf mit Sigismondo Pandolfo →Malatesta, gewann Federico zuerst S. Leo, dann Fossombrone (1447) zurück und verstärkte so die territorialen Grundlagen seines Staates. Aus der Niederlage der Malatesta zog er weitere beachtl. Vorteile (1463), gestützt auch auf sein Bündnis mit Alessandro und Francesco Sforza, die mit ihm verschwägert waren. Die trotz der stets instabilen Situation seiner Zeit gefestigte Position F.s wurde durch die Verleihung der Titel »Vexillifer s. Romanae Ecclesiae« und »Generalkapitän der Italischen Liga« bestätigt. Von Sixtus IV. wurde er 1474 auch zum Hzg. erhoben. Diese Würden und militär. Funktionen, zu denen auch der Titel »Generalkapitän des Hzm.s Mailand« hinzukam, trugen ihm neben dem durch die Condotta-Verträge beträchtl. finanzielle Einkünfte ein, die er zum Großteil für Urbino aufwandte (ab 1468 Bau des prunkvollen Palastes durch Luciano da Laurana; Einrichtung einer reichen Bibliothek).

Federicos Sohn *Guidobaldo* (1472–1508), mit dem die

Dynastie der Hgz.e erlosch und die Territorialherrschaft der M. endete, trachtete dessen polit.-diplomat. und militär. Initiativen sowie seinen kulturellen Neigungen nachzueifern. Mit 10 Jahren erbte G. den Hzg.stitel v. Urbino, 1489 ∞ Elisabetta, Tochter Federico Gonzagas; die Ehe blieb jedoch kinderlos. Der Italienzug Karls VIII., mit dem das System des polit. Gleichgewichts auf der Halbinsel sein Ende fand, verringerte drastisch G.s Aktionsradius und seine Erfolgschancen und zwang ihn, sich in immer stärkerem Maße der päpstl. Oberherrschaft zu beugen, was die Familie, entgegen ihrer ghibellin. Ursprünge und Traditionen, bereits seit der Mitte des 14. Jh. zu tun gezwungen war. G. trat in den Dienst Alexanders VI. Borgia gegen die äußeren und inneren Feinde des Kirchenstaates (Karl VIII. v. Frankreich und die Orsini); man hielt ihn jedoch von seiner ererbten Herrschaft fern, um Cesare Borgia den Erwerb eines eigenen Fsm.s zu erleichtern. In Verfolgung dieses Plans hetzte der Borgia G. gegen die Da Varano von Camerino, entriß ihm Cagli und eroberte Urbino (1502). G. besiegte Cesare jedoch bei Fossombrone und zog im Herbst 1502 wieder in S. Leo und in Urbino ein. Der Nachfolger Alexanders VI., Julius II., bestätigte G. als Vexillifer s. Romanae Ecclesiae, übertrug jedoch 1508 das Hzm. Urbino im Rahmen einer Zentralisierung des Kirchenstaats seinen Nipoten Della Rovere. A. Vasina

Lit.: G. FRANCESCHINI, I M., 1970.

Monteforte (Monforte), **Häretiker v.** In einem nicht näher bekannten Kastell M. bei Asti (h. Piemont) traf →Aribert, Ebf. v. Mailand, bei einer Visitationsreise (wahrscheinl. 1028) eine Gruppe von Häretikern an, der auch die Gfn. selbst angehörte. Nach einem langen Gespräch mit ihrem Oberhaupt, Gerardus, von ihrer Gefährlichkeit überzeugt, holte der Ebf. alle angesehenen Mitglieder der Gruppe nach Mailand. Dort gewannen sie jedoch rasch eine große Anhängerschaft v.a. bei den rustici, die neu zugezogen oder eigens in die Stadt gekommen waren, um sie zu hören. Daraufhin von den Capitanei vor die Alternative gestellt, abzuschwören oder den Scheiterhaufen zu besteigen, wählten sie den Tod. Genauer und zuverlässiger als der Bericht bei Radulfus Glaber erscheint die Darstellung des Landulfus Senior (MGH SS VIII, 65-66). Eine intellektualist. Häresie (VIOLANTE), entstanden aus der Kritik an einer Kirche, die sich immer stärker mit der polit. Macht verband (CRACCO), bereits von einem »evangelischen Dualismus« geprägt (MORGHEN), praktizierte die Gruppe eine rigorose Askese (sexuelle Abstinenz auch in der Ehe), lehnte Sakramente und kirchl. Hierarchie ab und leugnete implizit das Trinitätsdogma (Christus sei die Seele des von Gott geliebten Menschen). Ihr Tod unter Qualen ist der kathar. Endura vergleichbar (MANSELLI).
G. Barone

Lit.: C. VIOLANTE, La società milan. in età precomunale, 1953, 176-186 - R. MORGHEN, Medioevo crist., 1968⁴, 208f. - C. VIOLANTE, Studi s. cristianità mediev., 1972, 98-102 - R. MANSELLI, Studi s. eresie del sec. XII, 1975², 185-188 - G. CRACCO (La cristianità nei sec. XI e XII in Occidente, 1983), 339, 356 - E. WERNER-M. ERBSTÖSSER, Ketzer und Hl.e, 1986, 74-82.

Monteil, Guillaume Adhémar de, Bf. v. →St-Paul-Trois-Châteaux, Aug. 1482 - † Juli 1516, Kommendatarabt der Abtei OSB Beaulieu, entstammte der Adelsfamilie →Adhémar und war verwandt mit den Häusern Ancezune und Vesc. Der hochmütige Prälat stand mehrfach im Konflikt mit dem Herren v. Suze (-la-Rousse) und den kgl. frz. Amtsträgern des →Dauphiné. Am 26. Nov. 1482 vom päpstl. Legaten Giuliano della Rovere (späterer Papst →Julius II.) zum →Rector des →Comtat Venaissin, mit Sitz in →Carpentras, eingesetzt, widmete sich M. mit Eifer den Belangen seines Gerichtshofes und der Visitation seiner unter Priestermangel leidenden Diöz., erließ eine Ordonnanz über die neuen auswärtigen Währungen und schritt im päpstl. Auftrag gegen den Sittenverfall des Klerus ein (15. Juli 1485). Trotz seines Ansehens bei den Bewohnern v. Carpentras wurde er im Okt. 1485 abberufen. Im Bm. St-Paul kämpfte er gegen die Übergriffe des Gouverneurs zu →Avignon, doch auch gegen das ausschweifende Leben seiner Kanoniker. 1504-07 unternahm er eine Pilgerfahrt in Hl. Land. Im Testament machte er seinem Kathedralkapitel Stiftungen.
M. Hayez

Q. und Lit.: Arch. dép. Vaucluse, B (rectoire) 124-126 - L. A. BOYER DE SAINTE-MARTHE, Hist. de l'église cath. de St-Paul, 1710 - C. COTTIER, Notes hist. concernant les recteurs, 1806 - GChrNov, St-Paul-Trois-Châteaux, 1909.

Montélimar, Stadt in SO-Frankreich, Valentinois (dép. Drôme), in galloröm. Zeit Etappenstation der Via Agrippina, Acunum. Im MA entstand auf der Anhöhe des Puy St-Martin, die Stadt M. (Montilium Ademarii), unter Herrschaft der mächtigen Familie →Adhémar; älteste Zeugnisse sind zwei Privilegien Friedrichs I. Barbarossa (das eine für Giraud Adhémar, 12. April 1164). Vor 1228 ließ sich ein Franziskanerkonvent in M. nieder. Die Ruinen zweier Burgen zeugen von der Teilung der stadtherrl. Gewalt (Conseniorat) unter verschiedene, oft verfeindete Zweige der Adhémar v. Monteil; der eine dieser Zweige trug 1285 einen Teil der Stadt dem Bf. v. →Valence zu Lehen auf, der andere 1339 dem Gf.en v. →Valentinois; im folgenden Jahr kaufte Papst →Benedikt XIII. den vierten Teil der Stadt. Kronprinz →Ludwig (XI.) v. Frankreich, zugleich →Dauphin des Viennois (Ludwig II.) und Gf. v. Valentinois, wurde 1447 alleiniger Stadtherr. Am 10. Juni 1449 wurde die Pfarrkirche Ste-Croix zur Kollegiatkirche erhoben.

Die Bürger erhielten wiederholt (1198, 1228, 1258, 1275 usw.) städt. Freiheiten, bestätigt vom Dauphin am 30. Mai 1447. Die an einer wichtigen Handelsroute gelegene Stadt (von den Adhémar erhobene Zölle) war ein Zentrum des Tuchgewerbes (um 1320 Erlaß von Statuten), Sitz mehrerer jüd. Gemeinden (Synagoge) und 1332-37 Standort einer Succursale des in Avignon residierenden Florentiner Bankhauses der Corbizzi. Rasch setzte jedoch der Niedergang ein: 1395 nennt das Register der städt. *taille* nur mehr 387 Steuerpflichtige. Doch verzeichnet die von der *taille* des Dauphins nach 1447 ausgenommene Stadt, die auch Münzstätte war (9. Juli 1426) und über zollfreie Jahrmärkte verfügte, in der 2. Hälfte des 15. Jh. eine gewisse wirtschaftl. Wiederbelebung.
V. Chomel

Q. und Lit.: Cart. mun. de M., ed. C. U. J. CHEVALIER, 1871 - BARON DE COSTON, Hist. de M., I, 1878 - Il libro vermiglio ... della compagnia fiorentina di J. G. F. Corbizzi e T. Corbizzi, 1332-37, ed. M. CHIAUDANO, 1963 - R. H. BAUTIER-J. SORNAY, Les sources de l'hist. économique et sociale du MA. Provence. Comtat Venaissin. Dauphiné..., I, 1968, 593 - C. TREZIN-F. FLAVIGNY u.a., M., château des Adhémar, 1983 - G. BARRUOL, Dauphiné Roman, 1992.

Montenegro (Crna Gora 'Schwarzer Berg'), Land auf der Balkanhalbinsel, im Bereich des steil zur →Adria abfallenden Dinar. Gebirges. Hervorgegangen aus dem ma. Fsm. Zeta (Dioclea), unterstand M. (dieser Name wird erst seit dem 16. Jh. gebräuchl., ältere Bezeichnung: Obere Zeta, Gornja Z.) in der frühen Neuzeit gleichsam als ein geistl. Fsm. seinen Metropoliten (unter osman. Oberhoheit), 1852 in ein weltl. Fsm. umgewandelt. - Zur Gesch. des Landes im MA →Zeta sowie die Beiträge über die Städte →Kotor und →Cetinje, s. a. →Dalmatien.

Lit.: Istorija Crne Gore I, II, 1967-70 - →Zeta.

Montereau, Ort in Nordfrankreich, an der Einmündung der Yonne in die Seine (dép. Yonne). Die Brücke v. M. war am 10. Sept. 1419 Schauplatz der verhängnisvollen Begegnung zw. dem Hzg. Johann v. Burgund (→Jean sans Peur) und dem Dauphin →Karl (VII.). Sie war beim letzten Treffen der beiden Fs.en in Pouilly-le-Fort (Juli 1419) vereinbart worden, mit dem Ziel, die Versöhnung in Hinblick auf gemeinsamen Widerstand gegen den Kg. v. →England zu vertiefen. Die führenden Ratgeber des Dauphins, Jean Louvet, Tanguy du→Chastel, der Vicomte v. Narbonne, betrieben jedoch die Ermordung des Hzg.s, zum einen aus Furcht vor einer Fortdauer der beherrschenden Position Johanns in der Regierung, zum anderen als Rache für den Tod→Ludwigs v. Orléans. Am 10. Sept. 1419 begaben sich die beiden Fs.en, jeder von zehn Personen begleitet, in einen umfriedeten Raum, der für sie auf der Brücke v. M. errichtet worden war. Als sich Johann vor dem Dauphin verneigte, versetzte ihm zuerst Tanguy du Chastel einen Axthieb; andere erschlugen den Hzg. vollends; zwei Herren seines Gefolges wurden tödlich verwundet. Trotz aller Bemühungen des Dauphins akzeptierte Kgn. →Isabella die Mordtat nicht; der Sohn des Hzg.s, →Philipp (der Gute), ging, nach anfängl. Zögern, zum Bündnis mit dem Kg. v. England über; Kg. →Karl VI. erklärte den Dauphin für nicht regierungsfähig und übertrug seine Kronrechte auf seine Tochter→Katharina, verlobt mit Kg. →Heinrich V. v. England (17. Juni 1420; s.a. →Troyes, Vertrag v.). Erst im Vertrag v. →Arras (1435) leistete Karl VII. Genugtuung für das Attentat und versöhnte sich mit dem Hzg. v. Burgund.

J. Richard

Lit.: P. BONENFANT, Du meurtre de M. au traité de Troyes, 1958 – R. VAUGHAN, John the Fearless, 1966 – F. AUTRAND, Charles VI, 1986 – B. GUENÉE, Un meurtre, une société, 1992.

Monteruc, Pierre de, Kard. ('Kard. v. Pamplona'), * um 1315 in Donzenac (Limousin, dép. Corrèze), † 10. Mai 1385, ▭ Villeneuve-lès-Avignon, Kartause (von ihm stark gefördert); entstammte dem Kleinadel, Neffe Papst →Innozenz' VI. (1352–62); studierte Zivilrecht in Toulouse und erwarb den Grad eines Lic. jur. Danach residierte er an der Kurie und häufte eine Reihe von Benefizien an. Am 20. Nov. 1355 ernannte ihn Innozenz VI. zum Bf. v. Pamplona, wo er nicht residierte, am 23. Dez. 1356 zum Kard.presbyter v. Sta. Anastasia. 1361 wurde er Vizekanzler. 1367 und 1376 lehnte es M. ab, dem Papst nach Rom zu folgen. Gleichwohl agierte er während des Großen Schismas mit Vorsicht und schloß sich →Clemens VII. erst spät an. Reich und gebildet, gründete M. das Collège Ste-Catherine zu Toulouse (1382) und förderte zahlreiche Kirchen. Seine gut bekannte →familia umfaßte um die 40 Personen aus dem Limousin, aber auch aus Nordfrankreich. Wenn auch keine Persönlichkeit von erstrangiger Bedeutung, übte M. doch dank seines gemäßigten Charakters und der langen Dauer seines Kardinalats in der späten Avignoneser Zeit einen nicht zu unterschätzenden Einfluß aus.

J. Verger

Lit.: J. VERGER, L'entourage du card. P. de M. (1356–85), MEFRM. Temps modernes. 85, 1973, 515–546.

Montes. [1] *Allgemein:* Das Wort 'monte' bezeichnete in den Städten Italiens seit den Jahren um 1300 eine Institution, die im allg. von der →Kommune oder ihren Beauftragten betrieben wurde und die eine Anhäufung (mons) von Kapitaleinsätzen, welche von Einzeleigentümern investiert worden waren, umfaßte. Sie stellte somit eine öffentl. Bank (→Bankwesen) dar, welche die Aufgabe hatte, dem Staat Hilfe zu leisten, und in die die Anleihen der Bürger, die diesen auferlegt worden waren oder denen sie zugestimmt hatten, einflossen (→Finanzwesen, B. V, 2). Der *Monte Comune* in →Florenz entwickelte sich seit ca. 1340 und verzweigte sich später in verschiedene Einzelinstitutionen, die den kontinuierl. wachsenden finanziellen Schwierigkeiten der Kommune begegnen sollten. Die Verwalter dieser Bank, »officiales montis«, bildeten innerhalb des Finanzlebens von Florenz eine Aristokratie. Unter verschiedenen Namen verbreitete sich die Institution der M. in anderen bedeutenden Städten Italiens und der Mittelmeerländer: *Banco di Sant'Ambrogio* in →Mailand, *Monte Vecchio* in →Venedig, →*Casa di S. Giorgio* in →Genua, *Taulas* in →Valencia und →Barcelona. Darüber hinaus entstand in Florenz der ebenfalls kommunal geführte *Monte d. Doti,* in den die Familienväter bei Geburt einer Tochter Einlagen einzahlten, deren Zinsen als Mitgift für heiratsfähige Töchter dienten. Allg. gilt, daß die M. nur einen geringen Zinssatz ausschütteten, der aber den Investoren, Männern und Frauen mit bescheidenem Vermögen, sichere Einkünfte gewährleistete.

[2] *Monti di Pietà* (montes pietatis): Diese kommunalen Pfandleihanstalten, die gegen Ende des MA in Italien entstanden, sollten v.a. Unbemittelten und Armen Hilfe und Sicherheit gewähren. Die Einrichtung der M. di P. war infolge des Vorgehens der religiösen Orden, namentl. der →Franziskaner, gegen den →Wucher, insbes. der →Lombarden und →Juden, entstanden. Der erste Monte di P. wurde 1462 in →Perugia, auf direkte Initiative des aus Mailand stammenden Franziskaners Michele Carcano, eingerichtet. Er diente dem etwa ein Jahrzehnt später entstandenen Monte di P. in →Siena und Florenz (1473) als Vorbild. In →Savona wurde der Monte unmittelbar von Papst Sixtus IV., einem Franziskaner, begründet; der Papst diktierte die Statuten und machte die ersten Schenkungen. Drei Jahre später folgte nach einem Aufstand gegen die Wucherer die Vertreibung der Juden, die vom Gremium der →Anzianen legitimiert wurde.

Die M. di P. betrieben Pfandleihe, insbes. für ärmere Bevölkerungsgruppen (Handwerker, Bauern), die gegen das erhaltene Darlehen bewegl. Gegenstände (Kleider, Schmuck, Handwerksgeräte usw.) als Pfänder versetzten; diese wurden, wenn sie nicht im Zeitraum von dreizehn Monaten ausgelöst worden waren, auf öffentl. Plätzen versteigert. Die Tatsache, daß manche M. di P. darüber hinaus den Kreditnehmer mit einem (niedrigen) Zinssatz belasteten, führte zu lebhaften Diskussionen unter Theologen und Ordensmitgliedern. Das Grundkapital der M. di P. wurde durch Stiftungen, Legate und öffentl. Sammlungen (→Almosen) aufgebracht; Bürger konnten sich auch durch Überweisung einer Summe an den Monte von einem Gelübde entbinden (außer bei gelobten Wallfahrten ins Hl. Land, nach Rom und Compostela). Dennoch waren nicht alle M. erfolgreich; manche überlebten nur unter Schwierigkeiten. Oft war der Kostenaufwand erhebl., nicht zuletzt durch Errichtung prunkvoller Paläste, so in Rom und Siena (Monte dei Paschi). Da die Darlehensvergabe bei den M. di P. nicht diskret abgewickelt wurde, zogen es viele »poveri vergognosi« ('verschämte Arme') vor, ihre Kleinkredite in den verschwiegenen Vierteln der Lombarden und Juden aufzunehmen. J. Heers

Lit.: H. HOLZAPPEL, Die Anfänge der M. Pietatis, 1903 – M. WEBER, Les origines des Monts-de-Piété, 1920 – G. MIRA, Note sul Monte di P. di Perugia dalle origini alla seconda metà del XVI s., Arch. Stor. delle Aziende di Credito, 1956 – S. CARRERES ZACARES, La primitiva Taula de Cambis de Valencia, 1957 – L. POLIAKOV, Les Banchieri Juifs et le St-Siège du XIIIe au XVIIe s., 1965, 195–240 – F. MELIS, Guida alla Mostra ... del Monte dei Paschi di Siena, 1972 – V. MENEGHIN, Bernardino da

Feltre e i M. di P., 1974 – A. Molho – J. Kirshner, The Dowry Fund and the Mariage Market in Early Quattrocento Florence, Journal of Modern Hist., 1978, 403-438 – Savona nel Quattrocento e l'istituzione del Monte di P. (ed. Cassa di Risparmio di Savona, 1980).

Monte Sant'Angelo. Das Michaelsheiligtum auf dem →Gargano (Apulien), das zur »Langobardia minor« gehörte und Besitz der Ebf.e von Benevent war, erlebte im 11. Jh. eine Krise, als das Ebm. Siponto wiederbegründet wurde. Am Ende des 11. Jh. wurde M. S. A. jedoch Mittelpunkt einer von Heinrich, dem Schwiegersohn des Großgf.en Roger I. v. Sizilien, errichteten Gft. Im Zuge der Begründung des Kgr.es Sizilien ging diese in der neueingerichteten Gft. Lesina auf. Der Begriff »M. S. A.« bezeichnete danach einen Verwaltungsbezirk: Justitiariat und Camerariat. 1177 wies Kg. Wilhelm II. seiner Gemahlin Johanna den »Honor Montis Sancti Angeli« als dotarium zu, indem er das Gebiet wieder von der Gft. Lesina abtrennte. Friedrich II. übertrug den Honor Bianca Lancia und vermachte ihn testamentar. ihrem gemeinsamen Sohn→Manfred. E. Cuozzo

Lit.: P. F. Palumbo, Contributi alla storia dell'età di Manfredi, 1959, 1982 – E. Cuozzo, Catalogus Baronum. Comm., 1984, 93-95 – Ders., L'unificazione norm. e il Regno norm.-svevo (Storia del Mezzogiorno, II, 2), 619-621.

Montesa, Orden, »militia de Montesia Ordinis Calatravae«. Im Zusammenhang mit der Aufhebung des Templerordens (→Templer) begünstigte Papst Johannes XXII. zum Nachteil des Johanniterordens Kg. →Jakob II. v. Aragón durch die Gründung eines neuen →Ritterordens. Gemäß der päpstl. Gründungsurk. vom 10. Juni 1317 sollte der Orden v. M. zur Bekämpfung der →Mauren eingesetzt werden. In der Praxis ging es um die Steigerung der kgl. Macht durch die Schaffung einer der Krone dienstbaren Militärorganisation. Die Besitzungen und Privilegien der →Templer und →Johanniter im Kgr. →Valencia fielen an M. Die eigtl. Gründung wurde jedoch vom Calatravameister García López de Padilla, dem zusammen mit dem Zisterzienserabt von Santes Creus das Visitationsrecht oblag, verschleppt. Sie fand am 22. Juli 1319 in Barcelona unter Mitwirkung des aragon. Großkomturs v. Alcañiz und des Abts v. Santes Creus als päpstl. Beauftragtem mit nur elf Rittern statt. Der erste Meister war Guillem de Eril, einer von drei ehem. Johannitern. Am selben Tag noch übertrug der Kg. v. Aragón das *castillo* de M. (sö. Játiva, Diöz. Valencia) dem Orden.

Den Ordensregeln der →Zisterzienser verpflichtet, wählte in der Folgezeit das Generalkapitel des Ordensmeister. →Komture, unterstützt von einem *clavero*, *subclavero* und *mayordom*, führten die weltl. Geschäfte; einem Prior, mit einem Subkomtur als Helfer, war die geistl. Betreuung der Ritter vorbehalten. Die Visitationsprotokolle (Definiciones) geben seit 1326 Zeugnis von der inneren Verfassung des Ordens und beklagen im 15. Jh. zunehmende Zeichen der Verweltlichung. Durch die Erhebung einer Aufnahmegebühr, die Einführung des Adelsnachweises und der *limpieza de sangre* erstarrte der Orden v. M. endgültig zu einem adligen Versorgungsinstitut.

Die Beziehungen zum Orden v. →Calatrava waren aus polit. Gründen von Anfang an gespannt und führten unter Kg. →Peter IV. v. Aragón zu einem Schisma. Kgl. Privilegien und die Inkorporation des Ordens San Jorge de Alfama (24. Jan. 1400) erweiterten den Güterbestand des Ordens v. M., dessen Leiter diplomat. und militär. Aufträge der Krone ausführten: neben der Bekämpfung der Mauren von →Granada waren die Monteser im 14. Jh. in die Kriege gegen die Union, Kastilien, Sardinien und Korsika (→Aragón) ebenso verwickelt wie in den Bürgerkrieg z. Zt. Kg. →Martins I.

Der letzte Meister Pedro Luis Garcerán de Borja beantragte aufgrund von Streitigkeiten um seine Nachfolge die Inkorporation durch die span. Krone, die am 15. März 1587 durch Sixtus V. durchgeführt wurde. B. Schwenk

Lit.: H. Samper, M. ilustrada, 1969 – A. L. Javierre Mur, Privilegios reales de la Orden de M. en la Edad Media, 1946 – J. F. O'Callaghan, Las definiciones medievales de la Orden de M., 1326-1468 (The Spanish Military Order of Calatrava and its Affiliates 10, 1975) – L. Dailliez, L'Ordre de M., [1977] – L. García Guijarro, Datos para el estudio de la renta feudal y maestral de la orden de M. en el siglo XV, 1978 – E. Guinot Rodríguez, Feudalismo en expansión en el norte valenciano. Antecedentes y desarrollo del Señorío de La Orden de M., 1986 – E. Díaz Mantela, El »Libro de poblaciones« de La Orden de Santa María de M. (1234-1426), 1988 – R. Sáinz de la Maza Lasoli, La Orden de San Jorge de Alfama, 1990.

Montescaglioso (Mons Caveosus), Stadt in der Prov. Matera (Basilikata), auf einem Hügel am Fluß Bradano. Im MA Sitz eines Kl. OSB (S. Michele; gegr. um 1065?) und einer Gft. (gegr. von Robert v. M., einem Neffen →Roberts Guiscard). Die ma. Stadt entstand aus drei Ansiedlungen, der civitas veteris montis mit dem Kl., dem mons caveosus (oder scabiosus), Sitz des norm. Gf.en und der civitas severiana, erbaut um 1100 von Rudolf Maccabeus, Schwiegersohn Gf. →Rogers I. v. Sizilien. Die Stadt M. zählte 1277 372 Feuerstellen, also ca. 1750-1850 Einw., 1521 1300-1600 Einw. H. Houben

Lit.: F. Ughelli, Italia sacra 7, 1721[2], 27 – IP IX, 465-467 – E. Cuozzo, La contea di M. nei sec. XI-XIII, ASPN 103, 1985, 7-37 – Monasticon Italiae 3, 1986, 191f. – T. Pedio, La Basilicata dalla caduta dell'Impero Romano agli Angioini 1, 1987, 151, 171 – W. Jahn, Unters. zur norm. Herrschaft in Süditalien (1040-1100), 1989, 275-317.

Montes pietatis → Montes

Montevergine, S. Maria di, Abtei OSB auf dem gleichnamigen Berg bei Avellino (Kampanien, Unteritalien) und Stammkl. der Kongregation von M. Zw. 1118 und 1120 gründete →Wilhelm v. Vercelli auf dem – im Früh- und HochMA wegen seiner Unberührtheit mons virginis oder mit Bezug auf den »Zauberer Vergil« Mons Vergili gen. – Berg eine aus Priestern und Mönchen sowie aus Laien beiderlei Geschlechts bestehende Eremitengemeinschaft. Ein aus d. Liburia stammender Gualterius, »peritissimus in architectonica arte«, erbaute auf dem Berg eine Marienkirche und Eremitenzellen. Der Überlieferung zufolge verließ Wilhelm 1128 die Kommunität, die sich in den folgenden Jahrzehnten in ein nach Cluniazenser Vorbild organisiertes Kl. OSB wandelte. Gefördert von den Kg.en v. Sizilien, entwickelte sich das Kl. M. zu einer der wichtigsten Abteien S-Italiens. Seit 1191 war M. romunmittelbar. Im 15. Jh. (seit 1440 Kommendataräbte) erlebte die Congregatio Verginiana eine Krise. – Das Marienpatrozinium der ursprgl. Kirche ließ auch im Kl. OSB und dessen Dependenzen die Marienverehrung (→Lukasbild) an die erste Stelle treten und förderte die Wallfahrt auf den Berg, der schließlich »monte della Vergine« (Berg der hl. Jungfrau) genannt wurde. E. Cuozzo

Lit.: G. Mongelli, Storia di M. e della Congregazione verginiana, 8 Bde, 1965-78 – P. M. Tropeano, Cod. Diplom. Verginiano, 10 Bde, 1977-86 – E. Cuozzo, Gli insediamenti verginiani in Irpinia (La società meridionale nelle pergamene di M., Atti 2°Conv. Internaz., 1989).

Montfaucon, frz. Adelsgeschlecht, aus M. (dép. Doubs), nahe Besançon, zählte zu den großen Vasallen der Gf.en v. Burgund (→Burgund, Freigft.). Die Familie, die im Mannesstamm mit Étienne de M., Gf.en v. →Montbéliard († 1396), erlosch, stellte drei Ebf.e v. →Besançon: Hugo (1067-85), Thierry (1180-91) und Ludwig (1361-62).

Gautier v. M.-Montbéliard heiratete die Tochter Kg. Amalrichs v. Zypern (→Lusignan), die Schwester Kg. Hugos I., dessen Tutor Gautier war (1205). E. Lalou

M., Géraud (Girard) de, kgl. Statthalter des Languedoc, † nach 1352, Herr v. Vuillafans (dép. Doubs, arr. Besançon, cant. Ormans), durch Heirat Herr v. Châteauvieux, kgl. →Seneschall v. →Toulouse (als solcher 1345-52 belegt) und →Albi, begegnet 1346 als →*Lieutenant* (kgl. Statthalter) des Languedoc, im Nov. 1351 mit dem Titel eines kgl. Generalkapitäns des gesamten Languedoc usw.
E. Lalou

Q.: Paris, BN, Pièces originales 2018 dossier M., 46264 – *Lit.:* G. Dupont-Ferrier, Gallia regia, 1947, III, n. 13679; V, n. 21391.

Mon(t)ferrat (Monferrato), Landschaft in Oberitalien (höchster Teil des Piemont). Der geogr. Begriff Monsferratus ist erstmals in einem Diplom Berengars I. vom 23. Juni 909 belegt (Schenkung von Ländereien in der Nähe der Mündung des Tanaro in den Po an S. Giovanni Domnarum in Pavia). 967 bestätigt Otto I. dem Mgf. en Aleramus den Besitz der Ländereien »in comitatu Aquensi, Saonensi nec non Astensi et Montisferrati«, wobei der Begriff M. weniger einen eigenen Gerichtsbezirk als ein geogr. Gebiet bezeichnet, das wohl Randstreifen des Comitatus Tortona und den Teil des Comitatus Lomello auf dem rechten Ufer des Po umfaßte. 1069 werden in einem Diplom Heinrichs IV. kgl. Besitzungen »in Monteferrato«, in der Nähe von Mirabello Monferrato und Pecetto di Valenza auf dem rechten Poufer knapp oberhalb der Tanaromündung erwähnt. Es ist daher wahrscheinlich, daß im Laufe des 11. Jh. die Bezeichnung M. westwärts wanderte und sich schließlich in dem bis zum Ende des 9. Jh. *iudiciaria Torrensis* gen. Gebiet (nach dem Kastell Turris bei Villadeati) festsetzte. In den ersten Jahrzehnten des 12. Jh. werden die Ortschaften Calliano und Tonco »in Monferrato« lokalisiert, ein Zeichen, daß M. nunmehr für das Gebiet ö. von Asti zum festen Namen geworden war, der in zunehmendem Maß mit der polit. Herrschaft der aleramid. Mgf.en (→Mon(t)ferrat, Mgf.en v.) verbunden wurde und auch deren Besitzungen zw. den Flüssen Bormida und Po miteinschloß. Dieses Gebiet ist als M. im eigtl. Sinne zu bezeichnen, obgleich die gelehrten Humanisten – ohne hist. Rechtfertigung – unter M. das gesamte Hügelland zw. Po, Tanaro und Apennin bis Turin verstehen. Schon seit dem 13. Jh. zeigt sich andererseits die – auch von der späteren Kartographie aufgenommene – Tendenz, jedes Gebiet im Besitz der Mgf.en von M., wo auch immer es sich befand, als »M.« zu bezeichnen. Nachdem die polit. Herrschaft im 18. Jh. an das Haus Savoyen übergegangen war, setzte sich die heute noch übliche geogr. Einteilung in »alto« und »basso M.« (Ober- und Nieder-M.) durch, die die Gebiete n. und s. von →Asti bezeichnet, das stets von dem hist. M. ausgenommen war.
A. A. Settia

Lit.: A. A. Settia, »Iudiciaria Torrensis« e Monferrato. Un problema di distrettuazione nell'Italia occidentale, StM, 3s., XV, 1974, 967-1018 – Ders., »Monferrato«. Storia e geografia nella definizione di un territorio medievale, Boll. storico-bibliogr. subalpino LXXIII, 1975, 493-545.

Mon(t)ferrat, Mgf.en v., stammen über Wilhelm III. (1085), Wilhelm II. (1059), Wilhelm I. (991-1031) und Oddo (961) von Aleram ab (der zw. 958 und 961 als Mgf. bezeichnet wird); von einem anderen Sohn Alerams, Anselm, leiten sich die markgräfl. Familien del Bosco, di Ponzone und del Vasto (später del →Carretto genannt) ab. Das umfangreiche Patrimonium an Ländereien und Rechten, das der Spitzenahn im Gebiet zw. Po und Ligur. Küste zusammengetragen hatte, blieb bis gegen 1080 vereinigt. Bei seiner Teilung fiel an die »oddonische« Linie das Gebiet zw. dem Vercellese und dem ligur. Apennin, das in der Folge unter den eigtl. M. und der Nebenlinie di Occimiano aufgeteilt wurde.

Die Bezeichnung Mgf. »v. M.« wird erstmals *Rainer* (1100-35) beigelegt, der im Gefolge Heinrichs V. begegnet und die Abtei OCist. S. Maria di Lucedio mit Stiftungen ausstattete; ∞ Gisela v. Burgund, die Witwe Humberts III. v. Savoyen und Schwester Papst Calixtus' II. Ihr Sohn *Wilhelm IV.* oder *V. d. A.*, mit Ludwig VI. v. Frankreich verschwägert, gelangte durch seine Heirat mit Judith, Tochter Leopolds III. v. Österreich und der Salierin Agnes zum Onkel Ks. Friedrichs I. Barbarossa. Dieser hochadligen Verwandtschaft verdankte Wilhelm zweifellos zum Großteil sein Ansehen unter den zeitgenöss. Fs.en Italiens und seine polit. Erfolge, so daß er zu denen gehörte – wie Otto v. Freising bemerkt –, die der Macht der städt. Kommunen standhielten. Er trachtete die Vorrangstellung über die anderen Zweige der Aleramiden zu gewinnen, spielte eine aktive Rolle in der Italienpolitik der Zeit Barbarossas – immer kaisertreu – und erhielt 1164 von seinem ksl. Neffen die Bestätigung seiner Besitzungen. In den Jahren 1147-49 nahm er im Gefolge Ludwigs VII. v. Frankreich und Konrads III. am 2. →Kreuzzug teil; 1183-86 zog er wieder nach Palästina, wo er wahrscheinl. den Tod fand.

Auf den Spuren des Vaters richteten zumindest drei seiner fünf Söhne ihr Interesse auf den Orient. Der Erstgeborene, *Wilhelm*, gen. »Langschwert« (Lungaspada), ∞ 1176 Sibylla, die Schwester Balduins IV., Kg. v. Jerusalem, starb aber kurz darauf, wahrscheinl. durch Gift. *Konrad* heiratete 1190 in dritter Ehe eine andere Schwester Balduins IV., Isabella, verteidigte Tyrus gegen Saladin und fiel 1192 einem Anschlag zum Opfer. Der dritte Sohn Wilhelms IV. (V.), →Bonifaz I., trat die Nachfolge seines Vaters an und verteidigte die Mgft. gegen die Expansionsbestrebungen der Kommunen→Asti und→Vercelli. Sein Hof war ein Anziehungspunkt für prov. Dichter, deren bekanntester, →Raimbaut de Vaqueiras, ihn auf den 4.→Kreuzzug begleitete, zu dessen Führer Bonifaz 1200 gewählt worden war. Nach der Eroberung von Konstantinopel erhielt Bonifaz das Kgr. Thessalien, bei dessen Verteidigung gegen die Bulgaren er 1207 fiel. Die Mgft., die unter dem ständigen Druck der Nachbarmächte stand, wurde in dieser Zeit von seinem Sohn *Wilhelm VI.* verwaltet, der 1224 seinerseits einen Kreuzzug leitete, um das verlorene Kgr. seines Vaters wiederzugewinnen. Zu diesem Zweck verpfändete er Ks. Friedrich II. für 9000 Mark alle seine Gebiete. Das Unternehmen scheiterte jedoch, und Wilhelm fand dabei den Tod.

Von diesem Zeitpunkt an verzichteten die Mgf.en v. M. darauf, ihr Glück im Orient zu suchen. *Bonifaz II.* (1225-53) konnte infolge einer skrupellosen Schaukelpolitik zw. Ks. Friedrich II. und seinen Gegnern die Mgft. wiederherstellen und konsolidieren. Sein Sohn und Nachfolger *Wilhelm VII.* (1254-92) war eine der herausragenden Figuren im Italien seiner Zeit, in der sich infolge der Krise der Kommunen die ersten Formen von Signorien, die mehrere Städte umfaßten, bildeten: als Signore und »Capitano di guerra« dehnte Wilhelm VII. seine Herrschaft auf Alessandria, Acqui, Ivrea, Tortona, Vercelli, Casale Monferrato, Turin und Mailand aus, bis er schließlich von den aufstand. Alessandrinern gefangengenommen wurde und sein gesamtes polit. Gebäude in sich zusammenfiel. Er starb 1292 im Kerker. Mit dem erbenlosen frühen Tod seines – von Karl II. v. Anjou bei dem

Versuch, die Mgft. zu reorganisieren, unterstützten – Sohnes *Johann I.* (1305) erlosch die Aleramidendynastie von M. im Mannesstamm. Ihr Erbe trat der Sohn von Johanns Schwester Irene an, die mit dem Ks. v. Byzanz, Andronikos II. Palaiologos, vermählt war.

Der fünfzehnjährige *Theodor I. Palaiologos* (1305–38), der erste Vertreter der neuen Dynastie, der von der Mutter nach Italien gesandt worden war, konnte sich dank der Unterstützung Ks. Heinrichs VII. und v.a. seines Schwiegervaters, Opizzino Spinola von Genua, gegen die Erbansprüche der Aleramiden von Saluzzo behaupten. Als seine Hoffnungen auf die Nachfolge auf den Kaiserthron v. Konstantinopel fehlschlugen, mußte er sich schließlich mit dem instabilen Prinzipat M. begnügen; er ließ eigene Münzen prägen und reorganisierte das Heer. Im Griech. und Lat. bewandert, verfaßte er eine interessante Lehrschrift, v.a. über Kriegstechnik, die in frz. Übersetzung (»Enseignements«) erhalten ist.

Sein Sohn *Johann II.* (1337–72) kämpfte mit den benachbarten, mächtigeren Signorien der Savoyer und der Visconti um die Vorherrschaft im w. Oberitalien; nachdem er beinahe sein ganzes Leben lang Krieg geführt hatte und kurze Zeit über Asti, Vercelli und Novara geherrscht hatte, mußte er sich damit begnügen, nicht die Hegemonie erringen zu können. Sein gewalttätiger und choler. Sohn *Secundus Otto (Secondotto)* regierte unter der Vormundschaft Ottos IV.; er wurde 1378 in Langhirano (Parma) von einem Stallknecht ermordet. Sein Bruder *Johann III.*, der ihm nachfolgte, fiel im Gefolge Ottos IV. bei Neapel im Kampf. Die Regierung ging daher auf den dritten Bruder, *Theodor II.* (1381–1418), über. Polit. an die Visconti von Mailand gebunden, spielte er eine wichtige Rolle in den Kämpfen mit den Savoyern um die Vorherrschaft über die Mgft., in denen er sich nicht zuletzt dank der militär. Erfolge des Condottiere Facino →Cane (nominell sein Untertan) behaupten konnte. 1412 wurde er für kurze Zeit Signore v. Genua.

In polit. Hinsicht weniger bedeutend war sein Sohn *Johann Jakob (Giangiacomo)* (1418–45); von den mächtigen Hzm. ern Savoyen und Mailand in die Zange genommen, konnte er seine Herrschaft nur durch die Unterstützung Venedigs erhalten, die er um den Preis zahlreicher Ländereien und Rechte erkaufte. Von geringer Bedeutung war auch die Regierung *Johanns VI.* (1445–64), der von seinem tatkräftigeren Bruder *Wilhelm VIII.* (1464–83) abgelöst wurde. Vorher ein geschätzter Söldnerführer im Dienst der Sforza, trachtete er danach, der Mgft. ihr altes Ansehen wiederzugeben, worin er von seinem Bruder *Theodor* (Kardinal seit 1466) unterstützt wurde. Unter ihm wurde →Casale, von Papst Sixtus IV. zum Bm erhoben, Sitz eines Hofes, der sich nach Mailänder Vorbild zu einem Anziehungspunkt für Intellektuelle und bedeutende Künstler entwickelte. Trotz dreier Ehen starb er erbenlos. Seine Nachfolger wurden sein Bruder *Bonifaz V.* (1483–94) und dessen Sohn *Johann Georg (Giangiorgio)*, mit dessen Tod 1533 die Dynastie der Paläologen von M. erlosch. Das Territorium fiel an die Gonzaga und wurde zum Hzm. erhoben; 1713 kam es durch den Vertrag von Utrecht an das Kgr. Sardinien. A. A. Settia

Lit.: B. Sangiorgio, Cronica, hg. G. Vernazza, 1780 – G. del Carretto, Cronica di Monferrato, MHP, Scriptores, III, 1848 – V. de Conti, Notizie stor. della città di Casale e del Monferrato, 10 Bde, 1838–41 – F. Savio, Studi stor. sul marchese Guglielmo III di Monferrato ed i suoi figli, con documenti inediti, 1885 – T. Ilgen, Corrado marchese di Monferrato, 1890 – A. Bozzola, Un Capitano di guerra e signore subalpino. Guglielmo VII di Monferrato (1254–1292). Per la storia dei comuni e delle signorie, Miscell. di storia it., Ser. 3, 19, 1922 – L. Usseglio, I marchesi di Monferrato in Italia e in Oriente durante i sec. XII e XIII, hg. C. Patrucco, 1926 – Parlamento del Monferrato, hg. A. Bozzola, 1926 – M. Damarco, Guglielmo I Paleologo (marchese di Monferrato, 1420–83), Riv. di storia arte e archeolog. per la prov. di Alessandria 42, 1933 – F. Cognasso, Il Piemonte nell'età sveva, 1968 – Aleramica, Boll. stor. bibliogr. subalpino 81, 1983 – C. Knowles, Les Enseignements de Théodore Paléologue, 1983 – W. Haberstumpf, Regesto dei marchesi di Monferrato di stirpe aleramica e paleologa per l'»Outremer« e l'Oriente (s. XII–XV), 1989.

Montfort, große frz. und anglonorm. Adelsfamilie.
I. Die Montfort im 11. und 12. Jahrhundert. – II. Simon von Montfort und der Albigenserkreuzzug – III. Montfort und Bretagne.

I. Die Montfort im 11. und 12. Jahrhundert: Belegt seit dem 11. Jh., gehörten die M. dem norm. Adel an. Ihre Besitzungen befanden sich jedoch in Grenzlage; sie erstreckten sich vom Stammsitz Montfort-l'Amaury bis in die Umgebung von Rambouillet, ca. 50 km sw. von Paris (heut. dép. Yvelines). Lehnsleute der Hzg.e v. →Normandie, doch Nachbarn der Kg.e v. →Frankreich, gelang es den M. zumeist, mit diesen in gutem Einvernehmen zu leben. *Simon I. v. M.* trat hervor in Zusammenhang mit der Affäre um seine Tochter Bertrada, die als Gemahlin →Fulcos IV., Gf.en v. Anjou (→Angers), 1092 von Kg. →Philipp I. v. Frankreich entführt und zur Kgn. gemacht wurde. *Simon II.* blieb stets loyaler Gefolgsmann des frz. Kgs, für den er 1098 →Paris energisch gegen →Wilhelm Rufus, Kg. v. England, und dessen Anhang verteidigte. Im Gegenzug belagerten die Anglonormannen die Burgen M. und Epernon. Simons II. Sohn, *Amauri III.*, hatte dagegen lange Zeit ein kühles Verhältnis zu Kg. →Ludwig VI., um sich erst später, nach dem Vorbild des Vaters, an den Kapetinger zu binden. Er war in die Feindseligkeiten gegen →Heinrich I. v. England verstrickt und führte Krieg zugunsten des engl. Thronprätendenten →Wilhelm Clito. 1112 gründete er, im Einvernehmen mit Ludwig VI., das Kl. Hautes-Bruyères als →Grablege des Hauses. *Simon III.* († 1181), Nachfolger Amauris III., führte eine geschmeidigere Politik, unter Ausnutzung der Schwäche →Ludwigs VII. Dank der Gunst des Kapetingers konnte er zunächst die Gft. →Évreux erwerben. Nach dem Tode seiner 1. Gemahlin wandte er sich jedoch (durch seine Heirat mit Amicia v. →Leicester) England zu und führte 1171–73 Krieg gegen Ludwig VII. Die ältere Linie der M., repräsentiert durch *Amauri IV.*, war natürl. Erbe der Gft. Évreux. Dennoch ging Amauri IV. überraschend zur engl. Seite über, heiratete die Erbin der Gft. →Gloucester und verließ seinen Kg., Philipp August, der die Gft. Évreux an sich zog.

II. Simon von Montfort und der Albigenserkreuzzug: Beherrschende Gestalt des Albigenserkrieges (→Albigenser, II) war *Simon IV.* (* 1165, † 25. Juni 1218), Gf. v. →Toulouse (seit 1215). Als älterer Sohn der Amicia an der Spitze der jüngeren Linie der M., trat er das Erbe auf den frz. Besitzungen an, während sein jüngerer Bruder *Gui* mit der Burg Brétencourt abgefunden wurde. Simon und Gui nahmen 1199 das Kreuz (4. Kreuzzug). Von nun an stellte sich Simon trotz vieler Schwierigkeiten mit Beharrlichkeit in den Dienst der Politik →Innozenz' III. In Venedig konnte er (wie zahlreiche andere Kreuzfahrer) die hohen Transportkosten nicht aufbringen und fand erst in Barletta die Mittel zur Überfahrt ins Hl. Land, wo er über ein Jahr lang gegen die Muslime kämpfte. In seine frz. Stammlande zurückgekehrt, lebte er als angesehener Adliger, der durch seine glückliche Ehe mit Alice de →Montmorency Aufnahme in die Entourage des Kg.s gefunden hatte.

1209 folgte Simon dem Aufruf des Papstes zum Albigenserkreuzzug, zu dem er auf Bitte des Hzg.s v. Burgund in Begleitung seines Bruders Gui und des Abtes (und Chronisten) →Pierre des Vaux-de-Cernay aufbrach. Die Kriegführung, v. a. die Belagerung v. →Carcassonne, zeigen Simons militär. Fähigkeiten. Entgegen den idealisierenden Zügen, mit denen ihn sein Chronist ausstattete, war sein Vorgehen rücksichtslos und grausam, doch konnte er sich, wenn es die Situation erforderte, auch kompromißbereit verhalten (Politik gegenüber →Narbonne). Wieweit er staatsmänn. Begabung besaß, bleibt dahingestellt, doch verstand er es, nach seiner Ernennung zum Gf.en v. Toulouse einen funktionsfähigen Rat aufzubauen. Möglicherweise konnte er seine Macht als neuer Gf. dank einer Konsolidierungsphase festigen. Doch gefährdete er seine Situation bald durch militär. Abenteuer: Anstatt den Kreuzzug voranzutreiben, strebte er danach, den ihm mitverliehenen Titel eines Mgf.en der →Provence durch einen Feldzug ins Rhônetal Realität werden zu lassen, ließ sich Anfang 1216 die Burg →Beaucaire vom Ebf. v. →Arles verleihen, scheiterte aber am Widerstand der im →Comtat-Venaissin zahlreichen Anhänger des Grafenhauses v. St-Gilles. Durch diesen Fehlschlag litt Simons Ansehen erheblich; Toulouse erhob sich und wurde mit harter Hand gezüchtigt. Wohl zwecks Hebung seines Ansehens veranstaltete Simon anschließend einen Zug durch die Pyrenäengebiete (Nov. 1216 Heirat seines Bruders Gui mit der Erbtochter der Gft. →Bigorre). Trotz der ernsten Lage im Languedoc marschierte Simon erneut gegen die Provence; der vertriebene Gf. v. Toulouse, verbündet mit dem Gf.en v. →Comminges und zahlreichen Anhängern im Lande, nutzte die Abwesenheit aus, um Toulouse zurückzugewinnen und verteidigungsbereit zu machen. Simon belagerte die Stadt seit Okt. 1217 und starb am 25. Juni 1218 durch einen Stein, der von Tolosaner Frauen aus einer Schleudermaschine abgeschossen wurde.

Sein Sohn und Nachfolger *Amauri* hob am 25. Juli die Belagerung auf und zog sich nach Carcassonne zurück. Ohne das Format des Vaters, verließ er nach einigen meist erfolglosen militär. Operationen und dem Tod seines Bruders *Gui* am 15. Jan. 1224 endgültig Carcassonne, trat seine Rechte an Kg. →Ludwig VIII. ab und lebte fortan auf seinen nordfrz. Gütern, bei Hofe wohlgelitten (Ernennung zum Connétable durch Blanca v. Kastilien). Er starb 1241 in Otranto bei der Rückkehr von einer Orientfahrt. Dagegen setzte sein Onkel, Gui, der die Lehen Castres und Lombers behielt, den Kampf im Languedoc fort und fiel 1227 oder 1228. Er hatte noch die Einsetzung seines Sohnes *Philippe* († 1270) als Erbe durchgesetzt; dieser wurde zur dominierenden Persönlichkeit des Kgr.es →Jerusalem. Unter den Söhnen Simons bewies staatsmänn. Profil einzig *Simon d. J.*, der in →England zum bedeutendsten Repräsentanten der baronialen Opposition wurde (→Montfort, Simon d. J. v.).

III. Montfort und Bretagne: Seit dem späten 13. Jh. stand die Herrschaft M. infolge der Heirat Hzg. →Arthurs II. (1294, in 2. Ehe) mit Yolande de M. mit dem Hzm. →Bretagne in enger Verbindung. Der Sohn des Hzg.s, Jean, wurde Herr v. M. In Ermangelung direkter Nachkommen designierte Hzg. →Jean III. (1312–41), der älteste Sohn Arthurs II. aus dessen 1. Ehe, seine Nichte Jeanne de Penthièvre (⚭ →Karl v. Blois, Neffen des Kg.s v. Frankreich) zur Erbin. Dagegen proklamierte sich Jean de M. als einziger männl. Erbe 1341 zum Hzg. Er fand natürlicherweise die Unterstützung Englands; der »Bretonische Erbfolgekrieg« (→Bretagne, B. II), ein verheerender Seitentrieb des →Hundertjährigen Krieges, begann. Nach dem Tode Jeans (1345) konnte sich dessen Sohn, unterstützt von zahlreichen Anhängern, in langen, wechselvollen Kämpfen als legitimer Hzg. (→Jean IV.) durchsetzen und 1364–99 die Bretagne, wenn auch nie unangefochten, regieren. Verlor die Herrschaft M. in dieser Periode allmählich ihre Sonderstellung, so wird doch das Herzogshaus der Bretagne bis zu →Franz II. (1458–88) und seiner berühmten Tochter→Anna (zweimal Kgn. v. Frankreich) als Haus M. bezeichnet. Danach wurde die Seigneurie M. der frz. Krondomäne einverleibt. Ein Gelehrter aus Carcassonne, Ch. Boyer, hat festgestellt, daß Hzgn. Anna im alten Stammland der M. (dép. Yvelines) alle Spuren, die an ihren Vorfahren Simon de M. erinnerten, ausgetilgt hat.

Y. Dossat

Lit.: A. Molinier, Cat. des actes de Simon et D'Amauri de M., BEC 34, 1874 – A. Rhein, La seigneurie de M. en Iveline, 1910 – Y. Renouard, La famille féodale la plus marquante de l'Occident au XIIIe s., Information hist., 1947, 85–94 – Ch. Boyer, Pèlerinage d'un occitan en Yveline à la recherche de souvenirs sur Simon de M., Bull. de la Soc. d'études scient. de l'Aude 54, 1954, 9–33 – Cah. de Fanjeaux 4, 1969: Simon de M., 281–302 [Y. Dossat] – J. Delumeau, Hist. de la Bretagne, 1969, 174–213 [H. Touchard] – s. a. Lit. zu →Albigenser [A. Luchaire, 1905; P. Belperron, 1942].

M., Simon de, Earl of →Leicester, * 1208?, ⚔ 4. Aug. 1265; jüngerer Sohn von Simon IV. →Montfort und der Alice de Montmorency. Er wuchs in der Ile-de-France auf, ging aber 1230 nach England, um den Anspruch seiner Familie auf das Earldom v. Leicester durchzusetzen. Dort gewann er rasch die Gunst Heinrichs III., sicherte sich die Ländereien und den Titel des Earldom und heiratete 1238 Eleanor, die Schwester des Kg.s. Zunächst schien M. einer der üblichen Günstlinge des Kg.s zu sein, doch wandelte er sich bald in einen stolzen, ehrgeizigen und kompromißlosen Mann, der die militär. Unfähigkeit Heinrichs verachtete und dessen Regierungsführung verurteilte. M.s plötzliche Entlassung aus der Statthalterschaft in der Gascogne 1252 und die Auseinandersetzungen um die Mitgift der Eleanor belasteten außerdem M.s Verhältnis zum Kg. 1258 wurde er Mitglied des baronialen Rats, der in den Provisions of →Oxford dem Kg. aufgezwungen wurde, und spielte eine bedeutende Rolle bei den Verhandlungen für den Frieden v. →Paris mit Ludwig IX. Als die Provisions an Popularität verloren, trat M. als ihr Hauptverteidiger und erbittertster Opponent des Kg.s auf. 1261 zog er sich nach Frankreich zurück, wo er weiterhin seine Interessen vertrat und die anderen Magnaten des Verrats anklagte. Zwei Jahre später kehrte er jedoch wieder nach England zurück, um die Bewegung zur Erneuerung der Provisions zu leiten. Er lehnte den Vermittlungsversuch Ludwigs IX. in dem Mise d'→Amiens (1264) ab und besiegte Heinrich in der Schlacht v. →Lewes am 14. Mai 1264 (→Barone, Krieg der). M. war nun fakt. Regent in England, und der Kg. war sein Gefangener. Doch konnte er seine Autorität nicht legitimieren. Angesichts der ablehnenden Haltung des Papstes und des größten Teils der Barone versuchte er, seine Stellung durch die Einberufung von Vertretern der Städte und Gft.en in das Parlament vom Jan. 1265 zu stärken. M.s Machtposition wurde geschwächt, als einige seiner Anhänger ihm sein anmaßendes Wesen und den Mißbrauch seiner Macht zur Bereicherung der eigenen Familie vorwarfen und ihn verließen. In der Schlacht v. →Evesham wurde M. besiegt und getötet. →England, C. I.

C. H. Knowles

Lit.: C. Bémont, S. de M., 1884, 1930^2 – M. Wade Labarge, S. de M., 1962 – C. H. Knowles, S. de M., 1265–1965, 1965 – D. A. Carpenter, S. de M.: The First Leader of a Political Movement in English Hist., Hist. 76, 1991, 3–23.

Montfort, Gf.engeschlecht, auf die Pfgf.en v. →Tübingen zurückgehend. Pfgf. Hugo v. Tübingen (⚭ Elisabeth v. Bregenz) beerbte nach einer längeren Auseinandersetzung die um 1160 ausgestorbenen Gf.en v. →Bregenz. Dieses Erbe fiel nach 1182 an seinen jüngeren Sohn Hugo, der sich seit ca. 1200 Hugo v. M. nannte und zugleich sein Herrschaftszentrum von Bregenz in die von ihm neugegr. Stadt Feldkirch verlegte, um damit seinen Einfluß in Rätien und insbes. im Bm. →Chur zu steigern. Von der Kreuzzugsidee erfaßt, bemühte sich Hugo I. um den Ausbau des Paßverkehrs über die Alpen, stiftete 1218 eine Johanniterkommende in Feldkirch und schuf erste Ansätze zu einer Territorialherrschaft in Vorarlberg. Seine Söhne, der stauf. gesinnte Hugo II. und Rudolf I., der Stammvater der Gf.en v. →Werdenberg, traten 1228 sein Erbe an, während ein nachgeborener Sohn Heinrich als Bf. v. Chur die päpstl. Partei in Rätien anführte, für die er zuletzt auch Hugo II. gewinnen konnte. Bei der 1. M.er Teilung 1258 fielen Feldkirch und Bregenz an die Söhne Hugos II., während die s. Landesteile an die Werdenberger kamen, die hier neue Städte (Bludenz, Sargans) gründeten. Die Söhne Hugos II. teilten um 1270 ihr Erbe und gründeten drei neue Linien der Gf.en v. M. in Feldkirch, Bregenz und Tettnang; zwei Söhne machten eine geistl. Karriere: Friedrich II. als Bf. v. Chur 1283-90 und Wilhelm I. als Abt v. St. Gallen 1281-1301. Ihre gemeinsame Politik gegen die Habsburger scheiterte 1298 in der Schlacht bei →Göllheim. Die 1390 ausgestorbenen Gf.en v. M.-Feldkirch näherten sich unter Rudolf III., Bf. v. Chur und seit 1322 Bf. v. Konstanz, den Habsburgern an, mit denen sie 1337 einen ewigen Bund schlossen; der kinderlose Rudolf V. verkaufte 1375 die Gft. Feldkirch auf Ableben an Österreich. Die schon 1338 abgegangene Linie M.-Bregenz wurde von der Linie M.-Tettnang beerbt. Diese neue Bregenzer Linie gelangte über eine lokale Bedeutung nur unter →Hugo XII. (46. H.), dem Minnesänger, hinaus. Durch Verkäufe 1451 und 1523 fiel die Gft. Bregenz an Österreich. Die Linie M.-Tettnang betrieb mit Erfolg eine expansive Politik und konnte sich im 15.Jh. neuerl. in Rätien festsetzen, mußte aber durch leichtsinnige Verschuldung seit dem 15.Jh. schwere territoriale Einbußen hinnehmen.

K. H. Burmeister

Q.: J. Bergmann, Urkk. der vier vorarlberg. Herrschaften und der Gf.en v. M. und Werdenberg, AÖG III, 1849 – A. Helbok, Reg. von Vorarlberg und Liechtenstein bis zum Jahre 1260, 1920/25 – *Lit.*: J. N. Vanotti, Gesch. der Gf.en v. M. und v. Werdenberg, 1845 [Nachdr. 1988; Bibliogr.] – B. Bilgeri, Gesch. Vorarlbergs, I–II, 1971–74 – Die M.er, Ausst.kat. des Vorarlberger Landesmus. 103, 1982.

Montfort (arab. al-Qurayn), Burg, von den Kreuzfahrern um die Mitte des 12. Jh. etwa 35 km n. von Haifa auf steil abfallender Spornlage errichtet. Die Besitzverhältnisse von M., das, aufgrund der wahrscheinl. röm. Vorgängerbauten, ursprgl. Castellum novum regis gen. wurde, sind zunächst nicht genau greifbar. Um 1180 im Besitz des Gf.en →Josselin III. v. Courtenay, wurde M. 1187 von →Saladin eingenommen und kam 1192 an Josselin zurück. Nach seinem Tod fiel M. an die Familie v. Mandelée (Amigdala), die 1228 die Burg an den →Dt. Orden verkaufte, der sie M. nannte und sie mit finanzieller Hilfe Papst Gregors IX. unter Hermann v. →Salza zur gewaltigen Festung ausbaute, die des Ordensarchiv und den Schatz barg. Nach einer ersten erfolglosen Belagerung 1266 griff Sultan →Baibars 1271 erneut M. an. Gegen freien Abzug unter Mitnahme des Archivs ergab sich die Besatzung. Baibars ließ M. schleifen.

P. Thorau

Lit.: M. Benvenisti, The Crusaders in the Holy Land, 1976², 331-337 – W. Müller-Wiener, Burgen der Kreuzritter, 1966, 76.

Montgomery, mächtige, jedoch nur kurz existierende anglo-norm. Adelsfamilie. Ihr eigtl. Begründer war *Roger de M.*, Herr v. M. (dép. Calvados), Vicomte de Hiésmois. Ihm folgte sein gleichnamiger Sohn *Roger* († 1094; ⚭ 1. Mabille de →Bellême, 2. Adelais of Le Puiset), der in der Gunst Wilhelms d. Eroberers stand, dem er seit 1048 loyal diente. Doch kämpfte er nicht in der Schlacht v. →Hastings. Er verblieb in der Normandie und war an der Regierung des Hzm.s beteiligt. 1067 ging er nach England und erhielt →Arundel und →Chichester, 1074 wurde er zum Earl of →Shrewsbury ernannt. Am Hof Wilhelms I. hielt er sich häufig auf. Doch brachte nach dessen Tod die Nachfolge Wilhelms II. Rufus als Kg. in England und →Roberts Courteheuse als Hzg. v. der Normandie Schwierigkeiten für die Familie M. Rogers Haltung während des Aufstands v. 1088 war ambivalent, da er zunächst die Erhebung Roberts auf den engl. Thron befürwortete, später aber Wilhelm II. unterstützte. Der älteste überlebende Sohn Rogers, *Robert de Bellême* († ca. 1130), war u.a. wegen der von ihm errichteten Burgen berühmt. Er übernahm auf Wunsch der Familie die norm. Ländereien, während der zweite Sohn Rogers, *Hugh* († 1098), das Earldom of Shrewsbury erhielt. Der dritte Sohn, *Roger »the Poitevin«*, erbte keinen Landbesitz von seinem Vater, hatte aber Lehen in →Lancashire und in einigen anderen engl. Gft.en. Durch seine Heirat mit Audemode de la →Marche ging diese Gft. an das Haus M. über. Der vierte Sohn, *Philip »Grammaticus«*, starb auf dem 1. Kreuzzug, und der jüngste Sohn Rogers, *Arnulf*, erwarb →Pembroke und wahrscheinl. 1093 den Titel eines Earl; auch erhielt er von Wilhelm II. Ländereien in →Holderness. Loyalität war jedoch kein Kennzeichen des Hauses M. Earl Hugh rebellierte gegen Wilhelm II. 1095, doch gewann er die kgl. Gunst nach der Zahlung einer Geldbuße von £ 3000 zurück. Er wurde während eines Feldzugs gegen die Waliser getötet. Nun ging das Earldom of Shrewsbury an seinen Bruder Robert de Bellême über, der zunächst Hzg. Robert v. der Normandie unterstützte, dann aber einer der Befehlshaber Wilhelms II. während der Invasion des engl. Kg.s 1097 in der Normandie war. Belohnt wurde er für seine Dienste mit dem Honour of Tickhill. Robert unterstützte die Thronbesteigung Heinrichs I. i.J. 1100, doch sagte er sich bereits 1101 von Heinrich los und verband sich mit Hzg. Robert. 1102 ging der Kg. gegen ihn vor. Seine Errichtung einer Burg in Bridgnorth ohne kgl. Erlaubnis lieferte den Vorwand für Vergeltungsmaßnahmen Heinrichs. Am kgl. Hof des Verrats beschuldigt, wurden seine Burgen beschlagnahmt. Robert verlor seinen Titel und mußte England verlassen. Trotz der Machtposition der Familie M. erwies es sich als unmögl., ein gemeinsames Vorgehen gegen den Kg. zu organisieren. 1106 stand Robert auf der Seite von Hzg. Robert und wurde in der Schlacht v. →Tinchebray geschlagen. 1112 rebellierte er erneut gegen Kg. Heinrich und verbrachte den Rest seines Lebens in Haft. Der Niedergang der Familie M. in England zeichnete sich ab. Roberts Bruder Roger verlor seine Besitzungen 1102 und ging in die Gft. Poitou, wo seine Frau über Lehen verfügte. Auch Arnulf hatte Robert gegen Heinrich I. unterstützt. Obwohl Ebf. →Anselm v. Canterbury seine Versöhnung mit dem Kg. erreichte, erhielt er niemals wieder Landbesitz in England. *William Talvas* († 1171), Gf. v. Ponthieu, Sohn von Robert de

Bellême, konnte 1119 die norm. Ländereien seines Vaters zurückgewinnen, doch wurden sie 1135 eingezogen. Als er →Geoffrey v. Anjou bei seiner Invasion in der Normandie unterstützte, entzog Heinrich II. ihm →Alençon und Roche-Mabille. M. C. Prestwich

Lit.: Peerage XI, 688–697 – J. F. A. Mason, Roger de M. and his Sons, TRHS 5th ser. 13, 1963, 1–28.

Monti dei Paschi → Montes

Monti di Pietà → Montes

Montiel, Schlacht v., brachte am 14. März 1369 die Entscheidung im Ringen zw. Peter I. v. Kastilien und seinem Halbbruder Heinrich (II.) v. Trastámara. Peter I., der der gefestigten Allianz zw. dem Kg. v. Frankreich und Heinrich (Toledo, 20. Nov. 1368) nicht mehr hatte widerstehen können, wurde nach der Schlacht in der Burg M. (südl. Mancha) eingeschlossen. Beim Versuch, mit dem frz. Feldherrn Bertrand →Du Guesclin Verhandlungen aufzunehmen, wurde er in dessen Zelt von seinem Halbbruder während eines Handgemenges in der Nacht vom 22. auf den 23. März erstochen, so daß nun die Trastámara-Dynastie ungefochten die Königsherrschaft übernehmen und die kast. Gesellschaft in ihrem Sinne umgestalten konnte *(revolución Trastámara).* L. Vones

Q.: Pero López de Ayala, Crónicas, ed. J.-L. Martín, 1991, 427–434 – *Lit.*: J. Valdeón Baruque, Enrique II de Castilla, 1966, 185ff., 197ff. – L. V. Díaz Martín, Itinerario de Pedro I de Castilla, 1975, 139 – L. Suárez Fernández, Los Trastámara y los Reyes Católicos (Hist. de España 7, 1985) – L. V. Díaz Martín, Los inicios de la política internacional de Castilla (1360-1410), 1988, 57–83 – Lit. zu →Peter I., →Heinrich II., →Kastilien, Kgr.

Montiéramey, ehem. Abtei in der →Champagne (Bm. Troyes; dép. Aube, arr. Troyes), trug ursprgl. die Namen 'Dervus' und 'Nova Cella', gegr. 837 von dem Presbyter Arremar auf Grundbesitz, den ihm Aleramnus (Aleran), Gf. v. Troyes, gegen einen Jahreszins von 20 denarii übertragen hatte. Eigenkl. der Gf.en v. Champagne, setzte Gf. Tedbald I. hier 1046 den Abt Galeran v. Breteuil ein, der gerade die Nachfolge →Richards v. St-Vanne in →Verdun übernommen hatte. Nikolaus v. Clairvaux, Sekretär des hl. →Bernhard, der in seiner Jugend Mönch in M. gewesen war, verbrachte hier die letzten Lebensjahre. M. stand an der Spitze eines Dutzends von Prioraten und zählte 1380 fünfzehn Mönche mit Profeß. Zu Beginn des 15. Jh. wurde es in eine Kommendatarabtei umgewandelt.
M. Bur

Lit.: A. Giry, Doc. carolingiens concernant l'abbaye de M. (820–986) (Études G. Monod, 1896), 122–136 – Ch. Lalore–L. Pigeotte, Cart. de l'abbaye de M. (Coll. des principaux cart. du dioc. de Troyes 7, 1890) – B. Savouret, Hist. de l'abbaye de M. [Positions de thèses École des Chartes, 1948, 139–145] – E. Boshof–H. Wolter, Rechtsgeschichtl.-diplomat. Stud. zu frühma. Papsturkk., 1976.

Montier-La-Celle, St-Pierre de, Abtei OSB in der Champagne, sö. v. →Troyes (Bm. Troyes; dép. Aube, arr./cant. Troyes), gegr. um 660 vom hl. Frobert, Mönch aus →Luxeuil, auf einem →fiscus (Sumpfgebiet der 'Ile Germanique'), bestätigt durch Kgn. →Balthild und ihren Sohn Chlothar III. († 673). Die Abtei stellte in der Merowingerzeit zahlreiche Bf. e. Seit dem 8. Jh. begegnet weiträumig verstreuter Besitz. In der Karolingerzeit genoß M. kgl. Gunst (Schenkungen Bosos, des Schwagers Karls d. Kahlen). Die von den Invasionen des 9.–10. Jh. weithin verschonte Abtei erfuhr im 11. Jh. Förderung durch die Gf.en v. →Champagne, die ihr 1048 die Kirche St-Ayoul de →Provins übertrugen; Robert v. Molesme, der in M. Profeß abgelegt hatte, wurde Prior v. St-Ayoul (bis 1075). Im 12. Jh. setzte sich die Schenkungstätigkeit der Champagnegf.en (1114) wie der lokalen Aristokratie fort; M. profitierte von den →Champagnemessen. Die Abtei begründete in der dynam. Periode des 11. und 12. Jh. einen Verband von 17 Prioraten (10 in der Diöz. Troyes, die übrigen in angrenzenden Bm.ern) und unterhielt um die Mitte des 12. Jh., unter dem großen Abt →Petrus v. Celle, eine bedeutende Klosterschule und ein Skriptorium. Im 13. Jh. führte schlechte Verwaltung zu tiefer Verschuldung. Kriegsfolgen (u. a. Kämpfe der →Armagnacs und Bourguignons im frühen 15. Jh.) beeinträchtigten die Abtei und ihre Priorate, die den Eingriffen der bfl. Gewalt ausgesetzt waren. Doch folgte eine Phase der Stabilisierung (1432 und 1441 Bittgesuche der Mönche an Kg. Karl VII.). Die Umwandlung in eine →Kommende (1470) führte hier zu Wiederherstellung von Besitz und Finanzen und neuer Bautätigkeit (bes. 1488–1518). Im 17. Jh. der Kongregation v. St-Vanne angeschlossen, wurde M. 1770 dem Bm. Troyes inkorporiert. Ph. Racinet

Q. und Lit.: Arch. dép. Aube, 7H [reicher Q.bestand] – C. Lalore, Cart. de M.-La-C., 1882 – M.-La-C., abbaye bénédictine [Ausst. Kat. 1984].

Montier-en-Der, Abtei OSB in der Champagne, Diöz. Châlons-sur-Marne (heute Diöz. Langres, dép. Haute-Marne, arr. Vassy-sur-Blaise). Der aus Aquitanien stammende Adlige Bercharius gründete um 672 das Kl. in einem wald- und sumpfreichen Gebiet, das nach der dort vorherrschenden Eiche den kelt. Namen *Derw* oder *Derff* trug. Der nach der Mischregel lebende Konvent erhielt die Erbgüter seines Gründers zw. Auxerre und Nevers. Zwar sind die Merowingerdiplome für das Kl. von 673 und 683 Fälschungen, doch ist durch die Urk. von Bf. Berthoendus v. Châlons-sur-Marne (692) die Unterstützung Kg. →Childerichs II. bei der Klostergründung nachgewiesen und ebenso, daß M. Doppelkl. war. In der Zeit →Karl Martells begannen die Mönche als Kanoniker zu leben. Zugleich dürfte der Nonnenkonvent erloschen oder verlegt worden sein. 815 kam die Abtei unter die Leitung von Hatto/Odo, Abt v. →Stablo. Er erneuerte mit ksl. Unterstützung das klösterl. Leben (827) und ließ die Kirche 832 neu errichten. Die Äbte wurden im 9. Jh. aber weiterhin vom Kg. eingesetzt. Die Mönche flohen Ende des 9. Jh. vor den Normannen und 919 vor den Ungarn nach Burgund. Die nach ihrer Rückkehr (925) sinkende Klosterzucht führte dazu, daß 936 Alberich aus Saint-Èvre in Toul als Reformabt berufen wurde (936–967). Sein Nachfolger wurde →Adso (967–992), der die 998 geweihte Klosterkirche neu errichten ließ. Ihre durchgreifende Neuordnung des Kl. machte erst unter Abt Rodolphe (1220–36) eine weitere, wenig dokumentierte Reform notwendig. Für die jährl. Zahlung von 300 *livres* nahmen die Gf.en in Champagne 1230 das Kl. in ihren Schutz. Kg. Philipp IV. v. Frankreich trat 1285 an deren Stelle. Nachwuchsprobleme des Konvents machten 1254 eine Bestätigung der Regel durch Papst Alexander IV. erforderl. Die in den Diöz.n Châlons-sur-Marne, Toul, Troyes und Langres reich begüterte Abtei wurde 1499 zur kgl. Kommendatarabtei, die sie bis zu ihrer Aufhebung 1790 blieb. I. Eberl

Lit.: AASS [Oct. 7], 1010–1018 – Manitius II, 432–442 – Wattenbach-Holtzmann I, 187ff. – L. Cottineau, Rép. topo-bibliogr. des abbayes et prieurés, II, 1939, 1951f. [Lit.] – GChr IX, 906ff. – H. d'Arbois de Jubainville, Deux Diplômes Merovingiens des Archives de l'Aube, BEC 39, 1878, 193ff. – W. Levison, Die Merowingerdiplome für M., NA 33, 1908, 245ff. – L. Delessard, L'abbaye de M., des origines à la fin du XVe s. (École nat. des Chartes. Positions de thèses ..., 1923), 25–31 – F. Lot, Note sur la date du Polyptyque de M., M–A 35/36, 1924/25, 107ff. – N. Bulst, Unters. zur Kl.reform Wilhelms v. Dijon, 1973 – J. J. Ravaux, La date de la nef de l'église abbatiale de M., Les Cah. Haut-Marnais 122, 1975, 111ff. – M. Bur, La formation du comté de Champagne, 1977, 109f. – F. Neiske, Konvents- und Totenlisten von M., FMASt, 14, 1980, 243–273 – Champagne Romane, hg. F. COLLIN, Zodiaque, 1981, 287ff. – C.-D. DROSTE, Das Polyptychon v. M., 1988 – F. PRINZ, Frühes Mönchtum im Frankenreich, 1988.

Montjoie, Orden, benannt nach der nahe Jerusalem gelegenen Anhöhe Mons Gaudii, von der die Teilnehmer des 1. Kreuzzuges die Hl. Stadt erblickten und eine der Jungfrau Maria geweihte Kirche errichteten. Gegr. gegen 1180 von einem leon. Gf.en namens Rodrigo Álvarez, wurde er am 15. Mai 1180 von Papst Alexander III. bestätigt und erhielt die Zisterzienserregel. Dank großzügiger Unterstützung verfügte der Orden »Unserer Lieben Frau von M.«, der als einziger span. Ritterorden zunächst den Kampf gegen die Heiden im Hl. Land in den Vordergrund gestellt hatte, bald über ansehnlichen Besitz in Palästina und in Spanien, wo er von Alfons VIII. v. Kastilien und Alfons II. v. Aragón gefördert wurde. Nach dem Tode des Rodrigo Álvarez fiel 1196 ein Großteil seines Besitzes an die →Templer. In Kastilien wurde der restl. Orden in den Orden v. →Monsfrag umgestaltet, der 1221 dem Orden v. →Calatrava einverleibt wurde. P. Thorau

Q. und Lit.: DIP VI, 94–95 – J. DELAVILLE LE ROULX, L'ordre de M., Revue de l'Orient Latin 1, 1893, 42–57 – A. J. FOREY, The Order of Mountjoy, Speculum 46, 1971, 250–266.

Montivilliers, Frauenabtei OSB (Ebm. Rouen, dép. Seine Maritime), gegr. ca. 683. M. gehörte zur Gruppe der von →Filibertus in Kooperation mit dem merow. Hof Lothars III. gegründeten geistl. Gemeinschaften an der unteren Seine. Über das Schicksal des Kl. und die monast. Regel gibt es bis zur Zerstörung durch die Normannen 841 nur unzuverlässige Informationen. Die Wiederbesiedlung wurde erst durch Hzg. Richard II. initiiert, der kurz vor 1026 die Abtei →Fécamp damit beauftragte. Sein Sohn Richard III. veranlaßte 1035 stattdessen die Ansiedlung eines unabhängigen OSB Frauenkl. Das von der Forschung ansonsten als echt angenommene Gründungsprivileg des Hzg.s enthielt neben Güterschenkungen auch eine Extrapolation, aufgrund derer das Kl. Anspruch auf weitgehende →Exemtion von der bfl. und hzgl. Jurisdiktion erhob. Umfangreiche Rechte besaß das Kl. in der nahen Hafenstadt →Harfleur. Die klostereigene Tuchproduktion fand dadurch günstige Absatzchancen. Um das Kl. entstand eine städt. Siedlung. Im 13. Jh. begann der Niedergang der Eigenwirtschaft. Das Kl. unterstand dem Schutz der frz. Kg.e. H.-J. Schmidt

Lit.: La Normandie bénédictine au temps de Guillaume le Conquérant, 1967, 153–175 – M., Hist. d'une ville et de son abbaye, 1985 – L'abbaye de M. à travers les âges, 1988.

Montlhéry, Schlacht bei (16. Juli 1465), bedeutendstes militär. Ereignis der Guerre du Bien public, in der Kg. →Ludwig XI. den in der →Ligue du Bien public zusammengeschlossenen Fs.en, Herren und Adligen gegenüberstand. Nachdem der Kg. den Hzg. v. →Bourbon, →Jean II., durch einen Feldzug gegen Berry und Bourbonnais mühelos hatte zügeln können (Mai-Juli 1465), war er bestrebt, →Paris (dessen erhoffte Einnahme die Liga als wichtigstes Faustpfand ansah) Entsatz zu bringen und die Vereinigung der beiden heranmarschierenden Liga-Heere (Bretonen von W her, unter →Charles de France und →Franz II. v. Bretagne; Burgunder von N her unter →Karl 'dem Kühnen', Gf.en v. Charolais, und Ludwig, Gf.en v. St-Pol) zu verhindern. Nachdem Ludwig erfahren hatte, daß die Burgunder bei St-Cloud die Seine überschritten hatten, postierte er seine Armee auf der Höhe des Schlosses von M. (dép. Essonne, arr. Palaiseau), um ihnen den Weg abzuschneiden. Vorspiel war ein Artillerieduell (das zum Vorteil der Burgunder ausging); dann tobte während des gesamten Nachmittags des 16. Juli die Schlacht. Im Auf und Ab ihres wirren Verlaufs zeigte Karl sein Ungestüm, aber auch seine schwache Feldherrnbegabung, während Ludwig Tapferkeit und Kaltblütigkeit unter Beweis stellte. Beide Fs.en waren mehrfach in Lebensgefahr. In der Nacht des 16. zum 17. Juli rückte der Kg. nach →Corbeil vor und konnte am 18. in Paris einziehen. Karl dagegen behauptete drei Tage lang das Schlachtfeld als Zeichen seines Sieges. Danach nahm er →Étampes ein, wo am 19. Juli die Vereinigung mit den bret. Truppen stattfand. Hatten die unerfahrenen Burgunder bei M. schwere Fehler gemacht, so war Ludwigs Heer durch die Abwesenheit Karls v. Maine, des Kommandanten der Nachhut, geschwächt. Aufgrund der Erfahrungen von M. nahm der Kg. nie mehr in Person an der Schlacht teil und hinderte nach Kräften seine Truppen an derartigen Gefechten, deren Ausgang in seinen Augen zu sehr vom Zufall abhing. Ph. Contamine

Lit.: Jean de Roye, Chronique scandaleuse, ed. B. DE MANDROT, II, 1906, 401–412 [Anh.].

Montmajour, ehem. Abtei OSB in der Provence, 5 km nö. v. →Arles (Bm./Ebm. Arles, dép. Bouches-du-Rhône), auf einer kleinen Felseninsel inmitten der Sümpfe der Ebene v. Trebon, in seit dem späten Neolithikum besiedelter Zone. Die Abtei, deren Anfänge mit Legenden (hl. Trophimus, Childebert, Sohn Chlodwigs, Karl d. Gr.) ausgeschmückt wurden, geht zurück auf eine Gruppe von Einsiedlermönchen, die hier über einen bereits bestehenden Friedhof wachten. 949 erwarb eine Adlige aus Arles, Teucinde, die Insel vom Kathedralkapitel St-Trophime und schenkte sie den Mönchen. Eine monast. Gemeinschaft entstand unter dem Schutz des Hl. Stuhls (Privileg Leos VIII., 964) und der Gf.en v. →Provence (die erste Grafendynastie hatte hier ihre →Grablege); sie erhielt Schenkungen der Ebf.e sowie arles. und prov. Laien. Dies führte zur Begründung einer weiträumigen Domäne ('terra Montismajoris') und eines Verbandes von ca. 50 Prioraten, die sich über die westl. und zentrale Provence verteilten. M. wurde, dank des Besitzes einer Kreuzpartikel, zum wichtigen Wallfahrtsort; der arles. Chronist Bertrand Boysset gibt für 1409 eine Zahl von nicht weniger als 150000 Besuchern des 'Pardon de M.' an. Die Abtei stand wiederholt in Konflikten mit Arles um die Herrschaft über die 'terra Montismajoris'; mit dem Hospital v. St-Antoine de Viennois kam es zw. 1191 und 1495 zu Streitigkeiten um den Besitz von Antoniusreliquien. Verlief das monast. Leben bis ins späte 13. Jh. in geordneten Bahnen, so geriet die Abtei seit dem 14. Jh. in Verfall und wurde von den Avignoneser Päpsten als →Kommende vergeben (u.a. an Kardinäle). Erst im 17. Jh. vollzog sich durch den Anschluß an die Mauriner ein erneuter Aufschwung. – Das ursprgl. Felsenheiligtum, dem hl. Petrus geweiht (10. Jh.), blieb erhalten. Im 11. Jh. entstand eine weiträumige Kirche (Krypta Ste-Croix, 1030; Oberkirche Notre-Dame, 1050), ausgebaut zw. 1150 und 1180. Aus dem 12. Jh. sind u.a. Teile des Kreuzgangs, aus dem 14. Jh. der Donjon der Abtswohnung (1369) erhalten. L. Stouff

Q.: E. BARATIER, Archives dép. des Bouches-du-Rhône. Rép. numérique de la série H. 2 H: Abbaye de M., 1959 – Bibl. mun. d'Arles. Fonds Veran, Mss. 881, 883 – BARON DU ROURE, Hist. de M. M. d'après Dom Chantelou avec doc. inédits, 1890–91 – *Lit.:* Catholicisme, 666–668 – F. de MARIN DE CARRANRAIS, L'Abbaye de M. Étude hist., 1877 – F. BENOIT, L'Abbaye de M., 1928 – P. PONTUS, L'Abbaye de M., 1967 – J.-M. ROUQUETTE, Provence Romane, I, 1974 – E. MOGNETTI, L'abbaye de M. (134° Congr. archéol. de France, Pays d'Arles, 1976, 1979), 182–239 – L. STOUFF, St-Pierre de M. et la ville d'Arles, Cah. de Fanjeaux 19, 1984, 263–285.

Montmorency, großes frz. Adelsgeschlecht, als Kastellanenfamilie (→Kastellanei) in der (nördl.) Ile-de-France verwurzelt, mit dem 'castrum' M. als Stammsitz, bildete während des gesamten MA ein geschlossenes Netz von Verwandtschaftsbeziehungen, Besitzungen und Verbündeten aus. Auf der Grundlage familiärer Solidarität und im Rahmen seigneurialer und vasallit. Abhängigkeiten führten die M. durchweg eine Politik der Loyalität gegenüber dem frz. Königshaus, an dessen Hof sie hohe Ämter ('grands offices') bekleideten (u.a. →Connétable, →Bouteiller, →Chambrier, →Maréchal) und deren einflußreiche Familiaren (→familia) sie waren. Als Inhaber mächtiger territorialer Positionen wie als Mitgestalter der großen polit. Entscheidungen genossen die Sires de M. hohes Ansehen und erreichten ihren Höhepunkt im Renaissancezeitalter mit Anne, Hzgn. v. M. (1493-1567), fielen aber zwei Generationen später der Ausschaltungspolitik Richelieus zum Opfer.

Die Ursprünge des Hauses sind überwuchert von Legenden, begünstigt durch Ungenauigkeit (und z.T. Verfälschung) der frühen Q. Der erste sichere Beleg für einen Herrn v. M. datiert von 1005 und betrifft Bouchard (Burchard) v. M., der als Mitglied des Hofes des Kapetingers →Roberts d. Fr. genannt wird und dessen Urkk. mitunterzeichnete. Dieser Bouchard († nach 1009) entstammte der Gegend v. →Sens, aus der sein Vater Bouchard de Bray im Zuge eines Familienstreites vertrieben worden war, und erhielt (durch seine Gemahlin Ildelinde, Witwe von Hugo Basset) eine Burg in der Ile St-Denis, von wo aus er Besitzungen von →St-Denis usurpierte. Wegen der Klagen dieser Abtei verbannte Kg. Robert den Bouchard an den Ort Montmorency, dessen 'castrum' ihm zugleich übertragen wurde. Selbst wenn die behauptete Abkunft der M. von einer karol. Grafenfamilie zutreffen sollte, war es erst die Inbesitznahme einer Reihe von Burgen in der Ile-de-France, die der Familie die notwenige wirtschaftl. und strateg. Basis für den Ausbau ihrer Befehlsgewalt und ihrer Lehnsherrschaft bot; ohne diese entscheidende Grundlage wäre eine mögl. Kontinuität unwirksam geblieben. Die M. waren im 11.Jh. durchaus 'homines novi', erfüllt von Ehrgeiz und Machtstreben.

Die Nachkommen Bouchards setzten ihre Machtposition im Gebiet nördl. von Paris im wesentl. auf Kosten von St-Denis durch. Von ihrem 'castrum' aus brachten (und zwangen) sie die Ritterfamilien der Region, die bis dahin auf mächtige Vasallen der Abtei fixiert waren, in enge Abhängigkeit (fidelitas), so insbes. die Herren v. Villiers, die über keinen eigenen Herrschaftsmittelpunkt in Form einer mächtigen →Burg verfügten. Die M. errichteten, gestützt auf ihre Position als Schutz- und Zwingherren, ein Territorialensemble, für das sie Banngewalt, Aufgebotsrecht und Gerichtshoheit erwarben, insbes. die Hochgerichtsbarkeit, durch die sie ihre Herrschaft über den gesamten Bereich der Kastellanei ausdehnten; dies gelang trotz der vergleichsweise geringen Geschlossenheit ihres Eigenbesitzes im Herzen des Kastellaneibezirkes. Die so aufgebaute Kastellaneiherrschaft ging seit dem späten 12.Jh. vom Kg. zu Lehen, und zwar vom →Châtelet in Paris, und blieb – ein bemerkenswerter Umstand – im Laufe der folgenden Jahrhunderte ungeschmälert erhalten. Während der Regierung Ludwigs IX. (1226-70) suchte der →Prévôt de Paris, im Namen des Kg.s, die Selbständigkeit der Kastellanei der M. durch eine administrative Aufteilung (nach dem Vorbild anderer kgl. Prévôtes wie Gonesse, Poissy, Corbeil, Montlhéry) zu untergraben, doch trug der Herr v. M. die Angelegenheit vor das →Parlement de Paris, das die kgl. Initiative zum Scheitern brachte.

Der territorialen Autonomie entsprach ein starkes Adels- und Familienbewußtsein der M., die sich eine →Grablege in der Zisterzienserabtei-Notre-Dame du Val schufen und ein Wappen mit dem herald. Emblem des *alérion* (kleiner Adler ohne Schwingen und Klauen) annahmen, Verherrlichung des persönl. Sieges des Connétable Mathieu de M. über Ks. →Otto IV. in der Schlacht v. →Bouvines (1215). B. Bedos-Rezak

Lit.: A. DU CHESNE, Hist. généal. de la maison de M. et de Laval, 1624 – J.-L. DESORMEAUX, Hist. de la maison de M., 1768 – CH. CASSOU, La maison de M., 1882 – J. DEPOIN, La légende des premiers Bouchard de M., Commiss. des antiquités et des arts de Seine-et-Oise, 1907, 133-154 – R. BAILLARGEAT, Vie et œuvre des seigneurs de M. L'église collégiale St-Martin de M., 1959 – B. BEDOS, Les origines de la famille de M., Comptes rendus et mém. Soc. d'hist. et d'archéol. de Senlis, 1976, 3-19 – DIES., La châtellenie de M. des origines à 1368. Aspects féodaux, sociaux et économiques, 1980 – B. BEDOS-REZAK, Anne de M., seigneur de la Renaissance, 1990.

Montolieu, Siedlung und ehem. Abtei OSB (Bm. Carcassonne, dép. Aude). Das 814 gegr. Kl. besaß enge Bindungen an das karol. Kgtm. Es gehörte zu dem auf der Aachener Synode 816 vorgesehenen Verband von Benediktinerabteien unter der Leitung von →Benedikt v. Aniane. Ludwig d. Fr., Pippin v. Aquitanien und Karl d. Kahle stellten Schutzprivilegien aus. 1146 übertrug Roger, Vizgf. v. →Carcassonne, dem Kl. die nahe gelegene Burg Mallast. Um Burg und Kl. entwickelte sich eine kleine Siedlung urbanen Charakters mit Pfarrkirche, Hospital und Mauerring. Während des 13.Jh. waren viele ihrer Bewohner und vermutl. einige der Mönche des Kl. Anhänger der Katharer (→Albigenser). Im Verlauf des Albigenserkrieges wurde 1231 die Siedlung von kgl. Truppen zerstört. Die Herrschaft über sie ging an der Wende zum 14.Jh. an den Kg. v. Frankreich. Der sonstige weitgestreute Besitz und die inkorporierten Pfarreien konnten – auch gegenüber dem Ebf. v. →Narbonne – verteidigt werden. Zu Beginn des 14.Jh. bestand mit weiteren südfrz. OSB Abteien (bes. Grasse) eine →Gebetsverbrüderung, die auch gegenseitige Kontrolle der klösterl. Disziplin beinhaltete. H.-J. Schmidt

Lit.: R. MAHUL, Cart. de l'ancien diocèse de Carcassonne, I, 1857 – Dict. des Églises de France IIc, 1966, 91ff. – Les Moines Noirs, Cah. de Fanjeaux 19, 1984, 10, 13, 45, 107, 206, 312f., 334.

Montoro, Antón de (1404?-1480?), vermutl. aus Montoro (Córdoba). Der vom jüd. Glauben zum Christentum konvertierte span. Dichter lebte als Flickschneider in Córdoba. Da er sich zu seiner Herkunft bekannte, flüchtete er um 1473 bei antisemit. Ausschreitungen nach Sevilla, wo er starb. Der streitbare Poet lieferte sich handfeste lit. Fehden mit zeitgenöss. Dichtern (Comendador Román, Juan Agraz, Juan Poeta, Pere Torroella), wurde aber auch hochgeschätzt (etwa von →Juan de Mena, Gómez →Manrique u. dem Marqués de Santillana [→Mendoza, Iñigo]). Außer spött.-satir. Versen und Erzählgedichten richtete er zahlreiche Bittlieder an Gönner. D. Briesemeister

Lit.: Cancionero, ed. E. COTARELO Y MORI, 1900 – R. RAMÍREZ DE ARELLANO, A. de M. y su testamento, RABM 4, 1900, 484-489 – E. BUCETA, A. de M. y el Cancionero de obras de burlas, MP 17, 1919, 651-658 – M. CICERI, A. de M. converso, Rass. Iber. 29, 1987, 3-13.

Montpellier, Stadt in Südfrankreich, Bas-Languedoc, Hauptstadt des dép. Hérault.
A. Stadt und Herrschaft – B. Schule und Universität

A. Stadt und Herrschaft

I. Die Anfänge – II. Unter Herrschaft Aragóns und Mallorcas – III. Unter Herrschaft Frankreichs.

I. DIE ANFÄNGE: Der Name M. ist erstmals in einer Schenkungsurkunde von 985 erwähnt; in dieser überträgt der Gf. v. →Melgueil eine in der 'villa' M. gelegene Hufe (mansus), wohl an den ersten der →Wilhelme (Guilhems), der Familie der Seigneurs (domini) v. M. Für diese Zeit gibt es noch keinen Hinweis auf die Existenz einer (präurbanen) Siedlung. Demgegenüber tritt ein Jahrhundert später die Stadt mit Selbstverständlichkeit als feste rechtl. Größe in Erscheinung: 1079/80 schließt sie einen Handelsvertrag mit der Stadt →Narbonne. In dieser Zeit des späten 11. Jh. entfalteten auch die Herren v. M., die Wilhelme, starke Aktivität: Wilhelm V. zögerte nicht, einen Konflikt mit dem Bf. v. →Maguelone auszutragen und bfl. Rechte an den Kirchen der Stadt zu usurpieren. Im Dez. 1090 unterwarf er sich jedoch und leistete dem Bf. den Treueid; dieser erscheint von nun an als Lehnsherr über M. und das Montpelliéret. In der 1. Hälfte des 12. Jh. errichtete die aufstrebende Stadt ihre erste Befestigung, die ein Areal von ca. 10 ha umschloß und auf zwei Burgen ausgerichtet war: St-Nicolas, das 1104 dem Vogt (viguier) übertragen worden war, und Castel Moton, das den Seigneurs als Sitz diente. Ende des 12./Anfang des 13. Jh. entstand eine neue Befestigung, die 'Commune Clôture', die ein auf das Vierfache vergrößertes Areal umfriedete und neben der eigtl. Stadt auch Gebiete des Montpelliéret einschloß. Sie stützte sich auf eine dritte Burg, errichtet von den Wilhelmen um die Mitte des 12. Jh. Als städt. Pfarreien fungierten St-Firmin, dessen Prior eine wichtige Machtstellung hatte, und das weniger bedeutende St-Denis, dessen Sprengel vorwiegend aus halbländl. Siedlungszonen bestand; zahlreiche weitere Kirchen (N.D. des Tables, St-Nicolas, Ste-Croix u. a.) lagen teils in der Stadt selbst, teils in unmittelbarer Umgebung. In den Vorstädten ließen sich frühzeitig Templer und Johanniter nieder, und es entstanden zahlreiche Spitäler. Schon im Laufe des 12. Jh. diversifizierten sich die handwerklichen Tätigkeiten; abgesehen von den Bürgern (bzw. Notabeln), den Advokaten und den Notaren, bestanden in M. nicht weniger als 72 Korporationen, unter denen die Wechsler, Tuchmacher sowie Gold- und Silberschmiede besondere Bedeutung erlangten und die am städt. Wachdienst an Mauern und Toren beteiligt waren. Im 12. Jh. wandelten sich die Machtverhältnisse. Die Herrschaft, die die Wilhelme bis 1103 allein ausgeübt hatten, danach mit dem viguier teilten, wurde zunehmend von den städtischen Bürgern beansprucht. Hatten die Seigneurs die Revolution von 1141 und die ersten Ansätze zur Errichtung eines Konsulates noch unterdrücken können, so waren sie doch zur Bildung eines Verwaltungsapparates (mit →bayle, Richtern, curiales, Notaren, Legisten) genötigt; Wilhelm VIII. griff bei Regierung und Verwaltung, angesichts des Erlöschens der viguerie, schon stark auf prudhommes als Repräsentanten der städtischen Führungsschicht zurück.

II. UNTER HERRSCHAFT ARAGÓNS UND MALLORCAS: 1204 heiratete die Erbtochter Wilhelms VIII., →Maria v. M., den Kg. →Peter II. v. Aragón. Dieser Übergang an Aragón, der zeitgleich mit der Redaktion der städt. →Coutume erfolgte, leitete die zweite große Periode der ma. Stadtgesch. ein. 1204-1349 unterstand M. zunächst der Krone →Aragón, dann (ab 1276) →Mallorca. Das 1205 geschaffene →Konsulat nutzte die Schwäche der Reichsgewalt nach dem Tode Peters II. bei →Muret (1213) zu weitgehender Selbständigkeit, gestützt vornehml. auf den Bf. v. Maguelone. Obwohl M. bfl. Lehen war, verstand es Kg. Jakob I., den Einfluß des Bf.s allmähl. zurückzudrängen und dessen Rechte bei Konsulwahl, Jurisdiktion sowie Maß- und Gewichtshoheit an sich zu ziehen. Das Zusammenwirken zw. Krone Aragón und städt. Konsulat, für beide Seiten vorteilhaft, entwikkelte sich insgesamt günstig, trotz mehrfacher heftiger Spannungen (1238, 1252-58). 1276 kam M. an das neugebildete Kgr. Mallorca, dessen Herrscher den Angelegenheiten M.s fernerstanden. 1349 verkaufte Jakob III. v. Mallorca, der Geldmittel für die Rückgewinnung seines verlorenen Reiches benötigte, seine Rechte auf M. an den Kg. v. →Frankreich, Philipp IV. Damit ging eine Periode zu Ende, die für M. ein Goldenes Zeitalter gewesen war und in der die städt. Institutionen, das Wirtschaftsleben der Stadt und die intellektuelle Rolle der Universität ihre Reife erlangt hatten.

Die zwölf Konsuln, gewählt nach einem komplizierten, »undemokratischen« Modus (zwar durch die Korporationen, aber nur innerhalb eines engen, wohlabgegrenzten Personenkreises), brachten ihre dominierende Stellung in allen Angelegenheiten der städt. Politik und Verwaltung zum Tragen: Erlaß von Statuten und Verordnungen, Leitung des Finanzwesens, Verwaltung der Lehen und Herrschaften im Besitz der Stadt, Justizausübung am Gerichtshof des bayle. In dieser Zeit wurde M. zur Handelsmetropole, die Ausländer aufnahm und eigene Kaufleute auf die auswärtigen Märkte entsandte, über Lattes, →Aigues-Mortes und →Marseille aktiven →Mittelmeerhandel trieb und auf den →Champagnemessen präsent war. Der Ruf M.s beruhte auf vielseitiger Gewerbetätigkeit, namentlich auf dem Vertrieb von Goldschmiedearbeiten, Arzneidrogen, Räucherwerk und Parfums sowie insbes. der berühmten roten Tuche, auf die M. ein Monopol hatte.

Trotz dieser Expansionsphase änderte sich die Pfarreieinteilung wenig; dafür erlebte M. starken Zustrom von seiten der Bettelorden (Konvente der vier großen Männerorden sowie der Klarissinnen und Dominikanerinnen). Mit 30-40000 Einwohnern zählte M. um die Mitte des 14. Jh. zu den größten und wohlhabendsten Städten des Kgr.es Frankreich; die Univ. verlieh M. starke geistige Ausstrahlungskraft.

III. UNTER HERRSCHAFT FRANKREICHS: Die dritte Periode der Stadtgesch. M.s im MA korrespondiert einerseits mit ihrer Einverleibung in die →Krondomäne, andererseits mit der Krisenperiode des SpätMA: Schwarzer Tod und nachfolgende Epidemien, Naturkatastrophen, Hungersnöte. Mehrfach kam es zu städt. Aufständen (bes. 1379). Die sich zw. 1360 und 1380 zuspitzende Krise führte zu empfindl. demograph. Einbrüchen. Dessenungeachtet wahrte die Stadt ein Gutteil ihrer gewerbl. Aktivitäten und wirtschaftl. Potenz, dies nicht zuletzt aufgrund der engen Verbindungen zur päpstl. →Kurie in →Avignon, im 15. Jh. dank der Aktivitäten Jacques →Coeurs, der M. zu einem Hauptstützpunkt seines weitverzweigten Handelsnetzes machte. Auch nach dem Sturz dieser großen Unternehmerpersönlichkeit (1451) hielt die dynam. Phase noch an, geprägt durch einen Aufschwung des Textilgewerbes, Fernhandels und Bankwesens. Ausländ. Geschäftsleute residierten in M.: Florentiner, Pisaner, Genuesen, in der 2. Hälfte des 15. Jh. auch Katalanen und Deutsche (Gr. →Ravensburger Handelsgesellschaft). Es vollzogen sich Wandlungen der städt. Verwaltungsstruktur: Neben die Konsuln (deren Zahl von 12 auf 4, dann 6 reduziert wurde) trat der Rat der Vierundzwanzig ('Conseil des 24'); der aufsteigende Juristenstand, die »gens de robe«, verdrängte zunehmend die Repräsentanten der Korporationen. Mit der wachsenden Zahl kgl. Beamter (v. a. Cour des →Aides, Finanzobergericht für Südfrankreich, seit 1467 in M. etabliert) wurde M. zur Verwaltungsstadt, die seit dem späten 15. Jh., das andernorts einen Neuanfang markiert, in einen langen Dämmerschlaf versank. J. C. Hélas

Q.: Petit Thalamus, ed. Soc. Arch. de M., 1840 – Liber instrumentorum memorialium, cart. des Guilhems de M., ed. A. GERMAIN, 1884–86 – Le Bullaire de Maguelone, ed. J. ROUQUETTE–A. VILLEMAGNE, I, 1911 – Lit.: A. GERMAIN, Hist. de la commune de M., 3 Bde, 1854 – DERS., Hist. du commerce de M., 1861 – CH. D'AIGREFEUILLE, Hist. de la ville de M., 4 Bde, 1875–82 – C. J. BAUMEL, Hist. d'une seigneurie du Midi de la France, 2 Bde, 1969 – DERS., La fin d'une seigneurie du Midi, 1972 – J. COMBES, Finances municipales et oppositions sociales à M. au commencement du XIVe s., Vivarais et Languedoc, 1972 – DERS., L'industrie et le commerce des toiles à M., RMSH, 1974 – K. REYERSON, M. de 1250 à 1350: centre commercial et financier [Thèse masch., Montpellier I, 1977] – J. COMBES, M. et les foires de Champagne (Actes 96e Congr. Soc. Sav. Toulouse 1971, 1978) – Hist. de M., hg. G. CHOLVY, 1984 – J. COMBES, M. et le Languedoc au MA, Mém. Soc. Arch. de M. 20, 1990.

B. Schule und Universität

I. Die Anfänge – II. Medizinische Schule – III. Rechtsschule – IV. Andere Fakultäten.

I. DIE ANFÄNGE: Schulen der Medizin sind in M. mindestens ab 1137 belegt. 1181 erteilte der Stadtherr, Wilhelm VIII., jedermann die Erlaubnis zu freiem Medizinunterricht. Gegenüber anderslautenden Meinungen ist festzuhalten, daß weder arab. noch jüd. Ärzte am Ursprung dieser Schulen standen, sondern Christen, die ihre Ausbildung wohl in →Salerno erhalten hatten. Seit dem 12. Jh. muß es in M. auch Rechtsunterricht gegeben haben, erteilt von Magistern, die entweder aus Italien stammten (→Placentinus lehrte zw. 1160 und 1192 in M.) oder aber dort, d. h. insbes. in →Bologna, ausgebildet worden waren. Doch fehlte diesen Rechtsschulen bis zum Ende des 13. Jh. die zur Begründung einer Univ. notwendige Kontinuität.

II. MEDIZINISCHE SCHULE: Der Kardinallegat Konrad erteilte um 1220 der 'universitas medicorum' zu M. ihre ersten vollständigen Statuten. Obwohl die meisten Mediziner Laien waren, unterstand der Universitätsbetrieb gemäß diesen Statuten der kirchl. Autorität, die vom Bf. v. →Maguelone, dem auch die Verleihung der akadem. →Grade zukam, ausgeübt wurde. Die Jurisdiktion über die Studenten oblag einem Kanzler, den der Bf. aus den doctores regentes auswählte. Die 'Universität' erlebte einen raschen Aufschwung; 1240 sind 10 regentes, 1313 bereits 14 belegt. Offenbar erreichte sie im 14. Jh. ihre höchste Ausstrahlungskraft. Die Zahl ihrer Mitglieder blieb jedoch stets bescheiden, bildeten die universitären Mediziner doch eine quantitativ kleine Elite. Für das gesamte 14. Jh. kennen wir die Namen von nur 244 in M. ausgebildeten Ärzten. Das ausführlichste Verzeichnis, von 1378, nennt 8 Magister, 3 Lizentiaten, 15 Bachalare und 30 Studenten; zwar ist diese Liste unvollständig, doch bleibt zweifelhaft, ob die med. Hochschule jemals die Zahl von hundert Mitgliedern überschritt. Paris war, rein quantitativ gesehen, überlegen (473 namentl. bekannte Mediziner im 14. Jh.), doch genoß M. als med. Hochschule zweifellos ungleich höhere wissenschaftl. Reputation in der gesamten Christenheit. In M. hinterließen 10% der Ärzte med. Schriften, in Paris dagegen nur 3%. Viele Mediziner aus M. traten in den Dienst weltl. Fs.en, bes. aber der Päpste und Kard.e an der →Kurie in →Avignon. In M. wirkten im 14. Jh. med. Koryphäen wie →Arnald v. Villanova, →Bernhard v. Gordon, Gerardus de →Solo u. a. Das Gebiet der →Chirurgie wurde keineswegs ausgegrenzt, wie das bedeutende Werk des →Guy de Chauliac (»Chirurgia magna«, 1363) zeigt; seit 1340 ist die Sektion menschl. Leichen (→Anatomie, II) belegt. Das 15. Jh. war wohl Periode des Rückgangs; nur 133 Mediziner sind namentl. bekannt. Doch auch in dieser Zeit trat M. mit eigenständigen wiss. Leistungen hervor wie der med. Enzyklopädie (»Puncta medicine«) des aus Deutschland stammenden Kanzlers Jacobus Angeli (ca. 1390–1455). Im 16. Jh. gewann die med. Hochschule in M. ihre führende Rolle zurück und wurde zur Pflegestätte des Humanismus.

III. RECHTSSCHULE: Die Mediziner lehnten stets einen Zusammenschluß mit der Rechtsschule ab, die 1289 durch eine Bulle des Papstes Nikolaus IV. eingerichtet wurde. Ihre Entstehung beruhte auf der Gönnerschaft der Päpste wie der Kg.e v. Aragón und den Bemühungen einer Gruppe von in Italien ausgebildeten Doktoren, die für M. eine feste Niederlassung mit ständigem Lehrbetrieb, gestützt auf die klass. Privilegien eines →Studium generale, anstrebten. Die Rechtsschule (mit zivilem und kanon. Recht) erhielt 1339 ihre definitiven Statuten; sie wurde nach Bologneser Vorbild aufgebaut, mit →Rector und Räten aus der Studentenschaft, während die doctores regentes, zusammengeschlossen in einem →collegium doctorum, eher ein Eigenleben führten. Die Rechtsuniversität v. M. hatte eine nicht unbeträchtl. Ausstrahlung; im 14. Jh. zählte sie, bei stark fluktuierenden Zahlen, stets mehrere hundert Studenten. Die in der 1. Hälfte des 14. Jh. noch weiträumige Streuung der Herkunftsorte der Studenten verengte sich in der späteren Zeit auf einen stärker regionalen Bereich (Niederlanguedoc, Provence, Katalonien). Regentes sind zahlreich belegt, man kennt für den Zeitraum zw. 1290 und 1350 um die 60. Manche unter ihnen waren hochangesehene Rechtslehrer, als Zivilrechtler (Pierre Jame, Jacques Rebufi) wie als Kanonisten (Jesselin de Cassagnes); ihre Rechtsgutachten waren gesucht. Das jurist. Denken der Rechtsschule v. M. war stärker von →Bologna als von →Orléans geprägt. Mehrere frühere Regentes aus M. machten glänzende Karriere, im Dienst der frz. Kg.e (Guillaume de →Nogaret) oder an der Kurie (Kard. Bertrand de Deaux); zwei von ihnen wurden Päpste (Guillaume Grimoard/Urban V., Pedro de Luna/Benedikt XIII.). Die Beziehungen der Rechtsschule zur städt. Verwaltung und Bevölkerung waren wegen Streitigkeiten um jurisdiktionelle und fiskal. Fragen zumeist gespannt. Während der Niedergangsphase des 15. Jh. sank das wiss. Ansehen infolge des Abzugs der Päpste aus Avignon, der Konkurrenz neuer Universitäten und der Besetzung der kgl. Ämter durch Beamte aus Nordfrankreich; die Studentenschaft entstammte nurmehr dem engen regionalen Umkreis.

IV. ANDERE FAKULTÄTEN: Der (wenig bedeutenden) theol. Fakultät gingen seit dem 13. Jh. mehrere Studia der Bettelordenskonvente der Stadt voraus, aber wohl auch theol. Unterricht in den Prioraten der Zisterzienser v. Valmagne und der Kanoniker v. →St-Ruf. Erst 1421 gestatteten die Päpste die Bildung einer theol. Fakultät mit dem Recht der Gradverleihung, doch unter administrativer Kontrolle der Rechtsuniversität. – Die Artistenfakultät, offiziell 1242 gegr. (Statuten nach dem Vorbild der Mediziner), beschränkte sich de facto auf einige Grammatikschulen minderen Niveaus. – In M. bestanden im MA mehrere →Collegia; die bedeutendsten waren die von Papst Urban V. 1368–69 gegr.: St-Germain und St-Benoît (für die Mönche von St-Victor de Marseille) und das 'Collegium duodecim medicorum'. J. Verger

Lit.: RASHDALL II, 116–139 – Cart. de l'univ. de M., 2 Bde, 1890–1912 – L. DULIEU, La médecine à M., I, Le MA, 1975 – D. JACQUART, Le milieu médical en France du XIIe au XVe s., 1981 – A. GOURON, Deux univ. pour une ville (Hist. de M., hg. G. CHOLVY, 1984) – DERS., La science du droit dans le midi de la France au MA, 1984 – Actes du 110e congr. nat. des Soc. savantes. Section d'hist. de Sciences..., II: Hist. de l'École médicale de M., 1985 – Hist. des univ. en France, hg. J. VERGER, 1986 – A. GOURON, Études sur la diffusion des doctrines juridiques médiévales, 1987 – A Hist. of the Univ. in Europe, I: Univ. in the MA, hg. W. RÜEGG-H. DE RIDDER-SYMOENS, 1991, passim.

Montpellier, Konzil v. (8. Jan. 1215), unter der Leitung des Kard.legaten Petrus v. Benevent. Es sollte S-Frankreich nach der ersten Phase des Albigenserkreuzzuges polit. neu ordnen und die Abwehr der kathar. Lehre verstärken. Zu den Teilnehmern gehörten 5 Ebf.e, 28 Bf.e und zahlreiche Adlige der Region. Ihr Wunsch, in die eroberten Gebiete Simon v. →Montfort als 'dominus et monarcha' einzusetzen, wurde vom Legaten an den Papst zur Entscheidung übertragen und bildete einen Beratungsgegenstand des IV. →Laterankonzils. Die 46 Kanones schärfen einige Beschlüsse des III. Laterankonzils ein und gebieten, um die Kritik der →Albigenser abzufangen, dem Säkular- und Regularklerus eine bescheidene, standesgemäße Lebensführung. Ein Teil betrifft die Friedenssicherung in dem verwüsteten Land. Nur Kan. 46 handelt von der Häresie, der Verpflichtung zur Denunziation und der Konfiskation der Güter. W. Maleczek

Q. und Lit.: HEFELE-LECLERCQ V, 1298–1302 – MANSI XXII, 936–954 – R. FOREVILLE, Les statuts synodaux et le renouveau pastoral du XIII° s. dans le midi de la France, Cah. de Fanjeaux 6, 1971, 119–150.

Montpensier, Ort und ehem. Herrschaft (Gft.) in der nördl. →Auvergne (dép. Puy-de-Dôme). Die Schlacht bei M. (um 893) zw. Kg. →Odo v. Westfranken und dem Gf.en v. →Auvergne markiert das Scheitern der Königsgewalt bei ihrem Versuch, nach →Aquitanien vorzudringen. Im 11. Jh. war M., das wohl zu einem großen →Fiscus gehörte, in den Händen der Herren v. Thiers (dép. Puy-de-Dôme); eine Burg ist am Ende des 10. Jh. und um 1036 erwähnt. Um 1165 kam M. durch Heirat an die mächtige Adelsfamilie der →Beaujeu; sie gründeten die Neustadt (villeneuve) Aigueperse am Fuß des Burghügels v. M. Die 'terra' fiel, erneut durch Heirat, 1292 an das Haus →Dreux, dann (in umstrittenem Erbgang) an Bernhard v. Ventadour, der die Erhöhung zur Gft. erwirkte (1348–50), schließlich an Hzg. →Jean de Berry (1373–81); durch die Ehe der Herzogstochter Marie mit →Jean I. v. Bourbon fiel M. an das Haus →Bourbon. Die Fs.en der Linie Bourbon-M. (Louis, † 1482; Gilbert, † 1496) machten den Ort zu ihrer Residenz (Palast in Aigueperse) und zu einem Brennpunkt des künstler. Lebens. G. Fournier

Lit.: A. TARDIEU, Grand dict. hist. du Puy-de-Dôme, 1877, 234–236 – R. RIGODON, Aigueperse, 1953 – C. LAURANSON-ROSAZ, L'Auvergne et ses marges du VIII° au XI° s., 1987.

Montrelais, Hugues de, Kanzler Hzg. Johanns IV. (→Jean IV.) v. →Bretagne, † 28. Febr. 1384. Dekan des Kapitels v. Nantes, Archidiakon v. La Mée, wurde M. vom Kathedralkapitel zum Bf. v. →Nantes gewählt, doch verweigerte die Kurie (wegen zu geringen Alters) die Zustimmung. Durch die Gunst des Hzg.s →Karl v. Blois erhielt M. das Bm. →Tréguier, 1354 dann, mit Zustimmung Papst Innozenz' VI., das Bm. →St-Brieuc. – In seiner polit. Karriere stand M. zunächst im Dienste Karls v. Blois, verbündete sich jedoch beizeiten mit dem siegreichen Konkurrenten Johann IV. v. Montfort, dessen Rat und Kanzler er wurde. Als er jedoch die Macht des Montfort schwanken sah, rückte er von ihm ab und unterstützte die Kanonisationsbemühungen für Hzg. Karl. Durch sein opportunist. Verhalten beiden Parteien suspekt, konnte M. – nach einer Phase der »Indignation und Ungnade« – für den an die Macht zurückgekehrten Hzg. Johann erneut das Kanzleramt ausüben. M. betrieb auch Nepotismus und erreichte bei Clemens VII. die Einsetzung seines Bruders Jean zum Bf. v. →Vannes. J.-P. Leguay

Lit.: B. A. POCQUET DU HAUT-JUSSÉ, Les pages et les ducs de Bretagne, 1928 – M. JONES, Ducal Brittany, 1970.

Montreuil, Jean de, frz. Humanist, * 1354 Monthureux-le-Sec (dép. Vosges), † (ermordet) 12. Juni 1418 in Paris (→Armagnacs et Bourguignons). Sekretär Karls VI., ab 1394 auch Prévôt von Lille. Schriften: Lat. Epistulae, von denen nur wenige offiziellen Charakter haben. Über vierzig Briefe sind an →Nicolas de Clamanges gerichtet, zahlreiche andere an Gontier →Col, einige wenige an it. Humanisten. Neben kirchenpolit. Themen behandeln die Briefe häufig rhetor. und lit. Fragen. Eher rhetor. als hist. ausgerichtet ist auch ein Traktat gegen die Engländer (zwei frz. und eine lat. Fassung). Hist.-polit. ist der an den frz. Adel gerichtete »Brief« (lat. und frz. Fassung), während ein Pamphlet gegen Ks. Sigismund und eine an den Bürgermeister von Aachen gerichtete Vita Karls d. Gr. nur lat. vorliegen. Im Streit um den Rosenroman (→Roman de la Rose) hat sich J. de M. zugunsten von Jean de Meun eingesetzt. J.s Schriften sind eine bedeutende Q. für das lit. und polit. Leben zu Beginn des 15. Jh. (Fragen des lat. Stils, Lob Ciceros und Petrarcas; Rückgriff auf die →Lex Salica, erwachendes frz. Nationalbewußtsein). Vier Autographen sind erhalten. M.-R. Jung

Ed. und Lit.: Repfont VI, 369 – Opera, hg. E. ORNATO, N. GRÉVY-PONS, G. OUY, 1963–86 [grundlegend; Bibliogr.] – Le débat sur le Roman de la Rose, hg. E. HICKS, 1977 – D. CECCHETTI, Il primo umanesimo francese, 1987.

Montreuil-sur-Mer (Monasteriolum), Stadt in Nordfrankreich (dép. Pas-de-Calais), Ort des Übergangs über die Canche (bei ihrer Mündung) in die Gft. →Ponthieu. Der von Gf. Helgaud gegen die Normannen befestigte Ort vermochte 898 ihrem Ansturm zu widerstehen. Diese Burg (castellum, castrum) war im 10. Jh. zw. den örtl. Gf.en sowie dem Hzg. v. →Normandie und dem Gf.en v. →Flandern heftig umstritten (der Gf. v. Flandern besetzte sie ca. 950–980), doch bemächtigte sich Hugo Capet 981 ihrer; M. blieb eine kgl. Enklave innerhalb der Gft. Ponthieu. Der »portus« v. M. profitierte vom Verfall →Quentowics. Die Stadt produzierte seit dem 12. Jh. Tuche, die nach Italien exportiert wurden; 1188 erhielt M. eine 'charte de commune'. Die Kl. St-Saulve und Ste-Austreberthe treten seit dem 10. Jh. in Erscheinung. B. Delmaire

Lit.: R. RODIÈRE, Les corps saints de M., 1901 – F. LOT, Un prétendu repaire de pirates normands au IX° s. Inguerobs et les origines de M. et d'Étaples, Comptes rendus de l'Acad. des Inscriptions, 1945, 423–432 – J. LESTOCQUOY, Les origines de M.-sur-Mer, Rev. du Nord, 1948, 184–196 – H. LE BOURDELLÈS, Les problèmes linguistiques de M.-sur-Mer: les origines de la ville à travers ses noms successifs, ebd. 1981, 947–960 – J. C. ROUTIER, Les remparts de M.-sur-Mer, ebd., 1989, 205–214.

Montreuil, Begegnung v. (Dez. 1331), zw. →Eduard II. v. England und →Philipp IV. v. Frankreich. Eduard begab sich zur Wallfahrt nach Notre-Dame de →Boulogne, reiste am 12. Dez. von England ab und traf am 17. Dez. wieder dort ein. Die Begegnung der beiden Kg.e kann also nur kurz gewesen sein; welche Fragen besprochen wurden (finanzielle Schwierigkeiten Eduards II., fläm. Frage, schott. Problem?), bleibt unbekannt. Dem Treffen folgte im März 1314 eine Reise der engl. Kgn. →Isabella, Tochter Philipps IV. E. Lalou

Lit.: J. FAVIER, Enguerran de Marigny, 1963, 123 – La France anglaise au MA, Actes du 111° congr. des soc. savantes, 1986 (1988), 350.

Montreuil, Vertrag v. (19. Juni 1299), geschlossen zw. England und Frankreich, besiegelt zu M. von den Generalbevollmächtigten, ratifiziert zu Canterbury durch →Eduard I. und seinen ältesten Sohn am 14. Juli 1299. Durch diesen Friedensvertrag im engl.-frz. Konflikt wurde die

Verlobung des Kg.s v. England mit →Margarete, der Schwester Kg. →Philipps IV. v. Frankreich, und des Prinzen →Eduard (II.) mit Philipps Tochter →Isabella vereinbart. Dem Vertrag vorausgegangen war eine Vermittlung Papst →Bonifatius' VIII., der seinen Schiedsspruch am 27. Juni 1298 zu Rom verkündet hatte. Generalbevollmächtigte der Friedensverhandlungen zu M. waren der Ebf. v. Narbonne, der Bf. v. Auxerre, der Hzg. v. Burgund, der Gf. v. St-Pol, der kgl. Siegelbewahrer Pierre→Flot(t)e und Belleperche. E. Lalou

Q. und Lit.: RYMER, Foedera I, 3, 208–210 – F. FUNCK-BRENTANO, Philippe le Bel en Flandre, 1897, 294, 326 – J. VIARD, Journaux du Trésor de Philippe IV le Bel, 1940, N. 2959.

Mont-Saint-Guibert, Stadt in Belgien (Prov. Brabant), entstand als gemeinsame Gründung der Abtei OSB →Gembloux und →Gottfrieds VI., Hzg.s v. →Niederlothringen (Brabant), auf Allodialgut der Abtei. Abt Anselm gab den Anstoß zur Besiedlung des Hügels, indem er hier eine Kirche errichten und in sie die Gebeine des hl. Guibert übertragen ließ. Daraufhin verlieh der Hzg. der neuen Siedlung das Recht v. Gembloux und teilte die Gerichtsbarkeit zw. sich und dem Abt (1116). Durch diese Allianz erkannten die Mönche v. Gembloux den Hzg. als ihren alleinigen →Vogt an (und schalteten so Ansprüche der örtl. Herren, des Bf.s v. →Lüttich und des Gf.en v. →Namur aus), während der Hzg. auf diese Weise die entscheidenden Ansatzpunkte für die Territorialbildung im späteren wallon. Brabant markierte. Beide Seiten zogen durch ihre Stadtgründung Nutzen aus der damals günstigen Agrarkonjunktur in dieser Region. Um 1200 war der gesamte Bereich in den Händen Brabants; M. war nun Sitz eines hzgl. Meiers *(maire)*, doch wurde der Ort durch seine umstrittene Lage in seiner Entwicklung gehemmt. Trotz der Erneuerung der Privilegien und der Einrichtung eines Wochenmarktes (Mitte des 12. Jh.) blieb M. ein nur bescheidenes agrar. Zentrum (1437: nur ca. 160 Einwohner). Echte urbane Entwicklung setzte erst im 19. Jh. ein. W. Steurs

Lit.: P. BONENFANT, Les villesneuves au Brabant, VSWG, 1960 – W. STEURS, Le franchises du duché de Brabant au m.â., Bull. de la comm. royale des anc. lois et ordonnances de Belgique 25, 1971–72, 1973, 140–295.

Mont-Saint-Michel, Le, Abtei OSB in Nordfrankreich, Basse →Normandie (Bm. Avranches; dép. Manche, comm. Pontorson), gelegen auf der Insel Mont-Tombe, einem schroffen Granitfelsen im Wattenmeer (80 m Höhe, 950 m Umfang, 28 ha Fläche). Um 550/575 errichteten einige Mönche, die von einem Priester des Festlands versorgt wurden, zwei Oratorien (ð hl. Stephan und hl. Symphorian). Diese frühe, dem Eremitentum nahestehende monast. Niederlassung war Vorläufer der eigtl. Gründung durch den Bf. v. →Avranches, Autbert, dem in einer Traumvision der Erzengel→Michael erschienen war. Daraufhin weihte er ihm am 16. Okt. 709 eine Kirche und einen Altar, ließ Reliquien aus dem Michaelsheiligtum des Monte →Gargano deponieren und setzte zwölf Kanoniker ein. 965/966 stellte Mainard, Abt v. St. Wandrille de→Fontenelle, die monast. Observanz her. Im westl. Bereich des M. gelegen, bildete die Kirche, wohl mit Unterstützung Hzg. Richards I. v. Normandie errichtet, ein Viereck von 12 × 9 m, gegliedert in zwei Schiffe und getrennt durch ein Mittelglied, Notre-Dame-sous-terre. Ein Wohnbau von 25 × 12 m wurde in Verlängerung der Kirchenachse erbaut. Die Feuersbrunst von 992 zerstörte die Kirche und die sich an den Nordhängen anschließende kleine Siedlung.

Seit dem 10. Jh. verzeichnete der M. einen regen Strom von Wallfahrern aus dem gesamten Abendland, die nicht nur die Reliquien, sondern insbes. den Ort der Erscheinung des Erzengels verehrten. Mit den reichen Schenkungen Hzg. Richards II. konnte 1023, unter Abt Hildebert, der Bau einer neuen, nun ost-westl. ausgerichteten roman. Kirche in beherrschender Gipfellage begonnen werden; sie beruhte nicht auf Notre-Dame-sous-terre, sondern auf neuerrichteten Substruktionen, v.a. der roman. Krypta (vollendet 1048). Die Krypten St-Martin und Notre-Dame 'des trentes cierges' wurden erbaut, als nach 1048 die Errichtung des Querschiffs erfolgte. Das Kirchenschiff entstand zw. 1055 und 1085; der Nordteil stürzte 1103 ein und wurde Mitte des 12. Jh. unter Abt Bernard du Bec wiederhergestellt. Die Konventbauten lagen im Westen. Abt Robert de Torigni (1154–86) ließ u.a. Gästehaus und Krankensaal errichten. 1203, während der Kämpfe zw. Kapetingern und Plantagenet, vernichtete ein Brand Häuser des unterhalb der Abtei entstandenen Burgus. Seit 1212 begann die Errichtung des später als »la Merveille« gefeierten Ensembles got. Bauten auf der Nordseite: in seinem östl. Bereich Aumônerie, Gästesaal und Refektorium, im westl. das Kellergewölbe (Cellier), der (fälschl. so bezeichnete) Rittersaal und der einzigartige, trapezförmig angelegte Kreuzgang, mit zierlichen got. Säulchen in Rautenstellung. Am Ende des 13. Jh. wurde die Befestigung des M. (Mauern, Türme) vorgenommen.

Im 14. und 15. Jh. litt der M. unter den Folgen des Schwarzen Todes und des Hundertjährigen Krieges; die 20 Mönche der Abtei waren teilweise der Einkünfte aus ihren 22 Prioraten und 50 Pfarreien beraubt. Doch auch unter dem Abbatiat des Pierre le Roi (1386–1411) blieb die Wallfahrt die wichtigste Einnahmequelle. Abt Pierre Jolivet († 1444), der auch das militär. Amt der *capitainerie* innehatte, ging zu den Engländern über, doch fiel der M. nicht in Feindeshand. Nach dem Tode Jolivets kommendierte Kg. →Karl VII. v. Frankreich die Abtei dem mächtigen Kard. Guillaume d'→Estouteville. Um 1448 wurde der Wiederaufbau des 1421 eingestürzten roman. Chors, nun im Flamboyantstil (über der neuerbauten Krypta der 'Gros Piliers'), in Angriff genommen. Die Umwandlung des M. in eine Kommende war nur eine temporäre, durch militär. Erwägungen diktierte Maßnahme des Kgtm.s. Mit A. de Laure (1483–1500) wurde wieder ein Regularabt gewählt. Unter Karl VII. und Ludwig XI. verstärkte sich die Michaelsverehrung des Hauses Valois (1469 Stiftung des→Michaelsordens). V. Gazeau

Lit.: DIP VI, 127ff. – L. MUSSET, Pélerins et pélerinages en Avranchin jusqu'au XIIIe s., Revue de l'Avranchin et du Pays de Granville 39, 1962 – Millénaire monastique du M., 4 Bde, 1967–71 – Le Paysage monumental de la France autour de l'an Mil, hg. X. BARRAL I ALTET, 1987.

Montségur, Belagerung v., 1244. Der befestigte Hügel *(pog)* v. M., in den Bergen des Landes v. →Foix, ist letzter Zeuge des trag. Endes der →Katharer Südfrankreichs. Von bescheidenen Dimensionen und leicht zu verteidigen, bildete M. den Hauptstützpunkt der →Albigenser, die nach den Niederlagen von 1241–42 (die zur Stärkung der kgl. Gewalt geführt hatten) in äußerste Unruhe geraten waren. Verängstigte *faidits* ebenso wie 200 *perfecti* suchten Zuflucht auf dem M., den der Seneschall v. →Carcassone, Hugues d'Arcis, mit einem aus örtl. Kontingenten gebildeten kgl. Heer seit Anfang Jan. 1243 belagerte. Die Belagerten gerieten, trotz Aufrechterhaltung der Lebensmittelversorgung, in immer bedrängtere Lage; mehrfach zugesagte Hilfe blieb aus. Als die Belagerer Anfang März 1244 bei Nacht die steile Höhe erklommen und auf gleichem Niveau mit der Bergfeste standen, kapitulierten die entmutigten Verteidiger. Die perfecti wurden ihrem

Schicksal überlassen; den anderen wurde das Leben versprochen. Sie zogen am 16. März vom M. ab und wurden nach Bram (dép. Aube) abgeführt, wo einige vor der Inquisition Zeugnis ablegten. Für die perfecti oder *revêtus* wurde angenommen, daß sie am Fuße des Burgbergs verbrannt worden seien, obwohl der Chronist →Guillaume de Puylaurens über den Hinrichtungsort schweigt. Ein bisher unbeachtetes Dokument der Inquisition v. Carcassonne berichtet, daß die perfecta Alix »cum aliis pluribus« von M. nach Bram gebracht worden sei, um dort in den Flammen zu sterben. Dem Scheiterhaufen v. M. muß der Scheiterhaufen v. Bram gegenübergestellt werden.

Y. Dossat

Q.: Guillaume de Puylaurens, Chronique (Recueil des hist. des Gaules, 20), 770, § 46 – Paris, BN, Collect. Doat, vol. 34, fol. 104–107; ebd., vol. 22, 24, passim – *Lit.*: Cah. de Fanjeaux 6, 1971, 361–378 [Y. Dossat] – J. Duvernoy, Hist. des cathares, 1979, 279–295 – E. Griffe, Le Languedoc cathare et l'Inquisition, 1980, 75–81.

Montserrat, OSB Abtei, 60 km nw. von Barcelona, auf dem gleichnamigen Berg gelegen. Das schon 899 dort bezeugte Benediktinerkl. S. Cecília, unter dessen Äbten im 10. Jh. bes. Caesarius hervortrat, der auf den Titel eines Ebf.s v. →Tarragona Anspruch erhob, wurde 1539 dem Kl. S. Maria unterstellt. Dieses war zunächst eine Tochtersiedlung der Benediktinerabtei →Ripoll auf dem Teil des M., der Ripoll von →Wifred I. el Pilós, Gf. v. Barcelona, geschenkt worden war. Diese Schenkung wurde 933 von Gf. Sunyer bestätigt. Eine Kirche ist dort erst 1015 erwähnt, als →Oliba, Abt v. Ripoll und Bf. v. Vic, in seiner Diöz. zahlreiche Kl. ansiedelte. Die Zahl der Einsiedeleien auf dem M. wuchs von vier auf zwölf an; sie waren dem Kl. S. Maria unterstellt, obwohl die Einsiedler hier bis ins 16. Jh. nicht als eigtl. Mönche betrachtet wurden. Ab 1024 entwickelte S. Maria ein eigenes Vermögen, erlangte aber keine Unabhängigkeit von Ripoll. 1082 wird zum ersten Mal ein Prior (Raimund) erwähnt. Die im 12./13. Jh. errichtete neue Kirche wurde später erweitert. Der got., z.T. erhaltene Kreuzgang (1476) ist ein Werk von Jaume Alfons und Pere Basset. M. entwickelte sich zum berühmtesten Wallfahrtsort Kataloniens. Das hochverehrte Gnadenbild Mariens entstand erst Ende des 12./Anfang des 13. Jh. Zahlreich sind religiöse Stiftungen bereits im 12. Jh. Der sog. »Llibre Vermell«, der im 14. und 15. Jh. verfaßt wurde, bezeugt die Privilegien des Marienheiligtums und das Pilgerwesen, und die Hs. 193 v. Ripoll (heute im Arxiu de la Corona d'Aragó, Barcelona) aus dem 13. Jh. berichtet von »miraculis quae per B. V. Maria in ecclesia Montisserrati fiunt«. Im 13. Jh., wohl der Blütezeit des Kl., wurde die M.er Bruderschaft gegründet (1223), deren Verfassungsurk. Eleonore, erste Gemahlin Kg. Jakobs I. v. Katalonien-Aragón, unterzeichnete. 1264 führte Prior Bertran de Bac wirtschaftl. und soziale Reformen durch. Die Zahl der Mitglieder der einzelnen Gruppen der Kl.familie wurde auf zwölf festgelegt: Mönche, Einsiedler, Priester, Donaten und Chorknaben. Seit 1248 wurden die Prioren nicht mehr von Ripoll, sondern vom Papst ernannt; der letzte Prior war Vicenç de Ribes. Benedikt XIII. verlieh 1409 M. die volle Souveränität und Würde einer Abtei (1. Abt: Marc de Villalba). Der Versuch von Abt Antoni d'Avinyó, 1443 eine Reform mit Hilfe von sechs Mönchen aus →Montecassino durchzuführen, hatte keinen Erfolg. Abt Antoni Pere Ferrer (1450–71) verfaßte neue Konstitutionen. Als es dem Abt Joan de Peralta (1483–93) nicht gelang, die Reform von →S. Giustina v. Padua einzuführen, schloß er mit Zustimmung Ferdinands II. 1493 M. der Kongregation von S. Benito el Real v. →Valladolid an. Abt García Jiménez de →Cisneros gab den Mönchen, Einsiedlern und Chorknaben neue Ordnungen.

A. Olivar

Q. und Lit.: Anal. Montserratensia, 10 Bde, 1918–64 – A. M. Albareda, Hist. de M., 1931 – C. Baraut, Les Cantigues d'Alfons el Savi i el primitiu Liber Miraculorum de Nostra Dona de M. (Estudis romànics 2, 1949–50), 79–92 – Llibre Vermell de M. Edició facsímil parcial del ms. 1 de la bibl. de l'abadia de M. a cura de F. X. Altés i Aguiló, 1989 – B. Ribas i Calaf, Hist. de M. (888–1258). Edició a cura de F. X. Altés amb la col·laboració de J. Galobart i Soler, 1990.

Monumento, de, staufernahe stadtröm. Adelsfamilie. Ihr bedeutendster Vertreter, Leo († 29. Mai 1200), spielte in den 80er Jahren des 12. Jh. eine führende Rolle in den Beziehungen von Papsttum, Ksm. und Rom. War 1187/88 im Sinne der ksl. Ausgleichspolitik bei der Rückführung der Päpste Gregor VIII. und Clemens III. nach Rom tätig, wirkte 1188/89 bei den Friedensverhandlungen zw. Kurie und Ks.hof in Deutschland mit. Von Heinrich VI. mit Besitz im Kirchenstaat (Sutri) und Unteritalien (Conza, Carinola) ausgestattet. Niedergang des Geschlechts zu Beginn des 13. Jh.

J. Petersohn

Lit.: M. Thumser, Rom und der röm. Adel in der späten Stauferzeit [Habil.schr. Marburg/Lahn, 1992], s.v.

Monza, oberit. Stadt (Lombardei). Paulus Diaconus zufolge erhob bereits der Ostgotenkg. →Theoderich das röm. Modicia zu einer seiner Residenzen und erbaute dort ein palatium. Die glanzvollste Periode seiner ma. Geschichte erlebte M. jedoch in langobard. Zeit, v.a. als bevorzugte Residenz der Kgn. →Theudelinde (Theodolinda), der auch die Gründung der Basilika S. Giovanni Battista zugeschrieben wird, die um 607 geweiht wurde. Diese Basilika gewann für die Langobarden Symbolcharakter und wurde reich mit Grundbesitz und Gütern ausgestattet (darunter der berühmte »Domschatz v. M.«, der auch die →Eiserne Krone enthält) und genoß das gesamte MA hindurch großes Ansehen. Mittelpunkt einer curtis regia, zumindest seit Anfang des 10. Jh. befestigt, bewahrte M. lange Zeit, auch nach dem Untergang der Langobardenherrschaft eine relativ selbständige Stellung gegenüber →Mailand: so übernahm es z.B. nicht die →Ambrosianische Liturgie. Erst als Mailand sich im 12. Jh. als Kommune konstituierte und seine Macht wuchs, dehnte es seinen Einflußbereich auch auf die Nachbarstadt M. aus. M. ergriff jedoch jede Gelegenheit, um wieder größere Selbständigkeit zu erlangen: So erwirkte es von Friedrich I. Barbarossa, der mit Mailand Krieg führte, 1158 umfassende Privilegien. Heinrich VII. nahm M. vom Reichsvikariat aus, der Matteo Visconti verliehen wurde (1311). Erst in der Zeit des Azzone Visconti (1331–39) wurde M. endgültig in das Territorium von Mailand eingegliedert. Es behielt jedoch eine autonome Regierung und Handels- und Rechtsprivilegien, die 1450 auch von Francesco →Sforza bestätigt wurden, der M. den Status einer »terra separata« verlieh. →Ludovico il Moro gab die Stadt 1499 Carlo Balbiano di Belgioioso zu Lehen.

R. Perelli Cippo

Lit.: A. F. Frisi, Memorie stor. di M. e sua corte, I, 1794 – AA.VV., Storia di M. e della Brianza, I, 1973 – G. Rossetti, Società e istituzioni nel contado lombardo durante il medioevo, 1968 – G. Chittolini, Le »terre separate« nel ducato di Milano in età sforzesca (Milano nell'età di Ludovico il Moro, 1983).

Monzón, Templerburg in Aragón, zw. Huesca und Lérida strateg. günstig an der Mündung des Río Sosa in den Río Cinca gelegen. Sitz eines maur. Kleinkg.s, seit 1046 von Christen attackiert, 1089 vom aragon. Kg. →Sancho I. Ramírez erobert und zur Residenz des Infanten Peter ausgebaut. Besitz und Landesausbau blieben bis 1134 bedroht. Als Abfindung für den Verzicht auf das Erbe Kg. →Alfons' I. wurde dem Templerorden 1143 von →Raimund Berengar IV. u.a. das *castillo de M.* mit allen Pertinenzen übertragen. Nach Neubau der Burg ab 1155 Hauptquartier der aragon. →Templer unter Leitung eines ab 1163 nachweisbaren Komturs (ab 1277 *castellán*), der zeitw. auch als Stellvertreter des Meisters der Templerprov. Aragón fungierte. Ausbildung eines →señorío. Seit 1307 im Zusammenhang mit der Aufhebung des Templerordens Belagerung durch die Truppen →Jakobs II. v. Aragón, Übergabe 1309. Guillem de Eril, Meister des neugegr. Ordens v. →Montesa, trat 1319 die Leitung der ehem. Komturei M. an. B. Schwenk

Lit.: Mª. T. Oliveros de Castro, Hist. de M., 1964 – A. J. Forey, The Templars in the Corona de Aragon, 1973 – P. Schickl, SFGG.GAKGS 28, 1975, 91–228.

Moor. Im MA bereits siedlungsfähig waren Bruchwaldm.e (Niederm.e) im Hinterland der Marschen sowie die Randbereiche der auf das Altmoränengebiet der Geest hinaufreichenden, aus Torfmoos gebildeten und nur vom Niederschlag ernährten Hochm.e. Ortsnamenendungen auf- *bruch*, *-brook* und *-wohlde* sind für jene, auf *-moor* und *-veen* (ndl.) für diese kennzeichnend. Die nährstoffreichen M.e der Flußniederungen zw. Maas und Elbe wurden seit dem 11. Jh. durch landesherrl. Hufenkolonisation besiedelt und nach Entwässerung ackerbaul. und weidewirtschaftl. genutzt. Dies führte durch Sackung und Humusoxydation zur Niveau-Erniedrigung des M.es, zur Vernässung und zur Überflutung mit Ablagerung von Marschenklei. Dadurch erhielten M.hufensiedlungen sekundär den Charakter von Marschhufensiedlungen. Die im 11. Jh. in den Niederlanden entwickelten Grundformen der M.kultivierung und -hufenkolonisation wurden 1113 in das ebfl.-bremische Bruchgebiet übertragen. Wesentl. Strukturmerkmale der ndl. M.hufensiedlung sind: rechteckige Gemarkungen, aufgeteilt in parallele Hufenstreifen; Höfe an den Kopfenden der Hufen (Reihendorf); Entwässerung durch parallele Längsgräben, die in querlaufende Sammelkanäle (ndl. *Wetering*, nd. *Wetterung*) auf den Grenzen der die Hufen untergliedernden 60 oder 120 Ruten langen Pflugabschnitte (*Wenden*, ndl. *Voorlinge*) münden, welche das Wasser über Sieltiefs in den Fluß führen; niedrige Umdeichung der Flur zum Schutz gegen Fremdwasser und Anlage von Wölbäckern wegen hohen Grundwasserstandes.

Auch das um Utrecht entwickelte Siedlungsrecht wurde in die Niederm.gebiete der Weser- und Elbeniederungen übertragen. Ein →Lokator übernahm als »emptor« (»Kooper«) vom Landesherrn ein Siedlungsareal (»Koop«) und vergab es als »venditor« an die Siedler. Die vorherrschenden Hufenmaße in den Niederlanden waren 30×360 Ruten und 30×720 Ruten zu 12 Fuß (ca. 15 bzw. 30 ha), an Weser und Elbe 30×480 Ruten zu 16 Fuß (ca. 31,5 ha).

Im Bereich der fries. Landesgemeinden entlang der Küste wurden die Niederm.e am Fuße der Geest und die auf diese hinaufziehenden randl. Hochm.e nach dem Gewohnheitsrecht des »Aufstreckens« erschlossen: Bei festgelegter Breite der Streifen konnten diese individuell durch Kultivierung in das M. hinein unbeschränkt verlängert werden, bis man auf eine konkurrierende Aufstreckung oder eine natürl. Grenze stieß. Die Höfe wurden bevorzugt auf dem nur von dünner M.schicht bedeckten höheren Geestrand errichtet und bildeten hier Reihendörfer. In Ostfriesland waren die Niederm.abschnitte der Fluren ursprgl. Gemeinbesitz, in den mittel- und westfries. Gebieten wurden sie durch Aufstreckung geteilt. Sie waren als Grünlandgebiete die Grundlage der Viehwirtschaft zur Düngung der beackerten mageren Hochm.torfböden. Überwiegend erreichten die Aufstreckungen etwa 2 km Länge, in Extremfällen 7 bis 10 km, so daß die Siedlungsachsen in eine neue Mittellage verlegt werden mußten. Als Siedlungsträger im fries. Bereich sind im HochMA die Landesgemeinden anzusehen, später die →Häuptlinge. Im Kontaktbereich zu den Hufensiedlungen in Holland erweisen sich die Aufstrecksiedlungen als die älteren (10. Jh.). H.-J. Nitz

Lit.: H. v. d. Linden, Die Besiedlung der M.gebiete in der holl.-Utrechter Tiefebene und die Nachahmung im nordwestdt. Raum (Siedlungsforsch. 2, 1984), 77–99 – E. Wassermann, Aufstrecksiedlungen in Ostfriesland, Göttinger Geogr. Abh. 80, 1985 – H.-J. Nitz-P. Riemer, Die hochma. Hufenkolonisation in den Bruchgebieten Oberstedingens (Wesermarsch), Oldenburger Jb. 87, 1987, 1–34 – P. A. Henderikx, Die ma. Kultivierung der M.e im Rhein-Maas-Delta (10.–13. Jh.), Siedlungsforsch. 7, 1989, 67–87 – G. J. Borger, Draining – digging – dredging (Fens and Bogs in the Netherlands, hg. J. T. A. Verhoeven), 1992.

Moosburg, Stadt in Oberbayern (n. von→Freising). Das Kl. M. dürfte wohl schon in den 50er Jahren des 8. Jh. entstanden sein; ob es sich um eine Adels- oder eine Hzg.sgründung handelte, ist nicht eindeutig klärbar. Das Castuluskl. erlebte im 8./9. Jh. einen raschen Aufschwung. Bereits im 8. Jh. waren zahlreiche Grundherrenfamilien der Umgebung der Abtei verbunden. Nach 788 wurde M. Königskl. und gehörte 817 zur dritten Zensusklasse. Ks. Arnulf übertrug das Kl. (keine Abtei mehr!) dem Freisinger Bf. Waldo wegen treuer Dienste. Damit wurde M. freisingisches Eigenkl. Bf. →Egilbert v. Freising (1005–39), wohl aus der Familie der Vögte, ließ es in ein Kollegiatstift umwandeln; die Mönche wurden in das neue Benediktinerkl. →Weihenstephan umgesiedelt. Der jeweilige Propst war immer ein Freisinger Domherr. Im 12. Jh. genoß die Stiftsschule Ansehen, gleichzeitig wurde die roman. Stiftskirche erbaut, 1468 der spätgot. Chor (prächtiges Chorgestühl, Hochaltar von Hans Leinberger 1513 vollendet). Hzg. Wilhelm V. v. Bayern vereinigte M. mit dem Chorstift St. Martin zu Landshut, so daß die Stiftskirche nur noch als Pfarrkirche diente. Die Stadt M., seit 1284 hzgl., entwickelte sich im Anschluß an das Stift. W. Störmer

Lit.: Cod. Traditionum St. Castuli, hg. M. Frhr. v. Freyberg (Oberbayer. Archiv 2, 1840), 1–90 – S. Mitterer, Die bfl. Eigenkl. in den vom hl. Bonifazius 739 gegr. bayer. Dioz.en, 1929, 124 ff. – M. Hartig, Die oberbayer. Stifte, 1935 – F. Prinz, Frühes Mönchtum in Frankenreich, 1965, 343 f., 372 f., 430 – J. Hemmerle, Germania Benedictina II, 1970, 165 f. – G. Diepolder, Freising... (Hochstift Freising, hg. H. Glaser, 1990), 456 ff.

Morača, Kl. in der gleichnamigen Talschlucht der Crna Gora (Montenegro), eine Gründung des Fs.en Stefan und Enkels Stefan Nemanjas von 1252. Außer dem Katholikon eine Kapelle des Hl. Nikolaos im Kl.bezirk. Von der Ausmalung der Erbauungszeit ist nurmehr ein Eliaszyklus im Diakonikon erhalten, der dem sog. »Klassischen Stil« um die Mitte des 13. Jh. zugerechnet wird. Die übrigen Malereien sind im 17. Jh. erneuert. Bemerkenswert darunter sind die von einem vortreffl. Meister des 17. Jh. stammenden Malereien im Parekklesion am Narthex (Sv. Stefan, 1643) und in der Nikolaoskapelle (mit Nikolaos-Zyklus, 1639), die Stilelemente der paläolog. Malerei neu aufnehmen. M. Restle

Lit.: N. L. Okunev, Monastir M. v. Cernogorni, Byzantinoslavica 8, 1930–46, 109 ff., 136–143 – A. Deroko, M., Starinar III, 7, 1932, 9–14 – V. R. Petković, Pregled crkvenih spomenika kroz provesnien srpskog naroda, 1950, 195, 197, 200 f. – K. Wessel, Die Fresken der Kirche Sv. Nikola im Kl. M. Zur Renaissance des spätserb. Stiles in der Crna Gora (Rayonnement grec. [Fschr. Ch. Delvoye, 1982]), 495–503.

Moralia in Job → Job II.

Moralitäten

I. Deutsche Literatur – II. Französische Literatur – III. Englische Literatur.

I. DEUTSCHE LITERATUR →Drama, V.

II. FRANZÖSISCHE LITERATUR: Die frz. »Moralités« (Erstbeleg als Gattungsbezeichnung im Titel der »M. faitte au College de Navarre«, 1427) unterscheiden sich von den engl. Stücken trotz grundlegender Gemeinsamkeiten (allegor. Personifikationen, überzeitl.-exemplar. Handlung, didakt. Intention, Stoff- und Motivparallelen) durch weit größeren Textbestand (über 70 erhaltene Stücke, meist anonym), sehr unterschiedl. Länge (ca. 200 bis über 20000 V.) und eine deutl. Zweiteilung in religiöse und polit. M., sind also als Gesamtgattung nicht dem geistl. Spiel zuzuordnen. Die ältesten religiösen Stücke, »Le Jeux de pelerinage de vie humaine« (Ende 14. Jh.) und »Li Jeulx des sept pechié et des sept vertus« (zw. 1380 und 1420), folgen ep. Vorlagen. Die großen religiösen M. des 15. Jh., »Bien advisé, Mal advisé« (Aufführung 1439), »L'Homme juste et l'Homme mondain« von Simon Bougo(u)in (1476) und »L'Omme pecheur« (vor 1494), weisen z.T. textl. Parallelen auf. Einige Stücke liegen nur in späten Sammeldr. vor: »Jhesucrist est mis en prison«, »Le Lymon et la Terre«, »Les quatre Elemens« und »Langue envenimee« im Rec. Trepperel (vor 1512), »Les Enfans de Maintenant« und »Charité« im Rec. du Brit. Museum (ca. 1532–50). Häufigstes Handlungsschema in den religiösen M. ist eine Verbindung der exemplar. Lebensreise des Menschen (homo viator, peregrinus) mit agonalen Motiven (miles christianus): dem Kampf der Tugenden und Laster bzw. dem allegor. Rechtsstreit (Procès de paradis zw. den »vier Töchtern Gottes« nach Ps 84.11, auch aus dem Mysterienspiel bekannt) um seine Seele; wichtige Sekundärmotive: Mundus-Caro-Daemonia, der Mensch auf dem Rad der Fortuna, allegor. Gefangenschaft und Befreiung, Krankheit und Heilung, Schlaf und Erweckung (»Le Gouvert d'Humanité«). Gelegentl. ist die didakt. Intention gegen spezif. Laster wie die Völlerei (»La Condamnacion des bancquetz« von Nicolas de la Chesnaye, 1507) oder das Fluchen (»Les Blasphemateurs du nom de Dieu«, vor 1535) gerichtet. Auch dramat. Allegorese ursprüngl. mimet. Motive kommt vor (»Histoire de l'enfant prodigue«, 1504, »Pyramus et Tisbé«, ca. 1535). Im frühen 16. Jh. geraten die religiöse M. tlw. unter den Einfluß neuer theol. Strömungen: der Marienfrömmigkeit in den norm. Puys des Palinods, einer reformer. Geist- und Liebestheol. bei den Libertins spirituels und Marguerite de Navarre. – Die meist kürzeren polit. M. zeigen den Menschen vornehml. als Gesellschaftswesen (bes. als Ständepersonifikation) und stellen die Didaktik in den Dienst innerweltl. Ziele: der Zeit- und Ständekritik (»La Croix Faubin«, vor 1488, »Pouvre Peuple«, 1492), der (religions)polit. Propaganda (»Le Concile de Basle«, 1434–35, »Le peuple françois, le Peuple ytalique« von Pierre Gringore, 1512) sowie der Konfessionspolemik (»Les Theologastres«, nach 1523, »La Maladie de Chrestienté« von Mathieu Malingre, 1533). Eine Sonderform bilden die polit.-allegor. Bergeries (dramat. Pastoralen) »L'Alliance de Foy et Loyalté« (Aufführung ca. 1466–68), »Mieulx-que-devant« (zw. 1464 und 1480), »Le Petit, le Grant« (ca. 1480) und »L'Aigneau de France« (1485). Viele Stücke sind nur im späten Ms. La Vallière (ca. 1575) überliefert. Die Übergänge zur allegor. Farce moralisée sind fließend, beide Gattungen setzen gern konventionalisierte Sprachbilder in dramat. Handlung um. – Aufgeführt werden die M. gewöhnl. auf Simultanbühnen von Laienschauspielern, oft von speziellen Spielervereinigungen, manchmal unter großer Beteiligung der städt. Bevölkerung. Wie das →Mysterienspiel verschwinden die M. um die Mitte des 16. Jh. mit dem Siegeszug der Renaissancepolitik.

W. Helmich

Bibliogr.: L. PETIT DE JULLEVILLE, Rép. du théâtre comique en France au MA, 1886 [Neudr. 1968] – H. LEWICKA, Bibliogr. du théâtre profane frç., 1980², 91–110; Supplém., 1987 – *Ed.*: Théâtre mystique de Pierre DuVal et des Libertins spirituels de Rouen au XVIᵉ s., ed. E. PICOT, 1882 [Neudr. 1969] – Nativités et m. liégeoises du MA, ed. G. COHEN, 1953 – Deux m. inéd., ed. A. et R. BOSSUAT, 1955 – Bergerie de l'agneau de France, ed. H. LEWICKA, 1961 – Marguerite de Navarre, Théâtre profane, 1963 – Le Recueil du Brit. Museum. Facsim., ed. H. LEWICKA, 1970 – Manuscrit La Vallière, Facsim., ed. W. HELMICH, 1972 – Le Recueil Trepperel. Sept m. inéd., ed. W.E. WALTON, 1978 – M. frç., ed. W. HELMICH, I–III, 1980 – *Lit.*: E. PICOT, Les m. polémiques, 1887–1906 [Neudr. 1970] – P.J. HOULE, A Comparative Study of the English and French Full-Scope M. Drama, 1972 – W. HELMICH, Die Allegorie im frz. Theater des 15. und 16. Jh., I, 1976 [Lit.] – J. BLANCHARD, La pastorale en France aux XIVᵉ et XVᵉ s., 1983 [Lit.].

III. ENGLISCHE LITERATUR: Die mit dem modernen Terminus »Morality Play« bezeichnete, im SpätMA sich entfaltende dramat. Gattung ist, nach →Mysterienspiel und →Mirakelspiel, die dritte und jüngste Ausprägung des →geistl. Spiels in England. Absicht der M. ist die Unterweisung des Zuschauer in prakt. Fragen von Religion und Moral sowie Bußermahnung und Exemplarität. Dies geschieht v.a. durch allegor. Personal, personifizierte Abstraktionen, wobei der Schwarz-Weiß-Kontrast (»Gut-Böse«, »Richtig-Falsch«) überwiegt. Hauptmotive der ca. sechs erhaltenen me. M. sind: der Kampf zw. menschl. →Tugenden und Lastern um die Seele, der Mensch im Angesicht des Todes (so in den drei »Macro Plays »The Castle of Perseverance«, ca. 1400–25, »Wisdom«, ca. 1460–74, »Mankind«, ca. 1465–70, und in Henry →Medwalls »Nature«, ca. 1495) sowie der Lebensweg der menschl. Seele von der Versuchung und Sünde zur Erlösung durch Buße, Fürsprache der Heiligen und göttl. Gnade (in »The Pride of Life«, Ende 14. Jh., →»Everyman«, Ende 15. Jh.). Elemente der M. zeigen sich in den beiden nicht erhaltenen Stücken »Pater Noster Play« (14. Jh.) und »Creed Play« (15. Jh.) des Mysterienzyklus von York (→York Plays), in allegor. Darstellungen des N-Town Zyklus (→Ludus Coventriae; v.a. Spiel 11) und im Mirakelspiel »Mary Magdalene« (ca. 1480–90). Nach zögernden Anfängen im 14. bzw. 15. Jh. entwickelten sich die M. voll im 16. und 17. Jh. – Gespielt wurden die M. als Einzelstücke durch Wanderschauspieler, z.T. zusammen mit Laien, gegen Bezahlung. Die Bühne war ähnl. wie beim Mysterienspiel, doch wurden z.T. schon runde Arenabühnen benutzt (vgl. Bühnenplan im Macro-MS, ca. 1440). – Die Entstehung der M. fußt auf der dramat. Realisierung beliebter ma. allegor. Werke (Psychomachia, →Roman de la Rose), bekannter bibl. Bilder und Bilderfolgen (Gleichnis vom verlorenen Sohn, →peregrinatio, miles christianus, ikonograph. verbreiteter Motive (→Totentanz) und populärer literar. Gattungen (→ars moriendi, Bußpredigt, Streitgespräch). Sicher gab es auch Einflüsse durch Volkstumsbräuche (»Mummer's Play« etc.).

H. Bergner

Bibliogr.: C.J. STRATMAN, Bibliogr. of Medieval Drama, I, 1972², 523–660 – P.J. HOULE, The English M. and Related Drama, 1972 – Manual ME 5. XII, 2, 1975, 1357–1381, 1599–1621 – *Ed.*: M. ECCLES, The Macro Plays, EETS 262, 1969 – P. HAPPÉ, Four M. Plays, 1979 – G.A. LESTER, Three Late Medieval M. Plays, 1981 – *Lit.*: D.M. BEVINGTON, From »Mankind« to Marlowe, 1962 – W. HABICHT, Stud. zur Dramenform vor Shakespeare, 1968 – R. POTTER, The English M. Play, 1975 – W.A. DAVENPORT, 15th-Cent. English Drama, 1982 – The

Revels Hist. of Drama in English, I: Medieval Drama, 1983; II: 1500–1576, 1980 – →Drama, VI.

Moralium dogma philosophorum, anonymer moralphilos. Text, entstanden in Frankreich im 12. Jh., verbreitet in Europa bis ins 16. Jh. (über 50 Hss., mehrere Drukke), bearb. im 14. Jh. von Bartholomaeus de Recanato (BLOOMFIELD 2220); →Wilhelm v. Conches (in einer Hs. des 13. Jh.) zugeschrieben, was heute bezweifelt wird, indes Wahres insofern in sich trägt, als der Text den Geist der Schule v. →Chartres atmet, seinem Verf. den Rang eines hervorragenden Autors seiner Zeit verleiht sowie durch prägnante Darstellung der antiken Ethik glänzt, deren System anhand von Exzerpten aus röm. Dichtung und Prosa entfaltet wird. Neben selbständiger Lektüre der Autoren ist das »Florilegium Gallicum« herangezogen, zumeist also eine Kompilation, doch hier mit dem vollen Anspruch lit. Ästhetik (visionäre Einl., ähnl. Zitation [z. T. sind in den Hss. 'auctores' angegeben] wie im »Policraticus« des →Johannes v. Salisbury; ein überaus wichtiger Text der ma. 'moralis philosophia', mit breiter Wirkung, übersetzt in die Volkssprachen (frz., hieraus ins It. [»Trattato di virtù morali«] und ins Niederfrk.; nach dem Lat. ins Mhd. durch Werner v. Elmendorf).   E. Rauner

Ed.: J. HOLMBERG, 1929 – *Lit.:* PH. DELHAYE, Gauthier de Châtillon est-il auteur du »M. d. phil.«?, 1953 – W. M. BLOOMFIELD u.a., Incipits of Lat. Works on the Virtues and Vices, 1100–1500 A.D., 1979, 3095 – P. VON MOOS, Gesch. als Topik, 1988 [Register; weitere Lit.].

Moralphilosophie als Teildisziplin der Philos. ist im MA aus den antiken Q. entwickelt worden, die entweder im Schulbereich synkretistisch tradiert oder bei einigen Autoren direkt überliefert wurden; grundlegend wurde der Konflikt zw. augustinisch und aristotelisch geprägter Ethik. →Augustinus akzeptiert zwar das antike Motiv, vom Streben nach Glückseligkeit als Anfang der M. auszugehen (De beat. vit. II 10, 85), und erkennt sie auch im Rahmen seiner platon. Einteilung der Philos. als Disziplin ausdrücklich an (De civ. dei VIII 4, 50–56), bindet sie aber gleichzeitig in die Theologie ein. Das wahre Glück ist nur in Gott zu finden; richtig zu philosophieren bedeutet daher, Gott zu lieben und das Heil in ihm zu suchen – alle anderen Philosophen, die das Glück außerhalb von Gott suchen, sind schon im Ansatz ihrer M. defizitär (De civ. dei VIII 8, 27–39).

→Alkuin übernimmt die Reihe der vier spätantiken Kardinaltugenden und erklärt, daß die antiken Philosophen diese aus der Beobachtung der menschl. Natur gewonnen hätten; er preist die Tugenden als Zierde der menschl. Natur und Adel der Sitten. Obwohl er keine eigenen Reflexionen über die M. anstellt, gesteht er doch zu, daß die tugendgeleiteten Philosophen bisweilen ein moral. höher zu bewertendes Leben führen als manche Christen; die Erkenntnis der Tugenden als Ergebnis rein philos. Bemühung führt zu Ehre bei den Menschen und zum Verdienst vor Gott (De arte rhetoricae dialogus, ed. C. HALM, 1863, 549f.). Dieser Selbstwert der Tugenden wird bei Petrus →Abaelard deutlich abgewertet; Richtschnur menschl. Handlung ist allein Gottes Gebot. Jedes moral. Urteil muß sich an dieser Vorgabe orientieren, wobei eine Handlung zunächst moral. indifferent bleibt – erst die Intention des Handelnden, d. h. eine vernunftgeleitete Entscheidung, führt zu sündigem oder lobenswertem Tun (Scito te ipsum, ed. D. E. LUSCOMBE, 1971, 52, 17–19; 54, 20–23). Zwar fehlt auch ihm noch ein genauer Begriff der M., seine Betonung der Intentionalität moral. Handlungen eröffnete aber eine zentrale Perspektive der M. Mit dem Bekanntwerden der »Nikomachischen Ethik« des Aristoteles änderte sich die Situation grundlegend; es lag nun eine systemat. ausgearbeitete M. vor, die ausdrücklich die Glückseligkeit als Zustand der tugendgeleiteten Seele definiert (EN I, 1102 a 5f.), die allein durch prakt. Vernunft und philos. Anstrengung erreicht werden kann. Die M. hat gerade darin ihre Aufgabe (EN II, 1105 b 1–20). →Albertus Magnus betont zwar, daß man Augustinus in Fragen des Glaubens und der Moral eher folgen muß als dem Philosophen (Aristoteles) (In II Sent., dist. XIII C, art. II, BORGNET 27, 247 a), gesteht der M. aber erstmalig ihre Selbständigkeit zu. Durch ihre eigene philos. Methode wird die M. zur Philos. (Ethica, lib. I, tract. 1, cap. 3, BORGNET 7,7f.) und ist deshalb auch deutlich von der Theol. zu unterscheiden, da sie, anders als diese, die Inhalte der göttl. Offenbarung in ihren Untersuchungen nicht zu berücksichtigen hat (S. theol., qu. 4, ad 3 u. 5, ed. Col. XXXIV, 1). Deshalb kann der Moralphilosoph seine Autoritäten frei wählen: Die Tugendlehre des Augustinus ist theol. und braucht die Moralphilosophen nicht zu interessieren (Sup. Eth. I 10, Ed. Col. XIV, 50). Gegenstand der M. ist die Erlangung der Glückseligkeit aus philos. Perspektive; die M. muß sich dabei an der Tugendlehre von Aristoteles orientieren.

Deutlich vorsichtiger beurteilt →Thomas v. Aquin die M. Ihre Aufgabe ist die Untersuchung der Handlungen, die von einem überlegten Entschluß ausgehen und zu einem bestimmten Ziel führen (In lib. eth. I 1,2). Die M. bleibt somit streng auf den menschl. Bereich beschränkt und kann höchstens den Umgang der Menschen miteinander regeln. Wahre Glückseligkeit ist nur in der Schau Gottes zu erlangen, die der Mensch aus eigener Anstrengung nicht erreichen kann (S. th. I/II, qu. 5, art. 1). Demgegenüber vertraten die radikalen Aristoteliker gerade die Selbständigkeit der M. Dem Philosophen stehen durch die M. alle Mittel zur Verfügung; in der Betrachtung der Wahrheit gibt es keine Verfehlung. →Boetius de Dacia betont, daß der Philosoph durch seine Kenntnis der M. ein so tugendhaftes Leben führen kann, daß er glücklich wird (De summo bono, ed. J. PINBORG, 1976, op. om. VI 2, 374f.). Diese Ansicht wurde offensichtl. immer radikaler vorgetragen, so daß sich der Bf. v. Paris 1277 veranlaßt sah, auch Thesen zur M. zu verurteilen. Demnach ist vertreten worden, daß die Glückseligkeit nicht von Gott unmittelbar gegeben werden kann, daß die Erfüllung der Tugenden den bestmögl. Zustand des Menschen herbeiführt und daß es die Glückseligkeit nur in diesem und keinem anderen Leben gibt. Die M. hat die Theol. in allen ethisch relevanten Fragen abgelöst (K. FLASCH, Aufklärung im MA? Die Verurteilung von 1277, 1989, Nr. 22, 144, 176).

Als Reaktion auf diesen selbständigen Anspruch versuchte →Bonaventura die M. wieder an die Theol. anzubinden. Die M. beschäftigt sich sowohl mit der Richtigkeit der Handlungen als auch der Absichten; da Gott aber das höchste Richtige ist, muß sich die M. stets an der Erkenntnis Gottes orientieren, um Erkenntnisse zu gewinnen (De red. art. ad theol., cap. 23). Meister →Eckhart treibt diesen Ansatz weiter und bricht ihn dadurch auf. Indem er Theol. des Evangeliums, Metaphysik und M. identifiziert, überwindet er die hierarch. Entgegensetzung der Disziplinen. Die M. wird zum gleichberechtigten Inhalt eines Konzeptes von Theol., das ausdrückl. den Stellenwert von Metaphysik und M. anerkennt, um theol. Inhalte zu erforschen – ohne jedoch die M. zur Hilfswiss. zu degradieren oder ihrer speziellen Methoden zu berauben (Sermo die b. Augustini Parisius habitus, LW V, 89f.). Durch ihre Erkenntniskraft ermöglicht die M. eine der radikalen Forderungen Eckharts: Den Willen Gottes nicht zu wollen, um so die Lauterkeit des Willens zu erhalten. Das ungeschaffene und unerschaffbare Ich als Ich (der Seelengrund) ist es, das sich erkennt und sich will, um sein Handeln durch dieses sein Sich-Wollen zu legitimieren (Pr. 52, DW II, 491–501).

Die M. hatte sich nach diesen Diskussionen endgültig als eigenständige Disziplin durchgesetzt und von theol. Eingriffen befreit. →Wilhelm v. Ockham begründet die Richtigkeit einer Handlung nicht mehr durch ihre Beziehung auf Gott, sondern definiert sie als die der Handlung eigene Substanz; alle Urteile über eine Handlung orientieren sich nur noch an der M., die aus ihren Ergebnissen die Intentionen bewerten kann (Quodlib. III, qu. XIV, op. theol. IX, 258–260). →Johannes Buridanus zählt die M. zu den überragenden Wiss., weil sie die innere Natur des menschl. Geistes erforscht, um die Bedingungen des Glücks zu erfassen; die meisten anderen Wiss. müssen sich dagegen mit den Äußerlichkeiten externer Gegenstände beschäftigen (Super lib. ethic., Paris 1513 [Neudr. 1968], f. 2ra). F.-B. Stammkötter

Lit.: HWP II, 763–771 – Gesch. der Ethik, hg. A. Dempf et al., 1978² – W. Kluxen, Philos. Ethik bei Thomas v. Aquin, 1980² – G. Wieland, Ethica. Scientia practica, 1981 – B. Mojsisch, Meister Eckhart. Analogie, Univozität und Einheit, 1983 – G. Krieger, Der Begriff der prakt. Vernunft nach Johannes Buridanus, 1986 – K. Flasch, Einf. in die Philos. des MA, 1987 – J. Rohls, Gesch. der Ethik, 1991.

Moraltheologie

I. Begriff – II. Patristische Vorbilder – III. Bußbücher – IV. Scholastische Moraltheologie.

I. Begriff: In Entsprechung zu der von Seneca und Cicero so benannten Moralphilosophie (Philosophia moralis), von der auch im MA die Rede war, kam erst seit Ende des 16. Jh. M. (Theologia moralis) als Buchtitel in allg. Gebrauch. Die ma. monast. und scholast. Theologie verstanden sich dagegen zunächst als Auslegung der Hl. Schr. Dabei kamen allerdings von Anfang an auch sittl. Ermahnungen (→Paränesen) und Appelle zur chr. Lebensführung zur Sprache. Die wiss. Frage nach Wesen und Formen sittl. Handelns bildete somit den Gegenstand einer M., deren begriffl. Analyse und lit. Darstellung im MA noch ganz von der →Theologie abhängig waren.

II. Patristische Vorbilder: Die patrist. Theologie des Ambrosius und Augustinus nahm ganz selbstverständl. die Tugendlehre der Stoa auf und überformte diese mit der bibeltheol. Erkenntnis der Tugenden des Glaubens, Liebens und Hoffens. Daraus ergab sich das Unterscheidende der patrist. M.: Der Ort des sittl. Handelns war für sie nicht so sehr das Erkennen als vielmehr das freie Wollen des Menschen. Dieses muß durch die Gnade ertüchtigt werden. Prinzip des sittl. Handelns ist nicht nur die menschl. Geistnatur, sondern auch die übernatürl. geschenkte Gottesliebe. Das Ziel des Handelns ist die vollendete Gottesebenbildlichkeit in der eschatolog. Gottesschau.

Am Ende der Väterzeit stand wegweisend für das Früh-MA →Gregor I. d. Gr., der in seiner »Expositio in beatum Job seu moralium libri XXXV« (ma. Titel »Magna moralia«) prakt. moral. Probleme behandelte. Ferner bot er in seinem Werk »De pastorali cura seu regula pastoralis« dem Seelsorgeklerus wertvolle Instruktionen. Für →Isidor v. Sevilla ist die Ethica ident. mit der Lehre von den vier Kardinaltugenden (→Tugenden und Laster). Diese Tradition wurde in der Theologie der karol. Renaissance von Alkuin u. a. aufgenommen und zu einer neuartigen ciceronian. Synthese von Ethik und Rhetorik verarbeitet. Zu den Traktaten »De virtutibus« traten diejenigen »De vitiis«, die für das Bußsakrament wichtig waren.

III. Bussbücher: Insbes. prakt. seelsorger. Bedürfnissen dienten die →Bußbücher (7.–12. Jh.). Sie enthielten schematische Sündenkataloge und genormte Bußtaxen. Die persönl. Umstände wie auch die subjektiven Beweggründe des Poenitenten erfuhren dabei kaum eine Berücksichtigung bei der Zumessung der zu erbringenden Bußleistung. Das änderte sich unter kanonist. Einfluß (→Kanon. Recht). So appellierte zu Beginn des 11. Jh. Burchard, Bf. v. Worms († 1025), in seinem »Corrector et medicus« an die Initiative und das persönl. Urteil des →Beichtvaters. Er wies darauf hin, daß verschiedene Sünden unterschiedl. Behandlungsweisen erforderten. Der Beichtvater sollte deshalb das Alter, den Grad der Freiheit und des Wissens und die einzelnen Stände je nach ihrer Rangordnung berücksichtigen. Ähnlich folgte der Kanonist →Gratian († vor 1160) in seinem →Decretum Gratiani dem Prinzip, daß die Auferlegung der Buße für das Beichtkind dem Ermessen des Beichtvaters anheimzustellen sei. Diese Erkenntnis, welche die subjektive Befindlichkeit des Beichtwilligen stärker zu berücksichtigen suchte, fand bald ihren Niederschlag in einer Reihe von Beichthandbüchern und Poenitentialsummen, als deren eigtl. Begründer Raimund v. Peñafort († 1275) gilt. Auch führte dieser den im Bereich des Rechts geläufigen Begriff »Casus« in den Zusammenhang der sittl. Lebensführung ein. Damit wurde die Kasuistik ein fester Bestandteil der M. Für die spätere, systemat. Gestaltung der M. haben viele Poenitentialsummen aufgrund ihrer alphabet. Reihung nur geringe Bedeutung erlangt. Daneben gab es jedoch auch Texte, die nach anderen Schemata geordnet waren, z. B. den sieben →Todsünden, den Kardinaltugenden, den zehn Geboten (→Dekalog), den Gaben des →Hl. Geistes oder den Werken der →Barmherzigkeit.

IV. Scholastische Moraltheologie: Die Frühscholastik suchte das sittl. Handeln begriffl. zu bestimmen und systemat. darzustellen. In seiner »Ethica seu scito te ipsum« begründete Abaelard die Absicht (→Motiv) in ihrer sittl. Bedeutung. Im Dialogus brachte er zudem alles moralphilos. Wissen unter den Begriff des summum bonum. Diese Systemidee wurde ebenso in der Schule von →Chartres, bei den →Viktorinern in Paris und später von vielen neuplaton. Theologen gutgeheißen. Bes. Bedeutung erlangte aber schon im 12. Jh. die Synthese von den vier Kardinaltugenden und den drei göttl. Tugenden. Petrus Lombardus brachte in seinem Sentenzenbuch (Sent. III d. 23–40) diese sieben Tugenden in Zusammenhang mit den sieben Gaben des Hl. Geistes. Von bes. wissenschaftsgesch. Bedeutung sind die frühscholast. Summen, die sich v. a. der bibl.-moral. Theologie widmeten: Petrus Cantor mit seiner mehrbändigen »Summa de sacramentis et animae consiliis« (ed. J. A. Dugauquier), der die M. von Robert Courson, Wilhelm de Montibus, Stephan Langton u. a. beeinflußte, und Radulfus Ardens mit dem ungedr., 14 Bücher umfassenden »Speculum universale« (vgl. J. Gründel). Diese Summen und die Traktate »De virtutibus et vitiis« (z. B. des Alanus ab Insulis, ed. O. Lottin) förderten die moraltheol. Systematik in zweifacher Weise. Sie versuchten auf der Grundlage der Psychologie eine geschlossene Darstellung der Tugendlehre und verbanden diese mit dem Begriff des Guten. Aus der Idee des bonum entwickelte Philipp der Kanzler († 1236) ein die gesamte Theologie umfassendes System, indem er dem »bonum naturae« die Schöpfung und dem »bonum gratiae« die Heilsgesch. zuwies. Die drei göttl. Tugenden (Glaube, Liebe, Hoffnung) ordnete er dem oberen Seelenteil zu, die Kardinaltugenden der Ordnung des Zeitlichen. Somit umfaßten bei ihm die sieben Tugenden den vertikalen und horizontalen Bereich der Sittlichkeit. Im übrigen suchte Philipp die humanen Grundtugenden (→Klugheit, Gerechtigkeit, →Mäßigkeit und Starkmut) als wesensnotwendige Strukturprinzipien menschl. Existenz darzustellen. In Anlehnung daran entwarf Albertus Magnus († 1280) seine »Summa de bono« in fünf Traktaten. Im ersten behandelt er den Begriff des Guten, in den übrigen Abschnitten kommen die vier Kardinaltugenden zur Erörterung. Thomas v. Aquin verband in seiner »Summa theologiae« dogmat. und sittl. Perspektiven. Er faßte die verschiedenen Gegenstände der »sacra doctrina« unter dem formalen Gesichtspunkt der »divinitus revelabilia« zusammen und behandelte die M. unter der Leitidee des »motus rationalis creaturae in Deum« (STh I, q. 2 prol.). Diese Pars II der »doctrina moralis« gliedert sich weiter in eine anthropolog. Grundlegung (Ebenbildlichkeit Gottes) und die Tugendlehre. Im Anschluß an Albertus klärte Thomas das Verhältnis von ethischer und gnadenhafter Tugend, indem er letztere als wahrhaft menschl. Tugenden ansah, die allerdings allein durch die übernatürl. Liebe zur Vollkommenheit gelangen könnten. Gemäß der aristotel. Ethik löste er die »virtus politica« aus dem Kontext der stoischen Ethik Ciceros und Senecas und analysierte das bonum als Prinzip prakt. Handelns, das als solches die volle Wirklichkeit menschl. Seins erfaßt. Während in der frühscholast. Theologie Tugend und Gesetz (Gebote) unvermittelt behandelt wurden, setzte Thomas sie mit den Begriffen des Naturgesetzes, der Gesetzes- und der Gemeinwohlgerechtigkeit in Bezug.

Die spätma. Entwicklung zum Individualismus führte im ethischen Diskurs zu einer stärkeren Betonung und Würdigung einzelner sittl. Akte und Handlungen (Kasuistik). So wurde der Begriff des »bonum« auf die Übereinstimmung einer Handlung mit dem gebietenden Willen eingeengt, was Tendenzen zum Voluntarismus wie auch zum Legalismus erkennen läßt. Man verwendete folgerichtig bevorzugt das Dekalogschema als Grundmuster systemat. Unterweisung, ohne deshalb zugleich in den zehn Geboten die Ausfaltung des Liebesgebotes zu erkennen. So faßt etwa Marsilius v. Inghen die christl. Sittlichkeitslehre als Theologie der zweiten Tafel des Dekalogs, also jener Partien, die es mit der Gestaltung und Regelung der zwischenmenschl. Beziehungen zu tun haben. Das auslaufende MA beschränkte sich anstelle von spekulativen Neuansätzen auf Kompilationen und Thomaskommentare. B. Stoeckle/L. Hödl

Lit.: HWP VI, 149–200 – O. Lottin, Psychologie et Morale aux XIIe et XIIIe s., I–VI, 1942–60 – L. M. Weber, Hauptfragen der M. Gregors d. Gr., 1947 – R. Wasselynck, L'influence des Moralia in Job de s. Grégoire sur la théologie morale entre le VIIe et le XIIe s., 1956 – V. J. Bourke, Hist. de la morale, 1970 – J. Theiner, Die Entwicklung der M. zur eigenständigen Diziplin, 1970 – G. Angelini–A. Valsecchi, Disegno storico della teologia morale, 1972 – J. Gründel, Die Lehre des Radulfus Ardens von den Verstandestugenden... (VGI 27, 1976) – W. Kluxen, Philos. Ethik bei Thomas v. Aquin, 1980[2] – M. McInerny, Ethica Thomistica, 1982 – G. Abbà, »Lex et Virtus. « Studi sull'evoluzione della dottrina morale di S. Tommaso d'Aquino, 1983 – B. Bujo, Die Begründung des Sittl., 1984 – Ph. Delhaye, Enseignement et morale au XIIe s., 1988 – Ch. Lohr, Ma. Theologie, Neues Hb. theol. Grundbegriffe, 1991[2], 383–399 – J. Rohls, Gesch. der Ethik, 1991.

Moratorium → Schuld

Morava, Fluß und Gebiet in Serbien, 1190 Schlachtfeld in Krieg zw. den Byzantinern und Serben. Nachdem sein Vorschlag eines gemeinsamen Krieges gegen die Byzantiner von Ks. Friedrich I. in Niš (Juli 1189) abgelehnt worden war, unternahm →Stephan Nemanja allein Streifzüge in die umliegenden byz. Gebiete. Nach dem Tod Barbarossas von der Bedrohung durch die Kreuzfahrer befreit, konnte sich Ks. Isaak II. Angelos dem Kampf gegen Bulgaren und Serben zuwenden. Im Spätherbst 1190 zog er von Philippopel aus gegen den Serben. Die genaue Lage des Kampffeldes läßt sich nicht ermitteln, es muß dicht am Ufer des Flusses gelegen sein, wahrscheinl. an der Strecke zw. Niš und Leskovac oder s. von Vranje, wo die Straße dem Fluß folgt. Im Treffen unterlag Stephan Nemanja, mußte sich dem Ks. unterwerfen und einen Teil der eroberten Gebiete zurückgeben. Die Grenzen seines Herrschaftsgebietes bildeten jedoch weiterhin die Šarplanina und der Fluß M. Nemanjas Sohn →Stephan (der Erstgekrönte) wurde mit →Eudokia, einer Nichte des Ks.s, vermählt und erhielt den Titel eines Sebastokrators.
S. Ćirković

Lit.: Vizantijski izvori za istoriju naroda Jugoslavije IV, 1971 [J. Kalić].

Morava-Schule, Stilphase der Kunst in Serbien von den achtziger Jahren des 14. Jh. bis zur Errichtung der unmittelbaren türk. Herrschaft 1459. Die meisten ihrer Zeugnisse entstanden in den Gebieten der Großen und der Westl. Morava (Ravanica, Lazariza, Neupara, Veluće, Rudenica, Ljubostinja, Resava, Kalenić), wohin sich das polit. und kulturelle Zentrum Serbiens unter dem Druck der Türken verlagert hatte. Die M. knüpfte einerseits an die vorangehende Kunst in Serbien selbst an, andererseits nahm sie Elemente der spätbyz. Kunst auf. Für die Kirchen ist ein Bauplan mit eingeschriebenem Kreuz und Kuppel in Verbindung mit einem Trikonchos kennzeichnend. Die flachreliefartige Dekoration erinnert, ohne daß eine genet. Verbindung besteht, an die ältere armen. und georg. Kunst. Die roman.-got. dekorativen Elemente mancher Bauwerke sind der älteren Raška-Schule entlehnt; die zeitgenöss. kleinen Sakralbauten am Skadar-See entstanden im Umfeld der lokalen roman.-got. Tradition. Vermittelt durch Maler aus Thessalonike drangen auch in die Freskenmalerei Elemente der spätbyz. Kunst ein. Charakterist. ist das geschickte szen. Arrangement mit natürl. Verhältnis zw. Figur und gemalter Architektur, die Neigung zum dekorativen Detail und die helle differenzierte Farbgebung. Miniaturen (Münchner Psalter, Radoslav-Evangeliar, Belgrader Alexandreis) und Ikonenmalerei weisen entsprechende Züge auf. Die M. bildet eine Stileinheit durch den monumentalen Stil mit feierl.-dekorativer Einrahmung. V. Korać

Lit.: G. Millet, L'ancien art serbe. Les églises, 1919 – S. Radojčić, Die serb. Ikonenmalerei vom 12. Jh. bis zum J. 1459, JÖBG, 1956 – D. Bošković, Arhitektura srednjeg veka, 1957 – S. Radojčić, Icônes de Serbie et de Macedoine, 1961 – V. Djurić, Ikone iz Jugoslavije, 1961 – A. Deroko, Monumentalna i dekorativna arhitektura u srednjevekovnoj Srbiji, 1962[2] – S. Radojčić, Staro srpsko slikarstvo, 1966 – Moravska škola i njeno doba (naučni skup u Resavi 1968), 1972 – V. Djurić, Vizantijske freske u Jugoslaviji, 1974 – J. Maksimović, Srpske srednjovekovne minijature, 1983 – N. Katanić, Dekorativna kamena plastika moravske škole, 1988.

Moray, eines der alten natürl. Gebiete von →Schottland, das die Täler der Flüsse, die in den s. Teil des Moray Firth fließen (Ness, Nairn, Findhorn, Spey), und das Gebirgshinterland w. des Great Glen umfaßt. Anscheinend war es von »Scotia« vom dem 12. Jh. getrennt. Eine Familie von *mormaers* ('große Verwalter') oder →Earls herrschte in M., die häufig ihre Unabhängigkeit gegenüber den Kg.en v. Schottland zeigten. Im 11. Jh. stürzte →Macbeth, mormaer v. M., Kg. →Duncan I. vom Thron und regierte als Kg. bis 1057. 1130 wurde Earl Angus of M. getötet, als er eine ähnl. Absicht hatte. Die Krone übernahm das Earldom und übertrug dort umfangreiche Ländereien an eingewanderte Siedler, die lehnsabhängige Kronvasallen *(tenants-in-chief)* wurden. Bes. eine Familie fläm. Herkunft trat hervor, die den Namen »de Moravia« (Murray) annahm. 1312 erneuerte Kg. Robert I. v. Schottland das Earldom für seinen Neffen Thomas Randolph; in der Folgezeit bestand es kontinuierl., obwohl es in der Hand von verschiedenen Familien war (u. a. Douglas, →Stewart). Seit dem 12. Jh. hatte M. mehrere kgl. →*bur(g)hs*, v. a. →Inverness, Nairn, Forres und→Elgin. Im SpätMA wurde M. in vier sehr unterschiedl. *sheriffdoms* geteilt (Inverness, Nairn, Forres und Elgin). M. bildete eine Diöz. seit der Regierung Kg. →Davids I., eine Kathedrale wurde in den 20er Jahren des 13. Jh. in Elgin errichtet. David Murray, Bf. v. M. 1299–1326, kaufte Land in der Nähe von Paris, um Bursen zur Unterstützung der Studenten aus M. an der Pariser Univ. einzurichten. Das führte zur Bildung des Scots College. Die bedeutendsten Kl. in M. waren Urquhart Priory (OSB), Kinloss Abbey (OCist) und Pluscarden Priory (Cauliten). Charakterist. Merkmale der schott. Gesellschaft erscheinen in M. im SpätMA: *thanedoms (thanages)* in Cawdor, Brodie und anderswo; der Zusammenschluß von →*clans*, bekannt als Clan Chattan, der die Macpherson, Macbean, Macgillivray, Davidson, Cattanach und Mackintosh umfaßte. G. W. S. Barrow

Lit.: L. Shaw, Hist. of the Province of M., 1775 – The Hub of the Highlands, ed. L. Maclean, 1975.

Morcar, Earl of Northumbrien 1065–70, Bruder von Earl Edwin of Mercia, Enkel von Earl →Leofric; stammte wahrscheinl. über seine Mutter von der aus den nö. Midlands kommenden Familie des Ealdorman Ælfhelm v. Northumbrien († 1006) ab. Er verdankte seine Ernennung zum Earl dem northumbr. Aufstand von 1065 gegen →Tostig. 1066 (Domesday Book) war M. ein Lehnsherr mit umfangreichen Ländereien in Herefordshire, den w. und ö. Midlands, Lincolnshire und v. a. in Yorkshire. M. und Edwin wurden von hl. →Wulfstan überredet, →Haralds II. Thronbesteigung zuzustimmen. Doch ist ihre Abwesenheit bei der Schlacht v. →Hastings nicht auf ihre Abneigung gegen Harald, sondern auf ihre völlige Niederlage in der Schlacht v. →Fulford zurückzuführen. Beide Earls waren 1069 am Hof Wilhelms I., obwohl sie ein Jahr zuvor rebelliert hatten. Keiner von beiden überlebte die Revolten von 1069–71. M. verband sich mit Hereward, dessen Lehnsherr er vor der norm. Eroberung gewesen war, in Ely. Er wurde für den Rest seines Lebens eingekerkert, als Hereward sich ergab. P. Wormald

Lit.: W. Kapelle, The Norman Conquest of the North, 1979, 102ff. – P. H. Sawyer, Charters of Burton Abbey, 1979, XLIff. – D. Bates, William the Conqueror, 1989, 74ff.

Mord, erschwerte, deshalb höchst strafwürdige Form der Tötung eines Menschen. Das Wort selbst gehört zur ältesten Schicht der idg. Rechtssprache und bedeutet zunächst nur Tod. Daher ist in den Q. die Abgrenzung zum →Totschlag nicht immer einheitl. In den Volksrechten und →Kapitularien der frk. Zeit lag der Schwerpunkt auf der verheimlichten Tötung, d. h. der (nicht notwendig bewußten und gewollten) Herbeiführung des Todes eines Menschen mit nachheriger Verbergung des Leichnams oder Ableugnung der Tat oder Verweigerung des Sühneangebotes. Der Mörder, der sich im Unterschied zum Totschläger nicht an die bei Tötungen üblichen Bußgeldzahlungen (→Buße) hielt, wurde nach Überführung zur Zahlung des drei- bis neunfachen →Wergeldes verpflichtet. Vielleicht wirkte im ersten M.merkmal auch die Einstellung zum Getöteten (Angst vor →Wiedergängern, Verletzung der Pflicht zur Bestattung) nach, was auch für die weitere Qualifizierung der Tötung mit Leichenberaubung als M. gelten kann. Mit den →Landfrieden wurde das entscheidende Merkmal die Heimlichkeit der Tötungshandlung selbst, also der Meuchelmord oder die Tötung eines Wehrlosen (z. B. eines Schlafenden). Ein M. merkmal wurde auch in dem mit der Tötung verbundenen Bruch eines Sonderfriedens oder in der Verletzung eines Treueverhältnisses zum Opfer gesehen. Auch die Tötung ohne Anlaß (d. h. nicht im Affekt) wurde als M. bezeichnet. Daneben stellten norddt. Rechte auf die Benutzung unehrl. Waffen (Stock, Messer, auch Giftm.) ab. Insgesamt wird darin die beginnende Herausbildung eines Tatstrafrechts deutl., das auf erschwerende Umstände der Tatbegehung mit erhöhter Strafe (Todesstrafe des Räderns) reagierte. Zunehmend wurde als M. auch die Tötung aus Gewinnsucht (also der Raubm.) bezeichnet, was wohl mit dem Kampf gegen die →landschädl. Leute zusammenhängt. W. Schild

Lit.: HRG III, 673–675 [R. Schmidt-Wiegand] – S. Thomas, Die Gesch. des M.paragraphen, 1985.

Mordaxt, spätma. →Stangenwaffe mit rundem Beil, Stoßklinge und Rückhaken bzw. Hammer; beliebte Waffe des Fußvolks, wurde im 15. Jh. aber auch beim ritterl. Duell verwendet. Die M. wird oft mit der Helmbarte verwechselt, die jedoch eine gerade Beilklinge besaß.
O. Gamber

Lit.: F. Seitz, Blankwaffen I, 1965.

Morea, ma. Name der Peloponnes (= P.), S-Griechenland; der ab dem Beginn des 10. Jh. für die westl. P. nachweisbare, etymolog. ungeklärte (wahrscheinl. *morea 'Maulbeerbaum') Landschaftsname (gr. ὁ Μορέας/Μοριάς, auch ἡ Μορεά; vgl. zum Namensproblem Bon [1969], I, 306–314) erfuhr ab dem Beginn des 13. Jh. eine Bedeutungserweiterung auf die gesamte Halbinsel. Die P. war administrativ seit der Spätantike (→Hierokles) Teil der Prov. ἐπαρχία (→Eparch) Achaia bzw. Hellas der Ende des 4. Jh. entstandenen Präfektur des ö. →Illyricum; analog organisierte sich auch das frühzeitig (Apostel Paulus) Fuß fassende Christentum (Metropole Korinth, bis zur endgültigen Angliederung des Illyricum an den Patriarchat v. Konstantinopel [1. Hälfte 8. Jh.] ztw. unter dem päpstl. Vikar in →Thessalonike). Nachdem die P. bereits von Plünderungen (267/268 Heruler, 396 Goten unter Alarich, Operationen zur See der Vandalen 467, 477, der Goten 549) und Erdbeben (522, 551) heimgesucht worden war, wurde sie ab dem Ende des 6. Jh. im Gefolge der Einfälle der →Avaren z. T. von slav. Stämmen besiedelt und – mit Ausnahme der Ostküste und einiger Siedlungen – für fast zwei Jahrhunderte der staatl. Hoheit der Byzantiner entzogen (Chronik v. →Monemvasia). Im Zuge der schrittweisen byz. Rückeroberung (u. a. Feldzüge des Staurakios 783, des Skleros um 805), welcher die (Re-)Christianisierung folgte (→Nikon 'Metanoeite'), gehörte die P. zunächst ab dem ausgehenden 7. Jh. zum Aktionsraum des Strategen v. →Hellas und wurde dann vor 811, vielleicht schon vor 805 (Entsatz von Patras) als eigenes →Thema *Peloponnesos* (Hauptstadt→Korinth; Anfang des 11. Jh. erneut Zusammenlegung mit Hellas) organisiert, doch bedurfte es zur endgültigen Befriedung der Slaven noch weiterhin. Unternehmungen um die Mitte des 9. Jh. und vor 924. Die Reorganisation der Kirche brachte ab Anfang des 9. Jh. mit der Neugründung der Metropole →Patras die Abtrennung der westl. P. ('Achaia') von Korinth; etwa 1082/84 wurden Lakedaimon und Christianupolis und 1189 Argos zu Metropolen (ohne Suffragane) erhoben. Trotz Einfällen der Araber und Bulgaren im 9. und 10. Jh. und der Normannen 1147 erlebte die mittelbyz. P. einen wirtschaftl. Aufschwung, der aber auch an den Handelsverträgen mit Venedig (1052, 1126, 1147, 1198; als Niederlassungen gen.: Patras, →Modon, Korinth, Argos, Nauplion) ablesbar ist und erst im letzten Drittel des 12. Jh. endete.

Anläßl. der Eroberung Konstantinopels durch die Lateiner (1204) wurde die M. zunächst den Venezianern zugesprochen, dann aber 1204/05 von →Bonifaz I. v. Montferrat, Gottfried v. →Villehardouin und Wilhelm v. Champlitte weitgehend erobert, wobei letzterer 1205 durch Innozenz III. als erster *princeps totius Achaie provinciae* installiert wurde. Das in zwölf Baronien gegliederte 'Fsm. Achaia' wurde – bis 1278 unmittelbar von den Villehardouin, dann von den Anjou durch Stellvertreter, die bis 1318 noch aus der Familie der Villehardouin hervorgingen – nach w. feudalem Vorbild regiert (Assisen der Romania), wobei es zu bemerkenswerten Formen von Symbiose zw. Griechen und 'Franken' kam (→Chronik v. M.). Auf dem Höhepunkt seiner Expansion (1248 Eroberung v. →Monemvasia; Bau der Festung Maina, verbunden mit der Unterwerfung der slav. →Melingoi) umfaßte die frk. M. die gesamte P. (ausgenommen die ven. Besitzungen Modon und Coron), wobei die Eroberer sich vorwiegend in Burgen festsetzten, die entweder in alten Siedlungszentren (Akrokorinth, Argos, Patras, Kalamata u.a.) oder als Neugründungen (→Mistra, Geraki, Karytaina, Glarentsa, Chlemutsi/Castel Tornese u.a.) errichtet wurden. Die Wende kam mit der Schlacht bei →Pelagonia (1259): Der vom byz. Ks. Michael VIII. gefangengesetzte Wilhelm II. Villehardouin kaufte sich durch die Übergabe der Festungen Mistra, Maina, Monemvasia und Geraki und deren Umland los, ein geschlossenes Gebiet der s. und sö. P., das den territorialen Kern einer langwierigen byz. Reconquista bildete. Versuche der Franken, das verlorene Terrain wiederzugewinnen (z.B. 1325/26), blieben erfolglos und führten zu starker Verschuldung bei der Bankiersfamilie →Acciaiuoli, die auf diesem Wege in der Elis, dem Kernland von 'Achaia', und in anderen Teilen des P. (Messenien, 1358 Korinth) Land und Burgen erwarb und ihr Herrschaftsgebiet schließlich auch auf das Hzm. →Athen zu erweitern vermochte. Der evidenten Schwäche des frk. Achaia – bewirkt 1318/19 durch Plünderungen seitens der →Katalanen Athens und ab 1332 mehrfach seitens des Umur Paşa v. →Aydïn, schließlich durch die kontinuierl. Expansionspolitik der byz. M., welche 1321 zu einem Unterstellungsangebot an Venedig und 1341 an den byz. Ks. Johannes VI. führten; 1376–81 Herrscher der Johanniter, anschließend der Navarres. Kompanie und der Familie Zaccaria – steht die stetige Expansion der byz. M. gegenüber (insbes. 1318–20 Eroberung von Karytaina, Akova u.a. Festungen), die anfangs des 15. Jh. mit dem Erwerb von Glarentsa und Arkadia ihren Abschluß fand, so daß 1432 die gesamte P. dem byz. Despoten v. M. unterstand. Ausgenommen waren die Besitzungen Venedigs (Modon und Coron, 1388 Erwerb v. Nauplion, 1394 v. Argos, 1422/23 v. Grizzi und Navarino; 1408–19 Schutzherrschaft über Patras).

Die byz. M. wurde zunächst von Monemvasia, dann von Mistra aus verwaltet, bis 1308 durch jährl. wechselnde, dann durch mehrjährig amtierende Gouverneure (→Kephale) und ab 1348/49 durch →Despoten, welche Angehörige der ksl. Familie waren (Manuel →Kantakuzenos bis 1380, dessen Bruder Matthaios 1380–83, dann die →Palaiologen Theodoros I. 1383–1407 und II. 1407–28, Konstantinos und Thomas 1443–49, Thomas und →Demetrios 1449–60). Ihnen standen der stetig expandierende Großgrundbesitz (Familien Mamonas, →Melissenos, Philanthropenos, Sophianos u.a.) sowie das Autonomiestreben der slav. Melingoi und →Ezeriten und späterhin der alban. Ansiedler als den byz. Staat schwächende Elemente gegenüber, bewirkten aber zusammen mit den verstärkt nach M. strömenden Flüchtlingen aus anderen Teilen des byz. Reiches eine wirtschaftl. Belebung und kulturelle Blüte (Mistra). Die türk. Expansion kündigte sich in M. 1387 und 1397 mit Kriegszügen an, in deren Folge das eben erst erworbene Korinth und später (1400) das gesamte Despotat den Johannitern überantwortet wurde, was allerdings nach der Entspannung durch die Schlacht v. →Ankara (1402) 1404 rückgängig gemacht wurde. Der erneuten türk. Bedrohung suchten die byz. Despoten 1415 (und erneut 1444) durch die Befestigung des Isthmos v. Korinth durch eine Sperrmauer (Hexamilion) zu begegnen, die jedes Mal wieder von den Türken zerstört wurde, deren Kriegszüge (1423, 1428, 1431, 1446) 1446 die Anerkennung der türk. Oberhoheit und Tributpflicht erzwangen. Innerbyz. Rivalitäten in M. führten ab 1452 zu Heerzügen der Generäle Mehmeds II. und 1458 (Eroberung v. Korinth) und 1460 zu Feldzügen des Sultans selbst, durch welche die gesamte byz. P. dem osman. Reich einverleibt wurde. J. Koder

Q. und Lit.: RE XIX, 1, 380–391 – J. PH. FALLMERAYER, Gesch. der Halbinsel M. während des MA, I–II, 1830–36 [Neudr. 1965] – W. MILLER, The Latins in the Levant, 1908 – SP. LAMPROS, Παλαιολόγεια και Πελοποννησιακά, I–IV, 1912–30 – N. A. BEES, Corpus der gr. chr. Inschriften v. Hellas, I, 1941 – J. LONGNON, L'empire lat. de Constantinople et la principauté de M., 1949 – A. BON, Le Péloponnèse byz. jusqu'en 1204, 1951 – K. ANDREWS, Castles of the M., 1953 – A. PHILIPPSON–E. KIRSTEN, Die gr. Landschaften, III/1–2, 1959–60 – D. JACOBY, Les archontes grecs et la féodalité en M. franque, TM 2, 1967, 421–481 – A. BON, La M. franque, Recherches hist., topographiques et archéol. sur la principauté d'Achaïe 1205–1430, I–II, 1969 – Hist. of the Crusades, hg. K. SETTON, II, 1969, 235–274 [J. LONGNON]; III, 1975, 104–166 [P. TOPPING] – J. LONGNON–P. TOPPING, Documents relatifs au régime des terres dans la principauté de M., 1969 – D. JACOBY, La féodalité en Grèce médiévale. Les 'Assizes de Romanie'. 1971 – J. FERLUGA, L'aristocratie byz. en M. en temps de la conquête lat., Byz. Forsch. 4, 1972, 76–87 – D. JACOBY, The Encounter of two Societies, The American Hist. Review 78, 1973, 873–906 – A. CARILE, La rendita feudale nella M. lat., 1974 – D. A. ZAKYTHINOS, Le despotat grec de M., I–II, hg. CHR. MALTEZU, 1975^2 – K. M. SETTON, The Papacy and the Levant (1204–1571), I–II, 1976–78 – E. FENSTER, Nochmals zu den ven. Listen der Kastelle auf der Peloponnes, BZ 72, 1979, 321–333 – CHR. MALTEZU, Λατινοκρατουμένη Ελλάδα, und Το Δεσποτάτο του Μορέως (Hist. Helleniku Ethnus IX, 1979), 244–291 – PH. MALINGOUDIS, Stud. zu den slav. Ortsnamen Griechenlands, I, 1981 – A. ILIEVA, Frankish Morea (1205–62). Socio-cultural Interaction Between the Franks and the Local Population, 1991 – s.a. →Chronik v. M.

Morel, Jacques, Bildhauer, † 1459 in Angers, Sohn des Baumeisters und Bildhauers Perrin M. in Lyon, tätig in Lyon, Toulouse, Avignon, Rodez und Montpellier, erhielt 1448 den Auftrag für das Grabmal Karls I. v. Bourbon und seiner Gemahlin Agnes v. Burgund in der Prioratskirche →Souvigny. Von ihm ist vielleicht auch das Grabbild der Agnes →Sorel († 1450), der Geliebten Kg. Karls VII., in Loches. Das Grabmal für Kg. René und Isabelle v. Lothringen, begonnen 1453, und den Kreuzaltar in der Kathedrale v. Angers zerstörte die Revolution. Sein Neffe und Mitarbeiter in Souvigny, Antoine le Moiturier aus Avignon, wurde 1462 von Hzgn. Agnes v. Burgund und ihrem Bruder Hzg. Philipp d. Guten nach →Dijon empfohlen. Hier vollendete er 1466–70 das von Juan de la →Huerta begonnene Grabmal für Johann (→Jean sans

Peur) und Margarethe v. Bayern. Von seiner Tätigkeit in St-Antoine-en-Viennois 1461–64 erhielten sich einzig die Archivolten des Hauptportals der Abteikirche. A. Reinle

Lit.: THIEME-BECKER XXV, 133 [M.]; XXIII, 35f. [Le Moiturier] – TH. MÜLLER, Sculpture in the Netherlands, Germany, France and Spain 1400 to 1500 (The Pelican Hist. of Arts, 1966), 54–56.

More medicorum, De, Titel einer anonymen lat. Elegienkomödie wohl des 13. Jh. (345 Verse, reimlose Distichen), worin erstmals in der europ. Lit. als Hauptpersonen ein *malade imaginaire* und ein wichtigtuender, in erster Linie auf seine Reputation und seinen Gewinn bedachter Arzt auftreten. F. Brunhölzl

Ed.: F. BRUNHÖLZL, SudArch 39, 1955, 289–315 – P. GATTI, 1988.

Morena → Acerbus Morena; → Otto Morena

Mores, ehem. Abtei SO Cist in der →Champagne (dép. Aube, arr. Bar-sur-Seine), geweiht der Geburt Mariens, gehörte der Filiation v. →Clairvaux an, gegr. 1151/53 auf Initiative des hl. →Bernhard, der vom Kollegiatstift St-Denis de Reims die Übertragung der Pfarrkirche zu M. erwirkte. Schenkungen von seiten der Gf. en v. →Bar-sur-Seine, der Herren v. Chappes und Chacenay und auch der Abtei →Molesme bildeten die ursprgl. Besitzgrundlage. M. hatte zahlreiche →Grangien, gründete aber keine →Priorate. Der 2. Abt, Mainard, wurde seliggesprochen. Der 3. Abt wurde Ebf. v. Torres (Sassari) in Sardinien. Nahezu einzige Q. der Gesch. der Abtei, deren Archiv während der Frz. Revolution verlorenging, sind die ca. 130 von Père Vignier abgeschriebenen Urkunden. M. Bur

Q. und Lit.: CH. LALORE, Chartes de l'abbaye de M., Mém. acad. d'Agriculture, Sciences, Arts et Lettres de l'Aube 37, 1873 – L. LE CLERT, Deux chartes de l'abbaye de M., ebd., 1893, 97–100 – A. ROSEROT, Dict. de la Champagne méridionale, 1945, 970–973.

Morgarten, Schlacht bei (15. Nov. 1315). Vor dem Hintergrund des Thronstreits 1314/15 im Reich sowie in Folge schwyzer. Unrast ('Marchenstreit'; →Einsiedeln) ist das militär. Unternehmen Hzg. →Leopolds I. (7. L.) gegen →Schwyz zu sehen. Das österr. Aufgebot wurde auf dem Vormarsch vom Aegerisee nach Schwyz im Raum der heut. Schlachtkapelle (nicht des Denkmals) durch Schwyzer zuzügl. verbündeter Urner aus dem Hinterhalt angefallen und in die Flucht geschlagen. Das durch Legenden angereicherte Ereignis ist als erste Freiheitsschlacht in die eidgenöss. Befreiungstradition eingegangen. Militär. bedeutet die Schlacht den Sieg leichtbewaffneten Fußvolks (Halbarten) über reisige Reiterei, polit. kam es zur antihabsbg. Festigung des Dreiländerbundes in Brunnen am 9. Dez. 1315. W. Schaufelberger

Lit.: W. SCHAUFELBERGER, M. (1315) und Marignano (1515), Allg. Schweiz. Militärzs. 131, 1965, 667–688.

Morgengabe. Die ehegüterrechtl. Gaben, die in den Q. M. gen. werden, sind begriffl. nicht eindeutig faßbar. Hinter dem schon früh (z. B. →Lex Ribuaria 37, 2) bezeugten Rechtswort (*morgengaba, morganigeba* o. ä.) verbergen sich zahlreiche, nach Funktion, Umfang, Gegenstand und Besteller verschiedenartige Zuwendungen. So heißt die zentrale Gabe des Mannes/der Mannesseite an die Frau M., aber auch zusätzl. Gaben (z. B. M. neben dem →Wittum o. ä.) werden so gen. Gelegentl. wird umgekehrt die Gabe der Frau/Frauenseite an den Mann ebenfalls mit M. bezeichnet. Ursprgl. war die M. wohl ein Geschenk, und zwar von Fahrnisgegenständen (v. a. Schmuck, Geld, Vieh; →Fahrhabe), die der Mann seiner Frau bei der Eheschließung oder am Morgen nach der Hochzeit/dem Beilager überreichte. Ob diese Gabe zur Auszeichnung der Braut als Ehefrau und/oder Herrin des Hauses diente, oder ob sie als *pretium virginitatis* zu deuten ist, bleibt unklar. Gegen letzteres spricht, daß die M. auch Witwen bestellt wurde; dagegen ist im →Cod. Theodosianus (9, 42, 1) von *praemium pudicitiae* die Rede. Daneben übernahm die M. zusehends die Funktion der Witwenversorgung. Das änderte nicht nur ihre Höhe und ihren Gegenstand (neben Fahrnis auch Liegenschaften und sonstige Ertrag abwerfende Güter), sondern auch ihre Bestellungsart. Die Rechtsq. haben dies z. T. recht ausführlich, meist abgestuft nach dem Stande des Bestellers, geregelt (vgl. Sachsenspiegel, Ldr. I 20 § 9 u. ö.). Vielfach gaben sie der M. eine Obergrenze, um unbillige Belastung der Erben zu unterbinden. Dabei wurde die M. häufig im Verhältnis zu den von der Frauenseite stammenden Ehegaben (z. B. zum Heiratsgut) berechnet. Aus der Verbindung beider Gaben konnte leicht ein ehegüterrechtl. Sondervermögen zur Versorgung des überlebenden Gatten und/oder der Kinder aus dieser Ehe entstehen. Die M. wurde meist, auch wenn sie aus Geld bestand, nicht bar zugezählt, sondern 'nur' versprochen und auf Vermögensobjekten des Mannes (durch Satzung) sichergestellt. Dementsprechend konnte die Rechtsstellung der Frau variieren. An der tatsächl. übergebenen M. erhielt sie, bes. bei Fahrnis, häufig freies Eigentum, an Liegenschaften dagegen oft nur Fruchtgenuß. Die versprochene M. entfaltete ihre Wirkung erst bei Vortod des Mannes, indem sie dann von den Erben an die Witwe ausbezahlt oder ihr zu lebenslängl. Nießbrauch (→Leibgeding) überlassen werden sollte. Im Prozeß um ihre M. genoß die Frau Beweiserleichterung durch Zulassung eines Eides auf ihre Brust (und ihren Zopf); doch trat bes. in den Städten der Beweis durch Zeugen und/oder Urkk. neben oder anstelle dieses Eineids. W. Ogris

Lit.: GRIMM, DWB VI, 256f. – HRG III, 678–683 [Lit.] – LEXER I, 2200f. – A. HEUSLER, Institutionen des dt. Privatrechts, II, 1886, 296f., 345f., 374ff. – GRIMM, RA I, 606f., 610f. – U. FLOSSMANN, Österr. Privatrechtsgesch., 1983, 91.

Morgenländisches Schisma, Verlust der Communio zw. den chalkedon. Kirchen röm. (= lat.) und byz. (= griech.) Tradition, wird aus einseitig abendländ. Sicht mitunter so bezeichnet, um ein Weggehen der Griechen von der gemeinsamen Kirche anzudeuten und zu verschleiern, daß beide Seiten eine Schuld an der Kirchenspaltung trifft.

Das Verhältnis zw. den Kirchen in Rom und in Byzanz/Konstantinopel, das wegen der Erhebung zur Hauptstadt 324 auch zum Kirchenzentrum aufrückte, war von alters her problembelastet. Über die Zeit zw. 337 (Konstantins Tod) und 843 (definitive Rezeption des 7. ökumen. Konzils in Konstantinopel) schreibt CONGAR: »Bedenkt man, daß in einer Gesch. von 506 Jahren ein Bruch während 217 Jahren bestanden hat, so zeigt dies einen Zustand, der nicht gerade der Vorstellung von einer normalen Gemeinschaft entspricht, die nur durch einzelne Zwischenfälle gestört worden wäre.« Dennoch fanden in diesen Jahren 6 von den 7 gemeinsamen ökumen. Konzilien der Griechen und Lateiner statt; sie waren vom Ks. einberufen. Deren letztes wurde gefeiert, ehe die Krönung Karls d. Gr. das Ksm. (die einberufende Instanz) spaltete. Die schon damals arge Entfremdung wuchs im Laufe der folgenden 1000 Jahre wegen der Normanneneinfälle in Süditalien und Griechenland im 11. Jh. und infolge des gescheiterten Rekonziliationsversuchs unter →Michael I. Kerullarios und →Humbert v. Silva Candida; wegen der Kreuzzüge und ihren Begleiterscheinungen; wegen der Expansion Ungarns, Polens und des Dt. Ordens in Gebiete von Kirchen byz. Tradition und der dabei vollzogenen Umtaufen von Gläubigen dieser Kirchen zu Lateinern; wegen des abendländ. Kulturwandels mit neuer Theologie z. Z. der Scholastik; wegen der seit der cluniazens. Reform sich steigernden innerkirchl. Herrschaftsansprüche der Päpste und weil orth. Apologeten darüber das ekklesiolog. Berechtigte an der Rolle des ersten Bf.s fast aus dem Blick verloren; wegen des Scheiterns weiterer Unionsversuche bis einschließl. des Florentinums; wegen des Gefühls der Griechen, vom Abendland in der Türkengefahr verraten worden zu sein; wegen eines abermaligen Kulturwandels der Lateiner mit wieder neuer Theologie in nachtrident. Zeit; wegen der sozialen und polit. Rolle der orth. Bf.e im türk. Reich und der Einmischung abendländ. Diplomaten in konfessionelle Angelegenheiten; wegen der Teilunionen von Orthodoxen mit Rom und der daraus erwachsenden ekklesiolog. und hist. Probleme. Bis ins 17. Jh. anerkannten beide Seiten einander als Kirche Christi und übten eingeschränkte Sakramentengemeinschaft. Ab dem 18. Jh. bezweifelten die Katholiken konsequent, daß orth. Bf.e und Priester die Sakramente legitim verwalten; Rom verbot 1729 jegl. 'communicatio in sacris'. Die griech. Patriarchen reagierten und erklärten 1755 die Katholiken für ungetauft.

Das m. S. ereignete sich nicht in einer 'ungeteilten Christenheit'. Als mit dem →'akakianischen Schisma' (484–519) der Eskalationsprozeß anhob, war der sog. Arianismus (→Arius) zwar in der Reichskirche überwunden, bestand aber bei einzelnen germ. Stämmen noch lange fort. Spaltungen mit nicht-ephesin. (→Nestorios) und nicht-chalkedon. (→Monophysiten) Christen brachen aus, während Lateiner und Griechen noch miteinander ökumen. Konzilien feierten. Als die Eskalation im 18. Jh. zum Höhepunkt kam, bestanden bereits die Schismen zw. Katholiken und Protestanten und zw. Orthodoxen und Altgläubigen. E. Chr. Suttner

Lit.: DThC XIV, 1312–1468 – LThK² VII, 630–635 [Lit.] – Y. M.-J. Congar, Zerrissene Christenheit. Wo trennten sich Ost und West?, 1959 – V. Peri, La pentarchia: Istituzione ecclesiale (IV–VII sec.) e teoria canonico-teologica (Bisanzio, Roma e l'Italia nell'alto Medioevo, I, 1988), 209–311 [Lit.] – E. Chr. Suttner, Zur Anerkennung der Taufe w. Christen durch die orth. Kirche im Laufe der Gesch., AÖAW 127, 1990, 1–46 – A. Stickler, Die Beziehungen zw. West- und Ostkirche im Lichte der Q. (Pro Oriente 13, 1991), 162–174 – E. Chr. Suttner, Church Unity: Catholic-Orthodox Ecumenical Perspectives, 1991.

Morgensprache, im ma. →Handwerk die Mitgliederversammlung einer →Zunft. An festen Terminen oder aus bes. Anlaß einberufen, fand sie auf dem Zunfthaus statt und verlief in überlieferten Formen. Geleitet wurde die M. vom Zunftmeister und dem ihm beigeordneten Ausschuß. Ihr Aufgabenkreis umfaßte alle inneren Zunftangelegenheiten, von der Aufnahme neuer →Meister und der Freilassung der →Gesellen bis hin zum Erlaß von Geboten und Ordnungen, die dann selbst M. heißen konnten. Insbes. oblag der M. die Zunftgerichtsbarkeit, die von den Mitgliedern gerügte (→Rüge) Vergehen mit Geld- oder Naturalbußen (Bier oder Wein, Wachs) belegte. Äußerstenfalls konnte die M. auf Ausschluß aus der Zunft und damit aus dem Handwerk erkennen. Im SpätMA durfte die M. häufig nur im Beisein städt. Ratsherren (Rat) stattfinden.

In Köln und einigen Städten am Niederrhein sowie in Westfalen hieß M. auch die städt. Gemeindeversammlung, später bezeichnete sie die vom Rat bei solchen Gelegenheiten verkündeten Satzungen. K. Kroeschell

Lit.: HRG III, 683f. – R. Wissell, Des alten Handwerks Recht und Gewohnheit, II, hg. E. Schraepler, 1974², 181ff., 191f., 490f.

Morgenstern, behelfsmäßige Waffe mit Schaft und stachelgespicktem Keulenkopf in Kugel- oder Walzenform. Der M. wurde noch in den Bauernkriegen der NZ verwendet. Eine Abart des M.s mit Stachelkugel an Kette gehört eigtl. zur Gruppe der →'Schlachtgeißeln'. O. Gamber

Lit.: W. Boeheim, Hb. der Waffenkunde, 1890 – H. Seitz, Blankwaffen I, 1965.

Morhier, Simon, →Prévôt de Paris 1422–36, † vor 31. Okt. (vermutl. 1452), ∞ 1. Blanche de Popincourt, † 10. Dez. 1422; 2. Jeanne de Laigny; 3. 1440 Catherine de Gavre, Witwe von →Guy Le Bouteillier. M. entstammte einem alten Rittergeschlecht aus der Gegend v. Chartres (Villiers-le-Morhier, dép. Eure-et-Loir) und gehörte während des Konflikts zw. →Armagnacs und Bourguignons der burg. Partei an (*maître d'hôtel* der Kgn. →Isabella v. Bayern während der Verhandlungen v. →Troyes, 1420). Am 1. Dez. 1422 zum Prévôt de Paris ernannt, verteidigte er die Hauptstadt gegen die Truppen Karls VII. wie gegen die Feindseligkeit der mit der engl. Verwaltung unzufriedenen Pariser. 1424–25 reformierte er durchgreifend das →Châtelet. Er spielte eine Rolle bei der Belagerung v. →Orléans (1428–29). Nach dem Vertrag v. →Arras (1435) zählte M., wie Ludwig v. Luxemburg, zu der kleinen Gruppe angesehener Franzosen, die Kg. Heinrich IV. v. England treu blieben. Im April 1436 verteidigte er Paris entschlossen, aber vergeblich gegen →Arthur de Richemont. Im norm. Exil diente er Heinrich VI. als Rat (21. Dez. 1437, 20. April 1446), Schatzmeister (1438–45) und Heerführer. Am 25. Febr. 1449 unterwarf er sich dem Sieger, Karl VII. v. Frankreich. J.-M. Roger

Q. und Lit.: Paris BN, P. orig. 2051, doss. 46738; Clairambault 78, Nr. 151, 153 – Ordonnances des rois de France XI, 1769, 56–58 – Journal d'un bourgeois de Paris, ed. A. Tuetey, 1881 – G. Du Fresne de Beaucourt, Hist. de Charles VII, 6 Bde, 1881–91 – G. Dupont-Ferrier, Gallia regia IV, 1954, Nr. 16504, 314–315 – J.-M. Roger, S.M. en Normandie, Bull. philol. et hist. 1980 (1983), 101–164 – J.-L. Lemaître, L'obituaire du chapitre collégial St-Honoré de Paris, 1987, Nr. 92, 117, S. 190, 202–203.

Moriaen, Roman van → Artus, V.

Moriale, Fra (Morreale, Monreale), it. Name des Kondottiere Montréal d'Albarno, eines Ritters und Johanniters aus Narbonne, † (hingerichtet) 29. Aug. 1354. Seit 1346 in Neapel, Söldnerführer im Dienst Karls v. Durazzo, beteiligte sich an den Strafmaßnahmen nach der Ermordung →Andreas' v. Ungarn. Nahm Aversa in Besitz und verteidigte es bis 1352 gegen Ludwig v. Tarent, wurde dann jedoch von den Truppen des Kg.s und →Malatestas v. Rimini gezwungen, das Kgr. Neapel zu verlassen und trat in den Dienst des Kard.s Albornoz. M. bildete schließlich eine eigene Kompanie (»Grande Compagnia«), deren Organisation von den Zeitgenossen als militär.-techn. Novität betrachtet wurde, zog auf eigene Faust in den Marken, der Romagna und der Toskana Kontributionen ein und unternahm Plünderungszüge (1353–1354). Nachdem er auf diese Weise eine beträchtl. Beute gemacht hatte, die ihm vielleicht zur Schaffung einer persönl. Signorie dienen sollte, ließ er sich vom polit. Traum des →Cola di Rienzo betören, entzweite sich jedoch aus finanziellen Motiven bald mit Cola, wurde von diesem auf verräter. Weise gefangengenommen und hingerichtet. Seines Vermögens bemächtigten sich Cola und der Papst, der 60 000 in den paduan. Banken deponierte Florin requirierte. F. Allegrezza

Q. und Lit.: Ann. Eccl. Raynaldi (Cont. Baronii) VI, Lucae 1750, 574, 593–594 – Ephemerid. Urbevet., ed. L. Fumi, Muratori², XV/5, 61–62 – Cron. fiorent. di Marchionne di Coppo Stefani, ed. N. Rodolico, ebd., XXX/1, 244–245 – Storie pistor., ed. S. Adrasto Bardi, ebd., XI/5, 218-219 – M. Villani, Cron. II, 38, 39, 77; III, 40, 81, 89; IV, 15, 16 – Anon. rom., Cron., ed. G. PORTA, 1981², 103f., 179f., 189-191 – E. RICOTTI, Storia delle compagnie di ventura in Italia, 1845, II, 70-91.

Morienus (Marianus). Christl. legendärer Einsiedler, von dem angebl. Ḫālid ibn Yazīd (Khalid; Calid fil. Jazidi – 2. Hälfte 7. Jh.) Kenntnisse der Gnosis und der → Alchemie erlangt hat. Als legendärer Hinweis auf Wissenschaftstransfer – griech./syr. in arab. Raum – bedeutsam (Biogr.: u.a. Ibn an-Nadīm, 10. Jh.). G. Jüttner
Lit.: → Ḫālid – M. ULLMANN, Ḫālid ibn Yazīd und die Alchemie: Eine Legende, Der Islam 55, H. 2, 1978 – M. HAEFFNER, Dict. of Alchemy, 1991.

Morigny, Ste-Trinité de, ehem. Abtei OSB in der südl. Île-de-France (Bm. Sens; dép. Essonne, arr./cant. Étampes), gegr. von den Mönchen v. →St-Germer-de-Fly, zunächst (um 1082) in Étrechy, dann (um 1095) in M. Bis zur Mitte des 12. Jh. wurde das monast. Leben von intensiven Konflikten beeinträchtigt; die Äbte verließen M. oft schon nach kurzer Amtszeit: Albert (1092-99) ging nach Coulombs, Teulfus (1109) nach St-Crépin-le-Grand in Soissons, Thomas (1110-40) nach St-Martin-des-Champs in Paris; Macaire (1140-44), ein Neffe des Kard. v. Ostia und päpstl. Legaten Albericus, wurde mit der Leitung und Reformierung von →Fleury (St-Benoît-sur-Loire) betraut. Im frühen 12. Jh. häuften sich auch Streitigkeiten mit anderen Stiften und Abteien, so mit den Kanonikern v. Étampes (um St-Martin-d'Étampes-les-Vieilles und das Begräbnisrecht), mit St-Benoît-sur-Loire sowie mit dem Ebf. v. Sens, Heinrich (Henri Sanglier). Anderseits vollzog sich dank Unterstützung der Päpste (Weihe der Kirche durch Calixt II. am 3. Okt. 1119 und des Laurentiusaltars durch Innozenz II. am 20. Jan. 1131) sowie der Kg.e v. Frankreich (reiche Güterschenkungen und -bestätigungen von Philipp I. bis zu Philipp II. August) der Erwerb eines reichen Patrimoniums. M. erlebte bis ins 13. Jh. einen Aufschwung (→Morigny, Chronik v.), dem seit dem 14. Jh. eine Periode des Niedergangs folgte, verschärft durch die Verwüstungen des Hundertjährigen Krieges. 1743 wurde M. dem Ebm. Sens inkorporiert.
J. Dufour
Q.: Cart. du XIIIᵉ s. (Paris, BN lat. 5648; Stein n° 2604) – *Lit.:* E. MENAULT, M., 1867 – L. GUIBOURGÉ, L'abbaye de M., Bull. Soc. hist. et archéol. de Corbeil... 69, 1963, 77-89 – M. LEGRAND-M. BILLARD, M. – Champigny: hist. locale et bibliogr., 1984.

Morigny, Chronik v. (Cronicon Mauriniacense), nur in einer Hs. (Vat., Regin. lat. 622, fol. 62-116, von der Hand mehrerer Abschreiber des 13. Jh.) fragmentar. überlieferte Chronik der Abtei →Morigny, stammt von vier Redaktoren aus verschiedenen Perioden und mit unterschiedl. Stilmerkmalen. Buch I wurde verf. (zw. Aug. 1106 und Juli 1108) von Teulfus, Bibliothekar, Praecantor, Prior und (1109) Abt, besteht aus einer langen Vorrede und trockenen Aufzählung der Besitzerwerbungen der Abtei, wurde am Ende des 12. Jh. ungeschickt gekürzt. – Buch II, das die Zeit von 1128 bis 1132 behandelt und von ca. 1132 datiert, ist das Werk eines dem Abt Thomas (Nov. 1110-40) nahestehenden Mönches v. M.; es ist von essentieller Bedeutung nicht nur für die Gesch. der Abtei, sondern insbes. für die Regierung Kg. →Ludwigs VI. (u.a. einfühlsame Schilderung des Todes von Anseau de Garlande, des jähen Todes des Prinzen Philipp und des Sturzes von Étienne de →Garlande). – Buch III (unvollst.) behandelt die Ereignisse bis 1149; es wurde verfaßt von zwei Mönchen aus M.: der erste, wohlinformiert und an klass. Vorbildern (Cicero, Sallust) geschult, schildert in souveräner Weise das Anaklet-Schisma und den Kampf zw. kgl.

Gewalt und päpstl. Autorität, während die Darstellung des zweiten undifferenzierte Züge trägt. Die Chronik besitzt auch wegen der Verarbeitung von Urkk. (für deren Wortlaut sie auf das – verlorene – Kartular verweist) und von mündl. Augenzeugenberichten hohen Quellenwert.
J. Dufour
Ed.: L. MIROT, La chronique de M. (1095-1152), 1912² – *Lit.:* Repfont III, 388 – K. HAMPE, Abt Thomas v. M. als Verf. des 2. Buches des Cronicon Mauriniacense, NA 23, 1898, 389-398 – A. LUCHAIRE, Ét. sur quelques mss. de Rome et de Paris, 1899, 6f. – W.M. NEWMAN, L'acte de Téulfe pour St-Crépin-le-Grand de Soissons (1135), RevMab 58, 1970/75, 174f. – Y. LE ROY, La »Chronique de M.« et le sacre de Louis VII. Le pouvoir royal vers 1131, RHDFE 65, 1987, 527-544.

Morimond, OCist-Kl. (Diöz. Langres, im heutigen Dep. Haute-Marne); viertes Tochterkl. der Abtei →Cîteaux, 1114 an der Grenze der Diöz. Langres, Toul und Besançon durch Olderic d'Aigremont, Seigneur de Choiseul-en-Bassigny, und seine Ehefrau Adeline gegründet. Der Gründungskonvent 1115 stand unter der Leitung von Arnold, dem Bruder Ebf. →Friedrichs I. v. Köln (44. F.). Rasches Wachstum ermöglichte bereits 1119 die Gründung des 1. unmittelbaren Tochterkl. Bellevaux (Diöz. Besançon), dem 27 weitere folgten. Die Filiation M.s, seit 1157 sog. Primarabtei des Ordens, umfaßte insgesamt 276 Abteien. M. hatte ursprgl. zahlreiche dt. Mitglieder, so daß von dort aus die meisten dt. und osteurop. Zisterzienserabteien gegründet wurden: als erste 1123 →Kamp. Der Abtei unterstanden die Ritterorden von Calatrava, Alcantara, →Montesa, Aviz und der Christusorden, sowie später der Ritterorden der Hl. Lazarus und Mauritius in Savoyen. Dem Gründungsabt Arnold folgte 1126 der Prior des Kl. →Clairvaux, Walter (1126-36). Dritter Abt wurde →Otto v. Freising. Als Mitglieder des Konvents wurden über den Orden hinaus bekannt: Adam, der Gründungsabt von →Ebrach, und der Welfe Konrad v. Bayern. Die Entwicklung der Filiationskl. war durch die Beziehungen des Kl. zu den Babenbergern, Staufern und Welfen begünstigt. Die erste Abteikirche wurde um 1155 fertiggestellt. Seit Abt Johannes IV. de Britannia (1402-23) besaßen die Äbte die →Pontifikalien. Der Konvent wurde 1791 vertrieben und die Abtei bis auf geringe Reste (St. Ursulakapelle) zerstört.
I. Eberl
Lit.: DIP VI, 157ff. – GChr IV, 815ff. – LThK² VII, 635f. – L. DUBOIS, Hist. de l'abbaye de M., 1879³ [dt. Übers. 1855] – H. STEIN, Les Archives de l'abbaye de M., BEC 96, 1935, 199f. – L. COTTINEAU, Rép. topo-bibliogr. des abbayes et prieurés, II, 1939, s.v. – J. SALMON, M., son ancienne abbaye, 1957 – DERS., La vente de l'abbaye de M., Les Cahiers Haut-Marnais 70, 1962, 101-135 – M. et son empire, Les Cahiers Haut-Marnais, 1992 [im Dr.].

Moriscos, muslim. Bewohner Spaniens, die unter Bruch der Kapitulationen v. Granada (25. Jan. 1491) zwangsgetauft und als *cristianos nuevos* oder M. bezeichnet wurden. Anfang des 16. Jh. wurden die unter ganz anderen Rechtsverhältnissen lebenden →Mudéjares in den schon früher von der →Reconquista gewonnenen Gebieten zu ihrem Nachteil mit M. gleichgesetzt und ebenfalls zwangsgetauft. Das Ausweisungsedikt v. 1608 vertrieb zw. 1609 und 1614 ca. 273 000 M. H. R. Singer
Lit.: H. LAPEYRE, Géographie de l'Espagne morisque, 1959 [Lit.] – A. DOMÍNGUEZ ÓRTIZ-B. VINCENT, Hist. de los m., 1978 [Lit.] – M. A. DE BUNES IBARRA, Los m. en el pensamiento hist., 1983 [Lit.].

Moritzpfennig, von der Mitte des 11. bis zum 15. Jh. geprägte Magdeburger Münze mit der Darstellung des hl. →Mauritius, jedoch ohne Bezeichnung des Münzherren. Bes. viele Varianten der M.e in Gestalt von →Brakteaten begegnen in der Zeit Ebf. →Wichmanns v. Magdeburg.
P. Berghaus

Lit.: F. v. SCHROETTER, Wb. der Münzkunde, 1930, 401 – A. SUHLE, Das Münzwesen unter Ebf. Wichmann 1152-92, 1950, 11-13.

Moriz v. Craûn, mhd. anonyme Versnovelle (1784 Vv.), rheinpfälz., deren Datierung (Ende 12., Beginn 13. Jh.) umstritten bleibt; eine postulierte frz. Vorlage ist nicht erhalten. Die nur im Ambraser Heldenbuch überlieferte Erzählung handelt von der seltsamen Liebesgeschichte zw. M. und der Gfn. v. Beaumont: Nach einem für die Gfn. veranstalteten Turnier erwartet M. den versprochenen Lohn, schläft jedoch, da die Dame sich verspätet, vor Erschöpfung ein. Als die *frouwe* sich ihm daraufhin versagt, dringt er gewaltsam in das gfl. Schlafzimmer ein und nimmt sich seinen Lohn; dann kündigt er den Dienst auf. Die Gfn. erkennt ihr Unrecht und trauert fortan um den Verlust des Geliebten. Zwar ist ein Gf. Morisses (Maurice) II. aus der angevin. Adelsfamilie →Craon hist. bezeugt († 1196), doch will der Verf. kein gesch. Ereignis beschreiben, sondern vielmehr eine historisierende Fiktion aufbauen. V.a. mit Hilfe des Prologs von 398 Vv., der den Weg der Ritterschaft von Griechenland über Rom nach Frankreich darstellt und Parallelen zum Cligés-Prolog →Chrétiens de Troyes aufweist, macht er M. zu einer exemplar. Erscheinung. Die Novelle diskutiert ganz allgemein das angemessene Verhalten nach dem höf. Minnekodex und stellt ihn zugleich in Frage: Indem die Schuld am Ausgang eindeutig der Dame zugewiesen wird, erscheinen *dienst* und *lôn* als gegeneinander aufrechenbare Leistungen. R. Bauschke

Ed.: M., hg. U. PRETZEL, 1973⁴ – *Lit.:* Verf.-Lex² VI, 692-700 [Lit.] – R. HARVEY, M. and the Chivalric World, 1961 – G. J. GERLITZKI, Die Bedeutung der Minne in M., 1970 – K. RUH, M. Eine höf. Thesenerzählung aus Frankreich (Fschr. S. BEYSCHLAG, 1970), 77-90 – M. WEHRLI, Gesch. der dt. Lit., 1980, 260-262.

Morkinskinna ('das verrottete Pergament'; Name des 17. Jh., bezieht sich auf den schlechten Erhaltungszustand), Pergament-Hs. (Kopenhagen, Gml. kgl. Slg. 1009, fol.) aus dem 13. Jh. mit →Sagas über die norw. Kg.e. Die darin enthaltenen hist. Texte decken den Zeitraum von Magnus d. Guten (1035-47) bis 1177 ab. Sie gehen auf ein Anfang des 13. Jh. entstandenes Werk zurück, dessen Autor in erster Linie die Slg.en von Kg.ssagas in der verlorenen Hs. Hryggjarstykki und im →Ágrip sowie Skaldengedichte als Q. verwendete. Das Ende des Werks ist nicht erhalten, und die Hs. weist auch sonst einige Lücken auf. Die M. ist v.a. wegen der darin enthaltenen zahlreichen kurzen Geschichten (Pættir) über isländ. Dichter und Abenteurer am norw. Kg.shof von Bedeutung, die z.T. nur hier überliefert sind. R. Simek

Ed.: F. JÓNSSON, M., 1932 – Corpus Codicum Islandorum VI, 1934 [Faks.] – W. H. VOGT, Kleine Erzählungen aus Landnámabók und M., 1935 [8 Pættir] – T. ULSET, Utvalgte Pættir fra M., 1978 [14 Pættir] – *Lit.:* KL XI, 704 f. – B. AÐALBJARNARSON, Om de norske kongesagaer, 1936 – A. JAKOBSEN, Om forholdet mellom Fagrskinna o M., 1968.

Mormaer → Earl II.

Mornay. 1. M., Étienne de, Kanzler v. Frankreich (→Chancelier) 1315-16, † 31. Aug. 1332, Neffe von 2, zunächst Kanzler →Karls v. Valois (1314), in Nachfolge Guillaumes du Perche, führte eine Inquisitio über die →Aides im Anjou durch; vom 1. Jan. 1315 bis Juli 1316 führte er als Kanzler das kgl. Siegel, wohingegen Jean de Cherchemont ihm als Kanzler v. Valois nachfolgte. Nach dem Regierungsantritt Philipps V. verließ M. den Hof; das Kanzleramt ging an Pierre d'→Arrabloy über (22. Juli 1316). Seit 1315 Dekan v. St-Martin de Tours, wurde M., der mit Kg. Karl (IV.) schon frühzeitig verbunden war, nach dessen Regierungsantritt (Jan. 1322) an die →Chambre des Comptes berufen und war mit diplomat. Aufgaben betraut (zweimal in Avignon; 1322 zwecks Annullierung der Ehe des Kg.s, 1324 zur Reklamierung von Zehnten für den Kg. und in Hinblick auf das Kreuzzugsprojekt Karls v. Valois). 1325 führte M. eine Inquisitio über das Leprosorium Grand-Beaulieu durch. Der Tod Kg. Karls IV., dessen Testamentsvollstrecker M. war, unterbrach seine Karriere nicht. Noch 1332 fungierte er als einer der Kommissare im Prozeß →Roberts v. Artois. Die Erreichung seines Zieles, das Bm. Auxerre (wie vor ihm sein Onkel) zu besitzen, blieb ihm versagt. Sein Testament ist erhalten (Arch. nat. JJ 61 Fol. 407). E. Lalou

Lit.: F. GUESSARD, E. de M., chancelier de France (BEC 5, 1843-44), 373-396 – J. PETIT, Charles de Valois, 1900.

2. M., Pierre de, Bf. v. →Auxerre, kgl. frz. Amtsträger und Diplomat, † 29. Mai 1306, kgl. Kleriker seit Aug. 1278, Dr. leg. der Univ. →Orléans, seit 1278 Archidiakon der Sologne und Dekan v. St-Germain l'Auxerrois. Dez. 1288 zum Bf. v. →Orléans gewählt, dann zum Bf. v. Carcassonne nominiert, was am 9. Mai 1291 annulliert wurde, erhielt im Jan. 1296 das Bm. Auxerre. Er übte für den Kg. zahlreiche wichtige Missionen aus: 1287 Treffen mit dem Kg. v. England, 1288 Verhandlungen für →Karl v. Valois mit dem Kg. v. Kastilien, 1295 Ausübung des Amtes eines Prokurators des Kg.s v. Frankreich am Hofe v. Aragón (Verzicht im Namen des Kg.s auf die Kgr.e Aragón und Valencia sowie die Gft. Barcelona). M. begab sich nach Douai (1257) und Tournai (Verhandlungen Jan. 1298). In Lothringen verhandelte er mit dem dt. und röm. Kg., schloß danach gemeinsam mit den anderen Bevollmächtigten den Vertrag zu Montreuil-sur-Mer mit Flandern ab. Gemeinsam mit Pierre →Flot(t)e am 17. Mai 1302 in →Brügge, entging er nur knapp dem Massaker der 'Mette'. M. war auch mit den (sich krisenhaft zuspitzenden) Beziehungen zum Papst befaßt, war Allerheiligen 1302 in Rom und rief 1303 zum Konzil auf. 1304-05 verhandelte er wieder mit Aragón, 1305 mit Flandern. Zeitlebens war er Rat des Kg.s und wirkte als Richter am →Parlement (mehrere →arrêts, zahlreiche enquêtes). M. besaß Güter in Jargeau, Sancoins und Ferrières. E. Lalou

Q.: Dokumentation Gallia regia, Arch. nat., Paris.

Morosini, eine der ältesten Adelsfamilien von →Venedig, die in verschiedene Linien geteilt war; zahlreiche ihrer Mitglieder waren für die Geschichte der Stadt von Bedeutung. Die bereits im 10. Jh. bemerkenswerte polit. Rolle der M. (lange und heftige Kämpfe mit der Familie Coloprini) setzte sich auch in den folgenden Jahrhunderten des MA fort, so daß drei Mitglieder der Familie das Dogenamt erlangten. *Domenico* (ca. 1148-55) wirkte u.a. als Friedensstifter innerhalb des Gemeinwesens und gelangte zu einem Übereinkommen mit den Normannen. Eine Zeit der Versöhnung und des Gleichgewichts war auch die Amtsperiode des *Marino* (1249-53), der vor seinem Dogat zum Konzil v. Lyon entsandt worden war und zusammen mit Ranieri Zeno und Giovanni da Canal mit Friedrich II. zu wichtigen Verhandlungen zusammentraf. *Michele* hatte vor seinem Dogenamt, das er nur wenige Monate ausübte (Juni–Okt. 1382), verschiedene bedeutende öffentl. Missionen erfüllt, u.a. war er der Vertreter Venedigs beim Frieden v. Turin, der den →Chioggia-Krieg gegen Genua beendete. Ein weibl. Mitglied der Familie, *Tomasina,* heiratete Stephan, den Sohn Kg. Andreas' II. v. Ungarn, und wurde die Mutter Andreas' III. (1290-1301). Unter den Kirchenmännern der Familie ragen hervor: *Giovanni,* ein Verwandter des Dogen Pietro Orseolo I., erster Abt des berühmten ven. Kl. OSB S. Giorgio Maggiore (gegr.

982) und *Tomaso*, den Venedig nach dem 4. →Kreuzzug (1204) als lat. Patriarch v. Konstantinopel einsetzte. In geistesgeschichtl. Hinsicht bedeutsam sind *Antonio* (um 1365–ca. 1434), Verfasser einer umfangreichen und interessanten Chronik, die von einem Tagebuch begleitet wird, sowie die Humanisten *Paolo* (ca. 1406–ca. 1482) und *Domenico* (1417–1509). F. Sorelli

Lit.: A. DA MOSTO, I dogi di Venezia nella vita pubblica e privata, 1960² – R. CESSI, Venezia ducale, I: Duca e popolo, 1963 – DERS., Venezia nel Duecento: tra Oriente e Occidente, 1985 – M. L. KING, Venetian Humanism in an Age of Patrician Dominance, 1986 – G. SPINELLI, I primi insediamenti monastici lagunari nel contesto della storia politica e religiosa veneziana (Le origini della Chiesa di Venezia, hg. F. TONON, 1987), 151–166.

Morra, Heinrich v., kampan. Adliger, † Sept. 1242, aus einer seit der Zeit Kg. Rogers II. bekannten Familie, deren namengebende Baronie M. (heute M. de Sanctis, Prov. Avellino) in der Gft. Conza lag. Nach der Reform des siz. Großhofgerichts (1221) mit der Berufung ausschließl. gelehrter Richter übernahm M. 1222 als jurist. Laie den Vorsitz unter dem Titel magne imperialis curie magister iustitiarius (Großhofjustitiar). Er versah dieses Amt bis 1242. In der Auseinandersetzung mit dem gfl. Hochadel ein unnachsichtiger Vollstrecker des ksl. Willens, bewährte sich M. in vielen administrativen Sonderaufgaben, u.a. bei der Umsetzung des Capuaner Revokationsprogramms (→Capua, Assisen v.). In Abwesenheit des Ks.s verwaltete er das Kgr. als Statthalter (1226, 1229, 1232). Eine demütigende Niederlage gegen die päpstl. Truppen bei San Germano (März 1229) zehrte seinen Vertrauenskredit nicht auf. Unterstützt von den Reformzielen der Konstitutionen v. Melfi (1231; →Liber augustalis), bewahrte M. den Primat seines Amtes für den Rechtsfrieden und polit. Aufgaben. April 1235–Sommer 1239 einer der fünf Regenten des Kgr.es, hielt er durch wiederholte Reisen nach Deutschland und in die Lombardei engen Kontakt zum Ks. Seit 1239 das Großhofgericht auch für Reichsitalien zuständig wurde, weilte M. – anders als früher – selbst ständig am Hofe Ks. Friedrichs II. und nahm bis zu seinem Tode als höchster Richter fakt. die Aufgaben eines ersten Ministers wahr. Seine drei Söhne Jakob (1240–42 Generalkapitän des Hzm.s Spoleto, 1244 Generalvikar der Marken), Gottfried († 1246) und Roger († 1296), 1246 Teilnehmer an der Verschwörung v. Capaccio zum Sturz Ks. Friedrichs II., wurden nach deren Scheitern verbannt, hingerichtet oder geblendet.

N. Kamp

Lit.: FICKER, Italien, 1, 354–359, 366–367 – M. OHLIG, Stud. zum Beamtentum Ks. Friedrichs II., 1936, 125f. – W. HEUPEL, Der siz. Großhof unter Ks. Friedrich II., 1940, 85–94, 139–146.

Mörs → Moers

Mörser. 1. M. (lat. *mortarium*, ahd. *mortari*, Gefäß zum Zerstoßen; Nebenbedeutung: Geschütz, s. 2. M.); häusl. und kleingewerbl., aber auch pharm. Grundgerät aus Hartholz, Stein, Metall oder Elfenbein. Im MA sind künstler. Hochformen meist aus Bronze (seit dem 14. Jh.), wobei die Herstellung v.a. durch Grapen- (→Grapengeter), Apen- (→Apengeter) und Glocken-, dann auch durch Geschützgießer erfolgte. Die »Schedula« des →Theophilus Presbyter behandelt in diesem Zusammenhang nur den Glockenguß; die »Pirotechnia« des →Biringucci(o) (Venedig 1540) enthält dagegen einige Hinweise zur M.herstellung. M. mit pharm. Symbolik seit 1513 (Hinrich v. Kampen, Lübeck). Mit M.keule (Pistill) bezeichnet man den zugehörigen Stößel oder Stampfer. Die Provenienz in Gotik und Renaissance in Nord- und Südeuropa läßt sich nach Stil und Herstellung trennen. Erst im 16. Jh.

wich die Anonymität des got. M.s; ihm folgten u.a. die Prachtexemplare des Barock.

R. Schmitz†

Lit.: O. VON FALKE, Bronzem., Pantheon 13, 1940, 243–247 – W.-D. DUBE, Südd. Bronzem. [Diss. Göttingen, 1961] – D. A. WITTOP KONING, Bronzem., 1975 – W. HÖMBERG, Der norddt. Bronzem. im Zeitalter von Gotik und Renaissance, QStGPh 23, 1983 – E. LAUNERT, Der M., 1990.

2. M., im 14./15. Jh. eine meist geschmiedete großkalibrige →Steinbüchse mit kurzem →Flug, die bei Belagerungen, ebenso wie bei Wurfmaschine (→Blide), bei Beschuß verdeckter Ziele oder von auf Anhöhen gelegenen Befestigungen benutzt wurde. Um den jeweils erforderl. Abschußwinkel des M.s zu erhalten, mußte vor jedem Einsatz ein entsprechendes Abschußgestell aus Holz angefertigt werden (→Legstück). Die Geschosse der M. waren Steinkugeln oder →Bomben. E. Gabriel

Lit.: B. RATHGEN, Das Geschütz im MA, 1928.

Morsuli ('Morsellen', von *morsus* 'Biß'), Arznei-, Aufbewahrungs- und Applikationsform, wohl ident. mit arab. *maḍūġ* (von *maḍaġa* 'kauen'), Vorläufer der Tabletten; Honig- oder Zuckerlatwerge schneidbarer Konsistenz. Begriff zuerst 1492 im »Lumen apothecariorum« des Quiricus de Augustis, der für seine *morsellata alba* geklärten, nicht völlig gekochten Zucker umrührt, fein geschnittenen Ingwer hinzufügt und nach vollständigem Kochen und Ausgießen *in morsellis* zerschneidet: jedoch, allerdings ohne Bezeichnung 'm.', schon im →»Antidotarium Nicolai« (um 1150) mit mindestens drei Präparaten (u.a. zwei stomatica) viskose Sonderform der →Elektuarien, deren auf eine Marmorplatte gegossene, erkaltete Masse mit einem Messer in kleine Stücke geschnitten wird. F. J. Kuhlen

Lit.: H. M. WOLF, Das Lumen apothecariorum [Diss. München 1973], 286 – G. GOLTZ, Ma. Pharmazie und Med., VIGGPharm NF 44, 1976, 170f.

Mortain, Ort und Gft. in der →Normandie (Basse-Normandie, dép. Manche, arr. Avranches). M. ist zw. 1015 und 1026 erwähnt als Sitz einer Burg und vielleicht bereits als Vorort einer Gft., die von Robert, »Gf. v. →Avranches«, einem Bastard Hzg. Richards I. v. Normandie, gehalten wurde. Roberts Sohn Richard, als »Gf. v. M.« genannt, folgte dem Vater nach, wurde aber von seinem Onkel Hzg. Richard II., vor 1026 exiliert. Erst um die Mitte des 11. Jh. wird erneut ein Gf. erwähnt: Wilhelm (Guillaume Werlenc), verschwägert mit der Hzg.sfamilie, der aber abgesetzt wurde und ins Exil nach →Apulien ging (1056). Hzg. Wilhelm verlieh die Gft. seinem Halbbruder Robert († nach 1095), der sie bis zu seinem Tode besaß. Der Ausbau des Burgorts M. fällt in diese Zeit, mit der Gründung der Kollegiatkirche St-Evroult und des Priorats N.-D. du Rocher durch Gf. Robert (1082) sowie der Entstehung von 'burgi' (→Burgus). Die Gft. M. kam in Sohnesfolge an Wilhelm, der von Heinrich I. 1106 enterbt wurde, dann an Stephan v. Blois, der sie, nachdem er Kg. v. England geworden war (1135), seinem natürl. Sohn Wilhelm († 1159) verlieh. 1189–1204 hatte Kg. Johann, infolge einer Übertragung von seiten seines älteren Bruders Kg. Richard, die Gft. inne. Das Territorium der Gft. des 11. und 12. Jh. gliederte sich in drei Bereiche: 1. der Besitzkomplex um M., der sich bis Tinchebray erstreckte; 2. ein weiterer in →Coutances (und in Coutances selbst); 3. ein dritter im →Cotentin (zw. Coutances und Valognes). Nach der Eroberung der Normandie durch Kg. Philipp II. August v. Frankreich war die Gft. M. nur mehr eine Apanage, die an Mitglieder der kgl. Familie oder an Herren, deren Treue sich der Kg. zu sichern wünschte, ausgetan wurde. 1204–61/62 besaß das Haus →Boulogne die Gft. Nach Rückkehr in Kronbesitz und einer Übertragung (um 1310) an Wilhelm v. Artois, den Neffen Ludwigs d. Hl., fiel M. dem Hause →Évreux (Navarra) zu (1317–1412). Kg. Karl VI. verlieh sie 1413 seinem älteren Bruder, Hzg. Ludwig v. Guyenne (→Ludwig, Dauphin), der sie wiederum seinem Onkel, dem Wittelsbacher →Ludwig VII. v. Bayern-Ingolstadt, übergab. Die engl. Besetzung in der 1. Hälfte des 15. Jh. hatte eine Verdoppelung der Grafenreihe zur Folge. Karl v. Anjou, der Schwager Kg. Karls VII., führte den Gf. entitel 1425 bis 1472; er ging an seinen Sohn Karl († 1481) über. Danach kam die Gft. durch Heimfall an Kg. Ludwig XI. und seine Nachfolger, Karl VIII. und Ludwig XII. J.-M. Bouvris

Lit.: D. C. Douglas, The Earliest Norman Counts, EHR 61, 1946, 141–145 – J. Boussard, Le comté de M. au XIe s., M-A 58, 1952, 253–279 – A. Dupont, Ressort conjectural de l'ancien comté de M., Revue du dép. de la Manche 10, 1968, 24–26, vgl. auch 10f. – M. Nortier, Le comté de M. au début du XIIIe s. (Mél. R. Jouanne, 1970), 225–235 – J. Pouessel, Les structures militaires du comté de M., Revue de l'Avranchin et du Pays de Granville 58, 1981, 11–74, 81–156 – L. Musset, Autour des origines de M., de son comté et de ses églises (Annuaire des cinq dép. de la Normandie, Congr. de Granville 1988), 99–102.

Mort d'ancestor, eine der vier Besitzrechtsklagen, die unter →Heinrich II. in England eingeführt wurden (→Gerichtsverfahren, IV). Wie beim →*novel disseisin* tagte bei Prozessen ein Geschworenengericht, wobei der Kläger sich als rechtmäßiger Erbe des Grundstücks ausgab, das im Besitz des Beklagten war. Diese Anklagen, die vor kgl. Richtern erfolgten, bedeuteten eine wichtige Waffe gegen die Lehnsherren, die sich weigerten, Grundbesitz dem rechtmäßigen Besitzer (Erben) zu übertragen. Das Geschworenengericht mußte entscheiden, ob der Verstorbene zum Zeitpunkt des Todes im Besitz des Landes und der Kläger erbberechtigt war. Der Unterlegene konnte noch einen *writ of right* erwirken, um die Frage des Eigentumsrechts prüfen zu lassen. Die Entstehung der M. d'a. wird allg. mit 1176 angegeben, doch neuere Forschungen datieren diese Entwicklung früher. S. Sheridan Walker

Q. und Lit.: English Hist. Documents II, 1953 [25, Assize of Northampton, c. 4 (1176)] – R. C. van Caenegem, Royal Writs in England from the Conquest to Glanvill, 1959, 316–325 – Glanvill, ed. G. D. G. Hall, 1965, XIII, 201 – W. L. Warren, Henry II, 1973, c. 9 – S. F. C. Milsom, Legal Framework of English Feudalism, 1976, 99–151 – Bracton, ed. S. E. Thorne, 1977, III, 245–317, fol. 252–280b – J. H. Baker, Introduction to English Legal Hist., 1990³, 267f., 304, 616.

Mortarium → Mörser

Mort, Artu, La → Artus, II.

Morte Arthure. Der Untergang Kg. Arthurs (→Artus, bes. V.) und seiner Tafelrunde wird in zwei sehr verschiedenen me. Dichtungen behandelt. Der alliterierende »M. A.«, etwa 1360 entstanden und nur in einem einzigen Ms. überliefert (Thornton Ms.; Lincoln Cathedral 91), erzählt in 4346 alliterierenden Langzeilen (→Alliteration, C. IV) den Fall Arthurs nach glanzvollen Eroberungen als Folge seines Hochmuts. Der Hauptteil des Gedichts befaßt sich mit den Kämpfen Arthurs gegen den röm. Ks. Lucius und gegen Mordred. Am Wendepunkt steht ein Traum Arthurs vom Rad der →Fortuna, in dem sein Untergang angekündigt und bildl. vorweggenommen wird. Wichtigste Q. ist wohl →Waces »Brut«; doch war der Dichter offensichtl. auch stark von der Alexandertradition beeinflußt. Das Werk ist ein →Fürstenspiegel, der sich krit. mit den ritterl. Idealen konventioneller Romanzendichtung, aber auch mit der Praxis der eigenen Zeit auseinandersetzt. Traditionelles Ritterethos erweist sich als unvereinbar mit den Realitäten zeitgenöss. Kriegführung und einem chr. Menschenbild. Die (weder vereinfachende noch eindeutige) didakt. Tendenz des Gedichts, das man als →Epos, →Romanze oder ma. Tragödie zu klassifizieren versucht hat, wird begleitet von einer differenzierten, an ep. Formeln reichen, überaus bildhaften Sprache. Das Werk hat stark auf die Prosakompilation Thomas →Malorys gewirkt.

Kunstloser, aber nicht weniger originell ist der »Stanzaic M. A.«, ein Gedicht in 3969 vierhebigen Zeilen, gegliedert in achtzeilige Reimstrophen (ababababab), um 1400 in den nw. Midlands entstanden und ebenfalls nur in einem Ms. überliefert (Harley 2252). Im Gegensatz zum alliterierenden M. A. behandelt es im wesentl. die Liebe zw. →Lancelot (Abschnitt III) und Guinevere mit ihren verhängnisvollen Auswirkungen auf den Frieden der Tafelrunde. Arthur, tödl. verwundet im Kampf gegen Mordred, wird von einem märchenhaften Schiff in das Tal von Avalon gebracht, während die Kgn. und Lancelot als reuige Büßer enden. Die Ereignisse werden weithin ohne rhetor. Schmuck, in einem Ton schlichter Anteilnahme wiedergegeben, wobei der Dichter ein bes. Gespür für subtile psycholog. Reaktionen und die Unausweichlichkeit trag. Zusammenstöße verrät. Die Q. des Gedichts, das ebenfalls stark auf Malory einwirkte, war offensichtl. eine Version des frz. »Mort Artu«, die von den erhaltenen in Einzelheiten abwich. D. Mehl

Bibliogr.: Manual ME I. I, 1967; 3. IX, 1972 – Ed.: L. D. Benson, King Arthur's Death: The ME Stanzaic M. A. and Alliterative M. A., 1974 – V. Krishna, The Alliterative M. A., 1976 – P. F. Hissiger, Le M. A., 1975 – Lit.: W. Matthews, The Tragedy of Arthur: A Study of the Alliterative M. A., 1961 – D. Mehl, The ME Romances of the 13th and 14th Cent., 1968 – R. A. Wertime, The Theme and Structure of the Stanzaic M. A., PMLA 87, 1972 – T. Turville-Petre, The Alliterative Revival, 1977 – The Alliterative M. A., ed. K. H. Göller, 1981 – W. R. J. Barron, English Medieval Romance, 1987.

Mörtel → Mauer, -werk

Mortimer, engl. Adelsfamilie, stammte aus Mortemer-sur-Eaulne (dép. Seine-Inf.) und war nach 1066 in verschiedenen Teilen Englands und in Wales ansässig. Mitglieder der Familie ließen sich in den anglo-walis. Grenzland (→Walis. Marken) nieder, waren an der Verteidigung des Severn Valley beteiligt und bauten die engl. Position im zentralen Wales aus. Zu ihren Hauptsiedlungsorten gehörten in der Mitte des 13. Jh. Wigmore, Richard's Castle und Chirk. Die M. v. Essex waren 1219 in Richard's Castle ansässig, aber sie endeten in direkter Linie 1304, ein weibl. Familienmitglied heiratete Sir Richard Talbot, der einen Teil der Baronie erwarb. *Roger* († 1282; ⚭ Tochter von William de Braose, Landbesitzer in Wales, Lord of Wigmore, war das erste Mitglied der M.-Familie, das als Baron in den King's →Council berufen wurde. Als einer der kgl. Heerführer nutzte er die Kriege zw. den Engländern und →Llywelyn ap Gruffydd sowie die Bürgerkriege unter Heinrich III. aus, um seine eigene Macht zu vergrößern. Seine Söhne *Edmund* († 1304) und *Roger* († 1336) waren ebenfalls einflußreich in den Walis. Marken. Roger wurde mit Chirk belohnt und 1299 als Baron ins Parliament geladen. Er kämpfte in Frankreich und Schottland, doch seine Beteiligung an der Absetzung Eduards II. führte zur Einkerkerung im Tower v. London, wo er starb. Sein Sohn und sein Enkel wurden niemals ins Parliament geladen, und der letztere verkaufte Chirk an den Earl v. →Arundel. Rogers älterer Bruder Edmund (1261–1304) folgte seinem Vater in Wigmore, doch verweigerte er Eduard I. den militär. Dienst in Frankreich und die Sondersteuern (1297). Als Lord der Walis. Marken beteiligte er sich jedoch am Feldzug des Kg.s gegen die Waliser und fand 1304 in Builth den Tod. Roger und Edmund wurden in der Wigmore Abbey begraben, der Grablege der M. Unter Edmunds Sohn *Roger* (1286–1330) erreichte die Familie ihre größte Machtstellung, u. a. durch seine Heirat mit Joan de Genevill, einer Erbin von Ländereien in Irland und Wales, und v. a. durch seine persönl. Neigung zur Kgn. →Isabella, deren Geliebter er wurde. Er half ihr, Eduard II. 1327 zugunsten ihres Sohnes Eduard (III.) abzusetzen, und Roger wurde dafür 1328 mit dem Titel eines Earl of March belohnt. Nachdem der neue Kg. seine Unabhängigkeit erlangt hatte, wurde der unpopuläre Roger des Verrats beschuldigt, seiner Titel für verlustig erklärt und 1330 gehängt. Sein Leichnam wurde später in Wigmore begraben. Der Verrat beendete den Aufstieg der Familie. Rogers Sohn *Edmund* († 1331) erhielt Wigmore zurück und wurde 1331 zum Lord M. erhoben. Erst 1354 wurde das Earldom of March wiederhergestellt, das *Roger* (1327–60), der Sohn Edmunds, als 2. Earl erhielt. Er gehörte zu den Begründern des →Hosenbandordens (1346). Das Ansehen der Familie wurde auch durch die Heirat Rogers mit Philippa, der Tochter von William →Montague, Earl of Salisbury, erneuert. In der Folgezeit suchten die Earls v. a. militär. Erfolge. Nach der Heirat *Edmunds* (1351–81), Rogers Sohn, mit Philippa, Tochter und Erbin von→Lionel, Sohn Eduards III. und durch seine Frau Earl of Ulster, konzentrierten sich die M. mehr auf ihre Interessen in Irland. Edmund starb in Cork 1381, während er als *governor* v. Irland diente. Sein Sohn *Roger* (1374–98) war →*lieutenant* v. Irland unter Richard II. (1382–83, 1395–98) und wurde dort erschlagen. Da er durch seine Mutter mit dem Kg.shaus verwandt war, galt er wohl als Richards Erbe. Doch ist es unwahrscheinl., daß er als solcher anerkannt wurde. Irland war auch der Grund für den Sturz seines Sohnes *Edmund* (1391–1425), der als Gefangener im Trim Castle bis 1409 von Heinrich IV. gefangengehalten wurde. Dennoch lehnte er es 1415 ab, eine Rebellion gegen Heinrich V. zu führen. Er ließ sich aber zum lieutenant in Irland von Heinrich VI. ernennen, wo er plötzl. 1425 den Tod fand. Da sein jüngerer Bruder bereits vor ihm gestorben war, gingen Erbschaft und Ansprüche der M. v. Wigmore an die ältere Schwester *Anne* über, d. h. durch ihren Ehemann Richard, Earl of Cambridge, an die Nachkommen aus dem Hause →York. Der Onkel von Earl Edmund, Sir *Edmund* M. († 1409), wurde von →Owain Glyn Dŵr in Wales gefangengenommen, dessen Tochter er heiratete. Die Verbindungen der M.-Familie zum Kg.shaus spielten in Zeiten der Unruhen erneut eine wichtige Rolle, so auch bei der Rebellion von John →Cade 1450, aber ebenso bei der Thronbesteigung von →Richard, Duke of York, und dessen Sohn Eduard IV. R. A. Griffiths

Lit.: DNB, s. v. – Peerage VIII, IX – G. A. HOLMES, Estates of the Higher Nobility in XIVth Century England, 1957 – I. J. SANDERS, English Baronies, 1960 – A. J. TUCK, Richard II and the English Nobility, 1973 – N. FRYDE, The Tyranny and Fall of Edward II, 1321–1326, 1979 – P. A. JOHNSON, Richard, Duke of York, 1411–1460, 1988 – M. PRESTWICH, Edward I, 1988.

Mortmain, Statute of (Statut »de viris religiosis«), 1279 von Kg. Eduard I. erlassen, eine Erweiterung von Kap. 43 der Fassung der →Magna Carta v. 1217 und von Kap. 14 der Provisions of →Westminster v. 1259. Es verbot alle weiteren klösterl. Landerwerbungen, weil die Kl.ländereien im Besitz zur →Toten Hand ('mortmain') waren und aus diesem Grund die Kronvasallen wertvoller feudaler Rechte beraubt wurden, bes. im Fall der Vormundschaft und bei Eheschließungen. Von kirchl. Seite wurde es vergebl. als ein Angriff auf die Freiheit der Kirche bekämpft. Doch bereits 1280 gestatteten kgl. Bewilligungen trotz des Statuts die Veräußerung von Eigentum an die Kirche; für diese erhob der Kg. seit 1299 Geldzahlungen, wobei sich die Höhe der Zahlungen anscheinend nach dem Wert des erworbenen Landes richtete. Obwohl das Statut ausdrückl. die Kronvasallen bevorteilte, erhöhte es doch Autorität und Kontrolle der Krone, die nun ein Vetorecht bei allen Schenkungen oder Verkäufen von Landbesitz an die Kirche hatte. J. H. Denton

Lit.: Councils and Synods, II, ed. F. M. POWICKE–C. R. CHENEY, 1965, 864f. – P. A. BRAND, The Control of M. Alienation in England 1200–1300 (Legal Records and the Historian, ed. J. H. BAKER, 1978), 29–40 – S. RABAN, M. Legislation and the English Church 1279–1500, 1982.

Morton, John, Kard., Bf. v. →Ely 1479 (Weihe; Wahl: 5. Aug. 1478)–86, Ebf. v. →Canterbury 1486–1500, Kanzler v. England 1486–1500, * um 1420 Bere Regis, Dorset, † 12. Okt. 1500 Knowle, Kent, ▭ Canterbury, Kathedrale; ältester Sohn von Richard Morton, ausgebildet in der OSB Abbey Cerne, dann im Balliol College, Oxford, dort Doktor des Zivilrechts; in den 40er Jahren des 15. Jh. geistl. Jurist am Court of Arches, wo er von Thomas →Bourchier gefördert wurde. M. war Mitglied des Privy Council Heinrichs VI. und Kanzler des Hzm.s v. Cornwall, 1450 Subdiakon v. Lincoln und 1458 Domherr in Salisbury und Lincoln. In den Rosenkriegen stand er auf der Seite der Lancaster und verlor nach der Schlacht v. →Towton (1461) seine Titel und Ämter. In Burgund teilte er das Exil mit Kgn. Margarete v. Anjou und Prinz Eduard, seine Verhandlungen mit Ludwig XI. v. Frankreich und den Dukes v. Warwick und Clarence führten zur Rückkehr Heinrichs VI. auf den Thron. Nach der Schlacht bei →Tewkesbury trat M. zu Eduard IV. über. 1472–73 wurde er Master of the Rolls und erhielt Benefizien. 1475 wurde er Archidiakon v. Winchester und Chester und führte Verhandlungen in Poligny mit Ludwig XI.; am 31. Jan. 1479 zum Bf. v. Ely geweiht. Infolge des Staatsstreichs Richards III. wurde M. am 13. Juni 1483 im Tower eingekerkert und bald darauf im Brecknock Castle von dem Duke of Buckingham gefangengehalten. Nach dem Fehlschlag des Aufstands von Henry →Buckingham 1483 floh M. nach Flandern und ebnete neben Reginald →Bray Heinrich VII. die Thronbesteigung. Bis zu seinem Tod blieb M. einer der engsten Ratgeber des Kg.s. Er präsidierte im Parliament und wurde 1495 Kanzler der Univ. Oxford. A. Cameron

Lit.: DNB XXXIX, 151–153 – S. B. CHRIMES, Henry VII, 1972 – CH. Ross, Edward IV, 1974 – B. P. WOLFFE, Henry VI, 1981.

Mortuarium, Sterbefallabgabe an den Herrn beim Tode eines hörigen oder sonst abhängigen Mannes (→Besthaupt) bzw. einer Frau (→Gewandfall). K. Kroeschell

Morus (More), **Thomas,** hl., engl. Jurist, Staatsmann, Kontroverstheologe und bedeutendster Repräsentant des aktiven humanist. Lebens (→Humanismus, E) im Zeitalter der frühen →Tudor; 1935 Kanonisierung; * 6./7. Febr. 1477/78 in London, † (enthauptet) 6. Juli 1535 in London. Nach Schulbesuch in London war M. Page in der familia *(household)* des Kard.-Ebf.s Morton, studierte um 1492 in →Oxford, um 1494 an den →Inns of Court zum Juristen ausgebildet, 1501 Anwalt. Lebte ca. 1499–1503 im Charterhouse zu London; ∞ 1. Jane Colt († 1511), drei Töchter, ein Sohn; 2. Alice Middleton († 1543) 1504 und 1510 Member of →Parliament, 1521 Ritterweihe, 1523 →Speaker, kgl. diplomat. Missionen in Europa 1515–29, im King's →Council 1518–32; Subtreasurer (Unterschatzmeister) 1521; Chancellor (Kanzler) des Hzm.s Lancaster 1529; seit 1527 in Opposition gegen die Ehescheidung Kg. Heinrichs VIII.; 1529 Lord →Chancellor, trat 1532 wegen der Frage der (kirchl.) Suprematie des Kg.s zurück, 1534 verhaftet und des Verrats angeklagt, nach Prozeß (1. Juli 1535) am 6. Juli hingerichtet.

Freund von J. →Colet und →Erasmus (seit 1499; vgl. Erasmus ep. 999, 1233, 2750), lernte wohl bei →Grocyn und →Linacre Griech., übers. griech. Epigramme gemeinsam mit Lily und Werke Lukians zusammen mit Erasmus. M. unterhielt Kontakte zu kontinentaleurop. Humanisten wie Brixius, Budé, Burleiden, Cranevelt, Gillis, →Lefèvre d'Étaples; Vives und Kratzer waren Mitglieder seines *household*, desgleichen Holbein d.J. Erasmus schrieb seine M. gewidmete Satire »Encomium Moriae« (1511) im Londoner Stadthaus seines Freundes; M. seinerseits unterstützte Erasmus in den lat. geführten Humanistenfehden um dieses Werk und um das griech. NT und seine Übers. (1515–21). Erasmus nahm eine führende Rolle bei der Verbreitung von M.' epochalem Hauptwerk, der »Utopia«, ein (gedr. Löwen 1516, Paris 1517 und Basel [bei →Froben] 1518 [zweimal, mit lat. Epigrammen]). In den 1520er Jahren schrieb M. in lat. Sprache Apologien gegen Luther und seine Anhänger, wobei er Kontakte mit den dt. Gegnern Luthers unterhielt. Ebenso bekämpfte er (in engl. Sprache) 1528–33 das Vordringen der luther. Häresie in England (Tyndale) und verteidigte den engl. Klerus gegen die Anhänger des Common Law. Im Gefängnis wandte sich M. erneut dem Erbauungsschrifttum zu, das er bereits um 1503 mit der Übers. der Vita des →Pico gepflegt hatte, und schrieb u.a. einen »Dialogue of Comfort« und eine Meditation »De tristitia Christi«. J. B. Trapp

Ed.: Yale Ed. of the Works, 1963 – Werke, hg. H. Schulte-Herbrüggen, 1983 ff. – Correspond., ed. E. F. Rogers, 1947 [cf. H. Schulte-Herbrüggen, 1966, BHR, 1990] – A. B. Emden, BRUO, II, 1958 – *Lit.:* R. W. Chambers, T. M., 1935 – J. B. Trapp – H. Schulte-Herbrüggen, The King's Good Servant, 1977 – R. C. Marius, T. M., 1984 – J. B. Trapp, Erasmus, Colet and More, 1991.

Morvilliers, Pierre de, Rat am →Parlement und Kanzler v. Frankreich (→Chancelier), † 1476, Sohn des aus Amiens stammenden Philippe de M., der →Avocat am Parlement gewesen war, und den der Hzg. v. →Burgund 1418 zum ersten Präsidenten des Parlement gemacht hatte, und der Jeanne du Drac, Tochter eines Präsidenten des Parlement. M. war 1436–61 Rat am Parlement und wurde von Kg. →Ludwig XI. bei dessen Thronbesteigung zum Kanzler v. Frankreich berufen (anstelle von Guillaume →Jouvenel des Ursins). Nach dem Aufstand der →Ligue du Bien public (1465) setzte ihn der Kg. jedoch ab und holte Jouvenel des Ursins ins Amt zurück. M., der die jurist. Traditionen des Parlement verkörperte und ein schlechtes Verhältnis zur Politik Ludwigs XI. hatte, soll das Kanzleramt als »pénible métier«, ungeeignet für einen »homme de bien«, bezeichnet haben. M. war verheiratet mit Jeanne, Tochter des Bureau Boucher, eines Ratgebers Karls VII. aus dem Kreise der →Armagnacs. F. Autrand

Lit.: E. Maugis, Hist. du Parlement de Paris, 3 Bde, 1913–16 – P.-R. Gaussin, Louis XI roi méconnu, 1976 – F. Autrand, Naissance d'un grand corps de l'État. Les gens du Parlement de Paris, 1981.

Mosaik (Wand- und Wölbungsmosaik)
I. Technik, Spätantike, Frühchristentum – II. Abendländisches Mittelalter – III. Byzanz und seine Einflußgebiete – IV. Islamischer Bereich.
I. Technik, Spätantike, Frühchristentum: Obwohl Wandm.en aus Glastesserae seit dem 1. Jh. n. Chr. gefertigt wurden, ist die Bezeichnung als opus musivum oder musaeum (davon it. mosaico, dt. M.) erst spätkaiserzeitl. Sie hängt vielleicht damit zusammen, daß die frühesten erhaltenen Beispiele sich in Grotten und Brunnennischen finden, die den Nymphen, aber auch den Musen geweiht waren (Lugli, Sears). Im Laufe der röm. Kaiserzeit wurde der Anteil an Glastesserae und damit der Unterschied zum →Fußbodenm. aus Steintesserae immer größer (Ausnahme z. B. Steine in Gewölbem.en des Umgangs in S. Costanza, Rom, 4. Jh.). Die Glaswürfel wurden aus scheibenförmigen Glaspasten geschlagen, für die durch Zusatz unterschiedl. Metalloxyde (→Glas) eine reiche Farbskala zur Verfügung stand. Für Gold- und Silbertesserae, deren Verwendung seit dem 4. Jh. zunahm, wurden Metallfolien auf eine Glasscheibe aufgetragen und mit Glas überfangen, dessen Dichte und Färbung man zu gedämpfter Wirkung variieren konnte. Daß die Menge erhaltener kaiserzeitl. und frühchr. Wand- und Gewölbem.en erhebl. geringer ist als die der Fußbodenm.en, ist Folge des Erhaltungszustands: z. B. verraten auch in kaiserzeitl. Palästen und Bädern nur spärl. Reste die einst reiche M.ausstattung; für zahlreiche frühchr. Bauten sind M.en nur durch Spuren oder alte Beschreibungen und Skizzen gesichert. Einerseits ist auch in Bauten mit recht gut erhaltenen Fußboden-M.en das aufgehende Mauerwerk oft nicht über die meist mit Inkrustation verkleidete Sockelzone hinaus erhalten, andererseits fiel auch an erhaltener Wand oder Wölbung oft der Mörtel ab, in den die Tesserae eingesetzt waren. Dieser Gefahr suchte man durch Fixierung der untersten, gröbsten Mörtelschicht mit Hilfe flachköpfiger Nägel zu begegnen. Die Zahl der folgenden feineren Mörtelschichten schwankt; das eigentliche, oft eingefärbte M.bett konnte nur in Entsprechung zu Tagewerken aufgetragen werden. Vorzeichnungen fanden sich auf Mauerwerk und Mörtelschichten: übereinstimmend mit dem fertigen M. (z.B. Kuppelscheitel H. Georgios, Thessalonike), mit räuml. Verschiebung (z.B. Himmelfahrt des Elias in S. Aquilino, Mailand), mit geringer (z.B. Triumphbogen S. Maria Magg., Rom) oder starker Programmabweichung (Apsis S. Apollinare in Classe). Wurde für Fußbodenm.en eine möglichst glatte Oberfläche angestrebt, so versuchte man im byz. Einflußbereich bei Wandm.en eine bewegte Reflexion des Lichts durch unterschiedl. Schrägstellung der Tesserae zu erreichen. In ö. M.en ist auch der Gebrauch von Silbertesserae, von Marmorsteinchen für menschl. Haut und von Perlmutt für Perlen in Diademen und Schmuck festzustellen, während die Verwendung bes. kleiner Tesserae für Gesichter bei qualitätvollen M.en in O und W begegnet. Anwendungsbereiche in chr. Zeit waren Palast- und Thermenräume, Gräber (z.B. Juliergrabmal unter S. Peter in Rom, Kuppelbau in Centcelles (Spanien), seltener Katakomben und Privathäuser (z.B. Hanghäuser in Ephesos, 5. Jh.), bes. häufig Kulträume. In letzteren standen für das →Bildprogramm v.a. die Mittelschiffswände sowie Stirnwand und Einwölbung der →Apsis (→Apsismalerei) zur Verfügung, später auch →Kuppeln. In Laibungen von Bögen und Fenstern finden sich oft ornamentale Motive. Der Gebrauch von Goldtesserae hat sich in der Spätantike von der kleinflächigen Verwendung an Schmuckdetails und Gewandteilen zur Gestaltung eines großflächigen, überird. gedachten Hintergrunds seit dem Ausgang des 4. Jh. entwickelt (Nischenwölbungen in S. Aquilino, Mailand). Meist erhielt der Goldgrund durch Beigabe von schwarzen, grauen oder braunen Glastesserae einen warmen Farbton. Die wichtigsten Denkmäler der frühchr.-frühbyz. M.kunst befinden sich in Centcelles, Mailand, Neapel, Poreč (Parenzo), Ravenna, Rom, am Sinai, in Thessalonike. J. Engemann

Lit.: J. WILPERT, Die röm. M.en und Malereien, 1917 – G. LUGLI, Nymphaea sive Musaea, Atti IV Congr. naz. Studi Rom. 1, 1938, 155-168 – B. MOLAJOLI, La basilica Eufrasiana di Parenzo, 1943 – C. IHM, Die Programme der chr. Apsismalerei vom 4. Jh. bis zur Mitte des 8. Jh., 1960 – H. P. L'ORANGE-P. J. NORDHAGEN, M., Von der Antike bis zum MA, 1960 – G. MATTHIAE, Le chiese di Roma dal IV al X sec., 1962 – R. F. HODDINOT, Early Byz. Churches in Macedonia and Southern Serbia, 1963 – H. TORP, Mosaikkene in St. Georg Rotunden i Thessaloniki, 1963 – J. L. MAIER, Le baptistère de Naples et ses mosaïques, 1964 – G. H. FORSYTH-K. WEITZMANN, The Monastery of Saint Catherine at Mount Sinai, The Church and Fortress of Justinian, 1965 – G. MATTHIAE, Mosaici medioevali delle chiese di Roma, 1967 – W. OAKESHOTT, Die M.en von Rom vom 3. bis zum 14. Jh., 1967 – F. W. DEICHMANN, Ravenna I/II, 1-3, 1969ff. – B. BRENK, Die frühchr. M.en in S. Maria Magg. zu Rom, 1975 – J. WILPERT-W. N. SCHUHMACHER, Die röm. M.en der kirchl. Bauten vom 4. bis 13. Jh., 1976 – W. JOBST, Röm. Mosaiken aus Ephesos, I: Die Hanghäuser des Embolos, 1977 – F. B. SEARS, Roman Wall and Vault Mosaics, 1977 – H. SCHLUNK-A. ARBEITER, Die M.kuppel von Centcelles, 1988 – Milano, capitale dell'impero romano 286-402, Ausst.Kat., Mailand 1990.

II. ABENDLÄNDISCHES MITTELALTER: Die w. geprägten ma. M.en finden sich – bis auf wenige Ausnahmen – in Rom und Italien. Techn. unterscheiden sie sich von ihren spätantiken Vorläufern nicht grundsätzl., und ihr konservativer, dauerhafter und repräsentativer Charakter prädestinierte sie bes. für die Darstellung von Heilswahrheiten innerhalb architekton. Zusammenhänge (z. B. Apsiden der Basiliken). M.en fanden auch im privaten Bereich (Schlösser, Burgen) als luxuriöse Dekorationsform Verwendung, jedoch blieb davon fast nichts erhalten. Die u.a. polit. motivierte Wiederbelebung der M.kunst in Rom um 800 fand ihren Höhepunkt in den M.en Papst Paschalis' I. (817-824), deren himml. Repräsentationsszenen sich überwiegend auf die Wiederkunft Christi beziehen. Man verwendete relativ wenige Farben ohne differenzierte Abstufungen, und die Hintergründe sind meist blau. Der Gewandstil ist flächig mit linearer Binnenzeichnung, so daß keine Raumwirkung entsteht. Außerhalb Italiens erhielten in der 1. H. des 9. Jh. die Kuppel der Aachener Pfalzkapelle Karls d. Gr. und die Privatkapelle →Theodulfs in S. Germigny-des-Prés eine M.ausstattung. Um 1125 (zuletzt HJORT; SCACCIA SCARAFONI: um 1185) leiten die M.en in S. Clemente in Rom eine Renaissance ein, die v.a. von der Spätantike, aber auch von der otton. Kunst geprägt ist. Von jetzt an haben M.en vorwiegend einen goldenen Hintergrund, und mit dem Gekreuzigten, den die Inschrift als Weinstock bezeichnet, wird eine neue Thematik umgesetzt. Im Apsism. von S. Maria in Trastevere um 1140 wird statt der bisher üblichen Hl.nreihe erstmals eine Figurengruppe ins Zentrum gestellt: die Inthronisation Mariens. Um 1200 beginnt eine erneute Blüte der röm. M.kunst, deren plast. und räuml. Figurenstil brillantere Farben in zahlreichen Abstufungen erforderte. Die Mosaizisten bezogen sich neben spätantik röm. nun auch auf zeitgenöss. byz. und got. Quellen. So greift das Apsism. in S. Maria Maggiore von J. →Torriti mit der Marienkrönung um 1295 ein aus der frz. Gotik stammendes Thema auf. Die Szenen aus dem Leben Mariens darunter (bis 1305?) entstanden etwa gleichzeitig mit denen in S. Maria in Trastevere von P. →Cavallini, wo sich der Einfluß →Giottos bes. deutl. ablesen läßt (Architekturelemente und angedeutete Perspektive). Mit dem 13. Jh. entwickelten sich auch außerhalb Roms größere M.werkstätten: In Florenz wurde um 1225 unter Beteiligung ven. Mosaizisten eine Werkstatt gegründet, die zunächst am Baptisterium arbeitete. Möglicherweise wirkte dort auch →Cimabue mit, der zuvor in Rom bei Cavallini gelernt haben soll und dessen Mitarbeit am Apsism. des Pisaner Doms 1301/02 gesichert ist. Außerhalb Italiens blieben M.en die Ausnahme: Abt Suger z. B. ließ in St-Denis ein Tympanon und Karl IV. 1370/71 die Fassade des Prager Veitsdomes (um seinen Anspruch auf Prag als neuem Rom zu dokumentieren) mit M.en versehen. Die Mosaizisten des 14. Jh. sind bezeichnenderweise zugleich als Maler tätig, und mit den Fassadenm.en im Sinne einer »Pittura per l'eternità« (z. B. S. Maria Magg. und S. Maria in Trastevere in Rom, Poreč/Parenzo, Spoleto, S. Frediano in Lucca) endet im Grunde die spezif. Entwicklung des M.s im MA.

S. Heydasch-Lehmann

Lit.: G. B. DE ROSSI, Mosaici cristiani e saggi dei pavimenti delle chiese di Roma anteriori al sec. XV, 1899 – E. SCACCIA SCARAFONI, Il mosaico absidiale di S. Clemente, BA 29, 1935, 49–68 – A. DE WITT, I mosaici del Battistero di Firenze, 1954 – C. BERTELLI, Il mosaico, 1989 – R. WISSKIRCHEN, Das M.programm von S. Prassede in Rom, JbAC Ergbd. 17, 1990 – Ø. HJORT, Ecclesia Christi, Ecclesia Virens: The Mosaics in S. Clemente in Rome [im Dr.] – U. WEHLING, Die ma. M.ausstattung des Aachener Münsters und ihre nz. »Restaurierungen« [Diss. Bonn 1992] – s.a. Lit. zu I (MATTHIAE, 1967; OAKESHOTT; WILPERT-SCHUMACHER).

III. BYZANZ UND SEINE EINFLUSSGEBIETE: Das byz. M. reicht mit seinen Wurzeln ebenso wie das frühchristl.-westl. in die Spätantike zurück. Auch wenn Denkmäler aus der frühen Zeit (vor ca. 500) aufgrund der im O bes. hohen Verlustrate nicht erhalten sind, so weisen doch Motivik wie Technik auf diese Tradition hin, obgleich sich die Techniken im Laufe von rund 1000 Jahren teilw. verändert haben. Die zunehmende Dominanz des Kuppelbaues bei der Palast-, bes. aber bei der Kirchenarchitektur führte im Verein mit der Entwicklung der →Bildprogramme und der steigenden techn. Brillanz in Farbe und Ausführung zu innovativen Lösungen, die bald für die Oikumene wenn nicht verbindlich, so doch vorbildlich wurden, so daß größere Unternehmungen bis zum Ende des 13. Jh. nur mit Hilfe importierter byz. oder von ihnen geschulter Künstler unternommen wurden. Der techn. Vorsprung byz. Mosaizisten beruhte nicht nur auf Material und handwerkl. Überlegenheit, sondern ist auch auf das arbeitsteilige Werkstattprinzip zurückzuführen, das allerdings kaum mit den im Preisedikt Diokletians gen. Berufsbezeichnungen (pictor imaginarius, parietarius und musearius, ersterer wohl kaum der 'entwerfende' Künstler [DEMUS, SICILY], sondern eher Porträtmaler), wohl aber mit zunehmender exakter techn. Beobachtung zu erschließen ist. Vorzeichnungen scheinen dabei in der frühbyz. Zeit zwar mehrfach erhalten (H. Georgios, Thessaloniki: auf dem zugesetzten Opaion eine Figur Christi, aber auch in den umlaufenden Kammern; ähnlich im W.: S. Aquilino, Mailand s. Abschnitt I), werden spätestens im Laufe der mittelbyz. Zeit allerdings auf den unteren Putzschichten des M.s zunehmend aufgegeben. An ihre Stelle trat eine, auch farblich ziemlich ausgearbeitete und kaum mehr als Skizze oder Sinopie zu bewertende Bemalung der obersten, dritten Putzschicht, des sog. Setzbetts, die die Arbeit der Mosaizisten offensichtl. sehr erleichterte (so bereits in den makedon. M.en der H. Sophia in Konstantinopel zu beobachten), während die Narthexm.en von San Marco im 13. Jh. noch die ältere Technik der Figurenskizze auf dem Unterputz zugleich mit farbiger Malerei auf dem Setzbett zeigen. Bei den M.en der Palaiologenzeit in Konstantinopel sind dagegen keine Skizzen auf dem Unterputz mehr beobachtet worden. Die Dominanz des Glasmaterials bleibt in der gesamten byz. Zeit erhalten, auch wenn in bestimmten Phasen ein Anstieg der Verwendung von Marmor- und gar Granitsteinchen neben Terracotta-Tesserae zu beobachten ist. Neben der Farbwahl und den Raffinessen der Setzung und

Untermalung des Goldgrundes (rot oder gelb) ist das sog. formzeichnende Setzen der Tesserae ein bes. Spezifikum byz. M.kunst, das sowohl Fleisch wie Draperie der Figuren erfaßt. Dabei werden die Tesserae der Form bestimmter Körper- und Gesichtsteile (Augen, Nase, Mund, Bakken etc.) entlang gesetzt, um ihre plast. Form nachzuzeichnen und auf die Illusion des Betrachters einzuwirken. Gleiches gilt für Kontur und Gewandfalten. In verschiedenen Stilphasen wird dabei ein geringerer oder größerer Abstraktionsgrad eingesetzt, der im Extremfall auch manierist. Linien- wie Flächenmuster zuläßt. Daneben wird gezielt und als Kontrast auch die aus der Spätantike bekannte Streusetzung nach wie vor angewandt. In der Frühzeit scheinen im O eher nichtfigürl. M.en (Goldgrund, Kreuze und opulentes Ornament) bevorzugt worden zu sein; zumindest ist die H. Sophia in Konstantinopel so ausgestattet worden. Im Laufe des 6. Jh. allerdings nehmen figürl. M.en zu, die häufig wohl nur die wichtigsten Abschnitte eines Kirchenbaues zieren (Apsis, Apsisstirnwand bzw. Triumphbogen und Chor). Bei Baptisterien und kleineren (Grab-)Bauten allerdings ist Gesamtausstattung geläufig. Auch in mittel- und spätbyz. Zeit werden Nebenräume (Emporen, Parekklesien u. ä.) oft mit Wandmalereien versehen (Hosios Lukas, H. Sophia in Kiev, Apostelkirche in Thessalonike oder Chorakloster [Kariye Cami] in Konstantinopel). M. am Außenbau ist in Byzanz wohl nicht oder selten (Peribleptoskl. in Konstantinopel?) angewandt worden. Dafür ist es bei byz. beeinflußten M.en anzutreffen (Felsendom in Jerusalem 691/ 692, Omayyadenmoschee in Damaskus nach 714/715, in der Toskana im hohen MA (Lucca), Parenzo/Poreč). Der Export von Material, Künstlern oder ganzen Werkstätten ist mehrfach durch Q. belegt (Medina, Kiev, Montecassino, Venedig) oder aus Stil und Umfang der Arbeiten zu erschließen (Sizilien, Torcello, Venedig). Aus diesen Zentren heraus haben sich jeweils auch einheim. Werkstätten gebildet. Auch die röm. Meister des 13. Jh. haben neue byz. Stilströmungen aufgenommen.

Eine Sonderform des M.s bilden die *Mosaikikonen*, die in großen, mittleren und kleinen Formaten vorkommen. Einer der Ausgangspunkte für sie ist das Templon bzw. die Ikonostas. Dazu gehörige Proskynese-Ikonen (in der Regel mit Ganzfiguren) sind noch auf der Wand rechts und links in die Inkrustation eingelassen (Kariye Cami), andere, mittelgroße waren in das Templon eingelassen oder dienten der Verehrung auf den Proskynetarien, während die kleinstformatigen (auch Diptychen: Florenz, Festtagstäfelchen) eher der privaten Andacht dienten. Als Träger (außer bei einer Zwischenstellung einnehmenden Templon-Endikonen) dient fast ausschließl. Holz. Für die Tesserae wurden Email, Glas und Metall verwendet, nie Stein oder Terracotta. Als Setzbett diente in einen Rahmen eingelassene Schicht aus Wachs oder Mischung aus Wachs und Harz. Ihre Oberfläche ist – im Gegensatz zur variierenden Setzung beim Monumental-M. – glatt und eben. M. Restle

Lit.: O. DEMUS, Byz. Mosaic Decoration, 1948 [Neudr. 1953] – DERS., The Mosaics of Norman Sicily, 1949 – P. A. UNDERWOOD, The Kariye Djami, I–IV, 1966–75 – V. LAZAREV, Storia della pittura biz., 1967 – I. FURLAN, Le icone bizantine a mosaico, 1979 – A.-A. KRICKELBERG-PÜTZ, Die M.ikone des Hl. Nikolaus in Aachen Burtscheid, AaKbll 50, 1982, 9–141 – O. DEMUS, The Mosaics of San Marco in Venice, 1984 – DERS., Die byz. M.ikonen (bisher ersch. I: Die großformatigen Ikonen, 1991ff., s. o. I. und II.).

IV. ISLAMISCHER BEREICH: Fusaifisā' ist im Arab. ein griech. Lehnwort, da M.en in Arabien nicht verbreitet waren. – Für den Wiederaufbau der Kaʿba in Mekka (684) wurden Glaswürfel aus einer Kirche in Ṣanʿā' (Yemen) beschafft. Der große Bestand erhaltener M.en in den eroberten Ländern veranlaßte die frühen islam. Herrscher, Gotteshäuser mit M.en zu bauen, die mit den älteren rivalisieren konnten. Der Felsendom in Jerusalem (691) und die Gr. Moschee in Damaskus (706–715) besitzen unterschiedl. umfangreich erhaltene M.en über Marmorsockeln innen, früher sogar außen, der Felsendom auch im Tambour der Kuppel; für den Innenraum sind sie auch in der Moschee des Propheten in Madīna belegt (706–715). Es verband sie wohl ein Programm mit visionären Aspekten des koran. Paradieses mit gigant. Bäumen und Pflanzen, zusammen mit Juwelen in Jerusalem, in Damaskus mit zwei Klassen der Paradiesarchitektur und so wahrscheinl. auch in Madīna, verbunden mit koran. Inschriften. – Für Jerusalem sind byz. Künstler erst in späten arab. Q. nicht überzeugend behauptet worden. Für Madīna sind Künstler aus Syrien und Palästina, die noch in der dort lebendigen ostrom. Tradition ausgebildet worden waren, ebenso bezeugt wie koptische aus Ägypten. – Mehrere omayyad. Residenzen besaßen Bodenm.en: Minya, Quṣair ʿAmra, ʿAnǧar, Qaṣr al-Ḥallābāt, Qaṣṭal, v. a. Ḥirbat al-Mafǧar, wo sich auch emblemat. Darstellungen finden, alle zw. 705 und 743. – Weder in der Technik noch in den Ornamenten entfernen sich die M.en von der Tradition; nur das Programm der ersten beiden Beispiele ist innovativ. – Zwei Beispiele sind in der abbasid. Metropole Sāmarrā (Irak) ausgegraben worden, in der Gr. Moschee (847–861) und von der Fassade des Schlosses Balkuwārā (849–859). – In zwei tunes. Residenzen sind ornamentale Bodenm.en gefunden worden: in der aġlabid. in Raqqāda bei Kairuan (um 900) und in der fāṭimid. in Mahdiyya (934–946). Die Fāṭimiden schmückten auch die Wände der al-Aqṣā-Moschee in Jerusalem aus. – In Spanien kommen prachtvolle M.en in der Erweiterung der Gr. Moschee von Córdoba durch al-Ḥakam II. vor (961 begonnen); für die Kuppel vor dem Miḥrāb, dessen Fassade und die der benachbarten Portale wurden Künstler aus Byzanz erbeten; daher die nicht typ. islamisch strikte Symmetrie. – In Kairo sind mamlūk. M.en aus den Jahren 1250, 1296, 1309 und 1339 erhalten, in Damaskus im Mausoleum von Sultan Baibars I. innerhalb seiner Madrasa aẓ-Ẓāhirīya (von 1277 an). – Ein Corpus der erhaltenen und der nur in Q. erwähnten M.en fehlt. Die im 12. Jh. in der selǧūqischen Türkei aufkommende, sich dann über weite Gebiete der islam. Welt bis nach Spanien (Granada, Sevilla) und in den Iran verbreitende Technik des sog. Fayence-M.s benutzt verschieden große, aus monochrom glasierten Fliesen geschnittene Elemente in mehreren Farben anstelle der Glaswürfel. K. Brisch

Lit.: EI II, 955–957 – G. WIET – L. HAUTECOEUR, Les Mosquées du Caire, 1932 – K. A. C. CRESWELL, Early Muslim Architecture, I², 1969, Part 1, 213–322; Part 2, 323–372 [M. VAN BERCHEM]; II, 1940 – DERS., The Muslim Architecture of Egypt, I, 1952; II, 1959, 131f. – DERS., A Bibliogr. of the Architecture, Arts and Crafts of Islam to 1th Jan. 1960, 1961 – Suppl. Jan. 1960 to Jan. 1972, 1973 – DERS., Second Suppl. Jan. 1972 to Dec. 1980 by J. D. PEARSON, 1984 – R. ETTINGHAUSEN, From Byzantium to Sasanian Iran and the Islamic World, 1972 – M. MEINEKE, Fayencedekorationen seldschuk. Sakralbauten in Kleinasien, 2 Bde, 1976 – H. STERN, Les Mosaïques de la Grande Mosquée de Cordoue, 1976 – J. D. PEARSON, Quarterly Ind. Islamicus, 1981 ff.

Mosaikboden → Fußboden, -mosaik

Mosaikikone → Mosaik, III.

Mosaisches Gesetz → Dekalog

Mosapurg, Siedlungskomplex mit Festung im Moorgebiet des Flusses Sala (Zala), erwähnt in der →»Conversio

Bagoariorum et Carantanorum« (c. 11, 13) als Sitz der slav. Fs.en Privina und →Kocel. Die Festung wurde um 840 von dem aus Nitra geflüchteten und in Pannonien belehnten Privina ausgebaut. Die »Conversio« erwähnt auch drei M.er Kirchen: die Marienkirche (infra munimen), geweiht 850 vom Ebf. v. Salzburg Liupram, die vom Ebf. selbst errichtete Hadrianskirche (infra civitatem) und eine Johannes-Baptista-Kirche (in eadem civitate), die als älteste Taufkirche des Gebiets gilt. Die Tätigkeit der Salzburger Mission brach in der Zeit Kocels († um 875) ab, als Method (→Konstantin und Method) in M. auftrat. Nach Kocels Tod, als Unterpannonien unter die Verwaltung Arnulfs v. Kärnten kam, wurde die Festung wahrscheinl. zur Pfalz. Zum Schutz gegen Ungarneinfälle betraute Arnulf 896 Brazlavo, Slavenfs. an der Save, mit der Verteidigung der urbs paludarum (Ann. Fuld.). M. wird mit dem heutigen Dorf →Zalavár am Plattensee identifiziert, wo im frühen 11.Jh. ein OSB Kl. erbaut wurde, dessen Schutzheiliger Hadrian war. Á. Cs. Sós

Lit.: Th. v. Bogyay, Mosapurc und Zalavár, SOF 14, 1955, 349-405 – Á. Cs. Sós, Die slaw. Bevölkerung W-Ungarns im 9.Jh., 1973.

Moschee, Platz, an dem sich die Muslime zum gemeinsamen Gebet versammeln; Name leitet sich ab von arab. *masǧid* 'Ort, an dem man sich (vor Gott zum Gebet) niederwirft'. Aber nicht allein zum Gebet versammeln sich die Muslime in der M.; sie ist seit der Frühzeit des →Islams auch Versammlungsort, an dem über allg., die Gemeinschaft der Muslime betreffende Probleme gesprochen wurde; daher auch ein zweiter Name für die M. *ǧāmiᶜ*, (die 'Freitagsm.'; frei übersetzt) 'Versammlungsort'. In der M. wird auch gelehrt (→Madrasa); die berühmteste islam. Univ. ist die Azhar-M. in Kairo. In der M., die nicht 'geweiht' ist, können in Ruhe Gespräche aller Art geführt werden. Als gemeinsamer Ort des Gebets und Ort, an dem die Probleme der jungen muslim. Gemeinde besprochen wurden, war die erste M. das Haus des Propheten →Mohammed in →Medina, das aus einem großen, ummauerten Hof bestand, an dessen Ostseite vom Hof zugängl. Einzelräume gebaut waren. Im S, Richtung Mekka, befand sich vor der Hofmauer ein Sonnenschutzdach, das den in diese Richtung (Gebetsrichtung *qibla*) Betenden Schatten spendete.

Ummauerter Hof und baul. Betonung der Gebetswand, Qibla, die überall in der islam. Welt in Richtung Mekka gebaut ist, wurden zum Grundvokabular der M. Auf der Arab. Halbinsel, im Irak und in Ägypten der frühen islam. Zeit prägte die Idee der 'M.' des Propheten den Stil des M.baus. Hier entstand in der frühen islam. Zeit die 'arab.' oder 'Hypostylon'-M., die aus einer langrechteckigen Umfassungsmauer und einem überdachten Betraum (*ḥaram*) vor der Qibla-Wand bestanden. Bei manchen dieser M.n umliefen die übrigen Seiten des Hofes überdachte Umgänge (*riwāq*).

Maßgebl. für den M.bau wurde die um ca. 710 in →Damaskus gebaute Omayyaden-M. Da für ihren Bau als Umfassungsmauer die O-W gestreckten Mauern des Temenos des röm. Tempels benutzt wurden, ist sie breiter als tief, hat vor der Qiblawand eine querlaufende dreischiffige Bethalle, und die übrigen Seiten ihres Hofes umlaufen Arkaden. Die Mitte der Qiblawand markiert eine Gebetsnische (*miḥrāb*). Auf sie läuft ein in der Mitte von einer Kuppel überragtes Querschiff. Eine Ausrichtung auf die Gebetsnische und die rechts neben ihr aufgestellte 'Kanzel' (*minbar*) unterscheidet diesen 'syr.' M.typ vom 'arab.'. Die Ausrichtung auf den Miḥrāb und die Betonung der auf ihn bezogenen Achse begegnen in Damaskus erstmals.

Auch wurden hier die Türme des röm. Temenos die Prototypen des Minaretts, des Turmes, von dem durch den Muezzin (*mu'aḏḏin*) zum Gebet gerufen wird. Aus einem nur nach der Gebetsrichtung gerichteten Bauwerk entstand in Damaskus ein auf ein Zentrum, die Gebetsnische, orientiertes mit Türmen. Etwa gleichzeitig mit der Omayyaden-M. entstand in Jerusalem die Aqṣā-M. Als Langbau mit betonter Miḥrābzone ist sie eine Verbindung des 'arab.' und des 'syr.' M.typs. In ihrem Grundriß zeichnet sich nicht nur eine Betonung der Miḥrābachse ab. Sie hat vor der Qiblawand ein Querschiff, was zu einer T-förmigen Akzentuierung der Bethalle führt und maßgebl. für die M.architektur im w. Islam (Ägypten bis Spanien) werden sollte. Nach diesen ersten drei M.typen entstand im 11.Jh. in Iran ein vierter, der alte iran. Bauformen aufnahm: den *Īwān*, eine an drei Seiten umwandete und von einem Gewölbe überspannte Halle, die sich zum Hof hin öffnet, und den vor dem Miḥrāb mit dem Īwān verbundenen, quadrat. Kuppelbau. Vier Īwāne öffnen sich in den Achsen des Hofes zu diesem, und vor dem Miḥrāb erhebt sich eine Kuppel, die ihn als Kernstück der M. ausweist. Die Kuppel schlechthin definiert den spätesten M.typ, den türk. Nach der Eroberung Konstantinopels im 15.Jh. bauten die osman. Türken von weiten und hohen Kuppeln überragte (nahezu) Zentralbauten, deren formales Vorbild die Hagia Sophia war. H. Gaube

Lit.: E. Kühnel, Die M., 1949 – D. Kuban, Muslim Religious Architecture, 1974 – U. Vogt-Göknil, Die M., 1978.

Moschopulos, Manuel, byz. Philologe, * ca. 1265, † ca. 1316. M. machte es sich ebenso wie sein Lehrer →Planudes in Konstantinopel und Thomas Magistros und Demetrios Triklinios, die in Thessalonike wirkten, zur Aufgabe, prakt. Arbeitsbehelfe für den Unterricht in der gr. Hochsprache anzubieten, anhand antiker Texte das Studium der Grammatik in Form von sog. Technologien zu organisieren, die Methode der →Erotapokriseis in den Unterricht einzubauen, die seit dem 12. 'moderne' Schedographie anzuwenden und die antiken Texte zwecks neuer Ausg.en durch Kollation von Hss. und einige Konjekturen zu verbessern. M. war in all diesen Sparten tätig. Sein attizist. Lex. hat sich zwar als Kompilation eines Anonymus erwiesen, der die Technologien des M. zu den 'Imagines' des älteren Philostratos ausbeutete. Kürzl. wurden seine Technologien zu Ilias A. B publiziert. In seinen Erotemata (grammat. Fragen) bediente sich M. der Erotapokriseis, während er in einem eigenen Abschnitt (περὶ σχεδῶν) auf die Schedographie zurückgriff. Ein unter seinem Namen laufendes Dialekt-Kompendium (Cengarle) enthält einen schwer herausschälbaren Anteil des M. Schließlich schrieb er über die →mag. Quadrate und befaßte sich auch mit Metrik. Seine Beteiligung an Rezensionen von Klassikertexten ist nicht leicht abzugrenzen. Die Angabe des Triklinios, ein vorgesetztes Kreuz in einem Scholienapparat bedeute Herkunft des Textes von M., ist nicht unfehlbar. Von den Tragikertexten hat M. die Trias des Sophokles und Euripides, ferner 8 Gedichte Theokrits und die Olymp. Oden Pindars textkrit. bearbeitet. Von den über 200 erhaltenen Pindar-Hss. stammen mehr als 60 von seiner Rezension. Seine Konjekturen sind von sehr unterschiedl. Qualität. H. Hunger

Ed.: Erotemata, Basel 1540 – Περὶ σχεδῶν, J. Kurzböck, 1773 – Opuscula grammatica, ed. F. N. Titze, 1822 – Ps.-M.: S. A. Cengarle, Acme 24, 1971, 231–292 – Iliasparaphrase: S. Grandolini, Ann. Fac. Lett. Filos. Univ. Perugia 18, 1980/81, 5–22 [B. 2] – Dies. (Studi in onore di A. Colonna, 1982), 131–149 [B. 1] – Lit.: Tusculum-Lex., 1982³, 537–539 – Hunger, Profane Lit., II, 70f., 79, 247 [Lit.] – P. Ippolito, Una grammatica greca fortunata: gli 'Erotemata' di M.

Moscopulo, Rendiconti Accademia arch. lett. e belle arti Napoli, NS 56, 1981, 199–227 – C. GALLAVOTTI, Nota sulla schedografia di Moscopulo e suoi precedenti fino a Teodoro Prodromo, Boll. Classici (Accad. Lincei) s. III 4, 1983, 3–35.

Moschus (arab. *misk*, gr. μόσχος, lat. muscus), stark duftendes Sekret des zentral- und ostasiat. geweihlosen M.hirsches, das sich während der Brunft in einem Beutel der Nabelgegend bildet. Byz., arab. und salernitan. Autoren beschreiben arzneiliche Anwendung bei Ohnmacht, Erschöpfungszustand, Depression, Krämpfen, Migräne, Menostase, Sehstörungen, Atembeschwerden, Herzklopfen, Verdauungsstörungen, Übelkeit. M. neutralisierte Gifte wie →Eisenhut und →Mutterkorn und wirkte ferner als →Aphrodisiacum; s. a. →Riechapfel. Die arzneil. Verwendung des Moschus in Deutschland datiert erst aus dem 15. Jh.
M. E. v. Matuschka

Q.: Gart der Gesundheit, Mainz 1485, II, 272 [Faks. 1924] – Constantinus Africanus, Opera, Basel 1536, I, 354; ebd. 1539, II, 136f. – [Ps.] Ioannis Serapion, De simplicium medicamentorum hist., Venedig 1552, 67ᵛ–68ʳ – Simeon Seth, De alimentorum facultatibus, Paris 1658, 70f. – Ibn al-Baiṭār, Traité des Simples. Traduction L. LECLERC, 1877, III, 316–319 – Alexander v. Tralles, hg. T. PUSCHMANN, 1878–79, l. XII – Aëtius Amidenus, Libri medicinales, hg. A. OLIVIERI, 1935, I, 131 – Lit.: L. KROEBER, Zur Gesch., Herkunft und Physiologie der Würz- und Duftstoffe, 1949, 11–14, bes. 12.

Moscoso, Adelshaus in →Galicien, seit dem 14. Jh. mit Besitz- und Herrschaftsschwerpunkt in der Burg Altamira und den umliegenden *Señoríos*. Die M. erwarben durch Erbgang Eigentum in der Stadt→Santiago de Compostela sowie große Güter in der *Tierra de Santiago* (Campo, Becerra, Montaos). Mit Rodrigo de M. stellten sie einen Compostellaner Ebf. Die bedeutendste Persönlichkeit dieses Geschlechtes wurde im 15. Jh. Ruy Sánchez de M. (1402–56), der in Opposition zu den Ebf.en – v. a. Lope de →Mendoza – und mit Hilfe der Gf.en v. →Trastámara und des *Condestable* Alvaro de →Luna imstande war, sich als Herr v. Altamira und →Pertiguero Mayor von Santiago (seit 1441) eine überragende Machtstellung aufzubauen. Trotz der ständ. Aufstandsbewegung der *irmandiños* (1467) und des erbitterten Kampfes der M. und ihrer Verbündeten (→Castro, →Pimentel, →Sotomayor, →Ulloa) gegen den Einfluß der →Fonseca und ihrer Helfer auf dem Compostellaner Erzstuhl (→Osorio; zeitweise auch die Ulloa) verstanden es Ruys Nachkommen, ihre Position zu halten. Sie wurde nicht zuletzt durch die Akzeptanz der Herrschaft der Kath. Kg.e gestärkt, die Lope Sánchez de M. (1468–1504) zum ersten Gf.en v. Altamira aufsteigen ließ.
L. Vones

Lit.: B. VICCETTO, Hist. de Galicia, VI, 1872, 404–485 – A. LÓPEZ FERREIRO, Galicia en el último tercio del siglo XV, 1883 – J. GARCÍA ORO, Galicia en la Baja Edad Media. Iglesia, señorío y nobleza, 1977, 95ff., 115ff. – DERS., La nobleza gallega en la Baja Edad Media. Las casas nobles y sus relaciones estamentales, 1981, bes. 181–211 – A. RODRÍGUEZ GONZÁLEZ, Las fortalezas de la mitra compostelana y los »irmandiños«, 2 Bde, 1984 – J. GARCÍA ORO, Galicia en los siglos XIV y XV, I, 1987, 268f., 311ff.

Mosel, linker Nebenfluß des Rheins, entspringt am Col de Bussang (S-Vogesen) und erreicht bis zur Mündung bei Koblenz eine Länge von 545 km; bedeutende antike Verkehrsader im Verbund mit Rhône und Saône. →Venantius Fortunatus schildert eine Schiffahrt des Jahres 588 von Metz nach Andernach; Salzhandel zw. Metz und Trier auf der M. erwähnt Gregor v. Tours. Während des MA war die M. in bescheidenem Umfang wohl schon ab Remiremont und Épinal befahrbar, als Transportweg erlangte der Fluß jedoch erst ab Toul – von wo Schiffe um die Mitte des 11. Jh. in Koblenz Zollgebühren entrichteten – eine erhöhte Relevanz. Die Rolle des Flusses im Rahmen der Landesherrschaften (u. a. Trier, Metz, Toul, Verdun, Bar, Lothringen, Luxemburg, Sponheim) kommt in zahlreich errichteten Burgen sowie flußabwärts von Metz auch in einer Reihe von Flußzöllen zum Ausdruck; Luxemburg und Trier nutzten zudem im SpätMA weitreichende Geleitrechte (→Geleit). Handelsgüter waren v. a. Wein, Getreide, Holz, Salz, Honig, Wolle, daneben auch Tuch. Im SpätMA verliert die M. als Verkehrsader gegenüber der →Maas, aber auch mehreren Fernstraßen aus verschiedenen Gründen an Bedeutung.
L. Clemens

Lit.: K. LAMPRECHT, Dt. Wirtschaftsleben im MA, 1885/86 [Neudr. 1969], II, 236–350 – J. SCHNEIDER, La ville de Metz aux XIIIᵉ et XIVᵉ s., 1950, 9–11 – J.-M. YANTE, Die Wirtschaftsverhältnisse in M.luxemburg 1200–1560, RhVjbll 51, 1987, 129–166.

Moser, Lucas, oberdt. Maler, bekannt durch die Signatur des 1432 datierten Magdalenen-Altars in der Pfarrkirche Tiefenbronn bei Pforzheim. Die drei Szenen aus der Vita der Hl.n (Meerfahrt, Ankunft in der Provence, letzte Kommunion) sind in eine einheitl. Meer- und Architekturlandschaft in der Art →Campins eingefügt: es ist die früheste Rezeption und Weiterentwicklung des neuen franco-fläm. symbol. Realismus in Oberdeutschland, auf der Basis des älteren→Weichen Stils psych. verinnerlicht.
Chr. Klemm

Lit.: W. BOECK, Der Tiefenbrunner Altar von L.M., 1951 – H. MAY, L.M., 1961 – CH. STERLING, Pantheon 30, 1972, 19–32 – R. E. STRAUB, E.-L. RICHTER, H. HÄRTLIN, W. BRANDT (Unters. und Konservierung ma. Kunstwerke, 1974), 9–46.

Moses

A. Judentum – B. Christentum

A. Judentum

M. erscheint in der hellenist.-jüd. Lit. des Frühjudentums v. a. als Erfinder, Gesetzgeber und Philosoph, während unter den vielfältigen Vorstellungen des rabbin.-talmud. Judentums die Gestalt des M. als Toralehrer sowie als alle übrigen Propheten überragender Mittler zw. Gott und Menschen hervorzuheben ist. Nach →Jehuda ha-Levi kam die Prophetie des M. ohne bes. körperl. Voraussetzung (Schlaf-Wachzustand) und eigenen Erkenntnisprozeß unmittelbar von Gott (Kusari I, 87). Auch →Maimonides hebt den speziellen Charakter der Prophetie des M. hervor: Außer M. haben alle Propheten ihre Offenbarungen in Träumen oder Visionen empfangen, die nur in Bildern und einer symbol. Sprache mitgeteilt werden konnten (MN II, 35). Außer M., dessen Prophetie nicht auf die Imagination angewiesen war, benötigten alle Propheten zur Erlangung ihrer Erkenntnis neben ethischen und gelehrten Qualitäten eine bes. imaginative Fähigkeit (MN II, 36, 38–30, 45). In der kabbalist. Lit. (→Kabbala) wird nicht nur in seinem unmittelbaren Aufstieg zu Gott das alle Menschen Überragende des M. gesehen (Zohar II, 79b). Er allein hat auch die »Urbilder« gesehen (Sef. Chochmat haNefesh, 20d) und ist der einzige Sterbliche, der als »Mann Gottes (der Schekina)« die myst. Liebesvereinigung schon zu Lebzeiten vollzogen und beständig in ihr gelebt hat (Zohar I, 236b). Auch in der Lehre von Seelenwanderung und Sympathie der Seelen ist die Gestalt des M. von Bedeutung: Eine enge Verbindung besteht zw. M. und Abel, dessen Seele die des M. ist, da er aufgrund einer falschen Beziehung zum Göttlichen dem Prozeß des Gilgul unterworfen war (Bachja ben Ascher zu Ex 3,6). Um Israel im Exil beizustehen, ist M. durch viele Gilgulim hindurchgegangen. Unter diesen Inkarnationsreihen ragt die Adam-David-Moses-Messias-Kette hervor. Jedoch ist auch in allen Generationen etwas von der Seele des M., etwa in jedem Gelehrten, der die Tora uneigennützig studiert (Ra'ja Mehemna III, 216a). R. P. Schmitz

Lit.: G. SCHOLEM, Die jüd. Mystik in ihren Hauptströmungen, 1957 – S. PINES–L. STRAUSS, Moses Maimonides, The Guide of the Perplexed, 1963 – J. S. MINKIN, The Teachings of Maimonides, 1987.

B. Christentum
I. Theologie – II. Ikonographie.

I. THEOLOGIE: Das M.bild des MA gründet sich auf NT und Patristik: Als Führer hat M. Israel gerettet, er ist Verfasser des Pentateuch (häufig als »Moyses« zitiert) und hat als Gesetzgeber dem jüd. Volk eine privilegierte Stellung verschafft. Mit M. beginnt ein neues Zeitalter: das der lex scripta, des geschriebenen Gesetzes (ihm voraus geht das der lex naturalis, und es folgt das tempus gratiae). Seine Befolgung garantiert dem jüd. Volk ird. Wohlergehen (temporalia bona). Fehler der Juden war, die Schrift nur nach dem Literalsinn (→Bibel, B.I.2) auszulegen. Anders M.: Dank seiner bes. Gottesnähe (Dtn 34, 10) kannte er als der größte Prophet (Thomas, S.Th. II, 2, 174, 4c) Gottes Heilsplan und Glaubensartikel (Petrus Lombardus 3 Sent 25, 2). Sowohl M. als Person (Hebr. 3, 1–6) als auch seine Schriften präfigurieren bereits das Christusgeschehen. Um dies zu erkennen, muß man »mystisch« (allegorisch) auslegen. So sagt z. B. die Glossa Ordinaria (zu Dtn 31, 30): »Gott hat durch M. allegorisch die Kirche instruiert«. Da M. in bes. Maße inspiriert war, umfassen seine Schriften auch alle Wahrheit der Philosophen (vgl. Numenios: Platon sei ein Moyses attikizon, ein attisch sprechender M. gewesen, so bei Euseb [praep. ev. 11, 10, 15] und noch bei →Pico della Mirandola im Heptaplus von 1489 [ed. E. GARIN, 170]. Man konnte daher Gen 1, das →Hexaemeron, als wiss. Kosmogonie auslegen, so bes. im 12. Jh. die Schule v. Chartres. M. gilt auch (v.a. im monast. Schrifttum) als »Beispiel par excellence für das vollkommene Leben oder auch ... für das kontemplative Leben« (CHATILLON 308). Er verkörpert alle Tugenden, seine Demut (Num 12, 3) ist beispielhaft für Prälaten. Insbes. die Konstruktion von Bundeslade und Stiftshütte (Ex 25, 10–22, 37, 1–9) verweist auf seine vita contemplativa.

R. Peppermüller

Lit.: DSMA X, 1453–1471 [P.-M. GUILLAUME] – Moïse, l'homme de l'Alliance, 1955 [hes. J. CHATILLON, Moise figure du Christ et modèle de la vie parfaite, 305–314] – H. DE LUBAC, Exégèse médiévale, 4 Bde, 1959–64 – R. PEPPERMÜLLER, Abaelards Auslegung des Röm, 1972 – J. ZAHLTEN, Creatio mundi, 1979 – B. SMALLEY, The Study of the Bible in the MA, 1984³.

II. IKONOGRAPHIE: Der Bedeutung des M. im AT und der jüd. wie chr. Theologie entspricht die Häufigkeit von spätantiken und ma. M.darstellungen in Einzelszenen und Zyklen. Für Szenenfolgen in monumentalem Zusammenhang und in der Buchmalerei gilt analog einiges unter →Genesis-Illustration Ausgeführte, etwa über die Synagoge in →Dura-Europos, die Langhausmosaiken in S. Maria Magg. in Rom, den →Ashburnham-Pentateuch und die →Oktateuche. Die Hinweisfunktion von M.szenen auf NT und Kirche setzt schon im frühen 4. Jh. ein, wenn in der röm. Grabkunst häufig das Wasserwunder des M. in ein Wunder des →Petrus verwandelt wird und auf Sarkophagen in Tarragona und Arles die Gesetzestafeln des M. ein →Christusmonogramm tragen. Die im MA so beliebte und auf zahlreiche M.szenen ausgedehnte →Typologie im engeren Sinne setzt erst später ein; die früheste Darstellung der schon in Joh 3,14 auf die Kreuzigung Christi bezogenen Aufrichtung der Ehernen Schlange wird bei Beda (Hist. Abbat. 9) für →Jarrow erwähnt (7. Jh.). Die Wertigkeit atl. Bilder läßt sich in der Kirche des Katharinenkl. am Sinai (6. Jh.) erkennen: Hier erscheinen trotz des Lokalbezuges die M.szenen des Brennenden Dornbuschs und der Gesetzesübergabe lediglich an der Apsisstirnwand, da atl. Bilder nie in der Apsiswölbung dargestellt wurden; das Apsismosaik zeigt mit der Verklärung Christi, bei der M. anwesend ist (Mt 17, 1–9), ebenfalls eine Theophanie auf einem Berge. In der ma. Kathedralplastik und Glasmalerei wurde M. auch Prophetenreihen zugesellt. Die Darstellung des gehörnten M. seit dem 11. Jh. (Datierung: MELLINKOFF; Denkmälerverzeichnis: SCHLOSSER) geht auf die Fehlübersetzung des strahlenden Gesichts (Ex 34, 29) in der Vulgata des Hieronymus zurück (→Bibelübersetzungen). J. Engemann

Lit.: DACL XI, 2, 1648–1689 – LCI III, 282–297 [SCHLOSSER] – U. DIEHL, Die Darstellung der Ehernen Schlange ... [Diss. München 1965] – P. P. V. VAN MOORSEL, Mededelingen Nederl. Hist. Inst. Rome 33, 1966, 1–129 – R. MELLINKOFF, The Horned Moses in Medieval Art and Thought, 1970 – B. BRENK, Die frühchr. Mosaiken in S. Maria Magg. zu Rom, 1975 – A. ST. CLAIR, CahArch 32, 1984, 15–30.

Moses

1. M. v. Bergamo (M. del Brolo), * vor 1100, † vermutl. nach 1156/57, fand als hervorragender Kenner des Griech. um 1125 eine Stellung als Sekretär am Hof in Konstantinopel, wo er 1136 an der theol. Disputation zw. →Anselm v. Havelberg und Niketas v. Nikomedien als von beiden Seiten hochgeschätzter Dolmetscher teilnahm. Sein einziges poet. Werk ist der vermutl. vor der Abreise nach Byzanz entstandene, wohl unvollendete Pergaminus in 372 zweisilbig paargereimten Hexametern (caudati), in dem er Umgebung, Bauten und legendar. Frühgesch. seiner Heimatstadt Bergamo rühmt. Aus der Zeit in Byzanz sind außer zwei Briefen an den Bruder Petrus eine Erklärung der in den Vulgata-Prologen des Hieronymus gebrauchten griech. Wörter und Übers. eines anonymen griech. Trinität-Traktats sowie der Liste der Apostel und Schüler Christi des Ps.-Epiphanios erhalten. B. Pabst

Ed.: G. CREMASCHI, Mosè del Brolo e la cultura a Bergamo nei sec. XI–XII, 1945 – DERS., La »Exceptio compendiosa de divinitus inspirata scriptura«, Bergomum 47, 4, 1953, 29–69 – G. GORNI, Il »Liber Pergaminus« di Mosè de Brolo, StM 11, 1970, 409–460 – F. DOLBEAU, AnalBoll. 104, 1986, 299–314 [Aposteliste] – Lit.: CH. H. HASKINS, Stud. in the Hist. of Mediaev. Science, 1927², 197–206 – MANITIUS III, 683–687 – G. CREMASCHI, Nuovo contributo alla biogr. di Mosè del Brolo, Bergomum 48, 1, 1954, 49–58.

2. M. ben Maimon → Maimonides

3. M. ben Nachman → Nachmanides

Mos Gallic(an)us → Jahr

Moskau, Stadt und Fürstentum
A. Stadt – B. Fürstentum

A. Stadt
I. Allgemeine und politische Geschichte – II. Gesellschaft und Wirtschaft – III. Kirchliche Einrichtungen – IV. Bevölkerung.

I. ALLGEMEINE UND POLITISCHE GESCHICHTE: Zum ersten Mal wird M. (nach IL'INSKIJ in Umdeutung eines ursprgl. nichtslav. Ortsnamens von aslav. mosky 'sumpfige Gegend' abzuleiten) 1147 als Grenzburg des Fsm.s → Vladimir-Suzdal' gen. Die kleine Spornbefestigung des 2. Hälfte des 11. Jh. (ca. 1 ha) wurde um 1150 im Zusammenhang mit Landesausbau und Verlagerung des polit. Schwerpunktes der →Rus' von →Kiev nach Vladimir unter →Jurij Dolgorukij und seinem Sohn →Andrej Bogoljubskij vergrößert. Ein Brand von 1177 betraf Burg wie suburbium (posad) am Flußhang und auf der Höhe ö. des Kreml' mit dem ältesten Markt. Funde aus dem Kiever Gebiet in den Schichten des 12. Jh. lassen Handelskontakte der Siedlung mit dem S erkennen.

In den dynast. Kämpfen der →Rjurikiden wird M. mehrfach als strateg. wichtiger Platz erwähnt und 1237 durch die →Tataren zerstört. Das 'Tatarenjoch' brachte v.a. für Handel und Städtewesen Ende des 13. Jh. Stagnation und für die zentralen ländl. Siedlungsgebiete des NO Bevölkerungsverluste, weniger deutl. für M. 1282 wurde M. Residenz von →Daniil, einem jüngeren Sohn Aleksander (→Alexander) Nevskijs. 1317 wurden die M.er Fs.en vom Chan der →Goldenen Horde als Gfs.en v. Vladimir und wenig später als Einzieher der Tatarenabgaben im NO eingesetzt. Der damit verbundene polit. und wirtschaftl. Machtzuwachs brachte auch der Stadt einen Aufschwung, ablesbar zuerst an ihrem Zentrum, dem →*Kreml'*, in dem seit 1326 eine Reihe von Steinkirchen entstanden.

1365 erweiterte →Dmitrij Donskoj den Kreml' fast auf die heutige Fläche (ca. 28 ha) und umgab ihn zum Zeichen seines herrscherl. Selbstbewußtseins mit einer Befestigung 'aus weißem Stein'. Die endgültige Konsolidierung der Herrschaft der M.er Gfs.en in der 2. Hälfte des 15. Jh. fand ihren Niederschlag in der Bauphase seit etwa 1470. Der Neubau der Himmelfahrt-Mariae-Kathedrale (*Uspenskij sobor*) wurde 1479 in bewußtem Rückgriff auf Vladimirer Traditionen des 12. Jh. von dem it. Baumeister Aristotele →Fioravanti vollendet. 1485-1516 errichteten ebenfalls it. Bauleute die noch erhaltenen Mauern und Tore des Kreml' als Rahmen für die neuen repräsentativen Palastbauten und Kirchen. Bis zum Ende des 15. Jh. befanden sich dort neben dem Hof des Gfs.en die Höfe der Mitglieder der großfürstl. Familie, des Metropoliten (seit 1326), von Bf.en und Kl., Adelsfamilien und wohlhabenden Kaufleuten. Seit →Ivan III. Vasil'evič wurde der Kreml' als Residenz des Herrschers umgestaltet; nur führende Bojaren und Dienstleute durften dort noch wohnen. Als Stadtteile werden aus Anlaß des großen Brandes v. 1365 erstmalig gen.: ö. der *Große Posad*, w. und n. das *Zaneglimen'e* (Siedlung jenseits der Neglinnaja), s. das *Zamoskvoreč'e* (jenseits der Moskva) und das *Zajauz'e* (jenseits der Jauza). Erst 1586 wurden alle Viertel mit dem Mauerring der 'Weißen Stadt' (*Belyj gorod*, heute Boulevardring) umgeben. Die vier Hauptstraßen des Großen Posad v. 1365, darunter die Große Straße als älteste, trafen sich ursprgl. auf dem Markt vor der Burg. Die Kreml'-Erweiterungen v. 1367 und 1500 verschoben das Viertel nach O und schufen die radiale Ausrichtung der Straßen auf den heut. Kreml'-Platz (*Krasnaja ploščad'* 'Schöner Platz').

Zunächst lebten hier v.a. Handwerker und Kaufleute. Seit dem 15. Jh. wurden die Handwerker zugunsten der Höfe von Bojaren, Dienstleuten und Kl. verdrängt. Seit etwa 1500 wurde das Viertel zum Zentrum des Fern- und Außenhandels mit Markt, Handelsreihen, Handelshöfen für den Fern-, v.a. den Orienthandel, Kramstraßen, aber auch dem Zoll- und dem Münzhof sowie Behördengebäuden ausgebaut. Seit der Ummauerung v. 1534 wurde der Große Posad als *Kitaj gorod* (von *kit* 'Flechtwerk' oder *Kitaj* 'China') bezeichnet, als zweite Befestigung (→*gorod*) neben dem Kreml'. Er war der Funktion her nach diesem der wichtigste Stadtteil, aber nicht Stadtmitte als Sitz einer städt. Verwaltung.

Die übrigen Viertel entstanden – auch nach Ausweis der Grabungen – entlang der Straßen kaum vor dem 14. Jh. Im *Zaneglimen'e* lag eine Reihe von Dörfern und Siedlungen, die zur Hofwirtschaft oder zum Besitz von Teilfs.en und Bojaren gehörten, aber seit dem 15. Jh. eng mit Stadtwirtschaft und Handel verflochten waren. Im 16. und 17. Jh. überwogen hier die Höfe adliger Dienstleute. Im *Zamoskvoreč'e* lagen Dörfer, die den Hof zu versorgen hatten, Kleinsiedlungen von Dienstleuten und Tataren, die für den Verkehr mit den Tataren-Chanen benötigt wurden, mehrere Kl. und der Sommerhof der Zaren. Im *Zajauz'e* siedelten nach ihrer Verdrängung aus dem Großen Posad Töpfer und Schmiede. Beide Viertel wurden erst nach dem 16. Jh. dichter bebaut.

II. GESELLSCHAFT UND WIRTSCHAFT: Soziale Struktur, wirtschaftl. Ordnung und Verwaltung der Stadt wurden durch die Ausrichtung auf den Hof des Gfs.en und den wirtschaftl. Charakter der Fs.enherrschaft des 13.–15. Jh. geprägt. Stadtrecht, Bürgergemeinde, eine eigene Stadtverwaltung oder eine Volksversammlung (*veče*) wie in →Novgorod entwickelten sich nicht. Die steuer- und lastenpflichtige freie Bevölkerung, die sog. Schwarzen Leute, waren in Stadt und Land grundsätzl. gleichem Recht unterworfen. Sie unterstanden Hundertschaftsführern (→*sotskie*) und Ältesten (*starosty*), die wohl v.a. für die Erhebung der Steuer (*tjaglo*), Aufrechterhaltung der Ordnung und militär. Aufgaben zuständig waren. Die später in M. belegten Hundertschaften (*sotni*) sind in der Mehrzahl kaum vor dem 16. Jh. entstanden und faßten ihre Mitglieder nach örtl. oder (seltener) nach berufl. Tätigkeit zusammen. Zünfte als korporative Organisationsformen des Handwerks sind nicht zu erkennen. Zur Versorgung des großfürstl. Hofes als Zentrum der Herrschaft entstanden auf Dienstleistungen und Produktion spezialisierte Siedlungen, sog. Freiheiten (*slobody*), die seit dem Ende des 14. Jh. v.a. von freien, aber abhängigen Dienstleuten sowie von unfreiem Gesinde besetzt waren. Sie waren aus der allg. Steuerpflicht und der Gerichtsorganisation der lastenpflichtigen Bevölkerung herausgelöst. Auch die Höfe und Dörfer der Brüder des Gfs.en (Teilfs.en), der Kirche und des Adels, v.a. der Bojaren, waren so organisiert und nahmen über Handel und handwerkl. Produktion voll am wirtschaftl. Leben der Stadt teil. Die kirchl. Höfe waren überdies auch von der Handelsumsatzsteuer (*tamga*) befreit. Weil die *slobody* wegen ihrer Steuerfreiheit große Anziehungskraft hatten, wurde die Aufnahme steuerpflichtiger Leute immer wieder verboten.

Fernhandel betrieben die sog. *gosti*. Ende des 14. Jh. werden *surožane* (Fahrer nach Surož auf der Krim) und *sukonniki* (Tuchhändler) als Sondergruppen gen., die v.a. den Handel mit Orientwaren im Tausch gegen die klassischen Waren des N (Pelzwerk) besorgten. Über Fahrt- und Handelsgenossenschaften (Karawanenhandel) und Familienunternehmen hinaus ist eine ständ.-korporative Ordnung der Kaufleute (Gilden) nicht greifbar. Seit Ende des 15. Jh. wurden immer wieder Kaufleute anderer Städte nach M. zwangsumgesiedelt. Im 16. Jh. wurden die Kaufleute in mehreren Rängen zu Dienstleuten des Zaren. Der Umfang des zur Versorgung der Stadt als Zentrum des Staates um 1500 notwendigen Handels bis hin zu Luxusgütern und Kriegsmaterial war beträchtlich, sein Erscheinungsbild sehr bunt, da auch der Adel über Beauftragte an ihm teilnahm. Seit Beginn des 16. Jh. bestand für ausländische Waren →Stapel- und Wiegezwang.

Der Tausendschaftsführer (→*tysjackij*) war bis zur Mitte des 14. Jh. der höchste Amtsträger des Gfsm.s und damit auch der Stadt, zugleich militär. Führer und zuständig für Steuererhebung und Handelsgericht. Nach 1373 trat der Große Statthalter (*Bol'šoj namestnik*) an seine Stelle, zuständig für Stadt und Land, bei Totschlag und handhafter Tat auch für die *slobody*. Neben und nur z.T. unter ihm standen die Statthalter der sog. Teilfs.en, die als Verwandte des Gfs.en durch die Drittelordnung, d.h. die von →Ivan I. Kalita verfügte Erbteilung für seine drei

Söhne, 1339-ca. 1460 an der Herrschaft und der Verwaltung der Stadt beteiligt waren. Erst dann gelang es den Gfs.en, diese Rechte zurückzudrängen.

III. KIRCHLICHE EINRICHTUNGEN: Älteste Kirche im Kreml' ist die des Johannes d.T. Die Erlöserkathedrale (*Spasa na boru*) trägt ein Mitte des 12. Jh. von den Fs.en bevorzugtes Patrozinium. Der erste Fs. M.s gründete 1282 das Daniilkl. als Sitz eines →Archimandriten (Rang seit 1330 beim großfürstl. Hauskl. an der Erlöserkathedrale im Kreml') und wurde 1304 in der Erzengelkathedrale begraben. Für den seit 1326 in M. residierenden Metropoliten wurde die Kathedrale der Himmelfahrt Marias (*Uspenskij sobor*) als erste Steinkirche M.s errichtet. 1329 wurde die Erlöser-, 1334 die Erzengelkathedrale in Stein neu aufgeführt. Der Stadtbrand v. 1343 zerstörte bereits 28 Kirchen in M. Nach 1365 entstanden im Kreml' als Hauskl. des Metropoliten das Čudovkl. (Wunder des Erzengels Michael) mit der Aleksej-Kirche und das Kl. der Erhebung der Maria (*Voznesenskij mon.*) als Hauskl. der Gfsn.en. In der 2. Hälfte des 15. Jh. kam es unter dem Einfluß →Sergejs v. Radonež und korrespondierend zum Aufschwung M.s zu zahlreichen Kl.gründungen in den Außenbereichen der Stadt (z.B. Aleksej-, Petrov- und Andronik-Kl.).

IV. BEVÖLKERUNG: Dem Aufschwung um 1350 folgte bis etwa 1450 eine Wüstungs- und Krisenzeit, die sich auch für M. deutl. auswirkte. Schätzungen von TICHOMIROV von 10-30000 Einw. für ca. 1380 und 30-40000 Einw. um 1490 sind in den Obergrenzen vermutl. zu hoch, aber in der Tendenz richtig. W. Knackstedt

Lit.: I. E. ZABELIN, Istorija goroda Moskvy, I, 1905 - S. P. BARTEN'EV, Moskovskij Kreml' v stariny i teper', 1-2, 1912-16 - Istorija Moskvy, 1-6, 1952-59 - M. N. TICHOMIROV, Srednevekovaja Moskva v XIV-XV vv., 1957 - A. M. SACHAROV, Goroda Severo-Vostočnoj Rusi XIV-XV vv., 1959 - M. HELLMANN, Probleme früher städt. Sozialstruktur in O-Europa (VuF 11, 1966) - W. KNACKSTEDT, M. Stud. zur Gesch. einer ma. Stadt (Q. und Stud. zur Gesch. des ö. Europa, 8, 1975) [Lit.] - DERS., M.er Kaufleute im späten MA, ZHF 3, 1976, 1ff. - J. RABA, The Moscow Kremlin: Mirror of the Newborn Muscovite State (Tel Aviv Univ., Slav. and Sov. Ser. 2, 1976) - U. HALBACH, Der russ. Fs.enhof vor dem 16. Jh. (Q. und Stud. zur Gesch. des ö. Europa, 23, 1985).

B. Fürstentum

I. Die Anfänge – II. Territoriale Entwicklung – III. Das Verhältnis zu den Mongolen – IV. Der Kampf um die Vorherrschaft – V. Die Periode der dynastischen Kämpfe – VI. Kirchenpolitik.

I. DIE ANFÄNGE: Das in der nö. →Rus' gelegene Fsm. M. stieg während des 14. und 15. Jh. zur führenden Macht in Osteuropa auf, unter der Herrschaft seiner Fs.en aus der M.er Linie der→Rjurikiden, die über sieben Generationen in rücksichtslosem Kampf die Hegemonie errangen und sicherten, ihren Machtbereich weit über das Hundertfache des ursprgl. Herrschaftsgebietes erweiterten und am Anfang des 16. Jh. eine Fläche von 2,5 Millionen km² mit über 6 Millionen Einw. beherrschten. Der Gründer des M.er Fs.enhauses, →Daniil (1276-1303), Vater von →Jurij (1303-25) und →Ivan I. Kalità (1325-41), war Urgroßvater von →Dmitrij Donskoj (1359/62-1389), dessen Urenkel →Ivan III. (1462-1505) als erfolgreichster der M.er Herrscher die Grundlagen für den im 16. und 17. Jh. vollzogenen Aufstieg M.s zu einer 'eurasischen Weltmacht' Rußland schuf. Mit hohem Selbstbewußtsein sah sich die M.er Dynastie als direkter Erbe und Fortsetzer des Kiever Reiches (→Kiev), beanspruchte die Stellung des obersten Hüters der Rechtgläubigkeit und legitimierte so ihren Vorrang vor den anderen aruss. Fs.en und Gebieten.

Das M.er Reich ist entstanden aus einem zunächst unbedeutenden Kleinfsm. des Neulandes zw. Oka und →Wolga, in dem sich ostslav. Kolonisationstätigkeit entfaltete. Im Verlauf der slav. Landnahme wurden die ortsansässigen balt. (Galinden) und finnougr. Stämme größtenteils christianisiert; im Zuge der damit verbundenen Slavisierung begann sich seit dem 14.-15. Jh. die spätere 'großrussische Nation' zu konstituieren, mit wachsender Abhebung von den beiden anderen großen ostslav. Gemeinschaften (Ukraine, Weißruthenien). Während das Land in westl. Q. als Moscovia, Moschovia oder Moskovien bezeichnet wurde, legte die Herrschertitulatur den Akzent verstärkt auf die Herrschaft über die 'ganze Rus'', im 15. Jh. dann die 'ganze große Rus'' (»Gosudar' ... vseja velikija Rusi«); im Zuge der Unterwerfung der anderen aruss. Fsm.er wurden dem M.er Staatswesen Bezeichnungen beigelegt wie Russia, Rossia (gräzisierende Form), Rosie, Rosi Magno, Abta Russia sive Moscovia, Gran Rossia Bianka (A. Contarini, 1476), wobei die kirchl. Sprachregelung ('Megale Rhossia', ab 1303 für die größere Kirchenprovinz des Metropoliten v. Kiev 'und der ganzen Rus', in Unterscheidung von der 'kleineren' Metropolie v. →Halič) die M.er Herrschertitulatur deutlich beeinflußt hat.

Europa war durch die Herrschaft der →Mongolen gespalten. Die andauernde Kollaboration der M.er Fs.en mit den mongolo-tatar. Oberherren (→Goldene Horde) und die damit verbundene Übernahme von tatar. Bräuchen und (der staatl. Zentralisierung dienenden) Institutionen ließ das Fsm. M. manche Züge eines asiat. Staatswesens annehmen. Die während der entscheidenden Periode des »Sammelns des russ. Landes« ausgeübte Gewalt hatte auch eine Begrenzung der Rechte des →Adels zur Folge; das überkommene wechselseitige Beziehungsgeflecht (→Feudalismus, B.III) wurde zunehmend durch ein enges Untergebenen- und Knechtsverhältnis verdrängt; selbst Repräsentanten des Hochadels (→Bojaren) und der fsl. Familien mußten sich im Verkehr mit dem Gfs.en in erniedrigender Devotionsformeln befleißigen (1489 Brief des Fs.en Fedor Chovanskij an Ivan III.: »Mein Herr, ich Dein Knecht Fedorec [Ergebenheitsdiminutiv!] Chovanskij ...«). Die Angehörigen des kleinen und mittleren Dienstadels (→Pomest'e) und insbes. die 'Ministerialen' unfreier Herkunft waren leichter als der alte, vornehme Adel in ein solches Knechtsverhältnis einzubinden. Der M.er Staat entwickelte sich zu einer autokrat. Despotie, die neben dem mongol.-tatar. Muster seit dem 14. Jh. sich zunehmend das Selbstverständnis der byz. Herrscher (→Autokratie) zum Vorbild nahm.

II. TERRITORIALE ENTWICKLUNG: Entstanden um 1280 im Herrschaftsbereich der Gfs.en v. →Vladimir-Suzdal' als Teilfsm. des jüngsten Sohnes von → Alexander Nevskij, umfaßte das auf die Stadt M. zentrierte Fsm. zunächst kaum 12000 km². Die früheste Phase der Expansion erfaßte →Možajsk und →Volokolamsk im W, die Oka im S mit →Kolomna und →Serpuchov, im N das Becken der oberen Klaźma mit Radonež, im O das Becken der unteren Moskva; um 1339 war eine Ausdehnung von 21 300 km² erreicht. Im 14. Jh. (zu einem nicht genau bestimmbaren Zeitpunkt) erfolgte die endgültige Eingliederung von →Perejaslavl' Zalesskij und→Beloozero. Unter der Herrschaft →Simeons (1341-53) und →Dmitrij Donskojs (1359/62-1389) dehnte sich der M.er Herrschaftsbereich an der Oka bis Kašira aus, im NO auf die Gebiete an der Wolga, mit →Uglič und →Kostroma und weiter nördlich von Galič bis Beloozero, dessen verarmte Fs.en ihre Herrschaftsrechte an M. verkauften. Nachdem die M.er Fs.en auch die Oberhoheit über→Rostov und→Suzdal' gewonnen hatten, verleibten sie diese Fsm.er Stück für Stück dem eigenen Herrschaftsbereich ein. 1392 kaufte→Vasilij I. bei der Goldenen Horde den →jarlyk für das Fsm. →Nižnij Novgorod, das er samt den Städten Gorodec, →Murom, Meščera und Tarusa dem M. er Fsm. inkorporierte. Vasilij II. konnte in wechselvollem Ringen einige weitere Territorien eingliedern, v. a. aber sicherte er seinen Nachfolgern den Titel des Großfürsten v. Vladimir. Sein Sohn →Ivan III. verlieh diesem Territorialzuwachs eine neue Dimension, indem er neben vergleichsweise kleinen Ländern wie Vereja, Vjaẓma und dem nördl. Teil von →Rjazan' die Republik →Novgorod unterwarf (endgültig 1478), unter dem Vorwand der Sicherung der Rechtgläubigkeit, und sie als Patrimonium der M. er Ländermasse einverleibte; 1485 gliederte er das Fsm. →Tver' ein. Mit der Einnahme von →Vjatka (1489) war fast der gesamte NO Europas an M. gefallen. Damit hatte Ivan III. das ererbte Territorium von ca. 430000 km^2 auf fast das Sechsfache vergrößert. 1494 wurden einige kleine Fsm. er an der oberen Oka, 1503 →Černigov, →Brjansk und Kursk, die bis dahin unter Oberhoheit →Litauens gestanden hatten, dem M. er Fsm. einverleibt. Das (nominell unabhängige) →Pskov wurde 1510, →Rjazan' 1521 inkorporiert.

III. DAS VERHÄLTNIS ZU DEN MONGOLEN: Die mongol.-tatar. Oberhoheit über die aruss. Länder bildete den polit. Hintergrund des Aufstiegs M.s. Mit Gewandtheit verstanden es die M. er Fs.en, trotz vieler Rückschläge, die Politik der →Goldenen Horde für ihre Zwecke auszunutzen. Durch geschickte Diplomatie und skrupelloses Vorgehen konnten sie entgegen dem Senioratsprinzip (→Seniorat) schließlich die Würde des Gfs.en an sich reißen. Durch Erwirken der begehrten Jarlyks, der Gnadenerweise des Chans, bekamen sie die Einziehung des Tatarentributs in die Hand; die Einbehaltung eines Teiles dieser Abgaben stärkte ihre ökonom. Position. Ihre unterwürfige Haltung gegenüber den Chanen der Goldenen Horde half ihnen die eigene Machtstellung festigen; erst Konflikte innerhalb der Goldenen Horde erlaubten Dmitrij Donskoj eine gewisse Selbständigkeit, die durch finanzielle Potenz gefördert wurde (z. B. Rückgewinnung des von →Michail v. Tver' für das Gfsm. Vladimir gekauften Jarlyk durch reiche Geschenke M.s und den Auskauf des verschuldeten Konkurrenten durch 10000 Rubel / 1 Rubel = etwa 180 g Silber). Unter Ausnutzung der instabilen Situation konnte Dmitrij Donskoj auch militär. seine Macht erweitern, indem er einzelne tatar. Anführer mit Waffengewalt bekämpfte – immer noch unter dem Vorwand, den Chan gegen seine Feinde zu schützen.

Ermutigt durch seinen Erfolg in der Schlacht an der Voža (1378), stellte sich Dmitrij Donskoj dem Heer des tatar. Emirs und Usurpators →Mamái entgegen und erkämpfte am 8. Sept. 1380 auf dem 'Schnepfenfeld' (→Kulikovo) dank der Kriegskunst der Befehlshaber seines Heeres, bes. →Vladimirs, Fs. v. Serpuchov, den ersten großen Sieg eines aruss. Heeres über den tatar. Gegner. Die Bundesgenossen der Tataren, Gfs. →Jagiello v. →Litauen und Gfs. →Oleg v. Rjazan', hielten sich zum rechten Zeitpunkt von der Schlacht fern. War der militär. und polit. Erfolg zwar nur ein kurzfristiger, v. a. angesichts einer verheerenden Strafexpedition des Chans Tohtamyš (1382) mit Zerstörung M.s, so hatte die Schlacht v. Kulikovopole gleichwohl starke psychol. Auswirkungen: die Tataren galten nicht länger als im Felde unbesiegbare Gegner. Im 15. Jh. schwächte sich die Vormachtstellung der Goldenen Horde weiter ab, v. a. infolge der Invasion →Timurs und eines inneren Auflösungsprozesses, der den Zerfall in einzelne Chanate zur Folge hatte (→Kazan', →Astrachan', →Krim). Andererseits bestand unter den tatar. Adligen weiterhin die Tendenz, mit eigenem Gefolge in den Dienst der M. er Fs.en zu treten. In den dynast. Kämpfen um M. (1433–53) haben einzelne tatar. Verbände eine militär., aber kaum selbständige polit. Rolle gespielt. Hatte die erfolgreiche Ausdehnung der M. er Herrschaft auf das (nahe dem tatar. Machtzentren gelegene) Gfsm. Rjazan' bereits die Schwäche der tatar. Oberherrschaft offenbart, so konnte Ivan III. konkurrierende tatar. Teilmächte gegeneinander ausspielen (Bündnis mit Krimtataren gegen Chanat v. Kazan', Schaffung von Vasallenfsm.ern aus tatar. Überläufern an der unteren Oka zum Schutz der Ostgrenze). Zwei großangelegte, mit von Litauen inspirierte Feldzüge Chan Ahmeds (1472, 1480) scheiterten an der M. er Hinhaltetaktik (viermonatiges »Stehen an der Ugra«); M. konnte Litauen durch Entsendung eines verbündeten Krimtatarenheeres in Schach halten und ließ im übrigen durch reiche Geschenke den Chan im Glauben, daß die M. er Tributleistungen weiterbestünden. 1480 gilt gemeinhin als Enddatum des »Tatarenjochs«, doch setzte sich die Praxis der Geschenke und Befriedungstaxen noch in den nachfolgenden Jahrzehnten fort (z. B. 1502 große Zahlungen an den Krim-Chan Mengli Giräi nach dessen Sieg über die 'Große Horde').

IV. DER KAMPF UM DIE VORHERRSCHAFT: Als zentrale Voraussetzung für das erfolgreiche »Sammeln der russ. Länder« galt, neben der Anerkennung von seiten der Goldenen Horde, der Besitz der Großfürstenwürde (→Großfürst) v. →Vladimir. Entgegen dem Ältestenrecht betrieb →Jurij Danilovič als erster M. er Fs. seit 1304 das Einrücken M.s in die Stellung des Gfs.en, gegen seinen Onkel Michail v. Tver', der nach Intrigen und Bestechungen der M. er Fs.en bei der Goldenen Horde 1317 den Großfürstentitel an Jurij verlor, 1318 in Saraj hingerichtet wurde. →Ivan Kalità, der Bruder und Nachfolger des 1325 von Michails Sohn →Dmitrij in Saraj erschlagenen Jurij, verstand seine Interessen am Hofe des Chans geschickt durchzusetzen und erwirkte 1327 den Jarlyk für das Gfsm. Seit 1339 wurde die Vorrangstellung M.s (trotz weiterhin konkurrierender Ansprüche der Fs.en v. Tver') nicht mehr ernsthaft bestritten. 1375 erkannte →Michail Aleksandrovič v. Tver' (nach dem Scheitern einer von Litauen unterstützten Koalition gegen M.) in einem Vertrag den Gfs.en v. M. als seinen »älteren Bruder« an, dem er in bezug auf Heerfolge und Politik nachgeordnet war. Gebunden an das Kräfteverhältnis im litauisch-tatar.-moskauischen »Dreieck«, versuchten die Fs.en v. Tver' unter Ausnutzung der dynast. Kämpfe in M. während des 15. Jh. nochmals eigenständige Politik zu treiben; →Boris Aleksandrovič (1426–61) wurde von Vasilij II. als »gleichberechtigter Bruder« anerkannt. Nach der Beseitigung der Novgoroder Selbständigkeit (1478) wurde das sich vergeblich an Litauen anlehnende Fsm. Tver' 1485/86 jedoch von M. annektiert (→Michail Borisovič).

Das ganze 14. Jh. hindurch wetteiferte das Gfsm. Litauen mit M. bei der »Sammlung der russ. Länder« und konnte die alten Kerngebiete der Kiever Rus' (→Kiev, →Smolensk, →Polock) seinem Herrschaftsbereich eingliedern. Die inkonsequente Politik der litauischen Herrscher, ihre späte Bekehrung, die Union mit Polen, die wachsende Rolle der Kath. Kirche, Glaubensstreitigkeiten innerhalb der orth. Kirche führten zu Konkurrenzunfähigkeit der litauisch-russ. Staatsgebilde. Die vernichtende Niederlage gegen die Tataren an der Vorskla, wo der ostslav. Adel einen hohen Blutzoll entrichtete, zwang Gfs. →Witowt zu einer engeren Verbindung mit Polen, zu einer Einengung der Selbständigkeit seiner eigenen Ostpolitik und schließlich – nicht ohne Widerstand – zur

Hinnahme der wachsenden Rolle M.s. So konnte das Gfsm. Litauen seit dem 15. Jh. die Zentralisierungspolitik M.s zwar schwächen, aber nicht unterbinden. Die insgesamt geringe Durchschlagskraft der litauisch-poln. Politik gegenüber M. zeigt sich anschaulich während der Herrschaft von →Kasimir IV. Jagiellończyk (Gfs. v. Litauen 1440–90).

V. DIE PERIODE DER DYNASTISCHEN KÄMPFE: Die heftigen Machtkämpfe (1425–48) zw. den Nachkommen von Dmitrij Donskoj waren die einzig ernsthafte Gefahr für den weiteren Aufstieg M.s. Nach dem Tode →Vasilijs I. (27. Febr. 1425), der seinen Sohn→Vasilij II. (* 1415) zum Nachfolger designiert hatte (unter Vormundschaft des Gfs.en Witowt v. Litauen), meldete der jüngere Sohn von Dmitrij Donskoj, Jurij, Fs. v. Galič und Zvenigorod (1374–1434), seine Ansprüche an. In blutigen, wechselvollen Kämpfen errang dessen jüngerer Sohn →Dmitrij Šemjaka (der ältere, Vasilij Kosoj, unterlag 1436 und verfiel der Blendung) 1446 den M.er Thron (Blendung Vasilijs II.), gestützt auf seine Bündnispartner Tver', Novgorod und Možajsk, z. T. auch mit Hilfe der Tataren sowie mit wohlwollender Duldung der Kirche. Bereits 1447 mußte er aber angesichts der Loyalitätsbindungen des M.er Dienstadels an Vasilij II. sowie eines Frontwechsels des Fs.en Boris v. Tver' M. rasch wieder räumen. Mit der Wiedereinsetzung des blinden Vasilij II. fand das Prinzip der Primogenitur Durchsetzung; die führende Rolle M.s nach außen hin war durch Erbfolgekämpfe dank günstiger Umstände nicht in Frage gestellt.

VI. KIRCHENPOLITIK: Eine wichtige Rolle beim Aufstieg M.s fiel der Kirche zu, deren Unterstützung allerdings nicht bedingungslos war und deren Verhalten großen Schwankungen unterlag. 1299 verließ der Metropolit v. Kiev die alte, bedeutungslos gewordene Kapitale, residierte zunächst in →Vladimir v. der Kljaz'ma, dann seit 1311 vorübergehend (Metropolit →Petr) in M., das seit 1328 (Theognost) zum ständigen Metropolitansitz wurde. Diese Entwicklung zeigt die wachsende Zusammenarbeit von fsl. und geistl. Gewalt, zu beiderseitigem Vorteil. Schon 1311 exkommunizierte der Metropolit Petr den Sohn Michails v. Tver', →Dmitrij, wegen dessen militär. Vorgehen gegen →Jurij Danilovič v. M. Metropolit Theognost verhängte den Bann über Pskov (1328/29) wegen Asylgewährung für Aleksandr v. Tver'. Aleksej (seit 1352 Bf. v. Vladimir, 1354–78 Metropolit v. M.), der selbst dem Hochadel entstammte, sicherte als Vormund und Regent für den minderjährigen Dmitrij (Donskoj) den Bestand M.s gegen eine Koalition der Tver'er und Litauer und verhinderte 1366 einen Übergang der Gfs.en würde an den Fs.en v. Nižnij-Novgorod, →Dmitrij Konstantinovič, durch eine Eheallianz. Nach dem Tode Aleksejs (1378) stürzte die aruss. Kirche in eine Krise, da Gfs. Dmitrij versuchte, durch Ernennung →Mitjajs (gegen den vom Patriarchen in Konstantinopel, →Philotheos Kokkinos, favorisierten →Kiprian v. Kiev) die Tradition der Designierung des Metropoliten durch den Patriarchen zu durchbrechen. Trotz der starken Verankerung des Gedankens einer einheitl. aruss. Kirchenprovinz waren die M.er Gfs.en ebenso wie die Gfs.en v. Litauen im Interesse einer den Herrschaftsgebieten folgenden Kirchenorganisation bereit, die kirchl. Teilung vorzunehmen. Gegen dieses Bestreben wandten sich führende russ. Kirchenmänner (→Sergej v. Radoněž, →Dionisij v. Suzdal'), die erkannt hatten, daß die drohende Spaltung eine stärkere Abhängigkeit der aruss. Kirche von den weltl. Gewalten zur Folge haben mußte. Sie unterstützten daher die von Konstantinopel entsandten Metropoliten Kiprian († 1406) und Photios († 1431). Eine entscheidende Wende trat erst ein, als →Isidor die auf dem Konzil v. →Ferrara-Florenz mit Zustimmung des Patriarchen beschlossene Kirchenunion in M. proklamierte (1441). Verharrte die (in patriarchaler Tradition lebende) M.er Geistlichkeit zunächst in eher abwartender Haltung, so nahm der Herrscher, Vasilij II., die Sorge um die Reinheit der Orthodoxie mit Entschiedenheit auf sich. Die Union wurde verurteilt, und Vasilij II. bestand angesichts der Abtrünnigkeit des Patriarchen auf dem Recht der russ. Bf.e, selbst den Metropoliten zu wählen und zu weihen. Das kompromißlose Vorgehen gegen die 'lat. Häretiker' war nicht zuletzt begründet in der Ablehnung einer Suprematie des willensstarken röm. Papsttums, die eine Gefahr für die M.er Vereinigungspläne bedeutet hätte. Vasilij II. verstand es, unter dem günstigen Vorwand einer Bekämpfung der Kirchenunion die bisherige Metropolie »v. Kiev und der gesamten Rus'« in eine Metropolie v. M. umzuwandeln, deren Jurisdiktionsbereich mit dem territorialen Aufstieg M.s wuchs. Zum ersten Oberhaupt dieser autokephalen aruss. Kirche wurde →Jona (1448–61), bereits langjähriger Verwalter der Metropolie, ernannt. Die M.er Kirche trat in diese neue Phase jedoch zögernd und unentschlossen ein, belastet auch durch ihr Versagen während der dynast. Auseinandersetzungen. Der Fall von Konstantinopel 1453 besiegelte diese seit 1441 sich bildende Autokephalie.

Bedingt durch diese Konstellation, befand sich die M.er Kirche in den nächsten Jahrzehnten in einem Abhängigkeitsverhältnis gegenüber dem Gfs.en. Daher sah sich Ivan III. ermutigt, Säkularisierungen von Kirchengut zugunsten der Versorgung seines Dienstadels in Angriff zu nehmen (→pomest'e). Derartige Maßnahmen, Kirchenbesitz zu mindern, waren auch schon unter früheren Herrschern durchgeführt worden (Vasilij I., Konflikt mit Photios), doch griff Ivan III. darüber hinaus auch jurisdiktionell in die Belange einzelner Kl. und in liturg. Fragen ein. Die Spannungen zw. Gfs. und Metropoliten (Filip, 1464–73; Gerontij, 1473–89) wuchsen gegen Ende des 15. Jh. stark an, da Ivan III. nach der Einverleibung der Novgoroder Republik weitergehende Säkularisierungspläne verwirklichen wollte. In der Kirche, die in der Frage der Besitztümer nicht einig war (→Nil Sorskij), entspann sich eine theol.-ideolog. Debatte (→Josif Volockij) um die Idee der Treue zum Althergebrachten und der Unabhängigkeit der Kirche von der gfsl. Macht. Ivan III., dessen negative Einstellung zum kirchl. Grundbesitz sich in wohlwollender Haltung gegenüber der kirchl. Parteiung der »Besitzlosen« und in einer gewissen Toleranz gegenüber Häretikern niederschlug, traf bei seinen Versuchen, die Kirche stärker der weltl. Gewalt zu unterwerfen, auf den kategorischen und wirksamen Widerstand (Synoden 1503 und 1504) der Kirche, die ein eigenes wirtschaftl. und administratives System geschaffen hatte und das zentralist. Vorgehen des Staates zumindest zu mäßigen trachtete. Die Umstände, unter denen die russ. Kirche die →Autokephalie erreichte, waren freilich eine selbständigen Haltung der Kirche gegenüber der weltl. Macht wenig günstig, die innerkirchl. Kräfte nicht stark genug, um dieses Defizit auszugleichen. Blieben die Beziehungen zw. Kirche und gfsl. Staat unter Ivan III. gespannt, so setzte nach 1508 eine Wandlung ein, die zur Politik eines Bündnisses beider Kräfte führte. – Zur Kirchengesch. s. a. →Mönchtum, zur Sozial- und Wirtschaftsgesch. s.a. →Adel, →Burg, →Stadt u. a.; zur Institutions- und Verwaltungsgesch. →Bojaren, →Bojarenduma, →Prikaz, →Mestničestvo, →Recht, →Steuer u. a.   A. Poppe

Lit.: E. GOLUBINSKIJ, Istorija russkoj cerkvi II 1–2, 1900, 1917 [Neudr.

1969] – A. Presnjakov, Obrazovanie Velikorusskogo gosudarstva, 1918 [Neudr. 1966; engl. Ed. 1970] – M. Ljubavskij, Obrazovanie osnovnoj gosudarstvennoj territorii velikorusskoj narodnosti, 1929 – L. Čerepnin, Obrazovanie russkogo centralizovannogo gosudarstva v XIV–XV vekach, 1960 – Die Anfänge des M.er Staates, hg. P. Nitsche, 1977 – Ders., Die Mongolenzeit und der Aufstieg M.s (1240–1538) (HGeschRußlI/1, 1981), 534–715, u. ö. [Q., Lit.; grundlegend] – J. Meyendorff, Byzantium and the Rise of Russia, 1981 – A. Zimin, Rossija na rubieże XV–XVI stol., 1982 – V. Kučkin, Formirovanie gosudarstvennoj territorii severno-vostočnoj Rusi v X–XIV vv., 1984 – Ch. J. Halperin, Russia and the Golden Horde, 1985 – G. Alef, The Origins of Muscovite Autocracy. The Age of Ivan III, 1986 – R. M. Croskey, Muscovite Diplomatic Practice in the Reign of Ivan III., 1987 – R. O. Crummey, The Formation of Muscovy 1304–1613, 1987 – N. Shields Kollmann, Kinship and politics. The Making of the Muscovite Political System, 1345–1517, 1987 – A. Zimin, Formirovanie bojarskoj aristokratii v Rossii vo vtoroj polovine XV– pervoj treti XVI v., 1988 – Ju. Aleksev, Osvoboždenie Rusi ot ordynskogo iga, 1989 – D. Ostrowski, The Mongol Origins of Muscovite Political Institutions, Slavic Review 49, 1990, 524–542 – V. Kobrin–A. Jurganov, Stanovlenie despotičeskogo somoderžavija, Istorija SSSR, 1991, 4, 54–64.

Mostacci, Jacopo → Sizilianische Dichter

Mosul (Mossul, arab. al-Mawṣil), Stadt im heut. Irak, inmitten einer fruchtbaren Ebene am w. Ufer des Tigris gelegen, hatte schon im 2. Jh. eine größere christl. Gemeinde und wurde Bf.ssitz. 641 von den Arabern besetzt und erweitert, wurde M. unter dem Kalifen Marwān II. (744–50) zur Hauptstadt der Prov. al-Ǧazīra. Seit dem Machtverfall der Abbasiden und der Einnahme durch die →Ḫāriǧiten 861 herrschten verschiedene Dynastien (Taġlibiden, →Ḥamdāniden, ʿUqailiden, →Zengiden) über M. Unter Badraddīn Luʾluʾ (1211–59) erlebte M., durch den Tigris und einen halbkreisförmigen doppelten Mauerring geschützt, eine letzte Blütezeit, ehe es 1261 von den →Mongolen verheert wurde. Nach der Herrschaft der Mongolen, der turkmen. Aq Qoyunlu und der pers. Ṣafawiden wurde M. 1514 dem Osman. Reich einverleibt und sank zur Provinzstadt herab. P. Thorau

Lit.: EI¹ III, 656–659 [Q.] – G. Le Strange, The Lands of the Eastern Caliphate, 1905 [Neudr. 1966] – S. Sāʾiġ, Taʾrīḫ al-Mawṣil, 1923 [Gesch. M.s].

Motette (lat. motetus, motellus, muteta, motecta o. ä., it. *motetto*, frz. und engl. *motet*), bedeutende Gattung mehrstimmiger Vokalmusik, ggf. mit Instrumenten, deren Erscheinungsform sich allerdings im Lauf der Musikgesch. mehrfach wandelte. Der Begriff ist hergeleitet vom frz. »mot« (Wort) und bezog sich bei seiner Entstehung im 13. Jh. auf die Texturierung bereits vorhandenen musikal. Materials, ist also dem →Tropus verwandt.

[1] *Vorgeschichte:* Die frühesten Erscheinungsformen der M. lassen sich im Repertoire der aquitan. Mehrstimmigkeit finden, die in den Hss. (heute Paris, Bibl. nat. und London, Brit. Libr.) des Kl. St. Martial bei →Limoges überliefert ist. Es handelt sich hier um die Tropierung der Organal-Stimme von zweistimmigen »Benedicamus-domino«-Sätzen.

[2] *Ars Antiqua:* Die Musiker der sog. →Notre-Dame-Schule von Paris (2. Hälfte des 12.–1. Hälfte des 13. Jh., Hauptmeister Leoninus und →Perotinus) schufen zu den responsorialen Gesängen von Messe und Stundengebet mehrstimmige Bearbeitungen. In diesen →Organa sind die melismat. Teile des Chorals als »Discantus« behandelt, d. h. die unten liegende Ausgangsstimme und die neue(n) Oberstimme(n) schreiten etwa gleich schnell voran und sind rhythmisch straff organisiert. Solche Discantus-Partien konnten auch durch gleichartige Kompositionen (→Clausulae), die denselben Choralabschnitt verwenden, ersetzt werden. Noch während der Notre-Dame-Schule begann man, die Oberstimme(n) von Clauseln mit Text zu versehen. (Der Tenor behielt weiterhin sein originales Textwort aus dem Choral.) Die Sprache der so entstandenen M. war zunächst lat. (meist Dichtung) und bezog sich in Art einer theol. »Glossa« häufig inhaltl. auf das Fest, zu dem der Tenor des ursprgl. →Organum gehörte. Sehr bald jedoch entfernte sich die Gattung aus dem liturg. Kontext. Zunächst bildete man neue weltliche, aber noch lat. Texte, deren Inhalt meist in scharfem Ton Stellung zu gesellschaftl. und polit. Geschehnissen nahmen. Diese sog. Rüge-M.n dürften ihren Entstehungsort im Umfeld der noch jungen Pariser Univ., die ja eng mit der Kathedrale verbunden war, haben. Einer der wichtigsten Text-Dichter war →Philipp d. Kanzler. Wahrscheinl. bereits in dieser Zeit erhielten Motetus, Triplum und evtl. auch Quadruplum (wie man die 2., 3. und 4. Stimme nannte) wiederum neuen – in der Regel weltl. frz. – Text. Nicht selten erscheinen M.n mit unterschiedl. Texten, ja sogar verschiedenen Sprachen in den Stimmen. Gelegentl. waren geistl. und weltl. Inhalte gleichzeitig zu hören. Eine andere Art war die »Conductus«-M., bei der die Oberstimmen denselben Text vortragen. Der Tenor der M., den man weiterhin dem Choral entnahm, wurde damals bereits häufig instrumental ausgeführt. M.n- und Dichtkunst zeigen vielfältige Verflechtungen. Z. B. können in Texten der M.n →Refrains (der afrz. Begriff *mot* schließt diese Bedeutung mit ein) erscheinen, die wiederum in Gedichten Verwendung fanden. In der Spätzeit der →Ars antiqua wurden M.n geschaffen, für die sich kein Zusammenhang zum Organum mehr nachweisen läßt, d. h. die Stimmen wurden von vornherein neu komponiert. Es scheint auch das Verfahren gegeben zu haben, M.n ihres Textes zu berauben, um sie in das Stadium von Clauseln zurückzuführen [Q.: Florenz, Bibl. Laur. Plut. 29,1; Wolfenbüttel, Hzg.-Aug.-Bibl., Helmst. 1099; Paris, Bibl. nat. lat. 15139; Montpellier, Bibl. der med. Fakultät, H 196, Bamberg, Staatsbibl., Lit. 115].

[3] *Ars Nova (und Trecento):* Die zu Beginn des 14. Jh. entstandene neue Art des Komponierens pflegte auch die M. als eine ihrer hauptsächl. Gattungen. Meist verwendete man wieder lat. geistl. Text. Anders als in der vorhergegangenen Epoche wurde nun Text vertont und nicht mehr eine Dichtung für bereits existierende Musik geschaffen. Die Möglichkeit, in den Oberstimmen unterschiedl. Dichtungen beziehungslos nebeneinander laufen zu lassen, verschwand. Die Tenores wurden frei erfunden. Da die Komponisten (Hauptmeister: →Philippe de Vitry und →Guillaume de Machaut in Frankreich, F. →Landini und J. →Ciconia in Italien) jetzt offenbar stärker als bis dahin daran interessiert waren, ihre Stücke formal zu organisieren, entwickelten sie ein Verfahren, die einzelnen Stimmen in rhythm. (Talea) und melod. (Color) Elemente zu gliedern. Diese Elemente werden period. wiederholt (Isorhythmie). Infolge der normalerweise ungleichen Länge von Color und Talea entstehen Verschränkungen, die erst mit dem Ende eines Stückes aufgehoben werden. Die M. fand bereits in der zweiten Hälfte des 13. Jh. Verbreitung auch in Spanien und Italien. In England weist die M. seit dem Ende des 13. Jh. bereits eine eigenständige Entwicklung auf. Häufig tauschen hier die Oberstimmen Abschnitte aus, während das zugehörige Tenor-Element wiederholt wird. Deutschland war lange Zeit an der Entwicklung der M. unbeteiligt. Erst im 14. Jh. begann man Kompositionen aus dem Ursprungsland Frankreich (meist in bearbeiteter Form) zu übernehmen. Eigenständige Kompositionen finden sich selten, in dem typ. – von

Quinten-Parallelen geprägten – Satz aber noch bis ins 16. Jh. F. Körndle

Lit.: MGG – NEW GROVE [mit weiteren Ed. und Lit.] – RIEMANN – P. AUBRY, Cent motets du XIIIe s., 1908 – Y. ROKSETH, Polyphonies du XIIIe s., 1935–39 – K. HOFMANN, Unters. zur Kompositionstechnik der M. im 13. Jh., 1972 – E. H. SANDERS, The Medieval M. (Gattungen der Musik in Einzeldarstellungen [Gedenkschrift L. SCHRADE, I, 1973]), 497–573 – Die M. (Das Musikwerk 47, hg. H. HÜSCHEN, 1974) – W. FROBENIUS, Zum genet. Verhältnis zw. Notre-Dame-Klauseln und ihren M.n, AMW 44, 1987, 1–39.

Motiv. Die M.e (»motivum« 'das Bewegende') sind gleichsam die Form des sittl. Aktes, die diesen bestimmt und erfüllt (Thomas v. Aquin S.th. I.II q. 47 a. 1). Verschieden sind die Bewegungen, verschieden die Beweggründe und -kräfte (Quaest. De anima a. 13). Nach Thomas begründet die Verschiedenheit der M.e auch die Verschiedenheit der Sünden (I.II q. 72 a. 8). Die psycholog. Bewandtnis der M.e im Fehlverhalten (der Laster und Leidenschaften, →Passiones) begründete er (ebd. q. 47 a. 1–1; Quaest. De anima q. 14 a. 3) aus der ganzheitl. Sicht des sinnl.-geistigen Strebevermögens des Menschen. Die Frage nach der sittl. Bedeutung und Bewandtnis der M.e wurde erst spruchreif, nachdem in der frühscholast. Theologie, v.a. →Abaelurs und der →Porretaner, die freiwillentl. Absicht (Intention) als konstitutives Element der sittl. Handlung entdeckt wurde. Tugend und Sünde bemessen sich nach der einhelligen Meinung der ma. Theologie nicht nur (wengleich auch) nach der äußeren Tat, sondern nach der sittl. Absicht. Die Diskussion über die Bedeutung der M.e für das freie Handeln des Menschen erhielt durch die Verurteilung einiger »determinist. Sätze der Philos. durch den Bf. v. Paris, Stephan (Etienne) →Tempier (7. März 1277), starken Auftrieb. Darunter waren die Thesen: nr. 130 'Ist das Urteil (der ratio) recht, dann ist auch der Entscheid (der voluntas) recht'; oder 164 'Das intellektuale Strebevermögen wird notwendig von Erstrebenswerterem bewegt' (vgl. Chart. Univ. Paris. I, 552). Gegen diesen psych. Determinismus machten die Pariser Theologen Stellung, sei es, daß sie wie →Aegidius v. Rom im Anschluß an Thomas die Bedeutung des Intellekts für den freien Willensentscheid betonten, sei es, daß sie wie die mittlere Franziskanerschule (→Walter v. Brügge, →Petrus de Trabibus, Petrus Johannis →Olivi, →Roger v. Marston) und im Anschluß an sie →Heinrich v. Gent die Freiheit und Selbstmächtigkeit des Willens lehrten, der die Vernunft als Ratgeberin hat, selbst aber bestimmt, dieses oder jenes zu tun. Im Horizont der umfassenden Bewegung des Willens zum Guten bestimmt dieser auch die M.e. →Johannes Scotus vertrat diese Position; die gegenläufige Auffassung begründeten →Gottfried v. Fontaines, →Johannes de Polliaco u. a.

B. Stoeckle/L. Hödl

Lit.: →Wille – HWP VI, 211–213 – O. LOTTIN, Psychologie et Morale aux XIIe et XIIIe s., I–VI, 8 Bde, 1942–60 – DERS., Ét. de moral hist. et doctrine, 1961 – D. A. LUSCOMBE, Peter Abaelard's Ethik, 1979² – J. ROHLS, Gesch. der Ethik, 1991.

Motte, Jean de la → Jean de la Motte (32. Jean)

Motte und Baillie (*M. and bailey/et baillie*). Diese Burganlagen (→Befestigung, A. III) bestehen aus einem konischen, manchmal pyramidenförmig aufgeschütteten Erdkegel (frz. *motte*, bezeichnet die Erd-/Grassoden des Hügelaufwurfs) und der sichel- oder hufeisenförmigen, manchmal rechteckigen Vorburg, deren Wassergraben (auch Trockengraben) mit dem der Hauptburg verbunden ist. Die Vorburg war Wirtschaftshof, Werkstattbereich, teils auch Mannschaftsunterkunft, sie konnte verdoppelt werden. Die zweiteilige M. war der Wohnsitz einer adligen Familie, während kleine einteilige M.n Warten waren. Auf dem Kegel stand ein zentraler, oft turmartiger Bau, meist aus Holz (Ausgrabungen in Hoverberg, Elmendorf, Schlichtenberg), neben dem Turm auch ein Kleinhaus (Feuerhaus; Hoverberg); Plattformrand mit Palisade (Albinger), Erdwall auf der M. in Gaiselberg. Der Hügelfuß wurde durch Palisaden oder Faschinen geschützt (Leck, Rollersberg bei Dinslaken). Zur Plattform führten vom M.nfuß eine Holztreppe oder von der Vorburg eine Brücke auf gestelzten Jochen über den Graben (Jochreste mehrfach gefunden). Darstellungen von M.n finden sich auf dem Teppich v. →Bayeux. Der Turm war wohl oft dreigeschossig mit oberer Kampfplattform, doch gab es auch Häuser als Zentralbau. Auf der Vorburg waren Ställe für Pferde und Nutzvieh, doch auch Unterkünfte für Handwerker (Töpfer, Waffenschmiede, Schuster) und Personal. Die M. war dem Burgherr und seiner Familie vorbehalten. Die Wasserversorgung erfolgte durch Brunnen, die auch durch den hohen M.nkegel (Hoverberg) eingetieft sein konnten.

Die ersten M.n entstanden im 10. Jh. in Frankreich (Anjou?), ihre Blütezeit war im 11.–12. Jh. Sie sind verbreitet von Irland bis zum Baltikum und Polen, von Jütland bis zum Alpengebiet (vereinzelt in Italien). Da sie relativ schnell aus einheim. Material (Holz und Erde) hergestellt und von einer kleinen Besatzung verteidigt werden konnten, waren M.n die bevorzugte Burgenform des 'Landadels'. Der hohe, manchmal mächtige Erdhügel war mit Belagerungsmaschinen schlechter anzugreifen als die senkrechte Mauerwand, doch drang, offenbar vom etwas älteren Steinturm (→Donjon/Keep) ausgehend, der Mauerbau auch auf die M.n ein, wenn der Hügel standfest geworden war. Es wurden jedoch auch Donjons zu ebener Erde errichtet und dann mit Erde ummantelt (einmotten, →Doué-la-Fontaine). Mehrfach konnte festgestellt werden, daß die M. Nachfolgerin einer ebenerdigen, grabenumzogenen Siedlung (*moated site*, Hofesfeste) gewesen ist (Husterknupp/Rheinland). Erst durch den mehrstöckigen Wehrbau wurde aus dem festen Hof, wie z. B. die Landrechte zeigen, eine →Burg, die den Bestimmungen des Burgenregals unterlag.

Früher hielt man die röm. burgi für Vorläufer der M.n, was jedoch wegen des chronolog. Hiatus unwahrscheinl. ist. Oft wird Gf. →Fulco Nerra v. Anjou als Erfinder der M. genannt. Man kann jedoch nur davon ausgehen, daß im mittleren Frankreich die ersten M.n aufkamen. Ihre Ausbreitung erfolgte wohl in Verbindung mit der Konsolidierung des Feudalsystems. H. Hinz

Lit.: A. DE CAUMONT, Cours d'antiquités monumentales, 1835 – E. S. ARMTAGE, The Early Norman Castles of the British Isles, 1912 – A. HERRENBRODT, Der Husterknupp, eine niederrhein. Burganlage des frühen MA, 1958 – H. HINZ, M. und Donjon, 1981 [Lit.].

Motu proprio. Die Formel 'm. p. et ex certa scientia' kann zum Zwecke größeren Nachdrucks jeder Papsturk. eingefügt werden. Speziell versteht man unter M.p. eine Urkk.art, die im späten 15. Jh. aufkommt und dem →Breve ähnelt; jedoch beginnt sie, anstelle von Anrede und Gruß, sofort mit der Formel 'M.p.' etc. Statt eines →Siegels trägt das M. p. gewöhnl. die eigenhändige Unterschrift des Papstes in der Form 'Placet m. p., N.' oder 'Placet et ita mandamus, N.', wobei 'N.' der Anfangsbuchstabe des Taufnamens des Papstes ist (wie bei der Signatur der →Suppliken). Die übrigen Formalien sind wie beim Breve. Entgegen der Bedeutung der einleitenden Floskel kann um ein M.p. auch suppliziert werden; bei Pfründenprovision geht ein M.p. gemäß den Kanzleiregeln anderen Urkk. gleichen Datums vor. Th. Frenz

Lit.: Bresslau II, 7 – A. Giry, Manuel de diplomatique, 1894, 702f. – L. Schmitz-Kallenberg, Die Lehre von den Papsturkk., 1913², 114 – F. Steffens, Lat. Paläographie, 1929², Taf. 117b – F. Grat, Étude sur le M.p., 1945 – G. Battelli, Acta Pontificum, 1965², Taf. 39b – P. Rabikauskas, Diplomatica Pontificia, 1980⁴, 149f. – Th. Frenz, Die Kanzlei der Päpste der Hochrenaissance 1471–1527, 1986, 67 – Ders., Papsturkk. des MA und der NZ, 1986, 31 – Ders., I documenti pontifici nel medioevo e nell'età moderna, 1989, Taf. 12, 17.

Mouche et Biche, Spitzname für zwei it. Hoffinanziers Kg. →Philipps IV. v. Frankreich; eigtl. Albizzio († vor Juni 1306) und Musciatto († vor 8. März 1307); Brüder aus der Familie der Guidi de'Franzesi; hinzutritt noch ein weiterer Bruder, Colin. Sie waren als Steuereinnehmer und Finanzleute des Kg.s eng mit den großen finanziellen und diplomat. Angelegenheiten des Kgr.es Frankreich verbunden. 1290 *Valets du roi*, trieben sie von den Wechslern der →Champagnemessen Summen ein, die diese von flüchtigen →Lombarden erhalten hatten. 1291 und 1296 treten sie als Einnehmer der Kirchenzehnten auf. Offizielle Einnehmer in den Sénéchausséen v. Toulouse und Rouergue seit Himmelfahrt 1293, in Champagne 1294, in der Sénéchaussée Beaucaire Sept. 1294, Einnehmer der Zehnten und der beschlagnahmten Judengüter 1295, zogen sie Abgaben auf Darlehen in der Prévôté v. Paris und zahlreichen Bailliages ein. 1294, 1295, 1304 und 1305 waren sie Einnehmer der→Aids für den Krieg gegen→Flandern. Sie waren auch mit der Durchführung großer Geldüberweisungen befaßt: So streckten sie 1295 die Soldzahlungen für die Garnisonen v. →Harfleur und die Seeleute im kgl. Dienst vor. Musciatto reiste mehrmals nach Deutschland (1296, 1299) und nach Rom (1300), sowie als Begleiter →Karls v. Valois auf dessen Italien-Heerfahrt. Die Brüder machten ihre Geschäfte gemeinsam, doch scheint nur Albizzio für die Unterschlagungen im Toulousain von 1297, für die er 1306 verurteilt wurde, verantwortlich gewesen zu sein. Die Reisen nach Rom (1302) und Anagni (1303) mit Guillaume de →Nogaret, die Musciatto zugeschrieben werden, dürften tatsächl. von Jean Mouchet, vielleicht dem Sohne Musciattos, unternommen worden sein.

E. Lalou

Lit.: J. Viard, Journaux du trésor de Philippe IV le Bel, 1940, Nr. 397 – R. Fawtier, Italian Bankers and Philip the Fair (Medieval Statecraft and the Perspectives of Hist., Essays, 1971), 239–250.

Moulins, Stadt in Mittelfrankreich, am Allier (dép. Allier), Hauptort des Bourbonnais (→Bourbon, Hzm.). Erstmals 991 genannt: Verkauf einer Kapelle »in villa Molinis« durch vier Brüder an die Abtei →Cluny. Im frühen 12.Jh. war diese Kapelle zur Kirche geworden, neben der sich eine bescheidene Burganlage erhob. 1232 verlieh Archambault VIII., Sire de Bourbon, dem Ort eine →*charte de franchise*. Zu Beginn des 14.Jh. war M. eine kleine, ummauerte Stadt mit weitem vorstädt. Bereich. Ludwig I., seit 1327 Hzg., ließ die Burg vergrößern; die wichtigsten hzgl. Beamten wurden in M. ansässig. Unter Hzg. Ludwig II. (1356–1410) wurde es zur Residenz. Das Schloß wurde völlig neu erbaut, die hzgl. Kapelle zur Kollegiatkirche erhoben (1386). Der Hzg. ließ 1374 einen Rechnungshof (→*Chambre des Comptes*) einrichten. Die Stadt, nun von Konsuln verwaltet, erlebte einen Bevölkerungsanstieg sowie einen (bescheidenen) Aufschwung von Handel und Handwerk. Unter Hzg. →Karl I. († 1456) wurde M. zum Sitz eines glanzvollen Hofes der beginnenden Renaissance, der seinen Höhepunkt im späten 15.Jh. unter→Anna und→Peter II. v. Beaujeu erreichte (Triptychon des »Meister v. Moulins«, oft mit Jean→Hey gleichgesetzt).

A. Leguai

Lit.: H. Faure, Hist. de Moulins, 1900 – P. Baer, Les institutions municipales de M. sous l'Ancien Régime, 1906 – D. Laurent, M., ses hommes et les activités à la fin du MA [Thèse St-Étienne, masch., 1980] – A. Leguai, M. au MA (Hist. des communes de l'Allier, 1986) – H. Dussourd, Hist. de M., 990–1990 [Neued. 1990].

Mousquet, Philippe, * in Tournai, wallon. Herkunft, † ca. 1243. Mit diesem Jahr endet seine »Chronique rimée« der Kg.e v. Frankreich, die er mit der Belagerung von Troia beginnen läßt. M., dem Ritterstand zugehörig, verfaßte die 31256 Achtsilber in der Sprache der Region Tournai. Er gibt seine Reimchronik als Übers. aus dem Lat. aus; außer den lat. Chroniken ist sie jedoch überwiegend aus volkssprachl. Q. kompiliert (chansons de geste), die er bedenkenlos ausbeutet; u. a. die frz. Fassung des →Ps. Turpin, mit der er die Schilderung Karls d. Gr. bestreitet. Seine unterschiedslose Handhabung aller verfügbaren 'Quellen' weicht bei der Darstellung der Ereignisse der eigenen Zeit der Augenzeugenschaft (erster Beleg: Tod Bf. Etiennes 1203); dieser klass. Beglaubigungstopos der antiken und ma. Gesch.schreibung verleiht der Chronique einen gewissen hist. Wert. 1213 scheint er die Einnahme Tournais durch Hzg. Ferrand v. Portugal miterlebt zu haben. Stilist. Farbigkeit und Anteilnahme zeigt sein Werk bei der Erzählung des Geschehens um Philipp August, Ludwig VIII. und Ludwig IX.; die Kg.e v. Frankreich und das Rittertum bilden das Zentrum seines historiograph. Interesses, das ihn streckenweise befähigt, seine formale Schwäche und Trockenheit zu überwinden. Weitere dokumentar. Qualität erlangt die Reimchronik durch die Praxis M.s, alle erreichbaren volkssprachl. Texte einzubauen, von denen mancher sonst nicht auf die Nachwelt gekommen wäre.

D. Hoeges

Ed.: F. de Reiffenberg, La chronique rimée de Ph. M., 2 Bde, 1836–38, Suppl. 1845 – Lit.: R. N. Walpole, Ph. M. and the 'Pseudo-Turpin Chronicle', Univ. of California Publ. in Modern Philol. 4, 1947 – J. W. Jacques, The Faux Baudouin Episode in the Chronique rimée of Ph. M., French Stud. 3, 1949, 245–255 – P. Dembowski, Ph. M. and his 'Chronique rimée' ... (Contemporary Readings of Medieval Lit., hg. G. Mermier, 1989 [= Michigan Romance Stud. 8]), 93–113.

Mousson, Burg in Lothringen (dép. Meurthe-et-Moselle), auf strategisch günstiger Erhebung (382 m über NN) über dem rechten Ufer der→Mosel, auf halbem Wege zw. →Metz und →Nancy. Neue Ausgrabungen haben eine Besiedlung der Höhe seit dem 7.Jh. ergeben (Kirche, Sarkophage). Doch wird der Platz in schriftl. Q. erst am Ende des 11.Jh. erwähnt (Montiacum, Montio). Hier befand sich eine Burg der Gf.en v. →Bar. Es wird allg. angenommen, daß die Zerstörung des Ortes 'Scarpone', an einem 10 km weiter südl. gelegenen Flußübergang, den Aufstieg M.s begünstigt hat; die Burg dürfte, etwa gleichzeitig mit anderen Befestigungen des oberen Moseltals, bald nach 1000 errichtet worden sein. Sie gehörte wohl zu einem kgl. →fiscus; dies erklärt den vom Ks. (Heinrich V., 1112; Friedrich Barbarossa, 1178) geforderten Lehnseid und die Schaffung des Titels eines Mgf.en v. Pont (-à-Mousson) für den Gf.en v. Bar (Karl IV., 1354). Die kgl. Oberhoheit hinderte die Gf.en nicht, M. zu ihrer wichtigsten Residenz während des 12.Jh. zu machen, so daß sie häufiger nach M. als nach Bar genannt werden, und zu Füßen der Burg ein Priorat (St-Michel) mit Mönchen aus →St-Mihiel zu errichten. Durch den Aufstieg der Brückenstadt→Pont-à-Mousson (1250–60) verlor M. stark an Bedeutung. 1636 ließ Richelieu die Burg schleifen.

M. Parisse

Lit.: P. Boyé, Recherches hist. sur Pont-à-M., 1892 – M. Grosdidier de Matons, Le comté de Bar des origines au traité de Bruges, 1922 – Lotharingia II, 1990 [Beitr. von H. Collin, 103–134; P. Cuvelier, 149–198].

Moutier-Grandval, Kl./Kollegiatstift (ō Maria, Germanus), gegr. ca. 640 von Abt Walbert v. →Luxeuil, befolgte wahrscheinl. seit seiner Gründung die Misch-, später die Benediktinerregel; Güter gestiftet von Gundoin, Hzg. im Elsaß, am Oberlauf der Birs (heute Kt. Bern, Bezirk Moutier). Der erste Abt Germanus wurde in einer bewaffneten Auseinandersetzung zw. dem elsäss. Hzg. Eticho (→Etichonen) und der einheim. Bevölkerung getötet und fortan als Hl. verehrt (Fest: 21. Febr.). Nach dem Erlöschen des elsäss. Hzm.s war M.-G. Königskl., kam 849 an den Elsaßgf. en Liutfrid, 967 an das Kgr. Burgund und wurde 999 von Kg. Rudolf III. dem Bf. v. Basel geschenkt. Im 9. Jh. wirkten an seiner Schule Iso v. St. Gallen und Hilperich v. St-Germain d'Auxerre. Wahrscheinl. unter Karl d. K. gelangte die im Skriptorium v. Tours angefertigte Bibel nach M.-G. (→Buchmalerei, A. V). Zw. 1049/1120 erfolgte die Umwandlung in ein weltl. Chorherrenstift, das im Besitz der Bf. e v. Basel blieb, sich aber das Recht der Selbstergänzung sowie der freien Propstwahl bewahren konnte (Papstprivileg 1179). Im MA zählte das Stift zw. 7 und 15 Chorherren, Vorsteher war der Propst; 1550 älteste erhaltene Statuten. Die Abgrenzung der weltl. Rechte im Münstertal zw. Bf. und Propstei erfolgte 1461/62 in einem Schiedsverfahren unter Beteiligung von Basel und Solothurn. Anläßl. des Propstwahlstreits 1484 setzte Bern 1486 mit Waffengewalt seinen Kandidaten ein und erzwang den Treueid der Münstertaler Bevölkerung. Gegen diese Usurpation seiner Landeshoheit rekurierte der Basler Bf. erfolgreich an die Tagsatzung, doch durch ein Burgrecht mit der Propstei bewahrte Bern seinen Einfluß. Das Stift ließ sich 1571 bis zur Aufhebung 1801 in Delémont nieder.

E. Gilomen-Schenkel

Lit.: HBLS V, 199f. – GP II, 2: Helvetia pontificia, 1927, 244f. – Helvetia Sacra II, 2, 1977, 362–392; III, 1, 1986, 281–288 – P. LADNER, Die älteren Herrscherurkk. für M.-G., Basler Zs. für Gesch. und Altertumskde 74, 1974, 41–68 – Die Bibel von M.-G. Brit. Mus. Add. Ms. 10456, hg. Ver. schweiz. Lithographiebesitzer, 1971 [J. DUFT, B. FISCHER, A. BRUCKNER].

Moutiers-St-Jean, ehem. Abtei OSB in Burgund (dép. Côte d'Or), von Johannes gegr., der sich nach der »Vita Iohannis abbatis Reomaensis« des →Jonas v. Bobbio ca. 450–460 in das Waldgebiet an den Flüssen Armançon und Serein zurückzog und in →Réome niederließ. Aus einer kleinen Gemeinde von Einsiedlern entwickelte sich ein Monasterium. Gesichert ist, daß ca. 650 Abt Hunno die Regel v. →Luxeuil einführte und die Mönche ihr Kl. in der 2. Hälfte des 8. Jh. an einen günstigeren Ort verlegten, dem heutigen M. Nach dem Aachener Reformsynoden (816–818) schloß sich M. den Benediktinern an. Gegen Mitte des 8. Jh. kam das Kl. unter karol. Botmäßigkeit, der Kg. verfügte über die Güter des Kl. und verlieh sie als Lehen an seine Getreuen. Diese Politik, die Raubzüge der Ungarn und zahlreiche Fehden führten im Laufe des 10. Jh. zu einer Krise, die erst in den 90er Jahren durch das Wirken der Äbte →Maiolus v. Cluny und →Wilhelm v. Dijon überwunden wurde. Seine Blütezeit erreichte M. im 12. und 13. Jh. (Errichtung einer neuen Kirche). Um ca. 1300 gehörten zum Kl. ungefähr 6 Priorate, 20 oder 30 Kapellen und Kirchen sowie die Gerichtsbarkeit in mindestens 20 Dörfern. →Hundertjähriger Krieg und Religionskriege des 16. Jh. führten zu einem Niedergang. Während der Frz. Revolution wurde das Kl. aufgehoben. Von der abgerissenen Kirche blieben einige Überreste erhalten (roman. Kapitele, got. Portal). R. Folz

Lit.: A. VITTENET, L'abbaye de M.-St-Jean (Côte d'Or), 1938 – Abbayes et prieurés de l'ancienne France 12, 1941, 262–270 – W. H. FORSYTH, A Gothic Doorway from M., The Metropolitan Mus. of Art Journal 13, 1978, 33–71 – N. STRATFORD, La sculpture médiévale de M. (Congrès archéol. de France 1986 [1989]), 157–201.

Mouton d'or ('Goldenes Lamm'), auch *Agnel, Agnelet*, ndl. *Gouden Lamm* gen., frz. Goldmünze mit der Darstellung des →Agnus Dei, eingeführt um 1311/13 unter Kg. Philipp IV. im Gewicht von 4,2 g; erneut 1355 eingeführt unter Kg. Jean II. im Gewicht von 4,7 g; nochmals 1417 unter Kg. Karl VI. im Gewicht von 2,65 g wiederholt. Der M. d'or Jeans II. wurde in Nordfrankreich (Cambrai, Élincourt), Flandern, Brabant und in den Niederlanden nachgeahmt. P. Berghaus

Lit.: F. v. SCHROETTER, Wb. der Münzkunde, 1930, 402 – J. LAFAURIE, Les monnaies des rois de France, Hugues Capet à Louis XII, 1951, 29, 50, 73 – J. WESCHKE–U. HAGEN-JAHNKE, Ma. Goldmünzen in der Münzslg. der Dt. Bundesbank, 1982, Taf. 40 – J. BELAUBRE, Hist. numismatique et monétaire de la France médiévale, 1986, 79, 107.

Mouzon, Stadt und ehem. Abtei in Ostfrankreich, Bm. →Reims (dép. Ardennes, arr. Sedan), Vorort eines pagus der 'civitas Remensis', am Kreuzungspunkt des Tales der →Maas mit der röm. Straße von →Reims nach →Trier, von der Reimser Kirche im 6. Jh. erworben. Eine im 7. Jh. gegr. Frauenabtei wurde 882 von Normannen zerstört. Ebf. →Heriveus v. Reims stellte vor 922 die Gebäude wieder her und setzte ein Kanonikerstift an, das wieder verfiel und an dessen Stelle, auf Initiative des Ebf. s →Adalbero, 971 eine benediktin. Mönchsgemeinschaft aus Thin-le-Moûtier (dép. Ardennes, arr. Charleville-Mézières) trat. Hierüber berichtet ein anonymer »Liber fundationis« (um 1033). M. lag seit dem 9. Jh. in dem zum Imperium gehörenden lothr. Teil der Diöz. Reims. Das 'castrum' M. war Besitz des Ebf.s v. Reims. 948 tagte in M. eine Synode zur Schlichtung zw. den Ebf.en Hugo und Artaldus. 993 hatte sich →Gerbert v. Aurillac hier vor einer Synode gegen den Vorwurf der Usurpation des Reimser Erzsitzes zu verteidigen. 1023 fand eine Begegnung zw. Ks. Heinrich II. und Kg. Robert II. v. Frankreich statt, 1187 ein Treffen zw. Friedrich Barbarossa und Philipp II. August. Im späteren MA weniger bedeutend. Die Abteikirche wurde im letzten Viertel des 12. Jh. in frühester Gotik errichtet. Ein Plan des Ebf.s Wilhelm v. Champagne zur Gründung eines zwölften Bm.s innerhalb seiner Erzdiöz. blieb unausgeführt. 1379 tauschte Kg. Karl V. v. Frankreich den Ort, um ihn vor engl. Besetzung zu schützen, mit dem Ebf. Richard Picque gegen die Kastellanei Vailly-sur-Aisne (Bm. Soissons). M. und Beaumont-en-Argonne waren an die Krondomäne gekommen. M. Bur

Lit.: N. GOFFART, Précis d'une hist. de la ville et du pays de M., 1892 – F. SOUCHAL, L'abbatiale de M., 1967 – Le millénaire de l'abbaye de M. (971–1971), Rev. hist. ardennaise 7, 1972 – F. DOLBEAU, La passion ancienne de Victor de M., Rev. hist. ardennaise 9, 1974 – F. POIRIER-COUTANSAIS, Les abbayes bén. du dioc. de Reims (Gallia mon. 1, 1974) – J. MARCHAL, Dict. d'hist. monastique ardennaise, 1978 – I. VOSS, Herrschertreffen im frühen und hohen MA, 1987 – M. BUR, Chronique ou livre de fondation du monastère de M., 1989.

Mowbray (abgeleitet von Montbrai in der Normandie), bedeutende Adelsfamilie im N Englands mit umfangreichem Besitz in Yorkshire und Lincolnshire. Sie geht auf *Robert de M.* († 1095), Earl of Northumberland, zurück, der sich 1095 gegen Wilhelm II. erhob. Seine Witwe Mathilde heiratete Nigel (Nigellus, Néel) d'→Aubigny, einen sehr einflußreichen Ratgeber Heinrichs I. *Roger* († 1188), Nigels Sohn aus dessen zweiter Ehe, nahm den Namen M. an. Er wurde zusammen mit Kg. Stephan v. Blois in der Schlacht v. →Lincoln 1141 gefangengenommen und nach dem fehlgeschlagenen Aufstand der älteren Prinzen von 1173–74 an Heinrich II. ausgeliefert. Roger ging in den Orient und geriet 1187 bei der Schlacht v.→Ḥaṭṭīn in Gefangenschaft. Sein Sohn *Nigel* begleitete Richard I. Löwenherz auf dem 3. Kreuzzug und starb 1191 in→Akkon. Nigels Sohn *William* († 1224) war einer der n. Magnaten, die gegen Kg. Johann Ohneland opponierten, und einer der 25 Barone, die an der →Magna Carta beteiligt waren. Er wurde von den Anhängern des Kg.s in →Lincoln 1217 gefangengenommen. Die eingezogenen Ländereien erhielt er jedoch zurück, als er sich Heinrich III. unterwarf. Sein älterer Sohn *Nigel* starb 1230, ihm folgte sein Bruder *Roger* († 1266), der während der Auseinandersetzungen in den frühen 60er Jahren des 13. Jh. auf der Seite des Kg.s verblieb. Dessen gleichnamiger Sohn *Roger* († 1297) hatte keine hervorragende Laufbahn, obwohl er in Wales 1282–83 an Kriegszügen beteiligt war und 1295 sowie 1296 zum Parliament geladen wurde. *John* († 1322), Rogers Sohn, beteiligte sich 1321 an der Bewegung gegen die→Despenser, die Günstlinge des Kg.s. Diese Haltung wurde v.a. durch den Versuch der Despenser bestimmt, sich der Herrschaft v. Gower, die John de M. von seinem Schwiegervater, William de →Braose, erhalten hatte, zu bemächtigen. John schloß sich den Streitkräften des Earl of Lancaster an, wurde in der Schlacht v. →Boroughbridge (1322) gefangengenommen und als Verräter gehängt. Den Landbesitz der Familie erhielt sein gleichnamiger Sohn *John* († 1361) 1327 wieder zurück. Dieser war v.a. an den schott. Kriegen beteiligt, so als einer der Befehlshaber an der Schlacht v. →Neville's Cross 1346. Bei einer Auseinandersetzung mit dem Earl v. Warwick verlor er die Herrschaft v. Gower. Nachfolger wurde sein Sohn *John* (∞ Elizabeth, Tochter von John de Segrave und Margarete de Brotherton), der an den Kriegszügen in Frankreich teilnahm und bei einer Abenteuerfahrt in den Orient 1368 den Tod fand. Durch Margarete erhielt das Haus M. das Anrecht auf das Earldom of →Norfolk und das Amt des →Marshal of England. Einen weiteren Titel erwarb die Familie, als *John de M.* († 1383) 1377 zum Earl of →Nottingham erhoben wurde. Als John unverheiratet starb, folgte sein Bruder *Thomas* († 1399), der 1388 zu den Lords →Appellant gehörte. 1397 zum Duke of Norfolk erhoben, wurde er jedoch bald von Richard II. zusammen mit Heinrich (IV.) Bolingbroke, Earl of Derby, wegen eines Zweikampfes (1398 in Coventry) aus England verbannt.

Thomas de M., Earl of Nottingham, wurde wegen Verrats 1405 hingerichtet, das Earldom of Norfolk erhielt 1425 sein Bruder *John* († 1432). Dessen Sohn *John* starb 1461 und sein gleichnamiger Sohn *John* († 1476) hinterließ keine direkten Nachkommen. M. C. Prestwich

Lit.: Peerage IX, 367-383 – DNB XXXIX, 217-225.

Moyenmoutier (Medianum Monasterium), ehem. Abtei OSB in Frankreich, Lothringen (dép. Vosges, arr. St-Dié), gegr. um 700 von Hildulf, einem Trierer Chorbf., den die spätere Überlieferung zu einem Bf. v. Nevers machte. Ihre Mittellage zw. den beiden etwas älteren Abteien→Senones und→Étival trug ihr den Namen 'M.' ein. Sie wurde vielleicht zur Kg.sabtei, da Karl d. Gr. sie dem Fortunatus, Patriarchen v. Grado, schenkte. Später kam sie unter die Kontrolle des Hzg.s v. (Ober-)→Lothringen, der sie um 965 reformieren ließ (→Lotharing. Reform). Die Blütezeit der Abtei dauerte ein Jahrhundert, sie entfaltete vornehml. schul. und geistl. Aktivitäten. Um 1026/28 stand sie, gemeinsam mit den Kl. in→Toul, unter der Leitung des Reformabtes →Wilhelm v. Volpiano. Damals soll hier →Humbert, der spätere Kard.bf. v. Silva Candida, Mönch gewesen sein. Die Abtei, die mit ihrem Besitz der Vogtei des Hzg.s v. Lothringen unterstand, führte nach der Reformperiode ein eher glanzloses Dasein. Ein Autor des 11. Jh. verfaßte zur Gesch. von M. den »Libellus de successoribus sancti Hidulfi«. M. Parisse

Q.: H. BELHOMME, Hist. mediani in vosago monte monasterii, Straßburg, 1724, 82-130 [Vita s. Hidulfi]; 143-220 [Libellus] – *Lit.*: CH. PFISTER, Les légendes de saint Dié et de saint Hidulphe, Annales de l'Est 3, 1889, 377-407; 536-588 – L. JEROME, L'abbaye de M., I, 1902 – A. MICHEL, Die Frühwerke des Kard.s Humbert über Hildulf, Deodat und M., ZKG 64, 1952/53, 225-259 – P. BECKER, Das frühe Trierer Mönchtum von den Anfängen bis zur anian. Reform (Beitr. zu Gesch. und Struktur der ma. Germania Sacra, hg. I. CRUSIUS [Veröff. des Max-Planck-Inst. für Gesch. 93, 1989]), 9-44.

Možajsk, aruss. burgstädt. Anlage, 122 km w. von Moskau, als Siedlung schon für das 11. Jh. archäolog. bestätigt, gehörte zum Fsm.→Smolensk, wirde im 13. Jh. Teilfsm., 1303 von →Jurij Danilovič in den Herrschaftsbereich des Fsm.s→Moskau eingegliedert und von →Dmitrij Donskoj 1389 seinem jüngeren Sohn Andrej († 1432) zugeteilt. Dessen Sohn Ivan († 1462) agierte im Bündnis mit→Dmitrij Šemjaka und dem Gfs.en v. Tver', →Boris Aleksandrovič, gegen Gfs. →Vasilij II. und versuchte 1448 mit Unterstützung von →Kasimir Andreas IV., Gfs. v. Litauen, den Moskauer Thron zu besteigen; 1454 floh der Verschwörer ins Gfsm. Litauen, wo er→Černigov, Starodub, Gomel' und Lubeč erhielt. M. wurde von durch Moskauer Herrscher bestimmten Statthaltern oder Teilfs.en wechselweise verwaltet und 1491 endgültig in das Staatsgebiet inkorporiert. Als bedeutende Festung (von →Tataren 1293, 1382, 1408 zerstört) schützte M. Moskau im 14. und 15. Jh. vor litauischen Vorstößen. Mit seinem Handwerk (Bauerntuchweberei, Gerberei) und seiner Gärtnerei wurde M. zu einer wichtigen regionalen Marktanlage: 1389 zahlte es 235 Rubel Tataren-Abgabe, was knapp 5% des gesamten Moskauer Tribut-Aufkommens ausmachte. Mit seinen um die Wende des 14./15. Jh. etwa 25 Kirchen, 6 Kl., seinen wunderwirkenden Ikonen des hl. Nikolaus von M. und der Gottesmutter von Koloča (ab 1413) sowie des lokal als Hl. verehrten Abtes Therapont († 1426) von M. und Beloozero wurde M. zu einem bedeutenden Pilgerort. Seit dem 14. Jh. wurde als Beschützer der Stadt besonders der hl. Nikolaus verehrt, dessen »geschnitzte Ikone« (polychrome, für orth. Sakralkunst ungewöhnl. Holzstatue von 1,77 m Höhe, wohl frühgot.) ihn im Bischofsgewand mit erhobenem Schwert in der rechten und dem Modell der Stadt samt Hauptkirche in der linken Hand darstellt; in halbplast. Klein-Repliken aus Metallguß (älteste Funde stammen aus dem 16. Jh.) wurde sie von Pilgern verbreitet. A. Poppe

Lit.: A. VELIČKOV, Gorod M., ego svjatynja i okrestnosti, 1880 – A. EKZEMPLJARSKIJ, Velikie i udel'nye knjazja, II, 1891, 317-336 – W. KNACKSTEDT, Moskau, 1975, 13, 116, 126-137 – Slovar' knižnikov i knižnosti XIV-XVI vv., I, 1988, 339-341 – G. FEDOROV-DAVYDOV, Iz istorii denežnogo dela Možajska (Fschr. V. JANIN, 1989), 214-222.

Mozaraber, Mozarabische Dichtung. Der Begriff *Mozaraber* (*must'arib* 'arabisierte Christen') ist eine gängige Bezeichnung für die im muslim. Spanien des FrühMA (→al-Andalus) unter Schutzherrschaft lebenden Bevölkerungsgruppen, die am Christentum festhielten (im Unterschied zu den zum Islam konvertierten *Muladies*). Chr. Gemeinschaften sind sowohl in ländl. Gebieten als auch (mit dichterer Überlieferung) in den großen Städten (Toledo, Mérida, Sevilla, Córdoba) belegt. Das Verhältnis zw. ihnen und der muslim. Staatsgewalt, Gesellschaft und Kultur war ambivalent; einer Anpassung an arabisierte Lebensformen (Übernahme der arab. Sprache, Eheverbindungen zw. Muslimen und Christen, Teilhabe an Ämtern, Zusammenarbeit von Bf.en mit der muslim. Verwaltung) steht im 9. Jh. die auf grundlegend christl. Rückbesinnung abzielende, gegen die scharfe Islamisierungspolitik der Omayyaden erbittert kämpfende Bewegung der 'Märtyrer v. →Córdoba' gegenüber.

In der M.D. in lat. Sprache ist weltl. Lit. ohne liturg. Charakter selten, die Verf. sind zumeist bekannt. Bemerkenswert ist v. a. Paulus →Albarus, der um 850 gemeinsam mit dem späteren Märtyrer →Eulogius einer der Führer der antiislam. Bewegung der Mozaraber v. Córdoba war. 14 wenig originelle Gesänge (Carmina) sind von ihm erhalten, mit unterschiedl. und nicht immer korrekter Metrik. Thematisch griff er auf →Eugenius v. Toledo zurück (so in den Philomela I und II), schrieb Gelegenheitsgedichte (Carmina III, IV, VI und IX) in der Tradition der *poesía bibliográfica*, behandelte sonst aber überwiegend religiöse Themen. Eugenius nachempfunden sind die Bußgesänge (Carmina 7/8), dem Eulogius gewidmet sind die Gesänge 12 (Hymnus, vgl. unten), 13 (Epitaph) und 14, während sich die Carmina 10 (In crucis laude) und 11 (zu Ehren des hl. Hieronymus) dem Hymnus annähern. Weitere bekannte Dichter sind der Abt →Samson († 890; mit drei Epitaphen), der Archipresbyter →Cyprianus (Gelegenheitsverse und ein Epitaph Samsons), der Priester Vinzenz (Carmen poenitentiale) und der Abt Rekeswinth. Hymnen finden sich im sog. *Himnario Mozárabe* oder Westgot. (besser Hispan.) Hymnar, von dessen ungefähr 230 Hymnen an die 55 nach der muslim. Invasion (8.–10. Jh.) verfaßt wurden, wobei wenigstens 15–20 als mozarabisch im eigtl. Sinn des Wortes (d. h. in von den Arabern unterworfenen Gebieten wie Córdoba, Toledo, Huesca geschrieben) zu bezeichnen sind. Einige Verfasser können identifiziert werden: von Paulus Albarus stammen AnalHym 27, 118 (Akrostichon) und wahrscheinl. auch 111 und 167. Im Versbau herrschen rhythm. Maße vor, obwohl man bei einzelnen Stücken auch von Metrik sprechen kann. Die Hymnen wurden in ihrer Mehrzahl für Heiligenfeste geschrieben. J. L. Moralejo

Ed.: *nicht liturg. Dichtung:* L. Traube, MGH PP III, 1896, 122–150 – J. Gil, Corpus Scriptorum Muzarabicorum, 1973, I, 344–361; II, 665, 685–693 – *Hymnen: Gesamted.:* C. Blume, AnalHym 27, 1897 [am vollständigsten] – J. P. Gilson, The Mozarabic Psalter, 1905 – *Teiled.:* J. Perez de Urbel, Bull. Hispanique 28, 1926, 5–21, 113–139, 209–245, 305–320 – B. Thorsberg, Études sur l'hymnologie mozarabe, 1962 – M. C. Díaz y Díaz, De Isidoro al siglo XI, 1976, 237–288 – J. Gil, Habis 7, 1976, 187–211 – E. Martínez, Index Verborum Albari, 1977 – J. Palacios Royán, Index Verborum Samsonis, 1978 – J. Castro, Habis 16, 1985, 187–199 – N. Norberg, AAM NF 99, 1988, 307–313 – Ders., Emerita 58, 1990, 139–144 – *Lit.:* HEG I, bes. 1006–1008 [J. M. Lacarra–O. Engels] – Manitius I, 421–430 – I. de las Cagigas, Los mozárabes, 1947–48 – C. M. Sage, Paul Albar of Cordoba, 1943 – R. A. Messenger, Transactions and Proceedings of the American Philol. Assoc. 75, 1944, 103–126 – Ders., Traditio 4, 1946, 149–177 – M. C. Díaz y Díaz, Index Scriptorum Latinorum Medii Aevi Hispanorum, I, 1958 [Hymnen nr. 427–437, 536–554, 649–670] – Szövérffy, Annalen, I, 149, 179–182, 247–249, 343–345 – Ders., Iberian Hymnody I, 1971 – Brunhölzl I, 499–506, 575–576 – J. Pérez de Urbel, Liturgía y Música Mozárabe, 1975, 135–162 – J. Szövérffy, Latin Hymns, 1989, 90–93 – →Córdoba, Märtyrer v.

Mozat, ehem. Abtei in der →Auvergne (heute zur Stadt Riom, dép. Puy-de-Dôme). Die Gründung von M. dürfte im letzten Viertel des 7. Jh. erfolgt sein. 848 wurden hierher die Reliquien des hl. →Austremonius transferiert, doch forderte →Issoire beharrlich einen Teil der Reliquien zurück. 1095 wurde M. an →Cluny affiliiert, 1169 der kgl. Schutzherrschaft (→Garde) unterstellt. War die Abtei zunächst in Besitz der Gf.en der Auvergne, so ließ sie Kg. Ludwig VI. (1108–37) an die Krone Frankreich ziehen; eine Plünderung M.s durch den Auvergne-Gf.en lieferte Kg. Philipp II. August zu Beginn des 13. Jh. den Vorwand zum Einmarsch in die Auvergne. Nach der Mitte des 13. Jh. bemühte sich M., die cluniazens. Oberhoheit abzuschütteln. In der 1. Hälfte des 14. Jh. standen die Äbte oft in Konflikt mit den kgl. Beamten und mit der Stadt →Riom. Zu Beginn des Hundertjährigen Krieges befestigt, doch gegen Ende des 14. Jh. in Verfall geraten, wurde M. im 3. Viertel des 15. Jh. restauriert. Erhalten sind der vorroman. Glockenturm mit Vorhalle sowie das roman. Kirchenschiff; ein Reliquiar (um 1200) birgt Reliquien des legendar. hl. Calmin. G. Fournier

Lit.: Abbé Cohadon, Recherches hist. sur M., Tablettes hist. de l'Auvergne, 1842, 1–47 – H. Gomot, Hist. de l'abbaye royale de M., 1872 – Abbé Luzuy, M., Congr. Archéol., 1913, 124–143 – P.-F. Fournier, St-Austremoine, Bull. hist. et scientifique de l'Auvergne, 1979, 417–471.

Mozzi, florent. Familie (Sesto d'Oltrarno), die Anfang des 13. Jh. im Umkreis der →Calimala-Kaufleute aufstieg und rasch polit. Einfluß gewann. Popolaren Ursprungs (später zu Rittern geschlagen und als Magnaten eingeschätzt) und Guelfen, wurden die M. nach der Schlacht v. →Montaperti (1260) für kurze Zeit verbannt, gehörten jedoch in der 2. H. des 13. Jh. zu den reichsten Häusern von Florenz (u. a. fungierten sie 1273 als Gastgeber für Gregor X. und 1279–80 für Kard. Latino). Zuerst mit den →Scali und den →Spini, nach etwa 1270 nur mit den Spini bildeten die M. eine der bedeutendsten Handelskompanien und Bankhäuser der Stadt. Seit der Mitte des 13. Jh. betrieben sie Finanzgeschäfte in England und für die päpstl. Kurie. Nach Zerfall der Verbindung mit den Spini Anfang des 14. Jh. (Gegensatz der Bianchi und Neri) schlossen sich die M. wieder mit den Scali zusammen. Bedeutendste Mitglieder der Familie: *Jacopo di Cambio,* der für Friedrich v. Antiochia, den Sohn Friedrichs II., um 1250 Bankgeschäfte abwickelte, und *Tommaso di Spigliato di Cambio,* der in der 2. Hälfte des 13. Jh. tätig war. M. Luzzati

Lit.: S. Raveggi, M. Tarassi, D. Medici, P. Parenti, Ghibellini, Guelfi e Popolo Grasso. I detentori del potere politico a Firenze nella seconda metà del Dugento, 1978.

Mstidrog (Mizzidrog), Fs. bei den →Abodriten um 990. M. wird nur einmal erwähnt (bei →Adam v. Bremen und nach ihm bei →Helmold v. Bosau), und zwar neben dem besser bezeugten →Mstivoj. Wahrscheinl. waren sie Brüder, die sich die Herrschaft bei den Abodriten teilten, wie einst →Nakon und dessen Bruder Stojgnev. Es wurde auch die Möglichkeit in Betracht gezogen, daß M. ein Fs. der →Wagrier war. Chr. Lübke

Q.: Adam v. Bremen, Gesta III/42, ed. B. Schmeidler (MGH SRG [in us. schol.] 2) – *Lit.:* SłowStarSłow III, 325 – Chr. Lübke, Reg. zur Gesch. der Slaven an Elbe und Oder, III, 1986, Nr. 256 – *zu M.s Namen:* G. Schlimpert, Slaw. Personennamen in ma. Q. zur dt. Gesch., 1978, 88, 201f. – W. H. Fritze, Zur Frage der sog. Liquidametathese in altopolab. Eigennamen des 8.–11. Jh. (Gedenkschr. R. Olesch, 1990), 5, 10, 15.

Mstislav

1. M. (Mistizlavus, ident. mit Missizla, Sohn des →Billug?), Fs. der →Abodriten ca. 990/995–1018. Chronolog. verworrene und legendäre Berichte →Adams v. Bremen und →Helmolds v. Bosau lassen nur vermuten, daß M. als Sohn →Mstivojs die Herrschaft antrat. Der Einfluß der heidn. →Lutizen verhinderte eine eigenständige Politik M.s, doch blieb er Christ; z. Zt. von Bf. Benno (ab 1014) begann sogar eine Reorganisation des Bm.s →Oldenburg. Erst 1018 (bei →Thietmar v. Merseburg) erhält die Person M.s hist. Authentizität. Da er den Lutizen keine Heeresfolge gegen →Bolesław I. v. Polen geleistet hatte, griffen sie ihn an, inszenierten einen Aufstand und zwangen ihn zur Flucht. Zugunsten von M.s nakonid. Dynastie intervenierten Kg. →Knut v. Dänemark und Hzg. Bernhard II. v. Sachsen, so daß sein Sohn Uto-Pribignev ab 1020 die Stelle des Vaters einnehmen konnte. Chr. Lübke

Lit.: SłowStarSłow III, 325 - W. H. Fritze, Probleme der abodrit. Stammes- und Reichsverfassung (Siedlung und Verfassung der Slawen zw. Elbe, Saale und Oder, hg. H. Ludat, 1960), 160ff. - Chr. Lübke, Reg. zur Gesch. der Slaven an Elbe und Oder, 1985ff., T. II-IV, V [Ind.] - →Abodriten - →Billug.

2. M. (M.-Konstantin), aruss. Fs. v. →Černigov, geb. um 980, † Frühjahr 1036, einer der älteren Söhne →Vladimirs I., wurde bei der Taufe zu Ehren d. byz. Mitks.s Konstantin VIII. benannt. M. hatte →Tmutarakan' (Tamatarcha) inne. Um 1023 schaltete er sich in den Kampf um die Thronfolge →Kievs ein. 1024 besiegte er →Jaroslav in der Schlacht bei Listven, mußte wegen des Widerstandes des Kiever Adels aber auf den Kiever Thron verzichten. Nach dem Friedensvertrag v. 1026 teilten M. und Jaroslav »das Land der Rus' entlang des Dnepr«. Das Gebiet östl. des Stromes mit Černigov als Zentrum wurde M.s Herrschaftsbereich. 1031 beteiligte er sich an Jaroslavs Feldzug gegen →Polen. 1035 begann er, die steinerne Kathedrale Verklärung Christi zu bauen. Nach M.s kinderlosem Tod (sein Sohn Eustachios starb 1033) fiel sein Herrschaftsbereich Jaroslav zu. Überlieferungen und Sagen (M.s Zweikampf mit dem Kasogenfs.en Rededja), die um 1080 der aruss. Chronik (unter Beteiligung →Nikons) eingefügt wurden, schildern M. als tapferen und gerechten Herrscher. A. Poppe

Q.: PSRL I, 146-150 - Lit.: G. Vernadsky, Dzambulat Dzanty, J. of American Folklore 69, 1956, 216-235 - C. Stief, Das Verhältnis zw. der aruss. Chronik und dem Volksepos, Scando-Slavica 3, 1957, 140-147 - A. Poppe, The Rise of Christian Russia, 1982 [Ind.].

3. M. Vladimirovič (Feodor Harald), aruss. Fs., *1075, †14. April 1132, Sohn →Vladimirs II. Vsevolodovič Monomach und Gidas, der Tochter des engl. Kg.s Harald II., ⚭ 1095 Christine († 1122), Tochter Ingos, Kg. v. Schweden. Kinder: Ingeborg, ⚭ →Knud Laward, Kg. der Obodriten; Malfriede, ⚭ 1. →Sigurd Jorsalafari († 1131), Kg. v. Norwegen, 2. Erich Emun, Kg. v. Dänemark; Euphrosine, ⚭ →Geza II., Kg. v. Ungarn; Irene (?), ⚭ 1122 (wahrscheinl.)→Alexios I. Komnenos; Isjaslav II.; Svjatopolk, ⚭ Tochter Ottos II. v. Mähren; Vladimir. Seit 1088 Statthalter in →Novgorod, baute M. durch zwei Feldzüge 1113 und 1116 gegen die Tschuden (Ostseefinnen) den aruss. Tributbereich weiter aus. Am Ausgang des 11. Jh. nahm er auch an Feldzügen gegen die Fs.en von →Černigov und 1111 gegen die Polovcer (→Kumanen) teil. 1117 von seinem betagten Vater nach Kiev gerufen, übernahm er 1125 das Kiever Seniorat (→Kiev) als letzter Herrscher, der wirkl. Macht über das ganze Kiever Reich ausübte. 1127 verbannte er die Fs.en von →Polock und unterstellte sich das Polocker Fsm. In Feldzügen gegen →Litauen (bes. 1131) festigte M. den aruss. Grenz- und Herrschaftsbereich. A. Poppe

Lit.: GVNP 81 - NPL [Ind.] - PSRL I, 1926 - SłowStarSłow IV, 76 - N. Baumgarten, Généalogies et mariages occidentaux des Rurikides russes du Xe au XIIIe, 1927, Taf. V, 7 - A. V. Issačenko, Die Gräzismen des Gfs.en, ZslPh 35, 1971, 97-103 - K. Barzos, Ἡ γενεαλογία τῶν Κομνηνῶν, I, 1984, 343.

4. M. Mstislavič Udaloj (der Kühne), aruss. Fs., *1176, †1228 Schima, Enkel von →Rostislav Mstislavič, Fs. von →Smolensk, war wie sein Vater, Mstislav der Tapfere, ein Wanderfs. Ab 1206 saß er in Toropec, zweimal in →Novgorod (1210-15, 1216-18) und 1217-27 mit Unterbrechungen in →Halič. Er war erfolgreich in Feldzügen (1193, 1198, 1203) gegen die Polovcer (→Kumanen), die Čuden (1212, 1213), die livländ. Ordensritter (1214/15) und die Fs.en v. →Černigov (1212/13) im Kampf um den Thron von →Kiev, den er seinem Vetter Mstislav-Boris († 1223) für elf Jahre sicherstellte. Die Ehe mit Chan Kotians (Kuthens) Tochter sicherte M. die Verfügung über Polovcer als Hilfstruppen. In der Schlacht an der Lipica (21. April 1216) besiegte er Jurij, Gfs. von →Vladimir-Suzdal', und dessen Bruder Jaroslav Vsevolodovič und verteidigte damit die Unabhängigkeit von Novgorod. Mütterlicherseits mit dem ausgestorbenen Fs.enhaus von Halič verwandt, begann M., unterstützt vom poln. Fs.en →Leszek Biały und gegen die Absicht des ung. Kg.s →Andreas II., seinen Sohn Koloman auf diesen Thron zu setzen, sich seit 1215 um Halič zu bemühen. Zwar mißlang sein nach wechselnden Erfolgen, doch führte sein Schwiegersohn Daniil den Kampf um Halič weiter. Der Versuch M.s und der Polovcer, in Allianz mit den Fs.en von Kiev und Černigov die Mongoleninvasion an der →Kalka 1223 aufzuhalten, endete mit einer Niederlage.
A. Poppe

Q.: PSRL I-II - NPL [Ind.] - Lit.: M. Hruševs'kyj, Istorija Ukrainy-Rusi, II, 1905 [Neudr. 1954], 236-244 - HGeschRußlands, I.I, 1981, 508-512 [G. Stökl].

Mstivoj (Mistav, Mistui u. ä., evtl. ident. mit →Billug), Fs. der →Abodriten ca. 967-990/995(?), Sohn Nakons, sicherte 967 mit Hilfe →Hermann Billungs die abodrit. Oberhoheit über die →Wagrier. Deren Zentrum →Oldenburg wurde Sitz eines Bm.s. Zu den Oldenburger Bf.en hatte M. ebenso enge Beziehungen wie zu den sächs. Hzg.en (ab 973 Bernhard I.) und zu den Dänen (Ehe Harald Blauzahns mit M.s Tochter Tofa). Offenbar beteiligte sich M. nur kurz an dem großen →Slavenaufstand (Zerstörung Hamburgs 983?). 984 war er auf dem Reichstag in Quedlinburg vertreten. Unter dem Druck der heidn. Reaktion bei den slav. Nachbarn (→Lutizen) begann um 990, als neben M. auch der Abodritenfs. →Mstidrog erschien, ein Wandel (sächs.-abodrit.) Kämpfe, Beseitigung der chr. Kirchenorganisation), der unter M.s Sohn →Mstislav wirksam wurde. Chr. Lübke

Lit.: SłowStarSłow III, 326f. - W. H. Fritze, Probleme der abodrit. Stammes- und Reichsverfassung der Slawen zw. Elbe, Saale und Oder, hg. H. Ludat (1960), 158ff. - Chr. Lübke, Reg. zur Gesch. der Slaven an Elbe und Oder, 1985ff., T. II-III, V [Ind.] - B. Friedmann, Unters. zur Gesch. des abodrit. Fsm.s bis zum Ende des 10. Jh., 1986, 241-272 - →Abodriten - zu M.s Namen: G. Schlimpert, Slaw. Personennamen in ma. Q. zur dt. Gesch., 1978, 88.

Mu^cāwiya, fünfter Kalif und Begründer der Omayyadendynastie (661-680), geb. ca. 602 als Sohn des angesehenen Kaufmanns Abū Sufyān, der von 624 bis 630 in Mekka die Opposition gegen den Propheten →Mohammed anführte. Nachdem Mohammed M.s Schwester geheiratet hatte und 630 in Mekka einzog, trat M. zum Islam über und wurde bis Mohammeds Tod 632 dessen Sekretär. Unter Mohammeds Nachfolger, dem Kalifen Abū Bakr, nahm M. an der Eroberung Syriens teil. 639 wurde M. vom Kalifen ^cUmar zum Gouverneur Syriens ernannt, das er unter Heranziehung ehemaliger byz. Beamter mit großem Geschick regierte. Er reformierte die Verwaltung und die Finanzen und baute nicht nur eine schlagkräftige Armee auf, sondern auch eine Flotte, die die arab. Seeherrschaft begründete. Als der ihm verwandte Kalif→^cUtmān 656 ermordet wurde, verweigerte er dessen Nachfolger →^cAlī ibn Abī Ṭālib die Gefolgschaft. Gestützt auf seine syr. Provinz konnte sich M. im folgenden Bürgerkrieg behaupten. ^cAlīs Ermordung verschaffte dem schon vorher von seinen Truppen zum Kalifen ausgerufenen M. der allg. Anerkennung. 669 konnte er seinen Sohn Yazīd zum

Nachfolger designieren, der 674 und 680 Byzanz mit Land- und Seestreitkräften angriff. Militär. und diplomat. geschickt, übertrug M. sein syr. Reformwerk auf die übrigen Provinzen des von →Damaskus aus regierten Großreichs. →Omayyaden. P. Thorau

Lit.: EI² VII, 263–268 – H. LAMMENS, Études sur le règne du calife omayade M.Ier, 1908 – E. PETERSEN, ʿAlī and M. in Early Arabic Tradition, 1974².

Mudéjares, von arab. *mudağğan*, »dem erlaubt wurde zu bleiben; Tributpflichtiger«, nannte man in den Ländern der Krone Kastiliens jene Muslime, die es vorzogen, gegen Zusicherung von Religionsfreiheit und Zahlung eines Tributes in den von Christen eroberten Ländern zu bleiben (in Aragón: *tagarinos*). Dieser Status konnte entweder persönl. Art sein oder eine (meist städt.) Gemeinschaft (*aljama*) betreffen. Zwar taucht der Begriff M. erst gegen Mitte des 15. Jh. auf, der Zustand selbst aber schon seit der Eroberung Barcelonas durch Ludwig den Frommen (801). Er erreichte seine größte Entfaltung zw. 1100 und 1502 bzw. 1526 (Zwangsbekehrung in Kastilien bzw. Aragón). Die anfängl. von chr. Seite eingegangenen Verpflichtungen und Versprechen wurden meist sehr bald geschmälert und gebrochen, obwohl die M. eine bedeutsame und gewinnbringende wirtschaftl. Gruppe bildeten, die zumindest die Herrscher und der Adel im Lande zu halten sich bemühten (*a más moro, más oro*). H.-R. Singer

Lit.: EI² VII, 286–289 – I. DE LAS CAGIGAS, Los M. (Minorías étnico-religiosas de la Edad Media española 3.4), 1948–49 – J. BOSWELL, The Royal Treasure. Muslim Communities under the Crown of Aragon in the Fourteenth Century, 1977 [Lit.] – M. T. FERRER I MALLOL, Els Sarraïns de la Corona catalano-aragonesa en el segle XIV, 1987 – M. A. LADERO QUESADA, Granada después de la conquista. Repobladores y m., 1988 – DERS., Los M. de Castilla, 1989.

Muezzin → Moschee

Muftī → Recht, islamisches

Muḥammad → Omayyaden

Mühldorf, Schlacht bei (28. Sept. 1322). Nach dem Tod Ks. Heinrichs VII. kam es im Okt./Nov. 1314 zu einer Doppelwahl. Die habsbg. Partei setzte Wahl und Krönung →Friedrichs d. Schönen (3.F.), die lux.-wittelsb. Partei Hzg. →Ludwigs v. Bayern-München (10. L.) durch. Da nach den Rechtsauffassungen der Zeit die Rechtmäßigkeit offenblieb, mußte die Auseinandersetzung militär. entschieden werden. Nach jahrelangem gegenseitigen Abtasten stießen die Heere der Kontrahenten in einer Stärke von je 5000–6000 Mann in der Nähe der salzburg. Stadt M. (vermutl. bei Erharting an der Isen) aufeinander. Da die von Friedrich d. Schönen erhoffte Vereinigung mit Truppen seines Bruders Leopold nicht gelang, konnte Ludwig durch den takt. geschickten Einsatz v. a. der Reiterei einen glanzvollen Sieg erringen. Die Schlacht bei M., die letzte große Ritterschlacht auf dt. Boden, entschied nicht nur den Thronkampf zugunsten des Wittelsbachers, sondern hat zudem das Haus Habsburg für ein volles Jahrhundert vom Kgtm. verdrängt.
A. Schmid

Lit.: S. RIEZLER, Gesch. Baierns, II, 1880, 332–342 – W. ERBEN, Die Schlacht bei M., 1923 – E. RÖNSCH, Beitr. zur Gesch. der Schlacht bei M., 1933 – H. GOLLWITZER, Die Schlacht bei M., 1979 – Wittelsbach und Bayern, I/1, hg. H. GLASER, 1980, 204–207 – R. ANGERMEIER, Neue Funde zur Schlacht bei M. von 1322, Das Mühlrad 27, 1985, 35–42.

Mühle, Müller
I. Technik – II. Verbreitung – III. Diversifizierung – IV. Müller.

I. TECHNIK: [1] *Handmühlen* sind seit frühgeschichtl. Zeit bekannt: ein Mühlstein als Läufer über einem darunterliegenden Bodenstein als Ständer wird mittels eines Griffes oder einer Stange in Drehbewegung versetzt. Sie erhalten sich während des MA.

[2] *Wassermühlen* tauchen bereits im Altertum in zwei verschiedenen Typen auf. Am frühesten erschien vermutl. jener mechanisierte M.ntyp, der als Antrieb den Druck eines Wasserstrahls auf einen horizontalen Kranz von Löffeln, Schaufeln oder Paddeln am unteren Ende eines senkrecht gelagerten Wellbaums (*horizontale M.n*) mit dem Mahlwerk am oberen Ende derselben senkrechten Welle verbindet. Diese Wasserm.n lassen sich für das frühe MA archäolog. nachweisen, aus schriftl. Q. hingegen allenfalls indirekt erschließen. Als Verbreitungsgebiet kommen v. a. Bergregionen mit schnell fließenden Bachläufen in Frage. Für das hohe und späte MA sind demzufolge auch Belege aus dem Apennin, den Alpen, dem frz. Zentralmassiv und den Pyrenäen, aus Schottland sowie dem Balkan zu finden. In ihrer Effizienz werden die der Konstruktionsform wegen auch »Turbinenm.n« genannten Kraftanlagen oft unterschätzt; →Mariano Daniello di Jacopo, gen. Taccola, hält in der 1. Hälfte des 15. Jh. fest, daß »molendinum ad reticinum velocius geratur quam molendinum Francigenum vel Gallicum dicatur.« – Im 1. Jh. v. Chr. bietet →Vitruv die erste ausführl. techn. Beschreibung der Wasserm.n mit vertikalem Wasserrad, die unterschlächtig in Flußläufen und →Kanälen angetrieben wurden (*vertikale M.n*). Die Kreisbewegung der waagerechten Radwelle mußte über ein Getriebe aus Kammrad und »Laterne« (Stockgetriebe) bzw. Zahnrädern auf eine senkrechte Achse übersetzt werden, die dann ihrerseits wie bei den horizontalen M.n durch den Bodenstein hindurch mittels des kreuz- oder doppelschwalbenschwanzförmig geschmiedeten Mühleisens, dessen Diebstahl die Volksrechte unter Strafe stellten (Lex Alam., Pactus Legis Sal.), den darüber befindl. Läuferstein drehte. Das Korn wurde aus einem Trichter durch ein Loch in der Mitte des Läufers zw. die mit Furchen oder Schärfen versehenen Mühlsteine eingebracht. Eine Variante der M.n mit dem unterschlächtigen Wasserrad sind die *Schiffsmühlen*, u. a. nachgewiesen bei der Belagerung Roms 536 durch die Ostgoten. Am Ufer oder an Brücken vertäut, machten sie den Mahlbetrieb vom Wasserstand weitgehend unabhängig. In Rom bis ins 11. Jh. nachzuweisen. Im Hoch- u. SpätMA weit verbreitet. Eine zumindest in ihren Anfängen umstrittene weitere Sonderform bilden die *Gezeitenmühlen*. Sie sollen im 7. Jh. in Irland, im 10. Jh. im Gebiet von Baṣra am Šaṭṭ al-ʿArab, im 11. Jh. in der Lagune von Venedig und im Hafen von Dover zum Einsatz gekommen sein. Die Wasserm.n mit dem vertikalen Wasserrad können, wie schon im Altertum, auch oberschlächtig angetrieben werden: Das Wasser wird von oben über ein Gerinne auf die offenen Kammern des frei drehenden Rades geleitet. Gefälle und Gewicht des Wassers wirken zusammen. Die Drehbewegung des Mühlrades erfolgt – im Gegensatz zum unterschlächtigen (und mittelschlächtigen) Antrieb – in der Richtung des Wasserflusses.

[3] *Windmühlen* sind seit den 80er Jahren des 12. Jh. in O-England, der Normandie und in Flandern nachzuweisen. Ihre Flügel – bespannte oder beplankte Holzrahmen – drehen waagerechte Wellen, so daß wie bei den vertikalen M.n ein Getriebe eingesetzt werden muß. Das M.ngehäuse stellte man zunächst auf einen »Bock«, einen tief in die Erde eingelassenen, häufig gestützten Holzpfosten, auf dem sich die ganze Anlage in den Wind drehen ließ (*Bockwindm.n*). Später wurde das Mahlwerk auch in einem feststehenden Gebäude untergebracht: Die Flügel ließen sich mittels einer hölzernen drehbaren Dachhaube in den Wind stellen (*Turmwindm.n*).

[4] *Trockenmühlen* (molendina sicca, Siena 1262) nutzen in den s. wasserärmeren Regionen die Getriebekonstruktionen von Wasser- und Windm.n. Als Antrieb dient menschl. und tier. Muskelkraft, auch über Göpel, Treträder oder -trommeln.

[5] *Schwerkraftmühlen* werden in der Chronik des Galvano Fiamma im Zusammenhang mit dem Bau der Gewichtsräderuhren (→Uhren) für das Jahr 1341 genannt. Sie haben bis in die frühe NZ hinein Experimentalcharakter.

II. Verbreitung: Die von M. Bloch 1935 bzw. in der dt. Übersetzung als »Siegeszug« (*conquêtes!*) apostrophierte Verbreitung der vertikalen Wasserm.n im FrühMA, die eine in der Spätantike, v. a. im städt. Bereich erprobte Technik verstärkt einsetzte, darf nicht vergessen machen, daß Hand- und Zieh(kasten)m.n, Tier- insbes. Eselsm.n, aber auch die einfacheren horizontalen M.n vielerorts in Gebrauch blieben oder kamen. – Die Installation von Wasserm.n läßt sich im FrühMA zunächst in Kl.gemeinschaften nachweisen, die mit ihrem Einsatz einen Rationalisierungseffekt – Ersparnis von Arbeitszeit und -kräften – erzielten und mehr Mehl besserer Qualität erzielten, wie dies exemplar. das M.nwunder aus dem Kl. →Loches lehrt (Gregor v. Tours, 6. Jh.). Testamente adliger Großgrundbesitzer (Adalgisel-Grimo, Verdun 643) belegen die häufige Existenz dieser Getreidem.n im Kontext flußnaher Siedlungen. Im 8. Jh. (durch Ortsnamen) in Thüringen nachweisbar, erreichte die M.ntechnik mit Salzburg, Freising und St. Gallen bayer. und alem. Gebiet. Der Techniktransfer erfolgte v. a. über kirchl. Institutionen, das Kgtm. (→Capitulare de villis, c. 18, c. 62) und den Adel als Investoren, aber auch über Einzelpersonen. Im 9. bzw. 10. Jh. gelangten die M.n bereits nach →Bardowick. Der verbreitete Einsatz dieser Wasserm.n in England, Irland und Skandinavien dürfte auf autochthone Ursprünge zurückgehen, wie insbes. aus häufigen archäolog. Nachweisen der horizontalen M.n seit den ersten Jahrhunderten n. Chr. bis ins 9. Jh. gefolgert werden kann. Volksrechte (leges) einzelner germ. Stämme, deren Aufzeichnung vom Ende des 5. bis in die 2. Hälfte des 8. Jh. reicht, bezeugen die Notwendigkeit, zum M.nbetrieb über Wasser- und Ufergerechtsame, Grundstücke und Zuwegungen zu verfügen. In der Lex Baiuvariorum (IX, 2) werden die M.n neben Hzg.shof, Schmiede und Kirche als »öffentl.« Gebäude herausgestellt. Insbes. die Grundherrschaft mit ihren verschiedenen Ausformungen und Trägern schuf die organisator., rechtl., ökonom. und sozialen Voraussetzungen für einen verstärkten M.nbau: Bereits um 787 besaß die norm. Abtei St-Wandrille de Fontenelle 63 M.n, um 825 verfügte die vergleichbar ausgestattete Pariser Abtei St-Germain-des-Prés über 85 M.n, das Eifelkl. Prüm um 893 über 50 M.n. Das Kl. Corbie gebot um 800 an einem eigens dafür angelegten Kanal (im 13. Jh. »Boulangerie« gen.) über M.nkomplexe, die jeweils aus sechs Rädern bzw. Mahlwerken bestanden. Im Laufe des FrühMA kam es zu einer ersten Ausbildung von M.nlandschaften: Lombardei, NW-Frankreich und Flandern. Eine Zusammenfassung der M.nbelege auf dem Kontinent ergäbe bereits für die Karolingerzeit eine Ziffer, die derjenigen des →Domesday Book von 1086 mit fast 6000 M.n gewiß nicht nachstünde. Die Verbreitung der Getreidem.n beruhte keineswegs auf Zwangsmaßnahmen, wie dem M.nbann, der selbst im HochMA nur gelegentl. nachgewiesen werden kann, sondern auf einem Mahlangebot an die Hintersassen und das Umland. Im Kg.shof von Annapes bei Lille, der häufig fälschl. als Musterbeispiel für den ökonom. Niedergang der karol. Landwirtschaft herangezogen wird, erreichte die Ertragsmarge jeder M. 160 Scheffel Getreide jährl. und übertraf damit die schon als hoch eingestuften Durchschnittserträge von St-Germain-des-Prés. Auch die rasche Verbreitung der Windm.n seit dem Ausgang des 12. Jh. in den küstennahen Regionen Flanderns, Englands sowie am Niederrhein gründete sich auf Gewinnaussichten infolge der Bevölkerungszunahme in den Regionen urbaner Verdichtung und der damit einhergehenden Ausweitung der Getreideproduktion und -konsumtion. Im 13. Jh. wurden in Toulouse an der Garonne die M.nanlagen von einem Konsortium von Anteilseignern finanziert.

III. Diversifizierung: Die weitere Anwendung des Wasserradantriebs steht v. a. in Wechselwirkung mit der Urbanisierung und dem Gewerbeausbau. Techn. wird diese Diversifizierung maßgebl. durch die →Nockenwelle bestimmt. Trotz unterschiedl. mechan. Vorgänge im Inneren der »M.« (Walken, Stampfen, Pochen, Sägen, Drahtziehen [→Drahtziehm.]) erhält sich der ursprgl. ausschließl. mit Mahlen (von Getreide) verknüpfte Begriff der M., da der Wasserradantrieb zu einem allg. äußeren Kennzeichen der M. geworden ist.

[1] *Walkmühlen:* Der Einsatz der Nockenwelle gestattete bei zunehmender Tuchproduktion im HochMA die Ablösung bzw. Ergänzung des als Männerarbeit zumeist mit den Füßen bewerkstelligten Walkens durch die Walkm. Das Verfilzen von Wolle – Stoßen, Stauchen und Pressen in wassergefüllten sog. Grubenbäumen – erfolgte durch Stampfen und später mittels schrägansetzender brettförmiger Stempel. Seit dem Ausgang des 10. Jh. im gewerbl. Bereich belegte Termini wie 'bateorium' sind wohl noch als per Hand betriebene Einrichtungen der Hanfaufbereitung zu deuten, die später als Hanf- oder Flachsm.n mechanisiert wurden. Die 1116 bzw. 1120 in Languedoc und in Aniane belegten molendina draperia bzw. molendina paratoria können als Walkm.n verstanden werden, zumal 1086/87 im Umkreis des norm. Kl. St-Wandrille de Fontenelle eindeutig ein molendinum fullonarium auftaucht. Nachweise für Walkm.n häufen sich im 12. und 13. Jh., insbes. in der Normandie und im Languedoc als bekannten Produktionslandschaften preiswerter Massenware, sog. »bäuerlicher Tuche«. Ob der 1062 in Florenz belegte walcator bereits eine Walkm. betrieb, muß dahingestellt bleiben; im it. →Lucca sind 1176 molendini vualcarii, in England Walkm.n der Templer um 1185 nachzuweisen und in Deutschland vor 1246 bei Trier als frühes Beispiel ein molendinum aptum ad preparandum pannos. Das Walkerviertel (vicus fullinum) und das gesamte gewerbl. Quartier des burgus der Abtei St-Riquier (Centula) gehören nicht ins 9., sondern frühestens ins ausgehende 12. Jh.

[2] *Hammermühlen* betreiben Schwanzhämmer, deren Stiel mittig gelagert ist, so daß die Daumen der Nockenwelle das Stielende niederdrücken, wodurch der Hammer angehoben wird und auf den Amboß niederfällt, andere auch Aufwerfhämmer, die seitl. durch lange Daumen einer Nockenwelle angehoben werden. Frühe Hinweise auf ein Hammerwerk bietet wohl der um 1010-20 bezeugte Ortsname Smidimulni, Schmidmühlen üb. Amberg (Trad. Regensburg/St. Emmeram). Im 13. Jh. werden die Belege zahlreicher (Évreux 1202; Tvååker/Schweden 1224; Semogo/Veltlin 1226), im 14. Jh. für die großen Eisenerzeugungs- und Verarbeitungszentren Europas. Es entstanden verschiedene Spezial-Hammerwerke, so in der Oberpfalz und in Nürnberg, die frisch gewonnenes Eisen roh ausschmiedeten (Schienhämmer), Stabeisen und Eisenbänder (Zainhämmer) oder Bleche (Blechhämmer) her-

stellten, sowie Messing- und Kupferhämmer. Um die Schmelztemperatur zu erhöhen, nutzten Hammerm.n (Schmiedem.n) sowie Hüttenwerke seit dem 13. Jh. wasserradgetriebene Blasebälge, so schon 1226 in Semogo; für Oberitalien gibt es weitere Zeugnisse aus dem 13., für die Oberpfalz und die Steiermark aus dem 14. Jh. Dergl. Gebläse ermöglichten hier früher, dort später das indirekte Verfahren der Eisenverhüttung (→Hüttenwesen).

[3] In *Schleif- und Poliermühlen* werden senkrecht drehende grobe Schmirgel- und Schleifscheiben bzw. schuppenartig mit Lederstreifen besetzte Polierscheiben durch ein Wasserrad angetrieben. Schleifm.n, molendina ad cultellos, molendina ad secures, sind seit Ende des 12. Jh. in Q. aus der Normandie belegt, Mitte des 13. Jh. wohl auch in Nürnberg. Sie werden dann immer zahlreicher, wobei Schleifräder nicht selten in schon bestehenden M.n, bes. in Hammerwerken und selbst Kornm.n, installiert werden. Polierm.n treten in Dtl. offenbar erst im 15. Jh. in Erscheinung (1465 Harnischpolierer in Nürnberg).

[4] *Sägemühlen:* Die Beschreibung der hydraul. Marmorsäge durch →Ausonius (»Mosella«) bleibt ein einzelner Beleg. Zur Schnittholzherstellung setzten sich im 13. Jh. die Sägem.n durch. Eine wasserradgetriebene Hubsäge (Sägegatter), bei der das Sägeblatt durch Nocken zum Schnitt niedergedrückt und durch eine zugleich damit angespannte Fichtenstange wieder emporgezogen wird, zeichnet um 1235 →Villard de Honnecourt; den Vorschub des Stammes bewirkt ein längsseitig eingreifendes Zackenrad. Aus dem 13. Jh. sind nur wenige Belege für Sägem.n bekannt (Évreux 1204, molendina de Planchia [?]). Im 14. Jh. taucht die *sag* oder *segmul* als Schneidem. in den Urkk. häufiger auf, v. a. in den Gebirgsgegenden sowie in Städten (u. a. Toulouse 1303; Hall/Tirol 1307; Augsburg 1322; Danzig, Dt. Orden, vor 1338). Mit Hilfe des Kurbelbetriebs (→Kurbel) kann im 15. Jh. der Sägevorgang stabiler, ruhiger und v. a. schneller erfolgen. Erste Darstellungen der →Innovation zeichnet Leonardo da Vinci.

[5] *Erzmühlen* finden sich Anfang des 13. Jh. als rotae arzentarie im Silberbergbau von Trient. Zur naßmechan. Ausbringung von Edelmetall arbeiteten die Erzm.n im 14. Jh. im s. Schwarzwald, im schles. Reichenstein und als »Kolben« – noch mit dem Hinweis auf das ursprgl. Werkzeug - ebenso im Gold- und Silberbergbau von Gastein und Rauris. Seit der 2. Hälfte des 15. Jh. ersetzten die Erzstampfen oder Pochm.n oder, mit der Benennung, die sich durchsetzt, die Pochwerke mit eisenblechverstärkten Stempeln als Stampfen die Erzm.n.

[6] *Papiermühlen* dienen der Zerfaserung von Lumpen (Hadern): zerschnittene Lumpen werden im sog. Stampfgeschirr mit Wasser zu einem Brei (Zeug), dem Ausgangsstoff der →Papierherstellung, verarbeitet. Eine Nockenwelle bewegt hierzu verschiedene Stempel, die in Vertiefungen (Stampflöcher) eines Troges (Löcherbaum) schlagen, in dem Lumpen und Wasser vom groben zum nächstfeineren Stampfgang transportiert werden. Nachweisbar ist dieses Verfahren ab 1260 an Papier aus →Fabriano in der Mark Ancona, einem späteren Zentrum der it. Papierproduktion. 1283 wird die Papierherstellung, die sich wahrscheinl. im Umfeld der Wollarbeiter (Walkm.n!) entwickelte, dort erstmals urkundl. erwähnt, in das gleiche Jahr fallen erste Belege von Papierm.n in Treviso, 1293 in Bologna. Von Italien gelangten die Papierm.n nach Frankreich (1338 Troyes) und Dtl. (1390 Nürnberg). Weitere Papierm.n folgten 1393 in Ravensburg, 1411 in der Schweiz und 1494 in England.

[7] *Seidenzwirnmühlen:* Wohl schon im 13. Jh. wird in Lucca ein »Rundspinner« entwickelt, der die von Seidenraupen erzeugten, also schon »gesponnenen« Fäden aufnehmen und mechan. weiterverarbeiten kann und in Bologna 1341 einen Wasserradantrieb erhält. 1371 arbeiten an den als Netzwerk angelegten Fließen der Stadt bereits 12 solcher Anlagen zum vielfachen Zwirnen, d. h. Verdrehen von zwei oder mehr Fäden zu einem Garn beim Ablaufen von Spulen über Ösen zu Haspeln. Die Verbreitung der Seidezwirnm. bleibt im MA auf Italien beschränkt.

[8] *Rohrzuckermühlen* fanden auf →Zypern unter lat. Herrschaft bei der Rohrzuckerproduktion (13.–14. Jh. bis Mitte 16. Jh.) Verwendung. In den Mahl- und Raffinerieeinheiten von Kouklia läßt sich der zweiphasige Mahlprozeß für Rohrzucker, der sonst nur aus arab. Schriften des 14. Jh. bekannt ist, auch archäolog. nachweisen: Im Kollergang laufende Tierm.n zerquetschten das Rohr (Bagasse), das in der wasserradgetriebenen M. zum Ausgangsstoff der Raffinerie weiter ausgepreßt wurde. Der Antriebsmechanismus der Rohrzuckerm. folgte in allen bekannten Produktionszentren einem einheitl. Typ: Ein turbinenartiges horizontales Wasserrad wurde durch eine gemauerte Druckwasserleitung gespeist und trieb eine vertikale Welle an, die ein Mahlwerk mit Läuferstein oder einen Kollergang drehte.

[9] *Pulvermühlen:* Zum Mahlen von Gold beschreibt →Theophilus 1. Hälfte des 12. Jh. für kunsthandwerkl. Zwecke ein von Hand betriebenes Mahlwerk mit rotierender Reibkeule, molendinum cum pistillo. Zur Pulverisierung im Gewerbebetrieb dienten Stößel bzw. Stampfen, zuweilen Kollergänge oder Mahlgänge mit Läuferstein, so z. B. in Lohm.n zur Zerkleinerung von Eichenrinde für die Gerberlohe oder in Waidm.n zur Herstellung von Färberwaid. Diese Geräte und Anlagen wurden seit dem SpätMA mechanisiert (Kurbel-, Haspel-, Göpel-, Wasserradantrieb). Im 15. Jh. verband sich die Bezeichnung Pulverm. bes. mit dem Schießpulver. (Schieß)pulverm.n erschienen ab 1400 in Dtl. (1400 Röthenbach/Nürnberg; 1409 Elbing; 1421/28 Hildesheim; 1430 Mühlheim/Köln). Bei Bedarf wurden Stampfm.n, auch Öl- oder Papierm.n zeitweilig zu Pulverm.n umfunktioniert.

[10] *Bohrmühlen:* Bohrgeräte, die mit Wasserkraft oder mit Haspel – beim Geschützrohrbohren bzw. -nachbohren auch mit dem Pferdegöpel – betrieben und damit zur Bohrm. entwickelt werden, lassen sich seit der Mitte des 15. Jh. ikonograph. nachweisen, so im Codex 5014 des Kunsthist. Mus.s in Wien als Senkrechtbohrwerk. Der (fälschl.) sog. Anonymus der Hussitenkriege bildet um 1475 ein Waagerecht-Bohrwerk mit Support ab. Der zugehörige Text verweist auf Nürnberg.

IV. MÜLLER (von mlat. molinarius, 'Betreiber von M.n' als techn. Einrichtung, nicht von der Tätigkeit des Mahlens): Er gehörte zu den ältesten handwerkl.-gewerbl. Spezialisten des MA, vergleichbar dem →Schmied oder dem Salzsieder. Seine Fertigkeiten im Umgang mit M.ntechnik und Wasserbau stellten ihn an die Spitze der Hörigenverbände von merowingerzeitl. villae und späterer grundherrl. Villikation. Gelegentl. zählte er noch zum personalen Zubehör eines Schenkungsobjekts (804 Pfungstadt, Lorsch); aber im Testament des Verduner Diakons Adalgisel-Grimo von 643 ist ein - wohl freigelassener - Müller bereits selbständiger Betreiber von vier M.n. Die »klass.« Beschreibung der Funktion des Müllers im Verbund einer kl. →familia findet sich in den Statuten →Adalhards v. Corbie v. 822/823. Als mansus-Inhaber vom opus servile freigestellt, hat der Müller u. a. »molinum componere, et omne materiamen, quod ad illud molinum emendandum pertinet, adducere, sclusam

emendare, molas adducere«. Nach Ausweis der frk. →Polyptychen war die Stellung des Müllers als Pächter sehr verbreitet, er hatte eine Quote seiner Erträge aus dem Mahlgut oder einen gleichbleibenden Zins an den Eigentümer zu zahlen. M.n (und Müller) standen nachweisl. der Volksrechte, v. a. der Lex Baiuvariorum, als öffentl. Einrichtungen unter bes. Schutz. Im Hoch- und SpätMA bildeten sich in den Städten Müllerzünfte (1263 Straßburg, 1281 Worms). Parallel zur Diversifizierung der M.ntechnik ging die der Müllerberufe einher: Walk-, Loh-, Sägemüller usw.   K. Elmshäuser/D. Hägermann/
A. Hedwig/K.-H. Ludwig

Lit.: H. GLEISBERG, Technikgesch. der Getreidem.n, 1956 – M. HODGEN, Antiquity XIII, 1959, 261–297 – Q.-M. BAUTIER, Bull. phil. hist. 1960, 567–626 – L. SPORHAN–W. V. STROMER, Das Handelshaus der Stromer v. Nürnberg..., VSWG 47, 1960, 81–104 – R. MOLDENHAUER, M. und M.nrecht in Mecklenburg, ZRGGermAbt 69, 1962, 195–236 – L. SYSON, British Watermills, 1965 – E. HENNIG, Unters. zum Mahlvorgang an vor- und frühgesch. Getreidem.n, Ethnograph.-Archäolog. Zs. 7, 1966, 71–87 – R. SPRANDEL, Das Eisengewerbe im MA, 1968, 220ff. – W. KOHL, Recht und Gesch. der alten Münchner M.n, 1969 – H. GLEISBERG, Triebwerke in Getreidem.n, 1970 – H. WILSDORF–W. QUELLMALZ, Bergwerke und Hüttenanlagen der Agricola-Zeit (Georgius Agricola – Ausgew. Werke, Ergbd. 1, 1971) – W. V. STROMER, Textiltechn. und hydraul. Erfindungen und ihre Innovatoren in Mitteleuropa im 14./15. Jh. (Technikgesch. 41, 1974), 89–117 – R. MAIOCCHI, La macchina come strumento di produzione... (Storia d'Italia, Annali 3, 1980), 7–27 – P. RAHTZ, Medieval Milling (D. V. CROSSLEY, Medieval Industry, Research Report 40, 1981), 1–15 – H. KOLLER, Die ältesten Wasserm.n im Salzburger Raum (Fschr. B. SCHWINEKÖPER, 1982), 105–116 – G. BAYERL, Die Papierm.n, 1983 – A. NEYSES, Die Getreidem.n beim röm. Land- und Weingut von Lösnich (Krs. Bernkastel-Wittich), Trierer Zs. 46, 1983, 209–211 – T. S. REYNOLDS, Stronger than a Hundred Men. A Hist. of the Vertical Watermill, 1983 – L. CHIAPPA MAURI, I mulini ad acqua nel Milanese (s. X–XV), NRS 67, 1983, 1–59, 259–344, 555–578 – A. GUILLERME, Les temps de l'eau..., 1983 [engl.: 1988] – F. FORESTI, I mulini ad acqua della valle dell'Enza, 1984 – A. G. KELLER, »Northern« and »Southern« Horizontal Watermills, 1984, 132–139 – D. LOHRMANN, Entre Arras et Douai: les moulins de la Scarpe au XIᵉ s. et les détournements de la Satis, Revue du Nord 66, 1984, 1023–1047 – Ö. WIKANDER, Mill-Channels, Weirs and Ponds, Opuscula Romana 15, 1985, 149–154 – C. PONI, Die Seidenm.n (Wiss.skolleg zu Berlin Jb. 1985/86), 329–345 – K.-H. LUDWIG, Zur Nutzung der Turbinenm. im MA, Technikgesch. 53, 1986, 35–38 – Centrum Industriekultur Nürnberg, Räder im Fluß. Die Gesch. der Nürnberger M.n, 1986 – J. MAGER, M.nflügel und Wasserrad, 1987 – E. FINSTERBUSCH–W. THIELE, Vom Steinbeil zum Sägegatter, 1987, 101–147 – M. L. V. WARTBURG, Die zypriot. Rohrzuckerproduktion im MA (Aphrodites Schwestern und christl. Zypern, 1987), 111–115 – K.-H. LUDWIG–F. GRUBER, Gold- und Silberbergbau im Übergang vom MA zur NZ, 1987, 88–93 – A. FUCHS, Die Entwicklungen der ostbayer. Eisenwirtschaft vom MA... (Die Oberpfalz, ein europ. Eisenzentrum, Schriftenreihe des Bergbau- und Industriemus.s Ostbayern 12/1, 1987), 103–124 – E. J. KEALY, Harvesting the Air, 1987 – J. und C. DANIELS, The Origin of the Sugarcane Roller Mill, Hist. of Technology 29, 1988, 493–535 – D. HÄGERMANN, Der Abt als Grundherr (Herrschaft und Kirche, hg. F. PRINZ; Monogr. zur Gesch. des MA 33, 1988), 345–385 – W. V. STROMER, Apparate und Maschinen von Metallgewerben in MA und FrühNZ..., 1988, 125–149 – R. HOLT, The Mills of Medieval England, 1988 – W. V. STROMER, Die Große Oberpfälzer Hammereinigung vom 7. Jan. 1387, Technikgesch. 56, 1989, 279–304 – A. GUENZI–C. PONI, Ein jahrhundertealtes Netzwerk: Wasser und Industrie in Bologna (ebd.), 82–100 – D. LOHRMANN, Travail manuel et machines hydrauliques avant l'an mil (Le travail au MA, 1990), 35–47 – D. HÄGERMANN, Der St. Galler Kl.plan – ein Dokument technolog. Innovationen des FrühMA?, RhVjbll 54, 1990, 1–18 – D. RÖDEL, Zur M.ngesch. des Eberner Raumes im MA (126. Ber. des Hist. Vereins Bamberg, 1990), 405–421 – H. KRANZ, Die Kölner Rheinm.n, 1991 – J. LANGDON, EconHR 44, 3, 1991, 424–444 – D. LOHRMANN (Fschr. H. ZIMMERMANN 1991), 277–287.

Mühle, mystische, spätma. allegor. Darstellung (v.a. Wand-, Tafelmalerei), die unter Verwendung des in Bibelexegese, myst. Schrifttum und bildender Kunst bekannten Mühlensymbols die Lehre von der Realpräsenz Christi in der Gestalt des eucharist. Brotes bei Betonung ekklesiolog. Zusammenhänge deutet. Überwiegend im dt. Sprachraum belegte Ausprägungen des Themas (Prototyp vielleicht um 1400 in Böhmen) zeigen bei der Arbeit an der im Zentrum stehenden m. M.: die →Evangelisten, die das 'Wort' (Spruchbänder) in den Trichter füllen; die →Apostel, welche die M. antreiben; vier →Kirchenväter, die das Mahlprodukt (Hostien, Christkind) in einem Kelch auffangen. Auf die Rolle Mariens für die Inkarnation wird durch die Verkündigungsszene hingewiesen. Polem. Umsetzung fand die m. M. in der reformator. Flugschr. »Die göttl. Mühle« (1521).   B. Braun-Niehr

Lit.: LCI III, 297ff. – M. SCHAWE, Ikonograph. Unters. zum Göttinger Barfüßer-Altar v. 1424, 1989, 4–68 [Lit.].

Mühlhausen, Stadt in Thüringen. Beim altthür. Dorf Alten-M. wurde eine 775 zum kgl. →Fiscus gehörige frk. Siedlung angelegt. 974 sind Burg und Kg.shof bezeugt, wo sich bis zum Beginn des 13. Jh. alle dt. Kg.e einmal aufhielten. Die 1188 civitas imperatoris gen., mit einer Münze ausgestattete Stadt entstand in der 1. Hälfte des 12. Jh. um die Blasiuskirche an der Kreuzung zweier Fernstraßen vor dem Unstrutübergang. Danach wurde die 1220 bezeugte Neustadt bei der Marienkirche angelegt. Beide Kirchen gelangten 1227 bzw. 1243 an den Dt. Orden. 1227 wurden das Magdalenerinnenkl., 1231 das Franziskanerkl. und 1289 das Dominikanerkl. gegründet. Juden sind um 1220 nachzuweisen. 1251 übernahm die damals bereits ummauerte Stadt das kgl. Amt des →Schultheißen. Um 1224 entstand das M.er Reichsrechtsbuch in dt. Sprache. Rat und Bürgermeister sind 1286 bezeugt, Zünfte seit 1310 im Rat vertreten; das Rathaus wurde um 1300 auf der Grenze zw. Alt- und Neustadt (zusammen ca. 42 ha) erbaut. 1256 zerstörten die Bürger die Reichsburg. Seit 1348 kann M. als freie Reichsstadt gelten, im frühen 15. Jh. kam es zu näheren Kontakten mit der →Hanse. Mit Schutzverträgen und Schutzgeldern sicherte M. die reichsunmittelbare Stellung gegen benachbarte Landesfs.en. Seit dem frühen 14. Jh. konnte es ein 220 km² großes ländl. Territorium erwerben. Ein zweiter Mauerring umschloß bis 1400 die nach 1250 entstandenen Vorstädte. Um 1500 sind ca. 8000 Einw. vorhanden.   K. Blaschke

Bibliogr.: Bibliogr. zur dt. hist. Städteforsch., I, 1986, 393–396 – Lit.: G. GÜNTHER–W. KORF, M. Thomas-Müntzer-Stadt, 1986.

Mühlsteine → Mühle

Muḥtasib (muḥtesib) → Almotacén; →Ḥisbā

Muirchertach Ua Briain, Kg. v. →Munster, später →Hochkönig v. →Irland, † 1119, Enkel von →Brian Bóruma, folgte seinem Vater Tairdelbach († 1086) nach, arbeitete zielstrebig auf die Alleinherrschaft hin, indem er seinen Bruder Diarmait verbannte (ein anderer Bruder war früh verstorben). M.s Kräfte waren in den Jahren 1086 bis 1096 durch eine Reihe von Aufständen in Leinster, Connacht und in den Midlands, die von Diarmait unterstützt wurden, gebunden. In die Defensive gedrängt, mußte M. 1090 eine Verständigung mit seinen Gegnern suchen, hatte aber spätestens 1095 seine Schlagkraft zurückgewonnen, die Kontrolle über Munster und Leinster wiederhergestellt und die Opposition in Connacht zerschlagen. Durch eine umsichtige Politik des »divide et impera« behielt er von nun an die Oberhand, doch setzte er sich in Ulster nie wirklich durch. Heiratsallianzen mit Kg. →Magnus III. Barfuß v. Norwegen und Arnulf v. →Montgomery, einem mächtigen anglonorm. Baron der

Walis. Marken, belegen die weitergespannten polit. Interessen des Kg.s, der nach dem Zeugnis →Wilhelms v. Malmesbury »aus unbekannter Ursache die Engländer eine Zeitlang hochmütig behandelte«. Kg. Heinrich I. brachte M. jedoch durch eine Seeblockade rasch wieder zum Einlenken. Eine Serie von Konflikten mit M.s alten Widersachern, den MacLochlainn v. Ulster, folgte: 1114 erkrankte M. schwer und wurde von seinem rivalisierenden Bruder Diarmait abgesetzt. Bis zu seinem Todesjahr 1119 war das Pendel der Macht jedoch bereits wieder umgeschlagen. D. Ó Cróinín

Lit.: D. Ó CORRÁIN, Ireland before the Normans, 1972, 142–150.

Muirchú moccu Machtheni, air. Autor des späten 7. Jh., Verf. der »Vita Patricii« (→Patrick, hl.), die er auf Veranlassung (»dictante«) des Bf.s →Aéd v. Sletty († 700 in Armagh) abfaßte. M. und Aéd sind unter den Garanten des Gesetzes →Cáin Adomnáin (697, Synode v. →Birr) aufgeführt. Das als Entstehungsdatum der Vita vorgeschlagene Jahr 688 ist wohl zu früh angesetzt. M. selbst verweist in der Praefatio der Vita auf das Vorbild seines (geistl.) Vaters→Cogitosus, dessen vielleicht 658 verfaßte »Vita Brigidae« (→Brigida v. Kildare) als ältestes Zeugnis der ir. Hagiographie (→Hagiographie, B. VIII) gilt. Gegenüber Cogitosus ist M.s »Vita Patricii« jedoch stilist. weitaus geschmeidiger und zeigt Vertrautheit mit den hagiograph. Werken des Kontinents, insbes. der »Vita Martini« des →Sulpicius Severus. – Nicht befriedigend geklärt ist die stammesmäßige Herkunft M.s (dessen Identität mit einem in den ir. Martyrologien zum 8. Juni kommemorierten hl. M. unbeweisbar ist). Der Gentilbestandteil seines Namens ('moccu Machtheni') wird als Hinweis auf die Tuath Mochtheine, einem um Armagh lokalisierten Volksstamm, gedeutet. Aufgrund der eingehenden Nennung Armaghs und mehrerer Orte an der Ostküste des nördl. Irland (darunter Stätten frühester Patrick-Verehrung) in M.s »Vita Patricii« drängt sich einerseits die Ansicht auf, daß M. aus dieser Gegend, d. h. dem Gebiet der →Ulaid (Ulster) stammte, während andererseits bestimmte Hinweise (v. a. Komm. zu dem Festkalender →»Félire Oéngusso«) dafür sprechen, daß M. aus→Laigin (Leinster) gebürtig war und sich später (wie Aéd v. Sletty) dem aufstrebenden Kl. →Armagh anschloß. D. ÓCróinín

Lit.: J. F. KENNEY, Sources for the Early Hist. of Ireland, 269, 331–333 – R. SHARPE–M. LAPIDGE, Bibliogr. of Celtic-Latin lit. 400–1200, 1985, 84f. – Ireland and Northern France AD 600–850, ed. J.-M. PICARD, 1991, 82–88 [CH. DOHERTY].

Muiredach Tírech ('M. der Territorien'), myth. →Hochkönig v. Irland, galt als Großvater von →Niall Noígiallach und Vorfahr der →Uí Néill. Die Zerstörung der »Hauptstadt« der Provinzialkg.e v. Ulster, →Emain Macha, wurde ihm zugeschrieben, desgleichen die Eroberung von »Schwertland«, das er vom Gebiet der ihm unbotmäßigen →Ulaid abtrennen ließ. Nach späteren Überlieferungen herrschte er, bevor er die Würde des Hochkönigs erlangte, als Kg. v. →Connacht; die Entstehung speziell dieser Sagen dürften mit dem Aufstieg Connachts im 11. und 12. Jh. zusammenhängen. D. ÓCróinín

Lit.: T. F. O'RAHILLY, Early Irish Hist. and Mythology, 1946, 221–228, 394ff. – G. MACNIOCAILL, Ireland before the Vikings, 1972, 14.

Muisis, Gilles li, frz. (mlat.) Chronist und Dichter, * 1271 oder 1272, † 15. Okt. 1353; entstammte einer Bürgerfamilie aus→Tournai, trat am 2. Nov. in St-Martin de Tournai ein, 1315 Cellerar der Abtei, kurz vor 1330 Prior, am 30. April 1331 zum Abt gewählt (Weihe 25. Okt. 1332). Seit 1346 vom grauen Star befallen, 1348 erblindet, wurde er im Sept. 1351 operiert und erhielt das Augenlicht zurück. Er füllte seine erzwungene Untätigkeit aus, indem er seine Lebenserinnerungen und Gedanken über den Zustand der Welt aufzeichnen ließ; die von ihm diktierten Bände sind sämtl. erhalten: Die französischsprachigen Dichtungen bilden, in ihrer Gesamtheit, einen Zyklus über die »états du monde«. Das lat. »Chronicon«, 1347 begonnen und 1349 vollendet, enthält zunächst einen kurzen Abriß von der Erschaffung der Welt bis 1294, dann einen Bericht über die Ereignisse in Frankreich von 1294 bis 1348. Für die folgenden Jahre ließ G. li M., jeweils nach Ostern, die Ereignisse des vergangenen Jahres aufzeichnen. Die so entstandenen »Annales« wurden bis 1351 fortgesetzt und schließen mit dem Bericht über die Operation des Abtes. G. li M. erweist sich als unparteiischer Geschichtsschreiber, der seine eigenen Aufzeichnungen, mündl. Zeugnisse (die er ausdrückl. anführt), aber auch erzählende Q. und Urk.material (insbes. das Kartular seiner Abtei) verwertete. F. Vielliard

Ed.: Chronique et Annales de G. le Muisit, ed. H. LEMAÎTRE, 1906 (SHF) – Poesies de G. Li M., ed. J. KERVYN DE LETTENHOVE, 2 Bde, 1882 – Lit.: BNB 32, 528–540 – MOLINIER, 2890 – Repfont II, 133–135 – BOSSUAT, 5338–5343; Suppl. 1960–80, 7446–7452 – A. COVILLE, G. li M., HLF 37, 1938, 250–324 – A. D'HAENENS, G. Li M. historien, RevBén 69, 1959, 258–286 – DERS, L'Abbaye St-Martin de Tournai de 1290 à 1350, 1961 – B. GUENÉE, Entre l'Église et l'État. Quatre vues de prélats français à la fin du MA, 1987, 87–124.

Mülhausen (Mulhouse), Stadt im Ober-→Elsaß (dép. Haut-Rhin). Ein hier gelegener, im 12. Jh. an den Bf. gelangter Wirtschaftshof der Straßburger Abtei St. Stephan bildete neben stauf. Allod die Grundlage einer wohl 1186 von Friedrich I. begründeten Marktsiedlung, die nach vorübergehender bfl. Abhängigkeit im Zuge der stauf. Reichslandpolitik nach 1221 planmäßig unter vermutl. Einfluß Wolfhelms v. Hagenau zur Stadt ausgebaut wurde (1223 civitas, 1217 scultetus, 1227 advocatus und consiliarii). Die Auseinandersetzungen zw. Bf. und Kg. um die Ortsherrschaft endeten 1236: Friedrich II. erhielt die Vogtei und den ganzen Ort als Straßburger Lehen. 1261 setzten sich die Bürger endgültig gegen bfl. Ansprüche durch, zerstörten den bfl. Sitz und wurden kgl.seits privilegiert; 1293 endete mit der Verleihung von Rechten durch Adolf v. Nassau die Entwicklung zur kgl. Stadt (1268 oppidum imperiale, 1266 Siegel belegt). Vor 1231 erfolgte die Ummauerung der im 15. Jh. knapp 30 ha großen und ca. 3000 Einw. zählenden Stadt, deren Bedeutung durch vier Ordensniederlassungen unterstrichen wurde. Sie zählte seit 1354 zur →Dekapolis.
F. B. Fahlbusch

Q.: X. MOSSMANN, Cart. de M., I–IV, 1883–90 – Lit.: R. OBERLÉ–G. LIVET, Hist. de M. des origines à nos jours, 1977.

Mulling, Book of → Book of Mulling

Multscher, Hans, dt. Bildhauer und Modelleur, vielleicht auch Maler (?); * um 1400 Reichenhofen (Allgäu), † 1467 Ulm. Nach Rückkehr von einer Gesellenwanderung durch Burgund, N-Frankreich und die Niederlande 1427 in Ulm eingebürgert, leitete er dort nach anfangs ausgeführten Steinbildwerken (1427–30 Figurengruppe am Rathaussüdfenster; 1429 Schmerzensmann am Münsterhauptportal; 1433 Kargaltar im Münster) und Überwindung des »Weichen Stils« ab der 2. Hälfte der 30er Jahre als der führende südd. Meister einen großen zunftbefreiten Werkstattbetrieb zur Herstellung geschnitzter Altarretabel mit gemalten Flügeln (sog. »Wurzacher Altar« 1437, erhalten die gemalten Flügel, Berlin, Staatl. Mus., und – als ehem. Hauptschreinfigur – die »Landsberger Mutter Gottes«; Kartause Güterstein, Retabel 1449, verloren; Kl. Heiligkreuztal, 1450/55, erhalten zwei weibl. Hl.e, Rottweil, Augustiner-Mus.; 1457/58 Sterzinger Altar, erhalten die gemalten Flügel und – M. als eigenhändige Figuren zugeschrieben – Maria mit Kind, vier weibl. Hl.e, die hl. Georg und Florian, z.T. Sterzing, M. Mus. und Pfarrkirche; 1460/65 Dornbirn, erhalten zwei weibl. Hl.e, Slg. Härle, Mülheim/Ruhr). – Zudem Andachtsbildwerke (z.B. die thronenden Gottesmütter mit Kind in München, BNM, und Abegg-Stiftung Bern) sowie Bozzetti und Visierungen (1430 Dreifaltigkeitsgruppe aus Sandizell, Frankfurt/M., Liebieghaus; 1435 Grabmalvisierung für Hzg. Ludwig d. Bärtigen, München, BNM); Grabmal der Gfn. Mechthild v. Württemberg, Stiftskirche Tübingen. Modelle für Bronzen (1430 Muttergottes mit Kind, München, BNM; 1447 Retabel, Augsburg, Dom; 1460 Reliquienbüste, New York, Frick Coll.). M. Tripps

Lit.: K. GERSTENBERG, H.M., 1927 – A. SCHÄDLER, Das Frühwerk H.M.s, Zs. für Württ. LG, 1956 – M. TRIPPS, H.M., 1969 – A. SCHÄDLER, Bronzebildwerke v. H.M. (Fschr. H. SWARZENSKI), 1973 – M. TRIPPS, Eine Reihe thronender Gottesmütter und deren Verbindung zum frühen Schaffen M.s, Schwäb. Heimat, 1974 – DERS., Die thronende Muttergottes mit Kind in der Abegg-Stiftung, Zs. für Württ. LG, 1989.

Mulūk aṭ-ṭawā'if nennt man die ursprgl. über 40 regionalen und lokalen Machthaber von →al-Andalus, die sich beim Zerfall des Kalifats v. Cordoba und dem Ende der →ʿĀmiriden etablierten und den drei ṭāʾifaʾs ('Gruppierungen') der →Araber, →Berber und Ṣaqāliba ('Slaven/Sklaven') angehörten. Teils handelte es sich bei ihnen um alte Notabelfamilien ihrer Hauptorte, teils um Vertreter der bisherigen Verwaltungshierarchien oder um Generäle bzw. Stammeshäupter der Söldnertruppen. Trotz ihrer inhärenten Schwäche war die Periode der M. aṭ-ṭ. kulturell überaus fruchtbar; Kunst und Gelehrsamkeit blühten (→Ibn Ḥazm, →Ibn Zaidūn, Ibn az-Zarqala). Protagonisten der arab. Partei waren die →ʿAbbādīden von Sevilla, die allmähl. den gesamten SW der Halbinsel in ihre Gewalt brachten, jene der Berber die Zīrīden von →Granada, während ʿĀmiriden und Ṣaqāliba v. a. die Levante (Denia und Balearen, Valencia) beherrschten, die arabisierten Berberdynastien der →Aftasiden und →Banū Dī n-Nūn Badajoz (mit Lissabon) resp. Toledo, die arab. Tuǧībiden, dann die →Hūdiden Zaragoza, dann auch Huesca und Lérida, die →Banū Šumādiḥ Almería u. a. m. Unter starkem Druck seitens Alfons' VI. v. León-Kastilien, der 1085 Toledo eroberte, riefen al-Muʿtamid von Sevilla und ʿAbdallāh von Granada die berber. →Almoraviden zu Hilfe, die zuerst Alfons 1086 bei az-Zallāqa/Sagrajas nahe Badajoz schlugen, dann aber zw. 1090/95 die Kleinkg.e beseitigten. Die Levante, seit 1094 in der Hand des →Cid, fiel erst 1102, Zaragoza erst 1110 in ihre Hand. H.-R. Singer

Lit.: D. WASSERSTEIN, The Rise and the Fall of the Party Kings, 1985.

Mum and the Sothsegger ('Der Schweiger und der Wahrhaftige'), unvollständig überliefertes me. Stabreimgedicht in 9–16 Silbern zu meist 3 Stollen, verfaßt wohl ab Sept. 1399 (R) bis ca. 1403–06 (M) im sw. Mittelland nach Art (aber nicht) von →Langland. Die Hs. Cambridge, Univ. Lib. Ll. iv. 14 (R), enthält ein Frgm. von 857 Versen, unterteilt in Prolog und vier Passus (früher als »Richard the Redeless« bekannt), die Hs. Brit. Lib. Add. 41666 (M; 1928 entdeckt) ein anderes Frgm. von 1751 Versen. »M. and the S.« ist eine episches →Moralität aus Elementen von Ballade, Chronik, Predigt, Quest, Satire, Seelendrama, Streitgedicht, Tierfabel und Utopie; kontrastiert werden Niedergang und Laster unter Richard II. und die Tugenden Wahrhaftigkeit (Sothsegger) und Gerechtigkeit, die zum Aufstieg unter Heinrich IV. führen sollen. Trotz Erzählsprüngen ist »M. and the S.« nicht ohne Stärken in Bericht, Dialog, Kontrastprofil und Schilderung der Traumlandschaft. Als Q. dienten u. a. Spruchgut, Bibel, Sieben freie Künste, »Book of the Vices and Virtues«. H. Weinstock

Bibliogr.: NCBEL I, 545 – ManualME 5.XIII, 1504–1506, 1705–1707 [Nr. 246] – Ed.: M. DAY–R. STEELE, EETS OS 199, 1936 – Lit.: A. G. BLAMIRES, M. and the S. and Langlandian Idiom, NM 76, 1975, 583–604 – A. WAWN, Truth-telling and the Tradition of 'M. and the S.', The Yearbook of English Stud. 13, 1983, 270–287.

Mumadona Dias, Gfn. in Portugal, 926–968?, »a dama mais poderosa do Noroeste peninsular« (SERRÃO, 64), Tochter des Gf. en Diogo Fernandes (909–926) und seiner Gattin Onega, ⚭ Hermenegildo bzw. Mendo Gonçalves (926–943, † 950), Sohn des Gf. en Gonçalo Betotes; Kinder: Gonçalo, Diogo, Ramiro, Onega, Nuno, Arias (Ariano) Mendes; Großmutter des Gf. en →Mendo Gonçalves. Ihre starke Stellung innerhalb der Gft. gründete sich auf ihrem Besitz und ihren engen verwandtschaftl. Beziehungen zum bedeutenden ptg. (ihre Schwester Munia Dias – ⚭ Alvito Lucides – hatte in die Familie des Gf. en →Vimara Peres eingeheiratet) und leones. Adel, insbes. zum Kg. shaus. →Ramiro II. v. León, der sie wiederholt durch Besitzübertragungen auszeichnete (darunter das Kl. São João da Ponte), nannte sie *conlaza nostra* ('Milchschwester': RODRÍGUEZ, 665f.). Ihre wichtigste Gründung war das Kl. São Mamede de Guimarães in der Diöz. →Braga (um 950), das sie nach Vermögen förderte. Doch dotierte sie auch andere Institutionen wie das Kl. →Lorvão. Unmittelbar vor ihrem Tod regelte sie die Nutzung der Burg Guimarães, die kurz zuvor errichtet worden war. L. Vones

Lit.: DHP III, 121f. – E. SÁEZ, Los ascendentes de San Rosendo, Hispania 8, 1948, bes. 59ff. – M. R. GARCÍA ÁLVAREZ, La reina Velasquita, nieta de M.D., Revista de Guimarães 70, 1960 – J. RODRÍGUEZ, Ramiro II, rey de León, 1972 – Livro de M., I, hg. J. A. PINTO FERREIRA, 1973 – M. CARDOZO, Testamento de M., 1975 – J. VERÍSSIMO SERRÃO, Hist. de Portugal, I, 1979³, 63f. – J. MATTOSO, A nobreza medieval portuguesa, 1980, 108f., 139–143.

Mumia (Mumie; pers.-arab. *mūm*, *mōm*) bezeichnete ursprgl. Wachs, dann verschiedene Abarten des Asphaltes (→Pech), später Leichenbalsam (enthielt neben aromat. Substanzen v.a. Asphalt, fand sich in den Kopf- und Bauchhöhlen der einbalsamierten Toten der alten Ägypter), schließlich den konservierten Leichnam selbst. In der arab. und salernitan. Med. half 'M.' als Berg- sowie Gräberasphalt u. a. bei Knochenbruch, Verrenkung, Prellung, Lähmung, Fallsucht, Schwindel, Kopfweh, Ohrenschmerzen, Bluthusten, Herzklopfen, Magenschwäche, Leber- und Milzschäden, innerl. Geschwüren, Harninkontinenz, eingenommenen Giften, Skorpionstich. Im Abendland schätzte man etwa seit dem 14. Jh. Separatauszüge einzelner Körperteile ägypt. Mumien zur Behandlung entsprechender Körperpartien von Kranken. Endlich nutzte man die gesamte einbalsamierte M. zur Gewinnung von Tinkturen und Salzen als →Panacee.

M. E. v. Matuschka

Q.: Gart der Gesundheit, Mainz 1485, II, 269 [Faks. 1924] – Matthaeus Silvaticus, Opus pandectarum, Mantua 1492, 555 – Constantinus Africanus, Opera, Basel 1536, I, 372 – (Ps.) Ioannis Serapion, De simplicium medicamentorum hist., Venedig 1552, 101ᵛ – Rhazes, Opera, Basel 1544, III, 40 – Avicenna, Opera, Venedig 1564, 343 – Ibn al-Baṭār, Traité des Simples. Traduction L. LECLERC, 1877, III, 346–348 – H. WÖLFEL, Circa instans [Diss. Berlin 1939] – Lit.: W. SCHNEIDER, Lex. zur Arzneimittelgesch., I, 1968, 53f. – E. GRABNER, Grundzüge einer ostalpinen Volksmed., SAW. PH 457, 1985, 201f. – K. GORDON-GRUBE, Anthropophagy in Post-Renaissance Europe…, American Anthropologist 90, 1988, 405–409 – M. RÁČEK, M. viva, 1990.

Mummolus, Eunius, →Patricius, † 585, Sohn des Peonius, Comes v. →Auxerre, aus galloröm. Familie, trat an die Stelle seines Vaters und brachte Kg. →Guntram bei dessen Ankunft in →Burgund die Gaben dar, deren Überreichung ihm Peonius aufgetragen hatte. M. stieg in Guntrams Gunst auf und wurde Dux, schließlich – nach dem Tode des Amatus im Kampf gegen die Langobarden (570) – Patricius (Befehlshaber des kgl. Heeres). Als solcher schlug M. 572 bei Estoublon und nochmals 574 die ins Rhônetal eingefallenen →Langobarden; er siedelte in der Gallia ihre Verbündeten, die →Sachsen, an. 576 besiegte M. die Neustrier nahe Limoges. 581 in Ungnade gefallen, verschanzte sich M. in Avignon und intrigierte gemeinsam mit Kgn. →Brunichild; 583 verband er sich mit dem Thronprätendenten →Gundowald. Die Annäherung zw. Guntram und →Childebert II. v. Austrasien zwang M., zusammen mit Gundowald in Lugdunum Convenarum (→Comminges) Zuflucht zu suchen; obwohl er Gundowald preisgab, wurde er bei der Eroberung der Stadt erschlagen. Seine Witwe lieferte den beiden Kg.en den gewaltigen Schatz aus, den der Patricius in Avignon zusammengetragen hatte. J. Richard

Q.: Greg. Turon. IV, bes. 42–45 – *Lit.:* P. GOUBERT, Byzance et les Francs, 1956 – E. EWIG, Die frk. Teilungen (Spätantikes und frk. Gallien, I, 1979²).

Mumu → Munster

München, Stadt an der Isar (Bayern, Oberbayern). Die Besiedlung des auf der M.er Schotterebene gelegenen Stadtareals setzt im jüngeren Neolithikum ein; in frühma. Zeit gab es in diesem Kreuzungsbereich zweier Fernstraßen verschiedene Streusiedlungen (-ingen-Orte). Ob der Name M. auf Altbesitz eines Urklosters verweist, ist fraglich. Es kann nicht ausgeschlossen werden, daß eine patronym. Ortsnamenbildung vorliegt. Hzg. Heinrich d. Löwe baute M. zur Stadt aus, als er im Zuge seiner gegen die Bf.e gerichteten Politik 1157/58 die Zollbrücke des Bf.s v. →Freising bei Oberföhring zerstörte und die Salzstraße von Reichenhall nach Augsburg einschließl. des zugehörigen Marktes und der Münze etwa fünf Kilometer isaraufwärts verlegte. Ks. Friedrich I. erkannte mit Urk. vom 14. Juni 1158 den Gewaltakt an, sprach Bf. Albert aber eine Beteiligung an den Einnahmen zu. Der planmäßige Grundriß hat sich im wesentl. bis in die Gegenwart erhalten. Nach der Absetzung Heinrichs d. Löwen 1180 brachten die Freisinger Bf.e die Stadt in ihre Verfügung zurück. Die von den Schäftlarner Annalen behauptete Zerstörung M.s und die Wiederherstellung der früheren Verhältnisse kamen nicht zur Ausführung. Die wittelsb. Hzg.e v. Bayern vermochten hier nach harten Auseinandersetzungen erst 1240 Fuß zu fassen, doch behaupteten die Bf.e v. Freising einzelne Rechtstitel bis in die neueste Zeit.

M. wurde nach dem Aufstieg →Regensburgs zur Reichsstadt und der Landesteilung von 1255 Residenz der wittelsb. Hzg.e. Die Teilhzg.e der Linie Bayern-M. hatten bis gegen Ende des MA ihren Sitz im Alten Hof. Die vergleichsweise frühe Residenzbildung förderte entscheidend den Aufschwung der Stadt zum Handels- und Gewerbezentrum. Unter Ks. Ludwig d. Bayern, ihrem großen Förderer, kam die erste Stadterweiterung zum Abschluß. Der damals erbaute, ca. 90 ha einschließende Bering wurde bis zum Ende des 18. Jh. nicht überschritten. Die Hzg.e hielten als Stadtherren die Residenzstadt in strenger Abhängigkeit. Eine erste umfassende Stadtrechtsverleihung (Rudolfinum) erfolgte 1294. In den Verfassungskämpfen zw. 1397 und 1403 bildete sich das vor-

nehml. vom Salz- und Italienhandel getragene, oligarch. Stadtpatriziat aus. Die Ausstrahlung des Zentralorts M. war im MA von meist nur regionaler Bedeutung. Mit ca. 14000 Einw. um 1500 wuchs M. wohl zur bevölkerungsstärksten Ansiedlung im Hzm. Bayern heran, blieb aber im Schatten von Nürnberg, Augsburg und Regensburg. A. Schmid

Lit.: DStB V/2, 394–445 – F. SOLLEDER, M. im MA, 1938 [Neudr. 1952] – R. SCHAFFER, An der Wiege M.s, 1950 – Häuserbuch der Stadt M., 5 Bde, 1958–77 – M. SCHATTENHOFER, Die Anfänge M.s (Abensberger Vortr., hg. K. BOSL, 1978), 7–27 – L. MAIER, Stadt und Herrschaft. Ein Beitr. zur Gründungs- und frühen Entwicklungsgesch. M.s, 1989.

Münchsmünster, ehem. Kl. OSB in Oberbayern (♂ hl. Sixtus), gegenüber von Pförring und Vohburg, wo eine der bedeutendsten Fernstraßen aus dem Mittelrhein-Gebiet die Donau überquerte, vermutl. in der 2. Hälfte des 8. Jh. vom Bayernhzg. →Tassilo III. gegr. Nicht sicher ist ebenfalls, ob M. 818/819 zu den Königskl. der zweiten Kategorie gehörte. Spätestens in der Ungarnzeit des 10. Jh. wurde M. ein Kanonikerstift, das in die Pfarrkirche St. Sixtus in M. verlegt wurde. In der Folge behandelten die Vohburger M. als ihr Lehen. Bf. →Otto I. v. Bamberg wandelte M. wieder in ein Benediktinerkl. um. Die Mönche kamen aus dem neuen Kl. Prüfening. 1133 übergab Ks. Lothar III. das Kl. M. dem Bm. Bamberg. Im 15. Jh. erhielt der Abt das Recht der Pontifikalien. Seit dem ausgehenden 15. Jh. verfiel das Kl., 1598 wurden seine Güter dem Jesuitenkolleg Ingolstadt übertragen. W. Störmer

Q. und Lit.: M. THIEL–O. ENGELS, Die Traditionen, Urkk. und Urbare des Kl. M. (Q. zur bayer. Gesch. 20, 1961) – J. HEMMERLE, Die Benediktinerkll. in Bayern, 1970, 172f. – H. FREILINGER, Ingolstadt... (Hist. Atlas von Bayern, T. Altbayern, H. 46, 1977), 203f., 286f.

Muncimir, Fs. der Kroaten (dux Croatorum) um 892–910?, Sohn von →Trpimir I. und Nachfolger von →Branimir. Er ist auf der Inschrift von 895 aus der Kirche St. Lukas in Uzdolje bei →Knin als Stifter erwähnt. Die Urk. von 892, in der M. einen Streit um die Georgskirche in Putalj entscheidet, ist vermutl. verfälscht überliefert. B. Ferjančić

Lit.: F. v. ŠIŠIĆ, Gesch. der Kroaten, 1. Teil (bis 1102), 1917 – R. MIHALJČIĆ–L. STEINDORFF, Namentragende Steininschriften in Jugoslawien vom Ende des 7. bis zur Mitte des 13. Jh., 1982, Nr. 62.

Mundiburdium (auch mundoburdium, mumburdium, mundiburg[i]um). Das Wort ist so oder ähnlich in den meisten germ. und roman. Sprachen belegt; vgl. insbes. frz. *mainbournie* (→*mainbour*). Es setzt sich zusammen aus →Munt und frk., ags., ahd. *beran* 'tragen' und bezeichnet also die Trägerschaft (bzw. in den entsprechenden Formen wie mundiburdus, mainbour usw. den Träger) der Muntgewalt. Als moderne Definition dürfte »Schutzgewalt über eine anvertraute Person« die Sache am ehesten treffen. M. ist somit in seiner Bedeutung kaum von dem Simplex Munt zu unterscheiden. Untersucht man die konkrete Verwendung in den Q., so ergibt sich ebenfalls höchstens eine etwas andere Nuance. M. scheint nämlich öfter als Munt außerhalb der familienrechtl. Verhältnisse (Eltern-Kinder, Ehemann-Ehefrau) verwendet worden zu sein. Zwar werden auch Witwen und Waisen dem M. eines Vormunds unterstellt, aber der Lehnsmann begibt sich ebenfalls bei der →Kommendation in das M. des Lehnsherrn (Form. Tur. Nr. 43), eine Abtei wird dem M. des Kg.s unterstellt usw. Die Franken bezeichnen sogar die Schutzmacht und -pflicht des Ks.s für die gesamte Kirche als M. (→Defensio ecclesiae). Hier ist die äußerste Ausweitung des Begriffs erreicht.

In Anbetracht so verschiedenartiger Anwendungsbereiche scheint es äußerst schwierig, wenn nicht gar aussichtslos zu sein, einen einheitlichen rechtl. Inhalt des M. zu ergründen oder auch nur eine einheitl. Herkunft der Sache, etwa aus der Hausherrschaft, zu bestimmen. Schon in frk. Zeit, aber auch das ganze MA hindurch, selbst noch im 18. Jh., sind die Belege zu zahlreich und zu disparat für solche Versuche. Die Beispiele des Lehnsmannes in dem M. des Lehnsherrn sowie der Abtei im M. des Kg.s beweisen aber jedenfalls, daß weder der Schutz des Mündels mit Waffen noch die gerichtl. Vertretung des Mündels notwendiger Bestandteil des M. waren. Denn zum ersteren war der Lehnsmann, zum zweiteren die Abtei selbst in der Lage. A. Cordes

Q. und Lit.: →Munt – HRG III, 750–761 – Du Cange V, 544f. – J. F. Niermeyer, Mediae Latinitatis Lexicon Minus, 1954ff., 708f.

Mündigkeit → Alter

Mündliche Literaturtradition
I. Deutsche Literatur – II. Romanische Literaturen – III. Englische Literatur – IV. Skandinavische Literatur – V. Walisische Literatur – VI. Irische Literatur – VII. Byzantinische Literatur – VIII. Slavische Literaturen.

I. Deutsche Literatur: Die dt. sprachige Lit. des MA nimmt »eine Zwischenstellung ein zw. dem [archaischen] Typus des einer kollektiven Tradition verhafteten, mündl. überlieferten, immer wieder neu aktualisierten Textes einerseits und dem [modernen] Typus des individuellen, buchmäßig verbreiteten, im Druckbild unabänderlich fixierten Textes andererseits« (J. Kühnel, 1976, 311f.). M.L., dem europ. MA entsprechend, gibt es in vielen Teilen der Welt noch heute, etwa in Schwarzafrika, im arab. Sprachraum, in Indien, in den Steppen Asiens oder in China, aber auch auf den Balkan oder – bis ins 19. Jh. – auf den Färöer-Inseln. Der fixierte Text findet sich das ganze MA hindurch in dem durch Schriftlichkeit gekennzeichneten Latein jener Epoche, also im Bereich der überregionalen ma. 'Vatersprache' der Kirche, der Verwaltung und der Wiss.; wohingegen im Grunde die Lit. aller Volkssprachen, d. h. aller 'Muttersprachen', damals noch Elemente bzw. Reste einer reinen Mündlichkeit bestimmten Tradition aufwiesen. Latein zu können, bedeutete gleichzeitig auch die Fähigkeit zum →Lesen und Schreiben: die Beherrschung dieser Techniken gehörte lange Zeit nicht zum Bildungskanon des Adels (noch Ks. Ludwig der Bayer [1314–47] war illiterat), und sie wurde unter den nicht Lateinkundigen dann erst für die entwickelteren Formen des Handels unabdingbar. Die frühesten erhaltenen schriftl. Aufzeichnungen von dt. Texten stammen aus der Mitte des 8. Jh., und Karl d. Gr. (742–814) wird von seinem Biographen Einhard sogar der Auftrag für schriftl. Sammeln von Heldenliedern zugeschrieben. Einfachere Formen kürzeren Erzählens, der Nachrichtenübermittlung, der Gnomik und Didaktik waren und blieben mutmaßlich mündlich. Neben der schriftl. fixierten Sangverslyrik des Adels und des ma. Bürgertums gab es sicherlich auch volkstüml. Lieder, die weitgehend mündlich tradiert wurden: gelegentliche Spuren sind festzustellen, doch kann über sie naturgemäß – wie über den gesamten Bereich der primär mündlich tradierten Texte und Melodien – kaum Zuverlässiges ausgesagt werden. Für die mhd. Sangverslyrik gilt insgesamt, daß sie zwar eindeutig für musikal. Vortrag vor einem unmittelbar zuhörenden Publikum bestimmt war, doch ist anzunehmen, daß die Texte und möglicherweise ebenfalls die Melodien bereits in der Zeit von »Minnesangs Frühling« (12. Jh.) auch schriftlich fixiert wurden. Es ist also davon auszugehen, daß diese →Lyrik einerseits weitgehend mündlich vermittelt, andererseits aber schriftlich tradiert wurde. Für frühe Schriftlichkeit sprechen – neben den allerdings erst seit dem 13. Jh. erhaltenen Handschriften – bildl. Darstellungen von diktierenden und schreibenden Liedautoren (z. B. in der Großen Heidelberger [»Manessischen«] →Liederhs.), die anders nicht zu erklärende Qualität bei der Überlieferung komplizierter Texte sowie einige weitere Indizien (G. Schweikle, 1989, 24ff.); die mündl. Vermittlung bedingte andererseits immer wieder Aktualisierungen und Rücksichten auf ein geändertes Publikum. Dies läßt sich nur in einigen wenigen Fällen noch glaubhaft nachweisen (U. Müller, 1992), bildet aber sicherlich die Hauptursache für gelegentl. unterschiedl. Fassungen ein und desselben Liedes in den verschiedenen Hss., also den »offenen Text« (J. Kühnel), und geht also keineswegs auf eine früher postulierte Unzuverlässigkeit oder Eigenmächtigkeit der Schreiber/innen zurück. Die Wichtigkeit des Mündlichen für gesungene Lyrik zeigt sich auch im lange befolgten Verbot der Meistersinger-Zünfte, Meisterlieder zu drucken. Die stroph. – und daher gleichfalls zumindest ursprgl. für musikal. Vortrag bestimmte – Heldenepik (Beispiel: →Nibelungenlied; vgl. auch: →chanson de geste) trägt deutl. Elemente der Mündlichkeit: Im Stilistischen etwa die für »Oral Poetry« aller Kulturen typ. Häufigkeit des Formelhaften, der scheinbaren Redundanzen, in der Überlieferung die häufige Umstellung, Auslassung und Ergänzung von Strophen sowie die Umarbeitung ganzer Episoden oder Werke (vgl. bes. die Forschungen von M. Parry/A. Lord). Auch die grundsätzl. Anonymität jener Epik hängt wohl damit zusammen. Allgemein wird auch die häufige Anrede an das Publikum als Zeichen der Mündlichkeit bewertet, doch könnte dies – speziell im höf. Roman – auch ein zur bloßen rhetor. Technik verfestigtes Relikt sein (M. G. Scholz). Die höf. Erzähldichtung (Versroman) war insgesamt sehr viel stärker durch Schriftlichkeit bestimmt, war also schon früh 'Buchliteratur', wenn aber auch hier an Vortragsvermittlung gedacht werden muß. Weitgehende Schriftlichkeit ist auch bei den dramat. Texten, also den geistl. und weltl. Spielen (→Drama, →Geistl. Spiel) anzunehmen, ohne daß aber deswegen eine mündl. Stegreif-Tradition (wie sie sich etwa im Wiener Volksstück fast bis in die Gegenwart gehalten hat) auszuschließen wäre. – Ein wichtiger Bereich der Mündlichkeit war das ma. Rechtswesen. Unter röm. Einfluß wurden Verträge zwar früh schriftl. fixiert, aber die Verschriftlichung des volkssprachl. Rechts begann erst im 12./13. Jh. (→Sachsen-, →Schwabenspiegel, Landrechte). Die zunehmende Verschriftlichung des dt. (wie des gesamten europ.) Literaturbetriebes hat die Bedeutung der Mündlichkeit nie völlig verdrängt (z. B.: →Märchen, sog. →Volkslieder); durch die Sammeltätigkeit der Romantik wurde sie allerdings in unzulässiger Weise als Dichtung einer 'schaffenden Volksseele' verklärt. U. Müller

Lit.: H. Grundmann, »Litteratus–illiteratus«. Der Wandel einer Bildungsnorm vom Altertum zum MA, 1958 (Ders., Ausgew. Aufs. 3, 1978) – A. B. Lord, The Singer of Tales, 1960 [dt. 1965] – The Making of Homeric Verse: The Collected Papers of Milman Parry, hg. A. Parry, 1971 – E. R. Haymes, Das mündl. Epos. Eine Einf. in die 'Oral Poetry'-Forsch., 1972 – J. Kühnel, Der »offene Text«. Beitr. zur Überlieferungsgesch. volkssprachiger Texte des MA (Akten des V. Internat. Germanisten-Kongresses 2, 1976) – Oral Poetry. Das Problem der Mündlichkeit ma. epischer Dichtung, hg. N. Voorwinden – M. de Haan, 1979 – M. G. Scholz, Hören und Lesen. Stud. zur primären Rezeption der Lit. im 12. und 13. Jh., 1980 – J. M. Foley, Oral-Formulaic Theory and Research. An Introduction and Annotated Bibliogr., 1985 – Ders., Oral-Formulaic Theory. A Casebook,

1989 – M. Wehrli, Lit. im dt. MA, 1984 – G. Schweikle, Minnesang, 1989 – U. Müller, Exemplar. Überl. und Ed. Mehrfachfassungen in authent. Lyrik-Hss. (Editio 6, 1992).

II. Romanische Literaturen: Die Frage nach den m. L.en in der ma. Romania (hier eingeschränkt auf die zentralen Gebiete Frankreich, Italien und die Iber. Halbinsel) wird im folgenden aus der Perspektive der überlieferten schriftl. Lit.en behandelt. Es wird also zu klären sein, ob es rein m. Lit.en gegeben hat, welche dies im einzelnen waren und inwieweit sie die sich etwa ab dem 11.Jh. herausbildenden schriftl. Traditionen beeinflußt haben.

Die m. L.en werden in der Forsch. in erster Linie im Zusammenhang mit der Frage nach den Ursprüngen der roman. Lit.en bzw. denen der einzelnen lit. Genera diskutiert. In der älteren Forsch. stehen sich zwei Positionen gegenüber, die sich in bezug auf die Ependiskussion etwa folgendermaßen charakterisieren lassen (Krauss, 1978, 1–8, Pedraza Jiménez-Rodríguez Cáceres 1981, 161–168): für die »Individualisten« (J. Bédier, Ph. A. Becker, etc.) beginnt die Gattungstradition erst mit den überlieferten schriftl. Texten. Die Genese der Gattung ist Resultat der Initiative einzelner Kleriker, die Formen und Inhalte der neuen roman. Dichtung ausschließl. aus der lat. Schrifttradition beziehen; die »(Neo-)Traditionalisten« (G. Paris, P. Rajna, R. Menéndez Pidal etc.) gehen dagegen von einer mündl. Vorgeschichte des Epos aus, in der sich die wesentl. Gattungsmerkmale geformt haben und an die die ersten schriftl. Epen, etwa die »Chanson de Roland« (ca. 1080) oder der »Cantar de Mío Cid« (ca. 1200?) anschließen können. Die rigorose Haltung der »Individualisten« ist inzwischen nicht mehr haltbar. Die Forsch. hat nachgewiesen, daß es zweifelsfrei bereits vor den ersten schriftl. Texten eine m. Erzähltradition gegeben hat. Belege dafür sind etwa die »Nota Emilianense« (spätestens 1065–75), eine kurze lat. Notiz, in der bereits die wichtigsten Protagonisten des Rolandsliedes genannt werden (Krauss, 1978, 6). Ähnlich wichtig ist der Nachweis, daß das Namenspaar Roland und Olivier bereits vor 1080 belegt ist und somit die Existenz einer (m.) Version des Rolandsstoffes vor der »Chanson de Roland« voraussetzt (Krauss, ibid.). Die Position der (Neo)Traditionalisten erhielt außerdem Unterstützung durch die Beobachtung, daß viele der formalen Charakteristika der afrz. bzw. altspan. Epen mit Merkmalen übereinstimmten, die nach den Unters. von M. Parry und A. Lord als Merkmale einer m. improvisierenden Dichtung ausgewiesen sind (»formulaic diction«, wechselnd lange Strophenform (Laisse), Publikumsansprachen etc.; cf. Rychner, 1955; Chasca, 1972; Duggan, 1974). Dieser Nachweis einer mündl. ep. Tradition in der Romania hebt jedoch nicht alle Positionen der »Individualisten« auf. Unbestreitbar ist, daß die uns erhaltenen Texte individuelle Schöpfungen sind, die die m. Tradition nicht direkt wiedergeben, sondern diese durch klerikale und schriftkulturelle Elemente überformen.

Auch in bezug auf die altprov. Lyrik ist die Frage einer vorherigen m. Tradition erörtert worden (Bec, 1972, 35–60; Pedraza Jiménez-Rodríguez Cáceres 1981, 93–124; Köhler, 1985, 9–12). Hier hat die Forsch. in den Harğas, roman. Refrains in arab. bzw. hebr. Gedichten aus dem 11.Jh., inzwischen Belege für eine m. lyr. Tradition vor den ersten schriftl. Texten gefunden (Heger, 1960). Interessant ist, daß die Troubadourdichtung, die am Anfang der schriftl. Lyriktradition steht, nicht direkt an diese Dichtung anschließt – die Harğas gehören zur Tradition der »Frauenlieder« –, sondern sie offensichtl. als »populär« ablehnt. »Frauenlieder« treten erst wieder gegen Ende des 12.Jh. in der schriftl. Tradition auf (aptg. →cantigas de amigo, afrz. →chansons de toile, etc.) oder werden in der Renaissance in Spanien Gegenstand einer »folklorist.« Sammlertätigkeit (villancicos) (vgl. Sánchez Romeralo, 1969; Bec, 1977, 57–119; Pedraza Jiménez-Rodríguez Cáceres, 1981, 109–124). Man kann die diskontinuierl. Überlieferungslage als Beleg für eine parallel zur höf. Lyrik verlaufende m. populäre Tradition ansehen, der sich die »Höhenkammliteratur« von Zeit zu Zeit zuwendet. Die Aufführungs- und Überlieferungsformen der »Frauenlieder« werden übrigens in den afrz. Romanen erkennbar, in denen sie als Zitate im Text fungieren, nämlich als Lieder, die die Protagonistinnen während der Näharbeit vortragen (Zink, 1978).

Die roman. Lit. bleibt auch nach dem Einsetzen der schriftl. Überlieferung in ständigem Kontakt mit m. Traditionen. Deutl. Anzeichen dafür ist, daß immer wieder auf m. Stofftraditionen zurückgegriffen wird. Dies gilt etwa für →Chrétien de Troyes und →Marie de France (2. Hälfte 12.Jh.), die beide kelt. Sagenstoffe (Artuslegende, Tristansage, etc.) in ihren Werken verwenden. Auch die afrz. →Fabliaux (12.–13.Jh.) und die Tierdichtung (»Roman de Renart«, 12.–13.Jh.) schließen an m. Erzähltraditionen an (Kiesow, 1976). Hier ist zu bedenken, daß die schriftl. lit. Texte in ihrer überwiegenden Mehrheit m. vermittelt werden (Auerbach, 1956; Zumthor, 1983, 1987). Diese Bindung an die orale Vermittlung, sicherlich Residuum früherer rein m. lit. Praktiken, führt zu einer spezif. Formensprache der ma. Lit., die noch viele Analogien zu rein m. Lit. erkennen läßt. Außerdem ist sie die Grundlage für die Durchlässigkeit zw. schriftl. und m. Tradition. Mit der m. Vermittlung steht im weiteren Sinne auch im Zusammenhang, daß der lit. Text in der Überlieferung noch nicht als fixiert und unabänderl. behandelt wird (»mouvance« des ma. Textes; Zumthor, 1983, 1987). Hier zeigt sich die prinzipielle Offenheit des schriftl. Textes, der sich ohne weiteres in die m. Gedächtniskultur einfügen kann. Daß die Verschriftung der roman. Lit. keineswegs sofort zur Aufgabe m. Traditionen geführt hat, zeigt am Ende des MA nochmals deutl. die it. Novellistik. In den Texten wird implizit (»Novellino«, ca. 1300) oder explizit über eine Rahmenerzählung (Boccaccio, »Decameron«, 1350–53) deutlich, daß Zielpunkt oder Vorbild der Slg.en eine m. Erzählkultur ist, deren Stoffe die schriftl. Texte aufgreifen, in die sie sich aber auch wieder einfügen, indem sie den m. Erzählern Anleitungen und Vorbilder für das »bel parlar gentile« geben (vgl. Riesz, 1988, 323–342). M. Selig

Lit.: J. Rychner, La chanson de geste. Essai sur l'art épique des jongleurs, 1955 – E. Auerbach, Literatursprache und Publikum in der lat. Spätantike und im MA, 1958 – K. Heger, Die bisher veröffentl. Harğas und ihre Deutung, 1960 – P. Bec, Nouvelle anthologie de la lyrique occitane du m.â., 1972² – E. de Chasca, El arte juglaresco en el »Cantar de Mío Cid«, 1972² – J. J. Duggan, Formulaic Diction in the Cantar de Mío Cid and the Old French Epic, Forum for Modern Language Stud. X, 1974, 260–269 – R. Kiesow, Die Fabliaux, 1976 – P. Bec, La lyrique fr. au m.â. (XIIᵉ–XIIIᵉ s.), 1977 – Afrz. Epik, hg. H. Krauss, 1978 – M. Zink, Les chansons de toile, 1978 – F. B. Pedraza Jiménez – M. Rodríguez Cáceres, Manual de lit. española, I: Edad Media, 1981 – P. Zumthor, Introduction à la poésie orale, 1983 – E. Köhler, MA, II, 1985 – P. Zumthor, La lettre et la voix. De la »littérature« médiévale, 1987 – Il Novellino, hg. J. Riesz, 1988.

III. Englische Literatur: [1] *Altenglische Dichtung:* Zwar ist der formelhafte Stil der ae. alliterierenden Dichtung – sowohl was das weltl. →Epos als auch die →geistl. epische Dichtung angeht – schon von der älteren Forsch. erkannt und untersucht worden, doch wird Formelhaftigkeit erst seit der Ausbildung der sog. »oral formulaic theory« als Indiz für Mündlichkeit gewertet. Die ae. weltl. Dichtung ist in Gehalt und Ausdruck unzweifelhaft der germ. Welt verbunden; daneben ist aber auch lat.-chr. Gedankengut in die Dichtung eingeflossen, so daß die Nähe der überlieferten Dichtungen zur mündl. Vortrags- und Dichtungskunst des ags. Scop (→Skop) im einzelnen schwer auszumachen ist. Die Forsch.slage ist dementsprechend durch unterschiedl. und z. T. gegensätzl. Positionen in der Debatte um die Mündlichkeit in der ae. Epik gekennzeichnet. Während das sog. →»Finnsburg-Fragment« als ae. Zeugnis des germ. Heldenlieds (→Heldendichtung) aufgefaßt werden kann, wird der →»Beowulf« allg. als Buchepos oder doch als durch die schriftl. Dichtung stark beeinflußte epische Dichtung gesehen. Formelhafte Diktion, typische Szenen, Ringkomposition u. ä. weisen allerdings auf das mündl. Milieu, in dem die Dichtung ursprgl. anzusiedeln ist. Auch wenn die ae. Heldendichtung ihre überlieferte Gestalt der schriftl. Fixierung und schriftl. Bearbeitung verdankt, läßt der überwiegend formelhafte Stil keinen Zweifel daran, daß bei den Rezipienten dieser Dichtung eine enge Vertrautheit mit den Konventionen der mündl. Dichtung vorausgesetzt wird.

[2] *Mittelenglische Dichtung:* Im Bereich der me. Dichtung sind insbes. die →Romanzen des »alliterative revival« (→Alliteration, C. IV) und die Romanzen in der sog. Schweifreimstrophe *(tail-rhyme)* in bezug auf ihre Formelhaftigkeit untersucht worden. Formelhafte Diktion, stereotype Kompositionsmuster, große Ähnlichkeit mit den Typen und Motiven der Volkserzählung u. ä. lassen bei den volkstüml. Romanzen an einen mündl. Ursprung und eine Verbreitung durch den →Minstrel denken. Andererseits läßt sich jedoch auch der Einfluß der Schriftdichtung nachweisen, sowohl was den Ursprung der Dichtungen als Übersetzungen oder Bearbeitungen meist frz. Vorbilder angeht, als auch was ihre handschriftl. Überlieferung betrifft. Obwohl die Bedeutung des mündl. Vortrags volkstüml. Erzähldichtungen allg. anerkannt ist, wird die Frage, inwieweit die überlieferten Texte in einer mündl. Dichtungstradition stehen, unterschiedl. beantwortet. V. a. die Vertreter der »oral formulaic theory« sehen im formelhaften Stil der me. Dichtungen einen Beweis für ihre Mündlichkeit. Diese läßt sich wie im Falle der ae. Dichtung nicht stringent nachweisen, doch muß auch hier die Konventionalität der volkstüml. Narrativik als Indiz für die zeitgenöss. Publikumserwartung interpretiert werden. K. Reichl

Bibliogr.: J. M. Foley, Oral-Formulaic Theory and Research: An Introduction and Annotated Bibliogr., 1985 – *Lit.: Ae.:* F. P. Magoun Jr., Oral-Formulaic Character of Anglo-Saxon Narrative Poetry, Speculum 28, 1953, 446–467 – W. Whallon, Formula, Character, and Context: Stud. in Homer, OE, and Old Testament Poetry, 1969 – J. Opland, Anglo Saxon Oral Poetry, 1980 – A. H. Olsen, Oral-Formulaic Research in OE Stud., Oral Tradition 1, 1986, 548–606; 3, 1988, 138–190 – A. Renoir, A Key to Old Poems, 1988 – *Me.:* R. Crosby, Oral Delivery in the MA, Speculum 11, 1936, 88–110 – R. F. Lawrence, The Formulaic Theory and its Application to English Alliterative Poetry (Essays in Style and Language, ed. R. Fowler, 1966), 166–183 – M. Curschmann, Oral Poetry in Mediaeval English, French, and German Lit., Speculum 42, 1967, 36–52 – S. Wittig, Stylistic and Narrative Structures in the ME Romances, 1978 – W. Parks, The Oral-Formulaic Theory in ME Stud., Oral Tradition 1, 1986, 636–694.

IV. Skandinavische Literatur: Die skand. Lit. war mindestens bis zur Mitte des 11. Jh., wahrscheinl. sogar bis Mitte des 12. Jh., fast ausschließl. durch mündl. Überlieferung getragen, wobei nur vereinzelte lit. Denkmäler in Runeninschriften (→Runen) eine Ausnahme bilden. Vor und während der ersten Jahrzehnte der Christianisierung wurde einheimische Dichtung durch das Gedächtnis der →Skalden, Rechtskenntnis durch das Erinnerungsvermögen der →Rechtssprecher, komputist. Informationen durch die Beobachtungen von Astronomen und Genealogie und Gesch. ebenfalls durch das Memorieren und die mündl. Weitergabe tradiert. Die Bewahrung und Weitergabe der ersten beiden Sparten des Wissens war Aufgabe bestimmter Berufsgruppen; die Annahme eines 'kollektiven Volksgedächtnisses' ist abzulehnen, wenngleich vereinzelte Erzählungen und Gedichte sicherlich großen Bekanntheitsgrad besaßen. Auf dem Gebiet des Rechts wissen wir, daß die island. Rechtssprecher die Gesetze bis ins 12. Jh. auswendigzulernen und jeweils ein Drittel davon auf dem →Allthing im Sommer vorzutragen hatten, wobei die Amtszeit eben drei Jahre betrug. Nach der ersten Kodifizierung der Gesetze ab dem Winter 1117/18 las man sie jedoch aus den Hss. vor, und für die Rechtssprecher war nun die Kunst des Lesens und Schreibens wichtiger als das Gedächtnis. Mündl. Versionen der Gesetze wurden nicht mehr akzeptiert, nur die schriftl. Fassung hatte Geltung. Auch Dichter mußten sich bis zum 12. Jh. auf ihr Gedächtnis verlassen, wobei das Erlernen der Gedichte ihrer Vorgänger gleichzeitig zur Erlernung der Dichtkunst führte. Damit wurden auch alte Mythen und Heldensagen tradiert, und da viele Skalden (im 10. und 11. Jh. vorwiegend Isländer) an ausländ. Königshöfen tätig waren, waren sie auch in deren Traditionen bewandert. Der Vortrag von Fürstenpreisliedern war eine meist recht formelle Angelegenheit, für die der Dichter entsprechend belohnt wurde. Daneben galt der Vortrag von Gedichten *(kvæðaskemmtun)* als beliebte Form der Unterhaltung. Ab dem 12. Jh. wurden jedoch auch Gedichte zunehmend niedergeschrieben. Als 1169 →Einarr Skúlasons Gedicht »Geisli« 1169 im Dom v. Drontheim verlesen wurde, ging der mündl. Vortrag von Gedichten wohl schon zurück. Die Eddalieder (→Edda) wurden etwa im späten 12. Jh. erstmals niedergeschrieben (wenn auch der Codex Regius erst aus dem letzten Viertel des 13. Jh. stammt), und →Snorri hat von den vielen ihm vorliegenden und von ihm in der Snorra-Edda zitierten Gedichten wohl schriftl. Fassungen besessen. Die Bewahrung gesch. Ereignisse und einzelner Genealogien dürfte weniger als andere Bereiche auf einzelne Personengruppen beschränkt gewesen sein, und dasselbe gilt wohl für die erfundenen Abenteuergeschichten, welche die mündl. Vorläufer der →Fornaldarsögur und einzelner Episoden der Isländersagas (→Íslendingasögur) bildeten. Der Vortrag von →Sagas *(sagnaskemmtun)* war noch beliebter als der von Gedichten. Diese Geschichten, aber auch Genealogien, wurden ab dem 12. Jh. niedergeschrieben, und der Verfasser des Ersten gramm. Traktats nennt um 1150 Genealogien als eine der vier schriftl. aufgezeichneten Literaturgattungen (die anderen drei waren Gesetze, Bibelauslegungen und Aris hist. Schriften). →Ari und andere Geschichtsschreiber zeichneten solche Genealogien auf und schufen damit den Beginn der Historiographie (→Íslendingabók, →Landnámabók), und auf diesem Weg flossen solche Informationen auch in die Isländersagas ein. Es gibt keinen Grund anzunehmen, daß Isländersagas oder auch nur komplette Thaettir jemals in mündl. Form existiert haben, auch wenn die darin enthaltenen Einzeldaten auf mündl. Weg ins 12. Jh. weitergegeben worden waren. Ein kleines Spezialgebiet mündl. Überlieferung war die Komputistik, welche Grundkenntnisse der Astronomie voraussetzte und ursprgl. für die Erstellung von groben Kalendern

(Jahreseinteilung, Lostage), ab der Christianisierung zusätzlich für den christl. Festkalender und nicht zuletzt für die Feststellung des Ostertermins von Bedeutung war. Um 1140 entstand in Island der erste schriftl. Kalender, und die aus dem 13. und 14. Jh. erhaltenen theoret. Schriften zeugen von einer langen Tradition der Beschäftigung mit diesem Bereich. R. Simek

Lit.: W. BAETKE, Isländersaga (WdF 151, 1974) – E. MUNDAL, Sagadebatt, 1977 – Neues Hb. der Lit. wiss., 6: Europ. FrühMA, hg. K. v. SEE, 1985.

V. WALISISCHE LITERATUR: Es ist zu berücksichtigen, daß Wales nur einen Restbestand des brit.-kelt. Gebietes darstellt, in dem als ganzem mündl. Gelehrsamkeit in nachröm. Zeit neue ist. Als Träger dieser mündl. gepflegten und tradierten Kultur haben die bereits bei den Festlandskelten bezeugten Berufsgelehrten zu gelten, in Wales bes. die →Barden. Die Briten erhielten durch die Römer alphabet. Schriftlichkeit, die in nachröm. Zeit in der Kirche weiter gepflegt wurde. In der Forsch. wird derzeit die Zeitspanne der Verschriftung der brit.-kelt. Sprache(n) diskutiert, die die Voraussetzung dafür schuf, neben mündl. Tradierung auch andere Überlieferungsformen zu pflegen. Es wird heute u. a. angenommen, daß dies bereits um 600 der Fall war, in einer Zeit, die man für die frühesten namentl. bekannten Dichter ansetzt, →Aneirin und →Taliesin. Die Dichtungen des FrühMA bezeichnet man als hengerdd ('alte Dichtungen'). Sie sind in der Mehrzahl anonym überliefert. Die Elegien, die als »Y Gododdin« bekannt sind, stammen wohl urspgl. aus dem nördl. Britannien und sind möglicherweise im 7. Jh. entstanden; erhalten sind sie in einer walis. Hs. aus der Mitte des 13. Jh. In den walis. Rechtstexten, die seit dem ausgehenden 12. Jh. mehrfach überliefert sind, werden zwei Träger potentiell mündl. Kultur genannt: pencerdd ('Haupt der Kunst') und bard teylu ('Dichter der Gefolgschaft'). Sie haben am Hof eine nachgeordnete Position inne und sind nicht von so zentraler Bedeutung wie vermutl. in der Frühzeit oder wie in Irland. In hist. Q. werden Harfenspieler im Gefolge des Kg.s bei der Schlacht erwähnt. Die walis. Fs.enchronik (→»Brut y Tywysogyon«) berichtet von einem Dichterwettbewerb, den Lord →Rhys v. Deheubarth (Südwales) 1176 veranstaltete. Dichter an den Fs.enhöfen sind im 12. und 13. Jh. zahlreich bezeugt; sie pflegten v. a. traditionelle Gattungen wie Preisdichtung oder Elegie. Indes können diese Dichtungen, obwohl offenbar traditionell in Form und Inhalt, nicht als unmittelbare Zeugnisse einer wesentl. mündl. gepflegten Kultur gelten. →Eisteddfod. M. Richter

Lit.: I. WILLIAMS, The Beginnings of Welsh Poetry, hg. R. BROMWICH, 1980[2] – J. T. KOCH, When was Welsh Lit. First Written Down?, Stud. Celt. 20/21, 1985/86, 43–66 – Early Welsh Poetry. Stud. in the Book of Aneirin, hg. B. F. ROBERTS, 1988 – B. F. ROBERTS, Oral Tradition and Welsh Lit. A Description and Survey, Oral Tradition, 3, 1988, 61–87 – Britain 400–600: Language and Hist., hg. A. BAMMESBERGER–A. WOLLMANN, 1990.

VI. IRISCHE LITERATUR: Die Existenz einer vitalen und ausdifferenzierten m. L. in Irland galt als unbezweifelhaftes Fakt, daß sie nicht eigens erforscht wurde. In der letzten Generation wurde indes eine Gegenposition entwickelt, v. a. von J. CARNEY, die davon ausgeht, daß Schriftkultur im 5. Jh. mit dem Christentum nach Irland kam und daß die erhaltenen sehr umfangreichen Zeugnisse der ir. Lit. in Prosa und Dichtung dem christl. Milieu entstammten und weitreichende Verbindungen mit fremden Literaturen aufweisen. Während CARNEY die daneben bestehende Existenz einer mündl. gepflegten Kultur auch in Dichtung und Erzählung als gegeben betrachtet, aus der auch die Schriftzeugnisse schöpften, wird diese Möglichkeit von seinen Schülern stark bezweifelt. Damit wird ein überzogener Positivismus gepflegt, gemäß dem Zeugnisse schriftl. Art als einzige Form von Kulturüberlieferung betrachtet werden. Gegenwärtig vorherrschende Versuche, in lange sicher zu generell als archaisch betrachteten Schriftzeugnissen aus Irland christl. Vorlagen nachzuweisen, gehen in ihren Folgerungen sicher zu weit. Es wird nicht genügend gewürdigt, daß für Träger der Schriftkultur in Irland eine aus dem Lateinischen entlehnte neue Begrifflichkeit geprägt wurde. Die bei den Festlandskelten bezeugten Träger mündl. Kultur sind in ir. MA auch und zwar sehr zahlreich und einflußreich belegt, auch wenn der im MA gängige Oberbegriff →fili 'Dichter, Seher', anfangs wohl auch 'Rechtsgelehrter', in der Vorzeit nicht bezeugt ist. Träger dieser Kultur erscheinen z. B. in der Hagiographie und werden dort, obwohl in vieler Beziehung Werte vertretend, die schwer mit der christl. Lehre vereinbar sind, in ihrer traditionellen Rolle vorgestellt (vgl. Adamnan, Vita Columbae 43a/b). Somit ist an der traditionellen Auffassung sicher im wesentl. festzuhalten. Neu zu überdenken ist dann freilich das Wesen des Christentums im ir. FrühMA, dem es offenbar nicht gelang, traditionelle einheim. Kulturformen zu unterbinden. M. Richter

Lit.: J. CARNEY, Stud. in Early Irish Lit. and Hist., 1955 – P. MACCANA, Conservation and Innovation in Early Celtic Lit., ECelt 13, 1972, 61–119 – K. MCCONE, Pagan Past and Christian Present in Early Irish Lit., 1990 – J. E. C. WILLIAMS – P. FORD, Irish Literary Tradition, 1992.

VII. BYZANTINISCHE LITERATUR: Jede ma. Lit. ist zum Vortrag bestimmt und wird über das Ohr aufgenommen. Nur so sind die lit. Genera in ihrer uns vorliegenden rhetor.-rhythm. (in der Dichtung metr.) Gestaltung erklärbar. Die meistgelesene = meistvorgelesene = meistgehörte Lit. der byz. Zeit waren die gesungenen oder im Sprechgesang vorgetragenen liturg. Texte unter Einschluß des Evangeliums. Das im Hören solcher Texte der schriftl. L. geübte Ohr war aber auch Texten in m. Tradition zugetan bzw. ausgesetzt, die zumeist den Status eines Lit. werks nicht erreichten: Fabeln, »Märchen«, »Erzählungen«, Sprichwörter, Rätsel und »Lieder« in nichtarchaisierendem, nichtgelehrtem Sprachstil. Diese sind uns zunächst nur als Zitatliteratur und in Fragmenten greifbar, bevor sie in der Sprachform der »Koine der Dichtersänger« (eine überregionale, nichtdialektgebundene Kunstsprache in m. Überlieferung) ab dem 12. Jh. allmähl. Einzug in die schriftl. komponierte Dichtung halten: »Byz. Volksliteratur«. Sie begründeten damit zugleich eine neue, nunmehr zweigleisig m. und schriftl. Texttradition, da zumindest die volkssprachl. Teile dieser Werke ihrerseits wieder in die parallel weiterlaufende m. L. integriert wurden. Aus dieser nun auch mündlich tradierten Lit. können dann jeweils Niederschriften als »Momentaufnahmen« geschöpft werden, die ihrerseits wiederum eine eigene schriftl. und m. Tradition begründen können oder aber im Archiv einer Bibliothek aus dem breiteren öffentl. Verkehr gezogen sind. So geht das »Heldenepos der Byzantiner«, der →Digenes Akrites, auf hist. Ereignisse des 9.–11. Jh. zurück und wurde wohl z. T. im 11. Jh. aus Einzelliedern zu einem Gesamtwerk gestaltet. Damit ist einerseits eine Einordnung in die gelehrte Tradition der byz. Romanlit. verbunden, andererseits die m. Überlieferung (Armurislied) nicht unterbrochen. H. Eideneier

Lit.: BECK, Volksliteratur – H. EIDENEIER, Leser- oder Hörerkreis?, Hellenika 34, 1982/83, 119–150 – E. JEFFREYS – M. JEFFREYS, The Oral Background of Byz. Popular Poetry, Oral Tradition 1/3, 1986, 504–547 – R. BEATON, Orality and Reception of Late Byz. Vernacular

Lit., Byz. and Modern Greek Stud. 14, 1990, 174–184 – H. EIDENEIER, Byz. volkssprachl. Schriftkoine und mündl. Überl., Mantatoforos 33, 1991, 7–10.

VIII. SLAVISCHE LITERATUREN: [1] *Sage:* Die lat. Chronica Boemorum (Anf. 12. Jh.) des →Cosmas, die tschech. Reimchronik des →»Dalimil« (Anf. 14. Jh.) und die lat. Chronik des →Přibík Pulkava (1373/74) verwenden Sagen als hist. Q. (Libuše, Přemysl, Šárka, Mädchen- und Lučanerkrieg) zur Legitimierung der přemyslid. Herrschaft. Sie zeigen Zusammenhang mit kelt., roman. und germ. Stoffen, die durch dt. Fassungen vermittelt sind. Größere Verbreitung durch die Historia boh. (1457) des Eneas Silvius Piccolomini (→Pius II.) und die Kronika česká (1541) des Václav Hájek v. Libočany. Herkunfts- und Legitimationssagen der poln. Piasten (Piast, Ripka, Popiel, Lech) in den lat. Chroniken des →Gallus Anon. (Anf. 12. Jh.), →Vincencius Kadłubek (Anf. 13. Jh.), der Chronica magna Polon. (Anf. 14. Jh.), bei Jan →Długosz (Anf. 15. Jh.). Die Chr. magna hat s. a. 1135 eine Variante der dt. Walthersage (nach der russ. Byline v. Mich. Potyk?). – Germ. Sagen hat auch die aruss. Chronik: Berufung der Waräger, Helgis Eroberung Kievs (862), sein Überfall auf Konstantinopel (907), sein Tod (912), Helgas Rache (945), die Eroberung von Iskorosten (946); slav. wohl die Sagen von der Eroberung von Rodnja (980) und Belgorod (997) und von Volčij Chvost (984).

[2] *Totenklage:* Die aruss. Lit. berichtet von kollektiven Klagen der Gefolgschaft über den Tod eines Fs.en; individuelle Klagen überliefert die Chronik s. a. 1015 (Boris, Gleb), 1078 (Jaropolk), das →Igorlied (mit der Klage der Jaroslavna; Dat. umstritten, wohl 18. Jh.), 4. Novgoroder Chr. s. a. 1389 (Jevdokija über Dmitrij Donskoj), das Skazanie o Mamaevom poboišče und Zadonščina (15. Jh.). Christl. Elemente fehlen; germ. oder byz. Vorbild ist nicht auszuschließen. Verbote durch russ. Klerus seit dem 15. Jh. – Bei allen Slaven bekannt ist die Klage der Gottesmutter (→Leidenswanderungen der Muttergottes), ostslav. bei Kirill v. Turov (12. Jh.), tschech. 14. Jh.

[3] *Heldenlied, ostslav.:* angeregt vielleicht von der Hofdichtung aus Kiever Zeit, sind die →Bylinen, eine Schöpfung der skomorochi (Spielleute) wohl im 14. Jh. Sujets mit Kiev und Novgorod verbunden, hist. Anknüpfungen aber schwierig. Vers: tonisch, reimlos. – *Südslav.:* älteste Liederschicht aus Westbulgarien – Mazedonien: ritterl.-feudale Züge und Gemeinsamkeiten mit den griech. Akritenliedern. Historisierung durch Anknüpfung der Sujets an Personen (Kraljević Marko). Wegen türk. Eroberung (1389 Amselfeld) Abwanderung der Lieder nach Syrmien und Südungarn, Aufnahme ung. und serb. Türkenkämpfer (Johann Hunyadi, Matthias Corvinus, Dim. und St. Jakšići, Dj. Branković). Blüte im 15. und 16. Jh. Vers: Bugarštica und Deseterac. – Russ. und südslav. Heldenlieder haben archaisch-myth., märchenhafte und historisierende Motive gemein (Kampf mit Drache, übernatürl. Gegner, Landesfeind; →Brautwerbung). Versuche, das Heldenlied für ein lit. Epos zu verwenden (A. Kašić-Miošić bei den Kroaten), fehlen bei den Russen. Heldenlied als Q. der ostslav. Chronik nicht schlüssig zu erweisen.

[4] *Sonstiges:* Die tschech. »Hospodine pomiluj ny«, »Svatý Václave«, »Buoh všemohúcí«, »Jezu Kriste, ščedrý kněže«, 1406 als althergebracht bezeugt, und die poln. Bogurodzica (13. Jh.) sind als geistl. Lieder bis heute lebendig. – Die aruss. Chronik ist durchsetzt mit Sprichwörtern, die slav., germ. und griech. Herkunft sind; s. a. 945 und 971 finden sich (waräg.) Eides- und Fluchformeln.

L. Udolph

Lit.: zu [1]: A. BRÜCKNER, M. Potyk und der wahre Sinn der Bylinen, ZslPh 3, 1926, 373–385 – A. STENDER-PETERSEN, Die Varägersage als Q. der aruss. Chr., 1934 [Rez. BRÜCKNER, ZslPh 13, 1936, 259–264] – J. KRZYŻANOWSKI, A Hist. of Polish Lit., 1978 – V. KARBUSICKY, Anf. der hist. Überl. in Böhmen 1980 – *zu [2]:* E. MAHLER, Die russ. Totenklage, 1939 – *zu [3]:* EM II, s. v. [Lit.] – J. MATL, JbKGSl, 1929 – A. BRÜCKNER, Sinn, Zeit und Heimat der russ. Volksepik, JbGO, 1937 – A. SCHMAUS, Studije o krajinskoj epici, 1953 – V. PROPP, Russkij geroič. èpos, 1955 – C. STIEF, Das Verhältnis zw. der altruss. Chr. und dem Volksepos, ScSl, 1957 – M. BRAUN, Das serbokroat. Heldenlied, 1961 – V. SCHIRMUNSKI, Vergleichende Epenforschung, 1961 – A. LORD, Der Sänger erzählt, 1965 – D. BURKHART, Unters. zur Stratigraphie und Chronologie der südslav. Volksepik, 1968 [Lit.] – R. LIPEC, Èpos i drevnjaja Rus', 1969 – A. ALEXANDER, Bylina and Fairy Tale, 1973 – R. ZGUTA, Russ. Minstrels, 1978 – N. KRAVCOV, Serbochorvatskij èpos, 1985 – F. OINAS, Essays on Russ. Folklore and Myth., 1985 – *zu [4]:* V. MANSIKKA, Über russ. Zauberformeln, 1909 – D. TSCHIŽEWSKIJ, Gesch. der aruss. Lit., 1948 – W. SCHAMSCHULA, Gesch. der tschech. Lit., I, 1990.

Mundschenk. Aufgabe des M.en (mlat. pincerna, buticularius, scancio; ahd. *scenko*), dessen Amt (→Hofämter) bereits an den germ. Kg.shöfen der Völkerwanderungszeit nachweisbar ist, war es, die kgl. Tafel mit Getränken zu versorgen. Die Pflichten des M.en am Karolingerhof beschreibt →Hinkmar v. Reims in seiner Abhandlung »De ordine palatii«. Die Inhaber des Schenkenamtes übten in ihrem eigtl. Amtsbereich allenfalls Leitungsfunktionen aus und standen im wesentl. für Aufgaben im Reichsdienst zur Verfügung; die alltägl. Arbeit bei Hofe übernahmen untergeordnete Funktionsträger. Bei bes. feierlichen Anlässen versahen Hzg.e den Schenkendienst an der kgl. Tafel; so dienten beim Aachener Krönungsmahl Ottos I. (936) Hzg. →Hermann v. Schwaben (5. H.) und beim Quedlinburger Hoftag Ottos III. (986) Hzg. →Heinrich v. Kärnten (32. H.) als M.en. Parallel zu den anderen Erzämtern entwickelte sich aus diesen symbol. geleisteten fsl. Ehrendiensten das Amt des Erzm.en, das, wie der Sachsenspiegel um 1200 feststellte, vom Kg. v. Böhmen wahrgenommen wurde; zuvor hatten bereits Hzg. →Vladislav I. v. Böhmen bei der Hochzeit Ks. Heinrichs V. (1114) und möglicherweise auch Hzg. →Friedrich v. Böhmen (11. F.) beim Mainzer Hoffest Ks. Friedrichs I. (1184) als Schenken fungiert. Im Gegensatz zu den Inhabern der anderen drei Erzämter gestand der Sachsenspiegel dem Böhmen jedoch nicht die Erstkurrecht bei der Kg.swahl zu (Ldr. III, 57. 2). In der Folgezeit blieb das böhm. Kurrecht umstritten, bis die →Goldene Bulle (1356) Kurwürde und Erzschenkenamt (sacri imperii archipincerna) des Kg.s v. Böhmen reichsrechtl. fixierte (I, 8; IV, 2). Auf den Reichstagen bestand der Ehrendienst des Erzschenken darin, an die kgl. Tafel heranzureiten, vom Pferde abzusteigen und dem Kg. bzw. Ks. mit Wasser verdünnten Wein in einem silbernen Pokal darzureichen; nach dieser Zeremonie erhielt der vice pincerna, dessen Amt in der Reichsministerialenfamilie v. →Limpurg erbl. war (Erbm.), Pferd und Pokal zum Geschenk (XXVII, 5, 6). Auch an den Höfen der meisten weltl. und geistl. Reichsfs.en ist seit Mitte des 12. Jh. das Amt des M.en vertreten.

S. Kreiker

Lit.: P. SCHUBERT, Die Reichshofämter und ihre Inhaber bis zur Wende des 12. Jh., MIÖG 34, 1913, 427–501 – I. LATZKE, Hofamt, Erzamt und Erbamt im ma. dt. Reich [Diss. Frankfurt a.M. 1970] – E. BOSHOF, Erstkurrecht und Erzämtertheorie im Sachsenspiegel, HZ Beih. 2, 1973, 84–121.

Mundus intelligibilis/m. sensibilis. M.i. ist die lat. Übers. des plotin. Ausdrucks *kosmos noetos*. Damit bezeichnet Plotin in einer kreativen Neudeutung der platon. Ideenlehre den zweiten metaphys. Bereich der Wirklichkeit, den Geist (nus), der auf das Eine (Hen) folgt und der

Seele vorausliegt. Der Geist denkt alles Denkbare, wobei Subjekt, Objekt und Akt der Erkenntnis zusammenfallen. In der augustin. Umgestaltung des Platonismus bzw. Neu-Platonismus spielt die Bezugnahme auf den m.i. eine bedeutsame Rolle. Augustinus interpretiert in seinen Frühschr. die wahre Philos. als Erkenntnis einer 'anderen', der intelligiblen Welt, im Gegensatz zu 'dieser Welt', d. h. der sinnl. wahrnehmbaren, ontolog. gesehen minderen Wirklichkeit (Contra Acad. III, 19, 42). Es ist nach der Meinung Augustinus' das große Verdienst Platons, daß er »zwei Welten angenommen hat, die geistige Welt, in der die Wahrheit ihren Sitz hat, und diese sinnl. Welt« (Contra Acad. III, 17, 37). Nach Augustinus bildet die intelligible Welt, der Sitz der Ideen, allerdings keinen abgesonderten ontolog. Bereich wie bei Plotin und im Neuplatonismus, sondern wird ausdrückl. mit Gott identifiziert, der die sinnl. Welt als Bild der idealen erschafft. Nach De div. quaest. LXXXIII, 46 sind die Ideen die Gedanken Gottes, nach denen die Welt erschaffen wurde. Obschon sich Augustinus von seiner frühen Identifikation (vgl. De ord. I, 11, 32) des m.i. mit dem Reich Gottes, von dem Joh 18, 36 die Rede ist, distanziert hat, hält er in seinem ganzen Werk an der Lehre vom m.i. fest, wie Retr. I, 3, 4 bezeugt, wo der m.i. als »die ewige und unveränderl. Vernunft, durch die Gott die Welt gemacht hat« umschrieben wird. In der breiten Wirkungsgesch. dieser christl. Umdeutung eines ursprgl. neuplaton. Gedankens steht zweifelsohne die Lehre des Johannes Scotus Eriugena von den *causae primordiales*, die nach der vierteiligen Einteilung der Natur, die seinem metaphys. Entwurf im »Periphyseon« zugrunde liegt, zugleich geschaffen sind und schaffen. Im Hervorgang der Welt aus dem nicht geschaffenen und nicht schaffenden Gott erfüllen diese *causae primordiales* als die intelligibel prägenden Formen und Prototypen der geschaffenen und nichtschaffenden, sinnenfällig raum.-zeitl. Wirklichkeit eine grundlegende Vermittlungsfunktion. Nach der »Cosmographia« des Bernardus Silvestris hat der göttl. Noys die sichtbare Welt als Abbild der geistigen geformt: »Ex mundo intelligibili mundus sensibilis natus est ex perfecto« (I, iv, 11; DRONKE, 119; vgl. I, ii, 13, DRONKE, 102). Die Auffassung, daß Gott »die Ordnung der Welt, die in der Unterscheidung der Dinge besteht, ausgedacht hat«, erheischt in der thomist. Metaphysik der Schöpfung die Annahme göttl. Ideen (vgl. Summa theol. I, 44, 4), die als Vorbilder der zu schaffenden Dinge zu deuten sind. Die mit der Wesenheit Gottes ident. Ideen sind Formen, denen die sinnl.-sichtbare Welt nachgebildet ist (»forma, ad similitudinem cuius mundus est factus«; Summa theol. I, 15, 1), wobei Thomas davon ausgeht (I, 15, 2), daß jedem Geschöpf eine eigene Idee zukommt. Für den sog. Exemplarismus Bonaventuras ist die gesamte Welt als Abbild der mit der göttl. Kunst (ars divina) ident. zweiten trinitar. Person (vgl. I Sent., d. 10, q. l, ad 3), die auch als *mundus archetypus* bezeichnet wird (vgl. II Sent., d. l, p. 2, a. 1, q. 3), auf je verschiedene Weise Zeichen Gottes, nämlich als Spur (vestigium), Abbild (imago) oder Ähnlichkeit (similitudo). Mit bes. Vorliebe interpretiert Bonaventura den durch die Nachahmung göttl. Ideen bedingten Status des Kreatürlichen mit der Buchmetapher. Der m.s. ist gemäß dieser Vorstellung einem Buch vergleichbar, durch dessen Erkenntnis der Mensch zum ersten Prinzip zurückgeführt wird. Nach Breviloquium II, 11, 2 hat das erste Prinzip den m.s. geschaffen, um sich selbst mitzuteilen (»fecit mundum istum sensibilem ad declarandum se ipsum«), damit der Mensch durch ihn zu Gott geführt werde. Deshalb kann von einem zweifachen Buch gesprochen werden, nämlich von dem mit der göttl. Kunst ident. *liber intus* und dem äußeren Buch: »alius ⟨liber⟩ scriptus foris, mundus scilicet sensibilis« (ibid.). In diesem Sinne verweisen alle Geschöpfe des m.s. auf Gott (vgl. Itinerarium mentis in Deum II, 11: »omnes creaturae istius mundi sensibilis animum ... ducunt in Deum aeternum«), sofern sie sichtbare Zeichen der unsichtbaren Wirk-, Ziel- und Exemplarursache sind (Itinerarium II, 12). Da indessen durch die Ursünde die Lesbarkeit dieses Buches eingeschränkt wurde, bedurfte es eines zweiten Buches, d. h. der Hl. Schrift, die die richtige Interpretation der zeichenhaft strukturierten Welt ermöglicht (vgl. In Hexaëmeron, coll. 13, 12). Die Doktrin der göttl. Ideen als *mundus archetypus* des m.s. spielt auch bei Heymericus de Campo eine wichtige Rolle. In der während der Zeit des Konzils v. Basel entstandenen Schr. »De sigillo aeternitatis« entdeckt Heymericus in der Figur des in einen Kreis eingeschriebenen Dreiecks ein 'Siegel der Ewigkeit', das als ein dem menschl. Intellekt angepaßten Zeichen Abbild der intelligiblen Welt ist (mundi archetypi paradigma), in dem in Analogie zur göttl. Kunst, die alles Wißbare in vollkommner Weise enthält, alles menschl. Wißbare abgebildet wird (De sigillo eternitatis in Cod. Cus. 106, 77r). Gott und die Engel bilden bei Marsilius Ficinus den m.i., der im m.s. durch die vernünftige Seele (anima rationalis) und die körperl. Form (forma corporea) nachgebildet wird, so daß eine vollkommene Hierarchie (gradatio) der Seienden entsteht, die beim absolut Unendlichen anfängt und zum schlechthin Endlichen absteigt (De immortalitate animae XV, 2; MARCEL III, 22–25).   R. Imbach

Q. und Lit.: J. M. BISSEN, L'exemplarisme divin selon s. Bonaventure, 1929 – J. RITTER, M.i., Eine Unters. zur Aufnahme und Umwandlung der neuplaton. Ontologie bei Augustinus, 1937 – E. GILSON, La Philos. de s. Bonaventure, 1943 – Marsile Ficin, Théologie platonicienne de l'immortalité des âmes, ed. R. MARCEL, 1964–70 – L.-B. GEIGER, Les idées divines dans l'oeuvre de s. Thomas (St. Thomas Aquinas 1274–1974, Commemorative Stud., 1974), 175–209 – Bernardus Silvestris, Cosmographia, ed. P. DRONKE, 1978 – K. FLASCH, Augustin, Einf. in sein Denken, 1980 – W. RAUCH, Das Buch Gottes. Eine systemat. Unters. des Buchbegriffes bei Bonaventura, 1981 – G. SCHRIMPF, Das Werk des Johannes Scottus Eriugena im Rahmen des Wiss. sverständnisses seiner Zeit, 1982 – R. IMBACH, Das Centheologicon des Heymericus de Campo und die darin enthaltenen Cusanus-Reminiszenzen, Traditio XXXIX, 1983, 465–477 – W. BEIERWALTES, Denken des Einen, 1985 – R. IMBACH, Quelques remarques sur le traité De sigillo eternitatis de Heymeric de Campo [im Dr.].

Mungo (Kentigern), hl., †612, Schutzpatron von →Glasgow, soll das Christentum in →Strathclyde eingeführt haben. Die Q., die seine Vita überliefern, datieren erst aus dem 11. Jh., obwohl sie ältere Texte einbeziehen. Die Tradition, Kentigern habe einer herrschenden Familie in →Lothian angehört und sei einem nicht näher bekannten hl. Serf (Servanus), dessen Kult in Fife und dem ö. Perthshire verbreitet war, verbunden gewesen, dürfte auf einigen hist. Grundlagen beruhen. Nach einer anscheinend anderen Überlieferung gründete Kentigern die erste Kirche in Glasgow, an dem Ort der heut. Kathedrale, und war als Missionar in Strathclyde tätig, wo er von einem Kg. Riderch ('the Old') unterstützt wurde.   G. W. S. Barrow

Lit.: K. H. JACKSON, Sources for the Life of St. Kentigern (Stud. in the Early British Church, ed. N. CHADWICK, 1958), 273–357 – A. MACQUARRIE, The Career of Saint Kentigern of Glasgow, Innes Review 37, 1986, 3–24.

Mungret (Muin Gairit 'enger Hals'), Kirche im sw. Irland (Munster, Gft. Limerick), gegr. im 6. Jh. vom Diakon Nessán. Die Herkunft des (in den air. Heiligengenealogien unter den Diakonen aufgeführten) Gründers ist unbekannt (keine Vita erhalten, doch wohl Benutzung einer verlorenen Lebensbeschreibung durch USSHER im 17. Jh.). M. war schon im frühen 7. Jh. bedeutend; →Cummianus nennt in seinem Brief zum →Osterstreit (ca. 632) den Abt v. M. unter den führenden Klerikern der Südhälfte Irlands. Verzeichnen die Annalen für das 7. Jh. keine Abtsnamen, so ist für das 8.-12. Jh. eine (wenn auch nicht ganz vollständige) Abtsliste vorhanden. Die Kirche soll im 12. Jh. die Augustinusregel angenommen haben, doch gibt es hierfür keine Belege. Im Zuge der Kirchenreform des 12. Jh. beanspruchte M. den Status einer Bischofskirche. D. Ó Cróinín

Lit.: A. GWYNN-N. HADCOCK, Medieval Religious houses Ireland, 1970, 42.

Municipium, röm. Bezeichnung für städt. organisiertes Gemeinwesen. Die Verwendung beginnt in der frühen Republik, die Bewohner des M.s besitzen volles (M. cum suffragio) oder eingeschränktes (M. sine suffragio, d. h. ohne aktives oder passives Recht an der röm. Magistratswahl) Bürgerrecht, für letztere gilt eigene oder durch röm. praefectus geleitete Verwaltung. Nach der Gewährung des Status an alle Italiker 89 v. Chr. überträgt der Prinzipat diesen in wachsender Zahl an städt. strukturierte Siedlungen der Provinzen bes. im W, wobei die Erhebung der Ablösung der bloßen →civitas durch das ius Latinum mit Verleihung des vollen Bürgerrechtes für die gewesenen munizipalen Amtsträger oder die Ratsmitglieder vorausgeht, was diese der Imperiumsoberschicht eingliedert. Nächste Stufe ist im allg. die Verleihung des Status der colonia (vgl. Gell. 16,3,3) mit vollem Bürgerrecht für alle Mitglieder des M. s. →Bürger, -tum; →Stadt.

G. Wirth

Lit.: RE XVI, 570 – TH. MOMMSEN, Röm. Strafrecht III, 1899, 733 f. – W. LIEBENAM, Städteverwaltung im röm. Ksr., 1900 – F. ABBOTT-A. JONES, The Municipal Administration..., 1926 – F. VITTINGHOFF, Röm. Kolonisation und Bürgerrechtspolitik, 1951 – F. LANGHAMMER, Die rechtl. und soziale Stellung der Magistratus municipales und der decuriones..., 1973 – H. GALSTERER, Herrschaft und Verwaltung im republikan. Italien, 1976 – F. VITTINGHOFF, Zur Entwicklung der städt. Selbstverwaltung, HZ, Beih. 7, 1982, 107ff.

Munkács, Burg und Stadt im NO Ungarns (heute Mukačevo, Karpato-Ukraine), wichtige Handelsstadt auf dem Weg v. Rußland nach Ungarn, erwähnt von →al-Idrīsī (1154) und dem ung. →Anonymus (um 1200). M. gehörte 1301–11 der Familie des Palatins Omodeus de genere Aba, wurde dann konfisziert und durch kgl. Burggf. en verwaltet, die →Gespane des →Komitats Bereg waren. Burg und kgl. Domäne gelangten später in die Hände fremder Prinzen oder hoher ung. Würdenträger, so des Litauers Theodor Koriatovič (ab 1395), des Despoten Georg →Branković v. Serbien, dann der Familie →Hunyadi. Gy. Györffy

Lit.: D. CSÁNKI, Magyarország történelmi földrajza a Hunyadiak korában, I, 1890, 411 f. – Gy. GYÖRFFY, Geogr. Hist. Hung., I, 1963, 545 – P. ENGEL, Királyi hatalom és arisztokrácia viszonya a Zsigmond korban, 1977, 134 f.

Munkaþverá (Eyjafjörður, Nordisland), seit der Landnahmezeit bedeutender Hof, Kl. OSB. 1155 gründete Björn Gilsson, Bf. v. →Hólar (1147–62), das Kl. in Þverá (M.) und vermachte ihm Teile des Besitzes von Hólar. M. wurde eines der wichtigsten wiss. und lit. Zentren Islands. Auf den ersten Abt v. M., Nikulás Bergsson (Bergþórsson; † 1159), geht der berühmte Führer »Leiðarvísir og borgaskipan« für die Pilgerreise nach Rom und Jerusalem zurück, das älteste →Itinerar Skandinaviens. Von Nikulás sind in der »Litla-Jóns saga« drei Strophen seiner im →Dróttkvætt verfaßten »Jóansdrápa« erhalten, dem ersten Beispiel typolog. Dichtung im Norden. Berühmt wurde auch Abt Bergr Sokkason († 1345), der Verf. mindestens zweier Hl. nsagas, der »Michaels s.« und der »Nikulás s«.

Als Sitz des Geschlechts des Landnahmemannes Helgi magri spielten Þverá und seine Bewohner in vielen Sagas eine wichtige Rolle: u. a. die »Víga-Glúms s.« und die »Reykdœla s.«, die von Víga-Glúmr, dem Enkel Helgis berichten, haben hier ihren Schauplatz. In den Fehden der Sturlungenzeit lag das Kl. mitten im Kampfgebiet der verfeindeten Familien. Auf dem Friedhof von M. liegen angebl. Sighvatr Sturluson mit seinen Söhnen, die 1238 in der Schlacht v. Örlygsstaðir fielen, sowie die Gefallenen der Schlacht v. Þverá (1255), die Abt Eyjólfur Brandsson v. M. († 1293) vergebl. zu verhindern suchte. Nachdem M. im 15. Jh. seinen Besitz stetig vergrößern konnte, fiel es nach der Reformation mit allen Gütern an die dän. Krone. M.-Cl. Heß

Lit.: J. JÓNSSON, 'Um klaustrin á Íslandi', Tímarit hins íslenzka bókmenntafélags 8, 1887, 202–213 – J. HELGASON, Islands kirke fra dens grundlæggelse til reformationen, 1925, 98, 118 f., 125 f. – Sturlunga saga, I–II, hg. J. JÓHANNESSON, M. FINNBOGASON, K. ELDJÁRN, 1946 – Eyfirðinga sögur, hg. J. KRISTJÁNSSON, 1956 – DERS., Eddas and Sagas, 1988, 239–245.

Munkeliv (Monasterium S. Michaelis), ehem. norw. Abtei OSB, gegr. um 1110 bei →Bergen, erhielt 1146 einen päpstl. Schutzbrief und besaß umfangreichen Grundbesitz in der Umgebung. Nach einer Blütezeit erlitt M. wohl infolge der Pest von 1349 schwere Einbußen und erholte sich nicht mehr. Das Kl. wurde 1420–27 von Sten Stenarsson und Kg. →Erich VII. v. Dänemark, Norwegen und Schweden in ein →Birgittinerkl. umgewandelt, obwohl Benediktiner offenbar noch im Kl. waren. Nonnen aus dem Birgittinerkl. →Maribo und Birgittinerpriester pflegten das Skriptorium (Munkeliv-Psalter; →Buchmalerei, A. XII). In den Kämpfen zw. Norwegern und Deutschen brannte M. 1455 ab. Die Kl. bewohner übersiedelten nach →Hovedøya, während Zisterzienser aus diesem Kl. bis um 1479 den Wiederaufbau von M. betrieben. 1531 übernahm der Bf. v. Bergen M., das 1536 erneut abbrannte. T. Nyberg

Q.: Codex diplomaticus monasterii S. Michaelis, hg. P. A. MUNCH, 1845 – *Lit.*: C. C. A. LANGE, De norske Klostres Historie i Middelalderen, 1856, 263–315 – I. COLLIJN, Kalendarium Munkalivense (Festg. H. DEGERING, 1926), 82–92 – T. NYBERG, Birgittin. Kl. gründungen des MA, 1965, 123–128 – A. O. JOHNSEN (Avh. Det Norske Vidensk.-Akad. i Oslo II, 7, 1965) – L. GJERLØW, Det birgittinske M.s-psalter (Bjørgvin Bispestol: Byen og bispedømmet, 1970), 129–140 – H. E. LIDÉN, Norges kirker, Bergen I, 1980, 150–157 – S. KASPERSEN, M.-psalterens figurinitialer (Genesis Profeta, 1980), 186–225 – E. GUNNES, M. birgittinerklosters grunnleggelse og kamp for tilværelsen (Birgitta, hendes værk og hendes klostre i Norden, hg. T. NYBERG, 1991), 221–230 [Bibliogr.; engl. = Coll. med. 3, 1990, 111–122].

Münsinger (Krauel), **Heinrich**, Arzt, Chirurg, * um 1397 in Münsingen (Schwäb. Alb), † 1476, Sohn des Hans Krauel, studierte an der Univ. Heidelberg seit 1413 (Mag. artium 1417), dann Studium der Med. ebd. Von Pfgf. →Ludwig III. (32. L.) 1421 zum Leibarzt berufen unter der Bedingung, in Padua Medizin zu studieren. Dort 1425 Promotion zum Dr. med.; 1428 Rückkehr nach Heidelberg und Übernahme seines Dienstes am pfälz. Hof. Den Nachfolger Ludwigs V., →Friedrich I., den Siegreichen (31. F.), begleitete er als Feldscher auf Feldzügen. Werke: Verteidigungsrede gegen den Vorwurf, er habe durch falsche Behandlung den Tod eines schwerverletzten Studenten verschuldet; »Regimen sanitatis in fluxu catarrhali ad pectus«, ein dt. Regimen für Friedrich I., um 1470 (Clm 224, 212^r–217^r); »Buch von den falken, hebichen, sperbern vnd hunden«, eine Übertragung jagd- und roßheilkundl.

Abschnitte aus Albertus Magnus' »De animalibus«, erhalten in 10 Hss., um 1440. M. ist Gesprächsteilnehmer im Friedrich I. gewidmeten Dialog des Petrus Antonius de Clapis »De dignitate principum« (Cod. Pal. Lat. 1378, 1¹ff.). Unter den Codd. Pal. Lat. der Vat. Bibl. sind 9 Bde aus dem Besitz M.s erhalten, einige mit umfangreichen Texten von seiner Hand. L. Schuba†

Lit.: Verf.-Lex.² VI, 783–790 – L. Schuba, Die med. Hss. des Cod. Pal. Lat. in der Vat. Bibl., 1981, 536 – C. Jeudy–L. Schuba, Erhard Knab und die Heidelberger Univ., QFIAB 61, 1981, 66, 89f.

Munster (air. Mumu; Etymologie ungeklärt, vermutl. nach einem Königsnamen), altes Kgr. und hist. Provinz, umfaßt den SW →Irlands, innerhalb der prähist. herrschaftl. Gliederung Irlands ('Pentarchie') eines der 'Fünftel' (→Cóiceda). Einige frühe Q. unterscheiden zwei Provinzen M.s: *Tuadmumu* (nördl. M.) und *Urmumu* (südl. M.) als eigenständige 'Fünftel'; doch war diese künstl. Einteilung ein Ergebnis der Expansion M.s in die benachbarten Kgr. e v. → Connacht (im NW) und Ossory/→Osraige (im O). Ein Quellentext aus dem 12. Jh. gliedert M. in fünf 'Fünftel': *Tuadmumu* (Thomond), *Aurmumu* (→Ormond), *Medón Muman* ('mittleres M.'), *Desmumu* (Desmond) und *Iarmumu* ('westl. M.'); diese späte Einteilung spiegelt die Diözesangrenzen aus der Zeit der Kirchenreform des 12. Jh. wider.

Gleichwohl läßt sich eine frühe Absonderung von Iarmumu (westl. M.), vom übrigen Provinzialkgr. in polit. wie in geogr. Hinsicht erschließen. Die Dominanz der großen, weitverzweigten Königssippe der →Eóganachta seit dem 7. Jh., deren bedeutendster Zweig in →Cashel (Gft. Tipperary), der traditionellen »Hauptstadt« M.s, herrschte, verdeckt ein älteres stammesmäßiges und polit. Gefüge, geprägt von altberühmten Gentes wie den Mairtine (mit ihrem Vorort →Emly, Gft. Tipperary), aber auch den →Corcu Loígde, →Corcu Duibne (Gft. Kerry), →Corcu Baiscind (Gft. en Clare und Limerick) und in SW den →Ciarraige (namengebend für die Gft. Kerry) sowie den noch früheren →Múscraige. Trotz der späteren Hegemonie der Eóganachta stellten z. B. die Ciarraige noch bis ins 12. Jh. Äbte und Amtsträger der großen Kl. →Lismore (Gft. Waterford) und →Derrynavlan (Gft. Tipperary).

Die seit dem 7. Jh. bestehende Vorherrschaft der Eóganachta verfiel im 9. Jh. bereits wieder, da die Dynastie es versäumt hatte, ihre Hegemonialstellung adäquat zu festigen. Im 10. Jh., das auch von Invasionen und Herrschaftsbildungen skand. Gruppen (→Wikinger, →Waterford) geprägt war, vollzog sich der Aufstieg der Déis Tuaiscirt, der späteren →Dál Cais, die unter →Brian Bóruma († 1014) die Herrschaftsverhältnisse in M. (und weit darüber hinaus) transformierten und die Oberherrschaft der Eóganachta ablösten. Das Monopol der →Uí Néill auf die Würde des →Hochkönigs, das in der älteren Periode von Kg.en aus M. nur gelegentl. hatte angefochten werden können, wurde nun von den Nachkommen Brian Bórumas, den →O'Brien, in substantieller Weise durchbrochen; sie beanspruchten erfolgreich ein (allerdings auf den Süden beschränktes) Hochkönigtum und heißen in den Q. des 11. und 12. Jh. daher Hochkg.e 'mit Opposition' *(co fressabra)*.

M. war ebenso bedeutend auf kirchl. Gebiet. Neuere Untersuchungen haben mögliche Anfänge des Christentums in Valentia (Gft. Kerry) bereits für das 3. Jh. festgestellt; durch Luftbildarchäologie sind für das 6. und 7. Jh. ausgedehnte Klostersiedlungen erwiesen. Das monast. Schulwesen war hochentwickelt; in seinem Bereich entstanden berühmte Werke wie »›De duodecim abusivis«, der älteste lat. →Fürstenspiegel (Mitte 7. Jh.). Eine eigenständige Tradition hatten die Rechtsschulen (→Ir. Recht), in denen der Rechtstraktat →»Bretha Nemed« (7./8. Jh.) entstand. Von M. gingen die ersten Ansätze zur Schaffung einer vernakularen → Ir. Literatur aus: Colmán mac Lénéni († wohl 606; →Colmán v. Cloyne), der der weltl. Politik zugunsten der Kirche entsagte, ist Verfasser von enkomiast. Versen, die in den späteren ir. Metrischen Traktaten überliefert sind. Andere frühe air. Dichtungen sind in den Genealogien v. M. tradiert. Bei nur scheinbarer Isolation war M. tatsächl. in das polit. und geistige Leben des frühma. Irland in vollem Maße integriert und hat zu seiner Blüte einen entscheidenden Beitrag geleistet.

D. Ó Cróinín

Lit.: G. MacNiocaill, Ireland before the Vikings, 1972 – D. Ó Corráin, Ireland before the Normans, 1972 – F. J. Byrne, Irish Kings and High-Kings, 1973.

Münster, Stadt in Westfalen; Bm.
I. Bistum – II. Stadt.

I. Bistum: Nach der Bf.sweihe →Liudgers (805) wurden die räuml. getrennten Zentren seiner Mission, das Friesland und das Münsterland, zu einem selbständigen Bm. innerhalb des Kölner Metropolitanverbands vereinigt. Schon vor dem 10. Jh. war ein umfassendes Pfarrsystem ausgebildet. Die ersten Bf.e (Gerfrid, Altfrid) wahrten eine enge Verbindung zum liudgerischen Hauskl. →Werden. Ein Gegengewicht zum Bf. bildeten die von adliger und kgl. Seite dotierten Kanonissenstifte Vreden (um 838), →Freckenhorst (um 856), Metelen und Borghorst (968). Bf. Dodo († 993) kam aus der Hofkapelle Ottos I.; seine Nachfolger spielten unter Saliern und Staufern eine wichtige Rolle in der Reichspolitik. Hermann I. empfing Kg. Heinrich III. 1040 und nahm an der Bf.sweihe Suitgers (→Clemens II.) in M. teil; Burchard (»d. Rote«) unterstützte Heinrich V.; Hermann II. stand in Diensten Friedrichs I. und Heinrichs VI. und übte nach →Heinrichs d. Löwen Sturz als erster Bf. landesherrl. Rechte aus.

Zw. Rhein und Weser ansässige Adelshäuser stellten den Großteil der Bf.e des 13. und 14. Jh. Sie bemühten sich um den Ausbau der Landesherrschaft zw. Ems und Hünte, erwarben die Gft. Ravensberg und die Exklave Vechta (1252), eroberten Cloppenburg (1393) und bereiteten dadurch die Neugliederung der Diöz. und die Teilung des Bm.s in Hoch- und Niederstift (1559) vor. Im 14. Jh. hatten sich die drei Landstände (Kapitel, Ritter, Städte), deren hauptsächl. Tagungsort der Laerbrock war, formiert; der auf Städteförderung durch Weichbildrechtsverleihung (v. a. Ahlen, Beckum, Telgte) beruhende Landesausbau fand unter →Ludwig v. Hessen seinen Abschluß. Der Botbarmachung des stift. Adels im 13. Jh. standen die Emanzipation des Landesvororts und die Rechte des Kapitels entgegen, so daß der Landesherr ab ca. 1250 die s. M. gelegene Burg Wolbeck zu seinem Vorzugssitz wählte. Die gegenseitigen Ansprüche der Landstände wurden bes. im ersten Landesprivileg von 1309 geregelt. Die »Münstersche Stiftsfehde« (1450–58) rückte Stadt und Bm. ins Zentrum mitteleurop. Konflikte. Hinter dem Kandidaten Walram v. →Moers standen sein Bruder Ebf. →Dietrich v. Köln sowie Jülich, Saarwerden, Bentheim, Lippe und der Papst; hinter dem Konkurrenten Erich v. →Hoya dessen Bruder »Junkher Johann«, zahlreiche münstersche Ratmannen und Stiftsstände sowie Braunschweig-Lüneburg und Schaumburg. Im »Lambertiaufruhr« (17. Sept. 1453) erzwang die Hoyapartei einen Ratswechsel zugunsten zünft. und bürgerl. Repräsentanten. Trotz der blutigen, für Moers erfolgreichen Schlacht v. Varlar (18. Juli 1454) wurde die Fehde zugunsten eines

Kompromißkandidaten, des Wittelsbachers Johann v. Simmern-Zweibrücken, entschieden. Der von →Nikolaus v. Kues vermittelte Vertrag v. Kranenburg (23. Okt. 1457) beendete gleichermaßen die Großraumpläne der Häuser Moers und Hoya, stärkte die Position Kleves und dessen Einfluß auf Xanten und bestätigte eine Einflußnahme der Kurie auf Kurköln und Westfalen.

II. STADT: Naturräuml. und verkehrstopograph. Entwicklungsfaktoren der Siedlung Mimigernaford (mimigerniforda u. a.) bildeten die den glazialen Kiessandrücken durchquerende Furt des Emszuflusses Aa sowie die Anbindung an Fernhandelswege, v. a. an die von der Emsmündung bis zum Hellwegraum führende Friesische Straße, an die von →Deventer kommende ndl. Straße sowie an einen Zweig der von Köln über Osnabrück nach Bremen verlaufenden »Köln.« Straße (Rhinstrate). Im Zuge der Sachsenkriege Karls d. Gr. wurde eine bestehende Siedlung eingeäschert (Brandschicht von ca. 780) und missioniert. Auf fruchtbarer Sandlößschicht lagen zahlreiche Wirtschaftshöfe und Gruppensiedlungen, die später z. T. in bfl. oder domkapitular. Villikationen einbezogen wurden (Bispinghof, Brockhof u. a.). Liudger ließ ab 792/793 auf dem Domhügel ein erstes monasterium errichten und die Siedlung zu einer 8–9 ha umfassenden civitas mit Holzerdebefestigung ausbauen. Reiche Keramik- und Schmuckfunde des 9. und 10. Jh. sowie einheim. und rhein. Töpferwaren bezeugen reges Wirtschaftsleben einer präurbanen Bevölkerung. Im Kreuz der Fernwege entwickelten sich marktähnl. Siedlungskerne Gewerbetreibender und von Nahhändlern (Roggenmarkt, Alter Fischmarkt, Alter Steinweg); ein »mercatus« ist wohl im 10. Jh. anzusetzen. Die N-S-Achse des »Prinzipalmarktes« wurde seit dem 12. Jh. von Textilhändlern und führenden Familien bevorzugt. Das bfl. M., das ab 1106 den neuen Namen Monastere-M. zu führen begann, wurde im 11. Jh. um die 1040 geweihte Liebfrauenkirche mit Kanonissenstift im suburbium Überwasser (zeitweise mit eigenem Schöffengericht und Rathaus) sowie um das 1,6 km ö. der Domburg gelegene Mauritz-Stift (um 1070) erweitert. Infolge der bfl. Politik im Investiturstreit kam es 1121 durch Truppen →Gottfrieds v. Cappenberg und →Lothars v. »Süpplingenburg« zur völligen Vernichtung der Siedlung. Nach dem Wiederaufbau wurden die Kirchspiele rechts der Aa, das suburbium Überwasser, der Bispinghof und unbebautes Areal (um 1200?) durch eine 4 km lange, 103 ha einschließende Steinmauer mit 10 Toren befestigt.

Auf christl. Bestattungsareal wurden in der 1. Hälfte des 9. Jh. eine erste Kathedralkirche und eine Annexkirche für die Geistlichen errichtet. Nach wechselvoller Baugesch. – Neubau des Monasteriums auf dem Horsteberg und der Domkirche sowie Errichtung eines »Alten Doms« mit eigenem Stiftskapitel – wurde 1264 der dritte Paulusdom geweiht. Die älteste Pfarrkirche der Marktsiedlung (ổ Lambert) geht auf einen präroman. Saalbau zurück; im späten MA bildete sie als hochgot. Halle den geistl. Bezugspunkt der Ratmannen und Erbmänner (Grablegen). Bf. Hermann II. begründete die vier Pfarreien Ludgeri, Martini, Servatii und Aegidii (zugleich die erste Zisterzienserinnenniederlassung in Westfalen). Ludgeri und Martini wurden durch die fakt. Vereinigung mit Stiftskapiteln zu städt. Pfarrstiften unter bfl. Hoheit erhoben. Als einziger Mendikantenorden ließen sich die Franziskaner nieder und errichteten die 1271 erwähnte Katharinenkirche an der Neubrückenstraße. Der Dt. Orden verfügte über die Georgskommende auf dem Bispinghofgelände, der Johanniterorden unterhielt eine Filiale an der Bergstraße. Im 15. Jh. wurde M. zu einem Zentrum der →Devotio moderna. Das Haus Springborn der →Brüder vom gemeinsamen Leben (1401/22) und das Schwesternhaus Marienthal (»Niesing«) siedelten in ausgeprägter Stadtrandlage. Marienthal nahm ebenso wie das Beginenhaus Rosenthal in Überwasser bald die Regel der Augustinereremitinnen an. Auf der (erst im 20. Jh. verschütteten) Aa-Insel wurde das Magdalenenhospital erbaut (Besitzbestätigung 1184); 5 km n. der Stadt wurde 1333 das Leprosorium Kinderhaus mit Gertrudenkapelle ins Leben gerufen.

Übereinstimmend sieht die Forsch. die Stadtwerdung bereits vor 1180 als abgeschlossen an; schon bald nach 1180 bildete sich der auf Hochstift, Gft. Bentheim und →Bielefeld beschränkte Münsterer Stadtrechtskreis aus (1209/14 Bewidmung Bielefelds mit münsterschen Rechten, die in 61 Punkten die Befugnisse der Schöffen in Straf- und Zivil-[Erb-]sachen sowie die Verpflichtungen der Bürger und forenses im »wicbilethe« festlegten). Vor 1214 ist das consilium der scabini anzusetzen, 1231 ist das Stadtsiegel, 1250 das »borgere hus«, 1253 sind consules, 1341 magistri civium bezeugt. Die jährl. Wahl des ab 1454 24 Personen umfassenden Rates erfolgte durch je zwei von den sechs (seit dem 15. Jh. belegten) →Leischaften gestellte Kurgenossen. Bis um 1440 beschränkte sich das passive Wahlrecht auf Mitglieder weniger Familien, die »ervede man« (Erbmänner, →Erbbürger), die Züge patriz. Exklusivität trugen. Ab Mitte des 15. Jh. erreichten weitere Familien (zumeist Honoratiorenfamilien gen.) die Ratsfähigkeit; ihre Vertreter verdrängten langsam die Erbmänner in den Ratsstühlen. Ab dem frühen 15. Jh. vertrat die von zwei Olderluden geführte Gesamtgilde (= Gemeinheit, universitas, d. h. alle nicht im Rat vertretenen Vollbürger) die Bürgerschaft gegenüber dem Rat und nahm an den Ratsbeschlüssen teil. Unter der Gemeinheit standen die »inwonere« und die nicht rechtsfähigen Personen (→Randgruppen, →Einwohner) als Teile einer hierarch. geschlossenen, um 1500 gut 10000 Einw. umfassenden Gesellschaft. Schon früh begann die Bürgergemeinde, sich gegenüber dem Bf. Stadtherrn zu behaupten: Waren die Markt- und Gerichtsrechte des bfl. Vogtes bereits 1173 abgelöst, so gerieten 1278 nach letztem bfl. Versuch, die bürgerl. Eigenständigkeitsbestrebungen zurückzudrängen, Markt- und Wehrhoheit in die Verfügung des Rates; das städt. Schöffengericht konkurrierte mit dem bfl. Stadtrichter, der aber seit 1278 aus der Bürgerschaft genommen werden mußte; zugleich hatte der Bf. 1278 die städt. Rechte garantieren müssen. Seit 1245 sind M.er Repräsentanten auf den Landtagen nachweisbar, ab dem 15. Jh. vertraten M.er Räte die hochstift. Städte im ständigen Ausschuß des Landtages. 1246 und 1253 demonstrierte der Rat mit Abschluß der westfäl. →Städtebünde außenpolit. Bewegungsfreiheit; im 14. Jh. nahm M. an den westfäl. Landfrieden teil und hielt sich eng zum hans. Verband, dessen führendes Glied in Westfalen M. im 15./16. Jh. – trotz kurzzeitiger Verhansung – war. Das von M. geführte, von der Forsch. konstruierte hans. Unterquartier ist allerdings eine auf territorialer Grundlage entstandene landständ. Organisationsform der von M. geleiteten Städtekurie des Hochstifts.

Die Münstersche Stiftsfehde stärkte im Ergebnis auch die Unabhängigkeit des Rates. Nach ersten reformator. Handlungen 1524 wurde 1533/35 das kurzlebige »neue Zion« der Täufer errichtet.

M. war wirtschaftl. Vorort des Territoriums, seine Wirtschaftskraft beruhte auf den Nahmarktfunktionen (vier, später drei Jahrmärkte), v. a. aber auf einem weitge-

spannten, seit dem 12. Jh. belegten Fernhandel im ganzen Hanseraum mit den Hauptzielen →Deventer, Emden, Bremen, Hamburg/Lübeck. Haupthandelsprodukte aus eigener Erzeugung waren Leinwand und Bier. Hervorzuheben ist die Zwischenhandelsrolle im Vieh-, bes. Ochsenhandel zw. Friesland/Holstein/Jütland und Köln (Sommermast). Genossenschaftl. Einungen der Handels- und Handwerksberufe sind seit dem 13. Jh. bezeugt, 1492 gliederten sich die berufsständ. Korporationen in 17 Gilden; von 1296–1346 sind Juden sicher bezeugt.
F. B. Fahlbusch/B.-U. Hergemöller

Q.: Q. und Forsch. zur Gesch. der Stadt M. 1ff., 1898–1939, NF 1ff., 1960ff. – J. PRINZ, Münsterisches UB. Das Stadtarchiv M., 1. Halbbd. 1176–1440 (Q. und Forsch. zur Gesch. der Stadt M. NF 1, 1960) – Lit.: M. GEISBERG, Die Stadt M. (Bau- und Kunstdenkmäler v. Westfalen 41, 6 Bde, 1931–41) [Nachdr. 1975–81] – U. MECKSTROTH, Das Verhältnis der Stadt M. zu ihrem Landesherrn... (Q. und Forsch. zur Gesch. der Stadt M. 2, 1962) – J. PRINZ, Mimigernaford – M., 1976² – Führer zu vor- und frühgesch. Denkmälern 45: M., T. I, 1980 – H. HÖING, K. und Stadt..., 1981 [= Westfalia Sacra 7] – M. 800–1800. 1000 Jahre Gesch. der Stadt, hg. H. GALEN (Kat. des Stadtmus.), 1984 – H.-J. WEIERS, Stud. zur Gesch. des Bm.s M. im MA, 1984 – K.-H. KIRCHHOFF, Forsch. zur Gesch. von Stadt und Stift M., 1988 – Der Paulus-Dom zu M. ..., hg. T. STERNBERG, 1990.

Münster (im Elsaß; dép. Haut-Rhin), Kl. und Reichsstadt. M. entstand auf dem Grund des ins 7. Jh. zurückreichenden 'monasterium sancti Gregorii' (675), einer Abtei OSB (ursprgl. des Reiches, 826 Immunität). Im 12. Jh. zum Bm. Basel gehörig, konnten nach Bemühungen Friedrichs I. (Rückschläge 1197ff.) von Friedrich II. im Zuge der elsäss. Reichslandpolitik bis 1235 Gericht und Vogtei über das Gregoriental und den Ort M. erworben werden, der wohl umgehend zur Stadt ausgebaut wurde und in der Folge zu den kgl. Städten des →Elsaß zählte (1347 Colmarer, 1354 von Karl IV. bestätigte Rechte). Zur ca. 10 ha umfassenden, n. der Abtei gelegenen, im 15. Jh. höchstens 1000 Einw. zählenden Stadt gehörten neun Talgemeinden, deren freie Bewohner die städt. Rechte genossen. 1287 siegeln Vogt (vor 1328 durch den 'stättmeister' im Ratsvorsitz abgelöst), Rat und alle Gemeinden des Gregorientals. Gegen verbliebene Rechte und Ansprüche des Abtes mußte sich M., v. a. durch Anschluß an die →Dekapolis, ständig zur Wehr setzen (bes. Vertrag v. 1339).
F. B. Fahlbusch

Q. und Lit.: L. OHL, Gesch. der Stadt M. und ihrer Abtei, 1897 – A. SCHERLEN, Summar. Inventar des alten Archivs von Stadt und Tal M., 1925 – W. MAIER, Stadt und Reichsfreiheit [Diss. Freiburg/Ue. 1972], bes. 76 – Encyclopédie de l'Alsace IX, 1984, 5381f.

Münster (Graubünden) → Müstair

Münsterberg, kleines schles. Fsm., nach der um 1250 gegr. Stadt M. benannt, auf Rodungsboden im Sudetenvorland vor dem in die böhm. Gft. Glatz führenden Paß von Wartha gelegen. Es entstand durch Erbteilung nach dem Tode Hzg. Bolkos I. v. Jauer-Löwenberg († 1301). Bolkos jüngster Sohn Bolko II. († 1341) residierte seit 1321 in der von ihm geförderten Stadt M. (Grablege im nahen Kl. →Heinrichau) und begründete die M.er Herzogslinie, die mit dem im Kampf gegen die Hussiten gefallenen Hzg. Johann 1428 ausstarb. Danach gelangte das 1336 unter böhm. Lehnshoheit getretene, in den Hussitenkriegen umkämpfte Land über mehrere Pfandherren 1454 in die Hand des böhm. Reichsverwesers →Georg v. Podiebrad und dessen Hauses, bei dem es bis zum Heimfall an den ksl.-habsbg. Oberherrn 1569 verblieb.
J. J. Menzel

Lit.: F. HARTMANN, Gesch. der Stadt M., 1907 – M.er Land. Ein Heimatbuch, hg. H. KRETSCHMER, 1930 – Dt. Städtebuch, I, 1939 – Hist. Stätten, Schlesien, 1977 – Gesch. Schlesiens, hg. Hist. Kommission für Schlesien, I, 1988⁵.

Münstereifel, Stadt in Nordrhein-Westfalen. Am Übergang von der Eifel zur niederrhein. Tiefebene gründete die Abtei →Prüm um 800 eine cella an der Erft. Von Abt Markward 844 mit wertvollen Reliquien (Chrysantus und Daria) ausgestattet, blühte M. als Wallfahrtsort und Subzentrum der Prümer Grundherrschaft auf. 898 erhielt es von Kg. Zwentibold das Markt-, Zoll- und Münzrecht. Im beginnenden 12. Jh. erfolgte die Umwandlung des Kl. in ein Kollegiatstift. Zur selben Zeit hatten sich die →Are-Hochstaden als Vögte durchgesetzt; sie verliehen der mittlerweile entstandenen 'villa nova monasterium' (erstmals 1112) 1197 wichtige Privilegien (Markt, Selbstverwaltung). In den Auseinandersetzungen um die Hochstadensche Erbschaft (1246) fiel M. zunächst an die Jülicher Nebenlinie →Bergheim, dann im ersten Drittel des 14. Jh. an die Hauptlinie. Um 1300 begann man, Burg und Stadt mit einem Mauerring zu umwehren. Damit wurde M. Vollstadt ohne ausdrückl. Städteprivileg. Mit der Ratserweiterung v. 1454 durch den Landesherrn erhielt die Stadt ihr endgültiges ma. Stadtregiment. Sie wurde zu einer der vier Hauptstädte →Jülichs und Mittelpunkt des gleichnamigen Amtes. Neben dem Handel (4 Jahrmärkte 1422, 1 Wochenmarkt 1469) waren folgende Gewerbe von Bedeutung: Schuhmacher (Zunft 1346), Lohgerber und v. a. Tuchmacher. 1339 erhielt das Wollamt das Privileg, nach Kölner Maßen zu arbeiten. M.er Tuche gehörten bis ans Ende des MA zu den rhein. Spitzenprodukten auf dem Kölner Markt.
W. Herborn

Lit.: W. GUGAT, Verfassung und Verwaltung in Amt und Stadt M. ..., Rhein. Archiv 69, 1969 – W. LÖHR, Kanonikerstift M. von den Anfängen der Stiftskirche bis zum Jahre 1550 (Veröff. des Ver. der Gesch.s- und Heimatfreunde des Krs. Euskirchen, A 12, 1969) – Rhein. Städteatlas, Lfg. II, Nr. 7, bearb. K. FLINK, 1974 – W. HERBORN, Kleinstädt. Tuchmachergewerbe im Kölner Raum bis in die frühe NZ..., Rhein. Jb. für VK 27, 1987/88, 59–82.

Münstersche Stiftsfehde → Münster

Münsterschwarzach a. Main (Unterfranken, Landkrs. Kitzingen), OSB Kl. Durch Schenkung Ludwigs d. Dt. wurde aus dem noch im 8. Jh. vom karol. Kg.shaus gestifteten Frauenkl. M. ein bfl. würzburg. Eigenkl. Nach dem Tod der letzten Äbt. (877) übersiedelten die Mönche des 816 von Gf. Megingaud aus dem Geschlecht der Mattonen in Megingaudshausen (abgegangen) im Steigerwald gegr. OSB Kl. nach M., dessen Besitz den Bf. en v. →Würzburg 993 von Kg. Otto III. und 1003 von Kg. Heinrich II. bestätigt wurde. Vögte waren die Gf. en v. →Castell, mutmaßl. Deszendenten der Mattonen. Durch den von Bf. →Adalbero (8. A.) 1047 aus →Gorze berufenen →Ekkebert wurde M. ein weit ausstrahlendes Reformzentrum. Die Verbindung mit Kl. →Hirsau (1136) leitete eine Blütezeit ein, der im 13. und 14. Jh. Verfall und Wirren folgten. Das Kl. erhielt 1252 Papstschutz, der Abt vor 1270 das Recht der Pontifikalien. Die von Bf. Gottfried IV. v. Würzburg angeordnete Reform durch Mönche der Propstei Neuenberg in →Fulda 1444 brach das Adelsprinzip in M. 1480 wurde das Kl. in die →Bursfelder Kongregation aufgenommen. Archiv und Bibl. des Kl. wurden während des Bauernkrieges (1525) zerstört.
A. Wendehorst

Lit.: DIP VI, 191f. – A. WENDEHORST, Die Anfänge des Kl. M., ZBLG 24, 1961, 162–173 – Studia Suarzacensia 1963 – Germania Benedictina 2, 1970, 177–182 – A. WENDEHORST, Das benediktin. Mönchtum im ma. Franken (Unters. zu Kl. und Stift, hg. Max-Planck-Institut für Gesch., 1980), 38–60 – Magna Gratia. Zum 50jährigen Weihejubiläum der Abteikirche M. 1938–1988, hg. P. HUGGER, M.er Studien 41, 1992 – F. BÜLL, Das Monasterium Suuarzaha. Ein Beitrag zur Gesch. des Frauenkl. M. von 788(?) bis 877(?), M.er Studien 42, 1992.

Munt. Das ahd. *munt* erscheint bei →Otfrid v. Weißenburg (863–871) sowie im →Lorscher Bienensegen (10. Jh.)

und bedeutet dort Schutz (L. 32: *fon got er muazi haben m.*), wobei auch das Himmelsgewölbe als schützendes Dach *(himilisk m.)* gemeint sein kann. In gut einem Dutzend Glossen findet sich daneben seit Ende des 8. Jh. m. für lat. palmus, cubitus 'Handspanne', 'Unterarm' (als Längenmaß). Außerdem sind mhd. m. 'Hand', 'Schutz', 'Vormundschaft', ae. *mund* 'Sicherheit', an. *mund* 'Hand', afries. *mund* 'Vormund', 'Vormundschaft', ahd. *muntōn* 'schützen', as. *mundon* 'schützen', ahd. *muntboro* 'Muntwalt', *foramunto* 'Vormund', u.a. belegt, zu welchen noch got. Personennamen auf -mund kommen. Aus all dem hat die Philologie germ. **mundi* 'Hand', 'Schutz' erschlossen, dieses mit lat. manus zu einer einheitl. idg. Wurzel vereinigt und trotz gelegentl., schon karol. Verbindungen zw. lat.-ahd. mundium und lat. sermo, verbum deutl. von ahd. *mund* 'Mund' getrennt.

Die sachgeschichtl. Folgerungen sind umstritten. Übereinstimmung herrscht am ehesten dahingehend, daß ahd. m. eine Schutz gewährende Herrschaft einer Person über eine andere bedeutet. Unklar sind aber sowohl Grundlage als auch Umfang dieser Personalgewalt. Nach A. HEUSLER ist M. ursprgl. die Herrschaft über alle in einem Haus befindl. Menschen und Sachen, von der sich erst allmähl. die →Gewere als die Herrschaft über die Sachen abgespalten habe. Nach T. KRAUT beruht die M. auf der mangelnden Wehrfähigkeit der M.unterworfenen. Beides ist aber eher fraglich, da unklar ist, ob die verschiedenen Fälle der M. auf einem einzigen Grundsatz beruhen und welchen Inhalt dieser gehabt haben könnte.

Der wichtigste Fall der M. ist die des Vaters über seine Kinder. Sie umfaßt das Recht zur Züchtigung, zur Aussetzung, evtl. sogar zur Tötung, zur Verheiratung, zur Vertretung vor Gericht sowie als Folge auch zur Verwaltung und Nutzung des Kindesvermögens. Sie endet bei Söhnen in der Regel mit der Abschichtung, bei Töchtern mit der Verheiratung. Der väterl. M. ist im wesentl. die des Vormundes nachgebildet, welche allg. Überwachung unterliegt und mit Erreichung einer bestimmten Altersgrenze endet. Vielleicht fortgesetzt wird die väterl. in der ehemännl. M., die aber im HochMA an Eigenständigkeit zunimmt. Aus der Aufnahme in die Hausgemeinschaft ergibt sich die M. über Gesinde, Gesellen, Lehrlinge und Gäste. Noch weiter von der väterl. M. entfernt ist die über Kleriker, Kaufleute, Juden, Kirchen, Witwen und Waisen, Vasallen, Hörige und Freigelassene *(muntmannen, muntlinge)*. Insbes. hier ist umstritten, ob jede M. dem Wesen nach nur eine verlängerte, inhaltl. umgestaltete Hausherrschaft bedeutet. G. Köbler

Lit.: T. KRAUT, Die Vormundschaft nach den Grundsätzen des dt. Rechts, Iff., 1835ff. – F. RIVE, Gesch. der dt. Vormundschaft, I, 1862; II, 1866 – L. BLUHME, Die Mundschaft nach Langobardenrecht, ZRG II, 1873, 375ff. – A. HEUSLER, Institutionen des dt. Privatrechts, I, 1885, 95ff.; II, 1886, 277ff. – R. HÜBNER, Grundzüge des dt. Privatrechts, 1930⁵, 615ff. [Neudr. 1969] – W. SCHLESINGER, Die Entstehung der Landesherrschaft, 1941, 121ff. [Neudr. 1964] – E. MOLITOR, Zur Entwicklung der M. Eine standesgesch. Unters., ZRGGermAbt 64, 1944, 112ff. – O. BRUNNER, Land und Herrschaft, 1965⁵, 255ff. – K. KROESCHELL, Haus und Herschaft im frühen dt. Recht. Ein method. Versuch, 1968, 37ff. – H. MITTEIS-H. LIEBERICH, Dt. Privatrecht, 1981⁹.

Muntaner, Ramon, einer der bedeutendsten katal. Geschichtsschreiber, * 1265 Peralada (Alt Empordà), † Sept. 1336 auf Ibiza, stammte aus einer königstreuen kat. Familie. Erstmals erscheint er 1276 auf einer Frankreichreise im Gefolge des Infanten Peter. Wahrscheinl. begleitete er den Admiral Roger de →Lluria, in dessen Flotte er später diente, bevor er Bürgerrechte in Mallorca erwarb. In Sizilien nahm er an der Verteidigung Messinas teil und wurde Generalbevollmächtigter Rogers de →Flor. Mit diesem zusammen stellte er die →Katal. Kompagnie auf, deren Schatzmeister M. war. Während des Zuges ins ö. Mittelmeer (1303-07) übernahm er administrative und militär. Aufgaben, die er aber aufgab, um sich dem Infanten →Ferdinand v. Mallorca (12. F.) anzuschließen. In →Euboia (Negroponte) kam er ztw. in ven. Gefangenschaft. Später war er Statthalter Kg. →Friedrichs III. v. Sizilien (7. F.) über die Inseln Djerba und Kerkennah (1309-15). Aufgrund des Vertrauens, das er bei der kgl. Familie v. Mallorca genoß, wurde er beauftragt, den erst wenige Wochen alten künftigen Kg. →Jakob (III.) v. Mallorca von Katalonien nach Perpignan zu bringen. Nachdem er sich mit seiner Familie (zwei Söhne, eine Tochter) in Valencia niedergelassen hatte, wurde er Prokurator Bernats de Sarrià (1316-20). Er nahm u.a. an Vorbereitungen zu einem Valencianer Feldzug zur Eroberung Sardiniens teil, über den er in einem nach Art der Chansons de Geste in prov. Versen verfaßten *Sermó* berichtet, und war zweimal Schöffe v. Valencia. M. betrieb Handel mit Luxusstoffen und besaß in Xirivella ein Landgut *(alquería)*. Hier begann er am 15. Mai 1325 mit der Niederschrift seiner Chronik, die er drei Jahre später abschloß. Nach Mallorca zurückgekehrt, wo sein ältester Sohn als Knappe in Diensten Jakobs III. stand (1332/33), bekleidete er zuletzt das Amt eines Kämmerers und Batlle der Insel Ibiza. →Chronik, K.II. C. Batlle

Ed.: R. M., Crònica, ed. E. B. [= E. BAGUÉ], I, 1927², bearb. M. COLL I ALENTORN [= Col. lecció Popular Barcino 19, 141-148], 1951-52 – Les Quatre Grans Cròniques, ed. F. SOLDEVILA, 1971, 89-101, 665-1000 – Lit.: Gran Enc. Catalana X, 1977, 372 – R. TASIS, La vida d'en R. M., 1964 – R. SABLONIER, Krieg und Kriegertum in der Crònica des R. M., 1971.

Munus. Munera (λειτουργίαι) sind auf den Staatsbürgern (auch in Kollektiven) lastende Aufgaben, mit denen sie unentgeltl. Dienste für Staat oder Stadt zu erbringen hatten. Seit der Severerzeit systematisiert, werden formal m. personalia (persönl. zu erbringende Dienste, von denen Frauen ausgenommen waren), patrimonialia (auf Eigentum lastend) und mixta unterschieden. M. verpflichteten u. a. zum Transport von Heeresgütern, zur Versorgung von Soldaten, zum Stellen von Zugtieren, zur Getreidelieferung, zum Instandhalten und Bauen von Straßen und Brücken. Die wechselvollen Privilegierungen und Befreiungen von Lasten werden als Indikator für die jeweilige Politik der Ks. (gegenüber dem Klerus, den hohen Beamten, dem Großgrundbesitz, den Dekurionen) gewertet. Eine inhaltl. bes. Gattung stellen die m. sordida und extraordinaria dar, einfachere Dienste (aufgezählt in Cod. Theod. 11, 16, 18 [390]). Insbes. von ihnen gibt es zahlreiche Befreiungen, auch von ksl. Kolonen, bis Valentinian III. 441 alle diese Befreiungen aus Gleichheitsgründen aufhob; umstritten ist, ob er sich durchsetzen konnte. Daß die m. eine Überlast dargestellt hätten, die u. a. zum Zusammenbruch des Reiches beigetragen hätte, wird heute eher bezweifelt. W. Schuller

Lit.: RE XVI, 644-651 – JONES, LRE – W. SCHUBERT, Die Sonderstellung der Dekurionen (Kurialen) in der Ks.-Gesetzgebung des 4.-6. Jh., ZRGRomAbt 86, 1969, 287-333 – W. LANGHAMMER, Die rechtl. und soziale Stellung der Magistratus Municipales und der Decuriones..., 1973, 237-277 – D. LIEBS, Privilegien und Ständezwang in den Gesetzen Konstantins, Revue Internat. des Droits de l'Antiquité, 3ᵉ sér. 24, 1977, 297-351 – J. BLEICKEN, Verfassungs- und Sozialgesch. des Röm. Ksr.es, 2, 1981² – J.-U. KRAUSE, Spätantike Patronatsformen im W des Röm. Reiches, 1987 – A. DEMANDT, Die Spätantike, 1989 – J. MARTIN, Spätantike und Völkerwanderung, 1990².

Münzbild. Mit M. und Aufschrift garantiert die Obrigkeit den Wert einer Münze. Das M. wurde im MA von den

Münzherren häufig für ihre Herrschaftspropaganda genutzt. In den Reichen der Völkerwanderung hing es weitgehend von röm. und byz. Vorbildern ab. Erst seit Karl d. Gr. setzten sich als M. Herrschername, auch in Form des →Monogramms, und Herrscherbild (→Bildnis, A. IV) durch; als Rückseitenbild erschien das Kreuz, häufig von vier Kugeln umwinkelt. Als weiteres M. kamen seit dem 9. Jh. die Kirche oder der Stadtname vor. Seit dem 11. Jh. begegneten in Dtl. auch Bildnisse geistl. und weltl. Fs.en, auch von Hl. n., dazu christl. oder weltl. Symbole (Hand, Lanze). In England setzte sich als M. das Bildnis des Kg.s (Rückseite: Kreuz) durch. In Frankreich wurde als Ableitung karol. M.er seit dem 10. Jh. der *Type immobilisé* gebräuchlich. Seit dem 12. Jh. breitete sich in Dtl. eine Vielfalt von M.ern (Kg.e, Fs.en, Hl.e, Tiere, →Wappen) v. a. auf den einseitigen →Brakteaten aus. In Italien hielten sich einmal eingeführte M.er oft über Jahrhunderte. Mit der Einführung von Gold- und Großsilbermünzen seit der Mitte des 13. Jh. setzte sich der got. Stil durch und nutzte die größere Münzfläche für bildreiche Darstellungen mit vielen Ornamenten. →Wappen oder Wappenteile kamen als M.er seit dem 13. Jh., bes. im 14./15. Jh. vor. – M.er bedeutsamer Münzstätten wurden seit dem 9. Jh. häufig nachgeahmt: Byz. M.er in den Reichen der Völkerwanderung, Skandinavien und Rußland; ags. M.er des 10./ 11. Jh. in N-Dtl., Skandinavien und Böhmen; das Kölner M. im 10.–13. Jh. in Westfalen und den Niederlanden; der →Gulden in Frankreich, den Niederlanden und im Rheinland. M.er gaben Münzen häufig volkstüml. Namen wie →Botdrager, →Judenkopfgroschen oder →Kreuzer.

P. Berghaus

Lit.: A. Luschin v. Ebengreuth, Allg. Münzkunde und Geldgesch. des MA und der Neueren Zeit, 1926², 56–64 – F. V. Schroetter, Wb. der Münzkunde, 1932, 404–410 – P. Grierson, Coins of Medieval Europe, 1991 – B. Kluge, Dt. Münzgesch. von der späten Karolingerzeit bis zum Ende der Salier, 1991.

Münze, Münzwesen. M.n (lat. nummus, frz. *monnaie*, engl. *coin*, ndl. *munt*) sind Metallstücke, die, um als öffentl./gesetzl. Zahlungsmittel zu dienen, im Namen und nach Vorschrift des Herrschers oder Staates durch mancherlei mechan. Vorgänge eine vorgeschriebene Form erhalten haben und deren Wert im Herrscher oder Staat im Rahmen der zeitgenöss. Möglichkeiten verbürgt ist. Münzhoheit, →Münzrecht oder Usurpation sind die Voraussetzung einer Münzprägung. (→Münztechnik).

P. Berghaus

A. Byzantinisches Reich – B. Abendländischer Bereich – C. Islamisch-arabischer Bereich

A. Byzantinisches Reich

I. Periodisierung – II. Goldwährung – III. Silberwährung, Bronze- und Kupferprägungen – IV. Das Münzwesen und seine institutionellen Grundlagen.

I. Periodisierung: Für die Entstehung des byz. Münzwesens bieten sich zwei Ausgangsdaten an: 312, Einführung des Gold-Solidus (→Solidus), der über zehn Jahrhunderte den Grundpfeiler des Währungssystems des Ostreichs bilden sollte, durch →Konstantin; 498, Schaffung der schweren Bronzem., des Follis, durch →Anastasios I. Wurde in den Handbüchern zumeist das letztere Datum betont, so tritt die Bedeutung der Münzentwicklung des 4. und 5. Jh. immer stärker hervor; auch wird die für diese Periode noch vorhandene Lücke (Fehlen von Katalogen und Corpora) zunehmend ausgefüllt.

Vier große Perioden sind bei der Entwicklung des byz. Währungssystems zu unterscheiden; hierzu die folgende Übersicht:

1. *Von Konstantin bis Anastasios (312–498)*
Drei Arten von Goldmünzen (Solidus, Semissis und Tremissis mit einem Gewicht von 4,5 g, 2,2 g und 1,5 g bzw. 1/72, 1/144 und 1/216 des Pfundes), zwei Arten von Silbermünzen (Miliarense und Siliqua) und drei Arten von Bronze-Kupfer-Münzen.

2. *Die frühbyz. Epoche (498–720)*
Die drei Goldmünzarten bleiben bestehen, bei den Silbermünzen wird das Miliarense vom Hexagramm (6,7 g bzw. 1/48 des Pfundes) abgelöst; die drei Kupfermünzen sind von wechselnder Relation zum Pfund.

2a. *Die frühmittelbyz. Epoche (720–Ende 10. Jh.)*
Es gibt nur mehr drei Münzarten: Goldsolidus (Nomisma) zu 1/72 des Pfundes, Silber-Miliaresion (2,2 g bzw. 1/144 des Pfundes) und Kupfer-Follis.

2b. *Die spätmittelbyz. Epoche (Ende 10. Jh.–1092)*
Zwei Arten des Goldsolidus, als Nomisma histamenon (1/72 des Pfundes) und Nomisma tetarteron (4,16 g bzw. 1/78 des Pfundes) bezeichnet, drei Arten des Silbermiliaresion und der Kupfer-Follis.

3. *Die Epoche des Hyperpyron (1092–ca. 1350)*

3a. *Die frühe Epoche des Hyperpyron und Nomisma trachy aspron*, eine M. aus Elektron bzw. Gold-Silber-Münze im Wert von 1/3, später 1/4 des →Hyperpyron; eine Silber-Kupfer-Münze (Nomisma trachy oder stamenon, mit rascher Verschlechterung der Relation zum Gold-Hyperpyron) und eine Bronze-Kupfer-Münze, das Tetarteron.

3b. *Die späte Epoche des Hyperpyron (1295–ca. 1350)*
Als Goldmünze bleibt das Hyperpyron, weiterhin existieren eine Silbermünze (Basilikon), eine Silber-Kupfer-Münze (Tornese oder Politikon) sowie zwei Bronze-Kupfer-Münzen (stamenon und assarion).

4. *Die Epoche des Silber-Hyperpyron (ca. 1350–1453)*
Es existieren vier Silbermünzen: das Stauraton, das halbe Stauraton und das Viertel-Stauraton (ducatello) im Verhältnis 2:4:16 gegenüber dem nominalen Gold-Hyperpyron, sowie zwei Bronze-Kupfer-Münzen: der Tornese und der Follaro.

II. Goldwährung: Sie bildet bis in die Mitte des 14. Jh. das Rückgrat des byz. Münzsystems (Solidus/Nomisma/Hyperpyron). Ihre unvergleichl. Reinheit und ihre Stabilität ließen sie mit dem →Dīnār zu einer internat. Leitwährung des MA werden. Ihr Ruf überstand eine Reihe von unterschiedlich bedeutenden Krisen: leichte Verminderungen des Gewichts und Feingehalts seit dem späten 7. Jh.; eine niedrige und gemäßigte Abwertung gegen Ende des 10. Jh. und in der 1. Hälfte des 11. Jh. als Folge der territorialen und wirtschaftl. Expansion des Byz. Reiches; starke Verringerung des Feingehalts zw. 1068 und 1091. Alexios I. Komnenos gelang eine Neukonsolidierung der Währung; das auf 20,5 Karat (85%) anstelle von 23–24 (96–100%) festgelegte Hyperpyron blieb bis zur Mitte des 13. Jh. im →Mittelmeerhandel verbreitet. Doch eine irreversible Abschwächung, bedingt durch Erschöpfung der ksl. Finanzen und Abfluß des Goldes in den Westen (infolge eines günstigeren Verhältnisses von Gold und Silber), führte um die Mitte des 14. Jh. schließlich zur Aufgabe der Goldwährung zugunsten eines Silber-Monometallismus.

III. Silberwährung, Bronze- und Kupferprägungen: Silber hatte zuvor bei den byz. Prägungen eine wechselnde Rolle gespielt. Im 4.–6. Jh. auf eine marginale, eher zeremonielle Rolle beschränkt (Verhältnis 1:14), sollte es seit dem 7. Jh. (Hexagramm, Miliaresion) das Gold ergänzen (im günstigeren Verhältnis 1:8). Diese Edelmetallprägungen waren zur Gänze (oder manchmal, was das Silber anbelangt) Vollm.n, deren Metallwert dem Nominalwert entsprach. Die bronzenen und kupfernen Scheidem.n waren dagegen vorwiegend ein Geld, dessen Annahme großenteils auf der Vertrauensbasis beruhte, für das Änderungen des Nominalwertes weithin unbekannt sind, dessen Gewichte und Typen aber in der Spätzeit starken Schwankungen unterlagen und das somit als Objekt inflationärer Tendenzen stark hervortritt.

IV. DAS MÜNZWESEN UND SEINE INSTITUTIONELLEN GRUNDLAGEN: Das Münzwesen war ein wesentl. Instrument der Fiskalität (→Steuer, -wesen) und des →Finanzwesens des Byz. Reiches; der Staat forderte die Steuern in Gold ein bzw. in Silber, wenn es sich um Teilbeträge bis zu 1/3 eines Nomisma handelte, und zahlte seine Ausgaben fallweise in einer der drei Metallsorten. Der Ks. übte eine enge Kontrolle über die Münzproduktion aus, in der frühbyz. Periode durch das Amt des →Comes sacrarum largitionum. Die Gold- und Silberprägung war in der 'comitiva' konzentriert und erfolgte an den Sitzen der Präfekturen des Ostens (Konstantinopel), von Illyricum (Thessalonike), Afrika (Karthago) und Italien (Rom bzw. Ravenna); die Bronzeprägung lag außerdem in der Hand zahlreicher Münzstätten, die im Rahmen der (staatl.) Diözese produzierten (Nikomedeia für den Pontos, Kyzikos für Asia, Antiocheia für den Oriens u. a.).

Im Zuge der Verwaltungsneugliederung des 7. Jh. ging das Münzwesen in den Verantwortungsbereich des →Bestiarion über; die Münzprägung für den gesamten Osten des Reiches wurde in Konstantinopel konzentriert. Die byz. Besitzungen in Afrika und Italien (→Exarchat) behielten demgegenüber bis zu ihrem Fall mehrere lokale Münzstätten bei, in denen (dies gilt bes. für Italien und Sizilien) die Goldprägung im Unterschied zur Metropole mehrfach Fluktuationen unterworfen war.

Konstantinopel blieb stets die bedeutendste Münzstätte des Reiches, doch wurde ihre Monopolstellung im Laufe des 9. Jh. durch temporäre regionale Prägetätigkeit in →Cherson und wohl auch in →Thessalonike leicht geschmälert. Im 12. Jh. kam es infolge der Neuorganisation der Themen der Balkanhalbinsel, unter der Leitung eines Richters (κριτής, πραίτωρ) zur Entfaltung eigener Münzstätten, deren Lokalisierung unsicher bleibt (Thessalonike, Theben [?], Philippopel/Plovdiv [?]). Nach 1204 führte die polit. Zersplitterung zum Aufkommen zahlreicher Münzstätten: Die Behörden m. →Lat. Kaiserreiches (Ks. oder *bailo* der Venezianer) ließen in Konstantinopel bronzene M.n byz. Typs herstellen; die byz. Nachfolgestaaten in Thessalonike und Trapezunt schlugen Silber- und Bronzegeld; lediglich der Ks. v. →Nikaia prägte Goldm.n. Auch nach der byz. Rückeroberung der Hauptstadt (1261) blieb der Dualismus zw. Konstantinopel und Thessalonike bis zum Ende des 14. Jh. erhalten. Noch während der Belagerung von 1453 setzten die Byzantiner die Prägung fort, um die letzten Verteidiger der Stadt besolden zu können.

Die byz. Münzprägung ist eine wesentl. Quelle der polit. und wirtschaftl. Gesch. des Reiches. Ihre Typologie spiegelt die Themen der ksl. Propaganda wider, die Münzproduktion ordnet sich in die Entwicklung des administrativen Gefüges ein, ihre Strukturen folgen in ihrer Entwicklung den jeweiligen finanzpolit. und wirtschaftl. Konstellationen. So ist die Reduzierung des Währungssystems des 8.–10. Jh. auf einen Münztyp pro Metallsorte, mit genau begrenztem Verhältnis der M.n untereinander, Ausdruck eines Rückgangs des Geldumlaufs in dieser Epoche; demgegenüber artikuliert sich in der Rückkehr zu einer komplexeren Abstufung der Währungseinheiten und Münzarten seit dem 11. Jh. eine relative Expansion, durch die das Byz. Reich den Grad der Monetarisierung des 4.–6. Jh. nicht nur zurückgewann, sondern sogar überflügelte. Unsere wachsenden Kenntnisse über die metall. Zusammensetzung der M.n (dank nicht münzzerstörender Analysen) wie über den Geldumlauf (Auswertung von Schatzfunden, Einzelfunden und archäolog. Ausgrabungen von Siedlungen) haben neues Licht zum einen auf die Münzentwertungen und ihre finanz- oder wirtschaftsgesch. Ursachen, zum anderen auf Rolle und Verbreitung des Geldes in den einzelnen Regionen und während der verschiedenen Epochen des Byz. Reiches geworfen.

C. Morrisson

Lit.: P. GRIERSON, Cat. of the Byz. Coins in the Dumbarton Oaks Collection and in the Whittemore Collection, 3 Bde, 1966–73 [I: A. R. BELLINGER] – C. MORRISSON, Cat. des monnaies byz. de la Bibl. nat., 1971 – W. HAHN, Moneta Imperii Byzantini, 1–3, 1973–81 – T. BERTELE, Numismatique byz., hg. C. MORRISSON, 1978 [Lit.] – D. M. METCALF, Coinage in South-Eastern Europe (820–1396), 1979 – P. GRIERSON, Byz. coins, 1982 – M. F. HENDY, Stud. in the Byz. Monetary Economy c. 300–1450, 1985 [Lit.] – C. MORRISSON u. a., L'or monnayé I. Purification et altérations. De Rome à Byzance, Cahiers Ernest-Babelon 2, 1985 – W. HAHN, Die Ostprägung der röm. Reiches im 5. Jh. (Moneta Imperii Romani-Byzantini, 1989) – M. F. HENDY, The Economy, Fiscal Administration and Coinage of Byzantinum, 1989 – C. MORRISSON, Monnaie et prix à Byzance du Ve au VIIe s. (Hommes et richesses dans l'empire byz., I, hg. J. LEFORT – C. MORRISSON, 1989), 239–260 – Monnaie et finances dans l'empire byz. X^e–XIVe s. (ebd. II, 1991) – P. GRIERSON–M. MAYS, Cat. of Late Roman Coins in the Dumbarton Oaks Coll. ..., 1992.

B. Abendländischer Bereich
I. Völkerwanderungszeit – II. Fränkisches Reich und Angelsächsische Königreiche – III. 10.–15. Jahrhundert.

I. VÖLKERWANDERUNGSZEIT: Die Münzprägung in den Reichen der Völkerwanderungszeit ist weitgehend vom byz. Münzwesen und dessen →Solidus und →Siliqua abgeleitet. Am Anfang stehen barbarisierte Nachbildungen der byz. Vorbilder; »pseudoimperiale« Prägungen aus Gallien datieren in die Zeit 500–570/580. Die *Vandalen* prägten städt. Kupferm.n zu 42, 21, 12 und 4 nummi mit der Legende KARTHAGO, z.T. mit Pferdekopf. Kgl. Prägungen erfolgten nach byz. Vorbild in Silber, anfangs »pseudoimperial«, später (Werte: 100, 50, 25 →Denarii) mit Kg.snamen, unter Hildericus (523–530) auch mit FELIX KARTG; die in Kupfer geprägten nummi hatten kleine Durchmesser. Die *Ostgoten* verfügten zunächst über röm. Bronzem.n mit eingeritzten Wertzeichen (83, 42). Senator. und städt. Bronzem.n aus Rom (INVICTA ROMA, Roma und Wölfin, 40 und 20 nummi) und Ravenna (536–554; FELIX RAVENNA, 10 nummi) waren in Gebrauch. Es gab kgl. Prägungen in Gold (Solidi, →Trienten, z.T. mit Kg.smonogramm), Silber (Siliquen, Halbsiliquen) und Bronze (unter Theodahat mit Kg.sbild). Die *Westgoten* hatten Solidi und Trienten, anfangs »pseudoimperial«, später in individueller Stilisierung aus etlichen Münzstätten, bes. aus Mérida, Sevilla und Toledo. Bei den *Sueven* sind wenige »pseudoimperiale« Solidi nachzuweisen. Vorherrschend waren Trienten in eigener Stilisierung aus verschiedenen kleinen Münzstätten, u.a. aus León. Die *Langobarden* verwendeten anfangs »pseudoimperiale« Prägungen, später solche mit Kg.s- und Stadtnamen (z.B. FLAVIA LVCA), auch mit St. Michael, in eigener Stilisierung, ferner Silber- und Bronzem.n. Bei den *Merowingern* sind drei Phasen zu unterscheiden: a) 500–580: »pseudoimperiale« Solidi und Trienten, seit Theudebert I. (534–548) auch mit Kg.snamen; b) 580–670: Solidi, hauptsächl. Trienten aus ca. 800 Münzstätten, die vorwiegend von »Monetaren« stammten, die nur z.T. als kgl. Beamte, vorwiegend aber als Unternehmer prägten (ca. 2000 Namen); außerdem gab es kgl. und wenige geistl. Prägungen. Eine Verminderung des Goldgehalts erfolgte in der 1. Hälfte des 7. Jh.; c) 670–750: Silberprägungen von →Deniers, bes. in Marseille. In Friesland gab es eigene Prägungen von Trienten und →Sceattas. Frühe Prägungen der *Angelsachsen* sind Solidi und Trienten, z.T. mit Runenlegenden, in Anlehnung an röm., byz. und merow. Vorbilder. Seit ca. 675 erscheinen Sceattas, z.T. mit Runenlegenden.

II. FRÄNKISCHES REICH UND ANGELSÄCHSISCHE KÖNIGREICHE: Die späten merow. Deniers wurden unter Pippin III. weiterentwickelt. Unter Karl d.Gr. erfolgten drei Münzreformen für den Denar: 771 (zweizeiliger Herrschername) mit Auswirkung auf die skand. Münzprägung, 793/794 mit 25% Gewichtserhöhung (→Monogramm) und 812 (Herrscherbild; →Bildnis, A.IV). In Italien wurde kurzfristig die Trientenprägung langob. Stils fortgesetzt. Unter Ludwig d. Fr. erfolgte die Fortsetzung der Denarprägung in verschiedenen Typen. Ca. 822 wurde der anonyme Christiana-Religio-Denar eingeführt. In Aachen gab es seit 816 eine kurzfristige Prägung von Goldm.n, die in Friesland nachgeahmt wurden. Eine Münzreform wurde mit dem »Edictum Pistense« (864) Karls d. Kahlen versucht. Die karol. Münzprägung lief zu Beginn des 10. Jh. aus. Im langob. Fsm. →Benevent wurden Solidi und Trienten, z.T. mit Nennung karol. Herrscher, geprägt. Die Silberdenare lehnten sich an karol. Vorbilder an. In Rom gab es ca. 735–ca. 980 päpstl. und päpstl.-ksl. Denare. In den ags. Kgr.en erschienen ebenfalls Denarprägungen, so ein Silber-→Penny und unter →Offa v. Mercien eine Nachahmung eines arab. →Dinārs. Auch gab es vereinzelt geistl. Prägungen. Um 919–954 traten Denare der Wikinger aus York auf. In Northumbria gab es im 9. Jh. neben Pennies Prägungen von Stycas. Seit →Alfred d. Gr. fand eine Vereinheitlichung des ags. Münzsystems mit period. Wechsel des →Münzbildes statt.

III. 10–15. JAHRHUNDERT: [1] *Deutschland:* Im 10./11. Jahrhundert (»Zeitalter des →Fernhandelsdenars«) erfolgte eine Weiterentwicklung des karol. Denars. Durch Münzrechtsverleihungen wurden geistl. und weltl. Fs.en zu Münzherren; bis 1100 gab es wenigstens 167 Münzstätten. Bemerkenswert ist die Vielfalt der Münzbilder. Ein bedeutender Münzexport erfolgte in den Ostseeraum. Eine Regionalisierung fand im 12./13. Jh. statt (»Phase des regionalen →Pfennigs«). Im Gegensatz zu den zweiseitigen Pfennigen (Rheinland, Westfalen, Franken, Bayern, Niederlande) kamen leichte →Brakteaten (Nieder- und Obersachsen, Schlesien, Thüringen, Hessen, Bodensee, Schweiz) auf. Period. →Münzverrufungen erfolgten mit Wechsel des Münzbildes (→Kölner Pfennig, →Friesacher Pfennig). Der →Heller beseitigte bis um 1300 weitgehend das regionale Pfennigsystem. Im 14. Jh. drangen auswärtige Großsilberm.n (→Groschen) ein, die im 14./15. Jh. von Städten gegengestempelt wurden (→Gegenstempel), und ebenso Goldm.n (→Dukat, →Écu d'or, →Gulden). Großsilber- und Goldm.n wurden nachgeahmt. Der Anteil der Städte an der Münzprägung begann im 13. Jh. und nahm im 14./15. Jh. merkl. zu. Es kam zur Bildung von →Münzvereinen seit dem 13. Jh. und bes. im 14. Jh. (→Wend. Münzverein, →Rhein. Münzverein, →Rappenmünzbund). 1486 wurde der silberne Guldiner (→Taler) in Tirol eingeführt.

Eine ähnl. Entwicklung wie in Dtl. fand auf dem Gebiet der heutigen Schweiz statt. Zu nennen sind die Beteiligung am Rappenmünzbund, die Einführung des →Dikkens in Nachahmung des it. →Testone (1482 Bern), kurz darauf auch die Einführung des Guldiners 1493 in Bern.

[2] *Frankreich:* Im 10. Jh. wurde das karol. Münzsystem mit abfallendem Wert und Stil fortgeführt, die kgl. Münzhoheit zerfiel. Im *type immobilisé* hielten sich alte Münzbilder über eine lange Zeit. Im 11. Jh. erfolgten eine weitere Feudalisierung der frz. Prägung von →Deniers und die Anwendung des →Monetagiums. Um 1200 wurden Denier Parisis und Denier Tournois eingeführt, die sich weiterhin durchsetzten und auch nachgeahmt wurden. Bedeutend war auch der Denier Provinois. Im 13. Jh. nahm die kgl. Münzprägung deutl. zu; in der Ordonnance v. Chartres 1262 wurde der Umlauf der feudalen Deniers auf die betreffenden Territorien beschränkt, die kgl. Deniers waren dagegen überall zugelassen. Auf der Grundlage des Denier Tournois baute der 1266 geschaffene Gros Tournois auf, der vielfach nachgeahmt wurde. Gleichzeitig erfolgte die Einführung des Écu d'or als der ältesten Goldm., die seit 1337 mit abgeänderter Münzbild weite Verbreitung fand. Seit 1315 wurden die feudalen Münzstätten fortlaufend reduziert. Eigene Prägungen gab es in den engl. Besitzungen in Frankreich (→Guyenne) und auf dem Gebiet des avign. Papsttums (→Comtat Venaissin) sowie in Burgund und in der Bretagne. Während des →Hundertjährigen Krieges zeigte sich ein laufender Wechsel der kgl. Münzsorten in Gold, Silber und Billon, in Verbindung mit Münzverschlechterungen. Nach der Münzreform v. 1436 erholte sich das frz. Münzwesen allmählich.

[3] *Niederlande:* Schon im 11. Jh. erfolgte v.a. in Friesland eine deutl. Verminderung des Gewichts. Auch die M.n des 12./13. Jh., bes. seit dem Ende des 12. Jh. das holl. →Köpfchen und die fläm. →Maille, sind von niedrigem Gewicht (0,4–0,6 g). Der →Sterling und der →Gros Tournois wurden im späteren 13. Jh. nachgeahmt, seit dem 14. Jh. erfolgte eine ausgedehnte Prägung des →Groots in verschiedenen Werten, darunter seit 1364 der fläm. Leeuwengroot. Die seit dem 14. Jh. geprägten →Gulden, darunter der Utrechter →Postulatsgulden (um 1430) und der Lütticher →Hornsche Gulden (um 1490), fielen gegenüber dem rhein. Gulden im Wert stark ab. In den burg. Landen gab es im 15. Jh. ein eigenes Münzsystem mit Gold- und Silberwerten (Gulden, Briquet, Patard).

[4] *England, Schottland, Irland:* In England und Irland wurde die Penny-Prägung im 10./11. Jh. in ca. 60 Münzorten mit period. Wechsel des Münzbildes ca. sechs Jahren fortgesetzt und unter →Ethelred II. weitgehend für die Finanzierung des →Danegelds (mit Angabe von Münzmeister und Münzort) verwandt. Die Pennies wurden auch nach 1066 geprägt und in den Ostseeraum exportiert. Doch verschlechterten sie sich während der Thronwirren z. Zt. →Stephans v. Blois. Es erfolgte eine Usurpation der Münzprägung durch geistl. und weltl. Herren. 1158 (Tealby coinage) wurde der period. Wechsel des Münzbildes aufgegeben, 1180 der →Sterling eingeführt, der auch in Schottland und Irland aufgenommen wurde. 1247 und 1279 fanden Reformen des Sterlings statt (zugleich Einführung des Groats), der über einen weiträumigen Umlauf verfügte und auch auf dem Kontinent Nachahmung fand (Westfalen, Niederlande). 1257 wurde versuchsweise ein Gold-Penny eingeführt und 1344 der Noble als große Goldm. im Gewicht von zwei Florentiner →Gulden. Schottland schloß sich an das System der engl. Groats und Pennies an. Die Gold- und Silberm.n wurden im 15. Jh. abgewertet, die Prägung neuer Goldm.n (Ryal und Angel) erfolgte 1465. Der goldene →Rosenoble

(15,55 g) wurde 1489 eingeführt, der silberne Testoon 1504.

[5] *Skandinavien:* Es gab Nachprägungen der →Dorestad-Denare Karls d. Gr., aber auch leichte →Halbbrakteaten des 10. Jh. wohl aus →Haithabu. Zahllose Münzfunde des 10./11. Jh. enthalten arab. →Dirhams, dt. Pfennige und ags. Pennies, v.a. auf Gotland. In *Dänemark* wurden seit ca. 1000 ags. Pennies nachgeahmt, bes. in Lund. Seit Svend Estridsen (1047–76) kommt ein eigener Stil auf, z. T. unter byz. Einfluß, gelegentl. mit Runenlegenden. Eine Münzverschlechterung setzte seit dem 12. Jh. ein. Brakteatenprägungen gab es in Ålborg, Århus und Viborg. Auch Bf.e ließen M.n prägen. Nach 1241 setzte die schlimmste Münzverschlechterung ein. Als Münzmetall war fast nur noch Kupfer in Gebrauch (»Bürgerkriegsm.n«). Es wurden 1397 der →Witten, ca. 1405 der Sterling, im 15. Jh. Sechsling, Groschen und Schilling eingeführt, außerdem traten auch →Hohlpfennige auf. Goldm.n (Noble, Gulden) gab es seit 1496. In *Norwegen* erschienen im 11. Jh. Pennies ags. Stils, z. T. mit Runenlegenden. Im 12. Jh. folgten kleine Brakteaten, 1263–1319 Sterlinge und Groats, später wieder Brakteaten, am Ende des 15. Jh. Halbschillinge und Witten. Ebf. Olaf Engelbrechtssøn v. Drontheim († 1537) ließ Schillingwerte, Witten und Hohlpfennige prägen. In *Schweden* erschienen seit Olaf Skötkonung (ca. 995–1022) Nachahmungen ags. Pennies aus Sigtuna, auch von Anund Jakob (ca. 1022–ca. 1050), vorwiegend aber anonym. Seit 900 ist ein Umlauf ausschließlich fremder, seit 990 bes. dt. M.n feststellbar. Um 1150 begann die Prägung eigener M.n (leichte Pfennige, später Brakteaten), die bis zum Ende des 13. Jh. andauerte. Seit Birger Magnusson (1290–1318) kamen zweiseitige Pfennige auf, um 1360 wieder Brakteaten. Seit →Albrecht III., Hzg. v. Mecklenburg († 1412), wurden Örtuge in Nachahmung hans. Witten geprägt, in Åbo auch Halbörtugar. Die Prägung von Goldm.n (Gulden) erfolgte erst 1512. Auf *Gotland* begann nach dem unermeßl. Import ausländ. Silberm.n (bis ca. 1140) eine eigene Prägung in Anlehnung an schwed. Reichsm.n, zunächst von zweiseitigen Pfennigen, später von kleinen Brakteaten bis zum 15. Jh., seit der Mitte des 14. Jh. auch von Gotar im Wert eines Örtugs als Vorläufer der hans. Witten.

[6] *Iberische Halbinsel:* Nach dem Auslaufen der karol. Münzprägung in N-Spanien (z. B. in Barcelona) kamen omayyad. M.n und frz. Deniers in Umlauf. Seit dem 11. Jh. traten Goldprägungen in Nachahmung der omayyad. Dīnāre in Barcelona auf sowie Silberprägungen von Dineros frz. Stils aus dem Raum Barcelona, aus Navarra und Kastilien. Seit dem Ausgang des 12. Jh. erschienen goldene →Marabotinos arab. Stils durch die Kg.e v. Kastilien. Die christl. Staaten prägten im 12./13. Jh. Dineros in Billon in Anlehnung an frz. Deniers. Im 14. Jh. wurde in Aragón der Guldentyp von Florenz übernommen; Goldprägungen auch kleinster Werte gab es auf Mallorca. Als Großsilberm.n wurden Reales (Valencia) und →Croats geprägt. Die Münzsysteme von Aragón (Goldene Fimbres, silberne Croats, dann Reales) und Kastilien (Goldene Doblas, silberne Reales) vereinigten sich 1474: Excellentes in Gold, Reales in Silber und Kupferm.n. Nach der Münzreform v. 1497 wurden Cruzados in Gold und neue Reales in Silber geprägt. In Portugal gab es seit dem 12. Jh. goldene Maravedis, daneben Dinheiros (Billon). Zu Beginn des 14. Jh. erschienen höhere Münzwerte (Tornes), auch in Billon. In der 2. Hälfte des 14. Jh. wurden frz. Vorbilder nachgeahmt. Im 15. Jh. erfolgte die Einführung des Cruzado aus afrikan. Gold, 1500 des Portuguez zu 10 Dukaten (36g).

[7] *Italien:* Während in S-Italien seit dem 10. Jh. weitere, z. T. arab. beeinflußte Goldprägungen (→Tari) und Folles aus Kupfer nach byz. Art auftraten, waren im übrigen Italien verwilderte Ausläufer karol. Denare in Umlauf. Eigene Münztypen gab es in Rom und ksl. Prägungen im N (Verona, Mailand, Pavia, Lucca). Seit dem 11. Jh. zeigte sich eine deutl. Trennung S-Italiens (Gold, Kupfer) von Mittel- und N-Italien (silberne Denari als type immobilisé), weit verbreitet waren die Papienses von Pavia. Eine ähnl. Teilung erfolgte im 12. Jh.: Gold- und Kupferm.n in S-Italien, silberne Denari in Mittel- und N-Italien. Die ksl. Aufsicht über die Münzprägung verhinderte eine Feudalisierung. 1160 erschien ein neuer ksl. Denartyp, Ende des 12. Jh. der →Grosso zu 12 Denari (u.a. in Genua, Florenz, Pavia und Pisa). Bes. der →Matapan von Venedig fand weite Verbreitung über Italien hinaus. Der Grosso beherrschte als type immobilisé de nordit. Münzprägung bis ins 14. Jh. 1231 wurde der goldene →Augustalis durch Ks. Friedrich II. eingeführt (Münzstätten Brindisi und Messina). Seit 1252 gab es den Gulden in Florenz und den Genovino in Genua sowie seit 1284 den Dukaten in Venedig. Seit 1472 erschien in Venedig die Lira tron (→Teston) als schwere Silberm. (6,52 g), gefolgt von anderen Teston-Prägungen (z. B. in Mailand), und als Kupferm. der Bagattino. In Florenz wurde die Guldenprägung fortgeführt. In Rom kam es zu einer Ablösung der senator. M.n durch päpstl. Prägungen in Gold und Silber. In Neapel trat seit 1302/03 der →Gigliato auf, seit 1442 der goldene Ducatone und später der silberne Carlino.

[8] *Ostmitteleuropa und Ungarn:* In *Böhmen* und *Mähren* waren seit dem 10. Jh. Denare nach ags. und bayer. Vorbildern in Umlauf, seit dem 11. Jh. kam es zur Ausbildung eigener Münztypen. Münzstätte war bes. Prag. Die M.n des 10./11. Jh. flossen in das Ostseegebiet ab. Seit dem späteren 11. Jh. verminderte sich das Denargewicht. Die Münzbilder besaßen eine hohe künstler. Qualität. Brakteaten nach Meißner Vorbild erschienen seit dem 13. Jh. Nach der Münzreform von 1300 durch Wenzel II. wurde der →Prager Groschen aus Kuttenberger Silber (→Kuttenberg) eingeführt, der unter ständiger Verschlechterung, bes. z.Zt. der →Hussiten, bis zum Beginn des 16. Jh. geprägt wurde, weite Verbreitung fand und vielerorts in Dtl. gegengestempelt wurde (→Gegenstempel). 1325 begann die böhm. Guldenprägung, zunächst nach florentin. Typ und seit Karl IV. mit eigenem Bild. Daneben gab es in Silber auch kleinere Nominale (Parvus). In *Polen* waren im 10./11. Jh. arab. Dirhams, dt. Pfennige (bes. →Otto-Adelheid-und →Sachsenpfennige) und ags. sowie böhm. M.n in Umlauf. Eigene Prägungen gab es in Anlehnung an dt. und böhm. Vorbilder seit Bolesław I. Chrobry († 1025). In Pommern kursierten seit Mitte des 11. Jh. anonyme Nachahmungen dt. und ags. M.n. Eigene Münztypen erscheinen in der Mitte des 11. Jh.; seit Ende des 11. Jh. beteiligten sich weltl. und geistl. Herren an der Prägung. Seit ca. 1170 gab es auch Brakteaten, z. T. mit hebräischen Legenden. Im 14./15. Jh. war der Prager Groschen in Umlauf. Nach der Münzreform unter Kasimir III. († 1370) wurde der Groschen nach Vorbild des Prager Groschens eingeführt. Im 15. Jh. folgten Münzverschlechterung und Prägungen von Halbgroschen (Kwartnik) sowie von Pfennigen und Hellern. In *Schlesien* gab es seit dem 12. Jh. Brakteaten poln. Art, um 1290–1325 schwere Denare. Seit 1420 wurden Heller, bes. in den Städten, geprägt. Um 1345 erfolgten Guldenprägungen in Liegnitz und Schweidnitz, um 1470 Prägungen von Groschen und Halbgroschen unter Matthias Corvinus. In *Ungarn* und der *Slowakei* wurden nach dem Umlauf byz.

M.n im 11. Jh. silberne Denare und auch Obole geprägt, die zunächst bayer. beeinflußt waren, dann gewichtsmäßig schnell abfielen und ein einfaches Münzbild zeigten. Münzstätte war vorwiegend Gran. Um 1162/63 (?) wurden kurzfristig byz. Kupferm.n nachgeahmt. Im 13. Jh. erscheinen bildreiche Typen. Unter Karl Robert († 1342) wurden Gold- (→Dukat) und Großsilberm.n (Groschen, Gigliato) eingeführt. Der ung. Dukat (Forint) eroberte sich im 15. Jh. ein weites Umlaufgebiet. 1470 führte Matthias Corvinus eine Münzreform durch.

[9] *Altrußland, baltische Länder und Deutscher Orden:* In Altrußland dienten Felle von Mardern und Eichhörnchen bis zum 13. Jh. als Zahlungsmittel. Es gab silberne →Barren in verschiedenen Formen (bes. stangenförmig und gestempelt), z.T. mit eingeritzten Inschriften (Schatzfund von Burge, Gotland), die seit dem 11. Jh. als →Grivna in Umlauf waren. Im 11. Jh. kursierten arab., ags. und westeurop., bes. fries. M.n. Unter Fs. Vladimir I. v. Kiev († 1015) erschienen kurzfristig Gold- und Silberprägungen (Serebrenniki) in Anlehnung an byz. Vorbilder. Seit dem 14. Jh. ließen Teilfs.en die Denga (kleine Silberm.) prägen, die allmähl. bis zu Kupfer verschlechtert wurde. Im 14./15. Jh. waren Prager Groschen in der Ukraine in Umlauf. Unter Ivan III. folgte um 1480 der Dukat nach ung. Vorbild. In den *baltischen Ländern* kursierten bis um 1230 arab., bes. westeurop. Silberm.n, die v.a. aus dem Rheinland und Westfalen stammten. Seit dem 13. Jh. erschienen Brakteaten des livländ. Ordens, der Ebf.e v. Riga und der Bf.e v. Dorpat, später in Anlehnung an hans. Witten silberne Artiger. Der *Deutsche Orden* prägte seit 1232 Brakteaten. Nach der Münzreform unter dem Hochmeister →Winrich v. Kniprode († 1382) erfolgten Prägungen von Halbschoter und Groschen zu 1 1/3 Schilling, seit ca. 1380 von Schillingen, die sich drastisch, bes. seit 1410 (Schlacht v. →Tannenberg), verschlechterten. Eine Goldprägung wurde 1410 versucht, seit 1457 gab es Halbschillinge in Thorn, Danzig und Elbing unter poln. Kg.s-namen.

[10] *Südosteuropa:* In Serbien wurden seit der Mitte des 13. Jh. byz. Kupferm.n (Trachea) nachgeahmt, später auch die ven. Matapane. In Slavonien gab es seit dem 13. Jh. in Abhängigkeit von Ungarn silberne Banovci. In Bulgarien wurden seit dem 13. Jh. byz. Kupferm.n (Trachea) nachgeahmt, später auch ven. Matapane und it. Grossi. In dem Gebiet von Vallachei und Moldau waren seit dem 14. Jh. groschenförmige Silberm.n in Umlauf, die sich später an bulg. Vorbilder anlehnten.

[11] *Kreuzfahrerstaaten und Armenien:* Seit dem 1. Kreuzzug gab es im 12. Jh. Nachahmungen fāṭimid. Dīnāre in Gold, Deniers frz. Typs in Billon und Folles in Kupfer, u.a. in Antiocheia, Edessa, Jerusalem und Tripolis. Seit dem 4. Kreuzzug erschienen Deniers frz. Typs (Deniers Tournois) in Billon in Griechenland, in Gold wie arab. Werten in Syrien bzw. Palästina und seit 1251 Nachahmungen arab. Dirhams in Silber, später auch Groschen. Im 14. Jh. gab es Nachahmungen des Gigliato in Silber auf Rhodos und Chios sowie Groschen auf Zypern. Im 15. Jh. kursierten minderwertige Nachahmungen ven. Dukaten und silberne Groschen auf Chios sowie Denaros, auch aus Kupfer, auf Mytilene und Chios. In *Armenien* war seit Leo II. (1187–1219) der Tram in Silber (ca. 3,10 g) mit der Darstellung des Kg.s, auch zu Pferde, in Umlauf. Die Münzprägung endete 1375 mit der Kapitulation des Kgr.es.

P. Berghaus

Lit.: A. Engel–R. Serrure, Traité de numismatique du MA, 1891–1905.– F. Friedensburg, Münzkunde und Geldgesch. der Einzelstaaten des MA und der neueren Zeit, 1926 – A. Luschin v. Ebengreuth, Allg. Münzkunde und Geldgesch. des MA und der Neueren Zeit, 1926², 23, 235–296.– F. v. Schroetter, Wb. der Münzkunde, 1932.– M. R. Alföldi, Antike Numismatik, 2 Bde, 1978, 1982².– P. Grierson–M. Blackburn, Medieval European Coinage, I: The Early MA (5th–10th centuries), 1986 [Lit.].– P. Grierson, Coins of Medieval Europe, 1991 [Lit.].– C. Morrisson, La numismatique, 1992.

C. Islamisch-arabischer Bereich

Durch die Münzreformen des Omayyaden ᶜAbdalmalik wurde 693–698 die zuvor in Gestaltung und Nominalsystem byz. und sasanid. Gegebenheiten fortführende Münzprägung vereinheitlicht und in der Gestaltung islamisiert. Anstelle des →Solidus trat der →Dīnār im Gewicht eines Miṯqāl zu 4,25 g Gold. Die aus ö. Tradition kommende silberne Drachme wurde als →Dirham zunächst mit 2,86 g, nach der Mitte des 8. Jh. mit 7/10 Miṯqāl (= 2,97 g) ausgeprägt. Da Miṯqāl und Dirham zugleich die wichtigsten Feingewichte der Gewichtssysteme der islam. Welt waren, berührten die meisten Änderungen des Münzfußes im Verlauf der ma. Münzgesch. nicht das Rauhgewicht der M.n, sondern nur den Feingehalt. Stark schwankende Gewichte hatten dagegen die als Scheidem.n mit period. Verrufungen ausgebrachten Kupferm.n, Fals (vom spätröm./byz. Follis abgeleitet; →Währung). Seit der Reform von 696–698 waren die M.n, bei gelegentl. Ausnahmen in Kupfer, bildlos und rein epigraphisch. Die Aufschriften enthielten die wichtigsten islam. Glaubenssätze, Prägedatum und die Münzstättenangabe. Während die Prägungen der Omayyadenzeit anonym sind, finden sich auf frühen abbasid. M.n in der 2. Hälfte des 8. Jh. vielfältige Herrscher- und Beamtennamen. Seit 833/834 ist das Recht der Namensnennung auf den M.n in Übereinstimmung mit dem freitägl. Kanzelgebet (ḫuṭba) zum Herrschaftsbeweis geworden. Mit der Ausweitung des Lehnswesens treten im 10.–12. Jh. mehrere hierarch. gestufte Namensnennungen (bis zu sechs auf einer M.) auf. Erst nach dem Ende des Abbasidenkalifats v. Bagdad (1256) wurden die mehrfachen Namensnennungen seltener. Abhängige Fs.en übten fortan die Münzhoheit nicht mehr im eigenen Namen aus. Die religiösen Aufschriften dienten zur Kennzeichnung der herrschenden Richtung des Islams. Sie wurden im osman. Sultanat seit dem späten 14. Jh. fortgelassen, blieben aber in anderen islam. Staaten bis ins 18. Jh. wesentl. Bestandteil der Münzgestaltung. Gold- und Silberm.n hatten immer ein fluktuierendes Wertverhältnis, das von der schwankenden Gold-Silber-Relation (zumeist zw. 1:10 und 1:15) abhängig war. In der Praxis gab es in den ersten Jahrhunderten nur im jeweiligen Zentrum des Kalifats (Syrien und Irak) ein Nebeneinander von Gold und Silber, während in Spanien, Nordafrika, im Yemen und im irak. Osten mit Zentralasien die Silberwährung vorherrschte, dagegen in Ägypten das Gold. Im Verlauf des 9. Jh. wurde die Goldprägung weithin verbreitet. Kupferm.n verschwanden nach der Mitte des 9. Jh. im Münzsystem (Ausnahme: Levanteküste und Zentralasien). Etwa gleichzeitig verloren die Edelmetallm.n im islam. Osten ihre Gewichtsnormierung, und die Zahlung durch Zuwiegen mit zerbrochenen M.n wurde üblich. Im späten 10. Jh. entstanden regionale Währungen. Von überregionaler Bedeutung blieben die guthaltigen Nīšāpūrer Dīnāre (aus Nīšāpūr, Ostiran, unter Sāmāniden und Groß-Salǧūqen geprägt) und die »Maġribī Dīnāre« der Fāṭimiden im 10.–12. Jh., dann im 12. Jh. die almoravid. Dīnāre (im christl. Europa →Marabotini). Die regionalen Dirhamarten wurden im 11. Jh. alle zunehmend mit Kupfer legiert (»schwarzer Dirham«) und, zumindest in Syrien, period. Münzverrufungen unterworfen. Im 12. Jh. nahmen infolge der Kreuzzüge erstmals europ. M.n (Pfennige von Lucca und Valence) eine dominante Position im Münzumlauf Syriens ein. Unter dem Einfluß byz. Kupferprägungen, die nach dem Verlust des byz. Ostens (1072) im ganzen Nahen Osten umliefen, setzte seit der Mitte des 12. Jh. eine neue islam. Kupfermünzprägung ein, z. T. mit antikisierenden Bildern, mit der vom Yemen ausgehend (seit 1161) über Syrien (1175/76) die Wiedereinführung guthaltiger Silberm.n des klass. Gewichtsstandards einherging. Im späten MA dominierte in Anatolien, im Irak und Iran unter mongol. Herrschaft das Silber, wobei der mongol. Barrenwährung (mong. *bāliš*, arab. *ṣawm*, it. *sommo*) bislang nur literar. nachweisbar ist. L. Ilisch

Lit.: Zusammenhängende Darst. fehlt. – P. Balog, Hist. of the Dirham in Egypt 968–1517 AD, RNum 6 sér., 3, 1961, 109–146 – G. C. Miles, Numismatics (The Cambridge Hist. of Iran, IV, hg. R. N. Frye, 1975), 364–377 – M. Bates, Hist., Geography and Numismatics in the first Century of Islamic Coinage, Schweizer. Numismat. Rundschau 65, 1986, 231–261 – Ders., Crusader Coinage with Arabic Inscriptions (K. M. Setton, A Hist. of the Crusades VI, 1989), 421–476.

Münzenberg, Burg auf dem Basaltklotz M. in der →Wetterau, durch teils verdoppelte Ringmauer umschlossen; darin auf der S-Seite roman. Burg, wohl 1165 bezugsfertig (Cuno v. M.). In der Buckelsteinringmauer folgt nach dem Burgtor mit Kapelle der Doppelpalas mit Arkaden- und Doppelfenstern, Freitreppe vom ersten Geschoß zum Burghof, darunter Kellerräume; darüber Wohngeschoß (→Kemenate) und dann Saalgeschoß. An das Tor schließen Wirtschaftsräume an, dann folgt der runde →Bergfried. Auf der Gegenseite waren Fachwerkbauten, die für den got. Palas ähnlicher Disposition nach der Erbteilung der Burg abgerissen wurden. Runder, schlanker Bergfried auf der W-Spitze. H. Hinz

Lit.: G. Dehio–E. Gall, Hb. der dt. Kunstdenkmäler, Südl. Hessen, 1950 – G. Binding, Burg M., 1963.

Münzerhausgenossen (= zum Münzhaus gehörende Genossen). Die Hausgenossenschaft ist eine zur 2. Hälfte des 12. Jh. meist in Bf.sstädten aufkommende Organisationsform. Sie wurzelt im öffentl.-rechtl. officium von →Münze und Münzpolizei sowie im kaufmänn. betriebenen, zunftartig behaupteten Geldwechsel, aus dem der Münzstätte Prägemetall beschafft und vorfinanziert wurde. Die dem Patriziat zugewandte und sich durch Wahl, Vererbung oder Kauf selbstergänzende Korporation übernahm Leitung und Verwaltung der Münze, seltener den techn. Betrieb. Rechte und Aufgaben variierten örtl.; die oft durch Satzung festgelegte Zahl der Hausgenossen lag zw. sieben (Weißenburg) und 436 (Straßburg 1283). M. sind nachzuweisen für Augsburg, Bamberg, Basel, Erfurt, Goslar, Graz, Köln, Krems, Mainz, Öhringen, Passau, Regensburg, Speyer, Straßburg, Trier, Weißenburg, Wien und Worms. Die Rechte waren nach Einstellung des eigtl. Münzbetriebs weiterführbar und anderen Orts einsetzbar: Die Kölner Hausgenossen übernahmen 1342 aufgrund ihrer Wechselrechte Aufsicht, Finanzierung und Absatz der ebfl. Prägung zu Deutz, nachdem die Münzstätte in Köln seit Beginn des Jahrhunderts ruhte. Die Rechtsbestätigung v. 1368 nahm bereits Rücksicht auf die Satzungen der Stadt Köln und zeigt den allg. Bedeutungsschwund der Hausgenossenschaft im SpätMA. Ihre Rolle bei der Metallbeschaffung ging mit der gesteigerten Silberproduktion im 15. Jh. und neuen Finanzierungsformen zurück, die Handelshäuser wie →Fugger und →Welser entwickelten. N. Klüßendorf

Lit.: W. Jesse, Die dt. M., NumZ 63, 1930, 47–91 [Lit.] – G. Wagner, Münzwesen und Hausgenossen in Speyer (Veröff. der Pfälz. Ges. zur Förderung der Wiss. 17, 1931) – H. Laubenstein, Die Entwicklung des Münzwesens und der Hausgenossen des Ebm.s sowie der Stadt Mainz vom 10.–15. Jh. [Diss. masch. Mainz 1954] – W. Jesse, Probleme und Aufgaben der Münzmeisterforsch., HBNum 9/10, 1955/56, 31–60 – M. Alioth, Gruppen an der Macht (Basler Beitr. zur Gesch.wiss. 156, 1988), 94–116, 528–543 – H. Emmerich, Die Regensburger Hausgenossenschaft im 13. und 14. Jh. (Verhandl. des Hist. Ver. der Oberpfalz, Regensburg 130, 1990), 7–170 [Lit.].

Münzfälschung →Falschmünzerei

Münzfunde. Unter den archäolog. Entdeckungen aus Metall stellen →Münzen die größte Gruppe dar. Wie in der Antike, so lassen sich auch für das MA folgende Gattungen von M.n unterscheiden: 1. die Schatzfunde, 2. die Einzelfunde, 3. die Grabfunde, 4. die Votivfunde. 1. Ein Münzschatzfund meint in der Regel eine Mehrzahl von Münzen, wenigstens drei. 2. Einzelfunde (dem Terminus ist gegenüber der Bezeichnung »Streufund« der Vorzug zu geben) sind singulär ans Tageslicht gekommene Münzen. Diese können aus Siedlungen (Städten, Dörfern, Weilern, Wüstungen, Pfalzen usw.), militär. Anlagen (Burgen, Schanzen, Landwehren usw.) oder sakralen Einrichtungen (Kapellen, Kirchen, Klöstern usw.) stammen. 3. Als Grabfunde pflegt man Münzen zu bezeichnen, die aus sepulkralen Zusammenhängen (Grablegen, Sarkophagen usw.) herrühren. Sie treten zumeist als Einzelstücke (Charonsmünze, Obolos, Totenpfennig) am Corpus des Bestatteten auf. Es ist mögl., daß bei Grabfunden auch Börseninhalte oder einstige Barschaften vorliegen, die am oder im Gewand nicht näher untersuchter Toter verblieben waren (z. B. bei Pest- oder Leprosenopfern usw. sowie bei Gefallenen oder Hingerichteten). 4. Unter Votivfunden (Weihemünzen) werden solche Geldstücke verstanden, von denen sich die ihre. Eigentümer/Besitzer freiwillig und für immer getrennt haben, d. h. in Gewässer (Flüsse/Furten, Quellen, Brunnen) gespendete bzw. bei Errichtung von Bauwerken geopferte oder in sakralem Ambiente geweihte Münzen. Anders als bei der bekannten Bestattung des merow. Kg.s Childerich I. († 482; →Childerichgrab) kommt den Goldmünzen aus der kgl. Geldtasche der berühmten Bootsgrabes v. →Sutton Hoo (Suffolk/England) entscheidende Bedeutung zu. Sie bieten mit der Datierung um ca. 625/630 einen terminus post quem für die Grabanlage. Merowingerzeitl. Schatzfunde mit Monetar-Prägungen wie z. B. die von Escharen (Niederlande) um 600 oder →Crondall (Gft. Hampshire/England) um 645 oder neuerdings der (die) Hort(e) v. Remmerden (Gem. Rhenen/Niederlande), bestehend aus Drittelsolidi-Stücken und Sceattas, sind einerseits Belege für die Zersplitterung polit. Macht, andererseits konkrete Hinweise auf Zentralorte, wirtschaftl. potente Regionen und weitreichende Handelsbeziehungen im FrühMA. Nach dem Übergang zur Silberwährung um 751 spiegelt sich die Münzreform Karls d. Gr. v. 793/794 auch in Schatzfunden wider, wie beispielsweise dem v. Ilanz (Kanton Graubünden). Der karol. Münzschatzfund v. Pilligerheck (Krs. Mayen-Koblenz) hat über 1500 Silbermünzen (→Denare/→Pfennige) enthalten und gilt damit als eine der wichtigsten Q. für Münzprägung und Geldumlauf im 9. Jh. Das sonst vergleichsweise bescheidene Fundaufkommen in dieser Zeit im dt. Bereich ist kaum primär auslieferungs- oder forschungsbedingt. Friesland mit →Dorestad (und neuerdings dem Schatzfund v. Tzumarum mit mehr als 2000 Denaren) erweist sich dagegen als reiche Fundlandschaft, eine Erscheinung, die nicht etwa durch den extensiven Landesausbau (Düngergewinnung/Terpen) erklärt werden kann. Eine Deutung dürfte wirtschaftl. Wohlstand durch aktive Kaufleute und spezielle Speditionsaufgaben sein. Die Konkurrenz im N und O und gleichfalls die allg. Unsicherheit sind an den zahlreichen Depots arab. Silbermünzen (→Dirhams) abzulesen. Im W wird die Kontinuität von Verkehrswegen wie der Mosel oder dem Maastal sowie von Münz- und Zollstätten durch Schatzfunde mit Prägungen der Hafen- und Stapelplätze gesichert. Die riesige Menge dt. Münzen in Schatzfunden Skandinaviens, Polens, der balt. Staaten und Rußlands ist characterist. für das 10. bis frühe 12. Jh., eine Epoche, die man auch als die des »Fernhandelsdenars« bezeichnet hat. Die Ursachen für dieses Phänomen der Thesaurierung sind zweifellos vielfältiger Art. Eine gute Durchmischung vieler Horte belegt nicht nur die Entfernung von den Prägestätten, sondern deutet auch daraufhin, daß die Münzen dort ebenfalls Geldfunktion besaßen und als Zahlungsmittel dienten. Ihr Export ist ohne Handelsbeziehungen nicht denkbar, auch wenn die Waren in vielen Fällen sich noch nicht konkret fassen lassen. In den Einzel- und Schatzfunden der »Periode der regionalen Pfennigmünze« (ca. 1125–1330) tritt eine weitere Zunahme von Münzherrschaften und -stätten sowie territorialen Schwerpunkten auf. In der Archäologie des MA haben Münzschatzfunde eine große Bedeutung für die Datierung von →Keramik. Nach dem Aufkommen von Großsilbermünzen (→Turnosen und →Groschen-Typen) und Goldprägungen (Florene, →Gulden) im 13. und 14. Jh., wodurch u.a. die Kapitalbildung erleichtert wurde, kommt es immer noch zum Deponieren wertvoller Schätze im Boden, speziell in den Städten. Gelegentl. kann eine Reihe gleichzeitiger Münzschatzfunde mit bestimmten histor. Begebenheiten krieger. Art verknüpft werden. Nach dem Anwachsen schriftl. Überlieferung im späteren MA kommt dem M. en nicht mehr die Aussagekraft für die Gesch.swiss. zu, die sie vordem hatten. Während früher Einzelfunde von Münzen von der Forsch. bisweilen überbewertet worden sind, später dann in ihrem Q.wert geringer eingestuft wurden als die Schatzfunde, ist man heute angesichts der rapiden Zunahme von Einzelfunden aus Stadtkernuntersuchungen und archäolog. Untersuchungen, Sanierungen und Kirchengrabungen sowie in Anbetracht des international hohen Fundaufkommens und der rascheren Möglichkeit systemat. Erfassung und statist. EDV-Verarbeitung zu einer angemesseneren Beurteilung der Einzelfunde als Q. der Numismatik und Siedlungsgesch. gelangt.

V. Zedelius

Lit.: A. Luschin v. Ebengreuth, Allg. Münzkunde und Geldgesch. des MA und der Neueren Zeit, 1926² [Neudr. 1973] – Wb. der Münzkunde, hg. F. v. Schrötter, 1930, 416ff. – J. Werner, Münzdatierte austras. Grabfunde, 1935 – B. Thordemann, Coin finds in Sweden: Legislation and Organization (Transactions of the Int. Num. Congr., 1936), 320ff. – W. Hävernick, Die ma. M. in Thüringen, 1955 – J.D.A. Thompson, Inventory of Brit. Coin Hoards, A.D. 600–1500, 1956 – P. Berghaus, Die ostfries. M., Fries. Jb., 1958, 9ff. – J. Lafaurie, Le trésor d'Escharen (Pays-Bays), RNum 6, 2, 1959–60, 153 ff. – Moneta e Scambi (8. Kongr. der Sett.cent.it., 1961) [Lit.] – P. Berghaus, Der ma. Goldschatzfund aus Limburg/Lahn, NassA 72, 1961, 31 ff. – R. Kiersnowski, Coin finds and the Problem of Money hoarding in Early Medieval Poland, Polish Numismatic News, 1961, 35 ff. – M. Czapkiewicz u.a., Skarb Monet Arabskich z Klukowicz Powiat Siemiatyczne, 1964 – H.H. Völckers, Karol. M. der Frühzeit (751–800), 1965 – P. Grierson, The Interpretation of Coin finds (Numismatic Chronicle 1965, I–XIII; I–XV, 1966) – H.E. van Gelder–J.S. Boersma, Munten in Muntvondsten, 1967 – E. Kolnikova, Obolus mrtvych vo vcasnostredovekych hroboch na Slovensku, SlovArch 15, 1, 1967, 189ff. – J.P.C. Kent, The Date of the Sutton Hoo Hoard (The Sutton Hoo Ship-Burial, hg. R. Bruce-Mitford, I, 1975), 588ff. – V.M. Potin, Systematisierung der M. und ihre Bedeutung für die numismat. Forsch. (Actes du 8ᵉ Congr. Int. de Num., 1973, 1976), 13ff. – X. Barral i Altet, La Circulation des Monnaies Suèves et Visigothiques, 1976 – P. Berghaus, Die frühma. Numismatik als Q. der Wirtschaftsgesch. (VuF 22, 1979), 411ff. – Unters. zu Handel und Verkehr der vor- und frühgeschichtl. Zeit in Mittel- und Nordeuropa, hg. H. Jankuhn u.a., T. III, 1985; T. IV, 1987 [Lit.] – W. Hävernick, Die dt. Münzfunde der Zeit von 750 bis 1815. Der Fundkat. MA/NZ der Numismat. Komm. der Länder in der BRD, 1986² – P. Grierson–M. Blackburn, Medieval European Coinage, 1986 [Lit.] – U. Klein, Die nichtdt. Münzen des »Barbarossa-Funds«, Schweiz. Numismat. Rundschau 66, 1987, 193 ff. – N. Klüssendorf, Der Münzschatz v. Niederhone und die hess.-kasselsche Denkmalpflegeordnung v. 1780, 1987.

Münzfuß, die von einem Münzberechtigten ausgehende Festsetzung, wieviel Münzstücke aus einer Gewichtseinheit Metall, das Feinmetall sein kann, gewöhnl. jedoch eine im voraus bestimmte Metallmischung ist, ausgebracht werden sollen (Schrot/Gewicht und Korn/→Feingehalt). In Verträgen mit Münzmeistern wird der M. seit dem 13. Jh. exakt festgelegt. Zuvor waren dt. Münzen aus Feinsilber ausgebracht, der M. nur auf das Gewicht bezogen worden. In Frankreich setzte die Verschlechterung der Legierung schon seit dem 10. Jh. ein.

P. Berghaus

Lit.: W. Jesse, Q. buch zur Münz- und Geldgesch. des MA, 1924, 47f. – A. Luschin v. Ebengreuth, Allg. Münzkunde und Geldgesch. des MA und der Neueren Zeit, 1926², 197–206 – F. v. Schroetter, Wb. der Münzkunde, 1932, 418.

Münzrecht, das Recht der Ausübung einer Münzprägung aufgrund einer M.sverleihung durch die Staatsgewalt (z.B. den Kg.), die über die Münzhoheit verfügte. Es kam auch zur Usurpation des M.s, d.h. der Aneignung des M.s ohne ausdrückl. M.sverleihung durch die Staatsgewalt. Zum Münzregal, dem Recht der Bestimmung über →Währung und Münzherstellung sowie insbes. des Anspruchs auf den Münznutzen (Münzgewinn), vgl. →Regalien.

Bis zum Untergang des röm. Reiches stand die Münzhoheit ausschließl. dem Ks. zu. In den germ. Reichen der Völkerwanderungszeit wagte man nur zögernd, den Anspruch des byz. Ks.s zu übergehen und den eigenen Namen auf Münzen zu setzen (erstmals Kg. Theudebert I. v. Austrasien 534–548). Nach einer Phase der Zersplitterung des M.s gelang den Karolingern die Konzentration des M.s beim Kg. Das Prinzip wurde erstmals unter Ludwig d. Fr. 833 (M.sverleihung an das Kl. →Corvey) durchbrochen, gefolgt von weiteren M.verleihungen an Fs.en in Dtl., bes. im 10./11. Jh. (Echtheit der Verleihungen neuerdings angezweifelt). In der Regel war das M. mit der Verleihung von Markt-, Wechsel- und Zollrecht (→Markt, →Zoll) verbunden. Bei dem Besuch einer Stadt war dem Kg. freilich die Münze »ledig« (Sachsenspiegel). M.sverleihungen lassen sich in Dtl. bis zum SpätMA, insbes. unter Karl IV., verfolgen. Seit dem 12., bes. aber seit dem 13. Jh. beanspruchten Hzg.e (z.B. der Ebf. v. Köln als Hzg. v. Westfalen) in ihrem Bereich Anteile am M. kleinerer Herren. Für die Prägung v. Goldmünzen (1340 Lübeck), Turnosen (→Groschen; 1328 Gf. v. Berg für Wipperfürth) und →Heller (1362 Breslau) wurde in Dtl. ein eigenes M. verliehen. Ähnliche Entwicklungen vollzogen sich in Frankreich, wo sich die kgl. Münzhoheit seit dem 13. Jh. regenerierte, und in Italien, wo das M. erst seit dem 12. Jh. an nordit. Städte verliehen wurde. In England, Dänemark, Schweden, Norwegen, Polen, Böhmen und Ungarn bestand eine kgl. Münzhoheit seit dem 10. Jh. M.sverleihungen an dt. Städte erfolgten seit dem 13. Jh. (1226 Lübeck), bes. seit dem 14. Jh. Viele dt. Städte bemühten sich angesichts der →Münzverrufungen durch die Münzherren, Einfluß auf die Münzprägung zu gewinnen, und strebten ein eigenes M. an, das sie im Laufe des

13.–15. Jh. durch Verleihung, Verpfändung oder Verkauf erhielten. P. Berghaus

Lit.: A. Luschin v. Ebengreuth, Allg. Münzkunde und Geldgesch. des MA und der Neueren Zeit, 1926², 235–275 – F. v. Schroetter, Wb. der Münzkunde, 1932, 430–435 – A. Suhle, Das M. des dt. Kg.s in Bf.sstädten (Fschr. P. E. Schramm, 1964), 280–288 – P. Berghaus, Die Münzpolitik der dt. Städte im MA (Finances et comptabilité urbaines du XIIIᵉ au XVIᵉ s., 1964), 75–84 – P. Volz, Kgl. Münzhoheit und Münzprivilegien im karol. Reich..., 1967 – R. Kaiser, Münzprivilegien und bfl. Münzprägung in Frankreich, Dtl. und Burgund im 9.–12. Jh., VSWG 63, 1976, 289–338 – F. Hardt-Friedrichs, Markt, Münze und Zoll im ostfrk. Reich bis zum Ende der Ottonen, BDLG 116, 1980, 1–31 – N. Kamp, Probleme des M.s und der Münzprägung in sal. Zeit (Beitr. zum ma. Städtewesen A, 11, 1982), 94–110 – B. Kluge, Dt. Münzgesch. von der späten Karolingerzeit bis zum Ende der Salier, 1991, 101–104 – W. Hahn, Numismat.-rechtshist. Betrachtungen zur Gesch. der bayer. Bf.e, Berliner Numismat. Forsch. 5, 1991, 13–22.

Münzschmuck → Schmuckmünzen

Münztechnik. Münzen sind im MA nur selten durch Guß (bes. Fälschungen, →Falschmünzerei), in der Regel durch Prägung hergestellt worden. Hierfür sind drei Arbeitsgänge erforderl.: 1. Die Vorbereitung des für die Prägung vorgesehenen Metalls und die Herstellung der →Schrötlinge (frz. *flan*), die entweder einzeln oder in Streifen gegossen oder aus platt gehämmerten Zainen ausgeschnitten wurden. Zur Säuberung der Oberfläche wurden die Schrötlinge, nachdem sie justiert worden waren, einem Bad in einer schwachen Säure unterzogen. Die vierkantige Aufhämmerung des Schrötlings zur Mitte hin (Vierschlag) war im 11. Jh. in Oberlothringen, im 12./13. Jh. in Schwaben, Bayern und Österreich gebräuchl. – 2. Die zylindr., aus gehärtetem Eisen (selten aus Bronze) hergestellten Stempel (frz. *coin*, engl. *die*) erhielten an einer geglätteten Kopfseite, z. T. nach Vorzeichnungen, durch den Stempelschneider in vertiefter, spiegelverkehrter Gravur das beabsichtigte →Münzbild mit Umschrift. Seit dem SpätMA wurden für diesen Arbeitsgang auch Punzen verwandt. – 3. Prägevorgang (Hammerprägung): Bei zweiseitigen Münzen erfolgte die Prägung mit einem losen Oberstempel (dt. Eisen, frz. *trousseau*, engl. *trussel*) und dem mit einem dornartigen Ende versehenen und damit in einen Amboß eingelassenen Unterstempel (dt. Stock, frz., engl. *pile*). Auf den festen Unterstempel wurde der zu beprägende Schrötling gelegt, darauf der lose Oberstempel gesetzt, der direkt von oben einen oder mehrere Hammerschläge erhielt; dadurch wurde der Münze beiderseits das Münzbild aufgeprägt. Gelegentl. waren Ober- und Unterstempel zur Vermeidung von Prägefehlern und zur festen Winkelstellung zueinander mit entsprechenden Einrastungen versehen. Die Stempelstellung (engl. *die axis*) in fester Position, u. a. bei karol., ferner ags. und bayer. Münzen des 10./11. Jh. nachgewiesen, ist ein wesentl. Faktor bei der Beurteilung ma. Münzserien. Durch den direkten Schlag verschliß sich der Oberstempel eher als der Unterstempel, aus dem ca. 10000 Münzen geschlagen werden konnten (Verhältnis zw. Ober- und Unterstempelzahl ca. 3 : 1); es entstanden Stempeleinbrüche und Risse. Daraus entwickelte sich seit 1878 als wesentl. Methode der Numismatik die Stempelmethode, die durch die Beobachtung der Stempel entscheidend zur Lokalisierung, Chronologie, Datierung und Prägemengenermittlung ma. Münzserien beiträgt. Prägefehler: →Doppelschlag, Hohlschlag (engl. *brockage*, beim vorherigen Prägeschlag ist die Münze im Stempel hängengeblieben, sie wirkt beim nächsten Schlag einseitig hohl wie ein Stempel); es begegnen auch reparierte und um- oder nachgravierte Stempel. – Prägung einseitiger Münzen (→Brakteat, →Hohlpfennig): Die Prägung mit Oberstempel erfolgte auf weicher Unterlage (Blei, Leder, Pech, Filz) in Schweden (→Lödöse) und SW-Deutschland, die Prägung mit Unterstempel anfangs nach Art des Pressens im Gesenke (→Theophilus Presbyter) durch Auflage eines Bleistreifens und mit Hammerschlag. Später wurden die Hohlpfennige mit aufgesetzter Prägehülse (gefüttert mit Holz, Blei, Leder oder Filz) geprägt, die →Schüsselpfennige mit Prägestößel, die →Hohlringheller mit Prägekappe. Seit der 2. Hälfte des 16. Jh. kommen Prägemaschinen auf. P. Berghaus

Lit.: A. Luschin v. Ebengreuth, Allg. Münzkunde und Geldgesch. des MA und der Neueren Zeit, 1926², 77–93 – P. Grierson, Numismatics, 1975, 94–123 – R. Göbl, Numismatik, 1987, 37–43 – W. Kühn, Sind die Dünnpfennige die Vorstufe der Brakteaten? (Geldgeschichtl. Nachrichten, 1988), 51–58 – D. R. Cooper, The Art and Craft of Coinmaking, 1988 – W. Kühn, Die Prägekappe, ein bisher unbekanntes Werkzeug zur Herstellung von Hohlmünzen (Geldgeschichtl. Nachrichten, 1990), 182–191 – C. Morrisson, La numismatique, 1992, 58–75.

Münzverein. Angesichts der unübersehbaren Münzzersplitterung im späteren MA trafen dt. Fs.en wie auch Städte seit dem 13. Jh. untereinander Absprachen zur Prägung von Münzen gleichen Wertes und Typs, vgl. 1222 Vertrag des Ebf.s v. Salzburg mit dem Hzg. v. Österreich, 1268 mit dem Hzg. v. Kärnten zur Prägung v. →Friesachern; 1255 Münzbund Lübeck–Hamburg. Die Blütezeit dt. M.e war das 14. Jh.: 1332 Münzbündnis Nordhausen-Ellrich; 1373/79 Wend. M. (bis nach 1570); 1377 Oberrhein. Münzbund (1387 mit 74 Münzstätten), daraus der →Rappenmünzbund 1403 (bis 1584); 1377/90 Frk. Münzvereinigungen; 1382 Absprache niedersächs. Städte über eine gemeinsame Barrenwährung (→Barren); 1386 Rhein. M. (bis 1537); 1396 Schwäb. M.; 1423 Vertrag v. Riedlingen der Bodenseestädte; 1430 Münzvertrag zw. dem Gf.en v. Kleve-Mark und Dortmund; seit 1450 Münzbündnisse schles. Fs.en und Städte; 1479/88 Münzbündnis ndl. Städte; 1488/89 Westfäl. Münzkongreß. Bes. der Rhein. M., ursprgl. von den vier rhein. Kfs.en geschlossen, später um weitere Mitglieder erweitert, hat v. a. mit seinen →Goldgulden das spätma. dt. Münz- und Geldwesen bestimmt. P. Berghaus

Lit.: H. Enno van Gelder, Münzvalvation in Deventer und Dortmund 1488/89, Dona Numismatica (Fschr. W. Hävernick, 1965), 281–300 – W. Hess, Das rhein. Münzwesen im 14. Jh. und die Entstehung des Kurrhein. M.s (Der dt. Territorialstaat I, 1970), 257–323 – C. v. Looz-Corswarem, Der Westfäl. Münzkongreß zu Dortmund in den Jahren 1488 und 1489 (Beitr. zur Gesch. Dortmunds und der Gft. Mark 73, 1981), 243–279.

Münzverrufung, die vom Münzherrn ausgenutzte Möglichkeit des Münzregals (→Regalien), period. eigene Münzen außer Kurs zu setzen und die Annahme der neuen Münze zu erzwingen, verbunden mit entsprechendem Münzbildwechsel und Wechselzwang auf dem Markt, in der Regel gegen ein Aufgeld, das zw. 10% und 25% betrug. Die M. ist erstmals auf ags. Münzen des 10. Jh. erkennbar, als die neuen Münztypen im Abstand von jeweils sechs Jahren verrufen wurden. Überhand nahm die M. im 12./13. Jh. in den Regionen des leichten Pfennigs (→Brakteat) in Dtl., aber auch in Böhmen, Polen, Ungarn und Dänemark. In Niedersachsen, Ostfalen, Sachsen, Schlesien, Thüringen, Hessen und Schwaben fand die M. in der Regel zweimal jährl., aber auch häufiger (1255 Merseburg sechsmal) statt und führte zu einer Vielzahl von deutl. unterscheidbaren →Münzbildern, zugleich aber auch zu einer schweren finanziellen Belastung der Marktbesucher. Die Städte strebten deshalb die Übernahme der Münzprägung durch Verpfändung oder Kauf oder wenigstens den Verzicht des Münzherrn auf die M. gegen eine Ablösesumme (→Ewiger Pfennig) an. In der Normandie und in England wurde der Verzicht des Münzherrn auf die M. durch eine Herdsteuer (→Monetagium) ausgeglichen. Im Rheinland und in Westfalen war die M. auf Regierungswechsel und Romfahrt beschränkt.

P. Berghaus

Lit.: A. LUSCHIN V. EBENGREUTH, Allg. Münzkunde u. Geldgesch. des MA und der Neueren Zeit, 1926², 260–266 – W. HÄVERNICK, M.en in Westdtl. im 12. und 13. Jh., VSWG 24, 1931, 129–141 – F. V. SCHROETTER, Wb. der Münzkunde, 1932, 440–442 – H.-W. NICKLIS, Geldgeschichtl. Probleme des 12. und 13. Jh. im Spiegel zeitgenöss. Geschschreibung, 1983, 34f. – P. GRIERSON, Coins of Medieval Europe, 1991.

Münzwesen → Münze, Münzwesen

Muqaddasī → Geographie

Muqataʿa, Einkommensquelle, dem osman. Staat oder einer religiösen Stiftung zugeordnet. Die entsprechenden Steuern wurden von einem besoldeten Angestellten *(emin)* oder von einem Steuerpächter *(mültezim)* eingezogen. Steuerpachten wurden meist nach Versteigerung auf drei Jahre vergeben; wenn im Verlauf dieser Frist der Staat bzw. die Stiftung ein besseres Angebot erhielt, mußte der Pächter entweder seine Pacht abgeben oder seine Zahlungen erhöhen. Für die Vermarktung der evtl. in Naturalien eingehenden Steuern war der Pächter zuständig, obwohl Lieferung von Getreide etc. Teil des Pachtvertrages bilden konnte. Pächter, die ihre Zahlungen nicht leisten konnten, wurden oft auf lange Zeit eingesperrt. Steuerpachten, im 15. und frühen 16. Jh. eher die Ausnahme, da sie eine Verbreitung der Geldwirtschaft auf dem flachen Lande voraussetzten (vgl. → timar), waren eine wichtige Quelle von Bargeld für die osman. Zentralregierung. S. Faroqhi

Lit.:L. FEKETE, Die Siyaqat-Schr. in der türk. Finanzverwaltung, 2 Bde, 1955 – H. SAHILLIOGLU, Bir mültezim zimem defterine göre XV. yüzyıl sonunda Osmanlı darbhane mukataaları. İstanbul Üniversitesi İktisat Fakültesi Mecmuası 23, 1962/63, 145–218.

Al-Muqtadir, ʿabbasid. Kalif, 908–932, folgte 13jährig seinem Bruder al-Muqtafī (902–908) auf den Thron, von dem er ein geordnetes und militär. gefestigtes Staatswesen erbte. Persönl. liebenswürdig, aber schwach, verschwendete er den Staatsschatz für Vergnügungen und konnte sich nie von der verderbl. Beeinflussung durch Mutter und Harem sowie durch ehrgeizige Wesire aus rivalisierenden Familien freimachen. Unter al-M. erschütterten Aufstände der Qarmaten (Plünderung Mekkas 926/927) und krieger. Auseinandersetzungen mit Byzanz das Reich. Daß sich al-M. dennoch an der Regierung behaupten konnte, verdankte er dem fähigen Eunuchen Muʾnis, in dessen Händen weitgehend die militär. Macht lag. Als es zum Bruch mit Muʾnis kam, wurde al-M. von dessen Soldaten erschlagen. P. Thorau

Q.: Abū ʿAlī Miskawaih, The Experiences of the Nations, hg. und übers. H. F. AMEDROZ–D. S. MARGOLIOUTH, 1 [arab.], 4 [engl.], 1920–21 – *Lit.*: EI² VII, 541 [Lit.] – H. BOWEN, The Life and Times of ʿAlī Ibn ʿĪsā, 1928 [Neudr. 1964].

Mur, katal. Adelsgeschlecht in Pallars Jussà, leitete seinen Namen von der Burg M. ab, die im Mittelpunkt der bis Ende des 15. Jh. in Familienbesitz befindl. Baronie lag. Zum Geschlecht, das vielleicht über Valencia, die Tochter des →Arnald Mir de Tost, von der gfl. Familie v. →Pallars abstammte, zählten wichtige kirchl. und weltl. Vertreter: Bernhard, Bf. v. Vic (1244–54), der in Bologna die Rechte studierte und als Freund →Raimunds v. Peñafort in den Dominikanerorden eintrat, sein Zeitgenosse, der Troubadour Guillem und Acard de M. († nach 1318), der wichtige Ämter in der Verwaltung der Krone Aragón innehatte, sowie Dalmau de M. i de Cervellò, Bf. v. Girona (1415–19), Botschafter →Alfons' I. (V. [17. A.]) in Rom (1418), Ebf. v. Tarragona (1419–31) und Zaragoza (1422–39), Kanzler der Krone Aragón (1422–39) und Förderer der Künste. Eine bewußte Heiratspolitik trug zur Vermehrung des Familienbesitzes bei, der 1392 an Lluis fiel; als Mitgift seiner Enkelin Brianda kam die Baronie an Nicolau →Carroç d'Arborea, Vizekg. v. Sardinien.

Carmen Batlle

Lit.: Gran Enc. Catalana X, 1977, 379–381 – M. RIU I RIU, Castell i Monestir de M. Noticia hist., 1975 – Els Castells Catalans, hg. P. CATALÀ I ROCA, VI/2, 1979, 1303–1318 – L. MARTÍNEZ TEIXIDOR, Les famílies nobles del Pallars en els segles XI i XII, 1991.

Murad. **1. M. I.** (Ḫüdāvendigār), osman. Herrscher 1362–1389, geb. 1326 (?), ✠ 15. Juni 1389 auf dem →Kosovo polje (nach osman. Überlieferung erst nach der Schlacht von einem serb. Adligen erstochen). M. war der 4. Sohn von Orḫān und Nilüfer, der Tochter eines Herrn aus Bithynien. Im Jugendalter Statthalter v. Bursa, führte M., zunächst noch unter dem Oberbefehl seines Bruders Süleyman (gest. 1357), die Truppen bei d. Eroberungszügen gegen →Thrakien. Nach dem Tode des Vaters (1362) inthronisiert, hatte er die konkurrierenden Brüder auszuschalten. Gegen die fortdauernden Streifzüge osman. Verbände suchte Byzanz Hilfe; 1366 eroberte Gf. →Amadeus v. Savoyen den wichtigen osman. Stützpunkt→Gallipoli. 1371 besiegte ein osman. Heer die Serben an der→Marica. Als ein osman. und ein byz. Prinz (→Andronikos [IV.]) 1373 in konzertierter Aktion gegen ihre Väter rebellierten, verbündeten sich M. und der byz. Ks. →Johannes V. gegen die Empörer. Dem von mehreren Seiten umworbenen M. gelang es, den byz. Ks., dessen Reich immer wieder von Bürgerkriegen erschüttert wurde, zu seinem tributpflichtigen Vasallen herabzustufen. Dessenungeachtet unternahm 1382 der byz. Prinz→Manuel (II.) von Thessalonike aus eine Gegenoffensive gegen die vordringenden Osmanen, die dennoch bis 1387 die Städte Makedoniens, schließlich auch Thessalonike, unter ihre Kontrolle gebracht hatten. Zugleich expandierte die osman. Macht in Anatolien (Erwerb von Territorien der →Germiyan Oğullarï durch Heirat; 1386 Unterwerfung der →Karaman Oğullarï u.a.). Die Osmanen eroberten in den 1370er Jahren das südl. →Bulgarien; der bulg. Zar→Ivan Šišman mußte sich 1388 einer gegen ihn entsandten osman. Armee als Vasall ergeben. Wichtigster Opponent des türk. Vordringens auf der Balkanhalbinsel (südl. Griechenland, Albanien, Bosnien) war →Serbien. In der großen Entscheidungsschlacht von Kosovo (1389) ließen beide Herrscher, →Lazar Hrebljanovic v. →Serbien wie M., ihr Leben; der Ausgang der Schlacht besiegelte gleichwohl die Präsenz der Osmanen auf der Balkanhalbinsel. M.s Regierung bildet die entscheidende Phase der osman. Expansion im Balkangebiet wie gegenüber den Fsm.ern Anatoliens und markiert zugleich den Übergang von einer lockeren und fast noch egalitären Stammesherrschaft zu einem fester gefügten Reichsverband. Als Bauherr ließ M. einen großen Stiftungskomplex in Bursa, Moscheen und ein Derwischkloster in den Städten Bithyniens sowie einen Komplex in Iznik (Nikaia) zu Ehren seiner Mutter errichten. C. Kafadar

Lit.: BLGS III, 245–248 – IA, s.v. – C. IMBER, The Ottoman Empire, 1300–1481, 1990.

2. M. II., osman. Herrscher 1421–51, geb. 1404, gest. 1451, ▭ Bursa, Stadtviertel Murādiyye (in der einzigen osman. Familiengrablage). Ältester Sohn →Meḥmeds I. (vor dessen Inthronisation geboren), schaltete M. zu Beginn seiner Regierung die Thronprätendenten, seinen Onkel →Muṣṭafā (Düzme) und seinen Bruder →Muṣṭafā (Küçük), aus. Obwohl nahezu alle anatol. Fsm.er unterworfen waren, bildeten die →Karaman Oġullarï, die ztw. mit den Gegnern des Osman. Reiches paktierten, auch weiterhin eine Gefahr. Die osman. Herrschaft auf der Balkanhalbinsel war von Allianzen zw. dem →Byz. Reich, →Venedig, →Ungarn und anderen Mächten bedroht. Gegen sie suchte M. das Bündnis mit den → Dulġādïr Oġullarï und mit →Genua. Die osman. Expansion in den Balkanländern wurde vorangetrieben (Griechenland, Albanien), doch vermochten sich einzelne lokale Herrscher zu halten. →Serbien und →Valachei betrieben eine Schaukelpolitik zw. den mächtigeren Osmanen und dem Kgr. Ungarn. Die Belagerungen →Konstantinopels erwiesen sich als Fehlschläge; dagegen war die Eroberung von→Thessalonike, das seit 1423 Venedig unterstand und nach achtjähriger Belagerung eingenommen wurde, ein beachtl. militär. Erfolg (1430). Mehrere in den 1430er Jahren eroberte Städte, sowohl in Serbien als auch im Fsm. Karaman, mußten nach schweren Mißerfolgen (1440 gescheiterte Belagerung von→ Belgrad) durch die Verträge von 1444 wieder abgetreten werden. Der Einfall von ung. Truppen unter Johannes →Hunyadi (1443), mit verlustreichen Kämpfen für beide Seiten, schädigte das Ansehen des Osman. Reiches; in →Albanien erhob sich seit 1443 →Georg Kastriota (Skanderbeg). M., der zugunsten seines zwölfjährigen Sohnes abgedankt hatte, übernahm auf Bitten des Sohnes und der Wesire 1444 nochmals den Oberbefehl gegen das ung. Kreuzfahrerheer unter Hunyadi, das entgegen einem Vertrag in das Reich eingedrungen war und das bei→Varna unterlag. Danach wieder von den Staatsgeschäften zurückgetreten, stand M. nach dem Janitscharenaufstand von 1446 erneut an der Spitze und schlug das valach. Heer Hunyadis in der zweiten Schlacht v. →Kosovo polje (1448). Das religiöse und geistige Leben während M.s Regierung wurde grundlegend für die entstehende osman. Kultur. Die Üç-Şerefeli-Moschee in Edirne (Adrianopel), errichtet 1438–47, war Vorläufer der großen Monumentalbaukunst des Osman. Reiches.

C. Kafadar

Lit.: BLGS III, 248–250 – IA, s.v. – H. INALCIK, Fatih devri üzerinde tetkikler ve vesikalar, 1954 – C. IMBER, The Ottoman Empire, 1300–1481, 1990.

Murbach (Vivarius peregrinorum), St. Leodegar, Abtei OSB b. Gebweiler (dép. Haut-Rhin). Um 727 gründete der erbenlose Gf. Eberhard aus der Adelsfamilie der →Etichonen auf seinem Eigengut in M. ein Mönchskl. Auf seine Veranlassung weihte der hl. →Pirmin M. und führte das mönch. Leben im Sinne der →peregrinatio ein. Während der frk. Kg. M. Immunität und freie Abtswahl verlieh, verzichtete der Bf. v. Straßburg auf alle bfl. und eigenkirchl. Rechte. Dank kgl. Rechtsverleihungen (Immunität, Zollbefreiung, Gerichtsrechte) und reicher Besitzschenkungen durch Kgtm. (→Luzern), Adel und Freie stieg M. in der Karolingerzeit zu einem bedeutenden Reichskl. auf (Gebetsverbrüderungen mit →Reichenau, →Remiremont, →St. Gallen, S. Giulia/Brescia). M.er Besitzschwerpunkte lagen im Augst-, Frick-, Sund-, Ar- und Breisgau, in Montbéliard und an der Straße zum wichtigen Juraübergang beim Hauenstein. Auswärtige Äbte und ein starkes Engagement im Reichsdienst trugen mit zum Niedergang der monast. Disziplin im 12. Jh. bei. Das 13. Jh. war in M. durch den Aufbau einer Landesherrschaft und Auseinandersetzungen mit dem Bf. v. Basel und mit den Vögten, den Gf.en v. Habsburg, geprägt. Die hohe Verschuldung zwang M. zum Verkauf der Besitzungen in der Schweiz (Luzern) und in Montbéliard. Die Reformbestrebungen unter Abt Konrad v. Widergrün (1305–34) hatten nur kurze Zeit Bestand; von der benediktin. Kl. reform des 15. Jh. wurde M. nicht erfaßt.

Von M.s Blüte als geistiges und kulturelles Zentrum im 8./9. Jh. zeugen Bibl. (Bibl. kat. des 9. Jh.) und Skriptorium. Zu seinen bedeutenden lit.-liturg. Zeugnissen gehören ahd. Glossare und Hymnen. Die in drei Hauptzweigen überlieferten M.er Annalen (708–805) besitzen für die Jahre 741–785 eigenständigen Charakter.

H. Seibert

Q.: A. BRUCKNER, Regesta Alsatiae, 496–918, 1949 – W. LENDI, Unters. zur frühalem. Annalistik. Die M.er Annalen, 1971 – K.-E. GEITH–W. BERSCHIN, Die Bibl. kat. des Kl. M. aus dem IX. Jh., ZKG 83, 1972, 61–87 – Lit.: A. GATRIO, Die Abtei M. im Elsaß, 1895 – A. BRUCKNER, Unters. zur älteren Abtreihe des Reichskl. M., Elsaß-Lothr. Jb. 16, 1937, 31–56 – G. BISCHOFF, Recherches sur la puissance temporelle de l'abbaye de M. (1229–1525), 1975 – Helvetia Sacra III/1, 2, 1986, 872–895.

Murchad mac Diarmata, ir. Kg., † 1070; Sohn des →Diarmait mac Maél na mBó aus der Dynastie der →Uí Cennselaig, kämpfte M. zw. 1040 und 1070 um die Königsherrschaft in →Leinster und die Würde des →Hochkg.s v. Irland. Durch seinen Vater war M. als Kg. der 'Wikingerstadt' →Dublin etabliert worden; dies war die notwendige Voraussetzung für die Bewerbung um die Herrschaft über Leinster. Mit Ausnahme einiger Einfälle in das Gebiet seiner nördl. Gegner, der →Uí Néill, scheint M. die Ambitionen seiner Familie jedoch nicht allzu nachhaltig verfolgt zu haben. Sein früher Tod dürfte eher auf natürl. Weise als im Kampf erfolgt sein. M. ist der »Spitzenahn« der Dynastie der Mac Murchada (Mac Murrough), deren bedeutendstes Mitglied, Diarmait mac Murchada (→Dermot mac Murrough), als Verbündeter des engl. Kg.s Heinrich II. 1169 die anglonorm. Invasion →Irlands herbeiführen sollte.

D. Ó Cróinín

Lit.: D. Ó'CORRÁIN, Ireland before the Normans, 1972, 136f.

Murcia, Stadt und ehem. Kgr. im sö. Spanien (→al-Andalus), vom Segura durchflossen, mehr als andere Teile Europas vom Gegensatz zw. bewässertem Land *(regadío)* und trockenem Gebiet *(secano)* geprägt, infolge des Halbwüstencharakters (bei starkem Relief) durch Erosion und Überschwemmungen bedroht.

[1] *Unter muslimischer Herrschaft:* Die Stadt M. wurde 825 durch den→Omayyaden ʿAbdarraḥmān II., den Emir v. →Córdoba, gegr. und erlebte eine rasche Entwicklung. Im 12. Jh. hatte sie ca. 15 000 Einw. und verfügte als eine der sieben großen Städte in al-Andalus über ein Areal von gut 40 ha. M. war Vorort der *Qurra* (Provinz) v. Tudmir, gehörte nach dem Ende des Kalifats v. Córdoba (1031) zu den Reichen der →Almoraviden und →Almohaden, um schließl. Zentr. eines Taifenreiches (→mulūk aṭ-ṭawā'if) zu werden, das unter →Ibn Mardanīš (1147–71) und Ibn Hūd al-Mutawakkil (1228–38) die mächtigste Herrschaft des muslim. Spaniens war. Neben M. selbst sind nur wenige größere Zentren der Besiedlung erkennbar, konzentrierten sich als kleine agrar. Orte (*ḥuṣūn*, 'Burgen') zumeist in den Tälern des Segura und seiner Nebenflüsse (Mula und Vinalopó); wichtigere Städte waren →Elche, →Orihuela und Alicante im O, Cartagena im S, Chinchilla im N und Lorca im W.

Seine reichen Agrarerträge verdankte M. der hochentwickelten →Bewässerung. Die größte 'Huerta' lag um die Stadt M., umfaßte im 13. Jh. ein Gebiet von rund 5600 ha, mit weitverzweigtem Kanalnetz und Schöpfwerken (→Noria), und erzeugte starke Überschüsse an Getreide (Weizen, Reis), Gemüse, Öl, Wein und Zitrusfrüchten. Um die Mitte des 13. Jh. waren die agrar. Besitzverhältnisse stark zersplittert: Zwei Drittel der Parzellen, in den

Händen schollenpflichtiger Bauern, umfaßten weniger als 1 ha; an den Rändern der Huertas lagen dagegen größere Landgüter *(rahales)* der Aristokratie. Trockenflächen *(secanos)* und Sumpfgebiete dienten der Viehhaltung, Jagd und Gewinnung bestimmter Rohstoffe (Spartgras, Soda, Honig, Wachs). Gewerbetätigkeit (Teppiche, Waffen, kostbare Woll- und Seidenstoffe, Keramikgeräte, Spartgrasfabrikate) produzierte für den Export in andere muslim. Länder, aber auch ins Abendland (meist über Cartagena). M. war ein Zentrum des geistigen Lebens; gegen Ende der muslim. Zeit lenkte gar eine »Gelehrtenrepublik«, die 1238 in Orihuela Zuflucht gefunden hatte, für einige Jahre die Geschicke M.s. Ausdruck einer verfeinerten Zivilisation war die hohe Wohnkultur (bemalte Keramik, feinziselierte Bronzen, Stuckdekor der Häuser, z. B. in dem wohlhabenden Agrarort Cieza).

[2] *Unter kastilischer und aragonesischer Herrschaft:* 1243 fielen Stadt und Reich unter das Protektorat →Kastiliens. 1264 »befreiten« sich die Muslime jedoch; in einem achtzehnmonatigen Krieg wurde die Region daraufhin der Krone Kastilien definitiv unterworfen. 1296-1304 besetzte →Jakob II. v. Aragón das Land. In den beiden Verträgen v. →Torrellas (1304) und Elche (1305) wurde eine Teilung vorgenommen: Das untere Seguratal kam an Aragón und wurde zur 'Gobernación' v. Orihuela. Der bei Kastilien verbliebene Teil bildete eine stets gefährdete Grenzmark gegen →Aragón und →Granada, mit etwa 50 km breitem »Niemandsland«. Dieser Zustand dauerte bis zur Union mit Aragón (1474) bzw. zur Conquista Granadas (1492) fort.

Nach dem Exodus eines Großteils der muslim. Bevölkerung, der nicht durch entsprechende Wiederbesiedlung mit Christen ausgeglichen wurde, trat rasch eine tiefgreifende und dauernde Entvölkerung ein. 1266-72 wurden in M.-Stadt und Orihuela enteignete muslim. Besitzungen an chr. Siedler neuverteilt, in Form kleiner Landgüter (mehrere Parzellen), deren Größe entsprechend der sozialen Kategorie der Neubesitzer variierte. Die Stadt M. wurde neugegliedert in elf Pfarreien, Juden- und Maurenviertel; die Bevölkerungszahl überschritt nie mehr 12000 Einw. Im ländl. Bereich begegnen nur wenige Dörfer und kleine Marktflecken, angelehnt an Burgen, mit riesigen Gemeindeländereien. Faktisch gehörten alle Orte zur kgl. Domäne, außer im W und im Zentralland, wo der Santiagoorden seine Jurisdiktionsrechte in den 'encomiendas' v. Segura, Socovos, Yeste, Moratella, Caravacas, Cieza, Aledo und Ricote organisierte.

Die an Selbstversorgung orientierte Wirtschaft wurde verstärkt von extensiven Wirtschaftsformen geprägt: Bienenhaltung, Sammeln (Schildläuse zur Gewinnung von Koschenillenfarbstoff), Jagd und bes. Schafweide, wobei die Stadt M. mit ihrem 'campo de Cartagena' die bevorzugte Winterweide der →Mesta (insbes. der *cañada* v. →Cuenca) bildete (→Transhumanz). Nahhandel mit Lebensmitteln dominierte; der Schmuggel blühte. Der Handel mit Exportgütern (Koschenille, 'Merino'-Wolle sowie – seit dem letzten Viertel des 15. Jh. - →Alaun aus Mazarrón) erfolgte im Austausch gegen Luxuswaren und lag in der Hand it. Kaufleute. Neben dem (subventionierten) Gewerbe der Schiffsausrüstung war die Textilfabrikation der einzige Handwerkszweig von Rang.

Ein städt. Adel reicher Grundbesitzer und Viehzüchter (→Hidalgos und Caballeros villanos), der zahlreich war (ca. 15% der Bevölkerung), über die Produktionsmittel verfügte und kgl. Privilegien empfing, monopolisierte die polit. Macht. Die wenig zahlreichen, vergleichsweise tolerant behandelten Minderheiten der Mauren und Juden betätigten sich im Handwerk (Kleiderherstellung, Metallverarbeitung) und als Ärzte.

Im 15. Jh. mehren sich die Zeichen einer Neubelebung (Wiederurbarmachung von Feldern, Anstieg der Exporte, Bautätigkeit: Alcázar, Brücke, Kathedrale in M.), doch bei weiterer Expansion der seigneurialen Macht.

D. Menjot

Lit.: Hist. de la región murciana, hg. F. Chacón, 1981, Bd III, IV – M. de los Llanos Martínez Carrillo, Revolución urbana y autoridad monárquica en M. durante la baja Edad Media (1395-1420), 1980 – M. Rodríguez Llopis, Señoríos y feudalismo en el reino de M.: Los dominios de la Orden de Santiago entre 1440 y 1515, 1988 – D. Menjot, Murcie (1243 – milieu du XVe): une ville périphérique dans la Castille du bas MA [Ed. microfiches Lille, 1991].

Murdrum, eine Geldbuße, der Wilhelm d. Eroberer bald nach seiner Thronbesteigung als Kg. v. England eine Hundertschaft (→*hundred*) verurteilte, wenn ein Normanne (oder ein Fremder) dort heimtück. ermordet worden war und der Mörder sich nicht dem Gericht stellte. Dieser Erlaß sollte die Normannen vor Anschlägen durch die besiegten Angelsachsen schützen. Die Hundertschaft, in der sich der Mord ereignet hatte, mußte eine Steuer von 46 Mark entrichten, wenn der Mörder nicht innerhalb von sieben Tagen ausgeliefert wurde. Alle auf diese Weise Getöteten galten grundsätzl. als Normannen, wenn nicht ihre engl. Herkunft bewiesen werden konnte. Das Gerichtsverfahren, das diesen Beweis erbringen sollte, hieß *presentment of Englishry*.

B. Lyon

Lit.: J. Goebel, Felony and Misdemeanor, 1937 – F. C. Hamil, Presentment of Englishry and the Murder Fine, Speculum 12, 1937, 285-298.

Muret, Schlacht v. (12. Sept. 1213). Im Verlauf der Kämpfe des Jahres 1213 (→Albigenser, II) war der militär. Führer des Kreuzzugs, Simon de →Montfort, in eine prekäre Lage geraten, die Rekrutierung von Kreuzfahrern weitgehend zum Stillstand gekommen. Auf Initiative des Kg.s v. →Aragón, →Peter II. (Jan. 1213 Verhandlungen in →Toulouse), bildete sich gegen den Kreuzzug eine »gascogn.« Partei. Um die Mitte des Jahres 1213 brach der Kg. v. Aragón in Begleitung seiner Verbündeten, →Raimund VI. v. Toulouse sowie der Gf.en v. →Comminges und →Foix, in die Gascogne auf. Simon de Montfort zog alle verfügbaren Kräfte zusammen; sein unmittelbares Ziel war der Entsatz der bedrängten Garnison von M. (dép. Haute-Garonne, ca. 20 km sw. von Toulouse). Simon versammelte am 10. Sept. bei Saverdun im Ariègetal sein Heer, das er am nächsten Morgen in drei Abteilungen gliederte. Trotz der aragones. Belagerung M.s gelangte Simon mühelos in die Stadt. Letzte Vermittlungsversuche von sieben südfrz. Bf.en wurden am Morgen des 12. Sept. von Simon, der das Signal zum Angriff geben ließ, abgebrochen. Schlachtfeld war die Ebene zw. den Flüssen Garonne und Saudrune. Auf den umliegenden Höhen waren die Verbündeten postiert; Raimund VI. hatte zudem das Schlachtfeld durch Palisaden und Wagen absperren lassen. Der Plan, den Gegner hinter diesem Schutzwall zu erwarten, wurde durchkreuzt vom Kg. v. Aragón, der sein wohl knapp 10000 Mann starkes aragon.-katal. Ritterheer im Feld vor der Saudrune aufmarschieren ließ. Simon, der nur über ca. 800 Ritter verfügte, ließ die Aragonesen durch zwei seiner Abteilungen frontal angreifen; dabei fand Kg. Peter II. den Tod. An der Spitze der dritten Abteilung umging Simon die gegner. Position; sein Angriff von der Flanke her war schlachtentscheidend und brach jeden Widerstand. Raimund VI. und seine Verbündeten fanden keine Gelegenheit mehr einzugreifen. Abgesehen von den starken Verlusten der aragon. Ritter, war die Zahl der gefallenen Adligen wohl gering; schwieriger sind die Verluste unter den Fliehenden (insbes. der Tolosaner Stadtmiliz) zu beziffern. Mit dem Recht des Eroberers nahm Simon de Montfort die Stadt M. als Seigneur in Besitz. Y. Dossat

Q. und Lit.: Pierre des Vaux-de-Cernay, Hist. Albigensis, hg. P. Guébin–E. Lyon, 1930, 138–178 (139, n. 3) – M. Dieulafoy, La bataille de M., Mém. de l'Académie des Inscriptions et Belles-Lettres 36, 2, 1901, 97–134 – P. Belperron, La Croisade contre les Albigeois, 1942, 257–282 – Ph. Wolff, Documents de l'Hist. du Languedoc, 1969, 118–124 – Ders., Hist. de Toulouse, 1974, 107–112.

Muri, Abtei OSB (Schweiz, Kt. Aargau, Diöz. Konstanz), nach den Acta Murensia (verfaßt ca. Mitte 12. Jh.) ca. 1027 als Eigenkl. der →Habsburger gegr. Ita, Gattin Gf. Ratbods, stellte ihre Morgengabe, den Ort M., für die Kl.stiftung zur Verfügung. Die Zelle wurde von Ratbod der Abtei →Einsiedeln unterstellt, woher die ersten Mönche und Pröpste kamen. 1064 Weihe der Kl.kirche durch Bf. Rumold v. Konstanz unter Gf. Werner v. Habsburg; dieser beendete durch die erste Abtwahl 1065 die Unterstellung unter Einsiedeln, kommendierte zur Durchführung der Kl.reform M. 1082 Abt Giselbert v. →St. Blasien und garantierte freie Vogtwahl. Schon 1085 wurde die Abhängigkeit von St. Blasien wieder gelöst. M. erneut zur Abtei erhoben und 1086/87 an Rom tradiert. Die Vogtei verblieb erbl. bei den Habsburgern. Die →Libertas Romana wurde 1114 von Heinrich V. bestätigt; päpstl. Bestätigungen erfolgten 1139, 1159 (erstmals mit Besitzliste), 1179, 1189. Nach dem Vorbild von St. Blasien war in M. ein Doppelkl. eingerichtet worden. Im 13. Jh. wurde die Doppelkl.organisation aufgehoben, die Frauenkommunität nach Hermetschwil (vor 1244) verlegt und als von M. abhängiges Frauenkl. konstituiert. Der umfangreiche Güterbesitz M.s mit den bedeutenden habsbg. Stiftungsgütern von M. und Hermetschwil umfaßte um die Mitte des 12. Jh. sowohl Fron- und Schweighöfe im klosternahen Gebiet von Reuss und Binz, drei Viehhöfe am Vierwaldstättersee (Küssnacht, Gersau, Buochs), schließlich Güter in Thalwil und Weinbaugüter am Oberrhein (Rouffach [Elsaß], Bellingen [Breisgau]). M. besaß auch zahlreichen Kirchenbesitz: neben M. und Hermetschwil wurden im 14. und 15. Jh. die Kirchen v. Villmergen, Sursee, Lunkhofen, Wohlen und Boswil inkorporiert. 1415 eroberten die →Eidgenossen den Aargau und verwalteten die Freien Ämter, wozu M. zählte, als Gemeine Herrschaft. 1431 stellten sie dem Kl. einen Schirmbrief aus. Ihnen unterstand wie zuvor den Hzg.en v. Österreich als Vögten die Hohe Gerichtsbarkeit, der niedergerichtl. Bereich gehörte dem Kl. E. Gilomen-Schenkel

Q.: Das Kl. M. im Kt. Aargau, hg. M. Kiem (Q. zur Schweizergesch., 3/3, 1883) [Acta Murensia, Urkk.] – Die Urkk. des Kl.archivs Hermetschwil, bearb. P. Kläui (Aargauer Urkk. 11, 1946) [Nekrolog] – Lit.: Helvetia Sacra III/1, 1986, 896–952 [M.]; 1813–1847 [Hermetschwil] – W. Rösener, Grundherrschaft im Wandel (Veröff. des Max-Planck-Inst. für Gesch. 102, 1991).

Murom, aruss. burgstädt. Anlage, wahrscheinl. von →Vladimir I. um 985 als Grenzfeste an der unteren Oka während der Auseinandersetzungen mit den →Wolgabulgaren angelegt. Nach 1054 gehörte M. zum Fsm. →Cernigov. Nach 1097 wurde das M.-Rjazan'er Land zum selbständigen Fsm. unter →Svjatoslavs jüngstem Sohn Jaroslav; 1145 wurde das Fsm. unter dessen Söhnen geteilt. →Rjazan' gewann in der Folge auf Kosten v. M. polit. wie kirchl. an Bedeutung. Durch Anerkennung der Oberhoheit der Gfs.en v. →Vladimir-Suzdal', angefangen mit →Vsevolod III., gelang es den Fs.en v. M., sich gegenüber Rjazan' zu behaupten. 1237 und mehrmals im 13. und 14. Jh. von den Tataren zerstört und von diesen stark abhängig, spielte M. kaum noch eine polit. Rolle, bis es von Oleg Rjazan' unterstellt und 1392 mit Zustimmung der →Goldenen Horde dem Moskauer Herrschaftsbereich eingegliedert wurde.

Die in den 1540er Jahren verfaßte, auf folklorist. Motiven basierende Erzählung von den frommen und gerechten M.er Herrschern Petr (identifiziert mit Fs. David v. M., † 1228?) und Fevronija hat ihre Wurzeln im 15. Jh., als man begann, das Ehepaar von Fs. und Bauerntochter als M.s Beschützer zu verehren (1547 kanonisiert). A. Poppe

Lit.: A. Ėkzempljarskij, Velikie i udel'nye knjaz'ja, II, 1891, 609–619 – A. Mongajt, M., 1947 – M. Tichomirov, Drevnerusskie goroda, 1956, 430–433 – E. Gorjunova, Ėtničeskaja istorija volgo-okskogo meždurečija, 1961, 153–183, 202–204 – R. Dmitrieva, Povest' o Petre i Fevronii, 1979 – →Rjazan'.

Muros, Diego de, * ca. 1450 in Muros (Galicien), Cée oder Noya (Galicien), † 1524 in Oviedo, studierte in Rom und wurde bei seiner Rückkehr nach Spanien Sekretär von Kard. González de →Mendoza, der ihn mit dem Rektorat des Colegio de Santa Cruz in Valladolid beauftragte. Dank González de Mendoza kam er in Verbindung mit dem Hof der →Kath. Kg.e. Er hatte mehrere kirchl. Stellen in Obeda, Jaén, Sevilla, Carmona und Santiago de Compostela inne, wo er Abt des Kl. des hl. Martin wurde und ein Spital (Hospital Real) für die Armen gründete. Zw. 1505 und 1511 wurde er Bf. v. →Mondoñedo (Galicien), danach Bf. v. →Oviedo, wo er aufgrund seiner Reformstrebungen Schwierigkeiten mit dem lokalen Adel hatte. M. mußte fliehen, kehrte aber zurück und wirkte als ein Wohltäter der Stadt. In den ersten Jahren der Regierung Kg. Karls I. (Karls V.) setzte er sich entschieden für ihn ein und kämpfte auch gegen die Ausbreitung des Luthertums im Kgr. Kastilien. J. M. Alonso-Núñez

Lit.: DHEE III, 1753 [mit Verz. seiner Schr.] – J. Eubel, Hierarchia Catholica Medii Aevi, III, 1910, 283 – J. L. Pérez de Castro, Diego de M. y su colegio de Salamanca, Compostellanum 4, 1959, 195ff. – J. García Oro, D. de M. III, 1975 – Ders., Galicia en los siglos XIV y XV, I, 1987, 469ff.

Murrhardt, OSB Kl., Diöz. Würzburg (heute: Rems-Murr-Krs., Diöz. Rottenburg-Stuttgart). Nach archäolog. Unters. hat eine Gründung des Kl. bereits im späten 8. Jh. begonnen. Hist. faßbar ist erst die vermutl. endgültige Gründung durch den Einsiedler Walterich zu Beginn des 9. Jh. Durch die Zugehörigkeit Walterichs zur Sippe der Gründer der Kl. →Ellwangen und Herbrechtingen haben hier frühe Beziehungen bestanden. Die Gründung Walterichs wurde von Ks. Ludwig d. Fr. 817 durch Schenkungen in der näheren Umgebung unterstützt, die wohl einen O-W-Verkehrsweg kontrollieren sollten. Das vermutl. im 10. Jh. reformbedürftige Kl. kam 993 an das Bm. →Würzburg. Schenkungen der Ks. Konrad II. 1027 und Heinrich III. 1054 gaben dem Kl. weitere Ausdehnung. Anfang des 12. Jh. wurden im Auftrag des Bf.s v. Würzburg Münzen im Kl. geprägt. Das im 12. Jh. anscheinend verschuldete Kl. unterstand der →Kastvogtei der Gf.en v. Wolfsölden, die um 1230 an die Gf.en v. →Löwenstein verkauft wurde. Diesen folgten 1388/95 die Gf.en v. →Württemberg, die das Kl. seit dem späten 15. Jh. landständ. machten. Neben dem Kl. entstand die nach 1280 befestigte Stadt, die kurz vor 1290 Stadtrechte erhielt. – Das Kloster M. wurde durch die Reformation in Württemberg aufgehoben. I. Eberl

Lit.: W. Störmer, Schäftlarn, M. und die Waltriche des 8. und 9. Jh., ZBLG 23, 1965, 47–81 – E. Nau, Die Barschaft der Erschlagenen, Schweizer Münzbll. 24, 1974, 87ff. – G. Fritz, Kl. M. im Früh- und HochMA, 1982 – Ders., Stadt und Kl. M. im SpätMA und in der Reformationszeit, 1990.

Murten, Schlacht bei (22. Juni 1476). Nach der Niederlage von →Grandson reorganisierte Hzg. Karl d. Kühne von Burgund in Lausanne sein Heer und legte sich auf dem neuerl. Vormarsch gegen Bern vor das durch bern. Zuzug unter Adrian v. Bubenberg verstärkte M. Am 22. Juni 1476 (»Tag der 10000 Ritter«) erfolgte der überraschende eidgenöss. Entsatzangriff und führte, nach Überwindung des zum Schutz des burg. Lagers errichteten Grünhags, durch linksseitige Umfassung zur weitgehenden Vernichtung der burg. Belagerungskontingente. Beim Vergleich zw. Organisation, Bewaffnung und Idée de manœuvre kann M. als frühe Konfrontation zw. einem modern projektierten Heer, dem burg., und dem eher altertüml. strukturierten eidgenöss. betrachtet werden.

W. Schaufelberger

Lit.: 500-Jahr-Feier der Schlacht bei M. Kolloquiumsakten, hg. vom Dt. Gesch.sforschenden Verein des Kt.s Bern, 1976.

Murviedro, Friedensvertrag v. (2. Juli 1363), zw. →Peter I. v. Kastilien und →Peter IV. v. Aragón aufgrund von Verhandlungen, die auf aragon. Seite durch den Staatsmann Bernhard II. v. →Cabrera und Alfons v. Aragón, Gf. en v. Ribagorza und Denia (→Gandía), geführt wurden, wohl unter Vermittlung Kg. →Karls II. v. Navarra. Peter I. versprach, die aragon. Infantin Johanna zu heiraten, die als (der Krone Kastilien zu unterstellende) Mitgift →Calatayud, →Tarazona und →Teruel (samt Festungen) erhalten sollte. Im Gegenzug sollte die Infantin v. Kastilien, →Isabella, den aragon. Infanten Alfons heiraten und als Mitgift →Segorbe sowie die von Kastilien besetzten Gebiete des Kgr.es →Valencia einbringen. Darüber hinaus sollte der Kg. v. Aragón den Papst anhalten, die Edikte gegen Kastilien aufzuheben und die kast. Exulanten aus seinem Reich zu verweisen. Eine Geheimvereinbarung hatte wohl die Ermordung der kast. Thronprätendeten →Heinrich (II.) v. Trastámara und →Ferdinand, Infanten v. Aragón, zum Ziel, doch nur Ferdinand sollte einem Hinterhalt zum Opfer fallen (16. Juli; Heimfall des *Marquesado* v. →Tortosa an den Kg. v. Aragón). Da die für Aragón ungünstigen Bedingungen den Widerstand des aragon.-katal. Adels hervorriefen, scheiterte dieser letzte Versuch einer friedl. Beendigung des aragon.-kast. Krieges. Einzig Heinrich v. Trastámara, der sich eines wichtigen Rivalen um die kast. Krone entledigt hatte, kann als Nutznießer gelten. L. Vones

Lit.: P. E. Russell, The English Intervention in Spain and Portugal, 1955, 29f. – Hist. de España Menéndez Pidal XIV, 1981³, 83f. – Hist. General de España y América V, 1981, 290f. – M. T. Ferrer i Mallol, La frontera meridional valenciana durant la guerra amb Castella ... (Pere el Cerimoniós: la seva època, 1989), 245–357, bes. 285ff.

Musa → Pseudo-Musa

Mūsā Çelebi, osman. Prinz, gest. 1413. Sohn des Sultans →Bāyezīd I., trat M. während des Interregnums (1402–13) nach der Schlacht v. Angora (→Ankara) als Bewerber um die Herrschaft im Reich auf. Kurze Zeit von →Timur gefangengehalten, wurde der Prinz an seinen Bruder →Meḥmed (I.) übergeben. Wohl infolge einer Abmachung zw. Meḥmed und →Mircea d. A. v. Valachei, gerichtet gegen die Aspirationen Süleymans (der das osman. Rumelien und Teile Anatoliens kontrollierte), wurde M. 1409 in die Valachei entlassen, heiratete Mirceas Tochter und eröffnete den Kampf um die Herrschaft, gestützt auf muslim. und chr. Herren. Nach einigen Niederlagen gelang es ihm, Adrianopel (Edirne) einzunehmen und Süleyman auszuschalten. M. stand in gespannten Beziehungen mit dem Fs.en v. Serbien und dem byz. Ks., der Orḫan, den Sohn Süleymans, freiließ, um den Konflikt anzuheizen. 1411 belagerte M. kurzzeitig Konstantinopel. M. verspielte durch seine unklugen Übergriffe bald die Unterstützung mächtiger rumel. Kriegsherren (Miḫaloġlu) und Repräsentanten der Bürokratie (Ibrāhīm Çandarlī). Der von Ks. Manuel erneut freigelassene Orḫan wurde im Gebiet v. Thessalonike von M. besiegt, doch marschierte Meḥmed nun mit einem neuen Heer auf, verstärkt von Truppen des byz. Ks.s, der rumel. Herren und der serb. Fs.en. M. wurde bei Sofia gefangengenommen und getötet. C. Kafadar

Q.: →Dukas – *Lit.:* IA, s.v. – C. Imber, The Ottoman Empire, 1300–1481, 1990.

Mūsā ibn Nuṣair → al-Andalus

Musaios, spätantiker Dichter, Datierung fußt auf der Sprache und bes. auf der Metrik seines kleinen Epos (340 Hexameter) »Hero und Leandros«. Die Nachahmung des Nonnos aus Panopolis, kombiniert mit den Zitaten bei Agathias und Paulos Silentiarios, machen für M. eine Lebenszeit an der Wende vom 5. zum 6. Jh. wahrscheinl. Der in frühhellenist. Zeit zurückreichende Stoff, der an den Küsten des Hellesponts spielt – Leandros schwimmt jede Nacht über die Meerenge zu seiner Geliebten Hero und ertrinkt, als einmal der Sturm das Licht auslöscht, worauf sich Hero von ihrem Turm stürzt – ist seit der Antike in zahlreichen Fassungen überliefert. Sie reichen vom Papyrusfrgm. aus dem 1. Jh. n. Chr. über die gr. und röm. Lit. der Ks.zeit (bes. Ovid, Heroides) und der Spätantike in die ma. und nz. europ. Lit. H. Hunger

Ed.: H. Färber, 1961 – K. Kost, 1971 – Th. Gelzer, 1975 [alle mit dt. bzw. engl. Übers.]. – H. Livrea, 1982 – *Lit.:* G. Schott, Hero und Leandros bei M. und Ovid [Diss. Köln 1957] – P. Eleuteri, Storia della tradizione ms. di Museo, 1981 – M. L. Nardinelli, L'esametro di Museo, Κοινωνία 9, 1985, 153–166 – O. Schönberger, Mythologie und Wirklichkeit bei M., RhM 130, 1987, 385–395 – H. Hunger, Lex. der gr. und röm. Mythologie, 1988⁸, 227f.

Muscheln, in der Antike v. a. bei Aristoteles, besser als im MA bekannte Schaltiere, als *conchae* öfter (z. B. Isidor, etym. 12,6,48) sprachl. nicht deutl. von den Schnecken (*cocleae*) unterschieden. Nach Aristoteles (animal. 8,2 p. 590a 18ff.) bei Thomas v. Cantimpré (6,53 = Albertus Magnus, animal. 24,57) leben die sessilen 'animalia testea' von dem auch im Meer angebl. vorhandenen und durch ein (nach Stückelberger, 3 1ff.) von Demokrit stammendes) Experiment mit einem Wachsgefäß nachweisbaren Süßwasser. Die nach der Kur ihrer 'Krankheit' vom Süßwasser ins Meer zurückkehrenden M. deutet Konrad v. Megenberg III. C. 20 als rückfällige Sünder. Nur wenige auffallende M.n wurden überhaupt unterschieden: Die Auster (ostrea) wird von Thomas (7,59 = Albertus, animal. 24,46) nach Jakob v. Vitry (hist. orient., c.90) nicht als Nahrung für den Menschen, sondern nur für listige Krebse erwähnt. Die angebl. Entstehung der →Perlen aus dem nächtl. Himmelstau fand ebenso wie ihre antike Bedeutung als Luxusobjekt durch Isidor (etym. 16,10,1 nach Solin) weite Verbreitung (vgl. u. a. Alexander Nekkam 2,37; Thomas 7,51). Med. Verwendung in einem Pulver mit Rosenzucker kennt das »Circa instans« (p. 75). Die räuber. Steckm. (pinna) scheint Thomas (7,61 = Albertus 24,47 mit Bestreitung der Zweigeschlechtlichkeit) nach Plinius (n. h. 9,142f.) zu beschreiben. Die damit ident. 'perna' war (Thomas 6,40 nach Adelinus = Albertus 24,48) Lieferantin des antiken Byssus (vgl. Leitner, 196). →Weichtiere. Chr. Hünemörder

Q.: →Albertus Magnus, →Alexander Neckam, →Isidor v. Sevilla, →Jakob v. Vitry, →Konrad v. Megenberg – Circa instans [Text, Komm., Diss. H. Wölfel, Berlin 1939] – Thomas Cantimpr., Lib. de nat. rerum I, ed. H. Boese, 1973 – *Lit.:* H. Leitner, Zoolog. Terminologie beim Älteren Plinius, 1972 – A. STÜCKELBERGER, Vestigia Democritea (= Schweiz. Beitr. zur Altertumswiss. 17, 1984).

Múscraige, alte ir. Stammesgruppe (→Irland), benannt nach ihrem mytholog. Vorfahren Cairpre Músc, gehörte zu der prähist. Völkerschaft der 'Éraınn' und stand in Verbindung mit den →Corcu Duibne und →Corcu Baiscind, die ihre Herkunft auf Conaire mac Etarscélai zurückführten. Die Gebiete der M. erstreckten sich in einem breiten Band vom nördl. →Tipperary (Múscraige Tíre) über das obere Tal des Lee (um Duhallow) bis ins westl. →Cork (Múscraige Mittine). Es gab wohl sechs oder sieben Kleinkgr.e der geogr. weiträumig siedelnden M.; über diesen stand ein Oberkg., der den gesamten Stammesverband bei Verhandlungen mit anderen ir. Provinzialkg.en vertrat. Das eigtl. Machtzentrum der M. lag um Mag Femen, ihr altberühmter Vorort war →Cashel; vermutl. wurden die M. aus ihrer alten Herrscherposition über →Munster im frühen 7. Jh. von den →Eóganachta verdrängt. Die M. treten im 9./10. Jh. als Herren über ihnen unterstehende Bevölkerungsgruppen *(aithech thuatha)* in Munster auf. Rechtstexte regelten die wechselseitigen Rechte und Pflichten zw. den Kg.en v. Cashel und ihren Unterworfenen in Munster, unter denen die M. eine führende Position einnahmen. D. Ó CRÓINÍN

Lit.: F. J. BYRNE, Irish Kings and High-kings, 1973, 181, 186, 197f., 204.

Muset, Colin, afrz. Dichter, war als armer Spielmann in Champagne und Lothringen ca. 1230–50 tätig. Sein Oeuvre ist wenig umfangreich; die Originaled. von J. BÉDIER (1893) umfaßt 12 Stücke, die überarbeitete Ed. von 1969 21 Stücke. M.s Chansons sind in einem ungezwungenen Grundton gehalten, was ihn von höf. geprägten Zeitgenossen wie Thibaut de Champagne (→Tedbald IV.) abgrenzt; Gegenstand ist auch nicht so sehr das höf. Leben, sondern die Freuden des Landlebens, gutes Essen, aber auch die materiellen Nöte des Dichters. Gleichwohl beruht M.s Stil auf der herkömml. höf. Topik, die er aber gelegentl. parodiert. Kennzeichnend für seine prätentiöse Diktion ist z. B. die Verwendung des Diminutivs (»une novele amorette que j'ai«, VI). Fehlt M. die Intensität seiner höf. ausgerichteten Antipoden, so kann er wegen seiner Spontaneität und seines spieler. Sinns für 'joie de vivre' als einer der originellsten lyr. Dichter des 13. Jh. gelten. P. Homan

Ed.: Les Chansons de C.M., hg. J. BÉDIER, 1969 – *Lit.:* D. FEIN, A Stylistic Analysis of the Poetry of C.M., DA 38, 1373A, 1976 – DERS., Evidence Supporting Attribution of a Satirical Song to C.M., Neuphilol. Mitt. 81, 217–20 – H. FULTON, Living the Good Life: A Medieval Fantasy (»En ceste note dirai«), Anglo-Welsh Rev. 80, 1985, 76–85 – M. BANITT, Le Vocabulaire de C.M.: rapprochement sémantique avec celui d'un prince-poète, Thibaut de Champagne, RP 20, 1966–67, 151–167 – R. LEVY, Remarques lexicograph. sur les chansons de C.M., RR 59, 1968, 241–248 – J. LEMAIRE, Les Motifs de l'eau et du feu chez trois trouvères du XIIIe s. (T. de Champagne, M., Rutebeuf) [Les Quatre Éléments dans la culture médiév., hg. D. BUSCHINGER, 1983], 171–183.

Musica enchiriadis, anonymer Musiktraktat aus der 2. Hälfte des 9. Jh., von bes. Interesse als die erste eingehende Darstellung mehrstimmigen Musizierens (sog. Organum), nach den Schriften des →Boethius und Guidos v. Arezzo der am meisten verbreiteteste Musiktraktat des MA. Durch das nur hier und in der verbundenen Scolica enchiriadis verwendete ungewöhnl. Tonsystem (4 1/2 durch 1 Ganzton voneinander getrennte Tetrachorde mit jeweils 1 Halbton in deren Mitte), die von einem F-ähnlichen Grundzeichen abgeleiteten sog. Dasia-Noten, die Schreibung von Textsilben auf Linien zur Darstellung des Stimmverlaufs, die Diskussion nichtdiaton. Fortschreitungen und nicht zuletzt durch die lit. Qualität des Textes hebt sich die M. e. deutlich von anderen Musiktraktaten des MA ab. H. Schmid

Ed.: GERBERT I, 152–212 – Veröff. Musikhist. Komm. Bayer. Akad. Wiss. 3, hg. H. SCHMID, 1981 [Corrigenda in: Veröff. Musikhist. Komm.... 7 (M. BERNHARD, Clavis Gerberti), 1989] – *Lit.:* NEW GROVE, s. v. [mit Lit. bis 1980] – G. JACOBSTHAL, Die chromat. Alteration im liturg. Gesang der abendländ. Kirche, 1897– H. SCHMID, Die M.e.-Hss. der Bayer. Staatsbibl. (Ars jocundissima. Fschr. K. DORFMÜLLER, 1984), 311–322 – N. C. PHILLIPS, M. and scolica e. its lit. theoretical and mus. sources (Phil. Diss. New York Univ. 1984) – H. SCHMID, Zur sog. Pariser Bearbeitung der M.e. (Tradition und Wertung. Fschr. F. BRUNHÖLZL, 1989), 211–218.

Musica falsa (oder m. ficta) als spezif. Terminus bedeutet im Gegensatz zur musica recta eine nur 'vorgestellte' Musik, d. h. (Abschnitte der) Musik, die Töne benutzt, die nicht in den Tonvorrat des modalen Systems gehören. Außer der doppelten Tonposition b molle oder rotundum/b quadratum oder durum (= b/h) in den Oktaven oberhalb der tiefsten Γ ut bis G sol re ut gibt es im modalen System nur diaton. Töne und keine durch Erhöhung und Erniedrigung veränderte Töne. Gelegentl. der einstimmige gregorian. Choral, grundsätzl. aber die Mehrstimmigkeit verlangt mehr und mehr aus Gründen der Konsonanz und der Kadenzierung die Erhöhung bzw. Erniedrigung von Tonstufen. Um diese im modalen Tonsystem nicht vorhandenen, 'falschen' Töne mit Hilfe der Hexachorde benennen und ansprechen zu können, mußte man Hexachorde auch auf anderen Tonstufen als auf den üblichen C, G und F 'sich vorstellen'. Benennung und Sache sind etwa vom späten 12. bis ins 17. Jh. nachzuweisen.

H. Leuchtmann

Lit.: MGG, s. v. – NEW GROVE, s. v. – RIEMANN, s. v. – Hb. der Musikterminologie, Lfg. 1991, s. v. m. falsa/m. f. [Lit.].

Musik

I. Abendländisches Mittelalter – II. →Byzantinische, altslavische, georgische und armenische Musik

I. ABENDLÄNDISCHES MITTELALTER: [1] *9.–11. Jh.:* Die ma. M. hat ihren Anfang in der Ausbildung eines festen Repertoires der einstimmigen liturg. M., des →Chorals seit dem 6. Jh. Der Choral ist traditionell mit dem Namen →Gregors d. Gr. verbunden, dessen Leistung aber mehr in der Ordnung der Liturgie gelegen haben dürfte. Neben der röm. →Liturgie bildeten sich aber auch eigene Liturgiekreise mit eigenem Gesangsrepertoire in Spanien (mozarab. Choral), Gallien (gallikan. Choral), Mailand (ambrosian. Choral) und Süditalien (Beneventer Choral) aus. Der Erlaß Pippins aus d. J. 754, den gallikan. Choral durch den röm. zu ersetzen, bedeutete den entscheidenden Schritt zur Vereinheitlichung der Liturgie. Allein der ambrosian. Ritus konnte sich in der Mailänder Kirchenprov. das ganze MA hindurch halten. Die erneute Forderung Karls d. Gr. nach getreuer Beobachtung der röm. Liturgie in der →Admonitio generalis von 789 stellte die Länder n. der Alpen, die auf mündl. Überlieferung des Gesangsrepertoires angewiesen waren, vor bedeutende Probleme, die vielfache wiss. Bestrebungen hervorriefen. Zu einer noch recht vagen Fixierung des Chorals dienten die →Neumen, die zum ersten Mal in einer Regensburger Hs. datiert werden können, die der Mönch Engyldeo vom 817 und 834 schrieb. Zur gleichen Zeit gelangte ein Exemplar der Institutio musica des →Boethius in das Frankenreich. Diese Schrift wurde zur Grundlage der theoret. Beschäftigung mit der M. Die Adaptation des Tonsystems mit der genauen Berechnung der musikal. Intervalle geht im wesentl. auf Boethius zurück. Die im 9. Jh. entstandene anonyme →Musica enchiriadis versucht, der Eigenständigkeit des Chorals mit einem neuen System besser gerecht zu werden. In diesem Traktat findet sich auch zum ersten Mal die Beschreibung einer Praxis mehrstimmigen Singens, die nur durch einfache Regeln fixiert wird, das sog. →Organum. Die neue, im Gegensatz zu den Neumen eindeutig lesbare Notenschrift der Musica enchiriadis, die sog. Dasia-Notation, konnte sich aufgrund ihres graph. komplizierten Erscheinungsbildes nicht durchsetzen. Die theoret. Schriften der Karolingerzeit (→Aurelianus Reomensis, →Hucbald v. St. Amand, →Regino v. Prüm, Alia musica) dienten v. a. der Ordnung und Fundierung des Chorals, dessen System der →Kirchentonarten man ebenfalls mit dem bei Boethius überlieferten griech. Modell in Einklang zu bringen versuchte. Inwieweit byz. Einflüsse auf die Ausbildung der frühma. M.theorie gewirkt haben, ist umstritten. Als wichtigste Neuschöpfung der Karolingerzeit auf musikal. und lit. Gebiet ist die →Sequenza anzusehen, die mit der Unterlegung der langen Alleluja-Melismen durch Text eine neue Gattung begründete und in den Dichtungen des →Notker Balbulus einen ersten Höhepunkt erfuhr. Um die Jahrtausendwende wurde in dem Ps.-Odon. Dialogus de musica eine allgemein gültige Benennung der Töne im Oktavsystem von A - a eingeführt. Im 11.Jh. gelang →Guido v. Arezzo durch die Verwendung von Linien die Schaffung einer eindeutigen Notenschrift, die rasch Verbreitung fand. Die ebenfalls im Kern auf Guido zurückgehende Einteilung des Tonsystems in Hexachorde, deren Stufen mit jeweils gleichen Silben belegt wurden (Solmisation) entwickelte sich zu einem das ganze hohe MA beherrschenden didakt. Hilfsmittel. An der Guidonischen Hand, deren Fingerglieder einzelnen Tönen zugeordnet waren, konnten die Sänger die Melodieschritte ablesen. Mehrstimmige Praxis ist auch im 11.Jh. nur durch theoret. Schriften überliefert, das Organum begann sich freier gegenüber der Grundstimme zu bewegen, auch Stimmkreuzung war möglich. Die nur sporad. Aufzeichnung von Regeln z. B. im sog. Mailänder Organum-Traktat, macht deutlich, daß die mehrstimmige Ausführung eine ad hoc-Praxis war. Ein singuläres Zeugnis für notierte Mehrstimmigkeit ist das Winchester-Tropar, dessen Notation allerdings nicht eindeutig identifiziert werden kann. Grundsätzl. bleibt festzustellen, daß es im ganzen MA, bes. aber bis zum 13.Jh. M. gibt, die nicht aufgezeichnet wurde und damit nicht mehr faßbar ist. Das betrifft weite Bereiche der weltl. M., bes. der Volks- und Instrumentalmusik. Über diese Bereiche können lit. und bildl. Zeugnisse nur eine ungefähre Vorstellung vermitteln.

[2] *12. und 13. Jh.:* Im 12. Jh. nahmen als neue Formen der Choralkomposition rhythm. und metr. Offizien einen bedeutenden Platz ein. Das überlieferte Choral-Repertoire wurde durch Tropierung der Melodien, die von der Texierung von Melismen bis zu textl. und musikal. Erweiterung reichte, vielfach umgeformt. Daneben erfuhr der liturg. Kalender ständige Erweiterungen. Neben lokalen Hl.nkulten setzten sich auch Feste wie z. B. das 1247 in Lüttich eingeführte →Fronleichnam allgemein durch. Der schon seit dem 11.Jh. zu beobachtende Brauch der dramat. Ausgestaltung der Visitatio sepulchri an Ostern führte zu immer weiter ausgreifenden Osterspielen, die seit dem 13.Jh. in verschiedenen Fassungen überliefert sind (→Drama, →Geistliches Spiel). Auch zu anderen Festen wurden Spiele in paralitrurg. Rahmen geschaffen, wie das Herodesspiel oder das Danielspiel. In der geistl. Einstimmigkeit entstanden in Italien im 13.Jh. mit den →Laude, in Spanien mit den →Cantigas neue Formen.

Der neugegr. →Zisterzienserorden führte vor 1140 eine umfassende Reform des Chorals durch und schrieb diese Fassung als verbindlich für den ganzen Orden vor. V. a. wurden bei dieser Reform Tropen und Sequenzen fast völlig entfernt, die traditionellen Choralmelodien auf den Ambitus einer Dezime beschränkt. Ausgeweitet durch Neukompositionen wurde v. a. das Hymnenrepertoire. Theoret. behandelt wurde der Zisterzienserchoral in einem Traktat des Guido von Eu und einigen anonymen Schriften, die im Zusammenhang mit der Überarbeitung der liturg. Bücher stehen. Die Zisterzienserreform wirkte auch im Normalbuch der →Dominikaner von 1255/66 nach. Die →Franziskaner und →Kartäuser entwickelten eigene für den ganzen Orden verbindl. Repertoires. In England bildete sich in der Kathedrale v. Salisbury eine Sonderform der röm. Liturgie heraus, der sog. *Sarum use,* der sich im späten MA über ganz England verbreitete.

Die weltl. einstimmige M. gelangte seit dem 12.Jh. durch verschiedene regional geprägte Formen zu großer Blüte. In Frankreich wurde die hochausgebildete Kunst der →Troubadours und →Trouvères sowohl durch Angehörige des hohen Adels als auch durch Spielleute und fahrende Sänger gepflegt. Das Repertoire reicht von höf. Liebes-, Tanz- und Schäferliedern bis zu Totenklagen in verschiedenen meist stroph. Formen. In Deutschland bezeichnet die auf den frz. Vorbildern fußende Gattung →Minnesang zunächst die Liebeslyrik adliger Sänger, im weiteren Sinne aber die gesamte weltl. Lyrik des HochMA bis zum 15.Jh. Die musikal. Überlieferung des Minnesangs setzt erst mit dem 14.Jh. ein.

Die südfrz. Abtei Saint-Martial in →Limoges war seit dem 11.Jh. eine bes. Pflegestätte der M., in der ein großes Repertoire an Sequenzen und Tropen entstand. Im 12.Jh. gewann sie bes. Bedeutung als Zentrum neuer Formen der M. In einer Gruppe von Hss. sind zahlreiche Vertonungen lat. Strophenlieder überliefert, die zunächst Versus, später →Conductus genannt wurden. Es gibt sowohl ein- als auch zweistimmige Kompositionen, in denen die Organalstimme oberhalb des Cantus geführt wird. Eine rhythm. Fixierung durch die Notierung fehlt, doch ist eine solche Ausführung nach dem Rhythmus des Textes wohl anzunehmen. Ebenfalls aus dem Repertoire von St. Martial stammen sog. Simultantropen, in denen zu einem Cantus gleichzeitig eine Oberstimme mit einem paraphrasierenden Text gesungen wurde, eine Form, die später in der →Motette erneut aufgegriffen wurde. Zum Kreis der Saint-Martial Hss. gehört auch der →Codex Calixtinus von Santiago de Compostela. Die Kl., bis zum 12.Jh. die bedeutendsten Träger musikal. Lebens, verloren diese Stellung zugunsten der Kathedralen und weltl. Höfe.

Saint-Martial wurde als Zentrum abgelöst von der Kathedralschule in Paris, die in der Zeit von ca. 1160-1230/50 ihre größte Blüte erfuhr. Ein nach 1272 in Paris wirkender M.theoretiker, der sog. →Anonymus 4 nennt als ihre Hauptmeister Leoninus und →Perotinus. Leoninus soll der Verfasser des Magnus liber organi sein, der rund 100 zweistimmige Organa umfaßt, die, in Abschnitte (clausulae) geteilt, teils über einer gedehnten Choralstimme eine zweite, zum Teil rhythm. gebundene, zum Teil in freien Melismen sich bewegende Organalstimme führen, teils als Discantus mit schneller, in der Regel rhythm. Tenorfortschreitung komponiert sind. Perotinus soll nach dem Zeugnis des Anonymus 4 den Magnus liber überarbeitet und ergänzt haben, wobei an dem überlieferten Repertoire auch andere Komponisten beteiligt gewesen sein dürften. Von Perotinus selbst stammen die 4-stimmigen Organa »Viderunt omnes« und »Sederunt principes«, viele 3-

stimmige Organa, 1–3-stimmige Conductus sowie eine große Zahl von →Clausulae, die als Ersatzkompositionen in ältere Organa eingefügt wurden. In der Epoche von ca. 1240–1320, die als Pendant zur folgenden →Ars nova als →Ars antiqua bezeichnet wurde, entstand als zentrale Gattung die →Motette. Sie entwickelte sich nach neuerdings nicht unwidersprochener Meinung aus der syllab. Textierung von Diskant-Klauseln und diente zunächst im liturg. Bereich als Ersatz für die responsorialen Gesänge des Chorals (Graduale, Alleluja). Die Form ist durch verschiedene Texte in den einzelnen Stimmen gekennzeichnet: über einem Choral-Tenor kann jede Oberstimme einen eigenen Text, sogar in verschiedenen Sprachen tragen. Schon im 13. Jh. entstanden auch weltl. Motetten, deren vornehml. vulgärsprachl. Texte auch satir. oder erot. Themen behandeln. Im →Conductus entwickelte sich eine Liedform mit lat. stroph. Text, die nicht auf der Basis des Chorals steht und in seiner Blütezeit im 13. Jh. mehr Verwendung im außerkirchl. Bereich fand. Einen breiten Überblick über die Formenvielfalt ein- und mehrstimmiger M. bietet die um 1316 entstandene Hs. des Roman de →Fauvel, die in über 100 Gesangseinlagen das Repertoire des 12. Jh. bis zur Zeit des Philippe de Vitry vertritt.

In Italien läßt hingegen der Ordo officiorum des Doms v. Siena von 1215 auf eine Pflege mehrstimmiger M. schließen, die von der →Notre-Dame-Schule ganz verschieden ist.

In England entwickelte sich eine Kompositionsweise, die auf komplizierte Rhythmik verzichtete, dagegen durch die Bevorzugung von Terzen und Sexten eine spezif. Klanglichkeit ausprägte, die auch im sog. Sommerkanon, dem ältesten erhaltenen Kanon, zum Ausdruck kommt.

Die Rhythmik der frz. M. des 13. Jh. brachte eine Komponente zum Tragen, die nach theoret. Fundierung und eindeutiger Notation verlangte. Im Traktat De mensurabili musica des →Johannes de Garlandia beschränken sich die notationstechn. Möglichkeiten zunächst auf die Darstellung rhythm. Modelle, der sog. →Modi, die das Notre-Dame-Repertoire kennzeichnen. →Franco v. Köln beschrieb als erster um 1280 eine Notation mit eindeutigem Wert der Einzelzeichen, die allen Ausdrucksformen der Ars antiqua gerecht und zur allgemein verbindl. Form der Notation wurde. Die Lehre der →Mensuralnotation wurde seit dem Ausgang des 13. Jh. wesentl. Bestandteil der musiktheoret. Traktate, wogegen die Chorallehre, die im wesentl. in ihrem Bestand abgeschlossen war, in den Hintergrund trat. Der in Paris wirkende →Hieronymus de Moravia gab gegen Ende des Jh. eine großangelegte Zusammenfassung der gesamten M.lehre.

[3] *14. Jh.:* Im 14. Jh. begannen sich nationale Stile in Frankreich, Italien und England zu entwickeln. Weltl. Kompositionen überwogen die geistl., was dazu führte, daß die Kirchenm. dieser Zeit wesentl. von weltl. Vorbildern mitbestimmt wurde. Gegen ihre Profanisierung wandte sich die Constitutio docta ss. patrum (1324/25) von Johannes XXII., welche die Choralgebundenheit der Kirchenm. verbindl. forderte. Die mehrstimmige Komposition der Ordinariumsteile der Messe bis zu ganzen Meßzyklen wurde zunehmend gegenüber dem Meßproprium bevorzugt. Die Mehrstimmigkeit tendierte zu immer größer werdender Kompliziertheit der Satztechniken in freieren Rhythmen und verfeinerten Klangwirkungen. In der →Motette wurde als neues Kompositionsprinzip die sog. *Isorhythmie* angewendet. Sie ist zuerst in den Werken von Philippe de Vitry zu finden. Die komplizierten Satztechniken, die auch in der Struktur von →Caccia, Fuga und Kanon zu beobachten sind, verbinden sich mit erweiterten harmon. Möglichkeiten. Durch die häufigere Verwendung von Akzidentien (*musica ficta*) entfernte sich die mehrstimmige M. von der Kirchentonalität, ein Vorgang, der nach und nach auch von der Theorie legitimiert wurde. Im Gegensatz zu den hochentwickelten Ausdrucksformen der Praxis beschränkten sich die zahlreich entstehenden Kontrapunkttraktate auf wenige allg. verbindl. Regeln. In den ein- und mehrstimmig komponierten Liedformen Ballade, Rondeau und Virelai wurde der sog. *Kantilenensatz* angewendet, in dem eine bewegte kunstvolle Melodiestimme gegenüber den ruhiger geführten Begleitstimmen in den Vordergrund tritt.

Frankreich: Um 1300 wurde in den Motetten v. a. von →Petrus de Cruce ein rhythm. differenzierter Stil mit einer melod. entwickelteren Oberstimme erkennbar, der in der Theorie seit 1320 von →Philippe de Vitry und →Johannes de Muris mit dem Begriff →Ars nova belegt und durch Erweiterung der Frankon. Lehre notationstechn. faßbar wurde. Die Pariser Univ. wurde auch für die M.theorie zu einem Mittelpunkt. Neben Johannes de Muris wirkten hier u. a. →Johannes de Grocheo sowie →Jakobus von Lüttich, der mit seinem Speculum musicae das umfangreichste musiktheoret. Kompendium des MA verfaßte, das alle Bereiche der M.theorie umschloß. Die Musica speculativa des Johannes de Muris löste mit der Zeit die Institutio musica des Boethius als Lehrbuch der Univ. ab. In Frankreich war →Guillaume de Machaut der bedeutendste Meister des 14. Jh. Sein umfangreiches Schaffen umfaßt alle Gattungen von einstimmigen Lais, mehrstimmigen Balladen und Rondeaux bis zu großen vierstimmigen lat. Motetten. Von Machaut stammt auch die erste Vertonung des Ordinariums der Messe als zykl. Einheit, die vermutl. zur Krönung Karls V. 1364 zur Aufführung kam. Etwa zeitgleich ist in der anonymen Messe von Tournai eine weitere zykl. Meßkomposition entstanden. Weitere rhythm. Verfeinerungen führten in Frankreich in der zweiten Hälfte des Jh. zu einem Spätstil, der mit einem modernen analog gebildeten Begriff als *Ars subtilior* bezeichnet wird. Die wichtigsten Q. für die M. der Ars nova sind die Mensuralcodices in Ivrea und Apt.

Italien: In Italien bildete sich als neue weltl. lit.-musikal. Gattung das →Madrigal heraus, das von vornherein mehrstimmig erschien und sich bis ins 17. Jh. großer Beliebtheit erfreute. Weitere Hauptformen waren die →Caccia sowie die →Ballata, die sich durch die bes. kantable Führung der Oberstimme auszeichneten. Als Hauptmeister des Trecento wirkten in Nord- und Mittelitalien →Jacopo da Bologna, Bartolino da Padova und F. →Landini, in Süditalien Antonello da Caserta. Vom Umfang her ist nur das Werk F. Landinis mit dem Machauts zu vergleichen. Seine über 150 Kompositionen bilden rund ein Viertel der gesamten überlieferten it. Trecento-M. Im Mittelpunkt stehen die 140 Ballate, Motettenkompositionen fehlen bei Landini wie auch in der gesamten it. M. der Zeit fast völlig. Die it. Theorie des 14. Jh. hebt sich deutlich von der frz. Theorie ab. →Marchettus v. Padua entwickelte eine eigene Mensural- und Notationslehre, die in praktischen it. Q. ihren Niederschlag gefunden hat.

England: Aus England ist außer zahlreichen Fragmenten, unter denen die Worcester-Fragmente (um 1300) mit z. T. älterem Repertoire eine bes. Stellung einnehmen, wenig M. aus dem 14. Jh. erhalten. Die Q. bezeugen den Einfluß frz. M. Wichtige Schriften zur M.theorie verfaßten →Walter (v.) Odington und ein anonymer Franziskaner unter dem Titel »Quattuor principalia musicae«.

Odington war einer der ersten Theoretiker, die Terz und Sext als Konsonanz legitimierten.

Deutschland: Geistl. Lieder mit lat. Text, sog. →Cantiones, nahmen in M.leben zur Ausgestaltung von Prozessionen und geistl. Spielen, aber auch als Begleitgesang in Messe und Offizium im späten MA einen breiten Raum ein. Sie werden oft in eigenen Büchern, den Cantionalien gesammelt. Aus Böhmen als Zentrum verbreiteten sich die Cantiones über die dt. Sprachgebiete, wo sie neben Hymnen und Sequenzen häufig in die Volkssprache übersetzt werden (→Mönch v. Salzburg). Die frz. Mehrstimmigkeit hat in Deutschland im 14. Jh. nur geringe Spuren hinterlassen. Hingegen lebten alte Formen der Mehrstimmigkeit weiter. Die Motetten einer Engelberger Hs. bilden einen Sonderstil, der an frz. Vorbilder des 13.Jh. anknüpft. In der Theorie findet sich bei →Engelbert v. Admont um 1300 die früheste Darstellung des vollständigen Systems der auf Guido v. Arezzo zurückgehenden →Solmisation.

[4] *15.Jh.:* Der sich im 15. Jh. herausbildende neue Stil mit durchsichtigerer, sich am Text orientierender Satzstruktur, der in der M. der sog. ndl. Vokalpolyphonie von der Mitte des 15. Jh. bis zum Ende des 16. Jh. zur beherrschenden Ausdrucksform wurde, wird allg. mit dem Epochenbegriff der Renaissance belegt. Die Kirchenm. trat wieder stark in den Vordergrund, wobei mehrstimmige M. den größten Raum einnahm.

Die Bindung an den Choral wurde entweder durch Umgestaltung, Figurierung und Einbeziehung in die kontrapunkt. Arbeit gewahrt oder ganz aufgegeben. Die Ersetzung des Choral-Cantus firmus durch weltl. Vorlagen bildete ein wichtiges Stilmerkmal der Zeit. Die zykl. Einheit der Meßkomposition wurde vornehml. durch einen gleichen Tenor in allen Teilen erreicht (*Tenormesse*). Die Mehrtextigkeit und isorhythm. Bauart der Motette galt als veraltet.

In der geistl. M. führte die stark zunehmende Marienverehrung zu zahlreichen Neudichtungen und Neukompositionen von Antiphonen, Hymnen und Sequenzen. Unter den neuen weltl. Formen trat die *Chanson*, ein mehrstimmiger Liedsatz mit volkssprachigem Text in den Vordergrund. Als Satztechnik wurde der *Faburden* (in England) oder *Fauxbourdon* (in Frankreich), der als Praxis schon im 14.Jh. wurzelt, zu einer regelrechten Modeerscheinung.

England: Die spezif. Klanglichkeit engl. M. hat im 15. Jh. einen bedeutenden Einfluß auf die festländ. M. ausgeübt. Wichtigstes Zeugnis für die engl. M. um 1400 ist die Old-Hall-Hs., die für den Gebrauch der kgl. Kapelle bestimmt war. Die Persönlichkeit John →Dunstables ragt unter den engl. Komponisten hervor. Sein Werk umfaßt fast ausschließl. geistl. Kompositionen, darunter Meßordinariumssätze, isorhythm. Motetten und Marienantiphonen. Ihre Bedeutung wird aus der Überlieferung in zahlreichen kontinentalen Hss. deutlich. Neben Dunstable war Lyonel Power der bekannteste Komponist der ersten Hälfte des Jh.

Franko-flämischer Kreis: Der sich in der ersten Hälfte des 15. Jh. herausbildende neue Stil in der M., der die Verbindung von Text und M. im vorherrschenden sog. Kantilenensatz betonte, hatte in G. →Dufay seinen bedeutendsten Vertreter. Die über 200 Kompositionen Dufays sind weit verbreitet in zahlreichen Hss. des 15.Jh. vertreten und umfassen Messen, Magnificat, Motetten und Chansons. Von seinem bedeutendsten Zeitgenossen, G. →Binchois, sind rund 100 Kompositionen erhalten, die 54 Chansons, Messensätze und andere geistl. Werke umfassen.

Italien: Die it. M. des 15.Jh. war einerseits stark von Einflüssen der franko-fläm. Meister geprägt, andererseits wurden eigene volkstüml. Formen in homophonem Satz gepflegt, wie die *Frottole* und mehrstimmigen *Laude*. Die it. Tanzm. gelangte zu hoher Blüte. Zahlreiche ausländ. Musiker wirkten in Italien: der Lütticher Johannes →Ciconia war seit 1403 beständig in Padua ansässig. Er verband n. und it. Einflüsse. Dufay verbrachte lange Jahre im Dienst der Malatesta und an der päpstl. Hofkapelle. Auch die M.theoretiker J. →Tinctoris und John Hothby wirkten in Italien. Zusammen mit F. →Gaffori bilden sie den Schlußpunkt der mittelalterl. geprägten M.theorie, die sie in zahlreichen Traktaten zusammenfassend darstellten. In seinem Liber de arte contrapuncti gab Tinctoris eine weit über das übliche Maß hinausreichende Darstellung der Kontrapunktlehre.

Die Niederländer: Mit dem Begriff »Niederländer« werden im allg. die Komponisten seit der 2. Hälfte des 15.Jh. umschrieben, die aus den Gebieten der heut. Niederlande, Flandern und Nordfrankreich stammten. Als erster bedeutendster Vertreter der älteren Generation dieser Epoche wird J. →Ockeghem angesehen, der aus Flandern stammte und als Kapellmeister am frz. Hof wirkte. Zeitgenossen waren u. a. A. →Busnois und Johannes Regis. Die zweite Generation hatte in →Josquin Desprez ihre führende Persönlichkeit. Wie auch Heinrich →Isaac u. a. wirkte Josquin lange Zeit in Italien, was sich auch im Kompositionsstil bemerkbar machte. Bedeutendster Zeitgenosse Josquins war der in Cambrai, Brügge und Antwerpen tätige J. →Obrecht.

Deutschland: Der aus dem Minnesang sich entwickelnde →Meistersang bildet in der geistl. und weltl. einstimmigen M. ein dt. Sondergut. Träger dieser Tradition waren die Zünfte, ihr bekanntester Meister wurde im 16. Jh. Hans Sachs. In der Mehrstimmigkeit blieben die dt. Sprachgebiete weiterhin traditionell, doch gelang →Oswald v. Wolkenstein eine eigenständige Verbindung zw. Minnesang und Polyphonie. Bes. Pflege genoß die Instrumentalm. für Bläser sowie die Orgel-M., die in Konrad →Paumann einen hervorragenden Vertreter hatte.

Die Stellung der Musik im MA wird durch zwei grundsätzl. Positionen bestimmt: Durch ihre Einbindung in die Liturgie und das Schema der *septem artes liberales* hatte sie einen festen Platz im Bildungssystem des MA. Sie gehörte nicht nur zum festen Kanon der Kl.- und Kathedralschulen und später der Univ., sondern auch zum Bestand höf. Bildung. Auf der anderen Seite standen die Spielleute, die, im frühen MA meist ehr- und rechtlos, sich seit dem 13. Jh. zu Zünften unter einem Pfeiferkg. oder Spielgrafen zusammenschlossen und als Instrumentalisten den Bereich der weltl. Gebrauchsmusik abdeckten, die von der Tanzmusik bis zur Repräsentationsmusik an Fs.höfen reichte.

M. Bernhard

Lit.: Allg.: H. BESSELER, Die M. des MA und der Renaissance, 1931 – O. URSPRUNG, Die kath. Kirchen-M., 1931 – F. GENNRICH, Grdr. einer Formenlehre des ma. Liedes, 1932 – G. REESE, Music in the MA, 1940 – Gesch. der kath. Kirchenm., 1: Von den Anfängen bis zum Tridentinum, hg. K. G. FELLERER, 1972 – H. BESSELER-P. GÜLKE, Schriftbild der mehrstimmigen M. (M.gesch. in Bildern III, 5, 1973) – Gattungen der M. in Einzeldarst. (Gedenkschr. L. SCHRADE, hg. W. ARLT, E. LICHTENHAHN, H. OESCH, 1973) – B. STÄBLEIN, Schriftbild der einstimmigen M. (M.gesch. in Bildern III, 4, 1975) – F. A. GALLO, Il Medioevo II, 1977 (Storia della musica a cura della Società It. di Musicologia) – J. CALDWELL, Medieval Music, 1978 – R. HOPPIN, An Introduction to Medieval Music, 1978 – G. CATTIN, Il Medioevo I, 1979 (Storia della musica a cura della Società It. di Musicologia) – P. GÜLKE, Mönche-Bürger – Minnesänger. M. in der Gesellschaft des europ. MA, 1980 – The New Oxford Hist. of Music, 2: The Early Middle Ages to 1300, hg. R. CROCKER–D. HILEY, 1990–Die M. des MA, hg. H. MÖLLER–R. STEPHAN, 1991 (Neues Hb. der M.wiss. 2) – *Gregorianischer Choral*: T. KOHLHASE–G. M. PAUCKER, Bibliogr. Gregorian. Choral, 1990 – P. WAGNER, Einf. in die gregorian. Melodien, 3 Bde, 1911 [Repr. 1962] – W. APEL, Gregorian Chant, 1958 – M. HUGLO, Les Tonaires, 1971 – *Musiktheorie und Musikunterricht:* H. RIEMANN, Gesch. der M.theorie, 1920[2] – J. SMITS VAN WAESBERGHE, School en Muziek in de Middeleeuwen, 1949 – DERS., M.erziehung. Lehre und Theorie der M. im MA (M.gesch. in Bildern III, 3, 1969) – Gesch. der M.theorie (Bd. 3–5), hg. F. ZAMINER. 1984ff. – Lex. musicum Latinum medii aevi, hg. M. BERNHARD, Fasc. 1, 1992 [Q. und Lit. zur M.theorie] – *Notation:* J. WOLF, Hb. der Notationskunde, 1913 – DERS., Gesch. der Mensuralnotation von 1250–1460, 1904 – W. APEL, Die Notation des polyphonen M. 900–1600, 1942 [dt. Übers. 1962] – *zu [1]:* W. VON DEN STEINEN, Die Anfänge der Sequenzdichtung, Zs. für Schweizer Kirchengesch. 40, 1946, 190–212 – H. HUCKE, Die Entwicklung des christl. Kultgesangs zum Gregorian. Gesang, RQ 49, 1954, 172–187 – E. L. WAELTNER, Das Organum bis zur Mitte des 11.Jh. [Diss. masch. Heidelberg, 1955] – B. STÄBLEIN, Zur Frühgesch. der Sequenz, AMW 18, 1961, 1–33 – M. MARKOVITS, Das Tonsystem der abendländ. M. im frühen MA, 1977 (Publikationen der Schweizer M.forschenden Ges., Ser. 2, 30) – *zu [2]:* F. LUDWIG, Repertorium organorum et motetorum vetustissimi stili, 1910 [Repr. 1964] – P. AUBRY, Trouvères und Troubadours, 1910 [Repr. 1974] – H. BESSELER, Stud. zur M. des MA, II: Die Motette von Franco v. Köln bis Philipp v. Vitry, AMW 8, 1926, 136–258 – M. LÜTOLF, Die mehrstimmigen Ordinarium missae-Sätze vom ausgehenden 11. bis zur Wende des 13. zum 14.Jh., 1970 – H. VAN DER WERF, The Chansons of the Troubadours and Trouvères, 1972 – H. TISCHLER, The Style and Evolution of the Earliest Motets (to circa 1270), 1985 – S. RANKIN, The Music of the Medieval Liturgical Drama in France and England, 1989 – *zu [3]:* W. APEL, French Secular Music of the Late Fourteenth Cent., 1950 – L'Ars Nova, 1959 (Les Colloques de Wégimont 2, 1955) – K. v. FISCHER, Stud. zur M. des it. Trecento und frühen Quattrocento, 1956 – DERS., Die M. des Trecento (Das Trecento. Italien im 14.Jh., 1961), 185–214 – TH. GÖLLNER, Formen früher Mehrstimmigkeit in dt. Hss. des späten MA, Münchener Veröff. zur M.gesch. 6, 1961 – U. GÜNTHER, Das Ende der ars nova, MF16, 1963, 105–120 – M. L. MARTINEZ, Die M. des frühen Trecento, Münchener Veröff. zur M.gesch. 9, 1963 – N. C. CARPENTER, Music in the Medieval Univ., 1972 – *zu [4]:* M. BUKOFZER, Gesch. des engl. Diskants und des Fauxbourdons nach den theoret. Q., 1936 – H. BESSELER, Bourdon und Fauxbourdons – Stud. zum Ursprung der ndl. M., 1950 – M. BUKOFZER, Stud. in Medieval and Renaissance Music, 1950 – Die M. des 15. und 16.Jh., hg. L. FINSCHER (Neues Hb. der M.wiss. 3, 1989/90).

Musikinstrumente
A. Zeitliche Eingrenzung und Funktion – B. Instrumentengruppen

A. Zeitliche Eingrenzung und Funktion
[1] *Zeitlicher Rahmen/Herkunft:* Eine umfassende Darstellung der gebräuchl. Instrumente (I.) gibt es im MA nicht. Die zeitgenöss. Q. geben nur gelegentl. Auskunft über die Verwendung von I.n. Zu den frühesten Belegen gehört der urkundl. Vermerk aus d.J. 757, daß Pippin von Konstantin V. aus Byzanz eine Orgel als Geschenk erhielt. In Otfrids Evangelienbuch (vor 871) wird neben anderen I.n die fidula erwähnt (v. 198). Erst im späten MA, um 1440, verfaßte Henri Arnaut de Zwolle am burg. Hof einen Traktat, in dem zum ersten Mal M. in ihren baul. Details beschrieben und illustriert werden. Die meisten M. des MA, die in Europa gespielt wurden, entstammen dem mediterranen Bereich. Schon lange vor dem Fall Konstantinopels (1453) wurden innerasiat. oder oriental. Instrumente (z. B. fidel, rebec–rebab oder Laute) zur Musikausübung herangezogen. Oft reichen die Wurzeln der I.n-gruppen bis in die Antike zurück.

[2] *Funktion der Instrumente:* Da nur wenige Q. mit notierter Instrumentalmusik aus dem MA überliefert sind, kennen wir immer noch nicht genau Einsatzbereich und Spielart der einzelnen I. Das Erklingen von artifizieller Musik war primär der menschl. Stimme zugedacht. Das Spiel auf I.n galt als Handwerk, mit dem man Vokalmusik nur nachahmen (Intavolierungen) oder unterstützend auf den Vokalsatz einwirken konnte. Nur vereinzelte Textstellen gehen auf die Mitwirkung von I.n beim Psalmvortrag ein. Honorius Augustodunensis spricht sich um 1200 für die instrumentale Aufführung aus (GERBERT, De cantu II, 100). Zusätzl. zur Orgel wurden weitere I. aus dem Bereich der Spielleute, des Heerwesens und des Hofes, zur musikal. Ausgestaltung der Liturgie herangezogen (GERBERT, Scriptores II, 388b). Ob sowohl beim einstimmigen Choral als auch bei Hymnen, Sequenzen und anderen Gesängen die Alternatim-Praxis derart angewendet wurde, daß ein Wechsel zw. Vokal- und Instrumentalgruppen stattfand, wird bis heute in der Forsch. unterschiedl. diskutiert. Eine Glossierung aus dem 13. Jh. zu Martianus Capella belegt allerdings diese Alternatim-Praxis: »dum instrumentum suum tangunt, silent; et dum silet instrumentum suum, cantant« (Zitat nach CHR. PAGE, Voices and Instruments, 137).

Welche I. man in liturg. Bereich genau einsetzte, ist trotz der epistula 23 Ad Dardanum (MPL 30, 213–215), die Hieronymus zugeschrieben wurde, und weiterer, teils illuminierter Q. nicht völlig geklärt. Die als *instrumenta hieronimi* bekannten I.ntypen sind nach heutiger Meinung größtenteils phantast. Entwürfe symbol. Charakters, die seit der Antike bibl. und später dann ntl. Gestalten beigegeben wurden. Diese I. sind somit ein ikonograph. Bereich Erkennungszeichen bestimmter Personen (z. B. Kg. David, rex psalmista, mit Harfe, später dann mit Psalterium), sagen aber nichts über deren Vorhandensein oder Gebrauch im MA aus. Zeichnungen der instrumenta hieronimi werden durch das ganze MA tradiert. Noch M. Praetorius bildet sie ab (De Organographia, Abb. XXXII–XXXIV), obgleich seiner eigenen Aussage nach diese I. um 1600 nicht mehr gebräuchl. und bekannt waren. In theoret. Q. des MA wird der musikal. Satz, jene res facta, welche die europ. Kunstmusik seit dem MA ausmacht, beschrieben, nicht aber die Aufführungsweise und damit die Funktion der M.

Weltl. Überlieferungen mit bildl. I.n-Darstellungen sind außerordentl. gering. Stattdessen finden sich in der ma. Epik zahlreiche schemat. Aufzählungen. Stets erfolgte eine Trennung zw. Streich- und Holzblas-I.n, die festl. Anlässen und Feierlichkeiten dienten und die auch außerhalb des höf. Bereichs gespielt wurden, und Blechblas-I.n, die dem krieger. Geschehen und dem höf. Zeremoniell vorbehalten waren. Cassiodor unterteilt im 6.Jh. die M. in drei Gattungen: inflatilia (Blas-I., Aerophone), tensibilia (Saiten-I., Chordophone) und percussionalia (Schlag-I., Idiophone).

Wesentl. für die Musikanschauung des MA ist die wiss. Unterteilung der Musik in drei Sphären (vgl. Florenz, Laur. cod. 1 fol. 29): Der oberste Bereich wird von der theoret. Lehre der Musik, die in der Sphärenharmonie gipfelt, eingenommen, im mittleren Teil geht die menschl. Stimme eine körperl.-geistige Verbindung des Mikrokosmos mit dem Makrokosmos ein, und im untersten Bereich dienen M. als Werkzeuge dem Hörbarmachen von Musik. Diese Einteilung basiert auf→Boethius, der die Musik in musica mundana, humana und instrumentalis gliedert.

B. Instrumentengruppen
I. Blasinstrumente – II. Saiteninstrumente.

I. BLASINSTRUMENTE. Blas-I. gehören mit zu den ältesten M.n. Ihr Wirkungsfeld war zum einen der bukol. (Holzblas-I.), zum anderen der höf. und krieger. (Blechblas-I.)

Bereich. Diese Trennung »höf.-bukol.« wird in der Musik bis ins 19. Jh. aufrechterhalten.

Hieronymus nennt in seiner Epistel als Blas-I. tuba, sambuca, timpanum und chorus. Das erste, ein Blechblas-I., besteht aus drei erzenen Röhren (fistulae). Sambuca ist eine hölzerne Flöte, die aus Weidenrinde geschnitzt wurde. Tympanum und Chorus sind als zwei unterschiedl. große Dudelsack-I. zu deuten.

[1] *Holzblasinstrumente:* Sehr alte und im bukol. Bereich überaus häufige Holzblas-I. sind *Pan-* und *Weidenflöte.* Sie bestehen aus einem (Weidenflöte) oder mehreren ausgehöhlten Holzstücken (Panflöte), die an beiden Enden offen sind. Grifflöcher besitzt ledigl. die Weiden-, nicht jedoch die Panflöte. Bei letzterer wird der den Lippen des Spielers entströmende Luftstrom schräg auf die Kante der oberen Öffnung geblasen (St. Germain-des-Prés, ca. 1070: Paris, Bibl. Nat., lat. 11550, fol. 7 v.).

Querflöten: (Quer-)Pfeifen, (Quer-)Flöten, Piffari und sog. Schwegel bestanden im frühen und hohen MA aus einer zylindr., hölzernen, meist in einem einzigen Stück gefertigten Röhre, die an der Anblasseite mit einem Pfropfen verschlossen war, und in die 6 Grifflöcher und ein Anblasloch eingebohrt sind. Querflöten trugen im frühen MA die Bezeichnung plagiauloi oder tibiae vascae. Später hieß die Querflöte auch *flûte allemande.* Nach den Abbildungen zu urteilen, wurden Querpfeifen sowohl links- wie rechtsgriffig (Cantigas de Santa Maria, ca. 1280: Escorial J.b.2, fol. 218 v.) gespielt. Kleinere Exemplare hatten oftmals nur 3 Grifflöcher, damit der Spieler mit der anderen Hand noch ein zusätzliches I. bedienen konnte (z. B. eine Trommel). Ab dem 15. Jh. wird die Querflöte in unterschiedl. Stimmlagen gebaut. Während des ganzen MA hatten die Flöten keine Klappen.

Blockflöten: (engl. *recorder,* frz. *flûte douce, flûte à neuf trous* oder *flûte d'Angleterre,* it. *flauto*): Im 14. Jh. treten vermehrt Flöten auf, bei denen ein Labium mit Windkanal in Schnabelform am I.nkorpus angearbeitet ist (sog. Kernspaltflöten). Deshalb spricht man gelegentl. auch von einer Schnabelflöte. Zu den sechs an der Oberseite sichtbaren Grifflöchern gesellt sich ein auf der Unterseite befindl. Daumenloch, durch das ein Überblasen ermöglicht wird. Das älteste erhaltene Exemplar (um 1390) stammt aus den Niederlanden (Gemeente Mus., Den Haag). Gebräuchl. Tonlagen der Blockflöte sind: Sopranino (Garklein), Sopran, Alt, Tenor, Baß und Großbaß. Eine seltene Abart der Blockflöten ist das – von Virdung und Agricola abgebildete – *Gemshorn,* ein Tierhorn, das an seinem breiten, offenen Ende mit einem Pflock verschlossen ist. Wie die Blockflöten besitzt es einen Windkanal, ein Labium und Grifflöcher. Es unterscheidet sich aber darin von den ersteren, daß die Mündung in der engen Hornspitze liegt. Vgl. Dürers Randzeichnung zum Gebetbuch für Ks. Maximilian I. (1515).

Instrumente mit doppeltem Rohrblatt: Bei diesen Holzblas-I.n wird ein spezielles Mundstück, Rohrblatt gen., zum Anblasen benutzt. Das Rohrblatt besteht aus zwei dünn ausgehobelten Schilfrohr-Blättchen, die gegeneinander auf ein Messingröhrchen gebunden werden. Beim Hineinblasen beginnen die Blättchen gegeneinander zu vibrieren und versetzen so die Luftsäule im I.nkorpus in Schwingung.

Dudelsack: (lat. tibia utricularis, engl. *bagpipe,* it. *cornamusa* und *zampogna,* frz. *musette*), eines der ältesten Doppelrohrblatt-I. Bei Hieronymus heißt der Dudelsack chorus. Er besteht aus einem Balg und zwei Pfeifen, einer stummen zum Hineinblasen und einer klingenden mit Doppelrohrblatt. Meist haben Dudelsäcke nicht nur eine Spielpfeife, sondern mehrere (konisch und zylindrisch). Zudem werden – wie bei der it. Zampogna – am Dudelsack Bordunpfeifen angebracht, die beim Hineinblasen in den Balg ständig ertönen (vgl. z. B. Brit. Libr., Stowe 17, fol. 44 v.).

Schalmei: ein Blas-I. mit Doppelrohrblatt, das seit der Antike im Mittelmeerraum bekannt ist (lat. calamis). Das Korpus besteht aus einer geraden, hölzernen Röhre, die sich zum Ende hin stark konisch erweitert. Mehrere Grifflöcher ermöglichen das Skalenspiel. Schalmeien sind als laute I. bekannt (deshalb *Hautbois*) und wurden deshalb für Festmusiken und Veranstaltungen im Freien herangezogen (vgl. die Tanz- und Musikgruppe vor den Toren Konstantinopels aus dem Luttrellpsalter, um 1340: Brit. Libr., Add. 42130, fol. 164 v.). Im frühen und hohen MA wurde die Schalmei meist als Diskant-I. eingesetzt. Erst im späten MA und in der Renaissance bildet sich eine Familie, die aus den üblichen Stimmlagen besteht (Staatl. Institut für Musikforsch. PK, M.n-Mus., Berlin, Naumburger Blas-I., Kat.-Nr. 642–647). Die Tenor-, Baß- und Kontrabaßschalmeien haben vielfach Klappen für die tiefsten Töne. Praetorius nennt dieses I. nicht Schalmei, sondern *Pommer.* Unter diesem Namen war die Schalmei der Kunstmusik im deutschsprachigen Bereich bekannt. Gelegentl. wurden Schalmeien mit einer Pirouette gebaut, die dem Bläser das Aufstützen der Lippen ermöglichte. Aus der Schalmei entwickelte sich im 17. Jh. die Oboe. Eine Sonderform der Schalmei war im MA das *Platerspiel,* mit entweder gerade gestrecktem Korpus wie bei der Schalmei oder einer halbkreisförmigen Biegung am Ende nach oben (siehe Krummhorn). Zw. dem Mundstück und dem eigtl. Holzkorpus mit Doppelrohrblatt war ein kleiner Balg, ähnlich dem beim Dudelsack, eingebaut. Dieser diente als Luftmagazin und ermöglichte somit eine beständige Luftzufuhr (vgl. Abb. aus den Cantigas: Escorial J.b.2, fol. 209 und 227). Noch Virdung bildet ein solches »Platerspil« ab (S. Virdung, Musica Getutscht, Basel. 1511).

Krummhorn: eine eigenständige Abart der Schalmei und des Platerspiels, zylindr. gebohrt und am Ende annähernd halbkreisförmig nach oben gebogen. Das Doppelrohrblatt wird von einer Windkapsel umschlossen, die an ihrem oberen Ende einen Spalt zum Hineinblasen hat (siehe Blockflöte). Dies bedeutet gegenüber der Schalmei eine erhebl. Vereinfachung des Spiels, verhindert aber die Möglichkeit der klangl. und dynam. Nuancierung. Die zylindr. Bohrung bewirkt, daß das Krummhorn eine Oktave tiefer klingt als ein anderes gleichlanges kon. Blas-I. Ein weiterer Unterschied besteht darin, daß ein Überblasen nicht einen Wechsel in die nächsthöhere Oktave, sondern in die Duodezime bewirkt. Nur große Krummhörner hatten Klappen, mit denen weitab liegende Grifflöcher gedeckt werden konnten. Abb. von Krummhörnern finden sich bei Hans Burgkmair (Triumphzug Ks. Maximilians, um 1520; repr. New York 1964) und Sebastian Virdung (Musica Getutscht, Basel 1511). Auch das Krummhorn wurde in verschiedenen Stimmlagen gebaut. Es entwickelte sich in der Renaissance zu einem beliebten Ensemble-I.

Rauschpfeife: Mixta composita von Schalmei und Krummhorn sind die im späten MA vereinzelt auftretenden Rauschpfeifen. Ihr gerades Korpus hat eine kon. Bohrung. Als Mundstück dient die vom Krummhorn bekannte Windkapsel, in der sich das Doppelrohrblatt befindet. Die einzige ikonograph. Vorlage ist der »Triumphzug Kaiser Maximilians« von Burgkmair. Rauschpfeifen in verschiedenen Stimmlagen besitzen die M.-Museen zu

Berlin (Kat.-Nr. 74, 665, 667) und Prag (Kat.-Nr. 484E, 486E, 487E).

[2] *Blasinstrumente mit Kesselmundstück:* Damit ist die Gruppe der *Blechblas-I.* gemeint. Im MA wurden diese I. noch häufig aus einem Tierhorn oder aus Holz gefertigt. Die Tuba bei Hieronymus, unter der die »tuba congregationis populi« verstanden wird, besteht aus drei Metallröhren, die an ihrem engen Ende angeblasen werden. Durch ihre drei Röhren unterscheidet sie sich von den anderen Tuben. Die kleinere Ausführung der Tuba ist das »Tympanum«, welches nur aus einem Metallrohr gebildet wird. Mit »Tuba« und »Cornu« wurden im MA alle Blas-I. mit kon. Rohrverlauf und Kesselmundstück bezeichnet. Eine Unterscheidung in zylindr. geformte Trompete bzw. Posaune und kon. gebautes Horn scheint für das frühe und hohe MA nicht sinnvoll.

Horn: Hörner wurden als Signal-I. bei der Jagd, bei offiziellen Anlässen oder im Kampf eingesetzt. Ihr Korpus war eher kurz und leicht gebogen. Als Hörner (lat. tuba und cornu) galten im MA vielfach Olifante. Diese waren aus Elfenbein gefertigt und hatten einen Edelmetallbesatz als Mundstück und am Trichter. Bekannteste Beispiele sind ein Olifant des 10. Jh. aus dem Domschatz der St.-Veits-Kathedrale in Prag und das Horn von Ulf Thoroldsson aus dem 11. Jh. (Schatzkammer des York Minster). Das hohe und späte MA kennt die aus Messing- und Kupferblech gelöteten Hörner, welche sowohl leicht gebogen als auch gerade auslaufend sein konnten (siehe Cantigas de Santa Maria, Escorial J.b.2, fol. 243 v.).

Zink: Auf Abb. sind immer wieder Hörner mit Grifflöchern zu sehen. Oft dürfte es sich dabei um Zinken (engl. *cornett*, it. *cornetto*) handeln. Ihr gerades oder gekrümmtes, kon. gebohrtes Korpus besteht aus teilw. mit Leder überzogenem Holz oder Elfenbein. Sie haben sechs Grifflöcher auf der Vorderseite und ein Überblasloch auf der Rückseite. Geblasen werden sie wie Trompeten oder Hörner mit einem Kesselmundstück. Die Grifflöcher ermöglichten ein virtuoseres Spiel als auf den Hörnern und Trompeten. Die Zinken dienten vielfach als Ersatz für die durch strenge Zunftgesetze vielen Musikern verbotenen Blechblas-I.

Trompete: (lat. bucina, dt. posaun): Blas-I. mit Kesselmundstück und einem aus dünnem Metall (Blech) hergestellten, langen und gerade gestreckten Körper. Der Rohrdurchmesser war wohl erhebl. geringer als bei den Hörnern. Auch Trompeten entstammen dem mittelasiat. Kulturbereich (arab. *al nafir*). Fähnchen konnten die höf. Zugehörigkeit unterstreichen (vgl. Darstellung zweier Trompeter, um 1310, London, Brit. Libr., Arundel 83, fol. 55 v.). Erst im 15. Jh. ist eine schlingenförmige Biegung des Rohrs zu erkennen (z. B. Koninklijk Mus., Antwerpen: Hans Memling, Musizierende Engel).

(Zug-)Posaune: Posaunen (lat. bucina) unterscheiden sich von den Trompeten durch eine Zugvorrichtung, die es dem Spieler ermöglicht, mittels Verkürzung und Verlängerung der zylindr. Röhre chromat. Skalen zu spielen. Die span. *(sacabuche)* und engl. *(sackbut)* Bezeichnung deutet auf die Zugvorrichtung. Erwähnt wird die Zugposaune zum ersten Mal um 1500 bei Juan del Encina (Triunfo de amor), in England in den Privy Purse Expenses Heinrichs VII. Auch im Triumphzug Ks. Maximilians ist die Zugposaune abgebildet. Das frühe und hohe MA verstand unter *posaun* meist die normale Trompete. Gelegentl. wurden in der Renaissance Zugtrompeten gefertigt, die sowohl Trompete als auch Posaune genannt wurden.

II. SAITENINSTRUMENTE: Saiten-I. zeichnen sich dadurch aus, daß über einen Resonanzkörper (Schalldecke und Korpus) mindestens eine, meist jedoch zwei Metall- oder Darmsaiten gespannt sind. Die schwingende Saitenlänge wird entweder durch zwei Stege oder einen Steg und das Abgreifen mit einem Finger bestimmt. Der Spieler läßt die Saiten durch Anzupfen mit dem Finger, Anreißen mit einem Plektrum oder mittels eines Streichbogens (Friktion) erklingen. Zum Anstreichen sind Darmsaiten nötig, beim Anzupfen können Darm- oder Metallsaiten verwendet werden. Außer bei Psalterium und Harfe sind die Saiten aller Zupf- und Streich-I. zueinander in den Grundintervallen gestimmt (Quint-Quart-Terz).

[1] *Saiteninstrumente ohne angesetzten Hals:*

Monochord: Im MA verwendete man das aus der Antike bekannte Monochord (Pythagoras, Boethius), auch *kanon* gen., hauptsächl. zu theoret. und didakt. Zwecken. Auf einem Resonanzkasten ist eine einzige Saite über zwei Stege gespannt. Ein dritter Steg ist verschiebbar angebracht. Mit ihm kann man die auf dem Resonanzboden markierten Intervallverhältnisse einstellen, die den geom. Proportionen der Schwingungszahlen entsprechen. Das Monochord wurde vom Spieler angezupft. Eine späte Entwicklung des Monochords ist das it. Clavichord (Abb. im Liber Notabilis Musicae des J. Gallicus, London, Brit. Libr., Add. 22315, fol. 15). Auch das *Scheitholz* (vgl. M. Praetorius, De Organographia, Abb. XXI), ein I. der Volksmusik mit drei oder vier Messingsaiten, kann seine Abstammung vom antiken Monochord nicht verleugnen. Selbst das *Trumscheit*, welches angestrichen und nur mit Flageolettgriffen gespielt wird, rechnet Praetorius (ebd.) zu den Monochorden.

Lyra: In der Antike verstand man unter der Lyra ein Zupf-I., bei dem statt eines Saitenhalses ein Joch aus zwei parallelen Hölzern mit einem verbindenden Querstab an das Korpus angearbeitet war. Daran wurden die Saiten befestigt. Das ganze I. war annähernd quadrat. (siehe die Darstellung Kg. Davids mit einer Lyra aus dem 8. Jh., Brit. Libr., Cotton Vespasian A.i., fol. 30 v.). Die Rekonstruktion der Lyra aus dem Sutton-Hoo-Fund (ca. 670, Brit. Mus., London) zeigt diese gewöhnl. quadrat. Form mit 6 Saiten. Die Saiten verlaufen vom Saitenhalter über einen Steg auf der als Resonator wirkenden I.ndecke zu den in Querholz eingeschlagenen Wirbeln. Eine andere gebräuchl. Form erinnert an die Gestalt eines gehörnten Tierkopfes. Die Enden der beiden angedeuteten Hörner verbindet ein Querstab, an dem die Saiten mit den Wirbeln angehängt sind (Bibl. Nat., Paris, Lat. 11550, fol. 7 v.). Diese Art der Lyra hat kein Griffbrett und dürfte noch meistenteils angezupft worden sein. Sie wurde für höf. Musik benutzt. Da der breite Typ der Lyra (im dt. sprachigen Gebiet *leier* oder *cythara teutonica*) zum Anstreichen mit einem Bogen und dem gleichzeitigen Abgreifen der Saiten mit den Fingern nicht geeignet war, entwickelte sich schon früh ein schlanker, keulenförmiger Typ ohne Querbalken *(rotta)*. Bei diesem I. verschmälert sich das Korpus zu den Wirbeln und damit der Abgreifstelle der Saiten hin birnenförmig. Allerdings ist noch kein typ. Saitenhals zu erkennen. Auch diese Lyra besitzt kein Griffbrett, so daß die Saiten nur durch Flageolett-Griffe verkürzt werden konnten. Erst ab dem 10. Jh. stand dem Spieler ein Griffbrett zum festen Abgreifen der Saiten zur Verfügung. Außerdem verwendete man vermehrt den Streichbogen (Kg. David mit einer dreisaitigen Rotte: Paris, Bibl. Nat., Lat. 1118, fol. 104). Noch heute wird die Lyra – auch unter diesem Namen – auf dem Balkan und in Griechenland als Volksmusik-I. gespielt.

Vom 13. Jh. an trifft man in Europa auf Streich-I. mit der Bezeichnung *rebec* (it. *rubeba*, frz. *rubèbe*). Hiermit war in der Mehrzahl der Fälle eine schlanke Streichlyra mit geteilter Decke, Rosette, abgeknicktem Saitenhalter und Flankenwirbel gemeint. Frühe I. des 13. Jh. konnten auch noch eine Schalldecke aus Pergament besitzen. Der Name selbst leitet sich aus dem arab. *rebāb* ab (keulenförmige Streichlaute mit Bünden). In Spanien unterschied man deshalb auch zw. »rabé gritador con la su alta nota« und »el rabé morisco« (Juan Ruiz de Hita, 14. Jh.). Erst zu dieser Zeit scheint eine baul. Angleichung zw. dem Typus der Streichlyra und dem arab. Rebabtyp stattgefunden zu haben. Im 14. Jh. geht dann auch die Bezeichnung *gige* von der Fidel auf das Rebec über. Noch im 18. Jh. wird eine Weiterentwicklung des Rebecs von Musikern gespielt, die sog. Tanzmeistergeige (frz. *pochette*).

Harfe: Das wichtigste und beliebteste Attribut Kg. Davids. H. AVENARY deutet die deltaförmige »Cithara« in der Epistel des Hieronymus überzeugend als Harfe. Sie war mit 24 Saiten bezogen und wurde mit gekrümmten Fingern angezupft. Schon die Ägypter und Assyrer kannten die dreieckige Rahmenharfe, wie aus Reliefs des 7. Jh. v. Chr. hervorgeht. Ein Schenkel des Dreiecks ist immer der Saitenhalter mit den Wirbeln, ein anderer wird vom Schallkörper gebildet, an dem die Saiten mit ihrem anderen Ende befestigt sind (vgl. York-Psalter, ca. 1175: Glasgow, Univ. Libr., Hunterian 229, fol. 21 v.). Noch bis ins 13. Jh. hatte die Harfe kaum mehr als 12 Saiten. Ab dem 13. Jh. erschien eine neue und andersartige Form. In Irland wurden Harfen gebaut, die sehr viel schwerer und kräftiger konstruiert waren, und die sich durch eine massive, gekrümmte Vorderstange (sog. Baronstange), auszeichneten (cythara anglica). Dadurch konnte eine stärkere Saitenspannung und eine bessere Stimmhaltung erzielt werden (vgl. M. Praetorius, De Organographia, Abb. XVIII). In Irland selbst wurden die Harfen *crott, cruit* und später dann *clárseth, clárseach, clírseach* oder *clirsighe* genannt. Auf Bildern eines Ms. des 12. Jh. (GERBERT) wird zw. der *cythara anglica* (ir. Harfe) und der *cythara teutonica* (Lyra) präzise unterschieden. Die Harfe galt als das Erkennungszeichen des ir. Barden. Die kontinentale Harfe ist schlanker als die irische und besitzt spitze Ecken. Sie hat vom 9. (Vivian-Bibel) bis ins 13. Jh. die Form eines annähernd gleichschenkligen Dreiecks (s. oben). Ab dem 14. Jh. entwickelte sich die got. Harfe, die eine gerade Vorderstange hatte. Sie war bis ins späte MA kaum höher als 50 cm (vgl. z. B. die Antelami-Skulptur im Baptisterium v. Parma [um 1200] und Kg. David mit einem bes. elegant ausgeführten I. am Chorgestühl des Bamberger Doms [Ende 14. Jh.]). Die frühen Harfen hatten meist Metallsaiten. Sie wurden mit dem plectrum, dem Stimmschlüssel gestimmt. Im 10. Jh. erwähnt →Notker Labeo eine siebensaitige *rotta*, wie die Harfe in ihrer frühen Erscheinungsform in Dtl. gen. wurde, wahrscheinl. ein diaton. I. mit Ein-Oktaven-Umfang. 300 Jahre später nennt Guillaume de Machaut in seinen Texten ausdrückl. eine 25saitige Harfe. Daraus läßt sich erkennen, daß sich der Umfang der Harfe in diesem Zeitraum beträchtl. erweitert hat.

Psalterium/Hackbrett: Ursprgl. war das Psalterium (gelegentl. wie das Monochord *kanon* gen., in Italien häufig *strumento di porco*) ein Zupf-I. Es entstand vermutl. aus dem antiken Monochord. Mehrere Saiten sind parallel zueinander über einen rechteckigen oder trapezförmigen Resonanzkörper gespannt. Ob das Psalterium über Spanien nach Europa kam, wie C. SACHS vermutet (C. SACHS, Real-Lex. der M., 306b–307a), bleibt fraglich. Die Saiten des Psalteriums konnten sowohl mit den Fingern als auch mit einem Plektrum (meist Federkiel, lat. *penna*) angezupft werden. In der Regel war für jeden Ton ein Saitenpaar vorgesehen. Während im frühen und hohen MA die rechteckige Form des Psalteriums vorherrschend ist (vgl. York Psalter, Glasgow, Univ. Library, Hunterian 229, fol. 21 v.), wird im späten MA die Trapezform bevorzugt (siehe: Meister v. Köln, Maria umgeben von den Engeln, München, Alte Pinakothek). Auf dem Psalterium konnte Musik aufgeführt werden, die für Harfe oder ein Tasteninstrument bestimmt war. Vielfach diente es als Alternative zur Harfe.

Das *Hackbrett* (engl. *dulcimer,* it. *salterio*) war im MA konstruktionsmäßig mit dem Psalterium identisch. Allerdings wurde es im Gegensatz zu diesem mit kleinen Hämmerchen angeschlagen. Die Hämmer bestanden aus hölzernen Klöppeln, die bei Bedarf mit Leder oder Tuch umwickelt werden konnten. Zur Erleichterung des Hammeranschlages ließen die Instrumentenbauer zw. den einzelnen Saiten(paaren) etwas mehr Abstand. Die große Ära des Hackbretts begann allerdings erst im 17. Jh., und zwar in Dtl. Deshalb war der gebräuchliche Name in dieser Zeit auch *salterio tedesco*.

[2] *Saiteninstrumente mit angesetztem Hals:*

Fidel: Noch C. SACHS behauptet, daß man die Fidel keinem bestimmten Typ von Streich-I.n zuordnen könnte (Real-Lexikon, 139a). D. DROYSEN konnte aber zeigen, daß kein Unterschied zw. *fidel, gige* und der gestrichenen *lira* mit Hals besteht und daß die Fideln eine eigene I.ngruppe bilden (D. DROYSEN, Die Saiten-I. des frühen und hohen MA [Hals-I.], 1959). Fideln gibt es in den unterschiedlichsten Formen. Sie zeichnen sich immer dadurch aus, daß sie aus einem Korpus mit angesetztem Saitenhals gefertigt sind. DROYSEN gliedert die Fideln in solche mit Normalform (eckig, Spaten-, Rhombus-, Flaschenform, gerundet, oval, und Keulen- oder Birnenform) und in solche mit Achtform (beidseitige Flankeneinschnürung). Die Zargenbauweise bildete sich erst im 12. Jh. heraus. Schallöffnungen der Decke haben meist die Form von Kreissegmenten oder bohnenähnl. Gestalt. Es ist nicht eindeutig zu sagen, mit wieviel Saiten die Fideln bespannt waren. Sowohl Elias Salomo als auch Hieronymus de Moravia (Ende 13. Jh.) schildern die Fidel als fünfsaitiges I. Überwiegend wurde die Fidel mit einem Streichbogen angestrichen. Theoretiker und Illustrationen bezeugen vier verschiedene Spielhaltungen: waagrechte oder schräge Schulterhaltung, gestemmte Haltung gegen Brust oder Schulter, Kniehaltung, waagrechte Haltung in Brusthöhe quer.

Organistrum (Drehleier): Schon im 10. Jh. wird der Drehleier eine eigene Abhandlung gewidmet (Odo v. Cluny, »Quomodo organistrum construatur«). Bildl. Darstellungen finden sich allerdings erst ab dem 12. Jh. Die Drehleier hatte das Korpus einer Fidel, war meist mit 3 Saiten bespannt und hatte große Ausmaße (ca. 150 cm). Zur Klangerzeugung betätigte ein Spieler die Kurbel eines Rads, welches die Saiten ständig anstreichen konnte. Ein anderer Musiker drückte die an der Längsseite des Korpus befindl. Tastenhebel nieder, die das Skalenspiel ermöglichten. Das I. lag während des Spiels auf den Knien der Musiker (York Psalter [um 1175]: Glasgow, Univ. Libr., Hunterian 229, fol. 21 v., vgl. auch Santiago de Compostela, Pórtico de la Gloria [Ende 12. Jh.]). Im 13. Jh. reduzierte man die Ausmaße der Drehleier auf eine transportable Form. Sie konnte nun von einem einzigen Spieler betätigt werden (Westportal der Kathedrale von León [13. Jh.]). Man sprach nun nicht mehr von einem *organistrum,* das noch als Orgelersatz diente, sondern von *symphonia* (lat.) oder *chifonie* (frz.). In der ausgehenden Renaissance wurde aus der Drehleier die *Leier* oder *vièle* der Volks- und Straßenmusikanten.

Gitarre: Baul. Merkmale sind: flacher Boden und Decke und runde Schallöffnungen in der Mitte der Decke. Der Name leitet sich aus dem griech. *kithara* ab, obgleich die Gitarre nichts mit der antiken Kithara gemein hat. Im frühen und hohen MA noch selten anzutreffen, finden sich I. des Gitarrentyps in der 2. Hälfte des 13. Jh. in den Cantigas de Santa Maria. In Spanien und somit auch im übrigen Europa bürgerte sich der arabisierte Name *gitara* ein. Ab dem frühen 14. Jh. findet man das charakterist. in Achtform geschweifte Korpus. Juan Ruiz unterscheidet zw. der *gitarra morisca* und der *gitarra ladina* (J. Ruiz de Hita, Libro de Buen Amor, Bd. 1-2, hg. J. CEJADOR Y FRANCA, Classicos Castellanos, 14.17, 1913). Die Spielweise ist ident. mit derjenigen der Laute. Die Gitarre hatte wie diese Bünde und wurde mit einem Plektrum angezupft.

Laute: Kam mit der arab. Eroberung über Spanien und Südfrankreich nach Europa. Bei den Arabern war die Laute, arab. *al-ʿūd*, ein M. der Eliteschicht. Sie bestand aus einem tiefbauchigen, aus vielen einzelnen, schmalen Holzspänen zusammengesetzten Korpus. Der kurze Saitenhals mit Bünden, über den bei I.n aus früher Zeit vier Saiten laufen, endet in einem nach hinten abgeknickten Wirbelkasten (»Knickhalslaute«). In vielen oriental. Q. wird über das kunstvolle und äußerst komplizierte Lautenspiel berichtet (R. D'ERLANGER, La Musique Arabe, 1930/35). Dort galt die Laute als Demonstrations-I., so wie in Europa und Griechenland das Monochord. Ziryab, ein Lautenspieler aus Bagdad, der 832 am Omayyadenhof in Córdoba aufgenommen wurde, soll die Kunst des Lautenspiels nach Europa gebracht haben. Der älteste Beleg für die Existenz der Laute auf europ. Boden ist eine Elfenbeinschnitzerei auf einer Pyxis aus Córdoba, die um 970 entstanden ist (vgl. H. BESSELER, Die Musik des MA, 78, Abb. 43). Die Laute wird bis zum 14. Jh. jedoch nur selten quellenkundl. erwähnt. Ausnahmen finden sich auf den Wandmalereien der Cappella Palatina in Palermo (12. Jh.). Dieser Mangel an bildl. und schriftl. Zeugnissen mag in der Haltung der kath. Kirche begründet sein, die in der Laute ein heidn. I. sah. Die Laute konnte sich bei den Troubadours und in der Volksmusik des MA wegen ihrer komplizierten Spieltechnik nicht durchsetzen. Sie wird von Musiker- und Dichterpersönlichkeiten, wie z. B. G. de Machaut und Boccaccio erwähnt (in Dtl. zuerst bei Heinrich v. Neuenstadt 14. Jh.).

Mandola: Neben der Laute wurde auch die Mandola durch die Araber in Europa bekannt. Sie war zuerst ein kleines, birnenförmiges Instrument mit abgeknicktem Wirbelkasten. Die Saiten waren nicht wie üblich an einem Querriegel, sondern durch einen Sattelknopf befestigt (vgl. die Nachbildung eines Kapitells aus Cluny, Paris, Palais de Chaillot; das Original wohl aus der 1. Hälfte des 12. Jh.: eine kleine Mandola wird seitenverkehrt gehalten und mit der linken Hand gezupft).

Eine zweite, allerdings wohl spätere Art der Mandola hat zusätzl. zum schlanken und ovalen Korpus einen langen, abgesetzten Hals. Eine Wirbelplatte ist nicht vorhanden. Der Kragen läuft in einem Tierkopf aus. Dieser Typ der Mandola steht den Fideln nahe (vgl. D. DROYSEN, Die Saiten-I. des frühen und hohen MA [Hals.I.], 89). In der Dichtung des 13. Jh. bürgert sich für diese größere Mandola der Name *mandora* ein. Er wird übergreifend für alle Instrumente des Typs Mandola gebraucht.

[3] *Schlag- und Rhythmusinstrumente:* Im Text der Epistel des Hieronymus ist nur ein Schlaginstrument vertreten: das »bombulum«. H. AVENARY zufolge handelt es sich dabei um eine erzene Glocke mit viereckigem Querschnitt, in deren Innerem sich die »fistuca«, der Klöppel, befindet. Am Rand der großen Glocke hängen 12 kleinere Glocken, die zusammen mit der großen einen lauten und durchdringenden Klang ergeben. In den beiden Sammelhss. München, cl. 14523, und Paris, Bibl. nat. lat. 7211 finden sich Abb. eines *cimbalums*. Dieses besteht aus mehreren an Kettchen aufgefädelten kleinen Glöckchen, die in einem Handgriff zusammenlaufen. Schlag- und Rhythmus-I. werden vielfach auch zu außermusikal. Zwecken gebraucht (Warnung, Signal, Getöse). Wesentl. Einsatzbereich dieser I. war die Hof- und Militärmusik. Eine grobe Unterscheidungsmöglichkeit bietet die Aufteilung in Fell-I. und Idiophone (selbstklingende Instrumente).

Glocken und Schellen: Gehören zur Gruppe der Idiophone. Das Korpus der Glocken besteht aus gegossenem Metall, das der Schellen aus getriebenem und teilw. verlötetem Blech. Glocken werden von innen durch einen Klöppel oder von außen durch einen Hammer angeschlagen. Schellen haben meist im Innern einen Klöppel. Letztere wurden hauptsächl. Tieren umgehängt, um deren Standort bestimmen zu können, zierten aber auch gerne Gewänder, da man ihnen mag. Kräfte zuschrieb (vergleichbar dem Amulett). Eine klare Unterscheidung zw. Schellen und Glocken ist in den ma. Q. selten anzutreffen.

Unter *Zymbeln* (cymbala) verstand man vor 900 kleine Metallteller, die gegeneinander geschlagen wurden (vgl. Cantigas, Escorial J.b.2, fol. 176 v.). Ab dem 10. Jh. nannte man das kleinere Glöckchen *cymbalum* und *tintinnabulum*. Solch kleinere Glocken konnten wie Schellen in den Händen geschwungen werden (Luttrell Psalter, ca. 1340: London, Brit. Libr., Add 42130, fol. 176). Größere Glocken hingegen hießen *nolae* oder *campanae*. Glocken fanden im musikal. Bereich vielfach als Glockenspiele (»cymbala«) Verwendung. Dabei waren an einem Balken oder innerhalb eines Kastens verschieden große Glocken mit unterschiedl. Tonhöhen nebeneinander aufgehängt. Meist befanden sich links die großen, tief klingenden Glocken und rechts die kleinen und hohen. Sie konnten entweder mit Hämmern angeschlagen (vgl. Ostengl. Psalter, um 1310: Brit. Libr., Arundel 83, fol. 55 v.) oder über den nach unten mit einem Lederriemen verlängerten Klöppel geläutet werden (Cantigas de Santa Maria, Spanien um 1280: Escorial J.b.2, fol. 359). Selten werden klingende Schalen abgebildet, die, auf einem Tisch aufgereiht, mit leichten Stöckchen angeschlagen oder möglicherweise auch an der Kante wie bei einer Glasharfe angetrieben wurden. Von welchem Material diese Schalen waren, ist nicht bekannt. Möglicherweise wurden sie aus Glockenerz oder Glas gegossen (Südfenster in der Beauchamp Kapelle, St. Mary's, Warwick, um 1440).

Der *Triangel* findet sich spätestens seit Beginn des 15. Jh. (Meister von Köln, Die Jungfrau umgeben von den Engeln, ca. 1415: München, Alte Pinakothek). Meist waren Schellenringe am horizontalen Balken des dreieckigen oder seltener trapezoiden Triangels angebracht, die den Klang verstärken sollten (Merlin & Cellier, Recherche de plusieurs Singularités, 1585: Paris, Bibl. Nat., frc. 9152, fol. 185).

Das *Xylophon* wird zum ersten Mal bei Agricola erwähnt (M. Agricola, Musica instrumentalis deudsch, Wittemberg 1528). Im Dt. erhält das Xylophon des späten MA den Namen »Strohfidel«, weil bei ihm die hölzernen Klangstäbe auf Stroh liegen. Die Tonabfolge ist bei Agricola – bis auf die Töne B und H – diatonisch:

FGABHCDEF. In Illustrationen wird das Xylophon (wohl symbolisch wegen seines hölzernen, trockenen Klangs) meist von Skeletten gespielt (z. B. Holbein).

Fellinstrumente: Das MA kannte nur eine begrenzte Anzahl an Fell-I.n. Bei diesen spannte sich über einen runden, röhrenförmigen oder kesselartigen Körper ein Fell, welches gerieben, geklopft oder geschlagen werden mußte.

Trommel: Schon bei Isidor v. Sevilla (um 600) genannt (»symphonia«): ein ausgehöhltes Holzteil, das an beiden Enden mit einem Fell bespannt ist. Die übliche Bauform der Trommel bestand aus einer zylindr. gebogenen Holzwand, über deren eine Öffnung das Fell gespannt war, und deren andere Öffnung frei blieb. Ab dem 12. Jh. vermehren sich die Zeugnisse, in denen Flötenspieler gleichzeitig eine Trommel (afrz. *tabor*) anschlagen (z. B. Luttrell Psalter, London, Brit. Libr., Add. 42130, f. 164 v., um 1340). Meist werden Trommeln als »tympana« tituliert.

Tamburin (me. *timbre*) wurde ebenfalls »tympanum« genannt. Es wurde aus dem mittleren Orient nach Europa importiert. Das Korpus bestand aus einem rund gebogenen, mit Fell bespannten Holzrahmen. Außen am Rahmen befanden sich mehrere kleine Schellen (»cymbala«) (vgl. London, Brit. Libr., Sloane 3983, f. 13, frühes 14. Jh.).

Pauke: Pauken (ebenfalls »tympana«) haben ein kesselförmiges Korpus aus Kupfer mit nur einer Öffnung, die stets bespannt ist; sie stammen aus dem Orient und waren in Europa nicht vor dem 13. Jh. bekannt. Als Paar und in kleiner Form am Gürtel befestigt, hießen sie nach ihrem arab. Namen *naqāra* in Frankreich seit dem 13. Jh. *nacaires* (Luttrell Psalter, London, Brit. Libr., Add 42130, f. 176). Die Pauken werden immer paarweise gebraucht und treten in Gemeinschaft mit den Trompeten auf. Dtl. scheint ein Zentrum der Paukenkunst gewesen zu sein. 1384 schickte Philipp v. Burgund Trommler nach Dtl., damit sie das Paukenspiel erlernten. Die Pauke wurde zu einem Symbol der Aristokratie.

[4] *Tasteninstrumente:* Mechanisierte Blas- oder Saiten-I., die mit Tasten, sog. claves, ausgestattet sind. Die Tasten ermöglichen zum einen das Skalen-, zum anderen das mehrstimmige Spiel. Tasten-I. müssen als log. Entwicklung der europ. Kunstmusik verstanden werden, die auf dem System der Polyphonie und Harmonie (Mehrstimmigkeit) beruht. Sie sind deshalb die wichtigste Neuerung auf dem Gebiet des I.nbaus im MA.

Orgel (organum, Portativ, Positiv): Gewöhnl. sind organum und Orgel die umfassenden Begriffe, die auch für die großen Orgelwerke gebraucht werden. Portativ steht meist für eine kleine, tragbare (München, Pinakothek, fläm. Meister um 1510), Positiv für eine etwas größere, stationäre Orgel (vgl. Van Eyck, Ghenter Altar, ca. 1425). Der antike Begriff für die Orgel lautet »hydraulis«. Sie soll von Ktesibios aus Alexandreia um 250 v. Chr. erfunden worden sein. Berichte und ausführl. Beschreibung liefern Vitruv (De architectura) und Heron (Pneumatika). Sie ist ein mechanisiertes Blas-I. Die antike Orgel hatte nach Vitruv keine Balganlage zur Windversorgung, sondern ein abgestimmtes System von Wasserkompressoren (Pumpen) und Ventilen, über die Luft angesaugt, verdichtet und gespeichert wurde. Sie war – wie die späteren ma. Tasten-I. – Ausdruck und Ergebnis von bes. techn. Entwicklungsleistung. Die Windzufuhr zu den einzelnen Pfeifen wurde mit Hebeln und Schiebern kontrolliert. Beim Herausziehen der Schieber konnte die Luft zu den Pfeifen gelangen. Der selbständige Rückzug der Schieber wurde, wie Vitruv schreibt, durch Federn aus Horn bewirkt. Die Pfeifen stellte man in der Antike aus Metall her. Wie aus dem Traktat »anonymos Bellermann« hervorgeht, waren oftmals mehrere Pfeifenreihen vorgesehen, durch die jeweils unterschiedl. »tropoi« (Tongeschlechter) erklangen. Ein bes. Merkmal der antiken Hydraulis war ihre Lautstärke. Deshalb erklang sie als Signal-I. vornehmlich zu öffentl. Feierlichkeiten und Zirkusspielen. In Byzanz (um 393) erhielt die Orgel einen neuen techn. Aufbau. Die Luftverdichtung und Speicherung erfolgte nicht mehr nach dem oben skizzierten Wassersystem, sondern durch Blasebälge (vgl. z. B. Stuttgarter Psalter, Stuttgart Württ. Landesbibl., fol. 23, um 830; die auf fol. 163 v. zu Ps. 150 abgebildete Orgel wird durch eine Balganlage, die von 3 Männern mittels Fußtritt bewegt wird, mit Wind versorgt. Ganz deutl. ist eine Rohrleitung zw. den Bälgen unter den Füßen der Personen und der Orgel zu erkennen). Auch Hieronymus skizziert schon eine Orgel mit Windbälgen (»de duabus elephantorum pellibus concavum coniungitur, et per XII fabrorum sufflatoria compulsatum.«). Vermutl. meinte er mit »fistula« eine frühma. Orgel, bei der erzene Pfeifen auf einem hölzernen Kasten (»lignum altum«) stehen. Byzanz wurde zum Zentrum des Orgelbaus im frühen MA. Als Karl d. Gr. in Aachen von byz. Fachleuten eine Orgel aufstellen ließ (812), sollen, so berichtet Notker, frk. Handwerker zugesehen und sich dabei den Orgelbau angeeignet haben. Als dann um 870 Papst Johannes VIII. eine Orgel samt Organisten suchte, fragte er nicht in Byzanz, sondern in Freising an. Der frühma. Orgelbau kulminierte 980 in der Orgel für das Kl. in Winchester. Sie bestand aus mehr als 26 Bälgen, zu deren Betätigung 70 Kalkanten erforderl. waren, und mußte von zwei Spielern betätigt werden. Jedem Spieler waren 20 Schieber (»linguae« oder »linguettae«) anvertraut, die beim Herausziehen jeweils 10 Pfeifen gleichzeitig zum Ertönen brachten. Noch im 12. Jh. charakterisiert Aelred, Abt v. Rievaulx, den Klang der Winchester-Orgel als schreckl. Höllengetöse, der wenig mit dem der Singstimme gemein habe. Zum integrierten Bestandteil der Kirche wurde die Orgel erst im späten MA. Der Durchmesser der Pfeifen veränderte sich im frühen MA noch nicht im entsprechenden Verhältnis zur Länge. Die progressive Abnahme der Pfeifenweite nach der Höhe zu setzte sich erst gegen 1250 durch. Die Tastatur mit Hebeln kam um 1200 bei den got. Orgeln auf. Sie kennzeichnet das nun immer fester an das Repertoire der mehrstimmigen Musik gebundene Orgelwerk. Durch Michael Praetorius wissen wir relativ genau über die im Sept. 1361 eingeweihte got. Orgel des Doms zu Halberstadt Bescheid, die sich als Schwalbennest an der Südwand des Kirchenschiffs befand. Neben dem Mittelteil ragten rechts und links zwei Borduntürme empor. Insgesamt hatte die Halberstädter Orgel drei Manual- und eine Pedalklaviatur. Die Klaviaturen, mit der seit etwa 1170 vertrauten Anordnung in Tonien (Untertasten) und Semitonien (Obertasten), sind nun als Hebel (»claves«) ausgeführt, die aus der Klaviaturwand herausragen. Ober- und Mittelklavier werden mit den Händen, das Unterklavier mit den Ellbogen gespielt. Die Untertasteneinteilung ist mit 80 mm etwa vierfach so breit wie heute üblich. Die Klaviaturen waren nicht terrassiert. Vom Obermanual konnte man den Diskant als 32- bis 56fachen Hintersatz, vom mittleren den doppelchörigen Prinzipal 16' und vom Untermanual den Baß mit den Bordunen (32'-Prinzipale, »pedalia«) spielen. Das Pedal war fest an das Baßmanual angekoppelt und betätigte den 16- bis 24fachen

Baßhintersatz. Die Aufteilung des Pfeifenwerks nach Registern erfolgte um 1250. Noch bis ins späte MA wurden Orgelpfeifen (»fistulae«) beinahe ausschließl. aus Metall (Blei, Kupfer und Zinn) hergestellt. 20 Trittbälge (»flabella«) versorgten das Orgelwerk in Halberstadt mit Luft. Die Windladen (»cistae«, »secreta«) konnten nach verschiedenen Systemen hergestellt werden. Die Spätantike kannte die Tonschieberlade (Theophilos, um 1100). Aus dieser entwickelte sich die ma. Bohlenlade mit Ventilen (»ventilabia«) zu jeder Kanzelle (»conductus«). Ab 1450 setzte sich dann die Schleiflade (auch Tonkanzellenlade genannt) durch (belegt für die von Martin Agricola 1442 erbaute Orgel in der Martinskirche in Grüningen). Auf ihr stehen alle zu einer Taste gehörenden Pfeifen auf einer Kanzelle. Arnaut erklärt um 1435 noch die Doppelbohlenlade. Springladen (jede Pfeife hat ein eigenes Ventil) gab es nach Praetorius seit 1400 vereinzelt in den Niederlanden und Brabant. Die Verbindung zw. der Taste und dem Ventil war in jedem Fall rein mechanisch.

Clavichord: Besaitete Tasten-I., bei denen die Metallsaiten durch kleine, dünne Metallblättchen gleichzeitig angeschlagen und in die richtige Länge abgeteilt werden. Die Metallblättchen (Tangenten) sitzen senkrecht auf dem hinteren Tastenende. Somit steht der Spieler in engstem Kontakt mit der schwingenden Saite, kann dynam. Differenzierungen bewirken und erhält bei entsprechendem Anschlag die sog. Bebung (Vibrato). Die äußere Form des Clavichords ist rechteckig und mehr breit als tief. Die Saiten verlaufen quer zum Spieler und zur Tastatur. In seiner formalen Anlage dürfte das Clavichord aus dem antiken Monochord hervorgegangen sein. Arnaut de Zwolle beschreibt um 1440 ein Clavichord mit 3-Oktaven-Umfang (H-h3) und neun Saitenpaaren. Es waren beim Arnautschen Clavichord also immer vier Töne untereinander gebunden, deren Tasten ein und dasselbe Saitenpaar anschlugen. Die techn. Anlage des Clavichords bleibt bis ins 18. Jh. unverändert.

Kielclavier: Ein I., bei dem Metallsaiten über eine Tastatur von kleinen Kielplektren angerissen werden, gemeinhin *Cembalo (ordinario)* genannt. Ab dem 15. Jh. wird in Q. vermehrt vom »clavisimbalum« berichtet. Es soll zum ersten Mal von einem Hermann Poll, einem Wiener Universalgelehrten um 1397 gebaut worden sein. Auch Eberhard v. Cersne (1404), Giorgio Anselmi (1434) und Paulus Paulirinus (ca. 1440) erwähnen und beschreiben das Kielclavier. Wie schon beim Clavichord liefert Arnaut de Zwolle als erster eine genaue techn. Darstellung des Gehäuses und der Mechanik. Das große I., bei dem die Saiten in Längsrichtung zum Spieler hin verlaufen, wird *clavisimbalum* genannt. Liegen die Saiten aber in Querrichtung zum Spieler, so spricht Arnaut von einem *échequier* oder *dulce melos.* Das Quer-I. in Form eines Clavichords mit rechteckigem Kasten heißt im it. und dt. Sprachraum *Spinett(a),* im frz. *épinette* und in England *Virginal.* Im 14., 15. und 16. Jh. waren die Cembali meist einchörig besaitet. Ab dem Ende des 16. Jh. wird auf größeren Cembali eine doppelchörige Besaitung angebracht. Spinette bzw. Virginale sind zumeist einchörig besaitet.

Hammerclavier: Von Arnaut de Zwolle (ca. 1440) wird neben der Orgel, dem Clavichord und dem Kielclavier eine funktionstüchtige Hammermechanik beschrieben. Diese konnte sowohl in die Querform der Tasten-I. als auch in Flügel eingebaut werden. Mit »Quartus modus« ist eine Prellmechanik gemeint. Sie unterschied sich von der normalen Kielmechanik des Cembalos und Spinetts nicht dadurch, daß mit ihr unterschiedl. dynam. Schattierungen hervorgebracht werden konnten, sondern in der andersartigen Klangcharakteristik. Es finden sich jedoch bereits bei der Arnautschen Hammermechanik (Arnaut de Zwolle, Les Traités, fol. 128) die in späterer Zeit (sog. *Wiener Mechanik*) verwendete »Prelleiste« und das Gelenk (»Kapsel«). Die Entwicklung der Hammermechanik mit ihrem Piano-Forte-Effekt ist als ein Phänomen der beginnenden Renaissance zu bewerten, in der eine Vermechanisierung und techn. Neu- und Weiterentwicklung vieler M. festzustellen ist.   K. Restle

Q.: Arnaut de Zwolle, H., Les Traités, hg. G. Le Cerf und E.-R. Labande, 1932 – →Cassiodor – M. Praetorius, Syntagma Musicum, II: De Organographia, Wolfenbüttel 1619 [Neudr. 1958] – S. Virdung, Musica getutscht, Basel 1511 [Neudr. 1970] – *Lit.*: Y. Rockseth, La musica strumentale nel Medievo e all'inizio del Cinquecento, Storia della musica (New Oxford Hist. of Music, 3), 455ff. – C. Sachs, Die M. in der Minneregel, SIMG 14, 1902/03 – E. Bihle, Die musikal. I. in den Miniaturen des frühen MA, 1903 – H. Abert, Die Musikanschauung des MA und ihre Grundlagen, 1905 [Neudr. 1964] – H. Degering, Die Orgel, ihre Erfindung und ihre Gesch. bis zur Karolingerzeit, 1905 – A. Hughes-Hughes, Cat. of the Ms. Music in the Brit. Mus., 3, 1909 – J. Levy, M. beim Gesang im ma. Frankreich, auf Grund afrz. Texte (bis zum 14. Jh.), ZRPh 35, 1911, 492-494 – S. Wantzloeben, Das Monochord als I. und als System, 1911 – H. Panum, Medelaldererns Strengeinstrumenter uden Gribebraet, 1915; II: Strengeinstrumenter met Gribebraet, 1928; III: Gribebraetinstrumenter med hals, 1931 – D. F. Scheurleer, Eene iconogr. der muzickinstrumenten [Fschr. A. Bredius 1915] – M. Sauerlandt, Die M. in fünf Jh. der europ. Malerei, 1922 – F. Gennrich, Zur M.nkunde der Machaut-Zeit, Zs. für Musikwiss. 9, 1926-27, 513ff. – R. von Ficker, Perotinus: organum quadruplum sederunt principes, 1930 – H. Besseler, Die M. des MA und der Renaissance (Hb. der Musikwiss., 1931) – T. Gérold, Les pères de l'église et la Musique, 1931 – F. Dick, Die Saiten- und Schlag-I. in der afrz. Lit., 1932 – D. Treder, Die M. in den höf. Epen der Blütezeit, 1933 – T. Norlind, Systematik der Saiten-I., 1936 – J. Chailley, Un clavier d'orgue à la fin du XIe s., Rev. Musicologie 18, 1937, 5-11 – H. Panum, The Stringed I. of the MA, their Evolution and Development..., ed. J. Pulver, o. J. [1939] – C. Sachs, The Hist. of Mus., I., 1940 – N. Bessaraboff, Ancient European Mus. I. An Organological Study of the Music-I. in the Leslie Lindsay Mason Coll. at the Mus. of Fine Arts Boston, 1941 – A. Casimiri, Un trattatello per organisti di anonimo del sec. XIV, Note d'Archivio per la storia musicale 19, 1942, 99-101 – J. Handschin, Aus der alten M.theorie, V: Zur I.nkunde, Acta Musicol. 16-17, 1944-45, 1-10 – E. A. Bowles, Haut and Bas: the Grouping of Mus. I. in the MA, Musica Disciplina 8, 1954, 115-140 – G. Reaney, Voices and i.s in the Music of Guillaume de Machaut, Rev. Belge de Musicol. 10, 1956, 3-17, 93-104 – E. A. Bowles, Were Mus. i.s Used in Liturg. Service During the MA? Galpin Society J. 10, 1957; 11, 1958; 12, 1959 – D. Devoto, La enumeración de instrumentos musicales en la poesía medieval Castellana (Fschr. H. Anglés, 1, 1958-61), 211-222 – R. Hammerstein, Instrumenta Hieronymi, AfM 16, 1959, 117-134 – H. Avenary, Hieronymos' Epistel über die M. und ihre altöst. Q., Anuario Musical 16, 1961, 55-80 – D. Droysen, Die Saiten-I. des Frühen und Hohen MA (Hals-I.) [Diss. Hamburg 1961] – E. A. Bowles, The Organ in the Medieval Liturgical Service, Rev. Belge de Musicol. 16, 1962 – F. W. Galpin, Old English I. of Music: their Hist. and Charakter, rev. Th. Dart, 1965[4] – J. W. McKinnon, The Church Fathers and Mus. I. [Diss. masch., Columbia Univ. New York, 1965] – K. Bormann, Die got. Orgel von Halberstadt, 1966 – C. Atkins, The Technique of the Monochord, Acta Musicol. 39, 1967, 34-43 – G. Vecchi, Medicina e musica, voci e strumenti nel »Conciliator« (1302) die Pietro de Abano, Quadrivium 8, 1967, 15-22 – J. W. McKinnon, Mus. I. in Medieval Psalm Commentaries and Psalter, JAMS 21, 1968, 3-20 – W. Bachmann, The Origins of Bowing, 1969 – G. S. Bedbrook, The Problem of I. Combination in the MA, Rev. Belge de Musicol. 25, 1971, 53-67 – E. Hickmann, Musica instrumentalis. Stud. zur Klassifikation des M.instrumentariums im MA, 1971 – J. Perrot, The Organ from its Invention in the Hellenistic Period to the End of the Thirteenth Cent., 1971 – F. Crane, Extant Medieval Mus. I.: A Provisional Cat. by Types, 1972 – T. Seebass, Musikdarst. und Psalterill. im frühen MA, 1973 – W. Stauder, Alte M. in ihrer vieltausendjährigen Entwicklung und Gesch., 1973 – S. Marcuse, A Survey of Musical I., 1975 – D. Droysen, Über Darst. und Benennung von M.n in der ma. Buchmalerei, Studia Instrumentorum Musicae Popularis 4, 1976, 51-55 – M.

Huglo, Les instruments de musique chez Hucbald (Fschr. A. Boutemy, hg. G. Cambier, 1976), 178–196 – J. Montagu, The World of Medieval and Renaissance Mus. I., 1976 – D. Munrow, I. of the MA and Renaissance, 1976 – G. Foster, The Iconology of Mus. I. and Mus. Performance in Thirteenth Cent. French Mss. Ill. [Diss. masch., City Univ., New York, 1977] – Chr. Page, Biblical I. in Medieval Ms. Ill., Early Music 5, 1977, 299–309 – H. Giesel, Stud. zur Symbolik der M. im Schrifttum der alten und ma. M.forsch. 94, 1978 – E. Ferrari Barassi, Strumenti Musicali e Testimonianze Teoriche nel Medio Evo, Instituta et Monumenta II, 8, 1979 – Chr. Page, Fourteenth Cent. I. and Tunings: a Treatise by Jean Baillant?, Galpin Society J. 33, 1980, 17–35 – Ders., German Musicians and their I.: a Fourteenth Cent. Account by Konrad of Megenberg, Early Music 10, 1982, 192–200 – Ders., The Medieval Organistrum and Symphonia, 1. A Legacy from the East?, Galpin Society J. 35, 1982, 37–44 – Ders., The Medieval Organistrum and Symphonia, 2. Terminology, Galpin Society J. 36, 1983, 71–87 – Ders., Voices and I. of the MA, 1987 – A. Bruford, Song and Recitation in Early Ireland, Celtica 21, 1990, 61–74 – K. Restle, Bartolomeo Cristofori und die Anfänge des Hammerklaviers. Q., Dokumente und I. des 15. bis 18. Jh., 1991 – Companion to Medieval and Renaissance Music, hg. T. Knighton–D. Fallows, 1992.

Musivische Arbeit → Mosaik

Muskatblut, Berufsdichter und -sänger vermutl. ostfrk. Herkunft. Die sicher datierbaren Lieder entstanden zw. 1415 und 1438; wahrscheinl. ist er ident. mit dem Fahrenden (Konrad) M., der im Dienst zweier Mainzer Ebf.e stand und urkdl. 1424–58 oft nachgewiesen ist (Belege aus Nördlingen, Regensburg, Nürnberg, Mainz). Der im 15. und 16. Jh. vielfach gerühmte Dichter wurde von den →Meistersingern unter die 'Nachdichter' gezählt. Insgesamt sind 109 Spruchlieder mit M.s Autorsignatur überliefert, doch gelten einige als unecht (nach Kiepe-Willms sind 93, nach Schanze 99 Lieder echt). Abgefaßt sind die Lieder in vier Tönen: im Hofton (auch Alter T., Langer Hoft., M.s T.), im Fröhlichen T. (auch Neuer T.), im Langen T. (auch Goldener T.), in einem namenlosen T. M. überragt dank der Zahl seiner relativ breit überlieferten Lieder seine zeitgenöss. Spruchdichterkollegen Lesch, Harder, Hülzing. Die Texte behandeln in schlichtem Stil politische und moraldidaktische Themen (Konzil v. Konstanz, Hussitenkriege, Reichstage; Klagen über den Zustand der Welt, über einzelne Stände usw.), ferner geistliche Themen (vorwiegend Maria) und die Liebe; weitere Themen (z. B. Lob des Gesangs) stehen am Rand.
H. Brunner

Ed. und Lit.: Lieder M.s, hg. E. v. Groote, 1852 – M. Die Kölner Hs., hg. E. Kiepe-Willms [Faks.; Melodieteil H. Brunner], 1986 – Rep. der Sangsprüche…, 4, 1988, 378–436 – Verf.-Lex.² VI, 816–821 [E. Kiepe-Willms; Lit.].

Muskatnuß(baum) (Myristica fragrans Houtt./Myristicaceae). Die auf den Molukken beheimatete Baumfrucht kam erst im MA durch arab. Händler nach Europa. Von dem Samenkern mit den Bezeichnungen *nux muscata* (Constantinus Africanus, De grad., 355), *nux miristica* (Alphita, ed. Mowat, 124 und 126), *muscaten* (Gart, Kap. 283) wurde der rote, irrtüml. als 'Blüte' gedeutete Samenmantel als *macis, mussatenblume, muschatblume* (Steinmeyer-Sievers III, 561), *muskatplüet* (Konrad v. Megenberg, IVB, 21) unterschieden. Beide Drogen waren, obwohl teuer, beliebt als →Gewürz, galten aber auch als ein Leber, Lunge und Herz stärkendes, verdauungsförderndes (Circa instans, ed. Wölfel, 82 und 85) sowie Gemüt und Sinne stimulierendes Mittel (Hildegard v. Bingen, Phys. I, 21).
I. Müller

Lit.: Marzell, III, 263f. – O. Warburg, Die M., ihre Gesch., Botanik, Kultur, Handel und Verwertung, 1897 – H. Küster, Wo der Pfeffer wächst. Ein Lex. zur Kulturgesch. der Gewürze, 1987, 158–162.

Muskelpanzer, spätarchaisch-griech. Bronzepanzer aus Brust- und Rückenhälfte in Nachbildung der Muskulatur des männl. Oberkörpers, in klass. Zeit mit halbrundem Bauchabschluß und Hängelaschen (pteryges) zum Schutz der Achseln und des Unterleibes versehen. Die Pteryges hingen entweder am Panzer selbst oder an einem Unterkleid. In hellenist. und röm. Zeit wurde der M. auch aus gepreßtem Leder hergestellt und bisweilen teilweise oder ganz mit Schuppen bedeckt. Bei den Römern galt der M. als auszeichnender, oft prunkvoll verzierter Panzer für hohe Offiziere und den Ks. In dieser Funktion erhielt er sich auch in Byzanz. Die it. Renaissance kopierte den M. in Lederpressung oder eiserner Treibarbeit als Teil der 'armatura alla Romana'.
O. Gamber

Lit.: A. Hagemann, Griech. Panzerung, 1919 – A. M. Snodgrass, Wehr und Waffen im antiken Griechenland, 1984 – T. G. Kolias, Byz. Waffen, 1988.

Muskete, Weiterentwicklung der →Handbüchse und →Hakenbüchse (→Lotbüchse) im 16. Jh. Eine →Handfeuerwaffe, Kaliber 18–20 mm, mit mechan. Luntenzündung und einer Schäftung, die es dem Schützen ermöglichte, die Waffe im Schulteranschlag abzufeuern und gleichzeitig das Ziel im Auge zu behalten. Beim Luntenschloß waren alle für die Zündung notwendigen Teile an einer eisernen Schloßplatte montiert. Bei Betätigung des Züngels senkte sich der Hahn mit eingeklemmter glimmender →Lunte in die seitl. am Lauf angeschmiedete und durch den Zündkanal mit dem Laufinneren verbundene Pfanne, entzündete das dort aufgeschüttete 'Zündkraut' und brachte die Treibladung zum Abbrennen.
E. Gabriel

Lit.: M. Thierbach, Die gesch. Entwicklung der Handfeuerwaffen, 1886 – A. Hoff, Feuerwaffen, I, 1969.

Muspilli, fragmentar. überliefertes ahd. Visionsgedicht in 103 stabreimenden Langversen über das Ende der Welt (München, Bayer. Staatsbibl., Cim 21), im späten 9. Jh. auf ursprgl. freien Blättern (61^r, 120^v, 121^{rv}) und unteren Rändern (119^v, 120^r) einer lat., Ludwig dem Dt. gewidmeten Regensburger Hs. (München, Clm 14098, um 825) von einem ungeübten Schreiber aufgezeichnet. Die Datierung der postulierten Vorlage (zw. 790 und 871) ist umstritten; trotz südrheinfrk. Elemente weist der sprachl. Befund der vielfach entstellten Textes ins Bair. Der Titel ist vom ersten Herausgeber, J. A. Schmeller (1832), V. 57b entnommen. Ungeklärt bleiben die Fragen nach christl. oder germ. Herkunft sowie nach der Bedeutung des auch im →Heliand und im Altnord. belegten Rätselwortes *muspilli* (Feuerdämon; Mundtöter = Christus als Weltenrichter; Weltenbrand, Weltende, Weltgericht?); der Dichter hat den Begriff offensichtl. rein christl. verstanden. Inhaltl. besteht das M. aus drei Teilen: Auf den Streit zw. Engel und Teufel um die Seele eines soeben Verstorbenen und die Evokation von Höllenpein und Paradiesfreude (Vv. 1–30) folgen Elias' Sieg über den Antichrist mit anschließendem Weltenbrand (Vv. 31–72) sowie die Aufforderung zum Jüngsten Gericht und die Darstellung Christi als Weltenrichter (Vv. 73–103). Die Bilder stammen aus dem bibl. und apokryph begründeten zeitgenöss. Motivreservoir, neuartig ist die Kombination. Zur Bedeutung der gehäuft auftretenden Termini aus der Rechtssprache gibt es keine einheitl. Position. Aufgrund inhaltl. Brüche nahm man in der älteren Forsch. zwei oder drei vormals eigenständige Gedichte als Quelle an, inzwischen wird das unverbundene Nebeneinander von Andersartigem als Textkonstituens anerkannt. Der eigenwilligen Themenbearbeitung entspricht eine bes. Metrik: Der Verf. variiert im Versmaß, auch verknüpft er Stab-

und Endreim und tendiert damit ansatzweise zu den Reimverspaaren →Otfrids v. Weißenburg. Indem sich der Dichter nicht allein auf die Endzeitschilderung beschränkt, sondern in predigthaften Einschüben zu innerer Umkehr mahnt, erhält der Text didakt. Funktion. Mit seiner eschatolog. Thematik ist das M. auch als Gegenstück zum Wessobrunner Schöpfungsgedicht (→Wessobrunner Gebet) und in seiner literaturgesch. Bedeutung als geistl. Pendant zum →Hildebrandslied zu interpretieren. R. Bauschke

Ed.: Denkmäler dt. Poesie und Prosa, 1964⁴, I, 7–15 (Nr. III); II, 30–41 – W. Braune, Ahd. Lesebuch, 1979¹⁶, 86–89, 170–173 (Nr. XXX) – *Lit.*: Verf.-Lex.² VI, 821–828 [Lit.] – H. Schneider, M., ZDA 73, 1936, 1–32 – H. Kolb, Vora demo Muspille. Versuch einer Interpretation, ZDPh 83, 1964, 2–33 – H. Finger, Unters. zum M., 1977 – W. Mohr – W. Haug, Zweimal M., 1977 – W. Haubrichs, Gesch. der dt. Lit., I, 1: Die Anfänge, 1988, 385–389 – D. Kartschoke, Gesch. der dt. Lit. im frühen MA, 1990, 135–138.

Musquelibet, das angebl. in Indien bzw. im Orient lebende und →Moschus liefernde Moschustier (Moschus moschiferus) von Rehgröße, offenbar von Jakob v. Vitry (hist. orient., c. 87) zuerst entsprechend benannt. Der seit den Kreuzzügen von den Sarazenen bezogene, oft verfälschte (vgl. Circa instans, p. 79) Moschus diente zur Parfümherstellung und als (angebl. in Latrinen auffrischbares) Riechmittel (Ersatz durch →Castoreum nach dem »Liber graduum« des Constantinus Africanus) u. a. bei Ohnmacht und Schwäche von Herz, Hirn, Leber und Magen (Thomas v. Cantimpré, 4,73 = Albertus Magnus, animal. 22,120; vgl. Konrad v. Megenberg III. A. 50). Thomas bezieht Tier und Sekret sinnbildl. auf Leichtsinnige und Schwerverbrecher. Chr. Hünemörder

Q.: →Albertus Magnus, →Jakob v. Vitry, →Konrad v. Megenberg – Circa instans [Text, Komm., Diss. H. Wölfel, Berlin 1939] – Constantinus Africanus, Opera, Basel 1536, 342–387 – Thomas Cantimp. Lib. de nat. rerum I, ed. H. Boese, 1973.

Mussato, Albertino, * 1261 in Padua, † 1329 in Chiogia, Richter, wichtigster Vertreter des paduan. Prähumanismus. Wie sein Lehrer Lovato→Lovati interessierte sich M. insbes. für die Seneca-Tragödien. Sein Lese-Drama »Ecerinis« verbindet die lit. Absicht, das Vorbild der Seneca-Tragödien nachzuahmen, mit dem polit. Engagement, ein »Pamphlet« über die hist. Situation der Zeit zu verfassen. Das Werk behandelt in der Lebensbeschreibung des Titelhelden→Ezzelino da Romano die aktuelle Politik, die von den Expansionsbestrebungen des Cangrande →della Scala gegenüber Padua (die M. selbst energisch bekämpft hatte) geprägt ist. Die Tragödie »Ecerinis« (629 lat. Verse: Jamb. Senare in den Dialogen, lyr. Metren in den Chorpartien) brachte M. sogleich lit. Ruhm ein: als erster Dichter der NZ wurde er Weihnachten 1315 in Padua mit Efeu und Myrte gekrönt. Neben theoret. Abhandlungen (wie dem Tractatus super tragediis componendis«) verfaßte er bedeutende hist. Schriften (»Historia Augusta de gestis Henrici VII«, dem Vorbild des Livius verpflichtet, die Ks. Heinrich VII. als Schutzherrn der kommunalen Freiheiten preist; »De gestis Italicorum post Henricum VII Caesarem« [bis 1321], »Ludovicus Bavarus« [für die Jahre 1325–1329]) sowie poet. Werke (Briefe, Tenzonen, lyr. und religiöse Dichtungen). Eine bedeutende Rolle spielte M. auch in der »querelle« über klass. Dichtung und christl. Glaubenswahrheit. In Polemik mit Giovannino da Mantova vertrat M. den Standpunkt des göttl. Ursprungs der Dichtung und die Idee der Übereinstimmung zw. Theologie und Poesie. M. Picone

Lit.: G. Vinay, Studi sul M., GSLI 126, 1949, 113–159 – E. Raimondi, Metafora e storia, 1970, 142–162 – G. Billanovich, Il preumanesimo padovano (Storia della cultura veneta, II, 1976), 62–85 – G. Ronconi, Le origini delle dispute umanistiche sulla poesia (M. e Petrarca), 1976, 17–59 [Lit.].

Muße (σχολή, lat. otium, quies, vacatio, [kirchenlat.] sabbatum). Platon (Theait. 172cff.) und Aristoteles (Met. I, 1 981b 20ff.) halten M. als unangestrengt tätiges Freisein von handwerkl. und geschäftl. Tun für eine Grundlage wahrer Wissenschaft. Aristoteles (Eth. Nic. X, 7 1177 b 4ff.; Pol. VIII, 3 1337 b 1ff.) führt die M. als ein integrales Bestimmungsmoment der dem seligen Leben der Götter ähnelnden Eudaimonia auf. Die Stoa (SVF III 701–704) stellt den von M. begleiteten βίος θεωρητικός allen nicht-kontemplativen Lebensformen voran (vgl. HWPh I, 948f.). Im christl. Verständnis kann das Gebot der Gottes- und Nächstenliebe ein »negotium iustum« auferlegen; Augustinus (Civ. Dei XIX, 19) band die antike Trias der mußevollen, geschäftigen und der aus beiden vereinten Lebensweisen als ebenbürtige Formen genuinen Christseins zusammen, ohne der Vorrang der ein »otium sanctum« erstrebenden kontemplativen Liebe zur Wahrheit aufzugeben. In der monast. Spiritualität des MA wird die M. der geistl. Kontemplation als die ewige Seligkeit vorauskostende und unser Menschsein erfüllende Lebensform begriffen (vgl. HWPh VII, 636). In der scholast. Theologie unterschied Albertus Magnus (In Eth. X, 12, Ed. Colon. XIV/2, 756f.) kritisch den philos. und theol. Begriff der M.; Thomas v. Aquin begründete (S. th. II-II q. 179–183) gegen die vorgängige adversativ-gestufte Zuordnung von »vita activa« und »contemplativa« eine neue Synthese und verlieh dem »vacare Deo« (Sich-freihalten umwillen Gottes) kult. Dignität. Diese gnadenhafte M. ist wahre, in Liebe sich verschwendende Freiheit in der Selbstaneignung des Menschen durch Überschreitung seiner selbst im Mitvollzug der in Christus geschehenen Kondeszendenz des göttl. Seins. Veränderte pastorale und soziale Gegebenheiten forcieren seit dem 13. Jh. die Kritik am Vorrang der »vita contemplativa« und deren M.ideal. Heinrich v. Gent, Qdl. XII, 28f., tritt für den Rang der Spiritualität des Säkularklerus ein (vgl. Hödl). Meister Eckhart (Pr. 86 DW III, 472–492) läßt in seiner Deutung der Maria-Martha-Perikope (Lk 10, 38–42) beschaul. und tätiges Leben in einer umgreifenden Ganzheit gründen. Jan van Ruusbroec (De geestelike brulocht II, 76–79, CChrCM 103, 538–571) übt gleichfalls innerkirchl. Kritik gegen Selbstmißverständnisse einer im Apostolat erlahmten, quietist.-heterodox gewordenen Beginenmystik. Im Zuge der Wertschätzung der »vita civilis« werden im Humanismus die aristotel. M.auffassung (vgl. Kraye, 334–338) und die monast. Lebensform einer Kritik unterzogen, nicht ohne daß mit Petrarca, De otio religioso (1347), schon früh ein prominenter Fürsprecher auftritt. Radikale Verinnerlichung und extrem theol. Zentrierung kennzeichnen das M.verständnis bei Thomas v. Kempen (Imitat. Christi I, 11. 25; II, 8; III, 1. 53). M. Laarmann

Lit.: HWPh VI, 257–260 – J. Pieper, M. und Kult, 1961⁶ – J. Leclercq, Otia monastica, StAns 51, 1963 – Thomas v. Aquino. Interpretation und Rezeption, hg. W. P. Eckert, 1974, 470–487 [L. Hödl] – F. Petrarca, Citizen of the World, hg. A. S. Bernardo, 1980, 53–99 [G. Constable] – Cambridge Hist. of Renaiss. Philos., hg. Ch. B. Schmitt–Q. Skinner, 1988 (303–386, J. Kraye) – Arbeit – M. – Meditation, hg. B. Vickers, 1991² [grundlegend; Lit.].

Mussy, Guillaume de, mächtiger frz. Beamter (→*panetier de France*) unter →Philipp dem Schönen, † 1306/08, ⌐ Mussy, Kirche (an die er Stiftungen gemacht hatte). M. entstammte einer kleineren Adelsfamilie aus Mussy-l'Evêque (Champagne, dép. Aube, arr. Bar-sur-Seine), die Güter vom Bf. v. →Langres zu Lehen hatte. Zunächst tätig in der Verwaltung des Gf.en v. →Champagne (1278–79) und erneut 1283–84 →Bailli v. Meaux und Provins, 1281 v. Vitry), wechselte er in den Königsdienst über, als die champagn. Domäne der Kgn. unter Administration des Kg.s stand. Vielleicht 1287 Bailli v. Vitry, fungierte M. 1290–92 als Bailli v. Troyes, Meaux und Provins. Doch wurde er zu Allerheiligen 1292 vom →Parlement wegen Veruntreuung von Geldern und Machtmißbrauch verurteilt und abgesetzt; er hatte eine Buße von 3000 *livres tournois* an den Kg. zu zahlen, die vom Praeceptor der Templer, Hugues de Pairaud, übernommen wurde. Nachdem M. sich eine Zeitlang nach Mussy hatte zurückziehen müssen, gelang es ihm dank seiner guten Beziehungen, die kgl. Gunst zurückzuerlangen: Ab 1298 war er kgl. *enquêteur* (Untersuchungsrichter) in der Gft. Champagne (bis 1301 zusammen mit Guillaume de →Nogaret und Simon de Marchais, danach noch bis 1305 gemeinsam mit anderen kgl. Beamten). Der Kg. ernannte ihn 1301 zum *panetier de France*; ab 1303 führte M. den Titel eines →*chevalier le roi*. Trotz seiner Verurteilung von 1292 häufte er weiterhin mit skrupellosen Methoden ein großes Vermögen an (Grund- und Hausbesitz in Batilly, Troyes, Assenay, Chessy sowie gesamte Herrschaft v. Iles-[Aumont]). Sein Sohn Pierre stiftete die Kartause v. Troyes. E. Lalou

Lit.: R.-H. BAUTIER, G. de M., bailli, enquêteur royal, panetier de France sous Philippe le Bel (BEC 105, 1944), 3–37 [Neudr.: Études sur la France capétienne, 1992, Nr. VIII].

Muṣṭafā

1. M. Çelebi (Beiname: Düzme 'der Betrüger'), osman. Prinz, gest. 1422, Sohn →Bāyezīds I. Sein früher Lebensweg liegt im dunkeln. Von seinem Territorialbesitz um Trapezunt aus zog er in die →Valachei und kämpfte, unterstützt von →Mircea d. Alten und İzmiroğlu Cüneyd, 1416 gegen Sultan →Meḥmed I. Geschlagen suchte er Zuflucht im byz. Thessalonike, doch sorgte Meḥmed I. durch Zahlungen dafür, daß M. in Limnos gefangengehalten wurde. Nach Meḥmeds I. Tod (1421) wurden M. und Cüneyd freigelassen. M. nahm den Kampf gegen seinen Neffen, Sultan →Murād II., auf und konnte (trotz des Gerüchts, daß der echte M. verstorben und er nur ein Hochstapler sei) die Unterstützung von Kriegsherren und Sipahis aus Rumelien gewinnen, zahlreiche Städte in Thrakien einnehmen und Münzen auf seinen Namen prägen. Im Entscheidungskampf mit Murād II. wurde M. von Cüneyd und anderen Herren, die Miḥaloğlu auf die Seite Murāds hinübergezogen hatte, fallengelassen. M. wurde gefangengenommen und in Edirne (Adrianopel) gehenkt. C. Kafadar

Lit.: IA, s.v. – C. IMBER, The Ottoman Empire, 1300–1481, 1990.

2. M. (Beiname 'Küçük' oder 'Mustafopoulos'), osman. Prinz, geb. 1409 (?), gest. 1423, Sohn →Meḥmeds I. Der Sultan verstarb, während M. Statthalter v. Hamidili war, und der ältere Bruder bestieg als → Murād II. den Thron. M., der bei den →Karaman Oğulları Zuflucht suchte, ließ sich von türk. Beys und vom byz. Ks. zu Thronprätentionen gegen Murād II. hinreißen und wurde mit entsprechenden Geldmitteln versehen. Auch unterstützte ihn der Stamm der Turġutlu. Während Murāds Belagerung von Konstantinopel (1422) forderte M. Einlaß in →Bursa, dessen Bürger ihm aber dieses Vorhaben ausredeten. Er besetzte Iznik (Nikaia) und residierte hier als unabhängiger Sultan (Gesetzeserlaß, Landschenkungen). Von Murāds Truppen belagert, wurde er von einem engen Ratgeber verraten und hingerichtet. C. Kafadar

Q.: Dukas, Sphrantzes, Neşrī – *Lit.:* IA, s.v.

3. M. ad-Ḍarīr, anatol. Dichter und Übersetzer, 14. Jh. In Erzurum blind geb., lebte er als Gesellschafter an Höfen in Ägypten und Aleppo und übersetzte arab. religiöse Werke ins Türkische. Bekannt sind »Futūḥ uš-Šām« ('Die Eroberung v. Syrien'; Prosa), »Siyer-i Nebī« ('Das Leben des Propheten; Prosa, beendet 1388) und die Gesch. des bibl.-koran. Josef, »Yūsuf u Züleyḫā« (in Versen). Ihm wird auch eine Slg. von 100 Legenden zugeschrieben, die an 100→Ḥadīṯ anknüpfen. A. Tietze

Lit.: G. KOCAENGIN, Zarîr ve Yûsuf ile Zelîḫâ mesnevisi, 1954 [ungedruckte Mag.arbeit] – M. YIĞIT, Erzurumlu Darîr, Futûḫüšśâm tercümesi ve nüshaları üzerine, Türk Kültürü Araştırmaları, 1984, 171–185 [Lit.].

Müstair, OSB Abtei (Schweiz, Kt. Graubünden, Bm. Chur). Das Kl. St. Johann Baptist wurde vermutl. durch die Bf.e Constantius oder Remedius v. →Chur gegr., die von Karl d. Gr. auch als weltl. Rektoren →Churrätiens eingesetzt waren. Hist. Belege für das karol. Männerkl. Tuberis in M. enthalten die Konventslisten in den Verbrüderungsbüchern v. →Reichenau (ca. 800), →St. Gallen (Mitte 9. Jh.) und Pfäfers (Ende 9. Jh.). Als Bau- und Kunstdenkmal zeugt dafür die karol. Kl. kirche mit ihren bedeutenden Fresken, die vermutl. von oberit. Malern wohl im Auftrag von Bf. Remedius (um 800) geschaffen wurden. Bei der Güterteilung zw. Bm. und Gft. (ca. 806) wurde das Kl. M. als Reichsgut Königskloster; von Karl III. 881 mit dem Bm. gegen Besitzungen im Elsaß wieder abgetauscht. Unter Bf. Norbert (1079–88) folgte eine baul. Erneuerung (Kreuzgang; Weiheinschrift von 1087); es fehlen jedoch Nachrichten über den Konvent, auch darüber, wann der Männerkonvent durch die Nonnen ersetzt wurde. Das Frauenkl. erfuhr unter Bf. Adalgott (1151–60) Festigung und monast. Reform, in der Folge bedeutende Schenkungen v. a. durch die Herren v. Tarasp, die Inhaber der Kastvogtei, die der Familie →Matsch vererbt wurde und 1421 als erbl. Lehen an die Hzg.e v. Österreich gelangte. M. ist bfl. Benediktinerinnenkl.; Äbtissinnenwahl und Besetzung der Kl. ämter sind an bfl. Zustimmung gebunden. Im MA umfaßte der Konvent 5–7, höchstens 12 Kl. frauen, die (seit ca. 1400 belegt) aus Bündner Adelsfamilien (Planta, Castelmur, Salis, Ringgenberg, Sax) stammten. Im Schwabenkrieg 1499 wurde das Kl. niedergebrannt, danach Renovation von Kl. und Kirche (Umbau in eine dreischiffige Hallenkirche mit spätgot. Gewölben). E. Gilomen-Schenkel

Lit.: I. MÜLLER, Gesch. des Kl. M., 1978 – Helvetia Sacra III/1, 1986, 1882–1911 – Das Benediktinerinnenkl. St. Johann in M. (Schweiz. Kunstführer 384/385, 1986).

Musterbuch, oft nur fragmentar. erhaltene Vorlagenslg. en einer Werkstatt oder eines Künstlers, die als 'Instrumente der künstler. Überlieferung' den Entstehungsprozeß ma. Kunstwerke wesentl. mitbestimmen, wobei durchaus ein Austausch über Gattungsgrenzen hinweg anzunehmen ist. Gezeichnet, manchmal laviert (Feder, Blei-, Silberstift) auf Pergament, später auch Papier und Buchsbaumtäfelchen, bildet das M. ein Formenreservoir für Einzelfiguren (auch Ausschnitte), Figurengruppen, seltener vollständige Szenen mit Andeutung der architekton. oder landschaftl. Umgebung, Tierstudien, Ornamente, (Figuren-)Alphabete. Damit die *exempla* in neue Zusammenhänge übernommen werden konnten, wird eine möglichst klare, den Kontur (zuweilen später nachgezogen) betonende Anordnung der Muster auf der Seite ohne Überschneidungen angestrebt. Die sicherl. lückenhafte Überlieferung reicht ins 10./11. Jh. zurück (→Ademar v. Chabannes). In der ersten Hälfte des 13. Jh. stehen so verschiedenartige Slg. en wie das Reiner M., der

Rotulus v. Vercelli, das Wolfenbüttler M. und das →Bauhüttenbuch des →Villard de Honnecourt nebeneinander. Die seit 1370 vermehrt erhaltenen Beispiele durchbrechen den engen M.kanon und bereiten den Weg hin zum neuzeitl. Skizzenbuch (Jacquemart de Hesdin, Jacques Daliwe, Braunschweiger M., Wiener Faltbüchlein, Giovannino dei Grassi, Skizzenbuch der Internat. Gotik). Die Malmuster im Göttinger M. (Schwesterhs. Berlin, Kupferstichkabinett SMPK, cod. 78 A 22) wie auch das M. des Stephan Schriber gewähren Einblick in die Arbeitsweise des spätma. Illuminators. B. Braun-Niehr

Ed. und Lit.: R. W. SCHELLER, A Survey of Medieval Model Books, 1963 – H. LEHMANN-HAUPT, The Göttingen Model Book, 1972 – U. JENNI, Das Skizzenbuch der Internat. Gotik in den Uffizien, 1976 – DIES., Vom ma. M. zum Skizzenbuch der NZ (Die Parler und der Schöne Stil III, 1978), 139–150 – H. BUCHTHAL, The 'M.' of Wolfenbüttel and Its Position in the Art of the Thirteenth Century, 1979 – F. UNTERKIRCHER, Reiner M., 1979 – M. und H. ROOSEN-RUNGE, Das spätgot. M. des Stephan Schriber, 1981 – E. VERGNOLLE, Un carnet de modèles de l'an mil originaire de St-Benoît-sur-Loire, Arte medievale 2, 1984, 23–56 – U. JENNI, Das Skizzenbuch des Jacques Daliwe, 1987.

al-Mutanabbī (Abū ṭ-Ṭaiyib Aḥmad ibn al-Ḥusain), arab. Dichter, 915–965. Seinen Beinamen al-M. (derjenige, der sich als Prophet ausgibt) erhielt er, als er noch nicht 20jährig in Syrien eine polit.-religiöse Beduinenrevolte anzettelte, die ihm zwei Jahre Haft einbrachte. Anschließend führte er ein unstetes Wanderleben als bezahlter Panegyriker, ehe er 948 die Gunst des bedeutenden Ḥamdānīdenemirs Saifaddaula v. Aleppo erlangte. Von seinem Mäzen großzügig ausgehalten, pries er ihn als Idealtyp eines arab. Fs.en. Als sein Gönner ihn fallen ließ, ging al-M. nach Ägypten, das er fluchtartig wegen einer beißenden Satire auf den Iḫšīdiden Kāfūr verlassen mußte. 965 wurde al-M. auf einer Reise von räuber. Beduinen ermordet. Sein Werk, das großen lit. Einfluß ausübte und sich bis heute großer Beliebtheit erfreut, besticht durch sprachl. Gestaltungskraft, sorgfältige Komposition und Rhetorik.
P. Thorau

Lit.: EI¹ III, 844–847 – R. BLACHÈRE, Un poète arabe du IVᵉ s. de l'Hégire (Xᵉ s. de J.-C.): Abou ṭ-Ṭayyib al-M., 1935.

al-Mutawakkil → Abbasiden

Mutimir, serb. Fs. (dux Serborum), 2. Hälfte 9. Jh., Sohn des Fs.en →Vlastimir, nach dessen Tod er die Herrschaft mit seinen Brüdern Strojimir und Gojnik teilte. Er schlug den Angriff des bulg. Fs.en →Boris I. Michael ab und nahm dessen Sohn und zwölf Boljaren gefangen. Nach Vertreibung seiner Brüder gewann er die Alleinherrschaft in →Serbien, worin ihm 890/891 sein ältester Sohn Pribislav folgte. Unter Mutimir nahm Serbien endgültig das Christentum an; hiervon zeugen die ersten chr. Namen in der Herrscherfamilie. B. Ferjančić

Lit.: G. OSTROGORSKI, Porfirogenitova hronika srpskih vladara i njeni hronološki podaci, Istoriski časopis, 1–2, 1948, 80ff. – D. S. RADOJIČIĆ, La date de la conversion des Serbes, Byzantion 22, 1952, 253–256 – Istorija srpskog naroda, I, 1981, 148–153 [S. ĆIRKOVIĆ].

Mutschierung (von mhd. *muot* 'Verlangen' und *schar* 'Teilung'), freundschaftl. Übereinkunft von Brüdern oder nahen Verwandten, die Regierung ihrer im gemeinsamen Besitz befindl. Länder entweder abwechselnd zu führen oder durch den Erstgeborenen unter festen Bedingungen führen zu lassen, die Einkünfte aber unter sich zu teilen. Die M. unterscheidet sich somit von der Örterung und der Totteilung. M.en wurden u.a. von den wettin. Mgf.en v. Meißen und Kfs.en v. Sachsen im 14.–16. Jh. vorgenommen. K. Blaschke

Lit.: HRG III, 804–806 – V. L. v. SECKENDORFF, Teutscher Fs.enstaat,

1737, 50ff. – GRIMM, DWB VI, 1885, 2803 – Registrum dominorum marchionum Missnensium, hg. H. BESCHORNER, 1933, XXXIII – E. MÜLLER, Die M. v. 1513 im ernestin. Sachsen, Jb. für Regionalgesch. 14, 1987, 173–182.

Mutterkorn. Das durch einen hauptsächl. auf Roggenähren schmarotzenden Schlauchpilz (Claviceps purpurea) hervorgerufene, überwinternde Dauermyzel (Sklerotium) stellt einen schwarzvioletten, harten, hornförmig gebogenen Körper (Secale cornutum) dar, der stark wirkende Alkaloide enthält und v. a. in der Gynäkologie und zur Blutstillung med. genutzt wird. Man hat dessen Namen sowohl mit Korndämonen ('Roggenmuhme', 'Kornmutter') als auch anwendungsbedingt mit der Gebärmutter in Verbindung gebracht. Bei längerer Darreichung führt das M. zu chron. Intoxikation (Ergotismus): einerseits zu der sog. Kribbel- oder Kriebelkrankheit, andererseits zu einer Vergiftung, die durch brennende Schmerzen, Schwärzung, trockenen →Brand und Abfallen der Glieder charakterisiert ist. Dieses im MA häufig erwähnte, bisweilen auch bildl. dargestellte sog. Heilige Feuer ('Ignis sacer') oder Antoniusfeuer (→Antoniusorden), das sich erstmals 857 sicher belegen läßt, wurde meist durch den Verzehr von m.haltigem Brot ausgelöst, breitete sich bes. im 11. und 12. Jh. aus und trat in Frankreich sogar epidem. auf. Als Ursache des v. a. in Hungerszeiten und unter der armen Bevölkerung grassierenden Ergotismus hat man das M. allerdings erst im 18. Jh. definitiv erkannt. P. Dilg

Lit.: MARZELL I, 1039–1044 – DERS., Heilpflanzen, 31f. – HWDA VI, 700f. – H. GUGGISBERG, M. Vom Gift zum Heilstoff, 1954 – F. FICKER, M. und Ergotismus im Volksleben und in der Kunst, DAZ 111, 1971, 1973–1979.

Mutung (zu mhd. *muoten*, mnd. *muden* 'begehren', 'verlangen') hieß im ma. dt. Recht das förml. Gesuch auf Verleihung eines Rechts, etwa auf Zulassung als →Meister eines Handwerks.

Im Lehnsrecht (→Lehen, -wesen) war die M. auf Erneuerung des Lehens gerichtet. Nach dem Tode des Herrn (Herrenfall) mußte sie vom Lehnsmann, nach dessen Tode (Mannfall) von seinen folgeberechtigten Erben binnen →Jahr und Tag vorgenommen werden. Das Unterlassen der M. war ein Fall der →Felonie und konnte den Verlust des Lehens nach sich ziehen.

Im →Bergrecht war die M. das Gesuch auf Verleihung der Bergbauberechtigung. Zur M. war befugt, wer (zufällig oder infolge planmäßigen Suchens) fündig geworden war. Die M. mußte schriftl. erfolgen und das gefundene Mineral sowie die Größe des beanspruchten Feldes angeben (Feldesstreckung). Bei mehreren M.en für dasselbe Feld ging die frühere vor. In beiden Rechtsgebieten erhielt sich der Begriff der M. bis in die nz. Gesetzesterminologie hinein. K. Kroeschell

Lit.: HRG III, 808–810 [R. SCHMIDT-WIEGAND].

Mütze (aus mhd. *almuz*, *armuz*, abgeleitet von mlat. *almutium*, *almutia*), in der ursprgl. Form Bezeichnung für eine geistl. Kopftracht (→Almucia), die auch von Laien getragen wurde. Im SpätMA bezeichnet 'M.' eine meist weiche Kopfbedeckung ohne Rand im Sinne von →Haube oder Kappe, die von beiden Geschlechtern benutzt wird. Sie entspricht dem in ma. frz. Q. gen. *bonnet*. Materialien können je nach ihren vielfältigen Verwendungsformen diverse Stoffe oder Pelze sein. E. Vavra

Lit.: GRIMM, DWB VI, 2839f. – V. GAY, Glossaire I, 174ff. – H. DÖLL, Me. Kleidernamen im Spiegel lit. Denkmäler des 14. Jh., 1932, 35f. – L. C. EISENBART, Kleiderordnungen der dt. Städte zw. 1350 und 1700 (Göttinger Bausteine zur Geschichtswiss. 32, 1962), 155f. – H.-F. FOLTIN, Die Kopfbedeckungen und ihre Bez. im Dt., 1963, 229ff.

Muzaki (Musac, Musacius, de Musachio), alban. Adelsfamilie, kontrollierte auf dem Höhepunkt ihrer Macht außer der Stadt →Berat die nach ihr gen. große Ebene Myzeqe (Musachia), die Shkumbimündung und die Täler von Devolli, Vjosa und Osumi, ztw. auch die Ebene von Korça und Kastoria. Die M. erscheinen erstmals im Zusammenhang mit dem 1272 von Karl I. v. Neapel errichteten 'Regnum Albaniae'. Ein 'nobilis Albanensis' Johannes M. erschien 1274 als Gesandter der Albaner in Dyrrachion. Sein Sohn Andreas (I.) wurde 1319 von den Anjou zum 'regni Albaniae marescallus' ernannt. Andreas II., der bereits den Titel eines 'despotus Albaniae' führte, eroberte 1372 von →Marko Kraljević Kastoria, wo die M. die Kirche des hl. Athanasios errichteten (Stifter Theodor und Stoja M.). Das türk. Vordringen trieb die M. auf die Seite Venedigs; Andreas III. erhielt ab 1389 eine ven. Provision, um →Dyrrachion vor türk. Angriffen zu schützen. Theodor II. M. fiel 1389 in der Schlacht v. →Kosovo polje. Ab 1394 mußten die M. die Oberhoheit des Sultans anerkennen: ein Teil der Familie islamisierte sich, ein anderer beteiligte sich am Aufstand →Georg Kastriotas gegen die Türken. Der letzte Despot Johannes (Gjon) M., 1476 von den Türken entmachtet, floh nach Italien, wo seine Familie Besitzungen bei Monopoli erhielt. Dort verfaßte er 1510 eine »Historia e genealogia della casa Musachia«.

P. Bartl

Lit.: CH. HOPF, Chroniques gréco-romanes, 1873 – R. JURLARO, I Musachi despoti d'Epiro, 1971 (= Quaderni di cultura 7) – A. DUCELLIER, La façade maritime de l'Albanie au Moyen âge, 1981.

Muzalon, Georgios, * vielleicht um 1220 in Adramyttion, † 24. Aug. 1258. Obwohl nicht aus einer Magnatenfamilie stammend, gehörte er früh zum Kreis um den Thronfolger →Theodor II. Laskaris und erreichte schon unter dessen Vater Johannes III. Dukas Vatatzes hohe Hofämter. 1254 von Theodor II. zum Großdomestikos ernannt, heiratete M. 1256 Theodora Kantakuzena und wurde (gleichzeitig?) zum Protovestiarios erhoben. Theodoros übertrug ihm kurz vor seinem Tod (16. Aug. 1258) die Regentschaft für seinen minderjährigen Sohn →Johannes IV. Beim Gedenkgottesdienst am 24. Aug. wurde er zusammen mit seinem Bruder von lat. Söldnern auf Veranlassung des unter Theodor zurückgesetzten Adels und nicht ohne Zutun des künftigen Ks.s Michael VIII. im Sosandrakl. (bei Magnesia a. Sipylos) ermordet.

P. Schreiner

Lit.: R. GUILLAND, Recherches sur les institutions byz., I, 1967, 223, 409 – D. I. POLEMIS, The Doukai, 1968, 148f. – M. ANGOLD, Byz. Gouvernement in Exile, 1975, 76–81.

Myriokephalon, Schlacht v. (17. Sept. 1176). Nach 1170 drängte Byzanz den selǧuqischen Sultan →Qılıč Arslan II. wiederholt zu Zugeständnissen, die dieser nicht einhielt. Der ständige Kleinkrieg an der Grenze und die Errichtung der byz. Festungen →Dorylaion und Subleon ließen den Konflikt offen ausbrechen. Auf ihrem von türk. Nomaden gestörten Vormarsch gegen Ikonion (→Konya) hatte die Hauptarmee (neben Griechen auch Söldner: Lateiner, Engländer, Kumanen) Ks. Manuels I. den von Selǧuqen besetzten engen Paß v. Tzibritze am s. Ende des n. von M. (heute Kirkbas) gelegenen Tales von Çay zu überqueren. Nachdem die Vorhut heil passiert hatte, vernichteten die aus dem Hinterhalt heraus operierenden Türken den rechten Flügel des wegen des gewaltigen Trosses nur langsam vorankommenden Heeres. Der zersprengte Rest erreichte bald darauf die Vorhut hinter dem Paß. Folgen dieser v. a. durch unvorsichtige byz. Führung verursachten Niederlage sind vorübergehende Schwächung der byz. Streitkräfte, endgültige Unmöglichkeit,

Ikonion zu erobern und das zentralanatol. Hochland zurückzugewinnen und – abgesehen vom Verlust Kilikiens – weitgehend intakte byz. Ostgrenze. Da Byzanz entgegen den Vertragsbestimmungen (DÖLGER, Reg. Nr. 1522) die Festung Dorylaion nicht zerstörte, ging der Krieg mit den Selǧuqen weiter, ehe er in Grenzstreitigkeiten versandete.

P. M. Strässle

Lit.: A. A. VASILIEV, Das genaue Datum der Sch. v. M., BZ 27, 1927, 288–290 – R.-J. LILIE, Die Sch. v. M (1176), RevByz 35, 1977, 257–275 – N. MERSICH, Tzibritze (Fschr. H. HUNGER, 1984), 241–246.

Myrobalanen. Die (gr. μυροβάλανος 'Salbeneichel') stark gerbstoffhaltige Droge stammt von verschiedenen Arten der ostind. Gattung Terminalia (Combretaceae) und gehört zu den ältesten med. verwendeten Früchten. Bei der Rezeption antiken Wissens kam es allerdings zu Verwechslungen, da die klass. Autoren unter M. Früchte und Öl der Behennuß verstanden. Über die Schule v. Salerno sowie den 'Liber Servitoris' des →Abū l-Qāsim az-Zahrāwī) gelangten die M., auch mit Zucker konserviert, ins Abendland, wo sie v. a. als Abführ- und Magenmittel sehr geschätzt waren. Die meisten ma. Autoren, z. B. Johannes v. St. Amand, führen fünf Varietäten auf: *myrobalani citrini*, *chebuli*, *indi*, *bellirici* und *emblici* (vgl. auch das →Antidotarium Nicolai [um 1150]: 'pilulae de quinque generibus myrobalanorum').

F.-J. Kuhlen

Lit.: J. L. PAGEL, Die Areolae des Johannes de Sancto Amando, 1893, 103–106 – M. M. KANAWATI, Ar-Rāzī. Drogenkunde und Toxikologie [Diss. Marburg 1975], 178, 301f. – M. ENGESER, Der »Liber Servitoris« des Abulkasis (936–1013), QStGPharm 37, 1986, 5, 112f., 140f.

Myron, -salbung (orth. Liturgie). Bei dem Sakrament der M.s. (→Firmung) werden dem Getauften die Gaben des Hl. Geistes zur Mehrung und Stärkung des geistigen Lebens mitgeteilt. Der Gesalbte (Χριστός) wird, wie es im Gebet der M. weihe heißt, in das auserwählte Geschlecht, in das kgl. Priestertum, in das hl. Volk Gottes aufgenommen; er wird zu einem vollberechtigten Glied der Kirche, dem die übrigen Sakramente, v. a. die Eucharistie, offenstehen. Die orth. Theol. sieht die M.s. als die Ersetzung der apostol. Handauflegung (Apg 8,17). Das hl. M. ist ein mit vielen aromat. Stoffen (Symbol für die Mannigfaltigkeit der Gaben des Hl. Geistes und den Wohlgeruch seiner Heiligkeit) vermischtes, feines Olivenöl. (Dem Salböl in der lat. Kirche, Chrisam [sacrum chrisma], wird nur Balsam beigegeben.) Die Formel, die die M.s. begleitet, lautet »Siegel der Gabe des Hl. Geistes. Amen«. Das M. wird auch für die Salbung der Häretiker, die zur Orthodoxie zurückkehren, für die Weihe von Altären, für die Weihe des sog. Antiminsion u. a. verwendet. In der orth. Kirche erhalten nicht nur die Bf.e, sondern auch die einfachen Priester die Befugnis, die M.s. im Sakrament der Firmung zu spenden. Die nur durch den Bf. oder nach der Tradition durch den ökumen. Patriarchen bei Bedarf vorgenommene M. weihe findet nach langer Vorbereitung, die sich über mehrere Tage in der Karwoche erstreckt, während der Gründonnerstag-Liturgie statt. Sie wird schon von Ps.-Dionysios erwähnt; ihr umfangreiches Ritual wird im Cod. Barberinus (8. Jh.) und von Symeon v. Thessalonike beschrieben.

E. Theodorou

Lit.: E. THEODOROU, Die Entwicklung des Initiationsritus in der byz. Kirche (E. CHR. SUTTNER, Taufe und Firmung. Zweites Regensburger Ökumen. Symposium, 1971), 141–151 – 'Οἰκουμηνικὸν Πατριαρχεῖον. Τὸ Ἅγιον Μ. ἐν τῇ ὀρθοδόξῳ ἐκκλησίᾳ, 1992.

Myropola → Apotheke, II.

Myrrhe(nbaum) (Commiphora molmol Engl. u. a./ Burseraceae). Der auf semit. murr ('bitter') zurückgehende Name bezeichnet das aromat. Gummiharz, das aus mehreren Arten des in Südarabien und am Horn von Afrika heim. Baumes gewonnen wird. In der ma. Heilkunde fand die *mirr(h)a, murra, myrr(h)a* ebenso vielfältige Anwendung wie in der antiken (Dioskurides, Mat. med. I, 64): äußerl. zur Behandlung von Wunden und Geschwüren sowie Erkrankungen der Mundhöhle; innerl. gegen Atemwegsaffektionen, Verdauungsbeschwerden und Würmer. Ihr Rauch sollte zudem das Gehirn stärken und die Empfängnis fördern (Circa instans, ed. WÖLFEL, 82; Gart, Kap. 270), wohingegen Hildegard v. Bingen (Phys. I, 176) in dem Harz ein Apotropäum, Antaphrodisiakum und Fiebermittel sah. Die seit alters als Räuchermittel im sakralen wie im profanen Bereich hochgeschätzte, in der Bibel (u. a. als Gabe der Hl. Drei Könige) häufig gen. M. spielte auch in der christl. Ikonographie eine nicht unbedeutende Rolle. U. Stoll

Lit.: MARZELL I, 1116f. – HWDA VI, 714 – LCI III, 301f. – D. MARTINETZ, K. LOHS, J. JANZEN, Weihrauch und Myrrhe, 1989.

Myrte (Myrtus communis L./Myrtaceae). Der im Mittelmeerraum verbreitete, duftende Strauch wurde n. der Alpen erst spät bekannt. Denn *mirtelbaum* bedeutet bei Hildegard v. Bingen (Phys. III, 42) den Gagelstrauch (Myrica gale L.), dessen Blätter und Früchte dort als Hopfensurrogat zur Bierherstellung dienen; diese *mirtus* gen. Pflanze meinen auch Albertus Magnus (De veget. VI, 138f.) und Konrad v. Megenberg (IV A, 29), die – aus antiken, arab. und salernitan. Q. schöpfend – med. Anwendungsgebiete der echten M. auf das heim. Gewächs übertrugen, das man u. a. gegen Bronchitis und übermäßiges Schwitzen, zur Herz- und Magenstärkung sowie als Haarwuchs- und Färbemittel nutzte (Circa instans, ed. WÖLFEL, 71f.; Gart, Kap. 265). Der wohl aus babylon.-jüd. Tradition stammende, auch in der Antike übliche Gebrauch der M.nzweige als Brautkranz ist in Mitteleuropa erst seit der Renaissance belegt. U. Stoll

Lit.: MARZELL III, 268 – HWDA VI, 714–717 – I. LÖW, Die Flora der Juden, 2, 1924, 257–279 – H. KÜSTER, Wo der Pfeffer wächst. Ein Lex. zur Kulturgesch. der Gewürze, 1987, 164f.

Mystères → Mysterienspiele

Mysterien → Sakramente

Mysterienspiele

I. Romanische Literaturen – II. Englische Literatur – III. Deutsche Literatur.

I. ROMANISCHE LITERATUREN: Als M. werden heute gewöhnl. volkssprachl. Spiele mit bibl. Stoffen bezeichnet (für Heiligenstücke →Mirakelspiel). Im MA gab es diese Bezeichnung aber nur im Frz. und Katal. Im Katal. wird sie nur für die »Misteri del Corpus« (Fronleichnam) von Valencia gebraucht (ansonsten spricht man im Katal. von *Consueta* = Consuetudine). Nach ihrem ersten Auftreten im 14. Jh. in Frankreich und der Provence waren mystères (hauptsächl. Passionsspiele) ab dem Ende des 100jährigen Krieges (ca. 1445) weit verbreitet. Die Confrérie de la Passion, der 1401 in einer kgl. Urk. ein Aufführungsmonopol für geistl. Stücke in Paris verliehen wurde, wurde erst 1678 aufgelöst, aber bereits 1548 wurde ihr verboten, M. aufzuführen, die den Hauptteil ihres Repertoires ausgemacht hatten. Im übrigen Frankreich (v. a. Dauphiné, Savoyen) wurden M. bis ins 17. Jh. aufgeführt. Mehr als hundert Aufführungen von Passionsspielen zählt man von Städten in ganz Frankreich. Im N (von der Loire bis zu den Niederlanden) wurden hauptsächl. die Passionsspiele von A. →Gréban aufgeführt, die um 1440 entstanden sind, aber über ein Jahrhundert lang revidiert und adaptiert wurden. Städt. Dokumente sind eine gute Q. für die aufwendigen Aufführungen. In der Regel bezahlte die Stadt die Aufführungskosten und die Eintrittsgelder für ein Publikum von mehreren Tausend, wozu oft auch die kgl. Familie und der Landadel zählten. Die Schauspieler (Bürger, Kleriker und Mönche) stellten ihre Kostüme selbst. Ein professioneller *machiniste* für die Spezialeffekte wie Flugapparate, Feuerwerk, Überschwemmungen usw. wurde bisweilen von außen geholt. Obwohl Eintritt verlangt wurde, waren die meisten Stücke ein finanzieller Verlust, aber der Ansturm an Besuchern belebte den städt. Handel, und die Vorteile wurden offensichtl. der Ausgaben für wert erachtet. Zuerst wurden die Stücke an 3 bis 4 Tagen jeweils mehrere Stunden lang aufgeführt. Gegen Ende der Epoche wurden die Aufführungen selbst kürzer und die Anzahl der Spieltage länger. Neben Passionsspielen, von denen einige Themen aus dem AT oder der Geburt Christi einen ganzen Zyklus darstellen, gibt es auch Hinweise und Texte zu eigenen Stücken zur Geburt Christi und zum AT.

In Spanien gab es nur in Kastilien Fronleichnams- und Weihnachtsspiele. Die Kathedrale v. Toledo, von der die meisten Q. erhalten sind, veranstaltete und bezahlte die umherfahrenden Karrenbühnen und die Stücke (darunter eine Passion), die von Handwerkszünften oder Bruderschaften aufgeführt wurden. Einige der längeren Stücke wurden in der Kathedrale aufgeführt, andere auf Karrenbühnen *(rocas)* in den Straßen.

In Katalonien gab es eine weitere Verbreitung; zusätzl. zu Fronleichnamsspielen finden sich Belege über Aufführungen zu anderen Gelegenheiten, v. a. auf Mallorca, wo Consuetas über Stoffe des AT und NT auf mehreren Plattformen in der Kathedrale aufgeführt wurden.

In Italien wurden Passionsspiele zumindest seit 1489 einmal jährlich durch eine Bruderschaft (Compagnia del Gonfalone) im Kolosseum von Rom aufgeführt. 1494 führte die Stadt Revello im Piemont ein drei Tage dauerndes Passionsspiel im frz. Stil auf. Fronleichnamsspiele sind auch aus Bologna und Modena belegt. Der Großteil it. geistl. Dramen mit bibl. Motiven wurde im 15. Jh. in Florenz geschrieben und aufgeführt; geistl. Bruderschaften (→Flagellanten) führten – ausgerüstet mit Maschinen von Architekten wie Brunelleschi – in Kirchen aufwendige Spiele auf. Außerdem gab es Prozessionsspiele am Festtag von Johannes d. Täufer, dem Schutzheiligen von Florenz. Viele Spiele wurden gedruckt, manche in mehreren Ausgaben. L. R. Muir

Lit.: →Geistliche Spiele, →Mirakelspiele – L. PETIT DE JULLEVILLE, Les Mystères, 1880 – V. DE BARTHOLOMAEIS, Origini della poesia drammatica it., 1948 – Hist. del teatro en España, I, hg. DIEZ BORQUE, 1983 – The Theater of Medieval Europe, hg. E. SIMON, 1989 – L. R. MUIR, The Biblical Drama of Medieval Europe [im Dr.].

II. ENGLISCHE LITERATUR: Das Wort *mystery play* tritt im Engl. erst im 18. Jh. auf (nach frz. *mystère, mistère*). Das ma. engl. Wort war *miracle* (→Mirakelspiele). Die Bezeichnung 'ludus de Corpore Christi' u. ä. taucht in ma. engl. Urkk. gelegentl. auf, meint dort aber lediglich ein zu diesem Fest aufgeführtes Spiel, ohne inhaltl. oder formale Festlegung. Da der Terminus 'M.' dem engl. MA fremd war, ist er für die theatergeschichtl. Forsch. problematisch. In der englischsprachigen Lit.wiss. wird er v. a. für jene großen Zyklen verwendet, die die Geschichte der Welt von der Schöpfung bis zum Jüngsten Gericht darstellen. Die Einbeziehung letzterer Episode ist eine engl. Besonderheit, doch ihr Vorherrschen in den erhaltenen Texten ist wohl ein Zufall der Überlieferung. Den Hauptteil der M. machen Geburt und Passion Christi aus. Das AT ist durchweg schwächer vertreten als auf dem Kontinent (gebräuchlichste Episoden: Schöpfung, Sündenfall, Kain und Abel, Sintflut, Abraham und Isaak). Neuere archival. Forsch. erweisen die Zyklen von M.n als weniger repräsentativ für das ma. Schauspiel als früher angenommen. Von den vier fast vollständig erhaltenen Zyklen wurden nach heutiger Kenntnis nur zwei von städt. Zünften gespielt: die →York Plays zu Fronleichnam, die →Chester Plays (nach 1521) zu Pfingsten. Diese Aufführungen waren »prozessional«: sie wurden auf Karrenbühnen an mehreren Stationen in der Stadt dargeboten. Über die Spielmodalitäten von →Ludus Coventriae und →Towneley Cycle wissen wir nichts Sicheres. Für die fragmentar. erhaltenen Spiele von Coventry (→Coventry Plays), Newcastle und Norwich ist dagegen städt.-zünft. Aufführung belegt.

Der engl. M.zyklus ist ein Produkt des späten 14.Jh. (Erstbelege: York 1376, Coventry 1392, Chester 1422). Er vereinigt das Streben der spätma. Kirche nach umfassender Darstellung der Heilsgesch. mit dem Wunsch der aufstrebenden Städte nach Repräsentation. Die uns erhaltenen Hss. gehen nicht über die Mitte des 15.Jh. zurück, zum großen Teil entstammen sie erst dem 16.Jh. Als Verf. der Spieltexte sind Geistliche zu vermuten. →Drama, VI; →Geistl. Spiel. H.J. Diller

Bibliogr.: ManualME 5.XII, 1975, 1315–1356, 1557–1598 – NCBEL I, 727–739 – Lit.: H. C. GARDINER, Mysteries' End, 1946 – R. WOOLF, The English Mystery Plays, 1972 – Records of Early English Drama, 1979ff. – C. DAVIDSON, From Creation to Doom, 1984 – M. STEVENS, Four English Mystery Cycles, 1987 – Contexts for Early English Drama, ed. M. G. BRISCOE–J. C. COLDEWEY, 1989 – C. DAVIDSON, Illustrations of the Stage and Acting in England to 1580, 1991 – The Theatre of Medieval Europe, ed. E. SIMON, 1991 – J. W. ROBINSON, Fifteenth-Cent. Stagecraft, 1991 – →Drama, VI.

III. Deutsche Literatur →Drama, V.

Mysterium, griech. Lehnwort, in der lat. Bibel gleichbedeutend mit sacramentum. Für die wechselnde Verwendung (in der zweisprachl. hellenist. Kultur) läßt sich kein sachl. Grund angeben. In der apostol. Verkündigung (Eph 1, 9; 3, 9 Kol 2, 2; 4, 3) ist M. das Gottesgeheimnis des ewigen Heilsratschlusses des Vaters, der in Christus geschichtl. verwirklicht und durch den Hl. Geist in der Kirche offenbar ist. In 1 Kor 2, 7 spricht der Apostel »von der Gottesweisheit in mysterio«. Die griech. Theologen (→Gregor v. Nyssa), v. a. die Alexandriner (→Clemens, →Origenes, →Athanasius, →Kyrill) bezeugen ein betont sapientiales Verständnis von M. (= Wahrheit), in der lat. Theologie und Kirche dominierte das kult. Verständnis (»Kult-M.«). Bei Ambrosius und Augustinus kann M. beides bedeuten: die verborgene Heilstat Gottes und deren zeichenhafte (sakramentale) Darstellung. Vgl. Ambrosius, De mysteriis. Isidor v. Sevilla, Etym. VII, 19 erklärte M. als geheimes verborgenes Heilswerk Gottes. Diese Definition von M. ging in die ma. theol. Handbücher ein: Gratian, Decretum C. I q. 1 c. 42, →Duranti(s) Guillelmus d. Ä., Rationale divinorum officiorum I c. 9, IV c. 42. Das Heilswerk Gottes ist seiner Natur nach unsichtbar verborgen und muß darum von Gott durch den Engel verkündet werden (Thomas v. Aquin, S. th. III q. 30 a. 2). Diese Offenbarung ist ein Tat-Wort, enthüllend nicht beschreibend, mitteilend nicht urteilend, bildhaft nicht begrifflich. Die Sprache der Offenbarung ist das Symbol und Zeichen. Kunst und Dichtung haben im MA die Symbolsprache und -handlung der M.ien in den →Mysterienspielen dargestellt (vgl. Oster- und Weihnachtsspiel, →Ludus de Antichristo). Beispielsweise wurde im »Psalter of Quatrains« bzw. in der »Vita Adae et Evae« die Urgeschichte in ihrem Heilsgeheimnis dargestellt. Ungebrochen geht aber durch die ma. Bibelerklärung das sapientiale Verständnis von Schriftm. Das M. der Hl. Schriften kann nur in dem Geiste erforscht werden, in dem die Schrift eingegeben und geschrieben ist. Alle literale Schriftgelehrsamkeit (der dicta und facta) muß auf die geistvolle Erfüllung des Heilsgeheimnisses in Christus und der Kirche bezogen werden. Zur myst. Schrifterklärung vgl. H. DE LUBAC, Exégèse médiévale I. 2, 397–415, 489–511. Thomas v. Aquin spricht (im Singular) vom einen, einzigen und einzigartigen M. Christi (S. th. II II q. 2 a. 7) als umfassendem Heilswerk Gottes, das in der →Menschwerdung des Ewigen Wortes gründet und in den →»Mysteria Verbi incarnati« seinen Austrag hat (S. th. III q. 60 prol.). Diese Einzelmysterien des Lebens Jesu erörtert er so, daß er einerseits ihre Entsprechung (correspondentia) zum Leben des menschl. Sohnes Gottes aufweist und andererseits auch die (existenzielle) Entsprechung zum Leben des in Gnaden angenommenen Sohnes betrachtet. Diese formalursächliche (nicht kausale) »transzendentale« Betrachtung der Heilswirklichkeit der M.ien des Lebens Jesu ließ auch Thomas als Zeugen der sog. »Mysterientheologie« O. CASELS erscheinen. Zur Auseinandersetzung über dieses Verständnis vgl. O. CASEL, G. SÖHNGEN, B. POSCHMANN. In der Lehre von den sieben Sakramenten verwendet Thomas den Terminus M. ausgiebiger nur in der Eucharistielehre und hier deshalb, weil dieses Sakrament das »ganze Heilsgeheimnis erfaßt« (S. th. III q. 83 a. 4). Zur geschichtl. Bewegung des Begriffes mystisch als Bestimmung des (sakramentalen und ekklesialen) Leibes des Herrn »corpus mysticum« vgl. H. de Lubac, Corpus mysticum, 1942. L. Hödl

Lit.: DThC X, 2585–2599 – HWPh VI, 264–267 – LThK VII, 724–731 – O. CASEL, M.iengegenwart, JLW 8, 1928, 145–224 – DERS., Glaube, Gnosis, M., ebd. 15, 1935, 155–305 – B. POSCHMANN, »M.iengegenwart« im Lichte des hl. Thomas v. Aquin, ThQ 116, 1935, 53–116 – A. HOFFMANN, Der Begriff des M.s bei Thomas v. Aquin, DT 53, 1939, 30–60 – G. SÖHNGEN, Symbol und Wirklichkeit im Kult M., 1940² – TH. FILTHAUT, Die Kontroverse über die M.ientheologie, 1947 – O. CASEL, Das christl. Kultm., 1948³ – P. WEGENAER, Heilsgegenwart, LWQF 33, 1958 – G. LOHAUS, Die Geheimnisse des Lebens Jesu, Freiburger Theol. Stud. 131, 1985.

Mystik
A. Christentum – B. Judentum – C. Islam

A. Christentum
I. Westliches Mittelalter – II. Ostkirchlicher Bereich.

I. WESTLICHES MITTELALTER: [1] *Definition:* Ausgehend von der klass. kath. Definition nach →Thomas v. Aquin und →Bonaventura ist M. »cognitio Dei experimentalis«, auf Erfahrung (Erlebnis der Gottesschau bzw. -einung schon während des Erdenlebens) gegründete Gotteserkenntnis. Vor dem Höhepunkt der M., der Vereinigung Gottes mit der Seele (Unio mystica), stehen als Voraussetzungen →Askese und →Meditation. Zu den myst. Charismen zählen nicht nur die Schau und Einung, sondern auch eingegossene Erkenntnis, →Erscheinungen, Visionen, Auditionen, Stigmatisierung, Süßigkeitsempfindungen u.a. Diese religiösen Erfahrungen bzw. der Weg zu ihnen und die theol. Reflexionen über sie sind in verschiedenen mystograph. Textsorten thematisiert, die einerseits der prakt. oder Erlebnism. zugehören (z.B. autobiogr. Erlebnisberichte wie bes. die Offenbarungslit., Dichtungen mit autobiogr. Grundlage, Hl.nviten, etc.), andererseits der spekulativen bzw. theoret. bzw. philos. M. (Traktate, Mystagogie, Kommentare etc.). Inhaltliche, auch formale Mischungen sind häufig.

[2] *Frühmittelalter:* Während in den »Confessiones« Augustinus' und den »Moralia« Gregors d. Gr. noch neoplaton. Schau-M. und in den »Collationes« Cassians die

kontemplative M. der Wüstenväter reflektiert wird, mangelt es dem lat. FrühMA – mentalitätsgesch. höchst bedeutungsvoll (→Liebe) – sowohl völlig an Zeugnissen prakt. als auch fast völlig an solchen theoret. M., ausgenommen die Übers. des →Joh. Scotus (Eriugena), der 860/862 das »corpus Areopagiticum« sowie Werke anderer griech. M.er (Maximos Homologetes, Gregor v. Nyssa) der lat. Welt zugängl. machte, freilich vorerst ohne Rezeption.

[3] *Hochmittelalter:* Erst um die Wende vom 11. zum 12. Jh. wird M. wieder greifbar, sowohl in ihrer Erlebnisform als auch im spekulativen Bereich. Eine hinreichende hist. Erklärung fehlt noch. Voraussetzung war die im sozial- und mentalitätsgesch. Umbruch der Epoche entstandene Sensibilisierung für individuelle, emotionell bestimmte Lebens- und Empfindungsweisen, von der u.a. auch die Minnelyrik und der höf. Roman zeugen. Die hochma. M. ist – und bleibt es im weiteren MA – primär Christusm. Ihr Beginn liegt einerseits in den zu emphat. Christusliebe mitreißenden »Meditationes« →Anselms v. Canterbury, andererseits in den intimen Christusküssen →Ruperts v. Deutz (»Comm. in Mt.« 12). Für fast das gesamte MA richtungsweisend wurden die myst. Schriften →Bernhards v. Clairvaux. Äußerte er sich über seine eigenen Erfahrungen auch widersprüchl., und sind seine Werke auch Mystographie oder Mystagogie, so unterscheiden sie sich doch von den meisten Schriften dieser Art durch die unübertroffene Leidenschaftlichkeit des Ausdrucks. In seinen »Sermones super Canticum« identifiziert er (Origenes wiederaufnehmend) die Braut des Hld mit der Seele des einzelnen Gläubigen und beschreibt hochemotionell die Liebe zw. dem Sponsus Gott und der Sponsa Seele (vgl. 9,7; 23,9; 85,1; 85,12). Von Bernhard leitet sich neben der Brautm. auch die Christkind- (»Serm. in Nativ.«) und Passionsm. (»Super Cant.« 62,7) her. Auch Bernhards Freund →Wilhelm v. St. Thierry interpretiert das Hld als Verlauf einer Liebesbeziehung, von der »Annäherung« bis zum »Beilager«. In der Frauenm. seit dem ausgehenden 12. Jh. werden diese Metaphern dann in durchaus erot. Erleben umgesetzt. Die Zisterzienserschule (→Ælred v. Rievaulx, Guerricus v. Igny, Joh. v. Ford u.a.) führt diese Tradition fort, nicht ohne andere Themen zu integrieren (bes. Betonung der Selbsterkenntnis am Beginn des myst. Wegs), ähnl. die Kartäuser (Guigo I. und II.). Die M. der Viktoriner (Hugo, Richard) ist zwar ebenfalls Liebesm., doch oft eher intellektuell-spekulativ und psycholog. ausgerichtet. Seit dem 12. Jh. entsteht auch eine Flut von anonymen Werken, oft Lyrik, wie die erste mhd. Dichtung, die Brautm. zum Thema hat, das »Trudperter Hohe Lied« (um 1160), oder der zisterziens. Hymnus »Jesu dulcis memoria« (England, um 1200). Im 12. Jh. liegen auch die Anfänge der Frauenm.: In den lat. Visionswerken der →Elisabeth v. Schönau zeigen sich erste Ansätze zu einer geschauten Passions- und Liebesm.; die großen Offenbarungsschriften und Briefe der →Hildegard v. Bingen gehören dagegen kaum zur M. im oben definierten Sinn, sondern zum Genus der Prophetie und Bildallegorie. Seit Ende des Jh. setzt die Frauenm. bes. innerhalb der →Beginenbewegung ein: Odilia v. Lüttich (1165–1220), Ivetta (Juette, Jutta) v. Hoe (Huy) (1158–1228), →Maria v. Oignies, →Ida v. Nivelles u.v.a.

[4] *13. Jh.:* Der nächste entscheidende Schritt in der Gesch. der M. vollzieht sich mit →Franziskus v. Assisi. Wiewohl oft verzückt, erfuhr er das große erlebnismyst. Ereignis, die Stigmatisierung, erst gegen Ende seines Lebens, während langer Askeseübungen. In der myst. Kreuzigung und dem Erscheinen der fünf Wunden an seinem Körper ist die Imitatio Christi übergegangen in die Conformitas Christi (Franziskus als »alter Christus«). Die bedeutendste Nachwirkung des Franziskus liegt nicht, wie bei den meisten anderen M.ern, in seinen Schriften, sondern in seiner Person. An sie knüpft die franziskan. M. an, indem sie sein Leben ausdeutet. Von der Krippe in Greccio führt eine Linie zu der immer stärker werdenden »M. der hist. Ereignisse« der Heilsgesch., wie sie bes. mit Ps.-Bonaventura (→Meditationes Vitae Christi) weite Verbreitung finden sollte. Der bekannteste Nachfolger des Franziskus in der prakt. M., →Jacopone da Todi, sang seine Christuserfahrungen in leidenschaftl. volkssprachl. Laude. Einigungs- und Passionsm. sind verschmolzen (15, 51–53). →Johannes Firmanus de Alvernia ist der Typus des ekstat. Franziskanerm.ers schlechthin (»Fioretti« 49). Zahlreich sind die M.erinnen im Rahmen der franziskan. Bußbewegung, deren Leben Braut-, Passions-, Wunden-, Herz-Jesu-M. in verschiedener Betonung prägen, so u.a. →Margareta v. Cortona, Umiliana dei Cerchi, Margarita →Colonna und, am berühmtesten, →Angela v. Foligno. Sie betont Compassio und Unio passionalis, Christus-Vereinigung im Leid, und fühlt sich abwechselnd vom Hl. Geist und von Dämonen besessen. Doch gehören der it. Poenitentenbewegung auch dominikan. M.erinnen an, z.B. Vanna v. Orvieto. Der einflußreichste unter den Franziskanerm.ern war jedoch der Theoretiker →Bonaventura. Nach seinem »Itinerarium mentis in Deum« folgt die pilgernde Seele den Spuren Gottes zunächst mit vernunftgemäßem Nachdenken über die sichtbare Schöpfung, dann mit der Reflexion über das Bild Gottes, nach dem wir geschaffen wurden, schließlich mit irrationaler Erkenntnis. Am Ende der geistl. Pilgerschaft kommt die Verstandestätigkeit zur Ruhe, in myst. Entraffung geht das Gemüt ganz in Gott auf. Die M. betrachtet Bonaventura zwar als eine Form der Theol., durch die wir aber »zu übergeistigen Ekstasen entrafft werden« (1,7), d.h. »Gott in sich spüren, wenn auch in Dunkelheit« (7,4–6). Wiewohl Vertreter der intellektuell-philos. M., entwickelt Bonaventura auch die konkrete, bildhafte Betrachtung weiter (z.B. Lignum vitae 1,4). Es ist so kein Zufall, daß das Hauptwerk dieses »Meditations-Stiles gerade unter seinem Namen verbreitet werden sollte, die →»Meditationes vitae Christi«, deren Anweisungen zum Haptischen von zahllosen M.erinnen in ekstat. Erleben umgesetzt werden sollten. Dagegen ist der Beitrag der Dominikaner zur M. im 13. Jh. noch wenig bedeutend. Natürlich wird die spätere Tradition der philos. M. vielfältig durch Thomas v. Aquin geformt, da der Thomismus die normgebende Theologie der Catholica werden sollte, doch steht M. keineswegs im Zentrum seiner Summen. Einen eigenen Weg geht Ramon (→Raimundus) Llull. Sein »Libre d'Amic e Amat«, ein Einschub in den Bildungsroman »Blanquerna«, besteht aus 366 Sentenzen zur myst. Gottesliebe. Llull steht darin der Brautm. näher als der Passionsmeditation, in der in seiner »Oracions« pflegt. Sie lehren die myst. Versenkung, die in der Entrückung durch den Hl. Geist gipfelt. – Die prakt. M. ist weitgehend Frauenm. Aufbau und Inhalte des »vliessendes lieht der gotheit« der →Mechthild v. Magdeburg mit seinem andauernden Wechsel zw. Visionen und Erscheinungen, Meditationen und Gebeten, Allegorien, Lehrreden und Sentenzen haben die lat. Offenbarungswerke sowohl →Gertruds d. Gr. als auch →Mechthilds v. Hackeborn mitgeformt. Jesusminne, klösterl. Liturgie und eine allumfassende Allegorisierungsfreude dominieren. Ihre stark bildhafte Sprache ist tief emotionell, weil sie ihre religiösen Erfahrungen, die bis zur Unio mystica

führten, v.a. im Bereich des Fühlens erlebten. Die – bes. bei der Magdeburgerin durchaus erot. geschilderte – Liebesbeziehung zum Seelenbräutigam, auch die zahlreichen Personifikationen, nicht zuletzt die Terminologie, erinnern an die vielleicht genialste zeitgenöss. M.erin, →Hadewijch. Liebes- und Einigungsm. prägt ihr Leben und Werk und speist die theol Reflexionen und dichter. Verarbeitung, die sie für ihren Kreis aufschreibt. Erstaunl. ist bei der großen Bedeutung, die für sie das Leiden im »Elend«, d.h. in der Zeit der Minneleere, hat, das fast völlige Fehlen von Passionsm. Darin steht Hadewijch →Eckhart näher, als den gleichzeitigen M.erinnen. Dagegen gibt →Elisabeth v. Spalbeeck mit ihrer (in der Frauenm. nicht ganz seltenen) mimet. Nachahmung der Leidensgesch. in Trance ein Beispiel für die Intensität, mit der manche dieser Frauen Christus konkret nachfolgten. →Beatrijs v. Nazareth schildert in ihren »Van Seuen Manieren van Heileger Minnen« den Aufstieg der Seele in notwendigen Schritten vom Bemühen um Reinheit und Erkenntnis zur selbstlosen, unbemessenen Liebe. Noch zahlreiche Namen wären zu nennen, etwa die Wiener Begine Agnes →Blannbekin, Lukardis v. Oberweimar OCist, die extreme Asketin Christina, gen. v. Retters OPräm (1269–92), in Frankreich die Begine →Douceline v. Digne und die Kartäuserinnen Beatrix v. Ornacieu und Marguerite d' Oingt, in Italien → Benevenuta de Bojanis, Margareta v. Faenza u.v.a. Manche M.erinnen vertraten auch heterodoxe Lehren, wie die in Mailand als Hl.e verehrte stigmatisierte Guglielma (→Wilhelmina v. Böhmen, deren Reliquien 1300 von der Inquisition verbrannt wurden, oder in Südfrankreich →Prous Boneta, hingerichtet 1325, die sich beide als Erlöserinnen des Menschengeschlechts sahen. Dasselbe Ende nahm auch Marguerite →Porete (1310), da sie sich nicht von ihrem (freilich weitestgehend orth. und von angesehenen Theologen beglaubigten) »Mirouer des simples ames anienties« distanzieren wollte.

[5] 14. Jh.: Bes. in Dtl. wurde das Schrifttum der philos. M. entscheidend von Dominikanern geprägt, die neben dem Ordenstheologen Thomas v.a. Ps.-Dionysius und Bernhard v. Clairvaux rezipierten. Anlaß ihrer mystolog. und mystagog. Werke war vielfach die Frauenseelsorge, auf deren ekstat. Braut- und Passionsm. sie mäßigend zu wirken suchten. Meister →Eckhart wird allgemein als der paradigmat. Autor der rhein. bzw. dt. M. angesehen, obschon in jüngster Zeit wohlbegründete Versuche unternommen wurden, ihn »aus dem mystischen Strom zu retten« (K. FLASCH), da Eckhart von seinen Grundanliegen her eher als Philosoph zu verstehen sei. Tatsächl. betont der Meister selbst bisweilen geradezu provokativ den Intellektuellen, den Univ.-Gelehrten, doch wurden seine paradoxienreichen Formulierungen schon von seinen Hörer(inne)n und Leser(inne)n vielfach als Wesens- und Einigungsm. verstanden bis mißverstanden. Eckharts Lehre weist nicht (wie die zahlreicher Zeitgenossen) den Weg zur Christusvereinigung in Liebe oder im Leiden, sondern ist Seins- und Wissensm. Die Gotteinung erfolgt durch einen existenziellen, kognitiven Akt, nicht kraft der Liebe und Gnade. Voraussetzungen sind »Gelassenheit« und »Abgeschiedenheit«, ein Bewußtseinszustand jenseits des geschaffenen Ich, Frucht völligen Leerwerdens von geschöpfl. Sein. Was in sonstiger chr. M. als Union der Seele und Gottes bezeichnet würde, wird bei Eckhart vollzogen im unerschaffenen »Seelengrund«. Die »Gottesgeburt in der Seele« bedeutet den »Durchbruch« in die vorgeburtl. Seinsweise des Menschen, als dieser noch »Gott in Gott« war. Es ist bezeichnend für den zum Abstrakten drängenden Intellektuellen, daß sich nicht nur in die Tradition der apophat. Theol. stellt, für die Gott das radikal Andere ist, über das nichts mehr ausgesagt werden kann, sondern auch daß er in seinen Werken kaum von Jesus spricht. – Schon seine bedeutendsten Schüler bemühten sich, seine Lehre im Sinne der anerkannten Traditionen zu »entschärfen«. H. →Seuse, der anders als Eckhart und Tauler auch Erlebnism.er war, bietet in seiner Autobiogr. die exemplar. Illustration eines geistl. Aufstiegs durch Lebensführung und -geschicke eines Gottesfreundes, wobei grausame Askese in konkret vollzogener Imitatio Christi eine wichtige Rolle spielt. Die ihm geoffenbarten Worte Jesu: »Du muost den durpruch nemen dur min gelitnen menscheit, solt du warlich komen zu miner blossen gotheit« (Leben 13) könnten als Motto einer hauptsächl. Kondition der spätma. M. stehen. Sein Dialog mit der Ewigen Weisheit (Christus; →Sophia) ist nicht nur Belehrung, er ist zugleich »minnekosen«. Bei seinem Ordensbruder →Tauler tritt dagegen sowohl das experientelle als auch das spekulative myst. Element zurück. Seine Predigten sind auf die Praxis des religiösen Lebens ausgerichtet, sind moralisch bis mystagogisch.

Gruppen zu myst. Frömmigkeit geneigter Laien und Kleriker, →Gottesfreunde gen., standen bes. in SW-Dtl. in regem Gedanken- und Schriftaustausch; der bekannteste von ihnen, →Merswin, rief in mehreren Traktaten im Namen eines geheimnisvollen »großen Gottesfreundes vom Oberland« zu myst. Andacht auf. Da solche Gruppen, wie bes. die »freien Geister«, von der kath. Kirche als ketzerisch beurteilte Lehren entwickelten, behandelten mehrere Theoretiker das Thema der »Unterscheidung der Geister« (→»Franckforter«).

Eine eigene Gattung myst. Lit. entwickelte sich bei den süddt. Dominikanerinnen: die primär an übernatürl. Charismen interessierten lokalen Kl.chroniken und Sammelviten (»Schwesternbücher«) von Unterlinden, Töß, Weiler, Katharinental usw. Namentl. Engeltal war ein an myst. Begabten reicher Konvent: Friedrich Sunder, Chr. →Ebner, A. →Langmann. Dominikan. Offenbarungsbücher sind von M. →Ebner und – Gipfel leidfixierter M. – →Elsbeth v. Oye erhalten. Die ausführlichsten Bezeugungen der Erlebnism. am Ende des Jh. sind die lat. und dt. Schriften →Marienwerders über Leben und Schauungen der →Dorothea v. Montau, in denen Christus und Maria nicht nur Liebe spenden, sondern auch grausam mit Leib und Seele der Visionärin spielen.

Wichtig für die Verbreitung myst. Werke sollte, bald über das eigene Sprachgebiet hinausgehend, die →Devotio moderna werden (→Gro[o]te; Radewijns; →Imitatio Christi). Grote hatte auch das Hauptwerk des berühmtesten lhm. M.ers ins Lat. übersetzt, Jan van →Ruusbroecs »Die geestelike brutlocht«. Es beschreibt u.a. die drei Phasen des myst. Lebens, die aktive, innerl. und »überwesentliche« (transzendente), und kennzeichnet die »wahre« gegenüber »falscher« M. Tätiges, gottbegehrendes und schauendes Leben bilden eine Einheit. Die von wenigen erreichte Gipfelerfahrung umschreibt Ruusbroec in faszinierender Apophase: In liebender Umarmung »vollzieht sich ein genießendes Übersteigen und ein fließendes Eintauchen in die wesentl. Nacktheit, da alle göttl. Namen, alle Weisen und alle lebendigen Ideen, in einer einfältigen Namenlosigkeit und Unweise außerhalb jeder verstandesmäßigen Erkenntnis zusammenfallen... Dies ist die dunkle Stille, worin alle Liebenden verloren sind.« (3,4) Ruusbroec wurde von Eckhart als Ketzer verurteilt; die Tradition hat beide wieder versöhnt: bereits ein unmittelbarer Ruusbroec-Schüler, Godfried van Wevel (Godeverd van Wefele), setzte sein Buch »Vanden twaelf dogheden«

aus Ruusbroec- und Eckhartpassagen zusammen, und es gibt Mss., die beider Werke vereinen.

Die Erlebnism. erreicht ihren Höhepunkt gewiß mit →Katharina v. Siena. Ekstasen und Visionen, die Vermählung mit dem Seelenbräutigam mit Ring (1367), der Austausch ihres Herzens mit dem Christi (1370), endlich die (schmerzhafte, doch unsichtbare) Stigmatisierung (1375) sind Stationen ihres kurzen Weges bis zur Selbstaufopferung für die Sünden der Welt (1380). Welchen Stellenwert myst. Charismata für die Zeitgenossen hatten, erweist der große Einfluß, den Katharina auf die Politik der oberit. Städte und das Papsttum nehmen konnte. In der Frauenm. der Romania hat sie viele Nachfolgerinnen gefunden, denen ihr Leben Vorbild wurde: Colomba v. Rieti, Osanna v. Mantua, Lucia v. Narni, Caterina dei Ricci u.a. Die einzige Vertreterin der M. im ma. Skandinavien, →Birgitta v. Schweden, zeigt sich dagegen im wesentl. als Prophetin und Kirchenreformerin; Brautm. fehlt so gut wie ganz, doch führten ihre detaillierten Revelationen über die Geburt und das Leiden Christi zu neuen ikonograph. Formulierungen in der bildenden Kunst.

Der Anteil Englands an der spätma. M. liegt mehr im Bereich der Mystagogie als in dem der prakt. M. Der produktivste und zu seiner Zeit bekannteste der engl. M.er des MA war Richard →Rolle, der viel von außergewöhnl. Hitze-, Süßigkeits- und Musikwahrnehmungen berichtet. Im »Melos Contemplativum« und »Incendium Amoris« bedient er sich zwar der traditionellen Terminologie der Kirchenväter, meint aber seine individuellen therm. und musikal. Erlebnisse. Liebe zu Christus, dem der Seele »angetrauten König«, ist zentrales Thema seiner Lehre. - Das anonyme mystagog. Werk →»Cloud of Unknowing«, ist eine prakt. Kontemplationslehre. Wie schon das »Lassen« der Kreatur an Eckhart erinnert (wenn auch durchaus nicht in dessen Radikalität), so auch die Seelenspitze oder das »Nichts« als Ort Gottes. Der Autor bemüht sich, Konkretes und Geistiges, Haptisches und Metaphorisches zu unterscheiden. Demgemäß wendet sich »The Cloud« aber auch heftig gegen die sinnl. Formen der M., gegen akust. und therm. Empfindungen und namentl. gegen Visionen. - Ein paradigmat. Vertreter jener in der weiteren Gesch. der M. so gewöhnl. Richtung von Mystagogie, die lebendige Glaubenserfahrung ausschließl. in der Kanalisierung durch das kirchl. Lehramt zuläßt, ist Walter →Hilton. Sein »Scale of Perfection« führt über die Stufen Kontemplation und Weltabkehr zur eingegossenen Gnadenerfahrung, die in der Unio kulminiert. Alle nicht rein transzendenten Phänomene wie Visionen, Auditionen, Körperempfindungen qualifiziert er ab (indirekte Kritik an Rolle). Hilton fordert, jede persönl. Erfahrung dem Glauben der Kirche zu unterwerfen (»Ep. de Leccione«). Nicht Selbstverwirklichung, sondern Selbstkontrolle, Internalisierung der Dogmatik, ist sein Anliegen. Hier manifestiert sich jene Einstellung, die im ausgehenden MA immer wieder zur Prüfung von Mystikern durch die geistl. Autoritäten geführt hat und gegebenenfalls zu ihrer Hinrichtung – oder Kanonisierung. Die Reklusin →Juliana v. Norwich ist die einzige zeitgenöss. Zeugin für Erlebnism. in England. Sie zeichnete ihre 1373 in schwerer Krankheit empfangenen Offenbarungen in zwei Fassungen auf, von denen die spätere eine »theologisierte« Version, Frucht zwanzigjähriger Meditation, darstellt. Juliana ist ein Beispiel dafür, daß auch Frauenm. durchaus theoretische, reflektierende M. sein kann, wenn auch basierend auf Erleben. Bei ihr kommt – neben vielem anderen – (freilich weder originell noch zentral) jene heute so viel diskutierte Metapher »Gott ist unsere Mutter« vor. Margery→Kempe dagegen war eine verheiratete Frau, die sich den Freiraum für ihr Gnadenleben erst erkämpfen mußte. Exaltiertes Auftreten, Zungenreden und Kritik am Klerus brachten sie in bedrohl. Situationen. 1414 erlebte sie in Rom die myst. Vermählung – ungewöhnlicherweise mit Gott dem Vater. Ihre Visionen kreisen bes. um die Passion, wobei sie aktiv eingreift und damit den Evangelienbericht ändert (Einfluß Ps.-Bonaventuras).

[6] 15. Jh.: Wiewohl zahlreiche anonyme Gedichte, Predigten, Andachtsschriften etc. in den Volkssprachen entstehen, die sich der allegor. und emphat. Sprache der M. bedienen, fehlt es an herausragenden Werken. Wenig selbständig erscheinen etwa der 'Herold' Ruusbroecs, Hendrik Herp sowie Hendrik→Mande. Auch lat. Kompilationen werden angefertigt und eine Gelehrtendiskussion über das Wesen der M. geführt (Vinzenz v. Aggsbach; Bernhard v. Waging), eine Reaktion auf die »Docta Ignorantia« des →Nikolaus v. Kues. Sein Traktat »De visione Dei«, eine Theol. myst. Betrachtung, gehört zu den tiefsinnigsten Werken der Epoche. Für die theoret. M. wird bedeutend →Johannes Carlerius Gerson: er kritisiert nicht nur Ruusbroec und Birgitta, sondern wirbt in »De mystica theologia speculative conscripta« dafür, die Theol. solle nicht bloß die intellektuellen, sondern ebenso die affektiven Seelenkräfte ansprechen. Am Ende des Jh. faßt der ekstat. Gelehrte →Dionysius v. Rijkel auch zahlreiche Elemente der M. in seinem Riesenœuvre zusammen. In Italien setzt sich die Blüte der Frauenm. intensiv fort (→Franziska v. Rom [Brautm.], →Katharina v. Bologna, →Katharina v. Genua, →Eustochia Calafato, Lucia v. Narni, Veronika v. Binasco, Columba v. Rieti, Osanna v. Mantua, Domenica v. Paradies u.v.a.). Ihre Beurteilung als Hl.e oder Hexen ist nicht selten umstritten (z.B. →Eustochia v. Padua: Wechsel von Besessenheit und myst. Phänomenen). – Aus den übrigen Ländern sind deutl. weniger Charismatikerinnen und kaum Charismatiker bekannt. →Magdalena Beutler und Alijt Bake (1415–55) sind Erlebnis- und Leidensm.erinnen. Auch →Nikolaus v. Flüe scheint myst. Erfahrungen gehabt zu haben. Aus Frankreich sind dagegen nur Johanna v. Maillé und →Coletta v. Corbie bekannt; ein Forschungsdesiderat ist die M. des Alanus de Rupe (1428–75). Spanien sollte erst im 16. Jh. das Land der M. werden.

Zusammenfassend läßt sich feststellen, daß so gut wie alle Elemente der theoret. und der prakt. M., die in der NZ in der Catholica verzeichnet werden sollten, nur geringe Differenzen zu denen des SpätMA aufweisen, wenngleich sie verbindl. erst durch die span. Karmeliterm. des 16. Jh. formuliert werden sollten. →Betrachtung, →Ekstase, →Erscheinung, →Meditation, →Monastisch-mystische Theologie, →Stigmatisierung, →Vision; biograph. Einzelartikel.
P. Dinzelbacher

Bibliogr.: DSMA – Bibl. internat. spiritualitatis – Mystics Quarterly – OGE – RHE – M. A. Bowman, Western Mysticism, 1978 – R. Bradley–V. Lagorio, The 14th Cent. English Mystics, 1981 – G. J. Lewis, Bibliogr. zur dt. Frauenm. des MA, 1989 – N. Largier, Bibliogr. zu Meister Eckhart, 1989 – *Lit.:* Enc. des mystiques, ha. – M. Davy, 1972 – Wb. der M., hg. P. Dinzelbacher, 1989 – O. Karrer, Textgesch. der M., I–II, 1926 – G. Lüers, Die Sprache der dt. M. des MA im Werke der Mechthild v. Magdeburg, 1926 – W. Oehl, Dt. M.erbriefe des MA, 1931 – St. Axters, Geschiedenis van de vroomheit in de Nederlanden, 1950ff. – Altdt. und altndl. M., hg. v. K. Ruh, 1964 – D. Knowles, Engl. M., 1967 – F. Wentzlaff-Eggebert, Dt. M. zw. MA und NZ, 1969³ – M. Petrocchi, Storia della spiritualità it., I, 1978 – A. M. Haas, Sermo mysticus, 1979 – L. Cognet, Gottesgeburt in der Seele, 1980 – A. de Libera, Introd. à la mystique rhénane, 1984 – La mistica, I–II, hg. E. Ancilli–M. Paparozzi, 1984 –

An Introd. to the Medieval Mystics of Europe, hg. P. Szarmach, 1984 – Abendländ. M. im MA, hg. K. Ruh, 1986 – Grundfragen christl. M., hg. M. Schmidt–D. Bauer, 1986 – W. Brixner, Die M.er, 1987 – O. Davies, God Within. The Mystical Tradition of Northern Europe, 1988 – Religiöse Frauenbewegungen und myst. Frömmigkeit im MA, hg. P. Dinzelbacher–D. Bauer, 1988 – A. Blasucci u. a., La spiritualità del medioevo, 1988 – P. Dinzelbacher, Zur Interpretation erlebnis-myst. Texte des MA, ZDA 117, 1988, 1–23 – A. M. Haas, Gott leiden, Gott lieben, 1989 – K. Ruh, Gesch. der abendländ. M., I, 1990 – »Minnichlichiu gotes erkennusse«, hg. D. Schmidtke, 1990 – Frauenm. im MA, hg. P. Dinzelbacher–D. Bauer, 1990² – P. Dinzelbacher, Nascita e funzione della santità mistica alla fine del medioevo centrale, Coll. de l'école frc. de Rome 149, 1991, 489–506 – F. Vandenbroucke u.a., La spiritualità del Medioevo, 1991 – P. Dinzelbacher, Ma. Frauenm., 1992 – Ders., Christl. M. im Abendland [i. Vorber.]

II. Ostkirchlicher Bereich: Für die apostol. Väter und ihre Schüler steht Christus im Mittelpunkt der Spiritualität, genauer: die Einigung mit Christus durch die Kirche. Zeichen der Zugehörigkeit zu Christi ist die Bruderliebe. Das ist ganz bibl. Schau des christl. Weges. Myst. Gaben sind bekannt, gelten aber für sich nicht als Erweis der Vollkommenheit. Für Eirenaios gilt das Axiom: Gott nahe kommen durch die Liebe (adv. haer. II 26, MPG 7, 800 A). Die Schau Gottes ist seine freie Gabe, gegeben, wem er will, wann er will und wie er will, doch niemals getrennt von Christus und ohne Unterordnung unter die Kirche (ebd. IV 20, 1035A; III 24, 966; IV 33, 1076ff.). Dieses Verständnis haben die syr. Väter bis zum 6. Jh. durchgehalten (→Afrahat, →Ephraem, →Philoxenos v. Mabbug, →Jakob v. Sarug): Vollkommenheit, nicht ausgewiesen durch außerordentl. Gnadengaben, sondern durch die Liebe, erprobt in Hingabe und Selbstverleugnung. Eine neue Entwicklung setzt mit →Clemens v. Alexandreia und →Origenes ein. Sie kommen von Platon in seiner hellenist. Gestalt her und bringen eine Wendung zum Intellekt. Die Askese gegenüber der »Welt« ist für sie zwar die notwendige Voraussetzung für die Vereinigung des Menschen mit dem Logos und mit Gott (Die Lehre von der Geburt des Logos im Herzen des Getauften, schon bei Hippolyt, v. a. bei Origenes bezeugt dies klar), doch ist das Ziel jetzt die Schau Gottes selbst. Es ist freilich erst →Evagrios Pontikos, der die Gedanken des Origenes gewissermaßen in ein System einbrachte. Für lange Zeit, in nicht wenigen Linien bis heute, bestimmte und bestimmt er dadurch die Spiritualität des Ostens. Gleich am Eingang seines Praktikos gibt er die Zusammenfassung: »Das Christentum ist die Lehre Jesu Christi, bestehend aus Praxis, natürl. Schau und Theologie« – πρακτική, φυσική, θεολογική (MPG 40, 1221 D). »Theologie« bedeutet hier die myst. Schau Gottes als letztes Ziel des christl. Lebens. Der Weg: Askese führt zu Apatheia, deren Krönung ist die Liebe, und diese ist die Tür zur Erkenntnis der Logoi in den Dingen; wenn der Mensch auch sie noch hinter sich gelassen hat, ganz nackt (γυμνός) geworden ist, kann er zur Schau Gottes selbst gelangen: Er wird »Sohn Gottes«, ja selber »Gott aus Gnade«. Einbezogen in die origenist. Streitigkeiten wurde Evagrios 553 mit dem 2. Konzil v. Konstantinopel zwar ebenfalls verurteilt, sein Einfluß, und damit der des Origenes, blieb dennoch bedeutend. Stärkere oder schwächere Spuren lassen sich bei allen Späteren finden. Seine Schriften blieben zu geringerem Teil unter Pseudonym gr. erhalten, überlebten aber in syr. und armen. Übersetzungen. Von Origenes sind auch die großen Kappadokier beeinflußt, am meisten →Gregor v. Nyssa. Er unterscheidet eine erste Stufe der myst. Schau als »Schau Gottes im Spiegel der reinen Seele« (or. 6 de beatit. MPG 44, 1269C; 1272C) von der eigtl. myst. Erfahrung Gottes, die ihn wie Moses in die »dunkle Wolke« führt, darin er der absoluten Unsichtbarkeit der göttl. Natur inne wird: Die wahre Schau Gottes besteht darin, zu sehen, daß er nicht zu sehen ist (Vita Moysis MPG 44, 377A); dennoch geschieht dabei eine wahre Gotteserfahrung, denn Gott ist da in der dunklen Wolke (ebd. 372 D). – Stark vom Neuplatonismus geprägt ist die M. eines →Dionysios Pseudareopagites. Er traut der Läuterung weniger dem aktiven Bemühen des Intellekts zu, sondern erwartet sie als Gabe der höheren »Hierarchie« an die je unter ihr stehende. Vollendung ist die »Ekstase«, in der der Intellekt herausgerissen wird aus dem Gefängnis seiner eigenen Ordnung, um in das göttl. Dunkel geworfen sich zu erfahren. Dionysios hat allerdings in der griech. Orthodoxie weniger Bedeutung erlangt als im w. MA. Einen wichtigen Platz nimmt dagegen →Diadochos v. Photike in der Gesch. der ö. M. ein, speziell durch seine »Hundert Kapitel über die geistl. Vollkommenheit«. Er bekämpft den Messalianismus, ohne deswegen der intellektualist. Richtung des Evagrios zu folgen. Sinnlich wahrnehmbare Erscheinungen übernatürl. Ursprungs will er nicht einfach ausschließen, gibt Kriterien zu deren Beurteilung, aber mit großer Diskretion. Eher ist er für ihre grundsätzl. Zurückweisung. Er unterscheidet zw. »Bild« (εἰκών) und »Ähnlichkeit« (ὁμοιότης): Das Bild, befleckt durch die Sünde von Adams Übertretung her, wird wiederhergestellt »durch das Wasser im Wirken des Hl. und lebenschaffenden Geistes« (c. 78); die Ähnlichkeit gilt es zu erreichen durch Tugendübung, um die geistl. Liebe zu gewinnen aus der Fülle der Erleuchtung durch den Hl. Geist, die Liebe erst wirkt die Gottähnlichkeit (c. 89). Wichtig für ihn auch die Unterscheidung zw. Weisheit (σοφία) und Erkenntnis (γνῶσις); erstere schafft den charismat. Verkünder, letztere schenkt die Gabe der erfahrenen (πείρα) Einigung mit Gott. Hervorragende Hilfe auf dem Weg ist die unablässige Anrufung des Namens Jesu, die μονολόγιστος προσευχή (c. 31f. u. ö.) als immerwährende Vergegenwärtigung Gottes (c. 33 u. ö.). War das Jesusgebet der Sache nach schon vorher geübt, scheint es durch Diadochos zuerst eine feste Form erhalten zu haben. Fortan ist es aus dem Umkreis der ö. Spiritualität nicht mehr wegzudenken. Das gilt schon von der sinait. M. allgemein, so von →Johannes Klimakos und von Hesychios vom Batoskl. (7. Jh.). Im übrigen ist auch diese M. wesentl. von der evagr. Überlieferung mitbestimmt. – Eine Zusammenschau gewissermaßen der in sich gegensätzl. Strömungen origenist.-evagrian. und pseudareopagit. M. vollzog →Maximos Homologetes. Er brachte, freilich nicht in allen seinen Werken gleich ausgeglichen, das Verständnis der Immanenz der einen mit dem der absoluten Transzendenz der anderen zusammen, entschärfte so die Extreme und leitete beide Strömungen in das Bett der Orthodoxie. Zu einmaliger Höhe gelangte die orth. griech. M. in →Symeon dem Neuen Theologen. Nüchtern in seinen Mönchskatechesen, bedacht auf Läuterung durch Umkehr und Beobachtung der Gebote, betont er als das Ziel jegl. Strebens die Schau Gottes, nach seiner Überzeugung allen schon hier erreichbar. Sie erst ist die wahre »Theologie«. In der Lichtschau wird der Mensch der Einwohnung des Geistes, der Anwesenheit des Kyrios und der Gegenwart der Trinität γνωστῶς – αἰσθητῶς inne. Seine M. ist wesentl. christusbezogen. Eigen ist ihm, im Unterschied zu den Vorgängern, der Dialog mit Christus in der Schau und die Offenbarung des φῶς τρισυπόστατος. – Symeons Name wurde zu Unrecht mit einem jüngeren Werk verbunden, der Μέθοδος τῆς ἱερᾶς προσευχῆς καὶ προσοχῆς, die wichtig wurde für die hesychastische M. des 14. Jh. Ihr Initiator war →Gregorios

Sinaites. Den Kern bilden zwei Elemente oder Übungen: das immerwährende Jesusgebet im Rhythmus eines möglichst verlangsamten Atems, und eine bestimmte Körperhaltung, die Augen des Leibes (und der Seele) auf den »Ort des Herzens« gerichtet. An die Stelle des Intellekts tritt das Herz, dem die Befähigung zur Religion, Frömmigkeit und M. schlechthin zugesprochen wird. Doch übersieht der echte Hesychasmus nicht die Läuterung durch Askese, die Notwendigkeit der Sammlung als Voraussetzung jeder Schau des Lichts, das gern als Taborlicht bezeichnet wird. Entscheidend für seinen Sieg im 14. Jh. war es, daß er in →Gregorios Palamas den Theologen fand, der seine Anliegen theol. untermauerte und erfolgreich verteidigte. Wichtig war es für seinen weiteren Weg schließlich, daß er im 15. Jh. durch →Nil Sorskij und seine Schüler das russ. Mönchtum erreichte und dessen weitere Entwicklung wesentlich bestimmte. H. M. Biedermann

Lit.: LThK VII, 734–736 – RGG³ IV, 1246–1249 – ThEE V, 893–897, s. v. Έρως, θεῖος – BECK, 344–368 – I. HAUSHERR, La Méthode d'oraison hésychaste, OrChr IX, 36, 1927 – DERS., Les grandes courants de la spiritualité orientale, OrChrP I, 1935, 114–138 – H. RAHNER, Die Gottesgeburt, ZKTh 59, 1935, 333–418 – N. v. ARSENIEW, Das Mönchtum und der asket.-myst. Weg in der Ostkirche (Der christl. O, hg. J. Tyciak u. a., 1939), 151–210 – G. WUNDERLE, Wesenszüge der byz. M. (ebd.), 126–150 – DERS., Zur Psychologie des hesych. Gebets, 1949 – I. SMOLITSCH, Leben und Lehre der Starzen, 1957² – G. RUHBACH – J. SUDBRACK, Große Mystiker, Leben und Wirken, 1984 – M. VILLER – K. RAHNER, Askese und M. in der Väterzeit, 1989² – CH. JOEST, Diadochos v. Photike und seine Lehre der Unterscheidung, OSK 41, 1992, 149–186.

B. Judentum s. →Hasidismus, →Kabbala

C. Islam
Obwohl spezifisch myst. Strömungen innerhalb des →Islams erst im 8. Jh. begegnen, findet man die Wurzeln der allg. als *Ṣūfismus* bekannten islam. M. im →Koran und in der Persönlichkeit und Lebensweise *(sunna)* des Propheten; die M. reicht also gewissermaßen bis in die Gründungszeit des Islams zurück. Neben Gesetzen zur Regelung des äußeren Lebens enthält der Koran Hinweise zur Schärfung des inneren Blickes und den Aufruf zur Vertiefung in die göttl. Wirklichkeit; dementsprechend sind nahezu alle Begriffe und Bräuche der M. er dem Koran entnommen. Maßgebend für die M. er war auch die von strenger Askese und Gottesfurcht gekennzeichnete Lebensweise des Propheten; ihr nachzueifern war immer ein Ideal der M. er. Die unmittelbaren Vorgänger der M. er waren Asketen wie Ḥasan al-Baṣrī (gest. 728). Das Wort *ṣūfī* ist von *ṣūf* (arab. Wolle) abgeleitet, kleideten sich die frühesten Mystiker doch in grobe Wollgewänder als Zeichen der Weltverachtung. Bald aber traten die Gottesliebe und dann das theosoph. Grübeln als Hauptmerkmale des Ṣūfismus hervor. Schauplätze dieser Entwicklung waren v. a. das Zweistromland und Ḥorāsān im östl. Iran; dort begegnen zahlreiche bedeutende M. er wie Ibrahim b. Adham (gest. 777), Rābi'a al-ʿAdawīya (gest. 801), Ḥarit al-Muḥāsibī (gest. 857), al-Junayd (gest. 910) und Ḥāllāğ al-Manṣūr (hingerichtet 922), deren Taten und Sprüche den Inhalt des sogenannten klass. Ṣūfismus weitgehend prägten.

Schon damals gab es im Ṣūfismus zwei gegensätzl. Richtungen: die der »Nüchternheit«, d. h. die Einhaltung aller äußeren Gesetze der Religion und die damit verbundene Anpassung an die Gesellschaft, und die der »Trunkenheit«, d. h. die ekstatisch geäußerte Gottesliebe, die auf etwaige Reaktionen Außenstehender nicht achtete. Kennzeichnend für diese Periode war aber im allg. eine gewisse Absonderung der Ṣūfis von der gesamtislam. Gesellschaft: Unter Berufung auf das koran. Prinzip des *tawakkul* (Gottvertrauen) mieden sie den Gütererwerb und schweiften ohne Besitz und feste Wohnung im Lande umher. Im 10. Jh. begann aber eine Wiedereingliederung in die Gesellschaft, wozu die Abfassung der ersten Handbücher des Ṣūfismus beitrug. Diese Schriften verfolgten ein doppeltes Ziel: die Rechtmäßigkeit des Ṣūfismus aufgrund des Korans und der *sunna* zu beweisen und zugleich falsche Ṣūfis, die schon damals auftraten, in die Schranken zu weisen. Beispiele dieser Literatur waren die Bücher von Abū Naṣr as-Sarrāğ (gest. 988), Abū Bakr al-Kalābāḏī (gest. 1000) und al-Qušairī (gest. 1072). Den entscheidenden Schritt in diese Richtung tat der berühmte Theologe, Rechtsgelehrte und M. er →al-Ġazzālī (gest. 1111), der mit seinem großen Werk »Iḥyā' ʿulūm ad-dīn« ('Die Wiederbelebung der religiösen Wissenschaften') die Verflochtenheit von M., Gesetz und Ethik im Rahmen der koran. Offenbarung meisterhaft und ausführlich darlegte. Ein weiteres Zeichen für das Reifen des Ṣūfismus war das Erscheinen bes. ṣūf. Wohnanstalten, der als *ḫāngāh* oder *zāwiya* (später in der Türkei auch als *tekke*) bezeichneten Hospize. Zwar hatten die meisten Ṣūfis die Notwendigkeit einer Ausbildung unter befähigter Anleitung immer betont, aber nach deren Abschluß lebten sie zumeist als Einzelgänger. Dagegen ermöglichte die Schaffung der Hospize ein enges Zusammenleben zum einen von Meister und Schülern, zum anderen der Schüler untereinander; hierfür wurden Vorschriften ausgearbeitet, die als *adab aṣ-Ṣūfīya* bekannt sind. Als Heimatland der Hospize ist Iran anzusehen; sie bildeten hier das Gegenstück zu den theol. Lehranstalten (→Madrasa).

Als Folge dieser Erweiterung der Rolle des Meisters bildeten sich allmähl. die als *ṭarīqa* bekannten Ṣūfī-Orden, die je nach einem im Rückblick als Ordensgründer angesehenen Meister benannt waren. Obwohl sämtl. Orden theoret. auf den Propheten zurückgeführt werden, waren für die Gestaltung jedes einzelnen Ordens (oft stark mit Legenden vermischte) Erinnerungen an den Meister sowie die Wahl bestimmter Methoden des *ḏikr* (Gottgedenkens) – sanft oder mit lauter Stimme, aufrechtstehend oder sitzend usw. – und die Annahme oder Ablehnung der Musik und des Tanzes ausschlaggebend. Außerdem waren einige Orden auf bestimmte Gegenden der islam. Welt beschränkt, während andere fast überall Verbreitung fanden. Der älteste dieser Orden ist die auf ʿAbdalqādir (gest. 1166) zurückgehende Qādirīya. Blütezeit für die Ṣūfī-Orden war v. a. das 13. Jh., in dessen Verlauf die Orden wie die →Mevlevīye und die →Bektāšīye in Kleinasien, die Kubrawīya in Iran und Zentralasien und die Šāḏilīya in den arab. Ländern entstanden. Bes. nach dem Mongolensturm im gleichen Jahrhundert gewannen die Ṣūfī-Orden überall an Bedeutung als Gestalter des religiösen Lebens der Bevölkerungsmassen. Selbstverständlich waren nicht alle Anhänger der Orden M. er im reinen Sinne des Wortes, doch lebten sie alle in einer mystisch gefärbten Welt von Andacht und Frömmigkeit. Dieser Vorrang des Ṣūfismus, welcher noch viele Jahrhunderte andauern sollte, spiegelte sich auch allg. in der Kultur, v. a. in der Dichtung, wider. Bestimmend für die Gedankenwelt der Orden waren die manchmal umstrittenen Vorstellungen des hispanoarab. Mystikers Ibn ʿArabī (gest. 1240). V. a. zur osman. Periode s. a. →Orden, myst. H. Algar

Lit.: T. BURCKHARDT, Vom Sufitum: Einf. in die M. des I., 1953 – F. MEIER, Ḫurāsān und das Ende der klass. Sufik (La Persia nel medioevo, 1971) – M. MOLÉ, Les mystiques musulmans, 1982 – Das Sendschreiben al-Qušayris über das Sufitum, übers. R. GRAMLICH, 1989 – A. SCHIMMEL, Mystical Dimensions of Islam, 1975 – as-Sarrāğ, Schlaglichter über das Sufitum, übers. R. GRAMLICH, 1990 – ʿUmār as-Suhrawardī, Die Gaben der Erkenntnisse, übers. DERS., 1978.

Mythographi Vaticani, seit der Erstausg. durch A. MAI (1831) gebräuchl. Bezeichnung für drei mythograph. Slg. en. M.us I (229 Kap., in drei B. untergliedert) erwähnt in Kap. 215 →Orosius, M.us II (275 Kap.) gibt sich als Christ zu erkennen (Kap. 2 = Isid. etym. 8, 11, 1–5), M.us III (15 umfangreiche Kap.), wahrscheinl. ein nicht näher bekannter magister Albericus Londoniensis, nennt →Johannes Scottus (Kap. 2, 4) und mehrfach →Remigius v. Auxerre. Genauere Anhaltspunkte für eine Datierung sind nicht gegeben. Die nüchtern wirkenden, auf das Zusammentragen mytholog. Kenntnisse bedachten Slg.en bieten den Stoff handbuchmäßig dar; M.us III zeichnet sich durch größere Ausführlichkeit aus, seine Sprache ist gewandt, er versucht sich in allegor. Deutung der Mythen. In M. II und III ist eine Gliederung des Stoffes nach Genealogie und Rangfolge der Götter und anderer mytholog. Gestalten erkennbar. Als Q. dienten bes. →Servius, Scholien zu Horaz und Statius, ferner Fulgentius, Macrobius, Martianus Capella (M.us III), Remigius v. Auxerre.

B. Ganasweidt

Ed.: M. I–III, ed. G. H. BODE, SS rer. mythic. lat. tres, 1834 [Nachdr. 1968] – M. I. und II., ed. P. KULCSAR, CCL 91c, 1987 – *Lit.:* SCHANZ-HOSIUS IV/2, 242–246 [Lit.] – CH. HASKINS, Casinensia 1, 1929, 115–124 – E. RATHBONE, Mediaeval and Renaissance Stud. 1, 1941–43, 35–38 – K. O. ELLIOTT–J. P. ELDER, Transactions of the American Philol. Assoc. 78, 1947, 189–207 – W. BÜHLER, Philologus 105, 1961, 123–135 – R. KRILL, Manuscripta 23, 1979, 173–177 – CH. BURNETT, JWarburg 44, 1981, 160–166.

Mythos, Mythologie
I. Begriff und Funktion – II. Mythenstoffe und Literatur.

I. BEGRIFF UND FUNKTION: Der schon von Platon gebrauchte Begriff (griech.: Wort, Erzählung, Sage) bezeichnet die symbol. Verdichtung allg., sich in Erzählungen von Helden, Göttern, Dämonen und Ereignissen aus der (Vor-)Gesch. der Völker manifestierender Ur-Erlebnisse zu religiöser Weltdeutung und zeitlos-objektiven, für die Gegenwart des ma. Rezipienten verbindl. Deutungsmustern. Zu dem aus Erfahrungstatsachen abgeleiteten M. (Schöpfungs-M., oft anthropomorph überformter Natur-M.) treten der in Heroenkämpfen gründende, oft mit Götter-M. verschränkte (pseudo-)geschichtl. M. sowie die in fiktionalen Stoffen realisierten M.n ohne eigentl. hist. Kern (Artus, Gral). Gerinnen einzelne M.en zuweilen in myth. Bildern (Himmelsdrache, Kosmosmensch), so erzählt letztl. doch jeder M. eine Geschichte (LÉVI-STRAUSS), was ihn mit Epos und Roman verbindet. Im Unterschied zu diesen ist. Gattungen aber ist M. mehr als bloße Erfindung: von seinen Rezipienten als Wahrheit verinnerlicht, ist »die Bedeutung, die er für das menschliche Bewußtsein besitzt und die geistige Macht, die er über dasselbe ausübt« (CASSIRER), zentral.

II. MYTHENSTOFFE UND LITERATUR: Außer aus Götter-M.n (Edda) bezog die ma. Lit. ihre Deutungsmuster hauptsächl. aus Geschichts-M.n (Antike, Völkerwanderungszeit, aber auch karol. Reichsgesch.) und der hist. kaum rückversicherten matière de Bretagne.

[1] *Völkerwanderungszeit:* Hist. Kern des in dt. und skand. Erzähltradition ('Atlilied', 'Edda', 'Nibelungenlied', 'Thidrekssaga', 'Völsungsaga', 'Sigurdlied' u.a.) literarisierten M. vom Endzeitkampf und Untergang der Burgunden und der damit verknüpften Gesch. des Nibelungenhelden Siegfried sind Ereignisse im mittelrhein. Burgundenreich des 5. Jh. (beim Versuch, seine Herrschaft nach W ins röm. Gallien auszudehnen, wurde Kg. Gundahari 435/436 von Aëtius mit hunn. Hilfstruppen geschlagen) und im Merowingerreich des 6. Jh. (Königsmord, Frauenstreit und -rache), die mit myth. Einzelmotiven (Drachenkampf, Unverwundbarkeit, verborgener Schatz) durchsetzt werden. Zudem wird wie auch im M. um Dietrich von Bern die Figur des Hunnenkg.s Attila (Etzel) eingespielt, der Dietrich (hist. Theoderich) Exil gewährt und ihm im Kampf beisteht: In den Geschichten vom gerechten, vergebl. siegenden, von seinen Vasallen verratenen Leidenshelden Dietrich, der nach dem Tod ins Jenseits entrückt wird, gerinnen die hist. Ereignisse der Gotenherrschaft in Italien zum M. Spätestens im 15. Jh. (Prosa-Vorreden zur Heldenbuch-Hs. des Diebold v. Hanowe, um 1480, und zum Dr. 1479) werden die Helden und Taten der einzelnen Stoffkreise germ. Frühzeit in einer geschlossenen Welt eines myth. Heldenzeitalters genealog. und geograph. (Rheinland um Köln und Aachen, Burgundenreich um Worms, Hunnenland) zusammengebunden, die sich zeitl. von einer Herogonie bis zur gewaltigen Untergangsschlacht vor Bern (hist. Verona) erstreckt.

[2] *Antike:* Während aus antiker M. der theban. Sagenkreis nur in Frankreich ('Roman de Thèbes') und England (John Lydgate), nicht aber in Dtl., rezipiert wurde, sind Troja- und Aeneasstoff in fast allen Volkssprachen bearbeitet worden. Der antike M. wird dabei v.a. zur Herrschaftslegitimation genutzt: im Sinne einer imperialen und gesellschaftl. translatio fungiert Troja, vermittelt durch Aeneas und das röm. Reich, auch als genealog. Bezugspunkt der höf.-ritterl. Gesellschaft allg. und einzelner Dynastien im besonderen. Die Einbindung des heidn. M. in chr. Deutungsmuster führte zu Veränderungen (Umbildung der homer.-vergil. Unterwelt zur chr. Hölle), die heidn. Götter aber wurden (so im frz. 'Roman d'Eneas' und in Heinrichs v. Veldeke Epos) weder dämonisiert noch durch Allegorisierung neutralisiert, sondern mit quasi-historiograph. Abstand in ihrer Funktion belassen. – Auch die Figur Alexanders d. Gr., als Vertreter des dritten der Vier Weltreiche in die jüd.-chr. Tradition der Bibel integriert, hat myth. Dimensionen: in zahlreichen griech., lat. und volkssprachlichen Romanen ist er Symbol irdischer Macht, hat als Welteroberer heilsgesch. Funktion, wird aber auch als Vorläufer des Antichrist und Abbild des Teufels verstanden und kann als genealogische Bezugsfigur (Herleitung der Sachsen vom Alexanderheer) dienen.

[3] *Karolingische Reichsgeschichte:* Obwohl direkter als hist. Wahrheit verstanden, eignet dem Stoffbereich der karol. Reichsgesch., bes. der Figur Karls d. Gr., auch die Qualität eines polit. M.: Karl ist in den frz. Chansons de geste und in dt. Bearbeitungen ('Rolandslied', Strickers 'Karl', 'Willehalm'-Zyklus) Identifikationsfigur als chr. Gründerherrscher und Heidenbezwinger, im Rechtskontext und v. a. der Rechtsikonographie fungiert er als myth. Rechtsstifter.

[4] *Artus, Gral:* Myth. Kern des Artusstoffes ist die Vorstellung einer Gemeinschaft gleichberechtigter, adliger Partner (runder Tisch) mit Kg. Artus als konfliktlösender Instanz, in die zahlreiche weitere myth. Einzelmotive (Heilsbringer-M. im 'Tristan', die Lancelot-Guinevra-Liebe im myth. Jenseitsland, u.a.) sowie myth. aufgeladene Märchenelemente (Kämpfe mit Drachen, Zwergen und Riesen) eingefügt wurden. Zu diesem eth.-sozialen M. tritt mit dem das Erlösungswerk Christi symbolisierenden Gralsstoff eine universal-eschatolog. Sinngebung (Gralskelch, blutende Lanze, Fischerkönig) hinzu: indem der Gralsritter auserwählter Kämpfer gegen das Böse schlechthin wird, übersteigt er seine Rolle als ritterl. –

Held, seine Befreiungsabenteuer werden zur allumfassenden Erlösungstat. Letzte Konsequenz des M. ist im Untergang der arthur. Welt ('Mort Artu') jedoch das Ende aller Gesch. ('Gral-Queste'). – Im ma. Artusroman vollzieht sich hist. die Ablösung des Literarischen vom Mythischen, indem der M. mit Blick auf das Geschichtl.-Individuelle nacherzählt wird und myth. Strukturen ins Anthropologische transponiert werden; im lit. Vorgang des Nacherzählens ereignet sich die subjektive Wiedergeburt eines ins Irdische eingebundenen und auf das Menschliche zurückgeworfenen M. – S. a. →Euhemerismus. N. H. Ott

Lit.: J. GRIMM, Dt. M.l., 1835 – G. DUMEZIL, Mythes et dieux des germains, 1939 – E. CASSIRER, Philos. der symbol. Formen, II: Das myth. Denken, 1952, 1977² – C. LÉVI-STRAUSS, La pensée sauvage, 1962 – G. DUMEZIL, Mythe et Epopée, 1968 – H. KUHN, Parzival (DERS., Dichtung und Welt im MA, 1969²) – W. HAUG, Zum Verhältnis von M. und Lit. (DERS., Strukturen als Schlüssel zur Welt, 1989), 21–36.

N

Nabburg. [1] *Reichsburg und Mark:* Die 929 erstmals gen. 'N.' ist als Reichsburg wohl im 9. Jh. entstanden und schützte den Übergang einer wichtigen von W nach Böhmen führenden Fernhandelsstraße über die Naab, die hier Grenzfluß zw. baier. und slav. Siedlungsgebieten war. Um 1040 wurde die N. wie die benachbarte Reichsburg →Cham durch Heinrich III. zum administrativen und militär. Mittelpunkt einer als Verteidigungszone gegen Böhmen gebildeten Mark, die der →Nordgaugft. eingegliedert blieb. Bis 1048 im reichslehenbaren Besitz der Gf. en v. →Schweinfurt, wurde sie um 1077 von Heinrich IV. an die →Diepoldinger gegeben, die sie bis 1146 innehatten. Militär. schon lange bedeutungslos, wurde die Mark von Konrad III. nach Abtrennung des →Egerlandes seinem Schwager Gebhard II. v. →Sulzbach verliehen. Die 1149 letztmals erwähnte Mark wurde nun zw. den widerstreitenden Interessen der beiden mächtigen Geschlechter der Sulzbacher und Diepoldinger zerrieben.

[2] *Stadt:* Im Schutz der Burg entwickelte sich früh eine Ansiedlung von Handwerkern und Händlern, die zu den ältesten nichtagrar. Gemeinwesen auf dem Nordgau gehörte. Von Hzg. Heinrich I. v. Bayern (947–955) bis Hzg. Heinrich IV. (995–1004) ist eine hzgl. Münzstätte bezeugt; die dort geprägten Silberdenare trugen die Umschrift »Nappurc (bzw. Nappae oder Nappia) civitas«, ohne daß man deswegen schon auf die Stadteigenschaft schließen möchte. 1254 oppidum, wird das seit Mitte des 13. Jh. unter wittelsb. Stadtherrschaft stehende N. erstmals 1271 urkundl. als civitas bezeichnet. Hzg. Rudolf I. v. Bayern bestätigte 1296 die Privilegien der Bürger und verlieh ihnen die Rechte der Stadt →Amberg. Ungeklärt sind Alter und Name der Vorstadt Venedig, einer Kaufleutesiedlung am ö. Ufer der Naab mit der roman. Hallenkirche St. Nikolaus (12. Jh.). K.-O. Ambronn

Lit.: K. BOSL, Die Markengründungen Ks. Heinrichs III. auf bayer.-österr. Boden, ZBLG 14, 1943/44, 177–247 – A. SCHERL, Verfassung und Verwaltung der Stadt N. bis zum Ausgang des 16. Jh., Verh. des Hist. Vereins für Oberpfalz und Regensburg 96, 1955, 93–276 – DERS., N. (Bayer. Städtebuch 2, 1974), 448–453 – E. MÜLLER-LUCKNER, N. (Hist. Atlas v. Bayern, T. Altbayern, H. 50, 1981).

Nablus (arab. *Nāblus*), mittelpalästinens. Stadt, Siedlungsnachfolger des ö. gelegenen atl. Sichem. Bereits in der Spätantike eine blühende Stadt und Bf. ssitz mit vorwiegend christl. und samaritan. Bevölkerung, deren Wohlstand unter arab. Herrschaft erhalten blieb. Im Juli 1099 wurde N. von den Kreuzfahrern unter →Tankred eingenommen, der es als persönl. Eigentum behielt. 1101 trat er N. an Kg. →Balduin I. ab, der es zu einer durch Vizegf. en verwalteten Krondomäne machte und zum Schutz der unbefestigten Stadt w. davon eine Burg errichten ließ (Turris Neapolitana). In den 70er Jahren des 11. Jh. fiel N. durch Heirat an die Familie →Ibelin und wurde zu einer unabhängigen Seigneurie. 1180 gründeten die Johanniter ein Hospital in N., das in frk. Zeit kein Bm. war, sondern in kirchl. Hinsicht dem Abt des Tempels v. Jerusalem unterstellt war. Nach der Schlacht v. Ḥaṭṭīn (1187) wurde N. von Saladin eingenommen und blieb fortan in muslim. Hand. P. Thorau

Lit.: G. BEYER, N. und sein Gebiet, Zs. des Dt. Palästina-Vereins 63, 1940, 155–209 – M. BENVENISTI, The Crusaders in the Holy Land, 1976², 161–165 – The Princeton Encyclopedia of Classical Sites, hg. R. STILLWELL, 1976, 330.

Nachahmung. Seit der Antike sind im Geldumlauf vorherrschende Münztypen in kleineren Münzstätten nachgeahmt worden. In der Völkerwanderungszeit griff man vornehml. auf byz. Vorbilder zurück. Im 10./11. Jh. dienten bes. Kölner, Goslarer und Regensburger →Pfennige als Vorbild, ags. Pennies wurden gelegentl. in Dtl., Böhmen und v. a. in Skandinavien nachgeahmt (→Nachmünzen). N. en (»Beischläge«), die sich von ihrem Vorbild nur durch kleine Beizeichen unterscheiden, finden sich in Dtl häufig im 12./13. Jh.; im →Mainzer Landfrieden (1235) wurden Münznachahmern Strafen angedroht. Beliebtes Vorbild war auch der engl. Penny (→Sterling) des 13./14. Jh. Der florentin. →Gulden gab im 14. Jh. das Vorbild für zahlreiche N.en in Italien, Spanien, Frankreich, den Niederlanden, Dtl., Böhmen und Ungarn ab, der ven. →Dukat entsprechend in Osteuropa und im Nahen Osten. Unter den Großsilbermünzen erlebten bes. der →Turnose, der →Gigliato, der →Groot, der →Meißner Groschen und der →Witten vielerorts N.en. P. Berghaus

Lit.: A. LUSCHIN V. EBENGREUTH, Allg. Münzkunde und Geldgesch. des MA und der Neueren Zeit, 1926², 59f. – F. V. SCHROETTER, Wb. der Münzkunde, 1932, 448–451.

Nachbar, -schaft, -schaftsverband = vicinitas; →Bauer, →Burschaft, →Dorf, →Eid, →Stadt

Nachfolge Christi → Imitatio Christi

Nachmanides (Moses ben Nachman, RaMbaN), 1194–1270, eine der führenden Gestalten des span. Judentums, vertrat die Juden 1263 zur Zufriedenheit von Kg. Jakob I. beim Religionsgespräch von Barcelona, wurde aufgrund kirchl. Intervention zur Auswanderung gezwungen, lebte seit 1267 bis zu seinem Tod als Arzt in Palästina. Die meisten seiner zahlreichen Schr. beschäftigten sich mit halach. Fragen (→Halacha), andere zeugen von öffentl. Aktivitäten (Sef. HaVikuach über seine Ansichten beim Religionsgespräch), von der Beschäftigung mit dem Erlösungsglauben (Sef. HaGe'ullah), zeigen ihn als religiösen Dichter und Prediger. N.' Torakomm., nicht nur eine philolog. und exeget. Ausführung zu den bibl. Geschichten, reflektiert seine Ansichten von Gott, der Tora, Israel und der Welt. Alle Gesetze und Vorschriften, die er im Lichte halach. Überlieferung erklärt, haben seiner Meinung nach einen vernünftigen Grund, sei es um Unheil vom Menschen abzuwenden, ihn Güte zu lehren oder zur Gotteserkenntnis zu führen. Mit den großen Kommentatoren Raschi und →Abraham ibn Esra setzt er sich krit. auseinander und deutet als erster, zumindest andeutungsweise, bibl. Texte in kabbalist. Weise (→Kabbala). Sein Komm. war weitverbreitet, populär und wurde mit Superkommentaren versehen. Die halach. Werke des N., themat. Abh., Monogr.n sowie krit. Auseinandersetzungen mit →Maimonides und Kritikern berühmter Halachisten, zählen zu den bedeutendsten der rabbin. Lit. Sie umfassen die span. religionsgesetzl. Tradition, ihre Methoden und Beziehungen zu den frz. und prov. Gelehrten, die Suche nach alten, krit. geprüften und festgelegten talmud. Texten ebenso wie methodolog. Diskussionen. Seine Werke, hervorragende Zeugnisse jüd. Lit. des MA, haben deren weitere Entwicklung wesentl. mitbestimmt.

Rolf Schmitz

Ed. und Lit.: J. NEUMANN, Nahmanides, Commentary on Genesis chap. 1–6, 1960 – J. D. SILVER, N.' Commentary on the Book of Job, JQR 60, 1969/70, 9–26 – CH. B. CHAVEL, Ramban (N.) Writings and Discourses, 2 Bde, 1978 – DERS., Ramban – His Life and Teachings, 1960.

Nachmünze. Aus dem 10./11. Jh. liegen dt. Münzserien vor, von deren Gepräge einige Bild und Schrift exakt wiedergeben, andere gleichen Typs jedoch, die N.n, die Schrift bis zur Sinnlosigkeit barbarisieren und z.T. auch ein entstelltes Münzbild aufweisen, so z.B. die N.n aus Ostfriesland um 1000 (zu Christiana-Religio-Denaren Ludwigs d. Fr., zu Kölner und Lüneburger →Pfennigen) und die N.n aus Pommern (Fund v. Lupow) mit den seltsamsten Entstellungen und Kombinationen verschiedenster Münztypen. Die Grenze zw. Original und N. ist nicht immer leicht zu ziehen. Es ist nicht ausgeschlossen, daß manche N.n am Münzort der Originale selbst entstanden sind, wo die ursprgl. Münzstempel (→Münztechnik) verbraucht waren und nicht entsprechend ersetzt werden konnten.

P. Berghaus

Lit.: H. GROTE, Die N.n, Münzstud. 8, 1869, 88–89 [auch Münzstud. 4, 1864, 59–61] – H. DANNENBERG, Die dt. Münzen der sächs. und frk. Ks.zeit, I, 1876, 33–38 – A. LUSCHIN V. EBENGREUTH, Allg. Münzkunde und Geldgesch. des MA und der Neueren Zeit, 1926², 76.

Nachrichtenvermittlung
I. Westliches Europa – II. Byzantinisches Reich.

I. WESTLICHES EUROPA: Nachrichten wurden gewöhnl. durch laufende oder reitende Boten (→Botenwesen) mündl. oder als Brief übermittelt; seltener scheint die N. über opt. Zeichen erfolgt zu sein.

Die klass., antike Form der staatl. N. durch den cursus publicus funktionierte auf dem Gebiet des einstigen röm. Reiches, etwa in Aquitanien, bis zum 6. Jh. und ist in rudimentären Formen bis zum 8. Jh. nachzuweisen. Für das 9.–11. Jh. berichten die Q.n allenfalls von der Tatsache der N., meist ohne nähere Angaben über die Boten und deren Verhältnis zum Auftraggeber zu machen. Seit dem 12. Jh. sind zunehmend eigene Boten des Kgtm.s und Papsttums, der Städte, der geistl. und weltl. Herrschaften sowie der Universitäten und Kaufleute bezeugt, wobei sich seit dem 13. Jh. organisator. Neuerungen abzeichnen. Das wirtschaftl. Interesse der it. Kaufleute an den →Champagnemessen führte zur Bestellung von Messe-Boten, die von der Kaufmannschaft einer Stadt bezahlt wurden und die deren Briefe sechsmal im Jahr in die Champagne brachten. Am frühesten ist dies für Siena bezeugt (1260), ähnl. Einrichtungen dürfte es aber auch in anderen Städten gegeben haben (etwa Piacenza, Mailand, Genua, Lucca, Bologna, Florenz etc.), die mit den Champagnemessen in Verbindung standen. Das neue Institut trägt seit dem 14. Jh. den Namen Scarsella (nach der Botentasche) und verband die einzelnen it., später auch katal. Handelszentren mit bestimmten Handelsplätzen. Die Grundlage der Briefbeförderung bildete ein Vertrag zw. der Kaufmannschaft oder den Kaufmannsgesellschaften der Stadt und einem einzelnen Boten oder auch einem Beförderungsunternehmer (*maestro dei corrieri*), der die Briefe auf Boten verteilte. Als Unternehmer im Geschäft der N. werden auch Gastwirte bezeugt (*hoste de los correos*), etwa im Kgr. Aragón (Barcelona, 1338, 1370, Zaragoza 1430, Tortosa 1449). Eine zweite Neuerung stellte die – meist zeitweilige – Errichtung von Botenlinien dar, bei der in unterschiedl. Abständen postierte Boten (→Post) eine beschleunigte N. ermöglichten. Bezeugt sind Botenlinien etwa der Visconti (1388), der Berner bei ihrem Zug gegen Domodossola (1428), des Dt. Ordens (1350), Ks. Friedrichs III. zw. Wien und Feldkirch (1443), Kg. Ludwigs XI. v. Frankreich (1480–82), Kg. Eduards IV. zw. Newcastle und London (1482) etc.

Die Verwendung opt. Zeichen für die Übertragung rudimentärer Mitteilungen mit zuvor vereinbartem Inhalt, wie sie schon die antike Kriegskunst kannte (Vegetius, Epit. rei milit. III. 5), findet sich nur vereinzelt bezeugt (Ungarnzüge 933, S. Gimignano 1229, 1270, Siena 1253, Florenz 1260, 1305, 1325, Pisa 1342, 1349), scheint aber zumindest in Italien – verbreitet gewesen zu sein (Dante, Inf. VIII. 1–9, XXII. 7–8). Die Nachrichten wurden dabei mittels Feuer, das man auf Türmen entfachte, durch Rauch oder das Schwenken von farbigen Fahnen auf Sichtweite weitervermittelt.

Th. Szabó

Lit.: →Botenwesen – CH. A. J. ARMSTRONG, Some Examples of the Distribution and Speed of News in England... (Stud. in Medieval Hist. pres. to F. M. POWICKE, 1969²), 429–454 – M. ROUCHE, L'Aquitaine des Wisigoths aux Arabes 418–781, 1979 – F. REDI, Le fortificazioni medievali del confine Pisano-Lucchese... (Castelli. Storia e Archeologia, hg. R. COMBA–A. SETTIA, 1984), 371–390 – TH. SZABÓ, Le strade nella Toscana del Duecento (La battaglia di Campaldino e la società toscana del '200 [im Dr.].

II. BYZANTINISCHES REICH: [1] *Allgemein:* Es liegen keine zusammenfassenden Unters.en vor. In organisierter Form existierte die N. nur für staatl. Belange in der Weiterführung des röm. cursus publicus (Post), der dem Amt des λογοθέτης τοῦ δρόμου unterstand und dank eines geordneten Straßensystems immer funktionierte. Bes. wichtige Nachrichten wurden durch Eilboten oder (an auswärtige Herrscher) durch Sonderboten überbracht, da ständige staatl. diplomat. Vertretungen nicht existierten. Die krieger. N. durch Spione nimmt in den militär. Hb.ern einen breiten Raum ein. Der privaten N. war der cursus publicus nicht zugängl., und sie vollzog sich durch Übergabe von Briefen an Reisende. Wichtige Nachrichten wurden in Geheimschrift oder mit Geheimtinte abgefaßt. Über die Dauer der N. sind keine Informationen gesammelt; ungewöhnl. schnell in neun Tagen von Konstantinopel nach Alexandria (Theoph. Simokates, übers. P. SCHREINER, 1985, Anm. 1166).

P. Schreiner

[2] *Telegraphische Nachrichtenvermittlung:* Verschiedene

Historiker berichten übereinstimmend, daß im 9. Jh. eine opt. Signalverbindung von Loulon oberhalb der Kilik. Pforte quer durch Kleinasien nach Konstantinopel bestand, um dem Ks. Angriffe der Sarazenen innerhalb kürzester Zeit melden und die Bewohner der anatol. Hochebene warnen zu können. Topograph. und physikal. Überlegungen zeigen, daß eine Feuersignalverbindung bei Nacht und guten Sichtverhältnissen mit hohen brennenden Holzstößen als Lichtquellen über acht Zwischenstationen theoret. mögl. gewesen wäre, mit Stationsabständen zw. 100 und 130 km von Loulon bis zum Olymp und zw. 35 und 50 km vom Olymp zum und über das Marmarameer nach Konstantinopel. Sollte es diese nachrichtentechn. Einrichtung wirklich gegeben haben, wäre allerdings ihre Verfügbarkeit sehr von den atmosphär. Sichtbedingungen und von der Aufmerksamkeit aller Stationsbesatzungen abhängig gewesen. Außer der Weitverkehrsverbindung Loulon–Konstantinopel gab es noch in und um Konstantinopel eine örtl. Feuersignalanlage, um im Gefahrenfall den ksl. Troß schnellstens alarmieren zu können. Die beschriebenen Feuersignaleinrichtungen konnten nur ein einfaches Signal übertragen. Nach Symeon Magistros soll →Leon d. Mathematiker für die Signallinie Loulon–Konstantinopel eine Methode zur Übermittlung differenzierter Nachrichten mit Hilfe zweier Synchronuhren vorgeschlagen haben. Zw. Loulon und Konstantinopel hätte allerdings dies Verfahren niemals funktionieren können. Trotzdem behauptete die Legende von Leon und dem byz. »Feuer-Telegraphen« ihren festen Platz in der Historiographie. V. Aschoff

Lit.: N. Oikonomidès, Les listes de préséance, 1972, 311f. – V. Aschoff, Über den byz. Feuertelegraphen und Leon d. Mathematiker, Dt. Mus., Abh.en, Ber. 48, 1980, H. 1 – Ders., Gesch. der Nachrichtentechnik, I, 1989², Kap. 6.

Nachrichter → Scharfrichter

Nächstenliebe. [1] *Die innere Einheit der Liebe*: In der patrist. und ma. Theol. wird die N. als inneres Moment der Gottesliebe gesehen; grundgelegt ist diese für die ontolog.-phys. und die psycholog.-ekstat. Liebestheorie gleichermaßen geltende Annahme bereits in dem augustin. Satz, daß der Mensch »seinen Nächsten mit keiner anderen Liebe als jener liebt, mit der er Gott liebt« (Sermo 265; vgl. auch Johkomm. tr. 87, 1). Die Überzeugung von der inneren Einheit der Gottes-Selbst- und N. liebe kann in verschiedener Richtung aufgeschlüsselt werden. So ist für Thomas v. Aquin Gott v. a. der Beweggrund unserer Liebe zum Nächsten (S. th. II-II 25, 1), während er für Bonaventura als letztes Ziel der N. in den Blick gerät; Gott ist das auch in der Liebe zum Nächsten gewollte Gut (bonum *quod* optat), dieser aber derjenige, dem wir dieses Gut als letztes Ziel unserer Liebe wünschen (*cui* optat bonum) (3 Sent d. 27 a. 2 q. 3).

[2] *Das doppelte Fundament der N.*: Im Anschluß an Aristoteles sieht Thomas die N. in einem natürl. Sozialinstinkt der Menschen begründet: homo homini naturaliter familiaris et amicus (ScG III, 117). Auf diesem natürl. Fundament soll die N. auch unsere Feinde einschließen; wir lieben nicht das an ihnen, daß sie uns feindlich (das wäre der Liebe zuwider), sondern daß sie uns im Menschsein und in der gemeinsamen Natur verbunden sind (S. th. II-II 25, 8) und darüber hinaus, daß sie aufgrund ihrer consociatio beatitudinis als »Hausgenossen Gottes« (Eph. 2, 19) und Mitbürger des himml. Jerusalem (S. th. II-II 25, 12; De car 2) zur gemeinsamen Seligkeit in Gott gerufen sind. Dabei umfaßt das Gebot, den zur Umkehr fähigen Nächsten zu lieben, auch den Sünder, dessen Sünde zwar hassenswert ist, der aber dennoch zur Seligkeit berufen bleibt (S. th. II-II 25, 6).

[3] *Intensität und Reichweite der N.*: Nach dem bibl. Doppelgebot (Mt 22. 37–39) ist die Selbstliebe forma et radix der N.; diese muß sich an der ontolog. ursprünglicheren Selbstbezogenheit des Liebenden ausrichten. Dahinter steht der Gedanke, daß jede noch so vollkommene Vereinigungstendenz hinter der verwirklichten Vereinigung zurückbleibt (unitas est potior unione). Weil jeder zu sich selbst im Verhältnis der substantiellen Einheit steht, mit dem anderen aber nur durch die Aktualität der Form, d. h. die gemeinsame Teilhabe am Menschsein verbunden ist, entspricht es dem natürl. Schwergewicht der Liebe, daß jeder sich selbst mehr als den Nächsten liebt (S. th. I-II 27, 3; II-II 25, 5; 26, 4). Das »wie dich selbst« wurde in der scholast. Theol. im Sinne einer annähernden Ähnlichkeit verstanden; im Blick auf die Feindesliebe meint diese Differenzierung, daß wir unsere Feinde secundum praeparationem animi zu lieben haben, damit wir für den Ernstfall gerüstet sind, wenn von uns tätige Liebe gegenüber dem Feind gefordert wird (S. th. II-II 25, 8–9; vgl. Bonaventura, 3 Sent d. 29 art. un. q. 3). Diese quantitative Eingrenzung der N. auf ein gegenüber der Selbstliebe abfallendes Maß führt jedoch nicht zu ihrer qualitativen Instrumentalisierung zugunsten des Liebenden; das »um Gottes willen«, das die eigtl. ratio diligendi der N. bleibt, bewahrt den Nächsten vor einer solchen Inanspruchnahme durch die Eigeninteressen des Liebenden.

Die Frage »Wer ist mein Nächster« wird schon von Augustinus im Sinne des eth. Universalismus beantwortet: »Jeder Mensch ist jedem Menschen der Nächste« (De discip. christ. c. 3). Dies bleibt jedoch auf ein allg. Wohlwollen beschränkt. Was die prakt. Verwirklichung der N. anbelangt, so gilt eine abgestufte Verpflichtung, die der inneren Ordnung der Liebe folgt. Schon Origenes deutet Hld 2, 4 »ordinavit in me caritatem« im Sinne des späteren ordo caritatis, der von Petrus Lombardus auf die seitdem gültige Sequenz *Gott* über mir – das *Selbst* in mir – der *Nächste* neben mir – der *Körper* unter mir festgelegt und später in seinen einzelnen Gliedern unter jeweils versch. Hinsicht (z. B. Eltern-Kinder-Ehegatten-Verwandte-Freunde) für die N. weiter aufgeschlüsselt wurde (3 Sent d. 29; vgl. S. th. II-II 26, 1–13).

[4] *Auseinandertreten von Gottes- und Nächstenliebe*: Diese abgestufte Einheit von Gottes-Selbst- und N. liebe wird in der spätma. Franziskanerschule wieder gelockert. Während Bonaventura noch daran festhält, daß die N. quoad exercitationis perfectionem der ihr an Ursprung und Würde überlegenen Gottesliebe vorausgeht (3 Sent d. 27 a. 2 q. 4), ist für Duns Scotus allein Gott das wesentl. und unmittelbare Ziel der menschl. Liebe; der Nächste und das eigene Selbst werden jetzt nur noch als mittelbares Ziel geliebt. Die ekstat. Liebestheorie, die in Gott weniger das Gut des Menschen als die vollkommene Gutheit an sich sieht, kehrt nun auch den Zusammenhang von Gottes- und N. liebe um: Bei Thomas liebt der Mensch seinen Nächsten, »weil Gott in ihm ist oder damit Gott in ihm sei« (De car. 4); bei Scotus wünscht der Mensch, daß sein Nächster Gott liebt, denn »wer vollkommen liebt, will, daß der Geliebte geliebt wird« (Opus Oxon. III, d. 28, a. 1, n°s). E. Schockenhoff

Lit.: R. P. Prentice, The Psychology of Love according to St. Bonaventure, 1951 – L.-B. Geiger, Le problème de l'amour chez S. Thomas d'Aquin, 1952 – E. Schockenhoff, Bonum hominis, 1987, 527–551.

Nachtigall, lat. luscinia und metonym. als gr. Lehnwort philomela, von Thomas v. Cantimpré anders als von Vinzenz v. Beauvais (Spec. nat. 16, 102) und Albertus Magnus (animal. 23, 124) nicht als ident. Bezeichnungen erkannt. Bei Thomas 5, 76 (und Albert) werden nach Ambrosius (Exam. 5, 24, 85) die Eier der »lucinia« (Sinnbild für vorbildl. Kirchenlehrer bei Konrad v. Megenberg III. B. 46) ebenso wie durch Brüten auch durch den nächtl. Gesang gezeitigt. 5, 108 beschreibt Thomas (zit. bei Vinzenz 16, 126) – ohne Anspielung auf ihre Rolle in der Liebesdichtung – nach dem »Liber rerum« und Plinius (n.h. 10, 81ff.) den oft bis zum Erschöpfungstod dauernden herrl. und variablen Gesang wetteifernder Männchen der »philomena« im Frühjahr (bei Konrad III. B. 62 singen sie, ein Sinnbild für unermüdl. Bibelleser, vom Peters- bis Urbanstag), die aber bei Brutbeginn Stimme und Gefiederfarbe ändern sollen. Dies weist Albert (animal. 23, 137) aus Erfahrung zurück und führt Konrad auf Paarung mit dem Sperling (passer = 'unkeusche Frau') zurück. Hildegard v. Bingen (phys. 6, 49) empfiehlt gegen Augenleiden äußerl. Anwendung der mit Tau verdünnten Gallenflüssigkeit der »nachtgalla«. Chr. Hünemörder

Q.: →Albertus Magnus, →Ambrosius – Hildegardis, Opera omnia, MPL 197, 1882, →Isidor v. Sevilla, →Konrad v. Megenberg – Thomas Cantimpr., Lib. de nat. rerum, I, ed. H. Boese, 1973 – Vinc. Bellov., Speculum nat., 1624 [Neudr. 1964] – Lit.: W. Pfeffer, The Change of Philomel. The Nightingale in Medieval Lit. (Amer. Univ. Stud. III, 14, 1985).

Nachtschattengewächse → Alraun, →Bilsenkraut, →Tollkirsche

Nachtstück, Gemälde, das einen Handlungsvorgang bei Nacht, im Mond- oder Sternenschein oder von künstl. Licht beleuchtet zeigt. Es wurde in der europ. Malerei entwickelt und war bis zum SpätMA so gut wie unbekannt (Ausnahme: Ölbergszene des Rossano-Cod.; 2. Hälfte 6. Jh., Rossano, Ebf. Mus.). Erst im 15. Jh. wird es mit der zunehmend realist. Bildgestaltung Gegenstand der Malerei, bleibt aber im wesentl. auf Darstellungen der Geburt Christi (Hl. Nacht) und der Passion beschränkt; Erweiterung des Themenkreises auf Genreszenen sowie Brand- und Höllendarstellungen ab dem 16. Jh. Frühe Versuche, nächtl. Stimmungen zu gestalten in der franko-fläm. Buchmalerei bei den Brüdern →Limburg (Kreuzigung, Belles Heures des Jean de Berry, fol. 145r, 1410–13; New York, The Cloisters, Inv.-Nr. 54.1.1.; Très Riches Heures des Jean de Berry, fol. 153r; 1413–16 Chantilly, Mus. Condé, Ms. 65; Gethsemane, ebd., fol. 142v) und van →Eyck (Turin-Mailänder Stundenbuch, 1422–24; ehem. Turin, Bibl. Reale [1904 verbrannt]: Gefangennahme Christi), in Italien etwa bei →Gentile da Fabriano (Hl. Nacht; Predella des Altars mit der Anbetung der Kg.e, 1423; Florenz, Uffizien). Konkretere, hier noch in die Hintergrundlandschaften verlegte Wiedergaben nächtl. Stimmungen in den Altarbildern des Dieric →Bouts (Kreuzabnahme Christi, um 1445; Granada, Capilla Real; Gefangennahme, um 1455/60; München, Alte Pinakothek). Vom eigtl. N. kann erst dann gesprochen werden, wenn die Darstellung das Phänomen in einer natürl. Form präsentiert. Vollkommene Illusion nächtl. Stimmung z. B. in →Geertgens tot Sint Jans' 'Geburt Christi' (um 1490, London, Nat. Gallery), wo erstmals das Christkind als Quelle überird. Lichtes in den Vordergrund gerückt wurde. M. Grams-Thieme

Lit.: W. Schöne, Über das Licht in der Malerei, 1954 – R. Breustedt, Die Entstehung und Entwicklung des Nachtbildes in der abendländ. Malerei [Diss. masch. Göttingen, 1966] – E. Strauss, Koloritgeschichtl. Unters. zur Malerei seit Giotto, 1972.

Nackenschutz, bei der Kesselhaube und den klass. griech. Helmen am Nacken anliegender Helmteil. Die kelt. Helme des 'Jockeykappen-Typus' hatten einen schirmartig abstehenden N. und nach diesem Vorbild ebenso die röm. Helme bis gegen 300 n. Chr. In konstantin. Zeit kam eine bewegl. angehängte Nackenplatte auf. Die Sarmaten waren wohl die Erfinder eines flexiblen N.es aus Schuppenpanzer oder Ringelgeflecht, den man bei vielen oriental., aber auch frühma. Helmen übernahm. Bis auf vereinzelte Nackenschirme am →Nasalhelm war der N. im HochMA verschwunden. Ein abstehender N. erschien erst wieder im SpätMA bei der →Schallern.
O. Gamber

Nadel, Instrument zum Stecken und Nähen; als Behelf zum Feststecken ungenähter Kleidung entwickelt sich aus der einfachen N. die →Fibel. Materialien sind Horn, Knochen, Elfenbein und Metalle. Ab dem 13. Jh. dominieren im archäolog. Fundmaterial Metallnadeln. Je nach Verwendung sind sie einfach oder verziert ausgeführt und variieren in der Länge. In erster Linie dienen sie während des Hoch- und SpätMA zum Feststecken der Haare und der Schleier bzw. komplizierter Haubenformen. Die benötigte Zahl war groß, wie Bild- und Schriftquellen bezeugen. E. Vavra

Lit.: H. R. D'Allemagne, Les accessoires du costume et du mobilier, 1928, 63ff. – G. Egan–F. Pritchard, Dress Accessories, 1991, 297ff.

Nadel- und Laubhölzer. Für die Zeit um 1000 n. Chr. ergibt sich vorwiegend aufgrund pollenanalyt. Untersuchungen folgendes Bild der Waldverteilung: In weiten Teilen Mitteleuropas gab es Laubwälder, in denen die Rotbuche (*Fagus sylvatica*) großen Anteil hatte. Bei häufiger Dominanz der →Eiche im Tiefland, herrschte die Rotbuche in den Wäldern des Hügel- und Berglandes vor. Den Buchen-Bergwäldern der Mittelgebirge war Bergahorn (*Acer pseudoplatanus*) beigemischt. Die N. Fichte (*Picea abies*) und Tanne (*Abies alba*) gab es damals lediglich. in den s. und ö. gelegenen Mittelgebirgen. Je nach Standortverhältnissen und Höhenlage waren außerdem Rotbuche und Bergahorn vorhanden. In den entsprechenden Höhenstufen der Alpen wuchsen Wälder ähnl. Zusammensetzung, wobei die Dominanzverhältnisse der einzelnen Arten von den unterschiedl. Standortbedingungen abhingen. Die Wälder in den Landschaften ö. der Elbe waren weniger vielfältig. Auf den meist sandigen und nährsalzarmen Böden wuchs weithin die Kiefer (*Pinus sylvestris*). Hier waren auch *Eichen* häufig. Auf den nährsalzreichen Böden des Jungmoränengebietes w. und s. der Ostseeküste stockten *buchen*reiche Wälder. Von der unteren Weichsel bis nach Masuren schlossen sich Wälder an, in denen die Hainbuche (*Carpinus betulus*) und stellenweise auch die →Linde vorherrschten. – Viele andere Holzarten kamen entweder als lokale, standortbedingte Beimischungen vor oder waren kennzeichnend für Sonderstandorte wie z. B. Schluchtwälder oder Auenwälder, wo die stark schattende Rotbuche nicht mehr konkurrenzfähig ist. So gab es beispielsweise in der häufig überschwemmten Weichholzaue *Weiden* (*Salix alba, S. fragilis, S. triandra, S. viminalis*) und *Erlen* (*Alnus glutinosa* und [an Gebirgsflüssen] *A. incana*). Schluchtwälder waren charakterisiert durch *Ulmen* (*Ulmus montana*), *Eschen* (*Fraxinus excelsior*) und *Ahorn* (*Acer pseudoplatanus* und *A. platanoides*). Die *Eibe* (*Taxus baccata*) gedieh bevorzugt auf flachgründigen Kalkböden und auch im Moor. Kenntnisse über Wälder derartiger Standorte vermitteln u.a. Untersuchungen von Holz- bzw. Holzkohlenfunden sowie schriftl. Q. Insgesamt ergibt sich, daß der Laubwaldanteil in Mitteleuropa am Ende des FrühMA etwa 80% betrug (heute dagegen knapp 30%). Verursacht wurde dieser Wandel in erster Linie durch die Folgen menschl. Eingriffe im Hoch- und Spät-

MA sowie in der NZ. Hinzu kam die Auswirkung der spätma. Klimaverschlechterung (sog. Kleine Eiszeit).

Bau-, Werk-, Brenn- und Kohlholz wurden im MA noch in riesigen Mengen benötigt (→Holzbau, →Schiffbau). Für gedrechselte Holzgefäße bevorzugte man *Ahorn-* und *Eschen*holz, letzteres wegen seiner großen Elastizität auch für Acker-, Garten- und Handwerksgeräte sowie Waffen (Lanzen und Wurfäxte). *Eiben*holz verwendete man zur Herstellung der Armbrust, *Linden*holz für Schnitzereien, das leicht spaltbare Holz der N. zur Anfertigung von Dauben. Aus dem Holz von *Fichte* oder *Tanne* wurden häufig Dachstühle errichtet, während man für die tragende Konstruktion von Fachwerkhäusern *Eichen*holz bevorzugte. Die Gefache enthielten Flechtwerk aus Ruten von *Hasel* (*Corylus avellana*), *Weide, Hainbuche* (*Carpinus betulus*), *Erle* u.a. Holzschuhe wurden aus dem leichten Holz von *Weide* und *Pappel* (*Populus*arten) angefertigt. – Wie vereinzelte Belege von *Eßkastanien* (*Castanea sativa*) in ma. Fundkomplexen zeigen, waren die Früchte dieses im Mittelmeergebiet heim. Baumes auch in Mitteleuropa begehrt. Da Vorkommen von Eßkastanien-Bäumen nur für klimat. begünstigte Gebiete bezeugt sind, dürften die Früchte wohl vorwiegend importiert worden sein. Der aus SW-Asien stammende *Walnußbaum* (*juglans regia*) wurde dagegen wesentl. häufiger auch n. der Alpen kultiviert. Dabei waren ma. Walnüsse (→Nüsse) allerdings kleiner als solche aus der Römerzeit (vgl. Grabfunde oder feuchtgelagerte Schichten von Brunnen, Kloaken, Abfallgruben). – Holzkohlenfunde aus ma. Schlackenhalden zeigen, daß für metallurg. Prozesse wie für die Glasherstellung zur Erzeugung der erforderl. hohen Temperaturen nach Möglichkeit *Rotbuchen*-Holzkohle eingesetzt wurde. Neben dem großen Holzbedarf waren weitere Nutzungsformen für die Entwicklung der Wälder im MA ausschlaggebend. Die Waldweide hatte vielfach die Auflichtung der Bestände und die Entstehung von Hudelandschaften zur Folge. Die *Eiche* wurde wegen der wichtigen Eichelmast stellenweise sogar gefördert. Holznutzung erfolgte bis weit in die NZ hinein nach dem Prinzip der Entnahme. Dabei wurde auf die Erhaltung der Leistungsfähigkeit nur selten geachtet. Der während des MA ansteigende Ressourcen-Bedarf führte daher im Umkreis der Siedlungen zur Änderung des Waldbildes, wobei aus Wäldern oftmals lockere Gehölzgruppenlandschaften entstanden. Die Gehölzarten reagierten z.T. recht unterschiedl. auf die Entnahme. Gefördert wurden v.a. die regenerationsfähigen Arten (Stockausschlag), neben der *Hasel* v.a. *Hainbuche, Linde, Erle, Weide, Esche* und *Eiche*. Die *Rotbuche* besitzt jedoch in vielen Gebieten Europas nur eine geringere Regenerationskraft. Daher kam es während des MA weithin zu einer Auflichtung der Wälder, wodurch v.a. Pionier- und Lichtholzarten wie *Birke* (*Betula pendula*), *Zitterpappel* (*Populus tremula*) und *Hasel* begünstigt wurden. In den verbleibenden Gehölzen gab es v.a. Stockausschlagshölzer, wodurch Niederwälder und Mittelwälder entstanden. Häufig ließ man einige Bäume zur Vermehrung stehen, die dann ähnl. wie die Weidenbäume breite Kronen bildeten und das Landschaftsbild prägten. Auf diese Weise entwickelten sich oft Bestände mit bes. regenerationsfähigen Gehölzarten, etwa vom Typ der Eichen-Hainbuchen-Wälder. Im Gebirge wurde der L.anteil durch Holzkohlegewinnung und Waldweide verringert. Die widerstandsfähige *Fichte* konnte vordringen und wurde dabei z.T. schon recht früh gefördert.

Starke Holznutzung und verbreitete Waldweide (Ziegen und Schafe) haben im Mittelmeergebiet die schon während der Römerzeit stark veränderten Wälder weiter überformt bzw. zerstört. Vielfach entstanden auf diese Weise dornige Hartlaubgebüsche (*Macchie*). Nach derzeitigem Forschungsstand lassen sich die Grundzüge dieser Entwicklung bereits für manche Gebiete erkennen; eine genauere regionale Differenzierung ist oftmals jedoch noch nicht möglich. Zur Nutzung s.a. →Wald; s.a. auch →Holzbau, →Holzhandel; s.a. →Feige(nbaum), →Öl(baum).
U. Willerding

Bibliogr.: U. WILLERDING, Bibliogr. zur Paläo-Ethnobotanik des MA in Mitteleuropa 1945–77 (Teil 1 und 2), ZAMA 6 und 7, 1979 – *Lit.*: MARZELL I, 57–60, 72–78, 217–222, 595–598, 851–855, 863–866, 1199–1207; II, 412–420, 486–492, 1052–1056; III, 724–730, 781–792, 968–973, 979–985; IV, 8–17, 25–27, 33–37, 655–659, 901–909 – F. FIRBAS, Spät- und nacheiszeitl. Waldgesch. Mitteleuropas n. der Alpen, 1 und 2, 1949–52 – H. STRAKA, Arealkunde, Florist.-hist. Geobotanik, 1970 – E. LANGE, Botan. Beitr. zur mitteleurop. Siedlungsgesch., Schr. Ur- und Frühgesch. 27, 1971, 197 – DERS., Zur Entwicklung der natürl. und anthropogenen Vegetation in frühgesch. Zeit, Feddes, Repert. 87, 1976 – U. WILLERDING, Botan. Beiträge zur Kenntnis von Vegetation und Ackerbau im MA, VuF 28, 1979 – M.-L. HILLEBRECHT, Die Relikte der Holzkohlewirtschaft als Indikatoren für Waldnutzung und Waldentwicklung, Gött. Geogr. Abh. 79, 1982 – E. BURRICHTER, Baumformen als Relikte ehem. Extensivwirtschaft in NWDtl., Drosera 1, 1984 – H. ELLENBERG, Vegetation Mitteleuropas mit den Alpen in ökolog. Sicht, 1986[4] – U. WILLERDING, Zur paläoethnobotan. Erforsch. der ma. Stadt, Jahrb. Braunschweig. Wiss. Ges., 1987 – R. POTT, Extensive anthropogene Vegetationsveränderungen und deren pollenanalyt. Nachweis, Flora 180, 1988 – H. ELLENBERG, Bauernhaus und Landschaft in ökolog. und hist. Sicht, 1990 – U. WILLERDING, Zur Rekonstruktion der Vegetation im Umkreis früher Siedlungen (Gedenkschr. J. DRIEHAUS, hg. F. M. ANDRASCHKO–W.-R. TEEGEN, 1990).

Näfels, Schlacht bei (1388). Im Rahmen des bewaffneten Konflikts zw. der →Eidgenossenschaft und Österreich 1385–89 durchbrach am 9. April 1388 ein österr. Aufgebot die glarner. Talsperre (Letzi) bei N., wurde alsdann durch den Glarner Landsturm von der Rautihöhe her übermannt und zur verlustreichen Flucht gezwungen. Der Sieg bei N., eine aktiv geführte Verteidigungsschlacht an einer Talsperre ('Letzischlacht'), förderte das kommunale Selbstbewußtsein, was bis heute in der jährl. 'Näfelser Fahrt' sichtbaren Ausdruck findet.
W. Schaufelberger

Lit.: Fry! Fry! Das Land Glarus und die werdende Eidgenossenschaft zw. 1351 und 1388. Neujahrsbote für die Glarner Hinterland, 1988 (Sonderausg. zur 600-Jahr-Feier der Schlacht bei N.).

Nagetiere (Rodentia) wurden wegen fehlender Kenntnis der gemeinsamen Merkmale (u. a. der nachwachsenden Zähne) in Antike und MA, abgesehen von den als verwandt angesehenen →Hase und →Kaninchen, noch nicht als systemat. Gruppe für den →Biber, die Bilche oder Schlafmäuse wie Garten- und Siebenschläfer und Haselmaus, →Eichhörnchen, →Hamster, Maus und Ratte sowie →Murmeltier und →Stachelschwein verstanden. Die Kenntnisse v.a. über die nicht als Jagdbeute geeigneten Arten waren gering. Der Siebenschläfer (glis, von Konrad v. Megenberg III. A. 30 als Ratte mißverstanden), in der Antike als Delikatesse gemästet (vgl. Plinius, n. h. 8, 223f.) und nach Albertus Magnus (animal. 22, 103) in Böhmen und Kärnten für den Verzehr im Herbst in Waldhöhlen gelockt, wird bei Thomas v. Cantimpré (4, 46 = Vinzenz v. Beauvais, 19, 131) nach dem Liber rerum als schwarz-weiß-rötl. gestreiftes Kleintier beschrieben (nach Albert mit kürzeren Haaren und zarterer Haut als das Eichhörnchen). Der Winterschlaf des unbewegl. zusammengerollten und ohne Nahrung fett werdenden (vgl. Isidor, etym. 12, 3, 6) Tieres (bei Hrabanus M., nat. rer. 6, 2, Sinnbild des Faulen) reizte zu Wiederbelebungsexperimenten und (modern anmutenden) Erklärungshypothesen (mit herabgesetzter bzw. von Natur aus geringer

Körperwärme). Auf die Glieder gestrichen soll sein Fett nach Plinius (n. h. 30, 86) prophylakt. gegen »Paralyse« helfen. Die rötl. Haselmaus mit ihrem auffallend buschigen Schwanz beschreibt erstmals Albertus (22,123) als mus corilinum. – Das felsenbewohnende wiederkäuende, aber unreine Huftier Klippschliefer (Procavia syriaca) der Bibel (Levit. 11, 5, Deut. 14, 7) in Palästina wurde von Thomas (4, 24: cirigrillus = Albertus Magnus, animal. 22, 46) als kleines Raubtier, von manchen Bibelglossaren (vgl. Vinzenz v. Beauvais, spec. nat. 19, 35) als Igel bzw. Hase/Kaninchen (so noch von Luther) mißdeutet. – Als listige und daher u. a. mit Giftködern verfolgte Ernteschädlinge und Vorratsdiebe waren die fruchtbaren Mäuse gefürchtet (Thomas 4, 78), weshalb sie bei Hrabanus Maurus (rer. nat. 8, 2) habgierige und dieb. Menschen symbolisieren. Deutlicher als Thomas unterscheidet Albert (animal. 22, 123) mehrere Arten mit u. a. weißer Fellfarbe. In fremden Ländern sollten allerlei kuriose Arten leben (Plinius, n.h. 10, 201; Jacobus de Vitry, hist. orient. c. 88 nach dem Alexanderroman). Statt der normalen Fortpflanzung wurde →Urzeugung für die Massenvermehrung nach Regen im ägypt. Theben (Basilius, exam. 9, 2, 6 bei Thomas) verantwortl. gemacht. Der Urin der brünstigen Ratte (rattus) soll nach Thomas auf menschl. Haut faulende Geschwüre erzeugen. Neben der (mag.) Wirkung eines Mausekopfes (gegen Kopfschmerz und Epilepsie) erwähnt Albert die Verwendung von Fleisch, Kot (auch innerl. bei Bartholomaeus Angl. 18, 71) und verachten Nestern. S. a. →Ungeziefer.

Ch. Hünemörder

Q.: →Albertus Magnus, →Bartholomaeus Anglicus, →Basilius, →Hrabanus Maurus, →Isidor v. Sevilla, →Jacob v. Vitry, →Konrad v. Megenberg – Thomas Cantimpr., Lib. de nat. rerum, T. 1, ed. H. BOESE, 1973 – Vinc. Bellov., Speculum nat., 1624 [Neudr. 1964].

Nagoričino Staro, Dorf nö. von Kumanovo (Makedonien), mit Kirche des hl. Georg (11. Jh.), nach der Legende eine Stiftung des Ks.s Romanos IV. Diogenes aus Dankbarkeit gegenüber dem Eremiten Prochor v. Pčinja. Unter Kg. Stefan Uroš II. Milutin erfolgte 1312/13 der Umbau zur Kirche vom Typ des eingeschriebenen Kreuzes. Anlaß zur Erneuerung war der Sieg der von Stefan seinem Schwiegervater Andronikos II. geschickten Hilfstruppen über die Türken in Kleinasien. Die Ausmalung von 1316–18 gehört zu den besten Werken der Palaiologen-Renaissance in ihrer klass. Phase. Für die Herrscherauffassung des serb. Hofes und der Kirche bedeutungsvoll sind die Darstellungen Kg. Stefans, dem der hl. Georg das Schwert überreicht, und der Hl.n Sava, Clemens v. Ochrid und Konstantin Kabasilas, eine Anknüpfung an die kirchl. Tradition der serb. Ebm.s wie auch des Ebm.s Ochrid. Jüngere serb. Q. berichten, daß Kg. Stefan Uroš III. vor der Schlacht v. Velbužd 1330 in N. betete und hier den in der Schlacht gefallenen bulg. Zaren Šišman bestatten ließ.

V. J. Djurić

Lit.: H. HALLENSLEBEN, Die Malerschule des Kg.s Milutin, 1963, 31–34, 57–60, 110–121, passim – V. J. DJURIĆ, Byz. Fresken in Jugoslawien, 1976, 71f., 262f. [mit Bibliogr.] – R. HAMANN-MACLEAN, Grundlegung zu einer Gesch. der ma. Monumentalmalerei in Serbien und Makedonien, 1976, passim.

Nagyszentmiklós, Goldschatz v., größter bisher bekannter Schatzfund (Gesamtgewicht 9926 g) des Früh-MA, gelangte bald nach seiner Entdeckung 1799 in einem Sumpfgelände nahe N. (heute rumän. Sînnicolau Mare) in die Ksl. Slg.en nach Wien (heute Kunsthist. Mus., Antikenslg.); er umfaßt 7 Krüge, 4 Schalen mit Schnallen, 2 Griffschalen, 1 ellipt. Schale, 1 bauchiges Schälchen, 3 Stierkopfschalen (davon eine fußlos), 2 Pokale, 2 kegelstumpfförmige Becher und 1 Trinkhorn aus durchschnittl. 20–22karätigem Gold. Auf einigen der reich ornamental verzierten Gefäße erscheinen figürl. Darstellungen. Mehrere Gefäße tragen griech., turksprachige und runenartige Kerbinschriften, die bis heute nicht völlig gedeutet sind. Die Mehrzahl der Gefäße, die von mindestens vier – vielleicht spätsasanid., baktr. oder von diesen beeinflußten – Werkstätten im Laufe eines längeren Zeitraumes angefertigt wurden, verrät eine auf langer Tradition basierende souveräne Beherrschung der Goldschmiedetechnik. Der Fund vereinigt avar., pers.-sasanid., mittelasiat., islam. sowie hellenist.-röm. und byz. Einflüsse; heidn. Züge treten neben rein christliche, phantast. Fabeltiere neben das Kreuz. Die großen Krüge zeigen in ihrem Dekor eine komplizierte Vermischung spätsasanid. und mittelasiat. Merkmale aus dem 7./8. Jh. sowie islam. aus dem 9.Jh.; die für die Steppenvölker characterist. Wiedergabe von realen Tieren und Fabelwesen beleuchtet den engen Kontakt dieser Kulturbereiche, der auch in der Darstellung asiat. mytholog. Szenen zum Ausdruck kommt. Trinkhorn, Schalen und Becher gehen in ihren Formen auf nomad., v. a. avar. Tradition zurück. Die byz. Komponente im Schatzfund ergibt sich aus den Kreuzdarstellungen, den griech. Inschriften und aus der Verwendung griech. Buchstaben in der turksprachigen Inschrift. Bei Berücksichtigung sämtl. durch den Schatz gegebener Indizien erscheint eine Entstehungszeit im späten 8. und im Laufe des 9. Jh. sowie eine Zuweisung an den spätavar.-ung.-bulg. Kunstkreis am wahrscheinlichsten. Die Bekehrung der Bulgaren zum Christentum 864 könnte das Nebeneinander christl. und heidn. Elemente erklären. Vielleicht wurde der Schatz, in seinem älteren Bestand ein kostbares Tafelservice, in seiner letzten Verwendung als Kirchenschatz beim Einfall der Ungarn 896 vergraben.

A. Bernhard-Walcher

Lit.: J. HAMPEL, A n.i kincs, 1884 – J. NÉMETH, Die Inschriften des Schatzes v. N., 1932 – N. MAVRODINOV, Le trésor protobulgare de N., 1943 – G. LÁSZLÓ–I. RÁCZ, A n.i kincs, 1977 [dt. 1983; engl. 1984; ältere Lit.] – K. HOREDT, Zur Zeitstellung des Schatzfundes v. Sînnicolau Mare (N.), Archäolog. Korrespondenzbl. 13, 1983, 503ff. – H.-W. HAUSSIG (Runen, Tamgas und Graffiti auch Asien und Osteuropa, hg. K. RÖHRBORN–W. VEENKER, 1985), 17ff. – A. KISS, Die Goldfunde des Karpatenbeckens vom 5.–10. Jh., Acta Archaeologica 38, 1986, 105ff. – B. MARSCHAK, Silberschätze des Orients, 1986 – G. VÉKONY, Spätvölkerwanderungszeitl. Kerbinschriften im Karpatenbecken, Acta Archaeologica 39, 1987, 211ff.

Näherrecht, Recht, eine verkaufte Sache gegen Erstattung des Kaufpreises sowie entstandener Kosten an sich zu ziehen. Es kann sich gegen den dritten Erwerber oder aber wie ein Vorkaufsrecht gegen den Veräußerer richten. Zumeist als Abschwächung eines urspgl. umfassenderen dingl. Rechts entstanden, läßt das N. noch durch den Kreis seiner Inhaber jenen älteren Rechtszustand erkennen: N.e standen u. a. den Erben oder anderen Verwandten, den Miterben oder anderen Gemeinschaftern, den Nachbarn oder anderen Dorf-, Hof- oder Talgenossen, den Grund- oder Lehnsherrn zu. Die antiken Rechtsinstitute mit entsprechender Funktion fanden in der ma. Doktrin zum 'ius retractus' zusammen, das dann als Begriff rezipiert wurde, inhaltl. aber genug Spielraum für die Aufnahme der einheim. Ausgestaltungen bot. Diese waren extrem vielfältig, da nur der Lehensretrakt (→Retraktrecht) Eingang ins Gemeine Recht fand, während die anderen Spielarten des N.s Gegenstände des Partikularrechts blieben. Hauptthemen der Regelungen waren der Gegenstand des N.s, nämlich in der Regel Grundstücke, seltener Vieh oder auch Schiffe, der Vorrang zw. mehreren parallelen N.en, schließlich die Frist, innerhalb der das N. auszuüben war (meist→Jahr und Tag). A. Cordes

Lit.: HRG III, 827–831 [L. Carlen] – O. Gierke, Dt. Privatrecht, II: Sachenrecht, 1905, 766–785.

Nájera, Stadt im n. Kastilien (Prov. Logroño), bedeutendes Kl. Santa María la Real de N. (Bm. Calahorra). Kg. →García (Sánchez) III. v. →Navarra und seine Gemahlin Estefanía gründeten am 12. Dez. 1052 in N., der kgl. Residenz, eine Kathedrale und einen damit verbundenen Konvent von Regularkanonikern. Seine Ausstattung sollte auch der Unterstützung der (Jakobs-)Pilger dienen.

Nach der Ermordung des Kg.s →Sancho IV. Garcés durch seine Brüder bemächtigte sich Kg. →Alfons VI. v. →Kastilien und →León auf Rat seiner burg. Ehefrau →Konstanze am 3. Sept. 1079 des Kl. N., verjagte die dortigen Kanoniker und überließ Kl. und Bf.skirche →Hugo I. v. Semur, dem 6. Abt v. Cluny. N. wurde mit Cluniazensern belegt, deren Prior vom Haupthaus bestellt wurde (→Cluny, B. II. 2). Obwohl offiziell weiter mit dem Pilgerschutz betraut, diente N. unausgesprochen der Förderung der kast. Herrschaftssicherung in der →Rioja.

Ungeachtet der Bestätigung durch Urban II. (1088; 1095) widersetzten sich die Bf. e v. →Calahorra ständig der Tradierung und klagten seit 1144 erfolglos gegen Cluny. Erst unter Honorius III. wurde der Streit zugunsten Clunys beendet; der Bf.ssitz wurde z. Zt. Gregors IX. von N. nach Santo Domingo de la →Calzada verlegt. Dank der reichen Dotierung durch →Urraca, →Alfons VII. und →Alfons VIII. - adlige Gönner sind nur spärlich nachweisbar – blieb N. bis ins 15. Jh. das einflußreichste Cluniazenserkl. in Spanien. Eine Rebellion der Mönche v. N. führte zur Trennung vom Cluniazenserverband; seit 1489 ist ein Abt statt eines Priors nachweisbar. 1511 Anschluß an die Kongregation v. Valladolid. B. Schwenk

Q. und Lit.: Recueil des chartes de l'abbaye de Cluny, hg. A. Bernhard–A. Bruel (Coll. des documents inédits sur l'hist. de France. Première série. Hist. politique, 1876–1903) – F. Fita, S. M. la Real de N. Estudio crítico, BRAH 16, 1895, 155–198 – Ders., Primer siglo de S. M. de N., ebd. 227–275 – D. Mansilla, La documentación pontificia de Honorio III, 1965, Nr. 4, 395, 414, 502 – P. Kehr, Papsturkk. in Spanien, II, 1970, 57–62; Nr. 44, 77, 109 – A. Linage Conde, Los orígines del monacato benedictino en la Peninsula Ibérica, II, 1973, 656–661 – P. Segl, Kgtm. und Klosterreform in Spanien, 1974, 58–62, 89–90, 116–120 – M. Cantera Montenegro, S. M. la Real de N. ..., En la España Medieval, II/1, 1982, 253–273; weitere Teile: ebd., IV/1, 1984, 175–182; ebd., V/1, 1986, 267–287; AEM 12, 1991.

Nájera, Kgr., Teilreich der Krone→Kastilien, das ebenso wie→Estremadura, →Toledo und →Asturien seit dem 12. Jh. Eingang in den offiziellen Königstitel fand. Es umfaßte in der Hauptsache die größten Teile des alten Reiches v. →Rioja mit seinem Hauptort →Tudela, gehörte zu den zw. Kastilien und →Navarra umstrittenen Gebieten, kam unter Alfons VI. an Kastilien und wurde von diesem seinem Gefolgsmann →García Ordóñez als Gft. (Calahorra-N.) übertragen. Nach kurzzeitiger Entfremdung durch Alfons I. v. Aragón kam das Kgr. endgültig an Kastilien unter Alfons VII., der seinen Sohn Sancho III. damit ausstattete. Nun umfaßte es die kast. Rioja bis zum Ebro, von Alfaro bis Miranda, und grenzte im S direkt an das Territorium v. →Soria. Die Frage des Mittelpunktes war lange zw. Nájera und →Calahorra umstritten, bevor sich das im wirtschaftl. Aufstieg befindl. →Logroño durchsetzte. L. Vones

Lit.: J. González, El reino de Castilla en la época de Alfonso VIII, Bd. 2, 1960, 71ff. – J. García Prado, Hist. de la Rioja, II, 1983.

Nájera, Schlachten. 1. N., Schlacht v. (April 1360). Im Krieg zw. →Peter I. v. Kastilien und →Peter IV. v. Aragón war letzterer 1359 in Kastilien eingefallen (Einnahme von Haro, Sieg bei Araviana). Gleichzeitig drangen zwei mit dem Aragonesen verbündete Stiefbrüder des Kg.s, Bastardsöhne Alfons' XI., →Heinrich (II.), Gf. v. →Trastámara, und Tello, in Kastilien ein und bemächtigten sich des Ortes N., dessen blühendes Judenviertel sie plünderten. Peter I., der seinerseits Truppen in Burgos gesammelt hatte, stieß über Miranda de Ebro nach N. vor, das er in siegreicher Schlacht einnahm. Die Bastarde konnten jedoch nach Aragón entkommen.

2. N., Schlacht v. (3. April 1367), im Bürgerkrieg zw. Peter I., Kg. v. →Kastilien, und seinem Stiefbruder Heinrich v. Trastámara, stand indirekt in Verbindung mit dem →Hundertjährigen Krieg, dessen wichtigste Protagonisten nach dem Frieden v. →Brétigny den Kampf auf Nebenschauplätzen weiterführten. Auf der Seite Heinrichs kämpften die Weißen Kompagnien des frz. Heerführers Bertrand →Du Guesclin (seit 1365), während Peter seit 1366 mit der Unterstützung der engl. Kompagnien unter Führung →Eduards, des »Schwarzen Prinzen«, rechnen konnte. Allerdings eroberte der Trastámara während der Verhandlungen, die Kg. Peter mit den Engländern in Bordeaux führte, in einem siegreichen Feldzug die wichtigsten Städte des Reiches (Burgos, Toledo, Sevilla), so daß nur noch →Galicien dem rechtmäßigen Herrscher treu blieb. Deshalb fiel Peter von Logroño aus mit dem engl. Heer in Kastilien ein und stieß nach N. vor, wo Heinrich mit den Weißen Kompagnien stand. Die Schlacht, an der noch weitere berühmte Herren teilnahmen (→John of Gaunt, Jean →Chandos, der Gf. v. →Armagnac u. a.), wurde für den rechtmäßigen Herrscher zu einem vollen Erfolg, der allerdings durch das Entkommen Heinrichs geschmälert wurde. Da sich Peter jedoch nicht in der Lage sah, dem Schwarzen Prinzen die versprochene Geldsumme zu zahlen, kam es trotz des glänzenden Sieges zur sofortigen Einstellung der Feindseligkeiten. Die Schlacht v. N. brachte nicht die entscheidende Wende im Bruderkrieg, da Heinrich nach der Niederlage neue Kräfte sammeln konnte und Kg. Peter I. die feindlichen Adligen gegen Lösegeld bald frei wieder ließ.

M. Rábade Obradó

Lit.: P. E. Russell, The English Intervention in Spain and Portugal, 1955, bes. 95ff. – J. Valdeón Baruque, Enrique II de Castilla, 1966 – B. F. Taggie, The Castilian Foreign Policy during the Reign of Pedro I [Ms. Diss. Michigan State Univ., 1973].

an-Nairīzī, Abū l-ʿAbbās al-Faḍl ibn Ḥātim (im Abendland: Anaritius), gest. ca. 922 in Bagdad, arab. Geometer und Astronom. Von den acht Werken, die Ibn an-Nadīm (10. Jh.) und Ibn al-Qifṭī (gest. 1284) ihm zuschreiben, sind zwei Komm. zu →Ptolemaios' →Almagest und Tetrabiblos und zwei Ziǧes (→Tafeln, astronom.). Diese letztgen. Werke sind verloren, doch kannte al →Bīrūnī noch den Komm. zum Almagest und mindestens eines der Tafelwerke. N. ist v. a. bekannt wegen seines Komm. zu den Elementen des →Euklid. Als Vorlage diente ihm die zweite der beiden arab. Übersetzungen von al-Ḥaǧǧāǧ (ca. 786–833). Der Komm. ist erhalten in einer arab. Hs. in Leiden und in einer lat. Version des →Gerhard v. Cremona, in der N.s Name zu Anaritius latinisiert wurde. Sein bes. Wert liegt darin, daß N. aus dem Komm. von Heron andere (mehr algebraische als geometrische) Beweise als Euklid gibt. Außerdem wird hier der verlorene Kommentar von Simplikios fast vollständig wiedergegeben. Schließlich zitiert er wörtl. einen angebl. Beweis des Philosophen Aǧānīs (= Agapius) für das Parallelpostulat, Euklids Postulat Nr. 5; damit hat sich später u. a. →Ibn al-Haiṯam auseinandergesetzt. N.s

Schrift »Über die Richtung der Qibla« zeigt, daß er das Äquivalent der Tangensfunktion kannte und benutzte (→Trigonometrie). (Allerdings war →Ḥabaš, gest. 864/874, hierin sein Vorgänger.) N.s Schrift »Über das kugelförmige Astrolab« gilt als beste und ausführlichste arab. Abhandlung über dieses Thema. N. hat sich auch mit Astrologie beschäftigt. Y. Dold-Samplonius

Lit.: DSB X, 5–7 [Lit.] – SEZGIN V, 283–285; VI, 191f.; VII, 156, 268f., 330 [Hss. verz.].

Naissus → Niš

Nakel (Nakło), Ort in der hist. Region Krajna, nö. Großpolen, eine der wichtigsten Burgen an der Grenze zu →Pommerellen; entstand am Ufer der →Netze in der 2. Hälfte des 10. Jh. Am Ende des 11. Jh. wurde N. von den Pomoranen hartnäckig gegen Polen verteidigt (Belagerung 1091). →Bolesław III. Krzywousty besetzte N. 1109 und 1113; es wurde Mittelpunkt einer →Kastellanei (erwähnt 1136). 1223–29 bildeten N. und Usch (Ujście) ein Teilfsm. des Hzg.s Władysław Odonic v. Großpolen; 1239–43 und 1255–56 besetzte Swantopolk, Fs. v. Pommerellen, N.; 1299 Stadtgründung nach →Magdeburger Recht. Seit 1306 gehörte das Land N. zum wiedervereinigten Kgr. Polen, bewahrte aber eine gewisse Selbständigkeit gegenüber →Großpolen (seit 1328 Landeshauptmann v. N. [→starosta]); 1390–95 Lehen Wratislaws VII., Fs. v. Stolp. Während der Kriege mit dem Dt. Orden im 14. und 15. Jh. war N. Militärstützpunkt. S. Gawlas

Lit.: SłowStarSłow III, 347 – E. S. TABACZYŃSCY, Das frühma. Nakło Krs. Wyrzysk..., ArchPol 6, 1964, 292–303 – W. HENSEL–Z. HILCZER-KURNATOWSKA, Studia i materiały do osadnictwa Wielkopolski Wczesnohistorycznej 4, 1972, 149f. – Nakło nad Notecią. Dzieje miasta i okolic, hg. J. DANIELEWICZ, 1990.

Nakon, Fs. der →Abodriten bis ca. 966, wahrscheinl. Sohn eines von Kg. Heinrich I. 931 unterworfenen und getauften Abodritenfs.en. Die Beziehungen zu Sachsen (v. a. zu den →Billungern) und das Bekenntnis zum Christentum in einer weitgehend von der Gentilreligion geprägten Gesellschaft waren seit dieser Zeit, trotz aller Schwankungen, Konstanten in der Politik der abodrit. Dynastie, der Nakoniden. An dem slav. Aufstand gegen die Herrschaft Kg. Ottos I. von 954/955, in dessen Verlauf N. erstmals in den Q. erscheint, hatten die sächs. Adligen →Wichmann und →Ekbert (3. E.) Anteil. An der Spitze des vereinten slav. Heeres fand N.s Bruder und Mitherrscher Stojgnev den Tod. Als Alleinherrscher bei den Abodriten, wenn auch unter der Aufsicht →Hermann Billungs, hatte N. auch die Oberherrschaft über die →Wagrier in Ostholstein inne. Der jüd. Reisende →Ibrāhīm ibn Yaʿḳūb stellte um 966 ʿNaqunʾ, dessen Gebiet bis an die Grenzen Sachsens und Dänemarks reichte und der in einer großen Burg (wahrscheinl. →Mecklenburg) residierte, in eine Reihe mit slav. Fs.en der Bulgaren, Böhmen und Polen. Nach N.s Tod führte sein Sohn →Mstivoj seine Politik fort: mit Unterstützung Hermann Billungs schaltete er die heidn. Opposition in Wagrien aus und ermöglichte die Gründung des Bm.s →Oldenburg (968/972).
Chr. Lübke

Lit.: SłowStarSłow III, 348 – F. WIGGER, Mecklenburg. Annalen bis zum Jahr 1066, 1860, 32ff. – W. BRÜSKE, Unters. zur Gesch. des Lutizenbundes, 1955, 23ff. – Gesch. Schleswig-Holsteins, IV, 1981, 121f. – CHR. LÜBKE, Reg. zur Gesch. der Slaven an Elbe und Oder, II, V [Ind.], 1985ff. – →Abodriten.

Name, -ngebung → Personennamen, →Ortsnamen

Name Gottes. Der genuine Ort der Anrede Gottes und des Nennens seines (nach ntl. Offenbarung dreifaltigen) Namens ist die religiöse Praxis, d. h. die Doxologie des Gottesdienstes, die sich mannigfaltig artikuliert (Schweigen, →Gebet, →Prozession). Auch die Theologie nimmt sich dieser Aufgabe an und hat zugleich als 'ratio et sermo de Deo' (Augustinus, Civ. Dei VIII, 1) den Anspruch einzulösen, krit. zu wissen, wovon in ihr die Rede ist. Ps.-Dionysius Areopagita lehrt in seiner Schr. 'De divinis nominibus' I, 6 (ed. SUCHLA 118), Gott sei für den von dessen Unbegreiflichkeit gestellten Menschen der 'Namenlose' (→Nichts) und der 'Vielnamige' zugleich, für Gregor v. Nazianz, carm. I, 1, 29, 13 (MPG 37, 508A) sogar der 'Allnamige'. Isidor v. Sevilla, Etymol. VII, 1 interpretiert die bibl. N.n G (El, Eloi, Eloe, Sabaoth, Elion, Eie [Ex 3, 14], Adonai, Ia, JHWH [→Tetragramm], Saddai; im Anschluß an Hieronymus, Ep. 25 [CSEL 54, 218–220]), die Gott substantiell betreffenden N.n und die bibl. Anthropomorphismen, Natur-, Orts-, und Zeitmetaphern. Johannes Scottus (Eriugena), Periphys. I, 12 (ed. SHELDON-WILLIAMS I, 60) leitet θεός 'Gott' von θεωρέω 'sehen' und θέω 'laufen' ab (vgl. Plat. Cratyl. 397d; Gregor v. Nazianz, orat. 30, 18; Johannes Damaskenos, De fide orth. I, 9), da Gott der sei, der alles, was ist, in sich selbst und nichts außer sich selbst sehe und zudem ohne stehenzubleiben in alle Dinge 'eingehe' und in seinem Lauf erfülle. Bei den Komm. zu Petrus Lombardus, Sent. I, d. 22 werden trotz unterschiedl. sprachtheoret. Auffassungen viele Gemeinsamkeiten augenscheinl.: Meistgeschätzter N. G. ist 'ego sum, qui est' (Ex 3, 14); natürl. wie übernatürl. Erkennen und Nennen Gottes teilen sich wahren Erkenntnis- und Bedeutungswert, aber immer auch mittelbare Form und inadäquate Vollkommenheit (vgl. Bonaventura, In I Sent., d. 22, Op. omn. I, 389–401 mit den in den Scholien gen. Autoren; kompendiös Heinrich v. Gent, Summa qu. ord. 73, ed. 1520, 263v–280v). Thomas v. Aquin tritt für ein analoges Verständnis der N.n G. ein (S. theol. I, 13, 1–12). Nikolaus v. Kues, dessen Suche nach dem 'verbum praecisum' zur Kritik aller verweisenden Zeichen führt, kreiert neue N.n G.: non aliud, idem, posse, posse fieri, posse ipsum, possest. Diese sind nur Namen des Begriffs von Gott, nicht Namen des im Begriff Erfaßten.
M. Laarmann

Lit.: DSAM XI, 407–410 – HWP VI, 378–384, 389–398 – RAC XI, 1202–1278 – E. SCHLENKER, Die Lehre v. den göttl. N.n in der Summe Alexanders v. Hales, 1938 – F. RUELLO, BiblThom 35, 1963 [Albertus Magnus] – S. DANGELMAYR, Gotteserkenntnis und Gottesbegriff in den philos. Schr. des Nikolaus v. Kues, 1969 – W. BEIERWALTES, Platonismus und Idealismus, 1972, 5–82 [Ex 3, 14] – Dieu et l'être. Exégéses d'Exode 3, 14 et de Coran 20, 11–24, 1978 – E. J. ASHWORTH, Historiographia Linguistica 7, 1980, 29–38 – R. SCHÖNBERGER, Nomina divina. Zur theol. Semantik bei Thomas v. Aquin, 1981 [Lit.] – L. HÖDL, Thomas-Kritik an der Wende vom 13. zum 14. Jh. (Welt-Wissen und Gottes-Glaube in Gesch. und Gegenwart, 1990), 19–43.

Name Jesu. Die Verehrung (Phil 2, 10) des N.ns J. setzte bereits im Frühchristentum ein, gewann durch die allegor. Auslegung seitens der Kirchenväter symbol. Tiefe und ab dem FrühMA (bes. gefördert durch Beda Venerabilis, Bernhard v. Clairvaux und Papst Innozenz III.) an populärer Weite. Sie verbreitete sich im Zuge des sich wandelnden Christusbildes vom Kg. zum Schmerzensmann und erlangte v. a. durch die Bettelorden (Franziskus, Johannes Duns Scotus, Seuse, Bernardinus v. Siena, Johannes v. Capestrano) eine Förderung, die vielfache, oft auch gegenläufige Wirkungen zeitigte: Einerseits avancierte der N. J. als an Christus erinnerndes-inneres Wort zum konzentrierten Gebet und zur Chiffre myst. Versenkung, andererseits als äußeres, gesprochenes oder geschriebenes Zeichen (Trigramm: IHS) zur religiöse Kräfte mobilisierenden und bindenden (Beschwörungs-)Formel, der bereits im 15. Jh. mitunter mag. Wirkung zugesprochen wurde. Eine bes. Verehrung des N.ns J. pflegte →Jeanne d'Arc. 1530 wurde den Franziskanern gestattet, am 14. Jan. das Fest N. J. zu feiern. Der Jesuitenorden übernahm im 16. Jh. das Trigramm als Abkürzung für 'Jesum habemus socium'. M. Gerwing

Lit.: DSAM VIII, 1109-1126 – LThK² VII, 783 – S. Melani, San Bernardino da Siena e il Nome di Gesù, 1945 – I. Hausherr, Noms du Christ et Voies d'Oraison, 1960 – A. Weimer, Kg. und Schmerzensmann: Das Bild Christi von der frühen Kirche bis zur Reformation, 1982 – J. Ehlers, Geschichte Frankreichs, 1987, 315 – I. Origo, Der Hl. der Toskana. Leben und Zeit des Bernardino v. Siena, 1989 – A. Falkner – P. Imhof, Ignatius v. Loyola und die Gesellschaft Jesu 1491-1556, 1990 – J. B. Freyer, Der demütige und geduldige Gott. Franziskus und sein Gottesbild, 1991.

Namslau, Friede v. (poln.: Namysłów), geschlossen am 22. Nov. 1348 zw. Karl IV., Kg. v. Böhmen, und Kasimir d. Gr., Kg. v. Polen, der auf seine hist.-polit. und erbl.-dynast. Rechte in →Schlesien verzichtete; vorausgegangen waren Vor- und Friedensverträge (Trentschin 1335, Krakau 1339, Prag 1341). 1327-35 hatten mehrere schles. Hzg.e, mit Ausnahme von Bolko v. →Schweidnitz, die Lehnsoberhoheit des böhm. Kg.s, Johann v. Luxemburg, anerkannt. Da nach der Erneuerung des Kgtm.s in Polen (1320) auch die poln. Kg.e ihre Rechte auf die Oberherrschaft in Schlesien geltend machten, kam es zw. Böhmen und Polen zu Auseinandersetzungen, die mit dem F.n v. N. ein Ende fanden. Nach dem Tod Bolkos (1368) gelangte auch das Fsm. v. Schweidnitz unter böhm. Herrschaft. G. Labuda

Lit.: Hist. Śląska I, 1933, 470-473 – Gesch. Schlesiens I, 1938, 164f. – G. v. Grawert-May, Das staatsrechtl. Verhältnis Schlesiens zu Polen..., 1971, 133ff. – O. Pustejovsky, Schlesiens Übergang an die Böhm. Krone, 1975, 149ff.

Namur (ndl. Namen), Stadt und ehem. Grafschaft (heut. Provinz) in Belgien.
I. Grafschaft – II. Stadt.

I. Grafschaft: Die Gft. N., im Bereich →Lotharingiens, entstand aus einem der vier großen 'pagi' der Diöz. v. →Lüttich, dem 'pagus Lomacensis', benannt nach La Roche à Lomme, im Süden des Gebiets zw. Sambre und Maas (Entre-Sambre-et-Meuse). Erster bekannter Gf. ist ein Berengar, erwähnt 907. Er gehörte wohl zur Sippe →Eberhards v. Friaul und heiratete eine Tochter →Reginars I. Die illustre Herkunft des Gf.en bewahrte den Pagus nicht vor starken Gebietsverlusten. Der Bf. v. Lüttich wurde (oder blieb) Herr über →Dinant, die Abteien →Lobbes und Malonne, das Stift Fosses und einen großen Teil des Gebiets zw. Sambre und Maas, insbes. die Besitzungen der Herren v. Rumigny-Florennes (→Florennes), die in die Fidelität Lüttichs eintraten. Die Gf.en v. →Hennegau sicherten sich die Herrschaften ('terrae') v. Beaumont und Chimay, die Gf.en v. →Löwen (spätere Hzg.e v. →Brabant) die Vogteien v. →Nivelles und →Gembloux. Infolge einer Schwächung der bfl. Gewalt konnte der Gf. v. N. zu Beginn des 12. Jh. diese Verluste zumindest teilweise wieder wettmachen und im NO bis an die Schwelle des Haspengaus (Hesbaye), im SO ins Condroz vorstoßen. N., seit dem 10. Jh. Grafensitz, lag ungefähr in der Mitte des Fsm.s.

Dank planmäßiger Heiratspolitik, die von den Gf.en über drei Generationen betrieben wurde, vereinigte →Heinrich der Blinde um 1150 in seiner Hand die Gft.en N., Laroche, Durbuy, Longwy und →Luxemburg sowie die Vogteien über →Stablo, St. Maximin vor →Trier und →Echternach. Heinrich, der lange kinderlos war, übertrug seine Länder testamentarisch seinem Neffen, dem Gf.en Balduin v. Hennegau und Flandern (→Balduin VIII.), und bewog Friedrich Barbarossa, die sechs lotharing. Gft.en als (weiträumige) Mgft. zu konstituieren und ihren Träger in den →Reichsfürstenstand zu erheben. Die späte Geburt einer Tochter, Ermesinde, machte diesen großen Plan zunichte: Nach Kriegen zw. den Anwärtern auf das Erbe wurde 1199 der Vertrag v. Dinant geschlossen, der die Gft. auf das eigtl. Namurois, die Domäne des Gf.enhauses, beschränkte. Damit wurde die Gft. N. zu einem Fsm. von zweitrangiger Bedeutung, das eher als große Seigneurie denn als echte »Territorialmacht« gelten kann. Seine Grenzen blieben im wesentl. unverändert, mit Ausnahme der Erwerbung von Poilvache (1307, aus luxemburg. Besitz).

Wie alle Fs.en der Zeit widmeten sich auch die Gf.en v. N. dem Ausbau und der Organisation ihrer fsl. Gewalt. Dies war das Werk zweier großer auswärtiger Familien: Die aus →Nevers gekommenen →Courtenay ererbten 1213 das Namurois, das →Balduin v. Courtenay, der glücklose lat. Ks. v. Konstantinopel, aber 1263 an das champagn. Haus →Dampierre, Gf.en v. →Flandern, verkaufen mußte. Diese beiden Dynastien bauten die gfl. Curia (Rat, *conseil*) auf, die an die Stelle des →'mallus' der älteren Zeit trat und Kleriker, Adlige sowie Repräsentanten der Stadt N. umfaßte, während die (theoret. durch die Baillis vertretenen) ländl. Gebiete keine Vertreter stellten. Die Gf.en schufen auch das Amt des →*Bailli*, der (nach der Einrichtung regionaler Bailli-Ämter) *souverain bailli* hieß und als echter Stellvertreter des Gf.en über umfassende Amtsgewalt verfügte. Das *souverain bailliage* wurde zum obersten Gerichtshof des Fsm.s, mit Kammern der Pairs, der Lehnsleute und der Allodialinhaber. Die Gf.en ließen 1265 und 1289 →Inventare ihrer Einkünfte anlegen und übertrugen die Finanzangelegenheiten einem Generalnehmer (→*receveur général*). Der Weg zu weiterer institutioneller Ausgestaltung wurde aber nicht beschritten; erst Hzg. →Philipp der Gute v. →Burgund, der 1421 das Namurois gekauft hatte, berief eine landständ. Versammlung (→*États*) ein, doch ohne Dritten Stand, und erhob 1444 die erste →*Aide*. 1477, während der burg. Staatskrise, verlieh →Maria v. Burgund der Gft. N. das erste Landesprivileg.

Die grundherrl. Gewalt war im Namurois weniger drückend als in anderen Gebieten. Eine Welle von Privilegienverleihungen setzte, geleitet von polit. Zielsetzungen, bereits vor 1100 ein und fand im 12. Jh. ihre Fortsetzung. Neue Privilegierungen, diesmal diktiert von wirtschaftl. Notwendigkeiten, erfolgten an der Wende des 14. zum 15. Jh. Schon seit dem 13. Jh. war die feudale Willkür selbst in den ländl. Bereichen abgeschafft worden. Das Namurois zählte im SpätMA ca. 400 Siedlungen, vorwiegend kleine Dörfer von 100-150 Bewohnern sowie oft winzige Streusiedlungen.

Die Wirtschaft des Namurois beruhte im wesentl. auf dem Ackerbau; die Viehzucht hatte nur im SpätMA einige Bedeutung. Neben dem Aufschwung des traditionellen Erzbergbaus seit v. a. die Messinggewerbe in Bouvignes, der Konkurrentin Dinants, zu nennen. Der Handel (v. a. mit Produkten aus den Forstgebieten) belebte die Märkte der Flecken wie Fleurus und Walcourt. Im Namurois bestanden nicht weniger als 24 geistl. Institutionen (Stifte, Abteien und Konvente), gegr. zw. 600 und 1236. Bedeutend waren v. a. die Stifte der Stadt N., die adligen Stifte →Andenne und Moustier sowie die Abteien →Brogne, →Waulsort, →Floreffe und Salzinnes (s. a. →Lotharing. Reform).

II. Stadt: N., das auf eine bescheidene röm. Ansiedlung

zurückgeht, verdankt seine Stadtentwicklung der günstigen geograph. Lage an der Einmündung der Sambre in die Maas, am Fuße eines strateg. wichtigen Felsens. Entfaltete eine frühe Münzstätte wohl nur schwache Tätigkeit, so war der 'portus' von Kaufleuten und Handwerkern belebt. Der Bf. v. Lüttich, der einen beträchtl. Teil des Stadtareals besaß, förderte hier das Stift Notre-Dame mit seinem weiten Einzugsbereich. Der Gf. errichtete sein festes Haus ('domus'), das zum 'castellum' und zur gfl. Residenz wurde; das 1047 vom Gf.en gegr. Stift St-Aubain überflügelte schließlich das konkurrierende bfl. Stift Notre-Dame. Die Neugründung mehrerer Pfarreien markiert das Wachstum der Stadt, das bis ins 13.Jh. anhielt. N. war mit seinen Hallen, Märkten und Mühlen der führende Handelsplatz der Gft. Mit Ausnahme der Tuchverarbeitung, die keine unmittelbare Konkurrenz benachbarter Städte zu fürchten hatte, entfaltete N. allerdings nur geringe Gewerbetätigkeit. Am Ende des MA zählte die Stadt, die ein Areal von 107 ha umfaßte, maximal 5000–6000 Einw. L. Genicot

Bibliogr.: J. BOVESSE, Bibliogr. hist. namuroise, 1979 – *Q. und Lit.:* Annales de la Soc. arch. de N., seit 1849 – C. PIOT, Inventaire des chartes des comtes de N., 1890 – D. D. BROUWERS, Chartes et règlements, 1197-1337, 2 Bde, 1913-14 – Namurcum, 1924-70 – F. ROUSSEAU, Actes des comtes de N. de la première race (946-1198) (Recueil des actes des princes belges), 1936 [mit ausführl. hist. Einl.] – L. GENICOT, L'économie rurale au bas m.-â. (1199-1429), I, 1943; II, 1960; III, 1982; IV, 1993 – M. WALRAET, Actes de Philippe Ier dit le Noble, 1949 – L. GENICOT, Le Namurois politique, économique et social au bas m.-â., Annales de la Soc. arch. de N. 52, 1964 – DERS., Études sur les principautés lotharingiennes, 1975 – J. BOVESSE, La Maison comtale namuroise (Xe s.–1429), 1979 – N. Le site, les hommes. De l'époque romaine au XVIIIe s., 1988.

Nancy, Stadt in →Lothringen, an der Meurthe (dép. Meurthe-et-Moselle), entstanden bei einer wohl bald nach 1050 errichteten Burg (ursprgl. wohl Turm), die Hzg. →Gerhard bei dem alten Hof Nanceium (Nanceiacum) auf Besitz der Metzer Abtei St-Pierre-aux-Nonnains, deren Vogtei er innehatte, erbauen ließ; gemeinsam mit der gleichzeitig errichteten Burg Prény (an der Mosel, südl. von Metz) verklammerte N. die großen nördl. und südl. Territorialkomplexe des Hzm.s Lothringen. →Dietrich I. (1070–1115) begründete ein Priorat mit Mönchen aus →Molesme. Zw. Burg und Priorat entwickelte sich langsam eine kleine Siedlung, ausgerichtet auf einen Markt und die Kirche St-Evre.

Im 12.Jh. gewann N. durch häufigere Herzogsaufenthalte allmähl. an Bedeutung, die ihren Ausdruck in der Verleihung als Wittum an Hzgn. Bertha und der Münzprägung ihres Gemahls →Matthäus I. (1139–76) fand. Während des Krieges zw. Ks. Friedrich II. und Hzg. Thiébaut I. 1218 niedergebrannt, erlebte N., in dessen Umgebung eine Zisterzienserabtei (Clairlieu), eine Johanniter-Komturei (St-Jean du Vieil Aître) und ein Hospital (Maison-Dieu) entstanden, im 13.Jh. weiteren Aufstieg; die Burg unterstand einem Vogt (Kastellan), das ländl. Gebiet einem Prévôt, und der hzgl. Seneschall stammte aus N.

Einschneidend war die Verlegung und zugleich Vergrößerung des Herzogspalasts unter Ferri III. (→Friedrich IV., 1251-1303); die alte Burg wurde Dominikanerinnen zugewiesen. Zw. den beiden Befestigungen verdichtete sich die städt. Besiedlung; die beiden Burgi *(bourgets)* waren Zentren wirtschaftl. Aktivität. Die älteste Stadtbefestigung des 12.Jh. wurde im 14.Jh. vergrößert, unter Einbeziehung sämtlicher Stadtkerne. N. hatte 1477 ein Stadtareal von 15 ha und 3000 Einwohner.

Eine neue Etappe der Stadtentwicklung wurde erreicht mit →Raoul I. († 1346), unter dem N. gleichsam zur Hauptstadt des Hzm.s Lothringen avancierte. Der Hzg. gründete das Kollegiatstift St-Georges, Zentrum der Georgsverehrung (v. a. der lothr. Kaufleute- und Handwerkerkorporationen). In St-Georges schwor der neue Hzg. beim feierl. Einzug in die Stadt den Eid; hier entstand auch die hzgl. →Grablege. Die Bevölkerung der Residenzstadt N. lebte von Handwerk und hzgl. Hof- und Verwaltungsdiensten. Die zentrale Rolle N.s blieb auch unter den Hzg.en des Hauses →Anjou erhalten (Hochzeit Isabellas v. Lothringen mit →René I.: Vereinigung der Hzm.er →Bar und Lothringen, 1420).

Als →Karl der Kühne v. Burgund das Hzm. Lothringen eroberte (1475), beabsichtigte er, N. zur Hauptstadt seines weiträumigen Staatsverbandes zu machen. Dieser Plan zerschlug sich mit dem Tode des Hzg.s (5. Jan. 1477; →Nancy, Schlacht v.). Hzg. →René II. unternahm den Wiederaufbau der beschädigten Stadt; der Herzogspalast wurde wieder zum Zentrum glanzvollen Hoflebens, das sich der Renaissancekultur erschloß. M. Parisse

Lit.: CH. PFISTER, Hist. de N., 3 Bde, 1902–08 – J.-L. FRAY, N.-le-Duc, 1986 [Lit.].

Nancy, Schlacht bei (5. Jan. 1477), zw. den Truppen Hzg. →Karls des Kühnen v. →Burgund und einem Koalitionsheer, geführt von Hzg. →René II. v. →Lothringen, entschied das polit. Schicksal mehrerer Fsm.er im Osten Frankreichs. Das Hzm. Burgund wurde nach der Schlacht definitiv in die frz. Krondomäne wiedereingegliedert, während Lothringen und das (sich in verschiedene herrschaftl. und städt. Gewalten teilende) →Elsaß die Unabhängigkeit zurückerlangten. Der Tod Karls bei N. provozierte eine ernste dynast. Krise des burg. Staates, in deren Verlauf das Hzm. →Geldern zeitweilig Unabhängigkeit gewann, das Fsbm. →Lüttich und die →Picardie aus den burg. (habsburg.) Erbländern ausschieden. N. war die dritte Niederlage, die Karl im Kampf mit regionalen Koalitionen, unter erhebl. Beteiligung von Schweizer Aufgeboten (→Eidgenossenschaft), im Laufe nur eines knappen Jahres erlitt. Die Verbündeten sahen sich bedroht durch die wachsende Machtposition Burgunds in Elsaß, Lothringen (erobert im Nov. 1475) und →Savoyen. Wichtigster Einsatz des Kampfes war Lothringen; nach der Schlacht v. →Murten hatte Hzg. René in mehreren Etappen den größten Teil seiner Territorien wieder in Besitz nehmen können, nur die Hauptstadt N. verblieb in den Händen einer burg. Garnison. Nach einer Belagerung konnten die Lothringer am 6. Okt. 1476 jedoch auch N. zurückgewinnen; Karl traf mit seinem Entsatzheer erst am 11. Okt. ein. Trotz der ungünstigen Jahreszeit eröffnete er sofort die Belagerung; seine starre Haltung bewies, wie wenig er aus den Mißerfolgen der letzten drei Jahre gelernt hatte. Monatelang band er seine Truppen vor N., obwohl er ohne hinreichende Artillerie war. Materielle Ausrüstung, zahlenmäßige Stärke und Kampfmoral des burg. Heeres hatten durch die katastrophalen Niederlagen von Grandson und Murten schwer gelitten. Die burg. Untertanen waren durch den ständigen Steuerdruck ermüdet; der Hzg. erhielt auf seine drängenden Forderungen nur mäßigen Nachschub.

Die letzte burg. Heerschau, vom 8. Dez. 1476, führt insgesamt eine Mannstärke von 5387 Kombattanten auf (1136 Reisige, 1788 berittene Bogenschützen, 2463 Infanteristen); doch ist ein Teil der vor N. stehenden burg. Armee sicherlich nicht in den Rechnungen verzeichnet. Aus dem Zahlenmaterial ist zu schließen, daß Karl, der einen Teil seiner Truppen für Belagerungsaufgaben benötigte, in der Schlacht nur über ein Kontingent von ca. 5000 Mann verfügte, während unter Renés Befehl 19–20000 Mann standen, davon mindestens 6000 Schweizer, aber auch Elsässer und Österreicher. Die Schlacht entspann sich bei Schneefall, der die Burgunder hinderte, den Flankenangriff der Schweizer aus dem Hinterhalt rechtzeitig wahrzunehmen, während die Hauptmacht frontal angriff. Die zahlenmäßig unterlegenen, von der dreimonatigen Belagerung erschöpften Burgunder, unter dem Kommando ihres wenig flexibel reagierenden Hzg.s, wurden bald zum Rückzug gedrängt, der in Panik endete. Der gefallene Hzg. fand sein erstes Grab in N. W. P. Blockmans

Lit.: R. VAUGHAN, Charles the Bold, 1973 – Cinq-centième annivers. de la bataille de N., 1979 – →Karl der Kühne.

Nangis, Wilhelm v. (Guillaume de N., Guillelmus de Nangiaco), frz. Chronist, belegt im 1250–99. Über sein Leben ist wenig bekannt, er erscheint in den Rechnungen der Abtei →St-Denis als 'custos chartarum' (Archivar), wobei seine Entlohnung auffällig höher liegt als die der Vorgänger, wohl wegen seiner Verdienste als Geschichtsschreiber. Von ihm stammen zwei Königsviten: eine »Vita Ludovici IX«, verfaßt unter Philipp III., ausgehend von den Lebensbeschreibungen des Geoffroi de Beaulieu und Gilon de Reims, ferner die »Grandes Chroniques de France« des →Primat, sowie die »Gesta Philippi III«, gewidmet Kg. Philipp IV. dem Schönen, die von 1277 an originale Züge tragen. Beide Viten wurden in das lat. Corpus der Dionysian. Chroniken (Chroniques de St-Denis) aufgenommen und später ins Frz. übersetzt, um so die Serie der »Grandes Chroniques de France« zu vervollständigen. W. v. N. verfaßte vor 1297 außerdem ein kleines Handbuch für die Besucher der Königsgrableige in St-Denis, gehalten als knappe genealog. Chronik der Kg.e v. Frankreich seit Priamos (→Trojaner), in lat. und frz. Version; nur die frz. Fassung war verbreitet und fand Fortsetzer. Sein ausführlichstes Werk ist jedoch das zweiteilige »Chronicon«; der erste Teil (bis 1113) wird vom Autor als bloße Kompilation präsentiert, der zweite, dessen Darstellung zunehmend persönlichere Züge trägt, ist die einzige erzählende Quelle über die Anfänge der Regierung →Philipps des Schönen. Überaus häufig abgeschrieben und fortgesetzt, hat sie auch die Redaktoren der »Grandes Chroniques« im Sinne einer weniger biograph., sondern stärker allgemein und universell ausgerichteten Konzeption der Gesch. Frankreichs beeinflußt.

P. Bourgain

Ed.: Recueil des historiens de la France 20, 1840, 544–646, 725–763 – SHF 1843, I, 1–328 [H. GÉRAUD] – MGH SS 26, 1882, 674–688 [H. BROSIEN] – *Lit.*: Repfont V, 312–314 – L. DELISLE, Mém. sur les ouvrages de Guillaume de N., Mém. Acad. Inscr. Belles Lettres 27, 1873, 287–372 – DERS., HLF 32, 1898, 548–550 – H. BROSIEN, NA 4, 1879, 427–509 – G. SPIEGEL, The Chronicle Tradition of St-Denis: a Survey, 1978, 98–108.

Nanni di Banco, * um 1370/75 in Florenz, † 1421, neben →Donatello und →Ghiberti einer der führenden Florentiner Bildhauer der beginnenden Frührenaissance. Faßbar ist er erstmals 1407, in den Archivoltenfiguren der Porta della Mandorla des Domes v. Florenz. Anfängl. noch stark der got. Tradition verhaftet, gerät er nach 1410 zunehmend unter den Einfluß des frühen Donatello und der Antike. Für den Florentiner Dom schuf er eine Isaiasstatue (1408), einen hl. Lukas (1408–13) und das große Giebelrelief der Porta della Mandorla mit einer Darstellung der Himmelfahrt Mariens (1421 vollendet), für die Kirche Orsanmichele die Statuen der hll. Philippus (um 1413–14), Quattro Coronati (um 1414–16) und Eligius (um 1417–18). J. Poeschke

Lit.: M. WUNDRAM, Donatello und N. di B., 1969 – J. POESCHKE, Skulptur der Renaissance in Italien, 1, 1990.

Nantes, Stadt und Bm. in der sö. →Bretagne (dép. Loire-Atlantique).
I. Bistum – II. Grafschaft – III. Stadt.

I. BISTUM: Die ersten beiden bekannten chr. Märtyrer sind Donatianus und Rogatianus, hingerichtet unter Ks. Diokletian. Für 453 ist mit Desiderius ein Bf. belegt; am bedeutendsten ist jedoch der Episkopat des hl. Felix (549–592), der einer großen aquitan. Familie des Senatorenadels entstammte und als Seelsorger wie als Bauherr, gerühmt von →Venantius Fortunatus, hervortrat. Die bret. Landnahme (→Bretagne, A) kam im Gebiet v. Guérande (westl. von N.) zum Stehen und brachte für das Bm. N. wohl keinen Einbruch. Im 8. Jh. war das Bm., dessen sich die Gf.en eine Zeitlang bemächtigten, wohl über eine längere Periode vakant (vor 757). Am 24. Juni 843 überfielen →Normannen die Civitas und erschlugen den Bf. Gunhardus. Als die Bretonen 850 N. einnahmen, suchte Bf. Actard Zuflucht in →Tours; seine Nachfolger erkannten die Oberhoheit des Ebm.s →Dol, dessen Jurisdiktion N. auf Betreiben des bret. Kg.s →Salomon unterstellt worden war, nicht an. Als um 920 Normannen in N. eingesetzt wurden ('Loire-Normannen'), floh Bf. Adalard mit seinem Klerus nach Burgund. Mehr als ein Jahrhundert wurde das Bm. von lokalen und regionalen Adelsfamilien usurpiert, sein Patrimonium verschleudert; unterdessen schob →Rennes seine Diözesangrenzen im N auf Kosten von N. vor. 1049 setzte Papst Leo IX. den Bf. v. N., Budic, wegen →Simonie ab und designierte einen Reformbf. von röm. Herkunft, Airardus, der aber bald wieder zurücktreten mußte. Sein Nachfolger Quiriac, der Bruder des Gf.en von →Cornouaille (und von Nantes) war, setzte trotz seiner Herkunft aus dem Laienadel die Reformpolitik fort. Sie erlebte ihren Durchbruch mit Bf. Brice (Briccius, 1112–35), der als erster auch die Schutzherrschaft (→Garde) des Kg.s v. →Frankreich für das Bm. erwirkte. Zu keinem Zeitpunkt bestanden im Bm. N. jedoch Abteien von erstrangiger Bedeutung; die zahlreichen zw. 1050 und 1150 entstandenen →Priorate waren zumeist abhängig von Abteien des Loiregebiets, südl. der Loire dagegen von poitevin. Abteien. Im 13. Jh. entspannen sich langwierige Konflikte zw. den Bf.en und den Hzg.en v. Bretagne, die bestrebt waren, einen Teil der bfl. Einkünfte zu usurpieren und das →Regalienrecht auszuüben; 1267 wurde es dem Kathedralkapitel übertragen. Die ersten Synodalstatuten wurden um 1220 erlassen, 30 weitere zw. 1345 und 1488. Der Konflikt zw. dem Hzg. und dem Bf. Amaury d'Acigné (1462–77) zeigt die wachsende Spannung, die zw. dem Hzm. Bretagne und dem Kgr. Frankreich am Ende des 15. Jh. auftrat.

II. GRAFSCHAFT: Der erste namentl. bekannte 'comes' war Theudoaldus, der zu Beginn des 7. Jh. in der Vita des hl. →Columban erwähnt wird. Am Beginn des folgenden Jahrhunderts bemächtigten sich die Gf.en Agatheus und Amitto des Bm.s. Unter Karl d. Gr. fungierte Wido aus der großen frk. Aristokratenfamilie der Lambertiner (→Widonen) als 'praefectus' der die Gft.en N., Rennes und Vannes umfassenden Breton. Mark, zugleich als Gf. v. N.; dies gilt wohl schon für seinen Vorgänger Hruodland (→Roland), gefallen bei →Roncesvalles (778). Der Sohn Widos, Lambert, war unter Ludwig d. Fr. seinerseits wieder Präfekt und Gf. v. N., wurde als Parteigänger Kg. →Lothars aber 831 abgesetzt und starb 837 als Hzg. v. →Spoleto. Ricuinus (Ricouin) folgte ihm, dann Rainaldus (Renaud), der auch die Gft. →Herbauge innehatte. Dieser fiel 843 bei Messac während seines Angriffs gegen den bret. Fs.en →Nominoë, der von Lambert, dem Sohn des obengen. Gf.en, unterstützt wurde; Karl d. Kahle übertrug Lambert 845 und erneut 849 die Gft. N., was aber an dessen Allianz mit Nominoë nichts änderte. Ende 851 erkannte Karl d. Kahle jedoch das bret. Kgtm. →Erispoës an (Vertrag v. Angers), dem die Gft.en →Rennes und N. sowie, im S der Loire, die 'vicaria' v. →Retz, der westl. Teil der Gft. Herbauge, abgetreten wurden.

937 vertrieb Gf. Alan (Alain Barbetorte) die →Normannen aus dem unteren Loiregebiet; bald danach erhielt er vom Hzg. v. →Aquitanien den größten Teil der Gft.en Les Mauges, Herbauge und Tiffauges. Nach seinem Tode (952) wurden zwei seiner Bastarde (Hoël, dann Guérec) zu Gf.en v. N. erhoben. Judicaël, Bastardsohn v. Hoël, mußte die Oberherrschaft des Grafenhauses v. Rennes anerkennen; ihm folgte sein illegitimer Sohn Budic, der seine Tochter mit dem Gf.en v. Cornouaille verheiratete. 1066 wurde Hoël, der Sohn aus dieser Ehe, der seit 1054 Gf. v. N. gewesen war, Hzg. der Bretagne. Zu diesem Zeitpunkt hatte die Gft. einen Teil ihres neuen, südlich der Loire gelegenen Territoriums an die vordringenden Gf.en v. Anjou (→Angers) verloren; diese bemächtigten sich auch der Region v. →Craon und Pouancé. Die Integration des Nantais in das Hzm. Bretagne gestaltete sich schwierig; Hzg. Alan IV. übertrug die Gft. seinem Bruder Mathias bis zu dessen Tod 1103; 1148 sollte Hoël, der enterbte Sohn Hzg. →Conans III., den Grafentitel v. N. annehmen. →Heinrich II. Plantagenet bemächtigte sich bald darauf des Nantais, dessen Abtretung →Conan IV. 1158 anerkannte. 1166 übertrug es Heinrich seinem Sohn Gottfried (→Geoffrey Plantagenet), der die Erbtochter der Bretagne heiratete. In Fortsetzung dieser Politik übertrug Heinrich 1181 das Hzm. Bretagne an Gottfried; seitdem waren die Hzg.e der Bretagne stets zugleich auch Gf.en v. N.

III. STADT: N. (röm. Name Portus Namnetum, P. Nemetum) war am Beginn des MA noch von seiner galloröm. Mauer umgeben, die ein Areal von 16 ha einschloß. Sie umfaßte im NO auch eine Kathedralgruppe, deren Hauptkirche vom hl. Felix vollendet wurde. Das gfl. Castrum muß diesem bfl. Bereich benachbart gewesen sein. Außerhalb der Befestigung lagen die Kirchen St-Similien und St-Rogatien, die von Karl d. G. gegründete Abtei St-Médard de Doulon, die später kaum mehr wuchs, sowie die kleine Abtei St-Clément, gegr. wohl vom Gf.en Lambert. Nach der norm. Plünderung der Stadt (843) ließ Bf. Fulcher (Foucher) eine verkleinerte Befestigung (um die Kathedrale) errichten; sie fiel der Normanneninvasion von 919 zum Opfer. Anläßl. der Wiedereroberung der Stadt durch Alain Barbetorte (937) wird auch der alte Salzhandel auf der →Loire genannt; das Münzatelier stellte jedoch seine Prägetätigkeit (bis ins 13. Jh.) ein, und die Kathedrale lag am Ende des 11. Jh. wieder in Trümmern. 990 ließ der Gf. v. Rennes, →Conan, eine neue Burg (in der SW-Ecke des Stadtareals, an der Einmündung der Erdre in die Loire) errichten. Die Loirebrücke wird am Ende des 11. Jh. erwähnt. Im 12. Jh. war die roman. Kathedrale vollendet, und ein neues Viertel, der Bourg-Main, entstand am rechten Ufer der Erdre um die Kirche St-Nicolas. Zu Beginn des 13. Jh. wurde, am heut. Platz, ein neues Gf.enschloß erbaut. Nach 1215 umschloß eine neue Mauer, die den Bourg-Main einbezog, ein Areal von 24 ha. In dieser Periode vollzog sich ein wirtschaftl. Aufstieg: Neben Salzhandel trat Weinhandel auf; die ersten Kaufleute aus N., die mit Anjou, Aquitanien und England Handel trieben, werden genannt. Während des Bret. Erbfolgekrieges (1341–81) erhielt N. erste Privilegien, doch wurden städt. Verfassung und Verwaltung erst in der Zeit der →Montfort, zw. 1420 und 1488, geschaffen. Im 15. Jh. erfolgte ein fortifikator. Ausbau; auch wurden die meisten Kirchen umgebaut und vergrößert (neuer Kathedralbau ab 1434). Die gfl. Burg wurde nach 1465 zum glanzvollen Residenzschloß des Hzg.e v. Bretagne erweitert. 1461 wurde eine Univ. errichtet. Auf den Grundpfeilern des Salz- und Weinhandels entwickelte sich ein vielseitiger Transithandel, der eine Kolonie span. Kaufleute in N. aufblühen ließ. Obwohl die Bürger v. N. 1487 einer frz. Belagerung erfolgreich widerstanden hatten, akzeptieren sie willig die Herrschaft des Kg.s v. Frankreich, der 1493 (doch erfolglos) versuchte, die Messe v. →Lyon nach N. zu übertragen. A. Chédeville

Q.: La Chronique de N. (ca. 570–1049), ed. R. MERLET, 1896 – *Lit.:* H. DE BERRANGER, Evocation du vieux N., 1966 – Hist. de N., hg. P. BOIS, 1977 – J. P. BRUNTERC'H, L'extension du ressort politique et religieux de N. au sud de la Loire [Thèse masch. Univ. Paris IV, 1981] – J. P. LEGUAY, Un réseau urbain au MA: les villes du duché de Bretagne aux XIVe et XVe s., 1981 – J. P. BRUNTERC'H, Puissance temporelle et pouvoir diocésain des évêques de N. entre 936 et 1049, Mém. Soc. hist. et archéol. de Bretagne, 1984, 29–82 – A. CHÉDEVILLE–H. GUILLOTEL, La Bretagne des saints et des rois (V^e–Xe s.), 1984 – Hist. du dioc. de N., hg. Y. DURAND, 1985 – →Bretagne.

Nanthild, frk. Kgn., †642, ▭ St-Denis. Der merow. Kg. →Dagobert I. verstieß 629 seine kinderlos gebliebene Gemahlin Gomatrud und heiratete ein Mädchen aus dem Dienstpersonal, die Sächsin N. Sie gebar ihm 634 seinen zweiten Sohn →Chlodwig (II.). Nach Dagoberts Tod 638/639 erhielt dieser Neustroburgund, sein älterer Bruder →Sigibert III. Austrasien; vom Kg.sschatz bekam auch die Kgn. witwe N. ein Drittel. Für den erst 4jährigen Chlodwig II. führte sie zusammen mit dem Hausmeier Aega die Regentschaft. Als Aega gegen die →Burgundofarones vorging, stellte sich N. schützend vor diese Adelssippe. 642 erneuerte sie im Interesse der Zentralgewalt das Hausmeieramt und gab es dem Franken Flaochad; die Zustimmung der burg. Großen wurde mit Ämtergarantien gewonnen. N. war von den Frauen Dagoberts (»der fast zur gleichen Zeit drei Kgn.en und mehrere Konkubinen hatte«, Fredeg. IV, 60) die einzige von polit. Einfluß. U. Nonn

Q.: MGH SRM II (Fredegar IV, 58–90; Liber hist. Fr. 42; Gesta Dagoberti I. regis Fr.) – *Lit.:* E. EWIG, Stud. zur merow. Dynastie, FMASt 8, 1974, 42–44 – DERS., Spätantikes und frk. Gallien, I, 1976, 205 – DERS., Die Merowinger und das Frankenreich, 1988, 126–147.

Nantua, Abtei in Ostfrankreich (→Bresse, dép. Ain), soll nach der Überlieferung im 7. Jh. vom hl. →Amandus in der galloröm. Civitas der 'Nantuates' gegr. worden sein, doch ist die erste authent. Quelle das Diplom Pippins III. vom 10. Aug. 757, das der Abtei Abgabenfreiheit für ihre Güter und Jurisdiktionsrecht gewährte. Ein zweites Privileg, von Ludwig d. Fr. zw. 825 und 829 ausgestellt, verlieh N. Immunität für seinen Güterverkehr. In dieser bedeutenden karol. Abtei war der Leichnam Karls d. K., der bei der Rückkehr aus Italien 877 verstorben war, bestattet (bis 1597 erhaltene Memorialinschrift). N. entfaltete rege Ausstrahlungskraft, die sich in der Gründung zahlreicher Priorate äußerte, u. a. Monétay, St-Germain de Beynost, Villette (Bresse), Asserens (Pays de Gex), Talissien (Bugey) und Villes (Muchaille), außerdem – in entfernteren Gegenden – Pommiers (Forez) und St-Martin (Tarentaise).

Um 1100 (Bulle Paschalis' II.) wurde N. den →Cluniazensern, die die Abtei reformiert hatten, als bedeutendes →Priorat unterstellt. Der glänzenden cluniazens. Periode folgte eine lange Verfallsphase. Im 15. Jh. fanden noch

Reformversuche statt (Humbert de Mareste, 1443). 1788 säkularisiert. Erhalten blieb nur die Kirche (roman. Kirchenschiff, Apsis des 15. Jh.). 1911 wurden die Reste einer vorroman. Apsis festgestellt. P. Cattin

Lit.: G. DEBOMBOURG, Hist. de l'abbaye et ville de N., 1858 – H. MERCIER, Hist. de l'abbaye de N. (Semaine religieuse de Belley, 1890–93) – N. (Sonderheft der Zs. Visages de l'Ain 14, 1951) – Église abbatiale de N., o.J. (ca. 1980).

Naos (ursprgl. Bezeichnung für die Cella des griech. Tempels), im byz. Kirchenraum der vom Altarraum (vgl. →Bema) abgetrennte (→Bilderwand, Ikonostasis), für die Gläubigen bestimmte Teil. S. a. →Baukunst, B; →Byzantinische Kunst.

Naphta (assyr. *naptu* 'Erdöl'; lat. bitumen, aus indoeurop. *guetu* 'Harz', daher ahd. *quiti* 'Leim' ['Kitt']), natürl. pech- und teerartige Substanzen (z. B. Asphalt/→Teer/→Pech), durch G. →Agricola von Plinius (2,108; dort auch als Lampenbrennstoff neben Pflanzenöl und Talg erwähnt, [→Beleuchtung]) übernommen, dem MA aber auch bekannt unter der falschen Etymologie 'pix tumens' (bitumen). Natürl. N. und Bitumen, wie auch aus Holzkohle gewonnener Teer, wurden in Antike und MA zur externen Behandlung von Geschwüren und Furunkeln verwendet und sind in ihrer animal. Provenienz, als Ichthyol (aus urgesch. Fischen, statt wie das 'Erdöl' aus vegetabilen Resten) auch heute (u. a. Ziehsalbe) noch in Gebrauch.
G. Jüttner

Lit.: H. V. HÖFER, Das Erdöl, 1912 – D. GOLTZ, SudArch, Beih. 14, 1972 – H. LÜSCHEN, Die Namen der Steine, 1979².

Naqīb (arab. 'Leiter', 'Oberhaupt'), in frühislam. Zeit Beamte mit der Aufgabe, das Register der Aliden, der Nachkommen des Propheten →Mohammed, zu führen. An ihrer Spitze stand der N. an-Nuqabā', und zwar je einer für die Sunniten und die Schiiten. N. bezeichnete auch einen militär. Rang; im mamlūk. Ägypten führten die Angehörigen der Militärpolizei diese Bezeichnung. Im iran. Raum hieß später auch der Kommandant einer Festung N. So hießen aber auch Funktionäre in den Derwischorden (→Orden, myst.) der späteren Zeit. H. Busse

Lit.: EI² III, 184a – H. BUSSE, Chalif und Großkönig, 1969, 280ff., 329 – Muḥammad Muʿīn, Farhang-i Fārsī, IV, 1969, 4798 [pers.].

Naqšbendiye. Der ursprgl. mittelasiat. Naqšbendi-Orden, einer der meistverbreiteten islam. myst. Orden überhaupt, wurde in der 1. Hälfte des 15. Jh. ins Osman. Reich eingeführt. Gründer des osman. Zweiges des Ordens war Molla Abdullah Ilahi. Nach Absolvierung seiner theol. Studien in Istanbul reiste er durch den Iran nach Samarqand, um sich dort dem Kreise des berühmten Naqšbendi-Scheiches Ubaydullah Ahrar anzuschließen. Nach einjährigem Aufenthalt in Samarqand und Buchara nach Anatolien zurückgekehrt, ließ sich Ilahi in Istanbul nieder und gründete das erste Naqšbendi-Kl. der osman. Hauptstadt. Um sich dem Andrang seiner zahlreichen Anhänger zu entziehen, zog er sich später nach Yenice-Vardar in Rumänien zurück, wo er 1491 starb. Nachfolger Ilahis in Istanbul war Ahmet Buhari. Schon zu Lebzeiten Ilahis faßte die N. auch in anderen osman. Städten Fuß und wurde rasch zu einem der wichtigsten Ṣūfī-Orden des Reiches. Obwohl die streng sunnit. Einstellung der N. den osman. Herrschern (in ihrem Kampf mit dem schiitischen Iran und seinen Anhängern in Anatolien) willkommen war, vermochte kein Vertreter des Ordens Beziehungen zu den Sultanen zu pflegen. Dafür erwarb die N. zahlreiche Anhänger unter den Rechtsgelehrten. Die Anziehungskraft des Ordens ist bis in die Neuzeit erhalten geblieben.
H. Algar

Lit.: M. KARA, Molla Ilahi: un précurseur de la Nakşibendiye en Anatolie (Naqshbandis, hg. M. GABORIEAU u. a., 1990), 303–329.

Narbonne, Stadt und Ebm. in Südfrankreich, Languedoc, dép. Aude.
I. Erzbistum – II. Herzogtum, Grafschaft, Vizgrafschaft und Konsulat – III. Stadt.

I. ERZBISTUM: N. (Narbo Martius) wurde 118 v. Chr. von den Römern gegr., am linken Ufer eines Armes der Aude, bei einer autochthonen kelt. Siedlung, dem Hafen des Oppidums v. Montlaurès. Die röm. Stadt erreichte am Ende des 1. Jh. n. Chr. ihre größte Ausdehnung. In der Krisenzeit der 2. Hälfte des 3. Jh. Errichtung einer Mauer (verkleinertes Stadtareal). Im 5.–8. Jh. unter Herrschaft der →Westgoten (s.a. →Septimanien), Sitz einiger Kg.e, Statthalter und 'comites'. 719–759 stand es als Residenz eines →Wālī unter muslim. Herrschaft.

Das Christentum fand um die Mitte des 3. Jh. Eingang; N. wurde im 4. Jh. kirchl. Metropole der Gallia Narbonensis I, ihr unterstanden (neben der Diöz. N. selbst) die Bm.er →Toulouse, →Béziers, →Nîmes, →Lodève, seit dem 5. Jh.: →Uzès, seit dem 6. Jh.: →Agde, →Maguelone, →Carcassonne und →Elne. Im Zuge der karol. Eroberungen im S der Pyrenäen (→Katalonien) wurden der Kirchenprovinz von N. auch die Bm.er →Gerona, →Urgel, →Osona-Vich, →Barcelona und →Roda unterstellt, die bis zum Ende des 11. Jh. bei N. verblieben. 1318 wurde Toulouse aus dem Verband der Narbonensis ausgegliedert; andererseits wurden Alet und →St-Pons, die aus dem Diözesangebiet v. N. herausgelöst worden waren, als neue Suffraganbm.er konstituiert. Die Prärogativen N.s als Metropole, im 5. Jh. von →Arles bestritten, wurden 462 bestätigt. N., das seit ca. 813 als Ebm. auftritt, erhielt am Ende des 11. Jh. (als Entschädigung für den Verlust seiner Suffraganbm.er in Katalonien) die Würde des Primats. Die Diöz. N., aufgegliedert in vier Archidiakonate, umfaßte in ihren neuen, 1318 festgelegten Grenzen, gegliedert in sechs Archipresbyterate (im 13. Jh.: acht), am Beginn des 15. Jh. 203 Pfarreien und 14 Annexe.

Aus dem 3. Jh. sind nur der Bistumsgründer, der hl. Confessor Paulus (später fälschl. mit dem Proconsul v. Zypern, Paulus Sergius, gleichgesetzt) sowie ein weiterer Bf. namentlich bekannt. Der hl. Paulus wurde in der Nekropole am rechten Audeufer bestattet; hier wurde ihm im 4. Jh. ein Sanctuarium errichtet. Aus dem 4. Jh. ist nur ein Bischofsname bekannt. Für das 5 Jh. ist dagegen eine dichte Reihe von Bf.en überliefert; herausragend war der Episkopat des →Rusticus (427–461), der eine neue Kathedrale und zwei weitere Kirchen erbauen ließ: Ste-Marie ('la Major') und St-Félix, zw. 466 und 589 angeblich Sitz des arian. Bf.s der Westgoten. Die Kathedrale des Rusticus trat 'in situ' in der SW-Ecke der Stadtbefestigung an die Stelle einer älteren 'ecclesia', die möglicherweise schon in konstantin. Zeit als Kathedrale diente. (Die Lage des ältesten Bischofssitzes ist jedoch umstritten.)

Von 698 bis 768 ist die Bischofsreihe wegen Nachrichtenmangels erneut unterbrochen; erst seit der Friedenszeit der Karolinger verfügen wir wieder über eine gesicherte Bischofsliste. Die wichtigsten Bf.e waren: Nebridius (799–822), Gegner des →Adoptianismus; der hl. →Theodard (885–893), Restaurator der Kathedrale; Aimericus (928–977), unter dessen Episkopat sich der Aufbau des Kathedralkapitels und die (wohl seit dem späten 9. Jh. erwähnten) Kollegiatstifts St-Paul vollzog; Wifred v. Cerdagne (1019–79), Vorkämpfer der →Gottesfriedensbewegung (Konzilien v. N., 990 und 1054); Arnaud v. Lévezou (1121–49), Reformer der Kanonikate. Seit Mitte des 12. Jh. widmeten sich die Ebf.e v. N., unter ihnen Guy

Foulques (1259–63, der spätere Papst Clemens IV.), der Bekämpfung der Häresien der →Katharer (→Albigenser) und →Waldenser, die jedoch N. selbst nur wenig berührten. Dagegen wurde das Ebm. im späten 13. Jh. und frühen 14. Jh. von den Auseinandersetzungen um die →Spiritualen (s. a. Petrus Johannis →Olivi) und die →Begarden erschüttert. Da das von Papst Nikolaus IV. um 1243–47 begründete 'Studium' zu N. bald wieder einging, richteten die Ebf.e ein N.er Kolleg ein (zunächst in Paris, 1317, dann in Toulouse, 1342). Im 14. Jh. standen die Ebf.e durchgängig der päpstl. →Kurie in →Avignon nahe. Im 15. Jh. war der Erzsitz zumeist mit Angehörigen der Hocharistokratie des Kgr.es Frankreich besetzt.

In der 2. Hälfte des 6. Jh. besaß nach →Gregor v. Tours die 'ecclesia senior' von N. Reliquien des hl. Genesius v. Arles; das Patronizium der Kathedrale bleibt für diese frühe Zeit unbekannt. 782 sind erstmals die hll. Justus und Pastor, Märtyrer v. Complutum (Alcalá de Henares) bei Toledo, als Kathedralpatrone erwähnt; ihre Verehrung dürfte auf die Teilnahme der Bf.e v. N. an den westgot. Konzilien v. →Toledo (589 und 688) zurückgehen. Im 9. Jh. trat Maria als Kathedralpatronin hinzu.

II. HERZOGTUM, GRAFSCHAFT, VIZGRAFSCHAFT UND KONSULAT: 1088 wird erstmals der Titel des Hzg.s (dux) v. N. genannt; sein Träger, →Raimund v. St-Gilles, hatte sich zunächst (1066) bloß als Gf. v. N. bezeichnet, wollte mit der Annahme des Herzogstitels anknüpfen an die alte (westgot.) Institution des 'dux' oder 'marchio' der Septimania, der zu Beginn des 10. Jh. von der Familie der Wilhelme an das Fürstenhaus von →Toulouse-Rouergue übergegangen war, dann an dessen einzig überlebende Linie, die Gf.en v. →Rouergue, deren Erbe an Raimund aus dem Hause St-Gilles fiel. Zum Gf.en v. Toulouse geworden, vererbte Raimund IV. den Herzogstitel v. N. an seine Nachfolger, bis auf →Raimund VI. und →Raimund VII. Diese letzten Raimundiner verloren den Titel infolge des Albigenserkrieges (→Albigenser, II); es führten ihn nun Simon v. →Montfort, der neue Gf. v. Toulouse, und sein Sohn Amaury, doch wurde den Montfort die Würde von seiten des päpstl. Legaten →Arnaldus Amalrici, 1212–25 Ebf. v. N., bestritten. Schließlich ging der Titel an den Kg. v. Frankreich über (1229). Die Beanspruchung des Herzogstitels durch die Ebf.e v. N. im 17. Jh. war somit ohne jurist. Berechtigung.

Die Gft. N. geht auf eine frühere Zeit zurück als der Herzogstitel; ihre Anfänge liegen mindestens vor der frk. Eroberung (Mitte des 8. Jh.). Seit der 2. Hälfte des 9. Jh., in einer Periode verstärkter Auseinandersetzungen, usurpierten verschiedene Machtträger (mit dem Anspruch auf Dukat und Mgft. v. Gothien-Septimanien) auch die Grafengewalt in N., ließen sich hier aber durch einen Vicecomes vertreten. An der Wende des 9. Jh. zum 10. Jh. hatte die Familie der Vizgf.en, unter Oberhoheit der Wilhelme, die Herrschaft über N. in Sohnesfolge inne: Albericus (Aubry) I., Maiolus, Albericus (Aubry) II., letzterer von mütterl. Seite Onkel des hl. →Maiolus v. Cluny. Nach 918 begann mit Odo (Eudes) eine Dynastie, die bis zur Vicomtesse Ermengarde (1134–93) bestand. Auf Ermengarde folgte ihr Neffe Pedro Manrique de →Lara, Gf. v. →Molina, Ahnherr jenes Hauses, das bis zu Wilhelm II. (1424) im Mannesstamm blühte; danach fiel die Vicomté durch Verkauf an das Haus →Foix, das sie 1507 an Kg. Ludwig XII. v. Frankreich abtrat.

In der 2. Hälfte des 10. Jh. legten die Vizgf.en ihre Hand auf den 'episcopatus', um in der Mitte des 11. Jh. die Herrschaft (Seigneurie) des Ebf.s zu bekämpfen, mit dem sie jedoch seitdem die weltl. Gewalt teilen mußten (Consenioriorat). Im Laufe des 12. Jh. traten die beiden Conseniorien bei der städt. Regierung und Verwaltung stark zurück gegenüber den →probi homines als Repräsentanten der aktivsten städt. Bevölkerungsgruppen. Sind 1131 in Genua, 1148 in Tortosa →Konsuln als Vertreter der Interessen N.s belegt, so treten erst 1205 acht 'consules' (vier für die Civitas, vier für den Burgus) in einer spezifisch munizipalen Funktion auf. Seit 1229 in die kgl.-frz. →Sénéchaussée v. →Carcassonne einbezogen, unterstand N. dem kgl. Vikar (viguier) v. →Béziers. 1368 wurde N. Sitz eines Vikariats.

III. STADT: Die spätantike Mauer (1680 m) umschloß ein verkleinertes Stadtareal; sie blieb das ganze MA hindurch erhalten, bis sie im 16. Jh. durch eine frühneuzeitl. Befestigung abgelöst wurde. In der 2. Hälfte des 5. Jh. befanden sich 'intra muros' die Kathedrale und die Kirche Ste-Marie; 'extra muros', im Bereich der 'civitas', lagen die Basilika 'La Lombarde' (damals bereits im Verfall), die Kirchen St-Félix und St-Étienne, die Grabkapelle des hl. Rusticus (später St-Vincent geweiht); am anderen Audeufer, beim Kreuzungspunkt der Via Domitiana und der nach Aquitanien führenden Straße, befanden sich die Kirchen St-Paul und St-Marcel, weiterhin wohl sechs vorstädt. Basiliken, von denen vier auf Friedhöfen lagen. Zu diesem Zeitpunkt waren die wichtigsten Bauten der Römerzeit noch existent, insbes. die (öfter umgebaute) Brücke, die zum 'Pont-Vieux' wurde, als am Ende des 13. bzw. am Beginn des 14. Jh. eine zweite, dann eine dritte Brücke flußaufwärts bzw. flußabwärts errichtet wurden. Vielleicht entstand schon nach Mitte des 5. Jh. am rechten Audeufer ein 'burgus', der aber im Laufe des 8. Jh. wieder verfiel.

In der karol. Friedenszeit wurden im Innern der Civitas Baumaßnahmen durchgeführt (Vergrößerung der Kathedrale 'in situ', 890). Vorstädt. Siedlungen außerhalb der Befestigung bildeten sich erst am Ende des 10. Jh.: Am linken Ufer entstanden, flußaufwärts und -abwärts des Castrum, die Viertel Coyran und Villeneuve; am rechten Ufer entwickelte sich seit 1035 als wichtigster Träger der städt. Entwicklung der 'burgus trans pontem' um ein 'mercatum' und bei der Kirche St-Paul, sein anderer Siedlungskern (nach 1066) war ein neues Marienheiligtum, bald übertragen an St-Victor de →Marseille, das hier ein Benediktinerkl. gründete (Lamourguier). Um die Mitte des 12. Jh. war N. zur »Doppelstadt« geworden: der Burgus, mit einer Mauer befestigt, bildete eine neue städt. Siedlung (15 ha), gegenüber der Civitas (17 ha), die eng von (wohl erst teilweise befestigten) Vorstädten umgeben war. Die Stadt zählte nun vier Pfarrbezirke. Im 13. Jh. wurde N. allseits befestigt. Die Ausstrahlung des Gotik erfaßte N. bereits vor dem 14. Jh. (Chor der neuen Kathedrale ab 1272, neuer Kreuzgang am Platz der abgebrochenen alten Kathedrale, 'Palais-Neuf' der Ebf.e, Neu- oder Ausbau der meisten Kirchen). Schon vor dem 1. Drittel des 13. Jh. war die Zahl der Pfarreien auf acht gestiegen. Die karitativen Einrichtungen wuchsen von vier (davon zwei Leprosorien um die Mitte des 12. Jh.) auf 14 zu Beginn des 14. Jh. an, unter ihnen sechs Niederlassungen von Hospitalorden (Johanniter, Templer, Antoniter, Mercedarier, Trinitarier, Hl. Geist). Im Laufe des 13. Jh. ließen sich im vorstädt. Bereich sieben Konvente der Bettelorden nieder: Dominikaner (1231), Minoriten (ca. 1238), Augustiner und Karmeliter (ca. 1261), Sackbrüder und Fromme Brüder (ca. 1263), Klarissen (1248). Auf dem Höhepunkt seiner ma. Entwicklung zählte N. über 30 000 Einwohner, unter ihnen eine reiche Judengemeinde, die in der Civitas mehrere Stätten des Kultus, ein Hospital und ein Bad (Miqwäh) besaß und 'extra muros' einen Friedhof ('Mont-Judaïque') unterhielt. Neben den Ressourcen des Umlands (Getreide- und Weinbau, Honigproduktion, Viehzucht, Salzgewinnung) verfügte die Stadt über aktive Gewerbe- und Handelstätigkeit. Sie besaß einen innerstädt. Flußhafen und mehrere Vorhäfen an den nahen Lagunen (*Étangs*), verbunden mit dem offenen Meer. Seit dem letzten Drittel des 11. Jh. schloß N. zahlreiche Verträge mit anderen Städten und Territorien des Mittelmeerraumes. Handelsverbindungen zu Lande, meist durch das Zentralmassiv, unterhielt N. insbes. mit Toulousain, Aquitanien und den →Champagnemessen. War der wirtschaftl. Aufschwung schon im frühen 14. Jh. von Beeinträchtigungen überschattet (1306 Vertreibung der Juden, Hochwasser der Aude, Seeräuberei, fiskal. Belastung durch den Hundertjährigen Krieg), so geriet N. seit den Jahren 1348-55 in eine schwere Krisenperiode ('Schwarze Pest'; 'grande chevauchée' des Prinzen v. Wales, →Eduard). Seit Mitte des 14. Jh. war das N.er Tuchgewerbe mit starker Konkurrenz von seiten der Städte der Krone Aragón konfrontiert. Im 15. Jh. ließ eine Verlagerung der internationalen Handelswege die alte »Drehscheibe« N. zunehmend ins Abseits geraten.   J. Caille

Lit.: N. Archéologie et hist., 3 Bde, 45ᵉ Congr. Fédération hist. du Languedoc et du Roussillon, 1972 (1973) – E. MAGNOU-NORTIER, La société laïque et l'église dans la province ecclésiastique de N. de la fin du VIIIᵉ à la fin du XIᵉ s., 1974 – J. CAILLE, Hôpitaux et charité publique à N. au MA, 1978 – M. GAYRAUD, N. antique, 1981 – A. BONNERY, N. paléochrétienne, 1986 – Hist. de N. (ouvrage collectif), 1988² – J. CAILLE, N. et la mer... (Kat. Mus. archéol. de N., 1990).

Narentaner, südslav. Stamm, der sich in Mittel-Dalmatien zw. den Flüssen →Neretva und Cetina und den Dinar. Alpen im 7. Jh. und wahrscheinl. im 8. Jh. auch auf den Inseln Brač, Hvar, Korčula, Mljet und Vis niederließ. Nach Konstantins VII. Porphyrogennetos »De administrando imperio« soll er dem serb. Kernvolk angehört haben. Mit der Zeit bildete sich ein unabhängiges und starkes Fsm. Die Christianisierung erfolgte vermutl. erst in der 2. Hälfte des 9. Jh., wohl von Byzanz aus; daher werden in den byz. Q. die N. *Paganoi,* aber auch *Arentanoi* gen. Die Nähe zum Meer (daher auch *Marini, Mariani* gen.) führte die N. zur Seeräuberei. Im 9. und 10. Jh. beherrschten sie den mittleren Adriaraum; Venedig mußte mit Tributzahlung die freie Schiffahrt erkaufen. Das Fsm. blieb auch im 11. Jh. stark und unabhängig unter eigenen Herrschern, von denen Berigoj als *rex Marianorum* in einer Urk. erscheint. Seit Anfang des 12. Jh. waren ung. Herrscher der →Arpaden in Kroatien und Dalmatien an der Macht, deren Desinteresse am Meer dazu führte, daß die N. allein den Kampf mit dem zur See immer stärker werdenden Venedig führten. Das Hauptgebiet der N. lag nun nicht mehr auf den Inseln, sondern auf dem Festland um Omiš unter der Führung der Kačići. Da die N. im 13. Jh. unter die Herrschaft der Herren v. Bribir gerieten, die sich gegen Venedig nicht behaupten konnten, gelang es Venedig, auch in diesem Teil der Adria seine Machtstellung zu festigen.   J. Ferluga

Lit.: N. KLAIĆ, Historijska uloga neretvanske kneževine u stoljetnoj borbi za Jadran, Makarski zbornik I, 1971, 121-168 – Glossar ö. Europa, Ser. B, 2, 1985, 307-311 [Lit.].

Narr

I. Definition – II. Erscheinungsbild – III. Bedeutungsspektrum – IV. Soziale Realität – V. Brauchtum.

I. DEFINITION: Als N.en galten seit dem SpätMA sämtl. Personen, die durch abweichende Verhaltensformen, körperl. oder geistige Defekte, insbes. aber durch Ignoranz gegenüber der christl. Heilslehre dem herrschenden Ordogedanken nicht entsprachen. Der um 1200 in Gebrauch gekommene dt. Begriff N., etymolog. wohl auf dieselbe Wortwurzel wie 'Narbe' zurückgehend, meinte ursprgl. eine verwachsene Frucht ohne Kern bzw. eine mißratene menschl. Kreatur, der die Ebenbildhaftigkeit mit Gott nach Gen 1,29 fehlte. In ident. Richtung weist der roman. Wortstamm 'fol' (frz. fou, engl. fool) von lat. 'follis', gleichbedeutend mit 'leerer Sack' bzw. 'Körperhülle ohne gottgefällige Seele'. Ideengeschichtl. war das Phänomen der N.heit primär theol. definiert als Abwesenheit von Sapientia im Sinne eines Mangels an Gotterkenntnis. Die frühesten N.endarstellungen der bildenden Kunst begegnen daher auch durchweg in theol. Kontext, und zwar in illuminierten Psalterhss. Seit dem 13. Jh. wurden dort die Anfangsworte von Ps 52 (und 13) 'Dixit insipiens in corde suo: non est Deus' mit einer Initialminiatur versehen, die obligatorisch den 'insipiens' oder 'stultus' zeigte. Das Konstituens jegl. N.heit war nach ma. Auffassung also die Verneinung Gottes. Aus diesem Grund ist der N. auch ein genuin ma. Typus, der sich keineswegs, wie in der älteren Forschung z. T. behauptet, direkt vom antiken Mimus herleiten läßt.

Überaus vielschichtig sind die verschiedenen Funktionsebenen des N.en im SpätMA: als reale Person trat er in der sozialen Wirklichkeit und im Fastnachtsbrauch auf, als fiktionales Wesen in lit. Schöpfungen und in der bildenden Kunst. Zusätzl. zu diesen Kategorien wurde stets noch unterschieden zw. dem 'künstl. N.en', der seine Rolle nur spielte, und dem 'natürl. N.en', dem das Stigma des Nichtnormalen ein Leben lang anhaftete.

II. ERSCHEINUNGSBILD: Die schrittweise äußerl. Standardisierung des N.en zu einem unverwechselbaren Typus mit festen Merkmalen und Attributen läßt sich aus der ikonograph. Entwicklung der Illustration des Ps 52 zw. 1200 und 1500 detailliert ablesen. Das älteste N.enkennzeichen ist demnach eine aufrecht in der Hand getragene Keule. Sie bildet das negative Gegenstück zum Szepter des weisen Kg.s David, mit dem der 'insipiens' im Initial häufig konfrontiert wird. Ebenfalls noch während des 13. Jh. erscheint der N. vereinzelt nackt, ein erster Hinweis auf seine Sündhaftigkeit (Gen 3,7). An der Wende zum 14. Jh. verfeinert sich dann die Keule (auch 'Kolben') zur menschenköpfigen 'Marotte', die der N. wie eine Stabpuppe vor sich herträgt. In ihr erkennt er sein eigenes Abbild, wodurch seine egozentr. Selbstverliebtheit und Unfähigkeit zu christl. Nächstenliebe manifest werden. Aus der Marotte geht später das bedeutungsgleiche Attribut des Spiegels hervor. Die Kahlrasur oder die Haarschur in mehreren Kränzen ist eine groteske Verunstaltung, die offenbar mit der als Ausdruck der Demut geltenden Klerikertonsur kontrastiert. Ab Mitte des 14. Jh. wird der N. nur noch selten barhäuptig dargestellt. Jetzt visualisiert die charakterist. N.enkappe ('Gugel') mit den Eselsohren seine Torheit. Vom frühen 15. Jh. an gewinnen die Schellen ('Rollen') Bedeutung. An den Zipfeln der Kappe und an den übrigen Gewandzaddeln weisen sie im Sinne des Paulus-Wortes 1 Kor 13,1 erneut auf die mangelnde 'caritas' des N.en. Da diesem 'amor carnalis' wichtiger ist und er, augustinisch ausgedrückt, vorzugsweise 'secundum carnem' statt 'secundum spiritum' lebt, führt er im späten 15. Jh. anstelle der Marotte manchmal auch eine Schweinsblase oder eine Wurst als Phallussymbol mit sich. Als weiteres Sinnbild seiner sexuellen Begierde und gottlosen Triebhaftigkeit dient die Bekrönung der Gugel mit den Federn, dem Kamm oder dem Kopf eines Hahns. Selbst die Farbgebung des N.enkleides ist zeichenhaft: sie reicht vom eintönigen Eselsgrau bis zum grell kontrastierenden Mi-Parti, bei dem die Schandfarben gelb und rot am häufigsten sind.

III. BEDEUTUNGSSPEKTRUM: Für Predigt, Katechese, Kunst und Lit. eröffnete die N.enidee v. a. im Lauf des 15. Jh. eine Fülle moralisierender Deutungsmöglichkeiten. Die Figur des N.en entwickelte sich zum Inbegriff menschl. Einfalt, Hybris und Ignoranz gegen Gott, ja sogar der Erbsünde schlechthin. Weit verbreitet war daher die Darstellung Evas als N.enmutter, wobei die Antithetik zu Maria als Gottesmutter bes. betont wurde. In lockerer Anlehnung an typolog. Denkformen und an anagog. Deutungsmuster schufen die Theoretiker der N.enidee zu weiteren positiven Bildern der Heilsgesch. entsprechende närr. Kontrafakturen. So trat etwa dem christl. Motiv des Lebensbaums der N.enbaum, dem Lebensbrunnen der N.enbrunnen, der Hostienmühle die N.enmühle gegenüber. Ihren Kulminationspunkt erreichte die spätma. →N.enliteratur mit dem Symbol des N.enschiffs, das als didakt. hoch wirksame Perversion des Schiffs der Kirche durch →Sebastian Brant in ganz Europa populär wurde. An der Schwelle zum 16. Jh. war die N.enidee damit ebenso multifunktional wie ambivalent: während etwa profane Darstellungen geiler Liebesn.en auf Spielkarten für Gelächter sorgten, lösten Bilder von spottenden N.en in Passionsszenen oder gar von Teufeln mit N.enmerkmalen Betroffenheit und Angst aus. Speziell im christl. Kontext zeigte sich der N. kaum als komische, sondern überwiegend als apokalypt. Figur. Seine Gottesferne rückte ihn a priori in die Nähe von Untergang und Tod; und sein leeres Schellengeklingel, das die Nichtigkeit alles Irdischen entlarvte, machte ihn zum klass. Boten der Vanitas. In der bildenden Kunst des ausgehenden MA steht er deshalb oft in direktem Zusammenhang mit der Vergänglichkeit, manchmal erscheint sogar der Tod selbst im N.engewand (Großbaseler Totentanz). Vor diesem ideengesch. Hintergrund war es kein Zufall, wenn das große Thema des Todes, das die abendländ. Gedankenwelt zw. 1350 und 1450 beherrschte, gegen Ende des 15. Jh. allmähl. von der N.enthematik abgelöst wurde. Am Vorabend der NZ erreichte die Konjunktur der N.enidee ihren Höhepunkt, und wie führende Gelehrte, allen voran Brant, die Krise des MA als Folge epidemisch um sich greifender N.heit zu erklären versuchten.

IV. SOZIALE REALITÄT: Im realen Alltag wurden die sog. 'natürl. N.en', in der Regel geistig oder körperl. Behinderte, meist rigide aus der Gesellschaft ausgegrenzt. Die durch den Rückgang der Lepra verwaisenden Leprosorien füllten sich im Lauf des 15. Jh. zunehmend mit N.en. Vereinzelte Sonderlinge gelangten als Hofn.en ins Umfeld der Mächtigen, wo sie, selber außerhalb aller Ordnungen stehend, die sprichwörtl. N.enfreiheit genossen. Seine Wurzeln hat das Hofn.entum mit hoher Wahrscheinlichkeit in der Begegnung Davids mit dem 'insipiens', wie sie durch die Illustration des Ps 52 seit dem 13. Jh. vorgegeben war. Sinnstiftend dürfte der Demutsgedanke gewesen sein: durch die Nähe des N.en wurde der Herrscher ständig an seine eigene Hinfälligkeit erinnert. Viele ma. Hofn.en fungierten daher auch keineswegs als Spaßmacher, sondern als Mahner und Warner. Erst im ausgehenden MA verlor sich die ursprgl. Idee zugunsten des Unterhaltungsaspekts, indem die Potentaten nunmehr vorzugsweise 'künstl. N.en' engagierten, die bewußt den Part des Komikers spielten.

V. BRAUCHTUM: Innerhalb des Brauchtums gewann die N.enidee zunächst im sog. 'N.en-' oder 'Eselsfest' Bedeutung, das seit dem 12. Jh. mit Schwerpunkt in Frankreich von den Klerikern am Tag der Unschuldigen Kinder (28. 12.) gefeiert wurde und dessen Reiz in der kurzfristigen spieler. Umkehrung kirchl. Hierarchie lag. Als der Termin des Festes, das wegen seiner blasphem. Auswüchse oft Anlaß zu Kritik gab, Ende des 13. Jh. auf den Nikolaustag (6. 12.) wanderte, verflachte es von der wilden N.enposse zum harmlosen Schülervergnügen mit der Wahl eines Kinderbischofs. Der weit wichtigere Brauchkomplex, in den die Figur des N.en Eingang fand, war die →Fastnacht. Je mehr diese von den Theologen in scharfem Gegensatz zur Fastenzeit gestellt und geradezu als 'civitas diaboli' interpretiert wurde, entwickelte sie sich zur Inszenierung einer heillosen Welt mit allerlei negativen Brauchgestalten. Als wichtigste unter ihnen profilierte sich am Ausgang des 15. Jh. der N., der fortan Hauptrepräsentant der Fastnacht blieb. Noch wenig untersucht sind die bes. in frz. Städten belegten, großen N.engesellschaften des SpätMA, an deren Spitze eine N.enmutter oder ein N.enprinz standen. Zu den bekanntesten zählte die 1454 von Philipp d. Guten bestätigte 'Infanterie Dijonaise', die zeitweise bis zu 200 Mitglieder hatte und ein in sich völlig durchorganisiertes Reich der N.heit bildete. Abgesehen von regelmäßigen Treffen und der Ausrichtung närr. Feste, u. a. eben der Fastnacht, sind die gesellschaftl. Funktionen der 'Compagnies folles' unklar. W. Mezger

Lit.: LCI III, 314–318 – B. SWAIN, Fools and Folly during the MA and the Renaissance, 1932 – E. WELSFORD, The fool. His Social and Lit. History, 1935 – H. HANCKEL, N.endarstellungen im SpätMA [Diss. masch. Freiburg, 1952] – E. TIETZE-CONRAT, Dwarfs and Jesters in Art, 1957 – M. FOUCAULT, Histoire de la folie, 1961 – W. LENK, Das Nürnberger Fastnachtspiel des 15. Jh., 1966 – W. WILLEFORD, The Fool and his Sceptre, 1969 – H. PLEIJ, Het gilde van de Blauwe Schuit, 1979 – The Fool and the Trickster, hg. P. V. A. WILLIAMS, 1979 – W. MEZGER, Hofn.en im MA, 1981 – J. HEERS, Fêtes des fous et carnavals, 1983 – M. LEVER, Le sceptre et la marotte, 1983 – D.-R. MOSER, Perikopenforsch. und Volkskunde, JbV 6, 1983 – S. BILLINGTON, A Social History of the Fool, 1984 – W. MEZGER, Ein Bildprogramm zur N.enidee (Fas[t]nacht in Gesch., Kunst und Lit., hg. H. SUND, 1984) – N.en, Schellen und Marotten, hg. W. MEZGER, Ausst.Kat. 1984 – P. PFRUNDER, N.en, Ketzer, Totenfresser, 1989 – Der N. (Studia ethnogr. Friburgensia 17, hg. H. HUBER, 1991) – W. MEZGER, N.enidee und Fastnachtsbrauch, 1991 – s. a. Lit. →Fastnacht.

Narratio schildert in erzählendem Tonfall im Gegensatz zu den allg. Ausführungen der →Arenga die einzelnen (tatsächl. oder vorgebl.) Umstände, die der Ausstellung einer Urk. vorangegangen sind. Die N. gehört nicht zu den unabdingbaren Bestandteilen der Urk. und steht in der Regel zw. →Promulgatio und →Dispositio, kann aber auch mit der Arenga verschränkt werden. Die N. kann in verschiedener Breite ausgeführt werden. Häufig berichtet sie nur über →Petitio und Intervention (→Intervenienten) und bei Bestätigungen über die Vorlage und eventuelle Verlesung und Prüfung der eingereichten Vorurkk. N.nes können aber auch sehr ausführl. sein und durch die Einführung hist. Angaben zu einer wichtigen Q. werden, wie z. B. im Fall der →Gelnhäuser Urk. oder der 'Gründungsn.' im Hirsauer Formular (→Hirsau) bzw. der 'Heldentaten-N.' in Urkk. ung. Kg.e. In der päpstl. Kanzlei wurden für außergewöhnl. lange N.nes Zuschläge erhoben, die man zeilenweise berechnete. A. Gawlik

Lit.: A. GIRY, Manuel de diplomatique, 1894, 548ff. – W. ERBEN, Die Ks.- und Kg.surkk. des MA in Dtl., Frankreich und Italien, 1907, 347f. – BRESSLAU I, 48, 338 – Novum Glossarium mediae Latinitatis M–N, 1959/69, s. v. – P. CLASSEN, Ks.reskript und Kg.surk., 1977, 156ff., passim – L. HOLZFURTNER, Gründung und Gründungsüberlieferung, 1984, passim – H. FICHTENAU, Forsch. über Urkk.formeln, MIÖG 94, 1986, 312ff. – B. PFERSCHY, Cassiodors Variae. Individuelle Ausgestaltung eines spätröm. Urkk.formulars, ADipl 32, 1986, 34ff.

Narrenfeste → Fastnacht; →Klerikerfeste; →Narr, V.

Narrenliteratur. [1] *Allg. Überblick:* In fast demselben Kontext, in dem der →Narr (N.) als Typus seit dem frühen 13. Jh. ikonograph. faßbar wird, gewinnt er auch lit. Gestalt. Analog zur Visualisierung des Kontrasts zw. Sapientia und Stultitia durch die Konfrontation des Kg.s David mit dem Insipiens in den Psalterhss. am Beginn des Ps 52 entwickelte sich in der Lit. die Form eines Disputs zw. dem weisen Kg. Salomon und einem weltl. Gegenspieler. Während die ältesten dieser Dialoge ins 11. Jh. zurückgehen und wegen ihrer dichter. Freiheit im Umgang mit bibl. Texten bereits auf die Kritik →Notkers (Labeo) v. St. Gallen stießen, erhielt der fingierte Gesprächspartner Salomons, dessen Name eben bei Notker erstmals mit Markolf angegeben wird, seit dem späten 12. Jh. zunehmend närr. Züge. Als Parodist des Kg.s und als Protagonist für zahlreiche derbe, zum Lachen reizende Redensarten wurde Markolf (Morolf) in der dt., engl. und frz. Lit. zu einer beliebten Figur, deren Popularität bis zum Ende des MA ungebrochen blieb. Noch im 15. und 16. Jh. beriefen sich die Statuten großer N.engesellschaften gern auf Markolf als Inbegriff der N.heit. Außerhalb der Markolf-Tradition spielte der N. in der Lit. des 13. und 14. Jh. keine bedeutende Rolle. Gelegentl. tauchte er in Exempla auf, vereinzelt wurde auch das Hofnarrenmotiv thematisiert. Häufiger schon begegnet er im dt. →Fastnachtspiel und der frz. →Sottie des 15. Jh. Die wachsende Sensibilisierung des ausgehenden MA für die N.enidee und die schließliche Gleichsetzung der N.heit mit Sünde zeigt sich erstmals konsequent um 1480 im sog. »Acht-Narren-Bilderbogen«, in dem nach der Tradition der Lasterkataloge je ein N. für eine bestimmte menschl. Torheit steht. Teils aus der Lasterlehre (→Tugenden und Laster), teils aus der →Ständesatire entwickelte in den Folgejahren Sebastian→Brant sein 1494 erschienenes 'N.enschiff', mit dem die Figur des N.en schlagartig zur wichtigsten Symbolgestalt an der Schwelle vom MA zur NZ wurde. Brants Erfolgsbuch begründete eine breitgefächerte N.enlit., deren gemeinsames Ziel es letztlich war, eine Deutung und Klärung der Zeitsituation unter sittl.-religiösem Aspekt zu geben. Als Wegbereiter des »N.enschiffs« gelten im Hinblick auf die Ständesatire die hochalem. Dichtung »Des Teufels Netz« aus dem frühen 15. Jh. und hinsichtl. der Schiffsallegorie sowohl Heinrich Teichners »schif der flust« als auch die »Blauwe Schute« von Jacob van Oestvoren. Beinahe in den Rang eines »liber canonicus« gelangte das »N.enschiff« durch Joh. →Geiler v. Kaysersberg, der vom Fastnachtssonntag 1498 bis zum dritten Sonntag nach Ostern 1499 in 146 Ansprachen darüber predigte. Von Jacob Other wurden die Homilien 1510 in lat. Übers., von Johannes Pauli 1520 als freie Rückübertragung der lat. Ausgabe ins Dt. publiziert. Indessen erschien Brants Originalwerk in zahlreichen, vielfach vom Verfasser nicht autorisierten dt. und anderssprachigen Drucken, so daß bis zu seinem Tod 1521 annähernd 50 Edd. vorlagen. Zwei Dutzend weitere folgten später. Ihre breiteste Entfaltung erlebte die N.enlit. etwa zw. 1510 und 1525. V.a. Thomas Murner kreierte in seinen narrenthemat. Publikationen »Narrenbeschwörung« (1512), »Schelmenzunft« (1512), »Mühle v. Schwindelsheim« (1515) und »Geuchmat« (1519) eine ungeheuer reiche närr. Bildersprache, ehe er mit der Kampfschrift »Von dem großen Lutherischen Narren« (1522) den N.enbegriff in die Reformationspolemik einführte und den Anhängern der evangel. Lehre vorwarf, allesamt gottesferne N.en im Sinne des Insipiens aus Ps 52 zu sein. Während Murner die N.heit meist in unmittelbarem Zusammenhang mit dem Teufel sah und ihr in der Rolle des lit. Exorzisten zu Leibe rückte, prangerte Pamphilius Gengenbach in seiner »Gouchmat« (1517) das allg. N.entum der Menschheit dadurch an, daß er den Hofn.en als Mahner und Warner Klage führen ließ über die immense Zunahme der vielen kleinen Sündern.en, die ihm seine einst unangefochtene Position streitig machten. Den radikalen Pessimismus der spätma. Didaxe durchbrach erstmals →Erasmus v. Rotterdam mit seinem »Moriae Encomium sive Stultitiae Laus« von 1509 (Dr. 1510/11), in dem er zu einem bis dahin völlig unbekannten, heiterentkrampften und eher spieler. Umgang mit dem Phänomen der N.heit fand. Durch die Intensität ihrer Rezeption wirkte die N.enlit. des frühen 16. Jh. über Generationen weiter. Sie beeinflußte die Entwicklung von Schwank, Volksbuch und Volksschauspiel entscheidend und bereitete den Boden für Autoren wie Johann Fischart, Friedrich Dedekind und Jörg Wickram bis hin zu Hans Sachs. Obwohl die Anfänge des »Eulenspiegel«-Stoffes schon ins 15., vielleicht gar ins späte 14. Jh. zurückreichen, wurde dessen berühmteste Fassung durch Hermann →Bote bezeichnenderweise 1510/11 exakt zur Blütezeit der N.enlit., bei Johann Grüninger in Straßburg gedruckt. Auch das »Lalebuch« von 1597 wäre ohne die N.enlit. der vorangegangenen Jahrzehnte undenkbar. Die Spätwirkungen Sebastian Brants und seiner Nachfolger reichten sogar bis ins Umfeld des Barockpredigers Abraham a Sancta Clara, und noch 1708 erschien unter dem Namen Joh. Geilers ein in Augsburg/Dillingen verlegter 'N.enSpiegel', den Lesern als 'Kaysersbergische Narragonische Schiffahrt' vorgestellt wurde. W. Mezger

Lit.: W. LENK, Sprichwort-Antithetik im Salomon-Markolf-Dialog (Forschungen und Fortschritte 39, 1965) – E. CATHOLY, Fastnachtspiel, 1966 – B. KÖNNEKER, Wesen und Wandlung der N.enidee im Zeitalter des Humanismus, 1966 – I. MEINERS, Schelm und Dümmling in Erzählungen des dt. MA, MTU 20, 1967 – H. ROSENFELD, Die N.enbilderbogen und Sebastian Brant, Gutenberg-Jb., 1970 – M. CORTI, Models und Antimodels in Medieval Culture, New Lit. History 10, 1979 – E. KIMMINICH, Des Teufels Werber, Artes populares 11, 1986.

[2] *Englische Literatur:* Ein Festus stultorum ist seit dem Brief und den Synodalbeschlüssen →Roberts Grosseteste (1239?) bekannt, über Hofnarren liegen jedoch kaum verläßl. Zeugnisse vor. So ist es zweifelhaft, ob ein gewisser »Scogan« an den Hof Eduards IV. gehört. In der Lit. taucht der Narr als weiser Ratgeber eines Kg.s oder Herren bei →Gower (»Confessio Amantis«, vii. 3945–4026), →Hoccleve (»Regiment of Princes«, 3123–3164; vgl. auch →Chaucer, »Troilus«, ii. 400–406) und in →Exempeln des 15. Jh. auf. Vorläufer finden sich schon im Fasciculus morum und bei Bromyard (→Robert v. Basevorn). Wie auch die Gedichte über 52 Folyes (Ind., Nr. 1939) und dgl. gehört →Lydgates »Order of the Fools« (Ind., Nr. 3444; Auszug: Nr. 1135) zur Ständesatire. Hier finden wir einen Katalog von 63 Mitgliedern einer von »Markolff« gegründeten und einem Bf. »Nullatensis« bestätigten Bruderschaft. Markolf, in der frühme. »Proverbs of Hending« dessen Vater, taucht auch in dem ins Schwankhafte abgleitenden Dialog zw. Salomon und Markolf (1492?; STC², Nr. 22905) wieder auf. Erzieherische Funktion hat die Torheit, wenn der hochmütige Robert v. Sizilien in der gleichnamigen →Romanze für wahnsinnig gehalten und zum Hofnarren gemacht wird (vgl. auch das Versexempel, Ind., Nr. 3638.3), während das Narrenmotiv in dem verwandten »Sir Gowther« (Hob tho fole) erzähler. nicht ausgestaltet ist. – »Natürlicher« und »künstlicher« Narr werden bereits in →»Dives and Pauper« (ix. 11) kontrastiert. Die verschiedenen Vorstellungen vom Narren haben auch auf die Vice-Figuren der →Moralitäten (»Man-

kind«, →Skelton) sowie späte Schwankdichtungen eingewirkt. – Chaucer (»Canterbury Tales«, vii. 3312) und Gower (»Vox clamantis«, iv. 1189–92 u.ö.) kennen Wirekers »Speculum stultorum«. Alexander Barclays und eine anonyme Version von Brants »Narrenschiff« werden 1509 gedruckt (STC², Nr. 3545 & 3547).

K. Bitterling

Bibliogr.: Ind.: C. BROWN–R. H. ROBBINS, The Index of ME Verse, 1943 – *Lit.:* E. WELSFORD, The Fool, 1935 – The Fool and the Trickster, ed. P. V. A. WILLIAMS, 1979 – S. WENZEL, The Wisdom of the Fool (The Wisdom of Poetry: Essays… i. H. of M. W. BLOOMFIELD, 1982), 225–240, 307–314 – S. BILLINGTON, A Social Hist. of the Fool, 1984.

Narses. **1. N.**, Eunuch, Feldherr Ks. →Justinians I., aus Persarmenien stammend, * um 490, † 574 in Rom. Über seine vormilitär. Laufbahn ist wenig bekannt. Laut→Agathias (1, 16) wuchs er am ksl. Hof auf. →Prokopios (BP 1, 15, 31) bezeichnet ihn (a. 570) als tamias, was in diesem Fall wohl die Funktion eines primicerius sacri cubiculi (Verwalter der ksl. Privatfinanzen) bedeutet. Beim →Nika-Aufstand (532) setzte er geschickt Bestechungsgelder ein, spaltete so die Allianz der Gegner Ks. Justinians und erwarb sich großes Vertrauen beim Ks. und der Ksn. →Theodora. Als ihr Günstling wirkte er 535/536 im Sinne ihrer monophysit. Religionspolitik in Alexandria, wo er die Interessen des monophysit. Patriarchen →Theodosios vertrat und die Opposition in einem Blutbad erstickte. Nach seiner Rückkehr wurde er zum praepositus sacri cubiculi (oberster Kämmerer) befördert, obgleich seine religionspolit. Haltung nicht mit der des Ks.s übereinstimmte. 538 wurde er mit einem Heer nach Italien entsandt, eine Desavouierung →Belisars, des dortigen Oberbefehlshabers. Es kam zu Diskrepanzen zw. beiden Feldherren, in deren Verlauf N. wieder nach Konstantinopel beordert wurde, ohne jedoch die ksl. Gunst verloren zu haben. Etwa 551 ernannte Justinian N. zum Oberbefehlshaber in Italien. Hier stellte N. seine militär. und diplomat. Fähigkeiten unter Beweis. In Umbrien kam es Ende Juni/Anfang Juli 552 zur Entscheidungsschlacht mit →Totila, in der dieser fiel. Okt. 552 wurde dessen Nachfolger Theia geschlagen, 554 ein frk.-alem. Heer besiegt. N. widmete sich in den folgenden Jahren der Reorganisation Italiens. Trotz seiner Erfolge bei Ks. Justin II. in Ungnade gefallen, wurde N. 567 abberufen, blieb aber in Italien, wo er auch starb.

F. Winkelmann

Lit.: RE Suppl. XII, 870–889 [A. LIPPOLD; Lit.] – T. C. LOUNGHIS, Narsetis memoria, JÖB 32/2, 1982, 347–353 – T. S. BROWN, Gentlemen and Officers. Imperial Administration and Aristocratic Power in Byz. Italy A.D. 554–800, 1984 [Register] – A. GUILLOU–F. BURGARELLA, L'Italia bizantina. Dall'esarcato di Ravenna al tema di Sicilia, 1988.

2. N. (Narsai) **v. Edessa** (bzw. v. Nisibis), 'der Aussätzige', bedeutender nestorian. Theologe, Lehrer und Dichter, * 399, † um 502 in Nisibis. Kam jung an die Schule v. →Edessa, wurde 437 deren Vorsteher, vertrat nestorian. Lehren (→Nestorios). Deswegen 457 von Bf. Nonnus abgesetzt, floh er nach Nisibis, wo er, von Bf. Bar Sauma unterstützt, die nestorian. Schule v. →Nisibis mitbegründete und 40 Jahre lang leitete. Er hinterließ an die 360 Gedichte (mēmrē und madrāšē), von denen viele noch heute in der ostsyr. Liturgie verwendet werden.

J. Aßfalg

Ed.: A. MINGANA, N. doctoris syri homiliae et carmina, 2 Bde, 1905 – PH. GIGNOUX, Homélie de N. sur la Création, POr XXXIV, 3, 1968 – G. MCLEOD, Narsai's Metrical Homilies, ebd. XL, 1, 1979 – *Lit.:* Diz. Patristico II, 1984, 2342f. – LThK² VII, 794f. – I. ORTIZ DE URBINA, Patrologia Syriaca, 1965², 115–118 – A. VÖÖBUS, Hist. of the School of Nisibis, 1965.

Narthex, die mit Hürden aus Rohrgeflecht (narthex = schilfrohrähnl. Pflanze) eingefaßte Rennbahn, schließlich der für Leichenfeste angelegte Vorplatz vor Mausoleen, danach die vergitterte Vorhalle der Basilika, die anfangs die Form des Geheges am antiken Hippodrom und des Grabvorplatzes hatte, d.h. an beiden Enden halbkreisförmig geschlossen war. Sie diente den Büßern und Kathechumenen zum Aufenthalt (Galiläa, →Atrium). In der klass. byz. Baukunst besitzt die N. meist die Form eines schmalen Querriegels von derselben Breite wie das Kirchenschiff, mit dem er durch Türen oder Bogenstellungen verbunden ist. Befindet sich davor noch ein weiterer, zumeist durch Bogenstellungen geöffneter Vorraum, so unterscheidet man zw. einem äußeren Exo-N. und einem inneren Eso-N., der häufig mit Nebenkuppeln versehen ist. Die Bauform wurde vereinzelt auch im W übernommen (Ravenna, St. Gereon/Köln, Ende 4. Jh.).

G. Binding

Narva, Burg und Stadt in →Estland am linken Ufer der Narve (Narova). 1241 Dorf Narvia, in dessen Nähe 1256 eine Vasallenburg als Stützpunkt zur geplanten Eroberung Watlands (ö. des Flusses) erbaut wurde. Um 1276 dän. Gründung der Burg zur Sicherung der Handelsstraße. Durch Niederlassung von Kaufleuten entstand eine städt. Siedlung mit dt. Oberschicht und undeutscher (estn., wotischer) Mehrheit, die Anfang des 14. Jh. Revaler (=→Lübisches) Recht erhielt (1345 bestätigt) und 1329 als civitas erwähnt wird. Nach Russeneinfällen 1341/67 Neugründung der Stadt als ummauerte Vorburg am Fuße der Hermannsfeste. 1373 werden Fischerei- und Hölzungsrechte bestätigt. Bemühungen um Beitritt zur Hanse (1417, 1514, 1550) wurden durch →Reval vereitelt, das eine Monopolstellung in N. besaß und lübisch-rechtl. Oberhof war. Die Bürger sahen sich beim Transithandel (u.a. Salz und Heringe gegen russ. Wachs, Pelzwerk, Häute, Flachs) eingeschränkt und seit der Gründung von Ivangorod ö. des Flusses (1492) durch russ. Repressalien und Handelsverbote behindert. Im Livländ. Krieg wurde N. (ca. 600–700 Einw.) von Reval und dem Dt. Orden nicht genügend unterstützt und 1558 als erster fester Platz von Russen erobert.

H. von zur Mühlen

Lit.: P. JOHANSEN, Die Estlandliste des Liber Census Daniae, 1933 – A. SÜVALEP, N. ajalugu, I, 1936 – P. JOHANSEN–H. V. ZUR MÜHLEN, Deutsch und Undeutsch im ma. und frühnz. Reval, 1973 – H. V. ZUR MÜHLEN, Handel und Politik in Livland, ZOF 24, 1975.

Narváez, Pánfilo de, span. Konquistador, * 1470 oder 1480, † 1528, gelangte bereits früh nach La Española (Haiti) und war als Unterführer an der Eroberung Cubas beteiligt, bei der er sich durch bes. Rücksichtslosigkeit gegenüber den Ureinwohnern hervortat (1512/14) und durch die Gunst des Gouverneurs Velázquez zu einem der wichtigsten Siedler auf der Insel aufstieg. 1518 entsandte ihn dieser an den span. Hof, um für Velázquez eine Kapitulation zur Eroberung Mexikos auszuhandeln. Nachdem Hernán →Cortés 1519 eigenmächtig und gegen die ausdrückl. Weisung des Velázquez dieses Unternehmen eingeleitet hatte, entsandte Velázquez N. mit einer Flotte zur Verfolgung von Cortés. N. versuchte, Cortés diplomat. auszumanövrieren, doch dieser vermochte die Loyalität der von N. befehligten, weit überlegenen Truppe zu unterminieren, so daß N. in Cempoala leicht überrumpelt werden konnte und seine Leute sich Cortés anschlossen. N. blieb über mehrere Jahre Gefangener von Cortés. 1523 freigelassen, wandte sich N. nach Spanien, wo er gegen Cortés agitierte und dazu beitrug, daß dieser in Ungnade fiel. 1526 erhielt N. eine Kapitulation zur Eroberung Floridas. Diese 1527 begonnene Unternehmung erlitt zahlreiche Rückschläge durch Stürme, feindl. Eingeborene und Nahrungsmangel. Vom Sturm an die Küste v. Texas verschlagen, starb N. im Nov. 1528 ebd.

H. Pietschmann

Lit.: F. Goodwin, P. de N., a Character Study, Hispanic American Hist. Review 1, 1949, 150ff.

Nasalhelm, kon. Helm mit →Naseneisen, Variante eines pers. Helmtypus mit geschweifter, gestückelter Glocke und angehängter Ringelkapuze, von Nomaden nach Rußland gebracht. Das Naseneisen zunächst noch mit Brauenbogen versehen und angenietet (Helm v. Oskol, 8. Jh.), im 10./11. Jh. mit Stirnreif vereinigt (Helm v. Gnesdowo, 10. Jh.). Wohl von Warägern nach Gotland gebracht (s. gotländ. Bildsteine, 8. Jh.) und von dort im ganzen N verbreitet, verlor aber Ringelkapuze (dän. Steinkreuz v. Middleton, Yorkshire, 9. Jh.). Die weiterhin gestückelte Glocke mit Stirnreif erhielt im 11. Jh. eine einfache Kegelform (Teppich v. Bayeux, um 1100). Bei den Westslaven entstand im 11. Jh. eine aus einem Stück geschmiedete Kombination des rundl. byz. →Kegelhelms mit dem ö. Naseneisen (Helme aus dem Lednitzer- und Orchowo See, Polen, Helm v. Olmütz, Wien). Diese Form setzte sich im 12. Jh. in ganz Europa durch. Gegen Ende des 12. Jh. erhielt der N. eine abgerundete Glocke und ein schaufelartig verbreitertes Naseneisen, leitete somit zum →Topfhelm über. O. Gamber

Lit.: D. Hejdova, Der sog. St. Wenzels-Helm, WKK 1966–68 [3 T.].

Nasar, aus Syrien stammender Admiral (→drungarios), der von Ks. Basileios I. nach der Einnahme von →Syrakus durch die Araber (878) mit dem Kommando über die zur Gegenoffensive im W eingesetzte Flotte betraut wurde. Auf der Fahrt nach Sizilien besiegte N. die Araber mehrfach bei den Ion. Inseln und vor der griech. Küste. Die erste Abteilung seiner Flotte erschien Okt. 879 vor Neapel. Zwar konnte er Syrakus nicht zurückerobern, errang jedoch bei den Lipar. Inseln einen glänzenden Sieg, von dem im Okt. 880 Papst Johannes VIII. Karl d. Dicken Mitteilung machte. Danach hinterließ N. eine Garnison in Sizilien und verlegte die Hauptmacht der Flotte nach Kalabrien. Koordiniert mit den Operationen eines starken Landheeres errang er einen weiteren Sieg bei einer Ortschaft (»le Colonne«, Στῆλαι), vermutl. Stilo oder ein Hafen bei Reggio C. an der Meerenge von Messina. Nach Beendigung der Flottenexpedition, durch die byz. Herrschaft in Kalabrien und Apulien gestärkt wurde, führte N. die mit reicher Beute beladene Flotte nach Konstantinopel zurück. F. Luzzati Laganà

Lit.: J. Gay, L'Italie méridionale..., 1904, 111–114 – V. von Falkenhausen, La dominazione biz. nell'Italia meridionale, 1978, 21, 136 – Dies., Reggio biz. e norm. (Calabria biz., 1991), 267.

an-Nasawī, Abū l-Ḥasan ᶜAlī ibn Aḥmad, arab. Mathematiker (Bagdad, 1. Hälfte 11. Jh.); Hauptwerk: »al-Muqniᶜ fi l-ḥisāb al-hindī« (Das Überzeugende über das Rechnen mit ind. Zahlen), behandelt das Rechnen mit ganzen Zahlen und gewöhnl. Brüchen, wonach die Verfahren auf Sexagesimalzahlen angewandt werden. Ein wichtiges Thema ist die Wurzelausziehung, wobei N. stark von →Kūšyār b. Labbān abhängig ist, dessen Werk er im Vorwort kritisch erwähnt. Beide benutzen das Ruffini/Horner-Verfahren. Zur Erlangung einer größeren Genauigkeit verwendet N. die Regel $\sqrt{n} = \sqrt{nk^2}/k$ und $\sqrt[3]{n} = \sqrt[3]{nk^3}/k$, worin k eine Potenz von 10 ist, was man im Westen erst bei →Johannes v. Sevilla belegt findet. Nach Suter sind die Operationen mit Brüchen bei N. wesentl. einfacher als bei anderen Mathematikern und ähneln den modernen. Erhalten blieben ferner drei weitere geometr. Traktate von N. In »al-Iṣbāᶜ« (Die völlige Befriedigung betreffs der Kommentierung der Sekantenfigur) behandelt er den Satz von Menelaos, wobei er auf die Werke des →Ptolemaios verweist. Der zweite Traktat ist im Komm. zu den »Lemmata« des →Archimedes. »Taǧrīd Uqlīdis« (Auszug aus Euklid) ist eine Kopie der Bücher I–VI und XI der Elemente des →Euklid, wobei N. einige Konstruktionen wegläßt und mehrere Beweise ändert. Mindestens teilweise erhalten ist noch ein vierter Traktat (»Über die Auffindung eines Kreises, der zu einem gegebenen Kreis ein gegebenes Verhältnis haben soll«). Ein Zīǧ (→Tafeln, astronom.) sowie eine Zusammenfassung des Fixsternkataloges des aṣ-Ṣūfi sind verloren. Erhalten ist dagegen eine Schrift »Über Kalender und Astrolabien«.

Y. Dold-Samplonius

Lit.: DSB IX, 614f. [Lit.] – Sezgin V, 345–348; VI, 245f.; VII, 182 [Hss. verz.].

Naseneisen (Nasale, mhd. *nasebant*), Eisenschiene am Helm zum Schutz der Nase. Im Iran erfunden, mit Brauenbogen versehen und am Helm festgenietet (Helm v. Dura Europos, um 250). In dieser Form bei Nomadenhelmen Rußlands, konstantin. Kavalleriehelmen und frühma. Helmen übernommen, ab 10./11. Jh. mit Stirnreif vereinigt oder mit Helmglocke aus einem Stück geschmiedet. O. Gamber

Lit.: D. Hejdova, Der sog. St. Wenzels-Helm, WKK 1966–68 [3 T.].– S. James, Evidence from Dura Europos for the Origins of late Roman Helmets, Syria 63/II, 1986.

Nasenriemen → Zaumzeug

Nashorn, in Südostasien und Afrika noch heute lebende Familie der Unpaarhufer, das mit dem myth. →Einhorn vielfach verwechselt wurde und dem MA unbekannt blieb. Thomas v. Cantimpré (monoceros 4,69 = Albertus Magnus, animal. 22,119 = Vinzenz v. Beauvais, spec. nat. 19,91) war auf die bis auf den hirschartigen Kopf zutreffende antike Beschreibung (Plinius, n.h. 8,76 = Solinus 52,39f.) des durch sein Vorderhorn gefährl. ind. N.s angewiesen. Volksmed. Verwendung kennt er nicht mehr. Eine frühnzl. Darstellung gibt A. Dürer.

Ch. Hünemörder

Q.: →Albertus Magnus – Solinus, Collectanea rer. memorab., ed. Th. Mommsen, 1895² [Neudr. 1958] – Thomas Cantimpr., Lib. de nat. rerum, T. 1, ed. H. Boese, 1973 – Vinc. Bellov., Speculum nat., 1824 [Neudr. 1964].

Naṣiraddīn (eigtl. aṭ-Ṭūsī, Muḥammad b. al-Ḥasan), geb. 1201 in Ṭūs (Iran), gest. 1274 in Bagdad. Einer der vielseitigsten islam. Gelehrten, ist er der größte Mathematiker seiner Zeit, aber auch hervorragend in Philosophie und Astronomie. Ab 1256 stand er im Dienst des mongol. Eroberers Hülägü (→Ilchāne), der seine Kenntnisse und sein Genie erkannte und ihn zum Finanzminister und Wesir ernannte. Er konnte Hülägü überzeugen, ein →Observatorium in Marāġa zu bauen (ab 1259), das eine Grundfläche von 400 m × 150 m hatte und über eine Bibliothek mit 400000 Bänden verfügt haben soll. Dort vollendete N. 1272 sein bekanntestes astronom. Werk, die »Zīǧ-i Īlkhānī« (Ilkhānische Tafeln; →Tafeln, astronom.). N. versuchte, an die Stelle des Ptolemäischen Planetenmodells (→Ptolemaios) ein neues kinematisches Planetenmodell mit gleichförmigen Kreisbewegungen (→Planetenbewegung) zu setzen, Lemma: »In einem Kreis rolle ein kleiner Kreis von einem halben Radius. Dann beschreibt jeder Punkt des kleinen Kreises beim Rollen einen Durchmesser des großen Kreises«. Dieser Satz tritt später bei →Kopernikus (mit nahezu der gleichen Figur!) auf sowie bei L. Ferrari und Ph. de La Hire. In seinem »Šakl alqaṭṭā« (Über die Sekantenfigur) betreibt N. zum ersten Mal die ebene →Trigonometrie um ihrer selbst willen, nicht nur als Hilfswissenschaft der Astronomie. Hierin wie in seiner Bearbeitung der Elemente →Euklids geht N. im Anschluß an →ᶜUmar al-Ḫaiyām auf die Theorie der zusammengesetzten Verhältnisse ein. N. behandelt die Lehre der Parallelen einmal in seiner Bearbeitung der Elemente, zum anderen in »Risāla aš-Šāfiya« (Abhandlung, die die Bedenken hinsichtl. der parallelen Linien zerstreut), worin er Eigenschaften der damals noch unbekannten nichteuklidischen Geometrie beweist. Wichtig sind auch seine Bearbeitungen (taḥrīr) der Werke von Euklid und Ptolemaios und der Mutawassiṭāt (mittlere Bücher), wobei er Sachkenntnis mit hist. Sinn und philolog. Methode hervorragend verbindet. Diese verbesserten Neuausgaben wurden die Standardtexte für die nächsten Jahrhunderte. Auch über Logik, Mineralogie, Medizin, Philosophie und Ethik verfaßte er grundlegende Schriften und schrieb Gedichte, meistens auf Persisch. Y. Dold-Samplonius

Lit.: DSB XIII, 508–514 – H. Suter, Die Mathematiker und Astronomen der Araber und ihre Werke, 1900, 146–153 [Neudr. 1986, 153–160] – Sezgin V, 55–61; VI, 25f., 34–36; VII, 22–24 – K. Jaouiche, Le traité de Naṣīr al-Dīn Ṭūsī sur la théorie des parallèles, Proceedings First Internat. Sympos. Hist. of Arabic Science, II, 1978, 62–66 – F. Jamil Ragep, Cosmography in the Tadhkira of Naṣīr al-Dīn al-Ṭūsī, 2 Bde [Diss. Harvard Univ. 1982] – E. S. Kennedy, Two Persian Astronomical Treatises by Naṣīr al-Dīn al-Ṭūsī, Centaurus, 1984, 27, 109–120 – F. Jamil Ragep, The Two Versions of the Ṭūsī Couple, Annals of the New York Acad. of Sciences, 1987, 500, 329–356 – G. Saliba, The Role of the Almagest Comm. in Medieval Arabic Astronomy: A Preliminary Survey of Ṭūsī's Redaction of Ptolemy's Almagest, AIHS, 1987, 37, 3–20 – U. Ballay, The Astronomical Mss. of Naṣīr al-Dīn Ṭūsī, Arabica, 1990, 37, 389–392 – G. Saliba–E. S. Kennedy, The Spherical Case of the Ṭūsī Couple (Arabic Sciences and Philosophy, I, 1991), 285–291.

Nasreddin Hoğa, populärster Protagonist humorist. Kurzprosa im gesamten islam.-oriental. Raum. Eine hist. Persönlichkeit des Namens mag etwa im 13./14.Jh. im s. Zentral-Anatolien (Konya, Akşehir) in der Funktion eines geistl. Würdenträgers (H.) gelebt haben. Die frühesten, vereinzelten Nachrichten über N.H. stammen aus dem 15./16. Jh. (Ebūl Ḫayr-i Rūmī »Salṭuqnāme«; Lāmiᶜī Çelebi »Leṭā'if«). Spätestens seit dem Bericht des türk. Reisenden Evliyā Çelebi (17.Jh.) wird N.H. im 14.Jh. angesiedelt und meist als eine Art Hofnarr des Herrschers →Timur (1336–1405) dargestellt. Über osman. hs. (seit Mitte 16.Jh.) und gedr. (zuerst 1837) Slg.en sowie intensive mündl. Überlieferung haben die schwankhaften Erzählungen um N.H. von Zentralasien über den gesamten turksprachigen, iran. und arab. Raum bis hin zum Balkan Verbreitung gefunden. Für das europ. MA besitzt N.H. nur insofern Bedeutung, als sich ihm zugeschriebene Schwänke (mit anderen Protagonisten) auch bei Autoren der mlat. Lit., etwa aus dem Bereich der Exempelkompilationen, finden und eventuell auf gemeinsame Vorlagen zurückgehen könnten. U. Marzolph

Lit.: EI¹ III, 946–948 – EM VI, 1127–1151 [U. Marzolph–I. Baldauf].

Naṣriden (Banū Naṣr oder Banū l-Aḥmar), span.-arab. Notabelnfamilie aus Arjona bei Jaén, wo am 18. April 1232 Muḥammad b. Yūsuf b. Aḥmad b. Naṣr b. al-Aḥmar als Sultan proklamiert wurde und von da aus seine Herrschaft über Jaén, Guadix und Baza ausdehnte und sich im Mai 1237 Granadas bemächtigte und es zur Hauptstadt des von ihm gegr. Reiches machte (→Granada). H.-R. Singer

Q.: An-Nubāhī, Nuzhat al-baṣā'ir wal-abṣār (M. J. Müller, Beitr. zur Gesch. der w. Araber 1, 1866), 101–138 – Lit.: R. Arié, L'Espagne musulmane au temps des Naṣrides, 1973, 55 und Anm. 1–3.

Nassau, Gft. en. Vorfahren der sich seit 1160 nach Burg N. nennenden Gf.en waren die Laurenburger (1117 erstmals sicher bezeugt). Sie waren verwandt mit den Gf.en v. →Arnstein und den Mainzer Ebf.en aus dem Hause →Saarbrücken. Die Stammburg wurde gegen Ansprüche des Wormser Domstiftes behauptet und am 1. April 1159 dem Ebf. v. Trier zu Lehen aufgetragen. Frühe Besitzkomplexe entstanden um Weilburg, Dietkirchen, Dillenburg und im Edergebiet. Hinzu kamen als Lehen der Lgf.en v. Thüringen Beilstein, Driedorf, Löhnberg. Früher Besitz ist zudem nachweisbar in der Herborner Mark und in der Herrschaft zum Westerwald. Aus dem Arnsteiner Erbe kam der Anteil an der Gft. im Einrich im →Kondominat mit den Gf.en v. →Katzenelnbogen. Die Einordnung in das stauf. Machtgefüge förderte den Erwerb vieler Rechte zw. Lahn und unterem Main mit Hauptpositionen in Sonnenberg und Idstein. Eine krisenhafte Stagnation brachte das 2. Viertel des 13. Jh., als im Siegerland Anlehnung an den Kölner Ebf. gesucht werden mußte und im S der vom Erzstift Mainz sowie der Herrschaft →Eppstein ausgehende Druck empfindl. zunahm. Ein Teilungsvertrag vom 16. Dez. 1255 brachte die Gliederung in die walram. und otton. Hauptlinien s. und n. der Lahn. Weitere Hausteilungen führten zu Abschichtungen in Weilburg, Wiesbaden-Idstein 1305–24, 1355–1605, Dillenburg ab 1303, Beilstein 1343–1561 und Hadamar 1303–94. Von großer Tragweite für N.-Weilburg war 1381 das Erbe der Gft. Saarbrücken, gefolgt 1393 vom Erwerb der Herrschaft Kirchheim-Bolanden und 1420 der Gft. →Vianden. An Dillenburg-Siegen fiel 1403 →Breda als erstes Stück der im 15. Jh. weiter ausgebauten Stellung des Hauses in den Niederlanden, das dort in den burg. Kämpfen mit Frankreich eine bedeutende Rolle spielte. Teilungen von 1425/27 und 1447/49 trugen den Eigenständigkeiten der altnassauischen und ndl. Gebiete Rechnung.

Einen Höhepunkt der Reichsgeltung des Hauses brachte die Erhebung des Gf.en →Adolf v. N.-Wiesbaden-Idstein (1.A.) zum Kg. am 5. Mai 1292. Er vermochte zwar seinem Haus kleine Förderungen zu verschaffen, doch sein Versuch des Ausgreifens in die Lgft. Thüringen und die Mgft. Meißen blieb nicht nur erfolglos, sondern führte schließlich zu seiner Absetzung in Mainz am 23. Juni und zu Niederlage und Tod in der Schlacht bei →Göllheim am 2. Juli 1298. Das durch außenpolit. Inkonsequenzen belastete kurze Kgtm. brachte immerhin durch die Verehelichungen der Kinder mit den Fs.enhäusern Böhmen, Kurpfalz und Hessen einen Prestigegewinn. Für das Ansehen des Hauses spricht auch die Erhebung des Kg.sbruders →Diether zum Ebf. v. Trier (2.D.; 1300–07).

Die reichspolit. Verhaltensweise der Gf.en in den beiden folgenden Jahrhunderten ist durch das Lavieren zw. den großen Dynastien Habsburg, Luxemburg und Wittelsbach gekennzeichnet, wobei gelegentl. die Hauslinien in getrennten Lagern standen. Die territorialen Positionen aller Linien, die am Samtbesitz der Stammburg festhielten, erfuhren unterschiedl. verlaufende Konsolidierungen in den Regionen Weilburg und Wiesbaden sowie Zuwachs in Weilnau, Usingen, Haiger und dem durch die Eisengewinnung wertvollen Siegerland. Lange Zeit wichtiger war die Besetzung des Ebf.sstuhles v. →Mainz zw. 1346–71, 1373–90, 1396–1419 und 1461–75. Die Gf.ensöhne wirkten dort als Kfs.en zeitweise auf hoher Ebene der Reichspolitik; genannt sei die Kg.swahl →Ruprechts v. d. Pfalz 1400. Doch entstanden enorme Lasten durch die wiederholten Erzbistumsschismen, die zum Niedergang des Kurstaates in der →Mainzer Stiftsfehde 1459/63 führten. Nicht ausgeschaltet werden konnte die Einengung durch die Nachbarn Katzenelnbogen und Hessen (1479 zudem vereinigt), Kurtrier im Lahnmündungsgebiet, Eppstein und eine Reihe kleiner Herrschaften um den Großen Feldberg. Schädl. wirkten sich nicht zuletzt immer wieder auftretende Streitigkeiten zw. den Linien des Hauses bei Erbfällen aus. A. Gerlich

Lit.: F. W. Th. Schliephake-K. Menzel, Gesch. von N. von den ältesten Zeiten bis auf die Gegenwart, 7 Bde, 1864–89 – O. Renkhoff, Territorialgesch. des Fsm.s N.-Dillenburg, 1932 – W. Schmidt, Territorialgesch. der Herrschaft N.-Idstein und der angrenzenden Ämter, 1954 – G. W. Sante, Strukturen, Funktionen und Wandel eines hist. Raumes: N., NassA 85, 1974, 151–164 – A. Gerlich, Interterritoriale Systembildungen zw. Mittelrhein und Saar in der zweiten Hälfte des 14. Jh., BDLG 111, 1975, 103–137 – Ders., N. in polit. Konstellationen am Mittelrhein von Kg. Adolf bis Ebf. Gerlach (1292–1346), NassA 95, 1984, 1–37 [Lit.] – E. Gensicke, Landesgesch. des Westerwaldes, 1987².

Nassyngton (Nassington), **William of,** engl. Autor, 14. Jh., anscheinend Anwalt am kirchl. Gerichtshof in York. Über den Kanon seiner Werke herrscht starke Unsicherheit. Man hat N. zwar mehrere Werke religiöser Unterweisung zugeschrieben, die ursprgl. in Nordengland entstanden, doch ist seine Verfasserschaft gewöhnl. weder gesichert noch allg. akzeptiert. Es handelt sich um: 1. »Speculum Vitae« (»The →Mirror of Life«), ca. 8000 me. Verspaare über das 'Vater Unser', die Zehn Gebote usw. (in ca. 40 Hss. erhalten); 2. »The →Prick of Conscience«, mit über 100 erhaltenen Hss. das populärste me. Gedicht; 3. eine Versfassung von Richard →Rolles »Form of (Perfect) Living«; 4. den lat. Text »De spiritu Guidonis«, eine Jenseitsvision mit starkem dialog. Element (verschiedene me. Fassungen unter dem Titel »The Gast of Gy«); 5. »Lamentation of Mary to Saint Bernhard« (Version 3); 6. ein Gedicht über die Dreifaltigkeit in 430 Versen (»Treatise on the Trinity«). H. Sauer

Bibliogr.: NCBEL, I, 520 – ManualME 3. VII, 686f., 698ff.; 5. XII, 1362; 7. XX, 2261f., 2268ff., 2479ff., 2486ff. – Ed.: G. G. Perry, Religious Pieces in Prose and Verse, EETS OS, 26, 1867 – Lit.: H. E. Allen, Writings Ascribed to Richard Rolle, 1927 – A. C. Baugh, The ME Period (A Lit. Hist. of England, hg. Ders., 1967²).

Natio. I. N. (Nation). [1] *Sprachliches:* N., abgeleitet von lat. nasci ('geboren werden'), verweist auf die Vorstellung gemeinsamer (biolog.) Abkunft und auf den Ort der Geburt (Land, Landschaft, Stadt, Burg u. ä.), kann daher früh zur formalen (nicht inhaltl.) ethnograph. Klassifizierung verwendet werden, bis hin zu den spätma. Konzilsund Universitätsnationen. Die moderne Forsch. verwendet den Begriff als heurist. Prinzip für die Sammlung derjenigen Elemente, die bei der Integration nachwanderzeitl. Großverbände wirksam waren.

[2] *Methodisches:* Nationen sind charakterist. Strukturelemente der europ. Gesch.; ihr Entstehen läßt sich weder als Emanation eines nicht weiter ableitbaren Volkstums begreifen noch als Nebenprodukt polit.-verfassungsgeschichtl. Abläufe, sondern primär als Ausdruck des polit. Willens nach Zusammengehörigkeit, d. h. ideen- und bewußtseinsgeschichtlich. »Nationsbewußtsein« faßt zusammen, was für die Integration des eigenen Verbandes als konstitutiv angesehen wird. Zu beschreiben sind demnach Funktionszusammenhänge, nicht vermeintl. Entwicklungen aus rudimentären Anfängen; daher die große Bedeutung der Begriffsgesch. zur Klärung der histor. Bedingtheit allg. (regnum, patria, terra, gens, nos, nostri) und polit.-geogr. (regnum Francorum, Francia, Gallia, regnum Teutonicum, rex Teutonicorum) Terminologien. Wichtig ist ferner Einsicht in die Schichtenspezifik der ma. N. als Adels- und Klerikernation: Aus Vertretern dieser Gruppen (zu der im SpätMA hofnahe Juristen als Funktionselite treten) besteht die Trägerschicht des ma. Nationsbewußtseins. Diese alteurop. Schichtenspezifik endet mit der Frz. Revolution, die für die N. der Bürger massenhaft verbreitetes Nationalbewußtsein fordert und damit die Voraussetzung für nationalist. Mobilisierungsideologien schafft. Verändert haben sich dabei die Breite des Großgruppenbewußtseins und die Formulierung der Zielvorstellungen, nicht so sehr die Integrationsformen an sich.

[3] *Gentile Voraussetzungen:* Stammessagen (Goten, Langobarden, Franken, Sachsen) enthalten identitätsstiftende Traditionen, die aus der Verbindung intentionaler (Zielvorstellungen wiedergebender) und funktionaler (tatsächl. wirkende Kräfte beschreibender) Daten großenteils fiktive Vorstellungen von der Vergangenheit und den bes. Eigenschaften der jeweiligen Großgruppe entwickeln. Vorausgesetzt wird dabei eine (tatsächl. nicht bestehende) Gruppenidentität über lange Zeiträume und hist. Einbrüche hinweg, ignoriert sind Akkulturationsvorgänge und ethn. Umschichtungen. Träger dieser Überlieferung ist eine meist um die Kg.sfamilie versammelte Führungselite (»Traditionskern«), die mit ihrer der Wirklichkeit gegenüber selektiven Sicht den inneren Zusammenhalt des Verbandes stärkt. Auf diese Weise entstandene gentes gewinnen durch institutionelle Festigung ihrer Siedlungsgebiete (regna) im Rahmen des karol. Großreiches an polit. Konsistenz; sie gehen aus dem Zerfall der karol. Monarchie als Grundbestandteile der europ. Nationen des MA hervor. In diesem Sinne ist das 10. Jh. eine Schlüsselzeit, die freil. nicht nur von den karol. Nachfolgestaaten bestimmt wird, sondern auch von den neuen christl. Reichen der Polen und Böhmen, deren Existenz auf den Westen zurückwirkt.

[4] *Elemente mittelalterlichen Nationsbewußtseins:* Grundsätzl.-theoret. Äußerungen ma. Autoren zu N. und Nationsbewußtsein fehlen, d. h. man kennt keinen Oberbegriff, der die nachweisl. wirksamen Integrationsmotive systemat. zusammenfaßt. Dieser additive Befund entspricht einer Realität, der das »nationale Prinzip« als solches fremd ist, und zwar nicht wegen der vermeintl. Universalität des christl. MA, sondern aufgrund einer durchgehenden Regionalisierung wichtiger Lebens-, Herrschafts- und Wirtschaftsformen. Gleichwohl stehen die Elemente eines Bewußtseins, das die Kohärenz polit. Großverbände langfristig sichert, untereinander in engem Funktionszusammenhang, innerhalb dessen die Rangfolge im Laufe der Zeit wechseln kann: 1. Die Überzeugung, eine gemeinsame Gesch. zu haben, wobei nicht antiquar. Wissen gemeint ist, sondern Hochschätzung der eigenen Vergangenheit als verpflichtende Norm für Handeln und Selbstverständnis in der jeweiligen Gegenwart, z. B. die karol. Tradition in Dtl. und Frankreich. Geschichtsbewußtsein dieser Art entspricht in seiner integrierenden Wirkung der wanderzeitl. Stammessage. – 2. Polit.-staatl. Faktoren (Reichsbildungen) als Rahmenbedingungen für die kontinuierl. Existenz von Traditionen und ihrer Träger. – 3. Polit. Theorien, die den Fs. en auf Land und Leute beziehen. – 4. Anpassung von Traditionen an die im Laufe der Zeit sich ändernden Wertvorstellungen, so daß antiquar. Erstarrung vermieden wird (stetige Modernisierung des Karlsbildes durch die afrz. Lit.) und emotionale Zuwendung möglich bleibt. – 5. Kanonisierung von (auch oralen) Überlieferungen in der lat. Historiographie, deren Wahrheitsanspruch selektiv gewonnene Ereigniszusammenhänge, dynast. Hausgesch., polit. Konzeptionen ver-

binden und aus diesem Zusammenhang gültig erklären will (→Widukind v. Corvey, →Suger v. St-Denis); mit der Überführung in die Volkssprache (Grandes →Chroniques de France) wird der propagandist.-didakt. Charakter gesteigert. – 6. Die polit.-geogr. Terminologie festigt über Titulaturen (rex Romanorum, Francorum), Ländernamen (Gallia, Saxonia) und Reichsbezeichnungen (regnum Francorum) die damit verbundenen Traditionen. – 7. Recht (Leges, Coutumes) und Sprache können als (oft überschätzte) nationsbildende Elemente wirken, doch lassen sich Rechts- und Verfassungszustände fast niemals auf Sprachräume beziehen: Sprachen stabilisieren sich infolge nationsbildender Prozesse, sind nicht deren Ursache.

[5] *Deutschland und Frankreich:* Im Vergleich beider Länder zeigt sich, daß Nationsbildung und Ethnogenese der Reichs- und Staatsbildung folgen. Während in Dtl. der Zusammenschluß des Adels aus Sachsen, Franken, Bayern, Alemannien seit 919 zur Fortsetzung des Ostfrk. Reiches unter einheitl. Kgtm. führt, das seit der Übernahme des Ksm.s (962) ein imperiales, röm. und heilsgeschichtl. geprägtes Reichsbewußtsein hervorbringt, wird in Frankreich die ethn. und polit. Vielfalt seit dem Ende des 12. Jh. durch die Monarchie in einen gesamtstaatl. Rahmen gebracht. Legitimationsbereich (Westfrk. Reich von 843, in dessen Ausdehnung die Kg. als oberster Lehnsherr, aber ohne fakt. Regierungsgewalt, anerkannt wird) und Sanktionsbereich (Krondomäne) werden deckungsgleich. Integrierend wirkt die sich konsequent auf Karl d. Gr. beziehende Dynastie. Weil der Kernbestand des Frk. Reiches mit schon merow. Zentralorten (Tours, St-Denis, Reims) zur frz. Monarchie gehört, ist die karol. Tradition leicht fortzusetzen und von den der Krondomäne angeschlossenen Gebieten allmähl. übernehmbar: Sie wird zur Grundlage des frz. Nationsbewußtseins, der »rex Francorum« zum »roi de France«. In Dtl. konkurriert das gentile Bewußtsein der seit karol. Zeit in ihren regna verfaßten Völker der Sachsen, Franken, Bayern, Alamannen mit einem supragentilen Einheitsbewußtsein, als dessen Folge ein »dt. Volk« hätte entstehen können. Diese Spannung ist weder gelöst noch ausgetragen worden, zumal da die Dynastie seit dem Zusammenbruch des stauf. Hauses als Integrationsfaktor ausfällt. Das imperial bestimmte Reichsbewußtsein (historiograph. Ausdruck ist die im 12. Jh. kulminierende Universalchronistik, die über weite Strecken dt. Gesch. als wichtigsten Teil der Weltgesch. schreibt) kann zudem auch von den Fs.en (Zeit Heinrichs IV.) und Kfs.en in Anspruch genommen werden: Neben dem Dualismus »Imperium/Ostfrk.-dt. Reich« tritt der von »Ks. und (durch die Fs.en vertretenem) Reich«, später der von »(röm.) Reich und (dt.) Nation«. Reich, Staat, Nation kommen in Dtl. nie zur Deckung, da die Territorien ein Nationsbewußtsein nur ansatzweise hervorbringen, durch ihre staatl. Existenz im administrativ rückständigen Reich aber die durchaus vorhandenen Ansätze (humanist. Historiographie, Publizistik, Kg.swahlordnung, Reichstag) zur Ausbildung supragentilen und supraterritorialen dt. Nationsbewußtseins an der Entfaltung hindern. Immerhin zeigt der Verlauf in Dtl., daß trotz Priorität der staatl.-polit. Rahmenbedingungen einmal etablierte nationale Strukturen im »Grundkonsens« (P. MORAW) langfristig überdauern können. J. Ehlers

Lit.: R. WENSKUS, Stammesbildung und Verfassung, 1961 – K. F. WERNER, Das hochma. Imperium im polit. Bewußtsein Frankreichs, HZ 200, 1965, 1–60 – E. MÜLLER-MERTENS, Regnum Teutonicum, 1970 – K. F. WERNER, Les nations et le sentiment national dans l'Europe médiévale, RH 244, 1970, 285–304 – A. SCHRÖCKER, Die dt. Nation, 1974 – F. GRAUS, Lebendige Vergangenheit, 1975 – J. EHLERS, Karol. Tradition und frühes Nationalbewußtsein in Frankreich, Francia 4, 1976, 213–235 – H. THOMAS, Regnum Teutonicorum, RhVjbll 40, 1976, 17–45 – Aspekte der Nationenbildung im MA, hg. H. BEUMANN-W. SCHRÖDER, 1978 – B. SCHNEIDMÜLLER, Karol. Tradition und frühes frz. Kgtm., 1979 – J. EHLERS, Elemente ma. Nationsbildung in Frankreich, HZ 231, 1980, 565–587 – F. GRAUS, Die Nationenbildung bei den Westslawen im MA, 1980 – H. BEUMANN, Der dt. Kg. als »Romanorum rex«, 1981 – B. ZIENTARA, Nationale Strukturen des MA, Saeculum 32, 1981, 301–316 – Beitr. zur Bildung der frz. Nation im Früh- und HochMA, hg. H. BEUMANN, 1983 – Die Reichsidee in der dt. Dichtung des MA, hg. R. SCHNELL, 1983 – W. EGGERT-B. PÄTZOLD, Wir-Gefühl und Regnum Saxonum bei frühma. Gesch.sschreibern, 1984 – C. BEAUNE, Naissance de la nation France, 1985 – J. EHLERS, Die Anfänge der frz. Gesch., HZ 240, 1985, 1–44 – Frühma. Ethnogenese im Alpenraum, hg. H. BEUMANN-W. SCHRÖDER, 1985 – B. ZIENTARA, Swit narodów europejskich, 1985 – P. MORAW, Gelehrte Juristen im Dienst der dt. Kg.e des späten MA (Die Rolle der Juristen bei der Entstehung des modernen Staates, hg. R. SCHNUR, 1986), 77–147 – H. BEUMANN, Zur Nationenbildung im MA (Nationalismus in vorindustrieller Zeit, hg. O. DANN, 1986), 21–33 – J. FLECKENSTEIN, Über die Anfänge der dt. Gesch., 1987 – P. MORAW, Polit. Sprache und Verfassungsdenken bei ausgew. Gesch.sschreibern des 14. Jh. (VuF 31, 1987), 695–726 – B. SCHNEIDMÜLLER, Nomen patriae, 1987 – E. HLAWITSCHKA, Von der großfrk. zur dt. Gesch., 1988 – H. THOMAS, Der Ursprung des Wortes theodiscus, HZ 247, 1988, 295–331 – Ansätze und Diskontinuität dt. Nationsbildung im MA, hg. J. EHLERS, 1989 – DERS., Schriftkultur, Ethnogenese und Nationsbildung in otton. Zeit, FMASt 23, 1989, 302–317 – C. BRÜHL, Dtl. - Frankreich, 1990 – H. THOMAS, Die Deutschen und die Rezeption ihres Volksnamens (Kieler Hist. Stud. 34, 1990), 19–50 – DERS., Julius Caesar und die Deutschen (Die Salier und das Reich, hg. S. WEINFURTER, III, 1990), 245–277 – K. ZERNACK, Dtl.s Ostgrenze (Dtl.s Grenzen in der Gesch., hg. A. DEMANDT, 1990), 135–159 – T. EICHENBERGER, Patria, 1991.

2. N., »landsmannschaftl. « Zusammenschlüsse an den →Universitäten. [1] *Allgemeine Voraussetzungen:* Da bestimmte große Zentren des Schulwesens eine zahlreiche Studentenschaft, von geograph. heterogener und z.T. weit entfernter Herkunft, anzogen, schlossen sich die einem gemeinsamen Herkunftsland entstammenden Studenten zu 'n.es' zusammen. Diese im Laufe des 12. Jh. einsetzende Entwicklung wirkte den Phänomenen der Entwurzelung und Isolation entgegen und ermöglichte eine gemeinsame Interessenvertretung gegenüber der (oft feindseligen) Bevölkerung der Universitätsorte und den Studenten aus anderen Ländern.

[2] *Bologna:* Die Transformation der urspgl. lockeren Zusammenschlüsse in feste Organisationsformen, die offiziell den Namen 'n.es' annahmen, erfolgte zuerst in →Bologna. Als älteste n.es (belegt seit ca. 1180/1200) treten 'Citramontane' (= Italiener), näml. Lombarden, Toskaner und Römer (zu diesen gehörten auch Süditaliener und Sizilianer), und 'Ultramontane', Engländer und Deutsche auf. Als rein student. Organisationen (→Magister waren ausgeschlossen) wurden die n.es zum wichtigen Träger des für Bologna grundlegenden Systems der »Studentenuniversität«. Die zunehmende Verfestigung der beiden Gruppierungen fand um 1230/40 ihren Abschluß mit der Bildung der beiden Universitates der Citra- und Ultramontanen, die bis in die NZ fortbestanden. Die Universitas Citramontanorum vereinigte die drei obenerwähnten n.es, die sich seit dem 14. Jh. in 17 Subnationes (consiliariae) untergliederten; zur Universitas Ultramontanorum gehörten 1265 13 n.es (Frankreich, Spanien, Provence, England, Picardie, Burgund, Poitou-Gascogne, Touraine-Maine, Normandie, Katalonien, Ungarn, Polen, Deutschland); 1432 treten 16 n.es auf (Frankreich,

Portugal, Provence, England, Burgund, Gascogne-Auvergne, Berry, Touraine, Aragón-Katalonien, Navarra, Ungarn, Polen, Deutschland, Böhmen, Flandern, Savoyen).

An der Spitze jeder n. (bzw. bei den Citramontanen jeder 'consiliaria') standen ein oder zwei →Procuratoren, auch als 'consiliarii' bezeichnet, da ihre Versammlung den Rat (consilium) der →Rectoren bildete. Die Rolle der n.es bestand in der Aufnahme und Immatrikulation der jeweiligen Studenten, über welche die n.es eine gewisse Jurisdiktion ausübten; daneben fungierten sie als religiöse →Bruderschaften. Der Rector jeder der beiden Univ. wurde von den Procuratoren der n.es gewählt und beraten; ein Rotationssystem gewährleistete, daß jede n. periodisch den Rector stellte. Unter allen Bologneser n.es war die 'n. germanica' die zahlenstärkste, bestorganisierte und mächtigste. – Ein entsprechendes System, mit wechselnder Anzahl der citra- und ultramontanen n.es, bestand an der Bologneser Artistenuniversität sowie an den anderen Univ. Italiens und der Iber. Halbinsel, die sich am Bologneser Vorbild orientierten.

[3] *Paris:* In Paris sind die n.es erst 1222, also nach dem Entstehen der Univ. selbst, belegt. Es gab in Paris nur vier n.es: Frankreich, Normandie, Picardie, England (anstelle von England seit dem späten 14. Jh.: Deutschland). Ihre Zusammensetzung war in geograph. Hinsicht recht disparat; so vereinigte die n. der Franzosen neben den frz. Studenten auch diejenigen aus allen Mittelmeerländern, die n. der Engländer auch die Studenten aus Schottland, Deutschland, Ungarn sowie den slav. und skand. Ländern. Als ein gewisser Ausgleich formierten sich innerhalb der n.es homogenere 'Provinzen'. Die Pariser n.es beschränkten sich auf Studenten und Magister der Artistenfakultät (doch waren zahlreiche der Mag. art. zugleich Studenten der höheren Pariser Fakultäten); die Fakultäten der Theologie, des kanon. Rechts und der Medizin leisteten dagegen der Machtstellung der n.es oft Widerstand. Dessenungeachtet bestimmten die n.es, die über eigene Statuten, manchmal über Schulen und eine Kapelle verfügten und von Procuratoren geleitet wurden, das Pariser Universitätsleben weithin. Der Rector der Univ. war selbst ein Mag. art., der nach dem Rotationsprinzip aus einer der vier n.es gewählt wurde. Wie in Bologna nahmen die n.es die Aufnahme und Immatrikulation der Studenten wahr und sorgten für gegenseitige Unterstützung sowie die Belange des religiösen Lebens. Konflikte zw. den einzelnen n.es waren nicht selten, ausgelöst oft von Schlägereien zw. Studenten, aber auch von umstrittenen Rectorwahlen und (während des Gr. →Abendländ. Schismas) von gegensätzl. kirchenpolit. Optionen der einzelnen Länder.

[4] *Andere Universitäten:* Zahlreiche weitere Univ. kannten das System der student. n.es: In →Orléans bestanden 10, in →Montpellier 3, je 2 in →Oxford und →Cambridge ('Australes' und 'Boreales', die sich erbitterte Kämpfe lieferten). In den Ländern des Dt. Reiches sowie in Schottland folgten die meisten Univ. dem Pariser Vorbild, mit vier n.es, deren geograph. Einteilung oft recht willkürlich war. Keine n.es kannten in Frankreich →Toulouse und →Avignon, in Deutschland →Heidelberg, →Köln und →Rostock.

Am Ende des MA verlor das System der n.es, im Zuge der stärkeren Regionalisierung des Zuzugs der Studenten und des Abbaus der universitären Autonomie, stark an Einfluß; die n.es spielten nur noch als Wahlgremien für universitäre Amtsträger und als religiöse Bruderschaften eine gewisse Rolle, um im 16. und 17. Jh. ganz zu verschwinden oder in völlige Bedeutungslosigkeit abzusinken.
J. Verger

Lit.: Rashdall, passim – A. Sorbelli, La »nazione« nelle antiche università it. e straniere, Studi e memorie per la storia dell'univ. di Bologna, I, XVI, 1943, 91–232 – P. Kibre, The Nations in the Mediaeval Univ., 1948 – Gesch. der Univ. in Europa, I, hg. W. Rüegg, 1993, passim.

Nationalkönige, gelegentl. in der älteren Forsch. verwendeter, gleichwohl anachronist. Begriff für die Kg.e (Ks.) →Italiens nach dem Zerfall des Karolingerreiches (888–951): →Berengar I. (v. Friaul), →Wido und Lambert (v. Spoleto), →Ludwig (III., v. d. Provence), →Rudolf (II. v. Hochburgund), →Hugo (v. Vienne) und sein Sohn →Lothar, →Berengar II. und →Adalbert (v. Ivrea), die alle dem fränk. Adel entstammten und größtenteils mit den Karolingern verwandt waren.
Th. Kölzer

Lit.: C. Brühl, Fodrum, 399ff. – E. Hlawitschka, Franken, Alemannen, Bayern und Burgunder in Oberitalien (774–962), 1960, 73ff. – R. Hiestand, Byzanz und das Regnum Italicum im 10.Jh., 1964, 11ff., 41ff.

Nativitätsstil → Chronologie, C. I. 2; → Jahr, 2

Natur (theol.-philos. Begriffsgeschichte): N. (natura, →physis) umfaßt das, was entstanden ist und entsteht (nasci), und bezieht sich sowohl auf den Kosmos im Ganzen als auch auf die Beschaffenheit der natürl. Einzeldinge. Das ma. N.-Verständnis knüpft an antike Traditionen an, unterscheidet sich aber von diesen generell dadurch, daß die N. ihren Ursprung nicht in sich, sondern in einem Schöpfergott hat. Diese Spannung bestimmt die unterschiedl. Verständnisweisen von N., gleich ob diese stärker das Ursprungsverhältnis oder die Autonomie der N. betonen, eher symbol. oder begriffl.-spekulativ argumentieren.

→Augustinus bestimmt N. allg. »als das, wovon man erkennt, daß es etwas in seiner Art ist« (De mor. eccl. cath. 2, 2). Der antiken Philos. entlehnt, wird N. (natura) hier im Sinne von Wesen (essentia) oder Substanz (substantia) gebraucht. Genauer unterscheidet Augustinus: die nach Ort und Zeit veränderl. N., wie den Körper; die auf keine Weise örtl., sondern nur zeitl. veränderl. N., wie die Seele; die weder örtl. noch zeitl. veränderl. N., das ist Gott (Epist. 18, 2); Gott ist schaffende, nicht geschaffene N. (De trin. 15, 1, 1). Im Vordergrund seines Interesses an den N.-Phänomenen steht für Augustinus weniger ihre physikal. Begründung als vielmehr ihre symbol. Interpretation im Sinne einer Rückführung auf den Willen Gottes. Dabei erlangt das Symbol des →Buches der N. eine bes. Bedeutung. Die N. wird zu einem Werkzeug der Offenbarung Gottes, ihre Auslegung geschieht method. in Analogie zur Schriftexegese (De Gen. ad litt. 1, 1; En. in Ps 45, 7). Damit aber tritt die Bestimmung der N. als Wesenheit hinter das zeichenhafte Verständnis von N. zurück, anderes zu repräsentieren, »da doch der Wille des großen Schöpfers die N. jedes geschaffenen Dinges ist« (De civ. Dei 21, 8). Alles Geschaffene ist gut; das Übel bzw. das Böse (malum) kann folgl. nur als Privation gedacht werden (De lib. arb. 3, 13, 36; De civ. Dei 12, 26).

Den Versuch einer definitor. Klärung des N.-Begriffs unternimmt →Boethius, ausgehend von den Auseinandersetzungen um das christolog. Dogma von den zwei N.en Christi in einer Person. Die vier Definitionen des Boethius waren für das lat. MA äußerst folgenreich. N. kann man N. entweder von Körpern allein aussagen oder von (körperl. oder unkörperl.) Substanzen allein oder von allen Dingen, die auf irgendeine Weise seiend heißen (Contra Eut. et Nest. I). Daraus folgt, daß N. (1) sowohl Akzidentien als auch Substanzen definiert, sofern sie von der Vernunft erfaßt werden, (2) nur Substanzen, sofern sie tätig sein und leiden können, (3) sowie das Prinzip der Bewegung bezeichnet und (4) die spezif. Differenz eines jeden Dinges (Contra Eut. et Nest. I).

Als Inbegriff dessen, »was ist und nicht ist«, teilt →Johannes Scotus (Eriugena) N. in die (1) schaffende und nicht geschaffene, (2) geschaffene und schaffende, (3) geschaffene und nicht schaffende, (4) nicht geschaffene und nicht schaffende Form (De div. nat. I, 36). Grundlage für diese Einteilung bildet das von Ps.-Dionysius beeinflußte Verständnis von N. als Selbstwerdung Gottes und als Theophanie (De div. nat. I, 54), in der sich der Übergang von der unausasprechl. Einheit zu der sinnl. Vielfalt wie ein Erscheinen Gottes darstellt. Gott wird jedoch nicht zur N., er wird vielmehr das in dieser wirksame, in jeder Erscheinung (apparitio) und in jedem Werden sich zeigende kreative Prinzip von N. Alles, was demnach eingesehen oder wahrgenommen werden kann, sofern es Teil der N. ist, ist nichts anderes als »die Erscheinung des Nicht-Erscheinenden« (De div. nat. III, 58).

Im 12. Jh. tritt zur symbol.-spekulativen Interpretation der N. zunehmend ein phys.-physikal. Begriff von N., Bedingung für eine rationale N.-Erkenntnis. Ein Beispiel für das an Einfluß gewinnende neue N.-Interesse, das mit einer breiten Rezeption spätantiker und arab. Texte zur N.-Forsch. einhergeht, sind die »Quaestiones naturales« des →Adelard v. Bath, der nach natürl. Ursachen forschen und dabei allein die Vernunft als Maßstab gelten lassen will (Quaest. nat. VI–VII), und zwar in der Rezeption spätantiker und arab. Texte zur N.-Forschung und N.-Philos. Wie Adelard betonen auch →Thierry v. Chartres und →Wilhelm v. Conches (sog. Schule v. →Chartres) die Absicht, die als »ordo naturalis« verstandene Welt »secundum physicam« auszulegen (Trac. de sex diebus 1; Philos. mundi I). In beider N.-Lehren wird die Welt in allen ihren Teilen bis hin zur Entstehung lebendiger Organismen durch die Wechselwirkung der Elemente konstituiert; dieser natürl. Prozeß wird als evolutive Fortführung des Schöpfungsaktes begriffen. Die Idee des Kosmos als eines lebendigen und organ. Ganzen wird in vielen N.-Lehren des 12. Jh. zudem unter Hilfe der in Platons Timaios (30–36) vorgefundenen Lehre von der Weltseele (»anima mundi«) entfaltet und begründet. Im Gefolge der Schriften des Boethius gibt Thierry v. Chartres vier Bestimmungen von »natura«: Der N.-Begriff steht für die Form der Körper, für Seiendes, für Substanz sowie für die substantielle (spezif.) Differenz (Abbrev. Mon.c. Eutychen I, 79). Auch die in zahlreichen poet. Werken (→Bernardus Silvestris, →Alanus ab Insulis) typ. Personifizierung der N. spiegelt die neue Selbständigkeit des N.-Verständnisses wider.

Diese Entwicklung geht einher mit einem zunehmenden Interesse an der →Metaphysik, d. h. der Prinzipienreflexion in bezug auf das natürl. Universum und seiner Begründbarkeit. Sowohl die »Entdeckung der N.« als auch das »Erwachen der Metaphysik« bilden die Grundlage für die Rezeption der »libri naturales« des Aristoteles im ersten Viertel des 13. Jh. an der Univ. zu Paris, die jedoch nicht ohne Auseinandersetzungen vonstatten geht (→David v. Dinant). Im Anschluß an Aristoteles bestimmt →Albertus Magnus die N.-Dinge dadurch, daß sie eine gewisse Fähigkeit oder Kraft in sich haben, »die Prinzip der Bewegung und der Ruhe ist« (Phys. II, tr. 1, c. 2); dadurch unterscheiden sie sich von den »artificialia« und von dem, was durch äußere Einwirkung bewegt wird. Als die drei Prinzipien der N. bezeichnet Albert mit Aristoteles Materie, Form und Privation (Phys. I, tr. 3, c. 8). Alles was aus ihnen entsteht und ihnen folgt ist naturgemäß, auch die natürl. »passiones« und »operationes«. Ferner unterscheidet Albert das, was natürl. ist, von dem, was außer-, gegen- oder →übernatürlich ist; »supra naturam« sind etwa Vollkommenheiten (perfectiones), die die N. nur gnadenhaft erreichen kann (In De div. nom. VI, 12). Diese nunmehr auch begriffl. faßbare Unterscheidung zw. N. und Über-N. findet sich gleichfalls bei →Bonaventura, der den natürl. Lauf der Dinge vom übernatürl. und willentl. unterscheidet (2 Sent d. 23 a. 2 q. 1 c); darin kommt zugleich die zunehmende Verselbständigung der Metaphysik gegenüber der Theol. zum Ausdruck.

Von der Eigengesetzlichkeit der N. geht auch →Thomas v. Aquin aus. Die Seienden besitzen eine eigene Wirksamkeit, und zwar gerade durch ihre N. Mit der Betonung der Eigenständigkeit des Natürl. tritt zugleich die Einordnung des einzelnen Seienden in das Ganze der N. und seine Bedingtheit durch dieses Ganze in den Hintergrund. Vielmehr steht, mit Bezug auf Aristoteles, N. als inneres (aktives oder passives) Prinzip, das den »ordo rerum naturalium« bestimmt (In II Phys., lect. 1, 145; lect. 2, 152). N. ist demnach keine Ansammlung von Dingen: Etwas ist nicht N., sondern von N. Der Gegenstand der Betrachtung der Vernunft ist die N., sofern diese die N.-Phänomene zu erklären und auf ihre Prinzipien zu befragen imstande ist. Kraft der Würde seiner N. kommt dem Menschen eine bes. Stellung im Universum zu: Thomas bestimmt ihn als »Horizont« der geistigen und körperl. N., sofern er in der Hierarchie der N.en deren Mitte bildet (In III Sent, prol.; ScG III, 97).

Für →Johannes Duns Scotus tritt, was die N. »formal aus sich« ist, im Denken in Erscheinung, muß als solches aber dem Denken vorausliegen. Soll näml. der Gegenstand dem Erkenntnisakt vorausgehen, kann die N. dieser Substanz nicht »von sich her diese« sein; andernfalls näml. würde der unter allg. Begriffen erfaßte Gegenstand unter dem Gegenteil dessen erkannt, was seine wirkl. N. ist (Ord. II, d. 3 p. 1 q. 1, nn. 1–28). Es widerstreitet der N. nicht, singulär oder universal zu sein, doch da sie von sich her weder das eine noch das andere, sondern ein »Früheres« ist, ist sie beiden Weisen gegenüber indifferent. Als sie selbst ist die »gemeinsame N.« (natura communis), deren formale Realität dem Eingreifen der Vernunft vorausliegt und deren Einheit geringer ist als diejenige des Individuums, der »reine Sachgehalt des vollbestimmten Wesens« (Ord. II, d. 3 p. 1 q. 1, nn. 32–34; II Sent. d. 3 q. 1 n. 7–8). Gleichwohl existiert die N. in Wirklichkeit nur als N. des jeweiligen Individuums und kann von dessen individueller Bestimmung nicht wie eine Sache von einer anderen getrennt werden. Daher kann N. ledigl. als konkretes Nomen im Sinne der jeweiligen N. von einem individuellen Träger, als abstraktes Nomen hingegen nur von sich selbst ausgesagt werden (Ord. I, d. 8 p. 1 q. 3, n. 140; Lect I, d. 5 p. 1 q. 1, nn. 21–23).

Gegen die Auffassung einer gemeinsamen N. behauptet →Wilhelm v. Ockham die völlige Singularität und numer. Einheit der extramentalen Dinge. Dem Universale kommt nicht mehr der Status einer abstrahierbaren gemeinsamen Wesenheit oder N. zu, sondern es ist als Teil des Verständnisaktes ein vom Verstand gemachtes Bild (SL I, 12–15; Ord. I, d. 2, q. 8). N. supponiert folgl. nur mehr als Terminus für das jeweilige Einzelding oder Individuum. Unter der Annahme, daß der eigtl. Gegenstand der Realwiss.en wie etwa der Physik die Intentionen sind, nicht jedoch eine extramentale Realität, versteht auch Ockham N. als inneres Prinzip der Bewegung und der Ruhe eines Seienden (In Phys., prol. §4). Sie ist Prinzip per se und nicht per accidens und gehört somit wesentl. zum Bereich des der Bewegung Unterworfenen. Das Natürl. unterscheidet sich von dem, was artifiziell und durch eine freie Handlung hervorgebracht wird, was habituell und gewohnheitsmäßig besteht, und was gewaltsam geschieht, ebenso vom Über-natürlichen, das gegen den »Lauf der N. geschieht« (III Sent. q. 6 a. 2 sol.).

Auch für →Johannes Buridanus bezeichnet N. nicht mehr eine bestimmte Sphäre der Wirklichkeit; N. ist vielmehr ein Relationsbegriff, der auf eine bestimmte Weise der Wirklichkeit verweist (Phys. II, 4; Met. VII, 1). Mit dem Wegfall natürl. Örter steht somit für die tatsächl. Raum- und Zeitbezogenheit aller Erfahrung zunehmend nur mehr eine subjektive und zugleich streng notwendige Begründung offen. Darin deutet sich die Ablösung der von der aristotel. Physik geprägten N.-Vorstellung an.

Im Übergang zum Humanismus greift →Nikolaus v. Kues erneut den N.-Begriff der platon. Tradition auf, jedoch mit Bezug auf den spätma. Problemhorizont. Jedes Geschöpf ist einzig durch seine N. oder sein Wesen, denn jedes hat sein Sein unmittelbar von Gott, nicht jedoch unmittelbar durch eine allg. N. oder Wesenheit (De doc. ign. III, 1–3). Diese Individualisierung des Wesens- oder N.-Begriffs entgrenzt zugleich den unveränderl.-wirkl. Kosmos platon. Ideen zu einer unerschöpfl. Fülle von Seinsmöglichkeiten (De ven. sap. 29). N. ist, wie Nikolaus mit Bezug auf Thierry v. Chartres darlegt, gewissermaßen die Explikation der unendl. göttl. Schöpfermacht und zugleich Einfaltung von allem, was durch Bewegung entsteht (De doc. ign. II, 3–7; II, 10; De ven. sap. 25). Damit aber bleibt die göttl. Ordnung der N. nur für unser konjekturales Denken zugänglich (De doc. ign. III). Die auch im theoret. Experiment explizierte math. Erfassung der Beziehung zw. den Dingen wird dabei zum Modell für die mutmaßende Erkenntnis der N. A. Speer

Lit.: HWP VI, 441–458, 494–504 – Gesch. Grundbegriffe IV, 215–244 – M.-C. CHENU, La théol. au 12ème s., 1957, 1976^3 – J. RATZINGER, Der Wortgebrauch von n.a und die beginnende Verselbständigung der Metaphysik bei Bonaventura, Misc. Mediaev. 2, 1963, 483–498 – La filosofia della n.a nel medioevo, Atti 3° congr. internaz. filos. medioevale, 1966 – N. M. HÄRING (Platonismus in der Philos. des MA, hg. W. BEIERWALTES, 1969), 161–267 – H. M. NOBIS, Die Umwandlung der ma. N.vorstellung, Archiv für Begriffsgesch. 13, 1969, 34–57 – G. LEFF, William of Ockham, 1975 – K. RIESENHUBER (San Bonaventura maestro di vita francescana..., hg. A. POMPEI, II, 1976), 607–625 – A. ZIMMERMANN (Nikolaus v. Kues, hg. K. JACOBI, 1979), 121–131 – Albertus Magnus..., hg. G. MEYER–A. ZIMMERMANN, 1980 – Die Renaiss. der Wiss.en im 12. Jh., hg. P. WEIMAR, 1981 – Approaches to N.e in the MA, hg. L. D. LAWRENCE, 1982 – J. A. AERTSEN, N.e and Creature, STGMA XXI, 1988 – A History of Twelfth-Century Western Philosophy, 1988 – T. BORSCHE, Was etwas ist. Fragen nach der Wahrheit der Bedeutung bei Platon, Augustin, Nikolaus v. Kues und Nietzsche, 1990 – L. HONNEFELDER, Scientia transcendens, 1990 – Mensch und N. im MA, Misc. Mediaev. 21/1 und 2, hg. A. ZIMMERMANN–A. SPEER, 1991/92.

Naturalabgaben → Abgaben

Naturalwirtschaft. Der von der Wirtschaftswiss. des 19. Jh. geprägte Begriff bezeichnet 1. eine sich selbst genügende, aus autarken Haushalten bestehende Wirtschaft, die ihre Bedürfnisse ausschließlich durch eigene Produktion deckt und damit ohne die auf dem Gütertausch beruhende volkswirtschaftl. Arbeitsteilung auskommt (→Hauswirtschaft, geschlossene); 2. eine Wirtschaft, die zwar nicht mehr autark ist, da die Haushalte miteinander in Verkehr stehen, deren Verkehr aber für die Existenz der Haushalte noch unwesentl. ist und auf dem Naturaltausch von Gütern gegen Güter beruht, ohne daß das Geld als Vermittlungsgut herangezogen wird. Da der Begriff in-

soweit in Gegensatz zu dem der →Geldwirtschaft tritt, neigte die ältere Lehre dazu, N. und Geldwirtschaft als einander ausschließende Wirtschaftsformen zu betrachten, derart, daß die N. als ursprünglichere und primitivere Form, die Geldwirtschaft dagegen als jünger und als Zeichen entwickelterer Kultur galt. Sehr einflußreich war die 1891 von M. WEBER begründete These, auf die Geldwirtschaft der Antike sei im 3. Jh. n. Chr. ein »Rückschlag in naturalwirtschaftl. Zustände« gefolgt, der dem Wirtschaftsleben des FrühMA seinen Charakter aufgeprägt habe. Dem stellte 1930 A. DOPSCH die Lehre entgegen, natural- und geldwirtschaftl. Erscheinungen seien nicht nur im Altertum stets nebeneinander und gleichzeitig aufgetreten, ihre Mischung charakterisiere auch die Spätantike und das FrühMA. Seither versteht man unter N., meist unter Verzicht auf eine Definition des Begriffs, die auf Selbstversorgung gerichtete agrar. Wirtschaftsweise des Hufenbauern (→Hufe) und des grundherrl. Sallandtriebs (Betriebs- →Grundherrschaft), die im HochMA, erkennbar einerseits an der Auflösung der Hufen- und Herrschaftsordnung, andererseits an der Verdichtung des Netzes städt. und dörfl. Märkte, allmähl. der Marktabhängigkeit der Betriebe erlag. Die Theorie von der →Agrarkrise setzt die nahezu vollständige Marktabhängigkeit der landwirtschaftl. Produzenten im 14. Jh. voraus. – An der Stufentheorie hält nur noch der marxist. Gesellschaftswiss. fest. Sie verwendet den Begriff der N. als Bezeichnung für eine Wirtschaftsstufe, auf der die Produzenten nicht in erster Linie produzieren, um Waren für den Markt herzustellen, sondern um ihre persönl. Bedürfnisse zu befriedigen und um die Existenzgrundlage der Ges. zu reproduzieren; N. gilt als Wesensmerkmal des →Feudalismus, das die feudale Produktionsweise von der der älteren und jüngeren Wirtschaftsstufen und Gesellschaftsformationen unterscheidet. E. Pitz

Lit.: Hwb. der Staatswiss. VI, 1925^4, 738–740 – A. DOPSCH, N. und Geldwirtschaft in der Weltgesch., 1930 – Ökonom. Lex., 2 Bde, 1970–71^2 – W. BLEIBER, N. und Ware-Geld-Beziehungen zw. Somme und Loire während des 7. Jh., 1981.

Natureingang

I. Deutsche Literatur – II. Englische Literatur – III. Romanische Literaturen.

I. DEUTSCHE LITERATUR: N., überwiegend an eine bestimmte Jahreszeit geknüpftes Naturbild zu Beginn eines lit. Textes oder Textabschnittes, im Dt. v.a. für den →Minnesang relevant. Die Inszenierung des in der mhd. Lyrik wohl beliebtesten Exordialtopos erfolgt über stereotype Formeln: Zur Sommermotivik zählen *walt, heide, bluomen, gras, vogellîn* usw., winterl. Naturschilderung drückt sich durch das Negieren von Sommerrequisiten oder mit eigenen Winterelementen (*îs, der kalte snê*) aus. Dabei spiegelt der N. keine reale Naturerfahrung, sondern dient als Folie für die im Lied entwickelte Minnethematik. Die emotionale Situation des lyr. Ich wird stets auf die evozierte Jahreszeit bezogen; sie kann parallel zur Naturstimmung formuliert sein, aber auch der beschriebenen Außenwelt kontrastiv gegenübergestellt werden. Zur Minnesangstopik gehört der N. schon im 12. Jh. (zuerst →Dietmar v. Aist), beschränkt sich dort allerdings auf die Anfangsverse. Im 13. Jh. wird er dann bis hin zur Mehrstrophigkeit ausgebaut (→Gottfried v. Neifen, Ulrich v. Winterstetten) und zieht sich bei →Neidhart als Gattungsmerkmal durch das gesamte Liedcorpus. Reine Naturlieder als Jahreszeitenpreis sind im Minnesang selten, im Volkslied jedoch häufiger vertreten. In der dt. Epik kommt dem N. nur geringe Bedeutung zu: Am Dichtungsbeginn wird auf landschaftl. Stimmungsbilder meist verzichtet, bei der Gestaltung von Einzelepisoden der locus amoenus als Einleitung vorgezogen. – S. a. →locus amoenus. R. Bauschke

Lit.: E. R. CURTIUS, Rhetor. Naturschilderungen im MA, RF 56, 1942, 219–256 – B. v. WULFFEN, Der N. im Minnesang und im frühen Volkslied, 1963 – H. KUHN, Minnesangs Wende, 1967² – R. GRIMMINGER, Poetik des frühen Minnesang, 1969 – W. ADAM, Die 'wandelunge'. Stud. zum Jahreszeitentopos in der mhd. Dichtung, 1979 – G. SCHWEIKLE, Minnesang, 1989.

II. ENGLISCHE LITERATUR: Das engl. MA kennt die bibl. und klass. Landschaftsvorbilder. Die Dichter malen die Sprachkulisse geistiger N. sakraler Natur-, Kultur- oder Idealgestalt (Arkadien, locus amoenus) und stilisieren die Sicht schöner Landschaft zu idyllischer »Augenweide«. N. e stimmen episch, lyrisch oder dramat. ein und schaffen strukturell Funktionshintergrund. Während echte Naturanmut eint (unio mystica), kann ambivalenter Schein trügen und trennen (Polarität). – Ae. Lit. zeichnet oft negativ oder privativ. Episch warnen N. e in »Rätseln und Merkversen vor Naturgewalt; in →»Phoenix« (und →»Finnsburg«) vergällt das verlorene Paradies schöner Vergangenheit oder Zukunft die Gegenwart im ird. Jammertal. Lyrisch-eleg. erinnern in »Seafarer«, »Wanderer« und Klageliedern (→Elegie, V) Verbannung und Einsamkeit in der abweisenden Natur an Geborgenheit und Lebensfreude zu Land und Hof. – Me. Lit. zeichnet in vanitas und Ubi sunt? zwar Privatives, sonst aber meist taghell Freundliches. Im 13./14. Jh. prägen N. e die lyrische Praxis (→Harley Lyrics), schon im 12. Jh. in (lat.) Poetiken die Theorie der amplificatio. Jahreszeitl. Leitmotive wie »Lenten/Sumer is icumen« oder der Kontrast Sommer/Winter wie in »The→Owl and the Nightingale« moralisieren Natur und reflektieren Stimmungen. Epiker wie →Chaucer und →Langland wählen für die vielfältigen »Canterbury Tales« bzw. »Piers Plowman« exordiale Frühlingseingänge. H. Weinstock

Bibliogr.: NCBEL I, 187f., 357f. – Ed.: ASPR III, VI – G. L. BROOK, The Harley Lyrics, 1968⁴ – Lit.: P. DRONKE, Die Lyrik des MA, 1973 – D. PEARSALL–E. SALTER, Landscape and Seasons of the Medieval World, 1973 – W. BUSSE, Naturbilder in ae. Dichtung (Natur und Lyrik, hg. TH. STEMMLER, 1991), 183–210 – P. ERLEBACH, Form und Funktion der Natur in der me. Dichtung (ebd.), 211–232.

III. ROMANISCHE LITERATUREN: In der ersten volkssprachl. Lit. des MA, der altprov. oder altokzitan. Troubadourdichtung, gehört der N. zu den wesentl. stilist. Eigenarten, die als solche von nachfolgenden roman. Lit. en verstanden und teilw. übernommen worden sind. Dieser N., der sich aus sechs Hinweisen auf Naturerscheinungen zusammensetzen kann (Jahreszeitenangabe, Vegetation, Tiere, atmosphär. Bedingungen, Naturphänomene, Wasserläufe) tritt bereits beim ersten bekannten Troubadour (→Wilhelm IX., 1071–1126) auf und findet sich bei 78 namentl. bekannten okzitan. Autoren und in 12 anonymen Gedichten. Die entscheidende Ausformung erhielt er zw. 1130 und 1220, insbes. bei →Marcabru, →Bernart de Ventadorn, →Arnaut Daniel, →Raimbaut d'Aurenga (d'Orange), Peire →Vidal. Zwei Stilrichtungen lassen sich unterscheiden: der N. als exordium zu Kanzone, Sirventés u. ä., mit oder ohne Bezug zum Folgenden, und der N. als Metapher für die Identifizierung zw. Natur und Mensch. Als exordium steht der N. einerseits mit der Jahreszeitentopik der Antike, andererseits mit der Gattung der →Ekphrasis der spätantiken Rhetorik in Verbindung, so z. B. Matthaeus v. Vendôme: »Flos sapit, herba viret, parit arbor, fructus abundat,/Garrit avis, rivus murmurat, aura tepet.« (Ars vers. § 111, 49–50) und Wilhelm IX.: »Pos vezem de novel florir / pratz e vergiers reverdezir, / rius e fontanas esclarzir, / auras e vens, / ben deu chascus lo joi jauzir / don es jauzens« (P.-C. 183,11). Kontakte zur zeitgenöss. lat. Dichtung (z. B. Carmina Burana) sind nicht auszuschließen. Als argumentum a tempore beschränkt sich der N. auf stilist. Variationen der Basiselemente: Jahreszeit (Frühling, Sommer, Winter), Vegetation (grüne Wiesen, Bäume, bunte Blumen etc.), Tiere (v. a. Singvögel wie Nachtigall und Lerche), atmosphär. Bedingungen und Naturphänomene (Helligkeit/Dunkelheit der Tage etc., warme/kalte Winde, Schnee, Eis etc.), Wasserläufe. Diese Form des N.s tritt zu allen Zeiten der Troubadourdichtung auf, obwohl ihr Marcabru und seine direkten Nachfolger wie Raimbaut d'Aurenga (Orange), Peire d'Alvernha (Auvergne) und Arnaut Daniel bes. stilist. Finesse widmen (ausgefallene Wahl der Beschreibungselemente, Bildlichkeit des Ausdrucks, neue Wortformen, seltene Reimwörter, komplizierte rhythm. Konstruktionen). Eine zweite Form des N.s läßt sich zeitl. näher begrenzen. In Abweichung von der stereotypen Parallelisierung oder Kontrastierung von Natur und Mensch (Frühlingserwachen / Liebes- und Sangesfreude, Wintersnot / Liebesleid oder -glück, Anklage gegen moral. Verfall und Weltnot) schafft Bernart de Ventadorn eine tiefergreifende Metaphorisierung des gesamten Beziehungsfeldes zw. Mensch und Natur, die sowohl über die von seinen direkten Vorgängern praktizierte Technik der Identifizierung (so bei Jaufre →Rudel, Gesang der Nachtigall verfeinert den eigenen) als auch über die gängige metaphor. Verwendung von Verben der Vegetation für Liebeserwachen und dichter. Schaffensfreude (so bei Bernart Marti, Peire d'Alvernha, Arnaut Daniel) hinausgeht. Verben der drei für den N. wesentl. und am häufigsten auftretenden Bereiche (Jahreszeit, Tier- und Pflanzenwelt) bilden das Rüstzeug für die Metapher der Wiedergeburt im Sinne der Erneuerung durch die *fin' amors* (so bes. Peire d'Alvernha, Arnaut Daniel, später Peire Vidal und noch einmal Ponson gegen 1300).

Verschiedene Trouvères der gegen Ende des 12. Jh. einsetzenden afrz. Lyrik übernehmen den N. in vereinfachter Form, v. a. als Kontrast zur Liedthematik der *fine amour;* die siz. Lyriker des 13. Jh. und ihre Nachfolger tun gelegentl. desgleichen; in der frühen ptg. Lyrik spielt er keine Rolle. E. Schulze-Busacker

Lit.: D. SCHELUDKO, Zur Gesch. des N.s bei den Trobadors, ZFSL 60, 1937, 257–334 – R. DRAGONETTI, La technique poétique des trouvères dans la chanson courtoise, 1960 [Lit.] – E. SCHULZE-BUSACKER, En marge d'un lieu commun de la poésie des troubadours, Romania 99, 1978, 230–238.

Naturgesetz. Die ma. Philosophie kennt nicht den Begriff der N.e der nz. →Physik; die spätma. Mathematik und Lehre von der Bewegung und Veränderung eröffnen aber diese Bedeutung (vgl. Thomas Bradwardine, Nikolaus v. Oresme, die Oxforder Kalkulatoren). Philosophen, Rechtsgelehrte und Theologen sprachen im MA vom N. in seiner moral- und sozialphilos. Bedeutung. Von großer Bedeutung für das MA war die Definition des N.es durch Ulpian als naturalis aequitas und dessen Fundierung in der den Menschen und Tieren gemeinsamen Natur (Dig. 1,1, 1, 2–4). Bei Justinian ergab sich eine Verankerung des N.es in der Vorsehung Gottes (Inst. 1, 2, 11). Damit vermischten sich bereits im Corpus iuris civilis ein naturalist. und ein theol. fundierter Begriff des N.es. Den Kanonisten und Theologen dienten die Schrift (Gen 3, 5; 22; Deut 30, 11–14; Math 7, 12; Röm 2, 14–16) und v. a. Augustin als Q. ihrer Reflexion (De lib. arb. I, v, 13, 42–51; I, xv, 31, 103–113; C. Faustum 22,27). Isidor v. Sevilla identifizierte das N. mit dem göttl. Gesetz und differenzierte es mit Ulpian in: Naturrecht – Zivilrecht – Völkerrecht (Etym. 5, 2, 1–2; 5, 4, 1–2). Die Legisten verstanden das N. nicht als Slg. unveränderl. Moralnormen, sondern als deren Grundlegung. Für Hugo v. St. Victor ist es das erste, primitive Gesetz der Menschen vor dem →Dekalog (De sacr., MPL 176, 343; 347f.), verankert in der menschl. Vernunft (Abaelard, Dialog. ed. THOMAS 44). Gegen Mitte des 13. Jh. integrierten die Theologen in Paris ihre Reflexion über das N. in theol. Summen. Wilhelm v. Auxerre (S. Aurea III, Spic. Bonav. XVIIIA 368–85) unterschied die ersten Prinzipien per se nota der spekulativen und prakt. Vernunft und identifizierte diese mit den Prinzipien der prakt. Vernunft. Das N. gründet ein göttl. Gesetz (lex aeterna). Alexander v. Hales versuchte, die disparaten Auffassungen des N.es der dekretist. Tradition in einer dreifachen Stufung als nativum, humanum und divinum zu ordnen (S. th. III, p. II. inq. ii, q. 1; vgl. dazu auch Bonaventura, Sent. IV d. 33 a. 1 q. 1). Thomas v. Aquin definierte das N. aufgrund eines allg. Gesetzesbegriffs als Teilhabe der vernünftigen Kreatur an der lex aeterna (S.th. I–II, q. 94, a. 2). Die an der göttl. Vernunft partizipierende menschl. Vernunft orientiert sich einerseits an den von der prakt. Vernunft erkannten Handlungsprinzipien, die per se nota sind, und andererseits an den in der Natur des Menschen angelegten →Neigungen (inclinationes naturales). Joh. Duns Scotus zufolge beinhaltet das N. im strengen Sinne nur die evidenten Prinzipien der prakt. Vernunft sowie deren notwendige Konklusionen (Ox.IV, d. 17, q. un. n. 3.; III, d. 37, q. un. n. 5). Die Liebe zu Gott als summum bonum ist oberstes N. Die Folge dieser strengen Fassung des N.es war eine Reduzierung dessen, was als N. gelten konnte, entzog Grundnormen des sozialen Lebens einer naturrechtl. Rechtfertigung und forderte eine konsenstheoret. Legitimation polit. Herrschaft (vgl. Ox. IV, d. 15, q. 2. n. 11). Seinem strengen Begriff des N.es stellte Scotus ein N. large loquendo zur Seite, das Handlungsanweisungen beinhaltet, die sich zwar nicht notwendig aus den Prinzipien der prakt. Vernunft herleiten lassen, die aber mit diesen Prinzipien im Einklang stehen (Ox. III d. 37, q. un. n. 8). Damit erreichte er eine materiale Bindung menschl. Handelns, ohne einen unverrückbaren natürl. ordo heraufzubeschwören. Wilhelm v. Ockham argumentierte mit dem N. in der Beurteilung der Kompetenzen von Ks. und Papst (Octo questiones II, 8: Opera pol. I 2, p. 83, z. 48–51). Im Dialogus unterschied er drei Modi des N.es (OFFLER 1977, 212f.): Er diskutiert die für N.e wichtige Idee des Gemeinbesitzes in ihrer heilsgesch. Geltung, bestimmt die aequitas naturalis aus der vorgegebenen gesch. Situation und erklärt die Normativität des N.es in ihren Bedingungen. Ockham hält am Begriff des unveränderl. und nur von Gott aufhebbaren N.es fest, unterscheidet es aber klar von den Geboten der natürl. Vernunft, die situationsbedingt und gesetzt sind. Gregor v. Rimini (Sent. II d. 34–37) vertrat gegen Scotus und Ockham eine Unterscheidung zw. lex imperativa und lex indicativa und betrachtete das N. als lex indicativa, als natürl. der Seele eingeprägte Erkenntnis des Guten (Sent. I d. 3, q. 2, add 21), deren Einprägung und Anwendung aber von der göttl. Gnade abhängen (Sent. II d. 26–29). Petrus v. Ailly unterschied das N. als Teil der Schöpfung (lex creata) klar von der lex perfectissima creata Christi, um den Vorrang des Glaubens vor einer an der Natur der Dinge gebundenen Erkenntnis zu wahren und in konziliarist. Absicht den Primat der lex perfectissima Christi in der Gesamtkirche gegen eine Konzeption der Vorherrschaft eines Teiles zu verteidigen (Gerson, Opera Omnia, Antwerpen 1706: I, 663–71). →Naturrecht. F. Cheneval

Lit.: O. LOTTIN, Psychologie et morale, II, 1, 1948, 71–100 – G. STRATENWERTH, Die Naturrechtslehre des Joh. Duns Scotus, 1951 – A. H. STEINMÜLLER, Die Naturrechtslehre des Joh. v. Rupella und des Alexander v. Hales in der Summa fratris Alexandri III 2, q. 26–29, q. 39..., FSt 411, 1959, 310–422 – De doctrina Ioannis Duns Scoti II, 1968, 683–734 [M. GANDILLAC]; 671–682 [A. MARCHESI] – S. B. CUNNINGHAM, Albertus Magnus on Natural Law, JHI 28, 1969, 479–502 – H. S. OFFLER, The Three Modes of Natural Law in Ockham, FSt 37, 1977, 205–218 – O. J. BROWN, Aquinas Doctrine of Slavery in Relation to Thomistic Teaching on Natural Law, Proc. of the Amer. Cath. Philos. Assoc. 53, 1979, 173–181 – A. GHISALBERTI, Sulla legge naturale in Ockham e in Marsilio, Medioevo 5, 1979, 303–315 – F. OACKLEY, Natural Law, Conciliarism and Consent in the Late MA [Nachdr. 1984] – B. TIERNEY (Aspects of Late Medieval Government and Society, hg. J. GORDON, 1986), 2–24 – The Medieval Tradition of Natural Law, hg. H. J. JOHNSON, 1987.

Natur und Gnade. Das Thema der Teilhabe der menschl. Geist-N. am göttl. Leben in der G. zieht sich durch viele Einzelthemen der patrist. und scholast. Theol.: Glauben und Wissen, Gotteserkenntnis und Gottesschau, Tugend und übernatürl. Liebe. Die heilsgesch. Theol. Augustins betrachtet die menschl. Geist-N., immer schon verwiesen auf die göttl. Erleuchtung, als die die N. erhebende G., ebenso die ps.-dionys. Spiritualität der Selbstüberschreitung in der Selbstoffenbarung Gottes. In der frühscholast. Frage nach dem Unterscheidenden der natürl. und gnadenhaften Tugenden erfolgte eine themat. Vorentscheidung: Wird die 'fides informis' durch die gnadenhafte Liebe nur spezif. anders (Hugo v. St. Viktor) oder ist der von der Liebe geformte Glaube etwas formal anderes (Wilhelm v. Auvergne)? Philipp d. Kanzler betonte die Unvergleichlichkeit der 'naturalia' und 'gratuita', Wilhelm v. Auvergne (De anima 6,20) deren Bezogenheit, denn G. und Glorie zerstören nicht die N., sondern erheben sie. In der scholast. Theol. des 13. Jh. kam es unter dem Einfluß des philos. N.begriffs zu einer systemat. Unterscheidung von N. und G. Bonaventura, In II Sent. 9,1–9 verweist auf die Entsprechung von N. und G. in der kosm. Hierarchie der Geschöpfe. Bei dieser Hinsicht (→Analogie) gewahrt der Theologe, daß der geschöpfl. Intellekt immer schon die bloße N. überschreitet (In II Sent. 28,1,1, ad 1). Mit dem streng philos. Begriff des Wesensnatürl. hat Thomas v. Aquin Entsprechung und je noch größere Unterschiedlichkeit der kreatürl. Geist-N. und ihrer Begnadung im infra- und supralapsar. Status untersucht, um so die Erlösungsbedürftigkeit und -würdigkeit zu begründen. Eines seiner Paradigmata ist das natürl. Gottverlangen (S. th. I–II, 3–5: desiderium naturale Deum vivendi/ Potentia oboedientialis) und dessen gnadenhafte Erfüllung (vgl. HWPh II, 118–130). Die dogmengesch. Unters.en H. DE LUBACS und die transzendentaltheol. Interpretationen K. RAHNERS haben nicht ohne Widerspruch die hier von der Neuscholastik unterschobene Trennung von N. und G. zurückweisen wollen. Die bes. bei Bonaventura (In II Sent. 9,9 ad 2; vgl. RATZINGER) vorbereitete Formel 'gratia (prae-) supponit naturam' greift auf Gemeingut der hochscholast. G.ntheol. zurück, taucht aber bis zum 16. Jh. nur sehr sporadisch und variationsreich auf (Belege: LThK VII, 810). Die angestrengte Diskussion über die Grenzen der philos. Erkenntnis infolge der Pariser Verurteilung von 1277 (Stephan Tempier) zwang die Theologen Heinrich v. Gent und Gottfried v. Fontaines N. und G. krit. in Beziehung zu setzen. Der Mensch ist in seiner Geist-N. hingeordnet auf das, was diese Natur übersteigt. Aufgrund der darauf antwortenden Willenslehre des Joh. Duns Scotus und deren Zuspitzung bei Wilhelm v. Ockham entzündete sich im 14. Jh. eine antipelagian. Polemik (Th. Bradwardine) an der Frage, was der Mensch 'in puris naturalibus' an Verdiensten für sein Heil erwerben könne. Der Ausdruck 'in puris naturalibus' kommt im 13. Jh. zur Kennzeichnung der geschaffenen Intellektswesen Engel und Mensch als geistbegabte und nicht durch die G. erhobene Kreatur auf (Albertus Magnus, In II Sent. 3, 12; Thomas v. Aquin, S. th. I, 62, 3). Mit ihm wird im 14. und 15. Jh. die derart begriffene N. je nach Argumentationskontext gegen die habituelle G., die supralapsar. Integrität oder einen speziellen G.nbeistand abgegrenzt. Der Hilfsbegriff in der heilsgesch. Statuslehre 'natura pura' (wohl erstmals bei Petrus de Palude, In II Sent. 31,2 ed. ALFARO, Lo natural 272) ist erst in der Theol. der NZ als eine reale Möglichkeit gedacht worden.

M. Laarmann

Lit.: LThK IV, 1169–1171; VII, 8909f., 830–835 – H. DE LUBAC, Surnaturel, 1946 [dt.: Die Freiheit der Gnade II, 1970] – J. ALFARO, Lo natural y lo sobrenatural, 1952 [vgl. J. TERNUS, Schol 28, 1953, 399–404] – K. RAHNER, Kl. Schr. zur Theol. I, 1954, 323–345 – B. NEUMANN, Der Mensch und seine himml. Seligkeit nach der Lehre Gottfrieds v. Fontaines, 1958 – B. STOECKLE, Gratia supponit naturam, 1962 – W. HOERES, Der Wille als reine Vollkommenheit nach Duns Scotus, 1963², 122–162 – M. G. H. GELISSEN, Natuur en genade volgens Hendrik van Gent, 1965 – J. AUER, Kl. Kath. Dogmatik, V, 1970, 184–194 [Lit.] – M. J. MARMANN, Praeambula ad gratiam [Diss. Regensburg 1974] – J. RATZINGER, Dogma und Verkündigung, 1973, 161–181 – A. VANNESTE, EThL 50, 1974, 181–214; 53, 1977, 83–106 – Rech. August. 10, 1975, 143–159 – R. SCHENK, Die Gnade vollendeter Endlichkeit, 1989 [Lit.].

Natürliche Theologie im strikten Sinn ist philos. Gotteserkenntnis aufgrund der natürl. Vernunft im Vorhinein zum Glauben. In dieser Form setzt sie die klare Unterscheidung von Philos. und Theologie sowie der Begriffe *natürlich* und *übernatürlich* voraus, die sich jedoch frühestens im 13. Jh. herauszubilden beginnt. In der Frühscholastik ist diese Unterscheidung noch nicht vollzogen: Glaube und Offenbarung sind Wiederherstellung (restauratio/reparatio), nicht Überhöhung der natürl., d.h. kreatürl., im Urstand gegebenen Vermögen. Auch die (gemäß Röm 1, 20) allen Menschen aufgrund ihrer natürl. ratio mögliche Gotteserkenntnis ist nur faktisch, als Folge der Ursünde, weggenommen und wird durch den Glauben restituiert. Fundiert näml. in der durch die Schöpfung gegebenen *similitudo* der Vernunft mit Gott, ist rationale Gotteserkenntnis nur im Nachvollzug dieser similitudo möglich. Der dazu erforderl. Überstieg der ratio über sich selbst als begreifendes Vermögen ist jedoch erst mögl., wenn sich der Mensch nicht mehr im Stolz in sich selbst gründen will, sondern sich im Glauben von Gott empfängt. Rationale Gotteserkenntnis bleibt so in den Erkenntnis und Wille umfassenden Vollzug des Glaubens als *intellectus fidei* integriert. Hier aber wächst der ratio enorme Erkenntniskompetenz zu: Anselm v. Canterbury rekonstruiert alle Glaubensinhalte (auch die Inkarnation) allein aus d. Vernunft (sola ratione; vgl. W. CHRISTE); in jedem Fall aber ist die Erkenntnis der Trinität Gottes aufgrund der ratio selbstverständl. und läßt sich – wie bei Abaelard – auch im Zeugnis heidn. Philosophen nachweisen (vgl. W. SIMONIS). Erste Kritik am inhaltl. Umfang der rationalen Gotteserkenntnis erhebt sich jedoch bereits in der Schule v. Chartres auf der Basis eines metaphys. und nicht mehr bibl.-schöpfungstheol. Naturbegriffs.

In der Hochscholastik bildet sich als Folge der Anwendung des strengen aristotel. Wissenschaftsbegriffs auf die Theologie der Versuch natürl. Gotteserkenntnis im Vorhinein zum Glauben heraus. Die Parallelisierung der Glaubensartikel mit den *principia per se nota* (Wilhelm v. Auxerre), aus denen die conclusiones zu ziehen dann Aufgabe der Theologie ist, hat die Annahme von *rationes naturales* im Vorfeld des tugendhaften Glaubens zur Folge, die zwar keine den Glauben begründende, wohl aber festigende, verteidigende und fördernde Bedeutung haben. In der »Summa Halensis« kommt es zur Unterscheidung der *fides formata* als dem tugendhaften Glauben, der im intellectus speculativus practicus verortet wird, und der *fides acquisita* als einem der Tugend voraufgehenden, auf Vernunftgründe und die Faktizität der Offenbarung beruhenden, im intellectus speculativus situierten Glauben (vgl. GÖSSMANN, 65 ff.). Damit kommt es zu einer dem eigtl. Gegenstand der Theologie vorausgehenden Propädeutik (praeambula fidei), in der die sich zunehmend als eigenständige Disziplin verstehende Philos. Platz greift. Mit dieser Verlagerung rationaler Gotteserkenntnis ins Vorfeld der Theologie wird zugleich ihr Gegenstandsbereich eingeengt: Natürl. Vernunft kann zwar Existenz und Einheit Gottes, nicht aber seine Dreifaltigkeit erkennen. Dabei hält die gesamte Richtung der franziskan. Theologen daran fest, daß dieses Unvermögen der Vernunft nur eine fakt., durch den Sündenfall bedingte Schwäche ist, die durch den Glauben geheilt wird. Erst Thomas v. Aquin nimmt ein prinzipielles, in der Endlichkeit der menschl. Natur begründetes Unvermögen der Vernunft an. Aber auch bei ihm bleibt die der Vernunft mögl. natürl. Gotteserkenntnis (klass. formuliert in den *quinque viae*; S. Th. I, q. 2, a. 3) von der Sicht der Offenbarung umgriffen und gewinnt erst im Blick auf sie ihren Sinn: Ohne Offenbarung führt rationale Gotteserkenntnis ledigl. zur Einsicht in Gottes Verschiedenheit von der Welt und zeigt nur die Unmöglichkeit der Gemeinschaft mit ihm. Ohne Offenbarung wird Gott noch nicht als Ziel des Menschen erkennbar, in dem er sein Heil finden kann (S. Th. I, q. 1, a. 1). Andererseits aber findet die Offenbarung ihren Anhalt an den *praeambula ad articulos*, die sie voraussetzt wie die Gnade die Natur (S. Th. I, q. 2, a. 2 ad 1). In der Spätscholastik wird im Zuge einer präziseren method. Reflexion natürl. Vernunfterkenntnis und der damit verbundenen Metaphysikkritik die Möglichkeit natürl. Gotteserkenntnis weiter eingeschränkt. Aufgrund seiner Ablehnung eines analogen und der Annahme eines univoken Seinsbegriffs besteht für Johannes Duns Scotus Gotteserkenntnis im Beweis eines *unendlichen* Seins im Sinne der rein formalen Bestimmung höchster Seins-Intensität. Weitere inhaltl. Erkenntnis Gottes ist jedoch ausgeschlossen. Wilhelm v. Ockham reduziert in seiner Kritik an den Gottesbeweisen des Duns Scotus die natürl. Gotteserkenntnis noch weiter auf die reine Existenz, während er einen strengen Beweis der Einzigkeit Gottes für unmöglich hält.

St. Ernst

Lit.: J. FINKENZELLER, Offenbarung und Theologie nach der Lehre des J. D. Scotus, 1960 – K. RAHNER, Geist in Welt, 1964³ – E. GÖSSMANN, Glaube und Gotteserkenntnis im MA (HDG I/2b, 1971) – W. SIMONIS, Trinität und Vernunft, 1972 – Thomas v. Aquin im philos. Gespräch, hg. W. KLUXEN, 1975 – W. CHRISTE, Sola ratione. Zur Methode der Begründung des intellectus fidei bei Anselm v. Canterbury, ThPh 60, 1985, 341–375 – L. ELDERS, The Philos. Theology of St. Thomas Aquinas, 1990 – → Gottesbeweise.

Naturphilosophie → Physik und Naturphilosophie

Naturrecht

I. Grundlagen in antiker Philosophie, Patristik und römischem Recht – II. Naturrechtsauffassung des gemeinen und des kanonischen Rechts – III. Naturrechtsdenken in der Theologie – IV. Entwicklung im Spätmittelalter.

I. GRUNDLAGEN IN ANTIKER PHILOSOPHIE, PATRISTIK UND RÖMISCHEM RECHT: Der Begriff des N.s, des fundamentalen, der →Natur der Dinge inhärenten Rechts, entstammt der griech. und röm. Antike. Mit der schwindenden Bindung der antiken polit. Ordnung (Polis) an Götter und Göttinnen beginnen griech. Denker, in spekulativer Weise Verbindungen zw. der 'Natur' und der menschl. Gesellschaft zu schaffen, wobei manche von ihnen der Natur ledigl. die Bereitstellung des »Rohmaterials« des polit. und moral. Lebens zuschreiben, während andere sie im Einklang mit einer gerechten oder göttl. Ordnung sehen und aus ihr verpflichtende Normen ableiten. Die Denker der Stoa popularisieren die Natur als Quelle einer allumfassenden Ordnung; der »Natur zu folgen« gilt ihnen als ein Weg zur →Tugend (s. a. →virtus). Für →Cicero wohnt der Natur ein »Gesetz« (lex) inne, das mit der »höchsten Vernunft« (ratio summa) in Einklang steht und den Menschen zu dem ihm gemäßen »rechten Handeln« (facienda) wie zur Vermeidung des Gegenteils verpflichtet (De leg. 1. 6. 18). Die Tugend, die menschl. wie die von Gott verliehene, repräsentiert die vollkommene Natur (De leg. 1. 8. 25). Dieses Gesetz der wahren, mit der Natur übereinstimmenden Vernunft kann nicht von Senat oder Volk aufgehoben werden; dank seines allgegenwärtigen und ewigen Charakters ist es nicht an einen bestimmten Ort oder eine bestimmte Zeit gebunden und galt daher gleichermaßen in Athen, wie es in Rom gilt (De rep. III. 22).

Die lat. Kirchenväter, insbes. →Lactantius und →Ambrosius, übernehmen zahlreiche Elemente dieser in der Stoa wurzelnden Auffassung. →Augustinus bezieht sich auf ein »ewiges Gesetz« (lex aeterna), das die Vernunft (→ratio) und den Willen Gottes verkörpert; dieser findet seinen Ausdruck in einer moralischen Ordnung, die der Natur der menschl. Wesen immanent ist (De dir. quaest. 83. 53. 2).

Im Rahmen der Kodifikation des röm. Rechts (→Corpus iuris civilis) unter Ks. →Justinian (527–565) bringen die Digesten (1. 1. 1. 3) in ihrem ersten Titel über »Gerechtigkeit und Recht« die Definition Ulpians, nach der das N. alle beseelten Wesen (in Hinblick auf zentrale Verhaltensweisen) bildet (docuit), wobei als wichtigste Beispiele die Vereinigung der Geschlechter und die Erziehung der Nachkommen angeführt werden. Die Institutiones (1. 2. 2) erklären in ihrem Titel über die drei Arten des Rechts, daß für alle Menschen gemeinsame Vorstellungen in Hinblick auf den Krieg, die Freiheit usw. bestehen, die einem 'ius gentium' (Völkerrecht) entspringen; dieses sei v. a. geschaffen worden, um den Verlust des ursprgl. natürl. Rechts (Naturzustand), in dem u. a. allgemeine →Freiheit aller Menschen bestanden habe, soweit als möglich auszugleichen. Wie bereits die Stoiker sehen die Juristen des Corpus iuris das als N. an, was immer gut und gerecht war (semper aequum et bonum, Dig. 1. 1. 11) und schreiben ihm einen unwandelbaren Charakter göttl. Ursprungs zu (Inst. 1. 2. 11). Ob diese Ausführungen des Corpus iuris jedoch einer fundamentalen Hinwendung zum N. entsprechen oder eher als rhetor. Allgemeinplätze zu bewerten sind, bleibt umstritten.

II. NATURRECHTSAUFFASSUNG DES GEMEINEN UND DES KANONISCHEN RECHTS: Das gelehrte Recht des MA, dessen Anfänge im späten 11. Jh. liegen und das in den Glossen eines →Placentinus, →Azo und →Accursius (→Glossatoren) gipfelt, behandelt das N. als grundlegend, unter bes. Betonung der Unterscheidung zw. dem allen Wesen gemeinsamen Gesetz der Natur, das manchmal als 'Instinkt' aufgefaßt wird, und dem N. im Sinne des 'ius gentium', das das menschl. Zusammenleben bestimmt. Die ma. Legisten, deren Ausgangspunkt die chr. Lehre von einem Schöpfer-Gott bildet, bringen die Ideen von Gott und der Natur in einen weitaus engeren Zusammenhang, als es die antike Philosophie tat, bis hin zu dem Satz »natura idest deus«, der das N. zum göttl. Recht erhebt. Auch betonen die Legisten viel stärker als die röm. Juristen der Kaiserzeit die Auffassung, daß das N. (als das Gesetz Gottes) in vollem Umfang Gerechtigkeit (aequitas) schlechthin verkörpere. Schon auf einer früheren Stufe hatte →Isidor v. Sevilla (Etym. 5. 4. 1–2) verschiedene romanist. Lehren mit dem N. verschmolzen (so Zeugung, Kindererziehung, Gütergemeinschaft, allgemeine Freiheit, Wiedergutmachung von Unrecht, Zurückdrängung von Gewalt), und in dieser Form gelangten sie in das 'Decretum Gratiani (D. 1 c. 7).

Zu Beginn der »Concordia discordantium canonum« erklärt →Gratian das N. zur Form des göttl. Rechts, bezeichnet es als Ausdruck des göttl. Willens und als eine der beiden grundlegenden Arten des Rechts, die alle menschl. Tätigkeiten bestimmen. Er beschreibt es als im Alten und Neuen Testament »enthalten« und den Evangelien gleichwertig und hebt zugleich den naturrechtl. Grundsatz hervor, daß wir an anderen so handeln sollen, wie wir wünschen, daß andere an uns handeln (Mt 7, 12; Goldene Regel). Gratian betont erneut den unwandelbaren Charakter des N.s, das, nach Alter und Würde (dignitas) allen anderen Rechtsformen überlegen, mit den vernunftbegabten menschl. Wesen entstanden sei (d. a. D. 5 c. 1). Stets im Einklang mit den bibl. moral. Vorschriften, lehrt etwa das N. (wie die Hl. Schrift, Apg 4, 32, und Platon), daß aller Besitz urspgl. gemeinschaftl. gewesen sei (d. a. D. 8 c. 1). Gratians 'dicta' umschreiben somit ein Recht, das, göttl. Ursprungs und von moral. Substanz, in der Hl. Schrift offenbart wie in der menschl. Vernunft verankert, innerhalb des Universums absoluten Vorrang genießt. Stillschweigend weist Gratian die Auffassung der Legisten vom Instinktcharakter des N.s zurück, obwohl er die 'casus' des N.s aus dem klassischen römischen Recht über Isidor in seine Sammlung aufgenommen hat (D. 1 c. 7).

→Rufinus (um 1160) bildet die grundlegende N.sdoktrin der →Dekretisten aus. Gegen die Legisten insistiert er auf der kanonist. Grundauffassung des N.s als einer der vernunftbegabten menschl. Kreatur eingepflanzten Kraft ('vis'), Recht und Unrecht zu unterscheiden. Die Lehren des N.s werden eingeteilt in Handlungsgebote, Verbote und Schlußfolgerungen. Altes und Neues Testament vervollständigen und verdeutlichen die Rechtssetzungen des N.s. →Stephanus Tornacensis (um 1160) führt dagegen wieder zahlreiche Elemente der legist. N.sauffassung in die kanonist. Lehre ein, eine Tendenz, die in der Glosse des →Johannes Teutonicus ihren Höhepunkt erfährt. Dieser behandelt das N. überwiegend in legist. Begriffen (D. 1 c. 7), unter Einschluß der Vorstellung gemeinsamer Instinkte und wechselseitiger Rechte zw. den Völkern, doch bezieht er auch »natürl.« Gebote der judäo-chr. Tradition ein. Der spezifisch moralisch-ethische Akzent, den Gratian eingeführt hat, bleibt – auch für die Legisten – das wesentl. Merkmal der kanonist. N.sdefinition; alle erkennen das N. als eine in der menschl. →Seele angelegte Kraft an. →Simon v. Bisignano setzte diese Kraft mit der 'Synderesis' gleich, dem höchsten Teil der menschl. Vernunft und entscheidenden Element zur Bildung des →Gewissens.

Alle Juristen des MA, auch noch späte engl. Autoren wie →Fortescue und →Pecock, betrachten das N. als von Gott grundgelegt, doch zögern sie, es in der »Rechtswirklichkeit« praktisch anzuwenden. So wird zwar allgemein die sexuelle Vereinigung als im N. verwurzelt anerkannt, doch bestehen die Kanonisten darauf, daß eine gültige chr. →Ehe nur nach den Vorschriften des kanon. Rechts geschlossen werden kann. Indes bleiben die Trennungslinien unscharf: So lehren →Huguccio und →Alanus Anglicus, daß →Ehebruch durch das N. verboten werde. Auch →Unfreiheit gilt als dem N. zuwiderlaufend, und die Kanonisten räumen ein, daß es gerecht (aequum) wäre, wenn alle Menschen Freiheit genössen; dies bleibt aber Ideal und bloßes »Desiderat«, zumal doch Unfreiheit andererseits z.T. aus dem 'ius gentium' (das bisweilen als Teil des N.s gilt) abgeleitet wird. Noch problematischer ist die Haltung gegenüber der N.sdoktrin der Gemeinsamkeit des Besitzes, v.a. angesichts der Tatsache, daß eine der Hauptaufgaben der Juristen in der Verteidigung privater Besitztitel (nicht zuletzt kirchl.) besteht. Hier findet man die Lösung in der Vorstellung eines allg. »Obereigentums« Gottes, des Schöpfers, über alle irdischen Güter und in der Forderung, den Besitz (insbes. in Notzeiten) mit den Armen und Bedürftigen zu teilen. Neben diesen klassischen Fällen kann das N. gelegentlich, in eher vager Weise, als Norm in Erscheinung treten, v.a. bei Rechtsfragen, für die das positive Recht keine angemessene Lösung bereithält. Doch wird es insgesamt von den großen Juristen des MA fast nur als theoretische Doktrin behandelt, selten aber in konkreten Fällen angewandt. Die Dekretalen Gregors IX. (→Dekretalensammlungen) führen keine neuen päpstlichen Entscheidungen zum N. ein.

III. NATURRECHTSDENKEN IN DER THEOLOGIE: Für die ma. Theologen, die hier Anleihen bei den Juristen machen, gewinnt das N. als schlüssiger Ausdruck des ewigen Willens Gottes in bezug auf das moral. Verhalten des Menschen mehr und mehr an Faszination (s.a. →Naturgesetz). Ihre Diskussion kreist um zwei Hauptprobleme: 1. In welcher Beziehung steht das N. zu Formen des positiven Rechts (v.a. des →Dekalogs) und zu den Weisungen der Hl. Schrift (z.B. bezügl. der Ehe)? 2. Wie verhält sich das N. zur Synderesis, jener Kraft der menschl. Vernunft, auf der die Bildung des Gewissens beruht? Weltgeistl. und dominikan. Theologen zeigen anfängl. größeres Interesse an diesen Fragestellungen als Franziskanertheologen. Zur einflußreichsten Feststellung gelangt →Thomas v. Aquin (Summa II. 2 q.91, q.94), der das N. als Erleuchtung des Menschen durch das göttl. Licht, die ihn zur Erkenntnis von Recht und Unrecht befähigt, definiert, somit das N. als Teilhabe der vernunftbegabten menschl. Kreatur am ewigen Gesetz Gottes faßt (q.91 a.2). Den Gedanken des Primats des N.s wiederaufnehmend, erkennt Thomas alle menschl. Gesetze nur insoweit als legitimes Recht an, als sie dem N. nicht widersprechen (II. 2 q.95 a.2), eine strengere Auffassung als diejenige der Juristen, die stärker die Rechtswirklichkeit berücksichtigen. Wie andere Theologen beschreibt Thomas die Ordnungen des N.s als dem Herzen des Menschen inhärenten →Habitus, der durch übenden Gebrauch der Vernunft gepflegt wird. Analog dem Streit der Kanonisten um die Auslegung von Bestandteilen des N.s, die offensichtl. in Widerspruch zum positiven Recht stehen, befassen sich die Theologen mit dem Problem einer mögl. Dispensierung von den Normen des N.s in bestimmten Fällen. Nach theol. Meinung darf aber nur in Hinblick auf Schlußfolgerungen vom naturrechtl. Prinzipien abgewichen werden. Die stärker grundsätzl. Formulierung des N.s durch die Theologen hat die spätma. Denker, einschließl. der Juristen (z.B. →Nicolaus de Tudeschis), beeinflußt.

IV. ENTWICKLUNG IM SPÄTMITTELALTER: Im SpätMA finden die Kanonisten neue Anwendungsbereiche für das N. →Innozenz IV. gelangt - in Kombination des Prinzips, daß alle Güter ursprgl. in Gemeinbesitz gewesen seien, mit dem Grundsatz, keinen anderen zu schädigen, auf daß man nicht selbst geschädigt werde - zu dem Standpunkt, daß ird. Besitz (dominium), sofern er nicht durch Raub erworben wurde, mit dem N. in Einklang stehe (ad X 3. 34. 8); hierauf gestützt, verteidigt er die rechtmäßigen Besitzansprüche von Ungläubigen. →Henricus de Segusio bestreitet diese Auffassung, um die es v.a. nach der span. Eroberung der Neuen Welt (→Expansion) brisante Auseinandersetzungen (über den Rechtsstatus der →Indianer) geben wird. Innozenz IV. formuliert den Rechtsanspruch des Papsttums, auch unter Heiden Grundsätze des N.s (z.B. Verbot der Sodomie) zur Geltung zu bringen. Die Kanonisten weiten die Idee des Gemeinbesitzes dahingehend aus, daß die Armen (→Armut) im Notfall gleichsam einen Rechtsanspruch auf Hilfe (v.a. aus dem Kirchenvermögen) haben.

Seit →Johannes Monachus nehmen Kanonisten des SpätMA die ältere Tradition wieder auf, nach der das N. als im Menschen angelegte »Kraft« begriffen wird, und bauen sie dahingehend aus, daß N. nun stärker im Sinne von subjektiven Rechten, verankert in der wahren menschl. Natur, verstanden wird. Damit lassen sie die Auffassung, die das N. als etwas bloß Objektives und Rationales, als Ausdruck des göttl. Willens in der Natur der Sachen, betrachtet hat, hinter sich und bereiten durch Betonung der subjektiven und humanen Begriffsinhalte des N.s die N.sauffassung der frühen Neuzeit vor, wie sie in den Denkansätzen eines Suarez, Grotius und schließlich Hobbes ihre klass. Formulierung finden wird.

J. Van Engen

Lit.: Gesch. Grundbegriffe, hg. O. BRUNNER u.a., 1978, 245–313 [K.-H. ILTING] – R. W. CARLYLE–A. J. CARLYLE, A Hist. of Medieval Political Theory in the West, 1–2, 1962[5] – A. SCHUBERT, Augustins Lex-aeterna-Lehre nach Inhalt und Q., 1924 – O. LOTTIN, Le droit naturel chez Saint Thomas d'Aquin et ses prédécesseurs, 1931[2] – A. P. D'ENTREVES, Natural Law: An Introduction to Legal Philosophy, 1951 – R. VOGGENSPERGER, Der Begriff des Jus naturale im röm. Rechte, 1952 – F. FLÜCKIGER, Gesch. des N.es: Altertum und FrühMA, 1954 [cf. H. REINER, ARSp 41, 1954/55, 528–561] – B. TIERNEY, Medieval Poor Law, 1959 – K. DEMMER, Ius caritatis: Zur christolog. Grundlegung der augustin. Naturrechtslehre, 1961 – B. TIERNEY, »Natura id est Deus«: A Case of Juristic Pantheism?, JHI 24, 1963, 307–322 – F. PIO, »Nihil aliud est aequitas quam Deus« (Études G. LE BRAS, I, 1965), 73–85 – R. WEIGAND, Die N.slehre der Legisten und Dekretisten..., MThSt, III. Kan. Abt. 26, 1967 – S. CHODOROW, Christian Political Theory and Church Politics in the Mid-Twelfth Cent., 1972 – J. MULDOON, Popes, Lawyers, and Infidels, 1979 – B. TIERNEY, Origins of Natural Rights Language: Texts and Contexts, 1150–1250 (Hist. of Political Thought 10, 1989), 615–646 – N. DOE, Fundamental Authority in Late Medieval English Law, 1990.

Naturwissenschaft. Zum 'naturwiss.' Denken s. insbes. den Beitrag →Physik und Naturphilosophie sowie die Artikel zu den großen Bereichen (z.B. →Medizin, →Astronomie, →Alchemie; vgl. auch →Mathematik) und den enger umgrenzten Wissensgebieten (z.B. →Dynamik, →Kinetik), ferner die Beiträge zu einzelnen bedeutenden Denkern (z.B. →Roger Bacon, →Bradwardine, Thomas, Nikolaus v. →Oresme) und 'naturphilos.' Richtungen und 'Schulen' (z.B. →Chartres, Schule v.; →Mertonschule u.a.).

Naturzustand → Natur und Gnade

Naucellius → Epigrammata Bobiensia

Naum v. Ochrid, Schüler der Slavenlehrer →Konstantin und Method, die er 867–869 nach Rom begleitete, wo er zum Priester geweiht wurde. N. kehrte nach dem Tod Konstantins mit Method an die Morava zurück. Nach dem Tode Methods (885) begab er sich mit →Clemens v. Ochrid in die bulg. Hauptstadt→Preslav. 893 schickte ihn →Symeon in den w. Teil des Reiches nach Kutmičevica, um das Werk Clemens' fortzusetzen. Er wirkte bei der Errichtung des Kl. der hl. Erzengel am Ochrid-See mit und starb am 23. Dez. 910. N. verfaßte einen liturg. Kanon auf den Apostel Andreas (mit Akrostichon). In der ersten Hälfte des 10. Jh. entstand im Auftrag des Bf.s v. Devol (→Deabolis), Marko, die älteste anonyme altslav. Vita des N., Fortführung einer verlorenen Vita des Clemens. Eine zweite altslav. Vita des N. verfaßte ein anonymer Hagiograph, vermutl. im 13.-14. Jh. auf der Grundlage der ausführl. gr. Vita, eines Werkes aus dem Kreise der gr. Ebf. e v. →Ochrid im 13.-14. Jh., vielleicht von Konstantinos Kabasilas um 1259 (PLP 10097; BHG N Auct. 1316z). Daraus entstand eine verkürzte gr. Fassung (BHG 1317; Dr. Moschopolis 1740, 1742), die wiederum ins Kirchenslavische übersetzt wurde. Ch. Hannick

Ed.: J. IVANOV, Bŭlgarski starini iz Makedonija, 1931 [1970²], 305–313 – E. TRAPP, Die Viten des hl. N. v. O., Byzslav 35, 1974, 164–185 – *Lit.*: BLGS III, 295f. – SłowStarSłow 3, 356; 7, 314f. – ST. KOŽUCHAROV, Pesennoto tvorčestvo na starobŭlgarskija knižovnik N. Ochridski, Literaturna istorija 12, 1984, 3–19 – KL. IVANOVA, Žitija na N. Ochridski (Kirilo-metodievska enciklopedija 1, 1985), 698–704 – M. D. PEYFUSS, Die Druckerei v. Moschopolis 1731–69, 1989, 109–115, 126f. – G. PODSKALSKY, Bem. zur Struktur und zum Verständnis der ersten gr. N.-Vita (BHG 1316z), AnalBoll 109, 1991, 109–116 [Lit.].

Naumburg, Bm. und Stadt an der Saale.
I. Bistum – II. Stadt.

I. BISTUM: 1028 genehmigte Papst Johannes XIX. die Verlegung des Bm.s→Zeitz nach N., angebl. wegen besserer Schutzmöglichkeit, offenbar aber auf Betreiben der ekkeharding. Mgf.en (→Ekkehardinger), die den befestigten Ort N. dem Hochstift schenken und damit wohl Einfluß auf das Bm. gewinnen wollten. Die meisten N.er Bf.e waren seit Kadeloh (1030–45) im Reichsdienst Stützen der Kg.e, bes. →Eberhard (16.E.; 1045–79) und →Wichmann (1149–54; später Ebf. v. Magdeburg). Das 976 mit vielen Orten, u. a. den Civitates Zeitz und Altenburg, und mehreren Kirchen ausgestattete Bm. erhielt auch im 11. Jh. von den Ks.n große Schenkungen, dabei Gft.en (Gerichtsbezirke) in Thüringen und drei Burgwarde an der Elbe, doch blieb das bfl. Territorium in die Gütergruppen an Elster, Rippach, Saale/Wethau, Pleiße und Elbe gespalten; der Elbebesitz ging seit dem 13. Jh. wieder verloren. Um die Mitte des 13. Jh. geriet das Bm. in eine lange polit.-finanzielle Krise, als Mgf. →Heinrich d. Erlauchte (60. H.) seinen Halbbruder Dietrich v. →Wettin auf den Bf.sstuhl brachte (1243), der im Thür. Erbfolgekrieg (seit 1247) die Partei der Lgfn. Sophie ergriff und in mehrjährigem Kampf von Heinrich niedergerungen wurde. Der 'Vertrag' v. Seußlitz zw. Mgf. und Bf. von 1259 war der Beginn der Mediatisierung des Bm.s. Damals wurde in N. dem unter Bf. Engelhard (1206–42) begonnenen spätroman. Dom (♁ St. Petrus und Paulus) der berühmte got. Westchor mit den (weltl.) Stifterfiguren (→N.er Meister) angefügt durch Einbeziehung des ehem. ekkeharding. Burgstifts St. Marien. Die Stifterfiguren müssen deshalb als Zeichen des mgfl. Einflusses auf das Bm. gelten. Bf. Bruno verlegte 1285 den bfl. Wohnsitz nach Zeitz zurück; N. blieb Bm.ssitz mit Domkapitel, in dem nach Streitigkeiten mit dem Stift Zeitz (1230) der Zeitzer Propst Sitz und Stimme erhielt. Im SpätMA hingen die Bf.swahlen wie die Zusammensetzung des Domkapitels stark von den Wettinern ab. Unter den Bf.en fanden sich berühmte Juristen wie Dietrich v. →Bocksdorf (1463–66). N. wurde prakt. schon in den 20er Jahren des 16. Jh. protestant., begünstigt durch die fast dauernde Abwesenheit des Administrators Philipp v. Wittelsbach (1517–41).

Der Bm.ssprengel umfaßte das Gebiet ö. der Saale ohne den früh mainz. gewordenen Orlagau. Die Grenze der Diöz. ging von Weißenfels und unterem Rippach in sö. Richtung über Elster und Pleiße bis zur Zwickauer Mulde bei Waldenburg, von dort nach SO bis zum Fichtelberg, von da den Gebirgskamm entlang bis in die Gegend Adorf-Markneukirchen und weiter bis zur Saale bei Saaldorf. Die Westgrenze bildete die Saale unter Aussparung des Orlagaues. Bei der Auflösung des Bm.s →Merseburg 981 erhielt Zeitz den s. Teil Merseburgs, der n. bis zum Unterlauf der Elster und ö. bis zur Mulde reichte und 1004 an Merseburg bei dessen Wiederherstellung zurückfiel.

Die ältesten Kirchen im Bm. sind die Peterskirche in Zeitz (seit 968 Dom), die Kirche in Bosenrode (in Zeitz aufgegangen) und die 976 dem Bf. vom Kg. übereigneten Kirchen in Teuchern, Wethau und Kirchberg bei Jena. Im S der Diöz. entstanden Kirchen 1118 in Zwickau und 1122 in Plauen. Die Zahl der Pfarreien stieg bis zum 13. Jh. auf ca. 300, bis zum 16. Jh. auf ca. 350. Das Bm. hatte vier Archidiakonate: Dompropstei N. (nw. Diöz.teil; Dekanate Zorbau, Schkölen, Lobeda), Propstei Zeitz (Elsterbezirk; Dekanate St. Nikolai Zeitz, Profen, Gera, Weida, Greiz, Schleiz), Domkantorei N. (Pleißenland), Dekanat Zeitz (Gebiet ö. der Mulde). Das älteste Stift im Bm. war das ekkeharding. Burgstift St. Marien in der Vorburg N. (ca. 1020). Gleichzeitig wurde die Abtei OSB Kleinjena a. d. Unstrut von den Ekkehardingern nach N. verlegt (Georgenkl.). Bald darauf entstand in N. ein Benediktinerinnenkl. (♁ St. Moritz). In Zeitz verblieb seit der Verlegung des Domkapitels nach N. 1028 ein Kollegiatstift. Das älteste Kl. abseits der Bf.sstädte war das Benediktinerinnenkl. Schmölln (um 1100), das bald mit Benediktinern besetzt und 1132 in eine Zisterze umgewandelt wurde, die 1140 nach Pforte sw. N. kam. Augustiner gab es vor 1119 in N. (Umwandlung des Moritzkl.), Prämonstratenser 1193 in Mildenfurt, Franziskaner 1231 in Zwickau, Dominikaner 1166 in Plauen, Magdalenerinnen 1245 in Altenburg, Klarissen 1284 in Weißenfels, Kartäuser 1480 in Crimmitschau. Der Dt. Orden (seit 1214 in Altenburg) breitete sich v. a. im Vogtland aus. Der Orden des Hl. Grabes hatte seit 1214 ein Haus in Droyßig (später in eine Johanniterkommende umgewandelt).

II. STADT: Die Stadt N. entstand ö. über dem Steilrand des der Saale zufließenden Mausabachs. Hier gründete Mgf. →Ekkehard I. um 1000 eine Burg ('N.'), in deren Vorburg seine Söhne eine Marienpropstei stifteten (um 1020). Direkt davor entstand nach 1028 die Domkirche (Weihe zw. 1036 und 1050). Bf. Kadeloh veranlaßte 1033 Kaufleute in Kleinjena zur Übersiedlung nach N. Diese Kaufmannssiedlung mit Marienpfarrei lag ö. und sö. des Doms. Die Immunität erwuchs n. des Doms. In der 2. Hälfte des 12. Jh. wurde ö. der alten Siedlung ein großer Markt mit der Hauptpfarrkirche St. Wenzel an den die Stadt berührenden Fernstraßen angelegt. Die sich nun ausdehnende Immunität saugte die alte Siedlung am Dom auf. Die erweiterte Immunität (Domfreiheit) blieb bedeutungslos. Dagegen entwickelte sich die neue Marktsiedlung zur Rechtsstadt mit Rat (1305). Die Stadtherrschaft behielt der Bf. bis zum 16. Jh. Die hohen Gerichte waren anfangs beim bfl. Vogt, dann beim bfl. Richter, z. T. beim Rat. Seit dem 13. Jh. hatte N. starken Waid- und Tuchhandel, daneben Brauerei und Bierhandel. Die N.er

Peter-Pauls-Messe war bis Anfang 16. Jh. die größte Handelsmesse in Mitteldeutschland. H. Wießner

Bibliogr.: H. PATZE, Bibliogr. zur thür. Gesch., 1968, Nr. 9248–9327; 10986–11388 – Q.: UB des Hochstifts N., T. 1 (967-1207) bearb. F. ROSENFELD)Geschichtsq.n der Prov. Sachsen 1, 1925) – *Lit.: zu [I]:* R. ZIESCHANG, Die Anfänge eines landesherrl. Kirchenregiments in Sachsen am Ausgange des MA [Diss. Leipzig 1909] – W. KEITEL, Die Gründung von Kirchen und Pfarreien im Bm. Zeitz-N. z. Zt. der Christianisierung, 1939 – W. SCHLESINGER, Kirchengesch. Sachsens im MA, I, 1962 – K. BLASCHKE, W. HAUPT, H. WIESSNER, Die Kirchenorganisation in den Bm.ern Meißen, Merseburg und N. um 1500, 1969 – Das Bm. N., T. 1, bearb. H. WIESSNER (GS.NF), 1993 – DERS.–I. CRUSIUS, Adliges Burgstift und Reichskirche (Das weltl. Kollegiatstift in Dtl., 1993) – *zu [II]:* P. KEBER, Die N.er Freiheit, 1909 – E. BORKOWSKY, N. a. d. S. Eine Gesch. dt. Bürgertums 1028-1928, 1928 – B. KAISER, Die Entstehung der Stadt N. a. d. S. [Ms. Archiv des Domstifts N. 1949] – H. WIESSNER, Die Anfänge der Stadt N. a. d. S. und ihre Entwicklung im MA, BDLG 127, 1991, 115-143.

Naumburger Meister, bedeutendster dt. Bildhauer der Mitte des 13. Jh., benannt nach seinen Hauptwerken, dem Zyklus von Stifterstatuen und dem Lettner im Westchor des Domes v. →Naumburg. In den 1230er Jahren in Frankreich geschult, zeigt er sich in seinen von aller höf. Verfeinerung unberührten Werken v. a. der hochgot. Architektur und Skulptur der Kathedrale v. Reims verpflichtet. Kennzeichnend für seinen sehr persönl. gefärbten Stil sind die plast. Wucht der Körper- und Gewandformen, die bewegte Statuarik, die Ausdrucksbetonung in Gestik und Mimik sowie der z. T. mit derben und volkstüml. Zügen behaftete Erzählrealismus, der bereits auf die Spätgotik vorausdeutet. Als sicheres Werk seiner Frühzeit gilt der wahrscheinl. vor 1239 vollendete Westlettner des Mainzer Domes (nur noch in Fragmenten erhalten; Mainz, Bfl. Dom- und Diözesanmus.), zu dem ursprgl. wohl auch das Martinsrelief in der Pfarrkirche v. Bassenheim gehörte. In Naumburg muß der N.M. vor 1251 tätig gewesen sein, wie die Reflexe dieser Tätigkeit in Schulpforta zeigen. Seiner Werkstatt sind weitere Figuren im Naumburger Dom, im Kreuzgang des Merseburger Domes und die um 1255–60 entstandenen Statuen im Chor und in der Achteckkapelle des Domes v. Meißen zuzuschreiben.
J. Poeschke

Lit.: E. SCHUBERT, Der Westchor des Naumburger Domes, 1965² – A. PESCHLOW-KONDERMANN, Rekonstruktion des Westlettners und der Ostchoranlage im Mainzer Dom, 1972 – D. SCHUBERT, Von Halberstadt nach Meißen, 1974 – W. SAUERLÄNDER, Die Naumburger Stifterfiguren (Staufer, V, 1977), 169–245.

Naupaktos (Lepanto), Stadt in Griechenland, im S der Gebirgslandschaft Ätolien, kontrolliert den Eingang des Golfs v. Korinth nahe der Meerenge v. Rion. Seit der Antike kontinuierl. befestigt, bis heute Teile der von der Akropolis zum Hafen herablaufenden Stadtmauern, in ihrer jetzigen Gestalt aus byz. bzw. ven. Erneuerungsphasen, sowie Reste einer Basilika (frühes 5. Jh.) erhalten. N. gehörte frühbyz. kirchl. und administrativ zu Achaia (Metropolis →Korinth) und war spätestens 431 Bm.; im 8. Jh. Teil des Themas Hellas, ab Ende 9. Jh. des Themas Nikopolis und zugleich Metropole der gleichnamigen Kirchenprov. Ab dem ausgehenden 6. Jh. slav. Besiedlung, im 12. Jh. eine jüd. Gemeinde nachweisbar. Nach 1204 Teil des epirot. Reichs, ab 1294 ztw. im Besitz von Anjou, im 14. Jh. im Herrschaftsgebiet alban. Fs.en, die ztw. von der katal. Kompanie (→Athen, II) von den Hospitalitern (1378), schließlich (1378/88, definitiv ab 1407) von den Venezianern verdrängt wurden, die N. ihrem *Regimen* in →Korfu unterstellten und ab 1432 anstelle von →Patras als Handelszentrum ausbauten. Nach mehreren türk. Angriffen und Plünderungen (1462, 1477) eroberte Bāyezīd II. 1499 N. für das osman. Reich.
J. Koder

Lit.: RE XVI/2, 1979–2002 – P. SOUSTAL–J. KODER, Nikopolis und Kephallenia, 1981, 210f. – D. M. NICOL, The Despotate of Epeiros 1267–1479, 1984.

Nauplion (Nauplia, Anapli, it. Napoli di Romania), wichtige Hafenstadt in Griechenland, am gleichnamigen Golf an der S-Küste der Argolis (NO-Peloponnes), am Abhang des Burgberges der ma. Festung Akronauplia und der türk. Iç-kale gelegen. In röm. und frühbyz. Zeit zur röm. Provinz Achaia, ab dem Ende des 7. Jh. zum byz. Thema →Hellas, vor 800 zum neuen Thema Peloponnes (→Morea) gehörig, das im 11. Jh. wieder mit Hellas vereinigt wurde; kirchl. Argos (Bm., ab Ende 12. Jh. Metropolis) unterstellt, mit dem es nach 1453 den Metropolitensitz teilte. N. dürfte dank seiner archäolog. fast kontinuierl. bezeugten Befestigung während der slav. Landnahme der Peloponnes in den Jahrzehnten nach 578 stets besiedelt geblieben sein und entwickelte sich in mittelbyz. Zeit zum regionalen Zentralort und zu einem wichtigen Handelshafen (Erwähnung bei →al-Idrīsī), in dem sich spätestens seit dem Vertrag v. 1198 eine ven. Handelsniederlassung etablierte. Infolge der Stärke seiner Festung wurde N. nach dem 4. Kreuzzug erst 1210 bzw. 1212 von den Lateinern erobert und ging für ein Jahrhundert an die Hgz.e v. Athen (de la Roche). Nach mehrfachem Besitzerwechsel kam N. schließlich 1388/89 an die Venezianer, die es 1540 den Türken übergeben mußten.
J. Koder

Lit.: RE XVI/2, 2002–2004 – K. ANDREWS, Castles of the Morea, 1953, 90–105 – W. SCHAEFER, Neue Unters. über die Baugesch. N.s im MA, ArchAnz 1961, 158–214 – A. BON, La Morée franque, 1969, 486–496, 676f. – M. G. LAMPRYNIDU, *H N. από των αρχαιοτάτων χρόνων μέχρι των καθ' ημάς*, 1975³ – J. DARROUZÈS, Notitiae episcopatuum ecclesiae Constantinopolitanae, 1981, 420, 484.

Navarra, ehem. Kgr. im Bereich der westl. →Pyrenäen.
I. Die Anfänge – II. Im 12. und 13. Jahrhundert – III. Im 14. und 15. Jahrhundert.

I. DIE ANFÄNGE: N. war vom 9. Jh. bis 1512 unabhängiges Kgr. Häufige Grenzverschiebungen, eine heterogene Bevölkerungsstruktur und die Tatsache, daß es wiederholt von fremden Dynastien beherrscht wurde, machen die Besonderheiten der Gesch. dieses Reiches aus.

Um 830–850 unter →Iñigo Arista, dem ersten Kg. v. N. (oder vielmehr von →Pamplona), entstanden, behauptete sich das Kgr. (das in seinen Anfängen nur einige Hochtäler der Westpyrenäen bei Pamplona umfaßte) gegen die Muslime, die die Iber. Halbinsel seit 711 besetzten, gegen das nördl. benachbarte →Aquitanien, das als →Regnum zum Reich der →Karolinger gehörte, und gegen konkurrierende Gewalten in den benachbarten Tälern. Die Dynastie der Iñíguez konnte sich bis 900 behaupten, als der letzte Kg. Fortún sich nach seiner Absetzung als Mönch nach Leire zurückzog. Sie wurde von den Sánchez abgelöst, einem ihrer konkurrierenden Seitenzweige, der sich von Kg. →Sancho Garcés (905–925) herleitete. Wenn auch das frühe N. gegenüber dem Kalifat v. →Córdoba und den muslim. Herren des Ebrotals noch viele Angriffsflächen bot, erlebte es doch seine erste Blütezeit unter →Sancho III. 'el Mayor' (1004–35), dem Gatten der Grafentochter →Mayor v. Kastilien, Begründer eines weiträumigen Reiches (vom Valle de Arán bis →Kastilien), in Bündnisbeziehungen mit dem Kg. v. →León, den katal. Gf.en (→Katalonien) und den Hzg.en v. →Gascogne, die oft an seinem Hofe weilten. Von Wilhelm Sancho v. Gascogne erbte er jenen Teil N.s, der künftig »d'Outre-Ports« genannt wurde und von St-Jean-Pied-de-Port (S. Juan de Pie del Puerto) bis zum Becken des Adour reichte. Sancho 'el Mayor' berief Konzilien ein (1025 Synode v. Leire), gründete oder förderte in Kastilien und N. die Benediktinerabteien (→S. Juan de la Peña, →S. Salvador de Leire, →Nájera) u. regte die ersten überregionalen Pilgerfahrten nach →Santiago de Compostela an. Da sich das Kalifat im Niedergang befand, mußte er keine großen Kriegszüge führen. Nach seinem Tode 1035 wurde das große Reich unter die Söhne aufgeteilt: →García (1035-54) erhielt N., →Ferdinand Kastilien, →Ramiro Aragón und →Gonzalo die Gft.en →Pallars und →Ribagorza. Es kam zum Bruderkrieg, in dessen Verlauf die Kg.e v. N. rasch unterlagen; ihr Reich wurde schließlich →Aragón angegliedert, dessen Kg.e von 1076 bis 1134 den Titel 'Kg.e v. Pamplona' führten. Nach dem Tode→Alfons'I. 'el Batallador' (1134) gewann N. unter einem Nachkommen der Sánchez, →García Ramírez 'el Restaurador', die Unabhängigkeit zurück.

II. IM 12. UND 13. JAHRHUNDERT: Bis zum Ende des MA waren die Grenzen N.s im wesentl. festgeschrieben. Infolge der →Reconquista des Ebrotals durch Alfons I. v. Aragón nahm N. das Gebiet um →Tudela in Besitz. Hinzu kamen noch die →Bask. Provinzen, →Álava, →Guipúzcoa und →Biscaya (Vizcaya). Auf diese erhob jedoch auch Kastilien Ansprüche, die es um 1200 durchsetzen konnte. Im N der Pyrenäen besaß N. die Burggft. St-Jean-Pied-de-Port mit dem im 1312 gegr. befestigten Ort Labastide-Clairence als nördlichstem Stützpunkt. Im wesentl. beherrschte N. die Pyrenäen vom Tal v. Roncal bis zu den Höhen v. Estella und reichte im S bis zum Ebro und den großen Hochebenen um Tudela mit ihrem Getreide- und Weinanbau. Sich vom Adour bis zum kast. →Logroño erstreckend, blieb N. dennoch ein kleines Land (12000 bis 15000 km²), für dessen Durchquerung ein Ritter nur drei Tagereisen veranschlagte. Die Bevölkerung war ethnisch uneinheitlich (in den Bergen Basken, im Ebrotal Aragonesen, im W Kastilier, im N Gascogner, in den Städten auch zahlreiche zugewanderte Franzosen). Viele alte Adelsfamilien sind zu nennen: 10 bis 12 Familien von →*Ricoshombres*, an die hundert Rittergeschlechter (→*Caballería*), eine große Anzahl von →*Infanzones* bzw. →*Hidalgos*.

Im Laufe des 13. Jh. kam es zum Ausbau eines Systems von *Merindades* (Amtsbezirken) und *Baylies* (Stadtherrschaften). Die wichtigsten Städte waren die Hauptstadt Pamplona, Tudela im S, Estella im W, Sangüesa im O und St-Jean-Pied-de-Port im N. Die Wirtschaft beruhte auf Ackerbau und Weidewirtschaft im Bergland (bis auf 1500 m: höchste Nutzflächen der Westpyrenäen) sowie auf Getreide-, Wein- und Olivenanbau in der Südprovinz Ribera; bes. wichtig war jedoch der Durchgangsverkehr. N. kontrollierte die westl. Pyrenäenpässe, v.a. den bedeutenden Paß v. →Roncesvalles, der von jeher eine wichtige Rolle spielte, eine der Zugangsstraßen zum Somport. Hier hatten 778 die Basken (aus Rache für die Zerstörung Pamplonas) die Nachhut Karls d. Gr. beim Rückzug vom gescheiterten Feldzug gegen →Zaragoza angegriffen (→Roland). Über Roncesvalles (den Paß v. Ibañeta) zog seit dem 11. Jh. die Mehrzahl der Pilger nach →Santiago; im 12. Jh. richteten Regularkanoniker ein Hospiz für sie ein. Der Jakobsweg vom Somport kam in Sangüesa auf navarres. Gebiet. Beide Routen vereinigten sich in Puente-la-Reyna zum berühmten 'Camino Francés'. Im 12. und 13. Jh. verdankten Pamplona, Puente-la-Reyna, Estella und Viana ihren wirtschaftl. und sozialen Aufschwung diesem großen internationalen Pilgerweg, der dem Handel (Tuch- und Pferdehandel, Gewürzhandel des Ebrotals) wie dem kulturellen Austausch förderlich war. In den Städten siedelten sich Franzosen (*francos*) an. Große jüd. Gemeinden entstanden v.a. in Tudela, Pamplona und Estella wie auch in den meisten kleineren Gemeinden. Sie betrieben Handel, Geldverleih und Landwirtschaft und fanden zumeist Schutz beim navarres. Kgtm.

1234 starb →Sancho VII. 'el Fuerte' ohne legitimen männl. Nachfolger. Sein Erbe fiel an den Gf.en v. →Champagne, →Tedbald (Thibaud) IV. (I.), Sohn von Blanca, der Schwester Sanchos VII., und Gf. Tedbald III. Während ihrer vierzigjährigen Königsherrschaft in N. ließen sich die Gf.en zwar häufig durch aus der Champagne entsandte Statthalter vertreten, waren aber darauf bedacht, ihr fernes Kgr. in Abständen zu besuchen, dort die →Krönung zu empfangen, Gesetze zu erlassen und Privilegien (→*Fueros*) zu gewähren.

Als →Heinrich III. (I.) 1274 ohne männl. Nachkommen in Pamplona starb, war seine Erbtochter →Johanna erst vier Jahre alt. Nach einem blutigen Bürgerkrieg (*Navarrería* in Pamplona) zog das frz. Königshaus der →Kapetinger, nach der Heirat Johannas mit →Philipp IV. dem Schönen, den navarres. Thron an sich. Philipp IV. und seine drei Söhne, zugleich Kg.e v. Frankreich und N., residierten selbstverständl. in Paris und behandelten N. wie eine frz. Provinz; nur →Ludwig X. 'le Hutin' hielt sich 1308 drei Monate in Navarra auf. Erst als 1328 das Reich an →Johanna, die Tochter Ludwigs X., fiel, die mit ihrem kapet. Vetter, dem Gf.en →Philipp v. Évreux, verheiratet war, hatte N. wieder eine eigene Dynastie.

III. IM 14. UND 15. JAHRHUNDERT: Die Kg.e aus dem Hause →Évreux, Philipp († 1343) und Johanna († 1349), →Karl II. 'der Böse' († 1387) und →Karl III. 'der Edle' († 1425), unterhielten in Pamplona, Tudela und Olite eine vom navarres. Adel und Bürgertum getragene Regierung und eine aufwendige Hofhaltung (während zuvor Statthalter der Kg.e von Frankreich fungiert hatten). N. gewann internationale Ausstrahlung. Karl II., der gegen die Kg.e v. Frankreich aus dem Hause →Valois kämpfte, und Karl III., der sich dann allseits um eine versöhnlichere Politik bemühte, traten auf allen polit. Schauplätzen des 14. und 15. Jh. in Erscheinung, auf der Iber. Halbinsel (Kastilien, Portugal, Aragón) wie im Frankreich des →Hundertjährigen Krieges und sogar im Albanien des →Anjou.

In den oft von Kriegen, Pest, Hungersnöten und wirtschaftl. Ruin überschatteten Jahrzehnten des späten 14. und frühen 15. Jh. fand das polit. und militär. Abenteurertum der →Navarres. Kompagnien Unterstützung in N. In den Jahren von 1350 bis 1430 nahmen Mitglieder großer navarres. Adelsgeschlechter an den Söldnerzügen teil (Gramont, Luxe, Échaux de Baïguer, Henríquez de Lacarra, Aïbar, Montagut, Medrano, Leet, Laxague, Lizarazu), aber auch Angehörige namhafter Kaufmannsfamilien aus der städt. Führungsschicht von Pamplona, Tudela und Estella (Cruzat, Caritat, Renalt de Ujué, Pons). In N. ansässige Juden waren als Finanziers auf internationaler Ebene einflußreich (Amarillo, Falaquera, Del Gabay, Beneviste, Menir).

Die Belange der Kirche fanden bei den Herrschern N.s durchgängig Förderung. Um 1000 beriefen die Kg.e Gottesfriedenskonzile ein (Leire) und unterstützten das Pilgerwesen. Im 12. Jh. begünstigten sie den Aufschwung der Zisterzienserkl. (→Fitero, La Oliva und Iranzu), im 13. Jh. die Konvente der Bettelorden in den Städten. Da mehreren auswärtigen Bm.ern, die über Gebiete des Kgr.es N. Jurisdiktion ausübten (im N →Dax und →Bayonne, im NO →Jaca, im S →Tarazona, im SW →Calahorra), war →Pamplona das eigtl. »Landesbm.«; der Bf. v. Pamplona saß stets im Kronrat. Ihm folgte dem

Rang nach der Prior v. Roncesvalles, der auch bei Krönung und Salbung des Kg.s feste Mitwirkungsrechte hatte. Der Prior der 'Mönchsritter' der Johanniter v. N. übte auf polit. Ebene eine wichtige Stützfunktion aus. Seit dem 13. Jh. und regelmäßig im 14. und 15. Jh. beriefen die Herrscher die *Cortes* ein (→Cortes, IV). Vertreter der verschiedenen sozialen Kategorien waren tätig in Regierung, Kanzlei, Schatzamt, Finanzwesen, in den Amtsstuben der Notare und Hofrichter wie auch in der Provinzverwaltung.

1425 hinterließ Karl III., dessen Söhne im Kindesalter verstorben waren, das Reich seiner ältesten Tochter Blanca, der Gattin des Infanten →Johann (II.) v. Aragón. Dreißig Jahre lang sollte N. zum Spielball ehrgeiziger Pläne werden, zerrissen von einem Krieg zw. den Clans der →Beaumonteses und →Agramonteses, von denen die ersteren die Thronansprüche des Prinzen →Karl v. Viana, des Sohnes v. Blanca und Johann, unterstützten, während die letzteren für seinen Vater optierten; der territoriale Bestand des Kgr.es wurde durch Kastilien, Aragón und Frankreich bedroht. Der frz. Einfluß setzte sich schließlich durch, als 1461, nach dem Tode Karls v. Viana, dessen Thronansprüche auf seine Schwester →Leonor, die Gattin Gastons IV. v. →Foix-Béarn, übergingen. Deren Enkel Franz Fébus (1467-83) und Katharina v. Foix-N. († 1517) übernahmen die Regierung. Katharina war vermählt mit →Johann v. Albret, einem der bedeutendsten Herren Südwestfrankreichs, der in Bündnisbeziehungen mit den großen, stets unruhigen frz. Fürstlichkeiten stand. Zerrieben zw. den Machtblöcken Frankreichs und Kastilien-Aragóns, vermochte das Kgr. N. seine territoriale und staatl. Integrität nicht zu behaupten. 1512 annektierten die Truppen →Ferdinands d. Kath. den span. Teil. Das Königspaar zog sich in den N des Landes, in ihre »Hauptstadt« Saint-Palais, zurück und behielt nur Outre-Ports, jene kleine Provinz, die es den Herrschern nach 1512 ermöglichte, den navarres. Königstitel weiterhin zu führen und die Krone Frankreichs zu beanspruchen. 1589 bestieg der Urenkel von Johann und Katharina als Heinrich IV. den frz. Thron. *B. Leroy*

Lit.: J. Pérez de Urbel, Sancho el Mayor de N., 1950 – P. E. Schramm, Der Kg. v. N. (1035-1512), ZRGGermAbt 68, 1951, 110-210 – J. Carrasco Pérez, La Población de N. en el siglo XIV, 1973 – J. Zabalo, La administración del reino de N. en el siglo XIV, 1973 – J. M. Lacarra, Hist. del Reino de N., 3 Bde, 1974 – J. Goñi Gaztambide, Hist. de los obispos de Pamplona, IV-XV s., 2 Bde, 1979 – L. Suárez Fernández, Fernando el Católico y Leonor de N., En la España Medieval, 1982, 695-704 – M. Berthe, Famines et épidemies dans les campagnes navarraises à la fin du m.â., 2 Bde, 1984 – B. Leroy, La Navarre au m.â., 1984 – L. Suárez Fernández, Fernando el Católico y N., 1985 – Primer Congreso General de Hist. de N., n° 3: Comunicaciones, Edad Media, Príncipe de Viana, Pamplona, añejo 8, 1988 – B. Leroy, Le royaume de N. à la fin du m.â. Gouvernement et société, 1990 – E. Ramírez Vaquero, Solidaridades nobiliarias y conflictos políticos en N. 1387-1464, 1990 – A. Martín Duque, La monarquía pamplonesa y su soporte social hacia e año Mil, La Catalogne et la France Méridionale autour de l'An Mil, 1991, 136-139 – s.a. Lit. zu den einzelnen Kg.en.

Navarresische Kompa(g)nien. In der 2. Hälfte des 14. Jh., einer Periode ausgepägten militär. Abenteurertums, wurde die Balkanhalbinsel von heftigen Auseinandersetzungen erschüttert. Die Angiovinen (→Anjou) v. Neapel kämpften, gestützt auf ihren Brückenkopf Durazzo (→Dyrrhachion), gegen die katalano-aragones. Konkurrenten (→Katal. Kompagnie); in Griechenland waren die nach 1204 (→Lat. Kaiserreich) entstandenen Fsm.er der 'Franken' mit der Rückeroberungspolitik der byz. Kräfte (→Nikaia, Ksr.) konfrontiert; die mächtigen it. Kommunen (→Venedig, →Genua) schufen sich Stützpunkte im östl. Mittelmeerraum; die Expansion der →Osmanen hatte begonnen. In dieser Situation, die bei den kriegführenden Mächten einen starken Bedarf an Söldnern entstehen ließ, zogen Kontingente aus →Navarra in die Balkanländer.

1365 heiratete der Infant Ludwig v. Beaumont, Bruder Kg. →Karls II. v. Navarra, die Fsn. Johanna v. Anjou-Durazzo, Tochter→Karls, der 1382 Kg. v. Neapel werden sollte. Seit 1369 hatte Ludwig seinen Schwiegervater bei der Eroberung des Kgr¡es Neapel gegen Kgn. →Johanna I. unterstützt. Es galt zunächst, →Albanien zurückzuerobern; 1372-76 stellte Navarra hierfür Kompagnien auf, die aus dem navarres. Kronschatz besoldet wurden und von Karl II., Ludwig, später dann von →Karl III. ausgerüstet wurden. Trotz ihrer Bezeichnung als 'Navarresen' dienten in ihnen auch zahlreiche Gascogner, Florentiner, Venezianer und Deutsche. Nach dem Tode des Infanten Ludwig († 1376 in Albanien) waren die Anführer: Ingelram v. Coincy, Pierre de Laxague (bis 1380, ein Navarrese, Schwager des Infanten), Mahiot de Coquerel (ein Franzose aus Arras), Juan de Urtubia und Garro des Écuyers (beide Navarresen), der Florentiner →Acciaiuoli, der Johanniter-Großmeister Juan Fernández de Heredia (aus Aragón), Jacques des →Baux (aus prov. Adel, mit dem Titel des Fs.en v. Achaia), Pierre de St-Supéran (auch: St-Exupéry, ein Gascogner).

Ab 1376 sich selbst überlassen, dienten die N.K. auf dem Balkan dem Meistbietenden; auch Kg. Peter IV. v. Aragón konnte ihrem Treiben kein Ende setzen (Niederlage seines Hauptmanns Galceran de Peralta bei Theben). Die N.K. verwüsteten Korfu, die Hzm.er Athen und Theben (Versuch, im reichen Böotien eine dauernde Herrschaft zu errichten). Schließlich erkannte Pierre de St-Supéran 1396 die Oberhoheit des Kg.s v. Neapel an und führte bis zu seinem Tode (1402) den Titel eines 'Vikars des Fs.en v. Achaia'. An die 'navarres.' Präsenz erinnert wohl der Name der Stadt Navarino. *B. Leroy*

Lit.: A. Rubio y Lluch, Los Navarros en Grecia y el ducado catalan de Atenas en la epoca de su invasion, 1886 – A. Luttrell, La Corona de Aragón y la Grecia catalana, AEM 6, 1969, 219-252.

Navas de Tolosa, Las, Schlacht v. (16. Juli 1212), Markstein der →Reconquista, durch den sich das Kräfteverhältnis zw. Muslimen und Christen auf der Iber. Halbinsel endgültig zugunsten der Christen verschob. Erste Vorbereitungen traf →Alfons VIII. v. Kastilien bereits 1206 mit der Planung eines großen Feldzugs gegen die →Almohaden und dem Abschluß von Bündnissen mit den Kg.en v. Aragón, Navarra, León und Portugal. Doch waren die Kämpfe (1209-11) zunächst wenig erfolgreich; die Christen verloren sogar die Burg Salvatierra, Wahrzeichen des Ordens v. →Calatrava, an die Muslime. Dem neuen Feldzug Alfons' wurde jedoch von Papst Innozenz III. Kreuzzugscharakter verliehen (Kreuzzugspredigt in Frankreich und Provence). Die Teilnehmer sollten sich Ende April 1212 in Toledo unter dem Schutz des Ebf.s →Rodrigo Jiménez de Rada, eines glühenden Verfechters des Kreuzzugs, versammeln. Das Kreuzfahrerheer, das noch bis zum 21. Juni in der Stadt verblieb und hier judenfeindl. Unruhen auslöste, marschierte danach in drei Abteilungen ab: die Kastilier unter Alfons VIII., die Aragonesen unter Peter II. und die Ritter von jenseits der Pyrenäen unter Diego López de →Haro. Bald kam es zu Unstimmigkeiten zw. einheim. Kämpfern und Kreuzrittern, da diese die Mauren niedermachten (Einnahme v. Malagón). Wegen der sich verschärfenden Gegensätze verließen die Kreuzritter nach der Einnahme v. Calatrava das Heer. Die nun rein aus Kämpfern der Iber. Halbinsel bestehende Streitmacht (der allerdings der Kg. v. León aus polit. Gründen fernblieb) zog nach Eroberung einiger fester Plätze (Caracuel, Almodóvar) kampflos an Salvatierra vorbei nach Andalusien und wurde jenseits der Puerta del Muradal vom Emir an Nasīr zur Schlacht provoziert, die mit einem entscheidenden christl. Sieg endete. Der Feldzug, der zur Einnahme wichtiger andalus. Orte wie Vilches, Baños, Baeza und →Úbeda führte, muß als umittelbarer Vorläufer der siegreichen Andalusienzüge Ferdinands III. v. Kastilien-León gelten.

M. Rábade Obradó

Lit.: M. GONZÁLEZ SIMANCAS, La España militar a principios de la Baja Edad Media. Batalla de las N. de T., 1913 – A. HUCI, Estudio sobre la campaña de las N. de T., 1916 – J. GONZÁLEZ, El reino de Castilla en la época de Alfonso VIII, 1960.

Navigatio sancti Brendani

I. Lateinische Urfassung – II. Übertragungen in romanische Sprachen – III. Übertragungen in germanische Sprachen.

I. LATEINISCHE URFASSUNG: In der anonymen frühma. Legende wird die Reise des hl. →Brendan und seiner 17 Gefährten von der ir. Kl. →Clonfert zu einer Paradiesinsel (»Terra repromissionis sanctorum«) im Atlantik geschildert. Auf der siebenjährigen Seefahrt erleben sie verschiedene Abenteuer auf anderen Inseln und begegnen u. a. Einsiedlern, Meeresungeheuern und übernatürl. Geschöpfen. Am Ende der Reise treffen sie auf eine Insel mit einem unerschöpfl. Reichtum an Früchten, welche die Nachfolger B.s aufnehmen soll, »wenn die Christenverfolgung kommt« (c. 28). Schließl. kehrt B. mit 14 Gefährten nach Clonfert zurück. Der Text ist sicher ir. Ursprungs, wurde aber nach Meinung einiger Forscher im Umkreis der auf den Kontinent gezogenen »Scotti« verfaßt. Seine Datierung variiert (7. bis 10. Jh.). Die frühere Datierung in das 11. Jh. entbehrt der Grundlage. Einige Züge der Legende finden sich in den Biographien des hl. Brendan wieder, die in den späten Slg.en der »Vitae sanctorum Hiberniae« überliefert sind: einige von ihnen berichten von zwei aufeinanderfolgenden Seefahrten mit teilweise ident. Episoden wie in der N. Die Beziehungen zw. der N. und einer hypothet. ursprgl. Vita Brendani, die mittels der gen. Biographien zu rekonstruieren ist, bleiben eine offene Frage, da keine dieser Viten anscheinend vor dem 12. Jh. entstanden ist. Es ist anzunehmen, daß die mündl. Tradition eine wichtige Rolle bei der Entwicklung der unterschiedl. Erzählmotive gespielt hat (vgl. Radulfus Glaber, Historiae II 2). Die Originalität der N. als lit. Genus besteht v. a. darin, daß sie nicht in der lokalen hagiograph. Tradition steht (→Hagiographie VIII), sondern einerseits den realen oder fiktiven altir. Reiseerzählungen (*echtrai* 'Abenteuer' und *'immrama*' 'Seefahrten') verpflichtet ist, andererseits auf das griech.-lat. Genus der Viten der Wüstenväter zurückgreift (z. B. Vita Pauli des →Hieronymus, von der eine direkte Abhängigkeit gesichert ist, Vita Macarii Romani, Vita Onuphrii sowie Historia monachorum des →Rufinus, mit der sie das Interesse für geograph. Einzelheiten und für Abenteuer teilt). Außerdem steht die N. unter dem Einfluß einiger atl. (evtl. Vita Adae et Evae) und ntl. Apokryphen (Visio Pauli), von denen sie angelolog., dämonolog. und apokalypt. Motive übernimmt. Eingeflossen sind jedoch auch direkte Erfahrungen (Bau des Schiffes, Beschreibungen von Walen und Vulkanausbrüchen, Probleme der Seefahrt etc.). Thaumaturg. Motive sind, im Gegensatz zu den Biographien, nur spärlich vertreten, Prophezeiungen sind hingegen häufig. Der am Schluß offenbar werdende Endzweck der Fahrt ist das Kennenlernen der »verschiedenen Geheimnisse Gottes im großen Ozean« (c. 28). Die Sprache ist sehr schlicht, paratakt. Konstruktionen überwiegen, der Wortschatz ist eher gering. Deutlich zeigt sich der Einfluß der Bibel, der Apokryphen und der spätantiken Hagiographie. Der Reichtum an vulgärlat. Erscheinungen zeigt anscheinend Verwandtschaft mit der merow. Hagiographie, vereinzelt finden sich Ähnlichkeiten mit den Besonderheiten der →Hisperica famina oder Einflüsse des kelt. Substrats. Ca. 130 vollständige Hss. sowie Fragmente unterschiedl. Länge sind erhalten. Die ältesten Hss. stammen vom Ende des 10. Jh.; der Archetypus ist so gut wie kontinentalen Ursprungs. Anscheinend ist das Werk im insularen Bereich nicht vor 1100 greifbar. Seine Verbreitung in ganz Europa ist über das 15. Jh. hinaus bezeugt, obgleich frühe Drucke fehlen. Im Zeitalter der geograph. Entdeckungen und bis in das 18. Jh. hinein wurden die in der N. beschriebenen Inseln als real angesehen; man schrieb den ir. Seefahrern sogar die – unbeweisbare – Priorität in der Entdeckung Amerikas zu.

G. Orlandi

Ed.: C. SELMER, 1959, Nachdr. 1989 – ed. G. ORLANDI [im Dr.] – Lit.: C. PLUMMER, Some New Light on the B. Legend, Z. celt. Phil., 5, 1905, 124–141 – G. ORLANDI, N. s. B.: Introduzione, 1968 – D. N. DUMVILLE, Biblical Apocrypha and the Early Irish, PRIA, 73 C, 1973, 299–338 – M. McNAMARA, The Apocrypha in the Irish Church, 1975 – D. N. DUMVILLE, Echtrae and Immram, Ériu, 27, 1976, 73–94 – T. SEVERIN, The B. Voyage, 1978 – H. LÖWE, W. Peregrinatio und Mission, Sett. cent. it., 29, 1983, 328–331 – G. ORLANDI, Temi e correnti nelle leggende di viaggio, ebd., 523–575 – M. LAPIDGE–R. SHARPE, A Bibliogr. of Celtic-Latin Lit., 1985, 105–106 [Lit.] – D. N. DUMVILLE, Two Approaches to the Dating of N. s. Bl, StM, III 29, 1988, 87–102 – M. ZELZER, Frühe ir. Amerikafahrten und monast. Reform, Wiener humanist. Bll. 31, 1989, 66–87 – R. A. BARTOLI, La N. s. B. e la sua fortuna, 1990, 167–177 (Neuaufl. im Dr.) – R. SHARPE, Medieval Irish Saints' Lives, 1991, 17–18, 390–391 – J. STRELCZYK, N. s. B. ... ein Werk des 10. Jh.? (Lat. Kultur im 10. Jh., 1991), 507–516 – BRUNHÖLZL II, 524–528; 638 f.

II. ÜBERTRAGUNGEN IN ROMANISCHE SPRACHEN: Die erste volkssprachl. Version der N. s. B. ist ein anglonorm. Text aus den ersten Jahrzehnten des 12. Jh., »Le voyage de St. Brendan«, verfaßt von einem nicht näher bekannten Benedeit (Mönch oder Kleriker?) in achtsilbigen Distichen, überliefert in 6 Hss. (davon 4 vollständig). Die Widmung an Kgn. Mathilde († 1118) in einer Hs. gibt den Terminus ante quem für die Abfassung. Das lat. Vorbild hat eine tiefgreifende, auf den Geschmack des höf. Laienpublikums zugeschnittene Umarbeitung erfahren (Zurückdrängung der monast. und liturg. Elemente, Betonung des religiösen und moral. Moments). Die Vorliebe für das Abenteuerliche und Geheimnisvolle ist erhalten, die Reise wird jedoch als Pilgerfahrt der Seele zu ihrer Vollendung gesehen. Die Erzählung zeigt eine gewisse Tendenz zu realist. Detailschilderung und zur Dramatik. Bereits im 12. Jh. entstand eine lat. Übers., die einige Elemente der originalen N. s. B. wiederaufnimmt. Ebenfalls auf die anglonorm. Vorlage geht eine bemerkenswerte lat. Versifizierung in Vagantenstrophen zurück (WALTHER 20035), die B. BISCHOFF (mündl. Mitteilung) →Walther v. Châtillon zuschrieb. Unabhängig von Benedeits Werk ist eine, dem lat. Original sehr nahe, afrz. Version in Achtsilbern, enthalten in der einem Gossouin de Metz zugeschriebenen Fassung der »Image du monde« (ca. Mitte des 13. Jh.). Ebenfalls in afrz. Sprache sind zwei Prosaversionen erhalten: ms. Paris B. N. fr. 1553 (3. Viertel des 13. Jh.) »De saint Brandainne le moinne« und ms. Paris Mazar. 1716 (sowie andere Hss.) »De monseigneur saint Brandan« (13. Jh.), die sich von der Vorlage etwas weiter entfernt als die erstgen. Version.

In aprov. Sprache ist nur die Version einer lat. Kurzfassung der N. erhalten, die in eine prov. Übers. der →Legenda aurea (2. Hälfte 13. Jh.) eingefügt ist.

Die wichtigsten Versionen der N. s. B. im it. Raum sind: 1. Übers. im lucches. Dialekt (Ende 13. Jh.–Anfang 14. Jh.), ms. Tours B. M. 1008, ziemlich wortgetreu; 2. Übers. im paduan.-venet. Dialekt (2. Hälfte des 14. Jh.), ms. Bologna Univ. 1513, dem lat. Vorbild ebenfalls sehr nahe, kürzt und resümiert jedoch einige Abschnitte v. a. liturg. und institutionellen Charakters und weitet narrative Passagen aus; 3. mit letzterer verwandt ist eine venet. Übers. (13.–14. Jh.), ms. Milano Ambr. D 158 inf.: weitgehend eigenständig, mit Betonung auf dem Aspekt der »visio«, der »mirabilia« (einige neu dazu erfunden), des Eingreifens übernatürl. Mächte (astrolog. Interesse) und mit ausführl. Beschreibung des ird. Paradieses; 4. toskan. Übers. von Nr. 3 (14. Jh.), die dem venet. Text genau folgt, ms. Firenze B. N. Conv. soppr. C 2 (1500).

G. Orlandi

Ed.: C. WAHLUND, Die afrz. Prosaübers. von B.s Meerfahrt, 1900 [Nachdr. 1974] – DERS., Eine aprov. Prosaübers. von B.s Meerfahrt (Beitr. zur roman. und engl. Philol. [Festg. W. FÖRSTER, 1902]), 175–198 – The Anglo-Norman Voyage of St. B. by Benedeit, ed. E. G. R. WATERS, 1928 [Nachdr. 1974] – A. HILKA, Drei Erzählungen aus dem didakt. Epos »L'image du monde«, 1928 – E. G. R. WATERS, An Old It. Version of the N. s. B., 1931 – J. GALY, N. s. B.: éd. crit. de la version it. contenue dans le ms. 1008 de la B. M. de Tours, 1973 – N. s. B. – La navigazione di s. B. o, ed. M. A. GRIGNANI, 1975 – Benedeit, Le voyage de s. B., ed. E. RUHE, 1977 – The Anglo-Norman Voyage of St. B., ed. I. SHORT – B. MERRILEES, 1979 – A. M. RAUGEI, La navigazione di s. B. o. Versione it. del ms. Bologna, Bibl. univ. 1513, 1984 – *Lit.*: R. A. BARTOLI (cit.), 185–268 – A. M. RAUGEI, Un volgarizzamento ined. della N. s. B. (Studi di lingua e lett. lomb. off. a M. VITALE, 1983), I, 214–239 – R. N. ILLINGWORTH, The Structure of the Anglo-norman Voyage of St. B. by Benedeit, MAe 55, 1986, 217–229 – G. TARDIOLA, I volgarizzamenti italiani della N. s. B., Rassegna della letteratura it. 90, 1986, 516–536.

III. ÜBERTRAGUNGEN IN GERMANISCHE SPRACHEN: Im Bereich der germ. Sprachen ist die Präsenz lat. Hss. der N. s. B. seit der 2. Hälfte des 10. Jh. belegt; auf die Verbreitung des Originaltextes folgen Übers. en und Bearbeitungen in verschiedenen Gebieten und Zeitabschnitten. Der älteste volkssprachl. Text, eine sehr freie Versifizierung des lat. Vorbilds, ist die sog. »Reise«-Fassung, deren verlorene Originalform aus drei, von einander unabhängigen Derivaten rekonstruierbar ist: 1) mndl. Vers-Fassung (vielleicht über ein hd. Vorbild), überliefert in Ms. Stuttgart Landesbibl. Hs. poet. et phil. fol. 22 (14. Jh; Comburg) und Brüssel B. R. 15589–15623 (15. Jh.; Hulthem); 2) verlorene Versfassung des 13. Jh, von der abhängigen: a) ein mhd. Text (Ms. Berlin Staatsbibl. Germ. Oct. 56, 14. Jh.), b) mnd. (ostfäl.) Text des 15. Jh. (Ms. Wolfenbüttel Helmst. 1203, 2. Hälfte 15. Jh.); 3) bair. Prosafassung (15. Jh.), in Ms. Gotha chart. A 13 und Heidelberg Pal. Germ. 60 (15. Jh.) sowie in vielen Drukken des 15. und 16. Jh. verbreitet, original wohl aus dem schwäb. Raum. Eine Kurzfassung dieser letztgen. Redaktion ist in einem Druck (Anfang des 16. Jh.) der →Legenda aurea enthalten (hs. Einfügung in London Brit. Libr. 3851 ee 16, zw. 1510 und 1520); Provenienz ist vielleicht der Raum Lübeck. Die ursprgl. wohl mittelfrk. »Reise«-Fassung wurde wohl im mittelrhein. Raum etwa um die Mitte des 12. Jh. verfaßt. Die in der »Reise«-Fassung gebotene Bearbeitung der N.-Legende zeigt beachtl. Originalität und bringt radikale Veränderungen an (Reihenfolge, Länge und Beschaffenheit der Abenteuer, Wegfall eines Großteils des ursprgl. Materials); neuartig ist auch der Zweck der Reise: während B. in der lat. N. von einer Erzählung des Mönches Barind, der die »Terra repromissionis« besucht hat, zu seinem Unternehmen angeregt wird, befiehlt in der »Reise«-Fassung ein Engel B. zur Strafe für seine Ungläubigkeit den Ozean zu befahren und schriftlich von dessen Geheimnissen Zeugnis zu geben. Das Endziel der Reise wird nicht genannt; ihre Dauer wird auf 9 Jahre verlängert. W. HAUG zufolge hängt der Verfasser nicht von der lat. N. in ihrer uns erhaltenen Form ab, sondern von einer früheren Fassung der Legende, wie ein Vergleich mit anderen altir. Reiseerzählungen (*immrama*) zeigt. Jedenfalls ist die Atmosphäre dieser Redaktion von dem höf. Milieu, für das sie bestimmt war, und von der Mentalität der Kreuzzüge geprägt.

Im Vergleich zu den früher gen. Texten kann man bei folgenden Werken von – mehr oder weniger originalgetreuen – Übers. en sprechen: 1) mnld. Fassung, überliefert mit anderen Hl. viten in einem Ms. in Utrecht (15. Jh., aus Köln), Betonung v. a. des religiösen Elements; 2) hd. Übers. des Hans →Hartlieb (1456–57 am Münchner Hof Albrechts II. für die Hzg. Anna); 3) nd. Fassung, enthalten im Lübecker Passional (ed. pr. v. Steffan Arend, 1488); 4) nd. Fassung, Fragment in einem Dr. von Joh. Snell (GKW IV, 1930, n. 5012, p. 607), von der eine hd. Version von Valentin Vorster abhängt (ed. Basel 1511); 5) norwegisch (mit island. Elementen), fragmentar. überliefert; 6) me. Versifizierung im »South English Legendary« (2. Hälfte des 13. Jh.), im Umkreis der Bettelorden entstanden, die dann mit Veränderungen in die me. Version der →Legenda aurea eingegangen ist. Sie scheint z. T. auf die lat. Prosa-N., z. T. auf die anglonorm. und afrz. Versfassungen zurückzugehen.

G. Orlandi

Ed.: C. SCHRÖDER, Sanct Brandan, 1871 – Heilagra manna søgur, ed. C. R. UNGER, 1877, I, 272–275 – Leven ende pilgrimadse des hl. abts Brandanus, ed. H. E. MOLTZER, 1891 – M. BÄLZ, Die me. B.legende des Gloucesterlegendars, 1909 – C. BAYERSCHMIDT–C. SELMER, An Unpubl. Low German Version of the N. s. B., Germanic Rev., 30, 1955, 83–91 – C. D'EVELYN–A. J. MILL, The South English Legendary, I, EETS 235, 1956, 180–204 – T. DAHLBERG, Brandaniana, 1958, 108–140 – De reis van Sinte Brandaan, ed. M. DRAAK, 1978² [Nachdr. 1985] – De reis van sente Brendane naar de versie in het Comburgse hs., ed. H. P. A. OSKAMP, 1972 – St. Brandans Wundersame Seefahrt (nach der Heidelberger Hs.), ed. G. E. SOLLBACH, 1987 – *Lit.*: Verf. Lex.², ed. K. RUH, I, 985–991 [W. HAUG] – W. MEYER, Die Überl. der dt. Brandanlegende I, Prosatext, 1918 – C. SELMER, The Vernacular Translations of the N. s. B., MSt, 18, 1956, 145–157 [Lit.] – W. HAUG, Vom Imram zur Aventiure-Fahrt, ed. W. SCHRÖDER (Wolfram-Stud., I, 1970, 264–298) – L. PEETERS, Brandanprobleme, Leuv. Bijdr., 59, 1970, 3–27 – S. LAVERY, The Source of St. B.s Story in the South English Legendary, Leeds Stud. in English, N. F. 15, 1984, 21–32, – W. P. GERRITSEN, D. EDEL, M. DE KREEK, De wereld van Sint Brandaan, 1986 – L. PEETERS, Das Quellenstudium der N. s. B., Leuv. Bijdr. 77, 1988, 435–466.

Navigation. Die N. oder Steuermannskunst hat sich im MA in den verschiedenen europ. Schiffahrtsregionen unterschiedl. entwickelt, abhängig von natürl. Gegebenheiten, der Ausdehnung der Fahrtbereiche und techn.-wiss. Innovationskraft. Während die überall weit überwiegende Küstenschiffahrt in der N. große Gemeinsamkeiten aufweist, nahm die Hochsee-N. in N- und S-Europa weitgehend getrennte Entwicklungen.

I. Mittelmeerisch-iberische Schiffahrtsregion – II. Nord- und Westeuropa.

I. MITTELMEERISCH-IBERISCHE SCHIFFAHRTSREGION: Die mittelmeer. N. war zunächst rein terrestr., also küstengebunden. Das galt sowohl für das Mittelmeer selbst als auch für die südeurop. Atlantikküsten. Für eine solche N. reichten aus: Kenntnis der Fahrwasser und Richtungen, der Entfernungen und markanter Punkte zur Positionsbestimmung bzw. Kursänderung, der Reeden und Hafensituationen. Angaben dazu und zusätzl. Bemerkungen über Frischwasserstellen usw. waren schon in den antiken Periplen zusammengefaßt. Sie sind offenbar bis ins hohe MA tradiert worden, als man sie in *Portolanos,* Hafenhandbüchern, zusammenfaßte. Das Instrument zur Messung der Fahrwassertiefe, das Lot, ist das älteste bekannte Navigationsinstrument überhaupt (gr. ἡ καταπειρατηρίη; lat. catapirates). Bereits Herodot beschreibt die bis heute geläufige Form, einen Bleikegel mit einer flachen Höhlung am unteren Ende zur Aufnahme der Lotspeise (Wachs o. ä.), an der Bodenproben zur Bestimmung der Position haften bleiben sollten. Markante Punkte – Kaps, Berge, Flußmündungen, Gehölze usw., später auch charakterist. Gebäude – dienten als einfache 'Seezeichen' oder Peilpunkte. Die vereinzelt in röm. Zeit zur Kennzeichnung von Hafeneinfahrten und gefährl. Punkten errichteten speziellen Seezeichen und Leuchttürme wurden nach langem Verfall ab dem 9. Jh. erneut in Betrieb genommen, erlebten aber erst ab ca. 1200 eine Blüte. Die Portolanos wurden vermutl. vom 13. Jh. an durch Seekarten (Portulankarten [→Karte]) begleitet bzw. ersetzt. Bereits die erste erhaltene, die Pisa-Karte (Ende 13. Jh.), ist von bemerkenswerter innerer Richtigkeit. Die Figuration deutet auf Vermessung mit Längenmaßen; die Entfernungen können also in naut. Meilen (*leguas* u. ä.) angegeben werden. Die Küstenlinien sind durch viele Ortsnamen besetzt, analog den Namenreihen in Segelanweisungen. Zunächst bilden die Portulankarten nur Mittelmeer und Schwarzes Meer ab, später auch nord- und westeurop. und nach den Entdeckungsreisen afrikan. und amerikan. Küsten. Die Karten sind projektionslos, aber mit einem für die Kursfestsetzung dienl. Rhumbennetz überzogen.

Astronom. N. spielte bis ins 14. Jh. keine bes. Rolle, wenn auch der Nordstern (stella maris) als Richtungsweiser diente. Einen wichtigen Fortschritt brachte hingegen die Einführung des wohl im 12. Jh. in der Gegend des Engl. Kanals entwickelten →Kompasses (Bussole) in die Nautik. Ursprgl. nur eine magnetisierte, durch Kork oder Stroh gesteckte und auf Wasser zum Schwimmen gebrachte Eisennadel, wurde sie um 1300 mit der Windrose kombiniert und war bald – obwohl die Mißweisung noch unbekannt war – zum wichtigsten Instrument der Koppel-N. Beim Koppeln werden der gegenwärtige Schiffsort und die zurückgelegte Strecke aus dem Produkt von gegißter Geschwindigkeit des Schiffes, Zeit und Kurs ermittelt und in die Seekarte übertragen. Um 1400 ist diese Methode ausgereift, 1431 wird sie von Guitere Diaz de Gomez im »El Victorial« beschrieben; als notwendige Hilfsmittel werden genannt: Bussole/Kompaß (zur Bestimmung der Richtung), Seekarte und →Zirkel (zur Festlegung des Kurses, zum Abgreifen und Eintragen der zurückgelegten Strecke und des Schiffsortes), Sanduhr (zur Messung der Zeit; →Uhr).

Mit dem Ausgreifen der ptg. und span. Seefahrt seit der Zeit des Prinzen →Heinrich 'des Seefahrers' (25. H.; 1394-1460), zunächst den Küsten folgend, dann über die offene See, war eine neue – astronom. – N. notwendig. Heinrich soll versucht haben, in einer Akademie in Sagres eine wiss. N. zu begründen. Teils als Folge dieser Bemühung standen bis zum Ende des 15. Jh. als theoret. Grundlagen zur Verfügung: astronom. Kenntnisse, meist in Form des den ptolemäischen →»Almagest« zusammenfassenden »Tractatus de sphaera« des →Johannes de Sacrobosco (vor 1256); erste Deklinationstabellen zwecks Ausnutzung von Sonnenhöhenmessungen zur Positionsbestimmung (seit Abraham Zanutos »Almanach perpetuum«, 1473/78 in hebr., seit 1496 lat. gedruckt; seit 1475 die »Tabula directionum« des →Regiomontanus). Die theoret. Schr. wurden ab ca. 1500 mit überlieferten Segelanweisungen und anderem seemänn. Wissen zu naut. Lehrbüchern und Seehandbüchern kombiniert. Für den Gebrauch auf den immer ausgedehnteren Entdeckungsreisen wurden im Laufe des 15. Jh. neue Instrumente zur Winkelmessung (also zur Breitenbestimmung durch Pol- und Sonnenhöhenmessung) entwickelt, bes. →Quadrant und See-→Astrolabium. Erste Berichte über die Benutzung des Quadranten auf See entstammen dem dritten Viertel des 15. Jh. (Diogo Gomes). Das Gerät, an Land bereits seit dem 13. Jh. bekannt, bestand aus einer massiven Viertelscheibe, deren Bogen eine Gradskala trug. Durch einen Diopter wurde das Gestirn angepeilt, ein kleines Lot zeigte dann den entsprechenden Winkel an. Eine Verbesserung bedeutete wegen seiner leichteren Handhabung das See-Astrolabium, meist ein Speichenrad mit vollem Gradkreis und einer bewegl. Alhidade mit Diopter zur Peilung eines Gestirns. An Land ebenfalls – als Scheibe – seit langem in Gebrauch, wird das Astrolab in seiner speziellen naut. Form erstmals 1481 an Bord erwähnt (Diogo d'Azambuja). Ein weiteres, sehr erfolgreiches Winkelmeßgerät, der →Jakobsstab, wurde erst gegen 1520 gebräuchlich. Trotz der erhebl. Verbesserung, die diese Instrumente für die N. bedeuteten, drangen sie ab ca. 1500 nur langsam in die nord- und westeurop. N. ein, v. a. in die der Niederländer und Engländer.

II. Nord- und Westeuropa: Auch in N- und W-Europa war die Seeschiffahrt im MA überwiegend küstengebunden. Die N. entsprach in der Struktur der südeurop., obwohl sie nicht von dieser beeinflußt war: die N. sprakiken waren regional eigenständig entwickelt worden. Ortsbestimmung geschah aufgrund von natürl., später auch künstl. Seezeichen. Als natürl. Seezeichen galten wiederum charakterist. Landschaftsformationen. Künstl. Seezeichen waren zunächst hervorstechende Bauten, die eine Sekundärfunktion als Zeichen haben konnten, wie seit der Bronzezeit große Grabhügel am Meer, im MA bes. Kirchtürme, Windmühlen, hohe Häuser. Schließlich wurden Zeichen speziell für die Seefahrt errichtet, also Seezeichen im heutigen Sinne: schon in der Wikingerzeit an der norw. Küste Warten und Hafenzeichen (an. *varða, hafnarmerki, hafnarkross*). An den s. Küsten von Nord- und Ostsee sowie auf den westeurop. Inseln begann ab ca. 1200 verstärkt der Bau solcher Zeichen, die z. T. auch befeuert wurden (1200 Hook Point, 1201 Dover); ab ca. 1280 (Nieuwpoort) folgte Flandern, das ab ca. 1300 auch die dt. Küsten beeinflußte (→Leuchtturm). Speziell zur Verbesserung der N. in den Flußmündungen – viele Hafenstädte lagen ja seefern – wurden in den Niederlanden seit dem 14. Jh., im hauptsächl. hans. Schiffahrtsbereich auf Nord- und Ostsee ab 1410 Tonnen (Bojen) ausgelegt und Wattenfahrwasser ausgeprickt oder mit Baken versehen. Einziges nachgewiesenes Instrument für die Küsten-N. ist wiederum das Lot (= Blei; ae. *[sund-]rāp, sundlīne*; mnd., mhd. *lōt*, afries. *lād* usw.). Noch im 14. und 15. Jh. basieren die meisten Segelanweisungen für die Nord- und Ostsee auf der Angabe von Lotungstiefen, und für Angehörige anderer Schiffahrtsregionen war die N. mit dem Lot ein Charakteristikum für die Ostsee (Fra →Mauros Weltkarte, 1458: »per questo mar non se pol navegar cum carta ni bussola, ma cum scandio«). Segelanweisungen für die Küstenfahrt sind zwar spärlich bezeugt, machen aber die Entwicklung von ca. 890 bis ins 15. Jh. deutlich. In Alfreds d. Gr. Einleitung zur Orosius-Übers. sind Berichte über Fahrten an der gesamten norw. Küste entlang (mit Entdeckung des Nordkaps) und nach Haithabu (Óttar) und von Haithabu nach Truso (bei Elbing; Wulfstan) enthalten. Dabei werden – küstenbezogen – Richtungen nach Oktanten bzw. Quadranten angegeben und Wegstrecken in Zeitmaßen, nicht in Längenmaßen, d. h. wieviele Stunden oder Tage ein Schiff bei mittlerer Geschwindigkeit oder bei voller Besegelung für eine bestimmte Strecke braucht. Jüngere Segelanweisungen, manchmal nur Itinerare, geben noch knappere Hinweise: Ortsnamenreihen und Richtungen, aber keine Entfernungen (Itinerar von Ribe nach Akkon [um 1200/30], Scholion 99 zu Adams v. Bremen »Gesta Hammaburgensis ecclesiae pontificum«) oder Ortsnamen und Entfernungen, aber keine Richtungen (sog. Segelanweisung von Utlängan in den Finn. Meerbusen und nach Reval [um 1250/60], überliefert im →Erdbuch Waldemars II., um 1300). Längenmaß ist die *ukæsiö*, nd. *weke sees*, die 4,5 Seemeilen mißt.

Bedeutendstes Q.werk für nord- und westeurop. Segelanweisungen des MA ist das auf fläm. Vorlagen beruhende sog. »Niederdt. Seebuch« aus dem 14./15. Jh. (2 Hss., ed. K. KOPPMANN, 1876). Es enthält Anweisungen für Kurse von Cadiz bis ins Baltikum in deutl. unterschiedenen Systemen für die Atlantikküste einerseits und den hans. Schiffahrtsbereich in Nord- und Ostsee andererseits. Die Ostsee gehörte zu den 'kleineren Meeren' (anorw. Kg.sspiegel, um 1250) mit wenigen navigator. Schwierigkeiten. So kamen hier Neuerungen nur zögernd in Gebrauch; der Kompaß z. B. ist für die Nordsee erst 1433 bezeugt, für die Ostsee 1460. Spätestens seit dem 8. Jh. haben die Skandinavier eine eigene Form der Hochsee-N. entwickelt, die ab ca. 870 regelmäßige Nordatlantiküberquerungen nach Island, ab 986 nach Grönland und schließlich gelegentl. nach Amerika *(Vínland)* ermöglichte. Besondere Instrumente scheint es nicht gegeben zu haben: Erst 1306 wird der Kompaß als bekannt vorausgesetzt (Fassung H der Landnámabók). Die neuerdings oft zitierten Sonnenstein und Peilscheibe, Sonnenschattenbrett und Wasseruhr sind bestenfalls zweifelhaft oder erweisen sich gar als Phantasieprodukte der NZ. Auch eine Vogelaussendung nach dem Muster Noahs ist nur ein einziges Mal belegt. Seekarten gab es mit Sicherheit nicht, obwohl die Nordleute in Byzanz mit Kartenproduktion in Berührung kamen und sogar als Informanten dienten. Gut bezeugt sind allerdings Segelanweisungen, die das aus der Küsten-N. bekannte Muster übertragen: Entfernungen werden in Zeitmaßen angegeben (12-Stunden-Segelstrecken [*dægr*]), Richtungen nach Quadranten oder Oktanten, Peilpunkte ersetzt durch 'feste Marken in fließendem Wasser', z. B. Wal-Weidegründe. Ein gewisser astronom. Anteil ist vorhanden, Polarstern (*leiðarstjarna* = Wegstern) und Sonne wurden zur Richtungsfindung genutzt. Wichtigster Faktor für diese Art der Hochsee-N. war der 'kundige Mann' an Bord, eine Art Lotse, der die zu befahrenden Seegebiete genau kannte und einen großen Schatz an Erfahrung in bezug auf bestimmte zu beobachtende und für die N. nutzbar zu machende Phänomene meteorolog. und ozeanograph. Natur besaß.   U. Schnall

Lit.: KL XII, 260–263 – W. BEHRMANN, Über die nd. Seebücher des 15. und 16. Jh., 1906 [Repr. 1978] – W. E. MAY, From Lodestone to Gyro-Compass, 1952 – E. G. R. TAYLOR, The Haven-Finding Art, 1958² – DIES.–M. W. RICHEY, The Geometrical Seaman, 1962 – D. W. WATERS, The Rutters of the Sea, 1967 – CH. H. COTTER, A Hist. of Nautical Astronomy, 1968 – R. MORCKEN, Europas eldste sjømerker?, Sjøfartshistorisk Årbok, 1969, 7–48 – A. W. LANG, Entwicklung, Aufbau und Verwaltung des Seezeichenwesens an der dt. Nordseeküste, 1975 – U. SCHNALL, N. der Wikingerzeit, 1975 – DERS., Bemerkungen zur N. auf Koggen, Jb. der Wittheit zu Bremen 21, 1977, 137–148 – CHR. FREIESLEBEN, Gesch. der N., 1978² – M. DE LA RONCIÈRE–M. MOLLAT DU JOURDIN, Les portulans, 1984 – H. MICHÉA, El Victorial ou les naviga- tions d'un chevalier d'Espagne au XIVᵉ s., Neptunia 159, 1985, 1–5 – J. A. BENNETT, The Divided Circle, 1987 – L. DE ALBUQUERQUE, Instruments of N., 1988 – DERS., Astronomical N., 1988 – A. STIMSON, The Mariner's Astrolabe, 1988 – PORSTEINN VILHJÁLMSSON, Af Surti og Sól, Tímarit Háskóla Íslands 4, 1989, 87–97 – U. SCHNALL, Practical N. in the Late MA (Medieval Ships and the Birth of Technological Societies, II, 1991), 271–279.

Naxos und Paros, benachbarte Inseln (442 bzw. 195 km²) in der Ägäis (Griechenland), der zentralen Kykladengruppe zuzuordnen. Sie gehörten in röm. und frühbyz. Zeit zur Prov. Insulae (Nesoi) und in mittelbyz. Zeit zum Drungariat (seit Leon III.) bzw. Thema (seit Michael III.) Aigaion Pelagos. Beide waren seit frühbyz. Zeit eigene Bm.er und bildeten seit 1082/84 (bis heute) gemeinsam mit Antiparos die orth. Metropolie (ohne Suffragane) Paronaxia. 653/654 war N. Verbannungsort Papst Martins I. Durch die bald nach der arab. Eroberung →Kretas von dort ausgehenden Plünderungszüge wurden die Inseln großteils entvölkert und erst nach 965 wiederbesiedelt. Nach dem 4. Kreuzzug wurde N. ab 1207 Mittelpunkt des unter dem Einfluß (ab 1418 der Oberhoheit) Venedigs stehenden »Hzm.s des Archipel«, in welchem ab 1207 it. Adelsfamilien (Ghisi, Barozzi, Quirini, →Venier u. a.) unter der Oberhoheit der Hzg.sfamilie Sanudo (ab 1362 →Dalle Carceri, ab 1383 Crispo) herrschten; es umfaßte etwa zwei Dutzend Inseln, wovon elf (darunter auch P.) den Hzg.en direkt unterstanden, und wurde kirchl. von einem lat. Ebf. (mit vier Suffraganen) geleitet. Das SpätMA erwies sich als eine Zeit wirtschaftl. Blüte, die sich in zahlreichen Festungs- und Kirchenbauten (u. a. Neubau der lat. Kathedrale auf N., Ausbau der am 6. Jh. stammenden Katapoliane-Kirche auf P.) niederschlug und auch Formen religiöser und kultureller Symbiose bewirkte. Ab 1425 wurde P. von der Familie Sommaripa beherrscht und gelangte 1537 unter osman. Oberhoheit. N. wurde 1566 von Selim II. an den ptg. Juden Joseph Nasi gegeben und erst 1579 in direkte osman. Verwaltung übernommen.

J. Koder

Q. und Lit.: RE XVI/2, 2079–2095 [Naxos 5]; XVIII/4, 1781–1872 [Paros] – W. MILLER, The Latins in the Levant, 1908, 570–649 – DERS., Essays in the Lat. Orient, 1921, 161–177 – A. PHILIPPSON–E. KIRSTEN, Die gr. Landschaften, IV, 1959, 118–135 – Cambridge mediaeval Hist. IV/1, 1966, 908–938 [Bibliogr.] – P. GRUNEBAUM-BALLIN, Joseph Naci, duc de N., 1968 – G. DEMETROKALLES, Συμβολαί εις την μελέτην των βυζ. μνημείων της N., I, 1972 – P. SCHREINER, Die byz. Kleinchroniken, II, 1977, 575 – J. DARROUZÈS, Notitiae episcopatuum ecclesiae Constantinopolitanae, 1981, 504, 507 – E. MALAMUT, Les îles de l'Empire byz., 1988, 215–218, passim.

Nazareth. Der im AT nicht erwähnte kleine Ort N. in Untergaliläa (Israel) ist im NT als Wohnort der Jungfrau →Maria und ihres Mannes Joseph genannt. In N. ereignete sich die Verkündigung an Maria (Lk 1, 26–38); hier verbrachte →Jesus Christus Kindheit (→Kindheitsgesch. Jesu) und Jugendalter und begann seinen Synagogendienst (Lk 2 und 4, 16–30). In Evangelien und Apostelgeschichte wird Jesus oft als 'Jesus v. N.' (der 'Nazoräer' oder 'Nazarener') bezeichnet. Dessenungeachtet fand der Ort bei den frühen Christen nur geringes Interesse (kein Basilikabau unter →Konstantin und →Helena); doch ist N. vor und nach der arab. Eroberung von 634 bisweilen als Pilgerstätte erwähnt.

Zur Zeit des 1. →Kreuzzugs hatte das verfallene Dorf chr. Bewohner. 1099 machte →Tankred nach der Eroberung Galiläas den Ort N. (neben Tiberias und dem Tabor-Kl.) zu einem kirchl. Zentrum. Er restaurierte und beschenkte in N. die Kirchen Mariä Verkündigung und St. Joseph. Wohl seit ca. 1100, gesichert ab 1109 residierte in N. ein lat. Bf. Ein augustin. Kanonikerstift entstand in der

Verkündigungskirche. N. wurde zu einer kleinen Stadt mit Verwaltungsfunktionen und zu einem blühenden Pilgerort. 1129 wurde das Ebm. v. Galiläa von Skythopolis (Bethsan) nach N. verlegt; die Unterordnung der Kirche v. Tiberias und des Tabor-Kl. unter N. führte zu lokalen Rivalitäten. N. stieg auf zur geistl. Seigneurie des Kgr.es →Jerusalem, dem sie militär. Lehnsdienst leistete. In der 2. Hälfte des 12. Jh. erfolgte, unterbrochen nur durch das Erdbeben v. 1170, der prunkvolle Neubau der Verkündigungs- und der Josephskirche. Wichtigster Überrest dieser roman. Kirchenbauten sind die fünf 'N.-Kapitelle' (1908 aufgefunden, heute im Franziskan. Museum in N.), die in ihren bibl.-allegor. Darstellungen starke westl. Einflüsse zeigen (Beziehungen zur Skulptur der Abtei Plaimpied bei Bourges). Vor 1187 hatte die Kirche v. N. ihren Besitzungen im Hl. Land ausgedehnten Grundbesitz in Unteritalien hinzugefügt.

Nach dem Sieg →Saladins bei →Ḥaṭṭīn (1187) wurde N. rasch eingenommen und sank zur Bedeutungslosigkeit ab. 1204 erleichterte ein Waffenstillstand mit Sultan →al-ʿĀdil noch den Pilgerverkehr; wohl 1220 wurden Stadt und Kirchen aber zerstört. 1229 kam N. durch den Vertrag zw. Friedrich II. und dem Sultan →al-Kāmil an die Franken zurück (mit einem Landkorridor zur Hauptstadt →Akkon); N.s Kirchen wurden nun teilweise wiederaufgebaut, doch blieb die Stadt verwüstet. Erst um 1240 war der Pilgerverkehr wieder einigermaßen hergestellt; 1251 besuchte Kg. →Ludwig d. Hl. v. Frankreich N. als Pilger. Das kirchl. Leben blieb aber auf niederem Niveau; in den späten 1250er Jahren kam der Grundbesitz der Diöz. an die →Johanniter, denen der Ebf. v. N. 1259 seinen Schutz verlieh. 1263 fand das fränk. N. mit der Zerstörung durch den Mamlūken-Sultan →Baibars sein Ende; zahlreiche Bewohner wurden erschlagen. Zwar besuchten weiterhin Pilger den Ort, doch erst 1620 fand die Wiederherstellung der Verkündigungskirche durch Franziskaner statt. Der Niedergang N.s spiegelt sich in der Überlieferung des späten 15. Jh. wider, nach der 1291 (etwa zeitgleich mit dem Fall von →Akkon) das Haus der Jungfrau Maria (Casa Santa) angebl. von Engeln über das Meer getragen wurde, zunächst in die Gegend von Fiume (Rijeka), 1295 nach Loreto.   H. E. J. Cowdrey

Lit.: LThK² VII, 851–853 – P. Viaud, N. et ses deux églises de l'Annonciation et de St-Joseph, 1910 – C. Kopp, Die hl. Stätten der Evangelien, 1959, 86–122 – M. Barasch, Crusader Figural Sculpture in the Holy Land, 1971, 67–183 – J. Prawer, Hist. du royaume lat. de Jérusalem, 1975² – H. E. Mayer, Bm.er, Kl. und Stifte... (MGHSchr. 32, 1977), 69f., 89–92, 117f., 128f., passim – J. Folda, The N. Capitals and the Crusader Shrine of the Annunciation, 1986.

Nazarius, Bf. der it. Katharerkirche von →Concorezzo, der für die Geschichte der kathar. Häresie von großer Bedeutung ist: Zum einen wird ihm zugeschrieben, er habe die →»Interrogatio Johannis«, eine der grundlegenden Schriften des Katharertums, um 1195 aus Bulgarien nach Italien gebracht, zum anderen gehen auf ihn – den Q. zufolge – eine Reihe kathar. Mythen zurück, u. a. das Verhältnis von Sonne und Mond; die Auffassung, Maria sei kein Mensch, sondern ein Engel; die Leugnung der Menschennatur Christi und der Glaube, Christus sei durch das Ohr Mariens geboren. N.' Leichnam wurde 1254 exhumiert und verbrannt.   E. Pásztor

Lit.: A. Dondaine, La hiérarchie cathare en Italie, II, APraed 20, 1950, 234–324, passim – A. Borst, Die Katharer, 1953 – J. Duvernoy, Le catharisme, I–II, 1976/79 – R. Manselli, L'eresia del male, 1980², s. v.

Nazarius und Celsus, hll. (Fest 28. Juli), Märtyrer in Mailand. Ihre Reste fand 395/397 →Ambrosius (→Paulinus v. Nola, Vita Ambrosii 32f.). Bei N.' Erhebung zeigten sich Leib und Haupt so unversehrt, daß man seine Leidenszeit nicht abschätzen konnte; dabei entdeckte der Bf. in der Nähe das Grab des C. Allein N. kam sogleich in die Apostelbasilika von 386, die seinen Namen annahm. C. wurde erst von Bf. Landulf (979–997) überführt. Die Passio, wohl ursprgl. aus der Mitte des 5. Jh., verbindet N. mit C. legendar. als Lehrer und Schüler aus Cimiez, nennt als weitere Orte der Verfolgung Embrun, Genf, Autun und Trier. Eine spätere Fassung läßt N. in Mailand auch →Gervasius und Protasius (19. Juni) treffen. So entstand die ambrosian. Hl.nreihe. N.' Reliquien gelangten bald in zahlreiche Kirchen: Nola, Brescia, Ravenna, Rom (zus. mit dem hl. Nabor), weiter nach Sardinien, Byzanz und Afrika, in das frk. Embrun und St-Nazaire bei Nantes. Die frk. Martyrologien interpretierten die Festtage unterschiedl.: Der wahrscheinl. Erhebungstag (28. Juli) wurde im MartHieron zum Tag des Martyriums. Der 10. Mai, 12. Juni und 30. Okt. bewahren andere Daten der Kultentwicklung. Dargestellt wird N. häufig als bärtiger Krieger, C. als junger Mann.   K. H. Krüger

Lit.: BHL, 6039–6050 – BHG, 1323f. – MartHieron, 399ff. – Bibl. SS IX, 780–785 – Catholicisme II, 776f.; IX, 1121 – LCI VIII, 32 – LThK² VII, 853f. – Vies des Saints VII, 676–678 – E. Dassmann, Ambrosius und die Märtyrer, JbAC 18, 1975, 52f., 58 – P. Jounel, Le culte des saints, 1977, 263 – U. Zanetti, Les passions, AnalBoll 97, 1979, 69–88; 105, 1987, 303–384 [gr. Texte].

Neapel (Napoli), Stadt und Ebm. in Unteritalien (Kampanien).

A. Stadt und Wirtschaft – B. Universität

A. Stadt und Wirtschaft

I. Spätantike; der byzantinische Dukat – II. Herrschaft der Normannen und Staufer – III. Herrschaft der Anjou und Aragón.

I. Spätantike; der byzantinische Dukat: N., eine griech. Gründung, bewahrte seine hellen. Prägung auch nach der röm. Eroberung. In der Kaiserzeit war die Stadt wegen ihres Klimas, ihrer Lage und nicht zuletzt wegen ihrer prachtvollen Bauwerke und kulturellen Traditionen berühmt. Von den Ks.n gefördert und von Valentinian III. mit einem Mauerring ausgestattet, blieb N. von den ersten Germaneneinfällen verschont, so daß Cassiodor die Stadt noch gegen Ende des 5. Jh. als »urbs ornata multitudine civium, abundans marinis terrenisque deliciis« bezeichnen konnte. Die ersten Schwierigkeiten begannen jedoch mit dem Ausbruch der byz.-got. Kriege (→Gotenkriege) i. J. 535. Mit ihrer got. Garnison leistete N. 536 heftigen Widerstand gegen die byz. Truppen unter →Belisar, wurde jedoch eingenommen und geplündert und erst 543 von den Goten Totilas zurückerobert. Dessen entscheidende Niederlage in der Schlacht auf den Abhängen des Vesuvs i. J. 553 bedeutete für N. die Rückkehr unter byz. Herrschaft und die Wiederbelebung seiner griech. Prägung infolge des Zustroms griech. Amtsträger und Kirchenmänner.

Gegen die →Langobarden war N. allein auf sich gestellt, da das byz. Kaiserreich, dessen Kräfte im Osten gebunden waren, nicht in der Lage war, starke Truppenverbände auf die Apenninenhalbinsel zu entsenden. Dies führte zur Aufhebung der Trennung von zivilen und militär. Ämtern und als Folge zur Konzentration der Macht in den Händen des Dux. Auch sahen sich die Aristokraten gezwungen, persönlich militär. Aufgaben zu übernehmen, da alle Grundbesitzer in das Heer eingegliedert wurden, wobei ihre Stellung ihrem jeweiligen Besitzstand und Sozialprestige entsprach. Diese neue städt. Miliz vermochte N. gegenüber den mehrmaligen Eroberungsversuchen der Langobarden des Dukats (und späteren Fsm.s) →Benevent zu schützen. Um die Mitte des 7. Jh. umfaßte der Dukat N. die Städte N., Amalfi, Sorrent, Nocera, Nola, Atella, Pozzuoli, Miseno, Cuma, Gaeta sowie die Inseln Ischia, Procida und Capri. Anfang des 9. Jh. hatte er sich jedoch auf die Städte N., Cuma, Pozzuoli und Sorrent (das seinerseits Anfang des 11. Jh. Mittelpunkt eines selbständigen Dukats wurde) sowie auf die Liburia (Terra di Lavoro) reduziert, d. h. auf das Gebiet zw. Cancello, Nola, dem heutigen Regi Lagni und dem Patria-See, ein Territorium, das stets auch von den Langobarden beansprucht wurde.

Das 9. Jh. war für die Gesch. ganz Kampaniens von einschneidener Bedeutung: Während sich der Druck der Langobarden auf N. verstärkte (Belagerungen 822, 831, 832, 835 und 836) und partikularist. Tendenzen zur Bildung der autonomen Dukate →Amalfi und →Gaeta führten, splitterte sich das Fsm. →Benevent in drei polit. Organismen auf, die ihren Hauptort jeweils in Benevent, →Salerno und →Capua hatten. Die polit. Situation gestaltete sich durch die Einfälle der Sarazenen noch unruhiger, da diese nicht nur Streifzüge entlang der Küsten unternahmen, sondern sich auch in die innerkampan. Auseinandersetzungen einschalteten. Der andauernde Kriegszustand förderte das Entstehen eines städt. Patriotismus und gab der Tendenz, sich von Byzanz loszulösen, entscheidende Impulse mit der Folge, daß der Dux schließlich unter den lokalen Mächtigen gewählt wurde und zunehmend größere Unabhängigkeit von Byzanz gewann: So begründete Sergius I. (840–865) ein erbl. Hzm. Es gelang ihm, das dynast. Prinzip fest in seiner Familie zu verankern, indem er seinen ältesten Sohn Gregorius (865–870) zum Mitherrscher machte und seinen Söhnen Athanasius und Stefanus die Bf.swürde von N. und von Sorrent übertragen ließ. Ein anderer Sohn, der berühmte Consul Caesarius, besiegte mit Schiffen aus N., Amalfi, Gaeta und Sorrent die Sarazenen bei Gaeta (846) und bei Ostia (849). Die Machtkonsolidierung der Duces und die Kontrolle, die sie im allg. über den Bf.sitz ausübten, vermochten jedoch die große Bedeutung, die dieser nach byz. Tradition auch für den weltl. Bereich hatte, nicht wesentl. zu schmälern: Zeugnis dafür ist das energ. Auftreten des Bf.s Athanasius, der die Außenpolitik seines Neffen Sergius' II., der ein Abkommen mit den Sarazenen anstrebte, bekämpfte. Sein Nachfolger, Bf. Athanasius II., ging sogar zu offener Gewalt über, nahm Sergius gefangen, ließ ihn blenden und machte sich selbst zum Dux (877–898).

Trotz dieser Konflikte innerhalb der herrschenden Dynastie scheint im 9./10. Jh. eine strukturelle Festigung der neapolitan. Gesellschaft eingetreten zu sein, die ihren Niederschlag in einem wirtschaftl. Aufschwung (Entwicklung des Handwerks, v.a. der Metallverarbeitung und der Leinenweberei) wie in kulturellen Impulsen fand, die von den Duces ausgingen, welche in ihrer Bibliothek griech. und lat. religiöse und profane Werke sammelten. Die Kultur war offenbar stark griechisch geprägt; für den umfassenden Gebrauch der griech. Sprache und Schrift gibt es zahlreiche Belege. Gleiches gilt für den Bereich des religiösen Lebens, in dem ökumen. Tendenzen durch die Koexistenz des griech. und des lat. Ritus zutage treten. Bes. stark ist die griech. Präsenz im Mönchtum, das sich in Organisation und Spiritualität anfangs vorrangig an den griech. Mönchsvätern orientierte, seit dem 11. Jh. jedoch das benediktin. Vorbild übernahm. Zu den bedeutendsten Kl. dieses Zeitabschnitts gehören SS. Severino e Sossio, SS. Teodoro e Sebastiano, SS. Pietro e Marcellino, S. Gregorio, S. Maria di Donnaregina, S. Gregorio Armeno und S. Patrizia. Die Kirche von N., die der Patriarch v. Konstantinopel mehrmals aus der päpstl. Jurisdiktion herauszulösen versucht hatte, wurde zum Ebm. erhoben (969?). Der ursprüngl. Umfang der Erzdiözese ist nicht bekannt. Im 12. Jh. umfaßte sie Cuma, Nola, Pozzuoli, Acerra, Aversa und Ischia, wobei die drei letztgen. Bm.er erst im 11. Jh. geschaffen worden waren und Acerra wahrscheinlich früher zur Metropole Capua gehört hatte, während Nola bis 1179, als es definitiv zum Suffraganbm. von N. erklärt wurde, auch vom Ebf. v. Salerno beansprucht wurde.

Nach dem Jahr 1000 nahm das polit. Erscheinungsbild Süditaliens zunehmend komplexere Züge an: die Ursachen dafür liegen in der Wiederaufnahme von Expansionstendenzen durch die Langobardenfs.en von Capua, den erneuten polit. Initiativen des Imperiums und des Ksr.es Byzanz sowie des Papsttums, v. a. aber im Erscheinen der Normannen.

II. Herrschaft der Normannen und Staufer: Die Normannen besiegten den letzten Dux Sergius VII. und inkorporierten N. 1139 in das von →Roger II. geschaffene Kgr. Sizilien. Zwar bedeutete der Verlust der polit. Autonomie den Übergang des Stadtregiments von den lokalen Machthabern auf den Vertreter der Königsgewalt (»compalatius«), führte jedoch nicht zu sozialen Umwälzungen, da ein Großteil der Mitglieder der neapolitan. Miliz in den Feudaladel integriert wurde. Diese Ordnung blieb während der gesamten normannisch-stauf. Zeit unverändert, mit Ausnahme kurzer Perioden (einige Jahrzehnte Ende 12./Anfang 13. Jh. infolge des Machtwechsels von den Normannenherrschern zu den Staufern und in den Jahren zw. dem Tod Friedrichs II. [1250] und der definitiven Machtergreifung Manfreds [1258]), in denen N. wieder seine volle Selbständigkeit gewann und ähnl. Statuten (Ordinamenta) wie die mittel- und nordit. Kommunen entwickelte.

In der norm.-stauf. Zeit, in der die Bevölkerungszahl nach glaubwürdiger Schätzung etwa 30 000 Einw. betrug, erlebte die Stadt ein Wachstum auf allen Gebieten. Unter den Duces war N. nicht über die röm. Mauern hinausgewachsen und umfaßte ein Gebiet, dessen Umfang nach der Berechnung, die Roger II. 1140 anstellen ließ, 2363 »Schritte«, d. h. knapp über 4 km betrug. Bereits zu dieser Zeit waren die weiten Grünflächen innerhalb der Mauern bebaut worden, und es waren zahlreiche Gebäude außerhalb des Mauerrings entstanden. Der Hafen bestand aus zwei Anlagen, dem alten Hafen (»Arcina«) bei der heut. Facoltà di Lettere und dem später entstandenen Hafen im W (»Vulpulum«), wo sich heute die Piazza Municipio befindet. Zur gleichen Zeit erlebten Handwerk und Handel einen Aufschwung, der v. a. den Kaufleuten aus →Amalfi, →Genua und →Pisa zu verdanken ist, die gegen Ende des 12. Jh. in N. ihre wichtigste Operationsbasis für Süditalien errichteten.

III. Herrschaft der Anjou und Aragón: Nach dem Gesagten – zur Errichtung der Univ. s. Abschnitt B – wird deutlich, daß die Erhebung N.s zur Hauptstadt durch Karl v. Anjou (1266) nicht allein polit. Beweggründe hatte, sondern auch die offizielle Anerkennung der Vorrangstellung bedeutete, die die Stadt inzwischen im Kgr. errungen hatte.

Unter der neuen Dynastie wurde N. zum Sitz der Zentralverwaltung des Staates, nachdem unter Friedrich II. schon der Staatsschatz in der befestigten Burginsel des Castel dell'Ovo aufbewahrt worden war. Neue Kolonien von auswärtigen Kaufleuten ließen sich nieder (v. a. Florentiner, später Katalanen), wodurch Produktion und Handel Impulse erfuhren. Dies alles führte zu einem weiteren Bevölkerungswachstum und erforderte eine umfassende Erweiterung der Stadt und eine Erneuerung ihrer Bausubstanz. Bedeutende Bauwerke wurden errichtet wie die Konvente der neuen Bettelorden (S. Lorenzo, S. Domenico, S. Chiara, S. Agostino alla Zecca, S. Maria del Carmine, S. Maria la Nova, S. Pietro Martire) und andere kirchl. Bauten (Incoronata-Kirche, Kartause S. Martino, der Dom selbst – wo am 17. August 1389 erstmals das Blutwunder des hl. Januarius [S. Gennaro] belegt ist) sowie der neue Hafen (Porto Pisano, ein Ausbau des antiken »Vulpulum«) mit Werften und Docks. Die Entstehung neuer, sternförmig angeordneter Wohnviertel hinter dem Hafen veränderte grundlegend die Physiognomie der Stadt, die mehr als ein Jahrtausend die griech.-römische, rasterförmige Anlage, basierend auf Decumanus und Cardo, bewahrt hatte. Das Stadtzentrum verlagerte sich vom Gebiet um das Kl. S. Lorenzo (im Herzen der Altstadt) zum Hügel S. Maria »ad palatium«, wo das Castel Nuovo, »Maschio angioino«, emporragte, das zum Symbol N.s werden sollte. Das glanzvolle höf. Leben, das nicht nur die Vertreter der großen Familien des Feudaladels in die Stadt zog, sondern auch die größten Künstler und Intellektuellen der Zeit, unter ihnen Giotto, Simone Martini, Petrarca, Boccaccio, förderte zudem den Handel mit Luxusgütern. Als Handelsmetropole und Messestadt entwickelte sich N. zu einem der kulturell und wirtschaftlich aktivsten Zentren des europ. SpätMA.

Dieser Aufschwung, der zumindest seit drei Jahrhunderten angedauert hatte, erfuhr im Laufe des 14. Jh. und im frühen 15. Jh. dramat. Einbrüche, hervorgerufen durch Mißernten, Hungersnöte, Seuchen sowie durch die Krise der Anjou-Dynastie. Aber auch in dieser Zeit war N. mit seinen 60000 Einwohnern die bei weitem größte und wichtigste Stadt des Kgr.es. Bereits in der Mitte des 15. Jh. erlebte N. jedoch infolge der Förderung durch Alfons v. Aragón und dessen Nachfolger eine neue Blüte: die aragonesen. Herrscher füllten nicht nur die Stadt mit Kunstwerken an und beriefen die berühmtesten Maler, Bildhauer und Architekten nach N., sondern förderten auch das Gewerbe (Wolle, Seide). Nach kaum 50 Jahren hatte sich die Bevölkerung beinahe verdoppelt und erreichte am Ende des 15. Jh. 100000 Einw., so daß der Mauerring in zwei Etappen erweitert werden mußte. Die hohen, mit Rundtürmen versehenen Mauern vermochten die Stadt jedoch nicht vor der Einnahme durch die frz. Truppen D'Aubignys und danach durch die Truppen des →Gran Capitán (Gonzalo de Cordoba) zu schützen, die N. am 14. Mai 1503 besetzten, wodurch die Stadt ihren Rang als Hauptstadt eines unabhängigen Kgr.es verlor. G. Vitolo

Lit.: B. Capasso, Topografia della città di Napoli nel sec. XI, 1895 – D. Ambrasi, La vita religiosa (Storia di Napoli, III, 1959) – N. Cilento, La Chiesa di Napoli nell'Alto Medioevo (ebd., II, 1968) – G. Cassandro, Il ducato bizantino (ebd., II/1, 1969) – M. Fuiano, Napoli nel Medioevo, 1972 – G. Galasso, Intervista sulla storia di Napoli, 1978 – M. Del Treppo, Il Regno aragonese (Storia del Mezzogiorno, IV, 1984) – G. Vitolo, Il Regno angioino (ebd., IV, 1984) – G. D'Agostino, Per una storia di Napoli capitale, 1988 – G. Vitolo, Vescovi e diocesi (Storia del Mezzogiorno, III, 1990) – Ders., Città e coscienza cittadina nel Mezzogiorno medievale, 1990 – G. Galasso, Il Mezzogiorno angioino e aragonese (Storia d'Italia XV/1, 1992).

B. Universität

Die Univ. N. war im MA eine Institution von originalem Charakter, der bei ihrer Gründung zum Ausdruck kommt. Am 5. Juni 1224 errichtete Ks. →Friedrich II. ein Studium in N., das Unterricht in allen erlaubten Wissenschaften erteilen sollte. Der Ks. verband damit das Hauptziel, →Juristen für die Regierung und Verwaltung des Kgr.es →Sizilien auszubilden. Er verbot seinen siz. Untertanen das Studieren im Ausland und sicherte N. das Unterrichtsmonopol im Kgr. (außer für →Medizin, die traditionell in →Salerno gelehrt wurde). Die Kirche blieb bei dieser Neugründung ausgeschlossen. Genossen die Magister und Studenten von N. persönlich den privilegierten Status von 'scolares', so verfügte das Studium selbst nicht über Autonomie. Die Professoren wurden ernannt und bezahlt von der kgl. Regierung, die die Verleihung von universitären →Graden und den gesamten Studienablauf streng überwachte. Damit unterschied sich N. stark von anderen bestehenden Univ. des Abendlands.

1226 verhängte Friedrich über →Bologna, das zur päpstl. Partei hielt, die Reichsacht. Er hoffte, N. zum einzigen Zentrum des Rechtsunterrichts in Italien zu machen. Doch blieb diese Maßnahme wirkungslos; die Anfänge N.s waren vielmehr von Schwierigkeiten überschattet. Friedrich II. und seine Nachfolger mußten die Univ. mehrfach »reformieren«, um ihre Funktionsfähigkeit zu gewährleisten. 1254–58 folgten (ergebnislos gebliebene) Bestrebungen, sie nach Salerno zu verlegen.

1266 verlieh →Karl v. Anjou der Univ. N. eine gewisse Stabilität. Der Papst erkannte sie als 'studium generale' an. Gleichwohl blieb sie unter ausschließl. Kontrolle der staatl. Gewalt: Der →Kanzler des Kgr.es war zugleich Kanzler der Univ., und ein kgl. Justitiar übte die Jurisdiktion über die Studenten aus. Fraglich bleibt, ob in N. jemals ein gewählter →Rector amtierte. Die 'collegia doctorum', die wohl seit dem 13. Jh. bestanden, wurden erst 1353 offiziell anerkannt; sie führten die →Examina durch.

Im 14. Jh. stellt sich N. im wesentl. als Rechtsschule von mittlerer Größe dar, die aber von der Gunst der frühen Angiovinen-Kg.e profitierte. Professoren von Rang lehrten in N., blieben aber zumeist nur kurze Zeit, um oft in unmittelbaren Königsdienst überzuwechseln. Die Fakultäten der Artisten und Mediziner waren wenig aktiv; Theologie konzentrierte sich in den Studia der Bettelorden in der Stadt. Seit Mitte des 14. Jh. litt die Univ. unter den Wirren im Kgr. und wurde 1435–51 und erneut 1456–65 geschlossen. →Alfons V. der Großmütige zeigte kein Interesse für die Univ. N. und schwächte ihre Position durch Gründung der Univ. →Catania (1444). Doch erlebte N. unter Kg. →Ferdinand I. (1458–94) einen gewissen Aufschwung; Humanisten lehrten Rhetorik, Griechisch und Dichtkunst, zogen, von der Regierung unterbezahlt, jedoch zumeist nach kurzem Aufenthalt weiter. Die Univ. N. erlag als humanist. Bildungsstätte der Konkurrenz des Königshofes und der Academia Pontaniana (→Akademie). Stets unter unmittelbarer Kontrolle des Kgtm.s, wurde ihre Leitung 1478 (anstelle des Kanzlers) dem kgl. Confessor übertragen. J. Verger

Lit.: Rashdall, II, 21–26 – G. M. Monti, Per la storia dell'Univ. di Napoli, 1924 – Storia della Univ. di Napoli, 1924 – C. de Frede, I lettori di umanità nello Studio di Napoli, 1960 – G. Arnaldi, Fondazione e rifondazioni dello Studio di Napoli in età sveva (Univ. e società nei secoli XII–XVI, 1982), 81–105 – J. H. Bentley, Politics and Culture in Renaissance Naples, 1987 – Gesch. der Univ. in Europa, I, hg. W. Rüegg [im Dr.].

Neapel, Kgr. Der Begriff »Regno di Napoli« – Kgr. N. – kam um die Mitte des 14. Jh. auf zur Bezeichnung der in Süditalien von der →Anjou-Dynastie errichteten Monarchie, die erst seit der Regierungszeit →Karls II. (1285–1309) N. zur Hauptstadt erhoben hatte.

Der Name wurde jedoch in dieser Zeit nicht offiziell gebraucht; man bezeichnete weiterhin das Kgr. in Süditalien als Kgr. Sizilien – »Regno di Sicilia« –, obgleich es nicht mehr die namengebende Insel umfaßte. Nach der

→Sizilianischen Vesper (1282) und dem folgenden zwanzigjährigen Krieg war im Frieden v. →Caltabellotta (1302) die polit. Autonomie des aragon. Inselsiziliens als »Regno di→Trinacria« anerkannt worden, in der – nicht verwirklichten – Erwartung, daß die Insel wieder in den Staatsverband, von dem sie sich abgetrennt hatte, zurückkehren würde. Dies führte zur Existenz zweier Kgr.e Sizilien, die Alfons V. v. Aragón 1435 in Personalunion verband (rex Sicilie citra et ultra Pharum; rex utriusque Sicilie).

Erst zu Beginn des 16. Jh. wurde der Name »Regno di Napoli« – Kgr. N. – in den europ. Kanzleien zum festen Terminus und erhielt sich bis 1816, als Kg. Ferdinand v. Bourbon formell das neue »Regno delle due Sicilie«–Kgr. beider Sizilien – begründete. S.a. →Karl I. v. Anjou, →Karl II. v. Anjou, →Karl III. v. Anjou-Durazzo, →Johanna I., →Johanna II., →Robert d. Weise; →Trinacria; →Sizilien. E. Cuozzo

Lit.: V. Epifanio, Le origini del Regno di Napoli, ASS 2–3, 1938, 51–107 – E. Pispisa, Regnum Siciliae. La polemica sulla intitolazione, 1988 – G. Galasso, Il Regno di Napoli. Il Mezzogiorno angioino e aragonese (1266–1494), 1992, 1–12.

Nébouzan, kleine Landschaft (seit 1345 Vicomté) des frz. Pyrenäenvorlandes, Teil der Gft. →Comminges, zw. St-Gaudens und dem Oberlauf der Save, wurde infolge der umstrittenen Erbfolge Gf. Bernhards IV. († 1225) zur polit. Einheit. 1258 bemächtigte sich der Vicomte v. →Béarn, Gaston VII., der die Rechte der Petronilla (Tochter des verstorbenen Gf.en, dessen Schwiegersohn Gaston VII. war) rekuperiert hatte, der 'terra' N., deren Besitz er sich 1267 definitiv anerkennen ließ. Als 'dos' der Margarete, Tochter Gastons VII. und Gemahlin des Gf.en Roger Bernhards III. v. →Foix, wurde das N. zum integralen Bestandteil der Länder des Hauses Foix-Béarn, deren territoriale Einheit Gaston VII. in seinem Testament 1290 proklamiert hatte. Bestehend aus der Stadt St-Gaudens und einigen Ortschaften, stieg das N. 1345 zum Rang eines Vicecomitatus auf. Vergrößert um einige hinzuerworbene Kastellaneien, war die Herrschaft ein Ansatzpunkt der polit. Pläne von →Gaston Fébus zum Aufbau eines »Pyrenäenstaates« zw. Foix und Béarn (1370–91). Nach dem Anfall der Gft. Comminges an die Krone Frankreich (1502) blieb das N. eine Enklave der seigneurialen Herrschaft der Foix-Béarn. B. Cursente

Lit.: J. Bourdette, Notice sur le N., Revue de Comminges, 1899–1902 – →Comminges [Ch. Higounet, 1949]; →Gaston Fébus [P. Tucoo-Chala, 1976].

Nebrija (Lebrija), **Elio Antonio de** (E. A. Martínez de Cala y Jarava), * 1444 Nebrija (in der Nähe von Sevilla), † 1522 Alcalá de Henares. 1459 begann er seine Studien an der Univ. Salamanca, studierte auch in Bologna, wurde danach Prof. der Univ. Salamanca, später Prof. an der Univ. →Alcalá, wo er als Mitarbeiter an der Complutenser Polyglottenbibel unter der Leitung von Kard. →Cisneros tätig war. Daneben war er Chronist der →Kath. Kg.e. Erster span. Humanist, Herausgeber klass. und chr. Autoren. Sein Hauptwerk »Arte de la lengua castellana« (erste Grammatik der kast. Sprache, 1492) stand ganz im Dienste des span. Imperiums: Die Sprache hat dem Reich zu dienen. N. ist Autor zahlreicher weiterer Werke, u. a. »Introductiones latinae« (1481), »Dictionarium latino-hispanicum« (1492), »Dictionarium hispanico-latinum« (ca. 1495), und verfaßte auch Gedichte.

J. M. Alonso-Núñez

Ed.: Gesamtausg. fehlt – Gramática castellana, ed. P. Galindo Romero – L. Ortiz Muñoz, 1946, 2 Bde [nach der Ed. pr. 1492] – Gramática de la lengua castellana, ed. A. Quilis, 1984² – Lit.: Emerita 13, 1945 – RFE 29, 1945 – J. Casares, N. y la gramática castellana, BRAE 26, 1947,

335–367 – R. B. Tate, N. the Historian, BHS 34, 1957, 125–146 – N. y la introducción del Renacimiento en España, ed. V. García de la Concha (Actas de la III Academia Lit. Renacentista, Salamanca, 1983) – D. Coles, Humanism and the Bible in Renaissance Spain and Italy: A. de N., 3 Bde [Diss. Yale Univ. 1986; Ann Arbor, Mich., Univ. Microfilms Internat. 1987].

Nechtan, Kg. der →Pikten wahrscheinl. 709–724, 728–729 (vermutl. Naiton in P-kelt. Piktisch), v. a. bekannt durch seinen Brief an Abt →Ceolfrith v. Monkwearmouth/→Jarrow, in dem er diesen um Unterrichtung in der röm. Osterobservanz (→Ostern), über die Tonsur und um die Entsendung von Maurern zur Errichtung einer Steinkirche »iuxta morem Romanorum« bat, die dem hl. Petrus geweiht werden sollte (Beda, Hist. Eccl. v. 21). Nach Beda erfolgte die Reform der Osterobservanz »per universas Pictorum provincias«, wohl eine Übertreibung von N.s Macht, da es wahrscheinl. mehrere Kg.e der Pikten gab. Doch berichten die ir. Annalen (verfaßt in →Iona) von N.s Vertreibung und der Gemeinschaft des hl. →Columba (Colum Cille) 717 und lassen vermuten, daß der Verfasser des Briefs an Ceolfrith ein Sohn von Drostan (713) war. Sie belegen aber auch einen Sohn namens N. von Derilei (726). Setzt man die Identität der beiden Genannten voraus, so war wohl Derilei N.s Mutter. Jedenfalls zog sich ein Kg. N. (freiwillig oder gezwungen) 724 aus dem weltl. Leben zurück, erlangte 728 erneut seine Machtstellung und verlor 729 seine Truppen an →Óengus mac Fergus, bevor er 732 starb. P. Wormald

Lit.: M. O. Anderson, Kings and Kingship in Early Scotland, 1973, 175–178 – A. A. M. Duncan, Bede, Iona and the Picts (The Writing of Hist. in the MA, ed. R. H. C. Davis–J. M. Wallace-Hadrill, 1981), 1–42 – A. P. Smyth, Warlords and Holy Men, 1984, 73ff., 137f.

Nechtanesmere, Schlacht bei (20. Mai 685), in der Nähe von Forfar im ö. Schottland. Kg. →Ecgfrith v. Northumbrien, der in das Piktenreich eingefallen war, wurde in dieser Schlacht von den →Pikten besiegt und fand den Tod. Sie beendete das ags. Vordringen im n. Britannien. →England, A. II, 1.

Lit.: →Ecgfrith, Kg. v. Northumbrien.

Necrolog (von mlat. necrologium [= Totenbuch] abgeleitet; anders als der Nekrolog [= Nachruf]). Das N. erschien im MA unter zahlreichen Bezeichnungen, als liber vitae wie die für die →Gebetsverbrüderung geschaffenen Bücher; als regula oder martyrologium, weil es mit Regeltext und →Martyrolog die Hauptbestandteile des Kapiteloffiziumsbuches bildete, aus dem im Primkapitel ein Kap. der Regel, die Tagesh.en und die Verstorbenen, derer man am betreffenden Tag zu gedenken hatte, vorgelesen wurden. Oft sind N.ien als Hl.enfestkalender mit Einträgen der Namen der Verstorbenen zu deren Todestagen einem Missale, Sakramentar oder einer Chronik vorgebunden. Als ursprünglichste Form zeigt sich die Anbindung von Namen Verstorbener an die Hl.eneinträge in Martyrolog und Kalendar. Wie die Verbrüderungen begegnen die frühesten N.ien (Willibrordkalender, Kalendarfrgm. Berlin, Preuß. Staatsbibl. lat. fol. 877 und Gfl. Walderdorffsche Bibl., Kalendarfrgm. München, HStA, Raritätensel. 108) in der Zeit der Angelsachsenmission. N.ien wurden selten von Personen und in Familien, meist von geistl., bes. mönch. Gemeinschaften geführt, seit dem späten MA auch in Bruderschaften, Spitälern, städt. Magistraten, Pfarrkirchen, Univ. Manche Konvente der Karolinger- und Ottonenzeit benutzten Verbrüderungsbuch und N. gleichzeitig. Dabei war das N. den Einträgen der Mitglieder der eigenen Gemeinschaft und deren engstem Freundeskreis vorbehalten. Die N. form, die mit den Tagesdaten die Wiederauffindung der Einträge und damit dauerndes Gedenken für jede einzelne Person ermöglichte, setzte sich seit dem 10. Jh. im sog. Reformmönchtum durch. Nun wurden durch Totenrotuli die Namen der Verstorbenen eines Kl. mit denen anderer ausgetauscht. Da die Tagesration eines verstorbenen Mönchs zum Gedenken an ihn 30 Tage und am Jahrgedächtnistag gegeben wurde, bildeten die N.ien auch die Buchführung für die kl. Armensorge. In den Mönchsorden seit dem 12. Jh. nahmen die N.ien nicht mehr die Namen der einzelnen Mönche auf, derer pauschal an bestimmten Tagen gedacht wurde. Die N.ien wurden abgelöst von den Anniversarbüchern, in denen die Stifter für eine Gemeinschaft zu ihren Todestagen und mit Notizen über Stiftungen und Gedenkleistungen eingeschrieben wurden. J. Wollasch

Lit.: N. Huyghebaert, Les documents nécrologiques (Typologie des sources du MA occidental 4, 1972, mise à jour [J.-L. Lemaître] 1985) – K. Schmid–J. Wollasch, Societas et Fraternitas, FMASt 9, 1975, 1–48 – D. Geuenich, Verbrüderungsverträge als Zeugnisse der monast. Reform des 11. Jh. in Schwaben, ZGO 123, 1975, 17–30 – O. G. Oexle, Memoria und Memorialüberl., FMASt 10, 1976, 70–95 – J. Wollasch, Les obituaires, témoins de la vie clunisienne, CCMéd 22, 1979, 139–171 – Ders., Zu den Anfängen liturg. Gedenkens an Personen und Personengruppen (Freiburger Diöz.-Arch. 100, 1980), 59–78 – J.-L. Lemaître, Rép. des documents nécrologiques français, RHF Obituaires VII, 1, 2, 1980 [Suppl. 1987] – G. Althoff, Adels- und Kg.sfamilien im Spiegel ihrer Memorialüberl., MMS 47, 1984 – K. Schmid–J. Wollasch, Memoria, MMS 48, 1984 – H. Houben, Il »libro del capitolo« del monastero della SS. Trinità di Venosa, 1984 – J. Wollasch, Toten- und Armensorge (K. Schmid, Gedächtnis, das Gemeinschaft stiftet, 1985), 9–38 – J. Gerchow, Die Gedenküberl. der Angelsachsen (Arbeiten zur FrühMAforsch. 20, 1988) – J. Wollasch, Totengedenken im Reformmönchtum (Monast. Reformen, hg. R. Kottje–H. Maurer, 1989) – B. Schamper, S. Bénigne de Dijon, MMS 63, 1989 – M. Borgolte, Stiftergedenken im Kl. Dießen, FMASt 24, 1990, 235–289 – Th. Frank, Stud. zu it. Memorialzeugnissen (Arbeiten zur FrühMAforsch. 21, 1991) – F. Neiske, D. Poeck, M. Sandmann, Vinculum Societas 1991 – J. Wollasch, Spuren Hirsauer Verbrüderungen (Hirsau St. Peter und Paul 1091–1991, hg. K. Schreiner, II, 1991), 173–193.

Neğātī (Beg), osman. Dichter, gest. 1509. Über seine Frühzeit ist wenig bekannt, außer daß er seine Ausbildung in →Kastamonu erhielt. Seinen sozialen Rang verdankte er seinem Dichterruhm, der ihn bald in Hofnähe brachte. Als Dichter begründete er eine Richtung, die sich von der seines berühmteren Zeitgenossen →Aḥmed Paša durch Einfachheit der Sprache, Unkonventionalität und die Verwendung volkstüml. Ausdrücke unterschied und ihm zu seiner Zeit und später weite Beliebtheit sicherte. Von seinen poet. Werken ist nur der →Dīwān erhalten.
A. Tietze

Lit.: IA IX, 154–156 [F. A. Tansel] – A. N. Tarlan, Necati Beg divanî, 1963.

Negation. Das MA kennt im Anschluß an Boethius (in De interpr., ed. prima; MPL 64, 317B) drei Arten von N.en, von verneinenden Sätzen: die einfache N. ('negatio simplex'), die unbestimmte N. ('n. infinita') und die einen Mangel implizierende N. ('n. privativa'); im ersten Fall wird schlechthin ausgesagt, daß etwas nicht in einem ist, im zweiten wird dem Subjekt der Aussage ein unbestimmtes Prädikat, etwa: 'nicht-weiß', zuerkannt und im dritten ein Prädikat, das einen gattungsspezif. Mangel anzeigt, etwa: 'blind' (Thom. Aquinas, In Peri herm. II 10, 2, 6ff.; In Metaph. IV 3,2; In I Sent. 28,1,1 ad 2). In einer N. als verneinender Aussage wird entweder der ganze Satz negiert (etwa: 'non: homo est iustus') oder jeweils dessen Subjekt, Kopula, Prädikat; darüber hinaus wird die N. all dieser N.en diskutiert. Der strengste Gegensatz zw. N. und Affirmation ist die Kontradiktion. Von satzlog. Problemen abgelöst: das Eine als N., als Verneinung des Geteilt-Seins des Seienden, oder als doppelte N. (→'N. der N.'); die N. als gedankl. oder reale Verneinung (Thom. Aquinas, De ver. 21,1; In Metaph. IV 1,12 – gedankl. N. –; In I Sent. 24,1,3 ad 1 – reale N. –; J. Duns Scotus, Report. Par. I 23, n. 7; Opera omnia, ed. L. Wadding, 1639, ND 1968, XI/1, 125 – reale N. –; so auch Antonius Trombeta, Aegidius Romanus, Johannes Canonicus, die Conimbricenses, Antonius Ruvidus, Franciscus v. Meyronnes, Mastrius; dagegen: Wilhelm v. Ockham und bes. Johannes Buridanus – gedankl. N. –). Von Nikolaus v. Kues wird die mentale göttl. Einheit als absolute N. begriffen, und zwar als N. der rationalen Disjunktion von Affirmation und N. sowie als N. der intellektualen Verbindung von Affirmation und N. Einzig diese absolute N. verdient den Titel 'Koinzidenz der Entgegengesetzten' (De coni. I 5; Akad.-Ausg. III, 27,9–28, 1). B. Mojsisch

Lit.: HWP VI, 666–675 – W. Hübener, Die Logik der N. als ontolog. Erkenntnismittel (Positionen der Negativität, hg. H. Weinrich, 1975), 105–140 – W. Kühn, Das Prinzipienproblem in der Philos. des Thomas v. Aquin (Bochumer Stud. zur Philos. 1, 1982) – B. Mojsisch, Zum Disput über die Unsterblichkeit der Seele in MA und Renaissance, FZPhTh 29, 1982, 341–359 – Ders., Ma. Grundlagen der nz. Erkenntnistheorie (Renovatio et Reformatio [Fschr. L. Hödl, 1985]), 155–169 – T. Kobusch, Sein und Sprache. Hist. Grundlegung einer Ontologie der Sprache, 1987 – B. Mojsisch, Nichts und N. Meister Eckhart und Nikolaus v. Kues (Historia Philosophiae Medii Aevi [Fschr. K. Flasch, 1991]), 675–693.

Negation der Negation (Verneinung der Verneinung) besitzt im MA eine vorprädikativ-notionale (begriffl.) Valenz, mag sie auch bei komplex-propositionalen (satzlog.) Analysen begegnen, und impliziert einen verstärkt affirmativen (positiven) oder negativen Bedeutungsgehalt.

Gemäß →Albertus Magnus ist die Negation (N.) nichts anderes als ein einfaches Nicht-Sein (Metaph. IV 4,1; Ed. Colon. XVI/1, 202, 57f.), die N.d.N. aber die Verneinung des Nicht-Seienden und damit bekannter als die einfache N., die ohne die ihr vorausgehende Affirmation nicht begriffen werden kann (ebd. IV 2,6; Ed., 183, 12–17). Albertus diskutiert die N.d.N. allein im Zusammenhang mit dem Aristotel. Prinzip des auszuschließenden Widerspruchs. In seiner Theorie der Konvertibilität von Seiendem und Einem genügt ihm die Annahme einer einfachen N.: Das Eine füge zum Seienden begriffl. eine N. hinzu, das Nicht-Geteilt-Sein und das Nicht-anderes-Sein; der begrenzend-bestimmende Akt der Form bestehe somit in einer N. (»... terminatio formae consistit in negatione ...«, ebd. IV 1,4; Ed., 166, 2–15) – der Sache nach das Determinatio-negatio-est-Motiv Spinozas. – Von →Thomas v. Aquin (De pot. 7,3; 9,7; De ver. I,1; Quodl. X,1,1,3) wird Albertus' N.stheorie transzendentalientheoret. (ohne Rekurs auf die Form-Problematik) übernommen, problematisiert, korrigiert: Das Eine als N. d. N. fügt dem Seienden begriffl. das In-sich-ungeteilt-Sein und Von-anderem-verschieden-Sein hinzu, negiert begriffl. die Affirmation (das Ding) und die N. dieser Affirmation. – Was Logik und Sprache nahelegen, die N.d.N. positiv zu denken, verwirft explizit →Dietrich v. Freiberg: Das Nicht-Seiende sei Privation (ident. mit N.) des Seienden, der Gegensatz von Seiendem und Nicht-Seienden aber in gewisser Hinsicht eine Weise des Seienden, so daß die Privation dieses Gegensatzes eher die Weise der Privation als die der Position besitze; das Eine, die Privation der Privation, impliziere so zwei Momente, materialiter Position (das Nicht-Seiende als *seienden* Gegensatz zum Seienden), formaliter Privation (die N.d.N. als *negativ* bestimmte Privation der Privation, des in der

Entgegensetzung zum Seienden gleichwohl seienden Nicht-Seienden); das Eine ist damit in sich selbst negativ bestimmter Gegensatz gegen sich selbst (De nat. contr. 16, 3–5; Opera omnia II, 96, 39–52). – Bei Meister →Eckhart fügt das Eine, die N.d.N., zum Sein (Seienden) nichts hinzu, nicht einmal gedanklich (anders Albertus und Thomas); die N.d.N. negiert das Nichts der Dinge, überhaupt alles, was dem (göttl.) Sein entgegen ist, und bekräftigt das Sein, indem es dessen Reinheit, Mark, Spitze anzeigt (In Sap. n. 148; Lat. Werke II, 486, 2–9) – so später auch →Nikolaus v. Kues (Serm. 213); das Wesen der Gottheit ist jedoch nicht nur Eines als N.d.N., sondern Einheit (In Ioh. n. 692; Lat. Werke III, 608,8f.).

Bei →Heinrich v. Gent, →Aegidius Romanus, →Walter Burleigh und Fr. Suarez ist die N.d.N. unter realphilos. oder log. Perspektive der Sache nach der Affirmation äquipollent. Somit hebt im MA einzig Dietrich v. Freiberg den negativen Gehalt der N.d.N. argumentativ hervor.

B. Mojsisch

Lit.: HWP VI, 686–691 – W. BEIERWALTES, Proklos, 1965 – W. HÜBENER (Positionen der Negativität, hg. H. WEINRICH, 1975), 105–140 – K. HEDWIG, Negatio negationis, AfB 24, 1980, 7–33 – B. MOJSISCH, Meister Eckhart. Analogie, Univozität und Einheit, 1983 – DERS., Grundlinien der Philos. Alberts d. Gr., FZPhTh 32, 1985, 27–44 – J. A. AERTSEN, The Medieval Doctrine of the Transcendentals, BSIEPh 33, 1991, 130–147.

Negative Theologie, ein wissenschaftl. Terminus der christl. Offenbarungsreligion, dessen sprachlog. und ontolog. Probleme unter dem Einfluß des Hermetismus und Neuplatonismus v.a. von der griech. Theologie des 5./6. Jh. (→Gregor v. Nyssa, Ps. →Dionysius) diskutiert wurden. Das MA hat diese Vorlagen in der vielschichtigen Rezeption des Neuplatonismus übernommen. Die zentralen Begriffe liefert Dionysius Areopagita (Myst. theol. 1, Cael. hierar. 2, Div. nom. 2–3; Ep. I): Gott, der Überseiende, kann durch affirmative Aussagen als »Ursprung« (ἀρχή) von Gut, Licht, Schönheit, Weisheit, Macht, Leben und Sein bestimmt werden, während die n.Th. (ἀποφατικὴ θεολογία) die Begrenztheit dieser Begriffe negiert und damit das absolute »Über-Hinaus« (ὑπέρ) Gottes thematisiert, das – in Paradoxien verborgen – »kein Ja oder Nein« erreicht. Die ma. Rezeption des Areopagitica hat von Joh. Scotus (Eriugena) über Hugo v. St. Victor, Grosseteste, Petrus Hispanus bis zu Cusanus hin diese Grundlagen, auch die begleitenden Stufen der via triplex (purgatio, illuminatio, unio) übernommen, systemat. ausgebaut und variiert. In der Nachfolge der Aristoteles-Rezeption wird die n.Th. sprachlog. präzisiert. Thomas v. Aquin nimmt einen »triplex modus« der theol. Prädikation an: die »Affirmationen« bezeichnen Gott als »res significata« wahrhaft, während die »Negationen« den defizienten »modus significandi« korrigieren und damit die Aussagen in »Eminenz« vorbereiten (De pot. 7, 5 ad 2). Auch die Analogie, die prädikativ Ähnlichkeiten von der Kreatur auf Gott überträgt, bleibt, wie das IV. Laterankonzil klass. formuliert, der Unähnlichkeit unterstellt (...similitudo, quin inter eos maior sit dissimilitudo, DENZINGER-SCHÖNMETZER 806). Dagegen geht bei Duns Scotus die n.Th. in die »disjunktiven Transzendentalien« (finitum–infinitum) ein, die diminutiv die »Einheit« (unitas) Gottes bezeichnen, die den Disjunktionen »gemeinsam«, aber ihnen gegenüber auch »indifferent« ist (Ord. I, 8, § 80). Die spätma. Mystik führt neuplaton. Einflüsse (Dionysius Areopagita, Proklos) weiter. Nach Meister Eckhart ist vom Geschaffenen her, das in seiner »Unterschiedenheit« (distinctio) ontolog. negativ verfaßt ist, die »Einheit« Gottes nur als eine »negatio negationis« aussagbar, die zwar »vollkommene Affirmation« ist, aber sich den endlichen Begriffen nur negativ erschließt (DW I, 361). Die Negation fällt im MA, anders als in der NZ (Hegel), nicht in Gott selbst, sondern trifft als »docta ignorantia« von Augustinus (Ep. 130, 15, 28) bis Cusanus (De doct. ign. I, 26) die theologischen Begriffe, die vor Gott versagen.

K. Hedwig

Lit.: A FESTUGIÈRE, La révélation d'Hermès Trismégiste, 1954 – V. LOSSKY, Théol. négat. et connaissance de Dieu chez Maître Eckhart, 1960 – R. ROQUES, Structures théol., 1962 – K. HEDWIG, Negatio negationis, AfS, 1980.

Negroponte → Euboia

Neidhart, mhd. Dichter und Sänger, der in der 1. H. des 13. Jh. im bair.-österr. Raum als jüngerer Zeitgenosse →Walthers v. d. Vogelweide auftrat, an diesen und den Hohen →Minnesang kontrastierend anknüpfte und eine über 300 Jahre anhaltende lebendige Wirkungsgeschichte ausgelöst hat. N.s überragende Bedeutung beruht auf der großen Zahl der unter seinem Namen überlieferten Lieder (150 mit insges. ca. 1500 Strophen, z. T. doppelt und mehrfach tradiert; 68 Melodieaufzeichnungen aus dem 15. Jh. zu 55 verschiedenen Liedern) sowie auf den motivl. und liedtypolog. Neuerungen im Bereich der Minnelyrik, auf der produktiven Rezeption N.scher Lieder und der mit N.s Namen verbundenen Legendenbildung.

Biograph. Anhaltspunkte ergeben sich allein aus N.s Texten und aus Erwähnungen bei anderen Dichtern. In der älteren Forsch. wurden anscheinend konkrete, das lyr. Ich betreffende Aussagen oft unzulässig biographistisch fixiert. Zw. 1210 und 1220 war N. – nach der Apostrophierung im »Willehalm« →Wolframs v. Eschenbach – ein bekannter Sänger. In den 30er und 40er Jahren wirkte er in Österreich wohl als Hofsänger bei Hzg. →Friedrich II. Geograph. Namen aus dem Umkreis von Wien ergänzen die polit. Bezugnahme auf den Konflikt zw. dem Hzg. und Ks. Friedrich II. (1236–37). Vor N.s österr. Zeit ist eine Schaffensperiode in Bayern anzunehmen, aber nicht am Herzogshof in Landshut. Eine Str. (WL 24, VIII) spricht vom schuldlosen Verlust der Gunst des Herrn, vom Verlassen Bayerns und der Wendung nach Österreich. In Analogie zu Lehensbitte und -empfang Walthers v. d. Vogelweide behandeln zwei Strr. den Wunsch nach einem Haus (SL 26, VII) und dessen Erfüllung (WL 24, IX). Der Realitätsgehalt der lit. Haussorgemotive ist ebenso wenig verifizierbar wie N.s Kreuzzugsteilnahme aufgrund zweier Kreuzzugslieder (SL 11, 12).

N.s Name erscheint in den Hss.-Rubriken und in Erwähnungen durch andere Dichter als (Her) Nîthart, Neidhart, Nythardus. Der Zusatz 'von Reuental', abgeleitet aus der Liedfigur des 'ritters von Riuwental' und dem lit. Spiel mit der Bedeutung 'Jammertal', erhebt den allegor. Namen zur Herkunftsbezeichnung (15. Jh. Dirc Potter; 1858 M. HAUPT u. a.).

Die N.-Überlieferung in 25 Hss. und 3 Drucken beginnt um 1300 mit einem Liedcorpus (383 Strr.) in der niederösterr. epischen Sammelhs. R und den drei großen alem. Liederhss. A (17 Strr. und 22 unter anderen Namen), B (82 Strr.), C (289 Strr.), sie ist im 15. Jh. zur 'N.-Summe' angewachsen in der wohl aus Nürnberg stammenden Hs. c (1098 Strr. in 132 Liedern) und reicht in den Schwankbuchdrucken »Neithart Fuchs« bis ins 16. Jh. Sie umfaßt Lieder des ersten Dichters wohl bereits mit Autorenvarianten, spätere Veränderungen, Zusätze und Nachdichtungen (Pseudo-Neidharte), die sich im Rahmen der Aufführungspraxis vermischt haben. Die Bestimmung von echten und unechten Strophen und Liedern stellt ein zentrales, doch kaum lösbares Problem der N.-Philologie dar, zu dessen Lösung sichere Kriterien fehlen, da gerade vermeintl. typ. Elemente nachgeahmt oder z. T. erst in der Tradition schärfer konturiert wurden. In den Hss. bieten sich, bedingt durch Sammlung und Auswahl unter verschiedenen Gesichtspunkten, unterschiedl. jeweils hist. N.-Bilder.

Aufgrund des →Natureingangs mit Frühlingsmotiven einerseits, Klage über das Ende des Sommers andererseits werden N.s Lieder in den Edd. wie bereits in Hs. c. in Sommerlieder (SL) und Winterlieder (WL) unterteilt, jeweils durch weitere formale, strukturale und inhaltl. Gemeinsamkeiten gestützt; doch es gibt auch Kombinationen typ. Merkmale beider Gruppen sowie atyp. Einzelstrr. Die SL in unstolligen Reimstrr. besingen Tanz-, Spiel- und Liebesfreude in einer dörfl. Szenerie, artikuliert von Frauen (Tochter und Mutter, Freundinnen, liebeslustige Alte) meist im Gesprächswechsel, seltener im Monolog. Als Ziel der Liebeswünsche wird der 'ritter von Riuwental' genannt. Das dominierende Werbungsschema des Minnesangs, auch der →Pastourelle, ist dabei umgekehrt durch das Bemühen eines sozial tiefer stehenden Mädchens um den höher stehenden Liebhaber. Die WL in Kanzonenstrr. besingen z. T. Tanz und Spiel in der Stube, z. T. kumulieren sie Klagen eines männl., ritterl. Liebhabers über Drohungen, Streit und Handgreiflichkeiten anmaßend auftretender unhöf. Nebenbuhler (dörper), öfter durchsetzt von traditionellen Minneklagen. Außerdem gehören zur WL-Gruppe zwei Preisgesänge auf Hzg. Friedrich v. Österreich (WL 29, 36) sowie Absagen des Sängers an den Minnedienst und die trügerische Welt überhaupt (WL 28, 30, 34).

Zahlreiche Detailrealismen, Drastik, Ortsnamen und Namensketten dörperlicher Rivalen geben den Strr. das für N. typische scheinrealist. Gepräge. Gegenstände und Vorfälle erhalten durch Wiederholungen leitmotiv. Funktion und symbol. Bedeutung (Engelmars Spiegelraub an Friderun: Pervertierung und Zerstörung der höf. Wertewelt). Die unhöf. Kunstfiguren und die dörfl. Szenerie erscheinen parodierend und übersteigert im Kontrast zur Sphäre des Hohen Minnesangs, die durch Motiv- und Wortzitate präsent gemacht wird. Der hist. N. dichtete für ein höf. Publikum, doch die Intention seiner Parodien und Satiren wird unterschiedl. beurteilt: Desillusionierung der Idealität des Minnesangs, Appell zur Bewahrung der von innen oder außen bedrohten höf. Werte, Reaktion auf gesellschaftl. Umschichtungen in Österreich.

Die Deutungsambivalenzen haben die anhaltende Rezeption in verschiedenen Publikumskreisen offensichtl. begünstigt. Die Weiterdichtung N.scher Lieder wurde durch die inhaltl. und formale Textstruktur geradezu provoziert (offene Liedschlüsse, Geschlossenheit der Einzelstrr., collagenhafte Motivkombinationen, bloße Apostrophierung von Szenen). Ob die im 15. Jh. zahlreich unter N.s Namen überlieferten und in dem Schwankroman »Neithart Fuchs« (zw. 1500 und 1596 mehrmals gedr.) zu einer fiktiven Biographie gereihten Schwanklieder (der »Faßschwank« bereits in Hs. B) auf einen vom ersten Dichter geschaffenen Typ zurückgehen, ist nicht sicher zu entscheiden. Der »Veilchenschwank« hat in sechs erhaltenen N.-Spielen (14.-16. Jh.), z. T. durch andere Schwankstoffe ergänzt, eine weitere Wirkungsdimension erhalten, darunter das älteste und das umfangreichste weltl. Spiel des MA (St. Pauler N.-Spiel 14. Jh.; Gr. Tiroler N.-Spiel 1. Hälfte 15. Jh.; →Drama, V).

Durch die Rezeption seiner Lyrik wurde N. selbst zur legendären Gestalt. Aus dem vielfältigen Maskenspiel des lyr. Ichs der Lieder (in den »Trutzstrophen« sogar in der Rolle des Gegenspielers sprechend) stilisierte man den Bauernfeind, der schon um 1400 in Heinrich →Wittenwilers »Ring« als epische Figur erscheint. Unsicher bleiben im Rahmen der Rezeptionsgesch. die Erklärungen für das N.-Grab am Stephansdom und die vermutl. Beisetzungsnotiz in einer Wiener Hs. sowie die Adoption von N.s Namen durch einen Dichter oder Narren am Hof Hzg. →Ottos d. Fröhlichen in Wien (1. H. 14. Jh.) U. Schulze

Ed.: N. v. R., hg. M. HAUPT, 1858 – N.s Lieder, hg. DERS., 2. Aufl. neu bearb. E. WIESSNER, 1923 [unveränd. Nachdr., mit Nachwort und Bibliogr., hg. U. MÜLLER u. a., 2 Bde, 1986] – Die Lieder N.s. Der Textbestand der Pergamenthss. und die Melodien, ed. S. BEYSCHLAG, 1975 – Die Lieder N.s, hg. E. WIESSNER, fortgeführt von H. FISCHER, 4. Aufl. revidiert von P. SAPPLER. Mit einem Melodienanh. von H. LOMNITZER, 1984 – Ausg. mit Berücksichtigung der ges. Überl. in Vorber. durch U. MÜLLER u. a. – Neidhartspiele, hg. J. MARGETTS, 1982 – *Lit.*: Verf.-Lex.[2] VI, N. und Neidhartianer, 871–893 [S. BEYSCHLAG; Lit.]; Neidhartspiele, 893–898 [E. SIMON; Lit.] – G. SCHWEIKLE, N., 1990 [Lit.].

Neigung. Die Rede von den *inclinationes naturales* findet in der ma. Philos. und Ethik ihren Ort nicht innerhalb einer allg. Theorie der menschl. Leidenschaften, sondern in der Lehre vom natürl. Gesetz und seiner notwendigen Interpretation durch die prakt. Vernunft. Thomas v. Aquin, der diese These am weitesten entwickelt hat, greift dabei auf den augustin. Gedanken der vernunftbestimmten Wahl des Lebenszieles zurück, das sich in den regulae ... et lumina virtutum (De libero arbitrio II, 10) vorwegentwirft. Während diese bei Augustinus jedoch als unwandelbare Bedingungen des wahren Glücks vom menschl. Geist intuitiv erfaßt werden, deutet die gegenwärtige Thomasforschung die thoman. Position als ein naturales Strukturgitter, das der Regulation durch die prakt. Vernunft des Menschen offensteht. Deren oberstes Handlungsprinzip »Das Gute ist zu tun, das Böse zu meiden« wird erst dadurch zu einer konkreten Handlungsregel, daß es von den natürl. N.en her seine inhaltl. Qualifikation zum Guten oder Bösen erhält. Die Ordnung unter den Geboten des Naturgesetzes folgt diesen natürl. Vorprägungen des Handelns im Sinne einer unbeliebigen »Zuordnungslogik« (W. KORFF), derzufolge die prakt. Vernunft im Aufnehmen oder Verfehlen der natürl. N.en den Spielraum ausmißt, der menschl. Handeln »von Natur aus« offensteht.

Die inclinationes naturales bestimmen also nicht allein aufgrund ihrer natürl. Vorgegebenheit die moral. Differenz von Gut und Böse in den einzelnen Handlungsfeldern, sondern nur, insofern sie »die Vernunft von Natur aus als gut ergreift« (S.th. I–II 94,2; ScG III, 129). Dieses ordinare der prakt. Vernunft darf nicht auf eine passive Ablesefunktion reduziert werden, die das Dispositionsfeld der natürl. N.en als ausformuliertes Programm konkreter naturrechtl. Weisungen versteht; umgekehrt sind jedoch auch die inclinationes naturales nicht nur bloßes Material für die ordnende Tätigkeit der prakt. Vernunft. Sie tragen vielmehr bereits von sich aus eine vorausentworfene Teleologie in sich, deren Verbindlichkeit durch die schöpfer. Tätigkeit der Vernunft – Thomas spricht von determinatio und inventio im Unterschied zur conclusio (I–II 95,2) – erhoben wird.

Im einzelnen entfaltet Thomas das Strukturgitter der natürl. N.en auf drei Ebenen: der naturalen Selbsterhaltung, die allem Seienden eigen ist, der animal. Arterhaltung und Fortpflanzung, die im menschl. Leben vernünftige Erziehung beinhaltet und der vernunftbestimmenden Hinordnung des Menschen auf das Gute in der Teilhabe an der göttl. Vorsehung. In diesen generellen Aspekten sieht

Thomas eine vollständige Beschreibung der menschl. Lebenswirklichkeit von ihren natürl. Voraussetzungen her. Über das Postulat einer weiteren Konkretion durch die prakt. Vernunft hinaus bleibt sie jedoch inhaltl. noch weithin unbestimmt. Dies begünstigt in der spätscholast. Thomas-Renaissance die Entwicklung, die wieder zu einer materialen Auffüllung des lex naturalis auf dem Weg konkreter Konklusionen aus der menschl. »Natur« und ihren N. en zurückführt.   E. Schockenhoff

Lit.: W. KLUXEN, Philos. Ethik bei Thomas v. Aquin, 1964 – W. KORFF, Norm und Sittlichkeit, 1973, 42–61.

Neilos

1. N. (Nilus, Taufname Nikolaos) v. Rossano, hl., Gründer der Abtei →Grottaferrata, * ca. 910 in Rossano C., †26. Sept. 1004. I. J. 940 von den Hegumenen Phantinos, Johannes und Zacharias in die Mönchseparchie Mercurion aufgenommen, lebte N. von 943 an etwa drei Jahre in einer nahegelegenen Michaels-Grotte (Autographen Grottaferrata Bα 19, Bα 20, Bβ 1 erhalten) und flüchtete dann vor den Sarazenen mit seinen Schülern Stephanos und Georgios auf eine seiner Besitzungen bei Rossano, wo er bei dem Oratorium SS. Hadrian und Natalia etwa 25 Jahre ein Leben der Buße führte und viele Wunder wirkte. Er lehnte jedoch die Bf.swürde v. Rossano ab. Infolge der Sarazeneneinfälle verließ N. Kalabrien. Aligernus, Abt v. →Montecassino, bot ihm das Kl. Valleluce (bei S. Elia Fiumerapido) an. Dort verblieb N. ca. 979– 994. Unter Aligerns Nachfolger Manso ließ sich N. in Serperi (Serapo) bei Gaeta nieder, wo er ca. 999 Ks. Otto III. bei dessen Rückkehr von einer Pilgerfahrt zum →Gargano empfing. Als die Hzg.e v. Gaeta N. ein Grabmonument errichten wollten, zog er 1004 auch von dort fort. In der Absicht, bei »Cryptaferrata« eine Marienkirche und ein Kl. zu gründen, begab sich der Hl. zu Gf. Gregor I. v. Tusculum, um ihn um Unterstützung zu bitten, starb jedoch unterwegs in dem griech. Kl. S. Agata an der Via Latina. Seine Reliquien wurden bis 1300 von den Gläubigen in Grottaferrata verehrt. Danach fehlen genaue Nachrichten über ihr Schicksal.   M.-A. Dell'Omo

Q. und Lit.: Βίος .. τοῦ ὁσίου .. Νείλου τοῦ Νέου, ed. G. GIOVANNELLI, 1972 – LThK² VII, 871–872 – DIP VI, 298–299 – S. GASSISI, Poesie di S. Nilo Iuniore... (Innografi italo-greci I, 1906), 60–71 – G. GIOVANNELLI (Atti 3° Congr. internaz. studi sull'alto medioevo, 1959), 421–435 – G. DA COSTA-LOUILLET, Saints de Sicile et d'Italie mérid. au VIIIᵉ, IXᵉ et Xᵉ s., Byzantion 29–30, 1959–60, bes. 146–167 – S. BORSARI, Il Monachesimo biz. nella Sicilia e nell'Italia merid. prenormanna, 1963 – B. CAPPELLI, Il monachesimo basiliano ai confini calabro-lucani, 1963 – O. ROUSSEAU (La Chiesa greca in Italia dall'VIII al XVI sec., III, 1973), 1111–1137 – E. FOLLIERI (Fschr. G. BATTELLI, I, 1979), 159–221 – P. GIANNINI (S. Benedetto e l'Oriente cristiano, 1981), 217–226 – V. v. FALKENHAUSEN (L'esperienza monastica benedettina e la Puglia, hg. C. D. FONSECA, I, 1983), bes. 127–129 – Atti Congr. internaz. su Nilo di R., 1989 – F. D'ORIA (Scrittura e produzione docum. nel mezzogiorno longob., hg. G. VITOLO–F. MOTTOLA, 1991), bes. 135–144.

2. N. v. Ankyra, asket. Schriftsteller aus dem 4./5. Jh. Die Zuordnung seiner Briefe, exeget. und asket. Schr. ist nach wie vor ungesichert. Die Werke hatten großen Einfluß auf die ö. Theologie (→Hesychasmus), weil unter ihnen sich auch viele Schr. des →Evagrios Pontikos befanden. Auf dem zweiten Konzil v. →Nikaia 787 hat ein Brief von N. an den Präfekten Olympiodoros eine Rolle bei der Frage der Bilderstreitigkeiten gespielt (Ep. IV 62, MPG 79, 577–580).   O. Hesse

Ed. und Lit.: CPG 3, 6051–6083 – MPG 79, 1–1528 – DSAM XI, 345–356 – Diz. Patristico II, 1984, 2403f. – K. HEUSSI, Unters. zu Nilus dem Asketen, TU 42, 2, 1917.

3. N. Doxapatres (auch: Doxopatres), byz. Autor der 1. Hälfte des 12. Jh., Herkunft (S-Italien oder Griechenland) und 'Karriere' unklar und umstritten. Gesichert ist, daß er als orth. Mönch 1142/43 auf Sizilien im Auftrag Kg. Rogers II. sein Hauptwerk, eine Schr. über die Rangordnung (Τάξις) der auf die drei Weltteile Okzidens (Europa), Oriens (Asien) und Libyen (Afrika) verteilten fünf Patriarchate und den Umfang ihrer Gebiete verfaßte. Kanon. untermauert, richtet sich das auch ins Arm. übersetzte Werk deutl. gegen den päpstl.-röm. Primat, unter Betonung der polit. Rolle des byz. Ks.s (überliefert in einer epitomierten und in einer ausführl. Version, krit. Ed. fehlt). Abgesehen von kleineren lit. Arbeiten zu Kirchenvätern (Athanasios, Gregor v. Nazianz) aus seiner Feder, gilt N. auch als Autor zweier Teilbände aus einem unvollendeten oder unvollständig erhaltenen theol. Werk (»De oeconomia Dei«), das wegen seiner Systematik den wohl bedeutendsten byz. Entwurf zu einer Summe darstellt. Möglicherweise verfaßte N. auch die Vita des hl. Philaretos d. J. (BHG 1513).   G. Prinzing

Ed.: G. PARTHEY, Hierocli Synecdemus ... accedit N.D. notitia patriarchatuum ..., 1866 [Nachdr. 1967], 265–308 – F. N. FINCK, Des N.D. 'τάξις τῶν πατριαρχικῶν θρόνων' [arm. und gr.], 1902 – VizIzv III, 1966, 361–365 [komm. Teilübers.] – J. DARROUZÈS, Notitiae episcopatuum ecclesiae Constantinopolitanae, 1981, 154–158, 373–377 [Teiled.] – Lit.: DHGE XIV, 769–771 – BECK, Kirche, 619–621, passim – S. A. SICILIANO, The Theory of the Pentarchy and Views on Papal Supremacy in the Ecclesiology of N.D. and his Contemporaries, Byz. Stud./Études Byz. 6, 1979, 167–177 – J. SPITERIS, La critica Biz. del Primato Romano nel secolo XII, 1979, 126–153 – S. CARUSO, Sull' autore del Bios di S. Filareto il Giovane: N.D.?, EEBS 44, 1979/80, 293–304 – DERS., Per l'edizione del 'De oeconomia Dei' di N.D., Δίπτυχα 4, 1986/87, 250–283 [Lit.].

4. N. Kabasilas →Kabasilas, Neilos

Neiße, linker Nebenfluß der oberen Oder, 195 km lang, entspringt im Glatzer Schneegebirge, durchfließt den Glatzer Kessel mit dessen Hauptorten Habelschwerdt und →Glatz und ergießt sich durch einen tiefen Einschnitt beim Paß von Wartha in die flache Oderebene. Hier berührt die N. die Städte Patschkau, Ottmachau, Neisse, Löwen und mündet in. Schurgast in die →Oder. Die Stadt Neisse wurde vor 1223 vom Bf. v. →Breslau als Mittelpunkt des durch Rodung und Siedlung aus der slav. →Kastellanei Ottmachau (seit 1155 in bfl. Besitz bezeugt) hervorgehenden Neisser-Ottmachauer Bm.slandes gegr., eines weltl. Territoriums, in dem der Bf. 1290–1333 die Landeshoheit und fsl. Rang erlangte. 1342 unterstellte er das Fsm. N. der Lehnshoheit Böhmens, 1344 kaufte er das benachbarte schles. Hzm. Grottkau dazu. Die großzügig ausgebaute Stadt Neisse ('Schles. Rom'), Oberhof und Stapelplatz für das N.land, fungierte auch als bfl. Nebenresidenz, die gewaltige got. Pfarrkirche St. Jakob (Neubau 1401–30) diente mehreren Breslauer Bf.en als Grablege.   J. Menzel

Lit.: DtStb I – J. PFITZNER, Besiedlungs-, Verfassungs- und Verwaltungsgesch. des Breslauer Bm.slandes, 1926 – Hist. Stätten Schlesien, hg. H. WECZERKA, 1977 – Neisse. Das Schles. Rom im Wandel der Jahrhunderte, hg. W. BEIN u.a., 1988.

Nekrolog → Necrolog

Nektarios, Bf. v. Konstantinopel Juni 381–27. Sept. 397, orth. Hl. (Fest 11. Okt.), * in Tarsos (Kilikien), Mitglied des Senats in Konstantinopel, wurde er nach der Abdankung →Gregors v. Nazianz, obwohl noch →Katechumene, zum Bf. gewählt. Er übernahm die Leitung des II. ökumen. Konzils v. →Konstantinopel, dessen Glaubensbekenntnis und vier Kanones ihm zugeschrieben werden. Wichtig ist das Verbot der Einmischung der Bf.e in fremde Diöz.n und Erhebung Konstantinopels auf den zweiten Rang 'der Ehre' nach Alt-Rom.   B. Plank

Q.: MANSI III, 565–575 – Sozomenos, Kirchengesch., VII. 8, 1–8 (GCS,

50, 310f.) – GRUMEL-LAURENT I/1, 1–8 – *Lit.*: HEFELE-LECLERCQ 2/1 – ThEE IX, 395f. – The Oxford Dict. of Byzantium 2, 1991, 1451.

Nelipčići, Adelsfamilie, Territorialherren in Kroatien, seit 1244 nachweisbar, sollen von der Sippe Snačić, dem ältesten kroat. Adel, abstammen. Polit. Bedeutung erlangte die Familie mit *Nelipzius voyvoda* († 1344), der sich in →Knin und einigen Burgen in der Lika selbständig machte. Er widersetzte sich den beiden Anjou-Kg.en, so daß erst nach seinem Tod die Burgen Knin, Počitelj, Srb, Unac und Ostrog an den Kg. v. Ungarn kamen. Seinem minderjährigen Sohn Ivan († vor 1383) blieben Cetina und ein Teil des Familienbesitzes. Unter ihm und seinem Sohn Ivaniš († 1434) verlagerte sich der Machtbereich der N. nach S (Cetina, →Klis, Poljica, Omiš). Nach der Versöhnung mit Kg. Siegmund wurde Ivaniš 1420–34 kgl. Banus v. Kroatien und Dalmatien. Seine Schwester Jelena war Kgn. v. Bosnien. Ein Zweig der Familie, Nachkommen des Bruders Nelipecs, Izan, zuerst in den Burgen Ključ und Nečven ansäßig, übersiedelte nach Slavonien, wo sie nach der Burg Dobrakuća gen. wurden. Mit diesem Zweig starb die Familie Anfang des 16. Jh. aus. S. Ćirković

Lit.: V. KLAIĆ, Rodoslovlje knezova Nelipića od plemena Svačić, Vjesnik Hrvatskoga arheološkoga društva 3, 1898, 1–18 [Stammtafel] – N. KLAIĆ, Povijest Hrvata u razvijenom srednjem vijeku, 1976.

Nellenburg, Gf.en v. ('Eberhardinger'). Ihr früher Besitz im →Klettgau deutet auf einen gemeinsamen Ursprung mit den →Udalrichingern hin. Der erste namentl. bekannte Vorfahre der N.er, Eberhard, trat 889 als Gf. im Zürichgau auf. Seit 950 bauten sie ihre dortige Machtstellung durch den ztw. Erwerb der Gft. im Thurgau (erstmals 957), der Reichsvogtei von Zürich (955, 964/68), der Gft. in der Ostbaar (966) und der Vogteien der Kl. →Einsiedeln (973–1029/30) und →Reichenau (983, 1024) weiter aus. Ihre Bedeutung als Adelsfamilie spiegelt sich auch in den im 10. Jh. eingegangenen dynast. Verbindungen mit den →Hunfridingern, →Konradinern und →Zähringern wider. Schon unter den Ottonen zeichneten sie sich durch große Kg.snähe aus; Gf. Manegold († 991) gilt als enger Vertrauter der Ksn. Adelheid (→Selz). Sein Sohn Eberhard († 1030/34) heiratete Hedwig, eine consobrina Ks. Heinrichs II. und Papst Leos IX., die reiche Güter im Nahegau mit in die Ehe brachte. Zwei ihrer Söhne fielen im Reichsdienst: Manegold 1030 gegen Hzg. Ernst II. v. Schwaben, Burkhard 1053 gegen die Normannen. Neben Kg.snähe und ausgedehntem Besitz (vom Nahegau bis nach Rätien) gründete sich der vornehme Rang der N.er v.a. auf ihr früh ausgeprägtes adliges Selbstverständnis und Hausbewußtsein. Bald nach 1034 ließ Gf. →Eberhard († 1078/80) die sterbl. Überreste seiner im Kl. Reichenau begrabenen Verwandten und Vorfahren in die eigens dafür erbaute Grablege, die Laurentiuskirche auf dem Mönchsfriedhof, überführen. Seelgerätstiftungen sicherten die ungestörte mönch. Sorge um Seelenheil und →Memoria der Toten und Lebenden der Stifterfamilie.

Um 1050 verlegten die N.er den Herrschaftsschwerpunkt vom Zürichgau an den Hochrhein um ihre neu geschaffenen Zentren, das Kl. Allerheiligen in Schaffhausen und die Burg N. Der 1067 vom Kg. verliehene Wildbann für das Gebiet n. von Schaffhausen bis zum Randen förderte die Ausbildung eines Territoriums mit dem Ziel der Landeshoheit. Das Eintreten der N.er für das sal. Kgtm. endete mit dem Investiturstreit; schon Eberhards Sohn→Udo nahm als Ebf. v. Trier (1066–78) eine vermittelnde Position zw. Kg. und Papst ein. Den Anschluß der N.er an die südtt. Fs.enopposition 1077/78 ahndete Heinrich IV. mit dem Entzug der Gft. im Zürichgau (→Lenzburg). Durch die Übertragung des Gf.entitels auf ihren Besitz im Hegau schufen sie sich eine allodiale Gft., die ihren Namen seit 1080 von der Stammburg N. ableitete. Während Abt Ekkehard v. N. (1073–88) sein Kl. Reichenau zu einem wichtigen Stützpunkt der gregorian. Partei im Bodenseeraum ausbaute, gehörte sein Bruder, Gf. Burkhard v. N., zu den führenden Vertretern des schwäb. Reformadels: hirsauische Reform des Kl. Allerheiligen, Verzicht auf die Erbvogtei, Gründung des Frauenkl. St. Agnes in Schaffhausen für seine Mutter Ida.

Nach dem Aussterben der N.er im Mannesstamm 1100/05 ging das reiche Erbe an ihre Neffen Gf. Dietrich v. Bürgeln und Gf. Adalbert v. Mörsberg über. 1170 kam die Gft. N. an die Gf.en v. →Veringen, die nach einer Erbteilung 1216–1422 eine dritte Linie der N.er begründeten. Ihre Erben, die Herren v. Tengen, verkauften die Lgft. N. 1465 an Hzg. Sigismund v. Österreich.

H. Seibert

Q.: Das Buch der Stifter des Kl. Allerheiligen, ed. K. SCHIB (Beil. zum Jahresber. der Kt.sschule Schaffhausen, 1933/34) – *Lit.*: K. HILS, Die Gf.en v. N. im 11. Jh., 1967 – Der Landkrs. Konstanz. Amtl. Kreisbeschreibung, I, 1968, 293–301 – Genealog. Hb. zur Schweiz. Gesch. IV, 1980, 179–204 – A. ZETTLER, Die frühen Kl.bauten der Reichenau, 1988, 118–127.

Nemanja (Nemanjiden, Nemanjići), serb. Dynastie 12.–14. Jh., ben. nach dem Großžupan →Stefan N. (1168–96), einem Sproß der Familie der Großžupane des 12. Jh. (Vukan, Uroš I., Uroš II., Desa); alle Mitglieder trugen auch den Namen 'Stefan'. Ungewiß bleiben die genealog. Einordnung von N.s Vater Zavida wie auch das Verhältnis zu Ban Borić (1154–63), unter dessen Nachkommen sich die Namen Vukan, Desa, Zavida, Miroslav wiederholen. Mit Ban Kulin und den späteren →Kotromanići waren die N. durch Eheschließungen verbunden (Kulin, Stjepan I.). Von den drei Brüdern N.s, Tihomir, Stracimir und Miroslav, sind nach der Mitte des 13. Jh. nur die Nachkommen des letztgen. nachgewiesen. Sie waren Herren v. →Hum und sanken später unter bosn. Herrschaft in den Lokaladel ab.

Die kgl. Linie der N. begann mit N.s mittlerem Sohn →Stefan (dem Erstgekrönten; 1196–1227). Seine drei Söhne Radoslav (1227–33), Vladislav (1233–43) und Uroš I. (1243–76) lösten sich auf dem Thron Serbiens ab. In der nächsten Generation setzte sich der jüngere (→Stefan Uroš II.) Milutin (1282–1321) gegen den älteren Bruder Dragutin (1276–82) in der Thronfolge durch: Die Verschiebung wurde in den gemalten Stammtafeln und Biographiereihen gerechtfertigt. Milutins Zweig hatte während drei Generationen Bestand: Stefan Uroš III. (1321–31), Dušan (1331–55) und Zar Uroš (1355–71); mit ihm starb die Hauptlinie aus, während die thessal. Nebenlinie mit Dušans Halbbruder Simeon, seinen Söhnen Jovan (Joasaf) und Stefan Duka bis 1423 bestand.

Ein Nebenzweig führt von N.s ältestem Sohn Vukan (1183–1208) zu Vratko, dem Vater Milizas, der Gemahlin des Fs.en →Lazar Hrebeljanović. Dadurch waren weiblicherseits die letzten Dynastien der Lazarevići und Brankovići mit den 'hl. Wurzeln' der N. verbunden. Durch Heirat waren die N. mit den byz. →Angeloi (Stefan Nemanjić, Radoslav), →Palaiologen (Milutin, Stefan Dečanski), den ung. →Arpaden (Dragutin, Milutin) und den bulg. Asenevci (Vladislav, Milutin, Dušan) verbunden. Die Frauen aus dem Geschlecht der N. wurden mit bulg. und bosn. Herrschern und Angehörigen des kroat., alban. und serb. Hochadels vermählt. S. Ćirković

Lit.: EJug VI, 270f. – E. HAUSTEIN, Der Nemanjidenstammbaum. Stud. zur ma. serb. Herrscherikonographie, 1985 – J. LÉSNY, Studia nad poczatkami serbskiej monarchii Nemaniczów (połowa XI–koniec

XII wieku), 1989 – Rodoslovne tablice i grbovi srpskih dinastija i vlastele, 1991².

Nemesios, Bf. v. Emesa in Syrien, schrieb um 400 mit breitem, eklekt. philos. Wissen und apologet. Tendenz die erste christl.-philos. Anthropologie Περὶ φύσεως ἀνθρώπου, die im MA als vermeintl. Werk Gregors v. Nyssa geschätzt war. Mit Zurückweisung extremer antiochen. Christologie und absolutem Ausschluß jeder Vermischung der göttl. und menschl. Naturen in Christus (ἀσυγχύτως) nimmt er die Entscheidung von Chalkedon vorweg. W. Cramer

Ed.: Nemesius Emesenus, De natura hominis, ed. C. F. Matthaei, 1802 [Repr. 1967] – Nemesii Emeseni de natura hominis, hg. M. Morani, 1987 – Némésius d'Émèse de natura hominis. Trad. de Burgundio de Pise, hg. G. Verbeke–J. R. Moncho, 1975 – *Lit.:* Diz. Patr. Antichit. Crist. II, 2353f. – DSAM XI, 92–99 – PW Suppl. 7, 562–566 – A. Kallis, Der Mensch im Kosmos, 1978 – G. Verbeke, Foi et culture chez N.ius d'Émèse (Paradoxos Politeia. Fschr G. Lazzati, hg. R. Cantalamessa–L. F. Pizzolato, 1979), 507–531 – R. W. Sharples, N.ius of E. and Some Theories of Divine Providence, VC 37, 1983, 141–146 – Th. Halton, The Five Senses in N.ius. De Natura Hominis and Theodoret. De Providentia, Studia patristica 20, 1989, 94–101.

Nemours, Stadt in Nordfrankreich, sö. v. Paris (dép. Seine-et-Marne), entstanden bei einer Burg des frühen 11. Jh., nach der Überlieferung errichtet von einem gewissen Ourson. (Eine nahegelegene Ansiedlung, heute St-Pierre de N., weist frühe, z. T. galloröm. Siedlungsspuren auf.) Um 1168 wurde das Priorat St-Jean Baptiste (später augustin. Kollegiatstift) mit Reliquien des Täufers, gegr. Es wurde später (anstelle von St-Pierre) zur städt. Pfarrkirche (Ansätze hierzu bereits im 13. Jh.). Die Stadt wurde befestigt und 1170 mit einem Freiheitsprivileg *(franchises)* bewidmet. Die Herren der Burg, lokale Adlige, standen seit Beginn des 13. Jh. unter enger Kontrolle der Kg.e v. Frankreich; von Philipp II. August an sind zahlreiche Königsaufenthalte in N. belegt. Am Ende des 13. Jh. verkauften die örtl. Herren nach und nach ihre Rechte an die →Kapetinger, die N. starke Beachtung schenkten und 1285 fortifikator. Maßnahmen durchführten. 1334–43 war hier die Familie →Roberts v. Artois interniert. Im →Hundertjährigen Krieg wurde N. im Mai 1358 von engl. Truppen unter dem →Captal v. Buch und James Pipe eingenommen und niedergebrannt. Bei den Verhandlungen →Karls V. v. Frankreich mit →Karl dem Bösen v. Navarra (nach der Schlacht v. →Cocherel, 1364) wurde N. aus navarres. Besitz an den Captal v. Buch abgetreten, der aber die Stadt nicht in Besitz zu nehmen vermochte. Das zur →Krondomäne gehörende N. erhielt 1367 eine (nur partielle) Wiederherstellung seiner Befestigungen. 1365–70 fiel die Stadt in engl. Hand. 1392 zählte sie zum Wittum der frz. Kgn. →Isabella v. Bayern, die sie an den Hzg. v. →Bourbon verpfändete. Zu Beginn des 15. Jh. fiel sie an den Kg. v. →Navarra zurück. 1417 hielt sich hier der Hzg. v. →Burgund auf, danach wurde sie wieder von den Engländern unter Hzg. →Johann v. Bedford beherrscht; erst 1437 eroberte sie der Connétable →Arthur de Richemont für Kg. Karl VII. v. Frankreich zurück. Ludwig XI. übergab die (verfallene) Burg an Jacques d'Armagnac, der sie instandsetzen ließ. Nach kurzzeitiger Konfiskation wurde N. an den Sohn des Armagnac zurückgegeben und ging dann an den Marschall de Gié über. 1512 erhob Ludwig XII. N. zum Hzm. *(duché-pairie)* zugunsten seines Neffen Gaston de →Foix. G. Devailly

Lit.: Doigneau, Conférence sur N., 1890 [Neudr. 1992] – P. Bouex, Le château de N., 1966³ – Thoisou, Les rues de N., o. J.

Nennius (Ninnius), angebl. walis. Geschichtsschreiber, ist mit dem Gelehrten Nemnivus gleichzusetzen, der in einer Hs. von 817 als Erfinder eines walis. Alphabets bezeugt ist. Nach herkömml. Ansicht stammt von ihm eine Fassung der »Historia Brittonum«, d. h. eine Bearb. einer anonymen älteren Kompilation; hypothet. Annahmen zufolge schrieb er verschiedene Rezensionen. In Wirklichkeit hat 'N.' (Nemnivus) mit dem wohl 829/830 in Wales entstandenen, in neun Rezensionen überlieferten Werk aller Wahrscheinlichkeit nach nichts zu tun. Der Prolog der »Historia Brittonum«, in dem »Ninnius« sich als Autor nennt, ist unecht. Er steht nur in einem Codex des 12. Jh. und einigen von dieser Hs. abhängigen Zeugen sowie in einer mittelir. Übers. (»Lebor Bretnach«, 11. Jh.). Vom 12. Jh. an ging das stark von Legendenstoff (trojan. Herkunft der Briten, →Artus) geprägte Werk meist unter dem Namen des →Gildas. J. Prelog

Lit.: N.: British Hist. and the Welsh Annals, hg. J. Morris, 1980 – M. Lapidge–R. Sharpe, A Bibliogr. of Celtic-Lat. Lit. 400–1200, 1985, 42–45 [Lit.] – D. N. Dumville, Histories and Pseudo-histories of the Insular MA, 1990.

Neogoticismus, Vorstellung, wonach das Kgr. →Asturien und →León, später das Kgr. →Kastilien als legitime Nachfolger des →Westgotenreiches, das vormals die ganze Iber. Halbinsel beherrschte und polit. erfaßte, zu betrachten seien. »Die Illusion eines got. Erbes wurde zum Mythos. An seinem Anfang stand wahrscheinl. nicht die Erklärung eines wirkl. Geschehens, sondern eine gelehrte Erfindung zur sinnvollen Deutung einer Handlung oder einer Kette aufeinanderfolgender krieger. Aktionen, die schließlich in unserer ma. Gesch. die praktische Wirkung eines kollektiven Glaubens annahm« (Maravall). Die gegen den Islam gerichtete →Reconquista konnte deshalb erst dann als abgeschlossen gelten, wenn die Kg.e erneut »die ganze Halbinsel in ihrer Gewalt und die Kg. sherrschaft über Spanien wiedererlangt hätten«, so wie sie die von →Isidor v. Sevilla gefeierten Goten besessen hatten. Die Auffassung trat erstmals in der Geschichtsschreibung der Zeit Alfons' III. (866–911) auf: das →»Chronicon Albeldense« (881) betont, daß Alfons II. (791–842) »die Ordnung von Kirche und Curia regia der Goten, so wie sie in Toledo bestanden hatte, in Oviedo gänzlich wiedererrichtet habe«. Die Chronik →Alfons' III. schrieb →Pelayo (718–737) die Verteidigung der got. Kontinuität zu, ein Argument, das die →»Historia Silense« um 1118 ebenso wiederaufgriff wie v. a. die beiden großen Geschichtsschreiber der 1. H. des 13. Jh., →Lucas v. Túy (1236) und →Rodrigo Jiménez de Rada (»Historia Gothica«, nach 1243), die der Idee des N. ihre endgültige Form gaben, hierin gefolgt von späteren Geschichtsschreibern wie →Alfons X. (»Estoria de España«). Der N. hatte auch Auswirkungen im kirchl. Bereich, da im 12. und 13. Jh. die als →Divisio Wambae bekannte Fälschung großen Einfluß bei der Wiedererrichtung der Bm. er ausübte.

Im 15. Jh. erfuhr der N. in der kast. Geschichtsschreibung einen neuen Aufschwung. →Alfons v. Cartagena rechtfertigte die Vorrangstellung der Kg.e v. Kastilien als rechtmäßige Nachfolger der Gotenkg.e in seinen Interventionen auf dem Konzil v. Basel und in seiner »Anacephaleosis«. Die 1470 gedruckte, weitverbreitete »Compendiosa Historia Hispanica« des Rodrigo →Sánchez de Arévalo nahm diese Thesen wieder auf, die sich auch die Anhänger der →Kath. Kg.e zu eigen machten; der Chronist Diego de →Valera forderte Ferdinand II. auf, den »Kaiserstuhl der Goten« wiederzuerrichten. Die dynast. Vereinigung Kastiliens und Aragóns (1479) und das Ende der Reconquista (1492) bildeten den Höhepunkt dieses Restaurationsprozesses, durch den nach Antonio de

→Nebríja (1492) »die vielfach zerstreuten Glieder Spaniens sich wieder zu einem Körper und einem Reich zusammenfügen«. Kg. Ferdinand betonte 1514: »Die span. Krone war seit über sechshundert Jahren nicht mehr so stark noch so groß wie jetzt«. Ideen des N. verbreiteten sich im 15. Jh. durch den Einfluß der eben zitierten Autoren auch in den anderen span. Reichen: In Navarra erscheinen sie in den Chroniken des García de Eugui und des →Karl v. Viana, in Katalonien bei Pere →Tomic (1438); in Aragón betonte Fabricio de Vagad, daß der erste aragon. Anführer, García Jiménez, ein »kgl. Gote, aus dem Geblüt der got. Kg.e« gewesen sei.

Der N. trug über Jahrhunderte zur Aufrechterhaltung »der Idee einer Monarchie oder eines Regnum Hispaniae über die Teilung der einzelnen Reiche hinweg« (MARAVALL) bei. Im 10. und 11. Jh. führte er zur Entwicklung der leones. bzw. span. Kaiseridee. Das ihm zugeschriebene Alter und die spezif. Ausrichtung auf die Situation der Iber. Halbinsel machten den N. gemeinsam mit europ. Kreuzzugsideen zu einer starken, wenn nicht der bedeutendsten ideolog. Triebfeder der Reconquista. – s. a. →Goticismus, →Hispania.

M. A. Ladero Quesada

Lit.: R. MENÉNDEZ PIDAL, El Imperio hispánico y los Cinco Reinos. Dos épocas en la estructura política de España, 1950 – H. HÜFFER, Die ma. span. Ks.idee (Estudios R. MENÉNDEZ PIDAL IV, 1954), 361–395 – H. MESSMER, Hispania. Idee und Gotenmythos, 1960 – Y. BONNAZ, Divers aspects de la continuité wisigothique dans la monarchie asturienne, Mél. de la Casa Velázquez 12, 1976, 81–99 – R. B. TATE, Ensayos sobre la historiografía peninsular del siglo XV, 1973 – J. A. MARAVALL, El concepto de España en la Edad Media, 1981³, bes. 299f. – →Goticismus.

Neopatras, Stadt und Hzm. in Thessalien, das antike und moderne Hypate. Unter Photios ist N. erstmals unter seinem ma. Namen belegt, um 900 als Metropolis. 1204–18 stand es erstmals unter lat. Herrschaft, kam aber dann an →Epeiros. Beim Tode Michaels II. v. Epeiros 1267/68 fiel Thessalien mit N. als Hauptstadt an seinen unehel. Sohn →Johannes (I.) Angelos (14. J.). Sein Enkel →Johannes II. (1303–18) war der letzte gr. Herrscher v. Thessalien und N. Nach dessen Tod besetzten die Katalanen 1319 N. und sein südthessal. Umland und unterstellten es als eigenen Dukat ihrer Herrschaft. Die Stadt wurde als hzgl. Domäne von einem castellanus et capitaneus und einem consilium aus führenden Katalanen der Stadtkommune verwaltet; kirchl. war sie, wie schon 1204–18, seit 1323 Sitz eines lat. Ebf.s mit Zetunion (Lamia) als Suffragan. 1390 wurde N. als letzter Rest der katalan. Territorien an Raineri →Acciaiuoli übergeben, der die Stadt aber bereits im Jan. 1394 an Bāyezīd I. verlor. K.-P. Todt

Lit.: J. KODER–F. HILD, Hellas und Thessalien, 1976, 73–77, 86, 223f. – R.-J. LOENERTZ, Byzantina et Franco-Graeca, II, 1978, 183–393 – P. MAGDALINO, Between Romaniae: Thessaly and Epirus in the Later Middle Ages, Mediterranean Hist. Review 4, 1989, 87–110.

Neophytos Enkleistos, * 1134 in Leukara/Zypern, † an einem 22. April nach 1214 (1219?), (Fest 24. Jan.), trat mit 18 Jahren ins Kl. ein. Nach 7 Jahren als Winzer und Subsakristan verließ er es und reiste nach Palästina. Nach Zypern zurückgekehrt, wollte er als Einsiedler leben. Bf. Basileios Kinnamos verlangte, daß er Schüler annehme. So grub er 1159 in der Nähe von Paphos Zelle und Gebetsraum in einen Bergabhang. 1170 wurde er Priester, erließ 1177 eine τυπική διάταξις für seine Gemeinschaft, die er 1214 überarbeitete (letzte Ed. v. I. P. TSIKNOPOULOS, 1952). 1198 zog er sich in eine höher gelegene Höhle »Nea Sion« zurück. Seine 1750 wieder aufgefundenen Reliquien ruhen in der Enkleistra. Die in seinem Stiftertestament aufgezählten zahlreichen Schriften sind nur zum kleinen Teil ediert. B. Plank

Lit.: Oxford Dict. of Byzantium 2, 145–155 – BECK, Kirche, 633–634 – I. P. TSIKNOPOULOS, Τὸ συγγραφικὸν ἔργον τοῦ ἁγίου Νεοφύτου, Kypriakai Spoudai 22, 1958, 69–213 – A. MERAKLES, Ὁ βίος καὶ τὰ ἔργα τοῦ ἁγίου Νεοφύτου καὶ σύντομος ἱστορία τῆς ἱερᾶς μονῆς του, 1976 – C. GALATARIOTOU, The Making of a Saint. The Life, Times and Sanctification of N. the Recluse, 1991.

Nepomuk → Johannes v. Pomuk (16O. J.)

Nepos (Julius N.), röm. Ks. 474–480, ⚭ Nichte der Ksn. Verina, Neffe des →Marcellinus, übernahm 468 als →Magister militum Dalmatiae dessen Herrschaft und landete, nachdem er in Byzanz 473 zum →Patricius ernannt worden war, in Italien, wo er nach Vernichtung des →Glycerius im Sommer 474 zum Ks. ausgerufen wurde. N. gewann in Gallien weitgehend die röm. Position zurück, hatte indes 475 in einem Friedensvertrag mit →Eurich das Avernergebiet an die Westgoten abzutreten, die damit Gallien (außer Narbonensis II) zw. Atlantik, Rhône und Loire besaßen. Bald danach vertrieb der Aufstand des Orestes N. nach Dalmatien, doch galt er für →Zenon auch gegen →Odoaker als der rechtmäßige weström. Ks. Eine Rückeroberung Italiens gelang nicht mehr. N. wurde 480 in Salona ermordet. G. Wirth

Lit.: RE XVI, 2505 – PLRE II, 777 – K. F. STROHEKER, Der senator. Adel im spätantiken Gallien, 1948 – STEIN, Bas-Empire I, 395 – M. A. WES, Das Ende des Ksm.s im W des röm. Reiches, 1967, 53ff.

Nepos, Cornelius, im MA. Vom Werk des C.N., des Zeitgenossen Catulls, Ciceros und des Atticus, ist der größte Teil noch im Altertum untergegangen, d. h. wohl nicht mehr auf Pergament umgeschrieben worden. So sind von der Chronik wie von der umfangreichen Slg. der Exempla nur indirekt überlieferte Fragmente erhalten. Einzig von »de viris illustribus« ist ein großes Bruchstück dadurch auf uns gekommen, daß ein Aemilius Probus in Nachfolge seines Vaters und seines Großvaters (seine Verse z. B. Anthol. Lat. 783 R.) eine Abschrift (wohl schon Pergamentcod.) hergestellt und Ks. Theodosius II. überreicht hatte. Von diesem vermutl. durch Lagenverlust unvollständig gewordenen Exemplar muß eine Abschrift ins MA gelangt sein; sie enthielt 20 Biographien des Feldherrnbuches, dazu die Viten des Hamilkar, Hannibal, Cato d. Ä. und des Atticus sowie Bruchstücke der Vita der Cornelia, der Mutter der Gracchen. Wenn die üblicherweise gen. Angaben richtig sind, hat sich eine Abschrift etwa des 12. Jh. von jenem Exemplar in einem frz. Kl. wohl an der Loire, am ehesten in Fleury, befunden, von wo sie wie andere Floriacenses in den Besitz des Pierre Daniel († 1603) überging. Dieses – jetzt verlorene – Exemplar wurde die Stammhs. aller erhaltenen, durchweg humanist. Kopien. Da in den Hss. der Name des C.N. nicht erscheint, die eingeschobenen Verse aber, in denen sich Aemilius Probus nennt, mißdeutet wurden, gingen die auf uns gekommenen Viten – obwohl schon Sicco Polenton 1425 C.N. als Autor vermutet hatte – in den ersten Edd. unter dem Namen des Probus; erst seit der Ausg. P. Daniels (postum Frankfurt 1604) wurde allmähl. der Name des C.N. (der wiederholt mit den Fragmenten verbunden ist) als der des Verfassers üblich. – Dem →Dares Phrygius ist als Folge ein fingierter Brief des C.N. an Sallust vorangestellt, worin sich C.N. als Übersetzer des (angebl.) griech. Originals bezeichnet. Über diese Fiktion und die zu erschließenden Hss. des erhaltenen Teils hinaus hat C.N. im MA offenbar keine Rolle gespielt; seine Überlieferung ist ein charakterist. Beispiel dafür, wie das MA ein Werk bewahrte, von dem es im übrigen keinen Gebrauch gemacht hat. Erst seit dem 15. Jh., in humanist.

Kreisen, erfreut sich C.N. – zumeist als »Aemilius Probus« – großer Wertschätzung (bis Ende 16.Jh. über 10 Edd.).
F. Brunhölzl

Lit.: Praefationes der Edd. v. H. MALCOVATI, 1945 (u. ö.) und P. K. MARSHALL (1985²) – Historicorum Romanorum reliquiae, coll. H. PETER, II, 1906 – L. TRAUBE, Unters. zur Überlieferungsgesch. röm. Schriftsteller, SBA.PPH 1891, 409ff. – R. SABBADINI, Le scoperte dei codici lat. e greci, II, 1967², 217 – P. K. MARSHALL, The Ms. Tradition of C.N., Univ. of London, Inst. of Class. Stud., Bull. Supp. 37, 1977 – DERS. (Texts and Transmission, ed. L. D. REYNOLDS, 1983), 247f.

Nepotismus (von lat. nepos 'Enkel', 'Neffe', 'Nachkomme') bezeichnet in der Gesch. das Bestreben geistl. und weltl. Machthaber, Verwandten und anderen Günstlingen über das rechte Maß hinaus Vorteile zu verschaffen. Vornehml. berühmt und berüchtigt ist der N. der Päpste, der im MA und in der NZ häufig begegnet, aber differenziert zu beurteilen ist. Anfänge reichen weiter zurück. Papst Hadrian I. erhob seinen Neffen Paschalis zum primicerius, der später einer der Hauptgegner Leos III. wurde. Im 10. Jh. und bis zur Mitte des 11. Jh. befand sich der röm. Bf.sstuhl – bei verfassungsrechtl. weitgehend ungeklärter Situation – meist in der Gewalt rivalisierender Adelsgruppen, die ihren Exponenten auf den Stuhl Petri brachten und sich entsprechend mit weltl. und geistl. Ämtern ausstatten ließen; andererseits waren diese Päpste auf deren Unterstützung angewiesen. Besonders unrühml. traten hervor Johannes XII., Johannes XIII., Benedikt VIII., Johannes XIX. und Benedikt IX. (→Cresecentier, →Tusculaner), im 13. Jh. Innozenz IV., Nikolaus III. (→Orsini; die Nepoten waren aber tüchtige Helfer im Kirchenstaat gegen die →Anjou) und Bonifatius VIII. (→Caetani; seit dieser Zeit datiert N. im eigtl. Sinn). Unheilvollen Aufschwung erfuhr der N. unter vielen Päpsten in Avignon (Clemens V., Johannes XXII., Clemens VI., Innozenz VI.); er trat im →Abendländ. Schisma auch bei Bonifatius IX. und Gregor XII. zutage, anschließend bei Martin V. (→Colonna). Den Höhepunkt erreichte der N. – häufig in der Verbindung von gewaltiger persönl. Bereicherung und Politik – im 15. bis 17. Jh. Nicht nur kumulierte einträgl. Kirchenpfründen (Ämter, Bm.er, Kl. etc.) wurden Nepoten übertragen, sondern von einzelnen Päpsten auch Teilgebiete des Kirchenstaates als Lehen; dazu trat das Bestreben, daraus und aus anderen Herrschaften Italiens für die Nepoten selbständige Fsm.er einzurichten. Dieses Vorgehen führte – zum schweren Schaden der universalen Aufgaben der Päpste – zu häufigen polit. Händeln und blutigen Kriegen. Diesem vorwiegend polit. akzentuierten N. verfielen bes. Calixtus III. (→Borja), Pius II. (Piccolomini), Sixtus IV. (Rovere), Innozenz VIII. (Cibó), Alexander VI. (Borja), Leo X. und Clemens VII. (→Medici), Paul III. (Farnese), Julius III. (del Monte) und Paul IV. (Carafa). Der skandalöse N. unter Julius III. und Paul IV. sowie auch Reformbestimmungen des Konzils v. Trient zwangen Pius IV. zum Einschreiten. Pius V. verbot 1567, Teile und Burgen des Kirchenstaates als Lehen zu vergeben, und forderte Lehen zurück, doch wurde vorerst nur die stärkere Verlagerung vom polit. auf den finanziellen N. erreicht. Es blieb das päpstl. Bestreben, ihre Sippe mit den älteren röm. Adelsgeschlechtern gleichzustellen und sie dementsprechend auszustatten.

Der päpstl. N. ist v. a. zeitgeschichtl. bedingt, in engem Zusammenhang mit der polit. Ausrichtung des Papsttums seit der sog. Gregorian. Reform. Er findet seine Erklärung in verwandtschaftl. Zuneigung, im raschen Regierungswechsel einer 'Wahlmonarchie' zölibatärer Kleriker, auch in menschl. Schwächen mancher Päpste, die zudem öfters aus Alters- und Gesundheitsgründen zur selbständigen Regierung nicht fähig waren. Dazu kamen die Unsicherheit in einer meist neuen Umgebung, im wankelmütigen röm. Volk, im stolzen, übermächtigen röm. Adel, inmitten einer oft widerstrebenden Kardinalspartei (Anhang des Vorgängers u. a.), angesichts eines schwer überschaubaren Verwaltungsapparates der Kurie und bei häufigen Angriffen fremder Mächte. Da suchten die Päpste Rückhalt an ihren Verwandten. Es geht nicht an, den N. pauschal zu verdammen, auch wenn er dem päpstl. Ansehen schwer geschadet hat; häufig wurde er auch übertrieben dargestellt. Einzelne Nepoten leisteten kirchl. und polit. hervorragende Dienste. – Dem päpstl. N. entsprachen ähnl. Praktiken vieler Bf.e, Domkapitel und Großkl. sowie die – ebenfalls differenziert zu beurteilende – Verwandtenbegünstigung im weltl. Bereich zu allen Zeiten. – S. Einzelartikel zu den erwähnten Päpsten.
G. Schwaiger

Lit.: ECatt VIII, 1762f. – LThK² VII, 878f. – Wetzer und Welte's Kirchenlex. IX², 1895, 101–154 – W. REINHARD, N., ZKG 86, 1975, 145–185 – s.a. Lit. zu →Papst und den erwähnten Päpsten.

Neresheim, Abtei OSB (ö hl. Ulrich und hl. Afra) in Baden-Württ., gegr. 1095 von Gf. Hartmann (I.) v. →Dillingen und seiner Ehefrau Adelheid v. Winterthur als Chorherrenstift, das Urban II. 1095/99 in päpstl. Schutz nahm, der den Gründer und seine Nachkommen als Schutzvögte einsetzte; durch Ansiedlung von Mönchen aus dem Kl. →Petershausen 1106 in eine Benediktinerabtei umgewandelt und 1119 endgültig mit einem Mönchskonvent aus dem Kl. →Zwiefalten besiedelt. Neben dem Mönchskl. entstand auch sofort ein bis in die Mitte des 13. Jh. existierender, dem hl. Andreas geweihter Frauenkonvent. Am Ende des 12. Jh. bestand der Konvent aus etwa 17 Priestermönchen und neun Konversen. Die päpstl. gesonnene Abtei hatte im Endkampf des stauf. Hauses in Schwaben 1246–49 viel zu leiden. Doch war sie 1298 mit sieben Dörfern und Einkünften in 71 Orten begütert, die weit über das Härtsfeld hinaus im Ries und Brenzgau lagen. Die Schirmvogtei fiel nach dem Erlöschen der Gf.en v. Dillingen 1258 an das Bm. Augsburg, doch bemächtigten sich ihrer 1263 die Gf.en v. →Öttingen. Die Kl. brände von 1372 und 1389 sowie die Einsetzung des (Laien-?)Abtes Wilhelm († 1394) bei gleichzeitiger Vertreibung des rechtmäßigen Abtes Nikolaus beeinträchtigten die Kl. zucht. Seit 1481 fand die Kastler Reformbewegung (→Kastl) Eingang in die Abtei, die sich jedoch 1497 der Melker Observanz (→Melk) anschloß. Die Abtei wurde 1764 reichsunmittelbar, 1803 säkularisiert und 1920 wieder errichtet. Barocker Neubau von Kl.anlage und -kirche.
I. Eberl

Lit.: P. WEISSENBERGER, N., Germania Benedictina, 1975 [Lit. bis 1974].

Neretva (lat., it. Narenta), im Unterlauf schiffbarer Fluß im heutigen Bosnien-Herzegowina und Kroatien. Das N.tal ist einer der natürl. Verkehrswege von der Adria ins Innere der Balkanhalbinsel. Die aus einer griech. Handelsfaktorei hervorgegangene Stadt Narona im Mündungsgebiet ging während der Völkerwanderungszeit unter. Im FrühMA wurde der Unterlauf von den →Narentanern beherrscht. Später war die Kontrolle über das Flußtal, v. a. über den Handelsplatz →Drijeva, wichtig für die wechselnden Herren von →Hum. – N. ist auch der Name der →župa im Bereich des Flußoberlaufs, die Hum bzw. die →Herzegowina mit→Bosnien verbindet.
M. Blagojević

Lit.: C. JIREČEK, Die Handelsstraßen und Bergwerke von Serbien und Bosnien während des MA, 1879 – M. DINIĆ, Srpske zwmlje u srednjem veku, 1978 – DJ. TOŠIĆ, Trg Drijeva u srednjem vijeku, 1987.

Nerezi, Dorf am Westrand von Skopje (Makedonien) mit Kirche des hl. Panteleeimon. Nach der Inschrift auf dem Balken über dem Eingang in den Naos wurde die Kirche 1164 aufgrund einer Stiftung des Prinzen Alexios Komnenos, Sohn von Konstantin Angelos, und Theodora, Tochter Ks. Alexios' I. Komnenos, errichtet. Ihr Grundriß ist rechteckig mit eingeschriebenem Kreuz; sie hat drei Apsiden und einen Narthex. Die Fresken des 12. Jh., in den oberen Zonen des Mittelteils nach Erdbebenschäden im 16. Jh. ersetzt, gelten als bedeutendstes Zeugnis für den linearen Stil der Komnenenzeit, der in Byzanz, Serbien, Rußland, Bulgarien, auf Zypern, in Venedig und Sizilien verbreitet war. Der Maler v. N. arbeitete auch in Veljusa bei Strumica. Einige ähnl. Kompositionen finden sich in der Kirche Monē tou Latomou in Saloniki. V. J. Djurić

Lit.: P. MILJKOVIĆ-PEPEK, N., 1966 – V. J. DJURIĆ, Byz. Fresken in Jugoslawien, 1976, 15–17, 236f. [mit Bibliogr.] – R. HAMANN-MAC LEAN, Grundlegung zu einer Gesch. der ma. Monumentalmalerei in Serbien und Makedonien, 1976, 261–276, passim.

Nerses v. Lambron, Ebf. v. Tarsos (Kilikien), * 1153 in Lambron, † 14. Juli 1198 in Skevra, Sohn des Sebastos Ošin, erhielt seine Ausbildung an der Schule v. Hromkla unter Leitung von Gregor III. Pahlavuni und Nerses Šnorhali (→Arm. Sprache und Lit. [2]). Am Ende seines Lebens war er am Hof des arm. Kg.s Leo II. als Berater, Archivar, Gesandter und Übersetzer tätig. Mehrmals stand er an der Spitze von kilik.-arm. Delegationen in Verhandlungen mit dem byz. Hof, dem Patriarchen und Vertretern der Kreuzfahrer. Als Verteidiger des autokephalen Charakters der arm. Kirche war N. zugleich Anhänger der Kirchenunion. Er veranlaßte Übers.en und Abschriften von lit. Werken in mehreren Sprachen, stellte Materialien zur Kirchenunion zusammen, verfaßte Komm. zu der liturg. Symbolik, zu den Gedichten von Grigor Narekac'i, eine Synodalrede, Briefe, liturg. Dichtung und übersetzte aus dem Lat. und dem Griech. Texte zum Kirchen-, Zivil- und Kriegsrecht. P. Muradyan

Lit.: DSAM XI, 122–134 [B. L. ZEKIYAN; Werke, Lit.] – LThK² VII, 883 – S. SAATET'EAN, N. L., 1981.

Nerthus, germ. Fruchtbarkeitsgöttin (terra mater), die nur bei Tacitus (Germania, c. 40) überliefert ist, deren Name aber lautgesetzl. mit an. →Njörđr (männl. Fruchtbarkeitsgott) übereinstimmt. Tacitus lokalisiert ihre Verehrung vage im Norden Germaniens und zählt zum Kultverband der Göttin sieben Stämme (Reudingi, Aviones, Anglii, Varini, Eudoses, Suardones, Nuitones), die er für →Sueben hält. Lokalisierung und Identifizierung der sog. »Nerthusvölker« sind in der Forsch. nach wie vor umstritten. Die beschriebenen Kulthandlungen (z. B. Umfahrt eines verhängten Kultsymbols der Göttin auf einem von Rindern gezogenen Wagen, rituelle Waschung: lavatio) werden dem rituellen Nachvollzug der Heiligen Hochzeit zugeordnet; insgesamt ist die Schilderung aber so stark dem röm. Kult der Mater magna angeglichen, daß die Einzelheiten fragwürdig bleiben. Unzweifelhaft ist nur, daß Tacitus die N. als große Mutter- und Fruchtbarkeitsgöttin dargestellt hat. E. Picard

Lit.: J. DE VRIES, Altgerm. Religionsgesch., I, 1935, 182ff. – R. SIMEK, Lex. der germ. Mythologie, 1984, 282f.

Nervier (Nervii, Νερούιοι) ursprgl. germ. keltisierter (Matronenkult) Stamm (Strabo 4, 194, Tacitus, Germ. 21; Appian, Celt. 1, 4; Kimbern und Teutonen) der Belgica, später als civitas Nerviorum mit Hauptort Bagacum (Bavai). Nach Unterwerfung durch Caesar 57 (BG 2, 4, 5: 50000 Krieger) 1 und 53 nehmen die N. am Aufstand 70 n. Chr. teil. Neben agrar. Nutzung des Landes (zu Textilien s. Ed. Diocl. 19, 32) stehen reiche Funde an Töpferware. Nerv. Truppenverbände begegnen noch in der Notitia Dignitatum, doch kann es sich in dieser Zeit um Zugewanderte handeln. G. Wirth

Lit.: RE VII, 58 [E. LINCKENHELD] – C. JULLIAN, Histoire II, 197, 497 – G. FAIDER FAYTMANS, Antiquité Classique 21, 1952, 378ff. – A. GRENIER, Manuel I, 384; II, 493; II, 315.

Nesjar, Schlacht v. (Palmsonntag 26. März 1016), entscheidende Seeschlacht sw. von Tönsberg (SO-Norwegen) zw. dem im Herbst 1015 nach Norwegen zurückgekehrten →Olaf Haraldsson und dem Ladejarl Svein Hákonarson (Vasall →Knuds d. Gr.). Olaf, unterstützt von seinem Stiefvater Sigurd sýr Hálfdanarson und den anderen Kleinkg.en Opplands (SO-Norwegen), besiegte das zahlreichere Schiffsheer des Jarls und dessen Schwager Einar Þambarskelfir. Olaf wurde daraufhin im Tröndelag zum Kg. ausgerufen. Den Verlauf der Schlacht v. N. schildert das wenig später entstandene Gedicht, die sog. 'Nesjarstrophen' (»Nesjavísur«) →Sigvatr Þórdarsons, sowie an. Prosaq. (→Ágrip af Nóregs konunga sǫgum, →Fagrskinna, legendar. Olafs saga, →Snorri Sturlusons »Heimskringla«, selbständige Olafs saga hins helga) und die →Historia de antiquitate regum Norvagensium.
B. La Farge

Lit.: NBL X, 378f. – M. GERHARDT, Norw. Gesch., neu bearb. W. HUBATSCH, 1963², 70 – A. HOLMSEN, Norges hist. fra de eldste tider til 1660, 1977⁴, 156 – P. SVEAAS-ANDERSEN, Samlingen af Norge og kristningen af landet 800–1130, 1977, 119 – G. JONES, A Hist. of the Vikings, 1984², 376.

Nesīmī, es-Seyyid ʿImāduddīn, türk. Mystiker und Dichter des 14. Jh., als Verkünder heterodoxer Lehren durch Schindung hingerichtet (Aleppo, 1404?). Verschiedene Orte in dem von türk. Nomaden (→Turkmenen) durchzogenen syr.-irak., nordwestiran.-azerbaidschan. und südostanatol. Dreieck werden als seine Geburtsstätte angegeben. Sicher ist nur, daß er der von der Orthodoxie verfolgten Ḥurufi-Sekte angehörte, die in der Schönheit des menschl. Antlitzes ein durch Buchstabensymbolik ausgedrücktes Zeugnis der Göttlichkeit sieht. N.s leidenschaftl. türk. →Diwan (3 Bde, Baku 1973) und sein pers. Dīwān (Baku 1972) genießen in den seinen Lehren nahestehenden religiösen Kreisen hohes Ansehen. A. Tietze

Lit.: K. R. F. BURRILL, The Quatrains of N., Fourteenth-Century Turkic Hurufi, 1972.

Nesle, Herren v. (Seigneurs de), frz. Adelsfamilie der →Picardie, aus der Gft. →Vermandois (Stammsitz N., dép. Somme, arr. Péronne), die nach 1200 im Königsdienst zu einer der führenden baronialen Familien (→Baron) aufstieg. Das erste bekannte Mitglied, *Ives (Ivo)*, ist 1076 als Zeuge einer Urk. des Gf.en v. Vermandois, 1085 als Mitunterzeichner eines Königsdiploms belegt. Seine glänzende Heirat mit einer Tochter der Gfn. v. →Soissons, Adele († 1105), und des Gf.en v. →Eu, Wilhelm Busac (der von den Hzg.en v. →Normandie abstammte), verhalf dem Geschlecht zu hohem adligen Rang und bestimmte seinen weiteren Aufstieg. Der Sohn *Raoul (Radulf)* († um 1132), der der Entourage des Gf.en v. Vermandois angehörte, war mit zwei Abteien in Soissons verbunden (Güterschenkungen in der Gegend von N.) und wandte sich durch seine Heirat der Gft. →Flandern zu. Die entscheidende Phase des Aufstiegs vollzog sich jedoch in der nächsten Generation: *Ives II.* († 1178), der älteste der vier Söhne Raouls, erbte um 1141 die Gft. Soissons, die er vom Bf. v. Soissons zu Lehen hielt, und hatte eine wichtige Position in der regionalen Politik inne: Oft in der Nähe des Kg.s (1155 kgl. Versammlung in Soissons), war er ein umworbener Bündnispartner der Fs.en Nordfrankreichs (so 1143 des Gf.en v. →Champagne, der im Konflikt mit dem Kg. stand), zeichnete sich auf dem 2. →Kreuzzug aus und wurde nach dem Tode des Gf.en v. Vermandois, Raouls d. Ä. († 1152), zum Vormund der drei hinterbliebenen Töchter berufen (er verheiratete sie mit Mitgliedern der Gf.enhäuser v. Flandern und →Hennegau). Ives' Ehe (mit Yolande v. Hennegau) blieb kinderlos. Von seinem umsichtigen polit. Wirken zeugen 60 Urkk.

Das späte 12. Jh. war eine Periode der Rückschläge. Die Gft. kam an *Conon* († 1180 ohne Nachkommen), einen Neffen von Ives II. (Sohn von dessen Bruder *Raoul*, † ca. 1160). Conon besaß auch die von seinem Vater ererbte Burggft. v. →Brügge. Nach seinem Tode wurde der Besitz des Hauses unter den beiden Brüdern geteilt: *Raoul* († 1235) erhielt die Gft. Soissons und wurde Begründer einer neuen Dynastie; die übrigen Territorien (Seigneurie N., Burggft. Brügge) kamen an *Jean I.* († 1197/1200), dessen Leben im dunkeln liegt. Dessen Sohn und Nachfolger, *Jean II.* († 1240 ohne Nachkommen), war Vertrauter des Gf.en v. Flandern, befehligte dessen Flotte (Akkon 1203/04) und zählte nach dem Tode Balduins IX. (1205) zu den führenden Parteigängern Frankreichs in Flandern. 1212 vom Gf.en →Ferrand v. Portugal exiliert, wurde er 1214, nach der Schlacht v. →Bouvines (an der Jean auf frz. Seite teilnahm), auf Betreiben Kg. Philipps II. August in Flandern restituiert (Sitz im gfl. Rat, ztw. →Bailli v. Flandern und Hennegau), hatte aber als bevorzugter Lehnsmann Frankreichs einen schweren Stand, verließ daher 1224 Flandern und verkaufte die Burggft. Brügge an Gfn. →Johanna. Von nun an wurden die Geschicke der Herren v. N. gänzlich von ihrer Rolle als führende Königsdiener bestimmt. Jean II. lebte in Paris, besuchte häufig den Hof, nahm 1226 am Albigenserkreuzzug teil, zählte zu den zwölf Großen, die zur Krönung des jungen →Ludwig IX. luden (1226), und geleitete die Braut des Kg.s, →Margarete v. Provence, an den frz. Hof (1234). Durch die Wahl seiner Grablege in einem von ihm 1202 gestifteten Frauenkl. (Francheabbaye, dép. Oise, arr. Compiègne) betonte Jean II. aber auch seine regionalen, pikard. Wurzeln.

Sein Erbe trat der Neffe *Simon 'v. Clermont'* († Febr. 1286) an (→Clermont, Simon de), wie sein Onkel ein sehr einflußreicher Ratgeber der frz. Monarchie, dessen Laufbahn durch die zweimalige Ernennung zum »Regenten« des Reiches (1270, 1285) ihren Höhepunkt erfuhr. Sein Sohn, *Raoul II.* v. Clermont (⚔ 1302 bei →Kortrijk) war →Connétable de France (→Clermont, Raoul de). Ebenfalls in der »Goldsporenschlacht« fiel Simons jüngerer Sohn, *Gui I.*, der, seit 1296 →Maréchal de France, in Flandern Krieg führte. Aus Guis 1. Ehe mit Marguerite de Thourotte, Dame d'Offémont (dép. Oise, arr. Compiègne), gingen fünf Kinder hervor. Der älteste, *Jean*, Seigneur d'Offémont († 25. Mai 1352, ▭ Coelestinerkl. Offémont, von ihm 1331 gestiftet), war Maréchal de France und wichtiger kgl. Ratgeber (v. a. in den Jahren 1345–46, u. a. →Chambre des Comptes, Conseil secret du roi). Zwei seiner Söhne, *Gui II.*, Maréchal de France (⚔ 14. Aug. 1352 bei Moron), und *Guillaume* (⚔ 19. Sept. 1356 bei →Poitiers), fielen im Kampf. L. Morelle

Lit.: P. GEYNEMER, La seigneurie d'Offémont, 1912 – R. CAZELLES, La société politique et la crise de la royauté sous Philippe de Valois, 1958 – W. M. NEWMAN, Les seigneurs de N. en Picardie, 2 Bde, 1971.

Nešrī, Dichtername eines der wichtigsten Vertreter der älteren osman. →Historiographie, der möglicherweise Hüseyn b. Eyne Beg hieß, aus Karaman stammte und Mitglied der →ʿUlamāʾ war; gest. ca. 1512/20. Er verfaßte eine Weltgesch. unter dem Titel »Ǧihānnümā« ('Cosmorama'), von der der 6. und letzte Teil erhalten ist, den er abtrennte und 1486–93 →Bāyezīd II. widmete. In der so entstandenen Gesch. der Türken stützte N. sich für die Frühzeit (Oguzen, Karachaniden, Selǧuqen und Karamanen) auf Yazıǧzoǧlu ʿAli (damit indirekt auf Rašīd ad-Dīn und →Ibn Bībī), für die ausführl. Darstellung der osman. Gesch. von ihren Anfängen bis 1485 auf →ʿĀšıq Pašazāde, den Anon. Oxford, den →Geschichtskalender und eigene Kenntnisse. Der Inhalt des weithin geschätzten Werkes – schon →Idrīs-i-Bidlīsī und →Kemālpasazāde zitierten daraus – war in Europa durch Leunclavius' Übers. seit 1591 bekannt. B. Flemming

Ed.: FAIK REŞIT UNAT-MEHMET A. KÖYMEN, Mehmed N. Kitâb-i Cihan-nümâ. N. tarihi, 2 Bde, 1949–57 [Teil-Ed.; Nachdr. 1987] – F. TAESCHNER, Ǧihānnüma. Die altosman. Chronik des Mevlānā Meḥemmed Neschrī, 2 Bde, 1951–55 [photomech.] – *Lit.:* IA IX, s. v. – V. L. MÉNAGE, N.'s Hist. of the Ottomans. The Sources and Development of the Text, 1964.

Nestel, Schnürriemen oder -band zur Verbindung zweier Gewandteile oder zum Schließen eines Gewandschlitzes; die Enden sind meist mit einem Metallspitz, dem N. stift, versehen. Je nach Verwendung werden N. in Schriftq. unterschiedlich bezeichnet (z. B. *busenn., hosenn.* oder *schuhn.*). Bes. Bedeutung erlangen N. durch die Verkürzung und Verengung der Männermode ab dem 14. Jh.: N. dienen dann zur Verbindung von →Wams und →Beinkleidern sowie zur Befestigung der →Braguette. E. Vavra

Nestor, altruss. Mönch, Hagiograph und Chronist. N. ist von Abt Stefan (1074–78) zum Mönch des Kiever Höhlenkl. geschoren und zum Diakon geweiht worden. Sein erstes Werk, eine um 1079–85 entstandene Umarbeitung älterer Texte, ist die Vita (»čtenie«, eigtl. »Lesung«) der Fs.en-Märtyrer →Boris und Gleb. Darin werden die ersten russ. Hll. fest mit dem heilsgeschichtl. Schicksal der Rus' verbunden. Das Werk ist wohl im Zusammenhang einer übergreifenden Strategie der Kirche zu sehen, den Boris-und-Gleb-Kult zum Kern einer polit. Ethik umzuformen, die das polit. verderbl. →Seniorat christl. Werten unterordnet. Wenig später ist N.s Vita des hl. Feodosij, des dritten Abtes des Höhlenkl., entstanden. Sie wurde in das »Väterbuch« (Paterikon) des Kl. aufgenommen und erfuhr so weite Verbreitung. Um die Vita Feodosijs in das Paterikon einzufügen, hat N. vielleicht noch selbst ein Kapitel über die Anfänge des russ. Mönchtums und eine Translationserzählung verfaßt, doch ist die Verfasserfrage umstritten. Eine Red. der nach ihm benannten »Nestor-Chronik« (→Povest' vremennych let) hat N. 1112 kompiliert, jedoch ist sein Anteil am Gesamtwerk, insbes. an der historiograph. Konzeption, kaum noch zu bestimmen.

F. Kämpfer

Lit.: G. PODSKALSKY, Christentum und theol. Lit. in der Kiever Rus' (988–1237), 1982 [ausführl. Lit.].

Nestor-Chronik → Povest' vremennych let

Nestorianismus, Nestorianer → Nestorios, →Ostkirchen

Nestorios, seit 428 Ebf. v. Konstantinopel, bekämpfte den für Maria schon traditionellen Titel »Gottesgebärerin« (theotokos), weil er die Göttlichkeit des Heilandes gefährde. Kyrill, Ebf. v. Alexandria, mahnte ihn, dem Gottessohn selbst alle menschl. Attribute zuzuschreiben; N. aber wollte diese nur von »Christus« aussagen, weil dieser Titel Göttliches und Menschliches umfasse. Kyrill gewann Papst Coelestin für sich und ließ in Ephesos 431 N. verurteilen. In der Verbannung schrieb er eine im »Buch des Herakleides« erhaltene Rechtfertigung, in der er sich der Christologie von Papst Leo näherte, ohne aber die Personeinheit des Heilandes in seinem von den Naturen ausgehenden Denkmodell voll erfassen zu können. Zur Nestorian. Kirche → Ostkirchen. H. J. Vogt

Lit.: L. I. SCIPIONI, N. e il concilio di Efeso, 1974 – H. J. VOGT, Das gespaltene Konzil v. Ephesus und der Glaube an den einen Christus, TThZ 1981, 89–105 – J. J. O'KEEFE, A Historic-systematic Study of the Christology of N., 1987.

Netze (Notes, Nothes, Nezze), rechter Nebenfluß der →Warthe. Die ältesten Urkk. (Mitte des 13. Jh.) aus vier verschiedenen Kanzleien benennen übereinstimmend den Flußabschnitt von Zantoch (Zusammenfluß) bis zur Mündung in die →Oder bei Küstrin als N. Die Stadt Landsberg wurde 1257 von den Askaniern noch an der N., nicht an der Warthe gegründet; erstmals 1295 heißt der Fluß hier 'Warthe'. Dieser Sachverhalt beantwortet auch die Frage, wo man das tributpflichtige Gebiet →Mieszkos I. zu suchen hat, von dem →Thietmar v. Merseburg (II, 29) berichtet, er sei »imperatori fidelem tributumque usque in Vurta fluvium solventem« gewesen: Dieses Gebiet lag auf dem Westufer der Warthe. H. Ludat

Lit.: SłowStarSłow VI, 337f. – H. LUDAT, Warthe oder N.?, BN 1951/52, 213–221 – H. ŁOWMIAŃSKI, Początki Polski V, 1973, 528ff. – CHR. LÜBKE, Reg. zur Gesch. der Slaven an Elbe und Oder, II, 1985, Nr. 162.

Netze (auch lichtes →Zeug) spielen – als ein aus der Antike übernommenes Element der Jagd – vornehml. seit der Karol. Renaissance auch im germ. Kulturraum bei Fang und Erlegung fast aller Haar- und Federwildarten eine bedeutende Rolle: 1. als zusätzl. Hilfsmittel mit der Funktion, Wild zur Falle, zur Fangeinrichtung oder zum Erlegungsplatz zu leiten bzw. am Verlassen des Jagd- oder Fanggebiets zu hindern; 2. als Fallen oder fallenähnl. Fangeinrichtungen (vgl. LIPS, LAGERCRANTZ, LINDNER, SCHWENK), fallensystemat. unterschieden in 1. Spann. (als Stell- oder Falln. stationär, als Deckn. ortsveränderl. oder stationär [→Zeug]; zu den um eine Achse drehbaren Spann.n vgl. →Vogelherd) und 2. Hohln. (s. a. →Reuse). Zur Verwandtschaft mit den bei der Fischerei verwendeten N.n vgl. SCHWENK und SELIGO. S. Schwenk

Lit.: Hb. der Binnenfischerei Mitteleuropas V, 1925, 1ff. [A. SELIGO] – J. LIPS, Fallensysteme der Naturvölker, Ethnologia 3, 1927, 123ff. – S. LAGERCRANTZ, Beitr. zur Jagdfallensystematik, Ethnos 2, 1937, 361ff. – K. LINDNER, Die Jagd im frühen MA, 1940 – S. SCHWENK, Zur Terminologie des Vogelfangs im Dt., 1967.

Neuchalkedonismus, ein von J. LEBON zu Beginn des 20. Jh. geschaffener Begriff, mit dem die Dogmengesch. die nachchalkedon. Fortentwicklung der reichskirchl. Christologie (insbes. des 6. Jh.) bezeichnet. Anders als in der Christologie des Cyrill v. Alexandria, in der die Begriffe »physis« und »hypostasis« synonyme Verwendung fanden, wurden sie in der Sprache des Konzils v. →Chalkedon klar unterschieden. Die Unterscheidung ermöglichte die chalkedon. Aussage von »einer Person in zwei Naturen«, welche die Einheit des göttl. Logos mit dem Sohn Mariens und zugleich die Fülle sowohl der göttl. als auch der menschl. Seinsweise bekennen möchte. Doch Parteigänger der traditionellen alexandrin. Lehrweise mißverstanden und verwarfen die Aussage als nestorianisch (→Nestorios). Um ihre Zustimmung zur reichskirchl. (an Chalkedon festhaltenden) Kirchenlehre zu erlangen und jene schon damals drohende Kirchenspaltung zw. →Melkiten und sog. →Monophysiten zu vermeiden, zu der es im 7. Jh. tatsächlich kommen sollte, wollten manche Theologen die cyrill. und die chalkedon. Formel nebeneinander verwandt wissen, die eine gegen die nestorianische, die andere gegen die eutychian. Verzerrung der Christologie. Diese Theologen, denen die *mia-physis*-Formel Cyrills als willkommenes oder sogar notwendiges Korrektiv der *dyo-physeis*-Formel von Chalkedon erschien, können als »extreme Neuchalkedonier« (oder auch als Neu-Cyrillianer) bezeichnet werden. »Gemäßigte Neuchalkedonier« kann man solche Theologen nennen, die dadurch eine Brücke zur altalexandrin. Sichtweise erstrebten, daß sie möglichst viele cyrill. Termini und Formeln, nicht aber die mia-physis-Formel, zur chalkedon. Redeweise hinzunahmen. Zu letzteren gehörte Ks. Justinian, in dessen Geist 553 die Verurteilung der sog. →Drei Kapitel erfolgte. E. Chr. Suttner

Lit.: J. LEBON, Le monophysisme sévérien, 1909 – CH. MOELLER, Le chalcédonisme et le néo-chalcédonisme (A. GRILLMEIER – H. BACHT, Das Konzil v. Chalkedon I, 1951), 637–720 – S. HELMER, Der N., 1962 – A. GRILLMEIER, Jesus der Christus im Glauben der Kirche, II/2, 1989, 450–455 [Lit.].

Neuenburg ('ob dem see', frz. Neuchâtel 'sur le lac'), Gf.en, Gft. und Stadt im nw. Teil des Bm.s →Lausanne (heute Schweizer Kt. mit gleichnamiger Hauptstadt).

Die seit Mitte des 12. Jh. faßbaren Herren v. N. – als Gf.en erstmals 1196 belegt – gelten aufgrund der Besitzlage zw. mittlerem Aarelauf und Jura sowie der Kastvogtei über das Kl. Erlach (OSB, Kt. Bern) als Nachfahren der hier an der dt.-frz. Sprachgrenze im 11. Jh. mächtigen Gf.en v. Fenis. Bei der Hausteilung 1214 kamen die Güter und Rechte auf dem linken Ufer des Neuenburgersees mit der ehemals (1011) kgl.-burg. Burg N. an Berchtold († 1260), den Stammvater des 'welschen' N., jene auf dem rechten, einschließl. der Landgft. w. der Aare, an seinen Onkel Ulrich III. († 1226). Dessen Söhne begründeten die Linien Nidau, Strassberg und →Aarberg-Valangin. Ob der maness. Minnesänger Rudolf v. N.-Fenis der welschen oder der Nidauer Linie angehörte, ist nicht zu entscheiden. Berchtold nahm 1237 das Val-de-Travers von Jean de →Chalon, sein Urenkel Rudolf IV. († 1343) 1288 Burg und Herrschaft N. (als Afterlehen des Reiches) von Jean I. de Chalon-Arlay zu Lehen. Die Absicht, durch die Heirat seines Nachfolgers Ludwig († 1373) mit der Erbtochter Jeanne de →Montfaucon jenseits des Jura Fuß zu fassen, scheiterte am Widerstand ihrer Verwandten (1325–57). Diesseits aber gelang es den Gf.en v. N., nach N hin in Konkurrenz zum Bf. v. Basel, eine eher kleine, doch territorial geschlossene Landesherrschaft einfachster Struktur aufzubauen. Als Ludwig die Gft. der älteren Tochter Isabella hinterließ, umfaßte sie dank des Landesausbaus das gesamte Gebiet des modernen Kt.s N. bis auf die Herrschaft Valangin (Gf.en v. Aarberg), deren Lehensabhängigkeit Mitte des 14. Jh. durchgesetzt war. Zum Erben bestimmte der kinderlose Gfn. (∞ Rudolf IV. v. N.-Nidau [† 1375]; † 1395) ihren Neffen Konrad aus dem Haus der Gf.en v. Freiburg. 1458 gab es einen weiteren, vom Lehensherrn Louis de Chalon-Arlay vergebl. angefochtenen Dynastiewechsel zu Rudolf v. →Baden-Hachberg (frz. Hochberg). In Heiratsverbindungen, Kriegs- und Hofdiensten stets nach W ausgerichtet – Gft. Burgund, Kg.e v. Frankreich, Hzg.e v. Savoyen und im 15. Jh. bes. v. Burgund –, suchten die Gf.en v. N. ihre regionale Stellung u.a. durch Burgrechte mit benachbarten westschweiz. Städten zu festigen. Entscheidend wurde jenes von Gf., Stadt und Kollegiatstift mit →Bern v. 1406: fortan stützte Bern die gfl. Herrschaft gegen innere (Stadt) und äußere (Chalon-Arlay) Gefährdungen. Über diese zunehmend engere Bindung fand N. später in die →Eidgenossenschaft.

Von bescheidener Größe und wirtschaftl. Bedeutung erfüllte die Stadt N. im SpätMA v.a. die Funktion eines Herrschaftszentrums der Gft. Die Siedlung unterhalb der

Burg war Ende 12. Jh. bereits ummauert, 1185 werden burgenses gen. 1214 verlieh ihr Berchtold v. N. städt. Freiheitsrechte (*franchises*), die 1455 etwas verbessert erneuert wurden. Sonst blieben die wiederholten, anfangs 15. Jh. intensivierten Versuche, sich vom gfl. Stadtherrn zu emanzipieren, erfolglos. K. Koller-Weiss

Bibliogr. und Lit.: HBLS V – F. DE CHAMBRIER, Hist. de Neuchâtel et Valangin, 1840 [Nachdr. 1984] – Genealog. Hb. zur Schweiz. Gesch., I, 1900 – P. AESCHBACHER, Gf. en v. Nidau, 1924 – Hist. du Pays de Neuchâtel, I, 1989 [Q. und Lit.] – Bibliogr. neuchâteloise, hg. A. FROIDEVAUX, 1990.

Neues Testament → Bibel

Neuffen, Familie, Herrschaft. Der Edelfreie Mangold v. Sulmetingen († 1122), aus der Sippe des hl. →Ulrich v. Augsburg, ließ um 1100 die Burg Hohenn. errichten. Aus seiner Ehe mit Mathilde v. Urach gingen hervor: Egino (seit ca. 1125 erwähnt, † nach 1145); Ulrich und Mathilde (traten beide in den Konvent v. Zwiefalten ein). Als weiteres Kind wird Leutfrid v. N. († vor 1150) erschlossen. Sein Sohn dürfte der 1160 urkundl. erwähnte Liutfrid v. Weißenhorn sein. Dessen Sohn Berthold v. Weißenhorn-N. (1160–1221; ⚭ Erbtochter des Gf. en v. Achalm) sorgte durch seine enge Beziehung zu den Staufern für den weiteren Aufstieg der Familie, die anscheinend in der Mitte des 12. Jh. durch den Namen Weißenhorn das redende Wappen mit den drei Hifthörnern annahm. Als Kinder Bertholds sind nachgewiesen: Mathilde, Äbt. des Stifts Obermünster in Regensburg († 1225); Berthold, Protonotar Friedrichs II. 1212–15 und Bf. v. Brixen 1217–24; Adelheid (⚭ 1. Konrad v. Heiligenberg, 2. Gottfried v. Sigmaringen); Heinrich (um 1200–46, ⚭ Erbtochter v. Winnenden und Rohrdorf); Albert (1216–45 erwähnt), der oft am Hofe Friedrichs II. und Heinrichs (VII.) weilte. Bei der Erbteilung zw. Heinrich und Albert erhielt ersterer die Burgen N. und Achalm mit dazugehörigen Herrschaften, letzterer den Besitz an der Iller. Alberts Nachkommen begründeten die Linie der Gf. en v. Marstetten und Graisbach, die im 14. Jh. erlosch. Als Söhne Heinrichs sind ein jüngerer Heinrich (ab 1228) und der Minnesänger →Gottfried v. N. (21.G.; † nach 1255) erwähnt, mit denen diese Hauptlinie des Hauses erloschen zu sein scheint. Ihr Erbe fiel an die noch immer unter dem Namen N. auftretenden Nachkommen Alberts. Berthold v. N. verkaufte 1284 an den Gemahl seiner Schwester Liutgart, Konrad v. Weinsberg, die Hälfte von Burg und Herrschaft N., deren andere Hälfte dieser bereits durch seine Ehefrau besaß. Die Herrschaft N., die sich im 12. Jh. um die Burg entwickelt hatte und aus der Burg Hohenn., der um 1232 zur Stadt erhobenen Siedlung N. und fünf Dörfern bestand, wurde 1301 dem Gf. →Eberhard I. v. Württemberg verkauft. I. Eberl

Lit.: CHR. F. STÄLIN, Wirtemberg. Gesch., II, 1847, 573 f. – H.-M. MAURER, Die hochadeligen Herren v. N. und Sperberseck, Zs. für württ. Landesgesch. 25, 1966, 59 ff.

Neujahrsindiktion → Indiktion, →Chronologie, C. I, 4

Neumark (terra transoderana, marchia nova). Als jüngsten Landesteil gliederten die Mgf. en v. →Brandenburg ab Mitte des 13. Jh. ö. der Oder den Raum bis zur Drage, im NO einschließl. des Gebietes um Schievelbein, im S – unter Einschluß des Landes Sternberg – bis zur Pleiske, vornehml. aus den Machtbereichen der Hgz. e v. →Pommern, →Polen und →Schlesien dauerhaft ein. Die von den ehem. Landesherren sowie den von diesen zur Abgrenzung der Herrschaftsbereiche in das zuvor umstrittene Gebiet gerufenen geistl. (Ritter-)Orden begonnene Ansiedlung dt. Bauern bzw. Umlegung slav. Siedlungen nach →Dt. Recht wurde unter brandenburg. Herrschaft fortgesetzt, die geistl. Ritterorden wurden aus dem w. Landesteil verdrängt. →Landsberg (1257), Soldin (nach 1261), Arnswalde (vor 1269), Neu-Berlin (Berlinchen, 1278), Schievelbein (um 1292), Dramburg (1297) u.a. wurden gegr. bzw. erhielten Stadtrecht. Im Hauptort Soldin der in Kleinlandschaften (*terrae*) gegliederten N. entstand ein Kollegiatstift, ferner Zisterzen (u. a. Marienwalde, Himmelstädt). Für das nach dem Aussterben der brandenburg. Askanier verkleinerte Gebiet wurde unter den Wittelsbacher Mgf. en seit 1336 ein →Landbuch angelegt. Ks. Karl IV. überließ – im Gegensatz zur →Goldenen Bulle v. 1356 – die »Mark über der Oder« →Johannes v. Görlitz [13.J.]; nach dessen Tod (1396) verkaufte sein Bruder, Kg. Siegmund, 1402 die 1397 erstmalig »nueue mark obir Oder« gen. N. für 63 200 ung. Gulden – vorbehaltl. eines Wiederkaufsrechtes – an den →Dt. Orden. 1455 erwarb der Hohenzoller →Albrecht Achilles die N. zurück. F. Escher

Lit.: J. SCHULTZE, Die Mark Brandenburg, I–III, 1961–63 – W. KUHN, Vergleichende Unters. zur ma. Ostsiedlung, 1973 – H. K. SCHULZE, Die Besiedlung der Mark Brandenburg im Hoch- und SpätMA, JGMODtl 28, 1979, 42–178 – Z. WIELGOSZ, Nowa Marchia w historiografii niemieckiej i Polskiej, 1980.

Neumen, früheste Notenzeichen der liturg. Einstimmigkeit im chr. Abendland, die auch für die früheste Mehrstimmigkeit und später für weltl. Einstimmigkeit verwendet werden (außerdem in anderen Formen im byz. und slav. Gesang). Der Begriff leitet sich her von griech. νεῦμα 'Wink'. Die Zeichen entstanden mutmaßl. aus den Akzent- und Prosodiezeichen der spätantiken Grammatiker. Im chr. Abendland unterscheidet die zeitgenöss. Musiktheorie namentl. verschiedene N. zeichen, teils Einzelnoten, teils Gruppenzeichen (jeweils mehrere Töne). Einzelnoten sind *punctum* und *virga. Pes* und *clivis* z. B. beinhalten zwei auf- bzw. absteigende Töne, etc. (vgl. Fig. 2). Zu finden sind Kombinationen aus verschiedenen N. (z. B. die *bivirga*: zwei *virgae* hintereinander, oder die *clivis subpunctis:* an die *clivis* werden absteigende *puncta* angehängt). Außerdem existieren ornamentale und liqueszierende N., letztere kennzeichnen die Aussprache gewisser Laute (Diphtonge etc.). In Hss. des 9.–11. Jh. aus dem Metzer und St. Galler Bereich wird durch Buchstaben der Vortrag bezeichnet (c = celeriter, schnell). Die ältesten (ab 9. Jh.), wohl als Erinnerungshilfe für die Sänger gedachten, im Karolingerreich entstandenen N. typen geben nur den ungefähren Verlauf der Melodie, nicht hingegen exakte Tonhöhen oder Rhythmus wieder. (Über eine freie »rhythmische« Interpretation der N. wurden jedoch Mutmaßungen angestellt.) Sie sind *in campo aperto,* d. h. ohne Linien, gelegentl. sogar am Rand neben dem Text statt darüber, und meist nachträgl. notiert. Entsprechend aufgezeichnete Melodien sind nur lesbar, wenn spätere Parallelüberlieferungen existieren. Aus dem ersten N. typ, den paläofrk. N., entwickeln sich regional wie chronolog. unterschiedl. Formen: In Frankreich finden sich z. B. bret., nordfrz., Metzer und aquitan. N. (letztere gekennzeichnet durch die Tendenz zur Auflösung in Punkte, was auf spätere Stadien der Notenschrift Auswirkungen hat), in Deutschland dt. und St. Galler N., in Italien ein nord- und ein mittelit., daneben ein beneventan. Typ, in Spanien katal. und westgot. N. Verschiedentlich lassen sich Abhängigkeiten der unterschiedl. Typen erkennen: So sind England und Spanien von Frankreich beeinflußt, die aus dem dt. Typ hervorgegangenen Metzer N. führen zur dt. und unabhängig davon zur böhm. Notation, die sich beide zumindest in ihren Spätformen (Deutschland: Hufnagelnotation) ähneln. Ab etwa 1200 ist zunehmend

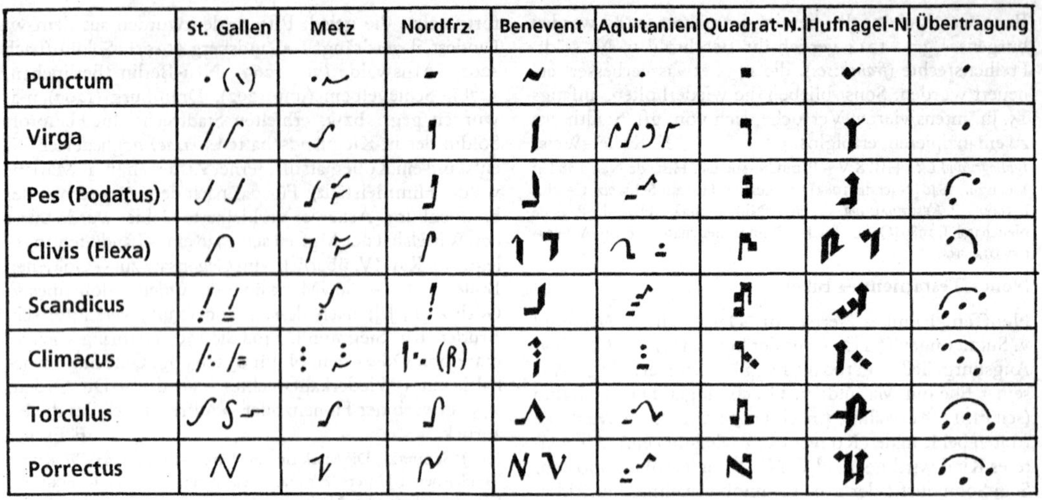

	St. Gallen	Metz	Nordfrz.	Benevent	Aquitanien	Quadrat-N.	Hufnagel-N	Übertragung
Punctum	· (\)	·~	—	~	·	■	✓	•
Virga	/ /	ʃ	ᛯ	ᛯ	ᚠᛯᚠ	ᛯ	ᚱ	•
Pes (Podatus)	J J	J̃	J	J	⸗	◼	◢	⌒
Clivis (Flexa)	⌐	7 ⌐	⌐	⌐ᛯ	⌐ =	⌐	⌐ᛯ	⌒
Scandicus	! !	ʃ	!	J	⸗	♪	◢	⌒
Climacus	/· /=	∴	!·· (ß)	⁊	⁖	ᛯ	ᛯ·	⌒
Torculus	ʃ S ⸗	ʃ	ʃ	∧	⌒	♫	⚐	⌒
Porrectus	N	ᛨ	N	N V	⸗	N	U	⌒

Fig. 2: Die Grundneumen in einigen verbreiteten Schrifttypen

eine Kalligraphisierung zu beobachten. Im W und im S entwickelt sich die Quadratschrift, die noch heute für den gregorian. Choral verbindlich ist. Die regionalen Unterschiede werden durch bestimmte Orden durchbrochen: so wird in der Frühzeit des Zisterzienserordens (12. Jh.) überregional die zentralfrz. Schrift verwendet. Im Lauf ihrer Entwicklung werden die N. immer exakter in ihrer Lesbarkeit: Nachdem schon vorher andeutungsweise Tonhöhen erkennbar sind, werden diese mit der Einführung von Notenlinien durch →Guido v. Arezzo († 1050) eindeutig fixiert. (Daneben wird aber noch im 15. Jh. in Deutschland z. T. linienlos notiert). Aus der Quadratnotation entsteht schließlich die rhythm. lesbare Modal- und später die →Mensuralnotation, die zur modernen Notenschrift führt. B. Schmid

Lit.: MGG – NEW GROVE – O. FLEISCHER, N.-Stud., 1895–1904 – P. WAGNER, Einf. in die gregorian. Melodien, 2. T.: N.kunde, 1912 [Nachdr. 1962] – H. FREISTEDT, Die liquieszierenden Noten des gregorian. Chorals, 1929 – M. HUGLO, Les noms des neumes et leur origine, Ét. grég. 1, 1954, 53–67 – J. FROGER, L'épitre de Notker sur les lettres significatives, Ét. grég. 5, 1962, 23–71 – E. JAMMERS, Tafeln zur N.schrift, 1965 – E. CARDINE, Semiologia gregoriana, 1970 – S. CORBIN, Die N. (Palaeographie der Musik, I, hg. W. ARLT, 1970) – K. FLOROS, Universale N.kunde, 1970 – B. STÄBLEIN, Schriftbild der einstimmigen Musik (Musikgesch. in Bildern III/4, 1975) [Lit.] – L. TREITLER, Reading and Singing: On the Genesis of Occidental Music-Writing, Early Music Hist. 4, 1984, 135–208.

Neunauge, parasit. lebende fischähnl. Wirbeltierfamilie (Petromyzon, mlat. lampreda, mhd. *lamprîde*) der Rundmäuler, benannt nach den (zusammen mit Augen- und Nasenöffnung) falsch gedeuteten Kiemenöffnungen (ab incolis novem oculi vocatur bei Albertus Magnus, animal. 24,41), womit wahrscheinl. die sieben goldgelben Flecken der rechten Kopfseite nordgall. Muränen gemeint waren (Plinius, n.h. 9,76, vgl. LEITNER, 172f.; zit. bei Thomas v. Cantimpré 7,49). Albert unterscheidet im ö. Dtl. nach der Größe drei Arten der »murena«. Im MA waren sie kulinar. näml. ebenso geschätzt (Alexander Neckam, rer. nat. 2,192; Wolfram, Willehalm 134,13; vgl. BUMKE, 243) wie in der Antike die →Muräne. Nur Hildegard v. Bingen (5,36) hält das Fleisch dieses Tieres (vgl. RIETHE, 101) seiner unreinen Nahrung wegen für schlecht verdaul., und Albert empfiehlt die Zubereitung mit »warmen« Gewürzen und starkem Wein. Ch. Hünemörder

Q.: Albertus Magnus, →Alexander Neckam, →Hildegard v. Bingen, Naturkunde, ed. P. RIETHE, 1959 – Thomas Cantimpr., Lib de nat. rerum, T. 1, ed. H. BOESE, 1973 – Vinc. Bellov., Speculum nat., 1624 [Neudr. 1964] – Willehalm (Wolfram v. Eschenbach, ed. K. LACHMANN, 1926[6]) – *Lit.:* J. BUMKE, Höf. Kultur, 1, 1986.

Neun Gute Helden

I. Französische Literatur – II. Italienische und spanische Literatur – III. Mittelniederländische Literatur – IV. Mittelhochdeutsche Literatur – V. Englische Literatur – VI. Ikonographie.

I. FRANZÖSISCHE LITERATUR: Der vom ma. Dreiphasengeschichtsmodell beeinflußte Topos der N.G.H. ist lit. erstmals 1312/13 in dem pseudo-hist., dem Stoffkreis um Alexander d. Gr. zugehörigen Roman 'Les Voeux du Paon' des Lothringers Jacques de Longuyon nachweisbar: in einem panegyr. Einschub innerhalb einer Schlachtschilderung werden die jeweils drei besten Helden aus heidn., jüd. und chr. Zeit (Hektor, Alexander, Julius Caesar; Josua, David, Judas Makkabäus; Artus, Karl d. Gr., Gottfried v. Bouillon) mit ihren Kriegstaten rühmend vorgestellt. Schon wenig später wird dieser Heldenkatalog von der Lit. der europ. Volkssprachen aufgenommen, wo er als Paradigma adlig-ritterl. Lebensführung fungiert, so in mehreren Texten Guillaumes de →Machaut ('Dit dou Lyon', 1342; 'Le Confort d'Ami', 1357, 'La Prise d'Alexandrie', um 1370) oder nach 1369 in den 'Chroniques' und um 1386 im 'Temple d'Onnour' →Froissarts. Wenigstens zehn der didakt. *balades* des Eustache →Deschamps konfrontierten im letzten Jahrhundertviertel die Verderbtheit der eigenen Zeit mit den Vorbildfiguren der N.G.H. Im 'Livre au chevalier errant' Tommasos III. v. Saluzzo, 1395, begegnet der autobiogr. Aventiure-Ritter im Palast der *Dame fortune* nur noch vier Helden: die übrigen hat Fortuna auf der Höhe der Macht von ihren Sitzen gestoßen. Philipp der Gute v. Burgund wird in Jean Molinets Preisgedicht 'Trosne d'Honneur', nach 1467, auf dem Weg zu seinem Ehrenthron auf jeder der neun Himmelssphären von einem der N.G.H. begrüßt. Hier noch in einen größeren Handlungszusammenhang integriert, entwickelt sich der Erzähltopos im 15. Jh. ('Histoire des Neuf Preux'; 'Triumphe des Neuf Preux', Karl VIII. v. Frankreich gewidmet und seit 1530 auch in Portugal und Spanien übersetzt) zur umfängl. Topos-Erzählung. N.H. Ott

II. ITALIENISCHE UND SPANISCHE LITERATUR: In der it. und span. Lit. finden sich nur wenige Belege für die Übernahme des Heldenkatalogs, etwa im »Avventuroso ciciliano« des Busone da Gubbio (nach 1333) umkreisen die *Nove Prodi*, darunter nunmehr Samson, Hannibal, Roland und Lanzelot, als Schutzwesen die Welt. Im »Livre du chevalier errant« (1395) des Tommaso di Saluzzo bewohnen *Neuf Preux* zusammen mit *Neuf Preuses* den himml. Palast der Erwählten.

Gutierre Díez de Games nimmt im »Victorial« (1435/1448) die Reihe mit Veränderungen auf (u.a. Salomon, Nebukadnezar) und führt in der Spätzeit der Reconquista die siegreichen Schlachtenhelden sogar auf das Vorbild Christi zurück. In der Reihe der »Nueve Preciados de la Fama« erscheinen span. Gestalten (Fernán González, Cid und Fernando III.). D. Briesemeister

Lit.: M. R. LIDA DE MALKIEL, La idea de la fama en la Edad Media castellana, 1952, 232–240 – J. LEEKER, Die Darstellung Cäsars in den roman. Lit.en, 1986, 3–5.

III. MITTELNIEDERLÄNDISCHE LITERATUR: Beleg für die frühe topolog. Verfestigung von Longuyons Heldenkanon ist Jan de Clerks Bedauern im 'Leken Spieghel' von 1330, daß in der heidn. Triade nicht Augustus statt Caesar auftritt. Gut ein Jahrhundert früher als in Frankreich löst sich in den Niederlanden das N.G.H.-Motiv aus anderen Textzusammenhängen und emanzipiert sich zur eigenständigen Gesch. (Verserzählung 'Van Neghen Den Besten', Mitte 14. Jh.). Die Vorbildhaftigkeit der N.G.H. wird in mehreren mndl. Gedichten ('Van miltheiden', 'van ses varwen') der sog. van Hulthemschen Hs. thematisiert, während Willem von Hildegaersberch in seinem 'Exempel van heren' der Topos als Illustration der Vergänglichkeit allen ird. Glanzes dient.

IV. MITTELHOCHDEUTSCHE LITERATUR: Im ältesten dt. Zeugnis, einem einer Martyrologiums-Hs. vom Ende des 14. Jh. vorgebundenen, ihren Tod verkündenden nd. Gedicht, dienen die N.G.H., ebenso wie in dem Meisterlied der Colmarer Liederhs. 'Von den weltlichen herren', um 1400, als Beispiel der vanitas. In zeitkrit. Absicht sind sie zusammen mit den drei *miltesten* Herrschern Kg. Magnus v. Schwaben, Hzg. Leopold v. Österreich und Lgf. Hermann v. Thüringen in dem wohl 1402 in Österreich entstandenen Wappengedicht 'Der Fürsten Warnung' den drei Wüterichen Nebukadnezar, Evilmerodach und Nero gegenübergestellt, und noch Sebastian Brant läßt sie in seinem 'Tugent-Spyl' über Herkules am Scheidewege auftreten. N. H. Ott

V. ENGLISCHE LITERATUR: In der engl.-schott. Dichtung des späten MA findet der Topos der »Nine Worthies« (NW) die weiteste Verbreitung. So exemplifiziert der Autor des alliterierenden →»Morte Arthure« (nach 1400) das Wirken der Fortuna am Beispiel der NW und macht so den Topos für die heilspädagog. Belehrung nutzbar. Einer ähnlichen didakt. Tendenz dienen die NW im →»Parlement of the Thre Ages« (spätes 14. Jh.), in »This Warld is Verra Vanité« (spätes 14. Jh.) sowie in Gedichten →Gowers und →Lydgates. Bes. Beliebtheit genoß der Topos bei spätma. engl. Heraldikern, die allen Worthies zur leichteren Identifizierung Wappen beigaben. Weit verbreitet war der Topos in engl. Hss.illustrationen, Wand- und Glasmalereien, in der Bildhauerkunst, in Holz- und Metallschnitten sowie später im Spielkartendruck.

Waren die neun Herrscher zunächst Verkörperungen von *prowesse* und *valour*, so wurden sie im späten MA zu Beispielen von *probitas* und *virtus*. In der Renaissance begegnen wir zahlreichen volkstüml. Darstellungen der NW in der darstellenden Kunst und in gedruckten Texten; eine NW-Episode enthält Shakespeares »Love's Labour's Lost« (1593). J. Göller/K. H. Göller

Lit.: K. J. HÖLTGEN, Die NW, Anglia 77, 1959, 279–309 – H. SCHROEDER, Der Topos der NW in Lit. und bildender Kunst, 1971 – T. F. S. TURVILLE-PETRE, A Poem on the NW, Nottingham Mediaeval Stud. 27, 1983, 79–84 – M. WHITAKER, The Legend of King Arthur in Art, 1990, ch. 6, King Arthur among the Worthies.

VI. IKONOGRAPHIE: Breiter noch als in der Lit. wurde die N.G.H.-Reihe in der Bildkunst rezipiert: Auf weit über 70 Zeugnissen aus Skulptur (u.a. Mecheln, Schöffenhaus, 1384/85; Château de Pierrefonds, Oise, 1398; Köln, Rathaus, Hansasaal, 14. Jh.; Nürnberg, Schöner Brunnen, 1385–96), Freskomalerei (u.a. Deutschordensburg Lochstedt, um 1390; Foligno/Umbrien, Palazzo Trinci, um 1400; Castello della Manta, Piemont, um 1420–30; Sitten, Wallis, Burg Valeria, Mitte 15. Jh.; Schloß Misery, Fribourg, 1470/80; Dronninglund, Dänemark, Kreuzgang, Anf. 16. Jh.), Glasmalerei (Lüneburg, Rathauslaube, I. H. 16. Jh.), Textilkunst (u.a. fragm. Teppich für Jean de Berry, um 1385, New York, Metropolitan Mus.; Eberler-Teppich, um 1480/90, Basel, Hist. Mus.; Teppichfolge zur Hochzeit von Jean I. de →Chabannes und Françoise de Blanchefort, 1498, Château de Lapalisse, dép. Allier) und Druckgraphik (u.a. Meister der Bandrollen, Virgil Solis, Burgmair, frz. Spielkarten) wurden die N.G.H. stehend oder beritten mit ihren Wappenschilden realisiert; dazu kommen gut 40 in Inventaren erwähnte Objekte, meist Teppiche und Tischgeräte. Die Darstellungsorte v.a. der dt. Zeugnisse legen die Rezeption der N.G.H. als Rechtsgaranten nahe. Mitunter ist – auch schon in lit. Texten – dem männl. Kanon ein weiblicher der Neun Besten Frauen (Lucrezia, Veturia, Virginia; Esther, Judith, Jael; Helena, Elisabeth v. Thüringen, Birgitta v. Schweden) gegenübergestellt oder der klass. erweitert. Neuerreihe wird, gewöhnlich mit den regierenden Fs. en des jeweiligen Landes, auf zehn Helden ergänzt. In Runkelstein bei Bozen, Anf. 15. Jh., sind die Triaden um zwei Neunergruppen aus höf. und heldenep. Lit. (Artusritter, höf. Liebespaare, Recken der heroischen Lit.; Riesen, Riesinnen, Zwerge) erweitert. N. H. Ott

Ed.: The Buik of Alexander, hg. R. L. G. RITCHIE, I–IV, STS NS 12, 17, 21, 25, 1921–29 [darin: J. DE LONGUYON, Les Voeux du Paon] – *Lit.*: [zu I, III, IV und V]: R. L. WYSS, Die n. H., ZAK 17, 1957, 73–106 – H. SCHROEDER, Der Topos der Nine Worthies in Lit. und bildender Kunst, 1971 – H. HERKOMMER, Heilsgesch. Programm und Tugendlehre, Mitt. des Ver. für Gesch. der Stadt Nürnberg 63, 1976, 192–216 – W. HAUG, J. HEINZLE, D. HUSCHENBETT, N. H. OTT, Runkelstein, 1982.

Neuplatonismus. Der philosophiegesch. Terminus N. ist eine Prägung des späten 18. Jh. und meint jene spätantike philos. Geistesströmung, die mit Ammonios Sakkas († ca. 242 n. Chr.) begann, ihre Höhepunkte in Plotin (ca. 205–270) und Proklos († 485) erreichte und schließl. durch Augustinus (354–430) und Dionysius Ps.-Areopagites (5. Jh.) ihre chr. Wendung fand. Vorneuzeitl. kannte man weder den Terminus, noch verstand man den N. als eigene Denkrichtung. N. und Platonismus sind deshalb für das MA als Einheit zu sehen und dementsprechend zu behandeln. →Platonismus. H. Meinhardt

Lit.: HWP, s. v.

Neuscholastik, um die Mitte des 19. Jh. entstandener Begriff, der eine philos.-theol. Schule bezeichnet, die als eine Reaktion des röm. Katholizismus auf die durch Frz. Revolution und Säkularisation hervorgerufene Identitätskrise anzusehen ist. In ihrer Frühzeit antimodern-apologet. ausgerichtet, setzt sie gegen die NZ den Rückgriff v. a. auf die Scholastik des 13. Jh., und unterwirft sich bewußt, auch in der Philos., der Lehrautorität der Kirche. V. a. mit den Lehräußerungen Leos XIII. (Enzyklika »Aeterni Patris« 1879) setzt eine Öffnung und Erweiterung der N. ein, deren Ziel jetzt ein positiver Dialog aus dem Geist der ma. Autoren mit NZ und Gegenwart ist. Eine erste Folge ist nun eine voll einsetzende hist.-krit. Zuwendung zu den ma. Q.texten. Die ma. Theologen und Philosophen wurden durch intensive Einzelanalysen in ihrer Eigenart hinter ihren rezeptionsgesch. Überformungen sichtbar; diese bessere MA.kenntnis kam dem erstrebten Dialog mit modernen Philosophien zugute. Die – inzwischen selbst hist. zu wertende – N. hat das bleibende Verdienst eines wesentl. Beitrags zur Erneuerung des hist. Bewußtseins in den vergangenen 100 Jahren und des damit verbundenen Abbaus der negativen Wertung des MA. H. Meinhardt

Lit.: H. J. POTTMEYER, Der Glaube vor dem Anspruch der Wiss., 1968 – E. CORETH u. a., Christl. Philos. ..., 1–3 (1987–1990).

Neuschöpfung. Das Bekenntnis zum Menschen als N. (2 Kor 5,17; Gal 6,15) ist, in der Patristik unmittelbar der →Soteriologie zugeordnet, mit dem Bekenntnis zum Kreuzestod Christi als dem wesentl. Moment des Heilsgeschehens unlösbar verbunden. Hier geschieht Mitteilung des göttl. Lebens. Das aber bedeutet, wie die w. Theologie betont, daß dem Menschen durch Gott in Jesus Christus die Tilgung aller Schuld gewährt wird. Dieser Gedanke findet seine Vertiefung und 'klass.' Ausfaltung an der Schwelle zur Frühscholastik bei →Anselm v. Canterbury. Jesus Christus leistet gegenüber Gott, dem Vater, unendl. Genugtuung für die Schuld der Menschen (»Cur deus homo«). Ausfaltung und Nachwirkung des Topos der satisfactio sind bis zur Spätscholastik greifbar. Obschon über die Gnadenlehre an die →Christologie rückgebunden, ist beim Bedenken der N. eine Verschiebung hin zur →Anthropologie festzustellen. Der bei Boethius noch aristotel. von der Einheit des Menschen mit den Weltdingen her geformte Personbegriff erfährt dabei notwendige Füllung in Beachtung der 'Gottesebenbildlichkeit des Menschen' (vgl. Gen 1,16). Diese wird als in Jesus Christus wunderbar erneuerte erkannt und v. a. in der Viktorinerschule vertieft in den Blick genommen. In der Hochscholastik wird N. als ein Aspekt der Gnadenlehre begriffen (renovatio, regeneratio) und in der Franziskanerschule durch die Christusmystik (→Bonaventura, Hexaemeron.) mit der Gotteslehre, in der thomas. Tradition dagegen mit der Schöpfungslehre verbunden (AUER, 204, 207f., 215, 219, 229). Deshalb kann die N. seit der Scholastik ihre Ausfaltung auch in einer großen Bandbreite theol. Einzelthemen finden. Diese bezeugen ihrerseits die zwei Grundausrichtungen des Gnadenverständnisses: Zum einen ist N. verstanden als ein Zusammenklang eth. Erneuerung. Zum anderen wird dieses dynam. Verständnis vertieft zu einem ontolog.-stat.: Das Wirken der heiligmachenden Gnade offenbart das Bestehen eines neuen Lebensstatus. Beide Richtungen finden ihre Berechtigung im Verständnis der Kirche als des myst. Leibes Christi, insofern sich hier →Gnadenlehre und theologische Anthropologie verbinden. In der Spiritualität des SpätMA wird diese ekklesiale Dimension zugunsten eines stärker individualistisch ausgerichteten Zugriffs zurückgedrängt. W. Knoch

Lit.: J. AUER, Die Entwicklung der Gnadenlehre in der Hochscholastik, II, 1951 – Z. ALSZEGHY, Nova Creatura. La nozione della grazia nei commentari medievali di S. Paolo, 1956 – H. HEINZ, Trinitar. Begegnungen bei Bonaventura, BGPhMA NF 26, 1985, 218–232.

Neuss, Stadt am Niederrhein (Nordrhein-Westf.). 16 v. Chr. bis ins 4. Jh. bestanden – 3 km s. der Altstadt, an Rhein und Erft – neun aufeinanderfolgende Römerlager; im Lagerdorf gab es eine Kybelekultstätte (4. Jh.). Im Stadtkern von N. lag auf einer Düne der Niederterrasse des Rheins die röm. Zivilsiedlung Novaesium (1. Jh. ff.) mit Handwerkern und Fernhändlern. In frk. Zeit war Niusa (863 Burg und 877 Reichszollstelle) ein beliebter Handels- und Fährplatz (1021 portus). Der Reichsbesitz in N. gelangte spätestens Mitte des 10. Jh. an die Ebf.e v. Köln. Das damals gegründete Benediktinerinnenkl., seit etwa 1200 Damenstift, erhielt bald die Gebeine des röm. Märtyrers und Tribuns →Quirinus, der in Westdeutschland, im Elsaß, in Luxemburg, den Niederlanden und bis nach Skandinavien Verehrung fand. Das Dekanat N. umfaßte sogar Werden, Elberfeld, Gräfrath (Solingen-) und Monheim rechts des Rheins. Von N. aus – im Koblenzer Zolltarif um 1050 und auf dem Zollstein von Schmithausen bei Kleve von etwa 1170 gen. – wurden v. a. Rhein- und Moselweine sowie Waid in die Niederlande gehandelt. Von hier bezog N. Fisch und Salz. Daneben gab es einen beachtl. Getreide- und Viehhandel. Die kirchl. und wirtschaftl. Bedeutung von N. förderte die Stadtwerdung. Im 12. Jh. entstanden die erste Stadtmauer und das älteste Stadtsiegel. 1190 begegnet N. als oppidum und wichtigste kurköln. Stadt nach →Köln, danach auch als Hauptstadt des kurköln. Niederstifts und als Oberhof für Gerichte des linken Niederrheins. Der Kfs. v. Köln verlieh N.er Stadtrechte 1228 an Rees und Xanten sowie 1233 an Rheinberg. Der Beitritt zum →Rhein. Städtebund 1255, die Aufnahme von Tile Kolup (→Dietrich Holzschuh) 1285, das Ausleihen von Geld an die Kfs.en v. Köln sowie Handelsverträge mit Koblenz 1293 und Roermond 1360 zeugen vom Selbstbewußtsein der Stadt. Deswegen und wegen der Rheinverlagerung nach Osten kam es 1372 zur Verlegung des kurköln. Rheinzolls nach Zons. Der Wohlstand litt auch unter der Belagerung v. →Neuss durch Karl d. Kühnen 1474–75 (Reimchronik des Christian Wierstraet). Ks. Friedrich III. belohnte N. für die Abwehr des Reichsfeindes mit Privilegien: U.a. neues Stadtwappen (doppelköpfiger goldener Adler mit Ks.krone über dem Schild); Siegel mit rotem Wachs; Zollvergünstigungen; Münzrecht. Das ksl. Hanseprivileg konnte N. wegen Köln nicht nutzen. Doch es setzte seinen lebhaften Fernhandel fort, dessen Blühen infolge der Stadtbrände von 1573 und 1586 endete. Bis zu dieser Zeit lebten im N.er Stadtgebiet etwa 4900 Einw. J. Huck

Q. und Lit.: FR. LAU, N., 1911 – E. WISPLINGHOFF, Gesch. der Stadt N., T. 1, 4, 1975, 1989 – J. HUCK, N., der Fernhandel und die Hanse, T. 1, 2, 1984, 1991.

Neuss, Belagerung v. (29. Juli 1474–5. Juni 1475), erfolgte durch Hzg. Karl d. Kühnen v. Burgund, den der Kölner Ebf. →Ruprecht von der Pfalz im Verlaufe der Auseinandersetzungen mit dem Domkapitel zum Erbvogt der Kölner Stiftslande bestellt hatte. Vom Domkapitel war dagegen der Lgf. Hermann v. Hessen zum 'Hauptmann und Beschützer' des Erzstifts gewählt worden, der sich mit Stiftstruppen und hess. Söldnern in N., der wichtigsten Festung des Landes, verschanzt hielt. Obwohl Karl d. Kühne die Stadt mit einem starken Heer einschloß, scheiterte die Belagerung am Widerstand der Verteidiger, aber auch an der Tatsache, daß unter der Führung Ks. Friedrichs III. ein Reichsheer zum Entsatz heranrückte, so daß sich Karl am Ende genötigt sah, das Unternehmen ergebnislos abzubrechen. K.-F. Krieger

Q. und Lit.: Urkk. und Acten betreffend die Belagerung der Stadt N. am Rheine (1474–75), hg. E. WÜLCKER, 1877 – N., Burgund und das Reich, 1975 – E. WISPLINGHOFF, Gesch. der Stadt N. von den ma. Anfängen bis zum Jahre 1794, 1975.

Neustadt. Eine N. ist im engeren Sinne 1. eine neu als solche angelegte städt. Siedlung, entweder ohne Vorgänger und unmittelbaren Nachbarn oder (oft unmittelbar) neben einer älteren Stadt; 2. eine neu zur Stadt erhobene, dabei in der Regel durch den Stadtherrn durchgreifend umstrukturierte Siedlung. N.e ohne benachbarte Altstadt wurden zum →Landesausbau in städtearmen Gebieten (Bergneustadt, Neuenrade, Wiener N.) und u. a. als territoriale Gegenanlagen gegründet (N./Waldnaab gegen Weiden/Opf.), konnten aber auch als Ausdruck des Widerstandes gegen einen Ortsherrn durch den Auszug der Bewohner aus der alten Siedlung an einen neuen Platz entstehen (Nieder-, Obermarsberg). Meist wird der Begriff auf die als Erweiterung neben einer älteren Stadt angelegte städt. Siedlung eingeengt. Im allg. sind bis zum 13. Jh. entstandene N.e rechtsfähig, spätere meist nicht mehr. Rechtsfähige N.e verfügten als formal selbständige Gemeinwesen selber über alle notwendigen polit. und sozialen sowie angemessene wirtschaftl. Einrichtungen (eigener Rat mit Rathaus, Pfarrkirche, Gilde[n], Markt). Die verfassungsrechtl. Trennung von Alt- und N. konnte bis zum Erhalt der Mauer zw. beiden gehen (Korbach, Lemgo). Eine Einordnung als N. ist nicht an die Verwendung des Terminus gebunden. In unmittelbarer Nähe einer älteren Stadt angelegte N.e tragen meist den gleichen Namen wie jene, der dann bei Bezeichnung der Rechtsperson (z. B. Altstadt Brandenburg und N.) differenziert wurde. Dauerten die Stadtbildungsbedingungen an, konnten mehrere N.e entstehen (→Doppelstadt). Die Gründung einer N. neben einer Altstadt konnte durch einen abweichenden wirtschaftl. Schwerpunkt bedingt sein. War die Altstadt zu Wohlstand und Handlungsspielraum gegenüber dem Ortsherrn gekommen, konnte ihr Rat die Gründung einer N. einleiten, um neue wirtschaftl. Gruppen nicht polit. Rechten in das ältere Gemeinwesen integrieren zu müssen (A. CZACHAROWSKI); eine solche N. hatte dann andere ratsfähige Gruppen. Unselbständige Stadterweiterungen und rechtsfähige N.e konnten bei derselben Stadt prakt. gleichzeitig entstehen (Breslau, Wetzlar). N.e hatten häufig Planformen des Grundrisses, nahmen aber, falls sie an einen älteren Kern anschlossen, auch dessen Grundform auf, sofern er aus Steinbauten bestand. Sie sind in der Regel von kompaktem Umriß (Elbing, Eschwege, Hildesheim); N.-spezif. Stadtgrundrisse gibt es nicht.

Als N. im weiteren Sinne wird auch (insbes. von der Geographie) die oft in Ausdehnung und städtebaul. Struktur geplante Erweiterung ohne eine von der älteren Stadt verschiedene Rechtspersönlichkeit bezeichnet (Rostock). Siedlungsteile, die topograph. eher eine Schale um einen älteren Kern bilden (Bautzen, Duderstadt, Rothenburg o. T., Ulm), waren regelmäßig unselbständig und mit ihren polit. und sozialen Funktionen auf den Kern ausgerichtet. Gerade alte Städte haben (oft mehrere) Erweiterungen, aber keine N.e (Köln, Regensburg). »Freiheiten« vor den Toren (Marienwerder, Saalfeld) sind trotz verwaltungsmäßiger Sonderstellung eher Vor- als N.e.

H.-K. Junk

Q. und Lit.: H. FISCHER, Die Siedlungsverlegung im Zeitalter der Stadtbildung, 1952 – K. FRÖLICH, Das verfassungstopograph. Bild der ma. Stadt im Lichte der neueren Forsch. (Gedächtnisschr. F. RÖRIG, 1953) – Stadterweiterung und Vorstadt, hg. E. MASCHKE–J. SYDOW, 1969 – H. STOOB, Forsch. zum Städtewesen in Europa, I, 1970 – Dt. Städteatlas, hg. H. STOOB, 1973 ff. – TH. HALL, Ma. Stadtgrundrisse, 1978 – Österr. Städteatlas, hg. Wiener Stadt- und Landesarchiv, 1982 ff. – K. BOSL, Kernstadt – Burgstadt, N. – Vorstadt in der europ. Stadtgesch. (SBA.PPH 1, 1983) – C. HAASE, Die Entstehung der westfäl. Städte, 1984 – K. BOSL, Alt(en)stadt und N. als Typen in Bayern (Fschr. H. STOOB, 1984) – A. CZACHAROWSKI, Die Gründung der »N.e« im Ordensland Preußen, HGBll 108, 1990.

Neustadt (Marmarosch; dt. auch Frauenbach, -seifen, -stadt, rumän. Baia Mare, ung. Nagybánya, auch Asszonypataka), Vorort der an Bunt- und Edelmetallen (Gold, Silber, Blei, Kupfer, Zinn) reichen Vorderen →Marmarosch. Liegt an einem wichtigen Handelsweg in die Moldau und wird 1326 erstmals erwähnt; wahrscheinl. älter, noch vor dem Mongolensturm (1241) mit dt. →Hospites besiedelt (Bergbau am Kreuzberg). Stadt-, Berg-, und Marktrechte 1347, Sitz der Kammergf.en und Münzprägestätte seit 1411 (1463 größte der vier Münzstätten Ungarns). Palisaden- und Grabenbefestigungen ab 1347, Stadtmauern seit 1469 (Reste: Stefansturm). Unter Karl I. im Besitz der Kgn., wurde N. 1411 von Kg. Siegmund an den serb. Despoten Stefan geschenkt, 1430 an Georg Branković und 1469 an Johannes →Hunyadi. Nach einem Aufstand gegen dessen Schwager übernimmt Kg. Matthias Corvinus die Stadt.

K. G. Gündisch

Lit.: K. PALMER, Nagybánya és környéke, 1894 – R. KAINDL, Gesch. der Deutschen in den Karpatenländern, II, 1907 – Monografia municipului Baia Mare, hg. A. S. FEȘTILĂ u. a., I, 1972 – Ma. Städtebildung im sö. Europa, hg. H. STOOB, 1977, 200.

Neustrien. Der ursprgl. Vierteilung des →Frankenreiches nach dem Tod Chlodwigs I. 511 und Chlothars I. 561 folgte 567 eine Dreigliederung, die seit dem Vertrag v. →Andelot (586/587) festere Formen gewann und nicht allein zur Basis künftiger Reichsteilungen wurde, sondern auch das polit. Handeln des frk. Adels prägte. Der Name N., vielleicht um 600 zur Bezeichnung des w. Teilreichs im Unterschied zu →Austrien/Austrasien im O und Frankoburgund entstanden, jedoch erst nach 641 in der Vita Columbani des →Jonas v. Bobbio belegt, ist philolog. nicht endgültig geklärt. Freilich ist auffällig, daß auch im Langobardenreich drei analoge Großlandschaften begegnen, neben Tuscia Austrien im O und Neustrien im W, getrennt durch die Adda. Das frk. N. fand seine Gestalt unter Kg. →Chlodwig II.: Angesichts drückender Übermacht von Austrien und Frankoburgund zunächst auf nur 12 pagi um Rouen, Beauvais und Amiens beschränkt, vereinigte der Kg. nach dem Tod seiner Vettern 613 das Frankenreich mit Paris als Zentrum und gab damit seinem ursprgl. Teilreich N. eine bedeutsame Stellung. Unter Chlodwig II. und seinem Sohn Dagobert I. betrachteten sich die Neustrier als das Reichsvolk, als die Franci schlechthin. Wie bei anderen polit.-geogr. Begriffen läßt sich auch für N. die Spannung von Raum- und (Teil-) Reichsbezeichnung erkennen: N. umfaßte das Gebiet vom Kohlenwald bis zum Land zw. Seine und Loire, im 7. Jh. nach O durch das Hzm. Champagne um Reims, Châlons und Troyes begrenzt. Trotz der ztw. Reichseinigung festigte sich die Struktur der Trias im Frankenreich durch die Bestellung von Hausmeiern für die Teilreiche, und auch die Integration der gentes vollzog sich in diesen drei Teilreichen. Die erneute Reichsteilung von 638/639 ließ die Identität N.s weiter wachsen, bewahrt unter der Kgn. Balthild und v. a. unter dem neustr. Hausmeier →Ebroin. Doch der lange Vorrang N.s fand sein endgültiges Ende im Sieg des austr. Hausmeiers →Pippin (d. Mittleren) 687 bei →Tertry über den neustr. Adel, dem weitere Erfolge Karl Martells 717 und 719 folgten. Obwohl neustr. Zentren ihren Rang durchaus behaupten konnten (v. a. das Kl. →St-Denis als Grablege des ersten karol. Kg.s Pippin), verschoben sich die Gewichte in karol. Zeit nach Austrien, das zur Basis der frk. Ostexpansion wurde. Zwar scheinen auch die Karolinger bei der Ausstattung ihrer Söhne (→Grifo, 790 →Karl d. J. [3. K.], 838 Karl d. Kahle) an einen alten neustr. Dukat um Le Mans angeknüpft zu haben, doch in ihrer Reichsordnung überlagerten sie ältere merow. Strukturen, v. a. in den Missatica. Spätestens die →Divisio regnorum v. 806 wies N. (im S bis zur Loire, im O bis Chartres reichend und im W die Bretonenmark umfassend) die Rolle eines Nebenlandes neben der Francia media zw. Seine und Rhein zu. Noch einmal erreichte N. im 9. Jh. einen besonderen Rang, als sich hier die Machtansammlung der →Robertiner (zw. Seine und Loire) abzeichnete. →Abbo v. St-Germain konnte Odos Kg.swahl 888 als Herrschaftsantritt eines Neustriers preisen. Doch die Vorstellung von N. war im westfrk. Reich kaum mehr mit polit. Inhalten zu füllen: Als bloße Landschaftsbezeichnung wurde N. vom regnum Francorum der Karolinger und Kapetinger und von der →Francia des HochMA als Land zw. Loire und Maas aufgesaugt. Schließlich diente N. noch als Bezeichnung für das norm. Herrschaftsgebiet um Rouen, doch auch hier setzte sich der polit. Begriff Normannia/Normandie durch.

B. Schneidmüller

Lit.: M. LUGGE, 'Gallia' und 'Francia' im MA, 1960, 32ff. – J. BOUSSARD, Les destinées de la Neustrie du IXe au XIe s., CCMéd 11, 1968, 15–28 – HEG I, 40off. – E. EWIG, Spätantikes und frk. Gallien, I, 1976, bes. 172ff., 246ff., 275ff., 324f. – B. SCHNEIDMÜLLER, Nomen patriae, 1987 – La Neustrie. Les pays au nord de la Loire de 650 à 850, ed. H. ATSMA, I–II, 1989 – K. F. WERNER, Die Ursprünge Frankreichs bis zum Jahr 1000 (Gesch. Frankreichs, I, 1989).

Neutra → Nitra

Nevers, Stadt, Bm. und ehem. Gft. in Mittelfrankreich (dép. Nièvre).

I. Bistum – II. Stadt – III. Grafschaft.

I. BISTUM: Anläßl. der Teilung der Civitas v. →Auxerre wurde deren südl. Bereich zum 'pagus Nivernensis'. Die Notwendigkeit der Christianisierung einer Durchgangsregion, die zu einer wirtschaftl. Zentrallandschaft geworden war, erklärt (neben polit. Gründen) die Schaffung eines eigenen Bm.s zu Beginn des 6. Jh. Die Diöz., deren Grenzen denjenigen der späteren Gft. entsprachen, umfaßte jedoch nicht den NW des heut. dép. Nièvre (Cosne, La →Charité, Varzy und Clamecy gehörten zum Bm. Auxerre), ebensowenig den NO (zum Bm. →Autun).

Nach dem hl. Euladius waren die wichtigsten Bf.e: Tauricianus (517 auf dem Konzil v. →Epao bezeugt), der hl. Aregius, der hl. Agricola und Hieronymus. Bf. Hermann installierte 841 Kanoniker. Hugo v. Champallement (1016–69) richtete Pfarreien ein, stellte die Disziplin wieder her und förderte →Cluny. Gauthier de Pougy (1196–1202) bekämpfte die Häresie der →Albigenser. Für das 13. Jh. zu nennen ist Guillaume de St-Lazare (1202–11). Bf. Pierre →Bertrand d. Ä. (der Kanonist Petrus Bertrandi) verhängte 1321 das Interdikt über die Stadt. Wichtige Bf.e des SpätMA waren ferner Maurice de Coulanges (1381–95), Jean Vivien (1436–45) und Pierre de Fontenay (1461–99).

Seit dem 9. Jh. besaßen die Bf.e Burgen (Prémery, Pazy, Urzy). Ihre (verschiedenartigen) Einkünfte wurden 888 bestätigt. Im 10. Jh. fungierte ein Archidiakon als Helfer des Bf.s. 1283 wurden zwei Archidiakonate geschaffen: Decize und N. (doch war die Stadt selbst, als 'Dekanat', *doyenné*, ausgenommen). Im 6. Jh. sind 37 hauptsächl. Pfarreien belegt, im 15. Jh. dagegen 285. Zahlreiche suburbane Kl. entstanden im Umkreis der Bischofsstadt (St-Étienne, um 620; Notre-Dame; St-Martin).

Die ursprgl. Kathedrale (mit Baptisterium) war den hll. →Gervasius und Protasius geweiht. Im 9. Jh. ließ Bf. Hieronymus die Kathedrale, die seit dieser Zeit unter dem Patrozinium der hll. Julitta und Kyriakos steht, wiederherstellen. Hugo v. Champallement ließ im 11. Jh. Krypta und Chor in roman. Stil neuerrichten. Nach verheerenden Feuersbrünsten entstanden unter Guillaume de St-Lazare und seinen Nachfolgern Schiff und Chor im Stil der Gotik. 1331 fand die Weihe der Kirche statt. Im 15. Jh. erfolgte weitere Bautätigkeit.

II. STADT: Die Stadt N. entstand auf einem (frühgesch. besiedelten) Kalkhügel (*Butte*) über dem rechten Loireufer, unweit der Mündung der Flüsse Allier und Nièvre. Die Identifikation mit der galloröm. Stadt 'Noviodunum' gilt heute als aufgegeben. 'Nevirnum' ist im 2. Jh. n. Chr. belegt und war ein Oppidum der Aeduer. Die strateg. und Handelsbedeutung des Ortes wird durch günstige Straßenlage (röm. Straßen, Brücke) unterstrichen. N. verfügte über eine galloröm. Mauer (zwei Tore, zwei Türme). Die vorstädt. Siedlungen entwickelten sich v. a. nach O hin.

Die Erhebung von N. zur Civitas im 5. Jh. und die nachfolgende Bistumsgründung erhöhten die Bedeutung der Stadt, deren polit. Geschicke denen der Gft. folgten. Die Stadtentwicklung seit dem HochMA machte im 12. Jh. eine neue Stadtbefestigung notwendig, benannt nach dem Gf.en Pierre de →Courtenay. Sie umschloß auch den wichtigen Burgus von St-Étienne, der 1090 ein Freiheitsprivileg erhalten hatte; ihr Mauerzug wurde in der Folgezeit nicht mehr verändert. Während des →Hundertjährigen Krieges wurden die bestehenden Befestigungen verstärkt (Wälle, Gräben, Türme, Porte du Croux 1394).

Die städt. Institutionen beruhten auf dem 1194 von Pierre de Courtenay erlassenen Freiheitsprivileg (*Charte des franchises*), bestätigt 1231. Jährlich wurden vier Bürger gewählt, mit den Aufgaben der städt. Verwaltung, Erhebung der jährl. Abgaben an den Gf.en und Rechtsprechung im gfl. Namen. Die den Bewohnern von der Gewalt zugestandene Freizügigkeit erstreckte sich auf alle Personen freien Standes und deren Güter. Der Gf. verzichtete auf seine seigneurialen Rechte.

N. gewann (trotz ständiger Eingriffe des Gf.en wie des Kg.s) in der Zeit vom 13. bis 15. Jh. städt. Autonomie. Es führte im 15. Jh. eigenes Siegel und Wappen, hatte ein Rathaus (1433) sowie einen Belfried mit Glocken und Uhr. Seit dem 14. Jh. verfügte N. über eigene städt. Einkünfte (Immobilienbesitz, Mühlen) und erhob seit 1358 durchgängig städt. Weg- und Brückenzölle zur Bestreitung der Unterhaltskosten von Brücke und Stadtbefestigung sowie der Kriegskosten. Mehrmals wurden außerordentl. Steuern erhoben, die Steuereinnahmen waren verpachtet. N. war Verwaltungszentrum (Sitz gfl. Institutionen), religiöser Mittelpunkt und besaß wirtschaftl. Bedeutung (vier Jahrmärkte, Statut von 1461; Loirehafen). Die Stadt hatte drei Hospitäler. 1316-20 beherbergte der Bourg St-Étienne die Univ. →Orleans.

III. GRAFSCHAFT: [1] *Die Anfänge:* In galloröm. Zeit gehörte das Gebiet v. N. (Nivernais) zur Civitas der Aeduer und wurde in der Spätantike als 'civitas Nivernensium' der Lugdunensis IV zugeschlagen. Bis 534 war ein Teil des →Burgunderreiches; im Verband des →Frankenreiches teilte es die Geschicke des ztw. selbständigen, ztw. zu Neustrien oder Austrien gehörenden Teilreiches →Burgund.

Der 'Pagus Nivernensis' wurde seit der Karolingerzeit von absetzbaren 'Amtsgf.en' in kgl. Auftrag verwaltet; zu nennen sind Hugo (841), Robert der Tapfere (865–866), Bernhard Plantapilosa (870–885), Wilhelm III. d. Fr. v. Aquitanien, Stifter von →Cluny, der die Verwaltung des Grafenamts an Rather delegierte. Das Nivernais wurde zum umkämpften Streitobjekt; die Amtsgf.en des 10. Jh.

waren offenbar Stellvertreter mächtigerer Fs. en. Im Zuge einer allmähl. Usurpation von kgl. Rechten (Gerichtsbarkeit, Steuereinziehung, Heeresaufgebot) vollzog sich der Übergang zur Erblichkeit der Grafengewalt.

[2] *Haus und Grafschaft Nevers*: Um 989 erhielt der 'gloriosus miles' →Landricus vom Gf.en v. Burgund, →Otto-Wilhelm, die Gft. N., an deren Regierung er seit 1015 seinen Sohn Rainald beteiligte. Damit begründete er eine Dynastie, die sechs Jahrhunderte bestehen sollte. Rainald gewann (durch Heirat mit einer Königstochter) die Gft. →Auxerre, Wilhelm I. 1065 die Gft. →Tonnerre. Die drei Gft.en waren bis 1270 vereinigt.

Die Erbfolge im Mannesstamm wurde 1181 mit dem Tode Wilhelms V. unterbrochen. Für mehr als ein Jahrhundert war die Gft. in den Händen von Frauen; der Kg. als unmittelbarer Lehnsherr schaltete sich in die Auswahl der Gatten ein. Infolge dieser Entwicklung regierten mehrere große Familien abwechselnd die Gft. N., die allzuoft als »Nebenland« behandelt wurde. Agnès, die überlebende Schwester Wilhelms V., heiratete Peter v. →Courtenay. Ihre Tochter Mahaut folgte (1195–1257). Durch die polit. Ehe mit →Hervé de Donzy wurde der Gft. die mächtige Baronie des Donziais einverleibt.

Yolande v. Burgund (1258–80) heiratete in erster Ehe einen Sohn von Ludwig d. Hl.n, in zweiter dann →Robert v. Béthune, Gf.en v. Flandern. Seine Nachfolger, mit der flandr. Politik beschäftigt, hielten sich selten im Nivernais auf. Doch waren sie um Aufrechterhaltung einer guten Verwaltung bemüht, um so ihre Einkünfte zu sichern. Mehrere Gf.en v. N. waren aktive Kreuzfahrer (Peter v. Courtenay, Hervé de Donzy, Guy v. Forez u. a.); das Testament Wilhelms IV. steht am Anfang des Bm.s →Bethlehem, dessen Sitz 1250 in die Nähe von Clamecy (nördl. v. N.) verlegt wurde.

[3] *Der Hundertjährige Krieg*: Das geographisch zw. den engl. Besitzungen Südwestfrankreichs, Burgund, dem Berry und den Gebieten der Krondomäne gelegene Nivernais litt unter dem →Hundertjährigen Krieg. 1356–79 wurde es als Besitzung des Gf.en v. Flandern, der loyal zum frz. Kg. hielt, von engl. Truppen geplündert. Durch die Heirat der Margarete, Tochter Ludwigs III., mit →Philipp dem Kühnen, Hzg. v. Burgund, kam die Gft. N. an das Haus →Burgund, das 1412–35 in Gegnerschaft zum Kgr. Frankreich stand. Das Nivernais, das von Perrinet Gressard verteidigt wurde, war unter Karl VII. Zielscheibe frz. Angriffe; →Jeanne d'Arc nahm St-Pierre le Moûtier (1429), scheiterte aber vor La →Charité. Der Friede v. →Arras (1435) wurde im Nivernais mit größter Erleichterung aufgenommen.

[4] *Institutionelle Entwicklung*: Im 11. Jh. fungierten Marschall und Seneschall; im 13. Jh. wurde die gfl. Domäne von *Prévôts* und *Châtelains* verwaltet. Im 14. Jh. wurden die 32 Kastellaneien *(Châtellenies)* in zwei *Bailliages* zusammengefaßt: N. (1308) und Donziais. 1329 etablierte der Gf. den Gerichtshof der *Grands jours du Nivernais*. Andererseits erwarb jedoch der Kg. das Münzrecht (1353) und schuf 1361 das kgl. *Bailliage* v. St-Pierre le Moûtier. 1463 wurde die Redaktion der →*Coutumes* (Gewohnheitsrechte) angeordnet. Die Territorialverwaltung der burg. Periode folgte dem Vorbild des Hzm.s Burgund: *Conseil, Chambre des Comptes* (1405), *Hôtel, grands officiers*.

Das Nivernais war städtearm (im 15. Jh. Existenz einiger Handwerkskorporationen). Die adligen Grundherren *(Seigneurs)* waren wenig zahlreich und zumeist loyale Vasallen. Die Bauern waren in ihrer Mehrzahl dem leibherrl. Recht des *bordelage* unterworfen; diese Form bäuerl. Untertänigkeit blieb (trotz Befreiungen) bis zum Ende des Ancien Régime bestehen. Die Entwicklung ländl. Gemeinden vollzog sich v. a. nach 1440.

[5] *Der Ausgang des Mittelalters*: Im 15. Jh. residierten Bonne v. Artois und ihre Söhne, Karl v. N. und Johann v. Clamecy, im Nivernais und förderten die Verwaltung der Gft. Der Bau eines neuen Schlosses wurde begonnen; die Residenzbildung war 1485 abgeschlossen. Nach dem Tode Johanns v. Clamecy setzten Erbauseinandersetzungen zw. den Häusern →Kleve und →Albret ein; der Kg. sprach die Gft. 1505 dem Hause Kleve zu und erhob sie 1538 zum *duché-pairie* (Hzm. und Pairschaft).   A.-M. Chagny-Sève

Lit.: R. DE LESPINASSE, Le Nivernais et les Comtes de N., 3 Bde, 1909–14 – L. DESPOIS, Hist. de l'autorité royale dans le Comté de Nivernais, 1912 – R. CORMIER, L'administration municipale de N. au temps de Comtes [Thèse Éc. des Chartes, 1944] – L. CREMIEUX, Jean de Clamecy, comte de N. (1415–91) [Thèse Clermont-Ferrand, 1945] – A. LEGUAI, Hist. du Nivernais, 1972 – M. CHABROLIN, J.-B. CHARRIER, J.-P. HARRIS, B. STAINMESSE, Hist. de N., 1, 1984 – J. TANNEAU, Le Nivernais de l'esclavage au servage, X^e–XII^{e}s., Mém. Soc. Académique du Nivernais 71, 1990–1991, 109–134.

Neville, engl. Hochadelsfamilie. 1086 verfügte *Gilbert de N.* über ein Ritterlehen von dem Abt v. Peterborough und kleinere Lehen von zwei anderen Lords in Lincolnshire. Seine Enkel *Gilbert* († 1169) und *Alan* gründeten 1155–56 Tupholme Abbey (Lincolnshire). Alan, der jüngere Bruder, diente Kg. Heinrich II. im →Exchequer und als Justice of the forests 1165–77. Sein Enkel *Hugh* († 1234) machte durch seine Heirat seine Nachkommen zu bedeutenden Baronen in →Essex. *Hugh* († 1335) und *John* († 1358) waren als Lords in Parliaments vertreten. John hinterließ keine männl. Nachkommen. Die Niederlassung der N.s in der Gft. →Durham folgte der Heirat *Geoffreys* († um 1193), dem Erben des 2. Gilbert, mit der Erbin von Bertram de Bulmer. Ihr Sohn *Henry* († 1227), schloß sich 1216 der Rebellion gegen Kg. Johann an. Geoffreys Erbin war seine Schwester *Isabella* († 1254), Gemahlin von Robert FitzMaldred, dem Lord of Raby, der von den letzten ags. Earls v. →Northumbria abstammte. Ihr Sohn *Geoffrey* († 1242) nahm den Familiennamen »Neville« an. Dessen Sohn *Robert* († 1282) vereinigte die Ländereien seines Großvaters; zu seinen Burgen gehörten Raby und Brancepeth, beide in Durham, sowie Sheriff Hutton, in der Nähe von York. Er erhielt militär. Kommandos und die Befehlsgewalt über einige kgl. Burgen im N und wurde zum Chief Justice der Forstgebiete dieser Burgen ernannt, eine Anerkennung seiner örtl. Machtstellung und seiner Loyalität gegenüber Heinrich III. Sein Sohn *Robert* († 1271) erlangte Middleham Castle und durch seine Heirat mit Mary FitzRanulph († 1320) Besitzungen in Wensleydale. Ihr gemeinsamer Sohn *Ranulph* († 1331) war der erste Lord N. of Raby, der regelmäßig zu den Parliaments geladen wurde. *Ralph* († 1367) war 1330–36 *steward* im Hofhalt Eduards III. Infolge des Wiederauflebens der anglo-schott. Kriege 1333 wurde er häufig mit der Verteidigung des N beauftragt. Er leitete das engl. Heer, das die eindringenden Schotten bei →Neville's Cross (1346) besiegte und den schott. Kg. →David II. gefangennahm. An dieser Schlacht nahm auch *John* († 1388), Ralphs Erbe, teil, der bereits in der Gascogne unter →Heinrich v. Grosmont 1345 militär. Dienste geleistet hatte. Vater und Sohn waren ebenfalls auf dem letzten Frankreichfeldzug Eduards III. 1359 anwesend. Bei seiner Nachfolge als 5. Lord N. of Raby wurde John auch zu einem *warden* der ö. Mark gegen Schottland ernannt, doch kehrte er bald darauf in die Gascogne zurück, wo →John of Gaunt, Duke of Lancaster und *lieutenant*, ihn 1370 als

Gefolgsmann auf Lebenszeit verpflichtete. Er befehligte engl. Truppen in der Bretagne, während Gaunt 1372 durch Frankreich zog. Diese enge Verbindung zu Gaunt war entscheidend für Johns Ernennung zum steward des Hofhalts 1371 und die Ernennung seines Bruders Alexander zum Ebf. v. York 1374, doch auch für seine Entlassung aus dem steward-Amt infolge des Ausbruchs der Feindseligkeit gegen Gaunt im →Good Parliament 1376, wo John wegen schlechter Amtsführung und der Unterschlagung in der Bretagne angeklagt und verurteilt wurde. Unter Richard II. stand er wieder in kgl. Gunst und kämpfte erfolgreich in der Gascogne (1378-80), kehrte nach England zurück und wurde einer der wardens der ö. Mark (1381-84). Gaunts Ernennung zum kgl. lieutenant in den Marken 1380 führte zu Spannungen mit Henry →Percy, Earl of Northumberland. John N.s Berufung zum einzigen warden der ö. Mark 1386 weist darauf hin, daß Gaunts Einfluß zeitl. begrenzt war. Das Amt des warden war nun eine bezahlte militär. Befehlsgewalt für eine festgesetzte Zeit, die für John N. um ein zweites Jahr verlängert wurde. Er baute Raby Castle aus und errichtete die N. Screen in der Kathedrale v. Durham, wo er – wie sein Vater – begraben wurde. Ebf. Alexander v. York, ein Günstling Richards II., wurde von den →Appellants 1387 des Verrats angeklagt und seiner ebfl. Würde enthoben. Er starb verarmt 1392 in Löwen.

Ralph (1364-1425) hatte militär. Dienste in Frankreich und an der engl. Grenze geleistet, bevor er seinem Vater 1388 folgte. Bemerkenswert sind seine beiden Ehen, aus denen 23 Kinder hervorgingen. Seine zweite Heirat mit Joan →Beaufort, Tochter von John of Gaunt, erneuerte schicksalhaft die Verbindung zw. den Familien der Lancaster und N. Zu Gaunts Lebzeiten war Ralph loyal gegenüber Richard II., der ihn zum Earl von Westmorland ernannte und ihm die Herrschaft v. Penrith (Cumberland) 1397 übertrug. Als Gaunts Erbe, der spätere Heinrich IV., aus seinem Exil jedoch zurückkehrte, rebellierte Ralph sofort und unterstützte dessen Machtergreifung 1399. Als Belohnung erhielt er v.a. die Übertragung des Honours of →Richmond auf Lebenszeit, das seine Besitzungen im n. Yorkshire konsolidierte. Er spielte eine Schlüsselrolle bei der Niederschlagung des Aufstands der Percies 1403 und des Ebf.s Richard →Scrope 1405. Als Belohnung für die Niederschlagung der Percy-Revolte wurde Ralph 1403 zum warden v. →Carlisle und der w. Mark ernannt. Dieses Amt wurde dann fakt. in seiner Familie erblich. Als Mitglied des King's Council und sogar der kgl. Familie konnte er die Heirat seiner Töchter aus erster Ehe mit großen Magnaten und die Verehelichung einiger seiner Söhne mit adligen Erbinnen erreichen. Mit Zustimmung seines kgl. Schwagers bestimmte Ralph, daß die meisten seiner Besitzungen außerhalb der Gft. Durham an die Nachkommen aus seiner zweiten Ehe vererbt werden sollten. Der erste Sohn aus dieser Ehe, *Richard* (1400-60), wurde durch seine Heirat 1429 Earl of Salisbury (→Montague). Er war warden der w. Mark 1420-36 und 1443-59, wo er Penrith Castle errichtete. Er leistete auch militär. Dienst in Frankreich, 1431-32 zusammen mit Heinrich VI. und 1436-37 mit seinem Schwager Richard, Duke of York. Bis 1453 war er Mitglied des King's Council und erhielt zahlreiche kgl. Gunstbezeugungen. Seine Ernennung zum *keeper* der n. Forste und die Wahl seines Bruders *Robert* zum Bf. v. Durham (1438-57) stärkten seine Position als größter Magnat der Lancaster im N. Seine Gefolgsleute wurden sheriffs und Mitglieder des Parliaments für n. Gft.en und →*boroughs*. Bei der Abschließung von lukrativen Heiraten für seine Kinder war er ebenso erfolgreich wie sein Vater. Sein Sohn *Richard* (1428-71) wurde durch seine Ehe Earl of Warwick und so 1449 ein noch reicherer Magnat als der Earl of Salisbury. Nach dem gesundheitl. Zusammenbruch Heinrichs VI. nahmen einige der N.-Peers an den kgl. Ratsversammlungen teil, und Richard, Earl of Salisbury, wurde 1453-54 Kanzler. Bewaffnete Fehden zw. dem Earl of Warwick und Edmund →Beaufort, Duke of Somerset, im s. Wales sowie zw. den jüngeren Söhnen des Earls of Salisbury und den Percies führten dazu, daß die N. ihre langjährige vorteilhafte Loyalität gegenüber dem Haus Lancaster aufgaben und sich mit Richard, Duke of York, bei dessen Auseinandersetzung mit dem Duke of Somerset verbanden. Ihr Sieg in der ersten Schlacht v. →St. Albans 1455 stärkte die Machtstellung der N. für kurze Zeit. Der Earl of Warwick wurde Befehlshaber v. →Calais, der Earl of Salisbury n. steward für das Hzm. Lancaster und dessen Sohn George Bf. v. Exeter (1456-65). Als sie 1459 der Rebellion bezichtigt wurden, flohen Warwick und Salisbury nach Calais, kehrten zurück und besiegten 1460 eine Streitmacht der Lancastrians in Northampton. George erhielt in der neuen Regierung das Kanzleramt. Salisbury wurde nach der Niederlage der Yorkists in →Wakefield ermordet. Auch Warwick wurde 1461 in der Schlacht v. →St. Albans geschlagen, aber er verteidigte London und spielte eine bedeutende Rolle bei der Erhebung Eduards (IV.) zum Kg. Warwicks Belohnung war erheblich. Sein Bruder *John* wurde zum Earl of Northumberland ernannt und erhielt Percys Besitzungen und das Amt des warden der ö. Mark. *William*, Salisburys Bruder und Lord of Fauconberg († 1463), wurde Earl of Kent, steward des Hofhalts und Admiral. George blieb Kanzler und erlangte das Ebm. v. York (1465-76). Seine Entlassung aus dem Kanzleramt 1467 weist auf Eduards Betreben hin, sich von der Herrschaft der N. zu befreien. Die Antwort Warwicks war eine Verbindung mit Eduards Bruder →George, Duke of Clarence, der 1469 Warwicks Tochter Isabella heiratete. Nach der Niederlage von Eduards Anhängern bei Edgecote wurde der Kg. in Middleham in Haft genommen, doch konnte er sich bald wieder befreien. Die Verbündeten planten einen neuen Aufstand in Lincolnshire (»Lincolnshire Rebellion«), der durch Eduards schnelle Intervention durchkreuzt wurde. Sie flohen 1470 nach Frankreich. Auf Vermittlung Ludwigs XI. schloß Warwick dort einen Vertrag mit →Margarete v. Anjou, der Gemahlin Heinrichs VI., der beinhaltete, daß Warwick Heinrich VI. als Kg. wieder einsetzen sollte; außerdem wurde die Heirat v. Eduards, Margaretes Sohn, mit Anne, der zweiten Tochter Warwicks, vereinbart. Eduard IV. wurde erneut überrascht und floh aus England an den Hof seines Schwagers, Hzg. Karls d. Kühnen v. Burgund. Heinrichs Wiedereinsetzung als Kg. bestätigte Warwicks Ruf als »Königsmacher«. Mit Unterstützung Burgunds kehrte Eduard nach England zurück und besiegte und tötete Warwick bei →Barnet 1471. Auch dessen Bruder John (nun Marquess Montagu) wurde getötet. Ebf. George, Kanzler während der wiederhergestellten Regierung Heinrichs VI., wurde eingekerkert und 1472 des Verrats beschuldigt. Da Warwick nur weibl. Nachkommen hatte, war die erste Linie der männl. Nachkommen aus der zweiten Ehe von Earl Ralph nun erloschen; die Besitzungen der beiden Earldoms of Warwick und Salisbury wurden Kronbesitz. Nur *Eduard* († 1476), Ralphs jüngster Sohn, wurde als Lord (A) Bergavenny 1450 ins Parliament geladen und begründete einen Familienzweig von N.-Peers, der bis heute fortbesteht. Die jüngste Tochter Ralphs, Cecily, Duchess of York, überlebte ihre Söhne, die Kg.e aus dem Hause York, und starb 1495 im Ruf der Frömmigkeit.

Die Linie der Earls of Westmorland bestand bis 1571. Der 2. Earl war Ralphs Enkel Ralph (1406/07–84), der wohl ein Invalide war, da er sich an den Bürgerkriegen nicht beteiligte und kinderlos starb. *John*, sein Bruder und Erbe, wurde 1459 ins Parliament berufen und starb 1461, als er für Heinrich VI. bei →Towton focht. Sein Sohn *Ralph* (1456–99) folgte als 3. Earl 1484; dessen Enkel und Erbe war *Ralph* (1498–1549). R. L. Storey

Lit.: BRUO II, 1346–1349 - Peerage I, 30 ff.; IX, 475 ff.; XII, pt. II, 385–394, 544 ff. – DNB XIV, 243 ff. – J. R. LANDER, Crown and Nobility 1450–1509, 1976 – R. L. STOREY, The End of the House of Lancaster, 1986 [Repr.].

N., Ralph de, † 1244, Siegelbewahrer *(Keeper of the Seal)* Heinrichs III. v. England 1218–38, kgl. Kanzler (→*chancellor*) 1226–44 und Bf. v. →Chichester 1222–44; spielte eine führende Rolle in der engl. Regierung und Politik. Illegitimer Herkunft, verdankte er seinen Eintritt in den kgl. Dienst seinem Verwandten, Hugh de →Neville. 1214 war er kgl. Siegelbewahrer während des unglückl. Frankreichfeldzuges Kg. Johanns. 1218 wurde er vom Great →Council zum Siegelbewahrer (oder Vizekanzler) des minderjährigen Kg.s Heinrich III. gewählt. 1238 vom Kg. aus diesem Amt entlassen, behielt er als Kanzler das Siegel nominell bis zu seinem Tod. Bereits 1236 hatte R. de N. gefordert, daß nur ein Great Council ihn aus dem Amt des Siegelbewahrers entlassen könne, weil ihn ein Great Council eingesetzt habe. Seine Ansicht bestärkte die Kritiker des Kg.s in ihrer Auffassung, daß kgl. Beamte von Great Councils gewählt werden sollten. Diese Forderung, die zuerst in einem erfolglosen Plan für eine konstitutionelle Reform 1244 (»Paper Constitution«) erschien, beeinflußte schließlich die Reformen, denen 1258 Heinrich III. zustimmen mußte (→England, C.I.). Eine einmalige Slg. von privaten, an R. de N. adressierten Briefen (Public Record Office, London; z. T. 1862 gedr.) dokumentiert die Vielfalt der Rechts- und Gnadengesuche, mit denen er als Siegelbewahrer konfrontiert wurde. Ein großer Teil der Briefe stammt jedoch von →Simon de Senlis, dem steward von R. de N., der für die Verwaltung der Besitzungen des Bm.s Chichester verantwortl. war. R. de N. hielt sich – wenigstens bis 1238 – selten in seiner Diöz. auf. D. A. Carpenter

Ed. und Lit.: Royal and other historical Letters illustrative of the Reign of Henry III, ed. W. W. SHIRLEY, RS, 2 Bde, 1862, 1866 – J. BOUSSARD, R.N., évêque de Chichester et chancelier d'Angleterre d'après sa correspondance, RH 166, 1935, 217–233 – J. und L. STONES, Bishop R.N., Chancellor to King Henry III and his Correspondence: a Reappraisal, Archives 71, 1984, 227–257 – D. A. CARPENTER, Chancellor R. de N. and Plans of political Reform, 1215–1258 (Thirteenth Cent. England II, hg. P. R. Coss–S. D. LLOYD, 1988), 69–80.

Neville's Cross, Schlacht bei (bei Durham), ausgetragen am 17. Okt. 1346 zw. einem von Kg. →David II. angeführten schott. Heer und einem von Ebf. William (de la Zouche) v. York und Henry →Percy angeführten engl. Heer. Zur Unterstützung von Kg. Philipp VI. v. Frankreich (Niederlage bei →Crécy) waren die Schotten in England eingefallen und machten bei Bear Park (»Beaurepair«) in der Nähe von Durham halt. Von der Anwesenheit einer kleinen, aber erfahrenen Streitmacht von engl. Rittern und Bogenschützen bei Auckland erfuhr David II. erst, als eine von Sir William →Douglas angeführte schott. Abteilung auf eine engl. Vorhut stieß. Von seiner militär. Überlegenheit überzeugt, ließ David die Engländer den River Wear überqueren und den Hügel von N.'s C. erklimmen (w. von Durham). Doch erschwerten Zäune und Wälle den Aufstieg der schott. Truppen, so daß der Sieg der oberen engl. Bogenschützen gelang. Kg. David wurde verwundet und mit zahlreichen schott. Adligen gefangengenommen. G. W. S. Barrow

Lit.: R. NICHOLSON, Scotland: the Later MA, 1974 [Repr. 1978].

Newcastle upon Tyne, nordengl. Stadt (Gft. Northumberland bis 1400), 17 km von der Mündung des Tyne in die Nordsee entfernt. Die erste Brücke über den Tyne entstand 122 n. Chr. und wurde bis ca. 1248 nicht wesentl. erneuert. Das nach dieser Brücke benannte Kastell Pons Aelius wurde am n. Ufer errichtet. Dort siedelte sich in ags. Zeit wohl eine Mönchsgemeinschaft an, da der Name Monkchester erscheint. Er wurde nach 1080 durch »N.« ersetzt, als →Robert Courteheuse, Sohn von Wilhelm I., hier bei seiner Rückkehr von einem schott. Feldzug eine Burg baute. Bei der Unterwerfung des Earldom of →Northumbria 1095 gelang Wilhelm II. Rufus die Verteidigung der Burg N. mit Hilfe der norm. Lords, die in der Gft. Northumberland über Lehen verfügten. N. wurde der kgl. Verwaltungszentrum dieser Gft. Der Ursprung der städt. Gemeinde in N. liegt im dunkeln. Zweifellos entwickelte sie sich im Schutz der Burg und der eigenen Mauern. Die Statuten eines →*borough* wurden 1135 verfaßt, doch gibt es keinen Beweis für die Bestätigung durch eine kgl. Urk. →Carlisle und sechs andere n. boroughs übernahmen diese Statuten. Als die n. Gft. en in die Hände des schott. Kg.s David I. gelangten, empfahl er die Rechte v. N. als Vorbild für die schott. *burhs*. Nach der Rückeroberung der Gft.en 1157 bestätigte der engl. Kg. Heinrich II. die Freiheiten von N. und ließ die Burg als Steinbau wiedererrichten. Sie blieb während des MA in kgl. Besitz, wurde im 13. Jh. erweitert und dann regelmäßig instand gesetzt. Im frühen 12. Jh. war N. ein Handelshafen, wie die dort erhobenen Zölle zeigen. Der prosperierende Handel sorgte in den 90er Jahren des 13. Jh. für einen großen Teil der Stadteinkünfte. N. wurde Stapelhafen mit einem Monopol für den Export von Wolle und Fellen aus den vier n. Gft.en und Richmondshire. Das bedeutendste Handelsgut war jedoch die im Tagebau, in der Nähe der Stadt abgebaute Kohle, die ins s. England und bis nach Holland, Zeeland, Flandern und in die Balt. Länder verschifft wurde. Die Bürger N.s konnten gegen den Bf. v. Durham und den Prior v. Tynemouth das Recht behaupten, Kohle auf dem Tyne zu transportieren. Nach 1216 stand an der Spitze des Stadtregiments ein →*mayor* (Bürgermeister), dessen Wahl unter Eduard I. von den Justices of →Quo warranto beansprucht wurde. Von dieser Herrschaft des Kg.s kaufte sich die Stadt 1292–94 los. Eduard stimmte 1298 der Einbeziehung von Pandon in die Stadtbefestigung zu. Doch geriet N. nach den strittigen Bürgermeisterwahlen von 1341 und 1344–45 wieder unter kgl. Aufsicht. Schließlich wurden Mitglieder von zwölf Handelsgilden an den künftigen Wahlen beteiligt. Die Ämter des Bürgermeisters und der vier →*bailiffs* blieben in der Hand weniger Familien der Oberschicht. Diese Oligarchie stellte auch die Vertreter N.s im Parlament. Heinrich III. gestattete 1234 die Vertreibung der Juden. 1400 erhielt N. durch Heinrich IV. den Gft.sstatus und verfügte nun über einen eigenen sheriff und Justices of the peace. Den schott. Überfällen, die seit 1297 das n. England heimsuchten, hielten die Stadtmauern stand. N.s Funktion als Ausgangspunkt für engl. Feldzüge nach Schottland wirkte sich auf die Wirtschaft der Stadt vorteilhaft aus. 1377 hatte N. 2647 erwachsene Einw., eine hohe Zahl im Vergleich zur übrigen Bevölk. Northumberlands. R. L. Storey

Lit.: R. WELFORD, Hist. of N. and Gateshead in the 14th and 15th Cent., 1884 – S. MIDDLEBROOK, N. upon T.: its Growth and Achievement, 1950 – J. B. BLAKE, The Medieval Coal-trade of North-East England, Northern Hist. 2, 1967, 1–26 – C. M. FRASER, The Pattern of Trade in the North-East of England, 1265–1350, ebd. 4, 1969, 44–66 – DERS. – K. EMSLEY, Tyneside, 1973 – R. F. WALKER, The Origins of N. upon T., 1976 – E. MILLER, Rulers of Thirteenth Cent. Towns: the Cases of York and N. upon T. (Thirteenth Cent. England I, hg. P. R. Coss– S. D. LLOYD, 1986), 128–141.

Niall

1. N. Caille, Kg. der →Cenél Eógain (zu den →Uí Néill gehörende Dynastie), später Hochkg. ✕ →Irland, † 846 (bei einem Unglücksfall im Fluß Calann nahe Armagh ertrunken). N., Sohn des Hochkg.s →Áed Oirdnide († 819), trat erstmals 823 hervor, als er mit Unterstützung der Bevölkerung seinen Vetter 2. Grades, Murchad (Urenkel des Hochkg.s →Áed Allán), absetzte. 827 siegte er in der Schlacht v. Leth Cam über eine Koalition aus →Airgialla und →Ulaid und sicherte so seine Vormachtstellung im N ab, einschließl. der Oberhoheit über das einflußreiche Kl. →Armagh. Nach dem Tode des Conchobor († 832), Sohnes von Donnchad, übernahm N. die Führung des gesamten Sippenverbandes der Uí Néill. Die folgenden Jahre standen im Zeichen des Kampfes um die Vorherrschaft in Irland, den N. mit →Feidlimid mac Crimthain, dem Kg. v. →Munster, austrug. Hauptschauplatz war Leinster (→Laigin), in das N. 835 einfiel und das er einem Marionettenkönig, Bran, dem Sohn des Faelán, unterstellte. Eine feierl. Begegnung zw. N. und Feidlimid, die 838 in Cloncurry (Gft. Kildare), im Grenzgebiet zw. den beiden Herrschaftsbereichen, stattfand, brachte keine konkreten Ergebnisse. 841 schlug N. seinen Rivalen Feidlimid in der Schlacht v. Mag nÓchtair.   G. MacNiocaill

Lit.: D. Ó. CORRÁIN, Ireland before the Normans, 1972 – F. J. BYRNE, Irish Kings and High-kings, 1973.

2. N. Glúndub ('N. Schwarzknie'), ir. Hochkg. ✕ 919, Sohn von Áed Findliath, Kg. der →Cenél Eógain (nördl. →Uí Néill) und →Hochkg. N. ist 'Spitzenahn' der Uí Néill (O'Neill). Die Annalen erwähnen mehrere Siege N.s über die →Wikinger (bes. 917–918), die er aber nicht entscheidend zu schlagen vermochte und denen seine Verbündeten in →Leinster 918 bei Leixlip unterlagen. Sein Versuch, die Wikinger an der Rückeroberung ihrer wichtigsten Stadt, →Dublin, zu hindern, führte in die Katastrophe der Schlacht v. Islandbridge (919), in der N. und viele seiner Getreuen fielen. N.s Frau Gormlaith, Tochter des Uí Néill-Hochkg.s →Flann Sinna († 947), tritt in zahlreichen Sagen auf.   D. Ó Cróinín

Lit.: F. J. BYRNE, Irish Kings and High-kings, 1973, 127, 164, 276.

3. N. Noígiallach ('N. von den neun Geiseln'), auch: N. mac Echach, früher ir. Kg. in Ulster, 'heros eponymos' der →Uí Néill. Sein Beiname 'Noígiallach' wird bezogen auf die Geiselstellung der neun tributpflichtigen Kgr.e der →Airgialla, die im W und S an das Stammesgebiet der →Ulaid (Ulster-Leute) angrenzten und (nach dem Zerfall des alten Ulaid-Kgtm.s) den Uí Néill Geiseln zu übergeben hatten. N. (bzw. sein Vater) gilt als erster hist. faßbarer Kg. v. →Tara (und damit Anwärter auf die Würde des →Hochkg.s). Es werden ihm Beutezüge nach Britannien ('Alpa') und sogar auf den Kontinent zugeschrieben. Die Behauptung, daß er den hl. →Patrick in Britannien geraubt und nach Irland gebracht habe, bleibt unbeweisbar. N. soll 427 auf einem seiner Züge in Britannien gestorben sein. Dunkle archaische Überlieferungen über N. verweisen auf eine frühe Periode, in der die Uí Néill noch kaum von ihren Vorfahren, den →Connachta, abgesondert waren, aber bereits ihre Herrschaft auf einige kleinere benachbarte Völkerschaften (Gailenga, Luigne usw.) ausgedehnt hatten.   D. Ó Cróinín

Lit.: T. F. O'RAHILLY, Early Irish Hist. and Mythology, 1946, 209–234 – D. Ó CORRÁIN, Proc. 7th Internat. Celtic Congr., 1983, 141–158.

Njáls saga (Brennu-N. s.), längste, komplexeste und ausgereifteste der Isländersagas (→Islendingasögur). Aus den ca. 600 gen. Personen wird eine große Gruppe von Akteuren geschickt und deutl. herausgehoben. Die komplizierte, als Triptychon angelegte und zeitl. begrenzte Handlung hatte der Autor offenbar stoffl. und formal völlig durchorganisiert, bevor er mit der Niederschrift begann. Die Saga bezieht ihren Titel von der Hauptperson Njáll, einem friedl., weisen und rechtsgelehrten Bauern. Seine Frau Bergthóra und seine Söhne sind härter und ehrgeizig, Njáls Rolle ist v. a. die des Beraters und Warners. Njáls Gabe der Vorhersehung ist jedoch keineswegs unfehlbar und führt schließl. zum Untergang seiner Familie: Er empfiehlt seinen Söhnen, sich vor den Feinden in sein festes Haus zurückzuziehen, doch hier kommt die ganze Familie in den Flammen um – auf diese eindrucksvolle Szene bezieht sich auch der Titel *Brennu-N.s.* Die Saga wurde vermutl. um 1280 verfaßt, die drei ältesten Hss. stammen aus der Zeit um 1300. Die N.s. enthält neben dem →Darraðarljóð auch eine Reihe von Skaldenstrophen; alle diese Gedichte dürften aber relativ jung sein.   R. Simek

Lit.: E. Ó. SVEINSSON, A Njálsbúð, 1943 [engl.: N.s A Lit. Masterpiece, 1971] – L. LÖNNROTH, N.s A critical Introduction, 1976 – H. PÁLSSON, Uppruni Njálu og hugmyndir, 1984.

Niavis, Paulus (P. Schneevogel), * ca. 1460 Eger, † ca. 1520 Bautzen, Mag. art. in Leipzig, Schullehrer dort, in Halle und Chemnitz, Stadtschreiber in Zittau, später Bautzen. In seinem antikisierenden Dialog »Iudicium Iovis« (dt. Übers.: P. KRENKEL, Freiberger Forschungshefte D 3, 1953) greift N. mit als erster die Umweltproblematik auf, indem er das Risiko der Nutzung der Natur durch den Menschen mit dem →Bergbau (Montanistik) problematisiert. Eingekleidet in die Visio eines Eremiten erhebt die Erde Klage gegen den Menschen in der Form der Göttergespräche des Lukian. In seinen Schülergesprächen und im »Thesaurus eloquentiae« (ca. 1486) finden sich ebenfalls montanist. Themen.   G. Jüttner

Lit.: A. BÖMER, P. N., NASG 19, 1898, 51 ff.

Nibelung, frk. Gf. Die Fredegar-Forts. nennt den »inluster vir N.« als Betreuer der Forts. ab c. 34 und bezeichnet ihn als Sohn des Gf.en →Childebrand, des Halbbruders Karl Martells aus einem Konkubinat Pippins d. M. (anders LEVILLAIN: Sohn Chalpaidas aus früherer Ehe). Auch N. war Gf., vermutl. in Burgund. Der seltene Name und der Raum Burgund gaben Anlaß zu genealog. Hypothesen in der Diskussion um die 'hist. Nibelungen'.   U. Nonn

Q.: Cont. Fredeg. c. 34 (MGH SRM II) – *Lit.:* M. CHAUME, Les origines du Duché de Bourgogne, 1925, 540f. – L. LEVILLAIN, Les Nibelungen hist., AM 49, 1937, 337–408; 50, 1938, 5–66 – E. HLAWITSCHKA, Die Vorfahren Karls d. Gr. (BRAUNFELS, KdG, I), 80, nr. 40.

Nibelungenlied (und Klage)
I. Entstehung und Überlieferung – II. Gattung, Form, Handlungsverlauf – III. Stoffgeschichte – IV. Deutungsprobleme – V. Die Klage – VI. Rezeption.

I. ENTSTEHUNG UND ÜBERLIEFERUNG: Das N. ist die bedeutendste dt. →Heldendichtung des MA, in der hs. Überlieferung fast immer mit der Klage (K.) verbunden; es wurde im 19. Jh. zum dt. Nationalepos stilisiert. Die Entstehungszeit um 1200 ist schwer genauer zu präzisieren. Ermittelbare hist. Bezüge (z. B. Einrichtung des Reichsküchenmeisteramtes unter König Philipp von Schwaben,

1198–1208), innerlit. chronolog. Relationen und die Reimtechnik ergeben einen Rahmen von 1180–1210. Der heutige Titel des anonym überlieferten Werkes entspricht dem Schlußvers in einer Hss.gruppe: »daz ist der Nibelunge liet«. Die Betonung des Burgundenuntergangs »daz ist der Nibelunge nôt« oder die im SpätMA auftauchende themat. treffende Benennung »buch Chrimhilden« haben sich nicht durchgesetzt.

Der Verf. des N.es bleibt, der Konvention der Heldendichtung entsprechend, ungenannt. Wegen der Einlagerung des Werkes in die Kommunikationszusammenhänge der höf. Kultur ist er an einem lit. interessierten Hof anzusiedeln. Geogr. Indizien, genauere Lokalkenntnis, Konzentration der frühen Überlieferung und die bes. Hervorhebung des Bf.s v. Passau als Oheim der burg. Kg.sfamilie sprechen für das Gebiet zw. Passau und Wien, speziell für den Hof des als Mäzen bekannten Bf.s v. →Passau, →Wolfger v. Erla (1191–1204), Förderer auch →Walthers v. d. Vogelweide und →Thomasins v. Zerklære. Gestützt wird diese Annahme durch die Erwähnung einer fiktiven Passauer Initiative im Epilog der K. (Aufzeichnung einer lat. Nibelungen-Gesch. auf Veranlassung des Bf.s →Pilgrim, 971–991). Der literaturkundige N.-Verf., abgesehen von der heimischen mündl. Erzähltradition auch mit dem frühen →Minnesang und mit Romanen frz. Provenienz vertraut, könnte ein Kleriker am Passauer Hof gewesen sein. Die Problematisierung eines einzigen, für die lit. Gestalt des N.es verantwortl. Dichters zugunsten mehrerer parallel tätiger Sammler (eine im Blick auf die Durchstrukturierung und Gestaltungsprinzipien der epischen Großform kaum haltbare Hypothese) gründet sich auf die Besonderheiten der hs. Überlieferung, aus der sich entgegen älteren Vorstellungen (BRAUNE) kein Stemma und kein Original ermitteln lassen (BRACKERT). Es existieren 34 Textzeugen (11 vollst. Hss., 23 Frgm.) aus dem 13.–16. Jh., die z. T. verschiedene Fassungen repräsentieren mit Abweichungen im Umfang und inhaltl. Akzentuierung, markant z. B. das Vorhandensein oder Fehlen der auf die 'alten maeren' verweisenden Einleitungsstrophe. Trotz der Varianz im Detail bleibt aber die Gesamtstruktur gleich. Drei Hss. waren in der Forschungsdiskussion um die älteste und ursprüngl. Fassung und für die Editionen des N.es entscheidend: A, 4. Viertel 13. Jh., 2316 Strr. (München cgm 34); B, 2. oder 3. Viertel 13. Jh., 2376 Strr. (St. Gallen, Stiftsbibl., ms. 857); C, 2. Viertel 13. Jh., 2439 Strr. (Donaueschingen, cod. 63).

II. GATTUNG, FORM, HANDLUNGSVERLAUF: Die Gattungsbestimmung und -bezeichnung des N.es wurde bes. in den letzten Jahrzehnten mit Betonung unterschiedl. Kriterien diskutiert: 'Heldenepos', im 18./19. Jh. in Analogie zu den homer. Epen selbstverständl. verwendet, ist – abgesehen von ideolog. Vereinnahmungen – v. a. durch den Stoff und die mündl. Tradition der germ.-dt. Heldensage, auf die sich das N. gründet, gerechtfertigt; 'höf. Heldenroman' durch die Art der lit. Aufbereitung (→Epos, →Roman).

Versform, epische Gliederung und Handlungsstruktur heben das N. von lit. vermittelten Romantypen (Antiken- und Artusroman) ab: Das N. ist in sangbaren Strophen gedichtet (4 paarweise gereimte, zäsurierte Langzeilen mit relativ variabler Versfüllung und einem verlängerten letzten Abvers). Stilist. Eigenarten, die das 'Nibelungische' des Textes prägen (CURSCHMANN), hängen mit der Strophenform zusammen: häufige Wiederholung bestimmter syntakt. Muster und formelhafter Wendungen, pointierte Unterbrechungen des Erzählflusses durch die 4. Langzeile. Die Gesamterzählung ist in 39 →aventiuren untergliedert (kapitelartige Abschnitte – wohl Vortragseinheiten – von unterschiedl. Länge, in den meisten Hss. mit Überschriften versehen, z. B. »Wie Sîfrit erslagen wart«) und sie besteht aus zwei stoffgeschichtl. bedingten, die Handlung strukturierenden Teilen: Siegfrieds Tod (1–19. av.) und Burgundenuntergang (20.–39. av.), die abgesehen von der kausalen Verknüpfung (Kriemhilds Rache für Siegfrieds Ermordung) durch Wiederholung von Erzählschemata und Motiven (Brautwerbungen, verräter. Einladungen, Streitszenen) in beiden Teilen Korrespondenzen besitzen.

Die erzählte Geschichte beginnt mit der Jugend der burg. Kg.stochter Kriemhild (K.) in →Worms und des niederländ. Kg.ssohns →Siegfried (S.) in →Xanten. S.s Werbung um K. und seine Unterstützung der Werbung von K.s Bruder Gunther (G.) um die isländ. Kgn. Brünhild (B.) führen zu zwei Ehen und zum Konflikt, der aus dem Werbungsbetrug an B. resultiert: S. erfüllt unter seiner Tarnkappe G.s Aufgaben und gibt sich als dessen »man« (Vasall oder Ministeriale) aus. Der Frauenstreit zw. K. und B. um den Vorrang ihrer Männer, in dem beide Täuschungsmotive zur Geltung kommen, endet mit der öffentl. Beleidigung, die das Eingreifen der Männer erfordert. Hagen (H.) – nicht Gunther – plant, durch Motive von Machtbedrohung und Machtgewinn zusätzl. begründet, den Mord an S. und führt ihn im Einverständnis mit den burg. Kg.en aus. Er steigert die Verletzung K.s später durch Raub und Versenkung von S.s Hort in den Rhein. K. und H. sind dann die Kontrahenten des 2. Teils, der mit der Werbung des Hunnenkg.s →Etzel (E.) um K. beginnt. Erfüllt von einem im Laufe der Zeit ungeminderten Rachebegehren, erblickt K. in der neuen Ehe eine Ausführungsmöglichkeit. Nach 13 Jahren bei E. lädt sie die Brüder und H. ins Hunnenland ein. Nur H. erkennt und akzeptiert heroisch die Gefahr, veranlaßt aber einen gut gerüsteten Zug (1060 Ritter und 9000 Knappen). Den von K. nach Ankunft der Burgunden (im 2. Teil 'Nibelungen' genannt) provozierten Kämpfen, in die sie E.s Bruder Blödel einbindet und in denen sie sogar ihren Sohn Ortlieb dem Tode preisgibt, kann sich niemand entziehen; verwandtschaftl. und freundschaftl. Beziehungen müssen hinter Rechtsverpflichtungen zurücktreten. Tausende von Hunnen und Burgunden kommen in zwei Tagen und drei Nächten durch grausame Kämpfe zu Tode (K. läßt die Herrenhalle anzünden, die Burgunden trinken das Blut der Toten, um zu überleben). Kg. E. selbst bleibt tatenlos, exponiert werden sein Vasall Rüdiger (R.) v. Bechelarn (Brautwerber um K. und vriunt der Burgunden) und →Dietrich (D.) v. Bern (Exulant am Etzelhof), der schließl. G. und H. gefangennimmt. K.s Rachestreben richtet sich zunächst nur gegen H., führt aber zum Tode aller Burgunden, auch ihrer Brüder. Sie gibt den Befehl zu G.s Tod. In einer letzten Konfrontation von K. und H., die die Motive des Mordes an S. und des Hortraubs noch einmal zur Sprache bringt, tötet K. Hagen mit S.s Schwert und wird dann selbst von D.s Waffenmeister Hildebrand erschlagen. Als einzige namhafte Personen überleben, am Rande des Geschehens stehend, nur D. und E. Den Abschluß bildet eine allg. Klage, die in dem anschließend überlieferten Gedicht eigene Gestalt erhält.

III. STOFFGESCHICHTE: Die stoffl. Grundlage, die Nibelungensage, erscheint im N. in der ältesten verschriftlichten Gestalt, aber in wohl weniger ursprgl. Fassung als in der späteren nord. Überlieferung (»Lieder-Edda«, Hs. 1250; »Prosa-Edda« nach 1220, →Edda; »Thidrekssaga« M. 13. Jh., →Dietrich v. Bern IV, 3), die zur Rekonstruktion der Sage herangezogen wird. Sie besteht aus vier Komplexen, die z.T. auch im N. mit veränderten Motivierungen und Verbindung ehem. selbständiger Sagen verarbeitet sind: 1. Jungsiegfried-Sage (im N. nur von Hagen referiert, aber wegen der Tarnkappe, des Hortes und der verwundbaren Stelle S.s von handlungsbestimmender Bedeutung); 2. Brünhild-Siegfried-Sage mit S.s Ermordung (im »Brot af Sigurðarkviðu« ohne folgende Rachehandlung); 3. Burgundenuntergang (in der »Atlakviða« [→Atlilieder] durch Atlis = Etzels Goldgier verursacht; im N. durch K.s Rache); 4. Atlis Tod (in der »Atlakviða« verursacht durch die Rache von A.s Frau Gudrun = K. für den Tod ihrer Brüder, im N. nicht berücksichtigt). Auf einen hist. Kern der Burgundensage in der Völkerwanderungszeit weisen die Namen der Kg.e Gunther und Giselher (Gundaharius und Gislaharius in der »Lex Burgundionum«) und der Hunnen Etzel = Atli und Blœdel = Bleda. Ihr Zusammentreffen und die Verbindung mit →Dietrich v. Bern (Teil der Dietrichsage um →Theoderich d. Gr., 471–526) entsprechen kontaminierender Sagenchronologie: 436 Vernichtung des →Burgundenreiches unter Kg. Gundahar durch Römer unter →Aëtius und hunn. Truppen, nicht unter Attila; 453 Tod →Attilas. Die merow. Gesch. des 6. Jh. mit Verwandtenmord und Namen wie →Brunichild enthält mögl. Ansätze für die B.-S.-Sage. Rekonstruierbar sind der Sagenbildungsprozeß und die Formen der mündl. Tradition über die Jahrhunderte nicht; zu rechnen ist mit ungeformter Weitergabe der Sage und mündl. Dichtung (→Mündl. Literaturtradition). Unsicher bleibt auch die Zeit der Verbindung von B.-S.Sage und Burgundenuntergang durch das Voraussetzungs-Folge-Verhältnis von Mord und Rache. Die »Ältere Not« (HEUSLER) oder ein anderes stroph. Epos (HEINZLE) als Vorlage des N.-Dichters haben hypothet. Charakter.

IV. DEUTUNGSPROBLEME: Die N.-Forschung war lange überwiegend mit der Vorgesch. und der Klärung der Hss. verhältnisse beschäftigt, erst seit den 50er Jahren wurden Gesamtinterpretationen vorgelegt, die inzwischen hinsichtl. ihrer stark divergierenden Deutungen wie der Interpretierbarkeit des N.es überhaupt in Frage gestellt werden. Das durch die zahlreichen Hss. dokumentierte Interesse im N. setzte aber Möglichkeiten zeitgenöss. Verstehens voraus. Sie ergeben sich aus den stoffgesch. und gestalter. Spezifika: N. wie Nibelungensage repräsentieren eine durchaus Glaubwürdigkeit beanspruchende bes. Geschichtstradition, in der hist. Ereignisse durch epische Erklärungsmuster bewältigt und erinnerbar gemacht sind, sie gingen in adlige Familientraditionen zu heroischer Legitimierung ein (HAUCK, STÖRMER) und standen für aktuelle Deutungsbezüge offen (HAUG). Die durchgängige Machtthematik zeigt die hist.-polit. Dimension des N.es (BEYSCHLAG). Aus der mündl. Tradition stammende, nicht beseitigte Inkonsequenzen der Erzählung sowie Doppel- und Mehrfachmotivierungen erscheinen unter solchen Voraussetzungen nicht als Konzeptionsmängel, sondern als Merkmale eines vom höf. Roman abweichenden Erzählmodells, das verschiedene Sinnebenen umfaßt. Die auf die Schlußkatastrophe weisenden epischen Vorausdeutungen, die das N. von der 1. aventiure an durchziehen, und die Betonung des Umschlagens von Freude in Leid als allg. Prinzip geben orientierende Leitlinien, wenn auch nicht ausdrückl. religiös formuliert, so doch chr. Weltlaufmodellen gemäß. Der frappierende Gegensatz von höf. Lebensformen einerseits, Betrug, Mord, Rache, Macht- und Besitzgier als Handlungsmotivationen andererseits, der mit dem Nebeneinander von archaischen und höf. Elementen in Stoff, Motivierung und sprachl. Formulierung korrespondiert, hat unterschiedl. Deutungen erfahren. Er entspricht auf jeden Fall der Diskrepanz zw. den humanisierenden Forderungen höf. Idealität und der nicht konformen hist. Wirklichkeit und bewirkt zusammen mit einer Reihe von Details und Momenten der Personengestaltung die im Vergleich zu anderen höf. Romanen größere Realitätsnähe des N.es. Kriemhild wird als »realistischste« Gestalt der hochma. dt. Lit. (CURSCHMANN) und als »erste wirkl. individuelle Gestalt« (HAUG) gesehen. Entsprechend 'modern' erscheint Rüdiger im seelengefährdenden Konflikt verschiedenartiger Bindungen. Hagen repräsentiert nicht nur den heroisch-archaischen Menschentyp, der im 2. Teil des N.es die Zwangsläufigkeit der Handlung anerkennt, im 1. Teil agiert er auch in der Rolle eines hochma. Vasallen. Die Kunst des N.-Dichters zeigt sich, abgesehen von der großlinigen Handlungsverknüpfung, in der Gestaltung dramatisch anschaul. Einzelszenen und in der Emotionalisierung bestimmter Konstellationen, die sich als Rezeptions- und Deutungseinheiten anbieten. Eine im Detail aufeinander abgestimmte Durchmotivierung gibt es nicht.

V. DIE KLAGE: Sie erscheint wegen des Überlieferungsverbunds mit dem N. für die Rezeption als kommentierende Fortsetzung des N.es, doch ist die Entstehungsreihenfolge umstritten. Das relativ kunstlose Werk in Reimpaarversen bringt eine selbständige Darstellung des Nibelungenstoffes, zunächst in 556 Versen eine Kurzfassung des Geschehens von Kriemhilds Heirat mit Siegfried bis zum Burgundenuntergang, dann in 1900 Versen Totenklage und -preis durch Etzel, Dietrich, Hildebrand und die Frauen sowie die Aufbahrung, Bestattung und Benachrichtigung der Hinterbliebenen in Bechelarn, Passau und Worms. Die dortige Kg.skrönung und Herrschaftsübernahme durch Brünhilds und Gunthers Sohn schaffen eine im N. fehlende Zukunftsperspektive, die noch durch die Heimkehr Dietrichs, seiner Frau und Hildebrands nach Bern (Verona) unterstrichen wird. Ein geistl. Raisonnement durchzieht die K., bestimmt Schuldige und Unschuldige, konstatiert die ewige Seligkeit für Kriemhild (sie handelte aus *triuwe*), Verdammnis für Hagen (er handelte getrieben von der Ursünde *übermuot*). Versform, Prolog und Epilog sowie die wertende Darstellung erweisen die K. als einen geistlicher Geschichtsdichtung nahestehenden Texttyp, der vielleicht den mündlich tradierten Stoff literaturfähig gemacht hat. Die gleiche Wertung wie die K. enthält die N.-Fassung der Hs. C. Die Beziehung beider zueinander ist umstritten.

VI. REZEPTION: Die Rezeptionsgesch. des N.es vom MA zur NZ besitzt keine Kontinuität. Mit dem Ambraser Heldenbuch (Hs. d), Anfang 16. Jh., endet die hs. Überlieferung. Eingang in den Druck fand nur der »Hürnen →Seyfried« (12 Drucke des 16./17. Jh.), eine vom N. entfernte, der nord. Überlieferung nahestehende Gestaltung der Siegfriedsage, die das mündl. Fortleben des Stoffes neben dem N. bezeugt. Die Wiederentdeckung erfolgte im 18. Jh. durch J. H. OBEREIT (1755, Hs. C), 1757 von J. J. BODMER teilw. veröffentlicht, 1. vollst. Ausg. von CH. H. MYLLER 1782. Im 19. Jh. wurde das N. über die wiss. Leistung der 'Väter der Germanistik' (K. LACHMANN, J. und W. GRIMM) hinaus zu einem Gegenstand allg. Interesses im Zusammenhang mit der Mittelalterbegeisterung der Romantik und der Ausbildung des dt. Nationalbewußtseins. Die Funktionalisierung zum Denkmal dt. Nationalpoesie und Garanten dt. Identität wurde durch applizierte Leitbegriffe, v.a. 'Treue', und Isolierung einzelner Szenen unter Ausblendung und Umwertung der negativen Seite der erzählten Gesch. ermöglicht. Die polit. Gebrauchskonstellationen für das N. wechselten im 19. Jh. von fortschrittl.-republikan. zu reaktionär-königstreu und setzten sich dann über den 1. Weltkrieg und dessen Bewältigung in den Nationalsozialismus fort. (Reichskanzler Fs. v. Bülow prägte 1909 den Ausdruck »Nibelungentreue«; Paul v. Hindenburg verglich Deutschlands Niederlage mit Siegfrieds Ermordung; Hermann Göring berief sich 1943 auf den »Kampf der Nibelungen«.)

Vom N. angeregte Nach- und Neudichtungen bilden einen bes. Rezeptionsstrang (E. RAUPACH, 1834, E. GEIBEL, 1861, F. HEBBEL, 1862 u. a.), der auf das Verständnis des N.es zurückgewirkt hat. Das gilt bis heute v. a. für die überwiegend aus nord. Quellen gespeiste neue Mythisierung des Stoffes in R. WAGNERS »Ring des Nibelungen« (1863). Ende des 20. Jh. ist die Rezeption weithin auf die wiss. Beschäftigung mit dem N. zurückgegangen.

U. Schulze

Ed.: Der Nibelunge Not (mit der K.), 1826; Neudr. der 5. Aufl. 1960 [Hs. A] – Das N., nach der Ausg. v. K. BARTSCH, hg. H. DE BOOR, 1979²¹ [nach Hs. B] – Das N. nach der Hs. C, hg. U. HENNIG, 1977 – Das N. Paralleldruck der Hss. A, B und C nebst Lesarten der übrigen Hss., hg. M. S. BATTS, 1971 – Das N., hg. und übers. H. BRACKERT, 2 Bde, 1970 [Hs. B] – Diu Klage, hg. K. BARTSCH, 1875 [Neudr. 1964] – *Lit.:* Verf.-Lex.² VI, 926–969 [M. CURSCHMANN; Lit.] – W. BRAUNE, Die Hss. verhältnisse des N.es, PBB 25, 1900, 1–222 – S. BEYSCHLAG, Das Motiv der Macht bei S.s Tod, GRM 33, 1952, 95–108 – H. BRACKERT, Beitr. zur Hss. kritik des N.es, 1963 – W. STÖRMER, Die Herkunft Bf. Pilgrims v. Passau (971–991) und die Nibelungenüberlieferung, Ostbair. Grenzmarken 16, 1974, 62–67 – W. HAUG, Höf. Idealität und heroische Tradition im N. (I Nibelunghi, 1974), 35–50 – O. EHRISMANN, Das N. in Dtl., Stud. zur Rezeption des N.es v. der Mitte des 18. Jh. bis zum Ersten Weltkrieg, 1975 – W. HAUG, Normatives Modell oder hermeneut. Experiment, Monfort. Vjs. für Gesch. und Gegenwartskunde Vorarlbergs 32, 1980, 212–226 – N. und K. Sage und Gesch., Struktur und Gattung, hg. F. P. KNAPP, 1987 – U. SCHULZE, N. (Dt. Dichter I, hg. G. E. GRIMM–F. R. MARX, 1989), 142–163 – H. THOMAS, Die Staufer im N., ZDPh 109, 1990, 321–354.

Nicaeno-konstantinopolitan. Glaubensbekenntnis
→Symbolum

Niccoli, Niccolò,
it. Humanist, * um 1365 in Florenz, † 1437 ebd. Einer reichen bürgerl. Familie entstammend, widmete er sich mit Enthusiasmus den humanist. Studien, verkehrte im kulturellen Zirkel von Santo Spirito und holte u. a. Chrysoloras, Guarino, Aurispa und Filelfo nach Florenz. Von N. sind außer Anmerkungen zu Klassikern (v. a. Plautus) sowie Briefen im Volgare an seinen Gönner Cosimo de' Medici keine Werke erhalten. Eine Abhandlung »de orthographia« ist verloren. Seine lit. Unproduktivität wird ihm in den zahlreichen Invektiven, die er wegen seines polem. Charakters auf sich gezogen hat, häufig vorgeworfen. Sein extremer Klassizismus bewog ihn zur Ablehnung der volkssprachl. Lit. des Trecento, wie seine Rolle als Gesprächspartner in Brunis »Dialogi ad Petrum Histrum« sowie in Dialogen von Poggio Bracciolini und L. Valla bezeugt. N.s Haupttätigkeit bestand in der Forschung, im Sammeln, Kopieren und Korrigieren lat. und griech. Hss. Ca. 800 Hss. aus seinem Besitz gingen nach seinem Tod an Cosimo de' Medici über und dienten im Konvent S. Marco als öffentl. Bibliothek für die nächsten Humanistengenerationen. Auch zur Entwicklung der Humanistenschrift leistete N. einen wichtigen Beitrag.

D. Coppini

Ed.: R. P. ROBINSON, The Inventory of N. N., Class. Philol. 16, 1921, 251–255 – T. FOFFANO, N., Cosimo e le ricerche di Poggio nelle bibl. francesi, IMU 12, 1969, 113–128 – *Lit.:* B. L. ULLMAN–PH. STADTER, The Public Library of Renaiss. Florence, 1972 – A. C. DE LA MARE, The Handwriting of It. Humanists, I, 1, 1973, 44–61 – R. CAPPELLETTO, Congetture di N. N. al testo delle »dodici commedie« di Plauto, Riv. di filol. ... class. 105, 1977, 43–56 – PH. STADTER, N. N. (Vestigia. [Fschr. G. BILLANOVICH, 1984]), 747–764.

Niccolò.
1. N. (Nicholaus), führender Bildhauer und Architekt in Oberitalien in der ersten Hälfte des 12. Jh., nachweisbar ca. 1120–39. Wahrscheinl. ging er aus der Werkstatt des →Wiligelmo v. Modena hervor. Außer diesem verdankte er der südfrz. Skulptur des frühen 12. Jh., v. a. derjenigen von St-Gilles, entscheidende Anregungen. Um 1125–32 war er am Dom v. Piacenza tätig, danach in der Sagra di San Michele in Piemont, wo das Zodiakusportal seine Signatur trägt. Weitere Werke sind die Hauptportale der Dome v. Ferrara (1135) und Verona (1139) und der Kirche S. Zeno in Verona (1138). Neuerer Forsch. zufolge hatte N. zudem einen entscheidenden Anteil am Bau und an der Bauskulptur der Stiftskirche v. Königslutter. Mit dem von Wiligelmo übernommenen Portaltyp verbindet N. einen wesentl. reicheren Figurenschmuck (Tympanonreliefs, Gewändefiguren etc.) sowie eine größere erzähler. Vielfalt in den Reliefs. Zugleich wird die Anbindung der figürl. Skulptur an das architekton. System verstärkt. Hierin zeigen sich, ebenso wie in manchen motiv. Details, auffallende Entsprechungen zu den Westportalen von St-Denis, von denen N. eine direkte Kenntnis gehabt haben könnte. Integraler Bestandteil seiner Werke sind ferner die zahlreichen an ihnen angebrachten Inschriften, die sich erläuternd auf die Darstellungsinhalte oder rühmend auf die Künstlerpersönlichkeit beziehen.

J. Poeschke

Lit.: M. GOSEBRUCH, Die Kunst des Nikolaus, Niederdt. Beitr. zur Kunstgesch. 19, 1980, 63–124 – Nicholaus e l'arte del suo tempo, 3 Bde, 1985 – T. GÄDEKE, Die Architektur des Nikolaus, 1988.

2. N. dell' Arca (da Bari, Apulia, Dalmata, Schiavone), Steinbildhauer und Tonplastiker, † 1494 in Bologna, ▭ in der Coelestinerkirche. Seit 1463 in Bologna, Mieter zweier Werkstätten, ∞ 1478. Zwei Hauptwerke vertreten N.s Techniken. Die lebensgroße Tongruppe der Beweinung Christi in S. Maria della Vita wird um 1462–63 angesetzt. Sie ist stilist. heterogen, zum got. Schema des trauernden Johannes gesellt sich der Realismus des Nikodemus, zwei der vier trauernden Frauen sind ins Exaltierte gesteigert. Für S. Domenico übertrug man N. 1469 in einem detaillierten Vertrag die Bereicherung des Dominikusschreines, welche zum Ehrentitel N.s wurde. Sie umfaßt eine phantasievolle Bekrönung, zu der N. 14 der 18 verdingten Figuren schuf, drei fügte der junge Michelangelo bei. – Unter N.s weiteren Werken ragt die Statue Johannes' d. T. im Escorial aus der Phase der Arca hervor. Für die zahlreichen namhaft gemachten Einflüsse auf N.s Werke fehlen dokumentar. Belege.

A. Reinle

Lit.: THIEME-BECKER II, 62f. – C. GNUDI, N. d.'A., 1942 – J. H. BECK, N. d.'A., a Reexamination, ArtBull XLVII, 1965, 335–344 – C. GNUDI, Nuove ricerche su N. d.'A., Quaderni di Commentari Nr. 3, o. J.

Niceta
(Niketas, Niquinta), Katharerbf. (in den Q. auch als 'Papst' N. bezeichnet), kam aus Konstantinopel und hielt sich dann anfangs in Italien, später in Frankreich auf, wo er auf dem Kathararerkonzil v. St-Félix-de-Caraman bei Toulouse den Vorsitz führte (1167–77). Mit seinem Namen ist die Verbreitung des radikalen →Dualismus im W verbunden. Auf dem Konzil führt er einige wichtige Maßnahmen durch: er bestätigte den ersten Katharerbf. der Lombardei, löste die Konflikte zw. den Kirchen von Toulouse und von Carcassonne, spendete vielen Gläubigen das Consolamentum (→Handauflegung) und ernann-

te neue Bf. e. Gegen Ende seines Lebens wurde er einer schweren moral. Verfehlung im Hinblick auf die kathar. Vorschriften bezichtigt. Danach verlieren sich seine Spuren. Hauptq. für sein Wirken sind die Akten des Konzils v. St-Félix-de-Caraman. E. Pásztor

Q. und Lit.: A. DONDAINE, Les actes du concile albigeois de St-Félix-de-Caraman (Misc. G. MERCATI, V, 1946), 324–355 – A. BORST, Die Katharer, 1953 – F. SANIEK, Le rassemblement hérétique de St-Félix-de-Caraman, 1167, et les Églises cath. au XIIe s., RHE 67, 1972, 767–799 – J. DUVERNOY, Le catharisme, I–II, 1976–79 – R. MANSELLI, L'eresia del male, 1980².

Nicetas, Bf. v. Remesiana (Bela Palanka/Serbien), † nach 414; schriftsteller. Arbeit ist von Gennadius (De vir. 22) bezeugt. Dazu gehören die 6 Bücher »Instructio ad competentes« (unvollständig erhalten; B. 5 mit Auslegung des Glaubensbekenntnisses), eine Abh. über christolog. Titel, zwei Predigten über die Vigilien und Psalmodie. Für andere Werke, auch für das 'Te Deum', läßt sich seine Autorschaft nicht nachweisen. Die authent. Schr. sind wichtige Q. für die altkirchl. Liturgie. K. S. Frank

Ed. und Lit.: MPL 52 – MPL Suppl. III – E. BURN, 1905 – K. GAMBER, Textus Patristici et liturgici, 1964–69 – Diz. Patristico II, 1984, 2397f.

Nicetius. 1. N. (frz. Nizier), Bf. v. →*Lyon* 552/553 – 2. April 573, hl., ◻ Apostelkirche Lyon; * 513, drittes Kind der senator. Florentinus und Artemia. Früh schon Kleriker, um 543 Priester in Chalon und nach Designation Kg. Childeberts I. am 19. Jan. 552/553 Nachfolger seines 551/552 verstorbenen Onkels Sacerdos. Mit Handarbeit, Armenfürsorge und religiöser Strenge repräsentierte er den asket. Typ des Merowingerbf.s; seine Tätigkeit als Leiter von Synode (Lyon 567/570) und Placitum (572/573) wird nur am Rande deutlich. Nach seinem Tode focht der Nachfolger Priscus seine Memoria an; erst der 2. Nachfolger Aetherius ließ ihm eine Biogr. schreiben (BHL 6088), die sein Großneffe →Gregor v. Tours, der ihn noch gut gekannt hatte, durch eine eigene Vita (BHL 6089) und weitere Notizen ergänzte (Hist. IV 36; V 5, 20; VIII 5; De glor. conf. 60, etc.); der Bf. v. Tours hat den Kult seines Großonkels in der Touraine verbreitet. 2 Eingänge im MartHieron (Todestag und Ordination am 19. Jan.). M. Heinzelmann

Lit.: Bibl. SS IX, 899f. – M. HEINZELMANN, Bf.sherrschaft in Gallien, 1976, 152–174 – O. PONTAL, Die Synoden im Merowingerreich, 1986, 137ff.

2. N., Bf. v. →*Trier*, hl. (Fest 1. Okt.), † nach 566, ◻ St. Maximin (Trier). Kg. →Theuderich I. berief 525/526 den aus Aquitanien stammenden Mönch N. auf den Bf.sstuhl. Theuderichs Sohn →Theudebert I. und →Chlothar I. wurden von N. exkommuniziert, worauf letzterer ihn verbannte; →Sigibert I. rief ihn aber bald nach 561 zurück. Chlodoswind, die Frau des arian. Langobardenkg.s, ermahnte N. briefl., ihren Gatten zum wahren Glauben zu bringen. In einem Brief an Justinian zieh er sogar den Ks. der Häresie. Unter N.' Pontifikat kam es zu einer umfassenden Restauration des Bm.s. Verfallene Kirchen wurden wiederaufgebaut (Dom; St. Maximin), neue wurden errichtet (St. Medard, St. Germanus ad undas), wozu auch it. Handwerker angeworben wurden. Auch ein Moselkastell ('N.burg' über Nideremmel) ließ N. erbauen. Seine bes. Sorge galt der Förderung der städt. Seelsorge, aber auch der kirchl. Erfassung des Landes. N. nahm an mehreren Reichskonzilien teil (Clermont 535, Orléans 549, Paris 552), wobei er den Rang eines Metropoliten beanspruchte; um 550 leitete er eine Provinzialsynode in Toul. U. Nonn

Q.: Epistolae Austrasiacae (CCL 117, 1957) – MGH Conc. I – MGH SRM I, 2 (Gregor v. Tours, Vitae patrum XVII; Liber in glor. conf. 91f.) – Lit.: E. WINHELLER, Die Lebensbeschreibungen der vorkarol. Bf.e v. Trier, 1935, 3ff. – E. EWIG, Trier im Merowingerreich, 1954, 97–106 – N. GAUTHIER, L'évangélisation des pays de la Moselle, 1980, 172–189 – H. H. ANTON, Trier im frühen MA, 1987, 131–138.

Nicholas Trevet → Trevet, Nicholas

Nicholaus → Niccolò

Nichts, Nichtseiendes (nihil, non ens). Die antike Philos. entfaltete unterschiedl. Auffassungen vom Nichts (N.) und Nichtseienden (Ns.) im Rahmen einer allg. Seinslehre: Die Atomisten (Demokrit) begreifen die Leere des Raumes als N. (vgl. Aristoteles, Phys. I, 5 188 a 22), Platon, Sophist. 258 d–e, hebt das Anderssein als ein Nichtsein hervor, Aristoteles, Metaph. XIV,2 1089 a 26–31, führt Ns. in der dreifachen Bedeutung des kategorial bestimmten Ns., des in einem falschen Satz gemeinten, sog. falsitativen Ns. und des vom Aktuellen geschiedenen Potentiellen an. Diese Weisen des gedachten Seins faßt die materialist. Seinslehre der Stoa als ein Etwas (quid) positiv auf (Seneca, ep. mor. 58, 12. 15). Der Iamblich-Schüler Dexippos, In Arist. Cat. comm. CAG IV/2, 13, bezeugt wohl erstmals die Unterscheidung eines kategorialen von einem außerkategorialen Ns., d. h. dem N. in jeglicher Hinsicht. Plotin versteht die Materie als ein Ns., aller Gestaltung Entbehrendes und gänzl. Formbares; ihr Sein ist das Nichtsein (Enn. I 8). Die alle negative Theol. späterer Zeit kennzeichnende Benennung Gottes als eines N. – erstmals wohl beim chr. Gnostiker Basilides (vgl. Hippolytus, Refut. haer. VII, 21, 4; X, 14, 1 GCS 26, 197 7f.; 274, 17) – tritt bei Plotin an exponierter Stelle auf. Das Eine, das selbst kein Seiendes, sondern vor allem Seienden ist, heißt N. (Enn. V 2, 1; VI 9, 5). Das Ns. wird bei Marius Victorinus, Ad Cand. 4 CSEL 83, 19f., gleichsam die antiken Begriffsanstrengungen resümierend, auf vierfache Weise verstanden: des Privativen und je Anderen, des noch-nicht und des jenseits-von-allem Seienden. Als eine fünfte Kategorie des N. nennt Ammonius Hermeiu, der Lehrer des Boethius, das »Unsagbare und Unvorstellbare« (In Arist. De interpr. comm. CAG IV/5, 213, 12).

Die chr. Glaubenslehre entfaltet als krit. Antwort auf die kosmogon. Theorien der meisten Gnostiker und nichtchr. Philosophen (ex nihilo nihil fit) eine in der Bibel begrifflich (trotz 2 Makk 7, 28; Röm 4, 17; Hebr. 11, 3) nicht vorformulierte Doktrin von einer →Schöpfung aus dem N. (creatio ex nihilo), die zuerst beim chr. Gnostiker Basilides und dann bei Theophilus v. Antiochia und Irenäus v. Lyon in aller Deutlichkeit zu finden ist. →Augustinus folgt weitgehend dem neuplaton. N.-Verständnis, und zwar in antimanichäischer Stoßrichtung. Der Materie, vom Schöpfer in seiner Güte geformt, haftet das Signum des Vergänglichen und vom Untergang Bedrohten an (De vera rel. 18, 35f. CCL 32, 209), so daß sie 'beinahe ein N.' (prope nihil) genannt zu werden verdient (Conf. XII, 6f. CCL 27, 219f.). Die Nichtigkeit der je eigenen Existenz macht eine fragile Natur des Menschen offenbar, die im Maße der willentl. Zu- oder Abwendung zu Gott, dem Quell des Seins, Erfüllung oder Schwund und Mangel des Seins, Heil oder Verderben bis hin zum ewigen Tod spüren läßt. Durch das moral. Übel der Sünde, deren Nichtigkeitscharakter von Augustinus eigens betont wird (De beat. vit. 2, 8 CCL 29, 70), stürzt der Mensch dem N. entgegen (Civ. dei XIV, 13 CCL 48, 434f.) und ist selber ein N. zu nennen (In Joh. ev. I, 13 CCL 36, 7; Enarr. in Ps. 75, 8 CCL 39, 1042). Ps.-Dionysius Areopagita, Div. nom. I, 1. 5f. ed. SUCHLA 109, 16; 117, 6, rezipiert das plotin. Gottesprädikat des N. und sorgt für dessen fortwährende Präsenz im MA. Gott, der »alles in allem und nichts in irgendetwas« ist (Div. nom. VII, 3 ed. cit. 198, 8), umfaßt als der Gute gleichzeitig Sein und Nichtsein und reicht doch über beides hinaus (Div. nom. V, 8 ed. cit. 187, 13).

In den sprachlog. Überlegungen des Fredegisus (besser: Fridugisus) v. Tours, De substantia nihili et tenebrarum, ed. GENNARO 128, 66ff., ist das N., da es einen Namen führe und insoweit stets auf etwas Seiendes bezogen sei, als etwas real Existierendes und unermeßl. Großes verstanden. Zum bes. Ausdruck der Teilhabe der Welt an Gott setzt →Johannes Eriugena in seiner trinitar. Schöpfungstheol. das N. als den unerforschl. Schöpfungsgrund gleich mit dem N. im Sinne der Erhabenheit (nihil per excellentiam: Periphys. III, 19, ed. SHELDON-WILLIAMS III, 166) und Überwesenheit (nihil per superessentialitatem: Periphys. V, 21 MPL 122, 897f.). – Nach den Lehren der →Katharer meint N. in der strittigen Auslegung von Joh 1, 3 den eitlen und zwieträchtigen Zustand all des Sichtbaren und Unsichtbaren, was ohne Gott und somit ohne seine Liebe geschaffen worden sei (wiederholt kirchlich verurteilt: DENZINGER-SCHÖNMETZER 790. 800. 1333). Die Pariser Verurteilung von 1277 (→Stephan Tempier) zensuriert die Lehre, das N. gehe dem Sein der Welt nicht der Dauer, sondern der Natur nach voraus (Propos. 83. 188, ed. HISSETTE 147. 280). Meister Eckharts Lehre von der 'nihileitas' der Kreatur wird in seinem Verurteilungsdekret, der Bulle 'In agro dominico' (1329), Propos. 26 (DENZINGER-SCHÖNMETZER 976) aufgeführt. – Die seit dem 13. Jh. sich in der →Kabbala entwickelnde Lehre vom 'Zimzum' wird in der span. jüd. Mystik des 16. Jh. weiterentwickelt. Danach ermöglicht erst eine Selbstkonzentrierung bzw. Selbstkontraktion (vgl. HWPh I, 1026–1028; IV, 1064f.) des göttl. Wesens den leeren Raum und so eine Schöpfung. – M. Luther spitzt das Schöpfungsdogma zu auf den Menschen als Sünder: »Die Kreatur ist aus dem N., also ist alles nichts, was sie kann« (WA 43, 178f., vgl. 1, 183f.). Den nihilolog. Bemühungen der Scholastik sind weitere Themen (z. B. über →Annihilatio oder das →Vakuum) eng angegliedert.

In der terminist. →Logik behandelt Petrus Hispanus (→Johannes XXI.), Tract. XII, 17, ed. DE RIJK, 220, das N. als ein den syncategoremat. Begriffen zugehöriges universales, negatives, distributives Zeichen. Wilhelm v. Ockham, In I Sent. 36, 1 OTh IV, 547, macht ergänzend einen sinnvollen kategoremat. Gebrauch des N. geltend.

Die metaphys. Lehrauffassungen vom N. und Ns. sind im 12. Jh. stark von den Vorgaben der bevorzugt kommentierten Autoren, Augustinus und bes. Boethius, bestimmt. Die Aristoteles- und Avicenna-Rezeption im 13. Jh. gibt den ontolog. Interpretationen des N. und Ns. neuen Antrieb. Thomas v. Aquin, In Metaph. XII, 2 n. 2437, ragt dabei durch seine feingliedrige Einordnung des N. und Ns. bzw. deren Modi in die Seinsarten des Naturhaften, der Artefakte sowie der Gedankendinge heraus. Matthaeus v. Acquasparta, QD De cogn. 1 BFS I, 201–222, diskutiert breit die Frage, ob das Ns. als objektives Korrelat eines negativen Urteils Erkenntnisgegenstand sein könne. Heinrich v. Gent führt bei der Modalanalyse des in seiner an Avicenna orientierten Wesensontologie quiditativ konzipierten Seins das Ns. in zweifacher Bedeutung an (Qdl. III, 9 ed. Paris 1518, 61vP. 62rQ; IV, 21 138rO; V, 2 154rD; VII, 1–2 258r B; Summa qu. ord., ed. Paris 1520, 21, 4 127rO; 30, 2 179rvF; 34, 2 212rS): das 'reine N.' (purum nihil) ohne Exemplargrund in Gott, Figment unserer Vorstellung und das gegenüber einer bestimmten Seinsweise indifferente Wesensmögliche. Unmittelbare Kritik äußern Gottfried v. Fontaines, Qdl.

II, 2 ed. LONGPRÉ II, 201–222 und →Aegidius v. Rom, QD De esse et essentia I, 9, ed. Venedig 1513, 17vb–22rb. Johannes Duns Scotus, der Heinrichs Theorie als eine Zusammensetzung zweier N.e verwirft (Ord. I, 3, 2, 1 n. 311 ed. Vat. III, 189; Rep. II, 1, 6 n. 6 ed. WADDING XI/1, 257a), nennt N. im eigtl. Sinne das 'Unmögliche', insofern eine formale Repugnanz mit einem Positiven gegeben ist, und somit die formalen Bestimmtheiten einander inkompossibel sind (Ord. I, 43, 1 n. 18 ed. Vat. VI, 360f.; Lect. I, 36, 1 n. 39 ed. Vat XVII, 475; Qdl. III, n. 2 ed. WADDING XI, 67). Aus renaissanceplaton. Sicht widmet sich 1510 C. Bovillus (de Bovelles) dem N. als einer der ersten in Form einer Monographie (De nihilo, ed. MAGNARD, 1983).

Mystiker und Theoretiker der Mystik greifen das Gottesprädikat des N. auf (Liber XXIV philosophorum XXIII BGPhMA 25/1–2, 213f.; Mechthild v. Magdeburg, Das fließende Licht I, 35 MTU 100, 24, 2; Petrus Joh. Olivi, Br. vom 18. 5. 1295 ALKGMA III, 534; Meister Eckhart, Pr. 71 DW III, 223; Pr. 83 DW III, 448; 'Granum sinapis' ed. K. RUH, Kl. Schr., 1984, II, 92f.; Joh. Tauler, Pr. 41 ed. VETTER 176, 40; Heinrich Seuse, Büchl. der Wahrheit I, ed. BIHLMEYER 329; Theologia dtsch. I Op. omn., MTU 78, 72; Nikolaus v. Kues, De principio 34 ed. Op. omn. X/2b, 49; De ven. sap. 14. 30 ed. Op. omn. XII, 41. 85; De non-aliud, prop. 7 ed. Op. omn. XIII, 61f.). Insbes. leisten sie einen eigenständigen und innovativen Beitrag zum Verständnis des N. Nach Bernhard v. Clairvaux, De dil. Deo X, 27 Op. omn. III, 142, wähnt sich die sich selbst verlierende und Gott Platz gewährende Seele auf dem Gipfelpunkt ekstat. Gottesliebe 'beinahe vernichtet'. Entsprechend den Bereichen des Seins der Natur und des Seins der Gnade tritt nach Bonaventura, De perfect. evang. 3 Op. omn. V, 122a, die 'nihilitas' als Demut der Wahrheit und Selbstbeurteilung auf. Meister Eckhart (In Joh n. 20 LW III, 17; Pr. 29 DW II, 89, Pr. 71 DW III, 224) unterscheidet ebenfalls ein N. im Bereich des naturhaften und des moral. Seins. Daran knüpft Joh. Tauler mit seiner Lehre vom 'doppelten N.', also dem N., das wir von Natur aus sind, und dem N. unserer Sünde (Pr. 67 ed. VETTER 365) an. Heinrich Seuse spricht vom 'seinshaften, namenlosen' und 'schöpferischen N.' und meint damit das überwesentl. Licht der göttl. Einheit, in dem die Seele, ihres eigenen Seins unbewußt, durch Entrückung aller Unterscheidung entäußert wird (Büchl. der Wahrheit V ed. BIHLMEYER 343; vgl. Heinrich Herp, Spieghel der Volcomenheit III, 59 ed. VERSCHUEREN 364, 36. 58). S. a. →Annihilation, →Negation, →Schöpfung, →Vakuum.

M. Laarmann

Lit.: HWPh VI, 805–836 [Lit.] – G. HAHL-FURTHMANN, Das Problem des Nicht, 1934, 1968[2] – G. SCHOLEM, Über einige Grundbegriffe des Judentums, 1970, 53–89 [Kabbala] – G. MAY, Schöpfung aus dem N., 1978 – A. M. HAAS, Sermo mysticus, 1979 – E. GRANT, Much Ado About Nothing: Theories of Space and Vacuum from the MA to the Scientific Revolution, 1981 – A. M. HAAS, Geistl. MA, 1984 – Sein und N. in der abendländ. Mystik, hg. W. STROLZ, 1984, 3–58 – M. L. COLISH, Speculum 59, 1984, 757–705 [Fridugisus v. Tour, Ratramnus] – K. KREMER, MFCG 17, 1986, 188–219 [Nikolaus v. Kues] – G. ROTTENWÖHRER, Unde malum?, 1986, 378–384 – A. M. HAAS (Individualität, hg. M. FRANK–K. HAVERKAMP, 1988), 106–122 [Eckhart] – Knowledge and the Sciences in Medieval Philos., hg. M. ASZTALOS u. a., 1990, II, 455–467 [M. L. COLISH (Joh. Eriugena)]; III, 417–429 [I. DEUG-SU (Bonaventura)] – I. DEUG-SU, AnalCist 46, 1990, 203–231 [Bernhard v. Clairvaux] – L. HONNEFELDER, Scientia transcendens, 1990, 3–56 [Heinrich v. Gent, Joh. Duns Scotus] – B. MOJSISCH (Fschr. K. FLASCH, 1991), 675–693 [Eckhart, Nikolaus v. Kues] – D. J. BILLY (Mél. L. VEREECKE, 1991), 143–158 [Katharer] – R. HOEPS, Philos. Theol. 67, 1992, 161–191 [Joh. Eriugena] – T. SUAREZ-NANI (Eckhardus Theutonicus, homo doctus et sanctus, hg. H. STIRNIMANN–R. IMBACH, 1992), 31–96, bes. 88–90 [Bulle 'In agro dominico'].

Nicodemus-Evangelium → Nikodemusevangelium

Nicola da Verona, franko-it. Dichter, möglicherweise Jurist (in der 1. Hälfte des 14. Jh. sind mehrere Träger dieses Namens urkundl. bezeugt), stand in Verbindung zu Niccolò I. d'Este, dem er 1343 die »Pharsale« widmete; die Sprache seiner Dichtungen weist weniger Italianismen auf als bei den meisten seiner Zeitgenossen, was auf eine gewisse Bildung hindeutet. Unter seinem Namen sind drei ep. Dichtungen (in Alexandriner-Laissen) überliefert: Die »Pharsale« (über 3000 Vv.) schildert auf der Grundlage der afrz. →»Faits des Romains« Caesars Sieg über Pompeius in der Schlacht v. Pharsalos (48 v. Chr.), Pompeius' Flucht nach Ägypten und seinen Tod; an wenigen Stellen bezieht sich der Dichter direkt auf Lukan. Während das Datum 1343 für die »Pharsale« durch die im Text enthaltene Widmung gesichert ist, lassen sich die anderen beiden Texte chronolog. nicht festlegen: »La Prise de Pampelune« (über 6000 Verse, die erste Hälfte und der Schluß des Textes fehlen) schließt die Lücke zw. der →»Entrée d'Espagne« und der Chanson de →Roland: Nach der Aussöhnung Karls d. Gr. mit Roland wird die Belagerung Pamplonas erfolgreich abgeschlossen, und die Christen erobern zahlreiche andere Städte (Q., neben anderen Chansons de geste, Ps.-Turpin). Die »Passion« basiert auf den Evangelien sowie auf der Apokryphen- und Legenden-Tradition. Alle drei Texte sind nur in jeweils einer Hs. überliefert, die Hss. der »Pharsale« und der »Passion« sind möglicherweise unter Aufsicht des Autors kopiert worden. A. Gier

Ed.: Pharsale: H. WAHLE, 1888 – Prise de Pampelune: A. MUSSAFIA, 1864 – Passion: C. CASTELLANI, AIVSL ser. 7/5, 1892/93, 56–94 – *Lit.:* F. DI NINNI, La »Passion« di N. fra traduzione e tradizione, Studi Franc. 75, 1981, 407–423 – R. SPECHT, Recherches sur N., 1982 – F. DI NINNI, Tecniche di composizione nella »Pharsale« di N., MR 10, 1985, 103–122 – A. DE MANDACH (Testi, cotesti e contesti del franco-it.: Atti del 1° simposio franco-it., Bad Homburg, 13–16 apr. 1987), 232–244.

Nicolas de Clamanges (Nicole Poilevillain, lat. Nicolaus de Clamengiis), frz. Humanist, * um 1362 in Clamanges (dép. Marne, cant. Vertus), † 1437 in Paris.

[1] *Leben:* Kurz vor seinem Freund →Johannes Carlerii de Gerson als Stipendiat am Collège de Navarre zu Paris aufgenommen, lehrte er hier seit 1381 Rhetorik und gewann rasch großen Ruhm. Daher wurde er 1397 als Sekretär in die Kanzlei des avignones. Papstes →Benedikt XIII. berufen; in Avignon waren Jean Muret, Giovanni Moccia und Jacques de Nouvion seine Kollegen und Freunde, und er machte die Bekanntschaft von Laurent de Premierfait. 1398 begab er sich wegen des Obödienzenentzugs nach Langres und wurde dort Schatzmeister des Kapitels; dieses Benefizium kumulierte er vor 1405 mit dem Amt des Cantor v. Bayeux. 1403 konnte er nach Avignon zurückkehren und bekleidete dort bis 1408 wieder seine Ämter. Dann zog er sich in das Priorat Fontaine-au-Bois zurück und verfolgte aus der Ferne die Wechselfälle des Schismas und des Bürgerkriegs; mit seinen Pariser Freunden, bes. Jean de →Montreuil und Gontier →Col, unterhielt er eine lebhafte Korrespondenz. 1417 reiste er nach →Konstanz, wo ihm der vom Konzil neugewählte Papst erneut das Amt des Sekretärs verlieh. Doch folgte N. nicht Martin V. nach Rom, sondern ging in das engl. besetzte Paris, wahrscheinlich um sein geliebtes Collège de Navarre, an dem er die Lehrtätigkeit wiederaufnahm, zu wachen. Aus diesem letzten Lebensabschnitt sind nur wenige Q. zeugnisse überliefert.

[2] *Werke:* N. ist Verfasser einer Sammlung von Briefen, deren Texte er wiederholt überarbeitete, eines Dutzends kleinerer Schriften und einer umfangreichen »Expositio super Isaiam«. Wegen einiger Traktate, v. a. »De ruina et reparatione Ecclesiae« und »De praesulibus simoniacis«, galt er den Protestanten als Vorläufer der Reformation; seine Werke standen daher lange auf dem Index librorum prohibitorum. Obwohl er es stets abstritt, war N. stark vom Einfluß →Petrarcas geprägt. N. kann als wichtigster Repräsentant der ersten frz. Humanistengeneration gelten, sowohl durch die Eleganz seines lat. Stils als auch durch seine philolog. Interessen: Erst seit kurzem ist bekannt, daß er systemat. Hss. antiker lat. Autoren, insbes. →Ciceros, sammelte, die →Humanistenschrift praktizierte und etwas Griechisch lernte. G. Ouy

Ed.: Opera omnia, ed. J. LYDIUS, Leiden 1613 [stark veraltet] – krit. Ed. von F. BÉRIER–D. CECCHETTI (unter Beteiligung v. G. OUY) in Vorber. – *Lit.:* E. ORNATO, Jean Muret et ses amis, N. de C. et Jean de Montreuil, 1969 – D. CECCHETTI, Il primo umanesimo francese, 1987 [Lit.] – G. OUY, N. de C., philologue et calligraphe (Renaissance- und Humanistenhss., hg. J. AUTENRIETH, 1988), 31–50, pl. 8–16.

Nicolaus (s. a. Nikolaus, Nikolaos)

1. N. Hermanni (Nikolaus Hermansson), hl., Bf. v. →Linköping 1375–91, * ca. 1326 in Skänninge, † 3. Mai 1391 in Linköping, 1515 Schreinlegung im Dom ebd., bedeutendster schwed. Verf. von →Reimoffizien. N.H. studierte Theologie in Paris und kanon. Recht in Orléans, war Domherr in Linköping und Uppsala; 1374 Wahl zum Bf. Er förderte die Kanonisierung der hl. →Birgitta, deren Kl. in →Vadstena er 1384 einweihte. N.H. dichtete Offizien für die Feste der hl. Anna, des hl. Ansgar (auf der Grundlage der Chronik des →Rimbert) und als bedeutendstes Werk das Offizium für die hl. Birgitta mit der berühmten Antiphonstrophe »Rosa rorans bonitatem« (ed. H. SCHÜCK, Lunds univ. årsskr. 28, 1893). R. Volz

Lit.: Ny ill. Svenskt litt. hist, I, 1955, 195–199 – H. SCHÜCK, Ecclesia Lincopensis, 1959 – T. LUNDÉN, N.H., biskop av Linköping, 1971 [im Anh. lat. Offizien mit schwed. Übers.].

2. N. de Argentina →Nikolaus Kempf

3. N. v. Bibra, nach Rechtsstudium in Padua (um 1260) Kustos in B. (bei Naumburg), dann Geistlicher in Erfurt, durch die älteste Hs. als Verf. eines unter dem Decknamen 'Occultus' hg. satir. Gedichts (1281–84) gesichert, das im Zusammenhang mit dem Ebf. Werner v. Mainz im Streit mit der Bürgerschaft über Erfurt verhängten Interdikt (1279–82) steht. Es umfaßt 2441 leonin. Hexameter und zerfällt in vier Abschnitte: Im ersten gibt N., ein Vertreter der bfl. Partei, eine von bissiger Ironie geprägte Vita des städt. Advokaten Heinrich v. Kirchberg, im zweiten geißelt er den moral. Verfall aller Stände bis hin zum Papst, im dritten bietet er eine kulturgesch. wertvolle Schilderung des Alltagslebens aller gesellschaftl. Gruppen in Erfurt nach Aufhebung des Interdikts, im vierten weist er verschiedenen Förderern seine Reverenz. 11 Hss. zeugen von beträchtl. Verbreitung, 3 Accessus und reiche Glossierung vom Gebrauch in der Schule. B. Pabst

Ed.: TH. FISCHER, Gesch.sq. der Prov. Sachsen I, 2, 1870 – *Übers.:* A. RIENÄCKER, Jbb. d. Kgl. Akad. gemeinnütziger Wiss. zu Erfurt, NF VII, 1873, 1–101 – *Lit.:* Verf.-Lex.² VI, 1041–1046 – H. GRAUERT, Mag. Heinrich d. Poet in Würzburg und die röm. Kurie, AAM philos.- philol. und hist. Kl. 27, 1–2, 1912, 323–365 – A. SCHMIDT, Unters. über das Carmen satiricum occulti Erfordensis, SaAn 2, 1926, 76–158.

4. N. de Braia, in der ersten Hälfte des 13. Jh. vielleicht Dekan in Bray-sur-Seine; verfaßte nach dem Vorbild der Philippis →Wilhelms des Bretonen (RepFont 5, 294) ein Epos auf die Taten Ludwigs VIII. v. Frankreich, v. a. auf die Kämpfe um La Rochelle und um Avignon, deren Augenzeuge er war. Das Werk ist im hohen Ton der röm. und chr. Epik gedichtet, reich an mytholog. Bildern und an Vergleichen v. a. mit Helden des trojan. Krieges; am

Schluß ist es unvollständig. Die Überlieferung beruht auf der Ed.pr. Sie hat die 1870 Hexameter, die in der anscheinend verlorenen Hs. (des 15. Jh.?) vermutl. schon stark verderbt waren, noch zusätzlich entstellt. G. Bernt

Ed.: A. Duchesne, Historiae Francorum scriptores coaetanei ..., 5 (1649), 290–322 [Ed.pr.] – Bouquet 17, 312–345 – MGH SS 26, 479–487 [Vs 17–25, 1353–1870] – Lit.: O. Holder-Egger, MGH SS 26, 479 – Potthast II, 851.

5. N. Drukken de Dacia, scholast. Philosoph, † zw. 1355 und 1357, aus der dän. Familie Drukken, Mag. art. in Paris 1341, ebd. Mag. regens bis 1345, Procurator der engl. Nation 1342, 1343, 1344, Rector der Univ. 1344. Mitunterzeichner der Ordinatio gegen →Wilhelm v. Ockham (Paris 1341). Verf. eines Komm. zu Aristoteles' Analytica Priora. Hier zitiert N. Ockham (ohne Namensnennung) und vertritt einen →Nominalismus, der den deutl. Einfluß Ockhams zeigt, während er →Walter Burleigh (namentl.) kritisiert. Der Komm. gibt wichtige Informationen über die Consequentia-Lehre in der 1. Hälfte des 14. Jh. N. J. Green-Pedersen

Hs.: Erfurt, Ampl. 8° 74, ff. 1ra–34rb. – Paris, BN lat. 16621, ff. 249f.–274r. – Ed.: Corpus Philosophorum Danicorum Medii Aevi [im Dr.] – Lit.: N. J. Green-Pedersen, N. Drukken de D.'s Comm. on the Prior Analytics – with Special Regard to the Theory of Consequences, Cah. de l'Institut du M-A Grec et Latin 37, 1981, 42–69.

6. N. Eymericus →Eymerich Nicolas

7. N. (Nicolas) Flamel (Flammell, Parisiensis), * 1330 Pontoise, † 1418 Paris, Notar, hat mit seinen alchem. Berichten u. enigmat. Büchern zur Verbreitung alchem. Gedankengutes (engl. und dt. Übers.) und der 'Transmutations-Manie' (Read) der Folgezeit beigetragen. Nach einem, angebl. von einem 'Juden Abraham' verfaßten und 1357 von ihm erworbenen Rindencod. mit theol.-alchem. Allegorien sei ihm – so sein Bericht – am 25. April 1382 nach langen Mühen die Transmutation gelungen. Tatsächl. wurde N. sehr wohlhabend und hat mit Schenkungen Pariser Kirchen unterstützt. Der Verdacht, sich am Vermögen von aus Frankreich vertriebenen Juden bereichert zu haben, vermochte an seinem Nachruhm als einer der wenigen 'erfolgreichen' Alchemisten wenig zu ändern. Die Tradition des alchem. Bildgedichtes (→Alchemie, IV) und der alchem. Emblematik ist durch seine »Hieroglyphen« und andere ihm eventuell nur zugeschriebenen Werke erweitert worden. Erhalten ist sein alchem. Grabstein aus St-Jacques-de-la-Boucherie (Musée de Cluny; Read, Taf. 6), während die allegor. Darstellungen (Read, Taf. 7) über dem Portal des Beinhauses des Friedhofes des Innocents, Paris (erbaut 1407), das 18. Jh. nicht überdauert haben. G. Jüttner

Ed. und Lit.: N. F., Chym. Werke, 1681 [s.a. J. Ferguson, Bibl. Chymica, 1906 (Neudr. 1954); Thorndike] – J. Gohorry, Transformation métallique, 1561 und später [Sommaire Philos. (Auswahl)] – A. Poisson, N. F., 1893 – J. Read, Prelude to Chemistry, 1936 [Neudr. 1966] – H. Biedermann, Handlex. der mag. Künste, 1968, 59–67 – E. E. Ploss, Alchimia, 1970, 151ff. – K. Seligmann, Das Weltreich der Magie, o.J., 148f.

8. N. de Jamsilla, angebl. Verf. einer Chronik über die Anfangszeit Kg. →Manfreds v. Sizilien; der Name entspringt einer Verwechslung des Autors mit dem Besitzer einer Hs. (Nicolaus de Janvilla) durch Muratori. Das Werk behandelt die Gesch. des Kgr.es Sizilien vom Tode Ks. Friedrichs II. bis zur Krönung seines Sohnes Manfred (1250–58); im Anschluß daran dürfte es entstanden sein. Im Zentrum steht die tagebuchartige Schilderung der Flucht Manfreds nach einem Rachemord von der Kurie in Teano nach Lucera zu den staufertreuen Sarazenen (Herbst 1254), die zum Bruch zw. ihm und Papst Innozenz IV. führte. Dieser Kern wird durch die detaillierte Beschreibung von Manfreds Kämpfen gegen die Kurie – die Kirche war Lehnsherrin Siziliens –, die Ansprüche →Konradins sowie die feindl. Barone des Kgr.es ausgebaut. Der Autor der erlebnisgeprägten, stilist. gekonnten Darstellung mit apologet. Charakter gehört sicher zu Manfreds engster Umgebung. Seine Identifizierung mit Goffredo di Cosenza († 1269) ist überzeugend, aber ungesichert (Karst).
W. Koller

Ed.: Muratori 8 – G. del Re, Chronisti e scrittori sincroni napoletani 2, 1868 [Text nach Muratori, it. Übers.; Neudr. 1975] – MGH SS [in Vorber.] – Lit.: A. Karst, Über den sog. J., HJb 19, 1898 – O. Cartellieri, Reise nach Italien i.J. 1899, NA 26, 1901 – A. Nitschke, Die Hss. des sog. J., DA 11, 1954/55 – M. Fuiano, Studi di storiografia medioevale ed umanistica, 1975² – E. Pispisa, Nicolò di J., 1984.

9. N. Matarellus, angesehener it. Rechtslehrer, * in Modena, † ebd., wohl 1310. Seit 1270 als doctor legum erwähnt, wurde er 1280–81 als Rechtslehrer in Modena öffentlich besoldet, ebenso 1282 als Rechtskonsulent der Stadt Foligno. M. lehrte 1295–1310 an der Rechtsschule v. →Padua. Er verfaßte Repetitiones, Quaestiones, Monographien (De consuetudine et iure non scripto) und Consilia (alles ungedr.); auch soll er die Vorlesungen von →Odofredus unter dem Titel »Decisa« kürzend bearbeitet haben. P. Weimar

Lit.: Savigny V, 430–433 – E. P. Vicini, Di Niccolò Matarelli, 1900 – Ders., Profilo storico dell'antico Studio di Modena (Pubbl. della Fac. di Giurisprudenza della R. Univ. di Modena, 1926), 16f.

10. N. d'Orbellis (Dorbellus), frz. Franziskaner, † 1455, stammte aus der Prov. Tours, 1445 im Kl. v. Angers, lehrte auch im Franziskanerkl. in Paris. Im 15. und 16. Jh. wurden seine Schr. viel gelesen (Rabelais erwähnt ihn im Pantagruel II, 7 als Kommentator). Er schrieb als strenger Scotist und ohne Anspruch auf Originalität, aber bemüht um Klarheit, Einfachheit und Kürze Kompendien für Theologiestudenten, die unter wechselnden Titeln erschienen: Expositio logice super textu Petri Hispani (Parma 1482 u.ö.); De scientia mathematica (Bologna 1483 u.ö.); In lib. physicorum Aristotelis, De coelo et mundo, De gen. et corr., In lib. meteorum, In metaphysicam (Bologna 1485, Lyon 1491); Expositio in IV Sententiarum libros (Paris 1488 u.ö.); Sermones in omnes epistolas quadragesimales (Lyon 1491); Commentarium in libros Aristotelis de anima (Basel 1542).
W. Breidert

Lit.: L. Wadding, Scriptores ordinis minorum, 1650 [Nachdr. 1967] – C. Prantl, Gesch. der Logik im Abendlande, IV, 1870 [Nachdr. 1955] – P. Duhem, Le Système du Monde, X, 1959.

11. N. Parisiensis → 7. N.

12. N. Pr(a)epositus (Nicole Prévost), aus Tours. Lebte dort später als prakt. Arzt, ob vorübergehend auch in Lyon ist fragl.; studierte 1472 in Paris, 1478 Mag. in Avignon, verbrachte einige Zeit in Montpellier und soll nach einer weiteren Überlieferung in Paris den Apothekerberuf ausgeübt haben. N.P. ist Autor des 'Dispensarium ad aromatarios', einer prägnanten Zusammenfassung der damaligen Apothekerkunst. Um 1490 abgefaßt, war das Werk lange unerreichtes Hilfsmittel für die Offizin (eine Hs., mindestens 14 Druckaufl.en nachgewiesen, letzte Paris 1582). Ferner übersetzte N.P. die 'Chirurgie' des →Wilhelm v. Saliceto ins Frz. (Lyon 1492 u.ö.). Seit der Mitte des 16. Jh. wurde N.P. oft mit dem Schöpfer des →Antidotarium Nicolai verwechselt.
M. E. v. Matuschka

Lit.: A. Lutz, Das »Dispensarium ad aromatarios« des N.P. ..., VIGGPharm NF 26, 1965, 87–103 – J. Barbaud, Les formulaires médicaux du Moyen âge ..., RHPharm 35, 277, 1988, 138–153.

13. N. de Tudeschis (Panormitanus oder Abbas Siculus bzw. Abbas Modernus), * 1386 Catania, † 1445 Palermo, gehört zu den bedeutendsten nachklass. Kanonisten, wurde 1425 Abt (OSB) v. Maniaco (Diöz. Messina), 1434/35 Ebf. v. Palermo; 1440 ernannte ihn Felix V. zum Kardinal. Als Legat beim Konzil v. →Basel trat er, wenn auch - bedingt durch seine verschiedenen polit. Haltungen - nicht widerspruchsfrei, als kanonist. argumentierender Verfechter des →Konziliarismus hervor. Er studierte u. a. bei Antonius de Butrio und →Franciscus Zabarella und lehrte in Bologna, Parma und Siena. In seinem »riesigen, noch einmal das ganze Kirchenrecht fassenden Kommentar« (BUISSON) zu den →Decretales Gregorii IX. suchte er auch »dem kirchl. Rechtsleben brauchbare Antworten auf jurist. Fragen« (NÖRR) zu geben. Außerdem kommentierte er den →Liber Sextus, die →Clementinae und verfaßte zahlreiche weitere kanonist. (z. B. den Anfang eines Komm. zum →Decretum Gratiani, Consilia, Quaestiones), legist. und kirchenpolit. Schr. H. Zapp

Ed.: Comm. in (Lect. super) quinque libros Decretalium, 1476 u. ö. [oft separat gedr., z. B. 'Super II d.', 'Super IV et V d.'; vgl. krit. K. PENNINGTON] - Super VI Decr., 1479 - Gl. Clementinae, 1474 u. ö. - Consilia, 1474 u. ö. - vgl. weiter SCHULTE; L. HAIN, Rep. bibliographicum, 1826-38, 12308-12371 - *Lit.:* SCHULTE II, 312f. - DDC VI, 1195-1215 - CH. LEFEBVRE, L'Enseignement de N. d. T. et l'autorité pontificale, Ephemerides iur. can. 14, 1958, 312-339 - K. W. NÖRR, Kirche und Konzil bei N. d. T., 1964 - A. J. BLACK, Panormitanus on the Decretum, Traditio 26, 1970, 440-444 - E. F. JACOB, Panormitanus and the Council of Basel, MIC, C 4, 1971, 205-215 - L. BUISSON, Potestas und Caritas, 1982², passim - K. PENNINGTON, Panormitanus's Lectura on the Decretals of Gregory IX (Fälschungen im MA, II, 1988), 363-373.

14. N. de Ultricuria →Nikolaus v. Autrecourt (13. N.)

Nicole Bozon (Bouzon, Boujon) OFM, Prediger, Ende 13./Anfang 14. Jh. im Konvent v. Nottingham, stammte vielleicht aus dem in Norfolk bezeugten vornehmen Geschlecht der B., hat wahrscheinl. in Oxford studiert. Engl. Muttersprache, schreibt er ein bisweilen schwer verständliches, stark anglo-norm. gefärbtes Französisch. Sein umfangreiches Werk umfaßt Vers- und Prosa-Texte, allesamt mit moral.-didakt. Grundton, die sich wohl an ein gebildetes (adliges) Laienpublikum richten. Erhalten sind allegor. Gedichte, sozialkrit. Satiren (»Plainte d'Amour«), Mariendichtung, elf Hl. nviten, Verspredigten sowie die »Proverbes de bon enseignement«, eine Slg. von Vierzeilern, die lat. Sprichwörter glossiert. V. a. bekannt sind die »Contes moralisés« (Titel modern), eine heterogene →Exempel-Slg., die v. a. auf Beispiele aus dem Tierreich (→Bestiarien, 'moralisierte' Passagen aus →Bartholomaeus Anglicus), aber auch aus Folklore, →Fabliau und einigen wenigen Fabeln zurückgreift. R. Trachsler

Ed.: A. KLENKE, Three Saints' Lives by B., 1947 - DIES., Seven more Poems, by B., 1951 - B. J. LEVY, Nine Verse Sermons by B., 1981 - L. T. SMITH-P. MEYER, Les Contes moralisés de B., 1889 [Neudr. 1968] - A. D. THORN, Les Proverbes de bon enseignement de B., 1921 - J. VISING, Deux poèmes de B.: le char d'orgueil; la lettre de l'empereur Orgueil, 1919 [Neudr. 1974] - DERS., La plainte d'amour, Göteborgs Högsk. Årsskrift 11, 1905; 13, 1907 - *Lit.:* A. KLENKE, 'B.', MLN 69, 1954, 256-260.

Nicomachus Flavianus. 1. N. F. Virius →Flavianus.

2. N. F., Sohn von 1., ∞ mit der Tochter des Rhetors →Symmachus, der an ihn epist. 6, 1-81 richtete. Neben anderen Ämtern hatte er die stadtröm. Präfektur inne. Nach dem Tod seines Vaters trat er zum Christentum über. Seine lit. Interessen bezeugen subscriptiones zur ersten Dekade des Livius. J. Gruber

Lit.: KL. PAULY II, 568 - PLRE I, 345-347 - RE VI, 2511-2513.

Nið, im Anord. Bezeichnung für die Schmähung und Verhöhnung eines Gegners, v. a. durch Gebärden, (Schand-)Bilder oder Schmähworte. Literarisch bedeutsam und gefürchtet war die von den →Skalden gepflegte *Niðdichtung* (in Stabreimformeln oder in Strophenform: *Niðvísur*), die namentl. in den →Sagas überliefert ist. →Schmähdichtung, anord.

Lit.: R. SIMEK-H. PÁLSSON, Lex. der anord. Lit., 1987, 255 - →Schmähdichtung.

Nidarholm (Holm), Kl. in →Norwegen, außerhalb von →Drontheim (Nidaros) gelegen, gehört neben den Benediktinerkl. →Munkeliv (Bergen), →Selja und Gimsoy zur ersten Welle der Kl. gründungen in Norwegen. N. wurde um 1105 vom Lendermann (→Lendermenn) Sigurd Ullstreng, Stallare ('Marschall') des Kg. s Eysteinn Magnusson (1103-1122/23), gegr. und dem hl. Laurentius geweiht. Es nahm als einziges norw. Kl. die cluniazens. Gewohnheiten an (→Cluny, Cluniazenser, VII). Dem Kl. siegel nach zu urteilen, war N. als Bauwerk der Jerusalemer Grabeskirche nachgebildet. Wie die übrigen frühen norw. Benediktinerkl. war auch N. eng an den Bf. (hier Ebf.) als seinen 'ordinarius' gebunden. Streitigkeiten zw. Ebf. und Konvent wurden u. a. vom päpstl. Legaten Wilhelm v. Sabina (1247 in Norwegen) geschlichtet. Die Äbte v. N. nahmen als Vertreter der Geistlichkeit an zahlreichen Reichstreffen teil. 1497 wurde das Kl. Selja den Äbten v. N. unterstellt. H. Ehrhardt

Lit.: KL I, 454 - Nordisk kultur XXIII, hg. V. LORENZEN, 1933, 206 - O. KOLSRUD, Noregs kyrkesoga, 1958, 183f. - C. F. WILSLOFF, Norsk Kirkehistorie I, 1966, 130 - P. SVEAAS-ANDERSEN, Samlingen av Norge og kristningen av landet 800-1130, 1977, 314, 330.

Nidaros → Drontheim

Nider (Nyder), **Johannes** OP, um 1380-1438, nach Studium in Köln und Wien (Promotion 1426) führende Gestalt in der Reform des Dominikanerordens und der Kirche, bedeutende Rolle beim Konzil v. →Basel (Eröffnungspredigt 1431). Die Konzilstätigkeit fand Niederschlag in Briefen und in der Schr. »Contra heresim Hussitarum«; von der Anteilnahme an monast. und nichtmonast. Lebensformen zeugen neben lat. und dt. Briefen und Predigten der »Tractatus de reformatione status Coenobitici« sowie die Abh. »De saecularium religionibus« und »De paupertate perfecta saecularium«. Breite Kreise erreichten N. s Handbücher für die prakt. Seelsorge (u. a. »Manuale confessorum«, »Præceptorium divinæ legis«) und seine gesellschaftskrit. Traktate, unter denen der »Formicarius« mit seiner modellhaften Darstellung des Ameisenstaates (nach dem »Apiarius« des →Thomas v. Cantimpré) hervorragt. Unter dem Titel »Die 24 goldenen Harfen« bearbeitete N. die Collationes patrum →Cassians für ein volkssprachiges Publikum. B. Wagner

Lit.: TH. KAEPPELI, Scriptores OP Medii Aevi, II, 1975, 500-515 - Verf.-Lex.² VI, 971-977 [mit zusätzl. Hss.].

Niðristigningar saga, im 13. Jh., wohl in Norwegen, entstandene Schilderung der Höllenfahrt Christi, volkssprachl. Übersetzung des zweiten Teils des apokryphen →Nikodemusevangeliums (s. a. →Apokryphen, A. I), mit Einsprengseln aus Hiob und der Apokalypse. - S. a. →Descensus Christi ad inferos [6].

Lit.: R. SIMEK-H. PÁLSSON, Lex. der anord. Lit., 256 [Hss., Ed., Lit.].

Niebla (Elepla), Stadt in Südspanien (Andalusien, Prov. Huelva), schon in der röm. »Baetica von einiger Bedeutung, nach der muslim. Eroberung Ansiedlung von arab. und syr. Bevölkerungsgruppen, unter dem Kalifat v. →Córdoba, Vorort eines Verwaltungsbezirks (*alfoz* oder *cora*), 1031-53 Sitz eines selbständigen Taifenreiches

(→*mulūk-aṭ-ṭawā'if*), das schließlich im Reich v. →Sevilla aufging. Nach dem Ende der Macht der →Almohaden in Andalusien erneut selbständig. Muḥammed ibn Naṣr ibn Māḥfuz herrschte dort seit 1234 - nach 1249 in Lehnsabhängigkeit v. →Kastilien -, wodurch ptg. Eroberungsabsichten abgeblockt wurden. →Alfons X. eroberte N. 1262 (→Reconquista), verlieh ihm den →Fuero v. Sevilla und erhob es zur Hauptstadt eines Gebietes von 3000 km² mit einem Kranz von Weilern (*aldeas*), die seit der Vertreibung der Muslime fast entvölkert waren. Die Wiederbesiedlung (→Repoblación) erwies sich als schwierig, so daß die Kg.e die Herrschaft über verschiedene Dörfer in der Umgebung N.s an Adlige vergaben, wodurch die polit. Selbständigkeit N.s geschwächt wurde. 1368 wurde N. als Gft. den →Guzmán, Herren v. Sanlúcar de Barrameda, seit 1445 Hzg.e v. →Medina Sidonia, verliehen. Die bis 1834 bestehende Herrschaftsordnung begünstigte die demograph. und wirtschaftl. Entwicklung der Weiler von N. und der angrenzenden Herrschaften Almonte und Huelva (1492 mit ca. 10000 Einwohnern) und förderte Fischerei und Seehandel. M. A. Ladero Quesada

Lit.: M. A. LADERO QUESADA, N., de reino a condado, 1992.

Niederaltaich, Kl. (Landkrs. Deggendorf, Niederbayern), an den Altwassern der Donau gegenüber der ehem. Pfalz Osterhofen gelegen, vom Bayernhzg. →Odilo wohl 741 gegr. (kaum 731), unterstützt von Bf. →Heddo v. Straßburg und wohl auch von Hausmeier Pippin. Die 12 Mönche und der erste Abt Eberswind kamen aus dem Kl. →Reichenau. Eine Schreibschule wird nur in Spuren erkennbar; ob sie schon in den ersten Jahren N.s die →Lex Baiuvariorum niederschreiben konnte, ist zweifelhaft. V. a. die letzten Agilolfingerhzg.e Odilo und Tassilo III., aber auch adlige Grundherren statteten das Kl. reich mit Besitz aus (kurz nach 788 in einer Güter- und Schenkerliste des Abtes Urolf verzeichnet). Nach dem Sturz der →Agilolfinger 788 wurde N. Königskl., von Karl d. Gr. nach den Avarenkriegen v. a. in der Wachau beschenkt und offensichtl. zur Mission des O mitherangezogen. Der sechste Abt →Gozbald wurde Kanzler Kg. Ludwigs d. Dt. und Bf. v. Würzburg. Im 10. Jh. scheint N. Eigenkl. der Hzg.sippe der →Luitpoldinger gewesen zu sein. Hzg. Heinrich d. Zänker übergab es Ebf. Friedrich v. Salzburg, der N. in ein Kanonikerstift umwandelte. Friedrich schickte den Leiter seiner Domschule, →Kunibert, zur Neugründung der Kl.schule nach N., aus der →Godehard hervorging, der 996 Abt wurde. Er trennte Mönche und Chorherren, die nach Hengersberg umgesiedelt wurden. In der Schule Godehards wuchs eine Mönchsgeneration heran, aus der eine Anzahl von Mönchen als Reformäbte in andere Kl. gerufen wurden. Durch den N.er Mönch Richer wurde seit 1038 auch →Montecassino reformiert. Godehards Schüler →Gunther drang als Eremit in den Bayer. Wald vor. Das 1033 durch Brand zerstörte Kl. konnte erst durch einen Neffen Godehards wieder aufgebaut werden. Im frühen 11. Jh. blühte in N. die Buchmalerei, nach 1050 entstanden die →Annales Altahenses. 1152 wurde N. von Friedrich Barbarossa Bf. →Eberhard II. v. Bamberg geschenkt, es verlor die Reichsunmittelbarkeit und unterstand bis 1803 dem Bm. Bamberg. Das Kl. kam in der Folgezeit durch Fehden, bes. aber durch seine Vögte, die Gf.en v. →Bogen, in Bedrängnis. Seit 1228 übten die bayer. Hgz.e die Vogtei aus. Abt →Hermann (1242-73), Gesch.sschreiber, Organisator, Wirtschafter und Bauherr, leitete eine neue Blütezeit ein. Seine Nachfolger konnten die großzügige Rodungs- und Kultivierungstätigkeit im Bayer. Wald wieder aufnehmen und durchsetzen. Auch der wichtige niederösterr. Besitz um die Pfarrei Spitz und im Tullner Becken konnte gehalten werden. Im 15. Jh. wirkten N.er Äbte als Kl.visitatoren zur Durchführung monast. Reform. Um 1500 schrieb der N.er Mönch und Humanist Georg Hauer eine Gesch. der bayer. Hzg.e. W. Störmer

Lit.: LThK² VII, 950f. - H. WALTZER, Georg Hauer v. N., AZ NF 10, 1902, 184-310 - S. HERZBERG-FRÄNKEL, Wirtschaftsgesch. des Stiftes N., MIÖG Ergbd. 10, 1928, 81-235 - J. KLOSE, Das Urkk.wesen Abt Hermanns v. N. (1242-73), seine Kanzlei und Schreibschule, 1967 - W. STELZER, N.er Prokuratorien, MIÖG 77, 1969, 291-313 - Germania Benedictina I, 1970, 188-197 - G. STADTMÜLLER–B. PFISTER, Gesch. der Abtei N. 741-1971, 1971 - M. MÜLLER, Die Annalen und Chroniken im Hzm. Bayern 1250-1314, 1983.

Niederburgund → Burgund, Kgr.

Niederdeutsche Literatur (Mittelniederdeutsche Literatur).

I. Allgemeine Charakteristik – II. Weltliche Literatur – III. Geistliche Literatur.

I. ALLGEMEINE CHARAKTERISTIK: Ansätze zur Entwicklung einer Lit. in mnd. Sprache (→Deutsche Sprache, IV. 2) zeigen sich erst zu Anfang des 13. Jh., als die mhd. Lit. (→Deutsche Lit., III) längst in Blüte stand. Die Gründe für diese Verspätung sind sprachsoziolog. Natur: Die seit dem 12. Jh. etablierte mhd. Dichtersprache (v.a. deren md. Variante) galt auch bei den Dichtern Norddtl.s als einzig angemessenes Sprachmedium für hdf. Dichtung. Ansatzpunkte für die Entwicklung einer Lit. in mnd. Schreibsprache boten sich daher nur in bestimmten von mhd. schreibsprachl. Traditionen unbesetzten themat. und sozialen Randbereichen: zum einen bei der weltl. Fachprosa (v.a. jurist. und historiograph. Art), zum anderen beim religiös-seelsorger. Gebrauchsschrifttum. Von da aus drang die mnd. Lit. allmähl. auch in zahlreiche andere themat.-inhaltl. Bereiche vor, soweit diese für ein stadtbürgerl. Publikum von Belang waren. Dabei blieb die mnd. Lit. immer stark von mhd.-frühneuhd., z.T. auch von mnld. Texten (→Mittelniederländ. Lit.) abhängig; umgekehrt strahlten nur wenige mnd. Texte ins hd. bzw. nld. Gebiet hinein aus.

II. WELTLICHE LITERATUR: [1] *Weltliche Erzählliteratur:* Sie ist in geringer Zahl seit dem 14. Jh. belegt; meist handelt es sich um Bearbeitungen hd., seltener ndl. Originale. Versepik germ.-dt. Stoffherkunft fehlt fast ganz; erhalten sind nur eine fragmentar. →»Rosengarten«-Version und die Ballade »Ermenrikes Dot« (→»Ermenrichs Tod«). Epik frz. Stoffherkunft ist besser bezeugt: Noch aus dem 13. Jh. stammen Bruchstücke eines Artusromans (sog. »Loccumer Artusroman«) und einer Prosabearbeitung der →Chanson de geste →»Girart de Roussillon«; vollständige Versromane liegen erst ab ca. 1400 vor (»Flos und Blankflos«, →Florisdichtung, B. II, 1c; »Valentin und Namelos«; »Der verlorene Sohn«; ebenso novellist. Kleinepik: »Der Dieb von Brügge« u.a.). In der Frühdruckzeit treten Prosaromane frz. und antiker Stoffwelt (»Paris und Vienna«; →»Melusine«; →»Alexander«, »Troja«, →Trojadichtung u.a.) sowie Schwank- und Narrenbücher (→»Salomon und Marcolf«; »Bruder Rausch«; »Dat Narrenschyp«, →Brant) hinzu; der mnd. »Ur-Ulenspiegel« (→Eulenspiegel) ist verloren.

[2] *Didaktisch-satirische Literatur:* Sie setzt ein in Gestalt von Fabeldichtung (→Fabel, III) und Tierepik mit dem sog. »Wolfenbüttler Aesop« Gerhards v. Minden (um 1370); es folgen um 1405/10 der anonyme »Magdeburger Aesop« sowie als Höhepunkt dieser Lit.gattung 1498 der nach mnld. Vorlage entstandene Lübecker »Reynke de Vos« (→Renart). - Versdichtung zur Sitten- und Standes-

lehre beginnt mit Stephans v. Dorpat »Schachbuch« (→Schach) und »Cato« (um 1360) und reicht über anonyme →»Facetus«- und »Cornutus«-Bearbeitungen bis zu Hermen →Botes »Boek van veleme rade« und »Koker« (Ende 15. Jh.). Themat. speziellere Lehrdichtung ist kaum vorhanden; nennenswert ist nur die Minneallegorie »Des Kranichhalses neun Grade« (Anfang 15. Jh.).

[3] *Schauspiele* nicht-religiösen Inhalts (Fastnachtsspiele) sind seit dem frühen 15. Jh. durch Aufführungsnachrichten bezeugt, die Texte jedoch sämtl. verloren.

[4] *Weltliche Lyrik*, insbes. Liebeslyrik, ist nur spärl. vorhanden (»Rostocker Liederbuch« um 1465; →Liederbücher, 2); →Minnesang höf. Prägung fehlt aus sprachsoziolog. Gründen völlig. Die bedeutendste Gruppe mnd. Lyrik stellen die hist.-polit. Ereignislieder (überwiegend aus dem 15. Jh.) dar, in denen es meist um gewalttätige Auseinandersetzungen zw. Adel und Stadtbürgern geht (→Hist. Lied).

[5] *Chronistik:* Der themat. und quantitative Schwerpunkt der weltl. mnd. Lit. liegt im Bereich der sog. Fachprosa, hier insbes. auf historiograph. und jurist. Texten. In der Geschichtsschreibung stehen schon seit dem 13. Jh. lokal-, regional- und universalhist. Texte nebeneinander, prototypisch vertreten durch die »Gandersheimer Reimchronik« Eberhards von 1216 (→Gandersheim) einerseits und die um 1250 wohl von Magdeburger Franziskanern verfaßte →»Sächsische Weltchronik« andererseits. Weitere bedeutende →Weltchroniken stammen von Johann Stawech (um 1420), Dietrich →Engelhus (1424), Hermann Korner (1431), Cord und Hermen→Bote (1492ff.). Nennenswerte regionale →Reimchroniken (sämtl. nach 1400) sind die »Holstein. Reimchronik«, die →»Livländ. Reimchronik«, die →»Lipp. Reimchronik«, die »Dän. Reimchronik« Bruder Nigels, die »Reimchronik auf die Soester Fehde; bedeutende Beispiele der um 1350 einsetzenden städt. Geschichtsschreibung (meist in Prosa) sind die »Bremer Chronik« von Gerd →Rinesberch und Herbort Schene und die Lübecker Chronik →Detmars (s. a. →Städtechronik).

[6] *Juristische Fachliteratur:* Sie setzt um 1225 ein mit dem →»Sachsenspiegel« →Eikes v. Repgow. Das Werk war die wichtigste Keimzelle für die Entwicklung der mnd. Lit. und zugleich ihr insgesamt wirkmächtigstes Werk. Bedeutende Erweiterungen waren der »Richtsteig Landrechts« Johanns v. →Buch und der »Richtsteig Lehnrechts« Gerkes v. Kerkow (vor 1335 bzw. nach 1340). Die Entwicklung mnd. →Stadtrechte setzt ein mit dem Braunschweiger »Ius Ottonianum« (→Braunschweig) von 1260; zu weiträumig ausstrahlenden Textfamilien entwickelten sich v. a. die→Stadtrechte von Lübeck (→Lübisches Recht), Magdeburg (→Magdeburger Recht) und →Soest; dem Hamburger Recht (»Ordelsboek« Jordans v. Boitzenburg) blieb Fernwirkung versagt. Von Bedeutung waren ferner die Femerechtsbücher (→Feme, II); spät und nur sporadisch wurden →Seerechte und →Bergrechte aufgezeichnet.

[7] *Medizinische und naturwissenschaftliche Fachliteratur:* Fachtexte aus den Bereichen der Medizin, Diätetik, Astrologie und Prognostik sind seit dem frühen 14. Jh. zunächst als Versdichtungen, dann auch als Prosatexte vorhanden. Lit. Rang haben nur der für den minderjährigen Kg. v. Schweden, →Magnus Eriksson, geschriebene »Spiegel der Natur« Eberhards v. Wampen und das anonyme »Gereimte Planetenbuch« (beide frühes 14. Jh.). Kulturgeschichtl. aufschlußreich sind daneben noch die umfangreicheren med. Rezeptslg.en vom Typ der »Düdeschen Arstedie«.

[8] *Sonstige Fachprosa:* Die Lebenswelt hans. Fernkaufleute (→Hanse) spiegelt sich in Geschäftsaufzeichnungen wie dem »Handlungsbuch« des Hamburger Ratsherrn Vicko v. Geldersen († 1391) und in Lehrschriften über die eth. Grundlagen kaufmänn. Tuns wie z. B. dem Traktat »Kopenschop to vören« (um 1450). Kaum etwas erhalten ist von den für den Kaufmannsnachwuchs zweifellos benutzten Lehrschriften für Lesen und Schreiben, Rechnen und Buchführung. Besser vertreten sind lat.-mnd. Glossare und Vokabulare, bestimmt z. T. wohl für →Stadtschreiber und Kanzlisten (→Kanzlei), größtenteils aber für Gelehrte. – Nautische (→Navigation) und erdkundl. Fachtexte, die man in den Hansestädten erwarten würde, sind nur spät (2. Hälfte 15. Jh.) und spärlich überliefert ('Seebuch'). Erdkundl.-völkerkundl. Informationen lieferten Übers.en der Reiseberichte Marco →Polos, →Mandevilles und Ludolfs v. Sudheim (alle 15. Jh.).

III. GEISTLICHE LITERATUR: [1] *Erzählende Dichtungen:* Die älteste Textgruppe bilden erzählende Dichtungen zur Vermittlung von Glaubenswissen wie die anonyme »Reim-Apokalypse« nebst dem zugehörigen Dichtungszyklus über die Letzten Dinge und dem »Apostelleben« (Anfang 13. Jh.), ferner die »Reimbibel« →Könemanns v. Jerxheim (um 1270); ins 14. Jh. gehören eine Reihe Dichtungen über Leben, Leiden, Sterben und Auferstehung Christi (»Van der bort Christi«, »Van deme holte des hl. cruces«, »Königsberger Marienklage« u. a.), mehrere Reimbearbeitungen des →»Speculum humanae salvationis« sowie gereimte Marienleben. →Bibelübers.en beginnen im 13. Jh. mit den »Himmelgartner Diatessaron«-Fragmenten; seit dem 15. Jh. mehren sich Historienbibeln und Teilübers.en von AT und NT (Psalmen, Evangelien einschließl. →Apokryphen wie »Ev. Nicodemi«). – Gereimte Legendendichtung beginnt bald nach 1200 mit »Zeno und die Hl. Drei Könige«, dem sich Reimlegenden über den hl. →Brendan, →Elisabeth v. Thüringen u. a. anschließen. Seit dem 14. Jh. treten Prosalegenden (meist in umfangreichen Sammlungen vom Typ der→»Legenda aurea«) hinzu.

[2] *Geistliche Spiele:* Texte geistl. Spiele zur dramat. Vergegenwärtigung wichtiger Stationen der Heilsgeschichte sind seit der Mitte des 13. Jh. bekannt (ältestes Zeugnis: das fragmentar. »Himmelgartner Passionsspiel«); vollständige Texte (stets in Reimversen) haben sich erst aus dem 15. Jh. erhalten (»Osnabrücker Passions- und Osterspiel«, »Redentiner Osterspiel«, »Bordesholmer Marienklage«, »Theophilusspiel« (→Theophilus), »Der Sündenfall« von Arnold Immessen). – S. a. →Drama, IV.

[3] *Erbauliche Literatur:* Aus der Menge der katechet. und erbaul. Lit. ragen qualitativ nur wenige Werke hervor: neben Reimdichtungen wie »Des Engels und Jesu Unterweisungen« (um 1400) und dem »Sündenspiegel« Joseps (frühes 15. Jh.) v. a. die Prosawerke »Großer und Kleiner →Seelentrost« (vor 1400), »Laienregel« des Dietrich→Engelhus (um 1430) und der Lübecker »Spiegel der Leyen« (1496). – Innerhalb der im 13. Jh. fragmentar. einsetzenden mnd. Predigtlit. sind die Texte Dietrich Vryes und Johannes →Veghes hervorzuheben (2. Hälfte 15. Jh.).

Neben dem für Laien bestimmten katechet. und erbaul. Schrifttum steht eine große Fülle von Texten, die Wegweisung zur intensiven Gotteserfahrung für geistl. Personen (meist Nonnen oder →Beginen) geben wollen. Die meisten dieser Texte, in deren Zentrum die liebende Begegnung der Seele mit Christus (bes. mit dem leidenden Christus) steht, sind im Rahmen der von den Niederlanden ausgegangenen Bewegung der →Devotio moderna entstanden. Größere Texte weisen meist Prosa-, kleinere oft Versform auf; allegor. Darstellungsweise ist beliebt. Als Textbeispiele für erstere Gruppe seien genannt »Sunte Brigitten openbaringe« sowie »Weingarten der Seele« und »Geistl. Jagd« von Pseudo-Veghe (sämtl. Prosa); Großdichtungen wie das rd. 8300 vv. umfassende »Paradies des Klausners Johannes«, eine Kette von Reimgebeten als Anleitung zum rechten geistl. Leben für eine Nonne, sind selten. Beispiele für verslich gestaltete Kurztexte an der Grenze zur geistl. Lyrik sind »Jesu Gespräch mit der minnenden Seele«, »Das Beginchen von Paris« oder das »Geistl. Mühlenlied«.

[4] *Geistliche Lyrik:* Der Kernbereich der geistl. Lyrik wird einerseits von den im 14. Jh. einsetzenden, v.a. bei Zisterziensernonnen beliebten Weihnachts- und Osterliedern, andererseits von Jesushymnik und Marienlyrik gebildet, die z.T. (wie in Hermann Kremmelings »Marien Rosenkranz«) sehr umfangreiche Großformen erreichen.

Eine im 15. Jh. wuchernde, gleichermaßen an Geistliche wie Laien gerichtete Textgruppe stellen die Texte über die Letzten Dinge (Tod, Gericht, Fegefeuer, Himmel und Hölle) dar. Neben den aus dem Lat. übersetzten »Vier utersẗen« Gerhards v. Vliederhoven sind als bes. wirkmächtige Texte dieser Art zu nennen: »Die Begegnung der drei Lebenden mit den drei Toten«, »Arnt Buschmanns Mirakel«, »Das Zwiegespräch zwischen Leben und Tod« sowie insbes. die →»Totentanz«-Gruppe. H. Beckers

Lit.: H. BECKERS, Mnd. Lit. Versuch einer Bestandsaufnahme [I–III], Nd. Wort 17, 1977, 151–173; 18, 1978, 1–47; 19, 1979, 1–28 – DERS., Zum Wandel der Erscheinungsformen der dt. Schreib- und Lit. sprache Norddtl. s im ausgehenden Hoch- und beginnenden SpätMA, ebd. 22, 1982, 1–39 – G. CORDES, Mnd. Dichtung und Gebrauchslit. (Hb. zur nd. Sprach- und Lit.wiss., hg. G. CORDES–D. MÖHN, 1983), 351–390 – R. SCHMIDT-WIEGAND, Prolegomena zu einer Texttypologie des Mnd. (Fschr. H.-F. ROSENFELD, 1989), 261–283.

Niederdeutsche Sprache → Deutsche Sprache, IV

Niedere Vereinigung (4. April 1474), geschlossen von den Städten Straßburg, Basel, Colmar und Schlettstadt, den Bf.en v. Basel und Straßburg sowie Hzg. Siegmund v. Österreich; 1479 traten noch Kaysersberg, Oberehnheim, Münster, Türkheim, Rosheim und das württ. Mömpelgard (Montbéliard) bei. Das Bündnis, von den →Eidgenossen im Gegensatz zu ihrem Bund der oberen Lande N.V. gen., war ein reines Defensivbündnis gegen die Expansionspolitik →Karls d. Kühnen und die Herrschaft seines Landvogtes Peter v. →Hagenbach, aber auch mit dem Ziel der Rücklösung der von Hzg. Siegmund an Burgund verpfändeten österr. oberrhein. Lande; der Gegner Burgund wird im Bündnis nicht gen. Nach Abwehr der burg. Gefahr erlahmte das Bündnis, lebte zu Beginn der 90er Jahre wieder auf, als Ks. Maximilian I. versuchte, Straßburg und Basel für den →Schwäb. Bund zu gewinnen. 1495 schloß die N.V. mit den Eidgenossen ein 15jähriges Freundschafts- und Handelsbündnis. Am 12. Aug. 1493 trat Maximilian I. der N.V. bei, die sich zu Beginn des 16. Jh. langsam auflöste. P.-J. Schuler

Lit.: A.W. MATZINGER, Zur Gesch. der N.V. (Schweiz. Stud. zur Gesch.swiss. 2, 1910) – L. SITTLER, La décapole alsacienne, 1955 – H. BRAUER-GRAMM, Der Landvogt Peter v. Hagenbach, 1957.

Niedergerichtsbarkeit → Gericht, Gerichtsbarkeit

Niederlage, Niederlagsrecht, -zwang → Stapel

Niederlande, übergreifende Bezeichnung für die Landschaften zw. Somme und Ems (die heut. Staatsbezeichnung 'Niederlande' umfaßt nur den nördl., im 16. Jh. konfessionell und polit. selbständig gewordenen Bereich).

Der Begriff der N. ist in ma. hist. Quellen unbekannt. Die Region zw. Somme und Ems, mit den großen Stromläufen der →Schelde, →Maas und des (Nieder-)→Rheins als Epizentren hatte im MA noch keine starke, sich in gemeinsamer Namensgebung ausdrückende kulturelle Identität gefunden. Erst seit ca. 1540 wird die hier gesprochene und geschriebene Sprache (→Mittelniederländ. Sprache, →Mittelniederländ. Lit.) deutlicher als Einheit empfunden und mit den übergreifenden Bezeichnungen 'Nederduytsch' und 'Nederlantsche tale' belegt; die Sprachbezeichnungen der älteren Zeit bezogen sich dagegen auf die Mundarten der einzelnen Fsm.er (z.B. 'Vlaems', 'Flämisch'; 'Brabantsch', →Brabantisch) oder aber auf die Zugehörigkeit zur übergeordneten Sprachgruppe des Dt. ('Duytsch', 'Dietsch'). Das von der burg. Staatsgewalt 1477 für die Gesamtheit der niederländ. Territorien erlassene 'Große Privileg' hatte aufgrund der (mehrheitl.) gesprochenen Sprache nach 'Walschen landen' (Wallonie) und 'Duytschen landen' unterschieden. Seit der Mitte des 16. Jh. dringen die Begriffe 'Nederlan(d)t' (im Singular) und 'Nederlande(n)' (im Plural) in den allg. Sprachgebrauch ein, ebenso ihre lat. ('Belgium', 'Belgica') und frz. ('País bas') Entsprechungen. Alle diese Namen bezeichnen nun die Gesamtheit der habsburg. Besitzungen der N. Die territoriale Vereinigung eines Großteils der späteren N. unter den Hzg.en v. →Burgund (seit ca. 1430) hatte dagegen noch keinen festen und übergreifenden Landesnamen entstehen lassen; die Bezeichnung 'pays de par decà', 'landen van herwaerts over' wurde zunächst auf denjenigen Teil der burg. Länder angewandt, in denen der Hzg. residierte (→Residenz), fixierte sich aber (mit steigender polit. und wirtschaftl. Bedeutung der neuen nördl. Besitzungen) bald auf die niederländ. Gebiete (demgegenüber haftete an den alten Stammlanden des Hauses, Hzm. und Gft. Burgund, die Bezeichnung 'pays de par delà'). Erst in den Jahren 1523–43 wurden das Fsbm. →Utrecht und die nö. Gebiete (→Groningen, Hzm. →Geldern) den Staaten der Habsburger einverleibt; die polit. Realität fand rasch ihren Ausdruck in einer neuen Terminologie. Dagegen war das Eigenbewußtsein im SpätMA im wesentl. noch auf das jeweilige Fsm. orientiert gewesen und hatte in dessen sprachl. Eigenart und dem Schatz an Privilegien (z.B. →Joyeuse Entrée des Hzm.s →Brabant) seinen Ausdruck gefunden. Noch im 16. Jh. hießen die gesamten N. in Spanien und Italien 'Flandes' bzw. 'Fiandra' (die Bewohner 'Fiamminghi'), nach der von altersher dominierenden Gft. →Flandern, stellvertretend für die gesamte Region, der noch kein eigener Name beigelegt wurde.
W.P. Blockmans

Lit.: H. DE SCHEPPER, Belgium Nostrum, 1987.

Niederländisch → Mittelniederländische Sprache

Niederlausitz → Lausitz

Niederlothringen (Niederlotharingien), Hzm.
I. Allgemeine Fragestellung – II. Im Zeitalter der Ottonen und Salier – III. Der Verfall der Amtsherzogtums im 12. Jahrhundert.
I. ALLGEMEINE FRAGESTELLUNG: Im Gegensatz zu den meisten Hzm.ern (→Herzog) des Reiches der →Ottonen und →Salier des 10. und 11. Jh. (s.a. →Deutschland, B, C) hatte N. weder eine einheitl. ethn. Grundlage noch natürl. hist. Grenzen; der Umfang des Hzm.s war künstlich festgelegt worden und beruhte auf der Grenzen des weiträumigen →Lotharingien von 843 (→Verdun, Vertrag v.), sodann auf der willkürl. Aufgliederung dieses Regnum in zwei Hzm.er. Diese Zweiteilung ist seit einem halben Jahrhundert Gegenstand einer lebhaften Diskussion, sowohl hinsichtl. des Zeitpunktes (959, um 1000, um

1050?) als auch der Grenzziehung (Ebm.er →Köln und →Trier, Tal der Semois oder der Chiers?). Nach traditioneller Sehweise erfolgte die Aufteilung 959, mit Grenzziehung zw. den beiden großen Ebm.ern Köln und Trier. Die Gesch. N.s, als dessen Hzg.e die dt. Kg.e bis 1100 politisch absichtsvoll in der Regel landfremde Persönlichkeiten ernannten, vollzog sich eher auf der Ebene einer funktionalen Institution (»Amtsherzogtum«) als eines Territorialverbandes. Doch unterlag dieser funktionale Charakter im Laufe des zu behandelnden Zeitraums starken Wandlungen.

II. IM ZEITALTER DER OTTONEN UND SALIER: In den Jahren 959 bis 964 erscheint als Hzg. v. N. ein →Gottfried (von ungewisser geograph. Herkunft); er war als Laie vielleicht nur Helfer des Ebf.s →Brun v. Köln, der von 953 bis 965 gemäß dem Willen →Ottos I. die volle Herzogsgewalt im gesamten →Lotharingien ausübte. Von 965 bis 977 blieb das Herzogsamt unbesetzt, ein klarer Hinweis, daß die Politik der Ottonen, die auf Eingliederung N.s in das Reich abzielte, im wesentl. gelungen war. Nach dieser Periode hatten unter →Otto II. und →Otto III. über etwa drei Jahrzehnte (977–1005) zwei westfrk. Karolinger die Herzogswürde inne; diese Maßnahme war stärker von den Belangen otton. 'Westpolitik' als von internen Regierungs- und Verwaltungsbedürfnissen N.s bestimmt. Dies wird auch anhand der nachfolgenden erneuten Vakanz des Herzogsamtes (1005–12) deutlich.

Seit dem Beginn des 11. Jh. waren die Kg.e und Ks. im niederlothr. Raume konfrontiert mit dem Problem der Formierung neuer Territorialfsm.er (→Fürst, -entum), deren Aufstieg sich im wesentl. zw. 1050 und 1200 vollzog. Regionale Dynasten absorbierten oder usurpierten die nachkarol. Gft.en (→Graf, -schaft), dies auch im Kernbereich N.s, in den alten 'pagi' →Brabant und Haspengau (Hesbaye). Angesichts dieses Prozesses, der sich in zahlreichen bewaffneten Konflikten niederschlug und zu anarch. Zuständen führte, reagierte das dt. Kgtm., das seine Westgrenze und den wichtigen Herrschaftsbereich zw. →Schelde und →Rhein zu verteidigen hatte, mit Errichtung eines polit. Systems, das im wesentl. auf drei Faktoren beruhte: 1. Aufbau dreier Mgft.en (→Antwerpen, →Ename und →Valenciennes), die die Grenze gegen →Frankreich sichern sollten; 2. Ausbau der »Reichsbistümer« der Region (Ebm. →Köln, Bm.er →Utrecht, →Lüttich, →Cambrai) zu geistl. Fsm.ern, deren Bf.e faktisch vom Kgtm. ernannt und kontrolliert wurden (→Reichskirchensystem, otton.-sal.); 3. Wiederherstellung des Hzm.s N. durch Heinrich II. (1012). Die Wiedererrichtung des Amtsherzogtums konnte nur durch eine neue Definition seiner Funktionen gelingen: Dem Hzg. oblagen die Repräsentation der kgl. Gewalt in seinem Amtsbezirk und die Aufrechterhaltung der 'pax publica' (s.a. →Landfrieden). Diese Zielsetzung wurde während des gesamten 11. Jh. in insgesamt zufriedenstellender Weise erreicht. Der Erfolg beruhte auf der Auswahl der Inhaber der Herzogsgewalt durch das Kgtm., das durchgängig Mitglieder der Aristokratie einsetzte (v.a. aus dem Grafenhaus v. →Verdun, dem sog. Haus Ardenne), deren Interessen sich nicht mit denen der Territorialherren im Innern N.s deckten und die als (zumeist loyale) kgl. Amtsträger die expandierenden regionalen Gewalten militärisch oder durch ihr Schiedsrichteramt im Zaum zu halten wußten; die Erblichkeit der Herzogswürde wurde (in rechtl. Hinsicht) im Zeitraum zw. 1012 und 1100 vermieden. Bis zum Ende des 11. Jh., auch noch unter →Gottfried v. Bouillon (1087–96), verkörperte die Herzogsgewalt in N. durchaus eine lebendige polit. Realität.

III. DER VERFALL DES AMTSHERZOGTUMS IM 12. JAHRHUNDERT: In der Zeit nach Gottfrieds Tod († 18. Juli 1100 in →Jerusalem) verlor das niederlothr. Herzogsamt rasch seinen realen polit. Inhalt, v.a. infolge der widersprüchl. und verfehlten Herzogseinsetzungen durch das dt. Kgtm. →Heinrich IV. ernannte am 25. Dez. 1101 den Gf.en Heinrich I. v. →Limburg, wohingegen →Heinrich V. (bald nach seiner Erhebung gegen den Vater) am 13. Mai 1106 dem Gf.en Gottfried I. v. Löwen (-Brabant) das Herzogsamt verlieh (→Gottfried VI.). Diese Übertragungen hatten insofern katastrophale Folgen, als sie nicht mehr den über den konkurrierenden Territorialmächten stehenden Belangen des Reiches Rechnung trugen, sondern führenden Fs.en in der Region, die in erster Linie eigene Machtinteressen verfolgten, Zugriff auf die Herzogswürde verschafften; nachdem das Grafenamt schon seit langem erblich geworden war, drohte dies nun auch dem Herzogsamt. Der Konflikt zw. den beiden konkurrierenden Inhabern des Hzm.s führte zu einem Schwund der hzgl. Autorität bei den übrigen Fs.en N.s. Obwohl die theoret. Vorstellung des Herzogsamtes noch einige Jahrzehnte lang weiterlebte (vgl. die auf die Zeit von 1050 bis 1100 gefälschten Herzogsurkk., die um 1125–50 in mehreren Abteien angefertigt wurden), war eine irreversible Entwicklung eingeleitet worden: 1128 setzte →Lothar III. Gottfried I. v. Brabant zugunsten Walrams II. v. Limburg ab. Im Zuge des folgenden Krieges wurde Gottfried I. 1129 bei Wilderen geschlagen, das Hzm. zw. den beiden Konkurrenten geteilt: Der Brabanter sollte von der Schelde bis zur Gete, der Limburger von der Gete bis zum Rhein die Herzogsgewalt ausüben. Diese (ohnehin nur temporäre) Entscheidung war auch insofern unrealistisch, als sie für weite Teile N.s (den Raum zw. Utrecht und Diest im N der Gete, das Quellgebiet des Flusses bis zu den Ardennen) keine Lösung anbot. Die übrigen Territorialfs.en erkannten eine über ihnen stehende hzgl. Autorität Brabants oder Limburgs kaum mehr an; Gf. Balduin V. v. →Hennegau (1171–95), seit 1188 Gf. v. →Namur, seit 1191 Gf. v. →Flandern (→Balduin VIII.), unternahm Anstrengungen zur Bildung einer weiträumigen »Mgft.« (das dem Kg. v. →Frankreich unterstand, Hennegau und Namur (beide zu N.) sowie →Luxemburg (nördl. Teil von Oberlotharingien) umfassen sollte.

Die Agonie des niederlothring. Hzm.s führte nach dem Tode Gottfrieds III. v. Brabant (Aug. 1190) zur Neuregelung (dies zu einem Zeitpunkt, als der Ebf. v. Köln unter Berufung auf die einstigen Rechte Bruns die hzgl. Gewalt in Lotharingien forderte). →Friedrich I. Barbarossa fertigte auf dem Hoftag zu →Schwäbisch Hall am 24. Sept. 1190 gleichsam die Sterbeurkunde N.s aus, als er festsetzte, daß →Heinrich I. v. Löwen nur mehr Hzg. in denjenigen Territorien sein solle, die seiner effektiven fsl. Gewalt unterstanden, d.h. im »Hzm. →Brabant«, während die übrigen Fsm.en N.s von seiner Gewalt ausgenommen sein sollten. Von nun an war die niederlothring. Herzogswürde ein bloßer Titel, der (ohne reale Substanz) als eine Art hist. Archaismus von den Hzg.en v. Brabant (das im Frz. 'duché de Lothier' hieß) noch bis zur burg. Periode geführt wurde.

G. Despy

Q. und Lit.: G. DESPY, La fonction ducale en Basse-Lotharingie jusqu'en 1100, Revue du Nord 48, 1966 – P. BONENFANT, Du duché de Basse-Lotharingie au duché de Brabant, RBPH 46, 1968 – G. DESPY, Les actes des ducs de Basse-Lotharingie au XIe s.; A. LARET-KAYSER, La fonction et les pouvoirs ducaux en Basse-Lotharingie au XIe s.; G. DUPONT, Les domaines des ducs en Basse-Lotharingie au XIe s. (Publ. Sect. hist. Inst. Grand-ducal Luxembourg 95, 1981) – G. DESPY, Godefroid de Bouillon: mythes et réalités, Bull. Cl. Lettres Acad.

Royale de Belgique, 5ᵉ s., 71, 1985 – G. Despy, Typologie der auf die Namen der Hzg. e N.s gefälschten Urkk. (1050–1100) (Fälschungen im MA, IV, 1988; MGH Schr. 33) – M. Werner, Der Hzg. v. Lothringen in sal. Zeit (Die Salier und das Reich, hg. St. Weinfurter, I, 1991) – s.a. Lit. zu →Brabant, →Lotharingien, →Lothringen.

Niello, von mlat. nigellum (Konstantinopel, 811) abgeleitete Bezeichnung für eine Technik der Goldschmiedekunst, bei der dunkelgraue, -braune, -blaue bis tiefschwarze Schwermetallsulfide als Farbkontrast auf Rezipienten aus Gold, Silber, Kupfer, Messing, Bronze u.a. durch Schmelzen aufgebracht werden. Der heutige Begriff ist in Frankreich seit dem 12. Jh. *(noiler),* in Italien seit dem 15. Jh. (1452 *nielare,* 1455 *niello*) nachweisbar, setzt sich in Deutschland jedoch erst unter dem Einfluß Duchesnes (1826) durch, wo die Technik seit dem 11. Jh. als Blackmahl (1055 *plahmâl*) im Sinn von 'schwarze Zeichnung', auch in den auf Mißverständnis beruhenden Schreibweisen 'Blachmal' und 'Blechmal' bezeichnet wurde. Seit dem 19. Jh. ist in Deutschland und der frz. Schweiz für N. auch *Tula* (russ. Herkunftsort derartiger Arbeiten) verbreitet, während die Kunstwiss. auch Reibeabdrucke von gravierten, derart für das Niellieren vorbereiteter Platten als N. bezeichnet.

Die Zusammensetzung der N.masse, die durch Zusammenschmelzen aus Schwefel und Schwermetallen (darunter häufig Silber) gewonnen wird, hat im Laufe der Gesch. (erste nachweisbare N.arbeiten provinzialröm., 1. Jh. n. Chr.) zahlreiche Veränderungen erfahren. Nach Rezeptlit. (zuerst Plinius, Nat. hist. 33, c. 46, § 131) und Analysen lassen sich 72 verschiedene Zusammensetzungen nachweisen. Die gepulverte, aufgeschlämmte, mit Flußmittelzusatz versehene N.masse wird durch Beschichtung, Aufmalen oder Einlaß in Vertiefungen auf den Rezipienten aufgebracht, die durch Gravieren, Ziselieren, Meißeln, Punzieren, Treiben, Belötung mit Stegen und Blechteilen u.a. gewonnen wurden. Dem Auftrag folgt das Einschmelzen, Schleifen und Polieren. Wichtige ma. Q. für die Technik des N. sind die →Mappae clavicula (9./11. Jh.), die syr. Zosimos-Bearb. und der Liber sacerdotum (beide 9./10. Jh.), al Hamdhānī (Persien, 942), →Theophilus presbyter (12. Jh.), →Heraclius III (um 1200), Kashani (Persien, um 1300), J. Alcherius (1411) und eine Rezeptslg. aus Montpellier (1430). J. Wolters

Lit.: M. Rosenberg, N. bis zum Jahre 1000 n. Chr., 1924² – Ders., N. seit dem Jahre 1000 n. Chr., 1925 – S. La Niece, N., The Antiquaries Journal 43, 1983, T. II, 279–297 – W. A. Oddy, M. Bimson, S. La Niece, The Composition of N. Decoration on Gold, Silver and Bronze in Antique and Medieval Periods, Stud. in Conservation 28, 1983, 29–35 – J. Wolters, Gesch. und Technik des N., Alte Uhren und moderne Zeitmessung 10, 1987, H. 5, 9–29; H. 6, 35–41 [Lit.].

Niere, ahd. *nioro,* mhd. *niere,* gr. νεφρός, lat. ren(es), testiculus, lumbus, steht sowohl für das Harnorgan als auch für Hoden, Geschlechtsorgan oder Lende im weiteren Sinn (z. B. →Hildegard). Die in der Lendengegend gelegenen N.n entzünden die Geschlechtslust des Mannes (Isidor, Thomas v. Cantimpré). Die menschl. N.n gleichen denen der Kuh. Zum Schutz vor Auskühlung sind sie mit Fett umgeben, die linke N. mehr als die stets höher gelegene rechte N. (Aristoteles, Thomas v. Cantimpré, Konrad v. Megenberg). Die N.n sind von fleischiger und poröser Substanz (Bartholomaeus Anglicus) und haben die Kraft, den von der Leber zu Harn ausgekochten wäßrigen Bestandteil des Blutes anzuziehen, zu seihen und der Blase zuzuführen. Versagen der Spannkraft hat Harnfluß ('Diabetes') zur Folge (→Isaac Judaeus), Abflußhemmung schädigt die N.nsubstanz und fördert Steinbildung (Haly Abbas, Bartholomaeus Anglicus). H. H. Lauer

Lit.: J. Peine, Die Harnschrift des Isaac Judaeus [Diss. Leipzig 1919] – H. Christoffel, Grundzüge der Uroskopie, Gesnerus 10, 1953, 89–122 – J. Bleker, Die Gesch. der N.nkrankheiten, 1972.

Nießbrauch, in der NZ aufkommende dt. Bezeichnung für den *ususfructus* des röm. Rechts. Im ma. dt. Recht entsprach ihm das →Leibgeding, das u.a. dazu diente, Ehefrauen durch Bestellung eines Witwenguts zu sichern. Aus familienrechtl. Verhältnissen ergaben sich daneben weitere Nutznießungsrechte: des Mannes am Frauengut, des Vaters oder der Witwe am Kindesgut, des Vormunds am Mündelgut. Sie alle wurden seit der Rezeption des röm. Rechts als dt. Varianten des röm. N.s betrachtet und seinen Regeln unterstellt. K. Kroeschell

Lit.: HRG III, 1005–1007 [W. Ogris].

Nieswurz (Helleborus niger L./Ranunculaceae bzw. Veratrum album L./Liliaceae). Die nach ihrer niesenerregenden Wirkung ben. Heil- und Giftpflanzen: die Schwarze N. oder Christrose und die Weiße N. oder Germer (sowie andere Arten) wurden häufig miteinander verwechselt. Das ma. Schrifttum faßt daher *elleborus niger* und *elleborus albus* meist zusammen (Circa instans, ed. Wölfel, 51; Konrad v. Megenberg V, 36; Gart, Kap. 165), wohingegen sie etwa Albertus Magnus (De veget. VI, 333–335) getrennt beschreibt. Wie schon in der Antike, so fanden auch im MA die Wurzelstöcke beider Pflanzen med. vielfältige Anwendung, v. a. als Abführ- bzw. Brechmittel; die *nysewurtz* sollte zudem Gicht und Gelbsucht, *sichterwurtz nigra* bzw. *alba* den Wahnsinn vertreiben (Hildegard v. Bingen, Phys. I, 129, 130 und 152). U. Stoll

Lit.: Marzell II, 796–806; IV, 1015–1023 – HWDA VI, 1083–1085 – F. Wick, Beitr. zur Gesch. von Helleborus und Veratrum [Diss. Basel 1939].

Nieszawa, Statuten v., Privilegien, die der poln. Adel von Kg. →Kasimir IV. vor dem Krieg gegen den Dt. Orden 1454 in N. (bei Thorn) erzwang. Separat für einzelne Prov.en ausgestellt, umfaßten sie das um wenige Monate zuvor erteilte Privileg v. Cerekwica für →Großpolen und die sog. Petita v. Opoki für →Kleinpolen. Im Text für Großpolen und die Landschaft Sieradz verpflichtete sich der Kg. u. a., nur nach Zustimmung der Landschaftsversammlungen *(sejmiki)* neue Gesetze zu erlassen und das Ritterheer (Allg. Aufgebot, *pospolite ruszenie*) einzuberufen. Das Privileg für Kleinpolen festigte die Stellung des Adels, indem es die Leibeigenschaft der Bauern verschärfte, die 1453 erlassenen Judenrechte wieder aufhob, die Zuständigkeit der adligen Landgerichte für die Stadtbürger erklärte, den Landschaften ein Mitwirkungsrecht bei der Wahl der Gerichtsbeamten einräumte und die Salzsteuer abschaffte. 1496 beschwor Kg. →Johann Albrecht einen einheitl., ganz Polen umfassenden Text der Statuten. Die St. v. N. öffneten den Weg zur Bildung des Zweikammersystems und damit zur poln. Adelsdemokratie.
H. Olszewski

Lit.: M. Bobrzyński, O ustawodawstwie nieszawskim Kazimierza Jagiellończyka, 1873 – R. Hube, Statuta nieszawskie (Ders., Pisma II, 1905) – A. Kłodziński, W sprawie przywilejów nieszawskich z r. 1454 (Studia Historyczne ku czci W. Zakrzewskiego, 1908) – S. Roman, Przywileje nieszawskie, 1957.

Nieuwpoort, Stadt in →Flandern (Belgien, Provinz Westflandern), nahe der Mündung des Flusses IJzer, 3 km von der Nordseeküste entfernt. Die Stadt, entstanden auf einer jungen Düne (Sandeshovet, Zandhoofd), wohl am Platz einer kleiner Ansiedlung (Viehzüchter, Fischer), wurde 1163 vom jungen Gf.en v. Flandern, →Philipp v. Elsaß, gegr., der (wohl unter dem Einfluß seines persönl. Ratgebers →Robert v. Aire) den Einw. des 'novus portus' v. 'Sandeshovet' städt. Freiheiten und einen Zolltarif gab.

Im Zuge seiner Stadtgründungspolitik (→Hafen, C) wollte Philipp dem Handel in der Gft. starke Impulse geben; ebenso diente N. als zentraler Punkt eines verzweigten Schleusensystems (→Deich- und Dammbau). Der Charakter einer 'Gründungsstadt' spiegelt sich in der planmäßigen Straßenführung des als 'Dammstadt' erhaltenen N. wider.

Durch langsames, kontinuierl. Bevölkerungswachstum erreichte N. zu Beginn des 14. Jh. eine Einwohnerzahl von ca. 5000. Um 1171 wurde die Liebfrauenkirche errichtet. 1284 wurden im Zuge des Hafenausbaues zwei →Leuchttürme aus Backstein errichtet. Nach einer engl. Plünderung (1383) erfolgte der Bau der befestigten Burg (1385) und der steinernen Stadtmauer (1386-1404), die ein Areal von etwa 40 ha umschloß. Infolge des Bedeutungsrückgangs des Seehandels gegen Ende des 14. Jh. verlagerte sich der Schwerpunkt auf den →Fischfang (Hering). Zugleich war N. eine wichtige Festungsstadt (1600 Schlacht zw. Holländern und Spaniern).

M. Ryckaert

Lit.: A. VERHULST, Initiative comtale et développement économique en Flandre au XIIe s. ... (Misc. J. F. NIERMEYER, 1967), 227-240 – R. DEGRYSE, N. (Belg. steden in reliëf, 1965), 107-138 – R. DEGRYSE, N. tot omstreeks 1302, 1987 – J. TERMOTE u.a., Tussen land en zee. Het duingebied van N. tot De Panne, 1992.

Nifon(t) (Niphon, Nikifor; Taufname Nikita), Mönch des Kiever Höhlenklosters (→Kiev), geweiht 1130 in Kiev zum Bf. v. →Novgorod, inthronisiert am 4. Jan. 1131 in Novgorod, † 21. April 1156 in Kiev. 1146-56 trat N. kompromißlos der unkanon. Einsetzung →Kliments zum Metropoliten v. Kiev entgegen. In Anerkennung seiner Treue zum Patriarchat v. Konstantinopel wurde N. persönlich zum Titular-Ebf. ernannt, doch wohl erst 1156/57. (Ein →Antimision mit der Nennung N.s als Ebf. bereits zu 1148 bietet keinen verläßl. Hinweis auf eine frühere Verleihung des Ebf.-Titels, der im übrigen erst um 1165 zum ständigen Privileg der Bf.e v. Novgorod wurde.) N. beteiligte sich am kirchenrechtl. Kompendium des Kirik. Gemeinsam mit Svjatoslav Olgovič, Fs. v. Novgorod, arbeitete N. eine rechtl. Neuregelung, v. a. in bezug auf kirchl. Gerichtsbarkeit und Umwandlung kirchl. Abgaben, aus. Diese Urk. ist in einer Abschrift des 15. Jh. (mit späteren Interpolationen) erhalten. N. stattete die Novgoroder Sophienkathedrale mit neuen Fresken aus, ließ Steinbauten errichten und in →Miroz (Christi Verklärung) und→Alt-Ladoga (Hl. Klemens) ausschmücken.

A. Poppe

Lit.: L. K. GOETZ, Kirchenrechtl. und kulturgesch. Denkmäler Altrußlands, 1905 [Nachdr. 1963] – G. PODSKALSKY, Christentum und theol. Lit. in der Kiever Rus', 1982 [Ind.].

Niğde, Stadt in der Türkei (Inneranatolien), in strateg. Höhenlage zw. dem Becken von→Kayseri und den Kilik. Toren. N. setzte die Funktion von→Tyana fort, das noch bis zum späten 14. Jh. als Bm. genannt wird. Bei der Aufteilung des Herrschaftsgebiets der →Rum-Selǧuqen durch Qiliç Arslān (1186/87) fiel N. an Arslānšāh. →Ibn Baṭṭūṭa besuchte »Nakdah« 1333/34, als es von →Eretna im Namen des Ġalāyiriden Šayḫ Ḥasan regiert wurde. Nach →Āstarābādī fiel N. 1377/90 erstmalig an die →Karaman-Fs.en. Von ihrer letzten Besetzung, ein Jahr vor dem endgültigen Anschluß an den Osmanen-Staat, kündet ein inschriftl. Steuerbefreiungserlaß (1469/70). Ein Hauptwerk der selǧuq. Architektur N.s ist die Moschee des Statthalters Zayn ad-Dīn Bišāra für Sultan ᶜAlā'ad-Dīn I. Kayḳubād (1223/24). Hinzu kommen ca. 10 spätere vorosman. Sakralbauten wie das Mausoleum der Ḥudāwand Ḫātūn (1312/13), die Moschee von Sunġur Bey (vor 1335) und die Aḳ Medrese des Karamaniden ᶜAlā'ad-Dīn (1409/10).

K. Kreiser

Lit.: EI^1 III, 983f. – A. GABRIEL, Monuments turcs d'Anatolie, I, 1931 – W. HINZ, Steuerinschriften, Belleten 13, 1949, 755-757 – W. PFEIFER, Die Paßlandschaft v. N., 1957.

Nigellus de Longo Campo (v. Longchamps/Normandie oder Whitacre/England, fälschl. N. Wireker), * um 1130, † nach 1200, v. a. als geistreicher Satiriker bekannter Autor anglonorm. Abstammung. Nach Studium in Paris trat N. vor 1170 in das Kl. Christ Church in Canterbury ein. Seinen Ruhm verdankt er dem 1179/80 verfaßten Speculum stultorum, einer Ständesatire in eleg. Distichen, in der er – wie der beigefügte Prosabrief erläutert – mit der Gesch. von den vergebl. Versuchen des Esels Burnellus, einen längeren Schwanz zu bekommen, eine Univ.sausbildung zu erwerben und einen eigenen Orden zu gründen, v. a. das Streben von Geistlichen nach ihnen nicht zustehenden höheren Ämtern karikiert. Fünf eingelegte Fabeln greifen teilw. auf volkstüml. und oriental. Erzählgut zurück. Als Versifikator hagiograph. Stoffe verfaßte N. in Distichen eine Slg. von 17 Marienwundern (vermutl. nach Wilhelm v. Malmesbury), in gereimten Hexametern eine Vita s. Pauli primi eremitae (nach Hieronymus) und eine Passio s. Laurentii (nach Ado v. Vienne). Zu 13 kürzeren Dichtungen, teils über allg. moral. und hagiogr. Themen, teils Gelegenheitsarbeiten (Totenklagen u. ä.), kommt eine versifizierte Bf.sliste von Canterbury (bis 1184) hinzu. Im prosaischen Tractatus contra curiales et officiales clericos von 1193 klagt N. die Verweltlichung des engl. Klerus an und mahnt seinen Freund Wilhelm v. Longchamps, Bf. v. Ely und Kanzler Richards I., die Verbindung von geistl. und weltl. Amt aufzugeben. Die Prosawerke philos., theol. und exeget. Inhalts sind bis auf Glossen zur Historia Scholastica des Petrus Comestor verloren.

B. Pabst

Ed. und Lit.: MANITIUS III, 809-813 – A. BOUTEMY, Une vie inéd. de Paul de Thèbes, par N. de Longchamps, RBPH 10, 1931, 931-963 – J. H. MOZLEY, The Unprinted Poems of Nigel Wireker, Speculum 7, 1932, 398-423 – A. BOUTEMY, N. de Longchamp, dit Wireker, 1959 – L. M. KAISER, A Crit. Ed. of Nigel Wireker's Vita Sancti Pauli Primi Eremitae, Class. Folia 14, 1960, 63-81 – J. H. MOZLEY–R. R. RAYMO, Nigel de Longchamps. Speculum Stultorum, 1960 – J. H. MOZLEY, The Epistola ad Willelmum of Nigel Longchamps, MAe 39, 1970, 13-20 – N. v. LONGCHAMPS, Narrenspiegel, übers. v. K. Langosch, 1982 – J. ZIOLKOWSKI, Nigel of Canterbury. Miracles of the Virgin Mary, in Verse, 1986 [dazu J. B. HALL, StM 29, 1988, 423-443].

Nihilianismus (christolog.). Das bibl.-patrist. Bildwort von der Annahme des Menschen durch den Ewigen Logos in der Inkarnation ('homo assumptus') bereitete der begriffl. Fassung und sprachlog. Aussage in den frühscholast. Schulen Schwierigkeiten: da ist von einem Werden (→Menschwerdung) Gottes die Rede, indes Gott nicht 'Etwas-Anderes' werden kann. Im Anschluß an Abaelard stellte Petrus Lombardus in den Sententiae (l. III d. 6 c. 1-6) auch diese These zur Diskussion: der Gott-Logos habe nicht eine menschl. Substanz angenommen, vielmehr habe er sich in der Inkarnation mit Geist-Seele und Leib vereint und so in die Befindlichkeit des Menschen entäußert ('Habitustheorie', vgl. Phil 2, 7: habitu inventus ut homo). Aus der anhaltenden Diskussion des Problems durch Petrus (vgl. Tract. de incarnatione, ed. Sent. II, 54*-77*), seine Schüler und Kollegen resultierte die These: als Mensch ist Christus nicht ein (hoc) 'aliquid', ein substantielles Etwas geworden. Sie wurde ebenso verteidigt (Petrus v. Poitiers, Odo v. Ourscamp u. a.) wie auch als häret. abgelehnt (→Johannes v. Cornwall). Auf der Synode v. Tours (1163) und in den beiden Briefen Alexanders III. an die Ebf.e v. Sens und Reims (1170, 1177, DENZINGER-SCHÖNMETZER, 749f.) wurde die These auch lehramtl. verurteilt. L. Hödl

Lit.: DThC XII, 2003-2009 - R. STUDENY, John of Cornwall, an Opponent of Nihilanism, 1939 - P. GLORIEUX (Misc. Lombardiana, 1957), 137-147 - L. O. NIELSEN, Theology and Philos. in the Twelfth Century, 1982, 279-361 [Lit.] - H. J. M. SCHOOT, Studi tomistici 44, 1991, 285-295.

Nihil novi ('Nichts Neues'), Konstitution des poln. Reichstags (→*sejm*) zu Radom 1505, in der Kg. →Alexander v. Polen der Landbotenkammer das Recht auf Gesetzgebung zuerkannte (»ut deinceps futuris temporibus perpetuis, nihil novi constitui debeat per Nos et successores Nostros sine communi Consiliariorum et Nuntiorum Terrestrium consensu«). N.n. setzte das Privileg v. Mielnik (1501), das dem Senat das Recht zur Aufkündigung des Gehorsams bei Pflichtverletzung des Monarchen zugestand, außer Kraft. Die Konstitution N.n. legalisierte den sejm als Zweikammerversammlung, die aus drei polit. Ständen - dem Monarchen, den Senatoren und den in die Landbotenkammer gewählten Vertretern des Adels - bestehen sollte, und verlegte den Hauptteil der Beratungen des sejms vom Senat in die Landbotenkammer. N.n. wurde einer der wichtigsten Grundpfeiler der poln. Adelsdemokratie. H. Olszewski

Lit.: M. BOBRZYŃSKI, Sejmy polskie za Olbrachta i Aleksandra, 1876 - F. PAPÉE, Aleksander Jagiellończyk, 1949.

Nihilum album ('weißes Nichts'). Ebenso wie Tutia (Rauch) ist diese ma. Bezeichnung für Zinkoxid aus dem Entstehungs- und auch Herstellungsprozeß durch Sublimation hergeleitet. N.a. gehört zu den Zinkerzen →Cadmia, →Galmei, die für die Messingherstellung benötigt und auch med. (Hautleiden, Augenleiden) genutzt wurden. G. Jüttner

Lit.: →Cadmia, →Galmei.

Nijmegen (Niumaga, Novio [Neo]magus; dt. Nimwegen), Stadt im Niederrheingebiet (Niederlande, Prov. Gelderland).

I. Pfalz und Burg – II. Stadt.

I. PFALZ UND BURG: N. war in röm. Zeit Castrum (im Gebiet der germ. Bataver), dann röm. Zivilstadt (Colonia Ulpia Noviomagus). Seit der Merowingerzeit →Pfalz, von 777 an ein bevorzugter Aufenthaltsort →Karls d. Gr. Die Pfalz entstand am Platz eines spätröm. Castellum, mit kleiner Stephanuskirche, die (wohl schon seit Bf. →Kunibert [ca. 623-ca. 663] im Besitz des Bm.s →Köln) unter Ebf. →Pilgrim (1021-36) mit ihren Zehnten an St. Aposteln zu Köln geschenkt wurde. 777 eine 'villa', 804 ist ein 'palatium' erwähnt. 830-846 ist N. als Befestigung (castrum) gegen die Normannen belegt. N. wurde von den Karolingern (Ludwig d. Fr.), Ottonen und Saliern häufig besucht. Nach der (teilweisen) Zerstörung durch Hzg. →Gottfried III. den Bärtigen v. Oberlothringen (1047) gingen die Herrscheraufenthalte zurück. 1155 ließ →Friedrich Barbarossa die Pfalz aus polit.-ideolog. Gründen wiederaufbauen. 1247 kam die Burg mit ihren Pertinentien als (faktisch niemals eingelöste) Pfandschaft an Gf. Otto II. v. →Geldern, der sie stärker befestigen ließ. Zw. 1372 und 1419 wurde sie bei der zweiten Stadterweiterung in die Stadt N. einbezogen. Sie war Zentrum der Verwaltung und Rechtsprechung (Hochgerichtsbarkeit) für die Stadt und das »Reich v. N.«, stand in stauf. Zeit unter der Jurisdiktion eines Reichsministerialen, später eines landesherrl. Burggf.en. Die Pfalz war Zentrum des ausgedehnten Königsgutbezirks (826 'fiscus Niumaga') mit Reichsforst; 888 bestätigte Kg. Arnulf dem Marienstift zu →Aachen den Besitz u. a. der 'nonae' zu N. Um 1152/53 hatte N., das zur 'mensa regis Romanorum' gehörte (→Tafelgüterverzeichnis), →Servitia in gleicher Höhe wie Aachen zu leisten.

II. STADT: N. liegt an der Waal, dem südl. Mündungsarm des Rheines, am Treffpunkt der röm. Straßen von →Köln und →Maastricht. Aufgrund neuer archäolog. Untersuchungen in der Unterstadt (1979-89) auf einer Fläche von 8 ha wird angenommen, daß N. in der Merowingerzeit aus zwei Siedlungskernen hervorging: der eine im niedrigen Ufergebiet der Waal (Hafen, Parzellen mit Häusern von Kaufleuten – weggespült – sowie agrar. Hinterland [s. a. →Dorestad], in Nachfolge einer kaiserzeitl. röm. Zivilsiedlung), der andere auf dem Gelände des späteren Valkhof, in Anlehnung an die spätröm. Befestigung (vgl. Abschnitt I). Dieser zweite Siedlungskern wurde bis jetzt kaum archäolog. erforscht. Infolge starker Erosion wurde im MA der ufernahe Siedlungsbereich stark reduziert.

In der 2. Hälfte des 11. Jh. setzte starkes demograph. Wachstum ein, das zur Erweiterung des städt. Siedlungsraumes etwa bis zur Priemstraat (Witte Vrouwenklooster, ca. 1230) führte. Nach F. GORISSEN erhielt N. damals das Recht v. →Staveren, was auf die Existenz eines Marktes und die Anwesenheit von Kaufleuten (Friesen?) hindeutet. Der Stadt wurde ein Reichszoll (Markt-, später auch Flußzoll) bestätigt. 1145 erhielten die Kaufleute v. →Kaiserswerth Zollfreiheit zu N.; die Wormser Zollurkunde (1180), die Kaufleuten aus →Worms und N. wechselseitige Zollfreiheit verlieh, weist auf N.s wachsende Handelsaktivität hin. Sind für die Zeit um 600 einzelne Münzprägungen aus N. bekannt, so fungierte die Stadt seit dem Ende des 12. Jh. als kgl., nach 1247 gfl. Münzstätte (bis 1583). Seit der 2. Hälfte des 15. Jh. bestand auch hier eine Münze. 1230 verlieh Kg. Heinrich (VII.) den Bürgern v. N. die Rechte Aachens und anderer →Reichsstädte, verbunden mit dem →Rechtszug auf Aachen; dies impliziert die Anerkennung einer 'universitas' der Bürger (vgl. das älteste Stadtsiegel). Wirtschaftl. Blütezeit der Stadt war das 15. Jh.; N. unterhielt als angesehenes Mitglied der →Hanse Handelsbeziehungen mit England sowie den Ostseeländern und war wichtiger Etappenort mit Zwischenhandel. Die städt. Topographie war in der 2. Hälfte des 13. Jh. durch eine Ausdehnung des Stadtgebiets auf das Plateau im S der Uferzone gekennzeichnet (Johanniterkomturei, 1196-1214; 'Hundisburg'-Kirche, 1254; Dominikanerkonvent, 1293; ein Stadthaus [?]). Nach 1247 fielen die 'villa' und die alte Stephanuskirche den neuen Befestigungsanlagen am Valkhof (Voerweg) zum Opfer. Um 1300 wurde die Stadt umwallt; ihr Areal umfaßte insgesamt ca. 28,75 ha. 1436-60 wurden die vor den Toren (Burcht-, Windmolenpoort) gelegenen Vorstädte in den Bering einbezogen. Die Einwohnerzahl soll damals 10000 überschritten haben. Die einzige Pfarrei zählte 1470 über 2000 Kommunikanten. N. war die erste unter den vier 'Hauptstädten' des Hzm.s Geldern (als solche erstmals 1371 belegt). Als Hauptstadt des 'Quartiers' und 'Reichs v. N.' besaß N. gemeinsam mit den drei anderen führenden Städten eine gewichtige Position in der landständ. Politik Gelderns, v. a. seit der Regierung Hzg. Eduards (1358-71). P. Leupen

Q. und Lit.: F. GORISSEN, »Huc usque ius Stavriae«, Numaga 2, 1955, 16ff. - DERS., Niederrhein. Städteatlas, II/1: Nimwegen, 1956 - P. LEUPEN, Het oudste patrocinium van N. parochiekerk, Archief Gesch. Kath. Kerk Ned. 21, 1979, 131ff. - De stedelijke munt van N. (Kat.), 1980 - Het Valkhof te N. (Kat.), 1980 - P. LEUPEN-B. THISSEN, Bronnenboek van N., 1981 - Het stadhuis te N. (Kat.), 1982 - P.

LEUPEN, N. en het Rijk, Klever Archiv 4, 1983, 57ff. – H. CLEVIS, N.: Investigations into the Hist. Topography..., 1990 – H. SARFATIJ, De vroege topografie van middeleeuws N. (Fschr. D. P. BLOK, 1990), 321ff.

Nika-Aufstand, der nach dem Kampfruf »Nika!« ('Siege!') benannte Aufstand gegen Ks. →Justinian I. i. J. 532 in Konstantinopel. Die von Justinian eingeleitete Restauratio imperii involvierte Rüstungskosten für den Perserkrieg und die bevorstehende Expansion nach dem W, die zu einer erhebl. ökonom. Belastung aller Schichten führten; hinzu kamen Unterdrückungsmaßnahmen gegenüber Häretikern, Heiden, Juden und Samaritanern. All das brachte die in den Zirkusparteien der Blauen und Grünen (→Demen) organisierten städt. Volksmassen auf den Plan und verstärkte zugleich den Widerstand der alten Senatsaristokratie gegen den Homo novus Justinian. Als der Aufstand zu Jahresbeginn ausbrach und →Hypatios zum Gegenks. ausgerufen wurde, stand Justinian in Kürze allein, mit seinem Gefolge im Palast eingeschlossen, auf dessen Wache kein Verlaß mehr war. Nur die Unbeugsamkeit der Ksn. →Theodora rettete die Situation. Die Aufständischen wurden gespalten. Der Hofeunuch →Narses verhandelte mit den Blauen und brachte sie gegen Zahlung hoher Summen dazu, sich von der Insurrektion zurückzuziehen. Mit den Grünen rechnete Justinians Feldherr →Belisar blutig ab; von 30000 Getöteten war die Rede. Hypatios wurde hingerichtet, 18 Senatoren bei Vermögenskonfiszierung verbannt. Die Niederwerfung aller Gegenkräfte machte den Weg für die Verwirklichung des Justinian. Restaurationsprogramms frei.

J. Irmscher

Lit.: A. A. ČEKALOVA, Konstantinopel' v VI veke. Vosstanie Nika, 1986 [vgl. F. TINNEFELD, JÖB 38, 1988, 442-444] – J. IRMSCHER, Der byz. N. (532), Ethnograph.-archäolog. Zs. 28, 1987, 268-271 [Lit.].

Nikaia

1. N. (türk. İznik), Stadt und Bm. (Metropolis) in →Bithynien, am Ostufer des Askan. Sees (Askania Limne, heute İznik Gölü), der als Wasserweg zum Hafen Konstantinopels (Gemlik) an der Propontis (Marmarameer) diente, in strateg. wichtiger Lage an der im MA wichtigsten Straße durch Kleinasien (auch 'Pilgerstraße'), die von Konstantinopel über →Nikomedeia, N., →Dorylaion, Galatien, →Kappadokien und →Kilikien nach Syrien und Palästina (Jerusalem) führte; das heutige İznik wird noch von der weitgehend erhaltenen röm.-byz. Stadtmauer umschlossen. In der Antike in ständiger Rivalität mit der bithyn. Hauptstadt Nikomedeia. Unter Valentinian und Valens (368?) wurde N. Metropolis einer eigenen Kirchenprov. (Bithynia II); seit dem 8. Jh. Hauptstadt des Themas →Opsikion. Von den Arabern vergebl. berannt, fiel N. 1081 in die Hände der Selğuqen und wurde Residenz Sultan Sulaimāns; 1097 von den Rittern des 1. →Kreuzzuges mit Hilfe von den Askan. See geschleppten byz. Schiffen zurückerobert. 1204 wurde N. nach dem Fall Konstantinopels (4. →Kreuzzug) Residenz der byz. Ks. (→Laskaris) und des byz. Patriarchen bis 1261; 1331 von den Osmanen erobert. Neben der alten Stadtmauer sind noch zahlreiche weitere Denkmäler aus röm., byz. und osman. Zeit erhalten, so das röm. Theater, die Sophienkirche (umgewandelt in eine Moschee, heute Mus.), mehrere frühosman. Moscheen und Medreses sowie das Nilüfer İmaret (Wohltätigkeitsanstalt, heute Mus. v. İznik). In osman. Zeit war İznik berühmt für seine Fayence-Industrie.

F. Hild

Lit.: EI² (frz.) IV, 304f. [Lit.] – KL. PAULY IV, 94f. [Lit.] – M. ANGOLD, A Byz. Government in Exile. Government and Society under the Laskarids of Nicaea (1206–61), 1975 – R. JANIN, Les églises et les monastères des grands centres byz., 1975, 105–126 [Lit.] – M. RESTLE, Istanbul-Bursa, Edirne, İznik, 1976, 521–547 – S. EYICE, Die byz. Kirche in der Nähe des Yenişehir-Tores zu Iznik ... (Byzantino-Altaica, 1983), 152–167 [8 Taf.] – J. L. VAN DIETEN, BZ 78, 1985, 63–91 – C. FOSS, Byz. Fortifications, 1986, 79–131, passim – S. MÖLLERS, Neue Beobachtungen zur H. Sophia in Iznik/N., ArchAnz 1987, 689–693 – S. ŞAHIN, Kat. der antiken Inschriften des Mus. v. Iznik (N.), T. II. 3 (Testimonia), 1987 – L. TARTAGLIA, Nicea negli Encomi di Teodoro II Lascari e di Teodoro Metochita, Vichiana NS 17, 1988, 174–190.

2. N., Kaiserreich v. Nach dem 4. →Kreuzzug und der Errichtung des →Lat. Kaiserreiches v. Konstantinopel (1204) wurde N. zu einem führenden Zentrum des byz.-griech. Widerstandes gegen die 'lat.' Eindringlinge; die Herrschaft in N. übernahm →Theodor I. →Laskaris, ein Schwiegersohn des Ks.s →Alexios III. Angelos. Die meisten der lokalen Mächtigen, die z. T. von der ausgebrochenen Anarchie profitiert hatten, wurden von Theodor, der sich zum Ks. proklamierte, zur Unterwerfung genötigt. 1208 von einem Patriarchen (den Theodor ernannt hatte) zum Ks. gekrönt, wurde er von den meisten Byzantinern der Ostprovinzen als rechtmäßiger Herrscher anerkannt und nahm, trotz der Einkreisung durch Lateiner im N und →Selğuqen im O, die Reorganisation von Regierung, Verwaltung und Verteidigung in Angriff.

Nach dem Tode Theodors I. († 1221) folgte ihm sein Schwiegersohn →Johannes III. Vatatzes, der den gewonnenen Machtbereich erweiterte und konsolidierte. Er gebot dem Vordringen der Lateiner in Kleinasien Einhalt und erreichte eine Einigung mit den türk. Mächten. Sein ernsthaftester Konkurrent war der Herrscher über →Epeiros, →Theodor Dukas, der 1224 das (lat. besetzte) →Thessalonike einnahm, sich dort zum Ks. krönen ließ und die Loyalität der Byzantiner in den Westprovinzen auf sich vereinigte. Doch unterlag er 1230 den Bulgaren bei →Klokotnica; dies schuf die Voraussetzung für das Vordringen von Johannes Vatatzes in den europ. Bereich. Bis 1246 wurde das kurzlebige Ksr. v. Thessalonike dem Ksr. v. N. einverleibt. →Michael II. v. Epeiros konnte als letzter griech. Mitbewerber um den Besitz Konstantinopels noch eine Koalition mit ihm zustande bringen, verbündeten aufbauen, unterlag aber in der Entscheidungsschlacht v. →Pelagonia (1259). Für den nikän. Ks. war damit der Weg nach Konstantinopel frei. Im Juli 1261 wurde Konstantinopel einem nikän. Heer, unter geschickter Ausnutzung einer günstigen Situation, ausgeliefert. Das Lat. Kaiserreich war zusammengebrochen, das Exilksm. v. N. beendet.

Erntete die Früchte dieses Sieges auch der Usurpator →Michael VIII. Palaiologos (→Palaiologen), der die Laskariden vom Thron verdrängt hatte und sich in Konstantinopel zum Ks. krönen ließ, so war der Architekt der erfolgreichen Restauration des Reiches jedoch der 1254 verstorbene Johannes III. Vatatzes, der durch sein umsichtiges militär. und staatsmänn. Handeln N. zu einem allgemein anerkannten Staatswesen mit solider Wirtschaft und sicheren Grenzen gemacht hatte. Johannes Vatatzes isolierte durch die Ausdehnung seines Machtbereichs die Lateiner von ihren westl. Nachschublinien, knüpfte eine freundschaftl. Allianz mit →Bulgarien an und verhandelte mit dem Papst wie mit →Friedrich II., dessen Tochter er heiratete. Er und sein Sohn →Theodor II. Laskaris sorgten aber auch für die Bewahrung der byz. Kultur und förderten Kirchen und Kl. Das Ksr. v. N. war während der kurzen Zeit seines Bestehens ein verkleinertes Abbild des byz. Staates, überschaubarer und leichter zu verwalten als das Byz. Reich des späten 12. Jh. mit seiner aufgeblähten Bürokratie und Armee. Gleichwohl galt N.

stets nur als Sprungbrett für die Eroberung von Konstantinopel; die Rückverlegung des Regierungssitzes von N. nach Konstantinopel (1261) hatte für Kleinasien denn auch empfindl. Folgen. D. M. Nicol

Lit.: A. GARDNER, The Lascarids of Nicaea, 1912 – H. (GLYKATZI-) AHRWEILER, La politique agraire des empereurs de Nicée, Byzantion 28, 1958, 51–66, 135f. – DIES., L'expérience nicéenne, DOP 29, 1975, 23–40 – M. J. N. ANGOLD, A Byz. Government in Exile, 1975 – A. STAURIDU-ZAPHRAKA, N. καὶ Ἤπειρος τὸν 130 αἰῶνα, 1990 – G. PRINZING, Das byz. Ksm. im Umbruch (Legitimation und Funktion des Herrschers, hg. R. GUNDLACH–H. WEBER, 1992), 129–183 [Lit.].

Nikaia, ökumen. Konzilien v.

1. N., I. ökumen. Konzil v. (325). Als Ks. Konstantin d. Gr. 324 die Alleinherrschaft errungen hatte, war sein Bestreben sofort auf eine Beilegung des Streites über die Theologie des →Arius gerichtet, um die Einmütigkeit der Gottesverehrung als Grundlage der salus publica zu sichern. Die offizielle Vermittlungsaktion seines Beraters, Bf. →Hosius v. Córdoba, in Ägypten war erfolglos, weil der Streit sich nicht personalisieren ließ und bereits den gesamten O zu ergreifen drohte. So berief der Ks. nach dem Vorbild der Synode v. Arles (314) die erste Reichssynode, ein »ökumen.« Konzil, nach Ankyra ein, dann jedoch zwecks persönl. Überwachung der Verhandlungen in seinen Sommerpalast nach N. in Bithynia (heute Iznik). Er eröffnete diese wahrscheinl. am 20. Mai 325, nahm selbst daran bis zum Ende am 25. Aug. teil, bestätigte die Beschlüsse und ließ sie als Reichsgesetze verkünden. Angaben über die Teilnehmerzahl schwanken zw. 250 und über 300 (die frühbelegte Zahl 318 nur bibl. Sinnbild für die 318 Knechte Abrahams, vgl. Gen 14, 14). Neben den v. a. betroffenen Bf.en des O waren aus dem W allein Hosius (Vorsitz), zwei röm. Presbyter als Legaten und vier weitere Bf.e anwesend; 220 Bf.e sind namentl. bekannt. Einzige direkte Q.n sind das →Symbolum, ein Synodalschreiben an die Kirche von Alexandria, die bfl. Subskriptionsliste und die 20 Kanones. Für die Entscheidung der Frage, ob Protokolle angefertigt wurden, gibt es keinen literar. Hinweis in den ältesten Berichten. Die Konzilsmehrheit scheint, den theol. Extremen abgeneigt und von der ksl. Zuwendung am Jahrzehnten der Verfolgung überwältigt, der Vermittlungsabsicht des Ks.s gefolgt zu sein. Dies zeigte sich in der Rehabilitierung des unter dem Vorsitz von Hosius auf der »Vorsynode« v. Antiocheia (324/325) ausgeschlossenen →Eusebios v. Kaisareia. Der ariusfreundl. Gruppe um diesen und insbes. →Eusebios v. Nikomedeia standen die bereits in Antiocheia führenden Anti-Arianer →Eusthatios v. Antiocheia, →Markellos v. Ankyra und →Alexander v. Alexandria gegenüber. Sie konnten die Formulierung eines Bekenntnisses durchsetzen, dem Anathematismen theol. Spitzensätze des Arius angehängt waren und in das anti-arian. Kernsätze eingefügt wurden. Das vom Ks. persönl. vorgeschlagene Stichwort →»homousios« (Wesenseinheit von Gott-Vater und Logos-Sohn) wurde erläutert durch die Aussagen, daß der Logos Christus sei a) aus dem Wesen des Vaters (Arius: aus dem Nichts entstanden), b) wahrer Gott vom wahren Gott (Arius: irgendwie göttl.), c) gezeugt, nicht geschaffen (Arius: geboren, im Sinne von geworden). Die dogmat. Entscheidung von N. besteht im Kern darin, daß bei einer Zweiteilung des Seins in Geschaffenes und Ungeschaffenes der Logos nicht aus dem Bereich der Geschöpfe gehört. Arius, der sich persönl. verteidigte, wurde mit zwei Bf.en, die ebenfalls die Unterschrift verweigerten, exkommuniziert und verbannt. Die Vieldeutigkeit der Homousios-Formel bewirkte, daß der arian. Streit als Ringen um das chr. Gottesverständnis nach

Abschluß der Synode die gesamte Kirche ergriff und erst auf dem Konzil v. →Konstantinopel (381) zu einem gewissen Abschluß kam. Die Aufgabenstellung der Synode bestand weiter in der Beilegung des sog. melitian. Schismas in der ägypt. Kirche und in der Regelung von Fragen der kirchl. Ordnung sowie in der Realisierung eines einheitl. Ostertermins. Die Synode entschied, fortan →Ostern am ersten Sonntag nach dem ersten Frühlingsvollmond zu feiern.

In der syr., arab. und äthiop. Überl. sind den 20 nizän. Kanones später weitere Bestimmungen zugewachsen; in der röm. Tradition wurden die Kanones v. →Serdika z.T. unter dem Namen des Nicaenums tradiert. Man könnte auch darin ein Anzeichen für dessen große Autorität sehen, die es als Grundlage der weiteren kirchl. Lehrentwicklung und als exemplar. Ausprägung der ksl. Synodalgewalt seit dem Ende des 4. Jh. genoß. Von größter geschichtl. Bedeutung sind jene Kanones, die eine Neugliederung der kirchl. Leitungs- und Verwaltungsstrukturen in enger Anlehnung an die staatl. Gliederung des Reiches vornahmen, wie sie unter Ks. Diokletian entstanden war. Über den bfl. Pfarrgemeinden (Paroikien) wird nunmehr (can. 4–7) der mit den weltl. Reichsprovinzen geogr. deckungsgleiche kirchl. Provinzialverband gebildet, dem der Bf. der Provinzialhauptstadt (Metropolis) als »Metropolit« vorsteht. Entsprechend regeln can. 4–6 die Bf.swahl. Can. 5 installiert die Provinzialsynode als oberste kirchl. Berufungsinstanz, die zweimal jährl. abzuhalten ist. Can. 6 und 7 legen die Grundlage für die spätere Patriarchatsverfassung, indem für die Kirche von Alexandria, unter Hinweis auf die Verhältnisse in Rom, sowie für Antiocheia Sonderregelungen aufgestellt werden mit provinzübergreifenden Jurisdiktionsvollmachten. Der Bf. v. Aelia (Jerusalem) erhielt einen Ehrenvorrang ungeachtet der Metropolitanrechte v. Caesarea. Allerdings ging man bei dieser Neugliederung von Verhältnissen aus, wie sie im O herrschten, im W aber nicht unbedingt gegeben waren. In diesem Lichte sind auch die uneinheitl. Rezeption der Kanones und die Variationen ihrer lat. Übers.en zu sehen. H. Ohme

Q.: CPG, 8511–8527 – Lit.: LThK² VII, 966–969 – TRE III, 692–719 [Lit.] – I. ORTIZ DE URBINA, Nizäa und Konstantinopel, 1964 – A. GRILLMEIER, Jesus der Christus im Glauben der Kirche I, 1979, 386–413 – Hb. der Theol. und Dogmengesch. I, hg. C. ANDRESEN, 1982, 144–170.

2. N., VII. ökumen. Konzil v. (787), bildet den Abschluß der ersten Phase des →Bilderstreites mit der Synode v. Hiereia (754) als Höhepunkt. Ohne Teilnahme Roms und der ö. Patriarchate hatte diese Ökumenizität beansprucht; ca. 330 ö. Bf.e hatten die Bilder und deren Verehrung verboten und als Monophysitismus oder Nestorianismus definiert (→Monophysiten, →Christologie). Einzig wahres Bild Christi sei die →Eucharistie. Damit war der Ikonoklasmus zum Reichsdogma geworden. Ikonen wurden zerstört, der Verfolgung insbes. von Mönchen führte zu Martyrien (→Stephanos d. J.); Maßnahmen gegen Hl.en- und Reliquienkult kamen hinzu (→Byz. Reich, B. III). Einen Umschwung brachte die Ikonophilie der Ksn. →Irene (780–802), nachdem diese für ihren unmündigen Sohn Konstantin VI. die Regentschaft übernommen hatte. Eine Annullierung der Synode v. 754 war nur durch ein neues ökumen. Konzil möglich. Hierzu bestellte die Ksn. ihren Kanzler →Tarasios zum Patriarchen (784–806). Beide betrieben einvernehml. mit Papst Hadrian I. die Vorbereitung. Die Eröffnung am 31. Juli 786 in Konstantinopel wurde wegen des Eingreifens ikonoklast. Truppen suspendiert, der Tagungsort sicherheitshalber

nach N. verlegt. Dort tagten bis zu 350 Bf.e in sieben Sitzungen (24. Sept.–13. Okt. 787; sessio VIII mit Irene am 23. Okt. in Konstantinopel). Den nominellen Vorsitz führten die beiden päpstl. Legaten, die ö. Patriarchate waren durch zwei Mönche vertreten; beherrschende Gestalt war Tarasios. Er ermöglichte den mehrheitl. ikonoklast. Bf.en eingangs die Wende auf die neue Linie. Eine Diskussion der bilderfeindl. Position war damit ausgeschlossen. Von zentraler Bedeutung waren die Widerlegung der Lehrdefinition (Horos) v. Hiereia (sessio VI: MANSI XIII, 203–363) und der Horos (sessio VII: ebd., 373–380). Hinzu kamen 22 Kanones. Gemeinsam mit Hiereia wurde die Bildertheologie christolog. verankert und eine ontolog. Bildtheorie vertreten, wonach im Abbild das Urbild wirkmächtig gegenwärtig ist (→Bild). Jede Verehrung (Proskynesis), die den Bildern Christi, der Gottesmutter, der Engel und Hl.en sowie den Reliquien zu zollen sei, gelte dem Urbild. Diese wird unterschieden von der Anbetung (Latreia), die allein Gott vorbehalten bleibt. Christus sei prinzipiell darstellbar, weil seiner Menschheit nach 'umschreibbar'. Anathematismen bestimmen u. a. die Verbindlichkeit der Bilderverehrung und machten diese zum Bestandteil kirchl. Überl. Durch das II. Nicaenum wurde so für den chr. O die christolog. Bildertheologie mit einer spezif. Frömmigkeitspraxis im Kultus und Privatbereich konstitutiv. S. a. →Libri Carolini, →Frankfurt, Reichssynode v. 794.
H. Ohme

Q.: MANSI XII, 951–1154; XIII, 1–485 – Discipline générale antique (IIe–IXe s.): Les canons des conciles oecuméniques, hg. P.-P. JOANNOU, 1962, 245–285 – *Lit.*: H.-G. BECK, Gesch. der orthod. Kirche im byz. Reich, 1980, 74–81 – G. DUMEIGE, Nizäa II, 1985 – Nicée II 787–1987, hg. F. BOESPFLUG–N. LOSSKY, 1987 – AHC 20, 1988.

Nikephoritzes (Diminutiv von Nikephoros), hoher byz. Beamter, stammte aus dem Thema Bukellarion, durchlief als intelligenter, begabter und energ. →Eunuch in der Verwaltung eine brillante Karriere. Unter Konstantin X. Dukas (1059–67) hatte N. in der ksl. Kanzlei eine recht hohe Stelle inne, wurde dann Statthalter v. Antiocheia, nach kurzer Verbannung Themenrichter im Thema Hellas-Peloponnes und unter der Regierung Michaels VII. Dukas (1071–78) →Logothet des Dromos. N. erwarb, nicht zuletzt durch ksl. Zuwendungen, großen Reichtum und war auf vielen Verwaltungsgebieten sehr aktiv. Er rief das Korps der Athanatoi wieder ins Leben, ging energisch gegen Aufrührer und Barbaren auf dem Balkan und in Kleinasien vor und versuchte, den Getreidemarkt zu reorganisieren: Er führte das Staatsmonopol für den Getreidehandel ein und ließ in Rhaidestos ein zentrales Depot errichten. Diese Maßnahmen erweckten, nach →Attaleiates, die Unzufriedenheit der Großgrundbesitzer und Händler, außerdem trieben sie die Preise von Brot und anderen Waren in die Höhe. Das Depot wurde während eines Volksaufstandes niedergerissen, N. nach der Abdankung des Ks.s (1078) auf eine der Prinzeninseln verbannt, wo er unter Folter starb.
J. Ferluga

Lit.: OSTROGORSKY, Geschichte³, 286f. – P. LEMERLE, Cinq études sur le XIe s., 1977, 300–302, 309 – J.-C. CHEYNET, Pouvoir et contestation à Byzance (963–1210), 1990, passim.

Nikephoros

1. N. I., *byz. Ks.* 802–811, * um 760 (vielleicht in Konstantinople), † 26. Juli 811; nach sonst nicht belegter Überlieferung oriental. Q. hatte er arab. Vorfahren. Er begann seine Laufbahn unter Ksn. →Irene im Beamtenapparat und hatte das Amt eines λογοθέτης τοῦ γενικοῦ (Finanzminister) erreicht, als er nach dem Sturz der Irene am 31. Okt. 802 zum Ks. ausgerufen wurde. Aus der Ehe mit einer Frau unbekannten Namens hatte er einen Sohn →Staurakios (den er Weihnachten 803 zum Mitks. krönte) und eine Tochter Prokopia (∞ Ks. →Michael I.). Innenpolit. war seine Regierungszeit geprägt von der mehrfachen Usurpation hoher Offiziere, einer harten Finanzpolitik, die auch vor Kirchen- und Kl.besitz nicht halt machte, und entschiedenen Maßnahmen zur Rehellenisierung Griechenlands und wohl auch der Peloponnes. Außenpolit. standen im W die überwiegend diplomat. Auseinandersetzungen um den Ks.titel Karls d. Gr. und der auch militär. geführte Kampf um die Oberherrschaft in Venezien im Mittelpunkt, während an der Ost- und Nordgrenze die Einfälle der Araber und Bulgaren trotz mehrerer Feldzüge nicht abgewehrt werden konnten. Die polit. überhebl. und militär. fehlerhafte Führung des Bulgarien-Feldzuges v. 811 brachte N. den Tod im Feindesland und dem Byz. Reich eine der schwersten Niederlagen.
P. Schreiner

Q. und Lit.: Theophanes, Chronographia, rec. C. DE BOOR, 1883, 476, 3–491, 17 [dt. Übers. L. BREYER, Bilderstreit und Arabersturm, 1964, 137–159] – I. DUJČEV, La Chronique byz. de l'an 811, TM 1, 1965, 205–254 – O. KRESTEN, Zur Echtheit des ΣΙΓΙΛΛΙΟΝ des Ks.s N. I. für Patras, RHMitt 19, 1977, 15–78 – P. E. NIAVIS, The Reign of the Emperor N. I, 1987 – F. WINKELMANN, Q.stud. zur herrschenden Klasse von Byzanz im 8. und 9. Jh., 1987 [Ind.] – I. ROCHOW, Byzanz im 8. Jh. in der Sicht des Theophanes, 1991, 276–302 – Oxford Dict. of Byzantium III, 1991, 1476f. [Lit.].

2. N. II. Phokas, *byz. Ks.* 963–969, * 912, † 11. Dez. 969, auf Veranlassung seines Verwandten und Nachfolgers →Johannes I. Tzimiskes im Ks.palast ermordet, ältester Sohn des Bardas →Phokas. N. war in erster Ehe mit einer Frau aus der pont. Familie der Pleustai verheiratet, die ihm einen später von einem Verwandten getöteten Sohn gebar, in zweiter Ehe (nach der Thronbesteigung) mit Theophano, der Witwe →Romanos' II. In seine Laufbahn als Themengeneral (945) und später (955) Oberbefehlshaber der Gardetruppen fallen entscheidende Siege gegen die Araber, bes. die Eroberung →Kretas. Nach dem Tod des Ks.s Romanos II. wurde er von den Truppen zum Ks. ausgerufen und am 16. Aug. 963 gekrönt. Auch als K. setzte er die persönl. Führung der Feldzüge fort (Kilikien, Syrien), die die Reichsgrenzen wieder weit in den O vorschoben. Auf dem Balkan beendete er 965 den Friedenszustand mit Bulgarien und veranlaßte den Kiever Fs.en →Svjatoslav zu seiner verhängnisvollen, auch für Byzanz gefährl. Bulgarien-Invasion. Verhandlungen mit dem Gesandten Ottos I., →Liutprand v. Cremona, über ein Heiratsprojekt und Süditalien ließ er scheitern. Innenpolit. stand er ganz auf Seiten des Militär- und Landadels (dem er entstammte) und machte frühere Reformen zugunsten der Landbevölkerung wieder rückgängig. Sein mönch. Lebenswandel brachte eine starke Unterstützung von Kl. (v. a. der Meg. Laura des Athanasios Athonites) und eine Mehrung ihres Besitzes mit sich. Er war, wenigstens in zahlreichen Kapiteln, selbst Verf. eines militär. Handbuches, und neuesten Forsch. ist wohl rechtzugeben, die in ihm den Urheber einer Militärreform sehen, die die Themenarmee langsam ablöste und zu einer Berufsarmee mit zentraler Leitung in Konstantinopel führte.
G. Prinzing/P. Schreiner

Lit.: BLGS III, 315–317 [Lit.] – O. KRESTEN, Pallida mors Sarracenorum, RHMitt 17, 1975, 23–75 – G. DAGRON – H. MIHĂESCU, Le traité sur la guérilla de l'empereur Nicéphore Ph., 1986 [im Anhang: J.-C. CHEYNET, Les Phocas] – A. MARKOPOULOS, Zu den Biogr.en des N. Ph., JÖB 38, 1988, 225–233 – R. MORRIS, The Two Faces of N. Ph., Byz. and Modern Greek Stud. 12, 1988, 83–115 – J. C. CHEYNET, Pouvoir et contestations à Byzance (963–1210), 1990 – H.-J. KÜHN, Die byz. Armee im 10. und 11. Jh., 1991, 142–147 – Oxford Dict. of Byzantium III, 1991, 1478f.

3. N. III. Botaneiates, *byz. Ks.* 1078–81, stammte aus einem kleinasiat. Magnatengeschlecht, das sich der Abkunft von den →Phokas rühmte. Der Stratege des Themas der Anatoliken, N., ein typ. Vertreter der Militäraristokratie, die in den 70er Jahren des 11.Jh. das ganze Reich durch Aufstände und Usurpationen erschütterte, ließ sich am 7.Jan. 1078 zum Ks. ausrufen. Als erfahrener General und Diplomat sicherte er sich die Unterstützung der →Selğuqen und wartete in Nikaia auf eine Gelegenheit, in Konstantinopel eingreifen zu können. Sie ergab sich mit dem gegen den Logotheten →Nikephoritzes gerichteten Aufstand; Ks. Michael VII. wurde zur Abdankung und zum Kl. eintritt gezwungen. N. zog am 24. März in Konstantinopel ein und wurde am selben Tag vom Patriarchen gekrönt. Um den Machtwechsel zusätzl. zu legitimieren, heiratete N. Michaels Ex-Gattin Maria. N. zeigte sich großzügig bei der Verteilung von hohen Titeln, Steuerbefreiungen, Privilegien etc.; dies führte zu einer Geldabwertung, und die Staatskasse, z. Zt. des Nikephoritzes gut gefüllt, leerte sich rasch. Außenpolitisch wuchs die Bedrohung durch unterit. →Normannen; gefährlicher aber waren die inneren Konflikte: In →Dyrrhachion hatten Nikephoros Bryennios und Nikephoros Basilakes rebelliert; doch noch gefährlicher wurde es, als sich Nikephoros Melissenos, der sich auch an die Selğuqen gewandt hatte, auflehnte und →Alexios Komnenos sich zurückhielt, da er selbst nach dem Thron trachtete. Gegen Ende März 1081 nahm Alexios' Heer die Hauptstadt ein, nachdem N., um Blutvergießen zu vermeiden, die Krone abgelegt und sich ins Peribleptos-Kl. zurückgezogen hatte.

J. Ferluga

Lit.: OSTROGORSKY, Geschichte[3], 287–289f. – J. FERLUGA, Aufstände im byz. Reich zw. den Jahren 1025 und 1081. Versuch einer Typologie, Rivista di studi biz. e slavi 5, 1985, 157–165 – J.-C. CHEYNET, Pouvoir et contestations à Byzance (963–1210), 1990, 84f., 352–355, passim.

4. N. I., *Herrscher v.* →*Ep(e)iros* 1267/68–1296/98, Despotes 1252, † nach 3. Sept. 1296/vor 25. Juli 1298, Sohn →Michaels II. v. Epiros; ⚭ 1. 1256 Maria, Tochter Ks. →Theodoros' II. Laskaris, 2. 1265 Anna Palaiologina, Nichte Ks. →Michaels VIII. N. verließ vor der Schlacht v. Pelagonia (1259) die Lateiner und trug damit zu ihrer Niederlage bei, half seinem Vater bei der Wiedereroberung des Reiches und wurde nach dessen Tod 1267/68 Herrscher über das epirot. Staatswesen zw. dem Pindos- und Akrokeraunia-Gebirge, dem ion. Meer und dem Golf v. Korinth. N., entschiedener Gegner der unionist. Politik Ks. Michaels VIII., wurde von der Patriarchalsynode in Konstantinopel 1276/77 exkommuniziert. Seit 1274 näherte sich N. →Karl I. v. Anjou, der weite Teile der epirot. Küste und Albaniens unter seine Herrschaft gebracht hatte, wurde 1279 dessen Lehnsmann und machte ihm weitere territoriale Zugeständnisse. Nach dem Tode Michaels VIII. (1282) versöhnte sich N. vorübergehend mit Byzanz, was um 1284 zum Konflikt mit Thessalien führte. Seit 1290 wandte sich N. wieder gegen Byzanz, 1292 konnte er vielleicht einen byz. See- und Landangriff gegen Arta und Ioannina mit Hilfe lat. Fs.en der 'Romania' abwehren. 1294 vermählte er seine Tochter Thamar mit Philipp v. Tarent, einem Sohn →Karls II. v. Anjou, und übertrug ihm die Herrschaft über weite Teile im S des epirot. Staatsgebietes. N.' Politik zielte auf Selbständigkeit gegenüber Byzanz, brachte jedoch Epiros in Abhängigkeit vom angiovin. Kgr.

M. B. Wellas

Lit.: PLP, Nr. 91042 – D. I. POLEMIS, The Doukai, 1968, Nr. 49 – D. M. NICOL, The Relations of Charles of Anjou with N. of Epiros, Byz. Forsch. 4, 1972, 170–194 – DERS., The Despotate of Epiros (1267–1479), 1984.

5. N. II. (Dukas), *Herrscher v.* →*Ep(e)iros,* * zw. 1326 und 1329, Sohn von Johannes II. Orsini, mußte nach dem Tod seines Vaters (um 1336) sein Land vor den anrückenden Byzantinern verlassen, kehrte 1339 im Zuge eines Aufstandes gegen Byzanz zurück, mußte sich aber nach der Niederschlagung des Aufstandes 1340 ergeben. 1342 heiratete N. Maria, eine Tochter des byz. Ks.s →Johannes VI. Kantakuzenos, erhielt 1347 den Despotes-Titel, war ab 1354 Gouverneur des Gebietes um die thrak. Stadt Ainos und nahm am 2. byz. Bürgerkrieg teil. 1356 eroberte N. gegen serb. Herrscher Thessalien und weite Teile von Epiros und konnte seine Herrschaft dort konsolidieren. 1359 fiel er bei Acheloos im Kampf gegen die Albaner.

M. B. Wellas

Lit.: PLP, Nr. 222 – D. I. POLEMIS, The Doukai, 1968, Nr. 57 – D. M. NICOL, The Byz. Family of Kantakuzenos, 1968, 130ff. – DERS., The Despotate of Epiros (1267–1479), 1984.

6. N. I., *Patriarch v.* →*Konstantinopel* 12. April 806–13. März 815, * um 758 Konstantinopel, † 828 Chrysopolis (?), Sohn eines ksl. Sekretärs, 787 selbst ksl. Sekretär beim 2. Konzil v. →Nikaia. Zog sich 797 in die Einsamkeit zurück, übernahm 802 die Verwaltung des größten Armenhauses v. Konstantinopel. Nach dem Tod des →Tarasios 806 als Laie zum Patriarchen gewählt und innerhalb einer Woche zum Diakon, Priester und Bf. geweiht. Unterstützte im →moichian. Streit Ks. →Nikephoros I. und rehabilitierte den Priester Joseph. →Theodoros Studites und sein Onkel Platon, die dagegen protestierten, wurden verbannt (809). Erst nach dem Tod des Ks.s, der die Krönung Karls d. Gr. nicht hatte anerkennen wollen, übersandte N. Papst Leo III. sein Antrittsschreiben. Dieser half bei der Versöhnung mit den Studiten, wonach der Priester Joseph erneut verurteilt wurde. 811/812 widmete N. sich der Bekämpfung von →Paulikianern und Phrygiern. Er strebte die Auflösung von Doppelkl. und eine strengere Fastenpraxis an. 813 krönte er Leon V., kehrte sich aber gegen ihn, als er die Bilderbekämpfung erneuerte. Auf Betreiben des Ks.s von der Synode abgesetzt, verurteilte er die daran beteiligten Bf.e, trat aber, um einem Volksaufstand vorzubeugen, von seinem Amt zurück. Verbannt starb er in einem Kl. am Bosporos. →Ignatios Diakonos verfaßte seine Vita (BHG 1335).

Werke: Historia syntomos (Breviarum historicum), ein popularisierender Abriß der Gesch. 602–769, kompiliert aus verlorenen Q. mit Lücken für die Jahre 641–663, 733–741; Chronographikon syntomon (chronolog. Tabelle von Adam – 829; trägt kaum zu Recht seinen Namen); theol. Werke gegen die Bilderstürmer: Apologeticus minor, Apologeticus maior, 3 Bücher Antirrhetikoi, Über (Makarios) Magnes, Gegen diejenigen, die Gottes Bild ein Götzenbild nennen, Gegen Eusebios, Gegen Epiphanios, Gegen die Ikonoklasten, Zwölf Kap. gegen die Bilderstürmer, Widerlegung des Synodaldekrets v. 815; sonstiges: Antrittsschreiben an Papst Leo III., Brief an Leon V. (Frgm.), Kanones (von sehr zweifelhafter Authentizität). Verloren sind ein Buch gegen Juden, Phrygier und Manichäer, Homilien und Briefe. Ein Traumbuch trägt zu Unrecht seinen Namen.

J.-L. van Dieten

Ed. und Lit.: Bibl. SS IX, 871–884 – BLGS III, 318f. – P. G. ALEXANDER, The Patriarch Nicephorus of Constantinople, 1958 – BECK, Kirche, 489f. – HUNGER, Profane Lit. I, 344–347 – R. MAINKA, Zum Brief des Patriarchen N. I. v. Konstantinopel an Papst Leo III., OKS 13, 1964, 273–281 – P. O'CONNELL, The Ecclesiology of St. Nicephorus (758–828), 1972 – Tusculum-Lex., 1982[3], 558–560 [Ed.] – J. TRAVIS, In Defense of the Faith. The Theology of Patriarch N. of Constantinople, 1984 – P. SPECK, Das geteilte Dossier, 1988 – GRUMEL-LAURENT, 1989[2], Nr. 374–407a – N., Patriarch of Constantinople, Short Hist., Text, Translation and Commentary, hg. C. MANGO, 1990.

7. N. Basilakes, einer der bedeutendsten byz. Rhetoren, * um 1115 in Konstantinopel, † ca. 1180, stammte aus einer Familie des Offiziers- und Beamtenmilieus, möglicherweise kurz als Notarios im ksl. Dienst. Hauptsächl. im Rhetorikunterricht tätig, zunächst privat, gegen 1140 als Lehrer der Exegese (διδάσκαλος τοῦ ἀποστόλου) an der Hagia Sophia, am Ks.hof als Panegyriker geschätzt. 1156 verlor er wegen dogmat. Differenzen die kirchl. Stellung und wurde nach Philippopel verbannt. Erhalten sind Enkomien, eine Declamatio, vier kurze Briefe, zwei Monodien (eine auf seinen Bruder) und Progymnasmata (erste komplette Slg. seit der Spätantike; Echtheit der Marienklage umstritten). Im Prolog zu einer Slg. seiner Werke skizziert er seine literarästhet. Prinzipien und deutet Differenzen mit anderen Grammatik- und Rhetoriklehrern an. Hier erwähnt er auch eine umfangreiche Lehrschr. »Ortholektes« sowie die schon damals verlorenen Jugendwerke: Dichtungen v. a. humorist.-satir. Inhalts in verschiedenen Metren. W. Hörandner

Ed.: Niceforo Basilace, Progimnasmi e monodie, ed. A. PIGNANI, 1983 [dazu: W. HÖRANDNER, JÖB 36, 1986, 73–88] – N.i Basilacae orationes et epistolae, rec. A. GARZYA, 1984 [mit Nennung früherer, teilw. komm. Ed.] – *Lit.:* Tusculum-Lex., 1982³, 106f. – A. GARZYA, Storia e interpretazione di testi biz., 1974, insbes. Nr. VII–XII – R. MAISANO, La clausola ritmica nella prosa di Niceforo B., JÖB 25, 1976, 87–104 – S. AWERINZEW, Zu den Ethopoiien des N.B. (Eikon und Logos, hg. H. GOLTZ, 1, 1981), 9–14.

8. N. Blemmydes → Blemmydes, Nikephoros

9. N. Gregoras → Gregoras, Nikephoros

10. N. Hagioreites (N. Athonites), † zw. 1295 und 1300, nach Gregorios →Palamas in Italien geboren, kam nach Griechenland, bekehrte sich zur Orthodoxie und wurde Mönch auf dem →Athos und gesuchter geistl. Vater. Wegen seines Widerstandes gegen die Kirchenunion des II. Konzils v. →Lyon (1274) ließ ihn Ks. Michael VIII. Palaiologos im Febr./März 1276 verhaften. In seiner Unterredung mit dem päpstl. Legaten Thomas Agni (*Διάλεξις,* ed. V. LAURENT–J. DARROUZÈS, Dossier grec de l'Union de Lyon [1273–77], 1976, 486–507) erklärte er sich nur bereit, die Beschlüsse eines kommenden allg. Konzils anzunehmen. Daraufhin kam er im Okt./Dez. 1276 frei und kehrte auf den Athos zurück. Wohl gegen Ende seines Lebens schrieb er das Werk »Περὶ νήψεως καὶ φυλακῆς καρδίας« (MPG 147, 945–966), in dem er die Praxis des hesychast. Gebetes (→Hesychasmus) beschrieb. Ob ihm auch die Schr. »*Μέθοδος τῆς ἱερᾶς προσευχῆς καὶ προσοχῆς*« (ed. I. HAUSHERR, Orientalia Christiana 9,2, 1927, 99–209) zuzuschreiben ist, ist umstritten. –Fest am 4. Mai.

B. Plank

Lit.: DSAM XI, 198–203 [Lit.] – LThK² VII, 969f. – ThEE IX, 483f. – Tusculum-Lex., 1982³, 560 – BECK, Kirche, 693 – J. MEYENDORFF, Grégoire Palamas: Défense des saints hésychastes, 1959 – B. TATAKES, *Νικηφόρος μοναχὸς ἡσυχαστής* (Gregorios Palamas, I, 1969, 325–336).

11. N. Phokas → 2. N.

12. N. Uranos, byz. Feldherr und Schriftsteller, lebte in den letzten Jahrzehnten des 10.Jh. und kämpfte unter Ks. Basileios II. erfolgreich gegen Bulgaren und Araber. 999 wurde er Gouverneur v. Antiocheia. Seine Kompilation aus Werken der Taktik paßt zu dem starken kriegswiss. Interesse jener Generationen, welche die byz. 'Reconquista' in Kleinasien und Armenien miterlebten. N.U. übernahm die 178 Kapitel seiner Kompilation von verschiedenen Vorläufern, die sich nicht immer genau bestimmen lassen. Das in zwei Rezensionen überlieferte Werk gilt als das letzte seiner Art in Byzanz. Die 50 erhaltenen Briefe des N.U. enthalten wiederholt Hinweise auf seine Familie und die Freunde, auf die bedauerl. Trennung von der Zivilisation der Hauptstadt für den im Feld Stehenden, aber kein Lob des Kriegsdienstes, wie man es von einem General erwarten könnte. H. Hunger

Ed. und Lit.: Tusculum-Lex., 1982³, 819 – A. DAIN, La »Tactique« de Nicéphore Ouranos, 1937 – J. DARROUZÈS, Epistoliers byz. du Xᵉ s., 1960, 217–248 – J.-A. FOUCAULT, Douze chapitres inéd. de la Tactique de Nicéphore Ouranos, TM 5, 1973, 281–312.

Niketas

1. N. v. Ankyra, Metropolit und Kanonist, in den Regesten des Patriarchats v. Konstantinopel 1038 und 1082/84 erwähnt. Genauere Lebensdaten sind unbekannt. Der große Zeitunterschied macht die Identität der beiden unwahrscheinlich. Ebenso fraglich ist die Zuweisung von fünf Traktaten über das Weiherecht des Metropoliten, über Konzilien, über die Bf.swahl, über das Recht des Rücktritts, über verbotene Ehen. Zumal die Autorschaft der letzten Abhandlung ist zweifelhaft, da sie nicht von Rechten des Metropoliten, sondern vom Eherecht handelt. B. Plank

Lit.: J. DARROUZÈS, Doc. inéd. d'ecclésiologie byz., 1966, 37–53, 176–275 [dazu A. K(azhdan), VV 30, 1966, 281–284, bes. 283] – Tusculum-Lex., 1982³, 561 – The Oxford Dict. of Byzantium, 1991, 1481 – GRUMEL-LAURENT, I, Nr. 844, 926–927, 938 – G. FEDALTO, Hierarchia ecclesiastica orientalis, 1988, I, 56.

2. N. v. Herakleia, * um 1060 (?), Neffe des Metropoliten Stefan v. Serres (daher auch *ὁ τοῦ Σερρῶν* gen.), Lehrer an der Schule bei der Chalkoprateia-Kirche, dann Didaskalos der 'Großen Kirche' v. Konstantinopel, seit 1117 Metropolit v. Herakleia. Aus seiner Lehrtätigkeit erwuchsen Katenen, Scholien und kirchenrechtl. Kanones. Die Schriftkatenen (u. a. über Pss, Mt, Lk, Joh, Hebr.) stützen sich v. a. auf →Johannes Chrysostomos; Thomas v. Aquin veranlaßte die Übers. der Evangelienkatenen. N. verfaßte Scholien zu 16 Reden Gregors v. Nazianz und zu den liturg. Kanones des Johannes Damaskenos. Auf jurist. Gebiet lieferte er im Auftrag des Ks.s eine Anklage gegen →Eustratios v. Nikaia (Logos apologetikos) sowie 13 'Kanon. Antworten' an Bf. Konstantin v. Pamphylien. Schließlich sind noch einige grammat.-lexikal. Lehrgedichte und Merkwerke über versch. Gegenstände sowie zwei Briefe an Niketas Stethatos zu erwähnen.

G. Podskalsky

Lit.: Catholicisme IX, 1982, 1206–1208 – Tusculum-Lex., 1982³, 564f. [Ed.] – P. JOANNOU, Le sort des évêques hérétiques reconciliés. Un discours de Nicétas de Serres contre Eustrate de Nicée, Byzantion 28, 1958, 1–7 – BECK, Kirche, 651–653 [Lit.] – J. DARROUZÈS, Nicétas d'Heraclée *ὁ τοῦ Σερρῶν,* RevByz 18, 1960, 179–184 – CH. TH. KRIKONES, *Συναγωγὴ πατέρων εἰς τὸ κατὰ Λούκαν Εὐαγγέλιον ὑπὸ Νικήτα Ἡρακλείας,* 1973 – R. CONSTANTINESCU, Nicetae Heracleensis commentariorum XVI orationum Gregorii Nazianzeni fragmenta ..., 1977 – J. REUSS, Ein unbekannter Komm. zum 1. Kap. des Lukas-Evangeliums, Biblica 58, 1977, 224–230 – Č. MILANOVIĆ, Tria genera rhetorices u komentaru Nikite Iraklijskog, Zborn. rad. Viz. inst. 20, 1981, 59–73.

3. N., *ὁ τοῦ Μαρωνείας,* Neffe des Bf.s v. Maroneia, ca. 1132–ca. 1145, byz. *Ebf. v.* →Thessalonike (nach GIORGETTI sogar bis ca. 1177), zuvor →Chartophylax der H. Sophia in Konstantinopel, vertrat in sechs von ihm verfaßten Dialogen mit einem Lateiner »Über den Ausgang des Hl. Geistes« kompromißfähige Positionen gegenüber der röm. Kirche, bes. in der Frage des →Filioque. Anscheinend ist er weder mit N., dem Verf. mehrerer kanon. Rechtsauskünfte, u. a. zur Einsegnung von Sklavenehen, identisch, noch auch mit dem Ebf. Niketas v. Maroneia, der z. B. 1166 an der Lokalsynode v. Konstantinopel mitwirkte. G. Prinzing

Lit.: Tusculum-Lex., 1982³, 566f. [Ed.] – BECK, Kirche, 621f. [Lit.] – C. GIORGETTI, Un teologo greco del XII sec. precursore della riunificazione fra Roma e Constantinopoli: Niceta di Maronea, arcivescovo di Tessalonica, Annuario 1968 della Bibl. Civica di Massa, 1969, Nr. 117 – A. P. KAZHDAN-A. WHARTON EPSTEIN, Change in Byz. Culture in the Eleventh and Twelfth Cent., 1985, 189f. – Oxford Dict. of Byz., 1991, 1482 [Ed.] – P. SOUSTAL, Thrakien, 1991, 350.

4. N. Byzantios (N. Philosophos, N. Didaskalos), Dogmatiker und Apologet aus der Zeit des Patriarchen →Photios († nach 886). Seine Schr. prägten vom 9. bis zum 14. Jh. die byz. Kontroverse mit dem Islam. Neben seinen von Korankenntnissen und Q.studien zeugenden drei Büchern gegen den Islam liegen von ihm noch vor: eine Apologie der Zweinaturenlehre in der Christologie in Form der Widerlegung eines armen. Fs.enschreibens und eine Schrift, die in ausdrückl. Beschränkung nur gegen bestimmte Kreise unter den Lateinern in Syllogismen die photian. →Filioque-Polemik vorträgt. E. Suttner

Ed. und Lit.: MPG 105, 588-665 [Gegen die Armenier]; 669-841 [Gegen den Islam] – J. HERGENRÖTHER, Mon. graeca ad Photium eiusque historiam pertinentia, 1869, 84-138 [Gegen die Lateiner] – BECK, Kirche – A. TH. KHOURY, Der theol. Streit der Byzantiner mit dem Islam, 1969, 21-24 – DERS., Les theologiens byz. et l'Islam, 1969², 110-162.

5. N. Choniates → Choniates, Niketas

6. N. David → 8. N.

7. N. Eugenianos, byz. Schriftsteller der Komnenenzeit (12. Jh.), Autor des Liebesromans »Τὰ κατὰ Δροσίλλαν καὶ Χαρικλέαν« (9 B.; 3557 Zwölfsilber und 83 Hexameter), mit dem N. eingestandenermaßen das Werk seines Lehrers Theodoros →Prodromos »Τὰ κατὰ Ῥοδάνθην καὶ Δοσικλῆν« nachahmt. Auf den Tod des Theodoros (ca. 1156/58) verfaßte er eine rhythm. (iamb.) und eine Prosamonodie sowie ein Hexameter-Gedicht. Das lit. Œuvre des N. umfaßt auch Epigramme, Epithalamioi, einen Epitaphios auf den Megas Drungarios Stephanos Komnenos (etwa 1156/57), einen Brief πρὸς ἐρωμένην γραμματικὴν und eine, im Par. graec. 2556 enthaltene, uned. Paraphrase des AT-Buches Ionas. C. Cupane

Ed. und Lit.: R. HERCHER, Erotici scriptores graeci II, 1849, 435-552 [Drosilla und Charikles; Neuausg. F. CONCA, De Drosillae et Chariclis amoribus, 1990] – B. HELFER, N.E. Ein Rhetor und Dichter der Komnenenzeit. Mit einer Ed. des Epitaphios auf den Großdrungarios Stephanos Komnenos [Diss. Wien 1972] – HUNGER, Profane Lit. II, 133-136–Tusculum-Lex., 1982³, 235 [Ed.] – E. JEFFREYS, The Comnenian Background to the Romans d'antiquité, Byzantion 50, 1980, 73-75 – H.-G. BECK, Byz. Erotikon, 1986, 145-152 [dazu C. CUPANE, JÖB 37, 1987, 218ff.] – L. GARLAND, Be amorous but be chaste..., Byz. and Modern Greek Stud. 14, 1990, 62-81.

8. N. Paphlagon (Rhetor, Philosoph), byz. Homiletiker, aus Paphlagonien stammend, Schüler des →Arethas v. Kaisareia, gehörte im Tetragamiestreit →Leons VI. wie sein Lehrer zu den Gegnern des Ks.s. Als erfolgreicher Verf. von Enkomien auf Hl.e – rund 50 Titel werden ihm z. T. in zwei Spezialpanegyriken, z. T. in getrennter Überlieferung zugewiesen – folgte er jedoch dem Vorbild Leons und versuchte, ihn durch üppige Rhetorik noch zu überbieten. Arethas tadelte N. wegen seiner Maßlosigkeit (Länge der Predigten) und Geschmacklosigkeit im Gebrauch der Redefiguren (ungewöhnl. Häufung der Topoi). Neben einigen Briefen und der hist. wichtigen Vita Ignatii ist ein Psalmenkomm. erhalten, in dessen Titel N. als David und Philosophos (= Mönch) bezeichnet wird. Während man früher zwei Personen – einen N. David und einen N.P. – zu trennen pflegte, neigt man heute dazu, hier nur eine Person zu sehen (»beide« sind zeitgleiche Paphlagonier, der Opponent Leons VI. erscheint in einer Vita des Patriarchen Euthymios als »neuer David«). – Aufgrund des Nachweises neuer Aspekte für die Umarbeitung vieler Enkomia des N. durch Symeon Metaphrastes wie Übereinstimmung im Aufbau, Kürzungen und Vereinfachungen (!) in den Formulierungen (E. PEYR) gewinnt das Œuvre des Homiletikers N. an Bedeutung für die byz. Hagiographie des 10. Jh. H. Hunger

Lit.: DSAM XI, 221-224 [A. SOLIGNAC] – R. J. JENKINS, A Note on Nicetas David Paphlago and the Vita Ignatii, DOP 19, 1965, 241-247 – L. G. WESTERINK, Nicetas the Paphlag. on the End of the World (Essays in Mem. of B. LAOURDAS, 1975), 177-195 – B. FLUSIN, Un fragment inéd. de la Vie d'Euthyme le patriarche?, TM 10, 1987, 233-260 – F. WINKELMANN, Hat N. David P. ein umfassendes Gesch.swerk verfaßt?, JÖB 37, 1987, 137-152 – E. PEYR, Zur Umarbeitung rhetor. Texte durch Symeon Metaphrastes, JÖB 42, 1992, 143-155.

9. N. Stethatos ('der Beherzte'), bedeutender byz. Kontroverstheologe und geistl. Schriftsteller, * nach 1000, † vor 1092, wurde um 1020 Mönch im Studios-Kl. in Konstantinopel und nach 1076 möglicherweise dessen Abt. Seinen Beinamen erwarb er durch seinen Widerstand gegen eine Liaison Ks. Konstantinos' IX. Monomachos. In die Auseinandersetzung zw. Patriarch →Michael I. Kerullarios und Kard. →Humbert v. Silva Candida, die zum Schisma v. 1054 führte, griff er mit Schr. gegen den Gebrauch von →Azyma, den Klerikerzölibat und die Fastenpraxis der Lateiner sowie ihre Lehre vom Ausgang des Hl. Geistes (→filioque) ein, die später als maßgebl. betrachtet wurden. Ebenso engagierte er sich im kirchl. Streit mit den Armeniern. Seine schriftsteller. Arbeit galt ansonsten neben eigenen asket.-myst. und theol. Werken der Sammlung und Herausgabe der Schr. →Symeons des Neuen Theologen († 1022), den er noch selbst gekannt hatte, dem er sich zeitlebens tief verbunden fühlte und dessen Biogr. er verfaßte. P. Plank

Ed. und Lit.: MPG 120, 852-1009 [drei geistl. Centurien] – Un grand mystique byz. Vie de Symeon le Nouveau Theologien, hg. I. HAUSHERR – G. HORN, 1928 – A. MICHEL, Humbert und Kerullarios, II, 1930, 298-342, 371-409 [Ed. der großen kontroverstheol. Werke] – Nicétas Stéthatos: Opuscules et lettres, ed. J. DARROUZÈS, 1961 – DSAM XI, 224-230 – A. MICHEL, Schisma und Ks. hof im Jahr 1054 (L'Église et les Églises, I, 1954), 411-416.

Nikifor (Nikephoros), Metropolit v. →Kiev, Grieche, geweiht in Konstantinopel, inthronisiert am 18. Dez. 1104 in Kiev, † April 1121 ebd. Während seiner Amtszeit weihte N. zehn Bf.e seiner aus acht Diöz.en bestehenden Kirchenprov., u. a. Silvester v. →Perejaslavl'. N. förderte die Verehrung des →Feodosij Pečerskij, indem er die Eintragung des Hl.n in Synodika in seinem ganzen Jurisdiktionsbereich veranlaßte. Er stand auch der feierl. Überführung der Gebeine von →Boris und Gleb in die Kirche von →Vyšgorod (2. Mai 1115) vor. Drei an auss. Fs.en adressierte Schr. N.s sind in auss. Übers.en erhalten. Die Verfasserschaft eines Pastoralschreibens an die Gläubigen ist unsicher, es könnte auch vom Metropoliten Nikifor II. v. Kiev (nach 1180) stammen. Im kurz nach 1113 verfaßten Fastenbrief an den Kiever Fs.en →Vladimir Monomach greift N. die platon. und patrist. Lehre über die Seele auf, und zeigt Kenntnis der Dioptra des →Philippos Monotropos. Zwei andere Sendschreiben N.s sind polem. Traktate gegen die Lateiner: Das erste ist ebenfalls an Vladimir Monomach adressiert und orientiert sich am Brief des →Michael Kerullarios an →Petros III. v. Antiocheia; das zweite stützt sich auf den byz., Ende des 11. Jh. entstandenen Traktat »Gegen die Franken« und war (nach 1105) an den Fs.en Jaroslav v. →Volhynien, Sohn des Gfs.en →Svjatopolk II., gerichtet. A. Poppe

Lit.: SłowStarSłow III, 369f. – G. PODSKALSKY, Christentum und theol. Lit. in der Kiever Rus', 1982, 146-149, 177-179 [Ind.] – A.

DÖLKER, Der Fastenbrief des Metropoliten N. an den Fs.en Vladimir Monomach, 1985 [mit Ed. und dt. Übers.].

Niklas v. Wyle, 'poeta et secretarius', schwäb. Kanzlist mit weitreichender Wirkung, Hg. und Übersetzer frühhumanist. Lit., * um 1415 in Bremgarten (Kt. Aargau, Schweiz), † 1479 in Stuttgart; Bacc. art. 1433 in Wien, 1439 Lehrer in Zürich, 1447 Ratsschreiber in Nürnberg, im selben Jahr Stadtschreiber v. Esslingen, 1469 zweiter Kanzler der Gf.en v. Württemberg in Stuttgart. Aus N.' Kanzlei und Schreibschule gingen viele Kanzlisten Südwestdeutschlands hervor. Sie sammelten und überlieferten als Muster lat. Privatbriefe und dt. Kanzleischreiben von seiner Hand (z. T. in kleinen Kompendien). Für den Gebrauch dieser Interessentengruppe entstanden auch zwei rhetor. Theoriewerke, eine knappe Brief- und Stillehre (18. Translatze) sowie eine fragmentar. Figurenlehre (»Colores rhetoricales«). N. selbst empfand die lat. Briefe des Humanisten Enea Silvio Piccolomini (→Pius II.) als Muster und gab sie 1478 erstmals in Druck. N.' wichtigste eigene lit. Arbeiten sind die 1478 im Druck hg. »Translationen«, eine Slg. von 18 Prosatexten, (abgesehen vom schon gen. 18. Stück) antike, ma., v. a. aber frühhumanist. Novellen, Reden und Briefe in dt. Übertragung. N. betrachtete das Latein für die dt. Sprache auch als syntakt. Vorbild und strebte daher Interlinearübers.en an. Angaben zum hist. Hintergrund bieten die jeweils beigegebenen Widmungsschreiben an dt. Gönner. N. gilt um 1450–70 für den südwestdt. Bereich als stärkste Kraft bei der Etablierung eines humanist. Bildungsinteresses.

J. Knape

Ed.: Translationen v. N. v. W., hg. A. KELLER, 1861 – *Lit.:* Verf.-Lex.² VI, 1016–1035 [F. J. WORSTBROCK] – P. JOACHIMSEN, Frühhumanismus in Schwaben, Württ. Vierteljahresh. für Landesgesch. NF 5, 1896, 63–126 – R. SCHWENK, Vorarbeiten zu einer Biogr. des N. v. W. und zu einer krit. Ausg. seiner ersten Translatze, 1978.

Niklashausen, Hans v. → Böhm, Hans

Niklaus v. Hagenau → Nikolaus Hagenower (22. N.)

Niklot, Fs. der →Abodriten (1131–60) nach der Ermordung →Knud Lawards. Der aus dem abodrit. Adel stammende heidn. N. regierte über die mecklenburg. Gebiete bis zur Peene (daneben →Pribislav, Neffe →Heinrichs v. Alt-Lübeck [28. H.], über Wagrien und Polabien). Seine Herrschaft sicherte N. durch ein Bündnis mit dem holstein. Gf.en Adolf II., das auch den →Wendenkreuzzug 1147 überdauerte. 1151 erhielt N. holstein. Hilfe gegen eine Erhebung der →Kessiner und →Zirzipanen. Um die slav. Gebiete fest ins Hzm. Sachsen zu integrieren, unternahm Heinrich d. Löwe 1160 gemeinsam mit Kg. Waldemar I. v. Dänemark einen Kriegszug gegen die Abodriten, in dessen Verlauf N. den Tod fand. Sein Sohn →Pribislav erhielt 1167 das Erbe des Vaters zu Lehen: Aus seiner Familie entstand so das Geschlecht der Hzg.e v. →Mecklenburg.

Chr. Lübke

Q.: Helmold v. Bosau, Chronica Slavorum, I/62ff., 71, 88, ed. B. SCHMEIDLER, MGH SRG (in us. schol.) 32, 1937³ – *Lit.:* M. HAMANN, Mecklenburg. Gesch. 1968, 69–84 – Gesch. in Gestalten, III, 1981², 221ff.

Nikodemusevangelium, Gesta (Acta) Pilati, Gesta salvatoris, (Relatio) de passione domini u. a.; apokryphes Evangelium, das weite Verbreitung fand und breite Wirkung ausübte. Nach griech. Fassungen des 5. Jh. erfolgten Übers.en u. a. ins Armen., Kopt., Syr., Arab. Im lat. Bereich setzt die Überlieferung, nach einem vereinzelten Fragm. des 5. Jh. (CLA X 1485), mit dem 9. Jh. ein und kennt verschiedene Fassungen, von denen sich eine als ksl. Protokoll gibt. Das N. berichtet über den Prozeß gegen Jesus vor Pilatus, dann über die Geschehnisse nach Tod und Himmelfahrt Christi aufgrund von Zeugenaussagen. Damit verbunden ist ein ursprgl. vielleicht selbständiger Bericht über die Höllenfahrt Christi (→Descensus Christi ad inferos) und in einem Teil der Überlieferung ein Brief des Pilatus an Ks. Claudius (Tiberius). Von den Einzelheiten, die über die Nachrichten der kanon. Evangelien hinausgehen, sind manche gängigen Vorstellungen geprägt, z. B. die Namen beteiligter Personen wie 'Veronica' für die Frau, die am Blutfluß leidet, 'Longinus' für den Hauptmann am Kreuz. Im MA schlossen sich weitere Texte an den Themenkreis, u. a. eine 'Mors Pilati' (Tiberius wird durch das Christus-Bild der Veronika geheilt), 'Vindicta Salvatoris' und verschiedene Vitae Pilati (vgl. WERNER 14–24), darunter eine metr. ('Pylatus', 12. Jh.). Zusätzl. Wirkung übte der Stoff aus durch die Benützung in Werken wie den 'Meditationes de passione Christi' (Ps.-Bonaventura), der 'Vita Christi' des →Ludolf v. Sachsen, durch die Aufnahme in die vielbenützte Enzyklopädie des →Vinzenz v. Beauvais und in die →Legenda Aurea des →Jacobus de Voragine. →Palaestra. Zu den volkssprachl. Versionen →Apokryphen, →Descensus Christi ad inferos.

G. Bernt

Ed.: →Descensus Christi ad inferos – L. MORALDI, Apocrifi del Nuovo Testamento, 1986² [it. Übers.] – *Lit.:* →ebd. – Verf.-Lex.² II, 659–663 – D. WERNER, Pylatus, 1972, 3–24 – A. MASSER, Das Ev. Nicodemi und das ma. Spiel, ZDPh 107, 1988, 48–66 – Z. IZYDORCZYK, The Unfamiliar »Evangelium Nicodemi«, Manuscripta 33, 1989, 169–191.

Nikolaitismus, Nikolaiten. Die in der Apokalypse (Offb 2, 6 und 15) erwähnte libertin. Sekte der N.en, deren Namen zuerst →Irenäus und →Clemens v. Alexandria mit dem in der Apg 6,5 genannten Diakon Nikolaus in Verbindung gebracht hatten, führten früh ma. Autoren in der Reihe bekannter →Häresien auf (vgl. →Isidor v. Sevilla, Etym. VIII, 5 = Decretum Gratiani C.24 q.3 c.39). Für Anhänger der →Gregorian. Reform wandten den Namen in polem. Weise auf in →Ehe oder →Konkubinat lebende Kleriker höherer Weihegrade an und bekämpften Nikolaitismus wie →Simonie als häret. Verirrungen.

Hatten im früheren MA Herrscher und Bf.e in Kapitularien und Kanones den →Zölibat des Weltklerus oft, aber wohl ohne nachhaltige Wirkung, gefordert, so ist eine entschiedene Unduldsamkeit weiterer Kreise in Kirchenführung und Laienschaft angesichts der Tatsache, daß ein großer Teil v. a. des wirtschaftl. bedrängten ländl. Klerus in ehel. Verbindung lebte, erst in der religiösen Aufbruchstimmung seit der Mitte des 11. Jh. auszumachen. Im Vorfeld bestimmten päpstl./ksl. Synoden in Goslar 1019 und Pavia 1022 (ähnl. Bourges 1031) den Status von (auch freigeborenen) Priesterkindern als servi proprii der Kirche, um der Entfremdung von Kirchengut vorzubeugen. Der Bremer Ebf. →Adalbert ermahnte noch in den 1040er Jahren seinen Klerus (»si non caste, tamen caute«), wenigstens das Band der (eigenen) Ehe zu achten.

Eine durch mönch. Bewegungen beeinflußte Grundstimmung gegen die Klerikerehe – in Italien wirkten vallombros. Bußprediger auf die Mailänder →Pataria – verstärkten die röm. Reformer seit Leo IX. durch Mahnschreiben, Synodalbeschlüsse und Legatentätigkeit. Von verheirateten Priestern als N.en sprach zunächst aber →Humbert v. Silva Candida im Konfliktjahr 1054, bezogen auf die Praxis der byz. Kirche (»Adversus Nicetam«, ed. C. WILL, 1861, 147–150). Die theol. begründete, von der Vorstellung kult. und moral. Reinheit geprägte Ablehnung der Priesterehe formulierte v. a. →Petrus Damiani, so in dem an Nikolaus II. gerichteten Traktat »De caelibatu sacerdotum« (MGH Epp. DK IV, 2, 1988,

206–218). Die →Lateransynode v. 1059 untersagte demgemäß N.en gottesdienstl. Handlungen und dem Kirchenvolk, solche zu respektieren. Gregor VII. bekämpfte die Klerikerehe als »crimen fornicationis«, indem er briefl. auch Fs.en und Volk gegen N.en mobilisierte, was Bf.e in Bedrängnis brachte (1074/75: Rouen, Passau, Erfurt, Mainz), Verfolgungen auslöste (Flandern) und zur Mißstimmung im dt. Episkopat beitrug, die sich 1076 in der Wormser Absage entlud. Die Akzeptanz der reformer. Forderung nahm aber zu, auch der Gegenpapst Clemens (III.) widersprach ihr nicht (Synode v. Rom 1091/92). In der publizist. Kontroverse dominierten die Gregorianer (→Bernold v. Konstanz, →Bonizo, →Manegold v. Lautenbach), ihre Gegner (Wenrich v. Trier, →Sigebert v. Gembloux) nahmen v. a. an dem rigorosen päpstl. Vorgehen Anstoß und betonten die Gültigkeit der von N.en gespendeten →Sakramente. Grundsätzl. Gegenpositionen (Ps.-Udalrich, »De continentia clericorum«) blieben selten und isoliert (norm. →Anonymus).

Einzelne Partikularsynoden mäßigten die Strafandrohung und nahmen Sonderregelungen vor (Winchester 1076, Szaboles 1092, Gran 1114). Die Einschärfung des Zölibats blieb regelmäßiger Bestandteil ma. Synoden. Das II. →Laterankonzil v. 1139 stellte generell die Nichtigkeit vor oder nach der Weihe geschlossener Ehen höherer Klerikerfest. St. Beulertz

Q.: Mansi, 19–21 – MGH L.d.L., 1–3, 1891–97 – *Lit.*: DThC XI/1, 499–506 – LThK² VII, 976 – Plöchl II², 183–185 – C. Mirbt, Die Publizistik im Zeitalter Gregors VII., 1894, 239–342, 447–462 – C. N. L. Brooke, Gregorian Reform in Action. Clerical Marriage in England 1056–1206, CHJ 12, 1956 – M. Boelens, Die Klerikerehe in der Gesetzgebung der Kirche, 1968, 116–182 – G. Fornasari, Celibato sacerdotale e 'autocoscienza' ecclesiale. Per la storia della 'nicolaitica haeresis' nell'occidente medievale, 1981 – J. Gaudemet, Le célibat ecclésiastique. Le droit et la pratique du XIe au XIIIe s., ZRGKanAbt 68, 1982, 1–31 – A. L. Barstow, Married Priests and the Reforming Papacy. The Eleventh Cent. Debates, 1982 [dazu DA 40, 1984, 688f.] – J. Laudage, Priesterbild und Reformpapsttum im 11.Jh., 1984 – G. Tellenbach, Die westl. Kirche vom 10. bis zum frühen 12.Jh. (Die Kirche in ihrer Gesch. 1, Lfg. F1, 1988), 81f., 119f., 136–139 – H. Fuhrmann, Adalberts v. Bremen Mahnung: Si non caste, tamen caute (Mare Balticum, Fschr. E. Hoffmann, 1992), 93–99.

Nikolaos (s.a. Nikolaus)

1. N. Mystikos, *Patriarch v. Konstantinopel*, 11. März 901–1. Febr. 907 und erneut Mai 912–Mai 925, * 852 in Italien, † 15. Mai 925 in Konstantinopel (?). Freund des Patriarchen →Photios, wurde N. in dessen Haus erzogen und ging mit ihm 886 in die Verbannung; N. suchte Zuflucht im Kl. H. Tryphon, nahe Chalkedon, und nahm das Mönchsgewand. Bald darauf holte ihn aber Ks. →Leon VI., sein früherer »Schulfreund«, an den Hof zurück, machte ihn zu seinem Geheimsekretär (Mystikos) und sorgte möglicherweise auch für seine Erhebung zum Patriarchen. Bald verschlechterten sich jedoch die Beziehungen zw. Ks. und Patriarch: Bleibt eine mögl. Unterstützung N.' für den Aufstand des Andronikos Dukas (906?) fraglich, so wandte sich der Patriarch offen gegen die vierte Ehe (→Tetragamie, -streit) des Ks.s und verweigerte die Anerkennung des Sohnes aus dieser Verbindung, →Konstantins (VII.), als legitimen Erben. Abgesetzt und durch →Euthymios abgelöst, wurde N. in sein Kl. Galakrenai (bei Konstantinopel) verbannt, doch 912 wieder als Patriarch restituiert (entweder durch Leon VI. auf dem Sterbebett oder durch Alexander unmittelbar nach Leons Tod). Führendes Mitglied des Regentschaftsrates nach Ks. Alexanders Tod (913), verband sich N. mit der Familie →Dukas und unterstützte Konstantin Dukas bei seinem Versuch, die Macht in Konstantinopel zu erringen. Später war er mit →Romanos I. Lakapenos verbündet. N.' Wiedereinsetzung als Patriarch führte zu einem erbitterten Streit mit den Anhängern des Euthymios; erst 920 wurde durch den Unions-Tomos, der die Tetragamie verurteilte, eine Versöhnung erreicht. – N.' Korrespondenz ist trotz ihres stark rhetor. Charakters eine erstrangige Quelle für die polit. und kirchl. Angelegenheiten des Byz. Reiches und die Beziehungen mit Unteritalien, den kaukas. Ländern und insbes. Bulgarien. Das Problem, ob die Briefe N.' an den Zaren →Symeon v. Bulgarien in korrekter zeitl. Abfolge überliefert sind, ist entscheidend für die Chronologie des byz.-bulg. Krieges, um dessen Beendigung sich N. bemühte. 913 organisierte der Patriarch für Symeon eine Art Krönung in Konstantinopel, deren konstitutionelle Bedeutung eine offene Frage bleibt. N. verfaßte auch mehrere kanonist. Werke und eine (konventionelle) Homilie auf die arab. Einnahme von Thessalonike (904). Zwar mangelt es seinen theol. und ethischen Schriften an Originalität, doch überliefert sein Briefwechsel wertvolle Nachrichten über die Gesch., das Alltagsleben und die sozioökonom. Verhältnisse des Byz. Reiches. Stellt der Patriarch sich selbst als großzügige und tolerante Persönlichkeit dar, so führt ihn die Vita des Euthymios, in scharfem Kontrast, als skrupellosen und starrköpfigen Mann vor. A. Kazhdan

Ed.: Letters, ed. R. Jenkins–L. Westerink, 1973 – Miscellaneous Writings, ed. L. Westerink, 1981 – *Lit.*: BLGS 3, 1979, 325f. [Lit.] – Tusculum-Lex., 568f. – Beck, Kirche, 550, passim – P. Karli-Hayter, Le synode à Constantinople de 886 à 912 et le rôle de N. le Mystique dans l'affaire de la tétragamie, JÖB 19, 1970, 59–101 – N. G. Itsines, Patriarch Nicholas Mysticos and the Fourth Marriage of Leo VI, The Wise, 1973 – A. Kazhdan, Bolgaro-vizantijskie otnošenija v 912–925 gg. po perepiske Nikolaja Mistika, EBalk, 1976, no. 3, 92–107 – H.-G. Beck, Gesch. der orth. Kirche im byz. Reich, 1980, 120–124 – Ja. Ljubarskij, Zamečanija o Nikolae Mistike v svjazi s izdaniem ego sočinenij, VV 47, 1987, 101–108 – Grumel(-Darrouzès)-Laurent, 1989², 175–181, 187–285 – N. Oikonomidès, Byzantium from the Ninth Century to the Fourth Crusade [Aufsatzslg.], 1992 [Register].

2. N. III. Grammatikos, *Patriarch v. Konstantinopel* 1084–1111, stammte aus Pisidien. Nach dem Besuch der patriarchalen Petros-Schule zu Konstantinopel war er als Mitarbeiter des Metropoliten v. Antiocheia/Pisidien tätig, bevor er sich ins Mönchsleben zurückzog. Zw. 1071 und 1078 floh er vor der selğuqischen Invasion nach Konstantinopel. Dort gründete er das Prodromos-Kl. τοῦ Λοπαδίου beim Romanos-Tor, wo er lebte, als er im August 1084 durch Losentscheid unter drei Kandidaten zum Patriarchen erhoben wurde, ein ungewohntes, von Ks. Alexios I. angeordnetes Verfahren, das ihm den Beinamen Theoprobletos (der Gotterwählte) eintrug. Von gediegener Bildung, aber kein Gelehrter, widmete er sich v. a. der prakt.-kanon. Regelung religiöser und innerkirchl. Angelegenheiten wie der Wahrung der Rechtgläubigkeit, der Förderung des gottesdienstl. und asket. Lebens, der Erneuerung in Verfall geratener Disziplin und der Ordnung der kirchl. Verwaltung. Dabei bemühte er sich, Distanz zum Hof und zum Ks. zu halten, der stark dazu neigte, auch rein innerkirchl. Belange an sich zu ziehen, wie etwa sein Edikt über die Reform des Klerus zeigt, das er 1107 an den Patriarchen und die Synode richtete. In N.' Amtszeit fiel der erste Kreuzzug, in dessen Gefolge die Patriarchen v. Antiocheia und Jerusalem bei ihm Zuflucht suchen mußten. Er hatte die aufsehenerregenden Prozesse (1086 und 1092) gegen Metropolit Leon v. Chalkedon zu führen, der dem Ks. das Recht absprach, kirchl. Geräte und Ikonenfassungen zur Finanzierung reichserhaltender Feldzüge einzuziehen. Ihm oblag die Verurteilung von Häretikern wie Neilos und Blachernites

(um 1087) und dem Bogomilenführer (→Bogomilen) Basileios (um 1110). Auf die 1089 von Papst Urban II. unternommenen Bemühungen, die unterbrochene Kirchengemeinschaft wiederherzustellen, reagierte N. ebenso wie Ks. Alexios mit Versöhnungsbereitschaft. Sein angebl. Schreiben an Patriarch Symeon II. v. Jerusalem, das eine andere Gesinnung zu belegen schien, wurde überzeugend dem 13. Jh. zugewiesen (DARROUZÈS, 1965). Sein Grab fand N. in dem von ihm gegr. Kl. in Konstantinopel, das nach ihm meist τοῦ κῦρ Νικολάου gen. wurde.
P. Plank

Lit.: Catholicisme IX, 1244-1246 – GRUMEL–LAURENT, I/3, 1989², Nr. 938-998b – BECK, Kirche, 660f. [ältere Ed. und Lit.] – R. JANIN, La géographie ecclésiastique de l'empire byz., I/3, 1969, 418f. – J. DARROUZÈS, Les documents byz. du XIIᵉ s. sur le primauté Romaine, RevByz 23, 1965, 43-51 – DERS., Dossier sur le charisticariat (Fschr. F. DÖLGER, 1966), 150-165 – V. TIFTIXOGLU, Gruppenbildungen innerhalb des konstantinopolitan. Klerus während der Komnenenzeit, BZ 62, 1969, 25-72, bes. 42-53 – J. KODER, Das Fastengedicht des Patriarchen N. III. G., JÖB 19, 1970, 203-241 – P. GAUTIER, Le synode des Blachernes (fin 1094). Étude prosopographique, RevByz 29, 1971, 226f. – DERS., L'édit d'Alexis Iᵉʳ Comnène sur la réforme du clergé, ebd. 31, 1973, 165-201 – H.-G. BECK, Gesch. der orth. Kirche im byz. Reich, 1980, 149f., 159-170 passim [Lit.] – A. BECKER, Papst Urban II. (1088-99), II: Der Papst, die gr. Christenheit und der Kreuzzug, 1988 – J. DARROUZÈS, Les réponses de Nicolas III à l'évêque de Zètounion (Fschr. J. HUSSEY, 1988), 327-343 – DERS., L'éloge de Nicolas III par Nicolas Mouzalon, RevByz 46, 1988, 5-60 – E. PAPAGIANNE – S. TROIANOS, Die kanon. Antworten des N. III. G. an den Bf. v. Zetunion, BZ 82, 1989, 234-250.

3. N. v. Myra → Nikolaus v. Myra (10. N.)

4. N. Myrepsos, byz. Arzt bzw. Pharmazeut ('Salbenbereiter') aus dem Ende des 13./Anfang des 14. Jh., kompilierte das umfangreichste Arzneibuch des abendländ. MA: das sog. Dynameron mit mehr als 2650 Vorschriften. Dabei hat er die byz. Rezeptlit. bis nach 1300 ausgeschöpft (J. Aktuarios), aber auch w. Q. benutzt ('Grabadin' des →Mesuë [Junior]; →'Antidotarium Nicolai'). Die 1339 einsetzende hs. Überlieferung strahlte in die arab. Medizinlit. aus, während der Einfluß auf Europa spätestens 1549 mit der – unter wechselndem Titel mehrfach nachgedr. – Übers. des Leonhart Fuchs ('N. M. Alexandrini medicamentorum opus...') beginnt.
G. Keil

Lit.: A. LUTZ, Der verschollene frühsalernitan. Antidotarius magnus in einer Basler Hs. aus dem 12. Jh. und das Antidotarium Nicolai, VIGGPharm, NF 16, 1960, 97-133 – DERS., Das Dynameron des sog. N.M. und das Antidotarium Nicolai, ebd., NF 21, Teil I, 1963, 57-73 – DERS., Chronolog. Zusammenhänge der alphabet. angeordneten ma. Antidotarien (Aktuelle Probleme aus der Gesch. der Medizin, Verh. XIX. Internat. Kongr. Gesch. Med., hg. R. BLASER–H. BUESS, 1966), 253-258 – R. J. DURLING, A Catalogue of Sixteenth Cent. Printed Books in the National Library of Medicine, 1967, Nr. 3049, 3344-3346.

5. N. (Nektarios) **v. Otranto** (v. Hydrus/Hydruntum/v. Casole), * 1155/60, † 9. Febr. 1235, erhielt eine sorgfältige Erziehung, trat schon vor 1207 in das Kl. →S. Nicola di Casole bei Otranto (Apulien) ein (Kl. name Nektarios) und leitete es als siebter Abt von 1219 bis zu seinem Tod. Aus dieser Zeit dürfte die geomant.-astrolog. Schrift ἡ τοῦ λαξευτηρίου τέχνη stammen. Für Bf. Wilhelm v. Otranto, dem das Kl. unterstand, übersetzte er die griech. Basiliusliturgie und andere liturg. und patrist. Texte ins Lat. Wegen seiner Sprachenkenntnisse begleitete er als Dolmetscher Kard. Benedikt v. S. Susanna 1205-07 nach Konstantinopel und Kard. Pelagius Galvani 1214-15 in den Orient. Den Inhalt der Gespräche mit den Juden sowie der Unionsverhandlungen faßte er in Διάλεξις κατὰ τῶν Ἰουδαίων und Τρία Συντάγματα zusammen. Er blieb bei seiner antilat. Haltung in den Kontroverspunkten seiner Zeit (Ausgang des Hl. Geistes [1. Syntagma], →Azyma [2. Syntagma], Samstagfasten, Eucharistiefeier in der Fastenzeit, Priesterehe). 1223 und 1225 ging er als Gesandter nach Nikaia. 1232 verteidigte er in Rom die passive Taufformel erfolgreich. Ferner sind erhalten Briefe (v. a. an G. →Bardanes) und Gedichte.
B. Plank

Ed. und Lit.: Dialexis nicht ediert – Syntagmata: MPG 160, 737-744 [S. III] – Übers.: Bf. Arsenij Ivanščenko v. Kirillov [Vorrede zu B.I, II und III] – Briefe und Gedichte: K. KUMANIECKI, BZ 29, 1929, 1-3 – Oxford Dict. of Byzantium, 1991, 1470-1471 – Tusculum-Lex., 1982³, 570f. – BECK, 669f. – J. M. HOECK–R. J. LOENERTZ, N.-Nektarios v. O., Abt v. Casole, 1965, SPB, 11 [Lit.] – R. ENGDAHL, Beitr. zur Kenntnis der byz. Liturgie, 1973.

6. N. Sigeros, Megas Hetaireiarches (einst ein hoher militär. Rang, im 14. Jh. ein hoher Zivilbeamter) und Megas Diermeneutes (»Großdolmetsch«), gehörte der sozialen Elite an, deren Vertreter sich der Gunst des Ks.s erfreuten (oikeios 'Vertrauter des Ks.s'). Er wurde wiederholt im diplomat. Dienst eingesetzt: Gesandtschaft zu Clemens VI. nach Avignon (Frühjahr 1348), zu Innozenz VI. im Rahmen der Unionsverhandlungen zw. Ks. Johannes V. Palaiologos und dem lat. Titularpatriarchen Paulus (Mitte der 50er Jahre). Er fungierte als Dolmetsch bei dem Aufenthalt des päpstl. Legaten Petrus Thomas in Konstantinopel (1357) und als sprachgewandter Urk.schreiber bei der Vertragsverlängerung Byzanz–Venedig im selben Jahr. Seine Lateinkenntnisse befähigten ihn, die Macrobiusübers. (Somnium Scipionis) des Maximos →Planudes zu verbessern (autographe Marginalien im Planudes-Cod. Monac. gr. 439 erhalten). Anfang 1354 erhielt N.S. von Petrarca einen Dankbrief aus Mailand für die Übersendung einer Homerhs. (Cod. Ambros. 198 inf.). H. Hunger

Lit.: PLP 25282 – A. PERTUSI, L'Omero inviato al Petrarca da Nicola Sigero (Mél. E. TISSERANT, III 2, 1964), 113-139.

Nikolaus, hl. → 10. N.

Nikolaus (s. Nicolaus, Nikolaos)

1. N. Alexander (Nicolae Alexandru), Fs. der →Valachei 1352-64, seit 1343 (?) Mitregent, † 16. Nov. 1364, ⌐ Kl. Negru Vodă, Curtea de Argeș; Sohn von Fs. Basarab I. (→Basarab); ∞ 1. Maria (Söhne: Vladislav [Vlaicu] und Radu, später Fs.en der Valachei; Tochter: Elisabeth, ∞ ung. Palatin Ladislaus v. Oppeln); 2. Clara (Töchter: Ana, ∞ Zar →Ivan Strazimir v. Bulgarien; Anca, ∞ Zar →Stefan Uroš v. Serbien). Die Heiratspolitik N.A.s zielte auf diplomat. Absicherung gegenüber den Ungarn, Tataren und Osmanen. Es gelang ihm die territoriale Ausdehnung seiner Herrschaft im O bis ans Donaudelta und vorübergehend (1345/50) n. der Senke v. Kilia, wobei ihm u. a. Feldzüge Ungarns gegen die Tataren zugute kamen. Das Verhältnis zu Ungarn war durch die Auseinandersetzung um den Vasallitätseid geprägt, den N. A. am 10. Febr. 1355 gegen Bestätigung seines Anspruchs auf die Festung →Severin Ludwig I. leistete. Bedeutsam war 1359 die Anerkennung des ersten Metropoliten für die 'Kirche der Ungrovalachei', Hyakinthos aus der genues. Donaukolonie Vičina (Sitz in Argeș), durch Patriarch Kalixt I. Damit war die Entscheidung zugunsten der Ostkirche gefallen, die Beziehungen zum kath. Ungarn verschlechterten sich entsprechend.
K. Zach

Lit.: N. IORGA, Gesch. des rumän. Volkes im Rahmen seiner Staatenbildung, 1, 1905.

2. N. I., Papst seit 24. April 858, * um 820, † 13. Nov. 867, ⌐ Rom, St. Peter; Sohn des röm. Regionars Theodor (vielleicht mit dem 850-857 belegten Notar und Scriniar ident.) und seit dem Pontifikat von Sergius II. (844-847) im Umkreis der Päpste belegt (unter Sergius Subdiakon,

847–855 Diakon). Seine Wahl und Erhebung erfolgte unter maßgebl. Beteiligung Ks. Ludwigs II., jedoch entwickelte N. schon bald eine sehr eigenständige, teilweise auch gegen den Ks. gerichtete Politik. In mehreren größeren Konfliktfällen während seines Pontifikates, die bis in den O ausgriffen und sich teilweise zeitl. überschnitten, brachte er die bes. Stellung des Papsttums eindringl. zur Geltung. So zwang er den zunächst von Ludwig II. unterstützten Ebf. Johannes VII. v. Ravenna, der in röm. Rechte eingegriffen hatte, zur Unterwerfung (861). V. a. gegenüber →Hinkmar v. Reims versuchte N., den Vorrang des päpstl. Entscheides gegenüber Synodal- und Metropolitangewalt durchzusetzen (Verwendung einzelner Zitate aus →Pseudo-Isidor), indem er die Streitfälle des Bf.s →Rothad v. Soissons und einiger noch vom früheren Reimser Metropoliten →Ebo geweihter Kleriker aufgriff. Seine ebenso entschiedene Haltung im Ehestreit Kg. Lothars II. gipfelte in der Absetzung der diesen unterstützenden Ebf.e →Theutgaud v. Trier und Gunther v. Köln (863); die Unterstützung, die N. in diesem Fall durch die Traktate Hinkmars erhielt, ist teilweise aus dessen polit. Motiven zu erklären.

Fast während des gesamten Pontifikates, von 861–867, währte die Auseinandersetzung mit Byzanz. Die Anerkennung des unkanon. erhobenen Patriarchen →Photios verweigerte N. und sprach – vielleicht unter Druck einiger nach Rom gereister Anhänger des abgesetzten Patriarchen →Ignatios – 863 sogar die Absetzung aus. Der Streit verschärfte sich noch ab 866 in der Auseinandersetzung um Bulgarien. Der neugetaufte bulg. Fs. →Boris I. hatte 866 um Glaubensboten und Auskünfte zu kirchl. (Rechts-)bräuchen angefragt. N. entsandte Missionare mit einem ausführl. Lehrschreiben (»Responsa ad consulta Bulgarorum«) nach Bulgarien. Zusammen mit den anderen Konfliktpunkten führte diese Einflußnahme zum Bruch mit Photios, der zum Kampf gegen die lat. Bräuche aufrief und sogar ein Absetzungsurteil gegen N. in Konstantinopel erreichte. Dies blieb aber wegen eines polit. Umschwunges in Byzanz und auch wegen des kurz darauf erfolgten Todes von N. wirkungslos.

Eine Beurteilung N.' bleibt umstritten. Schon von den Zeitgenossen als kraftvolle, machtbewußte Persönlichkeit eingeschätzt, gilt er auch vielen modernen Interpreten oftmals als Vorläufer der päpstl. Weltherrschaft (HAUCK), jedoch hat die Edition und Analyse der umfangreichen Briefe gezeigt, daß viele der in dieser Hinsicht einschlägigen Zitate kein originales Gedankengut sind (PERELS); auch die Rezeption der pseudo-isidor. Dekretalen bleibt noch vereinzelt, ordnet sich allerdings in die ekklesiolog. Vorstellungen des Papstes ein (FUHRMANN). Außerdem wird die Bedeutung des seit 862 wieder an Einfluß gewinnenden →Anastasius Bibliothecarius, Verfasser vieler der unter dem Namen N. abgesandten Briefe, kontrovers eingeschätzt.   K. Herbers

Q.: LP II, 151–172 – JAFFÉ² I, 341–368; II, 703, 745 – IP – GP – PU – Briefe, ed. E. PERELS (MGH Epp. Karol. 4, 1902–25), 257–690 – Responsa Nicolai I papae ad consulta Bulgarorum, 1934 – RI I, 3, 1 (bearb. H. ZIELINSKI, 1991) – Lit.: DThC XI, 506–526 – HKG III/1, 162–171, 201–204 – LThK² VII, 976f. – HALLER² II, 72–117 – SEPPELT II, 241–288 – E. PERELS, N. und Anastasius Bibliothecarius, 1920 – P. DAUDET, La jurisdiction matrimoniale d'après Hincmar de Reims et Nicolas Ier, 1931 – J. HALLER, N. und Pseudoisidor, 1936 – F. DVORNIK, The Photian Schism, 1948 [Nachdr. 1970] – C. BRÜHL, Hincmariana, DA 20, 1964, 48–77 [Nachdr.: DERS., Aus MA und Diplomatik. Ges. Aufsätze I, 1989, 292–322] – K.-U. BETZ, Hinkmar v. Reims, N., Pseudo-Isidor [Diss. Bonn 1965] – I. DUJČEV, Die Responsa Nicolai I Papae ad consulta Bulgarorum als Q. für die bulg. Gesch. (DERS., Medioevo Bizantino-Slavo I [Storia e Letteratura 1029], 1965), 125–148 – Y. M. J. CONGAR, Nicolas Ier: ses positions ecclésiologiques, RSCI 21, 1967, 393–410 – H. FUHRMANN, Einfluß und Verbreitung der pseudoisidor. Fälschungen, 3 Bde, 1972–74 – J. L. WIECZYNSKI, The Anti-Papal Conspiracy of the Patriarch Photius in 867, Byz. Studies 1, 1974, 180–189 – L. HEISER, Die Responsa ad consulta Bulgarorum des Papstes N. (858–867), 1979 – R. J. BELLETZKIE, Pope Nicholas I and John of Ravenna, Church Hist. 49, 1980, 262–272 – J. C. BISHOP, Pope Nicholas I and the First Age of Papal Independance [Diss. Ann Arbor 1981] – E. BOSHOF, Odo v. Beauvais, Hinkmar v. Reims und die kirchenpolit. Auseinandersetzungen im westfrk. Reich (Ecclesia et regnum, Fschr. F.-J. SCHMALE, hg. D. BERG-H.-W. GOETZ, 1989), 39–60 – P. A. HOLMES, Nicholas I's »Reply to the Bulgarians« Revisited, Ecclesia Orans 7, 1990, 131–143 – H. FUHRMANN, Widerstände gegen den päpstl. Primat im Abendland (Il primato del vescovo di Roma nel primo Millenio, hg. M. MACCARRONE, 1991), 707–736 – K. HERBERS, Der Konflikt Papst N.' mit Ebf. Johannes VII. v. Ravenna (861) (Diplomat. und chronolog. Stud. aus der Arbeit an den RI, hg. P.-J. HEINIG, 1991), 51–66.

3. N. II. (zuvor Gerhard), *Papst* seit 6. Dez. (?) 1058, † 20. Juli 1061 Florenz; aus dem frz. Burgund, vor 1045 Bf. v. Florenz, wo Papst Stephan IX. am 29. März 1058 starb; N. wurde gegen Benedikt X. auf Betreiben Hildebrands (→Gregor VII.) und mit Zustimmung des dt. Hofes, die man abwartete, von den aus Rom geflohenen Kard. bf.en in Siena gewählt und nach einer Synode in Sutri zur Exkommunikation Benedikts unter dem Schutz Hzg. →Gottfrieds III. d. Bärtigen (12. G.) am 24. Jan. 1059 in Rom inthronisiert. Der Legalisierung seiner Erhebung diente die →Lateransynode v. 1059, die das bedeutendste Ereignis in N.' Pontifikat wurde. Zukunftsweisend war auch das aus der Bekämpfung des Gegenpapstes erwachsene Bündnis mit den zuvor feindl. Normannen Unteritaliens, deren Anführer, →Robert Guiscard und →Richard v. Aversa, N. im Aug. 1059 in Melfi als Vasallen annahm. Durch eine Legation unter dem Kard. →Petrus Damiani griff er in den Mailänder Streit zw. Ebf. →Wido und der →Pataria ein. Kurz vor N.' Tod kam es aus ungeklärtem Grund zu einem schweren Zerwürfnis mit dem dt. Hof. Als Persönlichkeit tritt N. schon in zeitgenöss. Zeugnissen hinter seinen Hauptberatern Hildebrand, →Humbert v. Silva Candida und Petrus Damiani zurück.   R. Schieffer

Q.: LP II, 280 – JAFFÉ² I, 557–566; II, 711, 750 – Lit.: HALLER² II, 312–337, 586–594 – SEPPELT III, 37–49 – D. HÄGERMANN, Zur Vorgesch. des Pontifikats N., ZKG 81, 1970, 352–361 – W. GOEZ, Reformpapsttum, Adel und monast. Erneuerung in der Toscana (VuF 17, 1973), 205–239 – T. SCHMIDT, Alexander II. (1061–73) und die röm. Reformgruppe seiner Zeit, 1977, bes. 63–80 – J. LAUDAGE, Priesterbild und Reformpapsttum im 11. Jh., 1984, 207ff. [dazu AK 68, 1986, 479ff.] – G. TELLENBACH, Die w. Kirche vom 10. bis zum frühen 12. Jh. (Die Kirche in ihrer Gesch. 2, Lfg. F 1, 1988), 127ff., 158f.

4. N. III. (Giovanni Gaetano), *Papst* seit 25. Nov. 1277 (Wahl in Viterbo; Krönung: 26. Dez. 1277 in Rom, St. Peter), † 22. Aug. 1280 in Soriano, ☐ Rom, St. Peter; stammte aus dem stadtröm. Geschlecht der →Orsini. Schon als Kard. (seit 1244) bes. bei Konklaven einflußreich, war er seit Pontifikatsbeginn um Distanz zu →Karl I. v. Anjou (Ende von dessen Reichsvikariat und röm. Senatorenamt) und Klärung des Verhältnisses zum Reich (Verzicht Rudolfs v. Habsburg auf die Romagna) bemüht. Päpstl. Vermittlung zw. beiden Herrschern führte zur reichsrechtl. Belehnung des Anjou mit der Provence sowie zur Heirat(sverabredung) von Rudolfs Tochter Clementia mit Karls Enkel Karl Martell. Weniger Erfolg hatten N.' Ausgleichsbemühungen zw. Frankreich und Kastilien und sein Versuch, die 1274 geknüpfte Verbindung zu Byzanz (→Lyon, II. Konzil v.) zu festigen. Sein angebl. »Vierstaatenprojekt« (überl. bei Tolomeo di Lucca, Hist. eccl., ed. L. A. MURATORI [Rerum Italicarum Scriptores XI, 1727], 1179–1184, hier 1183) ist schwerlich histor., jedenfalls wirkungslos geblieben. Förderer des Franziskanerordens und Vermittler in dessen Armutsstreit (→Bettelorden), Bauherr und Mäzen röm. Kirchen, wurde N. wegen seines →Nepotismus von Dante (Div. Comm. I, XIX, 46–81) ins Inferno verdammt. B. Roberg

Q. und Lit.: POTTHAST, Reg. II, 1719-1755 – Les Registres de Nicolas III (1277-1280) (Bibl. des Écoles françaises d'Athènes et de Rome, 2ᵉ sér. XIV, 1898-1938) – A. DEMSKI, Papst N. III. (Kirchengeschichtl. Stud., hg. A. KNÖPFLER u. a., Bd. VI, H. 1-2, 1903) – HALLER V², 1953, 46-57, 329-335 – Acta romanorum pontificum ab Innocentio V ad Benedictum XI... coll. F. L. DELORME–A. TAUTU (Pont. Comm. ad red. CIC orientalis, Fontes, ser. 3, vol. 5, tom. 2, 1954) – SEPPELT III, 1956, 543-554 – C. I. KYER, The Legation of Cardinal Latinus and William Duranti's Speculum legatorum, Bull. of Medieval Canon Law 10, 1980, 56-62 – I. LORI SANFILIPPO, La pace del cardinale Latino a Firenze nel 1280, BISI 89, 1980/81, 193-259 – J. L. HEFT, Nicholas III (1277-1280) and John XXII (1316-1334), AHP 21, 1983, 245-257 – C. BENOCCI, Niccolò III, i domenicani e la committenza di S. Maria sopra Minerva (Atti della IV Sett. di Stud. dell'Arte medievale..., 1983), 585-900 – M. D'ONOFRIO, Le committenze e il mecenatismo di papa Niccolò (ebd.), 554-565.

5. N. IV. (Girolamo d'Ascoli) OFM, *Papst* seit 22. Febr. 1288, * um 1225-30 in Lisciano bei Ascoli, † 4. April 1292 in Rom, ⌐ ebd., S. Maria Magg. (Grab nicht erhalten). Nach Eintritt in den OFM und Theologiestudien erwarb N. den Lector-Titel (ihm werden ein Sentenzenkomm. und »Sermones de tempore et de Sanctis« zugeschrieben). Als päpstl. Gesandter erzielte er während der Unionsverhandlungen mit dem griech. Ks. in Byzanz (1272-74) eine Übereinkunft. 1274 zum Generalminister gewählt, leitete er 1276-79 die Friedensverhandlungen zw. Philipp III. und der Krone Aragón. 1278 zum Kard. ernannt. In seiner stadtröm. Politik stützte er sich weitgehend auf die →Colonna. Durch eine Aufteilung der Einkünfte der Kirche zw. Papst und Kard.en stärkte er das Sacrum Collegium. Nicht zuletzt im Hinblick auf die Proklamation eines – letztl. erfolglosen – Kreuzzugs (1290) vermittelte er den Frieden zw. Aragonesen und Anjou und krönte 1289 →Karl II. v. Anjou. Zugleich strebte er nach friedl. Beziehungen mit den Mongolen (→Johannes de Monte Corvino [147. J.]). 1289 verlieh N. der Rechtsschule in →Montpellier das Gründungsprivileg und den Univ.en Paris und Bologna das Recht, die licentia ubique docendi zu erteilen. Mit der Bulle »Supra montem« (1289) suchte er der z. T. außerhalb des Mendikantenordens stehenden Bußbewegung eine einheitl., orthodoxe und »röm.« Prägung zu geben. Verschiedene röm. Kirchen ließ N. ausschmücken (z. B. Apsismosaik von S. Maria Magg., Rom). G. Barone

Q. und Lit.: Les Registres de Nicolas IV, éd. E. LANGLOIS, 1886-93 – DThC XI, 536-541 – LThK² VII, 978f. – A.A. VV. La »Supra montem« di Niccolò IV (1289), 1988 – A. FRANCHI, Nicolaus papa IV 1288-1292 (Girolamo d'Ascoli), 1990 – A.A. VV. Niccolò IV: un pontificato tra Oriente ed Occidente, 1991.

6. N. V. (Tommaso Parentucelli), *Papst* seit 6. März 1447 (Wahl; Krönung: 19. März), * 15. Nov. 1397 Sarzana, † 24. März 1455; Sohn eines Arztes, Jugend und Ausbildung in Florenz und Bologna, Lehrer bei reichen Florentiner Familien, dann im Dienst des Bf.s und Kard.s Niccolò →Albergati, mit dem er 1426 an die röm. Kurie kam; 1444 Bf. v. Bologna. Nachdem N. als Legat in Deutschland (mit Juan de →Carvajal) erfolgreich für die Anerkennung Papst Eugens IV. gewirkt hatte, ernannte ihn dieser am 16. Dez. 1446 zum Kard. N., äußerl. unansehnl., sittenstreng, universal gebildet, ein kluger Schlichter und Vermittler, gelang es bald, die unter Eugen IV. entstandenen Wirren beizulegen und die schwer erschütterte päpstl. Autorität wiederherzustellen. Tüchtige Helfer fand er u. a. in den Kard.en Juan de Carvajal, →Isidor v. Kiev, Guillaume d'→Estouteville und →Nikolaus v. Kues, auch in →Johannes v. Capestrano (76. J.). N. erlangte rasch die Anerkennung Kg. Friedrichs III., mit dem er am 17. Febr. 1448 das →Wiener Konkordat schloß und den er am 19. März 1452 in der Peterskirche zum Ks. krönte (letzte Ks. krönung in Rom). Eine bemerkenswerte Leistung war seine friedl. Beendigung des Schismas in Verbindung mit dem Konzil v. →Basel. Das glanzvolle Jubiläum 1450 feierte die wiedergewonnene Einheit. Die letzten Lebensjahre des Papstes verdüsterten die Verschwörung der →Porcari und noch mehr der Fall →Konstantinopels (29. Mai 1453). N. suchte dem Vordringen der Türken entgegenzuwirken, aber sein Kreuzzugsaufruf v. 30. Sept. 1453 und andere Bemühungen blieben im polit. zersplitterten Abendland fast erfolglos.

Größten Ruhm erwarb sich N. als Förderer der Künste und Wissenschaften. Er zog viele Gelehrte und Literaten des mächtig aufstrebenden Humanismus an seinen Hof (→Poggio Bracciolini, Lorenzo →Valla, Vespasiano da →Bisticci u. a.) und wurde der Neubegründer der →Vatikan. Bibl. Durch den langen Aufenthalt in Avignon, das dort ausgebaute päpstl. Stellenbesetzungs- und Finanzsystem, das folgende →Abendländ. Schisma, die konziliaren Kämpfe (→Konziliarismus) und das Emporkommen der Nationalstaaten hatte das Papsttum entscheidend an polit. Gewicht verloren; N. wollte Papsttum und Kirche als führende christl. Kulturmacht zu neuem Ansehen bringen. Das drängende Problem der Kirchenreform blieb ungelöst. G. Schwaiger

Q.: I. MANETTI, Vita Nicolai V summi pontificis (MURATORI 3/2), 908-960 – Vespasiano da Bisticci, Vite di Uomini illustri del sec. XV, hg. P. D'ANCONA–E. AESCHLIMANN, 1951, 21-47 – Rep. Germanicum VI, 2 Bde, 1985-89 [dazu M. REIMANN, RQ 86, 1991, 98-112] – Lit.: HKG III, 2, 634-648 – SEPPELT IV², 307-326 – CH. BURROUGHS, Below the Angel: An Urbanistic Project in the Rome of Pope Nicholas V, J Warburg 45, 1983, 94-124 – J. IRMSCHER, Die Romidee von Griechen nach 1453, Parnassos 25, 1983, 39-46 – E. MEUTHEN, Der Fall v. Konstantinopel und der lat. W., HZ 237, 1983, 1-35 – A. PERTUSI, Testi inediti e poco noti sulla caduta di Costantinopoli, hg. A. CARILE, 1983 – M. ACCARINI, Pietro da Noceto segretario di papa Nicolò V, Parma nell'Arte, 1983/84, 13-20 – M. G. BLASIO u. a., Un contributo alla lettura del canone bibliogr. di Tommaso Parentucelli, Littera antiqua 4, 1984, 125-165 – A. MEYER, Das Wiener Konkordat v. 1448, QFIAB 66, 1986, 108-152 – J. HELMRATH, Das Basler Konzil 1431-49, 1987 – M. GARGANO, Niccolò V. La mostra dell'acqua di Trevi, ASRSP 111, 1988, 225-266 – G. ZANDER, Potrà il monumento sepolcrale di Nicolò V essere ricomposto?, Strenna dei Romanisti 49, 1988, 589-605.

7. N. V. (Pietro Rainalducci), *Gegenpapst* 12. Mai 1328–25. Juli 1330, † 16. Okt. 1333 in Avignon; entstammte einer einfachen Familie aus Corvaro in den Abruzzen, verließ nach fünfjähriger Ehe seine Frau, trat dem Franziskanerorden bei und lebte mehrere Jahre im Kl. S. Maria in Aracoeli in Rom. Auf Veranlassung von Ks. Ludwig d. Bayern wählte ihn am 12. Mai 1328 ein Ausschuß von 13 röm. Klerikern gegen den in Avignon residierenden Johannes XXII. Nach dem Rückzug Ludwigs aus Rom (4. Aug. 1328) schwand sein ohnehin nur auf Italien beschränkter Einfluß immer mehr. Seine Abkehr vom Ks. verschlimmerte seine Lage. Als ihm Johannes XXII. Begnadigung und 3000 Gulden Pension zugesichert hatte, verzichtete er auf die Papstwürde (25. Juli 1330) und begab sich zu diesem nach Avignon, wo er bis zu seinem Tod in ehrenvollem Hausarrest im Papstpalast gehalten wurde.

G. Kreuzer

Q.: K. EUBEL, Der Registerbd. des Gegenpapstes N. V., AZ NF 4, 1893, 123-212 – Vitae Paparum Avenionensium, I, hg. E. BALUZE–G. MOLLAT, 1914, 143-151; II, 1927, 196-210; III, 1921, 433-450 – A.

MERCATI, Suppl. al registro del antipapa Nicolo V, StT 134, 1947, 59–76 – *Lit.*: ECatt X, 505f. – LThK² VII, 979 – NCE X, 445 – K. EUBEL, Der Gegenpapst N.V. und seine Hierarchie, HJb 12, 1890, 277–308 – G. MOLLAT, Les papes d'Avignon (1305–1378), 1965[10], 338–347 – L. LOPEZ, Pietro del Corvaro, antipapa Niccolò V nei manoscritti di A.L. Antinori (Bull. della Deputaz. Abruzzese ... 72, 1982), 301–320.

8. N. v. Bari, Abt und Diakon der Kirche v. Bari, Verf. eines Briefs an →Petrus de Vinea, in dem Ks. Friedrich II. auf das höchste gelobt wird. N. ist möglicherweise ident. mit dem Prediger Nikolaus, der 1229 in der Kathedrale v. Bitonto in Gegenwart Friedrichs II. eine Predigt hielt, in der der Ks. in die Nähe Gottes gerückt und das stauf. Haus zum Endkaisergeschlecht erklärt wurde. H. Houben
Ed.: R. M. KLOOS, Eine neue Q. zur Entwicklung der Ks.idee unter Friedrich II., DA 11, 1954, 166–190 [Neudr.: Stupor mundi, hg. G. WOLF, 1982², 130–160] – *Lit.*: H. M. SCHALLER, Das Relief an der Kanzel der Kathedrale v. Bitonto, Ein Denkmal der Ks.idee Friedrichs II., AK 45, 1963, 295–312 [Neudr.: Stupor mundi, 299–324].

9. N. Trąba, Ebf. v. →Gnesen, * um 1358, † 4. Dez. 1422 in Käsmark; unehel. Sohn des Jakub, Scholastikus der Kollegiatskirche v. Sandomir, und der Elisabeth, Gattin (?) des geadelten Sandomirer Bürgers und Großprokurators v. Kleinpolen, Wilhelm (T.). Seit 1386 gehörte N. zur kgl. Kanzlei und im Winter 1386/87 zum Gefolge Kg. →Władysławs II. Jagiełło v. Polen bei der Christianisierung →Litauens. 1403 wurde N. Unterkanzler, Leiter der kgl. Kanzlei und Mitglied des kgl. Rats. Als Befürworter des Kriegs gegen den Dt. Orden sprach N. sich 1411 gegen die Bedingungen des 1. →Thorner Friedens aus und widersprach 1412 einigen Punkten des Abkommens mit Ks. Siegmund in Altlublau (Lubowla); er legte daraufhin das Amt des Unterkanzlers nieder. 1410 wurde N. Ebf. v. →Halič, 1412 Ebf. v. Gnesen. 1414–18 leitete er die poln. Gesandtschaft auf dem Konzil v. →Konstanz und bestimmte die Diplomatie in der Auseinandersetzung mit dem Dt. Orden. Er stand an der Spitze der poln. Abordnungen zu Ks. Siegmund 1420 in Breslau und 1422 in Käsmark. S. Gawlas
Lit.: PSB XXI, 97–99 – T. SILNICKI, Arcybiskup Mikołaj Trąba, 1954 – J. KRZYŻANIAKOWA, Kancelaria królewska Władysława Jagiełły, I–II, 1972–79 – H. BOOCKMANN, Johannes Falkenberg, der Dt. Orden und die poln. Politik, 1975 – I. SUŁKOWSKA-KURASIOWA, Dokumenty królewskie i ich funkcja w państwie polskim za Andegawenów i pierwszych Jagiellonów 1370–1444, 1977.

10. N. v. Myra, Bf. v. Myra in Kleinasien, einer der herausragendsten Hl.n der Christenheit seit dem Früh-MA.
I. Legende und Verehrung – II. Darstellung in Byzanz – III. Darstellung im Westen – IV. Verehrung und Darstellung in Altrußland.
I. LEGENDE UND VEREHRUNG: Seine legendär. Gestalt und die Verehrung von Reliquien werden bis in konstantin. Zeit zurückverlegt. Der 6. Dez. (342 oder 347) gilt als Todestag und wurde daher im O wie im W Festtag. Die früheste Legende des 6. Jh. vermischt seine Vita mit der des Archimandriten Nikolaus v. Sion, Bf. v. Pinara in Lykien, † 10. Dez. 564. Seit dieser Zeit ist ein Grabeskult in Myra (wo bereits Paulus missioniert hatte, Apg 27, 5) belegt. Bis zum 9. Jh. war der Aufstieg zum Hauptwundertäter neben der Gottesmutter in der Ostkirche abgeschlossen, Konstantinopel das Verehrungszentrum. Nach mehrfacher Zerstörung Myras durch muslim. Einfälle bemächtigte sich eine Expedition der reichen Kaufmannsstadt →Bari der wichtigsten Reliquien und begründete mit der feierl. Überführung am 9. Mai 1087 (2. Festtag im W) und anschließendem Kirchenbau das abendländ. Kultzentrum, gefördert vom Papst, den Normannen in Süditalien und später den dt. Ks.n. Weitere Reliquien verschaffte sich die Republik Venedig auf dem 1. Kreuzzug, vermochte aber mit Bari nicht mehr zu konkurrieren. Bis 1500 gab es im Abendland mehr als 2000 Kultstätten (MEISEN, 126–171). Für Frankreich wurde Saint-Nicolas-du-Port (Lothringen, 12. Jh.) mit seiner Daumenreliquie zum meistbesuchten Wallfahrtsort nördl. der Alpen. Das N.-Patrozinium wurde nach der Translation von 1087 in Mittel-, Nord-, Ost- und Teilen Westeuropas in großem Umfang bei der Gründung neuer Kirchen von Kaufmannssiedlungen verwendet, die an wichtigen Punkten des Fernhandels vor der Entstehung der Städte entstanden und daraufhin in der Regel als Ansatzpunkte für die spätere Stadtentwicklung dienten (BLASCHKE).

Die liturg. und lit. Überlieferung von Byzanz nach Rom ging aus von der »Praxis de stratelatis« des 6. Jh., der wichtigsten Wundergeschichte des Hl.n von der Errettung dreier zu Unrecht eingekerkerten Feldherren. Diese wird schon im 7. Jh. lat. greifbar. Die lat. Liturgie kennt im 9. Jh. Hymnen aus Süditalien, für den 6. Dez. von Monte Cassino aus dem 10. Jh. Eine eigtl. Festfeier setzte sich in Rom erst im 11. Jh. durch. Auf dem Konzil zu Oxford (1222) wurde das Fest vom 6. Dez. in die erste Klasse eingereiht. Benediktiner und Bettelorden nahmen es in ihre Liturgie auf. Das Translationsfest von Bari vom 9. Mai übernahmen auch Frankreich und einige dt. Diözesen.

Die älteste lat. Vita wurde Ende des 9. Jh. von Johannes Diaconus v. Neapel geschrieben (BHL 6104). In ihrer Tradition steht die erste volkssprachl. Legendensammlung des Anglonormannen Robert →Wace im 12. Jh. Die Legende wurde im klösterl. Umkreis erzählt und auf der Bühne als liturg. Drama dargestellt: z. B. ein N.spiel des Jean →Bodel aus Arras um 1200 (s. a. →Mirakelspiele). Einer Vita in Form eines kleinen lat. Dramas aus dem Kl. St. Benoît-sur-Loire (Fleury) geht ein Abriß aus der →Legenda aurea des Jacobus de Voragine voraus, der den Namen N. u. a. aus Nikos = Sieg herleitet und anschließend die Wundertaten des Nothelfers ausbreitet. In Konstantinopel hieß es in der kirchl. Vigilfeier: »Mit Recht trägst du des Sieges Namen ... allen, die voll Liebe zu dir sich flüchten, eilst hilfreich du zur Seite; bei Tag und bei Nacht erscheinst du den Gläubigen und rettest sie aus Unheil und Bedrängnis«. Das meint seine Fähigkeit, schon zu Lebzeiten im Traum vor dem Ks. und dem Eparchen von Konstantinopel erschienen zu sein, um für die Notleidenden einzutreten, »engelgleich«, als »irdischer Engel« und »himmlischer Mensch« (s. a. Abschnitt IV).

N. wurde im MA nicht nur Patron v. Bari und unzähligen Kirchen, den im Besitz der Augustiner befindl. Hospizen in den Alpen (Gr. St. Bernhard), Freiburg (Schweiz) und Lothringen, sondern auch aufgrund der Legenden zum bes. Nothelfer der Verurteilten und Gefangenen (Feldherrenlegende), der Jungfrauen und heiratslustigen Mädchen (Ausstattung der drei verarmten Jungfrauen), der Seefahrer (Rettung aus Seenot), der Getreidehändler und Bäcker (Getreidewunder), des Kinderglücks und der kranken Kinder (Wannenwunder, Rückführung des geraubten Sohnes), der Reisenden, Pilger und Kaufleute (BLASCHKE), der Mönche und Geistlichen, der Schüler. Das Schülerpatronat geistl. Schulen des MA gehört in den Umkreis der Legende von der Auferweckung der drei eingepökelten Schüler, bes. in Frankreich und den angrenzenden Gebieten. In Paris war N. zweiter Patron der Univ. seit dem 13. Jh. An seinem Festtag veranstalteten die Studenten einen Fackelzug. Ma. Nikolausspiel und Schülerfest können die Grundlage sein für den überall im W verbreiteten Brauch der Einkehr des Hl.n als Gabenbringer und Kinderfreund. A. Brückner

II. DARSTELLUNG IN BYZANZ: Die Bedeutung des Hl.n im O wird durch unmittelbar nach dem Ikonoklasmus im 9./10. Jh. auftretende Darstellungen auf Ikonen (Katharinenkl. auf dem Sinai, Soteriu Nr. 21) und Elfenbeinen (Triptychon im Pal. Venezia in Rom; Harbaville-Triptychon im Louvre zu Paris) deutlich. Vorikonoklast. Darstellungen können angenommen werden. In Wandmalerei- und Mosaikprogrammen ist er ebenfalls seit dem 9. Jh. belegt (Göreme, Kap. 3; H. Lukas; Cefalù), ausnahmslos ganzfigurig und in bfl. Gewandung. Als Büste findet man N. dann bereits auf den Emails des Romanos Kelches von 959/963 im Tesoro di S. Marco (Nr. 65) sowie einem verwandten Kelch (ebd. Nr. 68) oder der Limburger Staurothek. In den byz. Bildprogrammen gehört N. mit den Kirchenlehrern und Liturgen zum innersten Zirkel der Hl.n, der seinen Platz fast durchgehend in der Apsis (so auch S. Marco in Venedig, Apsismosaiken kurz nach 1100) bzw. im Bema (Cefalù) hat. Ein bes. Typus sind die Vita-Ikonen, bei denen sich um die übliche Darstellung des Hl.n im bfl. Gewand (ganzfigurig oder Brustbild), weitere Bildfelder mit Szenen aus der N.-Legende zu einem Rahmen gruppieren. Vitenzyklen finden sich darüber hinaus auch in der späteren byz. Wandmalerei im größeren Zusammenhang von Menologion Darstellungen (Staro Nagoričino, H. Nikolaos Orphanos in Thessalonike, Dečani u. a.). Es handelt sich dabei wohl durchgehend um Übernahmen aus der Illustration von Synaxarien und Menologien. M. Restle

III. DARSTELLUNG IM WESTEN: In Italien herrschte bis ins 13. Jh. der byz. Typus vor: Bisceglie, S. Margherita, 2 Gemälde (11. Jh.); Venedig, S. Marco, Mosaik (12. Jh.); Monopoli, Bronzetafel (13. Jh.); Brindisi, S. Lucia, Fresko (13. Jh.) u. ö. Der byz. Typus, westl. abgewandelt, begegnet auf einer Bronzetafel in Bari von 1139: N. ohne Bart und mit Bf.sstab; mit Mitra in der Kapelle Sancta Sanctorum am Lateran. In Deutschland und Frankreich gibt es dafür ebenfalls Beispiele: Epistolar aus der Abtei Komburg (12. Jh.), Bl.41 v., jetzt Stuttgart; Psalterium der Abtei Siegburg (12. Jh.); ein thronender N. mit Buch und Mitra am Südportal des Freiburger Münsters aus roman. Zeit; in der Vierung im Dom zu Limburg mit Buch und Mitra.

Gegen Ende des MA setzte sich ein selbständiger ikonograph. Typus durch mit bestimmten Attributen: in Italien und Deutschland der Bf. mit drei goldenen Kugeln für die drei Jungfrauen, in Frankreich, den Niederlanden und angrenzenden Gebieten mit drei Knaben im Salzfaß. Bisweilen ist N. in der Gruppe der Vierzehn Heiligen vertreten (→Nothelfer).

Zykl. Darstellungen der Legende gibt es im O wie im W, je nach Beliebtheit der Motive (LCI VIII, 54–58). Ein frühes Zeugnis von der Darstellung der drei verarmten Jungfrauen befindet sich auf einem Wandgemälde in S. Maria antiqua in Rom (8./9. Jh.), in Frankreich im Chorfenster der Kirche in Civray in der Diöz. Tours (12. Jh.), im Tympanon des Portals im Colmarer Münster (14. Jh.), in der N. kapelle im Münster zu Konstanz (15. Jh.) u. ö. Die Seefahrergeschichte ist in Italien nicht häufig, in Dtl. erscheint sie im Freiburger Münster in einem Glasfenster, im Wormser Dom im Tympanon des Portals der N. kapelle; die Darstellung des N. mit den gefüllten Kornschiffen in Frankreich in Glasgemälden in Tours und in Chartres, im Münster in Colmar, in Konstanz u. ö. Das Wannenwunder in zwei Fenstern in Chartres und im Kl. Lambach (Oberösterreich); die Feldherrenlegende in Assisi, S.

Francesco, Unterkirche (14./15. Jh.); in den Zyklen fehlen selten Darstellungen der Mirakelgeschichte vom »Wunderwirkenden N. bild«: z. B. in Tours, Freiburg, in Köln, Maria-Lyskichen. Der Gegensatz zw. N. und dem Teufel in Gestalt der Diana ist dargestellt in Tours in zwei Fensterfeldern und auf einer Kasel aus St. Blasien, wo sie den Schiffern das Zauberöl überreicht; dieses Motiv ist selten. A. Brückner

Lit.: G. ANRICH, Hagios Nikolaos, Der hl. N. in der griech. Kirche, Texte und Unters., 2 Bde, 1913–17 – K. MEISEN, N. kult und N. brauch im Abendlande, 1931 – P. MAROT, Saint-Nicolas-du-Port. La »Grande église« et le Pélerinage. Description archéol. par A. PHILIPP, 1963 – Slav. Institut (ed.), N. legenden, 1964 – S. METKEN, St. N. in Kunst und Volksbrauch, 1966 – K. BLASCHKE, Nikolaipatrozinium und städt. Frühgesch., ZRGKanAbt 84, 1967, 273–337 – M. EBON, Saint Nicholas, Life and Legend, 1975 – C. MÉCHIN, Sankt N., Feste und Volksbräuche, 1982 – A. ARENS, Unters. zu Jean Bodels »Le jeu de Saint Nicolas«, 1986 – R. HOTZ, S.N. – Fakten und Legenden (S.N. Begleith. Ausst.kat. Mus. der Dt. Binnenschiffahrt Duisburg-Ruhrort, 6. Dez. 1990 – 3. Febr. 1991).

IV. VEREHRUNG UND DARSTELLUNG IN ALTRUSSLAND: Im Altruss. wurde aus Kontamination mit →Michael Mikula, Mikola u. ä. (z. B. Menäen, 11. Jh.), ebenso im Westslav. (z. B. Mikulčice, Miklos u. a.). Die aruss. Chronik vermerkt zu 882 die Errichtung einer N.-Kirche am Grabe Askolds. Byz. Vorstellungen von N. als ἄλλος σωτήρ, περιβόητος u. a. werden weiter entwickelt (N. anstelle Christi auf einem Deisus, Pskov, 14./15. Jh., Pskovskaja Ikona, 1990, T. 30, anstelle Johannes des Täufers auch in westslav. Ikonographie). Dazu das russ. Sprichwort: »Stirbt Gott, haben wir noch den hl. N.« Zahlreiche N.-Kirchen an Handelsstraßen und -städten (Novgorod!). Gleichzeitig spielte N./M. im aruss. Synkretismus (dvoeverie) eine dominante Konkurrenzrolle nicht nur zu christl. Prototypen einschließl. Gott, sondern auch zu altslav. wie Perun und Volos. Mit diesen u. a. nahm er wichtige Acker- und Viehpatronate in Anspruch. Wohl mehr noch als in Byzanz wurde N. in Rußland wegen seiner »compassionate love« (G. P. FEDOTOV) verehrt. K. Onasch

Lit.: G. P. FEDOTOV, The Russian Religious Mind, 2 Bde, 1966 [Register] – L. HEISER, N. v. Myra, 1978 – B'. A. USPENSKIJ, Filologičeskie razyskanija v oblasti slavjanskich drevnosti (Relikty jazyčestva v vostočnoslavjanskom kul'te Nikolaja Mirlikijskogo), 1982 [Lit.].

11. N. OPraem, Bf. v. →Riga, † Ende 1253 vermutl. in Riga; Angehöriger oder Verwandter der Familie v. Nauen. 1227/28 Kanoniker des Liebfrauenstifts OPraem Magdeburg, 1229 vom Domkapitel zum Bf. v. Riga gewählt, 1231 von Papst Gregor IX. gegen den vom Ebf. v. Bremen ernannten →Albert Suerbeer (8. A.) bestätigt. N. trat sofort dem Machtstreben des päpstl. Vizelegaten →Balduin v. Alna entgegen. Unter ihm kamen Dominikaner und Franziskaner als Träger der Missionsarbeit nach Riga. Er erlebte nach der Schlacht bei →Saule 1236 die Inkorporierung der überlebenden →Schwertbrüder in den →Dt. Orden, mit dessen Hilfe er bes. donauaufwärts seine Stellung gegen die Russen stärkte. 1248 taufte er den litauischen Fs. en Tautwil v. →Polock, als sich kurzzeitig die Aussicht eröffnete, in den Bereich der Ostkirche einzudringen. 1251 wurde →Semgallen seinem Bm. eingegliedert. Er blieb bis zu seinem Tode im Amt, auch nachdem sein früherer Rivale Albert Suerbeer 1246 zum Ebf. v. Preußen und Livland ernannt und Riga zum Kathedralsitz bestimmt worden war. B. Jähnig

Lit.: L. ARBUSOW, Livlands Geistlichkeit, Jb. für Genealogie, Heraldik und Sphragistik 1911, 74; 1911–13, 147 – G. A. DONNER, Kard. Wilhelm v. Sabina, 1929 – M. HELLMANN, Das Lettenland im MA, 1954.

12. N. v. Amiens, * 1147, † nach 1203, Schüler →Gilberts v. Poitiers. Eine Anzahl Hss. nennt ihn als Autor von Komm. zu Schr. Gilberts und zu den Paulusbriefen. Zugewiesen werden ihm die in den Schr. des →Alanus ab Insulis überlieferte »Ars catholicae fidei« (ed. M. DREYER, BGPh ThMA 35, 1993), ferner, nicht unwidersprochen (RGG IV, 1488) die »Chronica Latina« (MGH SS 6, 473f.; M. TH. D'ALVERNY, Alain de Lille, 319–322); auf sie stützt sich seine Datierung. Wie sein Lehrer Gilbert bemüht sich N. um ein differenziertes Verständnis der Glaubenssprache.
F. Courth

Lit.: DThC XI, 555–558 – HDG I/2b, 50f. – GRABMANN, Scholastik II, 452–476 – P. GLORIEUX, L'auteur de l'Ars fidei catholicae, RTh 23, 1956, 118–222 – M.-TH. D'ALVERNY, Alain de Lille, EPhM 52, 1965, 68f., 319–322 – M.-D. CHENU, La Théologie au douzième s., ebd. 45, 1976³, 58, 151, 329.

13. N. v. Autrecourt, Kleriker, * um 1300, studierte in Paris die artes, las danach 1335/36 ebd. die Sentenzen. Aus dieser Zeit stammt der z. T. erhaltene Briefwechsel mit dem Franziskaner→Bernhard v. Arezzo. Der 1340 begonnene Prozeß gegen N. führte zu Retraktationen in Avignon (1346) und Paris (1347, vgl. DENZINGER-SCHÖNMETZER n. 1028–1049), wo seine Werke verbrannt wurden. 1350 als Dekan des Domkapitels v. Metz bezeugt. Das unvollendete Hauptwerk »Exigit ordo« und die erhaltenen Briefe bekunden eine radikale Kritik am Aristotelismus, die u. a. auf einem Atomismus gründet. R. Imbach

Ed.: J. R. O'DONELL, MSt 1, 1939, 179–280 [Exigit ordo; Quaestio theologica] – R. IMBACH–D. PERLER, 1988 [Briefe] – *Lit.:* DThC XI, 561–587 – K. H. TACHAU, Vision and Certitude in the Age of Ockham, 1988 – Z. KALUZA, Serbi un sasso il nome. Une inscription de S. Gimigniano et la rencontre entre Bernard d'Arezzo et N. d'A. (Fschr. K. FLASCH, 1991), 437–466.

14. N. v. Aversa (Aversanus), Richter 'aus vornehmer Salerner Familie', gehörte der Medizinschule v. →Salerno als Magister an und wird in Urkk. aus der Mitte des 13. Jh. als reich begütert und hoch angesehen bezeugt. Als Leibarzt Kg. →Konrads IV. († 1254) scheint er auf die stauf. Medizinalgesetzgebung der Konstitutionen von Melfi (1241; →Liber Augustalis) nicht ohne Einfluß gewesen zu sein. Mit Nikolaus Salernitanus, dem Verfasser des →Antidotarium Nicolai, hat man ihn seit dem SpätMA verwechselt. Indessen kommt er schon aus zeitl. Gründen als dessen Autor nicht in Betracht.
G. Keil

Lit.: Verf.-Lex.² VI, 1135 – A. LUTZ, Chronolog. Zusammenhänge der alphabet. angeordneten ma. Antidotarien, Aktuelle Probleme aus der Gesch. der Medizin. Verh. XIX. Int. Kongr. Gesch. Med., hg. R. BLASER–H. BUESS, 1966, 253–258 – D. GOLTZ, Ma. Pharmazie und Medizin, dargest. an Gesch. und Inhalt des 'Antidotarium Nicolai', 1976, VIGGPharm, NF, 44, 68.

15. N. v. Basel, um 1395 wegen Verbreitung freigeistiger Häresie in Wien verbrannt, sammelte Anhänger um sich, die ihm vorbehaltlos gehorchten und darin den Weg zur eigenen Vollkommenheit sahen. N. hielt sich für inspiriert und berechtigt, sich über die kirchl. Schlüsselgewalt hinwegzusetzen und Bf.e und Priester zu weihen. Die Identifizierung N.' mit dem sagenhaften 'Gottesfreund vom Oberland' (Rulman →Merswin) ist längst widerlegt.
M. Gerwing

Lit.: Verf.-Lex.² VI, 420–442 [s. v. Merswin, Rulman; Lit.] – K. SCHMIDT, N.v.B. Lehren und ausgew. Schr., 1875 [dagegen H. S. DENIFLE, Der Gottesfreund im Oberland, Hist. polit. Bl. 75, 1875] – R. E. LERNER, The Heresy of the Free Spirit in the Later MA, 1972, 151–154 – G. STEER, Die Stellung des »Laien« im Schrifttum des Straßburger Gottesfreundes (Lit. und Laienbildung im SpätMA und in der Reformationszeit, 1984), 643–660.

16. N. Bonetus, Franziskaner, * ca. 1280, Südfrankreich, † 1343 oder 1360, doctor proficuus, Theologieprof. in Paris (Sentenzenkomm., Basel 1483); Scotusschüler (Praedicamenta, Philosophia naturalis, Metaphysica I–IX, Theologia naturalis [Venedig 1505]), gehörte zu den Pariser Theologen, die 1333 über die Visio beatifica berieten (DENZINGER-SCHÖNMETZER, 1000). 1338 organisierte er die Gesandtschaft Benedikts XII. zum Großkhan nach Peking, nahm aber selbst an der Mission nicht teil. 1342 wurde er unter Clemens VI. Bf. v. Malta.
M. Gerwing

Lit.: J. R. TERRERO, El problema del ser en la escuela franciscana, Nauraleza y gracia 16, 1969, 371–396 – CH. H. LOHR, Medieval Lat. Aristotle Commentaries, Traditio 28, 1972, 281–396 – The Cambridge Hist. of Later Medieval Philos., 1982, 575ff., 873 [Lit.] – W. HÜBENER, Robertus Anglicus OFM und die formalist. Tradition (Philos. im MA. Entwicklungslinien und Paradigmen, hg. J. P. BECKMANN, L. HONNEFELDER u. a., 1987), 329–353 – G. ALLEGRO, Due edizioni umanistiche della metafisica di Nicolò Bonetti († 1360) (Atti della X Sett. Residenziale di Studi Medievali, Carini 22–26 Ottobre 1990) [im Dr.].

17. N. v. Buldesdorf, Laie, wurde am 8. Juli 1446 vom Konzil v. →Basel als Ketzer verurteilt und samt seinen gleichfalls als häret. erklärten Schr. verbrannt. Grundlage des Urteils waren Lehren von einem neuen paradiesischen Zeitalter auf Erden, das N. in eigener Person als messiasgleicher 'Pastor Angelicus', in dem die Gewaltenfülle von Ks. und Papst zusammenflösse, heraufführen wollte. Er gehört damit in den Kreis jener spätma. eschatolog. Strömungen, die ihren Ausgang im geschichtstheol. Werk →Joachims v. Fiore genommen, in den Franziskaner-Spiritualen die wirkungsmächtigsten Träger gefunden hatten und deren kirchensprengende Gefahr der Tod N.' demonstrierte.
A. Patschovsky

Lit.: A. PATSCHOVSKY, Chiliasmus und Reformation im ausgehenden MA (Ideologie und Herrschaft im MA, hg. M. KERNER, 1982 [= WdF 530]), 475–496 – DERS., Eresie escatologiche tardomedievali nel regno teutonico (L'attesa della fine dei tempi nel Medioevo, ed. O. CAPITANI–J. MIETHKE [Annali dell'Istituto storico italo-germanico 28], 1990), 221–244 – DERS., N.v.B. (Fschr. E. MEUTHEN) [ersch. 1993].

18. N. Bumann, Protonotar Kg. Ruprechts, aus Lauterburg (Elsaß, damals Hochstift Speyer), † Sept. 1402/Jan. 1403. 1385 Prager Artistenbakkalar, Jurastudium ohne Graduierung in Prag, Rom und Wien (?). Unter dem Patronat Rabans v. Helmstatt (Bf. v. Speyer und Kanzler Ruprechts) war N.B. zuletzt Kanoniker v. St. German, Speyer. 1400 wurde er Registrator der Hofkanzlei und stand am Anfang der großen Reihe der sog. Reichsregisterbände der Kanzlei; 1401 Protonotar, kann als kgl. Rat gelten, zwei Gesandtschaften zum röm. Papst.
P. Moraw

Lit.: P. MORAW, Kanzlei und Kanzleipersonal Kg. Ruprechts, ADipl 15, 1969, 428–531, bes. 482ff.

19. N. v. Dinkelsbühl (de Dinkelspuhel), * um 1360 in der schwäb. Reichsstadt Dinkelsbühl, † 17. März 1433 in Wien; seit 1385 Studium der Artes (1389 Mag. art.), seit 1390 Theologie (1409 Mag. theol., 1410 und 1427 Dekan). 1405/06 Rektor. Wichtige Missionen nach Rom, 1399/1400 für die Artisten, 1405 und 1428 für die Univ., 1423/24 für seinen Landesherrn. 1405 Kanonikus bei St. Stephan, 1414/18 im Auftrag Albrechts V. Teilnahme am Konzil v. →Konstanz; Befürworter des →Konziliarismus. Nach dem Konzil intensive Bemühungen um die causa reformationis (→Melker Reformbewegung). Zeugen seines ungemein fruchtbaren Schaffens sind Komm. zur Hl. Schrift (Matthäuskomm., Sentenzenkomm.). Größte Wertschätzung und Verbreitung fanden seine Predigten, unter ihnen einige deutsche. Unter dem Einfluß →Gregors v. Rimini vertritt er einen gemäßigten (Pariser) Nominalismus ockhamscher Prägung, ganz von der Tradition und einer eklektizist. Grundhaltung geprägt.
A. Madre

Lit.: A. MADRE, N.v.D., Leben und Schr., 1965 – R. DAMERAU, Stud. zu den Grundlagen der Reformation, Nr. 6–8, 1968/70.

20. N. v. Dresden, religiöser Nonkonformist und Kirchenreformer, dt. Anhänger der →Hussiten, nachweisbar nur bis 1417, † vermutl. auf dem Scheiterhaufen in Meißen. Über seine Jugend und Schulbildung ist nur wenig bekannt. Um 1412 kam N. nach Prag, wo er in der Burse der sog. Dresdner Schule zur Schwarzen Rose wirkte. Alle Schriften N.' entstanden wahrscheinl. in Prag. Ob er zu den →Waldensern gehörte, bleibt strittig; waldens. mutet jedoch seine Ablehnung des Schwörens (»De iuramento«) und des Fegefeuers (»De purgatorio«) an. Mit der Rückkehr zur Urkirche verband er eine scharfe Kritik der Simonie, des Zinsnehmens (»De usuris«) und der Reliquien- und Heiligenverehrung (»De reliquiis et de veneratione sanctorum«). Im Gegensatz zu den Säkularisationsforderungen von →Wyclif und →Hus verkündete N. die Forderung nach Armut als absolutes Ideal. Bes. verbreitet waren seine antithet. Tafeln aus dem Leben Christi und des Antichrist (»Tabule novi et veteris coloris«), die vielleicht auch zur Bildpropaganda dienten. Bisher ungeklärt ist, inwieweit N. an der Einführung des Laienkelchs beteiligt war (→Abendmahl). F. Šmahel

Ed. und Lit.: H. KAMINSKY u. a., Master Nicholas of Dresden, The Old Color and the New (Transactions of the American Philosophical Society NS 55, 1, 1965) – J. NECHUTOVÁ, Místo Mikuláše z Drážďan v raném reformačním myšlení, RozprČeskAkad ř. společenských věd 77, 16, 1967 – P. de VOOGHT, Le traité »De usuris« de Nicolas de Dresde, RTh 44, 1977, 150–235; 45, 1978, 181–235 – R. CEGNA, Nicolà della Rosa Nera detto da Dresda (1380?–1416?), De reliquiis et de veneratione sanctorum: De purgatorio (Mediaevalia Philosophica Polonorum 23, 1977), 1–171 – DERS., La tradition pénitentielle des Vaudois et des Hussites et Nicolas de Dresde, Communio viatorum 30, 1982, 137–170.

21. N. (Niklaus) **v. Flüe(li),** gen. Bruder Klaus, hl. (Heiligsprechung 10. Mai 1947), * 24.(?) März 1417 in Flüeli (Kt. Obwalden, Schweiz), † 21. März 1487 in Ranft bei Flüeli, ∞ ca. 1444 Dorothea Wyss (10 Kinder). N., der angab, schon im Mutterleib Visionen gehabt zu haben, führte gleichwohl zunächst das normale Leben eines reichen und angesehenen Bauern. Er bekleidete öffentl. Ämter (Ratsherr, Richter, Schöffe, Standesvertreter) und war zw. 1439 und 1460 Soldat, Fähnrich, Rottmeister und Hauptmann der Obwaldner Truppen; das höchste Amt des →Landammanns lehnte er ab. Am 16. Okt. 1467 verließ N. seine Familie, wohl um zu den elsäss. →Gottesfreunden zu ziehen, ließ sich jedoch bald in der Ranftschlucht als Einsiedler nieder. Bes. der Ruf völliger Nahrungslosigkeit zog viele Besucher an, denen der 'lebende Hl.' u. a. von seinen symbol. Visionen und Erscheinungen erzählte. Er verließ seine Klause nur, um Frieden zu stiften; so 1473 beim Konflikt mit Österreich; 1481 plädierte er auf der Tagsatzung von Stans (→Stanser Verkommnis) erfolgreich für die Einigkeit der Urkantone sowie die Aufnahme von →Freiburg und →Solothurn in die →Eidgenossenschaft; 1482 verhinderte er einen Krieg gegen Konstanz. Einige kurze Gebete und Sprüche werden ihm zugeschrieben; das von ihm benützte christozentr. Meditationsbild war in der kath. Kirche weit verbreitet; von Luther antipäpstl. gedeutet. P. Dinzelbacher

Q.: R. DURRER, Bruder Klaus, 1917–21 [Repr. 1981]; R. AMSCHWAND, Ergbd., 1987 – *Lit.*: Bibl. SS IX, 913–917 – Verf.-Lex.² VI, 1069–1074 – J. HEMLEBEN, N. v. F., 1977 – D. PLANZER, Zur Mystik des sel. Bruder Klaus, FZPhTh 27, 1980, 277–324 – H. STIRNIMANN, Der Gottesgelehrte N. v. F., 1981 – A. M. HAAS, Geistliches MA, 1984, 459–475 – P. OCHSENBEIN, Frömmigkeit eines Laien, HJb 104, 1984, 289–308 – DERS., Die Vaterunser-Betrachtung im verlorenen 'Bettbuoch' des Bruder Klaus, Der Geschichtsfreund 140, 1987, 43–80 – R. GRÖBLI, Die Sehnsucht nach dem »einig Wesen«. Leben und Lehre des Bruder Klaus v. F. [Diss. Zürich 1990] – P. DINZELBACHER, Mirakel oder Mirabilien? Heilige und unheilige Anorexie im ausgehenden MA [im Dr.].

22. N. Hagenower (v. Hagenau), elsäss. Bildhauer, 1493 in Straßburg eingebürgert, dort bis 1526 erwähnt, † vor 1538. Auf Befehl Bf. Albrechts v. Straßburg († 1506) brachte er an dessen Grabmal in Zabern ein realist. Totenbild an. Zusammen mit einem Bruder lieferte er 1496 den Hochaltar in die Stiftskirche Waldkirch (nicht erhalten). 1501 erhielten seine Brüder Veit und Paul als Schreiner Bezahlungen für den Hochaltar des Straßburger Münsters, zu dem N. die Bildwerke schnitzte. Ein Stich v. 1617 überliefert die Gestalt dieses Retabels, von den Plastiken erhielt sich das Predellarelief und zwei Heiligenbüsten. Sie erlauben die fast allg. angenommene Zuschreibung der Figuren am Isenheimer Altar, zu welchem Dokumente fehlen. Diese Bildwerke sind zeitl. vor den Gemälden Grünewalds, d. h. gegen 1510 anzusetzen. A. Reinle

Lit.: NDB VII, 484 [I. KRUMMER-SCHROTH] – W. VÖGE, N. H., 1931 – Kat. Spätgotik am Oberrhein, Bad. Landesmus. Karlsruhe 1970, 168–179 – M. BAXANDALL, The Limewood Sculptors of Renaissance Germany, 1980, 280.

23. N. (v.) Hereford, * wohl Hereford, † nach 1417; Studium in Oxford seit 1374, Mag., Dr. theol. 1382, Weltpriester. Unter der kleinen Gruppe von Univ.slehrern, die als erste →Wyclifs radikalere Ideen durch Predigt verbreiteten ('Proto-Lollarden'), war er wohl an der ersten Version der Bibelübers. beteiligt (AT). Nach der Verurteilung von Wyclifs Lehren durch die Londoner Synode 1382 suspendiert, wurde er nach 'ungenügenden' Responsiones exkommuniziert. Er appellierte an den Papst und reiste nach Rom. Erneut verurteilt, entkam er dem Kerker nach England und predigte wieder. Nach Verhaftung und Folter widerrief er ca. 1391 und wurde zum Gegner der →Lollarden. 1391 Kanzler, 1397–1417 Schatzmeister der Kathedrale v. Hereford; 1417 bis zum Tod Kartäuser in Coventry. W. Eberhard

Lit.: LThK² VII, 986f. – M. D. LAMBERT, Ketzerei im MA, 1981 – S. FORDE, N. H.'s Ascension Day Sermon, 1382, MSt 51, 1989, 205–241 [Lit.].

24. N. Jauer (N. Magni de Jawor; N. Groß, N. v. Heidelberg), Weltkleriker, * um 1355 Jawor (Schlesien); † 22. März 1435 Heidelberg; studierte zunächst in Wien, dann in Prag Philos. (Schüler des →Matthäus v. Krakau; 1378 bacc. art., 1381 licentiatus art.) und Theologie (1395–1402 Mag. theol.; 1397 Rektor der Univ.). Ab 1392 Prediger an der dt. St. Gallus-Kirche. 1402 ging er nach Heidelberg, wo er seine Lehr- und Predigttätigkeit (Heiliggeistkirche) fortsetzte. 1406–07 avancierte er zum Rektor der dortigen Univ. und gehörte zu den Vertretern der Univ. Heidelberg auf dem Konzil v. →Konstanz. Gegen →Hus und seine Anhänger bezog er eindeutig Stellung. Im Auftrag Pfgf. Rudolfs II. hielt er sich 1432 auf dem Konzil v. Basel auf. Er setzte sich engagiert für eine moral.-geistige Hebung des Weltklerus wie der 'religiosi' ein, kritisierte das Pfründenwesen und bekämpfte v. a. die dt. Anhänger Wyclifs und Hus' (Dialogus super sacra communione contra Hussitas; Quaestio de hereticis; Tractatus de supersticionibus; Scriptum contra epistolam perfidiae Hussitarum). M. Gerwing

Lit.: DSAM XI, 292f. – Verf.-Lex.² VI, 1079–1081 [Lit.] – A. FRANZ, Der Magister N. Magni de Jawor, 1898 – J. B. SCHNEYER, Nachlaß, Bibl. der Ruhr-Univ. Bochum – F. SEIBT, Hussitica. Zur Struktur einer Revolution, 1990².

25. N. v. Jeroschin, Deutschordenspriester, wirkte wohl von 1311 an bis in die vierziger Jahre des 14. Jh. in Preußen. Einzige Q. für sein Leben und Wirken sind die beiden Reimpaarwerke: ein in einem Frgm. des →»Väterbuchs« unvollständig erhaltenes »Leben des hl. Adalbert« (277 Verse; ed. E. STREHLKE, SSrerPruss 2, 1863 [Nachdr.

1965], 423-428; →Adalbert Voitěch) und die »Kronike von Pruzinlant« (27838 Verse; ed. E. STREHLKE, SSrerPruss 1, 1861 [Nachdr. 1965], 291-624). Die »Kronike« hatte eine beachtl. Verbreitung (20 Hss. und Frgm.e) und Wirkung; sie war bis zur Wiederentdeckung ihrer lat. Q. im 17. Jh., der bis 1326 (mit Suppl.en bis 1330) reichenden Chronik →Peters v. Dusburg, die maßgebl. Darstellung der Gesch. des →Dt. Ordens bis 1330. Die sprachl. und inhaltl. souverän gestaltete Übertragung des N. wurde vom Hochmeister →Dietrich (1335-41) in Auftrag gegeben, nachdem N. mit einem früheren, von →Luther v. Braunschweig (1331-35) veranlaßten Versuch gescheitert war. K. Gärtner

Lit.: Verf.-Lex.² VI, 1081-1089 [U. ARNOLD; Lit.] - Gesch.sschreibung und Gesch.bewußtsein im späten MA, 1987, 356-359 [H. PATZE]; 454-456 [H. BOOCKMANN].

26. N. Kempf OCart (de Argentina, v. Straßburg), * um 1414 (Datierung 1397 dubios) in Straßburg, † 20. Nov. 1497 in Gaming. Nach Artes- und Theol.-Studium an der Univ. Wien lehrte N. dort Philos. 1440 Eintritt in die Kartause Gaming/Niederösterreich, Prior der Kartausen Geirach/Slawonien (1447-51 und 1467-90), Gaming (1451-58) und Pleterje/Slawonien (1462-67). Seine zahlreichen theol., aber auch grammat. Schriften und Komm.e sind zumeist unveröff.; erhalten sind Brief- und Predigtslg.en. Im Mystikerstreit des 15. Jh. vertrat er unter dem Einfluß von Ps.-Dionysius und dessen Kommentatoren (Thomas Gallus, Hugo v. St. Viktor, Robert Grosseteste), Gregor d. Gr., Bernhard und Hugo v. Balma eine affektive Liebesmystik des Nichtwissens (De myst. theol. I, 1-3); Förderer der Kartäuserreform.

H. G. Senger

Q.: Bibl. ascetica antiquo-nova, IV, 1724, 257-492; IX, 1726, 379-532; XI, 1735; XII, 1740 - A. RÖSSLER, Der Kartäuser N.K. ..., Bibl. der kath. Paedagogik 7, 1894, 259-349 - Tract. de mystica theol., ed. K. JELLOUSCHECK, J. BARBET, F. RUELLO, AnalCart 9, 1-2, 1973 - D. MARTIN, The Writings of N.K. ..., ca. 1437-1468, AnalCart 83, 1980, 127-154 [Korrigiertes Werkverz., Lit., Hss.] - Lit.: DSAM VIII, 1699-1703 - DThC VIII, 2337ff. - Verf.-Lex.² II, 784-786; V, 511 - E. VALENTINI, La dottrina d. vocazione nel V. Nicolao de Argentina, Salesianum 15, 1953, 244-259 - A. HÖRMER, Der Kartäuser N.K. ... [Diss. masch. Wien, 1959] - D. MARTIN, Fifteenth-Century Carthusian Reform ..., 1992.

27. N. v. Kues (N. Cusanus, N. Treverensis), Gelehrter, Kard. und Bf., * 1401, Sohn des Fischers Henne Krebs zu Kues (Bm. Trier), † 11. Aug. 1464 in Todi, ⌂ S. Pietro in Vincoli, Rom; Herz in der Hospitalkirche, Kues.

[1] *Leben und öffentliches Wirken:* Ein Studium bei »Brüdern vom gemeinsamen Leben« ist nirgends beurkundet. Schon in einigen der ersten Predigten (Sermo V und VII) zeigte N. sich aber mit der →Devotio moderna vertraut. Im Hinblick auf den Kurzkurs in Philos., den N. 1416-17 an der Univ. Heidelberg absolvierte, nannte ihn Wenck ihn noch 1441 bacc. in artibus. Seit Okt. 1417 studierte N. in Padua bei Prosdocimus de Comitibus das Ius Canonicum (Herbst 1423 decretorum doctor). Seine Freundschaft mit dem späteren Kard. G. Cesarini sowie mit →Toscanelli begann dort. Philos.-theol. Vertiefung fand N. nach Ostern 1425 in Köln bei dem Albertisten →Heymericus de Campo, der ihn mit der rational myst. Denkweise des →Raimundus Lullus bekannt machte, aus dessen Schrifttum N. 1428 in Paris das für ihn Aktuelle exzerpierte. Seine Entdeckung von Tacitus' Ann. I-VI, Plautus-Komödien u. a. wurde von den it. Humanisten gefeiert (Acta 34f., 66f., 73 u. ö.).

Am 31. Jan. 1425 erhielt N. vom Trierer Ebf. die Pfarrei Altrich. Am 26. Mai 1426 verlieh Martin V. ihm auch ein Kanonikat am Trierer Simeonstift. Im Sommer 1427 weilte N. als Sekretär und Prokurator des Ebf.s Otto v. Ziegenhain in Rom. In einer Bulle v. 13. Sept. wurde er zum Dekan an St. Florin in Koblenz ernannt. 1435 bestätigten ihn, nun Diakon, das Basler Konzil und Eugen IV. als Propst des Stifts Münstermaifeld. Den Ruf an den kanon. Lehrstuhl zu Löwen lehnte er 1428 und 1435 ab. Spätestens Nov. 1440 war er zum Priester geweiht (Acta n. 438). Febr. 1423 sandte der zum Trierer Ebf. gewählte Gf. Ulrich v. Manderscheid N. ans Basler Konzil, um dort seinen Anspruch zu vertreten. Dort wurde er der Deputatio fidei zugeteilt. An der Diskussion mit den Hussiten über Laienkelch nahm er bes. Anteil. In der Hoffnung, daß das Konzil die Kirchenreform fördere, verteidigte er unter Berufung auf die Konstanzer Dekrete dessen gottunmittelbare Autorität. Als aber Eugen IV. die Griechen für ein Unionskonzil (→Ferrara-Florenz) gewann, das von der Konzilsmajorität abgelehnt wurde, wandte N. sich von solcher »Verwegenheit« ab, um der Einheit der Kirche zu dienen. Er war Mitglied der päpstl. Gesandtschaft, die den byz. Ks. und die hohe Geistlichkeit der Ostkirche nach Italien geleitete. Nach Beginn der Unionsverhandlungen ging N. im Auftrag Eugens nach Dtl., wo er in zehnjährigem kirchenpolit. Ringen mit den Konziliaristen und den »Neutralitäts«-Gelüsten der Fs.en (Reichstage zu Mainz 1441 und Frankfurt 1442) für Versöhnung zw. Papst und Reich (Wiener Konkordat 1448) wirkte. Am 20. Dez. 1448 zum Kard. ernannt (Titelkirche S. Pietro in Vincoli), am 26. April 1450 von Nikolaus V. zum Bf. für Brixen geweiht, trat N. als Legatus a latere auf Provinzialsynoden zu Salzburg, Magdeburg, Mainz und Köln u. a. durch zahlreiche Reformdekrete und Predigten für religiöse Erneuerung ein. Belastet durch den Versuch, auch seine landesherrl. Rechte zu restaurieren, scheiterten seine Reformbemühungen in seinem Fs.bm. Brixen am Widerstand Sigmunds v. Tirol, so daß er am 14. Sept. 1458 seine Diöz. verlassen mußte. Pius II. betraute ihn nun an der Kurie und in Italien mit bedeutenden Aufgaben und ernannte ihn 1459 zum Legatus Urbis für Rom und die cisalpennin. Gebiete des Kirchenstaates für die Zeit seiner Abwesenheit (Fs.enkongreß zu Mantua). In seiner Reformatio generalis legte N. Juli 1459 einen theol. ausgereiften Entwurf zur Reform des röm. Klerus vor, der eine allg. Kirchenreform einleiten sollte. Doch zu dessen Erlaß kam Pius II. († 5. Aug. 1464) schließlich nicht mehr. - N. vermachte seiner Hauptstiftung, dem St. Nikolaus-Hospital zu Kues, den Hauptteil seiner Bibliothek.

[2] *Werke:* a) Ein Teil seiner Werke galt der Erneuerung des kirchl. und staatl. Lebens sowie dem religiösen Frieden. In den 3 Büchern De concordantia catholica entwarf er auf dem Konzil (1432-33) nach dem Schema der platon. Anthropologie (Geist-Seele-Leib) das Leitbild einer universal-christl. Ordnung: In der einen Kirche sollen der göttl. Geist, die priesterl. Seele und der Leib der Gläubigen harmon. zusammenklingen (III, 41). Mit »Leib« war dabei konkret auch das organ. gegliederte Imperium gemeint. Nach dem Fall Konstantinopels ließ N. in De pace fidei (s. MFCG 16, 1984) 17 Vertreter verschiedenster Völker und Religionen durch den göttl. Logos zur Erkenntnis gelangen, daß in der Christus repräsentierenden Kirche die tieferen Anliegen aller erfüllbar sind. Seine »Sichtung« (Cribratio) des Korans (1460/61) suchte dem Islam das Verständnis der christl. Glaubensmysterien zu erleichtern.

b) Mit den 3 Büchern De docta ignorantia (beendet 12. Febr. 1440) eröffnete N. eine Reihe philos.-theol. Schriften von bewundernswerter Tiefe und Originalität:

Gott, das Universum und (als dessen Mitte) der Mensch (nicht die Erde) und zumal der Gottmensch Jesus Christus bilden darin die Grundthemen. In der Apologia doctae ignorantiae (Okt. 1449) wies N. v. a. die Schlußfolgerung des Joh. Wenck, nach der cusan. Koinzidenzlehre falle alles mit Gott zusammen, zurück. Schon davor und danach baute er aber auch das in De doct. ign. Dargelegte unter vielen Aspekten weiter aus. In De coniecturis betonte er (1441–43) den konjekturalen Charakter aller menschl. Wirklichkeitserkenntnis und die Struktur des Menschen als Mikrokosmos. Der Dialog De Deo abscondito sowie die Briefe De quaerendo Deum, De filiatione Dei und De dato Patris Luminum galten dem der Natur des Menschen gemäßen Gottsuchen und gnadenhaften Gottfinden. Die Coniectura de ultimis diebus (1446) und De Genesi (1447) stellen – wie die schon gen. Elucidationes thematum Novi Testamenti: De intellectu Ev. Johannis, De sacramento [Eucharistiae], De visitatione (diese 1444–46), die Text-Slg. aus den Ev. (1450), die Elucidatio Epist. ad Colossenses (1455–57) und De aequalitae (1459) – bibeltheol. Untersuchungen dar. In der Atempause vor seiner Visitationsreise (Juli–Sept. 1450) schrieb N. zwei Bücher über die (göttl.) Weisheit (De sapientia), ein 3. über den (menschl.) Geist (De mente), ein 4. über »Versuche mit der Waage« (De staticis experimentis). Als »Laie« (idiota) entwickelte er hier Anläufe zur Bejahung Gottes als der »absoluten Voraussetzung« von allem, der menschl. Seele als »lebendiges Bild Gottes« sowie zur empir. Naturforschung. Die Schärfung des menschl. Geistesblicks für das »Sehen Gottes« setzte sich v. a. in dem kontemplativsten Werk De visione Dei (1453; s. MFCG 18, 1989), in De beryllo (1457) sowie in den letzten Schriften Compendium (Dez. 1463) und De apice theoriae (1464) fort. Im Traktat De principio (1459) sowie in den Dialogen De possest (1460) und De non aliud (1460/61) ist die absolute Voraussetzung Gottes als »der Urgrund«, als das Können-Sein und als »das Nicht-andere« auch im Hinblick auf ihre trinitätstheol. Ausmünzbarkeit reflektiert; so u. a. in dem Satz: »Das Nicht-andere ist nichts anderes als das Nicht-andere«. In De venatione sapientiae faßte N. (Herbst 1462) das Fazit der ihm wichtigsten Aspekte der intellektualen Gott-Welt-Betrachtung zusammen. In De ludo globi (1463) übte er möglichst anschaulich in die Stufen solcher Meditation ein.

c) 1445–59 sind auch elf »mathematische Schriften« entstanden, in denen es letztl. aber »nicht um das reine Fachwissen, sondern um die symbolhafte Ausdeutung math. Zusammenhänge« geht (J. E. Hofmann: NvKdÜ 11, 1979, IX). Die Quadratur des Kreises und das Infinitesimale stehen im Vordergrund. Fachmath. ließ sich N. mehrmals von Toscanelli korrigieren. Dazu kommt (Sept. 1453) die (eher De doct. ign. I, 11–23 verwandte) Schrift De theologicis complementis (ed. p.II, 92v–100v). Schon zu Basel suchte N. auch seine astronom. Kenntnisse in einer Reparatio Kalendarii (1436) auszuwerten.

[3] *Grundzüge des philosophischen Denkens:* Nirgends intendierte N. eine rational-autonome Philos. Sein wahrheitssuchendes »Nichtwissen« zielt vielmehr auf den letzten Grund der Seins- und Erkenntnisordnung, die Urwirklichkeit und Urwahrheit Gottes; es transzendiert alles Begrenzte auf ein Unendlich-Absolutes und alles je Andere auf das »Nicht-andere« hin, das allem Anderen je seine Identität und Nichtandersheit zumißt. Alle Gegensätze in der Welt und der rational-log. Sphäre fallen bei Gott in-eins (→coincidentia oppositorum). Im Lichte der ntl. Trinitätsoffenbarung und der alle Bereiche des Seienden und Erkennens durchwaltenden analogia Trinitatis unterschied N. jedoch von De docta ignorantia an in Gott als dem Urbild von allem: »Einheit, Gleichheit und Verbindung (Unitas, Aequalitas, Conexio)«. Bis zur unmittelbaren Schau dieser dreieinen Personalität in Gott selbst bleibt indes die von dreieinen Ordnungen im Universum und die von der Selbsterfahrung des menschl. Geistes aufsteigende Einsicht in Analogien und Symbolen »konjektural«. Gott muß ja auch zugleich »überall und nirgends« gedacht werden. Auf der Suche nach Ihm hat N. nicht nur z. B. bei Bonaventura, Albertus Magnus, Thomas v. Aquin und Raimundus Lullus zu lernen, sondern (insbes. in De ven. sap.) auch die Weisheit von Platon, Aristoteles, Proklos und Ps.-Dionysius zu rezipieren gesucht. Doch zumal seit De doct. ign. tat er dies immer in dem christl.-gläubigen Vorwissen: Nur der in Jesus Christus menschgewordene göttl. Logos trägt als »die Gleichheit« auch die Weisheit Gottes selbst in sich; und nur das vollendete Menschsein Christi faßt jeden Menschen, zur vollen Gemeinschaft mit Ihm bereit ist, komplikativ so in sich, daß Er ihm als »Weg und Wahrheit und Leben« auch die Fülle des endgültigen Heiles vermitteln kann. Das Verständnis von Sinn und Aufgabe der Kirche ist bei Cusanus primär an diesem Christusglauben orientiert. R. Haubst (†)

Ed. und Lit.: Opera omnia, ed. Faber Stapulensis, Paris 1514 – Opera omnia, ed. Acad. litt. Heidelb. ad codicum fidem, 1932, 1959ff. – Acta Cusana, hg. E. Meuthen–H. Hallauer, 1976ff. – Cusanus-Texte, 1929ff. – Schriften des N.v.K. in dt. Übers. (Philos. Bibl.), 1932ff. – Die Cusanus-Lit. ab 1920 wird period. erfaßt in: MFCG I, 1961, 95-126; III, 1963, 223–237; VI, 1967, 178–202; X, 1973, 207-234; XV, 1982, 121–147 – M. de Gandillac, N.v.C., 1953 – R. Haubst, Die Christologie des N.v.K., 1956 – E. Colomer, N.v.K. und Raimund Lull, 1961 – E. Meuthen, MFCG 2, 1962, 15–62 [zu den Pfründen des Cusanus] – G. v. Bredow, MFCG IV, 1964, 15–22 – H. Schnarr, Modi essendi, 1973 – W. Beierwaltes, Identität und Differenz, 1977 – G. v. Bredow, MFCG XIII, 1978, 58–67 – W. Schulze, Zahl, Proportion, Analogie, 1978 – N.v.K. Einf. in sein philos. Denken, hg. K. Jacobi, 1979 – H. Meinhardt, MFCG XVI, 1984, 325, 332 – E. Meuthen, N.v.K. 1401–64, 1985[6] – K. Kremer, MFCG XVIII, 1989, 227–252 – J. Stallmach, Ineinsfall der Gegensätze und Weisheit des Nichtwissens, 1989 – R. Haubst, Praefationes zum Predigt-Werk (Op. om. XVI/o), 1991 – →Coincidentia oppositorum, →Docta ignorantia.

28. N. v. Lisieux, † nach 1270, Domkanoniker, später auch Schatzmeister in Lisieux. Wie sein Lehrer →Wilhelm v. St. Amour und sein Freund →Gerhard v. Abbeville polem. Gegner der Bettelorden, übte er wüste, auf die persönl. und doktrinäre Integrität des Johannes →Peckam und →Thomas v. Aquin zielende Kritik. Dieser replizierte ca. Okt. 1270 mit der Schr. »Contra doctrinam retrahentium a religione«. M. Laarmann

Ed.: E. Martène–U. Durand, Vet. script. coll., IX, 1733, 1273–1446 [Liber de Antichristo et eiusdem ministris; Wilhelm v. St. Amour zugeschrieben] – M. Bierbaum, Bettelorden und Weltgeistlichkeit an der Univ. Paris, 1920, 220–234, 365–369 [De ordine praeceptorum ad consilia; Resp. ad quaest. fr. Joh. de Peschant; Resp. ad quaest. fr. Thomae de Aquino] – Errores libelli 'De perfect. vitae spiritualis', ed. P. Glorieux, BLE 39, 1938, 123–127 – *Nicht ed.:* De perfect. et excellentia status clericorum – *Lit.:* Catholicisme IX, 1254f. – LThK[2] VII, 992 – F. Hirschenauer, Die Stellung des hl. Thomas im Mendikantenstreit, 1934, 63ff. – C. Molari, Teologia e diritto canonico in S. Tommaso d'Aquino, 1961 – M.-M. Dufeil, Guillaume de St-Amour et la polémique universitaire parisienne (1250–59), 1972.

29. N. v. Lynn, engl. Astronom der 2. Hälfte des 14. Jh., Karmeliter aus dem Konvent v. Lynn (heute King's Lynn) in East Anglia (Gft. Norfolk), Lector der Theologie in →Oxford. Es ist möglich, daß N. derjenige Oxforder Gelehrte und Reisende war, der nach dem Zeitgenossen Jacob Cnoyen 1360 in der Arktis mittels eines Astrolabiums Beobachtungen machte. – N. erstellte (für den engl. Prinzen→John of Gaunt) ein kirchl. »Kalendarium« mit astronom. Zusätzen. Bes. Interesse verdienen seine Berechnungen von →Finsternissen, die in einigen Abschriften von 1387 bis 1462 weitergeführt werden. →Chaucer bekundet in der Vorrede zu »A Treatise on the Astrolabe« die (unausgeführt gebliebene) Absicht, das Kalendarium des N. weiterzuführen. J. North

Ed.: S. EISNER–G. MACEOIN, The Kalendarium of Nicholas of Lynn, 1980 – *Lit.:* J. D. NORTH, Chaucer's Universe, 1990².

30. N. v. Lyra. [1] *Leben:* * in Lyre bei Évreux (Jahr unbekannt), † Okt. 1349 im Franziskanerkonvikt zu Paris. N. erwarb früh Kenntnisse des Hebr. Nach Eintritt in den OFM um 1300 und Studium in Paris wirkte er hier 1308–19 und wieder seit 1326 als Mag.; 1319 Ordensprovinzial v. Frankreich, 1326 v. Burgund.
[2] *Werke:* Die meisten Werke sind nur als Mss. überliefert, so 259 Sermones (SCHNEYER, Rep. 4, 338–357), einige Quodlibeta, Quaestiones, Orationes, Frgm.e eines Sentenzenkomm. Berühmt ist N. als Exeget. Seine zw. 1122 und 1130 entstandene »Postilla litteralis super totam Bibliam« (RBAM 5829–5923) ergänzt und korrigiert ihre Vorläufer, indem sie den Litteralsinn (→Bibel, B.I) in den Vordergrund stellt und speziell auf jüd.-exeget. Traditionen (→Raschi) eingeht; so auch der Tractatus »De differentia translationis nostrae ab hebraica littera veteris testamenti« (RBMA 5977). Damit stellt N. einen Höhepunkt einer bereits im 12. und 13.Jh. begonnenen Bewegung dar. Daß er die allegor. Auslegung nicht ablehnte, zeigt seine spätere »Postilla moralis« (RBMA 5929–5974).
[3] *Nachwirkung:* Von der »Postilla litteralis« existieren mehr als 70 vollständige Mss. Sie wurde – erster Bibelkomm. überhaupt – 1471/72 in Rom (mit der »P. moralis«) gedruckt und erschien, schon bald mit Bibeltext und →Glossa ordinaria verbunden, bis ins 17. Jh. in zahlreichen Ausgaben. Hierdurch wurde N. zu DEM Exegeten des MA, benutzt auch von den Reformatoren. So hieß es: »Si Lyra non lyrasset, Lutherus non saltasset«. 1429 warf →Paulus v. Burgos (Additiones 1–1100 ad Postillam; RBMA 6329) N. vor, die Väter und insbes. →Thomas v. Aquin nicht zu nennen. Dagegen Matthias Döring OFM: »Correctorium corruptorii Burgensis« (RBMA 5547f.).
R. Peppermüller

Lit.: DSAM XI, 291f. [CL. SCHMITT] – H. LABROSSE, Biogr. et œuvres de Nicolas de Lyre, EF 16, 1906, 383–404; 17, 1907, 489–505, 593–608; 19, 1908, 41–52, 153–175, 368–379; 35, 1923, 171–187, 400–432 [grundlegend] – H. DE LUBAC, Exégèse médiév. II, 2, 1964 – B. SMALLEY, The Study of the Bible in the MA, 1984³ – K. REINHARDT, Das Werk des N.v.L. im ma. Spanien, Traditio 43, 1987, 321–358 – H. KARPP, Schrift, Geist und Wort Gottes, 1992.

31. N. v. Ockham OFM, engl. Theologe, * vermutl. 1242, † vermutl. 1320, Studium in Paris, 1280/82 Sententiarius in Oxford, 1286/88 Mag. regens ebd. Mit seinem Lehrer→Roger v. Marston ist N. einer der bedeutendsten Vertreter der 'zweiten Bonaventuraschule', deren Lehrentwicklung zu Johannes Duns Scotus hinführt. Ausgehend vom franziskan. Augustinismus setzte sich N. mit Heinrich v. Gent und bes. mit der Aristotelesrezeption des Thomas v. Aquin und seiner Schüler (z. B. Thomas v. Sutton) konstruktiv auseinander, wobei er v. a. an der Rezeption naturwiss. und anthropolog. Fragen und Erkenntnisse interessiert war. Hauptwerke: Lectura in IV libros Sententiarum, Quaestiones disputatae, Quaestio de pluralitate formae contra Sutton (nur z. T. gedruckt).
J. Schlageter

Lit.: LThK² VII, 996 – F. PELSTER–A. G. LITTLE, Oxford Theology and Theologians 1282–1302, 1934 – C. SACO ALARCÓN, Nicolás de O., Vida y Obras, Antonianum 53, 1978, 493–573 [Lit.] – Nicolai d. O.

Quaestiones disputatae de dilectione Dei, hg. DERS., Spicilegium Bonaventurianum 21, 1981.

32. N. v. Oresme → Oresme, Nicolas

33. N. v. Osimo (de Auximo) OFM, wichtiger Vertreter der Franziskan. Observanz. * in Osimo (Marken), † 1446 im röm. Konvent S. Maria di Aracoeli, ▭ ebd. Mitarbeiter Bernhardins v. Siena, als dieser Generalvikar der Observanz war (1438–41), fungierte er selbst als Vikar der Prov. S. Angelo in Apulien. Seine in dieser Zeit verfaßte Declaratio super regulam fratrum Minorum wurde von dem Generalminister Wilhelm v. Casale approbiert und vom hl. Bernhardin an die Observanten-Prov.en gesandt. 1453 war N. Vikar der Mark Ancona und Mitglied der von Nikolaus V. eingesetzten Prüfungskommission der Bulle »Ut sacra« des J. 1446. Weitere Werke: Supplementum summae magistrutiae seu Pisanellae (→Bartholomaeus v. Pisa), Quadriga spirituale, Predigten und andere Schriften in der Volkssprache.
D. Ciccarelli

Lit.: L. WADDING, Annales OM, X, 139–141; XI, 45–54, 115–118, 126; XII, 34, 199 – DERS., Scriptores OM, 1906, 176 – J. H. SBARALEA, Supplem. II, 1921, 266–268 – G. SPEZI, Tre operette volgari di frate Niccolò da O., 1865 – L. M. NUÑEZ, AFrH 5, 1912, 299–314 – Z. LAZZERI, ebd. 9, 1916, 445–447 – U. PICCIAFUOCO, Fr. Nicolò da O., Vita, opere, spiritualità, 1980.

34. N. v. Polen (Niklas v. Mumpelier) OP, dt. Laienarzt in Schlesien und Kleinpolen, † nach 1316, kam um 1270 nach zwei Jahrzehnten am Studium generale OP in Montpellier nach Krakau; bei mehreren Piastenherrschern in Hofdiensten, Leibarzt Leszeks d. Schwarzen; N. löste die Erste schles. naturheilkundl. Welle aus (u. a. Propagierung von Schlangenverzehr, Höhepunkt um 1278). Am Ende seiner Tätigkeit als Leibarzt, Kanzler und fsl. Notar v. Pelplin verfügte er über ein eigenes Territorium mit landesherrl. Gewalt (Gemeinden zu dt. Recht). Sein 'Antihippokrates', eine naturheilkundl. Kampfschrift gegen Medizin und Apothekenwesen, aus der Montpellierschen Theriakdiskussion erwachsen, verarbeitet neuplaton. Konzepte und hat die 'qualitates-occultae'-Vorstellungen der Renaissance nicht unerhebl. beeinflußt. Einflußreicher waren die 'Experimenta' (6 therotherapeut. Drogenmonographien und 2 Rezepturtraktate), aus denen sich (zugeschnitten auf die Erste schles. naturheilkundl. Bewegung) bes. häufig der 'Schlangentraktat' verselbständigte (Einfluß auch auf die Schles. therapeut. Rogerglosse ['Hübsch Chirurgia'] u. a. Arzneibücher). G. Keil

Ed. und Lit.: R. GANSZYNIEC, Brata Mikołaja z Polski pisma lekarskie, wydał i objaśnił, 1920 – Verf.-Lex.² VI, 1123–1133); VII, 382–386, 807–809 – G. KEIL, Schles. Forsch. 1, 1986, 53–74 – W. EAMON–G. KEIL, SudArch 71, 1987, 180–196 – G. KEIL (Nicht Vielwissen sättigt die Seele, hg. W. BÖHM–M. LINDAUER, 1988), 245–271 – DERS. – E. WÜRL, Jb. schles. Friedrich-Wilhelms-Univ. Breslau 29, 1988, 15–72 – G. KEIL (Lebenslehren und Weltentwürfe im Übergang vom MA zur NZ, hg. H. BOOCKMANN, B. MOELLER, K. STACKMANN, 1989), 336–351 – K. BERGDOLT, Arzt, Krankheit und Therapie bei Petrarca, 1992, 180–190 – G. KEIL, Virtus occulta (Die okkulten Wiss. in der Renaissance, hg. A. BUCK, 1992), 161–198.

35. N. v. Reggio (Niccolò [di Theoprepos (Deoprepio)] da Reggio [Regio, Rigio]; Niccolò Rheginus), Arzt und Übersetzer, * um 1280, † um 1350. Der aus Reggio (Kalabrien) stammende Grieche N. studierte vermutl. in Salerno Medizin. Bereits 1308 arbeitete er – zunächst für Kg. Karl II. v. Anjou, dann für dessen Nachfolger Robert I. – als Übersetzer griech. med. Texte tät. Diese Tätigkeit übte er noch 1345 aus. 1317 war er Mitglied des Hofs Philipps, des Prinzen v. Tarent und Bruders Kg. Roberts I. Als »physicus consiliarius et familiaris« ist er dort noch 1322 belegt, gehörte aber bereits einige Zeit zu den Leibärzten Roberts I., mit dem er sich 1322 in Avignon aufhielt und der ihn 1331 mit einer Gesandtschaft in das Byz. Reich schickte. Große Bedeutung erlangten N.' Übersetzungen von mehr als 50 Werken Galens ins Lat. (heute in etlichen Fällen einzige Überlieferungsträger). Daneben sind N.' Übertragungen von Texten aus dem 'Corpus Hippocraticum' sowie einer religiösen Schr. des Patriarchen v. Jerusalem, Sophronios, zu erwähnen.

W. Gerabek

Lit.: S. DE RENZI, Storia documentata della scuola med. di Salerno, 1857, CIIf., 521 - R. SABBADINI, Le opere di Galeno tradotte da Nicola de Deoprepio di R. (Studi storici ... offerti a F. CICCAGLIONE, II, 1910), 15-24 - L. THORNDYKE, Translations of Works of Galen from the Greek by N. da R., Byzantina Metabyzantina 1, 1946, 213-235 - R. WEISS, The Translators from the Greek of the Angevin Court of Naples, Rinascimento 1, 1950, 195-226 [dt., WdF 363, 1982, 95-124] - R. DURLING, A Chronological Census of Renaissance Editions and Translations of Galen, JWarburg 24, 1961, 233 - G. BAADER, Ma. Med. im it. Frühhumanismus (Fachprosa-Stud., hg. G. KEIL, 1982), 204-254.

36. N. Seyringer OSB, *Abt v. → Melk* seit 1418, * um 1360 Matzen (Niederösterreich), † 25. Dez. 1425 Wien; studierte ab 1389 in Wien und war dort 1401 Rektor der Univ. Er trat 1403 in den Benediktinerorden ein, war 1410-12 Prior v. Sacro Speco und wurde um 1412 zum Abt v. Subiaco gewählt. 1413 wechselte er als Prior nach S. Anna zu Rocca di Mondragone. Ab 1415 nahm er am →Konstanzer Konzil teil, wo er auf Wunsch des Bf.s Andreas Laskari mit der Reform der poln. Benediktinerkl. betraut werden sollte. Auf Initiative Hzg. Albrechts V. v. Österreich zum Abt v. Melk berufen, wurde er mit seinem Schüler →Petrus v. Rosenheim zu einem der wirkungsvollsten Wegbereiter der Melker Reform in Österreich und Bayern. 1423 betätigte er sich als Kreuzzugsprediger gegen die →Hussiten.

G. Kreuzer

Lit.: LThK² VII, 998 - I. KEIBLINGER, Gesch. des OSB-Stiftes Melk, I, 1851, 482-506 - Acta facultatis artium univ. Vindobonensis 1385-1416, hg. P. UIBLEIN, 1968, 551f. - B. FRANK, Subiaco, ein Reformkonvent des späten MA, QFIAB 52, 1972, 556-559, 638 [Nr. 138] - Die Akten der Theol. Fakultät der Univ. Wien (1396-1508), II, hg. P. UIBLEIN, 1978, 687.

37. N. (Bottenbach) v. Siegen, Mönch im St. Peterskl. in →Erfurt und Chronist, * in Siegen/Westfalen, † 14. Nov. 1495 in Erfurt an der Pest; ab 1464 Studium in Erfurt, 1466 Noviziat im St. Peterskl., 1470 Priesterweihe; Kustos und Bibliothekar, zeitweise Prior oder Subprior. 1492 vergebl. Reformtätigkeit als Prior in Reinsdorf (Krs. Querfurt). Wohl auf Anregung seines Abtes Gunther v. Nordhausen schrieb er 1494/95 das »Chronicon ecclesiasticum«, eines der wichtigsten Gesch.swerke der →Bursfelder Reformbewegung, das, als eine Gesch. des Benediktinerordens breit angelegt, bald in eine thür. Landes- und Kl.chronik mündet, die sich durch das Bemühen um die hist. Wahrheit und Ansätze wiss. Q.kritik von der zeitgenöss. Historiographie abhebt.

G. Streich

Ed. [unvollständig]: F. X. WEGELE, Chronicon Ecclesiasticum Nicolai de Siegen O.S.B. (Thür. Geschichtsq. 2, 1855) - Lit.: H. PATZE, Landesgesch.sschreibung in Thüringen, JGMODtl 16/17, 1968, 104-107 [auch: PATZE-SCHLESINGER I, 1968, 5-7] - B. FRANK, Das Erfurter Peterskl. im 15. Jh. (Veröff. des Max-Planck-Inst. 34, 1973), 142-145, 266-268 [Lit.] - P. G. SCHMIDT, Das chronicon ecclesiasticum des N. v. S. (Geschichtsbewußtsein und Geschichtsschreibung in der Renaissance, hg. A. BUCK u.a., 1989), 77-84.

38. N. v. Straßburg OP, † nach 1331, erstmals 1318 in Basel bezeugt. Als päpstl. Visitator der Prov. Teutonia (1325) entlastete er →Eckhart von den gegen ihn erhobenen Anschuldigungen, was ihm selbst ein 1331 aufgehobenes Verfahren als impeditor inquisitionis einbrachte. Möglicherweise war N. eine gewisse Zeit Lektor am Generalstudium in Köln. Erhalten sind dt. Predigten, ein Traktat »De adventu Christi« sowie eine philos. Summa, die ihn als Repräsentant des Thomismus ausweist. Des weiteren werden ihm 10 dt. Traktate zugeschrieben.

R. Imbach

Ed.: F. PFEIFFER, Dt. Mystiker des 14. Jh., I, 1845, 261-305 [Predigten] - Summa, II, 8-14, ed. T. SUAREZ-NANI, 1990 - Lit.: Verf.-Lex.² VI, 1153-1162 [Lit.] - R. IMBACH, Metaphysik, Theologie und Politik. Zur Diskussion zw. N. v. St. und Dietrich v. Freiberg über die Abtrennbarkeit der Akzidentien, ThPh 61, 1986, 359-395 - W. TRUSEN, Der Prozeß gegen M. Eckhart, 1988.

39. N. v. Tolentino, hl., * 1245 in S. Angelo in Pantano, † 10. Sept. 1305 in Tolentino (Marken). N. trat in jungen Jahren in den Orden der Augustinereremiten ein, wurde Novizenmeister und widmete sich dem Apostolat in verschiedenen Ortschaften der Marken. Die letzten dreißig Jahre seines Lebens verbrachte er in Tolentino, wo er rasch wegen seiner Askese asket. Lebensführung berühmt wurde. Zugleich bewies N. als Prediger und Beichtvater große Fähigkeiten der Seelenführung. Bereits zu Lebzeiten wurden ihm viele Wunder zugeschrieben, deren Zahl sich nach seinem Tod stark vermehrte. Obgleich in seiner ältesten Biographie zahlreiche Visionen erwähnt werden, findet seine Mystik in den Akten des Kanonisationsprozesses, der 20 Jahre nach seinem Tod unter Johannes XXII. eröffnet wurde, keine Beachtung. Durch diesen Prozeß strebten die Augustinereremiten danach, es den anderen Bettelorden gleichzutun, die bereits viele Hl.e aufwiesen, und zugleich ihren Mitbrüdern das Modell eines vorbildl. Fraters vor Augen zu stellen. Die offizielle Heiligsprechung erfolgte erst unter Eugen IV. (1446). Gleichwohl hegte man offenbar bereits im 1. Drittel des 14. Jh. keinen Zweifel am Ausgang des Prozesses, wie N.' Darstellung als Hl. im Freskenzyklus (ca. 1325-35) der Chiesa degli Eremitani in Tolentino beweist. Ikonographie: Ordenshabit; Attribute: Buch, Lilie, Kruzifix, Stern auf der Brust (Lichtwunder), Teller, von dem (auf sein Gebet lebendig gewordene) Rebhühner auffliegen.

G. Barone

Q.: AASS Sept. III, 644-645 [älteste, kurz nach N.' Tod entstandene Biographie] - Il processo di canonizzazione di S. Nicola da T., hg. N. OCCHIONI, 1984 - Lit.: BS IX, 953-968 - LCI VIII, 59-62 - LThK² VII, 999 - S. Nicola, Tolentino, le Marche, 1987 - A. VAUCHEZ, La sainteté on Occident aux derniers s. du MA, 1988, passim - Il Cappellone di S. Nicola a Tolentino, hg. M. BOSKOVITS, 1992.

40. N. Treveth → Trevet(h), Nicholas

41. N. v. Verdun, herausragender, durch Inschriften am sog. Klosterneuburger Altar 1181 sowie am Marienschrein in Tournai 1205 namentl. verbürgter Goldschmied und Emailkünstler. Als sicher gilt ferner die Mitarbeit am Dreikönigenschrein in Köln nach 1181 und am Siegburger Annoschrein 1183. Das N. Zugeschriebene hat als Werk eines Ateliers zu gelten, in dem die einzelnen Künstlerpersönlichkeiten nicht klar voneinander geschieden werden können. Die Arbeiten sind bedeutsam für die Stilbildung der Bildkünste um 1200 (»Muldenfaltenstil«). Die Q. der Kunst des N. liegen v. a. in der Buchmalerei und Goldschmiedekunst der 2. H. des 12. Jh. aus dem Maasgebiet und aus Nordfrankreich. Eindeutige Ableitungen von bekannten Stücken und damit die Lokalisierung der Ausbildung N.' gelingen aber nicht. Die stilist. Entwicklung innerhalb des Œuvres ist bes. am Frühwerk abzulesen. In den Klosterneuburger Emails - vielleicht eine welf. Stiftung -, deren 45 ursprgl. zu einer Amboverkleidung gehörende originale Platten sich chronolog. ordnen lassen, tritt die Orientierung an »antikischer« Figurenbildung gegenüber byz. Typen bei gleichzeitigem Rückgriff auf z. T. alte ikonograph. Muster immer deutlicher hervor. Diese Tendenz, die sich mit der Ausbildung eines eigenständigen Stils deckt, ist weitergeführt in den Propheten des Dreikönigenschreins zu scheinbar freier Individualisierung der Gestalten. K. Niehr

Lit.: Kat. Rhein und Maas I, 1972, 314ff. – E. DOBERER, Die ehem. Kanzelbrüstung des N. im Augustiner-Chorherren-Stift Klosterneuburg, ZDVKW 31, 1977, 3–16 – R. HAMANN-MACLEAN, Byz. und Spätantikes in der Werkstatt des N., Kölner Dombl. 42, 1977, 243–266 – H. BUSCHHAUSEN, Der Verduner Altar, 1980 – K. BERTAU, Wolfram v. Eschenbach, 1983, 268ff. – H. FILLITZ, Studien zu N., Arte medievale 2, 1984, 79–92 – F. RÖHRIG, Der Verduner Altar (1955), 1984⁶ – P. C. CLAUSSEN, N. (Kat. Ornamenta Ecclesiae II, 1985), 447–456 – M. SHIKIDA, Das Bilddenken am »Verduner Altar«, 1988 – F. DAHM, Stud. zur Ikonographie des Klosterneuburger Emailwerks des N., 1989.

42. N. Weigel (Wigelius), * ca. 1396 Hennersdorf (Schlesien), † 11. Sept. 1444 Leipzig; Studium in Leipzig seit 1414, Mag. 1418, Rektor 1427, Bacc. der Hl. Schrift 1431, Dr. theol. und Breslauer Domherr 1441. Seit 1433 Vertreter der Univ., der Hzg. e v. Sachsen und des Bf.s v. Meißen beim Konzil v. Basel; treuer Konziliarist. Als Konzilskommissar für den Unionsablaß in der Kirchenprov. Magdeburg verfaßte er die umfangreichste ma. Ablaßschr., den hs. weitverbreiteten, nur in Auszügen gedr. »Tractatus (Summa) de indulgentiis« 1437–41 (Kurzfassung 1437). Er verteidigt den Ablaß (Kap. 40 gegen Hus), jedoch mit konsequenter Einschränkung auf Straferlaß nach Reue bzw. Beichte. W. Eberhard

Lit.: LThK² VII, 1001 – W. MARSCHALL, Schlesier auf dem Konzil v. Basel, AHC 8, 1976, 294–325.

43. N., Bildhauer → Niccolò

Nikomedeia (türk. İzmit), Stadt und Bm. (Metropolis) in → Bithynien, auf den n. Terrassenhängen am Ostende des Astaken. Golfes, an der Straße von Konstantinopel nach → Ankara bzw. → Nikaia. Die ehem. Hauptstadt des bithyn. Kgr.es, später der röm. Prov. Bithynia-Pontus, wurde Residenz Diokletians, der 284 n. Chr. bei N. zum Ks. ausgerufen worden war. Es folgte eine rege Bautätigkeit – u. a. Bau einer 6 km langen Stadtmauer –, die nach dem Zeugnis des → Libanios N. »zur schönsten Stadt der Erde« werden ließ. Ks. Konstantin d. Gr. starb 337 in Achyrona, einem Vorort von N. In ständiger Rivalität mit → Nikaia mußte N. unter Valentinian und Valens einen Teil seiner Kirchenprov. abtreten. Die strateg. wichtige Stadt war seit dem 8. Jh. Hauptstadt des Themas Optimaton. Während Nikaia Sultan Sulaimān als Residenz diente, konnte N. 1086 den → Selǧuqen entrissen werden und wurde wieder Vorort des Byzantiner in Bithynien. Zur Zeit des 2. → Kreuzzuges lag die Stadt schon in Ruinen und diente nur noch als Garnison. 1204–06 fiel N. in die Hände des lat. Ks.s v. Konstantinopel (4. Kreuzzug). 1337 wurde N. von den → Osmanen erobert. F. Hild

Lit.: EI¹ (engl.] IV, 567 – Kl. PAULY IV, 115f. – RE XVII, 468–492 – J. SÖLCH, BNJ 1, 1920, 290ff. – R. JANIN, Les églises et les monastères des grands centres byz., 1975, 77–104 – Tituli Asiae Minoris IV, 1, 1978 – C. FOSS, Byz. Fortifications, 1986, 129 – D. FEISSEL, De Chalcédoine à Nicomédie, TM 10, 1987, 405–436.

Nikon. 1. N. Metanoeite ('Bereuet!'), byz. Bußprediger und Mönch, * um 930 im Gebiet des Pontos Polemoniakos (damaliges Thema Chaldia oder Thema Koloneia), † ca. Ende 10. Jh. in Lakonien (Peloponnes), wurde nach erster Predigttätigkeit Mönch im kleinasiat. Kl. 'Chryse Petra', wo er 12 Jahre blieb. 962–969 wirkte er für die Rechristianisierung auf der durch Ks. Nikephoros II. Phokas den Arabern wieder entrissenen Insel → Kreta, anschließend in diversen Orten Mittelgriechenlands und schließlich ab ca. 970 in Lakonien. Hist. ergiebig sind sowohl seine kurz nach 1042 von einem Abt des von N. gegr. (N.-)Kl. in Sparta verfaßte Vita (BHG Nr. 1366f.) als auch sein Testament (ed. LAMPSIDES, 251–260). G. Prinzing

Q. und Lit.: O. LAMPSIDES, Ὁ ἐκ Πόντου ὅσιος Νίκων ὁ Μετανοεῖτε (κείμενα-σχόλια), 1982 – D. F. SULLIVAN, The Life of Saint N. Text, Translation and Comm., 1987 – J. KARAYANNOPULOS-G. WEISS, Q.kunde zur Gesch. v. Byzanz, 1982, 380f. [Lit.] – P. BELISSARIU (Peloponnesiaka, parartema 13, 1987–88), 465–471, Taf. 63–65 – The Oxford Dict. of Byzantium, 1991, 1484 [Lit.].

2. N. vom Schwarzen Berge, antiochen. Mönch, Verf. kanonist. Schriften, * um 1025 Konstantinopel, † Anfang 12. Jh., erhielt seine monast. Ausbildung vom späteren Metropoliten v. Anazarbos, Lukas. Zunächst verbunden mit dem Kl. des hl. Symeon d. J. Thaumastoreites ö. von Antiochia, siedelte er wegen selǧuqischer Einfälle in das Kl. der Muttergottes 'Ποιδίον' auf dem Schwarzen Berge n. von → Antiochia über. Von Patriarch Theodosios III. zum Priester geweiht, versah er das Amt eines Didaskalos. N. verfaßte um 1060 eine umfangreiche Slg. (63 Kap.) von Exzerpten patrist., kanonist. und asket. Schr. Ἑρμηνεῖαι τῶν ἐντολῶν τοῦ κυρίου (Pandekten), um den Mönchen das Wertvollste aus ihren verloren gegangenen Bibl. zugängl. zu machen. Wichtige Fragen des Kl. lebens behandelt er in dem um 1087/88 zusammengestellten Mikron Biblion. Wiederum stark kompilativ, jedoch mit autobiograph. und hist. Notizen versehen, ist das Taktikon (40 Kap.), das u. a. ein Kl. typikon enthält. Bis auf wenige Auszüge ist sein Œuvre griech. noch unediert; Taktikon und Mikron Biblion sind vollständig nur im Cod. Sin. gr. 441 (12. Jh.) erhalten. Bei den Slaven, v. a. in Rußland, waren N.s Schr., die früh übersetzt wurden (älteste Hs. der Pandekten 13. Jh.; des Taktikon 14. Jh.; kirchenslav. Druckausg. 1795) sehr einflußreich. Pandekten und Mikron Biblion wurden auch ins Arab. übersetzt. Ch. Hannick

Lit.: DSAM XI, 319f. – BECK, Kirche, 600 [Lit.] – J. NASRALLAH, Un auteur antiochien du XIe s.: N. de la Montagne Noire, Proche-Orient chrétien 19, 1969, 150–161 – E. HÖSCH, N. v. Sch. B. in Rußland (Gesellschaft und Kultur Rußlands im frühen MA, 1981), 144–154 – J. NASRALLAH, Hist. du mouvement litt. dans l'église Melchite du Ve au XXe s., III, 1, 1983, 110–122, 314f. – D. M. BULANIN, »Pandekty« i »Taktikon« Nikona Černogorca (Slovar' knižnikov i knižnosti Drevnej Rusi XI–pervaja pol. XIV v.), 1987, 292–294 – CH. HANNICK, N. de la Montagne Noire et sa réception en Russie avant la rédaction des Ménées du métropolite Macaire (Mille ans de christianisme russe, 1989), 123–131 – TH.-X. GIANKOU, Νίκων ὁ Μαυρορείτης: Βίος, συγγραφικὸ ἔργο, κανονικὴ διδασκαλία, 1991.

Nikopolis ad Istrum (auch: ad Haemum, dem Balkangebirge), Stadt in Nordbulgarien s. der Donau (Iatrus), nw. von Tărnovo, beim heutigen Dorf Nikjup. Gegr. durch Trajan (wahrscheinl. 102 n. Chr.), seit Septimius Severus zur Prov. → Moesia inferior gehörig. Konstantin II. siedelte um N. die sog. Goti minores, die Goten des → Ulfila an. Ausgrabungen zeigen einen Niedergang seit dem 4. Jh. (Abnahme der besiedelten Fläche von 21,55 ha im 5./6. Jh. auf 5,7 ha, die neu stark befestigt waren). Letzte Erwähnung bei Theophylaktos Simokates (VII 13,8). Bf. e v. N. sind relativ schlecht belegt: 458, 518 und 1440. N. taucht nur in einer der → Notitiae episcopatuum (Not. 3,609; ed. J. DARROUZÈS) auf: Vermutl. war das Bm. über einen längeren Zeitraum nicht existent. Die weitere Gesch. bis zum 14. Jh., wo N. als wichtige osman. Festung bezeugt ist, ist unbekannt, doch ist eine bulg. Besiedlung anzunehmen. W. Brandes

Lit.: RE XVII, 518–533 – A. POULTER, N. ad I., a Roman Town but a Late Roman Fort?, Bulgarian Hist. Rev. 11, 1983, H.3, 89–103 – T.

IVANOV, N. ad I.: Eine röm. und frühbyz. Stadt in Nordbulgarien, ebd. 16, 1988, H.2, 48–72 – A. POULTER, N. ad I., Antiquarian Journal 68, 1988, 6–89 – G. FEDALTO, Hierarchia ecclesiastica orientalis, I, 1988, 347 – H. WOLFRAM, Die Goten, 1990, 89ff. – Oxford Dict. of Byzantium III, 1991, 1485f.

Nikopolis, Schlacht v. (1396). Mit der Niederlage →Serbiens auf dem →Kosovo polje (15. Juni 1389) verminderte sich die 'Pufferzone' zw. dem Kgr. →Ungarn und dem →Osman. Reich. Als Gegenschlag nahm Kg. Siegmund v. Ungarn mit walach. Verbündeten 1395 die Festung →N. ad Istrum ein und begann, einen gesamteurop. Kreuzzug gegen die Osmanen vorzubereiten. Im Sommer 1396 zog der Kg. an der Spitze eines Heeres von etwa 10000 ung., frz., dt., it. und anderen Rittern entlang der unteren Donau gegen die Festung N. Dem Kreuzheer begegnete die wohl etwas größere osman. Armee unter Sultan →Bāyezīd I. am 28. Sept. Die höhere Disziplin der Osmanen, ihre bessere Kriegführung und der neuartige Einsatz der Infanterie des Sultans führten zur Niederlage der christl. Ritter. Tausende fielen, zahlreiche Ritter (Gf. Jean de Nevers, Erbprinz v. Burgund; Leustak v. Ilsva, Palatin v. Ungarn; Enguerran VII. v. →Coucy) und andere Teilnehmer (wie der bayer. Knappe Johann →Schiltberger) gerieten in osman. Gefangenschaft und konnten, soweit sie überlebten, nur durch enorme Lösegelder freigekauft werden. Siegmund entkam knapp und kehrte über Konstantinopel erst Anfang 1397 nach Ungarn zurück. Die Niederlage des Kreuzritterheeres – eines der letzten überhaupt – bewies, daß in offener Schlacht auch eine Koalitionsarmee der christl. Mächte der osman. Militärmacht nicht gewachsen war. Siegmund konzentrierte daraufhin alle Kraft auf eine zusammenhängende Verteidigungslinie an der ung.-kroat. Südgrenze und versuchte, das Adelsaufgebot durch Aufstellung einer leichtbewaffneten Miliz zu ergänzen (Dekret des Landtags v. 1397).

J. M. Bak

Lit.: A. S. ATIYA, The Crusade of N., 1934 – F. SZAKÁLY, Phases of Turco-Hungarian Warfare before the Battle of Mohács (1365–1526), ActOrHung 23, 1979, 72–75 – E. MÁLYUSZ, Ks. Sigismund in Ungarn 1387-1437, 1990, insbes. 128–139 – N. HOUSLEY, The Later Crusades 1274–1580, 1992, 76ff., 354f., 401f., 468f. [Lit.].

Nikopolis ad Nestum, Stadt in SW-Bulgarien, beim heutigen Goce Delčev, am Fluß Mesta (antik Nestos). Als röm. colonia von Trajan gegr. Wichtigste Stadt des Nestos-Tales. Zunächst in der Eparchia Rodope gelegen, später (vor 431) zu Thrakē. Vom 7. bis 9. Jh. in den →Notitiae episcopatuum als autokephales Ebm. belegt. Ab ca. 800 im Thema Makedonia gelegen. 1329 wird das Bm. N. dem Metropoliten v. Serrai unterstellt. Archäolog. Reste bezeugen das kontinuierl. Bestehen von N. Stadtmauer aus der 2. Hälfte des 4. Jh., mehrere Basiliken, Werkstätten usw. wurden gefunden. In der Spätantike starke Verwendung des einheim. Marmors. Münzen und Keramik aus allen Jahrhunderten. W. Brandes

Lit.: P. SOUSTAL, Thrakien, 376–377 [Q.; Lit.].

Niksar, nordanatol. Stadt am Kelkit, an Stelle des antiken Neocaesarea. Nach der Schlacht v. →Mantzikert (1071) wurde N. Hauptstadt der Danischmendiden-Dynastie unter Gümüş Tekīn Dānişmend Ġāzī (→Dānişmend-nāme). Zw. 1100 und 1103 saß →Bohemund I. v. Tarent als Gefangener in der Festung v. N. ein. 1140 belagerte Johannes II. Komnenos N. erfolglos. Auf die Einnahme durch den Selğūqen →Qılıč Arslan (1175) folgte ein mehrfacher Besitzerwechsel bis zur Eingliederung in den Osmanenstaat (1392). Wichtige Bauwerke sind neben der Festung (mit Restaurierungsinschrift v. 1179) die wohl aus der Dānišmend-Zeit stammenden Ulu Cāmi^c und eine Gruppe von Mausoleen, die zu den ältesten islam. Grabbauten in Anatolien zählen. K. Kreiser

Lit.: H. ÇAL, N.' da Türk eserleri, 1989.

Nil (lat. Nilus, gr. Νεῖλος, arab. al Nīl, Baḥr an-Nīl, Nīl Miṣr), Strom in Afrika, mit einer Gesamtlänge von ca. 6694 km einer der längsten Flüsse der Welt, entsteht aus dem Zusammenfluß des Weißen N.s und des Blauen N.s bei Khartum. Er nimmt nach seiner Vereinigung nur noch den Zufluß ʿAtbara auf und fließt in gewundenem Lauf nach N. Dabei passiert er die 6 Katarakte. Bei Ašmūnain zweigt der Baḥr Yūsuf, dessen Anlage auf den atl. Joseph zurückgeführt wurde, nach W ab und versorgt die Fayyūm-Oase; in Kairo gab es einen mehrfach instand gesetzten Kanal zum Roten Meer. Der N. teilt sich ca. 20 km n. von Kairo in sein von Kanälen und Nebenarmen durchzogenes Delta und mündet in zwei Hauptarmen bei Rosette im W und Damietta im O ins Mittelmeer.

Quellen und Oberlauf des N.s waren weder in der Antike noch im MA genau bekannt. Vorstellungen über den N., seinen Ursprung und sein Delta sind einerseits von der antiken geogr. Lit. (v.a. Strabo, Ptolemäus), andererseits von bibl. Vorstellungen, die den N. mit dem Paradiesfluß Geon identifizierten, geprägt. Arab. Q.n modifizieren die ptolemäische Beschreibung des N.-Oberlaufs durch Einführung eines dritten Sees, den der N., der von den Silberbergen entspringt und zwei Seen durchfließt, durchqueren muß. Die bibl. beeinflußte Geographie ließ den N. von O unter dem Meer nach Afrika gelangen. Eine dritte Vorstellung vermutet die N.quellen in Westafrika.

Auch außerhalb Ägyptens war die N.schwelle, d.h. die Überschwemmung, die mit ihrem Höhepunkt Anfang Okt. (Stand Kairo) das gesamte N.tal bewässerte und düngte, bekannt. Sie führte in Byzanz zur Erklärung des Namens Νεῖλος als νέα ἱλύς ('neuer Schlamm'). Die Höhe der N.überschwemmung wurde wie in der Antike mit Nilometern gemessen. Einmal im Jahr, am 6. Jan., feierte die ägypt. Bevölkerung ein großes Fest; arab. Berichte über Menschenopfer für den N., die erst nach der Eroberung des Landes beendet worden seien, sind unglaubwürdig.

Der Verkehr auf dem N. diente dem innerägypt., aber auch dem Handel mit Arabien, Indien und Ceylon, der durch die N.schiffahrt bis auf die Strecke vom N. zum Roten Meer auf dem Wasserweg erfolgen konnte. Seit 1261 war der N.arm von →Damietta für Seeschiffe aus militär. Gründen geschlossen, Güter mußten auf N.schiffe umgeladen werden. Der Verkehr auf dem N. beeindruckte w. Reisende, die die N.flotte (angebl. 36000 Schiffe) mit denen Venedigs, Genuas und Anconas zusammen verglichen. Da bes. im Delta die Flußwege immer wieder versandeten, mußte z.B. 1013 al-Ḥākim 15000 Dinar für Reinigungsarbeiten des N.s aufbringen. Seit Mitte des 14. Jh. verfielen die Wasserwege im Delta wegen mangelnder Pflege zuschends. R. Hiß

Lit.: O. TOUSSON, Mém. sur l'hist. du N., Mém. de la soc. archéologique d'Alexandrie 3/4, 1925 – A. HERMANN, Der N. und die Christen, JbAC 2, 1959, 30–69 – D. BONNEAU, La Crue du N., 1964 [Lit.] – S. Y. LABIB, Handelsgesch. Ägyptens im SpätMA, VSWG, Beih. 46, 1965 – HO 1. Abt., 6/6, 188–204 [R. C. COOPER] – Oxford Dict. of Byzantium, III, 1991, 1486f. [Lit.].

Nilpferd (Hippopotamus), Hauptvertreter einer mit den Schweinen verwandten pflanzenfressenden Paarhuferfamilie in Afrika (nach Jakob v. Vitry, hist. or., c. 88 auch in Indien!), am Nil wegen Verwendung bei röm. Spielen (seit M. Scaurus 58 v. Chr. nach Plinius, n.h. 8, 96, zit. bei Thomas v. Cantimpré, 6, 28 = Albertus Magnus, animal. 24, 36) fast ausgerottet, aber gerne u. a. auf Mosaiken abgebildet (TOYNBEE, 113–115). Thomas übernimmt die z. T. falsche Beschreibung (u. a. Pferdeähnlichkeit!) von Plinius (8, 95; 11, 227), Solinus (32, 30) und Jakob (einschließl. Verarbeitung der nur feucht durchdringl. Haut zu Lanzen). Auch die beiden Schilderungen bei Aristoteles (h.a. 2, 7, p. 502 a 9–15 bzw. 8, 2 p. 589 a 24–30) bietet Thomas (equus fluminis: 6, 20 = Albert. 24, 30, zit. bei Vinzenz v. Beauvais, 17, 115, vgl. Konrad v. Megenberg III. C. 10 nach »Thomas III«; bzw. equus maris: 6, 18 = Albert. 24, 29, zit. Vinz., kontaminiert mit sagenhaften, fischschwänzigen und u. a. auf Neptunmosaiken, z. B. in Ostia, dargestellten Seepferden nach Isidor, etym. 12, 6, 9). Die Schilderung des Thomas (6, 19 = Albert. 24, 30, zit. Vinz.) von einem krokodilartigen, menschentötenden, nur durch Ketten aus Damaszenereisen fangbaren »equolinus« stammt aus unbekannter Q. (angebl. von Michael Scotus). Ch. Hünemörder

Q.: → Albertus Magnus, → Isidor v. Sevilla, → Konrad v. Megenberg, → Jakob v. Vitry – Solinus, Collectanea rer. memorab., ed. TH. MOMMSEN, 1895² [Neudr. 1958] – Thomas Cantimpr., Lib. de nat. rerum, T. 1, ed. H. BOESE, 1973 – Vinc. Bellov., Speculum nat., 1624 [Neudr. 1964] – *Lit.:* J. M. C. TOYNBEE, Tierwelt der Antike, 1983.

Nil Sorskij, Mönch und geistl. Schriftsteller, * um 1433, † 7. Mai 1508, stammte aus Moskauer Dienstadel. 1460–71 lebte N. in ö. Kl., bes. auf dem → Athos, wo er mit dem → Hesychasmus vertraut wurde. Er lernte Griechisch und führte textl. Verbesserungen in seiner Minäen-Fassung nach gr. Vorlagen ein. Nach 1471 gründete N. an der Sora in den Waldungen seines Stammkl., des Kl. des → Kyrill v. Beloozero, eine Einsiedelei, die bald zu einem Zwergkl. wurde. Sein Reformwerk beinhaltete die Wiederbelebung der pneumat. Tradition des Mönchtums und einen Mittelweg zw. Koinobion und Anachorese (→ Anachoreten, → Mönch, Mönchtum, A. III). Mit seinen Schr. ('Testament-Typikon', 'Elf Kap. aus den Schr. der hl. Väter' u. a.) schuf N. eine Regel für ein idiorrhythm. Leben einer Gemeinschaft in der Einöde, die wohl ohne jurisdiktionelle Macht des Vorstehers, nicht aber ohne geistl. Vater und Lehrer denkbar war und nur aus Mönchen bestehen durfte, die schon koinobit. gelebt hatten. Nach N. sollen die Mönche sich nicht mit weltl. Fragen befassen, sondern nur die kontemplative Hesychia pflegen; durch Überwindung weltl. Leidenschaften und Abkehr von der Welt hat ihre ausschließl. Sorge der Seele zu gelten, wobei sie durch Erforschung der Schr. der Väter auf den Weg des Heils gelangen. Umfangreicher Kl. besitz und Verwaltung desselben stehen den wichtigsten – den geistigen – Aufgaben entgegen. Auf dem Konzil 1503 trat N. nur gegen Kl. besitz und Kirchenschmuck auf, wurde aber von der monast. Bewegung der 'Uneigennützigen' ('Besitzlosen'), welche die grundsätzl. Frage des Kirchenbesitzes aufgegriffen hatten und die Säkularisierungspläne → Ivans III. unterstützten, als geistiger Anführer betrachtet und gegen seine Absicht in einen Streit mit → Josif Volockij verwickelt. A. Poppe

Lit.: F. v. LILIENFELD, N.S. und seine Schr., 1963 – TH. M. SEEBOHM, Ratio und Charisma, 1977 – Slovar' knižnikov i knižnosti drevnej Rusi. Vyp. 2. Čast' 2, 1989, 133–141 [G. PROCHOROV].

Nilsson, Svante, Angehöriger des schwed. Adelsgeschlechts der → Sture (Linie »Natt och Dag«), * ca. 1460, † 1512; Vater: Nils Bosson Sture; ∞ Iliana Gedda; Sohn: Sten Sture d. J. Seit 1481 Mitglied des schwed. Reichstages, zeichnete sich S. N. unter dem schwed. Reichsverweser Sten Sture d. Ä. (→ Brunkeberg, Schlacht v.) im Russ. Krieg v. 1495–96 aus (Eroberung der Festung Ivangorod). Mit Sten Sture d. Ä. betrieb er 1500/01 die Rebellion des schwed. Adels gegen den dän. Unionskg. → Hans (Kg. in Schweden 1497–1501). Nach dem Tod Sten Stures d. Ä. 1503 zum Reichsverweser gewählt, war S. N.s Regierungszeit (1504–12) durch Auseinandersetzungen mit Dänemark und Kg. Hans' Ansprüchen auf den schwed. Thron geprägt, der sich im Urteilsspruch v. Kalmar (1505) die schwed. Krone zusprechen ließ. Als Ks. Maximilian I. den Urteilsspruch bestätigte und zusammen mit den Hansestädten eine Seeblockade gegen Schweden verhängte, mußte S. N. im Frieden v. Kopenhagen 1509 in eine Tributzahlung (1200 Mark) einwilligen, doch nutzte er das inzwischen eingetretene Zerwürfnis zw. Dänemark und der Hanse zu einem Bündnis mit Lübeck. Die dän. besetzten Festungen Kalmar und Borgholm kamen bis 1510 wieder in schwed. Hand. In seinen letzten Regierungsjahren mußte sich S. N. mit einer Adelsopposition im Reichstag auseinandersetzen. H. Erhardt

Lit.: S. CARLSSON–J. ROSÉN, Den svenska historien, II (1319–1520), 1966, 294–305.

Nilus → Neilos

Nimbus, 'Wolke', übertragen: Lichtscheibe oder -kreis um den Kopf von Göttern, Personifikationen, seit dem 3. Jh. n. Chr. von Ks.n (zur Frühgesch. vgl. KEYSSNER). Im 4. Jh. Weitergabe des N. von chr. Herrscherbildern zunächst an Christus, dann Gottvater, Engel, Hl.e (dt. Bezeichnung 'Heiligenschein' daher irreführend). Farbgebung der Nimben meist in Blautönen, seltener Gold, im 5. Jh. auch transparent. Der Christogramm-N. (→ Christusmonogramm) wurde nach dem 5./6. Jh. selten; dagegen blieb der ebenso überwiegend zur Hervorhebung Christi verwendete Kreuz-N. (seit Anfang 5. Jh.) auch für das MA in O und W wichtig. Seit dem 13. Jh. wird der N. zum materiellen Gegenstand, der auch perspektiv. dargestellt und vielfältig verziert werden kann (z. B. mit Punzen, um den Metallcharakter hervorzuheben). Zahlreiche Sonderformen (z. B. Dreieck-N. Gottvaters [→ Dreifaltigkeit]; schwarzer N. des → Judas Ischarioth). Nicht aus dem N., sondern aus Porträttafeln hat sich der sog. Quadrat-N. entwickelt (zur Frühgesch. vgl. LADNER). Er muß spätestens im 6. Jh. (Apsismosaik Sinai) die Bedeutung als Zeichen für das Bild eines noch Lebenden gehabt haben, die Johannes Diaconus (9. Jh., Vita Greg. M. 4, 84) notierte. J. Engemann

Lit.: DACL XII/1, 1272–1312 – KL. PAULY IV, 131–133 – RAC XIV, 1032f. – RE XVII/1, 591–624 [KEYSSNER] – E. WEIGAND, BZ 30, 1929/30, 588–599; 32, 1932, 63–81 – G. B. LADNER, Mediaeval Stud. 3, 1941, 15–45 – M. COLLINET-GUÉRIN, Hist. du Nimbe, 1961 – J. OSBORNE, Papers British School Rome 47, 1979, 58–65.

Nîmes, Stadt, Bm. und Sitz einer Vizgft. (Vicomté) in Südfrankreich, Bas-Languedoc, Hauptstadt des dép. Gard. Alter Vorort der gall. Volcae Arecomici, entstand N. bei einer hochverehrten hl. Quelle (Nemausus-Q., 'La Fontaine'), am Übergang von Alluvialebene und Kalkplateaulandschaft der 'Garrigue'. N. (Nemausus) war in röm. Zeit eine Stadt von erstrangiger Bedeutung, unter Augustus Kolonie (col. Augusta N. tribu Voltinia), gelegen am Kreuzungspunkt der Via Domitia mit den in die Cevennen führenden Straßen. Das ausgedehnte Stadtareal der röm. Kaiserzeit reduzierte sich im MA auf einen engen Bereich nahe dem (vom Quellbezirk entfernt gelegenen) Amphitheater (Arena), das in eine Befestigung, umwehrt mit starker Mauer, umgewandelt worden war (Stadtmauer dagegen erst 1194 erwähnt). Auch die anderen mächtigen Monumente der röm. Zeit wurden wieder benutzt und blieben so erhalten: Maison Carrée (im MA Sitz des Konsulats), Dianatempel (Kirche der Schwestern v. St-

Sauveur de la Font, seit 994), Porte d'Auguste (kgl. Burg seit 1391), Tour Magne. Das weiträumige Territorium der Civitas (von den Cevennen bis zum Mittelmeer und von der →Rhône bis zum Lez) wurde zum Gebiet der Diöz. (erster bezeugter Bf.: Sedatus, 506), die durch die Gründung der Bm.er →Uzès (vor 442) und →Maguelone (vor 589) verkleinert wurde.

Die Stadt überlebte die Völkerwanderungszeit und gehörte von 462 bis 725 als Teil der →Septimania zum →Westgotenreich; Eroberungsversuche der →Franken (die sich in Uzès und bald auch in der →Provence festgesetzt hatten) blieben zunächst Episode (531–532, 569 Belagerung der Arena durch den merow. Kg. →Guntram), desgleichen ein von →Julianus v. Toledo überlieferter erfolgloser Aufstand gegen den westgot. Kg. →Wamba (673). 725 kam N. unter muslim. Herrschaft; nach einer fehlgeschlagenen Belagerung durch Karl Martell (736) und einem am Widerstand der Bevölkerung gescheiterten Rückeroberungsversuch des Gf.en Ansemund wurde N. erst 759 von Pippin III., mit Unterstützung örtl. Kräfte, dem Frankenreich einverleibt. →Theodulf v. Orléans, der N. als einer der »missi Karls d. Gr. am Ende des 8. Jh. besuchte, beschrieb die Stadt als geräumig, belebt und wohlbefestigt.

Die weltl. Herrschaft in N. wurde in der Folgezeit ausgeübt von Vizgf.en (vicecomites); die ehrgeizige Dynastie der →Trencavel dehnte ihre Macht auf große Teile des languedoz. Mittelmeerraumes aus. Bernhard Aton IV. (1024–1129) vereinigte in seiner Hand die Vicomtés N., →Albi, →Agde, →Béziers, →Carcassonne und →Razès. Die Teilung unter seine drei Söhne beließ jedoch dem jüngsten Sproß, Bernhard Aton V., lediglich die Vicomté v. N.; 1183 sah sich Bernhard Aton VI. genötigt, seine Rechte an Raimund V., Gf.en v. →Toulouse, abzutreten, der damit ein wichtiges Hindernis für seine ehrgeizigen Mittelmeerpläne aus dem Weg räumte. Als Helfer der Vizgf.en spielten die 'milites castri arenarum' (chevaliers des arènes) bis zur Übernahme der Stadt durch die kgl. Gewalt (1226) eine dominierende Rolle, begünstigt durch die häufige Abwesenheit der Vizgf.en (Aufenthalte in ihren anderen Territorien, Kreuzfahrten), die zudem in Konflikte mit den Gf.en v. Toulouse und finanzielle Schwierigkeiten verstrickt waren. Um 1124 erhoben sich die Arenenritter; sie erreichten, im Einvernehmen mit den Stadtbewohnern, den Rückkauf der Abgaben und Zölle (1124) und erwarben, gegen Zahlung, Landbesitz in der Garrigue (1144).

Die Verhandlungen von 1144 lassen das (wohl schon länger bestehende) städt. →Konsulat erstmals hervortreten; seine vier Mitglieder entstammten den Arenenrittern. 1198 erließ Gf. Raimund V. v. Toulouse Satzungen für die Konsulatswahl, die das städt. Bürgertum begünstigten: Neben den Konsulatssitzen, die von den Rittern des castrum besetzt wurden, waren vier Konsuln durch Räte, die die Stadtviertel zu designieren hatten, zu wählen. In der Folgezeit regelte der Kg. v. Frankreich (bzw. sein Repräsentant) die Frage des städt. Magistrats: Er hob 1226 die Vertretung der Arenenritter auf (die jedoch 1270 wieder eingeführt wurde) und übertrug 1245 dem →Seneschall, 1254 den jeweils scheidenden Konsuln die Designation der Konsulatsmitglieder. 1272 wurde den Mitbestimmungsansprüchen der Handwerker, Zunftmeister und Händler (den sog. 'échelles') Rechnung getragen; nachdem sie zunächst lediglich eine Minderheitsbeteiligung neben der als 'la Place' (platea civitatis) bezeichneten Führungsschicht aus 'milites castri' und Bürgertum (Patriziat) erhalten hatten, wurde ihnen 1283 die Hälfte der Konsulatssitze zugestanden; damit war das Machtmonopol der 'Place' durchbrochen.

Der Wohlstand der Stadt im 12.–14. Jh. beruhte auf Weinbau (der als Spekulationsgeschäft betrieben wurde) und Schafhaltung (in der Garrigue), Grundlage für blühendes Tuchgewerbe und Gerberei, die am Agau (dem aus der Fontaine entspringenden Stadtbach) betrieben wurde. N. war Umschlagplatz für Getreide und Gemüse aus den Cevennen und v.a. für →Salz; als zeitweilig einzige Stadt des Kgr.es Frankreich nahe dem Mittelmeer profitierte es vom Transithandel über →Aigues-Mortes, später dann von der Papstresidenz in →Avignon (1309–77). Seit 1138 waren Kaufleute und Bankiers aus Florenz, Genua, Lucca, Mailand und Siena (→Lombarden) in N. ansässig. Doch folgte im 14. Jh. der Niedergang; wichtigste Gründe waren: Wegzug der Italiener (zw. 1300 und 1330), Judenvertreibung (1306), Konkurrenz von →Montpellier, Geldentwertung und Preisauftrieb, Schwarze →Pest (nach 1350), verheerende Söldnerzüge (1357, 1362, 1428, 1473), Bauernaufstand der →Tuchins (1382), Kämpfe zw. den Bourguignons und dem Dauphin →Karl (VII.) (1417–20). Die Einwohnerzahl fiel von ca. 20000 (um 1320) auf 6500 (1393). Erst um die Mitte des 15. Jh. setzte ein Wiederaufstieg ein.

N., in dessen Altstadt sich zahlreiche ma. Hausfassaden (hinter ihnen meist Errichtung von Neubauten im 16. und 17. Jh.) erhalten haben, verfügte über eine Reihe geistl. Häuser: Konvente der Franziskaner (1222), Dominikaner (1270) und Augustiner (1353). Sie fielen den Religionskriegen ebenso zum Opfer wie Teile der Kathedrale (erhalten nur: Glockenturm, 12.–15. Jh., und roman. Fassade mit Genesis-Fries) und der Kirche Ste-Eugénie (12. Jh.). Verschwunden sind auch die vorstädt. Basiliken St-Baudile und Ste-Perpétue.   V. Lassalle

Lit.: RE XVI, 2288–2310 – L. MÉNARD, Hist. ... de la ville de Nismes, 1750–58 [Neuausg. 1975] – C. DEVIC-J. VAISSETE, Hist. gén. du Languedoc, 1872–92 – A. ANGELRAS, Le consulat nimois..., 1912 – F. MAZAURIC, Hist. du château des Arènes, 1934 – M. GOURON, Les étapes de l'hist. de N., 1939 – A. DUPONT, Les cités de la Narbonnaise première depuis les invasions germaniques jusqu'à l'apparition du Consulat, 1942 – P. MARTEL, L'époque médiévale (Hist. de N., 1982).

Nimptsch (poln. Niemcza), einer der ältesten Orte →Schlesiens. Auf einem allseitig steil abfallenden Bergrücken lag strateg. günstig an der Straße von Prag über Glatz und Breslau zur Ostsee am ö. Sudetenrand schon in vorgesch. Zeit eine befestigte Siedlung, die bei →Thietmar v. Merseburg z. J. 1017 als 'Nemzi' (slav.; 'die Stummen', das sind 'die Deutschen') erwähnt wird, »eo quod a nostris olim sit condita«. In N. folgten spätgerm.-silingische Burg, frühslav. Herrschaftszentrum der Slenzanen, piast. Kastellanei (seit 1155 bezeugt) und dt. Stadt (vor 1282). Letztere ist eine räuml. beengte Zweitoranlage mit Burg, Straßenmarkt, Rathaus und Pfarrkirche St. Marien als Filiale der älteren St. Adalbertkirche (11./12. Jh.) im ehem. Suburbium (Altstadt) am Fuße des Stadtberges. N. blieb stets Landstädtchen im Schatten der benachbarten Gründungsstädte Frankenstein und Reichenbach.
  J. J. Menzel

Lit.: SłowStarSłow III, 386f. – E. RAUCH, Gesch. der Bergstadt N., 1935 – DtStb I, 837f. – J. SCHÖLZEL, N. in Schlesien, Vorzeit, Frühzeit, MA, 1974 – Hist. Stätten Schlesien, 1977, 361–365.

Nimwegen → Nijmegen

Nin (lat., it. Nona), Küstenstadt in →Dalmatien, 15 km nw. von →Zadar, am Ort des antiken Aenona. Nach dem Zusammenbruch urbanen Lebens in der Spätantike entwickelte sich aus der slav. Neubesiedlung N. als eines der Zentren des frühma. →Kroatiens; hiervon zeugen die Kirche *Sv. križ* (Hl. Kreuz) und andere vorroman. Sakralbauten. N. war Sitz eines Župans, wie auch bei →Konstantin VII. Porphyrogennetos erwähnt, und von 864–925 und wieder ab 1075 Bischofssitz. Seit der Mitte des 13. Jh. organisierte sich die Stadt als Kommune und glich sich dadurch den dalmatin. Städten an; dem als Župan/comes fungierenden kroat. Territorialherrn stand ein kommunaler Podestà gegenüber. Seit der Unterstellung unter Venedig 1328 vereinte der ven. comes (→knez) herrschaftl. und kommunales Amt. Im Frieden von Zadar 1358 gelangte auch N. unter die Herrschaft der ung. Angiovinen; von 1409 bis 1797 gehörte es zu Venedig. Das Privileg des ung. Kg.s Andreas II. für N. von 1205 ist eine hist. Fälschung aus der Zeit der Angiovinen. L. Steindorff

Lit.: Povijest grada Nina, 1969 – L. Steindorff, Über die Echtheit des 1205 von Andreas II. an die Stadt N. verliehenen Privilegs, SO-Forsch. 42, 1983, 61–112.

Niño, kast. Adelsgeschlecht, das sich auf *Juan N.*, den →*Mayordomo Mayor* Kg. Alfons' XI. zurückführt, der 1350 bei der Belagerung von Gibraltar starb. Ihm folgte sein Sohn *Pedro Fernández N.*, →*Alcalde* v. Oropesa, der zwei Söhne, *Juan* und *Rodrigo N.*, hatte. Rodrigo wurde 1411 von Johann II. zum →*Regidor* v. Toledo ernannt. Seine Nachkommen siedelten sich auf Toledaner Gebiet an. Juan N. heiratete Inés Lasa de la Vega, die Amme des Príncipe v. Asturien, Heinrich (III.), dessen Hofmeister er selbst später wurde, worauf ihn der Vater Heinrichs, Kg. Johann I., für seine Dienste mit der Übertragung der Orte Cigales (Valladolid), Berzosa und Fuentebureba (Burgos) belohnte. Als →*Alférez* fiel er in der Schlacht v. →Aljubarrota (1385). Von seinen Söhnen folgte ihm *Pero* (→N., Pero) nach und erhielt von Johann II. 1432 die Gft. Buelna, bevor er 1453 ohne legitime Erben starb; *Hernando N.* zog nach Valladolid. Von seinen Nachfahren sind v. a. sein Sohn *Alonso N.*, dem Johann II. das Amt eines →*Merino Mayor* v. Valladolid als Gunsterweis übertrug (22. Febr. 1447), sowie sein Enkel *Pedro N.*, den Heinrich IV. zum *Capitán Mayor de la Mar* ernannte, zu erwähnen.

R. Montero Tejada

Lit.: A. López de Haro, Nobiliario genealógico de los reyes y títulos de España, 1622.

N., Pero, kast. Seefahrer des →Hundertjährigen Krieges, * 1378, † 1453, entstammte als Sohn des Juan N. und der Inés Lasa de la Vega dem hohen Adel. 1394 zeichnete er sich unter Kg. Heinrich III. vor Gijón aus. Mit einigen Galeeren zur Verfolgung von Piraten ins Mittelmeer entsandt, segelte er die Küsten Südfrankreichs und Nordafrikas entlang (1404). Im Zuge der kast. Flottenhilfe für Frankreich gehörte N. einem Geschwader unter dem Befehl des Ruiz de Avendaño an (1405) und war während zweier Kriegszüge der Schrecken der südengl. Küste. Bei seiner Rückkehr in Kastilien hochgeehrt, nahm N. an den Feldzügen des Infanten Ferdinand in Andalusien teil und wurde 1407 zum Hauptmann der Leibwache ernannt. Später schloß er sich dem Infanten Heinrich an, dessen Partei er jedoch 1430, beeinflußt von Alvaro de →Luna, wieder verließ. Johann II. übertrug ihm die Gft. Buelna (30. Mai 1431). Dreimal verheiratet (Constanza de Guevara, Beatrix v. Portugal, Juana de Stúñiga); doch starben seine legitimen Söhne vor ihm. Gutierre →Díez de Games widmete ihm einen der bedeutendsten Tatenberichte des kast. 15. Jh. R. Montero Tejada

Ed.: Gutierre Díez de Games, El Victorial. Crónica de don P. N., hg. J. de Mata Carriazo, 1940; hg. J. Sanz, 1989 [Lit.] – *Lit.*: J. Vargas Ponce, Vida de don P. N., 1807 – M. Pardo, Les rapports noblesse-monarchie dans les chroniques particulaires castillanes du XVe s. (Homm. M. Bataillon, 1979), 155–170 – s. a. Lit. zu →Díez de Games [M. T. Ferrer I Mallol].

Njörđr, skand. Gott aus dem Göttergeschlecht der →Wanen, Vater des Geschwisterpaares →Freyr und →Freyja. Wie alle Wanen ist er v. a. Fruchtbarkeitsgott; laut Snorri gebietet er über den Wind und das Meer und schenkt reichen Fischfang, gute Seefahrt und Überfluß an Land (Gylfaginning c. 23). »Njörđr« ist die an. Entsprechung von →Nerthus (bei Tacitus überlieferte Fruchtbarkeitsgöttin); dieser Geschlechtswandel ist unterschiedl. interpretiert worden. Am plausibelsten ist die Deutung, daß »Njörđr« ein gleichnamiges Geschwister-/Liebespaar bezeichnet hat. Für die Existenz zweier Träger des Namens spricht einmal, daß die heidn. →Skaldendichtung eine Pluralform von N. kennt (während Götternamen sonst keinen Plural bilden können), zum anderen, daß die →Edda die (namentl. nicht genannte) Schwester als seine Ehefrau und Mutter der Kinder Freyr und Freyja bezeichnet. Ein anderer (wohl jüngerer) Überlieferungsstrang kennt als Ehefrau N.s die Riesin Skadi; die Ehe ist sehr unglücklich wegen seiner Liebe zum Meer, ihrer zu den Bergen: sie leben deshalb getrennt. Zu den →Asen kam N. als Geisel nach dem Wanenkrieg. Insgesamt ist das Bild des N. in der eddischen Mythologie nur noch blaß. Für eine ursprgl. große religiöse Bedeutung spricht aber die Zahl der mit »Njörđr« gebildeten Kultplatznamen und nicht zuletzt die Erwähnung der Nerthus bei Tacitus: Kein anderer Göttername der Edda wird von den Römern genannt. E. Picard

Lit.: R. Simek, Lex. der germ. Mythologie, 1984, 286f. – J. de Vries, Altgerm. Religionsgesch., II, 1970³ – H. Kuhn, Kleine Schr., IV, 1978, 269ff.

Niort, Stadt in Westfrankreich, Poitou (dép. Deux-Sèvres), an der Sèvre Niortaise. Prähist. und galloröm. Siedlungsspuren sowie eine merow. Nekropole (St-Martin) befinden sich auf dem rechten Flußufer, in Bessac, das noch als Vorort der karol. Vikarie fungierte. N. (Niortum, Name abgeleitet von 'neue Furt'?) entstand am linken Ufer bei einem 946/947 belegten 'castrum', das von den Gf.en v. →Poitou zur Sicherung der nahen Grenze gegen die →Saintonge errichtet wurde. Die Stadt hatte zwei Viertel: St-André im N, Notre-Dame im S, umwehrt seit dem 12.–13. Jh. von einer ca. 2,8 km langen Mauer, zentriert auf einen 'Donjon', den Kg. Heinrich II. v. England wiederherstellen ließ. Die Stadt erhielt von Kg. Johann ein Kommunalprivileg nach dem Vorbild der →Établissements de Rouen. 1224 kam N. aus dem Besitz der Plantagenet wieder an die Krone Frankreich.

Im 13. Jh. war N. eine aktive Handelsstadt (Ausfuhr von »Poitouwein« über die Sèvre ins n. Europa), die gemeinsam mit →La Rochelle und →St-Jean d'Angély in Gravelines (Flandern) Handelsprivilegien (1262) erwarb. Sie hatte von Heinrich II. gestiftete Jahrmärkte und errichtete im 13. Jh. eine große Halle. Es bestand eine Judengemeinde. 1260 wurde ein Franziskanerkonvent mit Schule begründet.

Der →Hundertjährige Krieg, der den Weinhandel zum Erliegen brachte, ließ N. wieder vorrangig zum festen Platz werden. 1396 wurde ein neues Stadthaus (mit städt. Uhr) errichtet. Der am Ende des 14. Jh. wieder instand gesetzte Hafen diente vielseitigem, stärker regional ausgerichtetem Handel (Tuche, Salz, Leder). Zu St. André fanden freie Jahrmärkte statt. N. hatte drei Armenspitäler und ein Krankenhaus. Am Ende des MA wurde die Stadt zum Verwaltungszentrum (Nebensitz der *sénéchaussée* des Poitou, 1461 als kgl. Gerichtshof installiert; Steuerbehörde, *élection*, des Poitou). R. Favreau

Lit.: R. FAVREAU, N. au MA (Hist. de N. des origines à nos jours, 1987), 33–115.

Niphus, Augustinus (Nifo, Agostino), Philosoph und Mediziner, * um 1470 in Sessa Aurunca bei Salerno, † 18. Juni 1538 ebd., studierte in Neapel und Padua (bes. bei Nicoletto Vernia), lehrte in Padua, Neapel, Salerno, Rom (1514–19) und Pisa. In Rom verfaßte er sein berühmtestes Werk, die gegen Pietro→Pomponazzi und dessen Theorie der uneingeschränkten Sterblichkeit der menschl. Seele gerichtete Streitschr. »De immortalitate humanae animae« (Venedig 1518). – Kommentator der Werke des Aristoteles (Ausg. 1654) und Herausgeber der Schr. des Averroes (Ausg. 1595). In seiner theoret. Philosophie zunächst strenger, später gemäßigter Averroist, in seiner polit. Philosophie (De regnandi peritia, 1523) von Machiavelli beeinflußt. B. Mojsisch

Lit.: E. GARIN, Storia della filosofia it., 3 Bde, 1947 [Neudr. 1966] – B. NARDI, Saggi sull'aristotelismo padovano dal secolo XIV al XVI, 1958 – E. GILSON, Autour de Pomponazzi, AHDL 36, 1961, 163–279 – L. JARDINE, Dialectic or Dialectical Rhetoric? Agostino Nifo's Criticism of L. Valla, RCSF 36, 1981, 253–270 – A. PATTIN, Un grand commentateur d'Aristote: Agostino Nifo (Fschr. K. FLASCH, 1991), 787–803.

Niquinta → Niceta

Niš, Stadt in Serbien, entwickelte sich an der Hauptroute von Zentraleuropa in den Nahen O. Das antike Naissus, wichtiges militär. und wirtschaftl. Zentrum der Provinz →Moesia superior, Municipium und Residenz röm. Ks. im 4. Jh., wurde in der Zeit der Völkerwanderung mehrfach erobert und verwüstet; durch Hunnen und Goten 471, Avaren und Slaven im Laufe des 6. Jh. Ks. Justinian I. erneuerte und befestigte die Stadt (um 530–552) und errichtete oder renovierte 39 Kastelle in der Umgebung. Naissus wurde frühzeitig Bischofssitz; der letzte Bf. ist 553 erwähnt. Anfang des 7. Jh. besetzten die Slaven das Gebiet von N. endgültig. Im 9. und 10. Jh. gehörte die Stadt zum Bulg. Reich; das neue Bm. N. kam um 1020 unter die Jurisdiktion des Ebm.s →Ochrid. In der Bischofskirche des hl. →Prokopius liegen die Gebeine dieses Märtyrers. Während der ung.-byz. Kämpfe 1072 verteidigte Byzanz die Stadt erfolgreich. Wichtiger Etappenort der Kreuzzüge, wurden Teile der Stadt während des 1. Kreuzzuges 1096 bei Konflikten mit den lokalen Herrschaftsträgern und der Bevölkerung von Kreuzfahrern zerstört. Zur Zeit der →Komnenen war N. ein bedeutender militär. Stützpunkt im Kampf gegen Serbien und Ungarn, das die Stadt 1127 angriff. Die Ks. Johannes II. und Manuel I. hielten sich mehrfach in N. auf. Die Stadt wurde damals bes. befestigt. Um 1153 verwaltete Andronikos Komnenos, der spätere Ks., das Gebiet von N. als dux. Der Großžupan v. →Serbien, →Stefan Nemanja, gewann 1183 N., das er zum 'caput regni' machte. Hier begrüßte er im Juli 1189 Ks. →Friedrich Barbarossa, den er zu Absprachen gegen Byzanz einlud. Ks. Isaak II. Angelos eroberte N. 1190 zurück. Nach der Zerschlagung des Byz. Reiches 1204 wechselte die Stadt mehrfach die Herrschaft (Serbien, Bulgarien, Ungarn), bis sie im 14. Jh. endgültig an Serbien kam. Erstmals 1386 setzten sich die Osmanen in N. fest. Zur Zeit des Despoten →Stefan Lazarević war das Gebiet häufig Schauplatz serb.-türk. Kämpfe. 1428 sicherten die Osmanen ihre Herrschaft dauerhaft. J. Kalić

Lit.: J. KALIĆ, N. u srednjem veku, Istorijski Časopis 31, 1984, 5–40 – DIES., Die dt.-serb. Beziehungen im 12. Jh., MIÖG 99, 1991, 523–26.

Nišānǧï, Vorsteher der osman. Kanzlei. Das Amt entstand aus der Verantwortung für die →Ṭuġrā, das sultan. Herrschaftszeichen (*nišān* 'Zeichen'), das der N. über den Erlassen anbrachte. Parallele Amtsbezeichnungen (*tevqiʿī* etc.) haben die gleiche Wurzel. Entsprechende Ämter sind in vorosman. islam. Staaten belegt, doch erhielt der N. im 15. Jh. Verantwortung für das herrscherl. und Gewohnheitsrecht (ʿ*örf*) und seine Harmonisierung mit der Scharia sowie den Kataster. Der N. war Mitglied des *dīvān-i hümāyūn* und wurde im 16. Jh. Kopf einer professionalisierten Bürokratie abseits der ʿ*ilmīe*. Ch. K. Neumann

Lit.: IA IX, 299–302 – UZUNÇARŞILI, MB 214–227 – DERS., Medhal [Ind.] – C. FLEISCHER, Bureaucrat and intellectual in the Ottoman Empire, 1986 [Ind.].

Nische ist wie die Blende ein Wandgliederungselement, eine in die Mauerfläche eingefügte Vertiefung, im Grundriß halbrund, segmentbogenförmig oder rechteckig. Als antikes Element im Innenbau entwickelt, ist sie vornehml. im Mauermassenbau aufgenommen worden. Sie dient als reines Gliederungselement, bes. an Giebeln, ebenso zur Aufnahme von Portalen oder Fenstern. Durch N.n strukturierte Innenräume finden sich v. a. bei Zentralbauten, hier v. a. Baptisterien. Als gliedernde Elemente treten N.n an Seitenschiffwänden auf, im Querhaus und Chor und in der Triforienzone, auch in Krypten oder Turmobergeschossen, bes. im 11. Jh. im Rheinland. G. Binding

Nisibis (arab. Naṣībīn, heut. türk. Nusaybin), Stadt in Obermesopotamien, erstmals im 9. Jh. v. Chr. erwähnt. In der Spätantike und dem frühen MA war N. aufgrund seiner wirtschaftl. und strateg. Bedeutung am mesopotam. Limes zw. dem röm.-byz. Reich und dem Reich der Parther und Sasaniden heftig umkämpft. Früh christianisiert, ist die Stadt seit 410 als Sitz eines Metropoliten bezeugt, ab Bar Ṣaumā († um 492–495) nestorian. 639 wurde N., vom 4. bis 7. Jh. wichtiges christl.-religiöses Zentrum (→N., Schule v.), von den Arabern erobert und blieb mit kurzen Unterbrechungen (Byzantiner 942, Mongolen 1259 und 1395) in islam. Hand. 1515 wurde die Stadt von den Osmanen erobert. P. Thorau

Lit.: EJ¹ III, 926–929 – E. HONIGMANN, Die Ostgrenze des byz. Reiches von 363 bis 1071, 1935 – A. H. M. JONES, Cities of the Eastern Roman Empire, 1971 – J.-M. FIEY, Nisibe, Métropole syriaque orientale et ses suffragants des origines à nos jours, 1977 – A. PALMER, Monk and Mason on the Tigris Frontier, 1990 [Lit.].

Nisibis, Schule v., verdankte ihre Entstehung dem Zusammenwirken des Metropoliten Bar Ṣaumā mit 457 aus der Schule v. →Edessa vertriebenen nestorian. Gelehrten, insbes. →Narses († um 502). Der Studienbetrieb war durch Statuten (496, Neufassung 590) geordnet, die das Zusammenleben der zuweilen über 1000 Schüler und die Aufgaben der Lehrer (darunter der wichtige 'Exeget', der die Auslegung der Bibel im Sinne des →Theodoros v. Mopsuestia († 428] zu lehren hatte) regelten. Die Ausbildung war kostenlos und dauerte drei Jahre. Zu den berühmtesten Lehrern der Schule zählten ihr erster Leiter Narses, sein Nachfolger Abraham v. Bēṯ Rabban, der 60 Jahre die Leitung innehatte, dessen Nachfolger Yōḥannān v. Bēṯ Rabban († 566/567) und Ḥᵉnānā v. Adiabene († 610, Leiter 572–610), der gegen viele Widerstände vom streng nestorian. Kurs abwich, weshalb auch die Schülerzahl zurückging. Zu den herausragenden Schülern zählten die Katholikoi Mār Abā († 552), Īšōʿyahḇ I. († 596), Sabrīšōʿ I. († 604), Īšōʿyahḇ II. († um 645), Īšōʿyahḇ III. († 657/658) sowie zahlreiche Bf.e, Mönche und Schriftsteller wie Abraham v. Kaškar († 588), Sahdōnā (Martyrius, Mitte 7. Jh.) u. a. Die Bedeutung der Schule v. N. schwand

allmähl. durch die theol. Streitigkeiten unter Ḥᵉnānā, aber auch durch die Gründung anderer Theologenschulen, wie 541 in Seleukeia-Ktesiphon durch Katholikos Mār Abā und um 832 in Bagdad. Aber in der ostsyr. Kirche und Lit. des 6. Jh. hat die Schule v. N. tiefe Spuren hinterlassen.
J. Aßfalg

Lit.: DACL XII, 1377–1386 – LThK² VII, 1010 – A. VÖÖBUS, The Statutes of the School of N., 1962 – DERS., Hist. of the School of N., 1964 – I. ORTIZ DE URBINA, Patrologia Syriaca, 1965², 115–169 passim – Diz. Patristico e di Antichità Cristiane II, 1984, 2407–2410.

Nithard, frk. Geschichtsschreiber, unehel. Sohn →Berthas (7.B.), der Tochter Karls d. Gr., und →Angilberts, eines frk. Gelehrten am Kg.shof, † wohl am 15. Mai 845 in einer Schlacht gegen die Normannen, ⌐ St-Riquier. N., der in seinem letzten Lebensjahr (Laien-)Abt v. →St-Riquier (Centula) bei Amiens wurde, war als Mitglied der karol. Familie Parteigänger Karls d. Kahlen und aktiver Teilnehmer an den Kämpfen der Söhne Ludwigs d. Fr. Als einer der wenigen Laienschriftsteller des frühen MA verfaßte er im Auftrag Karls die »Historien«, eine Zeitgesch. in vier Büchern unter dem Aspekt des Bruderzwistes und der Reichsteilungen. Das engagiert aus unmittelbarer Anschauung verfaßte Werk, das u. a. die »Straßburger Eide« überliefert, ist trotz seiner gegen Lothar gerichteten Parteilichkeit die wichtigste Q. über die Brüderkämpfe. N.s aus der Krise erwachsene polit. Geschichtsschreibung ist von religiösen Überzeugungen getragen, deren Zentrum die augustin. Ideale pax et iustitia bilden, die er zunächst in den Maßnahmen Karls d. Kahlen verwirklicht sieht (PATZE). Dahinter steht ein Staatsideal, das die res publica institutionell begreift und das gemeine Staatswohl über den Eigennutz des Adels und der Kg.e stellt (WEHLEN). Die 'offizielle' Geschichtsschreibung wird überlagert von 'privaten' Belangen des Karolingers (NELSON), der zunehmend krit. und pessimist. gegenüber den Zeitumständen wirkt und den Zerfall des Einheitsstaates zwar als Realität anerkennt, das eigtl. Ideal aber im Rückblick in der Regierung Karls d. Gr. erblickt. Die hist. wichtigen, aber nur in einer Pariser Hs. erhaltenen »Historien« sind im MA kaum benutzt worden.
H.-W. Goetz

Ed.: E. MÜLLER, MGH SRG (in us. schol.) [44], 1907 – PH. LAUER, CHF 7, 1926 – Mit dt. Übers.: R. RAU, AusgQ 5, 1955 – Lit.: Verf.-Lex.² VI, 1164–1166 – WATTENBACH-LEVISON-LÖWE III, 353–357 – BRUNHÖLZL I, 399ff. – W. WEHLEN, Gesch.sschreibung und Staatsauffassung im Zeitalter Ludwigs d. Fr., 1970 – F. L. GANSHOF, Een historicus uit de IXᵉ eeuw: N. (Mededelingen van de Koninklijke Vlaamse Academie voor Wetenschappen, letteren en schone kunsten van België. Kl. d. Letteren 33,3, 1971) – H. PATZE, Iustitia bei N. (Fschr. H. HEIMPEL, 3, 1972), 147–165 – K. SPRIGADE, Zur Beurteilung N.s als Historiker, Heidelberger Jbb. 16, 1972, 94–105 – N. STAUBACH, Das Herrscherbild Karls d. Kahlen, I [Diss. München 1981], 79ff. – J. L. NELSON, Public Histories and Private Hist. in the Work of N., Speculum 60, 1985, 251–293 – H.-W. GOETZ, Regnum, ZRGGermAbt 104, 1987, 125ff. – J. L. NELSON, Ninth Century Knighthood. The Evidence of N. (Stud. in Medieval Hist. presented to R. A. BROWN, 1989), 255–266 – A. ÖNNERFORS, In N.i Historiarum Libros Annotatiunculae (Fschr. F. BRUNHÖLZL, 1989), 75–84.

Nitra (Nitrahwa, Nitrava, Nitria, Neutra), Stadt in der Slowakei. Älteste slav. Siedlungen und Gräberfelder stammen vom Ende des 5. und aus dem 6. Jh. (→Keramik des Prager Typs). Ein Körpergräberfeld in Horné Krškany und Funde aus dem Stadtzentrum belegen Besiedlung im 8. Jh.; ein Burgwall stand Ende des 8. Jh. auf dem Martinsberg. Anfang des 9. Jh. entwickelte sich N. zum Zentrum eines Fsm.s. Fs. →Privina ließ in N. 828 eine erste chr. Kirche durch Ebf. Adalram v. Salzburg weihen, bevor er von dem großmähr. Fs.en →Mojmír I. vertrieben wurde. Zur Zeit Fs. →Svatopluks und Ebf. Methods (→Konstantin und Method) wurde N. Bf.ssitz (→Wiching), 899 Diözesansitz. Der Burgwall auf dem Martinsberg umfaßte 20 ha, befestigt mit Palisade, Wall und Graben. An der Stelle einer in das 9. Jh. datierten Steinkirche wurde im 11. Jh. eine kleine roman. Kirche errichtet. Durch die unbefestigte Vorburg (60 ha) führte ein Steinweg, an dem gassenartig Werkstätten angeordnet waren (Marktsiedlung; daneben gab es Verhüttungseinrichtungen und eine bäuerl. Siedlung. Im heutigen Stadtzentrum entstand im 9. Jh. ein zweiter zentraler Burgwall (13 ha – im Burgareal Siedlungsspuren und Körpergräber mit Waffen und vergoldetem Schmuck). Am Fuß von drei weiteren Burgwällen (Zobor, Lupka, Borina), die militär. Bedeutung hatten und als Zufluchtsstätten dienten, lagen Töpferöfen und Glashütten (sowie am Zoborhang ein mit den sog. Zoborurkk. [1111, 1113] verbundenes Benediktinerkl.). Slav. Siedlungen und Gräberfelder aus dem 9. Jh. konnten im Gebiet von N. an mehr als 50 verschiedenen Fundstellen nachgewiesen werden. In großmähr. Zeit entstand also hier eine städt. Siedlungsagglomeration mit ausgeprägter nichtagrar. Produktion und bäuerl. Hinterland: ein polit. und kulturelles Zentrum des ö. Großmährens. Nach dessen Untergang lag N. im Spannungsfeld zw. →Přemysliden, →Piasten und →Arpaden, wurde Anfang des 11. Jh. Sitz des ung. Grenzhzm.s, Ende des 11. Jh. Kg.ssitz, seit dem 13. Jh. Zentrum eines →Komitats. Mittelpunkt von Herrschaft und Administration wurde die obere Stadt mit einer roman./got. Burg. Zahlreiche Siedlungen und Gräberfelder um fünf roman. Kirchen bezeugen die Entfaltung des ma. N., einem Kreuzungspunkt mehrerer Handelsstraßen, in dem Handwerk und Weinbau dominierten. Béla IV. verlieh 1248 die Privilegien einer freien kgl. Stadt; doch schenkte Ladislaus IV. 1288 Burg und Stadt dem Bf. v. N.
B. Chropovský

Lit.: A. CIDLINSKÁ-J. VEREŠÍK, N. v pamiatkách, 1956 – A. TOČÍK, Archäolog. Forsch. im slav. Neutra (N.), Acta Congressus hist. Slavicae..., 1963, 103–108 – B. CHROPOVSKÝ, The Situation of N. in the Light of Archaeol. Finds, Historica 8, 1964, 5–33 – O. GERGELYI, N., 1969 – B. CHROPOVSKÝ, Das frühma. Nitrava (Vor- und Frühformen der europ. Stadt im MA, 1974), 159–175 – DERS., N. Archäolog. Erforsch. slaw. Fundstellen, 1975 – DERS., N. und Großmähren (Frühgesch. der europ. Stadt, 1991), 131–136.

Nitrum (altägypt. ntrj, akkad. nitiru, hebr. neṭer, gr. νίτρον; lat. nitrum) bezeichnet verschiedene Substanzen und ist für die chem. Nomenklatur mehrfach genutzt: 1. In der Antike die Alkalikarbonate Pottasche (Kaliumkarbonat) und Soda (Natriumkarbonat) mit vielfacher med.-techn. Anwendung (u. a. Mumifizierung); im MA zunehmend Alkali oder cineres clavellati genannt. 2. Im MA (neben gelegentl. Benennungen auch von Borax und Gips) seit ca. 1300 meist Kaliumnitrat (→Salpeter, →Marcus Graecus, →Mappae clavicula). Wegen der Mehrdeutigkeit nimmt die Diskussion über N. im Nomenklaturstreit (bes. in der Rezeption antiker med.-pharm. Rezepte) seit dem SpätMA und über den Humanismus (u. a. G. →Agricola) hinaus großen Raum im philolog. Schrifttum ein. 3. N. ist auch die sprachl. Grundlage für Natron (arab. naṭrūn) als Synonym von Soda (Natriumkarbonat) und zur heutigen Bezeichnung des Elementes selbst: Natrium. Während heute in der nichtdt. Terminologie pottassium für Kalium (aus Pottasche) und sodium für Natrium (aus Soda) gebräuchl. ist. Andererseits sind die Salze der Salpetersäure (Nitrate) ebenso wie der Stickstoff selbst (N: Nitrogenium) sprachl. auf N. (2) zurückzuführen.
G. Jüttner

Lit.: H. LÜSCHEN, Die Namen der Steine, 1968, 1979² – D. GOLTZ, SudArch, Beih. 14, 1972, 165–171.

Nivardus v. Gent → Isengrimus

Nivelles (ndl. Nijvel), ehem. Abtei (Stift) und Stadt in Belgien (Prov. Brabant).

[1] *Abtei:* N. wurde gegr. um 650 unter ir. Einfluß vom hl. →Amandus und der hl. Ida (Idaberga), Witwe →Pippins I., als benediktin. →Doppelkloster auf einem großen pippinid. Allodialkomplex; erste Äbtissin war Idas Tochter, die hl. →Gertrud. Wie die anderen frühen Frauenkl. im Gebiet zw. Schelde und Maas wurde N. zu einem nicht näher bestimmbaren Zeitpunkt (9. Jh.) in ein weltl. Kanonissenstift umgewandelt. Seit dem 12. Jh. war N. adliges Damenstift (40 Kanonissen, im SpätMA Vier→Ahnenprobe). Frühzeitig baute N. eine reiche Grundherrschaft auf (Besitzungen in Brabant und Haspengau, Salinen in Seeland, Weinberge im Rheinland), über deren Verwaltung erst für das SpätMA eingehendere Nachrichten vorliegen. Polit. Konflikte ergaben sich einerseits aus den Herrschaftsansprüchen der Äbtissin auf den Ort N., andererseits aus den Bestrebungen des Hzg.s v. →Brabant, die Abtei als Vogt seiner Fs.engewalt zu unterwerfen, während die Bürger v. N. ihrerseits die abteiliche Herrschaft bekämpften. Bis 1250 mußten die dt. Kg.e und Ks. regelmäßig in diese Streitigkeiten schlichtend eingreifen. Durch archäolog. Untersuchungen (1941–53) sind die Überreste dreier ursprgl. Kirchenbauten des 7.–9. Jh. festgestellt worden (Nonnen-, Mönchs- und Pfarrkirche). Die guterhaltene Stiftskirche, ein bemerkenswertes Beispiel maasländ.-rhein. Baukunst der otton. und spätroman. Zeit (1. Hälfte des 11. Jh., Ergänzungen des späten 12. Jh.), wurde in jüngster Zeit durch Hinzufügung eines »Westbaus« rhein. Prägung (Stilkopie) entstellt.

[2] *Stadt:* Seit Mitte des 9. Jh. begann sich eine frühstädt. Siedlung bei der Abtei zu bilden, als regionaler Marktort, dessen Kaufleute aber bereits um 1000 bis nach London fuhren. Der urbane Charakter festigte sich im 12. Jh. (Stadtbefestigung um 1190 belegt); um 1200 war N. eine der führenden Städte des Hzm.s Brabant, seit dem 13. Jh. Hauptort seines wallon. Teils ('roman pays de Brabant'). Das städt. Wachstum ließ im 13. Jh. elf Pfarreien entstehen. Aus dieser Zeit ist ein Zolltarif erhalten. In N., dem Standort eines bedeutenden Tuchgewerbes (Wolltuche, im SpätMA Leinengewebe), bestand zw. 1240 und 1260 eine revolutionäre →Kommune. G. Despy

Lit.: B. Delanne, Hist. de la ville de N. des origines au XIIIe s., 1944 – G. Despy, Les chapitres des chanoinesses nobles en Belgique au m. â., Ann. Féd. arch. hist. Belg. 36, 1956 – Ders., Les phénomènes urbains dans le Brabant wallon jusqu'aux environs de 1300 (Wavre, 1222–1972), 1973 – A. Dierkens, St-Amand et la fondation de l'abbaye de N., Revue du Nord 68, 1986, 325–334 – G. Despy, Recherches sur les tarifs de tonlieux dans le duché de Brabant au XIIIe s., Publ. Sect. hist. Inst. Luxembourg. 104, 1988 – A. Dierkens (Beih. der Francia 16/2, 1989), 372–394 – J. J. Hoebanx (Mél. G. Despy, 1991).

Nivernais → Nevers

Nižnij Novgorod, Stadt und ehem. Fsm. in Rußland, am Zusammenfluß von Wolga und Oka, errichtet 1221 als Festung mit zwei gemauerten Kirchen (1225, 1227) im Lande der ugrofinn. Mordva im Zuge der slav. Kolonisation und des Ausbaus des Herrschaftsbereiches von →Vladimir-Suzdal' in ö. Richtung. Auf das alte →Novgorod bezogen, ist der Name (mit dem Zusatz 'Nižnij') wohl aus 'Niederland' zu deuten (vielleicht auch als Abhebung von der wolgaaufwärts gelegenen bisherigen aruss. Hauptfestung des Gebietes, Gorodec). N. erhielt eine mächtige, teilweise (ab 1374) steinerne Wehranlage, die das eroberte Land gegen die Mordwinen u. →Bolgar sichern sollte. Dank der günstigen Lage am europäisch-asiat. Wasserweg erlangte N. Bedeutung als Handelszentrum und Residenz eines 1350–92 selbständigen, von der →Goldenen Horde begünstigten Fsm.s (Erwerb des →*jarlyk* auf das Gfsm. →Vladimir durch →Dmitrij Konstantinovič). Die Bemühungen der Gfs.en v. →Moskau, N. in ihren Herrschaftsbereich hineinzuziehen, führten unter →Vasilij I. (1371–1425) zum Erfolg. Im 15. Jh. konnte N. trotz tatar. Unterstützung und eigener Stärke (Münzprägung) nur noch kurzzeitig eine eigenständige Rolle spielen (1412–17, 1446–50). In der 2. Hälfte des 15. Jh. gewann es wachsende militär. Bedeutung in den Kämpfen Moskaus mit dem Tatarenchanat →Kazan'. N. gehörte zur Diöz. →Suzdal', ab 1374 residierte hier Bf. →Dionisij. Seit Mitte des 14. Jh. strebten die Metropoliten v. Moskau nach der Einverleibung N.s in die eigene Diöz., was erst →Kiprian am Ende des 14. Jh. erreichte. A. Poppe

Lit.: L. Kapterev, Nižegorodskoe Povolž'ev X–XVI vv., 1939 – N. Voronin, Zodčestvo Severo-Vostočnoj Rusi, II, 1962, 43–54, 208–216, 443 – V. Kučkin, N, i Nižegorodskoe knjažestvo v XIII–XIV vv. (Pol'ša i Rus', 1974), 234–260 – G. Fedorov-Davydov, Monety Nižegorodskogo knjažestva 1989 – s.a. →Suzdal', →Vladimir.

Nizza (Nice), Stadt am Mittelmeer, in der östl. Provence, Südfrankreich, am Fuße der Seealpen (dép. Alpes-Maritimes).

I. Stadt – II. Bistum – III. Grafschaft.

I. Stadt: Der Name soll vom indoeurop. Wortstamm *sna* 'fließen' abgeleitet sein und 'Insel' bedeuten, Hinweis auf die Lage: der Burghügel (Colline du Château) bildet eine markante Akropolis, umgeben vom Meer und den Sümpfen des Flusses Paillon. N. wurde von massaliot. Griechen spätestens im 5. Jh. v. Chr. gegr., blieb als unbedeutende Faktorei (portus, castellum) bis in die röm. Kaiserzeit aber von →Marseille abhängig. Das 3 km nördl. von N. gelegene Oppidum der ligur. Vediantii, Cemenelum (Cimiez, heute Stadtteil v. N.), wurde 13 v. Chr. von Augustus zum Vorort der neuen Prov. Alpes maritimae erhoben (bis Ende des 3. Jh. n. Chr.). Der Dualismus zw. N. und Cimiez wurde nach dem 5. Jh. zugunsten von N. gelöst (s. Abschnitt II).

Nach der quellenarmen »dunklen Periode« des 6.–10. Jh. übertrugen die Gf.en Wilhelm und Rotbald im Rahmen der 'Reconquista' der östl. Provence (Zerstörung des muslim. Stützpunkts →Fraxinetum, 972) N. mit dem gesamten Südteil seiner Diöz. an den Adligen Anno v. Reillane. Dessen Nachkommen (über Annos Tochter Odilie und ihren 2. Ehemann, Laugier v. Orange-Mévouillon) fungierten bis zum Beginn des 12. Jh. als Herren v. N. Es folgte die Stadtherrschaft der Bf.e (1117–ca. 1160), bald verdrängt durch das erstmals 1142 auftretende →Konsulat, das bis in die Jahre um 1220 bestand und Schaukelpolitik zw. den Gf.en v. →Provence und →Genua (dem sich die Stadt 1215 unterstellte) betrieb. Gf. →Raimund Berengar V., der N. 1229–30 zur Unterwerfung zwang, gliederte die Stadt für gut anderthalb Jahrhunderte der Gft. Provence ein. N., das im Krieg um die Union v. Aix der Partei Karls v. Durazzo anhing, erkannte schließlich nicht Ludwig II. v. Anjou an, sondern unterstellte sich dem Gf.en v. →Savoyen, →Amadeus VII. (Sept. 1388).

Obwohl Flottenstützpunkt (unter →Karl I. v. Anjou eigene Admiralität), war N. (mit seinem Nebenhafen Port-Olive/Villefranche) in erster Linie Handelshafen für den Export von Produkten des Hinterlandes (Holz, Häute), aber auch für Transitverkehr mit Italien und (entsprechend der jeweiligen Lage) Frankreich, dem Papstsitz Avignon und der Provence. Seit ca. 1260 war die Stadt einer der großen Umschlagplätze für →Salz im westl. Mittelmeerraum; sein Salzstapel (*gabelle*) versorgte Piemont und konkurrierte mit Genua nicht nur in der Lombardei, sondern selbst in Ligurien. Der Übergang an Savoyen verstärkte diese Funktion.

II. BISTUM: Das Bm. N. ist seit 314 belegt. 439 wird erstmals das (wohl zu Beginn des 5. Jh. gegr.) Bm. Cimiez erwähnt. Nachdem die beiden eng benachbarten Bf.sorte bis 466 in Koexistenz gelebt hatten, erfolgte durch den Metropoliten v. Embrun, Ingenuus (der aus Cimiez stammte), die Vereinigung der beiden Bm.er. Seit dem 6. Jh. verfiel Cimiez. Die Diöz. N., die als Suffraganbm. v. →Embrun die alte Civitas v. Cimiez, erweitert um den 'portus' v. N., umfaßte, wurde nach der Zerstörung von Fraxinetum (972) wiederhergestellt, eine neue Kathedrale 1049 geweiht. Mindestens seit dem Beginn des 12. Jh. folgten die Kathedralkanoniker der 'vita regularis' (→Regularkanoniker) und nahmen rasch die Augustinusregel an: die Trennung zw. 'mensa episcopalis' und 'mensa capitularis' wurde um 1108 vollzogen. Die Bf.e, die seit 1073 Herren v. Drap waren, blieben seit den späten 1150er Jahren in der Bf.sstadt auf ihre geistl. Funktionen beschränkt. Der Übergang an Savoyen (1388) hatte auf kirchl. Gebiet keine einschneidenden Folgen.

III. GRAFSCHAFT: Nach dem 6. Jh. zog N. auch die weltl. Verwaltungsfunktionen von Cimiez an sich. Vorort des karol. 'comitatus', dann der Seigneurie Annos und seiner Nachkommen, wurde N. nach 1230 zum Sitz einer gfl. 'viguerie' (→Vikar), deren Sprengel um 1260 ungefähr dem heut. Arrondissement N. entsprach, um 1300 aber auf den städt. Bereich und die befestigten Orte (castra) im Paillon-Becken beschränkt wurde. Nach 1388 wurde N. zum Verwaltungssitz der an die Gf.en (Hzg.e) v. Savoyen übergegangenen Besitzungen, die schließlich in vier 'vigueries' eingeteilt wurden: N., Puget-Théniers, Sospel und Barcelonnette. Dieses Territorialensemble hieß zunächst »Terres-Neuves de Provence«, seit 1442 zunehmend »Comté de Nice«. Die Hzg.e v. Savoyen nahmen 1554 offiziell den Titel »Comte de Nice« an. A. Venturini

Lit.: Hist. de N. et du Pays Niçois, hg. M. BORDES, 1976 – Le Comté de N., hg. A. COMPAN, 1980 – J.-M. RICOLFIS, Essai de philol., de toponymie et d'anthroponymie françaises. Les noms de lieux du Pays Niçois, I, 1980, 776-782 – Les dioc. de N. et Monaco, hg. F. HILDESHEIMER, 1984 (Hist. des dioc. de France, nº 17) – A. VENTURINI, L'évolution urbaine de N. du XIᵉ s. à la fin du XIVᵉ s., Nice hist., 1984, 3-26 – R. CLEYET-MICHAUD, G. ÉTIENNE, M. MASSOT, A. VENTURINI, N. et la Provence orientale à la fin du M-A, 1989-1388. La dédition de N. à la Savoie. Actes du coll. int. de N. (sept. 1988), 1990.

Noah. Im AT (Gn 6,1-9,29) wird N. als einer der Erzväter, Ackermann, Weinbauer, und einer der drei Gerechten des Alten Bundes (Ez 14,14) dargestellt: von Gott aus Gnade und wegen seiner Gerechtigkeit vor dem Untergang durch Sintflut gerettet; Auftrag zum Bau der Arche, um mit seiner Familie und Vertretern der Tierwelt das Strafgericht Gottes zu überstehen. Im NT erscheint N. als Vorbild des wahren Glaubens (Hebr 11,7) und als Herold der Gerechtigkeit (2 Petr 2,5). Patron der Schiffbauer und Winzer. Bildwirksam wurden v. a.: Auftrag zum Bau der Arche (Ankündigung der Sintflut); Bau der Arche; Einzug in die Arche; Gott schließt die Arche; Sintflut; Auszug aus der Arche; Dankopfer N.s; Bund Gottes mit N.; N.s Weinbau und Trunk; Trunkenheit und Verspottung N.s; Fluch über Kanaan; Tod N.s.

Nach den ersten bildner. Ansätzen in der hellenist. und jüd. Kunst des O und der frühchr. Kunst des W (Sarkophage, Katakombenmalereien) findet man bereits in der Frühzeit des MA umfangreiche N.-Zyklen, z. B. in Cotton-Genesis, Brit. Mus. Cod. Cotton Otho B.VI, 5./6. Jh., Wiener Genesis, Cod. Vindob. gr. 31, fol. 2s, 6. Jh.; Fresken v. S. Maria Antiqua, Rom, 8. Jh.; Miniaturen der span. Beatus-Apokalypsen, 9./10. Jh. Im HochMA ist v. a. auf die Fresken v. S. Angelo in Formis, 11. Jh.; das Elfenbein-Antependium der Kathedrale v. Salerno, 11. Jh. und auf die Illustrationen der Bibel, Chroniken und Enzyklopädien hinzuweisen, z. B. Millstätter Genesis, fol. 21-35, um 1180; Liber floridus des Lambert v. St.-Omer, Gent UB, 1122; Chronik des Otto v. Freising, Jena, 1177; aber auch an die Denkmäler der Monumentalkunst, z. B. Mosaiken der Cap. Palatina, Palermo, 1132; der Vorhalle v. S. Marco, Venedig, 13. Jh.; im Dom zu Monreale, 2. Hälfte 13. Jh., der Kuppel des Baptisteriums v. Florenz, 1280/1320, zu erinnern. Nicola Pisano verlieh N. – neben den beiden anderen Gerechten des AT, Daniel und Hiob, nach Ez 14,14 – am Fuße der Mittelstütze der Pisaner Baptisteriumskanzel 1260 eine großartige Formulierung. Die Hss. der Bible moralisée im 13./14. Jh. zeigen auch Ill. zur Gesch. N.s. In der Glasmalerei und Skulptur der Gotik erscheint N. meist als einer der Erzväter der Menschheit, z. B. Paris, Ste. Chapelle, 1243/48; Vorhalle der Kirche N.-D. zu Mont-Devant-Sassey, 1240/50; Straßburg, Kathedrale N.-D., 1447. N.-Szenen in typolog. Zusammenhängen, z. B. Klosterneuburger Altar (Ambo), 1184; Maulbronn, Chorgestühlreliefs, 15. Jh.; Kiel, St. Nikolai, Erzväter-Altar, 1460. G. Jászai

Lit.: LCI IV, 611-620 – H. RAHNER, Symbole der Kirche, 1964, 504-547 – H. BOBLITZ, Die Allegorese der Arche N.s in der frühen Bibelauslegung, FMSt 6, 1972, 159-170 – J. EHLERS, Arca significat ecclesiam, FMSt 6, 1972, 171-187 – H. M. v. ERFFA, Ikonologie der Genesis, I, 1989, 432-511.

Nobiles. Seit dem 10. Jh. bezeichneten Chronisten Angehörige der Führungsgruppen in it. Städten als 'n.', die Familienverbände gebildet hatten, vielfach in →Geschlechtertürmen auf städt. Territorium eng zusammenlebten und nicht selten Fehden gegeneinander führten. In Österreich finden sich in Wien 'nobiliores', später sog. →Erbbürger, die als rittermäßiges →Patriziat angesehen werden können. In der 2. Hälfte des 13. Jh. verschwand diese Gruppe infolge stadtherrl. Eingriffe. Eine ritterl. Führungsschicht, ausgezeichnet durch verfassungsrechtl., soziale und wirtschaftl. Vorrechte, gab es in südtt. Städten, wie z. B. Freiburg i. Br., Basel, Schwäbisch Hall, Regensburg und bes. Nürnberg. Sie hatte sich im 12. und 13. Jh. allmähl. aus dem Rest des bürgerl. Patriziats herausgehoben. Die Vorfahren der Geschlechter stammten zum großen Teil aus der stadtgesessenen →Ministerialität, auch aus dem Landadel, jedoch nur in geringem Maße aus sonstigen stadtgesessenen Gruppen. Manchmal schon im 13., vielfach im 14. Jh. wurden sie wie in Basel oder Schwäbisch Hall aus den Städten verdrängt. In Nürnberg konnten sie dagegen ihre Vorrechte und polit. Führung weitgehend behaupten. Dort verfügten sie über Stadt- und Landsitze, unterhielten enge Verbindungen zu Kg.en und Kg., waren untereinander versippt und beschränkten die Zulassung zu Festen auf ihre Angehörigen. In norddt. Städten findet sich ein derartiges rittermäßiges Patriziat weniger ausgeprägt oder gar nicht. Ansätze dazu gab es allerdings bes. in größeren Bf.sstädten wie Köln, Münster, Osnabrück, Bremen, aber auch in Soest, Lüneburg und anderen. Gerade in norddt. Städten wurden die Geschlechter seit dem 13. Jh. entmachtet oder aus der Stadt vertrieben. K. Militzer

Lit.: PH. DOLLINGER, Patriciat noble et patriciat bourgeois à Strasbourg au XIVᵉ s., Revue d'Alsace 90, 1950/51, 52-82 – H. H. HOFMANN, N. Norimbergenses (VuF 11, 1966), 53-92 – Stadtadel und Bürgertum in den it. und dt. Städten des SpätMA, hg. R. ELZE-G. FASOLI (Schr. des It.-Dt. Hist. Inst. in Trient, 2, 1991).

Nobilissimat, hohe byz. Rangstufe. Die Würde des Nobilissimos (νοβελίσσιμος), im 3. Jh. als Epitheton zum Ks. titel aufgekommen, war ohne Bindung an ein Amt seit Konstantin d. Gr. bis zur Mitte des 11. Jh. Angehörigen der Ks. familie reserviert. Selten zuerkannt, nahm sie bis zum Ende des 11. Jh. den zweiten Platz nach dem Caesarentitel (→Caesar, II) in der byz. Titelhierarchie ein. Seit Mitte des 11. Jh. gewöhnl. an hohe Heerführer verliehen, verschwand der Titel am Ende des 12. Jh. Im 11. und 12. Jh. entstanden höherrangige Ableitungen: *protonobilissimos, protonobilissimohypertatos*. Rangzeichen waren der purpurne, goldgesäumte Chiton und der scharlachrote Mantel und Gürtel, als Variante auch in grüner Farbe.

Lj. Maksimović

Lit.: J. B. BURY, The Imperial Administrative System in the 9th Century, 1911, 33-35 – F. DÖLGER, Der Kodikellos des Christodulos in Palermo, AU 11, 1929, 24–29 [= Byz. Diplomatik, 1956, 26–33] – N. OIKONOMIDÈS, Les listes de préséance byz. des IXe et X^{e}s., 1972, 293.

Nobilität, Bezeichnung für den patriz.-plebeischen Amtsadel der röm. Republik, der sich seit der Zulassung von Plebeiern zu den oberen (kurul.) Ämtern (Ädilität, Prätur, Consulat) seit der Mitte des 4. Jh. v. Chr. herausbildete und dabei den alten Geburtsadel, das Patriziat, überlagerte. Spätestens seit dem 2. Jh. v. Chr. definierte sich die N. als die Nachkommen in männl. Linie von →Consuln. Zugehörigkeit zur N. erhöhte die Wahlchancen beim Volk, das durch vielfältige 'Nah- und Treueverhältnisse' (GELZER) den führenden Familien verpflichtet war. Stets wurden aber auch Angehörige senator., seltener ritterl. Familien (homines novi) zu Consuln gewählt und somit neue N. gebildet. Mit dem Ende der freien Volkswahl schloß sich auch der Kreis der N., nunmehr als der Nachkommen der consular. Familien der Republik (umstritten, ob seit 44 v. Chr. [† Caesars] oder seit 14 n. Chr. [† Augustus']). Sie ist im 2. Jh. n. Chr. prakt. ausgestorben. Neue nobilitas konnte nun allenfalls dem Hause eines Princeps zukommen (Tac. hist. 2, 48,2 für Ks. Otho). Commodus bezeichnete sich seit 186 durch nobilitas Augusti als Sohn eines Ks.s; nobilissimus wird im 3. Jh. zum Attribut der Cäsaren als der designierten Nachfolger, seit Konstantin Rangbezeichnung für Mitglieder des Ks. hauses. →Nobiles.

J. v. Ungern-Sternberg

Lit.: KL. PAULY IV, 142f. – LAW, 2096f. – RE XVII, 785–800 – M. GELZER, Die N. der röm. Republik, 1912 [Neudr. mit Erg. 1983; darin auch: Die N. der Ks.zeit, Hermes 50, 1915, 395ff.] – F. MÜNZER, Röm. Adelsparteien und Adelsfamilien, 1920 – A. AFZELIUS, Zur Definition der röm. N. vor der Zeit Ciceros, CM 7, 1945, 150ff. – T. R. S. BROUGHTON, The Magistrates of the Roman Republic, 3 Bde, 1951–86 – M. R. ALFÖLDI, Nobilitas Augusti – nobilissimus Caesar (Fschr. der Wiss. Ges. Joh. W. Goethe-Univ. Frankfurt/Main, 1981), 337ff. – P. A. BRUNT, N. and Novitas, Journal of Roman Stud. 72, 1982, 1ff. – K. HOPKINS, Death and Renewal, 1983 – K.-J. HÖLKESKAMP, Die Entstehung der N., 1987 – L. A. BURCKHARDT, The Political Elite of the Roman Republic, Historia 39, 1990, 77ff.

Nobilitierung, -srecht. N. meint die in der Regel erbl. Erhebung in den Adelsstand (→Adel) durch den röm.-dt. Kg./Ks. oder einen »großen« Hofpfgf.en. Die unter Karl V. ausgebildete Adelsklassifikation mit Ritter-, Freiherren-, Gf. en- und Fs. enstand ist unter Standeserhebungen (-erhöhungen; →Stände) zusammenzufassen. Die N. knüpft einerseits an den Ritterschlag, andererseits an die Wappenverleihung an und wurde gern als Confirmatio oder Extensio nobilitatis erbeten; förml. Entlassung aus der →Ministerialität bewirkte eine N. als Verleihung der Ebenbürtigkeit, Belehnung mit Reichsgut implizierte Anerkennung des Adelsstandes. Hochma. Verleihung von Gft.sbefugnissen oder spätma. »Freiung« von Gerichtsbarkeit und Steuerpflicht steht dagegen in anderem Zusammenhang. Ein erster kgl. Adelsbrief ist von 1360 bekannt; unter Kg. Siegmund sind bereits 42 dt. und 26 lat. N. en registriert. Diese »nobilitas codicillaris« ist mit einer Reihe von Privilegien verbunden, die in der Regel einzeln im Adelsdiplom aufgeführt werden, darunter als wichtigstes die Führung eines adligen →Wappens, der privilegierte Gerichtsstand und die Befugnis, Lehen zu tragen; auch die Ausübung von Gerichtsrechten über eigene Untertanen sowie der Eintritt in Reichsritterschaft, bestimmte Domkapitel und Ritterorden hatten den Adel zur Voraussetzung. Bürgerl. Gewerbe und offener Handel »zu Kram und Laden« waren dem Adligen verboten; dies betraf v. a. nobilitierte Patrizier (→Patriziat). Reichsunmittelbarkeit war mit dem Adel nicht verbunden. Die durch die N. erfolgte rechtl. Angleichung an den Adel verschaffte dem »neonobilitatus« nicht – wie in den Urk. vorgesehen – unmittelbar die gesellschaftl. Integration in die Gruppe der »guet alte vom adl« und deren Korporationen; hier kam es darauf an, welche persönl. Qualitäten, berufl. Verbindungen und Finanzmittel er einbringen konnte.

E. Riedenauer

Lit.: W. GOLDINGER, Die Standeserhöhungsdiplome unter Kg. und Ks. Sigismund, MIÖG 78, 1970, 323–337 – E. RIEDENAUER, Das Hzm. Bayern und die ksl. Standeserhebungen des späten MA, ZBLG 36/2, 1973, 600–644 – DERS., Bayer. Adel aus landesfsl. Macht (Land und Reich ..., II, 1984), 107–136 – DERS., Zur Entstehung und Ausformung der landesfsl. Briefadels in Bayern, ZBLG 47, 1984, 609–673.

Nobility, Bezeichnung für die Hocharistokratie Englands nach der norm. Eroberung, im weiteren Sinn auch für den gesamten engl. Adel. Unter Kg. Wilhelm I. entstand ein anglonorm. Baronagium (→Baron, III), das an die Stelle der ags. Oberschicht (→Ealdorman, →Earl) trat. Zu der neuen N. gehörten die großen Kronvasallen (wohl weniger als 200) und bedeutendere Untervasallen. Einige herausgehobene Mitglieder trugen den Titel Earl (lat. comes). Seit der Zeit Kg. Stephans v. Blois wurde eine beträchtl. Zahl von Earldoms geschaffen, deren Inhaber eine Spitzengruppe bildeten. Den Bf.en und den Vorstehern größerer Kl. kam die Rolle von »geistl. Baronen« zu. Aufgabe der N. war es, dem Kg. Rat und Hilfe – namentl. Militärdienst – zu leisten (→Lehen, IV). Die bedeutenden Baronien umschlossen meist Lehnsbesitz und somit Grundherrschaft in verschiedenen Gft. en, wobei eine bestimmte Burg als caput honoris galt. Bei den sog. Palatinaten, v. a. →Chester und →Durham, lassen sich Ansätze zu einer Territorialbildung erkennen. Unter der eigtl. N. standen die →knights, die im Lauf der Zeit vielfach mit Afterlehen ausgestattet wurden und einen Niederadel bildeten. Im 12. Jh. hatten Barone und knights an der aufkommenden ritterl. Kultur teil, deren Ideale sich z. B. im Werk des Literaten →Geoffrey v. Monmouth spiegeln. Knighthood, chivalry und edle Geburt wurden nunmehr als miteinander verbunden aufgefaßt. Ritterl. Zeremonien (Ritterschlag, Turnierwesen) sowie der allmähl. üblich werdende Gebrauch bestimmter Embleme und Familienwappen festigten den Zusammenhalt des Adels. Doch vermieden es später viele kleinere Grundbesitzer, in den Ritterstand zu treten und die damit verbundenen militär. Pflichten zu übernehmen.

Die in der anglonorm. N. von früh an erkennbare Tendenz zur Erblichkeit der Lehen setzte sich voll durch. Titel und Besitz gingen jeweils an den ältesten Sohn, wodurch eine Zersplitterung der Baronien vermieden wurde. Jüngere Söhne konnten sich als Glücksritter oder in den geistl. Stand treten. Für die Barone stellte der Zugewinn von Besitz durch Heirat oder kgl. Verleihung ein verlockendes Ziel dar. In manchen Fällen wurden zahlreiche Grundherrschaften dem vorhandenen Stammbesitz hinzugefügt. Im 13. Jh. nahm eine Gruppe von Magnaten, die aus ca. 15 Earls und 20–30 größeren Baronen bestand, den oberen Rang in der weltl. N. ein. Manche Earl-Familien waren kgl. Geblüts (→Lancaster). Im 14./15. Jh. schritt die Differenzierung weiter voran. Kg. Eduard III. ging dazu über, als obersten Rang eine hzgl. Würde zu verleihen, erstmals 1337, als sein Sohn →Eduard (»the Black Prince«; 8. E.) Duke of Cornwall wurde. Den Titel Duke (lat. dux) erhielten zunächst nur Prinzen und Verwandte des Kg.shauses. Richard II. durchbrach diese Beschränkung und fügte außerdem als zweiten Adelsrang den Titel Marquess/Marquis (lat. marchio) hinzu, der allerdings bei den Earls auf Widerstand stieß und erst in der Zeit Heinrichs VI. fest verankert wurde (1443 Erhebung Edmund →Beauforts zum Marquess of Dorset). 1440 erscheint erstmals der Titel Viscount (lat. vicecomes), der zw. Earl und Baron eingereiht wurde (erster Träger: John Viscount Beaumont). Am Ende des MA ergab sich somit eine hierarch. Gliederung der N. in die fünf Ränge Duke, Marquess, Earl, Viscount und Baron. Hierin kam die für das Zeitalter charakterist. Hochschätzung der personal dignity zum Ausdruck. Die tatsächl. Bedeutung einer Adelsfamilie hing aber keineswegs nur vom Titel des Oberhauptes ab. Für die Hocharistokraten in ihrer Gesamtheit kam die Bezeichnung Lords auf.

Wie früher im Rahmen der Hoftage, so wirkte die N. auch im werdenden →Parliament maßgebl. mit. Kg. Eduard I. lud nur die ihm genehmen Aristokraten (barones maiores) zu dieser Versammlung ein. Vom 14. Jh. an wuchs jedoch die Vorstellung heran, daß die Häupter der Hochadelsfamilien eine erbl. Peerage bilden sollten (→Peers), gegründet auf feudales Besitzrecht und kgl. Berufung zum Parliament. Die Lords Spiritual und die Lords Temporal traten im Parliament zu gemeinsamen Sitzungen zusammen, woraus sich allmähl. das Oberhaus entwickelte (→Lords, House of the). 1341 erlangten die Magnaten das Recht auf eigenen Gerichtsstand vor ihren pares im Parliament. 1387 wurde erstmals das Verfahren angewandt, einen knight durch *letter patent* zum Baron zu erheben. Im 15. Jh. folgten weitere Kreierungen dieser Art.

Während des SpätMA erloschen verschiedene Familien der N. und wurden gewissermaßen durch andere ersetzt. So erhielt Roger →Mortimer, Baron v. Wigmore, 1328 den neuen Titel eines Earl of March. Der Aufstieg aus dem Bürger- bzw. Kaufmannsstand in die N. war nicht grundsätzl. ausgeschlossen (Michael de la →Pole 1385 Earl of Suffolk). Das System des →Bastard Feudalism bot den Hochadligen, die keinen unbezahlten Lehnsdienst mehr leisteten, die Möglichkeit, vertragl. Gefolgsleute in ihren Dienst zu nehmen. So entstanden vielfältige Bindungen zw. der N. und der niederadligen →Gentry. Die großen, oft auf Reisen befindl. Adelshöfe umfaßten durchschnittl. 100 bis 200 Personen. Manche Magnaten bauten livrierte Privatarmeen auf. Die Teilnahme am →Hundertjährigen Krieg bot Chancen zur Steigerung des Reichtums. Viele Lords traten im ausgehenden MA als Bauherren hervor (Beispiel: Tattershall Castle in Lincolnshire; zum adligen Lebensstil vgl. →Heraldik, IV.). Die Erträge aus dem Grundbesitz dürften nach den Einbrüchen der →Pest eher zurückgegangen sein. Von den Familien, die im 15. Jh. eine Spitzenposition erreichten, seien die →Percies genannt, Earls of Northumberland seit 1377. Die →Rosenkriege führten zu einer tiefreichenden Spaltung in der N., die schwere Blutopfer bringen mußte. 1485 gab es nur noch wenig mehr als 50 Familien mit Peers-Würde. Doch behauptete die N. trotz wirtschaftl. Krisen, sozialer Umbrüche und zerstörer. Fehden ihre hervorragende Stellung in der engl. Gesellschaft. – Über die polit. Rolle der N., z. B. die von ihr ausgehenden Oppositionsbewegungen gegen das Kgtm., s. →England, A–E; zur schott. N. →Schottland, zur ir. N. →Irland. K. Schnith

Lit.: Peerage – L. G. Pine, The Story of Peerage, 1956 – G. A. Holmes, The Estates of the Higher N. in Fourteenth-Cent. England, 1957 – I. J. Sanders, English Baronies... 1086–1327, 1960 [Verz.] – F. M. Stenton, The First Cent. of English Feudalism, 1961² – J. E. Powell – K. Wallis, The House of Lords in the MA, 1968 – T. B. Pugh, The Magnates, Knights and Gentry (Fifteenth-Cent. England, 1399–1509, hg. S. B. Chrimes u. a., 1972) – K. B. McFarlane, The N. of Later Medieval England, 1973 – J. T. Rosenthal, Nobles and the Noble Life, 1295–1500, 1976 – J. R. Lander, Crown and N., 1450–1509, 1976 – M. Girouard, Life in the English Country House. A Social and Architectural Hist., 1978 – M. MacLagan, Die Herrscherhäuser und die großen Geschlechter (Die engl. Welt..., hg. R. Blake, 1983) – Kings and Nobles in the Later MA, hg. R. A. Griffiths – J. Sherborne, 1986 [Aufsätze] – C. Given-Wilson, The English N. in the Late MA, 1987 – K.-U. Jäschke, Nichtkgl. Residenzen im spätma. England, 1990 – [*zu einzelnen Adelsfamilien*]: M. Altschul, A Baronial Family in Medieval England: The Clares, 1217–1314, 1965 – W. E. Wightman, The Lacy Family in England and Normandy, 1066–1194, 1966 – J. Meisel, Barons of the Welsh Frontier: The Corbet, Pantulf, and Fitz Warin Families, 1066–1272, 1980 – [*zu schott.-engl. Verbindungen*]: Essays on the N. of Medieval Scotland, hg. K. J. Stringer, 1985.

Nobla Leiçon (Leczon), das bedeutendste volkssprachl. literar. Werk der piemontes. →Waldenser. Das »Lehrgedicht« (Datierung umstritten, wohl Ende des 14. Jh.) besteht aus etwa 500 unregelmäßigen Versen in einem mit Italianismen durchsetzten Provenzalisch. Angereichert durch Episoden aus der Hl. Schrift, entgeht der offenbar für Predigtzwecke verfaßte, katechismusartige Text durch plast. Ausdruckskraft und streckenweise äußerst lebhafte Schilderung der Gefahr der Trockenheit und gewinnt die Frische einer Erzählung. G. E. Sansone

Ed.: A. de Stefano, La Noble Leçon des Vaudois du Piémont, 1909 – R. Nelli – R. Lavaud, Les troubadours II, 1966, 1046–1077 – Neued. unter Leitung v. E. Balmas in Vorber. (Antichi Testi Valdesi) – Lit.: M. Esposito, Sur quelques ms. de l'anc. litt. relig. des Vaudois du Piémont, RHE 46, 1951, 127–159 – D. Zorzi, Valori religiosi nella lett. prov., 1954, 127–159 – E. Balmas – M. dal Corso, I Mss. Valdesi di Ginevra, 1977, 53–58 – E. Balmas, Nuove ricerche di lett. occitanica, 1983, passim.

Noble (Schiffsnobel), 1344 zur Erinnerung an den Seesieg v. →Sluis (1340) eingeführte große engl. Goldmünze (Durchmesser 23 mm, Gewicht 8,97 g, seit 1351 7,97 g) im Wert von 6 Shilling und 8 Pence mit der Darstellung des Kg.s auf einem Schiff (Rückseite: Lilienkreuz im Achtpaß) aus der Zeit Kg. Eduards III. Der N. diente zur Finanzierung des →Hundertjährigen Krieges, lief aber auch auf dem Festland (Fund Siddinghausen, Krs. Unna) bis nach Schlesien (Fund Jauer), Westpreußen (Fund Raudnitz, Krs. Rosenberg) und Dänemark (Fund Vejby Strand) um. 1465 wurde in der Nachfolge des N. der →Rosen. *(Ryal)* im Gewicht von 7,78 g eingeführt, der zusätzl. beiderseits eine Rose zeigt und bis zum 16. Jh. in den Niederlanden nachgeprägt wurde. P. Berghaus

Lit.: F. v. Schroetter, Wb. der Münzkunde, 1932, 460, 573f. – P. Grierson, Coins of Medieval Europe, 1991, 156.

Nobleza. Bereits im span. Westgotenreich gab es einen Amtsadel (primates, optimates, magnates), der v. a. von Angehörigen des Hofes gebildet wurde, die Hofämter innehatten oder Gebiete verwalteten (duces, comites). Er entstammte teils dem →Senatorenadel hispano-roman. Grundbesitzer oder dem westgot. Adel (seniores), der durch kontinuierl. Anhäufung von Reichtum und Macht im lokalen Bereich Adelsgeschlechter bilden konnte. Ende des 7. Jh. gewährte Kg. →Ervig dem Hofadel (primates) das Recht, seine Privilegien zu vererben. Aber diese Ansätze zur Ausbildung eines erbl. Adels wurden durch den Maureneinfall zunichte gemacht. Die Entwicklung des Adels verlief in jedem der chr. Reiche auf der Iber. Halbinsel fortan unterschiedl. Im Kgr. Asturien und später im Kgr. León gab es seit dem 9. Jh. eine aristocracia primitiva (S. DE MOXÓ), die von der Kolonisierung neuer Gebiete profitierte, an der Reichsregierung Anteil hatte und aus dem Aufbau von Lehns- und vasallit. Bindungen Nutzen zog. Schon Ende des 10. Jh. entstanden enge Beziehungsgeflechte auf verwandtschaftl. Basis oder zw. den einzelnen Geschlechtern, doch grenzten sie sich weder rechtlich gegenüber anderen Mitgliedern der Gesellschaft ab, noch kannten sie festgefügte Formen, um Reichtum und Macht weiterzugeben.

Der Prozeß der vollen rechtl. Ausbildung der N. setzte sowohl in Kastilien, León und Portugal als auch in Navarra und Aragón Ende des 11. Jh. ein und dauerte bis zur 1. Hälfte des 14. Jh. an. Ausschlaggebend war dabei, daß die →Reconquista mittelbar den sozialen, polit. und wirtschaftl. Aufstieg ermöglichte, daß die Verbreitung der Ideale und Normen des Rittertums eine Profilierung als bes. ordo erlaubte und daß sich die agnat. Erbfolge wie auch das Erstgeborenenrecht bei der Weitergabe von Reichtum und Besitz durchsetzten. Die wichtigsten Geschlechter dieser *n. vieja* (ca. 30 in der Mitte des 13. Jh.) waren die →Lara, →Haro, →Manzanedo, →Traba, Castro, →Girón, Froílaz, Osorio, Villamayor, →Meneses, Álvarez de las Asturias, →Limia, →Mendoza, →Saldaña, Aguilar und Cameros. Sie verfügten über Grundherrschaften und große Besitzungen auf dem Land mit grundherrl. Rechten über ihre Hintersassen, gehörten zum Umstand des Kg.s, hatten polit. Ämter inne, genossen sein Vertrauen und waren ihm durch Lehnsbeziehungen verbunden, obwohl es keine normative polit. Feudalverfassung gab. Ihre Rechtsstellung unterschied sie von der übrigen Bevölkerung, wobei allen Angehörigen der N. militär., steuerl. und rechtl. Privilegien zustanden. Im HochMA zeigte sich zudem eine Differenzierung der N. in zwei Schichten mit der Möglichkeit des sozialen Aufstiegs. Zur obersten Schicht, den →*ricos hombres*, zählten auch die bereits erwähnten Geschlechter.

Zur Schicht des Niederadels gehörten Adelsgeschlechter, die sich im Heeresdienst, im Dienste des Kg.s oder des Hochadels auszeichneten. Sie erhielten Sold oder auch Ländereien in Form von *honors* oder von Erbgütern (Katalonien: Ritterlehen, *feudos de caballería*); seit dem 10. Jh. bezeichnete man sie als →*infanzónes*. Eine Ausnahme bildete nur Katalonien, wo weiter die Begriffe *miles* und *cavaller* verwandt wurden. In León, Kastilien und Portugal wurde der Begriff *infanzón* im Laufe des 13. Jh. von dem des →*hidalgo* abgelöst. Die Hidalgos mußten den Adel ihrer Vorfahren bis zur zweiten oder dritten Generation nachweisen. Dennoch schlossen sich das ganze MA hindurch nach außen nicht ab. Häufig erfolgten Ernennungen durch den Kg. wie auch zahlreiche Erhebungen in den Rang eines Hidalgo, so daß dieser Stand für viele urspgl. nichtadlige Ritter Aufstiegsmöglichkeiten bot. Es gab eine *caballería popular* bzw. in vielen zw. dem 11. und 13. Jh. (in Kastilien und León im 14. Jh.) wiederbesiedelten Städten die vom Reichtum abhängige Verpflichtung zum Unterhalt eines Streitrosses (*caballeros de cuantía* oder *de premia*), so daß der Übergang zw. diesem niederen Reiteradel und dem Adel im eigtl. Sinne immer fließend war (→*caballería villana*). In Aragón und Navarra hielt sich der Begriff infanzón, allerdings mit Nuancierungen. So bezeichnete man in Aragón jene, die seit ihrer Geburt zur N. zählten, als *infanzónes hermunios*, jene dagegen, die dank kgl. Privilegierung zum N. gehörten, als *infanzónes de carta*. In Navarra wurden auch rechtl. freie Bauern *infanzónes de abarca* genannt.

In Katalonien mit seiner vollentwickelten feudalen Gesellschaft erfolgte vom 10. bis zum 12. Jh. die Bildung der verschiedenen Gf.engeschlechter (v. a. Gf.en v. →Ampurias, Ermengolde v. →Urgel, Gf.en v. →Comminges in →Pallars) wie auch der wichtigsten vgfl. Häuser (v. a. die →Cervera, →Torroja, →Cardona, →Cabrera, →Rocabertí, →Castellbó und →Montcada). Die ursprgl. Gf.enhäuser erloschen mit Ausnahme des Geschlechts der Gf.en v. →Barcelona und Kg.e v. →Aragón meist im 14. Jh.; neue Adelsgeschlechter bildeten sich im SpätMA als Ableger der Kg.sfamilie aus. Im übrigen gab es drei verschiedene Adelsschichten in Katalonien: den Hochadel, die →*barones* (Gf.en und Vgf.en), die Ritter und *donzells* (Junker; →*doncel*) sowie die →*homens de paratge*.

Von der Ablösung des alten durch einen neuen Adel im 14. Jh. war v. a. das Kgr. Kastilien-León seit der Regierungszeit →Heinrichs II. v. Trastámara (1369–79) betroffen. Fast alle Geschlechter der *n. vieja* starben aus und wurden durch andere, die sog. *n. nueva*, ersetzt. Gleichzeitig erlangte die N. immer größeren polit. Einfluß und konnte ihre Herrschaften ausbauen, während ihre Angehörigen in verschiedene Stellungen oder Ämter der kgl. Verwaltung aufstiegen. Die allg. Einrichtung von →*mayorazgos* bedeutete, daß der größte Teil der Besitzungen an einen einzigen Erben überging, der verpflichtet war, sie nicht zu zerstreuen, so daß die großen Herrschaften (→*señorios*) oder Adelsgüter in Form eines sehr stabilen und dauerhaften Fideikomiß verwaltet wurden. Bedeutende Geschlechter des Hochadels waren im 15. Jh.: →Velasco, La →Cerda, →Manrique, →Quiñones, →Pimentel, →Enríquez, Ramirez de Arellano, →Osorio, →Sotomayor, →Stúñiga, Álvarez de Toledo, →Mendoza, →Pacheco, →Portocarrero, La Cueva, Suárez de Figueroa, →Guzmán, →Ponce de León, →Fernández de Córdoba, Téllez Girón und Fajardo. Auch gab es im Kastilien des SpätMA eine Vielzahl neuer Geschlechter des niederen Adels oder der Ritterschaft. Dieser »mittlere Adel« beherrschte die Stadtregimente vieler →*Concejos* und verfügte über die Kommenden der großen Ritterorden v. →Santiago, →Calatrava und →Alcántara.

Der Adel des Kgr.es Aragón besaß seit Ende des 13. Jh. (*Privilegio General* v. 1283) eine polit. Machtstellung, die auf einem Vertragsverhältnis mit dem Kgtm. beruhte. Die Geschlechter der *ricos hombres* konnten die volle Feudalherrschaft in ländl. Gebieten ausüben, wobei wie in Katalonien weder der hohe noch der niedere Adel im allg. Anteil am Stadtregiment nahm. Die bedeutendsten Geschlechter waren die →Luna, Urrea, Heredia, Hijar, Gurrea, Liñán, Urries und Bardají. Eine ähnl. Erneuerung des Adels fand in Navarra seit Ende des 14. Jh. statt, z. B. zugunsten der Ianiz, Javier und Arellano.

In Portugal führten der Krieg der Jahre 1383–85 und die Errichtung der Herrschaft des Hauses →Avís zur Flucht vieler Adliger nach Kastilien, die die Kandidatur Johanns I. unterstützt hatten. Aber auch im neuen Adel Portugals saßen viele Vertreter der alten Geschlechter. Die großen Hzg.sgeschlechter der →Braganza, Coimbra und →Viseu dagegen stammten von Söhnen →Johanns I. v. Avís ab. Andere Geschlechter wiederum erneuerten sich durch Beziehungen zu den Nebenlinien des Kg.shauses. Zu nennen sind v. a. die Meneses, Melo, Coutinho, Castro,

Ataíde, Noronha, Albuquerque, Vasconcelos, →Sotomayor, Almeida und Pereira. M.-A. Ladero Quesada

Lit.: S. DE Moxó, De la n. vieja a la n. nueva. La transformación nobiliaria castellana en la Baja Edad Media, Cuadernos de Hist. 3, 1969, 1–210 – DERS., La n. castellana-leonesa en la Edad Media, Hispania 30, 1970, 5–68 – L. SUÁREZ FERNÁNDEZ, N. y monarquía, 1975² – M. C. GERBERT, La noblesse dans le royaume de Castille, 1979 – J. MATTOSO, A N. Medieval Portuguesa, 1981 – DERS., Ricos – Homens, Infançóes e Cavaleiros, 1985 – M.-A. LADERO QUESADA, Aristocratie et régime seigneurial dans l'Andalousie du XVᵉ s., Annales E.S.C. 6, 1983, 1346–1368 – J. F. POWERS, A Society Organized for War, 1988 – La noblesse dans l'Europe meridionale du MA: accès et renouvellement, 1989 – M. C. QUINTANILLA RASO, Historiografia de una elite de poder: la n. castellana bajomedieval, Hispania 50, 1990, 719–736 – I. BECEIRO-R. CÓRDOBA, Parentesco, poder y mentalidad. La n. castellana. Siglos XII-XV, 1990 – F. MOXÓ MONTOLIU, La Casa de Luna (1276–1348), 1990.

Nockenwelle, in der Antike bekannte, aber gewerbl. nicht genutzte techn. Vorrichtung zur Umwandlung rotierender in lineare Bewegungen. Erst seit dem 11. Jh. erschienen Nocken oder Daumen an den verlängerten Wellbäumen oder Achsen herkömml. Mühlräder. Stampfen, Hämmer, Walken, Pochstempel ließen sich durch Druck der Nocken heben, ehe sie beim Weiterdrehen der Welle niederfielen und Arbeit verrichteten. Der Mühlenbetrieb konnte Diversifizierungen erfahren, zumal nach dem gleichen Prinzip bald auch Blasebälge und Sägen – nachweisl. einer berühmten Skizze des →Villard de Honnecourt um 1235 – bewegt wurden (→Mühle), später →Pumpen des Bergbaus. Die N. wirkte im Übergang vom Früh- zum HochMA als techikgeschichtl. epochale, allmähl. von W nach O vordringende →Innovation mit dem Effekt der Mechanisierung zahlreicher Gewerbe, der Mehrproduktion und Bedarfsdeckung. Die schwere Arbeit der Fußwalker z. B. wurde – nicht allerorts ohne Proteste der Betroffenen – durch Walkmühlen ersetzt.

K.-H. Ludwig

Lit.: W. V. STROMER, Apparate und Maschinen von Metallgewerben in MA und FrühNZ (Handwerk und Sachkultur im SpätMA, 1988), 136–138.

Noe → Noah

Noetischer Gottesbeweis (νόησις 'Erkenntnis'), Überlegung, durch die dargetan werden soll, daß das menschl. Erkennen nur zu begreifen ist, wenn man Wahrheit als etwas annimmt, das der Vernunft vorgegeben ist und über ihr steht. Die Vernunft ist geprägt durch eine in aller Vielheit und Veränderlichkeit des Erkennens und des Erkannten beständige, sich immer wieder Geltung verschaffende Ausrichtung auf Wahrheit. In den Urteilen über wahr und unwahr kommt ein unveränderl. Maßstab zum Vorschein, dem sie ihre Zuverlässigkeit verdanken. Der Zeitlichkeit enthoben und allgemeingültig, kann er nicht Produkt des Menschen sein. Diese Wahrheit ihrerseits muß verstanden werden als Gott selbst oder als einzig von ihm bewirkt, so daß er ihr noch übergeordnet ist. Dieser der platon. Erkenntnisauffassung gemäße Gedankengang ist vorbildhaft von Augustinus entfaltet (De lib. arb. II, 58). Als eigenständiger Gottesbeweis tritt diese Überlegung bei den ma. Denkern nicht auf. Sie ist jedoch Bestandteil der Versuche, die Stufen der transzendentalen Vollkommenheiten zu erklären; denn das Mehr und Weniger an Wahrem setzt ein in höchstem Maß Wahres als Ursache voraus.

A. Zimmermann

Lit.: K. STAAB, Die Gottesbeweise in der kath. Lit., 1910 – P. KÄLIN, St. Augustin und die Erkenntnis Gottes, DT 14, 1936 – G. MAINBERGER, Die Seinsstufung als Methode und Metapher, 1959.

Nogaj (mongol. *Noqai*), Emir der →Goldenen Horde, † 1299. Obwohl Dschinggiside, blieb N. die Chanswürde versagt, da er nicht dem regierenden Zweig der Dynastie angehörte. Doch hatte er sich schon unter Chan Berke (1257–66) im Krieg gegen den →Īlchān Hülägü als fähiger Heerführer bewährt, bestimmte seit 1270 als Hausmeier die Außenpolitik der Horde und schloß Bündnisse mit Byzanz (1272), Genua und den →Mamlūken (1273) gegen Bulgarien, Venedig und die Īlchāne. 1285 unternahm er mit Teleboğa einen Feldzug gegen Ungarn und Polen. 1290 erkannten ihn die bulg. und serb. Fs.en als Oberherrn an. Wiederholt griff N. in die Streitigkeiten der russ. Fs.en ein – so 1280 auf Seiten des Gfs.en →Dmitrij v. Vladimir (5. D.) gegen dessen Bruder Andrej – und zwang die Fs.en v. Halič-Volhynien seit 1276, ihm Heeresfolge gegen Polen und Litauen zu leisten. Nach der Abdankung des Chans Tuda Möngke prakt. Alleinherrscher, ließ er dessen Nachfolger Teleboğa 1291 beseitigen, unterlag aber dem neuen Thronprätendenten und späteren Chan Toḫtu 1299. Ein Teil von N.s Horde ging später im türk. Volk der Nogajer auf.

H. Göckenjan

Lit.: N. I. VESELOVSKIJ, Chan iz temnikov Zolotoj ordy. Nogaj i ego vremja, 1922 – G. SPULER, Die Goldene Horde, 1953 – G. VERNADSKY, Russia and the Mongols, 1953 – Die Mongolen, hg. M. WEIERS, 1986, 345–355.

Nogaret, Guillaume de (Wilhelm v.), Siegelbewahrer Kg. →Philipps IV. d. Schönen v. Frankreich, † 11. April 1313. Jurist, 1287 Dr. legum, 1292 Prof. legum, begann seine Karriere im Languedoc, bevor er (wie andere südfrz. Juristen) in den Dienst Philipps d. Schönen trat. 1293–95 war er *juge-mage* (Oberrichter) der Sénéchaussée v. →Beaucaire. Seit ca. 1296 begegnet er am Hof: Er war kgl. Ritter (→*chevalier le roi*), im Juni 1299 kgl. Rat (→*Conseil royal*). Am 22. Sept. 1307 wurde er zum kgl. Siegelbewahrer (*garde du sceau*) ernannt und übte dieses Amt bis zu seinem Tode aus, mit Unterbrechungen durch kgl. Missionen (1310: Languedoc, Febr.–März 1312: Konzil v. →Vienne). N. war der mächtigste der sog. →'Legisten', mit stärkstem Einfluß auf die großen Angelegenheiten des Kgr.es (Prozeß gegen die →Templer, Kriege, Verträge). Nach dem Zeugnis der aragones. Gesandten vom Jan. 1313 galt N. als »allmächtig«.

Seit 1296 im →Parlement, war N. mit zahlreichen gerichtl. Untersuchungen (*enquêtes*) betraut. 1310 war er *Maître* der →*Chambre des comptes*. Von 1307 an nahm er eine Reihe von kgl. Missionen wahr: Champagne, Languedoc (dort 1306 Verkauf der Güter der →Juden); v. a. aber an ausländ. Höfen: Kg. v. England, 1308; Papst Clemens V., 1310; röm.-dt. Kg., 1311; Kg. v. Mallorca, 1311; Gf. v. Flandern, 1312.

Doch ist N. in erster Linie der Mann des Attentats v. Anagni, Protagonist im Kampf zw. Philipp dem Schönen und Papst →Bonifatius VIII. N., der hier die Mission Pierre →Flotes (✕ 1302 bei →Kortrijk) fortsetzte, war Ankläger Bonifatius' VIII. im Louvre (12. März 1303), v. a. aber bei der Versammlung, mit der das frz. Kgtm. auf die päpstl. Bulle →»Unam Sanctam« reagierte. Danach erhielt N. kgl. Generalvollmacht, um dem Papst die Ladung auf ein allg. Konzil zu überbringen. Er soll sich am 7. Sept. 1303 in Anagni der Person des Papstes bemächtigt haben, wobei er ihn beleidigt und der Mißhandlung durch Leute seines Gefolges preisgegeben habe. Tatsächlich hat die Anwesenheit N.s dem Papst, der von den Bewaffneten Sciarra →Colonnas heftig bedroht wurde, vermutl. das Leben gerettet. Nach diesem dramat. Ereignis war N. mit aller Energie darauf bedacht, die Absolution für seine Handlungen zu erlangen und richtete im Juni 1304 ein diesbezgl. Gesuch an den Offizial v. Paris. Doch erst →Clemens V. gewährte ihm am 27. April 1311 (»Rex glorie«) die Absolution 'a cautela', gegen die Verpflichtung zu mehreren Sühnewallfahrten.

Von bescheidener Herkunft, häufte N. dank seiner Stellung ein großes Vermögen an: Zunächst Seigneur v. Tamarlet (Languedoc), erhielt er 1304 die Herrschaft Marsillargues, die kgl. Gerichtsrechte zu St-Julien und die kgl. Rechte am Lehen v. Les Portes, bald darauf die Herrschaft Calvisson, außerdem beträchtl. kgl. Renten: 200 *livres* (1299), 300 *l*. (1303), 500 *l*. (1304) u. a.; 1308 wurden ihm 2000 *livres tournois* als Mitgift für seine Tochter (∞ Bérenger Guilhem, Seigneur de Clermont) überwiesen. 1310 machte er, in Gegenwart des Kg.s, sein Testament zugunsten seiner beiden Söhne Raimond und Guillaume, →*Valets du roi*, und seiner Tochter Guillemette. E. Lalou

Lit.: HLF 27, 233–371 [E. RENAN]–R. HOLTZMANN, W. v. N., 1898–L. THOMAS, La vie privée de G. de N., Annales du Midi, 1904, 161–207 – A. THOMAS, Le plus ancien témoignage sur G. de N., ebd., 357f. – R. FAWTIER, L'attentat d'Anagni, MAH 40, 1948–49, 153–179 [Nachdr.: Autour de la France capétienne, 1987] – J. STRAYER, The Reign of Philip the Fair, 1980, 52–55.

Nogent-sous-Coucy, Abtei OSB in Nordfrankreich, Picardie (Bm. Laon, dép. Aisne, arr. Laon). Die kleine Abtei N., in der Nähe einer wichtigen Römerstraße, lag am Fuß der mächtigen Burg der Herren v. →Coucy an einem älteren Siedelplatz (galloröm. Gutshof?; merow. Nekropole und Villa belegt). 1059 gründeten Bf. Elinand v. Laon und Aubry v. Coucy die neue Abtei, die (wie bereits das Kl. Homblières) St-Rémi de →Reims unterstellt wurde. Nach schwierigen Anfängen (Etablierung erst 1076) befreite sich N., wohl auf Antrieb Enguerrans I. v. Coucy, um 1090 aus der Abhängigkeit von Reims. Dank der Förderung durch die große Adelsfamilie konnte N. im 12. Jh. eine Grundherrschaft aufbauen, die sich geograph. weithin mit der Herrschaft Coucy-La Fère deckte. Unter großen Äbten wie Gottfried, dem späteren Bf. v. Amiens, und →Guibert v. N. erwarb die Abtei im späten 12. Jh. und 13. Jh. Wohlstand, gründete eine Reihe von Prioraten (St-Rémy de Coucy, Condren, Fargniers, Plainchâtel [Einsiedelei], Quessy) und verwirklichte größere Bauvorhaben. Zugleich aber lockerten sich die Bindungen an die Herren v. Coucy. Seit dem späten MA verfiel die Abtei und wurde im 15. Jh. zur Kommende. – Seit 1989 ist N. Gegenstand einer epochenübergreifenden archäolog.-hist. Unters. (Univ. Paris-Nord und Picardie/Amiens). Ph. Racinet

Lit.: J. BECQUET, Abbayes et prieurés de France, dioc. Soissons, XVII, 1985, 152–155 [vollst. Lit.].

Noirlac (Domus Dei super Karum), Abtei SOCist in Mittelfrankreich, Berry (Bm. Bourges, dép. Cher). 1136 von Robert, einem Verwandten des hl. →Bernhard v. Clairvaux, in den Sümpfen des Cher gegr., blühte aber erst seit 1150 auf, dank der Verlegung in eine klimatisch günstigere Zone durch Ebbes (Ebo) V. v. Charenton. Am Ende des 12. Jh. wurde N. Tochterkl. von →Clairvaux, besaß Mühlen, Fischgewässer, sechs →Grangien, Forstbesitz, Renteneinnahmen und Häuser in St-Amand und Bourges; das Zisterzienserinnenkl. Bussières (1188) unterstand seiner Kontrolle. 1351 war Notre-Dame de N. jedoch auf den 42. Rang der geistl. Häuser des Berry abgesunken. Während des Hundertjährigen Krieges befestigt (1423), konnte N. in der Folgezeit seine Vermögensverhältnisse (u. a. durch Umwandlung seiner Grangien in Pachthöfe) wieder festigen. 1510 zur→Kommende umgewandelt. N. bewahrt reichen Baubestand des 12.–14. Jh. F. Michaud-Fréjaville

Lit.: DIP VII, 318f. – E. MESLÉ–J.-M. JENN, L'abbaye de N., 1980 – F. MICHAUD-FRÉJAVILLE, Crises et reconstructions dans les possessions de l'abbaye de N. à la fin du MA (Une ville et son terroir, Saint-Amand-Montrond), 1985.

Noirmoutier, Abtei OSB in Westfrankreich, südl. der Loiremündung (dép. Vendée), auf einer der Baie de Bourgneuf vorgelagerten Atlantikinsel. Der Aquitanier →Filibertus, erster Abt v. →Jumièges, gründete, nachdem er vom Hausmeier →Ebroin aus seiner norm. Abtei vertrieben worden war, 676 das Kl. N. auf der damals 'Her' ('Herio') genannten Insel. Die Gründung stand in␣it. Tradition→Columbans. Das Grab des hl. Filibertus (†684 in N.) wurde zum Ziel einer regen Wallfahrt. Aus dieser frühen Periode stammen einige Teile der Krypta im Ort N. Seit dem frühen 9. Jh. war N. Normannenangriffen ausgesetzt. 819 errichteten die Mönche in Déas (St-Philibert de Grandlieu, dép. Loire-Atlantique) ein Haus, in dem sie während des Sommers Zuflucht suchten. Mit Erlaubnis Ludwigs d. Fr. gaben sie N. schließlich vollständig zugunsten von Déas auf, das 857 jedoch ebenfalls von den Normannen zerstört wurde. Damit begann für die Mönche und ihre Reliquien eine jahrzehntelange 'peregrinatio', die der Mönch (später Abt) Ermentarius beschrieben hat und deren Stationen →Cunault (dép. Maine-et-Loire, 858), Messay (dép. Allier), schließlich seit 875 →Tournus (dép. Saône-et-Loire) waren. Das zum Priorat herabgestufte Inselkl. wurde dagegen nicht wiederaufgebaut.

Um die Mitte des 9. Jh. diente die Insel den Normannen als fester Stützpunkt für ihre Piratenzüge an Loire und Garonne (843 Gefangenhaltung versklavter Bewohner von Nantes vor dem Weiterverkauf). Am Beginn des 10. Jh. gehörte N. zu der von den westfrk. Kg.en Robert und Rudolf anerkannten kleinen Herrschaft der 'Loirenormannen', die 937 von den Bretonen unter Hzg. Alan (Alain Barbetorte) vernichtet wurde.

Die Insel teilte im Hoch- und SpätMA die Geschicke des poitevin. Küstenlandes. Seit ca. 1060 unterstand sie den Herren v. La Garnache, die hier eine Burg errichteten und Vasallen der Hzg.e v. Aquitanien, dann der Anjou (Plantagenet), ab 1204 der Kapetinger waren. 1205 verlegten die Zisterzienser der Abtei von Buzay ein Priorat in den Norden von N. (N.D. de la Blanche). Unter der Herrschaft des Hzg.s →Jean de Berry brach ein Aufstand gegen den verschärften Fiskaldruck aus, der durch kgl. Steuerprivilegien (*lettres patentes* Karls VI., 1392) entschärft wurde. Im 15. Jh. wurde die Insel der mächtigen Familie →La Trémoille übertragen. N. profitierte damals vom Salzhandel (→Baiensalz) der →Hanse. Ein »Dreierkreislauf« des Handels ließ Salz aus N. nach →Nantes, Wein aus Nantes nach →Vannes, Getreide aus Vannes nach N. gelangen. G. Devailly

Q. und Lit.: Chartes mérov. de l'abbaye de N., ed. A. TARDIF, 1899 – Monuments de l'hist. des abbayes de St-Philibert, ed. R. POUPARDIN, 1905 – R. LABANDE, Hist. du Poitou, du Limousin et des pays charentais, 1976 – J. L. SARRAZIN u. a., La Vendée des origines à nos jours, 1982.

Nola, Stadt und Diöz. in Süditalien (Kampanien). In röm. Zeit eine der wichtigsten Städte Kampaniens, entwickelte sich N. an der Wende vom 4. zum 5. Jh. zu einem Zentrum blühenden religiösen Lebens dank des Wirkens des Bf.s →Paulinus, der in seinen »Carmina natalicia« den hl. →Felix feierte, dessen Grab im Coemeterialbezirk von N. von Pilgern aus der ganzen chr. Welt besucht wurde. Zusätzl. zu den bereits bestehenden vier kleinen Basiliken, von denen eine die Reliquien des Hl.n bewahrte, erbaute Paulinus 403 ein größeres Gotteshaus, das bis zu Beginn des 15. Jh. als Bf.skirche v. Nola fungierte. Danach wurde der Bf.ssitz in das Stadtzentrum verlegt. 455 von den

Vandalen zerstört, während der byz. Herrschaft mit dem Dukat →Neapel vereinigt, wurde N. 647 von den Langobarden von →Benevent erobert und 849 in das Fsm. →Salerno eingegliedert, mit dem es bis zur Eroberung durch die Normannen i.J. 1076 verbunden war. Der daraus erwachsende Konflikt um die Metropolitanrechte auf die Diöz. N. zw. dem Ebf. v. Salerno und dem Ebf. v. Neapel wurde erst 1179 zugunsten der Kirche v. Neapel entschieden. 1269 wurde die Stadt von →Karl I. v. Anjou zur Gft. erhoben und an Guido v. Montfort zu Lehen gegeben. Im folgenden Jahrhundert fiel sie durch Heirat an die Orsini (bis 1528). G. Vitolo

Lit.: G. S. REMONDINI, Della nolana ecclesiastica storia, 1747-57 – G. VICENTINI, La contea di N. dal sec. XIII al XVI, 1897 – IP VIII, 1935 – G. VITOLO, Vescovi e diocesi (Storia del Mezzogiorno, III, 1990) – C. GUADAGNI, N. Sagra, hg. T. R. TOSCANO, 1991.

Noli me tangere → Erscheinung des auferstandenen Christus [2]

Nolo (*noleggio*; *naulum*, *affrètement*, *chartering contract*, Schiffspacht, Frachtgeld) bezeichnet einen Befrachtungsvertrag, der ein Handelsvertrag ist und zw. dem Transportunternehmer und dem Befrachter abgeschlossen wird, um einen Transport auf dem Wasserwege durchzuführen (→Fracht). Es gibt zwei Formen eines Befrachtungsvertrages: a) den Befrachtungsvertrag, der das Recht verleiht, den Transport mit einem bestimmten Schiff ausführen zu lassen; dieses kann ganz oder teilweise gechartert und zum Zeitpunkt des Vertragsabschlusses festgelegt werden oder nicht; b) den Befrachtungsvertrag, bei dem der Befrachter nicht an der Beladung auf ein bestimmtes Schiff und an den Modalitäten der Fahrt interessiert ist; der Bestimmungsort der Ware wird im Vertrag allerdings mit einer Ortsangabe festgelegt. P. Moser

Lit.: A. SCHIRMER, Wb. der dt. Kaufmannsprache, 1911 – R. LOPEZ, Medieval Trade in Mediterranean World, 1955.

Nomaden

I. Begriff – II. Reiternomaden – III. Nomadenbild.

I. BEGRIFF: Die Bezeichnung οἱ Νομάδες 'Hirtenvölker, die mit ihren Herden umherziehen', 'Wanderhirten', fand als terminus technicus bereits bei antiken Autoren (Herodot I, 15; 73; Polybios I, 19, 3 u. a.) Verwendung. Der Nomadismus (Hirtenpastoralismus) ist eine sehr komplexe Lebens- und Wirtschaftsform, deren hist. Verbreitungsgebiet v. a. die ariden und semiariden Klima- und Vegetationszonen der Alten Welt und deren Randregionen umfaßte. Zu den bestimmenden Merkmalen des Nomadismus gehören Herdenviehzucht ohne Stallhaltung und jahreszeitl. bedingte Wanderzyklen zw. Sommer- und Winterweiden. Als Herdentiere wurden gehalten Schaf und Ziege (von N-Afrika bis Innerasien), Dromedar (Arab. Halbinsel, Afrika), Rind (Sahel-Zone, O-Afrika, Mongolei), Baktr. Kamel (Zentralasien), Yak (Tibet), Ren (N-Eurasien). Die Herdentiere lieferten den N. Nahrung (Milch, Milchprodukte, Fleisch, Blut) und das Material für die Herstellung von Kleidung und Gebrauchsgegenständen des tägl. Bedarfs (Wolle, Häute u. a.). Aus Ziegenhaar wurden die Außendecken der zw. N-Afrika und Tibet verbreiteten 'schwarzen Zelte' gewebt, aus Schafwolle die Filzmatten gewalkt, mit denen man die Jurten Innerasiens bedeckte. Als Tragtiere für den Transport der persönl. Habe, aber auch für den Karawanenhandel dienten Kamel, Pferd, Maultier, Esel, Rind, Yak und Ren. Betrieben die N. nicht selbst ausreichend Bodenbau, um sich mit vegetabiler Zusatzkost zu versorgen, so suchten sie den Bedarf durch Tauschhandel, erzwungene Tributleistungen unterworfener Bevölkerungsgruppen und

gegebenenfalls durch Raubzüge zu decken. Außerdem tauschten sie Vieh und tier. Produkte gegen Handwerkserzeugnisse, Waffen und Luxusartikel, die sie selbst nicht herstellten. Wirtschaft und Lebensform der N. waren in erhebl. Umfang von ihrer Umwelt abhängig. Topograph. und klimat. Verhältnisse, Vegetation, Wasser- und Salzvorkommen waren von bestimmendem Einfluß auf Größe, Verteilung und Zusammensetzung der Herden, die Richtung und den Umfang der period. Wanderungen. Die N. suchten daher das ökolog. Gleichgewicht durch häufigen Wechsel von Weideflächen und Wasserstellen zu wahren. Die jahreszeitl. Wanderungen erfolgten nicht willkürl., sondern waren durch das Terrain und die Entfernungen, die die Herden schadlos zurücklegen konnten, begrenzt. Sie wurden daher nach traditionell festgelegten Routen innerhalb eines bestimmten Territoriums durchgeführt. Unterschieden werden zwei Arten der nomad. Ortsveränderungen: 1. die zuweilen über große Distanzen geführten Wanderungen in den Ebenen (horizontaler Nomadismus); 2. in gebirgigen Regionen die N.züge, die von den Winterweiden im Tal zu den Sommerweiden auf dem Hochland führten (vertikaler Nomadismus). Von der N.wirtschaft deutl. zu trennen sind die →Transhumanz, wo, wie beim vertikalen Nomadismus die Herden ganzjährig auf Sommer- und Winterweiden gehalten werden, sich jedoch nicht ganze Familien- und Sippenverbände an den saisonalen Wanderungen beteiligten, sondern nur männl. Hirten, und die Almwirtschaft (→Alm), die beide in den Umkreis seßhafter Bauernkulturen gehören. Auch innerhalb des Nomadismus unterscheidet man zw. Volln., die in ihrer Gesamtheit mehr als neun Monate des Jahres den wandernden Herden folgten und weder Bodenbau noch ortsfeste Behausungen kannten, und den Halbn., bei denen nur ein Teil des Verbandes nomadisiert, während andere Teilgruppen seßhaft sind und extensiven Feldbau als Subsistenzwirtschaft betreiben.

Ähnl. Wirtschafts- und Lebensformen führten häufig zu Übereinstimmungen in der Gesellschaftsstruktur und im religiösen Denken. Kennzeichnend für viele N.verbände ist eine patrilineare, patrilokale Sozialstruktur, obwohl bei manchen Ethnien im Nahen Osten wie in Zentralasien noch Spuren einer älteren matrilinearen Ordnung vorhanden sind. Die kleinste soziale Einheit innerhalb der N.gesellschaften bildete die Großfamilie (Clan), die als Wohn- und Wirtschafts-, häufig auch als Abstammungs- und Kultgemeinschaft in Erscheinung trat. Im religiösen Leben waren Ahnenverehrung und der Glaube an einen Hochgott weit verbreitet.

II. REITERNOMADEN: Die Frage nach der Entstehung des Reitern.tums konnte bislang nicht zufriedenstellend beantwortet werden. Weder die Dreistufenlehre des Evolutionismus (Wildbeuter-Hirten-Bauern [P. W. SCHMIDT]) noch die These, nach der die Reitnutzung des Pferdes auf die Zucht und Haltung des Rentieres zurückzuführen sei (F. HANČAR), vermochten sich zu behaupten. Sicher scheint nur, daß die Ausbreitung des Nomadismus in den euras. Steppen eng mit der beginnenden Nutzung des Pferdes als Reittier ('Verreiterung der Steppen') verbunden war, während es sich beim Kamel- und Rentiernomadismus um spätere Erscheinungsformen handelte, die entscheidende Impulse von der Verwendung des Pferdes als Reit- und Transporttier empfingen. Auch lassen sich die Anfänge des Reiternomadismus »aus einem frühen Steppenbauerntum mit Regenfeldbau auf Getreidegrundlage und mit Kleinviehhaltung« (C. RATHJENS) herleiten.

Erst die Reitnutzung von Pferden und Kamelen versetzte die Träger dieser Kultur in die Lage, die ariden und semiariden Zonen Eurasiens weiträumig zu durchdringen, ihre festen Siedlungen aufzugeben und den Umfang ihrer jahreszeitl. Wanderungen beträchtl. zu erweitern. Zu den ersten Reitern., die seit dem 8. Jh. v. Chr. in die Steppen vordrangen, zählten v. a. iran. Ethnien (Saken, Skythen). Sie gelangten auf ihren Wanderungen bis in das Gebiet der heutigen Mongolei und stießen dort auf autochthone (protomongol. und alttürk.?) Ethnien, die seit dem 5. Jh. v. Chr. ebenfalls zum N.tum übergingen. Die iran. N. brachten aus den vorderasiat. Hochkulturen einen domestizierten Viehbestand (Pferde, Schafe, Rinder, Ziegen) und den Anbau von Getreide und anderen Kulturpflanzen mit, verfügten über die Kenntnis der Metallurgie (Eisen) und verwendeten Wagen mit Speichenrädern. Ihre Bewaffnung bestand aus Reflex- und Kompositbögen, Kurzschwertern, Lanzen, Streitäxten, Fangschlingen und Lamellenpanzern. Seit dem 5. bzw. 6. Jh. n. Chr. kamen gebogene Säbel und →Steigbügel hinzu, die die militär. Ausrüstung der Steppenvölker vervollkommnen und 'revolutionieren' sollten.

Sie besaßen eine hochentwickelte Textilkunst (Teppich v. Pazyryk) und standen in Kulturbeziehungen zu China und dem Iran. Ihre aufwendigen Begräbnissitten mit Menschenopfern, Totenmählern und Pferdebestattungen kehren später bei zahlreichen 'altaischen' Völkern wieder. Die Tracht der Skythen, die dem N. leben vorzügl. angepaßt war, wurde von türk. und mongol. Steppenvölkern übernommen und bis in die NZ nahezu unverändert beibehalten. Als Behausung diente eine Frühform der bei allen Reitern. verbreiteten Scherengitterjurte. Zu den typolog. Merkmalen des 'zentralasiat. Kultursyndroms' gehörten ferner der Glaube an einen Himmelsgott, die Verehrung von Feuer- und Erdgottheiten, Schamanismus und Ahnenkult sowie die weitgehende Übereinstimmung von Eides- und Vertragsformen. Einige türk. Völker verfügten über eine eigene Runenschrift (Uiguren, Chazaren, Protobulgaren). Das künstler. wertvollste Erbe, das die Reitern. der Nachwelt hinterließen, war der polychrome Tierstil, dessen Spätformen bei den Völkern Nord- und Zentralasiens bis in die Gegenwart lebendig blieben.

Die weit ausgreifende Expansion der Reitern. wurde durch deren überlegene Bewaffnung und Kriegführung begünstigt. Die höchst mobilen Reiterverbände vermieden in der Regel den Nahkampf. Ihre Stärke lag im unerwarteten, von einem Pfeilhagel begleiteten Angriff, der verstellten Flucht und der Einkreisung des Gegners. Bisweilen kamen als schlachtentscheidende Waffe auch schwere Panzerreiter zum Einsatz. Regelmäßige Manöver, zu denen große Treibjagden Anlaß boten, und eine strikt gehandhabte militär. Disziplin erhöhten die Schlagkraft der N. heere.

Das harte Leben in der Steppe und die nicht seltenen Auseinandersetzungen um Weideplätze und Herden stellten im Verein mit dem Verlangen nach Beute hohe Ansprüche an die Kampfbereitschaft der N., die stets dann bes. gefordert war, wenn Klimaveränderungen wie längere Dürreperioden und plötzl. Frosteinbrüche zum Verlust der Herden führten und Hungersnöte drohten. Versagte der Herrscher (Khan, Bäg), dessen persönl. Charisma (türk. *qut*, mongol. *qutuq*) weniger auf Abstammung als auf der Fähigkeit beruhte, die Versorgung seines 'Volkes' *(bodun)* zu gewährleisten und erfolgreiche Kriegs- und Raubzüge durchzuführen, so kam es zum Aufruhr (türk. *bulgaq*) und zum Zerfall der überkommenen Gentilordnung. Rebellierende Prätendenten, die sich als *qazaq* 'freier Mensch', 'herumstreifender Räuber' frühzeitig von ihren Verbänden gelöst, eigene Gefolgschaften um sich geschart und nach erfolgreichen Feldzügen die benachbarten Ethnien unterworfen oder zum freiwilligen Anschluß gebracht hatten, verdrängten die alten Führungseliten und ließen sich von den Ratsversammlungen der neugebildeten Stammesligen selbst zum Khan (Khagan) wählen. Der neue Khan, der fortan als sakraler ('vom Himmel gezeichneter') Herrscher auftrat, suchte sogleich die vorhandene Gentilverfassung der angegliederten Ethnien von Grund auf zu ändern, um künftigen Loslösungsbestrebungen vorzubeugen. Die Neuordnung konnte auf zwei Wegen erfolgen: 1. Der Herrscher schuf ein hierarch. gegliedertes System. An der Spitze stand der Kernverband, dem der Khan selbst angehörte und dessen Name auf die gesamte Liga übertragen wurde. Ihm folgten die sog. 'Schwägerstämme', deren Führungseliten mit der Dynastie durch Heiratsverbindungen liiert waren, und die Verbände, die sich freiwillig angeschlossen hatten. Den untersten Rang nahmen gewaltsam unterworfene Ethnien, die sog. 'Sklavenstämme', ein. 2. Die vorhandene Gentilstruktur wurde vollständig zerschlagen, und die Unterworfenen wurden entweder ausgerottet oder als Sklaven an loyale Verbände verteilt. Eine Neuordnung wurde sodann unter militär. Gesichtspunkten nach dem Dezimalsystem vorgenommen. Bisweilen entstanden so machtvolle Steppenimperien (Hsiung-nu, →Hunnen, Kök-Türken, →Mongolen), die selbst für die großen Kulturreiche der Alten Welt (China, Iran, Byzanz) zur existenzgefährdenden Bedrohung werden konnten. Gleichwohl blieb die innere Struktur der meisten N. reiche instabil. In Krisenzeiten kam es nicht selten zur Abspaltung größerer Verbände, deren Flucht erneut zu weiträumigen Wanderungsbewegungen und Reichsgründungen führte (→Avaren, →Chazaren).

Widersprüchl. gestaltete sich auch das Verhältnis der Reitern. zu ihren seßhaften Nachbarn. Längere Friedensperioden wurden von Krisenzeiten unterbrochen, in denen die N. nicht mehr durch Handel oder Tributerhebungen in den Besitz der begehrten Agrarprodukte und Kulturgüter gelangen konnten und zur krieger. Expansion übergingen. Militär. überlegen, vermochten sie zwar zumeist die seßhafte Bevölkerung zu versklaven oder zu Tributleistungen zu zwingen, waren aber nur selten in der Lage, eine dauerhafte Herrschaft auszuüben. Zahlenmäßig gegenüber den Unterworfenen im Nachteil und auf die Unterstützung der ansässigen Oberschicht angewiesen, sahen sie sich einem zunehmenden Assimilationsdruck ausgesetzt, der zum inneren Zerfall ihrer Herrschaft führte, oder sie waren gezwungen, in die Steppe abzuwandern. In der Nachbarschaft von Hochkulturen vermochten sie sich dauerhaft nur zu behaupten, wenn sie auf Raubzüge verzichteten, sich kulturell anpaßten und seßhaft wurden (→Ungarn, →Bulgaren, Uiguren).

III. NOMADENBILD: Das Auftreten der N. löste in allen Hochkulturen ein lebhaftes Echo aus und führte zur Entstehung eines weitgehend uniformen Bildes in chin., vorderasiat., byz. und abendländ. Q. Die N. erscheinen hier wie dort als barbar. Hirtenvölker, die auf der Suche nach Weide und Wasser ziellos umherziehen, weder Ackerbau noch feste Wohnungen kennen und nur von rohem Fleisch leben. Schienen doch ihre 'Horden' unablässig nur ein Ziel zu verfolgen, blühende Kulturen zu zerstören und fruchtbare Anbauflächen in Wüsten zu verwandeln. Die Invasionen der N. wurden von muslim., jüd. und chr. Autoren als grausame, aber gerechte Strafe Gottes für die Sünden der heimgesuchten Völker empfunden.

Eschatolog. Vorstellungen bibl. Ursprungs (Jer 1, 14;

Ez 38f.; Offb 20, 7f.) und legendäre Nachrichten aus dem Umkreis des Alexanderromans (→Alexander d. Gr., B.; Ps.-Kallisthenes), nach denen die heidn. Völker →Gog und Magog am Ende der Zeiten aus dem N einfallen und das Volk Israel vernichten würden, fanden bereits im FrühMA in der arab. Lit., aber auch in byz. und w. Q. weite Verbreitung. Schon Flavius →Josephus bezog diese Überlieferungen auf die Skythen und →Alanen (antiqu. I, 6, 1; bell. Iud. 7, 7, 4); andere Autoren suchten die Völker Gog und Magog mit den →Arabern (Ps.-Methodios 8, 2), den Chazaren (Ṭabarī, Ibn Ḫurradāḏbih), den →Türken (Aethicus Ister 32), den Ungarn (Notarius Belae regis, Gesta Hung. 1) und den Mongolen in Verbindung zu bringen. Die Topoi behaupteten sich hartnäckig im Hoch-MA (Petrus Comestor, Vinzenz v. Beauvais, Speculum hist.) und erhielten durch die imaginären Nachrichten von einem Priesterkg. →Johannes neue Nahrung. Erst der unmittelbare Kontakt mit den Mongolen, der durch erste Gesandtschaftsreisen an den Hof des Großkhans (→Johannes de Plano Carpini, →Wilhelm v. Rubruk) hergestellt wurde, sollte dazu beitragen, die »Spannung zw. apokalypt. Vision und Realität« (G. A. Bezzola) in den Darstellungen über die Reitern. zu lösen.

Wie die abendländ. so waren auch die byz. Völkerbeschreibungen bis ins SpätMA antiken Vorbildern verhaftet. Die ethnograph. Exkurse byz. Autoren enthalten ebenfalls eine Fülle von überlieferten Topoi (archaisierende Ethnonyme u. a.). Im Gegensatz zur abendländ. Welt, die bis zum Mongolensturm nur von den Ausläufern der N.invasionen betroffen war, verfügte Byzanz, jahrhundertelang in unmittelbarer Berührung und diplomat. Verkehr mit den Steppenvölkern, über Verbindungen, die sich ztw. bis nach Innerasien erstreckten. Die Berichte zahlreicher Autoren (Priskos, Theophylaktos Simokates, Maurikios, Konstantin VII. Porphyrogennetos u. a.) haben daher entscheidend zur Kenntnis der Reitern. im MA beigetragen.

Dem stehen die Darstellungen oriental. Historiker kaum nach, die von intimer Kenntnis und unmittelbarer Vertrautheit mit der Welt der N. zeugen. So gehören etwa die Reiseberichte von →Ibn Faḍlān und →Ibn Baṭṭūṭa oder die Werke der pers. Historiker Rašīd ad-Dīn und Ǧuwainī, des Armeniers Kirakos v. Gandzak und des Syrers →Barhebraeus zu den umfassendsten und vielseitigsten Darstellungen der Reitern. Die bedeutendste geschichtstheoret. Abh. des MA über das Verhältnis von N. und Seßhaften stammt von →Ibn Ḫaldūn (1332–1406), der in der Einleitung *(Muqaddima)* zu seinem Gesch.swerk den Aufstieg und Verfall von N.reichen als gesetzmäßigen Kreislauf beschreibt. H. Göckenjan

Lit.: A. N. Anderson, Alexander's Gate, Gog and Magog and the Inclosed Nations, 1932 – K. Jettmar, Die frühen Steppenvölker, 1964 – L. Vajda, Unters. zur Gesch. der Hirtenkulturen, 1968 – J. Wiesner, Die Kulturen der frühen Reitervölker (Hb. der Kulturgesch. II, 22, 1968), 1–192 – I. Földes, Viehwirtschaft und Hirtenkultur, 1969 – Nomadismus als Entwicklungsproblem, hg. W. Kraus u. a., 1969 – G. A. Bezzola, Die Mongolen in abendländ. Sicht, 1974 – X. de Planhol, Kulturgeogr. Grundlagen der islam. Gesch., 1975 – G. E. Markov, Kočevniki Azii, 1976 – D. Sinor, Inner Asia and its Contacts with Medieval Europe, 1977 – I. Ecsedy, Nomads in Hist. and Historical Research, ActaOrHung 35, 1981, 201–227 – Die N. in Gesch. und Gegenwart, hg. R. Krusche 1981 – P. Daffinà, Il nomadismo centrasiatico, 1982 – Moravcsik, ByzTurc, I–II, 1983³ – Gy. Györffy, Wirtschaft und Gesellschaft in Ungarn um die Jahrtausendwende, 1983 – R. Manselli, I popoli immaginari: Gog e Magog (Sett. cent. it. XXIX, 1983), 487–517 – Nomád társadalmak és államalakulatok, hg. F. Tökei, 1983 – A. M. Khazanov, Nomads and the Outside World, 1984 – H. Göckenjan–R. Sweeney, Der Mongolensturm, 1985 – P. B. Golden, Nomads and Their Sedentary Neighbors in Pre-Činggisid Eurasia, Archivium Eurasiae Medii Aevi 7, 1987–91, 41–81 – W. Pohl, Die Awaren. Ein Steppenvolk in Mitteleuropa 567–822 n. Chr., 1988 – Popoli delle steppe: Unni, Avari, Ungari, I–II (Sett. cent. it. XXXV, 1988) – Th. G. Barfield, The Perilous Frontier, 1989 – V. N. Basilov, Nomads of Eurasia, 1989 – H. Göckenjan, Die Welt der frühen Reitern. (Die Mongolen und ihr Weltreich, hg. A. Eggebrecht, 1989), 7–43 – Die Mongolen, hg. W. Heissig – C. C. Müller, 1989 – S. Jagchid – V. J. Symons, Peace, War and Trade along the Great Wall, 1989 – The Cambridge Hist. of Early Inner Asia, hg. D. Sinor, 1990.

Nomen. Für das ganze MA sind zwei autoritative Stellen in bezug auf das N. maßgebend, nämlich Aristoteles, De interpret. 2, 16a19–21 (»Ein Name ist also ein Laut, der aufgrund von Vereinbarung ohne Zeit bezeichnet, und von dem kein Teil getrennt etwas bezeichnet.«) (tr. Boethius, ed. Minio-Paluello, Aristoteles Lat. II, 1–2, 6), und Priscianus, Inst. gramm. II, 4, § 18 (»Eine Eigentümlichkeit des Namens ist es, eine Substanz und eine Qualität zu bezeichnen«) (ed. Hertz, GLK II, 55; cf. II, 5, § 22, ibid., 56s). – Die erste Stelle ist insbes. im Zusammenhang mit der Prädikationsstruktur zu sehen: Jede Aussage hat ein N. und ein Verb (welches »mit Zeit« bezeichnet und »Zeichen« dessen ist, was von einem anderen gesagt wird [16b6ss]) als Minimalbestandteile, da sie darin besteht, etwas von etwas zu bejahen oder zu verneinen, und deshalb auch wahr oder falsch sein kann. Da nun (1) nach Aristoteles jedes Verb (z. B. »läuft«) in eine Verbindung von finiter Form des Hilfsverbs »sein« und Partizip aufgelöst werden kann (z. B. »ist laufend«), und (2) die Syllogistik einen Mittelterm sowie die Möglichkeit der Konversion erfordert, so daß Subjekt und Prädikat funktional keinen wesentl. Unterschied (z. B. referentiell vs. prädikativ) aufweisen dürfen, wird im MA u. a. folgende Prädikationsanalyse vertreten: Subjekt (= N.) + Kopula (= Verb) + Prädikat (= N.), wobei in der Logik nicht nur Substantive und Adjektive, sondern z. B. auch Partizipien zu den Nomina gezählt werden (cf. z. B. Albert v. Sachsen, Perutilis logica I, 5). Diese 'Zwei-Namen-Theorie der Prädikation' wurde im 20. Jh. von dem poln. Logiker S. Lesniewski vertreten, aber auch (z. B. von P. T. Geach) stark kritisiert. – Die zweite Stelle (in Verbindung mit bzw. im Kontrast zu Aristoteles, Categoriae 5, 3b10ss) war ein Ausgangspunkt für die ma. Diskussion über die semant. Funktion der Namen: Zumindest seit Anselm v. Canterbury unterschieden viele Autoren hierbei eine zweifache Funktion (mit wechselnder Terminologie, z. B. »significare« vs. »nominare«), wie sie heute v. a. durch J. S. Mill (»connoting« vs. »denoting«) bekannt ist: Namen 'bedeuten' Qualitäten und 'beziehen sich auf' einzelne Träger. Kontrovers war aber, ob allen (oder nur den akzidentellen) Namen diese zweifache Funktion zukommt, und welche Funktion primär ist, was bes. auch für ontolog.-semant. Dispute im Rahmen der Suppositionstheorie (z. B. zw. Ockham und Burley wichtig wurde. – Zu den diversen Namenarten cf. z. B. Cambridge Hist. of Later Mediev. Philos., Index rer., s. v. names.

H. Berger/W5. Gombocz

Lit.: HWP VI, 364–389 – The Cambridge Hist. of Later Mediev. Philos., hg. N. Kretzmann et al., II, 1982 – L. M. de Rijk, Logica modernorum, 1963, 1967 – D. P. Henry, Mediev. Logic and Metaphysics, 1972 – Meaning and Inference in Mediev. Philos., hg. N. Kretzmann, 1988, 91–185.

Nominalismus

I. Begriff – II. Historisch-systematische Entwicklung – III. Bedeutung.

I. Begriff: 'N.' (von lat. nomen, Name, Wort) bezeichnet im *engeren* Sinne die sog. Namentheorie im ma. Universalienstreit. Danach besitzen die Universalien weder an sich (Ultrarealismus) noch infolge einer Fundierung im Einzelseienden (Realismus) Realität; sie gelten vielmehr als reine Namen. Die Namentheorie des Allgemeinen (Allg.) hat sich jedoch ohne den sie fundierenden ontolog. und erkenntnistheoret. Hintergrund und ohne log.-semant. Explikation kaum als wissenschaftsfähig erwiesen. Der Terminus 'N.' meint daher im *umfassenderen* Sinne einen vom Prinzip der Ökonomie dominierten log.-semant. und ontolog.-erkenntnistheoret. Theorie- und Problemzusammenhang, in welchem für Nichtindividuelles im Sinne eigenständiger wie nichteigenständiger Realität kein Raum ist. Zwar läßt sich keine allg. anerkannte Definition des N. geben, doch lassen sich Charakteristika nennen. Danach ist der N. von seiten der *Logik* als diejenige Theorie zu kennzeichen, welche im wiss. Diskurs ausschließl. Individuenvariablen zuläßt. Dem entspricht *semantisch* die These, daß Universalien nichts Allg.s, sondern Individuen in finiter Zahl benennen bzw. auf dieselben referieren. *Ontologisch* ist der N. dadurch bestimmt, daß als real nur das Einzelseiende gilt. Erkenntnistheoretisch schließlich zeichnet sich der N. dadurch aus, daß Gegenstand von Erkenntnis und Wissen zwar auch Nichtindividuelles sein kann, daß dieses aber nicht ein Strukturelement der Wirklichkeit, sondern ein Erzeugnis des erkennenden Verstandes ist. Die einzelnen Aspekte und Ebenen des N. haben im Verlauf der Gesch. z. T. höchst unterschiedl. Ausgestaltungen erfahren, so daß eine angemessene philos. Erfassung des N. ohne Berücksichtigung seines gesch. Wandels kaum möglich ist.

II. HISTORISCH-SYSTEMATISCHE ENTWICKLUNG: Den *systemat. Hintergrund* der Entstehung des N. bildet die Gegnerschaft gegen den ontolog. Essentialismus der platon. Ideenlehre, wonach die Einzeldinge samt ihren Eigenschaften nur Abbilder für sich existierender, ewiger und unveränderl. Wesenheiten (wie z. B. der Idee des Guten etc.) sind. Für den N. führt dies zu einer unnötigen Vermehrung von Realitätsannahmen, mit denen entsprechend dem Ökonomieprinzip so sparsam wie möglich umzugehen ist. Zum systemat. Hintergrund gehört des weiteren der gemäßigte Realismus der aristotel. Substanztheorie, wonach das Allg. zwar keine selbständige Realität besitzt, wohl aber in den Einzeldingen real fundiert ist, d. h. eine reale Gemeinsamkeit benennt. Im systemat. Sinne vorgebildet ist der N. in der These der Stoa, das Allg. verdanke sich der Handlung des Denkens, ohne ein ont. Korrelat in den Einzeldingen zu besitzen.

[1] *Frühscholastik:* Den *gesch. Auslöser* zur Entstehung des N. bildet die ma. Beschäftigung mit der aristotel. Logik, insbes. mit der Kategorienschrift. An der Frage, ob die Gattungen und Arten (genera et species) rein begriffl. Einteilungen von Prädikatsklassen oder Schemata der Wirklichkeit darstellen, entzündet sich im 11. Jh. der sog. Universalienstreit. Die einzelnen Standpunkte werden, wenngleich vergröbert, wie folgt skizziert: Nach Maßgabe des Ultrarealismus – hist. gesprochen des Platonismus –, besitzen die Universalien eigenständige Realität, das von ihnen benannte Allg. geht dem Einzelwirklichen voraus (universalia sunt ante res). Dagegen wendet sich der N., für den es in der Wirklichkeit nur Einzeldingliches und damit keinen Platz für Universalien gibt; die Allgemeinbegriffe sind nichts als Festsetzungen des Denkens ohne einen in der Wirklichkeit der Dinge fundierten Bezug (universalia sunt post res). Als »mittlere« Position gilt der sog. gemäßigte Realismus (Aristotelismus), im Unterschied zum Ultrarealismus dem Allg. keine *selbständige* Realität einräumt, ihm jedoch im Unterschied zum N. eine *reale Fundierung* zuspricht (universalia sunt in rebus). Den Anlaß zur Entwicklung dieser unterschiedl. Positio-

nen bildet der Komm. des →Boethius zur Isagoge des →Porphyrios zur aristotel. Kategorienschrift. Porphyrios wirft darin drei krit. Fragen auf, welche die Problemskizze liefern, mit der sich das MA auseinandersetzt: Stellen die Gattungen und Arten (a) eigene Realitäten dar oder sind sie ledigl. Begriffe, (b) sind sie dinghafter Natur oder nicht, und (c) sind sie von den Einzeldingen getrennt oder mit ihnen verbunden? Boethius, der sie zur Alternative zusammenfaßt (entweder besitzt das Allg. ein reales Fundament in den Einzeldingen oder es verdankt sich ausschließl. der Aktivität des Denkens), sucht zu vermitteln: Das Allg. existiert nicht wie die platon. Ideen *vor* den Dingen, es verdankt sich vielmehr der Tätigkeit des Intellekts. Da diese aber stets eines Fundaments bedarf, müssen die Universalien als *in* den Dingen verwirklicht angesehen werden.

Diese Ansicht der sog. *Reales* stößt in der 2. Hälfte des 11. Jh. auf den entschiedenen Widerspruch der sog. *Nominales*. Die Kontroverse zw. Nominalisten und Realisten entzündet sich u. a. an der Frage, wie in Gott Dreipersonalität und substantielle Einheit miteinander zu vereinbaren sind. Während Realisten wie →Anselm v. Canterbury die Ansicht vertreten, die göttl. Substanz sei eine in den drei Personen verwirklichte Gemeinsamkeit bzw. Allgemeinheit, halten Nominalisten wie →Roscelin v. Compiègne dagegen, Termini wie 'Substanz' und 'Person' seien in das Belieben der Sprecher gestellt und könnten zwar gemeinsam prädiziert werden, prädizierten aber nichts Gemeinsames. Allgemeinheit ist für Roscelin und die übrigen Nominalisten des 11./12. Jh. eine solche von Worten und Sätzen, keine Qualität von Dingen oder Sachverhalten. Problemat. bleibt, daß die genaue Position des frühscholast. N. mangels überlieferter Texte weitgehend aus der Perspektive seiner (realist.) Gegner rekonstruiert werden muß. Präziser wird die Diskussion durch →Abaelard, der sich zwar von der nominalist. These vom reinen Namensein der Universalien distanziert, sich aber nicht zugunsten der realist. Position ausspricht, sondern statt dessen die semant. Bedeutung der Allgemeinnamen hervorhebt: Sie sind zwar ihrer Natur nach Worte (voces), doch besitzen sie infolge ihrer semant. Funktion einen eigenen mentalen Wirklichkeitsstatus, und zwar als bedeutungstragende Bestandteile menschl. Rede (sermones). Dieser Ansatz bei der semant. Funktion sprachl. Ausdrücke (nominum significatio) weist über das 12. Jh. hinaus und kann als Brücke zur N.-Diskussion des 14. Jh. angesehen werden.

[2] *N. im Ausgang der Hochscholastik:* Der N. des 14. Jh. ist im Unterschied zu dem des 12. Jh. kein solcher der Worte, sondern der Begriffe. Auch wird er nicht so sehr im Kontext der aristotel. Logik und Kategorienlehre diskutiert, sondern – im Horizont einer neuen, im wesentl. auf der Aristoteles-Rezeption beruhenden Wiss.konzeption – als Begriffstheorie. Wiss. hat danach mit Beweiswissen zu tun und den Erfordernissen von Allgemeinheit und Notwendigkeit zu genügen. In einer als durchgängig kontingent geltenden Welt kann wiss. Notwendigkeit nicht Qualität der Dinge sein; sie ist vielmehr eine Modalität von Sätzen bzw. Aussagen über die Dinge. Ob Nämliches auch von den Universalien gilt, ist umstritten. Die Realisten gehen davon aus, daß das Allgemeine eine Basis in den Dingen besitzt, mit der Folge, daß wiss. Aussagen über allg. Strukturen, Qualitäten etc. Aussagen über Eigenschaften der Dinge sind. Dagegen setzen die Nominalisten zunächst die These, das Allg. besitze ledigl. den Status reinen Gedachtseins (esse obiectivum), ohne jede Entsprechung auf seiten der Wirklichkeit der Dinge. Die Universalien sind reine Denkprodukte ('Fictum-Theorie'). Das

Allg. ist ledigl. ein Name, so die These des extremen N. Der Allgemeinname benennt an den Einzeldingen nichts, was in diesen an gemeinsamer Realität vorhanden wäre; er ist nichts anderes als ein einer Mehrheit von Einzeldingen äußerl. gemeinsames verbales Etikett. Man hat jedoch bald erkannt, daß der N. in dieser extremen Form zu erhebl. Schwierigkeiten führt (Umständlichkeit der Bezeichnungen für mehrere Dinge, Kommunikationsprobleme infolge beliebiger Bedeutungsfestsetzungen, Verarmung wiss. Begriffs- und Theoriebildung). →Wilhelm v. Ockham verändert diese Form des N. durch die These von der intramentalen Realität des Allg.n (esse subiectivum). Geblieben ist die ontolog. Grundannahme (die jede Form des N. von realist. Positionen unterscheidet), daß die Wirklichkeit durchgehend individueller Natur ist, und daß für das Allg. in der Wirklichkeit der konkreten Einzeldinge kein Platz ist. Das Allg. stellt keine zw. den Einzeldingen bestehende und aus ihnen abstrahierbare reale Eigenschaft dar, sondern ist eine in der Vorstellung des Denkens gebildete Beziehung. Das bedeutet nicht, daß das Allg. reine Fiktion ist, wie der extreme N. behauptet. Als im Denken befindl. ist es eine 'Denkintention' (intentio animae), Ausdruck einer begriffl. Handlung des Verstandes. Dieser verwendet Universalien nicht als beliebige Worte, sondern als natürl. *Zeichen,* welche von einer Mehrheit von Dingen aussagbar sind (signum praedicabile de pluribus; vgl. W. v. Ockham, S. log. I, c. 14). Das Allg. ist als *Begriff* ausschließl. eine Leistung des Verstandes, und es ist als für viele gemeinsames *Prädikat* ein Zeichen zur Konstatierung von Gemeinsamkeiten unter den Dingen. Hier wird das ontolog. Programm des N., wonach es außerhalb des menschl. Geistes keine reale Allgemeinheit gibt (nulla res extra animam est realiter communis), deutl. von der log. und der semant. Ebene unterschieden. Im log. Sinne ist das Allg. ein von einer Mehrheit von Einzeldingen aussagbares Prädikat, im semant. Sinne ist es ein natürliches Zeichen und im ontolog. Sinne ist es eine vom Denken geschaffene und im Denken befindl. Qualität. – Diese zeichentheoret. Verfeinerung des N., welche die Probleme des radikalen N. vermeidet, steht im 14. Jh. in engem Zusammenhang mit extensionellen Auffassungen der →Logik und der im Bereich der 'spekulativen Grammatik' (Thomas v. Erfurt u.a.) entwickelten Lehre von den Bedeutungsweisen (→modi significandi) sprachl. Zeichen. Wiss. hat es primär mit Sätzen und nur indirekt mit Dingen zu tun; Aufgabe der Logik ist es, zu prüfen, ob die als Zeichen verwendeten Begriffe im Satz und in den aus Sätzen bestehenden Argumenten und Beweisen Referenz besitzen. Weil Wiss. nicht von den Dingen, sondern von den für Dinge stehenden Begriffen (de conceptibus supponentibus pro rebus) handelt, rückt insbes. im Umkreis der Nominalisten die Suppositionstheorie in den Vordergrund. Danach ist zw. signifikativen und nichtsignifikativen Weisen zu unterscheiden, in denen im Satz der Subjekt- bzw. der Prädikatterminus stehen kann. Signifikativ wird ein Terminus im Falle der sog. personalen Supposition verwendet: Hier steht (»supponiert«) er für dasjenige, was er bezeichnet. Nach dem Urteil der Nominalisten ist dies nur für Singularia, nicht für Universalia möglich. Dabei besteht der N. nicht darin, daß den Allgemeinbegriffen Bedeutung abgesprochen wird, sondern darin, daß sie in personaler Supposition ausschließl. Einzeldingliches bezeichnen und in einfacher Supposition ausschließl. Begriffe. So steht der Terminus 'Mensch' im Falle personaler Supposition für den Nominalisten ausschließl. für Individuen und in einfacher Supposition für den Artbegriff, ohne daß mit letzterem eine eigene, den Menschen gemeinsame oder in den einzelnen Menschen vorfindbare Allgemeinheit bezeichnet würde. Anders gesagt: Der Nominalist verwendet Ausdrücke wie 'Mensch' *signifikativ* nur in personaler Supposition; in einfacher oder gar materialer Supposition kann er ihn nur *nicht-signifikativ* verwenden. Auf diesem Wege stellt der zeichentheoret. N. des 14. Jh. sicher, daß in Anbetracht einer Realität, die ausschließl. Individuelles enthält, dennoch Aussagen möglich sind, die Allgemeinbegriffe enthalten: Die Allgemeinbegriffe referieren nicht auf Nicht-Individuelles und verpflichten damit auch nicht zur Annahme allg. Entitäten; wenn sie für Nicht-Individuelles supponieren, so nur in einfacher Supposition, und d.h.: nicht für Dinge, sondern für Denktintentionen. Supponieren sie hingegen für etwas Reales, so kann es sich nur um personale Supposition handeln, und d.h.: um Supposition für Individuelles. Man hat diesen Ansatz, der im 14. Jh. in herausragender Weise von W. v. Ockham entwickelt worden ist, 'Konzeptualismus' genannt, zum einen, um ihn vor dem noch bis in die 60er Jahre unseres Jh. verbreiteten Negativimage des N. zu bewahren, zum anderen in Anbetracht des zwar nicht extramentalen, wohl aber intramentalen Realitätsstatus des Allg.n. Die inzw. gewandelte Einschätzung des N. macht den erstgen. Grund gegenstandslos; was den zweitgen. angeht, so wird man entweder den Begriff des Konzeptualismus modifizieren müssen, damit er Ockhams Position korrekt abdeckt, mit der freilich mißlichen Folge, daß davon zu unterscheidende nz. Positionen, wie etwa die von J. Locke, nicht mehr als Konzeptualismus bezeichnet werden können; oder man wird sich entschließen, zur Unterscheidung vom nz. Konzeptualismus Ockhams Lehre vom Allg.n als im Verstande befindl. natürl. Zeichen einen *zeichentheoret.* N. zu nennen. Für letzteres spricht, daß es nicht, wie im nz. Konzeptualismus häufig, darum geht, die psycholog. Seite der Erkenntnis von Allg.m zu erklären, sondern darum, wie der menschl. Verstand angesichts einer radikal-individuellen Realität zu notwendigen und v.a. allg. gültigen Aussagen gelangen kann.

III. Bedeutung: Die Auseinandersetzungen zw. den *Reales* und den *Nominales* waren von nachhaltiger Bedeutung für die jungen Univ.en im 14. Jh. Dabei gelten Oxford und Heidelberg als Zentren des N., Köln hingegen als Zentrum des Realismus. Die z. T. heftigen Kontroversen führten naturgemäß zu Modifikationen sowohl auf realist. wie auf nominalist. Seite, v.a. aber zu einer Weiterentwicklung und Verfeinerung des N. (Robert Holcot, Joh. Crathorn, Joh. Buridan u.a.). Weil manche Vertreter des N. dabei, v.a. in der Theol., zu Thesen gelangt sind, die mit dem N. im Sinne einer Theorie der Zeichen wenig, mit einer Kritik an Glauben und Kirche aber viel zu tun haben, hat der N. vielfach ein Negativimage erhalten. So soll der N. insbes. den Wissenschaftscharakter der Theol. destruiert und mit der Überbetonung der Lehre von der göttl. Allmacht irrational gemacht haben. Dank der neueren Forschung, welche die konstruktive Seite der Wiss.s-kritik des N. herausgearbeitet hat, ist der N. als »Kronzeuge« für den Niedergang der spätma. Philos. und Theol. in den Hintergrund getreten. Für das Denken von NZ und Gegenwart wichtiger als der eher begrenzte hist. Einfluß ist die systemat. Bedeutung des N. So ist die These vom reinen Namensein von Th. Hobbes weitergeführt worden. Die Diskussion zw. Konzeptualismus und N. flammt in der Kontroverse um die »abstrakten Ideen« zw. J. Locke und G. Berkeley wieder auf. Im 20. Jh. hat die Trias N. – Konzeptualismus – Realismus in der math. Grundlagendiskussion ihre Entsprechung in den Positionen des Formalismus (D. Hilbert), Intuitionismus (L. E. J. Brower) und Logizismus (B. Russell) gefunden. Nominalist. Ansätze spielen in der Vermeidung bestimmter Schwierigkeiten der Mengenlehre (Antinomien, vgl. Russells Typentheorie) zugunsten mereolog. Lösungen eine wichtige Rolle. Der zeichentheoret. N., wie ihn W. v. Ockham entwickelt hat, hat Positionen vorweggenommen, für die neben Individuen auch qualitative Bestandteile (sog. 'qualia') als real zugelassen werden. Auch findet sich der Gedanke ma. Nominalisten, ob in einer nominalist. Sprache nicht zumindest Ähnlichkeitsrelationen anzuerkennen sind, in der seit B. Russell und L. Wittgenstein diskutierten Ähnlichkeitstheorie wieder. Ähnliches gilt von den nz. und gegenwärtigen Bemühungen, in der Wiss. sparsam mit ontolog. Verpflichtungen (sog. »ontological commitments«, W. V. O. Quine) umzugehen. Geblieben sind damit zugleich die Probleme, daß (1) nominalist. Sprachen relativ ausdrucksarm ausfallen, daß (2) konsequente nominalist. Ansätze entgegen dem Ökonomieprinzip komplizierte erkenntnistheoret. und ontolog. Konstruktionen erfordern, und daß (3) selbst moderate Formen des N. mit dem den Einzelwiss. immanenten 'Wirklichkeitsbedarf' in Konflikt geraten. Geblieben ist die Grundüberzeugung des ma. N., daß die Wirklichkeit ausschließl. aus Individuellem besteht und auch ausnahmslos – zumindest aber weitestgehend – durch Individuenvariablen wiss. zu erfassen ist. J. P. Beckmann

Lit.: DThC XI, 717–784 – HWP VI, 874–888 – Enz. Philos. und Wiss.-theorie II, 1022–1025 – J. Reiners, Der N. in der Frühscholastik, 1910 – Ph. Boehner, The Realistic Conceptualism of William Ockham, Traditio 4, 1946, 307–335 – M. H. Carré, Realists and Nominalists, 1946 – N. Goodman–W. v. O. Quine, Steps Toward a Constructive N., J. Symbolic Logic 12, 1947, 105–122 – P. Vignaux, N. au XVIe s., 1948 – E. Hochstetter, N.?, FStud 9, 1949, 370–403 – G. Martin, Wilhelm v. Ockham, 1949 – H. Veatch, Realism and N. Revisited, 1954 – The Problems of Universals, hg. I. M. Bochenski, 1956 – W. Stegmüller, Das Universalienproblem einst und jetzt, APh 6, 1956, 192–225; 7, 1957, 45–81 – R. Paqué, Das Pariser Nominalistenstatut, 1970 – W. J. Courtenay, N. and Late Mediev. Thought, Theol. Stud. 33, 1972, 716–734 – J. Largeault, Enquête sur le n., 1972 – J. Pinborg, Logik und Semantik im MA, 1972 – W. J. Courtenay (The Pursuit of Holiness in Late Mediev. and Renaiss. Religion, hg. Ch. Trinkaus–H. A. Oberman, 1974), 26–59 – P. Vignaux, La problématique du n. médiév. peut-elle éclairer des problèmes philos. actuels?, RPhilL 75, 1977, 293–331 – N.: Past and Present, Monist 61, 1978 – D. M. Armstrong, N. and Realism, 1978 – Das Universalienproblem, hg. W. Stegmüller, 1978 – M. M. Tweedale, Abailard und Ockham, Theoria 46, 1980, 106–122 – H.-U. Wöhler (Ders., Texte zum Universalienstreit, 1, 1992), 307–354 – J. P. Beckmann, N. und Metaphysik-Kritik, Unters. zur Philos. Wilhelms v. Ockham [in Vorb.].

Nomina sacra, von Traube in Anlehnung an Thompson (»sacred names and titles«, »sacred and liturgical contradictions«) geschaffene Bezeichnung für zentrale Begriffe der christl. Gottesvorstellung, die im lat. Schriftwesen zur Entwicklung der Kontraktionskürzungen (→Abkürzungen) beigetragen haben. Vorbild für die seit dem 4. Jh. als Kontraktionen belegten N.s. DS̄=deus, IH̄S=Iesus, XP̄S = Christus, SP̄S = Spiritus und etwa gleichzeitig DM̄S/DN̄S = dominus sowie deren durch Austausch des letzten Buchstabens flektierte Formen ist die Gruppe von 15 bibl. oder theol. Begriffen und Namen, die im gr. Schriftwesen ausnahmsweise kontrahiert wurden (Θεός, Ἰησοῦς, Χριστός, πνεῦμα, κύριος, πατήρ, υἱός, μήτηρ, σωτήρ, σταυρός, Δαυίδ, Ἰσραήλ, Ἰερουσαλήμ, ἄνθρωπος, οὐρανός). – In der Folge wurden nach diesem Modell SC̄S = sanctus, NR̄ = noster u. a. gebildet. P. Ladner

Lit.: E. M. Thompson, Handbook of Greek and Lat. Palaeography, 1883, 88f. – L. Traube, N.s., 1907 [Nachdr. 1967] – H. Foerster, Abriß der lat. Paläographie, 1963², 231–235 – B. Bischoff, Paläographie des röm. Altertums und des abendländ. MA, 1986², 204f.

Nomination (nominatio). Das N.srecht ist kirchenrechtl. Teil der gebundenen Amtsverleihung (collatio necessaria). Es kann bei niederen Ämtern (Pfarrbenefizien), Kanonikaten und Bf.ssitzen vorkommen und bezeichnet das Recht der Benennung (Ernennung) des Kandidaten gegenüber dem Wahlkörper, dem Präsentationsberechtigten (z. B. Patron) oder dem Einsetzungsberechtigten (Papst, Bf.) in verschiedener rechtl. Ausgestaltung. Die Wurzeln des N.srechts sind in der →Eigenkirche und deren Zurückdrängung, im →Abendländ. Schisma (Zugeständnisse der Päpste), im Erwachen staatl. Einflusses auf die Kirche (landesfsl. Patronatsrecht) und in den Missionspatronaten (Übersee) zu suchen. N. regia ist das Recht des Landesherrn, für erledigte Kirchenämter (insbes. Bf.sstühle) einen Kandidaten zu benennen (landesfsl. N.srecht); es entwickelte sich im 15. Jh. Vorläufer war ein i. J. 1000 Kg. Stephan v. Ungarn durch den Papst gewährtes N.srecht. 1446 erlangte Friedrich III. das N.srecht für die Bm.er Gurk, Trient und Chur, später für Laibach (Ljubljana), Wien und Wiener Neustadt, 1447 Kfs. →Friedrich II., Mgf. v. Brandenburg, für Havelberg, Brandenburg und Lebus, 1487 Kg. Ferdinand II. 'd. Kath.' v. Aragón für die Besetzung aller Dignitäten und Benefizien in Sizilien, schließl. für alle Bm.er seines Reiches. Durch die päpstl. Indulte wurde teilweise nur der fakt. Zustand legalisiert.

Die N. läßt sich seit dem 12. Jh. auch bei der dt. Kg.swahl nachweisen. In diesem vielschichtigen Vorgang ist N. ein Teil des Abstimmungsverfahrens, verliert seit der →Goldenen Bulle aber an Bedeutung. Seit dem 11. Jh. erwarben die Salzburger Ebf.e das N.srecht für die von ihnen gegr. Eigenbm.er Gurk (später auf jeden dritten Ernennungsfall beschränkt), Seckau, Lavant und Chiemsee. In den Kapiteln entwickelte sich auch die n. utilis. Die durch den kirchl. Oberen erfolgende Bestätigung (Einsetzung) wird bei vorhergehender n. institutio canonica (bei Bm.ern) oder collativa (bei niederen Ämtern) genannt. Ein ius ad rem erwirbt der Nominierte nicht. Er muß aber kanon. geeignet sein. R. Puza

Lit.: DDC III, 1387ff., 1419f., 1425f.; VI, 1013f. – Feine, 492ff., 691f. – Plöchl II, 42f., 179, 200f., 215f.; III, 447ff. – L. Wahrmund, Das Kirchenpatronatsrecht I, II, 1894/96 – A. Kindermann, Das landesfsl. Ernennungsrecht, 1933.

Nominoë, Fs. der Bretagne 831–851, † 7. März 851. N. stammte wahrscheinl. aus der bret. Landschaft Poher (→Bretagne, Abschnitt A.I). Er wurde nach der Absetzung des 'praefectus' der Bret. Mark, des →Widonen Lambert (830), am 1. Mai 831 in der Pfalz Ingelheim als →'missus imperatoris' (in einem Teil der Bret. Mark) und Gf. v. →Vannes eingesetzt. Durchweg zur Rücksichtnahme auf die frk. Reichsgewalt genötigt, kommendierte sich N. nach dem Tode Ludwigs d. Fr. (doch erst nach einigem Zögern) im Jan. 841 →Karl dem K. als →fidelis. N. gab die Loyalität gegenüber dem Frankenreich erst auf, als der Gf. v. →Nantes und Herbauge, Rainaldus, (unter Ausnutzung einer Erkrankung N.s) ins Vannetais einfiel, am 24. Mai 843 bei Messac jedoch einem vereinigten Heer unter →Erispoë, dem Sohn N.s, und Lambert, dem Sohn des 830 abgesetzten Präfekten, unterlag und fiel. N., der sich nunmehr als von der Treueverpflichtung gegen Karl d. K. ledig betrachtete, trug weitere militär. Auseinandersetzungen mit den gegen die Bretagne expandierenden westfrk. Adelsfamilien und schließlich mit Karl d. K. selbst aus. In den Jahren 849–851 festigte N. seine Position, u. a. durch Einsetzung gefügiger Gefolgsleute im bret. Episkopat und durch Kämpfe gegen die westfrk. Gft. en Anjou (→Angers) und →Maine. Auf einem seiner Kriegszüge verstarb er; ihm folgte sein Sohn →Erispoë nach. H. Guillotel

Lit.: →Erispoë, →Bretagne.

Nomisma, Gattungsbezeichnung der byz. (Gold-)Währung (→Münze, A). Der Begriff des N. ist so alt wie das antike griech. Münzwesen und bezeichnet bereits in altgriech. Zeit die durch das Gesetz (Nomos) garantierte Münze (vgl. Aristoteles, Nikomach. Ethik V, 5); in der Antike kann jede Münzsorte, ungeachtet ihres Metallgehalts und Wertes, N. heißen. Im röm. Reich wird der Begriff, entsprechend seiner hohen Geltung, stärker den Goldprägungen vorbehalten (→Aureus, dann von Konstantin d. Gr. 312 n. Chr. eingeführter →Solidus): *chrysion nomisma* u. ä. (von daher die im 5.–15. Jh. belegte Bezeichnung 'chrysinos'). Ist die Hervorhebung eines 'goldenen' N. noch häufig in lit. Texten des 6. und 7. Jh. und in Papyri anzutreffen, so bezeichnet N. in den Q. der byz. Epoche zumeist nur mehr die Goldmünze.

Das Gewicht des N. umfaßt seit 312 ¹⁄₇₂ eines Pfundes, d. h. 24 Karat (ca. 4,53 g); daneben treten bis ins 8. und 9. Jh. Halb- (Semissis) und Drittelprägungen (Tremissis) auf. Das N. bestand aus reinem, massivem →Gold; unter Valentinian I. (364–375) erreichte sein Feingehalt bis zu 99,9%. Dieser hohe Standard wurde bis zum Ende des 10. Jh. einigermaßen gehalten. Danach begann eine Periode schleichender Entwertung, die sich zw. 1050 und 1092 verschärfte und das N. auf 3 Karat (12%) absinken ließ. Alexios I. (1081–1118) führte eine Münzreform durch, die das N., unter dem Namen des →Hyperpyron, wieder auf 20 ½ Karat aufwertete. Mit der Eroberung Konstantinopels durch die 'Lateiner' (1204) setzte eine erneute Verschlechterung ein, die schließlich zur Aufgabe des N./Hyperpyron (und damit der byz. Goldwährung) führte (1354).

Zahlreiche Beinamen weisen oft auf die hohe Qualität des N. hin: *obryzon, holokotinon, akibdelon, hyperpyron* (veredelt), *eustathmon, histamenon* (von gutem Gewicht), *trachy, kainurgion* (neugeprägt), *protimeteon, protimomenon* (geschätzt, bevorzugt), heben aber auch Mängel hervor: *tetarteron* ('quarteron' auf ein ¹⁄₁₆ seines Werts abgesunkenes N.), oder spiegeln Besonderheiten des Münzbildes wider (die als solche oft Unterschiede des Wertes ausdrükken): *senzaton* (thronender Christus), *helioselenaton* (Konstantin VIII. mit Sonne und Mond), *romanaton* (Romanos III.), *dukaton* (Konstantin X. Dukas), *michaelaton* (Michael VII.), *trikephalon* (drei Köpfe), *pentalaimion* (fünf Büsten) usw. Der Beiname *scifatus* (eine irrige etymol. Ableitung führt zur Form 'scyphate') basiert nicht auf der Hohlform der Münzen (diese war eine mittelbare Folge der Entwertung des 11. Jh.), sondern auf der charakterist. Bordüre. Wegen seiner Reinheit und Stabilität ein Grundpfeiler des ma. Münzwesens, wurde das N. im Abendland üblicherweise als →'Byzantius' oder 'Besant' bezeichnet.

C. Morrisson

Lit.: →Münze, A [P. Grierson, 1973, 44–62; T. Bertele, 1978, 37ff., 105ff.; C. Morrisson u. a., 1985] – F. Delamare u.a., L'évolution de la forme du solidus byz., RNum, 1984, 7–39.

Nomokanon, im eigtl. Wortsinne Bezeichnung für byz. kirchenrechtl. Slg. en von kirchl. Regeln (κανόνες) und weltl. Gesetzen (νόμοι). Die erste derartige Slg. scheint der 'N. in 50 Titeln' gewesen zu sein, dem die 'Synagoge in 50 Titeln' von →Johannes III. Scholastikos (46. J.) zugrunde liegt. Als N. schlechthin galt den Byzantinern dann der nach herrschender Meinung unter Ks. →Herakleios zusammengestellte 'N. in 14 Titeln'. Grundlage war das um 580 entstandene 'Syntagma in 14 Titeln', eine weitgehend chronolog. geordnete Slg. der Konzils- und Väterkanones, die ein vorangestelltes, in 14 Titeln mit nahezu 250 Kapiteln geordnetes systemat. Inhaltsverzeichnis erschloß. Diesem Verzeichnis fügte →Enantiophanes Resümees und Exzerpte einschlägiger Bestimmungen aus dem →Corpus iuris civilis hinzu. (Auf diesen systemat. Teil wurde und wird die Bezeichnung 'N.' bisweilen beschränkt.) Wie vom 'Syntagma' sind vom 'N. in 14 Titeln' auch Fassungen überliefert, in denen der Text der einzelnen Kanones im systemat. Teil jeweils suo loco ausgeschrieben ist. Unter den zahlreichen Bearbeitungen sind ferner die Nachträge der zwischenzeitl. ergangenen Kanones, von denen das auf 882/883 datierte (zweite) Vorwort des →Photios spricht, die Zusätze von Exzerpten der →Basiliken und anderer weltl. Gesetze, die ein Theodoros (Bestes) 1089/90 vornahm, sowie der um 1180 durch Theodoros →Balsamon abgefaßte Komm. erwähnenswert. Da die gen. Zusammenstellungen primär für die kirchl. Jurisdiktion bestimmt waren, wurde der Ausdruck νομοκανών bzw. νομοκάνονον bereits von den Byzantinern auch auf solche kanonist. Slg.en übertragen, die keine Zusätze von Normen weltl. Gesetzgeber enthielten. In diesem Sinne ist er wohl auch in der Überschrift zur serb. Übers. der komm. Kanonesslg. (→Kormčaja Kniga), in der Vita Methodii (→Konstantin und Method) sowie in der aruss. kanonist. Lit. zu verstehen. L. Burgmann

Ed.: G. Voellus–H. Iustellus, Bibl. Iuris Canonici Veteris II, 1661, 603–660 [N. in 50 Titeln] – I. B. Pitra, Iuris ecclesiastici graecorum hist. et mon. II, 1868, 433–640 [N. in 14 Titeln, systemat. Teil] – Lit.: RE Suppl. X, 417–429 – V. N. Beneševič, Kanoničeskij sbornik XIV titulov so vtoroj četverti VII veka do 883 g., 1905 [Neudr. 1974] – Ders., Sinagogá v 50 titulov i drugie juridičeskie sborniki Ioanna Scholastika, 1914 [Neudr. 1972] – Beck, Kirche, 145f., passim – K. E. Zachariä v. Lingenthal, Kl. Schr. zur röm. und byz. Rechtsgesch., 1973, I, 614–631; II, 145–185.

Nomophylax, Vorsteher der von Ks. Konstantin IX. Monomachos zur Verstaatlichung des jurist. Unterrichts durch eine i. J. 1047 (J. Lefort) promulgierte Novelle ins Leben gerufenen Rechtsschule (διδασκαλεῖον νόμων). Der N. wurde in den Senatorenstand hinter dem ἐπὶ τῶν κρίσεων eingereiht und bezog ein Jahresgehalt von 4 Pfund Gold. Er war mit der Überwachung des jurist. Lehrbetriebs (einschließl. der Aufnahme der Absolventen in die Zunft der →Notare und Anwälte) und der Auslegung der Gesetze betraut. Erster (und bekanntester) N. war →Johannes Xiphilinos. Das Amt überlebte die vermutl. 1054 eingegangene Rechtsschule und wurde allmähl. vom Klerus requiriert. Da die Funktion des N. mit dem geistl. Stand kompatibel war, stellte eine Kumulation dieses zivilen Amtes mit kirchl. ὀφφίκια keine Verletzung eines kanon. Verbots dar. Der Nomophylakat wies seit dem 12. Jh. einen doppelten, zivilen und kirchl., Charakter auf, entwickelte sich schließlich jedoch zu einem klerikalen Amt, das als solches in Verbindung mit der Kanzlei des Sakellarios stand. →Konstantinopel, Rechtsschulen v.

S. Troianos

Lit.: Beck, Kirche, 115f. – L. Wenger, Die Q. des röm. Rechts, 1953, 717ff. – J. Darrouzès, Recherches sur les ὀφφίκια de l'église byz., 1970, passim – J. Lefort, Rhétorique et politique: Trois discours de Jean Mauropous en 1047, TM 6, 1976, 279ff. – W. Wolska-Conus, Les écoles de Psellos et de Xiphilin sous Constantin IX Monomaque, ebd., 223–243 – Dies., L'école de droit et l'enseignement de droit à Byzance au XIᵉ s., ebd. 7, 1979, 1–106.

Nomos, gr., 'Gesetz', bezeichnet bei den byz. Juristen als Übersetzung des lat. 'lex' jedes positive Gesetz, z. B., historisierend, die Volksgesetze der röm. Republik oder die in der Spätantike aktuellen Gesetze der Ks. →Theophilos (6. Jh.), der Übersetzer der Institutionen Justinians, verstand unter N. auch Plebiszite, Senatsbeschlüsse, magistrat. Edikte und Gutachten der Juristen, die alle keine Gesetze im formalen Sinn waren. Daher bezeichnet das Wort in seiner umfassenden Bedeutung das röm. Recht schlechthin, die iura populi Romani oder auch nur alles geschriebene Recht. In der Präzisierung 'alter' N. verstand man in der spätbyz. Zeit ausschließl. das justinian. Recht oder einzelne Sätze daraus. Bei den Kirchenvätern wurde N. häufig im Sinne des Gesetzesbegriffes des Judentums verstanden. Diesem alten N. wird dann der neue N. Christi entgegengesetzt. Die Juristen übernahmen diesen Sprachgebrauch v. a. in rechtsphilos. Texten, wie etwa Gesetzesvorreden. →Photios (9. Jh.) verstand in der Vorrede seiner Eisagoge unter N. die göttl. Weltordnung, also das überpositive göttl. Recht, das den Gesetzen der Menschen, den νόμοι, gegenübersteht. P. E. Pieler

Lit.: P. E. Pieler, Entstehung und Wandel rechtl. Traditionen in Byzanz (W. Fikentscher, H. Franke, O. Köhler, Entstehung und Wandel rechtl. Traditionen, 1980), 691–694 – H.-G. Beck, N., Kanon und Staatsraison, SAW 348, 1981 – M. T. Fögen, Gesetz und Gesetzgebung in Byzanz, Ius commune 14, 1987, 137–158 – Sp. Troianos, Das Gesetz in der gr. Patristik (Das Gesetz in Spätantike und frühem MA, hg. W. Sellert, 1992), 47–62.

Nomos georgikos ('Bauerngesetz'), Slg. kurzgefaßter Rechtsnormen ausschließlich zur byz. Dorfgemeinde (→Dorf, G. I.), vermutete Entstehungszeit 7.–Mitte 8. Jh. Der N. g. regelt die Beziehungen des selbständig wirtschaftenden Bauern und Eigentümers seiner Parzelle zu den Nachbarn und der Gesamtgemeinde. Geschützt werden Vieh und Kulturen gegen Schäden durch Feuer, fremdes Vieh, Diebstahl, Willkür, Fahrlässigkeit – Vergehen, die mit (meist doppelter) Entschädigung, Geld- oder Körperstrafen geahndet wurden. Die Viehzucht betreffenden Paragraphen haben ein relatives Übergewicht. Der N. g., der Justinian. wie früheres Recht aufgenommen hat, steht, bes. hinsichtl. der Körperstrafen, der →Ekloge (741) nahe; auch dem →Edictus Rothari (643) und anderen Leges barbarorum. Eindeutige geogr. Indizien fehlen. Da die älteste Hss.-Gruppe (Ende 10.–12. Jh.) in Italien beheimatet ist, sieht Medvedev hier den Ursprung des N. g. (so auch, vorsichtiger, F. Dölger [1945] und D. Simon [1976]). Die Aufnahme zahlreicher der ursprgl. 85 Paragraphen des N. g. in die Ecloga ad Prochiron mutata (10.–12. Jh.), die erneute, überarbeitete Ed. durch Konstantinos Armenopoulos 1352 und die mehr als 120 erhaltenen gr. Hss. deuten auf rege Benutzung des N. g. Er wurde ins Altserb., Rumän. und Altruss. übersetzt, gewann Einfluß auch außerhalb des Byz. Reiches.

H. Köpstein

Ed. und Lit.: W. Ashburner, The Farmer's Law, JHS 30, 1910, 85–108; 32, 1912, 68–95 [mit engl. Übers.] – P. Lemerle, The Agrarian Hist. of Byzantium from the Origins to the Twelfth Century, 1979, 27–51 – Vizantijskij zemledel'českij zakon/N. g. Tekst, issled., komm. podgot. E. È. Lipšic, I. P. Medvedev, E. K. Piotrovskaja, 1984 [krit. Ed.; dazu L. Burgmann, Rechtshist. Journal 3, 1984, 19–23] – L. Margetić, La Legge Agraria, Rivista di Studi Biz. e Slavi 5, 1985, 103–135.

Nonant, Hugh de, Verfasser eines Berichtes über den Sturz von →William Longchamp (1191); † 1198 in Frankreich; Neffe von Bf. →Arnulf v. Lisieux. Der Bericht beschreibt nicht nur die Ereignisse, sondern sagt auch etwas über den Verfasser aus, dessen gute und schlechte Charakterzüge die Zeitgenossen beeindruckten. Durch seine Verwandtschaft mit Arnulf v. Lisieux stand er bis 1170 im Dienst von →Thomas Becket und wechselte dann auf die kgl. Seite über. Er diente dem Kg. eifrig und wurde zum Bf. v. →Lichfield und Coventry ernannt. Nach dem Tod Heinrichs II. schloß er sich Richard Löwenherz an und wurde *sheriff* v. Warwick und Leicester, doch unterstützte er Johann Ohneland, als der Kg. abwesend war. Nach Richards Rückkehr nach England mußte N. eine hohe Summe für dessen Verzeihung zahlen. J. S. Critchley

Q.: Chronica Rogeri de Houedene (RS, 1870), III, 141–147.

Nonantola, S. Silvestro, ehem. Abtei OSB (Prov. Modena, Emilia Romagna), gegr. ca. 753 durch den Langobardenkg. →Aistulf und seinen Schwager Anselm, den früheren Hzg. v. Friaul, auf dem Gebiet der Curtis Gena (Zena) und mit Besitzungen im Gebiet v. Modena und Bologna dotiert. Weitere Schenkungen der Herrscher und lokaler Familien folgten. Ende des 8./Anfang 9. Jh. gehörte N. zu den mächtigsten Abteien Norditaliens und zu den größten in Europa. Während der Amtszeit Anselms, des ersten Abtes des Kl., zählten N. und seine Dependenzen 1144 Mönche. Bereits in ihren Anfängen erwies sich die Abtei als bedeutendes polit., religiöses und kulturelles Zentrum, dessen Macht lange Zeit das Expansionsstreben von →Modena unterdrücken sollte. Ihre Lage an der Grenze zw. langob. und byz. Gebiet im FrühMA, zw. den Territorien von Modena und Bologna im Hoch- und SpätMA (12.–14. Jh.) und in der Folgezeit an der Grenze zw. dem Hzm. der Este und dem Kirchenstaat, prägte ihre Gesch. und gab ihr eine Rolle als Drehscheibe kulturellen Austausches. Infolge der Bedeutung des Kl. wurden von den Ks.n häufig Gefolgsleute als Äbte eingesetzt. Im Investiturstreit trat N. zur päpstl. Seite über (→Placidus v. N.). In seiner Glanzzeit (8.–11. Jh.) besaß das Kl. Grundbesitz in der ganzen Po-Ebene, ferner Zellen im s. Veronese, bei Ostiglia, in und bei Pavia, im Gebiet v. Piacenza und Cremona, Hospize an Pässen und Brücken und zahlreiche weit verstreute Pfarrkirchen (u. a. in Florenz). In Mittelitalien sind Dependenzen in Toskana, Umbrien, Marken belegt. Im Hoch- und SpätMA beeinflußte die Entwicklung der Städte das wirtschaftl. und soziale Gefüge der Abtei: So führte etwa das Ausgreifen der Kommune Bologna auf ihr Umland zu Einbußen an Kl. besitz. Die Äbte sahen sich auch seit Beginn des 13. Jh. mit dem Autonomiestreben der lokalen Landgemeinden konfrontiert. Dank geschickter Politik bewahrte die Abtei jedoch lange Zeit beträchtl. Teile ihres Besitzstandes. Seit 1449 war N. Kommende. Im frühen 16. Jh. ging das Kl. an die SOCist über.

M. Debbia

Lit.: C. Brühl, Cod. dipl. longob., Fonti 64, III, 1973, n. 26, 124–174 – G. Tiraboschi, Storia dell'Augusta Badia di S. Silvestro di N., I–II, 1784f. – G. Fasoli, Monasteri padani (Monasteri in alta Italia ... sec. X–XII, 1966) – K. Schmid, Anselm v. N..., QFIAB 47, 1967, 1–122 – G. Spinelli, Ospizi ed ospedali nonantolani (Ravennatensia, 1979, 129–153) – La bassa modenese, 6, 1984 (V. Fumagalli; C. Villani; R. Rinaldi) – Il sistema fluviale Scoltenna/Panaro, 1988 (B. Andreolli; V. Fumagalli) – M. Debbia, La pieve nonantolana di S. Michele Arcangelo nei sec. IX–XIII [Diss. Bologna, 1988], 1990 – Dies., Il bosco di N., 1991[2] – V. Fumagalli, L'uomo e l'ambiente nel Medioevo, 1992[2] – Ders., Storie di Val Padana, 1992.

Nonen → Chronologie, C. I. 1, →Monat

Nonenque (Elnonenca), ehem. Frauenabtei SOCist in Südfrankreich, Bm. Rodez (später Vabres), dép. Aveyron, arr. Millau. Zw. 1139 und 1146 gegr. im Tal v. Ennou (Elno) von der Abtei Sylvanès als Haus für Religiosen (wohl aus Bellecombe, dép. Haute-Loire). Die Gründung wurde 1162 von Papst Alexander III. und Bf. Peter II. v. Rodez bestätigt. Erst 1232 erhielt N. den Status einer Abtei. Sein (insgesamt bescheidener) Besitz erweiterte sich zw. 1150 und 1190 rasch; das Wachstum wurde durch die Nähe mächtiger Ritterorden (Templer, Johanniter),

v. a. in der südl. benachbarten Landschaft Larzac, behindert. Besitzungen in entfernteren Gegenden waren z. T. als →Grangien organisiert (Lioujas, dép. Aveyron, arr. Rodez). Am Ende des 13. Jh. geriet N. in eine Krise (Exkommunikation der Äbt. Ermengarde d'Arpajon, 1295); weitere Auseinandersetzungen waren wohl bedingt durch wachsende Machtansprüche des Kgtm.s (→*Paréage*, 1314–22). N. litt unter den Zerstörungen des →Hundertjährigen Krieges. 1792 aufgehoben.   J. Dufour

Q.: C. COUDERC–J.-L. RIGAL, Cart. et doc. de l'abbaye de N., 1951 – *Lit.:* G. BOURGEOIS, Les granges et l'économie de l'abbaye de N. au MA (Cîteaux 24), 1973, 139–160.

Nonnos, gr. Epiker, 5. Jh., aus Panopolis (Ägypten), Verf. zweier hexametr. Dichtungen. Die Dionysiaka (D.; 48 Bücher) erzählen Vorgesch., Geburt, Jugend und Wirken des Gottes Dionysos bis zu seiner Aufnahme in den Olymp unter Einbeziehung zahlreicher damit in Verbindung stehender Mythen. Der das Werk beherrschende Siegeszug des Gottes nach Indien und seine Rückkehr nach Europa sind als Vorläufer des Alexanderzuges gestaltet. N. arbeitet mit den traditionellen Darstellungsmitteln der Gattung (→Epos), zeigt sich aber auch von Tragödie und hellenist. Kleindichtung beeinflußt. Der Versbau unterliegt strengen Regeln. Das gilt auch für die Paraphrase des Johannesevangeliums (Metabolé [M.]). Die Wirkung des N. auf spätere Dichter wie Kolluthos, →Johannes v. Gaza, Paulus Silentiarius war bedeutend.   J. Gruber

Ed.: W. H. D. ROUSE, 1940 [D.; mit engl. Übers.] – R. KEYDELL, 1959 [D.] – F. VIAN u. a., 1976ff. [D.; mit frz. Übers.] – A. SCHEINDLER, 1881 [M.] – E. LIVREA, Parafrasi del vangelo di S. Giovanni, canto XVIII, 1989 [Einl., Text, Übers., Komm.] – *Übers.:* TH. V. SCHEFFER, 1925–33 [D.] – D. EBENER, 1985 [D., M.] – *Lit.:* KL. PAULY IV, 154f. [Lit.] – LAW, 2099–REXVII, 904–920 – W. PEEK, Lex. zu den D. des N., 1969 – P. KRAFFT, Erzählung und Psychagogie in N.'D. (Fschr. W. SCHMID, 1975), 91–138 – B. ABEL-WILMANNS, Der Erzählaufbau der D. des N., 1977 – W. FAUTH, Eidos Poikilon, 1980 – K. SMOLAK, Beitr. zur Erklärung der M. des N., JÖB 34, 1984, 1–14 – D. GIGLI PICCARDI, Metafora et poetica in N., 1985 – P. CHUVIN, Mythologie et géographie dionysiaques, 1991.

Norbert v. Xanten, hl. (Festtag: 6. Juni), Wanderprediger, Gründer des Ordens der →Prämonstratenser, Ebf. v. →Magdeburg; * zw. 1080 und 1085 in Xanten a. Rhein bzw. Gennep a. d. Maas, † 6. Juni 1134 in Magdeburg, ⌒ 11. Juni 1134 im Kl. Unser Lieben Frauen, ebd.; 1626/27 Translation nach Prag (Strahov). Am 28. Juli 1582 von Gregor XIII. heiliggesprochen.

[1] *Leben und Wirken:* Als nachgeborener Sohn des Heribert v. Gennep und seiner Gemahlin Hadewig wurde N. für den geistl. Stand bestimmt und in jugendl. Alter in das St. Viktorstift zu →Xanten aufgenommen. Im Gefolge Ebf. →Friedrichs I. v. Köln nahm er 1110/11 am Zug Heinrichs V. nach Rom teil, wo er Zeuge der Verhandlungen mit Paschalis II. wurde. 1113 lehnte er das ihm vom Ks. angebotene Bm. →Cambrai ab. Im Mai 1115 soll N., der sich unter dem Eindruck der röm. Ereignisse der päpstl. Partei genähert hatte, auf dem Ritt zum Frauenstift Vreden ein Bekehrungserlebnis gehabt haben, das ihn veranlaßte, sich noch im gleichen Jahr, nach Aufenthalt in der Abtei →Siegburg, zugleich zum Diakon und Priester weihen zu lassen. Nach spektakulärem Bruch mit den reformunwilligen Kanonikern von St. Viktor in Xanten führte er nach dem Vorbild des Eremiten Liudolf, des späteren Abtes v. Lonnig, und der eremit.-asket. ausgerichteten Regularkanoniker von →Klosterrath (Rolduc) auf dem Fürstenberg bei Xanten ein Eremitenleben, mit dem er Buß- und Reformpredigt verband. Am 28. Juli 1118 hatte er sich wegen dieser dem Ideal der Vita apostolica ausgerichteten, offenbar nicht als für seinen Stand angemessen angesehenen Lebensweise vor der von dem päpstl. Legaten →Kuno v. Praeneste geleiteten Synode v. Fritzlar zu verantworten. Da diese sie nicht billigte, begab er sich nach dem Verzicht auf Pfründe und Besitz als Pilger über Huy nach St-Gilles-du-Gard, wo er von Gelasius II. die Erlaubnis zur »Wanderpredigt« erhalten haben dürfte, die er wunderwirkend und friedenstiftend, aber dennoch nicht unangefochten, mit wenigen Gefährten (u. a. Hugo v. Fosse) in Nordfrankreich (Valenciennes) und der Maasgegend so ausübte, daß sich ihm zahlreiche Männer und Frauen (Cohortes feminarum) anschlossen. Vielleicht auf Anraten Calixts II., dem er in Reims bzw. Laon begegnet sein kann, sicher aber auf Betreiben Bf. Bartholomäus' v. Laon erklärte er sich zur Niederlassung in dessen Diöz. bereit, ohne jedoch die Predigt aufgeben zu wollen. Nach dem fehlgeschlagenen Versuch, das Stift St-Martin in Laon zu reformieren, wählte er für seine Niederlassung →Prémontré, wo seit dem Frühjahr 1120 mit Hilfe des Bf.s Bartholomäus und Billigung Papst Calixts II. die Keimzelle des zukünftigen Prämonstratenserordens, eine eremit. orientierte, nach der Augustinerregel im Sinne des Ordo novus lebende »Kanonikergemeinschaft«, entstand, der bis zur Trennung nach 1137/40 auch Frauen als Sorores angehörten. Im Winter 1125/26 wurde der auf einer Reise nach Regensburg und Rom gefestigte, seine Mitbrüder befremdende Entschluß N.s deutlich, die Leitung der ihm als »Eigenkl.« (WEINFURTER) übertragenen Stifte – nach Prémontré, →Floreffe, →Cappenberg, →Vivières sowie St-Martin in →Laon und St. Michael in →Antwerpen – aufzugeben und sich als Bf. in den Dienst von Kirche und Reich zu stellen. Im Sommer 1126 wurde er – auf der Rückreise von Rom – in Speyer nach Ablehnung des ihm im April des gleichen Jahres angebotenen Würzburger Bf.sstuhls anstelle des von Lothar III. favorisierten Konrad v. Querfurt zum Ebf. v. Magdeburg gewählt. In Magdeburg, wo er am 18. Juli 1126 seinen Einzug hielt, versuchte er, das Ebm. zu sanieren und dessen Klerus zu reformieren, wogegen sich dieser im Bündnis mit Adel und Bürgerschaft so massiv wehrte, daß N. in das Kl. →Berge und das Augustinerstift Neuwerk fliehen mußte. Neben der Reform älterer Kl. wie Ammensleben und Nienburg gelang ihm die Umwandlung des Magdeburger Stiftes Unser Lieben Frauen und des magdeburg. Eigenkl. Pöhlde in »Prämonstratenserkl.« sowie die Neugründung von Gottesgnaden bei Calbe. 1131 bzw. 1133 erwirkte er von Innozenz II. die Bestätigung der dem Ebm. Magdeburg in der Ottonenzeit verliehenen Privilegien, ohne freilich die damit verbundenen Ansprüche gegenüber der poln. Kirche durchsetzen zu können. Die Tätigkeit für das Ebm. wurde durch zahlreiche Reisen im Dienste des Reiches unterbrochen, die letzte führte ihn nach Rom, wo er am 4. Juni 1133 – in Vertretung des Ebf.s v. Köln als Erzkanzler für Italien – an der Krönung Lothars III. teilnahm. Nach einem längeren Umweg über Südwestdtl. und das Rheinland kurz vor Ostern 1134 zurückgekehrt, verstarb der bereits auf seiner Reise Erkrankte am 6. Juni in Magdeburg, wo er am 11. Juni auf Veranlassung des Ks.s nicht im Dom, sondern in der Kirche des Stiftes Unser Lieben Frauen beigesetzt wurde.

[2] *Persönlichkeit und Bedeutung:* Trotz der Ausbildung in Xanten, Köln, Siegburg, vielleicht auch in Laon, reger Predigttätigkeit und Kontakten mit Persönlichkeiten wie →Bernhard v. Clairvaux, →Rupert v. Deutz und →Gerhoch v. Reichersberg hat N. keine literar. Tätigkeit entfaltet, die es erlaubt, sich von ihm und seiner Anschauung ein zuverlässiges Bild zu machen. Sein Leben und Wirken

sowie das Urteil seiner Zeitgenossen lassen jedoch auf einen selbstbewußten und eigenwilligen Charakter schließen. Auch wenn sein Wirken als Reformer, Ordensgründer und Kirchenfürst nicht zum Abschluß kam, ist er durch Vorbild und Predigt, die Durchführung und Festigung der Kanonikerreform sowie die Tätigkeit für Kirche und Reich zu einer der bedeutendsten Persönlichkeiten des 1. Drittels des 12. Jh. geworden. K. Elm

Q.: Vita Norberti A (MGH SS XII, 1856), 663–703 und B (AASS Jun. I, Antwerpen 1685), 807–845 [dt.: GdV 64, 1941², 3–96; Ausgew. Q. zur dt. Gesch. des MA 22, 1973, 443–541] – Liber de miraculis S. Mariae Laudunensis [teilw. MGH SS XII, 1856, 654–660] – Cont. Praemonstr. (MGH SS VI, 1844), 447–456 – Add. Fratr. Cappenbergensium (MGH SS XII, 1856), 704–706 – Vita Godefridi Cappenbergensis (ebd.), 513–530 – *Lit.*: Bibl. SS IX, 1050–1068 – DIP VI, 332–335 – DSAM XI, 412–416 – LCI VIII, 68–71 – LThK² VII, 1030f. – W. M. Grauwen, Norbertus, 1978 [Dt. Neubearb. mit erw. Bibliogr. v. L. Horstkötter, 1986] – Ders., AnalPraem 62, 1986, 78–84; 63, 1987, 5–25; 64, 1988, 5–18, 273–287; 65, 1989, 152–161, 162–165; 66, 1990, 48–53, 123–202; 67, 1991, 5–23, 41, 105–109, 175–186, 187–197, 198–206 – N. v. X., hg. K. Elm, 1984 [Bibligor.: 315–318] – St. Weinfurter, N. v. X. und die Entstehung des Prämonstratensersordens (Barbarossa und der Prämonstratenserorden, 1989), 67–100.

Norbertiner → Prämonstratenser

Norcia, Stadt in Mittelitalien (Umbrien); sabin. Gründung (Nursia), 290 v. Chr. von den Römern erobert. Präfektur (Tribus Quirina). 8 v. Chr. in die Regio IV, unter Diokletian 247 in die VII Diocesis eingegliedert. Erster Bf. war der Tradition nach Constantius. 606 wurde das Bm. mit der Diöz. →Spoleto verbunden. 532 wurde N. von den Goten zerstört, 829 von den Sarazenen geplündert. 962 schenkte Otto I. die Stadt Papst Johannes XII. Zur Zeit der Kommunen wurde sie Republik. Ein bis 1258 gültiger Freundschaftsvertrag mit Spoleto ermöglichte N. eine territoriale Erweiterung. Während des Aufenthalts der Päpste in Avignon blieb N. Lehen der Kirche. Größte Blüte im 15. Jh. N. ist der Geburtsort des Hl. n →Benedikt und Scholastika. Im Hoch- und SpätMA genossen seine Chirurgen großes Ansehen (→Reguardati Benedetto). Der Mauerring (14. Jh.) und verschiedene Gebäude und Kirchen aus dem 13.–16. Jh. sind erhalten. E. Menestò

Lit.: F. Patrizi Forti, Delle memorie stor. di N., 1869 – G. Angelini Rota, Spoleto e il suo territorio, 1920, 236–258 – A. Fabbi, Guida alle antichità di N., 1975 – N..., hg. A. Serantoni, 1976, 5–19 – La Valnerina. Il Nursino, 1977 – N. Criniti, Iscrizioni lat. di N. e dintorni, 1982 – M. Tabarrini, N. (L'Umbria si racconta. Diz., 2, 1982), 460–465 – R. Cordella–N. Criniti, Nuove iscrizioni lat. di N. ..., 1988.

Nordalbingien → Sachsen

Nordgau (bayer.). Der N. gehört als auf der Grundlage einer Himmelsrichtung bezeichneter →Gau wohl zur ältesten Schicht bayer. Gaue und erfaßte den bajuwar. Siedlungsraum n. der Donau. Der seit 806 vergleichsweise sehr dicht belegte Großgau nahm seinen Ausgang vom Raum zw. der mittleren Altmühl und Vils, von dem aus er sich dann im Rahmen des fortschreitenden Landesausbaus nach O und N vorschob. Dieser 'Urnordgau' wurde von den Franken nach 743 zur Schwächung der →Agilolfinger vom Hzm. Bayern abgetrennt und erst 806 durch die →Divisio regnorum wieder mit diesem vereinigt. Herrschaftsschwerpunkte waren die Kg.shöfe Lauterhofen und →Ingolstadt, die als Lehen bereits an Hzg. Tassilo III. gegeben worden waren. Von hier aus erfolgte die Expansion. Mitte des 10. Jh. wurde die Naablinie erreicht, um 1060 das →Egerland, wobei die slav. Vorbevölkerung absorbiert wurde. Z. Zt. Ks. Heinrichs II. werden dann zumindest gegenüber dem Donaugau, dem 791 das Altsiedelland bis ins Vilsbecken zugeordnet worden war, der Verlauf des Regen und der mittleren Donau als lineare Flußgrenzen faßbar, während im übrigen mit breiten Grenzsäumen zu den Nachbargauen zu rechnen ist. Eine Einheit von Gau und Gft. hat hier höchstens bis 806 bestanden. In der Folgezeit war der N. Bestandteil umfassenderer Herrschaftskomplexe, ehe dann nach der Jahrtausendwende die Zersplitterung einsetzte. Die Herrschaftsrechte lagen im frühen MA in den Händen der karol. Reichsaristokratie, wenngleich die von M. Doeberl postulierte karol. Mgft. auf dem N. nicht bestanden hat, dann der →Luitpoldinger und ab 939 der Gf.en v. →Schweinfurt. Spätestens nach deren Absetzung 1003 zerfiel der N. Bis zum Ausgang der Stauferzeit verfügte immer das Kgtm. über eine starke Position. Doch kamen die meisten der sich bildenden Herrschaftskomplexe im Laufe des 12. und 13. Jh. an die →Wittelsbacher, die den Kernraum mit dem Zentrum →Amberg 1329 im Hausvertrag v. →Pavia der pfälz. Linie überließen und damit im wesentl. eine Zweiteilung des alten N.es begründeten, die bis ins 17. Jh. andauerte. Durch diese Entwicklung wurde die Bezeichnung N. durch den neugebildeten Begriff →Oberpfalz allmähl. verdrängt. A. Schmid

Lit.: M. Doeberl, Die Mgft. und die Mgf.en auf dem bayer. N., 1893 – H. Dannheimer, Lauterhofen im frühen MA, 1968 – E. Gagel, Der N. im MA, Oberpfälzer Heimat 13, 1969, 7–22 – A. Kraus, Marginalien zur ältesten Gesch. des bayer. N.s, Jb. für frk. Landesforsch. 34/35, 1974/75, 163–184.

Nordhausen, Stadt in →Thüringen, verdankt ihre Entstehung der Lage an einem Kreuzungspunkt alter Fernstraßen am s. Rande des →Harzes. In der Nähe des althür. Dorfes Altendorf errichteten die Franken einen Kg.shof als Mittelpunkt eines Krongutbezirks (Alt-N.). In Bergspornlage erbaute Kg. Heinrich I. die 910–1277 nachweisbare Burg, in der seine Witwe Mathilde 961 ein Damenstift gründete, das 1220 in ein Augustiner-Chorherrenstift umgewandelt wurde. Vor dem umfangreichen Burgbereich entstand eine Siedlung mit der Blasiuskirche, deren altes Patrozinium wohl mit dem 962 erwähnten Fernhandel (Zoll, Münze) zu verbinden ist. Eine Kaufmannssiedlung des frühen 12. Jh. mit Nikolaikirche entwickelte sich zur eigtl. Stadt, die Ende 12. Jh. durch eine fläm. Tuchwebersiedlung (Petrikirche) und im 13. Jh. durch eine außerhalb der Mauer gebliebene Neustadt (Jakobikirche) erweitert wurde. 1144–1225 hielten sich in N. mehrfach dt. Kg.e auf. Gegen den seit 1220 bezeugten Vogt und Schultheiß konnte sich Ende des 13. Jh. der (später) dreischichtige Rat durchsetzen; die Reichsunmittelbarkeit wurde bis 1802 behauptet. 1375 beseitigte ein Bürgeraufstand die Herrschaft der Patrizier. Im ausgehenden MA war Kursachsen Schutzmacht über N. Wohl nach 1277 kommt es zur gut 35 ha umfassenden, ca. 1350–1450 erneuerten Ummauerung der verschiedenen, 1365 rechtl. vereinigten Siedlungen bei gleichzeitiger Anlage des Kornmarkts. Um 1500 ist von ca. 5000 Einw. auszugehen. K. Blaschke

Bibliogr.: Bibliogr. zur dt. hist. Städteforsch. I, 1986, 396–398 – *Lit.*: M. Gockel, N. (Die dt. Kg.spfalzen, II, Lfg. 3–4, 1986–91), 319–385.

Nördlingen, Stadt im Ries/Niederschwaben. Die kgl. curtis N., 898 an den Bf. v. Regensburg gelangt, kam 1215 als civitas im Tausch an die Staufer, die sie zum Mittelpunkt ausbauten (1219 Jahrmarkt, 1243 Befestigung; 1233 Ammann/minister; vor 1233 Spital). Die Bürgergemeinde (1239 cives, 1247 universum collegium civitatis mit Siegel, seit ca. 1260 Rat, 1290 erstes Stadtrecht) geriet jedoch seit 1250 über Verpfändungen in den territorialpolit. Sog der Gf.en v. →Oettingen, ehe die Auslösung des Ammannamtes 1323 und kgl. privilegia de non alienando (1327, 1348, 1361) die Gefahr bannten. Weitere Privilegien stützten die Zugehörigkeit zum Reich wie die Autonomie ab. Der Übergang zur Zunftverfassung 1348/49 (1349 Zunftbriefe und kgl. Konsens, 1348/50 Stadtrecht B) mit gemischtem Kleinen Rat (16 Zunftmeister der 8 [später 12] Zünfte, 16 Geschlechter) sorgte für einen inneren Ausgleich (1450/55, 1488, 1500 Ratsordnungen). Ein neuer Mauerring (1327 bis Ende des 14. Jh.) bezog die Vorstädte ein und umschloß ein Areal von 50 ha bei 5000–6000 Einw.n. Fernstraßen in Richtung Augsburg, Nürnberg, Dinkelsbühl, Aalen/Hall, Lauingen/Ulm begünstigten die wirtschaftl. Entwicklung: neben dem agrar. Nahmarkt für das Ries, den auch die acht Kl.höfe stärkten, waren v. a. das Textilgewerbe und die Lederherstellung bzw. -verarbeitung bestimmend. Auf den eigenständigen Fernhandel (Wein und Salz, Eisen, Textilien, Wolle, Leder, Pelze) wirkte die Pfingstmesse stimulierend, die seit dem späten 13. Jh. als 14tägige Warenmesse (1336 allg., später weitere Kaufhäuser) mit Zahlungstermin (1418 Reichsmünzstätte) und Ausstrahlung auf den gesamten süddt. Raum abgehalten wurde; seit Ende des 15. Jh. nur noch Sammel- und Verteilermarkt für einen näheren Umkreis. Die drohende Einschnürung durch die Gft. Oettingen konnte mit Hilfe von Nachbarschaftsverträgen (ab 1390) und einer umfassenden Umlandpolitik verhindert werden, doch gelang es N. nicht, die Ansätze zu einem Territorium (kommunales Spital, Pflegschaft über städt. Stiftungen und Kl., zeitweiliger Ratsbesitz) abzurunden. N. nahm an den Landfrieden (seit 1330) und den schwäb. Städteeinungen teil, seit Mitte des 15. Jh. tendierte der Rat aber zu einer regionalen interständ. Politik, um seinen Einflußraum zu sichern. R. Kießling

Q.: K. O. Müller, N. Stadtrechte des MA, 1933 – K. Puchner–G. Wulz, Die Urkk. der Stadt N. 1233–1449, 4 Bde, 1952–68 – *Lit.*: DtStb V/2, 492–500 – D. H. Voges, Die Reichsstadt N., 1988 – R. Kiessling, Die Stadt und ihr Land, 1989, 24–265.

Nordmark, sächs. → Sachsen

Nordsee. Die flache Festlandsküste der N. von Flandern bis Dänemark wurde im MA (um mehrere 100 m?) vom Meer zurückgedrängt, möglicherweise infolge einer langandauernden, zwar allmähl. nachlassenden postglazialen Hebung des Wasserspiegels. Außerdem zwangen bisweilen tief ins Land einbrechende w. Sturmfluten wiederholt zur endgültigen Aufgabe von Siedlungen, doch führten auch →Deichbauten seit der Jahrtausendwende zur Wiedergewinnung überschwemmten Geländes und zur Anlage von Marschen.

Die spätestens seit der Römerzeit mittels Torf betriebene Salzsiederei aus N.wasser erlag im SpätMA der Konkurrenz des an der Sonne verdampften Atlantiksalzes (→Baienfahrt). Bedeutend war der →Fischfang in der N., zunächst überwiegend von Plattfisch, Dorsch und Kabeljau. Seit Ende des 14. Jh. wurde der Heringsfang wichtig: Die von der Hanse angestrebte Monopolisierung der Heringsfischerei auf →Schonen regte die westeurop. Fischer an, auf den N.gründen billigere Fänge zu erstreben, indem sie den Hering auf hoher See kurten und einpökelten. Hierin sowie im Bau der zum Transport der erforderl. Mannschaft, Vorräte und Verpackung geeigneten großen Schiffe (*Büsen*) erwiesen sich die Holländer als führend. Der →Walfang hörte im SpätMA in der N. völlig auf, nachdem die v. a. von Basken aufgejagten Wale in die arkt. Gewässer auswichen.

Die größte Bedeutung der N. lag von alters her im Verkehr von Menschen und Gütern. Während der Völkerwanderung fuhren die →Angelsachsen, Jüten und →Sachsen nach Britannien. Der Güteraustausch über die N. nahm an Umfang zu, seit die Römer die wirtschaftl. Leistungen Nordgalliens und Britanniens erhebl. gesteigert hatten. Seit dem Ende des 7. Jh. bewirkte der →Friesenhandel nach dem ags. England und bis nach den skand. Handelsplätzen →Haithabu und →Birka eine im damaligen Europa seltene Belebung. Seit dem 9. Jh. erschienen →Wikinger aus Dänemark und Norwegen, die fremde Länder heimsuchten und sich teilweise dort ansiedelten, auch als Händler, und trugen zum Warenaustausch durch Güter aus dem Ostseeraum bzw. aus dem arkt. Fischfang bei. Allerdings wurden die Skandinavier seit dem 11. Jh. aus dem Aktivhandel im N.bereich von Kaufleuten aus den Niederlanden, v.a. von Flamen, verdrängt. Seit dem 13. Jh. nahmen die dt. Hansestädte, denen die Flamen den Aktivhandel überließen, am Handel mit England und Flandern (→Brügge) teil. Mit dem Anfang der it. Galeerenfahrten in die N. (belegt 1277) dehnte sich der N.handel bis in den Atlantik und das Mittelmeer aus, auch nahm mit der Steigerung der Ladefähigkeit der →Kogge und der hinfort üblichen Umlandsfahrt die Bedeutung der →Ostsee für den N.verkehr zu. Seit dem 15. Jh. war die Hanse der erfolgreichen Konkurrenz des engl. und v.a. holl. Aktivhandels ausgesetzt und erlag ihm schließlich im 16. Jh. Die Seeräuberei der →Vitalienbrüder an der Wende vom 14. zum 15. Jh. ist wohl als ein Anzeichen der spätma. Krise zu werten. J. A. van Houtte

Bibliogr.: HGBll, s.v. Schiffahrt und Schiffbau – *Lit.*: W. Vogel, Gesch. der dt. Seeschiffahrt, I, 1915 [Nachdr. 1973] – A. R. Lewis, The Northern Seas. Shipping and Commerce in Northern Europe A.D. 300–1100, 1958 – M. K. E. Gottschalk, Stormvloeden en rivieroverstromingen in Nederland, I–II, 1971/75.

Norfolk, Earldom of. Die ersten Earls of N. nach der norm. Eroberung waren auch Earls of →Suffolk (d. h. von dem ags. Earldom of East Anglia; →Ostanglien). Zu ihnen gehörten →Ralf »the Staller« († 1069/70), sein Sohn Ralf de Gael († 1109), dem Titel und Ländereien entzogen wurden, nachdem er die Revolte der Earls gegen Kg. Wilhelm I. 1075 geplant hatte, und Hugh →Bigod, der 1141 von Kg. Stephan v. Blois zum Earl erhoben wurde. Nach Hughs Tod 1177 blieb die Erbschaft bis 1189 ungeklärt, als Richard I. den Titel eines Earl of N. an Roger, Hughs ältesten Sohn, verlieh. Roger, der kinderlose fünfte Earl aus der Bigod-Familie, wurde von Eduard I. dazu bewogen, Titel und Ländereien zu veräußern und seine Erben 1302 zu enterben; doch behielt er Titel und Ländereien bis zu seinem Tod 1306. Nun wurden diese Ländereien Teil der Apanage von Thomas of Brotherton (1300–38), dem ältesten Sohn Eduards aus dessen zweiter Ehe. 1312 wurde er zum Earl of N. ernannt. Erbin war seine Tochter Margarete († 1399), die sogar 1397 zur Duchess of N. erhoben wurde, an demselben Tag, als ihr Enkel und Erbe, Thomas de →Mowbray, den Titel eines Duke of N. erhielt. Das Dukedom erlosch bei seinem Tod 1399, doch wurde es für seinen Erben, Earl Thomas, 1425 erneuert. Anne (1472–81), Tochter von John (1444–76), dem vierten und letzten Duke aus der Mowbray-Familie, heiratete Richard, Duke of York (* 1473), den jüngeren Sohn von Eduard IV. Nach ihrem Tod wurde durch einen Parlamentsbeschluß 1481 das Erbe der Mowbrays an Richard und seine Erben übertragen und die Haupterben der Mowbrays ihres Anspruchs enthoben. Nach der Absetzung von Richards Bruder, Eduard V., und der mögl. Ermordung der beiden Prinzen im Tower verlieh Richard III. das Dukedom of N. 1483 an John →Howard, einen der Haupterben. Der Titel erlosch erneut, als John Howard in der Schlacht v. →Bosworth 1485 auf der Seite Richards III. kämpfte und fiel. Sein Sohn Thomas (1443–1524) erhielt den Titel 1514 nach seinem Sieg über die Schotten in der Schlacht bei Flodden (1513). R. L. Storey

Lit.: Peerage IX, 568–612 – K. B. McFarlane, The Nobility of Later Medieval England, 1973, 262, 264f. – C. Ross, Edward V, 1974, 248f., 335f. – J. M. Robinson, The Dukes of N., 1982.

Norham, ehem. Dorfsiedlung und Pfarrbezirk im N von →Northumberland, am s. Ufer des Tweed an der engl. Grenze zu Schottland. Mit seinem dazugehörigen Territorium ('shire') gehörte N. seit früher Zeit zur Kirche v. →Durham und bildete einen Teil des als »North Durham« bezeichneten Gebiets. Verwaltungsmäßig unterstand es nicht vor 1844 Northumberland. Die bedeutende roman. Pfarrkirche v. St. Cuthbert geht hist. auf die frühe christl. Zeit zurück, als N. den Namen Ubbanford ('ford of Ubba') trug. Im 12. Jh. erwarb N. den Status eines →borough unter den Bf.en v. Durham. Bf. →Ranulf Flambard errichtete 1121 die erste Burg in N., deren *keep* (→Donjon) noch teilweise erhalten ist. In der Burg, die verschiedentl. vor dem 16. Jh. erweitert und befestigt wurde, fanden bedeutende engl.-schott. Zusammenkünfte und Verhandlungen statt, bes. in Zusammenhang mit der Frage der Nachfolge auf den schott. Thron 1291–92 (→Eduard I., →England, C. II, 2). Mehrmals von den Schotten erobert, galt die Burg trotzdem als ein vorgerückter engl. Verteidigungsstützpunkt. Ihre Einnahme durch Jakob IV. im Sommer 1513 erwies sich als Fehler, der zur völligen Niederlage des schott. Heeres und zum Tod des Kg.s bei Flodden führte. G. W. S. Barrow

Lit.: J. Raine, Hist. of North Durham, 1852.

Noria (sog. Pers. Rad), Gattungsbezeichnung für eine Gruppe von hydraul. Rädern, die, von Wasserkraft oder tier. Arbeitskraft (→Energie) angetrieben, aus Flüssen, Kanälen oder Brunnen Wasser schöpfen. Derartige Vorrichtungen waren der spätantiken Mittelmeerwelt durchaus bekannt und wurden durch →Vitruv beschrieben; ihre Verbreitung im MA vollzog sich jedoch in erster Linie in den Einflußzonen der arab. Kultur (Mittlerer Osten, Nordafrika, Spanien, Sizilien). Auf der Iber. Halbinsel, sowohl im muslim. wie im chr. Bereich, fanden zwei Haupttypen Verwendung: zum einen das abgekuppelte Rad, das, ausschließl. von Wasserkraft bewegt, in größeren Flußläufen und Kanälen Verwendung fand, zum anderen das (allg. verbreitete) kurzschäftige angeschirrte Rad, das mittels Tierkraft angetrieben wurde und entscheidend zur Erschließung der *huertas* beitrug, ertragreicher Bewässerungslandschaften, die auf der Grundlage individuellen Kleinbesitzes intensiv bewirtschaftet wurden. Die Herrscher des muslim. Spanien verwendeten die N., bes. seit dem 11. Jh., auch zur Bewässerung ihrer weitläufigen Gartenanlagen; Agronomen im Dienst dieser Fs.en (z. B. Abū l-Ḫair, Ibn al-ᶜAwwām) behandelten in ihren Schriften den Einsatz der N. In den Q. zur →Reconquista wird häufig auf die N. Bezug genommen (z. B. *Repartimientos* v. →Valencia und →Murcia). →Bewässerung. Th. F. Glick

Lit.: J. Caro Baroja, Sobre la hist. de la n. de tiro, Revista de Dialectología y Tradiciones Populares 11, 1955, 15–79 – G. B. Pellegrini, Gli arabismi nelle lingue neolatine, 1972, 268f., 344 – T. Schiøler, Roman and Islamic Water-Lifting Wheels, 1973 – Th. F. Glick, Islamic and Christian Spain in the Early MA, 1979, 74–76, 235–238.

Noricum. [1] *Keltisches Königreich:* Kelt. Stämme errichteten um 200 das Kgr. N. Der Name N. wird von der Hauptgottheit Noreia oder der gleichnamigen Hauptstadt von N., deren Lokalisierung umstritten ist, abgeleitet. Kontakte der Noriker mit Rom (seit 186 v. Chr.) führten zum Abschluß eines Freundschaftsvertrags. Im 1. Jh. v. Chr. bildete die »Stadt« auf dem Magdalensberg in →Kärnten (sö. St. Veit) ein internationales Handelszen-

trum, bes. für das für die Waffenherstellung begehrte »norische Eisen«. 45 v. Chr. gelang eine Ausdehnung N.s nach N bis zur Donau und im O bis an den Plattensee, unter Einschluß der Ambisonten (im Salzburger Pinzgau) und der Alaunen in den locker gefügten Verband von Fsm.ern, über die der Kg. eine Oberhoheit bes. im Bereich der Außenpolitik ausübte. Beim Alpenfeldzug von Drusus und Tiberius 15 v. Chr. wurde N. weitgehend friedl. von den Römern annektiert.

[2] *Römische Provinz:* Unter Ks. Claudius (41–54 n. Chr.) erhielt N. den Status einer röm. Provinz mit den municipia Virunum (Nachfolgerin der »Stadt« auf dem Magdalensberg), Celeia (Cilli/Celje), Teurnia (bei Spittal a. d. Drau), Aguntum (bei Lienz), Iuvavum (Salzburg), Flavia Solva (bei Leibnitz), Carnuntum (bei Hainburg), Cetium (St. Pölten), Ovilava (Wels) und zuletzt um 215 →Lauriacum (Lorch bei Enns). In den Markomannenkriegen (166–180) wurde die blühende Provinz verwüstet. Zur Sicherung der Grenze wurden im Verlauf des Donaulimes die Legionslager Castra Regina (Regensburg) und Carnuntum ausgebaut. Seit 213 bildeten die Alamannen eine ständige Bedrohung. Ks. Diokletian teilte N. in die Provinzen Ufern. (N. ripense) n. der Alpen und Binnenn. (N. mediterraneum) s. davon. 304/305 kam es in N. zu einer großen Christenverfolgung, die zum Märtyrertod des hl. →Florian bei Lauriacum führte. Nachdem Ks. Valentinian I. um 370 die Grenzbefestigungen am Donaulimes erneuert hatte, wurde N. im Verlauf der »Völkerwanderung« von Hunnen und ostgerm. Heerscharen durchzogen. Das Wirken des hl. →Severinus (von etwa 455/460–482) verhinderte den Zusammenbruch der röm. Verwaltung in Ufern. Nach dessen Tod gab Kg. Odoaker 488 den Befehl, im Schutze röm. Truppen die provinzialröm. Bevölkerung aus Ufern. zu evakuieren, doch blieben größere Gruppen von Romanen zurück, die in den frühma. Q. als Romani tributales und Walchen erscheinen.

[3] *Mittelalter:* An die Herrschaft der Ostgoten in Binnenn. erinnert das Mosaik in der Friedhofskirche von Teurnia. Während der »Reichserneuerung« unter Justinian, für den Narses die Polis Norikon gewann, kam es im 6. Jh. zu bemerkenswerten Großbauten, u. a. der zweiten Bf.skirche von Teurnia und von drei weiteren Kirchen am Hemmaberg (bei Juenna/Globasnitz in Südkärnten). Der Name N. haftete bes. am Eisacktal, das bei der Reform Diokletians 293 n. Chr. von N. getrennt und zu Raetien geschlagen worden war, aber bis weit ins MA als Norital (vallis Noricana, Nurihtal) bezeichnet wurde. Die dort ansässige Romanengruppe hieß im 8./9. Jh. Noriker (Norici). Seit dem FrühMA wurde der Name N. für Bayern und Norici als Volksname für die Baiern verwendet. Hatte der polit. Schwerpunkt der röm. Provinz N. im heutigen Kärnten gelegen, so verlagerte er sich im FrühMA in das Gebiet n. der Alpen, während das slav. besiedelte Karantanien nicht mehr zu N. gerechnet wurde. Bereits →Arbeo v. Freising und →Paulus Diaconus, aber auch die bair. und frk. Annalen bezeichnen Bayern als N. Dieser Sprachgebrauch hielt sich bis ins 15. Jh. (Veit →Arnpeck), als sich mit Aventin die Ableitung der Baiern von den Boiern durchsetzte. Die Gleichsetzung Bayerns mit N. fand auch in die bair. Stammessage Eingang, wie sie in der »Passio s. Quirini II« aus Tegernsee und der »Vita Altmanni ep. Pataviensis« überliefert wird. In beiden Q. und im Kartular v. Ebersberg wird Österreich als N. ripense bezeichnet, wofür die Vita s. Severini des →Eugippius als Vorbild diente. H. Dopsch

Lit.: Re XVII, 971–1048 – E. Klebel, Das Fortleben des Namens N. im MA, Carinthia I, 1956, 481–492 – G. Alföldy, N., 1974 – Aufstieg und

Niedergang der röm. Welt, II, 6, 1977–J. WEISSENSTEINER, Tegernsee, die Bayern und Österreich, AÖG 133, 1983 – F. GLASER, Die Erforschung der frühchristl. Bf.skirche in Teurnia, Carinthia I, 1987, 63-86 – H. WOLFRAM, Die Geburt Mitteleuropas, 1987 – P. GLEIRSCHER, Vallis Norica, MIÖG 97, 1989, 1-12 – F. GLASER, Die Ausgrabung der vierten und Entdeckung der fünften Kirche auf dem Hemmaberg, Carinthia I, 1992, 19-45.

Normandie
A. Hochmittelalter – B. Spätmittelalter
A. Hochmittelalter
I. Vom spätkarolingischen Regnum zum feudalen Herzogtum (911–1066) – II. Die Normandie im Staatsverband der Anglonormannen und Plantagenet (1066–1204).

I. VOM SPÄTKAROLINGISCHEN REGNUM ZUM FEUDALEN HERZOGTUM (911–1066): [1] *Die Anfänge:* Die Gründung der N. beruhte zum einen auf dem Bestreben der westfrk. Karolinger, die Übergriffe und Erpressungen der →Normannen im Pariser Becken zu mildern, zum andern auf den Ambitionen eines bedeutenden skand., wohl aus →Norwegen stammenden Adelsgeschlechtes. 911 vor Chartres besiegt, schloß →Rollo, Anführer eines dän. Normannenverbandes, mit Kg. →Karl 'dem Einfältigen' zu →St-Clair-sur-Epte ein Abkommen, das den Normannen das Gebiet im Bereich Rouens und der Seinemündung (der heut. Haute-N.) zusicherte, unter der Voraussetzung, die Taufe zu nehmen und die →Seine für die anderen Wikingergruppen zu sperren. Hinzu trat 924 und 933 die Abtretung der Basse-N. durch Kg. →Rudolf; damit waren die Grenzen des Fsm.s N. umschrieben, mit Ausnahme des um 1050 hinzuerworbenen Passais. Zum Zeitpunkt der norm. Machtübernahme war das Gebiet zwar nicht völlig verödet, hatte aber starke Zerstörungen erlitten. Abgesehen von Einzelfällen wie dem Ebm. Rouen, waren die weltl. und geistl. Führungsgruppen großenteils verschwunden. Die ersten Normannenfs.en, Rollo (911-932) und sein Sohn →Wilhelm 'Langschwert' (ca. 932-942), die zugleich Gf.en v. →Rouen waren, mußten ihre Machtstellung im wesentl. auf die Haute-N. beschränken. In den übrigen Landesteilen dominierten andere, gegner. Normannenverbände (Dänen aus England und Norweger aus dem wiking. Irland). Der N des →Cotentin und das Pays de Caux wurden (im wesentl. auf der Ebene der Führungsschichten) am stärksten von skand. Kolonisation geprägt. Die Ermordung Wilhelms (942) und die Minderjährigkeit Richards I. boten Gelegenheit für einen Rückgewinnungsversuch des westfrk. Karolingers →Ludwig IV., der aber scheiterte.

[2] *Der Aufbau des Herzogtums und die beginnende Kirchenreform:* Die Entwicklung des Fsm.s gewann gegen Ende des 10. Jh. stärkere Dynamik. Einer ersten, eher »konservativen« Phase unter →Richard I. († 996) folgte eine Periode systemat. Aufbaus unter →Richard II. (996-1026). Die Machtausübung der 'principes Normannorum' beruhte einerseits auf für sie günstigen, aus der Wikingerperiode überkommenen Vorrechten, so dem Recht des *ullac* (Verbannung von Rebellen und Konfiskation ihrer Güter), andererseits auf den ihnen als Gf.en v. Rouen übertragenen frk. Grafschaftsrechten (→Graf, -schaft). Dieses doppelte Erbe wurde zu einer neuen Fürstengewalt verschmolzen, die sich zunächst als karol. →'regnum' darstellte, in dem der Fs. eine gleichsam kgl. Position einnahm und den öffentl. →Frieden, gestützt auf das Gefüge der frk. Institutionen und Gesetze, zu wahren hatte. Der Aufbau des Fsm.s beruhte auf einem doppelten Erwerb von Fürstentiteln: Die Würde des 'marchio' (Mgf.; →Mark) gab den Fs.en der N. seit 965/968 das Recht, selbst Gf.en zu ernennen und im Innern eines Regnum die Befehlsgewalt auszuüben. Der Titel des Hzg.s (→Herzog, -tum), der erst nach dem Beginn des kapet. Kgtm.s (987) auftritt, stellte sie unmittelbar zur Rechten des Kg.s, dem sie in den Marken ein wenig bindendes Homagium leisteten. Die fsl. Zentralregierung wurde auf die drei Pfalzen, die am Ende des 10. bzw. Anfang des 11. Jh. errichtet wurden, konzentriert: Rouen und Fécamp, die beiden bedeutenderen, lagen in der Haute-N., dem Kerngebiet, →Bayeux in der Basse-N. Entsprechend anderen Fsm.ern wurde eine 'curia' geschaffen. Die 'camera' (→Finanz, -wesen) machte die immensen hzgl. Einkünfte (indirekte und direkte Steuern: *graverie* und Einnahmen aus dem reichen hzgl. Domanialbesitz, der 911 nicht zuletzt aus kgl. Fiskalgut an die Fs.en übergegangen war) zentral verfügbar. Seit ca. 1000 fungierten lokale Amtleute. Die Verwaltung der →Pagi des Grenzgebiets oblag der Herzogsfamilie entstammenden Gf.en; bei großer Machtbefugnis blieben sie – ebenso wie die hzgl. 'vicecomites' in den übrigen Pagi – absetzbar.

Dieser Ausbau der institutionellen Gewalt ist nicht trennbar von der Wiederherstellung der kirchl. Einrichtungen, deren erster großer Kristallisationskern die Abtei →Fécamp war. Richard I. leitete (nach zögernden Anfängen) eine gezielte Klosterpolitik ein (→Fontenelle, →Mont St-Michel), doch kam auch hier der Durchbruch erst mit Richard II., der sich beim Aufbau des Landes auf die monast. Kräfte stützte. Seit ca. 1001 führte der eng mit →Cluny verbundene →Wilhelm v. Volpiano als Abt des exemt gewordenen Fécamp die monast. Reform durch (→Benediktiner, A.I; B. II), die zunächst die östl., dann die mittlere (→Bernay) und westl. N. erfaßte.

Die Restauration von Mönchtum und Kirche wurde begünstigt durch den wirtschaftl. und demograph. Aufschwung. Die Bevölkerung wuchs seit dem späten 10. Jh. und frühen 11. Jh.; die (bereits miteinander verschmolzene) norm.-frk. Aristokratie wurde durch die Ansiedlung von Immigranten zielbewußt erneuert. Durch eine mögl. Privilegiengewährung von seiten des Hzg.s entgingen die Bauern vielfach der Leibeigenschaft. Der Reichtum der Münzprägung des frühen Hzm.s N. ist exzeptionell und wurde bis 1025/30 nicht zuletzt durch die fortdauernden Beziehungen zum nordwesteurop. Bereich begünstigt. Die ersten hzgl. →Burgi wurden um 1025/30 gegr. und führten zur Entstehung neuer Städte (→Caen). Das hohe Ansehen, das der zweimal als 'monarchus' und 'rex' intitulierte Richard II. genoß, wird bezeugt durch die Heirat seiner Schwester →Emma mit dem ags. Kg. →Ethelred II.

[3] *Das Feudalsystem:* Unter dem Druck einer nach Macht strebenden Aristokratie wandelte sich in den zwei Jahrzehnten von etwa 1030 bis 1050 das bis dahin auf den hzgl. Palast bezogene Herrschaftssystem durch die Errichtung der Feudalität, die die Grundlagen der Herzogsmacht zunehmend modifizierte. Dieser Prozeß wurde von Hzg. →Robert (1027-35), der sich methodisch der Feudalinstitutionen zur Festigung der eigenen Autorität bediente, stark gefördert, gewann aber rasch Eigendynamik und wurde, v. a. durch den eigenmächtigen Burgenbau (→Burg) der Adligen, zu einem Faktor der Desintegration. Dieser Umschlag der Entwicklung setzte ein, als die Herzogsgewalt durch den Tod Hzg. Roberts im Hl. Land und die Minderjährigkeit seines Sohnes Wilhelms 'des Bastards' (→Wilhelm 'der Eroberer') eine Schwächung erfuhr (Errichtung von →Motten und Aufstände der →Barone in der Basse-N.). Im Zuge der Wiederherstellung der hzgl. Machtstellung intensivierte Wilhelm die Verbindungen mit der Kirche, indem er den →Gottesfrieden, der zugleich hzgl. Friede war, verkündete und kon-

kreten Kirchenreformzielen (Einsetzung eines den neuen Ideen aufgeschlossenen Ebf.s) zum Durchbruch verhalf. Er festigte zugleich die Feudalität, ließ illegal errichtete Burgen brechen und überwachte die Bildung von Ritterlehen, doch gewann das »norm. Feudalsystem« erst nach 1066 seine sprichwörtl. Strenge. Eine Gruppe von Baronen stieg innerhalb der 'militia' der hzgl. →fideles auf. Ihre Beziehungen zum Fs. en waren noch vorwiegend personaler Art, doch setzte ein Prozeß der Verdinglichung ein: Wilhelm ist 1055 »Kg. in seinem ganzen Land«. Die dem Fs. en geschuldeten Dienste blieben noch undefiniert. Die Institution des feudalen Aufgebots, der 'militia', lieferte dem Hzg. die schwere, bei Hastings schlachtentscheidende Kavallerie, war aber noch längst nicht genügend systematisiert, um das gesamte Herrschaftsgebiet zu erfassen. Der Erwerb der Gft. →Maine (1063) bestätigte die Machtstellung des Hzgs. v. Normandie.

II. DIE NORMANDIE IM STAATSVERBAND DER ANGLONORMANNEN UND PLANTAGENET (1066–1204): [1] *Politische Krisen und Erneuerung der Fürstengewalt:* Der Sieg von →Hastings (1066) verlieh Wilhelm 'dem Eroberer' den Thron des Kgr.es →England, den er nach dem Tode →Eduards 'des Bekenners' aufgrund des Erbrechts gefordert hatte. Er behielt jedoch das Hzm. N. in seiner Hand und gestaltete es zu einem starken feudalen Fsm. aus, mit Ausnahme der Marken, denen eine gewisse Autonomie zugebilligt wurde. Zwei Krisen in der Ausübung der öffentl. Gewalt bedrohten das von Wilhelm geschaffene Werk. Die erste Krise begann nach dem Tod des Eroberers (1087), als →Wilhelm II. 'Rufus', der als 2. Sohn das Kgr. England erhalten hatte, bestrebt war, den älteren Bruder →Robert 'Courtheuse' als Hzg. auszuschalten und die Vereinigung beider Länder wiederherzustellen. Der jüngste Bruder, →Heinrich I., der vom Tode Wilhelms II. (1100) profitierte und 1106 Robert besiegte, gewann schließlich den anglonorm. Gesamtbesitz. Heinrichs Tod (1135) löste aber erneut eine Krise aus. Ein Teil des Baronagiums lehnte die Erbfolge seiner Tochter, der Ksn. →Mathilde, in 2. Ehe Gattin des Gf.en v. Anjou, Gottfried Plantagenet, ab und unterstützte →Stephan v. Blois, der (in weibl. Linie) Enkel Wilhelms des Eroberers war. 1150 fand diese spannungsvolle Periode mit der Thronbesteigung →Heinrichs II. Plantagenet, des Sohnes von Mathilde und Gottfried, ihr Ende. Heinrich beherrschte bald auch das Anjou (1151), Aquitanien (1152) und England (1154) (sog. →Angevin. Reich). Hatten die Krisenzeiten die Emanzipation der Aristokratie begünstigt, so gelang es doch der öffentl. Gewalt unter den tatkräftigen Herrscherpersönlichkeiten Heinrich I. und Heinrich II., ihre Prärogativen wiederherzustellen und die Lehen der unbotmäßigen Herren zu konfiszieren. Dieses Befriedungswerk stützte sich auf die Errichtung mächtiger Burgen, die im Kerngebiet oder an den Grenzen angelegt wurden, sowie auf die method. Nutzbarmachung der feudalen Vorrechte durch die Herzogsgewalt.

[2] *Regierung, Verwaltung und Kirchenpolitik:* Regierung und Verwaltung wurden, unter persönl. Überwachung durch Heinrich I. und II., zunehmend zentralisiert, vereinheitlicht und effizienter gestaltet. Die Rechtsprechung erfuhr große Fortschritte durch die Einführung von Reiserichtern (unter Heinrich I.) und die Redaktion der »Coutumes de Normandie« (um 1200). Das Finanzwesen wurde konsolidiert, v. a. durch Schaffung des →Échiquier als oberster Kontroll- und Gerichtsinstanz, zunehmend mit festem Sitz in Caen (seit ca. 1170–75). In der Lokalverwaltung stellte Heinrich II. über die (erbl. gewordenen) Vicecomites die →Baillis, die wegen ihrer Abberufbarkeit gefügiger waren und effizienter arbeiteten. Das Bündnis mit der Kirche wurde weitergeführt. Das traditionelle Mönchtum, das in England freigebig dotiert wurde, profitierte stark von der Eroberung. Die neuen monast. Bewegungen des 12. Jh. waren von dieser Förderung jedoch häufig ausgeschlossen (→Savigny, 1094). Die Kommunalbewegung (→Kommune) und das Streben nach städt. Freiheiten *(franchises)* waren nur schwach ausgeprägt. Doch erhielt Rouen um 1165–71 die →»Établissements«, die in den westfrz. Gebieten der Plantagenet weite Verbreitung fanden. Die N. entwickelte blühenden agrar. Wohlstand; die Grundherrschaft beruhte auf Rechtsformen wie *vavassorie, villainage* und →*bordage,* denen die neuen Typen von Pachtverträgen (→Pacht) gegenüberstanden. Die Vavassoren nahmen nach Besitzausstattung und Rang ('servitium equi') einen privilegierten Platz im grundherrl. System ein.

[3] *Die Eroberung durch die Kapetinger (1203–04):* In nur einjährigem Krieg konnte Kg. →Philipp II. August v. Frankreich die N. einnehmen, begünstigt offenbar durch wechselseitige Abkühlung des Verhältnisses zw. Plantagenet-Dynastie und lokalen Eliten. Hatten sich N. und England, die zugleich eigenständig und miteinander verbunden waren, unter Wilhelm d. Eroberer und Heinrich I. noch gegenseitig beeinflußt und hatte der häufig in der N. residierende Hzg. hier eine gewichtige Position wahren können (was die Rolle des seit Heinrich I. eingesetzten Justitiars, der den Kg. vertrat, schwächte), so war die N. unter den Plantagenet zu einem Territorium unter mehreren geworden. Die häufigen Abwesenheiten des Herrschers verstärkten die Stellung seines Repräsentanten im Lande, des →Seneschalls, dessen Kompetenzen unter dem mächtigen Guillaume Fils-Raoul (1178–1200) mit denjenigen des Justitiars verschmolzen. Die Popularität der Plantagenet verzeichnete starken Schwund. Der finanzielle Aderlaß, den die N. zur Bestreitung der Kosten des Krieges mit Frankreich erdulden mußte, und das Mittelmaß der beiden Söhne und Nachfolger Heinrichs II., Richard 'Löwenherz' (1189–99) und Johann 'Ohneland' (1199–1216), denen im Kapetinger ein entschlossener Gegner erwachsen war, wirkten sich ebenfalls negativ aus.

A. Renoux

Q.: s. unter den einzelnen Fs.en (z. B. →Wilhelm d. Eroberer), Institutionen (z. B. →Échiquier normand) und Geschichtsschreibern (→Wilhelm v. Jumièges) – Lit.: J. YVER, Les châteaux forts en N. jusqu'au milieu du XII⁰ s., Bull. de la Soc. des Antiq. de N., 1955–56, 28–115 – J. BOUSSARD, Le gouvernement d'Henri II Plantagenêt, 1956 – F. DUMAS-DUBOURG, Le trésor de Fécamp et le monnayage en France Occidentale pendant la seconde moitié du X⁰ s., 1971 – J. LEMARIGNIER, Paix et réforme monastique en Flandre et en N. autour de l'année 1023 (Études J. YVER, 1976), 443–469 – J. LE MAHO, L'apparition des seigneuries châtelaines dans le Grand Caux à l'époque ducale, ArchM VI, 1976, 5–148 – L. MUSSET, L'aristocratie normande au XI⁰ s. (Essais PH. BOUTRUCHE, hg. PH. CONTAMINE, 1976), 71–96 – J. LE PATOUREL, The Norman Empire, 1976 – Anglo-Norman Stud. Proc. of the Battle Conference, ed. R. A. BROWN–M. CHIBNALL, 14 Bde ersch., 1979–92 – Hist. relig. de la N., hg. G. M. OURY, 1981, 71–85 [O. GUILLOT] – Bibliogr. M. DE BOÜARD (Recueil M. DE BOÜARD, Cah. des Annales de N., 1982) – N. BULST, La réforme monastique en N. (Les mutations socio-cult. au tournant des XI⁰ et XII⁰ s., hg. R. FOREVILLE, Spicilegium Beccense, II, 1984), 317–333 – Hist. de la N., hg. M. DE BOÜARD [Neuausg. 1987] – G. FELLOWS-JENSEN, Scand. Place-names and Viking Settlement in N.: a Review (Namn och Bygd, 76, 1988), 113–137 – E. SEARLE, Predatory Kingship and the Creation of Norman Power, 840–1066, 1988 – D. BATES, William the Conqueror, 1989 – Bibliogr. L. MUSSET (Recueil L. MUSSET, Cah. des Annales de N., 1990), 17–31 – A. RENOUX, Fécamp: du palais ducal au palais de Dieu, 1991 – DIES., Palais capétiens et normands à la fin du X⁰ et début du XI⁰ s. (Le roi de France et son royaume autour de l'an mil, hg. M. PARISSE–X. BARRAL I ALTET, 1992), 179–191 – s.a. Bibliogr. und Lit. zu Abschnitt B.

B. Spätmittelalter
I. Von 1204-1337 – II. Von 1337 bis 1500.

I. VON 1204-1337: [1] *Politische Geschichte:* Durch die kapet. Eroberung von 1203/04, die nicht die →Kanalinseln erfaßte, trat Kg. Philipp II. August in die Rechte des Hzg.s v. N. ein, nahm aber nicht den Titel an, um auf diese Weise seinen Willen zu bekunden, daß die neueroberte Prov. keinerlei polit. Autonomie erhalten solle. Die Kg.e v. Frankreich, Philipp August und noch Ludwig IX., verpflichteten den Adel bei Strafe der Konfiskation, sich zw. der Vasallität zu Frankreich oder England zu entscheiden, d. h. entweder ihre Lehen in England oder aber der N. aufzugeben. Nach Schätzungen optierte insgesamt die Hälfte der Barone und ein Zehntel der übrigen Lehnsleute (d. h. einige hundert) für die Plantagenet; nur sehr wenigen norm. Familien gelang es, in beiden Kgr.en je einen Zweig aufrechtzuerhalten. Parteigänger des Kg.s v. England traten noch 1213 und 1229-30 in Erscheinung; nach dem Frieden v. Paris (1259) zw. Ludwig IX. und Heinrich III. war aber gleichsam der volle Anschluß der N. an Frankreich erreicht. Die Bf.e und Äbte der N. akzeptierten gern die neue Herrschaft, die ihnen die Freiheit der Bf.s-wahlen garantierte und den Mißbräuchen des Regalienrechts ein Ende setzte. Den Kl. wurde die Beibehaltung ihrer Güter in England zugestanden. Im städt. Bereich, der ohne starke kommunale Tradition war, blieben nur sieben Kommunen erhalten, zumeist unter dem Recht der →Établissements de Rouen.

Im 13. Jh. behandelte das frz. Kgtm. die überkommenen norm. Institutionen mit Fingerspitzengefühl. Die Baillis blieben in Funktion (bis 1250 fungierten als solche aber ausschließl. Franzosen). Der →Échiquier erhielt sich ebenfalls, jedoch unter dem Vorsitz von Räten aus Paris. Die »Coutume de N.« (→Coutumes) wurde vom frz. Kgtm. respektiert (mehrere offizielle Redaktionen, die älteste im »Très Ancien Coutumier«, 1203-04), jedoch durch die Bestimmungen mehrerer kgl. →Ordonnances ergänzt. Die kgl. Fiskalpolitik war bis ca. 1270 zurückhaltend und beschränkte sich weitgehend auf die überkommenen norm. Steuern und Abgaben. Die neue polit. Situation eröffnete dem Kgtm. unterschiedl. Möglichkeiten der Kontrolle: Ernennung von Baillis, Verleihung und Verpachtung von Besitzungen der hzgl. Domäne, bes. aber Errichtung von →Apanagen. Auf diese Weise wurden die Gft.en →Alençon (1269, 1291), →Évreux (1298), Longueville (1315) und →Mortain (1318) an Mitglieder des kapet. Kg.shauses ausgetan. Bei der Vergabe der sehr ertragreichen norm. Bf.s- und Abtswürden sorgten die Kg.e für die Berücksichtigung ihrer Vertrauten (z. B. Ebf. →Eudes Rigaud).

Die polit. Entwicklung nach der Regierung Ludwigs d. Hl.n ist untrennbar mit der sich verschärfenden Fiskalität verbunden (Kriegskosten: Guyenne, Flandern; seit 1292 System des →*arrière-ban*), wobei diese Besteuerung der Zustimmung der Vertreter der Untertanen bedurfte. 1283 bewilligte die Kommune v. Rouen noch eine kgl. *maltôte*, 1286 und v. a. 1292 (städt. Aufstand) führte die Verweigerung neuer Steuern dagegen zum Konflikt mit dem Kg., der Rouen die Kommune aberkannte. 1308 bestritten die Normannen die Berechtigung der →Aide für die Heirat der Prinzessin Isabella. Hinzu traten Beschwerden über den abhängigen Status des Échiquier und die enorme Bereicherung des führenden kgl. Rates Enguerran de →Marigny im Gebiet von Rouen. Aus diesen Gründen beteiligte sich die N. nach dem Tode Philipps des Schönen an der Bewegung der adligen Ligen. Kg. Ludwig X. gestand der N. am 15. März 1315 die »Charte aux Normands« mit Schutzbestimmungen gegen Steuer- und Beamtenwillkür zu. Dieses von den Kg.en stets bestätigte Landesprivileg ist, wenn es auch in der Praxis nur unzureichend angewandt wurde, ein Markstein der norm. Identität.

[2] *Wirtschafts- und Sozialgeschichte:* Die Periode von 1204 bis 1315 war insgesamt ein Zeitalter des Wohlstandes und der günstigen Konjunkturentwicklung. Der kontinuierl. Bevölkerungsanstieg führte in einigen Regionen zu starker Verdichtung der ländl. Bevölkerung sowie zum Wachstum der Städte. Rodungstätigkeit (Forsten v. Aliermont, St-Sever, Brix) führte z. T. noch zur Entstehung neuer →Burgi. Die ländl. Bevölkerung war auch weiterhin in drei Kategorien geteilt: *vavasseurs, villains* und *bordiers*, gemäß der Art ihres Pachtverhältnisses; Leibeigenschaft bestand nicht. Doch führte die demograph. und besitzrechtl. Entwicklung zur Zersplitterung der Parzellen und der Trennung der Rechtsstellung der Menschen von der ihres Landes. Im Bereich der Grundherrschaft wurden die Frondienste zunehmend abgelöst. Die Rentabilität der Landwirtschaft wurde durch den Einsatz des Pferdes und die Dreifelderwirtschaft gesteigert. Die N. (Anfang des 13. Jh.: wohl mehr als 308 000 Feuerstätten) war eine der großen Getreidekammern Frankreichs (→Getreide), verfügte über reiche Weinberge (um Gaillon, Vernon) und betrieb Schafhaltung sowie Waidanbau, was den Aufbau des Tuchgewerbes in zahlreichen Städten der N. am Ende des 13. Jh. begünstigte. Mit leichten Wollstoffen wie mit Luxustextilien begann die N. eine führende Stellung im Kgr. einzunehmen. Große Bedeutung hatten →Fischfang und Handel, konzentriert auf die Häfen (→Rouen, Leure, →Dieppe, Barfleur, Regnéville u. a.), und die Schiffahrt auf der →Seine bis Paris. 1207 hatte Philipp August den Bürgern v. Rouen das Handelsmonopol auf der unteren Seine bestätigt, was die Rivalität zu den Pariser Kaufleuten anfachte und dem Kgtm. ein Druckmittel gegen die Hauptstadt der N. in die Hand gab. Der Englandhandel wurde durch engl.-frz. Feindseligkeiten immer wieder empfindlich gestört.

Die schwere wirtschaftl. (Zusammenbruch der Getreideversorgung) und demograph. Krise, die 1315-17 das gesamte nw. Europa erschütterte, führte in der N. einen Bevölkerungsrückgang und eine Verlangsamung, nicht aber einen Abbruch des wirtschaftl. Wachstums herbei. Die N. blieb eine dichtbevölkerte, reiche und ruhige Region. Die Differenzierung der städt. Gesellschaften und das Problem der Steuererhebung rief allerdings in den Städten, namentl. Rouen, heftige Spannungen zw. der herrschenden Oligarchie und dem 'commun' hervor und nötigte 1321 den Kg., die städt. Verfassung zugunsten der mittleren Schichten zu modifizieren.

II. VON 1337-1500: [1] *Politische Geschichte:* Der Krieg zw. Frankreich und England (1337-1453; →Hundertjähriger Krieg) und die Katastrophen, die ihn begleiteten, führten zu einer tiefgreifenden Wandlung des inneren Gefüges der N. und ihrer Stellung innerhalb des Kgr.es. Die einsetzende Krise artikulierte sich in einer antikgl. Opposition, die zu Beginn der Regierung Philipps VI. (1328-50) von einer Gruppe der Verteidiger der »libertés normandes« getragen wurde. Die Umtriebe dieser aus großen weltl. und geistl. Herren bestehenden Gruppierung sollten durch die Einsetzung des jungen Sohnes des Kg.s, Johann (II.), zum (machtlosen) Hzg. v. N. besänftigt werden. Die in den ersten Kriegsjahren erhobenen Subsidien nötigten das Kgtm. zu Verhandlungen und zur Erneuerung der Charte von 1315, während die Münzverschlechterungen Unzufriedenheit hervorriefen. Der hohe

Adel war durch die Fehde zw. Geoffroi d'→Harcourt und der Familie Bertran (ab 1343) gespalten. Weitaus gefährlicher für die Königsmacht waren aber die Umtriebe →Karls 'd. Bösen', des Kg.s v. →Navarra und Gf.en v. →Évreux, der einen Großteil der N. kontrollierte und an der Spitze zahlreicher Vasallen und Parteigänger seit 1352 ein doppelzüngiges polit. Spiel zw. Frankreich und England trieb. Nachdem Karl 1354 (Gewinnung großer Teile des →Cotentin) seine Machtbasis erweitert hatte, bemühte sich Johann II., die Situation durch Ernennung des Sohnes, Karl (V.), zum Hzg. v. N. wieder unter Kontrolle zu bringen (1355). Überzeugt von einem gegen ihn gerichteten Komplott der norm. Großen, ließ der Kg. im April 1356 Karl v. Navarra gefangensetzen, den Gf.en v. Harcourt ohne Prozeß hinrichten, was zur Erhebung eines großen Teils des norm. Adels führte. Karl, der die führende Rolle in der Pariser 'Revolution' von 1357-58 spielte und in Rouen einen Aufstand gegen den Dauphin entfesselte, kommandierte 1358 die Armee, die die →Jacquerie niederschlug. Der Krieg, den er anschließend gegen den Dauphin (dann Kg.) Karl V. führte, endete letztlich mit der Niederlage des Heeres d. Kg.s v. Navarra (Cocherel, Mai 1364: Verlust der Kontrolle üb. d. Seine zw. Paris u. Rouen). Erst 1378, aufgrund der Aufdeckung einer navarres. Verschwörung gegen Karl V., wurden alle norm. Lehen des Kg.s v. Navarra konfisziert, doch konnte er noch Cherbourg an die Engländer ausliefern.

Der 1369 wiederaufgenommene Krieg gegen England (Operationen zur Rückeroberung von St-Sauveur-le-Vicomte, 1375, und Cherbourg, 1394) prägt diese Periode, zusammen mit der schweren polit.-fiskal. Krise von 1380-82, in deren Verlauf sich eine breite Aufstandsbewegung der ländl. wie städt. Bevölkerung bildete, die in der 'Harelle' (Rouen, Febr. 1382) gipfelte. Das von der Repression schwer getroffene Rouen verlor seinen privilegierten Status als Kommune.

Nach mehreren engl. Landungen nach 1400 bekundete →Heinrich V. v. Lancaster durch seinen Feldzug von 1415 den Willen zur Inbesitznahme seiner Rechtstitel in Frankreich und namentl. in der N., deren Adel durch die Schlacht v. Azincourt (→Agincourt) dezimiert worden war. Der am 1. Aug. 1417 begonnene Eroberungsfeldzug endete mit der Einnahme von Rouen (nach harter Belagerung) und →Château-Gaillard. Für mehr als dreißig Jahre unterstand die N. als altes kgl. »Erbe« der engl. Herrschaft, wobei es der Statthalter, Hzg. →Johann v. Bedford (1422-35), durch kluge Politik verstand, manche Belange der N. zu fördern (Wiederaufnahme des Seinehandels, Wiederherstellung der États, Gründung der Univ. Caen 1432, 1436). Doch behielt er die wichtigen militär. und administrativen Ämter (Baillis) Engländern vor. Blieb die Bewertung der engl. Herrschaft zw. Rechtfertigung und (aus der Sicht des frz. Patriotismus) scharfer Ablehnung geteilt, so herrscht heute eine differenzierte Betrachtungsweise vor: Nach dem gegenwärtigen Kenntnisstand fand die engl. Regierung Unterstützung beim hohen Klerus (mit Ausnahme dreier Bf.e) sowie bei der Mehrzahl des kleinen und mittleren Adels (der sich unterwarf, um seine Lehen zu behalten), während sich die städt. Führungsschichten eher indifferent verhielten. Gleichwohl kam es verbreitet zu (erbittert verfolgten) Aktionen des Widerstands, dessen wichtigste Träger einige Adlige sowie Handwerker waren, von denen manche das Land verließen. Hochburg der Résistance war der →Mont Saint-Michel. Drei große Aufstandsbewegungen zeichnen sich ab: 1434 um Caen und Bayeux; 1436 im Bocage virois (St-Sever); v. a. aber 1435 der von Caruyer geführte Aufstand des Pays de Caux, das sich erst nach dem Waffenstillstand von 1444 von der engl. Repression erholte. Der von der engl. Regierung nach Rouen verlegte Prozeß der →Jeanne d'Arc († 30. Mai 1431) scheint die dortige Öffentlichkeit aufgerüttelt zu haben; neun Monate später bemächtigte sich der Capitaine Ricarville des Stadtschlosses v. Rouen.

Die Rückeroberung der N. durch die Armeen Karls VII. gelang 1449-50 rasch, begünstigt durch die versöhnl. Haltung des Kg.s. Rouen behielt seinen Échiquier; der Kg. ließ 1450 eine Cour des →Aides de N. errichten. Das Amt des Seneschalls wurde dem kgl. Vertrauten Pierre de →Brézé reserviert. Während der Regierung Ludwigs XI. war die N. jedoch auch Schauplatz königsfeindl. Opposition: Der Hzg. v. →Alençon und einige Bf.e, unter ihnen Thomas →Basin, gehörten der →Ligue du Bien public an (1465), mit deren Hilfe →Charles de France, der gegner. Bruder Ludwigs XI., das Hzm. N. für einige Zeit in seine Hand brachte. Danach war die N. wieder vollständig dem Kgr. Frankreich integriert. Der Échiquier, der seit 1495 in Permanenz tagte, wurde 1515 in das Parlement de N. umgewandelt. Seit der Regierung Ludwigs XI. hatte die Provinz Normandie ein Viertel der →Taille des Kgr.es zu leisten.

[2] *Wirtschafts- und Sozialgeschichte:* Die N. gewann, auf dem Hintergrund starker sozioökonom. Wandlungen, ihren alten Wohlstand zurück, der auf den Wirtschaftszweigen der Landwirtschaft, Viehhaltung, Tuchverarbeitung, des Eisengewerbes und (See-)Handels beruhte. Das norm. Tuchgewerbe hatte die Spitzenstellung im Kgr. inne (wichtigste Standorte: →Montivilliers, Rouen, Louviers, →Bernay; Caen, St-Lô); seine Erzeugnisse konkurrierten mit den Tuchen aus Brabant und England. Ein Wiederaufstieg des Seehandels setzte (nach kurzzeitiger Wiederbelebung des Handelsmonopols v. Rouen unter Bedford) erst ein mit dem Vertrag v. →Picquigny (1475), der die Feindseligkeiten zw. Frankreich und England beendete. Doch sorgte der frz.-burg. Konflikt noch für Störungen. Die wichtigsten Handelspartner der N. waren die Brit. Inseln (Ausfuhr von Wein, Leinwand, Eisen und Manufakturwaren; Einfuhr von Häuten und Leder, Alabaster, Zinn, Tuchen, Fisch), die nördl. Länder (Flandern, Brabant, Seeland, Hansegebiet und Ostseeanrainer), die atlant. Länder bis hin nach Portugal (Salz, Südweine, Früchte) sowie der westl. Mittelmeerraum. Die N. betrieb v. a. den Export ihrer reichen Eigenprodukte, daneben aber auch Zwischenhandel. Führend waren die alten Kaufmannsgeschlechter aus Rouen und Dieppe, aber auch neue Familien (Caradas, Dufour, Le Seigneur, Le Pelletier).

Hinsichtl. der demograph. Entwicklung liegen für die Haute-N. eingehendere Ergebnisse anhand der Feuerstättenverzeichnisse vor: Ausgehend von einem Index 100 zu 1314, ist die Bevölkerung 1347 (nach der Krisenperiode von 1315-17) auf 97, 1380 (z. T. durch die Schwarze Pest von 1348-50) auf 43 abgesunken, nach 1435 (infolge der unsicheren Zustände, der Pest und der engl. Pression) auf den katastrophalen Tiefstand von 25-30. In anderen Landesteilen der N. muß eine ähnlich negative Entwicklung angenommen werden. In der ländl. Gesellschaft verschärfte sich die Spaltung zw. den *laboureurs*, den mit Pferden ausgestatteten Bauern, und den auf ihre Handarbeit angewiesenen Tagelöhnern. Entscheidender Faktor der ländl. Wirtschaft waren die vom Grundherrn, Kg. und Kirche einbehaltenen Abzüge, die um 1350 ca. 40-50% des erwirtschafteten Mehrprodukts betrugen. Der Krieg verstärkte stark ihr Gewicht; sie dürften eine Hauptursache für den wirtschaftl. Niedergang und die Krise gebildet haben. Demgegenüber vollzog sich zw. 1450 und 1500 ein kraftvoller demograph. Aufschwung (Erreichung des Index 50 um 1500). Er ließ, verbunden mit der Wiederbesiedlung von Anbauflächen, dem Wiederaufbau der grundherrl. Wirtschaft und dem Anstieg der Getreidepreise, die landwirtschaftl. Erträge bis 1500 wieder emporschnellen. H. Dubois

Bibliogr.: M. NORTIER, Bibliogr. normande (annuelle), Annales de N., seit 1960 – DERS., Les sources de l'hist. de la N. à la BN, Actes du Colloque de l'Année des abbayes normandes, 1979 (1982), 159–183 – CH. DE BEAUREPAIRE–J. LAPORTE, Dict. topogr. du dép. Seine-Maritime, 2 Bde, 1982 – Lit.: R. CAZELLES, La société politique et la crise de la royauté sous Philippe VI de Valois, 1958 [Lit.] – A. PLAISSE, La Baronnie du Neubourg, 1961 – J. YVER, Essai de géographie coutumière de la France, 1966 – R. JOUET, La résistance à l'occupation anglaise en Basse N., 1969 [Lit.] – A. PLAISSE, Charles, dit le Mauvais, 1972 – G. BOIS, Crise du Féodalisme. Economie rurale et démographie en N. orientale du début du XIVe s. au milieu du XVIe s., 1976 [Lit.] – Droit privé et institutions régionales (Études à J. YVER, 1976) – Recueil d'études normandes au Dr. J. FOURNÉE, Cahiers L. Delisle, Paris, 1978 (1979) – D. ANGERS, Mobilité de la population et pauvreté dans une vicomté normande de la fin du MA, Journ. of Med. Hist. 5, 1979 – DIES., La vicomté de Bayeux au Bas MA, Francia 7, 1979 – Hist. de Rouen, hg. M. MOLLAT, 1979 [Lit.] – La France de Philippe Auguste, Actes du Colloque Internat. C.N.R.S., 1980 (1982) – J. FAVIER, La guerre de Cent Ans, 1980 [Lit.] – Hist. de Caen, hg. G. DÉSERT, 1981 [Lit.] – R. CAZELLES, Société politique, noblesse et couronne sous Jean le Bon et Charles V, 1982 [Lit.] – Recueil d'études au Doyen M. DE BOÜARD, 2 Bde, 1982 – C. T. ALLMAND, Lancastrian Normandy, 1415–1450, 1983 [Lit.] – Hist. du Havre et de l'estuaire de la Seine, hg. A. CORVISIER, 1983 – R. JOUET, Et la N. devint française, 1983 [Lit.] – A. PLAISSE, Un chef de guerre du XVe s.: Robert de Flocques, 1984 – La France anglaise au MA. Actes du IIIe Congr. Nat. des Sociétés Savantes, 1986, 1987 – La N. et Paris, hg. Actes du XXIe Congr. des soc. hist. et archéol. de N., 1986 (1987) – A. PLAISSE, Évreux et les Ébroiciens au temps de Louis XI, 1986 – J. FAVIER, La N. royale, La tourmente (Hist. de la N., hg. M. DE BOÜARD, 1987^3), ch. VII et VIII, 195–253 [Lit.] – V. TABBAGH, Le clergé séculier du dioc. de Rouen à la fin du MA (1359–1493) [Thèse, Paris IV, 1988] – A. PLAISSE, La delivrance de Cherbourg et du clos du Cotentin à la fin de la guerre de Cent Ans, 1989 – Recueil d'études à L. MUSSET, 1990 La métallurgie normande, XIIe–XVIIe s., 1991 – C. GOLDMANN, Les Garencières–Le Baveux. Un lignage de la moyenne noblesse normande [Thèse Paris IV, 1991].

Normannen. Die Bezeichnung N. (»Nordleute«, im MA als »Männer des Nordwindes« gedeutet) wird entweder allg. für die Skandinavier gebraucht, die vom 8. bis 11. Jh. fremde Länder heimsuchten (→Wikinger) und sich teilweise dort niederließen, oder – wie hier – für die Dänen und Norweger, die in dieser Zeit nach West- und Südeuropa übergriffen. Als Motive für den Aufbruch der zunächst noch heidn. N. werden Abenteuerlust, Unzufriedenheit mit den heim. Verhältnissen und Überbevölkerung genannt. Die Bewegung setzte mit der Plünderung von →Lindisfarne 793 ein. Im 9. Jh. waren die norm. Scharen eine Geißel für Britannien, Irland und das Frankenreich. Die Räuber fuhren mit ihren wendigen Schiffen weit in die Flüsse hinein. So bedeutende Orte wie Canterbury, York, Paris, Chartres, Tours und Hamburg wurden angegriffen. Allmähl. gingen die N. dazu über, nicht mehr nach Hause zurückzukehren, sondern sich in Stützpunkten (z. B. in Friesland und an der Loiremündung) festzusetzen, von wo aus sie auch Handel treiben konnten. Kg. Alfred d. Gr. beschränkte von den 70er Jahren an die in England eingedrungenen Dänen auf den NO (→Danelaw). Unter dem Druck der Angelsachsen setzte das sog. »Große Heer« 878 zum Kontinent über, verbreitete dort 13 Jahre lang Schrecken und erpreßte Tributzahlungen (→Karl [III.] d. Dicke). Doch auch der Widerstand der Franken verstärkte sich (→Saucourt, →Löwen). Nach 900 zeigten

die N. im Westfrk. Reich eine Tendenz zur Seßhaftigkeit. Kg. Karl III. d. Einfältige schloß 911 mit einem ihrer Anführer, →Rollo, ein Abkommen. Dieser wurde Christ und erhielt ein Gebiet an der Seinemündung als Lehen. Er sollte das Land mit seinen Gefolgsleuten verteidigen, die sich als Kolonisten niederließen, ebenfalls das Christentum und bald auch die frz. Sprache annahmen. Aus diesen Anfängen ist das Hzm. →Normandie erwachsen. Für Frankreich ging die Zeit der N.einfälle zu Ende. In England setzten nach einer ruhigeren Phase die norm. Angriffe Ende des 10. Jh. verstärkt wieder ein. Sie wurden nunmehr von Kg.en durchgeführt. 1016 machte sich Knut d. Gr. v. Dänemark zum Herrn über England. Später gewann er Norwegen hinzu und richtete für kurze Zeit ein »Nordseeimperium« auf. Von Norwegen aus war schon im 10. Jh. die Besiedlung →Islands eingeleitet worden.

In der Normandie erlangten die Nachfahren Rollos bis zum Anfang des 11. Jh. eine starke fsl. Position. Um und nach 1030 banden sie ihren Adel in ein Lehnssystem ein, doch ertrug diese Schicht Beschränkungen ihrer Herrschaft nur widerwillig und rebellierte mehrfach gegen die Hzg.sgewalt. Spätestens um 1015/16 erschienen Krieger (zunächst Pilger?) aus der Normandie in Süditalien, wo sie in den Dienst langob. Fs.en traten und gegen Sarazenen und Byzantiner kämpften. 1038 belehnte Ks. Konrad II. den norm. Anführer Rainulf mit der Gft. →Aversa. Es folgten weitere Herrschaftsbildungen in rascher Folge durch die Söhne →Tankreds v. Hauteville, von denen genannt seien: →Wilhelm Eisenarm, der Gf. v. Apulien wurde, →Drogo, den Ks. Heinrich III. als Herrn v. Apulien und Kalabrien anerkannte, →Robert Guiskard, der für diese Länder in ein Lehnsverhältnis zur Kurie trat, und →Roger I., der das arab. Sizilien eroberte. Dessen Sohn →Roger II. faßte schließlich die norm. Herrschaften des Südens zusammen und erlangte 1130 die Kg.swürde (→Sizilien). Er stand einem »modernen« Staat vor, der über ein effektives Beamtentum verfügte und westl.-lat., gr. und arab. Traditionen vereinigte. Die N. führten Unteritalien/Sizilien an Zentraleuropa heran. Gleichzeitig suchten sie ins ö. Mittelmeer auszugreifen und forderten dadurch Byzanz heraus (zu den einzelnen Vorgängen →Hauteville, →Antiochia).

Hzg. Wilhelm II. v. d. Normandie eroberte 1066 England und zwang die Angelsachsen unter eine strenge Kg.sherrschaft, die auf dem norm. Feudalsystem gründete (Schlacht v. →Hastings, →England A. V, VI). Das Inselreich wurde aus seinen skand. Bindungen gelöst und eng mit dem Kontinent sowie der frz. Kultur verbunden. Später griffen die Anglonormannen auch auf Wales, Schottland und Irland über. Die norm. »Staatengründer« wußten Kriegskunst, List, Beharrungskraft und Anpassungsvermögen zielorientiert einzusetzen. Zudem entwickelten sie ein Bewußtsein unbedingter Rechtmäßigkeit ihres Handelns, ja sogar göttl. Sendung. Indem sie neuartige Strukturen schufen, vermittelten sie der Politik des Abendlandes zukunftweisende Anregungen. Ihre Reiche in Süd und Nord brachten bedeutende Leistungen in Kunst, Architektur und Geschichtsschreibung hervor. Bis zum 12./13. Jahrhundert sind die Normannen fast überall in der Bevölkerung der eroberten Länder aufgegangen. K. Schnith

Lit.: C. H. HASKINS, The Normans in European Hist., 1915 – I Normanni e la loro espansione in Europa nell'alto medioevo, 1969 – D. C. DOUGLAS, The Norman Achievement 1050–1100, 1969 – DERS., The Norman Fate 1100–54, 1976 – R. H. C. DAVIS, The Normans and Their Myth, 1976 – H. ZETTEL, Das Bild der N. und der N.einfälle in westfrk., ostfrk. und ags. Q. des 8. bis 11. Jh., 1977 – W. JAHN,

Unters. zur norm. Herrschaft in Süditalien (1040–1100), 1989 – → Wikinger, → Normandie, → Hauteville, → England, → Sizilien.

Normannenhelm → Nasalhelm; fälschl. verwendeter Name aufgrund der Normannendarstellungen des Teppichs v. → Bayeux. O. Gamber

Normannenschild, fälschl. Bezeichnung aufgrund der Normannendarstellungen des Teppichs v. → Bayeux. In Byzanz entstandener, mandelförmiger Schild, welcher dort halbhoch blieb, in Westeuropa im 11. und 12. Jh. Schulterhöhe erreichte und die ganze linke Seite des Reiters deckte. Zu Beginn des 13. Jh. von einem kleineren Reiterschild verdrängt. O. Gamber

Lit.: H. NICKEL, Der ma. Reiterschild des Abendlandes [Diss. Berlin 1958] – T. G. KOLIAS, Byz. Waffen, 1988.

Nornen (an. *norn*, pl. *nornar*), Schicksalsfrauen der nord. Mythologie. Laut Snorri hat jedes neugeborene Kind eine Norne, die sein Schicksal bestimmt. Diese Vorstellung ist in Eddaliedern (Reginsmál 2, Sigrdrífumál 17, Hlöðskviða 34, Hamðismál 29, 30, Fáfnismál 11, 12, 44), Skaldendegedichten und in der Sagaprosa (Barlaams saga ok Josaphats) belegt. Eine hochma. Runeninschrift (Borgund, Norwegen) faßt zusammen: »Die Nornen bestimmen das Gute und das Böse, mir haben sie großes Leid gebracht«, und 'Beschluß der N.' ist auch in der Hamðismál 29 synonym mit 'Unglück'. Daneben spricht Snorri die N. auch noch als Triade weiser Frauen an (*Urd, Verdandi, Skuld*: 'wurden', 'werdend', 'werden': Vergangenheit, Gegenwart, Zukunft), und als solche sind die N. mit den Moirai der griech. und den Parzen der röm. Mythologie zu vergleichen. Für die Dreizahl der Frauen könnten antike Vorstellungen als Vorbild gedient haben, doch fehlt das für die Parzen typ. Motiv des Webens oder Spinnens des Schicksals, das in Skandinavien für die → Walküren belegt ist. Eine Dreiheit oder Mehrheit von Schicksalsfrauen ist in der germ. Religion aber zweifelsfrei alt und dürfte schon dem römerzeitl. Matronenkult zugrunde liegen, der sich im hochma. Skandinavien in den Ausformungen des Glaubens an N., Walküren und Disen (→ Dís) manifestiert, die alle sowohl lebensspendende wie lebensfeindl. Aspekte beinhalten. R. Simek

Lit.: F. STRÖM, Diser, Nornor, Valkyrjor, 1954 – G. W. WEBER, Wyrd, 1969.

Northampton, Northamptonshire, Stadt und Gft. in Mittelengland. N. (ursprgl. *Hamtun*) entwickelte sich im FrühMA, 2 km von einer bis um 400 entstandenen röm. Siedlung entfernt, zum Zentrum einer großen Grundherrschaft. Das Präfix 'North' erscheint im Namen erst 1065, zur Unterscheidung von → Southampton. Die Kg.e v. → Mercien haben wohl bereits in dem im 6. und 7. Jh. von Bauern bewohnten N. eine Pfalz errichtet (hölzerne Aula des späten 7. Jh. [29 m × 8 m], im frühen 8. Jh. durch eine aus Stein [35 m × 11 m] ersetzt). Zu diesem Pfalzkomplex gehörten die Kirche St. Petri und vielleicht auch die nicht mehr existierende Kirche St. Gregor. 877 wurde N. von den Dänen besetzt und 913, 917 als Stützpunkt einer dän. Truppe in der Ags. → Chronik erwähnt. Nach dem Abriß der Aula am Ende des 9. Jh. entstand eine städt. Siedlung, die vielleicht bereits um 950 nach einem regelmäßigen Plan erneuert wurde. 917 von Eduard d. Ä. bei der Rückeroberung des → Danelaw eingenommen, hielt N. 940, im Gegensatz zu seinen n. Nachbarstädten (→ Five Boroughs), zu Kg. Edmund und wurde Zentrum einer neuen Gft. (→ *shire*), die etwa das zuvor vom dän. Heer beherrschte Gebiet umfaßte. Nach der norm. Eroberung gehörte für kurze Zeit der sö. Teil Rutlands zu N.shire, wahrscheinl. aufgrund einer Gunstbezeugung der Kg.e

für Waltheof, seit 1065 Earl of N. Unter ihm und den Earls aus der Senlis-Familie wuchs die Stadt auf das Vierfache an. In dieser Zeit entstanden die Burg (nach 1086), eine neue Marktanlage, ein kurz vor 1100 gegr. Cluniazenserpriorat (St. Andrew's) und neue Pfarrkirchen. Um die Mitte des 12. Jh. stiftete William Peverel eine Augustinerchorherrenabtei (St. James's) zu Duston, in unmittelbarer Nähe von N. Kg. Heinrich II. und seine Nachfolger, die N.shire wegen der Forste häufig aufsuchten, hielten oft Versammlungen in N. ab, z. B. 1164 (Verurteilung von → Thomas Becket), 1176 den Council of → N. und 1211 das Konzil, auf dem Kg. Johann Ohneland mit dem Legaten → Pandulf Verhandlungen führte. In N. fanden kgl. Turniere und auch Kapitel der engl. Benediktiner, Augustinerchorherren und Dominikaner statt. Parliamente tagten hier 1328 und 1380. Im 15. Jh. verlor N. seine überregionale polit. Bedeutung. Eine Univ., an der vielleicht → Galfridus de Vino Salvo und später → Daniel v. Morley gelehrt haben, erscheint – jedoch nicht ständig – von etwa 1175 bis 1265. Im 13. Jh. war sie nur während der 'Migrationen' der → Oxforder und → Cambridger Universitäten in Betrieb (z. B. 1264). Die Stadtherrschaft gehörte 1089–1111/13 und ca. 1138–53 den Earls, wurde jedoch 1154 von Heinrich II. übernommen. 1185 kauften die Bürger das Recht, die Steuern (*farm*) selbst zu bezahlen. Ab 1189 konnten sie ihre eigenen Beamten wählen. Nach kgl. Urkk. von 1189 und 1200 sowie der frühesten Erfassung der städt. Rechtsgewohnheiten v. N. (1185–90) waren die höchsten städt. Beamten die praepositi, ein → mayor wird erst 1215 erwähnt. Die wohlhabenderen Bürger (probi homines, auch später *freemen* gen.) hatten das Recht, den mayor und 12 → meliores zu wählen; um 1260, als die zweite Fassung der Gewohnheiten verfaßt wurde, gab es 24 meliores, wahrscheinl. nach dem Vorbild von → Leicester. N. wurde 1459 inkorporiert. 1489 erfolgte eine Beschränkung des Wahlrechts auf eine Gruppe von 48 freemen. J. Barrow

Q.: The Records of the Borough of N., ed. C. A. MARKHAM – J. COX, 2 Bde, 1898 – *Lit.:* R. D. ADKINS u. a., Victoria Hist. of the County of N., 4 Bde, 1902–37 – J. E. B. GOVER, A. MAWER, F. M. STENTON, The Place-Names of N.shire, English Place Names Society, X, 1933 – H. G. RICHARDSON, The Schools of N. in the Twelfth Cent., EHR 56, 1941, 595–605 – J. WILLIAMS, N., Current Archaeology 79, 1982, 250–254 – Royal Commission on Historical Monuments, England (An Inventory of the Historical Monuments in the County of N., V: Archaeological Sites and Churches in N., 1985) – P. STAFFORD, The East Midlands in the Early MA, 1985 – G. FOARD, The Administrative Organization of N.shire in the Saxon Period (Anglo-Saxon Stud. in Archaeology and Hist. 4, 1985).

Northampton, Council of (1176). Die Assise of N., wahrscheinl. von einem großen Rat (Great → Council) im Jan. 1176 beschlossen, war einer von mehreren Gesetzeserlassen, die während der Regierung Heinrichs II. erfolgten. Ihre 13 Verordnungen fußen auf den Bestimmungen der Assise of Clarendon (1166), die ersten Artikel gleichen denen der A. of Clarendon. Doch droht die A. of N. härtere Strafen an, z. B. den Verlust sowohl einer Hand als auch eines Fußes sowie die Verbannung für diejenigen, die beim → Gottesurteil die Wasserprobe überlebten. Den Richtern kam eine wichtigere Rolle zu, die sheriffs hatten eine geringere Bedeutung. Alle Männer, auch die Unfreien, wurden zur Treue gegenüber dem Kg. verpflichtet, eine Verordnung, die wohl auf die Rebellion Heinrichs d. J., dem Sohn Heinrichs II., zurückzuführen ist. Bestimmungen zu Erbschaft, Mitgift, Heimfall und Vormundschaft nahmen entsprechende Klauseln der → Magna Carta (1215) vorweg und dürften sich auch an den kurz zuvor erlassenen Besitzbestimmungen→»Mort d'ancestor« und →»Novel disseisin« orientiert haben. J. S. Critchley

Lit.: W. STUBBS, Select Charters, 1921⁹, 178–181 – W. L. WARREN, Henry II, 1973, 485–489.

Northampton, Earls of. Der erste Inhaber des Titels eines Earl of N. und →Huntingdon war Waltheof (1065–76). Während des folgenden Jahrhunderts folgten ihm vier weitere Träger: Simon I. de St. Liz (1090–1111), Kg. David I. v. Schottland (1111–?), Simon II. de St. Liz (1136) und Simon III. de St. Liz (1153). Der Titel kam bald darauf außer Gebrauch. 1337 wurde er für William de →Bohun († 1360) erneuert. Seit 1338 *constable* v. England, stand er im Dienst Eduards III. und hatte verschiedene militär. Ämter inne. Sein Nachfolger Humphrey X. de Bohun wurde auch Earl of→Hereford, 1361 constable und 1365 Ritter des →Hosenbandordens. Im Mittelpunkt seiner Laufbahn stand ebenfalls der Militärdienst zugunsten der engl. Krone. Als er 1373 starb, waren seine Erben Eleanor (∞→Thomas, Duke of Gloucester, jüngster Sohn Eduards III.) und Mary Bohun (∞ Heinrich [IV.]). Heinrich wurde Earl of N. und Hereford und bestieg 1399 als Heinrich IV. den engl. Thron; sein Sohn von Mary Bohun war der spätere Heinrich V. C. T. Allmand

Lit.: Peerage IX, 662–668; VI, 473f.

Northampton, Schlacht v. (10. Juli 1460), bedeutende Schlacht der →Rosenkriege. Die verbannten Lords der »Yorkists« (→England, E.I) kehrten aus Calais zurück und nahmen London am 2. Juli 1460 ein. Eine starke Streitmacht, die von den Earls v. Warwick (→Neville) und v. March (→Eduard IV.) angeführt wurde, rückte nordwärts vor, damit an Heinrich VI. Forderungen gestellt werden konnten, bevor es ihm gelang, ein großes Heer aufzustellen. Drei Versuche, mit dem Kg. in Verbindung zu treten, wurden abgewehrt, anscheinend von dem Duke of Buckingham (→Stafford), dem Befehlshaber der kgl. Truppen, die außerhalb von N. lagerten. Diese konnten in einem kurzen Gefecht überwältigt werden. Heinrich wurde von den Siegern gefangengenommen, die nun die Regierung bildeten. R. L. Storey

Lit.: R. A. GRIFFITHS, The Reign of Henry VI, 1981, 859–863.

Northampton, Vertrag v. (4. Mai 1328), Bestätigung des Vertrags v. →Edinburgh durch die engl. Regierung.

Northeim, Stadt, Gf.en v. Als frk. Gründung des ausgehenden 8. Jh., im Mündungsgebiet der Rhume in die Leine und im Rittigau gelegen, ist N. namengebender Ort und Stammsitz eines der bedeutendsten Gf.engeschlechter des 10. und 11. Jh. im norddt. Raum. Sind die Ursprünge der Familie seit dem frühen 19. Jh. Anlaß einer Reihe von z. T. unhaltbaren Thesen gewesen, so hat R. WENSKUS Verbindungen zu den Geronen und v.a. den →Immedingern schlüssig aufgezeigt. Der 982 (MGH DO. II., 274) mit Komitatsrechten in Medenheim und N. erwähnte Gf. Siegfried I. († 1004) gewinnt 1002 zusammen mit seiner zweiten Gemahlin Ethelinde, den Söhnen Siegfried II. und Bernhard (= Benno) sowie der »curtia« N. Kontur durch den Bericht →Thietmars v. Merseburg vom Mordanschlag auf →Ekkehard v. Meißen (MGH SRG V, 5). Da Siegfried II. unmittelbar an der Tat beteiligt war, gingen die Gf.enrechte auf Benno über. Hatte sich bis zum Tod Bennos (1047/49) der Einflußbereich der Familie bis in das Hessische ausgedehnt, so sollte das N.er Gf.engeschlecht mit →Otto, dem einzigen Sohn Bennos aus seiner Verbindung mit Eilika, den Höhepunkt seiner Bedeutung erlangen. Den Söhnen Ottos, →Heinrich d. Fetten († 1101), Siegfried III. v. Boyneburg († 107) und Kuno v. Beichlingen († 1103), gelang es zunächst, das väterl. Erbe zu bewahren. Dem Machtverfall des Hauses konnte Siegfried IV. († 27. April 1144), der Sohn Siegfrieds III., noch einmal annähernd begegnen. Mit seinem Tod erlosch das N.er Gf.enhaus im Mannesstamm. Über die Tochter Heinrichs d. Fetten, →Richenza (∞ Ks. →Lothar III.), und deren Tochter →Gertrud (∞ →Heinrich d. Stolze) gelangten große Teile des N.er Erbes an →Heinrich d. Löwen, seit 1152 über Gf. Hermann v. →Winzenburg auch die Hinterlassenschaft Siegfrieds IV. Sichtbare Spuren der Gf.en in N. sind die Restgebäude des Benediktinerkl. St. Blasien (gegr. nach 1100). Die im Schutz des Kl. sich entwickelnde Marktsiedlung wurde Keimzelle der bis Mitte des 13. Jh. ausgebildeten Stadt. H. v. Hindte

Lit.: K.-H. LANGE, Der Herrschaftsbereich der Gf.en v. N. 950–1144 (Stud. und Vorarbeiten zum Hist. Atlas von Niedersachsen 24, 1969) – R. WENSKUS, Sächs. Stammesadel und frk. Reichsadel (AAG. Phil. hist. Kl. III, 93, 1976).

Northern Homily Cycle, Slg. von →Homilien in gereimten Verspaaren für das gesamte Kirchenjahr, in 16 Hss. erhalten, im äußersten N Englands (vielleicht in Durham) um 1300 entstanden. Sie war für einfache Engländer gedacht, die des Frz. und Lat. nicht mächtig waren. Eine zweite Redaktion (erhalten in der →Vernon-Hs.) enthält eine Übers. in westmittelländ. Dialekt; eine dritte (im n. Dialekt und wohl fälschl. Richard →Rolle zugeschrieben) fügt weitere Homilien und 34 Hl.enlegenden hinzu (ed. NEVANLINNA). Autorschaft und Datierung des Werkes sind ungesichert; auch eine eindeutige Zuordnung zu einem Mönchsorden (Dominikaner?) ist nicht möglich. Die themat. und sprachl. Nähe zu den →»York Plays« weist nicht notwendig auf eine Abhängigkeit hin. WOLPERS hebt die Erzählfreude, das Didakt.-Expositor. und angemessen Zeremonielle der Texte hervor, die in kurze überschaubare Homilien mit angehängten→Exempla gegliedert sind und in der erweiterten Slg. über 22000 Zeilen erreichen. Außer den Bibeltexten ist möglicherweise eine Fülle von Kommentaren, liturg. Texten, Legendaren und 'Weltgeschichten' benutzt worden; da jedoch viele Inhalte religiöses Allgemeinwissen des MA darstellen, ist eine eindeutige Zuordnung nicht möglich.
M. Görlach

Bibliogr.: NCBEL I, 528f. – *Ed.*: The N.H.C., ed. S. NEVANLINNA, I, 1972; II, 1973; III, 1984 – *Lit.*: TH. WOLPERS, Die engl. Hl.nlegende des MA, 1964, 263ff.

Northern Passion, The. Der Text, ungefähr 2000 me. Kurzzeilen, ist in 13 (+ 3) Hss. überliefert und demnach eine der beliebtesten Passionsdarstellungen des engl. MA. Der Titel wurde gewählt, um die Dichtung von dem Werk gleichen Inhalts aus dem S Englands, der →»Southern Passion«, abzuheben. Die »N.P.«, das Leiden Christi in gereimten Verspaaren, entstand im frühen 14. Jh., wohl auf der Basis der afrz. →»Passion«, die im ersten Teil verhältnismäßig genau, im zweiten Teil freier wiedergegeben ist. Die Dichtung ist, wie andere Texte der Zeit, für die Gläubigen gedacht, die ausschließl. Engl. sprachen. Eine erweiterte Form des Textes ist in den Jahreszyklus einiger Hss. des →»Northern Homily Cycle« eingefügt. Die »N.P.« wird allg. auch als Q. für Teile zweier me. Dramenzyklen, der →York Plays und des →Towneley Cycle, angenommen. Der lebhafte, ungekünstelte Stil der »N.P.« verbindet Unterhaltung und Erbauung; er hat weithin Anerkennung gefunden und wird oft dem der »Southern Passion« vorgezogen – eine Wertung, die vielleicht durch die Kurzzeilen der »N.P.« mitbedingt ist.
M. Görlach

Bibliogr.: Manual ME 2.V, 1970, 441, 444f., 638 – *Ed. und Lit.*: The N.P., ed. F. A. FOSTER, EETS 145, 147, 183, 1913–30 [Repr. 1971].

Northumberland, Earldom und Gft., entwickelte sich allmähl. aus dem n. Teil (→Bernicia) des alten Kgr.es v. →Northumbria und umfaßte das Gebiet zw. den Flüssen Tweed (im N) und Tees (im S) sowie das Gebiet ö. der Pennine Chain. Im späten 11. Jh. und frühen 12. Jh. wurde der Kirchenbesitz v. →Durham (»St. Cuthbert's Land«) von N. losgelöst und bildete vielleicht die 'Pfalzgft.' *(county palatine)* v. Durham. Nun bestand N. weitgehend aus dem Land n. der Flüsse Derwent und Tyne. Doch auch in diesem verkleinerten Territorium gab es Bezirke (»Liberties«), die von der direkten kgl. Kontrolle durch *sheriffs* befreit waren, so gehörte z. B. Hexhamshire (→Hexham) den Ebf.en v. York, Tynedale den Kg.en v. Schottland und Redesdale der Familie v. Umfraville. Nach der norm. Eroberung übertrugen die engl. Kg.e N. verschiedenen Earls, bei denen es sich meistens um weltl. Magnaten altengl. Herkunft handelte, doch gehörten auch die vom Kontinent stammenden Robert de Commines und Robert de Montbrai (→Mowbray) sowie →Walcher, Bf. v. Durham, zu ihnen. 1095–1139 unterstand N. direkt der engl. Krone, doch nach dem zweiten Vertrag v. Durham zw. Stephan v. Blois und David I. wurde es Heinrich († 1152), dem Erben des schott. Thrones, übertragen. Die schott. Kg.e behielten N. bis 1157, als der engl. Kg. Heinrich II. es wieder in Besitz nahm. Der ehrgeizige Bf. v. Durham, Hugh du →Puiset, hatte das Earldom (1189–94) unter Richard I. inne und fügte 1189 durch Kauf den südlichsten Teil v. N., den wapentake of Sadberge, zu den bfl. Ländereien. Seit ca. 1200 war N. kein Earldom mehr, sondern entwickelte sich zu einer Gft. *(county).* Es gab nur einen sheriff, der sich auf die kgl. Burgen v. →Newcastle upon Tyne und →Bamburgh stützte. Ihm unterstanden zwei →*coroners* für die Gebiete n. bzw. s. des Flusses Coquet. Obwohl N. mit seinen »Liberties« flächenmäßig eine der größten engl. Gft.en bildete, blieb es immer eine der ärmsten. Nur Newcastle upon Tyne war hinsichtl. seines Wohlstandes und seiner Größe vergleichbar mit Städten im s. England. Die langen krieger. Auseinandersetzungen zw. England und Schottland (1296–1357) hatten weitreichende Folgen für N. Die Ämter des warden der ö. Mark (East March) und des warden der Mittleren Mark (Middle March) wurden seit ca. 1333 bedeutender als das ältere Amt des sheriffs. Die Familie der →Percy erwarb unter der Hand die Herrschaft der de Vesci in →Alnwick mit ihrer Burg. Da die Percies ständig das Amt eines warden der Mark innehatten, besaßen sie fakt. die Vorherrschaft in N., die 1377 durch die Übertragung des Earldom of N. anerkannt wurde. Seit dieser Zeit war das Earldom eher ein Ehrentitel für den bedeutendsten Vertreter des engl. Adels als ein Provinz-Earldom alter Prägung. Die Percies besaßen das Earldom bis 1670. 1388 verlor Harry »Hotspur« ('Heißsporn'), der Erbe des ersten Earl of N., die Schlacht v. →Otterburn gegen die Schotten und wurde gefangengenommen. Während N. im 12. Jh. über nur wenige Burgen verfügte, nahm ihre Zahl seit dem 14. Jh. erhebl. zu. Neben den großen Burgen (u. a. Bamburgh, Warkworth, Prudhoe und Newcastle) entstanden nun viele Burgen mittlerer Größe (z. B. Harbottle, Mitford, Bothal, Aydon), sogar kleine Grundbesitzer und Pächter errichteten befestigte Wohntürme *(bastles, peels).*

G. W. S. Barrow

Lit.: A Hist. of N., 15 Bde, 1893–1940 - G. V. Scammell, Hugh du Puiset, Bishop of Durham, 1956.

Northumbria, ags. Kgr. und Earldom, seit dem 7. Jh. bis zur Eroberung durch die →Wikinger im späten 9. Jh. eine führende polit. Macht im n. Britannien (→England, A. II, 1). Ein n. Restgebiet des Kgr.es überdauerte unter den unabhängigen ags. Ealdormen oder Earls bis in die Zeit nach der norm. Eroberung, doch wurde dieses Gebiet durch Landabtretungen im N an die Schotten und im S an die 'Pfalzgft.' v. →Durham (→Northumberland) verkleinert. Den Namen 'N.' scheint →Beda Venerabilis geprägt zu haben, der ihn im Zusammenhang mit der Ansiedlung der angl. Bevölkerung n. des Flusses Humber infolge des Zusammenschlusses der Kgr.e v. →Deira und →Bernicia gebraucht. Deren Namen waren brit., aber sie wurden etwa seit Mitte des 6. Jh. von ags. Dynastien regiert. Der erste northumbr. Herrscher war wohl der aus Bernicia stammende →Æthelfrith, der 604 Deira eroberte und eine einheim. Prinzessin heiratete. Er schaltete andere Mitglieder der führenden Familie aus und herrschte in N. bis zu seinem Tod 616 (⚔ Schlacht am Idle). Æthelfriths Siege über benachbarte brit. und schott. Kg.e begründeten das weitere Geschick von N. durch Landeroberungen und Tributleistungen von unterworfenen Kg.en. Seine Nachfolger, →Edwin (616–633), der einzige Kg. aus der Deira-Dynastie, →Oswald (634–642), →Oswiu (642–670) und →Ecgfrith (670–685), vergrößerten N., bis es im O vom Humber bis zum Forth und im W vom Dee bis zum Solway reichte. Versuche, die Herrschaft auch s. des Humber auszuweiten, waren wegen der militär. Stärke der merc. Kg.e →Penda, →Wulfhere und →Æthelred wenig erfolgreich. Die Hauptzentren der northumbr. kgl. Macht (Bamburgh, Yeavering, Dunbar, Edinburgh, Catterick, York) und die wichtigsten bfl. und monast. Sitze (Lindisfarne, York, Ripon, Hexham, Jarrow, Monkwearmouth, Coldingham, Melrose) lagen alle ö. der Pennine Chain. Wahrscheinl. waren im W der größte Teil der Bevölkerung und vielleicht einige Mitglieder des Adels brit. Herkunft, doch nahmen alle allmähl. die engl. Sprache und Gewohnheiten an. Die Ausdehnung von N. kam zum Stillstand, als Kg. Ecgfrith 679 von den Mercians am Trent und 685 von den Pikten in der Schlacht v. →Nechtanesmere besiegt wurde. Es folgten noch kleinere Landgewinne jenseits des Solway auf Kosten der Briten v. →Strathclyde in der 1. Hälfte des 8. Jh. Durch den Mangel an Landzuwachs und den Rückgang des Vermögens sowie die wachsenden Kosten für die gestifteten Kirchen und Kl. waren die northumbr. Kg.e des 8. und 9. Jh. weniger wohlhabend als ihre Vorgänger. Hinzu kamen zahlreiche Thronkämpfe zw. rivalisierenden Zweigen des kgl. Geschlechts, Morde und Fehden. Doch folgten auch stabile Perioden unter fähigen Kg.en, so z. B. unter Eadbert (737–758) oder Eanred (ca. 808–840/841). Im Herbst 866 plünderte das große Heer der Wikinger York und tötete die rivalisierenden Kg.e Osbert und Ælle. Die Dänen setzten seit 883 ihre eigenen Kg.e ein. Im n. Tyne bestand jedoch die engl. Herrschaft unter der Dynastie v. →Bamburgh fort. Die Namen ihrer Mitglieder (Eadwulf, Ealdred, Oswulf, Waltheof, Uhtred und →Cospatric) lassen auf eine Abstammung von einem Zweig der northumbr. kgl. Familie schließen. Von den s. Engländern wurden sie nicht als Kg.e anerkannt und als *high-reeve* v. Bamburgh, Ealdorman oder im 11. Jh. als Earl of N. bezeichnet. Doch bewahrten sie sich eine gewisse Unabhängigkeit von der engl. Krone, allerdings verloren sie die Kontrolle über →Lothian an die schott. Kg.e und erlitten mehrere schwere militär. Niederlagen (z. B. 1018 bei →Carham-on-Tweed). Der Bf.ssitz des hl. Cuthbert in →Chester-le-Street und später in →Durham stand unter ihrem Einfluß, und im 11. Jh. herrschten die Earls Uhtred und Ealdred zeitweise auch über Yorkshire. Die Erlangung der Herrschaft durch Earl →Siward (1033–55) zu beiden Seiten des

Tyne zeigt jedoch, daß die Machtstellung der Familie keineswegs gefestigt war. N. P. Brooks

Lit.: STENTON³, passim – W. E. KAPELLE, The Norman Conquest of the North, 1979, 1–85 – B. YORKE, Kings and Kingdoms of early Anglo-Saxon England, 1990, 72–99.

Norton, Thomas, * um 1422 vermutl. in Wiltshire, † 1513/14. Aus bekannter Familie in Bristol; zeitweilig als Sheriff in Somerset und im Zoll- und Steuerwesen Bristols tätig; als »squire of household« zur »privy chamber« von Kg. Eduard IV. gehörig. N.s »Ordinal of Alchemy« (1477), ein bedeutendes Frühwerk der engl. sprachigen Lehrdichtung alchem. Inhalts, behandelt theoret. und prakt. Aspekte einer Alchemia transmutatoria, die auf der Basis von »magnesia« und »litarge« bzw. »marcasite« auf den Gewinn einer 'weißen' und 'roten Medizin' zielte. Aufgrund einer lat. Prosaübers. von Michael Maier (in: »Tripus Aureus«, 1618), der dt. Versfass. von Daniel Meißner (»Crede mihi seu Ordinales«, 1625) und der engl. sprachigen Ausg. von Elias Ashmole (1652) zählte N.s »Ordinal« bis in das 18. Jh. zum alchem. Gebrauchsschrifttum. J. Telle

Ed.: Musaeum hermeticum, 1677/78, 433–532 – MANGET, II, 285–309 – Theatrum Chemicum Brit., hg. E. ASHMOLE, London 1652, 1–106, 437–455 – J. REIDY, EETS, 272, 1975 [grundlegend] – *Lit.*: J. FERGUSON, Bibl. chem., 1906, II, 144–146 – J. READ, Prelude to Chemistry, 1936, 174–182 – J. REIDY, Th. N., Ambix 6, 1957, 59–85 – E. J. HOLMYARD, Alchemy, 1957, 185–195 – R. M. SCHULER, Engl. Magical and Scientific Poems to 1700, 1979, Nr. 391.

Norwegen, Kgr. im westl. Skandinavien
A. Allgemeine und politische Geschichte – B. Kirche und Christentum – C. Sozial- und Wirtschaftsgeschichte

A. Allgemeine und politische Geschichte
I. Anfänge und Entwicklung im Hochmittelalter (900–1240) – II. Die Periode des gefestigten norwegischen Königtums (1240–1319) – III. Spätmittelalter und Unionskönigtum (1319–1537).

I. ANFÄNGE UND ENTWICKLUNG IM HOCHMITTELALTER (900–1240): [1] *Die Anfänge:* Ein übergreifendes norw. Kgtm. erscheint in den Q. zuerst gegen Ende des 9. Jh. mit →Harald Schönhaar (Sieg bei Hafrsfjord). Art und Weise sowie regionaler Ausgangspunkt der sog. 'Reichssammlung' bleiben unklar (nach den Sagas Landschaft Vestfold, wo archäolog. Funde auf eine starke Fürstenherrschaft hindeuten; ansonsten überwiegende Q. hinweise auf das Westland als Schwerpunkt der Kg. sherrschaft Haralds). Nach Haralds Tod († nach 930) verfielen die Ansätze der Reichssammlung. Während einer Periode der Teilungen und heftigen Machtkämpfe kam der sö. Teil N.s wohl unter dän. Kontrolle.

→Olaf d. Hl. Haraldsson (1015–30) vereinigte das Land erneut, führte das Christentum als einzige zugelassene Religion ein und betrieb die Kirchenorganisation. Im Konflikt mit →Knud d. Gr. v. Dänemark sowie den norw. Großen exiliert, fiel Olaf in der Schlacht v. Stiklestad bei dem Versuch, N. zurückzuerobern (1030). Nach gängiger Auffassung markiert diese Schlacht den Sieg sowohl für das reichsumfassende Kgtm. als auch für die Kirche. Bereits ein Jahr nach seinem Tode zum Hl. n erklärt, wurde Olaf in der Folgezeit zum Symbol des Widerstands gegen die dän. Oberherrschaft stilisiert und später zum Nationalhl. n erhoben.

Nach dem Zerfall des »Nordseeimperiums« Knuds d. Gr. konnte unter Olafs Sohn →Magnús (1035–46) und Magnús' Onkel →Harald Sigurdsson (1045–66) ein selbständiges, reichsumfassendes Kgtm. etabliert werden. Das sich zw. 1030 und 1130 ausbildende zentrale Kgtm. (das in dieser Periode allerdings ztw. von mehreren Kg. en gleichzeitig ausgeübt wurde) konnte die Unabhängigkeit N.s behaupten und sogar Eroberungszüge gegen Dänemark (Gewinnung der fruchtbaren Gebiete des Inneren Ostlandes bereits unter Harald) und die Brit. Inseln unternehmen.

Die norw. Reichssammlung muß in einem nord. und europ. Zusammenhang gesehen werden. N. wurde wie die anderen nördl. und östl. Randgebiete der westl. Christenheit durch Christianisierung und Gründung organisierter Reiche endgültig in die religiöse, polit. und kulturelle Gemeinschaft des okzidentalen Europa einbezogen. Konkret war die Herausbildung der nord. Reiche in ihren jeweiligen Grenzen von der Teilung der gesamten Region in verschiedene Machtzentren bestimmt, wobei die Möglichkeiten der Kontrolle durch das damals wichtigste militär. Instrument, das Schiff, eine zentrale Rolle spielten. Dadurch erklärt sich auch, daß die langgestreckte norw. Küstenregion zu einem eigenen Reichsterritorium wurde und daß folgerichtig die norw. Kg. smacht im S und O des Landes mit der dän. in Konkurrenz treten mußte.

Die Bedeutung der Verbindung mit dem europ. Festland erweist sich darin, daß die meisten wikingerzeitl. Kg. e, die in N. Fuß fassen konnten, ehem. Wikingerhäuptlinge (→Wikinger) oder Heerführer im Dienste ausländ. Kg. e gewesen waren (Einsatz ihrer aus dem Ausland mitgebrachten Heeresgefolgschaft u. ihres Besitzes an Gold und Silber für Eroberungen in N. und Bildung einer Anhängerschaft bzw. Klientel). Der Aufbau der Kg. sgewalt folgte ausländ. Vorbildern, bei starkem Einfluß der Kirche: Sie legitimierte den Kg. als obersten religiösen Führer (unter Ausschaltung der lokalen Häuptlingsschicht), knüpfte den religiösen Kult an bestimmte vom Kgtm. kontrollierte Zentren, schuf einen landesübergreifenden Verwaltungsapparat und setzte für die Bevölkerung Verhaltensregeln fest, die der Zentralmacht neue Möglichkeiten d. Eingreifens in lokale Verhältnisse boten.

Im HochMA war N. eingeteilt in vier 'Rechtsregionen' (*lögdómar*) mit jeweils eigenem 'Gesetzesding' (anord. *lögþingi*, norw. *lagting*) als oberstem jurisdiktionellen und legislativen Organ (→Ding): Frostathing (Region um den Drontheimfjord/Tröndelag/ und Nordnorwegen); Gulathing (Westland); Eidsivathing (Inneres Ostland) und Borgarthing (Region um den Oslofjord).

Die Lagdingorganisation ging aus einer lokalen Dingorganisation (oft hohen Alters) hervor. Für die Organisation der übergreifenden, repräsentativen Dingversammlungen der vier Rechtsregionen liegt jedoch die Annahme einer Beteiligung des Kgtm. s nahe, das wohl auch bei der Aufzeichnung der Gesetze, der sog. →'Landschaftsrechte', mitwirkte, ebenso bei der Errichtung der ältesten Verteidigungsordnung, des →Leidang. Beide Institutionen sind Zeugnisse eines wohl unter kgl. Regie einsetzenden Zentralisierungsprozesses.

Die kgl. Verwaltung stützte sich in der ältesten Zeit auf zwei unterschiedl. Arten von Amtsträgern, die →Lendermenn und Armenn. Erstere waren Große (norw. *stormenn*) und wohl lokale Verbündete des Kgtm.s, die für ihre Dienste das Dispositionsrecht über Kg. sgut (anorw. *veizla*) erhielten. Im Unterschied zu europ. Vasallen bestand der größte Teil ihres Vermögens aus Eigengut. Die zweite Gruppe waren kgl. Dienstleute im engeren Sinne, urspgl. wohl Verwalter von Kg. shöfen. Von den in den Sagas erwähnten Armenn niederen, sogar unfreien Standes darf nicht auf die gesamte Gruppe geschlossen werden. Es ist möglich, daß eine allmähl. Verschmelzung von Lendermenn und Armenn stattfand, die im Laufe der weiteren Entwicklung die Grundlage für einen neuen Typus des kgl. Amtsträgers, des Sysselmanns (*sýslumaðr*), lieferte.

Der Kg., der in dieser Periode auch auf direkten Kontakt mit den Bauern angewiesen war (Gastung), praktizierte ein ausgesprochenes Reisekgtm. und ging erst im Zuge der Entstehung der ersten Städte im 11. Jh. dazu über, sich häufiger in diesen, zumeist als strateg. Stützpunkte angelegten Zentren aufzuhalten: →Drontheim, Borg (heute Sarpsborg), →Oslo, Konghelle (heute Kungälv/Schweden), →Bergen und →Tønsberg (alle bei →Ordericus Vitalis zu 1135 erwähnt).

[2] *Die sogenannte Bürgerkriegsperiode:* Die Periode von 1130 bis 1240 wird gewöhnl. die Zeit der »Bürgerkriege« (dies eine anachronist. Bezeichnung) genannt. Einige Historiker sahen in dieser Periode die letzte Phase der Reichssammlung (Kämpfe regional verankerter Häuptlingsgeschlechter), nach deren Abschluß sich ein reichsumfassendes Kgtm. fest etablieren konnte (BULL, HELLE). Nach verbreiteterer Auffassung wurde der Machtkampf um eine bereits bestehende Reichsherrschaft geführt; die streitenden Parteien basierten auf Geschlechterzugehörigkeit (KOTH) oder persönl. Allianzen mit wechselnder, manchmal unklarer regionaler Grundlage (LUNDEN, BAGGE).

Als auslösender Faktor der Bürgerkriege galt die noch wenig definierte Thronfolgeordnung (KEYSER u. a.). Daneben werden grundlegende soziale Umwälzungen angenommen, so der wachsende Gegensatz zw. Arm und Reich nach dem Übergang zum Pächterwesen (HOLMSEN), eine »Ressourcenkrise« innerhalb der Elite nach dem Ende der Wikingerzüge, verbunden mit der einsetzenden umfassenden Besitzübertragung von Kgtm. und Aristokratie hin zur Kirche (BAGGE). Übereinstimmung herrscht darüber, daß aus den Bürgerkriegen eine stärkere Staatsmacht hervorging. Die militär. Konflikte der Bürgerkriegszeit führten zu einer deutlicheren Trennung zw. Elite und übriger Bevölkerung, förderten die Etablierung einer auf den Kg. hin orientierten Reichsaristokratie, die an die Stelle der alten lokalen Häuptlingsschicht trat.

Die Sammlung der Aristokratie um den Kg. läßt sich bis in die 60er Jahre des 12. Jh. zurückverfolgen, als es dem Magnaten →Erling Skakke gelang, seinem minderjährigen Sohn →Magnús zum Thron zu verhelfen (Krönung 1163); zugleich brachte er ein gegen die Widersacher gerichtetes Bündnis zw. der Kirche und einem Großteil des Adels zustande. Im Thronfolgegesetz von 1163/64 wurde das Prinzip des Einkönigtums festgelegt; die Kirche erhielt Einfluß auf die Wahl. Für die 1152/53 in einer eigenen Kirchenprov. organisierte norw. Kirche bedeutete diese Allianz einen großen Schritt in Richtung auf eine selbständige, unmittelbar dem Papst unterstehende Kirchenorganisation, im Sinne des europ. Reformgedankens der →libertas ecclesiae.

Unter →Sverrir Sigurdarson (1177-1202) gelang es der Opposition allerdings, Erling und Magnús zu stürzen. Sverrir stützte sich auf eine Gruppe professioneller, meist aus den unteren Schichten stammender Krieger sowie auf Teile der alten Elite. Der Bürgerkrieg trat als Kampf zw. zwei verhältnismäßig fest umrissenen Parteien (→Bagler und→Birkebeiner) in seine intensivste Phase ein. Ergebnis war die Behauptung der Nachkommen Sverrirs auf dem Thron; die führenden Kreise der beiden einst verfeindeten Parteien bildeten fortan den Dienstadel. Dieser Prozeß kam in der Regierungszeit Kg. →Hákon Hákonarsons (1217-63), des Enkels von Sverrir, zum Abschluß. Nach Sverrirs Tod wurden die heftigen Spannungen zw. Kgtm. und Kirche durch eine Versöhnung beigelegt. Doch praktizierte auch Hákon Hákonarson eine restriktive Kirchenpolitik (Nichtanerkennung der kirchl. Privilegien aus der Zeit Kg. Magnús').

II. DIE PERIODE DES GEFESTIGTEN NORWEGISCHEN KÖNIGTUMS (1240-1319): [1] *Institutioneller und rechtlicher Ausbau:* Nach Ausrottung eines Großteil der alten Adelsgeschlechter in den Bürgerkriegen waren die neuen Eliten eher Dienstleute des Kg.s als lokale Machtträger. Ausgehend von den eroberten Gebieten wurde seit den 1160er Jahren ein effektiverer Verwaltungsapparat unter der Leitung der *sysselmenn* ('Amtsleute') geschaffen. Der Leidang wurde zur festen Steuer, die schließlich in Kriegs- wie in Friedenszeiten zu entrichten war. Im Reichsrecht *(Landslög)* von 1274/77 wurde diese Steuer – nach Verhandlungen zw. Kg. und Bauern – auf einen halben Almenning, d. h. auf die Hälfte der allgemeinen Abgaben in Kriegszeiten, festgesetzt. Ansätze zur Ausbildung einer Militäraristokratie und Errichtung von Burgen (→Burg, C. XII. 3) sind deutlich erkennbar, waren aber insgesamt schwächer als in Dänemark und Schweden. Wichtigster militär. Faktor blieb im HochMA das Bauerntum, das geringeren Steuerlasten ausgesetzt war als dasjenige der Nachbarländer. Der Grund dafür dürfte in der Topographie N.s zu suchen sein, die die Flotte, mit den benötigten zahlreichen Ruderern, zum bedeutendsten militär. Machtinstrument werden ließ.

Die kgl. Verwaltung wurde in der Zeit nach den Bürgerkriegen weiter ausgebaut. Den Sysselmenn unterstanden seit der 1. Hälfte des 13. Jh. insgesamt 50 festumgrenzte Distrikte (→Syssel). Zusätzl. wurden um 1300 insgesamt vier Finanzverwalter *(féhirdir)* in den einzelnen Landesteilen eingesetzt. Als oberste Richter in bestimmten Distrikten ernannte der Kg. *lagmenn.* Die Bedeutung des Reisekgtm.s trat gegenüber den Königsaufenthalten in den wichtigen Küstenstädten zurück; die Herrschaftsausübung erfolgte zunehmend auf schriftl. Wege.

Die sich entwickelnde kgl. Zentralverwaltung beruhte auf den traditionellen Ämtern der kgl. Hofgefolgschaft (→*Hird*). Seit den 1260er Jahren wird das wichtigste Amt, das des Kanzlers, greifbar (→Kanzlei, A.VII). Der kgl. Rat, bestehend aus den großen Amtsträgern und einer eher informellen Gruppe kgl. Vertrauter, nahm im ausgehenden HochMA eine festere Struktur an. Von Zeit zu Zeit berief der Kg. große Reichstreffen ein, an denen die weltl. und geistl. Großen des Reiches und die Repräsentanten der Bauern teilnahmen, erstmals anläßl. der Errichtung des Ebm.s Nidaros (1152/53) sowie anläßl. der Krönung Kg. Magnús Erlingssons (1163/64). Diese Reichstreffen, die einen gewissen Ersatz für die früheren, vom Kg. besuchten regionalen Lagdinge boten, verloren am Ende des 13. Jh., als der Kg. sich fast ausschließlich mit Leuten seines Vertrauens beriet, an Bedeutung.

Das Kgtm. gliederte im Zuge seines Bestrebens, Leute im ganzen Land auf vielfältige Weise an sich zu binden, zunehmend Angehörige der vornehmen Familien in die kgl. Hofgefolgschaft (*Hird*) ein, nahm in sie aber auch Mitglieder aus den unteren Bevölkerungsschichten auf. Die Bauernschaft wurde in kgl. Gerichtskollegien oder als Zeugen bei offiziellen Amtshandlungen berufen. Der anorw. »Königsspiegel« (→Fürstenspiegel, B.IV) rühmt den Königsdienst als einzige erstrebenswerte Laufbahn. Dieses Werk verkörpert, gemeinsam mit anderen Schriften, z. B. den Übers. frz. Ritterromane, das Programm einer bewußten Hinwendung zur europ. höf. Kultur. Dieses Interesse ist auch in der weltl. Baukunst erkennbar ('Håkonshalle' in Bergen 1247/61).

Wichtigste Aufgaben des Kgtm.s im Innern waren Gesetzgebung, Ausübung der Exekutivgewalt und Rechtsprechung, die der »Königsspiegel« als nahezu einzige Verpflichtung des Kg.s sieht. Der Kg. bekämpfte, seit der 2. Hälfte des 12. Jh., →Blutrache und Geschlechterfehden und verbot im Reichsrecht von 1274/77 vollständig die Rachehandlungen, an deren Stelle öffentl. Strafvollzug treten sollte. Die kgl. Gesetzgebungstätigkeit, die sich auf allg. Rechtsprinzipien und das myth. »Recht des hl. Olaf« berief, fand ihren Höhepunkt unter Kg. →Magnús Hákonarson Lagaboetir (1263-80). N. erhielt als eine der ersten europ. Monarchien ein reichsumfassendes Gesetzbuch.

[2] *Ausbau der Monarchie. Politik gegenüber Island und den nordischen Nachbarländern:* Die Regierungszeit Kg. Hákon Hákonarsons (1217-63) markiert den endgültigen Durchbruch eines Kgtm.s europ. Prägung. Ab 1247 wurden alle norw. Kg.e gekrönt, ab 1261 auch die Königinnen. Die europ.-kontinentalen und kirchl. Ideen des →Gottesgnadentums und der absoluten Gehorsamspflicht der Untertanen gegenüber dem Kg. wurden um 1250 kraftvoll im »Königsspiegel« thematisiert. Das Prinzip des Einkönigtums wurde erneut in den Thronfolgegesetzen von 1260 und 1273 festgelegt, und die Erbfolge erfuhr erstmals eine genaue Regelung. Damit war in N. die Erbmonarchie konsequenter verwirklicht als in anderen zeitgenöss. Monarchien, in deutl. Unterschied zu Dänemark und Schweden. Den Abstand zw. Kg. und Aristokratie markierten ein neues Hofzeremoniell und das Verbot des Konnubiums einheim. Adelsfamilien mit ehel. Mitgliedern des Kg.shauses.

Hákon Hákonarson betrieb mit Nachdruck die Einverleibung →Islands. Die zunehmende Verflechtung beider Länder mündete 1262-64 nach Aushandlung von Gegenleistungen in die Unterwerfung der Isländer unter die norw. Krone ein. Zur gleichen Zeit unterwarfen sich auch die Grönländer (→Grönland). Hákon strebte auch eine stärkere Kontrolle über die alten norw. Besitzungen im Bereich der Brit. Inseln an, geriet dabei aber in Konflikt mit dem expandierenden Kgtm. →Schottlands (nach Auseinandersetzungen 1263-66 Abtretung der →Hebriden und der Insel →Man gegen Ablösungssumme; Verbleib der →Orkney- und Shetlandinseln sowie der →Färöer bei N.).

Mit der Regierung Kg. Hákon Hákonarsons begann N. als maßgebl. polit. Faktor in die inneren Streitigkeiten der Nachbarländer einzugreifen. Ab 1286 stand der Kg. v. N. in Allianz mit einer dän. Oppositionspartei gegen den Kg. v. Dänemark. Zu Beginn des 14. Jh. schloß Kg. →Hákon V. (1299-1319) ein Bündnis mit den schwed. Hzg.en Erik und Waldemar, den Brüdern Kg. Birgers, und wurde in die Auseinandersetzungen der Hzg.e mit ihrem Bruder hineingezogen. Ein Grundzug der nord. Konflikte zu Beginn des 14. Jh. bestand in der Allianz der Kg.e v. N. mit Adelsoppositionen in den Nachbarländern, mit dem Hauptziel einer norw. Kontrolle über die reichen Gebiete im Grenzbereich zw. den drei nord. Reichen. Die anfängl. Erfolge dieser Politik schlugen ins Gegenteil um, als der Kg. v. Dänemark die Oppositionspartei zu Beginn des 14. Jh. ernsthaft in Bedrängnis brachte und die starken schwed. Alliierten Kg. Hákons zunehmend eigene Interessen verfolgten. Die Kg.e v. N., deren bäuerl. Aufgebot (Leidang) zu Lande unterlag, vermochten sich in den Grenzregionen (→Schonen, Båhuslen) um 1300 nicht zu behaupten; diese fielen an die schwed. Hzg.e. Die nord. Politik der Kg.e v. N. blieb insgesamt wenig erfolgreich, weil N. als ärmstes und schwächstes der nordeurop. Reiche über ein zu geringes wirtschaftl. und militär. Potential verfügte. Es hatte nicht einmal die Hälfte der Einwohnerzahl Dänemarks; die gesamten Staatseinkünfte (einschließl. der Leidangssteuer) erreichten maximal wohl nur 8000 *mark* pro Jahr, ein Fünftel der dän. Einnahmen. Daß N. überhaupt über einen gewissen Zeitraum eine aktive polit. Rolle spielen konnte, hängt wohl mit den vielen unbezahlten oder gering besoldeten Diensten der bäuerl. Bevölkerung (Heeresaufgebot, Rechtswesen), aber auch mit der bemerkenswerten polit. Stabilität N.s (im Gegensatz zu Dänemark und Schweden) zusammen.

[3] *Das Verhältnis des Königtums zu Adel, Kirche und Bauerntum:* Das polit. System in N. war durch ein ausgewogenes Verhältnis zw. dem (dominierenden) Kgtm. und der Aristokratie geprägt. Die relative Armut der stets auf den Königsdienst orientierten norw. Aristokratie verhinderte, daß die adligen Amtsträger eigenständige Machtpositionen in Konkurrenz zum Kgtm. aufbauten. Die Kompetenzen und (fiskal.) Privilegien des Adels blieben (trotz aristokratisch dominierter Vormundschaftsregierungen in den 1280er und 1320er Jahren) insgesamt eher bescheiden.

Eine weitaus selbständigere Rolle spielte die geistl. Aristokratie. Das Bestreben der Bf.e, für den immensen kirchl. Grundbesitz steuerl. Immunität und eigenständige, ertragreiche Jurisdiktionsrechte zu erlangen, war teilw. erfolgreich, wenn auch in geringerem Maße als in anderen Ländern. Seit Kg. Sverrir (1177-1202) lebte in der norw. Dynastie eine antikirchl. Ideologie fort, die in den »Königsspiegel« von 1250 einging. Träger einer restriktiven Politik gegenüber der Kirche waren v. a. die adligen Vormundschaftsregierungen während die Kg.e selber, bei der Durchsetzung ihrer monarch. Herrschaftsansprüche auf die legitimierende Funktion der Kirche angewiesen, in manchen der zahlreichen Konflikte eine vermittelnde Haltung einnahmen.

Die Bauern erlitten durch den Aufbau der starken Zentralmacht zwar manche Nachteile (Stärkung der Rechte der großen Grundbesitzer, zusätzl. Steuerlast, höhere Bußen im Rahmen des öffentl. Rechtswesens, Machtmißbrauch durch kgl. Amtsträger), profitierten andererseits von den friedlicheren Verhältnissen im Lande. Da die Bauern den unverzichtbaren Kern des Heeresaufgebots bildeten, unterstützte sie der Kg. manchmal sogar gegen die eigenen Amtsträger und befleißigte sich insgesamt einer vergleichsweise bauernfreundl. Politik, die eine Artikulierung bäuerl. Interessen zuließ (niedrigere direkte Steuern als in den Nachbarländern, Bestimmungen im Reichsrecht über Heeresdienst und Abgabenpflicht aufgrund von Verhandlungen zw. Kg. und Bauernschaft). Hinsichtl. Machtgrundlagen und polit. Rolle des norw. Kgtm.s scheint es, daß seine Stärke (bei begrenzten Einkünften und bescheidenem Machtapparat) gerade auf der geschickten Abwägung mehrerer, sich überschneidender Interessen beruhte. Die Macht des Kg.s stieß kaum auf institutionelle Schranken; Reichsrat und Reichstreffen waren im HochMA Instrumente des Kgtm.s, nicht aber Organe einer potentiellen aristokrat.-ständ. Opposition (wie später in Dänemark und Schweden). Die wesentl. polit. Entscheidungen des HochMA dürften in N. daher vom Kg. getroffen worden sein.

III. SPÄTMITTELALTER UND UNIONSKÖNIGTUM (1319-1537): 1319 starb Hákon V., und sein dreijähriger Enkel →Magnús Eriksson, Sohn des schwed. Hzgs. Erik, wurde Kg. über Norwegen und Schweden. Dies war der Auftakt einer Reihe von Unionen mit den Nachbarländern, die mit kurzen Unterbrechungen bis 1905 andauerten. Die schwed.-norw. Union wurde 1343-44 aufgelöst, als Magnús Erikssons Sohn, der minderjährige →Hákon (VI.), zum Kg. v. N. gewählt wurde, während sein älterer Bruder Erik die Thronfolge in Schweden antrat. Eriks Tod 1359 und die Absetzung Magnús' in Schweden 1363 schuf indessen eine neue Situation. In der Folgezeit kämpften Magnús und Hákon von N. und den westschwed. Landschaften aus um die Rückeroberung des schwed. Throns. 1363 wurde Hákon mit der dän. Prinzessin →Margarete, Tochter von →Waldemar Atterdag, verheiratet; 1376 wurde deren Sohn →Olav zum dän. Kg. gewählt. Als Hákon 1380 starb, erbte Olav auch den norw. Thron; die dän.-norw. Union entstand. Margarete war die eigtl. Regentin in beiden Ländern, auch nach Olavs Tod (1387), als sie →Erich v. Pommern zum Kg. wählen ließ. 1397 empfing Erich in Kalmar die Huldigung der drei nord. Reiche. N. verblieb bis 1814 in der →Kalmarer Union, während Schweden sie schon bald wieder verließ.

Die große Wende im Verhältnis zw. N. und seinen Nachbarländern stellte sich nicht unmittelbar mit der ersten norw.-schwed. Union ein, sondern erst mit der Pestkatastrophe von 1349-50. Bis zu diesem demograph. und wirtschaftl. Einbruch scheint sich das alte Regierungssystem gehalten zu haben; auch konnte N. eine unabhängige Stellung gegenüber den Unionspartnern bewahren. Die zentrale Vertretung norw. Interessen lag mittlerweile beim →Reichsrat. Diesen Namen erhielt der Rat des Kg.s erstmals bei der Unionsabsprache von 1319. Er gewann in der Folgezeit eine festere Struktur (ständige Zugehörigkeit der Bf.e und einiger anderer Prälaten sowie einer größeren Anzahl weltl. Aristokraten) und konnte eine selbständigere Haltung gegenüber dem Kg. einnehmen. Die Regierung des Reiches wurde im 14. Jh. v. a. vom weltl. Adel bestimmt, der sich immer mehr zu einem eigenen Stand entwickelte, jedoch ohne regelrechten Bruch mit dem alten Regierungssystem.

Der Reichsrat trat mit größeren Befugnissen und selbstbewußter auf, v. a. in der Regierungszeit Hákons VI. (1343-80). Nach der Absetzung in Schweden war Hákon auf die Unterstützung des norw. Reichsrates angewiesen. Nach der Kalmarer Union von 1397 bildete sich indessen eine starke Unionsaristokratie mit Dänemark als Zentrum heraus, so daß der norw. Reichsrat deutl. an Einfluß verlor. Zentral- und Lokalverwaltung der Union waren dänisch dominiert.

Weder das hochma. Staatssystem noch die Machtstellung der weltl. Aristokratie ließen sich auf lange Sicht aufrechterhalten. Durch das Absinken der Grundabgaben wurde die ökonom. Basis des Staatswesens schwer erschüttert; die Leidangssteuer sank auf gut die Hälfte des Niveaus der Periode vor 1350, während die Einkünfte aus Grundabgaben auf ca. 20% fielen. Die Verminderung der Einkünfte führte zum Rückgang öffentl. Verwaltungstätigkeit (Zusammenlegung der len, der Amtsbezirke, Übernahme weiter Bereiche der Rechtspflege und Lokalverwaltung durch Bauern). Allerdings relativieren neuere Untersuchungen den von der älteren Forschung wohl übertrieben dargestellten staatl. Machtverfall im SpätMA (BLOM, IMSEN, NEDKVITNE). Stärkere Einbrüche erlitt das Militärwesen. Die aufgrund der technolog. Neuerungen (Festungswesen, Feuerwaffen) und des Einsatzes von Söldnern kostspieligere Kriegführung ließ, bei Wegfall der bäuerl. Heerfolge, die militär. Verteidigung N.s immer schwieriger werden.

Die weltl. Aristokratie, vom Rückgang der Grundabgaben wirtschaftl. schwer getroffen, erfuhr eine zahlenmäßige Reduzierung und geriet in noch größere Abhängigkeit vom Kgtm. Auch die Kirche war geschwächt, doch konnte sie bis zur Reformation durchgängig eine wichtige, für die polit. Gestaltung N.s jedoch nicht immer günstige Rolle spielen.

Lediglich die Bauern (→Bauerntum, D. VIII), die Pachtland zu einem Bruchteil des Preises der Zeit vor 1350 erwarben, und die Fischer (→Fischfang, B) konnten im SpätMA ihre Stellung verbessern. Die großen norw. Exportgüter Butter und Trockenfisch erzielten hohe Preise. Doch bildete sich kein bedeutender einheim. Kaufmannsstand; der ertragreiche Exporthandel lag ausschließl. in den Händen der dt. Hansekaufleute (→Hanse).

Nach 1350 war N. als schwächerer Partner auf die Bindung an Dänemark angewiesen. Das starke Unionskgtm. zerfiel 1434 in den von Schweden ausgehenden Aufständen, die in abgeschwächter Form auch N. erreichten. 1442 wurde mit der Wahl →Christophs III. v. Bayern die Union der drei Reiche erneuert, jetzt auf klarer konstitutioneller Grundlage und unter aktiver und detaillierter festgelegter Beteiligung der drei Reichsräte. Durch dieses konstitutionelle Programm, das seinen Ausdruck in den 'Handfesten' (→Wahlkapitulation) fand, vollzog N. den Übergang von der Erb- zur Wahlmonarchie. Gleichwohl konnte sich, unter den Kg.en →Hans (1483-1513) und Christian II. (1513-23), ein starkes dän. Kgtm. entfalten. War Schweden nach dem Tode Christophs v. Bayern (1448) aus der Union ausgeschert, so gab es in N. bei der Kg.swahl von 1448-50 innere Auseinandersetzungen, aus denen Kg. →Christian I. siegreich hervorging. Anläßl. seiner Wahl wurde ein formeller Unionstraktat ausgehandelt, der den Platz des norw. Reichsrates in der Reichsregierung und die Gleichstellung der beiden Reiche regelte. Das Ziel der dän. Politik nach 1448, Schweden zu erobern, beeinflußte auch das dän.-norw. Verhältnis. Die restriktive Hansepolitik des Reichsrats wie des Kg.s wurde wegen der Eroberungspläne gegen Schweden häufig aufgeweicht (Bündnisse mit den Hansestädten, Privilegienerneuerung). Die zunächst vorsichtige Politik Dänemarks gegenüber N. und dem norw. Reichsrat wich nach Ausbruch des Aufstandes in Schweden und N. (1501) einer härteren Behandlung. Waren die Unruhen in N. bereits 1502, nach dem Tod des dortigen Anführers Knut Alvsson, zusammengebrochen, so zog sich der Kampf gegen Schweden bis 1523 hin. Christian II. war als Vizekg. in N. ab 1506 und als Kg. ab 1513 systemat. bemüht, die dän. Kontrolle über N. zu verstärken und höhere Einkünfte aus dem Land herauszuholen. Das Aufkommen der Reformation, die von den Kg.en Friedrich I. und namentl. Christian III. nachhaltig unterstützt wurde, bildete eine neue Gefahr für die Selbständigkeitsbestrebungen des norw. Reichsrats und Episkopats, der (in Verknüpfung nationaler und kirchl. Interessen) unter Ebf. Olaf Engelbrektsson (1523-37) am Katholizismus festhielt. Christian III. führte 1536 die Reformation ein und schaltete zugleich den norw. Reichsrat aus. In der Handfeste vom 30. Okt. 1536 wurde N. »für alle Zeit« zum Teil Dänemarks erklärt. Ein dän. Feldzug brach im Frühjahr 1537 rasch den kath.-norw. Widerstand. Die kath. Kirche und der Reichsrat wurden aufgehoben, eine neue protestant. Kirchenordnung erlassen und N. unmittelbar der Zentralregierung in Kopenhagen unterstellt.

B. Kirche und Christentum
I. Die Anfänge – II. Kirchenreform und Verhältnis zum Königtum – III. Kirchliches Leben.

I. Die Anfänge: Die Sagas schildern die Durchsetzung des Christentums als Resultat der dramat. Auseinandersetzung der Missionskg.e →Olaf Tryggvason (995-1000) und →Olaf Haraldsson d. Hl. (1015-30) mit der alten Religion. In der Realität verlief die Christianisierung aber wohl als allmähl. Prozeß, war das Christentum den Norwegern doch bereits auf Wiking- und Handelsfahrten und durch das Wirken ausländ. Missionare in Teilen des Landes begegnet (Einflüsse sowohl der engl. Kirche als auch des Ebm.s →Hamburg-Bremen). Die Sagas betonen aber mit Recht das persönl. Prestige der Kg.e und anderer Großer als wichtige Antriebskraft bei der Einführung des Christentums. Die Organisationsform der neuen Religion weist deutl. auf die führende Rolle des Kgtm.s hin, auf die das ältesten kirchl. Gesetze zurückgehen (sog. 'Christenrechte'). In der frühen Periode der Christianisierung gab es noch keine festen Bf.ssitze; die Bf.e durchreisten im Gefolge des Kg.s das Land. Die Kirche war auch ökonomisch stark vom Kg. abhängig (kgl. Schenkungen). 1152 (oder 1153) wurde durch den päpstl. Legaten Nikolaus Breakspeare (später Papst →Hadrian IV.) die norw. Kirchenprovinz errichtet. Der Bf. v. Nidaros (→Drontheim) wurde zum Ebf. erhoben und war Oberhaupt über 10 Suffraganbm.er, fünf in N. und fünf in den norw. Schatzlanden im W. Durch diese Neuorganisation wurden die engen Beziehungen zum Papsttum wie die Selbständigkeitsbestrebungen der Kirche gegenüber dem Kgtm. unterstrichen.

War die Position der Kirche in der Frühzeit noch wenig gesichert (nach einem Passus der →Gulaþingslög hatten die Priester den Status von Sklaven), so verbesserten sich die wirtschaftl. Grundlagen der Kirche im 12. Jh., v. a. durch die Einführung des →Zehnten (kurz vor 1130, doch erst in der 2. Hälfte des Jh. allg. akzeptiert). Die ältesten Bm.er (2. Hälfte 11. Jh.) waren mit den vier großen Rechtslandschaften ident. Nach Errichtung der Kirchenprovinz erhielt N. fünf Bm.er (→Drontheim, →Bergen, →Stavanger, →Oslo, Hamar), und an den Bf.ssitzen wurden Domkapitel eingerichtet. Die ersten Kl.gründungen erfolgten zu Beginn des 11. Jh.; Anfang des 14. Jh. hatte das Land ca. 30 Kl. Bereits im Laufe des ersten christl. Jh. erhielten die Bm.er und Kl. vom Kg. und Adel ausgedehnte Landschenkungen. Tendenziell hat die Christianisierung die lokale Häuptlingsschicht geschwächt und die Zentralmacht gestärkt.

II. KIRCHENREFORM UND VERHÄLTNIS ZUM KÖNIGTUM: Die Errichtung des Ebm.s gab Anstoß zu engerem Kontakt mit der allgemeineurop. Kirchenorganistaion (Studium führender Mitglieder des norw. Klerus an frz. Schulen) und einer Öffnung für die Ideen der Kirchenreform (Ebf. →Eysteinn Erlendsson). In den Jahren nach 1160 begann eine Phase neuer Kirchenpolitik, geprägt durch das Zusammenwirken Erlings Skakke und des Episkopats, der einige Forderungen der Kirchenreform (Recht der Priestereinsetzung, Kontrolle über die örtl. Kirchen, Wahl des Bf.s durch die Domkapitel, Rechtsrevision unter Berücksichtigung der kirchl. Vorstellungen) verwirklichen konnte. Die Kirche war zu einem eigenständigen gesellschaftl. und polit. Machtfaktor neben dem Kgtm. geworden.

Nach dem Sturz Kg. Magnús' durch →Sverrir Sigurdarson traten die Probleme in den Beziehungen zw. Kirche und Kgtm. voll zu Tage. Unter Ebf. Eysteinns Nachfolger Erik Ivarson kam es zum offenen Bruch. Sverrir formulierte ein Programm, das die kirchl. Errungenschaften der letzten fünfzig Jahre negierte und die Kirche wieder der strikten Kontrolle des Kgtm.s unterstellen wollte (»En →Tale mot Biskopene«, um 1200). Der nach Sverrirs Tod 1202 geschlossene Frieden war ein unklarer Kompromiß; die Kirche bewahrte in der Praxis die meisten ihrer alten Privilegien. Bei fortdauernden Spannungen wuchsen Organisationsgrad und Einfluß der Kirche im 13. Jh. ständig an. Die ersten Anstöße zur Einführung des Zölibats sind in einem Papstbrief von 1237 enthalten.

Von der Mitte des 13. Jh. an war die Frage des Jurisdiktionsrechts der wichtigste Streitpunkt zw. Kirche und Kgtm., das im 13. Jh. dazu überging, die kirchl. Jurisdiktion zu beschränken und (seit den 1260er Jahren) auch die überkommenen 'Christenrechte' zu revidieren. Hier lehnte der Ebf. jedoch jede Einschaltung des Kg.s in die Belange der Kirche kategorisch ab. Diese Auseinandersetzung wurde mit der (für die Kirche günstigen) Übereinkunft v. Tønsberg (1277) zwar einstweilen beigelegt; das Problem der Jurisdiktionsgewalt blieb gleichwohl ungelöst, so daß es 1280–90 unter der Vormundschaftsregierung für Kg. Erik, die die Übereinkunft v. Tønsberg aussetzte, zu einem neuen Konflikt kam. Hákon V. Magnússon (1299–1319) geriet wegen der Ausweitung der kgl. Kapellgeistlichkeit (die in direkter Bindung an das Kgtm. Aufgaben des kgl. Verwaltungsdienstes erfüllte) in einen heftigen Streit mit dem Bf. v. Bergen.

III. KIRCHLICHES LEBEN: Hatte die Kirche in den Konflikten der 1270er und 1280er Jahre vereint gegen das Kgtm. gestanden, so überwogen in der friedlicheren Periode der Folgezeit innerkirchl. Auseinandersetzungen (Konflikte des Ebf.s v. Nidaros und des Bf.s v. Stavanger mit ihren Domkapiteln, Streitigkeiten der neuen Orden der Franziskaner und Dominikaner mit Bf.en und Pfarrklerus). Das 14. Jh., in dem die norw. Kirche einen dem übrigen Europa vergleichbaren Organisationsgrad erreichte, war eine Blütezeit des kirchl. Lebens (Abhaltung zahlreicher Provinzialsynoden unter Vorsitz des Ebf.s, mit erhaltenen Synodalakten; im Ausland erworbene Universitätsbildung zahlreicher höherer Kleriker.

Der Bevölkerungsrückgang des SpätMA mit sinkenden Abgaben traf die Kirche als größten Grundbesitzer des Landes, doch dank frommer Schenkungen konnte sie während der Pestzeit ihren Anteil am Grundbesitz von 40% auf 48% erhöhen; der Ebf. verfügte zudem über ertragreiche Besitzungen im nördl. Küstenbereich (Fischhandel). Der mächtige Einfluß der kirchl. Vertreter im Reichsrat spiegelt sich auch in den Verhandlungen um die Handfesten wider, bei denen kirchl. Privilegien eine herausragende Rolle spielten. 1458 erreichte die Kirche eine Erneuerung der Übereinkunft v. Tønsberg, 1478 eine wesentl. Erweiterung des kirchl. Jurisdiktionsrechts. In der letzten Phase des Kampfes um die Selbständigkeit des Landes (um 1530) tritt der Ebf. keineswegs zufällig als religiös und politisch führende Persönlichkeit hervor.

Neben der in den erhaltenen Q. hervortretenden Rolle der Kirche als öffentl. Organisation (Grundbesitz, Rechtsprechung, Verhandlungen mit dem Kgtm.) geben die Werke einer reichen religiösen Lit. sowie der Bildenden Kunst und Architektur (berühmt die aus Holz errichteten →Stabkirchen) Aufschluß über die geistl. Leben. Quellenaussagen über die Religiosität der Bevölkerung und über ihre Bewertung der Geistlichkeit als soziale Gruppe fehlen dagegen. Die Ansicht, daß die Kirche in N. eine schwächere Stellung gehabt habe als in anderen Ländern (BULL), ist kaum belegbar und angesichts der gut ausgebauten Organisation und reichen Besitzausstattung auch unwahrscheinlich. Auch in N. gibt es einige Hinweise auf eine magisch geprägte »Volksreligiosität« (ma. Runenmaterial, gefunden im Viertel der Dt. Brücke in Bergen).

C. Sozial- und Wirtschaftsgeschichte
I. Bäuerliche Bevölkerung. Rechts- und Sozialgeschichte – II. Bevölkerungsentwicklung – III. Handel und Städte.

I. BÄUERLICHE BEVÖLKERUNG. RECHTS- UND SOZIALGESCHICHTE: Der überwiegende Teil der Bevölkerung war bäuerl. (→Bauer, -ntum, D. VIII), wobei die natürl. Voraussetzungen (Klima, Gebirgscharakter) Ackerbau nur in begrenztem Umfang zuließen, hingegen die Viehhaltung im ausgedehnten Außenmarks- und Grasland begünstigten. Der reichlich anfallende Dünger ermöglichte intensiven Getreideanbau (nur ein Viertel jährl. Brache, gegenüber einem Drittel in Mittel- und Westeuropa). Wichtigster Bereich neben Viehhaltung und Landbau war der ertragreiche Fischfang.

Übliche Siedelform war der Einzelhof; größere Dörfer bestanden nicht. Doch war im Westland ein Hof in mehrere Wirtschaften *(bruk)*, mit Parzellierung der Feldmark und gemeinsamer Nutzung der Außenmark, aufgeteilt.

Der Haushalt bestand gewöhnl. aus der Kernfamilie und dem Gesinde oder den Sklaven. Nach älterer Auffassung soll die archaische norw. Gesellschaft als »Sippengesellschaft« *(ættesamfunn)* verfaßt gewesen sein (→Odal), was die neuere Forschung entschieden in Frage stellt (PHILPOTTS, GAUNT, SAWYER). Die Ehe (→Ehe, B. VII) der frühen Periode, wie sie sich in den Landschaftsrechten darstellt, scheint eine Absprache zw. zwei Familien gewesen zu sein (u. a. kein gegenseitiges Erbrecht). Im HochMA trat eine Änderung ein durch die Einführung des *félag*, der Gütergemeinschaft, als eines mögl. Ordnungsprinzips (auf Wunsch des Ehemanns). Es ermöglichte die gegenseitige Beerbung, führte aber zu einer Verringerung der Selbständigkeit der Frau gegenüber dem Mann. Aufgrund des zunehmenden Einflusses kirchl. Rechtsvorstellungen wurde die Scheidung abgeschafft, die Zustimmung der Frau zur Eheschließung erforderlich, in Hinblick auf eine Stärkung des ehel. Bandes (und damit der Kernfamilie) auf Kosten der Bindung an das Geschlecht.

Die ältere bäuerl. Gesellschaft N.s war hierarchisch gegliedert (in den Landschaftsrechten kompliziertes Rangsystem der Mannbußen; →Wergeld); unterhalb der Hierarchie rangierten die →Sklaven. Im Reichsrecht des späten 13. Jh. tritt dagegen eine Aufteilung in Grundbesitzer und Pächter, verbunden mit detaillierten Bestimmungen über die Landpacht, an die Stelle der alten Rangordnung. Diese Veränderungen werden erklärt mit dem Übergang von einem wirtschaftlich starken Bauerntum mit Eigengut zu einer Gesellschaft, die sich durch eine scharfe Trennung zw. der dünnen Oberschicht großer Grundbesitzer und einer Vielzahl von Pächtern auszeichnet. Eine Berechnung der Grundbesitzverhältnisse um 1300 zeigt folgende Verteilung: Kirche 40%, Kg. 7%, weltl. Adel 20%, Bauern 33% (BJØRKVIK). Die Frage, wieweit sich die Pächterklasse aus Sklaven (die im älteren bäuerl. Wirtschaftssystem eine gewisse Rolle gespielt haben müssen) rekrutiert hat, konnte durch die Forschung nicht eindeutig beantwortet werden. Nach vorherrschender Auffassung war die Stellung der norw. Bauern besser als in den meisten europ. Ländern, einschließl. Dänemarks und (weitgehend) Schwedens. Die norw. Bauern waren persönl. frei, ihre Pflichten gegenüber dem Grundbesitzer beschränkten sich hauptsächl. auf die Pachtabgabe (durchschnittl. ⅙ des Bruttoertrags). Im HochMA machten die direkten Grundabgaben einen größeren Teil der Einkünfte der Oberschicht aus als in der späteren Periode.

II. BEVÖLKERUNGSENTWICKLUNG: Sie spielte bei den hier angedeuteten Veränderungen eine wichtige Rolle. Ein Bevölkerungsanstieg vollzog sich in der Periode 700-1350, bes. stark seit Mitte des 11. Jh. Die demograph. Entwicklung ist durch archäolog. Untersuchungen und Ortsnamenforschung belegt. Für den Beginn des 14. Jh., der für das MA den Höchststand markiert, können ca. 35 000 Hofstellen (60 000-75 000 Wirtschaftsstellen/*bruk*) angenommen werden, davon ausgehend eine Gesamtbevölkerung zw. 300 000 und 550 000 Personen. Zahlreiche Einzeluntersuchungen geben Aufschluß über Landknappheit in dieser Periode (Rodungen auf minderwertigen Böden und in Randzonen, Teilung bäuerl. Wirtschaften). Um die Mitte des 14. Jh. soll sich N. am Rande einer Überbevölkerungskrise befunden haben.

Der Schwarze Tod (Herbst und Winter 1349/50), dem ein Drittel oder gar die Hälfte der Bevölkerung zum Opfer fiel, und nachfolgende Epidemien änderten dieses Bild in dramat. Weise. Die Bevölkerung blieb für lange Zeit auf einem niedrigen Stand: 1520-22 nur ca. 150 000 Einw. (nach Steuermatrikeln). Im Zuge dieses Bevölkerungsrückgangs konzentrierte sich die Besiedlung nur mehr auf die besten Böden (verbreitete Wüstungen, Nutzung des Ödlands als Allmende oder Weideland). Der hieraus erfolgende Verfall der Agrarpreise betrug ca. 50%, die Pachtabgaben fielen auf ein Drittel des Niveaus der Zeit vor 1350. Zwar profitierten Bauer und Fischer von der günstigen Preisentwicklung für Fisch und Viehprodukte, doch war die Entwicklung für die grundbesitzende Oberschicht katastrophal. Die ökonom. Folgen für N. müssen (im Vergleich mit den Nachbarländern) als sehr ernst beurteilt werden.

III. HANDEL UND STÄDTE: [1] *Handel:* Schon in der vorwiking. Periode ist Handel archäolog. bezeugt. Das wichtigste norw. Exportgut waren seit dem frühen MA Pelze aus Nord-N. Urbanisierung und Bevölkerungswachstum im hochma. Europa schufen Nachfrage nach Lebensmittelimporten; der Export von getrocknetem Fisch, seit dem 12. Jh. belegt, war in dieser Periode der wichtigste Handelszweig N.s. Das gesamte Exportvolumen um 1300 wird mit ca. 3000 t angesetzt (NEDKVITNE). Zum großen Zentrum des Fischhandels wurde →Bergen, die einzige große Handelsstadt N.s. Seit der 2. Hälfte des 13. Jh. übernahmen dt. Kaufleute, meist aus →Lübeck, den Handel. Sie kauften den Fisch von nordnorw. Fischern und exportierten ihn weiter nach England, Westeuropa und teilweise auch nach Dtl. Im Gegenzug importierten sie Getreide, Malz, Bier und flandr. Tuche. Dank ihrer überlegenen Organisation und ihrer internat. Verbindungen (nicht jedoch wegen ihrer besseren Schiffstechnologie) konnten die dt. Kaufleute den norw. Exporthandel in ihre Hand bekommen und – infolge des Machtzuwachses der Hanse gegen Ende des 13. Jh. – umfassende Privilegien erwirken, handelsschädigende Maßnahmen der norw. Kg.e dagegen verhindern. Seit Mitte des 14. Jh. waren die Hansekaufleute in Bergen im dt. Kontor, der »Dt. Brücke«, zusammengeschlossen.

Die spätma. Agrarkrise brachte eine Reduzierung des Fischexports, bei steigender Nachfrage (Fleisch, Butter, Fisch) auf den westeurop. Märkten und günstiger Preisentwicklung. Im landwirtschaftl. Bereich vollzog sich ein Übergang vom Getreideanbau zur Haustierhaltung (Export von Viehprodukten). Diese für die norw. Küstenbewohner günstige Entwicklung war aus der Sicht des norw. Staates insofern ein Problem, als die Handelsüberschüsse den dt. Kaufleuten zufielen, die im gesamten MA in N. ihre starke Stellung bewahren konnten, selbst als sie im übrigen Europa ihre Bedeutung schon weitgehend eingebüßt hatten.

[2] *Städte:* Außer Bergen (5-10 000 Einw.) bestanden noch fünfzehn weitere städt. Siedlungen, die meisten sehr klein; lediglich Drontheim, Tønsberg und Oslo mit über 1000 Einw. Diese Städte waren lokale Handelszentren, Sitze von Bf.en und anderen kirchl. Institutionen sowie Stätten der Steuer- und Abgabenerhebung. In den Städten des Ostlandes hatte am Ausgang des MA der Holzexport

einige Bedeutung. Eine geringere Rolle spielte das Handwerk; die in Gesetzen und Verordnungen erwähnten Gewerbezweige produzierten zumeist nur für die jeweilige Stadtbevölkerung. Zünfte sind selten belegt (kgl. Verordnung von 1293/94 gegen Zunftgründungen). Die norw. Städte unterstanden dem kgl. Amtmann, auch dies ein Hinweis auf ein (mit Ausnahme des unter dt. Einfluß stehenden Bergen) schwaches Bürgertum. Es dominierten die großen Grundbesitzer, doch gab es (vor wie nach der Niederlassung von Deutschen) eine norw. Bürgerschaft (seit dem 14. Jh. mit Bestimmungen über die Aufnahme in den Bürgerstand), deren Existenz später die Voraussetzung für ein selbständiges Wirtschaftsleben der norw. Städte bieten sollte. An der Spitze der Stadtgemeinde standen Ratsherren, die neben dem kgl. Amtmann an der Stadtverwaltung beteiligt waren. S. Bagge

Q.: Diplomatarium Norvegicum, I–XXII, 1849–Norges gamle Love, 1 rk. I–V; 2 rk. I–III, 1846 – Biskop Eysteins Jordebog, ed. H. J. HUITFELDT, 1879 – Mon. Hist. Norvegiae, ed. G. STORM, 1880 – Norske Regnskaber og Jordbøger fra det 16de Aarhundre, I–VI, 1887– Islandske Annaler indtil 1578, ed. G. STORM, 1888 – Norske lensreknskapsbøker, I–VI, 1937–39 – Norges indskrifter med de yngre runer, I–VI, 1941 – Latinske dokument til norsk hist. fram til år 1204, ed. E. VANDVIK, 1959 – Reg. Norvegica, I–V, 1978 – *Lit.: [allg.]:* HEG I, 957–960 [K. WÜHRER]; II, 884–917 [A. v. BRANDT, E. HOFFMANN] – KL I–XXII, passim – P. A. MUNCH, Det norske Folks Hist., 1852–63 – J. E. SARS, Udsigt over den norske hist., I–IV, 1873–91 – A. TARANGER, Udsigt over den norske rets hist., I–II, 1898–1904 – E. BULL, Leding, 1920 – H. KOHT, Innhog og utsyn, 1921 – A. STEINNES, Gamal skattesskipnad i Noreg, I–II, 1930–33 – J. A. SEIP, Problemer og metode i norsk høymiddelalderforskning, HTOs, 1940–42 – J. A. SEIP, Sættargjerden i Tunsberg og kirkens jurisdiksjon, 1942 – Nidaros erkebispestol og bispesete 1153–1953, 1955 – H. BJØRVIK, Det norske krongodset i mellomalderen. Ei skisse, HTOs, 1961 – T. TOBIASSEN, Tronfølgelov og privilegiebrev, HTOs, 1964 – G. A. BLOM, Kongemakt og privilegier i Norge inntil 1387, 1967 – Norske historikere i utvalg, I–IX, 1967–83 – A. HOLMSEN, Nye studier i gammel hist., 1976 – Norges hist., red. K. MYKLAND, I–15, 1976–80 – A. HOLMSEN, Norges hist. Fra de eldste tider til 1660, 1977 – *[zu A. Periode 900–1319]:* – H. KOHT, The Scand. Kingdoms until the End of the Thirteenth Cent., 1929 – K. HELLE, Tendenser i nyere norsk høymiddelalderforskning, HTOs, 1961 – P. S. ANDERSEN, The Expansion of Norway in the Early MA, 1971 – E. GUNNES, Kongens ære, 1971 – K. HELLE, Konge og gode menn i norsk riksstyring, 1972 – K. HELLE, Norge blir en stat 1150–1319, 1974 – S. BAGGE, Den kongelige kapellgeistlighet 1150–1319, 1976 – P. S. ANDERSEN, Samlingen av Norge og kristningen av landet 800–1130, 1977 – K. LUNDEN, Den norske kongedømet i høgmellomalderen, Studier i historisk metode XIII, 1978 – F. BIRKELI, Norge møter kristendommen. Fra vikingtiden til ca. 1050, 1979 – K. HELLE, Norway in the High MA, Scandinavian Journal of hist., 1981 – P. SAWYER, Kings and Vikings, 1982 – S. BAGGE, Borgerkrig og statsutvikling i Norge i middelalderen, HTOs, 1986 – S. GABBE, The Political Thought of The King's Mirror, 1987 – J. JOCHENS, The Politics of Reproduction: Medieval Norwegian Kingship, The American Hist. Review, 1987 – S. BAGGE, State Building in Medieval Norway, Forum for Utviklingsstudier, 1989 – S. BAGGE, Society and Politics in Snorri Sturluson's Heimskringla, 1991 – C. KRAG, Ynglingatal og ynglingesaga, 1991 – *[zu A. Periode 1319–1537]:* J. A. SEIP, Lagmann og lagting i senmiddelalderen og det 16de årh., 1934 – L. HAMRE, Norsk hist. frå omlag 1400, 1968 – O. J. BENEDICTOW, Den nordiske adel in senmiddelalderen, 1971 – L. HAMRE, Norsk hist. frå midten av 1400-åra til 1513, 1971 – S. IMSEN, Arv – annammelse – valg, 1972 – G. A. BLOM, Digerdøden og den norske middelalderstaten, Kgl. Vitenskaps-Societetens Arsbok, 1986 – S. BAGGE-K. MYKLAND, Norge i dansketiden, 1987 – S. IMSEN, Norsk bondekommunalisme fra Magnus Lagabøte til Kristian Kvart, I, 1990 – *[zu B]:* K. MAURER, Die Bekehrung des norw. Stammes zum Christentume, I–II, 1855–56 – C. C. A. LANGE, Den norske Klostres Hist., 1856 – R. KEYSER, Den norske Kirkes Hist. under Katholicismen, 1856–58 – E. BULL, Folk og kirke i MA, 1912 – F. PAASCHE, Kristendom og kvad, 1914 – A. TARANGER, Den angelsaksiske Kirkes Indflydelse paa den norske, 1915 – W. HOLTZMANN, Krone und Kirche in N. im 12. Jh., DA 2, 1938 – A. O. JOHNSEN, Studier vedrørende kard. Nikolaus Brekespeares legazjon til Norden,

1945 – O. KOLSRUD, Noregs kyrkjesoga, 1956 – Det nordiske syn på forbindelsen mellom hansestæderne og Norden, 1957 – G. SANDVIK, Prestegard og prestelønn, 1965 – *[zu C]:* B. PHILPOTTS, Kindred and Clan in the MA and after, 1913 – G. A. BLOM, St. Olavs by. Trondheim bys hist., I, 1956 – O. J. BENEDICTOW, Hartvig Krummedikes jordegods, 1970 – J. SANDNES, Ødetid og gjenreisning, 1971 – I. Ø. SØLVBERG, Driftsmåter i vestnorsk jordbruk ca. 600–1350, 1971 – K. LUNDEN, Økonomi og samfunn, 1972 – A. NEDKVITNE, Handelssjøfarten mellom Norge og England i høymiddelalderen, Sjøfartshistorisk årbok, 1976–77 – Middelaldersteder, red. G. A. BLOM, 1977 – H. SALVESEN-J. SANDNES, Ødegårdstid i Norge, 1978 – K. LUNDEN, Korn og kaup, 1978 – Desertion and Land Colonization in the Nordic Countries c. 1300–1600, 1981 – H. SALVESEN, The Strength of Tradition, Scand. Journal of Hist., 1981 – K. HELLE, Kongssete og kjøpstad. Bergen bys hist., I, 1982 – D. GAUNT, Familjeliv i Norden, 1983 – A. NEDKVITNE, Utenrikshandelen fra det vestafjelske Norge, 1983 – T. VESTERGAARD, The System of Kingship in Early Norwegian Law, MSc 1988 – O. J. BENEDICTOW, Medieval Demography of the Nordic Countries, 1992 – DIES., Plague in the Lage Medieval Nordic Countries, 1992 – s. a. Lit. zu →Bergen, →Oslo usw.

Norwich, Stadt in der engl. Gft. →Norfolk am Zusammenfluß von Wensum und Yare; Bm. [1] *Stadt:* N. war im MA mit ca. 250 ha ummauertem Areal eine der größten Städte Englands. Vermutl. seit Eduard d. Ä. kgl. →borough, besaß N. seit dem 10. Jh. eine eigene Münze. Nach der norm. Eroberung verstärkte sich N.s Position als administratives und kirchl. Zentrum der dicht besiedelten und wirtschaftl. bedeutenden Region →Ostanglia; es war Sitz des →*sheriffs* und der Grafschaftsgerichte *(shire courts)*. Das →Domesday Book verzeichnet für das Jahr 1066 1320 *burgesses.* Vor 1075 wurde eine norm. Burg errichtet, w. davon an der Ausfallstraße nach London erfolgte eine Erweiterung der Siedlung durch eine Anlage mit grob gitterartigem Straßenraster, dem sog. Newport, mit der Kirche St. Peter Mancroft. 1086 verzeichnet das Domesday Book für Newport 160 frz. *burgesses*; eine Gesamteinw. zahl von ca. 7000–8000 ist wahrscheinl. Für 1086 sind wenigstens 49 Kirchen und Kapellen belegt, u. a. All Saints, St. Martin und Holy Trinity (Kathedrale seit 1095). Bis in die NZ wurde die besiedelte Fläche im N von St. Augustine, im S von St. Etheldreda, im O von St. Helen und im W von St. Benedict begrenzt. Administrativ war die Stadt in die Quartiere *(leet; ward)* Conesford, Mancroft, Wymer und Over-the-Water untergliedert. Im Privileg Richards II. (1194), das N. die gleichen Rechte und Freiheiten wie →London gewährte, wurden die Einw. erstmals als *cives* bezeichnet. 1250 ist das Amt des →*coroner* belegt. Von 1223 bis 1404 übten das Stadtregiment vier →*bailiffs* aus, durch Privileg Heinrichs IV. (1404) wurde N. Stadtgft. mit einem →*mayor* und zwei *sheriffs*. Seit 1283 entsandte N. zwei Abgeordnete zum Parliament. Die Märkte N.s, bes. der Wollmarkt, hatten überregionale Bedeutung; im 14. Jh. zählte N. zu den wirtschaftl. bedeutendsten Städten Englands; dreimal Stapel für Norfolk und Suffolk; Ansiedlung zahlreicher Flamen im 14. Jh. Bei der Lay Subsidy von 1334 wurde N. mit £ 94 besteuert. Seit 1250 erfolgte der Bau von Befestigungsanlagen, die um 1400 abgeschlossen waren (insges. 40 Türme und 10 Toranlagen). Die →Poll Tax von 1377 verzeichnet 3952 steuerpflichtige Einw., so daß von einer Gesamtzahl von 9000–10000 Einw. auszugehen ist. 1389 sind wenigstens 13 Bruderschaften und sieben Gilden belegt; bis 1289 hatten sich fünf Orden angesiedelt, seit 1095 war N. Bf.ssitz mit OSB-Kathedralkl.

[2] *Bistum:* N. war Suffraganbm. des Ebm.s →Canterbury. Die 630 von dem hl. →Felix begründete Diöz. Ostanglia mit Bf.ssitz in →Dunwich wurde 673–1070 geteilt. Bei der Einigung 1071 durch Bf. Herfast erfolgte die Verlegung des Bf.ssitzes nach →Thetford. Der

1091 zum Bf. gewählte Benediktiner Herbert Lozinga (→King's Lynn) verlegte 1095 den Bf.ssitz nach N. und baute die Kirche Holy Trinity zur Kathedrale mit angrenzendem Benediktinerkl. aus. Der Bf. übte in Teilen der Stadt die Gerichtsbarkeit aus (Interdikt über die Einw. N.s 1272) und war u. a. Stadtherr in King's Lynn. Bedeutende Bf.e waren: John de Grey (1200–14), Ralph de Walpole (1289–99), Henry →Despenser (1370–1406). Dem Bm. N. unterstanden die Archidiakonate N., Norfolk und Suffolk mit insges. ca. 1300 Pfarren. 1534 wurden die Suffraganbm.er v. Thetford und Ipswich eingerichtet; 1536 Säkularisation durch Heinrich VIII.   B. Brodt

Lit.: Streets and Lanes of the City of N., hg. W. HUDSON–J. KIRKPATRICK, 1889 – W. HUDSON, How the City of N. grew into Shape, 1896 – Rec. of the City of N., hg. W. HUDSON–J. C. TINGEY, 2 Bde, 1906/10 – M. H. W. SAUNDERS, Introduction to the Rolls of N. Cathedral Priory, 1930 – The Atlas of Historic Towns II, hg. M. D. LOBEL, 1975 [J. N. CAMPBELL] – A. CARTER, Anglo-Saxon Origins of N. (Anglo-Saxon England 7, 1978), 175–204 – R. YOUNG–B. GREEN, N., the Growth of a City, 1989².

Nostell, ehem. Priorat der Augustiner-Chorherren (ð hl. Oswald) in Yorkshire, 8 km sö. von Wakefield. Wie bei vielen religiösen Gründungen, die im 12. Jh. in Yorkshire entstanden, bleibt auch bei den Ursprüngen des Augustinerpriorats v. N. vieles im dunkeln. Nachdem sich hier zunächst eine Gruppe von Einsiedlern angesiedelt hatte, wandelte erst Ebf. Thurstan v. →York 1120 diese Gemeinschaft in eines der am besten ausgestatteten Häuser der Augustiner-Chorherren im N Englands um. Der größte Beweis für N.s Einfluß in den folgenden Jahren ist wohl der Besitz von fünf Tochterprioraten (u. a. →Bamburgh, Northumberland; →Breedon, Leicestershire). Bei der Auflösung 1539 zählte der Konvent noch 30 Augustiner-Chorherren. Überreste der Gebäude sind nicht erhalten.
R. B. Dobson

Lit.: VCH Yorkshire, III, 1913, 231–235 – A Fifteenth Cent. Rental of N., ed. W. T. LANCASTER (Yorkshire Archaeological Society, Record Ser. 61, 1920) – D. KNOWLES, The Monastic Order in England, 1963².

Notabeln, städt. Führungsschicht → Patriziat

Notabilia (lat., eigtl. 'Merkwürdigkeiten') nannte man bemerkenswerte Textstellen in den Q. des röm. und kanon. Rechts, auf die in Vorlesungen und glossierten Hss. hingewiesen wurde, etwa mit einer deutenden Hand, einem verzierten »N« oder »Not(a)« oder mit einem Schlagwort, und die daraus abgeleiteten →Argumente und Sammlungen von solchen. →Brocarda.   P. Weimar

Notar, Notariat
A. Deutsches Reich – B. Frankreich – C. Flandern/Niederlande – D. Päpstliche Notare – E. Italien – F. England – G. Skandinavien – H. Iberische Halbinsel – I. Byzantinisches Reich

A. Deutsches Reich
I. Reichskanzlei – II. Öffentliches Notariat.

I. REICHSKANZLEI: Zu den Aufgaben der N.e gehörte es, die vom Herrscher ausgehenden Urkk. und Briefe anzufertigen und ggf. zu registrieren (→Register). Dazu waren neben der Reinschrift auch die Konzipierung (→Konzept) und die Erstellung des Wortlauts (→Diktat) erforderlich. Diese Arbeit war seit der karol. Zeit für Jahrhunderte ein Teil des geistl. Hofdienstes (→Hofkapelle, →Kapellan) und wurde von den N.en besorgt (notarius; daneben – bis in das 10. Jh. – cancellarius und – seit der Mitte des 14. Jh. – secretarius; seit 812 häufig geistl. Titel). Das Auftreten von nichtgeistl. N.en unter Friedrich II. und Heinrich (VII.) baute auf it. (norm.-siz.) Einfluß im. Im Laufe des 14. und 15. Jh. stieg die Zahl der weltl. Kanzleikräfte. Zu einer dauernden organisator. Vereinigung wie in Frankreich kam es in Dtl. erst im 15. Jh. Über die Stärke des unteren Kanzleipersonals geben die Urkk.editionen Auskunft. Lange hielt sich die Zahl in bescheidenen Grenzen (etwa 2–3 nebeneinander). Nicht selten trug ein einziger N. – sogar noch unter Friedrich I. (bei insgesamt 24 N.en) und auch später – längere Zeit allein die ganze Last der Arbeit. Erst seit dem 14. Jh. läßt sich eine beträchtl. Zunahme des Personals beobachten. So reich besetzt wie die siz. Kanzlei Friedrichs II. war die Reichskanzlei jedoch nie, auch nicht in den Jahren 1212–20, als neben den dt. auch siz. N.e in ihr tätig waren. – Um die Erforschung dieses Personenkreises ist in erster Linie die Diplomatik bemüht. Obwohl sich durch Schrift- und Diktatvergleich ein individuelles Bild der einzelnen N.e zeichnen läßt, kennen wir – abgesehen von der älteren karol. Zeit, wo sich noch manche in der Unterfertigungszeile (→Rekognition) nennen – in der Regel nicht ihren Namen. Unter den mit Hilfe der diplomat. Analyse faßbaren Individualitäten, die sich aufgrund von →Zeugenlisten oder anderen Nachrichten bestimmten Persönlichkeiten zuordnen lassen, erscheinen z. B. der spätere Ebf. →Adalbert v. Magdeburg, →Gottschalk v. Aachen, der bedeutendste Stilist unter den N.en Heinrichs IV., →Gottfried v. Viterbo und – nach neuesten Auffassungen – der →Archipoeta. Seit Karl IV. sind die Namen vieler N.e in Kanzleivermerken festgehalten worden. Einzelne N.e dienten dem Herrscher in diplomat. Missionen, so etwa →Wibald v. Stablo. Bei einem Thronwechsel wurden in der Regel zur Wahrung der Kontinuität N.e aus der Kanzlei des Vorgängers übernommen. Um als legitimer Nachfolger gelten zu können, entließ 1208 Otto IV. seine N.e ausnahmslos und übernahm fast vollzählig diejenigen des Staufers Philipp v. Schwaben. Eine Reihe von N.en ist innerhalb und außerhalb der Kanzlei zu höheren Würden aufgestiegen. 1157 wurde das Amt des →Protonotars geschaffen, der u.a. wichtige Schriftstücke abzufassen hatte. →Empfängerausfertigung, →Kanzlei.

Der in der →Lex Ribuaria (Kap. 59) gen. *cancellarius* ist nicht, wie früher angenommen wurde, ein »amtlicher Gerichtsschreiber«. Vielmehr handelt es sich bei der Mehrzahl der im frk. Bereich, v. a. n. der Loire, auftretenden »cancellarii« oder »amanuenses« um kl. oder bfl. Schreiber. Bei von der Kirche unabhängigen, für verschiedene Empfänger tätigen Schreibern ist zu fragen, wie weit diese an ein Gericht gebunden waren.   A. Gawlik

Lit.: BRESSLAU, I, 352ff. – W. ERBEN, Die Ks.- und Kg.surkk. des MA in Dtl., Frankreich und Italien, 1907, 88ff. – H. BANSA, Stud. zur Kanzlei Ks. Ludwigs d. Bayern vom Tag der Wahl bis zur Rückkehr aus Italien (1314–1329), 1968 – H. MOSER, Die Kanzlei Maximilians I, 1977 – P. MOSER, Das Kanzleipersonal Ks. Ludwigs d. Bayern in den Jahren 1330–1347, 1985 – W. PETKE, Kanzlei, Kapelle und kgl. Kurie unter Lothar III. (1125–37), 1985 – O. DICKAU, Stud. zur Kanzlei und zum Urkk.wesen Ks. Ludwigs d. Fr., ADipl 34, 1988, 3ff.; 35, 1989, 1ff. – R. SCHIEFFER, Bleibt der Archipoeta anonym?, MIÖG 98, 1990, 59ff. – J. FRIED, Der Archipoeta – ein Kölner Scholaster? (Fschr. H. ZIMMERMANN, 1991), 85ff. – zu [»cancellarius«]: D. P. BLOK, Het probleem van de frankische gerechtsschrijver (Een diplomatisch onderzoek van de oudste particuliere oorkonden van Werden, 1960), 122ff. – P. CLASSEN, Fortleben und Wandel spätröm. Urkk.wesens im frühen MA (VuF 23, 1977), 45ff. – P. JOHANEK (ebd.), 139.

II. ÖFFENTLICHES NOTARIAT: Der »notarius publicus« bedurfte, um sein Amt ausüben zu dürfen, einer ksl. oder päpstl. Autorisation (»publ. imperiali/sedis apostolice auctoritate not.«) und war damit berechtigt, öffentl. Urkk. (»instrumenta publica«) mit derselben →Beweiskraft (»fides publica«) wie eine Ks.- oder Papsturk. auszustellen. Diese siegellosen Urkk. erhielten die volle Rechtsgültigkeit nur, wenn genau festgelegte Beurkundungsvorschriften und -formen – sog. Solemnitäten – beachtet waren und sie vom ausstellenden N. eigenhändig und mit seinem N.szeichen (Signet, »signetum publicum«) unterfertigt wurden. Die Kenntnisse für ihr öffentl. Amt erwarben die N.e in der Regel als Schreiberlehrlinge in einer Kanzlei, um dann vom Ks. oder vom Papst, in den allermeisten Fällen aber durch einen Lateranens. Hofpfgf.en (comes palatinus) zum öffentl. N. kreiert zu werden. Mit der Ernennung zum öffentl. N. erhielt der Betreffende ein N.szeichen, das er nicht ändern durfte.

Die Rezeption des öffentl. Notariats im dt. Sprachraum vollzog sich zögernd und – entgegen der älteren Forsch. – nicht durch direkte oder indirekte Einflüsse aus Italien; auch hat das dt. öffentl. Notariat nicht an ältere dt. Beurkundungstraditionen angeknüpft. Einzeluntersuchungen haben gezeigt, daß die Rezeption seit den 30er Jahren des 13.Jh. ausschließl. über Frankreich und die west- und südwestdt. Bm.er erfolgte – außer in Schlesien – und nur langsam nach O vordrang; der Rezeptionsprozeß ist um 1380 weitgehend abgeschlossen. Die öffentl. N.e (»notarii publici«) treten zunächst unter der Bezeichnung »tabelliones« auf, um sich von den nichtautorisierten Schreibern.n.en (»notarii«) abzusetzen. Die ersten sicheren urkundl. Nachweise setzen Mitte des 13.Jh. ein. Die Rezeption des öffentl. Notariats im nichtkirchl. Bereich vollzog sich zeitl. verzögert und weitgehend unabhängig von der Rezeption des öffentl. Rechts. Damit trat das Notariat aus seiner Abhängigkeit vom geistl. Gerichtswesen heraus und wurde als eigenständiges Rechtsinstitut allg. anerkannt. Dennoch hat sich das Notariat im MA im weltl. Bereich nur bedingt durchsetzen können, weil die anderen, Siegel führenden weltl. Beurkundungsstellen im öffentl. Notariat eine Konkurrenz bzw. eine Beeinträchtigung ihrer Obrigkeit sahen. Seit Mitte des 15.Jh. wurde es immer häufiger als Hilfsorgan der weltl. Gerichte herangezogen, was 1495 in der Reichskammergerichtsordnung seinen Niederschlag fand. Man versuchte, Mißstände im Notariatswesen mit regionalen Rechtssatzungen zu beheben, was nur im Bereich der geistl. Gerichte gelang. Eine reichseinheitl. Notariatsordnung kam erst 1512 durch die auf dem Kölner Reichstag beschlossene Reichsnotariatsordnung (RNO) zustande, die bis zum Ende des Alten Reiches gültig blieb. P.-J. Schuler

Lit.: L. Koechling, Unters. über die Anfänge des öffentl. Notariats in Dtl., 1925 – F. Luschek, Notariatsurk. und Notariat in Schlesien, 1940 – P.-J. Schuler, Gesch. des südwestdt. Notariats, 1976 [Lit.] – Ders., Südwestdt. N.szeichen. Mit einer Einleitung über die Gesch. des dt. N.szeichens, 1976 – Ders., Die N.e Südwestdtl.s. Ein prosopograph. Verzeichnis für die Zeit von 1300 bis ca. 1520, 2 Bde, 1987.

B. Frankreich
I. Öffentliche Notare – II. Notare und Sekretäre der königlichen Kanzlei.

I. Öffentliche Notare: Unter it. Einfluß kannte Südfrankreich ('pays de droit écrit'; →gemeines Recht) schon frühzeitig öffentl. N.e. Von den Gerichtshöfen unabhängig, beurkundeten sie die Rechtsgeschäfte und verliehen ihnen, ausschließl. durch ihre Unterschrift, Rechtskraft. Seit dem frühen 13.Jh. wurde der größte Teil der Rechtshandlungen in Südfrankreich von N.en vorgenommen. Die kgl. Ordonnanz v. Amiens (Juli 1304) stellt, bei voller Anerkennung der in Südfrankreich üblichen Rechtsbräuche, das erste Statut über das öffentl. Notariat in Frankreich dar. Im nördl. Teil Frankreichs ('pays de droit coutumier'; →Coutume) besaß ein Notariatsinstrument nur dann Rechtskraft, wenn es das Siegel einer Gerichtsinstitution trug. Die bei den kirchl. Offizialaten tätigen N.e standen zunächst im Vordergrund. Vom 13.Jh. an wurden jedoch auch bei den weltl. Gerichtshöfen (in Konkurrenz zur geistl. Gerichtsbarkeit) öffentl. Notariate (Tabellionate) eingerichtet. Am Ende des 13.Jh. verfügten jedes →Bailliage und die meisten →Prévôtés über eine öffentl., von einem als 'tabellio' bezeichneten Kleriker geleitete Notariatskanzlei. Rechtskräftig wurden die dort erlassenen Urkk. durch Besiegelung mit dem gerichtl. Amtssiegel, die der Siegelbewahrer vornahm. Diese Urkk. waren im gesamten Kgr. Frankreich vollstreckbar, wohingegen die Geltung der Urkk. des Offizialates sich auf die jeweilige Diöz. beschränkte. Durch Ordonnanz vom 23. März 1303 nahm der Kg. die Einsetzung von N.en für sich in Anspruch. In der dörfl. Gesellschaft bildete das Notariat eine der ersten Ebenen des sozialen Aufstiegs.

Zentrale Bedeutung hatten die N.e am Pariser →Châtelet. In der 2. Hälfte des 13. Jh. wurden die N.e *(clercs)* der Prévôté v. Paris in einer Bruderschaft *(confrérie)* zusammengeschlossen. Die Ordonnanz vom März 1301 legte ihre Anzahl auf 60 fest und erhob ihre Tätigkeit in den Rang eines →Amtes *(office)*, mit dem Privileg, im gesamten Kgr. Urkk. auszustellen (ebenso wie die N.e v. Orléans und Montpellier). Der Name des Prévôt erscheint am Kopf der Notariatsinstrumente. Die Ordonnanz v. 1321 verbot den N.en u. a. die Veräußerung von Notariatsstellen. Dessenungeachtet wurden diese seit dem 14.Jh. verkauft und verpachtet.

II. Notare und Sekretäre der königlichen Kanzlei: Unter Ludwig VII. (1137–80) tritt der Titel 'notarius' auf. Erst seit dem Ende des 13.Jh. ragen die kgl. N.e aus der Gesamtheit der kgl. Kleriker (→*clerc du roi*) heraus. Der Titel des Sekretärs *(clerc du secret)* erscheint am Beginn des 14.Jh. Seit Mitte des 14.Jh. waren die *notaires et secrétaires du roi* in einer eigenen Bruderschaft *(confrérie aux quatre Evangélistes)* mit Sitz in der Kirche der →Coelestiner zu Paris vereinigt. Trotz der Vielfalt ihrer Funktionen bildeten sie ein einheitl. Kollegium und trugen alle den gleichen Titel eines *notaire et secrétaire* (59 Amtsstellen, der Kg. und die Coelestiner hatten der 60. Amtsstelle inne). Alle *notaires et secrétaires du roi* hatten die Aufgabe, die kgl. Urkk. zu redigieren; die Unterschrift des kgl. N.s stand unter der Bezeichnung des jeweiligen Empfängers. Der Verantwortliche innerhalb des Kollegiums war der *audiencier,* dem der *contrôleur de la chancellerie* zur Seite stand. Seit dem 14.Jh. kam es zur Spezialisierung (vier *greffiers* am →*Parlement,* an der →*Chambre des comptes,* an den *Cours des* →*Aides et du* →*Trésor,* N.e am Parlement, bei den *Requêtes de l'Hôtel*). Einige kgl. N.e und Sekretäre gehörten dem →*Conseil royal* an. Eine Ordonnanz v. 1482 erkannte dem ganzen Korps als Standesprivilegien Unabsetzbarkeit, große fiskal. Befreiungen und Gerichtsstandsprivilegien zu. Die N.e und Sekretäre nahmen in der frz. Gesellschaft einen hervorragenden Platz ein. Schon frühzeitig kam für ihre Bezüge die 'resignatio in favorem' (→Amt, V) und nachfolgend bald die private →Ämterkäuflichkeit in Gebrauch. Zur Zeit Karls VI. (1380–1422) belief sich der reale Preis für eine Amtsstelle auf 1200 *écus*. Hatten schon seit dem 14.Jh. zahlreiche Sekretäre Adelsbriefe (→Nobilitierung) empfangen, so machte seit 1485 die Würde des kgl. N.s und Sekretärs den Träger eo ipso adlig. N.e und Sekretäre, von Berufs wegen mit rhetor. Diktion vertraut, haben einen gewichtigen literar. Beitrag, nicht zuletzt als Wegbereiter des →Humanismus, geleistet (u. a. Jean →Maillart, Gervais du Bus als Autor des →»Fauvel«, Gontier et Pierre →Col, Jean de →Montreuil, Alain →Chartier, Guillaume Budé). F. Autrand

Lit.: R. Aubenas, Étude sur le notariat provençal au MA et sous l'Ancien Régime, 1931 – A. de Boüard, Manuel de diplomatique, II, 1948 – A. Lapeyre–R. Scheurer, Les notaires et secrétaires du roi sous les règnes de Louis XI, Charles VIII et Louis XII (1461–1515), 2 Bde,

1978 – F. AUTRAND, Vénalité ou arrangements de famille? (Ämterhandel im SpätMA und 16.Jh., hg. I. MIECK, 1984), 69–82 – R.-H. BAUTIER, Chartes, sceaux et chancelleries: études de diplomatique et de sigillographie médiévales, 2 Bde, 1990.

C. Flandern/Niederlande

Die ersten nachkarol. N.e in Flandern waren Mönche, die (im materiellen Sinne) Urkk. und grundherrl. Dokumente in Abteien erstellten (Formel: »(an)notavi«). N.e begegnen selten in bfl. Kanzleien, außer seit dem 13.Jh. im Dienst von →Offizialaten. In der gfl. Verwaltung wirkten N.e seit dem Ende des 11.Jh. in der Domanial- und Finanzverwaltung (officium-N.e) wie in der →Kanzlei (Hofn.e). In den meisten Fällen waren sie einem gfl. Stift bzw. Kapitel verbunden, heißen seit dem 12.Jh. häufig 'magister', Hinweis auf eine erworbene Ausbildung. Blieben diese N.e in den Kanzleien noch in den folgenden Jhh. aktiv, so traten in der Finanzverwaltung Laien an ihre Stelle. Die in den Offizialaten tätigen N.e waren in den südl. Niederlanden die Vorläufer der öffentl. N.e. Der erste Beleg für einen öffentl. N. im Dienst des Gf.en v. Flandern datiert von 1287. Am Ende des 13.Jh. unterstanden dem Bf. v. →Tournai öffentl. N.e. 1343 erhielt er die 'licentia creandi notarios' in seinem Bm.; 1345 erlangte der Abt v. St-Bavo zu →Gent dieses Recht. Öffentl. N.e, apostol. wie ksl., fungierten im 14.Jh. an kirchl. Gerichtshöfen, an der gfl. Kanzlei und im städt. Bereich. Ein bevorzugter Standort war →Brügge, wo auch it. N.e für ihre Landsleute tätig waren. Das einheim. öffentl. Notariat paßte sich lokalen institutionellen und rechtl. Praktiken an. Die meisten für Privatpersonen ausgestellten Notariatsinstrumente waren Testamente und Schuldscheine. In Flandern vermochten die öffentl. N.e nicht das Monopol der Schöffenbänke (→Schöffen) in bezug auf freiwillige Gerichtsbarkeit zu durchbrechen. Auch bildeten die N.e keine Korporationen. 1540 ließ Karl V. das öffentl. Notariat reformieren.　　　　　　　　Th. de Hemptinne

Lit.: H. PIRENNE, La chancellerie et les notaires des comtes de Flandre avant le XIIIᵉ s. (Mél. J. HAVET, 1895) – E. REUSENS, Les chancelleries inférieures, 1896, 20–206 – J. YERNAUX, Les notaires publics du 13ᵉ au 14ᵉ s., spécialement au Franc de Bruges, Bull. Comm. Roy. Hist. 82, 1913, 111–182 – H. NELIS, Les origines du notariat public en Belgique, RBPH 2, 1923, 267–277 – E. I. STRUBBE, Egidius van Breedene, 1942 – A. VERHULST–M. GYSSELING, Le Compte Général de 1187, 1962 – M. VLEESCHOUWERS-VAN MELKEBEEK, Notaire d'officialité dans le dioc. de Tournai au 13ᵉ s. (Horae Tornacenses, 1972), 79–94 – TH. DE HEMPTINNE–M. VANDERMAESEN, De ambtenaren van den centrale administratie van het graafschap Vlaanderen van de 12ᵉ to de 14ᵉ e., TG 93, 1980, 117–209 – E. VAN MINGROOT– M. OOSTERBOSCH, Het notariaat in Brabant (Tentoonstelling Leuven 1982), 17–55 – PH. GODDING, Le droit privé dans les Pays-Bas méridionaux du 12ᵉ au 18ᵉ s., 1987 – Uitgave en studie van notariële acten te Brugge in de 14ᵉ e., ed. J. M. MURRAY [im Dr.].

D. Päpstliche Notare

Die päpstl. →Kurie bediente sich für die Urkk.ausstellung zunächst der stadtröm. N.e, bes. der sieben Regionarn.e. Der primicerius notariorum gehört zu den höchsten Würdenträgern, den iudices de clero, und fungiert auch als Datar der Urkk. Zur Zeit des Reformpapsttums werden die röm. N.e durch auswärtige, nur vom Papst abhängige Kräfte verdrängt, die sog. Pfalzn.e, die vom 12.Jh. an allein tätig sind. Die notarii apostolici bzw., aus der Sicht des Papstes, notarii nostri (so ihr offizieller Titel) nehmen in der data communis die Bittgesuche der Petenten entgegen, wobei im tägl. Wechsel ein N. zuständig ist (dies notarii), holen die Entscheidung des Papstes ein und fertigen Konzept und Reinschrift an, wobei sie von den →Abbreviatoren und →Skriptoren unterstützt und entlastet werden. Im 14.Jh. werden die N.e weitgehend aus der prakt. Mitwirkung an der Urkk.ausstellung verdrängt. Die Kanzleireform Johannes' XXII. entzieht ihnen die Bearbeitung der Gnadensachen und beschränkt sie auf die Justizsachen, aber auch in diesem Bereich werden sie weitgehend durch den Korrektor und die Prokuratoren der →Audientia verdrängt. Im 15.Jh. sind sie gar nicht mehr prakt. tätig, sondern beziehen nur noch bestimmte Taxen bei der Ausstellung von Justizbriefen und Konsistorialprovisionen.

Die Zahl der N.e beträgt ursprgl. sieben, später (da eine Stelle an den Vizekanzler übergeht) nur noch sechs. Über diese Zahl hinaus werden aber häufig Verleihungen ehrenhalber vorgenommen. Um die N.e der Kanzlei von anderen N.n der Kurie (s. u.) zu unterscheiden, wird außeramtl. im 15.Jh. die Bezeichnung protonotarius üblich. Die sechs »wirkl.« Proton.e werden als protonotarii participantes bezeichnet, da nur sie an den Einnahmen teilhaben; sie bilden ferner ein Kollegium. Im späten 15.Jh. wird das Amt käufl. (ca. 3500 ducati auri de camera). Ebenso wird im letzten Viertel des 15.Jh. das Protonotariat ehrenhalber massenweise für eine Gebühr von 100 fl. verliehen.

Weitere N.e an der Kurie waren: die notarii camere, die in der apostol. →Kammer tätig sind; der notarius auditoris camere am Kammertribunal; der notarius cancellarie, ein Spezialn. des Kanzleileiters; die notarii rote, von denen jeweils vier bei einem der zwölf Rotaauditoren Dienst tun; und öffentl. N.e.

Ferner kreiert der Papst öffentl. N.e bzw. verleiht den Lateranens. Hofpfgf.en die Befugnis, dies zu tun.
　　　　　　　　　　　　　　　　　　　Th. Frenz

Lit.: BRESSLAU I, 192–200, 266–274, 292–296 – W. v. HOFMANN, Forsch.en zur Gesch. der kurialen Behörden vom Schisma bis zur Reformation, 1914, I, 56–67; II, 143–145 – G. BARRACLOUGH, Public Notaries and the Papal Curia, 1934 – P. HERDE, Beitr. zum päpstl. Kanzlei- und Urkk.wesen im 13.Jh., 1967², passim – G. F. NÜSKE, Unters.en über das Personal der päpstl. Kanzlei 1254–1304, ADipl 20, 1974, 39–240; 21, 1975, 249–431, hier 84–133, 397–406 – TH. FRENZ, Papsturkk. des MA und der NZ, 1986, 54f. – DERS., Die Kanzlei der Päpste der Hochrenaissance (1471–1527), 1986, 203f.

E. Italien

I. Süditalien – II. Mittel- und Norditalien.

I. SÜDITALIEN: [1] *8.–12.Jh.:* Vor der territorialen und polit. Einigung S-Italiens durch die →Normannen sind drei geograph. Räume mit verschiedener Entwicklung des N.iats zu unterscheiden: a) In den *Dukaten an der tyrrhen. Küste* (Neapel, Gaeta, Amalfi) waren die Personen, die die Urkk. aufsetzten und schrieben, nach dem Vorbild der antiken Korporation der tabelliones in Kollegien mit ausgebildeter Innenstruktur organisiert (primarius, tabularius, curiales, discipuli). Ihre Kompetenz bezog sich sowohl auf Privat- als auch auf die vom Dux ausgestellten Urkk. Die von den Curiales ausgefertigten Urkk. hatten vorrangige Beweiskraft, da die »Korporation« infolge ihrer Exklusivität Glaubwürdigkeit garantieren konnte. – b) In der *Langobardia minor* (Dukat v. Benevent, im 9.Jh. in die Prinzipate v. Benevent, Salerno, Capua geteilt) und den *byz. Gebieten lat. Sprache und langobard. Rechts* (mittleres und n. Apulien, n. Lukanien) war zumindest bis zum Ende des 11.Jh. der Urk.nschreiber, der notarius, nichts anderes als ein geschickter Redaktor, der wahrscheinl. an den palatia von Benevent, Salerno und Capua oder an einer Kathedralschule oder auch von einem älteren Kollegen ausgebildet, durch seine Professionalität einzig und allein die volle Übereinstimmung des Inhalts des memoratoriums oder der charta mit der jeweiligen Rechtshandlung garantieren konnte. Folgerichtig bedurfte die Glaubwürdigkeit des Schriftstücks der Roboratio von Zeugen, unter denen der Judex als Vertreter der Obrigkeit eine bevorzugte Rolle spielte. – c) In den *byz. Gebieten griech. Sprache und griech. Schrift* (s. Apulien, s. Lukanien, Kalabrien) war das N.iat nicht einheitl. organisiert. Im allg. genoß der ταβουλάριος, zumeist ein Kleriker, eine prestigeträchtige soziale Stellung und besaß solide professionelle Bildung. Mit der Eroberung durch die Normannen begann sich die Beurkundung in lat. Sprache langsam in ganz S-Italien auszubreiten und sich auch in Sizilien, Kalabrien, S-Lukanien und S-Apulien durchzusetzen. Die Normannen bestätigten die Gewohnheiten in den Gebieten mit lat.-langob. Kultur und ernannten in den Gebieten, die erst seit kurzem für die lat. Kultur gewonnen worden waren, Urk.nschreiber, die sich daher seit der Mitte des 12. Jh. als notarius regius oder notarius regalis bezeichneten. Die rasche Verbreitung dieser Qualifikation im gesamten Kgr., wozu noch die Spezifizierung des geogr. Gebiets, in dem die N. fungierten, trat, belegen eine Aufwertung des N. Auch die Verwendung des N.signet als persönl. Unterscheidungsmerkmal und das bessere Niveau der Schrift und des Stils der Urk.en bezeugen gleichzeitig die wachsende Bedeutung der N. in S-Italien, der nun nicht mehr ein einfacher Schreiber im Dienst des Publikums war, sondern die Stellung eines öffentl. Amtsträgers gewann, dessen Urk.en publica fides besaßen. In norm. Zeit ist noch eine reiche Produktion gr. Urk.en belegt, die nahezu unverändert die gleichen Charakteristiken aufweisen wie in den Jahrhunderten zuvor.

[2] *Ende des 12.–Anfang des 16. Jh.:* In dem geschilderten Entwicklungsprozeß trat offenbar in stauf. Zeit als Folge der Konstitutionen v. Melfi Friedrichs II. (→Liber Augustalis), in denen der Ks. dem N.iatswesen gewisse Restriktionen auferlegte, ein Bruch auf: Der Ks. legte die Zahl der N.e für jeden Ort des Kgr.es fest, regelte den Zugang zu diesem Amt, das er direkt dem Herrscher unterstellte, und sah für die Kandidaten Zulassungsprüfungen in »litteratura« und »ius scriptum« bei Hof vor. Ferner erließ Friedrich II. Vorschriften hinsichtl. der Glaubwürdigkeit der Urk.; so mußten der Richter, der Ausfertiger der Urk. sowie einige Zeugen unterschreiben. Auf diese Weise wurde der Richter dem N. vorangestellt und dessen Kompetenz beschnitten. Gleichwohl zeigen andere Erlasse Friedrichs II. bezügl. der »redactio in mundum« (Reinschrift) von Urk.n und überlieferte Zeugnisse, daß der N. um die Mitte des 13. Jh. bei der Beurkundung im Vergleich zum Richter und zu den Zeugen eine dominierende Stellung einnahm: Er hatte die Aufgabe, die →Imbreviaturen der Akten bei sich aufzubewahren, deren authent. Abschriften die verschiedenen Rechtsgeschäfte dokumentierten, und war infolge seiner Professionalität für die Parteien ein Garant der Glaubwürdigkeit; die N.e suchten zudem ihre berufl. Ausbildung stets auf den neuesten Stand zu bringen und knüpften eng an die Rechtskultur der anderen Region Italiens an. In diesen Jahren wurde die griech. Urk. der Struktur der lat. angeglichen. Die Gesetzgebung der Anjou und Aragonesen, die im großen und ganzen die Vorschriften Friedrichs II. übernahm, bestätigte im wesentl. die zentrale Stellung des N.s bei der Beurkundung. Im 13./14. Jh. nahm seine Bedeutung weiter zu, so daß – abgesehen von formalen regionalen Unterschieden der Urk.en – das N.iat auf der gesamten Apenninenhalbinsel ein ähnl. Erscheinungsbild aufwies.

F. Magistrale

Lit.: *Per una storia del n.iato meridionale* (Studi stor. sul n.iato it., VI, 1982 – A. Pratesi, *Appunti per una storia dell'evoluzione del n.iato* (Fschr. L. Sandri, III, 1983), 759–772 – F. Magistrale, *N.iato e documentazione in Terra di Bari,* Soc. Stor. Patr. Puglia, Doc. e monogr. 48, 1984 – A. Pratesi, *Il n.iato lat. nel Mezzogiorno mediev. d'Italia* (Scuole, diritto e società nel Mezzogiorno mediev. d'Italia, hg. M. Bellomo, II, 1987), 137–168 – P. Cordasco, *Giudici e notai in Terra di Bari fra età sveva e angioina* (Cultura e società in Puglia in età sveva e angioina, 1989), 79–103 – *Scrittura e produzione documentaria nel Mezzogiorno longob.,* hg. G. Vitolo–F. Mottola, 1991 – C. E. Tavilla, *L'uomo di legge* (Condizione umana e ruoli sociali nel Mezzogiorno normanno-svevo, hg. G. Musca, 1991), 359–394.

II. Mittel- und Norditalien: In Oberitalien (ausgenommen seien hier Aostatal, Südtirol und der ven. Einflußbereich) wurde im 12. Jh. die →Charta zum Notariatsinstrument (instrumentum) vervollkommnet, dessen öffentl. Glaubwürdigkeit allein auf der Unterschrift des die Urk. anfertigenden Schreibers bzw. N.s beruhte. Die Redaktion, die ursprgl. in zwei Phasen vor sich ging (→Konzept und →Reinschrift, mundum), umfaßte nunmehr drei Vorgänge: Ein Wandel der kulturellen, gesellschaftl. und polit. Rahmenbedingungen, das Wiederaufleben des Studiums des röm. Rechts, die Entstehung neuer staatl. Gebilde mit einer Zunahme von Rechtshandlungen und erhöhtem Bedarf an notariellen Schriftsätzen führten zur Einführung der – von den N.en aufbewahrten →Imbreviatur(bücher), um die Sicherheit und Beweiskraft zu gewährleisten. Aufgrund der ältesten bekannten Exemplare dieser Protokolle (Genua) läßt sich diese Entwicklung auf die Jahre um 1120 datieren. Gleichzeitig gewann der Fragenkomplex stärkere Relevanz, der die Person des Schreibers der Urk. und die Urk. selbst betraf: Ernennung, Grenzen seiner Kompetenz und Gültigkeitsbereich der von ihm aufgesetzten Schriftstücke. Im zeitgenöss. Urk.nmaterial begegnen neben N.en, die sich als »notarii Sacri Palacii« oder »domini Imperatoris« bezeichnen, auch solche, die als »Mediolanenses«, »Papienses« oder auch nur als »notarii« firmieren. Daraus läßt sich eine neue Kategorie von N.en erschließen, die jeweils von einzelnen lokalen »Universitates« ernannt wurden. Beweis dafür ist auch das Streben einer Reihe von kommunalen N.en, die ihre Tätigkeit bereits geraume Zeit ausübten, nach →Roncaglia die Legitimierung durch Friedrich I. zu erwirken. Auch in Bologna bezeugen Subskriptionen das gleiche Phänomen. – Das Problem des Verhältnisses von lex und consuetudo, auf welche sich die gen. Universitates beriefen, konnte in der Praxis insofern gelöst werden, als den von der allg. auctoritas, d. h. dem Ks. ernannten N.en die Möglichkeit, ubique locorum zu amtieren und allg. gültige instrumenta auszufertigen, zuerkannt wurde, andererseits jedoch jede lokale potestas, die als solche keine allg. auctoritas genoß, nur innerhalb ihres eigenen Territoriums N.e ernennen konnte, wobei auch der Geltungsbereich der notariellen Akte begrenzt war. Die Rechtsschule v. →Bologna vertrat anfängl. unter →Rainerius Perusinus, →Salathiele und →Rolandinus offenbar diese Position. Als Folge der Lehre des Papstes Gelasius ergab sich, daß nunmehr zwei auctoritates universales bestanden, Papsttum und Ks.tum, eine in spiritualibus, die andere in temporalibus. Wie war daher die fides publica des N.s, die ohne Zweifel auf einem spirituellen und als solchem universalen Konzept beruhte, damit zu vereinbaren, daß die von ihm ausgefertigte Urk. nicht universale Gültigkeit haben konnte? Die Schule v. Bologna, v. a. Petrus de Unzola, erkannte rasch die Befugnis des Papstes zur Ernennung von N.en an, die ubique locorum amtieren konnten. →Albericus de Rosate schlug als Lösungsmöglichkeit des Problems vor, daß der von einer lokalen potestas ernannte N. nur innerhalb des Herrschaftsbereichs dieser Macht amtieren, aber die von ihm ausgefertigte Urk. ubique locorum Gültigkeit haben sollte. Dies sollte auch für den Papst gelten, der in temporalibus nur begrenzte potestas habe. G. Costamagna

Lit.: G. COSTAMAGNA, Il n.iato nel »Regnum Italiae« (M. AMELOTTI-DERS., Alle origini del n.iato it., 1975), 149–282 – Il n.iato nell'Italia Settentrionale durante i secc. XII e XIII (Congr. Internat. de diplomatica, II, 1986), 991–1008.

F. England

Das Wort 'notarius' bezeichnet in den engl. Q.n gelegentl. in allg. Bedeutung jemanden, der mit dem Entwurf oder der Reinschrift von Urkk. befaßt war. Der öffentl. N., der mit päpstl. oder ksl. Autorisation die instrumenta publica erstellte, erscheint in England zuerst 1257. Die meisten der in der Folgezeit genannten, namentl. bekannten N.e waren Ausländer. Die Ernennung von John →Pecham zum Ebf. v. →Canterbury (1279) gab einen Impuls bei der Entwicklung dieser neuen Institution. Unter den N.en, die im Dienst des Ebf.s standen, befand sich Johannes de Bononia, der eine »Summa« verfaßte, um die engl. N.e in die Ars notarie einzuführen. Öffentl. N.e nahmen rasch eine wichtige Stellung an den Gerichtshöfen und in der Verwaltung der Kirche ein. Bf.e hatten seit der Mitte des 14. Jh. mindestens einen N. in ihrem Dienst. Nach einer 1402 in der Diöz. v. London durchgeführten Untersuchung waren dort 61 öffentl. N.e tätig (davon aber 13 nicht rechtmäßig). Im 15. Jh. fungierten dieselben Personen zugleich als *scriveners* und öffentl. N.e. Funktion und Einfluß der öffentl. N.e waren begrenzt: z. B. erhielten ihre Urkk. häufig eine zusätzl. Beglaubigung zum Notariatszeichen durch Besieglung; sie führten keine Amtsregister; auch organisierten sie sich nicht in Zünften. Im weltl. Bereich wurde ihre Tätigkeit durch die Tatsache eingeengt, daß ihre Urkk. nicht allg. von den *Common Law Courts* anerkannt wurden. Die Vorbereitung von Verträgen machte folgl. nicht den wesentl. Teil ihrer Arbeit aus. Doch waren sie im Dienst der kgl. Regierung tätig, v. a. bei der Ausfertigung von Urkk., die auswärtige Beziehungen betrafen. Ein bes. *notary in chancery*, der für solche Urkk. verantwortl. war, existierte im 14. Jh. Nach 1320 traten wenige öffentl. N.e mit ksl. Autorisation in Erscheinung, als Eduard II. ihnen die Ausübung ihrer Tätigkeit in England verbot. P. Zutshi

Q. und Lit.: Briefsteller und Formelbücher..., ed. L. ROCKINGER, 1863–64, II, 593–712 – P. CHAPLAIS, Master John de Branketre and the Office of Notary in Chancery, Journal of the Society of Archivists 4, 1971, 169–199 – C. R. CHENEY, Notaries Public in England in the Thirteenth and Fourteenth Centuries, 1972 [Lit.] – R. C. FINUCANE, Two Notaries and their Records in England, 1282–1307, Journal of Medieval Hist. 13, 1987, 1–14 – DERS., The Registers of Archbishop John Pecham and his Notary, John of Beccles, JEcH 38, 1987, 406–436 – N. L. RAMSAY, Scriveners and Notaries as Legal Intermediaries (Enterprise and Individuals in Fifteenth-century England, hg. J. I. KERMODE, 1991), 118–131.

G. Skandinavien

Überall in Skandinavien wurden notarielle Handlungen, v. a. bei Verkäufen von Grundbesitz, von Gerichten (Hardesthing, Stadtthing u. a.) wahrgenommen. Aus diesem Grund spielte das Notariat nicht eine so bedeutende Rolle wie in Mittel- und Südeuropa, und in Schweden besaß noch 1378 die besiegelte Urk. mehr Glaubwürdigkeit als das Notariatsinstrument. Bereits 1145 erscheinen in Dänemark N.e im kgl. Dienst, bei denen es sich jedoch wahrscheinl. eher um Schreiber handelte. Als Protonotar wurde manchmal ein vorgesetzter N. bezeichnet. N.e hatte der Ebf. v. Lund vor 1200 in seinem Dienst, während sie in Norwegen mit der kgl. Verwaltung verbunden waren. Seit 1316 wurde der Stadtschreiber von Visby als notarius civitatis bezeichnet; in Kopenhagen gab es ebenfalls einen solchen N., der 1387 Mitglied des dortigen Kollegiatkapitels war. Auch einige Kapitel hatten eigene Schreiber oder N.e, so Aarhus 1388 und Åbo (Turku).

Öffentl., vom Papst oder Ks. autorisierte N.e findet man erst um 1300 in Dänemark und Norwegen, etwas später in Schweden, doch erst seit dem 14. Jh. traten N.e häufiger auf. Sie waren oft Ausländer, aber schon früh wurden auch Skandinavier als öffentl. N.e autorisiert. Päpstl. Nuntien und Kollektoren besaßen gewöhnl. das Recht, N.e päpstl. Autorität zu ernennen. Ks. Friedrich III. verlieh dem Dompropst von Åbo (Turku) und dessen Nachfolgern das Recht, N.e ksl. Autorität zu kreieren. Normalerweise waren die N.e Kleriker, doch der einzige bekannte öffentl. N. Islands (um 1430) war Laie. Th. Riis

Lit.: KL XII, 363–366 – W. CHRISTENSEN, Dansk Statsforvaltning i det 15. Århundrede, 1903, 102–105 – J. E. OLESEN, In der Kanzlei des Kg.s. Die Kanzlei im ma. Dänemark (Quotidianum Septentrionale, hg. G. JACOBSEN – J. C. V. JOHANSEN [Medium Aevum Quotidianum Newsletter 15, 1988]), 44–48 – H. NIELSEN, Über die dän. Privaturk. bis zum 14. Jh. mit einem Schlußwort über das Notariat (Actas del VII Congreso Int. de Diplomatica. Valencia 1986, II, 1990), 955–959.

H. Iberische Halbinsel

Der N. (kast. *notario*, ptg. *notário*, katal. *notari*) war derjenige, der Rechtsakte aufzeichnete. Die entsprechende röm. Bezeichnung tabellio, die im Westgotenreich in Vergessenheit geraten war, blieb aber als *tabelliã* in Portugal erhalten. Bei den Westgoten wurde der Begriff N. bald im kirchl. Bereich allg. verwandt, während er sich im weltl. Bereich nur schwer gegen *scriptor* (kast. *escrivano*, katal. *escrivà*) oder *tabelion* (ptg. *tabellião*) durchsetzen konnte. Seit dem 13. Jh. trugen die Glossatoren zur Verbreitung des N.-Begriffes bei, da bei ihnen der N. als persona publica erscheint, die den publica instrumenta durch die Mitwirkung bei ihrer Ausfertigung Rechtskraft verlieh. Bei der Ausstellung bediente sich der N. als techn. Besonderheit der →Ars dictandi und der literar. Gattung der →Formelbücher. Besondere Bedeutung erlangten die *notas* und die *libros de notas* der N.e sowie ihre Register und das protocollum sive capibrevium, in denen Kopien rechtl. relevanter Schriftstücke eingetragen wurden. Bis zum 13. Jh. gehörten die N.e vornehm. dem geistl. Stand an, später aber wurde ihnen die Ausübung des Notariats in den einzelnen Reichen und Ländern verboten; nur apostol. N.e durften diese Tätigkeit weiter ausüben. In manchen Reichen, z. B. in Portugal unter Kg. Dinis (1279–1325), gab es ksl. N.e, in Kastilien wurden sie 1329 vertrieben. Die Ernennung von N.en blieb dem Kg. vorbehalten, doch bestellten auch Städte und Dörfer N.e.

Im 13. Jh. unterschied man in Kastilien verschiedene Arten von öffentl. Schreibern, die ab dem 14. Jh. auch als N.e bezeichnet wurden. In Aragón erhielten 1283 erneut Städte und Dörfer das Recht, ihre Schreiber selbst zu ernennen, und 1300 setzte man in Zaragoza die Anzahl (numerus certus) der öffentl. Schreiber fest. In Katalonien wurden die öffentl. N.e in den Städten und Dörfern von den angesehenen Bürgern und den Rechtsgelehrten *(savis en dret)* einer Prüfung unterzogen. In Valencia hatten sich seit der Eroberung der Stadt die notarii civitatis Valentiae niedergelassen. In Mallorca verbot Jakob III. 1340 dem notari public advocare seu causidicare (die Rechtsprechung oder Verteidigung von Angeklagten). In Navarra untersagte man 1482 den kirchl. N.en, obwohl es apostol. waren, die Ausübung ihres Amtes. In Portugal durften sich im 15. Jh. die *tabelliães das notas* als *notayros* bezeichnen, wenn sie für auswärtige Zwecke Schriften verfertigten.

J. Lalinde Abadía

Lit.: H. DA GAMA BARROS, Hist. da Administração Pública em Portugal nos séculos XII a XV, Bd. VIII, tit. IX, 1950^2 – J. A. ALEJANDRE, El Arte de la Notaría y los formularios, Revista de Hist. del Derecho, II-1, 1977-78, 189-220 – J. BONO, Hist. del Derecho notarial español, I: La Edad Media, 1979.

I. Byzantinisches Reich

Während das lat. Lehnwort νοτάριος (notarius) im Byz. Reich Beamte verschiedener Kanzleien sowohl der ksl. als auch der patriarchal. Verwaltung bezeichnete, denen die Aufgaben von Schreibern, Protokollanten oder Sekretären oblagen, wurden die für die Urkk. zuständigen Personen in der Regel mit den Lehnwörtern ταβελλίων (tabellio) und ταβουλάριος (tabularius) oder mit den gr. Ausdrücken συμβολαιογράφος ('Urkundenschreiber') und νομικός benannt, ohne daß sich hinter der Vielzahl der Benennungen unterschiedl. Funktionen ausmachen ließen. Gemäß der Gesetzgebung Ks. Justinians I. (Cod. Just. 4. 21. 17 sowie Nov. 44, 47 und 73) war es Aufgabe der N.e, rechts- und insbes. schreibunkundige Parteien bei dem Aufsetzen von Verträgen und Verfügungen zu beraten, die Urkk. auszufertigen, sie durch completio (χομπλετίων, später zu χόμπλα verballhornt) zu »vollenden« und den Parteien zur Genehmigung (absolutio) vorzulegen, wobei sie sich zumindest bei der completio nicht vertreten lassen durften. Die Hinzuziehung eines N.s verlieh Urkk. größere Publizität und damit in der Praxis wohl auch höhere →Beweiskraft. Eine Haftung gegenüber den Parteien bestand nicht; die Mitwirkung an rechtswidrigen Geschäften war jedoch mit schwerer Strafe bedroht (Nov. Just. 7. 7. 1; 120. 11; 134. 11); bei anderen Pflichtversäumnissen drohte der Entzug der »staatl.« Konzession. Eine umfangreiche »Standesordnung« für die hauptstädt. N.e liegt dann im ersten Titel des →Eparchenbuchs vor. Sie nennt die sittl. und fachl. Anforderungen an die Kandidaten, beschreibt das Zeremoniell ihrer Bestallung, setzt die Honorare fest und regelt v. a. die Konkurrenz unter den N.en, deren Gesamtzahl sie für Konstantinopel auf 24 festlegt. Über die Existenz eines Notariats in der Provinz und seine Organisation sind wir schlecht unterrichtet. In spätbyz. Zeit scheint es unter westl. Einfluß zu einer funktionalen Verschmelzung von νοτάριοι und ταβουλάριοι gekommen zu sein. L. Burgmann

Lit.: RE IV A, 1969-1984 [E. SACHERS] – B. NERANTZE-BARNAZE, Οι βυζαντινοί ταβουλάριοι, Ελληνικά 35, 1984, 261-274 – N. OIKONOMIDES, La chancellerie impériale de Byzance du 13ᵉ au 15ᵉ s., RevByz 43, 1985, 172f. – H. SARADI-MENDELOVICI, Notes on a Prosopography of the Byz. Notaries, Medieval Prosopography 9.2, 1988, 21-49 – I. P. MEDVEDEV, Očerki vizantijskoj diplomatiki, 1988, 100-181.

Notation, musikal. Notenschrift (lat. nota 'Zeichen'), die schriftl. Fixierung von Tonhöhe und Tondauer, eine unverzichtbare Voraussetzung für die Komposition und Entwicklung der abendländ. Mehrstimmigkeit. Im 7. Jh. beklagt →Isidor v. Sevilla (Etym. lib. III), daß Töne schriftl. nicht fixierbar seien. Dabei hatte →Boethius die gr. Vokal- und Instrumentaln. überliefert (De institutione musica, um 500). Ansätze zur abendländ. N. gehen aus von Akzentzeichen (→Akzente) für die im Sprechgesang (Kantillation) vorgetragenen bibl. Lesungen der Juden in Palästina und Babylonien (um 900) und im byz. Kirchengesang (10. Jh.) wie von den sog. →Neumen (νεύμα 'Wink') des lat. Kirchengesangs (9. Jh.). In diesen N.en vereinigen sich Akzentzeichen und fixierte Handzeichen (→Cheironomie) für das liturg. Lesen und Psalmodieren; es sind Erinnerungsschriften, die unter Verzicht auf Tonhöhen- und Rhythmusfixierung einen melod. Verlauf andeutungsweise ins Gedächtnis rufen sollen. Anliegen dieser musikal. Zeichensysteme ist nicht die Autonomie des Gesanges, sondern die Kennzeichnung der formalen Gliederung des Textes wie Erreichung des Rezitationsto-nes, der Versmitte und des Versendes. Eine auf byz. Einfluß beruhende Tonhöhen-N. in dem anonymen Traktat →»Musica enchiriadis« (9. Jh.; →Daseian-N.) blieb ohne Auswirkung. Wichtig für die Entwicklung der abendländ. N. wurde um 1000 das in Terzabständen gegliederte Liniensystem →Guidos v. Arezzo, mit welchem der gregorian. Gesang wie v. a. die einsetzende Mehrstimmigkeit in ihren korrelierenden Tonhöhen komponiert und fixiert werden konnten. Die weitere Entwicklung führte dann unter immer stärkerer Einbeziehung weltl. Musik über die Differenzierung der Rhythmus-Fixierung nach antiken Versmaßen (= 'modi', daher Modaln.) zur 'gemessenen' N. von freieren rhythm. Bildungen ('musica mensurabilis', →Franco v. Köln; Mensuraln. der →Ars antiqua) und im 14. Jh. zu einer Aufspaltung rhythm. Möglichkeiten, verbunden mit einer verwirrenden Vielfalt individueller und regionaler N.zeichen (Mensuraln. der →Ars nova), einem System flexibelster Notenwert-Proportionen, das nach 1500 wieder vereinfacht wurde und die Grundlage unserer heutigen N. bildet. Im Gegensatz zu modernen Taktzeichen am Beginn einer Komposition zeigt das alte Mensurzeichen das Verhältnis kleinerer Notenwerte zu jeweils größeren an. Der Grundwert als Maßeinheit des Ganzen (Brevis, später Semibrevis) wurde vom Kapellmeister durch die kontinuierl. Ab- und Aufbewegung der Hand (tactus) 'geschlagen'. Waren die Einzelstimmen der frühen mehrstimmigen Kompositionen übereinander notiert, wie sie komponiert worden waren (Partitur), setzte sich alsbald die Notation in Einzelstimmen durch (Chorbuchanordnung, →Chorbuch 2; Stimmbücher). Instrumentalmusik für Tasten- und Zupfinstrumente (→Tabulaturen), sog. 'Griffschriften', die nicht die Tonhöhe im Tonraum anzeigen, sondern den 'Griff' bezeichnen, der den gewünschten Ton zum Erklingen bringt, waren vom 14. bis 18. Jh. im Gebrauch. H. Leuchtmann

Lit.: MGG s. v. – NEW GROVE s. v. – RIEMANN s. v. – H. RIEMANN, Stud. zur Gesch. der N., 1878 – J. WOLF, Gesch. der Mensural-N. von 1250-1460, 3 Bde, 1904 – DERS., Hb. der N.skunde, II, 1919 [Repr. 1963] – J. SMITS VAN WAESBERGHE, The Musical N. of Guido d'Arezzo, Musica Disciplina 5, 1951 – C. PARRISH, The N. of Medieval Music, 1959² – W. APEL, Die N. der mehrstimmigen Musik, 1970 – C. WOLFF, Arten der Mensuraln. im 15. Jh. und die Anfänge der Orgeltabulatur, Gesellschaft für Musikforsch. Kongr. Ber. 1970, 609ff. – J. EPPELSHEIM, Buchstaben, N., Tabulatur und Klaviatur, AMW 31, 1974, 57ff.

Notation, byz. → Byz., altslav., georg. und armen. Musik, III

Notendruck. Die Besonderheit des zweidimensional angelegten, aus Linien und graph. Sonderzeichen bestehenden N.s liegt in seiner Kompliziertheit und in der Schwierigkeit seiner Zuordnung zum →Buchdruck bestehen, mit dem er durch den Text in der bis zum Ausgang des MA vorherrschenden Vokalmusik verbunden ist. Erst die Erfindung der zerlegbaren Notentype im ersten Drittel des 16. Jh., des Notenstichs in dessen letztem Drittel und der Lithographie zu Beginn des 19. Jh. haben den N. in einem einzigen Druckverfahren wie beim Buchdruck und seine einfache Kombination mit dem Buchdruck ermöglicht. Vor 1500 mußte sich der N. noch hauptsächl. mit dem Holz- oder Metallschnitt begnügen, als der Buchdruck schon zur bewegl. Type übergegangen war. Von den verschiedenen Techniken zur Herstellung von ident. Exemplaren einer Vorlage – Hochdruck, Tiefdruck, Flachdruck – kennt das ausgehende MA in der 2. Hälfte des 15. Jh. für den N. nur erstere als Block- und gegen Ende dieses Zeitraums als (einfachen) Typendruck. Charakterist. für die Notenvervielfältigung – im Gegensatz zum Buchdruck – blieb fast bis ins 20. Jh. ein zwar stetig sich verringernder, dennoch nicht unerhebl. Anteil an hs. Kopien; noch bis ins frühe 19. Jh. verkauften Musikverleger auch Abschriften. Im Kontext des Buchdrucks sind in den frühesten Druckwerken Noten der hs. Eintragung vorbehalten: Raum für Notenlinien und Noten blieb ausgespart, Schreiber schrieben die jeweilige →Notation und den zu singenden Text hinein – ein Vorteil für die nicht universal festgelegte Kirchenmusik, der es erlaubte, die abweichenden Gesänge der einzelnen Diöz.en zu berücksichtigen (Cod. spalmorum [!], →Fust & Schöffer, Mainz Aug. 1457). Oder es wurden die (zumeist roten) Notenlinien mit Holzschnitt gedruckt, in welche die Noten geschrieben werden mußten. Um 1473 begegnet das sog. Doppeldruckverfahren, bei dem zuerst Notenlinien und in einem zweiten Arbeitsgang Noten, Schlüssel und Text gedruckt wurden. Eine eventuelle rote Linie für die Tonhöhe F blieb ausgespart und mußte hs. eingezogen werden. Als typograph. Höhepunkt dieser Neuerung gilt das 'Missale secundum consuetudinem curie romane' des Druckers Ulrich Hahn, Rom Okt. 1476. Dieses Doppeldruck-Holzschnitt-Verfahren verbreitete sich rasch über Europa und ist in vielen N.en und Musiktraktaten erhalten. Das Blockdruckverfahren läßt sich bis ins 19. Jh. verfolgen; allerdings kann man im Einzelfall nicht immer zweifelsfrei feststellen, ob es sich um Holz- oder um Metallschnitt handelt. Für die Zeit um 1480 ist das erste erhaltene Exemplar eines N.s anzusetzen, der wie beim Buchdruck mit einfachen Metalltypen für die (Choral-) Noten arbeitet (Franciscus Niger, 'Grammaticus', Theodor v. Würzburg, Venedig 1480). Hier sind nur die Noten und der Schlüssel mit Typen gedruckt, die Notenlinien hatte der Benutzer eigenhändig zu ziehen. Bedeutsam wegen der Eleganz seiner Produkte ist der Drucker Ottaviano dei Petrucci, der 1498 in Venedig ein zwanzigjähriges Druckprivileg erlangte. Er druckte seine Ausgaben in drei getrennten Arbeitsgängen: Linien, Noten und Text. Mit dem Aufkommen der Typen werden jetzt neben den Druckern auch die Typenschneider und -gießer wichtig. Der nächste und wichtigste Schritt des Typendrucks erfolgte Ende der zwanziger Jahre des 16. Jh. mit der Erfindung zerlegbarer Noten- und Zeichentypen, in denen das Liniensystem stückweise bereits integriert ist und somit keinen bes. Druckvorgang erfordert. H. Leuchtmann

Lit.: MGG s.v. – NEW GROVE s.v. Printing and publishing of music [Lit.]

Notger → Notker

Nothelfer, in Not und Bedrängnis angerufene Hl.e. Die dt. Bezeichnung N. begegnet seit dem späten 12. Jh. Im Verspassional (Ende 13. Jh.) etwa ist einmal auch Christus als »der nothelfere« genannt, ein andermal Augustinus (ed. K. KÖPKE, 447, V. 56, 75). In der Legende wird manchen Hl.n vor ihrem Martertod Gebetserhörung für ihre Verehrer zugesagt. Am Anfang ist mehr von einem allg. Privileg und einer universalen Hilfsmächtigkeit die Rede, erst allmähl. (im 15.Jh.) werden die Spezialpatronate entwickelt. N. treten zunächst einzeln oder in lockeren und variablen Gruppierungen in Erscheinung.

Im bes. werden darunter die Vierzehn N. verstanden. Diese doppelte Siebenerreihe von Hl.n ist wohl in Regensburg schon im beginnenden 14.Jh. zusammengestellt worden (J. DÜNNINGER). Im nachhinein scheint die Zusammenstellung ein hagiograph. Auswahlprinzip widerzuspiegeln, das möglichst für alle Stände und gegen alle Nöte des Leibes und der Seele einen bes. N. benennt; bestimmend dürfte indes bei der Zusammenstellung der Reihe eine örtl. bereits gefestigte Kulttradition der einzelnen Hl.n gewesen sein. Neben Regensburg sind frühe Zentren der Vierzehn N.-Verehrung Nürnberg und die Diöz.n Bamberg und Würzburg. Auch in Tirol läßt sich der Kult schon vor der Mitte des 15.Jh. nachweisen. Die Normalreihe der Vierzehn N. setzt sich zusammen aus drei Bf.en: →Dionysius v. Paris (Fest 9. Okt.; angerufen bei Kopfschmerzen), →Erasmus (2. Juni; angerufen bei Kolik, Krämpfen), Blasius (3. Febr.; angerufen bei Halskrankheiten, →Blasiussegen); drei ritterl. Hl.e: →Georg (23. April; Patron der Soldaten), Achatius (22. Juni; angerufen in schweren Krankheiten), →Eustachius (20. Sept.; Patron der Jäger); drei Jungfrauen: →Barbara (4. Dez.; angerufen gegen Blitz, Feuer und unversehenen Tod), →Margareta (20. Juli; angerufen in Geburtsnöten und für die Fruchtbarkeit der Felder), →Katharina v. Alexandrien (25. Nov.; Patronin der Wissenschaften); dem Arzt Pantaleon (27. Juli; Patron der Heilberufe); dem Mönch Ägidius (1. Sept.; angerufen in Unglück und Verlassenheit: 6. →Aegidius); dem Diakon →Cyriakus (8. Aug.; angerufen gegen Besessenheit); dem Knaben Vitus (15. Juni; angerufen gegen Epilepsie) und dem Riesen → Christophorus (25. Juli; Patron der Reisenden und Pilger, gegen jähen Tod). Bis auf Ägidius sind alle Vierzehn N. Märtyrer. Die Normalreihe mit Cyriakus findet sich am frühesten im frk. Raum. In Altbayern und Nürnberg steht bis ca. 1520 für Cyriakus fast ausschließl. Leonhard; oft vertreten sind →Sixtus und →Nikolaus Dionysius und Achatius; auch andere Hl.e finden sich in der Reihe: →Sebastian, →Oswald, →Pankratius, →Wolfgang. In der Diöz. Augsburg v. a. tritt am Ende des 15. Jh. →Magnus als 15. N. hinzu. Durch Bildzeugnisse ist die Gruppe seit dem frühen (ältestes Bildzeugnis Fresko in der Dominikanerkirche zu Regensburg, um 1320), durch Wortzeugnisse (Gebete, Legendar: »Der Heiligen Leben«) seit dem späten 14. Jh. bekannt. Die Gruppenbildung erfolgte vor dem Hintergrund der Katastrophen und Gefährdungen der Zeit wohl im Umkreis der Bettelorden, v. a. der Dominikaner und Minoriten. Gefördert wurde der Kult dann von den Prämonstratensern und Zisterziensern, später auch von den Benediktinern. Vom Adel, dem städt. Patriziat und Bürgertum früh mit Stiftungen u. a. von Altären bedacht, breitete sich der zunächst städt. Kult nach der Mitte des 15. Jh. auch auf dem Lande aus. Entscheidend für den Aufschwung und die Verbreitung der Vierzehn N.-Verehrung wurde die Verortung in Vierzehnheiligen bei Staffelstein/Ofr. Dort in den Fluren von Frankenthal auf dem Grund des Zisterzienserkl. Langheim hatte 1445/46 ein Schäfer Erscheinungen der »heyligen vierzehn Nothelfer«, die an dieser Stelle zu »rasten« begehrten. Nach dem raschen Aufblühen der Wallfahrt begannen sich von hier noch im 15. Jh. Kultwellen auszubreiten und Sproßwallfahrten im frk., thür. und schwäb. Raum zu entwickeln, so schon 1464 die Wallfahrt Vierzehnheiligen bei Jena in Thüringen, 1472 die Wallfahrt Einhorn bei Schwäbisch Hall u. a. Es wurden Ablässe verliehen, Bruderschaften gegründet (1468 in Vierzehnheiligen), Meßformulare zusammengestellt. Von Süddtl. aus verbreitete sich der Kult nach Norddtl. und Schlesien, vereinzelt auch nach Schweden, Ungarn und Italien. Die frühesten bildl. Darstellungen zeigen die Vierzehn N. in einer einfachen Reihe, angeführt von Christophorus; häufig finden sich die N. gruppiert um Maria oder Christophorus mit dem Jesuskind; gruppiert auch um eine Kreuzigung oder den Schmerzensmann. Bes. im Umkreis von Vierzehnheiligen sind die N. dargestellt mit dem Jesuskind gemäß der

Erscheinung als Kinder, halb weiß, halb rot gekleidet. Unter den Vierzehn N.-Darstellungen der Spätgotik befinden sich Werke von H. Burgkmair, L. Cranach, Matthias Grünewald. E. Wimmer

Lit.: LCI VIII, 546–550 [Lit.] – J. DÜNNINGER, Die Wallfahrtslegende von Vierzehnheiligen (Fschr. W. STAMMLER, 1953), 192–205 – G. SCHREIBER, Die Vierzehn N., 1959 – S. v. PÖLNITZ, Vierzehnheiligen, 1971 [Lit.] – J. DÜNNINGER, Sprachl. Zeugnisse über den Kult der Vierzehn N. im 14. und 15. Jh. (Fschr. M. ZENDER, I, 1972), 336–346 – K. GUTH, Vierzehnheiligen und die N.verehrung (850 Jahre Marktrecht der Stadt Staffelstein, 1980), 233–252 – F. GELDNER, Die Vierzehn N. in der frühen Druckgraphik, Gutenberg-Jb. 60, 1985, 303–315.

Nothelm, Ebf. v. →Canterbury 735–739; stammte aus Mercien. Seine Ernennung zum Ebf. dürfte auf Kg. →Æthelbald zurückgehen. Auch hat er wohl →Beda Venerabilis über Æthelbalds Macht (Hist. Eccl. V 31) und Æthelbald über einen southumbr. Herrschaftsbereich (SAWYER, Charters, Nr. 89) informiert. Er hielt die erste überlieferte Synode der südengl. Bf.e ab (SAWYER, ebd., Nr. 1429). N. war der »Lundoniensis ecclesiae presbyter«, den Beda im Vorwort zu seiner »Historia Ecclesiastica« als den Vermittler bei seinen entscheidenden Kontakten zu →Albinus v. Canterbury nennt. N. überbrachte Beda nicht nur Albinus' Q.n zur Gesch. Kents, sondern durchforschte auch die päpstl. Archive nach Material zur Gesch. der engl. Kirche, und vermutl. geht auf ihn die umfangreiche Gruppe der Papstbriefe in der »Historia Ecclesiastica« zurück, abgesehen von dem »Libellus Responsionum« (i.27). N. waren Bedas »In libros Regum quaestiones XXX« und vielleicht auch »De templo« und »VIII Quaestiones« zu bibl. Streitfragen gewidmet. C. P. Wormald

Lit.: C. PLUMMER, Baedae Opera Historica, 1896, II, 2–3 – N. P. BROOKS, Early Hist. of the Church of Canterbury, 1984, 80ff., 99.

Notio. Der Term »n.« geht auf Cicero, z. B. Topica VII, § 31, zurück, wo er als Übers. von gr. »ennoia« und »prolepsis« ('[angeborener] Begriff', letzterer Term ein techn. der stoischen Erkenntnistheorie) erscheint. In der ma. Philos. kommt der Term in diesem erkenntnistheoret. Sinn von 'Begriff' aber relativ selten vor, z. B. bei Boethius, cons. phil. V (MPL 63, 850A–862C), In Top. Cic. III (MPL 64, 1106A–C: »N. vero intellectus est quidam et simplex mentis conceptio«), Johannes Eriugena (bei diesem auch im Sinne eines ewigen Begriffs im göttl. Geist [sonst oft »idea« gen.]: »homo est n. quedam intellectualis in mente divina eternaliter facta«, Periphys. IV, 7) und Johannes v. Salisbury, Metalog. II, 17: »n.« als »ex ante percepta forma cuiusque rei cognitio« bzw. nach Boethius (MPL 64, wie o.) definiert; weit häufiger findet sich z. B. »conceptus«, während in der nachma. Philos. der Gebrauch von n. z. B. durch J. Locke, G. Berkeley und C. Wolff (dessen Übers. von »n.« mit 'Begriff' für die dt. philos. Terminologie bestimmend wird) stärker eingebürgert ist. – In der Trinitätstheol. der Schule des Petrus Lombardus erlangte der Term »n.« neben »proprietas« und »relatio« hermeneut. Bedeutung. Im Unterschied zu den personalen Eigentümlichkeiten und Beziehungen betreffen die n.es das Kennzeichnende der Hervorgänge in Gott. In der Regel werden 5 n.es aufgezählt: die Unzeugbarkeit bzw. Ursprungslosigkeit (innascibilitas), die Vaterschaft und Sohnschaft (paternitas, filiatio), die aktive und passive Hauchung (spiratio). In den intensiven Fragen nach dem Notionalen der Lebensbewegung des Hl. Geistes in Gott wurde (in der Ps.-Poitiers-Glosse) die 'spiratio' gefunden. Im 13. Jh. wurden die n.es als Grund der Trinitätserkenntnis verstanden (Bonaventura, Sent. I d. 26 q. 4, d. 27 q. 1; Thomas v. Aquin, S. th. I q. 32 a. 1–4). Johannes Duns Scotus, Report. Paris I d. 28 q. 4, unterscheidet den Gebrauch von 'n.' »pro actuali notitia obiecti intelligibilis, ut pro conceptu formato« von dem »pro ratione innotescendi aliud, quod proprie significat illud quo aliqua persona est cognoscibilis ex parte sua, et sic est persona noscibilis«, als Begriff im Unterschied zu Erkenntnisgrund der göttl. Personen. Meister Eckhart spricht in den lat. Schriften wiederholt von »amor notionalis«, personbildender Liebe (In Joh. n. 163 p. 134, 16; n. 165 p. 136, 6; in Sap. n. 66 p. 394, 10 u. ö.). →Begriff, →Erkenntnis. H. Berger/W. Gombocz/L. Hödl

Lit.: R. Goclenius, Lex. philos., Frankfurt 1613, 767–772 – S. Chauvin, Lex. philos., Leeuwarden 1713², 442 – Novum glossarium mediae latinitatis, M–N, 1413–1415 – HWP I, 780–787; VI, 935–940 – J. SCHNEIDER, Die Lehre vom Dreieinigen Gott in der Schule des Petrus Lombardus, MthSt 22, 1961, 172–223 – K. H. TACHAU, Vision and Certitude in the Age of Ockham, 1988 – M. WEITZ, Theories of Concepts, 1988 – A. BROADIE, N.n and Object, 1989.

Notitia nennen sich zahlreiche Aufzeichnungen, Nachrichten und Verzeichnisse aus Spätantike und MA unterschiedlichsten Inhalts (N. dignitatum, N. de servitio monasteriorum, N. Arnonis etc.). Im urkundentechn. Sinne bezeichnet N. (auch Breve, Memoratorium) eine v. a. im Frankenreich und im langob. Italien (gerade auch in →Benevent) begegnende nichtherrscherl. Urk., die sich durch ihre objektive Berichtsform (N. qualiter actum est inter X. et Y.) deutlich von der subjektiv verfaßten →Charta unterscheidet, aber wie jene durch Zeugen- und Schreibernennung charakterisiert ist.

Die von H. BRUNNER formulierte klass. Privaturkundenlehre, nach der sich die N. nicht nur formal, sondern – als bloße Beweisurk. – auch rechtl. von der als konstitutive Geschäftsurk. definierten Charta unterscheidet, ist durch die Forsch.en von STEINACKER, CLASSEN, FICHTENAU und anderen überholt. Auch läßt sich der von BRUNNER behauptete röm.-rechtl. Ursprung der N. (im Unterschied zu dem der Charta) nicht nachweisen (wodurch allerdings die Entstehung der N. ungeklärt ist). Vielmehr kommt sowohl der N. als auch der Charta in erster Linie Beweischarakter zu; die Rechtshandlung selbst (Schenkung, Verkauf, Tausch) ist ein vielschichtiger, häufig symbolträchtiger, regional unterschiedl. Vorgang, der v. a. durch die bewußte Herstellung von Öffentlichkeit charakterisiert ist. Die Ausstellung einer N. ist im Rahmen dieser, das Rechtsgeschäft perfizierenden Formalhandlungen der weniger feierl. Beurkundungsvorgang; im Unterschied zur Charta (traditio chartae) kann der Ausstellung und Übergabe der N. auch keinerlei symbolhafte Bedeutung zukommen. N. nennen sich auch die v. a. langob.-italischen kgl. und nichtkgl. Gerichtsurkk. (N. iudicati, Placitum), in denen ein von dem vorsitzenden Richter beauftragter Schreiber den Prozeßverlauf sehr detailliert aufzeichnet und dabei neben dem Gerichtsumstand auch die Handzeichen und Unterschriften der Iudices festhält. – Eine Spät- und Sonderform der N. stellen die v. a. in Bayern begegnenden Traditionsnotizen des 9.–12. Jh. dar, die in →Traditionsbüchern gesammelt oder gleich in solche eingetragen wurden. H. Zielinski

Q. und Lit.: →Charta – HRG III, 1061f. – H. WANDERWITZ, Quellenkrit. Stud. zu den bayer. Besitzlisten des 8.Jh., DA 39, 1983, 27–84.

Notitia dignitatum. Wie der volle Titel (n.d. omnium tam civilium quam militarium in partibus orientis/occidentis) ankündigt, gibt das in zwei Hauptteile gegliederte Werk ein Verz. der durch den Ks. zu besetzenden Posten in Heer und Zivaladministration des »imperium orientale (or.) bzw. occidentale (oc.) der Spätantike. Neben Rang und hierarch. Abfolge der Stellen bezeichnet es deren Aufgabenbereich durch Nennung der unterstellten Ressorts (sub dispositione), Angaben über nachgeordnete Funktionäre sowie über die befehligten Truppeneinheiten und die Standorte der →Limitanei. Auch die Struktur der jeweiligen Kanzleien (officia) ist angeführt. Dadurch gewährt die n.d. Einblicke in die Organisation von Kaiserhof und Reich, in das Militärwesen und die Topographie (Namen archäolog. dokumentierter Städte und Kastelle). Eine Reihe von z.T. singulären Informationen (z. B. über die Schildzeichen der Comitatenses) sind den beigefügten Bildern zu entnehmen. Unzweifelhaft ist, daß die n.d. auf eine vom →Primicerius notariorum geführte und auf dem neuesten Stand gehaltene Liste zurückgeht (vgl. or.18; oc.16). Dagegen sind Entstehungszeit (ca. 395; ca. 410; ca. 430), -ort (O, W) und -zweck (Orientierungshilfe für Ks. Valentinian III.; Abschrift für einen hohen Funktionär) aufgrund von Diskrepanzen zw. einzelnen Partien (ungleichmäßige Aktualisierung) weiterhin umstritten. In seiner jetzigen Gestalt setzt der Traktat eine spätantike Codexfassung voraus. Spuren einer Rezeption sind wohl schon in frühkarol. Zeit festzustellen; der allen späteren Hss. und Drucken zugrundeliegende verlorene Codex Spirensis dürfte an die Wende vom 9. zum 10. Jh. gehören. – S. a. →Notitia Galliarum.

A. Pabst

Ed. und Lit.: ed. E. Böcking, 1834 – ed. O. Seeck, 1876 [Neudr. 1962] – RE XVII, 1077–1116 – A. W. Bijvanck, Der Kalender vom Jahre 354 und die n.d., Mnemosyne 8, 1940, 177, 186–198 – D. Hoffmann, Das spätröm. Bewegungsheer und die n.d., 2 Bde, 1969–70 – J. H. Ward, Latomus 33, 1974, 397–434 – E. Demougeot, ebd. 34, 1975, 1079–1134 – Aspects of the n.d., hg. R. Goodburn–P. Bartholomew, 1976.

Notitia Galliarum (Notitia provinciarum et civitatum Galliae), ein Ende 4./Anfang 5.Jh. zusammengestelltes Verzeichnis der 17 gall. Provinzen (wie in der →Notitia dignitatum) mit 115 civitates, 7 castra und 1 portus (darunter frühe Ergänzungen). Obgleich wahrscheinl. administrativer Herkunft, verband sich die auch als Metropolitan- und Bm.sliste geeignete N.G. in der Tradition gern mit alten Kanonesslg.en. Von ihrer Bedeutung im MA zeugt, neben der teils aktualisierend interpolierten Überlieferung in mehr als 100 Hss., die Konsultation der N.G. zu Fragen kirchl. Rangordnung.

H. Mordek

Ed.: O. Seeck, Notitia dignitatum, 1876, 261–274 – Th. Mommsen (MGH AA 9, 1892), 552–612 [hiernach CCL 175, 379–406] – *Lit.*: DACL XII 2, 1717–1727 – L. Duchesne, Bull. de la Société nationale des antiquaires de France, 1892, 247–252 – H. Fuhrmann, Stud. zur Gesch. ma. Patriarchate 2, ZRGKanAbt 40, 1954, 25–28 – É. Griffe, La Gaule chr. à l'époque romaine 2, 1966², 111–125 – P.-M. Duval, La Gaule jusqu'au milieu du Ve s., 1971, 681f. – J. Harries, Church and State in the N.G., The Journal of Roman Stud. 68, 1978, 26–43 – A. L. F. Rivet, Gallia Narbonensis, 1988, 9ff.

Notitiae episcopatuum ecclesiae Constantinopolitanae. In dem Bestreben, die weltl. Herrschaftsstrukturen zu imitieren, übernahm die byz. Kirche auch die staatl. Verwaltungsorganisation unter Einschluß des (ungeschriebenen) Grundsatzes, daß zw. den einzelnen Prov.zen bzw. Diöz.en des Reiches ein hierarch. Verhältnis bestehe. Dieses war insbes. für die Sitzordnung (τάξις προκαθεδρίας) bei Kirchenversammlungen maßgebl. und bestimmte die Reihenfolge der Bm.er in den Anwesenheitslisten der Sitzungsprotokolle sowie die Anordnung der Unterschriften. Während die älteste, diese hierarch. Ordnung festlegende Notitia (die im 4. Jh. entstanden sein muß, als es nach der staatl. Anerkennung des Christentums erstmals zur Einberufung einer großen Zahl von Synoden kam) nicht erhalten ist, finden sich in der sehr reichhaltigen hs. Überlieferung zahlreiche (nach J. Darrouzès insges. 21) unterschiedl. Ranglisten, deren frühe-

ste aus der Zeit des Ks.s Herakleios (Ps.-Epiphanios) und deren späteste aus dem 15./16. Jh. stammen. Die Veränderungen gehen zumeist auf Rangerhöhungen (Erhebung vieler Ebm.er zu Metropolien) und Neugründungen zurück, betreffen allerdings nicht den vorderen Teil der N., in denen die Metropoliten v. Kaisareia, Ephesos, Herakleia, Ankyra und Kyzikos beständig die ersten fünf Plätze (nach dem Patriarchen v. Konstantinopel) einnahmen.

A. Schminck

Lit.: E. Gerland, Die Genesis der N.e, 1931 – Beck, Kirche, 148–188 – J. Darrouzès, N. e. e. C., 1981 – Ders., Sur les variations numériques des évêchés byz., RevByz 44, 1986, 5–44.

Notke, Bernt, dt. Bildhauer und Maler, * in Lassan, Pommern, seit 1467 in Lübeck, † ebd. vor dem 12. Mai 1509. Weitreichende Verbindungen zu weltl. und kirchl. Persönlichkeiten bis nach Schweden und ins Baltikum, 1490 schwed. Münzmeister. Ein Fund von Künstlerinschriften in Figuren des Lübecker Domkreuzes dokumentiert N. als schaffenden Meister an der Spitze eines Teams mit vier Gesellen, von denen einer als Schnitzer, ein anderer als Maler bezeichnet wird. Die beiden plast. Hauptwerke, mit eigenwilligen Techniken, sind das von Bf. Albert Krummedick gestiftete Ensemble des Triumphkreuzes, 1471–77, im Dom zu Lübeck, und die St. Georgsgruppe in der Nikolaikirche zu Stockholm, Votivdenkmal des Reichsverwesers Sten Sture für den Sieg über die Dänen, eingeweiht 1489. Altäre in Aarhus (1478/79) und Reval (1483) markieren das Tätigkeitsfeld N.s. – Die Gemälde in St. Marien zu Lübeck sind 1942 im Krieg verbrannt, sowohl die 1701 entstandene Kopie des Totentanzes von ca. 1466, als auch das Tafelbild der Gregorsmesse um 1500. Ein Viertel des 30 m langen Leinwandgemäldes des Lübecker Totentanzes hat sich in Reval erhalten.

A. Reinle

Lit.: F. Bruns, Meister B.N.s Leben, 1923 – W. Paatz, B.N. und sein Kreis, 1939 – S. Lumite – S. Globatschowa, Der Revaler Totentanz von B.N., ZKW 23, 1969, 123–128 – M. Hasse, B.N., ebd. 24, 1970, 18–60 – E. Oellermann, Das Triumphkreuz des B.N. im Dom zu Lübeck, Kunstchronik 1973, 93–96; 1974, 419–421.

Notker (Notger)

1. N., Bf. v. →Lüttich 972–1008, † 10. April 1008, ◻ Lüttich, St-Jean-l'Évangéliste; entstammte einer schwäb. Adelsfamilie, war Propst des Kl. →St. Gallen und Mitglied der →Hofkapelle, wohl noch von Ks. Otto I. mit dem Bm. Lüttich betraut. Er erwirkte für seine Kirche von Otto II. 980 ein allg. Immunitätsprivileg und von Otto III. die Verleihung der Gft.en →Huy (985) und »Brunnenguruut« (987). In der Bf.sstadt ließ er die Kathedrale St. Lambert sowie die Bf.spfalz wiederherstellen und gründete die Stifte Ste-Croix, St-Denis und St-Jean-l'Évangéliste. N. kann nicht nur als Schöpfer der Grundlagen des Fsbm.s Lüttich gelten, sondern auch als »zweiter Gründer« der Stadt, die er befestigen ließ und deren Sicherheit er durch Zerstörung der Burg →Chèvremont (987) gewährleistete. Als hochgebildeter Prälat führte N. die Lütticher Schulen (→Domschule) zur Hochblüte; seine Zöglinge wurden zu bedeutenden Vertretern des Reichsepiskopats wie →Adalbold v. Utrecht († 1026), Ruthard († 995) und Erluin († 1012) v. Cambrai, Heimo v. Verdun († 1025), Hermann v. Toul († 1026), Gunther v. Salzburg († 1025), →Durandus († 1025) und →Wazo († 1048) v. Lüttich. Unter N.s Episkopat begann sein Helfer →Heriger v. Lobbes mit der Abfassung der »Gesta pontificum Leodiensium« (→Gesta). Als einflußreicher Ratgeber der Ottonen unternahm N., im Rahmen des Königsdienstes, mehrere Italienreisen (983, 989–990, 996, 998–1002) und leitete eine Gesandtschaft an Kg. →Robert II. v. Frankreich (1006). N. kann als charakterist. Repräsentant jenes Areopags von Bf.en gelten, der das otton. →Reichskirchensystem begründen half. J.-L. Kupper

Lit.: GAMS V, Bd I, 1982, 67f. – G. KURTH, Notger de Liège et la civilisation au Xe s., 2 Bde, 1905 – J. FLECKENSTEIN, Die Hofkapelle der dt. Kg.e, II, 1966, 44 f. – J.-L. KUPPER, Liège et l'Église impériale, 1981, 116f., 119, 240, 376-378, 421-425, 434f. – DERS., La maison d'Ardenne-Verdun et l'Église de Liège, Publ. Section Inst. Grd.-Ducal de Luxembourg 95, 1981, 201-215 – H. ZIELINSKI, Der Reichsepiskopat in spätotton. und sal. Zeit (1002-1125), I, 1984, 77-79 – J.-L. KUPPER, La chute de Chèvremont dans le contexte politique de la seconde moitié du Xe s., Bull. de l'Inst. arch. liégeois 100, 1988, 33-39 – DERS., L'évêque Notger et la fondation de la collégiale Sainte-Croix à Liège (Études à P. RICHÉ, 1990), 419-426 – →Lüttich.

2. N. I. (Balbulus 'der Stammler') v. →St. Gallen, Dichter, Erzähler, Gelehrter, * ca. 840, † 6. April 912, stammte aus bedeutender Grundherrenfamilie der Region von Jonschwil (Untertoggenburg). Früh verwaist und zunächst in Obhut seines Ziehvaters Adalbert, kam N. als puer →Oblate nach St. Gallen, wo er gleich seinen Freunden →Ratpert und →Tuotilo eine vorzügl. Ausbildung erhielt. Für den Konvent ztw. als Urkundenschreiber, Bibliothekar, Hospitar tätig, stand er in bes. Ansehen als humaner Erzieher seiner Schüler (u. a. →Hartmann [1. H.], Ratpert d. J., →Salomo III. v. Konstanz, Waldo v. Freising). Frühe lokale Verehrung N.s deuten schon Nachrichten →Ekkehards IV. an. Seine förml. Kanonisation suchte um 1215 Abt Ulrich IV. zu erwirken, wozu ein unbekannter Verf. die Vita N.i Balbuli lieferte (dt. Übers. 1522).

Dichtungen: Der um 884 abgeschlossene »Liber Ymnorum« mit rund 50 →Sequenzen (wovon zumindest 40 für authent. gelten) ist Bf. →Liutward v. Vercelli zugeeignet. Im Proömium weist N. auf die ursprgl. Anregung hin, die eine westfrk. Prose (→Jumièges) ihm gab, und charakterisiert danach die entscheidenden Etappen seines Werdegangs als Sequenzendichter. Motivzusammenhänge unter den Einzelgebilden enthüllen das kompositor. Prinzip der Slg., die darauf angelegt war, mit ihren Gesängen alle Feste des kirchl. Jahres zu schmücken. Für die Sangesweisen griff N. fast durchwegs auf bereits bestehende, v. a. im W gesungene Melodien zurück. Seine eigtl. Schöpfertat lag so in der Konzipierung wahrhaft dichter. Texte, mit der er die Sequenz erster Epoche ihrer klass. Form zuführte. – Licht auf die musikal. Praxis von damals wirft N.s Lehrbrief an frater Lantbertus, worin die sog. →Romanusbuchstaben in knappen Merksätzen erklärt sind.

Den Sequenzen themat. nahe stehen vier metr. Hymnen auf den hl. Stephan, Patron der Kathedrale v. Metz. Zu einem kleinen Zyklus gefügt und dem dortigen Bf. Ruodbert als einstigem Mitbruder gewidmet (um 883), entbehren sie trotz feierl. Strenge nicht der persönl. Note und 'Signatur' (aeger et balbus .../N. indignus cecini). – Ein →Prosimetrum stellt das »Metrum de vita sancti Galli« dar, das N. erst mit Hartmann, dann mit Ratpert d. J. gemeinsam zw. 884/890 schuf. In bewegtem Wechselgesang beleuchtet es Szenen aus der Gründungsgesch. des Kl., als deren theol. Mitte sich die ausgestaltete Konstanzer Predigt des Kl.heiligen ('Sermo s. Galli') erweist.

Prosawerke: Das Formelbuch (Titel von DÜMMLER, der fälschl. Salomo als Autor ansah) enthält eine Reihe früher entstandener Texte, die N. anläßl. Salomos Erhebung zum Abt und Bf. (890) in eine Art Gedenkbuch faßte: 1. Die »Notatio de viris illustribus« (auch separat überliefert), als zweiteiliger Lehrbrief dem angehenden Geistlichen schon 885 vorgelegt, empfiehlt für die Aneignung christl. Grundwissens ein relativ breites Lektüreprogramm aus patrist. und frühma. Schriftauslegern und sonstiger kirchl. Lit. N.s Anweisungen und Winke zeugen von Kennerschaft, klugem Urteil und feinem didakt. Sinn. 2. Die eigtl. »Formulae« bestehen aus Musterformularen (→Formel) für das Diktat von Kg.s-, Bf.s- und Kl.urkk. N. entnahm sie Konstanzer und St. Galler Kanzleipraxis, z. T. ohne viel zu ändern, z. T. unter charakterist. Stilretuschen. 3. Den Stempel des Menschlich-Privaten tragen die gesammelten Briefe (7 Nr.n in Prosa, 10 in Gedichtform). Das Corpus ist Teil der Korrespondenz N.s mit Waldo und Salomo, denen er hier zugleich als väterl. Freund und ernst mahnender Mentor gegenübertritt.

Die Karlsgeschichten (»Gesta Karoli Magni«) entstanden, N. zufolge, auf Geheiß Ks. Karls III. nach dessen Kl.besuch Dez. 883. Von dem dreiteilig angelegten Werk liegt nur noch B. I (über Karls Verhalten zur Kirche) lückenlos vor; B. II (über Karls Kriegstaten) ermangelt der Schlußpartie, während B. III (über Karls persönl. Leben) zur Gänze fehlt. Für seine berühmt gewordenen Anekdoten stützte sich N. vorab auf den mündl. Bericht von Gewährsleuten, die er ausdrückl. nennt (für B. I den Mönch Werinbert, für B. II Adalbert, seinen nutritor). Anders als →Einhard in der »Vita Karoli Magni« (die zusammen mit Gesta und Reichsannalen oft eine Überlieferungseinheit bildet) strebte N. nicht eigtl. Historizität an. Vielmehr suchte er, belehrend und unterhaltsam in einem, ein christl.-frk. Kg.sideal zu propagieren, wie er es zumal in Karl d. Gr., partiell auch in Kg. Pippin, Ludwig d. Fr. und Ludwig d. Dt. verkörpert fand. – Der Historiographie stärker verpflichtet ist seine »Continuatio breviarii Erchanberti« (ed. G. H. PERTZ, MGH 2, 1829, 329f.), ein Abriß der frk. Kg.sgesch. von 840-881; wobei auch hier die brennende Besorgnis N.s der Zukunft des karol. Reiches gilt.

Das Martyrologium (ed. MPL 131, 1029-1164), 896 noch nicht vollendet, basiert auf den Vorlagen von →Hrabanus Maurus und →Ado v. Vienne, deren Werke N. verglich, aus zusätzl. Q. ergänzte und regelrecht wiss. durcharbeitete. H. F. Haefele/Ch. Gschwind

Ed.: E. DÜMMLER, Das Formelbuch des Bf.s Salomo III. v. Konstanz aus dem neunten Jh., 1857 [ND 1964] – W. VON DEN STEINEN, N. der Dichter und seine geistige Welt, Ed.-Bd., 1948 [ND 1978] [Liber Ymnorum, De s. Stephano] – J. FROGER, L'épître de N. sur les 'lettres significatives', Études Grégoriennes 5, 1962, 69f. – N.i Balbuli Gesta Karoli magni imperatoris, ed. H. F. HAEFELE, MGH SRG NS 12, 1959 [1980²] – W. BERSCHIN, N.s Metrum de vita S. Galli (Fschr. J. DUFT, 1980), 91-118 – E. RAUNER, N.s des Stammlers 'Notatio de illustribus viris', T. I: Krit. Ed., MJb 21, 1986, 34-69 – Lit.: Verf.-Lex.² VI, 1187-1210 [Ed., Übers., Lit.] – E. LECHNER, Vita N.i Balbuli. Geistesgesch. Standort und hist. Kritik, 1972 [vgl. Verf.-Lex.² VI, 1185f.] – J. M. MCCULLOH, Historical Martyrologies in the Benedictine Culture Tradition (Benedictine Culture, hg. W. LOURDAUX–D. VERHELST, 1983), 114-131 – F. WULF, 'Sancti Spiritus assit nobis gratia' (Liturgie und Dichtung, hg. H. BECKER–R. KACZYNSKI, 1983), 547-572 – P. LADNER, Die Welt N.s d. Dichters im Spiegel seiner Urkk., DA 41, 1985, 24-38 – WATTENBACH–LEVISON–LÖWE, H. VI, 750-755 – J. DUFT, Die Abtei St. Gallen, 2, 1991, 127-135, 136-147 – Cod. 121 Einsiedeln. Komm. zum Faks., hg. O. LANG, 1991, 189-206 [J. DUFT]; 257-273 [R. JACOBSSON] – S. RANKIN, »Ego itaque Notker scripsi«, RevBén 101, 1991, 268-298 – BRUNHÖLZL II, 28-58, 558-562 [Lit.] – P. OCHSENBEIN–K. SCHMUCKI, Die Notkere im Kl. St. Gallen, 1992, 17-52.

3. N. II. (N. Medicus, N. Piperisgranum) v. St. Gallen, † 12. Nov. 975, Onkel des Abtes Notker v. St. Gallen (971-975), war als Lehrer, Maler, Arzt und Dichter einer der angesehensten unter den Mönchen seines Kl. und erfreute sich der Gunst Ottos d. Gr., an dessen Hof er sich zeitweilig aufhielt. Seine Heilkunst wurde auch weit außerhalb des Kl.bereichs geschätzt. Den Beinamen 'Pfefferkorn' verdankte er der Schärfe seiner asket. Einstellung. N. schuf Malereien im St. Galler Münster, Miniaturen sowie liturg. Dichtungen (ein Offizium für den hl. →Otmar und Hymnen). Nicht identifiziert sind die→Susceptacula regum, die er für die Begrüßung königlicher Gäste dichtete. J. Prelog

Lit.: Verf.-Lex.² VI, 1210-1212 - J. Duft, N. der Arzt, 1975² - Ders., Die Abtei St. Gallen, II, 1991, 149-164.

4. N. (III.) Labeo, Mönch in St. Gallen, * um 950, † 28. Juni 1022 an der Pest, entstammte nach den St. Galler Annalen einem alten Geschlecht aus der Gegend um Wil im Thurgau. Noch zu Lebzeiten erhielt N. den Beinamen 'Teutonicus' (»der Deutsche«), wohl wegen seines bereits unter Zeitgenossen hohen Ansehens als Übersetzer und Kommentator lat. Schulautoren und bibl.-theol. Schriften in ahd. Volkssprache. Sowohl das St. Galler Totenregister wie an anderer Stelle ein Eintrag seines gelehrten Schülers →Ekkehard IV. nennen ihn magister. Dieser am frühesten bezeugte Beiname N.s bezeichnet zugleich seine berufl. Stellung und sein geistl.-soziales Amt an der St. Galler Ordensschule. Dem sog. »Liber benedictionum« Ekkehards IV. erst von einer späteren Hand (des 15. Jh.!) hinzugefügte lat. (Hexameter-)Merkverse sprechen N. erstmals das Cognomen 'Labeo' zu. Eher denn als physiolog. Indiz dürfte der Name Labeo eine nach Cornelius Labeo (3. Jh. n. Chr.), der als erster die Erklärungen der physici, mythici und philosophi zusammenstellte, cognominell artikulierte geistige Ahnschaft für N.s zugleich phys., mytholog. und philosoph. Auslegungspraxis bedeuten.

Das einzige autobiograph. Zeugnis N.s, ein an den Bf. Hugo II. v. Sitten adressierter Brief, weist ihn als Lehrer der Septem →Artes liberales und der Theologie an der St. Galler Kl.schule aus. In ihm gibt N. zugleich Auskunft über Motivation, Ziele und Umfang seiner kommentierenden Übersetzungen in die Muttersprache und lat. verfaßter Kompendien. – Die artograph. Disziplinen sind das unabdingbare Fundament der Theologie. In bezug auf Inhalte, Umfang und Zielsetzung lassen sie sich für N. nur von ihrer geistlichen Sinngebung her begreifen. In der »Consolatio« des →Boethius setzt N. die Äquationen: Philosophia = Weisheit Gottes = Christus (I, 8,22f.; I, 20,13). 'Philosophias' Kleider (»die sie sich selber gefertigt hatte«) deutet er als die Artes Liberales, die Gottes Weisheit/das Verbum als ihren Urheber haben. – Obgleich im autobiograph. Brief nicht vollständig erwähnt, lassen sich doch alle seine Werke in einer von S. Sonderegger überzeugend vorgeschlagenen Entstehungsfolge sehen, die – außer den theol. – sich entsprechend ihrer Ausrichtung auf Trivium und Quadrivium der Artes liberales verteilen: Zunächst ein lat. Grammatiktraktat (»Quomodo VII circumstantiae rerum in legendo ordinandae«), der das gesamte Verfahren N.s regelt, d. h. N. transformiert zum lehrhaften Vortrag syntakt. den komplexen Stil (ordo artificialis) der betreffenden Werke in den ordo naturalis mit linearer Folge der Satzteile Subjekt – Prädikat – Objekt und ordnet diesen die einzelnen Satzergänzungen jeweils direkt bei. Dies geschieht zunächst in lat. Teilsätzen mit unmittelbar folgender ahd. Übers. (vertere), wobei N., gestützt auf die lat. Komm. und Artographien, wichtige Einzelbegriffe – meist ihm traditionell etymolog. Verfahren – mit teils übersetzten, teils nicht übersetzten lat. Wörtern erhellt (elucidare). Somit entsteht erstmals im Dt. eine grundlegende traditionelle Argumentations- und Deutungsstruktur. Die im Traktat theoret. vorgegebene Gliederung der Sätze nach colon und comma bestimmt die Form der Ausführung. Die mit großer sprachl. Sensibilität für den lat. Wortsinn seiner Vorlagen gewählten Worte der Volkssprache machen deutlich, daß hier eine in ahd. Zeit nicht vergleichbare hohe Qualität geistiger Durchdringung und Aneignung des lat. Schriftsinns mit den adäquaten Mitteln der Muttersprache erreicht ist. Doch will die dt. Übersetzung das Latein der Q. nicht ersetzen, sondern sie läßt im Licht einer interpretatio christiana den einen substantialen Kern sich zugleich in zwei verschiedenen sprachl. Weltsbildern widerspiegeln. Dem Traktat folgen in etwa zeitlich: »De arte rhetorica« (lat.), »De consolatione philosophiae« des Boethius (darin eingeschlossen eine kleine ahd. Rhetorik), »De sancte trinitate« des Boethius (nicht überl.), »Disticha Catonis« (nicht überl.), »Bucolica« Vergils (nicht überl.), »Andria« des Terenz (nicht überl.), »De nuptiis Philologiae et Mercurii« des →Martianus Capella (Bücher I und II), »Categoriae« und »De interpretatione« des Aristoteles in der Fassung des Boethius, »De partibus logicae« und »De interpretatione« (beide lat.), »Principia arithmeticae« des Boethius (nicht überl.) und ein »Computus« (lat.), »De musica«, »Psalter«, »Cantica«, katechet. Stücke, »Moralia in Hiob« →Gregors d. Gr. (nicht überl.). H. Backes

Ed.: P. Piper, Die Schriften N.s und seiner Schule, 3 Bde, 1882/83 [ältere verbindl. Ausg.] – Die Werke N.s des Dt., Neue Ausg., hg. E. H. Sehrt – T. Starck, fortges. J. C. King – P. W. Tax, 1972ff. – *Wortschatz*: E. H. Sehrt – W. K. Legner, N.-Wortschatz (vollst.), 1955 – E. H. Sehrt, N.-Glossar (ahd.-lat.-nhd.), 1962 – *Lit.*: E. Luginbühl, Stud. zu N.s Übers.skunst, 1933 [Anh.: S. Sonderegger, Die altdt. Kirchensprache, Nachdr.] – S. Sonderegger, Ahd. in St. Gallen (Bibliotheca Sangallensis 6, 1970) – E. Hellgardt, Notkers d. Dt. Brief an Bf. Hugo v. Sitten (Befund und Deutung, 1979), 169-192 – H. Backes, Die Hochzeit Merkurs und der Philologie, Stud. zu N.s Martian-Übers., 1982 – S. Sonderegger, Latein und Ahd. Grundsätzl. Überlegungen zu ihrem Verhältnis (Fschr. H. F. Haefele 1985), 59-72 – H. Backes, Dimensionen des Natur-Begriffs bei N. d. Dt. v. St. Gallen (Misc. Mediaevalia 21/1, 1991), 20-27 – P. Ochsenbein – K. Schmuki, Die Notkere im Kl. St. Gallen (Stiftsbibl. St. Gallen), 1992.

Notre-Dame-Schule, Bezeichnung für eine Epoche der Musikgeschichte, die nach der Kathedrale v. Paris benannt ist.

[1] *Geschichte*: Gewöhnlich wird der Anfang der N.D.-Epoche fixiert mit dem Baubeginn der Kathedrale in Paris (um oder kurz vor 1163). Seit dieser Zeit (wohl aber auch schon in der Generation zuvor) entstanden mehrstimmige Musikstücke zu Messe und Stundengebet, die man als Organa bezeichnet. Sie wurden je nach liturg. Rang an den Sonn- und Feiertagen aufgeführt. Dazu zählten bes. die Hochfeste Weihnachten und Ostern mit ihrer Festtags-Oktav, aber auch zahlreiche Hl.nfeste, die an N.D. mit entsprechendem Rang ausgestattet worden waren. Je höher das Fest eingestuft war, desto mehr Organa konnte es erhalten. Desgleichen schwankte auch die Anzahl der Ausführenden zw. zwei und maximal sechs. Ein wahrscheinl. vollständiger Zyklus mit zweistimmigen Organa für das Kirchenjahr wurde von Magister Leoninus, den ein engl. Musiktheoretiker (Anonymus 4) vom Ende des 13. Jh. als »optimus organista« (bester Schöpfer von Organa) bezeichnet, geschaffen und war in einem sog. »Magnus liber de graduali et antiphonario« aufgezeichnet. Sein Nachfolger →Perotinus bearbeitete den »Magnus liber« und kürzte ihn, wie aus dem Bericht des Anonymus 4 hervorgeht. Die Kürzung dürfte zu einem wesentl. Teil in der Eliminierung zahlreicher Organa aus der Liturgie bestanden haben. Daneben schuf Perotinus selbst große drei- und vierstimmige Organa, aber auch Conductus.

Noch in die Schaffenszeit des Perotinus fällt die Entstehung der →Motette in der ersten Hälfte des 13. Jh. Diese neue Gattung scheint schon bald das Organum verdrängt zu haben. Sie blieb aber nicht ausschließl. an den Kirchenraum gebunden, sondern wurde mit neuen (z. T. frz.) Texten in den weltl. Bereich verlagert. Die Vermutung von H. HUSMANN, einige der Organa, die sich in der N.D.-Hs. Florenz, Bibl. Mediceo Laurenziana, Plut. 29,1 (Mitte 13. Jh.) finden, seien nicht an N.D., sondern an anderen Pariser Kirchen entstanden, hat sich als nicht haltbar erwiesen.

[2] *Institutionen:* Mit der Kathedrale N.D. war ein Kapitel verbunden, dem 51 präbendierte Kanoniker angehörten, die das Recht hatten, den Bf. zu wählen. Acht Kanoniker waren mit den wichtigsten Funktionen im Kapitel betraut: Dekan, Kantor, Succentor (Subkantor) und Kanzler, außerdem vier weitere (3 Archidiakone und der Poenitentiarius). Am Chordienst von N.D. wirkten aber auch die Kanoniker der drei kleinen Kirchen mit, die in der unmittelbaren Umgebung der Kathedrale lagen: St. Jean-le Rond, St. Aignan und St. Denis-du-Pas.

Grundsätzl. war der Kantor für die Musikausübung verantwortlich (Auswahl der Solisten, Betreuung der Musikhss. etc.). Da er aber nicht selten von finanziellen, jurist. o. ä. Angelegenheiten in Anspruch genommen war, verrichtete der Succentor die musikal. Aufgaben an N.D. V. a. die nächtl. Abschnitte des Stundengebets litten darunter, daß nur wenige der Kanoniker teilnahmen. Deshalb gab es 16 eigene Bedienstete, die die Matutin auszuführen hatten. Sechs von ihnen waren dann auch als Solisten eingesetzt. Dies schloß das Singen von Organa mit ein.

[3] *Personen:* Die erste musikhist. bedeutende Persönlichkeit, die an der Kathedrale N.D. wirkte, war sicherlich der Kantor Adam († 1146). Da Adam maßgeblich am Aufbau des 1108 gegr. Augustiner-Kl. Saint Victor mitwirkte, wurde er später von den dortigen Historikern für ihr Haus vereinnahmt (→Adam v. Saint Victor). Nach seinem Tod folgte ihm Magister Albertus Stampensis (aus Etampes), der seit 1127 als Kanoniker an N.D. nachweisbar ist. HANDSCHIN identifizierte den Kantor mit dem Autor des mutmaßlich frühesten dreistimmigen →Conductus »Congaudeant catholici«, der im →Codex Calixtinus aufgezeichnet ist. Bei seinem Tod ca. 1177 hinterließ er der Kirche u. a. »duos troperios« und »duos versarios«, also Tropare und Slg.en mit Dichtung, worin sich auch seine eigenen Werke befunden haben könnten. Die bei weitem herausragende Figur in der zweiten Hälfte des 12. Jh. war der wahrscheinl. um 1135 geborene Magister Leoninus. Er scheint vor 1179 den akadem. Grad eines Magister erlangt zu haben und war spätestens seit 1192 Priester-Kanoniker an N.D. Die Position des Kantors oder Succentors hat er jedoch wohl nicht bekleidet, obwohl er zahlreiche Organa »zur Bereicherung des Gottesdienstes« (Anonymus 4) schuf. Bereits 1910 hatte FR. LUDWIG auf die Möglichkeit »einer Verwechslung des Leoninus mit dem Dichter Leonius« aufmerksam gemacht. Dennoch sollen beide nach den Forschungen von C. WRIGHT identisch sein. Das Hauptwerk des Dichters ist die »Hystoria sacre gestas ab origine mundi«, eine dichter. Übertragung der ersten acht Bücher des AT in über 14000 lat. Hexametern. Leonin starb 1201 oder kurz danach. Die wichtigsten Vertreter der N.D.-S. in der ersten Hälfte des 13. Jh. waren →Perotinus und →Philipp der Kanzler.

[4] *Musik und Notenschrift:* In der N.D.-Schule wurde das →Organum (daneben →Conductus und später auch →Motette) als zentrale Gattung gepflegt. In der einfachen zweistimmigen Form fügte man zu den solist. einstimmigen Teilen des Chorals eine zweite, häufig virtuos geführte Oberstimme hinzu (Vox organalis). Die Melodie des Chorals wurde in Haltetöne gedehnt (Tenor). Im Gegensatz zu solchen sog. Organal-Partien mußten bei den melismat. Abschnitten Tenor und Zusatzstimme rhythm. straff organisiert werden, um rascher voranschreiten zu können. Damit wurde eine neue Art der Notenschrift erforderlich, die die Fixierung des Rhythmus in diesen »Discantus«-Partien ermöglichte. Anonymus 4 beschreibt sechs solcher »Modi«, die durch die Anordnung von Gruppenzeichen ausgedrückt werden konnten. In solche Ligaturen waren meist zwei bis vier Töne eingebunden. Mit der Aneinanderreihung von einer Dreier- und beliebig vielen folgenden Zweier-Ligaturen ließ sich also z. B. ein Rhythmus »lang-kurz-lang-kurz« (im Verhältnis 2:1) fixieren (1. Modus). Es ist versucht worden, die rhythm. Modelle antiken Versmaßen zuzuordnen, wie sie auch in der ma. Dichtung Verwendung fanden (1. Modus = Trochäus, 2. M. = Jambus, 3. = Daktylus etc.). Mit der Modal-Notation entstand erstmals in der Musikgesch. eine Form der Aufzeichnung musikal. Stücke, die eine rhythm. Lesung ermöglichte. Während die Notenschrift in den vorangegangenen Epochen normalerweise zum nachträgl. Festhalten einer ursprgl. improvisierten Mehrstimmigkeit verwendet wurde, konnte sie nun in vorschreibender Weise zu schriftl. Komponieren eingesetzt werden.

[5] *Wirkung:* Obwohl in der späten Zeit der N.D.-S. das Organum zusehends von der Motette abgelöst wurde, die damit zu einer wichtigen Gattung der nachfolgenden Epochen (→Ars antiqua und Ars nova) wurde, belegen die liturg. Q. aus N.D. die Aufführungen von Organa bei Prozessionen noch weit über das 13. Jh. hinaus. Auch außerhalb von Paris regte sich bald Interesse an der aufregenden Art der N.D.-Mehrstimmigkeit. Z. B. wurde im Kl. v. St. Andrews in Schottland eine Abschrift von Stücken aus dem N.D.-Repertoire angefertigt (heute Wolfenbüttel, Hzg.-August-Bibl., Helmst. 628). Einzelne Stücke finden sich u. a. in Skandinavien, Deutschland und der Schweiz. Die bes. langlebige Tradition eines einzelnen Organum der N.D.-Schule läßt sich aus mehreren Q. in Erfurt bis mindestens zum Ende des 17. Jh. nachweisen. F. Körndle

Q. und Lit.: MGG – RIEMANN – FR. LUDWIG, Repertorium Organorum Recentioris et Motetorum Vetustissimi Stili, 1910 – Perotinus, »Sederunt principes«, hg. R. v. FICKER, 1930 – J. HANDSCHIN, Zur Gesch. von N.D., Acta Musicolog. 4, 1932, 5–17, 49–55 – Die drei- und vierstimmigen N.-D.-Organa, hg. H. HUSMANN, 1940 – DERS., St. Germain und N.D. (Natalicia Musicolog. K. JEPPESEN, 1962), 31–36 – DERS., The Origin and Destination of the Magnus liber organi, Musical Quarterly 59, 1963, 311–29 – DERS., The Enlargement of the Magnus liber organi and the Paris Churches of St. Germain l'Auxerrois and Ste. Geneviève-du-Mont, JAMS 16, 1963, 176–203 – FR. RECKOW, Der Musiktraktat des Anonymus 4, 2 Bde, 1972 – C. WRIGHT, Music and Ceremony at Notre Dame of Paris 500–1550, 1989 – F. KÖRNDLE, Das zweistimmige N.-D.-Organum »Crucifixum in carne« und sein Weiterleben in Erfurt, 1992.

Nottingham, Nottinghamshire, Stadt und Gft. in Mittelengland.

[1] *Stadt:* N., nö. von →Derby, entstand an der Stelle, wo ein Sandsteinsporn einen strateg. wichtigen Übergang über den Trent beherrscht. Nach der ags. Besiedlung des Trent-Tales im 6. Jh. erhielt der Ort den Namen N. (Snotengaham, 'Besiedlung [ham] durch die Gefolgschaft oder die Familie eines Mannes namens Snot'). 873 wurde N. von den Wikingern erobert und gehörte zu den →Five Boroughs. 918 nahm es Eduard d. Ä. während der Rück-

eroberung des →Danelaw ein. Nach der norm. Eroberung entstand auf einem Vorsprung im W des burh eine Burg, die später als uneinnehmbar galt. Zw. ihr und dem *burh* entwickelte sich ein norm.-frz. →*borough* mit vorwiegend militär. Funktion. Zw. diesem borough mit Erstgeburtsrecht und dem alten engl. borough mit Erbfolgerecht des jüngsten Sohnes wurde während des ganzen MA unterschieden. Das umfangreiche Gebiet zw. beiden Siedlungen entwickelte sich zu einem der größten Marktplätze im Kgr. Nach dem →Domesday Book gab es in N. 227 Häuser, aber nur 120 burgesses (wobei wahrscheinl. die Einw. des alten borough nicht berücksichtigt waren). Am Ende des 12. Jh. erhielt N. das Recht der Selbstverwaltung unter einem →*reeve* (später unter zwei →*bailiffs*), eine Kaufmannsgilde und die Befreiung von Zöllen im ganzen Kgr. Seit dem 13. Jh. war die Stadt bekannt für ihre Töpferei, Glockengießerei und Alabasterschnitzerei. Obwohl es im SpätMA Anzeichen städt. Niedergangs gab, wurden doch im 14. Jh. Parliamente in N. abgehalten, und 1449 erhielt die Stadt den Status eines *county borough*.

[2] *Grafschaft:* Urspgl. das von den Dänen besetzte Gebiet mit dem befestigten burh als Zentrum, entwickelte sich eine Gft. (→*shire*) erst nach der ags. Rückeroberung im 10. Jh., zuerst 1016 namentl. erwähnt. Die Gft. war in acht →*wapentakes* unterteilt und ihre Grenzen blieben im wesentl. bis zum Ende des MA unverändert. Zur Zeit des Domesday Book umfaßte sie nur die Überreste von 13 großen Ländereien (→*sokes*), die von einer zentralen Stadtsiedlung und von nach der ags. Invasion entstandenen abhängigen Siedlungen gebildet wurden. Die Gft.en v. N. und →Derby teilten sich bis 1256 ein Grafschaftsgericht. Dann erhielt Derby ein eigenes Gericht. Die einzige, neben N. bedeutende Stadt war Newark ('new work'), die nach dem Domesday Book 56 burgesses besaß. Seit 1295 entsandten Gft. und Stadt N. zwei Vertreter ins Parliament. C. H. Knowles

Lit.: VCH Nottinghamshire, 2 Bde, 1906–10 – K. C. Edwards, N. and its Region, 1966 – M. W. Barley–I. F. Straw, N. (Historic Towns I, hg. M. D. Lobel, 1969).

Nottingham, Earls of. Bei der Krönung Richards II. 1377 wurde John de →Mowbray zum Earl of N. ernannt, obwohl sich die meisten Besitzungen der Mowbrays in →Norfolk und →Suffolk befanden – bereits die Großmutter von John de Mowbray besaß den Titel eines Earl of Norfolk (William de Ufford den Titel eines Earl of Suffolk). Nach ihrem Tod 1399 gingen beide Titel auf die Mowbrays bis 1476 über, als sie in männl. Linie ausstarben. Nun erhielt die Titel Richard, der Sohn Eduards IV. und Gemahl der Erbin des letzten Mowbray. William de →Berkeley, einer der Haupterben der Mowbrays, wurde von Richard III. zum Earl of N. ernannt, zweifellos nach der mögl. Ermordung von Prinz Richard (→Eduard V.). Das Earldom erlosch, als Berkeley ohne Nachkommen 1492 starb. R. L. Storey

Lit.: Peerage IX, 780–782.

Notula, Fachausdruck zur Bezeichnung einer got. Schrift, mit dem Bischoff zunächst die got. Kursive insgesamt, schließlich aber gemäß der Terminologie v. a. auf spätma. Schreibmeisterbll. Briefschriften umschrieben hat. In ähnl. Bedeutung von Lieftinck und Gumpert (»N. für jenes noch schlecht erforschte Gebiet, das von der untersten, nicht immer mehr ganz definitionsgerechten Textualis zur frühesten, noch immer nicht ganz definitionsgerechten Cursiva reicht«) gebraucht. P. Ladner

Lit.: W. Wattenbach, Das Schriftwesen im MA, 1896³, 270f., 296, 489f. – M. G. I. Lieftinck (Nomenclature des écritures livresques, 1954), 17 – J. P. Gumpert, Die Utrechter Kartäuser und ihre Bücher, 1974, 206 – B. Bischoff, Paläographie..., 1986², 183 – E. Casamassima, Tradizione corsiva..., 1988, 13, 96.

Notwehr (von ahd. *not* ['Gewalt, Kampf'] und *werian* ['sich wehren'], mnd. *notwerunge*, mhd. *notwer*) ist die erlaubte Selbsthilfe gegenüber einem rechtswidrigen Angriff. Schon nach den Digesten Justinians darf man sich unrechter Gewalt erwehren (Corpus iuris civilis, Dig. 1,1,3). Bei den germ. Völkern war Selbsthilfe durch die Gruppe, die →Fehde, wesentl. Bestandteil des gesellschaftl. Lebens. Die Fehde war nicht auf die Verteidigung beschränkt, sondern schloß auch die →Rache ein. Mit dem Zurückdrängen dieses Rechtes durch Kirche und Staat wurden die Voraussetzungen, unter denen es straflos möglich war, einen Angreifer zu verletzen oder zu töten, geregelt und damit das N.recht herausgebildet. Nach einer älteren Lehre liegt der Ursprung der N. in der →Friedlosigkeit des handhaften Missetäters (→Handhafte Tat). Da die Friedlosigkeit schon einen konkreten Friedensbereich voraussetzt, der den Angriff rechtswidrig sein läßt, ist der Zusammenhang mit der Fehde gegeben: Je mehr das Gemeinwesen ein Gewaltmonopol beanspruchte und die gewaltsame Selbsthilfe untersagte, desto mehr weitete es die Friedenspflicht aus und um so genauer wurden die Voraussetzungen der N. umschrieben. In frk. Zeit finden sich – wahrscheinl. unter röm. Einfluß – ledigl. Ansätze einer Regelung der N., die mit Wendungen wie »se defendendo« (Liutprand c. 20 – Leges Langobardorum, ed. F. Beyerle, 1947; Capitula legibus addenda 818/819 c. 1 – MGH Cap. I, 281, 1881) bei Angriff auf Leib oder Leben die Verletzung oder Tötung des Angreifers erlauben. Genauer wird das Institut erst ab dem 12. Jh. mit den Friedensbemühungen der →Landfrieden und der →Stadtrechte erfaßt, insbes. im ma. it. Strafrecht. Wissenschaft und Statutarrechte arbeiteten bereits die einzelnen Merkmale der N. heraus – rechtswidriger Angriff, Verteidigungshandlung, Notwendigkeit des Mittels zur Abwehr. Die meisten Rechte (auch in dt. Q.n) setzen einen bewaffneten Angriff voraus; N. war nach den Reichslandfrieden auch zur Verteidigung des →Eigentums zulässig. Der Angriff mußte konkret erfolgt sein; weitergehend verlangte der Schwabenspiegel, daß der Angegriffene zunächst zurückweichen mußte (c. 63). Nach dem Sachsenspiegel hatte der Totschläger den Leichnam des getöteten Angreifers vor Gericht zu bringen und dort die Klage gegen den toten Mann zu erheben (Ldr. II, 14).

Die durch N. bedingte Rechtfertigung schließt allenthalben eine peinl. Strafe aus, während im übrigen die Rechtsfolgen unterschiedl. sind: Nach dem Schwabenspiegel und vielen anderen, insbes. süddt. Q.n traf den N. Übenden keine Rechtsfolge. Im langob. Recht mußte er das Wergeld für den Erschlagenen gleichwohl entrichten (Liutprand c. 20), womit die N. den fahrlässigen Taten an die Seite gestellt und eine Art Erfolgshaftung begründet wurde. Auch in einigen Stadtrechten und insbes. in den fries. Gesetzen ist die Zahlung der Brüche vorgesehen. Der Grund für letzteres dürfte in der Frieden stiftenden Funktion der Zahlung an die Sippe des Getöteten und der Vermeidung einer Fehde zu sehen sein. A. Roth

Lit.: HRG III, 1096ff. [E. Kaufmann] – E. Osenbrüggen, Das Alam. Strafrecht im dt. MA, 1860, 70ff. – Ders., Das Strafrecht der Langobarden, 1863, 66f. – R. His, Das Strafrecht der Friesen im MA, 1901, 74ff. – Ders., Das Strafrecht des dt. MA, I, 1920, 196ff. – G. Dahm, Das Strafrecht Italiens im ausgehenden MA, 1931, 115ff. – O. Posse, Die N. im Sachsenspiegel, 1937 – M. Th. Wüstendörfer, Das Baier. Strafrecht des 13. und 14. Jh., 1942, 53ff.

Notwendigkeit (necessitas). Die N. gen. Seinsweise fällt am ehesten beim Nachdenken über das Wissen auf. Wissen im strengen Sinn stützt sich auf Einsichten in Grundsätze, die als notwendig-wahr vorausgesetzt sind, wie etwa das Kontradiktionsprinzip. Für die log. Zurückführung auf Grundsätze und die Folgerungen aus diesen sind Gesetze maßgebend, die ebenfalls die Eigenart der N. besitzen. – N. bedeutet, nicht anders sein zu können (Aristoteles II. Anal. I c. 33). Der Sinn des Wortes N. ist also mit grundlegenden Inhalten des Begreifens: sein, nicht sein, möglich, unmöglich, zufällig (sog. Modalitäten), unlösbar verbunden. Demnach läßt N. sich nur definieren, wenn ein anderer Modalbegriff als ursprünglicher angesehen wird. Darüber gibt es Meinungsverschiedenheiten. Gemäß der einflußreichen Lehre Avicennas ist »notwendig sein« nicht definierbar, sondern Bestandteil unmittelbaren Verstehens. Das kontradiktor. Gegenteil oder die einfache Negation von N. ist Zufälligkeit oder Kontingenz. Während notwendig das ist, was nicht-sein kann, ist kontingent das, was sein kann und nicht-sein kann. Die Unmöglichkeit ist der N. konträr entgegengesetzt. – Aristoteles, Met. V, c. 5 unterscheidet absolute und relative N. voneinander. Absolute N. eignet einem Seienden aufgrund der es konstituierenden Prinzipien Materie, Form, Wesenheit. Ein Sinnenwesen ist in seiner Körperlichkeit notwendig sterblich, aufgrund seiner Organe notwendig wahrnehmungsfähig. Relative N. zeigt sich im Hinblick auf Ziel- und Wirkursache eines Seienden. So sind für die Erreichung eines Ziels gewisse Bedingungen notwendig, und durch die Einwirkung von außen kann ein Wesen gegen seine natürl. Tendenz genötigt werden. – Bei der Untersuchung modaler Aussagen unterscheidet man zw. wesenhaft (per se)- und bloß beiläufig (per accidens)-notwendigen Aussagen. Erstere sind zu jeder Zeit wahr, letztere konnten in der Vergangenheit falsch sein. Die Bemühungen um zureichende Klärung des Sinnes von N.-aussagen (und ihrer Gegensätze) sind vielfältig und höchst subtil (vgl. Heinrich v. Gent, Quodl. 8 q. 9). – Erörtert wird auch ständig, inwieweit den Naturprozessen und den Dingen N. zukommt. Ein Beispiel ist der Traktat »De necessitate et contingentia causarum« des Siger v. Brabant. Gemäß Thomas v. Aquin gibt es kein Seiendes, das so kontingent ist, daß es jedweder inneren N. ermangelt. Joh. Duns Scotus sieht in der »wesentl. Ordnung (ordo essentialis)«, die wir nachdenkend als notwendige Struktur der Wirklichkeit entdecken, die Grundlage der Metaphysik. – Die aus der neuplaton. Tradition herrührende Lehre, das Universum sei Produkt einer notwendigen Emanation aus dem Urprinzip und somit nicht freier Akt des Schöpfers, wird immer wieder diskutiert und verworfen, ebenso die These eines lückenlosen kosm. Determinismus; vgl. die von St. Tempier 1277 verurteilten Sätze, z. B. »Quod nihil fit a casu, sed omnia de necessitate eveniunt, et quod omnia futura ... de necessitate erunt«. Auch die Lehre von einer unaufhörl. mit N. ablaufenden Wiederkehr des Gleichen ist nicht unbekannt. Nicht nur im Bereich der menschl. Selbstbestimmung wird der Determinismus abgelehnt, viele ma. Denker sehen ihn auch im nichtbeseelten Bereich der Natur für unrichtig. So schließen gemäß Thomas, der darin Aristoteles folgt, die Einwirkungen der Gestirne auf das ird. Geschehen kontingente Ereignisse nicht aus. Duns Scotus zeigt, daß es Vorgänge gibt, von denen sich, auch wenn sie eintreten, erkennen läßt, daß sie auch nicht hätten eintreten können. Da gemäß Scotus nichtwillentl. Kausalität vollständig von N. geprägt ist, läßt Kontingenz letzten Endes auf Verursachung durch einen freien Willen schließen. – Aus der Lehre von der göttl. Vorsehung kann nicht gefolgert werden, alles Geschehen sei unausweichlich, weil die Vorsehung den natürl. Zusammenhang zw. Naturursachen und deren Wirkungen nicht aufhebt. Es ist aber eben dieser Bereich, in bezug auf den sinnvoll von N. und Kontingenz gesprochen wird: Es ist der Wille des Schöpfers, daß es notwendiges und nicht-notwendiges Geschehen gibt, so daß beides seinem Entwurf und seiner Vorsehung angemessen ist. Schöpferwille und Vorsehung widerstreiten auch nicht der menschl. Freiheit. Diese wird gegen jede Form von Determinismus verteidigt. Bes. Gewicht hat dabei der Gedanke, die Leugnung der freien Selbstbestimmung könne mit dem jedermann prakt.-selbstverständl. Urteil über die Rolle seiner Erwägungen und über die Verantwortung für sein Tun und Lassen nicht zusammen bestehen. – Wichtig ist der Begriff der N. bei den philos. Überlegungen zur Existenz Gottes. Anselm v. Canterbury hebt hervor, es lasse sich von allem, das existiert, denken, es existiere nicht, mit einer Ausnahme: Das, was wir mit dem Wort »Gott« meinen, ist als nichtexistierend nicht denkbar, und es ist somit absolut notwendig. Thomas v. Aquin, der dieser Überlegung krit. begegnet, zeigt in der tertia via, daß es etwas an und durch sich selbst Notwendiges geben muß, und zwar als Ursache des Seienden, das notwendig ist, insofern es kontingentem Seienden zugrundeliegt, diese seine N. aber nicht aus sich selbst hat.

A. Zimmermann

Lit.: E. GILSON, Der Geist der ma. Philos., 1950 – H. BECK, Möglichkeit und N., 1961 – G. JALBERT, Nécessité et Contingence chez St. Thomas d'Aquin et chez ses précédesseurs, 1961 – K. JAKOBI, Die Modalbegriffe in den log. Schriften des Wilhelm v. Shyreswood und in anderen Kompendien des 12. und 13. Jh., 1980.

Notzucht, gewaltsame oder mit Drohung einhergehende Erzwingung geschlechtl. Umgangs. Lat. Q.n sprechen von oppressio (violenta), violentia; die dt. Rechtssprache (reiche Nachweise bei WAHL, 7ff.) verwendet neben *Not* ('Gewalt'), *Notnunft, Notunft* ('nehmen mit Gewalt'), *Notzug* ('fortziehen mit Gewalt'); ferner begegnen: *niedhaemed* (ags.), *nedmond* (fries.), *vrouwekracht* (ndl.).

Während im röm. Recht N. in den weiten Begriff des »crimen vis« fällt, deshalb an Frau und Mann (gewaltsame Päderastie) begangen werden kann, ist N. im engeren Sinn ein gegen die Geschlechtsehre der →Frau und die Ehre ihrer →Familie gerichtetes Delikt. Seit frk. Zeit geht N. häufig nicht randscharf unterscheidbar im Tatbestand des Frauenraubes auf; wo dieser geahndet wird, dürfte N. mit umfaßt sein (z. B. in der Treuga Henrici v. 1224, § 7). Von *raz* bzw. *rap* sprechen in demselben Zusammenhang auch frz. und engl. Q.n (BRUNNER, DRG II, 1928², 859²). Mitunter sind raptus mulieris und N. verselbständigt, dann aber mit identer. Strafe bedroht (HIS, II, 152).

Die Frage, ob jede Frau Opfer der N. sein kann, wird unterschiedl. beantwortet – in der Regel ist nur die unbescholtene Frau (Jungfrau, Ehefrau) geschützt. Die an einer mulier communis verübte N. wird nicht, mitunter nur wenig streng geahndet, so nach Ostfries. Landrecht I, 58. Anders der Sachsenspiegel (Ldr. III, 46, 1), welcher die Frau unterschiedslos zu schützen scheint (ferner der Schwabenspiegel, 256, und das Augsburger Stadtbuch v. 1276, c. 38). Auch insofern nimmt der Sachsenspiegel (a. a. O.) eine Sonderstellung ein, als er die N. des Mannes an seiner *amie* ('Geliebten') pönalisiert (ausdrückl. anders das Rechtsbuch nach Distinktionen). Zur N. gehört es, daß die Frau bei der Tat geschrien hat, andernfalls ihr freier Wille angenommen werden kann (so das Brünner Schöfenbuch, ed. E. F. RÖSSLER, c. 488; →Brünn). Verbreitet hat der Schrei die Funktion des →Gerüftes, wobei die Schreimannen der Frau bei der Überführung des Täters helfen, der sich andernfalls freischwören kann. Die N.-

Klage ist oft nur bei frischer Tat oder in kurzer Frist mögl. (His, II, 152f.).

Nach röm. Recht ist mit dem Tode zu strafen; die Volksrechte drohen Buße an. Heiratet aber der raptor die Frau, so fällt nach fries. Recht (Lex Frisionum IX, 8, 11) die Buße geringer aus. Nach der Treuga Henrici droht dem Täter bei Entführung und N. der Tod; in Nordfriesland wird der Täter in See oder Strom ertränkt, um ihn unschädl. zu machen (Gesetz v. 1426 bei SELLERT/RÜPING, I, 162; zu Oberdtl.: His, II, 156). Mitunter erfolgt Wüstung des Tatortes mit Tötung aller Tiere (v. AMIRA, 231; HIS, Strafrecht der Friesen, 180f.).   St. Chr. Saar

Lit.: E. WILDA, Das Strafrecht der Germanen, 1842, 829f. [Neudr. 1960] – O. OSENBRÜGGEN, Das Strafrecht der Langobarden, 1863, 109ff. [Neudr. 1968] – TH. MOMMSEN, Röm. Strafrecht, 1899, 664f. [Neudr. 1955] – R. HIS, Das Strafrecht der Friesen im MA, 1901, 33f., 91, 181, 192 – G. WAHL, Zur Gesch. des Wortes N., Zs. für dt. Wortforsch. 9, 1907, 7 – K. v. AMIRA, Die germ. Todesstrafen, 1922, 231 – G. DAHM, Das Strafrecht Italiens im ausgehenden MA, 1930, 428ff. – R. HIS, Das Strafrecht des Dt. MA, II, 1935, 150ff. [Neudr. 1964] – W. SELLERT–H. RÜPING, Stud.- und Q.nbuch zur Gesch. der dt. Strafrechtspflege, I, 1989, 168f., 487f.

Nouaillé (Nobiliacum), Abtei OSB in Westfrankreich, Poitou, südl. v. →Poitiers, entstammt der 2. Hälfte des 7. Jh. und geht wohl zurück auf die Verlegung einer kleinen monast. Gemeinschaft, die vorher in Mairé ihren Sitz gehabt hatte. N. war abhängig von St-Hilaire de →Poitiers. 799 führte Atto, Abt v. St-Hilaire, in N. die Benediktinerregel ein; einige Jahre später erhielt die Abtei den Leichnam des hl. Junian (Junien), eines örtl. Eremiten, dessen Grab zum Ziel einer Wallfahrt wurde. Die Abtei wurde 830 vom Abt Godelenus neuerrichtet. Sie unterstand nun der Oberhoheit von Vögten. 863 wurde N. von Normannen verwüstet. 1011 führte Abt Constantin, im Einvernehmen mit →Odilo v. Cluny, cluniazens. Gewohnheiten ein. Eine neue Kirche wurde errichtet. Mit Hilfe der Bf.e v. Poitiers suchte sich N. nun von der Jurisdiktion St-Hilaires zu befreien und ließ sich seinen Besitz durch päpstl. Bullen (Urban II., Gelasius II.) bestätigen. Die Bulle von 1218 erkannte den Besitz von 37 Pfarreien, mit Präsentationsrecht des jeweiligen Amtsinhabers, an. Die Abtei litt offenbar unter den Kriegen des 12. und 13. Jh. Das Ensemble ihrer Bauten wurde am Ende des 15. Jh. von Abt Raoul du Fou erneuert.
G. Devailly

Q.: P. DE MONSABERT, Chartes de l'abbaye de N. de 678 à 1200, 1936 –
Lit.: L. LEVILLAIN, Les origines du monastère de N. (BEC 71, 1910) – R. CROZET, N., 1939.

Novalesa, oberit. Kl. OSB (♂ hll. Petrus und Andreas) 726 im Cenischiatal (Piemont) von Abbo gegründet, der aus einer galloroman., an Karl Martell gebundenen Familie stammte und Rector im Gebiet von Maurienne und Susa war. 739 vermachte er N. seinen umfangreichen Grundbesitz. Nach dem frk. Sieg über die Langobarden stand die Abtei unter dem Schutz Karls d. Gr. (der dort für kurze Zeit Aufenthalt nahm), Karlmanns und Lothars. Im 9. Jh. wurde sie für die Abtretung von Ländereien zur Gründung eines Hospizes am Mt. Cenis von Ludwig d. Fr. mit einem Dependenzkl. in Pagno (Saluzzese) entschädigt. Anfang des 10. Jh. flohen Abt Domnivertus und seine Mönche vor den Sarazenen in das Gebiet von Turin. In der Folge gründete Abt Belegrimus eine neue Abtei in Breme (Lomellina). Ende des 10./Mitte des 11. Jh. bauten die Mönche v. Breme die »Novaliciensis ecclesia« – nun als Filialkl. – wieder auf. Das Priorat N. stand dem Chronicon Novaliciense zufolge (Mitte des 11. Jh.) in Konflikt mit den Mgf.en v. Turin und trachtete nach dem Erwerb von Besitz und Rechten im Arc- und Isère-Tal. Anfang des 13. Jh. unterstellte ihm Gf. Thomas v. Savoyen das Hospiz am Mt. Cenis. Ende des MA übte das Kl. die Herrschaft über die Landgemeinden N., Venaus und Giaglione aus.
G. Sergi

Lit.: C. CIPOLLA, Mon. Novalic. Vetust., 1898–1901 – Monasteri in alta Italia dopo le invasioni saracene e magiare, 1966, 479–526 – G. SERGI, Potere e territorio lungo la strada di Francia, 1981, 95ff. – G. C. ALESSIO, Cronaca di N., 1982 – La N., 1988 – Dal Piemonte all'Europa, 1988, 293–310, 569–586 – Esperienze monastiche nella Val di Susa mediev., 1989 – G. SERGI, L'aristocrazia della preghiera [im Dr.].

Novara, Stadt in Oberitalien (heut. Piemont). Seit dem späten 1. Jh. v. Chr. röm. Municipium, erhielt die Stadt im 1. Jh. einen teilw. erhaltenen, mächtigen Mauerkranz. Ende des 4. Jh. wurde N. Bm. (erster Bf. Gaudentius). Trotz eines Ruralisierungsprozesses der Stadt im 6./7. Jh. (zum Großteil Folge des Langobardeneinfalls) blieb die Kontinuität der Bf.e ungebrochen. Der unter Bf. Gratiosus (729) einsetzende kulturelle und wirtschaftl. Aufschwung setzte sich in frk. Zeit fort, v. a. unter Bf. Adalgisus (840), der die Kollegiatkirchen S. Maria (die Kathedrale) und S. Gaudenzio begründete. Die Immunitätsdiplome der karol. Ks. für die Kirche von N. erfuhren eine Steigerung durch die Gewährung des Befestigungsrechts und des districtus über die Einwohner, den Otto I. dem Bf. Aupaldus verlieh. Im Lauf des 11. Jh. wurden die Bf.e v. N. von den Ks.n mit bedeutenden Hoheitsrechten in den Gft.en Pombia und Ossola ausgestattet. Neben den Bf.en konnten auch die cives ihre polit. Präsenz verstärken: In einem Privileg v. 1116 gestattete Heinrich V. der Bürgerschaft den Wiederaufbau der Mauern und bestätigte ihre Gewohnheitsrechte. Als freie Kommune nahm N. an dem Krieg gegen Friedrich I. teil und zog 1183 aus dem im Frieden v. →Konstanz erwirkten Privilegien Vorteile. 1208 wurde der Palazzo del Comune erbaut. Im 13. Jh. führte die Kommune einen langen und schließlich siegreichen Krieg gegen →Vercelli um die Kontrolle über den Sesia-Fluß und die Valsesia. 1322 gliederte Bf. Giovanni Visconti N. in den mailänd. Territorialstaat ein. Nach der Niederlage →Ludovicos il Moro bei N. (1500) fiel die Stadt wie das gesamte Hzm. Mailand an Frankreich (bis 1524).
G. Andenna

Lit.: F. COGNASSO, Storia di N., 1971 – E. HLAWITSCHKA, Die Diptychen von N. und die Chronologie der Bf.e ... vom 9.–11. Jh., QFIAB 52, 1972, 767–780 – H. KELLER, Origine sociale e formazione del clero cattedrale dei sec. XI e XII in Germania e n. Italia settentr. (Le istituzioni ecclesiastiche della »Societas Christiana« dei sec. XI e XII, 1977), 136–186 – G. ANDENNA, Castello, strutture difensive ... di N. (Da N. tutto intorno, 1982), 67–112 – G. ANDENNA, Honor et ornamentum civitatis, Mus. Novarese, 1987, 50–73 – M. MOTTA, N. medioevale, Mem. Ist. lomb.-accad. scienze e lettere, cl. lett.-scienze mor. stor., 38/3, 1987, 176–348 – L'oratorio di S. Siro in N., 1988 – M. DREWNIOK–R. SASSE TATEO, Die Novareser Kommunalstatuten 1276–1291 (Statucodd. des 13. Jh. als Zeugen pragmat. Schriftlichkeit, hg. H. KELLER–J. W. BUSCH, 1991), 39–72.

Novara, Schlacht bei (1513). Nach Errichtung der ennetbirg. Herrschaften (Tessin und Eschental) und des Protektorats über Mailand 1512 trat die →Eidgenossenschaft im Kampf zw. Valois und Habsburg mit eigenem Herrschaftsanspruch in Oberitalien auf. Als Ludwig XII. 1513 die (Wieder-)Eroberung des Hzm.s unternahm, zog sich Maximilian Sforza mit der eidgenöss. Garnison, unter Preisgabe Mailands, nach N. zurück und wurde daselbst von den frz. Heer belagert. Durch ein zusätzl. Aufgebot der Tagsatzung entsetzt, griffen die Eidgenossen am 6. Juni die frz. Stellungen zw. N. und Trecate an. Noch einmal behielt ihre massive Haufentaktik gegen überlegenes Geschütz, Reiterei und dt. Landsknechte die Oberhand. Die eidgenöss. Schutz- und Vorherrschaft in der Lombardei blieb vorläufig bestehen. W. Schaufelberger

Lit.: E. GAGLIARDI, N. und Dijon, 1907 – G. FISCHER, Die Schlacht bei N. [Diss. Berlin 1908].

Novatian, Novatianer. N., Presbyter in Rom, schrieb über das Verhältnis von Gottvater und Gottsohn und die Inkarnation, knapp auch über den Hl. Geist (deshalb »De Trinitate«, zw. Tertullian und Hilarius die bedeutendste Leistung der lat. Theologie), über die Schauspiele, die jüd. Speisegesetze und die Ehrbarkeit. Als Wortführer des röm. Klerus in der Sedisvakanz i. J. 250 verfaßte er die Briefe 30 und 36 des Corpus Cyprianeum, wurde aber nicht zum Bf. gewählt; weil er durch die Rekonziliationspraxis des →Cornelius gegenüber den Glaubensverleugnern (lapsi) die Reinheit der Kirche gefährdet sah, ließ er sich zum Gegenbf. weihen und organisierte eine Gegenkirche im ganzen Reich, welche Büßerseelsorge und -rekonziliation ablehnte und, in der Trinitätstheologie und in der Christologie völlig orthodox, bis ins 6. Jh. bestand. Es werden Auswirkungen auf die →Bogomilen und über diese auf die →Katharer vermutet. H.-J. Vogt

Lit.: H.-J. VOGT, Coetus Sanctorum. N. und die Gesch. seiner Sonderkirche, Theophaneia 20, 1968 – R. J. DESIMONE, The Treatise of N. the Roman Presbyter on the Trinity, 1970 – P. GRATTAROLA, Gli scismi di Felicissimo e di Novaziano, RSCI 38, 1984, 367-390.

Novel Disseisin, die wichtigste der vier Besitzrechtsklagen, die von dem engl. Kg. Heinrich II. eingeführt wurden (→Gerichtsverfahren, IV). Eine Person, die widerrechtl. und ohne ein Gerichtsurteil aus ihrem freien Besitz vertrieben *(disseised)* wurde, konnte mit einem kgl. →*writ* ein Rechtsmittel einlegen, was bedeutete, daß ein Geschworenengericht aus zwölf freien und rechtsfähigen Männern aus der Nachbarschaft einberufen wurde und in Gegenwart der kgl. Richter darüber zu entscheiden hatte, ob die Vertreibung ungerechtfertigt war oder nicht. Wenn sie unrechtmäßig erfolgt war, wurde der Kläger wieder in seinen Besitz eingesetzt, und der Beklagte hatte die Möglichkeit, einen *writ of right* zu erwirken. Jedoch scheinen die meisten *disseisors* das Urteil angenommen zu haben. Trotz zahlreicher rechtshistor. Unters.en bleiben Ursprung und Absicht des writ umstritten. Es ist wohl falsch, in der Politik Heinrichs den Schutz des Eigentums wie durch einen abstrakten Staat zu sehen. Wahrscheinl. wollte er v. a. die Besitzvertreibungen verhindern. Schließlich verlieh jedoch der writ dem Besitz insofern eine neue Bedeutung, als der Kg. – abgesehen von der Tatsache, welcher Lord die Ländereien besaß – den Besitz schützte. Das N.D.-Verfahren änderte sich in der Folgezeit, es erhielt einen größeren Anwendungsbereich und wurde komplizierter. S. Sheridan Walker

Q. und Lit.: R. C. VAN CAENEGEM, Royal Writs in England, 1959, 261-316 – Glanvill, ed. G. D. G. HALL, 1965, bes. 201 – D. W. SUTHERLAND, The Assize of N.D., 1973 – S. F. C. MILSOM, HFCL and the Legal Framework of English Feudalism, 1976 [Ind.] – R. C. PALMER, The Feudal Framework of English Law, The Michigan Law Review 79, 1981, 1130-1164 – A. W. B. SIMPSON, A Hist. of the Land Law, 1986[2], 28-31 – R. C. VAN CAENEGEM, The Birth of the English Common Law, 1988[2] – J. H. BAKER, An Introd. to English Legal Hist., 1990[3] [Ind.].

Novelle

I. Begriff; Romanische Literaturen – II. Deutsche Literatur – III. Englische Literatur.

I. BEGRIFF; ROMANISCHE LITERATUREN: N. (von lat. novella). Der Begriff bedeutet »Neuheit, Neuigkeit«, aber auch »Erzählung einer Neuigkeit«, zum einen demnach ein kürzl. stattgefundenes Ereignis oder ein schon länger zurückliegendes Geschehnis, insofern es nur »neuartig« im Sinn von »interessant, außergewöhnlich« ist, zum anderen mündl. oder schriftl. Bericht dieses Ereignisses und bezeichnet daher einen eben als »N.« zu definierenden Text. Der Terminus N. bezeichnet außerdem das gleichnamige lit. Genus, das bereits in der Antike und im Orient bekannt war, im MA jedoch eigenständig neu entwickelt wurde und eine charakterist. Schöpfung der roman. Lit. en darstellt (zu N. als Begriff der röm. Rechts →Novelle, rechtsgesch.).

Im Bereich der roman. Lit. en wurde der N. von →Boccaccio ihre für die Folgezeit nicht nur innerhalb der it. Lit. kanon. Form gegeben. Boccaccio schuf ein neues lit. Genus, wobei er diverse Anregungen anderer Lit. en aufgriff: die durch span. Vermittlung in den W gelangte oriental. Erzähllit. (die das Vorbild für die Zusammenbindung der N.n durch eine Rahmenerzählung lieferte, vgl. →Barlaam und Joasaph, →Dolopathos, →Kalīla wa-Dimna, Libro de los engaños e los asayamientos de las mugeres), das →Exempel, die →ars dictaminis (und die Rhetorikschule im allg.), die →Elegienkomödie, die →Fabliaux und die prov. →Vidas, die roman. Lyrik und sogar das lat. Epos.

Das konstitutive Element der N., einer Kurzform der narrativen Lit. in Prosa (in Versen sind noch die Canterbury Tales von →Chaucer abgefaßt, der verschiedene Werke von Boccaccio und Petrarca kannte, sehr wahrscheinl. jedoch nicht den »Decameron«), ist das Unerwartete, Überraschende, Interessante und Außergewöhnliche, etwas, das die gewohnte, vorhersehbare Kette gewöhnl. Fakten unterbricht. An der Fähigkeit (oder Unfähigkeit) auf eine unvorhergesehene »neue« Situation zu reagieren, wird der jeweilige Protagonist gemessen. Die N. entwickelt eine Vielzahl von Typen: Sie kann aus einer einzigen Handlung bestehen, vergleichbar etwa einer in sich abgeschlossenen Episode eines Romans (bisweilen sind auch N.n in Romane eingefügt, wie in den Metamorphosen des →Apuleius), oder kann im Rahmen ihres relativ begrenzten Umfangs ein kompliziertes Handlungsgeflecht (nach dem Vorbild des spätantiken Romans) entwickeln. Eine typ. Spielart der it. oder genauer florent. N. ist die Zuspitzung auf das geistreiche Witzwort. Aus der vorhergehenden Tradition v. a. der Fabliaux gewinnt für die N. die Thematik des Streichs (z. T. mit evtl. Komponente, v. a. in der florent. Novellistik) und der antiklerikalen Satire Bedeutung. Ein wichtiger Unterschied der N. zum Exempel und zu anderen Erzähltraditionen (von denen sie sonst abhängt) liegt im Umstand, daß die Individualität der Personen durch einen Eigennamen betont ist (vgl. hingegen die Anonymität und Universalität des →Everyman). Sie agieren vor einem Hintergrund, sie haben ein z. T. eigens charakterisiertes, z. T. konventionelles Ambiente. Oft werden Ereignisse, die den Q.n zufolge sich in fernen Zeiten und Gegenden abgespielt haben, von der N. zeitlich und räumlich näher gerückt. Hingegen vermeidet es die N., die berichteten Ereignisse als zeitgenöss. zu bezeichnen.

Vor dem Decameron lassen sich novellist. Elemente in verschiedenen Texten finden, es gibt jedoch keine organ., nach bestimmten Gesichtspunkten gegliederte Sammlung. Eine bes. Ausnahme bilden die Cento novelle antiche, der sog. →Novellino (vgl. auch die →Cent nouvelles nouvelles). In der Lit. des 19. Jh. sollte die N. ein anderes Gesicht erhalten. Hier sei jedoch nur an die unterschiedl. Erzählstruktur in den »Novelas exemplares« von Cervantes (1613) erinnert, der sich rühmt, der erste Novellist in kast. Sprache zu sein. F. Bruni

Lit.: S. BATTAGLIA, La coscienza letteraria del Medioevo, 1965, 447-547 – H.-J. NEUSCHÄFER, Boccaccio und der Beginn der N., 1969 –

H. H. Wetzel, Die roman. N. bis Cervantes, 1977 – La Nouvelle, hg. M. Picone, G. di Stefano, P. D. Stewart, 1983 – Il racconto, hg. M. Picone, 1985 – La novella it., 2 Bde, 1989 – C. Delcorno, Exemplum e letteratura, 1989 – F. Bruni, Boccaccio, 1990.

II. Deutsche Literatur: Von der novellist. dt. Verserzählung des 13. bis frühen 16. Jh. (→Märe) läßt sich mit gewissem Recht eine eigene dt. Erzählgattung 'N.' unterscheiden. Sie zeigt sich in der 2. Hälfte des 15. Jh. in dt. Prosa in der übersetzenden und umarbeitenden Rezeption ursprüngl. neulat. oder it. N.n, letztere z. T. in lat. Übersetzung. In seine 18 Übersetzungen (1478) verschiedener lat. Genera *(translatzen)* hat →Niklas v. Wyle auch die 1462 entstandene *translatze* 'von Euriolo vnd lucrecia', der Novelle 'De duobus amantibus' seines Gönners Aeneas Silvius Piccolomini (→Pius II.), und die vor 1464 übertragene 1. Novelle des vierten Tages aus →Boccaccios 'Decameron' 'von gwiscarde vnd Sigismunda' nach Leonardo →Brunis lat. Übers. aufgenommen. Zw. 1461 und 1469 ist auch die einzig im Heidelberger Cpg 119 noch erhaltene Übers. der um 1450 entstandenen lat. 'Marina' eines unbekannten, wahrscheinl. it. Verfassers anzusetzen. Die früheste Abschrift dieser lat. Version stammt von →Albrecht v. Eyb; über die 'Cent nouvelles nouvelles' hat diese Novelle Goethe den Stoff für die Erzählung vom 'Prokurator' geliefert. →Petrarcas Übers. version von Boccaccios 'Griseldis'-N. (Dec. X, 10) übersetzt Heinrich →Steinhöwel (1471). Etwa gleichzeitig mit der ersten dt., 1472/73 erschienenen Übertragung des gesamten 'Decameron' durch Arigo (dessen Identifizierung mit Heinrich →Schlüsselfelder bestritten ist) dediziert 1472 auch Albrecht v. Eyb dem Nürnberger Rat sein 'Ehebüchlein', in dessen Kontext u. a. eine neue Übersetzung von 'Guiscardo und Sigismunda', eine 'Griseldis' (nach der 'Grisardis' des Erhart Grosz) und eine eigene, exemplar. Version der 'Marina' nach seiner lat. Abschrift enthalten sind. Albrecht v. Eybs Versionen sind bereits Beispiel einer Rezeptionssituation; sie bietet den literarhist. Kontext dieser frühen dt. 'N.n'. Sie sind in Zusammenhang mit der frühhumanist. Aneignung literarisch exponierter Leistungen it. Provenienz entstanden und, neben der Entwicklung einer eigenen, lit. Vorbildern verpflichteten dt. Prosa, in die Debatte um Liebe und Ehe der Zeit eingebunden worden. Es war dies wohl ein Versuch, außer durch exemplar. Umformungen, die – mit einer Ausnahme – von jeder der genannten N.n existieren, die Einzigartigkeit der hier vorgeführten Kasus von Liebe und Ehe beizubehalten, der Brisanz ihrer exzeptionellen Möglichkeiten menschl. Verhaltens aber die Spitze zu nehmen. Breit verwirklicht wird dies dann bei Hans →Sachs, der eine zweite Version von Arigos 'Decameron'-Übers. als Vorlage für seine Verserzählungen (oder Mären) verwendet. H.-J. Ziegeler

Lit.: M. Wehrli, Gesch. der dt. Lit. vom frühen MA bis zum Ende des 16. Jh., 1984², 871–896 – Ch. Bertelsmeier-Kierst, 'Griseldis' in Dtl. Stud. zu Steinhöwel und Arigo, 1988 – X. v. Ertzdorff, Romane und N.n des 15. und 16. Jh. in Dtl., 1989, 8–52 [Lit.] – G. Fischer-Heetfeld, Zur Vorrede von Heinrich Steinhöwels »Griseldis«-Übers. (Fschr. W. Haug-B. Wachinger, II, 1992), 671–679 – H.-J. Ziegeler, Aronus, oder: Marina und Dagianus. Zur Tradition von Goethes 'Prokuratorn.' (Kleinere Erzählformen des 15. und 16. Jh., hg. W. Haug-B. Wachinger, 1993).

III. Englische Literatur: Die Ursache für das späte Auftreten der N.n-Gattung in England (erst 1547 mit »The Deceyte of Women«) sieht F. Brie in einer latenten puritan. Strömung. Die engl. Slg. enthält Bearbeitungen von 10 N.n aus den →»Cent Nouvelles nouvelles«, die jedoch in einen misogynen moral.-didakt. Rahmen über die »Listen der Frauen« eingeordnet werden. 1566/67 macht William Painter in seinem voluminösen Sammelwerk »The Palace of Pleasure« das engl. Publikum mit den N.n Bandellos, des »Decameron« (→Boccaccio), des »Heptameron« und des »Pecorone« bekannt. Geoffrey Fentons »Certain Tragical Discourses« erscheint 1567. Painter und Fenton benutzen als Vorlage die »Histoires tragiques« (1559) von Pierre Boisteau und François de Belleforest. Den Höhepunkt manierist. Bearbeitungen stellt die N.nslg. »A Petite Palace of Pettie his Pleasure« (1576) von George Pettie dar. Im Gegensatz dazu steht eine volkstüml. Slg. wie »The Cobler of Caunterburie« (1590), die stilist. mehr dem umgangssprachl. und schmucklosen Stil der engl. Schwankbücher *(jestbooks)* verpflichtet ist. Inhaltl. basieren vier der sechs Geschichten auf N.n des »Decameron«, die jedoch geschickt in ein engl. Milieu transponiert werden. Die Anregung zur Rahmenerzählung stammt aus →Chaucers »Canterbury Tales«.

J. Göller/K. H. Göller

Ed.: F. Brie, The Deceyte of Women: älteste engl. N.nslg., Archiv 156, 1929, 17–52 – W. Painter, The Palace of Pleasure, hg. H. Miles, 4 Bde, 1930 – G. Pettie, A Petite Palace of Pettie his Pleasure, hg. H. Hartmann, 1938 – The Cobler of Caunterburie ..., hg. G. Creigh-J. Belfield, 1985 – Lit.: H. G. Wright, Boccaccio in England from Chaucer to Tennyson, 1957 – M. Schlauch, Antecedents of the English Novel 1400–1600, 1963 – Dies., English Short Fiction in the 15th and 16th Cent. (Stud. in Short Fiction 3, 1965/66), 393–434.

Novellen. Novella (sc. lex, constitutio, gr. νεαρά) bezeichnet in der Spätantike ein neues Gesetz des Ks.s, das v. a. nach einem Kodifikationsakt erlassen wird. Der Ausdruck in diesem prägnanten Sinn begegnet zum ersten Mal im Gefolge des →Codex Theodosianus (438). Die nach dessen Inkrafttreten in beiden Hälften des Reichs erlassenen Gesetze sollten jeweils im ganzen Reich gelten. Drei Slg.en solcher N. sind bekannt; sie stammen alle aus dem W-Reich und umfassen sowohl rezipierte Gesetze aus dem O als auch eigenes Material: Die erste besteht aus N. der Ks. Theodosius I., Valentinian III. und Maiorian; die zweite ist durch die →Lex Romana Visigothorum überliefert und umfaßt Auszüge aus Gesetzen Maiorians, vermehrt um N. Marcians; die dritte, ein Nachtrag zu den beiden ersten Slg.en, enthält Gesetze der Ks. Severus und Anthemius. Eine zweite Gruppe von N. stellen die nach Abschluß des Codex repetitae praelectionis Justinians von diesem Ks. erlassenen Gesetze dar. Ihre amtl. Slg., nach Abschluß des Kodifikationswerkes vom Ks. in Aussicht genommen, kam nicht zustande. Die umfangreichste Slg. der N. Justinians enthält auch Gesetze seiner Nachfolger (→Corpus iuris civilis, I.4). Der Terminus N. findet sich in der gesamten byz. Zeit zur Bezeichnung allg. Ks.gesetze, die dem Ediktstypus der klass. Epoche entsprechen. Deshalb wird in der Selbstbezeichnung der Gesetze gelegentl. noch edictum (ἤδικτον) verwendet, so wie auch sacra (sc. lex) ein Synonym für Novelle bildet. P. E. Pieler

Lit.: L. Wenger, Die Q. des röm. Rechts, 1953, 541f., 652–679, 693–695 – P. E. Pieler, Byz. Rechtslit. (Hunger, Profane Lit., II), 408–411, 425f., 434, 449–451 [Ed.] – N. van der Wal-J. H. A. Lokin, Hist. iuris graecoromani delineatio, 1985, 19, 37f., 44, 46, 57, 60 – Novella Constitutio, hg. J. H. A. Lokin-B. H. Stolte (Stud. in Honour of N. van der Wal, 1990 [Subseciva Groningana 4]).

Novellen Leons d. Weisen. Die N. Ks. Leons VI. (886–912) nehmen unter den →Novellen der byz. Ks. wegen ihrer geschlossenen lit. Form einen bes. Platz ein. Man nahm früher an, sie seien in einem Zug entstanden. Heute ist klar, daß die 113 N. sukzessive als Einzelgesetze erlassen wurden, später aber überarbeitet und von Leon als Slg. publiziert wurden. Während sich die ältere Forsch.

auf die rechtsphilos. Grundlagen der N. und auf ihr Verhältnis zum älteren Recht konzentrierte, steht in neuester Zeit die Frage nach dem Platz der N. im Rahmen der Gesetzgebung der →makedon. Dynastie zur Diskussion. Ungeachtet des Mißverhältnisses zw. jurist. Regelungsgehalt und Sprachgestaltung, lassen die langen Vorreden das Bemühen des Ks.s um chr. Moralität in der Gesetzgebung erkennen.
P. E. Pieler

Ed.: P. Noailles–A. Dain, Les novelles de Leon VI le Sage, 1944–Lit.: P. E. Pieler, Byz. Rechtslit. (Hunger, Profane Lit., II), 449–451 – A. Schminck, Stud. zu mittelbyz. Rechtsbüchern, 1986, 80–90 – M. T. Fögen, Legislation und Kodifikation des Ks.s L. VI., Subseciva Gronginana 3, 1989, 23–35 – Dies., L. liest Theophilus, ebd. 4, 1990, 83–97 – Sp. Troianos, Die kirchenrechtl. N.L. VI. und ihre Q., ebd., 233–247.

Novellino, Slg. kurzer Novellen, zw. 1280 und 1300 von einem anonymen Florentiner zusammengestellt, der mlat., frz., prov. und it. Q.n benutzte. Der maßgebl. Text ist im Cod. Vat. lat. 3214 (aus d. J. 1523) und in einem Druck d. J. 1525 überliefert. Beide Textzeugen, die mit dem kulturellen Umfeld von →Petrus Bembo in Verbindung stehen, bieten eine aus 100 Stücken bestehende Fassg., die vielleicht einen späteren lit. Geschmack widerspiegelt, der sich erst nach den hundert Novellen des Decameron (→Boccaccio) gebildet hat. Andere Hss. enthalten eine unterschiedl. Zahl von Novellen, auch der Text zeigt bisweilen Varianten. Schwerpunkte des Werks sind »treffende Antworten« (Einfluß der spontanen oder der Schul-Rhetorik), ferner die Liebe und großmütige Taten oder überraschende Handlungen sowie Taten oder Gesten im allg., die der Erinnerung wert sind, sog. *fiori*. In einigen Novellen der heterogenen Slg. (die auf äsop. Fabeln zurückgehen) spielen Tiere die Hauptrolle (94), in anderen hingegen Personen der Vorzeit, Helden aus den frz. oder prov. Ritterepen (die durch Vermittlung der ven. Kultur bekannt wurden). Im letzten Abschnitt werden Stoffe aus Florenz thematisiert, die der anonyme Verf. als Ereignisse vor seiner Zeit schildert. Die Spärlichkeit der Angaben zu Orten und Personen, die nicht immer mit ihrem Eigennamen genannt werden (wie es in der eigtl. →Novelle der Fall ist) rückt den N. in die Nähe des →Exempels und der Gattung der Anekdote (in der.roman. Lit. in den wenig älteren »Fiori e vita di filosafi e d'altri savi e d'imperadori« vertreten).
F. Bruni

Ed.: G. Biagi, 1880 – La prosa del Duecento, hg. C. Segre–M. Marti, 1959–G. Favati, 1970–L. Battaglia Ricci, Novelle it. Il Duecento. Il Trecento, 1982 – Lit.: S. Battaglia, La coscienza lett. del Medioevo, 1965, 487–547, 549–585 – M. Dardano, Lingua e tecnica narrativa del Duecento, 1969 – A. Paolella, Retorica e racconto: argomentazione e finzione nel N., 1987 – C. Delcorno, Exemplum e lett., 1989 – F. Bruni (Storia d. civiltà lett. it., hg. G. Barberi Squarotti, 1990), I/1, 371–381.

Novempopulana, spätröm. Prov. im Kernbereich von →Aquitanien, auf welche die spätere →Gascogne zurückgeht. Die Gesamtheit der ethn. Gruppen, die im Raum zw. Pyrenäen und Garonne lebten, waren zunächst unter dem Sammelbegriff der 'Aquitani' zusammengefaßt worden, doch wurde 'Aquitania' seit Augustus zur Bezeichnung des gesamten SW-→Galliens bis zur →Loire. Erst durch die Verwaltungsreform →Diokletians (Ende des 3. Jh. n. Chr.) erhielt der Raum des Pyrenäenvorlandes als 'N.' wieder seine Identität zurück. Im 4. Jh. umfaßte dieses 'Land der neuen Völkerschaften' tatsächl. 12 →Civitates, die der Metropole →Eauze (Elusa; dép. Gers) unterstanden. Die durchgängig roman. geprägte N. gehörte zum →Westgotenreich (seit 418), dann zum →Frankenreich (seit 507) und wurde durch die frk. Teilungen des 6. Jh. zerstückelt. Seit ca. 580 kam es zu Einfällen von 'Wascones', bask. Gruppen aus den Pyrenäen, die sich im 7. Jh. in der N. niederließen und, wohl mit Unterstützung der örtl. Aristokratie, regionale Herrschaften bildeten. In diesem dunklen Jahrhundert trat die (mehrdeutige) Bezeichnung 'Wasconia' allmähl. an die Stelle des Begriffs 'N.', um ihn im 8. Jh. völlig zu verdrängen. Seit dem 9. Jh. wurde →Auch anstelle von Eauze zur kirchl. Metropole.
B. Cursente

Lit.: M. Rouche, L'Aquitaine des Wisigoths aux Arabes, 418–781, 1979, passim – R. Mussot-Goulard, Les princes de Gascogne 768–1070, 1982, 55–70.

Novgorod, Stadt am Volchov, aruss. burgstädt. Anlage, im 13.–15. Jh. mächtiger Stadtstaat und führendes Handelszentrum im östl. Ostseeraum.
I. Die Anfänge. Topographie, Archäologie und Wirtschaft – II. Politisches Leben und Institutionen – III. Kirche und geistiges Leben – IV. Novgorod im politischen Spannungsfeld Altrußlands und Moskaus.

I. Die Anfänge. Topographie, Archäologie und Wirtschaft: Die aruss. Burgstadt N. war im 10. und 11. Jh. nach →Kiev und neben →Polock eines der wichtigsten Zentren des Kiever Reiches, erreichte im 12. Jh. eine gewisse Unabhängigkeit und wuchs im 13. Jh. zu einem Stadtstaat heran, dessen riesiges Hinterland (ca. 1,5 Mio. km²) neben dem unmittelbaren Herrschaftsbereich (bis zu 300 000 km²) weite tributpflichtige Gebiete, die im N bis zum Eismeer, im O bis zum Ural reichten, umfaßte. Die kolonisator. Politik N.s (schon im 13.–15. Jh. Überschreitung des Urals) schuf die Voraussetzungen für die spätere Kolonisierung Sibiriens.

Der Namenszusatz 'velikij' ('alt' oder 'groß') im 11.–13. Jh. sollte N. als 'alte Neuburg' von anderen gleichnamigen aruss. Orten unterscheiden, wurde jedoch seit dem 14. Jh. als 'Groß-N.', im Sinne der mächtigen Aufstiegs der Stadt, gedeutet und fand in die offizielle Titulatur der N.er Stadtrepublik Eingang: 'Gospodin Velikii N.' (dt. Übers. des 15. Jh.: 'Herscopp von Groten Naugarden').

Die Anfänge N.s liegen im dunkeln. Nach →Konstantinos Porphyrogennetos (De adm. imp. 9) gehörte 'Nemogardas' schon in den 940er Jahren zu den bedeutendsten aruss. Burgstädten, wohingegen die älteste Siedlungsschicht (Straßenknüppeldamm) dendrochronolog. dem Jahre 953 zugewiesen wird. Nach älterer Auffassung war →Alt-Ladoga (Staraja Ladoga, Aldeigjuborg) der 'alte' Bezugsort; im Lichte neuerer archäolog. Forschung soll die 'ältere Neuburg' dagegen identisch sein mit Gorodišče, einer inselhaft 3 km südl. von N., nahe dem Ausfluß des Volchov aus dem Ilmensee, gelegenen skand.-slav. Burganlage (besiedelt ab 9. Jh., seit 12. Jh. Residenz der Fs.en v. N.), skand. Holmgarðr ('Inselburg').

N. lag beiderseits des Volchov, auf dem rechten Ufer die Handelsseite (*Torgovaja storena*), auf dem linken die Sophienseite mit der Stadtburg (*detinec*) von 11 ha und der dominierenden Sophienkathedrale. Das gesamte Stadtareal umfaßte im 14. Jh. fast 400 ha, mit geschätzter Einw.-zahl von ca. 50–60 000 im 12.–13. Jh., maximal 70–80 000 im 14.–15. Jh. Hinzu traten Klöster und Siedlungen in der unmittelbaren Umgebung. Eine Besonderheit ist das Fehlen von Städten im Umkreis N.s (mit Ausnahme von Staraja Russa, ca. 70 km entfernt); einige wenige Städte ('Beistädte'→Pskov, Toržok, Velikie Luki, Staraja Ladoga) lagen mehr als 200 km von N. entfernt. Die Bevölkerung des Stadtstaats kann für das 14.–15. Jh. auf etwa 700 000 Einw. (ohne Pskov und die südl. Randgebiete) geschätzt werden, davon etwa 90% im westl. Kerngebiet um N. und in N. selbst.

Wie archäolog. Ausgrabungen zeigen, wurden in der erhaltenen Kulturschicht (oft 6–8,5 m stark) dank salzhaltigen Grundwassers alle organ. Substanzen (Holz, Baumrinde, Stoffe, Leder, Körner usw.) konserviert. Der umfangreichste Schnitt (über eine Fläche von 9000 m² bei 6–7,5 m starker Kulturschicht) ermöglichte die eingehende Untersuchung eines 160 m langen Abschnitts der Hauptstraße mit zwei Wegkreuzungen und bebauten Grundparzellen. Es ergab sich, daß die Straßen alle 18–20 Jahre neu mit Bohlen befestigt wurden (wobei der alte Damm liegenblieb), so daß an einer der Kreuzungen 28 Knüppeldammschichten erhalten sind (jüngste Schicht von 1462). Die Grundstücksgröße lag in der Regel bei 800 m² (doch auch größere Parzellen: 1000 m², 1600 m²); die Parzellen waren seit dem 10.–11. Jh. durchgängig mit Pfahlzäunen umgeben. Im 13. Jh. wuchs die Bebauungsdichte. Im genannten Grabungsbereich von 0,9 ha lagen 75 Holzbauten, davon ca. 40 Wohnhäuser. Auf einer Parzelle befanden sich oft ein größeres Wohnhaus und zwei oder drei kleinere Wohnbauten, was auf soziale Differenzierung schließen läßt. Die meisten Häuser waren mehrstöckig, das Erdgeschoß diente wirtsch. Zwecken; die Wohnhäuser bestanden aus ein bis drei Trakten und hatten eine Grundfläche von 20–80 m². Einige Häuser sind als Werkstätten erkennbar; die Einw. der angrenzenden Wohnstätten (mit Werkzeugfunden) waren offenbar (Hof-)Handwerker. Die archäol. Ergebnisse bestätigen, daß N. von zahlreichen Landbesitzern bewohnt war, deren Güter oft hunderte von km von N. entfernt lagen. Die Siedlungsdichte betrug ca. 250 Einw. pro ha. Unter den zahlreichen Funden zur materiellen Kultur beleuchten Überreste von Schiffen und Booten die Bedeutung des Wassertransports (Pelztiertributfahrten in die Flußgebiete der Eismeerregion), Schlittenteile (bei signifikantem Fehlen von Räderfuhrwerken) weisen auf die Bedeutung des Kufentransports im versumpften Gebiet um N. hin. Zahlreich sind Funde zu Spiel und Unterhaltung (Laute, Teile von Schach-, Brett- und Mühlespielen). Über 700 Texte und Textfragmente auf Birkenrinde (Briefe, Urkk., Notizen, Bittgesuche, Schreibübungen, Scherzsprüche, Rechnungen usw.) geben Aufschluß über weitverbreitete Schriftkundigkeit der städt. Gesellschaft N.s.

N. gehörte zu den Städten, in denen zahlreiche ländl. Grundbesitzer wohnten, die aber direkt oder indirekt am Warenverkehr beteiligt waren, in Verbindung (Kredite, Kommissionen) mit der Kaufmannschaft, insbes. den Fernhändlern. Zu den Exportwaren, die N. großenteils aus seinem riesigen Hinterland (z. T. auf dem Wege des Tributs) bezog, gehörten Pelze, Wachs, Flachs, Hanf, Fisch- und Walroßbein, im Transit aus Mittelasien Textilien und Gewürze. Die Hansekaufleute lieferten nach N. Tuche, Salz, Silber, Waffen, Alaun, Pferde, Wein, Heringe, Blei und Kupfer. Spielten Wanderkrämer eine wichtige Rolle im Binnenhandel, so versorgten die N.er Handwerker die Landbevölkerung (Pflugscharen, Schmuck), aber auch die Jägervölker des Nordens (Eisenwaren). N.s wirtschaftl. Rolle wuchs infolge der bäuerl. Kolonisation, die im 14. Jh. die Weißmeerküste erreichte, des Ausbaus der Beziehungen mit den aruss. Fsm.ern, den Ostseeländern und den Hansestädten, v. a. aber infolge der günstigen Lage der Stadt am Knotenpunkt der Wasserwege →Dnepr, →Wolga und →Ostsee. Zur hans. Handelsorganisation in N. (St. Peterhof) →Hanse, II; →Kaufmannskirche.

II. POLITISCHES LEBEN UND INSTITUTIONEN: Polit. Eigenständigkeitsbestrebungen sind seit dem letzten Drittel des 10. Jh. erkennbar. So half N. den Fs.en →Vladimir I. und →Jaroslav I. d. Weisen, in Kiev festen Fuß zu fassen, und wurde dafür nach 1015 mit Vorrechten ausgestattet. Die geschwächte Position der Kiever Herrscher und die fast ständigen Machtkämpfe der Fs.en untereinander begünstigten das Autonomiestreben N.s, das im 11. und frühen 12. Jh. als »Nebenland« des Kiever Reichs von Mitgliedern der Herrscherfamilie regiert wurde. Unter dem Vorwurf schlechter Regierung erhoben sich 1132 und 1136 Unruhen gegen den Fs.en Vsevolod Mstislavič († 1138), der 1136 verjagt wurde. In N. setzte sich das Prinzip der Freiheit der Fs.eneinsetzung durch. Damit wurde die Einladung eines Fs.en auf den N.er Thron ebenso wie die Absetzung und Verweisung eines amtierenden Fs.en zur Angelegenheit der allg. Versammlung (→Veče) der freien N.er. Das Veče, bei dem die gerade anwesenden polit. und wirtschaftl. Mächtigen wie auch die »kleinen« oder »schwarzen« Leute stimmberechtigt waren, wurde zum obersten Organ des Stadtstaates. Die fünf 'Enden' (Stadtteile) N.s (konec, 'vicus') hatten ihre eigenen Versammlungen und Ältesten. Die eigtl. Macht lag in den Händen der polit. einflußreichen Schicht, der großen Grundbesitzer, Fernkaufleute und Kriegsleute (Anführer b. d. Tributeintreibung im N.er Herrschaftsgebiet), die im 11.–13. Jh. zu einem Stadtadel zusammenwuchsen. Die aristokrat. Führungsschicht bildete im 14. und 15. Jh. eine Bojarenoligarchie (→Bojaren) aus, mit dem 'Herrenrat', dem die amtierenden und ehem. Würdenträger angehörten, als zentralem Gremium. Etwa 30–40 Bojarengeschlechter, die ein Drittel des gesamten Bodens besaßen, bildeten mitsamt ihren Klientelverbänden und Gefolgsleuten die polit. Parteiungen, die zahlreiche Kämpfe um die Macht austrugen. Die von dieser Oligarchie organisierte koloniale Ausbeutung des Herrschaftsgebietes bot Teilen der einfachen N.er Bevölkerung Beschäftigung und Möglichkeiten zu Bereicherung und sozialem Aufstieg.

Das Fürstenamt wurde im wesentl. auf die Vertretung nach außen, den Oberbefehl des Heeres und die Rechtsprechung begrenzt. Die Pflichten und Rechte des eingeladenen Dienstfs.en wurden jeweils durch einen Vertrag festgelegt. Der Verfall der fsl. Macht ist schon an den meist kurzen Amtszeiten von zwei bis drei Jahren ablesbar. Die Beschränkung der fsl. Jurisdiktionsgewalt ist bereits seit Ende des 12. Jh. erkennbar, wenn auch der erste erhaltene Vertrag erst von 1264 datiert. Die beiden führenden N.er Amtsträger, der →Posadnik ('Statthalter', in ma. dt. Urk.: borchgrev, borgermester) und der →Tysjackij ('Tausendschaftsführer', dt. hertog, herczog), wurden vom Veče bestimmt und vertraten gemeinsam die exekutive Gewalt der Versammlung. Der Posadnik war im wesentl. an die Stelle der früheren Fs.enmacht getreten, hatte (zusammen mit dem amtierenden Dienstfs.en) die polit. Leitungsgewalt inne, überwachte die auswärtigen Angelegenheiten und Verträge, übte den Oberbefehl über das Heer, die oberste Rechtsprechung und die Ämterbesetzung aus. Sein wichtigster Helfer, der Tysjackij, führte die Landwehr (das Volksaufgebot), war zuständig für Gerichtsverfahren, Besteuerung und Marktordnung und war auch am Abschluß der Handelsverträge beteiligt.

III. KIRCHE UND GEISTIGES LEBEN: Nach 1156 wurde auch das Bf.samt wählbar. Die städt. Versammlung nominierte drei Kandidaten, von denen einer durch ein vom Altar gezogenes Los als bfl. Elekt designiert wurde und sich dann zur Weihe an den Hof des Metropoliten nach Kiev (im 14.–15. Jh. nach Moskau) begab. Dieses Verfahren der Bf.swahl trat an die Stelle der fsl. Investitur. Allerdings führte es ztw. zu ein- bis zweijährigen Sedisvakanzen oder längerer Administration durch den Elekten. Der Einfluß des Bf.s v. N., der nach 1165 als erster Bf. der Kiever Metropolie den Titel des Ebf.s annahm, in den polit.

Angelegenheiten des Stadtstaates wuchs ständig; die Ebf.e bekleideten hohe Würden, so als Hüter der staatl. Schatzkammer in der Sophienkathedrale, Vorsitzende des Herrenrates, Schlichter in inneren Parteikämpfen und Repräsentanten N.s (neben Fs. und Posadnik) bei Verhandlungen mit auswärtigen Mächten. Die häufige Einschaltung des Ebf.s in die inneren polit. Auseinandersetzungen führte dazu, daß mehrere Ebf.e der Parteilichkeit angeklagt und zum Rücktritt gezwungen wurden (→Žijata, →Nifont, →Il'ja, →Antonios/Antonij, →Vasilij Kalika, →Gennadij).

Das religiöse Leben der N.er Gemeinde, entstanden am Ende des 10. Jh., war noch 1073 von Apostasie bedroht. Im 14. und 15. Jh. wurde in N., weit mehr als in anderen Gebieten der ma. Rus', über Fragen des wahren Christentums diskutiert und Kritik an innerkirchl. Mißständen geübt. Ideen einer kirchl. Erneuerung nach urchr. Vorbild wurden als Häresien bekämpft (→Strigol'niki, →Judaisierende).

Das Geschichtsbewußtsein N.s fand seinen Ausdruck in der Chronistik (→Chronik), die seit Mitte des 11. Jh. gepflegt wurde, im 14. und 15. Jh. in einem religiös, z. T. auch polit. motivierten Schrifttum (Viten lokaler Hl.r, Erzählungen über hl. Ikonen und Wunder). In N. wirkte der Hagiograph →Pachomij Logofet.

Um 1200 bestanden in N. nicht weniger als 50 öffentl. Kirchen (größtenteils Pfarrkirchen), daneben zahlreiche Eigenkirchen (v. a. Holzkapellen der Bojaren in ihren Höfen). Seit 1045 wurde die mächtige Sophienkathedrale errichtet; bis 1480 entstanden über 70 steinerne Kirchen (über 20 erhalten). Aus dem 12. Jh. sind v. a. die Nikolauskirche auf dem Fürstenhof und zwei monumentale Katholika erhalten (die Mariä-Geburts-Kirche von 1117 im Antoniuskl. mit roman. Elementen). Die Bauten des 14. und 15. Jh. sind klein und äußerl. schlicht, im Innern aber reich mit Fresken geschmückt (Werke des →Feofan Grek, 1378, und seiner Schüler). Weltl. Steinarchitektur blieb wenig erhalten (1433 der von dt. Meistern errichtete Facettenpalast). Seit den 1440er Jahren befindet sich am Westportal der Sophienkathedrale die monumentale roman. Bronzetür (→Tür), die 1152 in Madeburg für die Kathedrale v. Płock gegossen wurde. Aus N. stammen zahlreiche aruss. Hss., so das berühmte →Ostromir-Evangeliar (1057). Die N.er Ikonenmalerei blühte im 14.–16. Jh., z. T. mit hist.-polit. Thematik (Darstellung der Schlacht der N.er m. d. Suzdalern am 25. Febr. 1170; betende Bojarenfamilie, 1467 gemalt). In N. entstand die erste vollständige kirchenslav. Übers. der Bibel (→Gennadij).

IV. NOVGOROD IM POLITISCHEN SPANNUNGSFELD ALT-RUSSLANDS UND MOSKAUS: Die polit. Entwicklung N.s blieb stets abhängig vom Kräfteverhältnis im aruss. und osteurop. Raum, in dem sich neue Machtzentren bildeten. Hatte sich N. nach 1136 gegenüber den Kiever Herrschern weitgehend selbständig gemacht und eine Politik des Gleichgewichts gegenüber den aruss. Fsm.ern verfolgt, so wurde die Unabhängigkeit des Stadtstaates seit →Andrej Bogoljubskij (1157–74) von den Fs.en v. →Vladimir-Suzdal', später (mit wachsendem Druck) von den Fs.en v. →Moskau bedroht. Die Kontrolle über die Handelsrouten, die durch die nö. Gebiete der Rus' führten, ermöglichte den Fs.en empfindl. Blockaden des N.er Handels (Sperrung der Getreidezufuhr). Durch polit. Druck konnten die N.er verschiedentl. genötigt werden, die Fs.en v. Vladimir-Suzdal' zum N.er Fs.enamt einzuladen, was jedoch keineswegs immer nachteilig war: →Alexander Nevskij (seit 1236 wiederholt Fs. in N.) stärkte durch seine militär. und polit. Erfolge gegen Schweden und den Dt. Orden (1240, 1242) nachhaltig die Position N.s. Im übrigen lud N. öfter Fs.en ein, die seine Selbständigkeit gegen Vladimir-Suzdal' auf dem Schlachtfeld zu verteidigen wußten (→Roman Mstislavič 1170, →Mstislav Udaloj, 1216). Die Parteienkämpfe innerhalb der N.er Führungsschicht boten den Fs.en v. Moskau im 14.–15. Jh. Gelegenheit zur Einschaltung. Die mongol.-tatar. Oberhoheit erwies sich dagegen für die N.er Selbständigkeit als eher günstig (direkte tatar. Angriffe gegen N. blieben aus); N. konnte dank der Unterstützung durch aruss. Fs.en (mit Zustimmung der →Goldenen Horde, der N. Tribut leistete) die Invasionsbestrebungen →Schwedens und des →Dt. Ordens in →Livland eindämmen. Litauische Raubzüge (seit dem Ende des 12. Jh.) und gelegentl. Versuche (seit →Olgerd), N. in den Machtbereich →Litauens einzugliedern, bildeten keine ernsthafte Gefahr für den Bestand N.s. Dagegen stellten die Fs.en v. Moskau, z. T. im Zuge der Bekämpfung der für die Kaufleute aus Moskau und den Wolgastädten schädl. N.er Flußpiraten *(uškujniki)*, Ansprüche auf N.er Gebiete (z. B. Toržok, Volok-Lamskij, Vologda). Sogar im Gebiet des Onega-Sees und der Nördl. Dvina verstand es Moskau, einen – allerdings erfolglosen – Aufstand gegen die Herrschaft Novgorods zu entfesseln (1397).

Die Schaukelpolitik des durch innere Konflikte geschwächten N., das die Rivalitäten zw. Tver', Moskau und Litauen auszunutzen versuchte, erwies sich angesichts der Überflügelung Tvers' durch Moskau (nach 1375) und der passiven Rolle Litauens (nach der Niederlage →Witowts an der Vorskla, 1399) als wenig wirksam. Die zaghaften Versuche einiger Ebf.e v. N., sich von der Metropolitanhoheit Moskaus zu lösen, scheiterten. Insgesamt unterschätzte die N.er Führungsschicht gegenüber der litauischen Gefahr die Bedrohung, die vom Vordringen Moskaus ausging; der sinkende Widerstandswille und die Erkaufung des Friedens durch Lösegelder (1441, 1456) ermutigten →Vasilij II. (trotz der Schwächung Moskaus durch den Thronfolgestreit) und →Ivan III. zur Verstärkung ihrer Pressionen. Nach der demütigenden Unterwerfung N.s von 1456 (u. a. Verbot für das Veče, im eigenen Namen zu urkunden) versuchte N. nochmals 1458, duch litauerfreundl. Politik und Diplomatie am Hofe →Kasimirs IV., sich der Bedrückung durch Moskau zu entziehen, doch waren die Jagiellonen allzusehr in die Probleme der Politik mit Böhmen, Ungarn und dem Dt. Orden verstrickt, um zu diesem Zeitpunkt einen Krieg mit Moskau wagen zu können.

In den Feldzügen von 1471 und 1478 hat Ivan III. den Stadtstaat N. zerschlagen und (aufgrund des Rechtes des Vatererbes) dem Moskauer Reich inkorporiert. Den kirchl. Vorwand lieferte die Gefahr eines Schismas, dem N. in den Augen der Moskauer Gfs.en als Hüter der Orthodoxie ausgesetzt war. Die massenhafte Umsiedlung von N.er Bojaren und ihrer Klientelverbände mitsamt den Kaufleuten im Austausch gegen Dienstleute aus der Moskauer Gegend, die mit konfisziertem Adels- und Kirchenland im N.er Bereich ausgestattet wurden, sollte N. als Provinz stärker an den Moskauer Staat binden. Die Abschaffung der Veče-Glocke besiegelte symbolisch den Untergang der N.er Republik. A. Poppe

Lit.: HGesch. Rußlands I, I, 431–483 [C. GOEHRKE; Lit.] – Lex. der Gesch. Rußlands, hg. H.-J. TORKE, 1985, 263–266 – N.skije Gramoty na bereste iz raskopok, hg. V. JANIN u.a., 1986 (No. 540–640) – E. SMIRNOVA, Živopis' Velikogo N.a, I–II, 1976–82 – A. CHOROŠEV, Cerkov' v social'no-političeskoj sisteme N.skoj feodal'noj respubliki, 1980 – J. LEUSCHNER, N. Unters. zu einigen Fragen seiner Verfassungs- und Bevölkerungsstruktur, 1980 – H. BIRNBAUM, Lord N. the Great,

1981 – V. JANIN, N.skaja feodal'naja votčina, 1981 – N.skij sbornik. 50 let raskopok N.a, 1982 – N.skij Istoričeskij Sbornik, 1–3, 1982–89 – Drevnij N. Novyje issledovania, 1983 – N. Architektur und Kunstdenkmäler (11.–18. Jh.), 1984 – V. ANDREEV, N.skij častnyj akt 12–15 vv., 1986 – E. RYBINA, Inozemnyje dvory v. N.e 12–17 vv., 1986 – I. FROJANOV–A. DVORNIČENKO, Goroda-gosudarstva Drevnej Rusi, 1988 – H. FAENSEN, Siehe die Stadt, die leuchtet. Gesch., Symbolik und Funktion aruss. Baukunst, 1989, 100–173 – V. JANIN, N.skie Akty 12–15 vv., 1991 – E. Nosov, N.skoe (Rjurikovo) gorodišče, 1990 – H. BIRNBAUM, Aspects of the Slavic MA, 1991 (Collected Stud. V–VIII), 189–395 – O. MARTYNIŠIN, Vol'nyj N. Obščestvenno-političeskij stroj i pravo feodal'noj respubliki, 1992 – → Stadt.

Novigrad. 1. N. (lat. Civitas nova, Emona; it. Cittanova), Stadt an der Westküste →Istriens, ursprgl. auf einer Insel, jetzt Halbinsel. Eventuell ist der antike Bf. ssitz Emona an der Stelle des heut. →Ljubljana am Ende des 6. Jh. nach N. übertragen worden; der Name Emona ist dort allerdings erst im 12. Jh. belegt. DE FRANCESCHI zufolge wurde N., als byz. Kastell im 7. Jh. gegr., erst am Ende des 8. Jh. anstelle von Rovinj Bm. und Sitz des auch in einer Inschrift erwähnten Bf.s Mauricius. Seit dem 9. Jh. verlief die Entwicklung parallel zu der in den größeren Städten Westistriens; 1277 kam N. unter ven. Herrschaft.

L. Steindorff

Lit.: C. DE FRANCESCHI, Saggi e considerazioni sull'Istria dell'alto Medioevo, I–III, Atti e memorie della società istriana di archeologia e storia patria 70–71, 1970–71 – G. PARENTIN, Cittanova d'Istria, 1974 – G. CUSCITO, Il ciborio e l'epigrafe del vescovo Maurizio a Cittanova d'Istria, Ricerche religiose del Friuli e dell'Istria 3, 1984, 111–134 – R. BRATOŽ, Krščanstvo v Ogleju ..., 1986.

2. N. (in den lat. Q. Novigrad, castrum novum), Ort in Dalmatien, 30 km nö. von →Zadar am Südufer des Meeres von Novigrad. Die Burg, anknüpfend an eine ältere Siedlung mit der vorroman. Kirche *Sv. Kate*, wurde wohl im 13. Jh. ausgebaut. In ihr waren 1386–87 die Kgn. v. Ungarn, →Maria (11. M.), und ihre Mutter Elisabeth gefangen; der Führer der ung.-kroat. Adelskoalition gegen Maria, Johannes de Palisna, ließ Elisabeth hier 1387 töten. 1409 verkaufte →Ladislaus v. Anjou-Durazzo auch N. an Venedig. Seitdem bildete das Gebiet um N. einen 'districtus' innerhalb der ven. 'iurisdictio' von Zadar.

L. Steindorff

Lit.: J. COLNAGO, Sredovječne kule i gradine oko Novigrada, Starohrvatska prosvjeta NS 2, 1928 – T. RAUKAR, Zadar u XV stoljeću, 1977.

Noviziat. [1] *Östliches Mönchtum*: N. ist die Prüfungszeit derer, die in ein Kl. eintreten. Sie werden mit umschreibenden Termini bezeichnet: Anfänger (ἀρχάριος, ἀρχαρικός), Einzuführender (εἰσαγόμενος), Neuverpflichteter (νεοπαγής, νεοταγής). Das frühe ö. Eremitentum kennt kein geordnetes Aufnahmeverfahren und keine bestimmte Prüfungszeit. Der Anfänger schließt sich einem erfahrenen Meister an und wächst durch individuelle Belehrung und Nachahmung in die asket.-monast. Lebensform hinein (vgl. Hist. Lausiaca 22; Hist. Monach. in Aeg. 24; 10,9: sofortige Aufnahme/Einkleidung; der lat. Text fügt die »Unterweisung über das monast. Leben« an; gr. Pachomiusvita I, 6). Das zönobit. Mönchtum institutionalisiert das Prüfungs- und Aufnahmeverfahren. Nach den Regeln des →Pachomios entscheidet der Obere über eine Aufnahme; die Probezeit dauert einige Tage, mit Aufenthalt im Pfortenbereich (Praecepta 49; vgl. 139). Danach erfolgt die Einkleidung und die endgültige Aufnahme in die Kl.gemeinschaft. Im Fortgang der Institutionalisierung wird die Prüfung auf einem Monat festgelegt und dem »Oberen des Pfortenhauses« übertragen (Theodor, 3. Katechese). Johannes →Cassian (De inst. IV, 3–7) beschreibt ein zweistufiges Aufnahmeverfahren bei den Pachomianern: zehn oder mehr Tage an der Pforte, dann Einkleidung und einjähriges N. im Pfortenbereich. →Basilius fordert die sorgfältige Auswahl und aufmerksame Prüfung (Längere Regeln 10–12), ohne präzise Angaben zu machen. In allen Bestimmungen will die Prüfungszeit die Echtheit der Eintrittsmotive, die Bereitschaft zum Güterverzicht und die persönl. Eignung für das Leben im Kl. ermitteln. Die spätere byz. Gesetzgebung setzt die ältere Praxis voraus (kurzfristige Probezeit und danach längeres N.). Im Anschluß an die legendäre »Engelsregel« (Hist. Lausiaca 32) wird das N. häufig auf drei Jahre festgelegt (Justinian, Nov. 5,2 von 535, vgl. 123,35; Trullanum, Kan. 5).

K. S. Frank

Lit.: P. DE MEESTER, De monachio statu iuxta disciplinam byzantinam, 1942 – A. VEILLEUX, La Liturgie dans le Cénobitisme pachômien, 1968 – H. BACHT, Das Vermächtnis des Ursprungs, II, 1983.

[2] *Westliches Mönchtum*: Nach der Einkleidung mit einem dem Mönchsgewand ähnl. Habit und der Tonsurerteilung bereiteten sich die Kl.neulinge unter Aufsicht und Anleitung des magister novitiorum in einer N. gen. Wohnstätte (cella noviciorum) auf die Verpflichtungen des status religiosus vor und nahmen widerrufl. am Ordensleben teil. Dauer und Eingangsalter waren in den einzelnen Observanzen verschieden. Nach der →Regula Benedicti (c. 58/59) ging dem in drei Abschnitte von 2, 6 und 4 Monaten unterteilten N. ein mehrtägiges sog. Postulat im Gästehaus des Kl. voran. Gregor I. forderte eine zweijährige Probe (C. 19 q.3 c.6), das →Decretum Gratiani bis zu drei Jahren (C. 17 q.2 c.3). Innozenz IV. und Alexander IV. setzten für Dominikaner und Franziskaner, Bonifaz VIII. für alle →Bettelorden das einjährige N. und das Reifealter zum →Gelübde voraus (VI 3. 14. 1–3). →Caesarius v. Arles gestattete schon die Aufnahme sechs- bis siebenjähriger infantula parvula (Ad virgines, c. 5), →Aurelianus v. Arles hingegen ließ nur Kandidaten im Alter von 10 oder 12 Jahren eintreten (Ad monachos, n. 17, 47). Das IV. Konzil v. →Konstantinopel verordnete 869, daß die Novizen an allen Vorrechten des geistl. Standes teilhaben sollten (c.40). Sie übten die kl. Diszipl in und Liturgie ein und wurden in Regel, Gewohnheiten und Statuten unterwiesen. Im Gegensatz zu →Konversen absolvierten →Oblaten in der schola interior auch eine umfassende Schulung in Lat. und Theologie, weshalb sie als monachi literati galten. Beide wurden nach der dreifachen Erforschung ihrer Eignung durch Obere zur →Profeß zugelassen.

A. Rüther

Lit.: DDC VI, 1024–1036 – DIP VI, 442–468 – NCE X, 546f. – PH. HOFMEISTER, Die Dauer des N.s, AKKR 129, 1959/60, 486–496 – G. VAN DEN BROECK, Le noviciat dans les monastères autonomes, RDC 14, 1964, 285–306 – J. H. LYNCH, The Cistercians and Underage Novices, Cîteaux 24, 1973, 283–297 – A. DE VOGÜÉ, Les trois critères de saint Benoît pour l'admission des novices, COCR 40, 1978, 128–138 – H. LUTTERBACH, Monachus factus est. Die Mönchwerdung im frühen MA, 1991.

Novo Brdo (Novomonte, Nyeuberghe), ehem. Bergbaustadt in Serbien/Kosovo; entstanden um 1300, blühte 1410–39. Für 1432 werden die Jahreseinnahmen von N. B. auf 200 000 Dukaten geschätzt. Nach den serb. Kg.en (Nemanjiden) war Fs. →Lazar Stadtherr, später die Despoten Stefan und Georg; die Osmanen bemächtigten sich der Stadt 1441–44, endgültig 1455. In der Gebirgslandschaft zw. Priština und Vranje auf 1000 m Höhe gelegen, bestand N. B. aus einer Zitadelle, der ummauerten Stadt (Podgradije), einigen Suburbien (Dolnji trg, Provalija) und mehreren Siedlungen bei den nahegelegenen Zechen. Abgebaut wurden Blei- und Silbererze, eine Spezialität war das 'argentum glame' mit hohem Goldgehalt (bis 25%); Münzstätte vom 14.–16. Jh. Vor 1412 wurde für N. B. eine Bergordnung durch 24 Sachkundige aus anderen Bergbauorten erstellt; erhalten ist auch ein kurzgefaßtes Stadtrecht aus derselben Zeit. N. B. war Verwaltungs- und Kirchenzentrum und ztw. Residenz des Metropoliten v. →Lipljan-Gračanica. Zwei der Kirchen von N. B. waren katholisch, eine davon 'saška' (Sachsenkirche) gen.

S. Ćirković

Lit.: M. Dinić, Za istoriju rudarstva u srednjovekovnoj Srbiji i Bosni, II, 1962 – Zakon o rudnicima despota Stefana Lazarevića, ed. N. Radojčić, 1962 – M. S. Filipović, Das Erbe der ma. sächs. Bergleute in den südslav. Ländern (Fschr. B. Saria, 70, 1964), 167–208 – M. Takács, Sächs. Bergleute im ma. Serbien und die »sächs. Kirche« von N. B., SOF 50, 1991, 31–60.

Novogrudok (Novogródek), eines der Zentren der »schwarzen« Rus' an der Grenze nach Litauen. Die Besiedlung setzte am Ende des 10. Jh. ein; auf dem Schloßberg wurde eine Burg errichtet (im SpätMA ein Schloß), auf dem Nachbarhügel entstand die Vorstadt, die seit dem 12. Jh. von einem Wall umgeben war. N. entwickelte sich zu einem Zentrum des Fernhandels und des spezialisierten Handwerks (u. a. Juweliere, Buntmetall- und Eisenverarbeitung), was sich in der Wareneinfuhr aus Byzanz, Syrien und dem Rheinland zeigt. Seit dem 11. Jh. war N. Sitz unabhängiger rjurikid. Fs.en. In den Q. tritt es erst 1252 hervor. Vielleicht war N. Residenz von Kg. →Mindowe, der wahrscheinl. 1253 hier gekrönt worden ist. Nach seinem Tod war das Gebiet von N. zw. halič-volhyn. und litauischen Fs.en ufnkämpft, in der Folgezeit kam es an den litauischen Gfs.en Trojden († 1282). In der 2. Hälfte des 13. Jh. wurde »Schwarzrußland« von tatar. Überfällen heimgesucht, und im 14. Jh. gab es Feldzüge des →Dt. Ordens gegen N. In dieser Zeit schritt die innere Besiedlung der Region voran, und eine Blüte- und Friedenszeit begann nach der Union des litauischen Gfsm.s mit dem Kgr. Polen. Seit Ende des 14. Jh. war N. eines der Zentren der gfsl. Ländereien, seit Anfang des 16. Jh. Mittelpunkt einer Wojewodschaft, 1317 und 1415 Residenz eines russ.-orth. Metropoliten. Vor 1323 wurde die Franziskanerkirche erbaut. N. erhielt 1511→Magdeburger Stadtrecht.

M. Kosman

Lit.: R. Gürtler, Roboty konserwatorskie na Górze Zamkowej w N. (Ochrona Zabytków Sztuki, 1930–31), 181–188 – H. Łowmiańsnki, Studia nad początkami społeczeństwa i państwa litewskiego I–II, 1931–32 – Ders., Rys historyczny województwa nowogródzkiego w jego dzisiejszych granicach, 1935 – T. Łopalewski, Między Niemnem a Dźwiną, 1937 – F. Gurevič, Drevnosti Belorusskogo Poneman'ja, 1962 – R. Batūra, Lietuva tautų kovoje prieš Aukso Ordą, 1975 – F. Gurevič, Drevnij N., 1981 – M. Ermalovič, Staražytnaja Belarus'. Polacki i novagarodski peryjady, 1991.

Novus Avianus heißen versch. metr. Neufassungen (wie das 'novus' des Titels besagt, vgl. 'Novus Grecismus' [→Konrad v. Mure], 'Poetria nova' [→Galfridus de Vino Salvo], 'Cornutus novus' [→Otto v. Lüneburg] u. a.) der 'Fabulae' des →Avianus, die seit dem Ende des 11. Jh. entstanden, allerdings ohne so erfolgreich zu sein wie die poet. Bearbeitungen des 'Romulus'-Corpus (→Fabel). Ein aus Asti stammender, namentl. nicht gen. 'Astensis poeta' beginnt, Fabeln des Avian frei nachzudichten (3 Hss. bekannt). Der 'N.A.' des →Alexander Neckham (2 Hss.) umfaßt sechs Fabeln, ein Gegenstück zum umfangreicheren 'Novus Esopus' desselben Autors. Anonym stehen in Paris, BN, lat. 15155 'N. Aviani flores'; als 'N.A.' ist auch eine Slg. ('Vindobonensis') betitelt (wohl im frühen 12. Jh. entstanden), die die Hss. Clm 14703 (s. XV) und Vindob. 303 (s. XIV) überliefern; die 1380 geschriebene Hs. Darmstadt, LHB, 2780 enthält einen 'N.A.' eines 'Hugo senex' (Walther, 16950; ed. E. Seemann, Hugo v. Trimberg..., 1923, 256–300).

E. Rauner

Ed. und Lit.: L. Hervieux, Les fabulistes latins, III, 1894, passim – Manitius III, 773–776 [Charakteristik der Texte] – K. Grubmüller, Meister Esopus, 1977, 61 [Lit.] – N. Henkel, Dt. Übers. lat. Schultexte, 1988, 21, 61 [Hugo senex] – G. Dicke–K. Grubmüller, Kat. der Fabeln..., 1989, s.v. N.A., Poeta Astensis.

Noyers, Miles de, führender Ratgeber und Heerführer des Kg.s v. Frankreich, * 1271, † 21. Sept. 1350, entstammte als Miles X. der alten Adelsfamilie der Herren v. Noyers-sur-Serein (westl. Burgund, dép. Yonne), Sohn von Miles IX. und Marie v. →Châtilon; ∞ 1. Jeanne de Rumigny († 1303), 2. Jeanne de →Dampierre († 1318), 3. Jeanne de →Montbéliard († 1322). 1295 leistete N. dem Hzg. v. Burgund das Homagium und festigte das Vasallenband durch Erwerb des hzgl. Mundschenkenamtes *(bouteillerie)*. Gleichwohl trat er in den Königsdienst und war 1303–14 →Maréchal de France. Zugleich 'souverain' der →Chambre des comptes, stand er über lange Jahre dem Rat (→Conseil) Kg. →Philipps VI. vor und war als leitender kgl. Staatsmann mit der Kriegführung, dem Befestigungswesen, den diplomat. Verhandlungen und der Finanzpolitik befaßt. Zugleich verstand er es aber auch, am Königshof die Interessen des Hzg.s v. Burgund zu fördern (v. a. zw. 1335 und 1344). Als erfahrener Kriegsmann kämpfte er in der Gascogne und in Flandern, zeichnete sich bei →Cassel aus (1328) und hütete 1325–46 die →Oriflamme, als deren Träger er bei →Crécy (1346) verwundet wurde. Vom Kg. mit reichen Gnadenerweisen bedacht (1338 →Bouteiller de France), verschaffte er seinen Verwandten günstige Positionen in der kgl. Entourage. Seinem jüngsten Sproß sicherte er die Gft. Joigny, doch starben die beiden älteren Söhne (Miles, Sire de Montcornet; Gaucher, Vidame d'Amiens) vor ihm, so daß es zu Streitigkeiten um sein Erbe kam.

J. Richard

Lit.: E. Petit, Les sires de N., 1874 – R. Cazelles, La société politique sous Philippe de Valois, 1958.

Noyon, Stadt und Bm. in Nordfrankreich, im südl. Grenzgebiet der →Picardie (dép. Oise, arr. Compiègne). N. (Noviomagus) war in der Spätantike ein 'castellum' (mit Befestigungsmauer, die ein Areal von 2,54 ha umschloß, über das die Stadt erst im 12. Jh. hinauswuchs), Etappenort (statio) an der Via Antonina (Reims–Amiens) und Garnison einer Bataverlegion. Die 'civitas Veromandorum' (bestehend aus den beiden 'pagi' des →Vermandois im N, des Noyonnais im S) bildete den Rahmen einer Diöz. von bescheidenen Dimensionen (zweitkleinstes Bm. des Ebm.s →Reims nächst Senlis), die zu Beginn des 14. Jh. 300 Pfarreien zählte, von ihnen eine kleine Gruppe südl. der Oise gelegen (im 9. Jh. bestätigt). Sitz des Bm.s war zunächst →St-Quentin (nach der Verlegung aus dem alten kelt. Oppidum v. Vermand). Nach einer Phase langsamer Christianisierung ist der erste Bf. nicht früher als 511 belegt. Der hl. →Medardus (ca. 530–ca. 560) prägte die Gesch. des Bm.s in doppelter Weise: Zum einen verlegte er wohl den Bf.ssitz von St-Quentin nach N. (allerdings wird der Vorgang der Übertragung erst in einer Quelle des 11. Jh. berichtet; die erste Erwähnung N.s als Bf.ssitz datiert von 614), zum anderen akzeptierte er eine Union mit dem Bm. →Tournai, die erst 1146, nach langen Streitigkeiten und zwei Schismen, ihr Ende fand. Wichtig für die Entwicklung der Bf.sstadt war der Episkopat des hl. →Eligius (641–660) und die Existenz eines Kg.spalastes (→Pfalz), der von →Chlothar III. dem Frauenkl. Ste-Godeberthe (das der Männerabtei St-Loup/St-Eloi korrespondierte) geschenkt wurde. Die Bedeutung der Stadt festigte sich unter den Pippiniden/→Karolingern. →Karl Martell ließ hier →Chilperich II. bestatten.

→Karl d. Gr. empfing in N. 768 die Königsweihe (die hier ebenfalls an →Hugo Capet vorgenommene Weihe war offenbar eine 'imitatio').

Im 10. Jh. konnte der Bf. seine unabhängige Position konsolidieren. Der Temporalbesitz erreichte zu Beginn des 11. Jh. seinen Höchststand; die weltl. Stellung wurde im frühen 13. Jh. durch den Titel eines 'episcopus et comes' und die Würde eines geistl. →Pairs des Kgr.es Frankreich glanzvoll bestätigt. 1293 rekuperierte der Bf. via Lehensretrakt das Lehen der Kastellanei, das der Kastellan (ursprgl. bfl. Vogt) 1292 dem Kg. für 7000 *livres parisis* verkauft hatte. Seit Mitte des 11. Jh. war die Suprematie des Kg.s in vollem Umfang anerkannt; der Bf.ssitz, die Civitas und die Landschaft Noyonnais waren sichere Bastionen der Königsmacht der →Kapetinger. Das Bm., oft mit Angehörigen des Regionaladels, von Zeit zu Zeit auch mit Kurialen (Étienne Aubert, späterer Papst →Innozenz VI., 1338–39) besetzt, wurde häufig an Vertraute des Kg.s vergeben: Étienne de Nemours, Sohn des kgl. *Chambrier* (1188–1221); Pierre Charlot, Bastard Kg. Philipps II. August (1240–49); Guillaume, Bruder des *Maréchal de France*, Robert Bertrand (1331–38); Firmin →Coquerel, *Chancelier* (1349–50); Jean de Mailly, Bruder des *Panetier* und Präsidenten der *Chambre des Comptes* (1425–73).

Die städt. Kommune bildete sich in N. auf friedl. Wege, gestützt auf ein bfl. Privileg (um 1108), das von Kg. Ludwig VI. bestätigt wurde. Die unter Ludwig VII. ratifizierten Kommunalstatuten sind nur aus der Charta Philipps II. August (1182) in einem →Vidimus v. 1327 bekannt. Verwaltet von Geschworenen (→jurati), die aus ihrer Mitte den *maire* wählten, vermochte die Kommune niemals das Schöffenkolleg (→Schöffen), dessen Mitglieder von Bf., Kastellan und Geschworenen designiert wurden, zu absorbieren. Bei insgesamt ruhiger Entwicklung traten nur gelegentlich Konflikte mit dem Bf. auf, eher mit dem Kathedralkapitel um Gericht und Zollerhebung; die städt. Führungsschicht stand zumeist im Dienst der großen geistl. Institutionen (bis hin zum Vater des Reformators Calvin). N. bietet das in Frankreich seltene Beispiel einer durchgängig wohlhabenden Bf.sstadt, deren Sinnbild die mächtige Kathedrale war. Im Herzen einer fruchtbaren Agrarregion (dominiert von großem geistl. Grundbesitz), war N. Regionalmarkt, Zentrum des →Getreidehandels über die Oise (Flußhäfen Pont-l'Évêque und Pontoise-lès-N.). In dessen Schatten stand die Gewerbetätigkeit, mit Ausnahme der im 14. Jh. stärker entwickelten Gerberei. O. Guyotjeannin

Lit.: A. LEFRANC, Hist. de la ville de N. et de ses institutions jusqu'à la fin du XIIIe s., 1887 – F. VERCAUTEREN, Étude sur les 'civitates' de Belgique Seconde, 1934, 165–180 – CH. SEYMOUR, La cathédrale N.-D. de N. au XIIe s., 1975 – J. L. COLLART, Le déplacement du chef-lieu des 'Viromandui' au Bas-Empire..., Revue arch. de Picardie, 3–4, 1984, 245–258 – O. GUYOTJEANNIN, 'Episcopus et comes', 1987 [Bibliogr.] – P. MARCHAND, Le chapitre cathédral de N. du XIe au XIIIe s. [Thèse École des Chartes, in Vorber.] – Urkk. der Bf.e v. N., 2 Tle, ed. J. PYCKE – A. RINCKENBACH [in Vorber.].

N-Town-Plays → Ludus Coventriae

Numeister (Neumeister), **Johannes**, † um 1512 Lyon, aus Mainz stammender Wanderdrucker. Durch einige Drucke, darunter eine Ausg. von Dantes »Divina Commedia«, ist N. für 1470–72 in Foligno (Umbrien) nachgewiesen. Möglicherweise hielt er sich dort schon seit 1463 als einer der 'Moguntini calligrafi', von denen eine allerdings unsichere Kunde vorliegt, zusammen mit anderen dt. Druckern auf. 1479/80 arbeitete N. für kurze Zeit in Mainz, wo er die »Meditationes« des Johannes de Turrecremata, bebildert mit 34 Metallschnitten, herausbrachte.

Eine Neuaufl. dieses Werkes und anderes gab N. 1481 in Albi (Südfrankreich) heraus. Seit 1483 hielt er sich in Lyon auf, wo er mit wechselndem Erfolg wirkte. 1487 erschien ein Missale Lugdunense, dem andere liturg. Bücher folgten. S. Corsten

Lit.: GELDNER I, 39f.; II, 97–100, 225f., 238 – F. GELDNER, Zum frühesten dt. und it. Buchdruck, Gutenberg-Jb. 1979, 18–38.

Numidia. Das in der Ks.zeit wirtschaftl. bedeutende Gebiet westl. und südl. von →Karthago, seit Augustus Teil der Prov. Africa proconsularis (→Afrika), wurde unter Septimius Severus selbständige Prov. mit der Hauptstadt Lambaesis, 303–314 in das südl. N. Militiana und das westl. N. Cirtensis geteilt, danach wiedervereinigt mit der Hauptstadt Cirta (seit 312 Constantina gen.). N. war im 4. Jh. Schauplatz der Auseinandersetzungen mit den →Donatisten und der Aufstände des Firmus und des →Gildo. Seit 439 in der Hand der Vandalen, fiel N. am Ende des 7. Jh. unter die Herrschaft des Islams. J. Gruber

Lit.: KL. PAULY, IV, 197–199 – RE XVII, 1343–1397 – Aufstieg und Niedergang der Röm. Welt II 10.2, 1982 – L'Africa Romana, hg. A. MASTINO, 1983ff. – s. a. Lit. zu →Afrika.

Nunes, Airas, gebildeter Kleriker aus Santiago de Compostela, wirkte im 13. Jh. am Hof Kg. Alfons' X. v. Kastilien an den →Cantigas de Santa Maria mit und verfaßte einige der schönsten Gedichte der →Cancioneiros. Sie sind überliefert im Cancioneiro da Vaticana (454–469, 1133) sowie im Cancioneiro da Biblioteca Nacional (868–876, 879–885); außerdem werden ihm prov. Verse zugeschrieben. D. Briesemeister

Ed. und Lit.: G. PLACER, A.N., Boletín de la Real Academia Gallega 23, 1943, 411–431 – R. FERNÁNDEZ POUSA, Cancionero gallego del trovador Ayras Núñez, Revista de Literatura 5, 1954, 219–250 [mit Texten] – Le poesie di Ayras Nunez, ed. G. TAVANI, 1964 – G. TAVANI, Poesia del Duecento nella penisola iberica, 1969, 251–263 – W. METTMANN, A.N., Mitautor der Cantigas de Santa María, Iberoromania 3, 1971, 8–10.

Núñez de Balboa, Vasco (eigentl. Balboa, V. N. de), span. Entdecker, *1475 (?), † Jan. 1519. Aus der Estremadura stammend, gelangte N. d. B. 1500 mit Rodrigo de →Bastidas nach Amerika und ließ sich als Kolonist auf La Española nieder. 1510 begleitete er Fernández de Enciso zum Golf v. Urabá (heute Kolumbien), um die Überlebenden einer gescheiterten Expedition von Alonso de →Ojeda aufzunehmen. Als Kenner jener Küste schlug er die Errichtung einer Niederlassung im W des Golfes, nahe der Meerenge v. Panamá vor, wo die erste span. Niederlassung auf dem amerikan. Festland, Santa María de la Antigua del Darién, begründet wurde. In Streitigkeiten mit rivalisierenden Entdeckergruppen konnte sich N. d. B. zunächst durchsetzen und wurde zum interimist. Gouverneur der Region ernannt. Er trieb eine kluge Politik gegenüber den Eingeborenen, die er sich verbündete, was ihm weitere Erkundungen der Region ermöglichte, in deren Verlauf er am 25. Sept. 1513 den Pazifik sichtete, den er am 29. Sept. für Spanien in Besitz nahm und *Mar del Sur* 'Südsee' nannte. Von seinen Gegnern bei Hofe in Mißkredit gebracht, ernannte die Krone Pedrarias Dávila zum Gouverneur und Generalkapitän der als sagenhaft reich eingeschätzten und *Castilla del Oro* gen. Isthmusregion. Pedrarias machte mit seiner rücksichtslosen und grausamen Politik gegenüber den Indianern nicht nur die Erfolge N. d. B.s zunichte, sondern verfolgte diesen auch mit seinem Haß. 1518 lockte er N. d. B. unter einem Vorwand zu sich, ließ ihn gefangensetzen, unter nichtigen Anklagen zum Tode verurteilen und hinrichten. N. d. B.s weitere Pläne hätten zur Entdeckung Perus führen können, von dem er vage Kunde hatte. In der Gesch. der span. Expansion zählt N. d. B. zu den herausragenden Persönlichkeiten. H. Pietschmann

Lit.: A. DE ALTOLAGUIRRE, V. N. d. B., 1914 – M. LUCENA SALMORAL, V. N. d. B., descubridor de la Mar del Sur, 1988.

Nunyo Sanç, Gf. v. →Roussillon und→Cerdaña, † 1241/42, Sohn des Infanten v. Aragón, Sancho († 1223/25), und der Sancha Nuñez de →Lara, ∞ →Petronilla v. Comminges (Gfn. v. →Bigorre, Vizgfn. v. →Marsan, Witwe des Gaston VI. v. →Montcada), nach Annullierung 1216 ∞ ca. 1220 Teresa López de →Haro. N. erhielt vorzeitig (vielleicht schon 1213) vom Vater die Gft.en, baute dort bis auf die Lehnsbindung an den Kg. seine Suprematie in vollem Umfang aus. In enger Verbindung mit dem Vizgf. en v. → Castellbó ein Beschützer der →Katharer, den Kg. Jakob I. gewähren ließ, weil er ihn für die Eroberung →Mallorcas brauchte; seit 1235 für Ibiza und Formentera Lehnsmann des Ebf.s v. →Tarragona. Seitdem ging sein dominierender Einfluß im katal.–okzitan. Grenzraum merklich zurück. N. verstarb kinderlos, die Gft.en fielen an die Krone →Aragón. O. Engels

Lit.: Gran Enc. Catalana X, 1977, 631 f. – A. DE FLUVIÀ, Els primitius comtats i vescomtats de Catalunya, 1989, 115 f. – L. VONES, Krone und Inquisition. Das aragones. Kgtm. und die Anfänge der kirchl. Ketzerverfolgung in den Ländern der Krone Aragón (Inquisition, hg. P. SEGL, 1993).

Nūraddīn, islam. Herrscher, gest. 1174, folgte 1146 in Aleppo seinem Vater →ʿImādaddīn Zangī in der Regierung nach, der kurz vorher →Edessa eingenommen hatte. N. schloß in den folgenden Jahren die Eroberung der Gft. →Edessa ab und zerschlug damit den ältesten der Kreuzfahrerstaaten. Die Nachricht vom Fall Edessas löste in Europa den 2. →Kreuzzug aus, in dessen Verlauf 1148 der fehlgeschlagene Versuch unternommen wurde, Damaskus einzunehmen. Dadurch geriet Damaskus in immer stärkere Abhängigkeit von N. Als es ihm 1154 die Tore öffnete, erlangte N. die Vorherrschaft über das islam. Syrien. Wie schon sein Vater griff N. erfolgreich den Gedanken des Hl. →Krieges auf, den er gegen die Kreuzfahrer propagierte. Gleichzeitig diente er ihm als Legitimation für seinen Herrschaftsanspruch über die Muslime, die es offiziell für den Krieg gegen die Franken zusammenzufassen galt. Als Kg. →Amalrich 1162 in Ägypten einmarschierte und es prakt. zu einem Protektorat des Kgr.es →Jerusalem machte, provozierte er das Eingreifen N.s, dessen Feldherren Šīrkūh es nach dem frk. Abzug 1169 gelang, in Kairo einzuziehen. Šīrkūhs Neffe und Nachfolger als Oberbefehlshaber →Saladin beseitigte 1171 das →Fāṭimidenkalifat und machte sich fakt. unabhängig von N. Nur dessen Tod bewahrte Saladin vor der militär. Auseinandersetzung mit diesem und erlaubte es ihm letztl., N.s Erbe anzutreten. →Zengiden. P. Thorau

Lit.: N. ELISSÉEFF, N., 3 Bde, 1967 – E. SIVAN, L'islam et la croisade, 1968 – M. LYONS–D. E. JACKSON, Saladin, 1982 – M. KÖHLER, Allianzen und Verträge zw. frk. und islam. Herrschern im Vorderen Orient, 1991.

Nürnberg, Stadt in Mittelfranken (Bayern)
I. Anfänge und Topographie; Kirchen und Klöster – II. Stadt und Reich – III. Verfassung und Sozialstruktur – IV. Wirtschaft – V. Landgebiet.

I. ANFÄNGE UND TOPOGRAPHIE; KIRCHEN UND KLÖSTER: Der Ortsname ist noch nicht befriedigend gedeutet. Die Topographie legt 'Fels' oder 'Nase' als Bestimmungswort nahe. Doch ist ein entsprechendes Appellativum so wenig belegt wie ein ebenfalls in Erwägung gezogener Personenname *Nōro*.

Die Stadt entstand an der nichtschiffbaren Pegnitz etwas oberhalb ihrer Einmündung in die Regnitz – einer Stelle, die sich als verkehrsgünstig erweisen sollte – aus zwei kgl. Wirtschaftshöfen, von denen aus das Reichsgut im →Nordgau neu organisiert wurde. Den älteren Hof in der Sebalder Siedlung, die sich vor ihrer Ersterwähnung 1050 auf dem Sandsteinfelsen unterhalb der Burg entwickelt hatte, übergab Kg. Konrad III. mit der Hofkapelle St. Egidien Schottenmönchen. Die Lorenzer Siedlung wurde bei dem 1209 von Kg. Otto IV. dem →Dt. Orden übereigneten Kg.shof mit der Jakobskirche in stauf. Zeit planmäßig angelegt. Die beiden Stadtkirchen, St. Lorenz s. und St. Sebald n. der Pegnitz, waren noch lange von den beiden älteren Pfarrkirchen Fürth bzw. Poppenreuth abhängig. Das seit 1072 bezeugte, durch Krankenheilungen an Bedeutung gewinnende Grab des hl. →Sebald begünstigte den Markt und den Zuzug. Die seit Mitte des 13. Jh. bezeugte Ummauerung der beiden Stadtteile wurde später verbunden, mehrfach erweitert und nach den Erfahrungen des ersten →Markgrafenkrieges techn. perfektioniert. Von fünf Haupttoren und einigen Durchlässen durchbrochen, umlief sie die spätma. Stadt in einer Länge von ca. 5 km und umschloß ein Areal von ca. 160 ha, auf welchem Mitte des 15. Jh. ca. 20 000 Einw. lebten (1497 ca. 28 000). Älteste Verbindung zw. den beiden Stadthälften war die im 13. Jh. mehrfach gen. Fleischbrücke, die erst im 15. Jh. durch den Henkersteg, die Steinerne Brücke (heute Maxbrücke) und den Trockensteg (heute Kettensteg) entlastet wurde.

Über dem Sebaldusgrab wurde 1277 eine doppelchorige Kirche vollendet (seit 1309 durch einen got. Neubau ersetzt). Auf der Sebalder Seite entstand um 1265 das Augustiner-, um 1275 das Dominikanerkl., 1349/51 an der Stelle der Judenschule die Frauenkirche. Innerhalb des Sprengels von St. Lorenz, dessen 1235 erstmals gen. Kirche im 14./15. Jh. ebenfalls einem got. Neubau wich, lagen das Dt. Haus ('exterritorial' bis zum Ende des Reichsstadt), das Kl. der Franziskaner (1224), das der Reuerinnen (vor 1241; 1279 dem Klarissenorden inkorporiert), das der Karmeliter (zuerst 1295 gen.), das der Dominikanerinnen (1295), die Kartause (1380) sowie zahlreiche Kapellen. Unter den N.er Spitälern waren das Deutschordensspital St. Elisabeth und das Bürgerspital Hl. Geist die bedeutendsten.

Juden sind seit 1146 sicher bezeugt. Das 1296 angelegte, doch weiter zurückreichende und weiter fortgeführte N.er →Memorbuch, eine wichtige Q. zur Gesch. des oberdt. Judentums, verzeichnet 728 getötete Juden bei der sog. →Rintfleischerhebung von 1298. Dennoch entwickelte sich die Gemeinde, vom Kapitalbedarf der Stadt begünstigt, zu einer der größten im Reich. Das Judenviertel befand sich an der Stelle des Hauptmarktes auf der Sebalder Seite und wurde beim Pogrom von 1349 niedergelegt; das Memorbuch nennt 562 Opfer. Als der N.er Rat 1498 bei Ks. Maximilian I. die Ausweisung aller Juden erreichte, spielten sie im städt. Wirtschaftsleben kaum noch eine Rolle.

II. STADT UND REICH: N.s Aufstieg zu einem Vorort des Reiches intensivierte sich unter den Staufern. Friedrich Barbarossa erbaute am Ende des Felssporns hinter der ersten Burg, die an die Burggf.en übergegangen war, die Ks.pfalz mit einer →Doppelkapelle. Neben den Burggf.en (→N., Burggrafschaft) traten um 1200 der →Schultheiß, auf den für den Bereich der Stadt die Hochgerichtsbarkeit überging, und der Butigler (→Mundschenk), der als Reichsgutsverwalter bald zu einem burggräfl. Amtmann absank. Doch konnte der Rat zu Lasten aller kgl. Vertreter seine Befugnisse allmähl. erweitern. Der 'Große Freiheitsbrief' Kg. Friedrichs II. von 1219 ermöglichte und förderte N.s Entwicklung von der Kg.sstadt zur

→Reichsstadt: Sie bildete nun auch eine eigene Steuergemeinde, und ihre Kaufmannschaft wurde durch rechtl. und wirtschaftl. Garantien gestärkt. 1256 schloß N. sich dem →Rhein. Städtebund an. Während des →Interregnums schien es ztw., als würde N. bayer. Landstadt oder Vorort des zollernschen Territoriums. Die Stadt suchte gegen ihre raumgreifenden Nachbarn ihr Heil bei Kg. Rudolf v. Habsburg und begünstigte dessen Revindikationspolitik. Kg. Ludwig d. Bayer verlieh der Stadt 1315 das privilegium de non evocando (→Appellationsprivilegien), das sie als Motor der Emanzipation nutzen konnte, bei der ihr eine andere Entwicklung zu Hilfe kam: Karl IV. erleichterte den zollernschen Burggf.en (→Hohenzollern) die Konsolidierung ihres Territoriums, wodurch sie aus der Stadt verdrängt wurden, so daß der Rat ihre Nachfolge antrat. Doch blieb das Verhältnis zu den zollernschen Nachbarn stets gespannt. Seit der Zeit seines Gegenkgtm.s weilte Karl IV. länger und öfter in N. als in jeder anderen Stadt außerhalb Böhmens. N., wo er einen anhaltenden böhm. Einfluß auf die Kunst begründete, sollte Hauptstützpunkt der Landbrücke von Prag zum Mittelrhein werden, auch einen gleichsam territorialstaatsfreien Raum für die Begegnung von Ks. und Reich bilden. Die Präsenz des Reiches in N., die Karl IV. zu institutionalisieren begonnen hatte (→N., Reichstage v.), verfestigte sein Sohn Siegmund, als er am 29. Sept. 1423 die Stadt zum dauernden Aufbewahrungsort der Reichsinsignien bestimmte, wo sie am 24. Febr. 1424 eintrafen. Der Kg. bezeichnete sie als 'heiligtum' und hob damit den Bedeutungswandel hervor, den Karl IV. eingeleitet hatte. Die Weisung dieses Heiltums an das Volk (→Heiltumsweisung) war längst Tradition. Tag der Weisung war seit 1424 das Fest der →Hl. Lanze (2. Freitag nach Ostern). Zwar hatte schon Papst Martin V. 1424 bestätigt, daß die Hl.-Geist-Kirche in N. der Ort der dauernden Verwahrung des Reichsheiltums sei, aber Ks. Siegmund mußte 1433, Kg. Albrecht II. 1438 das Verwahrrecht N.s erneuern. Friedrich III. dagegen verweigerte 1440 diese Bestätigung und forderte die Herausgabe. Die um Rechtsauskunft gebetenen Juristen der Univ. Padua bekräftigten den N.er Standpunkt. Die traditionelle Solidarität der Reichsstadt mit dem Ks. wurde erschüttert, als Friedrich III. sich in die Koalition ihres gewalttätigen Gegners Mgf. →Albrecht Achilles einreihte, ohne daß aber die grundsätzl. Kg.snähe gefährdet war.

III. VERFASSUNG UND SOZIALSTRUKTUR: Seit ca. 1245 wird die Bürgerschaft als 'Einheit' bezeichnet (universitas civium), deren Zeichen Mauer und Siegel waren. Ein Ungelter leitete seit den 60er Jahren des 13. Jh. die Einhebung der bes. für den Mauerbau verwendeten indirekten Steuern, die von Kaufmannswaren erhoben wurden. Die direkte, Losung gen. Steuer, wohl nichtkommunalen Ursprungs, ist seit ca. 1300 belegt, als die Stadt eine fixierte Summe davon (jährl. 2000 Pfd. H.) als Reichssteuer abzuführen hatte. Um die Mitte des 13. Jh. traten zwei Kollegien in Erscheinung: das der 13 Schöffen (scabini), das zunächst den kgl. Schultheißen in der Gerichtsbarkeit unterstützte, und ein Ausschuß von ebenfalls 13 Räten (consules), in dessen Kompetenz Vertretung und Verwaltung der Stadt fielen. Die dem Schultheißen gegenüber selbständigere Ratsbank überragte bald die Schöffenbank. Um 1300 wuchsen die beiden Bänke zu einem Stadtrat mit 26 Mitgliedern zusammen, dessen urspgl. Zweiteilung bald jede Bedeutung verlor. Seit Ende des 13. Jh. erledigte ein Stadtschreiber den Schriftverkehr der Reichsstadt. 1332, als der Ausbau kommunaler Behörden begonnen hatte, erwarb die Stadt den Grund für ein repräsentatives Rathaus. Die Handwerkerschaft versuchte, ihren Anspruch auf Teilhabe am Stadtregiment z. Zt. des Doppelkgtm.s (1347) durchzusetzen. Doch konnte Karl IV. die Herrschaft der wittelsbach. gesinnten Handwerker bald beenden und den in seine Rechte wieder eingesetzten patriz. Rat veranlassen, den Stadtfrieden ohne Blutvergießen wiederherzustellen. 1370 wurde der Rat um 16 'Genannte' - 8 ebenfalls dem →Patriziat entstammende sog. Alte Genannte und 8 aus dem Handwerk - auf 42 Mitglieder erweitert. Doch nur das Kollegium der 26 und der Alten Genannten war an der Satzungsgebung beteiligt, und nur aus dem Kollegium der 26 wurden alle vier Wochen zwei Bürgermeister gewählt, die den Rat einberiefen und die Stadt nach außen vertraten. Aus diesem Kollegium rekrutierten sich auch die beiden Losunger, denen ein dritter aus dem Handwerk beigeordnet war. Sie verwalteten die Finanzen der Stadt. Ebenso aus diesem Gremium wurde auch der später als Geheimer Rat bezeichnete Ausschuß der 7 'Alten Herren' bestimmt, der alle wichtigen Angelegenheiten vorberiet und die eigtl. Macht in Händen hielt. Die 1302 einsetzenden Satzungsbücher zeigen das Ausgreifen der Kompetenzen des Rates, bes. bei der Ordnung von Gewerbe und Handel. Die Ratsämter, die sich im 14. Jh. konsolidierten und deren Inhaber ebenfalls aus den 26 und den Alten Genannten bestimmt wurden, waren teils Pflege- (Kirchen- und Landpfleger, Pfleger des Reichen Almosens, Baumeister), teils Kontrollämter; aus letzteren ragt das Rugamt heraus, das die Markt- und Gewerbeaufsicht führte. Wie in anderen oberdt. Städten formierte sich auch in N. bald nach 1300 ein zweiter sog. 'Größerer Rat der Genannten'. Er wurde zunächst vom 'Kleineren Rat' einberufen, wenn dieser sich bei wichtigen Angelegenheiten der Zustimmung der ganzen Bürgerschaft versichern wollte.

Berufen wurde der Größere Rat, dessen Mitgliederzahl nicht genau festgesetzt war, aus den Ehrbaren Familien, deren Angehörige Großhandel trieben oder einen nicht zunftgebundenen Beruf ausübten. Während in anderen oberdt. Reichsstädten die Zünfte Teilhabe am Stadtregiment hatten erringen können, konnte die N.er Handwerkerschaft die Regierung des Patriziates kaum einschränken. Die Zünfte blieben Berufsverbände. In den 'Kleineren Rat', dem polit. entscheidenden 'Geheimen Rat', konnten nur Angehörige der 20 'alten' und der von diesen als ebenbürtig anerkannten sieben 'neuen' Geschlechter gewählt werden. Zu den (z. T. heute blühenden) 'alten' gehörten die →Stromer, →Holzschuher, →Tucher, →Schürstab und →Mendel; die 'neuen' waren v. a. die →Imhof(f), →Paumgartner und →Pirckheimer. 1440 wurden noch weitere 15 als ratsfähig zugelassen, v. a. die →Welser. Mit der Festschreibung dieser Familien im Tanzstatut v. 1521 schloß das Patriziat sich sozial ab, auch gegenüber den Ehrbaren Familien, die das Patriziat an Reichtum z. T. übertrafen. Die rein patriz. Ratsverfassung und die Versippung der Ratsmitglieder begünstigten polit. Kontinuität. Der Rat erlangte nicht nur Rechtsaufsicht und Vermögenskontrolle über Pfarreien, Kl. und Spitäler. Mit dem vom Rat geförderten Kult des 1425 kanonisierten Stadtpatrons Sebald erreichte die Stadt auch einen religiösen Eigenstand. 1475 verlieh Papst Sixtus IV. dem Rat die Patronatsrechte für die Pfarrkirchen St. Sebald und St. Lorenz in den päpstl. Monaten, 1513 verzichtete Bf. Georg III. v. Bamberg auf das Patronatsrecht in den bfl. Monaten.

IV. WIRTSCHAFT: Die wirtschaftl. Bedeutung N.s beruhte auf einer hochspezialisierten Gewerbeproduktion, dem Innovationsvermögen bes. der zünft. nicht gebundenen Gewerbe, einem gleichbleibende Qualität garantierenden Kontrollsystem, der Weitsicht und Risikobereitschaft von Unternehmern, die der Produktion neue Märkte erschlossen, dem Fern- und Transithandel. Der Handel basierte auf einem mit diplomat. Geschick ausgebauten System von Zollbefreiungen auf Gegenseitigkeit. Kg. Friedrich II. gewährte 1219 über ältere ksl. Privilegien hinausgehende Zollbefreiungen auf der Donau von Regensburg bis Passau. Ks. Ludwig d. Bayer bestätigte der Kaufmannschaft zusammenfassend die Zollfreiheit, welche sie in 69 europ. Städten erlangt hatte. Meistbegünstigungsklauseln auf Gegenseitigkeit öffneten weitere Märkte. Aus →Eisen, das v. a. aus der Oberpfalz kam, wurden alle Arten von Handwerkszeug hergestellt, Gegenstände des tägl. Bedarfs, Draht und Rüstungsgüter. Die für Legierungen benötigten Buntmetalle wurden aus Sachsen (→Mansfeld), Böhmen und Oberungarn bezogen. Aus →Messing wurden Töpfe, Mörser und Waagen hergestellt, aus →Bronze Geschütze gegossen. Bes. hoch war der N.er Marktanteil an z. T. in der Stadt selbst erfundenen mechan. Geräten und Präzisionsinstrumenten (Kompasse, Geheimschlösser, Glockenspiele, Uhren u. a.). Die Massennachfrage im metallverarbeitenden Gewerbe führte zur Trennung von Produktion und Handel und damit zur Organisationform des →Verlags. In großem Abstand folgte das Textilgewerbe. Der N.er Handel war zunächst mehr nach W (→Champagnemessen) und N orientiert. In Venedig erschienen N.er seit ca. 1300 als Einkäufer von oriental. Produkten, auch von Glas aus Murano und Wein aus Friaul. Mit dem Ausbau des Osthandels, der von polit. bedingten Rückschlägen nicht frei blieb, gewann N. eine zentrale Stellung im europ. Handelsnetz. Eine starke Position behauptete N. im Transithandel; dies gilt bes. für Gewürze, für flandr. und bis 1463 auch für engl. Tuche. N.er Händler dominierten auch im transkontinentalen Viehhandel, bes. mit Ochsen aus Polen und Ungarn, mit denen die nordwesteurop. und oberit. Ballungsgebiete versorgt wurden. Der weitläufige Handel wurde durch ein funktionierendes Nachrichtenübermittlungssystem ermöglicht und gesichert. Bei der verwirrenden Fülle dt. spätma. Maße und Gewichte bildeten die N.er oft Vergleichs- und Bezugspunkt. Den Preisberechnungen des spätma. Großhandels in Mitteleuropa lagen häufig die Preise auf dem N.er Markt zugrunde. Die Auswirkungen der Entdeckung Amerikas hat die N.er Kaufmannschaft früh erkannt. Wie Venedig gehörte die aus den Welthandelslinien herausgerückte Reichsstadt zu den Verlierern in einer sich verändernden Weltwirtschaft. Vor den Toren der Stadt gründete Ulman →Stromer 1390 die erste Papiermühle (→Papier) im Reich. Papierversorgung und ein hochentwickeltes Metallhandwerk bildeten die Voraussetzungen für N.s bald herausragende Rolle in der Buchherstellung. Erster Drucker war Johann Sensenschmidt aus Eger, der spätestens 1469 in N. zu drucken begann. A. →Koberger betrieb seit 1470/71 Buchdruck, Verlag und Handel als kapitalist. Unternehmen, das größte seiner Art im Reich. Neben ihm wirkten gegen Ende des 15. Jh. mehrere andere Drucker, u. a. →Regiomontanus.

V. LANDGEBIET: Das Patriziat prägte die N.er Landschaft seit der 2. Hälfte des 14. Jh. durch seine Herrensitze, die als sog. Offenhäuser polit. und militär. Bedeutung hatten und ebenso wie Grundherrschaften, Gerichtsrechte und Kirchenpatronate Elemente des reichsstädt. Herrschaftsbereiches bildeten. In Auseinandersetzung mit den Nachbarn, bes. den zollernschen Burggf.en, gelang der Reichsstadt durch Kauf (u. a. 1406 Lichtenau bei Ansbach) und Erwerb von Pfandschaften der Aufbau eines weit über ihre Mauern reichenden Territoriums. Im →Landshuter Erbfolgekrieg (1504/05) kämpfte N. in der antipfälz. Koalition und eroberte u. a. die pfälz. Städte Lauf und Altdorf und die bayer. Hersbruck und Velden. Im Kölner Spruch Kg. Maximilians I. (30. Juli 1505) konnte N. das eroberte Gebiet behaupten. Seitdem war das N.er Territorium das größte aller Reichsstädte. A. Wendehorst

Bibliogr., Q. und Lit.: [allg.]: Frk. Bibliogr., hg. G. PFEIFFER, II/2, 1970 – E. REICKE, Gesch. der Reichsstadt N., 1896 [Nachdr. 1983] – Mitt. des Vereins für Gesch. der Stadt N. [seit 1879] – N.er Forsch. {seit 1941] – Q. und Forsch. zur Gesch. der Stadt N. [seit 1959] – Beitr. zur Gesch. und Kultur der Stadt N. [seit 1959; bis Bd. 8: Veröff. der Stadtbibl. N.] – N.er UB, 1959 – Chr. dt. Städte, 1–3, 10, 11 – DtStb V/1, 1971, 388–421 – N. Gesch. einer europ. Stadt, hg. G. PFEIFFER, 1971 – Gesch. N.s in Bilddokumenten, hg. G. PFEIFFER-W. SCHWEMMER, 1977³ – Die N.er Ratsverlässe I: 1449–50, hg. I. STAHL, 1983 – Berühmte N.er aus 9 Jahrhunderten, hg. CH. V. IMHOFF, 1989² – *zu [I und II]:* Das Martyrologium des N.er Memorbuches, hg. S. SAALFELD, 1898 – GJ I, 249–252; II/1, 598–613 – H. H. HOFMANN, N., Gründung und Frühgeschich., JbfFL 10, 1950, 1–35 – H. HEIMPEL, N. und das Reich des MA, ZBLG 16, 1951/52, 231–264 – G. PFEIFFER, Stud. zur Gesch. der Pfalz N., JbfFL 19, 1959, 303–366 – E. Frhr. v. GUTTENBERG-A. WENDEHORST, Das Bm. Bamberg, 2, (GS II, 1, 2, 1966), 263–301 – H. H. HOFMANN, Die N.er Stadtmauer, 1967 – O. PUCHNER, Das Register des Gemeinen Pfennigs (1497) der Reichsstadt N. als bevölkerungsgesch. Q., JbfFL 34/35, 1975, 909–948 – F. ARENS, Die stauf. Burg zu N., ebd. 46, 1986, 1–25 – W.-A. Frhr. v. REITZENSTEIN, Lex. bayer. Ortsnamen, 1986, 276 f. – H. MAAS, Ist N. »die Burg des Noro« oder die Burg auf dem Felsberg?, Mitt. des Vereins für Gesch. der Stadt N., 77, 1990, 1–16 – *zu [III und IV]:* GELDNER I, 161–185 – E. PITZ, Die Entstehung der Ratsherrschaft in N. im 13. und 14. Jh., 1956 – H. LENTZE, N.s Gewerbeverfassung im MA, JbfFL 24, 1964, 207–281 – Beitr. zur Wirtschaftsgesch. N.s, hg. Stadtarchiv N., 2 Bde, 1967 – H. AMMANN, Die wirtschaftl. Stellung der Reichsstadt N. im SpätMA, 1970 – W. V. STROMER, Oberdt. Hochfinanz 1350–1450, 3 T.e, 1970 – K. SCHALL, Die Genannten in N., 1971 – W. V. STROMER, Die wirtschaftl. Führungsschichten in N. 1368–1648 (Dt. Führungsschichten in der NZ 6, 1973), 1–50 – *zu [V]:* H. DANNENBAUER, Die Entstehung des Territoriums der Reichsstadt N., 1928 – Altn.er Landschaft [mit zugehöriger Schr.reihe; seit 1952] – G. PFEIFFER, Die Offenhäuser der Reichsstadt N., JbfFL 14, 1954, 153–179.

Nürnberg, Burggrafschaft. Seit Beginn des 12. Jh. erscheinen die niederösterr. Edelfreien v. →Raabs als Burggf.en v. N. Nach ihrem Aussterben belehnte Ks. Heinrich VI. wohl noch 1191 die seitdem frk. Zollern (→Hohenzollern) mit der Bgft. Aufgaben, die ihnen übertragen wurden oder zuwuchsen, waren die Burghut, die Verwaltung des Reichsgutes um N. und der Vorsitz im ksl. →Landgericht. Sie konnten durch zielstrebige Erwerbs- und kluge Heiratspolitik zwar ihre Position in →Franken ausbauen, doch war dieser Ausbau mit ihrem allmähl. Rückzug aus N. verbunden, der 1427 mit dem Verkauf ihrer kurz zuvor abgebrannten Burggf.enburg an die Reichsstadt endete.
A. Wendehorst

Lit.: C. MEYER, Gesch. der Bgft. N., 1908 – G. PFEIFFER, Comicia burcgravie in Nurenberg, JbfFL 11/12, 1953, 45–52 – →Hohenzollern.

Nürnberg, Reichstage v. Die →Goldene Bulle Karls IV. (1356) bestimmte in ihrem 29. Kapitel (erst in Metz verkündet), daß jeder neugewählte Kg. seinen ersten Reichstag in N. zu halten habe. Allerdings ist die Berufung auf altes Herkommen nicht stichhaltig; die Bestimmung der Goldenen Bulle sollte dieses Recht erst begründen. Doch konnte N. seine Stellung als Stadt des ersten Reichstages nicht auf Dauer halten. Karl V. hielt seinen ersten Reichstag nicht gemäß seinem auch in der Wahlkapitulation gegebenen Versprechen in N. ab, sondern in Worms (1521). Immerhin fanden in N. bis zur Errichtung des Reichsregimentes (1500) zahlreiche Reichstage statt, deren dichteste Häufung bes. im Zusammenhang mit den Hussitenkriegen (→Hussiten) in die 1. Hälfte des 15. Jh.

fiel. Denn die durch ihre zentrale Lage ausgezeichnete Reichsstadt verfügte über die erforderl. Organisationsstrukturen und scheute keinen Aufwand für den Rahmen.
A. Wendehorst

Q. und Lit.: RTA Ältere Reihe – N. Gesch. einer europ. Stadt, hg. G. Pfeiffer, 1971, 534 [Register] – E. Schubert, Kg. und Reich, 1979, 323–349 – R. Seyboth, Reichsstadt und Reichstag. N. als Schauplatz von Reichsversammlungen im späten MA, JbffL 52, 1992, 209–221.

Nürnberger Herrenbund. Als die Reichsstädte sich weigerten, dem am 11. März 1383 in Nürnberg von Kg. Wenzel errichteten zwölfjährigen Reichslandfrieden beizutreten, da ein Anschluß den Verzicht auf einen eigenen Bund bedeutet hätte, wurde aus dem groß angelegten Landfrieden eine Einigung nur der Fs.en, genannt N.H., dem die Merkmale eines →Landfriedens fehlten. Dem durch weitere Mitglieder verstärkten N.H. einerseits und dem →Rhein. und dem →Schwäb. Städtebund andererseits gelang ein vorläufiger Ausgleich ihrer Gegensätze in der →Heidelberger Stallung (26. Juli 1384). Kg. Wenzel, dem die Initiative in der Landfriedenspolitik entglitten war, hob auf dem Reichstag v. →Eger (Mai 1389) den N.H. unter der Bedingung auf, daß die Städte dem Egerer Landfrieden (1. Mai 1389) beiträten, an den sich jedoch keine der Parteien mehr gebunden fühlte.
A. Wendehorst

Q. und Lit.: RTA I, 361–391; II, 126–271 – E. Asche, Die Landfrieden in Dtl. unter Kg. Wenzel [Diss. Greifswald 1914], 77–83.

Nüsse. Die im MA gebräuchlichsten N. stammen einmal von dem in Europa seit dem Neolithikum nachweisbaren Haselstrauch (Corylus avellana L./Betulaceae) und weiteren, erst durch die Römer n. der Alpen eingeführten Arten (C. colurna L. und C. maxima Mill.); zum anderen von dem ursprgl. wohl in Südwestasien heim., in Südeuropa jedoch ebenfalls schon durch vorgeschichtl. Funde belegten Walnußbaum (Juglans regia L./Juglandaceae), für dessen Frucht man meist nur das lat. 'nux' bzw. das germ. 'Nuß' verwendete. – Neben der →Muskatnuß begegnen bisweilen noch eine – vorwiegend die Kokosnuß bezeichnende – *nux indica* und eine – nicht immer klar als Samen der Brechnuß ('Krähenaugen') bestimmbare – *nux vomica* (Alphita, ed. Mowat, 126; Circa instans, ed. Wölfel, 85; →Matthaeus Silvaticus; Minner, 163 und 165) sowie einige andere, irrtüml. als N. angeführte Früchte. Den Arabern war außerdem die (im Abendland fälschl. *avellana indica* gen.) Betelnuß bekannt.

Bereits im 'Capitulare de villis' (70) werden *avellanarii* und *nucarii* zum Anbau empfohlen, deren weite Verbreitung auch Flur- und Ortsnamen bezeugen. Dies gilt v. a. für den *hasal* (ahd.) oder die *hasel* (mhd.), die in lat. Texten unter der – auch für die →Mispel gebrauchten – Bezeichnung *avellana* (nach der kampan. Stadt Abella, deren N. die Römer bes. schätzten) oder als *corilus* erscheint. Bedeutsam war dieser neben Holunder und Wacholder volkstümlichen Strauch, dessen biegsames, zähes Holz (Albertus Magnus, De veget. VI, 150f.; Konrad v. Megenberg IV A, 32) man zu allerhand Flechtwerk nutzte (→Nadel- und Laubhölzer), indes v. a. im altgerm. Kult und Zauberwesen, in dem er z. B. als Lebens- und Wünschelrute, zum Schutz vor Schlangen, bösen Geistern, Hexen oder Gewitter, als Orakelpflanze und erot. Fruchtbarkeitssymbol sowie zur sympathet. Krankheitsübertragung diente. Die sich mit Indikationen der Walnuß mitunter überschneidende med. Anwendung der Gemeinen Haselnuß, etwa bei Husten, Leber- und Lungenleiden, äußerl. bei Gliederschmerzen, als Haarwuchs- und -färbemittel (Minner, 49f.; Gart, Kap. 280), hielt sich dagegen in Grenzen, da die zwar nahrhaften, doch schwer verdaul. »pontischen« N. schon den antiken Autoren (Dioskurides, Mat. med. I, 125) im Grunde als ungesund galten. – Dies trifft auch für den – in veredelten Sorten aus Vorderasien über Griechenland nach Italien gelangten – Walnußbaum zu, dessen Frucht die Römer 'iuglans' nannten (aus Iovis glans 'Jupiters Eichel' analog zu dem gr., die Frucht der Echten Kastanie bezeichnenden Dios balanos); denn laut Plinius (Nat. hist. 17, 89) betrachtete man den Schatten (Umkreis) des Baumes als schädl., weshalb Isidor v. Sevilla (Etym. 17, 7, 21) das Wort 'nux' (fälschl.) von 'nocere' ableitete. Trotz dieses über das MA hinaus fortlebenden Volksglaubens hat sich die Kultur des Nußbaums unter röm. Einfluß schon während der ersten nachchr. Jahrhunderte in Dtl., Frankreich und England rasch ausgebreitet; auf den intensiven Anbau bes. in Gallien nimmt denn auch das im 5./6. Jh. entstandene westgerm. *walhhnutu* Bezug, dem das spätlat. *nux gallica* (seit dem 9. Jh.) nachgebildet ist. Zur Unterscheidung von der strauchartigen, kleineren Haselnuß *(nucella, nux minor)* bürgerte sich für die 'welsche Nuß' zudem die Bezeichnung 'Baumnuß' *(nux magna, nux grandis)* ein. Die nach Dioskurides (Mat. med. I, 125) ebenfalls schwer verdaul., Kopfschmerzen und Brechreiz verursachenden »königlichen« oder »persischen« N. sollten allerdings zusammen mit Feigen und Raute gegen Gifte wirksam, ferner bandwurmtreibend, haarstärkend und auch als Umschlag nützlich sein. Diese Angaben samt Vorbehalten kehren im wesentl. bei den ma. Autoren wieder (Albertus Magnus, De veget. VI, 147–149; Konrad v. Megenberg IV A, 31; Minner, 165; Gart, Kap. 281), wobei Hildegard v. Bingen (Phys. III, 3) u. a. auf die fiebererzeugende Wirkung der N. hinweist. Dagegen wurde in der Sympathie-Medizin gerade das Fieber auf den Nußbaum übertragen, dessen schon in antiken Hochzeitsbräuchen verwendete Früchte im Orakelwesen und v. a. in der Volkserotik als Symbol der Fruchtbarkeit eine große Rolle spielten.
P. Dilg

Lit.: Marzell I, 1199–1207; II, 1052–1056 – Ders., Heilpflanzen, 67–73 – HWDA III, 1527–1542; IX, 71–84 – K. und F. Bertsch, Gesch. unserer Kulturpflanzen, 1949, 119–121 – L. Weisgerber, Nux Gallica, Indogerm. Forsch. 62, 1955, 53–61 – H. H. Lauer, Zur Tradition exot. Drogen: faufal (Areca Catechu L.) – die Betelnuß, SudArch 50, 1966, 179–204.

Nutzen, Nützlichkeit. [1] *Antike Voraussetzungen:* Die Begriffe N. und N.t (lat. fructus, utilitas) in der Philos. des MA, und zwar im Sinne von allgemeinsten handlungsorientierenden und -bewertenden Grundbegriffen, sind im moralphilos. Denken der Antike (Aristoteles, Cicero, Augustinus) grundgelegt. Die aristotel. Ethik ist v. a. Theorie des guten, gelingenden Lebens, und ihr Leitbegriff ist das Gute als das von allen Erstrebte (Eth. Nic. I 1). Dieser Begriff hat drei Grundbedeutungen: a) in-sich-selbst-gut ($\dot\alpha\gamma\alpha\theta\acute{o}\nu$ bzw. $\varkappa\alpha\lambda\acute{o}\nu$, lat. bonum honestum), b) lustvoll ($\dot\eta\delta\acute{v}$, lat. bonum delectabile), c) nützlich ($\chi\varrho\acute{\eta}\sigma\iota\mu\omicron\nu$, lat. bonum utile) (Eth. Nic. VIII 1, 1155b). Nützl. ist demnach solches, was nicht an sich selbst gut oder lustvoll ist, sondern sein Gutsein nur durch Einordnung auf An-Sich-Gutes oder Lustvolles gewinnt. Seiner kategorialen Einordnung nach kann das Nützl. »gut« nur unter dem Gesichtspunkt der Relation, nicht aber im substantiellen oder positiv-qualitativen Sinne genannt werden (a.a.O. I 4, 1096a 23). Trotz dieser Relativierung gewinnen die Begriffe des N.s und des Nützl. in Teilbereichen der Ethik und der Naturphilos. eine gewisse Eigenbedeutung (Pol. VIII 1, 1337a/b; III 6, 1279a; Phys. II 8, 199a). Die für die Philos. der Stoa characterist. weitgehende Identifikation von Nützl. und Sittl.-Gutem wird von Augustinus rückgängig gemacht. Aus der aristotel. Tradition nimmt er die Distinktion von »in-sich-selbst-gut« (honestum) und

»gut-für« auf und ordnet ihnen als die entsprechend distinkten Verwirklichungsformen das Genießen (frui = Ruhen in einem Selbstwert) bzw. das Gebrauchen (uti) zu. Diese Unterscheidung wird theol. und damit zugleich philos. radikalisiert durch die Zuordnung sich ausschließender Gegenstandsbereiche: des Geschaffenen als Objekt des uti, des Schöpfers als Gegenstand des frui. Die hieraus sich ergebende rigorose Finalisierung des Naturhaft- bzw. Endlich-Guten bringt Probleme für die inhaltl. Konkretion des Guten mit sich, wie z. B. die Frage nach dem Verhältnis zum Mitmenschen oder die Bewertung eines Strebens nach Erkenntnis um ihrer selbst willen zeigen (De doctr. christ. I; IV 4 sowie I 21). Anderseits gelingt es Augustinus, die Kluft zw. Gutem und Nützl. in theol.-spekulativer Perspektive insofern zu überwinden, als er in der göttl. Vorsehung das Leitprinzip allen N.s identifizieren kann (De LXXXIII quaest. 30).

[2] *Mittelalter:* Die in der Antike erfolgten Bestimmungen von »N.« und »N.t« bleiben für das MA grundlegend. Insbes. gilt dies für die relationale Struktur dieser Begriffe, die jede restlose Identifizierung von Gutem und Nützl. verhindert und so schon rein semant. einen utilitarist. Ethikansatz erschwert. Anderseits ergibt sich zw. den beiden Hauptpolen der augustin. und der aristotel. Tradition ein permanentes Spannungsfeld. Erstere wird dem MA v. a. durch Petrus Lombardus vermittelt, der die Distinktion Nutzwert und Selbstwert (uti-frui) zum Gliederungsprinzip seines Sentenzenbuches macht (Libri IV Sent. I d 1, c 2 f). Der, wie das Beispiel Anselms v. Canterbury zeigt (Monol. 14 f, Prosl. 118), inhaltl. schon die Frühscholastik dominierende eth. Augustinismus steht dabei in Gefahr, alles innerweltl. Gute unter der Perspektive eines jenseitigen Zieles abzuwerten. Damit werden aber Sinn und Anwendbarkeit der Unterscheidung von »gut-an-sich-selbst« und »gut-für« im Bereich des Endlich-Guten fragwürdig, da diesem nur der Charakter des Nützl. zuzukommen scheint. – Die umfassende Aneignung und zugleich weiterführende Systematisierung des aristotel. Verständnisses von N. und Nützl. findet sich erst bei Thomas v. Aquin, der zugleich die augustin. Komponente zu integrieren sucht. – Thomas verteidigt zunächst die Adäquatheit und Vollständigkeit der aristotel. Unterscheidung der Formen des Guten a) durch die sich bei Aristoteles nicht findende systemat. Ableitung dieser Formen. Dies geschieht method. durch den Aufweis einer Strukturanalogie zw. dem für das Gute überhaupt konstitutiven Prozeß des Strebens und dem naturhaften Bewegungsprozeß von Körperdingen, die ontolog. darauf beruht, daß beide Formen von »motus« (Bewegung, Prozeß) sind (S. th. I 5, 6); b) durch die Klärung des log. Status der aristotel. Einteilung. »Gut« ist demnach kein Gattungsbegriff, der vom An-sich-Guten, Nützl. und Lustvollen in univokem Sinne ausgesagt würde. Vielmehr stehen diese Aspekte des Guten zueinander in Beziehung der Analogie, im Verhältnis von »prius et posterius«. So erfüllt den maßgebl. und vorgeordneten Sinn von »gut« das »bonum honestum«: im Hinblick auf dieses können dann nachrangig das »delectabile« und das »utile« »gut« genannt werden (ebd. ad 3). Aufgrund dieser Analogie-Struktur, die eine funktionalisierende Abwertung des Nützl. einschließlich, läßt sich zeigen, daß es auf seine eigene, je verschiedene Weise am Guten partizipiere. Schon im vormoral., naturalen Bereich hebt Thomas im Anschluß an Aristoteles die Bedeutung von N. und Schaden als Prinzipien allg. Verhaltensorientierung höherer Lebewesen unter dem Gesichtspunkt der Lebensdienlichkeit hervor. Diese Orientierung ist die Leistung eines eigenen Seelenvermögens, das jedoch bei Mensch und Tier spezif. differenziert ist (Quaest. disp. de an. 13 c). Im Hinblick auf die empir. beobachtbare, fakt. Motivation menschl. Handelns kann Thomas bei der Diskussion des Dekalogs ganz nüchtern feststellen, daß die Menschen die überwiegende Mehrzahl ihrer Handlungen nach dem Gesichtspunkt eines wie auch immer bestimmten N.s ausrichten. Darin sieht er die Begründung für die Notwendigkeit, die Motivation zur Befolgung bestimmter Gebote, etwa des vierten, mangels Evidenz ihres N.s durch Verheißung von Belohnung zu stärken (S. th. I/II 100, 7 ad 3). Was die Phänomenologie des N.s angeht, so unterscheidet Thomas zwei grundverschiedene Typen des »bonum utile«: a) dasjenige Nützl., das trotz aller Funktionalität auch um seiner selbst willen angestrebt werden kann (z. B. der Reichtum), b) das Nützl., das in keiner Weise an sich selbst, sondern nur als Mittel zum Zweck gewollt werden will (In Eth. I 1,9; S. th. I/II 100, 5 ad 5). – In der Rechtsphilos. betont Thomas die Bedeutung des Prinzips N. im Zusammenhang der Behandlung der »lex humana«, des menschl.-positiven Gesetzes (S. th. I/II 95,3). Mit Isidor v. Sevilla und dem »Corpus Iuris« sieht er im N. für den Menschen (utilitas hominum bzw. utilitas humana) den eigtl. Zielsinn der »lex humana« und den Maßstab ihrer Richtigkeit (S. th. I/II 97,1 ad 3). Weil das menschl. Gesetz aber ebenso aufgrund der endl. Vernunft seines Urhebers wie infolge der Kontingenz seines Anwendungsbereiches veränderbar ist, muß es ein Begründungs- bzw. Rechtfertigungsprinzip für Gesetzeswandel geben (ebd. q. 1 f.). Dieses ist der Gesichtspunkt des N.s; daß sich hierbei kein Widerstreit von »bonum utile« und »bonum honestum« ergeben darf, versteht sich von selbst (ebd. q.2).

Die begriffsgesch. Entwicklungen der Folgezeit vollziehen sich auf dem Hintergrund der bei Thomas erreichten Differenzierung, wobei Einzelpunkte weiter geklärt werden, ohne daß dabei der Perspektivenreichtum seiner Sicht im ganzen erreicht oder überboten wird. – Von systemat. Interesse ist der Versuch Bonaventuras, den augustin. Reduktionismus zu differenzieren bzw. verständlicher zu machen, und zwar dadurch, daß analog zu Augustins Vorgehen bei der Unterscheidung von uti/frui nun innerhalb des »bonum utile« selbst hierarch. gestufte Gegenstandsbereiche unterschieden werden (In II Sent. dist. 27, dub. 2). – In der Linie des von Thomas erarbeiteten Problemstandes geht Joh. Duns Scotus insofern einen Schritt weiter, als er die relative Eigenständlichkeit des Nützl. formal-systemat. stärker betont. Schon die systemimmanente Prämisse, daß »gut« ebenso wie »seiend« nicht analog, sondern univok zu prädizieren ist, schafft eine andere Ausgangslage. Wird unter dieser Voraussetzung die aristotel. Distinktion des Begriffs »gut« akzeptiert, dann bedeutet dies notwendig eine Aufwertung des »bonum utile«. Scotus sucht nun zu zeigen, daß diese systemat. Konsequenz der Natur der Sache entspricht (Opus Oxon. I d. 3 1 q. 3; d. 8, q. 3).

Im Denken des SpätMA wird seit Wilhelm v. Ockham die sich auf Augustinus stützende Finalisierung alles innerweltl. Guten als eines bloßen Nutzwertes kritisiert und zwar mit der Intention, die Möglichkeit einer natürl., nicht immer schon gottbezogenen Sittlichkeit zu sichern (In I Sent. d. 1 q. 1). In der Folgezeit wird diese Position innerhalb des Ockhamismus rezipiert und weiterentwickelt, so von Pierre d'Ailly und Gabriel Biel (Collectorium in IV Libr. Sent. II, d. 28, q. un., a. 1 n. 1, vgl. L. GRANE, Contra Gabrielem, 1962, 170ff.). Daß es hier keineswegs nur um ein akad. Problem geht, zeigt zum einen das

Beispiel der spätma. Predigt, etwa bei Geiler v. Kaisersberg, der die Position der natürl. Sittlichkeit verteidigt, andererseits Luthers scharfe Kritik an G. Biel (S. F. SCHWARZ, Via Gregorii [Gregor v. Rimini, hg. H. A. OBERMAN, 1981], 93f.; vgl. GRANE, Contra Gabrielem, 1962, 320ff.). G. Jüssen

Lit.: →uti-frui.

Nutzungspfand → Pfand

Nymphaion, Vertrag v., geschlossen am 13. März 1261 in N. (westl. Kleinasien, Ksr. Nikaia) zw. dem byz. Ks. →Michael VIII. Palaiologos und den Gesandten der Kommune →Genua. Um die Rückeroberung der von den Lateinern beherrschten Hauptstadt →Konstantinopel zu verwirklichen, mußte Michael VIII., der selbst ohne Flottenmacht war, →Venedig ausschalten und suchte daher das Bündnis mit Genua, das wegen des Verlusts seiner Besitzungen in →Akkon (1258) nach Revanche dürstete. Zugleich wollte der →Capitano del popolo, Guglielmo →Boccanegra, seine Autorität durch einen »außenpolit.« Erfolg, gegen die guelf. Adelspartei, festigen.

Unter Mißachtung der päpstl. Exkommunikationsdrohung versprach Genua, mit einer Flotte von 50 Schiffen zugunsten des Basileus einzugreifen, der die Kosten zu tragen und seine Untertanen zum Schiffsdienst heranzuziehen hatte. Die Genuesen erhielten im Gegenzug das Versprechen völliger Zollfreiheit in allen neuzuerobernden Gebieten sowie der Errichtung eigener Faktoreien in zahlreichen byz. Handelsstädten (Konstantinopel/→Galata/Pera, Thessalonike, Ania, Kassandra, Smyrna, Adramyttion, auf Kreta, Euboia/Negroponte, Chios und Lesbos). Ihnen wurde freier Handel im →Schwarzen Meer und Rückgabe ihres alten Besitzes in Konstantinopel zugesagt. Diese enormen Zugeständnisse verschafften den Genuesen auf Kosten der griech.-byz. Kaufleute eine Hegemonialstellung im Herzen der Hauptstadt. Obwohl Konstantinopel schließlich noch vor dem Eintreffen der genues. Flotte eingenommen wurde, respektierte Michael VIII. den Vertrag, der sich für den Bestand des Byz. Reiches als verhängnisvoll erweisen sollte. M. Balard

Lit.: C. MANFRONI, Le relazioni fra Genova, l'impero bizantino e i Turchi, Atti della Società ligure di Storia patria, 1898, 656–666 – DÖLGER(-WIRTH), Reg., 1890 – D. J. GEANAKOPLOS, Emperor Michael Palaeologus and the West 1258–82, 1959, 87–91 – M. BALARD, La Romanie génoise, 2 Bde, 1978, I, 42–45.

Nyon, Stadt in der Westschweiz (Kt. Vaud/Waadt), am Genfer See (Name von 'neue Befestigung'; Namensformen u. a.: Noviodunum, Noiodunum [Notitia Galliarum], 1204 Niuns, 1210 'apud Nionem', 1292 Nions). Das Gebiet v. N. verfügt über Siedlungsspuren ohne Diskontinuität seit dem Neolithikum, Oppidum der Helvetii, um 45 v. Chr. Gründung der Colonia Iulia Equestris durch Caesar. Bezeichnet als Colonia (1.–2. Jh. n. Chr.), Civitas (3. Jh.) und Municipium (5. Jh.), überlebte die röm. Stadt die Alamanneneinfälle des 3. Jh. Erste Spuren des Christentums sind seit dem 4. Jh. faßbar. Das Territorium v. N. wurde dem Bm. →Genf einverleibt; nach ma. Überlieferung bildete es eine Diöz.

Im 10. und 11. Jh. sind mehrere Gf.en des pagus/comitatus Equestricus belegt; dieser wurde vom Kg. v. →Burgund, →Rudolf III., 1031 den Ebf.en v. →Besançon übertragen. In der Folgezeit nahmen ihn die Herren v. Prangins in Besitz, 1293 die Gf.en v. →Savoyen. N. war bevorzugte Residenz der Barone des →Vaud, die hier eine Münzstätte unterhielten. 1536 kam es an Bern (bis 1798). Seit ca. 1323 ist städt. Verfassung belegt. N. beherbergte mehrere geistl. Einrichtungen: Kirche Notre-Dame (wohl bereits im 6. Jh. entstanden), ein benediktin. Priorat (später augustin.), gegr. von der Abtei St-Claude (zw. 1110 und 1184), Minoritenkonvent (Ende des 13. Jh.), Hospital (14. Jh.), Krankenspital (belegt seit ca. 1244). Das (erhaltene) Schloß wurde seit dem 12. Jh. errichtet.
G. Coutaz

Lit.: Revue hist. vaudoise 66, 1958 [Sondernr.] – Hier, Aujourd'hui Nyon, Demain..., 1982 – P. BONNARD, Noviodunum I, 1988 (Cah. d'archéologie romande 44).

Nythart, Hans (Neithart, Nithart), dt. Frühhumanist, entstammte der bedeutendsten Ulmer Patrizierfamilie seiner Zeit. Genaue Lebensdaten unbekannt (letzte urkundl. Nennung Okt. 1502). Spätestens seit Anfang der 1460er Jahre mit der Augsburgerin Barbara Nördlingerin verheiratet. Seit 1465 war er einer der Pfleger der von seinem Onkel Heinrich N. gestifteten, in der Ulmer Pfarrkirche aufbewahrten Bibl. Ab 1474 als Richter nachweisbar. Im Frühjahr 1478 wurde er zu einem der drei Ulmer Bürgermeister gewählt, die sich in jährl. Turnus in diesem Amt ablösten und in der Regel bis ans Lebensende wiedergewählt wurden. Aus unerfindl. Gründen wurde N. nach Mitte der 1480er Jahre nicht mehr in diesem Amt bestätigt. In diese Zeit fallen seine lit. Aktivitäten. Einziges sicher bezeugtes Werk ist seine von ihm selbst (auf der Basis der Terenz-Scholien Donats) kommentierte dt. Übers. der Komödie »Eunuchus« des Terenz, 1486 in einer reich ill. Ausg. des Ulmer Druckers Dinckmut veröffentlicht, der erste Druck einer Übers. eines antiken Schauspiels in eine moderne Volkssprache. Felix Fabri bezeichnet N. im 'Tractatus de civitate Ulmensi' (um 1488/89) u. a. als 'litteratus historiographus'. Vermutl. war N. der Bearb. der Druckfassg. der sog. 'Gmünder Chronik', die 1485/86 dreimal in Ulm als Anhang der Lirer-Chronik gedruckt wurde.
P. Amelung

Ed. und Lit.: P. Terentius Afer, Eunuchus. Dt. v. H. Neithart, Ulm: Dinckmut 1486 [Faks., 1970] – P. AMELUNG, K. Dinckmut, 1972 [Lit.] – Verf.-Lex.²VI, 899–903 [Lit.] – P. AMELUNG, Der Frühdr. im dt. SW, I, 1/1979, bes. 156, 161 und Nr. 110–111 – Th. Lirer, Schwäb. Chronik. Neudr. d. Ausg. Ulm 1486 mit Komm. v. P. AMELUNG, 1990, bes. Komm., 26–28 [Lit.].

O

O-Antiphonen oder Große A. (antiphonae maiores) bezeichnet man die sämtl. mit der Anrede »O...« beginnenden A. zum Magnificat der Vespergottesdienste an den sieben dem Hl. Abend vorausgehenden Tagen (17.–23. Dez.): »O Sapientia«, »O Adonai«, »O radix Jesse«, »O clavis David«, »O Oriens«, »O Rex gentium« und »O Emmanuel«. Im MA kamen gelegentl. bis zu fünf weitere O-A. für die vorhergehenden Tage hinzu.   H. Schmid

Lit.: Marienlex. IV, 1992 [Lit.] – NEW GROVE – D. JOHNER – M. PFAFF, Choralschule, 1956, 94–95.

Obarra, Mönchskl. in Ribagorza (heute Prov. Huesca, Aragón), Patrozinien seit 947 Maria, Petrus und Paulus; scheint im frühen 9. Jh. noch nach Normen der westgot. Mönchsordnung gegr. worden zu sein, erstmals bezeugt 874. Nicht privilegiert von den Gf.en v. →Toulouse, aber in der 2. Hälfte des 10. Jh. von den Gf.en v. →Ribagorza. Ende 10. Jh. Niedergang des Konvents, wohl deshalb 1076 von Kg. Sancho Ramírez v. Aragón als Priorat der Abtei S. Victorián angeschlossen.   O. Engels

Lit.: DHGE VI, 610 – R. D'ABADAL I DE VINYALS, Catalunya Carolíngia, III, 1955, 166–270 und Urkk. – A. J. MARTIN DUQUE, Colección diplomática de O. (s. XI–XIII), 1965 – O. ENGELS, Reconquista und Landesherrschaft 1989, 51–78.

Obazine (Aubazine, Obasina), Abtei im südl. Mittelfrankreich, Bas Limousin (altes Bm. Limoges), dép. Corrèze. Zw. 1130 und 1142 gruppierte der Eremit Stephan v. Vielzot († 1159) seine Schüler und Schülerinnen angesichts des großen Zulaufs in zwei benachbarte klösterl. Gemeinschaften, je eine für Männer (O.) und Frauen (Coiroux). Nachdem der Gründer zunächst einen Anschluß an die →Kartäuser, dann an die Kongregation v. →Dalon angestrebt hatte, erreichte er 1147 die Affiliation des Doppelkl. an den →Zisterzienserorden, der die Gemeinschaft nach seinen Grundsätzen umgestaltete. Eine neue Kirche wurde 1159–75 errichtet; der Besitz, der in der 2. Hälfte des 12. Jh. seine volle Ausdehnung erhielt, wurde systemat. in →Grangien, die sich im Bas Limousin und Haut Quercy konzentrierten, organisiert. Um 1200 hatte die Abtei ihre Blütezeit. Zu Beginn des 14. Jh., 1307, erwirkte O. die kgl. Schutzherrschaft (→Garde) und schloß 1327 einen Mitherrschaftsvertrag (→Paréage) mit dem Kgtm. Dennoch waren im 14. und 15. Jh. die Zahl der Mönche und die wirtschaftl. Position der Abtei rückläufig. Das Frauenkl. Coiroux war mit eigenen Gütern ausgestattet, da O. seinen Unterhalt auf lange Sicht nicht zu gewährleisten vermochte. Seit Mitte des 15. Jh. wurde O. zur →Kommende; die Kommendataräbte ließen innerhalb der Klostermauern eine Burg errichten. Vor der Abtei entwickelte sich ein Burgus. 1790 erfolgte die Aufhebung.
G. Fournier

Lit.: DIP VI, 490f. – L'art cistercien-France (Coll. Zodiaque), 1974, 158–182 [A. DIMIER] – B. BARRIÈRE, L'abbaye d'O., 1977 – DERS., Les cloîtres des monastères d'O. et de Coiroux (Mél. A. DIMIER, III-5, 1982), 177–193 – DERS., Le cart. de l'abbaye cistercienne d'O. (XIIᵉ–XIIIᵉ s.), 1989.

Obergaden (Lichtgaden), von Fenstern durchbrochene, über die Seitenschiffe aufsteigende Hochwand (Sargwand) des Mittelschiffs einer →Basilika, das durch die Fenster belichtet wird. Der O. liegt im Mittelschiff entweder oberhalb der Arkaden zu den Seitenschiffen oder über den Seitenschiffemporen und dem Triforium. Die Fenster sind in frühroman. flachgedeckten Basiliken gereiht mit und ohne Achsbezug zu den Arkaden; in sal. und frühstauf. Zeit können Blendbogen, deren Wandvorlagen auf den Arkadenpfeilern aufsetzen, die Fenster umziehen (Speyer, Worms); in Gewölbebasiliken rücken die Fenster paarweise unter dem Schildbogen zusammen, die Gruppen werden durch Wandvorlagen und in got. Zeit durch Dienstbündel getrennt. Der O. kann durch ein Gesims von der Arkadenzone geschieden sein und wurde in spätantiker und frühroman. Zeit mit Mosaiken (Italien) und Wandgemälden (Reichenau-Oberzell) geschmückt.
G. Binding

Obergewand, zeichnet sich durch eine bes. Vielfalt der Bezeichnungen und Formen aus. Als Material für eine Rekonstruktion seiner Gesch. dienen Bild- und Schriftq., Originale sind nur spärl. erhalten. Auf die Problematik der Terminologie und Typologie kann hier nicht näher eingegangen werden (vgl. BRÜGGEN, 1988 und 1989 sowie »Terminologie und Typologie ma. Sachgüter: das Beispiel der Kleidung«, 1988). Neben seiner Bedeutung als Schutz besitzt das ma. O. eine wichtige Funktion als Kennzeichen für Rang, Stand, Zugehörigkeit zu einer bestimmten sozialen Schicht etc. Daraus resultieren reglementierende Vorschriften (→Kleiderordnungen), die sich auf verwendete Stoffqualitäten und -quantitäten, Farben, schmückendes Beiwerk etc. beziehen. Zu den Veränderungen des O.s vgl. auch →Kleidung. Die wichtigsten Bestandteile des O.s im FrühMA sind die Tunika sowie der Kittel für die arbeitende Bevölkerung. Die lose fallende Tunika wird in der höf. Frauenkleidung vom →Rock (Cotte) abgelöst, der an den Körper geschnürt wird. Darüber wird oft noch der Surkot getragen, der weiter als der Rock, aber ohne Ärmel ist und oft mit Pelz gefüttert wird. Ein bes. in Frankreich verbreitetes höf. O., das von beiden Geschlechtern getragen wurde, ist der →Bliaut, dessen Vorkommen ab dem 11. Jh. bis ins 14. Jh. belegbar ist. Der Tendenz zur Verknappung schließt sich die männl. Kleidung an. Sie besteht aus einem Rock, dessen Schoßteil aufgrund seines engen Zuschnittes in der vorderen und hinteren Mitte durch Geren (Stoffwickel) erweitert wird. Gegen die Mitte des 14. Jh. setzt in der Männermode eine durchgreifende Veränderung ein: Der lange Rock wird von der kurzen, den Körper modellierenden →Schecke abgelöst. In der Frauenmode vergrößert sich der Halsausschnitt zum Dekolleté. Zu Beginn des 15. Jh. dominiert in der höf. Mode beider Geschlechter, von Burgund ausgehend, die Houppelande bzw. der Tappert, der sich durch großen Stoffreichtum und zumeist bes. aufwendige Ärmelgestaltung auszeichnet. Gegen die Mitte des 15. Jh. zeigt sich wieder eine Verknappung der männl. Kleidung. Wams bzw. Schecke dominieren als O. Bes. im dt. Gebiet wird die →Schaube das wichtigste O. in der 2. Jahrhunderthälfte. Einen grundlegenden Wandel erfährt die Frauenmode durch die gegen Ende des Jahrhunderts vollzogene Trennung des Rockes in Mieder und Rockteil.
E. Vavra

Lit.: [Auswahl]: →Kleidung – L. RITGEN, Die höf. Tracht der Isle de France in der 1. Hälfte des 13. Jh., Waffen- und Kostümkunde 4, 1962, 8–24, 87–111 – R. LEVI-PISETZKY, Storia del costume in Italia, 1–2, 1964ff. – ST. M. NEWTON, Fashion in the Age of the Black Prince in the Years 1340–1365, 1980 – E. THIEL, Gesch. des Kostüms, 1980⁵ – I.

Loschek, Reclams Mode- und Kostümlex., 1987 – E. Brüggen, Die weltl. Kleidung im hohen MA, Beitr. zur Gesch. der Dt. Sprache und Lit. 110, 1988, 202–228 – H. M. Zijlstra-Zweens, Of his array tells I no longer tale, 1988 – Terminologie und Typologie ma. Sachgüter: das Beispiel der Kleidung (SAW.PH 511, 1988) [= Veröff. des Inst. für ma. Realienkunde] – E. Brüggen, Kleidung und Mode in der höf. Epik des 12. und 13. Jh., Beih. zum Euphorion 23, 1989 – M. Pastoureau, Le vêtement. Hist., archéologie et symbolique vestimentaires au MA (Cah. du Leopard d'or 1, 1989) – Bildwb. der Kleidung und Rüstung, hg. H. Kühnel, 1991.

Oberhof ist ein der Quellensprache des frk. Rechts nachgebildeter Terminus. Er bezeichnet Rechtsauskunfts- und Rechtsbelehrungsgremien, die auf Anfrage gegen Entgelt für auswärtige Gerichte und – seltener – Private tätig werden, ohne in bezug auf die Anfragenden mit Gerichtszwang (→Bann, →Gericht) ausgestattet zu sein. O.e gaben Sprüche nur nach Maßgabe ihres eigenen Rechts ab, kontrollierten also nicht die Richtigkeit der Anwendung fremden Rechts. Ihre Autorität beruhte auf dem durch Rechtskundigkeit erworbenen Ansehen, das wiederum durch gewohnheitsmäßig geübten oder stadt- bzw. grundherrschaftl. angeordneten Zug zum O. gestützt wurde. Die anfängl. freie Übung des Zuges konnte Rechtscharakter annehmen, die Pflicht zum Zug auch durch einen den anfragenden Schöffen vom O. abgenommenen Eid begründet werden. Gleichwohl sind vieljährige Nichtausübung des Zuges und Wechsel des O.es, ja des Rechts einer Stadt oder eines Dorfes insgesamt bezeugt. Hinter der Anfragepraxis stehen bereits vorhandene oder erstrebte Gemeinsamkeiten des Rechts. Sie können im gemeinsamen →Landrecht, in der Bewidmung mit dem Recht einer (gemeinsamen) »Mutterstadt« oder auch schlicht in einer Vorbildfunktion kraft vergleichbarer innerstädt. Problem- und Entwicklungslagen wurzeln. Die Sprüche der O.e sind trotz fehlender Zwangskompetenz nicht unverbindl. »Gutachten«, sondern als ungebotene Urteile des →dt. Rechts »Entscheidungen« (→Gerichtsverfahren), die in aller Regel von den anfragenden Gerichten in das vor ihnen anhängige »Ausgangs«-Verfahren eingebracht, d. h. insbes. als Endurteile von dort zuständigen Richter geboten werden. O.e wurden gelegentl. auch im Lehnrecht, nicht aber im Bereich des peinl. Strafens tätig. Sie fanden ihren Spruch in einem gerichtsförmigen Verfahren, das nicht des Vorsitzes eines Richters bedurfte.

Die O.e sind eine charakterist., noch nicht voll erforschte Erscheinung des dt. Rechts. Sie gründet nicht nur in der Schwäche der kgl. Zentral- und landesherrl. Obergerichtsbarkeit, sondern darüber hinausgehend im Schwinden des Verständnisses für eine gestufte Entscheidungszuständigkeit und in der damit verbundenen Pflicht der Gerichte, auch in unklaren und streitigen Fragen selbst zu einer Entscheidung zu finden. Das Kompetenzgefüge der Gerichte wurde im Prinzip einstufig, Urteiler und Parteien konnten aber bei Rechtsunkenntnis und gezweitem Urteil bzw. nach Urteilsschelte das Recht nahezu »wie Feuer und Licht beim Nachbarn« (J. Grimm) holen. Anfänge dieser Entwicklung sind für 1015 belegt. Die O.e selbst aber werden erst seit dem 12. Jh. mit dem Städtewesen, dem sie eng verbunden sind, greifbar. Städt. Spruchkörper, die meist innerstädt. als Gerichte fungieren oder ehemals fungierten, lenkten aus den genannten Gründen außerhalb der (land-)rechtl. geprägten Gerichtsleihe stehende Rechtszüge auf sich. Teils handelte es sich bei den Spruchkörpern um Ratsgremien, teils um Schöffenstühle. Seltener konnte ein landrechtl. organisiertes und judizierendes Schöffengericht die Stellung als O. gewinnen (so in →Ingelheim). Wie auch bei etlichen städt. geprägten O.en ist hier ein Herauswachsen der O.stellung aus Gerichtsfunktionen in alten Krongutsbezirken denkbar (sog. Reichso.e). Ausgesprochen selten sind O.e, die sich nur dem Lehnrecht widmen (so →Dohna). Andere sind begrechtl. spezialisiert (so →Iglau). Im W des Reiches sind die Einzugsgebiete der O.e eher regional. Die bedeutendsten O.e waren hier der Aachener und der Kölner Schöffenstuhl, der Dortmunder Rat, das Frankfurter Schöffengericht und der Freiburger Rat. Im O prägten im Zuge der hochma. Siedlung nach dt. Recht der Lübecker Rat und der Magdeburger Schöffenstuhl als O. ae großräumige Rechtslandschaften. Nicht ganz so bedeutend war der Nürnberger Rat als O. Der O.zug war meist mehrstufig, d. h. es existierten Zwischen-O.e, und endete mit dem Spruch des obersten Hofes des jeweiligen O.systems. Die O.e hatten im SpätMA für Pflege, Vereinheitlichung und Fortbildung des einheim. Rechts weitaus größere Bedeutung als landesherrl. Obergerichte. Um 1500 konnten O.e vorübergehend Appellationen an sich ziehen. Auf Dauer aber gelang den wenigsten O.en die unter den Bedingungen der Rezeption erforderl. Umwandlung in ein gelehrtes Instanzgericht.
J. Weitzel

Lit.: HRG III, 1134–1146; IV, 430–443, 1474–1478 – J. Weitzel, Über O.e, Recht und Rechtszug, 1981.

Oberlausitz → Lausitz

Oberlothringen → Lothringen

Oberpfalz. Die geschichtl. Wurzeln des heutigen Regierungsbezirks O. (Ostbayern) liegen einmal in der karolingerzeitl. entstandenen Gft. auf dem →Nordgau, die im W freilich weit über den heutigen Regierungsbezirk hinausreichte. Diese unterlag seit dem 11. und verstärkt seit dem 12. Jh. einem Auflösungsprozeß, so daß sie schließlich nur noch in den reichslehenbaren und territorienübergreifenden Landgerichten Burglengenfeld und Hirschberg bis in spätma. Zeit überlebte. Die andere, jüngere Wurzel ist das kurpfälz., seit 1628 kurbayer. Fsm. der »Oberen Pfalz«, das mit dem Hausvertrag v. →Pavia (4. Aug. 1329) entstand. Bei dieser Teilung wurde der rudolfin. Linie des Hauses Wittelsbach nicht nur die ganze Pfgft. bei Rhein, sondern auch der größere Teil des zum Hzm. Oberbayern gehörenden Viztumamtes Burglengenfeld zugesprochen. Hauptort des dabei neu entstandenen Territoriums wurde die Stadt →Amberg. In ihr nahm ein Viztum als oberster kfl. Verwaltungsbeamter seinen Sitz. Die weitere Entwicklung des Territoriums bis zum Ende des 15. Jh. war von Teilungen und von der vorübergehenden Errichtung eines zur Krone Böhmen geschlagenen Territoriums durch Ks. Karl IV. gekennzeichnet. Eine erste Teilung erfolgte schon 1338 durch die pfgfl. Brüder →Rudolf II. und →Ruprecht I., die um 1340 wieder rückgängig gemacht wurde. Eine gravierende Beeinträchtigung erfuhr das kurpfälz. Territorium durch die 1353 einsetzende Verpfändung zahlreicher Burgen und Städte an Ks. Karl IV., der zielstrebig darangieng, eine geschlossene Landbrücke zw. seinem Kgr. Böhmen und der Reichsstadt Nürnberg zu errichten, um über sie die wichtige Straße von Prag nach Nürnberg zu führen. Zum Hauptort dieses später »Neuböhmen« gen. Territoriums bestimmte er →Sulzbach. Als der Ks. durch den Vertrag v. →Fürstenwalde (18. Aug. 1373) die Mgft. Brandenburg käufl. erwarb, überließ er dem bisherigen wittelsb. Mgf.en →Otto d. Faulen für schuldig gebliebene 100 000 fl. den s. und w. Teil Neuböhmens mit der bisherigen Hauptstadt Sulzbach als Pfand, das nicht mehr ausgelöst werden sollte. Ottos Erben, die bayer. Hzg.e →Stephan III., →Friedrich und →Johann II., teilten die Pfandschaft 1393, wobei Johann seinen Anteil mit der Stadt Sulzbach 1395 an Kfs. →Ruprecht II. um 7000 fl. weitergab. Der n. Teil des Territoriums mit der Stadt Auerbach blieb jedoch bei Böhmen und wurde erst 1400/01 von Kg. Ruprecht v. d. Pfalz zurückerobert. Dabei sollte es sich später als nachteilig erweisen, daß diese Eroberungen durch keinen Friedensschluß abgesichert werden konnten. Bei der Festlegung des sog. Kurpräzipuums 1378, das als unveräußerl. Vorausanteil dem jeweils regierenden Kfs.en gehören sollte, wurden auch oberpfälz. Städte und Ämter (u. a. Amberg, Kemnath und →Nabburg) diesem Kernbereich zugewiesen. Diese Bestimmungen wurden bei der großen pfälz. Landesteilung von 1410 wirksam, bei welcher die gen. oberpfälz. Städte und Ämter Kfs. →Ludwig III., dem ältesten Sohn Kg. Ruprechts, zugeteilt wurden. Sein jüngerer Bruder Johann, bisher kfsl. Statthalter in Amberg, erhielt alle übrigen oberpfälz. Gebiete als ein pfälz. Teilhzm. und nahm seine Residenz in Neumarkt. Nach dem kinderlosen Tod seines einzigen Sohnes →Christoph (seit 1439 Kg. v. Dänemark, Norwegen und Schweden) fiel das Teilhzm. Pfalz-Neumarkt 1448 an die Brüder Otto I. v. Pfalz-Mosbach und Stephan v. Pfalz-Simmern-Zweibrücken, wobei Stephan seinen Anteil um 96000 fl. an Otto überließ. Dessen Sohn, Pfgf. Otto II., sah sich nach seinem Regierungsantritt 1461 mit der Forderung des böhm. Kg.s →Georg v. Podiebrad konfrontiert, viele seiner Städte und Burgen, darunter nicht zuletzt die von Kg. Ruprecht eroberten neuböhm., der Krone Böhmen zu Lehen aufzutragen. 1465 wurde die Lehensauftragung unter Vermittlung Hzg. →Ludwigs d. Reichen v. Bayern-Landshut vertragl. vereinbart. Obwohl die landesherrl. Obrigkeit vom Pfgf.en verblieb, gewann der böhm. Kg. doch viele Einfluß- und Eingriffsmöglichkeiten, die die territoriale Integrität der O. bis zum Ende des Alten Reiches erhebl. beeinträchtigten. Mit dem Tod Pfgf. Ottos II., der unvermählt geblieben war, fiel das Teilhzm. Pfalz-Neumarkt 1499 an den pfälz. Kfs.en zurück. – Die O. war mit ihren Eisenerzvorkommen bei Amberg und Sulzbach ein bedeutendes ma. Montanrevier.

K.-O. Ambronn

Lit.: K. Bosl, Das kurpfälz. Territorium »Obere Pfalz«, ZBLG 26, 1963, 3–28 – Spindler III/2, 1249–1370 – G. Wüst, Pfalz-Mosbach 1410–99 [Diss. Heidelberg 1976] – Die O. – ein europ. Eisenzentrum (Schr.reihe des Bergbau- und Industriemus. Ostbayern 12/I, 1987) – M. Schaab, Gesch. der Kurpfalz, I: MA, 1988.

Oberrheinischer Revolutionär (Oberrhein. Anonymus), Autor des »buchli der hundert capiteln mit vierzig statuten« (Cod. Colmar, bibl. mun. 438, MS 50), eines umfangreichen, 1490–1510 erarbeiteten, zeitkrit. Werkes. Inhalt und Sprache erlauben die Lokalisierung auf das Elsaß; als Autor wurde zuletzt der Kanzleisekretär Maximilians I., Mathias Wurm v. Geudertheim, präsentiert. Das Werk gilt aufgrund seiner Vielschichtigkeit als schwer zugängl.; es stellt den in der gleichzeitigen Lit. beispiellosen Versuch dar, auf reformbiblizist. Grundlage eine volkssprachl. abgefaßte Gegenwartskritik zu liefern, die die verschiedensten Aspekte zeitgenöss. Wissens und Meinens diskutiert und im Sinne konkreter Reformziele (Reichsverfassung, Ständeorganisation, Reichssteuer, Justiz, Kirche) 'rationalisiert': eine unschätzbare Q. für die meist verkannten Modernisierungsansätze des SpätMA.

K. H. Lauterbach

Ed.: A. Franke-G. Zschäbitz, Das Buch der hundert Kapitel (Leipziger Übers.en und Abhh. zum MA, R. A, Bd. 4, 1967) – Neued. in Arbeit – Lit.: Verf.-Lex.² VII, 8–11 – H. Haupt, Ein o. R. aus dem Zeitalter Maximilians I., Westdt. Zs. für Gesch. und Kunst. Ergh. 8, 1893, 79–228 – K. H. Lauterbach, Gesch.sverständnis, Zeitdidaxe und Reformgedanke, 1985 [Lit.] – Ders., Der O. R. und Mathias Wurm v. Geudertheim, DA 45, 1989, 109–172.

Oberschicht. Die Schichtung der städt. Gesellschaft nach oben und unten war dem MA geläufig. Schon Thomas v. Aquin unterschied die supremi und optimates von den medii und infimi. Eine sächs. Weichbildglosse des 14. Jh. teilte die städt. Bevölkerung in drei Teile und gestand der O., den *richen*, die Herrschaft über die Stadt zu. Manche Städte banden in ihren →Kleider- und →Luxusordnungen seit dem späten 14. Jh. das Tragen von Schmuck und bestimmten Kleidungsstücken an einen Mindeststeuersatz und damit an ein festgelegtes versteuerbares Vermögen. Die Tracht bes. der Frau konnte zum Spiegel für die Kreditwürdigkeit ihres Mannes werden. In einer Münsterer Chronik wurden zum Jahr 1450 anläßl. einer Feierlichkeit majores von den medii et infimi cives unterschieden. Ebenso finden sich in flandr., brabant., frz. und it. Städten Vorstellungen einer vertikalen Schichtung der städt. Gesellschaft. Sie konnten sich jedoch erst bilden, nachdem der Reichtum zu einem immer ausschlaggebenderen Kriterium für die Gruppenzugehörigkeit im S Europas seit dem 12. und in Mitteleuropa seit dem 13. Jh. geworden war und andere rechtl. und verfassungsrechtl. Merkmale zurückgedrängt hatte. Die moderne Forsch. hat die Übertragung eines Schichtenmodells, das anhand der nz. Industriegesellschaft entwickelt worden ist, mit Hinweisen auf solche Vorstellungen gerechtfertigt. Im allg. errechnet man die Zugehörigkeit zu einer O. aus Steuerregistern. Jedoch bleibt ein Vergleich verschiedener Städte schwierig, zumal die Räte manchmal nur den Grundbesitz, manchmal aber auch die →Fahrhabe, also ebenso das im Handel steckende Kapital, versteuern ließen. Sehr unterschiedl. werden auch von den Bearbeitern der Register Vermögensgrenzen gezogen. Was in einer Großstadt zur Mittelschicht zählte, konnte in kleineren Städten schon zur O. gehören, da die reichen Männer in den großen Handels- und Gewerbezentren mehr Vermögen als die Reichsten einer Kleinstadt hatten. Während sich in den Großstädten Süddeutschlands, aber auch Italiens, Flanderns und Brabants die Vermögen in wenigen Familien konzentrierten, scheinen sie sich in den hans. Hafenstädten im N Deutschlands und Europas eher auf mehr Kaufleute verteilt zu haben. Zur O. zählten in allen Städten viele Kaufleute, da die Anhäufung großer Vermögen im MA fast nur durch den Handel möglich war. Deshalb konnten Handwerker im allg. nicht in die O. aufsteigen, es sei denn, daß sie auch Handel trieben oder Verleger wurden. Sie blieben aber Ausnahmen. Zur O. gehörten auch diejenigen, die ihr Vermögen geerbt hatten oder von →Renten lebten, aber auch Kaufleute, die sich aus dem Handel zurückgezogen und ihr Geld in Grundbesitz und Renten angelegt oder wie in süddt., flandr., brabant. oder it. Städten sich auf das Bankgewerbe spezialisiert hatten. Zur O. sind auch die stadtgesessenen →Ministerialen zu rechnen, die im SpätMA ihre Bindungen an den Stadtherrn längst abgestreift, aber in vielen Städten erhebl. Vorrechte und beträchtl. Grundbesitz behalten konnten. In der ma. Stadt herrschte die O. Ihre Angehörigen saßen im Rat, stellten Bürgermeister, besetzten die Schöffenstühle und waren vielfach auch Stadtrichter. Da solche Amtsträger kein Gehalt erhielten, aber viel Zeit benötigten und daher abkömml. sein mußten, war eine polit. Betätigung in der Stadt nur vermögenden Bürgern mögl. Das blieb so lange unproblemat., als grundsätzl. allen Angehörigen der O. die Wahl in den Rat und andere Führungsgremien offenstand. Sobald der Zugang zu diesen Gremien auf einen Teil der O. beschränkt wurde und neben ihm eine Anzahl reicher Familien heranwuchs, die von der polit. Mitbestimmung ausgeschlossen waren, entstand ein Konfliktpotential, das sich oft in innerstädt. Auseinandersetzungen entlud. K. Militzer

Lit.: J. ELLERMEYER, Sozialgruppen, Selbstverständnis, Vermögen und städt. Verordnungen, BDLG 113, 1977, 203–275 – M. MITTERAUER, Probleme der Stratifikation in ma. Gesellschaftssystemen, Gesch. und Gesellschaft, Sonderh. 3, 1977, 13–44 – E. MASCHKE, Die Schichtung der ma. Stadtbevölkerung Dtl.s als Problem der Forsch., VSWG Beih. 68, 1980, 157–169 – Soziale Schichtung und soziale Mobilität in der Gesellschaft Alteuropas, hg. I. MIECK (Hist. Kommission zu Berlin, Informationen, Beih. 5, 1984).

Objekt. Das Wort 'obiectum' wurde als Übers. der griech. Begriffe 'ἀντικείμενον' und 'ὑποκείμενον' aus der Aristotel. Terminologie in die lat. Sprache eingeführt. Es leitet sich ab von 'obicere' (entgegenwerfen, vorwerfen), deshalb mhd. 'gegenwurf', 'gegenworf'. Im Bereich der Logik wurde aber im Anschluß an Cat. 10,11 b 25 immer 'oppositum' (Gegensatz) gewählt, zunächst von Boethius (In Cat. Arist. IV, MPL 64, 280B–D), jedoch ausdrückl. auch von Isidor v. Sevilla (Etym. II, 31). Der Begriff O. tritt in der klass. Latinität nicht auf, wird aber bei Augustinus bereits in mehrfachem Sinne gebraucht: a) Einwand gegen eine vorgebrachte Meinung (Conf. V, 24,18); b) philos. Begriff für die Inhalte einer intellektuellen Auseinandersetzung (Conf. V, 10,4) oder die Gegenstände der sinnl. Wahrnehmung (De trin. XI, 2,26). Boethius verwendet O. ebenfalls als Bezeichnung für die äußeren Gegenstände der sinnl. Wahrnehmung (De cons. phil. V, pr. 5,9) und der gegen ihn persönl. gerichteten Vorwürfe (De cons. phil. I, pr. 5,26). Eine genauere Bestimmung erfährt der Begriff in der philos. Lit. erst seit dem frühen 13. Jh. Er wird nun allg. verwendet, um den entolog. Status der dem Erkenntnisvermögen der Seele zugeordneten Inhalt zu beschreiben, sei er rational oder real. Die ersten Definitionen treffen Robert Grosseteste (De anima) und der vor 1230 verfaßte anonym überlieferte Traktat 'De potentiis animae et obiectis' (ed. D. A. CALLUS, 1952). O. wird in beiden Schriften noch in verschiedenen Bedeutungen gebraucht, wobei die Bedeutung von 'Materie' als das dem Erkenntnisstreben der Seele Entgegengesetzte im Vordergrund steht. Diese Überlegungen wurden weitergeführt, indem zw. einem anregenden O., von dem der Erkenntnisakt ausgeht, und einem terminierenden O., in dem der Erkenntnisakt sein Ziel findet, differenziert wurde. Im Rahmen dieser Unterscheidung entwickelte Thomas v. Aquin die Definition des formalen O.es, das nicht die Materie ist, aus der heraus ein Erkenntnisakt entsteht, sondern die Materie, auf die sich der Intellekt im Erkenntnisakt bezieht (S. th. I/II 18,2 ad 2). Dietrich v. Freiberg behandelte den Begriff bereits ganz im Rahmen seiner Intellekttheorie. Der 'intellectus agens' hat ein dreifaches O.: sein Prinzip, sein Wesen und die Gesamtheit des Seienden; die Erkenntnis dieser O.e ist aber eine einfache, da der 'intellectus agens' nichts erkennt, was er nicht schon wäre, durch seine Tätigkeit das O. überhaupt erst bestimmt und somit in seiner Einfachheit sein eigenes O. ist (De int. II, 38). Der 'intellectus possibilis' dagegen konstituiert die allgemeine 'quiditas' des Einzeldings und durch sie das Einzelding selbst, das durch das produktive Erkennen des Intellekts überhaupt erst zu einem O. wird (De orig. V, 2). Die auch von Bonaventura vertretene Auffassung (I Sent. prooem. q. 1), das O. als durch den Erkenntnisakt bestimmtes von der bloßen Materie abzusetzen, wurde in der Theorie vom objektiven Sein (esse obiective) weiterentwickelt, die alles unter den Begriff des O.es faßt, was vom Verstand erkannt werden kann. Matthaeus v. Acquasparta betont, daß auch das Nichtseiende, das bloß von der Vernunft erfaßt werden kann, O. des Intellekts ist (Quaest. de cogn. 213–217). Diese rein auf den Intellekt beschränkte Definition erweitert Joh. Duns Scotus, indem er das O. auch in seiner Funktion versteht, im Intellekt den Erkenntnisakt auszulösen, und es so als das Bewegende eines Bewegbaren bestimmt (Ord. prol. p. 3, q. 1–3, n. 148). Den mhd. Begriff 'gegenwurf' benutzt Meister Eckhart. Der 'gegenwurf' ist dabei hierarch. nach dem Inhalt der Erkenntnis gestaffelt: Der Niedrigste ist Gegenstand der bloßen zerstreuten Sinneserkenntnis, der Edelste ist Gott, dem sich die Seele in der Abgeschiedenheit mit ihren höchsten Kräften zuwendet (Von abegescheidenheit, DW V, 420–423). Petrus Aureoli faßt die verschiedenen Ansätze zusammen, indem er vier Bedeutungen des Begriffs unterscheidet: O. ist das ein Vermögen Bewegende, das von einem Vermögen her Bestimmte, das allen Bestimmtheiten eines Vermögens Gemeinsame und das Ziel eines Wahrnehmungssinnes (Script. sup. I Sent. I, d. 2, sect. 10, a. 4). Im →Nominalismus wurden die Beziehungen innerhalb des Erkenntnisaktes terminolog. genauer bestimmt. Die von Durandus a Sancto Porciano eingeführte Unterscheidung übernahm und präzisierte Wilhelm v. Ockham: Subjekt des Wissens ist der Gegenstand des Nachdenkens, O. des Wissens ist der Inhalt des gewußten Erkenntnisaktes; das Subjekt ist somit Teil des O.es (Script. in lib. I Sent. I, d. 3, q. 1). Diese Ansicht entwickelte Gregor v. Rimini in seiner Satztheorie weiter. Subjekt eines Satzes sind die Gebilde, welche die einzelnen Inhalte des Satzes supponieren; O. des Satzes ist das vom Satz als ganzem Bedeutete (I Sent., prol., q. 2, a. 1,7 C–M). Hugolin v. Orvieto übernahm diese Theorie und versuchte, durch Bestimmung des O.es als das auch vom Schlußsatz insgesamt Bezeichnete den Erkenntnisinhalt des Satzes zu erweitern (Comm. in prim. et sec. quaest. I lib. phys., I, q. I). F.-B. Stammkötter

Lit.: HWP VI, 1026–1035 – L. BAUR, Die philos. Werke des Robert Grosseteste, 1912 – G. KAHL-FURTHMANN, Subjekt und O., Zs. für ph. F. 7, 1935, 326–329 – D. A. CALLUS, The Powers of the Soul. An Early Unpubl. Text, RTAM 19, 1952, 131–170 – B. MOJSISCH, Die Theorie des Intellekts bei Dietrich v. Freiberg, 1977 – W. ECKERMANN, Wort und Wirklichkeit, 1978 – L. DEWAN, Obiectum, AHDL 48, 1981, 37–96 – K. FLASCH, Das philos. Denken im MA, 1986.

Obizzo Malaspina, Sohn Albertos I. →Malaspina. Von den Panegyrikern seines Hauses als »der Große« gerühmt, errang O. die Bewunderung seiner Zeitgenossen, unter ihnen →Gottfrieds v. Viterbo, und spielte tatsächl. in der it. Politik des 12. Jh. eine bedeutende Rolle. Er trieb die Expansion der Malaspina in die Täler der Lunigiana kräftig voran, wurde jedoch durch das polit. und militär. Ausgreifen Genuas gebremst. Infolge O.s Niederlage konnte die Seerepublik den heutigen Golf v. La Spezia erobern. Obgleich die ksl. Gunst zur Festigung seiner Macht beitrug, führte O. 1154 die Mailänder Milizen gegen Friedrich I. und neigte in der Folgezeit der →Lombardischen Liga zu. Gleichwohl erwirkte er 1164 von Friedrich I. das umfassende Diplom, das die rechtl. Basis für die Jurisdiktionen der Malaspina legte. 1167 half er dem Ks., dem Hinterhalt zu entkommen, der ihm von seinen it. Feinden im Magra-Tal gelegt worden war. O.s auf die Rückgewinnung der Rechte und Gebiete der →Otbertiner gerichtete Politik wurde von seinen Söhnen Moroello, Alberto II. und Obizzo II. fortgeführt. P. M. Conti

Lit.: →Malaspina.

Oblate (puer oblatus, nutritus), schon in altkirchl. Zeit ein von Eltern oder Vormund zum Mönchstand bestimmtes, dem Kl. übergebenes Kind; später Bezeichnung für andere, in oder mit dem Kl. lebende Personen, die keine vollen Ordensmitglieder waren (donati, matricularii, commissi). Nach →Basilius d. Gr. sollten die »gottverlobten« Zöglinge die durch elterl. Stellvertretung vollzogene Oblation im reiferen Alter ablehnen oder bestätigen, →Benedikt v. Nursia jedoch schloß einen späteren Rücktritt aus (c. 59, 63). Die IV. Synode v. Toledo legte 633 fest, daß zum Mönch entweder die Weihe durch den Vater oder die eigene →Profeß mache (c. 49). Die Reformbewegungen und Ordensgründungen des HochMA erlaubten keine O.n, doch die hinsichtl. ihrer Verbindlichkeit in der Kanonistik (C. 20 q. 1 c. 3–10; X 3. 31. 8–16) umstrittene Praxis war bei den Benediktinern (als puellae oblatae ebenso im weibl. Zweig) bis ins SpätMA üblich. Erst das Tridentinum (Session XXV c. 15) schaffte die Kindermönchung ab und schrieb zur Ablegung der →Gelübde ein Mindestalter von 16 Jahren vor. Seit dem 7. Jh. begriff man unter O.n auch erwachsene Laien, die sich nach Übertragung ihrer Güter in Kl.hörigkeit begaben, um sich als →Konversen zum servitium Dei zu bewerben oder als oblati saeculares in enger Verbindung mit der Gemeinschaft Anteil an deren Verdiensten zu gewinnen. A. Rüther

Lit.: DIP VI, 654–678 – DSAM XI, 566–571 – HRG III, 1170f. – LThK² VII, 1083–1086 – NCE X, 610f. – RGG³ IV, 1552f. – A. LENTINI, Note sull'oblazione dei fanciulli nella Regola di S. Benedetto, StAns 18/19, 1947, 195–225 – J. MARCHAL, Le droit d'oblat, 1955 – PH. HOFMEISTER, Die Klaustral-O.n, SMGB 72, 1961, 5–45 – W. LASKE, Das Problem der Mönchung in der Völkerwanderungszeit, 1973 – M. DE JONG, Kind en klooster in de vroege middeleeuwen (Amsterdamse Histor. Reeks 8, 1986) – P. A. QUINN, Better than the Sons of Kings (Stud. in Hist. and Culture 2, 1989).

Oblatinnen (di Tor de'Specchi). Die erst von Leo XIII. offiziell formalisierte Welt-Oblation des OSB existierte in der Praxis bereits seit dem 11. Jh. Durch Oblation, im allg. ein Akt privater Frömmigkeit, gelobt ein in der Welt lebender Kleriker oder Laie, die Regel des hl. Benedikt entsprechend seinen Lebensumständen zu befolgen und sich geistig einem Kl. anzuschließen. Ein Beispiel für eine O.-Gemeinschaft bilden die Oblate di Maria Vergine, gen. »di Tor de'Specchi« nach ihrem Sitz in Rom: Am 15. Aug. 1425 schlossen sich →Franziska v. Rom und etwa zehn Frauen durch Oblation dem Olivetanerkl. S. Maria Nova am Forum Romanum an, lebten jedoch weiterhin in ihren Häusern. Anfang 1433 begannen sie in dem für ihre Kommunität namengebenden Haus ein Leben in Gemeinschaft unter der Leitung einer Vorsitzenden und gelobten dem Prior von S. Maria Nova Gehorsam. Ihre Lebensform wurde 1433 von Eugen IV. approbiert. Mehrfach bestätigten die Generaläbte der Olivetaner der Frauen-Kommunität, daß sie ohne jede Einmischung seitens der Mönche von S. Maria Nova Superiorinnen wählen, neue O. aufnehmen, einen Kaplan ernennen und ihre Besitzungen verwalten könne. Zu Lebzeiten Franziskas gab es wohl keine geschriebene Regel, obgleich bereits in der ersten Biographie der Hl.n ihre Visionen enthalten sind, in denen sie von der hl. Jungfrau Maria Regeln für die Lebensform erhält, die starke Analogien zu den erhaltenen Statuten aufweisen. Die nur durch ein privates Versprechen gebundenen O. verpflichteten sich im Geist benediktin. Spiritualität zu Armut, Keuschheit und Gehorsam. Um sich im Sinne ihrer Gründerin frei der Armen- und Krankenpflege widmen zu können, lehnten sie die Klausur ab. G. Barone

Lit.: DIP VI, 585–588 – LThK² VII, 1086f. – T. LUGANO, L'istituzione delle Oblate di Tor de' Specchi secondo i documenti, Riv. stor. benedettina 14, 1923, 272–308 – G. LUNARDI, L'istituzione di Tor de'Specchi (Una santa tutta romana, Monte Oliveto Maggiore, 1984), 71–93 [Ed. der Regeln 87–93].

Oblation (lat. oblatio, gr. prosphora), Gabe bzw. – im Zusammenhang mit der vom 3.–6. Jh. oblatio gen. →Messe – Opfer(-gabe) heißen Gaben, die Gläubige v. a. zur Meßfeier mitbringen. In der lat. Kirche des MA ist O. Sammelbegriff für freiwillige und verpflichtende, intra oder extra missam gereichte (Ab-)Gaben, der auch das →Meßstipendium und bis gegen Ende des MA die bei der Feier von →Sakramenten und →Sakramentalien zu entrichtenden Stolgebühren einschließt. Bes. im spätma. Deutschland ist v. a. für intramissale Gaben der Begriff →offertorium gebräuchl.

Schon im 2./3. Jh. bürgert sich im O und W der Brauch ein, zur Meßfeier Brot und Wein, aber auch andere Natural- und Sachgaben mitzubringen. Sie werden im O und im altgall. Liturgiebereich vor der Feier in einen Annexraum der Kirche gebracht, wo Diakone die bei der Feier zu verlesenden Namen der Darbringenden notieren, Brot und Wein aussondern und nach dem Wortgottesdienst zum Altar bringen. In Nordafrika, Italien, wohl auch in der altspan. Liturgie bringen die Gläubigen ihre O.en selbst in die Kirche bzw. zum Altar(-raum), wo der Klerus sie entgegennimmt, bevor er seine eigene (Brot- und Wein-)O. darbringt. V. a. im Frankenreich entsteht daraus im FrühMA ein regelmäßiger Opfergang der Gläubigen mit Brot und Wein, der aber (außer in Kl.) wegen sinkender Kommunionfrequenz und der Einführung vorgefertigter →Hostien bald verschwindet zugunsten eines Opfergangs der Gläubigen mit Geld- und Sach-O.en, die – wie schon im Altertum – für Kirche, Klerus (der aufhört, O.en zu bringen) und für Bedürftige bestimmt sind. Die Zunahme der Geld-O.en (seit dem 11./12. Jh.), der Meßstipendien und -stiftungen sowie der Wandel freiwilliger zu verpflichtenden O.en für Kirche und Klerus lassen, von bes. Gelegenheiten (z. B. Trau-, Primiz- und Totenmessen) abgesehen, den ursprgl. sonntägl. Opfergang auf das sog. Vier- oder Fünfzeitenopfer (Weihnachten, Ostern, Pfingsten, Mariä Himmelfahrt, Allerheiligen) schrumpfen. Doch bleibt im MA wegen der traditionellen Verbindung der O.en mit der Teilnahme am Meßopfer das Bewußtsein lebendig, daß sie nur von Vollmitgliedern der Kirche dargebracht und entgegengenommen werden dürfen. H. B. Meyer

Lit.: G. SCHREIBER, Unters. zum Sprachgebrauch des ma. O.enwesens, 1913 – J. A. JUNGMANN, Missarum Sollemnia, II, 1962⁵, 3–34 – R. BERGER, Die Wendung »offerre pro« in der röm. Liturgie, LQF 41, 1965 – H. B. MEYER, Luther und die Messe, KKTS 11, 1965, 140–151 – R. F. TAFT, Toward the Origins of the Offertory Procession in the Syro-Byz. East, OrChrP 36, 1970, 73–107 – A. MAYER, Triebkräfte und Grundlinien der Entstehung des Meßstipendiums, 1976.

Obodriten → Abodriten

Obrecht, Jacob, ndl. Komponist, * 22. Nov. ca. 1450? Bergen op Zoom, † 1505 Ferrara. Als Kapellmeister nachweisbar 1476–78 in Utrecht, 1479–84 in Bergen op Zoom (1480 Priesterweihe), 1484 des Kapellmeisteramts in Cambrai enthoben wegen mangelnder Fürsorge für die Kapellknaben und wegen finanzieller Unregelmäßigkeiten, für die das dortige Kapitel 1485 Kompositionen von ihm entgegennimmt. Okt. 1486 Vizekapellmeister in Brügge; April 1487 sechs Monate Urlaub aufgrund einer Einladung Hzg. Ercoles I. d'Este nach Ferrara. 1490 Kapellmeister, 1491 auf eigenen Wunsch entlassen. Ab 1494 in Antwerpen, Bergen, wiederum Antwerpen und Brügge. 1500 zieht er sich aus Gesundheitsgründen nach Bergen op Zoom zurück. 1504 zweite Reise nach Ferrara, wo er an der Pest stirbt. Erhalten sind von ihm 29 Messen, 28 Motetten und 27 weltl. Kompositionen; bedeutsam die zykl. Vertonungen des Messe-Ordinariums, die wie seine Motetten über cantus firmus gearbeitet sind, aber schon frühe Ansätze zum Parodie-Verfahren aufweisen. In seinen weltl. Kompositionen hat er des öfteren ndl. Lieder verarbeitet. Sein Stil erscheint durch Vorliebe für kompositor. Künstlichkeiten etwas altertümlicher als der des etwas älteren →Josquin. Die Zeitgenossen rühmten ihn als einen der Großen neben →Dunstable, →Dufay, →Okeghem, →Busnois und→Josquin. H. Leuchtmann

Ed.: Werken van J. O., ed. J. Wolf, 1908–21 [Neudr. 1968ff.] – J. O.: Opera omnia, ed. A. Smijers–M. van Crevel, 1953ff. – *Lit.:* MGG [Werkliste] – New Grove [Werkliste] – Riemann–O. Gombosi, J. O., 1925 – L. G. van Hoorn, J. O., 1968.

O Brien (Ua Briain), ir. Dynastie aus →Munster, begründet von dem Kg. (→Hochkg.) →Brian Bóruma († 1014) aus der Dynastie der →Dál Cais. Seine Nachkommen vermochten die Vormachtstellung kaum zu bewahren; dies gelang erst Toirdelbach O. (1072–86) und seinem Sohn →Muirchertach (1086–1119), der bis 1114 in Munster und Leinster dominierte und alle Machtansprüche der Kg.e v. →Connacht zurückwies. Um die Mitte des 12. Jh. war Munster im wesentl. in zwei Einflußsphären geteilt, wobei der Süden (Desmond) den konkurrierenden → Mac Carthaig unterstand, der Norden (Thomond; heut. Gft. en Limerick und Clare) seit altersher den O. In der Periode der beginnenden anglo-ir. Invasion regierte Domhnall Mór O.; nach dessen Tod schwächten Erbstreitigkeiten den Widerstand der O. gegen die Invasoren. Beim Tode des Kg.s Donnchadh Cairbreach O. (1242) war das Kgr. der O. auf das Gebiet der heut. Gft. Clare zusammengeschrumpft. Nachdem Kg. Heinrich III. v. England ab 1248 neue Landübertragungen an anglo-ir. Herren vorgenommen hatte, brach 1257 der Krieg zw. Conchobhar O. und den Engländern aus, in dem O. siegreich blieb. 1284 kam es zu einem Abkommen zw. →Toirdelbach O. und dem führenden anglo-ir. Baron Thomas de →Clare, der O. die gesamte Herrschaft Thomond (mit Ausnahme der Besitzungen der Familie Clare) gegen einen Jahreszins von 120 Pfund abtrat. Diese Einigung hatte bis 1306 Bestand; danach folgten neue Auseinandersetzungen, die mit dem Sieg Muirchertachs O. über Richard de Clare (1318) endeten (s. a. →Caithréim Toirdelbaig). In der 2. Hälfte des 15. Jh. errangen die O. eine Ausdehnung ihres Machtbereichs, der nun auch Gebiete östl. des Shannon umfaßte (Teile der heut. Gft.en Limerick und Tipperary). Die Unterwerfung, die Murchadh O. 1542 gegenüber Kg. Heinrich VIII. vollzog, wurde mit der Verleihung des Titels Earl of Thomond belohnt. G. MacNiocaill

Lit.: D. Ó Corráin, Ireland before the Normans, 1972 – K. W. Nicholls, Gaelic and Gaelicized Ireland in the MA, 1972 – Medieval Ireland 1169–1534, hg. A. Cosgrove, 1987.

Observanten → Franziskaner, A. V

Observatorium, astron. (Sternwarte). Die meisten Gelehrten, die im MA →Astronomie lehrten und betrieben, machten ihre Beobachtungen mit Hilfe kleiner, oft selbstgebauter →Instrumente, von einem beliebigen offenen oder erhöhten Platz aus, nur selten in systemat. Weise und gewöhnlich ohne Berücksichtigung des Gesichtspunktes einer exakten Überprüfungsmöglichkeit der Beobachtungsergebnisse. Die Einrichtung großer O.en von systemat. Beobachtung von Himmelskörpern beruhte dagegen auf hoher, meist fsl. Gönnerschaft. Dies gilt für die als Forschungsstätten hochangesehenen Sternwarten der muslim. Welt (Persien, Mittlerer Osten): das O. in Bagdad z. Z. des Ma'mūn, das O. des →Nāṣīraddīn aṭ-Ṭūsī in Marāga (1261) und das O. des →Uluġ Beg in Samarqand (gegr. 1417–20, mit Erstellung von astron. →Tafeln unter führender Beteiligung von →al-Kāšī), ferner die älteren O.en in Šīrāz (988) und Iṣfahān (um 1050). Im westl. Europa war der Hof →Alfons' X. v. Kastilien und León (1252–84) ein Ort stärker institutionalisierter astron. Beobachtungstätigkeit, die in bescheidenerem Ausmaß auch von einzelnen Gelehrten wie →Wilhelm v. St-Cloud, →Johannes de Muris, →Richard v. Wallingford und →Levi ben Gerson durchgeführt wurde. Mit den oben erwähnten großen Sternwarten des Ostens vergleichbare O.en kamen im Abendland jedoch erst seit dem späten 16. Jh. auf (Tycho Brahe, Uraniborg). J. D. North

Lit.: EI² VI, 599 ff. – A. Sayılı, The Observatory in Islam..., 1960 – M. Dizer, The Dā'irat al-Mu'addal in the Kandilli Observatory, Journal Hist. Arab. Science 1, 1977, 257–260 – W. Hartner, The Role of Observations in Ancient and Medieval Astronomy, JHA 8, 1977, 1–11 – A. Bausani, The Observatory of Marāghe, Solṭāniye III, Quaderni del Seminario di Iranistica 9, 1982, 125–151 – D. A. King, Islamic Mathematical Astronomy, 1986 – Ders., Islamic Astronomical Instruments, 1987 – G. Saliba, The Role of Maragha in the Development of Islamic Astronomy, Revue de Synthèse 108, 1987, 361–373 – P. Vardjavand, La découverte archéologique du complexe scientifique de l'observatoire de Marāgé, 1987.

Obst und Gemüse

I. Allgemeines – II. Verbreitung – III. Anbau – IV. Verwertung.

I. Allgemeines: O. und Gemüse sind in erster Linie Pflanzenprodukte für den sofortigen Verbrauch. Wegen ihres hohen Wassergehalts sind die Früchte nach der Ernte leicht verderbl. und Lagerung wie Transport relativ kostspielig. Wenn man regelmäßige und ergiebige Ernten erzielen will, ist ein hoher Handarbeitsaufwand notwendig. Der Anbau erfolgte daher in ma. Zeit am zweckmäßigsten in unmittelbarer Umgebung der Konsumenten. Eine Sonderstellung nahm allerdings die Samenproduktion ein. Durch Auslese und Veredlung wurden O. und Gemüse zu einheim. Pflanzen des Gartenbaus. Eine Ergänzung erfuhren sie v. a. durch die Mittelmeerflora. Kräuter, Zierpflanzen, Blumen, Weinreben und Gewürzpflanzen gelangten direkt, vorwiegend aber über die Kl., in die →Gärten der oberen Stände und der Bürger. Diese speziellen Gartengewächse werden im folgenden (ebenso wie die Wild- und die Heilpflanzen [→Simplicia] sowie die Waldbeeren, die im Hinblick auf ihre Nutzung und ihren Anbau zw. O. und Gemüse anzusiedeln sind [→Beerenfrüchte]) nicht behandelt. – Nach der Ernte dienten O. und Gemüse den Produzenten in erster Linie als Zugaben (oder »Zugemüse« zu den alltägl. Speisen und wurden somit dem Direktverzehr zugeführt. Bestimmte Früchte, Knollen, Wurzeln, aber auch Zwiebeln (→Lauch) und →Nüsse konnten für den winterl. Verzehr mit relativ geringem Arbeitsaufwand gelagert werden. Bei längerer Lagerung wurden allerdings die meisten Vitamine und Enzyme abgebaut, darüber hinaus gingen auch manche Nährstoffe verloren; in geringem Maße wurde jedoch ein Teil der für die Menschen kaum verdaul. Zellulose in resorbierbare Kohlenhydrate aufgeschlossen. Das O. und die stärker wasserhaltigen Gemüsearten dagegen bedurften für die Überwinterung einer bes., meist kostspieligen Aufbereitung (→Konservierung). Die Abfälle kamen der Viehhaltung zugute.

II. Verbreitung: Eine allg. Verbreitung fanden in den gehegten Hausgärten diejenigen Gemüsearten, die dem Eigenbedarf der Anbauer dienten: zunächst die einheim. Kohl- und Rübenarten, Kräuter, Wurzel- und Knollengewächse. Der Anbau war deshalb relativ vielseitig, damit entsprechend dem Vegetationsstand oder der Reifezeit eine kontinuierl. Versorgung der Haushalte mit Frischgemüse gewährleistet war und darüber hinaus noch Vorräte für den Winter angelegt werden konnten. Die Hausgärten wiesen eine Fülle von Nutzpflanzen auf; langjährige Mono- oder Sonderkulturen waren im ma. Gemüsebau Deutschlands selten. Viele Gemüsearten (v. a. auch mehrjährige, die für den Anbau in den gemäßigten n. Klimazonen zunehmend akklimatisiert wurden) kamen mit den Römern und Franken nach Mittel- und Nordeuropa; noch mehr gilt dies für den O.bau. Als Baum- und Strauchfrüchte wurden die einheim. O.arten im allg. als langjährige Dauerkulturen angebaut.

III. ANBAU: In den Dauersiedlungen Mitteleuropas wurde der Garten innerhalb der Hofstatt einer Familie individuell für die Selbstversorgung genutzt. Die hoffernen Beunden oder Grasgärten dienten mehr der Vorratshaltung; sie wurden verstärkt mit →Hülsenfrüchten oder Dauerkulturen (O.bäumen) bestellt. Der Übergang vom O.- und Gemüsebau zu anderen gehegten Kulturen (→Weinbau, →Hopfen) und zum Ackerbau (Felderbsen, Ackerbohnen) war hier fließend.

[1] *Gemüsebau:* Wenn man unter Gemüse krautige Nutzpflanzen versteht, deren Blätter, Wurzeln, Knollen und Früchte in erster Linie dem Nahrungshaushalt der Familie dienten, so ergibt sich daraus, daß in den ma. Hausgärten Kraut- und Wurzelgewächse bevorzugt angebaut wurden; diese sollten die alltägl. Kost aus Brot und Wasser mit Nährstoffen aufwerten und geschmackl. bereichern. Überall in Mitteleuropa wurden als typische Gartenfrüchte Erbsen, Linsen, Bohnen, Wasser- und Herbstrüben, weiße und rote Rüben (Bete), Wurzeln und Möhren, Zwiebeln, →Kresse und →Salat sowie (mehr räuml. begrenzt) auch →Rettich angebaut. Schließl. wurde in großem Ausmaß Kopfkohl (Rot- und Weißkohl) gepflanzt. Hinzu kamen – nach dem →Capitulare de villis – verschiedene →Kürbisgewächse, ferner Ampferarten, →Pastinak, →Wegerich und sogar →Brennesseln. Als Würzpflanzen wurden wahrscheinl. schon früh Sellerie, →Kümmel, →Senf und Porree gezogen. Mit der Entfaltung der Städte wurden diese Küchengewächse auch in die städt. Gärten verpflanzt und jeweils nach den gestiegenen Ansprüchen der Bürger durch Zier- und Heilpflanzen ergänzt. In noch stärkerem Maße galt dies für die Gärten der Kl. und des Adels.

Der Gemüsebau wurde in Beetkultur betrieben; Spaten, (Holz-)Hacke und (Strauch-)Harke waren die verbreitetsten Arbeitsgeräte. Entsprechend dem Bedarf wurden mit dem Spaten Beete angelegt mit schmalen Zuwegen, damit jedes Gemüsebeet zur rechten Zeit besät oder bepflanzt, gehackt und geerntet werden konnte. Die wichtigsten Gemüsearten, die über den tägl. Bedarf hinaus große Mengen für die Vorratshaltung liefern sollten, erhielten eine bes. Pflege; sie wurden mit Stallmist gedüngt. Dieser wurde zusammen mit den menschl. Exkrementen und den Ernterückständen meist schon im Spätherbst in den Boden eingebracht, damit der Humifizierungs- und Mineralisierungsprozeß früh einsetzen konnte. Vor der Saat oder Pflanzung wurden die Beete in voller Spatentiefe umgegraben, die Bodenkrume wurde möglichst feinporig eben geharkt. Darin legte man die Samen und Knollen meist reihenweise aus und strich sie mit Erde zu. Nach dem Keimen und Auflaufen wurden die Pflanzenbestände pikiert und bei hohem Bedarf in große Beete (oder gar ins Feld) verpflanzt. Das Spätgemüse – bes. die Kopfkohlarten – wurde meist als Nachfrucht nach dem Frühgemüse (Kopfsalat, Kresse, Radieschen oder →Spinat) gesetzt. Durch unterschiedl. Saat- und Pflanzzeiten erreichte man, daß den Haushalten über längere Zeit Frischgemüse zur Verfügung stand.

[2] *Obstbau:* In den ma. Gärten fanden →Äpfel, →Birnen, →Pflaumen (Zwetschgen) und →Kirschen allg. Verbreitung. Das Kernо. wurde häufig in bes. Grasgärten gehegt, während man das Steino. einzeln oder zu wenigen Exemplaren am Rande der Gärten, Felder oder am Wegrand aufgereiht anpflanzte. Der O.bau war weniger arbeitsaufwendig als der Gemüsebau. Die Anlage bedurfte zwar einer sorgfältigen Vorbereitung, während der langjährigen Nutzung erforderte jedoch im wesentl. nur die Ernte einen großen Arbeitsaufwand; denn in kurzer Zeit mußte durch schwere Handarbeit eine große Menge O. eingebracht und gelagert werden. Der Direktverzehr war in guten Fruchtjahren unerhebl. Die Nutzung der unbebauten Areale zw. den Bäumen konnte allerdings nicht in Spatenkultur erfolgen, um das Wurzelnetz der Bäume nicht zu schädigen. Die O.gärten wurden daher meist der natürl. Berasung überlassen und dementsprechend als Grasgärten genutzt.

IV. VERWERTUNG: Sowohl O. als auch Gemüse fanden bis weit in das MA hinein Verwendung für den Eigenbedarf der Produzenten. Bei ungünstigen Wettereinflüssen war ein nachbarl. Austausch wohl übl., ein überregionaler Handel wegen der schwierigen Transportfähigkeit der leicht verderbl. Güter jedoch unzweckmäßig. Dagegen bestand schon früh eine Nachfrage nach Gemüse- und Kräutersamen. Der Austausch von Reisern für die Veredlung der O.bäume ist nur für die Kl. überliefert; sie waren die Träger und Förderer der O.kulturen. – Mit der Entfaltung der Städte erfolgte die Belieferung ihrer O.- und Gemüsemärkte durch Berufsgärtner, zum größten Teil jedoch aus Gärten der umliegenden Dörfer. In der Hansezeit entstanden die O.kulturen und der Kohlanbau zunächst um Lübeck und später vor den Toren Hamburgs, als in zunehmendem Maße die Seeschiffe mit Dörro., Grobgemüse (Kohl) und (Wein- oder Sauer-)Kraut versorgt werden mußten. Dies waren auch die wichtigsten Handelsgüter des O.- und Gemüsebaus, die auf die Viktualienmärkte der rhein. und südt. Städte gelangten. Einen eigenständigen O.- und Gemüsehandel gab es nicht. Allenfalls wurde er als Komplementärgeschäft im Großhandel mitbetrieben; weit mehr gehörte der O.- und Gemüseverkauf zur Tätigkeit der Höker.

D. Saalfeld

Lit.: R. v. FISCHER-BENZON, Altdt. Gartenflora, 1894 [Neudr. 1972] – K. HOFMANN, Die Entwicklung der Gärtnerei [Diss. Leipzig 1912] – J. BECKER-DILLINGEN, Q. und Urkk. zur Gesch. der dt. Bauern, 1935 – R. TANNAHILL, Kulturgesch. des Essens, 1973 – E. SCHMAUDERER, Stud. zur Gesch. der Lebensmittelwiss., VSWG Beih. 62, 1975 – Gesch. des dt. Gartenbaues, hg. G. FRANZ (Dt. Agrargesch. 6, 1984) – CHR. WIDMAYR, Alte Bauernarten neu entdeckt, 1987[4] – U. KÖRBER-GROHNE, Nutzpflanzen in Dtl., 1988[2] – U. WILLERDING, Relikte alter Landnutzungsformen (Natur und Gesch., hg. B. HERRMANN, 1989).

Oca (röm. Auca, heute Villafranca de Montes de O.), 589 erstmals bezeugtes Bm. in →Kastilien, ö. von Burgos, Prov. →Tarragona; das Bm. noch im 6. Jh. um Amaya erweitert, durch die Sarazeneninvasion 713/717 untergegangen. Entsprechend der Zahl der Gf.en gab es in Kastilien im 10. Jh. mehrere gfl. »Hof«-Bf.e ohne festen Sitz und Bezirk, in diesem Zusammenhang seit ca. 920 auch O. mehrfach genannt. 1068 als »sedes mater« aller Kirchen ganz Kastiliens bezeichnet, aber 1074/75 nach →Burgos verlegt. Anläßl. der Exemtion des Bm.s Burgos 1095 von Urban II. zum Rechtsvorgänger erklärt.

O. Engels

Lit.: DHEE I, 290 – L. SERRANO, El obispado de Burgos y Castilla primitiva, I, 1935, 154–156 – O. ENGELS, Reconquista und Landesherrschaft, 1989, 330–332, 228f.

Ócaire, im →ir. Recht niedrigster Grad des volljährigen und in seinem Status anerkannten Freien (→bóaire). In den Rechtstraktaten des 6. und 7. Jh. tritt der ó. als Angehöriger einer offenbar vergleichsweise jungen sozialen Gruppe in Erscheinung; er wird beschrieben als Bauer mit unzureichendem Landbesitz und Viehbestand, der sich zu seinem Unterhalt mit anderen, in ähnl. Lage befindl. Nachbarn zu Pfluggemeinschaften zusammenschließen muß.
G. Mac Niocaill
Q. und Lit.: D. A. BINCHY, Críth Gablach, 1940 – T. M. CHARLES-EDWARDS, Peritia 5, 1986, 63ff.

Ochrid → Ohrid

Ochsen, -handel → Rind

Ochsenfurt, Stadt am Main, s. von Würzburg. Älteste Siedlungen im s. Maindreieck waren Frickenhausen, Mutterpfarrei von O., und Kleinochsenfurt, beide n. des Flusses gelegen. In Klein-O. ist das kurzlebige bonifatian. Frauenkl. zu suchen, und wohl auch hier wurde 1081 →Hermann v. Salm zum (Gegen-)Kg. erhoben. Nach einer Sage soll Hans Stock, der »Schmied v. O.«, Doppelgänger →Konradins, die Reste seines Heeres nach Dtl. zurückgeführt haben. Die Stadt O. (1288 erstmals »oppidum«), als Mainübergang von großer Bedeutung im Verkehrsnetz, wurde 1295 von Bf. Manegold v. Würzburg dem Domkapitel verkauft, das wenig später mit ihrer Ummauerung begann. Bei den Auseinandersetzungen mit dem Bf. diente O. dem Kapitel mehrfach als Zufluchtsort.
A. Wendehorst
Lit.: GJ II/2, 622f. – P. SCHÖFFEL, Das Alter O.s im Lichte der ma. Pfarreiorganisation, Die Frankenwarte 26, 27, 1937 – H. SCHREIBMÜLLER, Der Schmied von O., Mainfrk. Jb. 1, 1949, 95–146 – W. SCHERZER, Aus der Frühzeit der Stadt O., Würzb. Diöz. Gesch.sbll. 26, 1964, 42–51 – DtStb V/1, 1971, 424–427 – S. WENISCH, O. (Mainfrk. Stud. 3, 1972) – O. MEYER, O.er Trilogie: O.M. Varia Franconiae Historica 1 (ebd. 14/I, 1981), 135 153.

Ochsenzunge (Anchusa officinalis L./Boraginaceae). Die im ma. Schrifttum nicht immer eindeutig identifizierbare Pflanze war als 'buglossos' wohl schon Plinius (Nat. hist. XXV, 81) und Dioskurides (Mat. med. IV, 127) bekannt, die den in Wein eingelegten Blättern eine stimmungsaufhellende Wirkung zuschrieben. Auch andere Namen der Pflanze, wie *lingua bovis* oder *lingua bubula*, wurden häufig auf vermutl. andere blaublühende Gewächse, bes. auf den →Borretsch bezogen, dessen med. Indikationen man umgekehrt für die O. beanspruchte (GART, Kap. 54).
U. Stoll
Lit.: MARZELL I, 262–264.

Ockeghem, Johannes (Okeghem, Okchem, Ogkeguam), frankofläm. Komponist, * um 1410, † 6. Febr. 1497 in Tours (?). Zuerst als *vicaire-chanteur* an Notre Dame zu Antwerpen nachweisbar, diente er 1446–48 in der Kapelle Hzg. Karls I. v. Bourbon in Moulins als Sänger, ab 1451 am frz. Hof unter Karl VII. und Ludwig XI. Nach des Letzteren Tod hat er vermutl. als Kanonikus von St-Martin in Tours gelebt. Die Zeit rühmte ihn neben Dufay und Josquin als den bedeutendsten Tonsetzer, bis zum Raffinement geschickt in den traditionellen kontrapunkt. Künsten, die er zugleich mit für die Folgezeit beispielgebenden satztechn. Neuerungen zu verbinden wußte. Erhalten ist eine vergleichsweise kleine Zahl von Messen, Motetten und weltl. Chansons.
H. Leuchtmann
Ed.: J. O., Sämtl. Werke, 1927 (1959²) und 1947 (1966²) (nur insgesamt 16 Messen), hg. D. PLAMENAC. Daneben viele Einzelausgaben – *Lit.:* MGG s. v. – New Grove s. v. [mit Werkverz.] – RIEMANN s. v. – W. STEPHAN, Die burg.-ndl. Motette zur Zeit J. O.s, 1937/1973 – G. REESE, Music in the Renaissance, 1954 [1959²] – N. BRIDGEMAN, The Age of O. and Josquin (The New Oxford Hist. of Music, III, 1960), 239–302 – M. HENZE, Stud. zu den Messenkompositionen O.s, 1968 – L.-W. THEIN, Musikal. Satz und Textdarbietung im Werk von J. O., 1992.

Ockham → Wilhelm v. Ockham

O Conarchy, Christian (Gilla Críst Ó Conairche), 1. Abt der ir. Zisterzienserabtei →Mellifont, † 1186, ▭ Abtei SOCist Abbeydorney (Gft. Kerry). O. wurde in →Clairvaux unter dem hl. →Bernhard geformt. 1151 zum Bf. v. →Lismore geweiht, 1152–79 päpstl. Legat in Irland, leitete die Synode v. →Cashel (1171). 1179 trat er von seinem Amt zurück, um sich in den letzten Lebensjahren wieder dem monast. Leben zu widmen.
G. Mac Niocaill
Lit.: COLMCILLE SOCist, The Story of Mellifont, 1958.

O'Connor → Uí Conchobáir

Octavian. Im frz. Roman »Othevien« (5371 Achtsilbler, Ende 13. Jh.) wird erzählt, daß die Frau des Ks.s Othevien, wegen der Geburt von Zwillingen verleumdet, mit den beiden Söhnen flieht. Florent wird in Paris von einem Metzger aufgenommen, sein Bruder Othevien landet in Jerusalem. Als der Sultan mit seinen Sarazenen gegen Paris marschiert, kann sich Florent als Ritter bewähren; später greift auch der junge Othevien ein und befreit Vater und Bruder, so daß zum Schluß die Familie glücklich vereint ist. Der Roman wurde in Prosa umgesetzt und fand eine engl. und dt. Bearbeitung (»Kaiser Octavianus«, Volksbuch, Ed. vom 16. bis 19. Jh.). Im 14. Jh. werden die Abenteuer der Söhne in der chanson de geste »Florent et Octavien« noch weiter ausgeführt (mehr als 18 000 Alexandriner). Figuren wie →Dagobert I. und Saint Denis spielen dabei deutl. auf die polit. Situation der frz. Valois-Kg.e an. Span. Prosaversion schon Ende 14. Jh., frz. Prosa im 15. Jh.; Verwendung im it. Fioravante und in den Reali di Francia des →Andrea da Barberino.
M.-R. Jung
Ed.: O. K. VOLLMÖLLER, 1883 [Neudr. 1967] – Florent et Octavien, N. LABORDERIE, 1991 [Bibliogr.] – J. AMADOR DE LOS RIOS, Hist. crít. de la lit. española, 5, 1864, 391–468 [Neudr. 1969] – *Lit.:* DLFMA, 279–281 – C. C. WILLARD, F. et O., Olifant 14, 1969, 179–189 – K. V. SINCLAIR, Evidence for a Lost Anglo-norm. Copy of O., NM 79, 1978, 216–218.

Oda, Bf. v. →Ramsbury 923/927–942, Ebf. v. →Canterbury seit 942; * 880/890?, † 958, ▭ 2. Juni? in Canterbury; Sohn eines (wahrscheinl. heidn.) Dänen, der mit dem »Großen Heer« nach →England gekommen war und sich in Ostengland niedergelassen hatte. O. wuchs bei einem (kgl.) →*thegn* auf, mit dem er nach seiner Priesterweihe Rom aufsuchte. Nach seiner Ernennung zum Bf. v. Ramsbury (Wiltshire) erscheint er häufig unter den Zeugen in den Urkk. von Kg. →Æthelstan. 936 führte er den späteren westfrk. Kg. Ludwig (IV.) aus seinem engl. Exil nach Frankreich zurück. Dort besuchte O. wahrscheinl. →Fleury und empfing angebl. die Mönchstonsur. Kg. Edmund übertrug ihm 942 das Ebm. v. Canterbury. Als Ebf. erneuerte er die synodale Gesetzgebung (um 947), förderte die Gelehrsamkeit v.a. durch →Fridegodus v. Canterbury, ließ Reliquien u.a. aus N-England nach Canterbury überführen und unterstützte das Mönchtum. Sein Neffe →Oswald, der spätere Ebf. v. York, verdankte ihm seine Förderung. Die »Vita Oswaldi« von →Byrhtferth enthält tatsächl. eine »Vita Odonis«. →Eadmer beschreibt O.s Grabmal.
D. A. Bullough
Ed. und Q.: Historians of the Church of York, ed. J. RAINE, 1 (RS, 1879), 401–410 [Vita] – Councils and Synods, I, ed. D. WHITELOCK u.a., 1981, Nr. 19, 20 – *Lit.:* DNB XIV, 866–868 – N. P. BROOKS, Early Hist. of the Church of Canterbury, 1984, 41, 222–237 – M. LAPIDGE, Anglo-Saxon England 17, 1988, 45–65.

Odal, in den ma. norw. *(óðal)*, schwed. *(oþal)* und dän. *(othæl)* Rechts- und Gesetzbüchern Bezeichnung für denjenigen Teil eines Besitztums (in der Regel Acker- und Weideland, Fischgründe, Anteile an der Außenmark etc.), der über Generationen innerhalb einer Familie weitervererbt wurde und damit dem sog. »O.srecht« unterlag. Kern des O.srechts war das Vorkaufsrecht der Verwandten: Bei Veräußerung von O.sland *(óðalsjörð)* mußte das Land zunächst den in der direkten Erbfolge stehenden Verwandten unter Einhaltung bestimmter Fristen angeboten werden. Unterblieb dieses Angebot und wurde O.sland veräußert oder verpachtet, hatten die Verwandten ein Rückkaufsrecht bzw. Einlösungsrecht. O.sgut konnte durchaus beim Erbgang geteilt werden *(óðalsskipti)*; die Erbparteien hatten aber volles O.srecht nicht nur am eigenen Anteil, sondern auch an dem der anderen Erbparteien. In Norwegen (→Gulaþingslög, 282) reichten diese Ansprüche bis in den siebenten Verwandtschaftsgrad (dies entspricht den kirchl. Heiratsvorschriften). Nach den Gulaþingslög, 266, galt derjenige Besitz als O., der mindestens fünf Mal in derselben Linie vererbt worden war, nach den →Frostaþingslög, XII, 4, nach viermaliger Vererbung. In →Magnús Hákonarson Lagabœtirs Landslög, ML VI, 2, wird ein Eigentum zu O., wenn es während dreier Generationen oder 60 Jahre lang in Familienbesitz war.

Das O.srecht verlieh dem jeweiligen Besitztum eine herausgehobene Rechtsqualität und konstituierte damit nicht nur den Unterschied zu Kaufland, Rodungsland, Pachtland, sondern auch eine in den Rechtsbüchern, v. a. den norw., systematisierte Hierarchie innerhalb der Bauernschaft. Der Bauer auf O.sland *(óðalsbóndi, hauldr)* nimmt damit im gesellschaftl.-polit. Leben, auf den Dingversammlungen, im Rechtsleben usw. den höchsten Rang unter den Bauern ein (→Bauer, Bauerntum, VIII). Land ohne O.srecht war besitzrechtl. leichter verfügbar und stand auch eher dem Zugriff seitens des Kgtm.s und der Kirche bei Bußen, Konfiskationen, Schenkungen usw. offen. Das bäuerl. O. geriet häufig unter den Druck kgl., kirchl. und aristokrat. Besitzansprüche, konnte sich aber im MA v. a. in Teilen Norwegens und Schwedens behaupten.

In →Island bestand das Spannungsverhältnis zw. Bauern- und Kg.sgut zunächst nicht. Insbes. kleinere Landeinheiten waren leichter disponibel, weil sie als →Loses Gut betrachtet wurden. Das *aðalból*, der Haupthof, dagegen war fester an die Familie geknüpft, wie die Bestimmungen in der →Grágás über Vorkaufsrecht *(máli)*, Vindikation *(brigð)* und Vermögensverwaltung bei Vormundschaft *(fjárvarðveizla)* belegen. Der Terminus O. kam erst über die norw. Gesetzbücher →Járnsíða und →Jónsbók in die isländ. Rechtssprache. In der Sache ergaben sich jedoch meist keine Veränderungen. Die isländ. Kirche, die sich v. a. aus dem starken isländ. Eigenkirchenwesen (→Eigenkirche) befreien wollte, bekämpfte insbes. das Vorkaufsrecht der Verwandten.

Die in den altskand. Rechtsbüchern überlieferten Bestimmungen zum O.srecht stützen nicht die ältere Auffassung vom O. als dem unveräußerl., ungeteilten Gemeineigentum einer Sippe. H. Ehrhardt

Lit.: KL XII, 493 ff. - R. DANIELSEN u.a., Grunntrekk i norsk historie, 1991, 49-52.

Ode (oda, ode, odos). Nach mlat. Sprachgebrauch Synonym für carmen, canticum (so wird meist das griech. Wort in Ps und NT übersetzt), auch laus; also v. a. 'Lied', 'Gesang' (auch 'Psalmengesang', z.B. Sedulius carmen paschale I 23), dann auch 'Hymnus', 'Preislied', 'Lob'. Entsprechend ist O. in der ma. Lexikographie erklärt. Einer enger umrissenen poet. Gattung wird das Wort in der Regel nicht zugeordnet, doch findet es sich als Bezeichnung der horaz. carmina, die in der Überlieferung und Kommentierung (Marius Victorinus, Diomedes, Servius) gelegentl. als O.n bezeichnet werden. Dementsprechend ist das Wort beim Horaznachahmer →Metellus v. Tegernsee und z. B. bei →Johannes de Garlandia (Parisiana poetria 102, 355ff.) verwendet. Dem modernen Begriff der O. als eines stroph. Gedichts zum feierl. Preis der Gottheit, einer Person, eines Ereignisses entsprechen also z. T. die oben gen. Gattungen (→Hymnus, →Sequenz, →Panegyrik). G. Bernt

Lit.: P. STOTZ, Sonderformen der sapph. Dichtung, 1982, 527 [Ind.].

Odeljan, Peter (auch: Deljan, gr. Πέτρος ὁ Δελεάνος), Anführer des Slavenaufstandes (1040), von niederer Herkunft, bezeichnete sich als Sohn des Zaren →Gabriel Radomir († 1018). Der Aufstand, dessen Ursachen in der drückenden Steuerpolitik der byz. Regierung (Monetarisierung der Naturalabgaben, Einführung neuer Steuern und Übergriffe der Steuerpächter) lagen, bei dem aber auch gesellschaftl., ethn. und polit. Aspekte eine gewisse Rolle spielten, begann in Belgrad, wo O. wahrscheinl. zum Zaren v. Bulgarien ausgerufen wurde. Gegen die Aufständischen wurden Truppen aus →Dyrrhachion eingesetzt, wo wegen Übergriffen der Statthalter eine Empörung der Einwohner unter Führung des Themensoldaten Tihomir (Τειχομηρός), der ebenfalls zum Zaren v. Bulgarien ausgerufen wurde, ausbrach. O. und Tihomir trafen sich wahrscheinl. in →Skopje, und es gelang O., sich seines 'Partners', der gesteinigt wurde, zu entledigen. O. wandte sich gegen Thessalonike, unterbrach die Via Egnatia und schnitt vom Lande her Dyrrhachion ab, das in die Hände der Aufständischen fiel. Bei Theben, in der Phthiotis, besiegten sie byz. Truppen, nahmen Demetrias ein und näherten sich den Grenzen des Themas Nikopolis, wo sich die Bevölkerung ebenfalls gegen den Steuerdruck empörte. In Ostrovo an der Via Egnatia schloß sich →Alusianos O. an, der im Lager der Aufständischen zum Mitks. ernannt wurde. Später kam es zu einem Zerwürfnis, das zum Zusammenbruch des Aufstandes führte. Nach dem mißglückten Angriff auf →Thessalonike ließ Alusianos bei einem Festessen O. blenden und rettete sich ins ksl. Lager. Ks. Michael IV. griff umgehend an, setzte O. gefangen, unterwarf das ganze Gebiet und kehrte mit den Gefangenen nach Konstantinopel zurück. Der Aufstand war einer der größten und gefährlichsten im 11.Jh., nicht allein auf dem Balkan, wo die byz. Macht nachhaltig geschwächt wurde, sondern im ganzen Reich. J. Ferluga

Q. und Lit.: VizIzv III [Register] – OSTROGORSKY, Geschichte³, 268f. – M. DINIĆ, Iz naše prošlosti, Prilozi za knjiž., jezik, ist. i folklor 30, 1964, 310f. [zum Namen] – J. FERLUGA, Aufstände im byz. Reich zw. den Jahren 1025 und 1081, Rivista di studi biz. e slavi 5, 1985, 144–147 – J.-C. CHEYNET, Pouvoir et contestations à Byzance (963–1210), 1990, 49.

Ödenburg (Sopron), Stadt und →Komitat in Westungarn. Auf den Ruinen der röm. Stadt Scarbantia (davon abgeleitet ung. Sopron) wurde im 11.Jh. die ovale Mauer der Burg errichtet, die Zentrum des ung. Grenzkomitats (zw. Leitha und Raab, auf dem Gebiet des alten Geschlechts Osl) und kgl. Salzdepot (1225) war; von →al-Idrīsī wurde als wichtige Stadt erwähnt (vor 1153). Kg. →Koloman regelte hier 1096 mit →Gottfried v. Bouillon vertragl. den Durchzug der Kreuzfahrer. Zur Organisation der Burg gehörten der comes confinii, die Burg-Bauern (castrenses), die iobagiones (erwähnt 1165), die *ör* gen. Grenzwächter (speculatores) und die *lövér* gen.

Grenzschützen (sagittarii). Die erste Pfarrei St. Michael lag auf einem Hügel außerhalb der Burg; im 13. Jh. entstanden das Johanniterhospital, das Franziskanerkl. und die Synagoge in der Burg. 1241-42 wurde Ö. durch Hzg. Friedrich II. v. Babenberg erobert. Nach Ansiedlung dt. Bürger erhielt Ö. 1277 von Ladislaus IV. kgl. Privilegien, den ung. Vorort Lövér und Weinbaugebiete (bestätigt 1297 und 1317). Kg. Siegmund ernannte 1407 einen Grenzkapitän und verlieh das Stapelrecht sowie weitere Privilegien (Gericht, Markt, Zoll usw.), die 1441 an Kg. Friedrich III. verpfändet wurden. Kg. Matthias löste sie 1465 aus und bestätigte sie erneut.
Gy. Györffy

Q.: J. Házi, Sopron szabad királyi város története. Oklevelek, Bd. I-XII, 1921-43 – UB des Burgenlandes, Bd. I-IV, 1955-85 – *Lit.*: D. Csánki, Magyarország történelmi földrajza, III, 1897, 581 ff., 595-597 – Sopron megye műemlékei, hg. D. Csatkai-D. Dercsényi, 1953 – I. Holl, Sopron (Ö.) im MA, Acta archaeologica Acad. Scient. Hungaricae 31, 1979, 105-145 [Katasterplan].

Odenpäh (estn. Otepää 'Bärenkopf', wegen der Hügelform), Estenburg in der Landschaft Ugaunia, 40 km ssw. Dorpat, in der Novgoroder Chronik 1116 erwähnt, 1208-24 zw. Deutschen, Esten und Russen umkämpft. 1224 nach Aufteilung Südestlands war O. (nach →Leal) vorübergehend Sitz des Bf.s von Estland. Nach der Verlegung der Residenz nach Dorpat (→Dorpat) blieben auf der von Bf. →Hermann (12. H.) erneuerten Bf.sburg O. seine mit den Einkünften von Ugaunien belehnten Vasallen (ohne Esten) wohnen, von wo aus sie 1225 den Wierländern (→Harrien-Wierland) zu Hilfe kamen, um die Dänen zu vertreiben. 1234 gab es ein Kirchspiel O., im 13. Jh. entstand ein →Hakelwerk, 3 km nö. ein dem Bf. gehöriger Hof. Die Burg wurde Ende des 15. Jh., das Hakelwerk 1558, ein beim Hof gelegenes Schloß 1560 zerstört.
H. von zur Mühlen

Q. und Lit.: vgl. →Dorpat (K. H. v. Busse, 1852; K. v. Löwis of Menar, 1922; H. Laakmann, 1939) – →Livland (UB, 1852 ff.; Heinrich v. Lettland; A. Tuulse, 1942; F. Benninghoven, 1965).

Odense, Bm. und Stadt in →Dänemark, nahe dem O.-fjord an der Nordküste der Insel Fünen.

I. Bistum – II. Stadt.

I. Bistum: Nach den drei jütischen Bm.ern →Aarhus, →Ribe und →Schleswig entstand, wohl unter Kg. →Harald Blauzahn, zw. 965 und 988 die 'ecclesia Othenesuuigensis' als erstes Inselbm. Dänemarks. Das Bm. umfaßte die Inseln Fünen, Langeland, Lolland, Falster, Fehmarn, Ærø und Alsen. Neben der St. Albanikirche (Martyrium Kg. →Knuds 1086) wurde seit etwa 1080 der roman. Dom gebaut, den engl. Benediktiner aus →Evesham seit 1095 zum St. Knudsdom machten (Bf. Hubald bis 1117/22). Hier verfaßte Ælnoth um 1122 die Vita des hl. Knud. Der dreischiffige Dom war um 1150 vollendet. Die Verbindung zu Evesham wurde in den 1130er, dann in den 1170er Jahren unter Kg. →Waldemar I. und Bf. Simon (bis 1183/86) erneuert, die Unabhängigkeit des Domkl. jedoch von den Ebf.en →Eskil und →Absalon verteidigt, die die Knudsverehrung, eine Kraftquelle des Bm.s (»Knudspfennig«), förderten. Die Mönche hatten ein Vorrecht bei Bf.swahlen (1213 Abt v. →Ringsted zum Bf. gewählt), wogegen sich der Propst der Liebfrauenkirche (Vor Frue) wandte (Konflikt 1245); Bf. wurde der Franziskaner Regner (um 1252-66). Nachdem 1245 in O. ein Provinzialkonzil abgehalten worden war, erlitt der Dom 1247 im Bürgerkrieg Beschädigungen durch Feuer. Ein got. Neubau wurde unter Bf. Gisico (1286-1300) begonnen (Langhaus 1301 vollendet, Inschrift erhalten) und unter zwei Benediktinerbf.en und einem Franziskanerbf. fortgesetzt (1304-75). Zwei Bf.e aus der Rügener Familie Podebusk/Putbus (1375-1400/02) waren Stützen des Unionskgtm.s unter Kgn. →Margarete, die Nachfolger entstammten den adligen Familien Jærnskæg, Gyrsting, Ulfeld, Krafse. Unter dem jungen Karl Rønnow (1475-1501) gelang es Kg. →Christian I., das benediktin. Domkapitel aufzuheben und die Mönche durch weltliche Domherren zu ersetzen. Wegen starken Widerspruchs gegen diese Maßnahme berief Christians Witwe →Dorothea die Mönche zurück (Papst Innozenz VIII., 1484-92). Umstritten war Bf. Jens Andersen Beldenakke (1501-30, † 1537 in Lübeck), ein Schusterssohn, der 1508 einen neuen Bf.spalast fertigstellte (heute als sog. »adliges Jungfrauenstift« erhalten). Die Struktur des monast. Domkapitels und der Inselcharakter konservierten archaische Züge der Administration: Die Propsteien von O. und Assens/Tofte blieben Benefizien, während die Pröpste Südfünens und der kleineren Inseln um 1400 durch bfl. Offiziale ersetzt wurden. Über reichsten Güterbesitz auf Fünen, vom jeweiligen Prior verwaltet, verfügten das Knudskl., das Benediktinerinnenkl. Dalum und die Johanniterkommende der St. Hans-Kirche (ehem. St. Michael); vergleichbar im Bm. war nur noch das Zisterzienserkl. Holme auf Süd-Fünen. Die Bf.e residierten im 15. Jh. vorzugsweise auf Blangstedgård (5 km vom Stadtkern).

II. Stadt: Von der wikingerzeitl. Ringburg (→Trelleborg) s. des Flusses Odense Å erstreckte sich nordwärts in Richtung Meeresbucht (Næsbyhoved Sø) ein Kg.sbesitz, der wohl mit dem vorchr. Kult →Odins in Verbindung stand, der sich im Namen O. spiegelt (*Odins Vi* 'Odins Heiligtum'). Hier entstanden auf der engsten Stelle zw. Fluß und Meeresbucht und auf der ostwestl., dem Höhenrücken folgenden Hauptverkehrsstraße über Fünen eine Michaelskirche und im Kg.shof mit Albanikirche (Fundamente zweier Holzkirchen aus der Zeit 1000-60, Arentoft). Aus diesem Zentrum erwuchs der Dombezirk mit Domkl. Die Mönche hatten zwei Mühlen und das Mühlenprivileg. Eine Handwerkersiedlung nö. davon (ab ca. 1050) erweiterte sich ostwärts (Liebfrauenpfarrei, Bau der Kirche Vor Frue um 1200, Dominikaner um 1240). St. Michael wurde Pfarrei und um 1280 den Johannitern übergeben (»St. Hans«). In der Albanipfarrei siedelten ab 1279 die Franziskaner (Stiftung Kg. →Erichs V., 1279), während die Siedlung s. des Flusses von der Stadtwerdung unberührt blieb und die Nonnen, die in der alten Ringburg gewohnt hatten (»Nonnebakken«) um 1200 nach Dalum übersiedelten. Die drei Stadtpfarreien blieben unverändert bis in die NZ erhalten. Die kirchl. Institutionen und die Priesterausbildung standen im Zentrum des Stadtlebens, aber auch Handel und Handwerk gediehen (Hafen zeitweise in Biskorup bei der Mündung des Flusses in den O.-Fjord). Handel und Gewerbe wurden durch die St. Knudsgilde und die übrigen Kaufmannsgilden und Handwerkerzünfte organisiert. Das Rathaus des 15. Jh. stand am Platze des heut. Rathauses; es bestand ein Hospital und ö. der Stadt ein Leprosenhaus. Q. aus der Zeit der Kgn. Christine in O., 1504-21, bieten detaillierte Nachrichten über das Leben in O. am Ausgang des MA. T. S. Nyberg

Q.: Dronning Christines Hofholdningsregnskaber, hg. W. Christensen, 1904 – De ældste danske Arkivregistraturer 5,1, 1910, 175-269, 603-642 – Næsbyhoved lens regnskaber 1502-11, hg. H. B. Madsen-E. Porsmose, 1991 – *Lit.*: Gams 6,1, 1992, 54-63 [H. Kluger] – O. Bys Hist., hg. H. St. Holbæk, 1926 – T. Dahlerup, Det danske Sysselprovsti i MA, 1968, 205-237 – T. Nyberg-F. S. Pedersen, De latinske vers om O.s middelalderlige biskopper, Fynske Årbog 1980, 76-98 – H. Thrane u. a., Fra boplads til bispeby. O. til 1559, 1982 – A. Riising u. a., O. katedralskoles historie 1283-1983, 1984, 11-38 – E. Arentoft u. a., Albani torv og kirke, Fynske studier 14, 1985 – T. S. Nyberg, Die Kirche in Skandinavien, 1986, 111-161 – A. S. Christensen,

Middelalderbyen O., 1988 – J. KJÆRGAARD ANDRESEN, O. Skt. Knuds klosters gårde [ungedr., Univ. O., 1990].

Oder (lat. Viadua, neulat. Odagra, poln. und tschech. Odra), Fluß in Mitteleuropa, mißt von der Q. im O.gebirge ö. Olmütz bis zur Mündung in die Ostsee 903 km, das Stromgebiet umfaßt 125000 km². Die O. schloß im MA die an beiden Ufern sich erstreckenden Gebiete zu einheitl. Siedlungs- und Herrschaftsräumen zusammen, ledigl. unterhalb der Mündung der Lausitzer Neiße bildete sie ztw. eine Grenze, bis zu der unter Karl d. Gr. der frk. Herrschaftsanspruch und im 12. Jh. die askan. Herrschaft in Brandenburg reichten, die jedoch mit der Gründung der →Neumark den Fluß überschritt. Auch der pommersche Herrschaftsbereich griff seit dem frühen 12. Jh. nach W über die O., die seitdem keine Trennungslinie darstellte. Die Bm.er →Wolin/→Kammin, →Lebus und →Breslau erstreckten sich beiderseits des Flusses.

An der O.mündung entstand im frühen 10. Jh. als Mittelpunkt wiking.-slav. Handels der bedeutende Platz Jumne (Jomsborg) als Einfallstor an einer NS-Achse, auf der 1211 und 1214 die Schiffahrt schles. Kl. nach Stettin bezeugt ist (Salz, Hering). Dieser Verkehr hörte nach Mitte des 13. Jh. bis auf bescheidene örtl. Reste fast völlig auf, Breslau wickelte seinen Handel mit der Hanse auf dem Landweg über →Thorn ab. Der beginnende Wehr- und Mühlenbau und der Frankfurter Stapelzwang behinderten die Schiffahrt. Die dt. Ostbewegung führte zu einem grundlegenden Umbau des wirtschaftsgeogr. Gefüges auf die WO-Richtung, wobei die O. ein Hindernis war. →Stettin, →Frankfurt und Breslau lebten von ihrer Brückenfunktion. Seit 1300 blühte die Schiffahrt auf der Strecke Frankfurt–Stettin infolge des nun beginnenden Getreideexports auf, ostbrandenburg. Städtchen erhielten entsprechende Privilegien, während für die Hanse Stettin und die O.mündung nur von mittlerer Bedeutung waren. Karl IV. dachte der O. eine tragende Rolle für den Durchgangsverkehr von Massengütern aus Böhmen in den Ostseeraum zu. Wenn er damit auch scheiterte, so trat doch das O.gebiet seit dem Ende des 15. Jh. in einen stärkeren Handelsaustausch mit der Mündung, auf die der schles., böhm.-mähr. und ung. Handel hinstrebten. K. Blaschke

Lit.: W. KEHN, Der Handel im O.raum im 13. und 14. Jh. (Veröff. der Hist. Komm. für Pommern 16), 1968 – G. LABUDA, Polska granica zachodnia, 1971 – M. MIŁKOWSKI, Odrzańska droga wodna, 1976.

Odermennig (Agrimonia eupatoria L./Rosaceae). Die stark variierenden dt. Namen *odermenie, adermonie* u. ä. wurden bereits früh aus dem lat. *agrimonia* entlehnt – einer Bezeichnung, die erstmals bei Celsus (V, 27, 10) im 1. Jh. belegt ist. Der O. fand im MA große Beachtung: Schon Walahfrid Strabo (Hortulus, ed. STOFFLER, 359–368) rühmte *sarcocol(l)a* ('Fleischleim') als Heilmittel bei Leibschmerzen und Wunden, während Hildegard v. Bingen (Phys. I, 114) die Pflanze sogar gegen Seh- und Geistesschwäche empfahl. Nicht zuletzt infolge von Verwechslungen wurde der med. Indikationsbereich des O. bis zum Ausgang des MA zunehmend erweitert (GART, Kap. 5).
U. Stoll

Lit.: MARZELL I, 139–144 – DERS., Heilpflanzen, 108–110 – F. v. GIZYCKI, Agrimonia Eupatoria L. – Der O., Die Pharmazie 4, 1949, 276–282, 463–471; 5, 1950, 181–187.

Odette (Odinette) de Champdivers, Konkubine Kg. →Karls VI. v. Frankreich, † nach 1424. O. war nicht (wie früher behauptet) Tochter eines Pferdehändlers, sondern entstammte einer alten ritterbürtigen Familie der Gft. →Burgund, die von den Gf.en seit dem frühen 14. Jh. in den Königsdienst eingeführt worden war (in →Hôtel du Roi, →Parlement, →Chancellerie). 1405 war Guy de Ch., *Maître des comptes,* mit den Finanzangelegenheiten der Kgn. →Isabella betraut; Guillaume de Ch. fungierte als Rat des Hzg.s v. Burgund. In dieser Zeit wurde O. dem Kg. zugeführt, um die Kgn. von den Gewalttätigkeiten ihres wahnsinnigen Gemahls zu entlasten. Die →Chronique du Religieux de St-Denis rühmt die treue Ergebenheit O.s, der 'petite reine', die dem Kg. eine Tochter gebar. Nach Karls VI. Tod (1422) fand O. mit ihrer Tochter Marguerite de Valois Zuflucht in →St-Jean-de-Losne. Noch 1424 deckte sie in Dijon einem Abgesandten Karls VII. ein Komplott zur Auslieferung Lyons an die englandfreundl. Partei auf. Bald darauf muß sie verstorben sein. 1425 rief Karl VII. die im Dauphiné im Exil lebende Marguerite an seinen Hof, legitimierte sie und vermählte sie mit einem seiner Getreuen, Jean de Harpedenne, Sire de Belleville. Der letzte Nachkomme der »Mademoiselle de Belleville« fiel 1587 bei Coutras. F. Autrand

Lit.: A. VALLET DE VIRIVILLE, O. ou Odinette de Ch. était-elle la fille d'un marchand de chevaux?, BEC, 1859 – F. AUTRAND, Charles VI. La folie du roi, 1986.

Odilienberg (seit Anfang des 18. Jh. übl. Name der ma. Hohenburg; legendär: Altitona), ehem. Kanonissenstift im Elsaß (Krs. Molsheim, dép. Bas-Rhin), entstand im letzten Viertel des 7. Jh. als Nonnenkl. in den Resten einer Hochburg (prähist. Ringwall, sog. 'Heidenmauer'; kelt. oppidum; in merow. Zeit Hauptsitz [castrum] der elsäss. →Etichonen), urkundl. zuerst 783 bezeugt. Die zu Beginn des 10. Jh. verfaßte »Vita Odiliae« läßt die Gründung auf den Hzg. Eticho (Adalric, Chatic) und seine Tochter Odilia (Ottilia) zurückgehen. Es kann als gesichert gelten, daß Eticho auf der Hohenburg eine Kirche und andere Konventgebäude zunächst für Mönche errichten ließ; unter dem Einfluß seiner Tochter Odilia, die vielleicht ihre erste Ausbildung im Kl. Beaume-les-Dames erhielt, entwickelte sich diese Gründung zu einem Nonnenkl. Um den zahlreichen Pilgern den Aufstieg zu ersparen, ließ Odilia ein zweites Kl., Niedermünster, am Fuß des Berges erbauen. Nach ihrem Tod (vor 723, ▢ Johanneskapelle) folgte ihre Nichte Eugenia als Äbt. Die Vita der hl. Odilia (u. a. Blindgeburt und Empfang des Augenlichts bei der Taufe durch den hl. →Erhard, Bf. v. Regensburg; Fest: 13. Dez.; Patronin des Elsaß sowie gegen Augen-, Ohren- und Kopfkrankheiten) läßt auf eine iro-merow. Inspiration und Organisation des frühen Kl.lebens schließen. Neben dem eigtl. Nonnenkl. bestand ein kleineres Mönchskl. Einige Mönche und Nonnen stammten von den iroschott. Inseln. Das frühe Kl.leben entsprach der iro-benediktin. Richtung, wie sie z. B. gleichzeitig auch in →Remiremont erscheinen. Nach 816 wurden die beiden Nonnenkl. in Kanonissenstifte umgewandelt. Aus der spärl. geschichtl. Überlieferung entwickelte sich eine reiche Odilia-Legende, -Verehrung (bedeutende Wallfahrt im deutschsprachigen Raum) und -Literatur. Die von Karl d. Gr. verliehene Immunität wurde 837 von Ludwig d. Fr. und später von Ludwig d. Dt. erneuert. Heinrich II. gewährte 1016 Niedermünster eine größere Unabhängigkeit gegenüber Hohenburg (freie Wahl der Äbt. und des Vogtes). Beide Stifte gerieten aber immer mehr unter die Obhut des elsäss. Adels, bes. der Gf.en v. Egisheim (→Dagsburg). Bruno v. Egisheim weihte 1045 als Bf. v. Toul die neu errichtete Kirche und bestätigte 1050 als Papst Leo IX. die Besitzungen des Kl. Eine Blütezeit erlebte das Stift Hohenburg erst in der 2. Hälfte des 12. Jh. unter der von Friedrich I. eingesetzten Äbt. Relindis (ca. 1153–76) und ihrer Nachfolgerin → Herrad v. Landsberg (ca. 1176–96): hohe geistige Kultur (»Hortus deliciarum«), Neubauten im oberen und unteren Kl., Gründung des

Priorates St. Gorgon für die Prämonstratenser von →Étival (1178) und der Propstei Truttenhausen für die Augustinerchorherren von →Marbach (1181). Eine innere Auflösung des Stiftslebens, die Rivalität zw. beiden Stiften und mehrere Brände führten zu einem Niedergang. Die Aufhebung von Niedermünster, dessen Gebäude bald abgerissen wurden, erfolgte 1544, von Hohenburg 1546.

R. Bornert

Ed. und Q.: Vita Odiliae, ed. CH. PFISTER, AnalBoll 13, 1894, 5–32 – W. LEVISON (MGH SRM 6, 1913), 24–50 – A. BRUCKNER, Reg. Alsatiae, 1949, n° 71–77, 96f., 302, 390, 503 f., 583 – *Lit.*: LCI VIII, 77–79 – LThK² VII, 1096f. – J. CLAUSS, Die Hll. des Elsaß, 1935 – M. BARTH, Die hl. Odilia, Schutzherrin des Elsaß. Ihr Kult in Volk und Kirche, 1938 – H. BÜTTNER, Gesch. des Elsaß I, 1939, 1991², passim – Stud. zur Gesch. des Stiftes Hohenburg im Elsaß während des HochMA, ZGO 91, NF 52, 1939, 103–138 – A. M. BURG, Le duché d'Alsace au temps de sainte Odile, 1959, 1987² – CH. WILSDORF, Le monasterium Scottorum de Honau et la famille des ducs d'Alsace au VIII°s., Francia 3, 1975, 1–97 – Encycl. d'Alsace XI, 1985, 6613–6619 – J. LEGROS, Le Mont Ste-Odile, 1988 – F. PETRY–R. WILL, Le Mont Ste-Odile (Bas-Rhin), 1988 [Lit.].

Odilo. 1. O., bayer. Hzg. seit 736, † 748, ⌐ Kl. →Gengenbach; offensichtl. Sohn des Alamannenhzg.s →Gottfried aus der alem. Linie der →Agilolfinger, ∞ Hiltrud, Tochter Karl Martells und Schwester Pippins III. und Karlmanns; Sohn: →Tassilo III. Vieles spricht dafür, daß O. zunächst ein alem. Teilhzm. innehatte, bevor er 736 das Hzm. →Bayern erhielt. Trotz einer schwierigen Situation in den ersten Hzg.sjahren gelang es ihm, schon 739 im Verein mit →Bonifatius die kanon. Bf.ssitze Regensburg, Passau, Freising und Salzburg einzurichten und damit eine Kirchenorganisation zu schaffen, die bis heute gültig ist. Ob diese Bf.skirchenorganisation der Hauptgrund für die Opposition in Bayern wurde, die O. veranlaßte, an den Hof Karl Martells und dessen Gemahlin Swanahild, einer Verwandten O.s, zu fliehen, ist nicht mehr feststellbar. Während der Flucht vermählte er sich mit Hiltrud. Noch zu Lebzeiten Karl Martells († 741) konnte O. nach Bayern zurückkehren, gründete unmittelbar darauf das Kl. →Niederaltaich in Verbindung mit dem Kl. →Reichenau und ließ im Zusammenwirken mit Bonifatius das Kl. →Eichstätt durch →Willibald gründen. 742/743 spitzte sich bereits der Konflikt mit Pippin und Karlmann zu, genährt aus der Heirat O.s mit Hiltrud, aus der karol. Sukzessionskrise durch die Ansprüche →Grifos und durch die kirchl. Aktivitäten des Bonifatius in Franken. 743 wurde O. mit seinen Verbündeten von Pippin angegriffen und besiegt. O. erhielt nur noch Bayern s. der Donau, während die Gebiete n. der Donau frk. wurden. Mit der Niederlage O.s wurde auch sein bayer. Sonderweg in Kirchenfragen beendet. Der Hausmeier setzte in Salzburg mit →Virgil einen Abt und Bf. karol. Vertrauens ein. Trotz innen- und außenpolit. Schwierigkeiten der 40er Jahre vermochte O., die slav. Karantanen (→Kärnten) unter seine Botmäßigkeit zu bringen, die Karantanenmission zu beginnen und neben Niederaltaich und →Mondsee noch eine Reihe weiterer Kl. zu gründen. W. Störmer

Lit.: J. JARNUT, Stud. über Hzg. O. (736–748), MIÖG 85, 1977, 273–284 – H. WOLFRAM, Die Geburt Mitteleuropas, 1987, 98f., 125f., 128ff. – W. STÖRMER, Die bayer. Hzg.skirche (Der hl. Willibald – Kl.bf. oder Bm.sgründer?, hg. H. DICKERHOF u. a., 1990), 115–142 – J. JAHN, Ducatus Baiuvariorum (Monogr. zur Gesch. des MA 35, 1991), 221–259.

2. O., 5. Abt v. →Cluny 994–1049, OSB, hl. (Fest: 2. Jan.), * 961/962 in der Auvergne, † 1. Jan. 1049 in Souvigny (dép. Allier), ⌐ ebd.; aus der Familie →Mercoeur (Vater: Ritter Beraud, Mutter: Gerberga; 12 [13?] Geschwister). O., der Kanoniker in St-Julien in Brioude war, wurde von Abt →Wilhelm v. Dijon zum Eintritt als Mönch in Cluny überredet (um 990), wo er 993 Koadjutor von Abt →Maiolus wurde, bevor er nach dessen Tod 994 die Nachfolge antrat. 998 erhielt er von Papst Gregor V. für Cluny die uneingeschränkte Freiheit vom Diözesan, dem Bf. v. →Mâcon. Aus langen Streitigkeiten mit dem Bf. v. Mâcon ging er als Sieger hervor und erwirkte 1024 die Erweiterung dieses Privilegs auf alle von Cluny abhängigen Abteien und Priorate. Unter O. erfolgte die Umformung Clunys von einer Reformgemeinschaft zu einem zentralist. ausgerichteten Kl.verband, der am Ende seines Abbatiats mehr als 70 Kl. mit unterschiedl. Rechtsstellung umfaßte, von denen 25 bis 30 unter O. hinzugekommen waren. Hauptverbreitungsgebiet war die Auvergne, die Provence, die Île-de-France und Aquitanien. Reformaufträge erfolgten auch in Italien (z. B. →Farfa). Doch blieb O. das Reichsgebiet trotz enger Beziehungen zu Heinrich II. verschlossen. Die rechtl. Konsequenzen eines Reformauftrages mögen manchen Eigenkl.herrren davon abgehalten haben, sich mit einem Reformanliegen an O. zu wenden. Kritik blieb auch aus den Reihen des Klerus nicht aus, wie z. B. in dem berühmten »Carmen ad Rotbertum regem« (ca. 1023/27) von Bf. →Adalbero v. Laon. Cluny verdankte O. auch die Ausweitung seines Einflußbereichs nach Spanien. O.s Rat und seine Vermittlertätigkeit waren bei den Päpsten, den dt. Kg.en und Ks.n sowie den frz. Kg.en gefragt. Die ihm 1033 vom Papst angetragene Nachfolge des verstorbenen Ebf.s v. →Lyon schlug er aus. In Cluny ließ er bis auf die Kirche alle Kl.gebäude für den gewachsenen Konvent neu errichten. Eine neue Fassung der Consuetudines geht ebenso auf O. zurück wie die Einführung des Allerseelentages am 2. Nov. (um 1030) in Cluny (→Allerseelen). Nach außen wirkte er auch durch sein Eintreten für den →Gottesfrieden und die Treuga Dei. – Unter O.s Schriften sind neben den erhaltenen Briefen und Predigten v. a. die Viten seines Vorgängers Maiolus und der Ksn. Adelheid (bald nach deren Tod 999 verfaßt) hervorzuheben. Seine Vita verfaßten →Jotsaldus und →Petrus Damiani.

N. Bulst

Q.: BHL, 5182–5184 – MPL, 142, 939ff. – H. PAULHART, Die Lebensbeschreibung der Ksn. Adelheid von Abt O. v. Cluny, MIÖG Erg.bd. 20, 2, 1962 – J. HOURLIER, St-Odilon. Abbé de Cluny, 1964, 205–210 – Liber tramitis aevi Odilonis abbatis, hg. P. DINTER (CCM 10, 1980) – *Lit.*: Bibl.SS IX, 1116–1119 – DSAM XI, 608–614 – DHGE XIII, 44–49 – DIP VI, 688f. – LThK² VII, 1098 – J. HOURLIER, St-Odilon, Abbé de Cluny, 1964 – J. WOLLASCH, Heinrich II. in Cluny, FMASt 3, 1969, 327–342 – R. G. HEATH, Crux Imperatorum Philosophia: Imperial Horizons of the Cluniac Confraternitas, 964–1109, 1976 – R. REYNOLDS, O. and the 'Treuga Dei' in Southern Italy: a Beneventan Manuscript Frgm., MSt 46, 1984, 450–462 – J. WOLLASCH, Zur Datierung des Liber tramitis aus Farfa anhand von Personen und Personengruppen (Person und Gemeinschaft im MA. K. SCHMID zum 65. Geb., hg. G. ALTHOFF u. a., 1988), 237–255 – →Cluny.

Odin (an. Óðinn, ags. Wöden, ahd. Wutan, Wuotan), Hauptgott der edd. Mythologie, Göttervater, Totengott, Kriegsgott, Gott der Magie, der Dichtung, der Runen und der Ekstase. O. gehört mit seinen Brüdern Vili und Vé als Söhne des Riesen Burr und der Riesin Bestla zu den ersten Göttern. O.s Frau ist Frigg (→Freyja), seine Söhne sind die Götter →Balder (mit Frigg), Thor (mit der Riesin Jörð) und Vali (mit Rindr); sein Wohnort in Asgard heißt Hliðskjálf, von wo er die ganze Welt überblicken kann, und wo ihm seine Raben Huginn und Muninn die Neuigkeiten zutragen; seine weiteren Attribute sind der Speer Gungnir, der Ring Draupnir, die Einäugigkeit, der Schlapphut und der Mantel (letztere bes. in den jüngeren →Fornaldarsögur). Wie die Raben so ist das achtbeinige Pferd Sleipnir als O.s Götterpferd schon früh belegt. – In der germ. Mythologie dürfte O. ursprgl. die Funktion der Herrschaft verkörpert haben, wozu seine Rolle als Vater der Menschen und einiger Götter paßt, aber durch die Funktionsverschiebung tritt immer mehr seine Rolle als Kriegsgott hervor. Die Skaldendichtung des 10. Jh. beschreibt O. schon häufig als Kriegsgott und Herrn der in der Schlacht Gefallenen (→Einherier). Die Rolle als Herr von Kriegern hängt eng mit O. als Gott der (kult.) Ekstase zusammen, die sich mit den O.skriegern wie →Berserkern und Ulfheðnar ebenso wie in den Vorstellungen vom Wilden Heer manifestiert. »Woden id est furor« schreibt Adam v. Bremen (11. Jh.), und diese korrekte Etymologie erklärt nicht nur den krieger. furor, sondern auch die Ekstase im Zusammenhang mit O.s Erwerb der Kenntnisse von Runen und Dichtkunst, die vermutl. auf schamanist. Praktiken zurückgehen dürfte und am deutlichsten in O.s Selbstopfer (Hávamál 138–141) hervortritt. Zu dieser Seite O.s gehört auch seine Stellung als Gott der Magie, der (heilenden und schädigenden) Zaubersprüche und damit auch der Prophetie.   R. Simek

Lit.: O. Höfler, Kult. Geheimbünde der Germanen, 1934 – K. Helm, Wodan, 1946 – J. S. Ryan, Othin in England, Folklore 74, 1963 – H. E. Davidson, The Battle God of the Vikings, 1972 – G. W. Weber, Das O.sbild des Altunasteines, PBB 94, 1972 – O. Höfler, Zwei Grundkräfte im Wodankult (Gedenkschr. H. Güntert, 1974) – K. Hauck, Gott als Arzt (Text und Bild, hg. C. Meier–U. Ruberg, 1980) – E. Haugen, The Edda as Ritual: O. and his Masks (Edda – A Collection, 1983).

Odo

1. O., *westfrk. Kg.* 888–898, † 1./3. Jan. 898 in La Fère/Oise, ◻ St-Denis; ⚭ Theodrada. Nach dem Tod →Roberts d. Tapferen wurden seine minderjährigen Söhne O. und Robert bei der Nachfolgeregelung übergangen und 868 verbliebener 'honores' durch Karl d. Kahlen beraubt. Erst die Fürsprache →Gauzlins (2. G.) ebnete O.s Ernennung zum Gf.en v. →Paris den Weg. 885/886 organisierten Bf. und Gf. die erfolgreiche Verteidigung der Stadt gegen die →Normannen. Als Angehöriger einer Partei, die 885 den Ks. zur Herrschaft im W eingeladen hatte, profitierte O. von der ksl. Gunst, vom Zerfall monarch. Autorität und vom Tod führender westfrk. Adliger: 886 erhielt er die väterl. Besitzungen an der Loire (Gft.en Angers, Tours, Blois, Orléans; Abtei St-Martin/Tours) und vermehrte das neu entstehende Machtzentrum nach Gauzlins Tod noch um dessen Kl. St-Germain-des-Prés, St-Denis und St-Amand. Diese herausragende Stellung in Neustrien nutzte O. schon 887 zur Einflußnahme auf Teile des Episkopates. Dies war die Basis für O.s Kg.swahl und seinen gestuften Herrschaftsantritt im westfrk. Reich. Nach der Absetzung Karls III. durch seinen Neffen Arnulf löste sich das karol. Großreich 888 endgültig auf, und der Adel wählte die Kg.e der Nachfolgereiche aus den eigenen Reihen. Während sich im W eine Partei um Ebf. →Fulco v. Reims (4. F.) zunächst Wido v. Spoleto (Krönung in Langres zum westfrk. Kg., Resignation und Abzug nach Italien) und dann dem ostfrk. Herrscher Arnulf zuwandte, erhob eine andere Adelsfraktion O. am 29. Febr. 888 in Compiègne zum Kg.; die Weihe spendete Ebf. Walter v. Sens. Ein erneuter Normannensieg am 24. Juni 888 bei Montfaucon-en-Argonne und eine persönl. Begegnung mit Arnulf in Worms sicherten O.s Position, die er mit einer erneuten Krönung (mit einer von Arnulf geschickten Krone) am 13. Nov. 888 in Reims befestigte und Anfang 889 auf einem Aquitanienfeldzug auch im S zur Geltung brachte. Nach einem Hoftag in Orléans im Juni 889 setzte die Ausstellung erster Kg.surkk. ein.

Obwohl O. einen Vorrang Arnulfs akzeptierte und mit ihm ein Freundschaftsbündnis einging, war damit die 843 geschaffene Einheit und Selbständigkeit des westfrk. Reichs gewahrt. Seine Herrschaft verstand O. in der Kontinuität seiner karol. Amtsvorgänger und zählte seine Regierungsjahre vom Tod Karls III. (13. Jan. 888) an. Die bei der Weihe 888 abgelegte Promissio erkannte kirchl. und adlige Rechte im Sinne eines die Herrschaft begründenden Vertragsverhältnisses an.

Die konsequente Erweiterung der robertin. Besitzungen über Neustrien hinaus und die Sicherung für die eigene Familie durch gezielte Förderung von O.s Bruder Robert (seit 893 marchio) sorgten seit 892 freilich für zunehmenden adligen Widerstand, verstärkt durch Mißerfolge bei der Normannenabwehr. Am 28. Jan. 893 erhob eine oppositionelle Adelsgruppe um Fulco v. Reims und Gf. →Heribert I. (2. H.) den letzten westfrk. Karolinger →Karl 'd. Einfältigen' (7. K.) gegen O. zum Kg. und ersuchte Arnulf um Hilfe. In langwierigen Auseinandersetzungen um die Herrschaft, in denen Arnulf 894 Karl, 895 schließlich O. anerkannte, konnte sich O. zwar weitgehend durchsetzen, mußte aber den Verlust kgl. Autorität und die Ausformung eigenständiger Adelsherrschaften akzeptieren. In einem Vertrag wies O. 897 Karl ein Landgebiet und die Nachfolge im Kg. samt zu, sicherte aber seinem Bruder Robert das erhebl. Machtpotential v. a. in Neustrien. Als O. ohne Erben 898 starb, war der Grundstein für die karol. Restitution im Kgtm. wie für eine robertin. Sonderstellung im Reich gelegt, die 922/923 Robert (I.) und schließlich 987 Hugo Capet zur Erlangung der kgl. Würde nutzten.   B. Schneidmüller

Q.: Abbon, Le siège de Paris par les Normands, ed. H. Waquet, 1964² – Recueil des actes d'Eudes roi de France, ed. R.-H. Bautier, 1967 – Lit.: Dümmler² III, 266ff., 315ff. – HEG I, 735–738 – E. Favre, Eudes comte de Paris et roi de France, 1893 – R.-H. Bautier, Le règne d'Eudes (888–898), à la lumière des diplômes expédiés par sa chancellerie, Comptes rendus de l'Ac. des inscriptions et belles-lettres 1961, 140–157 – G. Schneider, Ebf. Fulco v. Reims (883–900) und das Frankenreich, 1973 – B. Schneidmüller, Karol. Tradition und frühes frz. Kgtm., 1979, 105–121 – O. Guillot, Les étapes de l'accession d'Eudes au pouvoir royal (Media in Francia. Mél. K. F. Werner, 1989), 199–223 – K. F. Werner, Die Ursprünge Frankreichs bis zum Jahr 1000, 1989, 446ff. – W. Kienast, Die frk. Vasallität, 1990, 445–492.

2. O. I., *Gf. v. Blois-Champagne*, † 12. März 996, ◻ →Marmoutier, Abtei; Sohn und Erbe von →Tedbald I. 'Tricator', dem Gf.en v. →Tours, →Blois, →Chartres und →Châteaudun, und Ledgarde, Tochter →Heriberts II. v. →Vermandois; seine Geschwister waren Hugo, Ebf. v. Bourges, und Emma, Gfn. v. Poitiers und Gemahlin des Hzg.s Wilhelm IV. 'Eisenarm' v. Aquitanien. Aus O.s Ehe mit →Bertha v. Burgund ging →Odo II. hervor. – 980/984 erbte O. von seinem Onkel mütterlicherseits, dem Pfgf.en →Heribert III. (d. Ä.), die Gft. Omois (→Château-Thierry), die Abtei St-Médard de →Soissons und wohl auch die Gft. →Reims sowie Fiskalgut in Lothringen (→Commercy). Mit seinem Vetter Heribert d. J., Gf.en v. →Troyes und →Meaux, unterstützte O. die Eroberungspolitik Kg. →Lothars I. v. Frankreich in Lothringen (985) und hielt den Gf.en →Gottfried v. Verdun gefangen. Nach 987 führte O. eine Schaukelpolitik zw. →Hugo Capet und seinem Konkurrenten →Karl v. Niederlothringen, entriß 990 dem neuen Kg. die Gft. →Dreux und versuchte, erfolglos, sich →Meluns zu bemächtigen (991). Im Komplott mit Bf. →Adalbero v. Laon, strebte O. vergebl. nach dem Titel des 'dux Francorum' (993). – Nach dem Tode des Gf.en heiratete seine Witwe Bertha Kg. →Robert II., von dem sie 1004 getrennt wurde.   M. Bur

Q.: Richer, Hist. de France, ed. R. Latouche, II, 1937 – Lit.: F. Lot,

Les derniers Carolingiens, 1891 – Ders., Études sur la règne de Hugues Capet et la fin du Xe s., 1903 – M. Bur, La formation du comté de Champagne, 1977.

3. O. II. ('le Champenois'), Gf. v. Blois-Champagne (Gft.en →Blois, →Tours, →Chartres, →Châteaudun, →Provins, →Château-Thierry [Omois], →Reims u.a.), * um 982, ✕ 15. Nov. 1037 bei Honol (Schlacht v. →Bar-le-Duc), ⌑ →Marmoutier, Abtei; Sohn von Odo I. und →Bertha v. Burgund, Alleinerbe (nach dem Tode seines älteren Bruders Tedbald, 1004), ∞ 1. Mathilde v. Normandie, Schwester Hzg. →Richards II., 2. Ermengarde v. Auvergne (Söhne: Tedbald, Stephan). – Bis 1023 unterhielt O. gute Beziehungen mit Kg. →Robert II., der ihm den Pfalzgrafentitel (einst von seinem Großonkel →Heribert III. d. Ä. getragen) verlieh. Er hatte Kämpfe auszutragen mit dem Gf.en v. →Angers, →Fulco Nerra, der sich der Touraine zu bemächtigen suchte. 1016 erlitt er bei Pontlevoy eine schwere Niederlage. Bereits 1015 hatte er seine (stark geschwundenen) Grafenrechte im Beauvaisis (→Beauvais) preisgegeben, um die für seinen Herrschaftsbereich geograph. günstiger gelegene Gft. →Sancerre zu erwerben. Im gleichen Jahr erwirkte er beim Gf.en v. →Sens das Recht der Errichtung der Burg Montereau, am Zusammenfluß von Seine und Yonne.

Als er 1023 das riesige Erbe seines ohne direkte Nachkommen verstorbenen Vetters Stephan in Besitz nahm (Gft.en →Troyes, →Meaux, →Châlons u. a.), verschlechterten sich O.s Beziehungen mit Kg. Robert II., der ihm Schwierigkeiten bei Ks. →Heinrich II. machte (von O. errichtete Burgen in Lothringen: →Vaucouleurs), schließlich aber dem Antritt des Erbes durch O. zustimmte, unter der Bedingung, daß O. dem Ebf. v. →Reims die gfl. Rechte in der Bf.sstadt abtrat, während der Ebf. im Gegenzug dem Gf.en den Besitz v. →Épernay und dem Rognontal (Haute-Marne) zugestand. Dieser Erfolg trug O. den Ehrennamen 'Campanicus' ein. Als Herr der →Champagne konsolidierte er seine Macht durch Gründung der Stifte St-Quiriace de →Provins und St-Martin d'Épernay (1032).

Um den Verlust seiner Position in Reims wettzumachen, war er bestrebt, sich in →Sens durchzusetzen, mit Unterstützung von →Konstanze v. Provence, der Witwe Roberts II. Dies blieb erfolglos, v. a. weil er sich zur gleichen Zeit in einen Machtkampf mit dem dt. Kg. →Konrad II. einließ: Als nächstverwandter Neffe des verstorbenen Kg.s →Rudolf III. wollte O. 1032 dem dt. Kg., der Besitz vom Kgr. →Burgund ergriffen hatte, dieses streitig machen, gestützt auf die lombard. Bf.e (→Aribert v. Mailand), die eine Stärkung der Machtposition des dt. Kg.s in Italien ablehnten. O. marschierte in Richtung auf →Aachen, nahm Bar-le-Duc ein, wurde aber von einem Heer unter Hzg. →Gozelo gestellt, unterlag in der großen Schlacht v. Bar und fiel auf der Flucht. Seine Laufbahn kann in ihrem Höhenflug und jähem Sturz mit derjenigen Karls d. Kühnen verglichen werden. M. Bur

Lit.: M. Bur, La formation du comté de Champagne, 1977 – Ders., À propos du nom d'Étienne: Le mariage aquitain de Louis V et la dévolution des comtés champenois, Annales du Midi 102, 1990, 319–327.

4. O. III., Hzg. v. →Burgund, * 1166, † 6. Juli 1218 in Lyon, Sohn Hzg. →Hugos III. und der Alix v. Lothringen. Vom Kg. v. Frankreich 1187 in Châtillon-sur-Seine gefangengenommen. O. führte während der Kreuzfahrt seines Vaters (1190–92) die Regierung und folgte ihm 1192 als Hzg. nach. Er heiratete in 1. Ehe Mathilde v. Portugal, Gfn. v. Flandern (1193), in 2. Ehe Alix v. Vergy (1199). O. war erfolglos bestrebt, sich die Gft. →Flandern zu sichern.

Danach trat er in einen Kampf mit dem Herrn v. Vergy ein, den er zur Abtretung Vergys (im Austausch gegen Mirebeau) zwang (1196–98). Er unterstützte Kg. →Philipp August in der Frage der Ehescheidung von →Ingeborg v. Dänemark und wurde exkommuniziert. Ebenso war er als Verbündeter Philipp Augusts gegen England aktiv und kämpfte bei Damme und →Bouvines (1214); als Gegenleistung trat ihm der Kg. →Flavigny und Anzy ab. O. fungierte als Vormund seines Halbbruders Andreas im →Dauphiné, beteiligte sich am Albigenserkreuzzug (→Albigenser, II) sowie am Krieg gegen Erard v. →Brienne. Auch soll er von Friedrich II. zum Vikar des Arelat ernannt worden sein. In Burgund ließ er die Burg Talant errichten, verlieh der Stadt →Beaune das Privileg einer →Kommune und gründete ein Hospital zu →Dijon. O. starb auf dem Weg zum Kreuzzug. J. Richard

Lit.: E. Petit, Hist. des ducs de Bourgogne, III, 1889 – J. Richard, Les ducs de Bourgogne, 1954.

5. O. IV., Hzg. v. →Burgund, * 1295, † 3. April 1349 in Sens, Sohn Hzg. Roberts II. und der Agnès v. Frankreich. O. folgte 1315 seinem Bruder →Hugo V. nach und verteidigte gegen Kg. →Philipp V. die Rechte seiner Nichte, der von der Thronfolge ausgeschlossenen Johanna, Tochter Ludwigs X. (→Johanna II. v. Navarra). Philipp V. gab O. seine Tochter Johanna, mit →Artois und Freigft. →Burgund als Mitgift, zur Frau (18. Juni 1318). Der Hzg. stand loyal zu den frz. Kg.en, bes. →Philipp VI., der mit O.s Schwester →Jeanne de Bourgogne verheiratet war; doch nötigte O. den Kg., mit →Robert v. Artois, der das Erbe der Gemahlin O.s einforderte, zu brechen. O. führte zahlreiche Leute aus seiner Klientel (→Noyers, Miles de) in die Entourage des Kg.s ein, begleitete Philipp VI. nach Avignon und verteidigte das Artois gegen den Kg. v. England, der ihm →Calais entriß (1347). Eine Liga von Baronen aus der Freigft., die von Johann v. Chalon-Arlay (→Chalon) angestiftet worden war und von Kg. Eduard III. unterstützt wurde, machte O. die Herrschaft über die Franche-Comté streitig (1330–31, 1336–37, 1340–47); dessen ungeachtet festigte sich die hzgl. Macht, dank des Ankaufs zahlreicher Burgen und der institutionellen Fortschritte. O. förderte die Münzprägung in →Auxonne, das zum Imperium gehörte, wodurch sich der Hzg. den kgl. Ordonnanzen entziehen konnte. Sein Sohn Philipp, vermählt mit der Gfn. v. Auvergne und Boulogne, starb vor ihm und hinterließ einen Sohn, →Philipp v. Rouvres, der das Hzm. erbte. J. Richard

Lit.: E. Petit, Hist. des ducs de Bourgogne, VII, 1904 – A.-L. Courtel, La chancellerie et les actes d'Eudes [Thèse École des Chartes, masch., 1975].

6. O., Gf. v. Orléans, ✕ 834; ∞ Ingeltrud (Schwester Seneschall Adalhards I.). Als Enkel →Gerolds verfügte O. über weitgespannte verwandtschaftl. Beziehungen im frk. Adel. Gefördert von Ksn. Judith, gehörte er zur Partei seines Vetters, Gf. →Bernhard v. Barcelona (5. B.), die sich am Hof Ludwigs d. Fr. durchsetzte und vom Sturz der Gf.en →Hugo v. Tours (14. H.) und →Matfrid v. Orléans profitierte. O., mit Matfrids Gft. ausgestattet, blieb seinem Ks. im Kampf mit dessen Söhnen treu und wurde darum 830 von Pippin I. und Lothar I. in Compiègne angeklagt, der Waffen beraubt und ins it. Exil geschickt. Mit Ludwigs Restitution kehrte auch O. in die alte Stellung zurück. Ein von ihm geführter Heereszug 834 gegen die Gf.en Lambert und Matfrid nach Neustrien endete unglückl., mit seinem Bruder Wilhelm v. →Blois und anderen Anhängern des Ks.s fand O. den Schlachtentod. Sein Verwandtenkreis prägte entscheidend die Politik des westfrk. Reiches; Karl d. Kahle heiratete 842 O.s Tochter Irmintrud. B. Schneidmüller

Lit.: B. SIMSON, JDG L. d. Fr. I–II, 1874–1876 – K. BRUNNER, Oppositionelle Gruppen im Karolingerreich, 1979 – A. KRAH, Absetzungsverfahren als Spiegelbild von Kg.smacht, 1987 – Charlemagne's Heir, ed. P. GODMAN – R. COLLINS, 1990 – K. F. WERNER (Le rôle de l'Ouest dans la destinée des Robertiens et des premiers Capétiens, hg. O. GUILLOT, 1993).

7. O., Bf. v. →*Bayeux* seit ca. 1049/50, * wahrscheinl. 30er Jahre des 11. Jh., † 1097 in Palermo; jüngerer Sohn des Herluin de Conteville († um 1066) und der Herleva, Mutter des späteren Kg.s Wilhelm I. Als Halbbruder des norm. Hzg.s erhielt O. das Bm. v. Bayeux um 1049/50. Er spielte eine bedeutende Rolle bei der Eroberung Englands 1066 und erscheint auf dem Teppich v. →Bayeux, der wohl in seinem Auftrag angefertigt wurde. O., nach 1066 zum Earl of →Kent ernannt, war bald der größte adlige Grundbesitzer in England. Er blieb im Amt, als Wilhelm 1067 und in den folgenden Jahren mehrmals in die Normandie zurückkehrte. Aber 1082 fiel er in Ungnade und wurde auf Lebenszeit eingekerkert, angebl., weil er sich selbst zum Papst ernennen wollte. Auf seinem Totenbett ordnete Wilhelm die Freilassung O.s an, dieser nahm wieder am polit. Leben teil und beteiligte sich an dem Aufstand gegen Kg. Wilhelm II. Anschließend scheint er sich v. a. der Erneuerung seiner Kirchen gewidmet zu haben. Er schloß sich dem 1. Kreuzzug an und starb in Palermo. Die Chronisten beschreiben ihn als einen sehr weltl. Mann, weit entfernt von dem Ideal eines Kirchenreformers; doch erwies er sich den ihm anvertrauten Kirchen als Wohltäter. J. S. Critchley

Lit.: D. R. BATES, The Character and Career of O., Bishop of Bayeux (1049/50–97), Speculum 50, 1975, 1–20.

8. O., 2. Abt v. →*Cluny* 927–942, OSB, hl. (Fest: 18. Nov.), * 878/879 in der Gegend von Le Mans (nach anderen Q. in Aquitanien), † 18. Nov. 942 in Tours, ⊡ St-Julien in Tours; Reliquien heute in L'Isle-Jourdain (dép. Gers); von vornehmer frk. Herkunft (Vater: Abbo). Bei Geburt dem hl. Martin gelobt, erster Unterricht durch einen Priester, danach ritterl. Erziehung am Hof des Hzg.s v. Aquitanien. Mit 19 Jahren trat er in den geistl. Stand ein und empfing in St-Martin in Tours die Tonsur. Es folgten Studien in Paris unter →Remigius v. Auxerre und ein Kanonikat in St-Martin. Die Zerstörung von Tours (903) durch die Normannen und seine Enttäuschung über das verweltlichte Leben der Kleriker veranlaßten O., Tours zu verlassen. Er erhielt die Priesterweihe durch den Bf. v. Limoges und wurde 30jährig Mönch unter Abt Berno in Baume. Dort als Leiter der Klosterschule eingesetzt, avancierte er zum designierten Nachfolger Bernos. Infolge des Widerstandes von Bernos Verwandtem Wido mußte er 924 in das von Berno gegr. Cluny ausweichen, wo er ebenso wie in →Massay und →Déols 927 beim Tode Bernos nach den Bestimmungen von dessen Testament Bernos Nachfolge antrat. 931 erwirkte er für Cluny von Papst Johannes XI. das wichtige Privileg, nicht nur Mönche anderer Kl. aufnehmen, sondern auch andere Kl. übernehmen zu können. So sah denn auch folgerichtig die spätere cluniazens. Tradition (z. B. →Petrus Venerabilis) in ihm den eigtl. Begründer des Reformklosters Cluny. Das von ihm in Anlehnung an →Benedikt v. Aniane fortentwickelte Reformmönchtum gewann ihm die Achtung und Freundschaft der Großen seiner Zeit und trug ihm sowohl von geistl. als auch weltl. Klosterherren zahlreiche Reformaufträge ein, sei es, daß ihm Kl. zur Leitung übertragen wurden, ohne daß eine Zuordnung zu Cluny daraus folgte, wie Fleury, Aurillac, St-Julien in Tours oder St. Paul in Rom, oder sei es, daß sie Cluny übereignet wurden, wie das von der Gfn. Adelheid gegr. Romainmôtier (929), Charlieu, Sauxillanges oder Souvigny. Weitere Reformeingriffe durch O. oder durch von ihm eingesetzte Schüler erfolgten in den frz. Kl. Ambierle, Sarlat, Tulle, St-Martial in Limoges, St-Marcellin de Chanteuges, St-Pons de Thomières und St-Pierre-le-Vif in Sens sowie in den röm. Abteien S. Maria auf dem Aventin und S. Andrea sul Celio und in den it. Abteien S. Pietro Ciel d'Oro, St. Elias in Nepi, Montecassino und Farfa. Die it. Reformen standen u. a. in Zusammenhang mit drei Reisen, die er auf Bitten der Päpste nach Rom unternahm (936; 938/939; 941/942), um im Konflikt zw. dem Patricius →Alberich und Kg. →Hugo v. Italien zu vermitteln.

O. war von ungewöhnl. Gelehrsamkeit und auch als Schriftsteller tätig. In seiner Vita des → Geraldus v. Aurillac zeichnete er am Beispiel des heiliggesprochenen Gf. en das Ideal eines Adels, der in der Welt bleiben und dort dem Kl. dienen sollte. Wichtige Schriften sind außerdem die »Collationes« und die »Occupatio«, worin er das Armutsideal betonte, im Mönchtum die Fortsetzung des Lebens der Urkirche sah und dem erneuerten Mönchtum die Aufgabe der Erneuerung der ganzen Christenheit zuwies. Seine Biographie verfaßte sein Schüler Johannes v. Salerno bald nach seinem Tod (später von Nalgod umgearbeitet [12. Jh.]). N. Bulst

Q.: BHL, 6292–6299 – DSAM XI, 623 – MPL, 133, col. 105–816 [Schrr.] – MPL, 133, col. 43–104 [Viten] – Occupatio, hg. A. SWOBODA, 1900 – St. O. of Cluny, übers. und hg. G. SITWELL, 1958 – Lit.: Bibl. SS IX, 1101–1104 – DIP VI, 687 – DSAM XI, 620–624 – LThK² VII, 1100f. – G. ANTONELLI, L'Opera di Odone di Cluny in Italia, Benedictina 4, 1950, 19–40 – J. WOLLASCH, Kgtm., Adel und Kl. im Berry während des 10. Jh. (Neue Forsch.en über Cluny und die Cluniazenser, hg. G. TELLENBACH, 1959), 17–165 – H. M. MOLL, Rechtsprobleme der kluniazens. Reform im 10. und 11. Jh. am Beispiel der Vita des Abtes O., 1970 – M. HEINZELMANN, Sanctitas und Tugendadel, Francia 5, 1977, 741–752 – B. H. ROSENWEIN, St. O.'s St. Martin ..., Journal of Medieval Hist. 4, 1978, 317–331 – DIES., Rhinoceros Bound. Cluny in the Tenth Century, 1982 – F. LOTTER, Das Idealbild adliger Laienfrömmigkeit in den Anfängen Clunys: O.s Vita des Gf. en Gerald v. Aurillac (Benedictine Culture 750–1050, hg. W. LOURDAUX – D. VERHELST, 1983), 76–95 – →Cluny.

9. O. Rigaldi, Ebf. v. Rouen → Eudes Rigaud

10. O. (Odoardus) **v. Cambrai**, * Mitte 11. Jh. Orléans, † 1113 Abtei OSB →Anchin, Sel. (Gedächtnis 19. Juni), Lehrer der →Artes in Toul und Tournai. Nach seinem Biographen, →Hermann v. Tournai, schrieb O. über die 'Trugschlüsse', das 'Schlußverfahren' und die 'Sache und das Ding' (hs. nicht bezeugt). 1092 gründete er das Kl. St-Martin in Tournai (zunächst nach der Augustinusregel, später →Cluny zugehörig). Als Theologe dichtete er über das 'Schöpfungswerk' (MPL 171, 1213–18 unter dem Namen Hildeberts v. Lavardin), schrieb über den 'Meßkanon' (MPL 160, 1053–70) und die 'Erbsünde' (ebd., 1071–1102), verfaßte eine 'Disputatio gegen den Juden Leo' und 'Distinctiones zum Psalterium' (vgl. RBMA IV nr. 6052). Er wurde 1095 Abt in Tournai, 1105 Bf. v. Cambrai (1110 Rücktritt). Zu den Predigten vgl. J. B. SCHNEYER, Rep. der lat. Sermones des MA, IV, 1972, 391 (ed. MPL 160, 1121–50). M. Gerwing

Lit.: DThC XI, 932–935 – LThK² VII, 1099 [Lit.] – HLF IX, 583–606 – MANITIUS III, 239, 531f. – I. M. RESNICK, Odo of Tournai's De peccato originali and the Problem of Original Sin, Medieval Philos. and Theol., I, 1991, 18–38.

11. O. v. Cheriton (Shirton), engl. Theologe, * um 1180 Kent, † um 1246; studierte in Paris, wurde Mag., lebte seit 1220 meistens auf dem Familiensitz in Cheriton, reiste aber auch nach Frankreich und Spanien. Er war ein erfahrener, humorvoller Fabulist, der Prälaten, Chorherren, Mönche und Weltpriester scharf kritisierte, Dominikanern und Franziskanern aber Sympathie entgegenbrachte.   H. Riedlinger

Ed. und Lit.: DSAM XI, 618–620 – Parabolae. ad. L. Hervieux, Les fabulistes lat., IV, 1896 – A. C. Friend, Speculum 23, 1948, 641–658 [Biogr., Bibliogr.] – Ders., JEGP 35, 1954, 383–388 – RBMA IV, 6114–6116, 2; IX, 6115 – H. Riedlinger, Die Makellosigkeit der Kirche in den lat. Hld-Komm. des MA, 1958, 256–264 – J. Leclercq, AHDL 32, 1965, 61–69 – J. B. Schneyer, Rep. der lat. Sermones des MA, IV, 1972, 483–499.

12. O. v. Deuil (O. de Diogilo), mlat. frz. Chronist, †8. April 1162, Mönch in →St-Denis, fand die Aufmerksamkeit des großes Abtes →Suger, der ihn bei der Reform mehrerer Abteien einsetzte und ihn danach 1147 an Kg. →Ludwig VII. als dessen Sekretär und Kapellan auf dem 2. →Kreuzzug empfahl. Erschöpft von der Kreuzfahrt kehrte O. 1149 nach Frankreich zurück; dank seines Ansehens bei Kg. Ludwig und Abt Suger wurde er im Sept. 1150 zum Abt v. St-Corneille de →Compiègne, im Jan. 1151 zum Abt v. →St-Denis gewählt. Trotz der Unterstützung durch den Kg., den Papst und den hl. →Bernhard v. Clairvaux hatte O. einen schweren Stand und erlangte keinen größeren polit. Einfluß. – O.s einziges erhaltenes Geschichtswerk ist sein Bericht über den Kreuzzug Ludwigs VII., gewidmet Suger (der an seine Vita →Ludwigs VI. diejenige des Nachfolgers anschließen wollte, diesen aber nicht auf der Kreuzfahrt begleiten konnte). O. verfaßte seine Chronik im Sommer 1148 in geschliffenem Stil; doch setzte er die Erzählung nach der gescheiterten Belagerung v. Damaskus nicht fort, entweder aus Enttäuschung oder infolge der Erschöpfung durch die Fieberepidemie. Für die Ereignisse, an denen O. an der Seite des Kg.s teilnahm, ist er ein hellsichtiger und sorgfältig berichtender Zeuge; gleichwohl fand sein Werk im MA nur geringe Verbreitung. Die frühere Zuschreibung der »Gesta Ludovici VII« an ihn ist irrig.   P. Bourgain

Ed.: H. Waquet, La croisade de Louis VII, roi de France, 1949 – Lit.: HLF XII, 614–624 – Molinier II, 2171.

13. O. v. Dover, Kanonist, ist bisher nur durch das in der Hs. London, BL Cotton. Vitell. A III fol. 111–218, noch teilweise erhaltene und ihm zugeschriebene Werk zum →Decretum Gratiani bekannt. Es ist eine Summen-Abbreviatio, da es eigene Ausführungen (relativ selbständig z. B. seine Naturrechtslehre) mit vielen Texten aus dem Decretum Gratiani verbindet. Sicher benutzte O. v. D. auch die Summe des →Stephan v. Tournai, so daß sein Werk auf etwa 1170 zu datieren ist, das ein frühes Zeugnis der Verbindung engl. Lehrer mit Frankreich darstellt.   R. Weigand

Lit.: Kuttner, 172–177 – S. Kuttner–E. Rathbone, Anglo-Norman Canonists of the twelfth Century, Traditio 7, 1949–51, 293, 333 – R. Weigand, Die Naturrechtslehre der Legisten und Dekretisten, 1967, 160–163, 168, 172, 288, 292, 362 – F. Liotta, La continenza dei chierici, 1971, 71–73.

14. O. v. Magdeburg, Kleriker, Verf. einer der lat. Bearbeitungen des →»Herzog-Ernst«-Stoffes, die er dem Magdeburger Ebf. Albrecht II. v. Kefernburg widmete. Zw. 1212 und 1218 entstanden, sprachl. gekünstelt, bietet das Werk die beliebte Sage in antikisierendem Stil als Epos (3523 Hexameter); neben ma. Schulautoren ist v. a. Vorbild die »Alexandreis« des →Walter v. Châtillon.
   B. Gansweidt

Ed.: B. Gansweidt, Der »Ernestus« des O.v.M., 1989 – Lit.: Verf.-Lex.² III, 1170–1191; VII, 17–19 [Lit.] – Th. A.-P. Klein, Der »Ernestus« des O.v.M. Stud. zur Textkritik und Interpretation, StM 31, 1991, 907–923 – Ders., Eine Jungfrau aus Korinth am südl. Nachthimmel im 'Ernestus' des O.v.M.?, Hermes 119, 1991, 127f.

15. O. v. Metz, gemäß einer nur als Randglosse zur Vita Karoli Magni des →Einhard überlieferten Inschrift Bauleiter der von Karl d. Gr. erbauten Aachener Pfalzkapelle: »Insignem hanc dignitatis aulam Karolus caesar magnus instituit; egregius Odo magister explevit; Metensi fotus in urbe quiescit«.   G. Binding

Lit.: Jaffé, BRG 4, 536, Anm. 1.

16. O. v. Meung, Arzt oder Schulautor im letzten Drittel des 11. Jh., verfaßte ein pharmakograph. Lehrgedicht (→Kräuterbücher) in ca. 2000 Hexam. (Vorbild →Walahfrid, Hauptquellen →Gargilius Martialis, langob. →Dioskurides, Plinius, Palladius, Isidor), das schon im HochMA starke Corpus- sowie Kapitel-Varianz aufweist. Die Zuschreibung an (Aemilius) Macer *(Macer floridus)* beginnt gegen 1100, mit dem ursprgl. Titel 'De viribus [naturis] herbarum' zu konkurrieren und die Autorennennung zu verdrängen. Obwohl im spätma. Schulbetrieb bezeugt, wurde der 'Macer' v. a. als drogenkundl. Hb. verwendet. Die landessprachige Rezeption setzt in Deutschland mit Glossen und einer Imitation (→'Bartholomäus') bereits vor 1200 ein, 13.–15. Jh. sechs Prosabearbeitungen sowie eine Reimbearbeitung; ähnlich früh in Dänemark greifbar (→Henrik Harpestraeng). In England ab dem 14. Jh. drei Prosa-Übers.en, bis 1500 25 Versionen. Im It. ist der 'Macer' nach 1400 belegt; im Frz. Verflechtung mit den volkssprachigen 'Secreta salernitana'. Am wirkungsmächtigsten war der in 140 Hss. überlieferte 'Ältere deutsche Macer' (um 1225, Thüringen oder Schlesien), 1480/85 durch Joh. Wonnecke in den →'Gart der Gesundheit' eingearbeitet; lat. Rückübers.en.   G. Keil

Ed.: Macer Floridus, hg. L. Choulant, 1832 – Lit.: Verf.-Lex.² V, 1109–1116 – W. F. Daems, Janus 53, 1966, 17–29 – R. H. Robbins, Med. mss. in ME, Speculum 45, 1970, 393–415 – B. Schnell, »Von den wurzen« (Habil.schr. 1989], 92–177– Älterer dt. 'Macer', Ortolf v. Baierland 'Arzneibuch' ..., hg. W. Dressendörfer, G. Keil, W.-D. Müller-Jahncke, 1991.

17. O. v. Ourscamp (v. Soissons) OCist, † bald nach 1171; ca. 1145–60 Kanoniker und Scholastiker an der Kathedralschule in Paris, 1160–ca. 1166 Kanzler, Mönch und 1167–70 Abt der Zisterze Ourscamp (Diöz. Noyon), 1170 Kard.bf. v. Tusculum. Seine häufige scharfe Kritik an den Lehrmeinungen seines Kollegen →Petrus Lombardus ist auch in den Glossen zu dessen Sententiae greifbar. Als Vertreter der (Sprach-)Logik und Dialektik machte er alle Themen der Theologie (auch Christologie und Sakramentenlehre) zum Gegenstand der Disputation. Mit den →Porretanern verbindet ihn nicht nur die Methode, sondern auch der Lehrstandpunkt; letzteren kritisierte die hl. →Hildegard in einem Brief an ihn. Neben Briefen und Sermones (vgl. Schneyer, Rep. IV, 508–510) sind umfangreiche Quästionenslg.en überliefert. →Simon v. Tournai gilt als O.s begabtester Schüler.   L. Hödl

Lit.: DSAM XI, 628–631 – J. B. Pitra, Quaest. M. Odonis Suessionensis, Anal.nov. SSL 2, 1888 [unkrit. Teiled., vgl. dazu I. Brady, Antonianum 41, 1966, 465f.] – J. Leclercq, Lettres d'Odon d'O., StAns 37, 1955, 145–157 – A. M. Landgraf, DT 11, 1933, 161–175 [Verf. der Glossen und der Quästionen unterschieden!] – J. Longère, Œuvres oratoires de maîtres Parisiens au XIIᵉ s., 2 Bde, 1975 – L. Hödl, Schol 33, 1958, 62–80 – P. de Santis, Aevum 56, 1982, 221–244.

Odoaker (Odowaker, Odoacrus, Ὀδόακρος), germ. Söldnerführer, Kg. in Italien (seit 476), * um 433; Herkunft unklar (Vater Edeko wohl hunn. Magnat am Hofe Attilas; nach anderen Skire). O. leistete nach dem Zerfall des Hunnenreiches Söldnerdienst in Gallien, danach für

→Ricimer in Italien, wo er von meuternden Söldnern zum rex erhoben wurde. Nach der Tötung des Orestes und Absetzung des →Romulus Augustus herrschte O., von Byzanz zum →Patricius ernannt, über Italien; der als Ks. vorgesehene →Nepos betrat dieses nicht mehr. Das Verhältnis zum Senat war gut; ab 480 erhielt O. das Recht der Consulsernennung. Der Verdacht einer Beteiligung am Illusaufstand 484 führte zu Spannungen mit Byzanz, in deren Folge O. das →Rugierreich vernichtete und die Reste der romanisierten nord. Grenzbevölkerung evakuierte. Es gelang O., durch einen Pachtvertrag Sizilien von den Vandalen zu gewinnen. Die Gründe für den Einmarsch →Theoderichs 489 scheinen Konzession von seiten Zenons und Versuch, sich der Ostgoten zu entledigen. Nach dreijährigem Krieg zum Kompromißfrieden gezwungen (Samtherrschaft; während des Krieges bereits Ernennung des Sohnes Thela zum Caesar), wurde O. 493 durch Theoderich getötet; als Grund galt Rache für das rugische Kg.shaus. G. Wirth

Lit.: PLRE II, 792 – RE XVII, 1888–96 – F. Kraus, Die Münzen O.s, 1928 – E. Stein, Bas-Empire II, 1949, 41ff. – A. H. M. Jones, The Journal of Roman Stud. 52, 1962, 126–130 – Jones, LRE I, 245 – A. Chastagnol, Le senat romain sous le règne d'Odoacre, 1966 – M. A. Wes, Das Ende des Ksm.s im W des röm. Reiches, 1967, 149 – M. McCormick, Byzantion 47, 1977, 212–222 – J. Moorhead, BZ 77, 1984, 261–266 – A. Demandt, Die Spätantike, HAW III 6, 1990, 176f.

Odofredus de Denariis, Bologneser Rechtslehrer und Praktiker, * in Bologna, † 3. Dez. 1265 ebd., bedeutendes »Glossatorengrab« (Sarkophag auf Säulen unter einem von Säulen und Bögen getragenen Pyramiden-Baldachin) bei der Kirche S. Francesco. O. studierte in Bologna, noch bei →Azo sowie bei →Hugolinus und Bagarottus, v. a. aber unter →Jacobus Balduini (vor 1220 bis 1228), und lehrte, nach einem Aufenthalt in Frankreich und prakt. Tätigkeit im Kirchenstaat, ebd. (wohl seit 1231). Er schrieb einen Glossenapparat (→Apparatus) zum Frieden v. →Konstanz, eine Summa feudorum, Zusätze zur Codexsumme Azos, →Quaestiones, →Consilia und Monographien. Berühmt sind die Mitschriften (reportationes) seiner weitschweifigen, mit Anekdoten gewürzten Vorlesungen über alle Teile des →Corpus iuris civilis (ohne Novellen). Die schriftl. ausgearbeitete Grundlage der Codexvorlesung von 1232 sind die →Casus Codicis der Hs. Seo de Urgel, Catedral, 2042, Bl. 1ff. Die →»Ars notarie« und die Summula de libellis formandis (→Libellus), die man O. zugeschrieben hat, hat nicht er, sondern sein Schüler →Salathiel verfaßt. Auch O.' Sohn Albertus war ein angesehener Rechtslehrer in Bologna. P. Weimar

Ed.: Lectura super Digesto veteri, ... Infortatio, ... Digesto novo, ... Codice, Index (OIR II–VI), 1967 [Neudr. der Ausg. Lugduni 1550–52] – Summa ... in usus feudorum ..., Compluti 1584 – De percussionibus (Tractatus ex variis iuris interpretibus collecti, Lugduni 1549), X, 34 – Lit.: Coing, Hdb. I – DBI XXXVIII, 700–705; 697–700 [E. Spagnesi; Lit.] – Savigny V, 356–383 – N. Tamassia, Odofredo, 1894–95 [jetzt in: Ders., Scritti di storia giuridica, II, 1967, 335–461] – D. Maffei, Il »Tractatus percussionum« pseudobartoliano e la sua dipendenza da O., Studi senesi 78, 1966, 7–29 – G. Nicolosi Grassi, Una inedita »quaestio« di O. in tema de »iurisdictio«, Quaderni catanesi di studi classici e medievali 3, 1981, 215–230 – M. Bellomo, Matteo di O.: un figlio ignoto di padre noto?, ebd. 5, 1983, 237–245 – G. Dolezalek, I commentarii di O. e Baldo alla Pace di Costanza (La Pace di Costanza 1183, 1984), 59–75.

Odomar, Verf. einer »Practica« alchem. Inhalts, die Anweisungen zur Herstellung korrosiv wirkender Substanzen und anderer Präparationen vereint. Er ist vermutl. mit Ademar/Adamar/Adomar ident., einem Pariser Kanonikus (14. Jh.), der mit Kommentaren zum →Geber latinus-Corpus hervortrat; nach Zeugnis eines Dialogtraktats (»Dialog zw. Ademarus Parisiensis und Wilhelm«) zählte er zu den geschätzteren Autoritäten praxisorientierter Alchemiker des SpätMA. J. Telle

Ed.: Verae alchemiae ... doctrina, II, ed. G. Grataroli, Basel 1561, 249–254 – Theatrum chemicum, III, Straßburg 1659, 166–172 [1602¹] – Lit.: Ferguson II, 152 – J. Corbett, Catalogue des mss. alchimiques lat., I–II, 1939–51, s. v. – W. J. Wilson, Catalogue of Lat. and Vernacular Alchemical Mss. in the US and Canada, Osiris 6, 1939, s. v. – P. C. Boeren, Codd. Vossiani chymici (Codd. Manuscripti 17, 1975), 163 – Rosarium philosophorum, II, hg. J. Telle, 1992, 226.

O Donnell, seit Mitte des 13. Jh. in Tír Conaill (Gft. Donegal, nw. Irland) herrschende Dynastie. In der 2. Hälfte des 13. Jh. gewannen die O. die Unterstützung der MacSweeneys aus Schottland. Im Verlauf langer Erbauseinandersetzungen des späten 13. und 14. Jh. errang 1360 Toirdhealbach an Fhíona ('T. vom Weine') die Herrschaft; er übertrug den MacSweeneys drei Baronien in Tír Conaill und verfügte somit über eine schlagkräftige Heeresmacht (→Gallóglaigh), mit deren Hilfe er sich sowohl der benachbarten →O Neill erwehrte als auch aktiv in die Politik des Kgr.es →Connacht eingriff. Toirdhealbach, der 1403 im zisterziens. Mönchsgewand verstarb, hatte mit zehn Frauen nicht weniger als 18 Söhne gezeugt. Das 15. Jh. war von erbitterten Erbfolgekämpfen seiner Söhne und Enkel erfüllt. Erst 1505 konnte sich Aodh Dubh durchsetzen und die Herrschaft 1537 seinem Sohne Maghnus vererben. G. MacNiocaill

Lit.: P. Walsh, Leabhar Chlainne Suibhne, 1920 – K. W. Nicholls, Gaelic and Gaelicized Ireland in the MA, 1972 – Medieval Ireland 1169–1534, hg. A. Cosgrove, 1993².

Odorannus v. Sens, mlat. Autor, Mönch v. St-Pierre-le Vif zu →Sens, * um 985, † 1046. Goldschmied, Musiker, Liturgiker, Kanonist und Chronist, wurde O. vielleicht in →Fleury geformt; seine alle Zweige des Mönchswissens seiner Zeit (außer Komputistik) erfassenden Kenntnisse und sein gesuchter Stil sind repräsentativ für die monast. Bildung der Epoche. Als begabter Goldschmied schuf er im Auftrag Kg. →Roberts II. einen großen Schrein für die Reliquien des hl. Savinian zu Sens. 1023 geriet O. in Schwierigkeiten, wohl wegen seiner Beziehungen zu den Häretikern v. →Orléans, mußte für eine Zeitlang aus Sens fliehen und rechtfertigte sich in mehreren (nur teilw. erhaltenen) Schriften. Er stellte seine Werke selbst in einem Band zusammen; dieser umfaßt: eine kleine Chronik v. St-Pierre-le-Vif, in der er sich v. a. über den Savinianschrein und dessen Finanzierung verbreitet; kanonist. Rechtsgutachten, v. a. in bezug auf strittige Erzbischofswahlen in Sens; kleinere theol., exeget. und liturg. Werke; Schriften zur Theorie und Praxis der Musik, die zwar große techn. Präzision offenbaren, jedoch Kenntnisse der führenden musiktheoret. Auffassungen der Zeit vermissen lassen. P. Bourgain

Ed.: Opera omnia, ed. R.-H. Bautier – M. Gilles u. a., 1972 – Lit.: Molinier II, 1373f.

Odoricus v. Pordenone, OFM, stammte aus Pordenone (Friaul), † Jan. 1331 (Seligsprechung: 1755). Im Mai 1330 diktierte O. in Padua den Bericht über eine kurz zuvor beendete mehrjährige Asienreise. Nur wenige Daten zu seiner Person sowie zur Reise selbst sind quellenkrit. gesichert. Um 1322 erreichte er über die Seeroute Tana (Bombay) und im weiteren Verlauf das von der mongol. Yüan-Dynastie beherrschte →China, wo er sich drei Jahre in Cambalec (Peking) aufhielt. Ein erhebl. Teil des Berichts gilt der Beschreibung des Reiches des Großkhans. Die älteste Version des Textes erstellte Wilhelm v. Solagna in lat. Sprache nach dem Diktat des Reisenden. Eine zweite lat. Version verfaßte 1340 in Prag Heinrich v. Glatz.

Daneben entstanden Übers.en in verschiedenen Volkssprachen, so 1359 durch Konrad Steckel ins Deutsche. Der Bericht des O. ist in etwa 140 Hss. überliefert und fand zusätzl. indirekte Verbreitung durch Jean de →Mandeville, der für seine fiktive Reiseschilderung viele Mitteilungen des Franziskaners über den Fernen Osten übernahm.
R. Jandesek

Ed. und Lit.: Sinica Franciscana I, hg. A. van den Wyngaert, 1929 – Konrad Steckels Übertragung der Reise nach China des Odorico d. P., hg. G. Strasmann, 1968 – Odorico da P. e la Cina, hg. G. Melis, 1983 – F. Reichert, Die Reise des sel. Odorich v. P. nach Indien und China, 1987 – R. Jandesek, Der Bericht des Odoric da P. über seine Reise nach Asien, 1987 – Ders., Das fremde China. Berichte europ. Reisender des späten MA und der frühen NZ, 1992 – F. Reichert, Begegnungen mit China. Die Entdeckung Ostasiens im MA, 1992.

Odovaker, Odowaker → Odoaker

Óðroerir (an. 'der zur Ekstase Anregende') bezeichnet in der Hávamál und zahlreichen Kenningar der Skaldendichtung den Skaldenmet, obwohl ihn Snorri auf Grund eines Mißverständnisses als Name eines Kessels auffaßt. Der Skaldenmet ist ein von Zwergen aus dem Blut des weisen Riesen Kvasir gebrauter →Met, den →Odin der Riesentochter Gunnlöð abnimmt und der die Gabe der Dichtkunst verleiht (Hávamál 104–111; Snorri, Skáldskaparmál 1).
R. Simek

Lit.: R. Simek, Lex. der germ. Mythologie, 1984 – A. G. v. Hamel, The Mastering of the Mead (Studia Germanica till. E. A. Kock, 1934) – R. Doht, Der Rauschtrank im germ. Mythos, 1974.

Odrowąż, poln. Rittergeschlecht von oberschles. Herkunft, benannt nach seinem Wappen 'O.' (weißer Pfeil mit Angel im roten Feld). Prandota d. A., Ahnherr des Geschlechts, erhielt am Anfang des 12. Jh. von Hzg. →Bolesław Krzywousty große Besitzungen im n. Kleinpolen (Hauptsitz: Konskie), die bis zum späten MA auf ca. 250 Güter anwuchsen. Ihre höchste Machtstellung erlangten die O. im 13. Jh.; bedeutende Mitglieder des Geschlechts waren Iwo, Bf. v. Krakau und Pariser Schulfreund von Papst Gregor IX., Prandota, Bf. v. Krakau, der die Kanonisation des hl. →Stanisław in Rom erwirkte, sowie die Dominikaner →Hyazinth und Vinzenz de Kielcze, der die Vita minor und maior des hl. Stanisław verfaßte. Andere Mitglieder bekleideten im 13.–15. Jh. höchste Ämter im Kgr. Das Geschlecht der O. teilte sich in mehrere Zweige: de Szczekociny, de Dębno, de Sprowa, de Konskie; dem Wappen v. O. schlossen sich in der Folgezeit auch niedere adlige Familien an.
G. Labuda

Lit.: PSB X, 187–192, 263f.; XXVIII, 445–453 – K. Górski, Ród Odrowążów w wiekach średnich, 1927.

Oede de la Couroirerie (Eude de Carigas, Odo de Coriaria, Odon de Paris, Odo de St-Germain), frz. Dichter (→Trouvère) und Komponist, * vermutl. in der Île de France, † 1294. 1270–94 ist er als *clerc* des Gf. en Robert v. Artois in diplomat. Diensten nachweisbar. Ihm werden 5 Lieder zugeschrieben, die allesamt auf ältere oder zeitgenöss. Vorlagen zurückzuführen sind.
H. Leuchtmann

Lit.: New Grove s. v. – J. Spanke, Die Gedichte Jehans de Renti und O.s de la C., ZFSL 32, 1908, 157–218.

Oenach, polit. Institution im frühma. →Irland, jährl. Versammlung anläßl. des Festes v. Lugnasad (1. Aug.), an dem ein oder mehrere →*tuatha* (Provinzialkgr.e) teilnahmen. Neben der Abhaltung von Spielen, Pferderennen und athlet. Wettkämpfen, die wohl im Totenbrauchtum wurzelten (Schauplatz war jeweils die Stätte eines alten Stammesfriedhofs), wurden wichtige polit. Angelegenheiten verhandelt, z. B. der Abschluß eines Waffenstillstands *(cairde)*. Diese Versammlungen sind für eine Reihe von Kgr.en belegt, so *O. Carmain* (in Curragh, Gft. Kildare) für die Laigin (Leinster), später dann *O. Colmáin* (in Lynally, Gft. Offaly); *O. Téite* für Munster; *O. Raigne* für Ossory (Osraige). Am besten belegt ist jedoch *O. Tailten* (in Teltown, Gft. Meath), das noch bis ins 11. Jh. fortlebte. Unter dem Vorsitz der Kg.e v. →Tara wurde diese große Versammlung bis 873 regelmäßig abgehalten (abgesehen von polit. unruhigen Zeiten, z. B. 717, 777, 791, 827), danach nur noch unregelmäßig. Nach einer formellen Wiederherstellung von 916 zeigte sich seit 926 immer deutlicher, daß sich die Zusammenkunft trotz künstlicher Wiederbelebungsversuche (noch 1006) überlebt hatte.
G. MacNiocaill

Lit.: D. A. Binchy, The Fair of Tailtu and the Feast of Tara, Ériu 18, 1958.

Óengus

1. **Ó. I.**, Kg. der →Pikten 729–761; Sohn von Fergus (Urguist), trat seine Herrschaft an, als das pikt. Kgr. die alte, mit →Iona verbundene →Osterfestberechnung ablehnte und das röm., von der Synode v. →Whitby für Northumbria festgesetzte Osterfest übernommen hatte. Ó., einer der mächtigsten pikt. Kg.e, unterwarf die Schotten v. →Dál Riada und eroberte ihren wichtigsten Stützpunkt Dunadd in Argyll. Seine Macht sank, nachdem ein von seinem Bruder Talorgan angeführtes Heer durch die Briten v. Cumbria (→Cumberland) eine schwere Niederlage erlitten hatte. Wahrscheinl. gelangten während Ó.' Regierung die Reliquien des hl. Andreas nach Schottland.
G. W. S. Barrow

Lit.: A. Smyth, Warlords and Holy Men, 1984.

2. **Ó. II.**, Kg. der →Pikten und Schotten 820–834; Sohn von Fergus (Urguist), Nachfolger seines Bruders Konstantin, dem ersten Dál Riadic-Kg. (→Dál Riada) aus dem Zweig der Cenél nGabráin, die infolge der angenommenen Nachfolgeordnung über die Pikten herrschten. Die Machtstellung, der sich Ó. durch die Verbindung der beiden Kgr.e erfreute, wurde durch Angriffe der Wikinger auf das n. Britannien ernsthaft gefährdet. Wahrscheinl. gingen während Ó.' Regierung die Northern Isles und ein großer Teil der Western Isles an das schott.-pikt. Kgr. verloren. Der Kult des hl. Andreas wurde vielleicht bereits von Óengus I., aber wohl spätestens von Ó. II. in Cennrigmonaid (Kinrymont), dem späteren →St. Andrews, eingeführt. Zweifellos ebnete Ó.' Herrschaft den Weg für das vereinigte Kgr. v. Alba und Scotia unter →Kenneth McAlpin I.
G. W. S. Barrow

Lit.: A. Smyth, Warlords and Holy Men, 1984.

3. **Ó. Céle Dé** (Ó., Sohn des Oengoba, Sohn des Oiblén), air. monast. Autor aus dem Kreis der →Célí Dé (Culdeer), um 800 Mönch v. Cluain Eidnech (Clonenagh), Gft. Laois, schloß sich der von Mael Ruain v. Tallaght (Gft. Dublin) geführten Reformbewegung an und gründete selbst das Kl. Dísert Óengusa (Dysartenos, Gft. Laois). Ó. ist Kompilator des berühmten Kalendariums →»Félire Óengusso«.
G. MacNiocaill

Lit.: P. Ó Riain, Corpus Genealogiarum Sanctorum Hiberniae, 1985.

Óengus (Angus; früher Circhinn), Prov. im ö. Schottland zw. der Mündung des Flusses Tay im S und dem Fluß North Esk im N. Ó. wurde Sheriffdom oder County v. Forfar, wahrscheinl. bildete die angrenzende Gft. v. Kincardine im N urspgl. einen Teil von Ó. Der Name 'Ó.', der als »Enegus« in einer Urk. des 12. Jh. erscheint, ist vielleicht von dem pikt. Kg. →Óengus I. abgeleitet. Als eine der ältesten Provinzen v. Alba bildete Ó. das Gebiet eines *mormaer* (→Earl, II), und seit dem 12. Jh. war Ó. eines der wichtigsten Earldoms in Schottland. Die früheste bekannte Earl-Dynastie endete mit einer Erbin um 1242.

Durch deren zweiten Ehemann, Gilbert de Umfraville, gelangte das Earldom in den Besitz einer engl. Adelsfamilie, welche die engl. Kg.e im ersten schott. Unabhängigkeitskrieg unterstützte. Es wurde von Kg. Robert I. eingezogen, der es John →Stewart übertrug. Dessen Enkelin Margaret verzichtete 1389 auf das Earldom zugunsten von George →Douglas, ihrem unehelichen Sohn von Wilhelm, dem ersten Earl of Douglas. Diese Linie der »Red Douglas« behielt das Earldom mit einigen Unterbrechungen bis zum 18. Jh. G. W. S. Barrow

Lit.: Scots Peerage I, 1904 – A. J. WARDEN, Angus or Forfarshire, 1880–85 – A. O. ANDERSON, Early Sources of Scottish Hist., 1922.

Oettingen, Gf. en v., edelfreies schwäb. Geschlecht, welches seit ca. 1140 im Ries über Absplitterungen stauf. Güter das Gf.enamt ausübte. Nach dem Untergang der Staufer konnten die Gf.en durch Zuerwerb von Forsten, Burgen, Geleit- und Zollrechten, Reichsvogteien und -pfandschaften, auch durch Privilegien für ihr →Landgericht, ein relativ geschlossenes Territorium aufbauen, dessen Kern das Riesbecken bildete. Um 1300 erreichten sie den Höhepunkt ihrer Macht, deren Niedergang durch Verkäufe und Parteinahme Gf. Ludwigs VI. für seinen Schwager Kg. Friedrich d. Schönen und gegen Ludwig d. Bayern eingeleitet sowie durch Teilungen beschleunigt wurde. Die Erbeinung von 1522 konsolidierte die Teilgft.en Oe.-Oe. und Oe.-Wallerstein. In den meisten schwäb., frk. und bayer. Domkapiteln vertreten, hatten die Gf.en auch in der Reichskirche ein bemerkenswertes Gewicht. A. Wendehorst

Q. und Lit.: G. GRUPP, Oetting. Reg., 3 H., 1896–1908 – R. DERTSCH-G. WULZ, Die Urk. der fsl. Oetting. Archive in Wallerstein und Oe. 1197–1350, 1959 – D. KUDORFER, Nördlingen (HAB Schwaben I, 8, 1974) – Das älteste Lehenbuch der Gft. Oe., bearb. E. GRÜNENWALD, 2 Bde, 1975, 1976 – D. KUDORFER, Die Gft. Oe. (HAB Schwaben II, 3, 1985).

Ofen → Heizung, →Öfen (alchem.)

Ofen, Stadt → Buda und Pest

Ofen, Reichstag v. Im Okt. 1403 gewährte Kg. Siegmund in O. (→Buda) vor einer Versammlung, die größer war als der kgl. Rat, Straffreiheit für alle Gegner, die sich wieder zu ihm bekennten. Er beendete damit den letzten Angriff auf sein Kgtm. durch →Ladislaus v. Anjou-Durazzo, der seine Ansprüche mit Hilfe des Papstes und ung. Adliger durchzusetzen versucht hatte. Die Amnestie ermöglichte den militär. unterlegenen Gegnern um Johann Kanizsai die Versöhnung. Damit war Siegmunds Regierung endgültig gefestigt, zumal er durch Heirat die Familie →Cilli und deren Verwandte, die Garai, bereits gewonnen hatte. S. Wefers

Lit.: J. M. BAK, Kgtm. und Stände in Ungarn im 14.–16. Jh., 1973 – E. MÁLYUSZ, Ks. Sigmund in Ungarn, 1990.

Ofen, Schiedsspruch v. (1412). Mit dem Ergebnis der Schlacht v. →Tannenberg (1410) fanden sich weder die poln.-litauische Seite noch der Dt. Orden ab, der in seiner Haltung durch ein Bündnis bestärkt wurde, das Kg. Siegmund Anfang 1412 mit dem Orden verabredet hatte. Die Ratifikation des Vertrages verweigerte Hochmeister →Heinrich v. Plauen, der den Kg. nicht nur bei einem poln.-litauischen Angriff auf seiner Seite haben wollte, sondern auch bei einem eigenen. Daraufhin schloß Siegmund am 15. März 1412 Frieden mit dem poln. Kg., dessen Konflikt mit dem Orden durch einen Schiedsspruch Kg. Siegmunds beigelegt werden sollte. Der Hochmeister konnte sich dem nicht entziehen, und so wurde am 24. Aug. 1412 durch Kg. Siegmunds Spruch v. O. im wesentl. der 1. Frieden v. →Thorn bestätigt. Eine lange Reihe von Streitigkeiten blieb aber bestehen, die ein von Siegmund delegierter Richter klären sollte, der sogleich nach Preußen kam. Der Orden akzeptierte dessen Entscheidungen nicht, und Heinrich v. Plauen eröffnete im Sept. 1413 den Krieg, der zu seiner Absetzung führen sollte. H. Boockmann

Lit.: Die Staatsverträge des Dt. Ordens in Preußen im 15. Jh., I, hg. E. WEISE, 1939, Nr. 94 – H. BOOCKMANN, Johannes Falkenberg, der Dt. Orden und die poln. Politik, 1975, 96–111.

Ofen, Stadtrecht, dt.sprachige Rechtsslg. des Rates der Stadt Ofen (→Buda) in Ungarn, wohl zw. 1405 und 1421 als private Aufzeichnung entstanden. Ihr Verfasser Johann (vielleicht der Stadtrichter Johann Siebenlinder oder ein Stadtschreiber gleichen Vornamens) nennt als Q. das →Magdeburger Recht, das O.er Gewohnheitsrecht und Kg.surkk., deren Einfluß vorherrscht; die Spuren verschiedener dt. Rechte sind auch nachweisbar. Das in drei Abschriften (15. und 16. Jh.) erhaltene Rechtsbuch beginnt mit einem Prolog über wünschenswerte Eigenschaften der Ratsherren. Einem Entwurf zum Inhalt folgen 445 Artikel zur Wahl der Würdenträger (im Sinne des Privilegs Kg. Siegmunds v. 1403), zum Amt des Stadtschreibers, über Pflichten und Rechte der Kaufleute, der Unterhändler und Handwerker, Vorrechte der Deutschen (nach der Revolte v. 1439 durch eine parität. Regelung zw. Deutschen und Ungarn ersetzt), Pflichten der Juden und fremder Kaufleute, Strafgesetze, usw. Eine Handelsordnung v. 1421 beschließt die Slg. Die wichtigsten Regelungen beziehen sich auf die Wahl der Richter und der 12 Schöffen, die durch die gesamte 'Gemeinde' erfolgt. Bedeutende Teile des Stadtrechts fanden Eingang in die Rechtspraxis des sog. Tavernikalgerichts (oberste Instanz der kgl. Freistädte) und behielten ihre Geltung bis in die NZ. J. M. Bak

Ed.: Das Ofner Stadtrecht, hg. K. MOLLAY, 1959 – *Lit.*: N. D. RELKOVIĆ, Buda város jogkönyve, 1905 – A. KUBINYI, Budapest története a késői középkorban Buda elestéig 1541-ben (Budapest története, 2. Bd., hg. L. GEREVICH, 1973), 80–82 – M. C. RADY, Medieval Buda: A Study in Municipal Government and Jurisdiction in the Kingdom of Hungary, 1985.

Öfen (lat. furnus, fornax, clibanus). Alchem. Praxis und pharm. Verfahren haben im MA zu einer Vielfalt von Feuerungsstätten und Hitzeerzeugern mit spez. Schrifttum (→Alchemie III; V) geführt, die neben ihrer Nutzung (→Metallbearbeitung, →Bergbau, →Hüttenwesen) bei →Biringuccio, →Brunschwig und Georgius →Agricola dokumentiert wurden. Neben der Tradierung antiker →Heizungen [4] und ihrer ma. Weiterentwicklung sind die chem. Ö., seit alexandrin. hellenist. Zeit belegt, meist über arab. Q. in die ma. Technologielit. überliefert worden. Seit dem →Heraclius-Traktat und bes. →Theophilus Presbyter (u. a. Glas- und Glockengieß-Ö.) dann im →Gābir- und Ps. →Geber-Corpus über das →Buch der hl. Dreifaltigkeit bis ins 15. Jh. (liber florum Geberti) finden sich detaillierte Beschreibungen und Abb. von Ö. mit unterschiedl., auch steuerbarer Hitzeentwicklung. Unter diesen ist der Athanor ($\dot{\alpha}$-$\theta\dot{\alpha}\nu\alpha\tau$ος 'unvergänglich' = 'langbrennend'; deswegen auch henricus piger 'fauler Heintze') eine wesentl. ma. Entwicklung: Der Brennstoff wurde durch einen Röhrenaufsatz kontinuierl. zugefügt. Sand- und Wasserbad (→Maria Hebraea) sorgten für gleichmäßige Temperatur, die, in eingemauerten kupfernen Kesseln (capella) für die →Destillations-Retorten, den Kapelenherd, auch in Rundform oder gestaffelt (später Galeerenherd, da mehrfach bestückt) kennzeichnete. Höhere Temperaturen erzeugte der Windherd, dessen Zug durch ein Rohr (Dom) und Zugschieber geregelt, die einfache

Metallofenform (mit Luftlöchern seitl. unter dem Rost) verbesserte. Den direkten Kontakt des Feuers mit dem Bearbeitungsmaterial vermied auch ein aus Brennkammer, Materialkammer und darüberliegender Flamm-Zugkammer bestehender Flamm-Schmelzofen (Reverbrierofen). Probir- (fornacula) und Treibö. mit Gebläse wurden für die verschiedenen Erzschmelzen und Trennungen genutzt. Brennmaterial waren Holz, Holzkohle und Steinkohle sowie für Hitze Dung oder Kalkmischungen.
G. Jüttner

Lit.: →Alchemie, →Heraclius, →Theophilus, →Biringuccio, →Brunschwig, Georgius →Agricola – H. Peters, Chem. pharm. Feuerherde und Ö./Destilliergeräte (Aus Pharm. Vorzeit 1889/91 [Repr. 1972]) – H. Schelenez, Gesch. der chem. Destilliergeräte, 1911 [Repr. 1964] – W. Theobald–W. v. Stromer, Technik des Kunsthandwerks im 12. Jh., 1953 [1984²] – W. Ganzenmüller, Beitr. zur Gesch. der Technologie, Liber Florum Geberti, 272–300, 1956 [Abb.].

Offa. 1. O., legendärer Kg. der Angeln →Offasage

2. O., Kg. v. →Mercien seit 757/758, † 26. (29.) Juli 796, ⌑ Bedford (?). Als entfernter Verwandter seines Vorgängers →Æthelbald sicherte sich O. den Thron erst nach krieger. Auseinandersetzungen. Da merc. Annalen fehlen, muß der Verlauf seiner Regierung aus späteren Q. erschlossen werden. O. kontrollierte immer den zentralen Bereich von Mercien, wo Tamworth die hauptsächl. kgl. Residenz war, und das untergeordnete Kgr. Hwicce, das in der letzten Zeit seiner Regierung ein von ihm ernannter dux (ealdorman) verwaltete. Die Herrschaft in →Lindsey wurde ihm wahrscheinl. für kurze Zeit streitig gemacht; in den 90er Jahren des 8. Jh. war seine Macht über →Ostanglien ernsthaft gefährdet. Nachdem →Kent einige Jahre (der Zeitpunkt ist umstritten) wieder ein unabhängiges Kgr. gewesen war, wurde es seit ca. 784/785 von O. beherrscht. Er verfügte dort über Ländereien und setzte merc. Gefolgsleute ein, während Sussex von ihm ernannten duces anvertraut wurde. O. versuchte, auch die Oberherrschaft über Wessex zu erlangen. Er kämpfte und besiegte 779 Kg. Cynewulf und unterstützte 789 Kg. Beorhtric (∞ Tochter von O.) gegen einen Rivalen. In →Northumbria hatte O. offensichtl. keinen Einfluß. Das Verhältnis zw. beiden Kgr.en war wohl in den 60er bzw. 70er Jahren des 8. Jh. gespannt, doch verbesserte es sich später, und 792 heiratete der wieder eingesetzte Kg. Ethelred eine Tochter von O. Die wichtigsten Feldzüge O.s scheinen sich gegen die Waliser gerichtet zu haben (→Offa's Dyke). Die Ansicht, O. habe sich als Ausdruck seiner Oberherrschaft selbst als »rex Anglorum« bezeichnet, wird neuerdings allg. abgelehnt; auch ist seine Möglichkeit einer Tributerhebung von anderen Kgr.en umstritten. O. verfügte sicher über eine Silbermünzprägung von hoher Qualität. Es gibt zunehmend archäolog. Beweise für eine allg. wirtschaftl. Blüte, die z. T. auf dem Seehandel beruhte. 786 fand eine Synode der s. Provinz statt, die den von päpstl. Legaten vorgeschlagenen Dekreten zustimmen und diese erweitern sollte. Die Dekrete wurden später mit den Gesetzen O.s (laws of O.) identifiziert, auf die sich →Alfred d. Gr. bezog. Gleichzeitig behauptete O. erfolgreich sein Eigenrecht der Kl. und scheint bfl. Landerwerbungen eingeschränkt zu haben. Eine Förderung von Kunst und Kultur läßt sich schwer nachweisen. Bei der Sicherung der Nachfolge für seinen Sohn Ecgfrith beseitigte er mögliche Rivalen rigoros und ließ ihn 787 zum Kg. weihen. Der Widerstand Canterburys gegen diese Weihe ist eine Erklärung für O.s (erfolgreiche) Bemühungen, den Bf.ssitz v. →Lichfield in einen Ebf.ssitz umzuwandeln.
D. A. Bullough

Lit.: →Mercien – P. Grierson–M. Blackburn, Medieval European Coinage, I, 1986, 276–282, 328–330 – P. Sims-Williams, Religion and Lit. in Western England, 600–800, 1990, 153–168, 182f., 328–359 – D. P. Kirby, The Earliest English Kings, 1991, 163–184 – P. Wormald, In Search of Kg. O.'s »Law-code« (Peoples and Places in Northern Europe 500–1600, 1991), 25–45 – D. A. Bullough, What has Ingeld to do with Lindisfarne?, Anglo-Saxon England 22, 1993.

Offasage, um den Angelnkg. Offa, nach der Ags. →Chronik (kontinentaler) Vorfahre →Offas v. Mercien. In der dän. Version (Sven Aageson, Saxo u. a.) ist Uffo stumm bis zum 30. Lebensjahr. Als Reaktion auf den unrechtmäßigen Thronanspruch des Ks.s (Sven) bzw. Sachsenkg.s (Saxo) gegen seinen alternden und blinden Vater erlangt Uffo die Sprache wieder, erschlägt allein mit einem mag. Schwert den Sohn und einen Krieger des Herausforderers auf einer Insel in der Eider und rettet so die dän. Unabhängigkeit. In der engl. Version (»Vitae duorum Offarum«, ca. 1200) ist Wermund Kg. der Westangeln in Warwick; sein Sohn Offa ist blind bis zum 7. Lebensjahr, stumm bis zum 30. Durch ein Wunder wieder sehend, verteidigt er die Herrschaft gegen zwei Usurpatoren. Im ae. →»Widsith« ist der junge Angelnherrscher Offa dem Dänen Alewih ebenbürtig, erkämpft gegen die Myrgingas allein mit dem Schwert ein großes Kgr. bei/am Fifeldor (traditionell identifiziert mit der Eider), so die Grenze zw. Angeln und Sweben fixierend. Die traditionelle Identifikation des Offa im →»Beowulf« (1944–1962) mit dem Angelnherrscher ist zweifelhaft.
R. Gleißner

Lit.: Hoops III, 361–363 – R. W. Chambers–C. L. Wrenn, Beowulf: An Introduction, 1957³, 217–244 – W. Lange, Angl. Dichtung (Gesch. Schleswig-Holsteins II, 1964), 327–335 – Heldensage und Heldendichtung, hg. H. Beck, 1988 – N. Howe, Migration and Mythmaking in Anglo-Saxon England, 1989.

Offa's Dyke, größter erforschter Langwall, an der Grenze zu Wales (ca. 125 km Länge erhalten, Durchmesser von Graben und Wall: ca. 18 m; →Befestigungen, A. I). Die Wallanlage war ursprgl. bis zu ca. 180 km lang, wenn man den Fluß Wye als unbefestigte Grenze einbezieht; sie soll nach →Asser von Kg. →Offa v. Mercien »von Meer zu Meer« errichtet worden sein (in späteren Grenzland-Urkk. als 'Offan dic' bezeichnet). Die frühere Ansicht, der O.'s D. habe durch dichte Wälder geschützte Lücken besessen, wurde neuerdings verworfen. Auch die Theorie, nach welcher der O.'s D. eine anerkannte und nicht eine Verteidigungsgrenze markierte, ist aufgegeben worden. Die Errichtung des O.'s D. dürfte viele Jahre gedauert haben.
D. A. Bullough

Lit.: C. Fox, O.'s D., 1955 – P. Wormald, O.'s D. (The Anglo-Saxons, hg. J. Campbell, 1982), 120f. – F. Noble, O.'s D. Reviewed, British Archaeological Reports 114, 1983 – D. Hill, The Construction of O.'s D., Antiq. Journal 65, 1985, 140–142.

Offenbarung. In der patrist. und scholast. Theol. ist noch nicht von natürl. und übernatürl. O. in der spezif.-nz. Bedeutung die Rede. Dominant ist das bibl.-ntl. Verständnis: ἀποκαλύπτειν (vgl. ThWNT III, 565–597), φανεροῦν (ebd. IX, 1–11) besagt die erhellend-leuchtende Kundgabe des ewigkeitl. Heilsangebotes Gottes in der geschichtl. Durchführung (οἰκονομία) durch Jesus Christus kraft des Hl. Geistes, der das Zeugnis der Propheten und der Apostel in der Kirche erweckt und der den Glauben erhellt (vgl. 2Kor 4,6; Eph 1,17; 3,8–14). Derselbe Geist schenkt auch den einzelnen Gläubigen das Charisma der O. (vgl. 1Kor 12,7; vgl. ferner die »revelationes« der hl. →Birgitta, der →Juliana v. Norwich u.a.). Diese apokalypt. Tradition ist allen Weltreligionen eigen. Die Notwendigkeit, Gültigkeit und Einzig(artig)keit der christl. O. wurden in der scholast. Theol. mit der Heilsnotwendigkeit des Glaubens diskutiert. Das johanneisch-augustin. Verständnis der O. als »ipsa veritas quae manifestabilis est et manifestativa omnium« (Thomas v. Aquin, In Evang. s. Joh. I lectio 3) bestimmte zunehmend den Begriff der O.swahrheit, der im 13. Jh. an der Univ. Paris in Spannung geriet zum philos.-wissenschaftl. Begriff der (Urteils-)Wahrheit. Theol. Erkenntnis der O.swahrheit (über Gott, die Schöpfung und den Menschen) und natürl. Gotteserkenntnis wurden fortan kontrovers diskutiert. Nach Albertus Magnus konnten die Philosophen aus natürl. Gründen eine Erkenntnis von Gott haben, weil Gott in den Geschöpfen erkennbar ist und somit seine Existenz von unserem Verstand bewiesen werden kann (S. th. p. I tr. 3 q. 13 m. 6). Wenn auch die Existenz und Einheit Gottes mit der Vernunft erfaßt werden können, so gibt es doch über sein Wesen und seine Eigenschaften keine sichere Erkenntnis. V.a. kann das Geheimnis der Trinität nur durch eine übernatürl. O. erkannt, aber nicht aus Vernunftprinzipien deduziert werden. Solange der Mensch auf sich allein gestellt ist, bleibt ihm die Erkenntnis des Heilsnotwendigen versagt.

Auch nach Thomas v. Aquin ist für den Philosophen nur die Erkenntnis der Existenz und Einheit Gottes möglich. Der Mensch ist aber auf natürl. Weise unfähig, die göttl. Wesenheit zu erfassen, weil im gegenwärtigen Leben alle Erkenntnis mit den Sinnen beginnt (S. c. G. I. c. 3 n. 16). Auch für jene Wahrheiten, die an sich durch die Vernunft erkennbar sind, ist die übernatürl. O. angemessen, weil der Zugang zu ihnen außerordentl. erschwert ist und große Anstrengungen und eine lange Zeit nötig sind. Wäre der Mensch nur auf seine Vernunft angewiesen, so bliebe er in tiefster Finsternis, aus der sich nur wenige befreien können – und dies unter Beimischung mancher Irrtümer. Feste Gewißheit und reine Wahrheit über die göttl. Dinge ist nur über den Weg des Glaubens möglich, durch den alle an der göttl. Erkenntnis Anteil haben (Ib. c. 4 n. 26). Den Vorgang der O. erklärt Thomas durch das 'lumen propheticum', das den Propheten und Aposteln zuteil wurde. Diese bes. Erleuchtung gewährte den ersten Empfängern der O. die höchste Sicherheit über das von Gott Mitgeteilte.

Bonaventura erklärt die Zusammengehörigkeit der natürl. und der übernatürl. O. durch die Lehren von den beiden Büchern, dem Buch der Schöpfung und dem Buch der Hl. Schrift. In der paradies. Unversehrtheit konnte der Mensch in der Schöpfung Gott wie in einem klaren Spiegel erkennen (I. sent. d. 3 p. 1 a un. q. 3). Der Verlust der Urgerechtigkeit verfinsterte das Herz des Menschen und verdunkelte seinen Verstand. Das Buch der Schöpfung ist nicht mehr lesbar. Das Herz des Menschen muß durch den Glauben gereinigt werden. Beide Bücher gehören zusammen: Das Buch der Schöpfung kann nur durch den vom Glauben gereinigten Verstand gelesen werden; das Buch der Schrift bedarf wegen seiner Gleichnissprache des Buches der Schöpfung. Der eigtl. Gegenstand der theol. Reflexion ist die Hl. Schrift, deren Mitte Christus ist, in dem alle Schätze der Weisheit und Wissenschaft verborgen sind (Lignum vitae n. 46).

Johannes Duns Scotus geht in der Lehre über die O. von der Tatsache aus, daß Gott die menschl. Erkenntnis für die Zeit des Pilgerstandes durch einen positiven Willensakt begrenzt hat. Wenn dem Menschen auch natürlicherweise auf abstraktivem Wege über die sinnl. Dinge eine Gotteserkenntnis möglich ist, so ist der menschl. Verstand doch nicht imstande, einige wesentliche Eigenschaften Gottes zu erkennen, die zu einer vollen und klaren Erkenntnis Gottes notwendig sind, so etwa die Allmacht, Gerechtigkeit und Barmherzigkeit Gottes. V.a. bedarf der Mensch zur klaren Erkenntnis seines Zieles der übernatürl. O. (Ord. prol. p. 1. q. un. n. 12, 16). Ebensosehr versagt das Licht der Vernunft bei der Erkenntnis des sittl. Weges, der zum letzten Ziel führt. Das Auge der abstraktiven Erkenntnis hat zwar auf dem natürl. Erkenntnisfeld seine volle Sehschärfe, es ist aber bezügl. des letzten Zieles verschleiert. Den O.s-Vorgang versteht Scotus als eine 'locutio Dei interior' gegenüber den Empfängern der O., den Propheten und den Aposteln. Dieses innere Sprechen Gottes, auch 'cognitio prophetica' gen., hat zwar nicht eine klare und intuitive Erkenntnis des O.s-Inhaltes zur Folge, weil es zu keiner unmittelbaren Evidenz vom Erkenntnisobjekt her kam. Dennoch mußte diese Erkenntnis die Sicherheit und Gewißheit des Glaubens übertreffen, weil nur auf diese Weise die Empfänger der O. zum Fundament des Glaubens der Kirche werden konnten. Dieses innere Sprechen wurde von Gott unmittelbar hervorgebracht und unterlag nicht der Eigentätigkeit des menschl. Willens (Rep. prol. q. 2 n. 17).   J. Finkenzeller

Lit.: B. DEKKER, Angelicum 16, 1939, 195–244 – T. BART, FST 51, 1959, 362-404, 52, 1960, 51-65 – J. FINKENZELLER, O. und Theol. nach der Lehre des Johannes Duns Skotus, 1961 – A. LANG, Die Entfaltung des apologet. Problems in der Scholastik des MA, 1962 – R. LATOURELLE, Théol. de la révélation, 1969³ – U. HORST, Das O.sverständnis der Hochscholastik (HDG I, 1a, 1971) – La doctrine de la révélation divine de s. Thomas d'Aquin, hg. L. ELDERS, 1990.

Öffentlichkeit → Publizität

Offertorium. Entgegen verbreiteter Ansicht im MA noch nicht für den heute Gabenbereitung gen. Teil der →Messe üblicher Begriff (MOLIN), wohl aber 1. für den Begleitgesang zum Herbeibringen der Gaben, der seit Ende des 4. Jh. in N-Afrika und wohl seit dem 5./6. Jh. auch in der abendländ. Liturgie üblich wird und zwar zunächst als antiphon., dann responsor. Gesang mit mehreren (meist Psalm-)Versen, bis er seit dem 11. Jh. (außer bei Totenmessen) in der röm. Liturgie auf die →Antiphon verkürzt wird. Seit dem 13. Jh. gibt es mehrstimmige Bearbeitungen, und seit Ende des 15. Jh. wird das O. manchmal durch →Motetten ergänzt oder ersetzt. – 2. für die bei der Messe dargebrachten →Oblationen. – 3. für das Tuch, mit dem die Oblationen Darbringenden ihre Hände, seit dem 8./9. Jh. Kleriker den zur Darbietung bereiteten Kelch (später auch die Patene) verhüllen, ehe er zum Altar gebracht wird (Vorläufer des Kelch- und des Schultervelums). – 4. für die Schale, auf der das Brot für die Eucharistie zum Altar gebracht wird. – 5. für den Kelch, in den man die Weinoblationen der Gläubigen gibt und dem der Wein für die Feier der Messe entnommen wird.

H. B. Meyer

Lit.: Du CANGE VI, 34 – MGG IX, 1901-1907 – J. BRAUN, Die liturg. Paramente in Gegenwart und Vergangenheit, 1924², 214f., 230f. – DERS., Das chr. Altargerät in seinem Sein und in seiner Entwicklung, 1932, 27f. – R.-J. HESBERT, Antiphonale Missarum sextuplex, 1935 – O. HEIMING, Vorgregorian.-röm. Offertorien in der mailänd. Liturgie, Liturg. Leben 5, 1938, 152–159 – J. A. JUNGMANN, Missarum sollemnia, II, 1962⁵, 34–125 – J. B. MOLIN, Depuis quand le mot offertoire sert-il à désigner une partie de la messe?, EL 77, 1963, 357-380 – H. HUCKE, O. (Gottesdienst der Kirche, III, 1990²), 198f.

Officium → Amt

Offizial bezeichnet den Stellvertreter des Bf.s in der Gerichtsbarkeit; sein Amt entwickelte sich um das 13. Jh. regional verschieden, mit zunächst uneinheitl. Strukturierung (deutl. beim O. frz. gegenüber dt. Typs) und auch Benennung aus kanonist. geschulten Mitgliedern der bfl. →Kurie. Den Hauptgrund für seine Entstehung sieht man im Anwachsen anhängiger Gerichtssachen, dem zunächst durch von Fall zu Fall delegierte Richter nach dem Vorbild der röm. Kurie Rechnung getragen wurde; als Instrumentarium der Bf.e bei ihrem Bemühen, den Einfluß der →Archidiakone (die z. T. selbst schon O.e hatten) zurückzudrängen, dürfte die Einrichtung des O.s (und die des →Generalvikars für die Verwaltung) überschätzt worden sein. In der Folgezeit wurde der O. zum abberufbaren, seinem officium, nicht mehr einem beneficium verhafteten bfl. Beamten; als gelehrter Einzel-Berufsrichter übte er an der Spitze der bfl. Justizbehörde, des Offizialats, das vom Bf. als oberstem geistl. Gerichtsherrn seine Statuten erhielt, die umfassende Gerichtsbarkeit in der Diöz. aus.

H. Zapp

Lit.: DDC VI, 1105–1111 – FEINE, 369ff. [Lit.] – PLÖCHL II, 152ff. – W. TRUSEN, Anfänge des gelehrten Rechts in Dtl., 1962 [Lit.] – Y. LEHNHERR, Das Formularbuch der Lausanner O.ates aus dem frühen 16.Jh., Zs. für Schweiz. Kirchengesch. 66, 1972, 1–159 – I. DA ROSA PEREIRA, L'o.ité dioc. de Lisbonne au XVI's., L'Année can. 17, 1973, 805–815 – A. LEFEBVRE-TEILLARD, Les o.ités à la veille du concile de Trente, 1973 – A. STEINS, Der ordentl. Zivilprozeß nach den O.atsstatuten, ZRGKanAbt 59, 1973, 191–262 – H. J. KRÜGER, Zu den Anfängen des O.ats in Trier, Arch. für mittelrhein. Kirchengesch. 29, 1977, 39–74 – I. BUCHHOLZ-JOHANEK, Geistl. Richter und geistl. Gericht im spätma. Bm. Eichstätt, 1988 – H. MUSSINGHOFF, Das bfl. O.at Münster (Fschr. P. WESEMANN, o.J. [1990]), 143–182 – COING, Hdb. I, 467ff.

Öffnungsrecht (von den Staatsrechtslehrern der frühen NZ ius aperturae gen.), war gleichbedeutend mit der Pflicht des Inhabers eines befestigten Hauses, dieses unter gewissen Umständen (meist im Kriegs- oder Fehdefall) einem anderen zu »öffnen«, d.h. dem Berechtigten ein Betretungs- und militär. Mitbenutzungsrecht einzuräumen. Als Objekte des Ö.s boten sich Burgen, Schlösser, »feste Häuser« im Sinne befestigter Rittergüter, aber auch mit Mauer, Graben und Zugbrücke bewehrte Städte an. Das Ö. stand wohl ursprgl. – wie das Befestigungsrecht – dem Kg. zu, ging dann aber im Laufe des MA in Westeuropa auf die Hzg.e und die ligischen Lehnsherren der Inhaber von befestigten Häusern über. In Dtl. wurden das Ö. und die besonderen Modalitäten des Inkrafttretens meist durch vertragl. Vereinbarungen geregelt. Von dieser Möglichkeit machten in der Praxis nicht nur die aufstrebenden Landesherren, sondern v. a. auch die Reichsstädte ausgiebig Gebrauch. Dabei war man bestrebt, die im eigenen Territorium oder im städt. Um- und Hinterland gelegenen Adelsburgen durch Verträge mit den Inhabern (als »Bußleistung« nach militär. Niederlagen, gegen laufende Geldzahlungen oder auch gegen die Verleihung des Bürgerrechts) zu »Offenhäusern« zu machen, um diese im Konfliktfall als Militärstützpunkte nutzen oder zumindest neutralisieren zu können.

K.-F. Krieger

Lit.: HRG III, 1225–1227 [W. v. GROOTE] – CH. H. HASKINS, Norman Institutions, 1918 – G. PFEIFFER, Die Offenhäuser der Reichsstadt Nürnberg, Jb. für frk. Landesforsch. 14, 1954, 153–179 – F. HILLEBRAND, Das Ö. bei Burgen, seine Anfänge und seine Entwicklung in den Territorien des 13.–16.Jh. [Diss. Tübingen 1967] – E. RAISER, Städt. Territorialpolitik im MA, 1969 – E. ORTH, Die Fehden der Reichsstadt Frankfurt a.M. im SpätMA, 1973, 111ff. – W. PODEHL, Burg und Herrschaft in der Mark Brandenburg, 1975 – H.-M. MAURER, Rechtsverhältnisse der hochma. Adelsburg vornehml. in Südwestdtl. (Die Burgen im dt. Sprachraum, II, hg. H. PATZE, 1976), 77–190.

Ogam (Ogham). Das O.-Alphabet ist im wesentl. durch Inschriften, die in die Ränder von Monolithen eingemeißelt wurden, überliefert. Derartige O.-Steine wurden in →Irland und einigen Gebieten Britanniens gefunden; sie werden ungefähr auf das 4.–6. Jh. n. Chr. datiert. Von den O.-Steinen befinden sich 340 in Irland, zu einem großen Teil im sw. →Munster, wobei ein gutes Drittel an Stätten, die mit monast.-kirchl. Assoziationen verknüpft sind, lokalisiert wurde. 40 O.-Steine stammen aus →Wales, sieben aus →Devon und →Cornwall, etwa drei von der Isle of →Man, je zwei wohl aus Schottland und England. Die britischen O.-Inschriften sind zumeist zweisprachig (lat. und ir.) gehalten (unter ihnen die einzige auf eine Frau bezogene O.-Inschrift: INIGENA = filia). Sie sind offensichtlich Steinsetzungen zum Gedenken an ir. Siedler, deren Anwesenheit in den genannten Gebieten Britanniens auch durch andere ma. ir. und walis. Quellen bezeugt wird.

Ein Ableger der durch die O.-Inschriften geprägten Kultur sind die 27 Steine, die im Gebiet der →Pikten gefunden wurden, deren Inschriften in einer unbekannten Sprache (mit einigen ir. und pikt. Elementen) verfaßt wurden und die wohl ins 7.–9. Jh. zu datieren sind.

Die O.-Inschriften bewahren die älteste erhaltene Stufe der →Irischen Sprache. Die früheste Phase des O.-Irisch ist dem kontinentalen Keltisch und den klass. Sprachen

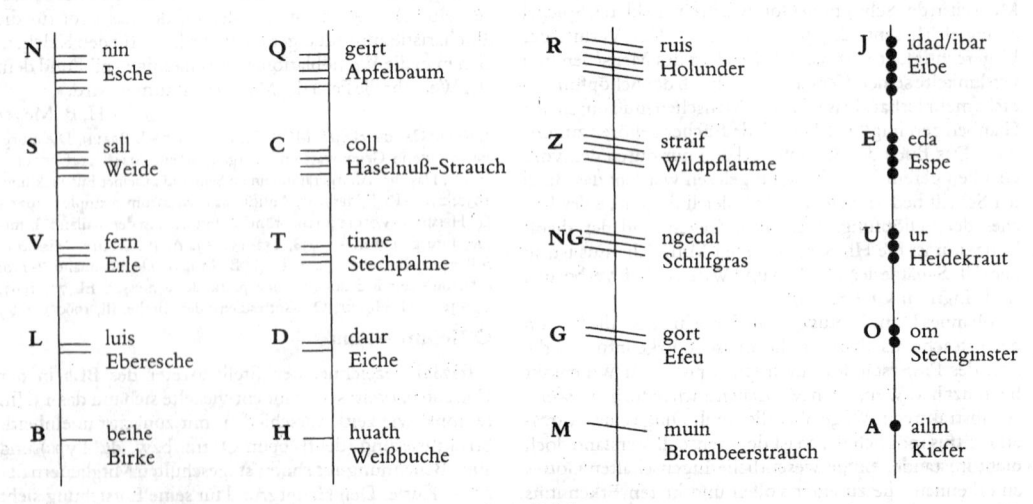

N	nin / Esche	Q	geirt / Apfelbaum	R	ruis / Holunder	J	idad/ibar / Eibe
S	sall / Weide	C	coll / Haselnuß-Strauch	Z	straif / Wildpflaume	E	eda / Espe
V	fern / Erle	T	tinne / Stechpalme	NG	ngedal / Schilfgras	U	ur / Heidekraut
L	luis / Eberesche	D	daur / Eiche	G	gort / Efeu	O	om / Stechginster
B	beihe / Birke	H	huath / Weißbuche	M	muin / Brombeerstrauch	A	ailm / Kiefer

Fig. 3: Ogam-Alphabet

ähnlich; sie besitzt noch die Endsilben, die im Zuge späterer Sprachentwicklung verlorengingen.

Das O.-Alphabet besteht aus Gruppen von eins bis fünf Linien bzw. Strichen, die neben oder über einer Achse (in der Regel der Kante des behauenen Steines) eingeritzt wurden und die Konsonanten bezeichnen, während die Vokale durch Einkerbungen auf der Steinkante selbst wiedergegeben sind. Der terminus technicus dieser Kante bzw. Achse ist *druimne*; die traditionelle Anordnung der 20 O.-Zeichen erfolgte in vier Reihen (*aicmi*). Das einzelne Zeichen heißt *fid* ('Holz'), doch wird diese Bezeichnung im engeren Sinne nur auf die Vokalzeichen angewandt, während die Konsonantenzeichen *taebomnae* genannt werden. Die Reihung der O.-Zeichen beruht offenbar auf den Grundlagen der lat. Grammatik.

Die Handbücher der ir. Dichterschulen bezeichneten die O.-Schrift als *bethe-luis-nin*: Diese Terminologie geht zurück auf die Nomenklatur des *cráebogam* ('Baum O.') und umfaßt die ersten, zweiten und fünften Zeichen der ersten Reihe.

Die zusammengesetzten Konsonanten *qu, ng* und *z* wurden als »na teora foilcheasda oghuim« ('die drei [?] Geheimnisse des O.') bezeichnet. Später wurde eine fünfte Reihe hinzugefügt, die Zeichen für Langvokale und Diphthonge umfaßte und *forfeda* ('zusätzl. Buchstaben' oder 'Vokale') hieß. Einige linguist. Weiterentwicklungen sind zu beobachten: allmähl. Wegfall der Endsilben, Beispiele für Synkopierung von Mittelsilben, Reduzierung des *-gn* zu *-n*.

Die Mehrzahl der O.-Inschriften besteht entsprechend ihrem Charakter als Memorialinschriften aus Eigennamen, die im Genitiv stehen. Kennzeichnend sind Angaben zu Abstammungs- (Sohn, Enkel, Neffe) und Klientelverhältnissen. P. Ní Chatháin

Q. und Lit.: R. Thurneysen, Zum Ogom, Beitr. zur Gesch. der Dt. Sprache und Lit. 61, 1937, 188–208 – J. Vendryes, L'écriture Ogamique et ses Origines, ECelt 4, 1940, 83–116 – R. A. S. Macalister, Corpus Inscriptionum Insularum Celticarum, 2 Bde, 1945–49 – V. E. Nash-Williams, The Early Christian Monuments of Wales, 1950–B. O. Cuív, A Fragment of Bardic Linguistic Tradition, Éigse 11, 1966, 287 – K. H. Jackson, The Pictish Language. The Problem of the Picts, hg. F. T. Wainright, 1980, 120–160 – A. Hamlin, Early Irish Stone Carving: Content and Context (The Early Church in Western Britain and Ireland, hg. S. M. Pearce, 1982), 283–295 – D. McManus, A Guide to O., 1991.

Ogier le Danois, zentrale Figur der »Chevalerie Ogier«, die aus einem Teil *Enfances Ogier* und der eigtl. *Chevalerie* besteht. In der erhaltenen Form (1200–20) geht sie auf den sonst unbekannten Raimbert de Paris zurück. Zweifellos gehörte O. aber schon früher zum engsten und ältesten Personenkreis um Karl d. Gr., da er wie Roland oder Olivier bereits in den »Nota Emilianense« (Ende 11. Jh.) erwähnt ist und im →Rolandslied vorkommt. Die Frage nach Status und Originalität der »Chevalerie« ist unlösbar mit jener der Ursprünge der →Chanson de geste überhaupt verknüpft: Umstritten ist, ob die lit. Figur des O. von Anfang an mit einem hist. Autcharius, zu dessen 'Lebensgeschichte' eine Reihe von Analogien bestehen, gleichzusetzen ist und ob dieser wiederum mit dem Protagonisten der »Conversio Othgerii militis« (vor 1084) zusammenfällt. Falls ja, muß man von einer ununterbrochenen (mündl.) Tradition ausgehen, wenn nicht, ist O. eine spätere, auf einen älteren Stoff zurückgreifende 'Erfindung'. Der O.-Stoff hat in der Folge eine starke Verbreitung erfahren. Erhalten sind: ein »Roman d'O.« (Forts. der »Chevalerie« in Zehnsilbern; ca. 1310, 1 Hs.), eine Bearbeitung in Alexandrinern (ca. 1335, 3 Hss.), eine Prosabearbeitung (15. Jh.), zahlreiche Frühdrucke und eine Reihe in einer franko-it. Hs. erhaltenen O.-Episoden. →Adenet le Roi hat Ende des 13. Jh. die *Enfances* überarbeitet. Eine Bearbeitung von →Jean d'Outremeuse hingegen ist verloren. Auch in die dt., nld. und nord. Lit. hat O. Eingang gefunden. R. Trachsler

Ed.: Les Œuvres d'Adenet le Roi, IV, ed. A. Henry, 1956 – La Chevalerie d'O. de Danemarche, ed. M. Eusebi, 1962 – O. le D., ed. K. Togeby, 1967 [Prosabearb.] – Le Danois Oger, ed. C. Cremonesi, 1977 [franko.-it. Version] – K. Togeby, P. Halleux et al., Karlamagnús Saga. Ed. bilingue, 1980 – *Lit.*: GRLMA VIII/1, 163–177 – Verf.-Lex.² VII, 25–27 – P. Le Gentil, O. le D., héros épique, Romania 78, 1957, 199–223 – A. Goose, O. le D., Chanson de geste de Jean d'Outremeuse, Romania 86, 1965 – F. Suard, O. le D.: remaniements tardifs et imprimés (Actes IVᵉ Congr. Internat. Société Rencesvals, 1969), 54–62 – K. Togeby, O. le D. dans les littératures européennes, 1969 [Lit.] – C. Hieatt, O. the Dane in Old Norse, Scandinavian Stud. 45, 1973, 27–37.

Oġuz (Oẏuz). 'Oghusen' ist ursprgl. die Bezeichnung einer vornehml. im N der Mongolei lebenden lockeren Konföderation des alttürk. Reiches, das sich über die Mongolei und Zentralasien erstreckte. Etwa um 780 konzentrierte sich ihre Gemeinschaft am Irtyš, Aralsee und Syr-Darja. Nachdem ein dominanter Teil im 10. Jh. zum Islam übergetreten war, bildete sich das eigtl. (ursprgl. eher heterogen zusammengesetzte) Volkstum der Oghusen heraus. Für das 11. Jh. werden 24 Stämme aufgezählt, deren Namen bis heute in vielen Toponymika fortleben. Durch die Eroberung Irans und Anatoliens kristallisierten sich allmähl. fünf Völker und Sprachzweige heraus: Türkmenen (Nachkommen der anfangs heidn. Gebliebenen), Chorasantürken (aus in Nordostiran-Transoxanien Verbliebenen), Aserbeidschaner, Qašqa'i (den Aserbeidschanern nahestehend) und Osmanen/Türkeitürken.

G. Doerfer

Lit.: F. Sümer, Oğuzlar (Türkmenler), 1967 – K. Jahn, Die Gesch. der Oğuzen des Rašīd ad-Dīn, 1969 – Ḥudūd al-ᶜĀlam, The Regions of the World, ed. V. Minorsky, 1970 – K. Czeglédy, On the Numerical Composition of the Ancient Turkish Tribal Confederations, ActaOr Hung 25, 1972, 175–281 – R. Dankoff, Kāšyarī on the Tribal and Kinship Organization of the Turks, AO 4, 1972, 23–43 – P. B. Golden, The Migrations of the Oğuz, ebd., 45–84 – G. Doerfer, Die Stellung des Osmanischen im Kreise des Oghusischen und seine Vorgesch. (Hb. der türk. Sprachwiss., I, hg. G. Hazai, 1990), 13–34.

Oġuz-nāme, Legende von Oġuz Qaġan. Die mündl. Eigenüberlieferung der Oghusen (→Oġuz) wurde zuerst in pers. Übers. (vgl. K. Jahn, Die Gesch. der Oġuzen des Rašīd ad-Dīn, 1969, nach Hss. v. 1314 und 1317), dann in Originalsprache in uigur. Schrift niedergeschrieben (Hs. Bibl. Nat.). Sie erzählt in knapper Form und märchenhaftem Ton das Leben des namengebenden Stammvaters und die Begründung seines Reiches, dem Weltherrschaft prophezeit wird. Ein voranlaufender sprechender Wolf zeigt seinem Heer den Weg. Vor seinem Tod teilt Oġuz Qaġan (Qaġan ist Titel, etwa 'Kaiser') unter seine älteren Söhne Sonne, Mond, Stern, den W unter seine jüngeren Söhne Himmel, Berg und Meer. Letzter Schimmer einer nomad., vor-islam. Weltvorstellung. A. Tietze

Lit.: W. Bang – G. R. Rachmati, Die Legende von Oghuz Qaghan, 1932.

O Hanlon (Ua hAnluain), ir. Dynastie, herrschte in Airthir in →Airgialla (Ulster) vom 12. Jh. an. Seit Mitte des 13. Jh. unterstanden sie den Earls v. →Ulster, denen sie militär. Dienste schuldeten; nach der Ermordung Williams de →Burgh (1333) kamen sie unter die Herrschaft der →O Neill, standen am Ende des 15. Jh. aber auch unter dem Druck des 8. Earl of →Kildare, dem sie die Herrschaft Omeath (Gft. Louth) abtraten (1508). Zu Beginn des

17. Jh., im Zuge der allg. Konfiskation der ir. Herrschaften, ging auch die *Lordship* der O. unter. G. MacNiocaill
Lit.: Early Modern Ireland 1534-1691, hg. T. W. Moody, F. X. Martin, F. J. Byrne, 1976 – Medieval Ireland 1169-1534, hg. A. Cosgrove, 1987.

Ohr. Das O. spielte in Volksglauben und Medizin des MA eine wichtige Rolle. Große O.en bedeuten für →Konrad v. Megenberg Dummheit und langes Leben, für →Paracelsus gutes Gehör sowie 'gesundes Hirn und Haupt'. Das O. galt als Ein- und Austrittspforte für Dämonen, aber auch der Seele. In der Therapie der O.enkrankheiten widerspiegeln sich Volksmedizin und humoral-patholog. Schulmedizin. →Bernardinus v. Siena empfahl bei O.enschmerzen das Einführen von Spinngeweben. Gegen Taubheit galt in Deutschland dagegen Kalbsmark in Wein und Wurzelsaft von Eppich als wirksam. O.enklingen deutete auf üble Nachrede anderer. O.enschmalz fand u. a. gegen Hühneraugen Verwendung. In Salerno sowie bei w. Autoren des 12.-15. Jh. werden als O.enkrankheiten Schmerzen mit und ohne Eiterung, Abszesse, Würmer, Fremdkörper, Schwerhörigkeit bzw. Taubheit und Innengeräusche unterschieden (analog z. B. bei Wilhelm v. Saliceto). Würmer entstanden mit Hilfe der Luft aus verdickten Säften, verrieten sich durch Jucken und O.geräusche. Mit Eisenhäkchen entfernt und mit bitteren Mandeln, in der Volksmedizin mit Honig, Pfirsichen, Wermut, Rauten oder durch Schwefelräucherung bekämpft, galten sie auch als Krankheitsdämon. Taubheit wird durch Fremdkörper oder Verstopfungen von Nerven verursacht, O.enklingen durch Leber- oder Magenerkrankungen. Abszesse werden mit Salben, Pulvern und Pflanzensäften kuriert, Fremdkörper mechan. durch Nießen aus dem O.gang geschleudert. Gegen Schwerhörigkeit empfahl das »Flos medicinae Salernitanum« Aal- und Schlangenfett, als Ursache galten u. a. Bäder und heftiger Lärm. Über zwei Jahre anhaltende Taubheit erschien unheilbar. O.engeräusche können durch Erbrechen, Hungern, Bewegungen und Erschütterungen, Sturz, Trunkenheit und Kälte hervorgerufen werden. →Arnald v. Villanova empfiehlt bei Schmerzen oder Schwerhörigkeit kalte oder warme Kräuterauflagen, →Lanfranc v. Mailand dagegen, bei Schwerhörigkeit durch leise Stimmlagen die O.en zu stimulieren. →Bernhard v. Gordon bringt den Hörvorgang mit Luftbewegungen in Verbindung und warnt wie →Heinrich v. Mondeville vor Hirnabszessen bei O.enentzündungen. →Guy de Chauliac erwähnt erstmals ein speculum zur O.enuntersuchung. K. Bergdolt
Lit.: HWDA VI, 1204-1217 - A. Politzer, Gesch. der O.enheilkunde, 1907 - G. Keil, Die Bekämpfung des O.wurms, ZDPh 79, 1960, 176-200.

Ohrdruf, Stadt in →Thüringen. An einer Straße aus dem altthür. Raum über den Thüringer Wald nach Franken gründete →Bonifatius 725 eine Zelle St. Michael, an deren Ausstattung offenbar Angehörige der späteren Gf.en v. Käfernburg-Schwarzburg beteiligt waren. Ebf. →Lul v. Mainz (754-786) übereignete dem Kl. →Hersfeld die cellula mit acht Hufen, auch weihte er hier 777 eine Peterskirche. Bei ihrer Wiederherstellung 980 wurde möglicherweise das Chorherrenstift errichtet, das später die Augustinerregel annahm (1344 jedoch nach Gotha verlegt). Kg. Otto I. hielt sich auf dem Wege zur Ks.krönung 961 in O. auf. 1342 fiel der Ort an die Gf.en v. →Gleichen; 1348 ist die Stadt O. erwähnt, 1463 wurde ein Karmeliterkl. errichtet. K. Blaschke
Lit.: Ch. F. Krügelstein, Nachrichten von der Stadt O. (742-1631), 1844 - J. Böttcher, O.s älteste Siedlungen, Der Friedenstein, Monatsbll. des Kulturbundes Gotha, Juli 1958.

Ohrenscheiben, an den Helmseiten angenietete, runde Verstärkungsscheiben. Im 1. Drittel des 14. Jh. aufgekommen, ab etwa 1400 in Westeuropa häufig und an verschiedenen Helmarten verwendet, in Dtl. und Italien selten. O. Gamber

Ohrgehänge. Wie in der Antike bei Griechen und Römern zählten O. im MA zum typ. Frauenschmuck von Romanen und Byzantinern. Erst im frühen 5. Jh. übernahmen Gotinnen diese mediterrane Schmuckform, während des späten 5./6. Jh. auch Frauen anderer Germanenstämme (Franken, Alamannen, Baiuwaren, Langobarden). Bei Angelsachsen und Nordgermanen (Wikinger) setzten sich O. während des MA nie durch. Die Slavinnen begannen erst zur Karolingerzeit, O. (v. a. byz. Formen) anzulegen. Bei den Sasaniden, Hunnen, Avaren und Ungarn wurden O. - häufig einzeln - auch von Männern getragen. Die verschiedenen O.-Typen in Mitteleuropa sind stets von mediterranen Vorbildern stark beeinflußt (Polyeder-, Körbchen-, Bommel-, Kettchen- und Halbmond-O.), aber auch von einheim. Goldschmieden umgestaltet worden. Dadurch entstanden regional begrenzte Typen, die auf die Herkunft ihrer Trägerinnen schließen lassen. Darüber hinaus waren Edelmetall-O. bei den Germaninnen des 5./6. Jh. ein Zeichen der Zugehörigkeit zur Oberschicht (Kgn. Arnegunde). Erst im 7. Jh. finden sich O. aus Bronze auch bei Frauen ärmerer Bevölkerungsschichten. Im 9./10. Jh. reduzierte sich im Reichsgebiet nicht nur die Formenvielfalt der O., sondern auch die Zahl der Frauen, die O. anlegten. Ledigl. die vornehmsten Damen des Adels trugen im 11./12. Jh. noch goldene O. Deshalb wurden in der Kunst nur noch die Kn.nen (Kunigunde/Agnes) und die personifizierten Tugenden mit zeittyp. Halbmond-O.n dargestellt. Vom späten 12. Jh. bis zur Renaissance kamen O. in Mitteleuropa wegen des aufwendigen Frauenkopfputzes aus der Mode. Bei den unter byz. Einfluß stehenden Slaven in O- und SO-Europa blieb das O. weiterhin typ. Bestandteil der Frauentracht.
M. Schulze-Dörrlamm
Lit.: G. Fingerlin, Imitationsformen byz. Körbchen-Ohrringe n. der Alpen. Fundber. Baden-Württ. 1, 1974, 597ff. - U. von Freeden, Unters. zu den merowingerzeitl. Ohrringen bei den Alamannen, BerRGK 60, 1979, 227ff. - M. Schulze, Frühma. Kettenohrringe, ArchKbl 14, 1984, 325ff. - A. B. Chadour-R. Joppien, Schmuck I. Kat. Kunstgewerbemus. Köln, 1985, 76f. - M. Schulze-Dörrlamm, Der Mainzer Schatz der Ksn. Agnes aus dem mittleren 11. Jh., Monogr. RGZM 24, 1991, 19ff.

Ohrid (Ochrid, gr. Ἀχρίς/Ἀχρίδα), Stadt (jetzt in der Republik Makedonien), Festung und - ca. 1000-18 - Metropole des 'reichs'-bulg. Patriarchats(?)/Ebm.s bzw. nach 1018 die des autokephalen byz. Ebm.s 'Bulgarien'/gr. Bulgaria.
I. Von der frühbyz. Zeit bis zum Ende der 1. bulg. Periode (1018) -
II. Die mittelbyz. Periode bis ca. 1205 - III. Von der 2. bulg. Periode bis zum Ende der spätbyz. Periode (1334) - IV. Die serb. Periode - V. Die osman. Periode bis 1767.

I. Von der frühbyz. Zeit bis zum Ende der 1. Bulg. Periode (1018): Gelegen an dem von der Via Egnatia berührten NO-Ufer des O.-Sees, gilt O. als ma. Nachfolgesiedlung der antiken Stadt Lychnidos, die - einst Hauptort der illyr. Dassareten - ab 343 n. Chr. als Bm. belegt ist, im 5. und 6. Jh. zur byz. Prov. Epirus Nova, kirchl. aber zur Metropolie →Dyrrhachion im Vikariat →Thessalonike gehörte (wo es auch nach der Gründung der Kirchenprov. →Justiniana Prima verblieb). 545 war Lychnidos, dessen Name mit den gr. und slav. Namen der ma. (und heutigen) Stadt stammverwandt ist (Schramm), als Stadt wohl noch intakt (trotz des bei →Prokop, Anecd. 18. 42

erwähnten, nach CHRYSOS, 85, auf 522 zu datierenden Erdbebens).

Vom 7. bis ins 9. Jh. liegt Lychnidos'/O.s Gesch. im dunkeln: Vermutl. um 842 unter bulg. Herrschaft geraten und wohl schon seit längerem weitgehend von Slaven bevölkert, wird es erst in den Akten des Konzils v. 879/880 (→Konstantinopel, ökumen. Konzilien, 5.), jetzt unter dem 'neuen' gr. Namen, als Sitz des Bf.s Gabriel wieder erwähnt. Wenig später wirkten u. a. in der Region O. die vom bulg. Fs.en →Boris I. bzw. seinem Nachfolger →Symeon dorthin zur Mission entsandten hll. →Clemens v. O. und →Naum. Sie machten aus O. ein Zentrum kirchl. und monast. Kultur (u. a. Gründung des Pantelejmon-Kl. durch Clemens): Die 'Schule v. O.' hat einen Großteil der (alt-)→bulg. Lit. hervorgebracht. Unter Zar →Samuel wurde O. zu Beginn des 11. Jh. Zentrum seines Reiches und letzter Sitz der (ab 971) aus Dristral/→Durostorum in diverse westbulg./makedon. Orte umgesetzten ('reichs'-) bulg. Ebf.e (der Titel Patriarch bei den Nachfolgern Damians v. Dristra ist fraglich: TARNANIDES, 1976a); es kam aber mit den übrigen →Bulgarien nach den Niederlagen, die Samuel und seine Nachfolger durch Ks. →Basileios II. erlitten, vorübergehend i. J. 1015 und endgültig 1018 unter byz. Herrschaft. Dabei fiel dem Ks. der in O. bewahrte bulg. Schatz in die Hände; auch Maria, Witwe Zar Ivan Vladislavs, wurde ihm hier mit ihren Kindern übergeben.

II. DIE MITTELBYZ. PERIODE BIS CA. 1205: O. war nun im Rahmen der Provinzialverwaltung zunächst dem bis 1185 existenten Dukat Bulgaria (Vorort →Skopje) zugeordnet, bildete aber in ihm zumindest seit Ks. →Alexios I. ein eigenes, gelegentl. aber mit →Dyrrhachion zusammen verwaltetes Thema (zuletzt 1198 erwähnt). Ein Angriff des Normannen →Bohemund (1. B.) 1082 auf O. war erfolglos. Kirchl. wurde (bzw. blieb) es Metropole eines (vorher zumindest unter Ks. →Romanos I.) autokephalen, jetzt aber byz. Ebm.s 'Bulgaria', dessen Umfang 1019/20 von Basileios II. urkundl. (DÖLGER, Reg. 806–808, s. auch DÖLGER/WIRTH, Reg. 1989a) neu, doch in Anknüpfung an den früheren Umfang des 'reichs'-bulg. Ebm.s, festgesetzt wurde. Durch die →Autokephalie nicht dem ökumen. Patriarchen, sondern (nunmehr) dem byz. Ks. unterstellt, wurden die O.er Ebf.e, bei denen es sich nach dem Tod des ersten, noch bulg. Ebf.s, Ioan († ca. 1037), stets um Griechen handelte, jetzt auch, gleich den byz. →Patriarchen und den autokephalen Ebf.en v. →Zypern, vom Ks. eingesetzt, der sie oft aus dem Patriarchalklerus rekrutierte. Das Ebm., das in dieser Periode weite Teile der W-Hälfte der Balkanhalbinsel und im N bis an die Donau bei Belgrad und Braničevo erstreckte, umfaßte – nach Modifikationen des Anfangsbestandes in der Komnenenzeit – 25 Bm.er (so auch O. selbst mit den Orten →Prespa, Mokors und Kičava); nach 1185 gingen jedoch vier Bm.er an das Bulgarien der →Aseniden verloren. Die Bevölkerung in den Bm.ern bestand aus Griechen, Slaven, Albanern und Vlachen (zu ihrem Sonder-Bm. s. GYÓNI). Die Ebf.e, darunter so bedeutende wie →Leon (10. L.) und →Theophylaktos v. O., waren sich ihres geistl. und kirchenpolit. Sonderstatus durchaus bewußt; dieser spiegelt sich in der öfter umgestalteten Architektur der O.er Sophienkathedrale (im Kern 2. Viertel des 11. Jh.: SCHELLEWALD) und im Bildprogramm ihrer Fresken ebenso wider wie in der seit dem 12. Jh. bezeugten Ps.-Theorie von der Identität O.s mit Justiniana Prima (außer Johannes/Adrian Komnenos [im Amt ca. 1140–2. Hälfte 1163: PRINZING 1988] machten die Ebf.e aber erst ab dem 13. Jh. von dieser Theorie offen Gebrauch).

III. VON DER 2. BULG. PERIODE BIS ZUM ENDE DER SPÄTBYZ. PERIODE (1334): Die um 1204 unter Zar →Kalojan erfolgte bulg. Besetzung O.s und größerer Teile des Ebm.s zwangen Ebf. Johannes Kamateros (nicht identisch mit Patriarch →Johannes X. [50. J.]) ins Exil nach →Nikaia; aber nach der Rückeroberung O.s durch →Epeiros ca. 1215 hierher zurückgekehrt, starb er bald. Sein Nachfolger, der große Kanonist Demetrios →Chomatenos († um 1236), nahm nur unter Protest den Verlust weiterer Bm.er an das 1219 mit Hilfe Nikaias durch →Sava v. Serbien begründete autokephale serb. Ebm. hin. Gleichwohl gelang es ihm, unterstützt durch den von ihm 1227 zum Ks. gekrönten epirot. Fs.en →Theodoros Dukas, sein Amt mit einem von den O.er Ebf.en sonst unerreichten Maß an geistl. Autorität und kirchenpolit. Gewicht zu versehen: unter ihm war O., auch infolge der polit. Lage, gleichsam der Patriarchat des byz. 'Westens'. Die Folgen der Niederlage v. →Klokotnica (1230) sowie die Beseitigung des epirot.-nikän. Schismas schwächten jedoch wieder die Position O.s gegenüber dem Patriarchat v. Konstantinopel/Nikaia. Daß O. damals, vor und während es unter die Bulgarenherrschaft (bis 1246, vgl. KRAVARI 45, 358) geriet, ist mit der hierfür zum Beleg angeführten Erwähnung Zar →Ivans II. Asen in einer Schreibernotiz im slav. Bologneser Psalter aus O.s Umgebung nicht sicher genug bewiesen: Das 1239/40 an Nikephoros →Blemmydes (Curr. Vitae, I, Kap. 64) bei seiner 'West'-Reise ergangene Angebot der Epiroten, ihn zum O.er Ebf. (wohl in Nachfolge des Chomatenos) zu machen, zeigt, daß sich O. schon einige Zeit vor dem Tod des Zaren (1241) in der Hand Fs. →Michaels II. v. Epeiros (13. M.) befunden haben muß. Blemmydes lehnte ab, Ebf. wurde daher sein offenbar von Michael II. ernannter Freund Iakobos. Er verließ O. 1246, blieb aber Ebf. bis ca. Mitte 1253 (DUJČEV), als O. erstmalig unter die dann 1259 endgültige Herrschaft Nikaias geriet. Um 1254 folgte auf Iakobos der später bes. von Ks. →Michael VIII. unterstützte und ihm kirchenpolit. ergebene Ebf. Konstantinos Kabasilas; in seine Amtszeit fällt wohl noch Michaels VIII. Privileg v. 1272 für das O.er Ebm. (DÖLGER Reg. 1989a, inseriert die o. a. Urkk. Basileios' II.; Fälschungsverdacht; KONSTANTINU-STERGIADU), das die serb. und bulg. Kirchen von Peć bzw. Tărnovo in der Vorbereitungsphase des II. Konzils v. →Lyon schwächen sollte (TARNANIDES, 1976b). In dieser Periode taten sich wieder manche O.er Ebf.e und Mitglieder des O.er Kathedralklerus schriftstellerisch oder als Bauherren und Stifter hervor, wie etwa Konstantin Kabasilas selbst, sein späterer Nachfolger Gregorios I. (1312–ca. 1315; zu ihm KURUSES) sowie Johannes →Pediasimos (um 1280); doch wirkten als Stifter auch Mitglieder des byz. Dienstadels wie der Großhetaireiarch Progonos Sguros, der mit seiner Frau Helene (1294/95) die Theotokos Peribleptos-Kirche (jetzt Sv. Kliment) erbauen ließ. Im Thronstreit der Palaiologen stellte sich O. 1328 auf die Seite Ks. →Andronikos' III.

IV. DIE SERB. PERIODE: Die Serbenherrschaft kündigte sich schon im Sommer 1330 (Datierung: VizIzv VI, 334) mit einem serb. Angriff auf O. an, der bei der Ankunft Ks. Andronikos' III. abgebrochen wurde. Trotz der vom Ks. veranlaßten Verbesserung der Verteidigungsanlagen O.s ging aber bei dem Angriff →Stefan Dušans auf das byz. Makedonien 1334 auch O., wo sich der führende Magnat (Nikephoros Isaakios) den Serben anschloß, Byzanz auf immer verloren (DÖLGER, Reg. 2815). Bei der Ks.krönung Dušans 1346 durch den neuen serb. Patriarchen in Skopje war neben dem bulg. Patriarchen v. Tărnovo und dem Athos-Protos auch der (von Dušan ernannte?) Ebf. Nikolaos/Nikola v. O. unter den hohen kirchl. Repräsentanten. Zar Stefan Dušan, der für das O.er Theotokos Peribleptos-Kl. 1342/45 ein Besitzprivileg erließ, und sein Nachfolger →Stefan Uroš V. (bzw. die Unterkg.e in Makedonien bis 1395, →Marko und →Vukašin) verminderten zwar ein wenig den Umfang des Ebm.s O. (zugunsten der serb. Patriarchats), tasteten aber seine Autokephalie nicht an. In O. und seiner Region wirkten nach Ablösung des Nikephoros Isaakios (1345) als oft sehr selbständige Statthalter hohe Adlige serb. oder alban. Abkunft (Branko Mladenović, Jovan Oliver, Grgur Golubović, Novak, Andreas Gropa, Ostoja Rajković, Karl Thopia): auf sie weisen zum Teil auch Stifter- oder Memorialbilder und Inschriften in verschiedenen O.er Kirchen hin.

V. DIE OSMAN. PERIODE BIS 1767: Die osman. Eroberung O.s ist zeitl. nicht genauer als 'zw. 1385 und 1408' zu fixieren, das oft gen. Datum 'ca. 1394' ist nur ein ungefährer Anhaltspunkt. In der insgesamt bis 1912 reichenden osman. Periode endete das 'MA' erst mit der vom ökumen. Patriarchat i. J. 1767 beschlossenen Auflösung des Ebm.s O., das in dieser Periode zeitweilig sogar für die orth. Gemeinden Unteritaliens, Venedigs und Dalmatiens zuständig war und gelegentl. auch als Patriarchat bezeichnet wurde. Die Ebf.e, denen als Kathedrale nach der Umwandlung der Hag. Sophia in eine Moschee die Theotokos Peribletos-Kirche/Sv. Kliment diente, waren – ebenso wie der übrige Episkopat – in der Regel Griechen. So bediente sich auch ihre Kanzlei, wie die von GELZER bis hin zu KRESTEN edierten Dokumente zeigen, weiterhin des Griechischen und folgte weitgehend byz. Traditionen (wichtig der sog. Kodex des Hl. Klemens, jetzt in der Nationalbibl. Sofia: KODOV). Die Gesch. und Bedeutung der Monumente O.s aus dem Zeitraum zw. der Spätantike und 1767 konnte hier nur angedeutet werden. Sie unterstreichen die große kulturhist. Bedeutung und Ausstrahlung O.s ebenso wie die trotz einiger Verluste noch immer beachtl. Zahl der im O.er Nationalmus. verwahrten ca. 100 gr. und slav. ma. Hss. (Katalog: V. MOŠIN [Recueil de travaux, 1961]) und die für das Fortwirken der ma. O.er Hagiographie wichtigen Drucke aus Moschopolis.

G. Prinzing

Q. und Lit.: DHGE I, 322–332 – H. GELZER, Der Patriarchat v. Achrida (AGL phil.-hist. Kl. 20,5), 1902 [Nachdr. 1980; dazu K. JIREČEK, BZ 13, 1904, 192–203] – I. SNEGAROV, Istorija na O.skata archiepiskopija, I–II, 1924 und 1932 [dazu: A. PÉCHAYRE, EO 35, 1936, 183–204, 280–323] – DERS., Grad O., Makedonski Pregled 4, 1928, 1–114 – Bălgarski starini ih Makedonija, hg. J. IVANOV, 1931 [Q.-Slg.; Nachdr. 1970] – M. GYÓNI, L'évêché vlaque de l'archevêché bulgare d'Achris aux XIe–XIVe s., Études Slaves et Roumaines 1, 1948, 148–159, 224–233 – F. BAJRAKTAREVIĆ, Turski spomenici u O.u, Prilozi orijent. Filol. 5, 1955, 111–134 – VizIzv I, 1955; III, 1966; VI, 1986 – BECK, Kirche, 184–186 [Lit.] – Receuil de travaux, hg. Musée National d'O., 1961 – CHR. KODOV, L'original du code du Patriarcat d'Ochride, Byzslav 25, 1964, 270–278 – I. DUJČEV, Medioevo bizantino-slavo I, 1965, 349–357, 359–368 – V. LAURENT, Le Corpus des sceaux de l'Empire byz., V, 2, 1965, 317–341 – C. GROZDANOV, Prilozi poznavanju srednjevekovne umetnosti O.a, Zbornik za likovne umetnosti 2, 1966, 199–232 – H. HALLENSLEBEN, Die architekturgesch. Stellung der Kirche Sv. Bogorodica Peribleptos (Sv. Kliment) in O., Arheol. Muzej na Makedonija, Zbornik 6/7, 1967/74 (= Mél. D. KOCO), 297–316 – O. KRESTEN, RSBN 6–7, 1969/70, 93–125 – V. BITRAKOVA GROZDANOVA, Monuments paléochrétiens de la région d'O., 1975 – V. DJURIĆ, Byz. Fresken in Jugoslawien, 1976 [Lit.] – I. TARNANIDES, Ἡ διαμόρφωσις τοῦ αὐτοκεφάλου τῆς βουλγαρικῆς ἐκκλησίας (864–1235), 1976 – DERS., Byzantina 8, 1976, 49–87 – G. PRINZING, Entstehung und Rezeption der Justiniana-Prima-Theorie im MA, Byzantino-bulgarica 5, 1978, 269–287 – D. BALFOUR, Politico-hist. Works of Symeon of Thessalonica (1416/17–1429), 1979, 256–258 [zum Pantelejmon-Kl./Imaret] – A. WHARTON EPSTEIN, The Political Content of the Paintings of Saint Sophia at O., JÖB 29, 1980, 315–329 – C. GROZDANOV, La peinture murale d'O. au XIVe s., 1980 [Lit.] – G. SUBOTIĆ, L'école de peinture d'O. au XVe s., 1980 [Lit.] – J. DARROUZÈS, Notitiae episcopatuum ecclesiae Constantinopolitanae, 1981 [Reg. s. v. Achris] – G. SCHRAMM, Eroberer und Eingesessene, 1981, 311–315 – S. KURUSES, EEBS 45, 1981/82, 516–558 – E. CHRYSOS, Epeir. Chronika 23, 1983, 5–111 [Reg.: Lychnidos] – S. KISSAS, Fourteenth- and Fifteenth-Century Art in O. and in the Areas under Its Influence, Cyrillomethodianum 8–9, 1984/85, 355–377 – O. i O.sko niz istorijata, kn. I, 1985 [Geographie, Gesch., Kultur, Kunst] – B. SCHELLEWALD, Die Architektur der Sophienkirche in O., 1986 – Glossar ö. Europa Ser. B, 3, 1988 [s.v. Achris; Lit.] – G. PRINZING, JbGO 36, 1988, 552–557 – G. FEDALTO, Hierarchia Ecclesiastica Orientalis, II, 1988, 547–550 – M. D. PEYFUSS, Die Druckerei v. Moschopolis 1731–69: Buchdruck und Hll.nverehrung im Ebm. Achrida, 1989 – E. KONSTANTINU-STERGIADU, Βυζαντιακά 10, 1990, 857–859 – Dict. of Byzantium, 1991, 1514 f. – G. PRINZING, Ks. Manuel II. Palaiologos und die kirchl. Jurisdiktion in Bulgarien, EBalk 26, 5, 1990, 115–119 – V. KRAVARI, Villes et villages de Macédoine occidentale, 1992, 357–361 [Lit.].

Ohtrich, Domscholaster und Elekt v. →Magdeburg, † 7. Okt. 981 in Benevent; Herkunft unbekannt. Zu den Schülern des seit ca. 950 an der Magdeburger Domschule wirkenden O., den →Brun v. Querfurt einen Cicero seines Zeitalters nennt, gehörten →Adalbert Vojtěch, Bf. Wigbert v. Merseburg (1004–09) und der Bremer Domscholaster Thiadhelm. 978 berief Otto II. O. in die Hofkapelle; seit Okt. 980 Teilnahme am Italienzug. Im Jan. 981 fand in Ravenna eine Disputation O.s mit →Gerbert v. Aurillac über die richtige 'divisio philosophiae' statt, über die →Richer v. Reims einseitig zugunsten Gerberts berichtet. In Abwesenheit wurde O. Ende Aug. 981 trotz des gegenteiligen Wunsches Ebf. →Adalberts v. Magdeburg zu dessen Nachfolger gewählt. Umstritten ist, weshalb Otto II. jedoch nicht O., sondern nach Aufhebung des Bm.s →Merseburg dessen bisherigen Bf. →Giselher zum neuen Ebf. erhob.

K. Görich

Lit.: D. CLAUDE, Gesch. des Ebm.s Magdeburg, I, 1972, 126 ff., 136 ff. – H.-H. KORTÜM, Richer v. St. Remi, 1985, 83–92 – S. SCHOLZ, Transmigration und Translation, 1992, 177–187.

Ojeda (Hojeda), **Alonso de,** span. Entdecker und Eroberer, * 1466/70 Cuenca, † 1515/16 Santo Domingo, nahm als adliger Gefolgsmann des Hzg.s v. →Medinaceli am Krieg gegen Granada teil und gelangte auf →Kolumbus' 2. Reise 1493 nach Amerika, wo er zunächst eine herausragende Rolle bei der Eroberung der Insel La Española (Haiti) spielte, sich später aber mit dem Genuesen überwarf. Begünstigt durch den kgl. Beauftragten für die Überseeunternehmen Kastiliens, Rodríguez de Fonseca, konnte er 1499 als erster Kastilier außer Kolumbus eine eigene Entdeckungsreise unternehmen, an der →Vespucci und Juan de la →Cosa teilnahmen und die zur Erkundung der südamerikan. Küste von Guyana bis zum heut. Kolumbien führte. Seit 1508 war O. an den ersten Versuchen zur Gründung von span. Niederlassungen an der Küste des Isthmus v. Panamá beteiligt und wurde dort zum ersten militär. Conquistador, bevor er nach vielfältigen Strapazen verarmt starb.

H. Pietschmann

Oignies, ehem. Priorat in Belgien, im alten Hzm. Brabant (heute Prov. Hennegau, Gemeinde Aiseau-Presles), Diöz. Lüttich (seit 1561 Namur). Gründer und erster Prior des im Sambretal gelegenen Priorates war der Priester Aegidius (Gilles) v. Walcourt († 1234), Bruder des berühmten Goldschmieds →Hugo v. O.; die Gründung erfolgte 1192 mit Genehmigung des Grundherrn Balduin v. Loupoigne, Herrn v. Aiseau, und unter dem Patronat des Kapitels v. Fosses. O., das dem hl. Nikolaus geweiht war, befolgte die Regel der Regularkanoniker (Augustinusregel) und schloß sich keiner Kongregation an; der von der Gemeinschaft gewählte Prior wurde dem Kapitel v.

Fosses präsentiert und vom Bf. v. Lüttich bestätigt. Die 1204 geweihte Stiftskirche war mit Pfarrrechten über ein ausgedehntes Gebiet ausgestattet. Eine »Historia fundationis venerabilis ecclesiae beati Nicolai Ogniacensis« wurde wohl bald nach 1289 verfaßt. →Jakob v. Vitry hielt sich ab 1208 mehrfach in O. auf. Hier traf er mit →Maria v. O. zusammen; sie verbrachte in O. ihre letzten Lebensjahre (1207–13). Jakob schrieb bald nach dem Tode der Mystikerin ihre Vita, die von →Thomas v. Cantimpré vollendet wurde. Maria lebte in der Beginengemeinschaft (→Beginen), die frühzeitig bei dem Priorat errichtet worden war und die 1352 zum letzten Mal erwähnt wird. Das Priorat wurde 1796 aufgehoben. J.-M. Cauchies

Q. und Lit.: Monasticon belge I, 1890, 450–460 – Chartes du prieuré d'O. de l'Ordre de St. Augustin, ed. E. PONCELET, 2 Bde, 1913–14 – J. FICHEFET, Hist. du prieuré de l'église Saint-Nicolas et du béguinage d'O., 1977.

Oikonomia (gr. οἰκονομία), kirchenrechtl., bezeichnet in der byz.-orth. Kirche dasjenige Prinzip, das dem Ks., einem Oberhirten (und seiner Synode), einem Hl.n oder auch einem Beichtvater die Möglichkeit einräumt, einerseits bei der Rechtsprechung, bes. im Bereich des Bußwesens, zur Vermeidung außergewöhnl. Härten, nach jeweiliger Prüfung des Einzelfalls reuigen Sündern gegenüber aus Philantropie und Mitgefühl heraus Nachsicht walten zu lassen und ihnen Strafdispens oder Verzeihung zu gewähren; und andererseits generell in Situationen der Anomalie (z.B. Sedisvakanzen) oder in sonstigen bes. schwierigen Fällen (einschließl. der Kirchenpolitik), Entscheidungen zu treffen, mit denen man aus Zweckmäßigkeit oder um durch Anpassung an die Realität Schlimmeres zu verhüten, bewußt einen Verstoß gegen die 'akribeia' (genaue Einhaltung bestehender Vorschriften) in Kauf nimmt. Dadurch dürfen jedoch keinesfalls irgendwelche Dogmen außer Kraft gesetzt oder neue Normen begründet werden. Die Autoren spezieller Traktate zur O. (bes. →Eulogios v. Alexandria, →Theodoros Studites) fordern im übrigen, die O. nur strikt begrenzt anzuwenden. Theol. gründet sich die O. auf Gottes modellhafte O. gegenüber den Menschen in Form der Heilstat Christi.
G. Prinzing

Lit.: BECK, Kirche, 77 [Lit.], passim – H. THURN, O. von der frühbyz. Zeit bis zum Bilderstreit [Diss. München 1961] – Y. CONGAR, Propos en vue d'une théologie de l'»Économie« dans la tradition lat., Irénikon 45, 1972, 155–206 – P. L. L'HUILLIER, L'économie dans la tradition de l'Église Orth., Kanon 6, 1983, 19–38 – D. WENDEBOURG, Taufe und O. (Fschr. G. KRETSCHMAR 1986), 93–116 [Lit.] – C. CUPANE, Appunti per uno studio dell'o. ecclesiastica a Bisanzio, JÖB 38, 1988, 53–73 [Lit.] – G. DAGRON, La règle et l'exception (Religiöse Devianz, ed. D. SIMON, 1990), 1–18 – Oxford Dict. of Byzantium, 1991, 1516f. [Lit.].

Oikonomos. Ursprgl. stand die Verwaltung des kirchl. Vermögens dem Bf. zu (Kan. Apost. 39; vgl. Kan. 7 der Synode v. Gangrai). Wann genau das Amt des O. aufkam, ist nicht mehr auszumachen. Im 4. Jh. erscheint der O. schon als Bm.sverweser bei Sedisvakanz (ACO I 1,2: 65). Im 5. Jh. ist es offenbar die Regel, daß der O. das Kirchengut verwaltet: Das Konzil v. Chalkedon (451) verpflichtet jeden Bf., einen O. aus seinem Klerus zu berufen, wobei es ihm untersagt ist, das Amt gegen Geld zu vergeben (Kan. 2). Der O. ist an die Weisung (γνώμη) des Bf.s gebunden; zugleich soll er Zeuge und Garant der korrekten Verwaltung sein (Kan. 26; vgl. Kan. 8 Gangrai). Ks. Justinian I. schrieb einen jährl. Rechenschaftsbericht gegenüber dem Bf. vor (Cod. I 3,41). Das 2. Konzil v. Nikaia (787) erneuerte und verschärfte die Bestimmung v. Chalkedon: Kan. 11 verlangt, daß bei Verstoß durch einen Metropoliten der Patriarch, bei dem eines Bf.s der zuständige Metropolit von sich aus einen O. einsetzen soll und fordert für die Verwaltung des Kl. gutes einen der Weisung des Kl. vorstehers unterstehenden O. H. M. Biedermann

Lit.: ThEE IX, 680f. – N. MILASCH, Das Kirchenrecht der Morgenländ. Kirche, 1905², 245, 531f., 680f. – K. RHALLES, Περὶ τοῦ ἐκκλησιαστικοῦ ἀπιώματος τοῦ οἰκονόμου, Πρακτικὰ τῆς Ἀκαδημίας Ἀθηνῶν 7, 1932, 4–10 – BECK, Kirche [Register].

Oktateuch-Illustration. Als Oktateuch (O.) wird im Kanon der griech. Kirche eine Untereinheit des AT verstanden, die außer den fünf Moses-Büchern (Pentateuch) zusätzl. die Bücher Josue, Richter und Ruth enthält. Man nimmt an, daß in frühchr. Zeit jeweils nur für einzelne Bücher oder kleinere Einheiten des AT bzw. der gr. Septuaginta-Übers. (allerdings umfangreiche) Bildzyklen entstanden seien. Die umfangreichste und einzig erhaltene größere Einheit (auch sie noch ohne die Propheten), der Vat. Reg. gr. 1, umfaßt immerhin die hist. Bücher. Die erhaltenen O.e (Vat. gr. 746 und 747; Istanbul Seragl. 8; Athos, Vatopedi 602 [515]; Smyrna [zerst.]) stammen alle aus komnen. Zeit (Ende 11./12. Jh.) und umfassen jeweils zahlreiche Miniaturen (der Seragl. 8 z. B. 352), die auf den erwähnten älteren, ebenso umfangreichen Bilderzyklen der Einzelbücher bzw. kleineren Einheiten basieren. Wahrscheinlich gab es bereits im 10. Jh. in Konstantinopel eine fest etablierte Rezension der O.e, denn alle erhaltenen Beispiele »zeigen sämtlich einen Konstantinopler Stil oder den eines Zentrums, das von der östlichen Hauptstadt abhängig ist« (WEITZMANN, Ill. Septuag.). Ihr Ursprung wird allerdings (ohne schlüssige Beweise) im frühbyz. (5. Jh.?) Antiocheia gesucht. M. Restle

Lit.: K. WEITZMANN, Die Ill. der Septuaginta, MüJb, 1952/53, 96–120 – DERS., The Octateuch of the Seraglio and the Hist. of its Picture Recension, Actes du X. Congr. Internat. d'Ét. Byz. Istanbul 1955, 1957, 183–186.

Oktoechos, Einteilung in acht Tonarten (gr. ἦχος, lat. tonus, slav. glas, arm. jayn), 5 authent. (gr. κύριος) und 4 plagale, als Grundlage für das modale System in der Kirchenmusik. Im byz. System liegen die plagalen Tonarten eine Quinte tiefer als die entsprechenden authentischen. Diesem Einteilungsprinzip entsprechend entstand in der byz. Kirche eine O. gen. Hymnenslg. für den 8-Wochenzyklus, deren Anfänge, die Auferstehungshymnen für die Sonntagsoffizien, →Johannes Damaskenos zugeschrieben werden. Die Hymnen für die verschiedenen Gedächtnisse der Wochentage wurden z. T. von →Theophanes Graptos (ca. 775–845) verfaßt. Als gesonderte hs. Hymnenslg. taucht die O. nicht vor dem 12. Jh. auf. Zwei ihrer Vorläufer sind das Tropologion und das Sticherokathismatarion. Ch. Hannick

Lit.: NEW GROVE s. v. – L. TARDO, L'Ottoeco nei mss. melurgici, 1955 – CH. HANNICK, Le texte de l'O. (Dimanche, Office selon les huit tons; La prière des églises de rite byz. 3, 1972), 37–60 – K. ONASCH, Kunst und Liturgie der Ostkirche in Stichworten, 1981, 285–289 [1990²] – D. PETROVIĆ, Osmoglasnik u muzičkoj tradiciji Južnih Slovena, I–II, 1982 – A. E. ALYGIZAKES, Ἡ ὀκταηχία στὴν ἑλληνικὴ λειτουργικὴ ὑμνογραφία, 1985 – Starobŭlgarska literatura. Enciklopedičen rečnik, 1992, 298f.

Oktogon (Achteck), Zentralbau mit achteckigem Grundriß, relativ häufig wegen der seit der Antike geläufigen symbol. Vorstellung von 8 als einer vollkommenen Zahl, aber auch als ideale Grundform durch die geometr. Konstruktion als Durchdringung zweier Quadrate, schließlich ist das O. dem Kreis angenähert und konstruktiv leichter zu errichten. Seit der röm. Ks.zeit für Profanräume, Kultbauten und Mausoleen angewandt, auch als Teil von Raum- und Baufolgen (Thermen, Paläste), in frühchristl. Zeit in der Nachfolge der Mausoleen als Baptisterien (Tod und Auferstehung). Mit Karls d. Gr. Aachener Pfalzkapelle, als Herrschafts- und schließlich Grabkapelle vorbildhaft, bes. in der 1. Hälfte des 11. Jh. Die Felsenmoschee in Jerusalem (687-691) regte den vielfältigen Gebrauch im islam. Bereich an. Die für Wölbungen günstige Form des O.s führte zu vielfältiger Anwendung auch bei Türmen, Dächern, Kapellen. G. Binding

Lit.: M. UNTERMANN, Der Zentralbau im MA, 1989.

Okzident → Weltbild

Okzitanisch → Altprovenzalische Sprache

Öl. [1] *Gewinnung und Handel:* Lagerstätten von Asphalt, Bitumen und Erdöl (→Naphta) wurden v. a. bei Modena am Monte Zibio, bei Gabian w. von Montpellier, bei Seefeld i. Tirol, am Tegernsee, im n. Elsaß und in der Umgebung von Hannover ausgebeutet. Die oriental. Vorkommen am Toten Meer und bei Baku waren durch die Reiseberichte von Marco→Polo, Jean de→Mandeville und Giosafat →Barbaro bekannt. Tierisches Ö., das v. a. an der Nordseeküste Verwendung fand, wurde aus dem Fett des Pottwals gepreßt. Pflanzl. Ö.e lieferten u. a. →Lein, →Mohn, Raps und Rübsen, aber auch Buche, Nußbaum und im Mittelmeerraum der →Ölbaum. Aus →Rosmarin wurde ein in der Parfümerie sehr geschätztes Ö. extrahiert. Die Verarbeitung von Ö. brachte als eigenen Beruf den des Ölschlägers hervor. In S-Europa war Olivenöl ein wichtiger Handelsartikel, der in Venedig von einer eigenen Behörde, der sog. Ternaria, überwacht und auch fiskal. genutzt wurde. Unter der Bezeichnung 'Baumöl' wird es in den Zolltarifen von Basel und Straßburg und in Rechnungen der Kölner Eisenwaage erwähnt. In niederrhein. und hans. Zollakten werden neben Baumöl auch Kienöl, Nußöl, Olivenöl, Rüböl und Spiekenöl (= Lavendelöl) genannt. Das Transportmittel waren Pipen, lange, schlanke Fässer.

[2] *Verwendung:* Ö.e dienten als Lieferanten der essentiellen Fettsäuren v. a. der menschl. →Ernährung. N. der Alpen stand pflanzl. Ö. allerdings eindeutig hinter den tier. Fetten zurück, deren Genuß die →Institutiones Aquisgranenses den Kanonikern und die benediktin. Consuetudines den Mönchen gestatteten. Auch erlaubte die spätma. Praxis der →Butterbriefe unter bestimmten Voraussetzungen den Verzehr tier. Fetts anstelle von Pflanzenöl in der Fastenzeit (→Fasten). In Landwirtschaft und Gewerbe fanden tier. und pflanzl. Ö.e als Schmiermittel, bei der Herstellung von Wolltuchen und als wichtiger Rohstoff für die Seifenproduktion sowie – bes. s. der Alpen – auch als Brennöl (→Beleuchtung) Verwendung. In der Ölmalerei diente das Ö. als Bindemittel für die Farbpigmente und als Firnis, worauf die Beschreibungen bei →Theophilus Presbyter und Cennino →Cennini hinweisen. Militär. nutzte man Erdöl als Bestandteil des →Griech. Feuers. Als Salböl (→Myron) wurde bei der Erteilung von Sakramenten wie bei der Weihe von Priestern, Bf. en und Herrschern meist Olivenöl verwendet. – In der Heilkunde verstand man unter 'oleum' schlechthin ebenfalls meist Olivenöl, das auch als Grundlage zahlreicher →Salben, →Pflaster und anderer arzneil. Ö.e diente; letztere wurden – soweit mit narkot. Drogen zubereitet – auch in der →Chirurgie vielfach zur Schmerzbetäubung eingesetzt. Die Herstellung der als →Arzneiform sehr verbreiteten Ö.e erfolgte im wesentl. durch Auspressen (wie etwa bei Mandelöl) oder durch 'Einpressen', d. h. wohl durch Fettextraktion äther. Ö. enthaltender Drogen (wie z. B. bei Rosenöl), während man seit dem späten MA äther. Ö.e zunehmend durch →Destillation gewann. Rezepte für arzneil. Ö. sind nicht nur in den Arzneibüchern, sondern etwa auch im Kochbuch Meister Eberhards v. Landshut aus dem 15. Jh. überliefert. In der Volksmedizin spielten hauptsächl. hl. Ö.e eine Rolle, von denen das bedeutendste das Walburgisöl war, das aus den Gebeinen der hl. →Walburgis in Eichstätt fließen soll.

Fritz Schmidt (mit F.-J. Kuhlen)

Lit.: HWDA VI, 1238-1245 – LCI III, 340f. – M. HEYNE, Fünf Bücher dt. Hausalterthümer von den ältesten geschichtl. Zeiten bis zum 16. Jh., I: Das dt. Wohnungswesen, 1899 – R. J. FORBES, Stud. in Early Petroleum Hist., 1958 – A. FEYL, Das Kochbuch Meister Eberhards, 1963 – G. ZIMMERMANN, Ordensleben und Lebensstandard. Die Cura corporis in den Ordensvorschriften des abendländ. HochMA, T. 1/2 (Beitr. zur Gesch. des alten Mönchtums und des Benediktinerordens 32, 1973) – D. GOLTZ, Ma. Pharmazie und Medizin, VIGGPharm NF 44, 1976, 193-198 – F.-J. KUHLEN, Zur Gesch. der Schmerz-, Schlaf- und Betäubungsmittel in MA und früher NZ, QStGPharm 19, 1983, passim – U. KÖRBER-GROHNE, Nutzpflanzen in Dtl. Kulturgesch. und Biologie, 1988².

Olaf (s. a. →Olav)

1. O. Guthfrithsson, *Kg. v.* →*Dublin* seit 934, Nachfolger seines Vaters Guthfrith, und Kg. v. →York seit 939, † 941; ⚭ wohl Aldgyth, eine Tochter von Jarl Orm (nach Roger →Wendover). Nachdem O. die Wikinger v. Limerick im Aug. 937 besiegt hatte, wurde er als Oberherrscher aller Skandinavier in Irland anerkannt. Anschließend versuchte er, das skand. Kgr. v. York wiederherzustellen, das sein Vater für kurze Zeit 927 regiert hatte, bevor dieser von Kg. →Æthelstan vertrieben worden war. O. verband sich in York mit dem scot. Kg. →Konstantin II., aber ihre vereinigten Streitkräfte wurden im Herbst 937 von Æthelstans Heer bei →Brunanburh besiegt. O. kehrte bald nach Æthelstans Tod (27. Okt. 939) nach York zurück und wurde dort als Kg. anerkannt. Wahrscheinl. fiel er 940 in Mercien ein, und Kg. →Edmund mußte ihm das Gebiet der →Five Boroughs mit Watling Street als Grenze abtreten. Auf Münzen, die für O. in Derby und York geprägt wurden, trägt er den Titel CUNUNC, nicht rex. Bald nach seinem Überfall auf →Lothian starb er. P. H. Sawyer

Lit.: A. P. SMYTH, Scandinavian York and Dublin, 2 Bde, 1975/79.

2. O. Cuarán, *Kg. v.* →*Dublin und* →*York,* † 980 auf einer Wallfahrt nach →Iona. Sohn des Sigtrygg (gest. 927), ist O. erstmals erwähnt anläßl. seiner Fahrt von Dublin nach York, wo er seinen Vetter →Olaf Guthfrithsson unterstützte. Nach dessen Tod (941) übernahm O. die Herrschaft in York, doch vermochte er die →Five Boroughs nicht für die Dänenherrschaft in →Mercien zu erhalten; sie fielen 942 an →Edmund v. Wessex. 943 schloß er Frieden mit Edmund, der als Pate bei O.s Taufe fungierte. Im gleichen Jahr noch wurde O. aus →Northumbria vertrieben, angebl. wegen Abfalls vom Christentum, an seine Stelle trat Ragnall Guthfrithsson. 945 übernahm O. die Herrschaft in Dublin; in diesem Jahr und 947 war er Verbündeter des ir. Kg.s →Congalach Cnogba (südl. →Uí Néill). 947 ging O. nach York zurück, um nach der Ermordung Edmunds v. Wessex (Mai 946) die Macht zurückzuerobern. Spätestens 949 wurde er von den Dänen v. York wieder als Kg. anerkannt, doch 952 erneut vertrieben. Er blieb bis zu seinem Tode in Dublin und stand mit einer Reihe von ir. Kg. en in Bündnisverhältnissen oder aber im Kampf. G. MacNiocaill

Lit.: M. DOLLEY, Viking Coins of the Danelaw and Dublin, 1965 – A. P. SMYTH, Scandinavian York and Dublin, 2 Bde, 1975/79.

3. O. Tryggvason (an. Ólafr T.), *Kg. v.* →*Norwegen* 994/995-999/1000, * 963, Urenkel Kg. →Harald Schönhaars; Eltern: Tryggvi Ólafsson, Kleinkg. v. Oppland, und Astrid; ⚭ Tyra, Tochter →Harald Blauzahn Gormssons v. Dänemark. Sowohl die ca. 1190 einsetzenden umfangreichen Berichte als auch die zeitgenöss. Q. zu O. (Skaldendichtung und kurze Erwähnungen in ags. Q.) sind nur bedingt aussagekräftig. Die Ereignisse seiner Jugend können durchaus legendar. Typisierung unterliegen: Nach dem gewaltsamen Tod des Vaters auf der Flucht ins Exil geboren, wurde O. gefangen und fand Aufnahme bei estn. Seeräubern; durch den Onkel ausgelöst, stand er längere Zeit in militär. Diensten bei Kg. Waldemar v. Hólmgard (Novgorod). Nach Wikingerfahrten in der Ost- und Nordsee (Taufe auf den Scillyinseln) kehrte O. 994/995 nach Norwegen zurück, um seine Thronansprüche gegenüber Jarl Hákon v. Tröndelag (Vasall Harald Blauzahn Gormssons) geltend zu machen. Bei der Landung im Tröndelag (→Drontheim) war Jarl Hákon bereits auf der Flucht vor aufrührer. Bauern und wurde ermordet. Die tränd. Bauern erhoben O. zum König. Tröndelag, bis dahin partikular regierter Landesteil, blieb die territoriale Basis O.s im Kampf gegen die dän. Oberherrschaft, v. a. in der Region um den Oslofjord. O. vereinigte erstmals die verschiedenen norw. Landesteile direkt oder indirekt unter einer Herrschaft; wichtigstes Mittel war dabei die endgültige und landesweite, z. T. gewaltsame Einführung des Christentums. In der (See-)Schlacht bei Svolder (im Öresund oder vor der Küste Mecklenburgs) i. J. 999/1000 unterlag er einem dän.-schwed. Heer unter Führung →Sven Gabelbarts und →Olaf Schoßkönigs und verlor das Leben. Norwegen geriet kurzzeitig wieder unter dän. Herrschaft, die mit →Olaf Haraldsson ein Ende fand.

H. Ehrhardt

Lit.: P. Sveaas Andersen, Samlingen av Norge og kristningen av landet 800–1130, 1977 [Lit.].

4. O. Haraldsson d. Hl., *Kg. v. →Norwegen* 1016–30, norw. Nationalhl., * ca. 995, ✗ 29. Juli 1030 Schlacht v. Stiklestad; Eltern: Kleinkg. Harald Grenski aus dem Gebiet w. des Oslofjord und Ásta, Tochter des oppländ. Aristokraten Guðbrandr Kúlu. Nach dem Tode des Vaters geboren, wuchs O. bei seinem Stiefvater, dem Kleinkg. Sigurd sýr Hálfdanarson in Oppland auf, zog als Viking u. a. nach Dänemark, Schweden, Finnland, Friesland, England (Unterstützung Kg. →Ethelreds II. gegen dessen dän. Rivalen→Knud d. Gr.) und Frankreich, wo er sich einigen Q. zufolge in Rouen (Normandie) taufen ließ. Als der Ladejarl Eirik Hákonarson zur Teilnahme an Knuds Eroberung v. England gerufen wurde, kehrte O. 1015 nach Norwegen zurück, besiegte 1016 Eiriks Bruder Jarl Svein Hákonarson in der Schlacht v. →Nesjar und ließ sich in ganz Norwegen zum Kg. ausrufen. Die Q. schildern O.s missionar. und gesetzgeber. Tätigkeit im Zuge der darauf folgenden Reichseinigung, die mit der Benennung von örtl. Repräsentanten des Kg.s und dem Aufbau einer zentralen Hofverwaltung (beides wohl nach engl. und norm. Vorbild) sowie einer dem Ebm. →Hamburg-Bremen unterstellten Kirchenorganisation einherging. Es gelang ihm, die mächtigsten Vertreter der Aristokratie wenigstens ztw. zu versöhnen bzw. sich als Vasallen zu verpflichten. Die Heirat mit Astrid, Tochter →Olafs I. v. Schweden, brachte auch diesen ehemaligen Verbündeten Knuds und der Ladejarle auf seine Seite. Ab 1025/26 machte Knud z. T. durch Bestechung und Versprechen des Jarlstitels über Norwegen die meisten mächtigen Männer des Landes O. abspenstig. Als Knud mit einer großen Flotte 1028 nach Norwegen fuhr, floh O. 1029 mit seinem Sohn →Magnús (2. M.) zu seinem Schwager →Jaroslav I. v. Kiev. Auf die Nachricht vom Tod des von Knud als Vasall eingesetzten Ladejarl Hákon Eiriksson kehrte er nach Norwegen zurück, unterlag aber bei Stiklestad der Streitmacht der norw. Parteigänger Knuds.

Enttäuschung über Knuds unerfüllte Versprechen und Verbitterung über die strenge Herrschaft seines als Kg. eingesetzten Sohnes→Svein Álfifason (→Ælfgifu) förderten die Verehrung O.s. Im Sommer 1031 wurde sein Leichnam in die Clemenskirche nach →Drontheim überführt. Am urspgl. Begräbnisplatz ließ sein Neffe, Kg. Olaf Kyrre (1066–93), die Kristuskirche (Dom v. Drontheim) errichten, unter deren Altar O.s Schrein gesetzt wurde. Im 12. Jh. wurden eine lat. Passio und Mirakelslg.en verfaßt (BHL 6322–6326).

B. La Farge

Lit.: E. Hoffmann, Die hl. Kg.e bei den Angelsachsen und den skand. Völkern, 1975, 58–89 – A. Holmsen, Norges historie fra de eldest tider til 1660, 1977⁴, 154–168 – P. Sveaas-Andersen, Samlingen af Norge ..., 1977, 108–142 [Lit.] – G. Jones, A Hist. of the Vikings, 1984², 374–385 – B. Gräslund, Knut den Store och svearikit, Scandia 52, 1986, 211–238 – C. Krag, Norge som odel i Harald Hårfagres ætt, (Norsk) Historisk Tidsskrift 68, 1989, 288–302.

5. O. Haraldsson III. Kyrre ('der Ruhige'), *Kg. v. →Norwegen*, 1066–93; Eltern →Harald Sigurdsson III. 'der Harte' und Tora Torbergsdatter; ⚭ Ingerid, Tochter →Svend Estridsens v. Dänemark. O. und sein älterer Bruder Magnús nahmen 1066 am erfolglosen engl. Eroberungsfeldzug des Vaters gegen →Harald Godwinson teil, mußten Harald einen Friedenseid schwören und übernahmen gemeinsam die Regierung Norwegens, O. v. a. in den ö. Landesteilen. Nach Magnús' Tod 1069 wurde O. Alleinherrscher; seine Regierungszeit gilt als eine Periode des inneren und äußeren Friedens und des ökonom. Aufschwungs. Seine Ehe mit Ingerid ermöglichte eine loyale und stabile dynast. Politik gegenüber Dänemark, Angriffe auf die brit. Inseln unterblieben. Kirchenpolit. nahm O. von der harten Linie seines Vaters gegenüber dem Ebm. Hamburg-Bremen Abstand, machte Zugeständnisse bei der Bf.sernennung und sorgte mit einer Gesandtschaft des Missionsbf.s Bjarnhard nach Rom für ein günstiges Verhältnis zum päpstl. Stuhl. In Kaupang (→Drontheim) und Selja wurden feste Bf.ssitze eingerichtet, eventuell auch in Bergen und →Oslo, dem Bau von Steinkirchen begann. O. wird neben der Förderung von Handelsplätzen und der Stiftung frühstädt. Gilden auch die Gründung (eher Reorganisation) von →Bergen zugesprochen. Nach seinem Tod übernahmen sein außerehel. Sohn →Magnús III. Barfuß und sein Neffe Hákon gemeinsam die Regierung.

H. Ehrhardt

Lit.: P. Sveaas Andersen, Samlingen av Norge og kristningen av landet 800–1130, 1977, 169–173 [Lit.].

6. O. Eriksson 'Schoßkönig' (an. Ólafr skötkunungr; schwed. Olov Skötkonung, *Kg. v. →Schweden*, ca. 980–1021/22; Eltern: Erik Segersäll ('der Siegreiche') und Gunhild, Schwester Bolesławs I. von Polen; ⚭ Estrid v. Mecklenburg. Kinder: Anund Jakob, Kg. v. Schweden 1022–50; Edmund, Kg. v. Schweden 1050–61; Astrid, ⚭ →Olaf Haraldsson v. Norwegen; Ingegerd, ⚭ Gfs. Jaroslav v. Novgorod. Die Angaben über O. in den Q. (v. a. Adam v. Bremen; Snorri Sturluson, Heimskringla; Saxo Grammaticus) sind häufig widersprüchl. Er gilt als der erste schwed. Kg., der sich, unter Anerkennung des Ebm.s →Hamburg-Bremen, ernsthaft für die Verbreitung des Christentums in Schweden einsetzte. Die Angaben über O.s Taufe (um 1000?) durch den hl. Sigfrid aus England (Saxo Grammaticus: durch Bernhard, Bf. v. Lund) sind wohl spätere legendar. Konstruktionen. O. scheint bis ca. 1010 Svealand und Götaland unter seiner Herrschaft vereinigt zu haben, mußte sich aber unter Druck einer vom heidn. Zentrum →Uppsala ausgehenden

Oppositionsbewegung ins weitgehend christianisierte Västergötland zurückziehen, wo er das Bm. →Skara gegr. haben soll, das er dem Ebm. Hamburg-Bremen unterstellte. In →Sigtuna, seinem Stützpunkt in Svealand, ließ er als erster schwed. Kg. von engl. Münzmeistern Münzen (mit chr. Symbolen) schlagen. Mit dem dän. Kg. →Sven Gabelbart und dem norw. Jarl Erik Hákonsson (Tröndelag) besiegt O. Kg. →Olaf Tryggvason v. Norwegen in der Schlacht v. Svolder i. J. 999/1000. Er erhielt Bohuslän und Teile des Tröndelag, die von Olaf Haraldsson jedoch wieder zurückgewonnen wurden; die Ehe Olaf Haraldssons mit Astrid, der Tochter O.s, diente der Garantie des norw.-schwed. Ausgleichs. H. Ehrhardt

Lit.: S. CARLSSON – J. ROSEN, Svensk Hist. I, 1962, 86, 92, 116 – The Christianization of Scandinavia, ed. B. SAWYER u. a., 1987, 68 ff. [Lit.].

Olafssagas. Das Leben und Wirken der norw. Missionskg. e →Olaf Tryggvason (995–1000) und →Olaf Haraldsson d. Hl. (1015–30) haben zahlreiche, häufig legendar. Prosabearbeitungen angeregt, von denen einige zum Höhepunkt der isländ.-norw. Lit. des MA gehören. Einen gewissen hist. Q.wert dürfen allenfalls die Werke→Snorri Sturlusons für sich beanspruchen.

[1] *Sagas über Olaf Tryggvason:* a) Eine lat. Vita, verf. um 1190 von Oddr Snorrason aus dem isländ. Kl. OSB Þingeyrar, die aber nur in einer isländ. Übertragung (um 1200) erhalten ist. – b) Eine weitere lat. Vita, verf. nach 1200 von Gunnlaugr Leifsson, ebenfalls aus Þingeyrar; der Text ist verloren, Teile davon sind aber in der »Ólafs saga Tryggvasonar in mesta« bewahrt. – c) Snorri Sturlusons »Ólafs saga Tryggvasonar«, lit. hochstehender Teil seiner »Heimskringla«; er bezieht sich z. T. auf Oddr Snorrason, verwendet aber auch andere Q. – d) Die am Ende des 13. Jh., vielleicht vom Abt des isländ. Kl. Þverá, Bergr Sokkason, kompilierte »Ólafs saga Tryggvasonar hin mesta«, die sich auf zahlreiche Werke der isländ. Sagalit. stützt, nicht zuletzt auf Oddr Snorrason.

[2] *Sagas über Olaf Haraldsson d. Hl.:* a) Die hagiograph., sog. »Älteste Saga«, verf. in Island Ende des 12. Jh., ist nur in wenigen Fragmenten erhalten. – b) Die sog. »Legendarische Saga«, wahrscheinl. in Norwegen auf der Grundlage der »Ältesten Saga« entstanden, ist vollständig erhalten. – c) Die sog. »Lífssaga Ólafs hins helga« des Isländers Styrmir Kárason ist nur in Teilen in der »Ólafs saga hin mesta« bewahrt. – d) Snorri Sturlusons »Ólafs saga hins helga« (auch: Snorris »selbständige Olafssaga«), verf. um 1230, bezieht sich z.T. auf Styrmir Kárason und hat eher historiograph. Charakter. – e) Snorris »Ólafs saga hins helga«, der zentrale Teil der »Heimskringla«, ist eine gekürzte Version der »Selbständigen Olafssage«. – f) Die »Ólafs saga hins helga hin mesta« (»Größte Olafssage«) aus dem 14. Jh. ist eine Kompilation verschiedener Olafstexte. H. Ehrhardt

Lit.: K. SCHIER, Sagalit., 1970 [Register] – DERS., Die Literaturen des Nordens (Neues Hb. der Lit.wiss. 7, 1981), 535ff.

Olaus Petri (Olavus), schwed. Reformator, * 6. Jan. 1493 (?) in Örebro, † 19. April 1552 in Stockholm, studierte 1516–18 in Wittenberg bei Melanchthon und Luther, dessen reformator. Gedanken er nach seiner Rückkehr als Diakon der Domschule in Strängnäs verbreitete. Aufgrund der Vermittlung von Laurentius Andreae berief ihn Kg. Gustav Vasa 1524 zum Sekretär der Stadt Stockholm und zum Pfarrer an der Stadtkirche (Storkyrkan), 1531 (bis 1533) zum Kanzler. Wegen der freimütigen Kritik an der Neuordnung der Kirche fiel O.P. in Ungnade, wurde zum Tode verurteilt, begnadigt und erhielt 1543 wieder eine Pfarrstelle an der Storkyrkan in Stockholm. Seine theol. Werke (Katechismus 1536, Gesangbuch 1528, Mitarbeit an der Übers. des NT 1536) haben die Einführung der Reformation und die Entwicklung einer einheitl. Sprache in Schweden maßgebl. geprägt. »Een Swensk Crönika« stellt die Gesch. →Schwedens von den Anfängen bis zum Stockholmer Blutbad von 1520 mit z. T. heute verlorenem Q. material dar. R. Volz

Ed.: Samlade skrifter, I–IV, hg. B. HESSELMANN, 1914–17 – Lit.: H. SCHÜCK, O.P., 1922⁴ – J. PALMER, Undersökningar i O.P.s språk, 1934–42 – N. SVANBERG, O.P. och den svenska krönikestilen, 1935 – G. T. WESTIN, Historieskrivaren O.P., 1946 – R. MURRAY, O.P., 1952² – S. INGEBRAND, O.P.s reformatoriska åskådning, 1964 – G. SCHMIDT, Die Richterregeln des O.P., 1966 – CHR. GARDEMEISTER, Den suveräne Guden: en studie i O.P.s teologi, 1989.

Olav. 1. O., Kg. e →Olaf

2. O. (Oluf), Kg. v. →Dänemark (O. II., seit 1376) und →Norwegen (O. IV., seit 1380), * 1370, † 3. Aug. 1387 auf Burg Falsterbo, ⌑ →Sorø, Kl. kirche. Sohn von Kg. →Hákon VI. v. Norwegen (1343–80) und Kgn. →Margarete (1353–1412). Nach dem Tode seines Großvaters →Waldemar IV. wurde O. im Kindesalter 1376 zum Kg. v. Dänemark gewählt. Zu seiner Durchsetzung (gegen Albrecht IV. v. Mecklenburg) trugen bei: der Erlaß einer →Wahlkapitulation (Handfeste) sowie die Ratifizierung des Stralsunder Friedens mit der →Hanse, deren Privilegien in Norwegen O.s Vater bestätigte. Ob die dän. bzw. norw. Regierung schon 1375–76 nach einer Union unter O. strebte, bleibt zweifelhaft.

Die Vormundschaftsregierung für O. übte in Dänemark der →Drost Henning Podebusk (H. v. Putbus) im Zusammenwirken mit Margarete aus. Nach dem Tode des Vaters empfing O. 1381, wahrscheinl. am Olavstag (29. Juli), die Huldigung in Norwegen. Margarete überließ die inneren Angelegenheiten dem norw. →Reichsrat, behielt sich aber die Leitung der Außenpolitik vor. 1385 mündig geworden, nahm O. sofort den Anspruch auf →Schweden auf. Seine Volljährigkeit markiert keinen polit. Wechsel; Henning Podebusk fungierte weiterhin als Drost, und Margarete maßgebende außenpolit. Rolle blieb bestehen (Frühjahr 1385 Rückgewinnung der schonischen Burgen von den Hansestädten, beabsichtigtes Eingreifen in Schweden). O. starb überraschend, nach kurzer Erkrankung, während eines Aufenthaltes in →Schonen. Seine kurze Regierung im eigenen Namen, die stark von Margarete und dem bisherigen Regierungskreis bestimmt blieb, läßt keine selbständigen Initiativen erkennen. T. Riis

Q.: Diplomatarium Danicum 4. R. I–III, 1984–93 – Lit.: DBL³ XI, 1982, 50f. [Lit.].

Ölbaum (Olea europaea L./Oleaceae). Der im Vorderen Orient und im Mittelmeerraum heim. Ö. wird dort seit alters als der wichtigste Öllieferant kultiviert. Wie schon in der Antike, fand der ole(γ)baum auch im MA med. Verwendung: Neben Rindensubstanzen und den Blättern – etwa gegen Gicht (Hildegard v. Bingen, Phys. III, 16) – v.a. das aus den Früchten gewonnene Öl, wobei als feinste Qualität das aus unreifen Oliven kalt gepreßte (oleum omphacinum) galt. Olivenöl wurde sowohl äußerl., u.a. zur Heilung von Wunden und Geschwüren (Konrad v. Megenberg IV A,34), als auch innerl. abführend (Gart, Kap. 290) sowie zu anderen Zwecken (→Öl) gebraucht. Nicht zuletzt begegnet der Ö. in der chr. Ikonographie, etwa als Sinnbild der Barmherzigkeit. U. Stoll

Lit.: MARZELL III, 378 – LCI III, 341f. – J. HOOPS, Gesch. des Ö.s, Forsch. und Fortschritt 21/23, 1947, 35–38.

Ölberg, aus der Folge von Passionsszenen herausgegriffene und als →Andachtsbild isolierte großplast. Darstellung des Gebetes Christi im Garten Gethsemane. Die oft beigegebenen drei schlafenden Jünger, der Engel mit dem Kelch des Leidens wie auch die zuweilen vorkommende Ausweitung der Szene der Gefangennahme beruhen auf Mt 26,36-46, Mk 14,32-42 und Lk 22,39-46. Der Ö. ist das volkstümlichste Andachtsbild des 15. und 16. Jh. und wird vom Barock übernommen. Das älteste datierte Beispiel von 1428 steht in Münnerstadt, Unterfranken; um 1500 gehört in S-Deutschland, Österreich und in der dt. Schweiz der Ö. zur normalen Ausstattung einer Bf.s-, Stifts- und Pfarrkirche, häufig in Verbindung mit dem Friedhof. Von den reichsten Beispielen in Speyer und Ulm sind nur Fragmente, in Überlingen am Bodensee das ganze Gehäuse erhalten. Außerhalb des gen. Gebietes treten Ö.e nur ganz sporad. auf, so in einer Kapelle der Kathedrale v. Rodez in S-Frankreich. A. Reinle

Lit.: LCI III, 342-349 - D. Munk, Die Ö.-Darstellung in der Monumentalplastik S-Dtl.s [Diss. Tübingen 1968] - G. Schiller, Ikonographie der chr. Kunst, II, 1968, 258-261 - A. Reinle, Die Ausstattung dt. Kirchen im MA, 1988, 219-222.

Oldcastle, John,* um 1370, † 15. Dez. 1417; stammte aus Almely, Herefordshire; ∞ um 1408 Joan, Baroness Cobham. Als →knight diente er in den engl. Kriegen gegen Wales und erhielt 1404 ein öffentl. Amt in seiner Gft. Durch seine Heirat nahm er den Titel eines Lord Cobham an. 1411 diente er in einem engl. Expeditionsheer, das Hzg. Johann v. Burgund in Frankreich helfen sollte. Bekanntheit erlangte er jedoch durch seine Unterstützung der →Lollarden. Im Sept. 1413 wurde er von der Kirche wegen seiner häret. Auffassung der →Transsubstantiationslehre, der Sakramente und der Gebetsausübung verdammt. Als ihm von Heinrich V., seinem ehemaligen Freund, die Möglichkeit einer Widerrufung eingeräumt wurde, floh er im Jan. 1414 aus dem Gefängnis und leitete in London eine Revolte, was ihm den Titel eines Verräters einbrachte. Doch entkam er der Gefangennahme und wurde erst gegen Ende 1417 ergriffen. Als rückfälliger Häretiker und Verräter im Parlament am 14. Dez. 1417 verurteilt, wurde er am folgenden Tag am Galgen verbrannt. Seine Baronie blieb vakant. C. T. Allmand

Lit.: Peerage X, 46-48 - DNB XIV, 980-987 - K. B. McFarlane, John Wycliffe and the Beginnings of English Nonconformity, 1952 - E. F. Jacob, The Fifteenth Century, 1961 - E. Powell, Kingship, Law and Society. Criminal Justice in the Reign of Henry V, 1989.

Oldenburg (Niedersachsen). [1] *Grafschaft, Grafenhaus:* Die späteren Gf.en v. O. werden erstmals 1108 greifbar mit Egilmar I., »comes in confinio Saxonie et Frisie potens et manens«. Als wahrscheinlichster Herkunftsraum der Familie gilt das Osnabrücker Nordland, wo sie im hohen MA über reichen Grundbesitz verfügte. Wohl schon um 1100 hatte sie die von den →Billungern lehnsrührige Vogtei über das Alexanderstift in Wildeshausen inne, spätestens seit 1124 die Vogtei über das Kl. Rastede n. von O. - vielleicht dank der Verwandtschaft mit dessen legendärem Gründer Huno. Im Ammerland w. O. konnte sie zw. dem 12. und 14. Jh. ihre Herrschaft durchsetzen. In der 1. Hälfte des 12. Jh. wurde die Burg O. an der Hunte ihr Herrschaftszentrum; seit 1149 ist die Selbstbezeichnung des Hauses als Gf.en »de Aldenburg« belegt. 1167 konnte Hzg. Heinrich d. Löwe O. an sich bringen; nach seinem Sturz nahmen die O.er Gf.en ihre Herrschaftsrechte eigenständig, auch ohne Beziehungen zum Reich, wahr. Anfang des 13. Jh. teilte sich eine Wildeshauser Linie ab, von der sich um 1220 die Gf.en v. O.-Bruchhausen abzweigten (später Altbruchhausen und Neubruchhausen, 1338 bzw. 1384 an →Hoya). Wildeshausen wurde 1229 dem Ebf. v. Hamburg-Bremen zu Lehen aufgelassen und ging mit dem Aussterben der Linie 1270 für O. verloren. Die Teilnahme der Gf.en an den Kreuzzügen gegen die →Stedinger 1233/34 war Voraussetzung ihrer Herrschaftsausweitung bis an die Weser, bes. n. der Hunte; auch konnten sie jetzt ihre Ende des 12. Jh. von den Gf.en v. Stotel geerbten Herrschaftsrechte in Landwürden sichern (1408-1511 an die Stadt Bremen verpfändet). Um 1278 wurde die Burg Delmenhorst Sitz einer oldenburg. Nebenlinie (Gf.en v. O. und Delmenhorst). Ihr kleiner Machtbereich wurde 1436 wieder mit O. vereinigt, 1463 abermals abgezweigt, 1482 für das Bm. Münster okkupiert, endlich 1547 für O. zurückerobert. - Herkunft und hochma. Geschick grundherrl. Besitztitel der O.er Gf.en in den fries. Ländern Östringen und Rüstringen sind nicht eindeutig zu klären; wohl von den Billungern herrührende Gf.enrechte in Östringen konnten nicht behauptet werden. Doch gelang es den Gf.en seit dem späten 14. Jh., ihre Landesherrschaft auf fries. Gebiet um und w. Varel vorzutreiben. Die fries. Wesermarschländer Stadland und Butjadingen, im 14. und 15. Jh. mehrfach Ziel oldenburg. Kriegszüge, wurden mit welf. Hilfe 1514 endgültig erobert und bis 1523, z. T. als welf. Lehen, der Gft. eingegliedert. - Die Wahl Gf. Christians v. O. zum Kg. v. Dänemark (→Christian I.) steigerte das Ansehen des Hauses O. erheblich. Die Gft. geriet unter seinem Bruder Gerhard (d. Mutigen) zwar in schwere Krisen, konnte aber von Johann V. seit 1482 durch kluges Wirtschaften, auch durch Landesausbau, stabilisiert werden. Ständ. Strukturen entwickelten sich nur vorübergehend; die durchweg arme Ministerialenadel und die kleinen Städte hatten kaum polit. Gewicht. Die Gft. blieb ganz auf die Dynastie bezogen, der sie ihre Existenz verdankte.

[2] *Stadt:* Sichere Spuren kontinuierl. Besiedlung O.s am Übergang eines Fernweges nach Friesland über die Niederung von Hunte und Haren reichen bis ins 8. Jh. zurück. Städt. Strukturen entwickelten sich im 12./13. Jh. in Anlehnung an die Burg der O.er Gf.en und wurden von diesen gefördert (Märkte). 1345 begabten sie die Stadt mit Bremer Recht, verboten ihr aber zugleich jede eigenständige Bündnispolitik. Der umwallte Stadtbereich erreichte Mitte des 14. Jh. seine größte Ausdehnung. Um 1500 hatte O. - einschließl. der Besiedlung außerhalb der städt. Jurisdiktion - ca. 2300 Einw. Die vom Gf.enhaus gestiftete Pfarrkirche St. Lamberti ist 1237 erstmals nachweisbar; sie wurde 1374/77 zum Kollegiatstift erhoben. H. Schmidt

Q.: Oldenburg. UB I-VIII, 1914-35 - Lit.: G. Rüthning, Oldenburg. Gesch. I, 1911 - P. Niemann, Die Kl.gesch. von Rastede und die Anfänge der Gf.en v. O., 1935 - M. Last, Adel und Gft. in O. während des MA, 1969 - Gesch. des Landes O., hg. A. Eckhardt - H. Schmidt, 1988³ - O. und die Lambertikirche, hg. R. Rittner, 1988.

Oldenburg, Stadt in Schleswig-Holstein. [1] *Slavischer Burgwall:* Aldinburg (bei →Adam v. Bremen), slav. Starigard (bei →Helmold v. Bosau), war die auf einer Moränenkuppe am Wege von Lübeck nach Heiligenhafen bzw. Großenbrode gelegene Hauptburg der slav. →Wagrier. Der 1,5 ha große Ringwall des 7./8. Jh. war ein Holz-Erde-Wall von 6 m Basisbreite. Ende des 8. Jh. erfolgte der Ausbau zur ovalen Großburg von 3,3 ha. Bis zur endgültigen dt. Eroberung Ostholsteins Mitte des 12. Jh. erreichte der Wall nach fünfmaliger Verstärkung 20 m Breite. Der archäolog. erforschte Innenraum war fast überall dicht bebaut mit Standardhäusern, die aus Spaltbohlen blockbauartig gezimmert waren, und die als Feuerstellen Lehmkuppelöfen besaßen. Seit dem 10. Jh. waren lehmverstrichene Flechtwände auf Schwellrahmen üblich. Im Erweiterungsteil der Großburg befand sich seit Ende des 8. Jh. ein pfalzartig strukturierter Fs.enhof. Hervorzuheben sind repräsentative Pfosten-Großbauten mit Saal und Langfeuer, ferner Speicher, Wirtschaftsbauten und Werkstätten des Feinschmieds. Gegen die Missionspolitik Ks. Ottos I. hielt sich die heidn. Gentilreligion in O. länger als in anderen Bereichen der →Elbslaven. Noch für das Jahr 967 wird für die Burg des Wagrierfs.en Selibur, also wohl O., ein heidn. Standbild bezeugt. Dennoch wurde um die Mitte des 10. Jh. die bis dahin mehrfach erneuerte Fs.enhalle zur Eigenkirche umgewidmet und nach chr. Ritus mit herrschaftl. Gräbern belegt. Im Zuge heidn. Reaktion entstand dort 983 ein rituell genutztes Areal (Idolfundament und Pferdeopfer).

[2] *Bistum:* Die 948 bei der Gründung der Bm. er→Brandenburg und →Havelberg ausgesparten Gebiete bis zur Peene (der Herrschaftsbereich der →Abodriten) wurden zunächst von Bf. Marko v. Schleswig mitbetreut, bevor – wohl 972 – in O. ein Bm. als Suffragan des Ebm.s →Hamburg-Bremen gegr. wurde. Von seiner Vernichtung in der Folge des →Slavenaufstandes v. 983 zeugen zahlreiche Überreste chr. Sakralkultur. Für O. gebildete Bf. e lebten seitdem im Exil, bis 1018 zumeist in der →Mecklenburg. Unter dem Abodritenfs.en →Gottschalk wurde das Bm. mit seinen Einrichtungen erneuert, ging jedoch 1066 abermals unter. Nach langer Vakanz wurde durch Bf. →Vicelin um 1150 ein völliger Neubeginn eingeleitet: Bau einer Holzkapelle s. der zerstörten Burg auf dem slav. Markt und 1156 dort Ziegelbau einer Kirche. 1160 wurde das Bm. nach →Lübeck verlegt.

[3] *Deutsche Stadt:* Die dt. Nachfolgesiedlung suchte seit 1156 die Tradition des Bf.ssitzes fortzuführen und erhielt ca. 1233 Lübisches Stadtrecht. Ihre Bewohner waren ins Land gerufene Kolonisten. Der alte Burgwall wurde Anfang des 13. Jh. als landesherrl. Doppelburg und Sitz eines Vogtes ausgebaut. Nach ihrer Zerstörung 1261 erschien die curia als Niederungsburg an ö. Stadtrand. I. Gabriel

Lit.: H. F. ROTHERT, Die Anfänge der Städte O., Neustadt und Heiligenhafen, 1970 – J. PETERSOHN, Der s. Ostseeraum im kirchl.-polit. Kräftespiel des Reiches, Polens und Dänemarks vom 10.–13. Jh., 1979 – I. GABRIEL–T. KEMPKE–W. PRUMMEL u. a., Starigard/O. Hauptburg der Slawen in Wagrien, I–IV, 1984–93 – CHR. LÜBKE, Reg. zur Gesch. der Slaven an Elbe und Oder, II–IV, V [Ind.], 1985ff. – Starigard/O. Ein slaw. Herrschersitz des frühen MA in Ostholstein, hg. M. MÜLLER-WILLE 1991 [Lit.].

Oldradus de Ponte (de Laude), it. Jurist und Rechtslehrer, * in Lodi (Prov. Mailand), † 1335 in Avignon. Studierte bei Jacobus de Arena (→Padua, Rechtsschule) und angebl. auch bei →Dinus de Rossonis. Nach einer Tätigkeit als Gerichtsbeisitzer in Bologna (1302–03) lehrte O., sicher bezeugt seit 1307, in Padua. Vielleicht schon bald nach 1310 wurde er Advokat der Kurie in Avignon und zuletzt Richter (auditor) der päpstl. Rota. O. hinterließ v. a. 333 später oft gedruckte →Consilien. P. Weimar

Ed.: Consila, Mediolani 1515 – *Lit.:* SAVIGNY VI, 55–59 – L. ANFOSSO, O. e le sue opere, Archivio storico lodigiano 32, 1913 – E. WILL, Die Gutachten des O. zum Prozeß Heinrichs VII. gegen Robert v. Neapel, 1917 – N. ZACOUR, Jews and Saracens in the Consilia of O., 1990.

Oleg
1. **O.** (skand. Helgi, Beiname 'Veščij', d. h. 'der die Zukunft Wissende'), † 912/913, altruss.-waräg. Fs. Der sog. Nestorchronik (→Povest' vremennych let) zufolge hatte Rjurik (gest. 879) seinen Verwandten O. zum Vormund ('Statthalter') seines unmündigen Sohnes →Igor' (Ingvar) in →Novgorod bestellt. Die widersprüchl. Q. (zweifelhafte Chronologie) ergeben kein klares Bild, inwieweit sich O. in den genealog. Zusammenhang der Dynastie der →Rjurikiden einordnen läßt. Seine bedeutendste Tat war die Beseitigung der Herrschaft der Waräger→Askol'd und Dir in Kiev (882) mit einem Heer aus Normannen, Slovenen, Čud', Merja, Ves' und Kriviчen, das auf dem Weg nach S auch die wichtigen Burgsiedlungen →Smolensk und Ljubeč einnahm. O. erscheint somit als eigtl. Begründer des Kiever Reiches, da er die beiden Machtzentren Novgorod im N und Kiev im S unter seiner Herrschaft vereinigte. In der Nestorchronik wird ihm die programmat. Absicht zugeschrieben, Kiev zum Zentrum seines Reiches, zur »Mutter« aller Städte der Rus', zu machen. Er hat nicht nur schon bestehende tributäre Abhängigkeiten über ostseefinn. und ostslav. Stämme gefestigt, sondern seine Herrschaft auch über andere Stämme, die z. T. bisher den →Chazaren triputpflichtig gewesen waren, ausgedehnt (→Kiev). Nach einem erfolgreichen Kriegszug gegen Konstantinopel (907) setzte O. den für die Kiever Fs.en günstigen Handelsvertrag v. 911 durch (→Byz. Reich, E. III). Dieses Vertragswerk wurde in zwei Exemplaren ausgefertigt und von Ks. Leo VI. auf chr. (durch Kreuzkuß), von O.s Abgesandten auf heidn. Weise (bei ihrem Schwert und den Göttern Perun und Volos) beschworen. Die 14 namentl. genannten und ausschließl. skand. Namen tragenden Vertragschließenden der Rus' werden als 'große Fürsten' und 'große Bojaren' des als →'Großfürst' (*velikij* →*knjaz*') titulierten O. bezeichnet. O. soll kurz darauf – nach der Legende an einem Schlangenbiß – gestorben und auf dem Berg Ščekovica in Kiev, nach anderer Überlieferung in Alt-Ladoga, begraben worden sein. Zwar wurde O.s Herrschaft von einigen Historikern als »historisch unwesentlich« (B. A. RYBAKOV) abgewertet; demgegenüber ist festzuhalten, daß es O. gelungen ist, wesentl. Herrschaftsgrundlagen des entstehenden großräumigen Fsm.s Kiev zu schaffen. H. Rüß

Q. und Lit.: HGesch Rußlands I, 286ff. [H. RÜSS] – S. M. SOLOV'EV, Istorija Rossii s drevnejših vremen, kn. l., 1960, 138ff. – V. PARCHOMENKO, K voprosu o chronologii i objastatel'stvach žizni O.a russkoj letopisi, Izvestija otdel. russk. jazyka i slovesnosti 19, 1915, 220–241 – G. OSTROGORSKY, L'expédition du prince O. contre Constantinople en 907, Annales de l'Institut Kondakov, XI, 1939, 47–62 – Povest' vremennych let, č. 2, Priloženija. Stat'i i kommentarii D. S. LICHAČEV, 1950, 249–281 – A. A. VASILIEV, The Second Russian Attack on Constantinople, DOP 6, 1951, 161–225 – M. HELLMANN, Das Herrscherbild in der sog. Nestorchronik, Speculum Historiale, 1967, 224–236 – S. M. KAŠTANOV, Russkie knjažeskie akty X–XIVvv. (do 1380g.), Archeografičeskij ežegodnik za 1974, 1975 – A. N. SACHAROV, Pochod Rusi na Konstantinopel' v 907 godu, Istorija SSSR, 1977, 72–103 – DERS., Russko-vizantijskij dogovor 907g.: real'nost' ili vymysel letopisca? VI 2, 1978, 98–115.

2. **O. Svjatoslavič**, Fs. v. →Černigov, * ca. 1055, † 1. Aug., 1115, Enkel →Jaroslav d. Weisen, Sohn des Fs. en v. →Kiev, →Svjatoslav II. (1027–76), ∞ 1. Theophano Musalon (1083), 2. eine Polovcerin. In der Auseinandersetzung zw. seinem Vater →Svjatoslav Jaroslavič mit →Izjaslav Jaroslavič um den Kiever Thron zog O. mit einem Heer als Verbündeter des poln. Kg.s →Bolesław II. gegen den böhm. Herrscher →Vratislav II., mit dem Izjaslav verwandt war, bis nach →Böhmen, das verwüstet und mit einer Kriegskontribution belegt wurde (1076). Nach dem Tode des Vaters war O. kurzzeitig im Besitz des Fsm.s →Vladimir in Volhynien, wurde von dort aber nach →Tmutarakan' vertrieben, von wo aus er 1078 mit Hilfe der Polovcer (→Kumanen) einen erfolgreichen Angriff auf Černigov unternahm, das er aber nur vorübergehend zu halten vermochte. 1079 geriet er in die Hände der →Chazaren und wurde an die Byzantiner ausgeliefert, die ihn auf die Insel Rhodos verbannten. 1083 kehrte er nach Tmutarakan' zurück. Im Bündnis mit den Polovcern brachte er im Kampf um sein Černigover Erbe den Kiever Fs.en Vsevolod in Bedrängnis. 1094 überließ ihm →Vladi-

mir Monomach, der Sohn Vsevolods, das Fsm. Černigov. Als er aber im Kampf des Fs.en v. Kiev, →Svjatopolk, gegen die Kumanen allzu offen beiseitestand, wurde er abermals vertrieben; die inneren Kämpfe wurden erst beendet durch das Fs.entreffen v. →Ljubeč (1097), bei dem O. und seine Brüder endgültig ihr angestammtes Vatererbe Černigov zurückerhielten. O., der von da an in Novgorod-Seversk residierte, beteiligte sich in den letzten Jahren seiner Herrschaft verstärkt an den gemeinsamen Abwehrbemühungen der altruss. Fs.en gegen die Angriffe der steppennomad. Kumanen. H. Rüß

Q. und Lit.: Povest' vremennych let, č. 1, 1950, 131–200 – D. I. BALAGEJ, Istorija Severskoj zemli do poloviny XIVvv, 1882 – B. A. RYBAKOV, Pervye veka russkoj istorii, 1964 – HGesch Rußlands, I, 1981, 328 ff. [H. Rüss].

3. O. Ivanovič, † 5. Juli 1402, Sohn des Gfs.en →Ivan Aleksandrovič, seit 1350 Großfs. v. →Rjazan'. Seine Regierungszeit ist gekennzeichnet durch eine aktive Politik gegenüber der →Goldenen Horde, dem Gfsm. →Litauen und dem Gfsm. →Moskau. Die ständige Bedrohung seines Fsm.s aufgrund der exponierten geograph. Lage an der Steppengrenze im S und zum expandierenden Moskau im N erklärt z. T. das ausgeprägte polit. Taktieren und Lavieren O.s mit häufigen Bündniswechseln. 1353 eroberte er von Moskau die Stadt Lopasnja. Die Beziehungen zw. den beiden Fsm.ern verschlechterten sich (1357 Übertritt prominenter Moskauer Bojaren in Rjazaner Dienste). 1371 unternahm der Moskauer Gfs. →Dmitrij Donskoj einen Feldzug gegen Rjazan'. Der besiegte und vertriebene O. brachte aber im Winter desselben Jahres mit Unterstützung der →Tataren den Rjazaner Thron wieder in seine Gewalt. Im Herbst 1377 entging er bei der Einnahme →Perejaslavl's durch den Carevič Arapša mit knapper Not der Gefangennahme durch die Tataren. 1378 besiegte er gemeinsam mit moskowit. Truppen ein tatar. Heer an der Voža, im Jahr darauf wurde das Rjazaner Land vom Tatarenemir →Mamāi völlig verwüstet. An der siegreichen Schlacht der russ. Fs.en über das Tatarenheer Mamāis 1380 auf dem Schnepfenfeld (→Kulikovo pole) unter Führung Dmitrij Donskojs war O. nicht beteiligt, stand vielmehr wegen seiner Verbindungen mit dem Tatarenemir und dem Gfs.en v. Litauen, →Jagiello, im Ruch des Verrats, obwohl er Dmitrij über die strateg. Pläne des Tataren informiert hatte. Die zunehmende Verschlechterung der Beziehungen zu Moskau (1382 moskowit. Einfall, 1385 siegreiche Züge O.s gegen Moskau) wurde erst 1386 durch Vermittlung des Abtes →Sergej v. Radonež entschärft. 1387 heiratete O.s Sohn Fedor die Tochter des Moskauer Gfs.en, Sofija. In den letzten Regierungsjahren konzentriert auf die Abwehr der tatar. Angriffe und auf das unter litauischer Herrschaft stehende →Smolensk (1401 Einsetzung seines Schwiegersohnes Jurij Svjatoslavič), empfing O. vor seinem Tod unter dem Namen Ioakim die Mönchsweihe. H. Rüß

Lit.: A. V. ĖKZEMPLJARSKIJ, Velikie i udel'nye knjaz'ja sěvernoj Rusi v tatarskij period, s1238 po 1505g, II, 1891, 582–592 – D. I. ILOVAJSKIJ, Istorija Rjazanskogo knjažestva, 1858 – A. G. KUZ'MIN, Rjazanskoe letopisanie, 1965.

Oleron, Rôles d', bedeutende frz. Rechtssammlung, auf Pergamentrollen geschriebene private Rechtsaufzeichnung, behandelt die Fragen des →Seerechts im westeurop.-atlant. Bereich auf der Grundlage des Gewohnheitsrechts (→Coutume). Nach der Tradition entstand die Sammlung auf der Ile d'Oleron (Westfrankreich, dép. Charente-Maritime); sie steht wohl im Zusammenhang mit dem Aufschwung des internat. Weinhandels, infolge der Vereinigung →Aquitaniens mit →England (1152) durch Heirat →Heinrichs II. mit →Eleonore, der man irrtümlich die Kodifikation der R. d'O. zugeschrieben hat. Die Sammlung umfaßte in ihrer frühen Gestalt 24 Artikel (in den stark erweiterten Fassungen des 16. Jh. 46), die sich auf Weistümer stützen (wiederkehrende Formel: »Tel est le jugement en ce cas«). Abgesehen von einigen Erwähnungen aus dem 12.Jh., datieren die frühesten schriftl. Spuren der R. d'O. von 1266; die Hss. (13 aus dem 14.Jh., 2 aus dem 16.Jh.) verteilen sich über Bordeaux, Bayonne, Lissabon, London, Brügge, Arnemuiden und Middelburg (Seeland). Zugleich sind die R. d'O. aber in die norm. und bret. Coutumiers, »Admiralty Book« und »Routier de la Mer« eingegangen; bedeutende Rechtssammlungen in versch. europ. Sprachen nahmen die Seerechtsbestimmungen der R. d'O. auf (→Siete Partidas in Kastilien, Seerecht v. →Damme, »Liber Horn« in London, Seerecht v. Visby).

Die R. d'O. behandeln in ihrer vollständigen Fassung das Heuern (Chartern) des Schiffs, die Verantwortung des Schiffsführers (Patrons), sein Verhältnis zur Mannschaft, die Verpflichtungen, die aus Risiken und Zwischenfällen der →Navigation erwachsen, das Auswerfen. Der Geist, der aus den Bestimmungen der R. d'O. spricht, deutet zum einen auf Einflüsse des mittelmeer., von der Antike beeinflußten Seerechtskreises hin, zum anderen auf Gepflogenheiten der nord.-atlant. Schiffahrt, bedingt durch die Lage Olerons an der Schnittstelle zw. gewohnheitsrechtlich und gemeinrechtlich geprägtem Bereich (*pays de droit coutumier* und *pays de droit écrit*). Elemente der mediterranen Tradition (Rhod. Seerecht, Digesten, Basiliken) halfen Lücken des nordisch geprägten Gewohnheitsrechts zu schließen (z. B. hinsichtl. der Rolle des Patrons und des Auswerfens). Tief verwurzelt in Raum und Zeit, haben die R. d'O. einen langen und nachhaltigen Einfluß ausgeübt. Die neuzeitl. Seegesetzgebung (Frankreich, 1681) ist von ihnen geprägt, und noch im 20. Jh. nimmt ein Gericht der USA in einer Urteilsbegründung Bezug auf die R. d'O., ein Ausdruck ihrer eminenten Bedeutung für die Geschichte des internat. Rechts. M. Mollat

Ed. und Lit.: J. M. PARDESSUS, Coll. des Lois maritimes antérieures au XVIIIe s., 1828–45 – T. KIESSELBACH, Der Ursprung der R. d'O. und des Seerechts v. Damme, HGbll, 1906 – J. CRAEYBECKX, Un grand commerce d'importation. Les vins de France aux anciens Pays-Bas (XIIIe–XVIe s.), 1958–D. WATERS, The Rutters of the Sea, 1967–K. F. KRIEGER, Ursprung und Wurzeln der R. d'O., 1970 – COING, Hdb. I, 808 u. ö. – J. SHEPHARD, Les R. d'O. Étude du mss. et éd. de texte, Univ. Poitiers, 1985.

Oleśnicki, Zbigniew, Bf. v. Krakau seit 1423, Kard., Kanzler und Diplomat; * 5. Dez. 1389 in Sienno, † 1. April 1455 in Sandomierz; Sohn eines Krakauer Landrichters. O. wurde in Sandomierz, Breslau und an der Krakauer Univ. (1406) ausgebildet. Seit 1410 stand er mit der Kanzlei Kg. Jagiełłos in Verbindung, dem er in der Schlacht b. →Tannenberg das Leben rettete. Als Notar, Protonotar und Bf. erfüllte er 1411–29 wichtige diplomat. Missionen, u. a. am Hofe Kg. Siegmunds, bei Papst Johannes XXIII. und dem Brandenburger Kfs.en Friedrich I. Zugleich wurde er zum Führer der kirchl. Hierarchie und der kleinpoln. Oligarchie, und zur Zeit der Herrschaft von Kg. Władysław III. (1434–44) war er der eigtl. Regent. Außenpolit. trat O. für die Zurückgewinnung Schlesiens ein, befürwortete eine engere Bindung an Litauen (als Gegner einer Krönung →Witowts und der Regierung →Svidrigailas) und stärkte das poln.-ung. Bündnis mit dem Ziel eines gemeinsamen Kampfes gegen die Türken; 1440 bestieg Władysław den ung. Thron. 1435 hatte O.

den für Polen günstigen Frieden v. →Brest (Kujawien) mit dem Ritterorden erwirkt. Innenpolit. vertrat O. die Interessen der Magnaten-Oligarchie und der Kirche; kgl. Reformansätzen trat er entgegen. In seiner Diöz. bekämpfte er alle Anzeichen von Häresie, insbes. die hussit. Bewegung. Nach der Thronbesteigung Kasimirs IV. (1447) verlor er seine Machtstellung und schloß sich der Opposition an. Das Konzil v. →Basel ernannte ihn 1444 zum Kard., doch leistete er 1447 Papst Nikolaus V. Gehorsam, der ihm 1449 erneut den Kard.shut überreichte. O. umgab sich gern mit Gelehrten und Literaten (u. a. mit Jan →Długosz) und führte einen Briefwechsel mit E. S. Piccolomini. L. Hajdukiewicz

Lit.: Hist. Nauki Polskiej VI, 1974 – PSB XXIII, 1978 – M. Dzieduszycki, Z. O., I–II, 1854 – J. Korytkowski, Prałaci i kanonicy katedry metropolitanej gnieźnieńskiej, III, 1883 – A. Prochaska, Bohater Grunwaldu. Charakterystyka Z. O., PrzgHist. 11, 1910, 133–143 – I. Zarebski, Stosunki Eneasza Sylwiusza z Polską i Polakami, 1939 – Nowy Korbut. Piśmiennictwo staropolskie, III, 1965.

Oleum vitrioli, Schwefelsäure (Acidum sulfuricum; auch 'O. vitri', 'Spiritus vitrioli' gen., von vitrum 'Glas', mlat. vitreolus 'gläsern', da aus glasartigem Vitriol [= Kupfersulfat, aber auch andere Metallsalze des →Schwefels], wie auch durch Verbrennen des Schwefels mit Salpeter, gewonnen). Zu den Olea chemica (Mineralsäuren) gehörend, wird Schwefelsäure (in durch →Destillation konzentrierter Form) bis in die NZ als 'Oleum' bezeichnet. Wie zuvor mit der Salpeter- und der Salzsäure haben die ma. Scheidekunst des →Bergbaus und die →Alchemie mit dem O. v. seit dem 15. Jh. die Entwicklung der →Chemie entscheidend gefördert. Allg. galt der Begriff 'Oleum' im MA nur für die Konsistenz: für pflanzl., tier. und mineral. 'ölige' Flüssigkeiten gleichermaßen. →Öl. G. Jüttner

Lit.: W. Schneider, Lex. zur Arzneimittelgesch., VI, 1975 – H. Lüschen, Die Namen der Steine, 1979² – W. Schneider, Wb. der Pharmazie, 4, 1985.

Ol'ga, † 11. Juli 969, Fsn. v. →Kiev, die nach dem Tode ihres Mannes→Igor' 945 die Regentschaft übernahm. Das Datum ihrer Geburt ist unbekannt, die hist. Rekonstruktionen bewegen sich zw. dem Ende des 9. Jh. (V. N. Tatiščev) und – weniger wahrscheinl. – 923–927 (B. A. Rybakov). Einer späten Legende (16. Jh.) zufolge war sie bäuerl. Herkunft, glaubhafter ist indes ihre Abstammung von einer adligen Familie aus der Gegend von →Pskov. Nach der Chroniküberlieferung (→Povest' vremennych let) brachte sie →Oleg aus Pskov für seinen Nachfolger Igor' nach Kiev mit. Die spätere hagiograph. Überlieferung (seit 13./14. Jh.) sieht sie als Bewohnerin des Dorfes Vybutin (Lybutin) und als Tochter (Urenkelin) Gostomysls, als Tochter eines Tmutarakaner oder eines polovec. (kuman.) Fs.en oder als Tochter Olegs. Debattiert wird auch ihre bulg. oder norm. Herkunft (skand. Helga).

Zu Beginn ihrer Herrschaft rächte sie grausam den Tod Igor's an den →Drevljanen (946). Die Erzählung, im Kern einen wahren Sachverhalt widerspiegelnd (Zerstörung der Hauptburg der Drevljanen Iskorosten', Auferlegung eines drückenden Tributs), in Einzelheiten legendenhaft ausgeschmückt und an motivähnl. germ. Sagen erinnernd, zeigt O. noch ganz der heidn. Denkweise verhaftet. Mit der Unterwerfung der Drevljanen war die Einrichtung von festen Abgabebezirken (*pogosti*) anstelle der stärker willkürl. vorgenommenen »Umfahrten« (*poljud'e*) verbunden, die auf den größten Teil des Kiever Herrschaftsgebietes ausgedehnt wurde und das Ziel einer Stärkung und Systematisierung der fsl. Macht verfolgte. Die Maßnahmen O.s waren ein wichtiger Schritt auf dem Weg vom Gefolgschaftskgtm. zu einer territorialen herrschaftl. Organisation. Mit der Einrichtung administrativer Mittelpunkte und der Normierung der Tribute ging die Aussonderung fsl. »Domänen« einher.

In der chronikal. und hagiograph. Überlieferung und im Andenken des Volkes hat O. tiefe Spuren hinterlassen. Ihr Charakterbild nach der Annahme des chr. Glaubens weist alle Züge der idealen chr. Herrscherin auf: Sie war anmutig, klug, standhaft im Glauben trotz vieler Anfechtungen, eine Sucherin nach der Weisheit, Stifterin von Kirchen. O. empfing die →Taufe entweder bereits in Kiev oder – nach der Chroniküberlieferung – bei ihrem zweiten Byzanzbesuch 957. Der byz. Ks. →Konstantin VII. Porphyrogennetos, der der 'archontissa Rhosias' mit ihrem zahlreichen Gefolge alle hohen Ehren zuteil werden ließ, verlieh der den chr. Taufnamen Elena tragenden Fsn. und Regentin den Ehrentitel einer »Tochter« des Basileus. Seine Heiratspläne mit O. sind Legende, deuten aber auf den hist. Sachverhalt hin, daß sie möglicherweise dynast. Beziehungen zum byz. Ks.haus für ihren Sohn →Svjatoslav anstrebte. Die Taufe O.s war ein polit. berechneter Akt mit dem Ziel, die eigene Macht zu steigern, die internat. Autorität des Landes zu stärken und den Erfolg im Kampf mit der inneren heidn. Opposition zu erhöhen, ohne dabei den polit. Vorherrschaftsansprüchen von Byzanz nachzugeben. Als Zeichen der polit. Unabhängigkeit der Kiever Fsn. ist auch die Gesandtschaft zu werten, die O. 959 an den Hof →Ottos I. schickte, mit dem Ziel eines Aufbaus guter Beziehungen in Politik, Handel und Mission. Die heidn. Reaktion unter Svjatoslav verhinderte allerdings die Missionsbemühungen des Mönches →Adalbert v. Trier, des späteren Ebf.s v. →Magdeburg, der Kiev erst nach O.s Tod erreichte. Damit scheiterte auch der Plan, die Kiever Rus' der röm.-kath. Staatenwelt anzuschließen.

Die fast zwanzigjährige Regentschaftszeit O.s war durch das Fehlen krieger. Auseinandersetzungen mit den Nachbarvölkern gekennzeichnet. Nach der Übergabe des Throns an Svjatoslav übte O. bei dessen häufiger Abwesenheit auf langen Feldzügen weiterhin die Regierungsgewalt aus, so beim Überfall der Pečenegen i. J. 968, als sie die Verteidigung Kievs leitete.

Von der orth. Kirche wird O. seit dem 12. Jh. als Hl. verehrt. In der Lobpreisung zu ihrem Tod 969 heißt es: »Sie ging dem christl. Lande voran, wie der Morgenstern der Sonne, wie die Morgenröte dem Tageslicht.« Ihre sterbl. Überreste wurden unter →Vladimir d. Hl. in die Kiever Zehntkirche überführt. H. Rüß

Q. und Lit.: Konst. Porphyr., De ceremoniis, II, 1829f. – M. D. Priselkov, Russko-vizantijske otnošenija IX–XIIvv., VDI 3, 1939, 98–109 – Povest' vremennych let, č. I–II, hg. V. P. Adrianova-Peretc, 1950 – G. Ostrogorsky, Vizantija i kievskaja knjaginja O. (Fschr. R. Jakobson, II, 1967), 1458ff. – E. A. Rydzevskaja, Drevnjaja Rus' i Skandinavija. IX–XIVvv., 1978 – Ž.-P. Arin'on, Meždunarodnye otnošenija Kievskoj Rusi v seredine X veka i kreščenie knjagini Ol'gi, VV 41, 1980 – A. N. Sacharov, Diplomatija Drevnej Rusi. IX – pervaja polovina Xv., 1980 – Z. A. Gricenko, Agiografičeskie proizvedenija o knjagine Ol'ge, 1981 – HGesch Rußlands, I, 292ff. [H. Rüß] – E. Donnert, Altruss. Kulturlexikon, 1985, 274ff. – G. G. Litavrin, K voprosu ob obstojatel'stvach, meste i vremeni kreščenija knjagini Ol'gi (Drevnjšie gosudarstva na territorii SSSR 1985g., 1986), 49–57 – N. L. Puškareva, Ženščiny Drevnej Rusi, 1989.

Olgerd (litauisch Algirdas), Gfs. v. →Litauen 1345–77, nach der Verdrängung Jawnuts 1344/45 zum Gfs.en mit Sitz in →Wilna erhoben. Um Verbündete für seine polit. Ziele – Übersiedlung des Dt. Ordens an die Tatarengrenze, Rückgabe eines Teils der besetzten preuß. Territorien an Litauen, Anschluß der Rus' an Litauen und Gründung einer Kirchenorganisation im Gfsm. - zu gewinnen, führte O. zusammen mit seinem Bruder →Kynstute Verhandlungen mit Kg. Ludwig I. v. Ungarn (1351) und Ks. Karl IV. und verband seine polit. Forderungen mit der Frage der Taufe der Litauer. Die Verhandlungen brachten keinen polit. Erfolg, verhinderten aber die Litauerreisen (→Preußenreisen) bis 1360. Im Osten war O. erfolgreicher: Er eroberte die russ. Fsm.er Brjansk, Černigov, Podolien, Kiev, Novgorod-Severskij und gewann Wolhynien von Polen. A. Nikžentaitis

Lit.: HGeschRußlands I/2, 738ff. – G. Rhode, Die Ostgrenze Polens, I, 1955, 172ff. [Lit.] – Z. Ivinskis, Lietuvos istorija iki Vytauto Didžiojo mirties, 1978, 247ff. [Lit.] – A. Nikžentaitis, Die friedl. Periode in den Beziehungen ..., JbGO 40, 1992 [Lit.].

Oliba. 1. O. 'Cabreta', katal. Gf. v. →Cerdaña–→Besalú, † 990, Sohn Gf. →Miros II., nach dessen Tod zusammen mit seiner Mutter Ava und seinen Brüdern →Sunifred (II.), Wifred (II.) und →Miro (III. und Bf. v. →Gerona) Mitgf., seit 965 in Cerdaña und 984 auch in Besalú alleiniger Gf. O. erweiterte seinen Herrschaftsraum um Donezan und Pierrepertuse. Er förderte nachhaltig die Kl. in seinen Gft.en und gründete in Berga das Kl. Serrateix. Trat 988 als Mönch in →Montecassino ein und hinterließ seine Gft.en wieder getrennt den Söhnen Wifred und →Bernhard 'Tallaferro'; von den weiteren Söhnen war Berengar Bf. v. Elne (993–1003) und Oliba Bf. v. Vich.
O. Engels

Lit.: R. d'Abadal i de Vinyals, Els primers comtes catalans, 1958 – O. Engels, Schutzgedanke und Landesherrschaft im ö. Pyrenäenraum, 1970 – P. Bonnassie, La Catalogne du milieu du Xe à la fin du XIe s., I, 1975.

2. O., Bf. v. Ausona/Vic (→Vich), * ca. 971, † 30. Okt. 1046. Sohn von 1, nach dessen Eintritt in Montecassino (988) zusammen mit seinen Brüdern Mitgf. Erzogen wahrscheinl. in →Ripoll, 1002 ebd. Profeß, nach 4. Juli 1008 ebd. Abt und gleichzeitig Abt. v. →Cuxa aus dynast. Gründen; Bf. Oliba v. Elne war sein Halbbruder. O. war 1018 bis zu seinem Tode Bf. Er betätigte sich als Reformer, hatte Kontakte mit Benedikt VIII. und Sancho III. v. Navarra und schützte Markt- und Münzrechte seiner Kirche durch die Treuga Dei v. 1033 (→Gottesfrieden). O. klammerte gfl. Gewalten bereits aus innerkirchl. Angelegenheiten aus. Er machte sich um das Scriptorium v. Ripoll verdient. O. Engels

Ed.: Briefe, MPL 142, 600–604 – Gedichte, vgl. L. Nicolau d'Olwer, Annuari de l'Inst. d'Estudis Catalans 6, 1915/20, 31–34 – Sermo de S. Narciso, MPL 142, 591–598 [stammt nicht von ihm] – *Lit.:* Diccionário de Hist. de España III, 1973, 1804 f. – A. M. Albareda, L'abat Oliva, 1931, 1972² – R. d'Abadal i de Vinyals, L'abat O., bisbe de Vic, i la seva época, 1948 – A. Mundó, Entorn de les Families dels bisbes O. de Vic i O. d'Elne, Bol. R. Acad. de Buenas Letras de Barcelona 28, 1959/60, 169–178 – O. Engels, Schutzgedanke und Landesherrschaft im ö. Pyrenäenraum, 1970 – Ders., Reconquista und Landeshserrschaft, 1989.

Olifant (afrz. 'Elefant'), Name des ersten hist. greifbaren Hifthorns aus Elfenbein, auf dem Roland im Tal v. Roncesvalles um Hilfe rief (→Rolandslied). Es gibt der Gattung ihren Namen. Kunstvoll bearbeitete Elfenbeinhörner waren bis ins 13. Jh. beliebt, wurden nur im Abendland, nicht im Orient verwendet. Ihren Gebrauch zeigen ma. Malereien und Skulpturen als Herolds-, Ruf-, Alarm- oder Signalhörner im Kampf, bei Spielen, hauptsächl. auf der Jagd, seltener als Musikinstrumente oder Trinkhörner. Im N vereinzelt als Belehnungsattribute erwähnt, so unter Wilhelm dem Eroberer. Viele O.e sind in Schatzverzeichnissen als Reliquienbehälter aufgeführt, ältestes unter Heinrich II. (1002–24). Etwa 100 ma., bis 70 cm lange Tuben sind erhalten (Kühnel). Man teilt sie in eine byz. oder von Byzanz abhängige, eine islam. oder islam. beeinflußte und eine roman.-got. Gruppe. Ihr Reliefschmuck: 3-fache, reifenförmige Gliederung in breite Hauptzone, Schall- und Blaszone, getrennt durch eingekerbte Ringe für Metallgehänge. Im Dekor unterscheiden sich O.e mit glatter, kantiger Mittelzone (z. B. Aachen, Münsterschatz); O.e mit dekorierter Hauptzone, häufig netzartig den Körper umlaufende Kreise oder Ranken, gefüllt mit Tieren, Tierpaaren oder -kämpfen, Fabelwesen, selten Jäger oder Krieger (Berlin, Staatl. Mus.), oder Einzelregister (Toulouse, Mus. Paul-Dupuy), vereinzelt bildl. Darstellungen wie Christi Himmelfahrt (Paris, Mus. Cluny); O.e mit Längsstreifen in der Hauptzone, Tierprozessionen wechseln mit Ornamentbändern (Florenz, Mus. Naz.), Schall- und Blaszone sind wie bei der 1. und 2. Gruppe ornamentiert. – Da die O.e weder datiert noch signiert sind, basiert ihre zeitl. und örtl. Einordnung auf stilist. Kriterien. Techn. ist ihr flacher Kerbschnitt seit abbasid. Zeit im Iraq, dann in Ägypten heimisch, stilist. steht der Dekor dem ägypt.-fāṭimid. nahe (das Einflußgebiet der Fāṭimiden reichte bis Sizilien und Unteritalien mit Amalfi, Salerno, Bari u. a.). Neben überwiegend islam. Merkmalen begegnen im figürl. Dekor selten auch byz. und ven. Elemente. Da bisher keine Herkunftsquellen bekannt sind, spricht alles für eine Entstehung der O.e in Unteritalien. H. Erdmann

Lit.: K. Weitzmann, Die ma. Elfenbeinskulpturen, 1–4, 1914–26 – E. Kühnel, Die islam. Elfenbeinskulpturen, 1971 – A. Goldschmidt – D. M. Ebitz, Fatimid Style and Byz. Model in a Venetian Ivory Carving Shop, The Meeting of the two Worlds, 1986.

Olite, Stadt in →Navarra. Lange Zeit nur ein Städtchen von mittlerer Bedeutung, doch wohlhabend dank der Ressourcen seines Umlandes, war O. Etappenort am Pilgerweg nach →Santiago (nahe Sta. Maria de Ujué) sowie Sitz einer Kg.spfalz und profitierte von seiner günstigen Verkehrslage am Kreuzungspunkt wichtiger Straßen (Verbindung ins Ebrotal). Die Kg.e →Karl II. (1349–87) und →Karl III. (1387–1425) wählten O. zu ihrer bevorzugten Residenz; Karl III. ließ den Palast prunkvoll ausbauen (Anlage kunstvoller Gärten, Tierpark mit Löwenhaltung), machte die Stadt zum Sitz einer →Merindad. Das Hofleben (Feste, Turniere) und die Tagungen der →Cortes (1390–1420) führten zu wirtschaftl. Blüte (Ansiedlung von Kaufleuten, jüd. Gemeinde), die in den Bürgerkriegen des 15. Jh., in denen O. wegen seiner Parteinahme für die →Agramonteses von den →Beaumonteses geplündert wurde, ihr Ende fand. B. Leroy

Lit.: J. M. Lacarra, Hist. del reino de Navarra, 3 Bde, 1973 – J. Carrasco Pérez, La Población de Navarra en el siglo XIV, 1973 – R. Ciervide Martinena, Inventario de bienes de O. (1496), 1978 – B. Leroy, Les villes du royaume de Navarre (Les villes dans le monde ibérique au MA, hg. C.N.R.S., 1982), 25–53 – B. Leroy – E. Ramírez Vaquero, Carlos III el Noble rey de Navarra, 1991.

Oliva, ehem. OCist-Kl., wurde 1186 nw. von Danzig als Tochtergründung von →Kolbatz von einem Konvent bezogen. Offenbar im Zuge der Ostexpansion Dänemarks und in Abwehr poln. Bestrebungen wurde es vom pommerell. Fs.en Subislaus († wohl 1187) als Hauskl. gestiftet. Zur bereits reichen Erstausstattung gehörten zahlreiche Dörfer in der weiteren Umgebung sowie Einkünfte in Danzig. Bis 1309 entwickelte sich O. zum wohlhabendsten Kl. →Pommerellens. In der Deutschordenszeit wurde der Besitz nur noch gesichert und abgerundet. Um 1400 entstanden große Güterkomplexe. Die Kl.gründung diente der christl. Durchdringung des Landes. Der Einsatz in der Prußenmission war wohl nur beschränkt, obwohl Bf. →Christian v. Preußen (7. Ch.) aus O. gekommen sein dürfte. Tochtergründung war das 1257/60 gestiftete Nonnenkl. Zarnowitz. 1350 wurde ein völliger Neuaufbau der Kl. anlagen nötig. Auch nach dem 2. Thorner Frieden 1466 blieb O. trotz größerer Kriegsschäden reichstes Kl. Pommerellens. Noch bis weit ins 16. Jh. hinein waren die Mönche meist Dt. e.   B. Jähnig

Lit.: K. DĄBROWSKI, Opactwo cystersów w Oliwie od XII do XVI wieku, 1975 [dazu F. SIKORA, ZapHist 42, 1977, 4, 95-130; 47, 1982, 1, 117-122] – H. LINGENBERG, O. – 800 Jahre, 1986.

Olive → Ölbaum, →Öl

Oliver v. Paderborn, Kreuzzugschronist, † 9. Aug./ 18. Sept. 1227 in Italien. Erstmals als Magister (1196) in Paderborn nachzuweisen, begegnet O. als Domscholaster in Köln und ist 1207 in Paris bezeugt. Ab 1208 wieder in Köln, predigte er in päpstl. Auftrag – unterbrochen von seiner Teilnahme am Laterankonzil 1215 – in den Jahren 1213-16 am Niederrhein das Kreuz, ehe er selbst in den Orient aufbrach. Einer von ihm entworfenen Belagerungsmaschine war die Einnahme eines vor →Damietta gelegenen Turms zu verdanken. Nach dem Scheitern des Kreuzzugs versuchte O., den Sultan →al-Kāmil in Briefen von Akkon aus zu bekehren. 1222 wieder in Dtl., wurde er 1223 zum Bf. v. →Paderborn gewählt (Frühjahr 1225 päpstl. Bestätigung). Im Sept. 1225 von Honorius III. zum Kard.bf. v. S. Sabina ernannt, bemühte sich O. in seinen letzten Lebensjahren um eine Vermittlung zw. Ks. und Papst. O. äußerte sich in drei Schriften zur Gesch. und Situation des Hl. Landes. Wichtiger noch sind seine Briefe, auf deren Grundlage die für den 5. →Kreuzzug bedeutsame »Historia Damiatina« entstand.   P. Thorau

Q. und Lit.: H. HOOGEWEG, O. v. P. Die Schrr. des Köln. Domscholasters ..., Bibl. des lit. Ver. Stuttgart 202, 1894 – WATTENBACH-SCHMALE, 367f. [Lit.] – E. PETERS, Anatomy of a Crusade 1213-1221, 1986, passim.

Olivetaner → Tolomei, Bernardo

Olivi, Petrus Johannis → Petrus Olivi

Olivier → Rolandslied

Ollegar, hl., Bf. v. →Barcelona, * um 1067, † 6. März 1137, ▭ Barcelona, Kathedrale, 1675 kanonisiert, Sohn des O. Bonestruga, Kanoniker am Domkapitel v. Barcelona (1076-93), Propst (1094-95), Prior v. Sant Adrià de Besòs (1101-08), Abt v. →St-Ruf (1111-15), Bf. v. Barcelona (1115-37), Ebf. v. →Tarragona (1118-37), seit 1123 Legat a latere. Enge Beziehungen O.s zu Gf. →Raimund Berengar III. v. Barcelona, als dessen Berater er lange Jahre fungierte, bedingten seinen kirchenpolit. Aufstieg. Sein Pontifikat war bestimmt von den Problemen um die Wiedererrichtung der Kirchenprov. Tarragona, wozu die Gründung einer confraternitas zur Eroberung und Wiederbesiedlung der Stadt ebenso zählten wie die Übertragung der Stadtherrschaft an den Normannen Robert Bordet. 1126 machte O. eine Pilgerreise ins Hl. Land. Er nahm an allen wichtigen Konzilien seiner Zeit teil und förderte in seinem Bm. die Klerusreform, den Ausbau des Hospizwesens und die Einführung der Templer.
U. Vones-Liebenstein

Lit.: BHL 6330-6332 – DHEE III, 1804 – Gran Enciclopèdia Catalana X, 1977, 703 – LThK² VII, 1141 – L. J. MCCRANK, The Foundation of the Confraternity of Tarragona by Archbishop Oleguer Bonestruga, 1126-29, Viator 9, 1978, 157-177 – DERS., Norman crusaders in the Catalan reconquest: Robert Burdet and the principality of Tarragona, 1129-55, Journal of Medieval Hist. 7, 1981, 67-82 – U. VONES-LIEBENSTEIN, St-Ruf und Spanien [Lit.; im Dr.].

Oller, Berenguer, † 25. März 1285, nach der Chronik von →Bernat Desclot (c. 133) einer der Führer des Volksaufstands in →Barcelona gegen das städt. →Patriziat (grossos), den Bf. und die kgl. Beamten, der während der frz. Einfalls nach Katalonien (→Aragón, Kreuzzug v.) ausbrach. Durch sein Rednertalent konnte O., der von bescheidener Herkunft war, die Massen mitreißen, so daß er die Lage einige Wochen lang beherrschte (März 1285). An die zwanzig seiner Mitstreiter sind belegt: angesehene Bürger oder Kaufleute, ein Notar, Handwerker und dem Namen nach zur Volksschicht zählende Leute, deren Beruf nicht genannt wird. Als Kg. Peter III. an Ostern (24. März) die Stadt betrat, brach der Aufstand zusammen: O. und sieben seiner Gefährten wurden auf dem Montjuïc gehängt, während an die 600 Leute aus Angst vor Repressalien vor der Ankunft des Heeres flohen. Der Aufstand des Volkes gegen die Herrschenden und Reichen (darunter auch die Juden) in einer Kriegs- und Krisenzeit, welche die soziale Bewegung mit dem Verdacht des Landesverrats belastete, fiel in eine Zeit europaweiter wirtschaftl. Krisen, die auch in flandr. und it. Städten zu Aufständen führte.   Carmen Batlle

Lit.: PH. WOLFF, L'épisode de B. O. à Barcelone en 1285, Anuario de Estudios Medievales 5, 1968, 207-221 – C. BATLLE, Aportacions a la hist. d'una revolta popular: Barcelona 1285 (Estudis d'Hist., II, 1970), 19-29.

Olmedo, Stadt in Kastilien, südl. von Valladolid, Schlachtenort.
1. O., Schlacht v., 29. Mai 1445, entscheidende Schlacht zw. Kg. →Johann II. v. Kastilien (1419-54), der sich auf seinen Günstling Álvaro de Luna stützte, und der von den Infanten v. Aragón geführten, nach Kontrolle der monarch. Gewalt strebenden kast. Adelsopposition. Die überraschend zustande gekommene, wenig verlustreiche Schlacht, die sich aus einem Scharmützel zw. Kundschaftern entwickelte, endete mit einem eindeutigen Sieg Lunas über die Infanten und ihre Anhänger, zu denen die Gf. en v. →Castro und →Benavente sowie der Admiral v. Kastilien zählten. Einer der Infanten, Heinrich, Meister des Santiagoordens, erlag seinen Wunden, ein anderer, Johann v. Navarra (→Johann II. v. Aragón), verließ Kastilien und enthielt sich fortan der Einmischung in dessen innere Angelegenheiten.   R. Montero Tejada

2. O., Schlacht v., 19. Aug. 1467. Der Widerstand des kast. Hochadels (u. a. Juan →Pacheco, der Admiral v. Kastilien, der Ebf. v. Toledo und die →Manrique) gegen Kg. →Heinrich IV. mündete seit 1465 in einen Bürgerkrieg ein. Der Kg. fand zwar bei treuen Geschlechtern wie den →Mendoza und einigen der herrschenden Anarchie überdrüssigen →Concejos Unterstützung, wurde aber vom symbol. abgesetzt (Farce v. Ávila, 5. Juli 1465). Als nach dem Angriff der Adelsopposition auf →Medina del Campo (1467) das kgl. Heer unter Führung von Beltrán de →la Cueva zum Entsatz anrückte, traf es bei Olmedo auf die gegner. Streitmacht des Adels. Unerwartet und ohne takt. Vorbereitungen kam es zur Schlacht, die mit dem Sieg der Partei Kg. Heinrichs IV. endete.   R. Montero Tejada

Lit.: L. SUÁREZ FERNÁNDEZ, Nobleza y Monarquía, 1975².

Olmütz (tschech. Olomouc, lat. Olomucium), Stadt in →Mähren, am Oberlauf der March, deren Tiefebene von Slawen früh besiedelt wurde. Bereits gegen Ende des 7. Jh. lag hier eine Siedlung mit zentralörtl. Funktion (in der s. Vorstadt [Povel]). Etwa 2 km weiter n., auf dem Vorburgareal des späteren přemyslid. O., entstand im 9. Jh. eine der bedeutenden Siedlungen der großmähr. Zeit. Der spätere städt. Siedlungsbereich von O. erstreckte sich dann auf dem sog. O.-Hügel (Olomoucký kopec), der sich im Knie des Nebenflußarmes der March (210 m) befindet. Der nö. Teil des O.-Hügels mit der Kathedrale ist als Wenzelshügel (226 m) bekannt, nach SW breiten sich der Petershügel (228 m) und weiter der Michaelsberg (233 m) aus.

In der 2. Hälfte des 10. Jh. gehörte O. zu den Stützpunkten der →Přemysliden in Mähren, doch erst nach der definitiven Eingliederung Mährens in den böhm. Staat (1019–20) setzte eine stete Entwicklung ein. Die mit der Verwaltung Mährens betrauten Mitglieder der přemyslid. Dynastie waren zunächst wohl auf dem Petershügel ansässig, bevor um 1065 der erste O.er Teilfs. →Otto I. auf den Wenzelshügel überwechselte. Hierher wurde auch der Sitz des 1063 (wieder)gegr. Bm.s O. verlegt (1141 von der Kirche St. Peter an die schon bestehende Basilika St. Wenzel). Bf. →Heinrich Zdik (1126–50; 86.H.) gründete an der neuen Kathedrale ein zwölfköpfiges Kapitel und ließ im Burgbezirk den prächtigen 'Přemyslidenpalast' durch Bauhandwerker aus dem Rheinland errichten. Begünstigt durch die vorteilhafte geogr. Lage, erfaßte eine dichte Siedlungskonzentration nicht nur die Vorburg um Peters- und Marienkirche, sondern auch das Gebiet w. und sw. um St. Mauritz, St. Michael und St. Blasius. Für diese Siedlungen waren Handwerk, Nah- und Fernhandel kennzeichnend, und es bestand auch eine Judengemeinde.

Da die Vorburg von kirchl. Institutionen besetzt war, verlagerte sich nach dem Aussterben des O.er Zweiges der Přemysliden (um 1200) die städt. Entwicklung zunächst auf den Michaelsberg (um 1239 Dominikanerkl., 1246 Vogtei); etwas später setzte sie um St. Mauritz ein, wobei die freien Bauflächen erst vom Bf. bzw. vom Kl. Hradiště (gegr. 1078) erworben werden mußten. Die Lokation der Stadt O. erfolgte zw. 1239–48 zu →Magdeburger Recht. In der Folgezeit verlagerte sich der Schwerpunkt des städt. Lebens zum neu entstandenen Obermarkt, und noch in der 2. Hälfte des 13. Jh. fand die Vereinigung der alten vorstädt. Siedlungen mit dem Stadtkern statt. Diese komplizierte Entwicklung von einer frühma. Siedlungsagglomeration zur Stadt spiegelt sich im unregelmäßigen Grundriß wider.

Nach 1253 verlor die Burg schnell ihre Rolle als Residenz, und im Burgareal dominierten kirchl. Institutionen (Bf., Kapitel, Orden). Die von einer Steinmauer umgebene Stadt, die dank ihrer Bedeutung für Handel, Wirtschaft und Verwaltung als Zentrum Nordmährens galt, erhielt Markt- und Zollprivilegien (1261, 1278, 1291). 1306 wurde Kg. Wenzel III. in O. ermordet. Das dt. Patriziat von O. beeinflußte das polit. Leben des spätma. Mähren, und auf seinen Einfluß geht die ablehnende Haltung von O. gegenüber der Hussitenbewegung zurück.

J. Žemlička

Lit.: V. RICHTER, Raněstředověká Olomouc, 1959 – H. STOOB, Bruno v. O., das mähr. Städtenetz und die europ. Politik von 1245–1281 (Die ma. Städtebildung im sö. Europa, hg. DERS., 1977 [= Städteforsch. A4], 90–133) – J. BISTŘICKÝ, Ke genezi města v Olomouci, Folia Hist. Bohemica I, 1979, 225–230 – J. BLÁHA, Předběžná zpráva o objevu předvelkomoravského ústředí v Olomouci, Archaeologia hist. 13, 1988, 155–170 – P. MICHNA–J. POJSL, Románský palác na olomouckém hradě, 1988 – Historická Olomouc a její současné problémy [bis Nr. 8, 1990 erschienen].

Öls, Fsm., entstand durch dynast. Erbteilung des Hzm.s →Glogau 1312, dessen sö. Teil rechts der Oder es bei mehrfach wechselnden Grenzen umfaßte. Namengebend wurde die 1255 an der Stelle eines slav. Burg-, Markt- und Pfarrortes gegr. deutschrechtl. Stadt Ö., in der von 1320 bis zu ihrem Aussterben 1492 die Ö.er Piastenlinie (Konrade) residierte. Konrad I. unterstellte 1329 sein Land böhm. Lehnshoheit. 1323 gingen die Gebiete von Namslau, Bernstadt, Konstadt, Kreuzburg, Pitschen und Landsberg verloren. 1355 konnte ztw. die Hälfte des Teilhzm.s Beuthen-Cosel erworben werden, später auch Steinau und Raudten. Das 1492 heimgefallene, durch Ausgliederung der Freien Standesherrschaften Groß Wartenberg (1489), Trachenberg (1492) und Militsch (1494) verkleinerte Fsm. Ö. verlieh Kg. Vladislav IV. v. Böhmen 1495 an Hzg. Heinrich I. d. Ä. v. Münsterberg, einen Sohn →Georgs v. Podiebrad, in dessen Familie es bis 1647 verblieb.

J. J. Menzel

Q. und Lit.: DtStB I – W. HAEUSLER, Urkk.slg. zur Gesch. des Fsm.s Ö. bis zum Aussterben der piast. Hzg.slinie, 1883 – DERS., Gesch. des Fsm.s Ö., 1883 – Hist. Stätten: Schlesien, 1977.

Oluf, Unionskg. → Olav

Oluja (Vulvuga, Uluga), katal. Familie des niederen Adels, begütert im Bereich des heutigen Les Oluges (Alta Segarra). Ihre heute noch bestehende Burg zählte zur Mark Berga und lag an der Grenze der Gft. →Cerdaña zum muslim. Kgr. Lérida. Ein Gerald Pons ist bereits 1072 als Herr der Burg belegt, 1124 nahm Gombald den Beinamen 'd'O.' an. Pons d'O. nahm 1149 an der Eroberung →Léridas teil und erhielt dort Besitzungen. Die Familie unterhielt Beziehungen zu den →Templern: Gombald vermachte ihnen Besitzungen, Pons war Templermeister (1250). In den Herdsteuerlisten (fogatges) des 14. Jh. erscheinen verschiedene Mitglieder der Familie: Ritter, Junker, Grundbesitzer und Barone. Einige waren in der Verwaltung Kg. Peters IV. tätig (Gerald, kgl. *Veguer* in Gerona; Raimund, Statthalter der Insel Menorca, 1380), andere kämpften gegen Peter I. v. Kastilien im kgl. Heer. Als um 1370 der niedere Adel eine Liga zur Verteidigung seiner Interessen gegen Hochadel und Magnaten gründete, wurde Peter v. O. zu einem der vier Vertreter (*regidor*) gewählt. Ende des 14. Jh. bildeten die O. eine jener Adelsbanden, die von Kg. Martin I. zerschlagen wurden.

Carmen Batlle

Lit.: P. CATALÀ, Castells de Monfalcó i les Oluges (Els Castells Catalans VI/1, 1979), 676–686.

Olybrius, Flavius Anicius, † 2. Nov. 472, aus einflußreicher röm. Senatorenfamilie stammend, lebte seit der Mitte des 5. Jh. in Konstantinopel, wo er bis zum Konsulat emporstieg (464). Während einer diplomat. Mission nach Karthago heiratete er Placidia, die Tochter →Valentinians III., die nach der Plünderung Roms 455 vom →Geiserich mit Mutter und Schwester nach N-Afrika mitgeführt worden war. In der Endphase des Bürgerkrieges zw. dem weström. Ks. →Anthemius und →Ricimer wurde er 472 mit Einverständnis des oström. Ks.s Leon I. und Geiserichs zum weström. Ks. erhoben, herrschte aber nach der Ermordung des Anthemius nur 3 Monate.

R. Klein

Lit.: O. SEECK, Gesch. des Untergangs der antiken Welt, VI, 1920, 373ff. – F. M. CLOVER, The Family and Early Career of Anicius O., Historia 27, 1978, 169ff.

Olympias, hl., Diakonin in Konstantinopel, * 361/368, † 408/410; ihre nach kurzer Ehe mit Nebridios (Stadtpräfekt v. Konstantinopel) gefällte Entscheidung zu einem asket. Leben führte nach →Palladios zu Konflikten mit dem Ks. O. gründete und finanzierte nach Rückgewinnung der Verfügungsgewalt über ihr Vermögen zahlreiche kirchl.-soziale Projekte. Beste Beziehungen zu vielen berühmten Bf.en ihrer Zeit bezeugen u. a. Palladios und ihre Vita (5. Jh.). Von →Johannes Chrysostomos sind 17 Briefe an O. erhalten.

Mitbetroffen von den Intrigen um seine Person starb O. als Vertraute des exilierten Bf.s auch selbst im Exil. Von der Translatio ihrer Reliquien im 7. Jh. berichtet Sergia.

E. M. Synek

Lit.: E. CLARK, Jerome, Chrysostom, and Friends: Essays and Translations, 1979.

Olympiodoros. 1. O., gr. Gesch.sschreiber, * vor 380 in Theben (Ägypten), † nach 425. Sein Werk (Titel nach Photios »Ἱστορικοὶ λόγοι«) ist eine →Theodosius II. gewidmete, fragmentar. überlieferte Forts. des Gesch.s-werks des →Eunapios für die Zeit von 407–425 in ursprgl. 22 Büchern, das wohl v. a. weström. Gesch. bot. Persönl. Berichte (412 Gesandtschaft bei den Hunnen, 415 Besuch Athens), gehaltvolle Informationen und treffende Beobachtungen zeichnen das Werk aus, das von Zosimos, Sozomenos und Photios benutzt wurde.

J. M. Alonso-Núñez

Ed.: L. DINDORF, Historici Graeci Minores, I, 1870, 450–472 – R. C. BLOCKLEY, The Fragmentary Classicising Historians of the Later Roman Empire, 1981–83, I, 27–47; II, 151–220 – *Lit.*: RE XVIII, 201–207 – E. A. THOMPSON, The Classical Quarterly 38, 1944, 43–52 – J. F. MATTHEWS, The Journal of Roman Stud. 60, 1970, 79–97 – V. A. STRAGO (Ricerche Storiche... in mem. di C. BARBAGALLO a cura di L. DE ROSA, II, 1970), 1–25 – B. BALDWIN, L'Antiquité Classique 49, 1980, 212–231 – F. PASCHOUD, Le début de l'ouvrage hist. d'Olympiodore (Studia in hon. I. KAJANTO, 1985), 185–196 – D. F. BUCK, Dexippus, Eunapius, O. Continuation and Imitation, The Ancient Hist. Bull. 1, 1987, 48–50.

2. O., neuplaton. Philosoph, lebte in der 2. Hälfte des 6. Jh. in Alexandria, Schüler des Ammonios, Lehrer des David und Elias (→Platonismus). Als Nachschriften von Lehrvorträgen sind unter seinem Namen Kommentare zu Werken des Platon (1) und des Aristoteles (2) überliefert; ihre schemat. Einteilungen zeigen eine lange Schultradition.

J. Gruber

Ed.: [1] Gorgias: Ed. W. NORVIN, 1936 [Neudr. 1966] – Alcibiades I: Ed. L. G. WESTERINK, 1956 – Phaidon: Ed. DERS., 1970 – [2] Meteora: Ed. W. STÜVE, 1900 (CAG XII, 2) – Einl. in die aristotel. Philos.: Ed. A. BUSSE, 1902 (CAG XII, 1) – *Lit.*: KL. PAULY IV, 290 – RE XVIII, 107–227.

Olympos, Name mehrerer Berge innerhalb und außerhalb Griechenlands.

1. O., Hoher und Niederer, an der Ostküste des Golfs v. Thessalonike. Der Hohe O., die höchste Erhebung Griechenlands (2917 m), galt in der gr. Mythologie als Sitz der Götter. Am flacheren NO-Abhang liegt das um die Mitte des 16. Jh. geger. Kl. Ἁγίου Διονυσίου, so benannt nach seinem Gründer Dionysios (* vor 1500, Todesjahr unbekannt; Fest 23. Jan.).

B. Plank

Lit.: ALEXIADES, Gennadios (Georgios), Mtpl. v. Thessalonike, Ἡ ἱερὰ πατριαρχικὴ καὶ σταυροπηγιακὴ Μονὴ τοῦ Ἁγίου Διονυσίου ἐν Ὀλύμπῳ, Gregorios ho Palamas 1, 1917, 515–528, 545–560, 593–604; 2, 1918, 54–59 – A. PHILIPPSON, Die gr. Landschaften, I, 1, 1950, 91–106 – Ἀκολουθία τοῦ ὁσίου καὶ θεοφόρου πατρὸς ἡμῶν Διονυσίου τοῦ νέου ἀσκητοῦ, τοῦ ἐν τῷ Ὀλύμπῳ ὄρει τῆς Πιερίας ἐκλάμψαντος, μετὰ τοῦ βίου αὐτοῦ, 1973.

2. O. in Bithynien (Ulu Dağ, sö. von Bursa, 2543 m). Der Novatianer Eutychianos begann zu Anfang des 4. Jh. dort sein asket. Leben als Einsiedler. Nach seinem Vorbild wurde das Anachoretentum höher geschätzt als das koinobit. Leben. Der ikonoklast. Ks. Konstantin V. (741–775) zerstörte fast alle Kl. In der folgenden Blütezeit gab es über 40 Kl. mit Hl.n wie →Theodoros Studites (759–826) in Sakkoudion, Ioannikios (745–846), →Euthymios d. J. (824–899), Anthousa, der Gründerin von Mantineon. Trotz der Arabereinfälle in der zweiten Hälfte des 9. Jh. und der Eroberung des Gebietes durch die Türken existierten Kl. noch im 14. Jh.

B. Plank

Lit.: Oxford Dict. of Byzantium III, 1525 – H. KOCH, Q. zur Gesch. der Askese und des Mönchtums in der alten Kirche, 1933 – B. MENTHON, Une terre des légendes: L'Olympe de Bithynie. Ses saints, ses couvents, ses sites, 1935 – J. LEROY, La reforme studite (Il monachesimo orientale, 1958), 181–214.

Øm (Århus amt/Jütland), Kl. SOCist in →Dänemark, Tochterkl. von →Vitskøl (einem Tochterkl. von →Esrum). Nach mehrmaligen Versuchen der Mönche, an anderen Orten Fuß zu fassen (Sminge 1165, Veng 1166, Kalvø 1168), konnten sie sich mit Hilfe des Bf.s v. →Aarhus/Århus und des Kg.s in Ø. westl. von Skanderborg zw. dem See Mossø und dem Fluß Gudenå (heute Emborg) niederlassen. Das Kl. wurde u.a. durch die Bf.e v. Århus reich begütert. Eine neue Kirche wurde 1246 gebaut. Bald danach folgte ein erbittert geführter Streit mit Bf. Tyge v. Århus (und seinen Nachfolgern), der den exemten Status des Kl. nicht anerkennen wollte und auf seinem Visitationsrecht, insbes. aber auf seinem Gastungsrecht beharrte, das er schließlich mit Hilfe Kg. Erichs IV. durchsetzen konnte. Das Kl. wurde erst 1560 säkularisiert und zu einem kgl. Schloß umgebaut (1561 abgebrochen).

Die wichtigste literar. Hinterlassenschaft des Kl. ist die ab 1207 erstellte und im Original bewahrte Chronik »Exordium monasterii quod dicitur Cara insula« (→Chronik, J. I.). Sie beschreibt in anschaul. Sprache die Gründungsphase des Kl., den Bruderzwist zw. Erich IV. und Abel sowie den Streit des Kl. mit den Bf.en v. Århus. Die Chronik bricht mit d. J. 1267 ab, die Abtsliste wurde bis 1320 weitergeführt.

H. Ehrhardt

Ed. und Lit.: G. v. BUCHWALD, Die Gründungsgesch. von Ø. und die dän. Zisterzienser, ZSHG 8, 1878, 1ff. – Scriptores minores historiae Danicae medii aevi, I–II, ed. M. CL. GERTZ, 1917–22 – Danmarks Historie, red. J. DANSTRUP–H. KOCH, 1963, 244ff. – Hist. Stätten Dänemark, 1982, 154f. – Dansk litteraturhistorie, I, ed. S. KASPERSEN u.a., 1984, 154f.

ᶜOmar, zweiter Nachfolger →Mohammeds, regierte 634–644. Um 582 geb., entstammte ᶜO. dem mekkan. Clan der Banū ᶜAdī, der mit den Banū Hāšim, Mohammeds Clan, in einer losen Allianz stand. Nach anfängl. Skepsis nahm ᶜO. mehrere Jahre vor der Hidschra den →Islam an, eine erhebl. Stützung der Sache des Propheten. ᶜO. beteiligte sich an der Hidschra, verschwägerte sich mit dem Propheten, gewann zu dessen Lebzeiten aber kein eigenes polit. Gewicht. Unter Abū Bakr (regierte 632–634) entwickelte er sich zum einflußreichsten Anwalt der Belange der Hidschra-Teilnehmer, in denen er die rechtmäßigen Führer der Gläubigen sah. Er focht gegen zentrifugale Tendenzen, die sich seit Mohammeds Einzug in Mekka 630 und der Versöhnung mit den bis dahin feindseligen mekkan. Clanen zeigten: Die medinens. 'Helfer' fühlten sich wegen dieser Wende der Dinge brüskiert; die jüngst bekehrten mekkan. Führer drängten sich nach vorn, das Verdienst um den Islam schien nicht mehr zu zählen. Als ᶜO. 634 an die Macht kam, setzte er seine Ideen in Politik um: Der von ihm geschaffene Titel 'Befehlshaber der Gläubigen' unterstrich seinen Herrschaftsanspruch gegenüber den 'Helfern' wie auch den Neubekehrten, deren Prominenz zum Clan der schon lange mit den Banū ᶜAdī verfeindeten ᶜAbdšams gehörte. Allerdings war ᶜO. gezwungen, seine Politik unter dem Eindruck der beginnenden Eroberungen (Syrien, Ausgreifen nach Ägypten; Irak, Persien) durchzusetzen, die den diplomat. und militär. versierten Neubekehrten ungeahnte Möglichkeiten eröffneten. Er versuchte erfolglos, diesen Personenkreis von den Eroberungen auszuschließen, und wollte sich auf vielfältige Weise die Kontrolle über das

Geschehen sichern. Doch schon bei der Verteilung der Kriegsbeute war er genötigt, neben dem Verdienst um den Islam auch die vornehme Herkunft zu berücksichtigen. ᶜO.s Vision der Fortsetzung der Urgemeinde, veranschaulicht durch die Einführung der Hidschra-Zeitrechnung, war mithin schon unzeitgemäß, als er 644 ermordet wurde. T. Nagel

Lit.: T. NAGEL, Staat und Glaubensgemeinschaft im Islam, I, 1981 – A. NOTH, Früher Islam (Gesch. der arab. Welt, hg. U. HAARMANN, 1987).

Omayyaden (arab. Banū Umayya), erste Kalifendynastie.

I. Die Omayyaden als Kalifen des 7. und 8. Jh. – II. Die Omayyaden im muslimischen Spanien.

I. DIE OMAYYADEN ALS KALIFEN DES 7. UND 8. JH.: Führende Sippe der Quraiš in →Mekka und entschiedene Gegner →Mohammeds, errangen die O. gleichwohl durch →Muᶜāwiya das →Kalifat. Zentrale Region der entstehenden O.-Herrschaft war →Syrien mit der Hauptstadt→Damaskus, deren chr. Oberschicht am Hof- und Verwaltungsdienst der ersten O.herrscher beteiligt war (→Johannes Damskenos). Muᶜāwiyas Sohn Yazīd (680–683) sicherte sich durch staatsmänn. Geschick die Nachfolge; von allg. Bereitschaft, eine Folge omayyadischer Kalifen zu akzeptieren, war noch keine Rede. Dies zeigte sich beim Tode des letzten Sufyāniden 683, der sogleich zu einem »Abfall« selbst der Syrer und Anerkennung des →ᶜAbdallāh ibn az-Zubair in Mekka als Kalifen führte (683–692), wobei das Prinzip, Verdienste um den frühen Islam bei der Nachfolge des Propheten zu berücksichtigen, vorübergehend die Oberhand gewann. Dem Haupt der marwānidischen Linie, Marwān ibn al-Ḥakam (684–685), gelang es indessen, das Kalifat für seine Linie zurückzugewinnen. Sein energischer und begabter Sohn ᶜAbdalmalik (685–705) sicherte nach turbulenten Anfängen die Herrschaft der O., nicht zuletzt durch weitreichende Reformen (Schaffung einer islam. Gold- und Silberwährung in Konkurrenz zur byz. Währung, →Münze, Münzwesen C; Umstellung der Verwaltungssprache von Griechisch bzw. Pahlavi auf →Arabisch; Neuausgabe des ᶜuṯmān. Korans mit Vokalzeichen). Unter seinem Sohn al-Walīd I. (705–715) reichte der Staat der O. von Hispanien bis Transoxanien. Die Regierung Hišāms (724–43), des 10. Kalifen, markiert die Endphase der Blütezeit. Dem Vordringen der →Türken in Zentralasien leistete er Widerstand, aber die Berberrevolte von 740 bedeutete für das Reich den endgültigen Verlust des Fernen Westens. Er versuchte sowohl nord- wie südarab. Stämme in die Verwaltung des Staates einzubinden. Fast alle O. waren große Bauherren (»Felsendom« und al-Aqṣā-Moschee in →Jerusalem, Prophetenmoschee in →Medina, O.-Moschee in Damaskus, Wüstenschlösser). Doch selbst erfolgreiche Regierungen konnten die grundsätzl. Schwächen der Staatskonstruktion nicht überwinden: Die Kontrollmacht des Kalifen in Sachen des Kultus war gering, in Rechtsfragen gleich Null (kein Kalif konnte als Gesetzgeber fungieren), in militär. Hinsicht ebenfalls begrenzt: Große Eroberungen wurden ohne Vorwissen, ja sogar gegen den Willen des Kalifen vorgenommen (z. B. Hispanien), und die Heeresfolge der arab. Stämme war trotz des Titels →Amīr al-muʾminīn sozusagen eine »auf Geschäftsbasis« (A. NOTH). Auch über die sehr beträchtl. Steueraufkommen der Provinzen konnte der O.-Kalif nur beschränkt verfügen. V.a. gelang es auch ᶜOmar II. (717–720) nicht, die Steuerprobleme, die sich aus der zunehmenden Menge von Konvertiten einerseits und arab. Grundbesitzern andererseits ergaben, in den Griff zu bekommen. Das Bündel von immer schwerwiegenderen Problemen, die mindere Statur der Herrscher und schließlich gar Streitigkeiten innerhalb der O.-Familie und mit den sie stützenden Stämmen führten zu rapidem Verfall der Machtbasis. Trotz rastlosen Einsatzes des 14. Kalifen Marwān II. (744–750) fegte die abbasidische Revolution (→Abbasiden) die O. hinweg, die verfolgt und weitgehend ausgerottet wurden. Das Ende der O. stellt einen bedeutsamen Einschnitt dar, da mit ihm der ausgeprägt arab. Charakter des islam. Reiches zu schwinden begann, was sich z.B. auch darin zeigt, daß die eigtl. altarab. Epoche genuin beduinischer Dichter zu Ende ging.

II. DIE OMAYYADEN IM MUSLIMISCHEN SPANIEN: ᶜAbdarraḥmān ad-Dāḫil (geb. 731), ein Enkel Hišāms, entkam dem Massaker an seiner Sippe und landete nach abenteuerlicher Flucht 755 an der Küste Hispaniens (→al-Andalus). Er errichtete mit Hilfe omayyadischer Klienten (→Maulā) und unter geschickter Ausnutzung bestehender Spannungen das Emirat v. →Córdoba (756–1031, 929 als Kalifat proklamiert). In den fast 33 Jahren seiner Regierung schuf er die Grundlagen einer adäquaten Verwaltungs- und Heeresstruktur nach syr. Muster und hinterließ seinen Nachkommen einen funktionierenden Staat. Allerdings waren die nördl. Randgebiete, als Marken organisiert, häufiger faktisch selbständig als von Córdoba abhängig. Die weiterhin vorhandenen inneren Spannungen und die Umtriebe der immer einflußreicher werdenden *fuqahāʾ* des malekit. Ritus entluden sich unter dem Enkel al-Ḥakam I. (796–822) 818 in der »Revolte der Vorstadt«, die erbarmungslos niedergeschlagen wurde; die Überlebenden gingen ins Exil nach Toledo, Fes und Alexandria (und eroberten 827 Kreta). Die unter al-Ḥakam I. eingeleitete und von seinem Sohn ᶜAbdarraḥmān II. (822–852) forcierte Orientalisierung machte den Neumuslimen einheimischer Herkunft (*muwalladūn*) und den chr. →Mozarabern deutlich, daß sie teils deklassiert, teils allmähl. Minderheit werden würden (850–859 Konfrontation zw. Regierung und Christen; →Córdoba, Märtyrer v.), was u.a. zu einer Abwanderung chr. Bevölkerungsteile in die der muslim. Herrschaft widerstehenden Reiche Nordspaniens führte. Unter Moḥammad I. (852–886) und ᶜAbdallāh (888–912) kam es zu einer generellen Abfallbewegung des flachen Landes, die ztw. die Emire auf die Hauptstadt beschränkte (Aufstände unter ᶜOmar ibn Ḥafṣūn, 879–918). Normannenangriffe verschärften seit 844 die Situation. Der Staat stand am Rand des Abgrunds, und nur die Zähigkeit ᶜAbdallāhs rettete ihn. Sein Enkel ᶜAbdarraḥmān III. (912–961) bekämpfte energisch die Rebellen (bis 933) und trat den chr. Mächten offensiv, aber nicht immer siegreich, entgegen. Um den →Fāṭimiden Paroli zu bieten, proklamierte er 929 das →Kalifat des Westens und begann in Nordmarokko mit dem Aufbau eines Glacis. Wie seine syr. Vorfahren war er ein großer Bauherr (→Madīnat az-Zahrāʾ); Córdoba wurde zur prächtigsten und volkreichsten Stadt Europas, Konstantinopel ebenbürtig. Zahlreiche chr. Fürsten Spaniens bekunden ihre Unterwerfung; selbst der Basileus und Otto d. Gr. schickten Gesandte an den Kalifenhof (→Johann v. Gorze). Unter al-Ḥakam II. (961–976) hielt die Blüte und innere Sicherheit noch an, doch leitete die Anwerbung von berberischen Söldnern eine verhängnisvolle Entwicklung ein, verstärkt durch den zunehmenden Einfluß der →Eunuchen meist slav., jedenfalls europ. Herkunft (*Ṣaqāliba*). Nach seinem Tode ruhte die Staatslenkung de facto in der Hand des großen, aus kleinen Verhältnissen aufgestiegenen →al-Manṣūr. In über 50 Feldzügen bekämpfte er die Christenreiche der Halbinsel. Er war es auch, der der berühmten Hauptmoschee v. Córdoba ihren heutigen Umfang gab. Nach dem Tode seines älteren Sohnes (1008) versank der Staat in Anarchie und wurde zum Spielball der berberischen Truppen; 1031 erklärten die Notabeln Córdobas das Kalifat für erloschen. Die größte Leistung der span. O. dürfte darin bestehen, daß es ihnen trotz der Unausgeglichenheit der heterogenen Bevölkerungsgruppen (Nord- und Südaraber, Berber, Neumuslime, Mozáraber, Juden) gelang, so etwas wie ein »andalusisches« Zusammengehörigkeitsgefühl zu schaffen und so das Werden eines bedeutenden Ablegers der islam. Zivilisation zu fördern.

H.-R. Singer

Lit.: EI¹, EI², unter den einzelnen Herrschern sowie s. v. Umaiyads, EI¹ VII, 998–1012 – LexArab, 837–839 – H. Monès (Mu'nis), Essai sur la chûte du califat umayyade de Cordoue en 1009, 1948 – E. Levi-Provencal, Hist. de l'Espagne musulmane, I–III, 1950–53 – J. Wellhausen, Das arab. Reich und sein Sturz, 1960² – R. Arié, España musulmana, 1982, bes. 19–27, 50–59, 477–497 [Bibliogr.] – Gesch. der arab. Welt, hg. U. Haarmann, 1987, 73–100, 631–634 [A. Noth]; 275–283, 647–654 [H.-R. Singer] – S. Kh. Jayyusi, The Legacy of Muslim Spain, 1992, 19–49 [M. Markl] – L. Vones, Gesch. der Iber. Halbinsel im MA, 1993, 28–34 [Lit.: 287–290].

Omnibonus (Omnebene), Kanonist, Bf. v. Verona 1157–85, Anhänger Alexanders III., † 22. Okt. 1185. Bereits 1151 oder 1152 von Eugen III. zusammen mit dem päpstl. Subdiakon Ardicio als delegierter Richter zur Entscheidung eines Prozesses eingesetzt (JL 9654 ist nach der ältesten Überl. zuerst an ihn gerichtet, am 1. Aug. 1151 oder 1152 ausgestellt). Seine »Abbreviatio Decreti Gratiani« (1156/57 entstanden) teilt den ersten Teil in nur 26 Distinktionen; sie enthält auch viele eigene Texte (speziell zum Beginn des Eherechts) und zusätzl. Autoritäten, davon zwölf aus dem Dekret →Burchards v. Worms; wenigstens eine dürfte er selbst formuliert haben. Einige der Glossen der Abbreviatio können von O. selber stammen. Auf diesen O. gehen auch die in drei Hss. überlieferten Sentenzen aus der Schule →Abaelards zurück (nach 1150), die außerdem von →Rolandus, der »Summa Sententiarium«, von →Hugo v. St-Victor und →Gratian abhängig sind.

R. Weigand

Lit.: J. F. v. Schulte, Dissertatio de Decreto ab Omnibono abbreviatio, 1892 – Kuttner, 259f. – A. Vetulani–W. Uruszczak, L'œuvre d'Omnebene dans le MS 602 de la Bibl. municipale de Cambrai: Proc. of the Fourth Internat. Congr. of Medieval Canon Law, ed. S. Kuttner, MIC C 5, 1976, 11–28 – J. Rambaud-Buhot, L'Abbreviatio Decreti d'Omnebene: Proc. of the Sixth Internat. Congr. of Medieval Canon Law, ed. S. Kuttner–K. Pennington, MIC C 7, 1985, 93–107 – R. Weigand, Die frühen kanonist. Schulen und die Dekretabbreviatio Omnebenes, AKKR 155, 1986, 72–91 – Ders., Die Dekret-Abbreviatio Omnebenes und ihren Glossen…, hg. W. Schulz, 1989 (Recht als Heilsdienst. M. Kaiser zum 65. Geb. …), 271–287.

Omnipotenz Gottes → Allmacht

Omnipräsenz → Allgegenwart Gottes

Omurtag, bulg. Chân (ca. März 815–ca. 831), nach den nur ephemeren Chänen Dukum und Ditzevg Nachfolger seines Vaters →Krum. Er schloß zur Beendigung des 811 ausgebrochenen byz.-bulg. Krieges wohl 816 (Treadgold) mit Ks. →Leon V. einen 30jährigen Frieden (Dölger Reg. 393; komm. Neued. des Vertragsfragments bei Beševliev 1963 und 1979), der u. a. den Verlauf der bulg. SO-Grenze neu regelte und zu einer verstärkten Orientierung des bulg. Hofes an Byzanz führte. Daher auch leistete O. im Herbst 822 Ks. Michael II. in Thrakien beim Aufstand→Thomas' des Slaven militär. Hilfe. 824 trat O. als erster bulg. Herrscher in direkten Kontakt mit dem Frankenreich, um Absprachen über die zw. Franken und Bulgaren im Donau-Theiß-Gebiet siedelnden slav. Abodriten ('Praedenecenti') zu treffen. Nach dem Scheitern der Verhandlungen unterwarfen die Bulgaren um 825 die Abodriten und fielen 827 sowie 829 von der Drau aus in Unterpannonien ein. Bis 832 entstand so an der mittleren Donau und im Drau-Save-Gebiet eine bulg.-frk. Grenze, auf die sich noch O. selbst mit den Franken vertragl. geeinigt haben dürfte. Die Slavenstämme auf bulg. Gebiet unterstellte O. zur besseren Kontrolle einem bulg. Oberžupan. Nachfolger O.s wurde sein jüngster Sohn →Malamir.

G. Prinzing

Q. und Lit.: Die protobulg. Inschriften, hg. V. Beševliev, 1963 [erweiterte und verbesserte bulg. Ausg. 1979] – Ders., Die protobulg. Periode der bulg. Gesch., 1981, 275–288, passim [Lit.] – V. Gjuzelev, Forsch. zur Gesch. Bulgariens im MA, 1986, 135–159 – M. Moskov, Imennik na bâlgarskite chanove, 1988 – W. Treadgold, The Byz. Revival, 1988, 214–217, passim [Lit.].

Oña, S. Salvador de, Abtei OSB in Spanien, Prov. Burgos. Vom Gf. en v. →Kastilien, →Sancho García, 1011 als Doppelkl. gegr. und von S. Juan de Cillaperlata aus mit Nonnen und von S. Salvador de Lobérula aus mit Mönchen besiedelt. Kg. →Sancho el Mayor v. →Navarra orientierte das Kl. 1032 an cluniazens. Gewohnheiten (→Cluny) von →S. Juan de la Peña aus und löste die weibl. Kommunität auf. Kurz vor der Wende zum 12. Jh. erreichte das Kl. seine höchste Blüte (reicher Orts- und Kirchenbesitz, Anschluß von ca. 70 Konventen). Ein rapider Niedergang setzte im 14. Jh. ein. Ort und Kl. gaben sich 1366 eine Mauer; die Einführung von Reformen aus S. Benito de →Valladolid (1506) stürzte den Konvent in Turbulenzen, bis nach Inkorporation in die Kongregation v. Valladolid eine neue Phase der Prosperität einsetzte.

O. Engels

Q. und Lit.: E. Flórez, España Sagrada 27, 249–252 – Diccionário de Hist. Eclesiástica de España III, 1973, 1611ff. [Abtliste; G. M. Colombás] – L. Serrano, El obispo de Burgos y Castilla primitiva, 3 Bde, 1935 [Ind.] – Colección dipl. de S.S. de O. (822–1284), ed. J. del Alamo, 2 Bde, 1950 – N. Arzálluz, El monasterio de O., su arte y su história, 1950 – P. Segl, Kgtm. und Kl.reform in Spanien, 1974.

Oñate, Herrschaft der Adelsfamilie →Guevara in der bask. Prov. Guipúzcoa, die im 15. Jh. ztw. in →Hermandad mit Navarra bzw. Guipúzcoa gestanden hatte und der spätestens um 1455 der Status einer Gft. unter der Verwaltung des jeweiligen Hauptes des Guevara-Geschlechts zugeschrieben wurde. Unabhängig davon wurde Iñigo Vélez IV. de Guevara (1456–1500), der als *Ricohombre de sangre* dem →Consejo Real angehörte, darüber hinaus *Capitán Mayor General* in Guipúzcoa, Vizcaya, Álava sowie in den Merindades (→Merino) v. Rioja und Encartaciones war, bevor er 1480→Adelantado Mayor des Kgr.es León wurde (bis 1490), erst gegen 1489 wegen seiner Verdienste durch kgl. Privileg zum ersten Gf.en erhoben. Ihm folgte in der Gf.enwürde sein Enkel Pedro Vélez VI. (1486–1559) nach.

L. Vones

Lit.: I. Zumalde, Hist. de O., 1957 – M.ª R. Ayerbe Iríbar, Hist. del Condado de O. y señorío de los Guevara (S. XI–XVI), 2 Bde, 1985 – Dies., El gobierno municipal en el Señorío de O. (Guipúzcoa). Siglo XV (La ciudad hispánica durante los siglos XIII al XVI, I, 1985), 277–291.

O Neill, seit dem 13. Jh. regierende ir. Dynastie des Kgr.es der →Cenél Eógain (später Tír Eoghain = Gft. Tyrone) in →Ulster. Nach der Ermordung des angloir. 'Brown Earl of Ulster' (1333) bemächtigten sich die O., unter Ausnutzung des entstandenen Machtvakuums, der Rechte der Earls im gesamten heut. Ulster, mit Ausnahme des Herrschaftsgebiets der →O Donnell in Tír Conaill (Gft. Donegal), die dem Oberherrschaftsanspruch der O. widerstanden. Die O. brachten auch ausgedehnte Kirchenbesitzungen unter ihre fakt. Kontrolle. Niall Mór O.

(seit 1364) konnte die angloir. Macht in Ulster empfindlich schwächen; Hauptnutznießer war aber eine gegner. Seitenlinie, der sog. Clann Aodha Buidhe, der in großem Umfang Ländereien der Angloiren an sich riß. Das 15. Jh. und noch das 16. Jh. waren gekennzeichnet durch den Aufstieg weiterer konkurrierender Familienzweige.

G. MacNiocaill

Lit.: K. W. Nicholls, Gaelic and Gaelicized Ireland in the MA, 1972 – K. Simms, The Archbishops of Armagh and the O., 1347–1471, IHS 19, 1974 – Medieval Ireland 1169–1534, hg. A. Cosgrove, 1987².

Onesto da Bologna, it. Dichter, * um 1240, † 1303, von Beruf vermutl. Wechsler und Geldleiher. Von ihm sind zwei Canzonen, ein Canzonenfragment, eine Ballata sowie 20 Sonette erhalten, von denen viele in poet. Korrespondenz (häufig als Tenzone) mit anderen Dichtern (z. B. →Cino da Pistoia, →Guittone d'Arezzo) entstanden sind. Dante zitiert lobend eine heute verlorene Canzone O.s (De vulgari eloquentia I, XV 6) und erwähnt, daß dieser sich von Einflüssen des Bologneser Volgare freizuhalten sucht. O. zeigt Kenntnis des →Dolce stil novo und entlehnt Wendungen von →Guinizelli und Dante (X 14 zusammen mit »Guido« [→Cavalcanti oder Guinizelli] ausdrückl. zitiert). Gleichwohl sind diese Anregungen nicht so stark, daß sie seine gesamte Sprache erneuern könnten. Daß O. letztlich dem Dolce stil novo innerlich fernsteht, wird v.a. von seiner Polemik gegen Cino da Pistoia bezeugt (V und Va). F. Bruni

Ed.: Le rime, ed. S. Orlando, 1974 – Lit.: M. Marti, O. da B., lo stil nuovo e Dante (Con Dante fra i poeti del suo tempo, 1966), 45–68.

Onomastikon. Zusammenstellungen der 'richtigen Benennung' der Dinge entstanden im Zusammenhang mit sprachkrit. Diskussionen der griech. Philosophie und Grammatik (Demokrit, Sophistik). Bes. das Bemühen der Stoa um etymolog. Erklärungen rief universale O.a hervor« die auf Varro und bis Johannes →Mauropus (Etymologikon emmeton) wirkten. Andere O.a boten Wörterverzeichnisse nach bestimmten Sachgruppen (Kallimachos, Aristophanes v. Byzanz, Eratosthenes, Soranos u. a.) und Synonyma. Umfangreiche Sammelwerke entstanden in der Ks.zeit (Pamphilos, 1. Jh., 95 B.; Pollux, 2. Jh., 10 B.). Lat. onomast. Slg.en finden sich in der Compendiosa doctrina des Nonius Marcellus (4. Jh.) und in den Etymologiae des →Isidor v. Sevilla. Onomast. Charakter haben teilweise auch die für die Schule bestimmten Wörterlisten der Hermeneumata (G. Goetz, Corpus Glossariorum Latinorum III, 1892). J. Gruber

Lit.: Kl. Pauly IV, 290 – RE XVIII, 507–516.

Ontologie, trinitarische. Die Frage nach einer t. O. ist im MA nur verhalten thematisiert. Maßgebl. für das abendländ. Denken blieb weithin die von Aristoteles nach einseitiger Maßgabe des Seins der Naturdinge (und deren Grundkategorien Substanz und Akzidens) als »Erste Philosophie« konzipierte Wissenschaftsaufgabe, Seiendes als solches, im Ganzen (Welt) und in seiner Herkunft von und in Hinordnung zum höchsten Seienden (dem »Göttlichen«) zu betrachten. Urspgl. und grundsätzl. ist Philos. daher Onto-Theo-Logie. Wie aber weist die doch in den personalen Akten geschehende Selbstmitteilung des trinitar. Gottes den Sinn von Sein, der aller Erkenntnis des Seienden immer schon vorausgehende Seinsverständnis, in eine andere Richtung? Bei Bonaventura, der, wie schon vor ihm Augustinus und Ps.-Dionysius Areopagita, den Sinn von Sein bibl. als sich verschenkende Liebe formuliert, wird die Trinität in ihrer Ergießung in die Welt (durch Schöpfung und Inkarnation) wahrhaft eröffnet als 'causa exemplaris' alles weltl. Seins. In absteigender Analogie werden alle naturhaften und geistigen, individuellen und gemeinschaftl. Vollzüge, zuhöchst die Kirche selbst, als Nach- und Mitvollzug der trinitar. 'processiones' entdeckt und als krit. Maß jeder Lebens- und Weltgestaltung genommen. H. Heinz

In eher traditioneller Weiterführung der augustin. 'vestigium'-Lehre macht Thomas v. Aquin (S.th. I, 45,7, Oeing-Hanhoff) bei seiner Analyse des konkreten Seienden zur Voraussetzung, daß dieses eine Einheit der real verschiedenen unselbständigen Prinzipien Sein und Wesen sei. Jedes Geschöpf verweist auf Gott Vater, insoweit es ein Seiendes ist, auf das göttl. Wort, insofern es eine artlich bestimmte Wesensform hat, auf Gott Hl. Geist, weil es in sich geordnet ist. Dementsprechend gliedern sich auch die Transzendentalien 'ens', 'res' und 'unum' auf. Die von Petrus Aureoli (In I Sent. 3,14,3 ed. Buytaert 712–719; Suarez-Nani, Kobusch) vorgetragene O. des menschl. Geistes 'in se' und dessen intentionaler personaler Akte begreift die schon von Thomas (S.c.G. I, 53) behauptete notwendige Hervorbringung eines Wortes bei allem geistigen Erkennen, d.h. die sprachl. Darstellung seiner selbst 'ante se', als einen nicht-akzidentellen Existenz- und Subsistenzmodus eines 'esse apparens'. Ebenbürtig tritt bei der sich schenkenden und über sich hinausgehenden Hingabe der Liebe 'extra se' ein als 'geschenkt, dargeboten, gehaucht' bezeichnetes moral. Sein (esse datum, latum, flatum) hinzu, so daß alle rationale Kreatur 'trinitas creata' (In I Sent. 26,1 ed. 1696, 582aC) genannt werden darf. Nach Nikolaus v. Kues (De possest 47f.; De mente XI, 132; De pace fidei VIIf.) ist dezidiert jede, auch die nichtrationale Kreatur als unitrinisch prinzipiertes Seiendes ein Bild der Trinität. M. Laarmann

Lit.: HWPh VI, 1201f. – L. Oeing-Hanhoff (Trinität, hg. W. Breuning, 1984), 143–182 [Lit., grundlegend] – E. Schadel, Bibl. Trinitariorum, 1984/88, II, Index rer. syst. s. v. Metaphysik und O. (trinitar. bzw. triad.) [Lit.] – H. Heinz, Trinitar. Begegnungen bei Bonaventura, 1985 – T. Suarez-Nani, PhJb 93, 1986, 19–38 – Th. Kobusch, Sein und Sprache, 1987.

Oostbroek, Abtei OSB in der Nähe von →Utrecht (Niederlande). Das 1121 gegr. Kl. (ö hll. Maria, Laurentius) wurde 1122 von Ksn. →Mathilde (4. M.) mit dem Moor O. und den nahegelegenen Fennländern dotiert. Der an der Stiftung beteiligte Bf. Godebald v. Utrecht setzte vor 1125 Ludolf aus der cluniazens. beeinflußten Abtei →Afflighem als ersten Abt ein. Da Ludolfs Schwester ihrem Bruder folgte, entwickelte sich O. anfängl. zu einem Doppelkl. Wohl um 1139 wurde in einiger Entfernung eine gesonderte, 'Vrouwenklooster' gen. Frauengemeinschaft eingerichtet. 1469 trat O. der Bursfelder Kongregation bei. 1580 wurde die Abtei aufgelöst; ihre Güter kamen an die (Provinzial)stände (Staaten) v. Utrecht.

C. J. C. Broer

Lit.: G. Brom, De abdij van O. en het Vrouwenklooster, Archief voor de geschiedenis van het Aartsbistom Utrecht 32, 1907, 331–372 – P. H. Damsté, O. en De Bilt c.s. De geschiedenis van een ambachtsheerlijkheid, 1978, 13–22 – M. P. van Buijtenen–A. K. de Meijer, Herfsttij over O.s abdij. Politiek rond abtsbenoeming uit de nadagen gespiegeld aan het begin, 1990.

Oostburg, kleine Stadt in der alten Gft. →Flandern (heute Niederlande, Prov. Seeland). Erstmals erwähnt in einer gfl. Urkunde von 941 (castrum Osborch), war O. urspgl. eine kreisförmige Befestigung (Durchmesser ca. 200 m) mit Erdwall und Graben, die höchstwahrscheinl. im 9. Jh. (kurz vor 891) gegen die Normanneninvasionen errichtet wurde. Die erste Pfarrkirche (vor 1038) war dem hl. Eligius geweiht; im 12. Jh. entstand eine zweite Pfarrkirche (hl. Bavo). 1127 wird O. als Stadt genannt. Im 13. Jh.

und in der 1. Hälfte des 14. Jh. war O. ein wichtiges Produktionszentrum für Tuche und Salz und verfügte über einen kleinen, mit dem →Zwi(j)n verbundenen Hafen. Die Stadt war Sitz des 'O. Ambacht', einer Untergliederung des Brügger Freiamts (→Brugse Vrije). Seit Mitte des 14. Jh. setzte ein Niedergang ein, bedingt u. a. durch Kriegsereignisse und maritime Überschwemmungen. Die Stadt und ihr Umland, die in der 2. Hälfte des 16. Jh. Schauplatz heftiger Kämpfe (strateg. Überflutungen) zw. Protestanten und span. Invasoren waren, kamen schließlich an d. Vereinigten Prov.en (Niederlande). M. Ryckaert

Lit.: M. K. E. GOTTSCHALK, Hist. Geogr. van Westelijk Zeeuws-Vlaanderen, 2 Bde, 1955–58 – H. VAN WERVEKE, De oudste burchten aan de Vlaamse en de Zeeuwse kust, 1965.

Opatovice, ehem. Kl. OSB im ö. →Böhmen, 7 km s. von →Königgrätz am Elbeufer gelegen, um 1085/86 vom böhm. Kg. →Vratislav II. (1061–92) gegr. und reich ausgestattet. Vorher befand sich hier eine Zelle des Magnaten Mikulec, die dem Kl. OSB →Břevnov unterstand, aus dem die ersten Mönche von O. stammten. Im dicht besiedelten Flachland um O. gewann das Kl. bald Besitzungen, in →Mähren wurden ihm Anteile der Herrschereinkünfte geschenkt. Ein Teil der aus dem Kl. Hradiště (bei Olmütz) vertriebenen Mönche fand um die Mitte des 12. Jh. in O. Zuflucht. Die Hradiště-Annalen wurden in O. als »Annales Gradicenses et Opatovicenses« fortgesetzt. 1348–71 wirkte Neplach, Verfasser der sog. Neplach-Chronik, als Abt. Wohl 1415 von einer Gruppe der böhm. Herren geplündert, wurde das Kl. 1421 von →Hussiten zerstört. J. Žemlička

Lit.: E. NOHEJLOVÁ, Příběhy kláštera opatovického, 1925 – J. SIGL, K osídlení nejbližšího zázemí kláštera v Opatovicích nad Labem ve světle nových archeologických průzkumů, Východočeský sborník historický 2, 1992, 33–44.

Opatów, Stadt und ehem. Kollegiatstift in Kleinpolen, 30 km nw. von →Sandomierz. Die Existenz einer Burg konnten archäolog. Untersuchungen bisher nicht bestätigen. Das Kollegiatstift, dessen stattl. Kirche im 2. oder 3. Viertel des 12. Jh. entstand, wurde vermutl. von Hzg. Henryk v. Sandomierz, Sohn →Bolesławs III. Krzywousty, gestiftet. Hzg. →Konrad I. v. Masowien, der aus Fsm. →Halič-Volhynien für die röm. Kirche gewinnen wollte, übertrug das Stift 1232 mit allen Einkünften an den Zisterzienser Gerhard, der zum Bf. v. Reußen geweiht worden war. Hzg. Heinrich I. v. Schlesien besetzte das Land Sandomierz, entzog um 1234 Gerhard das Stift und verlieh es dem Bm. →Lebus. Nach Gerhards Tod (nach 1254) erhoben die Lebuser Bf.e bis ins 14. Jh. Ansprüche auf die Jurisdiktion über »omnes latinos in Russia«. Bf. Wilhelm erhielt 1282 für O. die Bestätigung der Marktrechte und die Möglichkeit der Gründung einer Stadt nach dt. Recht; Verlegung der Siedlung und Neu(?)gründung 1317–28. 1502 wurde O. durch einen Tatareneinfall völlig zerstört. S. Gawlas

Lit.: SłowStarSłow III, 485ff. – H. LUDAT, Bm. Lebus, 1942, 261ff. – J. MATUSZEWSKI, O biskupstwie lubuskim. Uwagi krytyczno-polemiczne, Czasopismo Prawno-Historyczne 2, 1949, 29ff. – G. RHODE, Die Ostgrenze Polens, 1955, 154ff. – B. ZIENTARA, Henryk Brodaty i jego czasy, 1975, 287ff. – O., hg. F. KIRYK, 1985.

Opfer. Das frühe MA steht bezügl. der O.vorstellung auf der Linie Ambrosius–Augustinus–Gregor d. Gr., die von Isidor v. Sevilla weitergeführt wurde. Seine dem röm. Sprachgeist verpflichtete Wortdefinition (sacrificium = sacrum factum: Etym VI, 33 f., 38: ed. W. M. LINDSAY) überträgt er auf die Konsekration, die »in memoriam pro nobis Dominicae passionis« geschieht. Diese memoria passionis aber wird als offerre der Kirche vollzogen (De fide cath. 2, 27, MPL 83, 535 C), ein in der span.-westgot. Liturgie beheimateter Gedanke. Zur heilsgesch. Einordnung des O.s gehört die im ganzen MA betonte Abhebung von den atl. O.n, die in Christus ihre Erfüllung fanden (De eccl. off. 1, 32, 1 f., MPL 83, 766 C). In der Meßallegorese des →Amalar v. Metz tritt der O.gedanke hinter den typolog. und moral. Deutungen der Riten zurück (Lib. off., MPL 105, 985–1242), was in etwa von der Meßerklärung des →Florus v. Lyon korrigiert wird, der den sinnenhaften Deutungen und Typologien das »rationabile obsequium« des NT entgegenstellt (Opusc. de causa fidei n. 6, MPL 119, 82 f.). Dem frk.-germ. Zug zur realist. Vergegenständlichung entsprechend, trat die aktual-dynam. Sicht auf das Geschehen als solches auch in den beginnenden theol. Erklärungen zugunsten der Fixierung auf die verwandelten Gaben und die einzigartige Gegenwartsweise Christi in den Hintergrund, so daß im ersten Abendmahlsstreit →Paschasius Radbertus der liturg. O.handlung als solcher wenig Aufmerksamkeit widmet. Das allein hervorgehobene O. Christi wird vornehml. als Applikation seines Verdienstes auf die Gemeinde verstanden (Lib. de corp. et sang. Domini, MPL 120, 1267–1350; Epist. de corp. et sang. Domini ad Frudegardum, MPL 120, 1352–1353). So konnte die Zuordnung des in der Eucharistie fraglos anwesenden O.s Christi zu dem O. der Kirche nicht geklärt werden. In dem Eucharistietraktat des →Hugo v. St. Viktor (De sacram. christ. fidei II, 8, MPL 176, 461–472) wird die Messe zwar als »Gedächtnis des Leidens Christi« und als Begegnung mit diesem verstanden, aber über das Wesen des Gedächtnisvollzugs und die Weise der Verwirklichung des einmaligen O.s im Sakrament nicht reflektiert. So konnte das Gedächtnis auch rein subjektiv-innerlich verstanden werden, was sich im Spiritualismus →Abaelards andeutete. Die Zuordnung versuchte →Petrus Lombardus, indem er die einmalige immolatio am Kreuze von deren memoria und repraesentatio »im Sakrament« unterschied, ohne damit die Frage zu beantworten, inwiefern ein solches Gedächtnis ein wirkl. kult. O. sein könne (Sent IV d. 12 c. 5). Demgegenüber erklärt Lothar v. Segni (später Innozenz III.) in De sacro altaris mysterio (MPL 217, 733–916) deutlicher, daß es sich bei der Eucharistie um eine »Darbringung« des Priesters und der Gläubigen handelt, freilich bei letzteren nur um eine solche der Gesinnung (votum; ebda., 845 D). Trotz dieser den O.charakter der Eucharistie vielfach bezeugenden Gedanken blieb jedoch das Hauptanliegen der scholast. Eucharistielehre die mit Hilfe aristotel. Denkmittel unternommene Klärung der Wesensverwandlung und damit die Verdeutlichung des sachl. Gehaltes (des totus Christus) des Sakramentes, was seine Parallele in der gänzl. auf die Gegenwart Christi oder die Schau der Gestalten ausgerichteten Volksfrömmigkeit hat. Mehr Aufmerksamkeit widmet dem O.moment →Thomas v. Aquin, insofern er (wenn auch nicht in geschlossener Darstellung) eine naturgesetzl.-anthropolog. Begründung des O.s leistet, mit Augustinus das äußere vom inneren geistigen O. unterscheidet (S. th. II.–II. q. 85 a. 1 u. 2) und die Besonderheit des Sakramentes in der memoria und repraesentatio des Herrenleidens gelegen sieht (S. th. III q. 83 a. 1 u. 2), die, insofern sie dargebracht wird, ein O. ist. Der entscheidende Darbringungsakt liegt (III q. 82 a. 10) in der Konsekration. Auch für →Albert ist die Messe »vera immolatio«, die durch das Tun des Priesters erfolgende Darbringung des Getöteten zu Verehrung Gottes (In Sent. d. 13 F a 23 [BORGNET 29, 371]). Dagegen schreitet in der Spätscholastik die abstrakt-log. Betrachtungsweise der Realpräsenz und der Transsubstantiation voran (Wilhelm v. Ockham: De corp. Christi, c. 3-6: Opera theol. X [ed. St. Bonaventure, N. Y. 1986, 92-101]). Die Vernachlässigung des nur noch unthemat. mitgeführten O. momentes mußte die Verbindung zw. Eucharistie und Kirche so schwächen, daß das eucharist. Geschehen entweder subjektiviert (Erasmus' Betonung der »manducatio spiritualis«) oder als menschl. Heilmittel verzwecklicht wurde (woraus sich etwa auch das gesteigerte Interesse an der Lehre von den O. früchten ergab). So konnte auch die Verbindung zw. Messe und Kreuzesopfer nicht recht erklärt werden. Obwohl die Reformatoren diese Mängel kritisierten, blieben sie in ihrer Antwort den spätma. Voraussetzungen verhaftet. L. Scheffczyk

Lit.: A. Franz, Die Messe im dt. MA, 1902 – J. Lechner, Die Sakramentenlehre des Richard v. Mediavilla, 1925 – J. R. Geiselmann, Die Eucharistielehre der Vorscholastik, 1926 – A. M. Hoffmann, De sacrificio missae iuxta S. Thoma, Angelicum 15, 1938, 262-285 – G. Buescher, The Eucharistic Teaching of William Ockham, 1950 – E. Iserloh, Die Eucharistielehre des Johannes Eck, 1950 – A. Kolping, Eucharistia als Bona Gratia, Stud. Albertina, 1952, 249-278 – E. Iserloh, Gnade und Eucharistie in der philos. Theol. des Wilhelm v. Ockham, 1956 – H. R. Schlette, Die Eucharistielehre Hugos v. St. Viktor, ZKTh 81, 1959, 67-100, 163-210 – R. Schulte, Die Messe als O. der Kirche, 1959 – R. Damerau, Die Abendmahlslehre des Nominalismus insbes. die des Gabriel Biel, 1963 – D. Neunheuser, Eucharistie in MA und NZ, HDG IV/4 B, 1963.

Opfergabe → Oblation

Opferstock, ortsgebundenes Sammelgefäß für Geldspenden in einem Sakralraum. Wie der dt. Begriff 'Stock', die Bezeichnungen it. *'ceppo delle limosine'* und frz. *'tronc des pauvres'* zeigen, bestand die Urform aus einem Holzstamm, den man mit Eisenbändern sicherte, doch dienten auch befestigte Eisen- oder Holzkassetten dem Sammelzweck. Die Einrichtung reicht weit zurück, Mk 12,41-44 und Lk 21,1-4 erwähnen den Opferkasten bei der Begebenheit 'Das Scherflein der Witwe'. Deren frühchr. Darstellungen wie ein Elfenbeindiptychon des 5. Jh. im Mailänder Domschatz und ein Mosaik des 6. Jh. in S. Apollinare Nuovo in Ravenna zeigen den O. als hohes vierbeiniges Möbel. Wie späte Beispiele und Darstellungen vom Anfang des 16. Jh. belegen, gesellten sich zu den O. en zuweilen bildl. Elemente wie Arme oder Christus als Schmerzensmann, in der Marienkirche in Lübeck die Figur eines Klerikers, der das Geld aus einem Sammelteller in den realen eisernen Kasten schüttet. A. Reinle

Lit.: RDK I, 384 [Abb. O. Lübeck, Marienkirche], 387-393 s. v. Almosenstock – H. Bergner, Hb. der kirchl. Kunstaltertümer in Dtl., 1905, 368f. – A. Reinle, Die Ausstattung dt. Kirchen im MA, 1988, 297.

Opici(n)us de Canistrio (Canistris), * 1296, † 1350/52, Kleriker aus Pavia, seit 1329 an der Kurie in Avignon. Die Stationen seines leidvollen Lebens hat O. in eine beziehungsreiche geometr. Figur (im Vat. Pal. lat. 1993; v. J. 1336) eingetragen. Dieselbe Hs. (fol. 2: architekturgesch. bedeutende Darst. der heute zerstörten Doppelkathedrale v. Pavia) und Vat. lat. 6435 enthalten zahlreiche Karten und andere Zeichnungen von seiner Hand. Von Gianani wurde O. als Verfasser von »De laudibus civitatis Ticinensis (Descriptio Papiae)« identifiziert. Eine Reihe kleinerer, nicht erhaltener erbaul. Schriften ist durch die Autobiographie bezeugt. B. Wagner

Lit.: DBI XVIII, 116-119 – Anon. Ticinensis Lib. de laudibus civitatis Ticinensis, ed. R. Maiocchi – F. Quintavalle, 1903 – F. Gianani, O. o de C. is: l'»Anonimo Ticinese« (Cod. Vat. Pal. lat. 1993), 1927 – R. Salomon, O. de C. is. Weltbild und Bekenntnisse eines Avignones. Klerikers des 14. Jh., 1936 (Stud. Warburg Inst. 1A).

Opium. Der durch Anritzen der unreifen Schlafmohn-Kapseln (→Mohn) gewonnene, an der Luft eingetrocknete, alkaloidreiche Milchsaft spielte bereits in der gr.-röm. Heilkunde eine bedeutsame Rolle, wobei man im allg. zw. *opium* (von gr. ὀπός 'Saft') und dem schwächer wirkenden *meconium* (von gr. μήκων 'Mohn'), d. h. dem aus den Mohnköpfen natürlich austretenden und dem daraus sowie aus den Blättern (bzw. der ganzen Pflanze) gepreßten Saft unterschied (Scribonius Largus [1. Jh. n. Chr.], Compositiones, ed. Sconocchia, Kap. 22 und 180); später begegnet die erstere Bezeichnung bisweilen auch im Zusammenhang mit anderen (narkot.) Pflanzensäften, während die letztere zunehmend als Synonym für das echte O. verwendet wurde. Therapeut. nutzte man die dunkelbraune, betäubend riechende und bitter schmeckende Substanz als schlafbringendes, schmerz- und hustenstillendes sowie verdauungsförderndes Mittel, ferner bei Magen- und Augenleiden, Ruhr, Podagra u. a. m., nicht ohne mehr oder minder deutl. auf die bei übermäßigem Gebrauch auftretenden Schäden bzw. sogar letale Wirkung hinzuweisen (Dioskurides, Mat. med. IV, 64). Aus diesem Grund fand das als äußerst 'kalt' eingestufte O. (→Qualitäten- und Gradenlehre), das Galen für das stärkste →Schlaf- und →Betäubungsmittel hielt, auch weniger einzeln als vielmehr vermischt in Form von Kombinationspräparaten Anwendung, deren berühmtestes zweifellos der →Theriak gewesen ist. – Der Ambivalenz des O.s als →'Gift' und Heilmittel waren sich desgleichen die Autoren des islam. Kulturkreises, wie z. B. Rhazes und Avicenna, bewußt, die zumeist die Angaben der antiken Ärzte (u. a. die Flammenprobe zur Prüfung auf Verfälschungen) übernahmen und zu vorsichtigem Umgang damit rieten; darüber hinaus hat al-Bīrūnī wohl als erster schon ein Sucht- und Toleranzphänomen, also einen O.-Mißbrauch genauer beschrieben. Auch in der abendländ. Fachlit. – so bereits im →Lorscher Arzneibuch (8. Jh.), ferner im →Circa instans oder in der →Alphita – ist O. fast regelmäßig verzeichnet, wobei als beste Sorte das aus dem ägypt. Theben bezogene *(opium) thebaicum* galt. Allein das →Antidotarium Nicolai führt unter seinen insgesamt 141 Präparaten 29 mit O. hergestellte, davon 9 zusätzl. →Bilsenkraut und →Mandragora (→Alraun) enthaltende Zubereitungen auf, ohne allerdings die damit verbundenen Gefahren zu erwähnen. Darauf machte hingegen →Johannes v. St. Amand bes. in seinen 'Areolae' (ed. Pagel, passim) aufmerksam, wobei er die durch O. hervorgerufene Bewußtseinstrübung bemerkenswerterweise mit dem Zustand der Trunkenheit vergleicht. Noch eindringl. warnte dann um 1370 der Mesuë-Kommentator Christophorus de Honestis bei der Erörterung des Theriak und anderer 'medicinae opiatae' (die im übrigen nicht immer O. enthielten) vor einem unbedachten Gebrauch, der – wie schon Avicenna betonte – Notfällen vorbehalten bleiben sollte. Gegen Ende des MA faßte Hans →Minner gleichsam das damalige Wissen über *opium* zusammen, von dem er die Sorten *theobaycum* und *tranense* (aus dem südit. Trani?) kennt und das er – innerl. und äußerl. angewendet – als schlafförderndes, (kopf)schmerz- und hustenstillendes Mittel, ferner bei Augen- und Magenleiden sowie gegen Ruhr, Kolik und Podagra empfiehlt; zugleich aber weist er darauf hin, daß dieses »narcoticum ... den sinn und die verstentnuß zerstört«. Das entscheidende Problem der Dosis-Wirkungsbeziehung wurde dagegen im antiken wie im ma. Schrifttum bestenfalls gestreift, und auch der Gebrauch des O.s als Genuß- und Rauschmittel oder gar eine O. sucht läßt sich zumindest im W bis zu Beginn des 17. Jh. nicht belegen. Um diese Zeit nimmt jedenfalls – u. a. im Zusammenhang mit der mißbräuchl. Verwendung zu Hexensalben – die große Vielfalt der nicht zuletzt in Form von →Schlafschwämmen genutzten Arzneizubereitungen aus O. und Solanaceendrogen schlagartig ab, an deren Stelle nun oral applizierte, reine O. präparate (und damit ein Mehrverbrauch) treten; damit konnte aber ein dem sog. Dämmerschlaf ähnl. Zustand nicht mehr erzielt werden, so daß man bei chirurg. Eingriffen bis zur Einführung von Äther und Chloroform im 19. Jh. auf Betäubung verzichtete.   F.-J. Kuhlen

Lit.: J. M. SCOTT, The White Poppy. A Hist. of O., 1969 – D. GOLTZ, Ma. Pharmazie und Med., VIGGPharm NF 44, 1976 – F.-J. KUHLEN, Zur Gesch. der Schmerz-, Schlaf- und Betäubungsmittel in MA und früher NZ, QStGPharm 19, 1983 – M. KREUTEL, Die O.sucht, QStGPharm 41, 1988 – R. SCHMITZ-F.-J. KUHLEN, Schmerz- und Betäubungsmittel vor 1600, Pharmazie in unserer Zeit 18, 1989, 10–19 – M. SEEFELDER, O. Eine Kulturgesch., 1990 – U. STOLL, Das 'Lorscher Arzneibuch', SudArch Beih. 28, 1992.

Opole ('Gefilde', 'Umfeld'), kleinste Territorialeinheit im poln. Piastenstaat, der →Kastellanei-Verwaltung unterstellt. Die aus einigen Dörfern bestehenden Siedlungskammern waren zumeist durch Wald- und Sumpfgebiete voneinander getrennt. Der Begriff 'O.' wurde v.a. in Großpolen und Pommerellen verwendet, in Süd- und Ostpolen kam auch, ähnlich wie in Böhmen, die Bezeichnung *osada* ('Siedlung') vor. Im Kerngebiet des Piastenstaates war die Bevölkerung eines O. (lat. *vicinia*) zur Abgabe von 'Kuh und Ochs' verpflichtet und hatte wohl Dienste wie Jagdhilfe oder Brückenversorgung zu leisten. Sie bestätigte die Grenzziehung, haftete für Verbrechen auf ihrem Territorium und war zur Verfolgung des Verbrechers verpflichtet. Ursprgl. vom Burgbezirk der Stammeszeit abzuleiten, ist das O. – trotz in der Lit. vertretener Bedenken – als Nachbarschaftsgemeinde zu deuten. Sie fußte einerseits auf alten lokalen Territorialverbänden, bot aber auch Ansatzpunkte für die Entwicklung staatl. Verwaltungsorgane.   L. Leciejewicz

Lit.: K. BUCZEK, Organizacja opolna w Polsce wczesnośredniowiecznej, Studia Historyczne 13, 1970 – Z. PODWIŃSKA, Zmiany form osadnictwa wiejskiego na ziemiach polskich w wiekach średniowieczu, 1971 – O. KOSSMANN, Polen im MA, 2, 1985 – K. MODZELEWSKI, Organizacja opolna w Polsce piastowskiej, Przegląd Historyczny 77, 1986 – J. S. MATUSZEWSKI, Vicinia id est ..., 1991.

Oppa, vermeintl. westgot. Metropolitanbf. v. Sevilla oder Toledo. Die verschiedenen Q. stellen zu O. lassen nur schwerlich eine eindeutige Identifikation zu. Zunächst erscheint O. als Unterzeichner der Akten des XIII. Konzils v. Toledo (683). Die »Continuatio Isidoriana Hispana« (ed. TH. MOMMSEN, MGH AA XI, 353) bezeichnet ihn als Sohn des westgot. Kg.s →Egica, der bei der Ankunft der Araber 711 aus Toledo flieht. Nach dem →»Chronicon Albeldense« (ed. J. GIL FERNÁNDEZ u. a., Crónicas asturianas, 1985, 173) ist O. ein Bf., der gefangengesetzt wurde. Die Chronik Alfons' III. (ebd., 123) berichtet: Bf. O., Sohn des westgot. Kg.s →Witiza, begleitete die in Asturien einfallenden Araber und versuchte →Pelayo, den Führer der Asturer, vom Kampf gegen die Araber abzuhalten, was dieser jedoch ablehnte.   J. M. Alonso-Núñez

Lit.: A. COTARELO Y VALLEDOR, Don O., 1918 – C. SÁNCHEZ ALBORNOZ, Orígines de la nación española, 3 Bde, 1972–75 – R. MENÉNDEZ PIDAL, Hist. de España, VI, 1984⁴ – Y. BONNAZ, Chroniques asturiennes, 1987, 147f. – D. CLAUDE, Unters. zum Untergang des Westgotenreiches (711–725), HJb 108, 1988, 329–358.

Oppeln, Stadt, Hzm. Das an einem zentralen, durch Inselbildung begünstigten Oderübergang gelegene O., der hist. Vorort des späteren Oberschlesien, war bereits Hauptburg der beim →Geographus Bavarus (Mitte 9. Jh.) bezeugten Opolanen, dann seit Ausgang des 10. Jh. piast. →Kastellanei, zu der die Adalbertkirche als Pfarre gehörte.

Neben der Burg auf der Oderinsel Pascheka befand sich eine mit einem Holz-Erde-Wall umgebene, ca. 100 einräumige Blockhäuser (3×5 m) zählende slav. Stadtsiedlung (10./11.–13. Jh.). Ihr gegenüber auf dem rechten Oderufer wurden 1217 von Hzg. Kasimir in einer ersten deutschrechtl. Lokation (→Lokator) →Hospites mit städt. Markt- und Freiheitsrechten ausgestattet. Als neue Pfarrkirche diente ihnen die 1223 belegte, 1239 zum Kollegiatstift erhobene Hl. Kreuz-Kirche (heutige dreischiffige Hallenkirche aus dem 15. Jh.), an der seit 1230 ein für das gesamte Hzm. O. zuständiger Archidiakon des Bm.s Breslau residierte. Nach der Zerstörung im Mongolensturm (1241) erfolgte um 1250 eine zweite großzügige Neugründung der Stadt in regelmäßigem Schachbrettgrundriß um den rechteckigen Marktplatz (78×114 m) mit Kauf- und Rathaus in der Mitte. Die 1250–1300 errichtete fünftorige Stadtmauer mit 14 Türmen umschloß eine Fläche von 16ha mit rund 250 Bürgerhäusern. Franziskanerkirche und -kl., im SW der Stadt räuml. vornherein eingeplant, sind 1248 belegt. Die Dominikaner übernahmen 1295 die funktionslos gewordene Adalbert-(Bergel-)Kirche, bei der sie ihr Kl. erbauten. Über der niedergegangenen poln. Stadt auf der Oderinsel begann der Hzg. bereits vor 1228 mit dem Bau einer weitläufigen Burg (Rundturm erhalten). Nach der herrschaftl. Zweiteilung O.s 1382 errichtete Hzg. Władysław II. ein neues (Berg-)Schloß auf dem höchsten Punkt des rechtsodrigen Stadtgebietes. 1327 erhielt O. Neumarkter Recht und wurde →Oberhof für weite Teile Oberschlesiens. Das Alexius-Hospital mit Kapelle beim Odertor stammt von 1421. Ein Bernhardiner-Minoriten-Kl. in der Beuthener Vorstadt bestand 1473–1516. Nach der Peterspfennigliste v. 1447 zählte O. ca. 4000 Bürger, von denen 3000 von dem für die deutschen zuständigen Archidiakon und 1000 von dem für die Polen zuständigen Dekan des Kreuzstiftes kirchl. betreut wurden. Wirtschaftl. lebte die Stadt vom Durchgangshandel sowie vom Handwerk, insbes. der Tuchmacherei.

Das Hzm. O. entstand durch Teilung des Hzm.s →Schlesien nach der Rückkehr der schles. →Piasten aus dem Exil in Deutschland (1163). Der Stammvater der O.er Piasten →Mieszko I. (4.M.), erhielt die oderaufwärts gelegenen Gebiete Ratibor und Teschen, gewann 1178 jedoch jene von Beuthen und Auschwitz hinzu sowie 1202 das Gebiet von O. Nur dessen Nordstreifen um Pitschen und Kreuzburg blieb beim Hzm. →Breslau, das sich fortan allein Hzm. Schlesien nannte. Zugleich wurde das gegenseitige Erbrecht zw. der Breslauer und der Hzg.slinie aufgehoben, und mit der poln. Senioratsverfassung erlosch die staatsrechtl. Verbindung mit Polen. Damit gewann das Hzm. O., wie es von jetzt an nach dem neuen Hauptort hieß, Selbständigkeit und Dauer. Eine Landesteilung unter vier Brüdern 1281 führte zur Aufspaltung in die sich dauerhaft verselbständigenden O.er Teilhzm.er Teschen (mit Auschwitz), Ratibor (mit Rybnik, Sorau, Pleß), Beuthen (mit Cosel, Tost, Gleiwitz) und O. (mit Oberglogau, Falkenberg, Groß-Strehlitz). Alle Teilhzg.e nannten sich gleichwohl weiterhin Hzg.e v. O. Die einzelnen Teillinien erloschen in Ratibor 1336, in Beuthen 1355, in O. 1532, in Teschen 1625. 1289 unterstellte sich Hzg. Kasimir v. Beuthen als erster der O.er Hzg.e der Lehnshoheit des Kg.s v. Böhmen, alle übrigen folgten ihm 1327. Die inneren Landesteilungen gingen indes weiter; es gab ztw. fast ein Dutzend O.er Teilgebiete, deren Zahl sich durch Erbfälle, Tausch, Kauf und Verkauf veränderte. Nach dem Aussterben des Ratiborer Piastenzweiges vereinigte Kg. Johann v. Böhmen 1337 das přemyslid. Hzm. Troppau mit dem heimgefallenen benachbarten piast. Hzm. Ratibor in Personalunion. Dadurch wurden das Hineinwachsen Troppaus, das seinerseits bald ebenfalls Teilungen erfuhr, in den O.er Territorialverband und das Aufkommen des zusammenfassenden Begriffs Oberschlesien um die Mitte des 15. Jh. für die O.er und Troppauer Territorien gefördert. Aus diesem erweiterten Territorialbestand Oberschlesiens schieden andererseits die an Polen gefallenen Teilgebiete Sewerien (1443), Zator (1447) und Auschwitz (1457) aus. Von 1474–90 stand ganz Oberschlesien unter der Herrschaft von Matthias Corvinus.

Das 1281 auf ein Viertel seines Umfangs verkleinerte Resthzm. O. zerfiel 1313 in die drei Teile O., Falkenberg und Groß-Strehlitz. Schließlich konnte der letzte O.er Hzg. Johann zw. 1493 und 1521 Gleiwitz, Tost, Beuthen, Cosel und den größten Teil von Ratibor für sein O.er Hzm. erwerben. Er starb 1532 kinderlos. Sein heimgefallenes Erbe traten die →Habsburger an. Fast gleichzeitig setzten sich mit Mgf. Georg v. Ansbach die →Hohenzollern als Konkurrenten der Habsburger in Oberschlesien fest.
J.J. Menzel

Lit.: DtStb I – A. STEINERT, O.s Werdegang, 1924 – W. KUHN, Siedlungsgesch. Oberschlesiens, 1954 – W. HOŁUBOWICZ, Opole w wiekach X–XII, 1956 – Opole, monografia miasta, hg. W. DZIEWULSKI, 1975 – Hist. Stätten: Schlesien, 1977 – W. KUHN, O. (Dt. Städteatlas, Lfg. II, Bl. 11, 1979) – DERS., Gesch. Oberschlesiens, Jb. der Schles. Friedrich-Wilhelms-Univ. zu Breslau 24, 1983, 1–50 – Gesch. Schlesiens, I, hg. L. PETRY, 1988⁵.

Oppenheim (villa Obbenheim), Burg und Stadt, Rheinland-Pfalz (Krs. Mainz-Bingen). Trotz röm. und frk. Siedlungsspuren (Kirche, Gräberfeld) ist O. erstmals 765 urkdl. erwähnt. Karl d. Gr. schenkte 774 seinen Kg.shof samt Zubehör an das Kl. →Lorsch, das O. dank vieler adliger Schenkungen im 8. Jh. zum Mittelpunkt seines linksrhein. Besitzes erhob (1008 Marktrecht mit Zoll und Bann). 1118 ließ Ebf. →Adalbert I. v. Mainz die von Hzg. Friedrich II. v. Schwaben zur Sicherung des sal.-stauf. Machtkomplexes auf Lorscher Besitz errichtete Burg O. zerstören. Nach O.s Rückfall an das Reich (1147) formte Ks. Friedrich II. den Marktort zum zentralen kgl. Stützpunkt am Mittelrhein um: 1226 Erhebung zur →'Reichsstadt' und Anlage der Neustadt mit Katharinenkirche unterhalb der vor 1244 errichteten Reichsburg. Die große militär. Bedeutung O.s läßt sich an der hohen Zahl der Burgmannen (unter ihnen 12 Kl. und Stifte [u. a. Eberbach, St. Alban/Mainz, Arnstein und Domstift Worms]) und der von Ks. 1244 verfügten Erblichkeit ihrer Burglehen ablesen. Innerstädt. Konflikte (1254 Stadtrat, 1254/56 Gründungsmitglied des →Rhein. Städtebundes) führten 1257 und 1275 zur Zerstörung der Burg. Bereits 1315–53 an Kurmainz verpfändet, verlor O. den Status der Reichsstadt (mit Stadtrechtsfamilie: Braubach, Kreuznach, Alzey) endgültig durch die erbl. Verpfändung an die Kurpfalz 1375/98, die O. zum Amtssitz erhob.
H. Seibert

Q.: W. FRANCK, Gesch. der ehem. Reichsstadt O., 1859, 178–560 – *Lit.:* DtStb IV, 339–343 – R. KRAFT, Das Reichsgut v. O., HJL 11, 1961, 20–41 – W. REIFENBERG, Die kurpfälz. Reichspfandschaft O. 1375–1648, 1968 – V. RÖDEL, Die O.er Reichsburgmannschaft, Archiv für Hess. Gesch. 35, 1977, 9–48 – DERS., O. als Burg und Stadt des Reiches (Beitr. zur mittelrhein. Gesch. 21, 1980), 60–81 – St. Katharinen zu O., hg. C. SERVATIUS–H. STEITZ, 1989.

Oppido, Stadt in Süditalien am Nordhang des Aspromonte (Prov. Reggio Calabria), die im Zuge der byz. Restauration in Kalabrien kurz vor 1044 als Zentrum eines im Val delle Saline gebildeten Verwaltungsbezirks (Turma) als Hagia Agathè gegr. wurde, bald aber den Namen O. annahm. Das um die gleiche Zeit neu eingerichtete Bm. unterstand der gr. Metropole Reggio Calabria. Nach der norm. Eroberung (um 1060) war O. in der Zeit Rogers II. Witwensitz der Gemahlin Kg. →Konrads (5. K.), Maximilla (1130–38), einer Tochter Rogers I. Vom 12. bis zum Ende des 14. Jh. bildete O. das Hauptlehen einer gleichnamigen norm. Adelsfamilie, die seit 1266 zu den Stützen der angiovin. Herrschaft in Kalabrien zählte. Die ma. Siedlung zerstörte das Erdbeben von 1783; die neue Stadt O. Mamertino entstand nö. der Ruinen von O.

Das Bm. O., noch vor 1100 Suffragan der lat. Metropole Reggio Calabria, bewahrte den gr. Ritus bis zum Ende des 15. Jh. Ein erster Latinisierungsversuch scheiterte noch 1334. Während der vorübergehenden Union mit dem Bm. Gerace (1472–1536) vollzog Bf. Athanasios Chalkéopoulos (1472–97) die Abkehr vom gr. Ritus.
N. Kamp

Lit.: IP 10, 47f. [Lit.] – W. HOLTZMANN, Maximilla regina, soror Rogerii regis, DA 19, 1963, 149–167 – A. GUILLOU, La 'tourma' des Salines dans la thème de Calabre, MEFRM 83, 1971, 9–20 – DERS., La Théotokos de Hagia-Agathè (O.), 1972.

Oppidum, das zu gr. πέδον ('Grund, Boden') zu stellen ist, hat im klass. Lat. die allg. Bedeutung 'umfriedigter Raum'. Darunter lassen sich die Schranken des Zirkus ebenso verstehen wie der verschanzte Wald (der Britannier). In einem engeren Sinn ist o. der feste Sitz oder feste Platz, insbes. die Stadt. Dementsprechend ist oppidanus der Einw. der Stadt (außer in Rom), der Städter. In der Vulgata erscheinen »oppida, quae non habeant muros« (Dtn 3,5), und »oppida non murata« werden neben »villae« gestellt (Est 9,19). Oppidani treten nicht auf. Das FrühMA verwendet o. ebenfalls in der engeren Bedeutung 'befestigter Ort', 'Stadt'. Daneben ist o. offensichtl. aber auch die unbefestigte Siedlung, und oppidanus bezeichnet den Bewohner eines Dorfes. Dementsprechend geben die volkssprachigen Glossen auf dem Kontinent o. als *dorf*, *kastella*, *gizimbri*, *koufstat* und *fuora* wieder, im Ae. begegnen nur *burg* und *ceaster*. Daraus folgt, daß aus der Bezeichnung o. nicht in jedem Fall städt. Merkmale erschlossen werden können.
G. Köbler

Lit.: F. DUTRIPON–G. TONINI, Concordantiae bibliorum sacrorum vulgatae editionis, 1861, 1058 – J. NIERMEYER, Mediae Lat. Lex. Minus, 1976, 740 – K. GEORGES–H. GEORGES, Ausführl. lat.-dt. Hwb., II, 1366 [Neudr. 1983⁸] – G. KÖBLER, Lat.-germanist. Lex., 1983², 291.

Opportuna, hl., * ca. 700 in Exmes (Diöz. Sées), † ca. 770 (Fest: 22. April, in Argentan: 22. Juni), Äbt. v. »Monasteriolum« (unidentifiziert, bei Almenêches, Diöz. Sées), Schwester des hl. Chrodegang, Bf. v. Sées, den dessen mächtiger Verwandter Chrodebert nach der Rückkehr von einer Romreise ermorden ließ; eine weitere Verwandte dieser (Robertiner-)Familie war die hl. Lanthildis, Äbt. des benachbarten Kl. Almenêches. O. bestattete ihren Bruder in ihrem Kl. und starb wenig später. Beider Reliquien wurden vor 871 durch Bf. Hildebrand v. Sées in dessen Kathedrale überführt und wenig später vor den Normannen nach Senlis, Paris (Kollegiatkirche unter Karl d. K.), Moussy-le-Neuf (Dép. Seine-et-Marne) geflüchtet. Im 11. Jh. Restaurierung des Kl. Almenêches (heute in Argentan), bald erneute Zerstreuung der Reliquien in das Vendômois, nach Cluny etc. Populärer Kult in den Diöz. Paris, Sées und Meaux.
M. Heinzelmann

Q.: BHL 1782, 1784, 1784b; 6339–40; 6341–43 – *Lit.:* LThK² VII, 1180 [Lit.] – Bibl. SS IX, 1218 – Catholicisme X, 101f. – B. BAEDORF, Unters. über die Hl.nleben der w. Normandie, 1913, 124–130 – L'abbaye d'Almenêches-Argentan et ste. O., hg. Y. CHAUSSY 1970 – M. HEINZELMANN, RHEF 62, 1976, 79.

Opsikion ('Ὀψίκιον, von lat. obsequium 'Gefolge, Gehorsam'), ursprgl. spätantike Heereseinheit, später byz.

→Thema in NW-Kleinasien. Ursprgl. reichte O., das als eines der ersten und wichtigsten Themen (→Byz. Reich, A.III) eingerichtet wurde (680/681), von den →Dardanellen bis Paphlagonien. O. wurde nicht wie die anderen Themen von einem →Strategen, sondern von einem →comes (τοῦ Ὀψικίου, auch comes domesticorum) von Ankara aus geleitet. Die Truppen des O. stellten in der byz. Verteidigung eine »Eingreifreserve« dar. O. gehörte zu den kleinasiat. Gebieten, in denen im 7. Jh. Slaven angesiedelt wurden. Nachdem die Truppen des O. während des 8. Jh. mehrfach an Aufständen teilgenommen hatten, wurden unter Konstantin V. die Themen der Bukellarier und Optimaten abgeteilt (ca. 766/773?), neue Hauptstadt des verkleinerten O. wurde →Nikaia. O. ist bis ins 13. Jh. belegt. R. Hiß

Lit.: A. PERTUSI, Konst. Porph., De them., StT 160, 1952 – OSTROGORSKY, Gesch.[3] (Karte: Beil. II) – Les listes de préséance, ed. N. OIKONOMIDÈS, 1972, 348 – K. BELKE, Galatien und Lykaonien, Tab. Imp. Byz. 4, 1984 [Lit.] – J. F. HALDON, Byz. Pretorians, Poikila Byz. 3, 1984 – K. BELKE, Phrygien und Pisidien. Tab. Imp. Byz. 7, 1990 [Lit.] – T. C. LOUNGHIS, A deo conservandum imperiale Obsequium, Byzslav 52, 1991, 54–60.

Optatianus Porfyrius → Porfyrius Optatianus

Optatus, kath. Bf. v. Mileve (Numidien), schrieb wohl 366/367 gegen die lit. Polemik des Donatisten Parmenianus (Contra Parmenianum Donatistam). Überarbeitung und Erweiterung nach 384, wohl von anderer Hand abgeschlossen; im Anhang wichtige Aktenslg. zum Donatistenstreit (→Donatisten). Die Zuweisung von Predigten ist strittig. Th. Baumeister

Lit.: CPL 244–249 – ALTANER-STUIBER[9], 230, 371 f., 627 – Prosopographie chrétienne du Bas-Empire I, 1982, 795–797 – Diz. patristico e di antichità cristiane II, 1983, 2549–2552 [engl. Ausg. II, 1992, 612f.; Lit.].

Optik

I. Frühmittelalter – II. Physiologische Optik – III. Physikalische Optik – IV. Geometrische Optik und »Perspectiva« – V. Meteorologische Optik – VI. Astronomische Optik; Instrumente.

I. FRÜHMITTELALTER: Bis zur Mitte des 11. Jh. war im lat. Okzident allein die wiss. O.-Theorie →Platons (»Timaios«, 45B–D) bekannt, nach der das Auge ununterbrochen einen Sehstrahl aussendet, dessen feurige Natur aus dem inneren Feuer im menschl. Körper gespeist wird. Bei Licht wird die Atmosphäre 'feurig', und der Sehstrahl vereinigt sich mit ihr; dann ensteht ein 'Sehkörper', der als Übertragungsmedium zw. dem Auge und dem sich als Farbe manifestierenden Feuer der beleuchteten Gegenstände fungiert und diese durch das Auge bis in die Seele überträgt. »Timaios« 67C–68D bietet auch eine Behandlung der Farben nach der Intensität des durch die Gegenstände ausgestrahlten 'Feuers', doch wurde diese Passage von →Calcidius nicht ins Lat. übertragen. Die platon. Erklärung des Sehvorgangs ('Emissionstheorie') fand Augustins Zustimmung und blieb bis zur Ausbreitung des scholast. Aristotelismus maßgebend, gab jedoch keinen Anlaß zu systemat. wiss. Weiterentwicklungen. Es teilten sie u. a. →Wilhelm v. Conches (Glosae super Plat., § 137), →Adelard v. Bath (Quaest. nat., 23) und →Robert Grosseteste (»De iride«).

II. PHYSIOLOGISCHE OPTIK: Die Übers. von →Johannitius' »Liber de oculis« durch →Constantinus Africanus († 1087) machte auf die Möglichkeit einer physiolog. Betrachtung der O. aufmerksam. Die im »Corpus Constantinum« überlieferte und verbreitete Schr. des Johannitius behandelt die Anatomie des →Auges und seiner Hüllen, bietet ausführl. Informationen über Augenkrankheiten und →Augenheilkunde und verbreitet eine Lehre des Sehvorgangs, die →Galen (De usu part., X) in Anlehnung an Platon entwickelt hatte: Das aus dem Auge ausgehende Seh-Pneuma bahnt sich in das opt. Medium (in die 'Atmosphäre') einen Weg und verändert sie in einem Instrument des Sehens dergestalt, daß sich der opt. Nerv hierdurch verlängert und die Gegenstände unmittelbar wahrnimmt (Variante der 'Emissionstheorie'). Das Hauptinteresse des Johannitius galt allerdings, wie bereits im Fall von Galen, weder der Natur des Lichtes noch der Geometrie der Lichtstrahlen, sondern der anatom.-physiolog. und patholog. Betrachtung des Auges. Sein Text war der Ausgangspunkt der ma. Ophthalmologie, die im Rahmen des Medizinstudiums mit Erfolg weitergepflegt wurde (→Benvenuto Grapheo, →Petrus Hispanus). Die Lehre des Johannitius wurde u. a. durch →Bartholomäus Anglicus übernommen (De propr. rer. V, 5) und durch seine Enzyklopädie auch nicht fachmed. Kreisen zugängl. gemacht.

III. PHYSIKALISCHE OPTIK: Um die Mitte des 12. Jh. verbreitete sich die aristotel. opt. Theorie im lat. Abendland. Hauptq. waren die Schr. des →Aristoteles (v. a. »De anima«) und die Werke der islam. Aristoteliker (→Avicenna, →Averroes). Diese Richtung zeichnete sich dadurch aus, daß sie dem anatom.-ophthalmolog. Aspekt des Sehvorgangs kaum Interesse entgegenbrachte, sondern v. a. eine kausal-physikal. Erklärung der opt. Phänomene suchte. Ihre Hauptfrage war, wie die Übertragung der sichtbaren Qualitäten der Dinge zum Auge stattfindet. Aristoteles vertrat folgende Hypothese: Wenn ein durchsichtiges opt. Medium vorhanden ist, werden die Farben der Gegenstände durch dieses Medium übertragen und bewirken eine sofortige qualitative Veränderung des Auges, das sie empfängt ('Empfangstheorie'). Das →Licht ist hier nicht Substanz, sondern Qualität, die ein durchsichtiges opt. Medium auszeichnet, wenn letzteres beleuchtet wird und so seine 'vermittelnde' Übertragungsfunktion ausüben kann. Avicenna (Lib. de an., III, 1) folgte der aristotel. Theorie und führte die in der Scholastik klass. gewordene Unterscheidung zw. 'lux' und 'lumen' hinzu, wobei er lux als eine Qualität der lichtstrahlenden Körper und lumen als deren Effekt auf das opt. Medium verstand. Die 'Empfangstheorie', durch die maßgebenden Kommentare des →Albertus Magnus verbreitet (De an., II, 3, 7–16), avancierte bald zu wiss. Standardlehre der Univ. en.

IV. GEOMETRISCHE OPTIK UND »PERSPECTIVA«: Die wiss. Hintergründe der alten platon. 'Emissionstheorie' wurden mit den lat. Übers. en von →Euklids »Optica« und von Ptolemaios' gleichnamigem Werk ab Mitte des 12. Jh. zugängl. Unter der Annahme, daß das Auge einen Kegel von rektilinear fortschreitenden Sehstrahlen sendet, die von undurchsichtigen Gegenständen zurückgeworfen bzw. beim Übergang in ein anderes Medium gebrochen werden, hatte sich die 'Euklid.' Tradition fast ausschließl. auf die geometr. Unters. des Sehstrahlwegs konzentriert und sowohl die verschiedensten Eindrücke der Linearperspektive erklärt (Euklid) als auch die Gesetze der Katoptrik (Gleichheit des Einfalls- und Reflexionswinkels des Sehstrahles usw.) und der Dioptrik (Art und Weise der Brechung des Sehstrahles in verschiedenen Medien) erforscht und systemat. entwickelt (Ptolemaios, »Optica«, B. III–IV bzw. V). Die opt.-geometr. Hypothese wies Schwierigkeiten unter einem physikal. Gesichtspunkt aus (unerklärbar blieb z. B., wie das Auge bis zu einem fernen Stern einen Sehstrahl aussenden kann), aber auch die aristotel. Lehre hatte ihre Aporien, denn sie betrachtete das Bild als Einheit und bot keine Erklärung, weshalb sich die im Gesichtsfeld stehenden farbigen Gestalten im Auge koordinieren.

Gegen die Jahrtausendwende gelang →Ibn al-Haiṯam, den opt.-geometr. Ansatz von Euklid und Ptolemaios in die aristotel. 'Empfangstheorie' zu integrieren. Im »Kitāb al-Manāẓir« stellte er unter Anwendung von →al-Kindīs Lehrsatz, daß jeder belichtete Punkt einer Oberfläche das Licht nach allen Richtungen ausstrahlt, die Hypothese auf, daß jeder Punkt des Auges einen Strahl aus jedem Punkt des Gesichtsfeldes empfängt. Aber nur senkrecht in das Auge einfallende Strahlen besitzen die Kraft, es zu reizen, alle anderen werden durch die Brechung abgeschwächt und unwirksam. Aus allen senkrecht einfallenden Strahlen entsteht ein Sehkegel mit dem Scheitel im Augenmittelpunkt und der Basis im Gesichtsfeld, wobei das Sehbild als die Sektion des Sehkegels im Kristallin zu betrachten sei. Haiṯams Synthese lieferte eine umfassende Erklärung des Sehvorgangs und bot die Möglichkeit, die Physiologie des Auges und die physikal. und experimentelle Betrachtung der opt. Phänomene mit der Leistungsfähigkeit des geometr. Ansatzes zu verbinden. Der »Kitāb al-Manāẓir« wurde Ende des 12. Jh. ins Lat. übersetzt (»De aspectibus«, auch »Perspectiva«) und hatte in Europa bis in die Renaissance große Wirkung. Unter dem Schlagwort 'scientia perspectivae' entwickelte sich mit →Roger Bacon (»Perspectiva«), Johannes →Peckham (»Perspectiva communis«), →Witelo (»Perspectiva«), →Heinrich v. Langenstein (»Quaestiones super perspectivam«) und →Blasius v. Parma (»Quaestiones super perspectivam«) eine wiss. Schule, die sich auf Haiṯams opt., katoptr. und dioptr. Theoreme berief und die O. anhand seiner Methode weiter erforschte.

V. Meteorologische Optik: Umfangreiche Kataloge opt.-meteorolog. Erscheinungen boten Aristoteles und die lat. Enzyklopädik, aber die Aufmerksamkeit der ma. Wiss. auf diesem Gebiet war v.a. auf die Erklärung des Regenbogens konzentriert. Die naheliegende Hypothese, die Form des Regenbogens werde von der Reflexion der Sonne auf eine gegenüberstehende Wolke verursacht, die wie ein Spiegel funktioniere, hatte Aristoteles (Meteor. III, 4) durch eine Beschreibung der Geometrie des Regenbogens vervollständigt. Ungeklärt blieb die Ursache der Farbenentstehung, die zunächst auf die stoffl. Zusammensetzung der Wolke zurückgeführt wurde, und die danach Robert Grosseteste als Ergebnis der Brechung der Sonnenstrahlen deutete, wobei er eine kegelförmige Wolke annahm, die wie eine riesige Linse funktionierte. Erst →Dietrich v. Freiberg gelang es um 1304, das Zusammenspiel von Reflexion und Brechung im Regenbogen in einer Theorie zu koordinieren, indem er das atmosphär. Medium als eine Gesamtheit von kleinen Wasserkugeln betrachtete und durch eine genaue Betrachtung der Bahnen der Sonnenstrahlen nach den Gesetzen der perspectiva zeigen konnte, daß die Farben des Hauptregenbogens durch zweimalige Brechung und Reflexion im Inneren der Wassertröpfchen entstehen, und daß die umgekehrte Farbenanordnung des Nebenregenbogens auf eine zweimalige Reflexion zurückzuführen ist. Dietrich beschrieb in der Schr. »De iride« mehrere Beobachtungen zur Farbendispersion, die er anhand von sechskantigen Prismen und einer Glaskugel durchführte. Die Farbendispersion, die den Haupt- und den Nebenregenbogen verursacht, studierte er anhand der Beobachtung eines Tautropfens, den er auf einem Grashalm hielt und von den Sonnenstrahlen beleuchten ließ (ebd., II, 22). Experimente anhand mit Wasser gefüllter Glasgefäße hat er – entgegen einer in der Forsch. sehr verbreiteten Meinung – nie durchgeführt.

VI. Astronomische Optik; Instrumente: Daß die Strahlenbrechung durch die Erdatmosphäre eine Vergrößerung der sich in der Nähe der Horizontlinie befindenden Himmelskörper bewirkt, war im MA bekannt (»Liber de crepusculis«). Als Strahlenbrechungsphänomen wurde auch die blaue Färbung des Himmels erklärt (al-Kindī, Ibn al-Haiṯam). Was opt. Instrumente betrifft, waren die Eigenschaften der Brennkugel bekannt (vgl. z. B. Dietrich v. Freiberg, De ir. IV 11, 4), aber die O. blieb im ganzen MA eine theoret. und keine angewandte Wissenschaft. →Brille.

L. Sturlese

Q.: →Platon, →Aristoteles, →Albertus Magnus, →Bartholomaeus Anglicus – Alhazen, Opticae thesaurus, ed. F. Risner, Basel 1572 – Witelo, Opticae libri decem, ed. F. Risner, Basel 1572 – Euclidis Optica, Opticorum recensio Theonis, Catoptrica, ed. J. L. Heiberg, 1895 – Roger Bacon, Opus maius, ed. J. H. Bridges, 2 Bde, 1897 – Robert Grosseteste, De iride, ed. L. Baur, 1912 – Adelard v. Bath, Quaestiones naturales, ed. M. Müller, 1934 – O. Spies, Al-Kindi's Treatise on the Cause of the Blue Colour of the Sky, Journal of the Bombay Branch of the Royal Asiatic Society, NS 13, 1937, 7–19 – L'optique de Ptolémée, ed. A. Lejeune, 1956 – Wilhelm v. Conches, Glosae super Platonem, ed. É. Jeauneau, 1965 – John Pecham, Perspectiva communis, ed. D. C. Lindberg, 1970; Tractatus de perspectiva, ed. Ders., 1972 – Avicenna, Liber de anima, ed. S. van Riet, 1972 – D. Haefeli-Till, Der »Liber de oculis« des Constantinus Africanus, 1977 [Johannitius] – Roger Bacon, De multiplicatione specierum, De speculis comburentibus, ed. D. C. Lindberg, 1983 – Dietrich v. Freiberg, De iride, ed. L. Sturlese, 1985 (Opera omnia, IV) – Lit.: M. Meyerhof, Die O. der Araber, Zs. für ophthalmolog. O. 8, 1920, 16–29, 42–54, 86–90 – H. Hoppe, Gesch. der Physik, 1926 – A. Lejeune, Euclide et Ptolémée, 1948 – V. Ronchi, Storia della luce, 1952² – A. Lejeune, Recherches sur la catoptrique grecque, 1957 – C. B. Boyer, The Rainbow: From Myth to Mathematics, 1959 – M. Schramm, Zur Entwicklung der physiolog. O. in der arab. Lit., SudArch 43, 1959, 289–316 – F. Alessio, Per uno studio sull'ottica del Trecento, StM s. 3, 2, 1961, 444–504 – A. C. Crombie, Robert Grosseteste and the Origins of Experimental Science, 1962² – M. Schramm, Ibn al-Haytams Weg zur Physik, 1963 – G. Federici Vescovini, Studi sulla prospettiva medievale, 1965 – M. Mac Lean, De kleurentheorie der Arabieren (65oc. 1300), SH 7, 1965, 143–155 – Ders., De kleurentheorie in West-Europa (1200–1500), ebd. 8, 1966, 30–50 – A. I. Sabra, The Authorship of the Liber de crepusculis, Isis 58, 1967, 77–85 – B. S. Eastwood, Mediaeval Empiricism: The Case of Grosseteste's Optics, Speculum 43, 1968, 306–321 – J. A. Lohne, Der eigenartige Einfluß Witelos auf die Entwicklung der Dioptrik, Archive for Hist. of Exact Sciences 4, 1968, 414–426 – E. Wiedemann, Aufsätze zur arab. Wissenschaftsgesch., 2 Bde, 1970 – B. S. Eastwood, Uses of Geometry in Medieval Optics (Actes du XII° congrès internat. d'hist. des sciences, 1971, II), 51–55 – D. C. Lindberg, A Cat. of Medieval and Renaissance Optical Mss., 1975 – A. Paravicini-Bagliani, Witelo et la science optique à la Cour Pontificale de Viterbe (1277), MEFRM 87, 1975, 425–453 – D. C. Lindberg, Theories of Vision from Al-Kindi to Kepler, 1976 [dt. Übers. 1988; Lit., grundlegend] – P. Marshall, Nicole Oresme on the Nature, Isis 72, 1981, 357–374 – D. C. Lindberg, Stud. in the Hist. of Medieval Optics, 1983 – E. Wiedemann, Ges. Schr. zur arab.-islam. Wissenschaftsgesch., 3 Bde, 1984 – L. Sturlese, Einl. (Dietrich v. Freiberg, Opera omnia, IV, 1985), XIII–XLI – G. Schleusener-Eichholz, Das Auge im MA, 2 Bde, 1985.

Optimaten → Oberschicht; →Patriziat

Opus imperfectum in Matthaeum, stark allegorisierender arian. lat. Komm. zu Mt 1, 1–25, 44 (also unvollständig) aus der Väterzeit, im MA →Johannes Chrysostomos zugeschrieben, unter dessen (unechten) Werken abgedruckt (MPG 56, 611–946); die arian. Stellen galten als Einschub; im 13. Jh. in 54 Homilien eingeteilt; sicher vom Mt-Komm. des →Origenes abhängig, aber nicht vom gr. erhaltenen Text; jedoch unabhängig von →Hieronymus; ursprgl. lat. verfaßt, aber wohl im Grenzgebiet zum gr. Sprachbereich.

H.-J. Vogt

Ed. und Lit.: J. van Banning, Praefatio, 1988 (CCL 87B) [Ed. angekündigt] – F. Mali, Das 'O. i. in M.' und sein Verhältnis zu den Matthäuskomm. von Origenes und Hieronymus, 1991.

Opus magnum → Transmutation

Opus operatum – opus operantis, theol. Unterscheidung zur genaueren Bestimmung der Gnadenwirksamkeit der →Sakramente. Der ursprgl. Ort der Differenzierung von o. operatum und o. operantis ist noch in der 2. Hälfte des 12. Jh. die →Christologie, näherhin die Soteriologie: Das erlösende Werk des am Kreuz gestorbenen Christus wird als o. operatum vom als o. operans bezeichneten menschl. Handeln unterschieden, das den Gekreuzigten tötete. Daß diese Differenzierung im Übergang zum 13. Jh. in der Sakramententheologie zur Geltung kam, ist dem Einfluß der →Porretanerschule, Theologen aus der Umgebung des →Odo v. Ourscamp und Petrus v. Poitiers zu verdanken (Ps.-Poitiers-Glosse; Cod. Bamberg. Patr. 136, fol. 60; Petrus v. Poitiers, Sent I. 5 c. 6): die sakramentale Handlung ist als Werk der Kirche Instrumentalursache der Gnade und wird als o. operatum differenziert vom o. operans (operantis), dem Tun des Spenders sowie – seit Wilhelm v. Auxerre (Summa aurea I.4, tr. 2, c. I, ed. J. Ribaillier, 1985, 15–20) – v. a. des Empfängers, dem eine Wirkursächlichkeit für die Gnade abgesprochen wird (Innozenz III. de myst. Missae III, 5; MPL 217, 844). Obwohl von den Theologen allg. angewandt, findet sich das Begriffspaar bei Thomas v. Aquin nicht. Überdies verlagert sich der theol. Akzent auf die Reflexion des o. operantis. Johannes Duns Scotus betont die bedingende Bedeutung des Spenders wie des Empfängers für die Gnadenwirksamkeit des Sakramentes (Ox. IV d I q 6 n 10, Op. om. XVI, 221 f.), während das Konzil v. Trient wieder das o. operatum in den Blick nimmt: Um die objektive Wirksamkeit der Sakramente zu betonen, greift es in einem lehramtl. Schreiben auf den Ausdruck 'ex opere operato' zurück (Denzinger-Schönmetzer, 1608).

M. Gerwing

Lit.: H. Weisweiler, Die Wirksamkeit der Sakramente nach Hugo v. St. Viktor, 1932 – A. Landgraf, Die Einführung des Begriffspaares o. operans und o. operatum in die Theol., DT 29, 1951, 211–223 – J. Finkenzeller, Die Lehre von den Sakramenten im allg., 1980 – W. Knoch, Die Einsetzung der Sakramente durch Christus, 1983.

'Oqba ibn Nāfi', arab. Feldherr, zweimal Gouverneur v. Ifrīqiya/Nordafrika (670–675, 680–682), das er zurückeroberte. Während seiner ersten Amtszeit verlegte er die Lagerstadt →Kairuan als Hauptwaffenplatz an ihre heutige Stelle. In seiner zweiten Amtszeit stieß er in einem kühnen Zug bis Tanger und an den Atlantik vor, geriet aber auf dem Rückweg in einen Hinterhalt der →Berber bei Tahūda im S von Biskra und fiel im Kampf.

H.-R. Singer

Lit.: E. Lévi-Provençal, Un nouveau récit de la conquête de l'Afrique du Nord, Arabica I, 1954, 17–43 [arab. Text RIEIM II, 1954, 215–224] – G. Marçais, Le tombeau de Sidi 'O., Annales de l'Inst. d'Études Orientales 5, 1939–41, 1–15.

Oraculum angelicum (auch O. Cyrilli), einem Cyrillus OCarm zugeschriebene Schrift, die dieser an →Joachim v. Fiore zur Kommentierung geschickt haben soll; von einigen zu den pseudojoachimit. Schriften gezählt, jüngeren Forschungsergebnissen zufolge im Umkreis der Franziskaner-Spiritualen ca. 1280–90 entstanden. Das einem Engel in den Mund gelegte und Cyrillus während einer Messe übermittelte O. bezieht sich auf die Geschichte der Kirche im 13. Jh. seit Friedrich II. und der Anjou-Herrschaft. Bes. betont wird das für die Kirche verderbl. Wirken schlechter Priester und Ordensleute. Als erster weist →Arnald v. Villanova auf das O. hin, →Angelus Clarenus erkennt anscheinend Bezüge auf →Olivi darin. Große Bedeutung hatte der Text für →Cola di Rienzo, der ihn in verschiedenen Briefen erwähnt. →Johannes v. Rocquetaillade verfaßte einen Kommentar dazu.

E. Pásztor

Lit.: F. Ehrle, Über Cyrills O. a., ALKGMA II, 1886, 327–334 – M. Reeves, The Influence of Prophecy in the Later MA. A Study in Joachimism, 1969 – J. Bignami-Odier, Jean de Roquetaillade, L'Hist. Litt. de la France, XLI, 1981, 106–120.

Orakel, im engeren Sinne die in Form von Sprüchen und Zeichen fixierte, örtl. bezogene (z. B. in Delphi) und mit einer Person verbundene Offenbarung eines überweltl. Willens (z. B. »Sibyllin. Weissagung«). Als mant. Technik kann das O. nicht immer streng von Divinationsformen getrennt werden, die sich, wie das Spiegel-O. (Kataptromantie; u. a. Pausanias, 2. Jh.) oder das bis heute als Silvesterbrauch übliche Bleigießen dingl. nichtvisionärer Medien bedienen, darunter Becher-O., Los-O. (sortilegium; auch Bibellose und Buch-O.), Geomantie und Würfeln, Fadenziehen, Legen von Spielkarten, Benutzung von Drehscheiben u. a. m. Zahlreiche O. praktiken überlebten bis heute in spieler. wie in neomag. Anwendung.

Maßgebl. für das ma. Verständnis wurde die Auseinandersetzung der Kirchenväter mit dem antiken O. wesen über die göttl. oder dämon. Herkunft, d. h. die Legitimität ihrer Anwendung vor dem Hintergrund der Superstitionskritik und dem Verhältnis zur Traumoffenbarung. Für die ma. Klassifikation erlangten zwei Systematisierungsversuche Bedeutung: Der Komm. des Macrobius zu Ciceros »Somnium Scipionis« führte neben dem Traum im engeren Sinn (insomnium) das »visum«, die »visio« und das »oraculum« auf (I 3, 2). Der Alcher v. Clairvaux zugeschriebene »Liber de spiritu et anima« übernahm diese Bestimmung: Um ein O. handele es sich dann, wenn etwa die Eltern oder eine verehrungswürdige Person oder Gott selbst im Traum erscheinen, um etwas zu verkünden (cap. 25; MPL 40, 798). Andere Einordnungen wie die des Hrabanus Maurus (De univ. XV, 4) gehen auf die Etymologiae des Isidor v. Sevilla zurück; er rechnete zu den mant. Techniken die »aruspicia«, »augurationes«, »necromantia« und die O. (Etym. VIII 9, 3–4). Umstritten blieb im MA jedoch die auf Macrobius zurückgehende und von Alcher v. Clairvaux bestätigte Verbindung des O.s mit dem Traum; so trennte Johannes v. Salisbury den Traum vom O., durch das ein Mensch einem anderen Menschen den göttl. Willen mitteile (Policraticus II 15).

Die vorsichtige Billigung, die das O. im Rahmen der magiolog. und dämonolog. Diskussion erfuhr, ermöglichte im MA die Entstehung einer reichen Wahrsagungslit. wie Losbücher mit Drehscheiben (14. Jh. Österr. Nat. bibl. Wien, Cod. Vind. Ser. nova 2652); ein künstler. reich ausgestattetes Wahrsagespiel liegt im zw. 1450 und 1473 entstandenen Losbuch K. →Bollstatters vor (Staatsbibl. München Cgm 312). Das »buch von der hannd« des J. →Hartlieb (Widmungsdatum 1448: →Chiromantie) zeigt Entwicklungen zu einer elitären gesellschaftl. Belustigung, während zahlreiche O. bräuche, z. B. der Glaube an ominose Tage wie Neujahr, an denen man die Zukunft schauen kann, weit über d. frühe NZ hinaus in d. populären Kosmosdeutung lebendig blieben.

Ch. Daxelmüller

Lit.: L. Hopf, Thier-O. und O. thiere in alter und neuer Zeit, 1888 – W. Kroll, De oraculis chaldaicis, 1894 – F. Pfister, Zur Gesch. der techn. Ausdrücke der Wahrsagekunst, Obdt. Zs. für Volkskunde 7, 1933, 44–55 – Wahrsagetexte des SpätMA, hg. G. Eis, 1956 – W. Gundel, Sternglaube, ... Stern-O., 1959 – A. Resch, Der Traum im Heilsplan Gottes, 1964 – J. Telle, Beitr. zur mant. Fachlit. des MA, StN 42, 1970, 180–206 – D. Harmening, Superstitio, 1979.

Oral-formulaic Theory → Mündl. Lit. tradition, III

Orange, Stadt, ehem. Bm., Gft. und Fsm. in Südfrankreich, Rhônetal.

[1] *Antike:* Die antike Stadt O. (Arausio; benannt nach

dem Fluß Araus, heute Aigues) war in vorröm. Zeit Faktoreiort der massaliot. Griechen (→Marseille) innerhalb der Liga der Phokäer, wurde während der Besetzung der späteren →Provence durch Augustus (27 v. Chr.) als Colonia an die Legio II übertragen (Arausio colonia Julia secundanorum). Sie gehörte den Civitates der Cavares an (erwähnt bei Strabo und Ptolemaios) sowie den dreizehn Civitates der Provincia Viennensis (→Vienne) und war reich mit Monumentalbauwerken geschmückt (Theater, 2. Jh. n. Chr., unvergleichlich guter Erhaltungszustand dank Befestigungsfunktion im MA; Monumentaltor/ Triumphbogen im N, errichtet wohl nach dem Galliersieg von 21 n. Chr., im Feudalzeitalter in eine Burg mit Donjons und Wohnbauten verwandelt; Kapitol auf der Colline St-Eutrope u. a.).

[2] *Bistum:* Das Bm. O. wurde am Ende des 4. Jh. gegr. Der erste Bf., Constans (381–390), nahm am Konzil v. Aquileia (381) als 'legatus Galliarum' teil. Im 5. Jh. unterstand das Bm. dem hl. →Eutropius (um 463–um 494 [?]). Bei seinem Grab auf einem Hügel wurde eine Kirche errichtet, namengebend für das vorstädt. Viertel St-Eutrope. 517-524 wirkte der hl. Florentinus als Bf. Im 5. und 6. Jh. wurden in O. zwei Konzilien abgehalten (Arausicanum I und II: 8. Nov. 441 und 3. Juli 529; mit Weihe der neuen Kathedrale), denen 1229 noch ein weiteres (zum Problem der häret. →Albigenser) folgte. Bedeutende Bf.e des HochMA waren Berengar (1127), der den Kanonikern die Augustinusregel gab, Arnulf (1178–1204), Peter II., der im Studium zu O. einrichtete, sowie sein Nachfolger Jocelin. Bf. Jean Revolli (1349–67) führte die Gründung der Univ. O. (1365) durch. Der große konziliare Theologe und Humanist Pierre d'→Ailly war 1417–22 Bf. v. O.

[3] *Grafschaft, Fürstentum und Stadt:* Über die Gesch. O.s, das in spätröm. Zeit unter Barbarenangriffen litt, ist in Merowinger- und Karolingerzeit wenig bekannt. Die (nicht belegbare) Tradition, daß Karl d. Gr. im Rahmen seiner Neuordnung des Frankenreichs die Initiative zur Gründung der Gft. O. ergriffen und damit den Anstoß zur Errichtung der feudalen Herrschaftsorganisation gegeben habe, kann eine gewisse Glaubwürdigkeit beanspruchen. Karl soll die Gft. O. (wie →Aquitanien und →Toulouse) seinem getreuen Helfer →Wilhelm übertragen haben, dem im MA als Leitfigur verehrten Helden der →Chansons de geste. Dieser vertrieb die Sarazenen und eroberte 793 die Stadt O. Im Gegensatz zu den weitverbreiteten Epen über Wilhelm und seine Nachkommen (→Wilhelmsepen) sind hist. Belege des 9.–11. Jh. selten. Eine Lücke klafft zw. Gf. Boso (914) und Gerhard →Adhémar (1080), dem Vater Raimbauds II. v. O. Dieser nahm unter →Gottfried v. Bouillon am 1. →Kreuzzug teil (1096–99), von dem er nicht zurückkehrte. Erst von dieser Periode an läßt sich ein quellengestütztes Bild der Gesch. der Gft. O. zeichnen. Die Tochter Raimunds II., Tiburge, ließ die Stadtmauer, in reduziertem Umfang, neu errichten. Die drei Stadtteile (burgi) formierten sich: Im O St-Florent, am Platz des alten Marsfeldes, mit dem Hospital St-Lazare; im N der Bourg de l'Arc, von dem zur Befestigung umgebauten Bogen überragt; im W der Bourg St-Pierre, mit dem Hospital St-Jean de Jérusalem (seit 1138).

Auf die Zeit Tiburges geht wohl auch die in ihren Einzelheiten wenig bekannte Gründung des Fsm.s v. O. zurück; seinen Kern bildeten die zentralen Territorialkomplexe um O., Jonquières und Courthezon, wo Tiburges Sohn, Fs. Raimbaud III., als gefeierter Troubadour (→Raimbaut d'Aurenga) höf. Leben entfaltete. Die gleichnamige Tochter der Tiburge heiratete als Erbin des Fsm.s Bertrand des →Baux, auf den das bis zum Tode Raimunds V. (1393) regierende Fs.enhaus zurückgeht. Zu nennen sind: Wilhelm V., 1181-1224; Wilhelm VI. und Raimund I. (gemeinsame Herrschaft 1225–39; Raimund I. bis 1281); Bertrand III. (1281–1314).

Im 13. Jh. bildete die Stadt eine munizipale Verfassung aus; *syndics* (→Syndicus) sind anläßl. eines Aufruhrs gegen die Fs.engewalt i. J. 1247 belegt. 1271 wurde die Stadt mit Freiheiten, 1282 mit einer →Charte bewidmet; durch letztere erhielt O. einen städt. Magistrat (4 Syndici, 21 Ratsherren). →Karl II. v. Anjou, der die Hälfte des Fsm.s O. von den →Johannitern erworben hatte, trat diese 1308 wieder an den Fs.en ab, der ihm im Gegenzug für das gesamte Fsm. Lehnshuldigung zu leisten hatte; diese Situation bestand bis 1431. Johann III. v. →Chalon, seit 1393 Fs. v. O. durch Heirat der Erbtochter, war dagegen Vasall des Hzg.s v. →Burgund und des Reiches und stand im Lager der Gegner des Kg.s v. →Frankreich. Diese Frontstellung führte in der Zeit →Ludwigs XI., der nach 1481 die →Provence dem Kgr. Frankreich einverleibte, zu Auseinandersetzungen. Doch wurde dem Fs.en Johann v. Chalon durch die Nachfolger Ludwigs XI., Karl VIII. und Ludwig XII., die Souveränität zurückgegeben (1498). Seit 1530 beim Hause Nassau-Dillenburg (Oranien), war das stark befestigte O. eine Hochburg des Protestantismus. 1673 Schleifung der Festung durch Ludwig XIV., Hugenottenvertreibung, 1703 frz. Besitzergreifung.

F. Gasparri

Q. *und Lit.:* GChrNov VI, s. v. – J. Bastet, Hist. de la ville et principauté d'O., 1886 – A. de Pontbriand, Hist. de la principauté d'O., 1891 – E. Roussel, Une ancienne capitale. O., 1901 – J. Bastet, Essai hist. sur les événements du dioc. d'O., 1912 – F. Gasparri, Les Italiens à O. au XIVᵉ s., PH 115, 1979, 48–67 – Dies., Les Juifs à O. au XIVᵉ s., Bull des Amis d'O. 84, 1981, 8–10; 87, 1982, 8–10 – Dies., La principauté d'O. au m.-â, 1985 – Dies., Les archives notariales d'O., Bull. des Amis d'O. 91, 1988, 10–12 – s. Lit. zu →Baux, Haus.

Orans ('Betende/r', kunstgesch. Begriff, betrifft speziell die Gestalt des oder der mit erhobenen Armen Betenden, die schon in der gr. und altägypt. Bildwelt belegt ist (Klauser, Hermann) und in der röm. Ks.zeit und Spätantike bes. beliebt war. Die Personifikation der Pietas (Frömmigkeit) hat auf zahlreichen röm. Münzen beide Hände oder die Rechte erhoben; Bezug auf den Ks. durch Erweiterung der Inschrift (z. B. PIETAS AUG; Münzlisten: Klauser). Neuss hat bereits 1926 richtig gesehen, daß hiervon und von röm. Sarkophagen des 3. Jh., auf denen die weibl. O. neben der Frömmigkeit öfters auch die Verstorbene selbst darstellte (vgl. bes. Matz), auch die Deutung der O. in der chr. Grabkunst ausgehen muß: Fürbitter, Beter (auch verstorbene), aber nicht 'Seele' oder 'Kirche'. Frühchr. Autoren betonten seit Tertullian (Orat. 14) wegen der Kreuzsymbolik das Ausbreiten der Arme beim Gebet gegenüber dem Erheben; doch unterscheidet sich die Haltung nichtchr. und chr. O.bilder nicht. Die Deutung als Verstorbene kann durch Porträt bzw. -bosse gesichert sein, auf kopt. Grabstelen und nordafrikan. Grabmosaiken durch Inschriften. Daneben finden sich auf Sarkophagen und in der Katakombenmalerei auch Beter in atl. Rettungsszenen als O. (z. B. →Daniel in der Löwengrube, der noch im MA oft als O. erscheint; →Jünglinge im Feuerofen; →Noah in der Arche). Die Übertragung des Motivs auf Märtyrer, Hll. und Maria ist nicht genau zu datieren; sie dürfte mit der Zunahme der Heiligenverehrung im späteren 4. Jh. zusammenhängen (Beispiele auf röm. →Goldglas; Memoria unter S. Giovanni e Paolo in Rom). Im 5. und 6. Jh. folgen zahlreiche O.bilder (z. B. Kuppelmosaik in H. Georgios/Thessaloniki, Apsismosaik in S. Apollinare in Classe/Ravenna, Denkmäler des Menaskults). Maria erscheint im 6. Jh. häufig als O. in Darstellungen der →Himmelfahrt Christi im ö. Typus. Das MA hindurch begegnen in der w. und ö. Kunst immer wieder einzelne Hll. als O. (Beispiele: SEIB). Viel zahlreicher sind jedoch Bilder der Maria O. in der byz. Kunst (→Maria, B.II.3 und 4). J. Engemann

Lit.: DACL XII, 2291–2322 – LCI III, 352–354 [G. SEIB] – W. NEUSS, Die Oranten in der altchr. Kunst (Fschr. P. CLEMEN, 1926), 130–149 – TH. KLAUSER, JbAC 2, 1959, 115–145 – F. J. DÖLGER, ebd. 5, 1962, 5–22 – A. HERMANN, ebd. 6, 1963, 112–128 – F. MATZ, MM 9, 1968, 300–310.

Orarion → Kleidung, II

Oration → Messe

Orator → Gesandte, B.I

Orbe, Pfalz im alten Kgr. →Burgund, in der Westschweiz, sw. des Neuenburger Sees (Kt. Vaud/Waadt). Am Platz des röm. Ortes 'Urba' bestand seit dem 7. Jh. ein 'palatium', in dem Kgn. Brunichild Zuflucht suchte und vom Gf.en Erpo gefangengenommen wurde (613). Am Ausgang eines Jurapasses gelegen, war die Pfalz Etappenort für Papst Stephan II. wie für Ks. Karl d. Kahlen und diente den Karolingern mehrfach als Verhandlungsort: Die Söhne Lothars I. nahmen hier die Teilung des Erbes ihres Vaters und desjenigen Karls v. Provence vor, und Karl d. Dicke schloß mit seinen Neffen ein Bündnis gegen Boso (856, 868, 879). Ksn. Adelheid versammelte in O. die Großen des Kgr.es Burgund, um sie mit Kg. Rudolf II. zu versöhnen (999). Die Domäne der Pfalz O. ging an die Gf.en v. Burgund über und hörte damit auf, ein kgl. →fiscus zu sein. Friedrich II. verlieh die eine Hälfte als Lehen an Amé I. de →Montfaucon (1168); Amé II. kaufte die andere Hälfte (1255) und erbaute die Burg. Der Burgus, 1049 genannt, wurde zur Stadt, deren Freiheiten 1352 bestätigt wurden; sie erlitt 1475 eine Plünderung durch die Berner. J. Richard

Lit.: F. DE GINGINS, Hist. de la ville d'O., 1855 – J. OGNY, O. à travers les siècles, 1895.

Orcagna, eigtl. Andrea di Cione, Florentiner Maler, * 1308 oder später, † 1367/68. 1343/44 trat er in die Gilde der Medici e Speziali, 1352 in diejenige der Steinmetzen ein. 1357 signierte er die Altartafel der Cappella Strozzi in S. Maria Novella, Christus in einer Engelsmandorla umgeben von Hl. n in einem blockhaft strengen Stil zeigend, der letztl. auf Giotto beruht, aber dessen räuml. Errungenschaften konsequent zurücknimmt. Das nur in Fragm. en erhaltene kolossale Fresko (ca. 1345) in S. Croce beruht für den »Triumph des Todes« und das »Jüngste Gericht« auf der Darstellung Bonamico Buffalmaccos im Camposanto in Pisa, während die »Hölle« die erste große Visualisierung von Dantes Inferno zeigt. Als Architekt war O. 1358 und 1364–66 am Florentiner Dom, 1359/60 für das Fassadenmosaik des Domes v. Orvieto tätig; 1355 bis 1359 leitete er den Bau von Orsanmichele, Florenz, für das er auch das Marmortabernakel schuf. Während ihm hier sein Bruder Matteo half, trugen Jacopo und insbes. Nardo di Cione († 1365/66), der die Capp. Strozzi ausmalte, zur breiten Produktion der O.-Werkstatt bei, die die Florentiner Malerei ihrer Zeit dominierte. Ch. Klemm

Lit.: EncArte medievale I, 1991, 602–608 – R. OFFNER, A Critical and Hist. Corpus of Florentine Painting, 4/1, 1962: O.; 2, 1960: Nardo di Cione; I, 1965: Jacopo di Cione – R. OERTEL, Die Frühzeit der it. Malerei, 1966², 169–176 – G. KREYTENBERG, L'Enfer d'O., Gazette der Beaux-Arts, 1989, t. 114 no. 1451, 243–262.

Orcherd of Syon, The ('Der Obstgarten v. Syon'), eine in der myst. und didakt. Tradition stehende, für die Birgittinerinnen der 1415 gegr. Abtei v. Syon bestimmte Prosaschrift des frühen 15. Jh., bei der es sich um die me. Übers. des 1378 von der hl. →Katharina v. Siena verfaßten Werkes »Il Libro« (sog. »Dialogo« etc.) handelt; in drei Hss. aus dem 15. Jh. überliefert (Pierpont Morgan Library, MS 162; British Library, Harleian MS 3432; St. John's Coll. Cambridge, MS C 25; Teile des Textes in den Hss.: John Rylands Library, Lat. MS 395; Univ. Coll., Oxford, MS 14). Die 1519 von Wynkyn de Worde herausgebrachte Druckfassung wird wegen ihrer typograph. Qualität und ihrer Holzschnitte gerühmt; Auftraggeber war Sir Richard Sutton, seit 1513 Kl. vogt der Abtei v. Syon (daher der Titel). Die Übers. ist in sieben Teile gegliedert, die wiederum in sich unterteilt sind. Der Inhalt umfaßt Meditationen und Erleuchtungen der Katharina v. Siena. Die Nonnen werden im Vorwort angehalten, in diesem spirituellen Garten zu wandeln und dessen manchmal jedoch saure Früchte zu versuchen. Ein Abschnitt ist z. B. der Bedeutung heiliger Tränen und den fünf Arten des Weinens gewidmet; ein Kapitel entwickelt das Bild Christi als einer Brücke zw. Mensch und Gott, während andere Kapitel um die Tugenden des Gehorsams, der Geduld, der Armut und der Urteilsfähigkeit kreisen. Katharina lehrt außerdem, wie man gottgesandte Visionen von solchen unterscheidet, die der Teufel eingibt, und sie belehrt über die hl. Sakramente. G. D. Caie

Bibliogr.: Manual ME 3. VII, 683, 841 [Nr. 4] – *Ed.:* P. HODGSON – G. M. LIEGEY, The O. of S., EETS 258, 1966 – *Lit.:* D. KNOWLES, The Religious Orders in England, 1955, II, 177–180 – SISTER M. DENISE, The O. of S., Traditio 14, 1958, 269–293 – P. HODGSON, The O. of S. and the English Mystical Tradition, PBA, 1964, 229–249.

Orchies, Stadt und Kastellanei in Nordfrankreich (dép. Nord, arr. Lille), seit 1120 erwähnte kleine Stadt im wallon. →Flandern, in der Landschaft Pévèle. 1188 verlieh ihr der Gf. v. Flandern das Stadtrecht v. →Douai. Als Tuchgewerbestadt (Export nach Italien) war O. im 13. Jh. Mitglied der fläm. →Hanse v. London und der →Hanse der 17 Städte. Gfⁿ. →Johanna (1212–44) gründete ein Hospital und eine Zisterzienserinnenabtei (bald darauf nach Flines verlegt); es bestand ein Beginenhof. Die Stadt war Vorort einer kleinen, schlecht belegten Kastellanei; nach der Eingliederung des wallon. Flandern in die kgl. frz. →Krondomäne (1312) gehörte O. zum *Souverain bailliage* v. →Lille, Douai und O.; diese Verwaltungseinteilung blieb auch nach dem Wiederanfall an die Gft. Flandern (1369) bestehen. B. Delmaire

Lit.: J. FOUCART, Une institution baillivale française en Flandre. La gouvernance du souverain bailliage de Lille-Douai-O. (1326–1790), 1937 – G. L'HOMME, L'hospice-hôpital d'O., 1942 – R. FELIX u. a., La Pévèle. O. des origines à nos jours, 1959 – P. DELSALLE u. a., En pays de Pévèle, 1979 – E. DRAUX, Nouv. hist. d'O., 1980 – P. LEMAN, A propos de l'identification 'Origiacum = Orchies' chez les éditeurs et traducteurs de Ptolémée, Rev. du Nord-Archéologie, 1992, 185–188.

Ordainers, eine Gruppe von 21 engl. Adligen, die am 20. März 1310 ernannt wurde, um die Regierungsform und den Haushalt →Eduards II. zu untersuchen und Reformmaßnahmen (»The Ordinances«) vorzuschlagen (→England, D.I.). Ihre Ernennung war die Folge einer dem Parliament im Febr. 1310 vorgelegten Petition, in der die Regierungsform Eduards II. seit seiner Thronbesteigung angeklagt und Beschwerde über die Steuerlast und die schlechten Ratgeber des Kg.s, v.a. über seinen Günstling Piers →Gaveston, geführt wurde. Zu den bedeutendsten O. gehörten der Earl of Lancaster, der Ebf. v. Canterbury und die Earls of Hereford, Lincoln, Pembroke und Warwick. Obwohl die O. in erster Linie einen baronialen Zusammenschluß darstellten, spiegelten ihre Reformvorschläge, die sie im Aug. 1311 dem Parliament vorlegten, die Meinung eines großen Teils der polit. Öffentlichkeit wider. Die O. forderten eine Reform des kgl. Haushalts, die Begrenzung des kgl. Patronatsrechts und des kgl. Ernennungsrechts von Beamten sowie die Abschaffung von Preis- und neuen Zollabgaben, die seit 1272 erhoben wurden. Bes. Beachtung fand jedoch die Klausel 20, die Gaveston beschuldigte, den Kg. schlecht beraten zu haben, und seine Verbannung anordnete. Der Kg., der widerwillig den Ordinances formal zustimmte, begann sofort, sie zu unterlaufen. Der Kampf für eine Durchsetzung der Ordinances brachte das Land an den Rand eines Bürgerkriegs. Im Jan. 1312 rief Eduard II. Gaveston zurück und annullierte die Verbannungsanordnung. Gaveston wurde jedoch von seinen Gegnern gefangengenommen und ohne Gerichtsverfahren 1312 hingerichtet. Bes. →Thomas, Earl of Lancaster, trat für die Durchführung der Ordinances ein, der der Kg. aber nur in Zeiten polit. Schwäche zustimmte, so nach seiner Niederlage in →Bannockburn (24. Juni 1314), als der Earl of Lancaster tatsächl. die Regierung ausübte. Im Vertrag v. Leake (9. Aug. 1318) bestätigte der Kg. erneut die Ordinances. Doch nach dem Sieg der kgl. Partei im Bürgerkrieg von 1322 und der Hinrichtung des Earls of Lancaster wurden sie formal durch das Statut v. York (Mai 1322) annulliert. A. Tuck

Lit.: J. R. MADDICOTT, Thomas of Lancaster 1307-1322, 1970 – J. S. HAMILTON, Piers Gaveston Earl of Cornwall 1307-1312, 1988.

Ordal (lat. ordalium), ein Mittel sakraler Rechtsfindung durch →Gottesurteil. Nach der Vorstellung des frühen MA greift Gott, der Hüter des Rechts, persönl. in den ird. Rechtsstreit ein und gibt sein Urteil durch die Elemente oder durch seinen Beistand im →Zweikampf kund. Fast alle germ. Volksrechte kennen das O., wobei zuweilen Skepsis bezügl. der purgatio vulgaris geäußert wurde (vgl. Edictum Liutprandi § 118). Erst seit dem 13. Jh. konnten allmähl. der →Eid (purgatio canonica) und ein rationales Beweisverfahren das O. verdrängen. Die ablehnende Haltung (z. B. Liber Extra, X 5.35.1: »... weil dadurch häufig ein Gerechter verurteilt und Gott versucht wird«) geht v. a. auf die Rezeption des röm. Rechts und die damit verbundene wissenschaftl. Durchdringung des Rechts zurück. H.-J. Becker

Lit.: J. GAUDEMET, Les ordalies au MA (La preuve 2, 1965), 99-135.

Ordelaffi, Familie unbekannten Ursprungs, die um die Mitte des 12. Jh. in →Forlì aufstieg; als Spitzenahn gilt ein *Ordelaffo*. Im Dienst der mächtigen städt. Abtei S. Mercuriale gewannen die O. v. a. in der 2. Hälfte des 13. Jh. allmähl. die Kontrolle über die Schalthebel der Macht in der Kommune. Militante Parteigänger des Ks.s, verbündeten sie sich mit Ravenna, standen in fast dauernder Gegnerschaft zu den guelf. Städten Faenza und Bologna und unterstützten den Ghibellinenführer Guido da →Montefeltro bei seinem Kampf gegen das Ausgreifen der weltl. Herrschaft der Päpste auf die Romagna (1274-83). Gegen die Rivalenfamilien Argogliosi und Calboli siegreich, errangen sie mit *Scarpetta* um die Wende zum 14. Jh. die Signorie über Forlì. Die Stadt wurde danach ein Zentrum der exilierten Ghibellinen und bot Anfang des 14. Jh. auch →Dante Zuflucht (Inf. XXVII, 45 Anspielung auf das Wappen der O.: steigender grüner Löwe auf weißem Grund). Trotz innerer und äußerer Kämpfe konsolidierte sich die Signorie der O. über Forlì und das Umland (Forlimpopoli, Bertinoro, Cesena), nicht zuletzt dank einer geschickten Heiratspolitik. Ihre antipäpstl. Gesinnung fand Ausdruck im Bündnis mit den →Visconti v. Mailand und triumphierte beim Italienzug Heinrichs VII. und v. a. Ludwigs d. Bayern. Als entschiedener Vertreter dieser Politik erwies sich *Francesco II.* (1326-74), der stärkste Opponent von Kard. →Albornoz in der Romagna. Schließlich sahen sich die O. jedoch gezwungen, sich mit dem Hl. Stuhl zu arrangieren: *Sinibaldo* (1363-86) erwirkte die Anerkennung seiner Herrschaft und den Apostol. Vikariat. Danach hielten die O. ihre Vorrangstellung in der Stadt und im Umland noch rund ein Jahrhundert. Eine in polit.-militär. wie in künstler. Hinsicht bes. bedeutende Periode erlebte Forlì unter *Pino III.* (1436-80). Schließlich mußten die O. der nepotist. Restaurationspolitik der Päpste weichen (Riario-Sforza, Cesare Borgia). Die Wiederherstellung ihrer Herrschaft durch *Antonio Maria* und *Ludovico* war nur kurzlebig (1504). A. Vasina

Lit.: A. VASINA, Il dominio degli O. (Storia di Forlì, II: Il Medioevo, 1990), 155-183.

Orden → Religiöse Orden, →Ritterorden

Orden, mystische (Islam, bes. Osman. Reich). Während die islam. Mystiker (→Mystik, C) des frühen MA nicht als Ordensgründer auftraten, betonten die Vertreter dieser Disziplin doch jederzeit die Notwendigkeit, daß sich der Anfänger der Leitung eines Meisters (arab. *šait*, pers. *pīr*) anvertraue. Die Lehre sollte andauern, bis der Meister seinem Schüler die Fähigkeit zu selbständiger Kontemplation und Anleitung neuer Adepten zuerkannte. Die Verweisung auf eine Kette von Lehrern (*silsil*), häufig bis zu ʿAlī, dem vierten Kalifen und Schwiegersohn des Propheten, war von den Traditionariern zur Garantie der Authentizität von Aussprüchen des Propheten (→*ḥadīt*) entwickelt worden. Sie bürgerte sich auch unter den Mystikern ein. Dort hieß sie Silsila und wurde häufig bis zu ʿAlī zurückgeführt. Etwa vom 13.-14. Jh. an, als sich die Schulen von Meistern wie etwa Ǧalāluddīn →Rūmī v. Konya zu eigtl. Orden verfestigten, diente die silsila der Ordensmeister zur Identifikation von Verwandtschaften unter den Derwischorden.

Mit der Kristallisierung der Orden gewann auch der Sitz der Derwischgemeinde (*tekke, zāviye, dergāh*) an Bedeutung. Gewisse Derwischorden, wie etwa die →Mevlevīye oder die →Bektāšīye, wurden zentral von einem Ordensvorsteher geleitet. Nur eine begrenzte Zahl von Derwischen lebte dauernd im zāviye; bes. bei den Bektāšīye handelte es sich oftmals um diejenigen, welche sich zum Zölibat verpflichtet hatten. Zāviyes bildeten im Osman. Reich wichtige Zentren des gesellschaftl. Lebens; häufig war ihnen eine Bibliothek angeschlossen. Legenden und religiöse Dichtung auf Pers. und Türk. wurden vielfach gepflegt; die Mitglieder der Mevlevīye trugen durch ihre Kompositionen wesentl. zum osman. Musikleben bei.

Neben einem zāviye verbundenen Derwischen sind die Wanderderwische zu nennen. Sie lehnten die Sicherheit und Verweltlichung ab, die bei der Bindung an das feste Einkommen einer frommen →Stiftung nicht ausblieb. Die Bindungsfreiheit erlaubte auch einen größeren Spielraum für heterodoxe Praktiken, obgleich es auch für Heterodoxie bekannte zāviyes gab. S. Faroqhi

Lit.: A. GÖLPINARLI, Mevlana' dan Sonra Mevlevilik, 1953 – H. J. KISSLING, Zur Gesch. des Derwischordens der Bayramijje, SOF 15, 1956, 237-268 – F. KÖPRÜLÜ, Türk. Edebiyatında ılk Mutasavvıflar, 1966[2] – J. SPENCER TRIMINGHAM, The Sufi Orders in Islam, 1971 – M. G. S. MOGDSON, The Venture of Islam, II, 1974 – A. Y. OCAK, U cheik yesevi et babai dans la première moitié du XIIIe s. en Anatolie: Emirci Sultan, Turcica XII, 1980, 114-125 – →Mystik, C.

Ordenações Afonsinas, nach →Alfons V. v. Portugal benannte Slg. von Rechtsquellen, als Antwort auf die v. a. von den →Cortes erhobenen Forderungen nach Festlegung des geltenden Rechts, das nur z. T. von den – obendrein sehr verschiedenartigen – →Leis Gerais definiert war. Unter Johann I. begann João Mendes mit der Arbeit, die Rui Fernandes unter Kg. Eduard und unter der Regentschaft des Don Pedro fortsetzte und unter Alfons V. zum Abschluß brachte: Sein 1446 dem Kg. vorgelegtes Werk wurde unter seiner Leitung von einer vom Kg. bestellten Kommission überprüft, deren 1448 fertiggestellte Fassung dann zur Anwendung kam. Von 1454 stammen die jüngsten Gesetze, die im Rahmen einer erneuten Überarbeitung in die O. A. aufgenommen worden sind. Während die Ordenações de Don Duarte noch chronolog. nach Kg.en geordnet waren, sind die O.A. themat. in Bücher und Titel unterteilt. B.1 (Vorwort mit Darstellung der Entstehungsgesch. der O.A.) ist den öffentl. Amtsträgern gewidmet, B.2 den Rechten der Kirche, des Kg.s und des Adels und den Gesetzen für Stifter und für Juden und Mauren, B.3 dem Prozeßrecht, B.4 dem Zivilrecht und B.5 dem Strafrecht. Falls ein bestimmtes Problem nicht gelöst werden könnte, schrieb B.2, Titel 9 vor, zuerst auf das röm., dann auf das kanon. Recht zurückzugreifen, danach auf die Glossen des →Accursius und schließlich auf die Komm. des →Bartolus; nur wenn nirgendwo Auskunft zu finden sei, solle der Kg. entscheiden und sein Spruch fortan für alle ähnl. Fälle verbindlich sein. 1505 hat Kg. Manuel I. die Überarbeitung der O.A. angeordnet, die 1521 durch die Ordenações Manuelinas ersetzt wurden. P. Feige

Ed.: Ordenaçoens do Senhor Rey D. Afonso V, 5 Bde, 1792 [Neudr. 1984] – *Lit.*: N. ESPINOSA GOMES DA SILVA, Lições de Hist. do Direito Português, 1980 – M. CAETANO, Hist. do Direito Português, I, 1981 [1985²] – M. JÚLIO DE ALMEIDA COSTA, Hist. do Direito Português, 1982–83 – M. DE ALBUQUERQUE–R. DE ALBUQUERQUE, Hist. do Direito Português, 1983.

Ordenanzas reales de Castilla → Copilación de Leyes

Ordensprovinz. Im Gegensatz zu den 'alten' Orden mit dezentraler Organisation entwickelten im 12. Jh. die →Ritterorden, danach die →Prämonstratenser eine zentralist. Verwaltungsstruktur mit O.en als geogr. umschriebenen Teilen des Gesamtverbandes. Im 13. Jh. übernahmen →Dominikaner- und →Franziskanerorden die zentralist. Organisationsstruktur und die rechtl. sanktionierte Vereinigung einer Zahl von Niederlassungen einer Region als O.en, die mit Untergliederung in Kustodien u. ä. als Verbindung zw. der Ordensleitung und den einzelnen Häusern dienten. Unter Leitung des Provinzials und des Prov.kapitels regelten die O.en in den Bettelorden meist eigenverantwortl. Probleme des geistl. Lebens, der Seelsorge, der Prov.verwaltung sowie der Sicherung der materiellen Ressourcen. Mit ihrer effizienten zentralist. Organisationsstruktur wurden die Bettelorden bis zum SpätMA Vorbild für viele andere Orden, wobei das Papsttum allmähl. auf die Schaffung und Neugliederung von O.en Einfluß zu nehmen suchte. D. Berg

Lit.: DDC VII, 398f. – DIP VII, 1059–1065 – DSAM X, 694f. – D. KOLTNER, De iuribus min. prov. in Ord. Frat. Min., 1961 – G. TAMBURRINO, De provinciis monasticis [Tes. laur. Pont. Univ. Later. 1961] – W. A. HINNEBUSCH, Hist. of the Dominican Order, I, 1965, 172ff. – FEINE, 353–359 – R. SEBOTT, Das neue Ordensrecht, 1988, 56f.

Ordenstracht. Sie reicht von der asket. Formen hl. Nacktheit in der Antike und im AT bis zur Notwendigkeit menschl. Bekleidung im möglichst unansehnl. Gewand und zu dem vom soziokulturellen Umfeld mod. bestimmten Kleidungsstücken, die gelegentl. symbol. ausgedeutet werden. Frühestes Element ist die bereits im AT übliche Prophetengewandung der Melote (Schaf- oder Ziegenfell), die auch in Hebr. 11,37 als Kleid der Christen in der Verfolgung gen. wird und noch bei →Benedikt v. Nursia (vgl. Gregor. d. Gr., Dialogi II 1,7) vorkommt. Wenn auch ein Einfluß der oriental. Mönchsgewohnheiten auf das abendländ. Mönchtum feststeht, wie die Pachomioszitate der →Regula Benedicti und ihr Hinweis auf Basilius zeigen (73,5), so ist für das MA die Regel Benedikts maßgebend. Sie gibt im Kap. 55 für die Kleidung und das Schuhwerk der Mönche genaue Anweisungen. Benedikts Arbeitsweise führte dazu, die O. der bescheidenen Kleidung der einfachen Bevölkerung des Reiches anzupassen, die sich zur O. als Standeskleidung entwickelte. Er hält eine Kukulle und eine Tunika für ausreichend, allerdings aus klimat. und hygien. Gründen in doppelter Anfertigung. Dazu kommen der Skapulier gen. Überwurf für die Arbeit und als Fußbekleidung Socken und Schuhe. Für reisende Mönche sieht er eine bessere Qualität des Stoffes und ein Paar Hosen vor. Die Kukulle ist als langer geschlossener Radmantel zu denken, wie ihn Bauern und Kinder trugen. Ihr bes. Kennzeichen ist die Kapuze. Das →Tunika gen. Untergewand, meist aus Leinen, mit oder ohne Ärmel, wird durch einen Gürtel gehalten. Die von Benedikt vorgeschriebene Kleidung gleicht sich nach Farbe und Qualität dem Brauch der Landbevölkerung und dem Handelspreis der Region an. In der weiteren Entwicklung wird die Kleidung der Mönche unter dem Einfluß bestimmter Reformgedanken oft ritualisiert und zur O. im strengen Sinne: Ausdruck des Selbstverständnisses, des Gemeinschaftsbewußtseins, uniformierend und trennend im soziokulturellen Umfeld. So entwickelt sich z. B. in →Cluny die knöchellange Skapulierkukulle und der kapuzenlose faltenreiche, weite Überwurf, der Froccus. Beide leben in Skapulier und Kukulle des nz. Mönchtums weiter.

Da Benedikt ausdrückl. keine bestimmte Anordnung über Farbe und Qualität trifft, ist bei weiterer Ausbreitung seiner Regel naturfarbene Kleidung anzunehmen. Dies gilt auch für die als benediktin. Reformzweig geltenden →Zisterzienser. Auch für die neu entstehenden geistl. Gemeinschaften werden Kukullen und Mantelumhänge (→Cappa) und das in vielen Formen getragene Skapulier beibehalten. Einflüsse der Kanonikergemeinschaften machen sich bemerkbar. Bei Zisterziensern wird wie bei den →Dominikanern die weiße Farbe allg., bei →Franziskanern und →Karmelitern die braune, wobei ein Farbenunterschied zw. Tunika und Skapulier bzw. Kukulle nicht stets anzunehmen ist und oft zum eigtl. Merkmal der O. wird. Für die →Benediktiner schrieb erst Paul III. 1550 die schwarze Farbe vor.

Von den weibl. Zweigen der Orden wurde im allg. die O. der Männer, unter Berücksichtigung der Geschlechtsverschiedenheit, übernommen. Kleidungsstücken wie dem →Schleier kam dabei schon seit der chr. Antike hoher chr. Symbolwert zu. E. v. Severus

Lit.: DIP I, 50–56 – M. AUGÉ, L'Abito Religioso. Studio storico e psicosociologico dell'abbigliamento religioso, Roma: Istituto 'Claretianum', 1977, 169–174.

Ordericus Vitalis OSB, norm. Chronist, * 16. Febr. 1075 Atcham b. Shrewsbury, † 3. Febr. 1142 →St-Evroul; Sohn des frz. Geistlichen Odelerius, Berater des Gf.en Roger Montgommeri, und einer ags. Mutter; 1085 Oblate in St-Evroul. Ausgebildet unter Johannes v. Reims, erhielt O. 1108 die Priesterweihe und begann 1109 die »Gesta Normannorum ducum« →Wilhelms v. Jumièges, bes. dessen 7. Buch, zu ergänzen (ed. J. MARX, 1914, 151ff.). Um 1120 wird er mit der Zeitgesch. seines Kl. beauftragt, die ihm zur weltl. und kirchl. Gesch. seiner Zeit in den 13 Büchern der »Historia ecclesiastica« gerät.

Mit erstaunl. Q.kenntnis und recht umfassend auch in Einzelheiten, aber nicht immer ganz zuverlässig, berichtet er mit Erzählfreude und -talent, vielfach in direkter Rede, Ereignisse des gesamten norm. Raumes und darüber hinaus, einschließl. der Kreuzfahrerstaaten. Zuletzt schrieb er die zwei Bücher über die Papst- und die Ks.gesch., die heute in den Hss. die Bücher I und II bilden und dem Werk den universalgeschichtl. Rahmen geben; es gilt als hervorragende Leistung der Gesch.sschreibung der 1. Hälfte des 12. Jh. F.-J. Schmale

Ed. und Lit.: O. i V. Anglígenae Historiae ecclesiasticae libri tredecim, 5 Bde, ed. A. Le Prévost, 1838–55 – MGH SS XX, 1868, 51–82 [1124–1142]; XXVI, 1882, 11–28 [Auszüge] – M. Chibnall, 6 Bde, 1969–83 [mit engl. Übers.] – Wattenbach-Schmale II, 787f.; III, 1002f., 210*f. [Lit.] – →Chronik, E.II.

Ordinamenta Iustitiae (it. Ordinamenti di Giustizia), zw. dem 11. und dem 17. Jan. 1293 zusammengestellte und am 18. Jan. veröffentlichte Gesetze, mit denen die Mitte Dez. 1292 bis Mitte Febr. 1293 amtierenden Prioren v. →Florenz die Spannung zw. →Magnaten und Popolanen dadurch bekämpften, daß sie etwa 70 mächtige Familien von der Teilnahme am polit. Leben ausschlossen. Initiator dieser Reform war →Giano della Bella. Die O. I. v. 1293 (von denen nur der Entwurf, nicht der Codex erhalten ist) bestanden aus einem Prooemium und 22 Rubriken. Heftiger Widerstand der Magnaten, dem sich auch viele hervorragende Mitglieder des »Popolo grasso« anschlossen, führte zur Revision der O. (62 Rubriken, 6. Juli 1295). Dieser zweiten Fassung zufolge konnten auch Magnaten am Florentiner Stadtregiment beteiligt werden, wenn sie einer Arte eingeschrieben waren. Nach Ansicht von Gaudenzi und Schupfer folgen die florent. O. der Jahre 1293–95 dem Vorbild der »Ordinamenti sacrati e sacratissimi del Popolo di Bologna« von 1282. In Wirklichkeit nahmen die florent. O. jedoch zahlreiche Maßnahmen gegen die Magnaten wieder auf, die in Florenz seit geraumer Zeit gebräuchlich waren. Sie sind der jurist. Niederschlag der in Florenz üblichen Spielart eines im gesamten kommunalen Italien Ende des 13. Jh. auftretenden Phänomens: des Bemühens der popolanen Schichten, die Magnatenfamilien zu hindern, weiterhin die alleinige Macht zu behalten. F. Cardini

Lit.: R. Davidsohn, Storia di Firenze, II.II, 1957 – G. Salvemini, Magnati e popolani in Firenze dal 1280 al 1295 [Neuausg. E. Sestan, 1960] – N. Ottokar, Il comune di Firenze alla fine del Dugento, 1962 – G. Pampaloni, I magnati di Firenze alla fine del Dugento, ASI CXXIX, 1972, 387–423 – S. Raveggi, M. Tarassi, D. Medici, P. Parenti, Ghibellini, guelfi e Popolo grasso, 1978.

Ordinarium missae. [1] *Begriff:* O.m. bezeichnet im Unterschied zum wechselnden →Proprium m. die feststehenden Texte und Riten der →Messe (auch: Ordo missae) und, davon abgeleitet, deren textl. unveränderl. Gesänge.

[2] *Texte und Riten:* Modelltexte und Rahmenordnungen für die Messe gab es schon im Altertum in den Kirchen des O und W. An der Wende zum MA wuchs das Verlangen nach verbindl. festgelegten Texten und Riten, als die germ. Völker die ihrer Sprache und Kultur fremde Liturgie Roms übernahmen, wo man als vorbildl. erachtete Textsammlungen (→Sakramentare) und Zeremonienbücher (→Ordines) für die Messe (und andere Feiern) besaß. Sie wurden im frühen MA nördl. der Alpen rezipiert und mit Elementen der gallo-frk. Tradition angereichert: dramatisierende Gesten und Riten, zahlreiche private Priestergebete (bes. vor und beim Beginn der Messe, der Gabenbereitung und der Kommunion). Bis zum 11. Jh. bildete sich der sog. Rhein. Meßordo (Meyer, Eucharistie 204–206) heraus, der auch in Italien und Rom angenommen wurde – eine Rahmenordnung, die trotz vieler Varianten die Gestalt der Messe in der westl.-lat. Liturgie das ganze MA hindurch geprägt hat. Dieses O.m. wurde in der Form, die es in der Liturgie der röm. →Kurie gefunden hat, zum Modellritus, der je länger desto mehr als verbindl. Norm betrachtet worden ist. Päpstl. Zeremonienmeister haben ihn weiterentwickelt bis zu dem Ordo m. des J. →Burckhard (1498 u. ö.; Meyer, Eucharistie 213. 216–219), der zur Grundlage für das O.m. im Missale Romanum Pius' V. (1570) geworden ist, das bis zum Missale Romanum Pauls VI. (1970) in alleiniger Geltung blieb.

[3] *Gesänge:* Man hat sich lange unveränderl. (aber häufig tropierten, →Tropus) Meßgesänge: →Kyrie, Gloria →Credo, →Sanctus, →Agnus Dei in monodischer (→Choral) Vertonung schon seit dem 12. Jh., in mehrstimmigen Vertonungen seit dem 14. Jh. als einheitl. Größe im Sinne des O.m. behandelt. Urspgl. waren sie gemeindl. Gesänge mit schlichten, ihrem vorwiegend akklamator. (Kyrie, Sanctus, Agnus Dei, teilweise auch Gloria) bzw. rezitativen (Credo) Charakter entsprechenden Melodien, die seit dem 9./10. Jh. quellenmäßig faßbar sind. Schon um die Jahrtausendwende wurden sie jedoch für das Kyrie, dann auch für das Sanctus und das Agnus Dei reicher ausgestaltet, während für das Gloria und das Credo die einfachere, psalmod.-rezitative Singweise erhalten blieb. Seit dem 15. Jh. verbreitet sich die mehrstimmige Vertonung der »Messe«, d. h. des O.m., die zu einer eigenen musikal. Gattung wird. Die Gläubigen waren schon im frühen MA vielfach nicht mehr die Ausführenden der Ordinariumsgesänge (welche der Priester seit dem 12./13. Jh. leise zu sprechen hatte – ein Symptom für das Auseinanderfallen von Liturgie und Musik), sondern der von der Schola geführte Chor der Kleriker und seit dem hohen MA der mehr und mehr auch mit Laien besetzte Sängerchor, der natürl. auch den Kunstgesang der mehrstimmigen »Messen« übernimmt (→Chorus).

H. B. Meyer

Lit.: MGG, s. v. Messe – New Grove, s. v. Mass – TRE XXII, 613–616, s. v. Messe (musikal.) [M. Blindow] – P. Wagner, Gesch. der Messe, Kleine Hb. der Musikgesch. nach Gattungen X, 1, 1913 – B. Luykx, Der Ursprung der gleichbleibenden Teile der Messe (O.m.) (Priestertum und Mönchtum, hg. Th. Bogler, 1961), 72–119 – J. A. Jungmann, Missarum Sollemnia, I, 1962⁵, 77–141, 162–167 – H. B. Meyer, Eucharistie. Gesch., Theol., Pastoral (Gottesdienst der Kirche, IV, 1989), 173–219, 222–224 – Gestalt des Gottesdienstes (Gottesdienst der Kirche, III, 1990²), 151f.

Ordinatio imperii v. 817, eines der wirkungsmächtigsten Gesetze der Karolingerzeit nach Karl d. Gr., das Karls Nachfolgeprinzip der →divisio regnorum v. 806 durch ein neues Prinzip ersetzte. Das Gesetz, von Ludwig d. Fr. im Juli 817 auf dem großen Reformreichstag in Aachen erlassen, ist als Thronfolgegesetz zugleich der Versuch, dem Reich eine neue Ordnung zu geben, die durch die Änderung des Thronfolgerechts die Einheit des Reichs (unitas imperii) zu dessen bestimmendem Prinzip erhob. Die als →Kapitular überlieferte o. i. berichtet in der Einleitung von seiner aufschlußreichen Vorgeschichte, wonach der Ks. von zwei Parteien bedrängt wurde: den Traditionalisten, die am frk. Brauch der Teilung festhielten, und den Reformern, denen es um eine Sicherung der Einheit von Reich und Kirche ging. Die Reformpartei gewann den Ks., der in ihrem Sinne erklärte, daß das Reich nicht aus Liebe zu den Söhnen zerrissen werden dürfe, da die unitas imperii und die unitas ecclesiae zusammengehörten.

Es ist bezeichnend, daß die fällige Entscheidung durch ein dreitägiges Fasten und Beten vorbereitet wurde. Es mündete 'auf göttl. Eingebung' unmittelbar in die Wahl des ältesten Ks.sohnes →Lothar (1.L.) zum Mitks. und Nachfolger Ludwigs d. Fr. ein; der Wahl schloß sich sofort die Krönung an. Anschließend wurden die jüngeren Kg.ssöhne →Pippin und →Ludwig (2.L.) zu Kg.en gewählt, und zwar wird nachdrückl. ihre Unterstellung unter den älteren Bruder betont, d. h. Lothar kontrolliert ihre Amtsführung und nimmt allein die Außenpolitik wahr, während die Obhut der Kirche ihnen gemeinsam anvertraut ist. Das ganze war die konsequente Anwendung des Einheitsgedankens, der zugleich den Frieden zw. den Brüdern garantieren sollte.

Die folgenden 18 Kap. verfügen im einzelnen: Pippin sollte das erweiterte Aquitanien, Ludwig das erweiterte Bayern erhalten, d. h. Randgebiete des Reiches, während der zentrale Mittelstreifen mit Aachen und Rom Lothar verbleibt. Falls Lothar vor den Brüdern stirbt, soll einer von diesen an seine Stelle treten. Sollte dagegen Pippin oder Ludwig vorzeitig sterben, soll einer ihrer Söhne von den Großen als sein Nachfolger gewählt werden. Auf diese Weise begrenzt die Gesamtherrschaft auf die karol. Dynastie und weitere Teilungen werden ausgeschlossen. Es schien, als sei damit die Einheit des Reiches gesichert. Doch der Anschein trog. Da →Bernhard v. Italien, ein Neffe des Ks.s, in der o.i. übergangen war, kam es noch 817 zu einem Aufstand, der zwar rasch niedergeschlagen wurde, aber anzeigte, daß es durchaus noch Gegner der neuen Ordnung gab. Tatsächl. bildet die o.i. letztl. den Ausgangspunkt der ständig wechselnden Kämpfe, in denen der Einheitsgedanke im Grunde an der Rivalität innerhalb der Mitglieder des Ks.hauses gescheitert ist. Mit ihr beginnt die Krise des karol. Imperiums.

J. Fleckenstein

Ed.: MGH Capit. 1 nr. 136 – *Lit.*: B. Simson, JDG L.d.Fr., 1, 1874, 100ff. – F. L. Ganshof, Louis le Pious Reconsidered, History 42, 1957, 171ff. – Th. Schieffer, Die Krise der karol. Imperiums (Fschr. G. Kallen, 1957), 1ff. – P. R. McKeon, 817: Une année désastreuse et presque fatale pour les Carolingiens, Le MA 84, 1978, 5ff. –J. Semmler, Ludwig d. Fr. (Ks.gestalten des MA, hg. H. Beumann, 1984), 28ff. – Charlemagne's Heir, hg. P. Godman–R. Collins, 1990.

Ordination, komplexer Akt der Einsetzung kirchl. Amtsträger: Wahl durch das Volk, deren liturg. Bestätigung in der O.shandlung unter Gebet und Handauflegung (benedictio, consecratio) und erste Funktionsausübung. Das Moment der Wahl bleibt im MA nur in der (rituellen) Zustimmung des Volks im O.sgottesdienst erhalten sowie bis ca. 1200 in der Rechtslage, daß nur die für eine bestimmte, in der kath. communio stehende Ortskirche erfolgende O. durch einen rechtgläubigen Bf. gültig ist. Die O.sliturgie erfährt im MA durch Zuwachs vieler sekundärer Elemente eine Entwicklung zu einem komplizierten, überladenen Ritual und, damit zusammenhängend, eine Bedeutungsverschiebung zu einer Weihe hl., mit bes. potestas begabter Personen. In Rom sind die O.en im FrühMA noch sehr schlicht: Gebet der Gemeinde; Weihegebet unter Handauflegung; Überreichung der Amtsgewänder (Ordo Rom. 34; 40 A.B; »Leonianum«; Hadrianum). Aus Gallien ist neben den (literar.!) Angaben der Statuta Eccl. ant. (ca. 490) eine Reihe von neun O.sgebeten erhalten. Seit dem 8.Jh. entsteht der röm.-frk. Mischritus durch Addition der beiden eucholog. Traditionen (»Missale Francorum«; frk. Schicht des Altgelasianum; Gelasiana saec. VIII) sowie durch Anreicherung mit neuen, gegenüber der Handauflegung in den Vordergrund tretenden Riten wie v. a. Salbungen und Überreichung der Gewänder und der Geräte für den liturg. Dienst mit charakterist. Begleitformeln (»accipe potestatem«

von Thomas v. Aquin sowie vom Florentiner Konzil 1439 [DS 1326] – und bis ins 20. Jh. – als »forma sacramenti« angesehen); außerdem wächst die ursprgl. selbständige Examination der Kandidaten der O.shandlung zu. Dieser Ritus wird seit otton. Zeit durch das Mainzer Pontificale Romano-Germanicum auch in Rom maßgebend. Mit dem Pontificale des Guillelmus →Durantis (13.Jh.) kommt die Entwicklung im wesentl. zum Abschluß. Die O. zu den »ordines minores« erfolgt im W nicht durch Handauflegung, sondern, in Anschluß an die Statuta Eccl. ant., durch die Übergabe der liturg. Geräte und ein kurzes Weihegebet. →Bischof, →Diakon, →Priester, →Weihe.

R. Meßner

Lit.: B. Kleinheyer, Stud. zur nichtröm.-w. O.sliturgie, ALW 22, 1980, 93–107; 23, 1981, 313–366; 32, 1990, 145–160; 33, 1991, 217–274 – Ders., O.en und Beauftragungen (Gottesdienst der Kirche 8, hg. H. B. Meyer u.a., 1984), 7–65 – P. De Clerck, Ordinations, ordre, Catholicisme 10, 1985, 162–206 [Lit.].

Ordinationstitel → Weihetitel

Ordines Romani → Ordo, II

Ordo (Ordines)

I. Allgemein – II. Liturgische Ordines – III. Krönungsordines.

I. Allgemein: [1] *Begriff:* Lat. o. ist ein Grundbegriff der Theologie und Philosophie und aller Reflexion über polit.-soziale 'Ordnung'. Er ist der Inbegriff des Nachdenkens darüber, wie das Viele und Verschiedene zusammengefügt ist zu einem Ganzen, das in seiner Gestalt und inneren Struktur eine harmon. Anordnung (dispositio) und das gute Zusammenstimmen von Teilen in ihrer Verschiedenheit bedeutet. O. ist Harmonie in der Ungleichheit. Die Reflexion über O. impliziert auch die Annahme der Erkennbarkeit dieses Ganzen und seiner Teile durch die Teilhabe (participatio) des erkennenden Geistes am göttl. Intellekt. Deshalb ist auch die Ethik erkennbar, die sich aus dieser Erkenntnis ergibt und Einfügung in den O. gebietet.

[2] *Antike und christliche Grundlagen:* Die Grundbedeutung von O. ist das Militär., jedoch erfolgt schon früh die Übertragung in andere Bereiche, v. a. in die Ontologie (→Kosmologie) und das Nachdenken über soziale Ordnung (→Stand), das sich in Sozialmetaphern (Körper, militia) und Deutungsschemata äußert. Das frühe Christentum hat wesentl. Elemente des O.-Denkens aufgenommen und umgeprägt, sich aber zugleich auch davon distanziert. Paulus betonte die Überholtheit ständ. Unterscheidungen im Zeichen von Taufe und Erlösung (Gal 3,28), entwarf aber auch mit Hilfe der antiken Körpermetapher eine Gemeindeordnung, die auf Unterscheidung und Zusammenwirken der verschiedenen Dienste und Gnadengaben beruht und dadurch die Einheit bewirkt (1 Kor 12). Die für alle künftigen Ständebildungen folgenreiche Gegenüberstellung von →Klerus und →Laien als die neuen Ordines beginnt schon am Ende des 1.Jh. →Augustinus hat die Grundlagen einer chr. Kosmologie geschaffen, indem er in der Struktur der Welt, insbes. in der Dreiheit von Haus (domus), civitas und Kosmos, als Werk des Schöpfergottes erwies, deren Stufungen eine Hierarchie von Weisung und Gehorsam darstellen und die auch das Böse integriert, insofern es zur Differenzierung beiträgt. Folgenreich war auch die Aneignung platon. und neuplaton. Kosmologie und ihre Verknüpfung mit der chr. Schöpfungslehre bei Ps. Dionysios Areiopagites (→Dionysius, hl., C.)

[3] *Mittelalter:* Im MA hat sich eine fast unüberschaubare Vielfalt von Reflexionen über O. entwickelt, die alle Gebiete des Wissens, der Wiss. und der Deutung von Welt

und Gesellschaft umfassen. In der Liturgie werden die Riten als O. bezeichnet (s. a. liturg. Ordines [O., II], Krönungsordines [O., III]). Die scholast. Philosophie entfaltete, anders als noch immer verbreitete Auffassungen von der Gleichförmigkeit des O.-Denkens annehmen, in allen ihren Phasen eine Vielzahl von Entwürfen der Ordnungs-Metaphysik. Die Gesch.sschreiber zeigen den O. der geschichtl. Abläufe als Nachvollzug des Wirkens Gottes. Für →Otto v. Freising wird (nach dem Vorbild des →Orosius) der O. der Gesch. und seiner eigenen historia sichtbar in der Abfolge der vier Weltreiche, in der sich das »Gesetz des Ganzen« (lex totius) manifestiere. Die →Geographie und Kartographie (→Karte) will mit ihren Mitteln den O., der den Dingen zugrunde liegt, erschließen. Königsspiegel zeigen die Stellung der Herrschaft in der göttl. Weltordnung (→Fürstenspiegel). Die Einzelwiss.en sind ausgerichtet auf den Nachweis der Zusammenstimmung ihrer Gehalte und aller Wiss. überhaupt (→Summa). Bes. anschaul. zeigt dies die →Musik mit ihrem »dreigeschichteten Musikbegriff« (H. H. Eggebrecht).

[4] Bes. zahlreich sind die Prägungen des Begriffs O. und verwandter Begriffe (conditio, gradus, status) im Bereich des Nachdenkens über die soziale Ordnung, über Gruppen und Stände, z. B. im Hinblick auf monast. und geistl. Kommunitäten und ihre Lebensform (o. regularis, o. canonicus, o. cluniacensis). Der ersten monast. Orden schufen die →Zisterzienser, denen andere Mönchsorden (→Dominikaner, →Franziskaner) sowie die →Ritterorden folgten. Aus diesen und den ritterl. Gesellschaften des SpätMA entwickelten sich über die ritterl. Hoforden die späteren Verdienstorden (vgl. z. B. →Hosenbandorden). Gegenstand bes. Aufmerksamkeit ist das →Haus und seine Ordnung (→Familie), das als Teil des Kosmos verstanden wird, v. a. das 'Haus' des Kg.s (palatium), dessen Ordnung sich in das →regnum hinein auswirken soll (vgl. →Hinkmar v. Reims). Außerordentl. zahlreich sind die Reflexionen über die Ordnung der Stände, die in Sozialmetaphern (Körper-, Militia-, Architektur-, Geräte-, Tiermetapher; Schachallegorie) und Deutungsschemata (u. a. potens/pauper; tres ordines ecclesiae; funktionale Dreiteilung; Ständelisten) auch die Entstehung neuer Stände (→Bauern, →Ritter, Rittertum) deuten und z. T. die Entstehung polit. Stände im SpätMA mitbestimmen.

O. G. Oexle

Lit.: zu [1], [2]: HPhG IV, 1037ff. – HRG III, 1291ff.; IV, 1901 – HWP VI, 1249–1309 – P. van Beneden, Aux origines d'une terminologie sacramentelle. O., ordinare, ordinatio dans la littérature chrétienne avant 313, SSL 38, 1974 – A. J. W. Hellmann, O. Unters. eines Grundgedankens in der Theologie Bonaventuras, VGI 18, 1974 – Geschichtl. Grundbegriffe VI, 1990, 155–200 – zu [3]: HWP VI, 1254–1279 – O. Eberhardt, Via regia, MMS 28, 1977, 432ff. – F. Ohly, Schr. zur ma. Bedeutungsforsch., 1977 – Die Renaissance der Wiss. im 12.Jh., hg. P. Weimar, 1981 – F. Ohly, Typologie als Denkform der Gesch.sbetrachtung (Natur – Religion – Sprache – Univ., Univ.svortr. Münster/Westf., 1982/83, 1983), 68–103 – K. F. Werner, Gott, Herrscher und Historiograph (Fschr. A. Becker, 1987), 1–31 – H. H. Eggebrecht, Musik im Abendland, 1991 – A.-G. Martimort, Les 'ordines', les ordinaires et les cérémoniaux, TS 56, 1991 – A.-D. von den Brincken, Fines Terrae (MGH Schr. 36, 1992) – zu [4]: J. Wollasch, Mönchtum des MA zw. Kirche und Welt, MMS 7, 1973, bes. 155ff. und 177ff. – T. Struve, Die Entwicklung der organolog. Staatsauffassung im MA, 1978 – H. Kölmel, Soziale Reflexion im MA, 1985 – O. G. Oexle, Deutungsschemata der sozialen Wirklichkeit im frühen und hohen MA (Mentalitäten im MA, hg. F. Graus, VuF 35, 1987), 65–117 – Ders., Haus und Ökonomie im früheren MA (Fschr. K. Schmid, 1988), 101–122.

II. Liturgische Ordines: Nach einer Epoche liturg. Improvisation begann man im FrühMA damit, nach der schon früher einsetzenden Sammlung der Meßgebete in den Sakramentaren nun auch den äußeren Ablauf liturg. Handlungen schriftlich festzuhalten. Die Abfolge der einzelnen liturg. Elemente bei der Eucharistiefeier, der Taufe und Buße, den Ordinationen, aber auch der Kirchweihe, den Herrscherkrönungen, Synoden usw. hielt man in der Art eines Leitfadens fest, für den sich die Bezeichnung O. eingebürgert hat. Die ersten Ordines wurden in einzelnen Libelli überliefert, bevor sie – erstmals in karol. Zeit – in Slg.en unterschiedl. Umfangs kursierten: der Slg. A (so benannt von Andrieu; ca. 700–750 mit ziemlich authent. röm. Liturgie), der Slg. B (Anfang 9. Jh., mit gallikanisierter Liturgie), der Slg. v. St. Amand (ca. 770–790), der Slg. v. St. Gallen, cod. 349 (vor 787) und cod. 614 (9. Jh., 2. H.) und der Slg. v. Brüssel, Bibl. Royale 10127–10144 (8. Jh. Ende). Die Verbreitung in Slg.en hängt mit der Angleichung der frk.-gall. Liturgie an die römische zusammen, wie sie zuerst in privater Initiative, unter Pippin d.J. und Karl d. Gr. aber unter der Direktive des karol. Herrscherhauses betrieben wurde. Die damals verbreiteten Ordines werden wegen ihrer teilweisen Selbstbezeichnung, v. a. aber wegen der darin beschriebenen Liturgie als *Ordines Romani* bezeichnet. Oft aber geben sie nicht die unveränderte stadtröm. Liturgie wieder, sondern eine mit frk.-gall. Elementen durchsetzte, oder sie beanspruchen mit dieser Bezeichnung nur röm. Autorität. Es gab kein normierendes Zentrum, auch nicht das Papsttum, das bestimmt hätte, was als röm. O. zu gelten habe. So existieren zahlreiche liturg. Ordines auch außerhalb der gen. Slg.en in Sakramentaren, Paenitentialien, Rechtsslg.en und auch selbständig zu Eheschließung, Buße, Jungfrauenweihe usw., die nicht für Rom verfaßt wurden.

Die Ordines-Slg.en führten zur Ausbildung des Pontifikale, das die bfl. Liturgie sammelt. Nach Anfängen schon im 9. Jh. war es v.a. das um die Mitte des 10. Jh. in Mainz zusammengestellte Pontificale Romano-Germanicum, das die weitere Entwicklung bestimmte. Es enthält neben der Bf.sliturgie allerdings noch vieles andere (Ordines zur Papstordination, zur Ks.krönung, Musterpredigten, Erklärungen und jurist. Texte), gewann aber für die Entwicklung der Gattung unschätzbare Bedeutung dadurch, daß es schon bald in Rom selbst und in vielen Diöz. der lat. Kirche rezipiert wurde, wobei öfters das ganze Liturgiebuch als *Ordo Romanus* bezeichnet wurde. In Rom bildete dieses Pontifikale aus Mainz den Grundstock für die weiteren Redaktionen: das Pontificale Romanum des 12. Jh., das P. der Röm. Kurie des 13. Jh. und das Pontifikale des Guillelmus Duranti d. Ä. (von ca. 1293–95; alle ed. bei Andrieu, Le Pontifical Romain). Zur weiteren Entwicklung →Pontifikale.

Parallel zur Entwicklung des Pontifikale lief die schriftl. Fixierung der Liturgie des Kirchenjahres der einzelnen Kathedralkirchen, der Kl. (vgl. Cluny, Montecassino) sowie der Orden und Kongregationen. Diese Leitfäden kursierten gerne unter der Bezeichnung *Ordinarium* (Liber Ordinarius). Bes. Rang unter ihnen nahmen wieder die röm. Ordinarien zum Zeremoniell des päpstl. Hofes ein (→Caeremoniale Romanum).

Ein weiterer liturg. Buchtyp leitet sich von den Ordines her: das Liturgiebuch für den einfachen Presbyter, das →Rituale.

H. Schneider

Lit.: E. Martène, De antiquis ecclesiae ritibus, 4 Bde, 1736–1738[2] [Nachdr. 1969] – M. Andrieu, Les Ordines Romani du haut MA, 5 Bde, 1931–61, SSL 11, 23, 24, 28, 29 [Zählung der OR nicht identisch mit der älteren von J. Mabillon, die jetzt ersetzt, vgl. Konkordanztabelle LThK[2] VII, 1125] – Ders., Le Pontifical Romain au MA, 4 Bde, StT 86, 87, 88, 99, 1938–41 – B. Schimmelpfennig, Die Zeremonienbücher der röm. Kurie im MA, 1970 – M. Dykmans, Le cérémonial papal de la fin du MA à la renaissance, 4 Bde, 1977–85 – C. Vogel, Mediev. Liturgy. Rev. und übers. W. G. Storey–N. K. Rasmussen, 1986 [Lit.] – A.-G. Marimort, Les O., les Ordines, les Ordinaires et les cérémoniaux, 1991 [Lit.] – H. Schneider, Ordines de celebrando concilio (MGH Ordines) [im Dr.].

III. Krönungsordines: Bei den Ordinationen für die Kg.s- und Ks.erhebung sind in die Ordines als primäre liturg.-rechtl. Akte Salbung, Krönung und Szepterübergabe mit den Insignienformeln, dann Befragung des zu Erhebenden und des Volkes, Rechtsgarantie des zu Erhebenden, Eide, Akklamationen, schließl. die Übergabe weiterer →Insignien (Schwert, Ring, Stab) eingefügt. Zu einer späteren Stufe der Entwicklung gehört die Integration rein weltl. Erhebungsriten (Inthronisation u. a.) in den sakral-liturg. Handlungskontext. – Überliefert sind einzelne Teile der Ordines und die vollentwickelten Ordines der Kg.s- und Ks.krönung in liturg. Sammelhss., in Benediktionalien, in Sakramentaren, in Missalien und Pontifikalien, in kurialen Zeremonienbüchern (wichtig: Caeremoniale Romanum v. 1488), im SpätMA in nichtliturg. Werken und päpstl. Bullen. – Spezielle Benediktions- und Gebetstexte für die Kg.ssalbung finden sich in Slg.en, die um 800 im Frankenreich geschrieben worden sind (Benediktionale v. Freising; Sakramentar v. Gellone; Sakramentar v. Angoulême; Benediktionen v. St. Emmeram). Nach traditioneller Sicht (P. E. Schramm; C. Erdmann; C. A. Bouman) sind auf →Hinkmar v. Reims zurückgehende und sakral-liturg. mit rechtl. Formular verbindende Texte die ersten Kg.sordines (869 zur Erhebung Karls d. Kahlen zum Kg. v. Lotharingien; 877 zur Erhebung von dessen Sohn Ludwig d. Stammler zum westfrk. Kg.), nachdem Hinkmar schon 856 und 866 (Trau-) und Krönungsordines für weibl. Angehörige Karls d. Kahlen (u. a. Tochter Judith) verfaßt hatte. Nach früherer und neuestens wieder bekräftigter Meinung in der ags. Forsch. (J. L. Nelson) liegen vor diesen Texten ags. Ordines (Leofric-Missale [→Leofric, 2. L.]; ausgeführter in Egbert- und Lanalet-Pontifikale [→Egbert, 3. E.]), während nach vorherrschender Auffassung der Grundtext dieser Gruppe Ende 9. Jh. bzw. um 900 in Lothringien verfaßt (F. E. Warren; P. L. Ward; C. Erdmann; E. Drage) und ggf. Mitte des 10. Jh. in England im einschlägigen Teil ergänzt (Schramm) wurde. Vielleicht gehört er tatsächl., wie auch unbestreitbar seine beiden im 9./10. Jh. prakt. angewandten Weiterführungen, nach England, setzt jedoch die Kenntnis des Judith-O. voraus. Er hat in England große Nachwirkungen gehabt, zeigt aber keine Beeinflussung durch die beiden Hinkmar-Ordines v. 869 und 877, von denen die kontinentale Entwicklung ausgeht. In diese westfrk. geprägte Traditionslinie gehören – vielleicht mittelbar – die 878 und 888 im Westfrankenreich bei den Kg.serhebungen Ludwigs d. Stammlers und Odos verwandten Ordines, direkt der um 900 entstandene Erdmann-O. (westfrk. O.), der in dieselbe Zeit gehörende Sieben-Formeln-O. (Stablo-O.), der Burg. O., von dem aber die bei den burg.-prov. Kg.serhebungen im ausgehenden 9. Jh. verwandten Ordines, die sich am Formular der Bf.seinsetzung orientieren, als Sonderform abzuheben sind. Als Typus der westfrk. Gruppe ist der Erdmann-O. zu bezeichnen; er bietet ein volles Formular (Benediktionen; rechtl. Petitiones an Herrscher und Volk; Responsio darauf; Salbung und Krönung, dazu Übergabe von Ring, Schwert und Stab) und auch einen O. zur Weihe der Kgn. bietet. – Westfrk. Einfluß (evtl. eine Erdmann-O. und Sieben-Formeln-O. verbindende Q.) ist klar bei dem zweiten ags. O., dem Edgar-O., neben der Einwirkung der ags. Vorläufer (Egbert/Lanalet) erkennbar. Der Edgar-O. ist allg. mit der Erhebung Kg. →Edgars 973 in Zusammenhang gebracht worden. Die Forsch. (Schramm; Ward; Bouman) hat dies durchweg für die beiden Überlieferungsfassungen des O., die primäre (kontinentale) und die sekundäre (engl.), angenommen. Die primäre, im Ratold-Fulrad-Sakramentar (973–986) gebotene, ist wohl schon im 10. Jh. in Frankreich verwendet und ab dem frühen 12. Jh. dort allg. rezipiert worden (Ratold-O.).

Westfrk. Einfluß war auch bei der Entwicklung der Ordines im ostfrk.-frühdt. Reich bestimmend. Der in das frühe 10. Jh. gehörende Frühdt. O. übernahm die im westfrk. Reich durchgeführte Verkirchlichung der Investitur mit den Herrschaftszeichen. Dieser O. stellt neben dem westfrk. Sieben-Formeln-O. die Grundlage des Dt. O. dar, der in dem um 960 in Mainz entstandenen Pontificale Romano-Germanicum überliefert ist. Er komplettiert noch das im Erdmann-O. gebotene inhaltl. Ensemble (Einholung des Kg.s, Litanei, Spangen- und Mantelinsignie zusätzl.; Thronsetzung), ist aber bei der Verpflichtung des Kg.s nicht so weit gefaßt wie röm., westfrk. und auch ags. Parallelstücke. Der Dt. oder Mainzer O. hat in ganz Europa entscheidend nachgewirkt, bes. in Dtl., wo sich die späteren Ordines an ihm orientieren (Neufassung 1307) und die kgl. Zusage ab dem 12. Jh. als »professio« erscheint. Er ist neben dem Edgar-O. auch 1066 in England benutzt worden und ist mit ihm Grundlage dessen, was die neueste Forsch. (R. Foreville; Nelson) vielleicht zu Recht als dritten engl. O. bezeichnet. Als röm. O. aufgefaßt, hat er hier insbes. den um 1100 entstandenen Anselm-O. beeinflußt und mit Wahlaspekt und Minderung der Kg.ssalbung neue Akzente gebracht. Diese inhaltl. Tendenzen wurden in dem 1308 eingeführten O. revidiert, bes. mit dem neuen Eid wurden damals bis in die NZ gültige Rechtsgrundlagen für das Kgtm. und die Stände formuliert. In Frankreich wurde der Ratold-O. Ausgangstext für die weitere Entwicklung. Der nach der neuesten Forsch. (R. A. Jackson) in das 2. Viertel des 13. Jh. gehörende O. v. Reims, der bes. ausgestaltete »O. v. 1250«, und der weitgehend auf dessen Grundlage erstellte O. Kg. Karls V. v. 1365 spiegeln beredt die geistige und polit. Wirklichkeit, indem sie Wesensmerkmale der *religion royale* (hl. Ampulle), Ritterzeremonien, eine Klausel gegen Häretiker und eine solche über die Unantastbarkeit des Kronguts und die Beteiligung der Pairs de France an der Kg.ssalbung enthalten.

Mannigfach ausgestaltet sind die ma. Ks.ordines. 27 Grundfassungen werden in der maßgebenden Edition unterschieden. Die ältesten (O. I–III) sind im Mainzer otton. Pontifikale überliefert und nach dem Vorbild der Papstweihe bzw. westfrk. Kg.sordines gestaltet. Die O. IV–XII lassen Ergänzungen bis zum 12. Jh. erkennen. O. V (um 1000) entstand mit Sicherheit in Rom. Von größter Bedeutung als Vorlage für die meisten jüngeren Ordines ist der im Liber Censuum des Kard.kämmerers Cencius überlieferte O. X (Cencius I), bes. Bedeutung haben die im 12. Jh. entstandenen röm. Ordines XIV–XVII als Grundlage aller späteren Ordines. Der aus O. XVI und O. XVII gegen Beginn des 13. Jh. zusammengestellte O. der Kurie (O. XVIII) fand weiteste Verbreitung. Inhaltl. haben die Ks.-Ordines viel mit den Kg.s-Ordines gemeinsam. Aus ihnen wurde im 12. Jh. das →Scrutinium übernommen, charakterist. inhaltl. Teile stellen die häufig erwähnte Allerheiligenlitanei, die Herrscherlaudes und die verschiedenen Eidesformeln (Krönungs-, Sicher-

heits-, Römereid) dar. In der Regel kam den einzelnen Ordines nicht Verbindlichkeit zu. Sie sind Q. sui generis und spiegeln als solche in bes. markanter Weise das ma. Denksystem in variierenden Ausprägungen. Die Ordines vermitteln eine Herrschaftstheologie, die den Regenten einerseits in der sakralen Erhöhung des Christusvikariats, in der ma. »Souveränität« und in der religion royale (ostfrk. und dt. Reich; Frankreich im SpätMA), andererseits in seinen aus volksrechtl. Traditionen und kirchl. Kontrolle abgeleiteten rechtl. Bindungen (westfrk. Reich) zeigen.
H. H. Anton

Q.: Die Ordines für die Weihe und Krönung des Ks.s und der Ksn., hg. R. ELZE (MGH Fontes 9, 1960) – Le Pontifical romano-germanique du dixième s., hg. C. VOGEL–R. ELZE, 3 Bde (StT 226, 227, 269, 1963–72) – *Lit.*: HRG III, 1289–1291 – G. WAITZ, Die Formeln der Dt. Kg.s- und der Röm. Ks.-Krönung ... (AAG, Hist.-Phil. Classe 18, 1873) [Nachdr. 1971] – E. KANTOROWICZ, Laudes Regiae (Univ. of California, Publ. in Hist. 33, 1946) [Nachdr. 1974] – C. ERDMANN, Kg.s- und Ks.krönung im otton. Pontifikale (DERS., Forsch. zur polit. Ideenwelt des FrühMA, aus dem Nachlaß hg. F. BAETHGEN, 1951), 52–91 – C. A. BOUMAN, Sacring and crowning (Bijdr. van het Inst. voor Middeleeuwse Geschiedenis der Rijks-Univ. te Utrecht 30, 1957) – W. ULLMANN, Der Souveränitätsgedanke in den ma. Krönungsordines (Fschr. P. E. SCHRAMM, hg. P. CLASSEN–P. SCHEIBERT, I, 1964), 72–89 [Nachdr.: DERS., The Church and the Law ..., 1975, VI, 72–89] – P. E. SCHRAMM, Ks., Kg.e und Päpste, II, 1968, 140–305; III, 1969, 33–134 – Le sacre des rois. Actes du Coll. int. d'hist. sur les sacres et couronnements royaux (Reims 1975), hg. Centre Nat. de la Recherche Scientifique, 1985 [bes. R. A. JACKSON, R. FOLZ] – J. L. NELSON, Politics and Ritual in Early Medieval Europe, 1986 – Coronations, hg. J. M. BAK, 1990.

Ordo caritatis (amoris) → Nächstenliebe

Ordo iudiciarius bezeichnet im kanon. Recht, ähnl. wie 'ordo iudiciorum' im röm. Recht, die Form eines →Gerichtsverfahrens, das zu einem gültigen Urteil führt. Das Recht auf einen o. i., ein grundsätzl. Thema der pseudoisidor. Polemik des 9. Jh., wurde von →Hinkmar v. Reims auf die Fälle nicht manifester Vergehen begrenzt. Gratian greift die Frage der Notwendigkeit des o. i. noch einmal auf (C. 2 q. 1). Inhaltl. wurde der o. i. eine Synthese des röm. und des kanon. Rechts. Traktate über Prozeßrecht, die auf dem Decretum Gratiani basierten und im späten 12. Jh. zum erstenmal erschienen, hießen »Ordines iudicarii«, während jene, die sich auf das röm. Recht stützten, »De iudiciis« oder »Libelli de ordine iudiciorum« genannt wurden. Die ordines gehörten der populären Rechtslit. an und wurden teilweise als Bestandteil von Kompendien verbreitet, jedoch nie an den Univ. en gelehrt.
L. Fowler-Magerl

Lit.: DDC VI, 1132–1143 – COING, Hdb. I, 383–397 – K. NÖRR, Ordo iudiciorum und O. i., SG 11, 1967, 327–344 – J. FRIED, Die röm. Kurie und die Anfänge der Prozeßlit., ZRGKanAbt 59, 1973, 151–174 – L. FOWLER-MAGERL, Ordo iudiciorum vel o. i. (Ius commune, Sonderh. 17, 1984).

Ordo Portae, anonyme, zw. 1478 und 1481 entstandene Beschreibung des osman. Hofes und Heeres mit dem Titel »Αἱ τάξεις τῆς πόρτας τοῦ ἀμηρᾶ«. Das kurze Werk enthält v. a. Material zu Gliederung, Ausrüstung und Marschordnung des osman. Heeres, aber auch unglaubwürdige (z. B. zur Soldhöhe) und falsche Angaben (etwa zu den Tschauschen). Die ältere der beiden überlieferten Abschriften (Par. gr. 1712) stammt vom Anfang des 16. Jh. und belegt, in Volkssprache gehalten, sonst nicht nachgewiesenes mittelgr. Wortgut und türk. Fremdwörter. Die Hs. Escorial cod. Y-I-6 ist Abschrift einer im wesentl. hochsprachl. Redaktion, die wohl mit dem Gesch.swerk des Leonidas Chalkokondyles in Zusammenhang steht.
Ch. K. Neumann

Ed.: Ş. BAŞTAV, 1947 [dazu S. JANNACONE, Byzantion 21, 1951, 232–237] – *Lit.*: MORAVCSIK, Byzturc I, 470 – P. SCHREINER, Eine zweite Hs. der 'O. P.' und der Wegbeschreibung in das Gebiet des Uzun Hasan, SOF 41, 1982, 9–25.

Ordonnance
I. Allgemein – II. Ordonannces de l'Hôtel.

I. ALLGEMEIN: Als *Ordonnances royales* (kgl. Ordonnanzen, ordinationes) werden bezeichnet die Erlasse der Könige von →Frankreich, die legislative und rechtlich bindende Kraft weit über den Zeitpunkt ihres Entstehens hinaus hatten (→Gesetzgebung). Sie hießen ztw. auch 'stabilimenta', 'établissements', 'statuta', 'inhibitiones'. Die O. treten seit →Philipp II. Augustus (1180–1223) auf; es sind jedoch bereits zwei O. →Ludwigs VII. (über den Rückfall [konvertierter] Juden; Kundmachung des Friedens v. Soissons) überliefert. Im 13. Jh. ist die Terminologie unsicher, die diplomat. Form schwankend: Am häufigsten wurden O. als *lettres patentes* (→litterae, II), gesiegelt mit grünem Wachs, ausgefertigt.

Sind die O. im Frankreich der frühen NZ kgl. Gesetze von allg. Charakter und gültig für das gesamte Kgr., so richten sich die O. des MA in der Regel an eine vergleichsweise präzis eingegrenzte Gruppe von Untertanen. So wird der Begriff der O. beispielsweise für die Regierung →Philipps d. Schönen (1285–1314) lediglich etwa 20 kgl. Erlassen vorbehalten; unterschieden werden ferner die O. de l'Hôtel, die Ordonnance zur Reform des Kgr.es, zahlreiche O. über das Heeresaufgebot (*ost*), eine Ordonnance gegen den Luxus (→Luxusordnungen), über das →Notariat, die Jagd, mehrere O. über den Finanzhaushalt, den Adel des Kgr.es, die Juden.

Der Begriff der O. wird durchgängig auf die Edikte zur Reform des Reiches angewandt. Die erste dieser O. ist diejenige Ludwigs d. Hl.n (1254), es folgte eine Ordonnance Philipps d. Schönen (1303), ferner die O. von 1355–56, erlassen in Gegenwart der →États généraux; im 15. Jh. sind von großer Bedeutung die →Ordonnance cabochienne (1413) sowie die Ordonnance v. Montils-lès-Tours (1454), die – nach Beratung mit einer Notabelnversammlung – zur Abschaffung der während des Krieges aufgetretenen Mißstände erlassen wurde, schließlich die von 1493 und 1498 im Gefolge der États généraux v. Tours (1484) und der Notabelnversammlung v. Blois. Diese O. tragen einen umfassenden konstitutionellen Charakter; durch sie suchte das Kgtm. in Zeiten der Unruhe eine Reform der →Justiz, des →Münzwesens und der →Finanzen in Angriff zu nehmen.

Die kgl. O. des MA, bis 1514, waren seit dem 18. Jh. Gegenstand des monumentalen Editionsunternehmens »O. des rois de France de la troisième race« (Paris 1723–1847, 23 vol. in fol.), begonnen von LAURIÈRE und fortgesetzt von der Acad. des Inscr. et Belles Lettres unter der Leitung von PARDESSUS. Das Werk vereinigt Texte unterschiedlichster diplomat. Gestalt und inhaltl. Zielsetzung.

II. ORDONNANCES DE L'HÔTEL: Unter dieser Bezeichnung, die ungefähr dem dt. Begriff →Hofordnung (Hofordnanz) vergleichbar ist, wird eine Reihe von Texten zur administrativen Regelung des →Hôtel du roi, des kgl. Hofhalts, zusammengefaßt. Die erste echte Ordonnance de l'H. stammt von 1261 (eine ältere Ordonnance von 1241 ist sehr knapp gehalten), die letzte ma. von 1464 (Ludwig XI.). Die O. de l'H. sind größtenteils in den Registern des →Trésor des chartes, des kgl. Archivs, das während der Regierung →Philipps V. (1316–22) aufgebaut wurde, erhalten (Arch. nat., JJ 57). Manche sind nur in Abschriften des 17. Jh. überkommen. Eine große Anzahl wurde vom

Genealogen Clairambault kopiert (Paris, BN Clairambault 832, 833, 834).

Eine vollständige Ordonnance enthält eine Liste der sechs Ämter (*métiers*) des →Hôtel du Roi, mit Aufzählung des gesamten Personals des jeweiligen Amtes. Für jeden Amtsinhaber werden aufgeführt die Zeit, die er zur Ausübung seines Amtes aufzuwenden hat, seine Bezüge, seine Dienstkleidung (Robe, Handschuhe usw.), die er jährl. empfängt, und die Naturalleistungen, auf die er Anspruch hat. Die O. de l'H. von 1261, 1286, 1306, 1316, 1317, 1322, 1328, 1350, 1386 und 1388 entsprechen diesem Typ.

Andere O. dagegen befassen sich ledigl. mit der Senkung der Kosten im Bereich des Hofhalts und führen ausschließl. die Ämter auf, die künftig eingespart werden sollen; von dieser Art sind z. B. die O. von 1291, 1292 und Dez. 1316 ('Abrégé des despens de l'ostel'). In bestimmten O. werden – neben den sechs *métiers* des Hôtel du roi – auch andere Ämter (sogar das →Parlement) aufgeführt (1286, 1316, 1317 usw.).

Auch der Hofhalt der Kgn., das *Hôtel de la reine*, hatte eigene O., die teils im Anschluß an die kgl. Hofordonnanzen (1281, 1286), teils auch selbständig (1316, 1322) erlassen wurden. Auch für die Hofhalte der Prinzen wurden eigene O. verkündet (z. B. Ordonnance de l'hôtel des Bruders Ludwigs d. Hl.n, →Alfons v. Poitiers, 1258).

E. Lalou

Lit.: zu [I]: A. GIRY, Manuel de diplomatique, 1925 – F. OLIVIER-MARTIN, Hist. du droit français des origines à la Révolution, 1948 [Neudr. C.N.R.S., 1988], 348 – G. TESSIER, Diplomatique royale française, 1982, 281 – *zu [II]*: F. LOT–R. FAWTIER, Hist. des institutions françaises, II, 1958.

Ordonnance cabochienne, Reformgesetz (→Ordonnance) des Kgr.es →Frankreich vom 26. und 27. Mai 1413. Die O. wurde Kg. →Karl VI. im Zuge der sog. 'revolution cabochienne' (→Caboche, Simon; →Armagnacs et Bourguignons) von der Reformbewegung im Namen des Hzg.s v. Burgund, →Jean sans Peur, abgenötigt. Das Reformgesetz wurde durch eine dreimonatige Inquisitio, mit der eine zwölfköpfige Kommission betraut war, vorbereitet (Untersuchung über die Funktionsweise der kgl. Verwaltung und insbes. das Verhalten der Beamten); Vorstufen der O. waren die auf den →États généraux vom Jan. 1413 vorgetragenen Beschwerden (→Remonstranz) und die Eingabe der Univ. und Stadt Paris an den Kg., in denen die 'Bourguignons', die die brutale Ausweitung der staatl. Macht ablehnten und starken Anhang unter der kgl. Beamtenschaft und der Pariser Stadtbevölkerung fanden, bereits grundsätzl. ihre Forderungen artikuliert hatten. Die O. stand darüber hinaus in einer langen Traditionskette (Reformgesetze Ludwigs d. Hl.n, 1254, Philipps des Schönen, 1303, Ordonnanzen von 1315-19 und bes. 1355-58). Als Höhepunkt der frz. Reformgesetzgebung des späten MA hatte die O., in enger, oft wörtl. Anlehnung an die früheren Reformansätze, die Wiederherstellung der alten Rechte und Gebräuche, die durch den Amtsmißbrauch (→Korruption) der kgl. Beamten verletzt worden waren, zum Ziel. Von ungewöhnlich breitem Umfang (258 Artikel), befaßt sich die O. mit sämtl. Bereichen der kgl. Verwaltung (Domäne, Münze, →Aides, →Trésor, →Hôtel du roi, →Chambre des comptes, →Justiz, →Chancellerie, →Eaux et Forêts); erst am Schluß werden die Kriegsleute (gemeinsam mit den Randgruppen der Leprosen und Bettler) gestreift. Ein eigener Artikel befaßt sich mit dem Kanzleramt (das damals mit einem Gegner der Bourguignons, Henri de →Marle, besetzt war). Die O. strebt nicht so sehr die Reform der Strukturen, sondern die Besserung der Menschen an. Die kgl.

Beamten werden strenger moral. Kritik unterworfen (sie seien zu zahlreich, zu mächtig, zu gut besoldet, zu sehr durch verwandtschaftl. Beziehungen verbunden). Die O. will folglich ihre Zahl reduzieren (v. a. bei den Steuereinnehmern), die Bezüge verringern, Gunsterweise und →Pensionen aufheben (Pensionen auf Lebenszeit sollen Staatsdienern erst nach mindestens dreißigjähriger Amtszeit zustehen) und die Ämterpacht (→Ämterkäuflichkeit) abschaffen. Die →Prévôts sollen als festbesoldete Beamte fungieren (eine Forderung aller Reformordonnanzen). Origineller ist die Anordnung der →Wahl aller kgl. Beamten (selbst der untersten) durch ad hoc zu bestimmende Kommissionen. In der O. artikuliert sich Unzufriedenheit über neue Methoden und neue Menschen im Staatsdienst. Die vom Kg. am 26. und 27. Mai feierl. publizierte O. wurde nach der hastigen Flucht der Cabochiens und Bourguignons aus der Hauptstadt bereits am 5. Sept. 1413 in einem neuen →*lit de justice* aufgehoben.   F. Autrand

Lit.: A. COVILLE, Les cabochiens et l'ordonnance de 1413, 1888 – DERS., L'o., 1891 – F. AUTRAND, Charles VI. La folie du roi, 1986.

Ordonnanzkompagnie → Compagnie d'Ordonnance

Ordoño

1. **O. I.,** Kg. v. →Asturien 850-866, † in →Oviedo, wird in den Q. als guter Herrscher gewürdigt (u. a. Chronik →Alfons' III.; →Chronicon Albeldense: »pater gentium«). Er ließ Städte wiederbesiedeln und befestigen (→Tuy, →Astorga, →León, Amaya). In seinen Kämpfen gegen die Mauren wie gegen aufständ. Vasconen war er erfolgreich. Während seiner Regierungszeit griffen die Normannen →Galicien an. Offenbar schützte O. das Christentum gegen Reste des Heidentums.

J. M. Alonso Núñez

Q.: →Hist. Silense; →Sampiro – Lit.: C. SÁNCHEZ ALBORNOZ, Orígines de la nación española, 3 Bde, 1972-75 – R. MENÉNDEZ PIDAL, Hist. de España, VI, 1982[4]; VII, 1980 [C. SÁNCHEZ ALBORNOZ] – P. GARCÍA TORAÑO, Hist. del Reino de Asturias (718-910), de España, VI, 1986 – L. VONES, Gesch. der Iber. Halbinsel, 1993, 38-43 [Lit.: 290-293].

2. **O. II.,** Kg. v. →León und →Asturien 911-924, Sohn von →Alfons III. Er regierte in →Galicien schon zu Lebzeiten seines Vaters. Nach dem Tode seines Bruders →García I. (914) wurde er Kg. v. León. In seinen Kämpfen gegen die Mauren nur selten glücklich, hatte er auch Schwierigkeiten mit den Machtträgern des aufstrebenden →Kastilien. O. war Wohltäter der Kirche v. León.

J. M. Alonso-Núñez

Q. und Lit.: →Ordoño I. – C. SAENZ RIDRUEJO, Identificaciones toponímicas sobre la campaña de O. II a tierras del Henares, Wad-al-Hayara 8, 1981, 431-434.

3. **O. III.,** Kg. v. →León und →Asturien 951-956, † in →Zamora; Sohn von →Ramiro I.; ∞ Urraca, Tochter des Gf.en →Fernán González v. →Kastilien. Die Versuche des späteren Kg.s →Sancho I., O. zu stürzen, lösten innere Kämpfe aus. O. führte Kriege gegen die Mauren (erfolgreiche Expedition gegen Lissabon), mit denen er aber gleichzeitig verhandelte.   J. M. Alonso-Núñez

Q. und Lit.: →Ordoño I. – J. RODRÍGUEZ, O. III., 1982.

4. **O. IV.,** Kg. v. →León und →Asturien 958-960, † 962 in Córdoba; Sohn →Alfons' IV., verdrängte mit Hilfe des →Fernán González v. →Kastilien seinen Konkurrenten →Sancho I., der aber, u. a. mit Unterstützung der Mauren, den Thron zurückgewann. Daher mußte O. seine letzten Jahre im Exil verbringen.   J. M. Alonso-Núñez

Q. und Lit.: →Ordoño I. – J. RODRÍGUEZ FERNÁNDEZ, Sancho I y O. IV, 1987.

Orebiten, Anhänger der hussit. Reformbewegung (→Hussiten) in Ostböhmen, die sich im Frühjahr 1420 zu einer regionalen religiös-militär. Bruderschaft zusammenschlossen. 'O.' leitet sich vom bibl. Namen Oreb ab, mit dem sie ihren Wallfahrtstreffpunkt (Anhöhe bei Třebechovice) bezeichneten. Der radikale →Chiliasmus aus den Jahren 1419-20 griff nicht bis nach Ostböhmen über, so daß das dortige Hussitentum eine gemäßigte Form beibehielt und sich in seinen religiösen Postulaten nicht wesentl. von den →Prager Artikeln unterschied. Zum erstenmal kommen die O. in den Q. Ende April 1420 vor, als sie dem durch die Kreuzfahrer bedrohten →Prag zu Hilfe eilten. Ihr militär. Anführer war Hynek Krušina v. Lichtenburk. Unter den Predigern ragt der Priester Ambrosius hervor, auf dessen Betreiben sich die Bruderschaft der Festung →Königgrätz (Hradec Králové) bemächtigte. Mit Hilfe der O. besiegten die Prager Kg. Siegmund am Vyšehrad (1. Nov. 1420). Zu Beginn des Jahres 1423 verlegte der Taboritenhauptmann Johann →Žižka seinen Tätigkeitsbereich nach Ostböhmen und stellte im Gebiet der O. alsbald eine mobile Truppe mit einem Netz befestigter Stadtbasen auf. Aus der Machtkonfrontation mit dem Prager Hussitenbund ging die Bruderschaft Žižkas siegreich hervor und entwickelte sich während des Jahres 1424 zum entscheidenden militär. Faktor im Lande. Der Tod Žižkas (11. Okt. 1424) ebnete den Weg für einen zeitweiligen Zusammenschluß der O. mit der Gemeinde v. →Tábor. Nach dem Zerfall dieser radikalen Union operierten die Truppen beider Bruderschaften auf eigene Faust, gingen jedoch im Falle einer Bedrohung des Landes durch Kreuzfahrerheere oder bei großen Expeditionen ins Ausland gemeinsam vor. Die O. bezeichneten sich zu Ehren des unbesiegten Žižka als *sirotci* ('Waisen'). Den Höhepunkt ihrer Macht erreichten sie in den Jahren 1428-33, als neben Königgrätz auch die Prager Neustadt wichtige Machtbasis bildete und eine ihrer Expeditionen die Ostseeküste erreichte. Die Niederlage der radikalen hussit. Verbände am 30. Mai 1434 bei →Lipany führte auch zum Machtverfall der O.   F. Šmahel

Q.: FontrerBohem V, 365, 374, 432-465 – *Lit.*: J. B. ČAPEK, K vývoji a problematice bratrstva Orebského, Jihočeský sborník historický 35, 1966, 92-109 – F. G. HEYMANN, John Žižka and the Hussite Revolution, 1969², 131-133, 362-366 – J. URBAN, Husitství ve východních Čechách do Žižkova příchodu, Historie a vojenství, 1991-92.

Oreibasios, Arzt, med. Schriftsteller, * ca. 320, † ca. 400. [1] *Leben, Werke:* O. stammte aus Pergamon, studierte in Alexandreia und praktizierte in Kleinasien. Als Leibarzt des späteren Ks.s →Julianus Apostata ging er mit ihm 355 nach Gallien. Er unterstützte Julianus' Bestrebung um Wiederbelebung des Heidentums, wurde von Ks. zum quaestor in Konstantinopel ernannt und begleitete ihn auf dem Perserfeldzug. Nach dessen Tod (363) wurde O. verbannt, später begnadigt. Werke: »Ἰατρικαὶ Συναγωγαί« (Collectiones Medicae; Slg. von Schriften der Ärzte des Altertums); Σύνοψις πρὸς Εὐστάθιον (Synopsis; Exzerpt aus den Συναγωγαί); Πρὸς Εὐνάπιον (Euporista; ärztl. Hausbuch). Die Schr. des O., die ins Lat., Syr. und Arab. übersetzt wurden, vermittelten die med. Kenntnisse des Altertums nach Westeuropa, Byzanz, Syrien und in die arab. Welt.   J. M. Alonso-Núñez

Ed.: J. RAEDER, Corpus Medicorum Graecorum, VI 1-3, 1926-31 – *Lit.*: RE Suppl. VII, 797-812 – Hb. der Gesch. der Medizin, hg. M. NEUBURGER–J. PAGEL I, 1902, 513-521 [Neudr. 1971] – B. BALDWIN, The Career of O., Acta Classica 18, 1975, 85-97 – S. FARO, Oribasio medico, quaestor di Giuliano l'Apostata (Fschr. C. SANFILIPPO VII, 1987), 261-268.

[2] *Lat. Übersetzungen:* Nur die »Synopsis« und die »Euporista« wurden ins Lat. übersetzt. Man unterscheidet eine sog. ältere Übers. (Haupths. Aa, Ende 7. Jh. [Euporistakapitel an den entsprechenden Stellen der Synopsisübers. eingearbeitet]) und eine jüngere (Haupths. La, 10. Jh. [Synopsis und Euporista getrennt]), während der sog. Liber medicinalis des Ps.-Democritus in seinem heutigen Zustand nur einen kleinen Teil der Synopsis überliefert (älteste Hs. A, 9. Jh.). Exakt läßt sich keine der Übers.en datieren. Sie können aber schwerlich später als im frühen 7. Jh. entstanden sein, so daß man von einem Zeitraum zw. 450 und 600 ausgehen wird (präziser MÖRLAND: »unter oder kurz nach der Gotenherrschaft«). Die Versionen *Aa* und *La* werden gewöhnl. mit einer Ärzteschule v. Ravenna in Verbindung gebracht, doch kämen auch Unteritalien oder die Prov. Africa als Entstehungsort in Frage. Charakterisiert durch ausgeprägte Züge des Spät- und Vulgärlateins, sind sie eine wichtige Q. für die Sprachforsch. Die Abweichungen gegenüber der gr. Fassung sind z. T. durch Einschübe begründet, z. T. muß ein anderer gr. Text zugrunde gelegen haben. Eine systemat. Auswertung der Übers.en für die Gestaltung des gr. Textes steht bisher aus.   K.-D. Fischer

Lit.: Bibliogr. des textes médicaux lat., 1987 [Ed.] – H. MÖRLAND, Die lat. Oribasiusübers., 1932 [grundlegend] – J. SVENNUNG, Wortstud. zu den spätlat. Oribasiusrezensionen, 1932 – M. E. VÁZQUEZ BUJÁN, Problemas generales de las antiguas traducciones médicas lat., StM 25, 1984, 641-680 – K.-D. FISCHER (HAW § 724.7) [Lit.].

Orendel, anonymes Versepos (ca. 3900 Verse), beschreibt in hoch formelhaftem Stil Brautwerbung und Kreuzfahrt des Trierer Kg.ssohns O., in deren Verlauf der Held in den Besitz des →hl. Rockes gelangt, in dem Christus das Martyrium erlitt, und dann zum Gemahl der Jerusalemer Kgn. aufsteigt; auf göttl. Befehl bleibt die Ehe keusch. Nach Kämpfen gegen Heiden, die das Paar u. a. nach Trier führen, wo die Herrenreliquie deponiert wird, und die dank göttl. Intervention mit der Rückeroberung des Hl. Grabes enden, ziehen sich die Akteure ins Kl. zurück. Der O. verbindet (unter Anleihen aus dem Apolloniusroman [→Apollonius v. Tyrus]) Kreuzzugsthematik und Brautwerbungsschema (→Brautwerberepos) zu einem Legendenroman mit dem auch für andere Spielmannsepen (z. B. →Oswald) typ. geistl.-weltl. Mischcharakter, wobei säkulare Handlungsmuster letztl. legendar. überformt werden. Die Dichtung, wohl gegen Ende des 12. Jh. im Umfeld der Propagierung einer Herrenreliquie durch das Trierer Episkopat entstanden, bietet eine von der 'offiziellen' Version, nach der die hl. →Helena den Rock Christi nach Trier brachte, auffällig abweichende Herkunftslegende; die hinter dieser Gegenversion stehende Interessenkonstellation bleibt undeutlich. Die Dichtung ist nur in Bearb.en des 15. und 16. Jh. überliefert; zwei Augsburger Drucke von 1512 (darunter eine Prosaauflösung) reagieren auf eine Schaustellung der Trierer Reliquie im selben Jahr. S. auch →Spielmannsdichtung.
    A. Otterbein

Ed.: E. BERGER, 1888, 1974² – H. STEINGER, 1935 – L. DENECKE, 1972 [Faks. der Drucke] – *Lit.*: Verf.-Lex.² VII, 43-48 [M. CURSCHMANN] – B. PLATE, O. – Kg. v. Jerusalem, Euphorion 82, 1988, 168-210.

Orense, Stadt und Bm. in →Galicien, ursprgl. röm. Straßendorf, Vorort des röm. *Conventus Bracarensis,* mit Thermalbädern (As Burgas). Seit dem 6. Jh. Bm., wird O. vor 1071 in den Q. nur sporadisch anläßl. von Bf. saufenthalten erwähnt. Zw. 1112 und 1165 wurde der Bf.ssitz wiederhergestellt, die Stadt wiederbesiedelt und die bfl. Stadtherrschaft gefestigt sowie durch eine ausgedehnte städt. Immunität (→Coto) und bfl. Domäne ergänzt. Fortan war O. ein kleiner Durchgangsort (Weinanbau, v. a. aber Fernhandel über die bedeutende röm.-ma. Brücke). Handwerker und Kaufleute bildeten wichtige Bevölkerungsgruppen der Stadt, in der auch eine kleine jüd. Gemeinde lebte. Im 13.-15. Jh. kontrollierten die Bf.e als Gerichtsherren die wichtigsten Elemente städt. Lebens (Rechtsprechung, Befestigungsanlagen, Weinhandel, auf der Brücke getätigte Geschäfte). Die 'Bischöflichen' (*gentes*, kirchl. Grundholden) bildeten eine eigene Partei, häufig in offenem Konflikt mit dem seit dem 14. Jh. bestehenden →Concejo; 1295 führten Unruhen sogar zur Zerstörung des Franziskanerkl. Im 14. Jh. kämpfte die Stadt um ihre Zugehörigkeit zum →Realengo. Im 15. Jh. kam es durch Interventionen galic. Adliger (Gf.en v. Benavente, Ribadavia und Lemos) und infolge der immer längeren Abwesenheiten der Bf.e zu einer Destabilisierung (neue Unruhen, Faktionsbildungen), die allerdings einer Ausformung städt. Strukturen nicht im Wege stand. Die Regierung der Kath. Kg.e (1475-1517) brachte eine Konsolidierung der öffentl. Sicherheit, des Stadtregiments und der kirchl. Verwaltung.   J. García Oro

Lit.: E. Flórez, España Sagrada, XVII, 1763 – B. Fernández Alonso, El pontificado gallego. Crónica de los obispos de O., 1897 – Colección de documentos del Archivo Catedral de O., 2 Bde, 1914-22 – E. Leirós Fernández, Catálogo de los pergaminos monacales del Archivo de la S.I. Catedral de O., 1951 – J. Ferro Couselo, A vida e a fala dos devanceiros, 2 Bde, 1967 – E. Duro Pena, Catálogo de documentos reales de la Catedral de O. (Misc. de Textos Medievales 1, 1972) – Ders., Catálogo de los documentos privados en pergamino del Archivo de la Catedral de O., 1973 – J. García Oro, Galicia en los siglos XIV-XV, II, 1987, 105-122.

Oresme, Nicole (Nikolaus v. Oresme), frz. Denker, * 1322, † 11. Juli 1382.

I. Leben und Werk – II. Naturwissenschaftliche Bedeutung.

I. Leben und Werk: O. stammte aus der Normandie (Bm. Bayeux), studierte in Paris als Stipendiat des Collège de Navarre, 1356 Dr. theol. Er war *grand maître* dieses berühmten Kollegs und gehörte zum Kreis der Reformer, die sich um →Karl 'd. Bösen', Kg. v. Navarra und Gf.en v. Évreux, scharten. Von dessen Verhalten enttäuscht, schloß er sich jedoch seit 1361-62 an Kg. →Johann II. 'd. Guten' und seinen Sohn →Karl (V.) an. Er büßte deshalb die Leitung des Collège de Navarre ein; kgl. Protektion verschaffte ihm dafür Kanonikate in Rouen (1364 Dekan der Kathedrale) und Paris (an Notre-Dame). Im Rahmen des von Karl V. initiierten Übersetzungsprogramms arbeitete O. an den Übersetzungen der eth. und physikal. Werke des →Aristoteles. Für seine wiss. Leistungen belohnte ihn die Kg. mit dem Bm. Lisieux (1377) und dem (Ehren-)Titel eines kgl. Rates (1378). O. übte seine kirchl. Ämter verantwortungsvoll aus; 115 lat. Predigten sind erhalten, in denen er sich z.T. mit der Behebung von kirchl. Mißständen befaßt. Aktiver Univ.lehrer, verfaßte er →Quaestiones über die im Lehrbetrieb gelesenen Autoren, u.a. Aristoteles, weiterhin während seiner Studien an der theol. Fakultät einen nur teilw. erhaltenen →Sentenzenkommentar sowie »De communicatione idiomatum in Christo«, einen vom Denken →Wilhelms v. Ockham inspirierten Traktat. In seiner philos. und naturwiss. Reflexion gelangt er, ausgehend von den Texten, die er kommentiert, zu sehr persönl. und originellen Denkansätzen. In »De moneta« (um 1356/57) führt ihn die aristotel. Annäherung an ökonom. Fragen zur Beschäftigung mit dem Problem des Münzwesens: Gegen die häufigen Münzverschlechterungen der Zeit hebt er die Verpflichtung der Münze auf das Gemeinwohl (→Bonum commune) hervor und bestreitet dem Princeps das Recht einer willkürl. Münzmanipulation zum eigenen Vorteil. Dieser bedeutsame Traktat, der O.s polit. Reformansätze illustriert, steht wohl in Verbindung mit der Schaffung des →Franc durch Kg. Johann II. (1360), der dadurch auf den Gelehrten aufmerksam wurde.

In Fortsetzung seiner Reflexion über eine zeitgemäße Anwendung des antiken philos. Denkens wandte sich O. um 1365-70 vom Lat. ab und übertrug das aristotel. Schriftencorpus ins Medium der Volkssprache, wobei seine Übersetzungen zugleich Kommentare sind: »Éthique«, »Politique«, »Économique« (um 1370-74). Es bedurfte großer Anstrengungen, dem Frz., das O. durch ein neues Vokabular abstrakter Begriffe bereicherte, den Rang einer Wissenschaftssprache zu verleihen; bes. aufschlußreich für O.s Zielsetzungen sind die Vorreden. Die intellektuelle Nachwirkung O.s war infolge der neuen Möglichkeiten, die sein Denken eröffnete, tiefgreifend und langanhaltend.   P. Bourgain

II. Naturwissenschaftliche Bedeutung: O. ist einer der bedeutendsten naturwiss. Denker im westl. MA. Seine Schriften bewegen sich zwar innerhalb des Rahmens der aristotel. Philosophie, enthalten aber zahlreiche originelle Ideen. O. verfaßte über 30 Werke, von denen der größere Teil noch nicht ediert ist. Sie betreffen Quaestiones zu Schriften des Aristoteles oder zu speziellen Themen, Arbeiten zur →Physik und →Mathematik sowie Abhandlungen gegen →Astrologie und →Magie.

Von O. stammt die Metapher vom Himmel als mechan. Uhr. Seine Auffassung, daß zw. der Mechanik im sub- und supralunaren Bereich ein grundlegender Unterschied besteht, ist traditionell, aber er diskutiert auch die Möglichkeit, daß Gott bei der Erschaffung des Himmels Kräfte bildete, welche die Sphären wie eine Uhr in Bewegung versetzen, so daß man ohne Intelligenzen auskommt (»Du ciel et du monde«).

Ausgehend von der Proportionenlehre in Buch 5 von →Euklids »Elementen« und von Bradwardines exponentiellem Bewegungsgesetz zw. Kraft, Widerstand und Geschwindigkeit eines bewegten Körpers, entwickelt O. in »De proportionibus proportionum« und im »Algorismus proportionum« eine Proportionenlehre, bei der nicht nur gebrochene, sondern auch irrationale Exponenten möglich sind, und wendet sie auf die Bewegungen am Himmel an. Im »Tractatus de commensurabilitate vel incommensurabilitate motuum celi« geht er auf die Frage ein, ob es ein gemeinsames Maß zw. den Umläufen der Himmelskörper gibt. In »Du ciel et du monde« läßt O. die Möglichkeit zu, daß Gott auch mehrere Welten hätte erschaffen können, er entscheidet sich aber schließlich im Sinne des Aristoteles für nur eine Welt.

O. wendet sich in mehreren Schriften (u.a. »Quaestio contra divinatores«) entschieden gegen die Astrologie. Er bestreitet den Einfluß himmlischer Mächte auf das irdische Geschehen und bekräftigt, dieses sei nur von natürl. und unmittelbaren Ursachen abhängig.

Ähnlich wie manche Zeitgenossen beharrt O. nicht darauf, daß die Erde unbewegt im Mittelpunkt der Erde verharren müsse. Vielmehr kann sie kleine Translationsbewegungen durchführen. In mehreren Schriften (»Du ciel«, »Questiones de celo«, »Questiones de spera«) behandelt O. auch die Frage, ob sich die Erde um ihre Achse dreht; er betont, daß unter der Annahme einer Rotation die astron. Phänomene ebenso erklärt werden können wie durch die kreisförmige Bewegung der Himmelssphären.

O. weiß, daß beim Fall eines Körpers die Geschwindigkeit nicht zum zurückgelegten Weg, sondern zur Fallzeit proportional ist; zur Erklärung benutzt er die Impetustheorie (→Dynamik). Obwohl er die Merton-Regel für gleichmäßig beschleunigte Bewegungen kennt, wendet er sie nicht auf den freien Fall an. Ähnlich wie →Bradwardine stellt O. im »Tractatus de configurationibus qualitatum et motuum« die Intensitäten von Qualitäten, insbes. die Geschwindigkeiten bei Bewegungen, durch Figuren dar, deren Flächen (im Fall der Bewegung) den zurückgelegten Weg angeben (Latitudines formarum). Diese Schrift ist wohl der originellste und umfassendste derartige Traktat; er enthält u.a. einen geometr. Beweis der Merton-Regel. Es ist gut möglich, daß Galilei diese oder ähnliche Schriften kannte; seine Beweisführung in den »Discorsi« ähnelt auffallend der von O. Auch unendl. Reihen werden mit Hilfe der Theorie der Formlatituden behandelt; O. zeigt, daß gewisse unendl. Reihen konvergieren und bestimmt ihren Grenzwert. M. Folkerts

Ed.: zu [I]: Le livre de Ethiques d'Aristote, ed. A. D. MENUT, 1940 – Le livre de Yconomique, ed. DERS., 1957 – Livre du ciel et du monde, ed. DERS.–A.J.DENOMY, 1968 – Le livre de Politiques, ed. DERS., 1970 – zu [II]: Algorismus proportionum, ed. M. CURTZE, 1868 – Tractatus contra iudiciarios astronomos, ed. H. PRUCKNER, 1933 – Quaestiones super geometriam Euclidis, ed. H. L. L. BUSARD, 1961 – De proportionibus proportionum; Ad pauca respicientes, ed. E. GRANT, 1966 – N.O. and the Medieval Geometry of Qualities and Motions. A Treatise ... known as »Tractatus de configurationibus qualitatum et motuum«, ed. M. CLAGETT, 1968 – N.O. and the Kinematics of Circular Motion. Tractatus de commensurabilitate vel incommensurabilitate motuum celi, ed. E. GRANT, 1971 – Lit.: zu [II]: DLFMA [Ed. 1992], 1072–1075 – A. D. MENUT, A Provisional Bibliogr. of O.s Writings, MSt 28, 1966, 278–299; 31, 1969, 346f. – C. H. LOHR, Medieval Latin Aristotle Comm.s, Authors, Traditio 28, 1972, 290–298 – N. O. Tradition et innovation chez un intellectuel du XIVe s., hg. P. SOUFFRIN–A. SEGONDS, 1988 – F. NEVEUX, N.O. et le clergé normand du XIVe s., RH 281/1, 1989, 51–75 – Autour de N.O., Actes du coll. de Créteil, 1987, hg. J. QUILLET, 1990 – zu [II]: DSB X, 223–230 – N.O. and the Astrologers: A Study of his »Le Livre de Divinacions«, ed. G. W. COOPLAND, 1952 – H. L. L. BUSARD, Die Q. von N.O., Janus 58, 1971, 161–193 – E. GRANT, Scientific thought in 14th cent. Paris: Jean Buridan and N.O. (Machaut's world: Science and art in the 14th cent., 1978), 105–124 – J. QUILLET, Enchantements et désenchantement de la nature selon N.O. (Mensch und Natur im MA, hg. A. ZIMMERMANN–A. SPEER, 1991), 321–329.

Orestes, Patriarch v. Jerusalem (986–1006 nach GRUMEL), † 1006. Zunächst Mönch in Unteritalien, erhielt O. das Patriarchen-Amt, als seine Schwester Maria den Fāṭimidenkalifen al-Azīz (975–996) heiratete. I. J. 1000, unter dem Kalifen al-Ḥākim, geleitete O. eine Gesandtschaft nach Konstantinopel, wo er bis zu seinem Tode verblieb; die Patriarchatsgeschäfte überließ er in dieser Zeit seinem Bruder Arsenios, Patriarch v. Alexandria. – Neben liturg. Dichtungen verfaßte O. auch die Vita des hl. Sabas d. J. (BHG 1611) sowie die gemeinsame Vita zu den Hll. Christophoros und Makarios, dem Vater bzw. Bruder des Sabas (BHG 312). B. Flusin

Lit.: LThK^2 VII, 1226 – CH. PAPADOPULOS, Ἱστορία τῆς Ἐκκλησίας Ἱεροσολύμων, 1910, 352–358 – BECK, Kirche, 581 – GRUMEL, Chronol., 452 – S. BORSARI, Il monachesimo bizantino..., 1963, 10 und 46f. – A. PERTUSI (Italia sacra 21, 1972), 478.

Øresund → Sund

Orfino da Lodi, Richter und Dichter, * 1188/90, † 1250/52. O. nahm in seiner Heimatstadt →Lodi seit 1210 unter dem Mailänder Podestà Ugo Prealone am polit. Leben teil. Während der Machtkämpfe der Overgnaghi und Sommariva stand O. auf der Seite der stauferfreundl. Faktion der Overgnaghi. Er stand im Dienst des illegitimen Sohnes Ks. Friedrichs II., Friedrich v. Antiochia, sowie Gf. Richards v. Chieti, beide Generalvikare in der Mark Ancona. 1245/46 verfaßte O. in leonin. Hexametern »De regimine et sapientia potestatis«, ein typ. Beispiel der Podestà-Lit. (→Speculum-Literatur), gleichzeitig jedoch ein Preislied auf die Staufer, insbes. auf Friedrich II., der als Restaurator des goldenen Zeitalters des Röm. Imperiums gesehen wird. P. Margaroli

Ed.: A. CERUTI, Misc., VII, 1869 – L. CASTELNUOVO, Arch. stor. lodigiano, II/XVI, 1968 – Lit.: A. SORBELLI, I teorici del reggimento comunale, BISI 59, 1944 – A. CARETTA, Contributo ad O. da L., Aevum I, 1976.

Orfrois, in frz. Q. und in der Sekundärlit. verwendeter Ausdruck für schmückende Borten und Besätze, dem lat. →Aurifrisium gleichzusetzen. Diese unterschiedl. breiten Borten zierten liturg. und weltl. Gewänder. Es konnte sich dabei um gewebte oder um gestickte und mit Perlen, Halbedelsteinen und Edelsteinen besetzte Borten handeln. E. Vavra

Lit.: M. VIOLLET-LE-DUC, Dict. raisonné du mobilier français, IV, 1873, 149–164.

Organon, zunächst jegl. Hilfsmittel beim Argumentieren, bei Aristoteles noch unterminolog. gebraucht. In einer mit den Stoikern geführten Kontroverse, ob die Logik auch Teil der Philos. selbst sei, betonen die Peripatetiker den mit der Benennung O. programmat. angezeigten instrumental-medialen Charakter der Logik. Ihre mutmaßl. chronolog. Anordnung haben die log. Schr. des Aristoteles wohl von Andronikos v. Rhodos erhalten. Doch erst im Zusammenhang mit der ed. princ. des Aristoteles graecus von Aldus →Manutius (1495/98) hat der Name O. den Sinn eines bibliogr. Sammeltitels für ein exakt umrissenes Schr.corpus angenommen. Es umfaßt die Schr. »De categoriis«, »De interpretatione [Perihermeneias]«, »Analytica Priora«, »A. Posteriora«, »Topica« und »Sophistici elenchi«. Angegliedert sind der »Isagoge« des Porphyrius (ed. L. MINIO-PALUELLO, Aristoteles Lat. I, 6–7, 1966, 1–31) und der ps.-aristotel. [Gilbert v. Poiters?] »Liber de sex principiis« (ed. A. HEYSSE–D. VAN DEN EYNDE, 1953^2), denen sich Komm. (bes. Boethius), Kompendien und Monographien zuordnen: (Ps.-) Apuleius, Peri herm. (De philos. libri, ed. C. MORESCHINI, 1991, 189–215); Augustinus, De dialectica (ed. J. PINBORG, 1975); Ps.-Augustinus, Categoriae decem (MPL 32, 1419–1440); Boethius, De divisione (MPL 64, 875–892), Introd. ad syllogismos categoricos [Antepraedicamenta] (ebd., 761–794), De hypotheticis syllogismis (ed. L. OBERTELLO, 1969), De topicis differentiis (MPL 64, 1173–1216); Marius Victorinus, De definitionibus (P. HADOT, Marius Victorinus, 1971, 331–365); →Martianus Capella, De nuptiis Mercurii et Philologiae. →Otto v. Freising (Chron. II, 8), der 1143/46 das komplette Corpus aufführt, schlüsselt die einzelnen Schr. nach prägnanten Themen auf, wonach jeweils die einfachen Termini (Categoriae), die Sätze (Perihermeneias), die Anordnung der Sätze zu Syllogismen (Analytica Priora), die Methode des Syllogismus (Topik), das mit Notwendigkeit vorgehende szientif. Beweisverfahren (Analytica Posteriora) und die sophist. Trugschlüsse (Sophistici elenchi) erörtert werden. Thomas v. Aquin, In Periherm. prooem. 2, interpretiert die Anordnung der Schr. als Nachvollzug des dreistufigen Voranschreitens der menschl. Vernunft in Begriff (Cat.), Urteil (Perih.) und Schluß (Analytiken etc.). M. Laarmann

Lit.: HWP V, 358 f.; VI, 1363–1368 – W. und M. KNEALE, The Development of Logic, 1962, 23–112 – W. RISSE, Bibl. logica I, 1965, 279 – L. MINIO-PALUELLO (Opuscula: The Lat. Aristotle, 1972), 483–500 – P. MORAUX, Der Aristotelismus bei den Griechen, I, 1973 – S. EBBESEN (Cambridge Hist. of Later Medieval Philos., 1982), 101–127 – E. J. ASHWORTH (Cambridge Hist. of Renaissance Philos., 1988), 143–146.

Organon (med.). Der ma. Begriff ist vielschichtig wie seine antiken Wurzeln. Nach Aristoteles (Peri zoon morion) bezeichnet o. im Gegensatz zu *morion* die physiolog.-techn. Funktion von Körperteilen: Das morion 'Zunge' wird z. B. zum o. des Geschmacks. *Techne* stellt ein Analogon der dem o. immanenten *physis* dar. Galen behält in »De usu partium« diese Bedeutung bei, mit deutl. Tendenz zur Dingbezeichnung (auch Gefäße und Eingeweide gelten nun als o.). Der galen. Begriff impliziert zudem das Postulat der providentia in der Natur. Hier setzt die ma.-christl. Terminologie an. Bei Theophilos Protospatharios findet sich dabei eine erste Prädilektion des Begriffs für die Musik. Im 12. Jh. erfolgt eine Rückanalogie des Allgemeinbegriffs (o. instrumentale) zur Anatomie (o. vocale, vena organica usw.). Daneben findet sich im ganzen MA auch die aristotel.-galen. Begriffstradition. O. wird lat. mit instrumentum bzw. organum wiedergegeben.

K. Bergdolt

Lit.: J. H. Wolf, Der Begriff 'Organ' in der Medizin. Grundzüge der Gesch. seiner Entwicklung, 1971.

Organum (gr. ὄργανον 'Werkzeug', 'Instrument'). [1] Bezeichnung für verschiedene Musikstücke in der frühen Mehrstimmigkeit (9.–13. Jh.). Man unterscheidet a) das alte O., das zuerst im Traktat →'Musica Enchiriadis' (9. Jh.) beschrieben ist. Dabei bewegen sich die 'vox principalis' (Hauptstimme) und eine 'vox organalis' (Zusatzstimme) zugleich in meist parallelem Abstand der Unterquart oder -quint; b) das neue O., das seit dem 11. Jh. auch einen Wechsel der Zusammenklänge erlaubt (Oktave, Einklang, Quinte, Quarte) und damit eine Gegenbewegung oder Kreuzung der Stimmen. Die Organalstimme nimmt nun meist den Klangraum oberhalb des zugrundeliegenden Cantus ein (Hss. aus dem Kl. St-Martial/Limoges, Cod. Calixtinus, 12. Jh.). Seit dem 12. Jh. treten O.a auf, deren Oberstimme sich über nun gedehnten (Halte-) Tönen der ursprgl. Choralmelodie virtuos melismat. entfaltet. In den O.a der →Notre-Dame-Schule (um 1200) erscheinen daneben rhythm. genau fixierte Discantus-Partien, bei denen die Stimmen gleichzeitig rasch voranschreiten. Mit der Verdrängung dieser zwei- bis vierstimmigen Stücke durch die Motette nach der Mitte des 13. Jh. löst der Ausdruck 'Musica mensurabilis' den Begriff O. für Mehrstimmigkeit allg. ab.

[2] Das *Instrument Orgel:* Bereits im 4. Jh. kennt Augustinus den O.-Begriff als Bezeichnung für Orgel. In Dtl. scheint O. schon im hohen und bes. im späten MA fast ausschließl. auf die Orgel angewendet worden zu sein. →Musikinstrumente, B. II. 4.

F. Körndle

Lit.: MGG – New Grove – Riemann – F. Zaminer, Das Vatikan. O.-Traktat (Ottob. lat. 3025), 1959 – H. H. Eggebrecht – F. Zaminer, Ad O. faciendum, 1970 – E. L. Waeltner, Die Lehre vom O. bis zur Mitte des 11. Jh., 1975 – F. Körndle, Das zweistimmige Notre-Dame-O. 'Crucifixum in carne' und sein Weiterleben in Erfurt, 1992.

Orgel → Musikinstrumente, B. II. 4

Orgelflügel. Seitl. an den Orgelkasten mit Scharnieren befestigte, mit Leinwand überzogene Holzrahmen, die türartig den Orgelprospekt abdecken und damit vor Verunreinigungen schützen konnten. Die frühesten bildl. überlieferten O. (Kathedrale Reims, späteres 14. Jh.) waren nur ornamental gemustert wie die zuvor gebräuchl. Vorhänge; die ältesten und zugleich einzigen erhaltenen got. O. in der Valeria bei Sitten hingegen zeigen, wie es bis ins 17. Jh. üblich blieb, figürl. Malereien, außen die bes. beliebte »Verkündigung«, innen – wie oft – auf die Patrozinien Bezug nehmende Hl. e.

Ch. Klemm

Lit.: M. Hering-Mitgau, F. Jakob u. a., Die Valeria Orgel, 1991, bes. 156–162.

Orgelgeschütz, auch »Totenorgel« gen., eine mehrschüssige, meist kleinkalibrige Feuerwaffe (→Hagelgeschütz) in Radlafette (→Lafette), bei der mehrere aus Eisen geschmiedete oder aus Bronze gegossene Rohre (→Bleibüchse) wie Orgelpfeifen in einer Holzbettung (→Lade) nebeneinander gelagert waren. Da die Zündlöcher der einzelnen Rohre durch einen Pulvertrog miteinander verbunden waren, konnten mehrere Kugeln gleichzeitig abgefeuert werden. Bei O.en mit größerem Kaliber hatten die einzelnen Rohre herausnehmbare Pulverkammern, sie waren von hinten zu laden und wurden einzeln von Hand mit einer →Lunte gezündet.

E. Gabriel

Lit.: Q. zur Gesch. der Feuerwaffen, hg. Germ. Museum, 1877 – W. Boeheim, Hb. der Waffenkunde, 1890.

Orgelhandschriften, Bezeichnung für Musikaufzeichnungen des ausgehenden MA, die ausdrückl. zur Wiedergabe auf der Orgel (→Musikinstrumente), dem ältesten und verbreitetsten Tasteninstrument dieser Zeit, bestimmt sind (Clavichord und Cembalo treten erst in späteren Notenbüchern ausdrückl. in Erscheinung). Sie heben sich von anderen Musikhss. v. a. durch die zunehmende Verwendung der Griffbezeichnung durch Tonbuchstaben (→Tabulatur) neben und später auch anstelle der ansonsten üblichen Noten auf Linien ab. Erstmals sind hier Spielweise und Repertoire eines Musikinstrumentes für uns faßbar, da bis dahin nur textbezogene (Vokal-)Musik zur Aufzeichnung gelangte. Neben lehrhaften Beispielsammlungen unterschiedl. Umfanges (am bekanntesten die Tabulatur des Adam Ileborgh v. Stendal und das Fundamentum organisandi des Konrad v. →Paumann) sind durch die Vielfalt ihres Inhalts von bes. Bedeutung der sog. Codex Faenza der dortigen Bibl. Com. (ca. 1400) mit 52 Übertragungen von Vokalwerken und Cantus-Firmus-Sätzen sowie das noch erhebl. umfangreichere sog. Buxheimer Orgelbuch der Bayer. Staatsbibl. zu München (ca. 1470) mit Intavolierungen geistl. und weltl. Vokalwerke sowie dreier Fundamenta, darunter eines von Paumann. – Als O. in weiterem Sinne sind auch diejenigen Q. zu betrachten, die – beginnend noch vor der Jahrtausendwende – über die Maßverhältnisse von Orgelpfeifen (die sog. Mensur) und später auch über weitere Einzelheiten des Orgelbaues berichten.

H. Schmid

Lit.: New Grove XVII, 717f. (Sources of keyboard music to 1600) – L. Schrade, Die ältesten Denkmäler der Orgelmusik, 1928 – H. R. Zöbeley, Die Musik des Buxheimer Orgelbuchs, 1964.

Orgemont, Pierre d', Kanzler v. Frankreich (→Chancelier) und wohl Chronist.

[1] *Leben:* O., †23. Juni 1389 (in hohem Alter), gehörte der ersten Generation der nunmehr als eigenes soziales Milieu verfaßten hohen kgl. Beamtenschaft an. Er entstammte einer Beamtenfamilie aus →Lagny, die aus dem Dienst des Gf. en v. →Champagne (Funktionen bei den →Champagnemessen) in denjenigen der späten →Kapetinger übergewechselt war. 1340 war O. kgl. Rat (→Conseil). Er übte diplomat. Missionen in Burgund und Normandie aus und wurde 1356 4. Präsident des →Parlement. Nach der Niederlage v. →Poitiers (1356) von den →États seiner Ämter enthoben, wurde er erst 1359 wiedereingesetzt. Als enger Vertrauter des Dauphins und Kg. s →Karl V. spielte er eine wichtige Rolle in der kgl. Diplomatie (Friede mit Navarra 1365, gascogn. Appellationen 1368). Im Okt. 1373 zum 1. Präsidenten ernannt, wurde er im Nov. 1373 zum Kanzler erhoben und behielt dieses Amt bis zum Tode Karls V. (1380). An Weihnachten 1373 vom Kg. zum Ritter gekürt. Von Hzg. →Philipp d. Kühnen zum Ratgeber berufen, nahm O. an der Regierung des Hzm. s →Burgund regen

Anteil. – O., der mit einer Frau aus dem kgl. Beamtenmilieu v. Sens verheiratet war, brachte seine Söhne in führende Positionen: *Amaury* († 1400), maître des requêtes de l'Hôtel; *Guillaume* († 1422), trésorier des guerres (beide durch Heirat mit der obersten Schicht der 'noblesse de robe' verbunden); *Pierre* (1343-1409), Kleriker, u. a. Präsident der →Chambre des comptes (1380), handelte die Ehe Ludwigs v. Orléans mit Valentina →Visconti aus, bedeutend auch als Bf. v. Paris (seit 1384, v. a. in der Krise des Schismas); *Nicolas* 'le Boiteux', maître des comptes, 1410, 1416 wegen eines Komplotts zugunsten des Hzg.s v. Burgund eingekerkert und im Gefängnis verstorben.
F. Autrand

[2] *Chronik:* O. wurde wohl von Kg. Karl V. mit der Redaktion der Grandes →Chroniques de France für den Zeitraum von 1350 bis 1380 betraut. Auf seine Urheberschaft deutet die method. Anlage des betreffenden Abschnitts hin, ebenso der hohe Informationsstand des Verfassers, der in der Regel die offizielle »Regierungsauffassung« der Ereignisse bietet und sich offensichtl. auf ein Archiv stützt. Daher kann O. (oder ein unter seiner Kontrolle arbeitender Sekretär) mit an Sicherheit grenzender Wahrscheinlichkeit als Verfasser dieses Teils der Grandes Chroniques gelten.
F. Vielliard

Q. und *Lit.:* →Chroniques de France [R. DELACHENAL] – BOSSUAT, 510 f. – DLF, 296–298 – L. LACABANE, Recherches sur les auteurs des grandes chroniques de France..., BEC 2, 1840 f., 57–71 – L. MIROT, Une grande famille parlementaire aux XIVe et XVe s. Les d'O., 1913 – G. SPIEGEL, The Chronicle Tradition of Saint-Denis: a Survey, 1978 – F. AUTRAND, Naissance d'un grand corps de l'État, 1981 – A. D. HEDEMAN, Valois Legitimacy. Editorial Changes in Charles V.'s Grandes Chroniques de France, Art. Bull. 66, 1984, 97–114 – B. GUENÉE, Les Grandes Chroniques de France (Les lieux de mémoire, T. 2: La nation, hg. P. NORA, 1986), 189–214.

Orḫān Beg (1281–1362) regiere als zweiter Herrscher des Osman. Reiches seit 1324 oder 1326 nach seinem Vater →ʿOs̱mān. Am Anfang seiner Herrschaft standen die Eroberung →Bursas (1326), das zur Hauptstadt ausgebaut wurde, und, nach dem Sieg in der Schlacht v. Pelekanon, İzniks (1331; →Nikaia). In den 40er Jahren gelang den Osmanen die Annexion des türk. Fsm.s Karesī. Durch die Heirat (1346) mit Theodora, Tochter Ks. Johannes' VI. Kantakouzenos, erlangte O. Einfluß auf die byz. Politik. Seine Unterstützung verhalf Johannes VI. zum Einzug nach Konstantinopel, ermöglichte aber auch den Osmanen, in den 50er Jahren in Thrakien Fuß zu fassen (1354 bei →Gallipoli). Neben territorialer Expansion (1354 →Ankara) kennzeichnete der Aufbau von Institutionen die Regierungszeit O.s. Eine straffere Heeresorganisation unter oft von der Dynastie gestellten *sanǧaqbegis* ('Bannerherren'), die Aufstellung von Einheiten, die nicht von türk. Stammeskriegern gestellt wurden, die Schaffung eines Dīwāns und des Amtes des *beglerbegi* gehören ebenso hierher wie der Ausbau des islam. Rechtswesens und die Stiftung erster Medresen.
Ch. K. Neumann

Lit.: IA IX, 399–408 [Lit.] – A. A. M. BRYER, Greek Historians on the Turks (The Writing of Hist. in the MA, hg. R. H. C. DAVIS–J. M. WALLACE-HADRILL, 1981) – E. WERNER, Die Geburt einer Großmacht, 1985^4 [Ind.] – C. IMBER, The Ottoman Empire, 1300–1481, 1990, 19–26.

Oria, Stadt in Süditalien (Apulien) zw. Brindisi und Tarent an der Via Appia. Der in der Antike durch Münzreichtum bekannte Hauptort der Messapier fiel nach der Gotenherrschaft an die Langobarden, wurde aber im 8. Jh. für das byz. Reich zurückgewonnen. Die Bevölkerung bewahrte die röm. Obödienz. Vor den Sarazenenangriffen wich der Bf. v. Brindisi im späten 9. Jh. nach O. aus. Seine im 10. Jh. zu Ebf.en aufsteigenden Nachfolger blieben – trotz einigen Schwankens – dort, bis nach der norm. Eroberung von O. (1068) und des s. Apulien der neue Gf. v. Brindisi im Bunde mit den Päpsten ihre Rückkehr in die frühere Residenz betrieb. Die Folge war ein Konflikt um den Sitz des nunmehr nach beiden Orten benannten Ebm.s, der im 12. Jh. fast bei jeder Erhebung eines Ebf.s neu ausbrach. Ihn beendete erst die Verselbständigung v. O. als Suffraganbm. der Kirchenprov. Tarent (1591). Seit dem 8. Jh. war O. Sitz einer größeren Judengemeinde, deren Chronik der Rabbiner Achimaaz im 11. Jh. schrieb. Nach dem Tode von →Robert Guiscard (1085) fiel O. an dessen Sohn →Bohemund I. als Teil des Fsm.s Tarent, das als feudale Institution erst in der angiovin. Zeit (1309-1463) dauerhaft Bestand gewann. In der Zeit der Zuordnung zur Krone ließ Ks. Friedrich II. nach 1220 auf dem Platz der alten Akropolis und der Kathedrale ein Kastell von außerordentl. Größe errichten.
N. Kamp

Lit.: IP IX, 283–396, 401–403 – D. KAUFMANN, Die Chronik des Achimaaz v. O. (850–1054), Monatsschr. für Gesch. und Wiss. des Judenthums 40, 1896, 1–150 – A. ANCORA, Federico II e il castello di O., Atti delle Giornate federiciane 1, 1971, 121–158 – N. KAMP, Kirche und Monarchie im stauf. Kgr. Sizilien, 1–2, 1975, 661–667 [Lit.] – T. PEDIO, La chiesa di Brindisi dai Longobardi ai Normanni, Arch. Stor. Pugliese 29, 1976, 3–47.

Orient → Weltbild

Orientalische Sturmhaube, in Kleinasien zu hellenist. Zeit aus einer Kombination von Sonnenschirm, Wangenklappen und Nackenschirm des sog. »Thrak. Helms« und der spitzen Glocke oriental. Helme entstanden. Im Vorderen Orient anscheinend weiterbewahrt und spätestens im 15. Jh. von der Kavallerie der Mamlūken und der osman. Türken übernommen, die dem Helm ein der Höhe nach verstellbares Naseneisen hinzufügten. Der türk. Helm (*Shishak*) bürgerte sich bei der ung., poln. und russ. Kavallerie ein. – Eine oriental. Sturmhaube mit halbkugeliger, meist gerippter Glocke und Scheitelplatte geht auf Einflüsse des mongol. Helms zurück.
O. Gamber

Lit.: H. R. ROBINSON, Oriental Armour, 1967.

Orientius, wohl ident. mit dem gleichnamigen Bf. v. →Auch, verfaßte im frühen 5. Jh. ein moraltheol. Lehrgedicht in 2 Büchern (518 eleg. Distichen), das →Sigebert v. Gembloux (vir. ill. 34) als Commonitorium betitelte. Mit den Mitteln der Diatribe und Satire warnt er anhand von bibl. Beispielen vor den Sünden Unkeuschheit, Neid, Habsucht, Ruhmsucht, Lüge, Gefräßigkeit und Trunksucht und spricht von den letzten Dingen (Tod, Hölle, Himmel, Gericht). Die unter seinem Namen überlieferten kleineren Gedichte sind unecht. Ed. pr. 1600 (M. Delrio).
J. Gruber

Ed.: R. ELLIS, 1888 (CSEL 16, 191 ff.) – C. A. RAPISARDA, 1958 – *Lit.:* KL. PAULY IV, 340 – RE XVIII, 1031–1033 – M. G. BIANCO, Annali della Facoltà di Lettere e Filosofia di Univ. di Macerata 20, 1987, 33–68.

Oriflamme, Banner (Gonfanon, lat. vexillum) und Insignie, deren Gesch. auf das engste mit derjenigen des frz. Kgtm.s (→Frankreich) im 12.–15. Jh. verbunden ist. Die erste sichere Erwähnung dieses →Banners erfolgte anläßl. der Invasion Ks. Heinrichs V. gegen Frankreich (1124). →Ludwig VI., der sich an die Spitze der kgl. Truppen stellte, war darauf bedacht, vor dem Abmarsch in →St-Denis ein (vorsorgl. geweihtes) Banner in Empfang zu nehmen. Die Tradition dieses Gonfanons, das die Mönche v. St-Denis als Zeichen der Vasallität der Kg.e v. Frankreich zu ihrer Abtei (→Dionysius, hl.) hüteten, vermischte sich mit derjenigen des Banners →Karls d. Gr., das er nach dem Zeugnis der →Chansons de geste im Kampf gegen die Ungläubigen mitgeführt habe. Die Bezeichnung 'O.', deren genaue Bedeutung im dunkeln liegt, ist in der Tat dem →Rolandslied entlehnt. In der Folgezeit nahmen zahlreiche andere Chansons de geste Bezug auf die O., die Kristallisationskern eines Komplexes von (oft widersprüchl.) Legenden war.

Regelmäßig erhoben die Kg.e v. Frankreich vor ihren Feldzügen (v. a. →Kreuzzüge: Expeditionen 'outre-mer') in feierl. Zeremonie das 'enseigne' oder 'gonfanon de St-Denis' vom Hauptaltar der Abtei. Sie vertrauten es einem Ritter ihres Gefolges an, der es in geordneter Feldschlacht zu entfalten hatte. Die O. tritt daher bei →Bouvines (1214) in Erscheinung, als kirchl. Banner, aufgehängt an waagrechtem Stab.

Seit 1304 verbreitete sich die Idee, daß die Kg.e v. Frankreich nicht die ursprgl. O., sondern eine Kopie mit sich führten. Seit Karl V. (1364–80) wurde die »Liturgie« der Erhebung *(levée)* der O. prunkvoll ausgestaltet; Karl VI. (1380–1422) ernannte zum Hüter der O. *(garde de l'o.)* einen seiner großen militär. Amtsträger. Der Text der Predigt, die 1382 beim Aufbruch Karls VI. zum Flandernfeldzug in St-Denis vor der O. gehalten wurde, ist erhalten. Um 1400 war die O. fester Bestandteil der geheiligten, religiös verankerten Überlieferungen der frz. Monarchie, gemeinsam mit der →Lilie, der hl. Ampulle und der kgl. Gabe der →Skrofelheilung.

Infolge der polit. Umstände verfiel die O. nach 1415 (Azincourt/→Agincourt) weitgehend der Vergessenheit. Als Kg. Karl VIII. die Abtei St-Denis wieder in Besitz nahm, lehnte er eine Bezugnahme auf die O. ab. Doch holte sie →Ludwig XI. 1465 in einem bes. kritischen Moment der Guerre du Bien public nach Paris. Dies war die letzte Inanspruchnahme des Banners; noch bis weit ins 16. Jh. ließen sich die Besucher v. St-Denis jedoch eine O. oder mehrere O.n, jeweils an den Seiten des Hauptaltars, zeigen. – Die älteste erhaltene bildl. Darstellung befindet sich auf einem Glasfenster in →Chartres (um 1215). Die O. ist in zahlreichen Miniaturen abgebildet. Sie war ein Banner aus roter Seide, ohne Bildmotiv, befestigt an einer im SpätMA vergoldeten Stange. Ph. Contamine

Lit.: Ph. Contamine, L'o. de St-Denis aux XIVe et XVe s., étude de symbolique religieuse et royale, 1975 – Ders., Le drapeau rouge des rois de France, L'Hist. 61, nov. 1983, 54–63 – A. Lombard-Jourdan, Fleur de lis et o. Signes célestes du royaume de France, 1991 – Ph. Contamine, Des pouvoirs en France, 1300–1500, 1992, 49–60.

Origenes

I. Leben, Werk und Verurteilung – II. Fortleben im Mittelalter.

I. Leben, Werk und Verurteilung: O., bedeutendster Exeget, geistl. Schriftsteller und (neben Augustinus) Theologe der Alten Kirche, * um 185, † um 254 an den Folgen der unter Decius erlittenen Folterungen, leitete nach philos. Studien die Katechetenschule in Alexandria. Mit seinem Bf. Demetrius zerworfen, eröffnete er eine theol. Schule in Caesarea (233/234) mit starkem Akzent auf philos. Ausbildung. Sein schriftsteller. Werk ist hauptsächl. mit der Bibel befaßt (wiss. Kommentare, Scholien, Homilien). Schon zu Lebzeiten Angriffen ausgesetzt, kommt es zw. 394 und 411 zu einer ersten heftigen Auseinandersetzung über seine Lehren (Verhältnis zw. Vater und Sohn, Präexistenz der Seelen usw.). 543 wurden 10 »origenist.« Sätze durch Ks. Justinian verurteilt, 553 auf dem 5. ökumen. Konzil sein Name unter die Häretiker eingereiht und der größte Teil seines Werkes vernichtet.

II. Fortleben im Mittelalter: Die kirchl. Verurteilung und die von Epiphanios v. Salamis (→1. E.) in die Welt gesetzte Legende seines Glaubensabfalls verhinderten nicht die Verbreitung seiner ins Lat. übers. Schriften, ja O. erfährt im MA, vor der Wiederentdeckung in der Renaissance (G. →Pico della Mirandola) und im Humanismus (Erasmus), eine zweimalige Blütezeit (9. und 12. Jh.). O.-Hss. werden vom Beginn des 7. Jh. an von Gallien aus bis nach Süddtl., Österreich und Spanien verbreitet. O. lebt im MA auch indirekt fort durch stark von ihm abhängige lat. Kirchenväter (→Hilarius, →Cassianus usw.). Homilien unter seinem Namen werden in das von →Paulus Diaconus zusammengestellte Homiliar Karls d. Gr. aufgenommen. Er ist nach dem Zeugnis der Hs. der im Früh- und HochMA am meisten gelesene griech. Autor. O. wird auch fleißig zitiert; zahlreiche Auszüge aus seinen Bibelarbeiten gehen in die Grundlagenwerke ma. Bibelkomm. ein (→Isidor v. Sevilla, →Hrabanus Maurus, →Glossa ordinaria usw.). Noch tiefer geht sein Einfluß bei denjenigen Autoren, die O. nicht nur zitieren, sondern sich Grundideen seiner Theol. (Beziehung NT/AT, Verhältnis Glaube und Wissen usw.) zu eigen machen (→Bernhard v. Clairvaux, →Aelred v. Rievaulx, →Wilhelm v. St. Thierry). – Bezeichnend für das MA ist eine gewisse Perplexität gegenüber der Gestalt des O. Eine äußerste Wertschätzung geht einher mit Versuchen, seiner kirchl. Verurteilung und seinem vermeintl. Abfall Rechnung zu tragen. So gilt er einerseits als philosophus acutissimus et literatissimus christianus et ferventissimus fide, man lobt seine alta sapientia und gibt ihm gar den Beinamen magnus, andererseits geht man zu O. auf Distanz, indem man im Anschluß an Hieronymus zw. dem Dogmatiker und dem Exegeten (non credas Origeni dogmatizanti!) unterscheidet, dabei im Hintergrund die Devise des Hieronymus 'Ubi bene, nemo melius, ubi male, nemo peius', Kataloge seiner Häresien zusammenstellt, seine Hss. schließlich mit Bemerkungen wie caute legendum oder catholice correctum versieht, was andere wiederum dazu veranlaßt, seine Lehre ausdrückl. zu verteidigen (Defensio Origenis) und seinem vermeintl. Glaubensabfall die Gesch. seiner endgültigen Bekehrung (Planctus Origenis) entgegenzusetzen. Zur Nachwirkung in der Ostkirche s. →Mystik, II. H.-J. Sieben

Lit.: Catholicisme X.2, 243–256 – H. Chadwick, O., Gestalten der Kirchengesch., I., 1984, 134–157 – J. Leclerq, Origène au XIIe s., Irén. 24, 1951, 425–439 – H. de Lubac, Exégèse médiév., I, 1959, 221–304 – weitere Lit. →Medioevo Latino, I–XII, 1980/91, u.a.

Original. Im Gegensatz zur →Kopie und Nachahmung (→Fälschungen) die ursprgl. Niederschrift in der vom Urkk.aussteller angeordneten Form. Die alten Bezeichnungen sind originale, autographum, authenticum, auch exemplar, doch ist es im MA nicht zu einer festen Terminologie gekommen. Das O. kann auch in mehrfacher Ausfertigung vorliegen, wie z. B. die →Goldene Bulle v. 1356 (sieben Ausfertigungen), oder es wurde auf Wunsch des Empfängers ein zweites, bes. feierl. ausgestattetes Exemplar hergestellt. Bei Vertragsabschlüssen lag es nahe, den Partnern je ein O. auszuhändigen. Die Originalität festzustellen und darzulegen ist die Aufgabe des Diplomatikers, der dabei die äußeren Merkmale, insbes. Beschreibstoff, Schrift, Tinte, Siegel, graph. Symbole (→Chrismon, →Monogramm, →Rekognition) zu untersuchen hat. Bei Kg.s- und Ks.urkk. geht es v. a. um die Frage, ob das Stück von demselben Schreiber stammt wie andere einwandfreie Diplome der gleichen Zeit. Die Zuordnung der Schrift zu einem anderweitig bekannten Kanzleischreiber ist ein untrügl. Beweis für die →Echtheit einer Urk. Für die Originalität war es nicht unbedingt erforderl., daß ein Diplom zu einem rechtsgültigen Dokument voll ausgestaltet wurde, da auch ein unvollzogenes und unbesiegeltes Stück die →Kanzlei verlassen und in die Hände des Empfängers sowie in dessen Archiv gelangen konnte (MGH DD Rud. Nr. 83). Die Diplomatik ist nicht immer in der Lage, mit Sicherheit über die Originalität zu entscheiden. Dies gilt u. a. für Prunkausfertigungen in Purpur (→Purpururkk.), die (im W) in der Regel Zweitausfertigungen zu sein scheinen. Die in der Lit. mehrfach als O. zitierte Urk. Aistulfs CDL III Nr. 27 ist nur eine Abschrift wohl noch des 8. Jh. Somit ist keine einzige langob. Kg. surk. im O. auf uns gekommen. A. Gawlik

Lit.: Th. Sickel, Lehre von den Urkk. der ersten Karolinger (751–840), 1867, 13ff., 368ff. – J. Ficker, Beitr. zur Urkk.lehre, I, 1877, 5ff. – O. Redlich, Allg. Einl. zur Urkk.lehre (Die Ks.- und Kg.surkk. des MA in Dtl., Frankreich und Italien, hg. W. Erben, 1907), 32 – Bresslau I, 86ff. – A. de Boüard, Manuel de diplomatique française et pontificale, I, 1929, 159ff. – C. Brühl, Purpururkk. (Aus MA und Diplomatik, II, 1989), 615ff.

Originalsupplik. O.en sind als Einzelbll. (aus →Pergament oder →Papier) oder in Rollenform (→Rotulus), besiegelt oder unbesiegelt, überliefert. Die Zahl der erhaltenen Stücke ist gering, da in der Regel die mit der Ausfertigung einer Papsturk. wertlose Supplik nur selten aufbewahrt wurde. Eine Ausnahme bilden seit dem 15. Jh. die oft kalligraph. ausgestalteten sog. sola signatura-Suppliken, bei denen die Signierung durch den Papst oder ein Mitglied des Kard.kollegiums zur Rechtsverbindlichkeit genügte und die dem →Petenten unbesiegelt als rechtsgültige Dokumente zurückgegeben wurden. Die ältesten bisher bekanntgewordenen O.en sind an Kard.bf. Cono v. Palestrina bzw. Hadrian IV. gerichtete Bittschr. v. 1118/21 bzw. 1158. Aus dem 13. Jh. ist eine größere Anzahl von O.en bekannt, v. a. dank der Funde von Bartoloni. Im Gegensatz zu Bresslaus Behauptung, daß die älteren Suppliken auf Papier geschrieben seien, haben alle von Bartoloni gefundenen O.en als Beschreibstoff Pergament. Ein interessantes Beispiel bietet das Originalprivileg Coelestins III. v. 1191 (Jaffé 16728), das anfangs des 13. Jh. zu einer Supplik (und zugleich zum →Konzept) ausgestaltet wurde. Seit dem 14. Jh. steigt die Zahl der erhaltenen O.en, und es entwickelte sich die Form, die seit dem 15. Jh. vorherrscht: ein einzelnes Papierbl. mit meist sehr flüchtiger Schrift. Im Gegensatz zu Rasuren waren Streichungen erlaubt. Löcher und Fadenreste bei einigen O.en weisen auf die an diese angenähten Konzepte hin, die aufgrund der Suppliken angefertigt wurden. Im Laufe des Genehmigungsverfahrens erhielten die Suppliken in der Regel mehrere Kanzleivermerke. – O.en an den Kg. sind – abgesehen von der Klage- und Bittschr. an Heinrich IV. v. 1077/84 (MGH DD H.IV. *506) – in nennenswerter Zahl erst seit Ende 13./Anfang 14. Jh. überliefert. A. Gawlik

Lit.: Bresslau II, 2ff., 104ff. – P. Kehr, Papsturkk. in Spanien, II, 1928, 403 Nr. 85 – A. de Boüard, Manuel de diplomatique, I, 1929, 67f. – F. Fabian, Prunkbittschr. an den Papst, 1931 – F. Bartoloni, Suppliche pontificie dei secoli XIII e XIV, BISI 67, 1955, 1–187 – G. Tessier, Du nouveau sur les suppliques, BEC 114, 1956, 186ff. – A. Largiader, Die Papsturkk. des Staatsarchivs Zürich von Innozenz III. bis Martin V., 1963, 64f., 174f. – P. Herde, Beitr. zum päpstl. Kanzlei- und Urkk. wesen im dreizehnten Jh., 1967², 152, passim – P. Rabikauskas, Diplomatica Pontificia, 1980⁴, 103ff. – Ch. Fornwagner, Die Reg. der Urkk. der Benediktinerabtei St. Georgenberg-Fiecht, 1989, 48 Nr. 64, 65 – Th. Frenz, I documenti pontifici nel medioevo e nell'età moderna, 1989, 31f., 72ff. – J. M. Fernández Catón, Colección documental del archivo de la catedral de León (775–1230), VI, 1991, 320 Nr. 1856 – W. Petke, RHE 87, 1992, 380.

Orihuela (arab. Ūr[i]yūla oder Awriyūla, katal. Oriola), Stadt in Südspanien (Prov. Alicante). In westgot. Zeit war Auriola Hauptstadt einer der acht von Leovigild geschaffenen Prov.en. Der dort herrschende Comes Theodomir schloß 713 einen Vertrag mit den kurz zuvor in Spanien gelandeten Muslimen (nach neuesten Theorien im SO [bei Cartagena und Sangonera]), der dem Bezirk v. Tudmir eine relativ große Eigenständigkeit sicherte. O. und seine *comarca* gehörten im 11. Jh. zum Taifenreich des Jairán el Eslavo und zu Denia, im 12./13. Jh. zum Reich des →Ibn Mardāniš und des Ibn Hūd, bis die Stadt 1242 von den Christen erobert wurde. Jakob I. v. Aragón sicherte die Reconquista v. O. 1266 noch einmal ab, obwohl die Stadt kast. war und von Alfons X. große Wiederbesiedlungsprivilegien erhalten hatte. 1304/05 wurde sie in den Verträgen v. →Torrellas und Elche der Krone Aragón zugesprochen und als *Procuración General* v. O. dem Kgr. →Valencia angegliedert. Die an der Grenze zum kast. Kgr. →Murcia gelegene Stadt litt bes. in den Kriegen zw. Peter IV. v. Aragón und Peter I. v. Kastilien. 1437 bekam sie Stadtrechte und wurde Hauptsitz eines kirchl. Vikariatsbezirkes in Abhängigkeit vom Bm. Cartagena. O. stand an der Spitze einer der *Gobernaciones*, in die das Kgr. Valencia aufgeteilt war. 1400 zählte es mit seinem Umland 1000 Herdstellen, 1497 1500 (an die 7000 Einw.), dazu noch an die 500 Herdstellen von Mudéjares.

M. A. Ladero Quesada

Lit.: J. Lalinde Abadía, La Gobernación General en la Corona de Aragón, 1963, 35–37, 102–105 – E. A. Llobregat Conesa, Teodomiro de Oriola, 1973 – J. B. Vilar, Hist. de la ciudad de O., 3 Bde, 1975–77 – J. M. del Estal, Conquista y Anexión de las tierras de Alicante, Elche, O. y Guardamar, 1982 – J. Vallvé Bermejo, La división territorial de la España musulmana, 1986, 181ff., 284–289 – M. T. Ferrer Mallol, Les aljames sarraïnes de la Governació d'Oriola en el segle XIV, 1988 – J. Vallvé Bermejo, Nuevas ideas sobre la conquista árabe de España, 1989 – M. T. Ferrer Mallol, Organització i defensa d'un territori fronterer, 1990.

Oristano, Stadt im W von Sardinien, seit 1974 Provinzhauptort. Statio (»limen«) an der röm.-byz. Straße »a Caralis Turrem«, die den N mit dem S Sardiniens verband, wurde O. 1070 die offizielle Hauptstadt des Judikats (Kgr.es) →Arborea und war bis zu dessen Ende 1410/20 Residenz von mindestens 23 Generationen von Herrschern aus sieben verschiedenen Häusern. 1195 von den Truppen des Nachbarkgr.es Calari (heute Cagliari) angegriffen und teilweise zerstört, wurde O. im 13./14. Jh. von den Kg.en aus dem Haus Bas-Serra wieder aufgebaut. Es zählte zu dieser Zeit etwa 10–13 000 Einw. und war durch einen 10–15 m hohen Mauerring mit 28 Wachttürmen sowie ein Kastell befestigt. Mit den Vorstädten San Lazzaro, Nono, Maddalena und Vasai umfaßte die Stadt ca. 27 ha und besaß die typ. Spindelform der ma. befestigten Städte Italiens. Sie zeigt noch heute die vma. Straßenanlage und bewahrt Bauwerke aus dieser Zeit (u. a. Stadttore, von Mariano II. 1289–90 erbauter S. Cristoforo-Turm). Der Palast der Iudices befand sich an der heutigen Piazza Mannu (in den Urkk. »Sa Majoria« genannt). Nach dem Ende des Reichs v. Arborea war die Stadt bis 1479 Residenz der Mgf.en v. O., Lehnsträgern der Krone v. Aragón, danach sank sie zu einer einfachen kgl. »Villa« herab.

F. C. Casula

Lit.: →Arborea, →Sardinien

Orkney Inseln (Orcades, Mela, Pliny etc.; an. Orkneyjar), ca. 90 brit. Inseln n. von Schottland. Nach Beda Venerabilis (Hist. Eccl. c.3) soll Ks. Claudius die O.-I. dem Röm. Reich angegliedert haben; nach Tacitus wurden sie von der Flotte Agricolas (84 n. Chr.) entdeckt und in Besitz genommen (Agric., c. 10). Ursprgl. wurden sie von Kelten bewohnt, von denen wahrscheinl. die Stammesbezeichnung »Orcoi« ('Schweine') stammte. Später gehörten sie zum Piktenverband, wie die Bildsteine pikt. Typs auf den O.-I. gefunden wurden. Die Wasserfläche zw. den O.-I. und →Caithness war den Skandinaviern als Pettlands fjörðr bekannt. →Adamnanus v. Hy erwähnt in seinem Bericht von →Columbas Besuch bei Kg. Bridei mac Mælchon in der Nähe von →Inverness (um 561), daß dieser dort einen Unterkg. (regulus) von den O.-I. traf, dessen Geiseln am Hof Brideis festgehalten wurden. Der regulus-Titel läßt vermuten, daß die Pikten der O.-I. eine gewisse polit. Unabhängigkeit behalten hatten. Diese fand jedoch ein plötzl. Ende, als die Inseln im späten 8. Jh. von norw. Piraten heimgesucht und während der frühen Wikingerzeit schnell von skand. Heiden kolonisiert wurden. Mitglieder der Møre-Familie, die im späten 10. Jh. zum Christentum bekehrt wurde, errichteten im späten 9. Jh. auf den O.-I. ein skand. Jarltum (→Jarl). Das Christentum konnte sich wohl nicht völlig durchsetzen, der Ebf. v. York beanspruchte die Oberhoheit über die Inseln und ernannte von Zeit zu Zeit nominell Bf. e. Jarl Thorfinn the Mighty (um 1020–65) gründete ein Bm., das seinen Sitz zunächst in Birsay auf der w. Mainland-Insel hatte, bevor dieser im 12. Jh. nach Kirkwall verlegt wurde. Die Taten der Jarls wurden in der →»Orkneyinga saga« um 1200 aufgezeichnet. Vita und Martyrium des hl. Magnus Erlendsson, einem Mitglied der Jarl-Familie, überliefern zwei an. Sagas und eine lat. Hl.nlegende. Ein Zweig der Jarl-Familie ließ eine diesem Hl.n geweihte roman. Kathedrale in Kirkwall errichten, das Haupthandelszentrum und Sitz eines Jarls (Earls) wurde. Mit dem Übergang des Earl-Titels an schott. Familien und der wachsenden Macht der schott. Kg.e setzte eine zunehmende Durchdringung der skand. Bevölkerung und Kultur mit dem schott. Element ein. 1469 wurden die O.-I. als Teil der Mitgift der Tochter Kg. →Christians I. v. Dänemark und Norwegen bei deren Hochzeit mit Kg. →Jakob III. v. Schottland an die schott. Krone verpfändet. Die Inseln wurden niemals zurückgekauft, trotz ständiger Versuche durch spätere Kg.e v. Dänemark und Norwegen. B. E. Crawford

Lit.: B. E. CRAWFORD, The Pawning of O. and Shetland: A Reconsideration, SHR 48, 1969 – DIES., Scandinavian Scotland, 1987 – W. P. THOMSON, Hist. of O., 1987 – St. Magnus Cathedral, ed. B. E. CRAWFORD, 1988 – →Orkneyinga saga.

Orkneyinga saga ('Saga von den Bewohnern der Orkneyinseln', auch 'Jarla sǫgur', 'Saga Orkneyinga jarla'), Gesch. der Orkadenjarle vom 9. bis zum Beginn des 13. Jh., beschreibt v. a. die Raubzüge der Jarle, ihre internen Streitigkeiten und die Beziehungen zu den Monarchen in Norwegen und Schottland, schildert auch Jarl Rögnvalds Pilgerfahrt ins Hl. Land 1151/53. Vermutl. um 1200 verfaßt, dürfte die O.s. ursprgl. mit dem Tod von Sveinn Ásleifarson ca. 1171 geendet haben. Die erhaltene Fassung geht auf eine Revision Mitte des 13. Jh. zurück (älteste Hss.fragmente schon vor 1300). Der unbekannte Autor stammte wahrscheinl. aus der Familie der Oddaverjar. Er verwendete als schriftl. Q. u. a. eine verlorene Brjáns saga und das →Ágrip af Nóregs konunga sǫgum, daneben häufig Skaldengedichte, mündl. Traditionen und bes. für den letzten Abschnitt auch Augenzeugenberichte. Die Hauptbedeutung der O.s. liegt in ihrem einzigartigen Q.wert für die Gesch. der →Orkney Inseln. R. Simek

Ed.: FINNBOGI GUÐMUNDSON, 1965 – Lit.: R. SIMEK–K. PÁLSSON, Lex. der an. Lit., 1987 – SIGURÐUR NORDAL, Om O.s., 1913 – E. ÓL. SVEINSSON, Sagnaritun Oddaverja, 1937 – A. B. TAYLOR, O.s. – Patronage and Authorship (Proc. of the First Internat. Saga Conference, 1972) – M. CHESTNUT, Haralds saga Maddaðarsonar (Stud. G. TURVILLE-PETRE, 1981).

Orlamünde, Burg, Stadt und ehem. Gft. in →Thüringen. Die Burg auf steilem Bergsporn über dem linken Saaleufer war wohl schon im 10. Jh. Mittelpunkt des Burgbezirks an der damaligen dt. O-Grenze. Sie gehörte im 11. Jh. den Gf.en v. →Weimar, nach deren Aussterben 1067 eine zweite Dynastie aus askan. Hause unter dem Namen O. auftrat. Während des zeitweiligen Heimfalls an das Reich 1140 setzte Kg. Konrad III. einen Burggf.en v. O. ein, dessen Amt jedoch bedeutungslos wurde, nachdem die vereinigten Gft.en Weimar und O. an Mgf. Albrecht d. Bären übertragen worden waren. Dessen Nachkommen bauten den Streubesitz zw. Saale, Ilm und Unstrut nach der Mitte des 13. Jh. flächenhaft aus, die Dynastie teilte sich in die Linien Weimar und O. Gleichzeitig begann der gefährl. Druck der →Wettiner stärker zu werden. Die Reichsunmittelbarkeit der Gf.en wurde gegenstandslos, bis der thür. →Grafenkrieg den Zusammenbruch brachte. O. wurde 1344 an den Mgf.en v. Meißen verkauft, drei Jahre später wurde die Weimarer Linie zur Anerkennung der wettin. Lehnsherrschaft gezwungen. 1486 starb das Geschlecht aus. – Im Anschluß an die Burg ist seit 1192 Marktverkehr um die Marktkirche (♂ St. Jakob) bezeugt, woraus sich die Stadt mit einem 1331 eingerichteten Wilhelmitenkl. entwickelte. Seit 1386 ist eine Ratsverfassung bezeugt; im 15. Jh. wurden die Stadtrechte aufgezeichnet. Der Rechtszug ging nach →Jena. Wirtschaftl. Bedeutung hatte die Stadt nur für das eigene Umland. K. Blaschke

Lit.: V. LOMMER, Beitr. zur Gesch. der Stadt O., 1906 – PATZE-SCHLESINGER, II, 1, 155–162 – H. HELBIG, Der wettin. Ständestaat, 1980², 96–101.

Orlandi, Guido, Florentiner Dichter, zw. 1290 und 1333 belegt, † vor 1338. Von ihm sind 17 Sonette und zwei Ballate erhalten, darunter poet. Korrespondenzen oder Tenzonen mit Monte Andrea di Firenze, →Dante da Maiano, →Cavalcanti u.a. Cavalcanti warf ihm vor, er stehe der neuen Auffassung Amors fern. Ist O. außerhalb des →Dolce stil novo anzusiedeln, so scheinen gleichwohl die Fragen, die er in einem Sonett über Amor stellt, den Ursprung der Canzone Cavalcantis »Donna me prega« zu bilden. Andere Verse O.s tragen polit. (Einzug Karls v. Valois in Florenz) und satir. Charakter (Sonett über die weißen Guelfen »Color di cener fatti son li Bianchi« und zeigen gelegentl. Nachahmung R. →Filippis. F. Bruni

Ed.: Rime, hg. E. LAMMA, 1898 – S. ORLANDO, Una tenzone di G. O., SFI, XXXIV, 1976, 55–60 – DERS., Una ballata di G.O., LI, 35, 1983, 333–340 – DERS., Uomini selvatici e poeti nella lirica cortese e romanza (AAVV, Studi testuali, 1984), 83–108 – Lit.: E. LEVI, G.O., GSLI 48, 1906, 1–35 – C. CALENDA, 'Di vil matera', Strumenti critici, 47f., 1982, 139–147.

Orléans, Stadt und Bm. in Mittelfrankreich, am rechten Ufer der →Loire, Sitz einer bedeutenden Universität.

I. Spätantike und Frühmittelalter – II. Hoch- und Spätmittelalter – III. Rechtsschule/Universität.

I. SPÄTANTIKE UND FRÜHMITTELALTER: Die galloröm. Stadt Genabum (Cenabum) wurde zw. 337 (Tabula Peutingeriana) und 346 (Ps.-Konzil v. Köln) zur 'civitas Aurelianorum', die um 385 an die Kirchenprov. →Sens kam (bis 1626). Die Stadt beherrschte eine Brücke zw. dem nördl. →Gallien und →Aquitanien. Eine spätröm. Stdtmauer (4. Jh.?), flankiert von Türmen, teilweise noch erkennbar, schloß ein viereckiges Castrum von 25,50 ha ein, dessen Zugang 5 Tore bildeten, vor denen sich bereits seit spätantiker Zeit Vorstädte ausbildeten.

Im 4. Jh. christianisiert (der hl. Eortius/Euverte, um 374, gilt der Überlieferung als 3. Bf.), wurde die von →Attila (Mai–Juni 451) belagerte Civitas vom Bf. Aignan gerettet; er rief Truppen des Heermeisters →Aëtius, verstärkt durch →Franken und →Westgoten, zu Hilfe. Über den Grabstätten der Bf.e Anianus/Aignan und Avitus (des möglichen Gründers der Abtei →Micy, † um 527) bildeten sich vorstädt. →Basilikaklöster, erwähnt bei →Gregor v.

Tours und besucht von Kg. Guntram (585); die Coemeterialkirche St-Michel soll dem 8. Jh. entstammen; den inneren nw. Winkel der Befestigung nahm die Kathedralgruppe ein, deren Hauptkirche, ursprgl. dem hl. Stephan geweiht, später (seit Ende 7. Jh./Anfang 8. Jh.) das Hl. Kreuz-Patrozinium (Ste-Croix) annahm. Die Lebenskraft der Civitas in merow. Zeit fand ihren Ausdruck zum einen in der Präsenz von Fernkaufleuten, »Syrern« und Juden (Synagoge im Castrum, Friedhof im O der civitas, extra muros), zum anderen in den Stiftungen von Kaufleuten aus O.: Der 'negociator' Johannes steht am Beginn der Abtei →Fleury (um 625), noch vor Leodebod, dem Abt v. St-Aignan († um 651). O., das zu →Neustrien gehörte, zählte zum Reichsteil →Chlodomers (511–524), →Guntrams (561–592) und →Chlodwigs II. (639–657), dessen Frau →Balthild die Klöster in O. zur Einführung der columban. und benediktin. Regel drängte. »Hauptstadt« (zumindest theoret.) und Tagungsort von Konzilien, wurde O. verwaltet von comites, deren Namen nur selten überliefert sind (Villacharius, 584; Fulcarius, 609).

→Karl d. Gr. installierte als Bf. den berühmten Gelehrten →Theodulf (798); O. war faktisch Sitz eines missaticum (802; →missus), bedingt durch die Grenzlage zu Aquitanien und Burgund. Gf. →Matfrid (818–828) stand als Anhänger Ks. →Lothars in Gegensatz zu →Ludwig d. Fr., der jedoch in O. von Bf. →Jonas (818–843) unterstützt wurde; dieser bedeutende Autor von Streitschriften war führender Parteigänger des künftigen Ks.s →Karls d. Kahlen. In der karol. Blütezeit großer Bf.spersönlichkeiten könnte die Kanonikerreform in O. starke Wirkung entfaltet haben (Kirche v. St-Pierre-Lentin, Kathedralmosaik, Hôtel Dieu).

Im 9. und 10. Jh. hielten sich die westfrk. →Karolinger oft im Orléanais auf und bestätigten die Münzstätte; das Grafenamt kam an die Bf.e, erstmals wohl an Bf. Agius, der bemüht war, seine Civitas gegen die →Normannen zu verteidigen; diese brannten 856 und 865 Teile der Stadt nieder. O. kam als Teil von Neustrien an →Hugo Abbas († 886 ebd.). Um die vor den Normanneneinfällen geflohenen Bevölkerungsgruppen (insbes. Religiosen) aufnehmen zu können, wurden die Mauern instandgesetzt (die Pfarreien L'Alleu-Saint-Mesmin und St-Benoît du Retour erinnern hieran). Bf. Gauthier (867–891) förderte den Aufstieg der →Robertiner, seiner Verwandten; →Odo († 898) residierte in der ihm loyal ergebenen Stadt, und →Robert († 923) ließ hier Münzen prägen. O. wurde zum Herzen des Fsm.s der neuen Dynastie der →Kapetinger.

II. HOCH- UND SPÄTMITTELALTER: →Hugo Capet begründete die dynast. Herrschaft über Frankreich, indem er in O. seinen Sohn →Robert II. krönen ließ (987). Der überwundene karol. Konkurrent des Kapetingers, Hzg. →Karl v. Niederlothringen, wurde in O. gefangengehalten. Angeregt von Bf. →Arnulf, sorgte Robert II. als Wohltäter seiner Heimatstadt nach der Feuersbrunst von 999 für den Wiederaufbau von St-Aignan (erhaltene Krypten von 1029), der Kathedrale und dreier anderer Kirchen. 1022 ließ der Kg. die Häretiker (→Orléans, Häretiker v.) verfolgen. Die Stiftungstätigkeit der Kapetinger hatte auch zur Folge, daß kgl. Vertraute in hohe Kirchenämter gelangten: Étienne de →Garlande war zugleich Dekan zweier Kollegiatsstifte und des Kathedralkapitels, sein Neffe Manassès wurde B. (1147–85).

Als Stadt der →Krondomäne und wirtschaftl. Zentrum, gelegen am Kreuzungspunkt der Loire mit diversen Landverbindungen, verblieb O. in den alten Abmessungen seiner spätantiken Befestigung; einige ihrer Türme dienten als Wohnsitze, v. a. den Kathedralkanonikern; die vorstädt. Viertel (Burgi) verzeichneten ein starkes Wachstum. Im O des Stifts St-Aignan, seit dem 9. Jh. in Nachbarschaft des Kl. St-Euverte (ab dem 12. Jh. Regularkanonikerstift), entstand der Bourg Dunois (Kirchen St-Paul et St-Sulpice und Le Martroi au blé), in dem sich rege Handels- und Gewerbetätigkeit ansiedelte und der wohl frühzeitig befestigt wurde (Gräben, Tore). Neue Pfarreien entstanden an den Ausfallstraßen: St-Laurent, St-Paterne (Hospiz), St-Vincent, St-Marc (Templerkomturei), St-Marceau (am linken Loireufer). War die Stadt von Handwerk und Verwaltungstätigkeit geprägt, so herrschte im Umland der Weinbau vor; die ältesten städt. Privilegien (1052) betreffen die Öffnung der Stadt in der Zeit der Weinernte. Ein kommunaler →Schwurverband (*commune jurée*, 1137) scheiterte; danach erwarb O. lediglich eine Reihe von *franchises* zur Begrenzung des Mißbrauchs von Amtsträgern (1138), Aufhebung der Feudalabgaben auf Wein und Heu, Fremdenschutz, Regelung gerichtl. Zweikämpfe (1178), schließlich Abschaffung der Unfreiheit (*servage*) in der Stadt und einem Umkreis von fünf Meilen (1180). Kg. Philipp August, der den Bürgern 1183 diese Rechte garantierte, beteiligte die »gewählten« Repräsentanten der Bürgerschaft an der Erhebung der Kopfsteuer (→*taille*); dieses Privileg wurde 1281 und 1325 bestätigt.

Die Königsmacht schaltete sich seit Philipp August stärker in das städt. Leben ein: 1198 erscheint der erste namentl. bekannte →Bailli; eine imposante Festung, die 'Tour Neuve', wurde am Flußufer, in der SW-Ecke des Mauerzugs, errichtet. Trotz der kgl. Präsenz kam es zu innerstädt. Spannungen: 1211 zw. dem Bf. und den Kanonikern von St-Aignan, 1251 zw. Bevölkerung und Klerus anläßl. des Durchzugs von →Pastorellen. O. hatte die alte, im 11. Jh. gelegentl. erkennbare Rolle einer Quasi-Hauptstadt zwar an →Paris abgegeben, blieb aber eine der wichtigsten Städte der Kapetinger. Dies wird belegt durch die Bildung von Schulen, schließlich der Univ., aber auch durch die Entstehung von 18 innerstädt. Pfarreien und die rapide Entwicklung der Bettelordenskonvente. Der Bf. Manassès de Seignelay und der Dekan Reginald förderten 1219 die Niederlassung der Dominikaner; 1240 entstand das Franziskanerkl.; die Augustinereremiten installierten sich am südl. Punkt der Brücke; 1265 kamen auch die Karmeliter nach O. Bf. Robert v. Courtenay (1259–79), aus großer Familie, begann mit einer Restauration des Kathedralbaues, die in ein großangelegtes Neubauprojekt einmündete, das erst 1829 seinen Abschluß fand. Lediglich der Chor wurde am Ende des 15. Jh. vollendet.

Das 14. und 15. Jh. war für O. eine unruhige Zeit (Hundertjähriger Krieg, wirtschaftl. Krisen). Bereits die Gründung der Univ. (1306) löste Unruhen aus wegen der Privilegien der Magister, Studenten und ihres Gesindes (niedrige Mieten, begünstigter Wein- und Getreidekauf, Befreiung vom städt. Wachdienst). Die Stadtbürger nutzten die Konfliktsituation zur Wahl eigener, vom Kg. unabhängiger Repräsentanten aus; doch sprach Philipp der Schöne den Bürgern energisch das Recht auf »corps de ville ni commune« ab (1313). Ein Aufstand brach im Frühjahr 1343 aus gegen die geplante Ausfuhr von Getreide in das unter Hungersnot leidende Burgund; die Anführer wurden hingerichtet. Die Errichtung einer →Apanage für das Haus O., eine Linie der Valois-Dynastie, lockerte die Verbindung der »bonne ville« zur Zentralgewalt und ließ die kirchl. Autoritäten in die zweite Reihe zurücktreten.

Das erste Hzm. O. wurde am 16. April 1344 für Philipp (Hzg. 1344–75), den Sohn Kg. Philipps VI. v. Valois und Bruder Kg. Johanns II., geschaffen. Es bestand aus zehn

Kastellaneien: Boiscommun, Châteauneuf, Château-Renard, Janville, Lorris, Montargis, Nesploy, O., Vitry-aux-Loges und Yèvre-le-Châtel. Die dem Kg. reservierten Gerichtsfälle (→cas royaux) wurden von einem in Cepoy, nahe Montargis, residierenden kgl. Bailli gerichtet. Die geistl. Institutionen protestierten gegen die »Entfremdung«. Wegen der Gefahr, die die Errichtung der Apanage (von der O. nur einen Teil bildete) für den Bestand der →Krondomäne beinhaltete, verpflichtete Kg. Karl V. seinen Onkel, die Apanage zurückzugeben, mit der Zusicherung, sie (mit kgl. Retraktrecht bei Ausbleiben eines männl. Erben) aus den Händen des Kg.s erneut zu empfangen (1367).

Die Angriffe der Bretonen (1358) und v. a. der Engländer unter Robert →Knolles lösten in der Stadt Unruhen aus. Zur Verteidigung ließen die Kanoniker v. St-Aignan eine Festung errichten, die durch einen städt. Aufstand, unterstützt von den hzgl. Beamten, zerstört wurde (1359). Im übrigen bestand wohl eine Befestigungsmauer um den Bourg Dunois. Die städt. Bevölkerung soll eine Zeitlang (1356?) →Karl v. Navarra unterstützt haben (bewaffneter, gegen den Hzg. gerichteter Aufstand). Hzg. und Kg. kamen für die Kosten des Wiederaufbaus v. St-Aignan auf. Während der Aufstandswelle von 1382 brachen auch in O. Unruhen aus (student. Aufläufe, antijüd. Ausschreitungen, antifiskale Demonstrationen, verbunden mit finanziellen Reformforderungen der Bürger). Die Herrschaft reagierte mit Repressionen (Schleifung der Stadttore), aber auch mit Zugeständnissen (Charta, 2. März 1385: eigene Stadt- und Finanzverwaltung).

→Ludwig, Bruder Karls VI., erhielt 1392 das Hzm. Er ließ durch seinen Gouverneur die Modernisierung der Stadtmauer, die zur regelrechten (dem Einsatz der →Artillerie angepaßten) Festung ausgebaut wurde, überwachen. Sie hatte sich im Bürgerkrieg, der nach der Ermordung Ludwigs (1407) ausbrach, zu bewähren. Nach der Gefangennahme des jüngeren Hzg.s Karl (→Charles d'O.) 1415 bei Azincourt (→Agincourt) wurde die Stadt unter Führung von Jean →Dunois, dem »Bastard v. O.«, verteidigt (Verstärkung des Brückenkopfes und Befestigung der zentralen Insel). O. blieb auch nach dem Vertrag v. →Troyes (1420) dem Hzg. und dem Dauphin →Karl (VII.) treu.

Am 8. Okt. 1428 legte Thomas →Montagu, Gf. v. Salisbury, den Belagerungsring um die Stadt. Die von den engl. Belagerungstürmen (*bastilles*) eingeschlossene, schlecht verproviantierte und von ihrem Bf. Jean Kirkmichael aufgegebene Stadt hielt aus dank der Verteidigung durch Dunois, den Gouverneur Gaucourt und den städt. Magistrat, der selbständig mit dem Hzg. v. Burgund zu verhandeln suchte. Im Augenblick starker Gefährdung erschien →Jeanne d'Arc mit einem Teil des kgl. Heeres. Sie gewann das Vertrauen der Stadtbewohner wie der Befehlshaber; die Erstürmung dreier engl. Belagerungstürme (bis zum 7. Mai 1429) erzwang den Abzug der Angreifer. Seither feiert O. jedes Jahr am 8. Mai das »Fest der Befreiung«.

Im Zuge des Wiederaufbaus der Kirchen und Häuser wurden zwei neue Befestigungsmauern errichtet, die erste (1466-78) nach dem Willen Ludwigs XI. um St-Aignan und St-Euverte; die zweite (1485-1555), die auf Initiative Ludwigs XII. entstand, umfaßte die gesamte Stadt (heut. Boulevards). Die ummauerte Fläche betrug 130 ha; Baugrundstücke traten an die Stelle der früheren Gärten und Weinberge, und die Place du Martroi wurde an die heut. Stelle verlegt. Die Stadt hatte ca. 15 000 Einw.; sie wurde jedoch von mehreren Pestepidemien (bes. 1482) betroffen (Erweiterung des Friedhofs, 1492, und des Hôtel Dieu). Die Finanzierung der städt. Bautätigkeit erfolgte z. T. durch die Abgaben auf Wein und Salz; als Depot diente das neue Rathaus (Hôtel des crénaux mit Uhrturm, errichtet der galloröm. Stadtmauer 1443-98). Auch die Univ. führte aufwendige Neubauten durch. Die Wiederaufnahme des Kathedralbaues erfolgte unter Schonung der Bf.sgrablege. 1478 wurde eine große Versammlung des Klerus v. Frankreich abgehalten, auf der die Notwendigkeit von Reformen diskutiert wurde. Starken Zulauf der Stadtbevölkerung fanden die großen Bußprediger →Franziskus v. Paola (1482) und Olivier Maillart (1497). Belebte, dichtbebaute Stadt und aktives intellektuelles Zentrum (Aufenthaltsort der Humanisten Guillaume Budé und →Erasmus), war O. jedoch nicht die eigtl. Residenz der großen Hzg.e →Charles (1407-65) und Louis II. (1465-98). Als letzterer Kg. wurde, fiel das Hzm. an die Krondomäne zurück. F. Michaud-Fréjaville

Lit.: Hist. d'O. et de son terroir, hg. J. DEBAL, 1983 – 987–1987. O., les premiers Capétiens, 1987 – Truelles et palissades. 10 ans d'archéol. urbaine à O., 1988 – F. MICHAUD-FRÉJAVILLE, Crise urbaine et apprentissage à O., 1475–1500 (Villes, Bonnes villes, cités et capitales, 1989) – TH. HEAD, Hagiography and the Cult of Saints, the Diocese of O., 800–1200, 1990.

III. RECHTSSCHULE/UNIVERSITÄT: Die früheste Erwähnung des Rechtsunterrichts in O. findet sich in einer päpstl. Bulle von 1235, die dem Bf. v. O. bestätigt, daß er das Lesen der leges, das in →Paris seit 1219 verboten war, in O. zulassen könne. Die ersten Professoren, deren Namen uns bekannt sind – u. a. Guido de Cumis, Petrus de Ausonia, Symon Parisiensis, Petrus de Petris Grossis – hatten in →Bologna studiert, wahrscheinl. als Schüler der Gegner des →Accursius, v. a. des →Jacobus Balduini und des →Odofredus. Es entstand in O. eine eigene Tradition, die zwar auf der bolognes. fußte, jedoch durch krit. Haltung gegenüber der Accursischen Glosse gekennzeichnet war. Neue Theorien und Begriffe wurden frühzeitig entwickelt; so schuf z. B. Johannes de Monciaco (Jean de Monchy) den Begriff der Rechtsperson ('persona repraesentata'). Die Blütezeit der Rechtsschule v. O., in der sie Bologna ztw. in den Schatten stellte, fällt in die 2. Hälfte des 13. Jh., als Jacobus de Ravenneio (Jacques de →Révigny, † 1296) und →Petrus de Bellapertica (Pierre de Belleperche, † 1308) hier lehrten; zu erwähnen sind auch zwei Schüler von Jacques de Révigny, Radulphus de Haricuria (Raoul d'Harcourt, Lehrer von Pierre de Belleperche) und Jacobus de Bolonia (Jacques de Boulogne). Die meisten Professoren im O. des 13. und 14. Jh. übten nur einige Zeit nach dem Abschluß ihres Studiums die Lehrtätigkeit aus; danach bekleideten sie hohe kirchl. und weltl. Ämter, manche als kgl. →Legisten. Auch für die meisten Studenten frz. Herkunft war die Vorbereitung auf eine Karriere in kirchl. Hierarchie und kgl. Verwaltung (→Beamtenwesen A.IV) Hauptziel des Studiums. Es gab jedoch in O. auch viele Studenten ausländ. Herkunft, im 13. Jh. wohl an erster Stelle aus England, später jedoch hauptsächl. aus Dtl., den Niederlanden und Schottland, die O. wegen der räuml. Nähe den it. und südfrz. Universitäten vorzogen.

1306 verlieh Clemens V. der Rechtsschule die Privilegien einer Univ., und einige Jahre später wurde sie auch vom Kg. v. Frankreich privilegiert. Die Professoren des 14. Jh. hatten jedoch nicht das Ansehen der Koryphäen des 13. Jh. Um 1300 konnte Lambertus de Salinis (Lambert de Salins), ein Schüler von Pierre de Belleperche, für kurze Zeit noch die Tradition fortsetzen, doch unterrichteten danach nur mehr wenige Lehrer von Bedeutung (Jean Nicot, Bertrand Chabrol und Jean de Mâcon, alle in der

2. Hälfte des 14. Jh.). Im Laufe des 14. Jh. erstreckte der Unterricht sich auch auf den (zunächst nur in Italien beachteten) →Liber feudorum. Das kanon. Recht wurde schon in der 2. Hälfte des 13. Jh. gelehrt, u. a. von einem Schüler des Jacques de Révigny, Radulphus de Cheneveriis (Raoul de Chennevières), doch gewann es in O. kaum die Bedeutung, die es im nahen Paris und in Italien hatte. Im 15. Jh. hat es in O. keine namhaften Professoren mehr gegeben. Die Univ. v. O. gewann dessenungeachtet, bes. seit den vierziger Jahren des 15. Jh., steigende Beliebtheit bei ausländ. Studenten (Dt., Niederländer) und behielt diese bis ins 17. Jh.

Die Bedeutung der Rechtsschule v. O. für die europ. Rechtswissenschaft beruht v. a. auf den Schriften von Jacques de Révigny und Pierre de Belleperche (→Kommentatoren; Komm. zu Teilen des →Corpus iuris civilis, Sammlungen von →Repetitionen und →Quaestiones), deren Verbreitung aber geringer war als diejenige der it. Juristen des 13. und 14. Jh. Infolge des weniger entwickelten Buchwesens war eine gute Textüberlieferung häufig nicht gesichert (Verluste, falsche Zuschreibungen, bes. in Drucken des 16. Jh.). Zahlreiche Lehrmeinungen von Jacques de Révigny und Pierre de Belleperche sind uns nur durch it. Autoren des 14. Jh. bekannt, v. a. →Cino da Pistoia (der seinerseits wieder die Lehrer im O. des 14. Jh. beeinflußte) und dessen Schüler →Bartolus de Saxoferrato. Die Rechtsschule v. O. übte bes. starken Einfluß aus im Prozeßrecht, im internat. Privatrecht und in bestimmten Bereichen des bürgerl. Rechts (z. B. Rechtspersönlichkeit, Eigentumslehre, einige Lehren des Obligationenrechts); sie befaßte sich (gemäß den polit. Ansätzen der frz. Monarchie zur Vereinheitlichung der Rechtspraxis; →Justiz, I) viel mit dem Gewohnheitsrecht (→Coutume), sowohl hinsichtl. der theoret. Begründung seiner Geltung als auch der Anpassung von gewohnheitsrechtl. Regeln an das System des gelehrten Rechts (→Gemeines Recht) und der Interpretation einiger dieser Regeln.

R. Feenstra/M. C. I. M. Duynstee

Lit.: S. Guenée, Bibliogr. de l'hist. des univ. françaises, II, 1978, 296–321 – Q. und Lit.: Les statuts et privilèges des univ. françaises, I, hg. M. Fournier, 1890, 1–259; III, 1892, 445–493 [Nachdr. 1969] – H. Denifle, Les univ. françaises au m-â, Avis à M. Fournier, 1892, 45–56 – M. Fournier, Hist. de la science du droit en France, III, 1–133 [Nachdr. 1970] – E. M. Meijers, L'univ. d'O. au XIIIe s. (Ders., Études d'hist. du droit, III, 1959, 3–148) – Actes du congr. sur l'ancienne univ. d'O., 6–7 mai 1961, 1962 – Premier livre des procurateurs de la Nation germanique de l'ancienne univ. d'O. 1444–1546, I, 1971 [C. M. Ridderikhoff]; II, 1978/80/85 [Dies., H. de Ridder-Symoens, D. Illmer] – M.-H. Jullien de Pommerol, Sources de l'hist. des univ. françaises au m-â, Univ. d'O., 1978 – Ch. Vulliez, Des écoles carolingiennes à l'Univ., La Renaissance de l'Univ. (Hist. d'O. et de son terroir, I, 1983), 319–347, 417–420 – Études néerlandaises de droit et d'hist. présentées à l'Univ. d'O. pour le 750e anniv. des enseignements jurid., hg. R. Feenstra–C. M. Ridderikhoff, Bull. de la Soc. arch. et hist. de l'O. ais, NS 9, Nr. 68, 1985 – R. Feenstra, Le droit savant au m-â et sa vulgarisation, 1986, Nr. II, III [Lit.], VI, VII – Ch. Vulliez, Les étudiants dans la ville: l'hébergement des scolares à O. au bas m-â (Fschr. B. Chevalier, 1989), 25–35 – R. Feenstra, L'École de droit d'O. au XIIIe s. et son rayonnement dans l'Europe médiévale, Rev. d'hist. des fac. de droit et de la science jurid. 13, 1992, 15–34 [Lit.].

Orléans, Häretiker v. (1022), berühmt als erste Häretiker (→Häresie), die in Frankreich auf dem Scheiterhaufen starben, gehören zu den bestbezeugten und -erforschten Gruppierungen. Sie entstammten dem Milieu gebildeter und frommer Kanoniker an der Kathedrale v. →Orléans (der Cantor Lisoie) und an den Kollegiatstiften der Pfalz. Mehrere Lehrer der Domschule und sogar der Confessor der Kgn. →Konstanze waren ebenso wie einige Laien mitangeklagt. Ihre Glaubensvorstellungen sind durch eine Reihe von Q.nachrichten, aus der Sicht ihrer Gegner, dicht belegt. Der Mönch Johannes v. Ripoll berichtet, daß sie Taufe, Eucharistie und Sündenvergebung verwarfen, die Ehe mißbilligten und die Abstinenz von Fleischgenuß propagierten. →Andreas v. Fleury schreibt ihnen ferner die Ablehnung kirchl. Bauten, der Bischofsgewalt und der Wirksamkeit der Handauflegung zu, desgleichen die Leugnung der Jungfräulichkeit Mariens. Der Mönch Paulus v. Chartres wirft ihnen eine ganze Reihe diabol. Praktiken vor, insbes. aber Kritik an der Hl.nverehrung. Im Gegensatz zu den zeitgenöss. Texten, die die Irrlehren v. O. als »Manichäismus« einstuften, gelten die Häretiker v. O. oft als Anhänger eines Neopelagianismus (→Pelagianismus), der sich durch eine Gnadenlehre und die Idee der Erlangung des Heils durch individuelle Verdienste auszeichne, Gedanken, die von aufmerksamer Augustinuslektüre inspiriert sind und einer Strömung, die das frühe 11. Jh. aufwühlte, angehören (Verurteilung einer ähnlichen Häresie in Arras, 1025).

Ein norm. Ritter soll die Häretiker beim Kanzler der Kirche v. Chartres denunziert haben; der beunruhigte Kg. Robert II. berief eine Versammlung ein (der Synodencharakter wird heute bezweifelt), die die Beschuldigten verhörte und sie erfolglos zum Widerruf ihrer häret. Auffassungen zu bewegen suchte; die aufgebrachte Bevölkerung soll den Tod der Ketzer gefordert haben. Die Angeklagten (13 nach →Radulf Glaber, 10 nach →Ademar v. Chabannes) hielten an ihren Glaubensauffassungen fest und wurden zum Feuertod verurteilt, zwei schworen ab. Diese häret. Krise kann nicht nur als Ausfluß theol. Spekulation gelehrter Kleriker gewertet werden, sondern hängt auch zusammen mit dem Anschluß von Orléans an die Krondomäne und den heftigen Rivalitäten zw. den Kapetingern und dem Hause Blois im zentralen Loiregebiet, ebenso aber auch mit den Konflikten zw. Cluniazensern und Säkularklerus.
F. Michaud-Fréjaville

Q.: →Andreas v. Fleury – Lit.: H. Taviani, Le mariage dans l'hérésie de l'An Mil, Annales, 1977, n° 6 – G. Lobrichon, Le clair-obscur de l'hérésie au début du XIe s. en Aquitaine. Une lettre d'Auxerre (Essays on the Peace of God, hg. Th. Head–R. Landes, 1987, Hist. Reflexions 14, n° 3).

Orléans, Konzilien v. [1] *Konzilien von 511 und 549:* Die Besetzung des Reichs des →Syagrius durch den Merowinger →Chlodwig und seine Siege über die dem Arianismus (→Arius) anhängenden Kg.e gaben den Anstoß zu Überlegungen über die künftige Kirchenorganisation der neueroberten Länder und zugleich ihr Verhältnis zur Reichsgewalt (→Frankenreich, C.I). Die frk. Kg.e hielten über diese Fragen im 6. Jh. vier Reichskonzilien in O. ab. Im Juli 511 berief Chlodwig 32 Bf.e und Ebf.e, die unter dem Vorsitz Cyprians v. Bordeaux 31 Kanones erließen: Kein Laie, außer Klerikersöhnen, darf ohne Erlaubnis des Kg.s oder des 'judex' in den Klerus eintreten. Beneficia (→beneficium) dürfen nicht ohne bfl. Zustimmung erworben werden. Kgl. Schenkungen an die Kirche dürfen nicht als persönl. Güter behandelt werden. Andere Bestimmungen betreffen die Praxis des Asylrechts (→Asyl), die Eingliederung konvertierter arian. Kleriker, die Abhaltung von Bittprozessionen. Drei weitere Synoden folgten (533, 538, 541); sie bestätigten u. a. den röm. Computus (→Osterfestberechnung).

Am 28. Oktober 549 trat ein von Kg. →Childebert I. einberufenes Konzil zusammen (71 Prälaten, persönl. anwesend oder durch Vertreter repräsentiert). Es erklärte die Unschuld des Bf.s v. O. und verurteilte eine örtl. Häresie (Arianismus, Nestorianismus?) sowie die Irrlehren des

→Eutyches und →Nestorios. Das Konzil machte die Priesterweihe von Freigelassenen und →Sklaven von der Erlaubnis ihres Patrons abhängig, verbot den Verkauf von Bf.sämtern und regelte die Hilfe für Gefangene, deren Kosten die Bf.e zu tragen hatten. – Die wichtigsten Rechtsbestimmungen dieser für das Frankenreich verbindl. Konzilien gingen in die →Kanonessammlungen ein.

[2] *Konzil von 1022:* Nach der Aufdeckung einer häret. Gruppierung im Intellektuellenmilieu von O. (→Orléans, Häretiker v.) versammelte Kg. →Robert II. 'd. Fromme' mehrere Prälaten (Ebf.e/Bf.e v. Bourges, Paris, Beauvais, O.) und religiöse Persönlichkeiten (→Gauzlin v. Fleury). Die Versammlung verurteilte die Kanoniker v. Ste-Croix und St-Pierre-le-Puellier, wechselte den Bf. v. O., Theodericus (Thierry), gegen Ordericus (Oudry) aus und hörte ein öffentl. Glaubensbekenntnis Gauzlins an. Die Abhaltung dieser Versammlung muß zum einen als Reflex der theol. Diskussion der Zeit gelten, zum anderen als Ausdruck des Machkampfes zw. den →Kapetingern und dem Hause →Blois. F. Michaud-Fréjaville

Lit.: R.-H. BAUTIER, L'hérésie d'O. et le mouvement intellectuel au début du XIe s., documents et hypothèses, Actes du 95e Congr. des Sociétés Savantes, 1970, Bd. I – DOM J.-M. BERLAND, Les origines de l'église d'O., Bull. Soc. Arch. et hist. de l'O.ais, 49, 1979.

Orleton, Adam de, engl. Beamter, Bf. v. →Hereford seit 24. Juli 1317, Bf. v. →Worcester seit 2. März 1328, Bf. v. →Winchester seit 23. Sept. 1334; * wahrscheinl. in Hereford, † 18. Juli 1345; Schatzmeister *(treasurer)* des →Exchequer 28. Jan.–März 1327. Zunächst Mitglied der familia von Robert le Wyse, Kanzler der Kathedrale v. Hereford, wurde A. de O. 1301 Mag. (vielleicht in Oxford) und – wohl nach einem Studium im Ausland – 1310 Doktor des Kanon. Rechts; Teilnahme am Konzil v. →Vienne (1311–12). Als er sich im Dienst Kg. Eduards II. in Avignon aufhielt, übertrug ihm Papst Johannes XXII. gegen den Wunsch des Kg.s das Bm. Hereford. Seit 1319 war er erneut als Gesandter tätig, in Frankreich und an der Kurie, wo er 1320 die Kanonisation von Thomas de →Cantilupe erwirkte. Wegen der Beteiligung an einer baronialen Rebellion (1321–22) wurde er erst 1324 vor Gericht angeklagt. Er fiel in Ungnade, seine Temporalien wurden eingezogen. A. de O. unterstützte die Absetzung Eduards II. und die Nachfolge Eduards III., dem Regiment von Roger →Mortimer und →Isabella (1327–30) leistete er Widerstand. In seinem letzten Lebensabschnitt trat er nur noch in der polit. Krise von 1340–41 hervor, als Ebf. John →Stratford ihn der Autorschaft des »Libellus famosus« beschuldigte. Vor seinem Tod erblindete er. R. M. Haines

Q. und Lit.: BRUO II, 1958, 1402f. – DNB, s. v. – R. M. HAINES, Church and Politics... Career of A. de O., 1978 – Register of A. de O., Bishop of Worcester, ed. DERS., 1979.

Ormond, Earls of, große angloir. Adelsfamilie (→Irland), geht zurück auf James →Butler († 1338), der im Okt. 1328 zum I. Earl of O., des nördl. Teils der Gft. →Tipperary (südl. Mittelirland), erhoben wurde, verbunden mit der Verleihung der 'liberty' (Immunität) des gesamten Tipperary. Damit wurde er zum mächtigsten feudalen Grundherrn in den ir. Midlands; weiterhin hatte er Besitzungen in zehn engl. Gft.en. James Butler verstarb im Jan./Febr. 1338; sein Sohn James (II.) (1330/31–82) trat das Erbe 1347 an, mit Verleihung bzw. Bestätigung der Pfalzgerichtsbarkeit sowie des erbl. Privilegs des 'prisage of wine' (s. →Butler). Der Wiederaufstieg der in O. ansässigen Familie O Kennedy schmälerte die fakt. Machtstellung der Earls of O. im nördl. Tipperary, nicht aber ihren formell anerkannten Rechtsanspruch. James (II.) war →Justitiar (1359–60 und 1376–79), 1364–65 →Keeper (unter dem Vizekg. Lionel, Duke of →Clarence). Sein Sohn James (III.) (ca. 1360–Sept. 1405) trat die Erbfolge als Earl 1385 an, kaufte 1390 von Hugh →Despenser die 'liberty' v. →Kilkenny und verdoppelte so den Umfang seiner Herrschaft. 1392–94 und 1404–05 war er Justitiar; während Kg. Richards II. Irlandaufenthalt fungierte James III. als Übersetzer.

Sein Sohn James (IV.) (ca. 1390–1452), seit 1411 als Earl, war Gönner von Literatur (James Yonges engl. Fassung der →»Secreta Secretorum«, um 1420) und Kirche (teilw. Neubau der Abtei SOCist →Jerpoint), diente den Kg.en Heinrich V. und VI. auf ihren Frankreichfeldzügen (1415, 1418–19 und 1430), war kgl. Statthalter (1424, 1438, 1441–42) und Lieutenant (1419–21, 1425–26 und 1442). Sein Sohn James V. (1420–Mai 1461) war in die Kämpfe der Häuser →York und →Lancaster verstrickt, verfiel der Hinrichtung, seine Güter der Konfiskation. Sein Bruder John († vor 15. Juni 1477) wurde im Okt. 1470–71 im Zuge der Lancaster. Restauration als Earl anerkannt, von den 23. Nov. 1474 von Eduard IV. rehabilitiert und am 21. Juli 1475 förml. wiedereingesetzt; am 15. Juni 1477 ging das Earldom im Erbgang an Johns Bruder Thomas über, der am 3. Aug. 1515 ohne männl. Erben verstarb. Der Titel des Earl of O. kam einige Jahre später an Thomas Boleyn, Viscount Rockford, Enkel v. Thomas, der am 8. Dez. 1529 zum Earl of O. und Wiltshire gekürt wurde, aber ohne männl. Erben starb. G. MacNiocaill

Lit.: E. CURTIS, Calendar of O. Deeds, I–IV, 1932–37 – New Hist. of Ireland, II, hg. A. COSGRAVE, 1987.

Ormulum, me. Evangelienharmonie des Augustinermönchs Orm (um oder kurz vor 1200) im Dialekt von Lincolnshire. Inhaltl. ist das ca. 10000 Verszeilen umfassende Werk – es war sogar auf den achtfachen Umfang geplant – trotz der Langatmigkeit der Paraphrasen und der predigthaften Zusätze bemerkenswert als früher Versuch, über den noch stark frz. orientierten niederen Klerus das *ennglissh follk* insgesamt mit dem Evangelium vertraut zu machen; Orm war also theol. und sprachkultureller Mittler. Formal spiegelt sich diese Rolle in einem ausgetüftelten phonet.-phonotakt. Markierungssystem, zu dem neben der systemat. Doppelschreibung aller Konsonanten (nach kurzem Vokal) auch einfache bis dreifache Akutstriche und Breve-Häkchen gehören. Mit den diakrit. Zeichen versuchte Orm, Fehlausprachen seiner mutmaßl. Zielgruppe beim Vortragen vorzubeugen. Metr. bediente er sich des später volkstüml. Septenarverses (alternierende 15-silbige Verszeile), jedoch ohne Stab- oder Endreim.

M. Markus

Bibliogr.: NCBEL I, 485 f. – *Ed.:* R. M. WHITE–R. HOLT, 2 Bde, 1878^2 – *Lit.:* M. LEHNERT, Sprachform und Sprachfunktion im 'O.' (um 1200), Wiss. Zs. der Humboldt-Univ. zu Berlin, 2, 1953, 1–58 – ST. MORRISON, Orm's English Sources, Archiv 221, 1984, 54–64 – M. MARKUS, The Spelling Peculiarities in the O. from an Interdisciplinary Point of View (Fschr. K. H. GÖLLER, hg. U. BÖKER u.a., 1989), 69–86.

Ornament

I. Westen – II. Byzanz.

I. WESTEN: O. (ornamentum, ornatus, im MA auch flosculus) gehört seit der Frühgesch. der Menschheit zu den fundamentalen künstler. Ausdrucksformen. Hauptträger von O.en sind Architektur (Bauo. bzw. als Teil von Bauplastik), deren Ausstattung und Kleinkunst. O. verziert, bezeichnet und zeichnet bedeutungsvoll aus (→Ornamentsymbolik), betont oder negiert die Funktion eines Baues oder Gegenstandes, Rangstufen einer architekton. Gliederung und Struktur. O. kann dabei reich oder einfach erscheinen, regelmäßig (als Ausbildung von stabilen Mustern) oder unregelmäßig, symmetr. oder asymmetr., einem unendl. Rapport, einem einfachen oder komplizierten Rhythmus gehorchen. Seit den Anfängen von Ornamentik ist sie gebildet worden in der ganzen Spannweite zw. geometr., vegetabil. und animal. Formen, einschließl. einer Vielzahl von Übergängen und Mischformen (z. B. got. Blattmaske). Ebenso sind wiederholt die Grenzen zw. bildl. Darstellung und O. fließend gewesen, auch Fabel- und Mischwesen erscheinen oft zw. symbol. Darstellung und Zier angesiedelt. Exemplar. für Grenzüberschreitungen ist die ma. →Buchmalerei, die, O. PÄCHT folgend, als anhaltende und folgenreiche Auseinandersetzung zw. Schrift, Bild und O. anzusehen ist. Als künstler. Schöpfung wurde O. tradiert, weiter-, um- und neugebildet, Auftraggeber bedienten sich seiner, um sich mit anderen Bauherren oder Stiftern zu vergleichen oder um sich abzugrenzen durch adaptierte bzw. neuerfundene Zeichen. Direkte Äußerungen zum O. sind im MA im Unterschied zu nachma. Zeit rar. →Isidor v. Sevilla zufolge verleiht Schmuck den Gebäuden Anmut (venustas). Formbewußtheit zeigte in England um 1185/86 →Giraldus Cambrensis, der eine offensichtl. insulare Hs. »kunstvoll verknotet und verwoben« nannte. →Theophilus Presbyter empfahl in »De diversis artibus« mehrfach, als O. Kreise, Blüten oder Tiere, nackte Gestalten und ineinander verschlungene Drachen zu verwenden, ebenso wird bei ihm erkennbar, daß es Vorlagen gegeben hat, die Goldschmiede oder Buchmaler gleicherweise benutzten. Schließlich richtete sich die Kritik →Bernhards v. Clairvaux am Bauluxus nicht zuletzt gegen die »formosa deformitas« des didakt.-symbol. Kapitell-O.s seiner Zeit. Ma. O. gründete sich zum einen auf das aus dem Orient stammende und durch die Kunst der Völkerwanderungszeit verbreitete, in der kontinentalen wie insularen Kunst entfaltete →Flechtbando. und das Tiero. (v. a. das Vogel-Fisch-Motiv) mit ihren mag. und kunstvollen Formverschlingungen. Zum anderen wirkte die antike Tradition weiter, aktualisiert durch die karol. →Antikenrezeption, die neben dem korinth. Kapitell Akanthus und Palmette für Friese oder Kapitelle und in der Kleinkunst (Goldschmiedekunst, Elfenbeinplastik, Buchmalerei) belebte. In zahlreichen Abwandlungen bestanden diese bis ins 13. Jh., wobei die antiken Formen rein bes. an herrscherl. Bauten und in Oberitalien in Erscheinung traten, sonst eher vereinfacht und flächig. In der Buchmalerei boten Initiale, Monogrammseite und schließlich die Randleiste (v. a. in der Gotik) die entscheidenden Ansatzpunkte für das O., in der Architektur Kapitell, Kämpfer und Konsole, Säulenbasis, Gesims und Fries. Nur vereinzelt wurden Säulen oder Pfeiler selbst ornamentiert, wobei got. Beispiele die Assoziation zum Baumstamm erkennen lassen. Folgenreich wurde ein Verständnis, demzufolge die Grenzen zw. dem Organischen und dem Geometrischen fließend sind, sich – wie die Praxis belegt – das eine in das andere verwandeln kann. Das zeigt sich von Anfang an in der Spannweite zw. naturalist. und stilisierten Formen und im elementaren Kontrast von Akanthus und Kapitellblock. Dieser erhielt im 10./11. Jh. mit Pilz- und Würfelkapitell seine reinste tekton. Ausprägung, mit reichen regionalen Abwandlungen (→Kapitell). Seit dem 12. Jh. erfolgte die Umbildung zum Blockkapitell, das schließlich in das got. Kelchblock- und Kelchkapitell des 13. Jh. transformiert wurde. Die geom. O.e an Gesimsen, Brüstungen oder Pavimenten Mittelitaliens im 12./13. Jh. erneuerten bes. deutl. die antike Tradition. Seit dem 11./12. Jh. bereicherte sich n. der Alpen auch die Formensprache des Pflanzeno.s in den Abwandlungen des korinth.

und des Palmettenkapitells und der Wellenranke sowie im Rückgriff auf das Tiero., das in Bauplastik und Buchmalerei erneut in die Pflanzen eingebunden wird. In letzterer war schon vor 1000 das Motiv der »bewohnten Ranke« erschienen. Bes. folgenreich aber wurde seit Ende 11. Jh. das von Burgund und dem Languedoc, von den Zentren der cluniazens. Reform und der Pilgerwege ausgehende »szenische Kapitell« mit seinen reichen bibl. Darstellungen, mit Kampfszenen, Allegorien der Tugenden und Laster und der freien Künste oder Masken: zw. apotropäischem Zeichen und einer exemplar. verstandenen, auf das Heilsgeschehen gerichteten Bildwelt. Diese Ornamentik zeigt auch eine neue gestalter. Freiheit in bezug auf die Tektonik des Kapitellkörpers und die Verräumlichung der Szenen. Auch das geometr. O. der Romanik entfaltete sich nun in seinem ganzen Reichtum mit Mäander-, Rundbogen- (seit der Gotik Spitzbogen-), Zangen-, Rauten-, Diamant-, Zickzack- oder Zahnfries (Dt. Band), Friesen in Form von Würfeln, Rollen, Schuppen, Scheiben, Sternen, auch für die Rahmung von Bögen und Fensterlaibung. Dazu kamen Blattwerk, Rosetten oder Spiralen. Vom O. luxus grenzten sich Reformorden, bes. die Zisterzienser, durch eine betonte O. askese ab, die allenfalls geom. Formen duldete. Mit der Gotik trat die antike Tradition zurück, teils zugunsten eines faszinierenden Naturalismus unter Bezug auf die heim. Flora (Höhepunkte an der inneren Westwand der Reimser Kathedrale und am Naumburger Westlettner; Rankentympana), teils zugunsten freier Formerfindungen im Blattwerk. Als neue Formen erscheinen die Krabbe als geschwungenes Blatto. und die Kreuzblume, v. a. aber das geometr. konstruierte →Maßwerk, zunächst als Fenstero., dann aber auch als Blendform vor Wänden (bes. im engl. Perpendicular Style), mit kosmolog.-allegor. Sinn bei hochgot. Fensterrosen, schließlich bei durchbrochenen Turmhelmen. Das Verständnis von Geometrie als idealer Natur führte dazu, daß die Fiale in der Kreuzblume endet, der Wimperg in Blättern, die Paßenden am Maßwerk in Blüten. In der Buchkunst trat seit dem 12. Jh. die Verflechtung von Buchstabe, O. und Figur zurück, das O. wird marginal, wird zur Randleiste, die seit ca. 1300 durch das got. Rankenwerk geprägt ist, das seinerseits Szenen und v. a. die phantast.-allegor. und auch moralkrit. →Drolerien aufnimmt, parallel zu den Miserikordien der Chorgestühle. In der spätgot. Architektur wurden die Möglichkeiten der Verflechtung von Architektur und O. experimentell ausgespielt, in den Großformen wie in der Kleinarchitektur (Baldachine), in liturg. Gerät und der Kirchenausstattung (→Lettner, →Chorgestühl, →Sakramentshaus). Mit den spätgot. figurierten Netz- und Sterngewölben, von naturalist. Ranken- und Pflanzenmalerei umspielt, wurde auch die Gewölbezone davon erfaßt, bis hin zu den spätgot. Blütensternen (Annaberg, Annenkirche). Das →Astwerk führte dazu, daß auch →Portal, →Empore, →Taufbecken, -stein oder →Kanzel baum- oder blütengleiche Form erhielten. Die Vorlagen für die Steinmetzen, Altarschreinbauer und Goldschmiede vermittelten die Turm- und Fassadenrisse, die spätgot. Musterbücher bzw. der Kupferstich, z. B. die durchrankten Hoch- und Querfüllungen, deren Form unter Einschluß von Figuren (Wildleute, Liebespaare) den spätgot. Wandteppichen nahe ist. Die it. Renaissance führte nach 1400 hingegen zu der auf Vitruv gestützten Rezeption der antiken Säulenordnungen, die auch dekorativ wandgliedernd eingesetzt wurden. Seit Anfang 15. Jh. erschien ein lebhaft naturalist. Vegetabilismus im Umgang mit Festons, als Laub-, Blumen- und Fruchtgebinden, und Girlanden aus gereihten

Festons, Bukranien und Kandelabermotive kamen hinzu, auch Blatt- und Palmettenfries. Mit der Entdeckung des Goldenen Hauses Neros in Rom begann um 1480 die Entwicklung der Groteske, deren Höhepunkt nach 1500 liegt wie gleichfalls die Rezeption des it. O.s n. der Alpen, die teilweise als Synthese des Neuen mit der got. Tradition einsetzt. H. Olbrich

Lit.: RDK I, 262-272, s. v. Akanthus; II, 106-131, s. v. Bau-O. – A. Riegl, Stilfragen. Grundlegungen zu einer Gesch. der O.ik, 1893 – R. Hamann, Die Kapitelle im Magdeburger Dom, JPKS 30, 1909, 56-80, 108-138, 193-218 – K. Ginhart, Das christl. Kapitell zw. Antike und Spätgotik, 1923 – E. Alp, Die Kapitelle des 12. Jh. im Entstehungsgebiet der Gotik, 1927 – W. v. Blankenburg, Hl. und dämon. Tiere, Die Symbolsprache der dt. O.ik im frühen MA, 1943 – P. Meyer, Das O. in der Kunstgesch., 1944 – E. Lehmann, Die Bedeutung des antik. Bauschmucks am Dom zu Speyer, ZKW 5, 1951, 1-16 – E. Kluckhohn, Die Bedeutung Italiens für die roman. Baukunst und Bauo.ik in Dtl., MJbK 16, 1955 – D. Debes, Das O. Ein Schriftenverz., 1956 – G. B. Ladner, Vegetation Symbolism and the Concept of Renaissance. De Artibus Opuscula XL. Essays in Hon. of E. Panofsky, ed. M. Meiss, I, 1961, 303-322 – L. Behling, Die Pflanzenwelt der ma. Kathedralen, 1964 – D. Jalabert, La flore sculptée des monuments du MA en France, 1965 – M. Braun-Reichenbacher, Das Ast- und Laubwerk, 1966 – J. Büchner, Ast-, Laub- und Maßwerkgewölbe der entstehenden Spätgotik (Fschr. K. Oettinger, 1967), 265-302 – A. Werner, Handbook of Renaissance O.s, 1969 – W. Schlink, Zw. Cluny und Clairvaux. Die Kathedrale v. Langres und die burg. Architektur des 12. Jh., 1970 – F. und H. Möbius, Ecclesia ornata. O. am ma. Kirchenbau, 1974 [Lit.] – I. Tetzlaff, Roman. Kapitelle in Frankreich, 1976 – P. Michel, Tiere als Symbol und O. Möglichkeiten und Grenzen einer ikonograph. Deutung, gezeigt am Beispiel des Zürcher Großmünsterkreuzganges, 1979 – J. Baltrušaitis, Le MA Fantastique. Antiquités et Exotismes dans l'art Gothique, 1981 – R. Suckale, Thesen zum Bedeutungswandel der got. Fensterrose (Bauwerk und Bildwerk im HochMA, ed. K. Clausberg u. a., 1981), 259-294 – E. H. Gombrich, O. und Kunst. Schmucktrieb und Ordnungssinn in der Psychologie des dekorativen Schaffens, 1982 – O. Pächt, Buchmalerei des MA. Eine Einf., ed. D. Thoss–U. Jenni, 1984 – G. Irmscher, Kleine Kunstgesch. des O.s seit der frühen NZ, 1400-1900, 1984 [Lit.] – G. Binding, Maßwerk, 1989 [Lit.] – F. Broscheit, Figurl. Darstellungen in der roman. Bauo.ik des Rhein-Maas-Gebietes, 1990 – →Kapitell, →Pflanzensymbolik, →Tierornamentik.

II. Byzanz: Das O. nimmt im Bereich der byz. Kunst und ihrer Derivate in allen Genera einen bedeutenden Platz ein. Dabei wurde nicht nur das klass. antike Erbe weitergeführt, sondern auch das des Hellenismus, der röm. Kunst und der Spätantike, die sich ihrerseits auch bereits mit der Formenwelt der vorderasiat. Kunst auseinandergesetzt hatten. Während der frühbyz. Zeit wurde diese, inzw. traditionelle Auseinandersetzung – insbes. mit dem sasanid. Kunstbereich – weitergeführt. Damit konnte das byz. O. auch Q. wie Anregung für das islam. O. sein, von dem es im weiteren Verlauf des MA seinerseits Anregungen aufnahm. Diese komplizierten Prozesse sind bislang nur in einzelnen Bereichen erforscht.

Die frühbyz. *Architektur* ist den traditionellen röm. Bauformen und deren O.en (wie Akanthusblatt- und -ranke) treu geblieben. Dies gilt in großen Teilen auch für den gesamten Apparat von Kapitell und Architrav bzw. Gesims (→Bauplastik, II; →Kapitell [3]). Ab dem 5. Jh. beginnt sich das O. teilw. vom Träger zu lösen und im 6. Jh. als eigene Schicht (sog. à-jour-Arbeit) darüber auszubilden, um dann wieder als Applik auf den Träger (z. B. das Kapitell) zurückzusinken. – Bei der Gliederung der Wand spielen ab der mittelbyz. Zeit zusehends eigene Formen eine Rolle, die als zahnartige Friese (Übereckstellung von Flachziegeln) mäanderartige, fischgrätähnl., rhomben- bzw. schachbrettartige, schüssel- und rosettenförmige, auch arab.-kuf. Schriftzeichen nachahmende Setzungen von Ziegeln bzw. Ziegelformsteinen mit Marmor- bzw. Kalksteinmaterial abwechselnd und polychrom verwenden. – In *Mosaik* und *Wandmalerei* wird das O. als Rahmen für Bildfelder, aber auch Wand- und Gewölbefelder strukturierendes Band eingesetzt. Innerhalb der Felder können sich auch Symbole (z. B. Kreuze, Monogramme) bzw. auch radialsymmetr. Einzel-O.e einordnen. Darüber hinaus dient das O. zur Füllung ganzer (Rest-)Flächen wie der Sockelzone (maler. Nachahmung ornamentierter Marmorinkrustation oder aufgehängter Vorhänge). – Die *Buchmalerei* verwendet für Titelblätter, Buch- und Kapitelanfänge O.-leisten, -bänder, -flächen, -rahmen bzw. →Initiale(n). Bei letzteren ist ornamentale Behandlung fast die Regel. Weitere Initialformen entstehen durch Vermischung von Buchstabe, O. und tier. wie menschl. Bild zu zoomorphen bzw. anthropomorphen Initialen, selbst die Einbindung ganzer Szenen in Initialen ist nicht selten zu beobachten. Die →Kanontafel(n) werden traditionell mit ornamental geschmückten Architekturrahmen versehen. – Neben der Buchmalerei ist das *Kunsthandwerk* die Hauptdomäne des O.s. Bei Verwendung von Tafeln in allen Materialien ist ein profilierter oder häufig breiter ornamentierter (Architektur-)Rahmen obligatorisch. In Metall werden Treib-, Graben- oder Durchbruchstechniken angewandt. Bei Ritzungen bzw. Graben- oder Zellenbildungen werden neben →Niello u. a. →Email, aber auch Pasten zur farbigen Differenzierung der O.e benützt. Neben der Granulationstechnik werden kostbare Steine und Perlen auch als O. eingesetzt. O. für Gefäße ist in seiner einfachsten Form die Rillung, aber auch breiter ornamentierte Bänder kommen vor. – Die *Motivik* der O.e ist zumindest in den allerfrühesten Anfängen von Material, Genus und verwendetem Werkzeug bzw. Herstellungsprozeß abhängig, doch wurden sicher schon früh bestimmte Motive in andere Genera und Materialien übertragen (z. B. ursprgl. aus den Sparrenköpfen der Holzarchitektur kommender Zahnschnitt als schmückendes Band in der Steinarchitektur und schließlich Verwendung als Bildrahmenmotiv bereits im röm. Mosaik). Auch im byz. O. ist die Motivik über alle Genera hin verbreitet und austauschbar. Man unterscheidet daher in der Regel zw. geom. abstrakten (Grundformen Leiste, [auch mehrsträhniges] Band, Punkt) und floralen Motiven (Stengel bzw. Zweig oder Ast, Blüte und Blatt, Palmette als teilweise abstrahierte Form). Danach sind Fügung und Struktur der Motive das für das Erscheinungsbild des O.s Bestimmendste. Beim geom. O. werden Leisten bzw. Bänder zu geom. Grundformen (sich überkreuzend, zum Quadrat, Rechteck, Polygon und Kreis in unterschiedl. Größe) kombiniert, um damit Flächen zu rahmen und zu füllen und sie gleichzeitig zu strukturieren. Dabei wird endl. wie unendl. Rapport verwendet; darüber hinaus werden Bänder wie Flächen durch kleinere Strukturen der eigenen wie auch der floralen Gattung überlagert bzw. besetzt. Ähnliches gilt für den floralen Bereich, wo das Vorbild organ. Strukturen (Ranke, Baum) schon von Anfang an abstrahiert, systematisiert sowie in einen Rapport gezwungen wurde, der von der »Natur« weg zur »Arabeske«, zu symmetr. Ordnungssystemen tendiert. Insgesamt lassen Komplexitätsgrad, Abstraktionsgrad, Vielfalt, Spannweite der unterschiedl. Größenverhältnisse und Verwendung der Farbe Raum für stilist. Bestimmungen. Datierungen lassen sich aus Motivvergleichen allein nicht gewinnen. Eine systemat. Terminologie fehlt. Gelegentl. wurden mod. Formgebungselemente mit anschaul. Begriffen belegt (z. B. »Laubsägeo.«, K. Weitzmann). M. Restle

Lit.: A. RIEGL, Stilfragen, 1893 – A. FRANTZ, Byz. Illuminated O., ArtBull 16, 1934, 43–76 – K. WEITZMANN, Die byz. Buchmalerei des IX. und X. Jh., 1935 – Z. JANG, O. in the Serbian and Macedonian Frescoes from the XIIth to the Middle of the XVth Cent., 1961 – C. G. MILES, Classification of Islamic Elements in Byz. Architectural O. in Greece. Actes XII Congr. d'Ét. byz. III, 1964, 281–287.
Zum Ornament im Islam →Islam. Kunst; →Baukunst, →Buchmalerei; →Kalligraphie; →Keramik; →Mosaik.

Ornamentsymbolik ist grundgelegt in den formalen Gestaltungsmöglichkeiten, Funktionen und Anbringungsorten des →Ornaments, dessen geometr., vegetabil. und animal. Grundformen, von naturalist. Nachahmung zu abstrakter Umbildung reichend, sich in eigenen Kompositionsprinzipien entfalten: Wiederholung, Reihung, Muster/Grund-Spiel, unendl. Rapport. Vom Zweck her kann Ornament sozialer Kennzeichnung wie auch apotropäischem Schutz des Trägers dienen, begegnet aber auch mit selbständigem Zeichencharakter als Träger einer Sinnaussage. Bei den vielfältigen Möglichkeiten der Wiedergabe oft schwer erkennbarer, vorbildgebender Vorstellungen ist das Festhalten an eingewurzelten Motiven über lange Zeiträume charakteristisch. Je allgemeingültiger ein Vorbildtypus, desto eher entwickelt sich daraus der sinnbildl. Gehalt eines ornamental gebrauchten Formzusammenhangs, meistens an ausgewählten Motivträgern. Dann impliziert z. B. das →Flechtband in formanalog. Verständnis bindende, lösende oder begrenzende Funktionen, pflanzl. Ornamentik vorwiegend den abkürzenden Hinweis auf Lebens- bzw. Paradiessymbolik. Tierornamentik ist oft Abbreviatur bedrohender oder auch schutzgebender Mächte, sie kann, in Verbindung mit anthropomorphen Elementen (Maske), zu personalem Bezug oder zu einem geschlossenen »Heilsbild« weitergeführt werden. Steigerung innerhalb der O. wirkt sich nicht zuletzt eine gegenseitige Verschränkung ornamentaler Formbereiche aus. O. als sinnerfüllte Aussage in exemplar. Topoi ist bes. verbreitet innerhalb der vorkarol., germ. und insularen Kunst. Gerade dort kann die Verbindung unterschiedl. ornamentaler Ordnungen, manchmal unter Mitwirkung zahlensymbol. Vorstellungen, zu sinnerfüllten Bildstrukturen entwickelt werden. Dabei lassen sich lineare oder flächenhafte Zeichen sogar zur dreidimensionalen Gestaltung steigern. Formgebilde wie Kreuz, Quadrat, Raute, Spirale, Flechtband, Rosette, ferner Blattwerk, Tiergestalten, anthropomorphe Faktoren und ihre Durchdringungsformen lassen sich somit zu individualisierbaren Bedeutungsgefügen verbinden, deren Fülle sich in einer »Ikonographie unfigürl. Formen« zusammenfassen läßt. Ungeachtet eines bleibenden ambivalenten oder tautolog. Kerns ergibt sich für ihre Verwendung eine große Spannweite von individueller zu liturg. Nutzung. In solchem Zusammenhang kann durch ornamentsymbol. Kennzeichnung auch ein ideeller Zugriff auf den heilsmächtigen Inhalt sakraler Objekte (z. B. Reliquiare) erschlossen werden. – Im hohen MA wird die O. geometr. wie pflanzl. und tier., bedeutungsgeladener Formen und Vorstellungen in sehr verschiedenen künstler. Zusammenhängen weitergeführt, nicht zuletzt in roman. und got. Bauplastik.   V. H. Elbern

Lit.: Enc. Arte Medievale I, 789–797 [V. H. ELBERN] – W. v. BLANKENBURG, Hl. und dämon. Tiere, 1943 – H. ZEISS, SBA.PPH II/8, 1951 – V. H. ELBERN, Wallraf-Richartz-Jb. 17, 1955, 7–42 – G. BANDMANN, Jb. Ästhetik IV, 1958/59, 232–258 – O. K. WERCKMEISTER, Das erste Jt., ed. V. H. ELBERN, II, 1964, 687–710 – L. BEHLING, Pflanze als Bedeutungsträger, 1967 – H. VIERCK, BVGbll. 32, 1967, 104–143 – F. SCHLETTE, Ornament oder Symbol, 1969 – Zum Problem der Deutung frühma. Bildinhalte (Akten 1. Internat. Koll. Marburg 1983), 1986 – V. H. ELBERN, Ornamentum oder Bildwirklichkeit (Celica Jherusalem, Fschr. E. STEPHANY, hg. C. BAYER u. a., 1986) – E. WAMERS, Pyxides imaginatae, Germanica 69, 1991, 97–152.

Ornatus, Redeschmuck (s. ThLL IX 2, 1021, 64ff.), →Colores rhetorici; im MA wird seit dem 13. Jh. unterschieden zw. o. difficilis, in der Verwendung von →Tropen bestehend, u. o. facilis v. a. Wort- und Sinnfiguren (→Figurae) umfassend; →Galfred de Vino Salvo, poetr. nova 765–1587, dict. 3,3–102; →Johannes de Garlandia, Paris. poetr. II 44ff. und 147ff.; →Eberhard d. Dt., labor. 343–598.   B. Gansweidt

Lit.: F. QUADLBAUER, Die antike Theorie der genera dicendi im lat. MA, 1962 – L. ARBUSOW, Colores Rhetorici, 1963² – H. LAUSBERG, Hb. der lit. Rhetorik, 1973².

Ornatus mulierum → Schönheitspflege

Oropesa, Alonso de, Hieronymit, † 28. Okt. 1468 Lupiana (Guadalajara), studierte Artes und Theologie an der Univ. Salamanca. Als Mönch von Sta. María de →Guadalupe wurde er zum Prior von Sta. Catalina de Talavera bestimmt. Am 29. Okt. 1457 zum General der →Hieronymiten gewählt, hatte er dieses Amt bis zu seinem Tode inne, in einer Zeit expansiver Tätigkeit des Ordens, wovon die 1462 erfolgte Gründung von S. Jerónimo el Real in Madrid zeugt. Nur widerstrebend ließ er sich in die polit. Konflikte seiner Zeit hineinziehen, versuchte dann jedoch, als Friedensstifter aufzutreten. Mit Zustimmung aller Parteien wurde er zu Beginn des Bürgerkriegs, als sich ein Teil des Adels gegen Heinrich IV. stellte, zum Vermittler bestimmt. Die Forderung einiger Adliger, die Hieronymiten in einen Ritterorden umzuwandeln, wies er zurück. In bezug auf das Conversoproblem sprach er sich gegen die Absonderung der Conversos von den Altchristen aus, u. a. in seiner Schr. »Lumen ad revelationem gentium et gloriam plebis suae Israel«.   J. M. Nieto Soria

Lit.: M. C. DÍAZ Y DÍAZ, A. de O. y su obra, Studia Hieronymiana 2, 1973, 229–273 – L. VONES, Die Vertreibung der span. Juden (1492–1992: 500 Jahre Vertreibung der Juden Spaniens, 1992), 13–64 [Lit.].

Orosius, spätantiker Gesch.sschreiber, * 380/385. Der span., vielleicht aus Braga stammende Priester O., über dessen Leben wenig bekannt ist, kam spätestens 414 nach Afrika in die Umgebung des →Augustinus, um 415 als Ankläger des →Pelagius nach Jerusalem zu fahren; hier seinerseits vom Patriarchen →Johannes II. der Falschaussage bezichtigt, verfaßte er zu seiner Verteidigung den »Liber apologeticus«. Auch eine zweite (frühere) Schr., das »Commonitorium de errore Priscillianistarum et Origenistarum«, setzt sich in Briefform mit Häresien auseinander. Nach seinem Besuch bei →Hieronymus kehrte er mit den Reliquien des Stephanus 416 in den Westen zurück. 417/418 schrieb er auf Veranlassung Augustins sein Hauptwerk »Historiarum adversus paganos libri VII«, eine in dieser Form erstmalige und in der Folgezeit einflußreiche chr.-theol. Deutung der gesamten Weltgesch.: In apologet. Tendenz widerlegt O. die heidn. Vorwürfe, das Christentum sei schuld am Niedergang Roms (Alarichs Eroberung Roms 410), indem er auf inhaltl. Grundlage der heidn. Gesch.sschreibung wie auch der Chronik des Hieronymus und im Stil der sog. Breviarien der universal verstandenen und mit dem Sündenfall beginnenden Gesch. eine neue, geschichtstheol. Deutung gibt und die zielgerichtet ablaufende Gesch. (Weltreichslehre) als Werk des allmächtigen Gottes erweist. Aus chr. Umwertung v. a. der Kriege wird die heidn. Vergangenheit zu einer als menschl. Sünden oder göttl. Sündenstrafen verstandene Folge von miseriae, einer 'Unglücksgesch.', die in chr. Zeit einer friedl. 'glückl. Gegenwart' weicht; in figuralen Vergleichen früherer und gegenwärtiger Ereignisse sucht O. die relative Milde aktueller Unglücksfälle zu beweisen und vertritt damit ein Fortschrittsdenken, das ihn von der in Augustins Schr. »De civitate Dei« vorgelegten Geschichtstheologie entfernt. Trotz seiner Invektiven gegen das altröm. Heidentum fühlt sich O. in einem Maße als Römer, daß er die providentiell gedeutete Gesch. auf das Röm. Reich hinauslaufen sieht und dieses in die Heilsgesch. (→Heilsplan, -sgeschichte) einordnet: Durch die 'Augustustheologie', die Lehre von der Vorbereitung der Menschwerdung Christi durch das röm. Imperium und Christi Geburt unter Augustus (6. Buch), bildet Rom den polit. Rahmen für die vorherbestimmte Christianisierung. In dieser Hinsicht gibt O. Zeugnis von der innigen Symbiose von Christentum und Römertum in der Spätantike. Sein Ideal ist die weltweite röm. Herrschaft über die Christenheit. Solche Vorstellungen wirken sowohl auf das Gegenwartsbild, das das röm. Ksm. verherrlicht und die Krisen verharmlost bzw. gar nicht wahrnimmt, als auch auf das traditionell röm. Barbarenbild zurück: Trotz einer gewissen Öffnung gegenüber christianisierten Germanen erhofft er eher deren Vernichtung. Während die Historien als Q. für die Zustände der Spätantike wichtig, aber dank ihrer Tendenz unzuverlässig sind, gewähren sie einen guten Einblick in das spätantike Denken röm. Christen, und sie haben mit 245 erhaltenen Hss. und 25 Drukken des 6.–17. Jh. die ma. Weltchronistik und das ma. Gesch.sbild sowohl von den Fakten als auch von den geschichtstheol. Deutungen her weithin beeinflußt. Im späten 9. Jh. entstand eine ae. Übers., die man lange zu Unrecht Kg. →Alfred zuschrieb. H.-W. Goetz

Ed.: *Historiarum libri und Liber apologeticus*: C. Zangemeister, 1882 (CSEL 5); 1885 (Bibl. Teubn.). – M.-P. Arnaud-Lindet, 3 Bde, 1990/91 [mit frz. Übers.]. – *Übers.*: A. Lippold, A. Bartalucci, G. Chiarini, 1976 [it.]. – A. Lippold, 1985/86 [dt.; BAW] – R. J. Deferrari, 1964 [engl.] – *Commonitorium*: K. D. Dauer, 1985 (CCL 49) – *Lit.*: A. Lippold, Rom und die Barbaren in der Beurteilung des O. [Diss. masch., Erlangen 1954] – B. Lacroix, O. et ses idées, 1965 – E. Corsini, Introduzione alle Storie di O., 1968 – T. M. Green, Zosius, O. and their Tradition, 1974 – F. Fabbrini, Paolo Orosio. Uno storico, 1979 – H.-W. Goetz, Die Gesch.theologie des O., 1980 [Lit.] – Y. Janvier, La géographie d'O., 1982 – G. Firpo, Osservazioni su temi orosiani, Apollinaris 56, 1983, 233–263 – S. Tanz, O. im Spannungsfeld zw. Eusebius v. Caesarea und Augustin, Klio 65, 1983, 337–346 – D. Koch-Peters, Ansichten des O. zur Gesch. seiner Zeit, 1984 – S. Teillet, Des Goths à la natione gothique, 1984, 113–160 – E. Torres Rodriguez, Paulo Orosio 1985 – A. Marchetta, Orosio e Ataulfo nell'ideologia dei rapporti Romano-barbarici, 1987 – J.-M. Alonso-Núñez, O. on Contemporary Spain (Stud. in Latin Lit. and Roman Hist. V, 1989), 492–507.

Orphanotrophos, Waisenernährer, Ehrentitel, der dem Protovestiarios Zotikos von kirchl. und staatl. Seite zuerkannt wurde (Fest 31. Dez.). Er stiftete aus seinem Vermögen z. Z. des Ks.s Konstantios II. (337–361) ein Hospital und ein Waisenhaus. Nach seiner Hinrichtung ging die Leitung der Häuser offensichtl. an den Staat, und O. wurde Amtstitel mit wechselndem Rang in der Klasse der Sekretäre. Es war das einzige öffentl. Amt, das mitunter auch Kleriker innehatten. Dem O. oblag die Verwaltung des Vermögens und die moral.-religiöse und intellektuelle Bildung der Waisen (χαρτουλάριοι τοῦ ὁσίου [Zotikos]) sowie der Stiftung (χαρτουλάριοι τοῦ οἴκου), deren Besitz er nicht veräußern oder verändern durfte. Ihm waren Schatzmeister (ἀρκάριος) und Kuratoren unterstellt. Während die lat. Herrschaft scheinen Vermögen und Einrichtung des Waisenhauses verfallen zu sein. Im Ksr. v. Nikaia und unter den Paläologen gab es noch den Titel, aber ohne Funktion. B. Plank

Lit.: Oxford Dict. of Byzantium II, 1537f. – R. Guilland, Ét. sur l'hist. administrative de l'Empire Byz. L'orphanotrophe, RevByz 23, 1965, 205–221.

Orpheus. Im gr. Mythos thrak. Sänger und Lautenspieler, der mit Musik die Natur, Tiere, Menschen und sogar die Herrscher des Hades bezauberte, so daß sie seine Gattin Eurydike entließen, jedoch unter der Bedingung, sie in der Unterwelt nicht anzusehen, was ihm nicht gelang. Durch thrak. Frauen oder Mänaden ermordet. Frühchr. Autoren stellten O., der wilde Tiere zähmte, Christus gegenüber, der die wildesten Tiere zähmte, näml. Menschen (z. T. unter Abwertung des »Betrügers« O.: Clemens Alex. Protr. 1,3f.; Stellenangaben: Pressouyre, Skeris). Boethius (Consolatio 3,12) versah die O./Eurydike-Erzählung mit einer moral. Nutzanwendung. Von den O. zugeschriebenen Schr. erwähnte man gern das sog. Testament des O., nach dem dieser sich zum Monotheismus bekehrt haben sollte (z. B. Eusebius, Praep. ev. 13,12; vgl. Friedman). Die Rezeption der O.-Mythen im MA erfolgte durch Übers. und Komm. der Consolatio des →Boethius und der Werke Vergils und Ovids mit wachsender »Christianisierung« (zu den Autoren und den unterschiedl. Allegorien und moral. Auswertungen in MA und Renaissance: Heitmann, Friedman, Wegner). Bildl. Darstellungen der röm. Ks.zeit galten fast ausschließl. O. inmitten der Tiere, deren Vielzahl v. a. in zahlreichen Fußbodenmosaiken des 2./5. Jh. dekorativ ausgebreitet wurde. Im späten 3. Jh. kam es im Grabbereich zu einer Angleichung des O.bildes an Vorstellungen der →Bukolik, indem die Tiere auf Schafe beschränkt wurden. Von einer Gruppe von Riefelsarkophagen sind zwei sicher heidn. (mit Greif bzw. Zirkuslöwen), für zwei bezeugt eine Inschrift chr. Gebrauch oder Wiederverwendung; in der Katakombenmalerei umgeben O. einmal verschiedene Tiere, sonst nur Schafe. Die Deutung hat aus dem Kontext zu erfolgen (Skeris), also ebenso wie beim →Guten Hirten. Eine Abhängigkeit der chr. O.bilder von jüd. Darstellungen Davids als O. (Stern) ist unwahrscheinl., da die einzige gesicherte Darstellung hiervon erst dem 6. Jh. angehört (Fußbodenmosaik einer Synagoge in Gaza). Die für Bilder →Davids in ö. ma. Psalterien und diesen ähnlichen O.bilder (mit →Nimbus) in ma. Hss. vermuteten jüd. Vorbilder in Hss. der Kg.sbücher aus dem 5./6. Jh. sind reine Vermutung; einen Nimbus hat O. schon in einem Mosaik (4./5. Jh.) in einer Villa in Ptolemais (Cyrenaica). In der bildenden Kunst des MA hatte O. keine der Lit. entsprechende Bedeutung. J. Engemann

Lit.: Kl. Pauly IV, 351–356 – LCI III, 356–358 [Pressouyre] – RE XVIII, 1, 1200–1320 – K. Heitmann, O. im MA, AK 45, 1963, 253–294 – F. M. Schoeller, Darst.en des O. in der Antike [Diss. Freiburg 1969] – J. B. Friedman, O. in the MA, 1970 – H. Stern, CahArch 23, 1974, 1–16 – R. A. Skeris, Musical Imagery in the Ecclesiastical Writers of the First Three Cent., 1976 – Ch. Murray, Rebirth and Afterlife, 1981 – M. Wegner, Boreas 11, 1988, 177–225.

Orseolo, die herausragende ven. Dogenfamilie des späten 10. und beginnenden 11. Jh. Da der Zeitgenosse Iohannes Diaconus sein Gesch.swerk als Lobgesang auf die Familie verfaßte, sind viele Aspekte ihrer Gesch. nur schwer zu klären. Bereits in den ältesten Geschlechterkatalogen genannt, verdankt sie ihren Aufstieg dem blutigen Sturz des Dogen Pietro IV. Candiano 976. Damals wurde *Petrus I.* zum Dogen ausgerufen, bevor er sich 978 auf Veranlassung des Abtes Guarinus mit einigen Begleitern in das Pyrenäenkl. Cusa zurückzog. Er zählt zu den Seligen der Kirche. Nach einer Zeit der Wirren und des Dogats des Tribunus Menius wurde 992 sein Sohn →*Petrus II.* zum Dogen erhoben. Er gilt als einer der bedeutendsten Dogen der Frühzeit, unter welchem die Grundlagen späterer Herrschaft über die Adria gelegt wurden. Es gelang ihm, seinen Sohn *Johannes* zum Mitherrscher einzusetzen, nach dessen Tod seinen Sohn *Otto*, der nach seinem Tod 1009 bis 1026 als Doge sein Nachfolger wurde. Da die jüngeren Brüder *Orso* und *Vitalis* Bf. v. Torcello und Patriarch v. Grado wurden, drohte eine Familienherrschaft, die 1026 zum Sturz der O. führte. Der Versuch einer Restauration schlug 1031 fehl. Nach dem Sturz gab es im 11. Jh. noch eine Reihe von ven. iudices aus der Familie. Die O. erreichten jedoch nie mehr ihre frühere Bedeutung.

G. Rösch

Q.: Giovanni Diacono, Cronaca veneziana, ed. G. MONTICOLO, Fonti 10, 1890, 57-187 – Lit.: H. KRETSCHMAYR, Gesch. von Venedig, I, 1905, 115-148 – R. CESSI, Venezia ducale, 1, 1963, 332-393.

1. O., Petrus II., † 1009, gilt als bedeutendster Doge der ven. Frühzeit und seiner Familie, der erstmals eine weiträumige Seepolitik verfolgte. 992 erhoben, verband er seine Familie durch Heirat mit dem byz. wie westl. Ksm. sowie mit dem ung. Kgtm. Er erreichte durch seine guten Verbindungen 992 ein Privileg von Byzanz, das alte Zollrechte der Kaufleute bestätigte. Im selben Jahr kam auch die Erneuerung des Vertrags mit dem W durch Ks. Otto III. zustande. Höhepunkt seiner ottonenfreundl. Politik war 1001 ein Besuch Ottos in Venedig. Im W konnte er den Landbesitz des Dogats nach Zeiten der Bedrängnis sichern, dem O leistete er 1002 vor Bari erfolgreiche Waffenhilfe gegen die Muslime. Am bedeutendsten war i. J. 1000 sein Zug gegen Seeräuber Dalmatiens. In rascher Folge unterwarf er hier zahlreiche Orte, was ihn in späterer Überlieferung zum Begründer der Vorherrschaft Venedigs in der Adria machte. Bei seinem Tod hinterließ er seinem Sohn Otto den Dogat; dessen Sohn Petrus (Peter) wurde Kg. v. Ungarn.

G. Rösch

Lit.: G. ORTALLI, Petrus II. O. und seine Zeit, Centro Tedesco di Studi Veneziani, Quaderni 39, 1990.

2. O., Peter, Kg. v. Ungarn → Peter Orseolo

Orsini (de filiis Ursi, de Ursinis, Ursinis), röm. Familie, erstmals Ende des 12. Jh. belegt (»filii Ursi«) als Häupter der stadtröm. Partei, die den Papst bekämpfte. Als Neffen Coelestins III. (1191-98) sind sie Mitglieder der stadtröm. Familie Boveschi (Boboni). Dem Verf. der Gesta Innocentii III. zufolge war ihr Widerstand gegen den neuen Papst – im Gegensatz zu der Haltung der Consorterie, der sie entstammten – von der Furcht diktiert, die Kastelle zu verlieren, die sie von der Kirche zum Pfand erhalten hatten. Der Zeitpunkt, an dem die »filii Ursi« eine eigene Familienidentität gewannen und ihren ersten polit. Aufschwung erlebten, ist jedoch etwas später anzusetzen. In den 40er Jahren des 13. Jh. bekleideten Nachkommen des »Ahnherrn« *Orso*, v. a. dessen Enkel *Matteo Rosso I.*, Sohn des Giangaetano, und dessen Söhne *Gentile* und *Napoleone* mehrmals das Senatorenamt. Die Monopolisierung des Senatorats wurde für den neuen städt. Adel, zu dem die Familie »de filiis Ursi« nach der Mitte des 13. Jh. gehörte, zum Vehikel des polit. Aufstiegs. Eine entscheidende Wende in der Gesch. der Familie bedeutete in den letzten Jahrzehnten des 13. Jh. ihre Parteinahme für das Papsttum in der Zeit des Niedergangs der Staufer in Italien und der Machtergreifung der Anjou im Kgr. Neapel. Durch die Ernennung eines der Söhne von Matteo Rosso, *Giangaetano*, zum Kard. (* ca. 1224, † 1280) durch Innozenz IV. (1244) entstand eine direkte Verbindung der Familie mit der Kurie. Giangaetano, 33 Jahre Mitglied des Kard.skollegiums und enger Mitarbeiter von drei Päpsten, bestieg 1277 selbst als →Nikolaus III. den päpstl. Thron. Von diesem Zeitpunkt an bis zur Mitte des 15. Jh. sollte (ausgenommen eine Zäsur von 10 Jahren) stets mindestens ein O. im Kard.skollegium vertreten sein. Der große Einfluß, den Kard. Giangaetano rasch innerhalb seiner Familie gewann, trug entscheidend dazu bei, daß diese sich stark in der päpstl. und anjoufreundl. Politik engagierte, was für ihren Machtzuwachs und für die Gewinnung eigener Territorien folgenreich sein sollte.

Allerdings galt dies nicht für die gesamte Familie O., die seit 1244-66 ihren Besitz auf zwei Linien aufgeteilt hatte: die Vettern des Kard.s *Giacomo*, Sohn des Napoleone und seine Söhne traten vermutl. aus territorialpolit. Gründen (ihre Kastelle in Tivoli lagen in der Nähe der Grenze des Kgr.es Sizilien) auf die Seite der Staufer →Manfred und →Konradin. Nach dem Sieg der Anjou verfolgten die O. jedoch wieder eine gemeinsame polit. Linie. Die neue Lage in Mittel- und Süditalien gab den O. wie anderen großen röm. Familien Gelegenheit, auch außerhalb der gewohnten Grenzen Machtgewinne zu erzielen. Den guten Beziehungen zu den Päpsten und Karl v. Anjou kann zugeschrieben werden, daß die Neffen Kard.s Giangaetano, v. a. *Bertoldo*, Sohn des Gentile, eine starke Position am Hof der Anjou errangen. Bertoldo wurde zur Unterstützung der Guelf. Liga in die Toskana entsandt und wahrte einen beständigen Einfluß im Kgr. Neapel. 1293 vermählte dessen Sohn *Gentile* mit Unterstützung Karls II. seinen Sohn *Romano* († 1326) mit Anastasia, Tochter des Guido v. Montfort und der Margherita Aldobrandeschi, der Erbin der reichen Gft. →Nola.

Während des Pontifikats von Giangaetano wurde für seinen anderen Neffen *Orso*, Sohn des Gentile, im Viterbese eine Herrschaft errichtet.

In größerer Unabhängigkeit von Rom, jedoch ebenfalls gestützt auf die Macht der Familie innerhalb der Kurie und der Stadt, entwickelte sich die Herrschaft der dritten Linie der O., d. h. der Nachkommen der Stauferanhänger. Seit dem Beginn des 14. Jh. hatten diese Lehnsbesitz in der abruzz. Marsia und Allodialgüter im Gebiet von Tivoli. Vor der Mitte des 14. Jh. beherrschte dieser Zweig der Familie ein Gebiet zw. dem Territorium Roms und dem Fucinosee, das durch Mischbesitz (Allode und Lehen, Kastelle und kleine Burgsiedlungen) und Grenzlage gekennzeichnet war.

Zw. der Mitte des 13. und den ersten Jahrzehnten des 14. Jh. hatte die Familie O., gestützt auf ihre Position an der Kurie, die Grundlage zu ihrer künftigen Macht gelegt, indem es ihr gelang, in Gebieten Fuß zu fassen, die polit. von Rom und von Neapel abhingen. Trotz der Machteinbuße der Kurie im Lauf des 14. Jh. in Italien und in Rom und des Niedergangs der Anjou in Neapel gelang es den O., ihre erreichten Positionen auch in den ersten Jahrzehnten des 14. Jh. zu bewahren und zuweilen auch weiter auszubauen. Dies ist wesentl. Kard. *Napoleone* († 1342) zu verdanken. Sohn des Rinaldo und der Ocilenda (Boveschi?) und Enkel des Matteo Rosso, erhielt Napoleone 1288 von Nikolaus IV. den Kardinalspurpur. Er nutzte seine häufigen Aufenthalte als päpstl. Legat in Italien zur Reorganisation des mittleren Patrimonium S. Petri zum Vorteil der O. und verbündeter stadtröm. Familien. Zu diesem Zweck unterstützte er die Politik des Kg.s v. Aragón und versuchte, die Kontrolle über das it. Territorium durch Verstärkung oder Gründung von Herrschaftskernen der O. zu gewinnen. Dieses System konnte jedoch nur solange funktionieren, als der Druck der röm. Familien auf das Patrimonium S. Petri nicht zu stark wurde. Als Napoleone 1342 starb, hatten zwar seine nächsten Familienangehörigen einen beträchtl. Zuwachs an Macht und

Vermögen erreicht, aber das System, Mittelitalien durch einen Teil des röm. Adels zu kontrollieren, fand nie endgültige Verwirklichung. Der Tod Napoleones fiel mit einem Strukturwandel in der Leitung der Familie zusammen. In der ersten Hälfte des 14. Jh. war die kirchl. Orientierung der O. zurückgetreten, und infolge ihres Landbesitzes und ihrer militär. Stärke wurden einflußreiche Mitglieder der Familie aus dem Laienstand zu Leitfiguren des jeweiligen Zweiges der O.

Im Lauf des 14. Jh. hatte sich die Familie zu einem Clan entwickelt und gliederte sich in mehrere Zweige, die an Reichtum und Adel differierten. An der Spitze standen jene O., die im Kgr. Neapel-Sizilien Feudalherren waren, sie bildeten für ihre weniger mächtigen Verwandten Bezugs- und Leitfiguren, vermutlich, da ihre Macht sich auf eine gefestigte territoriale Basis stützte. Unter ihnen ragten die Herren v. Vicovaro und Tagliacozzo hervor: *Orso* († 1360), Sohn des Giacomo, und v. a. sein Sohn *Rinaldo* (* ca. 1347, † 1390). Orso hatte die Herrschaftsgebiete seiner Familie stark erweitert und seine Macht sowohl im Gebiet von Rom als auch im Kgr. ausgebaut: er stand im Dienst Johannas I., die ihn mehrfach mit Steuerprivilegien belohnte. Auch in der stadtröm. Politik aktiv – vor dem Regiment des →Cola di Rienzo war er Senator gewesen –, hatte Orso seinen Söhnen reiche Besitzungen und ein stabiles polit. Erbe hinterlassen. Sein Sohn Rinaldo trat während des Krieges, den Gregor XI. gegen Florenz führte, als Söldnerführer in den Dienst des Papstes und war seit 1376 päpstl. Rektor des Dukats Spoleto. Papst Urban VI. zwang ihn jedoch aus Mißtrauen (da sich Rinaldos Bruder, Kard. *Giacomo* [† 1379] mit dem Gegenpapst Clemens VII. verbündet hatte) 1379 zur Aufgabe seines Amtes. Wenige Monate danach schloß Rinaldo sich mit seinen Kompanien und gestützt auf seine an der Grenze gelegenen Herrschaften dem Bündnis gegen Urban VI. an. Daraufhin erhob Kgn. Johanna seine verstreuten Lehen zur Gft. Tagliacozzo. Trotz seiner Parteinahme für Clemens VII. und Ludwig v. Anjou, den künftigen Erben Johannas, betrieb Gf. Rinaldo in seiner Kriegführung eine eigenständige Politik. Seine Feldzüge wurden mit dem Geld, das er in Avignon und Norditalien zur Unterstützung Ludwigs v. Anjou gesammelt hatte, finanziert, und waren bis 1389 von Erfolg gekrönt. In Mittel- und Süditalien hatte er sogar eine persönl. Herrschaft errichtet: Spoleto, Narni und Corneto im Patrimonium S. Petri, L'Aquila und die Gft. Tagliacozzo im Kgr. Neapel sowie Allodialgüter im Anienetal. Nach der Ermordung Rinaldos durch Anhänger Karls v. Durazzo in L'Aquila (1390) zerfiel seine Herrschaft.

Die Schwierigkeiten bei der Rückkehr der Kurie nach Rom und das Schisma hatten die Machtkonzentration des Papsttums verlangsamt und den Einfluß, den die stadtröm. Adelsfamilien im Kirchenstaat besaßen, verstärkt. Bonifaz IX. und seine Nachfolger versuchten, sich diese Realität zunutze zu machen, indem sie Vertreter des Adels regelmäßig zu Condottieri beriefen und sie durch die Vergabe von Lehen und Ernennung zu apostol. Vikaren an sich banden. V. a. die weniger reichen und mächtigen Mitglieder der Familie O. wurden in diesen Prozeß einbezogen. Der Zweig der Familie, der kleine Kastelle zw. der Via Salaria und der Via Flaminia besaß und bis dahin im Vergleich zu anderen Linien des Familienclans nur marginale Bedeutung hatte, konnte nun seinen Einfluß steigern, da er Lehen und apostol. Vikariate von den Päpsten erwirkte. Um die Wende vom 14. zum 15. Jh. diente ein Vertreter dieser Linie, *Paolo*, Sohn des Giovanni, drei Päpsten als Söldnerführer. 1405 erhielt ein anderes Mitglied dieses Zweigs, *Giordano*, Sohn des Giovanni († 1438) von Innozenz VII. die Kard.swürde. Auf den Konzilien in Pisa und Konstanz präsent, päpstl. Legatus a latere in Basel, hielt der Kard. seine starke Position in der Kurie auch während des Pontifikats Martins V. (Oddone Colonna). Nach seinem Eintritt in das Sacrum Collegium erhöhte sich signifikant die Zahl der Lehensvergaben an seine Brüder. Als Giordano 1434 eigenhändig sein Testament machte (u. a. Schenkung seiner wertvollen Bibliothek an S. Biagio alla Pagnotta und S. Pietro), schienen die Mitglieder seiner Familie völlig in die röm. Stadtpolitik eingebunden. Nach der Mitte des 15. Jh., als die Kämpfe zw. den Faktionen O. und →Colonna sich zuspitzten, standen seine Neffen *Napoleone* und *Roberto*, Sohn des Carlo (milites, Signoren v. Bracciano und nach der testamentar. Verfügung des letzten Gf.en Erben der Gft. Tagliacozzo), an der Spitze des Familienverbandes.

Der Spielraum für die Vertreter der Adelsfamilien hatte sich nunmehr auf ein polit. Parteiengeplänkel verengt. Im letzten Drittel des 15. Jh. stand ein Sohn Napoleones, *Gentile Virginio* († 1497), als Söldnerführer im Dienst des Kg.s v. Neapel, des Papstes und Karls VIII. v. Frankreich. Als allg. bewunderter Kriegsmann versuchte er, seine Interessen Rom aufzuzwingen, wo er die colonnafeindl. Partei stärkte. Auch am Hof v. Neapel machte er seinen Einfluß geltend, so daß er 1490 in den Adelsstand erhoben wurde. Die von Gentile Virginio im letzten Jahrfünft des 15. Jh. durch den Erwerb der Gft. Anguillara und von Gebieten an der Küste Latiums gegründete Territorialherrschaft stieß auf den Widerstand der Anrainerstaaten und Alexanders VI. Der Papst veranlaßte Friedrich v. Aragón, dem O. die Gft. Tagliacozzo und Albe zu entziehen, und ließ ihn vergiften.   F. Allegrezza

Q.: De Cupis, Regesto degli O. ..., Bull. Deputaz. abruzzese stor. patr., 1903–38 – Lit.: F. Savio, Simeotto O. e gli O. di Castel S. Angelo, BSSUSP, 1, 1895, 535–556 – Ders., Le tre famiglie O. di Monterotondo, di Marino e di Manoppello, ebd. 2, 1896, 89–112 – Ders., Rinaldo O. di Tagliacozzo signore di Orvieto e gli O. di Tagliacozzo, di Licenza e di Campodifiore, ebd. 3, 1897, 161–189 – R. Sternfeld, Der Kard. Johann Gaetan O. 1244–77, 1905 – C. A. Willemsen, Kard. Napoleon O. (1263–1342), 1927 – E. R. Labande, Rinaldo O., comte de Tagliacozzo († 1390)..., 1939 – P. Brezzi, Roma e l'impero mediev., 1947 – E. Dupré Theseider, Roma dal Comune di popolo alla Signoria pontificia (1252–1377), 1952 – G. Brigante Colonna, Gli O., 1955 – G. Marchetti Longhi, I Bovesche e gli O., 1960 – V. Celetti, Gli O. di Bracciano, 1963 – G. Carandente, Le fortezze degli O., 1966 – E. Pontieri, Ferrante d'Aragona e gli O. di Tagliacozzo, 1969 – P. Partner, The Lands of St. Peter, 1972 – F. Allegrezza, Gli O. dal XIII al XV sec. (Tesi di dottorato, Univ. Firenze), 1991 – Dies., Formazione, dispersione e conservazione di un fondo archivistico privato: il fondo dipl. dell'Arch. O. tra Medioevo ed Età Moderna, ASRSP 103, 1991, 77–99 – M. Vendittelli, O. (Die großen Familien Italiens, hg. V. Reinhardt, 1992), 389–402.

Orsini, Gf.en v. →Kephallenia, →Zakynthos und Ithaka (1194–1325) und Herrscher v. →Ep(e)iros (1318–59). Die 1185 von den Normannen eroberten Inseln Kephallenia, Ithaka und Zakynthos fielen 1194 an Gf. Maio O., der zunächst unter der Oberherrschaft Siziliens stand, 1209 Venedig einen Treueeid leistete und schließlich wieder Friedrich II. als Lehnsherrn anerkannte. 1236 wurde Maio (∞ Anna, Schwester Theodors I. v. Ep(e)iros) Vasall Wilhelms II. v. Achaia. Ihm folgte von 1238–1303 sein Sohn Riccardo (1297–1300 auch Bailo v. →Morea). 1318 ermordete Riccardos Enkel Niccolò O. seinen Onkel Thomas v. Ep(e)iros und heiratete dessen Witwe Anna (Tochter →Michaels IX. [11. M.]). 1323 wurde er von seinem jüngeren Bruder Johannes ermordet, der, wie Niccolò, von Byzanz den Despotes-Titel erhielt und Anna, die Tochter des Protobestiarios Andronikos Palaiologos heiratete. Da Johannes O. eine angiovin. Oberherrschaft über Ep(e)iros ablehnte, entzog ihm →Philipp v. Tarent 1325 die Herrschaft über die Ion. Inseln. 1336/37 wurde Johannes von seiner Gemahlin ermordet, die bis zur byz. Annexion Ep(e)iros' 1337 für ihren Sohn→Nikephoros II. (Dukas) regierte. K.-P. Todt

Lit.: PLP, Nr. 24307 – P. Soustal – J. Koder, Nikopolis und Kephallenia, 1981, 58–78 – D. Nicol, The Despotate of Epiros 1267–1479, 1984, 81–138.

Orte, Stadt in Mittelitalien (n. Latium). Das antike (H)orta, seit 502 als Bf.ssitz bezeugt, wurde von →Totila zur Zeit der Gotenkriege eingenommen. Die Langobarden eroberten die Stadt erst nach dem Tod von →Cleph, verloren sie jedoch 592 gegen den Exarchen v. Ravenna, Romanus. 741 setzte sich →Liutprand wieder in ihren Besitz und schenkte sie in der Folge zusammen mit Blera, Bomarzo und Amelia dem Papst. 30 Jahre später erscheint O. in der Schenkung Karls d. Gr. an die Kirche von Rom, die später von Otto I. bestätigt wurde. Trotz der Erneuerung des Mauerrings und der Stadttore unter dem Pontifikat Leos IV. (847–855) wurde die Stadt von den Sarazenen eingenommen, die in ihrem Gebiet rund 30 Jahre blieben. Im Lauf des 13. Jh. war O. freie Kommune und wurde in die Kriege zw. →Rom und →Viterbo verwickelt, die auch beide ihre Expansionsbestrebungen auf die Stadt richteten. Die Römer erzwangen von O. einen Treueid, von dem die Einw. jedoch von Gregor IX. (1235) gelöst wurden. Friedrich II. besetzte O. in seinem Krieg gegen Papst Innozenz IV., Napoleone →Orsini nahm die Stadt 1330 ein, mußte sie jedoch infolge Eingreifens des Papstes wieder aufgeben. In der 2. Hälfte des 14. Jh. und im 15. Jh. wurde O. in viele der Kriege und Auseinandersetzungen verwickelt, die das n. Latium betrafen, verlor allmähl. seine kommunale Selbständigkeit und unterlag der direkten Kontrolle des Papsttums. M. Vendittelli

Lit.: G. Silvestrelli, Città, castelli e terre della Regione Romana, 2 Bde, 1940², II, 688–692.

Ortenau. Die unter Kg. Rudolf v. Habsburg aus ehem. Reichsgut neugebildete Reichslandvogtei O. (bis ins 15. Jh. Mortenau) umfaßte mit den Gerichten Ortenberg, Appenweier, Griesheim und Achern, dem Tal Harmersbach sowie den Reichsstädten Offenburg, →Gengenbach und Zell a. H. nur noch einen Teil der hochma. Gft. O., die nach Aussterben der →Zähringer (1218) von den →Staufern an sich gezogen und 1245 vom Bf. v. →Straßburg teilweise besetzt worden war. Durch Ks. Ludwig d. Bayern 1334 an die Mgf.en v. →Baden verpfändet, wurde sie 1351 von diesen an das Hochstift Straßburg abgegeben. Kg. Ruprecht löste 1405 die Hälfte der Pfandschaft zugunsten seines Hauses ein; 1504 mußte die Kurpfalz ihren Anteil infolge des →Landshuter Erbfolgekrieges an Österreich abtreten. Sitz des Landvogts war bis ins 17. Jh. Burg Ortenberg bei Offenburg. K. Andermann

Lit.: O. Kähni, Die Landvogtei O. Vorderösterreich, hg. F. Metz, 1967², 491–503.

Ortenberg (heute Ortenburg bei Passau), Gf.en v., Gft. Das Geschlecht geht auf die →Spanheimer zurück. Rapoto I. († 1186), der um 1120 die Burg O. errichtete, schuf zunächst eine Nebenlinie der Spanheimer in Niederbayern und erbte Kraiburg/Obb. von seinem Bruder. Durch seine Ehe mit Elisabeth v. Sulzbach erhielt er bedeutenden Besitz n. der Donau mit Murach im Oberpfälzer Wald. Gegen Ende des 12. Jh. bildeten sich wiederum zwei Linien der Gf.en v. O., so daß eine zweite Burg in O. errichtet wurde. Gf. Heinrich I. gründete bereits 1206 in Vilshofen/Donau eine Stadt (Markt?). Gf. Rapoto II. († 1231) aus der anderen Linie der O. wurde 1210 bayer. Pfgf.; mit seinem Sohn Rapoto III. endete 1248 dieser Zweig; die Tochter Elisabeth (∞ Gf. v. Werdenberg/Schweiz) mußte ihren O.er Besitz an die Wittelsbacher Hzg.e übergeben. Auch im Familienstreit der anderen Enkel Rapotos I. waren die Wittelsbacher Hauptnutznießer. Nur Rapoto IV. († 1296) konnte die Familie fortpflanzen, die jedoch für einige Zeit in die Landsässigkeit herabgedrückt wurde. 1391 erwarb der bayer. Hzg. sogar das →Öffnungsrecht über die O.er Burgen. Trotzdem gelang es den O.ern im 14. und 15. Jh., einige Herrschaften in Niederbayern zu erwerben. Kern des Hausbesitzes war die Reichsgft. O. mit den beiden Burgen Alt- und Neu-O. und dem gleichnamigen Markt. Das Territorium O. war weitgehend von hzgl. bayer. Gebiet umschlossen. Die O.er traten ztw. in Dienste der bayer. Hzg.e, des Bf.s v. Passau und des frz. Kg.s. W. Störmer

Lit.: HAB Vilshofen; Passau; Laufen – E. Gf. zu Ortenburg-Tambach, Gesch. des reichsständ., hzgl. und gfl. Gesamthauses Ortenburg, 2 Bde, 1931/32 – F. Hausmann, Tambach und die Gf.en zu Ortenburg (Weitramsdorf. Vergangenheit und Gegenwart, 1977), 276–288 – Ders., Siegfried, Mgf. der 'Ungarnmark', und die Anfänge der Spanheimer in Kärnten und im Rheinland, Jb. des Vereins für LK v. Niederösterreich NF 43, 1977, 115–168 – A. Schmid, Der Einbau des Raumes Vilshofen in den Territorialstaat der frühen Wittelsbacher, Vilshofener Jb. 1992, 15–28.

Ortenburg (b. Spittal a. d. Drau, Kärnten), Gf.en v., Gft. Das Geschlecht, wohl stammesgleich mit den Gf.en v. →Tirol, beginnt mit dem Freisinger Vizedom Adalbert I. (∞ um 1070 mit Bertha v. Walda, Tochter Gf. Ottos I. v. Dießen), der sich 1093 erstmals v. O. nannte. Nach dem Ende der Gf.en v. Lurn (1135) bildeten die O.er aus Teilen von deren Erbe ein Herrschaftsgebiet, das von Möllbrücke bis nahe Villach reichte (erst 1389 Hochgericht). Otto I. nannte sich seit 1141 Gf. v. O. Durch seine Ehe mit Agnes v. Auersperg faßte er Fuß in Krain. Die Doppelstellung der O.er in Kärnten, in Krain und in Friaul, wo sie wiederholt als Condottieri auftraten, blieb in den folgenden Jahrhunderten bestimmend. Nahe ihrer Stammburg gründeten die O.er 1191 ein Hospital, dem in der entstandenen Ort Spittal verlieh Gf. Friedrich III. 1403 Marktrecht. 1309 erwarben sie die seither im Titel der Gf.en geführte Burg Sternberg (n. des Wörthersees). In Oberkrain besaßen die O.er große Güter um Radmannsdorf (Radovljica), in Unterkrain verschiedene Herrschaften, größtenteils als Lehen vom Patriarchat Aquileia. Gf. Otto VI., 1355/60 Landeshauptmann in Krain, organisierte seit 1320 die Erschließung der →Gottschee. Gf. Friedrich III. schloß 1377 mit den Gf.en v. →Cilli einen Erbvertrag und vermochte seine Macht in Oberkärnten auf Kosten der Gf.en v. →Görz zu erweitern. 1395 erhielt er den Blutbann, 1417 wurde die Gft. O. als Reichslehen anerkannt; Friedrich III. wurde Reichsverweser in Krain und 1409 Reichsvikar in Friaul. Das Geschlecht erlosch 1418/19. Das Erbe fiel an die Gf.en v. Cilli, als Name wurde die Gft. O. noch von Ks. Friedrich III. 1478 für ein eigenes Fsm. Oberkärnten gebraucht. Die Gf.en v. →Ortenberg (sw. Passau), die nach dem Ende der Cillier 1456 vergebl. das O.er Erbe beansprucht hatten, nannten sich seit 1530 Gf.en v. O. H. Dopsch

Lit.: K. Tangl, Die Gf.en v. O. in Kärnten, AÖG 30, 1864, 203–352; 36, 1866, 1–183 – C. Trotter, Zur Frage der Herkunft der kärnt. Gf.en v. O., MIÖG 30, 1909, 501ff.; 31, 1910, 611ff. – F. Tyroller, Genealogie des altbayer. Adels im HochMA, 1969, 222ff., Taf. 16 – F. Hausmann, Ein bisher unbekanntes Werk des Michael Gotthard Christalnick zur Gesch. Kärntens und der Gf.en v. O., Carinthia I 179, 1989, 187–274 – Th. Meyer, Die O.er (Chronik 800 Jahre Spittal,

1991), 21–42 – Dies. (Ausstellungskat. 800 Jahre Spittal, 1991), 46–75 – Ch. Lackner, Zur Gesch. der Gf.en v. O. in Kärnten und Krain, Carinthia I 181, 1991, 181–200.

Orthodoxie wird gewöhnl. übersetzt mit »rechtgläubig« (ὀρθῶς δοκεῖν) und dann verstanden als »im Besitz des rechten Glaubens«. Die Ostkirchen kennen noch ein anderes Verständnis: »recht lobpreisen« (ὀρθῶς δοξάζειν), womit der Anspruch verbunden ist, Gotteslob und Gottesverehrung überhaupt auf rechte und vollkommene Weise zu vollziehen. Im Grunde meinen beide Deutungen das gleiche: aus dem rechten Glauben folgt, gewissermaßen notwendig, der rechte Gottesdienst. Beide zusammen konstituieren das eigtl. orthod. Leben des Christen. Um dem Selbstverständnis der orth. Kirchen und ihrer Gläubigen gerecht zu werden, damit auch dem Anspruch ihres Zeugnisses in Vergangenheit und Gegenwart (ökumen. Bewegung), wird man diesen umfassenden Sinn des Terminus im Sinn behalten müssen.

Im Sprachgebrauch des W bezeichnet O. näherhin in der Regel das Kirchentum des O aus byz. Tradition, sowohl in den Heimatländern als auch in der Diaspora, im Unterschied zu den altoriental. Kirchen, der vorephesin. »Kirche des Ostens« und den vorchalkedon. Kopten, Äthiopier, Syrer und Armenier – die sich aber selbst als »orthodox« bezeichnen – und zu den w. Kirchen, der röm.-kath. und den reformatorischen. Das Selbstverständnis der O. ist hier bestimmt von der Überzeugung, den chr. Glauben und das Leben nach diesem Glauben ungebrochen und unversehrt bewahrt zu haben, in Treue zur Überlieferung (παράδοσις), begründet in der Verkündigung der Apostel; bewahrt und entfaltet im Zeugnis der Väter und erklärt durch die allg. Konzilien. Überlieferung ist jedoch nicht nur statisch zu verstehen, sondern bedeutet in den Augen der O. die dynam. Gegenwart des Hl. Geistes in der Lehre und im Leben der Kirche. Durch sein Wirken weiß sie sich gehalten in der Einheit des einen Glaubens, der gleichen Leitung (Hierarchie) und den ungeteilten einen Lebens aus den Mysterien (Sakramenten). Von daher erhebt sie den Anspruch, allein und ohne Einschränkung die »eine, hl., kath. und apostol. Kirche« Jesu Christi zu sein, wie sie das Nikäno-konstantinopolitan. Symbolon benennt.

Die Existenz der Autokephalien betrachtet die O. als die legitime Fortsetzung der apostol. Ortskirchen, schon im NT bezeugt (vgl. Apg 14,23; 1 Kor 1,2 u. ö.). Die der gesamten O. und den einzelnen Autokephalien zugrundeliegende und sie bestimmende synodale Verfassung versteht sie als Bewahrung eines wesentl. Moments der apostol. Paradosis (vgl. Apg 15). Haupt der Kirche, die Christi Leib ist, kann allein der Herr sein (Eph 1,22; Kol 1,18), weshalb sie jeden universalen Primat glaubt ablehnen zu müssen. Oberste Autorität der Kirche ist das ökumen. Konzil, die »Hl. und große Synode«, in Sachen des Glaubens wie der Leitung und Disziplin. Dabei entscheiden die Bf.e als ordentl. Teilnehmer nicht über die Wahrheit einer Lehre, sondern bezeugen, als authent. Zeugen ihrer Ortskirchen, den überlieferten Glauben. Die O. anerkennt sieben solche Synoden, von Nikaia I 325 bis Nikaia II 787. Sie wurden alle im O abgehalten und jeweils vom Ks. einberufen. Hüter des Glaubens ist allein das Pleroma des chr. Volkes, vom Patriarchen bis zum letzten Laien, unter dem Beistand des Hl. Geistes, der der Kirche als oberster Lehrer verheißen ist (vgl. Joh 14,26; 16,13). Darum erhält auch die Synode verpflichtende Ökumenizität erst durch die Rezeption von seiten des chr. Volkes. Für den weiteren Weg der O. (wie auch weithin der lat. Kirche) war das Jahr 1054, das die lange Zeit schon geraume Zeit bestehende Entfremdung zw. O und W als Schisma offenbarte, v. a. entscheidend. Durch Verurteilung w. Entwicklungen in Lehre und Disziplin (Trullanum II 691, →Photios) hatte sich bereits die Überzeugung von der eigenen alleinigen Treue gegenüber der Paradosis und damit der Rechtgläubigkeit vorbereitet. Nicht wenig trug dann der polit. Gegensatz zw. dem Byz. Reich, im MA auch der ostslav. Staaten, und dem (lat.) Abendland zur Festigung des orth. Bewußtseins bei. Wichtige Schritte bei der Ausformung der O. in Lehre und Gestalt waren ebenso die Ablehnung der »Unionskonzilien« v. →Lyon (1274) und v. →Ferrara-Florenz (1438/39) durch den O, in Theol. und Spiritualität die Auseinandersetzung um →Hesychasmus u. →Palamismus im 14. Jh. Zur Entwicklg. in Altrußld. →Moskau B VI. H. M. Biedermann

Lit.: DSAM XI, 972–1001 [Lit.] – ThEE IX, 949f.; X, 467–474 – S. Boulgakoff, L'O., 1959² – Hb. der Ostkirchenkunde I, 1984; II, 1989 – V. Lossky, Die myst. Theol. der Morgenländ. Kirche, 1961 – P. Evdokimov, L'O., 1965² – P. Bratsiotis, Die Orth. Kirche in gr. Sicht, 1970² – Fr. Heiler, Die Ostkirchen, 1971 – J. Meyendorff, Byz. Theology, 1974 – H. M. Biedermann, Die Synodalität (Fschr. P. Meinhold, 1977), 296–313 – J. Meyendorff, The Orth. Church, 1981³ – H. M. Biedermann, Orth. Kirchen: Hwb. religiöser Gegenwartsfragen, 1986 [Lit.].

Ortlieb v. Zwiefalten, Verfasser einer zwei Bücher umfassenden Chronik (1137 abgeschlossen, nur noch unvollständig erhalten), die die Gründung und ersten Jahrzehnte (1089–1109) des Kl. →Zwiefalten beschreibt; * um oder vor der Wende des 11. zum 12. Jh., † 1163; entstammte vermutl. einer schwäb. Adelsfamilie, die vielleicht in enger Verbindung zu den Gf.en v. Achalm gestanden hatte, da er sich deren Gesch. in seiner Chronik bes. widmet. Außerhalb des in O.s Chronik Mitgeteilten ist sehr wenig über sein Leben bekannt. Vermutl. kam er in früherer Jugend nach Zwiefalten, wo nur seine Tätigkeit als Chronist überliefert ist, doch dürfte seine Stellung nicht ganz unbedeutend gewesen sein. O. war 1140–63 Abt des Kl. →Neresheim. →Berthold v. Zwiefalten.

I. Eberl

Ed. und Lit.: Wattenbach-Schmale I, 312ff. – L. Wallach, Stud. zur Chronik Bertholds v. Z., SMGB 51, 1933, 83ff. – Ders., Zur Chronik O.s v. Z., RevBén 49, 1937, 200ff. – J. A. Kraus, Anm. zu den Zwiefaltener Chroniken, Zs. für württ. Landesgesch. 24, 1965, 176 ff. – L. Wallach, Ortliebi et Bertoldi chronicon Zwivildensis (Schwäb. Chroniken der Stauferzeit 2, 1978).

Ortlieber, spiritualist. Sekte, benannt nach ihrem Gründer Ortlieb aus Straßburg. Ihre Lehren, wohl wirksam während der ersten Hälfte des 13. Jh. v. a. im SW des Reiches, wurden von Innozenz III. verurteilt. Hauptq. ist das Sammelwerk des →Passauer Anonymus, dessen enigmat. Angaben jedoch kaum ein kohärentes System ihrer Lehren erschließen lassen. Hauptcharakteristikum ist eine zugleich historisierende wie spiritualist. Trinitätsvorstellung. Sie beruht auf der Annahme einer rein menschl., daher sündhaften Natur Christi, dessen Gottessohnschaft erst durch Annahme von Gottes Wort begründet worden sei, welche wiederum in den Mythos der noachidischen Stiftung der Sekte, ihren Verfall und ihre Erneuerung durch Jesus Christus gekleidet wurde; der Hl. Geist wurde mit den Aposteln, namentl. Petrus und Andreas, gleichgesetzt, die Christus mittels Predigt als Anhänger gewann und die ihm bei der Mission und pastoralen Tätigkeit beistanden. In Analogie zu dieser Art Trinität organisierten die O. ihre Gemeinschaft in Dreiergruppen. Den O.n wird sodann die Lehre von der Ewigkeit der Welt zugeschrieben, und sie scheinen die eschatolog. Vorstellung einer Verschmelzung von jenseitiger und paradiesischird. Existenz am Ende der Zeiten entwickelt zu haben.

Ablehnung der kirchl. Sakramente als bloß äußeres Werk und scharfe Kritik am Klerus sind weitere, zeittyp. Elemente ihrer Doktrin. Die Übereinstimmung mancher Einzelheiten mit Lehrpunkten anderer häret. oder häresieverdächtiger Gruppierungen hat die O. mit den →Waldensern, →Katharern, →Amalrikanern, der Frei-Geist-Häresie, schließlich auch mit den Anhängern →Joachims v. Fiore in Verbindung bringen lassen. Mit ihnen allen haben die O. direkt nichts zu tun gehabt, doch sind sie als evangelische Bewegung und doktrinale Ausprägung ein typ. Produkt des spirituellen und intellektuellen Milieus der Wende des 12./13. Jh. A. Patschovsky

Lit.: LThK² VII, 1256f. – Verf.-Lex.² VII, 55f. – A. FÖSSEL, Die O. Eine spiritualist.-myst. Ketzergruppe im 13. Jh. [Diss. Bayreuth 1991; Druckfassung in Vorb.].

Ortnit, mhd. Heldendichtung im Hildebrandston, vielleicht um 1230 von einem unbekannten Autor (dem des →»Wolfdietrich« A?) verfaßt, breit überliefert (mehrere Fassungen in 12 Hss. ca. 1300–Anfang 16. Jh. und 6 Drucken 1479–1590), dabei regelmäßig mit dem »Wolfdietrich« verbunden, dessen Handlung an die des O. anschließt. Diese besteht aus zwei Teilen: im ersten gewinnt Kg. O. v. Lamparten (= Lombardei) in einer blutigkrieger. Orientfahrt die Tochter eines Heidenkg.s gegen dessen Willen zur Frau; im zweiten sendet der Heidenkg. dem verhaßten Schwiegersohn zwei Eier, aus denen Drachen schlüpfen, die das Land verwüsten und ihn töten; sie werden später von Wolfdietrich erlegt, der O.s Witwe heiratet. Eine ältere Grundlage des Stoffes läßt sich nicht ausmachen, doch hat der Verf. offenbar Anregungen aus niederl. Erzähltradition aufgenommen, die ihrerseits altruss. Heldendichtung verpflichtet war. J. Heinzle

Ed.: A. AMELUNG, Dt. Heldenbuch, III, 1871 [Neudr. 1968] – J. HEINZLE, Heldenbuch, 2 Bde, 1981/87 [Faks. des ältesten Drucks] – *Lit.*: Verf.-Lex.² VII, 58–67 [W. DINKELACKER].

Ortolf. 1. O. v. Weißeneck, Ebf. v. →Salzburg 1343–65, † 12. Aug. 1365, Salzburg, Dom; entstammte einem Bamberger Ministerialengeschlecht in Kärnten mit dem Stammsitz ö. Völkermarkt, studierte in Bologna, dort 1318 Prokurator der dt. Nation. Nachdem er persönl. bei Clemens VI. in Avignon seine Provision mit dem Ebm. erreicht hatte, zögerte er in den Wirren vor dem Tod Ludwigs d. Bayern die Anerkennung Karls IV. bis 1347 hinaus. In den Kämpfen zw. dem Kg. und den Wittelsbachern haben sich O., sein Bruder Gottfried, Bf. v. Passau, und der verbündete Hzg. →Albrecht II. v. Österreich neutral verhalten. Mit Hzg. →Stephan II. v. Niederbayern kam es 1357/58 zum Krieg (Tanner Fehde), in dem Hzg. Albrecht II. vermittelte. Wesentl. Anteil hatte O. an der Lösung von Hzg. →Ludwig V. d. Brandenburger und der Hzgn. →Margarethe Maultasch vom Kirchenbann und an der folgenden Erwerbung →Tirols durch Hzg. →Rudolf IV. v. Österreich, mit dem er 1362 ein Bündnis geschlossen hatte. In der ersten Phase des Tiroler Erbfolgekriegs 1363/64 konnte sich O. gegen Hzg. Stephan II. erfolgreich behaupten, die Salzburger Grenzgebiete gegen Bayern wurden jedoch stark verwüstet. H. Dopsch

Lit.: A. v. WRETSCHKO, Zur Frage der Besetzung des ebfl. Stuhles in Salzburg im MA, Mitt. der Ges. für Salzburger LK 47, 1907, 208ff. – J. LENZENWEGER, Acta Pataviensia Austriaca I, Publ. des österr. Kulturinstituts in Rom II/4, 1974, 208f. – H. WAGNER, Vom Interregnum bis Pilgrim v. Puchheim (Gesch. Salzburgs, hg. H. DOPSCH 1984², I/1, 474–479; I/3, 1345f.).

2. O. v. Baierland, Arzt und med. Fachautor, * Anfang des 13. Jh. in Bayern oder (Ober-)Österreich, nach handwerkl. Wundarztlehre an der Pariser (?) med. Fakultät zum Chirulogen (→Chirurg) ausgebildet, stand als Arzt in Diensten des Würzburger Domkapitels. Sein gegen 1280 verf. »Arzneibuch«, einer der wirkungsmächtigsten Texte der mhd. Lit., ist eine an Wundärzte gerichtete Summe akadem. Heilwissens in drei B. (res naturales, Diätetik [mit Säuglings- und Ammen-Regimen], Diagnostik, Prognostik, Aderlaß, Innere Medizin, Chirurgie). Der luzide, prägnant-anaphorist. Text ist in über 200 Dr. und mehr als 200 Hss. tradiert, wurde (unter Vermittlung des Lat.) vom Dän. bis zum Span. in sechs europ. Volkssprachen (teil-)übers., blieb bis ins 18. Jh. gültig und machte 'doctor Ortolffus' so berühmt, daß derart bedeutende Schr. wie →Konrads v. Megenberg Kräuterbuch, →Konrads v. Eichstätt »Regimen«, das Ps.-ortolf. »Frauenbüchlein« oder Michael →Puffs »Ausgebrannte Wässer« unter seinen Namen gestellt wurden. Er wurde u. a. mit dem →»Bartholomäus« verwechselt. G. Keil

Ed.: J. FOLLAN, Das Arzneibuch O.s v. B., VIGGPh 23, 1963 – Älterer dt. »Macer«; O.v.B. Arzneibuch..., Farbmikrofiche-Ed. v. W. DRESSENDÖRFER, G. KEIL, W.-D. MÜLLER-JAHNCKE, 1991 – O.s Arzneibuch, hg. v. G. KEIL u. a. [in Vorbe.] – *Lit.*: Verf.-Lex. I², 905; IV, 1192f.; V, 164f.; VII, 67–84, 909, 933; VIII, 148, 1008 – SudArch 43, 1959, 20–60; 53, 1969, 119–152; 72, 1988, 212–224 – Bibl. und Wiss. 18, 1984, 85–234 – Mediaevistik 1, 1989, 173–181 – G. KEIL, »ich, meister O. ...«, Würzb. Univ.reden 56, 1977 – Fachprosa-Stud., hg. G. KEIL, 1982, 291–304 – V. ZIMMERMANN, Rezeption und Rolle der Heilkunde in landessprachigen hs. Kompendien des SpätMA, 1986 – H. DÜNNINGER, Wo stand das Haus des Mag. O., Würzb. med. hist. Mitt. 9, 1991, 125–134 – O. RIHA, O.v.B. und seine med. Q., 1992 – DIES., Wissensorganisation in med. Sammelhss., 1992 – »Ein teutsch puech machen«. O.-Stud. I, hg. G. KEIL, 1993.

Ortsnamen(-forschung). [1] *Begriff*: O. im engeren Sinn sind Eigennamen für bewohnte Siedlungen wie Dorf, Stadt, Hof oder Weiler im Gegensatz zu Flurnamen, den Eigennamen für unbewohnte Örtlichkeiten; O. im weiteren Sinn (Toponyme) sind alle Eigennamen, die sich auf Lokalitäten überhaupt beziehen, also Flurnamen (→Flur), Landschafts- und Bezirksnamen (→Gau), Eigennamen für Länder, Gewässer, Berge.

[2] *Namengebung, -übertragung, -wechsel*: Die O.gebung kann auf den Gründer bzw. weltl. oder geistl. Grundherrn zurückgehen, muß aber von den Bewohnern sanktioniert und durch Konvention gefestigt werden. Namenskontinuität beruht in der Regel auf Siedlungskontinuität am gleichen Ort, wobei die ethn. Voraussetzungen wechseln können. In den Gebieten zw. Rhein und Donau wurden so zahlreiche O. der Römer, die ihre Gründungen gern nach Ks.n nannten (Augsburg < Augusta Vindelicorum), von den späteren Bewohnern weitergeführt. Für die dt.-slav. Mischsiedlung (→Elb- und Ostseeslaven) sind die O. slav. Ursprungs bezeichnend, die in das Dt. integriert worden sind (Leipzig < sorb. *Lipsko* 'Lindenort'). Aufgrund der Etymologie und Motivation der O. zum Zeitpunkt der Namengebung unterscheidet man a) Naturnamen, die sich auf natürl. Gegebenheiten wie Land, Wasser, Moor, Wald, Pflanzen beziehen (Lindau, Feldberg, Gemünd); b) Kulturnamen, die auf die kultivierende oder zivilisator. Tätigkeit des Menschen Bezug nehmen (Kirchheim, Flachsacker); c) Insassennamen, wenn das Motiv bei den Bewohnern selbst liegt (München 'bei den Mönchen', Sigmaringen 'bei den Leuten des Sigmar'); d) Besitzernamen, wenn der Personenname des Grundherrn, auch des Gründers oder →Lokators bzw. seine Amtsbezeichnung im O. enthalten ist (Karlsheim, Abtshagen, Kunersdorf); e) Ereignisnamen, wenn ein bestimmtes Ereignis das Motiv für den O. abgegeben hat (Mordacker, Lügenfeld). O. strahlen auf ihre Umgebung aus und werden von den Bewohnern der Orte in neue Siedlungsgebiete mitgenommen (Frankfurt). Dorfnamen werden zu Namen von

Städten (Düsseldorf). Der Name einer Burg wird auf die bei ihr entstandene Siedlung übertragen (Naumburg). Ausbaudörfer, die zunächst den gleichen O. wie das Mutterdorf haben, werden von diesem durch Zusätze wie Ober-, Unter-, Nieder-, West-, Süd- unterschieden. Alt-, Schön-, Grün-, Groß-, Lang- auf der einen Seite, Neu-, Kalt-, Böse-, Klein-, Kurz- auf der anderen Seite spiegeln die unterschiedl. Situation von Mutter- und Tochtersiedlungen wider.

[3] *Namentypen und historische Schichten:* O. sind meist aus Substantiven hervorgegangen. Neben einfachen O. (Aue, Esch, Hausen) stehen Ableitungen mit bestimmten Suffixen wie -ing oder -ach. Aber meist handelt es sich um Zusammensetzungen mit Ortsbezeichnungen wie -dorf, -hausen, -heim, mit Gewässernamen wie -au, -bach, -see oder mit Flurbezeichnungen wie -feld oder -moos. Zur ältesten, vorgesch. O.schicht (bis 3. Jh. n. Chr.) gehören die Gewässernamen: Elbe 'weißes Wasser', Havel 'kleines Meer', Unstrut 'Sumpfwasser'. Bei den ältesten Siedlungsnamen wie Asciburgium 'Eschenburg' handelt es sich meist um Naturnamen. Wie die got. Tervingi 'Waldbewohner' und Greutingi 'Sandbewohner' beweisen, ist das Suffix -inga/unga (Wasungen zu ahd. *waso* 'Rasen'), das Zugehörigkeit ausdrückt, schon früh vorhanden, wird aber erst in der Völkerwanderungszeit produktiv (Landnahme). Weder die O. auf -ing/-ingen noch die konkurrierenden O. auf -heim können aber bestimmten germ. Stämmen zugewiesen werden. Allein die O. auf -leben zu as. *lêva* 'Hinterlassenschaft', die sich von Schweden bis Thüringen erstrecken, können mit den Wanderungen der Angeln (5. Jh.) in Zusammenhang stehen. Der O.typ Substantiv + ing (*Mahalaeichinga* >Malching) ist bei Franken, Angelsachsen und Bayern bis in das 5./6. Jh. gängig gewesen. Wie die O.gebung im alem. Gebiet nahelegt, traten seit dem 3./4. Jh. auch O. mit einem Personennamen im 1. Glied daneben auf. Bei den Franken waren die O. auf -heim bevorzugt. Sie haben bes. in Belgien und N-Frankreich die älteren O. auf -ing verdrängt, wie die Kontaminationsformen auf -inghem beweisen. Während die ing-O. im 8./9. Jh. langsam verschwinden, haben sich O. auf -heim länger (12. Jh.) behauptet. Mit dem →Landesausbau im Gebiet der Altstämme haben O. auf -dorf, -hofen, -hausen, -rode usw. eine weite Verbreitung erfahren. Während -hausen, -hofen, und -dorf sowohl im N wie im S Dtl.s vorkommen, sind O. auf -büttel, -borstel und -wedel in N-Dtl. konzentriert; -hagen kommt nur in N-Dtl. und Mitteldtl. vor, desgleichen die Rodungsnamen auf -rode, denen in S-Dtl. O. auf -ried und -reuth gegenüberstehen. Eine bes. Gruppe bilden die O. auf -weiler, die mit den frz. O. auf -*villers* zusammengehören und auf das Lehnwort ahd. *wîlâri* ('Gehöft, Vorwerk') zu lat. villa 'Herrenhof' zurückgehen. Die O.typen des Landesausbaus sind im 12./13. Jh. von Siedlern nach O und SO in die Gebiete sog. Neustämme mitgeführt worden. Die O. auf -dorf, -berg, -bach/beke, -au, -schlag, -rode/reut, -hagen/-hain u. a. m. geben über die Herkunft der Siedler wie über den Verlauf der Siedlungsbewegung Aufschluß.

[4] *Forschung:* Am Anfang der wiss. Beschäftigung mit O., die für die Landes-, Siedlungs- und Sozialgesch. des MA eine wichtige Q. sind, steht das 'Ahd. Namenbuch' von E. Förstemann (Bd. II, 1859). Die hist. O.bücher sind meist zeitl. begrenzt und auf bestimmte Landschaften beschränkt. Die Deutung der O. durch den Philologen hat von den ältesten Belegen in Urkk., Urbarien, Losungs- und Stadtbüchern u. a. hist. Q. auszugehen und diese mit den heutigen O. in Verbindung zu bringen.

Ältere Theorien wie die Stammestheorie W. Arnolds (1882) oder die Sippentheorie S. Riezlers (1909) sind aufgrund der Verbreitung der O. auch von hier aus endgültig widerlegt. Denn weder lassen sich O.typen wie die auf -heim bestimmten Stämmen zuweisen, noch sind sie wie scheinbar die O. auf -ing auf bestimmte Siedlungsformen (z. B. in Sippenverbänden) fixiert. Allein die These, daß die O.gebung zu bestimmten Zeiten bestimmte O. bevorzugt hat, wird durch die hist. Schichtung der O. bestätigt. Für die philol.-hist. Erschließung der O. hat A. Bach ein Grundlagenwerk geschaffen. Für die Verbindung von O.-forsch. und Siedlungsgesch. sind die Arbeiten von E. Schwarz richtungsweisend gewesen. Bes. Schwerpunkte der Forsch. sind neben der Sicherung des Materials die Flurnamenforsch. und die Erforschung der röm.-dt. und dt.-slav. Kontaktzonen. R. Schmidt-Wiegand

Lit.: E. Förstemann, Altdt. Namenbuch, Bd. II: Orts- und sonstige geogr. Namen, 1913³ [von H. Jellinghaus besorgte Aufl.: Nachdr. 1983] – E. Schwarz, Orts- und Personennamen (Dt. Philol. im Aufriß, hg. W. Stammler, 1959² [Nachdr. 1966]), I, 1523–1562 – Forsch. zur slaw. und dt. Namenkunde, hg. T. Witkowski, 1971 – A. Bach, Dt. Namenkunde, II, 1.2: Die dt. O., 1974² – E. Eichler, Die slaw. Landnahme im Elbe-Saale- und Oder-Raum…, Onomastica Slavogermanica 10, 1976, 67–73 – Probleme der Namenforsch. im dt.sprachigen Raum, hg. H. Steger, 1977 – B. Boesch, Kl. Schr. zur Namenforsch., hg. R. Schützeichel, 1981 – W. Fritze, O.kunde und Landesgesch. in ostdt. Ländern (Dt.-slaw. Namenforsch., hg. H.-B. Harder, 1981), 1–39 – Gießener Flurnamenkolloquium, hg. R. Schützeichel (1984), 1985 – O.wechsel, hg. Ders., Bamberger Kolloquium (1986), 1986 – O. und Urkk., hg. Ders., Münchener Symposium (1988), 1990.

Orval, ehem. Abtei SOCist (heute Trappistenkl.) in Belgien (Prov. Luxemburg), einzige zisterziens. Männerabtei, die im 12. Jh. in der Ardennenregion gegr. wurde. Die Anfänge sind umstritten: Die eine Auffassung nimmt eine dreifache Gründung an (um 1070: Benediktiner aus Kalabrien; um 1100: Regularkanonikerstift; 1132: Zisterzienser aus →Troisfontaines, angesetzt von Gf. Arnulf II. v. Chiny); die andere Auffassung verweist auf das späte Auftreten dieser Überlieferungen (16. Jh.), während die ältesten Zeugnisse Fälschungen sind, und sieht als Gründer Gf. Otto II. v. →Chiny an, der die Zisterzienser 1131 auf gerodetem Land in der Allodialherrschaft Jamoigne installiert habe. – Die Abtei baute rasch ein Netz von etwa zehn →Grangien in Oberlothringen auf (zw. Semois und Mosel), erwarb umfangreichen Grundbesitz (v. a. in Huy und Lüttich), Pfarrkirchen und Zehnten und entfaltete rasch wirtschaftl. Aktivität (Waldnutzung, Schieferbrüche, Eisengewerbe). Im 13. Jh. wurde die Abtei durch innere Unruhen und finanzielle Schwierigkeiten geschwächt. Seit ca. 1300 ging O. zur Vergabe der Grangien an Laienpächter über. Nach dem Erwerb der Gft. Chiny durch →Luxemburg (1343) gehörte der Abt v. O. zu den vornehmsten Prälaten des Hzm.s. 1793 während der Frz. Revolution zerstört. G. Despy

Lit.: DIP VI, 919 – N. Tillière, Hist. de l'abbaye d'O., hg. G. Grégoire, 1967 – O., neuf siècles d'hist., 1970 – G. Despy, Cîteaux dans les Ardennes: aux origines d'O. (Mél. E. Perroy 1973) – J. Wauthoz-Glade, O., Mon. belge 5, 1975 – Aurea vallis, 1975 – C. Grégoire, Les premiers temps de l'abbaye d'O.; R. Noel, Les débuts monastiques à O., Le Pays Gaumais 39, 1978 – A. Laret-Kayser, Le comté de Chiny des origines à 1300, 1986.

Orvieto, Stadt und Bm. in Mittelitalien (Umbrien), in beherrschender Lage auf einem Tuffsteinplateau, ca. 100 m über dem Pagliatal, war ein bedeutendes Zentrum der Etrusker (7.–3. Jh. v. Chr.), das wohl in röm. Zeit aufgegeben wurde. Im FrühMA wird die Stadt (Urbibentus) erstmals bei →Prokop v. Kaisareia (Gotenkriege, VI

20 ff.) erwähnt anläßl. der Belagerung durch →Belisar, der die →Ostgoten aus der Stadt vertrieb. O. wurde 596 von den →Langobarden besetzt und als Bf.ssitz konstituiert. Die Stadt wurde in der Folgezeit den territorialen Strukturen des 'regnum Italicum' (→Italien, A. II) integriert, war Sitz einer Gft. (comitatus), deren Gf.enfamilie im 11.-12. Jh. vom ersten bekannten Komitatsinhaber, Farolf († 1003), abstammte. Die Gf.en übertrugen einen Großteil ihrer Besitzungen und Rechte an die Bf.e; die Anfänge der kommunalen Institutionen vollzogen sich im Fahrwasser der Bf.sgewalt. Erstmals 1137 ist die 'commune civitatis', 1171 sind Konsuln (→Konsulat) belegt. Der Aufbau der Kommunalverfassung verlief durchweg nach dem klass. Schema (→Kommune, I). Das →Podestariat löste in den ersten Jahrzehnten des 13. Jh. die Konsuln ab; der →Popolo schuf sich in der 1. Hälfte des 13. Jh. seine ersten Institutionen ('artes' und 'anteriori'), erreichte 1250 die Ernennung eines von auswärts stammenden →Capitano del Popolo, durchlief dann eine Periode des Aufstiegs, der eine Niedergangsphase folgte. Danach erstarkte die popolare Machtposition erneut dank des Auftretens einer Führerpersönlichkeit, Ranieri della Greca, der 1280-90 mit seinen Anhängern die beherrschende kommunale Kraft bildete. Die Hegemonie des Popolo mündete 1292 in die Errichtung des Rates der Sieben ein, der sich auf den Korporationen aufbaute und Feldzüge zur Ausdehnung der Herrschaft O.s in der s. →Toskana, auf Kosten der Machtstellung der →Aldobrandeschi, durchführte. Im Innern war die Herrschaft der Sieben durch harte Maßnahmen gegen den städt. Adel geprägt. Das popolare Regiment entging aber in O. nicht den Konflikten, die infolge der Widersprüche, die dieser Art von kommunalem System innewohnten, ausbrachen: Spannungen zw. den Mitgliedern der wohlhabenden Korporationen und dem 'popolo minuto' der ärmeren 'arti minori', Fortsetzung der heftigen Kämpfe zw. den Adelsgeschlechtern, wachsender Einfluß der mächtigen Guelfenfamilie (→Guelfen) →Monaldeschi auf einen Großteil des Popolo. Unter diesen Vorraussetzungen konnte die Rückkehr der Nobili an die Macht (1332-34) nur für kurze Zeit die Errichtung einer →Signorie aufhalten; diese wurde 1334 von Manno Monaldeschi begründet. In der Folgezeit lösten sich als Träger der Signorie zunächst rivalisierende Zweige der Monaldeschi ab bis zur Machtübernahme durch →Albornoz (1354). Im späten 14. und 15. Jh. schufen einige Signoren, z. B. Biordo →Michelotti (1395-98) und Braccio →Fortebraccio (1416-20), zwar Herrschaften von größerem Format, doch gewannen diese signorilen Regime insgesamt keinen dauerhaften Charakter und haben daher in der Stadtgesch. O.s nur geringe Spuren hinterlassen.

Bild und Strukturen O.s wurden nachhaltig von der kommunalen Epoche geprägt. Am Ende der städt. Entwicklungsphase des 12. und 13. Jh. nahm das Stadtareal mit insgesamt 80 ha fast das ganze Tuffplateau ein; die Bevölkerung erreichte 1292 (1. städt. →Kataster) ca. 16 000-17 000 Einw. Diese lebten zum großen Teil von den Erträgen ihrer Landgüter; der Kataster zeigt, daß mehr als zwei Drittel der Ländereien des →Contado im Besitz von Stadtbewohnern waren, und belegt darüber hinaus vielseitige Handels- und Gewerbetätigkeiten, unter denen die Verarbeitung von Häuten und Leder (→Gerberei) einen wichtigen Platz einnahm. Das ausgehende 13. Jh. erscheint als entscheidender Moment der Stadtgesch.: Es war die Epoche der großen administrativen und finanziellen Reorganisation der Kommune, symbolisiert durch den Kataster v. 1292, der den Immobilienbesitz aller Bewohner der Stadt und des Contado erfaßt, und des Baubeginns der Kathedrale (1290), der die Stadtbevölkerung über nahezu zwei Jahrhunderte einen beträchtl. Teil ihrer Energie und ihrer Finanzmittel zuwenden sollte.

J.-C. Maire Vigueur

Lit.: D. WALEY, Mediaeval O., 1952 – E. CARPENTIER, Une ville devant la Peste, 1962 – A. SPICCIANI, I Farolfingi: una familia comitale a Chiusi e a O..., Boll. senese stor. patr. 92, 1985, 7–65 – E. CARPENTIER, O. à la fin du XIIIᵉ s., 1986 – L. RICETTI, La città costruita. Lavori pubblici e immagine in O. mediev., 1992.

Orville, Jean d' (Cabaret, Jean), frz. Chronist der 1. Hälfte des 15. Jh., aus O. (dép. Pas de Calais, arr. Arras), verfaßte aufgrund der Erinnerungen des Jean de Chateaumorand (* um 1355), eines Waffengefährten Hzg. Ludwigs II. v. →Bourbon (1337–1410), und im Auftrag →Karls I., Gf. en v. Clermont und Enkels Ludwigs II., eine »Chronique du bon duc Louis de Bourbon«. Diese zw. Ende März und Ende Mai 1429 geschriebene Chronik verherrlicht die Taten des als Musterbild aller Tugenden geschilderten Fs.en; auch das Leben des Jean de Chateaumorand (u. a. Teilnahme an der Verteidigung Konstantinopels gegen Sultan →Bāyezīd I.) nimmt in ihr breiten Raum ein. Aufgrund der Erwähnung eines Chronisten namens Cabaret als Zahlungsempfänger in den Kämmereirechnungen (1417-19) →Amadeus' VIII. v. Savoyen (1391–1440) gilt O. auch als Verfasser einer »Chronique de la maison de Savoie«, verfaßt nach der Erhebung Savoyens zum Hzm. (1416). Diese in 32 Hss. erhaltene Chronik, die die Vergangenheit des Hauses →Savoyen feiert, war wohl Hauptq. der »Chronique de Savoie« (bisher Jean Servion zugeschrieben, der aber nur einen Prolog und einige Präzisierungen hinzufügte). Die dynast. Verbindungen zw. Bourbonen und Savoyern (Ehe →Amadeus' VI., des Großvaters Amadeus' VIII., mit Bonne de Bourbon, Schwester Ludwigs II.) könnten den Wechsel O.s zw. den beiden Höfen erklären. F. Vielliard

Ed.: La chronique du bon duc Loys de Bourbon, par Jean Cabaret d'O., ed. A.-M. CHAZAUD, 1876 (SHF) – BOLLATI DI SAINT PIERRE (FEDERIGO EMMANUELE), Gestes et croniques de la maison de Savoye, 2 Bde, 1879 – Lit.: MOLINIER, 3579 – DLFMA, 5168; Suppl. 8037 – Dict. des Lettres françaises II, 1992, 758f. – A. PERRET, L'abbaye d'Hautecombe et les chroniques de Savoie, Bull. hist. et philol., 1965, 669–684 – A. PERRET, Chroniqueurs et historiographes de la Maison de Savoie aux XIVᵉ et XVIᵉ s. (Actes du congr. Marguerite de Savoie, 1974), 1978, 123f. – R. HOMET, Une conception politique nobiliaire au temps de la guerre de Cent ans, Journal of Medieval Hist. 15, 1989, 309–327 – D. CHAUBET, L'historiographie de la Maison de Savoie avant Guichenon, Cah. de la civilisation alpine 13, 14, 1993.

Oryphas, Niketas, Admiral der byz. Flotte, von Ks. Basileios I. zur Abwehr des Angriffs der arab. →Aġlabiden (867) auf Ragusa (Dubrovnik) und zur Verteidigung des Illyricum eingesetzt. Nach einem Sieg gegen die muslim. Piraten v. Kreta bei Kardia (thrak. Chersones) ging er 868 von Kenchreai (Saron. Golf) aus gegen Piratennester auf der Westpeloponnes vor. Seine Härte gegenüber besiegten Gegnern hielt die Aġlabiden von der Fortsetzung der Belagerung Ragusas ab und gewann ihm rasch die volle Anerkennung der byz. Oberhoheit von seiten der Serben. Im Kontext des antiarab. Bündnisses zw. Byzanz und →Ludwig II. erhielt N.O. den Auftrag, mit den verbündeten frk. Truppen gegen den Emirat →Bari vorzugehen und die mit dem Sohn Basileios' I. verlobte Tochter Ludwigs II., Ermengard, nach Konstantinopel zu geleiten. Bei seinem Eintreffen im Spätsommer 869 vor Bari hatten sich seine Bundesgenossen nach Venosa zurückgezogen. Dies führte beinahe zu einem Bruch zw. den Alliierten, die von diesem Zeitpunkt an getrennt agierten. Der sofortige Rückzug O.' nach Korinth ließ die Küsten Unteritaliens ohne Schutz, so daß auch die Eroberung Baris durch Ludwig II. (871) das Vordringen der Araber auf die Apenninenhalbinsel nicht hemmen konnte. 871 nahmen die Narentaner päpstl. Legaten gefangen; daher wurde O. von Basileios I. gegen sie entsandt, worauf sie von nun an die byz. Oberhoheit anerkannten. Wohl seit ca. 875 (sicher unter →Zdeslav, 878–879) unterstand auch →Kroatien der byz. Hoheit. Nachfolger des O. als ksl. Flottenkommandant wurde nach dem Fall v. Syrakus (878) der Syrer→Nasar.   F. Luzzati Laganà

Lit.: J. GAY, L'Italie méridionale..., 1904 – H. AHRWEILER, Byzance et la mer, 1966 – E. EICKHOFF, Seekrieg und Seepolitik zw. Islam und Abendland, 1966 – J. FERLUGA, Byzantium on the Balkans, 1976 – V. v. FALKENHAUSEN, La dominazione biz. nell'Italia meridionale, 1978.

Osbern. **1. O. v. Canterbury,** Hagiograph, † um 1093, von Geburt Engländer, bereits als Kind der Christ Church in →Canterbury unter dem Dekanat von Godric (um 1058–80) übertragen. Als O. zunächst die von →Lanfranc v. Canterbury an der Christ Church durchgeführten Reformen ablehnte, sandte ihn der Ebf. für eine gewisse Zeit an die Abtei Le →Bec, wo er von →Anselm beeinflußt wurde. Nach seiner Rückkehr an die Christ Church verfaßte O. eine Reihe von Werken, die die mit dieser Kirche verbundenen ags. Hl.n preisen: zwei Hl.nviten des Märtyrers →Ælfheah (Alphege, 1006–12), Ebf. v. Canterbury, von denen eine verlorengegangen ist; Vita und Mirakel des hl. →Dunstan, die auf früheren Hl.nviten von Adelard und 'B' basieren, aber neuen Stoff einfügen, einschl. O.s eigener Erlebnisse; und eine Vita des hl. →Oda, Ebf. v. Canterbury (941–958), deren einzige Kopie 1731 zugrundeging. O.s lit. Stil, der von modernen Kommentatoren als »wortreich und verschnörkelt« bezeichnet wurde, priesen →Eadmer und →Wilhelm v. Malmesbury. Seine Werke waren jedoch nicht frei von Irrtum und falscher Darstellung, worauf sowohl Eadmer als auch Wilhelm v. Malmesbury hinwiesen. So schrieb z.B. Wilhelm v. Malmesbury »De Antiquitate Glastoniensis Ecclesiae«, um O.s Bericht über Dunstan, den ersten Abt v. Glastonbury, zu widerlegen.   D. W. Rollason

Lit.: DNB XIV, 1917 – A. GRANSDEN, Hist. Writing in England c. 550–c. 1307, 19f – R. W. SOUTHERN, S. Anselm: A Portrait in a Landscape, 1990.

2. O. v. Gloucester OSB, mlat. Autor, lebte in der 1. Hälfte des 12. Jh. im Kl. →Gloucester. Sein bedeutendstes, dem Abt Hamelinus gewidmetes Werk sind die »Derivationes«, ein Lexikon, das später unter dem Namen »Panormia« bekannt wurde. Er wollte darin wegen des im 12. Jh. ständig wachsenden Interesses eine möglichst große und vollständige Sammlung von Ableitungen geben. Die Form ist allegor.: im Prolog schildert O., wie die Grammatik das Werk einer Gruppe von Gelehrten und Dichtern diktiert. Die Ausbildung der lexikal. Technik wird dadurch gefördert, daß jeder Buchstabe in zwei Sektionen unterteilt war: in der ersten werden entsprechend der Derivationsmethode komplizierte Begriffe neben gebräuchl. Wörtern angeführt; in der zweiten (repetitiones) werden bes. schwierige Gegenstände zusammen mit »graves et obscurae minusque derivatae« in einem Glossar wiederholt. Das Werk ist auch von grammat. Interesse, fand weite Verbreitung und diente →Huguccio v. Pisa als Q. O. werden auch theol. Werke zugeschrieben, wie Bibelkommentare usw.   E. Pérez Rodríguez

Ed.: J. LELAND, De rebus Britan. collect., 1709 – O. da G., Thesaurus novus Latinitatis, hg. A. MAI, 1836 – Lit.: G. GOETZ, CGL I, 1888, 196–215 – MANITIUS, Gesch. III, 187–190 – R. W. HUNT, The 'Lost' Preface to the L. Derivationes, Mediev. and Renaiss. Stud. 4, 1952, 267–282 – W. MEYER, Über Mai's Thesaurus novus Latinitatis, RhM 29, 1974, 179ff. – F. ROBUSTELLI, Sulla Panorm. di O. da G., Aevum 49, 1975, 127–136 – L. E. MARSHALL, O. mentions a book, PhQ 56, 1977, 407–413 – O. WEIJERS, Lexicography in the MA, Viator 20, 1989, 139–153.

Osbert v. Clare (Suffolk), Mönch und wohl schon vor 1121 sowie seit 1134 Prior des Kl. →Westminster, nach Auseinandersetzungen mit dem Abt zeitweise verbannt. O. wollte – auch durch Urkk. fälschungen – das Prestige von Westminster heben und die Rechte erweitern. Um 1138 verfaßte O. eine Vita →Eduards d. Bekenners, um dessen Heiligsprechung zu erreichen. Auf einer Romreise suchte er vergebl. Papst Innozenz II. hierfür zu gewinnen. Zu den weiteren hagiograph. Schr. O.s zählen eine (konventionell gehaltene) Vita der hl. Edburga v. Winchester, eine Passio Æthelberhts v. Ostanglien und Miracula des hl. Kg.s→Edmund. Er trat für die Rezeption des Festes der Unbefleckten Empfängnis und für den Kult der hl. Anna ein. O. war maßgebl. an der Gründung des Frauenkl. Kilburn beteiligt.   K. Schnith

Ed.: Vita... regis Anglorum Eadwardi, hg. M. BLOCH, AnalBoll 41, 1923, 5–131 – The Letters of O., hg. E. W. WILLIAMSON, 1929 – Vita Edburgae, hg. S. J. RIDYARD (DIES., The Royal Saints of Anglo-Saxon England, 1988), 253–308 – Lit.: P. CHAPLAIS (A Medieval Misc. for D. M. STENTON, 1962), 89–110 – F. BARLOW, Edward the Confessor, 1970, bes. 272–281.

Osca → Huesca

Oseberg(-schiff). An der Westseite des Oslofjordes wurde 1904 nördl. der Stadt Tönsberg im Kirchspiel Sem, Vestfold, unter einem Erdhügel von ursprgl. 6 m Höhe und 44 m Durchmesser ein ungewöhnl. reich ausgestattetes Schiffsgrab ausgegraben (vgl. auch →Gokstadschiff, →Tune). Das erhaltene Schiff hat eine Länge von 21,58 m und eine maximale Breite von 5,10 m, ist aus einer Kielplanke, 24 Bordplanken und 17 Spanten aus Eiche gebaut. Die Stevenpartien weisen reiche Schnitzzier im »Osebergstil«/»Greiftierstil« (→Wikingerkunst) auf. Der Mast und die 15 Ruderpaare sind aus Fichtenholz gefertigt. Die weitere Schiffsausrüstung umfaßt Steuerruder, Anker, Landungsbrett, Wassertonnen u. a. Nördl. des Mastes befand sich eine dachförmige Grabkammer, die offenbar beraubt worden war. Im Vorderschiff lagen u. a. Teile des Schiffszubehörs, Wagen, Schlitten, Betten, Stuhl, Zeltgestelle, Holzgeräte und -behälter; in der Grabkammer waren Reste von Wandteppichen, Daunenpolster, Kissen, Decken, Betten, reichverzierte Tierkopfpfosten, Webstühle, Textilgeräte; im Achterschiff befanden sich Küchengeräte. An Tieren waren Pferde, Hunde und Rinder mitgegeben. In der Einbruchschicht südl. der Kammer stieß man auf Skeletteile von zwei erwachsenen weibl. Individuen. Die Identifizierung der Doppelbestattung mit Kgn. Åsa, Mutter Halvdans d. Schwarzen und Großmutter von →Harald Schönhaar, und einer Sklavin ist nicht gesichert (→Ynglinger; vgl. auch →Snorri Sturluson, Heimskringla). Es handelt sich jedenfalls um eine Prunkbestattung kgl. Zuschnitts aus der 1. Hälfte des 9. Jh. (Dendrochronolog. Datierung der Grabkammer: Sommer 834) in einem für die küstennahe Schiffahrt geeigneten Prachtfahrzeug.   M. Müller-Wille

Lit.: O. fundet, hg. A. W. BRØGGER, H. J. FALK, H. SCHETELIG, 1–3, 5, 1917–28 – A. W. BRØGGER–H. SCHETELIG, Vikingskibene, 1950 – S. KRAFFT, Pictorial Weavings from the Viking Age, 1956 – D. M. WILSON–O. KLINDT-JENSEN, Viking Art, 1966, bes. 48ff. – CH. BLINDHEIM, Viking 43, 1980, 5–19 – A. S. INGSTAD, ebd. 45, 1982, 49–65 – J. E. G. ERIKSSON, Laboratori Arkeologi 5, 1991, 65–74 – Wikinger, Waräger, Normannen. Die Skandinavier und Europa 800–1200, 1992.

Ösel, Ösel-Wiek. [1] *Insel Ö.*: Die Insel Ö. (estn. Saaremaa), w. von Estland, 2674 km², ist seit dem 1. Jahrtausend v. Chr. von →Esten bewohnt. Der Name, aus an. *Eysýsla*, bedeutet (wie *Saaremaa*) 'Inselland' (*ey, saar* 'Insel', *sýsla, maa* 'Land') und entsprach einer in Dänemark und Norwegen bekannten Verwaltungseinteilung. Vermutl. war Ö. ztw. von Warägern zur Sicherung des ö. Handelsweges unterworfen. Dauernde Tributpflicht bestand aber nicht, obwohl dän. Ansprüche wiederholt durch Heerfahrten bekundet wurden. Seit dem 11. Jh. gefährdeten die Öseler von ihren Kriegshäfen aus Küsten- und Ostseeschiffahrt und trieben Raub- und Sklavenhandel. Ein Vergeltungsschlag Kg. Waldemars II. gegen Ö. schlug fehl (1206), auch eine gemeinsame Unternehmung mit Bf. →Albert v. Riga 1222. Ö. wurde erst durch den vom päpstl. Legaten →Wilhelm v. Modena veranlaßten Kreuzzug 1227 unterworfen. Die außer den Häfen unbewohnte Insel Dagö wurde in der Folge mit Öseler Esten besiedelt, doch förderten der Bf. v. Ö.-Wiek und der Dt. Orden auch die Ansiedlung von Schweden, so daß die Küsten von Strand- und Seeraub befreit wurden.

[2] *Bistum Ö.-Wiek:* 1228 schuf Bf. Albert aus den Inseln und der von ihm selbst beherrschten Wiek (estn. Läänemaa) die Diöz. Ö.-Wiek mit →Leal als Residenz, wobei ein Drittel des Landes für den am Kreuzzug gegen Ö. beteiligten →Schwertbrüderorden, gegen Schutz- und Gehorsamspflicht, vorgesehen war. 1228 erhob Kg. Heinrich (VII.) das Stift zur 'Mark des Reiches' mit Anwartschaft auf spätere Belehnung, doch erst 1521 wurde der Bf. Reichsfs. Nach dem vom Vizelegaten →Balduin v. Alna verursachten livländ. Wirren wurde der Dominikaner Heinrich 1234 Bf. Bei der Teilung erhielt jetzt der Orden (seit 1237 →Dt. Orden) Küstengebiete im NW und O, die Insel Mohn, das nw. Drittel der Insel Dagö sowie Anteile auf dem Festland. Das Ordensgebiet wurde von der Komturei Soneburg verwaltet. Das Stift regierte der Bf. als Landesherr. 1251 verlegte er den Sitz nach Alt-→Pernau, nach Zerstörung des Domes durch Litauer (1263) nach →Hapsal, im Laufe des 14. Jh. nach →Arensburg auf Ö., wo neben der Burg bald ein →Hakelwerk entstand (1563 Stadt). Die Verwaltung der bfl. Güter oblag zwei Stiftsvögten und mehreren Amtleuten. Das 1251 gestiftete zwölfköpfige Domkapitel (mit Propst, Dekan, Scholastikus, Kustos) blieb in Hapsal. Es hatte beratende Funktion in geistl. und weltl. Fragen und bildete dank seines Grundbesitzes einen Landstand, neben den zu Heeresfolge verpflichteten Vasallen. Der große Estenaufstand gegen die Deutschen (1343–45) erfaßte auch die Wiek und Ö. und wurde durch den Orden niedergeschlagen.

Die Vasallen erlangten in den 1450er Jahren fast unbeschränktes Erbrecht an ihren Lehen und schlossen sich korporativ zusammen. Beide Stände nahmen an Zusammenkünften der livländ. Landesherren und Stände und an den gesamtlivländ. Landtagen teil (→Livland, III), doch vertraten sie auch ihre eigenen Interessen, oft gegeneinander oder gegen den Landesherrn, so in der Ö.er Fehde der 1380er Jahre und in der Wiekschen Fehde (1532–36).

H. v. zur Mühlen

Q. *und Lit.:* Liv-, Est- und Kurl. UB, 1852ff. – →Heinrich v. Lettland – L. Arbusow, Grdr. der Gesch. Liv-, Est- und Kurlands, 1918⁴ – F. v. Stackelberg, Die Verwaltung des Bm.s Ö.-Wiek im 16. Jh., SB Riga, 1926 – N. Busch, Gesch. und Verfassung des Bm.s Ö.-Wiek bis 1337, 1934 – R. Wittram, Balt. Gesch., 1954 – P. Johansen, Der an. Name Ö.s als verfassungsgesch. Problem (Fschr. K. Haff, 1950) – Ders., Nord. Mission, 1951 – H. Laakmann, Gesch. der Stadt Pernau in der Dt.-Ordenszeit, 1956 – F. Benninghoven, Der Orden der Schwertbrüder, 1965 – H. Moora – H. Ligi, Wirtschaft und Gesellschaftsordnung der Völker des Baltikums zu Anfang des 13. Jh., 1970 – S. Vahtre, Jüriöö, 1980.

Osijek → Esseg

Oslac, engl. *eorl* (→Earl) ca. 963–975, von unbekannter Herkunft, stammte vielleicht aus dem Gebiet des ö. →Danelaw. Kg. →Edgar ernannte ihn zum eorl des s. Northumbria (bis zum Fluß Tees) 962/963 (Edgars 4. Gesetzbuch; Birch, Cart. Saxon., 1113) oder 966 (Ags. Chronik). O. sollte für einen stärkeren Anschluß dieses sehr skandinavisierten und teilweise unabhängigen Gebiets an Südengland sorgen; er begleitete 973 den scot. Kg. →Kenneth II. an den Hof Edgars. Häufig erscheint er als Zeuge in den Urkk. Edgars, doch wurde er nach dem Tod des Kg.s (975) vertrieben, vielleicht auf Betreiben einer antiklösterl. Gruppierung. Wahrscheinl. wurde Northumbria nun einem einzigen eorl (Thored?) anvertraut. Nach einer (späteren?) poet. Angabe in der Ags. Chronik verließ O. England; über seinen Tod ist nichts bekannt.

D. A. Bullough

Lit.: D. Whitelock, The Dealings of the Kings of England with Northumbria (The Anglo-Saxons. Stud. pres. to B. Dickins, ed. P. Clemoes, 1959).

Oslo (Ásló, Osló), Stadt (heut. Hauptstadt) und Bf.ssitz in →Norwegen, am n. Ende des O.fjords.

[1] *Stadt:* O. war seit Ausgang der Wikingerzeit (neben dem konkurrierenden →Tønsberg) Vorort der Landschaft Viken. Als »Gründer« O.s gilt →Harald Sigurdsson (1047–66), der nach der »Heimskringla« →Snorri Sturlusons (Kap. 58) einen Handelsort *(kaupstaðr)* als Bollwerk gegen Dänemark und als Basis für seine Heerfahrten nach Jütland errichtet habe. (Es dürfte sich ähnlich wie in →Drontheim um Privilegierung und Ausbau eines bestehenden Handelsplatzes gehandelt haben.) Ein Kg.shof mit Marienkirche sind archäologisch auf Harald Sigurdssons Regierungszeit zu datieren. O. fungierte als Sammelplatz für kgl. Einkünfte aus dem landwirtschaftl. intensiv genutzten Umland und strateg. Zentralort für die häufig genannten Opplande und das Ostland, stand aber als Königssitz bis ca. 1300 im Schatten von Nidaros/→Drontheim und →Bergen.

Die Siedlung breitete sich parallel zur Strandlinie zw. dem Kg.shof im N und dem Bf.shof im S aus, auf einem sich nach S hin verengenden Terrain am Fuß des Ekebergs, das vom Fjord und dem Flüßchen Alan (Loelva) begrenzt wird. Zwei parallel laufende 'Straßen', Ostre und Vestre stretet, waren verbunden durch Querwege *(allmenningar)*. Die Stadthöfe folgten meist den Querwegen, mit wasserseitigen Giebelseiten.

Um 1300 verfügte O. über fünf Kirchen (Domkirche St. Hallvard, kgl. Kapelle St. Marien, St. Klemens, St. Nikolai, Kreuzkirche) sowie über je ein Franziskaner- und ein Dominikanerkl. In unmittelbarer Umgebung lagen die Kl. →Hovedøya (SOCist) und Nonnenkl (OSB). Die Einw.zahl O.s dürfte um 1300 ca. 2000 betragen haben.

Unter Kg. →Magnus Hákonarson (1263–80) erhielt O. wie die anderen norw. Städte Stadtrecht (»Oslo bylov«), hatte einen *gjaldkeri* (kgl. Steuer- und Exekutivbeamten) und eine *mot* als Versammlung aller »hausfesten Leute« *(Húsfastir menn)*. Ein (nach Zünften organisiertes) Stadtbürgertum hat sich im MA hier nicht entwickelt. Der Handel (mit eher lokaler Ausstrahlung) war, nach Aussage der Keramikfunde, stark auf Dänemark und die Niederlande ausgerichtet. Der Getreidehandel lag vornehml. in der Hand von Hansekaufleuten aus →Rostock (spätestens seit Mitte des 13. Jh. feste Faktoreien: »Wintersitzer«).

In der Regierungszeit →Hákons V. Magnússon (1299–1319) vollzog sich endgültig die sich während des 13. Jh. ankündigende Verlagerung des Reichsmittelpunktes von Bergen nach O., bedingt durch die zunehmende polit. und dynast. Orientierung der Kg.e v. Norwegen auf Dänemark, Schweden und den Ostseeraum. O. war ab 1308 Sitz des obersten kgl. Finanzverwalters; der Propst der kgl. Kapelle St. Marien fungierte seit 1314 (bis zur Reformation) als kgl. Kanzler. Um 1300 wurde die Festung Akershus (Akersborg) errichtet. O. selbst hatte (wie andere norw. Städte) keine Stadtmauer. Nach Großbrand (1624) Verlegung der Stadt zum Nordende des Fjords, an die heutige Stelle.

[2] *Bistum:* Unter →Olaf Kyrre (1066–93) wurde in O. (im Anschluß an die Grabstätte des hl. →Hallvard) ein Bm. eingerichtet. Es umfaßte in der frühen Zeit einen Teil Telemarks, Viken, die Opplande und das gesamte Ostland. Nach der Gründung der norw. Kirchenprov. (1152) wurde das Bm. Hamar (Ostland) ausgegliedert, was langwierige Streitigkeiten (bis 1305) hervorrief. Zu Spannungen führte auch der Ausbau einer vom Episkopat unabhängigen kgl. Kapellgeistlichkeit, zentriert auf die Kollegiatkirche St. Marien, zugleich Sitz der kgl. Kanzlei.

H. Ehrhardt

Lit.: O. Kolsrud, Noregs Kyrkjesoga, 1958, passim – K. Helle, Norge blir en stat 1130–1319, 1974, 162ff. – Middelaldersteder, red. G. A. Blom, 1977, 211ff. – P. Sveaas-Andersen, Samlingen av Norge og kristningen av landet 800–1130, 1977, 222ff., 301ff. – A. Nedkvitne–P. Norseng, O.s bys hist. I, 1991.

Osma (Uxama, Oxomensis), Bm. in →Kastilien, Suffragan v. →Toledo. Erster bekannter Bf. Johannes 597 bezeugt. Nach 711 vereinzelt Bf.e (so Ætherius) genannt, bis 1085 (Eroberung Toledos) Diöz. aber nicht durchgehend existent. Die Fixierung der Bm.sfläche auf der Synode v. →Husillos (1088) nahm keine Rücksicht darauf, daß →Burgos (1075 erstmalig Bf.ssitz) in westgot. Zeit zum Bm. O. gehört hatte. Obwohl Paschalis II. 1103 die Grenzziehung von 1088 anerkannt hatte, dauerte der Konflikt zw. Primas v Bernhard v. Toledo und der Kirche v. Burgos bis zur Synode von 1136, wo die Bm.sgrenzen zw. Burgos, O., →Sigüenza und →Tarazona modifiziert wurden. 1101 besetzte Bernhard den Stuhl v. Burgo de O. mit einem Cluniazenser und 1109 mit einem regulierten Chorherren aus Südfrankreich, die er in den Dienst seines Bm.s Toledo geholt hatte; deshalb gehörten das Domkapitel in Burgo und das Stift in Soria zur Obödienz der Augustinusregel. Die erste bekannte Diözesansynode fand 1444 statt. O. war ein armes Bistum.

O. Engels

Lit.: H. Flórez, España sagrada VII², 265–297 (bis 1100) – Diccionário de Hist. Ecclesiástica de España III, 1973, 1845–1849 (Bf.sliste) – I. Loperráez Corvalán, Descripción hist. del obispado de O., 3 Bde., 1788 – L. Serrano, El obispado de Burgos y Castilla primitiva, 3 Bde, 1935 – O. Engels, Papsttum, Reconquista und span. Landeskonzil im HochMA, AHC 1, 1969, 37–49, 241–287.

ᶜOsmān I. (ᶜO. Beg, ᶜO. Ġāzī; 1258?–1326?), erster, namengebender Herrscher der osman. Dynastie. Durch eine Münze scheint nachgewiesen, daß der Name von ᶜO.s Vater Erṭuġrul war. Umstritten bleiben die Zugehörigkeit der Familie zum bes. geachteten Oġuzen-Stamm der Qayï und der Zeitpunkt ihrer Zuwanderung nach NW-Anatolien. Im umkämpften selǧugisch-byz. Grenzgebiet (*uč*) bildete ᶜO. ein nomad. geprägtes Gemeinwesen und wurde wohl von der selǧugischen Zentralmacht als →beg der Gegend um Söǧüt und Eskişehir (1289) anerkannt. Der Niedergang der selǧugischen Herrschaft ermutigte ᶜO. um 1299, den eigenen Namen im Rahmen der Freitagspredigt nennen zu lassen (Erklärung der Unabhängigkeit). Er eroberte Bilecik und eine Anzahl kleinerer Orte zw. Sakarya und Marmara-Meer. ᶜO.s Tod wird von türk. Chroniken mit der Eroberung Bursas durch seinen Sohn und Nachfolger →Orḫān (vermutl. 1326) in

zeitl. Zusammenhang gebracht, während eine heutige Forschungsrichtung annimmt, eine 1324 datierte Stiftung Orḫāns sei nach ᶜO.s Tod erfolgt. Im Staat ᶜO.s spielten neben dem beherrschenden nomad. Element Derwische eine wichtige Rolle; außerdem wurden kooperationsbereite Teile der lokalen byz. Oberschicht integriert.

Ch. K. Neumann

Lit.: IA IX, 431–443 [Lit.] – I. Artuk, Osmanlı Beyliğinin kurucusu Osman Gazi'ye ait sikke (Social and Economic Hist. of Turkey, hg. H. İnalcık-O. Okyar, 1980), 27–33 – E. Werner, Die Geburt einer Großmacht, 1985⁴ [Ind.] – C. Imber, The Ottoman Empire, 1990, 18f.

Osmancık, Stadt in der Türkei, nördl. Anatolien (Prov. Çorum). Die von einem 70 m hohen Burgberg überragte Stadt liegt am Kızılırmak (Halys). Die Lage an der Abzweigung nach Çorum vom Weg zw. Bolu und Erzurum und die landwirtschaftl. nutzbare Umgebung sicherten O. eine gewisse Bedeutung als Markt. 1392 unter Bāyezīd I. in den Besitz der →Osmanen gelangt, errichtete Bāyezīd II. hier 1489 eine 250 m lange Brücke über den Kızılırmak, Koǧa Meḥmed Paša Anfang des 15.Jh. einen großen Stiftungskomplex. Rätselhaft bleibt der Name der Stadt ('kleiner Osman'; in byz. Zeit 'Aphlanos' gen.). Verbindungen mit dem Gründer der osman. Dynastie sind ebensowenig zu beweisen wie mit dem Kalender-Scheich Otmān Baba, zu dem der in O. begrabene Qoyun Baba Beziehungen unterhalten haben soll, nach dem auch die erwähnte Brücke benannt ist.

Ch. K. Neumann

Lit.: IA VII, 881 [Koyunbaba]; IX, 450–453 – E. H. Ayverdı, Osmanlı Mimarisinde Çelebi ve II. Sultan Murad devri, II, 1972, 528–535 – Ö. Başaran, Tarihi ile O., 1974.

Osmanen, Osmanisches Reich

I. Die Anfänge – II. An der Grenze zwischen islamischer und christlicher Welt – III. Die Eroberung eines Weltreiches – IV. Militärwesen und Provinzverwaltung – V. Die Zentralregierung – VI. Der Hof – VII. Bevölkerung – VIII. Wirtschaft und Gesellschaft – IX. Städtewesen – X. Kunst und Architektur.

I. Die Anfänge: Das osman. Fsm. ist erstmals am Ende des 13. Jh. in NW-Anatolien nachweisbar. Die wichtige Stadt →Nikaia (Iznik), ehem. Hauptstadt eines byz. Teilreiches, wurde 1331 von Sultan →Orḫān (1324/26–62), dem Sohn des Dynastiegründers →ᶜOsmān, erobert; bereits 1326 war →Bursa eingenommen worden, das bis zum Ende des 14. Jh., als die Sultane nach dem 1361–62 eroberten Edirne (→Adrianopel) umsiedelten, die Hauptstadt des O.R.es blieb. Während der 2. Hälfte des 14. Jh. residierten die Sultane auch in →Didymoteichon (Dimetoka). Zw. 1453 und 1481 wurde der Hauptsitz der Sultane nach Istanbul (→Konstantinopel IV) verlegt.

II. An der Grenze zwischen islamischer und christlicher Welt: Das osman. Fsm. war einer der zahlreichen, z. T. von →Nomaden begründeten Nachfolgestaaten, die sich während des Zerfalls des Sultanates der →Selǧuqen und der Oberherrschaft der mongol. →Ilḫāne in W- und Zentralanatolien bildeten. Ob auch die ersten osman. Sultane direkt aus einem Nomadenmilieu kamen, ist strittig. Da sich das osman. Fsm. am äußersten Rand der islam. Welt befand, strömten ihm auch aus anderen Staaten Krieger zu, die sich religiöses Verdienst und irdische Beute im Kampf gegen die Ungläubigen erhofften. Andererseits wurden Bündnisse mit Lokalherren und später auch mit byz. Ks.n geschlossen; die Tochter von →Johannes VI. Kantakuzenos, Theodora, heiratete Sultan Orḫān (1346).

In diesem Grenzmilieu fanden Flüchtlinge aus den von inneren polit. und religiösen Auseinandersetzungen erschütterten Inneranatolien freundl. Aufnahme, unter ihnen einflußreiche Derwische wie Ḥāǧǧī Bektāš, auf den der von den Osmanen geförderte →Orden der →Bektašīye zurückgeht und der seit dem 15. Jh. als Schutzpatron der →Janitscharen verehrt wurde. Noch bis ins frühe 15. Jh. waren islam. theol. Schulen und Religionsgelehrte in diesem Randbereich selten; andererseits knüpften viele Derwischhll. an Naturkulte aus der vorislam. Vergangenheit der türk. Nomaden und möglicherweise auch an schamanist. Vorstellungen an (→Schamanismus).

III. DIE EROBERUNG EINES WELTREICHES: Das osman. Grenzfsm. breitete sich zunächst im Kampf gegen chr. Herrscher aus. Bei diesen Eroberungszügen entfalteten Feldherren wie Evrenos oder Ġāzī/Köse Miḫāl starke Eigeninitiative. Sie wurden von den Sultanen mit großen Besitzungen belohnt, von denen Teile später in Familienstiftungen umgewandelt wurden und deshalb über Jahrhunderte hinweg erhalten blieben. Bereits 1352 wurde mit Tzympe am Marmarameer die erste Festung auf dem Balkan eingenommen, und Sultan Orḫans Sohn Prinz Süleymān eroberte die thrak. Ortschaften Bolayır, Malkara und Ipsala. Nach der Einnahme von →Gallipoli (Gelibolu) 1354 fand 1361 die Eroberung von →Adrianopel (Edirne) statt. Das osman. Vordringen folgte der Via Egnatia, über →Serrhes, Monastir (→Bitolj) und →Ohrid; 1385 war die alban. Küste erreicht. 1387 fiel →Thessalonike in osman. Hände, und die lokalen Herren →Makedoniens, aber auch die Kg.e v. →Bulgarien und →Serbien wurden gegen Ende des 14. Jh. osman. Vasallen. Ein Aufstand der Serben und Bosnier wurde in der Schlacht v. →Kosovo polje (1389) niedergeschlagen; ein von Kg. →Siegmund mit Rittern aus dem westl. Europa unternommener Kreuzzug scheiterte 1396 vor →Nikopolis.

Seit →Murād I. (1362–89) dehnte sich das osman. Sultanat auch in Anatolien aus; eine Armee des rivalisierenden Fsm.s →Karaman wurde 1387 geschlagen. Zw. 1389 und 1398 kamen die meisten anatol Fsm.er, einschließl. Karaman und →Eretna, durch →Bāyezīd I. (1389–1403) unter osman. Herrschaft. Die abgesetzten Fs.en suchten Unterstützung bei dem Mongolenherrscher →Timur, der 1402 in Anatolien erschien, Bāyezīd vor →Ankara besiegte und gefangennahm. Timur setzte die anatol. Fs.en wieder ein, wohingegen die osman. Besitzungen auf dem Balkan unangetastet blieben.

Aus den Thronkämpfen der Söhne Bāyezīds ging →Meḥmed I. (1413–21) als Sieger hervor. Er war konfrontiert mit dem Aufstand des Scheichs →Bedrüddin, dessen Lehren (u. a. Auffassung vom hohen Wert auch der nichtmuslim. monotheist. Religionen) zahlreiche Anhänger fanden. Auch nach der Hinrichtung des Scheichs (1416) hatte Meḥmed I. mit der altanatol. Aristokratie, die sich auf Timurs Sohn Šāhruḫ stützte, und mit den Nomaden lange Auseinandersetzungen auszufechten. Erst sein Nachfolger →Murād II. (1421–51) vermochte die meisten west- und zentralanatol. Fsm.er auf die Dauer seinem Staate einzuverleiben. Auf dem Balkan gelang dem neuen Sultan 1430 die dauernde Eroberung von Thessalonike. Auch führte er, zunächst mit wechselndem Erfolg, Krieg gegen →Ungarn, das unter Siegmund und Johannes →Hunyadi zum stärksten Konkurrenten der Osmanen auf dem Balkan geworden war. 1444 besiegte Murād II. Hunyadi in der Schlacht bei →Varna und 1448 in einer zweiten Schlacht auf dem →Kosovo polje.

Seinem Nachfolger →Meḥmed II. (1444–46, 1451–81) gelang 1453 die Eroberung Konstantinopels, das bereits von Murād II. 1422 belagert worden war. 1459 wurde das Kgr. Serbien endgültig annektiert. 1460 nahm Meḥmed II. die byz. Fsm.er der →Morea ein; 1463 wurde ein großer Teil des Kgr.es →Bosnien dem O. R. einverleibt. In einem langen Krieg mit →Venedig, das im Bündnis mit dem alban. Fs.en →Georg Kastriota (Skanderbeg) stand, wurde Nordalbanien unterworfen (1464–79) und die venezian. Festung →Skutari (Shkodër) kam in osman. Hand. Zur gleichen Zeit führte Meḥmed II. Krieg gegen →Uzun Ḥasan, den Herrscher über Ostanatolien und Teile →Persiens, der ein Bündnis mit Karaman und den Venezianern geschlossen hatte; in der Schlacht v. Başkent (1473) wurde er vernichtend geschlagen. Die Eroberung Karamans war 1468 abgeschlossen. Zur Durchführung weiterer Eroberungen wurde 1480 ein Brückenkopf in der unterit. Stadt →Otranto etabliert, nach Meḥmeds II. Tod (1481) aber wieder aufgegeben.

Bāyezīd II. (1481–1512) war längere Zeit durch seinen Thronstreit mit Prinz →Ǧem Sultan, durch einen Krieg mit den →Mamlūken v. Ägypten und Syrien (1484–91) sowie durch Aufstände in Anatolien gebunden. Doch fällt die Eroberung der Schwarzmeerhäfen →Aqkerman und →Kilia in seine Zeit (1484), ebenso die von Lepanto/ →Naupaktos (1499). Mit der Errichtung des Ṣafawidenreiches durch den ehem. Derwischscheich Schah Ismāʿīl, der 1504 Bagdad eroberte, erwuchs der Osmanenmacht eine gefährl. Konkurrenz, da viele anatol. Nomaden im Ṣafawidenherrscher ihren religiösen Führer erblickten. Auch beruhte die Macht Schah Ismāʿīls auf bewaffneten Nomadenverbänden, während im stark zentralisierten Osmanenstaat diese kaum eine Rolle spielten. Als sich 1511 in SW-Anatolien die Anhänger Schah Ismāʿīls gegen die Osmanen erhoben hatten, zwang Selīm seinen Vater zur Abdankung und bestieg den osman. Thron.

Nachdem konkurrierende Prinzen beseitigt worden waren u. der anatol. Aufstand zerschlagen worden war, führte Selīm I. (1512–20) Krieg gegen Schah Ismāʿīl und besiegte ihn 1514 bei Çaldıran. Große Teile Ostanatoliens, u. a. die wichtigen Handelsstädte Erzurum und Erzincan, fielen damals in osman. Hände. Das ostanatol. Fsm. der →Dulġadır wurde 1515, Diyarbekir 1516 erobert. 1516–17 wurde der Mamlūkenstaat niedergeworfen; seit 1498 hatten die Mamlūkensultane, die keine größere Flotte besaßen, sich in osman. Abhängigkeit begeben müssen, um sich des Drucks der Portugiesen auf das Rote Meer zu erwehren. 1517 hatten auch die Scherifen v. →Mekka, die die Pilgerstädte des Hidschas kontrollierten, sich dem Osmanensultan unterworfen. Damit erstreckte sich das O. R. über drei Kontinente: von Oberägypten und dem Hidschas bis zur Nordküste des Schwarzen Meeres, von →Belgrad (1521 erobert) bis etwa zur heutigen türk.-pers. Grenze. Auch die Fernhandelsmetropolen →Kairo und Aleppo wurden fortan von osman. Gouverneuren regiert, nachdem ein größerer Mamlūkenaufstand fehlgeschlagen war.

IV. MILITÄRWESEN UND PROVINZVERWALTUNG: Neben ad hoc rekrutierten Truppenkontingenten besaßen die osman. Sultane schon sehr früh ein stehendes Heer. Einer in der islam. Welt verbreiteten Praxis zufolge handelte es sich hierbei um Militärsklaven. Daneben wurden aber nach dem Erwerb von Territorien auf dem Balkan auch die Söhne chr. Familien zwangsrekrutiert. Dem Einwand mancher islam. Juristen, daß die Versklavung von Untertanen eines muslim. Staates nach dem religiösen Recht nicht erlaubt sei, begegnete man u. a. durch die Konstruktion eines Unterschiedes zw. Sklaverei und Rekrutierung in den Dienst des Sultans. Die sog. "Knabenlese soll unter Sultan Orḫan eingeführt worden sein, aber dies ist strittig. Man bringt sie in Verbindung mit der Einrichtung des Janitscharenkorps (→Janitscharen), die nach der Eroberung Edirnes 1361–62 erfolgt sein soll. Janitscharen lebten kaserniert, häufig ehelos und erhielten regelmäßigen Sold neben der Verpflegung. Bes. in der Provinz waren mit dem Status eines Janitscharen oft Wohlstand und Ansehen verbunden. Die Janitscharen dienten als Infanteristen, daneben existierten spezialisierte Korps für Artillerie, Artillerietransport und die Sprengung gegnerischer Fortifikationen.

Die Reiterarmee, die hauptsächl. mit Schwert und Lanze kämpfte, bestand aus Inhabern von →*timār* genannten 'Militärlehen', staatl. Zuweisungen von Steuern (meist landwirtschaftl. Abgaben), die der Inhaber auf eigene Rechnung eintreiben ließ. Zur Sicherung seiner Einkünfte durfte der timār-Inhaber Dienste von Bauern verlangen, Landverkäufe waren von seiner Zustimmung abhängig, auch konnte er vor dem Gericht des Qāḍis die Rückkehr landflüchtiger Bauern einfordern. Eine Reihe von Diensten wurde spätestens im 15. Jh. in Geldabgaben umgewandelt (Hofsteuer, jeweils einheitl. nach Provinzen erhoben). Ohne eigtl. Gerichtsbefugnisse, erfüllten privilegierte timār-Inhaber neben militär. Aufgaben doch auch solche in der lokalen Verwaltung. Ein timār-Inhaber, der seiner Aufgebotspflicht nicht nachkam, verlor sein Militärlehen und fiel in den Stand der Untertanen zurück. War die Stellung des timār-Inhabers gegenüber Sultan und abhängigen Bauern weniger stark als diejenige vieler Grund- und Leibherren im →Feudalismus des europ. MA, so können sie doch nicht mit absetzbaren Beamten gleichgesetzt werden.

Das timār-System wurde oft eingerichtet, um neueroberte Provinzen in den osman. Reichsverband zu integrieren. So gab es im 15. Jh. bes. in Albanien und Serbien chr. timār-Inhaber, die sich aus Mitgliedern der ehem. Herrenschicht rekrutierten und oft erst in der zweiten oder dritten Generation zum Islam übertraten. Auf höherer Ebene wurden anatol. Kleinfs.en, die sich den Osmanen angeschlossen hatten, manchmal zu Statthaltern (*sanǧaqbeyi*) ihres ehem. Territoriums und damit zu Kommandanten über die örtl. timār-Inhaber ernannt. In der zweiten Generation wurden solche Mitglieder ehem. Fs.enfamilien oft außerhalb ihrer Herkunftsprovinzen eingesetzt und damit dem osman. Herrschaftsapparat voll eingegliedert. Im 16. Jh. war es oft verpönt, wenn auch nicht unüblich, den Söhnen gewöhnlicher Untertanen timāre zuzuweisen, auch wenn sie sich im Krieg bewährt hatten. Ehem. Janitscharen wurden bisweilen mit einem timār in die Provinz geschickt.

Sultan Meḥmed II. stärkte seine Macht gegenüber der anatol. Aristokratie, indem er Privatbesitz und – trotz der Unzulässigkeit dieser Maßnahme nach dem *šerīʿat*-Recht – auch fromme →Stiftungen einzog und in timāre umwandelte. Allerdings stießen diese Maßnahmen auf starken Widerstand in der osman. Oberschicht und wurden von seinem Nachfolger Bāyezīd II. zum größten Teil wieder rückgängig gemacht. In Fortführung einer schon unter Meḥmed I. übl. Politik wurden eingesessene anatol. Familien, bes. aus neueroberten Gebieten, von Meḥmed II. zur Übersiedlung auf die Balkanhalbinsel gezwungen und damit ihres Einflusses weitgehend beraubt.

Janitscharen und andere 'Soldaten der Pforte' wie auch die timār-Inhaber galten als *ʿaskerī*, von den meisten Steuern befreite Diener des Sultans, die ihren privilegierten Status in vielen Fällen an ihre Nachkommen vererbten. Ihnen standen die Untertanen (→*reʿāyā*) gegenüber, die Steuern zahlen und der osman. Verwaltung Gehorsam leisten sollten. Allerdings waren Untertanen, die Militär- und Polizeidienste leisteten, dafür von einem Teil der Steuern befreit. Unter ihnen gab es Bauernsoldaten (*yaya müsellem*), die z. T. in bes. Dörfern wohnten. Aus einer administrativ festgelegten Gruppe (*oǧaq*) tat jeweils ein Mitglied Dienst als Soldat, während die im Dorf zurückgebliebenen Bauern für den Unterhalt aufzukommen hatten (→Bauer, D. XV). Andere dienten als Wächter von Straßen und Pässen. Auch hier handelte es sich um bewaffnete Bauern, die sich verpflichteten, gegen eine Steuervergünstigung die Durchreisenden zu schützen und beraubten Reisenden den erlittenen Schaden zu vergüten. Allerdings waren sie in der Realität oft nicht in der Lage, den Straßenraub unter Kontrolle zu halten.

Die Provinzialverwaltung war z. T. mit der Armeeorganisation identisch: der *sanǧaqbeyi* und die ihm unterstellten Kommandanten (→*subaši*) erfüllten Polizeiaufgaben auf Provinzebene, timār-Inhaber und Verwalter des Krongutes vertraten die Staatsmacht auf dem Lande. Daneben trat der an einer →Madrasa ausgebildete →Qāḍī, der in Bezirksstädten und zuweilen auch in größeren Dörfern residierte. Nachdem von Murād I., Bāyezīd I. und Meḥmed I. erste, noch provinzielle Madrasas gegründet worden waren (bes. in →Bursa), richtete Meḥmed II. nach der Eroberung Istanbuls neben seiner Moschee am Platz der byz. Apostelkirche acht Madrasas ein, an denen jeder Anwärter für die höchsten Qāḍī-Ämter des Reiches studiert und gelehrt haben mußte. Das Studium an den berühmten Lehranstalten →Kairos dürfte mit der Einführung eines cursus honorum, der die Madrasas außerhalb des Osman. Reiches nicht berücksichtigte, an Anziehungskraft eingebüßt haben.

Qāḍīs unterstanden den Heeresrichtern: seit Meḥmed II. war einer für Anatolien, der andere für den Balkan (Rumelien) zuständig. Über diesen stand ein *šeyḫulislām*, der vom Sultan auf Lebenszeit ernannt wurde. Diese Bürokratisierung der Religions- und Rechtsgelehrten stellte gegenüber der bis etwa 1450 in der islam. Welt geübten Praxis ein Novum dar. Qāḍīs und Lehrer an theol. Schulen folgten einer anderen Laufbahn als die Mitglieder der Provinzialverwaltung. Qāḍī und Gouverneur berichteten unabhängig voneinander an den Rat des Sultans (*divān-i humāyūn*); ihre Rivalität im Alltag erleichterte die Kontrolle durch den Zentralapparat.

V. DIE ZENTRALREGIERUNG: Der osman. →Sultan tritt in den Dokumenten des späten 15. und frühen 16. Jh. als mächtiger Herrscher auf, dem seine Untertanen, gleich welchen Ranges, unbedingten Gehorsam schuldeten. Diesem Anspruch widersprachen Autoren, die der alten anatol. Aristokratie nahestanden. →ʿAšiq Pāša-zāde lobt um 1480 in seinem Geschichtswerk die frühen Sultane (wegen ihrer angebl. geringeren Steuerforderungen und der Nähe zu ihren Gefolgsleuten) und übt so Kritik an der 'neuen' Sultansherrschaft, abgehoben von den alten Mitstreitern durch ein rigides →Zeremoniell, das den Sultan mehr und mehr zu einer abstrakten, symbol. Größe werden ließ.

Obwohl der Sultan jede Angelegenheit in Person entscheiden konnte, verließ er sich in vielem auf seine →Wesire und bes. auf den Großwesir. Diese gingen seit Meḥmed II. nicht mehr aus der anatol.-türk. Aristokratie oder gar der Sultansfamilie hervor und hatten auch keine Madrasa-Erziehung genossen wie vorher oft üblich. Vielmehr entstammten sie jetzt den durch die Knabenlese rekrutierten Amtsträgern, in denen Meḥmed II. eine Garantie der Gefügigkeit sah. Der Besitz dieser Amtsträger konnte nach ihrem Tod, anders als das Erbe gewöhnlicher Untertanen, vom Staatsschatz eingezogen werden. Überdies konnte der Sultan diese Männer ohne förml. Prozeß hinrichten lassen, wofür es aus dem 15. und 16. Jh. zahlr. Beisp. gibt.

Die Wesire nahmen am Rat (→*diwān* II) des Sultans teil, der jede Woche mehrmals zusammentrat und dessen Schreiber einen großen Teil der sultan. Befehlsschreiben abfaßten. Zu diesen Sitzungen erschien auch der Kanzler (→*nišāngi*), dessen Aufgabe es ursprgl. gewesen war, das Handzeichen (→*ṭugrā*) des Herrschers zu kalligraphieren und damit seinen Dokumenten Authentizität zu verleihen. Außerdem mußte er darauf achten, daß vom Sultan durch Willenserklärung gesetztes Recht (*qānūn*), das auch Teile des Gewohnheitsrechtes eroberter Provinzen mit einschloß, nicht gegen das religiöse Recht verstieß. Deshalb mußte er selbst an der Madrasa studiert haben. Zu den Aufgaben des Finanzdirektors (→*defterdār*) zählte gelegentl. die Zusammenfassung der Einnahmen und Ausgaben der Zentrale in großangelegten Übersichten. In der Finanzverwaltung (→Finanzwesen, C) benutzte man seit der 2. Hälfte des 15. Jh. eine Geheimschrift, das *siyāqat*. Auch die beiden Heeresrichter, die Vorgesetzten aller anderen Qāḍīs, waren Mitglieder des Sultansrates.

VI. DER HOF: Das Hofleben wird erst mit der Regierung Meḥmeds II. näher faßbar, bes. weil im Topkapı-Palast noch Teile seiner Residenz erhalten sind. Auch ist eine Hofordnung erhalten, die im Kern wohl aus der Zeit Meḥmeds II. stammt. Der Palast, in unmittelbarer Nähe der in eine Moschee umgewandelten Hagia Sophia gelegen, war sowohl Residenz als auch Ort der Amtsgeschäfte. Er wies einen eklektizist. Baustil auf, sowohl mit iran. Elementen (wohl Anklänge an den Sieg über Uzun Ḥasan) als auch Formen der europ. Festungsarchitektur (Zusammenhang mit der Besetzung Otrantos als Ausgangspunkt für eine geplante Eroberung Italiens).

Das Leben des Palastes spiegelte sich in seiner Architektur. Von der Stadt abgegrenzt wurde dieser durch eine hohe Mauer, die eher symbol. als prakt.-militär. Zwecken diente. Ein äußerer, allg. zugängl. Hof enthielt Janitscharenkaserne, Krankenhaus und Werkstätten. An einem zweiten Tor mußten alle Reiter außer dem Sultan selbst vom Pferd steigen. Hier tagte der Rat des Sultans, und hier zeigte sich der Herrscher seinen Soldaten. In einem Thronraum, der diesen halböffentl. Teil des Palastes von der eigentl. Residenz abgrenzte, wurden Gesandte empfangen.

Der Sultan residierte im dritten Hof. Neben seinen Gemächern (heute Aufbewahrungsstätte von Reliquien des Propheten Moḥammed) lagen die Schlafsäle der Pagen, die die Elite der durch die Knabenlese rekrutierten Jugendlichen bildeten. Sie versahen den Dienst für den Sultan und erhielten zugleich eine Ausbildung in Religion, Literatur, Musik und auch Sport, nach deren Abschluß sie aus dem Palast entlassen wurden und in der Provinzverwaltung Dienst taten. Die Erfolgreichsten wurden später in die Hauptstadt zurückberufen, wo sie bis zum Großwesir aufsteigen konnten. Bei der Entlassung aus dem Palast wurde auch ihre Heirat arrangiert, oft mit jungen Frauen, die selbst im Palast Dienst getan hatten. Erfolgreiche Amtsträger wurden zuweilen mit Töchtern des Sultans vermählt.

Die Frauen der Sultansfamilie lebten im Harem, einem gesonderten Teil des Palastes, in vieler Hinsicht ähnlich organisiert wie der den Männern vorbehaltene Teil. Die hier dienstuenden jungen Sklavinnen erhielten eine Ausbildung in Handarbeit, Etikette, Musik und Religion, manche auch in Lesen, Schreiben und osman. Literatur. Bis zur Zeit Selīms I. (1512–20) nahmen viele Sultane Töchter anatol. Herrscherfamilien zur Frau, seltener auch Tatarenprinzessinnen oder Töchter von Fs. engeschlechtern der Balkanländer. Auch wurden osman. Prinzessinnen an muslim. Höfe verheiratet. In späterer Zeit waren die Sultans- und Prinzessinnenmütter freigelassene Sklavinnen. Eine Sultansfrau blieb oft nur so lange am Hof, bis sie einen Prinzen geboren hatte. Wenn dieser mit einem Lehrer und einem kleinen Stab von Beratern in die Provinz geschickt wurde, begleitete ihn seine Mutter. Die Beziehungen, die sie für ihren Sohn anzubahnen wußte, mochten ihm später beim Kampf um die Herrschaft nützlich sein. Denn das frühe Osmanenreich kannte keine feste Nachfolgeregelung, und den Herrscher überlebende Prinzen kämpften um den Thron, manchmal schon zu Lebzeiten des alten Sultans (→Bāyezīd II., abgesetzt 1512). Meḥmed II. führte die Regelung ein, daß der siegreiche Sultan bei der Thronbesteigung seine Brüder umbringen lassen solle. Dies wurde bis ins späte 16. Jh. praktiziert.

VII. BEVÖLKERUNG: Grobe Schätzungen der osman. Bevölkerung ermöglichen die Steuerregister (→*defter*), von denen es einzelne Exemplare schon aus der 1. Hälfte des 15. Jh. gibt. In der zweiten Jahrhunderthälfte und im 16. Jh. nimmt ihre Zahl bedeutend zu. Diese Register listen alle Dörfer und Städte auf mit den meisten von den Bewohnern zu zahlenden Steuern sowie den darin lebenden Steuerpflichtigen, d. h. den erwachsenen Männern. Nur in den chr. Regionen des Balkans wurden auch Witwen, soweit sie Haushaltungsvorstände waren, in die Register aufgenommen. Um 1520–35 lebten in den Balkanprovinzen des Reiches nach Ausweis der Register 1 031 799 Haushaltungsvorstände; dazu sind noch Soldaten, Religionsdiener und andere Amtsträger zu zählen, die auf Grund ihres privilegierten, steuerfreien Status nicht in die Register aufgenommen wurden. 194 958 (18%) der Haushaltungsvorstände waren Muslime; über ethn. Unterschiede machen die Register nur von Fall zu Fall Aussagen, weil diese, anders als der Religionsunterschied, für die Steuererhebung irrelevant waren. Über die chr. und jüd. Bevölkerung sind wir besser unterrichtet als über die muslimische. Nichtmuslime zahlten nämlich eine Kopfsteuer, über die eigene Abrechnungen angelegt wurden. Bedeutende Schwankungen zw. zeitlich nahe beieinander liegenden Zählungen ergeben sich durch wechselnde Verwaltungsgrenzen, aber auch durch Epidemien, Migrationen sowie Bekehrungen zum Islam. Die Instrumentalisierung dieses diffizilen Q. materials in nationalist. Auseinandersetzungen hat die wiss. Probleme oft unnötig verschärft. Auch aus osman. Q. gut bekannt ist die Einwanderung span. Juden nach ihrer Vertreibung 1492; sie wurden in Istanbul und Thessalonike angesiedelt, wo sie sich mit der Manufaktur von Wolltuchen befaßten und bes. die Janitscharen belieferten.

Über Frauen enthalten die osman. Akten wenig Material. Familiengrößen sind nur dann belegt, wenn ein Nachlaß aufgeteilt und die Erben im Qāḍī-Amtsregister namentl. aufgeführt wurden. Da aber nur 'Problemfälle' auf diese Weise registriert wurden, sind die für Bursa (1463–1540) errechneten Daten nicht zu verallgemeinern. An Hand von Registern von Bauernsoldaten (*müsellem*) wird versucht, Alterspyramiden für die männl. Bevölkerung bestimmter anatol. Dörfer zu erstellen.

Mit der Expansion des O.R.es ging eine türk. Landnahme einher. Diese erfolgte z. T. spontan, z. T. wurde sie von den Sultanen planmäßig gefördert. In Orten der Balkanhalbinsel von strateg. Bedeutung wurden Garnisonen errichtet oder die Ansiedlung angesehener Derwische begünstigt. Festungen und Heiligengräber fungierten in späteren Generationen als Kristallisationspunkte muslim. Siedlung. Aus neueroberten Gebieten wurden (nach 1453) zuweilen größere Bevölkerungsgruppen nach Istanbul umgesiedelt (*sürgün*), wo sie der Aufsicht der Zentralbehörden unterstanden. Gleichzeitig wurde an ihren Heimatorten Land für Einwanderer freigemacht. Allerdings ist über die Zahl der von solchen Aktionen Betroffenen nur wenig bekannt.

VIII. WIRTSCHAFT UND GESELLSCHAFT: Im 14. Jh. bestand in Anatolien ein großer Teil der ländl. Bevölkerung aus →Nomaden, die seit dem 11. Jh. aus Zentralasien eingewandert waren. Doch herrschten in Anatolien, wo selbst im trockenen Landesinnern Feldbau ohne Bewässerung mögl. ist, weniger schroffe Gegensätze zw. nomad. und seßhafter Lebensweise als in Wüstengebieten. Viele Nomaden trieben in ihren Winterquartieren nahe dem Mittelmeer etwas Landwirtschaft, während auch fest angesiedelte Bauern ihre Sommerweiden besaßen, in denen sie vor Sommerhitze und Malaria Zuflucht suchten. Der Übergang von einer Lebensform zur anderen war also fließend. Die osman. Regierung begünstigte die Ansiedlung, weil Seßhafte leichter zu besteuern waren und bewaffnete Nomaden als Gefahr für die Dorfbewohner galten. Möglicherweise wurde die Ansiedlung auch durch die hohe Besteuerung von Nomadenherden gefördert.

Nomadenwirtschaft setzt eine dünne Besiedlung voraus. Diese läßt sich für die Ebenen der Balkaninsel auf Grund von osman. Steuerregistern des frühen 16. Jh. tatsächl. nachweisen. Die Ursachen sind jedoch strittig: Bevölkerungsrückgang während der Pestepidemien und Kriege der vorosman. Periode (bes. die Verwüstung durch die →Katalan. Kompagnien) kommen ebenso in Frage wie die Auswirkungen der Eroberungskriege selbst. Zu Beginn des 16. Jh. waren →Thrakien wie das heutige Südbulgarien weitgehend islamisiert und von Nomaden bewohnt. Die autochthone Bevölkerung hatte sich in Gebirgszonen zurückgezogen.

Insgesamt dominierte in Anatolien und dem osman. Balkan jedoch die bäuerl. Familienwirtschaft. Hauptsächl. wurden Weizen und Gerste angebaut, in den Trockengebieten Zentralanatoliens fast im Sinne einer Getreidemonokultur. Im Mittelmeerbereich war die Landwirtschaft vielgestaltiger. Fette und Öle wurden aus Samen gewonnen; aus den Gebieten n. des Schwarzen Meeres wurde Butterfett importiert. Olivenanbau war von geringerer Bedeutung, dafür existierten Weinberge in der Umgebung vieler Städte. Fleischkonsum war ein Zeichen von hohem Sozialstatus; den Bewohnern der Hauptstadt wurde seit dem 16. Jh. Fleisch zu von Staatswegen niedrig gehaltenen Preisen geliefert. Auf dem Lande dürfte Fleischkonsum dort möglich gewesen sein, wo es Handel mit Nomaden gab (→Ernährung C).

Das timār-System konnte nur funktionieren, wenn auch auf dem Lande ein minimaler Geldumlauf existierte (Zahlung von Hofsteuern und Bußen in Geld). Andererseits kamen die timār-Inhaber für ihre eigene Ausstattung auf, d. h. Pferde, Zelte und Waffen mußten in den Provinzstädten zum Verkauf angeboten werden. Ein Markt wurde meist im Hauptort des Distrikts abgehalten, der sich damit zur Stadt entwickeln konnte. Die Preise wurden durch staatl. Eingriffe geregelt. Um 1500 wurden detaillierte Preislisten für Istanbul, Bursa und Edirne erstellt. Diese vermitteln eine Vorstellung von den Waren, die in diesen Städten angeboten wurden. Wie weit ähnl. Regelungen auch für kleinere Städte galten, ist nicht sicher. Die offiziell dekretierten Preise setzten eine Gewinnspanne von 10-20% voraus, sie lagen so niedrig, daß Kapitalbildung im Handwerk die Ausnahme blieb.

Die Besteuerung der Handwerker (→Handwerk, C) und Kontrolle von Preisen und Warenqualitäten erfolgten mit Hilfe der Handwerkszünfte. Diese fungierten aber auch als Interessenvertretungen der Zunftmeister. Zugleich praktizierten die Zünfte die Zeremonien der →*aḫis*, Männerbünde (→*futuwwa*), die während des 14. Jh. in anatol. Städten, bes. Ankara, eine polit. Rolle spielten; möglicherweise hat Sultan Murād I. versucht, diese Organisationen zu einem Herrschaftsinstrument umzubilden. Ein bruchloser Übergang von den aḫi-Gilden zu den Zünften ist unmöglich. Ihre Entstehung, die in der 1. Hälfte des 16. Jh. bereits abgeschlossen war, bleibt unklar. Die staatl. Kontrolle der Zunftmitglieder erfolgte durch den Marktvogt (*muḥtesib*), der u. a. die Einhaltung der staatlich dekretierten Preise und die Benutzung offiziell anerkannter Maße und Gewichte überwachte. Schwerere Vergehen mußten vom Qāḍī gerichtet werden.

Männl. und weibl. →Sklaven dienten hauptsächl. in den Häusern wohlhabender Familien. Viele waren Kriegsgefangene, die in Ermangelung eines Lösegeldes in die Sklaverei verkauft worden waren. Größere Städte verfügten über einen Sklavenmarkt. Im 15. und 16. Jh. wurden in Bursa zahlreiche Sklaven und Sklavinnen in der Seidenweberei (→Seide) beschäftigt; oftmals versprach ihnen der Besitzer die Freiheit, wenn sie eine bestimmte Menge Stoff gewebt hatten. Männl. Sklaven wurden auch in Kaufmannskontoren angestellt und manchmal von ihren Besitzern auf Handelsreisen geschickt. Nach der Freilassung kam es vor, daß sich vormalige Sklaven, zuweilen mit Unterstützung des ehemaligen Besitzers, als Händler etablierten. Freilassungen wurden als gutes Werk im religiösen Sinn betrachtet und sind häufig belegt, bes. als testamentar. Verfügung. Die Sklavin, die ihrem Herrn ein Kind geboren hatte, das dieser als das seinige anerkannt, kam beim Tode des Herrn automatisch frei. Ehen (→Ehe, F) mit ehemaligen Sklavinnen sind ebenfalls belegt, auch errichteten manche Wohlhabende fromme Stiftungen zur Versorgung ehem. Sklaven.

Die Verwendung von Sklav(inn)en im Gewerbeleben Bursas war durch die Rolle dieser Stadt im Fernhandel bedingt. Die Bursaer Seidenmanufakturen verarbeiteten aus Iran importierte Rohseide. Während des osman.-iran. Krieges, der auf die Etablierung des Ṣafawidenstaats durch Schah Ismāʿīl I. folgte, verbot Selīm I. den Seidenimport. Zwar konnte die Einfuhr iran. Seide noch einige Jahre lang über Aleppo erfolgen, doch die osman. Eroberung des Mamlūkenreiches 1515-17 setzte auch diesem Handel ein Ende, bis Süleymān der Prächtige das Verbot aufhob.

Verbindungen nach →Ägypten liefen über Antalya; in →Kairo war Bauholz aus Anatolien sehr gefragt. Viele Kaufleute bevorzugten den Landweg von Antalya nach Bursa und Istanbul, weil bis zur osman. Eroberung des Johanniterstützpunktes →Rhodos (1522) der Seeweg unsicher war. Meḥmed II. versuchte, den Transithandel mit Gewürzen aus dem heutigen Indien und Indonesien von Kairo (das zum damals noch selbständigen Mamlukenstaat gehörte) nach Bursa zu verlegen. Dies Projekt scheiterte wahrscheinl. an den Mehrkosten, die sich für die meist venezian. Aufkäufer aus einer Reise nach Bursa ergeben hätten.

Die Venezianer konnten sich im osman. Handel relativ gut behaupten, obwohl bei der Belagerung Istanbuls 1453 Venedig die byz. Ks. unterstützt hatte. Als nach der Entdeckung der Alaunminen (→Alaun) v. Tolfa die Päpste ein Monopol zu errichten versuchten, importierten venezian. Kaufleute immer wieder anatol. Alaun. Auch bezog die osman. Oberschicht Luxusgüter aus Venedig, insbes. →Textilien. Im frühen 16. Jh., angesichts der Schwäche des Mamlūkenstaates, begannen venezian.

Kaufleute, das osman. Gebiet wegen seiner größeren Sicherheit vorzuziehen, und nach der Eroberung Ägyptens kauften sie im nunmehr (seit 1517) osman. →Alexandrien →Gewürze ein. Allerdings befand sich dieser Handel wegen des Eindringens der Portugiesen in →Indien zu Beginn des 16. Jh. in einer zwar vorübergehenden, aber doch schweren Krise (→Mittelmeerhandel).

Außerdem gab es regen Handel von den südl. zu den nördl. Ufern des →Schwarzen Meeres. Aus den Städten Nordanatoliens wurden Mohair-, Baumwoll- und Seidenstoffe in das Khanat der →Krim, aber auch in die Hafenstädte Aqkerman und Kilia exportiert. Aus dem Gebiet nördl. des Schwarzen Meeres kamen Agrarprodukte und Sklaven. Die osman. Eroberung der genues. Stützpunkte →Caffa und →Amasra durch Meḥmed II. führte dazu, daß muslim. Kaufleute die Genuesen (→Genua) im Schwarzmeerhandel ablösten. Auch im Alaunhandel wurden nach 1453 genues. durch muslim. Kaufleute verdrängt, die Entdeckung it. Alaunvorkommen beschränkte allerdings die Exportmöglichkeiten anatol. Alauns.

IX. STÄDTEWESEN: In osman. Städten bildete ein überdachtes Ladenzentrum (*bedestān*) den Hauptsitz des Großhandels. Durch Überdachung der umliegenden Ladenstraßen entstand der heutige Bazar. Im bedestān mieteten Kaufleute, die mit wertvollen Gütern (Textilien, Sklaven, Schmuck) handelten, Läden an: die höheren Mieten wurden durch größere Sicherheit ausgeglichen. Auch konnten Kaufleute dort Schließfächer für ihre Wertsachen anmieten. Der bedestān war nachts menschenleer. Auswärtige Händler wohnten in den zahlreichen umliegenden →Hanen, die häufig zweistöckig waren und auch Tieren und Waren Platz boten. Auswärtige Gesandte wurden ebenfalls in einem Han im Istanbuler Stadtzentrum untergebracht. Mieten aus Hanen und bedestān finanzierten oft fromme →Stiftungen. Der bedestān von Ankara gehörte der Stiftung von Meḥmeds II. Großwesir Maḥmūd Pasa, während die beiden bedestāne Istanbuls der Stiftung des Eroberersultans angehörten. Die Stiftungen bezogen den größten Teil ihrer Einkünfte jedoch nicht aus städt. Liegenschaften, sondern aus landwirtschaftl. Steuern der ihnen von Wesiren und Sultanen zugewiesenen Dörfer. Die Stiftung Meḥmeds II. besaß außerdem als bes. Privileg die Kopfsteuer der in der Hauptstadt lebenden Nichtmuslime.

Stiftungen wurden systemat. errichtet, um die Entwicklung der Städte zu fördern. Bes. zogen sie eine muslim. Bevölkerung an, weil zum Unterhalt von Moscheen und Madrasas Personal benötigt wurde, auch soziale Dienste (Bäder, Schulen, Bibliotheken) wurden von den Stiftungen angeboten. Auf dem Balkan waren infolge dieser Stiftungs- und Siedlungspolitik viele Städte im frühen 16. Jh. weitgehend von Muslimen bewohnt. Die Kontinuität zw. vorosman. und osman. Städten ist deshalb in vielen Regionen umstritten.

Am schnellsten wuchs die neue Hauptstadt Istanbul (→Konstantinopel II). Hatte die Hauptstadt des zum Kleinstaat abgesunkenen Byz. Reiches in der 1. Hälfte des 15. Jh. nur mehr etwa 40 000 Einwohner besessen, so wuchs sie nach der Eroberung, nicht zuletzt durch Zwangsrekrutierungen, unter Meḥmed II. und Bāyezīd II. auf ca. 80 000 Einwohner (16 324 Haushalte) an. In der 1. Hälfte des 16. Jh. stieg Istanbul, nun durch freiwilligen Zuzug, zur größten Stadt Europas und des Mittelmeerbeckens auf und umfaßte um 1535 etwa 80 000 Haushalte oder 500 000 Einwohner.

Die neue Bedeutung Istanbuls und die damit zusammenhängende Rolle des Sultans als Erben ksl. Weltherrschaftsansprüche wurde von manchen Zeitgenossen allerdings scharf kritisiert. Eine Gruppe von Legenden zur Aya Ṣofya (Hagia Sophia) aus dem späten 15. Jh. beschreibt Istanbul als einen dämon. verfluchten Ort, wobei impliziert wird, daß der Sultan durch die Wahl dieser Hauptstadt und durch sein Streben nach Weltherrschaft dem Ideal eines islam. Herrschers untreu geworden sei. Andererseits war Meḥmed II. bemüht, seine umstrittene Metropole auch religiös zu legitimieren; kurz nach der Eroberung Istanbuls wurden die Gebeine Eyyüb Anṣārīs, eines um 672 bei einer arab. Belagerung umgekommenen Prophetengefährten, aufgefunden. Das über dem Grab errichtete Heiligtum wurde zu einem religiösen wie polit. Zentrum.

X. KUNST UND ARCHITEKTUR: Die ältesten bekannten osman. Bauten, wie etwa die Moschee des Ertoġrul Bey in Söġüt, die Grüne Moschee in Iznik (→Nikaia) und das Hospiz des Gāzī Evrenos in Komotini, das älteste erhaltene osman. Baudenkmal in Europa, stammen aus dem 14. Jh. Es handelt sich bei den →Moscheen meist um kleinere und mittelgroße Bauten, aus Bruchstein errichtet und mit einer Zentralkuppel überdeckt. Auch Mausoleen sind häufig überkuppelt. Der von Bāyezīd I. begründete Komplex in →Bursa gehört zu den ersten Großbauten, aus Haustein errichtet und mit Stalaktiten dekoriert. Die Moscheen in Bursa, die bereits einem späteren Stadium angehören, haben oft die Form eines umgekehrten T, mit einer überkuppelten Eingangshalle entlang der Fassade; diese sollte die Beter aufnehmen, die nicht mehr in der Moschee Platz fanden. Das Moscheeinnere besteht bei diesem Typus aus zwei überkuppelten Räumen, von denen der erste als Vorraum und der zweite als eigtl. Gebetsraum gedeutet wird. Den Hauptbau flankieren oft heizbare Gemächer, deren Bestimmung unterschiedl. gedeutet worden ist; vielleicht handelte es sich um Aufenthaltsräume für Derwische. Dieser Moscheetypus wurde auch in Istanbul von Bāyezīd II. noch gebaut. Sein Verschwinden im 16. Jh. ist dahingehend gedeutet worden, daß zu dieser Zeit die Derwische mit ihren, vom sunnit. Standpunkt aus gesehen, heterodoxen Glaubensauffassungen gegenüber den Rechts- und Gottesgelehrten an Ansehen und öffentl. Förderung verloren.

Bemerkenswert in der Baudekoration ist die Benutzung der Fayence (→Keramik, II), deren Qualität in der Moschee und dem Mausoleum Meḥmeds I. in Bursa einen ersten Höhepunkt erreicht. Blau und Grün sind die beherrschenden Farben, abstrakte Muster sind in Weiß, Gelb und Schwarz ausgeführt. Diese Muster sind der Timuridenkunst (→Samarqand) verpflichtet. Im 16. Jh. entwickelten die osman. Fayencemeister von Iznik und Kütahya einen neuen Stil, der sich durch realist. gezeichnete Blumen auf weißem Grund auszeichnete. Der Baudekoration steht die Textilkunst (→Textilien) nahe, wurden doch Moscheen und Paläste mit Teppichen und Brokaten ausgelegt. Seidenbrokate wurden zum Teil mit Mustern dekoriert, die den in der Fayencekunst benutzten entsprechen.

In Kunst und Kunsthandwerk des späten 15. und frühen 16. Jh. spielten aus dem Aḳḳoyunlu-Staat Uzun Ḥasans und später aus Schah Ismāʿīls Hauptstadt Tabriz nach Istanbul verpflanzte Künstler eine wichtige Rolle. Diese wurden in den Dienst des Sultans gestellt und bildeten eine Generation osman., oft durch die Knabenlese in den Palast gekommener Nachfolger aus. Die Sultane kontrollierten und förderten nachhaltig die Entwicklung der Künstler. Meḥmed II. interessierte sich überdies für it. Maler und

Medaillenschneider der Renaissance (Porträtauftrag an Gentile → Bellini). Diese eklekt. Auseinandersetzung mit fremden Traditionen endete in der Mitte des 16. Jh., als der klass., hochosman. Stil, repräsentiert durch den genialen Architekten Sinan, seine volle Ausbildung erfahren hatte.

S. Faroqhi

Lit.: P. Wittek, The Rise of the Ottoman Empire, 1938 – Ö. L. Barkan, XV. Asrın Sonunda Bazı Büyük Şehirlerde Eşya ve Yiyecek Fiyatlarının Tesbit ve Teftişi Hususlarını Tanzim eden Kanunlar, Tarih Vesikaları, 1, 5, 1942, 326–40, II, 7, 15–40, II, 9, 168–77 – Ders., Osmanlı İmparatorluğunda bir İskân ve Kolonizasyon Metodu Olarak Vakıflar ve Temlikler, Vakıflar Dergisi, 2, 1942, 279–386 – I. H. Uzunçarşılı, Osmanlı Teşkilâtından Kapukulu Ocakları, 2 Bde, 1943–44 – Ders., Osmanlı Devletinin Merkez ve Bahriye Teşkilâtı, 1948 – Ö. L. Barkan, Osmanlı İmparatorluğunda bir İskân ve Kolonizasyon Metodu Olarak Sürgünler, Ist. Üniv. Iktisat Fakültesi Mecmuası, XI, 1949–50, 524–69; XIII, 1951–52, 56–78; XV, 1953–54, 209–37 – H. Inalcik, Ottoman Methods of Conquest, Studia Islamica, II, 1954, 104–129 – L. Fekete, Die Siyâqat-Schrift in der türk. Finanzverwaltung, 2 Bde, 1955 – T. Gökbilgin, Rumeli'de Yürükler, Tatarlar ve Evlâd-ı Fâtihan, 1957 – F. Köprülü, Osmanlı Devleti'nin Kuruluşu, 1959² – F. Dalsar, Türk Sanayi ve Ticaret Tarihinde Bursa'da İpekçilik, 1960 – H. Inalcik, Bursa and the Commerce of the Levant, JESHO, III, 2, 1960, 131–147 – B. Papoulia, Ursprung und Wesen der »Knabenlese« im Osman. Reich, 1963 – Ö. L. Barkan, 894 (1488/1489) Yılının Cizye Tahsilâtına ait Muhasebe Bilânçoları, Belgeler I, 1964, 1–117 – H. Sohrweide, Der Sieg der Şafawiden in Persien und seine Rückwirkungen auf die Schiiten Anatoliens im 16. Jh., Der Islam, 41, 1965, 95–223 – I. H. Uzunçarşılı, Osmanlı Devletinin Ilmiye Teşkilâtı, 1965 – I. Beldiceanu-Steinherr, Recherches sur les règnes des sultans Osman, Orkhan et Murad I, 1967 – X. de Planhol, Les fondements géographiques de l'hist. de l'Islam, 1968 – H. Inalcik, Capital Formation in the Ottoman Empire, The Journal of Economic Hist. 19, 1969, 97–140 – Ders., The Policy of Mehmed II. toward the Greek Population of Istanbul and the Byz. Buildings of the City, DOP 213, 1970, 213–49 – G. Goodwin, A Hist. of Ottoman Architecture, 1971 – M. Kiel, Observations of the Hist. of Northern Greece during the Turkish Rule ..., Balkan Studies 12, 1971, 415–444 – H. Inalcik, The Ottoman Empire, The Classical Age 1300–1600, 1973 – Kl. Röhrborn, Unters. zur osman. Verwaltungsgesch., 1973 – M. M. Alexandrescu-Dersca, La campagne de Timur en Anatolie (1402), 1977² – E. Werner, Die Geburt einer Großmacht – Die O. (1300–1481), 1978³ – F. Taeschner, Zünfte und Bruderschaften im Islam, Texte zur Gesch. der Futuwwa, 1979 – H. Inalcik, The Hub of the City: The Bedestan of Istanbul, Internat. Journal of Turkish Studies 1, 1, 1980, 1–17 – H. G. Majer, Ein Budget aus der Zeit Mehmeds des Eroberers, Der Islam, 59, 1, 1982, 40–63 – J. Raby, Pride and Prejudice: Mehmed the Conqueror and the Italian Portrait Medal (Italian medals, hg. G. Pollard, 1981), 171–94 – R. Lindner, Nomads and Ottomans in Medieval Anatolia, 1983 – H. Reindl, Männer um Bāyezīd. Eine prosopograph. Studie über die Epoche Sultan Bāyezīds II. (1481–1512), 1983 – J. Matuz, Das Osman. Reich, Grundlinien seiner Gesch., 1985 – H. Sahillioğlu, Slaves in the Social and Economic Life of Bursa in the late 15th and early 16th Centuries, Turcica, XVII, 1985, 43–112 – J. L. Bacqué-Grammont, Les Ottomans, les Safavides et leurs voisins, Contribution à l'hist. de l'Orient islamique de 1514 à 1524, 1987 – Cl. Cahen, La Turquie pré-ottomane, 1988² – H. Özdeğer, 1463–1640 Bursa şehri tereke defterleri, 1988 – N. Todorov–A. Velkov, Situation démographique de la Péninsule balkanique (fin du XVᵉ s. début du XVIᵉ s.), 1988 – A. Y. Ocak, La révolte de Baba Resul ou la formation de l'hétérodoxie musulmane en Anatolie au XIIIᵉ s., 1989 – Hist. de l'Empire ottoman, hg. R. Mantran, 1989, 15–58 – H. Dogru, Osmanlı İmparatorluğunda Yaya-Müsellem-Taycı Teşkilati, 1990 – St. Yérasimos, La fondation de Constantinople et de Sainte-Sophie dans les traditions turques, 1990 – G. Necıpoğlu, Architecture, Ceremonial and Power: The Topkapı Palace in the Fifteenth and Sixteenth Centuries, 1991 – H. Lowry, Stud. in Defeterology: Ottoman Society in the Fifteenth and Sixteenth Centuries, 1992 – G. Necıpoğlu, The Life of an Imperial Monument: Hagia Sophia after Byzantium (The Hagia Sophia, Form, Structure and Meaning from the Age of Süleyman to the Present, hg. R. Mark, 1992), 195–255 – L. Peirce, The Family as Faction: Dynastic Politics in the Reign of Süleyman (Soliman le Magnifique et son temps, hg. G. Veinstein), 1992.

Osmanische Literatur. [1] *Anatol.-türk. Literatur in vorosman. Zeit:* Die türk. Stämme, die seit dem letzten Drittel des 11. Jh. von O her in Kleinasien eindrangen, hatten ihre eigene mündl. Dichtung mitgebracht, die aber nur aus viel späteren schriftl. Aufzeichnungen bekannt ist. Diese führen das heroisch-legendäre Gesch.sbild erst oberflächl. islamisierter nomadisierender Viehzüchterstämme vor Augen. In ihren Überlieferungen spielen die Kämpfe mit den benachbarten chr. Georgiern (→Dede Qorqut) und mit der chr. Bevölkerung Kleinasiens selbst (→Dānismend-nāme) eine wesentl. Rolle. Mit der Festigung der Herrschaftsstrukturen (→Selğuqen) in den Städten (bes. →Konya) und mit der Einwanderung städt. Bevölkerungsteile aus Zentralasien unter dem Druck der nachdringenden Mongolen entstand in den Städten eine Schriftkultur, die bis ins 13. Jh. rein persischsprachig und ein untrennbarer Teil der damals blühenden pers. Lit. gewesen ist. Eine Gegenbewegung zu dieser Elitekultur ging von den Derwischorden (→Orden, myst.) aus, die in ihrem Missionsstreben zum Türkischen, der Sprache des gemeinen Volkes, griffen (→Yūnus Emre). Schon im 13. Jh. beginnt allmähl. auch an den Höfen und in den Städten türksprachige, aber von der pers. Tradition beherrschte Dichtung, die sich in den folgenden Jahrhunderten allg. durchsetzt.

[2] *Die osmanische Literatur des 14. und 15. Jh.:* Diese oben gen. Entwicklung setzt sich im 14. und 15. Jh. geradlinig fort. Träger der Elitekultur sind die Höfe, v. a. die Höfe der osman. Herrscher (Edirne, Istanbul) und der als Statthalter in die Prov.en gesandten osman. Prinzen (z. B. →Amasya, Trapezunt), im 14. Jh. auch die Residenzen anderer Fs.enfamilien (→Kayseri, Aydın-oğullarī, Germiyan-oğullarī). Als aufstrebende Dynastie machten die Osmanen die islam. Tradition der Herrschers als Beschützer und Förderer der Dichtkunst zu der ihren. Manche der Sultane (→Meḥmed II., →Bāyezīd II. sowie die Sultane und Prinzen des 16. Jh.) betätigten sich auch selbst als Dichter. In den Formen der Dichtung gab es im 14. und 15. Jh. kaum wesentl. Veränderungen. Ohne das Persische je ganz aufzugeben, dichtete und schrieb man jetzt türkisch, im 14. Jh. sich noch entschuldigend, aber im 15. Jh. schon mit Selbstverständlichkeit, da man einen breiteren Leserkreis ansprechen wollte und die Kenntnis des Persischen auch in der Oberschicht nicht mehr Statusvoraussetzung war. Man bemühte sich jedoch, an das pers. Vorbild möglichst heranzukommen und Gleichwertiges zu schaffen. Das hatte u. a. zur Folge, daß die Sprache der höf. Dichtung immer mehr von pers. Wortgut und pers. Syntagmen durchsetzt wurde.

Zum pers. Vorbild kam im 15. Jh. noch das dschagataische Vorbild. Das 15. Jh. war die Zeit der höchsten Blüte der dschagataischen (d. h. zentralasiat.-türk., mit ihrem Zentrum in Herat) Lit., die auch im Osman. Reich bekannt und hoch geschätzt war und als Richtschnur des poet. Geschmacks galt. Wie die osman. Dichtung – eher noch mehr – war auch die dschagataische Lit. dem pers. Vorbild verpflichtet, so daß diese zweifache Abhängigkeit in dieselbe Kerbe schlug. Die hervorragendste Persönlichkeit des Herater Kreises, der Staatsmann, Denker und Dichter Mīr ᶜAlī Šīr Navā'ī, war auch der Verf. einer Slg. von Dichterbiographien, wie sie im osman. Bereich erst im 16. Jh. zu einem unentbehrl. Element lit. Wissens wurden. Während diese Anregung erst viel später zur Geltung kam, können wir auf ein Novum hinweisen, durch das die osman. Dichtung schon im 15. Jh. eine neue Dimension gewann: die Anthologie zeitgenöss. Gedichte, die der Dichter ᶜÖmer b. Mezīd 1437 nach dem Naẓîre-

Prinzip (Reihung nach gleichem Metrum und Reim) zusammenstellte (ʿÖmer b. Mezīd, Mecmūʿatüʾn-naẓāʾir hg. M. CANPOLAT, 1982). Sie gibt Einblick in den Dichteralltag der Zeit, dem außer den Berühmtheiten auch viele Unbekannte angehörten. Die Berühmtheiten des 14.–15. Jh. waren in erster Linie →Şeyḫī und →Neǧātī Beg.

Neben der Dichtung entwickelte sich auch die Prosa von ihren schlichten, von späteren Generationen als derb empfundenen Anfängen im 14. Jh. in Richtung auf die Durchdachtheit und Eleganz (vom modernen Leser als überladen, als barock empfundene 'Eleganz') des 16. Jh. Maßgebl. war dafür wieder der Hof, die Spitze des Staatsapparates: ein Reich, das in seiner Ideologie den Anspruch erhob, ein Weltreich, Erbe aller Weltreiche, das in das Weltende einmündende Weltreich zu sein, mußte auch in seinen schriftl. Äußerungen, in den Briefen und Erlässen der Kanzleien, eine 'glänzende', alles überstrahlende, als Vorbild dienende Sprache, einen wahrhaft ksl. Stil besitzen. Dieser Stil beginnt sich schon in der 2. Hälfte des 15. Jh. in historiograph. und biograph. Werken durchzusetzen. Sein Markenzeichen ist die Reimprosa.

[3] *Bewertung und wiss. Aufarbeitung:* Oft wurde der o. L. als Ganzes ihre Abhängigkeit von fremden Vorbildern vorgeworfen. Aber erstens trifft diese Bezeichnung als 'fremd' nicht so richtig zu, und zweitens ist die Beeinflussung durch Vorausgegangenes und seine Verarbeitung ein Prozeß, der innerhalb derselben Sprache ebenso stattfindet und als selbstverständl. betrachtet wird; worauf es ankommt, ist, ob der Beeinflußte daraus Neues, Wertvolles schaffen kann, und diesen Beweis hat die o. L. erbracht.

Die wiss. Aufarbeitung der o. L. ist heute noch äußerst lückenhaft. Der größte Teil des Materials ist in den Beständen der Hss.bibliotheken der Türkei und anderer Länder vergraben. Die Erstellung von Katalogen für diese Bibliotheken macht langsame Fortschritte. Nur ein kleinerer Teil der Dichtung und der Prosawerke der älteren Periode liegt bislang in zufriedenstellenden Ausgaben vor. Dasselbe gilt für die biograph. Q. Ein alphabet. angelegtes Werk über die osman. Dichter aller Jahrhunderte ist nur bis zum Anfang des Buchstabens F erschienen (S. N. ERGUN, Türk şairleri, 4 Bde, 1935–45). A. Tietze

Lit.: E. J. W. GIBB, Ottoman Poetry, 6 Bde, 1900–09 – F. TAESCHNER, Die o.L. (Hb. der Orientalistik, Turkologie, 1963), 250–335 – A. BOMBACI, La letteratura turca, 1956 [frz. 1968] – F. KÖPRÜLÜ, Edebiyat araştırmaları, 1966 – A. S. LEVEND, Türk edebiyatı tarihi, I, 1973.

Osmond, Earls of → Ormond, Earls of

Osmund, hl., Bf. v. →Salisbury 1078–99, † 4. Dez. 1099, ▭ seit 1226 in der Kathedrale v. Salisbury; Kaplan Kg. Wilhelms I., wahrscheinl. 1070 zum Kanzler ernannt, am 3. Juni 1078 zum Bf. v. Salisbury geweiht, nachdem der Bf.ssitz gerade von →Sherborne nach Salisbury verlegt worden war. O. vollendete den Bau der neuen Kathedrale auf dem Gelände der kgl. Burg. 1089–91 errichtete er ein Kollegiatkapitel für seine Kathedrale und förderte die Herstellung v. a. von patrist. Hss. Er unterstützte Wilhelm II. gegen Ebf. →Anselm v. Canterbury auf dem Konzil v. Rockingham 1095, doch erbat er später für diese Unterstützung von Anselm die Absolution, die er auch erhielt. 1228 wurde der Kanonisationsprozeß eingeleitet, der jedoch erst 1456 abgeschlossen war. P. H. Sawyer

Lit.: A. R. MALDON, The Canonization of St. O., 1901 – W. J. TORRANCE, St. O. of Salisbury, 1920 – T. WEBBER, Scribes and Scholars at Salisbury Cathedral, c. 1075–c. 1125, 1992.

Osnabrück, Stadt in Westf. (heute Niedersachsen); Bm. I. Bistum – II. Stadt.

I. BISTUM: Gegen Ende des 8. Jh., sicher vor 803, entstand das Bm. O. als Teil des Kölner Metropolitanverbandes im Gebiet des as. Threcwitigaues; der Friese Wiho († 804 oder 805) wird als erster Bf. verehrt. Ein erschlossener karol. Dombau war den Hll.n Petrus, →Crispinus und Crispinianus (Reliquientranslation unter Karl d. Gr. 786?) geweiht. Wesentl. Rückschritte für das junge Bm. bildeten die Normanneneinfälle sowie die Übertragung der Zehnteinkünfte von Meppen und Visbek an →Corvey (834/855). Bereits vor 860 wurde die Diöz. O. um das Gebiet des späteren O.er Archidiakonatsbezirks Wiedenbrück erweitert. Der innere Ausbau der Diöz. erlangte im 13. Jh. mit der Archidiakonatseinteilung (v. a. durch Bf. Adolf v. Tecklenburg) einen ersten Abschluß. Ende des 15. Jh. gliederte sich die Diöz. (bestehend aus dem O.er Hochstift – einschl. der Exklave Reckenberg –, den Gft.en Ravensberg, Tecklenburg, Rietberg, Rheda sowie Teilen von Diepholz und dem erst 1667 diözesal zum Hochstift Münster gelangten Niederstift →Münster) in 13 Archidiakonate mit 102 Kirchen. Bedingt durch einen hohen Anteil grundherrl. Eigenkirchen besaß der Bf. nur bei 11 Kirchen das Patronatsrecht. Die Kl.entwicklung im Bm. verlief weitgehend unabhängig vom bfl. Einfluß; ledigl. →Iburg, das Benediktinerinnenkl. auf dem Gertrudenberg und das Stift Quakenbrück sind direkt auf bfl. Initiative zurückzuführen.

Da die Bf.e in ihrer Diöz. nicht in den Besitz der Gf.enrechte gelangten, stützten sie sich bes. auf (teilw. nur in verfälschter Form erhaltene) kgl. Immunitätsprivilegien (bes. 848, Bestätigung 938) und auf ein Forstbannprivileg v. 965, während vermutl. im 12. Jh. die Gf.enrechte in noch ungeklärter Weise in Ravensberger und Tecklenburger Hand gerieten. Die wohl im frühen 12. Jh. herausgebildete Stiftsvogtei geriet kurzzeitig an Heinrich d. Löwen und von diesem an den 1182 »summus advocatus« gen. Simon v. Tecklenburg. Sie konnte aber zusammen mit weiteren Vogteirechten ab 1222 in mehreren Zügen bis 1236 vom Bf. zurückgewonnen werden, der sich zudem seit 1225 in den Besitz von Gogerichtsrechten (→Go) setzte. Reichspolit. bedeutsam waren Bf. Ludolf († 978) als Kanzler Ottos I. und v. a. Bf. →Benno II. († 1088) als Parteigänger Heinrichs IV. und zugleich Vermittler zw. Ks. und Papst. Auch legte er einen Grund für die Ausbildung der Landesherrschaft, indem er die Zehntrechte über alle Bm.sbewohner gegen Corvey erstritt (→Zehntstreit, Osnabrücker). Zu diesem Zwecke verfälschte er alle karol. und einige Urkk. Ottos I.

Die bfl. Landesherrschaft stützte sich neben der ab 1073 errichteten Landeshauptburg Iburg bes. auf ein in zwei Wellen begründetes Landesburgensystem (Quakenbrück, Grönenberg, Fürstenau, Wittlage u. a.), bei denen sich auch stark ministerial. geprägte städt. →Minderformen entwickelten. Neben dem Landesvorort ist nur das exklav. gelegene Wiedenbrück ma. als Vollstadt anzusehen. Insbes. Quakenbrück stellt stadtgeschichtl. einen Sonderfall dar. Um 1400 ist die Gliederung des Hochstifts in sieben Ämter (Fürstenau, Vörden, Hunteburg, Wittlage, Grönenburg, Iburg, Reckenberg) ausgebildet (Ämterordnung 1556); die Vororte der Ämter schlossen teilw. an die Burggründungen an. An der Wende zum 15. Jh. sind zudem die Grundzüge des landständ. Systems (drei Kurien: Domkapitel, Ritterschaft, Stadt O.) deutl. erkennbar, zuerst faßbar in der Landesvereinigung von 1343. Die Bf.e des SpätMA wurden in erster Linie von westfäl.-niedersächs. Adelshäusern gestellt; der Bf. selbst hatte bereits im 13. Jh. seinen Hauptsitz aus der Domburg zum neustädt. Marienhof verlegt und residierte im 14.–16. Jh. vorwiegend in Iburg oder Fürstenau.

II. STADT: Der Bf.ssitz O. wurde an einer verkehrsgünstigen Hasefurt im Berg- und Hügelland zw. Teutoburger Wald und Wiehengebirge am Schnittpunkt alter Heerwege (später Fernwegekreuz Köln–Münster–Bremen und Deventer–Minden) gegründet. Noch im 9. Jh. entstand neben der Domkirche eine Marktsiedlung (Osnabrugga 851) mit (Marien-)Kirche (vor 900? zuerst 1177 erwähnt), die mit der (Großen und Kleinen) Domfreiheit sowie dem Domhof um 1100 gemeinsam bei ca. 15 ha umfestet war. Die Folgen eines Brandes von 1100 sind unbekannt; sicher ist eine anschließende Renovierung des Domes im sächs.-roman. Stil. Im 13. Jh. kam es zu einem Domneubau (spätere Erweiterungen). Im Halbkreis wuchsen um die Marktsiedlung weitere Stadtviertel (Haselaischaft, Butenburg, Johannislaischaft; →Leischaft); s. bildete sich die im 13. Jh. selbständige, um 1240 erstmals erwähnte und 1306 mit der Altstadt vereinigte Neustadt um das 1011 begründete Stift St. Johann (mit Lateinschule, heutiger Bau ab 1256) und den bfl. Martinshof. Kurz vor 1200 erfolgte eine neue, 50 ha einschließende Ummauerung der Altstadt (einschließl. Domburg), deren Bering in der 2. Hälfte des 13. Jh. auch die 52 ha große (davon aber ca. 10 ha unbebaut) Neustadt miteinbezog. Ab Ende des 13. Jh. erfolgte die Anlage eines Landwehrsystems. Auf einer Anhöhe nö. der Hasefurt wurde 1140/42 ein Benediktinerinnenkl. gegründet. Neben der Dompfarre und derjenigen von St. Johann entstanden noch die Pfarren St. Marien (= Marktkirche) und St. Katharinen (Bau nach 1217, heutiger Bau 14./15. Jh.) sowie mehrere spätma. Kl.niederlassungen (Franziskaner vor 1250, Dominikaner 1283, Augustinereremiten 1287 von Holte in die Neustadt verlegt, Augustinerinnenkl. 1462/69 aus Beginenhaus erwachsen, 1380 Deutschordenskommende).

Dank kgl. Privilegien (1171 de non evocando, zeitgleich wohl auch Befestigungsrecht) konnte sich die entstehende Bürgergemeinde früh von der bfl. Stadtherrschaft lösen und stellte im 15. Jh. eine Form der →Freien Stadt in Niederdtl. dar. Amtete 1162 noch ein bfl. rector civitatis, so sind zu 1231 consules, zu 1236 die universitas scabinorum, zu 1275 der magister scabinorum bzw. rector consulum belegt. 1236 wurde zudem die Stadtvogtei den Tecklenburgern genommen, die hohe Gerichtsbarkeit dem bfl. Gogf.en übertragen, dessen Amt aber von einem Bürger bekleidet wurde. Das Niedergericht der Altstadt wurde vom Rat 1225 zur Hälfte, 1409 zum Rest erworben, dasjenige der Neustadt gelangte 1523 an den Rat, der aus 16 Personen (12 aus Alt-, 4 aus Neustadt, nach Laischaften gewählt) bestand. Die »Sate« von 1348 legte die Form der Ratswahl schriftl. fest und stellte den Abschluß der Ratsentwicklung dar. 1317, dann bes. 1424, um 1430 und 1488 kam es zu Bürgerkämpfen und Unruhen, deren Folge eine größere Beteiligung der Ämter und »Wehrgeschworenen« an der Stadtregierung war. 1244 wird das domus civium erwähnt (Neubau des Rathauses 1487-1512); ein Siegel der Altstadt ist zu 1246 bezeugt.

Ist um 1300 von max. 5000 Einw. auszugehen, so stellten die Pestzüge einen Einschnitt dar; 1425 können wieder ca. 5000 Einw. errechnet werden (nach der »Gütlichen Kontribution« 1487: ca. 8000 Einw.). Ab ca. 1400 stieg die Bedeutung der nun überwiegend für den Export erstellten Woll- und Leinenerzeugnisse (1404 Leinenlegge) erhebl., während es bis ca. 1400 kein nennenswertes Exportgewerbe gab und O. wirtschaftl. in erster Linie auf das Hochstift beschränkte Distributionsfunktionen wahrnahm. Zugleich stärkte sich O.s Stellung im hans. Fernhandelssystem, während die Stadt gegenüber dem hans. Verband unverändert nur zurückhaltende Kontakte pflog. Doch sicherte die Stadt die gegenüber dem Stadtherrn unabhängige Stellung seit dem 13. Jh. durch Teilhabe an westfäl. Städtebündnissen (bes. 1246 Ladberger Bund) und den meisten westfäl. Landfriedensbünden ab. Deshalb gerieten Stadt und Stift auch in Mitleidenschaft von Soester Fehde (→Soest) und Münsterscher Stiftsfehde (→Münster). F. B. Fahlbusch

Bibliogr.: Bibliogr. zur dt. hist. Städteforsch. I, 1986, 668-672 – Q.: O.er UB, Bd. 1 ff., 1892 ff. – O.er Gesch.sq., Bd. 1 ff., 1891 ff. – *Lit.:* J. PRINZ, Das Territorium des Bm.s O. (Stud. und Vorarb. zum Hist. Atlas Niedersachsens 15, 1934, 1973²) – P. J. MEIER, O. (Niedersächs. Städteatlas, 2. Abt., Lfg. 4, 1935) – H. ROTHERT, Gesch. der Stadt O. im MA, I–II (O.er Mitt. 57-58, 1937/38) – J. BOHMBACH, Die »Gütliche Kontribution« von 1487 (ebd. 79, 1972), 37-54 – W. SEEGRÜN, Die Anfänge des Bm.s O. im Lichte neuerer Forsch. (ebd. 85, 1979), 25-48 – DERS., 12 Jahrhunderte Bm. O., 1979 – Das O.er Land, II (Führer zu vor- und frühgeschichtl. Denkmälern 43, 1979) – O. 1200 Jahre Fortschritt und Bewahrung... (Ausst.kat., 1980) – B.-U. HERGEMÖLLER, O. im ma. Hanseverband (Beitr. zur westfäl. Hansegesch., 1988), 11-63 – DERS., Pfaffenkriege im spätma. Hanseraum 7, 1989 [Städteforsch. C 2], I, 83 ff., 296 ff.; II, 48-79.

Osona (Ausona), Gft. in →Katalonien. Bis 885 (Binnenkolonisation →Wifreds I. und Gründung des Bm.s Ausona/Vic; →Vich) 'territorium Ausonense', sodann 'comitatus Ausonae' (stets der gfl. Gewalt v. →Barcelona und →Gerona unterworfen, seit 12. Jh. durch Vic(us de Ausona) verdrängt bzw. zur Lokalisierung kaum noch gebraucht. Seit 908 daneben comitatus v. →Manresa, ohne diesen rechtl. oder polit. von O. zu trennen. Doch besaß O. einen eigenen Vizgf.en, dessen Rechte durch Erbanrechte des Bf.s Arnulf 1005 auf die Kirche v. Vic übergingen; daraus entwickelte sich ein Cosenjorat des Bf.s und des von ihm lehnsabhängigen Vizgf.en (später v. →Montcada), der seit 1100 die Stellvertretung des Gf.en v. Barcelona abstreifte. O. Engels

Lit.: R. D'ABADAL I VINYALS, Els primers comtes catalans, 1958 – O. ENGELS, Die weltl. Herrschaft des Bf.s v. Ausona-Vic (889-1315), GAKGS 24, 1968, 1-40 – DERS., Schutzgedanke und Landesherrschaft im ö. Pyrenäenraum, 1970 – P. BONNASSIE, La Catalogne du milieu du X ^{e} à la fin du XIe s., 2 Bde, 1975-76 – J. M. SALRACH, El procés de formació nacional de Catalunya (segles VIII–IX), 2 Bde, 1878 – L. VONES, Gesch. der Iber. Halbinsel im MA, 1993, 52-63.

Osorio, leones. Adelsgeschlecht, leitete seinen Ursprung aus der Alfonso-Familie und von dem aus ihr hervorgegangenen Gf.en O. Martínez, Sohn des Martín Alfonso, Gf. v. Tordesillas (erste Hälfte 12. Jh.), her. In der Folge behielt ein Zweig das Patronymikon 'O.' bei und bildete durch einen weiteren Zweig das Geschlecht der →Villalobos (bei Benavente), hatte neben Gütern im Bierzo einen wichtigen zusätzl. Besitzschwerpunkt in Galicien zw. Orense und Lugo und bekleidete nach einer kurzen Einbruchsphase um die Mitte des 12. Jh. höchste Reichsämter und führende Positionen innerhalb des Adels. Die O. gehörten zu den wenigen Geschlechtern, die vom Übergang der *nobleza vieja* zur *nobleza nueva* im 14. Jh. unberührt blieben und im 15. Jh. zur Spitze des kast. Adels aufstiegen. Der zu dieser Zeit wieder mit den Villalobos durch Heirat verbundene, mit einem →Mayorazgo-Privileg ausgestattete Hauptzweig stellte seit 1445 in Nachfolge des Kg.shauses die einkommensstärksten Gf.en v. →Trastámara und späteren Marqueses v. Astorga (im Besitz der gleichnamigen, das Tuerto-Tal dominierenden Burg), die Gf.en v. →Lemos (Monforte) sowie die Gf.en v. →Niebla; die O. de Villalobos zusätzl. die Marqueses v. Cerralbo; und die 1445 begründeten O. de Trastámara außer den Marqueses v. Astorga (seit 1465) noch die Gf.en v. Altamira, die Gf.en v. Santa Marta sowie das Adelshaus Valdunquillo. L. Vones

Lit.: S. DE MOXÓ, De la nobleza vieja a la nobleza nueva, Cuadernos de Hist. 3, 1969, 101–105, 158–162 – J. GARCÍA ORO, Galicia en la Baja Edad Media, 1977 – DERS., La nobleza gallega en la baja edad media, 1981, bes. 45ff. – P. MARTÍNEZ SOPENA, La Tierra de Campos Occidental, 1985, 367ff., 380ff. – J. GARCÍA ORO, Galicia en los siglos XIV y XV, 2 Bde, 1987 – J. A. MARTÍN FUERTES, De la nobleza leonesa, 1988 – J. GARCÍA PELEGRÍN, Stud. zum Hochadel der Kgr.e León und Kastilien im HochMA, 1991, 46ff.

Osraige (Ossory), Provinzialkgr. im sö. →Irland, mit dem Tal des Flusses Nore als Kerngebiet, zw. Leinster (→Laigin) und →Munster. Seine frühe Gesch. ist schlecht belegt. Es spielte erst seit den Kämpfen zw. den Dynastien im mittleren 8. Jh. (740/750) unter Kg. Ammchad, dem Sohn des Cú Cerca, eine bedeutendere Rolle, wurde aber in der nachfolgenden Periode durch Erbstreitigkeiten geschwächt. Erneute Bedeutung gewann O. unter Kg. →Cerball, Sohn des Dúngal († 888), verbündet mit →Áed Findliath, dem führenden Kg. der →Uí Néill, und den Norwegern v. →Dublin. 859 erklärte Kg. Cerball das Kgr. O., das bis dahin Munster (d. h. Leth Moga, der Südhälfte Irlands) zugerechnet worden war, als der Nordhälfte, Leth Cuinn, zugehörig. Die Schwäche des benachbarten Kgtm.s v. →Cashel führte zu (nur selten erfolgreichen) Versuchen der Kg.e v. O., sich der des Kgtm.s v. Leinster zu bemächtigen. Das Kgtm. v. O. verschwand nach der angloir. Invasion von 1169; die Region wurde stark mit engl. Einwanderern besiedelt. – Das Bm. O., das dem Kgr. korrespondierte, und durch die Synoden v. →Ráith Bresail (1111) und →Kells (1152) konstituiert worden war (Sitz in Kilkenny), war seit dem frühen 13. Jh. ausschließl. mit Angloiren oder Engländern besetzt. Einzige bemerkenswerte Bischofspersönlichkeit war der streitbare Engländer Richard Ledred OFM (1317–61), bekannt durch lat. Lieder wie durch seine Hexenprozesse. G. MacNiocaill

Lit.: D. O. CORRÁIN, Ireland before the Normans, 1972 – G. MAC NIOCAILL, Ireland before the Vikings, 1972 – F. J. BYRNE, Irish Kings and High-Kings, 1973 – Medieval Ireland 1169–1534, hg. A. COSGROVE, 1987.

Ossarium → Karner

Ossiach, ehem. OSB-Abtei (1783 aufgehoben) am gleichnamigen See nö. Villach, Kärnten; gegr. um 1024 von dem seit 993/994 bezeugten Kärntner Gewaltboten Oci (Otger) aus der Sippe der steir. →Otakare und dessen Gemahlin Irenburg. O. wurde mit Mönchen aus dem bayer. Kl. →Niederaltaich besiedelt und erhielt Besitzungen um den O.er See und im Rosental. Patriarch →Poppo v. Aquileia, Sohn des Stifters, löste vor 1028 die Abtei aus der Gewalt seines Bruders Oci(nus), des Herrn v. Cordenons in Friaul, und unterstellte sie gegen eine jährl. Geldabgabe dem Patriarchen v. Aquileia, der den kanon. gewählten Abt weihen und investieren sollte. Damit wurde O. zum Eigenkl. von Aquileia. Im 13. Jh., wohl aufgrund der »Flurbereinigung« zw. Ebf. →Eberhard II. und Patriarch →Wolfger 1212, war O. bereits Salzburger Kl., der Ebf. weihte und investierte 1264 den Abt. Die Vogtei ging auf dem Erbweg von der Stifterfamilie auf die steir. Otakare, die →Babenberger (1192) und die →Habsburger (1282) über. Bis 1484 gab es auch einen Frauenkonvent. 1436 erhielt das Kl. einen Burgfried, 1476 wurde es von den Osmanen angegriffen. Nach dem Brand von 1484 wurde O. zu einem Wehrstift umgestaltet. H. Dopsch

Lit.: B. SCHROLL, Necrologium dem. Benediktinerstiftes O. in Kärnten, AÖG 73, 1888, 275–314 – I. BODO, Gesch. des Benediktinerstiftes O. in Kärnten 1028–1783 [Diss. masch. 1966] – S. HARTWAGNER, O., Kirche und Stift, 1977 – H. DOPSCH, Die steir. Otakare (Das Werden der Steiermark, 1980), 75–139.

Ossius → Hosius v. Córdoba

Ossonoba, Bm. (Suffraganbm. v. →Mérida). Seit dem Konzil v. →Elvira (295/314) ist O. (bei Faro, südl. Portugal) als Bm. nachweisbar, dessen Grenzen laut der →'Divisio Wambae' (676) »de Ambia usque ad Salam, de ipsa usque Turrem« reichten. Die auffälligste Bf.sgestalt des spätantiken O. war Ithacius (379–386), der mit unerbittl. Härte →Priscillian bekämpfte. Nach dessen Hinrichtung (386) wurde Ithacius auf innerkirchl. Druck (Ambrosius v. Mailand, Martin v. Tours) als Bf. abgesetzt. Weitere Fakten zur Gesch. des Bm.s O. bieten erst wieder die Konzilsakten der westgot. Kirche, die für die Zeit von 589–693 fünf bfl. Amtsträger namentl. erwähnen. Mit der Landung der Muslime in Spanien wurde die Kontinuität des Bm.s für Jahrhunderte unterbrochen. Kg. Sancho I. v. Portugal restituierte nach der Eroberung →Silves' 1189 O. als Bm., verlegte aber den Bf.ssitz nach Silves, das 1577 seine Funktion an Faro abtrat. B. Schwenk

Lit.: DHEG XVI, 628–638 – HKG II/1, 137–140, s. v. Ithacius – F. DE ALMEIDA, Hist. da Igreja em Portugal. Nova edição, I, 1967, 67, 80 – A. H. DE OLIVIERA MARQUES, Hist. de Portugal, 1975, 15–35.

Ossory → Osraige

Ostanglien (East Anglia), Gebiet in O-England zw. der Wash und dem Fluß Stour, entspricht ungefähr den späteren Gft.en →Norfolk und →Suffolk. Germ. Einwanderer (foederati?) sind bereits um 400 nachweisbar (→Caistor by Norwich). Nach Beda Venerabilis kamen spätere Siedler (nicht vor 500?) vorwiegend aus Angeln, doch war die erste kgl. Dynastie (Wuffingas) wohl eher schwed. Herkunft. Die Christianisierung begann unter Kg. Rædwald († 616), der ein imperium über andere engl. Kgr.e errichtete und dessen Grabstätte wahrscheinl. das Schiffsgrab v. →Sutton Hoo ist. Nach einer heidn. Reaktion erfolgte eine erneute Missionierung, und zwei Bf.ssitze (→Dunwich, →Elmham) sowie Kl. wurden gegr., die bis zu den Wikingereinfällen bestanden. Das Kgr. O. stand zeitweise unter der Oberhoheit von →Mercien; Kg. Æthelberht wurde 794 von Kg. Offa getötet. Einen Aufschwung erfuhren Ackerbau sowie Herstellung und Export von Töpferwaren, auch entstanden qualitätsvolle Münzen. Nach 865 wurde O. von dem »Großen Heer« der Wikinger heimgesucht. Kg. Edmund fand im Kampf gegen die Dänen 869 den Tod. Zentrum seines Heiligenkultes wurde das Kl. →Bury St. Edmunds. Nach den Siegen Kg. Alfreds über Kg. Guthrum und ihrem Vertrag blieb Guthrum Kg. des s. →Danelaw, wo dessen Nachfolger das Land besiedelten und schnell zum Christentum übertraten; doch bildeten Engländer wohl den größten Teil der Bevölkerung. Allg. wird nicht mehr angenommen, daß es sich bei den 1086 (→Domesday Book) in O. ungewöhnl. zahlreich auftretenden freien Bauern um Nachkommen der dän. Einwanderer handelte. Während des 10. Jh. errichteten die Kg.e aus dem Hause Wessex ihre Herrschaft über O. und schufen die →shires, erkannten aber die bes. rechtl. und sozialen Formen des Danelaw an. Eine einzige Diöz. für O. mit einem Bf.ssitz in Elmham (1095 nach →Norwich verlegt) wurde errichtet und das monast. Leben erneuert. 1017 übertrug Kg. Knut O. – wie die anderen ehem. Kgr.e – einem einzigen Earl. Diese Regelung fand ihr Ende mit den anglo-norm. Kg.en.

Im 12., 13. und 14. Jh. zeigte sich sowohl im städt. als auch im ländl. Bereich eine gewisse Prosperität; Fischerei und Wollexport erwiesen sich bes. nach den Rückschlägen infolge der Pest und period. Hungersnöte als neue Q. des Wohlstands. Bury St. Edmunds blieb für Jahrhunderte ein bedeutendes monast. Bildungszentrum, im 14. Jh. war

Norwich ein kirchl. Bildungszentrum mit hohem Ansehen. Im 15. Jh. und frühen 16. Jh. bildete O. das klass. Gebiet der mittleren Landbesitzer (→Gentry). Es war zeitweise Schauplatz der Bewegung der →Lollarden und der Unterdrückungsmaßnahmen, die von Kirche und Kgtm. gegen sie ergriffen wurden. Die Versuche der neuen und mächtigen Hzg.e v. Norfolk und Suffolk, ihre Besitzungen und ihre Herrschaft zu konsolidieren und auszudehnen, führten zu einem weiteren sozialen Konflikt (→Rosenkriege, →Richard III.), der erst von den Tudorkg.en beendet wurde.   D. A. Bullough

Lit.: VCH Norfolk, 2 Bde; Suffolk, 2 Bde – F. M. STENTON, The Danes in England, 1927 [Repr. 1970] – D. E. A. WALLACE, East Anglia, 1943[2] – N. SCARFE, Suffolk in the MA, 1986 – B. YORKE, Kings and Kingdoms of Early Anglo-Saxon England, 1990 – P. C. MADDERN, Violence and Social Order: East Anglia 1422-1442, 1991 – C. E. MORETON, The Townshends and their World: Gentry, Law and Land in Norfolk c. 1450-1551, 1992.

Ostensorium → Monstranz

Osterchronik → Chronicon paschale

Osterfestberechnung, Osterstreit
I. Osterfestberechnung im Osten und Westen – II. Osterstreit in Irland und im angelsächsischen England.

I. OSTERFESTBERECHNUNG IM OSTEN UND WESTEN: Ostern wurde zunächst dem jüd. Mondkalender entsprechend nach dem 14. Nisan, dem ersten Vollmond nach dem Frühlingsäquinoktium, gefeiert. In Absetzung von den Juden und gegen deren neue Berechnung, die das Äquinoktium nicht mehr berücksichtigte (GRUMEL; Ostertafel v. Serdika 342/343, SCHWARTZ 122f.), entstanden schon im 3. Jh. eigene O.en. 325 verurteilte das Konzil v. Nikaia die Osterfeier 'mit den Juden' (cf. Ath., Ep. ad Afros 2) und schrieb vor, daß Ostern nach dem Frühlingsäquinoktium liegen müsse, führte aber keinen einheitl. solilunaren Kalender ein. In Rom hatte sich nach den ersten fehlerhaften Versuchen Hippolyts (CIG 4, Nr. 8613) und des anonymen Komputisten von 243 (CSEL 3,3, 248–271) auf der Grundlage eines 16jährigen Zyklus (Abweichungen von drei Tagen in 16 Jahren) der 84jährige Zyklus des *Augustalis* (sog. Laterculus, s. KRUSCH I, 5–23) durchgesetzt (Abweichungen zw. Mond- und Sonnenkalender 1¼ Tage in 84 Jahren). Er schob, sobald der 11tägige Überhang des Sonnenjahrs (Epakte) sich auf mehr als 30 Tage summierte, einen Schaltmonat ein und erweiterte die Epakte in jedem 14. Jahr um einen Tag (sog. Saltus lunae), um die noch verbleibende Differenz auszugleichen. Ab 312 legte die *Romana supputatio vetus* den Saltus lunae auf jedes 12. Jahr (cf. KRUSCH I, 32–98). Im *Osten* ersetzte im 3./4. Jh. der 19jährige Zyklus des Anatolius v. Laodicea (258 oder 277, cf. Eusebius, H. E. VII 32, 14–19) den bis dahin gebräuchl. achtjährigen Zyklus: 235 Mondmonate korrespondieren bis auf zwei Stunden mit 19 Sonnenjahren (cf. Meton v. Athen 432 v. Chr.). Die verschiedenen O.en und Ostergrenzen (16. Tag des Mondes im Westen, 15. im Osten, der 22. bzw. 21. März als frühester, der 21. bzw. 25. April als spätester Termin; bis 343 verschiedene Ansetzungen des Äquinoktiums [21. oder 25. März]) führten ab dem 4. Jh. zu zahlreichen Divergenzen zw. Osten und Westen (cf. Chronograph v. 354, MGH AA 9, 13–196). Zumeist (außer 333; 346; 349) gab offensichtl. die röm. Kirche nach, 444 und 455 erst nach längeren Auseinandersetzungen zw. Papst Leo I. und Cyrill bzw. Proterius v. Alexandrien. Victorius aus Aquitanien (KRUSCH II, 16–52) versuchte, die O. zu vereinheitlichen, indem er den 19jährigen Mond- und den 28jährigen Sonnenzyklus kombinierte. Differenzen blieben aufgrund der Ostergrenzen. 501 kam es im Kontext des Laurentian. Schismas zu einem neuen Konflikt. →Dionysius Exiguus erstellte schließlich 525 im Liber de paschate eine Ostertafel auf der Grundlage des östl. 19jährigen Zyklus, beginnend mit Christi Geburt. Er ließ die Osterfestfeier am 15. des Mondes zu und fixierte als Grenztermine den 22. März und den 25. April. Seine Berechnungen wurden im Westen erst allmähl. rezipiert. Die Tafel wurde von Felix Gillitanus und schließlich von Beda Venerabilis weitergeführt.

E. Grünbeck

Lit.: B. KRUSCH, Studien zur chr.-ma. Chronologie, I, 1880; II, 1938 – J. SCHMID, Die Osterfrage auf dem ersten allg. Konzil v. Nicäa, 1905 – E. SCHWARTZ, Chr. und jüd. Ostertafeln, 1905 – J. SCHMID, Die O. in der abendländ. Kirche vom I. Allg. Konzil zu Nicäa bis zum Ende des VIII. Jh., Straßburger Theol. Stud. 9, 1908, H. 1 – V. GRUMEL, Le problème de la date pascale aux IIIe et IVe s., REB 18, 1960, 163–178 – W. HUBER, Passa und Ostern, 1969 – A. STROBEL, Ursprung und Gesch. des frühchr. Osterkalenders, 1977 – DERS., Texte zur Gesch. des frühchr. Osterkalenders, 1983.

II. OSTERSTREIT IN IRLAND UND IM ANGELSÄCHSISCHEN ENGLAND: Die Voraussetzungen des Osterstreits, der im 6. und 7. Jh. die Kirche →Irlands und des ags. England erschüttern sollte, liegen in der dunklen Christianisierungsperiode begründet. Quellenhinweise deuten darauf hin, daß im 5. Jh. zwei getrennte Gruppen von Missionaren in Irland auftraten und zwei unterschiedl. Ostertermine vermittelten: Die aus Gallien gekommene Gruppe (unter Leitung des Palladius) führte eine wohl auf dem alexandrin. System (19jähriger Zyklus) beruhende O. ein; die aus Britannien gekommene Gruppe (unter Leitung des Patricius/→Patrick) propagierte einen wohl auf dem 84-jährigen Zyklus basierenden Osterstil. Diese fundamentale Differenz stand im Zentrum der großen Kontroverse des 6. und 7. Jh. →Adamnanus v. Hy berichtet in seiner »Vita Columbae« (I 3), daß der hl. →Columba († 597) bereits in seinen frühen Jahren den Osterstreit prophezeit hatte; als der hl. →Columban um 590 nach Gallien kam, waren die Gegensätze zw. der ir. und kontinentalen Praxis bereits offenkundig. Columban berief sich für die ir. Position auf die Autorität des Anatolius v. Leodicea, dessen Osterkanon lange als ir. Fälschung des 6. Jh. galt. (Die Authentizität wurde erst in jüngster Zeit nachgewiesen.) Durch die Wiederentdeckung der verlorenen ir. Ostertafel (frühes 5. Jh.) konnten starke Bezüge zum Werk des Anatolius aufgedeckt werden. Der Brief des →Cummianus an Abt Ségéne v. Iona (um 632), das inhaltsreichste Dokument zum ir. Osterstreit, zeigt, mit welcher Intensität die Kontroverse geführt wurde. Cummianus überliefert nicht weniger als zehn verschiedene Osterzyklen, die er geprüft hat; sein Brief ist auch ein wertvolles Zeugnis für die Argumentationsweise in einer ernsthaften Debatte der frühen ir. Kirche. Wir wissen von zwei getrennten ir. Gesandtschaften nach Rom; ca. 630/631 (südir. Kirchen) und ca. 638/639 (nordir. Kirchen), durch die eine Wiedergewinnung der kirchl. Einheit durch die bestmögliche Lösung des Osterfestproblems erreicht werden sollte.

Durch die Ausbreitung der ir. Kirche und chr. ir. Bevölkerung nach Britannien drangen die ir. Praktiken der O. auch in die frühe engl. Kirche ein. Während die Kirchen Nordenglands den ir. Bräuchen folgten, schlossen sich die Kirchen Südenglands, unter Einfluß der von Papst →Gregor I. initiierten und von →Augustinus v. Canterbury geleiteten Mission, dem stärker »orthodoxen« röm. Osterstil an. Der 19jährige röm. Zyklus, im England des mittleren 7. Jh. sporadisch belegt, wurde 664 durch die Synode v. →Whitby formell als verpflichtende Norm angenommen. Die ir. Mönche v. →Iona hielten jedoch an ihrer hergebrachten Praxis fest und gaben den 84jährigen Zyklus erst 716 auf. Brit. Kirchen bewahrten den alten Stil noch bis zur Mitte des 8. Jh. und darüber hinaus (768).

Der Osterstreit brachte eine ungewöhnl. Vielzahl von polem. und didakt. Traktaten zur Komputistik hervor; dieses Schrifttum fand seinen Höhepunkt in »De temporum ratione« des →Beda Venerabilis (725). Zwar großenteils auf älterem ir. Material fußend, setzte Bedas meisterhafte Behandlung des Problems für das weitere MA jedoch neue gültige Maßstäbe. D. Ó Cróinín

Lit.: C. W. Jones, Bedae opera de temporibus, 1943 – K. Harrison, The Framework of Anglo-Saxon Hist. to A. D. 900, 1976 – D. P. McCarthy–D. Ó Cróinín, The 'Lost' Irish 84-year Easter Table Rediscovered, Peritia 6–7, 1987–88, 227–242 – K. Schäferdiek, Der ir. Osterzyklus des 6. und 7. Jh., DA 39, 1988, 357–378 – M. Walsh– D. Ó Cróinín, Cummian's Letter De controversia Paschali and the De ratione computandi, 1988.

Osterfestbriefe (ἐπιστολαί ἑορταστικαί), jährl. bald nach Epiphanie von den Bf.en Alexandriens an die ihnen unterstehenden Kirchen Ägyptens gerichtete Hirtenschreiben, in denen der Termin des Osterfestes (→Osterfestberechnung) und ab 334 der damit verbundenen Großen Fastenzeit mitgeteilt wurde. Als wichtigstes Kommunikationsmittel dienten sie auch der vorösterl. Katechese sowie der Mitteilung wichtiger kirchl. Fragen. Die auf Ägypten beschränkte, wohl in der Verfolgungszeit ausgebildete Sitte der O. ist erstmals im 3. Jh. bei Bf. Dionysius nachweisbar. Von →Athanasios sind 31 O. (329–373) – v.a. in syr. und kopt. Übertragung – bezeugt, darunter der 39. O. (367) mit einem eingefügten Kan. bibl. Schriften. Weitere O. bzw. Teile sind erhalten u. a. von den Bf.en Petrus, Theophilus und →Kyrillos, der 29 O. moral.-prakt. Inhalts in Predigtform (homiliae paschales) hinterließ. Die Tradition der O. wurde bis ins frühe MA, auch unter muslim. Herrschaft, fortgesetzt. J. Rist

Lit.: LThK² VII, 1273–RGG IV³, 1735–A. Camplani, Le lettere festali di Atanasio di Alessandria, 1989 [Lit.] – Ders., La Quaresima egiziana nel VII secolo, Augustinianum 32, 1992, 423–432 – P. Devos, Les cinq premières Lettres Festales de Saint Athanase d'Alexandrie, AnalBoll 110, 1992, 5–20.

Osterland. Seit den territorialen Wirren im mitteldt. Raum Ende des 12. Jh. tritt im Grenzbereich zw. der Lgft. Thüringen und der Mgft. Meißen die Bezeichnung O. auf, die sich auf den Raum zw. Saale und Mulde s. von Leipzig bezieht und damit auch →Pleißenland und →Vogtland einschließt. Das von der Saale aus gesehen ö. gelegene Land (terra orientalis) war keine dauerhaft und deutl. abgegrenzte territoriale Einheit. Der Name diente aber im 14. Jh. der sich ausbildenden Verwaltungsgliederung des wettin. Territorialstaates zur Bezeichnung eines Gebietsteils, bes. in der →Chemnitzer Teilung 1382, in der das O. an die wett. Hauptlinie fiel. K. Blaschke

Q. und Lit.: Das Lehnbuch Friedrichs d. Strengen 1349/50, hg. W. Lippert–H. Beschorner, 1903 – Registrum dominorum marchionum Missnensium 1378, ed. H. Beschorner, 1933 [mit Karte] – Patze–Schlesinger II, 1, 124.

Osterleuchter → Leuchter, I, 4

Osterluzei (Aristolochia-Arten/Aristolochiaceae). Dem aus mlat. *aristolocia* u. ä. entlehnten, volksetymol. umgedeuteten dt. Namen liegt gr. aristolochia ('beste Geburt') zugrunde, wonach die aus dem Mittelmeergebiet stammende Pflanze v. a. den Wöchnerinnen helfen sollte (Dioskurides, Mat. med. III, 4). In der ma. Heilkunde diente die O. zumeist als Mittel gegen Schlangenbisse und Gifte, zur Förderung der Menstruation und Austreibung der Nachgeburt sowie in der Wundbehandlung (Circa instans, ed. Wölfel, 14; Albertus Magnus, De veget. VI, 277f.; Konrad v. Megenberg V, 4), während Hildegard v. Bingen (Phys. I, 146) die *byverwurtz* bes. zur Stärkung der Abwehrkräfte empfahl. Dabei wurden die Arten der auch 'Hohlwurz' gen. Pflanze im allg. als *aristologia rotunda* und *aristologia longa* unterschieden (Gart, Kap. 10 und 11), indes häufig miteinander bzw. mit dem Lerchensporn und dem Alpenveilchen vermengt. U. Stoll

Lit.: Marzell I, 389–395.

Ostern, Osterliturgie

I. Westen – II. Ostkirchen – III. Brauchtum.

I. Westen: 1. Der Name des jährl. Erlösungsgedächtnisses des Durchgangs Christi vom Tod zur Auferstehung geht auf hebr. »Pesach« zurück, das über gr. »Pascha« (z. B. Mt 26, 2 par.) und frühchr. Sprachgebrauch fortlebt in (it.) pasqua, (frz.) Pâques, (ndl.) Pasen u. ä.; zur Herkunft von O./(engl.) Easter vgl. J. Knobloch (Die Sprache 5, 1959), 27–45.

2. Die eine nächtl. Feier (Pannychis/Pervigilia) wird seit dem 4. Jh. von Jerusalem aus historisierend (vgl. die Herausbildung eines →Weihnacht[sfestkreises]) in Einzelfeiern entfaltet. Vorbereitet mit der 40tägigen Bußzeit (→Quadragesima) und ausklingend in der 50tägigen Festzeit (Pentekoste, →Pfingsten) ist das österl. Triduum Sacrum Zentrum des Kirchenjahres. Neben dem 40. Tag (Himmelfahrt – Apg 1, 9–11) werden Bittage (litania maior/minores) begangen. Herausgehoben sind →Karwoche und O.oktav, bis ins 9. Jh. gilt zweiwöchige Arbeitsruhe, dann verkürzt bis Mittwoch nach O. (Statuta Bonifatii c. 36: MPL 89, 824). Das Triduum passionis (→Karfreitag) wird um ein Triduum resurrectionis verdoppelt und schließlich um einen Tag zurückverlegt (→Gründonnerstag/Karsamstag bzw. O.sonntag/O.-dienstag).

3. Die »Mutter aller Vigilien« (Aug., Sermo 219: MPL 38, 1088), die am Samstagabend begann und am O. morgen endete, verliert ihren konstitutiven Zeitansatz und verkümmert, drast. verkürzt und allmähl. auf den Morgen des Karsamstags vorverlegt, als weitgehende Klerusliturgie zu einer Vorfeier von O. Am Karsamstagabend bzw. am O.morgen entwickelte sich für die Gläubigen eine Auferstehungsfeier, die z.T. mit der elevatio crucis (→Karfreitag) verbunden ist.

4. Die Liturgie der Vigil umfaßt vier Elemente: a) Lichtfeier mit Benedictio Cerei (am weitesten verbreitet der Gesang »Exsultet iam angelica turba« →Exsulterolle[n]) und Lumen-Christi-Rufen. Seit etwa dem 10. Jh. wächst dem Ritus eine Feuerweihe zu; vom 12. Jh. an wird die O. kerze geschmückt mit Kreuzzeichen und fünf Weihrauchkörnern. b) Wortgottesdienst nach dem Grundschema Lesung – (Gesang) – Gebet mit 4 bis 12 atl. und 2 ntl. Lesungen (darunter Ex 12 und 14; Mt 28, 1–7). c) Tauffeier mit Benedictio fontis und Taufe/Firmung, wobei seit dem 13. Jh. die tatsächl. Initiation in dieser Vigil immer mehr zurücktritt. d) In der Eucharistiefeier kann die Segnung der O.speisen erfolgen; eine Vesper schließt seit dem 9./ 10. Jh. im gall.-frk. Gebiet die (vorverlegte) O.vigil ab. Der O.sonntag erhält ein eigenes Meßformular mit Lesung der Auferstehungsperikope (Mk 16, 1–7); reich entfaltet werden die Gesänge durch Tropen (→Ostertropus) und Sequenzen (darunter »Victimae paschali laudes« [Wipo † 1046]). Als dramatisierendes Element entwickelt sich die »Visitatio sepulchri« (O.spiel; →Drama) mit dem Dialog »Quem quaeritis«; der Jubel des österl. Halleluja klingt im »rius paschalis« fort. Nachmittags sind O.ves-

pern mit Zug zum Taufbrunnen bezeugt (Tauffrömmigkeit). K. Küppers

Lit.: J. A. JUNGMANN, Die Vorverlegung der O.vigil seit dem chr. Altertum, LJB 1, 1951, 48–54 – H. SCHMIDT, Hebdomada Sancta, 2 Bde, 1956/57, passim [Q., Lit.] – Paschatis Sollemnia. Stud. zu O.feier und O.frömmigkeit, hg. B. FISCHER-J. WAGNER, 1959 – H. AUF DER MAUR, Feiern im Rhythmus der Zeit, I (Gottesdienst der Kirche 5, 1983), 63–98, 113–119 [Lit.].

II. OSTKIRCHEN: Die frühchr. Paschafeier, die Gedächtnis des Todes und der Auferstehung Jesu Christi in einem war, spiegelt sich bis heute in der byz.-orth. Ostervigil. Diese besteht aus der Vesper (in Jerusalem, seit dem 9. Jh. nachweisbar, mit mirakulös ausgestalteter Lichtfeier), typolog. verstandenen atl. Lesungen und Cantica, während derer bis in die spätbyz. Zeit im Baptisterium die Taufe samt Myronsalbung gespendet wurde, den zentralen österl. Lesungen aus dem NT (Röm 6, 3–11 und Mt 28, 1–20) und der Basileios-Liturgie. Seit der Ausdifferenzierung der alten Paschafeier in das Triduum Sacrum bzw. die gesamte Hl. Woche im 4. Jh. folgen dieser Vigil weitere Vollzüge und Feiern, die diese selbst immer mehr in den Hintergrund drängten: der Beginn der sog. Großen Lesungen aus der Apg, die bis zum Sonntag nach Pfingsten fortgesetzt werden, die Pannychis (Mitternachtsoffizium), die nochmals Texte und Motive des Karsamstags-Orthros aufgreift, der vom Osterkanon des Iohannes v. Damaskos beherrschte Morgengottesdienst (Orthros) sowie die →Chrysostomos-Liturgie als zweite eucharist. Feier des Tages, deren Schriftlesungen (Apg 1, 1–8 und Jo 1, 1–17) nicht festbezogen sind, sondern den Beginn der jährl. lectio continua darstellen. In der konkreten Ausgestaltung all dieser Gottesdienste, die in dem 1545 zu Venedig gedr. griech. Typikon zum Abschluß kam, konkurrieren Einflüsse der patriarchalen wie der monast. Zentren Palästinas (Anastasis und Sabbas-Kl.) und Konstantinopels (H. Sophia und Studios-Kl.). P. Plank

Ed.: Griech. und kirchenslav. Ausg. des Triodion (Triod' Postnaja) und des Pentekostarion (Triod' Cvetnaja); dt. Übers. D. IGNATIEV, Der Gottesdienst am Hl. und Hohen Samstag, 1992, 105–151 – DERS., Der Gottesdienst am Ostersonntag-Pas'cha des Herrn, 1992 – *Lit.*: J. SCHMALTZ, Das hl. Feuer in der Grabeskirche, Palästinajb. 13, 1917, 53–99 – G. BERTONIÈRE, The Historical Development of the Easter Vigil and Related Services in the Greek Church, OrChrAn 193, 1972 – G. WINKLER, Einige Randbemerkungen zum österl. Gottesdienst in Jerusalem vom 4. bis 8. Jh., OrChrP 39, 1973, 481–490 – H.-J. SCHULZ (Hb. der Ostkirchenkunde, hg. W. NYSSEN u. a., II, 1989), 30–100, bes. 66f. und 77–87 [Lit.].

III. BRAUCHTUM: Vermeintl. hohes Alter bekannter O.-bräuche fußt in mythologisierenden Deutungen, wie sie v. a. von der Romantik (z. B. J. GRIMM) in Umlauf gebracht und dabei die im 8. Jh. v. →Beda aufgestellte Hypothese einer Göttin »Ostara« wiederbelebt wurde. – Q.-krit. betrachtet, blieb im MA das Brauchtum der O.woche eng an die kirchl. Riten gebunden. Am Palmsonntag: Prozession, z. T. mit hölzernem →Palmesel. Im Todesgedächtnis Jesu beging man die Trauer-(»Finster«-)metten von Karmittwoch bis -freitag im Dunkeln; statt Läuten der Glocken Klopfen auf Holzbretter, seit dem 16. Jh. Ratschen; tumultartige Ausschreitungen des Klopfens 2. Hälfte 15. Jh. – Im Brauchtum des höchsten chr. Festes wuchs dem Ei die Hauptbedeutung zu, seit die »benedictio ovorum« im 12. Jh. Bestandteil der Speisenweihe (Laktizinien, Brot, Fleisch) in der O.sonntagsmesse wurde. Mit der Eierweihe der röm.-kath. wie der byz. Kirche holte man die in der Fastenzeit verbotenen Eier anschaul. (als »ova rubra« belegt erst 1553) in den Kreis der alltägl. Nahrungsmittel zurück. Eier- und Eierspeisen, bes. Fladen, bestimmen »nach altem Brauch« den österl. Küchenzettel des 15. Jh. Die Fastenpraxis bedingte den Eieranfall, der die Ablieferung einer größeren Anzahl (oft 100) Eier als wirtschaftsrechtl. Zinsleistung an O.n begünstigte. Daß Eierzins an kirchl. und weltl. Grundherren z. T. auch am Gründonnerstag zu entrichten war, belegen Salbücher, Abgabenverzeichnisse, Urkk. u. a. m. im 12. Jh. (Falkenstein, Mettlach, Paris), im 13./14. Jh. im ganzen oberdt. Raum. Im 15. Jh. erfaßte diese Naturalzuwendung auch Hirten, Amtsdiener, Schultheißen; freiwillige Eierspenden gingen an Spitäler und arme Leute. Das segenspendende Element der Weihe führte dazu, z. B. Eierschalen, bes. von Gründonnerstagseiern, vermeintl. heilbringend einzusetzen. Um 1520/30 verschenkte man in Franken geweihte Fladen gewohnheitsmäßig, man kannte einen Wettlauf um Fladen sowie in Niederbayern das Spiel »Eierwalgen«. Die O.predigt seit dem 15. Jh. enthielt O.märlein, um die Gemeinde nach der Fastenzeit zu erheitern (risus paschalis). Der Zusammenhang zw. Feuerweihen am Ostersamstag (seit dem 11. Jh.) und Osterfeuern (belegt im 16. Jh.) ist ebenso noch zu untersuchen, wie die Herkunft des O.hasen als Kindermythologie (erstmals erwähnt Heidelberg 1682). K. Göbel-Schauerte

Lit.: A. FRANZ, Die kirchl. Benediktionen im MA, I, 1909 – H. MOSER, O.ei und O.gebäck. Brauchgeschichtl. aus bayer. Q., Bayer. Jb. für Volksk., 1957, 67ff. – J. KNOBLOCH, Der Ursprung von nhd. Ostern, engl. easter, Die Sprache 5, 1959, 27ff. – V. WENDLAND, O.märchen und O.gelächter, 1980 – D.-R. MOSER, Bräuche und Feste im chr. Jahreslauf, 1993.

Osterpredigt → Predigt

Österreich. Der Begriff 'Ö.' war im MA zahlreichen Wandlungen unterworfen. Ein über ein Jahrtausend hin gleichbleibend begrenzter Raum läßt sich damit nicht verbinden. Als Ö. im engeren Sinne wird man die Landschaften des Donaubur. zw. Inn und March bzw. Leitha und das s. davon liegende Voralpengebiet sowie den sog. Nordwald bezeichnen können.

I. Völkerwanderung und Karolingerzeit – II. Zeit der Babenberger – III. Spätmittelalter – IV. Wirtschaft und Gesellschaft.

I. VÖLKERWANDERUNG UND KAROLINGERZEIT: In der Spätantike gehörte dieser Raum zu den Provinzen Noricum ripense (→Noricum) und Pannonia prima (→Pannonien). Dazu kam das von den Germanen punktuell besiedelte Wald- und Hügelland im N der Donau. Vorort Ufernoricums war Ovilava (→Wels), das im 5. Jh. von →Lauriacum (Lorch) abgelöst wurde. Der bedeutendste Ort an der westpannon. Donau war Carnuntum. Seit dem 5. Jh. war das Donauland der Willkür wandernder Stämme ausgeliefert. Nach 454 setzten sich n. der Donau die ostgerm. →Rugier fest (Zentrum: Krems-Stein), die ihre Herrschaft nach W bis über den Strengberg ausbreiteten. Aus dieser Zeit ist das Wirken des Mönchs →Severinus überliefert, dessen Einfluß bis über Iuvavum (→Salzburg) hinaus reichte. 488 wurden die Rugier von den →Herulern verdrängt, die ihrerseits 508 den →Langobarden weichen mußten. Diese rückten bis ins Tullner Feld und in die Gegend um Wien vor. Ihnen folgten nach 568 die →Avaren, mit denen die →Slaven ins Ostalpenland einsickerten, wo sie auf die Bayern trafen. Der Antagonismus dieser Völker sollte im 7. und 8. Jh. den norischen Donauraum entscheidend prägen. Obwohl die →Bayern um 660 den Wienerwald erreicht haben dürften, bildete sich der Ennsfluß als Grenze der Interessensphären heraus. Das im Ostalpenraum entstandene Karantanenreich berührte von S her »österr.« Gebiet. Verbindungen zu der n. des Semmerings bestehenden sog. Köttlacher Kultur (→Köttlach) sind anzunehmen. Die bayer. Siedlung erfolgte entlang der Römerstraßen, v. a. w. der Traun. Agilolfing. Hzg.shöfe befanden sich in Ranshofen, Ostermiething, Mattighofen, Alkoven, vielleicht auch in Lorch und am Attersee. Zw. Enns und Wienerwald ist mit einer Pufferzone zu den Avaren zu rechnen. Slaven siedelten vorwiegend in diesem Bereich, aber auch w. der Enns im Kremstal und im Windischgarstener Becken.

Über die kirchl. Entwicklung jener Zeit ist wenig bekannt. Chr. Kultkontinuität kann in Lorch und am Georgenberg (Kremstal) angenommen werden, während das Bm. Lorch die Völkerwanderung nicht überdauert hat. Neue Anstöße kamen im 8. Jh. durch die agilolfing. Kl.gründungen (→Mondsee 748, →Kremsmünster 777).

Die Beseitigung der agilolfing. Herrschaft und die Zerstörung des Avarenreiches durch die Karolinger führten zu einer Neuorganisation des Gebiets. Das bayer. Ostland wurde von der Verwaltung des Hzm.s getrennt, das eroberte Land in eine Mark zw. Enns und Wienerwald und in eine Mark Oberpannonien (prov. Avarorum, Hunia, Sclavinia) geteilt. Nö. davon etablierte sich ein kleines slav. Fsm. um Gars/Thunau am unteren Kamp. Die frk. Gft.sverfassung scheint im Ostland nicht durchgedrungen zu sein. Genannt wird nur der Grunzwitigau (ö. des Dunkelsteiner Waldes), den man als Kerngebiet einer polit. Raumgestaltung ansehen kann. Die Kolonisation, die auch Gebiete ö. des Wienerwaldes betraf, wurde vielfach von Kl. getragen (Kremsmünster, Metten, →Moosburg, →Herrieden, →Niederaltaich). Kirchl. gehörte der Donauraum bis zur Raab zur Diöz. Passau, das s. Niederö. zu Salzburg. Seit 856 war die marchia orientalis direkt Karolingern unterstellt (Karlmann, Arnulf) und wurde in deren Auseinandersetzung mit dem Großmähr. Reich (→Mähren) und den Grenzgf.en verwickelt. Seit 881 beunruhigten die →Ungarn das Ostland; 907 kam es durch die Niederlage der Bayern bei Preßburg zum Zusammenbruch der Markenorganisation. Das Gebiet ö. der Enns mußte aufgegeben werden, ein Grenzgf. unter ung. Oberhoheit dürfte weitergewirkt haben. Die Ungarn haben sich in Ö. nirgends in größerem Umfang niedergelassen und jenseits ihrer militär. Präsenz kaum Einfluß ausgeübt.

II. ZEIT DER BABENBERGER: Nach der Niederlage auf dem →Lechfeld 955 räumten die Ungarn das Land bis zum Wienerwald. 970 wird ein Mgf. →Burchard gen. Die otton. Mark gliederte sich um die Donau und war mehr den Siedlungs- und Verkehrsgegebenheiten angepaßt als die größere, in die Tiefe des Raums angelegte karol. Mark. Jene verlief etwa von der Enns über die Voralpen und den Wienerwald bis zu den Tullnbächen; n. der Donau reichte sie geringfügig in den Nordwald (Machland, Ispertal). 976 wurde die Mark einem Gf.en Liutpold übertragen, mit dem die babenberg. Periode begann (→Babenberger). 996 wird erstmals der Name *Ostarrichi* für einen Teil der Mark gebraucht (DD O III.232), ohne daß daraus staatsrechtl. Konsequenzen abgeleitet werden könnten. Im N und O war die Mark »offen«; hier war der Erweiterung des Reichsgebiets möglich: 991 überschritt der Mgf. den Wienerwald, 995 wird n. der Donau die urbs →Krems genannt. Um die Mitte des 11. Jh. war im N die Thaya erreicht, während sich gegen Ungarn die Leithagrenze allmähl. festigte. Unter Mgf. →Ernst wurden die kleinen sal. Marken im Vorfeld der Babenberger (Böhm. Mark, Neumark) mit deren Herrschaftsgebiet vereint. Diese Erweiterung des Reichslands hatte eine Siedlungswelle im Gefolge, die auch dem Nordwald zugute kam. Eine hauptsächl. von mgfl. Ministerialen getragene Rodungsbewegung nahm jetzt ihren Anfang. Die Ostausweitung der Mark bedingte eine Verlagerung des babenberg. Zentrums von →Melk nach →Tulln, aber auch nach Gars/ Thunau, wo das slav. Kleinsfm. 1041 vernichtet worden war. Der →Investiturstreit bedeutete für die Entwicklung des Donaulandes einen Einschnitt. Mgf. →Leopold II. wechselte auf die Seite der Gregorianer, woraufhin die Mark ab- und dem ks.treuen Hzg. →Vratislav II. v. Böhmen zugesprochen wurde. Doch konnte sich Leopold II. trotz seiner Niederlage in der Schlacht b. →Mailberg (1082) in der Mark halten. Ansätze einer Territorialisierung Ö.s lassen sich unter Mgf. →Leopold III. erkennen, dem sich durch seine Heirat mit Agnes, Tochter Heinrichs IV., neue Herrschaftsmöglichkeiten eröffneten. Leopold betrieb energisch den Ausbau der mgfl. Stellung, wobei er die edelfreien Geschlechter mehr und mehr ausschaltete. In der Spätzeit Leopolds III. wurde für die Mark erstmals der Ausdruck 'Austria' verwendet (»offiziell« 1147 in DD Ko III. 173). Die Übernahme des bayer. Hzm.s durch die Babenberger drohte Ö. zu einem Nebenland absinken zu lassen. Als Ks. Friedrich I. im Zuge seiner Ausgleichspolitik Ö. 1156 zu einem v. Bayern unabhängigen Hzm. erhob (→Privilegium minus), trug er der verfassungsrechtl. Entwicklung des Reiches Rechnung. Der Traungau gehörte weiterhin zu Bayern, die Rodungsherrschaften n. der Donau in der Riedmark kamen an die Babenberger. Im Waldviertel führte die fortschreitende Rodung zu einem Konflikt mit Böhmen, so daß Friedrich I. die Grenzen zw. diesem und dem Hzm. Ö. festlegen mußte (1179 Hoftag in →Eger). 1180 war auch die karantan. Mark von Bayern getrennt und zum Hzm. erhoben worden. →Leopold V. schloß mit dem neuen Hzg. →Otakar IV. 1186 einen Erbvertrag (→»Georgenberger Handfeste«), der 1192 die Steiermark an Ö. brachte. Unter →Leopold VI. wurden die Erwerbsstrategien fortgesetzt: Erbschaft, Kauf, Enteignung vermehrten den landesfsl. Besitz v. a. im Donautal, im Wald- und Mühlviertel. Doch wurden auch die inneren Strukturen Ö.s durch die Privilegierung von Städten und die Förderung von Handel und Verkehr verbessert. Bemühungen um die Errichtung eines Bm.s in Wien scheiterten. Die mannigfaltigen Krisen unter Hzg. →Friedrich II. gipfelten in der Auseinandersetzung mit dem gleichnamigen Ks., der den Hzg. ächtete und die beiden Hzm.er als heimgefallen betrachtete (1236/37). Doch änderte sich die polit. Konstellation, und 1245 war der Ks. bereit, Ö. zu einem Kgr. zu erheben. Der weitgediehene Plan kam wegen des stauf.-päpstl. Gegensatzes nicht zur Ausführung. Die erste Aufzeichnung des österr. →Landrechts zeigte an, daß die Landwerdung zu einem Abschluß gekommen war. Das plötzl. Ende des Hzg.s 1246 ließ Ö. und Steiermark aufgrund ihres fortgeschrittenen territorialen Status zu einem begehrten Objekt fsl. Aspiration werden.

Am →Landesausbau in babenberg. Zeit beteiligten sich v. a. die Reformkl. (u. a. →Göttweig, →Heiligenkreuz, →Zwettl, Geras, Baumgartenberg). Die Neusiedler waren überwiegend Bayern, doch lassen die engen Verbindungen des Adels im Reich auch eine andere Herkunft vermuten. Die slav. Bevölkerung des Donauraums wurde bereits in karol. Zeit assimiliert, slav. Ortsnamen blieben erhalten. Am Ende des 10. Jh. sind passauische Diözesansynoden in der Mark überliefert. Seit dem Investiturstreit wurde die kirchl. Organisation verbessert: Urpfarren, Dekanate, Archidiakonatssprengel gliederten das Land v. a. w. der Ybbs. Im 12. Jh. nahm die Zahl der Kl.gründungen stark zu, so daß bes. das Gebiet zw. Inn und Enns als dichte Kl.landschaft bezeichnet werden kann.

III. SPÄTMITTELALTER: Ottokar II. Přemysl v. Böhmen und Béla IV. v. Ungarn teilten sich 1254 im Vertrag v. Ofen das babenberg. Erbe. Dabei erhielt der Böhmenkg.

Ö., vermehrt um die Gft. Pitten, Wiener Neustadt und den Traungau. Damals wurde der Adel des Landes w. der Enns herrschaftsmäßig von der Steiermark getrennt. Bereits 1252 taucht für jenes Gebiet der Name 'Austria superior' auf. Nach Ottokars Tod belehnte Kg. Rudolf v. Habsburg seine Söhne Albrecht und Rudolf »zu gesamter Hand« mit den erledigten Reichslehen (1282). Die Alleinherrschaft Albrechts I. (seit 1283) bedeutete einen Rückschlag für die Position des österr. Adels. Der neue Hzg. bevorzugte seine schwäb. Gefolgsleute. In dieser Zeit wird die Entstehung eines selbständigen Landes ob der Enns schrittweise sichtbar. Dazu trug wesentl. die Ausweitung der hzgl. Jurisdiktion auf die landrechtl. Sonderbezirke (Machland, Riedmark, Ischlland) bei. In der nächsten Generation wurde der Ausdruck 'dominium Austriae' als Sammelbegriff für die habsbg. Herrschaft verwendet: die Bezeichnung für das Land wurde auf die Dynastie bezogen. Unter →Albrecht II. gelang den →Habsburgern die Erwerbung →Kärntens (1335); in den 40er Jahren häuften sich Naturkatastrophen und Seuchen in den habsbg. Ländern, deren Höhepunkt die →Pest 1348/49 darstellte. Ks. Karl IV. verlieh dem Hzg. das »Privilegium de non evocando«, das einen weiteren Schritt in Richtung Landeshoheit in Ö. bedeutete. Albrechts ältester Sohn, →Rudolf IV., lebte in ständiger Rivalität mit den →Luxemburgern und trachtete, Ö. den seit der →Goldenen Bulle (1356) bevorrechteten kfsl. Territorien anzugleichen. Zu diesem Bestreben gehörte der vom Hzg. initiierte Komplex gefälschter Kg.surkk., deren bekannteste das sog. →Privilegium maius ist. Eine folgenreiche Ausweitung der habsbg. Herrschaft gelang Rudolf mit der Erwerbung →Tirols (1363). Seine Brüder teilten 1379 diese von Elsaß bis nach Ungarn reichende Ländermasse, wobei das eigtl. Ö. im Besitz der älteren (= albertin.) Linie verblieb. Hier vermochte →Albrecht III., die letzten reichsunmittelbaren Herrschaften (→Schaunberg, →Hardegg) in das Hzm. einzugliedern. Zw. 1395 und 1411 kam es zu fortwährenden Besitzteilungen und Herrschaftsregelungen, die allmähl. zur Herausbildung von drei Länderblöcken um die Kerngebiete Ö., Steiermark und Tirol führten. Das 15.Jh. entbehrt in Ö. der großen hist. Linien. Albrecht V. förderte zwar die Melker Reform (→Melk), machte aber von seiner Kirchenhoheit schrankenlos Gebrauch. 1420 ließ er die Juden vertreiben, denen er u. a. Verbindungen zu den →Hussiten vorwarf. Diese suchten das Land n. der Donau wiederholt schwer heim. Dagegen schuf Albrecht V. (seit 1438 dt. Kg.) ein Verteidigungssystem, das die Vierteleinteilung von Niederö. vorsah (1478 auch in Oberö. übernommen). Albrechts nachgeborener Sohn →Ladislaus Postumus stand unter der Vormundschaft Friedrichs V. (aus der steir. Linie), dem aber die mächtig gewordenen Stände entgegenarbeiteten. Diese polit. Situation prägte die Jahre bis zu Ladislaus' frühem Tod (1457) und mündete in die Auseinandersetzung des 1452 zum Ks. gekrönten Friedrich (III.) mit seinem Bruder Albrecht VI. (1451 Mailberger, 1460 Göllersdorfer Bund). Dieser herrschte seit 1458 selbständig in Linz und belagerte 1462 den Ks. in der Wiener Burg. In der Zeit polit. Beruhigung nach Albrechts Tod verwirklichte Friedrich III. den alten Bm.splan für →Wien (1469, ebenso Wiener Neustadt). In den 70er Jahren begann der langwierige Kampf mit Kg. Matthias I. Corvinus v. Ungarn, der 1487 ganz Niederö. besetzte. Erst 1490 eroberte Maximilian I. das Land zurück und vereinte somit den gesamten habsbg. Besitz wieder in einer Hand. Er unternahm eine Verwaltungsreform seiner Erblande, in denen er sog. Regimente einsetzte. Ö. wurde mit Steiermark, Kärnten und Krain zu einer Einheit zusammengefaßt. Im Rahmen der Reichskreiseinteilung wurden alle ö. Länder zu einem Kreis vereinigt (1512).

IV. WIRTSCHAFT UND GESELLSCHAFT: Die »Vita Severini« zeigt die einfachen Bedürfnisse und beschränkten Möglichkeiten einer kleinräumig orientierten Gesellschaft. In der Folgezeit liefern nur karge Angaben in Urkk. und Traditionsbüchern Aussagen zur Wirtschaft. In der →Raffelstettener Zollordnung (um 903/906) wird der Umfang des Handels v. a. auf dem Donauweg (→Donau) deutlich; daneben bestand auch reger Verkehr mit Böhmen. An Handelsgütern werden Salz, Wachs, Pferde, Rinder und Sklaven aufgezählt. Bereits in der Karolingerzeit erfolgte der Übergang von der Feldgras- zur Dreifelderwirtschaft. Hafer und Roggen waren die wichtigsten Getreidesorten, anfängl. auch Hirse. Daneben spielten noch Flachs und Mohn eine nicht zu unterschätzende Rolle. Hopfenanbau gewann im 15.Jh. an Bedeutung. Ladislaus Postumus erließ 1454 ein Verbot des Bierimports. Vornehmste Kulturpflanze war die Weinrebe (→Wein). Die wenig bedeutende Viehzucht betraf im wesentl. die Schweinehaltung; im Voralpenland gab es Schafzucht. Der →Bergbau konzentrierte sich auf die Salzgewinnung (Aussee, Hallstatt, Bad Hall), die aber erst in habsbg. Zeit gegen die harzer. Produktion bestehen konnte. Sie bedingte eine umfängl. Holzwirtschaft, die auch die Voraussetzung für Papiermühlen und Glashütten bildete (Riedmark, Waldviertel). Vom steir. Erzberg profitierte das spezialisierte Handwerk der sog. »Eisenwurzen« beiderseits der Enns (v. a. Steyr).

Die Donau blieb auch im SpätMA die wichtigste Handelsstraße. Seit dem 15.Jh. förderten Brücken (Wien, Krems, Linz) die Konzentration auf bestehende Handelsplätze. Donauabwärts wurden v. a. Tuche und Salz gehandelt, von Wien nach Schwaben und Bayern in erster Linie Wein. Nach Ungarn gingen Textilprodukte und Eisenwaren, während von dort Vieh bezogen wurde. An Landwegen muß die Straße nach Böhmen über das babenberg. →Freistadt erwähnt werden. Als Wien 1221 das Stapelrecht erhielt, bedeutete das ein Monopol im Ungarnhandel. Das gleiche Recht für Passau (1390) schädigte hingegen den österr. Handel schwer im Hinblick auf die oberdt. Märkte. Um die Mitte des 15.Jh. beherrschten Augsburger Kaufleute (wie schon im 12.Jh. die Regensburger) den Donauhandel bis in die Slowakei. Die Juden, die im Geld- und Wechselgeschäft eine große Rolle spielten, waren seit 1420 aus dieser Position verdrängt.

Die soziale Lage der Bevölkerung ist für das frühe MA kaum zu bestimmen. Unter Karlmann (seit 856) änderte sich die Siedlungsverfassung, die die Berechtigung zum Waffendienst auf den Besitz von mindestens vier Hufen einschränkte. Es kam zu einer Abnahme des freien Bauerntums zugunsten halbfreier Hintersassen und unfreier Knechte. Einen Sonderstatus hatten die sog. »Barschalken, die erbberechtigt, aber zinspflichtig waren. Ein Zusammenhang mit den gleichfalls v. a. im w. Traungau ansässigen Romani tributales wird vermutet. In babenberg. Zeit war der Freibauer eher die Ausnahme (Hausruck, Ispertal, Wachau), hauptsächl. Leiheformen waren Freistift (→Freistiftrecht) und →Leibgedinge. In der Umgebung der Städte und in Weinbaugebieten entwickelten sich bessere Leiheformen, wie →Burg- und →Bergrecht. Seit dem 14.Jh. verschlechterte sich die bäuerl. Situation infolge der allg. Landnot: existenzbedrohende Güterteilungen ließen ein Landproletariat entstehen. Zahlreich waren die →Wüstungen im Wiener Becken, Marchfeld und Hausruck. An der Spitze der städt. Bevölkerung standen die Erb- oder Ratsbürger, eine durch Handel reich gewordene Oberschicht, die oft in verwandtschaftl. Beziehungen zum Rittertum oder zu der stadtherrl. Ministerialität stand. Die stärkste Gruppe bildeten die Handwerker und Händler, denen erst im SpätMA der Zugang zur städt. Verwaltung ermöglicht wurde. Sie waren in Gilden, Zechen oder Zünften organisiert. →Juden waren in allen wichtigen Städten ansässig, entweder in eigenen Stadtvierteln oder in Judendörfern außerhalb der Mauern. Sie besaßen verschiedene Privilegien des Landesfs.en (z. B. Hzg. Friedrichs II. 1244). Von den alten adligen Geschlechtern sanken viele in den Ministerialenstand ab, zahlreiche starben aus. Im 13.Jh. kam es zu einem Zusammenschluß der einflußreich gewordenen Ministerialen mit noch bestehenden hochfreien Familien zum Stand der →Landherren. Deren wachsende polit. Bedeutung führte zur Ausbildung der sog. »gemeinen Landschaft«, der Landstände (→Stände), zu deren führenden Gruppen (Herren, Ritter, Prälaten) die Vertreter der landesfsl. Städte und Märke hinzutraten. An ihrer Spitze stand ob der Enns der Landeshauptmann, in Niederö. der Landmarschall. 1396 das erste Mal in Wien zusammentretend, erlebten sie den Höhepunkt ihrer Macht zur Zeit der habsbg. Teilungen. V. a. wegen ihres Rechts auf die Bewilligung der vom Landesfs.en geforderten außerordentl. Steuern war der Landesfs. vielfach auf sie angewiesen. G. Scheibelreiter

Q.: A. Lhotsky, Q.kunde zur ma. Gesch. Ö.s, 1963 – Q. zur Gesch. Ö.s, hg. E. Zöllner, 1982 – Lit.: M. Vancsa, Gesch. Nieder- und Oberö.s, 1905 [1927] – E. Tomek, Kirchengesch. Ö.s, I, 1937 – M. Mitterauer, Karol. Mgf.en im Besitz sondig – K. und M. Uhlirz, Hb. der Gesch. Ö.s, I, 1963² – F. Tremel, Wirtschafts- und Sozialgesch. Ö.s, 1969 – Zöllner-Spindler I, 1981² – W. Brauneder-F. Lachmayer, Österr. Verfassungsgesch., 1983³ – K. Gutkas, Gesch. des Landes Nieder-Ö., 1983⁶ – C. Bruckmüller, Sozialgesch. Ö.s, 1985 – F. Reichert, Landesherrschaft, Adel und Vogtei, 1985 – S. Haider, Gesch. Oberö.s, 1987 – H. Wolfram, Die Geburt Mitteleuropas, 1987 – H. Dienst, Regionalgesch. und Ges. im HochMA am Beispiel Ö.s, 1990 – →Babenberger, →Habsburger.

Österreichische Reimchronik → Ottokar v. Steiermark

Osterspiel v. Muri, ältestes erhaltenes geistl. Spiel in dt. Sprache (→Drama, V), Mitte des 13. Jh. in der Schweiz, vielleicht in Zürich, entstanden (Datierung aufgrund paläograph. Anhaltspunkte), fragmentar. in weiterverwendeten Pergamentstreifen überliefert (Vulgatadruckbände aus dem Besitz eines Zürcher Bürgers, früher Bibl. der Abtei →Muri, heute Kantonsbibl. Aarau), die offenbar aus einer Soufflierrolle stammen. Der Text beschränkt sich bis auf zwei lat. Antiphonnotizen auf die Angabe der Personen und deren Rollentexte; Regieanweisungen und sonst zum Osterspiel gehörige lit. liturg. Gesänge wurden bei der Aufzeichnung wahrscheinl. bewußt ausgespart. Anfang und Schluß des Spiels fehlen, erhalten sind die Entsendung der Grabwächter, die Auferstehung in rein szen. Gestaltung, die Verhandlung zum Verschweigen der Vorgänge, Krämerszene, Höllenfahrt, Salbenkauf und Visitatio der Marien am Grab, Begegnung Maria Magdalenas mit Christus als Gärtner.

Das O. v. M. steht – entgegen der älteren Annahme völliger Selbständigkeit (Ranke) – in der Tradition lat. Osterspiele, markiert aber mit seinem dt. Text in der Gesch. des geistl. Spiels einen Medienwechsel. Die gewandte sprachl. und verstechn. Gestaltung setzt die höf. Dichtung voraus. Das Spiel zielt auf ernsthafte Präsentation des zentralen Ostergeschehens, wofür ein Kirchenraum oder städt. Platz als Aufführungsort und ein geistl. Spielleiter anzunehmen sind. U. Schulze

Ed.: Das O. v. M. nach alten und neuen Frgm.en, ed. F. Ranke, 1944 – Das Innsbrucker Osterspiel. Das O. v. M., Mhd. und Nhd., ed. R. Meier, 1962 – Lit.: Verf.-Lex² VII, 119–124 [M. Wehrli; Lit.] – R. Bergmann, Überl., Interpretation und lit.gesch. Stellung des O.s v. M., Internat. Arch. für Sozialgesch. der dt. Lit. 9, 1984, 1–21 – Ders., Kat. der dt.spr. geistl. Spiele und Marienklagen des MA, 1986, 37–39 [Lit.].

Osterstreit → Osterfestberechnung

Ostertafeln (tabulae, cycli, canones paschalis, κύκλοι), Tafeln für die Berechnung des Osterfestes (→Osterfestberechnung), aus denen das Datum des Ostersonntags für eine Reihe von Jahren im voraus zu entnehmen war. Sie enthielten nicht nur das Datum des Ostervollmondes und des Ostersonntags, sondern auch eine Anzahl von Zeitcharakteren (Mondzirkel, Concurrentes, Regulares, Claves Terminorum), deren man sich zur Berechnung des Festes und zur Kontrolle dieser Berechnung bediente. Ostern wurde dann ohne Rücksicht auf den tatsächl. Mondverlauf anhand dieser Tafeln gefeiert. Bei den O.n sind die oriental. (alexandrin.) und die abendländ. zu unterscheiden. Die alexandrin. Tafeln, von denen die bedeutendsten die des →Kyrillos waren, fanden in Spanien, Gallien, Britannien und Irland Verbreitung. Für die lat. Kirche waren bis Mitte des 5. Jh. nacheinander verschiedene, techn. unzureichende Tafeln in Gebrauch, u. a. die ältere und jüngere »Supputatio Romana«, sog. Zeitzer O., der Kanon des →Victorius. Alle diese Tafeln weisen z. T. erhebl. Abweichungen im Ostertermin gegenüber den alexandrin. Tafeln auf. Erst →Dionysius Exiguus setzte 526 in Rom die Annahme des exakteren alexandrin. Osterkanons durch und machte damit den Osterfeststreitigkeiten ein Ende. Nach alexandrin. System erstellte er nun seine Tafeln mit einem 19jährigen Mondzyklus. Epochemachend wirkte aber →Beda Venerabilis, als er 725 unter enger Anlehnung an Dionysius eine O. konstruierte. Sie war als Zyklus von 532 Jahren aufgebaut, so daß man nach dessen Ablauf wieder zum Jahre 1 zurückkehren konnte. Bedas O. wurde zur Grundlage aller ma. Osterfestberechnungen; alle späteren Komputisten sind von ihm abhängig. →Komputistik, →Chronologie, C.I,6. P.-J. Schuler

Lit.: F. Rühl, Chronologie des MA und der NZ, 1897, 113–132 – G. Ginzel, Hb. der math. und techn. Chronologie, III, 1914, 232–251.

Ostertropus. Der O. »Quem quaeritis in sepulchro«, chorisch oder antiphonal vorgetragener Gesang, war bis zum Konzil v. Trient Teil der Osterliturgie (→Ostern, Osterliturgie; →Tropus), entstanden durch Texierung eines langen Melismas des Osterintroitus »Resurrexi« oder als selbständige Schöpfung für liturg. Zweck. Heimat und Entstehungszeit sind umstritten und über die älteste Überlieferung im 10. Jh. hinaus (St. Martial/Limoges zw. 923–936, Mainz um 960, St. Gallen um 975) wohl nicht ermittelbar. Der O. stellt die Keimzelle der lat. Osterfeiern dar, die als Einlage von unterschiedl. Umfang zw. dem 3. Responsorium und dem »Te deum« der Ostermatutin die Ereignisse des Ostermorgens um den Besuch der drei Marien am Grab Christi mit lat. Gesängen szenisch darstellen. U. Schulze

Ed.: Lat. Osterfeiern und Osterspiele, ed. W. Lipphardt, T. I-VI, 1975–81; Nr. 76–79 u.ö. – Lit.: Verf.-Lex.² VII, 92–108 [H. Linke-U. Mehler; Lit.] – H. de Boor, Die Textgesch. der lat. Osterfeiern, 1967.

Ostfalen → Sachsen

Ostfränkische Reichsannalen → Reichsannalen

Ostfränkisches Reich. [1] *Begriff:* In der offiziellen Rechtssprache spiegelt sich das O.R. am besten wider in den Kg.surkk. Ludwig d. Dt. begann 833, sein (Teil)regnum in orientali Francia (→Francia) zu bezeichnen. Später tritt eine ethn. Bereichsbezeichnung hinzu: Hludowicus rex germaniae. →Notker Balbulus umschrieb in seiner »Gesta Karoli Magni« den Herrschaftsbereich Ludwigs d. Dt. konkreter. Dieser ist für ihn »rex vel imperator totius Germanie, Rhetiarumque et antiquae Francie nec non Saxonie, Turingie, Norici, Panoniarum atque septendrionalium nationum«. S.a. →Franken, Frankenreich.

[2] *Entstehung des Ostfränkischen Reiches:* Nach dem Tode Ludwigs d. Fr. (840) entstand nach langen Verhandlungen der Kompromiß des Vertrags v. →Verdun 843. Dieser Vertrag, dessen Text nicht überliefert ist, bildet das hist. Gegenstück zur →Ordinatio imperii des Jahres 817. Zwar sollte das Prinzip der Reichseinheit nicht aufgehoben werden, doch war eine Oberherrschaft Lothars als Ks. über die beiden Brüder und deren autonome Reichsteile nicht mehr vorgesehen.

Der Reichsteil Ludwigs (er war seit 817/826 Unterkg. v. Bayern und hatte zwischenzeitl. mehrfach – ohne dauernden Erfolg – die gesamten ostrhein. Gebiete beansprucht) umfaßte seither offiziell die Gebiete ö. von Rhein (Germania, s.o.) und Aare, im O bis zu den unabhängigen slav. Stammesgebieten und Reichsbildungen (Grenzsaum etwa Elbe, Saale, Böhmerwald, Ostabfall der Alpen). Im S umfaßte er den größten Teil der Ostalpen. W. des Mittelrheins wurden Ludwig d. Dt. noch die Gebiete um Mainz, Worms und Speyer propter vini copiam zugestanden. Damit waren jene Gebiete, die im späteren Dt. Reich die vis maxima regni bildeten, fester Bestandteil des O.R.es. Die Macht des Faktischen hat das O.R., das geschlossener, aber wirtschaftl. und polit. weniger bedeutend als das Mittelreich Lothars und das westfrk. Reich war, zusammengehalten. Das Reich Ludwigs d. Dt. wurde nach seinem Tode (876) unter seinen Söhnen Karlmann (Bayern und seine Marken), Ludwig III., »d. Jüngeren«, (Franken und Sachsen) und Karl »d. Dicken« (Schwaben) aufgeteilt.

Nach Lothars II. Tod († 869) war es unter Druck Ludwigs d. Dt. auch zur Teilung →Lotharingiens gekommen (Vertrag v. →Meerssen, Sept. [?] 870). Durch diese Teilung erhielt Ludwig die Bm.er Lüttich, Trier und Metz, das Elsaß und den Raum Toul. Damit wurde die W.grenze bis zur Maas-Mosel-Linie verschoben, durch die Verträge v. Verdun (879) und →Ribemont (880) bis zur Schelde, Maas und Saone. Auch weiterhin strebten karol. Teilreichskg.e nach der Herrschaft im frk. Gesamtreich.

[3] *Ostfränkisches Reich und Gesamtreich:* Das frk. Gesamtreich wurde noch einmal durch Karl III. wiederhergestellt (885–887). Auch dessen Nachfolger Arnulf v. Kärnten konnte noch einmal die Ks.krone gewinnen, nicht aber den westfrk. Raum. Arnulf v. Kärnten entschloß sich zur Wiederherstellung des Regnum Lotharii, um 895 seinen Sohn →Zwentibold hier einzusetzen. Zwentibold fiel jedoch 900. Die Ratgeber Ludwigs d. Kindes designierten daraufhin den Franken Gebhard zum Hzg. des regnum quod Lotharii dicitur. 911, als die Nachkommen Ludwigs d. Dt. ausgestorben waren und die Ostfranken den Nichtkarolinger Konrad zum Kg. wählten, unterstellten sich die Lotharinger dem westfrk. Kg. Erst Heinrich I. gelang es wieder, nach 923 Lotharingien zurückzugewinnen.

[4] *Regierung Konrads I. und Heinrichs I.:* Im ausgehenden 9. Jh. verstärkte sich die Bedrohung durch die Slaven (bes. die Mährer) und die Normannen. Hinzu kamen seit etwa 900 die Einfälle der Ungarn. Durch die Herausforderung von außen und die Schwäche der ostfrk. Kg.e wurden die regionalen Kräfte stärker. In den ostfrk. Kleinreichen (»regna«) setzten sich Große im marchio/dux-Rang (sog. »Stammeshzm.er«) mit weitgehend selbständiger Politik durch. Dieser Herausforderung war Kg. Konrad I. nicht gewachsen. Nach seinem Tode (918) stand der Zusammenhalt des O.R.es wie nie zuvor in Frage, da auch Sachsen und Bayern begannen, sich vom O.R. zu lösen. Es vergingen Monate, bis 919 ein frk.-sächs. Bündnis die Voraussetzung für die Kg.swahl Heinrichs I. bot. Schwaben und Bayern schlossen sich nicht an. Etwa gleichzeitig hat Hzg. →Arnulf v. Bayern wohl ein eigenes Kgtm. angestrebt. Wie brüchig das Zusammengehörigkeitsgefühl im O.R. war, zeigt für Bayern das »Fragmentum de Arnulfo duce«, das sich über Einmischungen Konrads I. und Heinrichs I. (d.h. der Sachsen) in Bayern bitter beschwert.

Nach außen wurde die Eigenständigkeit des Ostreiches erstmals 921 durch den Vertrag v. →Bonn zw. dem westfrk. Kg. Karl III. und Kg. Heinrich I. markiert. Die Kg.e und ihre Großen beschworen hier die Unabhängigkeit beider Reiche, wobei Heinrich I. als »rex Francorum orientalium«, Karl als »rex Francorum occidentalium« bezeichnet wird. 925 konnte Heinrich I. Lotharingien für sein Reich gewinnen und damit auch Aachen, das Zentrum der karol. Tradition. Noch Otto I. und Otto II. mußten Lotharingien gegen Angriffe der westfrk. Kg.e Ludwig IV. bzw. Lothar behaupten.

[5] *Ende des Ostfränkischen Reiches:* Die Frage nach dem Ende des O.R.es ist viel schwerer zu klären als jene nach dem Anfang. Erst im 11. Jh. bürgert sich allmähl. der Begriff des regnum Teutonicorum oder →regnum Teutonicum ein. Die otton. Gesch.sschreiber verwenden den Begriff →regnum Francorum, betonen aber, daß dieses an die gens Saxonum übergegangen sei. →Widukind spricht vom »imperium Francorum«, vom »populus Francorum atque Saxonum« und von »Francia Saxoniaque«. Die überwiegende Bezeichnung im 10. Jh. ist bei den Sachsen wie im Ausland »sächs. Reich«. Erst im 11. Jh., also seit der Salierzeit, setzt sich regnum Teutonicum durch, wobei Papst Gregor VII. zum Promotor des neuen Königs- und Reichsbegriffs wurde (MÜLLER-MERTENS), um Heinrich IV. auf die Stufe der anderen Kg.e und Reiche herabdrücken zu können. Erst mit →Otto v. Freising wird das regnum Francorum orientale mit dem regnum Teutonicorum gleichgesetzt, Heinrich I. zum ersten dt. Kg. Man wird das 10. Jh. als Spätphase der frk. Reichsgesch. und Übergangsphase vom O.R. zum Dt. Reich ansehen müssen.

Das O.R. Heinrichs I. war zunächst offensichtl. lockerer zusammengebunden als jenes seiner Vorgänger. Im sächs. Kg.shaus selbst sind noch fast ein Jh. lang die Aufstände der Kg.ssöhne und Kg.sbrüder feststellbar, jedoch als vergebl. Versuche, karol. Erbrecht durchzusetzen.→Deutschland, A, B.I. W. Störmer

Lit.: E. DÜMMLER, Gesch. des O.R.es, 3 Bde, 1887/88² – C. EITEN, Das Unterkgtm. der Merowinger und Karolinger, 1907 – M. LINTZEL, Die Anfänge des Dt. Reiches, 1942 – G. TELLENBACH, Die Entstehung des Dt. Reiches, 1946³ – W. MOHR, Von der Francia Orientalis zum Regnum Teutonicum, ALMA 27, 1957, 27–52 – Die Entstehung des Dt. Reiches, hg. H. KÄMPF (WdF 1, 1963) – R. SCHNEIDER, Brüdergemeinde und Schwurfreundschaft, 1964 – W. SCHLESINGER, Die Auflösung des Karlsreiches (BRAUNFELS, KdG I, 1965), 178–219 – E. MÜLLER-MERTENS, Regnum Teutonicum, 1970 – C. BRÜHL, Die Anfänge der dt. Gesch. (Sitzungsber. der wiss. Ges. an der J.W. Goethe-Univ. Frankfurt 10, nr. 5, 1972) – W. EGGERT, Das ostfrk.-dt. Reich in der Auffassung seiner Zeitgenossen, 1973 – H. WOLFRAM, Intitulatio II,

1973 – U. PENNDORF, Das Problem der »Reichseinheitsidee« nach der Teilung von Verdun (843), 1974 – E. EWIG, Beobachtungen zur polit.-geogr. Terminologie des frk. Großreiches und der Teilreiche des 9. Jh. (DERS., Spätantikes und frk. Gallien I, 1976), 323-361 – H. BEUMANN, Die Einheit des O.R.es und der Ks.gedanke bei der Kg.serhebung Ludwigs d. Kindes, ADipl 23, 1977, 142-163 – K. BRUNNER, Oppositionelle Gruppen im Karolingerreich, 1979 – H.-W. GOETZ, Der letzte »Karolinger«? Die Regierung Konrads I. im Spiegel seiner Urkk., ADipl 26, 1980, 56-125 – J. FLECKENSTEIN, Über die Anfänge der dt. Gesch., 1987 – E. HLAWITSCHKA, Von der großfrk. zur dt. Gesch. Kriterien der Wende (Schrr. der Sudetendt. Akad. der Wiss. und Künste 8: Forsch.sbeitr. der Geisteswissenschaftl. Kl., 1988), 49-84 – C. BRÜHL, Dtl. - Frankreich. Die Geburt zweier Völker, 1990 – R. SCHIEFFER, Die Karolinger (Urban TB 411, 1992) – K. F. WERNER, Volk, Nation, Masse (MA), Geschichtl. Grundbegriffe 7, 1992, 171 ff., 195-214 – →Franken, Frankenreich, →Deutschland.

Ostfriesland, geogr. Bezeichnung ursprgl. für den von dem Fli (Ijsselmeer) bis auf das rechte Weserufer sich erstreckenden ö. Teil →Frieslands und in dieser Bedeutung von auswärtigen Stellen bis ins 14. Jh. so verwandt. 'Westfriesland' heißt von daher noch heute der n. Teil der Prov. Noord-Holland. Mit Ausbildung der →Fries. Freiheit während des hohen MA in jenem ostfries. Küstenraum wurde dieses Gebiet von den Friesen selbst seit dem späten 11. Jh. als tota Frisia begriffen, in der ideellen Gestalt eines Bundes der sog. Sieben Seelande. Seit dem 13. Jh. empfanden sie dieses Friesland geopolit. als dreigeteilt in W, Mitte und O, mit der Lauwers und der Emsmündung als Scheidelinien. In dem nun »vulgariter dicitur« O. zw. Unterems und -weser vollzog sich nach der Mitte des 14. Jh. der Strukturwandel in der fries. Verfassung am weitestgehenden: personale Herrschaftsformen verdrängten das territoriale Genossenschaftswesen, indem die ztw. 14 regionalen, autonomen Landesgemeinden in den meisten Fällen einer Mehrzahl, oft nur lokaler, souveräner Häuptlingsherrlichkeiten (→Häuptlinge) weichen mußten. Im späten 14. und frühen 15. Jh. entbrannte ein heftiger Verdrängungskampf zw. den verschiedenen Häuptlingsdynastien, um eine Vor- und Landesherrschaft höheren Ranges und größeren Stils zu erlangen (tom →Brok). Den →Cirksena gelang es schließlich 1464, die Summe der Herrschaften, derer sie sich hatten versichern können, durch Ks. Friedrich III. zur Einheit einer Reichsgft. 'in O.' (»von der Westerems bis an die Weser«) erheben zu lassen. Gf. →Edzard I. beanspruchte als 'Gf. zu O.', dieses über seine ererbten Kernlande hinaus insgesamt zu beherrschen, scheiterte aber damit. Landschaft und Gft. O. waren nur vorübergehend unter ihm identisch. Seitdem wurde O. ein mit der Gft. verbundener polit. Begriff, der sich mit ihr auf das Territorium reduzierte, das die Gft. am Ende auf Dauer ausmachte (ohne das Stadland, Butjadingen, Jever- und Harlingerland). Mit der Auflösung dieses Kleinstaates verlor auch der Begriff O. zunehmend seine – engere – polit. Bedeutung und gewann seine ursprgl. – weitere – geogr. zurück.

H. van Lengen

Lit.: H. VAN LENGEN, Zur Gesch. des Namens O. im MA, Jb. der Ges. für bildende Kunst und vaterländ. Altertümer zu Emden, 42, 1962, 5-15 – H. SCHMIDT, Polit. Gesch. O.s (O. im Schutze des Deiches, 5, 1975) – W. DEETERS, Gesch. der Grenze zw. Drenthe und dem Emsland und Groningen und O. (Rondom Eems en Dollard/Rund um Ems und Dollart, 1992), 59-69.

Östgötalagh (schwed. Östgötalagen, 'Ostgötenrecht'), Rechtsbuch des ostgöt. Rechtskreises, der die schwed. Landschaft Östergötland (ö. des Vätterses), die n. und ö. Hundertschaften von Småland und die Insel Öland umfaßte (→Landschaftsrechte). Zentrales Lansding (→Ding) war das *lionga þing* (Linköping). Die Niederschrift des Ö. erfolgte zw. 1286 und 1303, vermutl. um 1290, denn das letzte erwähnte Kg.sgesetz stammt von Kg. →Magnús Birgersson Ladulås († 1290). Das Ö. hat, anders als →Upplandslagh, nie eine kgl. confirmatio erhalten und dürfte wohl Privataufzeichnung eines ostgöt. Rechtsprechers gewesen sein (eventuell →Folkunger Bengt Magnusson [1269-92]). Da der Gesetzescharakter des Ö.s jedoch an einigen Stellen ersichtl. ist (z. B. Æ 3: 1), kann das Ö. als »Rechtsbuch mit amtl. Prägung« (STRAUCH) aufgefaßt werden. Dafür spricht auch die verhältnismäßig häufige Erwähnung kgl. Gesetzgebung (u. a. Verordnungen der Kg.e Erik Eriksson [1222-49] und Knut Lange [1229-34]; Erbrechtsrevision →Birger Jarls [1250-66]; →Eidschwurgesetzgebung v. Alsnö [1279] und Skänninge [1284]). Der in zehn große Abschnitte eingeteilte, systemat. aufgebaute Text bewegt sich auf hohem sprachl. Niveau; er bildet neben dem Upplandslagh die Grundlage für das erste schwed. Reichsrecht von ca. 1350 (→Magnús Erikssons Landslag). H. Ehrhardt

Ed. und Lit.: D. H. S. COLLIN-D. C. J. SCHLYTER, Samling af Sweriges Gamla Lagar, II, 1830 – Å. HOLMBÄCK-E. WESSEN, Svenska Landskapslagar, I, 1933 [schwed. Übers., Komm.] – D. STRAUCH, Das Ostgötenrecht, 1971 [dt. Übers., Komm., Lit.] – H. EHRHARDT, Der Stabreim in an. Rechtstexten, 1977, passim [Lit.].

Ostgoten
I. Geschichte – II. Archäologie.

I. GESCHICHTE: Spätestens seit der Spaltung des Gotenvolkes, erstmals bezeugt im Frühjahr 291, gab es zwei Abteilungen, deren westl. *Tervingi-Vesi* und deren östl. *Greutungi-Ostrogothi* hießen. Diese Namen blieben bis kurz nach 400 aktuell; danach lebte das Gegensatzpaar Terwingen-Greutungen nur mehr im Heldenlied fort, während sich das Paar Vesier-Ostrogothen zunächst unverändert erhielt, bis es durch →Cassiodor zum Analogon Vesegothen-Ostrogothen im Sinne von Westgoten und O. »verbessert« wurde. Cassiodor diente der einstige Prunkname Ostrogothen (»Sonnenaufgangs-Goten« oder die »durch den Aufgang der Sonne glänzenden Goten«) der ö. Goten als geogr. Unterscheidungsmerkmal. Vom Standpunkt des 6. Jh. aus betrachtet, war eben die Gesch. der Goten stets eine des w. und des ö. Stammesteils gewesen. Tatsächl. aber bestanden im 5. und 6. Jh. die w. Goten ebenso aus Ostrogothen, wie Vesier an der Ethnogenese ihres ö. Brudervolkes teilgenommen hatten. Es empfiehlt sich daher, von Ostrogothen nur bis zum Beginn des 5. Jh. und erst danach von O. zu sprechen.

In den Q. teils Kg. der Greutungen, teils Kg. der Ostrogothen genannt, beherrschte um die Mitte des 4. Jh. →Ermanerich ein riesiges Reich, dessen Kerngebiet in der Ukraine lag und von dort die Weiten des russ. Raumes bis in das Baltikum und zu den Goldbergen des Urals in mehr oder weniger loser Abhängigkeit hielt. Ermanerich gab sich selbst den Tod, da er dem Einbruch der Hunnen (375) nicht widerstehen konnte. Der neue Greutungenkg. Vithimiris leistete den Hunnen einige Zeit lang Widerstand, erlitt jedoch viele Niederlagen und starb schließlich in der Schlacht. Im Namen seines noch unmündigen Sohnes Vidirich übernahmen die Duces Alatheus und Safrax die Herrschaft. Unter ihrer Führung entstand die Dreivölker-Konföderation aus greutung., alan. und hunn. Abteilungen. Diese Reiterformation konnte sich der hunn. Umklammerung entziehen, überquerte 376 die Donau, entschied 378 die Schlacht v. Adrianopel und wurde 380 in Pannonien angesiedelt.

Allerdings wurde auch das von den Hunnen abhängige Volk nach W in Marsch gesetzt und nahm wahrscheinl. die von den Vesiern weitgehend geräumten Gebiete an der unteren Donau und im s. Siebenbürgen ein. Unter Attila († 453) zogen O. gegen Gallien und nahmen an der Völkerschlacht auf den →Katalaunischen Feldern (451) teil. Nach dem Zusammenbruch des Hunnenreiches (456/457) gelang es den O., als Föderaten ins Römerreich aufgenommen zu werden und an der Save und Drau ein, obgleich kurzlebiges, Kgr. zu gründen. Spätestens hier in Pannonien wurde der Großteil der O. Arianer. Wahrscheinl. noch in der Hunnenzeit kam Theoderich d. Gr. 451 zur Welt. Die byz. und die von ihnen abhängigen Q. nennen Theoderich einen Sohn Valamirs. Tatsächl. war aber Theoderichs Vater der mittlere Bruder Thiudimir. Dieser und der jüngste Bruder Vidimir standen unter der Oberherrschaft Valamirs, der 468/469 gegen die Skiren fiel. Darauf folgte Thiudimir dem Bruder als Kg. aller pannon. Goten nach und hatte nur wenige Monate nach dessen Tod die große Schlacht an der Bolia gegen eine röm.-gentile Koalition zu bestehen. Nach dem Sieg der O. kehrte das im Anmarsch befindl. ksl. Heer um. Ks. Leon I. lenkte ein und entließ den jungen Theoderich, der zw. 459 und 469 als Geisel in Konstantinopel gelebt hatte, in die Heimat. Theoderich übernahm den Reichsteil des Onkels Valamir, der im O der Pannonia II lag. Das von Theiß-Sarmaten besetzte Singidunum-Belgrad wurde sein erstes Expansionsziel (471). (Durch die Feier seines dreißigjährigen Herrschaftsjubiläum i.J. 500 leitete Theoderich – zumindest rückwirkend – den Beginn seines Kgtm.s von jenem Erfolg d.J. 471 her.) In der zweiten Jahreshälfte 473 verließen aber die Amaler mit ihren Völkern Pannonien: Vidimir ging mit seinem gleichnamigen Sohn ins Westreich, Thiudimir und dessen Sohn Theoderich verlegten ihr Föderatenreich von der Donau nach Makedonien, wo Thiudimir 474 starb; seine Goten folgten der Designation durch den Vater und erhoben Theoderich zu ihrem Kg. Die Jahre von 474 bis 488 sind voller Wirren, voller scheinbar sinnloser Kriegszüge durch die gesamte Balkanhalbinsel, voller leerer Versprechungen und gebrochener Verträge. Gegen Ende der siebziger Jahre befand sich Theoderich – mehrmals vom Reichsheer besiegt – in der Epiros. Um 479/480 verfügte er nur mehr – wie am Beginn seiner Laufbahn – über 6000 Krieger, während sein Gegner, der Gotenkg. Theoderich Strabo, Sold für mehr als die doppelte Zahl erhielt. Nach dessen überraschendem Tod (481) begann die große Karriere des jüngeren Theoderich. Am 1. Jan. 484 trat er in Konstantinopel den Konsulat an, wurde Heermeister und Patricius und schloß im Sommer 488 mit Ks. Zenon den folgenschweren Vertrag, wonach er →Odoaker aus Italien vertreiben und dort für den Ks. solange herrschen sollte, bis dieser selbst ins Land käme. Dieser Vertrag bildete die Grundlage des O.reiches in Italien. Am 25. Febr. 493 vermittelte der Stadtbf. v. Ravenna einen Vertrag, wonach der Skire Odoaker wie der Gote Theoderich gemeinsam über Italien herrschen sollten. Durch die Zustimmung zu diesem Verhandlungsergebnis hatte Theoderich zwar den Vertrag mit den Ks. vorübergehend gebrochen, konnte jedoch am 5. März 493 in Ravenna einziehen. Theoderich setzte das polit. Werk fort, das der – von ihm eigenhändig getötete – Skire begonnen hatte. So wurde Theoderichs ital. Reich stabiler, reicher, stärker und expansiver als das regnum Odoakers, dessen teilw. höchst erfolgreiche Innovationen übernommen und ausgebaut wurden. Neben der Anerkennung durch Konstantinopel stellten sich Theoderich sofort zwei Probleme: Die weitere Wiederherstellung und Sicherung des Territoriums der ital. Präfektur und die Ansiedlung des Gotenheeres. In beiden Fällen schloß Theoderich unmittelbar an Odoaker an; noch 493 erhob er Liberius, einen Gefolgsmann des Skiren zum Prätorianerpräfekt und betraute ihn sofort mit der heiklen Aufgabe der Ansiedlung.

Noch vor der Einnahme Ravennas ging es um die Sicherung Italiens: In Sizilien mußten die →Vandalen zur Raison gebracht werden, so daß die Insel in der Folgezeit nahezu vollständig eine Patrimonial-Provinz Theoderichs bildete. In NW-Italien plünderten die Burgunder das Land, wurden jedoch von den Goten vertrieben. Aber erst viele Jahre später gelang es Theoderich, die damals verschleppten Gefangenen wieder frei zu bekommen. Die Sicherung Italiens verlangte jedoch auch ein gutes Verhältnis zu den Westgoten, zu den Franken Chlodwigs wie zu den Germanen an der Donau und jenseits des Rheins. Diesem Ziele diente Theoderichs Heirats- und Bündnispolitik, die freilich stets eines starken militär. Rückhalts bedurfte. 490/491 wurde Theoderichs Tochter Ostrogotho dem burg. Kronprinzen Sigismund verlobt und etwa 496 mit ihm vermählt. Bald nach Odoakers Tod heiratete Theoderich selbst Audofleda, die Schwester Chlodwigs, der gleichzeitig die burg. Prinzessin Chrodechilde ehelichte. Die Ehe der Theoderich-Tochter Thiudigotho mit dem Westgotenkg. Alarich II. verband die beiden vornehmsten got. Kg.sfamilien. 506 kam es jedoch in der Alamannenfrage zu einem ernsten Konflikt zw. den Schwägern Theoderich und Chlodwig. Die schwere Niederlage, die die Alamannen von seiten der Franken erlitten hatten, erforderte das Eingreifen Theoderichs zum Schutze Raetiens und damit Italiens. Man einigte sich auf einen Kompromiß, der de facto ein Zurückweichen Chlodwigs bedeutete. Theoderichs Triumph währte nicht lange. Trotz eifriger diplomat. Aktivitäten und trotz des Versuches, nichtfrk. Rheingermanen gegen Chlodwig zu mobilisieren, gelang es Ravenna nicht, die Bildung einer frk.-burg. Koalition zu verhindern und deren Angriff auf das Westgotenreich abzuwenden. Auch die Alarich II. angeratene Appeasement-Politik nützte nichts; ohne provoziert zu sein, schlug Chlodwig los: Die Katastrophe v. Vouillé kostete Alarich II. 507 Schlacht und Leben; sein Sohn Amalarich, der Enkel Theoderichs, war noch zu jung, ein anderer Alarich-Sohn, namens Gesalech, zu schwach, um Kg. der Westgoten zu sein oder zu bleiben. Ein bis 511 dauernder innergot. Krieg in Südgallien und Spanien endete mit dem Ergebnis, daß Theoderich der Gr. auch Kg. der Westgoten wurde. Durch die Vermählung seiner Erbtochter Amalasuntha mit dem Westgoten Eutharich war dieser offenkundig zum Nachfolger designiert und sollte wohl nach seinem Schwiegervater Kg. aller Goten werden, was die dauernde Ausschließung Amalarichs von der Herrschaft bedeutet hätte. Die Ordnung zugunsten Eutharichs umfaßte alle Elemente von Theoderichs eigenem Kgtm.: Zugehörigkeit zu den Amalern, Designation durch den Vorgänger, Adoption durch den Ks., Verleihung von Bürgerrecht und Konsulat. Der neue Ks. Justinus erkannte Theoderichs Nachfolgeordnung an; sie galt für Italien, Gallien und Spanien; von Amalarich war darin nicht die Rede. Der Tod Eutharichs 522 ließ freilich Theoderichs Plan scheitern.

Aus gegebenem Anlaß versuchte Theoderich, sein ital.-got. Regnum als einen – unabhängigen wie nachgeordneten – Teil des einzigen und geeinten Reiches darzustellen: Der Kg. habe in den Staat des Ks. mit göttl. Hilfe gelernt, wie man gerecht über Römer herrsche. Daher sei sein Reich der Abriß der guten Vorlage, das Ebenbild des Ks.reiches. Soweit Theoderich dem Ks. im Rang nachstehe, soweit überrage er seinerseits die anderen Gentes und ihre Kg.e. Er suche die Einheit des röm. Reiches, die Einheit der polit. Willensbildung in O und W. Die Römer nannnten ihn einen Trajan oder Valentinian. Der Vergleich gibt Aufschluß über den Eindruck, den Theoderichs Herrschaft machte, wofür bes. sein »ksl.« Auftreten im Rom d. J. 500 anläßl. der Feier seiner Tricennalien zeugt (feierl. Einzug, Ehrung des hl. Petrus und des Senats, Verteilung reicher Geschenke, Getreidespenden und Spiele für das Volk). Kein Wunder, daß Theoderich Statuten und Bilder gesetzt wurden, daß die Römer ihn als ihren Herrn, *dominus*, akklamierten und mitunter sogar Augustus nannten. Ksl. war auch des Gotenkg.s Herrschaft über die röm. Bürokratie, die er bis zu den höchsten Rängen hinauf besetzte; doch blieb – neben anderen Reservatrechten – das Recht Konstantinopels gewahrt, Senatoren, Patrizier und die West-Konsuln – auf Vorschlag Ravennas – zu ernennen. Theoderich entschied über die Zugehörigkeit zum Senat, übte die Blutgerichtsbarkeit wie das Gnadenrecht über die Bewohner Italiens aus und besaß die Hoheit in kirchl. Angelegenheiten; eine Zuständigkeit, die seine heermeisterl. Befugnisse wesentl. übertraf. Dem allg. Wohlergehen diente auch die Erlassung des Edictum Theoderici. Da Theoderich den inneren Frieden Italiens sicherte, sollen bei seinem Tod 40000 Goldpfund die Schatzkammern Ravennas gefüllt haben.

Als Theoderich am 30. Aug. 526 an der Ruhr verschied und alle Versuche einer dauerhaften vertragl. Sicherung der Herrschaft seines Hauses gegenüber Byzanz gescheitert waren, war das O.reich sehr bald schweren Krisen ausgesetzt. Die Nachfolger Theoderichs aus der Amaler-Familie (→Amalasuntha, →Athalarich, →Theodahad) waren ihrer Aufgabe nicht gewachsen, v.a. konnten sie den Krieg mit Konstantinopel nicht verhindern. 536 wurde →Vitigis als erster Nicht-Amaler zum Kg. gewählt, um die drohende Vernichtung der O. zu verhindern. Vier Jahre später mußte Vitigis vor dem ksl. Feldherrn →Belisar kapitulieren. Der Krieg zw. dem Reich und den O. war jedoch 540 lange noch nicht beendet. Der 541 zum Kg. erhobene →Totila konnte – mit Ausnahme Ravennas – fast das gesamte Herrschaftsgebiet Theoderichs zurückerobern. Aber Ende Juni, Anfang Juli 552 verlor er auf der Hochebene der Busta Gallorum Schlacht und Leben gegen die zahlenmäßig überlegenen und auch takt. hervorragend geführten Truppen des neuen ksl. Feldherrn →Narses. Im Okt. 552 verlor der letzte O.kg. →Teja die letzte Schlacht seines Volkes – zw. Salerno und Neapel – gegen Narses. Die meisten O. unterwarfen sich dem ksl. Feldherrn, der sie auf ihre Güter entließ, sofern sie treue Untertanen des Ks.s zu werden versprachen. Eine kleine Minderheit freier Goten entzog sich dem Zugriff des ksl. Heeres, konnte aber das ostgot. Kgtm. nicht mehr erneuern. H. Wolfram

Lit.: H. WOLFRAM, Die Goten, 1990³.

II. ARCHÄOLOGIE: In Volhynien und eingeschränkt auch in der Südukraine um 220/230 (= ab Stufe C1b) und sodann mit einer insgesamt stabilen Installierung der Siedlung in der Südukraine um bzw. kurz nach der Mitte des 3. Jh. (= Stufe C2) läßt sich eine Kulturfacies als neu und fremdartig nachweisen: die ostgerm. Černiachow-Kultur (C.-K.); sie ist gekennzeichnet v. a. durch große birituelle Gräberfelder (mit Körper- und Brandgräbern) und durch die Waffenlosigkeit der Männergräber. Diese jüngerks.zeitl. C.-K. ist genet. aufs engste mit der Wielbark-Kultur (W.-K.) der älteren Ks.zeit (= Stufe B1-B2/C1; 1. Jh. – um 160 n. Chr.) in Pommern, Großpolen, im unteren Weichseltal und ö. der unteren Weichsel bis zur Passarge verbunden, die in ihrem Kulturgefüge sehr einheitl. ist und sich somit auch gut von ihren Nachbarkulturen absetzen läßt, so v. a. von der wandal. Przeworsk-Kultur (P.-K.) und von balt. Kulturgruppen. Nur in Pommern und Großpolen brechen die Gräberfelder dieser W.-K. spätestens um 160/170 (B2/C1) ab; sie finden ihre Fortsetzung in den Räumen ö. der mittleren Weichsel am Unter- und Mittellauf des oberen Bug in Masowien und Podlasien sowie im S bis in das Lubliner Hochland, wo die Träger der aus Pommern und Großpolen eingewanderten W.-K. die zuvor hier seit der jüngeren vorröm. Eisenzeit ansässige (wandal.) P.-K. größtenteils verdrängten (Bevölkerungswechsel). Diese Landschaften ö. der mittleren Weichsel sind somit als 1. Expansionsraum von Wielbark-Populationen aus ihrem Abwanderungsraum in Pommern und Großpolen zu verstehen. V. a. von hier aus erfolgte die flächige Inbesitznahme Volhyniens (um 220/230) und der Südukraine (ab etwa 250), die somit als 2. Expansionsraum der W.-K. zu bezeichnen sind, wobei erste, noch sehr begrenzte Migrationen in beide Räume schon in und ab B2/C1 (160/170) erfolgten ('exploratores'). W.-K. und C.-K. sind klar definierbare ostgerm. Kulturgruppen, die nun in Verbindung mit älterks.zeitl. Schriftq. als got. (W.-K.) bzw. v. a. mit jüngerks.zeitl. Nachrichten (seit 268/269) in ihrem Kern nun als greutung.-ostrogot. bezeichnet werden dürfen. Alle drei Räume (Abwanderungsraum, 1. und 2. Expansionsraum) markieren somit wesentl. Etappen der ks.zeitl. got. Gesch.: Ist die got. Migration aus Pommern und Großpolen eine vollständige, so 'wanderte' aus dem 1. Expansionsraum nun nur noch ein Teil der Goten – und dies über einen längeren Zeitraum (offene Räume) – nach Volhynien und in die Südukraine ab, da dieser 1. Expansionsraum Siedelkontinuität durch die W.-K. bis an das Ende von C3, vereinzelt sogar bis D1 (370/380-400/410) aufweist. Die Inbesitznahme des 2. Expansionsraumes ist also nichts anderes als der sog. Zug der Goten zum Schwarzen Meer. Am Ende von C3 (370/380) endet regelhaft die Belegung der Gräberfelder der im Kern ostgot. C.-K. (viele verbrannte Siedlungen), d. h.: die alten Siedelgebiete (Ermanarich-Reich) werden aufgegeben als Folge der hunn. Westexpansion; nur an ihrer Peripherie (Schwarzmeerküste) sowie auf der Krim, im Kuban und (alan.) Nordkaukasus-Vorland kontinuieren Grabgruppen und Gräberfelder vom C.-K. Typus bzw. werden neu ab D1 angelegt (versprengte und geflüchtete Goten; Krimgoten im 5.–7. Jh.).

Ist archäolog. somit klar, daß der ostgot. Hauptstamm nicht bis 456 in seinen alten Siedelgebieten verblieben sein kann – wie von Teilen der hist. Forsch. angenommen –, so läßt sich über den Verbleib der O. nach 376 unter hunn. Herrschaft auch mit archäolog. Mitteln nichts Gesichertes mehr aussagen, weder bis 456, noch zw. 456-473 (sog. pannon. O.reich) und auch nicht zw. 473-488 (O. vorwiegend in Niedermösien). Dies hat v. a. zwei Gründe: 1. Mit der Diffusion ostgerm. und auch reiternomad. geprägten Fundstoffs von der Schwarzmeerküste ab D1 über weite Teile SO-Europas (bis nach Niederösterreich) entsteht hier bei wiederum offenen Räumen ein kulturell teilw. neues, aber vergleichsweise einheitl. kulturelles Bild, faßbar insbes. in einer Vielzahl von separierten ostgerm. Einzelgräbern und kleinen Grabgruppen einer Oberschicht (nun veränderte Grabsitte: populus regelhaft beigabenlos), v. a. von Frauengräbern. Ihre kennzeichnenden Elemente – Fibelpaar an den Schultern aus Silberblech oder später gegossen und kerbschnittverziert mit entsprechender Gürtelschnalle – sind 'international', sind Ausdruck einer ostgerm. Koinée, die mit archäolog. Mitteln ethn. Interpretationen in der Regel nicht mehr zuläßt. – 2. Die sehr kurze Verweildauer in den ostgot. Foederatenreichen zw. 456-488 auf dem Balkan übersteigt die Möglichkeiten einer gesicherten absoluten archäolog. Chronologie, die letztl. jahrgenau sein müßte.

Die ostgot. Einwanderergeneration unter Theoderich nach Italien 488 ist mit archäolog. Mitteln nicht gesichert trennbar von den ebenfalls ostgerm. Einwanderern unter Odoaker 469/470, vorwiegend Skiren; zwar läßt sich dieser ostgerm. Fundhorizont insgesamt in der 2. Hälfte des 5. Jh. in Italien – von wenigen Ausnahmen zuvor (»innere foederati«) – auch hier leicht als neuartig und fremd in der röm.-spätantiken Umwelt erkennen, ethn. sind beide aus dem Donauraum erfolgten Abwanderungen aber nicht unterscheidbar (s. o.) und auch feinchronolog. wiederum wegen der kurzen Abstandsdaten beider Migrationen nicht zu trennen. Der größere Anteil an diesem ostgerm.-ital. Fundstoff, v.a. in der 1. Hälfte des 6. Jh., ist aber sicherl. ostgot. Dieser ostgerm.-ostgot. Fundhorizont ist gleichfalls – wie im 5. Jh. – gekennzeichnet durch Einzelgräber und kleine Grabgruppen mit Frauengräbern einer Oberschicht (populus: beigabenlos), die Männergräber wiederum waffenlos, die Frauengräber wieder mit dem kennzeichnenden Trachtensemble aus Fibelpaar an den Schultern und einem großen Gürtelschloß (gelegentl. noch mit Schmuck). Die vergleichsweise geringe Zahl an ostgerm.-ostgot. Fundorten in Italien hängt nicht nur mit den nur schwer auffindbaren Einzelgräbern zusammen, sondern die geringe Zahl an Fundorten geht auch auf die Anweisung Theoderichs zurück, daß seine O. dem Vorbild der beigabenlosen christl. Bestattungsweise der Romanen folgen sollen (Duda-Brief; Cassiodor, Variae IV, 34). Ostgot. Siedlungen sind bislang nicht bekannt, neuerdings aber erstmals ein ostgot. castrum (Monte Barro am Südende des Comer Sees).

V. Bierbrauer

Lit.: V. BIERBRAUER, Die ostgot. Grab- und Schatzfunde in Italien, 1975 – DERS., Hist. Überl. und archäolog. Befund. Ostgerm. Einwanderer unter Odoaker und Theoderich nach Italien (Probleme der relativen und absoluten Chronologie..., 1992), 263-278 – DERS., Die Goten vom 1.-7. Jh. n. Chr.: Siedelgebiete und Wanderbewegungen aufgrund hist. Q. (Peregrinatio Gothica, Kongr. Isingrad, hg. E. STRAUME, 1993) [im Dr.; Lit.].

Ostia, Stadt in Mittelitalien (Latium). In der Antike wichtiger Hafen; bereits seit dem frühen 4. Jh. Bm. (erster Bf. 313 belegt), erlebte O. im FrühMA einen Niedergang. 840 erbaute Gregor IV. einen weiteren Mauerring und verlieh der Stadt seinen Namen (Gregoriopoli). Nach Verwüstung durch die Sarazenen ließ Nikolaus I. (858-867) Gebäude und Stadtmauern wiederaufbauen. Mitte des 12. Jh. erfreute sich O. offenbar einer kommunalen Selbstverwaltung, deren Dauer und Umfang nicht genau bekannt sind, zumal die Macht des Bf.s v. O. über die Stadt zu allen Zeiten sehr stark war. 1150 wurden das Bm. O. und das Bm. Velletri zusammengelegt. 1234 bestätigte Gregor IX. die Abhängigkeit O.s von seinem Bf. und von der Röm. Kirche. Während des Senatorats v. Brancaleone degli →Andalò (1252-55) griff die Kommune Rom auf das Territorium v. O. aus und entzog die Stadt der bfl. Jurisdiktion. Riccardo →Annibaldi nahm sie 1262 ein, mußte sie jedoch in der Folge auf Eingreifen des Papstes wieder aufgeben. 1398 unterstellte Bonifaz IX., der die Stadt neu befestigen ließ, O. der direkten Kontrolle des Hl. Stuhls. 1408 wurde O. von den Truppen des Kg.s v. Neapel, →Ladislaus v. Durazzo, eingenommen. Martin V. ließ einen Befestigungsturm erbauen; Mauerring und Kathedrale wurden vom Kard.bf. v. O., G. d'→Estouteville, dem Sixtus IV. die Jurisdiktion über die Stadt übertragen hatte, restauriert. Im Auftrag des Kard.bf.s v. O.,

Giuliano della Rovere (später Papst Julius II.), wurde von dem Florentiner Architekten Baccio Pontelli 1483-86 das erhaltene Kastell erbaut. In der Folgezeit verlor O. nicht zuletzt infolge der sich ausbreitenden Malaria an Bedeutung.

M. Vendittelli

Lit.: G. SILVESTRELLI, Città, castelli e terre della Regione Romana, 2 Bde, 1940² – G. TOMASSETTI, La Campagna romana antica, medioevale e moderna, hg. L. CHIUMENTI–F. BILANCIA, 7 Bde, 1975-80.

Ostarius → Weihe

Ostkirchen

I. Kirchen der byzantinischen Tradition – II. Altorientalische Nationalkirchen.

I. KIRCHEN DER BYZANTINISCHEN TRADITION: Ausgang ist das Kirchenverständnis des NT: ἐκκλησία als Gemeinschaft der Gläubigen an einem bestimmten Ort (Jerusalem, Antiocheia...), d. i. als Ortskirche; wie als sichtbares Äquivalent der geistig-geistl. Gemeinschaft aller Gläubigen in der Einheit des einen »Leibes« unter dem einen »Haupt« Christus. Die beiden Bedeutungen konkurrieren während der ganzen Gesch. des chr. O, die jeweils zutreffende ist aus dem Kontext, in dem der Terminus begegnet, zu entnehmen. Dabei steht im O eher die einzelne Kirche (K.) am Ort (κατὰ τὸν τόπον) im Vordergrund, während in der Gesch. des w. Christentums schon früh mehr die Gesamtheit der Gläubigen, die »universale« K. im Blick steht. Für das ö. K.verständnis bedeutet dies, daß K. wesentl. in der Ortsk. verwirklicht gesehen wird, und diese wird grundsätzl. als »selbständig« verstanden. Selbständigkeit meint aber nicht Autarkie, vielmehr bleibt die Ortsk. verwiesen auf die Gemeinschaft mit allen anderen, mit ihnen verbunden in der Einheit des einen Glaubens und des gleichen sakramentalen Lebens, bezeugt durch die Gemeinschaft ihrer Bf.e, die wiederum ihrer gemeinsamen Verantwortung für den ganzen »Leib« der K., v. a. seit dem ausgehenden 2. Jh., in den Synoden nachkommen, deren Urbild in Apg 15, dem »Apostelkonzil« gesehen wird. Die synodale Verfassung gehört darum zum Selbstverständnis aller O. Geradezu notwendigerweise mußte sich ziemlich bald unter den Ortsk.n eine (Rang-) Ordnung herausbilden. Dabei fiel den →Metropoliten, d. h. den Bf.en am Sitz der (staatl.) Prov.verwaltung, der μητρόπολις, wie von selbst eine Führungsrolle zu mit der Begründung: »weil in der Metropolis von überallher die Leute zusammenkommen, die etwas zu erledigen haben« (Kan. 9 Syn. v. Antiocheia, 341; vgl. Kan. 34 Apost.). Das Verhältnis des Metropoliten und der einzelnen Ortsbf.e wird durch den gleichen Kanon eindeutig bestimmt: Der Bf. soll nichts ohne Zustimmung des Metropoliten, dieser nichts ohne die Meinung der Bf.e unternehmen. Im übrigen hatte vorher schon das 1. Ökumen. Konzil (→Nikaia 325) eine Art »Verfassung« der K. in den Kan. 4-6 entworfen: in Kan. 4 und 5 die Ordnung in den Metropolien; in Kan. 6 bereits die übergreifenden Zuständigkeiten der Bf.sstühle v. Alexandreia, Antiocheia und – ohne nähere Angaben – »in den übrigen Provinzen«; vielleicht ist dabei an die Bf.sstühle am Vorort der Reichsdiöz. (Ephesos, Kaisareia...) gedacht. Nicht zu übersehen ist die Anlehnung an die Struktur des Reiches, wie die Betonung, daß es sich um Wahrung eines »alten Herkommens« (ἀρχαῖα ἔθη) handelt, also keineswegs um eine Neueinführung durch das Konzil. Die Rückbeziehung auf die staatl. Ordnung geschieht ausdrückl. auf dem folgenden Konzil v. →Konstantinopel (381), das in Kan. 3 die Weichen für die weitere Entwicklung stellte: Lapidar wird dem Bf. v. Konstantinopel der »Ehrenvorrang nach dem Bf. v. Rom« zuerkannt mit der Begründung, »weil es ein neues Rom ist«.

Waren damit noch keine jurisdiktionellen Rechte verbunden, so zog hier das 4. Konzil (→Chalkedon, 451) in seinem Kan. 28 entscheidend nach: Konstantinopel werden die gleichen Vorrechte wie Rom zuerkannt, dazu konkret das Recht, die Metropoliten der Reichsdiöz. Pontos, Asia und Thrakeia zu weihen, wieder mit Bezug auf die Würde der Stadt als des neuen Rom. Das gleiche Konzil erkannte die Vorrechte des Bf.s v. Jerusalem über die Bf.e v. Palästina an. Bedeutsam waren die Kanones 9 (Appellationsinstanz Konstantinopel) und 11 (Angleichung an die staatl. Ordnung) für die weitere Entwicklung im O. Damit war der Weg von den einzelnen Ortsk. (παροικία) über die Metropolie, die »Urautokephalie« gewissermaßen, zum *Patriarchat* ausgeschritten. Fortan gelten als (autokephale) K.n im O *Konstantinopel, Alexandreia, Antiocheia* und *Jerusalem* - in dieser Reihenfolge. Daneben hat nur die Metropolie v. *Zypern* ihren alten autokephalen Status bewahren können aufgrund einer Entscheidung des Konzils v. Ephesos (431, Kan. 8). Wie Rom, beriefen sich auch Alexandreia und Antiocheia auf den Apostel Petrus als ihren Begründer, ersteres über den »Petrusschüler« Markus, Zypern auf den Apostel Barnabas. Jerusalem führte für seinen Vorrang Tod und Auferstehung des Herrn an. Für Konstantinopel trat die Andreaslegende in die Lücke: Andreas, der »Erstberufene« (vgl. Joh 1,23) habe den ersten Bf. v. Byzanz geweiht, die Reihe der Bf.e v. Konstantinopel also begründet. Ihre genaue Entstehungszeit (7./8. Jh.) steht nicht fest. Im 9. Jh. (→Photios) wird sie gegen den röm. Primatsanspruch ins Feld geführt. Die Idee der *Pentarchie*, der Leitung der K. durch die fünf Patriarchate, Rom, Konstantinopel, Alexandreia, Antiocheia, Jerusalem, gefördert bes. durch Justinian, konnte nie wirkl. zum Tragen kommen, einmal wegen der vielen Spannungen zw. Rom und Konstantinopel, zum andern wegen des Ausscheidens großer Teile aus der Reichsk. durch die Araber seit dem 7. Jh. Den drei oriental. Patriarchen blieb fortan nur noch ein Schattendasein. - Dafür gelang es, v. a. seit dem 9. Jh., das Christentum in seiner byz. Gestalt den Süd- und Ostslaven zu vermitteln. Ein erster Versuch im Großmähr. Reich durch die Brüder →Konstantin-Kyrill und Method scheiterte zwar am Widerstand der w. Mission. Aber die Schüler des Methodios wurden vom Bulgarenfs.en Boris aufgenommen. Er hatte sich 864 taufen lassen und für das Christentum aus Konstantinopel entschieden. Seit 886 missionierten die Methodiosschüler Kliment und Naum unter den *Bulgaren* und brachten ihnen die slav. Kirchensprache mit der byz. Liturgie. Eine autokephale K. von Bulgarien mit einem eigenen Patriarchat bestand von 927–1018 und wieder von 1235–1393. Das Ende eines bulg. Staates bedeutete jeweils das Ende der Autokephalie (→Bulgarien, IV). - Byz. Missionare wirkten neben lat. auch unter den *Serben*. Erst im 13. Jh. wurden sie endgültig durch die Nemanjidendynastie der byz. Tradition zugeführt. Der frühere Athosmönch →Sava, ebenfalls aus dem Nemanjidengeschlecht, erreichte die Anerkennung der Unabhängigkeit der serb. K. von seiten des damals in Nikaia regierenden byz. Patriarchen (1219). Sava wurde der erste autokephale Metropolit. Die Autokephalie bestand bis 1459, als sie nach der Eroberung Serbiens durch die Türken dem gr. Ebm. →Ohrid eingegliedert wurde. - Früh hatte das Christentum auf der Krim und an der Nordküste des Schwarzen Meeres Fuß gefaßt, v. a. durch gr. Missionare (→Mission). Die Bekehrung der *Ostslaven* begann jedoch erst mit der Taufe des Fs.en →Vladimir 989. Volk und Bojaren folgten ihm mehr oder weniger freiwillig. Mittelpunkt der neuen K. der Rus' war Kiev, er wanderte über Vladimir (1299) nach Moskau (1325). Die K. blieb im Verband der K. v. Konstantinopel und erhielt von dort ihre Metropoliten bzw. deren Bestätigung. Erstmals 1448 wählten die russ. Bf.e einen Metropoliten aus der eigenen Reihe, ohne um eine Bestätigung nachzusuchen. Verbunden war damit die Ablehnung des Florentiner Unionskonzils (1438/39). Seit 1459 betrachtete sich die russ. K. als autokephal (Patriarchat 1589).

Auf die Apostel Andreas und Simon »von Kana« will die K. von →*Georgien* ihren Ursprung zurückführen. Eigtl. Missionarin war die hl. →Nino, die im 4. Jh. den Kg. Mirian bekehrte. Noch im gleichen Jahrhundert wurde das Christentum Staatsreligion. Die ursprgl. gr. Liturgiesprache wurde im 5./6. Jh. durch die georg. ersetzt. Seit dem 5. Jh. besaß die K. ihren eigenen Katholikos, noch im losen Verband mit Antiocheia. Ende des 7. Jh. erhielt sie die volle Autokephalie (bis 1811, nach Anschluß Georgiens an das Zarenreich).

II. ALTORIENTALISCHE NATIONALKIRCHEN. 1. Die *Ostsyrische Kirche*, die sich selber »Kirche des Ostens« oder »Assyrische Kirche« nennt, zu Unrecht auch »nestorianische« genannt. Zu ihr gehörten im MA auch die südind. *Thomaschristen*, die ihr Christentum auf den Apostel Thomas gründen wollen. 424 erklärte sich die K. als unabhängiges Katholikat, mit Rücksicht auf ihre nichtchr. pers. Landesherren. Nach dem Konzil v. →Ephesos (431) fanden dessen Gegner in Persien Aufnahme; sie gewannen die Hierarchie für die Ablehnung des Konzils. In den folgenden Jahrhunderten entfaltete die K. eine reiche Missionstätigkeit bis nach China und Tibet und belebte auch die südind. Gemeinden neu. Eine Blüte erlebte sie noch einmal im 13. Jh. Die Verfolgungen unter Tamerlan und in China führten seit dem 14. Jh. zu einem raschen Verfall.

2. Eine zweite Abspaltung erfolgte nach dem Konzil v. →Chalkedon (451). Bes. die einheim. Christen in Ägypten und Syrien verweigerten die Annahme des Konzils, es entstanden die sog. »monophysitischen« K. Ihr Monophysitismus war und ist freilich wesentl. nur verbaler Natur. Wiederholte Einigungsversuche der byz. Ks. und ihrer Patriarchen führten nicht zum Erfolg. Hierher gehört die *westsyrische Kirche*, im Bereich des Patriarchats Antiocheia, auch »jakobitische« genannt, nach →Jakobos Baradai, dem es gelang, der antichalkedon. Bewegung in der Zeit Ks. Justinians (527–565) eine neue Hierarchie zu weihen. Insofern ist er zwar nicht der Begründer, wohl aber so etwas wie der »Retter« dieses Kirchentums. Bedeutendster Theologe war Severos († 538). Weiter zählen dazu die *koptische Kirche* in Ägypten und in ihrem Gefolge die *äthiopische Kirche*. Nach Absetzung des Patriarchen Dioskoros durch das Konzil v. Chalkedon lehnte die ägypt., d. i. kopt. K. unter Führung v. a. des Mönchtums das Konzil ab. Ein Jahrhundert lang wechselten Anhänger und Gegner des Konzils in der Leitung, seit 567, mit Petros IV., zählt die kopt. K. die Reihe ihrer Patriarchen. – Die *äthiopische Kirche* hatte im 4. Jh. v. Alexandreia das Christentum empfangen und stand seitdem mit ihm in mehr oder weniger enger Verbindung, je nach polit. Situation. Um die Wende zum 6. Jh. kamen die »neun Heiligen« aus Syrien, die den Glauben »recht machten« nach äthiop. Überlieferung. Eine Blütezeit erlebte die K. im 13./14. Jh. (→Äthiopien, →Mission). – Die *armenische Kirche* - die älteste »Staatskirche« (280) – verehrt als ihren »Apostel« →Gregor den »Erleuchter« († 322). Die ursprgl. Verbindung mit Kaisareia (Kappadokien) lockerte sich aus nationalen Gründen. Auf dem 2.–4. Konzil konnte sie wegen der polit. Situation nicht vertreten sein. Seit Beginn des 6. Jh. unter westsyr. Einfluß, verwarf sie das Konzil v.

Chalkedon und trennte sich von der Reichskirche. Unionsversuche und Unionen mit Byzanz zw. dem 7. und 9. Jh. und mit Rom (Ende 12. bis Mitte 15. Jh.) hatten nur begrenzten Erfolg. – Die →Maroniten formierten sich etwa um die Mitte des 7. Jh. als eigene K. in Ablehnung ebenso des sog. Monophysitismus wie des Dogmas v. Chalkedon auf dem Boden eines wahrscheinl. nur verbalen →Monotheletismus. In der Kreuzfahrerzeit entschieden sie sich definitiv für die Gemeinschaft mit der röm. Kirche. H. M. Biedermann

Lit.: B. Stephanides, Ἐκκλησιαστικὴ ἱστορία, 1948 – W. de Vries, Der chr. O. in Gesch. und Gegenwart, 1951 – A. Grillmeier–H. Bacht, Das Konzil v. Chalkedon II, 1953 – H. Grotz, Die Hauptkirchen des O. s. Von den Anfängen bis zum Konzil v. Nikaia (325), OrChrAn 169, 1964 – B. Spuler, Die Morgenländ. Kirchen, 1964 – K. Algermissen, Konfessionskunde, 1969[8] – Fr. Heiler, Die O., 1971 – P. Kawerau, O.gesch., I, 1983; II/III, 1982; IV, 1984 (CSCO 451, 441, 456) – W. Nyssen u. a., Hb. der O.kunde, I, 1984 – R. G. Robertson, The Eastern Christian Churches, 1990[3].

Ostkolonisation → Landesausbau und Kolonisation; →Ostsiedlung, deutsche

Ostoja (Stefan O.), Kg. v. →Bosnien 1398–1404 und 1409–18; * Mitte 14. Jh., † Sept. 1418. Die Wahl O.s aus einer Nebenlinie der →Kotromanići beendete das Interregnum der Kgn. witwe Jelena (1395–98); zugleich wurde den 1394 eingegangenen Verpflichtungen gegenüber Ungarn eine Absage erteilt. Zusammen mit den mächtigen Territorialherren trat O. an die Seite der Partei der Anjou, unterwarf die dalmat. Städte und ebnete den Weg für die Krönung →Ladislaus' I. v. Anjou-Durazzo in Zadar (Zara) i. J. 1403. Der Krieg gegen Ragusa 1402–05 führte zu inneren Konflikten und zu O.s Sturz. O. schloß sich daraufhin für einige Zeit der Partei Kg. Siegmunds an und wurde dessen Schützling. Erneut zur Herrschaft gelangt, wurde er 1415 gezwungen, den Türken Tribut zu zahlen. O.s Versuche, im Innern des bosn. Reiches die Territorialherren zu schwächen, waren nur z. T. erfolgreich. Die letzten bosn. Kg.e, Stjepan Ostojić, Stefan Tomaš und Stefan Tomašević, stammen von O. ab. S. Ćirković

Lit.: S. Ćirković, Istorija srednjovekovne bosanske države, 1964.

Ostrevant (Ostrevent, dt. Austerbant), alte Gft. im nw. Frankreich, Grenzregion zw. →Flandern und →Hennegau, begrenzt durch →Schelde (linkes Ufer), Scarpe und Sensée, zur Diöz. Arras. Als →Pagus des Frankenreichs kam der 'pagus Austrobatensis' (Austrovadensis, Austrebantum) Mitte des 9. Jh. an →Karl d. K., fiel um 940/950 an →Arnulf I. und verblieb bis 1071 bei den Gf.en v. Flandern. Infolge der Verbindungen der Herren v. Ribémont-Bouchain, die große Teile von O. besaßen, mit dem Gf.en v. →Hennegau, Balduin II., ging der Pagus anläßl. der Usurpation Flanderns durch →Robert I. den Friesen via Übertragung des Homagiums an die Hennegauer über. Doch wurde die Souveränität des Gf.en v. Hennegau am Ende des 11. Jh. im westl. Bereich von O. eingeschränkt (Verlust u. a. von →Douai an Flandern). Um 1120 erfolgte die Wiederverheiratung der Witwe des Gf.en v. Hennegau, Balduins III., mit Gottfried II. v. Ribémont; vor 1155 kaufte Balduin IV. die Güter seines Halbbruders und seiner Halbschwester in O. zurück, gliederte so die Herrschaft Bouchain seiner Domäne ein und organisierte sie als gfl. Kastellanei. Im Verlauf des Erbfolgekrieges zw. den Häusern →Avesnes und →Dampierre kam O. durch den Vertrag v. 1257 an die Avesnes (d. h. an Hennegau), obwohl ein Jahr zuvor der 'Dit de →Péronne' Ludwigs d. Hl.n die Herrschaft den Dampierre (Flandern) zugesprochen hatte. Gegen Ende des 13. Jh. forderte Kg. →Philipp der Schöne die Souveränität auf Kosten des röm.-dt.

Reiches; trotz verschiedener 'Inquisitiones' über die Rechtslage setzte sich die Auseinandersetzung während des 14. Jh. fort. O. zählte, unter dem Titel einer Gft., nun zur Apanage der Erbprinzen v. Hennegau. Der Vertrag von Den Haag (1433), durch den sich →Philipp der Gute v. →Burgund der Hennegauer Territorien bemächtigte, verlieh →Jakobäa v. Bayern, der letzten selbständigen Gfn. v. Hennegau, den Ehrentitel einer »Gfn. v. O.«.
J.-M. Cauchies

Lit.: L. Vanderkindere, La formation territoriale des principautés belges au MA, I, 1902 – J. Viard, L'O. Enquête au sujet de la frontière française sous Philippe VI de Valois, BEC 82, 1921, 316–329 – E. Delcambre, L'O. du IXe au XIIIe s., Le MA 37, 1927, 241–279 – Ders., Les relations de la France avec le Hainaut depuis l'avènement de Jean II d'Avesnes (1280–97), 1930 – J. Dhondt, Une dynastie inconnue de comtes d'O. (Miscell. Van der Essen, 1947), 177–187 – Albums de Croÿ, VII: Comté de Hainaut IV, 1987 – P. Demolon, E. Louis, J.-F. Ropital, Mottes et maisons-fortes en O. médiéval, 1988.

Ostromir-Evangelium, älteste datierte aruss. Hs. (1056–57), die in St. Petersburg, Öffentl. Bibl., F.π.I. 5 aufbewahrt wird. Dieser Codex von 294 Bll., mit den Perikopen aus den vier Evangelien nach dem liturg. Jahr (sog. kurzer Aprakos) geordnet, enthält 126 Miniaturen und Initialen sowie musikal. Zeichen nach der byz. ekphonet. Notation. Angefertigt wurde sie laut Kolophon durch den Diakon Grigorij für den Novgoroder Statthalter (Posadnik) Ostromir unter dem Fs.en v. Kiev, Izjaslav Jaroslavič. Die Hs. wurde 1805 im Nachlaß der Ksn. Katharina II. aufgefunden. Textkrit. gesehen bietet diese Hs. der russ. Redaktion singuläre Lesarten wie den Hebraismus ʿazavtani in Mt 27,46. Ch. Hannick

Ed.: O.ovo evangelie s priloženiem grečeskogo teksta evangelij i grammatičeskich ob-jasnenij, ed. A. Ch. Vostokov, 1843 [Nachdr. Mon. linguae slavicae dialecti veteris, 1, 1964] – O.ovo evangelie 1056–57, ed. Mitr. Pitirim Nečaev u. a., 1988 – *Lit.:* V. L. Janin, Novgorodskie posadniki, 1962, 53 – P. Vyskočil, 'Azav'tanii' (Mt 27,46) v. O.ově evangeliáři, Slavia 32, 1963, 395–397 – Svodnyj katalog slavjano-russkich rukopisnych knig, chranjaščichsja v SSSR XI–XIII vv., 1984, 33–36 (Nr. 3) – N. N. Rozov, Grigorij pisec i avtor posleslovija O.ova evangelija (Slovar' knižnikov i knižnosti Drevnej Rusi, I, 1987), 106f.

Oströmisches Reich → Byzantinisches Reich

Ostrov, Kl. an der Mündung der Sazava in die Moldau, 999 auf einer Felseninsel ('St. Johann auf der Insel') von Fs. →Boleslav II. v. Böhmen gegr. →Boleslav III. berief Abt Lambert und Mönche aus dem bayer. Reformkl. →Niederaltaich nach O. In der Dotationsurk. (zw. 1037–55) sind Ländereien des Kl. im Mündungsgebiet der Sazava, Wälder um Ottau (Zátoň) an der oberen Moldau, Johanneskapellen bei Beraun und in Veliz, Zolleinkünfte und die Jakobskapelle in der Stadt Taus aufgeführt. 1139 brannte das Kl. nieder, 1278 wurde es geplündert, 1420 von Hussiten verwüstet; Kg. Siegmund verpfändete fast alle seine Besitzungen. Der Konvent vereinigte sich wieder, doch verlegte Abt Johannes V. 1517 den Sitz der Abtei in die O.er Propstei St. Johann bei Beraun. In der Bibliothek des Prager Metropolitankapitels befinden sich aus O.er Besitz ein Psalter aus dem 13. Jh. mit ganzseitigen Abbildungen, ein Codex des 11./12. Jh. mit den Dialogen Gregors d. Gr., der die sog. Prager Glossen (kirchenslav. Anleitungen zur Verkündigung des Evangeliums) enthält, und ein Perikopenbuch aus dem 13. Jh. Von Bedeutung für die Entwicklung des tschech. Verses ist das sog. 'O.er Lied' (Mitte 13. Jh.; incipit: »Slovo do světa stvořenie«), eine vierstrophige dichter. Umsetzung eines Teils des Credos. J. Kadlec

Lit.: V. Schmidt, Die Benediktinerpropstei Ottau in Südböhmen, SMBO 36, 1915, 43–56 – R. Nový, Ostrovské urbáře z let 1388 a 1390,

Sborník Narodního musea, řada 15, 1961, 1–44 – A. MERHAUTOVÁ-LIVOROVÁ, K problematice české architektury 12. století, Umění 11, 1963, 81–91 – A. WAGNER, Missions- und Kulturtätigkeit der Benediktiner von Niederaltaich-Ostrow in Südböhmen, Annales Instituti Slavici 3, 1967, 51–54 – A. MERHAUTOVÁ-LIVOROVÁ, Plastické fragmenty z ostrovského kláštera, Umění 30, 1982, 35–42 – J. ZESCHICK, Die Benediktiner in Böhmen und Mähren, Archiv für Kirchengesch. von Böhmen-Mähren-Schlesien 6, 1982, 38–102.

Ostrów Lednicki, Burg und Pfalz auf einer Insel des Lednicasees bei Gnesen. Die um 900 hier errichtete Burganlage wurde um die Mitte des 10. Jh. wesentl. vergrößert. In ihrem Inneren legte man in der 2. Hälfte des 10. Jh. Steinbauten an: im S eine Rotunde mit zwei halbkreisförmigen Vertiefungen, die als Taufbecken zu deuten sind, und ein rechteckiges Gebäude (beide zu einer Fs. enresidenz gehörig), im N eine einschiffige Kirche. Der im W an die Rotunde grenzende Steinbau wurde in einen großen Saal und drei kleinere Räume geteilt. Um 1000 erfolgte eine Überbauung des palatium und eine Umgestaltung des Baptisteriums in eine einstöckige Hofkapelle mit Westempore. In der n. Kirche wurden zwei Grabmale untergebracht. Burganlage und Steinbauten wurden wahrscheinl. beim tschech. Einfall 1038 zerstört. Die Kapelle blieb erhalten, und an ihrer Westseite errichtete man im 11.–12. Jh. einen Steinturm. Die angrenzende Fläche wurde bis zum Ende des MA als Friedhof genutzt.

L. Leciejewicz

Lit.: M. SOKOŁOWSKI, Ruiny na Ostrowie jeziora Lednicy, 1876 – W. DALBOR, Dwór książęcy w X w. na Ostrowie Lednickim, Slavia Antiqua 6, 1957–59 – G. MIKOŁAJCZYK, Une résidence des Piasts sur l'île de Lednica (O.L.) distr. Gniezno, Archaeologia Polona 6, 1964 – K. ŻUROWSKA, Studia nad architekturą wczesnopiastowską, 1983 – Studia Lednickie 1–2, hg. Z. KURNATOWSKA, 1989–91.

Ostsee, -raum. Der O. raum stellte eine Zone enger polit., wirtschaftl. und kultureller Interaktion dar. Grundlegend dafür war die Verkehrserleichterung durch das Meer, das maximal 300 km breit ist. Bes. vorangetrieben wurden die Beziehungen innerhalb des O. gebiets und dessen Verknüpfung mit dem übrigen Europa durch die →Wikinger und die →Hanse.
I. Ethnisches und politisches Gefüge – II. Handel – III. Kultur.
I. ETHNISCHES UND POLITISCHES GEFÜGE: [1] *Völkerwanderungszeit und Frühmittelalter:* Bis zum 5. Jh. siedelten sowohl nördl. als auch südl. der O. →Germanen, in den ö. Küstengebieten kamen balt. Stämme (die Vorfahren der Prußen, Litauer und Letten) sowie →Ostseefinnen (Liven, Esten, Woten, Ingrier, Karelier, Finnen) hinzu. Nachdem die südl. und südwestl. der O. ansässigen germ. Stämme im Zuge der Völkerwanderung bis auf Reste abgezogen waren, rückten in dieses Gebiet zw. Weichsel und Kieler Förde im 6./7. Jh. →Westslaven ein. Sie bildeten die Stammesverbände der →Pomoranen zw. Weichsel und Oder, der Wilzen bzw. →Lutizen in einem mittleren Gebiet und der →Abodriten im W.

[2] *Hochmittelalter und deutsche Ostsiedlung:* In Skandinavien begann in der Wikingerzeit die Durchsetzung bzw. Festigung der Kg. smacht (in →Dänemark seit dem späteren 10. Jh., in →Schweden und →Norwegen seit dem frühen 11. Jh.), verbunden mit der offiziellen Annahme des Christentums als eines stabilisierenden Faktors (→Mission). Im s. und ö. Küstengebiet der O. gelang dagegen nur einem Teil der Slaven und den Litauern (→Litauen) eine feste staatl. Herrschaftsbildung.
Von dt. Seite wurde unter den Kg. en Heinrich I. und Otto I. der Raum zw. →Elbe und →Oder unterworfen. Der →Slavenaufstand v. 983 unterbrach die Missionsansätze (→Oldenburg, Bm.), die vornehml. vom Ebm. →Hamburg-Bremen getragen wurden und im 11. Jh. (→Adalbert v. Bremen) Fortsetzung fanden. Im 12. Jh., an dessen Beginn das gesamte s. O. gebiet noch heidnisch war, förderte v. a. →Heinrich d. Löwe als Hzg. v. →Sachsen die dt. Missionierung, Siedlung und Herrschaftsbildung im Land der Abodriten. Gleichzeitig setzte jedoch die imperiale Politik der Kg. e v. Dänemark, →Waldemars I. (1157–82) und seiner Nachfolger, ein (→Rügen, 1168; nördl. →Estland, 1219). Nach der Ächtung Heinrichs d. Löwen (1180) konnten die Dänen auch die Hoheit über →Mecklenburg und Nordelbien (→Holstein) gewinnen. Die Niederlage Kg. Waldemars II. bei →Bornhöved führte aber 1227 überraschend das Ende des dän. O. imperiums herbei, und in der Folgezeit wurden die ostseeslav. Gebiete zu dt. Territorien.

Das 12.–13. Jh., in dem die dt. →Ostsiedlung begann und ihren Höhepunkt erreichte, brachte eine grundlegende Änderung des ethn. wie des staatl.-polit. Gefüges. Dt. Bauern wurden in den ostseeslav. Gebieten und im Prußenland angesiedelt (→Landesausbau), wo überall die Assimilierung der einheim. Bevölkerung einsetzte. Dt. Stadt- und Adelssiedlung gab es ähnlich wie dort auch in →Livland. Im grundlegenden 13. Jh. entstanden so die Staaten des →Dt. Ordens in →Preußen und →Livland. Zahlreiche dt. Bürger wurden auch in den ma. skand. Städten, bes. in Schweden, ansässig.
Im 12.–13. Jh. vollzog sich die schwed. Eroberung und Kolonisation des s. →Finnland (auch hier wurden wie vorher schon gegen die heidn. Slaven →Kreuzzüge geführt). Ostslav. Siedlung (→Ostslaven) erfolgte im Gebiet der Ingrier und Woten (zum Fsm. →Novgorod).

[3] *Spätmittelalter:* Die bedeutendste O. macht blieb das bevölkerungsstarke Dänemark, insbes. unter →Waldemar IV. (1340–75), der jedoch bei seiner erfolgreichen Politik die Interessen der →Hanse verletzte. Diese erwies sich jetzt als starke polit. Macht (→Kölner Konföderation), die den Kg. v. Dänemark im Frieden v. →Stralsund (1370) zu wesentl. Zugeständnissen zwang. Daß die Machtausübung für die Hanse aber kein Selbstzweck war, wird an ihrem fehlenden Widerstand gegen die offenbar als Ordnungsfaktor betrachtete →Kalmarer Union (1397) deutlich. Andererseits unterstützte die Hanse im 15. Jh. das Streben der Schweden nach Lösung aus der von Dänemark dominierten Union, denn das den wendischen Hansestädten nahe Dänemark, das die Zugänge zur O. kontrollierte, blieb für die Städtegemeinschaft potentiell bedrohlich. Der Kampf um Wiedererrichtung der nationalen schwed. Kgtm. s war nur eine von mehreren Erscheinungen des 15. Jh., die auf künftige neue Machtkonstellationen hinwiesen. Weitere bestanden im Zusammenschluß von Dänemark, Norwegen, Schleswig und Holstein unter dem Hause →Oldenburg (1460) und in der enormen Schwächung des Dt. Ordens in Preußen, dessen wertvollere Gebietshälfte 1466 der Oberhoheit des Kg. s v. Polen anheimfiel, der auf diese Weise O. anrainer wurde. Gleiches gilt für den Gfs. en v. →Moskau, →Ivan III., der seinem Reich 1478 →Novgorod einverleibte und damit dessen O. küstengebiete gewann.

II. HANDEL: Der Handelsverkehr auf der O. erfuhr während der Wikingerzeit starke Intensivierung, wovon u. a. skand. Importgut und skand. Niederlassungen in den s. Gebieten des O. raumes, aber auch slav. Keramik im N zeugen. Es gab eine transkontinentale Fernhandelsverbindung (→Fernhandel), welche die frühstädt. Zentren →Haithabu an der Schlei, →Birka am Mälarsee und Ladoga (→Alt-Ladoga) am Volchov verknüpfte; Haithabu war seinerseits mit dem mittel- und westeurop. Festland verbunden, während die skand. Kaufleute von Ladoga aus unter Benutzung des Wolgaweges nach →Bolgar und →Itil (den Hauptorten des →Wolgabulgaren- und →Chazarenreiches) sowie vereinzelt auch nach →Bagdad und auf dem →Dnepr-Weg nach →Konstantinopel gelangten. Bei diesen im 9. und 10. Jh. unternommenen Fahrten wurden →Sklaven, →Waffen (darunter rhein. Schwerter), →Pelze, →Wachs, →Honig sowie →Bernstein in den Osten gebracht und dafür Silbermünzen, kostbare Gewebe und Gewürze eingetauscht. Oriental. Münzsilber gehört zu den vielen Schatzfunden des O. raumes.

Gegen Ende der Wikingerzeit reduzierte sich der skand. Osteuropahandel weitgehend auf Novgorod, von dem aus im 11. und 12. Jh. eine neue Verkehrslinie über →Gotland (anstelle Birkas) nach →Schleswig (anstelle Haithabus) führte. In Schleswig trafen sich die auf der O. dominierenden gotländ. Fahrmänner mit dän., fries., sächs. und slav. Kaufleuten (Gruppen, die auch schon in Haithabu vertreten gewesen waren), bis das 1143/59 als erste dt. Stadt an der O. gegründete →Lübeck die Funktion Schleswigs übernahm. Von Lübeck aus reisten die norddt. Kaufleute sogleich nach Gotland, von wo aus sie den dortigen Fahrmännern nach Novgorod, zum estn. Handelsplatz an der Stelle des späteren →Reval und zur Mündung der →Düna folgten. Diese Handelsreisen der frühhans. Kaufleute wurden durch die rechtl. Absicherung des dt. Verkehrs mit Gotland (→Gotlandfahrer) durch Heinrich d. Löwen (1161/63) und durch die Verträge mit Novgorod gefördert.

Bereits im 13. Jh. erlangte die Hanse die Vorherrschaft im O. handel, wobei die im 13. und 14. Jh. an der s. und ö. O. küste entstehende Kette dt. Städte entscheidenden Rückhalt bot. Das rasche Aufblühen der O. städte war durch eine Intensivierung der landwirtschaftl. Produktion (z. T. eine Folge der dt. Ostsiedlung) und durch die Entfaltung des Hansehandels möglich, der innerhalb des O. raumes und mehr noch im w. Europa größte Absatzchancen bot. Dabei lieferten die Länder südl. der O. v. a. →Getreide, Preußen daneben Holz (→Holzhandel), Livland →Flachs und →Hanf; aus Litauen und der Rus' kamen Pelze und Wachs sowie in den ausgehenden MA ebenfalls Flachs und Hanf, aus Finnland Produkte der Jagd und des →Fischfangs, aus Schweden →Eisen und →Kupfer und aus Dänemark neben landwirtschaftl. Erzeugnissen Heringe, die die Kaufleute auf der Halbinsel →Schonen (seit dem 13. Jh. bedeutende Messen) erwarben. Exportgüter aus dem W waren Tuche (→Textilhandel), →Salz aus →Lüneburg, später zunehmend aus Westfrankreich (→Baiensalz) und Portugal, Bunt- und Edelmetalle sowie Metallerzeugnisse, →Wein, →Gewürze, →Südfrüchte, Farbstoffe (→Farbe) usw. Zusätzlich zu den traditionell von der Hanse gelieferten flandr. Tuchen brachten engl. und holl. Kaufleute auf dem Schiffahrtsweg durch den Öresund (→Sund, -zoll) im späten MA Tuche eigener Produktion in den O. raum. Die Holländer boten sich außerdem billigen Frachtraum an und übernahmen zugleich zunehmend selbst den Handel mit Salz und Getreide.

Damit wurde bereits im 15. Jh. das hans. Austauschsystem partiell ersetzt. Gegensätze v. a. zw. den preuß. und wend. Hansestädten sowie die zunehmend an nationalen Interessen orientierte Politik der Anrainermächte begannen in jener Zeit ebenfalls die Stellung der Hanse zu schwächen. Zugleich verstärkte sich aber gerade gegen Ende des MA der (teilw. nicht mehr hansisch gelenkte) Güterstrom aus dem O. bereich, denn im gewerbl. fortgeschrittenen Westeuropa wurde immer mehr Getreide benötigt, und für Schiffbau und Ausrüstung der entstehenden westeurop. →Flotten bestand starker Bedarf an Holz, Flachs und Hanf.

III. KULTUR: Während der Wikingerzeit ergab sich aus dem Handel und der Existenz von skand. Kolonien im s. und ö. O. raum die dortige Rezeption von nord. Schmuck- und Waffenformen; nichtskand. Handwerker haben solche Formen nachgeahmt. Auch übten skand. Begräbnissitten Einfluß aus.

Die Hanse hat auf vielen Gebieten kulturvermittelnd und vereinheitlichend gewirkt. So diente die von der Lübecker Ratskanzlei geprägte mndt. Sprache auch in nichtdt. Städten des O. raumes als Kommunikationsmittel (→Niederdt. Lit.). Ein weiteres Beispiel stellen die typischen Stadtanlagen mit großem Markt, Rathaus und Ratskirche im Zentrum sowie entsprechender Straßenführung dar; auch in den skand. Städten hatte die Ratsverfassung Eingang gefunden. Allgemein verbreitet war die got. Backsteinarchitektur (→Backsteinbau). Ferner wurden bes. von Lübeck in größtem Umfang Erzeugnisse des Kunsthandwerks und der bildenden Kunst – darunter Hunderte von Altären – in den gesamten O. raum ausgeführt. Ein weiträumiges und dynam. künstler. Wirken im O. bereich entfaltete z. B. Bernt →Notke. Nachdem 1419 die Univ. →Rostock gegründet worden war, wurde sie von Studenten aus allen O. ländern, vereinzelt sogar aus Novgorod, aufgesucht.   N. Angermann

Lit.: W. HUBATSCH, Im Bannkreis der O. Grdr. einer Gesch. der O. länder in ihren gegenseitigen Beziehungen, 1948 – A. HOFMEISTER, Der Kampf um die O. vom 9.–12. Jh., 1960[3] – Acta Visbyensia I, III–VII, 1965–85 – F. RÖRIG, Wirtschaftskräfte im MA, 1971[2] – K. FRIEDLAND, Träger und Gegenstände kultureller Vermittlung im spätma. O. bereich, Studia Maritima I, 1978, 29–38 – A. v. BRANDT, Lübeck, Hanse, Nordeuropa, 1979 – J. PETERSOHN, Der s. O. raum im kirchl.-polit. Kräftespiel des Reichs, Polens und Dänemarks vom 10. bis 13. Jh., 1979 – PH. DOLLINGER, Die Hanse, 1989[4] – Die Hanse und der dt. Osten, hg. N. ANGERMANN, 1990 – Kunst im O. raum. Ma. Architektur und ihre Rezeption, hg. P. RICHTER, 1990 – K. FRIEDLAND, Die Hanse, 1991 – s. a. Lit. zu →Elb- und Ostseeslaven, →Hanse, →Wikinger usw.

Ostseefinnische Sprachen. Die ostseefinn. Gruppe der →finn.-ugr. Sprachen umfaßt Finnisch, Karelisch, Wepsisch, Ingrisch, Wotisch, Estnisch, Livisch. Sprecherzahlen und Wohngebiete: *Finnisch:* ca. 4,5 Mill.; Finnland, Schweden, Karelien, Rußland, Estland, USA, Europa. *Karelisch:* ca. 140000; Karelien bis zum Weißen Meer, Gebiet Tver' (Tver'-Karelisch). *Wepsisch:* ca. 8000; Südufer Onegasee, s. bis Tichvin. *Ingrisch:* unter 1000, *Wotisch:* unter 100; beide Gebiet Petersburg. *Estnisch:* über 1 Mill.; Estland, ferner Rußland, Schweden, Kanada, USA, Europa. *Livisch:* über 100; Kurlandküste nö. Ventspils. Die Sprecher des Karelischen, Wepsischen, Ingrischen, Wotischen verwenden als Zweitsprache Russisch, die des Livischen Lettisch. Für Ingrisch, Wotisch, Livisch finden sich nur mehr Sprecher der älteren Generation. Sprachgesch. und Ethnogenese sind umstritten; nach M. KORHONEN beginnt die Gesch. der o. Sp. ca. 1500 v. Chr., das Lappische schert ca. 1000 v. Chr. aus, andere Linguisten und Archäologen gehen von einer einheitl. balt.-ostseefinn. Kultur an der Ostsee im 3. Jt. v. Chr. aus. Hohes Alter wird Lehnwörtern aus dem Baltischen zugeschrieben, ebenso balt.-ostseefinn. Übereinstimmungen in den grammat. Strukturen. Balt. und ostseefinn. Stämme müssen lange auf demselben Territorium zusammengelebt haben, es ist Zweisprachigkeit und gegenseitige Assimilation anzunehmen. Älteste germ. Lehnwörter sind nicht einzelsprachiger (Gotisch, Urnordisch), sondern nordwestgerm. und gemeingerm. (urgerm.) Provenienz. Das Lehnwort finn. *rauta* und seine Entsprechungen in den anderen ostseefinn. Sprachen markierten den Beginn der Eisenzeit bei den Ostseefinnen. Ab Ende 1. Jt. n. Chr. finden sich Lehnwörter aus dem Ostslavischen (Altrussisch), vereinzelt aus dem Westslavischen. Ältestes ostseefinn.-slav. Kontaktgebiet ist SO-Estland (alte, anderswo unbekannte Lehnwörter). Entlehnungen aus dem Russischen sind reichl. bis in die Gegenwart, im Finnischen und Estnischen spärlicher. Ostseefinn. Lehnwörter, im Germanischen kaum anzutreffen, sind dagegen reichlich in den russ. Dialekten der Nachbarschaft der ö. ostseefinn. Völker. Der Nachvollzug der ethn. und sprachl. Verzweigung der Ostseefinnen ist problemat.; gesichert eine süd- und nordestn., eine west- und ostfinn. Differenzierung und eine frühe Abspaltung des Livischen. Schriftkultur findet sich bei Finnen und Esten seit der Reformation, spärlich bei Kareliern seit dem 18. Jh., während die Verschriftlichung des Wepsischen, Ingrischen, Livischen von geringer Wirkung blieb. Von großer wiss. Bedeutung ist das reiche finn.-karel.-ingr. Liedmaterial, zugängl. im Sammelwerk »Suomen kansan vanhat runot«, 33 Bde, und verarbeitet im →Kalevala.   U. Groenke

Lit.: M. Kuusi u. a. Finnish Folk Poetry. Epic, 1977 – Kalevala. Das finn. Epos des Elias Lönnrot, hg. L. Fromm, 1967, 1979, 1985 [H. Fromm, Nachw.] – A. Laanest, Einf. in die o. Sp., 1982 – A. D. Kylstra u. a., Lex. der älteren germ. Lehnwörter in den o. Sp., I, 1991 [Lit.].

Ostsiedlung, deutsche. Der historiograph. Begriff »dt. O.« bezeichnet den Prozeß von Besiedlung und Akkulturation, der in den Gebieten ö. der Reichsgrenze des ausgehenden 11. Jh. bis zum Finn. Meerbusen, zum Schwarzen Meer und zur Save vornehml. durch dt. Bauern, Handwerker und Kaufleute getragen wurde. Während seiner Hauptphase von der Mitte des 12. bis zum Ende des 14. Jh. ist der dt. Siedlungs- und Sprachraum um mehr als ein Drittel erweitert worden. Da an diesem hochma. →Landesausbau (Kolonisation), der eine Um- und Neugestaltung der Wirtschafts-, Rechts- und Verfassungsentwicklung des ö. und sö. Mitteleuropa bewirkte, neben dt. Siedlern (coloni) auch andere Landfremde (z. B. Flamen, Reichsromanen, Dänen) und v. a. die einheim. Bevölkerung (Slaven, Balten u. a.) beteiligt waren, wobei eine Quantifizierung nicht mögl. erscheint, wird der von der dt. Gesch.sschreibung seit etwa 1970 vor älteren Bezeichnungen bevorzugte Begriff »dt. O.« in zunehmendem Maße als unzureichend empfunden und mitunter durch die Termini »Kolonisation zu dt. Recht« bzw. »dt. Kolonisation« ersetzt, die auch in der poln. und tschech. Historiographie verbreitet sind. Die Erforschung dieser nur teilweise in Verbindung mit Eroberung und Missionierung (Gebiete zw. Elbe und Oder, Ordensland Preußen; →Dt. Orden) stehenden, zum größten Teil jedoch aufgrund der Initiative landsässiger Landes- und Grundherren friedl. verlaufenden Siedlungsbewegung und der damit verbundenen materiell-kulturellen und institutionellen Angleichung »Neueuropas« an »Alteuropa« (O. Halecki) hat im wesentl. erst im 19. Jh. eingesetzt; sie gehört durch die lange vorherrschende Ideologisierung des Bildes der O. zu den am heftigsten umstrittenen Themen zw. der slav.sprachigen und der dt.sprachigen Gesch.swiss., wobei Schlagworte wie »Drang nach Osten« auf der einen und »Großtat des dt. Volkes« (im Sinne einer Kulturträgertheorie) auf der anderen Seite die extremen Positionen markieren. Begriffl. ist die Entwicklung von »Germanisation« bzw. »Germanisierung« und »(Ost)Kolonisation« über »dt. Ostexpansion« und »dt. Ostbewegung« (H. Aubin) zu »dt. O.« (W. Kuhn, W. Schlesinger) gegangen. Nach dem 2. Weltkrieg ist, bedingt nicht zuletzt durch die Erkenntnis der gesamteurop. Zusammenhänge des Kulturausweitungsvorgangs im ma. Landesausbau, allmähl. eine Annäherung der kontroversen Standpunkte erfolgt.   W. Irgang

Lit.: Germania Slavica I, 1980 – K. Zernack, Der hochma. Landesausbau als Problem der Entwicklung Ostmitteleuropas (XVe Congr. Internat. des Sciences Hist., 1980), 144–158 – J. M. Piskorski, Die dt. O. des MA in der Entwicklung des ö. Mitteleuropa, JGMODtl 40, 1991, 27–84 – L. Dralle, Die Deutschen in Ostmittel- und Osteuropa, 1991 – P. Erlen, Europ. Landesausbau und ma. dt. O., 1992 – W. Conze, Ostmitteleuropa, 1992.

Ostslaven
I. Ethnogenese, Urheimat, Ausbreitung – II. Stämme, Siedlungsräume, Nachbarn – III. Sprachliche Abgrenzung – IV. Wirtschaft und Gesellschaft – V. Begräbnisformen und Kulte – VI. Geschichte im Mittelalter.

I. Ethnogenese, Urheimat, Ausbreitung: Im Gesamtzusammenhang der Ethnogenese der →Slaven formierten sich die O. während des 6.–8. Jh. im Übergangsraum zw. Steppe und Waldzone, in der Laubwaldsteppe, in den Bassins der Flüsse Dnestr, Bug, →Dnepr und Pripet. Ein in den Ursachen nur z. T. erklärter Bevölkerungsüberschuß führte zu einer expansiven Kolonisation nach N und O hinein in die Laubwaldzone, so daß die Flußsysteme des Volchov und der Oka seit dem 10. Jh. zu weiteren Kernräumen des O.tums geworden sind. Die Siedlungsbewegung folgte den Flußläufen und über die Wasserscheiden hinweg mit Hilfe von Schleppstellen in das nächste Flußsystem. Die offenen Siedlungen der O. zogen sich meist bandartig an den erhöhten, vor Überschwemmungen geschützten Ufern entlang, teils ohne die dünn besiedelten Lebensräume der balt. oder finno-ugr. Vorbevölkerung zu tangieren. Erst im HochMA werden die nichtslav. Ethnien in nur sehr langsam verlaufenden Vermischungs- und Assimilationsprozessen aufgesogen.

II. Stämme, Siedlungsräume, Nachbarn: Die archäolog. Befunde zeigen sieben unterscheidbare Vorläuferkulturen des 5.–7. Jh. Die im 8.–9. Jh. entstandenen, auf fruchtbaren Böden gelagerten Regionalkulturen von Luka-Rajkoveckaja w. und Romny ö. des mittleren Dnepr dürfen als ostslav. Kerngebiet gelten. Anthropolog. lassen sich bei den frühen O. vier Schädeltypen unterscheiden: Im SW (heutige Ukraine) erkennt man den Übergang zu den →Westslaven, im W (heutiges Weißrußland) die Vermischung mit balt., im NW (Novgorod-Pskov) mit ostseeslav. o. vom Dnepr bis in das Flußsystem der Oka mit finno-ugr. Populationen. Nach vereinzelten Nennungen ostslav. Stämme in arab. Q., im →Geographus Bavarus und in »De administrando imperio« Ks. →Konstantins VII. Porphyrogennetos findet sich eine kommentierte Übersicht der ostslav. Stämme erst in der um 1116 fertiggestellten →Povest' vremennych let ('Nestorchronik'), die den bereits weit zurückliegenden Zustand vor der Christianisierung und der polit. Vereinigung im Reich v. Kiev beschreibt. Die altruss. Chronik nennt Bužanen (= Volynjanen), Chorvaten (= Weiße Kroaten), →Duleben, →Dregovičen, →Drevljanen, →Krivičen, →Poljanen, →Poločanen, →Radimičen, →Severjanen, (Ilmensee-) →Slovenen, Tivercen, Uličen sowie →Vjatičen und grenzt sie gegen nichtostslav. und nichtslav. Stämme ab. Den Poljanen mit ihrem Zentrum →Kiev wird dabei durch Kontrastierung mit den nördlicher siedelnden Stämmen bes. hoher zivilisator. Standard und semichristl. Stammescharakter zugeschrieben. In der geogr. fast nur durch Flüsse gegliederten Laub- und Mischwaldzone der osteurop. Tiefebene traf die ostslav. Kolonisation n. des Pripet auf das kompakte Siedlungsgebiet der →Balten (v. a. Litauer, Semgaller, Lettgaller) und der westfinn. Čuden (→Esten), die durch den nach N vordringenden Keil der Kriviščen und Slovenen von den Kareliern im N und den Ostfinnen getrennt wurden. Die Steppenzone im S war von Nomadenvölkern beherrscht, im FrühMA hat das Reich der →Chazaren bis zum Eindringen der →Waräger über die O. eine lockere Tributherrschaft ausgeübt. Die →Pečenegen haben im 10. Jh. mit ihren Plünderungszügen als starker Anschub für die nach N gerichteten Bevölkerungsbewegungen, ebenso aber auch für die Organisation der Verteidigung gegenüber der Steppe gewirkt. Nach →Brun v. Querfurt hatte der Gfs. v. Kiev um die Jahrtausendwende bereits einen Limes gegen die Pečenegen errichten lassen.

III. SPRACHLICHE ABGRENZUNG: Gegenüber den west- und südslav. Sprachen zeichnet sich das Ostslavische durch einige Besonderheiten aus. In Gemeinsamkeit mit den Südslaven wird der Anlaut *kv-*, *gv-* (vgl. poln. *kwiat*, *gwiazda* /'Blume', 'Stern') zu *cv-*, *zv-* (*cvet*, *zvezda*) palatalisiert. Der ostslav. 'Vollaut' verändert *glava* ('Kopf') zu *golová* oder *grad* ('Burg', 'Stadt') zu *górod*. Aus der Einführung des südslav. geprägten →Kirchenslavischen als Sakralsprache ergaben sich Diglossen wie *glava* ('Ober-Haupt', 'Kapitel') -*golova* ('Kopf') oder *vlast'* ('Herrschaft') -*volost'* ('Herrschaftsgebiet').

IV. WIRTSCHAFT UND GESELLSCHAFT: Die ostslav. Haustypen sind Block- oder Pfostenkonstruktionen mit Seitenlängen bis zu 4,5 m, im N unter finn. Einfluß ebenerdig aufgestellt, im S überwiegend bis zu 1 m in den Grund eingetieft. Die Landwirtschaft der O. nutzte neben Ackerbau und Viehzucht auch die vielfältigen Ressourcen aus dem Wald und den Flüssen. Der rodende Ackerbau beruhte vorwiegend auf der Zoche (*socha*, zweizinkiger Gabelpflug); die Verwendung des →Pflugs erfolgte frühestens im HochMA. Neben den Sommergetreidearten wurden Hülsenfrüchte, Leinen und Flachs angebaut. Die Viehzucht (v. a. Rind, Schwein) diente der Fleisch-, kaum der Milcherzeugung und ergänzte die relativ reiche Versorgung mit Wildbret. Fast alle ausländ. Berichterstatter heben Herstellung und bei Feiern exzessiven Konsum von Honiggetränken hervor, zugleich wird der Wachs- neben dem Pelzexport genannt. Der Fernhandel lag allerdings nicht in slav. Händen, sondern wurde von Warägern und Juden getätigt; zu deren Haupthandelsgütern gehörten auch die O. selbst, die schon früh auf den Sklavenmärkten des Orients nachweisbar sind.

Aus den rückblickenden Betrachtungen der Povest' vremennych let ist nur wenig über die ostslav. Gesellschaft zu entnehmen. Der Clan (*rod*) scheint die grundlegende gentile Organisationsform, vermutl. häufig mit der Siedlungseinheit kongruent, gebildet zu haben. Welche polit. Struktur die Stämme hatten, läßt sich nur aus wenigen Angaben erschließen. Aus dem Zusammenstoß der →Drevljanen mit Fs. →Igor' v. Kiev wird die Existenz eines Drevljanen-Fs.en namens Mal (er freit um →Ol'ga, die Witwe des erschlagenen Igor') und einer Führungsschicht erkennbar. Das Stammesaufgebot stellt sich der Kiever Gefolgschaft (→Družina) entgegen, der Hauptort des Stammes ist gut befestigt. Inwieweit die slav. Burgstadt über eine institutionalisierte Versammlung der Bevölkerung, bzw. die freien Männer (→*veče*) und der Stammesfs. über eine Gefolgschaft verfügte, läßt sich für die frühe Zeit nicht mit Sicherheit erkennen. Bei der herrschaftl. Durchdringung der Stammesgebiete durch die Waräger dürfte das Konnubium mit dem slav. Adel durchaus eine Rolle gespielt haben. Seit Fs. Svjatoslav I. sind bei den →Rjurikiden slav. Personennamen die Regel.

V. BEGRÄBNISFORMEN UND KULTE: Die Hügelgräber (Kurgane) der O. sind arm an Inventar und vermitteln wenig Information über Kultur und Religion. Die Bestattung des Leichenbrandes innerhalb des Kurgans geschah ebenerdig oder auf Plateaus aus gestampftem Lehm oder in Gruben unter dem Kurgan, z. T. in Urnen. Die Nachricht der Chronik, die Vjatičen stellten die Urnen auf Pfosten am Wege aus, ließ sich archäolog. nicht erhärten, allerdings sind Urnen auf Pfosten innerhalb der Kurgane bei den Dregovičen belegt. – Im Unterschied zu den →Elb- und Ostseeslaven errichteten die O. keine Tempel oder Kultbauten, sondern schufen von Wällen umgebene, teils befestigte Kultplätze mit Opferfeuern. In der Povest' vremennych let wird berichtet, Fs. Vladimir Svjatoslavič habe eine Gruppe heidn. Götter durch 'Reichs-'Kulte geehrt, indem er im Zentrum von Kiev eine (archäolog. gesicherte) gemeinsame Kultstätte für sie erbauen ließ. Die meisten erhaltenen Idole sind Findlingssteine, deren Rundformen anthropomorph bearbeitet wurden; von den hölzernen sind nur die Pfostenlöcher im Zentrum von Kultplätzen gefunden worden. Inwieweit diese Götter der skand.-slav.-finn.-balt. Kriegerschicht Verbindung zur Religion der ostslav. Waldbauern hatten, ist unklar. Die Ausgrabung von Eichenstämmen, in die jeweils mehrere Hauer von Keilern eingesetzt waren, zeugt davon, daß die O. hl. Eichen, evtl. auch den Wildeber kult. verehrt haben. Anderseits notierte Konstantin Porphyrogennetos, daß die germ. Waräger eine hl. Eiche auf einer Dnepr-Insel kult. verehrten. Die interessanteste Ausformung ostslav. Heidentums ist in einem ca. 270 cm hohen, mit einst farbigen Reliefs bedeckten Steinpfeiler von quadrat. Querschnitt erhalten. Das Idol aus dem Fluß Zbruč in Volhynien, häufig mit dem viergesichtigen Gott Svantevit der Ostseeslaven verglichen oder gar irrtüml. gleichgesetzt, vereint unter einem großen Hut vier im Flachrelief ausgeführte (Götter-)Figuren mit unterschiedl. Attributen (Ring, Horn, Schwert, Pferd). Sie stehen über zwei niederen Ebenen, auf einem (Frauen-)Reigen, dessen Standplatte von teils knienden 'Atlanten' getragen wird. Die Kombination der vier (Himmels-?)Richtungen mit drei (Welt-?)Ebenen, vereint mit dem Viergesicht unter einem (Himmels-?)Hut, läßt auf komplexe, wohl auch heterogene Kosmosvorstellungen schließen. Das steinerne Idol bildete den Mittelpunkt des befestigten Kultkomplexes auf dem Berg Bogit und hat vermutl. bis zur Mitte des 13. Jh. (!) dem Kult gedient.

VI. GESCHICHTE IM MITTELALTER: Die russ. Frühgesch.sforsch. differenziert vier kraniolog. Typen, so daß sich schon im FrühMA die Südwestrussen (Ukrainer) und West-(Weiß-)Russen von den NW- und O-Russen zu unterscheiden scheinen. Der folgende Organisationsschub, der polit. die Waräger mit der Rjurikidendynastie an der Spitze, kulturell bes. die von gr. Metropoliten geführte orth. Kirche bewirkten, vereinheitlichte zwar in vieler Hinsicht (Stammesgliederung scheint bereits im 11. Jh. eingeschmolzen zu sein), doch erkennt man auf der unteren Ebene deutl. regionale Unterschiede. Die Regionalisierung bricht im 12.–13. Jh. als Entfremdung an der Oberfläche durch. Zur Zeit der Tatarenherrschaft werden die im W liegenden ostslav. Fsm.er in das Gfsm. →Litauen inkorporiert, wodurch sie auf Jahrhunderte westeurop. Einflüssen ausgesetzt sind und sich als südwest- bzw. westruss. Nationen formieren. – Die Fsm.er im O werden im 14.–15. Jh. unter Führung des Gfsm.s →Moskau vereinigt. Nach der Annexion der w. Gebiete, Novgorod (1478), Pskov (1510), und der Eroberung von Smolensk (1514) durch Moskau ist auch die spätere großruss. Nation

durch Grenzen bestimmt und mit dem Namen 'Moscovia' definiert. Polit. Isolation und religiös-kulturelle Selbsttisolierung kennzeichnen die Situation der ostslav. Großrussen am Ende des MA.
F. Kämpfer

Lit.: R. TRAUTMANN, Die altruss. Nestorchronik, 1931 – HGesch. Rußlands I, 1981 – J. UDOLPH, Die Landnahme der O. im Lichte der Namenforsch., JbGO 29, 1981, 321–336 – V. V. SEDOV, Vostočnye slavjane v VI–XIII vv, 1982 – Die Welt der Slawen, hg. J. HERRMANN, 1986 – G. WEISS–A. KATSANAKIS, Das Ethnikon Sklabenoi, Sklaboi in den griech. Q. bis 1025, 1988 – J. REISINGER–G. SOWA, Das Ethnikon Sclavi in den lat. Q. bis zum Jahr 900, 1990 – C. GOEHRKE, Frühzeit des O.tums, 1992 – s. a. Lit. →Kiev, A, →Slaven.

Ostslavische Kunst. Während die slav. Philologie die ostslav. Sprachen (Russ., Weißruss., Ukrainisch) von den west- und südslav. unterscheidet, geht das kunsthist. Material über diese Dreiteilung hinaus und stellt sich auch differenzierter dar. So entsteht z. B. die Ukraine als ethnisch-kulturelle und polit. Identität erst nach dem Untergang von →Halič-Volhynien und in einem komplizierten Interessenkonflikt zw. →Polen-Litauen und →Moskau im 14.–15. Jh., ungeachtet der bis in die Kiever Rus' (→Kiev) zurückreichenden Wurzeln. Es sei daher verwiesen auf →Ikonen; →Kirchenbau, III.; →Russische Kunst.
K. Onasch

Oswald

1. O., hl. (Fest: 5. Aug.), Kg. v. →Northumbria 634–642, ✠ 642; Sohn von →Æthelfrith v. Bernicia und Acha, Tochter von Ælle v. Deira. Nach Æthelfriths Tod ging O. ins schott. Exil, wo er die Taufe empfing. Nachdem der brit. Kg. →Cadwallon 633 →Edwin v. Deira und 634 dessen Nachfolger Eanfrith v. Bernicia und Osric v. Deira besiegt und getötet hatte, kehrte O. nach Northumbrien zurück, errang in der Schlacht v. Heavenfield den Sieg über Cadwallon und wurde Kg. v. Northumbria. →Aidán brachte auf Wunsch O.s eine Gruppe ir. (schott.) Mönche von →Iona nach →Lindisfarne, wo er von O. Land für die Gründung eines Kl. erhielt, das gleichzeitig Bf.ssitz für Northumbria wurde. Nach →Beda Venerabilis war O. einer der sieben Kg.e, die s. des Flusses Humber regierten (→Bretwalda); auf ihn geht die Vereinigung von →Bernicia und →Deira zurück, er herrschte auch über Briten, Pikten und Schotten. 642 wurde er in der Schlacht v. Maserfelth von →Penda v. Mercien getötet.

Beda schildert O. als einen mustergültigen Kg. und kgl. Hl.en. Wunder sollen sich an dem von O. vor der Schlacht v. Heavenfield errichteten Kreuz und an seinem Todesort ereignet haben. Nach der Schlacht v. Maserfelth ließ Penda dem Leichnam O.s Kopf und Arme abtrennen und an Pfählen aufhängen. Während der Kopf auf dem Friedhof in Lindisfarne beigesetzt wurde, gelangten Hände und Arme nach →Bamburgh, wo der rechte Arm in einem Silberschrein gemäß einer Prophezeiung von Aidán niemals verweste. Der verstümmelte Leichnam wurde von O.s Nichte Osthryth dem Kl. Bardney übergeben, wo ihn die Mönche erst einließen, als eine Lichtsäule auf wunderbare Weise über ihm erschien. Wunder ereigneten sich auch in Bardney, und Kg. →Offa v. Mercien ließ das Grab schmücken. Nach Beda wurde O. in Dtl. und Irland verehrt, und →Willibrord soll O.s Ruhm und Wunder in Irland und Friesland bezeugt haben. Viele Reliquien O.s werden in Kirchen auf dem Festland aufbewahrt, so z. B. in →Bergues-St-Winnoc. Dort verfaßte im 11. Jh. der Mönch Drogo eine Vita O.s. Verehrung erfuhr O. v. a. in S-Dtl., wo er in mhd. Dichtungen in Erscheinung trat (→Oswald, Spielmannsepos). Eine bedeutende Reliquie befindet sich in Hildesheim. Auch in England verbreitete sich sein Kult. Beda nennt bes. Hexham und Selsey, doch erscheint O.s Fest in fast allen engl. →Fest- und Hl.enkalendern aus der Zeit vor 1100. 909 wurden O.s Überreste von Bardney nach →Gloucester überführt, und seit dem 12. Jh. war sein Kult v. a. in Nostell (Yorkshire) und Durham verbreitet. Eine Vita O.s von Reginald v. Durham ergänzt zu Bedas Bericht einige legendar. Einzelheiten, unter denen v. a. die Wunder in Oswestry bemerkenswert sind, das als Todesort O.s identifiziert wurde. O. war Schutzpatron u. a. der Kreuzfahrer und Schnitter und gehörte zu den Vierzehn →Nothelfern. Ikonograph. Darstellungen zeigen ihn meist mit Zepter, Reichsapfel, pyxisartigem Gefäß, Raben und Ring als Attributen.
D. W. Rollason

Q.: Symeonis monachi Opera Omnia, ed. T. ARNOLD, 1882–85, Bd. I, 326–385 – BHL, 6361–6373d – Beda, Hist. Eccl. Gentis Anglorum, ed. B. COLGRAVE–R. A. B. MYNORS, 1969 – *Lit.:* R. FOLZ, St-O. Roi de Northumbrie, AnalBoll 98, 1980, 49–74 – P. CLEMOES, The Cult of St. O. on the Continent, Jarrow Lecture, 1983 – D. W. ROLLASON, Saints and Relics in Anglo-Saxon England, 1989 – D. P. KIRBY, The Earliest English Kings, 1991.

2. O., Bf. v. →Worcester seit 960 und Ebf. v. →York seit 972, † 29. Febr. 992. Zusammen mit Ebf. →Dunstan v. Canterbury und Bf. →Æthelwold v. Winchester gilt O. als Helfer des Kg.s →Edgar bei der engl. Kl.reform, die mit der Einigung auf eine für alle Kl. verbindl. Consuetudo (»Regularis Concordia«) und der Ersetzung der Klerikergemeinschaften durch Mönchskonvente an wichtigen Bf.skirchen verbunden war. Nachrichten über die Kl.reform überliefern v. a. die zur Propagierung von deren Hl.enkulten verfaßten Viten der mönch. Reformer; die dem Q.typ eigene Personalisierung und Heroisierung sind kaum zu relativieren, da die späteren Gesch.sschreiber aus den Viten schöpften. Nach der ältesten, in dem von ihm gegr. Kl. →Ramsey verfaßten »Vita s. Oswaldi« wurde O. von seinem Onkel, dem Ebf. →Oda v. Canterbury, 958 aus →Fleury, dessen eigenem Profeßkl., nach England zurückgerufen. Der Aufenthalt von →Abbo v. Fleury in Ramsey geht auf diese Verbindung zurück. Die in Übernahme der Beschlüsse einer in Ravenna im April 967 gehaltenen Papstsynode formulierte Aufforderung an den engl. Klerus, entweder zölibatär und besitzlos zu leben oder den Kirchenpfründen zu entsagen, führte in Worcester nach Ausweis der Zeugenreihen in O.s Urkk. zu einer allmähl. Ersetzung der Kleriker durch Mönche. Von einem Eklat, wie er mit dem Vorgehen Æthelwolds in Winchester verbunden war, ist in Worcester nichts bekannt. Ein in ae. Sprache abgefaßtes Memorandum (SAWYER, Nr. 1453), ein umfangreiches, überwiegend in »Heming's Chartular« überliefertes Urkk.corpus über zeitl. befristete Landleihen aus dem Kirchenbesitz von Worcester (SAWYER, Nr. 1297–1375) und eine York-Urk. über die Wiedererlangung verlorener Güter zeigen O.s Bemühen um die materielle Sicherung seiner Kirchen.
H. Vollrath

Q. und Lit.: J. RAINE, Historians of the Church of York, 3 Bde, 1879–94, hier I, 399–475 – D. J. V. FISCHER, The Anti-Monastic Reaction in the Reign of Edward the Martyr, CHJ 10, 1950/52, 254–270 – P. H. SAWYER, Anglo-Saxon Charters, 1968 – STENTON[3] – Tenth-Century Stud., hg. D. PARSONS, 1975 – H. VOLLRATH, Die Synoden Englands bis 1066, 1985.

3. O. v. Wolkenstein, * 1376/78, † 2. Aug. 1445, Südtiroler Adliger; zu seiner Zeit vorwiegend nur einem »Insiderpublikum« bekannt, gilt er heute als bedeutendster deutschsprachiger Liedautor des späten MA. Er ist in mehrfacher Weise ein Autor der Superlative: höchste Qualität von Dichtung und Musik, darunter zahlreiche mehrstimmige Kompositionen, viele davon Bearbeitungen aus dem Frz. und Italienischen; einzigartige Vielfalt von Themen und Formen, darunter bis heute eindrucksvolle autobiograph. Lieder; reiche Belege durch über eintausend Urkunden; erstes Dichterporträt der deutschsprachigen Lit.; fast authent. Überlieferung der Texte und Melodien.

Aus den Urkunden sowie den (natürlich erst zu interpretierenden) autobiograph. Mitteilungen O.s läßt sich sein ereignisreiches, für einen damaligen Adligen aber nicht ungewöhnl. Leben gut erschließen. Es war gekennzeichnet durch: ständige Bemühungen um Besitzvermehrung, einschließl. eines langwierigen Erbschaftsstreites um die Burg Hauenstein; die zeit- und standestyp. Konflikte mit dem Landesherrn (Hzg. →Friedrich IV.); weite Reisen in fast allen bedeutenden Teile Europas und des Vorderen Orients; Aufenthalt beim →Konstanzer Konzil; langjährige Dienste für Kg. →Siegmund (in diesem Zusammenhang Aufnahme in zwei bedeutende Ritterorden, den aragones. Greifen- oder Kannenorden und den von Siegmund begründeten →Drachenorden). Eine seit dem 19. Jh. behauptete romant. Liebesaffäre mit einer »Sabina« läßt sich in dieser Form nicht nachweisen. Früh hatte sich O., der in Meran starb, im bedeutenden Kl. Neustift bei →Brixen eingepfründet, wo er auch begraben liegt. Der derzeitige biograph. Wissensstand ist zusammengefaßt in den Arbeiten von A. Schwob.

126 Gedichte (124 Lieder, 2 Reimpaar-Reden) und die dazugehörigen Melodien sind in den drei Haupt-Hss. überliefert; sie entstanden im Auftrag O.s (A: ÖNB Wien 2777, zw. 1425 und ca. 1436; B: UB Innsbruck, ohne Sign., auf 1432 datiert, mit Nachträgen) bzw. offenbar seiner Familie (C: Innsbruck, Ferdinandeum, FB 1950); einiges davon und sechs weitere ihm zugeschriebene Lieder finden sich verstreut in sonstigen Hss. A und B enthalten ein Vollbild bzw. Porträt O.s, die neben den Ordenszeichen auch die durch andere Q. bekannte Beschädigung des rechten Auges zeigen. Die ges. Überlieferung ist inzwischen durch Faksimiles dokumentiert.

Die 38 mehrstimmigen Liedsätze O.s stehen teils in heimischer, teils in der damals modernen roman. Tradition; achtzehn Kontrafakturen wurden bisher nachgewiesen, und noch mehrere werden vermutet (Übersicht bei L. Welker, Jahrbuch 1990/91). Nach dem →Mönch v. Salzburg ist O. also der früheste Vertreter deutschsprachiger Polyphonie. Einige der einstimmigen Melodien tendieren bereits zum modernen »Individuallied« (B. Stäblein).

Formal und inhaltlich hat O. – mit Ausnahme des Leichs – das gesamte traditionelle Repertoire erprobt und es durch eigene Experimente variiert und erweitert: verschiedenartigste Liebeslieder (Lieder der Hohen Minne [→Minnesang], derbe →Pastourellen, zahlreiche →Tagelieder, Tanz-, Trink-, Dialoglieder, aber auch eine →Minneallegorie), 'objektive' und 'subjektive' geistl. Lieder, didakt. und polit. Lieder. Als erster deutschsprachiger Lyriker gestaltet O. auch individuelle Landschaft und Natur. Am auffälligsten ist der starke Anteil autobiograph. Elemente (Politik, Reisen, Verlobung/Ehe, Gefangenschaften und Alter). Sie sind je nach Gattung und Wirkungsabsicht mehr oder weniger stilisiert, ohne daß im einzelnen noch eine eindeutige Klärung möglich wäre: alles beruht offenbar auf tatsächl. Erlebnissen, aber nichts ist genau so geschehen, wie in den Liedern erzählt. O.s Dichtungen entstanden ohne Rücksicht auf Auftraggeber, doch geleitet von einem manchmal beinahe exhibitionistisch wirkenden Drang zur Selbstdarstellung, und er verwendete seine lit. Begabung wohl auch für polit. Zwecke.

Im SpätMA blieb O.s Wirkung, mit Ausnahme weniger Lieder, weitgehend auf Familie und Standesgenossen beschränkt. Wiederentdeckt wurde er im 19. Jh.; seit der erneuten Textedition durch K. K. Klein (1962) ist die wiss. Lit. enorm angewachsen. Durch Übers., Konzerte, Schallplatten und erfolgreiche Biographien wurde O. v. a. im Dt., aber auch international, zu einem der populärsten ma. Dichter. Dabei spielte, neben der Qualität der Texte und Melodien, die abenteuerreiche Biographie stets eine wichtige Rolle. U. Müller

Ed.: K. K. Klein u.a., 1962 – *Texte und Melodien:* J. Schatz–O. Koller, 1902 – J. Heimrath–M. Korth, 1979 [Ausw.] – *Übers.:* H. Witt, 1968 – K. J. Schönmetzler, 1979 – W. Hofmeister, 1989 [mit Stellenbiogr.] – *Lit.:* [Ausw.]: Verf.-Lex.[2] VII [B. Wachinger] – Jbb. der O. v. W.-Gesellschaft, 1980ff. – G. F. Jones, O. v. W., 1973 – D. Kühn, Ich Wolkenstein, 1977 – A. Schwob, O. v. W., 1977 – U. Müller, O. v. W., WdF, 1980 [bibliogr. Überblick: H.-D. Mück] – K. Baasch–H. Nürnberger, O. v. W., 1986 – U. Müller, Editio, 1992 [zur Überl.].

Oswald. Die mhd. O.-Dichtungen verbinden, vor dem Hintergrund eines (v. a. oberdt.) Hl.nkults, die Person des engl. Kg.s →Oswald mit dem Brautwerbungsmotiv (→Brautwerbeepos) zu einer eigenständigen Legendentradition, deren wichtigster Vertreter der 'Münchner O.' ist: Kg. O. wirbt um eine heidn. Prinzessin, deren Vater alle Freier töten läßt. Ein sprechender Rabe holt das heimliche Einverständnis der Braut ein, worauf O. mit einem Heer aufbricht und die Prinzessin durch List und göttl. Hilfe entführt; die das Paar verfolgenden Heiden werden besiegt, ihren Herrscher bekehrt O. durch Wundertaten (u.a. Erweckung der toten Heiden) zum Christentum. Zurückgekehrt wird O. vom als Pilger verkleideten Christus geprüft, zu keuscher Ehe verpflichtet und nach seinem Tode als einer der Vierzehn →Nothelfer eingesetzt. Die Dichtung präsentiert wie andere spielmänn. Legendenromane (→'Orendel', 'Salmann und Morolf') eine Reaktion der geistl. Dichtung auf Säkularisierungstendenzen in der mhd. Lit. des 12. Jh.: profane Erzählmuster werden legendar. funktionalisiert und in eine Hl.nvita integriert. Auf dem 'Münchner O.' basieren mehrere Prosabearb.en des 15. Jh. Eine kürzende, die legendenhaften Momente akzentuierende Fassung bildet der 'Wiener O.' (ca. 1500 Verse, schlesisch). →Spielmannsdichtung. A. Otterbein

Ed.: *Münchner O.:* M. Curschmann, 1974 – *Wiener O.:* G. Baesecke, 1912 – G. Fuchs, 1920 [1977[2]] – *Lit.:* Verf.-Lex.[2] VI, 766–772; VII, 126–128 [M. Curschmann] – M. Curschmann, Der Münchner O. und die dt. spielmänn. Epik, 1964.

Oswiu, Kg. v. →Northumbria 642–670, Nachfolger seines Bruders →Oswald; entstammte der Häuptlingssippe v. Bernicia und ging wie seine Brüder nach dem Schlachtentod ihres Vaters →Æthelfrith 616 ins ir. Exil; ∞ Eanfled, der in Kent nach röm. Ritus erzogenen Tochter des Kg.s →Edwin v. Deira. Nachrichten über O.s Herrschaft stammen fast ausschließl. aus Bedas Kirchengesch., die v. a. auf seine Mitwirkung bei Kirchenfragen eingeht, insbes. bei der Synode v. →Whitby (664), auf der er sich für die röm. und gegen die ir. Kirchenbräuche entschied, und bei der Besetzung des Erzstuhles v. Canterbury im gleichen Jahr. Ob dem »Imperium« O.s in Bedas Siebenerliste (Hist. Eccl. II, 5; →Bretwalda) polit. Realität entsprach, ist umstritten. H. Vollrath

Lit.: H. Mayr-Harting, The Coming of Christianity to Anglo-Saxon England, 1972 – P. Wormald, Bede, the Bretwaldas and the Origins of the Gens Anglorum (Ideal and Reality in Frankish and Anglo-Saxon Society, hg. Ders., 1983), 99–129.

Otachare → Otakare

Otakar

1. O. I. Přemysl, *Hzg. v. →Böhmen* 1192–93, *Kg. v. Böhmen* 1198–1230; * ca. 1165, † 15. Dez. 1230; vierter Sohn Kg. →Vladislavs II., älterer Sohn aus dessen Ehe mit Judith v. →Thüringen; ∞ 1. Adelheid v. Meißen, 2. 1199 Konstanze v. Ungarn. Nach dem Sturz des Vaters (1173) mußte O. Zuflucht im Ausland suchen, später half er seinem älteren Bruder →Friedrich (11. F.) im Kampf gegen die Mährer. Seine Regierung als Hzg. v. Böhmen (1192–93) endete mit einer erneuten Flucht außer Landes. Durch einen Vertrag mit Hzg. Vladislav Heinrich, seinem jüngeren Bruder, erlangte er 1197 seine Würde zurück, während Vladislav fortan Mähren als Mgf. verwaltete. O.s Position festigte sich mit dem Aussterben der mähr. Zweige der →Přemysliden (um 1200). Von nun an konnte er sich an den Auseinandersetzungen im Reich beteiligen und polit. Vorteil gewinnen. 1198 wurde O. von Philipp v. Schwaben gekrönt, 1203 von Otto IV.; Papst Innozenz III. erkannte ihn als Kg. an. Sein riskantes polit. Agieren war auch eine Folge seiner Scheidung von seiner Gemahlin Adelaide v. Meißen und seiner Vermählung mit Konstanze v. Ungarn, wodurch er sich die Feindschaft der →Wettiner zuzog. Dennoch vermochte O., das polit. Gewicht Böhmens zu stärken und die Abhängigkeit vom Reich zu beseitigen. Die →Goldene Bulle Ks. Friedrichs II. (26. Sept. 1212) anerkannte die přemyslid. Herrscher als vornehmste Reichsfs.en mit Erbkg.titel und umfangreichen Rechten. Innenpolit. stützte sich O. auf die enge Zusammenarbeit mit Mgf. Vladislav Heinrich († 1222). Er verdrängte die Adelsopposition und sicherte seiner direkten Nachkommenschaft den böhm. Thron. 1216 ließ er seinen Sohn →Wenzel zum Kg. wählen (Krönung 1228). Im Streit mit Bf. →Andreas v. Prag erweiterte O. die Befugnisse der kgl. Zentralbehörden. Die Macht des Kgtm.s wurde mit der ersten Welle von Städtegründungen noch verstärkt. O. gilt als Begründer der přemyslid. Vormachtstellung des 13. Jh.   J. Žemlička

Lit.: V. Novotný, České dějiny I, 1, 1928 – J. Žemlička, Přemysl O. I., 1990.

2. O. II. Přemysl, *Kg. v. →Böhmen* 1253–78; * ca. 1233, ✕ 26. Aug. 1278; zweiter Sohn Kg. →Wenzels I.; ∞ 1. 1252 →Margarete v. Babenberg, 2. 1261 →Kunigunde, Enkelin Kg. Bélas IV. v. Ungarn. O., nach dem Tod des älteren Bruders Vladislav (1247) Thronfolger, wurde während des Aufstandes gegen den Vater 1248–49 zum 'jüngeren Kg.' erklärt, mußte sich aber nach seiner Niederlage mit dem Titel des Mgf.en v. →Mähren begnügen. 1251 erlangte O. in Österreich die Hzg.swürde. Sein Anspruch auf die ehem. Länder der →Babenberger wurden durch die Heirat mit Margarete verstärkt, doch im Kampf gegen →Béla IV. v. Ungarn mußte O. 1254 auf die →Steiermark verzichten.

Als Kg. v. Böhmen unternahm O., zur Unterstützung des →Dt. Ordens, zwei Kreuzzüge gegen die heidn. →Prußen (1254/55, 1267/68), wobei er bestrebt war, die Verhältnisse im NO (Polen, Schlesien) zu seinen Gunsten zu verändern. Der Schwerpunkt seiner Politik lag jedoch im Alpenraum, wo er sowohl auf die Gegnerschaft Ungarns als auch Bayerns stieß. 1257 scheiterte ein Einfall nach Bayern, doch zwang die siegreiche Schlacht O.s im Raum Groissenbrunn im s. Marchfeld (12. Juli 1260) Béla IV. zur Abtretung der Steiermark. Seine Vermählung mit Kunigunde sollte den Frieden an der Ostgrenze sichern. 1266 besetzten die Truppen O.s →Eger und das Egerland. Die Verwandtschaft mit den →Spanheimern ermöglichte nach dem Tod Hzg. →Ulrichs III. die Eroberung →Kärntens und →Krains (1269 bzw. 1270). O.s Expansionspolitik wurde durch die Doppelwahl v. 1257 im Reich begünstigt. Beide damals gewählten röm. Kg.e, Alfons X. v. Kastilien wie v.a. Richard v. Cornwall, pflegten gute Beziehungen zu O. 1265 übertrug ihm Kg. Richard die Verwaltung der rechtsrhein. Reichsgüter. Aber auch die päpstl. Kurie, der bayer. Episkopat und die Ebf.e v. →Salzburg förderten O.s Politik.

O. war freigebiger Gönner dt. höf. Dichter (Meister Sigeher, Friedrich v. Sunnenburg u.a.), sein Prager Hof war ein wichtiges Zentrum der höf. →Kultur. Im böhm. und mähr. Kerngebiet strebte O. nach einer starken Kg.smacht, wobei er sich auf einen engen Kreis von Günstlingen stützte. Zentralbehörden ersetzten die Reste der alten →Kastellanei-Verfassung, und eine Reihe von Burg- und Städtegründungen festigten die Stellung des Kg.s. Die Besitzkomplexe der Herrengeschlechter wurden durch Revindikationspolitik und Kolonisationstätigkeit bewußt zerschlagen, was zu Konflikten zw. Kg. und Adel führte.

Erneute Kämpfe gegen Ungarn und die Unzufriedenheit des alpenländ. Adels mit der neuen Verwaltung erschütterten seit Anfang der 70er Jahre die böhm. Herrschaft in der Steiermark, in Kärnten und Krain. Die Opposition begann, sich Rudolf v. Habsburg zuzuwenden, der 1273 gegen die böhm. Kurstimme zum röm. Kg. gewählt wurde. Im Namen des Reiches erhob Rudolf Revindikationsansprüche auf die außerböhm. Besitzungen O.s, über den er die Reichsacht verhängte. Zu den Feinden des Böhmenkg.s zählten →Ladislaus IV. v. Ungarn, der bayer. Episkopat (v.a. Ebf. Friedrich II. v. Salzburg), die Gf.en v. →Görz, v. →Tirol, später auch die Hzg.e v. Bayern. Nach dem II. Konzil v. →Lyon (1274) unterstützte auch Papst Gregor X. Kg. Rudolf. Nach einer Adelsrevolte in der Steiermark und Kärnten im Sept. 1276 unternahm Rudolf mit dem Reichsheer einen Feldzug. Ein Teil des böhm. Adels (u.a. die →Witigonen) erhob sich gegen O., während Rudolf auf die Hilfe der aufständ. Fs.en Österreichs, des Alpenraums und Ungarns zählen konnte. Nach den Friedensverhandlungen in Wien im Nov. 1276 mußte O. auf seine Erwerbungen verzichten und konnte nur Böhmen und Mähren als Reichslehen empfangen. 1278 brach der Krieg erneut aus. Trotz seiner Bemühungen blieb O. diplomat. isoliert. In der Schlacht v. →Dürnkrut (26. Aug. 1278) unterlag O. der dt. und ung. Übermacht und wurde auf dem Schlachtfeld von einem persönl. Feind getötet.   J. Žemlička

Lit.: O. Lorenz, Gesch. Kg. Ottokars II. v. Böhmen und seiner Zeit, 1866 – J. Šusta, České dějiny II, 1, 1935 – V. Novotný, České dějiny I, 4, 1937 – F. Graus, Přemysl O. II. – sein Ruhm und sein Nachleben, MIÖG 79, 1971, 5–110 – Ottokar-Forsch.en (= Jb. für LK v. Niederösterreich NF 44/45, 1978/79) – J. Kuthan, Kg. Přemysl O. II. als Gründer, Bauherr und Auftraggeber von Kunstwerken, Umění 27, 1979, 465–488 – J. Žemlička, Bezdězsko – »královské území« Přemysla Otakara II., ČČH 28, 1980, 726–751 – A. Barciak, Ideologia polityczna monarchii Przemysła Otakara II, 1982 – J. Hoensch, Přemysl O. II. v. Böhmen 1989 – J. Kuthan, Zakladatelské dílo Přemysla Otakara II. v. Rakousku a ve Štýrsku, 1991.

3. O. III., *Mgf. v. →Steiermark*, * 1129, † 31. Dez. 1164 in Fünfkirchen, ⌑ Kartause →Seitz; seit 1827 Kl. Rein; Sohn Mgf. Leopolds I. und der Sophie, Tochter Hzg. Heinrichs IX. v. Bayern, die 1129–39/40 vormundschaftl. regierte; ∞ Kunigunde v. Cham-Vohburg. O., Schenk des Patriarchats v. →Aquileia, Vetter Ks. Friedrichs I. und Hzg. Heinrichs d. Löwen, vollendete die Landesherrschaft der →Otakare in Steier(mark). 1147 übernahm er das Erbe von Gf. Bernhard v. Marburg und ließ seinen Pfalzort Hartberg erweitern. 1151 entmachtete er die hochfreien Traisen-Feistritzer. 1150–55 erschien O. im ksl. Gefolge; er erwarb 1156 den Raum →Graz. 1158 erbte er von Gf. Ekbert III. v. →Formbach dessen Besitz in der NO-Steiermark und das Pittener Gebiet bis zur Piesting. O. war Vogt fast aller Kl. in der Mark; er stiftete das Hospital am Semmering (1160), das Augustiner-Chorherrenstift →Vorau (1163) und die Kartause Seitz (1164). Vor 1164 erhielt O., vom Ks. als 'princeps' tituliert (1158), das Bergregal; er nutzte das Münz- und Judenregal, verfügte über Marktrechte, Mauten und Zölle. Das steir. Landrecht wurde grundgelegt, um 1160 das Pantherwappen frei gewählt. H. Ebner

Lit.: →Otakare.

4. O. IV. (I.), *Mgf., Hzg. v.* →*Steiermark*, * 19. Aug. 1163, † 9.(?) Mai 1192 (Aussatz?), ◻ Kartause →Seitz (Tumbarelief [Ende 12. Jh.] in St. Heinrich a. Pachern); Sohn Mgf. →Otakars III. und der Kunigunde v. Cham-Vohburg, die seit 31. Dez. 1164 vormundschaftl. regierte. O. gründete um 1170 die Stadt Fürstenfeld, war Parteigänger Papst Alexanders III. und bekriegte 1175/76 Österreich und Kärnten. Nach der Lostrennung der Mark vom Hzm. Bayern 1180 führte er den Titel 'dux Styre' (bzw. 'Styrie'); der Ks. sprach 1184 von der 'terra ducis Styrensis' (Steiermark). Am 17. Aug. 1186 schloß O. einen Erbvertrag mit Hzg. →Leopold V. v. Österreich (Vertrag v. →Georgenberg). Da O. erbenlos starb, wurde Hzg. Leopold, der bereits über das reiche otakar. Allod verfügte, am 24. Mai 1192 vom Ks. in Worms mit dem Hzm. Steier(mark) belehnt. O. förderte den Burgenbau an der Grenze gegen Ungarn, war kirchenfreundl. und erließ 1191 die Marktordnung für →Enns. Zentralort des Hzm.s wurde →Graz. H. Ebner

Lit.: →Otakare.

Otakare, steir. ('Traungauer'), seit der Mitte des 10. Jh. im Chiemgau als Gf.en bezeugt (unmittelbare Verbindung zu den 'älteren' O.n der Karolingerzeit nicht herstellbar). Ende des 10. Jh. erscheint Gf. *Otakar* (Oci) als Gewaltbote in Kärnten und in der Mark Verona; um 1024 gründete er Kl. →Ossiach. Sein Sohn *Ozinus* schuf im friulan. Naun den Sitz der Herren v. Cordenons. *Otakar* ([I.]; ∞ Willibirg v. Eppenstein), 1048 noch Gf. im Chiemgau, Herr über den Traungau, wurde nach Aussterben der Gf.en v. →Wels-Lambach mit ihrem bayer. Stammesverband gelegenen Kärntnermark belehnt. Im Investiturstreit kam es zum Bruderkampf: *Adalbero* († vor 1082) war ksl., *Otakar II.* (1082–1122; ∞ Elisabeth, Schwester Mgf. Leopolds III. v. Österreich) gregorianisch. Otakar II. gründete um 1082 das Kollegiatstift Garsten (seit ca. 1108 OSB), übernahm die Mitgift seiner Frau im (nieder)österr. Traisen- und Gölsental und schützte Ebf. →Konrad I. v. Salzburg vor dem ks. treuen Kärntner Adel. Mgf. *Leopold I. d. Starke* übernahm 1122 das Erbe der →Eppensteiner, gründete 1129 das Kl. SOCist Rein und war 1123 Mitbegründer des Kl. OSB Gleink. Seine Pfalzen waren zu Grauscharn/Pürgg und Hartberg. Unter →*Otakar III.* (1129–64) war der durch Erbfälle stark vergrößerte Herrschaftsbereich zu einem Land im Rechtssinn geworden, das im N über die Donau und im S vereinzelt über die Save reichte. Im O bzw. NO bildeten die Flüsse Lafnitz und Piesting die Grenze. Unter →*Otakar IV.* (I.) wurde die Landesherrschaft reichsrechtl. anerkannt und die →Steiermark zum Hzm. erhoben, das aufgrund des Vertrages v. →Georgenberg 1192 an die →Babenberger gelangte. Die O. stützten sich anfangs auf die Herrschaft Steyr i. Traungau und auf das spätere Salzkammergut; durch ihre Ministerialen beherrschten sie weite Teile des heut. Oberösterreich. Diese Dienstmannen wurden in Zusammenhang mit der polit. Schwerpunktverlagerung z. T. vom Traungau in die Mark versetzt, mit Rodungsland begabt und zum grenzsichernden Burgenbau gegen Ungarn verpflichtet. Seit der 1. Hälfte des 12. Jh. waren die O. auch in Kärnten, Krain und Friaul begütert und besaßen die Vogtei über zahlreiche Kl. in der Mark, in Kärnten und im heut. Oberösterreich. Ihre Münzstätten lagen in →Enns (vor 1030?), Neunkirchen (1136/41) und (Bad) Fischau. H. Ebner

Lit.: F. POSCH, Die Entstehung des steir. Landesfsm.s, MIÖG 59, 1951, 109 ff. – Das Werden der Steiermark, hg. G. PFERSCHY, 1980–800 Jahre Steiermark und Österreich 1192–1992, hg. O. PICKL, 1992.

Otbert, Bf. v. →Lüttich 1091–1119, † 31. Jan. 1119, ◻ Lüttich, Kathedrale; die Herkunft des wohl aus dem Bm. Lüttich stammenden Bf.s ist ungeklärt. Zunächst Kanoniker der Kathedrale St-Lambert und Propst v. Ste-Croix, wohl Mitglied der →Hofkapelle und Kanoniker v. St. Simon und Juda zu →Goslar, stieg er mit Unterstützung Ks. →Heinrichs IV. zum Bf. auf. Prälat in der Zeit des →Investiturstreites, trat er hervor als bedingungsloser ksl. Parteigänger, bei dem der von seinem Sohn entthronte Heinrich IV. die letzte Zuflucht fand († 1106). O. verstand es, die Territorialherrschaft des Fsbm.s Lüttich zu erweitern; er erwarb u.a. die Burgen Clermont-sur-Meuse, Couvin und insbes. →Bouillon (1096). Nach dem Vorbild seines Förderers Heinrich IV. bahnte der Bf. eine Allianz mit dem aufstrebenden städt. Bürgertum an.

J.-L. Kupper

Lit.: BNB XVI, 356–363 [H. PIRENNE] – GAMS, Ser. V., Tom. I, 1982, 74 f. – J.-L. KUPPER, O. de Liège: les manipulations monétaires d'un évêque d'Empire à l'aube du XIIᵉ s., M-A 86, 1980, 353–385 – DERS., Liège et l'Église impériale, 1981, 138–141, 242–244, 295 f., 345–348, 390–396, 428 f.

Otbertiner (Obertenghi), nach langob. Recht lebende Hochadelsfamilie, die seit 945 Gft.srechte in den Gebieten um Luni, Genua, Tortona wahrnahm, zeitw. die Gft. Mailand verwaltete und zudem im 11. Jh. die Gft.en Gavello/Rovigo und Monselice zugewinnen konnte. Ihr Güterbesitz, vielfach aus Kirchenlehen bestehend, erstreckte sich bald über fast ganz Oberitalien und bis in die Toskana hinein, in der die 1072 erstmals erwähnte terra Otbertenga lag. Otbertin. Güter gab es am Ende des 12. Jh. in 28 Großbezirken Italiens (BRESSLAU 430). – Den Aufstieg der Familie leitete Otbert I. († vor 975) ein, der zu den Unterstützern des seit 945 sein Kgtm. vorbereitenden →Berengar II. gehörte und Gf. wurde, seit 951 auch den Mgf.entitel führte und ab 953 als Pfgf. auftrat, jedoch 960 zu den Befürwortern der Intervention Ottos I. in Italien zählte und so seine Stellung sicherte. Seine Söhne Adalbert († vor 1002) und Otbert II. († nach 1014) führten offenbar den väterl. Herrschaftskomplex in Ostligurien gemeinsam weiter. Nach Ottos III. Tod scheinen die O. im sogleich zum Kg. erhobenen →Arduin v. Ivrea, ihren Verwandten (?), unterstützt zu haben; für eine Arduin fördernde Rebellion 1014 wurden sie von Heinrich II. mit Exilierung und Güterentzug bestraft, doch schon vier Jahre später begnadigt. Die O. sicherten ihre Stellung u. a. über vorteilhafte Eheverbindungen, z. B. mit dem Mgf.enhaus Turin (→Adelheid v. Turin) und den südt. Welfen (→Albert Azzo). 1124 existierten vier Hauptlinien des Geschlechts, aus denen u. a. das Haus →Este, die marchesi →Malaspina, Greco, →Pallavicino, →Gavi, Parodi, Massa-Corsica, Massa-Cagliari, →Cavalcabò hervorgingen.

E. Hlawitschka

Lit.: DBI s. v. Adalberto (4), Adelaide, Alberto Azzo (2), Cavalcabò – Muratori, Delle antichità Estensi, 2 Bde, 1717/40 bzw. 1776² – JDG Konrad II.I, 1879, 414-430 – F. Gabotto, I marchesi Obertenghi fino alla pace di Luni (945-1124), BSSS 96, 1, 1922, 149-190 – R. Pauler, Das regnum Italiae in otton. Zeit, 1982, 46-54 – M. Nobili, Alcune considerazione circa l'estensione ... del patrimonio degli Obertenghi ... (Formazione e strutture dei ceti dominanti nel medioevo), 1988, 71-81 [Lit.] – E. Hlawitschka, Zur O.genealogie am Ausgang des 10. Jh. (Fschr. C. Violante, 1994).

Otfrid v. Weißenburg, erster namentl. bekannter dt.-sprachiger Dichter, Theologe und Mag. scholae im Kl. →Weißenburg, * ca. 800, † nach 870 in Weißenburg; Puer oblatus in Weißenburg ca. 807, Presbyter ca. 830, Studienaufenthalt vermutl. nach 830 in →Fulda bei →Hrabanus Maurus, danach möglicherweise Tätigkeit in der Hofkapelle →Ludwigs d. Dt. (Haubrichs), etwa ab 847 wieder in Weißenburg. Nachdem O.s Hand in 8 oder 9 lat. Hss. Weißenburgs identifiziert werden konnte (Kleiber), läßt sich seine Tätigkeit in den 50er und 60er Jahren als Schreiber, Grammatiklehrer, Bibliothekar und Exeget rekonstruieren. Er schrieb zwei Urkk., von denen eine auf 851 datiert ist, trug in einen von ihm und einem Schüler geschriebenen Priscian-Kodex (Cod. Weiss. 50; HAB Wolfenbüttel) mehrere tausend lat. und ca. 150 ahd. Glossen ein und plante nach den kompilator. Verfahren Hrabanus' eine Kommentierung der gesamten Hl. Schrift, von der fünf autographe Hss. mit Komm. zu Jesaja (Cod. Weiss. 33), Jeremias (ibd. 32), den Propheten (ibd. 36), den vier Evangelien (ibd. 26), der Apostelgesch. und der Apokalypse (ibd. 59) zeugen.

Sein zw. 863 und 871 entstandener »Liber Evangeliorum«, ein ahd. Bibelepos (→Bibeldichtung, II) in südrheinfrk. Dialekt, wird durch ein Widmungsgedicht an Ludwig d. Dt. eröffnet; enge Kontakte zum Hof ergaben sich durch Hrabanus und →Grimald, der den Abteien Weißenburg und →St. Gallen als Abt vorstand. Dieser Widmung folgen ein lat. Approbationsgesuch an Ebf. →Liutbert v. Mainz (863–889) und ein Dedikationsgedicht an den mit Liutbert befreundeten Bf. →Salomo I. v. Konstanz (839–981); das Werk endet mit zwei weiteren Verswidmung an die St. Galler Mönche Hartmut (Dekan und Proabbas, seit 872 Abt) und Werinbert. Überliefert ist die 7104 Langzeilen umfassende Dichtung in vier Hss.: 1. Cod. Vind. 2687 (ÖNB Wien), der vom Autor korrigiert wurde und vier ganzseitige und mehrfarbige Bilder enthält (Labyrinth auf einem Vorsatzblatt, Einzug in Jerusalem und Abendmahl vor den Capitula zum 4., Kreuzigung nach den Capitula zum 5. Buch); 2. Cod. Pal. Lat. 52 (Heidelberg), der nach dem Evangelienbuch auch das Georgslied überliefert; 3. Cgm 14 (= Frisingensis; München), der auf Veranlassung von Bf. Waldo v. Freising (884–906) von dem Presbyter Sigihard zw. 902 und 905 in bayer. Dialekt geschrieben wurde; 4. Cod. discissus (Frgm.e vormals in Berlin, jetzt in Krakau; in Wolfenbüttel und Bonn), der Ende des 10. Jh. in Fulda entstanden ist (Bischoff).

O.s Werk umfaßt 140 Kap. und ist in fünf Bücher eingeteilt, von denen das erste die Geburt Christi bis zur Taufe, das zweite die Berufung der Jünger und den Beginn der Lehrtätigkeit, das dritte Wunder und Gleichnisse, das vierte die Passion und das fünfte Auferstehung und Jüngstes Gericht darstellen. Für das Formkonzept, den Stoff der vier Evangelien in fünf Büchern zu organisieren, hat er in Anlehnung an die von →Origenes begründete Lehre von den geistl. Sinnen eine eigene zahlensymbol. Erklärung in »Ad Liutbertum« (46–57) formuliert, auf die sich die verschiedenen Strukturanalysen der Forsch. (Ratho-fer, Gürich, Klingenberg) beziehen. Im Unterschied zum Heliand (→Altsächs. Lit.) ist O.s Werk keine →Evangelienharmonie, rekurriert doch der Autor nicht auf ein Diatessaron (→Tatian), sondern folgt jeweils partienweise einem Evangelisten, wobei er eine Präferenz für Johannes verrät. Auch beschränkt er sich nicht auf eine Nacherzählung der Evangelien, sondern streut nach Predigerart Beteuerungsformeln und Paränesen ein und kommentiert in eigenen Abschnitten, die mit *Spiritaliter, Mystice* und *Moraliter* überschrieben sind, die bibl. Berichte nach dem Modell der mehrfachen Schriftsinns vornehml. im Rückgriff auf die Johannes-Komm. des →Alkuin, den Lukas-Komm. des →Beda Venerabilis und den Matthäus-Komm. des Hrabanus Maurus, aber auch in Kenntnis der patrist. Basisquellen (→Augustinus, →Gregor d. Gr.). Zwei vierhebige Kurzverse mit alternierendem Rhythmus und Paarreim (Schema homoioteleuton) fügen sich zu einer Langzeile, zwei Langzeilen konstituieren eine Strophe, und mehrere Strophen können sich zu einer Strophengruppe zusammenschließen. Wenngleich in seiner metr. Formensprache vom Ambrosian. Hymnus in seiner späteren Ausprägung mit akzentuierender Versgestaltung und zunehmendem Reimgebrauch beeinflußt, darf O. als der eigtl. Begründer der europ. Endreimdichtung gelten. Akrosticha, Telesticha, chiast. Reimfiguren und Kehrreime dokumentieren bereits einen hohen Grad von Artifizialität in der Verssprache; nicht zu unterschätzen ist auch die sprachschöpfer. Leistung O.s. Wie sich v. a. aus den Neumen in der Heidelberger Hs. (I, 5, 3 f.) ergibt, wurde O.s Werk musikal. als Rezitativ in der Form des →Gregorian. Gesangs vorgetragen.

Im Brief an den Mainzer Metropoliten erklärt O. es zu seinem Ziel, die mündl. heidn. Dichtung seiner Zeit, den Sonus inutilium rerum, zu verdrängen und stellt sich durch seine Hinweise auf →Juvencus, →Arator und →Prudentius in die Tradition der spätantiken Bibelepik. Seine Literarästhetik, die er in den Widmungsbriefen und in den Rahmenkapiteln der einzelnen Bücher entwickelt, zeigt eine chr. Uminterpretation der poetolog. Konzepte der Antike und kumuliert in einer die Volkssprache legitimierenden Dichtungstheorie. Wenn O. auch von der Schöpfung der Welt, den Sechs Weltaltern, dem Jüngsten Gericht und dem Regnum caeleste im Jenseits handelt, so erklärt sich diese heilsgesch. Perspektive aus der Rezeption der Geschichtstheologie →Augustinus', dessen Modell eines Antagonismus zw. »Civitas Dei« und »Civitas diaboli« die theol. Konzeption der gehaltlich subtil vernetzten Dichtung durchgreifend bestimmt. U. Ernst

Bibliogr.: J. Belkin-J. Meier, Bibliogr. zu O. v. W. und zur as. Bibeldichtung (Heliand und Genesis), 1975 – Ed.: H. Butzmann, Evangelienharmonie, vollst. Faks.-Ausg. des Cod. Vind. 2687 der ÖNB, 1972 – O. Erdmann, O.s Evangelienbuch, 6. Aufl. bes. v. L. Wolff, 1973 – G. Vollmann-Profe, O. v. W., Evangelienbuch, Ausw., Ahd./Nhd., 1987 – *Lit.:* Verf.-Lex.² VII, 172–193 – W. Haubrichs, O.s Verkündigungsszene, ZDA 97, 1968, 176-189 – Ders., Ordo als Form, Strukturstud. zur Zahlenkomposition bei O. v. W. und in karol. Lit., 1969 – W. Kleiber, O. v. W., Unters. zur hs. Überl. und Sprachgesch. zum Aufbau des Evangelienbuches, 1971 – U. Ernst, Die Magiergesch. in O.s 'Liber Evangeliorum', AION (G) 15, 1972, 81–138 – Ders., Poesie als Kerygma, Christi Geburt im 'Evangelienbuch' O.s v. W., PBB 95, 1973, 126–162 – Ders., Der Liber Evangeliorum O.s v. W., Literarästhetik und Verstechnik im Lichte der Tradition, 1975 – R. Hartmann, Allegor. Wörterbuch zu O.s v. W. Evangeliendichtung, 1975 – D. Kartschoke, Bibeldichtung. Stud. zur Gesch. der epischen Bibelparaphrase von Juvencus bis O. v. W., 1975 – R. Patzlaff, O. v. W. und die ma. Versus-Tradition, 1975 – Die Genese der europ. Endreimdichtung, hg. U. Ernst-P.-E. Neuser, 1977 – O. v. W., hg. W. Kleiber, 1978 – U. Schwab, Die cornua crucis und thes kruces horn, ZDA 109, 1980, 1–33 – H. Freytag, Liturg. in O.s

Deutung der Hochzeit zu Kana, ebd., 33-48 - E. HELLGARDT, Die exeget. Q. von O.s Evangelienbuch, 1981 - W. FREYTAG, O.s Briefvorrede Ad Liutbertum und die accessus ad auctores, ZDA 111, 1982, 168-193 - W. HAUBRICHS, Die Anfänge: Versuche volkssprachiger Schriftlichkeit im frühen MA (Gesch. der dt. Lit. von den Anfängen bis zum Beginn der NZ I, 1, 1988), 354-377.

Otho v. Cremona, nicht identifizierter, vielleicht fingierter und erst durch CHOULANT (1832) wieder bekannt gewordener Autor von Arzneimittelversen, die (meist nur auszugsweise oder modifiziert und anonym) in mehreren Hss. und bes. in Drucken des →Regimen sanitatis Salernitanum überliefert sind. In dessen Umkreis könnte man denn auch die Entstehung dieses - poet. anspruchslosen - Lehrgedichts vermuten. Die insgesamt 379 'versus memoriales' seiner Ausg. hat CHOULANT dem Inhalt gemäß in zwei Teile gegliedert: Der erste ist den Gütezeichen ausgewählter →Simplicia gewidmet, während der zweite (u. U. von einem anderen Verf. stammende) die Indikationen verschiedener, offenbar dem →Antidotarium Nicolai entnommener →Composita behandelt. P. Dilg

Ed.: De electione et viribus medicamentorum simplicium et compositorum (Macer Floridus... una cum Walafridi Strabonis, O.nis C.nensis et Ioannis Folcz carminibus similis argumenti..., hg. L. CHOULANT, 1832), 158-177 - *Lit.:* P. DILG, Materia medica mediaevalis: Die Arzneimittelverse des O.v.C. (um 1200) (Das Lorscher Arzneibuch und die frühma. Medizin, hg. G. KEIL-P. SCHNITZER, 1991), 129-147.

Otinel → Chanson de geste

Otloh v. St. Emmeram OSB, * um 1010 in der Diöz. Freising, † 23. Nov. kurz nach 1079 in →St. Emmeram. Aus begüterter bayer. Familie stammend, besuchte O. die Kl. schule v. Tegernsee, wurde wegen seiner Schreibbegabung nach Franken geschickt, hielt sich um 1024 im Kl. →Hersfeld auf, war Schreiber im Dienst Bf. Meginhards v. Würzburg (1018-34), dann Kleriker im Bm. Freising. Der Streit mit dem Freisinger Archipresbyter Werinher 1032 führte gegen den Willen der Familie zum Eintritt in das Kl. St. Emmeram, wo O. als Leiter an der Kl. schule (Schüler →Wilhelm v. Hirsau) und Dekan wirkte und mit →Arnold befreundet war. Vor 1049 führte ihn eine Reise nach Montecassino, 1054 nach Fulda. 1062 ging O. wegen eines Konflikts mit Bf. Otto v. Regensburg (1060-89) nach Fulda, kehrte aber 1066/67 über Amorbach nach Regensburg zurück. Neben umfangreicher Schreibtätigkeit (Verz. im Anhang zum 'Liber de tentationibus') schuf O. eigenständige Lit. (z.T. in Autographen überliefert [CLM 14490, 14756, 18611, 18937; Zürich ZB C57]). Die Forderung nach wirtschaftl. und organisator. Unabhängigkeit der Kl. verband er mit Kritik an den Bf.en in mehreren Viten (u.a. Vita s. Bonifatii [BHL 1403, 1403b], Vita s. Wolfgangi [BHL 8990], Vita s. Magni [BHL 5163, 5163a, b, d], Vita s. Altonis [BHL 316]), als Fälscher von Urkk. zugunsten von St. Emmeram und evtl. Fulda und als Verf. (umstritten) eines Berichts über die Translation der Reliquien des hl. Dionysius nach Regensburg (→Dionysius, hl., B. II). Seine Begeisterung für antike Lit., v.a. Lucan, brachte ihn in schwere Gewissensnöte. Für Schulzwecke stellte er eine Spruchslg. chr. und antiker Autoren zusammen ('Liber proverbiorum'), die im Elementarunterricht die →Disticha Catonis ablösen sollte. Außerdem sind erhalten Erbauungsschr. für Laien und Kleriker ('De doctrina spirituali', 'De admonitione clericorum et laicorum', 'De cursu spirituali'). Der Seelsorge dienten Predigten, ein Brief ('De permissionis bonorum et malorum causis'), die ahd. Übers. eines lat. Gebets sowie liturg. Dichtung. Seine autobiogr. Schr. ('Libellus de tentationibus', 'Liber visionum' [bes. c. 1-4], 'De confessione actuum meorum' [verloren]) zeigen den Kampf eines zw. rationaler Wiss. und Glauben hin- und hergerissenen Menschen. H. Röckelein

Ed.: MPL 146 - Sermo metricus ad clericos, MPL 122, XV-XVII - Libellus proverbiorum, ed. W. CH. KORFMACHER, 1936 - Lib. de tentationibus I, dt.: Das Buch von seinen Versuchungen ..., hg. W. BLUM (Aevum Christianum 13, 1977) - Liber visionum, ed. P. G. SCHMIDT, MGH QG 13, 1989 - *Lit.:* DSAM XI, 1060f. - DTC XI, 1666-1669 - E. DÜMMLER, Über den Mönch O. v. St. E., SAB phil.-hist. Kl. 2, 1895, 1071-1102 - B. BISCHOFF, Über unbekannte Hss. und Werke O.s v. St. E., StMBO 54, 1936, 15-23 - G. MISCH, Gesch. der Autobiogr. III/2, 1959, 57-107 - H. SCHAUWECKER, O. v. St. E. Ein Beitr. zur Bildungs- und Frömmigkeitsgesch. des 11.Jh., StMBO 74, 1963, 3-240 - H. PHILIPP-SCHAUWECKER, O. und die St. E.er Fälschungen des 11. Jh., Verh. des Hist. Vereins Oberpfalz und Regensburg 106, 1966, 103-120 - B. BISCHOFF, Ma. Stud. II, 1967, 77-115 - G. VINAY, O. di St. E. ovvero l'autografia di un nevrotico (Sett. cent. it. 17/1, 1970), 13-38 - J. LECLERCQ, Moderne Psychologie und die Interpretation ma. Texte, Erbe und Auftrag 51, 1975, 409-426 - R. EVANS, 'Studium discendi': O. of St. E. and the Seven Liberal Arts, RTh 44, 1977, 29-54 - H. JAKOBS, Zu neuen Thesen über die Fuldaer Papsturkk., DA 37, 1981, 792-795 - E. FREISE, Kalendar- und annalist. Grundformen der Memoria (Memoria, hg. K. SCHMID-J. WOLLASCH, 1984), 441-577 - H. RÖCKELEIN, O., Gottschalk, Tnugdal: Individuelle und kollektive Visionsmuster am HochMA, 1986 - I. M. RESNICK, 'Litterati, Spirituales' and Lay Christians According to O. of St. E., ChH 55, 1986, 175-178 - DERS., Scientia liberalis, RevBén 97, 1987, 241-252 - A. KRAUS, St-Denis und Regensburg (Fälschungen im MA, III, 1988), 535-549 - M. RATHSACK, Die Fuldaer Fälschungen (Päpste und Papsttum 24/2, 1989), 453-468, 550-553 - R. STANCHI, Fondare una tradizione. Appunti su due 'Vitae' di O. di St. E., Rivista di storia e lett. religiosa 25, 1989, 404-422 - BRUNHÖLZL II, 473-483, 629f. [Ed. und Lit.].

Otman Baba, berühmter islam. (türk.) Hl.r, Patron der Derwischgruppe Abdāl-i Rūmī (→Orden, myst.). Sein Geburtsjahr wird mit 1378/79 (h. 780), sein Sterbejahr mit 1478/79 (h. 883) angegeben; demnach müßte er das Patriarchenalter von hundert Jahren erreicht haben. Grundlegend für unsere Kenntnis der Vita O.s ist der von einem seiner Schüler, Küçük Abdal, 1483 verfaßte hagiograph. Bericht. Danach stammt O. aus Chorezmien und kam während des Feldzugs des mongol. Eroberers →Timur (1402) oder bald darauf nach Kleinasien. Als charismat. Asket und Ekstatiker durchstreifte er die Gebirge und Hochplateaus Anatoliens und der Balkangebiete und sah sich in Identität mit Mohammed, Īsā (Jesus) und Mūsā (Mose), ztw. auch mit Adam, ja, sogar als Verkörperung des Göttlichen selbst. Den Heiligengestalten seiner Zeit wie denen der Tradition stand O. ablehnend gegenüber, mit Ausnahme der Vorläuferfiguren eines Ḥaǧǧī Bektāš und Sulṭān Süca'. Die →Bektāšīye behandelte O. geringschätzig und feindselig. O.s Ordenshaus (*zāvīye*), das sich bis in die Zeit Süleymans II. (1520-66) zurückverfolgen läßt, aber wohl schon früher errichtet wurde, liegt in Bulgarien (nahe Uzuncaova, zw. Haskovo und Harmanlı) und ist bis heute erhalten. A. Karamustafa

Q. und Lit.: H. FEHMI, O. B. ve Vilāyetuām esi, Türk Yurdu 5, 1927, 239-244 - F. Iz, Eski Türk Edebyatında Nesir, 1964 - Y. YAŞAR OCAK, Bektaşi Menākıbnāmelerinde İslam Öncesi İnanç Motifleri, 1983.

Otmar (Audomarus), Abt v. →St. Gallen, * um 689, † 16. Nov. 759, hl. (Fest: 16. Nov.). Der Alemanne O., am Hof des Präses Viktor in Chur ausgebildet, stand zunächst als Priester einer Florinskirche (wohl in Walenstadt, evtl. Chur oder Remüs [Engadin]) vor, wurde dann vom Tribun Waltram, nach der Vita S. Galli Eigenkirchenherr v. St. Gallen, zum Vorsteher der von →Gallus gegr. Einsiedelei im Hochtal der Steinach berufen. 719 wandelte O. zusammen mit rät. Mönchen die Einsiedelei zu einem zönobit. Kl. um, in dem 747 auf Betreiben der Brüder Karlmann und Pippin im Kl. die →Regula s.

Benedicti eingeführt wurde. Die Abtei wurde bald reich mit Gütern alem. Grundbesitzer bedacht, die für ihr Seelenheil sorgen, aber auch ihre Güter dem frk. Zugriff entziehen wollten. O., am 30. Aug. 744 erstmals urkdl. als Abt erwähnt, hatte sich sowohl gegen Eingriffe der frk. Gf.en Warin und Ruthard zu wehren als auch gegen das Bestreben Bf. Sidonius' v. →Konstanz, sich das Kl. zu unterwerfen. Als O. bei Pippin klagen wollte, wurde er von seinen Gegnern gefangengesetzt und gerichtl. zum Hungertod auf der Pfalz →Bodman verurteilt, dann jedoch zu lebenslängl. Haft auf der Insel Werd begnadigt, wo er starb. Sein Leichnam wurde zehn Jahre später nach St. Gallen überführt und in der Kl.kirche beigesetzt, am 24. Sept. 867 wurde er in die von Bf. Salomo I. v. Konstanz geweihte St. Galler O.skirche verbracht. Die um 830 von Gozbert verfaßte erste O.svita wurde zw. 834 und 838 von →Walahfrid Strabo überarbeitet. Bereits 887 wird O. neben Gallus als St. Galler Kl.patron genannt.

W. Vogler

Lit.: LThK² VII, 1299f. – St. O. Die Q. zu seinem Leben, lat. und dt., hg. J. DUFT, 1959 – A. KNOEPFLI–H. SENNHAUSER, Zur Baugesch. von St. O. auf Werd (Fschr. L. BIRCHLER, 1964), 39–80 – J. DUFT, St. O. in Kult und Kunst, 1966 – A. BORST, Mönche am Bodensee 610–1525, 1978, 32–48 – Helvetia Sacra III/1, 2, 1986, 1266–1268 – W. BERSCHIN, Biogr. und Epochenstil im lat. MA, 2, 1988 – J. DUFT, Die Lebensgeschichten der Hl.n Gallus und O., 1988.

Otnand, kgl. Ministeriale in Franken, † vor 1067, ∞ vermutl. mit Kuniza; ein wichtiger Funktionsträger in dem von Ks. Heinrich III. an der mittleren Pegnitz auf Kosten der Bamberger Kirche geschaffenen Reichsgutskomplex. Auf seine herausragende Stellung bei Hofe verweist die Intervention Papst Viktors II. in einer kurz vor Heinrichs Tod verfügten Güterschenkung (DH. III. 379). Vermutl. mit der Verwaltung des Kg.sgutes →Forchheim betraut, geriet er nach 1056 in die Auseinandersetzungen zw. Bamberger Kirche und sal. Kg.shaus, dessen Repräsentanten den von Heinrich III. eingeschlagenen Kurs fortsetzten und O. mit einer Reihe von Schenkungen vorwiegend aus dem alten Kg.sgut Forchheim (DDH. IV. 69. 72. 198) bedachten. Nach dem polit. Umschwung 1062 mußte er auf Teile seines Besitzes zugunsten der Bamberger Kirche verzichten (vgl. DH. IV. 88). Die diese Restitution auf Bamberger Seite begleitenden Komm.e werfen in der Direktheit ihrer Kritik ein bezeichnendes Licht auf das zuweilen rücksichtslose Vorgehen kgl. Ministerialen.

T. Struve

Q. und Lit.: RI III, 2, Nr. 67, 209, 217, 261 – H. SCHREIBMÜLLER, O. ..., Frk. Heimat 19/2, 1940, 28–33 – BOSL, Reichsministerialität (MGH Schr. 10/1, 1950), 52f. – E. FRHR. V. GUTTENBERG, Die Reg. der Bf.e und des Domkapitels v. Bamberg, 1963, 202, Nr. 396 – TH. ZOTZ, Die Formierung der Ministerialität (Die Salier und das Reich 3, 1991), 41.

Oton de Grandson, frz. Dichter, * um 1340, fiel am 7. Aug. 1397 in einem →Zweikampf wegen verleumder. Anklage, er habe den Gf.en →Amadeus VII. v. Savoyen († 2. Nov. 1391) vergiften lassen. 1372–86 lebte O. meist in England oder beteiligte sich auf engl. Seite am →Hundertjährigen Krieg. Beim Tod seines Vaters Wilhelm (1386) trat er sein Erbe im Waadtland an, kehrte aber nach dem Tod Amadeus VII. wieder nach England zurück (1392–96). O., die bedeutendste adlige Dichterpersönlichkeit seiner Epoche, stand in Kontakt mit →Chaucer, von dem er die Valentinsdichtung übernahm, die durch ihn große Verbreitung erlangte. Seine lit. Pose als schwarzgekleideter melanchol. Liebhaber war v. a. in Frankreich, Spanien und Katalonien berühmt. Sie steht im Zusammenhang mit der Valentinsliebe, die ja jedes Jahr neu eingegangen werden mußte und damit dem höf. Treuebegriff nicht entsprach. O.s Dichtung fand weite hs. Verbreitung; eine moderne Würdigung fehlt.

M.-R. Jung

Ed.: G. L. SCHIRER, 1904 – A. PIAGET, 1941 – C. A. CUNNINGHAM, 1987 – *Lit.*: A. PAGÈS, La poésie française en Catalogne, 1936 – H. BRADDY, Chaucer and the French Poet Graunson, 1947 – A. VITALE BROVARONE, Recueil de galanteries, 1980 – J. J. WIMSATT, Chaucer and the Poems of 'Ch' in Univ. of Pennsylvania MS French 15, 1982 – H. A. KELLY, Chaucer and the Cult of Saint Valentine, 1986.

O'Toole, Laurence → Laurentius O'Toole

Otranto, südit. Hafenstadt, die dem s. Teil →Apuliens seit dem 11. Jh. als Prov. Terra d'O. den Namen gab, ohne deren Hauptort zu sein. Seit der Antike bedeutender Hafen mit dem kürzesten Seeweg nach Dalmatien und Griechenland, war O. nach der Gotenzeit an Stelle des niedergehenden →Brindisi der wichtigste Brückenkopf des Byz. Reiches in Italien. Die langob. Eroberung in der 1. Hälfte des 8. Jh. blieb Episode. Alle byz. Expeditionen zur Rückgewinnung Süditaliens gingen vom 9. bis zum 11. Jh. von O. aus. Im 8. und 9. Jh. Hauptort eines Dukats, wurde O. später anderen Prov.en, zuletzt dem Thema Langobardia eingegliedert. Von den Normannen endgültig 1068 erobert, blieb O. unbeschadet des Wiederaufstiegs von →Brindisi Ausgangshafen für militär. Expeditionen nach dem O, auch für Kreuzzüge, fiel aber als polit. Vorort hinter →Lecce, als Handelszentrum gegenüber →Bari und Brindisi zurück. Von der Eroberung durch eine türk. Flotte i. J. 1480 im Auftrag Meḥmeds II., bei der die Stadt zerstört und die meisten Bewohner getötet wurden, erholte sich O. trotz Wiederaufbaus nicht mehr.

Das seit dem 6. Jh. bezeugte Bm. wechselte mit der Unterstellung unter den Patriarchen v. Konstantinopel von der röm. zur griech. Obödienz. Der Rangerhöhung zum autokephalen Ebm. im 9. Jh. folgte 968 als Antwort auf den otton. Vorstoß nach Süditalien die Erhebung zur eigenständigen Metropole mit fünf zugeordneten Bm.ern (Acerenza, Gravina, Matera, Tricarico und Tursi). Der ebfl. Rang überdauerte die Rückkehr zur röm. Obödienz (1067). Die Kirchenprov. reduzierte sich im 12. Jh. auf die Halbinsel Salento (Suffragane: Castro, Gallipoli, Lecce, Leuca, Ugento). Für den fortdauernden griech. Ritus entstand im nahen Kl. →S. Nicola di Casole um 1099 ein neues geistiges Zentrum. Die 1088 geweihte Kathedrale ließ Ebf. Jonathas (1163–79) mit einem Fußbodenmosaik ausstatten, dessen Bildkompositionen sich als Kg.sspiegel und kirchenpolit. Programm deuten lassen.

N. Kamp

Lit.: IP 9, 408–412 [Lit.] – A. ANTONACI, Hydruntum (O.), 1954 – J. M. HOECK–R. J. LOENERTZ, Nikolaos – Nektarios Abt v. Casole, 1965 – V. v. FALKENHAUSEN, Unters. über die byz. Herrschaft in Süditalien ..., 1967 – N. KAMP, Kirche und Monarchie ..., 1, 2, 1975, 714–723 [Lit.] – O. 1480, hg. C. D. FONSECA, 1–2, 1986 – C. WILLEMSEN, Das Rätsel v. O., 1992.

Otranto, Dichterkreis v. Im 13. Jh. blühte im Umkreis des Kl. S. →Nicola di Casole in der Terra d'O. eine Dichterschule, die von dem Hegumenos des Kl., →Nikolaos Nektarios († 1235), begründet wurde. Als Metrum wird einzig der byz. Zwölfsilber verwendet. Von Nektarios sind in verschiedenen Hss. 23 Epigramme erhalten, die ihm mit Sicherheit zuzuschreiben sind. In ihnen feiert er das Kl. und seinen Glauben in der Tradition der Väter, wobei autobiograph. Elemente den Gedichten eine gewisse Lebendigkeit verleihen. In cod. Laur. Gr. plut. V 10 (14. Jh.) sind die Verse der anderen drei Dichter erhalten: Johannes Grassus, Nikolaos v. O. und Georgios v. Gallipoli. Johannes →Grassus, ksl. Notar und Magister, vermittelt in seinen Gedichten die polit. Realität der Zeit des Stauferks.s Friedrichs II.: er verfaßte Ethopoiien und Gedichte mit weltl. Thematik, in denen er neben Homer auch

Euripides, Aristophanes und Lykophron benutzte. Nikolaos v. O. schrieb religiöse Epigramme, von denen jedes aus vier Zwölfsilbern besteht. Der bedeutendste Dichter ist →Georgios, Chartophylax der gr. Kirche v. Gallipoli (Apulien). Seine von ghibellin. Geist erfüllten Dichtungen bezeugen, daß er von der philonormann. gr. Kultur, die in Sizilien aufgeblüht war, geprägt wurde. Er verfaßte u. a. ein umfangreiches poet. Zwiegespräch der Stadt Rom mit Friedrich II. Georgios erweist sich als ein tief im Laientum verwurzelter Dichter, auch wenn er religiöse Motive besingt. Ein weiterer Grundton seines Werks ist ein gewisser religiöser Irredentismus. Seine Sprache orientiert sich am Vorbild des AT und des NT. Er führt heftige Attacken gegen die lat. Priester seiner Stadt und schreibt ein langes Epikedeion (Trauergesang) für einen Kantor der Kirche v. Gallipoli. Kürzlich erfolgte Entdeckungen weiterer italogr. Dichter in anderen Hss. erweisen eine Kontinuität der Dichtung in gr. Sprache auch in der Folgezeit.

M. Gigante

Lit.: Poeti biz. di Terra d'O. nel sec. XIII, hg. M. GIGANTE, 1986² – A. ACCONCIA LONGO – A. JACOB, Une anthologie salentine du XIVᵉ s.: le Vatic. gr. 1276, RSBN n.s. 17–19, 1980–82, 149–228.

Ottar → Entdeckungsfahrten, skandinavische, 1

Ottava rima (auch *stanza, ottava toscana, ottava* gen.), aus acht Elfsilbern bestehende Strophenform mit dem Reimschema AB AB AB CC. Wahrscheinlich steht sie in keiner direkten Verbindung mit der isolierten *Ottava* des lyr. Typus, die im →Strambotto und →Rispetto Anwendung findet. In der Erzählliteratur des 14. Jh. sehr beliebt, erscheint sie in der zweiten Hälfte des 15. Jh. in den dramat. Laudi bzw. →Sacre Rappresentazioni. Ihren Höhepunkt erlebte sie in den großen ep. Dichtungen des →Boiardo, Ariost und Tasso. In die it. Lit. wurde die O.r. von →Boccaccio eingeführt, der sie als erster im »Filostrato« verwendete (1336); um 1343 erscheint sie auch in dem anonymen »Cantare di Fiorio e Biancifiore« (→Florisdichtung). Ihr Ursprung ist kontrovers.

L. Rossi

Lit.: P. G. BELTRAMI, La metrica it., 1991, 92–95 [Lit.].

Otterburn, Schlacht v. (5. Aug. 1388), fand in der Nähe von O. (Northumberland) statt, zw. einem engl. Heer, das von Henry →Percy (»Hotspur«), dem Erben des 1. Earl of Northumberland, angeführt wurde, und einem schott. Stoßtrupp unter der Führung von James, dem 2. Earl of →Douglas, sowie der Earls of →March und →Moray. 1388 schickten die Schotten zwei Stoßtrupps nach England, der größere griff →Cumberland an, der kleinere drang unter dem Earl of Douglas in Northumberland bis nach →Newcastle upon Tyne vor. Henry Percy versuchte, dieser kleineren Truppe den Rückzug abzuschneiden. Die Engländer erlitten jedoch eine schwere Niederlage. Henry Percy wurde gefangengenommen, der Earl of Douglas getötet. Die Schlacht wurde Gegenstand der →Balladen (B. II, 4) »Otterburn« und »Chevy Chase«. →England, D. III, 2.

G. W. S. Barrow

Lit.: R. NICHOLSON, Scotland: the Later MA, 1974 [Repr. 1978].

Ötting → Altötting

Otto

1. O. I., d. Gr., Ks., dt. Kg., * 23. Nov. 912, † 7. Mai 973 in Memleben, ⃞ Magdeburg, Dom. Eltern: Kg. Heinrich I. und →Mathilde, Tochter des sächs. Gf.en Dietrich; ∞ 1. 929/930 →Edgith († 946), Tochter des engl. Kg.s Eduard d. Ä.; 2. 951 →Adelheid († 999), Tochter Kg. Rudolfs II. v. Burgund, Witwe Kg. Lothars v. Italien. Kinder: von 1.: →Liudolf († 957), Hzg. v. Sachsen; →Liutgard († 953); ∞ →Konrad d. Roten), von 2.: Heinrich († 954); →Mathilde († 999), Äbt. v. Quedlinburg; Ks. Otto II. († 983); illegitim, von einer vornehmen Slavin: →Wilhelm († 968), Ebf. v. Mainz.

Im Rahmen der »Hausordnung« v. 929 von Heinrich I. für die Thronfolge ausersehen und auf einem Hoftag zu Erfurt 936 zum Nachfolger designiert, wurde O. nach dem Tode seines Vaters am 7. Aug. 936 von den Großen des Reiches in →Aachen zum Kg. gewählt, in feierl. Handlung von Ebf. Hildebert v. Mainz mit den kgl. Insignien bekleidet und nach vollzogener Salbung und Weihe auf den Thron Karls d. Gr. gesetzt. Bei dem anschließenden Krönungsmahl in der Pfalz versahen die Hzg.e →Giselbert v. Lothringien, →Eberhard v. Franken, →Hermann v. Schwaben und →Arnulf v. Bayern die →Hofämter des Kämmerers, Truchsessen, Mundschenken und Marschalls und brachten auf diese Weise die Verbundenheit der Stämme mit dem neuen Kg. zum Ausdruck. Mit seiner Entscheidung für Aachen als Krönungsort knüpfte O. bewußt an die frk. Tradition an, die auch durch die bei der Krönungszeremonie getragene frk. Tracht betont wurde. Über seine Mutter war O. jedoch mit dem Geschlecht des Sachsenhzg.s →Widukind verwandtschaftl. verbunden. Seine Vermählung mit der ags. Kg.stochter Edgith verlieh ihm eine im Verhältnis zu den übrigen Angehörigen der Kg.ssippe herausgehobene Stellung. Hier lag der Kern für künftige Konflikte.

Die Bestimmung O.s zum alleinigen Nachfolger im ostfrk.-dt. Reich bedeutete einen Bruch mit der frk.-karol. Praxis der Herrschaftsteilung. Der Grundsatz der Unteilbarkeit des Reiches, der im 10. Jh. auch anderswo zu beobachten ist, erfuhr dadurch eine entscheidende Stärkung. Die von der Thronfolge ausgeschlossenen Mitglieder der Kg.ssippe, O.s Halbbruder →Thangmar (Heinrichs I. erster Ehe mit Hatheburg) und sein jüngerer, von seiner Mutter Mathilde unterstützter Bruder →Heinrich (30. H.), der im Unterschied zu O. als Kg.ssohn geboren war, suchten jedoch in mehreren Aufstandsbewegungen ihren Anspruch zu verteidigen. O. sah sich deshalb zunächst vor die Aufgabe gestellt, sein Kgtm. gegenüber den destabilisierenden Tendenzen im eigenen Hause zu behaupten. Aber auch das Verhältnis zum Adel und zu den ihn auf Stammesebene repräsentierenden Hzg.en verlangte nach einer Regelung. War O. doch in Anknüpfung an die karol. Herrschaftspraxis bestrebt, die Position des Kgtm.s gegenüber den Großen wieder stärker zur Geltung zu bringen. Die hieraus resultierenden Spannungen entluden sich in einer Reihe genossenschaftl. organisierter Adelsfehden, deren Häupter die Verbindung zu oppositionellen Mitgliedern des Kg.shauses suchten. So war nahezu die Hälfte der Regierungszeit O.s ausgefüllt mit den mühevollen Versuchen, die Macht- und Herrschaftsverhältnisse im Reich zu klären.

Eine Empörung Thangmars und des Frankenhzg.s Eberhard endete mit dem Tod von O.s Halbbruder auf der Eresburg (938). Ein im folgenden Jahr von Heinrich begonnener Aufstand, an dem neben den Hzg.en Eberhard v. Franken und Giselbert v. Lothringien auch Ebf. →Friedrich v. Mainz beteiligt war, brachte O. in eine äußerst bedrohl. Lage, nachdem die Verschwörer Verbindung zu dem westfrk. Karolinger Ludwig IV. aufgenommen hatten. Erst der Tod der Hzg.e Eberhard und Giselbert in einem Gefecht bei Andernach ließ den Aufstand zusammenbrechen. O.s Versuch, die von der Herrschaft ausgeschlossenen Mitglieder der Kg.ssippe durch Verleihung von Hzm.ern zu entschädigen und dieselben durch Eheverbindungen enger an die Krone zu binden, war jedoch kein dauerhafter Erfolg beschieden. Der Streit um die Nachfolge im Reich lebte 953 in der Empörung Liudolfs erneut auf, der seine Stellung sowohl durch seinen zum Bayernhzg. erhobenen Onkel Heinrich wie durch einen aus O.s zweiter Ehe mit Adelheid hervorgegangenen Sohn (Heinrich, † 954) gefährdet sah. Der Aufstand, der rasch um sich griff und bis nach Sachsen ausstrahlte, kam erst unter dem Eindruck der 954 wieder einsetzenden Ungarneinfälle zum Erliegen.

In dieser für das Kgtm. äußerst krit. Phase hat O. verstärkt auf die →Reichskirche als Stütze seiner Herrschaft zurückgegriffen. Er war hierzu legitimiert durch die dem Kg. zukommende sakrale Würde, die im Akt der Salbung sinnfällig zum Ausdruck kam. Durch großzügige Ausstattung der Kirche mit Gütern und nutzbaren Hoheitsrechten schuf er die Voraussetzung für den »Reichsdienst« (→servitium regis) der Bf.e und Äbte. Das hierfür benötigte Personal rekrutierte sich zunehmend aus der kgl. →Hofkapelle, deren Ausbau O. seine bes. Fürsorge angedeihen ließ. Als Prototyp der otton. Reichsbf.s erscheint O.s jüngster Bruder →Brun, Ebf. v. Köln, der auf dem Höhepunkt des Liudolf-Aufstandes mit der Übernahme der hzgl. Gewalt in Lothringen betraut wurde. Aus der Not der Zeit heraus wurde O. somit zum Initiator jener unter dem Begriff »Reichskirchensystem« geläufigen Einrichtung.

O.s Sieg über die Ungarn auf dem →Lechfeld (10. Aug. 955), dem im selben Jahr ein Sieg über die Slaven an der Recknitz folgte, befreite nicht nur das Reich von einer gefährl. Bedrohung, sondern brachte auch für O. selbst eine gewaltige Steigerung seines Ansehens als Retter der Christenheit. Nach →Widukind v. Corvey (III, 49) soll O. noch auf dem Schlachtfeld vom siegreichen Heer zum »imperator« ausgerufen worden sein. Wenn auch einer derartigen Ks.akklamation keinerlei staatsrechtl. Bedeutung beizumessen ist, so ist doch nicht zu übersehen, daß O. in den Augen der Zeitgenossen bereits eine imperiale Stellung einnahm. Hierzu hatte nicht zuletzt sein Eingreifen in Westfranken und Burgund beigetragen, das deutl. hegemoniale Züge erkennen läßt.

O.s weit ausgreifende Pläne einer Slavenmission, die ein Zusammengehen mit dem Papst erforderten, wiesen den Weg nach Rom und zur Erneuerung des seit 924 erloschenen w. Ksm.s. Ein erster Versuch zum Erwerb der Ks.krone, den O. 951 nach erfolgreicher Befreiung Adelheids v. Burgund aus der Gefangenschaft →Berengars II. v. Ivrea noch von Pavia aus unternahm, scheiterte an den in Rom vorherrschenden Machtverhältnissen. Doch hatten ihm die it. Großen als Kg. (der Langobarden) gehuldigt. O. kam seinem Ziel erst näher, als Papst Johannes XII. den dt. Kg. als mächtigsten Herrscher des Abendlandes gegen die dem Kirchenstaat gefährl. Macht Berengars zu Hilfe rief. Im Herbst 961 brach O. zum zweitenmal nach Italien auf, nachdem zuvor die Thronfolge durch die Wahl seines gleichnamigen Sohnes Otto (II.) gesichert worden war. Am 2. Febr. 962 empfing er zusammen mit Adelheid zu St. Peter die Ks.krone. In Fortsetzung der karol. Tradition bestätigte er Besitzungen und Rechte der röm. Kirche (→»Privilegium Ottonianum« vom 13. Febr. 962). Die Sicherung der ksl. Herrschaft in Ober- und Mittelitalien nahm O. so in Anspruch, daß er erst Anfang 965 nach Dtl. zurückkehren konnte. Ein Hilferuf Johannes' XIII. gab den Anlaß für O.s dritten Italienzug (Aug. 966), der den Ks. diesmal auf sechs Jahre in Italien band. Spannungen mit der byz. Ks.macht in Süditalien führten zu einer Neuauflage einer Ks.-Rivalität (→Zweikaiserproblem), um deren Beilegung sich O. vergebl. bemühte. Demonstrativ ließ er deshalb Weihnachten 967 seinen Sohn Otto II. nach byz.-karol. Vorbild zum Mitks. krönen.

Mit Unterstützung Johannes' XIII. gelang O. nunmehr auch die Verwirklichung seines Missionsplans – bildete für ihn doch die Christianisierung der unterworfenen slav. Gebiete einen integralen Bestandteil seiner Ostpolitik. Bereits 955 hatte er vor der Ungarnschlacht dem Tageshl.en Laurentius die Gründung eines Bm.s in →Merseburg gelobt. Wohl von Anfang an bestand der Plan, dasselbe in einen Verband von Bm.ern einzubringen, die einem in →Magdeburg zu errichtenden Ebm. unterstellt werden sollten, wo O. 937 ein Mauritiuskl. gegr. hatte. Nachdem dieser Plan bereits anläßl. O.s Ks.krönung die Zustimmung des Papstes gefunden hatte, wurde im April 967 auf einer Synode in Ravenna die Gründung des Ebm.s Magdeburg beschlossen, dem neben Brandenburg und Havelberg auch Merseburg, Meißen und Zeitz als Suffraganbm.er zugeordnet wurden.

Mit der Rückkehr aus Italien im Sommer 972 hatte O. den Höhepunkt seiner Macht erlangt. Ein Ostern 973, wenige Wochen vor seinem Tode, zu Quedlinburg veranstalteter Hoftag zeigte den Ks., den Widukind (I,34) als »Haupt der Welt« pries, im Kreise der Großen des Reiches, geehrt durch Gesandte aus nahezu allen Teilen der damals bekannten Welt. Mit O. hat der Prozeß der Konsolidierung des ostfrk.-dt. Reiches nach innen wie nach außen einen entscheidenden Abschnitt erreicht. Sein auf den Akt der Salbung gegr. Kgtm., das eine gewandelte Einstellung gegenüber der Kirche erkennen läßt, wurde gleichsam zum Vorbild der chr. Monarchien des MA. Seine geschichtl. Leistung sahen schon die Zeitgenossen in der Erneuerung des abendländ. Ksm.s, das fortan mit dem dt. Kgtm. verbunden blieb. So verwundert es nicht, wenn →Otto v. Freising ihm rückblickend gerade wegen dieser Tat den Beinamen »der Große« (Chron. VI,24) zuerkannte. →Deutschland, B.III.

T. Struve

Q.: MGH DD O. I., ed. Th. Sickel, 1879–84 – Hrotsvit v. Gandersheim, Opera, ed. P. v. Winterfeld (MGH SRG [34], 1902); mit Einl. und Komm. ed. H. Homeyer, 1970 – Liutprand v. Cremona, Opera, ed. J. Becker (MGH SRG [41], 1915) – Widukind v. Korvei, Res gestae Saxonicae, ed. P. Hirsch–H. E. Lohmann (MGH SRG [60], 1935) – Q. zur Gesch. der sächs. Ks.zeit, ed. A. Bauer–R. Rau (Ausg. Q. 8, 1971) – RI III,1 Nr. 55c–573c–*Lit.*: ADB XXIV, 571–597–Gebhardt[9] I, 234–259 – Hauck III, 20–240 – HEG I, 678–696 – R. Köpke–E. Dümmler, JDG O.I., 1876 – R. Holtzmann, Gesch. der sächs. Ks.zeit, 1941 [Neudr. 1961[4]], 110–249 – G. Tellenbach, O. d. Gr. (Die großen Dt., I, 1956), 35–51 – J. Fleckenstein, Kg.shof und Bf.sschulen unter O. d. Gr., AK 38, 1956, 38–62 – M. Lintzel, Die Ks.politik O.s d. Gr. (Ders., Ausgew. Schriften 2, 1961), 142–219 – W. Ohnsorge, Die Anerkennung des Ksm.s O.s I. durch Byzanz, BZ 54, 1961, 28–52 [Ders., Konstantinopel und der Okzident, 1966, 176–207] – E. Dupré-Theseider, O. I. und Italien, MIÖG Ergbd. 20, 1962, 53–69 – H. Beumann–H. Büttner, Das Ksm. O.s d. Gr. (VuF Sonderbd. 1, 1963, 1975[2]) – K. Schmid, Die Thronfolge O.s d. Gr., ZRGGermAbt 81, 1964, 80–163 [Kg.swahl und Thronfolge in otton.-frühdt. Zeit, WdF 178, 1971, 417–508] – P. E. Schramm, O.s I. Kg.skrönung in Aachen (936) (Ders., Ks., Kg.e und Päpste 3, 1969), 33–54 – H. Zielinski, Zur Aachener Kg.serhebung von 936, DA 28, 1972, 210–222 – H. Wolfram, Lat. Herrschertitel im neunten und zehnten Jh. (Intitulatio II [MIÖG Ergbd. 24], 1973), 88ff., 133ff. – J. Fleckenstein, O. d. Gr. in seinem Jh., FMASt 9, 1975, 253–267 – O. d. Gr., hg. H. Zimmermann (WdF 450, 1976) [Lit.] – K. Leyser, Rule and Conflict in an Early Medieval Society. Ottonian Saxony, 1979 [dt.: K. Frfr. Schenk zu Schweinsberg, Veröff. des Max-Planck-Inst. für Gesch. 76, 1984] – P. E. Schramm–F. Mütherich, Die dt. Ks. und Kg.e in Bildern ihrer Zeit, 1983, 186–192, 81–86 [Abb.] – H. Beumann, O. d. Gr. (Ks.gestalten des MA, hg. Ders., 1984), 50–72 – G. Althoff–H. Keller, Heinrich I. und O. d. Gr., 1985 – E. Hlawitschka, Vom Frankenreich zur Formierung der europ. Staaten- und Völkergemeinschaft, 1986, 113–131 – H. Beumann, Die Ottonen,

1987, 53–112 [Lit.] – E. HLAWITSCHKA, Ks. O. I. (d. Gr.) (Ma. Herrscher in Lebensbildern, hg. K. SCHNITH, 1990), 124–143 – J. LAUDAGE, Hausrecht und Thronfolge, HJb 112, 1992, 23–71 – →Deutschland.

2. O. II., *Ks., dt. Kg.*, * 955, † 7. Dez. 983 in Rom, ▭ ebd., St. Peter (Vatikan. Grotten). Eltern: Ks. Otto I. und →Adelheid, Tochter Kg. Rudolfs II. v. Burgund; ∞ 14. April 972 →Theophanu († 991), Nichte des byz. Ks.s Johannes I. Tzimiskes. Kinder: Adelheid († 1043), Äbt. v. Quedlinburg; Sophia († 1039), Äbt. v. Gandersheim und Essen; Mathilde († 1025; ∞ Pfgf. →Ezzo v. Lotharingien); Ks. Otto III. († 1002).

O., der im Alter von sechs Jahren im Mai 961 auf einem Reichstag zu Worms zum Kg. gewählt worden war, trat nach dem Tode seines Vaters ohne auf Widerstand zu stoßen im Reich die Nachfolge an. Auf dem Höhepunkt der Auseinandersetzungen Ottos I. mit Byzanz war er bereits Weihnachten 967 von Johannes XIII. zum Mitks. gekrönt worden. Zwar war es nicht gelungen, eine purpurgeborene Prinzessin für den Thronfolger zu gewinnen, doch bedeutete O.s Vermählung mit Theophanu die Anerkennung des w. Ksm.s durch die alte Ks.macht in Byzanz. Wie seine Gemahlin hochgebildet, nahm O. persönl. an den die Zeitgenossen bewegenden geistigen Fragen Anteil. In seiner Umgebung hielten sich zeitweilig →Gerbert v. Aurillac und der gelehrte Abt →Adso v. Montier-en-Der auf. In diesem Umfeld reiften die Gedanken für eine eigenständige Italienpolitik.

Die ersten sieben Jahre seiner Regierung war O. vollauf mit der Behauptung der kgl. Macht gegenüber inneren und äußeren Gegnern beschäftigt. Im N gelang ihm nach einem Vorstoß des dän. Kg.s Harald Blauzahn die Sicherung der Reichsgrenze bis zur Schlei (974). Durch eine Verschwörung des Bayernhzg.s →Heinrich d. Zänkers (31.H.), an der die Fs.en →Boleslav II. v. Böhmen und →Mieszko I. v. Polen beteiligt waren, sah sich O. auch zum Eingreifen im SO genötigt. Die nach der Verurteilung Heinrichs d. Zänkers anstehende Verfügung über das bayer. Hzm. benutzte O. zu einer Reorganisation des sö. Reichsgebietes. Im Zuge der damit verbundenen Zurückdrängung der bayer. Liudolfinger ging auch der Einfluß der Ksn.mutter Adelheid zurück. Ein weiterer Konfliktherd bestand in →Lotharingien. Als O. 977 das seit dem Tode Bruns unbesetzt gebliebene Hzm. Niederlothringen an den westfrk. Karolinger Karl verlieh, zog er sich die Feindschaft des mit seinem Bruder zerstrittenen Kg.s Lothar zu. Bei einem überraschenden Vorstoß des frz. Kg.s bis nach Aachen (Juni 978) vermochte sich O. nur durch eilige Flucht zu retten. Ein von O. noch im selben Jahr unternommener Vergeltungsfeldzug bis vor Paris führte jedoch zu keiner Entscheidung. Erst die Begegnung der beiden Kg.e in →Margut-sur-Chiers (Mai 980) brachte die Beilegung des Streits durch den Verzicht des Karolingers auf Lotharingien.

In seiner Italienpolitik ging O. über die von seinem Vater beschrittenen Bahnen hinaus. Von Anfang an verfolgte er das Ziel, Süditalien zu erobern und damit ganz Italien unter seine Herrschaft zu bringen. Das aber bedeutete notwendigerweise die Beseitigung der byz. wie der sarazen. Herrschaft in Süditalien. In diesem Zusammenhang erhielt der von O. seit 982 geführte Titel »Romanorum imperator augustus« programmat. Bedeutung. Nach der Rückführung des aus Rom vertriebenen Papstes Benedikt VII. wandte sich O. Ende 981 nach Süditalien. Nach einem erfolgreichen Vorstoß nach Apulien erlitt das ksl. Heer am →Capo Colonne (13. Juli 982) eine vernichtende Niederlage, aus der sich O. nur durch abenteuerl. Flucht zu retten vermochte. Auf einem Reichstag zu Verona (Mai 983) verstand es O., die weitere Unterstützung der dt. Fs.en gegen Zugeständnisse u. a. bei der Besetzung der süddt. Hzm.er zu erlangen. Erfolgreich war er auch in dem Bemühen, den Bestand der otton. Dynastie durch die Wahl seines dreijährigen Sohnes Otto (III.) zum Kg. zu sichern. Mitten in den Vorbereitungen für einen neuen Feldzug erlag O. in Rom den Folgen einer Malariaerkrankung, nachdem er noch die Nachricht vom Zusammenbruch der Grenzverteidigung an Elbe und Saale infolge des →Slavenaufstandes vom Sommer 983 erfahren hatte. Als einziger dt. Ks. fand er in St. Peter sein Grab.

O., dem bereits von den Zeitgenossen Unausgeglichenheit und Eigenwilligkeit nachgesagt wurde, hat bei Mit- und Nachwelt ein unterschiedl. Echo gefunden. Zweifellos haben die gegen Ende seiner Regierung eingetretenen Rückschläge im S und O sein Bild getrübt. Dennoch bleibt festzuhalten, daß es ihm gelungen ist, die von seinem Vater begründete Machtstellung des Reiches im ganzen zu behaupten. →Deutschland, B.IV. T. Struve

Q.: MGH DD O.II., ed. TH. SICKEL, 1888 – Thietmar v. Merseburg, Chronicon, ed. R. HOLTZMANN (MGH SRG NS 9, 1935); zweisprachige Ausg. v. W. TRILLMICH (Ausg. Q. 9, 1957) – RI II,2 – *Lit.:* ADB XXIV, 597–611 – GEBHARDT[9] I, 259–264 – HAUCK III, 240–243 – HEG I, 696–700 – K. UHLIRZ, JDG unter O. II. und O. III., Bd. 1, 1902 – R. HOLTZMANN, Gesch. der sächs. Ks.zeit, 1941 [Neudr. 1961[4]], 250–291 – W. OHNSORGE, Das Mitksm. in der abendländ. Gesch. des frühen MA, ZRGGermAbt 67, 1950, 309–335 [Ders., Abendland und Byzanz, 1958, 261–287] – M. HELLMANN, Die Ostpolitik Ks. O.s II. (Fschr. H. AUBIN, 1956), 49–67 – B. ASKANI, Das Bild Ks. O.s II., 1963 – W. OHNSORGE, Die Heirat Ks. O.s II. mit der Byzantinerin Theophanu (972), Braunschweig. Jb. 54, 1973, 24–60 [DERS., Ost-Rom und der W, 1983, 128–172] – H. WOLFRAM, Lat. Herrschertitel im neunten und zehnten Jh. (Intitulatio II [MIÖG Ergbd. 24], 1973), 87ff., 135ff. – P. E. SCHRAMM – F. MÜTHERICH, Die dt. Ks. und Kg.e in Bildern ihrer Zeit, 1983, 192–197, 87–94 [Abb.] – E. HLAWITSCHKA, Vom Frankenreich zur Formierung der europ. Staaten- und Völkergemeinschaft, 1986, 132–139 – H. BEUMANN, Die Ottonen, 1987, 113–126 [Lit.] – E. HLAWITSCHKA, Ks. O. II. (Ma. Herrscher in Lebensbildern, hg. K. SCHNITH, 1990), 144–154 – N. GUSSONE, Trauung und Krönung (Ksn. Theophanu II, hg. A. VON EUW – P. SCHREINER, 1991), 161–173 – →Deutschland.

3. O. III., *Ks., dt. Kg.*, * Juni/Juli 980 im Reichswald Kessel (Ketil) bei Kleve, † 24. (23.?) Jan. 1002 Paterno am Monte Soracte, ▭ Aachen, Pfalzkapelle. Eltern: Ks. Otto II. und →Theophanu, Nichte des byz. Ks.s Johannes I. Tzimiskes.

O., der im Mai 983 zu Verona von dt. und it. Großen zum Kg. gewählt worden war, wurde zu Weihnachten desselben Jahres von den Ebf.en Johannes v. Ravenna und →Willigis v. Mainz in Aachen gekrönt. Als unmittelbar danach die Nachricht vom Tode des Vaters eintraf, ging die Herrschaft formell auf das dreieinhalbjährige Kind über. Im Streit um die Regentschaft war zunächst →Heinrich d. Zänker (31.H.), der nächste männl. Verwandte, gegenüber der noch in Italien weilenden Theophanu im Vorteil. Aus der Haft entkommen, bemächtigte er sich sogleich des jungen Kg.s. Als Heinrich jedoch selbst nach der Krone greifen wollte, formierte sich unter Führung des Ebf.s Willigis v. Mainz der fsl. Widerstand, so daß sich der »Zänker« im thür. →Rohr (29. Juni 984) zur Auslieferung des Kg.s bequemen mußte. Bis zu ihrem Tode (991) führte nunmehr Theophanu unangefochten die Reichsgeschäfte. Auf dem Hoftag zu Quedlinburg Ostern 986, auf dem die Hzg.e im Anschluß an eine Festkrönung – wie einst bei Otto d. Gr. – die Hofämter ausübten, erfuhr O.s Kgtm. eine glanzvolle Bestätigung.

Als O. mit Empfang der Schwertleite zu Sohlingen (bei Höxter) im Sept. 994 die Regierungsverantwortung übernahm, galt es zunächst, die Einbrüche, die das Reich während der Regentschaft seiner Großmutter →Adelheid (seit 991) erfahren hatte, wieder wettzumachen. Zugleich aber kündigte sich mit seinem Entschluß zu einem Romzug der Leitgedanke seiner künftigen Politik an. Auf seine Aufgabe war O. durch seine Erzieher, den Kapellan →Bernward (seit 993 Bf. v. Hildesheim) und den Griechen Johannes Philagathos, bestens vorbereitet. Später zog er führende Repräsentanten des geistigen Lebens seiner Zeit, darunter so gegensätzl. Persönlichkeiten wie den frz. Gelehrten →Gerbert v. Aurillac (seit 998 Ebf. v. Ravenna) und den aus seinem Bm. vertriebenen Asketen →Adalbert v. Prag, in seine Nähe und hegte Sympathien für die it. Eremitenbewegung →Romualds v. Camaldoli.

Im Frühjahr 996 brach O. nach Italien auf. Auf die Nachricht vom Tode Johannes' XV. bestimmte er seinen Vetter Bruno (Gregor V.) zum Papst, aus dessen Hand er am 21. Mai 996 die Ks.krone empfing. Eine gemeinsam veranstaltete Synode sollte die enge Verbindung von Ksm. und Papsttum zum Ausdruck bringen. Die Vertreibung Gregors V. durch eine stadtröm. Verschwörung gab den Anlaß für O.s zweiten Italienzug; im Febr. 998 erschien er in Rom und hielt über deren Häupter, Crescentius (→Crescentier) und den zum Gegenpapst erhobenen Johannes Philagathos (Johannes XVI.), ein grausames Strafgericht.

Mit der Erhebung Gerberts v. Aurillac zum Papst Silvester II. (999) nahm der röm. Erneuerungsgedanke in O.s Politik konkretere Gestalt an. Bereits nach seiner Ks.krönung hatte er den Titel »Romanorum imperator augustus« geführt. Die seit 998 verwendete Metallbulle – auch dies eine sich an byz. Brauch anlehnende Neuerung – trug die programmat. Umschrift »Renovatio imperii Romanorum«. Dahinter stand der Plan einer chr. Erneuerung des röm. Reiches als Rahmen für O.s weit ausgreifende, die ö. Nachbarländer einschließenden Missionspläne. Der →Renovatio-Gedanke, an dessen Ausgestaltung neben Gerbert v. Aurillac der Kanzler→Heribert (seit 999 Ebf. v. Köln) und →Leo v. Vercelli maßgebl. beteiligt waren, hatte seine Grundlage sowohl in altröm. Vorstellungen wie in der karol. Tradition. Symbol. Bedeutung kam deshalb der Öffnung des Grabes Karls d. Gr. in Aachen i. J. 1000 zu. Planvoll ging O. daran, →Rom zum Zentrum der ksl. Herrschaft auszubauen – ungeachtet der traditionellen, durch die →Konstantin. Schenkung begründeten Stellung Roms als Sitz der Apostel. Auf dem Palatin ließ er eine ksl. Pfalz errichten. Hofzeremoniell und Ämtertitulaturen wurden nach röm. Vorbild umgestaltet, die Würde des →Patricius wurde neu belebt. Gegenüber dem Papsttum war O. auf die Wahrung des ksl. Vorrangs bedacht. Die aus der Konstantin. Schenkung abgeleiteten territorialen Ansprüche der röm. Kirche wies er zurück und übertrug ihr die fragl. Gebiete aus eigener ksl. Machtvollkommenheit (D O. III. 389). Auch in seiner Ostpolitik ließ sich O. vom einträchtigen Zusammenwirken von Ks. und Papst leiten. Als »servus Iesu Christi« trat er zu Beginn des Jahres 1000 eine Pilgerfahrt zum Grabe Adalberts in →Gnesen an. Mit der Errichtung des Ebm.s Gnesen wurde für Polen eine eigene, vom Reichsverband unabhängige kirchl. Organisation geschaffen. Aber auch der Polenhzg. →Bolesław I. Chrobry, den O. zum »socius et amicus« des röm. Volkes ernannte, erfuhr durch diese Einbindung in das Imperium eine beträchtl. Rangerhöhung. In Entsprechung zu der für Polen getroffenen Regelung wurde für Ungarn die Schaffung eines Ebm.s →Gran beschlossen und auf einer Synode zu Ravenna (April 1001) von Ks. und Papst bestätigt.

O.s kühne Pläne fanden jedoch ein jähes Ende, als Anfang 1001 in Rom ein Aufstand ausbrach. Der Ks. sah sich genötigt, zusammen mit seinem Papst nach Ravenna zu fliehen. Im Begriff, erneut auf Rom vorzustoßen, erlag er der Malaria. O., der den Zeitgenossen wegen seiner außergewöhnl. Gaben als »Wunder der Welt« erschien, hat sein Vorhaben nicht zu Ende führen können. Es fällt deshalb schwer, ein abschließendes Urteil darüber abzugeben. Ein Schwachpunkt in O.s Renovatio-Konzeption lag sicher darin, daß die Verbindung zu den regna verlorenzugehen drohte. Die Vorbehalte, denen O.s kirchenpolit. Maßnahmen in Dtl. begegneten, bezeugen dies. Als bleibende Leistung ist hingegen die Verschmelzung von frk.-dt. und röm. Tradition im Rahmen seiner Renovatio-Vorstellung festzuhalten, die als »eine der gedankenreichsten und tiefsten Konzeptionen, zu denen das ksl. Lager im MA gelangt ist« (P. E. Schramm, 186), gewürdigt worden ist. →Deutschland, B. V. T. Struve

Q.: MGH DD O. III., ed. Th. Sickel, 1893 – Thietmar v. Merseburg, Chronicon, ed. R. Holtzmann (MGH SRG NS 9, 1935); zweisprachige Ausg. v. W. Trillmich (Ausg. Q. 9, 1957) – RI II,3 – *Lit.*: ADB XXIV, 611–621 – Gebhardt[9] I, 265–279 – Hauck III, 255–273 – HEGI, 700–708 – M. Uhlirz, JDG O. II. und O. III., Bd. 2, 1954 – P. E. Schramm, Ks., Rom und Renovatio, 1929 [Neudr. 1962], bes. 87–187 – R. Holtzmann, Gesch. der sächs. Ks.zeit, 1941 [Neudr. 1961[4]], 292–382 – H. Beumann-W. Schlesinger, Urkk.studien zur dt. Ostpolitik unter O. III., ADipl 1, 1955, 132–156 [W. Schlesinger, Mitteldt. Beitr. zur dt. Verfassungsgesch. des MA, 1961, 306–407] – E.-R. Labande, »Mirabilia mundi«. Essai sur la personnalité d'O. III, CCMéd 6, 1963, 297–313, 455–476 – P. E. Schramm, Ks. O. III., seine Persönlichkeit und sein »byz. Hofstaat« (Ders., Ks., Kg.e und Päpste 3, 1969), 277–297 – H. Wolfram, Lat. Herrschertitel im neunten und zehnten Jh. (Intitulatio II [MIÖG Ergbd. 24], 1973), 153–162 – H. Thomas, Ks. O. III. (Gocher Schr. 2, 1980) – P. E. Schramm-F. Mütherich, Die dt. Ks. und Kg.e in Bildern ihrer Zeit, 1983, 198–210, 96–113 [Abb.] – H. Beumann, O. III. (Ks.gestalten des MA, hg. Ders., 1984), 73–97 – E. Hlawitschka, Vom Frankenreich zur Formierung der europ. Staaten- und Völkergemeinschaft, 1986, 139–146 – H. Beumann, Die Ottonen, 1987, 127–136, 137–156 [Lit.] – H. Hoffmann, Eigendiktat in den Urkk. O.s III. und Heinrichs II., DA 44, 1988, 390–423 – G. B. Ladner, L'immagine dell'imperatore Ottone III, 1988 – J. Fried, O. III. und Boleslaw Chrobry (Frankfurter Hist. Abh. 30, 1989) – E. Hlawitschka, Ks. O. III. (MA Herrscher in Lebensbildern, hg. K. Schnith, 1990), 155–165 – J. Laudage, Das Problem der Vormundschaft über O. III. (Ksn. Theophanu II, hg. A. von Euw-P. Schreiner, 1991), 261–295 – G. Althoff, Vormundschaft, Erzieher, Lehrer – Einflüsse auf O. III. (ebd.), 277–289 – →Deutschland.

4. O. IV., röm.-dt. Kg. und Ks., * wahrscheinl. 1175 oder 1176 in Braunschweig, † 19. Mai 1218 auf der Harzburg, ⊐ St. Blasius zu Braunschweig; dritter Sohn Hzg. →Heinrichs d. Löwen und der Mathilde, Tochter Kg. Heinrichs II. v. England; ⚭ 22. Juli 1212 Beatrix, Tochter Philipps v. Schwaben; Ehe kinderlos. Die Wahl des Namens könnte unter Anknüpfung an die otton. Ks. des 10. Jh. ein Hinweis auf den Kg.sgedanken Heinrichs d. Löwen und das Selbstverständnis des welf. Hauses sein. Ursprgl. wohl als Erbe des Hzm.s Bayern ausersehen, wurde O. nach dem Sturz Heinrichs d. Löwen der Obhut seines Oheims Heinrich II. anvertraut. Seit 1182 wuchs er am engl. Kg.shof bzw. in der Normandie auf, wo er Gunst und Freundschaft von Richard Löwenherz erlangte. Richards Versuch, O. 1190 mit der Gft. York auszustatten, scheiterte ebenso wie der Plan, ihm über eine Heirat die schott. Krone zu verschaffen. 1196 wurde O. mit der Gft. Poitou belehnt, was ihm den Titel eines Hzg.s v. Aquitanien einbrachte. Er bewährte sich im Krieg gegen Frankreich als Heerführer Kg. Richards. Als nach dem Tod Ks. Heinrichs VI. dessen Gemahlin Konstanze die Verbindung Siziliens zum Imperium löste und ihren Sohn Friedrich Roger der Vormundschaft des Papstes unterstellte, wählten die am stauf.

Ks.haus festhaltenden Fs.en den Bruder Heinrichs, Hzg. →Philipp v. Schwaben, im März 1198 in Thüringen zum Kg. Die antistauf. Opposition beschloß unter dem Einfluß der am Englandhandel interessierten Kölner Bürgerschaft und auf Initiative von Richard Löwenherz, dem Staufer einen Welfen entgegenzustellen. Obwohl kein Reichsfs., wurde O. – sein ursprgl. ins Auge gefaßter älterer Bruder Heinrich befand sich noch auf dem Kreuzzug – am 9. Juni 1198 von den Staufergegnern zum König gewählt. O. bemächtigte sich in raschem Zugriff Aachens, wo er am 12. Juli 1198 von Ebf. →Adolf v. Köln mit nachgebildeten Insignien gekrönt wurde. Er versprach, die Rechte und Besitzungen der Kirche anzuerkennen und auf das Spolienrecht zu verzichten. In dieser Situation verstand es Innozenz III., eine Schiedsrichterrolle im dt. Thronstreit zu beanspruchen, um letztl. dem Kandidaten seine Zustimmung zu erteilen, der bereit war, auf die päpstl. Forderungen einzugehen. Gleichzeitig geriet Dtl. in das Fahrwasser des engl.-frz. Gegensatzes, da Kg. Philipp v. Schwaben das stauf.-kapet. Bündnis erneuerte und Militärhilfe gegen England versprach, das O. großzügig mit Geld unterstützte. Um die Jahreswende 1200/01 entschied sich Innozenz III. öffentl. für O. (»Deliberatio de tribus electis«, »Venerabilem«). Während die stauf. Partei die von Innozenz in Italien ins Werk gesetzte territoriale Gestaltung nicht anerkannte und gegen die kuriale Einmischung in die dt. Kg.swahl protestierte, beschwor O. am 1. März 1201 in Neuß u.a., die päpstl. Rekuperationen anzuerkennen und den Papst in Sizilien zu unterstützen. Trotz der päpstl. Hilfe verschlechterte sich die Lage O.s zusehends, da er in Dtl. als Landfremder nicht über die materiellen und finanziellen Resourcen wie sein Gegenspieler verfügte und ihm nach dem Scheitern Kg. Johanns Ohneland in Frankreich vollends die engl. Unterstützung fehlte. Viele seiner Parteigänger, u.a. sein Bruder, der rhein. Pfgf. →Heinrich, und Ebf. Adolf v. Köln, liefen zu Philipp über. Nachdem O. am 27. Juli 1206 bei Wassenberg von Philipp geschlagen worden war, ließ ihn auch Innozenz III. fallen. Als Philipp sich in Dtl. weitgehend durchgesetzt hatte, wurde am 21. Juni 1208 von dem bayer. Pfgf.en, Otto v. Wittelsbach, in Bamberg ermordet. O. verlobte sich mit Philipps Tochter und wurde mit Unterstützung der stauf. gesinnten Reichsdienstmannen allg. als Kg. anerkannt. Nach seiner Nachwahl am 11. Nov. 1208 setzte sich O. erfolgreich für die Wahrung des Landfriedens ein und erneuerte ohne fsl. Zeugen den Neußer Eid. Innozenz III. verlangte hingegen die reichsrechtl. Sanktionierung dieser Versprechen durch die Fs.en. O. vertröstete ihn bis nach der Ks.krönung, die Innozenz nicht ohne Bedenken am 4. Okt. 1209 vollzog. O. begriff wahrscheinl. das Ksm. und das Imperium als transpersonale Größen, deren Interessen es zu wahren galt. Er setzte sich über den Neußer Eid hinweg und betrieb, unter Anknüpfung an die Verhältnisse unter Heinrich VI., die Wiederherstellung der Reichsgewalt in Italien, wobei er dem Papst die ksl. plenitudo potestatis entgegensetzte. U.a. ging er daran, Sizilien zu erobern, und stand im Herbst 1211 in Kalabrien, wo er auf die Flotte wartete, die ihn auf die Insel übersetzen sollte. Auf Betreiben des frz. Kg.s Philipp August und mit dem Einverständnis des Papstes, der inzwischen O. gebannt hatte, wählten in dieser Situation einige Fs.en den jungen Kg. v. Sizilien, Friedrich Roger, zum künftigen Ks. Um den Aufstand niederzuwerfen, eilte O. nach Dtl. zurück. Als nach anfängl. Erfolgen O.s im Sept. 1212 Friedrich in Konstanz einzog und O.s stauf. Gemahlin starb, fiel der alte stauf. Anhang reihenweise von ihm ab. Ein übriges taten das frz. Geld und die vom Reichshofkanzler, Bf. →Konrad v. Speyer, veröffentlichten Reformpläne des Ks.s mit ihrer negativen Wirkung auf Kirche und Fs.en. Während sich O. zunächst nach Köln, dann nach Sachsen zurückziehen mußte und er sich schließl. nach Dänemark und England begab, wurde Friedrich II. am 5. Dez. 1212 von der Mehrheit der Fs.en erneut zum Kg. gewählt und vier Tage später in Mainz gekrönt. Keiner der beiden rivalisierenden Kg.e konnte indes den anderen militär. niederringen. Die Entscheidung fiel im frz.-engl. Krieg, in den sich O. als Verbündeter Johanns Ohneland eingeschaltet hatte. Am 27. Juli 1214 errang Philipp August bei →Bouvines einen überragenden Sieg, und O. verlor mit seiner Niederlage auch den Kampf um Dtl.

Meist zu negativ betrachtet, wurde O. das Opfer einer stauf. gesinnten Geschichtsschreibung; das von →Burchard v. Ursberg über ihn gefällte Urteil »superbus et stultus, sed fortis« ist sicher unzutreffend. P. Thorau

Lit.: E. WINKELMANN, Philipp v. Schwaben und O. IV. v. Braunschweig, 2 Bde, 1873–78 – B. U. HUCKER, O. IV., 1990.

5. O. de la Roche, Hzg. v. Athen → Athen, II

6. O., Gf. v. Ballenstedt → Askanier

7. O. I., Hzg. v. →Bayern, * um 1120 wohl Kelheim, † 11. Juli 1183 Pfullendorf, ◻ Kl. Scheyern; →Wittelsbacher, folgte seinem Vater, dem bayer. Pfgf.en Otto V., 1156 in allen Befugnissen nach. Von Anfang an begegnet er oftmals im Gefolge Friedrich Barbarossas, zu dessen wirkungsvollsten Parteigängern er gehörte. 1155 sicherte er dessen Rückzug aus Italien in der Veroneser Klause, 1157 kam O. ihm auf dem Reichstag v. →Besançon mit gezücktem Schwert zu Hilfe. Der Ks. beauftragte ihn mit mehreren Missionen nach Italien. Bes. Kg.snähe war die entscheidende Voraussetzung für den weiteren Aufstieg des Pfgf.en. Nach der Absetzung Heinrichs d. Löwen 1180 belehnte Friedrich I. O. mit dem Hzm. Bayern, das allerdings durch die Abtrennung der →Steiermark territorial verkleinert wurde. Da der neue Hzg. nur über eine begrenzte Machtgrundlage verfügte, sah er sich sofort dem Widerstand konkurrierender Hochadelsgeschlechter ausgesetzt. O. wehrte sich, indem er seine Dynastie an eine alte Traditionslinie anzubinden suchte, v.a. aber seine Herrschaftsaufgaben mit Nachdruck erfüllte. Er hielt mehrere Landtage ab und begegnet in den Q. hauptsächl. als oberster Richter im Hzm. O. betrieb eine planvolle Städtepolitik, eine systemat. Adelspolitik, um sich eine verläßl. Gefolgschaft aufzubauen, und eine zielgerichtete Heiratspolitik, die für die folgenden Generationen Erbansprüche begründete. Auf diesem Wege konnte er sich dank wirkungsvoller Unterstützung durch das Kgtm. und die Kirche halten. Obwohl O.s Herrschaft nur wenige Jahre währte, führte er seine Dynastie auf einen ersten Höhepunkt. Die Hauptleistung des Hzg.s ist die Behauptung und Durchsetzung der Wittelsbacher in Bayern. A. Schmid

Lit.: ADB XXIV, 643–647 – C. TH. HEIGEL–S. O. RIEZLER, Das Hzm. Bayern zur Zeit Heinrichs d. Löwen und O.s I. v. Wittelsbach, 1867 – Biogr. Wb. zur dt. Gesch. II, 1974², 2102f. – Die Zeit der frühen Hzg.e, II, hg. H. GLASER (Wittelsbach und Bayern I/2, 1980), 22f. – M. WEITLAUFF, Hzg. O. I. v. Bayern (Die Wittelsbacher im Aichacher Land, hg. T. GRAD, 1980), 93–106 – Bayer. Biogr., I, hg. K. BOSL, 1983, 567 – H. RALL–M. RALL, Die Wittelsbacher in Lebensbildern, 1986, 15–25 – SPINDLER(–A. KRAUS) II, 1988², 11–15.

8. O. II. d. Erlauchte, Pfgf. b. Rhein, Hzg. v. →Bayern, * 7. April 1206 in Kelheim, † 29. Nov. 1253 in Landshut, ◻ Kl. Scheyern; ∞ Mai 1222 Agnes, Tochter Heinrichs, des Pfgf.en b. Rhein und Hzg.s v. Sachsen. Das zunächst gute Verhältnis zu Ks. Friedrich II. trübte sich, als dieser nach der Ächtung Hzg. →Friedrichs II. v. Österreich O.s Ansprüche überging. Unter dem Einfluß von →Albert Behaim trat O. zum Papst über und verbündete sich 1238 mit Böhmen und Österreich zum Sturz des Ks.s. Doch in seiner Fehde mit den ksl. gesinnten bayer. Bf.en zunehmend isoliert, näherte er sich seit 1241 wieder dem Ks. und vermählte 1246 seine Tochter Elisabeth mit Kg. Konrad IV., was ihm den Kirchenbann eintrug. Vom Ks. gedeckt, zog O. die Besitzungen der bayer. →Ortenburger, →Bogener, →Andechser u. a. ein. Nach dem Ende der →Babenberger übertrug ihm der Ks. 1248 die Verwaltung Österreichs, das er aber gegen Kg. Ottokar v. Böhmen nicht behaupten konnte (1251). G. Schwertl

Lit.: SPINDLER II², 28f., 35–52, 540, 692ff. – S. HOFMANN, Urkk. wesen, Kanzlei und Regierungssystem der Hzg.e v. Bayern und Pfgf.en b. Rhein..., Münchener Hist. Stud., Abt. Gesch. Hilfswiss., III, 1967 – G. SCHWERTL, Die Beziehungen der Hzg.e v. Bayern und Pfgf.en b. Rhein zur Kirche (1180–1294), Misc. Bavarica Monacensia 9, 1968.

9. O. III., *Hzg. v. (Nieder)→Bayern* (1290–1312), *Kg. v. Ungarn* (1305–07); * 11. Febr. 1261, † 9. Sept. 1312 in Landshut, ⌂ Kl. Seligenthal; Eltern: Hzg. Heinrich XIII. v. (Nieder)Bayern und Elisabeth, Tochter Kg. Bélas IV. v. Ungarn; ∞ 1. im Jan. 1279 Katharina, Tochter Kg. Rudolfs, 2. 18. Mai 1309 Agnes, Tochter Hzg. Heinrichs III. v. Schlesien-Glogau. Im dt. Thronstreit von 1298 teilte O. die Niederlage Kg. Adolfs v. Nassau bei →Göllheim, wurde jedoch von Kg. Albrecht I. geschont. Mit ihm verbündet, zog O. 1304 gegen Kg. Wenzel II. v. Böhmen, der Erbansprüche auf Ungarn erhob. Das Scheitern des Feldzugs veranlaßte O. zur Wiederaufnahme seiner antihabsbg. Politik. Er akzeptierte die ihm 1305 als Enkel Kg. Bélas IV. angebotene Stephanskrone an und ließ sich nach Verzicht Kg. Wenzels auf dessen Ansprüche in Stuhlweißenburg krönen. O. konnte sich jedoch gegen den vom Papst anerkannten Gegenkg. Karl I. v. Anjou (23.K.) nicht behaupten. Vom siebenbürg. Wojewoden László Kán gefangengenommen, kam er nach Zusicherung eines Lösegeldes wieder frei. Seine Verschuldung als Folge seines kurzen ung. Kgtm.s und des – wenn auch erfolgreichen – Krieges gegen Österreich (1309–11) nötigten ihn zum Erlaß der →Otton. Handfeste. G. Schwertl

Lit.: SPINDLER II², 113f., 117–125, 134–139 – J. WIDEMANN, Kg. Otto v. Ungarn aus dem Hause Wittelsbach, Forsch. zur Gesch. Bayerns 13, 1905, 20–40; 15, 1907, 71–78 – L. SCHNURRER, Urkk. wesen, Kanzlei und Regierungssystem der Hzg.e v. Niederbayern 1255–1340, Münchener Hist. Stud., Abt. Gesch. Hilfswiss., VIII, 1972.

10. O. III., *Mgf. v.→Brandenburg*, * um 1215, † 9. Okt. 1267 in Brandenburg, ⌂ Kl. Strausberg, zweiter Sohn Mgf. Albrechts II., ∞ Beatrix v. Böhmen. Er übernahm fakt. die Herrschaft in Brandenburg zusammen mit seinem Bruder →Johann I. ab 1231 und hatte bedeutenden Anteil an der Stabilisierung der durch Regentschaft zerrütteten Landesherrschaft. Mit seiner Heirat begannen enge Beziehungen des askan. Hauses zu Böhmen; u. a. wurde er 1262 mit der Mgft. Oberlausitz belehnt. Bereits 1234 gründete er ein Franziskanerkl. in →Görlitz, u. a. unterstützte er 1254/55 (mit seinem Schwiegervater Kg. Ottokar) den →Dt. Orden in Preußen und erscheint auch später als Förderer der Bettelorden. Nach dem Tod Kg. Wilhelms (1256) wurde O. von einigen sächs. Fs.en für die dt. Königswürde vorgeschlagen. F. Escher

Q. und Lit.: G. SELLO, Chronica Marchionum Brandenburgensium, FBPrG I, 1888 – ADB XXIV, 659 – J. SCHULTZE, Die Mark Brandenburg, I, 1961, 137–175.

11. O. IV. 'mit dem Pfeil', *Mgf. v. →Brandenburg*, * um 1238, † 1308, ⌂ Chorin, ∞ 1. Heilwig v. Holstein; 2. Jutta v. Henneberg. Der Sohn Mgf. →Johanns I. (23. J.) folgte seinem älteren Bruder Johann II. in der mit der Mgft. Brandenburg verbundenen Reichserzkämmererwürde. Er zeigte sich bereits zuvor in der gemeinschaftl. Regierung der Söhne Johanns I. und →Ottos III. als führende Persönlichkeit und setzte sich gegen die johanneischen Mgf.en durch. Während O.s IV. Regierung gelangte Brandenburg zu seiner größten Ausdehnung. In Kämpfen mit →Magdeburg wurde er gefangengenommen (1278) und verwundet. Erst 1283 gelang es durch die Besetzung des Magdeburger Erzstuhles mit Ottos Bruder Erich, den Streit zu beenden. An den Kämpfen mit Rudolf v. Habsburg nahm er auf böhm. Seite teil. Als Verfasser von Minneliedern ist er in der Heidelberger Liederhs. abgebildet. F. Escher

Lit.: ADB XXIV, 659–663 – Verf.-Lex.² VII, 213–215 – J. SCHULTZE, Die Mark Brandenburg, I, 1961, 187–214 – E. SCHMIDT, Die Mark Brandenburg unter den Askaniern (1134–1320), 1973, 178–190.

12. O. V. d. Faule, *Mgf. v. →Brandenburg*, * 1346, † 15. Nov. 1379 Wolfstein d. Isar, ⌂ Kl. Seligenthal; ∞ Katharina v. Luxemburg. Der sechste Sohn Ks. →Ludwigs IV. wuchs unter der Vormundschaft seines Bruders Ludwig d. Ä. in den Niederlanden auf, bis er zusammen mit seinem Bruder Ludwig d. Römer († 1365) 1360 in Prag mit der Mark Brandenburg belehnt wurde. Unter beherrschendem Einfluß seines Schwiegervaters Ks. Karls IV. verkaufte er die an diesen bereits verpfändete →Lausitz. Verpfändete Kernbereiche der Mark versuchte er v. a. durch Taktieren in den Kämpfen um die Hegemonie in Norddeutschland zurückzuerlangen. Durch den Widerstand der Stände und die Politik Karls IV. in aussichtslose Position gebracht, trat er im Vertrag v. →Fürstenwalde 1373 Brandenburg gegen eine Entschädigung von 500000 Gulden an den Ks. ab. F. Escher

Lit.: ADB XXIV, 663–669 – J. SCHULTZE, Die Mark Brandenburg, II, 1961, 132–160 – H. K. SCHULZE, Karl IV. als Landesherr der Mark Brandenburg, JGMODtl 27, 1978.

13. O. d. Quade, *Hzg. v. →Braunschweig*, * ca. 1340, † 13. Dez. 1394, ⌂ Wiebrechtshausen; ältester Sohn Hzg. Ernsts und der Elisabeth v. Hessen; ∞ 1. Mirislava v. Holstein-Plön; 2. Margarethe v. Berg: Kinder: von 1: ein Sohn; von 2: Otto Cocles, zwei Töchter. Er folgte 1367 seinem Vater im Fsm. →Göttingen. Den Beinamen 'der Quade' (der Böse) trugen ihm die Kämpfe und Fehden ein, die er zeitlebens führte, u. a. gegen die Ldgf.en v. Hessen, die Städte Braunschweig, Göttingen, Hildesheim. Als Vormund seiner braunschweig. Neffen griff er in den →Lüneburger Erbfolgekrieg ein. In seiner Residenzstadt Göttingen (bis 1387) veranstaltete er Turniere; er gehörte den Rittergesellschaften →Sternerbund und Sichelbund an. 1370 eroberte er die Harzburg, 1374 erwarb er Hardegsen und Moringen. O. starb im Kirchenbann. G. Pischke

Lit.: ADB XXIV, 677–682 – P. EHRENPFORDT, O.d.Q., Hzg. v. Braunschweig zu Göttingen 1367–94, 1913.

14. O. 'd. Kind', *Hzg. v. →Braunschweig-Lüneburg*, * 1204, † 9. Juni 1252; ∞ Mechthild v. Brandenburg. Nach dem Tod seines Vaters Wilhelm 1212/13 folgte O. in der Herrschaft im Lüneburger Raum. Durch seine Mutter Helena mit dem dän. Kgtm. verwandt, beteiligte er sich an den nordeling. Auseinandersetzungen und geriet nach der Schlacht v. →Bornhöved (2.B.) ztw. in Haft (1227–1228/29). Nach dem Tod seiner Onkel →Otto IV. 1218 und →Heinrich v. Braunschweig (67.H.) 1227 war O. der letzte männl. Herrschaftsträger des Welfenhauses. Schon im Juli 1223 von Heinrich zum Erben der welf. Allodien und der Kirchenlehen bestimmt, mußte sich O.

1227 die Herrschaft über Braunschweig gegen stauf. Ansprüche und gegen Teile der welf. Ministerialität militär. sichern. Durch engl. Vermittlung kam es im Aug. 1235 auf dem →Mainzer Hoftag zur endgültigen Aussöhnung zw. Staufern und Welfen, indem Ks. Friedrich II. das Hzm. Braunschweig-Lüneburg als Reichsfsm. neuen Typs konstituierte. Unter konsequentem Verzicht auf eine welf. Kg.spolitik leitete O. nun die Konsolidierung seiner Herrschaft zw. Weser und Elbe ein und sicherte seinem Haus in der Verknüpfung von reichsfl. Lehnshoheit, Vogtei- und Patronatsrechten, Burgenbau, Fiskalpolitik und wirtschaftl. Förderung v. a. der Städte die polit. Basis, ohne daß das geschlossene Territorium als Handlungskonzept vor Augen gestanden hätte. Erst in der Spätphase stauf. Herrschaft trat O. wieder in der Reichspolitik hervor: Die Eheschließung seiner Tochter Elisabeth mit Wilhelm v. Holland 1252 sicherte dem Kg. die Akzeptanz im norddt. Adel und führte zu seiner Braunschweiger Nachwahl am 25. März 1252. B. Schneidmüller
Lit.: ADB XXIV, 669–675 – A. Michels, Leben O.s, ersten Hzg.s v. Braunschweig und Lüneburg, 1891 – B. Diestelkamp, Die Städteprivilegien Hzg. O.s, ersten Hzg.s v. Braunschweig-Lüneburg, 1961 – S. Zillmann, Die welf. Territorialpolitik im 13. Jh., 1975 – E. Boshof, Die Entstehung des Hzm.s Braunschweig-Lüneburg (Heinrich d. Löwe, hg. W.-D. Mohrmann, 1980), 249–274 – B. Schneidmüller, Landesherrschaft, welf. Identität und sächs. Gesch. (Regionale Identität und soziale Gruppen im dt. MA, 1992), 65–101.

15. O. d. Strenge, Hzg. v. →Braunschweig-Lüneburg im Fsm. Lüneburg 1277–1330, * um 1266, † 10. April 1330, ▢ Lüneburg, St. Michael; Eltern: Johann, erster Hzg. im Fsm. Lüneburg, und Liutgard v. Holstein; ∞ Mathilde v. Bayern; Söhne: Johann, Otto, Ludwig, Wilhelm; Tochter Mathilde. O. stand bis 1282 unter Vormundschaft des Oheime →Albrecht I., Hzg. v. Braunschweig (9. A.; † 1279), und Konrad, Bf. v. Verden. Durch Verpfändungen finanzierte Fehden und territoriale Ausdehnung kennzeichnen seine Herrschaft. Er schränkte die Rechte der Ritterschaft ein und bewahrte den Landfrieden. Die Münzprägung wurde auf die Städte Lüneburg und Hannover konzentriert, Harburg, Dahlenburg und Celle mit städt. Privilegien versehen. O. schloß Bündnisse und Erbverträge mit anderen welf. Hzg.en und erwirkte 1315 die Reichslehen. Im gleichen Jahr bestimmte O. seine Söhne Otto und Wilhelm zu Nachfolgern und verfügte die Teilung der Herrschaft nach seinem Tod. G. Pischke
Lit.: ADB XXIV, 675–677 – W. Havemann, Gesch. der Lande Braunschweig und Lüneburg, I, 1853 [Nachdr. 1974] – O. v. Heinemann, Gesch. v. Braunschweig und Hannover, II, 1886 [Nachdr. 1975] – R. Gresky, Die Finanzen der Welfen im 13. und 14. Jh., 1984 – G. Pischke, Die Landesteilungen der Welfen im MA, 1987.

16. O. I., Pfgf. v. →Burgund, aus dem Hause der →Staufer, * 1166/67, † 1200; 3. Sohn →Friedrichs I. Barbarossa und der →Beatrix v. Burgund, ∞ Margarete v. Blois (1192). Sein Vater hatte ihm das Kgr. Burgund mit der Würde eines 'dux' oder 'marchio' zugedacht, doch mußte sich O. mit dem Titel eines 'comes palatinus' begnügen. Er sah sich konfrontiert mit den Ansprüchen der jüngeren Linie des Gf.enhauses v. Burgund, deren Oberhaupt Étienne sich der Unterstützung Hzg. →Odos III. v. Burgund, der 1197 die Suzeränität über →Auxonne erlangte, versicherte und die Herrschaftsgrundlage des Hauses →Chalon schuf. O. suchte dagegen seine Herrschaft auf das →Elsaß auszudehnen; im Zuge seiner Kämpfe gegen antistauf. Kräfte am Oberrhein besiegte und tötete er den Gf.en v. Mömpelgard/→Montbéliard (1195) sowie den Bruder des Bf.s v. →Straßburg (1196) und erschlug den Gf.en v. →Pfirt/Ferrette während einer Begegnung (1197). O.s Bruder, Kg. →Philipp v. Schwaben, versöhnte ihn mit seinen Gegnern, v. a. →Berthold V. v. Zähringen, doch entspann sich bald ein neuer Konflikt mit dem Bf. v. Straßburg und dem Hause →Dagsburg. Nach O.s Tod erhielt seine Witwe Margarete von Philipp v. Schwaben das Recht, die Gft. zu regieren. J. Richard
Lit.: F. Woltmann, Pfgf. O. v. Burgund, 1913 – J.-Y. Mariotte, Le comté de Bourgogne sous les Hohenstaufen, 1963.

17. O. II., Pfgf. v. →Burgund, Hzg. v. Meranien, aus dem Hause →Andechs (Otto VII.), † 7. Mai 1234 in Besançon. Sohn von →Berthold V. († 1204), ∞ 21. Juni 1208 zu Bamberg Beatrix, Tochter des Pfgf.en Otto. Bei dieser Hochzeit wurde Kg. →Philipp v. Schwaben, der Onkel von O.s Frau, ermordet; Bf. →Ekbert und Heinrich, Mgf. v. Istrien, O.s Brüder, galten als Mitwisser, während O. sich vom Vorwurf der Mitschuld reinwaschen konnte. Er schloß sich →Otto IV., dann →Friedrich II. an (1213), begleitete seinen Schwager, Kg. →Andreas II. v. Ungarn, 1217 auf Kreuzfahrt ins Hl. Land. In Burgund trug O. einen heftigen Konflikt aus mit dem Gf.en v. Étienne, der sich auf den Hzg. v. Burgund stützte; im Vertrag v. Dijon (1211) mußte der Andechser auf seine Suzeränität über →Mâcon verzichten und eine weitgehende Unabhängigkeit Étiennes anerkennen. Schließlich behielt er dank seiner Annäherung an →Tedbald IV. v. Champagne, der O.s Sohn Otto (III.) die Hand seiner Tochter anbot, und dem er die Gft. verpfändete, die Oberhand; er zwang Étienne, fünf seiner Burgen zu schleifen und das Homagium zu leisten (Vertrag v. Bèze, 12. Juni 1227). Nachdem O. noch 1209 die Abtretung der Gft. an einen jüngeren Zweig des Gf.enhauses, die Vienne, erwogen hatte, gelang ihm letztendlich eine Festigung der Pfgf.engewalt. J. Richard
Lit.: G. Herlitz, Gesch. der Hzg.e v. Meran, 1909 – Spindler II, 28–35 – M.-Th. Allemand-Gay, Le pouvoir des comtes de Bourgogne aux XIIIe s., 1988.

18. O. III., Pfgf. v. →Burgund aus dem Hause →Andechs, letzter Hzg. v. Meranien (Otto VIII.), * um 1218, † 19. Juni 1248 auf Burg Niesten (Oberfranken); Sohn Ottos II. und der Beatrix v. Staufen, ∞ Elisabeth v. Tirol (um 1239). Zunächst unter Vormundschaft seines Onkels →Ekbert, Bf. v. Bamberg, stehend, überließ O. die Verwaltung der Pfgft. dem Gf.en →Tedbald IV. v. Champagne (1235); später, nachdem er seine Schwester Adelheid (Alix) mit Hugo v. →Chalon vermählt hatte, verpfändete er die Pfgft. dem Hzg. →Hugo IV. v. Burgund für 8000 livres (1242), um sich ganz dem Kampf gegen die →Wittelsbacher widmen zu können. Diesen 1238 einsetzenden Konflikt um die bayer. Gft.en der Andechser (Andechs, Wolfratshausen) führte O. zunächst als Anhänger der ksl. Partei; als sich jedoch die Wittelsbacher dem stauf. Lager zuwandten, trat O. zur Opposition über, wurde von Friedrich II. mit der Reichsacht belegt (1247) und ging des größten Teils seiner Länder verlustig. O. vererbte seiner Schwester Adelheid die Pfgft. Burgund; doch erhoben zwei andere Schwestern, Margarete, Gfn. v. Orlamünde, und Elisabeth, Burggfn. v. Nürnberg, Besitzansprüche, die abgelöst werden mußten. O. bestätigte →Innsbruck das Stadtrecht. J. Richard
Lit.: E. Clerc, Essai sur l'hist. de la Franche-Comté, I, 1840 – G. Herlitz, Gesch. der Hzg.e v. Meran, 1909 – Spindler II, 44f.

19. O. IV., Pfgf. v. →Burgund, * um 1238, † 26. März 1303 in Melun, Sohn Hugos v. →Chalon und Adelheids v. Meranien (→Andechs), nach dem Tode des Vaters (1266) Herr v. Salins, 1279 Gf., hatte beim Antritt der Erbfolge große Schwierigkeiten zu überwinden; ∞ 1.

Philippa v. →Bar (1258), 2. Mahaut (Mathilde) v. →Artois (1289). Er verbündete sich mit Hzg. →Robert II. v. Burgund; die Heirat ihrer beiden Kinder, mit präsumtiver Vereinigung des Hzm.s und der Gft. Burgund, wurde vereinbart. Doch wurde O. von →Rudolf v. Habsburg, der 1289→Besançon belagerte und den Paßzoll v. Jougne als Reichslehen dem konkurrierenden Johann v. Chalon-Arley zuwandte, zur Unterwerfung genötigt. O., der an den kgl.-frz. Feldzügen gegen Sizilien (1283) und Aragón (1285, Kreuzzug) teilnahm, wandte sich von Hzg. Robert II. ab und versprach seine Tochter Johanna dem Sohn des Kg.s v. Frankreich in die Ehe (1291), verkaufte, hochverschuldet, diesem 1295 die Gft. und lebte fortan am frz. Hof, 1302 mit der Gft. Artois belehnt. Er nahm im gleichen Jahr am frz. Feldzug gegen →Flandern teil und starb 1303 an seinen Wunden. Sein Sohn Robert († 1316) leistete seinerseits Verzicht auf das burg. Erbe. O.s bevorzugte Residenz war→Gray, wo er 1287 ein Studium stiftete.
J. Richard

Lit.: E. CLERC, Essai sur l'hist. de la Franche Comté, 1840 – L. DE PIÉPAPE, Hist. de la réunion de la Franche Comté, 1881.

20. O. »v. Worms«, *Hzg. v.* →Kärnten 978–985 und 1002–04, † 4. Nov. 1004; Sohn →Konrads d. Roten und der →Liutgard, Tochter Ottos I. Nach dem »Aufstand der drei Heinriche« wurde O. 978 anstelle des Luitpoldingers →Heinrich zum Hzg. v. Kärnten und Mgf.en v. Verona bestellt, mußte dafür aber auf wichtige Rechte in Worms verzichten. Der Schwerpunkt seiner polit. Tätigkeit lag zwar in der Mark Verona, aber in Kärnten, wo er 980 reiches Kg.sgut von Otto II. erhielt, begann er mit der Gründung eines Lambertkl. in Pörtschach nahe der Pfalz Karnburg. 985 mußte O. zugunsten des Luitpoldingers Heinrich auf Kärnten verzichten, behielt jedoch als »Hzg. v. Worms« den dux-Titel für seinen rhein. Dukat und wurde von Otto III. mit Besitz und Hoheitsrechten in und um Worms entschädigt. 987 gründete O. das Kl. St. Lambert i.d. Pfalz. Nach dem Tod →Heinrichs d. Zänkers 995 erhielt O. die Mark Verona. Kärnten fiel mit Bayern an Heinrich (II.), den Sohn des Zänkers. Diesem stand O. 1002 als Kandidat um das Kgtm. gegenüber, verzichtete aber und erhielt dafür Kärnten. Das alte sal. Hauszentrum Worms mußte er im Tausch gegen Bruchsal preisgeben. Sein Zug gegen →Arduin v. Ivrea 1002/03 mißlang, erfolgreich unterstützte er 1004 den Italienzug Heinrichs II.
H. Dopsch

Lit.: ADB XXIV, 701 f. – C. FRÄSS-EHRFELD, Gesch. Kärntens, I, 1984, 112 ff. – E. HLAWITSCHKA, Die Thronkandidaturen von 1002 und 1024 (Fschr. G. TELLENBACH, 1985), 49–64 – E. BOSHOF, Die Salier, 1987, 17–25 – D. MERTENS, Vom Rhein zur Rems (Die Salier und das Reich, I, hg. ST. WEINFURTER, 1991), 221–251 – ST. WEINFURTER, Herrschaft und Reich der Salier, 1991, 13–21.

21. O. I., *mähr. Teilfs.*, † 9. Juni 1087; jüngster Sohn →Břetislavs I., Fs. v. Böhmen; ∞ Eufemia v. Ungarn. Nach dem Tod des Vaters (1055) sollte er mit den Brüdern →Vratislav (II.) und →Konrad (9. K.) die Verwaltung Mährens übernehmen, stieß jedoch auf Widerstand →Spytihněvs II. (1055–61). Erst nach 1061 konnte O. mit der Bewilligung Vratislavs als Teilfs. in →Olmütz herrschen. Während seiner Regierung trat er oft mit den älteren Brüdern Konrad und Bf. →Jaromir v. Prag gegen zentralist. Bestrebungen Vratislavs auf. O. und seine Gemahlin gründeten 1078 das Kl. OSB Hradiště bei Olmütz. O. (Beiname 'der Schöne') gilt als Urahn des Olmützer Zweiges der →Přemysliden.
J. Žemlička

Lit.: V. NOVOTNÝ, České dějiny I, 2, 1913 – J. VÁLKA, Dějiny Moravy I (Středověká Morava), 1991, 37–39.

22. O. d. Reiche, *Mgf. v.* →Meißen 1156–90, † 1190, ⌂ Kl. Altzella; Sohn des Mgf.en →Konrad (15. K.), erhielt bei der Teilung des väterl. Erbes die Gft. Camburg, dazu die Lehen über die Mgft. Meißen. Er förderte die bäuerl. Kolonisation im Rahmen der dt. Ostbewegung und das Städtewesen (Stadtbrief für Leipzig, um 1165) und legte den Grund für eine zweckmäßige Ordnung des Silberbergbaus in →Freiberg, dessen Reichtum ihm erst im 19. Jh. den Beinamen eingebracht hat. 1162 stiftete er das wettin. Hauskl. Altzella auf Drängen seiner Gemahlin Hedwig, der Tochter Mgf. →Albrechts d. Bären (7. A.). Von seinem in der Nachfolgeregelung sich benachteiligt fühlenden älteren Sohn →Albrecht (15. A.) wurde er 1188 vorübergehend gefangengesetzt.
K. Blaschke

Lit.: O. POSSE, Die Wettiner. Genealogie des Gesamthauses Wettin, 1897 – K. BLASCHKE, Der Fs.enzug zu Dresden. Denkmal und Gesch. des Hauses Wettin, 1991, 64–67.

23. O., *Gf. v.* →Northeim seit etwa 1049, *Hzg. v.* Bayern seit 1061, * um 1020, † 11. Jan. 1083, ⌂ Northeim, Nicolaikapelle des Gf.enhofes (Grablege 1977 entdeckt); wohl einziger Sohn des Gf.en Benno N. und dessen Gemahlin Eilika; ∞ Richenza, Tochter vermutl. Hzg. Ottos v. Schwaben, in erster Ehe mit Gf. Hermann v. Werl vermählt; Söhne: →Northeim. Durch O.s Heirat wurde ein umfangreiches Landerbe liudolfing. und ezzon. Provenienz in Westfalen und Sachsen dem schon bedeutenden Northeimer Besitz hinzugefügt, der für O. neben verwandtschaftl. Beziehung die wesentl. Grundlage seines Aufstiegs bildete. Ohne diese Voraussetzung und die – auch räuml. – Nähe zum kgl. Hof (→Goslar) wäre die Verleihung der Würde eines Hzg.s v. Bayern nicht mögl. gewesen. Während der folgenden neun Jahre, spätestens seit →Kaiserswerth, erschien O. an der Seite Heinrichs IV. (Ungarnfeldzug 1062, Gesandtschaften nach Italien 1064/ 68, Wendenfeldzug 1069). Der Hochverratsprozeß von 1070, aus Neid angestiftet, blieb vom Kg. unwidersprochen und führte zum Verlust der bayer. Hzg.swürde (bei Belassung der Eigengüter). Er bestimmte, ganz unter dem Aspekt der Wiedererlangung des Hzm.s Bayern, O.s weiteres, schon von den Zeitgenossen z. T. krit. betrachtetes Handeln, nunmehr als Haupt der sächs. Opposition gegen Heinrich IV. Nach dem Sieg des Kg.s 1075 erschien O. wieder am Hof, doch 1076/77 wieder an der Spitze eines erneuten Sachsenaufstandes. Als Kandidat selbst im Gespräch, unterstützte er die Gegenkg.e Rudolf v. Rheinfelden und Hermann v. Salm.
H. v. Hindte

Lit.: K.-H. LANGE, Der Herrschaftsbereich der Gf.en v. N. 950–1144 (Stud. und Vorarbeiten zum Hist. Atlas von Niedersachsen 24, 1969) [Lit.] – ST. BERG, R. ROLLE, H. SEEMANN, Der Archäologe und der Tod, 1981.

24. O., *Hzg. v.* →Österreich, →Steiermark (1330–39) und →Kärnten (1335–39), aus dem Haus der →Habsburger, * 1301, † 16. Febr. 1339, ⌂ in seiner Stiftung Kl. Neuberg/Mürz; jüngster Sohn Kg. Albrechts I. und der →Elisabeth v. Görz (1. E.); ∞ 1. 1325 Elisabeth v. Niederbayern († 1330); 2. 1335 Anna v. Böhmen († 1338); Söhne: Friedrich (II.) (1327–44) und Leopold (II.) (1328–44). Unzufrieden mit seiner Zurücksetzung innerhalb der habsbg. Gesamtherrschaft drängte er 1328 seine Brüder, Friedrich d. Schönen und Albrecht II., zur Teilung, wurde jedoch mit der Verwaltung der Vorlande abgefunden. Hier brachte er 1330 im Vertrag v. Hagenau die endgültige Aussöhnung der Habsburger mit Ks. Ludwig d. Bayern zustande, der ihn 1331 zum Reichsvikar ernannte. 1335 nahm er die Huldigung der Kärntner auf dem Zollfeld entgegen und trat auch fernerhin neben dem gelähmten Albrecht polit. in Erscheinung. Mit seinem Hof verbindet

man eine Blüte mhd. →Schwanklit., was dem Hzg. (seit dem 15. Jh.) den Beinamen 'der Fröhliche' einbrachte. 1337 gründete er nach lit. Vorbild der Gralsgesellschaft die Societas Templois, die bis gegen 1400 bestand.
G. Scheibelreiter
Lit.: ADB XXIV, 708–711 – Verf.-Lex.² VII, 228 f. – H. RUPPRICH, Das Wiener Schrifttum des ausgehenden MA, SAW 228/5, 1954, 80 f. – A. LHOTSKY, Gesch. Österreichs seit der Mitte des 13. Jh., 1967 – Die Habsburger, hg. B. HAMANN, 1988.

25. O. d. Erlauchte, *Hzg. v.* →*Sachsen,* † 30. Nov. 912, ▭ →Gandersheim; Liudolfinger (→Ottonen), jüngerer Sohn des ersten sicher bekannten Liudolfingers Liudolf, der bereits eine Art Hzg.sstellung im ö. Sachsen innegehabt hatte. Sein älterer Bruder, Hzg. →Brun, fiel als Führer des sächs. Aufgebots 880 gegen die Dänen. Unter O.s Herrschaft »genoß Sachsen eine Selbständigkeit, die einer Unabhängigkeit gleichkam« (W. SCHLESINGER), jedoch sind auffallend wenig Einzelheiten überliefert. Bekannter als polit. Aktivitäten O.s sind dynast. Heiratsverbindungen, die die Liudolfinger in dieser Zeit eingingen: zweimal mit Karolingern, mit Babenbergern, mit Nachfahren Widukinds. Bei →Widukind v. Corvey (I, 16) erscheint O. z. J. 911 als Anwärter auf die Kg.swürde, der verzichtet, aber das 'summum imperium' behalten habe – ein Urteil aus der Retrospektive.
G. Althoff
Lit.: W. SCHLESINGER, Die Entstehung der Landesherrschaft, 1941, 142 ff. – E. HLAWITSCHKA, Zur Herkunft der Liudolfinger..., RhVjbll 38, 1974, 92 ff. – H. W. GOETZ, 'Dux' und 'Ducatus', 1977, 302 ff. – W. GLOCKER, Die Verwandten der Ottonen, 1989, 258 f.

26. O. (Odo), *Gf. v.* →*Savoyen* (→Maurienne) 1051–60, einer der Söhne von →Humbert I., dem Gründer des Hauses Savoyen. O. festigte die gfl. Autorität in den savoyischen Besitzungen und prägte (gegen die Ansprüche des Bf.s v. Maurienne) in Aiguebelle eigene Münzen. Der Gf. stand in guten Beziehungen zu den Saliern Heinrich III. und Heinrich IV., der die Tochter des Gf.en, Bertha (∞ 1066, † 1087), heiraten sollte. O. selbst ehelichte um 1045 →Adelheid v. Susa, die Erbin der Mgft. →Turin, und brachte die Rechte seiner Frau im →Piemont zur Geltung. Damit war die Hauptachse des künftigen Fsm.s konstituiert: →Belley, Savoyen, Maurienne und →Susa. Auch eine sekundäre Achse der Territorialbildung (nördl. Viennois/→Vienne, Savoyen, →Tarentaise, →Aostatal und Chablais-Valais/→Wallis) kündigte sich an. Das Haus Savoyen kontrollierte somit als wichtiger Verbündeter der →Salier im Kgr. →Burgund die bedeutenden →Alpenpässe auf dem Wege von →Speyer nach →Pavia und profitierte vom wachsenden Pilger- und Handelsverkehr auf den Routen von →Mâcon/→Lyon nach Turin/Pinerolo. Die Söhne und Nachfolger O.s, Peter I. und Amadeus II., sollten unter dem wachsamen Auge ihrer Mutter diese Herrschaftsansätze verstärkt ausbauen.
B. Demotz
Lit.: S. GUICHENON, Hist. généal. de la Royale Maison de Savoie [Neudr. 1976], I, 197–207 – C. RENAUX, Le marquis Odon Ier de Savoie, Mém. Acad. Savoie, 4, XI, 1909 – C. W. PREVITE-ORTON, The Early Hist. of the House of Savoy, 1912, 99, 217–222.

27. O., *Hzg. v.* →*Schwaben und* →*Bayern* 973–982, * 954, † 1. Nov. 982 Lucca, ▭ Aschaffenburg. Der Sohn des 954 abgesetzten →Liudolf wurde 973 von Ks. Otto II. unter Umgehung der Erben →Burchards II. zum Hzg. v. Schwaben eingesetzt. 976 erhielt er dazu das um Kärnten, einschließl. der Marken in Norditalien, verkleinerte Hzm. Bayern, das Hzg. →Heinrich II. d. Zänker abgesprochen worden war. Durch die erstmalige Vereinigung von zwei Stammeshzm.ern in einer Hand wurde O. der mächtigste Fs. im S des Reiches, der diese Stellung allerdings im verlustreichen Kampf gegen Hzg. Heinrich und seine Verbündeten erst behaupten mußte. Dabei wurde Passau 977 völlig zerstört. O. beteiligte sich mit einem stattl. Truppenaufgebot am verhängnisvollen Italienzug Ottos II. von 980 und starb auf dem Rückweg.
A. Schmid
Lit.: ADB XXIV, 725 f. – Bayer. Biogr. I, hg. K. BOSL, 1983, 567 – SPINDLER I², 299–301 – K. REINDEL, Die bayer. Luitpoldinger 893–989. Slg. und Erläuterung der Q., 1953, 239–253 – H. MAURER, Der Hzg. v. Schwaben, 1978, 30, 55 u. ö.

28. O., Erzieher Kg. →Sigiberts III., † 642/643. Kg. →Dagobert I. hatte O., den Sohn des Domesticus Uro, und nicht →Pippin d. Ä. zum baiolus für seinen älteren Sohn →Sigibert III. bestimmt. Als Pippin 640 starb, erwuchs seinem Sohn →Grimoald (2.G.) in O. ein Rivale um die Nachfolge im austras. Hausmeieramt. Grimoald verbündete sich mit Bf. →Kunibert v. Köln und veranlaßte den Alemannenhzg. →Leuthari, O. zu erschlagen. Daraufhin trat Grimoald das Hausmeieramt an. Der in der Zeit seltene Name O. (Kurzform für Audoin) könnte auf Verwandtschaft mit dem Gründerkreis von →Weißenburg und dem Thüringer-Dux →Radulf (gemeinsame Gegnerschaft zu den Pippiniden) deuten (EWIG, vorsichtiger EBLING).
U. Nonn
Q.: Fredegar IV, 86–88 (MGH SRM II) – *Lit.*: H. EBLING, Prosopographie der Amtsträger des Merowingerreiches, 1974, 66 f. – E. EWIG, Spätantikes und frk. Gallien, I, 1976, 199 f., 204 f.

29. O., jüngster Sohn Kg. →Bolesławs I. Chrobry v. Polen und der →Emnild, wurde anläßl. des Treffens in →Gnesen i. J. 1000 auf den Namen Ks. Ottos III. getauft; † 1033. Nur zum J. 1018, als er Oda, die letzte Gemahlin Bolesławs, nach Polen geleitete, wird O. in den Q. als handelnde Person faßbar. Nach der Machtübernahme →Mieszkos II. (1025) ging O. wie sein Bruder →Bezpřym (mit dem ihn die Q. z. T. verwechseln) ins Exil. O.s Rolle nach dem Sturz Mieszkos (1031) ist nicht mit Sicherheit zu klären. Möglicherweise ist er einer der Tetrarchen, die Ks. Konrad II. 1032/33 für Polen einsetzte. Schon kurz darauf starb der 'Otto dux'.
Chr. Lübke
Lit.: SłowStarSłow III, 558 f. – J. HERTEL, Imiennictwo dynastii piastowskiej we wcześnejszym średniowieczu, 1980, 109 ff. – CHR. LÜBKE, Reg. zur Gesch. der Slaven an Elbe und Oder, IV, 1987, V [Ind.] – K. JASIŃSKI, Rodowód pierwszych piastów, 1992, 122–124.

30. O. I., hl. (Kanonisation: 10. Aug. 1189), *Bf. v.* →*Bamberg* 1102–39, * um 1065, † 30. Juni 1139, ▭ Bamberg, Kl. Michelsberg; Sproß einer edelfreien schwäb. Familie, von Mutterseite her wahrscheinl. stauf. Abkunft. Ks. Heinrich IV. gab ihn 1088 seiner Schwester Judith bei deren Vermählung mit Hzg. →Władysław I. als Kaplan mit nach Polen. Nach seiner Rückkehr stand er im Hofdienst Ks. Heinrichs IV., der ihn u. a. mit der Aufsicht über den Speyerer Dombau betraute und Weihnachten 1102 nach kurzzeitiger Kanzlerschaft zum Bf. v. Bamberg erhob. O. bemühte sich in den Investiturauseinandersetzungen um eine vermittelnde Linie zw. Ksm. und Papsttum. Von Heinrich V. wurde er mehrfach für Verhandlungen mit Papst Paschalis II. herangezogen, der ihn 1106 in Anagni zum Bf. weihte und ihm 1111 zwei Tage nach der Ks.krönung Heinrichs V. das Pallium verlieh. 1121/22 wirkte er an der endgültigen Beilegung des →Investiturstreits mit und gehörte zu den Unterzeichnern des →Wormser Konkordats. O. setzte sich in den 30er Jahren auch für den Ausgleich zw. Lothar III. und den Staufern ein. Durch Güterwerbungen und Burgenpolitik legte O. die Grundlagen eines Bamberger Bf.sterritoriums im Frankenwald, im Steigerwald sowie im Jura (Frk. Schweiz). Hochrangige organisator. Begabung bewies O. durch Gründung und Reformierung von ca. 30 kirchl. Institutionen (Kl., Stifte, Zellen, Spitäler usw.) zw. Kärnten und Sachsen (u. a. Prüfening, Michelfeld, Langheim, Michelsberg ob Bamberg, Banz). Sein bleibendes Gedächtnis ist v. a. mit der erfolgreichen Bekehrung großer Teile der →Pomoranen und →Lutizen (Beiname »Apostolus Pomeranorum« bald nach 1139) verbunden. Eine erste Missionsreise fand 1124/25 als Teilstück des zw. Polen, Rom und Bamberg abgesprochenen Aufbaues der kirchl. Organisation im Siedlungsgebiet der vom Polenhzg. →Bolesław III. unterworfenen Pomoranen statt. Der zweite Missionszug 1128, durchgeführt in Übereinkunft mit Kg. Lothar III. und Hzg. →Wartislaw I. v. Pommern, bezog auch die unter dem Hoheit der Pommernhzg.e stehenden lutiz. Gebiete w. der Oder ein. O. behielt die pommer. Missionskirche bis zu seinem Tod in seiner Obhut (→Kammin).

Das Nachwirken von Persönlichkeit und Werk O.s wird faßbar in Gesch.sschreibung und Kult. In den 40er-50er Jahren des 12. Jh. entstanden drei Viten in den Kl. Michelsberg und Prüfening. Obwohl O.s kult. Verehrung gleich nach seinem Tod einsetzte, wurde seine Heiligsprechung erst mögl. im Rahmen des Ausgleichs zw. Kurie und Ks.hof unter Papst Clemens III. und fand dann am 10. Aug. 1189 auf einem Hoftag Kg. Heinrichs VI. in Würzburg in der Rechtsform einer delegierten Kanonisation statt. Kirchl. Verehrung genoß O. im MA v. a. im Bm. Bamberg, in den von ihm errichteten Kl. und Stiften S-Dtl.s und Österreichs sowie im Bm. Kammin. J. Petersohn

Q.: J. Petersohn, O. v. Bamberg und seine Biographen, ZBLG 43, 1980, 3–27 – Lit.: G. Juritsch, Gesch. des Bf.s O. I. v. Bamberg, 1889 – E. Frh. v. Guttenberg, Das Bm. Bamberg, T.1 (GS II 1,1, 1937), 115ff. [Lit.] – O. Meyer (Mitarb. E. Roth–K. Guth), Oberfranken im HochMA, 1973, 63ff. – J. Petersohn, Der s. Ostseeraum im kirchl.-polit. Kräftespiel des Reichs, Polens und Dänemarks vom 10. bis 13. Jh., 1979, 213ff. – Bf. O. I. v. Bamberg, Gedenkschr. zum O.-Jubiläum 1989 [= 125. Ber. des Hist. Ver. Bamberg, 1989] – J. Petersohn, Jubiläumsfrömmigkeit vor dem Jubelabaß. Jubeljahr, Reliquientranslation und »remissio« in Bamberg (1189) und Canterbury (1220), DA 45, 1989, 31–53.

31. O. v. Freising, Bf. v. →Freising seit 1138 und Gesch.sschreiber. [1] *Leben:* * etwa 1112 wahrscheinl. in Neuburg b. Wien (Klosterneuburg), † 22. Sept. 1158 in Morimond, ▭ ebd.; Sohn des Mgf.en →Leopold III. v. Österreich und der Salierin Agnes. O. wurde um 1126 Propst des Stifts →Klosterneuburg. Wenig später ging er zum Studium nach Paris, vielleicht auch nach Chartres. Aus seiner Wertschätzung für →Hugo v. St-Victor und →Gilbert v. Poitiers kann geschlossen, daß diese zu seinen Lehrern gehörten. O. wurde in das symbolist. Denken und in die scholast. Methode eingeführt und gewann eine gründl. Kenntnis der philos.-theol. Lit., auch des »neuen Aristoteles«. 1132 trat er mit fünfzehn seiner Studienkollegen in das OCist-Kl. →Morimond ein, wo er 1138 zum Abt gewählt wurde. Noch im gleichen Jahr bestieg er den Freisinger Bf.sstuhl. Er verteidigte die Rechte seiner Kirche gegen Übergriffe der wittelsb. Vögte, brachte entfremdeten Besitz wieder ein (vgl. jedoch →München) und reformierte Domkapitel und Domschule. Seine Sorge um das religiöse Leben zeigt sich in der Erneuerung geistl. Gemeinschaften. Er rief u. a. Augustinerchorherren nach Schlehdorf, Prämonstratenser nach Schäftlarn. In Freising gründete er das OPraem-Kl. Neustift. O. nahm an Reichstagen und Salzburger Synoden teil und verhandelte 1145 im Auftrag Kg. Konrads III., seines Halbbruders, an der Kurie. Der 2. Kreuzzug führte ihn 1146/47 nach Kleinasien und Jerusalem. Bis 1156 wirkte er vermittelnd im welf.-babenberg. Streit um Bayern. O., der auch als Reichsbf. an seiner monast. Lebensweise festhielt, starb auf dem Weg zum Generalkapitel der Zisterzinser.

[2] *Werk:* Von 1143–46 verfaßte O. unter Verwendung zahlreicher Vorlagen (u. a. →Augustinus, →Orosius, →Frutolf v. Michelsberg) eine weltgeschichtl. »Historia de duabus civitatibus«, die symbolist. Betrachtungsweise und figurales Denken verbindet. Dieses Werk – heute meist »Chronik« genannt – stellt in acht Büchern zielgerichtet die Entwicklung von der Schöpfung bis zum Weltgericht und zum Anbruch des ewigen Gottesreiches dar. O. formt die augustin. civitates-Lehre (→Civitas Dei) um, indem er den »Gottesstaat« und den »Weltstaat« histor. auffaßt. Die civitas Dei weist drei status auf: 1. – zunächst unter heidn. Fs.en lebend – vom Anfang der Welt bis zu Ks. Theodosius; 2. von da bis zum Ende der Zeiten; 3. in der himmml. Glorie. In der zweiten Periode wird der civitas Dei als höchstes irdisches Glück zuteil. Sie stellt sich als civitas permixta dar, weil der verworfene Weltstaat (civitas terrena), der ebenfalls drei status besitzt, nun »gleichsam betäubt« ist. O. glaubt deshalb hinfort nicht mehr die Gesch. zweier Staaten, sondern »nur noch des fast einen«, den er ecclesia nennt, zu schreiben. Die Einheit von sacerdotium und imperium ist erreicht. Eine ständige Erhöhung der ecclesia erscheint vorgezeichnet. Doch gibt es im weiteren Verlauf auch retardierende Momente. O. sieht seine eigene Zeit an einem Wendepunkt, denn in der Erschütterung des Investiturstreits ist die Einheit der ecclesia schwer getroffen worden. Nur durch die Verdienste der Mönche wird die Welt noch erhalten. Der dritte status der civitas Dei steht bevor. Parallel zu diesem heilsgeschichtl. Voranschreiten läuft die Gesch. der vier Weltreiche ab (→Translatio imperii), deren Kennzeichen die dem Weltstaat eigene mutatio rerum ist. Das vielfältige Auf und Ab weckt im Menschen das Verlangen nach stabilitas. Doch werden diese Monarchien auch in wertneutrale Beleuchtung gerückt, und namentl. dem Röm. Reich seit Augustus kommt eine providentielle Rolle für das Wirken Christi und die Glaubensausbreitung zu. Die Abfolge der Weltreiche steht in Zusammenhang mit einem allg. Prozeß der Kulturwanderung von O nach W. 1157/58 schrieb O. – wohl unter Benutzuung älterer eigener Vorarbeiten – ein Zeitgesch.swerk, die »Gesta Frederici« (von ihm »Chronik« gen.). In dieser von der Epoche Heinrichs IV. bis in die ersten Jahre Friedrichs I. reichenden Darstellung ist kein Endzeitbewußtsein mehr erkennbar. Die Staufer werden als Vorbereiter und Träger eines neuen Aufstiegs hin zu einer Friedenszeit gezeichnet. O. verfaßte Buch I–II der »Gesta«, sein Schüler →Rahewin fügte später Buch III–IV hinzu.

Die Historiographie O.s beruht auf geschichtstheol. Basis und will durch Exegese des hist. Stoffes zur Gotteserkenntnis führen. Doch ist seinem Werken auch eine genuin hist. Perspektive nicht abzusprechen. Die »Historia« repräsentiert einen Höhepunkt der ma. Universalgeschichtsschreibung, insofern sie, das überlieferte Wissen und die geistigen Strömungen des 12. Jh. zusammenfassend, die Frage »nach letzten, den Wandel aller Dinge überdauernden Sinnzusammenhängen« (J. Spörl) behandelt und so Orientierung bietet. →Chronik, C.I.
K. Schnith

Ed.: Chronica, hg. A. Hofmeister (MGH SRG, 1912); hg. W. Lammers, 1960 [lat.-dt.] – Gesta, hg. G. Waitz–B. v. Simson (MGH SRG, 1912³); hg. F.-J. Schmale, 1965 [lat.-dt.]; in Buch IV, 14 Nachruf Rahewins auf O. – Lit.: A. Hofmeister, Stud. über O., NA

37, 1912, 99ff., 633ff. – J. Spörl, Grundformen hochma. Gesch.sanschauung, 1935, 31ff. – O., Gedenkgabe, hg. J. A. Fischer, 1958 – Gesch.sdenken und Gesch.sbild im MA, hg. W. Lammers, 1961 – H.W. Goetz, Das Gesch.sbild O.s, 1984 – C. E. Bennett, Historiography as Hist. Event, Thesis Cornell Univ., 1985 – H. Glaser, Bf. O. v. F. (Christenleben im Wandel der Zeit, hg. G. Schwaiger, I, 1987), 56–79 – H.-D. Richter (Fschr. G. Zimmermann, 1989), 9–23 – H. Glaser (Fschr. G. Schwaiger, 1990), 151–191 – C. Kirchner-Feyerabend, O. als Diözesan- und Reichsbf., 1990. →Chronik.

32. O., *Ebf. v.* →*Magdeburg*, 1327–61, * 1304, † April 1361; Konservator des OFM. Auf Betreiben seines Vaters, Lgf. Ottos I. v. Hessen, zum Ebf. eingesetzt (10. März), vermochte er dennoch nicht, das hess. Ausgreifen in den Weserraum dauerhaft zu fördern. Karl IV. fand in O. schon früh einen wichtigen Verbündeten, der ihn etwa bei dem Auftritt des falschen →Woldemar 1348 wirkungsvoll unterstützte. O. versprach sich davon Landgewinne (bes. in der Altmark) auf Kosten der wittelsb. Landesherren. Im Verhältnis zur Stadt bemühte er sich um gutes Einvernehmen, unterstützte aber im Konfliktfall die Interessen des Domkapitels (förml. Bündnis 1344) gegen diejenigen der Bürgerschaft. Die innerstädt. Unruhen v. 1330 boten ihm Gelegenheit, seine Stellung als Stadtherr zu festigen, wobei er die Einführung der neuen Ratswahlordnung (stärkere Öffnung gegenüber den Zünften) begünstigte.

M. Kintzinger

Lit.: ADB XXIV, 702f. – GS I/1, 1. 2., 1972 – H. Asmus, Gesch. der Stadt Magdeburg, 1975, 61 – Ks. Karl IV., Staatsmann und Mäzen, hg. F. Seibt, 1978, 203–205 – K. E. Demandt, Gesch. des Landes Hessen, 1980, 35, 118 – Ders., Der Personenstaat der Lgft. Hessen im MA, I, 1981, 178, 677 – W. Hölscher, Kirchenschutz als Herrschaftsinstrument, 1985, 61, 151.

33. O., *Bf. v.* →*Straßburg* seit 1083/84, † 3. Aug. 1100; Gf. im Riesgau, aus dem Hause der →Staufer, Sohn →Friedrichs »v. Büren« (35.F.). Unter Bf. Werner II. v. Achalm vielleicht schon Domkanoniker in Straßburg. Auf Betreiben seines Bruders, Hzg. →Friedrichs I. v. Schwaben, zum Bf. erhoben, im Frühjahr 1084 von Heinrich IV. investiert und von Clemens III. geweiht (in Rom?). O.s neutrale Haltung im Streit zw. Ksm. und Papsttum ermöglichte eine Verständigung mit seinem z. T. reformer. eingestellten Domkapitel. Die O. zur Last gelegte Ermordung des päpstl. Parteigängers, Gf. Hugos VI. v. Egisheim, war vielleicht Anlaß für seine Bußwallfahrt nach →Conques 1090. 1091/92–1094/95 Ausbau der von seiner Mutter gestifteten Kirche und Familiengrablege (?) in Schlettstadt zur der hl. Fides geweihten Propstei und Übertragung an Kl. Conques. Im März 1096 hob Urban II. O.s Exkommunikation auf; als Sühne für seine Verfehlungen nahm er 1097–99 am 1. Kreuzzug teil. O. veranlaßte die Ummauerung der Neustadt v. Straßburg und erreichte die Kanonisation der Ksn. →Adelheid im Jan. 1097 (→Selz). H. Seibert

Lit.: E. Scherer, Die Straßburger Bf.e im Investiturstreit, 1923, 75–127 – Ph. Dollinger, Straßburg in sal. Zeit (Die Salier und das Reich, III, 1992²), 157–159 – H. Seibert, Argentoratum (GAMS, Ser. 5, IV/2) [in Vorber.].

34. O. v. Botenlauben, mhd. Minnelyriker, † vor 7. Febr. 1245 (seine Gemahlin als Witwe genannt), Sohn des in der Umgebung von Friedrich I. belegten Gf.en Poppo VI. v. →Henneberg. Ab 1197 ist auch O. am ksl. Hof nachweisbar; in Urkk. erscheint er erst als Gf. O. v. Henneberg, von 1206 an als 'comes de Botenlouben' nach seiner Burg bei Kissingen (Unterfranken). Die zahlreichen urkundl. Zeugnisse ergeben sich aus O.s gesellschaftl. Position: Er nahm am Kreuzzug Heinrichs VI. teil, kam durch Heirat zu Gütern in Akkon und Tyrus und hielt sich bis 1220 in Syrien und Dtl. auf; nach seiner endgültigen Rückkehr wurde neben dem Stauferhof die Würzburger Geistlichkeit zu seinem Bezugspunkt; 1231 gründete er ein Kl. O.s lit. Tätigkeit dokumentieren die unter seinem Namen überlieferten Texte (22 Strr., 1 Leich). Seine Lieder sind typ. Repräsentanten des durch →Friedrich v. Hausen geprägten stauf. →Minnesangs; neben modernen, d. h. roman. Einflüssen kennzeichnen O.s Lyrik aber auch archaische Züge (Einstrophigkeit, Zeilenstil, metr. Freiheiten). Inhaltl. ergeben sich zwei Gruppen: Werbe- und Tagelieder. In den Werbeliedern formuliert das lyr. Ich beständigen Dienst gegenüber der Geliebten, O.s einziges Kreuzlied verweist darüber hinaus auf den Konflikt zw. Frauen- und Gottesminne; seine Tagelieder, die denen →Wolframs v. Eschenbach nahestehen, bestimmen ep.-dramat. Bilder sowie Variationsvielfalt. Mit seinem Minneleich wurde O. zum Vorbild Ulrichs v. Winterstetten. Das Nebeneinander von polit. Aktivitäten und lyr. Schaffen O.s ist typisch für den adligen Gelegenheitsdichter. R. Bauschke

Ed.: Dt. Liederdichter des 13. Jh., hg. C. v. Kraus, 1978², I, 307–316; II, 358–380 – Lit.: Verf.-Lex.² VII, 208–213 [Lit.] – L. Bechstein, Gesch. und Gedichte des Minnesängers O. v. B., Gf. v. Henneberg, 1845 – H. Stöckel, O. v. B., 1882 – H.-K. Schuchard, Der Minnesänger O. v. B., 1940 – K. D. Jaehrling, Die Lieder O.s v. B., 1970 – J. Kröll, O. v. B. 1175/77–1244, Frk. Klassiker, hg. W. Buhl, 1971, 74–84.

35. O. v. Lüneburg. Zwei kleine lat. Schultexte, der »Novus Cornutus« sowie das »Compendium nove poetrie«, eine →Ars dictaminis, nennen O.v.L. als Verf. Ob mit diesem ein 1291 in Bologna immatrikulierter Otto de Lunenburch ident. ist, ist ungewiß; es fehlen Zeugnisse für eine biogr. Identifizierung. – Die Überlieferung der Werke setzt im 14. Jh. ein. Der »Novus Cornutus« (21 Hexameterpaare) bietet moral. und satir. Sprüche, deren Formulierung fast durchgängig in gräzisierenden Wörtern erfolgt. Das Werk vermittelt gr. Sprachmaterial (Semantik, Wortbildung) in lat. Prägung und bedurfte, wie die Überlieferung zeigt, der durchgängigen lexikal. Glossierung und Kommentierung. Vorbild des »Novus Cornutus« in Umfang, Anlage und sprachl. Eigenart ist der »Cornutus« des →Johannes de Garlandia, mit dem er in der Überlieferung (47 Hss. des 14. und 15. Jh., 2 Inkunabeln; dt. Übers.) vielfach verbunden ist. – Das »Compendium« (über 40 Hss. des 14. und 15. Jh.) bietet eine in 98 leonin. Hexametern komprimierte Lehre über das Abfassen von Briefen und Urkk. Das Werk diente offenbar dem Memorieren der Lehrinhalte. In der Überlieferung ist es vielfach von ausführl. Komm.en begleitet. Die Vorbilder solcher metr. komprimierter Artes dictandi liegen in der frz. Gattungsentwicklung des 12./13. Jh. N. Henkel

Ed.: E. Habel, Der dt. Cornutus, II: Der Novus Cornutus des O. v. L. 1909 – Lit.: Verf.-Lex.² VII, 225–228 – N. Henkel, Dt. Übers. lat. Schultexte, 1988 – F. J. Worstbrock, Die Frühzeit der Ars dictandi in Frankreich (Pragmat. Schriftlichkeit im MA. Erscheinungsformen und Entwicklungsstufen, hg. H. Keller u. a., 1992), 131–156.

36. O. Morena, Geschichtsschreiber, zählte um die Mitte des 12. Jh. zu den maßgebenden Persönlichkeiten seiner Vaterstadt →Lodi. Seit den dreißiger Jahren war er dort Richter, 1143 begegnet er als Konsul; im Auftrag des Lodeser Bf.e wirkte er als Anwalt und Notar. Noch 1174 ist ein Richter und Konsul mit O.s Namen bezeugt, doch bleibt ungewiß, ob es der Historiograph oder ein jüngeres Familienmitglied war. – 1161 verfaßte O. eine Schrift über die Taten Ks. →Friedrichs I. in Italien, worin er insbes. den Abwehrkampf seiner ksl. gesinnten Mitbürger gegen die ihnen traditionell feindl. Mailänder schilderte. Sein Sohn →Acerbus M. setzte die Darstellung fort. O.s Sprachbeherrschung läßt viel zu wünschen übrig, aber seiner Gewissenhaftigkeit und vorzügl. Detailkenntnis verdankt die Nachwelt eine Q. von höchstem Wert. J. Prelog

Ed.: Italische Q. über die Taten Ks. Friedrichs I. in Italien..., hg. F.-J. Schmale, 1986, 34ff. – *Lit.*: F.-J. Schmale, Überl. und Text des 'Libellus' des O.M. und seiner Fortsetzer, DA 41, 1985, 438–459.

37. O. Papiensis, aus Pavia, Bologneser Rechtslehrer in der 2. Hälfte des 12. Jh., Schüler des →Placentinus und Lehrer des Karolus de →Tocco. O. scheint der Verf. der ersten Rezension der von →Azo mit Lösungen ausgestatteten und unter dessen Namen gedruckten →Brocardica zu sein, hat aber mit den Brocardica 'Dolum per subsequentia purgari' nichts zu tun (anders Brocardica); er gilt ferner als Verf. des wichtigen →Ordo iudiciorum 'Olim edebatur actio' (nach 1177) und hinterließ Glossen und →Distinktionen. P. Weimar

Ed.: Summa Othonis de ordine iudiciario (Summa Othonis Senonensis de interdictis juditiisque possessoriis, Moguntiae 1536), 130–157 [Neudr. 1967 = CGIC IV.2] – De ordine iudiciorum, ed. N. Tamassia–G. B. Palmieri, BIMAE II, 211ff., §§ 218–686, S. 229–248 – *Lit.*: Savigny IV, 377–384 – E. Seckel, Distinctiones glossatorum (Fschr. F. v. Martitz, 1911), 379–381 – Coing, Hdb. I – L. Fowler-Magerl, Ordo iudiciorum vel ordo iudiciarius, 1984, 73–80 – M. Schwaibold, Rechtshist. Journal 4, 1985, 202–214.

38. O. v. Passau OFM, Erbauungsschriftsteller, 1362 Lektor im Basler Konvent, 1384 Visitator der Klarissen in Königsfelden. Sein Werk, »Die 24 Alten oder der goldene Thron der minnenden Seele«, ist in der ältesten Hs. (Karlsruhe, Bad. LB, cod. St. Georgen Pap. germ. LXIV) glaubwürdig auf das Jahr 1383 datiert. Rund 130 dt. Hss., 8 Inkunabeln und 6 spätere Drucke sind erhalten. Der Text stellt eine geschickte Verbindung von Auszügen aus über 100 kirchl. und heidn. Autoren dar. Die 24 Kap. bestehen aus Reden, die den ihrer Gottnähe wegen verehrten 24 Alten der Apokalypse in den Mund gelegt werden. In direkter Anrede unternehmen sie es, die Leserschaft (Nonnen, Laienbrüder aus Männerorden) zu einer Lebenshaltung zu bewegen, die zum goldenen Thron der ewigen Seligkeit führt. Themen sind: Wesen von Mensch und Gott; Reue, Beichte und Buße; guter Lebenswandel; Liebe, Gnade; Glaube, das Sakrament der Eucharistie (mit Mustergebeten), göttl. Weisheit, Hl. Schrift, tätiges und beschaul. Leben, Gebet, Freundschaft, Verdienst Christi und der Menschen, die letzten Dinge: Tod, Erwählung, Fegefeuer und Hölle, ewige Seligkeit. Die Nachwirkung des Textes ist um 1400 und mit Zäsuren bis zum Beginn des 17. Jh. faßbar (u.a. drei knappe Auszüge in Daniel Sudermanns »Harmonia« [Bll. 66ʳ und 190ᵛ]). L. Gnädinger

Lit.: Verf.-Lex.² VII, 230–234 [A. Schnyder] – O. v. P., Die Krone der Ältesten..., 1836 [Nhd. Übers.] – W. Schmidt, Die 24 Alten O. v. P., 1938 (Palaestra 212) [Neudr. 1967] – L. Kretzenbacher, Die 'Vierundzwanzig Ältesten'. Südostalpine Zeugnisse zu einem Kultmotiv aus der Apokalypse, Carinthia I, 1961, 579–605 – W. Besch, Sprachlandschaften und Sprachausgleich im 15. Jh., 1967, 20–69, 369–397 [11. und 14. Rede] – K. Ruh, Franziskan. Schrifttum im dt. MA, II: Texte, 1985, 183–198 [17. Rede]

39. O. v. St. Blasien, Chronist, im frühen 13. Jh. Mönch im Kl. →St. Blasien im Schwarzwald. Über den Verlauf seines Lebens ist nichts bekannt; eine Identifizierung mit Abt Otto I. v. St. Blasien ist spekulativ, für seine historiograph. Tätigkeit findet sich vor 1482 keine Bezeugung. – Die in drei ma. Hss. überlieferte Chronik O.s ist eine Forts. derjenigen →Ottos v. Freising mit Weiterführung der Kapitelzählung, ohne eigene Überschrift und Einl. Behandelt wird die Reichsgesch. von 1146 bis 1209.

O. ist ksl. gesinnt, doch im übrigen ist seine Darstellung nicht von Parteilichkeit geprägt. Für die Zeit bis 1160 fußt sie auf den »Gesta Friderici« Ottos v. Freising und →Rahewins; die späteren Ereignisse sind nicht nach erhaltenen Q. geschildert. Das von antiken Vorbildern beeinflußte, als Q. reichhaltige, doch in der Chronologie unzuverlässige Werk wurde im MA wenig beachtet. J. Prelog

Ed.: A. Hofmeister, MGH SRG (in us. schol.) [47], 1912 – *Lit.*: Verf.-Lex.² VII, 206–208 [Lit.] – Wattenbach-Schmale I, 112–115 [Lit.].

40. O. v. Speyer (v. Bruchsal), Propst v. St. Guido (seit 1258) und Domherr zu Speyer (erwähnt 1249), † 4. Aug. 1274. Einer nach Bruchsal benannten edelfreien Familie entstammend, stand O. während der 1260er Jahre in engen Beziehungen zum pfgfl. Hof in Heidelberg. Durch seine und des Burggf.en →Friedrich III. v. Nürnberg (19.F.) Vermittlung zw. den rhein. Kfs.en wurde am 1. Okt. 1273 die Wahl →Rudolfs v. Habsburg zum dt. Kg. herbeigeführt. Als kgl. Kanzler unternahm O. 1273/74 mehrere Gesandtschaften an die Kurie und erwirkte im Juni 1274 anläßl. des Konzils v. →Lyon die päpstl. Bestätigung für den Habsburger. K. Andermann

Lit.: K. Baumann, Ein Reichskanzler Rudolfs v. Habsburg. Propst O. v. St. Guido zu Speyer, Pfälzer Heimat 1, 1950, 94–96 – K. H. Debus, Stud. zur Personalstruktur des Stiftes St. Guido in Speyer, 1984, 62f.

41. O. da Tonengo (O. Candidus), Kard. diakon v. S. Nicola in Carcere Tulliano, † 1250/51, ▭ OP-Konvent in Lyon; Magister, wohl verwandt mit Innozenz IV., Beiname erst bei R. Malespieri (14. Jh.). Angebl. Astrologe und Mathematiker, verfaßte O. »De Chaldaica disciplina« (verloren). Seit 1214 Assessor des Bf.s v. Ivrea, ging er 1224 als Gesandter Bolognas an die Kurie, 1225 als päpstl. Subdiakon nach England, die erste von fünf Legationen. 1227 zum Kard. erhoben, war O. 1227, 1232, 1241, 1244 bei Ks. Friedrich II., 1229–31 als Legat in Dtl. und Dänemark mit dem Plan eines Gegenkgt.s →Ottos d. Kindes und hielt 1231 eine Synode in Würzburg ab; 1237–41 in England, Wales und Irland mit großer Statutengebung 1237, 1238, 1240, 1241. Vom Ks. 1241 für den Papstthron vorgeschlagen, wurde O. 1244 Kard. bf. v. Porto, erster Kard. protektor der →Humiliaten. Seine letzte Unterschrift erfolgte in Lyon am 16. Sept. 1247. R. Hiestand

Lit.: H. Zimmermann, Die päpstl. Legaten in der 1. Hälfte des 13. Jh., 1913 – F. M. Powicke-C. R. Cheney, Councils and Synods, I, 1964, 155–158, 237–293 – A. Paravicini Bagliani, Cardinali di curia e 'Familiae' cardinalizie, I, 1972, 76–97 [Lit.].

42. O., Bildhauer des 13. Jh., war in →Split am ehemaligen Diokletianspalast tätig, fertigte Skulpturen und Hochreliefs mit menschl. Figuren für den roman. Glokkenturm St. Dominus-Sv. Duje des ursprgl. Diokletian-Mausoleums (der späteren Marienkathedrale). Sein bedeutendstes Werk befindet sich im ersten Stock des Turmes: ein Relief mit den Hl.n Staš, Dujmo und Petrus, versehen mit der Signatur MAGISTER OTTO HOC OPUS FECIT. Die Figuren sind beinahe vollplast. gearbeitet, ihre Gesichtszüge sind voll und streng modelliert. Auch weitere plast. Arbeiten können ihm dem Stil nach zugeschrieben werden: Jagdszene am Glockenturm; Relief mit der Geburt Christi (Sv. Staš, Bogenscheitel des Kreuzgewölbes); Frauengestalt am Säulenkapitell. Die Art der plast. Modellierung der Figuren wie auch sein Name sprechen dafür, daß Magister O. aus N-Europa kam. D. Nagorni

Lit.: D. Kečkemet, Figuralna skulptura romaničkog zvonika splitske katedrale (Prilozi povijesti umjetnosti Dalmacije 9, 1959).

Otto-Adelheid-Pfennig, die weitaus häufigste Münze unter den dt. Münzen des 10./11. Jh. (mit Bezug auf Otto III. und Ksn. →Adelheid). Allein aus schwed. Funden der Wikingerzeit lassen sich wenigstens 13616 Exemplare (= 14,7% der dt. Münzen) nachweisen. Der Name O.-A.-Pfennig leitet sich von den Legenden seiner sechs Haupttypen her: I Vorderseite: Kopf n. l., OTTOREXADELHEIDA o. ä., Rückseite: ODDO in den Winkeln eines Kreuzes, DIGRAREX; II Vorderseite: OTTO in den Winkeln eines Kreuzes, DIGRAREXAMEN, Rückseite: Stilisierte Kirche, AHTALHET o. ä.; III Vorderseite: ODDO in den Winkeln eines Kreuzes, DIGRAREX, Rückseite: Stilisierte Kirche, ATEAHLHT o. ä.; IV wie III, jedoch Beizeichen neben der Kirche; V wie IV, jedoch entstellte Legenden; VI wie V, jedoch Kreuz mit Krummstab belegt. Die Prägung der O.-A.-Pfennige hängt eng mit der Erschließung des Silbervorkommens am Nordharz, bes. im Rammelsberg bei →Goslar, zusammen (→Bergbau), metallurg. Unters.en haben den Zusammenhang bestätigt. Der Beginn der O.-A.-Pfennige ist in die Zeit 983/991 zu datieren (Typ II), es folgt der massenhafte Ausstoß der Typen III und IV, parallel dazu die geringere Ausmünzung des Typs I (um 995–1010/20). Die Nachahmungen V und VI reichen bis in die Zeit um 1040. Als Prägeorte kommen neben Goslar auch andere Münzstätten am Nordharz in Betracht, zumal der Typ u. a. in Halberstadt, Hildesheim und Quedlinburg nachgeahmt wurde. P. Berghaus

Lit.: V. Hatz, Zur Frage der O.-A.-Pfennige (Commentationes de nummis saeculorum IX–XI in Suecia repertis I, 1961), 105–144 – E. Kraume – V. Hatz, Die O.-A.-Pfennige und ihre Nachprägungen, HBNum 15, 1961, 13–23 – B. Kluge, Hatz I/Dbg. 1164, Eine Stempelunters. zu den O.-A.-Pfennigen vom Kopftyp (Commentationes Numismaticae 1988), 103–124 – Ders., Überlegungen zu den O.-A.-Pfennigen, Stempelkrit. Unters. der Typen Hatz II und AMEN, Sigtuna Papers, 1990, 167–181 – G. und V. Hatz–U. Zwikker, N. und Z. Gale, O.-A.-Pfennige..., Commentationes de Nummis Saeculorum IX–XI in Suecia repertis, NS 7, 1991.

Ottokar. 1. O. Přemysl →Otakar

2. O. v. Steiermark, Chronist, wohl ident. mit Otacher ouz der Geul (O. aus der Gaal), * um 1260–65, † um 1320, aus der niederen Dienstadelsfamilie der Herren v. Strettweg in der Nordweststeiermark stammend, hat sein Gesch.swerk, die 'Steirische Reimchronik' (beinahe 100000 mhd. Verse), wahrscheinl. in den ersten beiden Jahrzehnten des 14. Jh. niedergeschrieben. Er behandelt darin die Weltgesch. vom Tod Ks. Friedrichs II. (1250) bis zur niederösterr. Adelsrevolte gegen den habsbg. Landesfs.en Hzg. Friedrich I. (1309), bei deren Schilderung der Text abbricht. Bes. ausführl. ist seine Darstellung der österr.-steir. und der salzburg. Landesgesch., der Ereignisse in den Nachbarländern (v.a. Böhmen, Ungarn), der Reichsangelegenheiten in den dt. Ländern, Italien und Sizilien, des Verlusts von Akkon und der frz.-flandr. Kriege, er berichtet aber auch über die Städte Triest und Ferrara, Spanien, Afrika, Armenien und das Tatarenreich.

Wie kaum ein anderer ma. dt.sprachiger Autor hat O. es verstanden, eine verwirrende Fülle hist. Begebenheiten gedankl. zu durchdringen, anschaulich, realitätsnah und unterhaltsam zu erzählen und dabei die zugrundeliegenden polit. und gesellschaftl. Strukturen sichtbar werden zu lassen. Seine häufig fiktiven Erzählungen bieten prägnante Fallstudien typischer Konstellationen und Konflikte. Er informiert über die spannungsgeladene Beziehung zw. Landesfs., Herren, Städten und Prälaten, das konfliktreiche Verhältnis von Landesherrschaft und Zentralgewalt, die Verquickung von Rivalitäten innerhalb einzelner Territorien mit äußeren Auseinandersetzungen zw. den großen geistl. und weltl. Gewalten. Er gibt Einblick in städt. Machtkämpfe und in das Konkurrenzgerangel um Einfluß und Ämter am Fs.enhof. Als eine der wichtigsten Quellen zur österr. Gesch. des späten 13. und frühen 14. Jh. wurde die Steir. Reimchronik (8 Hss.) von vielen späteren Historiographen (u.a. →Johann v. Viktring) direkt oder indirekt benutzt. Sie findet auch als wichtiges Dokument der Gesch. der Mentalitäten seit einigen Jahren verstärkt Beachtung. →Reimchronik. U. Liebertz-Grün

Ed.: O.s österr. Reimchronik, hg. J. Seemüller, 1890/93 (MGH DC 5, 1–2) [Nachdr. 1974] – *Lit.:* Verf.-Lex.² VII, 238–245 [H. Weinacht] – U. Liebertz-Grün, Das andere MA. Erzählte Gesch. und Gesch.serkenntnis um 1300, 1984.

Ottonen, sächs. Adelsgeschlecht, Kg.s- und Ks.haus, benannt nach dessen zur kgl. Würde aufgestiegenen, den Leitnamen Otto (→Otto I., →Otto II., →Otto III.) führenden Repräsentanten.

[1] *Anfänge:* Ahnherr des ursprgl. wohl aus Thüringen stammenden Geschlechts ist der im w. Harzvorland und im thür. →Eichsfeld begüterte Gf. Liudolf († 866), nach welchem die Angehörigen dieser Familie auch als Liudolfinger bezeichnet werden. Während der Sachsenkriege Karls d. Gr. als Parteigänger der Franken hervorgetreten, waren die Liudolfinger auf konfisziertem Grundbesitz im Leinegebiet angesiedelt worden. Auf Familiengut gründete Liudolf zusammen mit seiner frk. Gemahlin Oda um 852 das Kanonissenstift →Gandersheim, das unter der tatkräftigen Leitung von Töchtern der Stifterfamilie zum liudolfing. Hauskl. wurde. Die Notwendigkeit der Landesverteidigung angesichts der Bedrohung durch Slaven und Ungarn einerseits und die mehrfache Verschwägerung mit dem karol. Kg.shaus andererseits begünstigten den Aufstieg der Liudolfinger zur Hzg.swürde. Bereits Liudolf hatte um die Mitte des 9. Jh. in Ostfalen eine hzgl. Stellung inne, die unter seinen Söhnen →Brun († 880) und →Otto d. Erlauchten auf ganz Sachsen ausgeweitet werden konnte. Letzterer besaß zudem die Würde eines Laienabtes des in Thüringen reich begüterten Kl. →Hersfeld. Nach Ottos Tod (912) wurde dessen Sohn Heinrich, der spätere ostfrk.-dt. Kg., von sächs. Großen zum Hzg. gewählt. Durch seine zweite Ehe mit →Mathilde aus dem Hause der mit dem Geschlecht des Sachsenhzg.s →Widukind verwandten →Immedinger gelang es Heinrich, den Einfluß der Liudolfinger auf Westfalen auszudehnen. Durch die gewaltsame Inbesitznahme der Mainzer Güter im Leinegebiet und in Thüringen kam es zum Konflikt mit den frk. →Konradinern. Heinrichs Sieg über →Eberhard, den Bruder Kg. Konrads I., bei der →Eresburg (915) eröffnete ihm den Zugang zum Weserraum. In einer daraufhin bei Grona getroffenen Vereinbarung sah sich Konrad I. zur Anerkennung der autonomen Stellung des Sachsenhzg.s im N gezwungen.

[2] *Aufstieg zur königlichen Würde:* Mit der Wahl des sächs. Hzg.s Heinrich zum Kg. in Fritzlar übernahm das Geschlecht der Liudolfinger die Herrschaft im ostfrk.-dt. Reich. Die näheren Umstände dieser Kg.serhebung bleiben freilich im dunkeln. Die Erwähnung von Sachsen und Franken dürfte auf ein sächs.-frk. Freundschaftsbündnis (amicitia) hindeuten. Ob der Wahl eine Designation durch Konrad I. vorausgegangen ist, wie →Widukind v. Corvey (I, 25) überliefert, muß offen bleiben. Möglicherweise verbirgt sich hinter seinem Bericht eine von otton. Kg.shaus nachträgl. geschaffene Legende zur Rechtfertigung einer tatsächl. erfolgten Usurpation. War Widukind doch auch sonst darauf bedacht, die Legitimität der sächs. Dynastie zu unterstreichen. Unter der Herrschaft der O.,

die sich hierbei in bes. Weise auf die →Reichskirche stützten, wurde das ostfrk., jetzt sächs. dominierte Reich zur unbestrittenen Vormacht des W. Durch Otto I., Sohn Heinrichs I., erfuhr das abendländ. Ksm. eine glanzvolle Erneuerung. Damit war zugleich eine wichtige Voraussetzung für die von den otton. Herrschern verfolgten Pläne einer weit nach O ausgreifenden Mission geschaffen. Unter Otto II. führte eine Empörung der bayer. Liudolfinger unter →Heinrich d. Zänker, dem Sohn Hzg. Heinrichs v. Bayern und Neffen Ottos I., zu einer schweren Krise. Während der Minderjährigkeit Ottos III. strebte Heinrich d. Zänker sogar selbst nach der Krone. Nur der Widerstand eines Teils der Fs.en unter Führung des Ebf.s →Willigis v. Mainz machte die ehrgeizigen Pläne des »Zänkers« zunichte. Als Otto III. i. J. 1002 unerwartet und ohne Nachkommen starb, ging die Herrschaft auf den bayer. Zweig der Liudolfinger über. In Abkehr von der letztl. überzogenen →Renovatio-Politik Ottos III. gelang es Heinrich II., dem Sohn Heinrichs d. Zänkers, der kgl. Herrschaft in Dtl. wieder eine sichere Grundlage zu verschaffen. Mit seinem Tod (1024) erlosch das liudolfing. Haus im Mannesstamm.

[3] *Bedeutung*: Unter der gut ein Jahrhundert dauernden Herrschaft der O. ist der vielschichtige Prozeß der Bildung des Dt. Reiches weitgehend zum Abschluß gekommen. Während dieser Zeit hat Sachsen, das niemals zu den Kernländern des frk. Reiches gehört hat, den kulturellen Anschluß an den W gefunden. Die otton. Herrscher, insbes. aber die Frauen des otton. Hauses, hatten maßgebl. Anteil am Aufschwung von Wissenschaft und Kunst. Durch →Theophanu, die Gemahlin Ottos II., wurde dem Abendland der Zugang zur byz. Kultur eröffnet. Ebf. →Brun v. Köln, der Bruder Ottos I., setzte sich intensiv für die Klerikerbildung ein und schuf damit die Voraussetzung für den »Reichsdienst« der Bf.e. Gesch.sschreibung und Dichtung standen im Dienst des otton. Kg.shauses und eines ausgeprägten sächs. Stammesgefühls. In den Frauenkl. →Gandersheim und →Quedlinburg, der Grablege Heinrichs I. und seiner Gemahlin Mathilde, wurde nicht nur die Memoria der verstorbenen Familienmitglieder gepflegt; sie waren auch Stätten kgl. Repräsentation und Ausgangspunkt einer das Handeln der otton. Herrscher krit. begleitenden hist. Überlieferung. →Deutschland, B.   T. Struve

Lit.: S. Krüger, Stud. zur sächs. Gft.sverfassung im 9. Jh. (Stud. und Vorarb. zum Hist. Atlas Niedersachsens 19, 1950), 64–71 – G. Wolf, Zum Übergang der Kg.sherrschaft an die Liudolfinger (O.), Westfalen 38, 1960, 36–40 – W. Metz, Die Abstammung Kg. Heinrichs I., HJb 84, 1964, 271–287 – K. Schmid, Die Nachfahren Widukinds, DA 20, 1964, 1–47 – E. Hlawitschka, Zur Herkunft der Liudolfinger und zu einigen Corveyer Gesch.sq., RhVjbll 38, 1974, 92–165 – R. Wenskus, Sächs. Stammesadel und frk. Reichsadel (AAG 3. F. Nr. 93, 1976), 66–114 – G. Althoff, Adels- und Kg.sfamilien im Spiegel ihrer Memorialüberlieferung (MMS 47, 1983), bes. 133ff. – E. Karpf, Herrscherlegitimation und Reichsbegriff in der otton. Gesch.sschreibung des 10. Jh. (HF 10, 1985) – P. Corbet, Les saints ottoniens (Beih. der Francia 15, 1986) – H. Beumann, Die O., 1987, 22–31 [Lit.] – W. Glocker, Die Verwandten der O. und ihre Bedeutung in der Politik, 1989 – G. Althoff, Verwandte, Freunde und Getreue, 1990, 51f., 64 – Ders., Gandersheim und Quedlinburg, FMASt 25, 1991, 123–144.

Ottonische Handfeste (15. Juni 1311), Urk. Hzg. →Ottos III. v. (Nieder-)Bayern, mit der er (zusammen mit der hzgl. Familie) den Prälaten und den »Landherren« des Adels gegen Gewährung einer einmaligen Steuer von ihren Gütern und Leuten die niedere Gerichtsbarkeit über ihre Hintersassen in den geschlossenen Hofmarken verlieh oder bestätigte und dem hzgl. Gericht nur die Fälle, »di zu dem tod ziehent«, sowie die Streitsachen um Grund und Boden vorbehielt. Das Einungs- und Widerstandsrecht des Adels gegen hzgl. Übergriffe wurde anerkannt. Die O. H. galt schon bald als Landesgrundgesetz und bildete das Fundament der landständ. Privilegien, die 1508 erstmals kodifiziert wurden (»Erklärte Landesfreiheit«).
G. Schwertl

Q. und Lit.: Spindler II², 136–139, 573f. – Monumenta Wittelsbacensia. UB zur Gesch. des Hauses Wittelsbach, hg. F. Wittmann, 2. Abt. (Q. zur bayer. und dt. Gesch. 6, 1861), Nr. 238 [Text] – S. Hiereth, Die O. H. v. 1311 und die niederbayer. Städte und Märkte, ZBLG 33, 1970, 135–154 – K. Bosl, Die Gesch. der Repräsentation in Bayern (Repräsentation und Parlamentarismus in Bayern ..., I, 1974), 42f. und Taf. 1 [Abb.] – Wittelsbach und Bayern I/2, 1980, Nr. 288.

Ottonische Kunst → Baukunst, II

Otton.-sal. Reichskirchensystem → Reichskirche

Otto Santi, Krieg der → Florenz, IV

Ott-Wilhelm (Otto-Wilhelm, frz. Othe-Guillaume), Gf. v. →Burgund, † 21. Sept. 1026, Sohn →Adalberts, Kg.s v. →Italien, und der Gerberga v. →Chalon. Nach dem Rückzug seines Vaters aus Italien war O. in Klostergewahrsam, aus dem er zu seinen Eltern nach →Autun entfloh, ⚭ 976 Ermentrude, Schwester →Brunos v. Roucy, Bf. v. Langres, und Witwe Alberichs II., Gf. v. →Mâcon und im Burgund jenseits der Saône, dessen Nachfolge O. antrat (→Leutald). Der 2. Gatte seiner Mutter, Hzg. →Heinrich I. v. Burgund, adoptierte O.; dennoch mußte O. das Erbe des Hzg.s dem Kg. →Robert II. überlassen, da sein Onkel, Bf. Hugo v. Chalon, sich gegen O. erklärt hatte (1002–05). Gleichwohl scheint O. zu diesem Zeitpunkt mehrere Gft.en, darunter →Beaune, erhalten zu haben. Nach dem Tode Kg. →Arduins v. Italien (1015) trat O. in Konflikt mit Ks. →Heinrich II., der sich gegen ihn mit Kg. →Rudolf III. v. Burgund verbündete. O. verschanzte sich jedoch in seinen Burgen in Burgund, die Heinrich II. nicht einzunehmen vermochte. Kg. Robert jedoch nutzte diese Auseinandersetzung aus, um seinen Sohn Heinrich (späterer Kg. →Heinrich I.) als Hzg. v. Burgund durchzusetzen und →Dijon in seine Hand zu bringen. O., der seinen Verwandten →Wilhelm v. Volpiano, Abt v. St-Bénigne de Dijon, förderte, leistete 1019 im Kl. →Fruttuaria, der Gründung Wilhelms, Verzicht auf seine (vielleicht bereits von Ks. Heinrich konfiszierten) Besitzungen in Italien. O. blieb jedoch Herr in Burgund jenseits der Saône, hinterließ diesen Territorialbesitz seinem Sohn Rainald und wählte Dijon zu seiner Grabstätte.
J. Richard

Lit.: R. Poupardin, Le royaume de Bourgogne, 1907 – M. Chaume, Les origines du duché de Bourgogne, I, 1924 – G. Mor, L'età feudale, I, 1952.

Oudenaarde (frz. Audenarde), Stadt in →Flandern, an der →Schelde (Belgien, Prov. Ostflandern), im MA Vorort einer →Kastellanei, entstand um eine Burg, die wohl vor 1000 von örtl. Grundherren errichtet wurde, um 1000 dann von →Balduin IV., Gf.en v. Flandern, als Stützpunkt gegen den vom Ks. geschaffenen Markengürtel (Burg und Mgft. →Ename) benutzt wurde. Seit dem 11. Jh. übernahm O. die zentralen Funktionen, die die 1034 zerstörte Burg Ename gehabt hatte, und erfuhr städt. Entwicklung. Gleichzeitig entstand am rechten Scheldeufer gegenüber O. als kleinere Doppelstadt das ebenfalls von den Herren v. O. abhängige Pamele, das bis 1597 einer von O. unabhängigen Verwaltung unterstand, bevor es O. einverleibt wurde. 1189 erhielt O. vom Gf.en →Philipp v. Elsaß das Stadtrecht v. →Gent (mit einigen Zusätzen). Bereits im 12. Jh. internat. Handelsplatz (u. a. Englandhandel), war O. wichtiger Standort des Textilgewerbes, zunächst der Wollweberei, seit dem 15. Jh. und in der frühen NZ der berühmten Teppichwirkerei. Die St-Walburga Kirche mit frühgot. Chor (1150–59) und brabantisch-gotischem Schiff (1414–1624) war Zentrum der einzigen Stadtpfarrei, während die Liebfrauenkirche v. Pamele (1234–43) eine der schönsten Beispiele der Scheldegotik bildet. O. besitzt neben dem berühmten spätgot. Rathaus (1526–37) eine roman. Tuchhalle aus dem 13. Jh. Als eine der wichtigsten kleineren Städte Flanderns hatte O. 1458 5072 Einw. auf einem 222 ha beschränkten Stadtareal.

W. Prevenier/A. Verhulst

Lit.: J. Dhont, Het ontstaan van O., Hand. Gesch. Oudh. Kring v. O., 1952, 50–80 – M. Hoebeke, O. (Belg. Steden in Reliëf, Pro Civitate I, 1965), 263–294 – G. Berongs, Landschap, Geschiedenisen archeologie in het Oudenaardse, 1989.

Oudenburg, kleine Stadt in →Flandern, in der fläm. Küstenebene (Belgien, Prov. Westflandern), ab Ende des 2. Jh. ein mit Erdwall und Holz befestigter röm. Flottenstützpunkt, ab Ende des 3. Jh. ein steinernes 'castellum', das wahrscheinl. Teil des →Litus Saxonicum war und Anfang des 5. Jh. aufgegeben wurde. Im 9. Jh. besaß die Abtei →Lobbes in dem dann zuerst 'Aldenborg' genannten Ort einen Hof ('vaccaritia'). Bei der Errichtung der gfl. Burg in →Brügge im 10.–11. Jh. wurden die Überreste des 'castellum' v. O. als Steinbruch benutzt. 1090 gründete der örtl. Grundherr eine Abtei OSB in der O.er Peterskirche, die zuvor Säkularkanonikern unterstand. Im 12. Jh. wird O. als 'oppidum' und 'port' bezeichnet. In einer Region mit bedeutender Wollproduktion gelegen, wurde O. im 12. Jh. zum Zentrum des Tuchgewerbes. Um 1200 war die Stadt Mitglied der fläm. →Hanse v. London. In der Verfallsperiode des 14. Jh. wurden in O. wohl vorwiegend leichte Wolltuche (sayes) hergestellt. 1469 zählte O. ca. 1200 Einw.

G. Declercq

Lit.: E. Feys–D. van de Casteele, Hist. d'O., 1873 – Monasticon belge III, 1, 49–85.

Ourem, Alfons, (4.) Gf. v. O., * 1402, † 1460, ältester Sohn des (8.) Gf.en v. Barcelos und (1.) Hzg.s v. →Braganza, Alfons, der ein unehel. Sohn Kg. →Johanns I. war; sein Großvater mütterlicherseits war der →Condestable Nuno Alvares Pereira, der (3.) Gf. v. O., der ihm 1422 die in Estremadura, auf halbem Weg zw. Coimbra und Lissabon, gelegene Gft. übertrug. 1433 bestätigte Kg. →Eduard seinem Neffen die Schenkung. O. diente ihm und seinem Nachfolger Alfons V. als Ratgeber und Gesandter u. a. auf den Konzilien u. →Basel und →Ferrara-Florenz. 1451 erhob Alfons V. ihn zum (1.) Marqués v. Valença do Minho. 1458 befehligte O. einen Teil der Armada der Marokko-Expedition des Kg.s und nahm aktiv an der Eroberung von Alcácer-Ceguer teil. 1487 wurde O.s Leichnam feierlich aus Tomar in das von Ferdinand, dem (3.) Hzg. v. Braganza, errichtete prunkvolle Grabmal in der Kirche v. O. überführt. P. Feige

Lit.: A. Caetano de Sousa, Hist. Genealógica da Casa Real Portuguesa, 10, 1953², 308–317.

Ourique, Schlacht v. (25. Juli [Fest →Jacobus' d. Ä.] 1139), erster größerer militär. Sieg →Alfons' I. v. Portugal an unbekanntem Ort (Aulic, Haulich oder Ouric) über ein muslim. Heer. Der Sieg veranlaßte den Kanzler Alfons' I., Pedro Roxo, der seinen Herrn in den Urkk. bislang 'infans' gen. hatte, ihm von nun an den Titel 'rex' zu geben. Von einem Akt der Kg.swerdung im Zusammenhang mit O. wußten selbst jene zeitgenöss. bzw. die noch aus dem 12. Jh. stammenden Q. nichts zu berichten, die Alfons' Sieg v. O. über einen Kg. Esmar (Annales Portugalenses Veteres, Chronica Gothorum) bzw. über fünf Heidenkg.e (Vita s. Theotonii) als seine erste herausragende Leistung darstellten, vielmehr sei Alfons 'processu temporis' dank seiner 'strenuitas' und seiner 'nobilitas' Kg. geworden. Erst in Darstellungen des 14. und 15. Jh. liest man, das Heer habe den Sieger v. O. zum Kg. ausgerufen, bzw. Christus sei Alfons vor der Schlacht erschienen, um ihm den Sieg zu verheißen. P. Feige

Lit.: P. Feige, Die Anfänge des ptg. Kgtm.s und seiner Landeskirche, GAKGS 29, 1978, 244–272 – A. Darbord, Alexandre Herculano et la bataille d'O., Arquivos do Centro Cultural Português, Paris 22, 1986, 263–345 – A. I. Carvalhão Buescu, O Milagre de O. e a Hist. de Portugal de Alexandre Herculano, 1987 – M. V. Alcoforado de Barbosa e Sotomayor, Estudos críticos sobre la batalha de O., 1989 – C. Coelho Maurício, Ler história 16, 1989, 3–28; 20, 1990, 3–37.

Ourscamp (Urscampus), ehem. Abtei SOCist in Nordfrankreich, südl. →Picardie (dép. Somme, arr. Compiègne, comm. Chiry-O.), alte Diöz. →Noyon, gegr. 1129 als zisterziens. Männerkl. von Simon v. Vermandois, Bf. v. Noyon, mit zwölf Mönchen aus →Clairvaux. O. erfuhr raschen Aufstieg und gründete im 12. Jh. seinerseits drei Abteien (Beaupré, Mortemer und Froidmont). Die Domäne umfaßte 17 →Grangien; in vier Dörfern (darunter O.) wurden die Bauern gelegt, um den Weg für die Einrichtung der Grangien freizumachen. In seiner Blütezeit hatte O. 120 Mönche mit Profeß und 40 →Konversen. Zwei Kirchenbauten wurden nacheinander errichtet (der eine 1134, der andere 1205 geweiht) und dienten fünf Bf.en v. Noyon als Grablege. Bewahrt sind die Ruinen des Chors (1233–57), der wohlerhaltene Krankensaal ('maison des morts') sowie eine Grangie in Warnavilliers.

B. Delmaire

Q.: Peigné-Delacourt, Cart. de l'église N.-D. d'O., 1865 – Lit.: P. Héliot, Le choeur gothique de l'abbatiale d'O...., Bull. Soc. Antiq. France, 1957, 146–162 – L. Dubar, Carte des mairies rurales citées dans le cart. de l'abbaye d'O, Bull. Soc. Antiq. Picardie, 1968, 297–332 – L. Nazart, Le temporel et les constructions de l'abbaye d'O. au MA (Positions thèses École des Chartes, 1970), 165–171 – C. Bruzelius, The Twelfth-Cent. Church at O., Speculum 1981, 28–40.

Overstolz, Patrizierfamilie in →Köln, um 1200 im Tuchhandel belegt, gehörte zu der jüngeren Schicht der Patrizierfamilien, die in der Rheinvorstadt ihren Sitz hatten. Sie rückte nach ihrem Sieg 1268 an der Ulrepforte über die ältere Patriziergruppe der →Weisen/von der Mühlengasse mit mehreren Familienzweigen in die drei führenden städt. Gremien (Schöffenkollegium, →Richerzeche und enger Rat) ein. Die größte Blütezeit erlebte die Familie zw. 1268 und 1370. Bereits vor dem Sturz der Geschlechterherrschaft 1396 starben die O. vom Windeck und die O. von Filzengraben im Mannesstamm aus, die O. vom Efferen traten in den Landadel über. Nach 1396 lebte noch der Zweig der O. von der Rheingasse weiter, der um die Mitte des 14. Jh. aus dem Schöffenkollegium verschwand. Die im Kölner Rat nach 1396 auftauchenden Stoultz/Steultzgin gehörten wahrscheinl. einer Nebenlinie des Geschlechtes an. W. Herborn

Lit.: F. Lau, Das Kölner Patriziat bis zum Jahre 1325, Mitt. aus dem Stadtarchiv von Köln 24, 1893, 65–92 – W. Herborn, Die polit. Führungsschicht der Stadt Köln im SpätMA, 1977 [= Rhein. Archiv 100; Lit.].

Ovid

A. Überlieferung. Nachleben in der Mittellateinischen Literatur – B. Volkssprachliche Literaturen

A. Überlieferung. Nachleben in der Mittellateinischen Literatur

Die Ächtung durch Augustus hat die Werke des röm. Dichters Publius Ovidius Naso (43 v. Chr.–17 n. Chr.) nicht in Vergessenheit geraten lassen, doch ist die Aufnahme zwiespältig (vgl. Klopsch 1986): Von der gelehrten

Welt wird er weitgehend ignoriert; als Schulautor ist er nur einmal für Nordafrika bezeugt (Fulg. Myth. 1,21), philol. Beschäftigung ist nicht, Glossierung nur für die Ibis gesichert. Von spätantiken Luxushss. ist nur das Wolfenbütteler Uncialis-Fragment von Ex Ponto (Aug. 13.11, 6. Jh.) vorhanden. Jedoch wird der Dichter von einem durch seine effektvolle Rhetorik beeindruckten Lesepublikum goutiert. Dazu zählen auch chr. Autoren wie →Lactantius und →Paulinus v. Nola: O. liefert nicht nur Belege für verwerfl. heidn. Vorstellungen, sondern gibt auch, wie zu Beginn der Met., Zeugnis von dem einen Gott als Schöpfer der Welt und des Menschen. Bei der Umgießung chr. Inhalte in heidn. Lit. formen tritt O.s Œuvre hinter dem Vergils zurück; zu nennen ist der Einfluß der Fasti auf die Hl.nkalender des →Prudentius (Perist. 11.12) oder die chr. Umdeutung von Laodameias Brief an Protesilaos (Her. 13) durch →Venantius Fortunatus (Carm. 8,3,227–248). Im 6. Jh. ist Vertrautheit mit O. noch die Regel: →Maximianus, im MA Schulautor, greift die Liebeselegie auf; →Boethius und →Dracontius erleben das Unglück des Verbannten von Tomi. Im Spanien des 7. Jh. ist er bei →Isidor präsent; für den insularen Bereich (→Aldhelm, →Beda) ist direkte Kenntnis, außer für Met., nicht gesichert.

Mit der karol. Erneuerung setzen hs. Überlieferung und Bezeugung in Bibliotheken ein. Für das Corpus der Carmina amatoria (Her. Rem. Am. Ars) ist mindestens eine Hs. um 800 in Frankreich zu erschließen, wobei offen ist, ob es sich um gallofrk. Texttradition handelt oder um einen Import aus Spanien, der möglicherweise mit →Theodulf v. Orléans in Verbindung zu bringen wäre. Die Grundlagen unseres Textes setzen mit der 2. Hälfte des 9. Jh. ein: der Puteaneus (P, Paris BN 8242; Her. Am.) aus dem Scriptorium v. Corbie und der gleichfalls in Frankreich geschriebene Regius (R, Paris BN 7311; Ars. Rem. Am.); damit verwandt der Sangallensis 864 (Am.) sowie die Berliner Hamilton-Hs. 471 (Y, Ars. Rem. Am.), beide aus dem 11. Jh. Zu nennen ist auch der älteste insulare Textzeuge Oxford Bodl. Auct. F IV. 32 aus dem 9. Jh. (St. Dunstan's Classbook). Sind somit an einigen Zentren der karol. Reform die Carmina amatoria vorhanden, so ist die Bezeugung der übrigen Werke weitaus spärlicher. Die der Met. setzt, abgesehen vom Berner Fragment (Burgerbibl. 363,2.H. 9. Jh.) und der etwa gleichzeitigen Erwähnung in einem Reichenauer Katalog, erst mit dem Ende des 10. Jh. ein, die der Fasti im 11. mit dem Ursinianus (Vat. Lat. 3262 aus Montecassino). Der Text der Werke der Verbannungszeit geht zurück auf »ein einziges, schwer lesbares (antikes) Exemplar, das in karol. Zeit von mehreren Gelehrten abgeschrieben wurde« (LUCK). Die Trist. sind durch das Trierer Fragment des 10. und den Laurentianus 223 des 11. Jh. repräsentiert, Ex Ponto neben dem Wolfenbütteler Fragment durch den Hamburgensis des 9. Jh. Für Ibis liegt im Bernensis Bongarsianus 711 (11. Jh.) eine Bearbeitung der wertvollen antiken Scholien vor.

Wenn man von dem Einzelfall eines von →Alkuin witzig zitierten Verses der Ars absieht (Epist. 97 an Angilbert-Homerus), so erfolgt mit →Theodulf ein Durchbruch in der Kenntnis und Schätzung O.s: Er bildet erstmals mit Vergil ein Dichterpaar, und die Werke dieser Heiden bergen zu enthüllende Wahrheiten (Carm. 45, 17ff.). Einen Gipfel der Annäherung bilden Theodulfs Klagegedicht über seine Verbannung durch Ludwig d. Fr. an →Modoin und dessen tröstende Antwort, die den Freund als Opfer herrscherl. Willkür neben O. stellt (Theodulf. Carm. 72 I.II). Gerade die Wende nach dem Tode Karls d. Gr. läßt es öfters zu einer Identifikation Verfolgter mit dem Dichter kommen: →Ermoldus Nigellus (Pipp. 1,45ff.; 2,1ff.), →Walahfrid Strabo (Carm. 76,6off.). Auch die erste Erwähnung O.s als Schulautor unter →Notker III. v. St. Gallen zeigt ihn scherzhaft als Verbannten (Ekkeh. IV. Carm. var. 5,20). Seit dem 9. Jh. ist mit Kenntnis O.s, Zitierung und Benutzung, mit Nennung in Autorenlisten durchweg zu rechnen; wenn ein Kenner wie →Lupus v. Ferrières ihn nicht erwähnt, so ist das bewußtes Schweigen. Überhaupt steht künftig neben der Anerkennung des Dichters immer wieder offene oder stille Ablehnung, bes. im Gefolge monast. Reformbewegungen.

Die Umformungen der geistigen Landschaft seit dem 11. Jh. lassen O. als Leitbild neben Vergil treten: Aetas Ovidiana. Er ist nicht mehr nur der gewandte Stilist oder der verbannte Dulder; er wird zum Vorbild urbaner Lebensführung, von dem man neben erot. und weltmänn. Delikatesse auch höf. Sitte und Tugend, Wiss.en und Philos. lernt. Das manifestiert sich in den Biographien der →Accessus (vgl. GHISALBERTI 1946) wie in den ihm zugeschriebenen Gedichten (Ps.-Ovidiana, vgl. LENZ).

Deutl. zeigt sich O.s neue Geltung am Eindringen in den Unterricht und dessen Folgen: Glossierung, Komm., Accessus, Schulhss. (vgl. GLAUCHE, HEXTER). Bereits der älteste Met.-Komm. (Clm. 4610, 12. Jh.) macht den Dichter zum heiml. Christen. Am wirkungsreichsten ist die Kommentierung durch →Arnulf v. Orléans (Ende 12. Jh., vgl. GHISALBERTI 1932), im 13. Jh. die Merkverse des →Johannes de Garlandia, im 14. Jh. die Interpretationen nach dem mehrfachen Schriftsinn durch Giovanni del Virgilio und Petrus Berchorius (→Bersuire).

Einerseits ist O. seit dem 11. Jh. Schulautor höchsten Ranges (Liber aureus in der Ars lectoria Aimerics, um 1086), andererseits provoziert sein Beliebtheit Reaktionen, die sich in Verdammungen als Verführer zu Unzucht und Ketzerei äußern (Radulfus Glaber Hist. 1,12; Petrus Damiani Opusc. 11,1; Honorius Aug. Gemma praef.; Petrus Abaelard. Ad Rom. 4), ferner durch Substitution erbaul. Inhalte wie im Brief der Deidameia an Achill, den der leichtfertigen Briseis (Her. 3) korrigiert oder dem Ecclesiale →Alexanders de Villa Dei als Ersatz der Fasti. Gegenschriften zielen bes. auf die Erotica, so die Anweisung →Wilhelms v. St. Thierry zur rechten (Gottes)liebe De natura et dignitate amoris.

Das Bestreben, die großen Geister der Antike zu wenigstens potentiellen Christen zu machen, hat für O. seine wirksamste Ausformung in Ps.-Ovidius De vetula (Mitte 13. Jh., vgl. KLOPSCH 1967) erhalten: Der Lebemann O. wird infolge eines burlesken Liebesabenteuers zum Philosophen; sein Denken führt ihn zur Erkenntnis des wahren Gottes und der Geburt des Sohnes aus der Jungfrau. Die Ablehnung dieses philos.-theol. Epos durch →Petrarca markiert eine neue Epoche der O.rezeption, die zunächst weniger von philolog. Wissenschaftlichkeit als von ästhet. Sensibilität bestimmt ist. Bes. in der Gesch. der Met. zeigt sich, wie ma. Allegorese und ganzheitl. humanist. Interpretation nebeneinander existieren: 1473 erscheint der erste humanist. Kommentar, der des Raphael Regius, aber trotz dessen außerordentl. Verbreitung und Wirkung ins 16. Jh. wird auch der Ovidius moralizatus des Petrus Berchorius noch 1521 gedruckt. P. Klopsch

Lit.: E. K. RAND, O. and his Influence, 1925/63 – F. GHISALBERTI, Arnolfo d'Orléans, un cultore di O.io nel sec. XII, 1932 – DERS., Mediev. Biographies of O., JWartburg, 1946, 10–59 – H. HAGENDAHL, Lat. Fathers and the Classics, 1958 – P. KLOPSCH, Ps.-O.ius De vetula, 1967 – F. W. LENZ, Einführende Bem. zu der ma. Ps.-O.iana, 1968/72 – G. LUCK, Unters.en zur Textgesch. O.s, 1969 – W. STROH, O. im

Urteil der Nachwelt, 1969 – G. GLAUCHE, Schullektüre im MA, 1970 – B. MUNK OLSEN, L'Ét. des auteurs classiques Lat. aux XIe et XIIe s., 2, 1985 – P. KLOPSCH, Die Christen und O. (Classica et Mediaevalia [Fschr. J. SZÖVÉRFFY, 1986], 91–102 – R. J. HEXTER, O. and Mediev. Schooling, 1986.

B. Volkssprachliche Literaturen

I. Französische Literatur – II. Italienische Literatur – III. Iberische Halbinsel – IV. Deutsche Literatur – V. Englische Literatur.

I. FRANZÖSISCHE LITERATUR: [1] *12. Jh.*: Die volkssprachl. O. rezeption beginnt in der zweiten Hälfte des 12. Jh. und steht in ständiger Wechselbeziehung zu der lat. O. lektüre in den Schulen und zu den daraus hervorgegangenen Komm., bes. zu denjenigen der Metamorphosen, die als eigenständige Traktate oder aber als Glossen in den v. a. in Frankreich im 12. und 13. Jh. zahlreichen O.-Hss. auftreten. Im Gegensatz zum herkömml. linear-eschatolog. Zeitbegriff gehorcht O.s Weltgedicht dem Prinzip der vom Zufall gelenkten Bewegung und bietet dem ma. Leser das Bild einer ungeordneten Welt voller »mirabilia«, sei es im menschl. Verhalten, sei es in den Erscheinungen der Natur. Der lockere Aufbau der Met., die am Ende des MA die »Bible des poètes« genannt wurden, bietet sich somit für die Bearbeitung einzelner Teile daraus geradezu an. O. steht Pate für die ersten frz. »tragischen« Versnovellen: »Philomena« (nach Met. VI), »Piramus et Tisbé« (Met. IV), »Narcissus« (Met. III). Diese kurzen Erzählungen entstehen ungefähr zu gleichen Zeit wie die Bearbeitungen der lat. Epik (Statius, Vergil) in den »Romans antiques«, von denen »Eneas« (→ Aeneasroman) auch die Technik des dialogisierten Monologes der Medea (Met. VII) übernimmt. Diese ovidian. Technik der psycholog. Analyse gehört von da an zum festen Bestandteil vieler höf. Versromane. Einzelne O. reminiszenzen, bes. aus den »erotica«, lassen sich zudem in zahlreichen lyr. und erzählenden Texten nachweisen, doch begründet »Ovid« weder eine lit. Gattung noch einen in sich geschlossenen Diskurs über die Liebe.

[2] *13. Jh.*: Die Übers. der »Ars amatoria« von → Chrétien de Troyes ist verloren (1170–75?). Hingegen sind fünf → »Art d'aimer« aus dem 13. Jh. erhalten, die alle O.s »Ars« frei bearbeiten (vier in Versen, eine in Prosa). Die Prosaversion, die auch mytholog. Komm. enthält, gibt eine Klassifizierung der Künste: Auf die → »Artes mechanicae« und die → »Artes liberales« folgt die »Art d'amour« unter den nicht freien Künsten als eine von Kirche und Recht weder gänzl. verbotene noch gänzl. erlaubte Kunst. Die Versfassungen setzen den urbanen Hintergrund von O.s »Ars« in ihre Zeit um. Der Ort, wo sich die Liebeskunst zu bewähren hat, ist nun Paris, der Marktplatz, die Hochzeit, das Turnier oder die »entrée royale«. O. steht hier im Dienst eines nicht höf. Diskurses über die Liebe. Diese Traktate sind alle nur in wenigen Hss. erhalten, im Gegensatz zum → »Roman de la Rose« (um 1270–75) von Jean de Meun, der umfangreiche Passagen der »Ars amatoria« übersetzt bzw. erweitert. Die O. zitate werden allerdings zwei nicht höf. Figuren in den Mund gelegt, womit O. als »praeceptor amoris« disqualifiziert wird. – Eine Einzelerscheinung ist Jean Malkaraume (Ende 13. Jh.), der den Trojaroman von → Benoît de Sainte-Maure in seine »Bible« einfügt, und dabei den Text durch Entlehnungen aus den Met. und den Her. anreichert, aber auch in den bibl. Teil allegor. zu deutende Übers. von »Pyramus und Thisbe« eingliedert.

[3] *14. Jh.*: Der »Ovide moralisé« (nach 1309) ist die erste vollständige Übers. der Met. (23 z. T. illustrierte Hss.), die nach dem mehrfachen Schriftsinn ausgelegt werden. Der Text enthält Zusätze; im Trojateil z. B. werden die Her. und die → »Ilias latina« benutzt. Oft betreffen die Moralisierungen solche Zusätze oder kleine Modifizierungen, d. h. daß der Autor seinen eigenen Text auslegt. Die Wirkung war groß: Pierre → Bersuire benutzt ihn; → Guillaume de Machaut (11.G.), Jean → Froissart und viele andere greifen auf ihn zurück. Da mehrere Hss. keine Moralisierungen enthalten, wird der frz. O. zum Inbegriff der »poéterie«. – Prosaübers. von 14 Her. finden um 1330 Eingang in eine Prosafassung des Trojaromans (Verbreitung bes. im 15. Jh.). Eine Übers. der »Remedia amoris« findet sich in den → »Echecs amoureux«. Die pseudoovid. »Vetula« wird von Jean → Lefèvre übersetzt.

[4] *15. Jh.*: Der »Ovide moralisé« wird in Prosa umgesetzt. Am Ende des Jh. übers. Octovien de Saint-Gelais mit großem Erfolg die Her. in Verse, und André de → La Vigne erfindet eigene Heroidenepisteln. M.-R. Jung

Bibliogr.: A. BOSSUAT, Manuel bibliogr. und Troisième Suppl., hg. F. VIELLIARD – J. MONFRIN – *Lit.*: H. DÖRRIE, Der heroische Brief, 1968 – M.-R. JUNG, Poetria, Vox Romanica 30, 1971, 44–64 – P. DEMATS, Fabula, 1973 – The Mythographic Art, hg. J. CHANCE, 1990 – O. rezeption, hg. B. ZIMMERMANN [im Dr.].

II. ITALIENISCHE LITERATUR: Der Kanon der unentbehrl. Schulautoren – neben Vergil, Horaz und Lukan (oder Statius) O., und zwar in der Regel der Ovidius maior – ist vermutl. am Ende des 12. Jh., auf dem Höhepunkt des O. interesses in Frankreich, von dort nach Italien gelangt. Erstmals ist diese Lehrpraxis in Bologna eindeutig belegt: 1321 erhält der Grammatik- und Rhetoriklehrer Giovanni del Virgilio von der Kommune den Auftrag, am Studio »versifficaturam poesim et magnos auctores, videlicet Virgilium Stacium Luchanum et Ovidium maiorem« zu lesen. Aus der lat. dringt O. in die volkssprachl. Kultur ein und wird (insbes. der Dichter der Mythen, während in der vorausgehenden Rezeption der praeceptor amoris das Bild geprägt hatte) neben Vergil zur wichtigsten antiken Q. Dantes. Ist Dantes Verpflichtung gegenüber O. noch überwiegend eine stoffliche, so sind in den Werken des jungen Boccaccio Geist und Formen der ovid. Dichtung beherrschend. Bei dem Humanisten Petrarca ist das Verhältnis zu O. hingegen deutl. abgekühlt. Die starke Präsenz O.s in der volkssprachl. Lit. der Zeit fördert Entstehen und Verbreitung volkssprachl. Wiedergaben. Um 1333/34 entsteht in Prato die bedeutendste O.-Übers. des Trecento und eine der besten frühen it. Übers. lat. Dichtung überhaupt: der Ovidio Maggiore des Arrigo Simintendi. Von großer Bedeutung für die weitere volkssprachl. Tradierung der ovid. Mythen ist der Ovidio Metamorphoseos vulgare des Giovanni dei Bonsignori (1375–77). B. Guthmüller

Lit.: EDant, Ovidio Nasone, P. [E. PARATORE] – G. BILLANOVICH, »Veterum vestigia vatum« nei carmi dei preumanisti padovani, IMUI, 1958 – F. MUNARI, O. im MA, 1960 – H. WIERUSZOWSKI, Rhetoric and the Classics in the Education of the Thirteenth Cent. (DIES., Politics and Culture in Mediev. Spain and Italy, 1971) – B. GUTHMÜLLER, Ovidio Metamorphoseos vulgare, 1981 – DERS., Die »volgarizzamenti« (Die it. Lit. im Zeitalter Dantes und am Übergang vom MA zur Renaissance, hg. A. BUCK, 2 Bde, 1987–89).

III. IBERISCHE HALBINSEL: Auf der Iber. Halbinsel sind die Spuren der O. kenntnis verhältnismäßig verbreitet, ohne daß sich jedoch die Vermittlung genau greifen läßt. In der Zeit → Alfons' X. v. Kastilien wurden Auszüge aus den Metamorphosen, Heroides, Fasti und Remedia amoris in die General Estoria eingearbeitet. Die Primera Crónica General enthält Her. 7 (Didos Brief an Aeneas). Die Suma de Historia Troyana des Leomarte (Mitte 14. Jh.) bringt kast. Fassungen der Her. 5, 6, 7, 9 und 12. Bedeutendstes Zeugnis für die O. rezeption im 14. Jh. ist der

Libro de buen amor des →Juan Ruiz. Sie verdichtet sich im 15.Jh. →Juan Rodríguez de la Cámara übersetzt die Her. unter dem Titel Bursario. Der Marqués de Santillana (→Mendoza) war, wie seine Bibliothek belegt, durch Übers. en mit dem O.korpus vertraut (z. B. Pierre →Bersuire in kast. Übers. Morales de Ouidio). J. →Gowers Confessio amantis wurde vonJuan de Cuenca übertragen (Confision del Amante). Die wohl aus dem 15.Jh. stammende kast. Fassung der Met. von Jorge de Bustamente wurde im 16.Jh. wiederholt aufgelegt. Alonso de →Madrigal gab seiner kast. Übers. der Eusebiuschronik Komm. zu Passagen aus den Met. bei. O. hat auch auf die Liebesdichtung der Cancioneros sowie auf die novela sentimental gewirkt. In Katalonien zeigt Bernat →Metge eine erstaunl. O.kenntnis, er verfaßte eine freie Übers. von De vetula (Ouidi enamorat). Das Werk des →Joan Rois de Corella verarbeitet ebenfalls umfangreiche O. passagen. Um 1390 übers. Guillem Nicolau die Her. ins Kat. Die Met. erschienen 1494 in der Übers. der Francesc Alegre zusammen mit einer allegor.-moral. Deutung in Form von Dialogen Boccaccios mit 20 antiken Lehrmeistern. D. Briesemeister

Lit.: R. SCHEVILL, O. and the Renaissance in Spain, 1913 (1971) – A. ALATORRE, Sobre traducciones castellanas de las Her., NRFH 3, 1949, 162–166 – Leomarte, Sumas de historia troyana, ed. A. REY, 1932 – Bursario, ed. P. SAQUERO Y SUÁREZ-SOMONTE–T. GONZÁLEZ ROLÁN, 1984 – J. Gower, Confision del Amante, hg. A. BIRCH-HIRSCHFELD, 1909 – O. T. IMPEY, O., Alfonso X and J.R. del Padrón, BHS 57, 1980, 283–297 – J. DAGENAIS, J. R. de P.s' Translation of the Lat. Bursarii, JHisp.Philol. 10, 1986, 117–139 – L. JENARO MACLENNAN, Sobre el texto del Pamphilus en el Libro de buen amor, RFE 68, 1988, 143–151 – B. BRANCAFORTE, Las Metamorfosis y las Heroidas de O.io en la General Estoria de Alfonso el Sabio, 1990 – M. S. BROWNLEE, The Severed Word, O.'s Her. and the novela sentimental, 1990 – J. GÓMEZ, Las 'artes de amores'..., Celestinesca 14, 1990, 3–16 – R. M. GARRIDO, Lectura alfonsí de las Her. de O.io, Rev. Canad. Estud. Hisp. 15, 1991, 385–399 – D. C. CARR, Text and Concordance of Morales de O.io. A 15th cent. Castilian translation of the O.ius moralizatus (Pierre Bersnire), BN Madrid ns. 10144, 1992.

IV. DEUTSCHE LITERATUR: Dem klösterl.-litteraten Bildungsbereich entstammen die frühen Zeugnisse der Auseinandersetzung mit O.: seine Nennung (neben Vergil und Lucan) bei →Otfrid v. Weißenburg (Ad Liutbertum 14) sowie die spärl. dt. Glossierungen. – Die eigentliche, das gesamte Werk O.s umfassende Rezeption setzt erst ab etwa 1150 ein, z. T. direkt, z. T. vermittelt über die frz. bzw. mlat. (Ps.-Ovidiana, Facetus) Lit. Als geschlossenes Werk haben nur die Met. eine dt. Bearbeitung erfahren: →Albrecht v. Halberstadt. Aber die litteraten Autoren des 12./13.Jh., Romanciers wie Lyriker, kennen O.: →Heinrich v. Veldeke knüpft im Eneasroman in zahlreichen Details, über seine Vorlage hinausgehend, an O. an; →Gottfried v. Straßburg fordert litterate Kenntnisse beim Publikum für die Entschlüsselung seiner O.-Anspielungen. Zahlreiche Bezüge auf O. bieten u. a. die Werke →Heinrichs v. Morungen, →Rudolfs v. Ems, →Konrads v. Würzburg, Ulrichs v. Etzenbach. – Für die Ausbildung der höfischen Liebe ist O. nicht von zentraler Bedeutung, doch prägt er Sprachstil und Darstellung in mehrfacher Hinsicht: Entstehen der Liebe, ihr Wirken als Naturgewalt und Krankheit, die Liebessymptomatik, die Schilderung seel. Affekte sind von O. beeinflußt. Minnemonologe, z. T. dialogisch geführt (vgl. Medea, Met. 7), oder in die Romanhandlung eingelagerte Briefe sind lit. Versatzstücke in der Nachfolge O.s. – In den Minnelehren ist sein Einfluß früh (»Der heimliche Bote«) erkennbar, schwindet jedoch im 14./15.Jh. – Als höf. Verserzählungen sind »Hero und Leander« sowie →»Pyramus und Thisbe« in eigenen Bearbeitungen überliefert. – Schwer abzuschätzen ist, wieweit jeweils direkter bzw. vermittelter O.-Einfluß vorliegt: Vorstellungen wie die von Heimlichkeit der Minne, von ihrer Beständigkeit, von der Liebe als Krieg/Dienst, von den Pfeilen Amors, Sprichwörter (»Steter Tropfen höhlt den Stein«), Beispielfiguren (Pyramus und Thisbe) bilden im Lauf des MA auch ohne direkte Rückbindung an O. eigene Traditionen aus. N. Henkel

Lit.: Verf.-Lex.[2] VII, 247–273 [H. KUGLER]; 928–930 [K.-H. SCHIRMER– F. J. WORSTBROCK] – K. BARTSCH, Albrecht v. Halberstadt und O. im MA, 1861 [umfangreiche Belege zur dt., frz. und engl. Lit.] – K. STACKMANN, O. im dt. MA, Arcadia 1, 1966, 231–254 – P. GANZ, Tristan, Isolde und O. (Fschr. H. DE BOOR, 1971), 397–411 – F. SCHMITT-VON MÜHLENFELS, Pyramus und Thisbe. Rezeptionstypen eines ovid. Stoffes in Lit., Kunst und Musik, 1972 – R. SCHNELL, O.s Ars amatoria und die höf. Minnetheorie, Euphorion 69, 1975, 132–159 – DERS., Causa amoris, 1985 – R. KISTLER, Heinrich v. Veldeke und O., 1993.

V. ENGLISCHE LITERATUR: Wie im frühen MA generell, so war die Verbreitung von O.s Werken anscheinend auch im ags. England gering, doch ist Buch I der »Ars amatoria« in der Hs. Oxford, Bodl. Auct. F.4.32 (»St. Dunstan's Classbook«), überliefert. In der anglolat. Lit. (→Aldhelm, →Alkuin) war die Rezeption O.s ebenfalls begrenzt und stammte z. T. aus zweiter Hand. In ae. Texten gibt es keine sicheren Zeugnisse für eine Benutzung O.s. Parallelen zw. einigen der ae. →Elegien, bes. »The Wife's Lament«, »Wulf and Eadwacer«, »The Husband's Message«, und O. (bes. »Heroides« 18, 19) können auch auf Zufall beruhen. Die Popularität O.s in England beginnt im 12. Jh. Unter den lat. Autoren kennen ihn z. B. →Walter Map (»De Nugis Curialium«), →Johannes v. Garlandia (Metamorphosenkomm.), →Johannes v. Salisbury sowie Nicholas →Trevet. In der me. Lit. wird O. aber erst in der 2. Hälfte des 14. Jh. intensiv rezipiert. Geoffrey →Chaucer wie John →Gower haben ihn von den röm. Dichtern am stärksten benutzt. Chaucer verweist an die zwanzig Mal auf O. bzw. seine Werke, so in seiner Traumvision »The Book of the Duchess«. Als eines der Vorbilder für die Slg. der »Legend of Good Women« dienten Chaucer wohl die »Heroides«, und die meisten Geschichten in der »Legend of Good Women« stammen ebenfalls aus O. In den »Canterbury Tales« beruht »The Manciple's Tale« von Phoebus und der Krähe auf »Metamorphosen« II. 531–632. Ferner hat Chaucer viele mytholog. Einzelheiten aus O. übernommen. Ein Text »The Remedy of Love« findet sich unter den Ps.-Chauceriana. Gower hat von den ca. 133 Geschichten in seiner »Confessio Amantis« mindestens 28 aus O. übernommen, meist aus den »Metamorphosen«, z. T. auch aus den »Fasti« und »Heroides«, wobei Gower auch den »Ovide moralisé« kannte. Eine Reihe dieser Geschichten haben sowohl Gower als auch Chaucer erzählt. Im frühen 15. Jh. zeigt John →Lydgate Kenntnis O.s, teils unmittelbare, teils aus zweiter Hand, v. a. im »Troy Book« und in »The Fall of Princes«. William →Caxton vollendete 1480 eine Prosaversion der »Metamorphosen«, und zwar nach einer frz. Prosaversion (»Ovide moralisé«), sie ist aber nur als Hs. erhalten und wurde von Caxton offenbar nicht gedruckt. Gavin →Douglas soll eine Übers. der »Remedia amoris« angefertigt haben, die jedoch nicht erhalten ist. 1513 druckte Wynkyn de Worde »The flores of Ovide de arte amandi«. H. Sauer

Bibliogr.: ManualME 3.IX, 780, 933 [Nr. 25]; 4.X, 992 usw.; 4.XI, 1084f. [Nr. 34], 7.XVII, 2206, 2413–2417 [Nr. 7] – Ed.: G. C. MACAULAY, The English Works of John Gower, 2 Bde, EETS ES 81–82, 1900–01 – L. D. BENSON u.a., The Riverside Chaucer, 1987 – Lit.: H. REUSCHEL, O. und die ags. Elegien, PBB 62, 1938, 132–142 –

L. P. WILKINSON, O. Recalled, 1955 – J. D. A. OGILVY, Books Known to the English 597–1066, 1967, 210–213 – D. PEARSALL, John Lydgate, 1970 – C. MAINZER, John Gower's Use of the Medieval O. in the Confessio Amantis, MAe 41, 1972, 215–229 – J. M. FYLER, Chaucer and O., 1979.

Ovide moralisé → Ovid, B. I, 3

Oviedo, Stadt in Nordspanien, Hauptstadt des Kgr.es (und der heut. Region) →Asturien, seit 805 Bf.ssitz. Das günstig an der Kreuzung mehrerer Nord-Süd- und Ost-West-Verbindungen gelegene O. (römerzeitl. Iovetum, Ovetum; frühma. Ovetao) war im 8. Jh. Zufluchtsort von Christen, die vor der arab. Invasion geflohen waren. Erste städt. Entwicklung vollzog sich um das Kl. (ursprgl. Einsiedelei) S. Vicente.

Kg. Fruela I. v. Asturien (757–768) baute den noch agrar. geprägten Ort zum Stützpunkt gegen arab. Angriffe aus. Er ließ die Kirche S. Salvador, die spätere Kathedrale, errichten. O. trat als astur. Königsresidenz allmähl. an die Stelle von →Cangas de Onís. Nachdem O. 794 durch einen muslim. Angriff Zerstörungen erlitten hatte, begann unter Alfons II. (793–842) die große Blütezeit der Stadt. In und um O. entstanden im 8. Jh. bedeutende kgl. (Pfalz mit Kapelle, spätere Cámara Santa) und kirchl. Bauten (Nonnenkl. S. Juan Bautista, seit Ende des 10. Jh. S. Pelayo; S. Julián de los Prados; Sta. María del Naranco; S. Miguel de Lillo u.a.), die noch heute einen einzigartigen Bestand vor- und frühroman. Bauten bilden (→Astur. Kunst). Auch profane architekton. Anlagen wurden errichtet (Aquädukt, Bäder, Befestigungsmauern). Seit 805 ist O. Bf.ssitz. Das allg. als Hauptstadt anerkannte O. erhielt von Ordoño I. 857 bes. Privilegien. Unter Alfons III. (866–909) wurde zum Schutz der Kirche S. Salvador und der Kg.spfalz eine Mauer errichtet.

Im Zuge der Verlagerung des Schwerpunktes auf die in der 2. Hälfte des 9. Jh. neueroberten südl. Gebiete wurde →León, auf Kosten des alten Zentrums O., im frühen 10. Jh. zur neuen Hauptstadt. Doch erhielt O. 1036 von Ferdinand I. (1035/38–65) erneut Privilegien. Bf. →Pelayo (1101–29, 1142–43) bemühte sich, die Metropolitanhoheit →Toledos abzuschütteln, und verfocht entschieden die kirchl. Eigenständigkeit O.s; zu diesem Zweck stellte er das »Corpus Pelagianum« her, einen der großen Fälschungskomplexe des MA (→Fälschungen).

An einer der Pilgerrouten nach →Santiago de Compostela gelegen, nahm O., dessen S. Salvador-Kathedrale von den Santiago-Wallfahrern rege besucht wurde, einen demograph. und wirtschaftl. Aufschwung (Handel, Handwerk), der nicht zuletzt von frz. Siedlern ('Francos') getragen wurde. →Alfons VI. (1065–1109) gewährte ein städt. Privileg (→Fuero), das von Alfons VII. 1145 bestätigt wurde. Die Stadtmauer wurde unter Alfons X. (1252–84) in erweitertem Umfang neuerrichtet. Der →Concejo erließ 1274 städt. Statuten zur Regelung der wirtschaftl. Tätigkeit. Am Ende des 13. Jh. erfolgte die Neuerrichtung der Kathedrale in der heut. Ausdehnung. Die auf Initiative des Bf.s →Gutierre v. Toledo (1377–89) begonnene Gotisierung der Kathedrale wurde 1587 beendet.
J. M. Alonso Núñez

Q.: E. FLÓREZ, España Sagrada, Bde 37–39, 1789–95 – Real Acad. de la Hist., Colección de Fueros y Cartas Pueblas de España, Catálogo, 1852 – *Lit.*: J. GIL FERNÁNDEZ–J. L. MORALEJO–J. I. RUÍZ DE LA PEÑA, Crónicas Asturianas, 1985 – *Lit.*: Estudios sobre la Monarquía Asturiana (Colección... centenario de Alfonso II el Casto, 1942), 1949 – A. C. FLORIANO CUMBREÑO, Estudios de Hist. de Asturias, 1962 – J. I. RUÍZ DE LA PEÑA, Un típico representante de la burguesía ovetense medieval. El Mercader Marcos Pérez, Asturiensia Medievalia 2, 1975, 107–112 – H. RODRÍGUEZ BALBIN, De un monte despoblado a un fuero real 700 a 1145. Estudio sobre los primeros siglos del desarrollo urbano de O., 1977 – F.

DE CASO FERNÁNDEZ, La construcción de la catedral de O. (1293–1587), 1981 – J. GAUTIER-DALCHÉ, Aperçus sur la monnaie et les usages monétaires dans les Asturies d'après la documentation de San Pelayo de O. (1043–1270) (En la España Medieval 2, 1982), 379–393 – J. FERNÁNDEZ BUELTA, Ruinas del O. primitivo [Nachdr. 1984] – V. GONZÁLEZ GARCÍA, El O. Antiguo, 1984 – S. SUÁREZ BELTRÁN, Bibliotecas eclesiásticas en O. en la Eda Media, Hispania 164, 1986, 477–501 – J. I. RUÍZ DE LA PEÑA, El comercio ovetense en la Edad Media I, 1990 – L. VONES, Gesch. der Iber. Halbinsel im MA, 1993, bes. 35–40.

Owain Glyn Dŵr ('Glendower' bei Shakespeare), Landbesitzer in N-Wales, der von Fs.en v. →Powys und →Deheubarth abstammte; † um 1416. Nachdem bereits vor 1400 Spannungen zw. Engländern und Walisern aufgetreten waren (→Wales), rebellierte O.G.D. im Sept. 1400 u.a. wegen seiner persönl. Unzufriedenheit mit Lord →Grey of Ruthin und Kg. →Heinrich IV. Er wurde in Glyndyfrdwy (Merioneth) zum Prince of Wales ausgerufen und griff Greys Ländereien und die engl. Grenzstädte an. Zu seinen Gefolgsleuten gehörten u.a. die Tudors of Anglesey, die 1401 Conway Castle einnahmen. O.G.D. rückte nun nach Mittel- und S-Wales vor, ihm gelang die Gefangennahme von Lord Grey und 1402 des Onkels von Edmund →Mortimer, Earl of March und Anwärter auf den engl. Thron. Mehrere Expeditionsfeldzüge des Kg.s (1400–03) hatten keinen dauerhaften Erfolg, auch nicht die Einschränkung der Rechte der Waliser durch das Parliament (1401–02). O.G.D. verband sich mit anderen Rebellen, bes. mit der →Percy-Familie und den Anhängern des Earl of March, doch der Sieg des Kg.s in Shrewsbury 1403 bedeutete einen Rückschlag. Mit frz. Hilfe versuchte O.G.D., S-Wales zu beherrschen (1403–06). 1404 schloß er mit Kg. Karl VI. v. Frankreich den Vertrag v. Paris. Auf Versammlungen in Machynlleth, Harlech und Pennal (1404–06) machte er weitreichende Pläne für ein unabhängiges Fsm. (Unterstützung des avign. Papstes, Schaffung einer walis. Kirche, Univ. und Zivilverwaltung sowie eines Fsm.s, das engl. Gft.en an der Grenze einschließen sollte). Nach Rückschlägen 1405–06 gingen 1408 Aberystwyth Castle und Harlech Castle verloren, O.G.D.s Familie geriet in Gefangenschaft. Er selbst verschwand, seine Rebellion endete um 1410. R. A. Griffiths

Lit.: J. E. LLOYD, Owen Glendower, 1931 – Dict. of Welsh Biogr., 1959 – G. WILLIAMS, Owen Glendower, 1966 – R. R. DAVIES, Wales 1063–1415, 1987.

Owl and the Nightingale, The ('Die Eule und die Nachtigall'), me. →Streitgedicht in 1794 Versen (vierhebigen jamb. Reimpaaren), entstanden um 1200 oder in der 1. Hälfte des 13. Jh. in Südengland, überliefert in zwei Hss. aus der 2. Hälfte des 13. Jh. Der Verf. ist unbekannt; ob es der im Gedicht gen. Nicholas v. Guildford war, den die Vögel als Schiedsrichter wählen, ist ganz unsicher. In »O. and N.« berichtet ein Erzähler, der sich auch kommentierend einschaltet, wie Eule und Nachtigall darum streiten, wer von ihnen besser singe und den Menschen nützlicher sei. Dabei diskutieren sie eine Reihe von weiteren Themen, wie z. B. den Wert von Sommer und Winter, das Verhältnis von Vorauswissen und Vorbestimmung sowie Fragen von Liebe, Ehe und Ehebruch. Der Schluß bleibt aber offen und man erfährt nicht, welche der beiden Kontrahentinnen als Siegerin aus der Debatte hervorgeht. Auch über den tieferen Sinn des Werkes ist sich die Forsch. uneinig. Es wurde eine Reihe von – letztl. nicht überzeugenden – allegor. Interpretationen vorgeschlagen (→Allegorie, V, 3); in jüngerer Zeit hat man »O. and N.« als Satire, Burleske oder Spiel mit Normen gedeutet, was aber wohl ebenfalls höchstens Teilaspekte des Werkes trifft. Unstreitig ist »O. and N.« einer der Höhepunkte der me. Lit.: In einem lebhaften, beinahe umgangssprachl. Ton, unter Verwendung vieler →Sprichwörter, aber gleichzeitig auch mit rhetor. Durchformung und mit jurist. Termini argumentieren die Vögel wie Menschen und verlieren doch nie ihren Charakter als Tiere. →Dialog, IX,4,b; →Literaturkritik, IV.   H. Sauer

Bibliogr.: NCBEL I, 509–511 – ManualME 3.VII, 1972, 716–720, 874–882 [Nr. 45] – *Faks.*: N. R. KER, The O. and the N., EETS 251, 1963 – *Ed.*: E. G. STANLEY, The O. and the N., 1962² [u. ö.] – H. SAUER, The O. and the N., 1983 [mit dt. Übers.] – *Lit.*: K. HUME, The O. and the N.: The Poem and its Critics, 1975 – R. HOLTEI, Norm und Spiel in The O. and the N., 1990.

Oxenstierna, großes schwed. Adelsgeschlecht, führte den Namen 'O.' (nach dem Familienwappen [Ochsenstirn mit Hörnern]) erst seit der 2. Hälfte des 16. Jh. Der Edelmann *Torsten Wigolfsson* († frühestens 1319) auf Fallnafors in Småland war der Großvater von *Bengt Nilsson* († frühestens 1373), Ritter, Reichsrat und Parteigänger Kg. →Albrechts. Sein Sohn, der Ritter und Reichsrat *Arvid Bengtsson* († 1401/02) auf Ängsö in Västmanland, gehörte zu den Magnaten, die Kgn. →Margarete zur Herrscherin über Schweden machten. Arvids Bruder war Vater der Ritter und Reichsräte *Nils Jönsson* († frühestens 1450) auf Djursholm in Uppland und *Bengt Jönsson* († 1449/50) auf Salsta in Uppland, die nach dem Tode Kg. →Christophs (1448) als Reichsverweser wirkten. Der Ebf. v. →Uppsala, *Jöns Bengtsson* († 1467), Sohn von Bengt Jönsson, stand 1457 an der Spitze der Adelsopposition, die Kg. →Karl Knutsson zur Flucht nach Danzig zwang. 1463 wurde Jöns Bengtsson von Kg. →Christian I. gefangengesetzt, doch erzwang sein Vetter, Bf. Kettil Karlsson (Vasa), durch einen Aufstand 1464 seine Freilassung. 1465–66 fungierte Jöns als Reichsverweser. Sein Neffe, der Ritter und Reichsrat *Sten Christiernsson* († 1516) auf Salsta, 1501 ein Führer des Aufstands gegen Kg. →Hans, wurde kurz vor seinem Tode vom Reichsverweser Sten →Sture eingekerkert. Sein Neffe, der Ritter und Reichsrat *Christiern Bengtsson* († 1520) auf Steninge in Uppland, fiel dem berüchtigten Blutbad v. Stockholm zum Opfer; sein Urenkel war der Reichskanzler *Axel O.*   H. Gillingstam

Lit.: H. GILLINGSTAM, Ätterna O. och Vasa under medeltiden, 1952/53.

Oxford

I. Stadtgeschichte – II. Universität – III. Kollegien.

I. STADTGESCHICHTE: O., Hauptstadt der südengl. Gft. Oxfordshire an der Themse, entwickelte sich aus einem sächs. →*borough*, der zuerst 912 in der Ags. Chronik erwähnt wird, aber wohl bereits im 8. Jh. bestand. Ursprgl. diente er als Befestigung gegen die Dänen; das regelmäßige Straßennetz läßt auf eine Plananlage schließen, wahrscheinl. einer kgl. Siedlung. O. lag strateg. im Mittelpunkt des engl. Kgr.es, auf halbem Weg zw. Northampton und Southampton, ein Schnittpunkt von Verbindungsstraßen zw. bedeutenden Städten, wie v. a. London, Bristol, Winchester, Bedford, Buckingham, Worcester und Warwick. Die Errichtung der kgl. Palastes von →Woodstock durch Heinrich I. um 1100 in unmittelbarer Nähe sowie die Einrichtung von drei Augustinerchorherrenstiften und einem Benediktinerinnenkl. erhöhten O.s polit. und kirchl. Einfluß im späten 11. und frühen 12. Jh. Doch wurde es im MA kein Bf.ssitz. Die zentrale Lage O.s innerhalb der Kirchenprovinz v. Canterbury ließ die Stadt zu einem bevorzugten Tagungsort von kirchl. Gerichtshöfen und Synoden werden. Die Folge war eine Zunahme von Rechtshandlungen sowie eine Verbindung zw. Rechtslehre und Rechtspraxis an den Gerichtshöfen. Kennzeichen für die wirtschaftl. Entwicklung O.s im 12. Jh. waren die Zünfte der Weber und der Lederhersteller. Auch bestand eine jüd. Gemeinde, deren Mitglieder hauptsächl. Leih- bzw. Zinsgeschäfte und Handel mit Luxusgütern betrieben. Der Domesday Survey v. 1086 verzeichnet 946 Häuser innerhalb und außerhalb der Mauern. Im 12. Jh. war O. wahrscheinl. die acht- oder neuntgrößte Stadt in England. Doch folgte im 14. und 15. Jh. ein Niedergang, der bis zum 16. Jh. anhielt.

II. UNIVERSITÄT: O. war die erste Univ. im ma. England. Wie die Univ.en v. →Paris, →Bologna und →Montpellier war die O.er Univ. eine allmähl. »gewachsene« Univ., die sich im Verlauf des 12. Jh. entwickelte. Sie beinhaltete zu Beginn des 13. Jh. ein →Studium generale und war auf die →Artes liberales, das röm. und Zivilrecht, das kanon. Recht und die Theologie spezialisiert. In O. verbreiteten im späten 12. u. frühen 13. Jh. einige prominente Gelehrte die log., metaphys. und naturwissenschaftl. Werke von →Aristoteles und seinen arab. und jüd. Kommentatoren, und O. wurde zu einem europ. Zentrum für diese in Paris 1210 und 1215 unterdrückten Bereiche der aristotel. Lehre. Tatsächl. war O. in der 1. Hälfte des 13. Jh. eine Univ., die an einigen der fortschrittlichsten Bereiche der europ. Wissenschaft Anteil hatte. Die Semestereinteilung basierte auf dem Modell von Paris, doch gab es bemerkenswerte Abweichungen hinsichtl. der Stellung und Aufgaben des Kanzlers, der Proktoren und Nationen. Der Kanzler verfügte in bezug auf die geistl., zivile und Kriminalgerichtsbarkeit über eine größere Autorität als irgendein Kanzler an den Univ. en auf dem Festland. Außerdem besaß er im wirtschaftl. und gesellschaftl. Leben der Stadt O. eine herausragende Stellung. Im späten 14. Jh. betrug die Zahl der akadem. Bevölkerung in O. schätzungsweise über 1500 (in →Cambridge zw. 400 und 700), in der Mitte des 15. Jh. wohl 1700 (in Cambridge ca. 1300). Im späten 15. und im 16. Jh. stieg die Zahl in Cambridge an, und um 1600 war wohl ein Gleichstand erreicht. Einer der Gründe für die sinkende Popularität O.s im späten MA war die Verwicklung der Univ. in die Häresien der →Wycliften und der →Lollarden. Noch i. J. 1500 war die Univ. O. keine wohlhabende Körperschaft. Da eine feste Finanzierung fehlte, war eine langfristige akadem. Planung nicht durchführbar, so daß im MA ein dem Zufall überlassenes Wachstum für die Entwicklung O.s charakteristischer blieb. Der Mangel an Ressourcen verzögerte auch die Errichtung von zweckdienl. Gebäuden. So spielte sich ein großer Teil des akadem. Lebens außerhalb der Kollegien in gemieteten Unterkünften ab.

Der traditionelle Lehrplan wurde teilweise durch das Eindringen der humanist. Lehre modifiziert. Dieser Prozeß erfolgte in der 2. Hälfte des 15. Jh. zunächst stufenweise und oberfläch., verstärkte sich aber an der Wende zum 16. Jh., als für die Lehre des →Humanismus dotierte Professuren und Lehrstühle eingerichtet wurden. Allg. läßt sich feststellen, daß O. nur die Elemente des kontinentaleurop. Humanismus aufnahm, die sich mit den überkommenen Lernmodellen vereinbaren ließen. O. war also im Vergleich z. B. zu Italien oder zu vielen dt. Univ.en, deren Lehrpläne nach humanist. Kriterien radikal geändert wurden, kein bedeutendes humanist. Zentrum.

III. KOLLEGIEN: Die Einrichtung von Säkularkollegien erfolgte in O. später als in Paris. Die Gesch. der engl. College begann 1264 mit der Gründung des Merton College in O. Es folgten das University College um 1280 und das Balliol College 1282. Vor 1500 wurden in O. zehn Säkularkollegien gegr.: drei im 13. Jh., vier im 14. Jh. und drei im 15. Jh. Zusätzl. zu den Säkularkollegien unterhielt

O. vor 1500 fünf Mönchskollegien und auch Häuser für Franziskaner und Regularkanoniker. Stärker als in Cambridge waren die Säkularkollegien in O. dem kirchl. Einfluß ausgesetzt. Von den zehn Säkularkollegien hatten neun kirchl. Gründer. Nur das Balliol College war eine weltl. Gründung. Seine Gründer, John de →Balliol, Lord of Barnard Castle, und dessen Witwe Dervorguilla, gaben dem College 1282 die ersten Statuten. Die meisten Gründer unterstellten – nach Pariser Vorbild – die Kollegien der kirchl. Aufsicht. Von bes. Bedeutung war die Gründung des New College durch William of Wykeham 1379. Sowohl die Zahl der Mitglieder als auch die Anlage der Gebäude übertrafen alle bestehenden Gründungen. An dem 1427 durch Richard Fleming, Bf. v. Lincoln, gegr. Lincoln College wurden Graduierte der Theologie ausgebildet, die die Häresie bekämpfen sollten. Das Vorherrschen kirchl. Kollegiengründer in O. bewirkte, daß die Institution der »Verwandtschaft des Gründers« ein wichtiges Kennzeichen der Kollegien darstellte. Da ein Geistlicher keine direkten Erben hatte, wurde bei der Einbringung von wesentl. Einkünften in eine Kollegiengründung seinen Verwandten durch die Möglichkeit einer Ausbildung am Kollegium Ersatz geleistet. Dieses System fand zuerst 1264 am Merton College Anwendung, dann folgten Queen's College, New College und All Souls College. Am Lincoln College und Magdalen College, obwohl von Geistlichen gegr., wurden keine derartigen Vereinbarungen getroffen. Es ist aber anzunehmen, daß einige Kollegien bis zu einem gewissen Grad »Familien-Kollegien« waren. Außerdem weiteten einige Kollegien ihre Verpflichtung gegenüber der Verwandtschaft auf die Hilfe bei der Sicherung von kirchl. Positionen für ihre graduierten Mitglieder aus, was sich als bes. wertvoll herausstellte, als im frühen 15. Jh. die päpstl. Q. der Patronage stark reduziert wurden. Bis zum späten 15. und frühen 16. Jh. dienten die Kollegien in O. in erster Linie der Unterbringung und Unterstützung graduierter Mitglieder. Ausnahmen bildeten das New College und – früher als in Cambridge – das kgl. College of King's Hall, die beide seit dem 14. Jh. auch nichtgraduierte Mitglieder zuließen. Die nichtausgestatteten Studienhäuser (O. halls) bildeten den üblichen Universitätsrahmen für den größten Teil der Nichtgraduierten und für viele Graduierte bis weit in das 16. Jh. →Mertonschule. A. B. Cobban

Lit.: H. RASHDALL, The Univ.es of Europe in the MA, III, 1936² – H. E. SALTER, Medieval O. (O. Hist. Soc. 100, 1936) – G. LEFF, Paris and O. Univ.es in the Thirteenth and Fourteenth Centuries, 1968 – A. B. COBBAN, Decentralized Teaching in the Medieval English Univ.es (Hist. of Education 5, 1976), 193–206 – New College O. 1379–1979, ed. J. BUXTON–P. WILLIAMS, 1979 – V. H. H. GREEN, The Commonwealth of Lincoln College 1427–1977, 1979 – The Hist. of the Univ. of O., ed. T. H. ASTON, 1984ff. – C. BROOKE–R. HIGHFIELD, O. and Cambridge, 1988 – A. B. COBBAN, The Medieval English Univ.es: O. and Cambridge to c. 1500, 1988.

Oxford, Earls of. Das Earldom of O. wurde 1142 von Ksn. Mathilde für Aubrey de →Vere geschaffen, erbl. →Chamberlain of England und einer ihrer Helfer bei ihrem Kampf gegen Kg. Stephan v. Blois. Obwohl Aubrey de Vere später auf Stephans Seite überwechselte, behielt er sein Earldom, das von Heinrich II. nach seiner Thronbesteigung bestätigt wurde. Die Earls besaßen wenig oder kein Land in der Gft., deren Titel sie trugen. Ihre meisten Besitzungen lagen in Essex und Suffolk, und im 13. Jh. gehörten sie zu den ärmsten Earls in England. Im 14. und 15. Jh. wurden ihre Ländereien durch Heirat und kgl. Patronage vermehrt, bes. unter dem 9. Earl Robert de Vere, einem Günstling Richards II., der von diesem umfangreiche Landschenkungen erhielt und 1385 zum Marquess of Dublin sowie 1386 zum Duke of Ireland ernannt wurde. Robert de Vere mußte im Dez. 1387 ins Exil gehen, seine Titel wurden eingezogen. Es erfolgte 1393 eine Wiederherstellung des Earldom für seinen Onkel und Erben Aubrey de Vere, doch wurde die Vererbung nun auf männl. Erben beschränkt. Trotz der Parteiwechsel der Familie während der Rosenkriege verblieb das Earldom durch Vererbung in männl. Linie bis 1703 im Besitz der de Vere. A. Tuck

Lit.: R. H. C. DAVIES, King Stephen, 1967 – A. TUCK, Richard II and the English Nobility, 1973.

Oxford, Provisions of, Verfügungen, die in einem in Oxford von Juni–Juli 1258 abgehaltenen Parliament gebilligt wurden (nur als formlose Denkschriften erhalten). Sie wurden von einigen Magnaten erzwungen, die mit der unheilvollen Außenpolitik Kg. Heinrichs III. und seiner Favorisierung von Ausländern äußerst unzufrieden waren. Die P. of O. stellen die weitestgehende Regierungsreform im ma. England dar. Ein neuer baronialer Rat wurde eingesetzt, der dem Kg. beratend zur Seite stehen und die Kanzlei sowie den →Exchequer beaufsichtigen sollte. Die Einberufung des Parliaments war dreimal im Jahr vorgesehen. Das Amt der →Justitiars wurde erneuert, der Klagen gegen kgl. Beamte anhören sollte. Auch die lokale Regierung erfuhr eine Reform, und der →Sheriff wurde ein besoldeter Beamter. In der Mise of →Amiens (1264) wurden die P. of O. verurteilt und schließlich im Dictum of →Kenilworth 1266 annulliert. C. H. Knowles

Lit.: E. F. JACOB, What were the »P. of O.«?, History 9, 1924, 188–200 – R. F. TREHARNE, The Baronial Plan of Reform 1258–1263, 1932 – DERS.–I. J. SANDERS, Documents of the Baronial Movement of Reform and Rebellion 1258–1267, 1973.

Özbeg → Goldene Horde

P

Pacheco, kast. Geschlecht ptg. Ursprungs, begründet von den ptg. Rittern Juan und Lope Hernández P., Söhne des Diego López P., Herrn v. Ferreira, die Ende des 14. Jh. nach Kastilien ins Exil gingen. Von Lope Hernández leitete sich der Seitenzweig der Herren v. Cerralvo ab. Juan Fernández P. (∞ Inés Téllez de Meneses) erhielt von Heinrich III. den Ort Belmonte. Ihm folgte seine Tochter María P., 2. Herrin v. Belmonte (∞ Alonso Téllez Girón; Söhne: Juan P., ihr Nachfolger; Pedro →Girón, Großmeister des Ritterordens v. →Calatrava).

Juan Fernández P. (1419/21–74), Marqués v. Villena, Hzg. v. Escalona und Meister des Santiagoordens, war einer der hervorragendsten Politiker im Kastilien seiner Zeit (∞ 1. María Portocarrero, Herrin v. Moguer und Villanueva del Fresno: Söhne: Diego López P., sein Nachfolger; Pedro Portocarrero, Herr v. Moguer und Villanueva del Fresno; Alonso Téllez Girón, Herr v. Puebla de Montalbán; Rodrigo P., starb ohne Erben; Alonso P., Ritter des Calatravaordens, fiel bei der Eroberung Granadas; sechs Töchter; 2. 1472 María del Velasco: Tochter María P.). Als Page des *Príncipe* Heinrich v. Asturien gewann er bald dessen Vertrauen und säte Zwietracht zw. ihm und seinem Vater Kg. Johann II. Seit 1440 intrigierte er mit dem Adel gegen den Kg. und dessen Günstling Álvaro de →Luna. 1441 beteiligte er sich am Adelsaufstand und hatte bei der zweiten Verbannung Lunas seine Hand im Spiel. 1445 wechselte er die Seite und kämpfte in der Schlacht v. →Olmedo gegen den Adel, wofür ihn Johann II. mit dem Marquesado v. →Villena belohnte. Am 11. Mai 1448 teilten in Záfarga durch Vermittlung des Bf.s v. Ávila, Alfonso de →Fonseca, Álvaro de Luna und Juan P. die Macht zw. sich auf. Aber schon 1449 begann er erneut gegen Luna zu intrigieren, bis dieser schließlich 1453 hingerichtet wurde. Mit dem Regierungsantritt Heinrichs IV. begann Juans polit. Aufstieg. Obwohl Günstling des Kg.s, erwies er sich oft auch als dessen Gegner, wenn es zu seinem Vorteil war. Mächtig dank großzügiger Gunsterweise (→*Mercedes enriqueñas*) des Herrschers, rief er 1460 heimlich eine Adelsliga gegen ihn ins Leben, verriet ihm jedoch gleichzeitig Teile der Verschwörung. Nachdem der Kg. auf seinen Rat hin Ansprüche auf die Kronen v. Aragón und Navarra erhoben hatte, bewog er ihn schließlich zum Verzicht und zur Annahme des unvorteilhaften Schiedsspruchs von Ludwig XI. v. Frankreich (1463). 1464 verschwor er sich erneut zusammen mit seinem Onkel, dem Ebf. v. Toledo, Alonso →Carrillo de Acuña, seinem Bruder Pedro Girón und anderen Adligen gegen den Kg. und versuchte sogar, sich seiner mit Gewalt zu bemächtigen. Beteiligt an der Absetzung Heinrichs IV. (Farce v. Ávila, 5. Juni 1465) und an der Ausrufung des Infanten Alfons (XII.) zum Kg., verständigte er sich heimlich mit dem Kg. und erreichte, daß dieser 1466 der Heirat der Infantin →Isabella (der Kath.) mit seinem Bruder Pedro Girón zustimmte, die jedoch wegen dessen vorzeitigem Tod nicht zustande kam. Nach dem Tode des Infanten Alfonso bereitete er 1468 den Vertrag v. →Toros de Guisando vor, in dem Heinrich IV. seine Schwester Isabella anstelle seiner für illegitim erklärten Tochter Johanna als Erbin einsetzte. Im selben Jahr bestätigte Heinrich Juan P. den Titel eines Meisters des Santiagoordens. Da die Heirat Isabellas mit dem aragones. Prinzen Ferdinand seinen Plänen zuwiderlief, erreichte er, daß der Kg. 1470 seine Tochter →Johanna 'la Beltraneja' wieder für legitim erklärte und zur Erbin bestimmte. Am 4. Okt. starb Juan P. in Sta. Cruz (Cáceres) und wurde im Hieronymitenkl. Parral (Segovia) begraben.

Sein Sohn *Diego López P.,* 2. Hzg. v. Escalona († 1529; ∞ 1. María de Luna: früh verstorbener Sohn Juan P.; 2. Juan Enríquez: Sohn Diego López P., 3. Hzg. v. Escalona; zwei Töchter: Isabella, Magdalena) hatte nicht die polit. Fähigkeiten des Vaters. Im kast. Bürgerkrieg unterstützte er die Partei der Infantin Johanna gegen die Kath. Kg.e. Obwohl er sich 1476 mit den Herrschern aussöhnte, zettelte er bald darauf wieder einen Aufstand an. Die Kg.e verziehen ihm erneut 1480, zogen den Marquesado de Villena jedoch zu Gunsten der Krone ein, erlaubten ihm und seinen Nachfahren allerdings weiterhin die Führung des Titels. Als Lohn für seine Dienste als Generalkapitän im Krieg gegen Granada erhielt er 1491 die Städte Serón und Tijola. 1504 spielte er eine wichtige Rolle in den polit. Auseinandersetzungen nach dem Tode Isabellas d. Kath.

R. Montero Tejada

Lit.: W. D. PHILLIPS Jr., Enrique IV and the Crisis of Fifteenth-Century Castile 1425–80, 1978 – Fernando del Pulgar, Claros varones de Castilla, ed. R. B. TATE, 1985, 105–109, 164–166 – L. VONES, Gesch. der Iber. Halbinsel im MA ..., 1993 [Lit.].

Pacher, Michael, Maler und Bildhauer, † Juli-August 1498, ab 1467 als Bürger und Werkstattinhaber in Bruneck, Südtirol, bezeugt. Im dt.-it. Zwischenbereich, zuerst beeinflußt vom burg. Realismus →Multschers (Sterzinger Altar 1457/58) und Nicolaus →Gerhaerts, dann grundlegend geprägt durch Eindrücke von →Donatello in Padua, →Mantegna und →Antonello da Messina arbeitet P. stilist. und qualitativ gleich intensiv in Malerei und Holzplastik. Die Werkliste umfaßt, mit Ausnahme von Fresken in Innichen, Neustift und Welsberg, fast nur Altäre und Fragmente von solchen: St. Thomas Becket-Altar für Neustift um 1455, Tafelfragmente im Johanneum in Graz. – Pfarrkirche in St. Lorenzen, vom Altar des Patrons um 1460/65 thronende Muttergottes am Ort, Tafeln mit Marien- und Laurentiusszenen in München, Alte Pinakothek, und Wien, Österr. Galerie. – Gries, Hochaltar der Pfarrkirche, Vertrag 1471, Schlußzahlung 1488, erhalten die Schreingruppe und zwei Flügelreliefs. Die Gruppe Mariä Krönung nimmt in ihrer Bühnenhaftigkeit diejenige des auch 1471 in Auftrag gegebenen, doch erst 1477/81 ausgeführten Altars in St. Wolfgang vorweg; Engel verhüllen mit Vorhängen die Raumtiefe, zwei Patrone flankieren die Hauptszene und zwei Ritterhll. den Schrein. Vier Flügel zeigen in St. Wolfgang Szenen von Christus-, Marien- und St. Wolfgangsszenen. Es ist der einzige ganz überlieferte Altar P.s, »die herrlichste Schöpfung der dt. spätgotischen Altarkunst« (PAATZ). – Augustinerkloster Neustift, Kirchenväteraltar um 1475/78, ausschließlich mit Tafelbildern gestaltet. Dem Ordenspatron St. Augustinus und seinen Szenen sind die drei anderen Kirchenväter beigesellt, in kunstvoller Perspektive gereiht. München, Alte Pinakothek. – Salzburg, Franziskanerkirche, Hochaltar, 1484 entworfen, 1497 aufgerichtet, 1709 zerstört. Erhalten im Barockaltar einzig die thronende Muttergottes, Tafelfragmente in Wien, Österr. Galerie.

A. Reinle

Lit.: E. HEMPEL, Das Werk M. P.s, 1937, 1952⁶ – W. PAATZ, Süddt. Schnitzaltäre der Spätgotik, 1963, 44–55 – N. RASMO, M.P., 1969.

Pachomij Logofet (P. Serb), altruss. Literat, Vertreter der lit.-geistigen Richtung des 'Zweiten südslav. Einflusses' in Rußland, Übersetzer und Hss.kopist, * um 1410/15, † nach 1484, stammte wahrscheinl. aus Serbien, ausgebildet in einem athonit. Kl. Als Priestermönch begab er sich vor 1430 (älteste erhaltene Hs. mit seinen Werken) nach Novgorod unter Ebf. Evtimij II. (1429–58) und verfaßte dort u. a. die Vita des Varlaam Chutynskij. 1440–43 lebte er in der Dreifaltigkeits-Sergius-Lavra n. von Moskau und bearbeitete die Vita des Kl.gründers Sergej v. Radonež auf der Grundlage der Fassung des →Epifanij Premudryj und nach der Auffindung der Reliquien 1422 eine Vita des Metropoliten Aleksej v. Moskau (1354–78). Um 1460 weilte er wieder in Novgorod sowie anschließend in Moskau. Die von ihm verfaßten Hl.nviten bereicherte er auch durch liturg. Dichtungen, die gelegentl. durch kunstvolle →Akrostichen verbunden sind. Insgesamt werden ihm 32 Werke zugeschrieben.

Ch. Hannick

Lit.: V. Jablonskij, P. Serb i ego agiografičeskie pisanija, 1908 [Auszüge: Nachdr. D. Tschižewskij, Slav. Propyläen 1, 1963] – Ch. Hannick, Die Akrostichis in der kirchenslav. liturg. Dichtung, WslJb 18, 1973, 151–162 – Slovar' knižnosti i knižnikov Drevnej Rusi, vtoraja polovina XIV–XVI v., II, 1989, 167–177.

Pachomios (kopt. *P.ahóm* 'Königsfalke'), Kl.gründer, * um 292 in Esneh (Oberägypten), † 9. Mai 346 (347), entschloß sich bald nach seiner Bekehrung zum Christentum (313) zum asket. Leben unter den ägypt. Eremiten. Dann glaubte er sich berufen, die Eremiten zum gemeinsamen Leben zu bewegen, und gründete nach einigen Mißerfolgen 320–325 das Kl. Tabennisi. Die neue Lebensform breitete sich rasch aus. Die Gründung weiterer Kl. und der Anschluß bestehender Gemeinschaften führten zu einem Kl.verband (Koinonia) von 9 Männer- und 2 Frauenkl. (eines unter der Leitung einer Schwester P.s), den P. als 'Generaloberer' leitete (seit ca. 330 vom Kl. Phbow aus). Er verfaßte, neben 11 Briefen und zwei Ansprachen, für seine Kl. eine Regel (älteste christl. Kl.regel); das kopt. Original ist vollständig nur in der lat. Übers. des Hieronymus (404; nach einer gr. Version) erhalten, die das w. Mönchtum beeinflußte. Leben und Werk des P. sind in verschiedenen Viten festgehalten. An ihrem Anfang stand wohl eine verlorene kopt. Urform, die von kopt. und gr. Bearbeitern fortgeführt und tendenziös ausgestaltet wurde. →Dionysius Exiguus übersetzte eine gr. Vita ins Lat.

K. S. Frank

Ed. und Lit.: CPG 2353–2358 – LThK² VII, 1330f. [Ed.] – DIP VI (1980), 1067–1073 – DSAM XII (1984), 7–16 – A. Veilleux, La liturgie dans le cénobitisme pachômien au 4ᵉ s., 1968 – F. Ruppert, Das pachomian. Mönchtum und die Anfänge klösterl. Gehorsams, 1971 – H. Quecke, Die Briefe Pachoms, 1975 – A. Veilleux, Pachomian Koinonia, 3 Bde, 1980–82 [engl. Übers.] – H. Bacht, Das Vermächtnis des Ursprungs, 2, 1983 [Regeln mit dt. Übers. und Komm.] – Ph. Rousseau, Pachomius. The Making of a Community in Fourth-Century Egypt, 1985 – Th. Baumeister, Der aktuelle Forsch.sstand zu den Pachomiusregeln, Münchener theol. Zs. 40, 1989, 313–321.

Pacht, eine Form der freien Bodenleihe (→Leihe), bezeichnet eine freie und individuell aushandelbare Vereinbarung, die zw. einem Verpächter und einem Nutzungsberechtigten auf der Basis weitgehender Gleichberechtigung geschlossen wird. Sie ist regional und inhaltl. unterschiedl. gestaltet und wird als pactum, →*bail*, *métayage*/*mezzadria* (→Teilbau) bezeichnet. Die Termini beziehen sich auf den P.zins wie auch auf das gesamte Rechtsverhältnis. Spätma.-frühnz. Glossatoren sowie die Rechtsbücher setzten die röm.-gemeinrechtl. Begriffe conductio, locatio und colonus mit den aus der röm.-rechtl. →Precaria und →Emphyteusis abgeleiteten Begriffen P./Pächter gleich und verbanden sie mit der Lehre von der Trennung des Obereigentums des Verpächters und des Unter-/Nutzungseigentums des Pächters. P. bezeichnet zeitl. begrenzte Nutzungs- und Fruchtziehungsverhältnisse bei landwirtschaftl. nutzbaren Grundstücken und Weinbergen, bei gewerbl. Betrieben und Gerechtsamen (Mühlen, Bergwerke, Münzstätten) sowie bei der Viehzucht (Viehpacht, Eisernviehvertrag, frz. *cheptel*), bei der der Übergang zum Darlehen fließend wird. Die P.zinsen, die für die überlassene Nutzung einer Sache oder eines Rechts und die Fruchtziehung zu entrichten waren, bestanden in unterschiedl. Kombinationen aus Naturalien, v. a. Getreide, Geld, Vieh und gewerbl. Produkten. Dazu kamen fixierte Abgaben zur Anerkennung der Gerichtsherrschaft, der Bannrechte, der Landesherrschaft und des Obereigentums des Verpächters. Gelegentl. konnten bes. Dienstleistungen hinzutreten. Eine generelle Ablösung der Abgaben in Geldzahlungen ist regional und zeitl. sehr unterschiedl. verlaufen und kann allg. gültig nicht festgestellt werden. Die P. gewann, von frühma. Vorformen (9. Jh. N-Italien) abgesehen, erst im Zusammenhang mit der Auflösung der älteren →Grundherrschaft im Hoch- und SpätMA an Bedeutung. Sie dokumentiert den Wandel von einer mehr personenrechtl. zu einer sachen- und schuldrechtl. bestimmten Landnutzung und intensiv betriebenen Landwirtschaft. In diesen Zusammenhang gehört auch das Landsiedelrecht. Die P. verbesserte die Besitz- und Nutzungsrechte der Bauern am Leihegut, bes. wenn sie erbl. wurden. P. tritt als Erbp., als P. auf Lebenszeit oder als Teilp. sowie v. a. als Zeitp. auf. Bei der zeitl. befristeten P. sind Fristen, die meist an Fruchtwechselphasen orientiert sind, von 3, 6, 9, 12 und 24 Jahren üblich, doch kommen auch Fristen von 5, 10, 20 oder 30 Jahren vor. Bei den durch 3 teilbaren Zahlen liegt eine Verbindung zum dreijährigen Rhythmus der →Dreifelderwirtschaft nahe. Der Übergang von der Erbp. zur Zeitp. ist regional und zeitl. sehr unterschiedl.; nachträgl. Rückumwandlungen in Erbp. sind belegt. Die jeweilige Bevorzugung einer Pachtform hing von der Rechtsqualität des P.objektes, den regionalen Traditionen und bei landwirtschaftl. Grundstücken von den naturräuml. Gegebenheiten ab. Wahrscheinl. wurden der Zeitp. in den Gebieten der Villikationsverfassung v. a. die ehem., meist größeren Haupthöfe (→Fronhof) zuerst erfaßt, während die kleineren, ehemals abhängigen, oft weiter vom Zentrum entfernten Hofstellen in Erbp. ausgegeben wurden. Nicht immer gelang es, diese seit dem 15. Jh. auch der Zeitp. zu unterwerfen. Die Bauern hatten meist sehr unterschiedl. große und rechtsqualitativ sehr verschiedenartige P.objekte zusammengepachtet. Der Anteil des von den verschiedenen P.formen erfaßten Landes war im Vergleich zu den übrigen Landnutzungsarten regional sehr unterschiedl. Die kurzfristige Vergabe von Land ist ein Hinweis auf eine intensiv betriebene und gewinnorientierte Landwirtschaft im Umkreis der entstehenden arbeitsteiligen Stadtwirtschaften in Europa seit dem 12./13. Jh. Hierzu wurden u. a. Zeitp.verträge mit sehr differenziert vorgeschriebenen Anweisungen zum Getreideanbau, zur Düngung der Ländereien und Weinberge, v. a. zur Besömmerung der Brache, zum Anbau von Gewerbepflanzen und zur Weidewirtschaft abgefaßt. – Zur Ämterp. →Ämterkäuflichkeit. Zur P. in Skandinavien →Landgilde, Landskyll.

Ch. Reinicke

Lit.: HRG III, 1396–1400 – P. Lindemans, Geschiedenis van de landbouw in België, II, 1952, 208–294 – H. P. J. Hansen, Landbouwp. in Brabant in de 14e en 15e eeuw, 1955 – H. Conrad, Dt. Rechtsgesch., I, 1962², 199ff., 237f. – G. Fourquin, Les débuts du fermage: l'exemple de St-Denis, ER 22/24, 1966, 7–81 – F. Lütge, Gesch. der dt. Agrarverfassung, 1967², 83ff. – K. S. BADER, Rechtsformen und Schichten der Liegenschaftsnutzung im ma. Dorf, 1973, 16–51 – Hist. de la France rurale, II, 1975, 126ff., 147–151 – W. ABEL, Gesch. der dt. Landwirtschaft, 1978³, 98ff. – F. IRSIGLER, Die Auflösung der Villikationsverfassung und der Übergang zum Zeitp.system im Nahbereich niederrhein. Städte (VuF 27, 1, 1983), 295–312 – CH. REINICKE, Agrarkonjunktur und techn.-organisator. Innovationen auf dem Agrarsektor im Spiegel niederrhein. P.verträge 1200–1600, 1989, 87–172 – The Agrarian Hist. of England and Wales, III, 1991, 587–743.

Pachymeres, Georgios, byz. Schriftsteller und Polyhistor, * 1241 in Nikaia, † 1310. Als Kleriker (Diakon) bekleidete er hohe Ämter bei der Großen Kirche in Konstantinopel als Jurist (Dikaiophylax). Er hatte wahrscheinl. bei Georgios →Akropolites studiert und stand in wiss. Verkehr mit den späteren Patriarchen v. Konstantinopel, →Gregorios II. Kyprios, und Nikephoros→Blemmydes. Er genoß die Unterstützung des Patriarchen →Athanasios II. und war Lehrer des Dichters Manuel →Philes. Sein Hauptwerk, das die Gesch. von 1255 bis 1308 in 13 Büchern behandelt, ist eine Forts. des Gesch.swerkes des →Akropolites. Er verfaßte auch Scholien zu antiken Autoren (u. a. Homer). Um 1300 schrieb er ein Quadrivium (Σύνταγμα τῶν τεσσάρων μαθημάτων), das für die byz. Bildungsgesch. von höchster Bedeutung ist. Theol. Bildung stellt er in einem Traktat über den Ausgang des Hl. Geistes unter Beweis. Als Autograph sind vier Hss. erhalten. In der Frage der Union mit Rom (I. Konzil v. →Lyon, 1274) vertrat er im Laufe seines Lebens eine ambivalente Haltung. Ch. Hannick
Ed. und Lit.: Georges Pachymerès, Relations hist., I–II (livres I–IV), ed. A. FAILLER, trad. V. LAURENT, 1984 – PLP, Nr. 22186 – HUNGER, Profane Lit., 98–100, 106–108, 115–119, 447–453 – A. FAILLER, Pachymeriana nova, RevByz 49, 1991, 171–195.

Pacianus, Bf. v. →Barcelona, † ca. 390, verfaßte drei Briefe gegen den →Novatianer Sympronianus und prägte die Formel »Christianus mihi nomen est, catholicus vero cognomen« (Ep. 1,4). Sein Werk »Paraenesis, siue exhortatorius libellus ad paenitentiam« behandelt die Buße, der »Sermo de baptismo« die Taufe; verloren ist der »Cervulus«. J. M. Alonso-Núñez
Ed.: CPL 561–563 – MPL 13, 1051–1094 – Opuscula, ed. P. H. PEYROT [Diss. Utrecht, 1896] [Nachdr. 1969] – Obras, ed. L. RUBIO FERNÁNDEZ, 1958 [mit span. Übers.] – A. ANGLADA ANFRUNS, Las obras de Paciano publicadas por V. NOGUERA y edición crítica del Liber de paenitentibus, 1982 – *Lit.:* ALTANER-STUIBER, 369f. – Hist. de la Iglesia en España, hg. R. GARCÍA VILLOSLADA, I, 1979, 181, 275–278, 293–303.

Paciarii (pahers, paers), 'Männer des Friedens', aus Südfrankreich (Languedoc) stammende Institution, 1214 eingeführt in →Katalonien im IX. Kap. der Konstitutionen der unter dem Vorsitz des Kard.legaten Peter v. Benevent im Namen des minderjährigen Jakobs I. stattfindenden Pax- und Treuga-Versammlung v. Lérida, wo erstmals neben Adel und Klerus auch Vertreter der Städte auftraten (Vorform der→Cortes). Um die Durchführung der erlassenen Konstitutionen zu überwachen, wurden zusammen mit den →Veguers auch P. in die wichtigsten Orte entsandt. Die P. mußten wie die Veguers zu Beginn ihres einjährigen Mandats einen öffentl. Eid vor dem Prokurator Kataloniens ablegen, bevor sie zusammen mit dem Bf., der die Gesetzesbrecher exkommunizierte (Kap. XIII), Recht sprechen konnten. In Barcelona waren die P. als städt. Magistratsbeamte 1249–58 tätig und wurden dann durch die →Consellers ersetzt, während sie als Institution u. a. in Lérida, Cervera, Balaguer erhalten blieben. In Tortosa war die *paeria* mit vier P. – je einem pro Pfarrei – seit 1276 zusammen mit dem Veguer für die Rechtsprechung zuständig und bestand wie auch in den Magistraten des Gebiets von Lérida bis zu Philipps V. Dekret v. Nueva Planta (1716) fort. Carmen Batlle
Lit.: R. GRAS I ESTEVA, La Pahería de Lérida, 1911 – J. M. FONT RIUS, Orígenes del régimen municipal de Cataluña (Estudis sobre els drets i institucions locals en la Catalunya medieval, 1985), 457ff. – G. GONZALVO I BOU, La Pau i la Treva a Catalunya, 1986 – TH. N. BISSON, The Organized Peace... (Medieval France and her Pyrenean Neighbours, 1989), 215-236.

Pacificus. 1. P. OFM, sel., † um 1230. Zahlreichen franziskan. Q. zufolge (Thomas v. Celano, Vita II, Bonaventura, Legenda Maior, Compilatio Assisiensis etc.) war er ein von Friedrich II. zum »rex versuum« gekrönter Troubadour. Er konnte bislang jedoch nicht mit einem der bekannten Autoren der →Sizilianischen Dichterschule identifiziert werden. Um 1212 begegnete er dem hl. →Franziskus bei Sanseverino (Marken); eine Vision des Hl.n bewog ihn zur Bekehrung und zum Eintritt in den Franziskanerorden, wobei er den Namen P. annahm. Er ist vielleicht mit dem anonymen Frater gleichzusetzen, dem die gen. Q. sowie die →Legenda Aurea eine Vision zuschreiben, in der Gott selbst den mit Edelsteinen verzierten Sitz zeigt, der für Franziskus nach dessen Tod im Paradies bereitstehe. 1217–23 war P. Provinzial der Provincia Franciae und 1226–28 Visitator der Klarissen. Mitte des 14. Jh. weist eine anonyme Kompilation (B.N. Paris), die vielleicht Arnaud v. Serrant zuzuschreiben ist, P. im Rahmen ihrer Gleichsetzung des hl. Franziskus mit Christus die Rolle des Apostels Simon zu. G. Barone
Q. und Lit.: LThK² VII, 1333 – A. CALLEBAUT, Les provinciaux de la province de France au XIII° s., AFrH 10, 1917, 290–294 – M. MICHALCZYK, Une compilation parisienne des sources primitives francisc., Paris B.N., ms. lat. 12707, AFrH 76, 1983, 7, 19–21 – C. TEDESCHI, San Francesco e frate Pacifico nelle fonti francescane del duecento, Analecta TOR 19, 1987, 499–524.

2. P. v. Novara OFM, * um 1420 in Cerano (Lombardei), † 4. Juni 1482 in Sassari (Sardinien), ▭ Cerano; stammte aus der Familie Ramati. 1445 trat P. in den Franziskanerkonvent S. Nazzaro della Costa in Novara ein; später gründete er Kl. in Soncino und Vigevano. Er studierte in Paris Theol. und erwarb rasch großen Ruhm als Prediger in Piemont und in der Lombardei, so daß man ihn als einen zweiten Bernardinus bezeichnete. Seine Predigten behandeln für die Franziskan. Observanz typ. Themen: Marienfrömmigkeit, bußfertige Gesinnung und – entsprechend der Anordnung des Franziskanerpapstes Sixtus IV. – Aufrufe zum Kreuzzug gegen die Türken. P. war in Verwaltungsaufgaben seines Ordens tätig, in seinen letzten Lebensjahren auch als Kreuzzugsprediger, in Sardinien, wo er schließlich starb. Seine nach Cerano überführten Reliquien wurden sehr bald kult. verehrt, und es geschahen Wunder an seinem Grab. Benedikt XV. anerkannte 1745 den Kult ab immemorabili. Seine Anleitung für Beichtväter »Sumula di pacifica coscienzia« (oder Summa Pacis) in Volgare (Erstdr. 1479) erlebte bis 1587 17 Neudrucke. G. Barone
Ed. und Lit.: Mailand 1479 (HAIN-COPINGER 12259) – Indice Generale Incunaboli, IV, 1965, 7130 s. – DSAM XII, 1, 1984, 21 – LThK² VII, 1333 – Bibl. SS, X, 4f. – A. L. STOPPA, Il b. Pacifico da Cerano, 1974.

Pacioli (Paciuolo), **Luca** (de Borgo), OFM, aus Sansepolcro (Toscana), * um 1447, † 19. Juni 1517, durch seinen Unterricht an it. Universitäten und v. a. durch sein umfangreiches Druckwerk »Summa de arithmetica, geometria, proportioni et proportionalita« (1494, 1523²) der einflußreichste it. Mathematiker des ausgehenden MA; die »Summa« ist eine enzyklopäd. Darstellung der damaligen math. Kenntnisse, auch mit Unterweisungen zum kaufmänn. Rechnen und der Erklärung (erstmals im

Druck) der doppelten Buchführung (→Buchhaltung). Gedruckt wurden weiter »De divina proportione« (in it. Sprache: über den Goldenen Schnitt und die regelmäßigen Körper; Zeichnungen von P.s Freund Leonardo da Vinci) und eine Ausg. der »Elemente« Euklids (lat., mit P.s Anm.); beide 1509. Hsl. erhalten sind eine arithmet.-algebr. Schrift (von P. 1478-80 für seine Studenten in Perugia verfaßt, vieles davon in die »Summa« aufgenommen) sowie ein »De viribus quantitatis« (Scherzaufg., math. Spiele, geometr. Konstruktionen neben Sprichwörtern und Rezepten), beide auf it. geschrieben. Verschollen sind zwei weitere arithm.-algebr. Schriften (1470 in Venedig bzw. 1481 in Zara entstanden), eine Abhandlung über das Schachspiel sowie eine it. Übers. der »Elemente«. P. war wenig original, wurde sogar mehrfach (zuerst von Vasari) des Plagiats beschuldigt. J. Sesiano

Lit.: DSB X, 269-272 [Lit.] - Scienzati e tecnologi dalle origine al 1875, 1975, II, 477-480 [Bild von P.] - E. PICUTTI, Sui plaggi matematici di Frate Luca P., Le Scienze 246, (Febr.) 1989, 72-79.

Paço de Sousa (Palatiolum), Kl. OSB S. Salvador in Portugal, Mitte des 10.Jh. ö. von Porto am Fluß Sousa in der Nähe der Festung Penafiel als Familienkl. gegr. Das in einer bes. fruchtbaren Gegend gelegene und von zwei mächtigen Familien geförderte Kl. gelangte zu Wohlstand. Um 1085 wurde es cluniazensisch. 1088 erbaute das 'cenobium' sich eine neue Kirche, die Ebf. Pedro v. Braga einweihte. In der 1. Hälfte des 12.Jh. zählte P.d.S. zu den reichsten Kl. der Diöz. Porto. Ihm gehörten 17 Kirchen, sein Schutzherr war Egas Moniz († 1146), als 'curiae dapifer' der wichtigste Mann am Hofe→Alfons' I. v. Portugal. Sein Grab in der neuen, aus dem 12.Jh. stammenden Kirche v. P.d.S. gilt als eines der bedeutendsten Zeugnisse ptg. Romanik. P. Feige

Lit.: FR. A. DA ASSUNÇÃO MEIRELES, Memórias do Mosteiro de P. e Index dos Documentos do Arquivo, hg. A. PIMENTA, 1942 - J. MATTOSO, Le monachisme ibérique et Cluny, 1968 - DERS., Portugal medieval. Novas interpretações, 1985 [passim].

Pacta Veneta, Verträge zw. den Dogen v. →Venedig und den Herrschern des Regnum Italicum, beginnend mit dem Abkommen vom 22. Febr. 840 zw. Pietro Tradonice und Lothar I. bis zum Vertrag vom 20. Sept. 1220 zw. Pietro →Ziani und Friedrich II. Die Verträge, die, im wesentl. unverändert, von jedem neuen Herrscher erneuert wurden, setzten die Grenzen des Dogats fest und regelten die polit., rechtl. und wirtschaftl. Beziehungen der Venezianer mit den Einwohnern Reichsitaliens. Anfang des 13.Jh. setzten die Schwäche der Zentralgewalt und das Erstarken der Kommunen in Norditalien dieser Tradition ein Ende. An die Stelle der P.V. traten bilaterale Abkommen zw. Venedig und den einzelnen Kommunen. M. Pozza

Lit.: A. FANTA, Die Verträge des Ks.s mit Venedig bis zum J. 983, MIÖG 1, 1885, 51-128 - R. CESSI, P.V., Arch. Ven., ser. V., 3, 1928, 118-184; 1929, 1-77 - G. RÖSCH, Venedig und das Reich. Handels- und verkehrspolit. Beziehungen in der dt. Ks.zeit, 1982, 7-26.

Pactum (von pacisci, 'Frieden schließen', pax, 'Friede'), (1) im ältesten röm. Recht die Versöhnung zw. einem Rechtsbrecher und seinem Opfer oder dessen Sippe, meist in Verbindung mit der Leistung einer →Buße, sowie der Erlaß einer verwirkten Buße; (2) später auch Erlaß und Stundung anderer Schulden (p. de non petendo, →Exceptiones; hierauf bezog sich die Verheißung des Prätors »Pacta conventa servabo« [D. 2,14,7,7], 'Ich werde abgeschlossene pacta schützen', die dem geflügelten Wort »Pacta sunt servanda« zugrunde liegt), wurde (3) im klass. Recht zum Sammelnamen für Vereinbarungen, die als Nichtkontrakte keine Klage (→Actio) erzeugten, und Nebenabreden bei Verträgen, die den Inhalt der betreffenden Vertragsklage ex fide bona modifizierten. Vereinbarungen, die keine Obligationen erzeugten, weil ihnen die →causa fehlte, werden in den Digesten (D. 2,14,7,4) als pactiones nudae ('nackt', 'bloß') bezeichnet. Die ma. gelehrten Juristen, z. B. →Azo (Summa Codicis 2,3), bezogen diese und ähnliche Stellen auf die causa formalis und entwickelten eine Lehre von den vestimenta ('Gewändern') der pacta, durch die diese als Real-, Verbal-, Konsensual- und Litteralkontrakte, Nebenabreden bei Verträgen (contractus coherentia) oder Innominatkontrakte (rei interventu) klagbar würden. Dadurch wurde der Begriff des p. zum zentralen Begriff der Lehre von den obligator. Verträgen. P. Weimar

Lit.: Heumanns Handlex. zu den Q. des röm. Rechts, bearb. E. SECKEL, 1909^9 - M. KASER, Das röm. Privatrecht I, 1971^2, bes. 527.

Pactum Calixtinum → Wormser Konkordat

Pactum Hludowicianum, Urk. Ludwigs d. Fr. für die röm. Kirche v. 817, Vorbild weiterer Kaiserpakte. Schon 816 hatte der Ks. mit Papst Stephan IV. in Reims über ein Pactum verhandelt, das er 817 - wohl im Zusammenhang mit der →Ordinatio imperii - für dessen Nachfolger Paschalis I. erneuerte. In dem nur als Abschrift in den kanonist. Slg.en des 11./12.Jh. überlieferten P.H. bestätigt Ludwig den päpstl. Besitz in dem durch die Schenkungsversprechen und Schenkungen Pippins und Karls d. Gr. erreichten Umfang (Sardinien und Sizilien vermutl. interpoliert). Dem Papst wird innerhalb seines Besitzes - verbunden mit dem traditionellen Schutzversprechen - weitgehende Autonomie zugestanden; nur in bezug auf die Gerichtsbarkeit behält sich der Ks. ein Interzessionsrecht vor, das ihm einen Einfluß auf Papstwahlen ermöglicht. Dadurch sowie durch weitere Auflagen erfährt das den Römern zugesicherte Privileg der freien Papstwahl eine wichtige Einschränkung. Nach erfolgter kanon. Wahl und Weihe soll der Ks. benachrichtigt und der traditionelle Freundschaftsbund erneuert werden. Das P.H. zeigt einerseits als erstes textl. faßbares Dokument bis in einzelne Formulierungen die Vereinbarungen zw. den Karolingern und dem Papsttum seit 754, trägt aber andererseits durchaus den Stempel eigenständiger Politik, da Ludwig durch die Verwendung des unter ihm neu entwickelten Formulars (→Formel, III) der Immunitätsurkk. der röm. Kirche letztl. keine anderen Freiheiten zugesteht als ,der frk. Reichskirche. →Constitutio Romana. A. Hahn

Lit.: →Ludwig (I.) der Fromme - A. HAHN, Das Hludowicianum, ADipl 21, 1975, 15-135.

Pactus Alamannorum → Lex Alamannorum

Pactus legis Salicae. Seit dem Erscheinen der →Lex Salica-Ed.en von K. A. ECKHARDT (1953ff.) unterscheidet - auf der Basis der ECKHARDTschen Rubrizierung - ein erhebl. Teil der Lit. zw. einem merow. P.l.S. (65 Titel-Text), einer frühkarol. Lex Salica (100 Titel-Text) und einer Lex Salica Karolina (70 Titel-Text). Aufgrund der hsl. Überlieferung sollte entgegen ECKHARDT darauf verzichtet werden, den 65 Titel-Text als »P.« zu bezeichnen und damit den Eindruck zu erwecken, dies könnte der authent. oder während der Merowingerzeit in der Praxis gebräuchl. Titel gewesen sein. Keine der sieben Hss., die diesen Text oder Teile desselben bewahrt haben, enthält die Eingangsrubrik »P.l.S.«. ECKHARDT stützt sich für diese von ihm favorisierte Bezeichnung nur auf die Überschrift des Titelverzeichnisses der Codices Paris, Bibl. Nat. Lat. 4404, und Paris, Bibl. Nat. Lat. 4403b, während die übrigen Hss., u. a. die keineswegs weniger glaubwürdigen München, Staatsbibl. Clm. 4115, und Paris, Bibl. Nat. Lat. 18237, die Bezeichnung Lex Salica aufweisen.

Nicht zuletzt wegen der im frk. Herrschaftsgebiet zu beobachtenden Schreiberwillkür bei der Rubrizierung legislativer Werke lassen sich aus der vereinzelten Verwendung des Terminus »P.« für die Lex Salica keine tragfähigen Schlüsse auf deren Normqualität etwa in dem Sinne ziehen, daß der P. »gleichsam mit dem Volke vereinbart« (Dt. Rechtsgesch., 90) sei. H. Nehlsen

Ed.: P.l S., hg. K. A. Eckhardt (MGH LNG IV, 1, 1962) – *Lit.:* Dt. Rechtsgesch., 1988[18] – HRG III, 1403-1405 – H. Nehlsen, Zur Aktualität und Effektivität germ. Rechtsaufzeichnungen (VuF 23, 1977), 449-502.

Pädagogik → Erziehungs- und Bildungswesen, →Schule

Päderastie → Homosexualität

Paderborn, Bm., Stadt in Nordrhein-Westfalen, am →Hellweg gelegen.

I. Bistum – II. Stadt

I. Bistum: [1] *Gründung und Aufbau:* P. und der Bereich an den Lippequellen 10 km n. P.s waren im 8. und frühen 9. Jh. der zentrale Raum der karol. Sachsenmission, der zw. 777 und 804 achtmal als Platz für Reichsversammlungen bzw. Synoden diente. Der 776 über den Paderquellen mit palatium und Kirche erbauten Pfalzburg hatte Karl d. Gr. seinen Namen (urbs Karoli) verliehen. Hier begannen 777 in Anwesenheit Karls Massentaufen der Sachsen. Nach der Zerstörung der Anlage 778 verflogen die Hoffnungen auf einen schnellen Missionserfolg; der Name Karlsburg wurde zugunsten des as. Patrisbrunna aufgegeben. Der zweite Wiederaufbau nach abermaliger Zerstörung (794) zielte mit dem Bau einer großen, 799 geweihten Basilika auf die Einrichtung eines Bm.s. Nachdem Karl 799 Papst Leo III. feierl. in P. empfangen hatte, wurde das Bm. im Beisein des Papstes und von 15 Bf.en gegründet und dem Ebm. →Mainz unterstellt. Zu dessen Provinz gehörte das Bm. →Würzburg, dem man die sich in Kilianspatrozinien im P.er Land widerspiegelnde Patenschaft über P. übertrug. P.s erster Bf., der Sachse →Hathumar († 815), wurde in Würzburg erzogen.

836 bewirkte Bf. Badurad (815-862) die Überführung der Reliquien des hl. →Liborius aus Le Mans nach P. Hinter Liborius traten seit ca. 1000 die älteren Patrozinien (Maria, Kilian, Stephanus) zurück. Inzwischen hatte das Bm. Immunität und Kg.sschutz (822) mit Vogtgerichtsbarkeit (881) und freie Bf.swahl (885) erhalten. Durch die Gründung des Kl. →Corvey (822) und der Frauenstifte →Herford (um 800) und Böddeken (836) war das Bm. gefestigt worden und zählte um 820 im Raum zw. Warburg und Herford, Höxter und P. rund 20 Pfarren.

Dennoch konsolidierte sich das Bm. erst unter →Meinwerk (1009-36). Er vermehrte den Grundbesitz durch Schenkung seiner Erbgüter und Zuerwerb von Gütern des dynast. Adels und kleinerer Grundherren, er sicherte dem Bm. die Gft.en in der Diöz., die gleichzeitig durch Übertragung an Ministeriale entfeudalisiert wurden. Mit der Überlassung der Reichskl. →Helmarshausen (1017) und Schildesche (1019) durch Kg. Heinrich II. und den Neugründungen von Abdinghof (1015/31) und Busdorf (1036) durch Meinwerk erhöhte sich die Zahl der bfl. Eigenkl. und Eigenstifte auf sechs.

Während des →Investiturstreits schnitten sich im Bereich des Bm.s P. überregionale Interessen, weil P. einerseits Zwischenglied für die kgl. Politik in Ostsachsen, andererseits Vorfeld der sächs.-gregorian. Opposition war. Auch im 12. Jh. blieb das Bm. P. Konfliktfeld zw. den sächs. Großen im O (Heinrich d. Löwe) und den westfäl.-rhein. im W (Gf.en v. Werl, Ebf. v. Köln). Nach der Absetzung Heinrichs d. Löwen (1180) geriet P. unter den Druck des Ebf.s v. Köln, der, seit 1180 durch hzgl. Rechte legitimiert, mit dem Erwerb von Lehen und durch Städtebau das Bm. einschnürte. Die P.er Bf.e wehrten sich v. a. mit Städtegründungen (13 eigene bis 1350, 7 weitere in Verbindung mit dem Landesadel) und Städteerwerb aus den Händen des Lokaladels (6 Städte), scheuten aber auch die Fehde nicht (v. a. Bf. Simon I.; 1247-77).

Die ständ. Kräfte, bis um 1270/80 als Verfassungsinstitut ausgebildet, stützten das bedrängte Territorium. Nach der Niederlage des Ebf.s v. Köln bei →Worringen (1288) verständigten sich Köln und P. über den w. Grenzpunkt am Hellweg (Salzkotten; 1294), während die Wesergrenze über den Kopf des Bf.s durch braunschweig.-köln. Abmachungen festgelegt worden war (1260). Im N (Herrschaft Lippe, Gft. Pyrmont, Gft. Ravensberg) und im S (Gft. Waldeck) deckten sich Diöz. und Territorium nicht.

Von 199 Pfarren der Diöz., seit 1231 auf 17 Archidiakonate verteilt, gehörten um 1500 nur 84 zum Territorium. Für die Festigung des Territoriums (Amtsverfassung, Kauf der Herrschaften Brakel und Büren wie der Gft. Dringen) waren bes. die Bf.e Bernhard V. (1321-41) und Balduin (1341-61) verantwortl. Die Konsolidierung zeigte sich auch verfassungsrechtl. (»Privilegium Bernhardi« für den landständ. Adel 1326, Privilegien für die führenden Städte P. und beide Städte Warburg 1327). Zu einem letzten, jedoch gescheiterten Versuch, das P.er Territorium dem Ebm. Köln zu inkorporieren, kam es mit päpstl. Zustimmung 1429 unter Ebf. →Dietrich v. Moers (1415-63).

[2] *Bischöfe:* Unter den P.er Bf.en ragt bes. Meinwerk hervor, der von der P.er Tradition wegen seiner territorialen Politik als »zweiter Begründer« des Bm.s gewürdigt wird. Ihm widmete Abt Konrad v. Abdinghof um 1160 eine Vita, die ihn als Vorbild für die bfl. Politik des 12. Jh. beansprucht. Unter seinen Nachfolgern verdienen der kunstsinnige →Immedinger Immad (1051-76; Immad-Madonna) und Bernhard I. (1127-60) als Kl. gründer Erwähnung. Neben der →»Vita Meinwerci« ist die Weltchronik (»Cosmidromius«) des →Gobelin Person als wichtiges Zeugnis der P.er Gesch. schreibung anzusehen. Die P.er Domschule, der eine bedeutende Bibl. angegliedert war, erlebte ihre Blütezeit im 9. und 11. Jh. v. a. unter Bf. Immad.

Ein Monasterium gehörte seit dem 9. Jh. zur Dom- und Pfalzburg; die vita communis löste sich im 11. Jh. auf. Die Domkanoniker erhielten ihre Kurien im Ostteil der Domimmunität, während der Westteil bfl. blieb. Seit dem frühen 14. Jh. erwarb nach dem Auszug des Bf.s das Domkapitel den bfl. Besitz und die meisten bfl. Rechte in der Freiheit. Ursachen für den Aufstieg des Bm.s im 8./9. Jh. wie im 11. Jh. waren die Gunst des Kgtm.s und die Bedeutung des P.er Raumes für die Reichspolitik. Während sich die engen Beziehungen Heinrichs II. zu P. in seinem P.er →Kg. skanonikat spiegelten, verblaßte die Rolle des Bm.s P. nach der Auflösung der kgl. Machtstellung um den Harz seit dem späteren 11. Jh.

II. Stadt: Am Anfang der ma. Gesch. P.s steht der Bau der karol. Pfalzburg mit Pfalz und Kirche (Bau I) auf einem 6,1 ha großen, fast quadrat. geschnittenen und befestigten Areal (776). Nach Zerstörungen und Wiederaufbau entstand aus der Pfalzburg 799 der Bf.ssitz mit Dom (Bau II), Monasterium und Kg.spfalz. Die Domburg und das bei ihr im 9. Jh. entstandene oppidum brannten 1000 nieder; durch Bf. Meinwerk wurde der Dom (Bau III) neu errichtet und ihm sw. eine Bf.spfalz sowie nw. eine vergrößerte Kg.spfalz mit je zwei Kapellen vorgesetzt, zu denen die von byz. Bauleuten ausgeführte Bartholomäuskapelle gehörte. Diese Ausstattung war Voraussetzung für die Kg.sbesuche bes. unter Heinrich II. und Konrad II. Gleichzeitig wurde die Domburg erneut ummauert, die Hellwegtrasse aus ihr herausgenommen und s. um sie herumgeführt. Die P. zugedachte Rolle als Residenz im Dienst von Kirche und Reich erwies sich in der Gründung des Kl. Abdinghof (1016/31) in der w. Achse des Domes und in der des Busdorf-Stiftes (1036) in der ö. Achse als Teile einer durch die Kreuzesform bestimmten Anlage, die in der geplanten Art jedoch unvollendet blieb.

Im SW vor der Domburg hatte sich vor 1000 ein Markt mit »ecclesia forensis« entwickelt; die von einer Dortmunder Kaufleute mitgeprägte »forensis lex« wie eine »forensis domus« sind bezeugt. 1028 wurden Markt, Münze und Zoll vom Kg. bestätigt. Vom Markt ging die frühstädt. Bebauung aus, an der sich im 11./12. Jh. die Ministerialen s. der Burg beteiligten. Die vor 1183 ummauerte civitas umschloß auf 62,1 ha Fläche Domburg mit Domneubau von 1068 (Bau IV), die Immunitäten Abdinghofs und Busdorfs, den Marktbereich mit der bürgerl.-ministerial., sich nach W ausweitenden Siedlung und bäuerl. Höfe aus vorstädt. Zeit. Gegen Ende des 12. Jh. kam es zu einer Bevölkerungszuwanderung, so daß die Bürger sich 1222 verpflichten mußten, binnen Jahr und Tag reklamierte Eigenhörige der Kirche und weltl. Grundherren aus der civitas zu entlassen. Zugleich kamen Zisterzienerinnen (1229) und Minoriten (1232) in die Stadt, die 1231 in fünf Pfarrsprengel unterteilt wurde. Johannis- und Nikolaispital (1211/vor 1312) wurden von Bürgern gestiftet. Für die Bildung der Stadtgemeinde (Siegel 1222) waren »honestiores civitatis« (1224) verantwortl., die mit dem ministerial. Stadtgf.en (zuerst 1103) das »iudicium civile« (1224) bildeten. Ratleute und Bürgermeister sind zuerst 1238/39 belegt, das Rathaus 1279. Im frühen 13. Jh. wurden die wichtigsten Herrschaftsfunktionen von ritterl. Ministerialen ausgeübt, die seit 1230 bürgerl. Ministerialen wichen. V. a. diese Gruppe besetzte den Rat und baute die Autonomie der Stadt durch Aushöhlung und Kauf stadtherrl. Rechte wie durch Privilegienerwerb aus (Münze, Zoll, Geleit, Marktaufsicht, Akzise). Das Mühlenmonopol des Domkapitels schränkte die wirtschaftl. Unabhängigkeit der wesentl. vom Getreidehandel lebenden Stadt jedoch ein. 1327 setzte die Stadt gegen den Bf. wichtige Privilegien durch (freie Ratswahl, Gewerbeaufsicht, Ratsgericht, privilegium de non evocando, Rechtsweisungen vom Oberhof Dortmund). Als führende Stadt des Territoriums festigte P. durch Einungen mit Warburg und Brakel (1345, 1358) sowie mit den Ständen (1413) seine Position.

In den Pestwellen des 14. Jh. verlor P. seine alten Ratsgeschlechter. Zu Beginn des 15. Jh. wurde dem Rat ein 40er Ausschuß der Gemeinheit entgegengesetzt; der neue Rat wurde ab 1483 durch die Handwerker, allerdings aus den bisherigen Ratsfamilien, bestimmt, um die Verwaltung zu verbessern. P. war zentraler Ort für den Raum w. der Egge und von der Diemel im S bis zur Senne im N, wie die Verbreitung des von P. abhängigen Padermalders, der Gebrauch der P.er Münze, die Herkunft der P.er Neubürger, das auf P. ausgerichtete Wegenetz, die Ballung von Termineien in der Stadt und die stadtrechtl. Verflechtungen verraten. Infolge des Bedeutungsverlustes seit der spätsal. Zeit gehörte das im 15. Jh. wohl ca. 3500 Einw. zählende P. nicht zu den großen Fernhandelsstädten, pflegte jedoch früh (12. Jh.) hans. Handel, beteiligte sich seit dem 15. Jh. am hans. Bundesleben und fungierte für die übrigen Städte des Territoriums als Vorort. H. Schoppmeyer

Q.: Westfäl. UB I, II, IV, IX, 1847–1986 – Lit.: H. Schoppmeyer, Der Bf. v. P. und seine Städte, 1968 – P. Leidinger, Westfalen im Investiturstreit, WZ 119, 1969, 267–314 – H. Bannasch, Das Bm. P. unter den Bf.en Rethar und Meinwerk, 1972 – H. Schoppmeyer, Probleme der zentralörtl. Bedeutung P.s im SpätMA (Städteforsch. [Veröff. des Inst. für vergleichende Städtegesch.] A 8, 1979), 92ff. – M. Balzer, P., Westfäl. Städteatlas II, 11, 1981 – K. Honselmann, Bf.sgründungen in Sachsen unter Karl d. Gr., ADipl 30, 1984, 1ff. – H. Schoppmeyer, Die Entstehung der Landstände im Hochstift P., WZ 136, 1986, 249ff. – M. Balzer, Siedlungsgesch. und topograph. Entwicklung P.s im Früh- und HochMA (Städteforsch. [Veröff. des Inst. für vergleichende Städtegesch.] A 22, 1987), 103ff. – G. Meier, Die Bf.e v. P. und ihr Bm. im HochMA, P.er Theol. Stud. 17, 1987.

Paderborner Epos (Aachener Karlsepos) → Karl d. Gr. B I, 5

Padilla, Juan de, * 1468 in Sevilla, † 1520?, Kartäuser in Sta. María de las Cuevas, Sevilla, daher der Beiname Cartujano. Das nicht erhaltene Preisgedicht El laberinto del duque de Cádiz (1493) auf D. Rodrigo→Ponce de León schloß wahrscheinl. an das Vorbild Juan de →Menas an (Laberinto de Fortuna). Eine bis in das späte 16. Jh. reichende Verbreitung fanden die beiden geistl. Versdichtungen im damals schon altertüml. Versmaß des →arte mayor Retablo del Cartuxo sobre la vida de Nuestro Redentor Jesu Christo (Alcalá 1505, 1500 vollendet), eine Evangelienharmonie in vier »Tafelbildern«, die auch auf Ludolph v. Sachsen (Vita Christi) zurückgreift, sowie Los doze triumphos de los doze apostoles (Sevilla 1521, vollendet 1518), ein allegorisierendes Lehrgedicht (1000 Stanzen zu 9 Vv., in arte mayor) über Taten und Tugenden der Apostel, die jeweils unter einem Tierkreiszeichen dargestellt werden. Postum erschien eine Gesch. des OCart mit der Vita des hl. Bruno (Sevilla 1569). D. Briesemeister

Ed. und Lit.: Cancionero castellano del siglo XV, ed. R. Foulché-Delbosc, I, 1912 – J. Tarré, El Retablo de la vida de Cristo, Arch. Hist. S.J. 25, 1956, 243–253 – M. Darbord, La poésie religieuse espagnole des Rois Cath. à Philippe II, 1965 – H. de Vries, Materia mirable, 1972 – J. Gimeno Casalduero, Estructura y diseño en la lit. castellana medieval, 1975 – Los doze triumphos, ed. E. Norti Guardini, 1975.

Padilla, María de, * 1337?, † 1361 Sevilla, ⊐ ebd., Kathedrale; Eltern: Diego García de P. und María de Hinestrosa. M. wurde 1352 in Sahagún durch ihren Onkel, Juan Fernández de Hinestrosa, →Peter I. v. Kastilien vorgestellt. Ihre Verbindung mit dem Kg. (nur 1354 durch die Episode der Hochzeit Peters mit Juana de →Castro unterbrochen) verhalf ihrer Familie zum Aufstieg und hatte polit. schwerwiegende Folgen: Peter verließ seine Gattin →Blanche v. Bourbon (5.B.) und versöhnte sich mit den aufständ. Adligen. Als M. de P. zur gleichen Zeit wie ihre Rivalin starb, wurde sie in dem von ihr gegr. Klarissenkl. in Astudillo begraben, später aber auf Wunsch Peters I. in die Kathedrale v. Sevilla umgebettet. Peter versicherte auf den Cortes v. Sevilla 1362, M. de P. in Gegenwart des Großmeisters des Calatravaordens, Diego García de P., des Kanzlers der Poridad, Juan Alfonso de Mayorga, und des kgl. Großkapellans, Juan Pérez de Orduña, geheiratet zu haben, und erklärte ihren Sohn Alfons († 1362) zu seinem Erben. Von ihren drei Töchtern trat Beatrix in ihre Gründung Sta. Clara in Tordesillas ein, Isabella heiratete →Edmund, Hzg. v. York, und Konstanze→John of Gaunt, Duke of Lancaster (Tochter Katharina ⚭Heinrich III. v. Kastilien). M. Rábade Obradó

Lit.: J. B. Sitges, Las mujeres del rey Don Pedro I de Castilla, 1910 – E. Storer, Peter the Cruel. The Life of the Notorious Don Pedro of Castile, together with an Account of his Relations with the Famous M. de P., 1910.

Padis (Pades, Pathes, estn. Kloostri), Abtei OCist 40 km sw. Reval. 1266 wurden dem Kl. →Dünamünde die seit den Zeiten Waldemars II. (wohl schon 1220) erworbenen Güter in Harrien (→Harrien-Wierland) bestätigt und ihre Kolonisierung gestattet. 1281 Erwähnung einer Kapelle in P. Nach dem Verkauf von Dünamünde an den →Dt. Orden bat 1310 der Abt des Mutterklosters (seit 1305 Stolp) den dänischen Kg. um Erlaubnis, in P. ein Kloster zu errichten; 1311 erhielten die Mönche 30 Haken, 1317 die Erlaubnis, das Kloster in Stein zu erbauen. 1343 wurden beim Aufstand der→Esten 28 Mönche erschlagen, das Kloster wurde zerstört. Nach dem Wiederaufbau wurde der Güterbesitz vervollständigt, 1351 auch in Finnland, 1402 wurde ein Tausch von Ländereien mit dem Kloster der Zisterzienserinnen in →Leal vorgenommen. 1559 besetzte der Dt. Orden das säkularisierte Kl.

H. von zur Mühlen

Q. *und Lit.:* Liv-, Est- und Kurländ. UB, 1854ff. – P. Johansen, Die Estlandliste des Liber Census Daniae, 1933 – Ders., Nord. Mission, 1951.

Padua (Padova), Stadt und Bm. in Oberitalien (Veneto).
I. Stadt und Bm. von den Anfängen bis zum 13. Jh. – II. Wirtschaftliche, urbanistische und politische Entwicklung vom 13. bis zum Ende des 15. Jh. – III. Universität.

I. Stadt und Bm. von den Anfängen bis zum 13. Jh.: P. (Patavium), legendäre Gründung des Trojaners Antenor (1184 v. Chr.), besteht archäol. Q. und dem Zeugnis des – aus P. stammenden – Historikers Titus Livius zufolge seit dem Beginn des 4. Jh. v. Chr. Seit 49 v. Chr. Municipium (Tribus Fabia), erlebte P. bis zum Ende des 2. Jh. n. Chr. eine Blütezeit (nach Strabo 50000 Einw.); unter Diokletian setzte der Niedergang ein. Der erste Beleg für eine Christengemeinde in P. steht in Zusammenhang mit der hl. Justina (Märtyrertod 7. Okt. 304). Ihr sehr bald bezeugter Kult ist schon im 6. Jh. fest etabliert. Die hagiograph. Legende des hl. Prosdocimus (Kult seit dem 9. Jh.), der von Petrus als erster Bf. von P. eingesetzt worden sein soll, ist nicht vor dem Ende des 11. Jh. entstanden; sie spielte offenbar für P. im Hinblick auf die Auseinandersetzung mit dem Patriarchat →Aquileia und die Hegemonieansprüche von Verona eine wichtige Rolle. Der erste hist. faßbare Beleg für einen Bf.ssitz in P. (Kirchenprov. Mailand) datiert aus der Mitte des 4. Jh. (Bf. Crispinus). Zu den Bf.en der ältesten Bf.sliste gehören ferner Bergullus (579 Synode v. Grado), Ursicinus (Konzil v. Rom 680), Tricidius († ca. Ende des 8. Jh.) und Dominicus (Synode v. Mantua 827).

Nach Plünderungen durch →Alarich und Radagaisus (eine Zerstörung durch Attila 450–453 gilt nicht mehr als hist. glaubwürdig) wurde P. 493 durch →Theoderichs Ostgoten unterworfen, 541–568 stand es unter byz. Oberhoheit. 601 wurde die Stadt von →Agilulfs Langobarden eingenommen. Die Ausmaße ihrer Zerstörung und die Übersiedlung der Einw. in die Lagune (nach Metamaucus) werden von der Forsch. heute relativiert. Der Bf. verließ P. offenbar, um im Bereich der byz. Zivilverwaltung und innerhalb der Jurisdiktion des Patriarchen v. →Grado zu verbleiben. Als Folge wurde die Leitung der Diöz. eine Zeitlang vom Bm. Treviso wahrgenommen. Archäolog. Zeugnisse sprechen nicht für eine zahlenmäßig starke langob. Niederlassung mit bedeutenden urbanist. Eingriffen, so daß die antike Anlage im wesentl. unverändert auch das Straßenbild der wiederaufgebauten ma. Stadt prägte. Nach dem Jahr 1000 verlor allerdings die quadrat., rasterförmige Grundriß infolge der Anlage von Entwässerungs- und Verbindungskanälen seine Regelmäßigkeit. Das Zentrum der öffentl. Verwaltung verlagerte sich nach der Eroberung durch die Langobarden nach →Monselice, so daß P. vom 7. bis zum 9. Jh. in den Q. als

Teil des Comitatus v. Monselice erscheint. Erst in nachkarol. Zeit wurde P. Mittelpunkt eines eigenen Comitatus. Die Machtübernahme durch die Franken bedeutete für P. eine Revitalisierung der Bf.skirchen und eine enge Zusammenarbeit zw. Kgtm. und Bf.en (Immunitätsprivileg Ludwigs II. für den frk. Bf. Rorius 855). Die enge Verbindung der Bf.e Venetiens mit der kgl. Zentralgewalt vertiefte sich während des Regnum Italicum: Die Schenkung der Curtis Sacco (Comitat Treviso) durch Berengar I. an den Bf. v. P. und Erzkanzler Petrus (897) ist ein erster Ansatz zur Bildung einer Grundherrschaft der Kirche von P. 912 bestätigte Berengar I. Bf. Stilico die früheren Privilegien und gestattete ihm den Bau von Kastellen. Weitere Privilegien wurden dem Bm. P. u. a. von Rudolf II. (924), Hugo (926–31) sowie von Hugo und Lothar (942) ausgestellt. 952 wurde P. Teil der von Otto I. geschaffenen Mark Verona und war 969 Zentrum eines Comitats. Die auch von den Ottonen der Kirche von P. gewährten Privilegien ließen deren Herrschaftsrechte anwachsen (Otto I. für Bf. Gauslinus 964; Otto III. für Bf. Ursus (Orso) 998, Konrad II. 1027). Die Bindung der Bf.e Venetiens an das Reich verstärkte sich im 11. Jh. durch die ksl. Ernennung dt. Kirchenfs.en: Bf. Burkhard erwirkte von Heinrich III. 1040 die Bestätigung der Privilegien seiner Vorgänger. 1049 gewährte Heinrich III. dem Bf. v. P. das Münzrecht. Heinrich IV. überließ dem Bf. die öffentl. Rechte über die Flüsse und die Stadt, obgleich er dieser in der Folge nie effektiv wahrnahm und keine comitale Gewalt über P. ausübte. Im Investiturstreit stand P. wie die meisten Bm.er im Regnum Italicum auf der Seite des Ks.s. 1080 unterzeichnete Bf. Milo in Brixen die Absetzungsurkunde Gregors VII. Sein Nachfolger Petrus wurde 1106 von Paschalis II. in Guastalla abgesetzt und durch den Reformbf. Sinibaldus ersetzt. Die Kirchenreform in der Diöz. P. wurde von Bf. Bellinus fortgesetzt (ermordet 1147 in Polesine; Kult seit dem späten 13. Jh. belegt).

Zu den Kämpfen zw. Kirche und Reich traten nun die Interessenkonflikte, hauptsächl. wirtschaftl. und kommerzieller Art, zw. den Städten, die polit. Selbständigkeit gewannen und sich als Kommunen konstituierten (erste Konsuln in P. 1138). In der ersten Hälfte des 12. Jh. war Mark Verona von ständigen Kriegen zw. Verona, Vicenza, P., Treviso und Venedig um die Kontrolle der Wasserwege und Verkehrsverbindungen zu Land erfüllt. Im Rahmen des 1. Italienzugs Friedrichs I. (1154) wurde P. der direkten Kontrolle des Reichs unterstellt (ksl. Amtsträger seit 1158). 1164 wurde P. Mitglied der Verones. Liga gegen Barbarossa und vertrieb als erste der nordit. Städte den Reichsvikar; 1167 und 1195 beteiligte es sich an der →Lombard. Liga. Die Bestallung auswärtiger Podestà führte in 1170er Jahren zu einer Festigung des polit. und militär. Zusammenhalts der Städte der lombard. Liga (erster Podestà in P. Alberto di Osa aus Mailand 1176). Der Friede v. →Konstanz (1183) leitete durch die Anerkennung der polit. und administrativen Selbständigkeit der Städte eine neue konfliktreiche Phase in der Gesch. der Stadtkommunen der Mark ein. Im Vergleich zu anderen Städten der Mark wurden in P. die internen Auseinandersetzungen zw. den städt. »partes« durch eine gegen die Signoren und auf ein Ausgreifen in den Contado gerichtete kommunale Politik gebremst: Hauptgegner der Expansion waren Vicenza, Bassano, Feltre, aber auch Venedig (1214), Treviso, Verona, der Unterlauf der Etsch und der Polesine. Die häufigen gegen die Magnaten getroffenen Verfügungen (1215–16, 1220, 1225) der von den Popolaren regierten Kommune nahmen den großen Familien keineswegs jede Einflußmöglichkeit, so daß diese im Lauf des 13. Jh. weiterhin im Districtus von P. und in den Nachbargemeinden große Bedeutung besaßen, v. a. auch durch ihre Tätigkeit im Geldgeschäft.

II. WIRTSCHAFTLICHE, URBANISTISCHE UND POLITISCHE ENTWICKLUNG VOM 13. BIS ZUM ENDE DES 15. JH.: Im frühen 13. Jh. war P. zu einem bedeutenden Zentrum geworden. 1222 wurde es Sitz einer Univ. (s. Abschnitt III). Die Stadt hatte ca. 15000 Einw., zu denen noch die zahlreichen auswärtigen Studenten und die fremden Kaufleute kamen, die von der blühenden Wirtschaft der Stadt (v. a. Wollverarbeitung und Seidenherstellung) angezogen wurden. Der wirtschaftl. und kommerzielle Aufschwung förderte wichtige Maßnahmen des Wasserbausektors und der Stadtplanung: das städt. Fluß- und Kanalnetz wurde ausgebaut, um bessere Bedingungen für Mühlen, Fischteiche und Märkte und für den Umschlag von Warentransporten zu schaffen; der im O des rechten Nebenarms des Flusses gelegene Teil der Stadt (auf den ma. Karten bis zum Ende des 12. Jh. *rudena* gen.) wurde wiederaufgebaut. 1195–1210 wurde der erste Mauerring errichtet, der in der Spätzeit der Kommune und während der Signorie der Da →Carrara erweitert und ergänzt wurde. Im W der Stadt, zw. Piazza delle Erbe und Piazza della Frutta, befand sich das polit. Zentrum P.s mit den öffentl. Gebäuden (Palazzo della Ragione, Palazzi del Podestà, degli Anziani und del Consiglio) sowie später mit der Residenz der da Carrara, unweit davon Kathedrale und Bf.spalast. Auch das religiöse Leben erfuhr in den ersten Jahrzehnten des 13. Jh. einen großen Aufschwung. Die Niederlassung der →Bettelorden in den zwanziger und dreißiger Jahren brachte das Auftreten charismat. Persönlichkeiten mit sich, die auch in das zeitgenöss. polit. Leben eingriffen: v. a. der aus Lissabon stammende Franziskaner →Antonius († 1231) und der Dominikaner Johannes v. Vicenza (oder v. Schió) (der eine im Frieden v. Paquara bei Verona [1233], gipfelnde allg. Friedensbewegung anregte). Der Prozeß der Unterwerfung des Contado bildete also einen integrierenden Bestandteil der Entwicklung der Stadt und der Rolle, die sie in der Mark Treviso (seit Anfang des 13. Jh. so gen.) spielte. Infolge des Versuches Friedrichs II., die wachsende Autonomie der Städte durch die Erteilung und Bestätigung von Privilegien an Signoren aus dem Laienstand und an Kirchenfs.en zu beschneiden, kam es zu einem neuen Konflikt mit dem Reich. Der Aufstand der Städte, die sich in der Zweiten Lombard. Liga (1226) verbündet hatten, konnte die Eroberung der Mark durch den Schwiegersohn des Ks.s, →Ezzelino III. da Romano, nicht verhindern (1236–37), der Vicenza, P. und Treviso unter seine Kontrolle brachte. In P. wurde Ezzelinos Herrschaft (seit 1237) im Juni 1256 durch eine guelf. Gruppierung unter der Führung der→Este, der San Bonifacio und der Gf.enfamilien v. Vicenza und P., unterstützt durch Papst Alexander IV. und Venedig, gestürzt. Das wiedererrichtete kommunale Stadtregiment belegte die Besiegten, v. a. die »Tyrannei« des Ezzelino, mit einer damnatio memoriae, deren Schärfe von der heutigen Forsch. als übersteigert angesehen wird. Ezzelinos Herrschaft hatte der wirtschaftl. und sozialen Entwicklung der Städte in der Mark keinen Abbruch getan, so daß P. Ende des 13. Jh. fast 30000 und 1320 35000 Einw. zählte. Während des Italienzugs→Konradins brachen von neuem die alten Gegensätze zw. den venet. Städten auf, v. a. da→Verona eine ghibellin. und P. eine guelf. Politik verfolgte. Dazu traten die territorialen Interessen der beiden Städte: Nach der Eroberung von Vicenza 1266 begann P. eine Führungsrolle in der Trevisan. Mark einzunehmen. Mit Unterstützung Heinrichs VII. konnte Anfang des 14. Jh. jedoch Verona die Mark unter seine Kontrolle bringen. In P. verschärften sich in den ersten Jahren des 14. Jh. die polit. Machtkämpfe (wozu auch der Verlust von →Vicenza 1312 beitrug), bis die da →Carrara sich zu Verteidigern der kommunalen Freiheiten und der städt. Autonomie gegen die Scaliger (→Della Scala) aufwarfen und eine persönl. Signorie errichteten, die mit der Ernennung Giacomos I. zum Capitano del popolo (1318) begann. 1319–1320 von den Truppen der Scaliger belagert, bat P. →Friedrich d. Schönen und Heinrich II. v. Görz um Schutz. Der an Hzg. Heinrich VI. v. Kärnten-Tirol verliehene Reichsvikariat wurde von Konrad v. Aufenstein einvernehmlich mit den da Carrara verwaltet. 1328 wurde jedoch P. von Cangrande della Scala erobert. Giacomos I. († 1324) Nachfolger Marsilio sicherte dem Scaliger seine Unterstützung zu und wurde dessen Vikar. Auf diese Weise behielten die da Carrara eine angesehene Stellung und blieben auch innerhalb des »Scaligerstaats« weiterhin in polit. Leben P.s dominierend. Nach zehn Jahren brach die Territorialherrschaft der Scaliger unter der Offensive Venedigs zusammen, das die →Gonzaga, →Este, →Visconti und auch die da Carrara (Jan. 1339) zu einem Bündnis gegen Verona zusammengeführt hatte. Von diesem Zeitpunkt an gewannen die da Carrara wieder die volle Kontrolle über P.: Nach dem Bruch mit Venedig (1357) ging Francesco il Vecchio daran, einen Hegemonieplan in die Tat umzusetzen, um einen Territorialstaat in NO-Italien, vom Po zu den Alpen, von der Lagune bis zur Etsch, zu schaffen. Zwar war das Scheitern dieses Plans infolge des Widerstands von Venedig unvermeidlich, doch hatte das wechselhafte Geschick der Carrara-Signorie in der 1. Hälfte des 14. Jh. keine weitreichenden negativen Auswirkungen auf die wirtschaftl. und soziale Entwicklung der Stadt. Dieser Aufschwung betraf v. a. die Wollverarbeitung und Seidenherstellung und die Papierfabriken von Battaglia. Die Landwirtschaft scheint hingegen eine Schwächung erlebt zu haben, die auf den schweren Bevölkerungsrückgang Mitte des 14. Jh. (→Pest) zurückgeführt werden kann. Die Expansion nach Friaul (Eroberung von →Udine 1385) führte zu einer Gegenreaktion Venedigs. Giangaleazzo →Visconti, der als Verbündeter der da Carrara in den Krieg gegen Venedig eingetreten war, schwenkte auf die Seite Venedigs um und unterwarf P. 1388. Francesco Novello da Carrara gewann jedoch 1390 die Herrschaft über die Stadt zurück. Nach dem Tod des Visconti (1402) ging der Carrarese gegen Mailand vor und eroberte 1404 Verona. 1405 fiel P. jedoch unter dem Angriff Venedigs, und Francesco Novello wurde mitsamt seinen Söhnen getötet. P. sollte von da an – ausgenommen die Krise von Cambrai – bis zum Ende der Seerepublik unter der Oberherrschaft Venedigs stehen. Nach Verlust seiner Unabhängigkeit erfüllte P., wie die anderen Städte der Terraferma, die Rolle eines »Pufferstaats«, wobei es die bes. Funktion hatte, die Kontrolle Venedigs über die Handelsstraßen, insbes. nach Oberitalien und Deutschland zu garantieren. Venedig führte sogleich eine Zentralisierung der Verwaltung durch, trotz des Versprechens, die lokalen Statuten und Gewohnheiten nicht anzutasten (»Goldbulle« von 1406). Bereits das Dekret des Dogen von 1408, in dem Abgeordnete ad utilia eingeführt wurden, bezeugt das Nachlassen des städt. Consiglio degli Anziani. In die gleiche Richtung ging die Revision der städt. Statuten (1420). Die öffentl. Ämter, die militär. Kompetenzen und die Justizverwaltung wurden Mitgliedern des ven. Patriziats übertragen, nur die kleineren Zivilprozesse verblieben städt. Magistraten. Der ven. Senat zog auch die

Vergabe der wichtigsten kirchl. Ämter mit ihren jeweiligen Pfründen an sich. Dennoch behielten die paduan. großen Familien Zabarella, Scrovegni, Dottori, Conti, Capodilista, Capodivacca, deren Reichtum hauptsächl. auf Grund- und Immobilienbesitz beruhte, auch während der ven. Herrschaft ihre wichtige Rolle in der Stadt. Auf wirtschaftl. Gebiet betrieb Venedig gegenüber P. eine protektionist. Politik, die den Markt der Hauptstadt begünstigte. Anfangs hatte der Bedarf des Markts von Rialto zu einer Belebung der lokalen handwerkl. und landwirtschaftl. Produktion geführt; später leitete jedoch diese Reduzierung P.s zu einer ven. Kolonie (auch die Produktionsmittel – Ländereien wie Produktionsanlagen – waren in den Händen ven. Patrizier auf Kosten der lokalen Unternehmer) eine wirtschaftl. Depression ein, die durch die demograph. Folgen der häufigen Pestepidemien noch verstärkt wurde. Die Bevölkerungszahl erreichte nicht mehr die Werte des 14. Jh.: 1435 zählte P. ca. 18 000 Einw., etwa soviel wie im 13. Jh. Die Bevölkerungsdichte des frühen 14. Jh. wurde erst wieder Mitte des 19. Jh. erreicht. L. Gaffuri

Q.: Statuti del comune di Padova dal sec. XII al 1285, ed. A. GLORIA, 1873 – A. GLORIA, Cod. diplomatico padovano dall'anno 1101 alla pace di Costanza, I-II, 1879–81 – Rolandini Patavini Cronica in factis et circa facta Marchie Trivixane, ed. A. BONARDI, RIS² VIII, 1905–07 – G. und B. GATARI, Cronaca carrarese, ed. A. MEDIN–G. TOLOMEI, RIS² XVII, I, 1909–31 – Lit.: A. BONARDI, Le origini del comune di Padova, 1893 – Le Corporazioni dei mercanti di panni e della lana in Padova fino a tutto il sec. XIV, hg. R. CESSI, 1908 – E. ZORZI, Il territorio padovano nel periodo di trapasso da comitato a comune (Misc. di storia veneta, III, 1930), 1–312 – M. A. ZORZI, L'ordinamento comunale padovano nella seconda metà del sec. XIII., Misc. di storia veneta edita per cura d. R. Deputazione di storia patria per le Venezie, V, 1931, 1–248 – P. SAMBIN, L'ordinamento parrocchiale di Padova nel Medioevo, 1941 – R. ZANOCCO, Decime e quartesi in diocesi di Padova, alla luce dei documenti, 1951 – A. BARZON, Padova cristiana dalle origini all'anno 800, 1955 – P. SAMBIN, Aspetti dell'organizzazione e della politica comunale nel territorio e nella città di Padova tra il XII e il XIII sec., Arch. Veneto, 58–59, 1956, 1–16 – G. ARNALDI, Studi sui cronisti della Marca Trevigiana nell'età di Ezzelino da Romano, 1963 – C. GASPAROTTO, Padova ecclesiastica 1239, 1967 – A. SIMIONI, Storia di Padova dalle origini alla fine del sec. XVIII, 1968 – B. KOHL, Government and Society in Renaissance P., J. Mediev. Renaiss. Stud., 2, 1972, 206–221 – G. BILLANOVICH, Il preumanesimo padovano (Storia della cultura veneta, 2, 1976), 10–110 – A. RIGON, Le elezioni vescovili nel processo di sviluppo delle istituzioni ecclesiastiche a Padova tra XII e XIII sec.), MEFR 89, 1977, 371–409 – G. RIPPE, Commune urbaine et féodalité en Italie du Nord: L'exemple de Padoue (X s. 1237), MEFR 91, 1979, 659–697 – I Benedettini a Padova e nel territorio padovano attraverso i secoli, 1980 – A. CASTAGNETTI, I conti di Vicenza e di Padova dall'età ottoniana al Comune, 1981 – S. BORTOLAMI, Fra 'Alte Domus' e 'Populares Homines': il comune di Padova e il suo sviluppo prima di Ezzelino (Storia e cultura a Padova nell'età di Sant'Antonio, hg. S. BORTOLAMI–A. RIGON, 1985), 3–73 – R. CESSI, Padova medioevale, studi e documenti, 2 Bde, ed. D. GALLO, 1985 – J. K. HYDE, Padova nell'età di Dante. Storia sociale di una città-stato it., 1985 – A. RIGON, Clero e città – parroci, cura d'anime in Padova dal XII al XV sec., Fonti e ricerche di storia ecclesiastica padov. 22, 1988 – Archivio Sartori. Documenti di storia e arte francescana, III: Evoluzione del francescanesimo nelle Tre Venezie. Monasteri, contrade, località. Abitanti di Padova medioevale, hg. G. LUISETTO, 1988 – Il Veneto nel medioevo, 2 Bde, ed. A. CASTAGNETTI–G. M. VARANINI, 1989 – J. R. BERRIGAN, A Tale of Two Cities: Verona and P. in the Late MA (Art and Politics in Late Mediev. and Early Renaiss. Italy: 1250–1500, hg. CH. M. ROSENBERG, 1990) – S. COLLODO, Una società in trasformazione, Padova tra XI e XV sec., 1990 – Il Veneto nel medioevo. Dai comuni cittadini al predominio scaligero nella Marca, ed. A. CASTAGNETTI–G. M. VARANINI, 1991 – Nuovi studi ezzeliniani, ed. G. CRACCO, 2 Bde, 1992 – A. VENTURA, Nobiltà e popolo nella società veneta del '400 e '500, 1993².

III. UNIVERSITÄT: In P. bestanden seit dem 12. Jh. eine Kathedralschule (→Domschule) sowie Grammatik- und Rechtsschulen, private wie städt. Über sie ist ebenso wie über die Anfänge der Univ. wenig bekannt. Diese entstand 1222 durch einen Auszug von Studenten und Professoren der Univ. →Bologna, der Fachrichtung nach Juristen und Artisten. Die Gründe dieser »Sezession« sind nicht bekannt. Die erste Universitätsgründung war noch instabil: 1228 erfolgte ein neuer Auszug einiger Mitglieder nach→Vercelli. 1237–56 wurde der Lehrbetrieb durch die Tyrannei Ezzelinos da Romano beeinträchtigt. Ein echter Aufschwung der Univ. P. erfolgte erst nach 1260, gefördert von der Kommune, die die Besoldung der Professoren in ihre Hand nahm. Die Organisation der Univ., belegt durch die ältesten erhaltenen Statuten (1331), orientierte sich am Vorbild Bolognas. Es bestanden zwei 'Universitates', des Rechts und der Artes/Medizin (diese letztere befreite sich von der Kontrolle durch die Rechts-Univ. vollständig erst 1399); eine theol. Fakultät wurde 1363 durch Papst Urban V. geschaffen. Diese Universitates (dies gilt zumindest für diejenige der Juristen und der Artisten/Mediziner) waren Univ. der Studenten, an deren Spitze aus der jeweiligen Studentenschaft gewählte Rektoren standen. Wie in Bologna gliederten sich die Studenten in →Nationes; es bestanden zehn it. ('citramontane') und neun fremde ('ultramontane') Nationen. Die Doktoren gehörten ihrerseits nicht der Univ. an, sondern bildeten eigene Kollegien (→Collegia doctorum), die die→Examen durchführten. Der Bf. fungierte als Kanzler, hatte aber Rücksicht zu nehmen auf die 'tractatores studii', kommunale Magistratspersonen, die die Berufung der Professoren und das Finanzgebaren der Univ. überwachten. Hinsichtl. der Lehrinhalte, des Vorlesungsbetriebs und der Prüfungsverfahren stand P. offenbar ebenfalls den Gepflogenheiten Bolognas nahe.

Gleichwohl zeichnete sich die Univ. P. durch eine andere intellektuelle Orientierung aus. Zwar war auch hier der Rechtsunterricht offenkundig die dominierende Fachrichtung; bedeutende Juristen, so der Kanonist →Franciscus Zabarella, lehrten in P. Doch wurden die anderen Disziplinen nicht an den Rand gedrängt. Grammatik und Rhetorik spielten eine wichtige Rolle innerhalb der Artisten-Univ., in deren Umkreis Schulen der →Ars notariae bestanden, aus denen die bedeutendsten Autoren, Chronisten, Briefschreiber und Dichter des sog. P.ner »Prähumanismus« des frühen 14. Jh. hervorgingen (Rolandino, →Lovato, →Mussato). Die Lehre der Philosophie war in P. unmittelbar mit dem Medizinunterricht verbunden. Die Bedeutung P.s für die Philosophie des MA beruht in erster Linie auf der engen Verbindung zu →Paris und →Oxford. P.ner Kleriker wie →Petrus v. Abano und →Marsilius v. P. studierten in Paris und kehrten dann in ihre Heimatstadt zurück; so lehrte Petrus v. Abano in P. ca. 1307–15 Medizin und Philosophie. Die Fächer des Quadriviums wurden in P. erfolgreich gepflegt, so von Giovanni →Dondi, dem Konstrukteur der ersten großen astron. →Uhr (→Astrarium), der 1352–56 in P. lehrte. Der Medizinunterricht teilte sich in drei Lehrstühle (Theorie, Praxis, Chirurgie), war (im Rahmen des allgegenwärtigen Aristotelismus) wie andernorts durch eine über Avicenna vermittelte hippokrat. und galen. Ausrichtung geprägt, zeichnete sich aber auch durch prononcierte Hinwendung zu praktischen med. Problemen und fruchtbare Zusammenarbeit mit der Chirurgie aus; seit der 1. Hälfte des 14. Jh. sind Leichensektionen (→Anatomie, II) belegt. Das theol. Studium lag vor der Einrichtung der theol. Fakultät (1363) in den Händen der von den Bettelorden unterhaltenen 'studia', die am Ende des 14. Jh. über reiche Bibliotheken verfügten.

Das 15. Jh., das polit. bereits im Zeichen des Anschlusses an Venedig (1405) stand, war für die Univ. P. eine Blüteperiode, die bis ins 16. Jh. andauerte. Um die Mitte des 15. Jh. hatte P. wohl an die 1000 Studenten, deren Zahl kontinuierlich wuchs. Die Studierenden entstammten primär dem regionalen Umkreis (die Republik Venedig hatte ihren Untertanen das Studium im Ausland untersagt), doch fand P. auch regen Zustrom von Studenten aus Dtl. und dem gesamten mitteleurop. Bereich. Zw. 1363 und 1454 entstanden etwa zehn kleinere Kollegien. Die Republik Venedig übte (z. T. in Konkurrenz mit der Stadt P.) strenge Kontrolle über die Univ. aus, sicherte ihr aber auch durch großzügige Besoldung die Berufung gesuchter Gelehrter. Zahlreiche ven. Patriziersöhne studierten in P., obwohl zu dieser Zeit in Venedig selbst (nichtuniversitäre) Bildungsinstitutionen entstanden.

Wenn auch die Fachrichtungen des Rechts und der Theologie nach wie vor höchstes Sozialprestige verkörperten, blieben Artes und Medizin doch die für P. charakterist. Disziplinen, auf denen das internationale Ansehen der Univ. beruhte. Hier empfingen zahlreiche führende dt., ung. und poln. Humanisten ihre Bildung. Die Univ. verstand es, sich in der 1. Hälfte des 15. Jh. den neuen Ideen des →Humanismus zu öffnen, ohne freilich zum führenden humanist. Zentrum in Venetien zu werden. Pier Paolo →Vergerio, Gasparino →Barzizza und →Vittorino da Feltre studierten und lehrten, zumindest kurzzeitig, an der Univ. P. Die zahlreich nach Venedig gekommenen griech. Texte wurden in P. zum Studiengegenstand.

Zugleich versuchten die P.ner Gelehrten das scholast. Erbe zu bewahren. Paolo Veneto, der hier nach 1408 wirkte, lehrte eine originelle formale Logik, die auf der im Oxford des 14. Jh. entwickelten Logik basierte. Nach 1450 verlagerte sich das Interesse der P.ner Artisten auf die eigtl. philos. Probleme des Aristotelismus und »Averroismus«; dieser gewann neuen Einfluß mit Nicoleto Vernia (1420–99), Pietro →Pomponazzi (1462–1525) und Agostino Nifo (→Niphus). In der Medizin erhielt Michele →Savonarola (ca. 1384–1466) die Tradition der »prakt.« Medizin des 14. Jh. aufrecht, während andere P.ner Gelehrte, die med. und chirurg. Methoden verbanden, so Leonardo Buffi († ca. 1448), die anatom. Schule begründeten, die im 16. Jh. mit Andreas Vesal ihren Gipfelpunkt erreichen sollte. J. Verger

Lit.: A. GLORIA, Monumenti della Univ. di Padova, 3 Bde, 1884–88 – RASHDALL II, 9–21 – Quaderni per la storia dell'Univ. di Padova [ersch. jährl. seit 1968] – L. GARGAN, Lo studio teologico e la biblioteca dei Domenicani a Padova nel Tre e Quattrocento, 1971 – N. G. SIRAISI, Arts and Sciences at P. The Studium of P. before 1350, 1973 – Storia della cultura veneta, I–III, 1976–81, passim – G. ARNALDI, Le origini dello studio di Padova, dalla migrazione universitaria del 1222 alla fine del periodo ezzeliniano, La Cultura 15, 1977, 388–431 – L. GIARD, Hist. de l'univ. et hist. du savoir: Padoue (XIVᵉ–XVIᵉ s.), RevSyn 104, 1983, 139–169; 105, 1984, 259–298 – Gesch. der Univ. in Europa I, MA, hg. W. RÜEGG, 1993, passim.

Padua, Reformkongregation → S. Giustina

Paganelli, Saraceno, florent. Ghibelline, nahm 1260 als Ratsherr an den Friedensverhandlungen zw. Siena und Florenz nach →Montaperti teil, wurde nach der Niederlage →Manfreds (1266) verbannt und hielt sich bis 1280 in Pisa auf. Nach seiner Rückkehr nach Florenz, wo die Ghibellinen inzwischen ihren Einfluß auf die Stadtpolitik verloren hatten, wurde gegen P. – höchstwahrscheinl. auf Betreiben des Inquisitors Salomone da Lucca OFM – ein Häresieprozeß angestrengt (Ausgang nicht überliefert). Ein Dokument im Ebfl. Archiv v. Lucca (ed. R. MANSELLI, BISIAM 62, 1950, 134–138) überliefert die Geständnisse P.s und mehrerer Zeugen und bietet ein Bild des toskan. Katharertums der 2. Hälfte des 13. Jh. Daraus geht hervor, daß S. P. dreißig Jahre lang ungestört der Häresie angehangen hatte und in Kontakten zu Gläubigen, »perfecti« und »consolati« in Pisa, Lucca, Florenz, Orvieto und im Languedoc stand. Seine Ankläger sind zumeist ehemalige, wieder zur Rechtgläubigkeit zurückgekehrte Glaubensgenossen. Dies ist bezeichnend für den Niedergang des Katharertums Ende des 13. Jh. R. Orioli

Lit.: I. LORI SANFILIPPO, La pace del card. Latino a Firenze nel 1280, BISIAM 89, 1980/81, 234 – MANSELLI, l. s. cit. 123–133 – MARIANO D'ALATRI, L'inquisizione francescana nell'Italia centrale nel s. XIII, 1954, 85f. – R. MANSELLI, L'eresia del male, 1963, 317f. – MARIANO D'ALATRI, Eretici e inquisitori, I, 1986, 133.

Paganus (zu lat. pagus), Bezeichnung für ländl. Bevölkerung, dies auch in geistig wie sozial pejorativer Bedeutung. P. wird in der Spätantike zu einem der Sammelnamen für die wohl weitgehend eher auf dem Lande beheimateten heidn. Elemente (→Heiden) im Imperium und alle Angehörigen nichtchr. (auch nichtjüd.) Reichsbevölkerung (vgl. CTh 16,10, CJ 1,10; Orosius, Historia adversum paganos). Ihre Bekämpfung im 4. und 5. Jh. verzichtet auf Differenzierung. →Pagus. G. Wirth

Lit.: RE XVIII, 2295 – T. ZAHN, Neue kirchl. Zs. 10, 1899, 18 – J. ZEILLER, Étude de Terminologie hist., 1917 – E. DEMOUGEOT, Studi Calderini e Paribeni, 1956, 337 – R. MACMULLEN, Paganism and Roman Empire, 1981 – R. LANE FOX, Pagans and Christians, 1986.

Paganus v. Corbeil, früher Glossator des →Petrus Lombardus, Mitte 12. Jh.; Mag. an der Univ. Paris; dort Lehrer des →Praepositinus, der ihn, Petrus Lombardus und Petrus Comestor zu seinen Autoritäten zählt. P. ist der erste namentl. bekannte Theologe, der die →Taufe als Charakter bestimmt; sie ist für ihn etwas Bleibendes, das im Getauften fortbesteht. In der →Christologie soll er die 1170/77 von Alexander III. verurteilte Meinung des Petrus Lombardus geteilt haben. F. Courth

Lit.: LThK² VII, 1348f. – G. LACOMBE, La vie et les œuvres de Prévostin, 1927 – N. HÄRING, Charakter, Signum und Signaculum, Scholastik 31, 1956, 189–198.

Pagast, von russ. *gost'* 'Gast', Steuerbezirk im lett. Siedlungsgebiet (→Wacke). Die P. umfaßte ein →Dorf oder mehrere (Weiler, Einzelhöfe) und diente der Erhebung der Abgaben. P. hieß auch das Festmahl der Bauern mit Bewirtung und Beherbergung des Grundherrn (Gastungssteuer), ebenso der Abgaben- und Gerichtstermin. Die P. diente vermutl. schon in vordt. Zeit der Erfüllung von Gemeinschaftsaufgaben; sie wurde von ostslav. Herren zur Tributerhebung übernommen und erhielt so den Namen. Anfängl. Selbstverwaltungseinrichtung, wurde sie zur Institution der dt. Gutsherrschaft. An der Spitze stand der ursprgl. gewählte Älteste, ihm zur Seite vom Herrn ernannte Zehntner, Rechtsfinder u. a.

H. von zur Mühlen

Q. und Lit.: Liv-, Esth- und Curländ. UB, ed. F. G. v. BUNGE, 1853ff. – L. ARBUSOW, Die altlivländ. Bauernrechte, MittLiv 23, 1924–26 – H. LAAKMANN, Estland und Livland in frühgesch. Zeit (Balt. Lande I, 1939) – M. HELLMANN, Das Lettenland im MA, 1954.

Page, junger, zumeist adliger Dienstmann im militär. und höf. Bereich. Die Bezeichnung 'P.', deren Etymologie im dunkeln liegt (es wurde eine Ableitung von griech. Παιδιον 'Knabe', aber auch von lat. 'pagus' vorgeschlagen), tritt im Frz. zu Beginn des 13. Jh. auf und steht zunächst für einen jungen Mann von geringer Herkunft, der niedere häusl. Dienstleistungen zu verrichten hat. Mit einer gewissen zeitl. Verschiebung verbreitet sich dieses Wort auch im Engl. Seit dem späten 14. Jh. wandelte sich zunehmend der Begriffsinhalt: 'P.' bezeichnet nun einen Jüngling in der aristokrat. und militär. Gesellschaft (s. a.

→Iuvenes). Diese Aufwertung der sozialen Signifikation des Begriffs ist vergleichbar der Entwicklung des Wortes →'Vasall', wie sie sich einige Jahrhunderte vorher vollzogen hatte. Die 'hommes d'armes' (→*chevalier*, →*écuyer*) ließen sich von adligen P.n begleiten; diese erhielten eine militär. (und ggf. höf.) Erziehung und Ausbildung. Antoine de →Chabannes begann seine militär. Laufbahn um 1425 als P. des Gf.en v. Ventadour. Aymar de Poisieu (gen. Capdorat) war während der Belagerung v. →Orléans (1429) Hauptmann (*capitaine*) der frz. P.nschaft. →Jeanne d'Arc hatte (nach dem »Journal du siège«) zum P.n einen »bien gentil homme« namens Louys de Conte (gen. Mugot oder Imerguet). Seit 1445 sehen die Dienstordnungen der kgl. →Compagnies d'Ordonnance regelmäßig vor, daß jeder 'homme d'armes' von einem P.n begleitet wird. Manchmal ist das Mindestalter der P.n angegeben: z. B. 15 Jahre (1498). →Antoine de La Sale läßt in »Jehan de Saintré« seinen Helden, »gracieux jouvencel«, als P.n und »enfant d'honneur« bei Kg. Johann dem Guten dienen; auf Fürsprache seiner Dame wird er mit 16 Jahren vom Kg. aus dem P.endienst ausgegliedert (»hors de p.«) und zum Vorschneider (*valet tranchant*) ernannt. Der seinem Status entwachsene P. diente z. B. als berittener Kämpfer (*homme d'armes*) in einer Compagnie d'Ordonnance oder als Knappe (*écuyer*) am Hofe eines Fs.en oder des Kg.s. Seit der Regierung Karls VI. (1380–1422) werden die P.n offiziell als Teil des kgl. Hofhalts (→*Hôtel du roi*) geführt. Unter Karl VIII. (1483–98) wurden etwa dreißig P.n von adliger Herkunft auf Kosten des kgl. Marstalls (→*Écurie*) eingekleidet und ausgerüstet.

Ph. Contamine

Pagus. Mit diesem lat. Begriff, den man konventionell mit →»Gau« übersetzt, werden in frühma. Q. sehr unterschiedl. Inhalte zur Bezeichnung von Räumen zum Ausdruck gebracht. In der älteren Forsch. sah man aufgrund der Berichte von röm. Autoren (Caesar, Tacitus, Ammianus Marcellinus) die pagi als polit. Untergliederungen der germ. Stammesländer an. Diese polit. Bedeutung wurde auch für die p.-Belege der früh- und hochma. Urkk. in Anspruch genommen. Die in Verbindung mit der »in pago«-Formel gen. Gf.en erschienen so als Vorsteher der einzelnen pagi bzw. Gaue. Damit verbunden war die Vorstellung von einer »Gaugft.«, in der sich Gau und →Gft. deckten. Heute werden die Methoden der älteren Forsch. vielfach als zu stat. und schemat. abgelehnt. Das gilt bes. für das Verfahren, eine räuml. Gliederung zu rekonstruieren, ohne zeitl. und inhaltl. Differenzierungen vorzunehmen. Von sprachwiss. Seite wurde die polit. Interpretation der p.-Belege in den Urkk. des ö. Frankenreiches sogar grundsätzl. in Frage gestellt und vorgeschlagen, von »Landschafts- und Bezirksnamen« zu sprechen. In den westfrk. Gebieten lehnten sich die pagi überwiegend an die antiken →civitates bzw. die castra an und übernahmen auch deren Namen. Der Grad der räuml. Kongruenz von civitas-Bezirk und frühma. p. war regional verschieden. Während des 6. Jh. stimmten civitas und p. im Frankenreich noch weitgehend überein. Da sich in den beiden folgenden Jahrhunderten die civitates N- und O-Galliens in kleinere pagi auflösten, unterschied man zw. einer »nordgall. Gau-« und einer »südgall. civitas-Verfassung«. Als civitas wurde nur noch die Stadt und mit p. deren Umland bezeichnet. Anders als im gallo-röm. Bereich knüpften die pagi in den ostrhein. Gebieten häufig an natürl. Landschaften und Siedlungsräume an. Seit einigen Jahrzehnten werden die unterschiedl. inhaltl. Bezüge der pagi vornehml. aus landesgeschichtl. Sicht untersucht. Es wird gefragt, welche räuml. Gebilde sich zu verschiedenen Zeiten hinter dem Begriff p. verbargen. Aus der Perspektive des mainfrk. Raumes entwickelte man eine sog. »Urgau«-Theorie, wonach sich Gaunamen später weit über ihren ursprgl. Geltungsbereich hinaus ausdehnten. Die Ausweitung vom kleineren »Ur-« zum »Großgau« sei im Zusammenhang mit dem Aufbau der frk. Gft.sverfassung erfolgt. Ähnl. Vorgänge beobachtete man auch in anderen Gebieten der ehem. Germania libera. W. NIEMEYER charakterisierte die frühgeschichtl. pagi in Hessen als organ. gewachsene Siedlungsräume, die von den Bedingungen der Altlandschaft bestimmt und vielfach wie Inseln von Wald- und Ödlandschaften umgeben waren. Nur für diese Bedeutung von p. sei die Übertragung mit Gau, germ. *gawja, zulässig. An die Stelle jener ursprgl. pagi seien später großräumigere Gebilde getreten, die sich von den alten Kerngebieten aus über das unbesiedelte Land ausdehnten, ohne auf natürl. Landschaftsgrenzen Rücksicht zu nehmen. Dabei habe sich der p. vom Siedlungs- zum »Organisationsraum« gewandelt, der in der Regel durch Flüsse oder Wasserscheiden von benachbarten Raumeinheiten deutl. abgegrenzt war. In Niederlothringen wurden ebenfalls räuml. Gebilde völlig unterschiedl. Größe als pagi bezeichnet. Nach U. NONN sei hier außer der Entwicklung vom kleinen Siedlungszum erweiterten »Organisationsraum« auch der umgekehrte Vorgang feststellbar. Die polit. Raumgliederung Niederlothringens in merow. Zeit beruhte auf den pagi, die auf landschaftl. Einheiten und röm. Organisationsformen zurückgingen. Neben Großländern wie Ribuarien erscheinen ehem. antike civitas-Bezirke und castra, Untergliederungen von Dukaten sowie seit dem 7./8. Jh. »Großgaue« in den Q. als pagi. Nach den Aussagen der normativen Q. stellten die pagi die Gerichts- bzw. Amtsbezirke der grafiones bzw. comites dar. Ein Zusammenhang zw. den civitas-Bezirken und den pagi der frk. Zeit bestand – ohne völlige räuml. Kongruenz – auch im Rhein-Main-Gebiet. In Bayern waren die pagi wohl primär Siedlungslandschaften. Ob bzw. in welchem Ausmaß sie auch einen polit. Bezug besaßen, ist noch ungeklärt. In ihrer Bedeutung umstritten sind die pagi-Belege für Thüringen und Sachsen. Im Hinblick auf die w. Teile des Frankenreiches geht man allg. von einer weitgehenden Übereinstimmung von p. und →comitatus aus. Dagegen wird das Verhältnis von p. und comitatus in den ö. Teilen seit langem kontrovers diskutiert. Neben der Überlieferungslage spielen hierbei auch die unterschiedl. Interpretationen der pagi-Belege und die verschiedenen Auffassungen der Historiker von Eigenart und Struktur der frk. →Grafschaften eine Rolle. Die pagi bildeten mehr oder weniger in Alemannien, Ostfranken, Hessen, im Rhein-Main-Gebiet und in Niederlothringen die räuml. Grundlage für die Komitate. Nicht jedem p. entsprach ein comitatus, sondern innerhalb eines p. konnten mehrere Komitate existieren und umgekehrt. Zudem haben die Karolinger in einigen Gebieten (Sachsen) offenbar bewußt nicht an vorhandene pagi angeknüpft. P. und comitatus wurden in den normativen Q. oft synonym im Sinne von Gft. verwendet. In den →Kapitularien ist comitatus allerdings viel häufiger bezeugt als p. Nach 831 verschwand das Wort p. völlig aus den Kapitularien, seither erschien nur noch comitatus. Möglicherweise spiegelt jener terminolog. Wechsel eine veränderte Sicht der Karolinger von der polit. Raumgliederung des Reiches wider, die sich auf regionaler Ebene erst später durchsetzte. Die Lokalisierungsformel in den St. Galler Urkk. lautete während des gesamten 9. Jh. noch »in pago«, die dann mit der »sub comite N. «-Formel verbunden wurde. Des weiteren fand comitatus in Kg.s- und Privaturkk. des 9. Jh. gelegentl. im Sinne von p. als Raumbezeichnung Verwendung. Dies führt zu der Frage, ob für die von Grundherren abhängigen Unfreien, deren Bezugsrahmen nicht der Komitat war, der p. einen relevanten Handlungs- und Lebensraum darstellte. W. Huschner

Lit.: HRG I, 1392–1403 – J. Prinz, P. und Comitatus in den Urkk. der Karolinger, AU 17, 1942, 329–358 – E. Ewig, Civitas, Gau und Territorium in den Trier. Mosellanden, RhVjbll 17, 1952, 120–137 – P. v. Polenz, Gaunamen oder Landschaftsnamen?, RhVjbll 21, 1956, 77–96 – W. Hessler, Mitteldt. Gaue des frühen und hohen MA, 1957 – P. v. Polenz, Landschafts- und Bezirksnamen im frühma. Dtl., 1961 – W. Niemeyer, Der P. des frühen MA in Hessen, 1968 [Lit.] – H. K. Schulze, Die Gft.sverfassung der Karolingerzeit in den Gebieten ö. des Rheins, 1973 – E. Ewig, Spätantikes und frk. Gallien, 2 Bde, 1976–79, passim – U. Nonn, P. und Comitatus in Niederlothringen, 1983 [Lit.] – M. Borgolte, Gesch. der Gft.en Alemanniens in frk. Zeit, 1984 – Th. Zotz, Gft.sverfassung und Personengesch., ZGO 136, 1988, 1–16.

Païen de Maisières nennt sich der sonst unbekannte, wohl am Anfang des 13. Jh. aktive Autor einer kurzen arthur. Verserzählung »La Mule sans frein« (1 Hs., Anfang 14. Jh.). Verschiedene Versuche, ihm auch den in derselben Hs. überlieferten »Chevalier à l'Epée« zuzuschreiben und ihn wegen sprachl.-stilist. Eigenheiten und motiv. Entsprechungen mit →Chrétien de Troyes zu identifizieren, haben sich in der Forsch. nicht durchgesetzt. Offen ist auch, ob sein Name 'Païen ('Heide') de M.' (Ortschaft in der Nähe von Troyes) eine Ironisierung von 'Chrétien ('Christ') de Troyes' ist, dessen Werk er genau kannte. Die »Mule sans frein« nimmt das Motiv der Jungfrau auf, die am Artushof Gerechtigkeit fordert. In diesem Fall verlangt sie für ihr Maultier ein Zaumzeug (welches für ihr Erbe steht, wie aus der 'Crône' [→Heinrich von dem Türlin], die eine analoge Episode enthält, hervorgeht). Zunächst übernimmt der großmäulige Seneschall Keu die Aufgabe, nach dessen klägl. Scheitern führt →Gawain die Suche zu Ende. Die Erzählung gehört zum Kreis der Gauvain-Romane, wobei die Figur des Helden bereits leicht parodist. Veränderungen erfährt.
R. Trachsler

Ed.: Two Old French Gawain Romances: 'Le chevalier à l'Epée' and 'La Mule sans frein', hg. R. C. Johnston–D. D. Owen, 1972 [Bibliogr.] – Lit.: R. C. Johnston, The Authorship of the 'Chevalier' and the 'Mule', MLR 73, 1978, 496–498 – N. J. Lacy, Chivalry in 'Le Chevalier à l'Epée' and 'La Mule sans frein', Vox Romanica 45, 1986, 150–156 – H. F. Williams, The Authorship of two Arthurian Romances, French Review 61, 1987, 163–169.

Pai Gomes Charinho, * um 1224 in Pontevedra, † 1295, galic. Lyriker, stand im Dienste Kg. →Alfons' X. des Weisen und dessen Sohn →Sancho IV., nahm 1248 an der Eroberung Sevillas teil, erscheint in einigen Dokumenten mit dem Titel 'Admiral', wurde 1292 zum →'Adelantado Mayor' von Galicien ernannt. Sein Werk (bei 7 Gedichten steht die Zuschreibung nicht mit absoluter Sicherheit fest) besteht aus 19 *cantigas d'amor*, 6 *cantigas d'amigo*, einer *cantiga d'escarnio* (→Cantiga), einem Sirventes und einer Tenzone. W. Mettmann

Ed. und Lit.: A. Cotarelo y Valledor, P.G.Ch. almirante y poeta, 1934 – C. Ferreira da Cunha, O Cancioneiro de P.G. Ch., trovador do século XIII, 1945.

Pairs de France (Pairie). Die P. bildeten seit Beginn des 13. Jh. ein Kollegium, das aus zwölf Persönlichkeiten bestand: sechs Laien (Hzg.e v. →Burgund, →Normandie und →Guyenne, Gf.en v. →Flandern, →Toulouse und →Champagne) und sechs geistl. Herren (Ebf. v. →Reims, Bf.e v. →Beauvais, →Noyon, →Châlons-sur-Marne,

→Laon und →Langres). Diese weltl. und geistl. Fürstlichkeiten unterstanden unmittelbar dem Kg. (→Königtum, D) und gehörten zu seinen direkten Vasallen (→Lehen, Lehnswesen, III). Sie trugen den Titel 'P.' auch in Hinblick auf die Prärogative, nur von Ihresgleichen an der *Cour des P.* gerichtet zu werden. In der Realität erschienen sie allerdings selten gemeinsam am Hofe, und in Prozessen, an denen P. beteiligt war, bestand der Gerichtshof (der mit der 'Cour du roi' identisch war) auch aus Mitgliedern, die keine P. waren; in ihm konnten durchaus →Barone und kgl. Kleriker die Mehrheit stellen. Im Laufe des 13. Jh. gewann der Kg. nicht nur absolute Kontrolle über die Zusammensetzung des Gerichtshofes der P., sondern auch über dessen Urteile. Die Cour des P. richtete keine Fälle von Hochverrat, sondern war oberster Gerichtshof der Lehnsgerichtsbarkeit. Die P. hatten, gemäß dem kgl. Belieben *(plaisir du roi),* eine fakt. Kompetenz erhalten, die den Wünschen der Barone entsprach und in krit. Situationen die Autorität des Kg.s verstärken half.

In der Forsch. vieldiskutiert war die Frage, ob die P. eine alte oder vergleichsweise junge Institution darstellen. Das Gericht durch die 'pares', die Gleichrangigen, ist an sich ein sehr altes Rechtsinstitut, seine Einbringung und Instrumentalisierung im Rahmen eines feudalmonarch. Kontexts, in Gestalt eines Lehnsgerichtshofes, dagegen eine wesentl. jüngere Entwicklung. Sein Aufkommen setzte voraus, daß die →Curia regis von den großen Territorialfs.en des Kgr.es häufig besucht wurde und der Kg. über ausreichende Macht verfügte, um die großen Barone zur Anerkennung seiner effektiven Souveränität zu zwingen. Festzustellen ist, daß die ältesten Erwähnungen der Pairie erst nach dem (späten) Auftreten der Karlsepik (→Karl d. Gr., B. II), mit der lit. Fiktion der Zwölf Paladine (oder P.), in Anlehnung an die Zwölfzahl der Apostel, auftreten. Seit Ende des 13. Jh. erhoben die Kg.e große Lehnsfs.en zu P.s (Bretagne, Anjou, Alençon, Foix). →Peer, Peerage. E. Lalou

Lit.: F. Lot, Quelques mots sur l'origine des p. de F., RH 54, 1894, 34–37 – A. Luchaire, Lettre sur la question de l'origine des p. de F., RH 54, 1894, 382–391 – G. de Manteyer, L'origine des p. de F. (Mél. G. Monod, 1896), 187–290 – F. Funck-Brentano, Les p. de F. à la fin du XIIIe s., 351–360 – P. de Vallon, Les p. de F. primitifs et leur Cour, 1931 – P. Feuchère, Essai sur l'institution des p. entre Seine et Meuse, Rev. du Nord 36, 1954, 78f. – M. Sautel-Boulet, Le rôle juridictionnel de la Cour de P. aux XIIIe et XIVe s. (Rec. M. Brunel, I, 1955), 506–520 – F. Lot–R. Fawtier, Hist. des institutions françaises au MÂ, II, 1958, 297 – Ph. Contamine, Bull. Soc. nat. Antiqu. de France, 1988, 321–348 – P. Desportes, RH 282, 1989, 305–340.

Paiza (von chines. *p'ai-tze*, mongol. *gerege*), bei den →Mongolen übliche Befehlstafel, die – in vier Rangstufen (Holz, Bronze, Silber, Gold) verliehen – ihrem Träger im gesamten Reichsgebiet freies Geleit und unbedingten Gehorsam verschaffte. Die P., deren Vorläufer als Kommandostäbe bereits seit der Han-Zeit in China und Zentralasien (Kök-Türken, Qara-Chitai) in Gebrauch waren, wurde an mongol. Amtsträger, Militärbefehlshaber und Kuriere ebenso vergeben wie an Gesandte, fremde Herrscher und religiöse Führer. Hochrangigen Persönlichkeiten waren goldene, mit einem Tigerkopf verzierte P.s vorbehalten. Sie trugen die Formel: »Durch die Macht des ewigen Himmels. Jarlyk des Khans. Wer (die P.) nicht achtet, soll der Strafe verfallen« in mongol. Sprache und uigur. bzw. mongol. Hpagspa-Schrift. Die P. wurde oft gemeinsam mit dem →Jarlyk und Würdezeichen (Stab, Schirm, Ehrenkleid) vergeben. Als erster abendländ. Chronist beschrieb →Wilhelm v. Rubruk die P.
H. Göckenjan

Lit.: F. W. Cleaves, Daruga and Gerege, Harvard Journal of Asiatic Stud. 16, 1953, 237–259 – H. Tōru, Haneda hakushi shigaku rombunschu, I, 1957, 1–114, 130–136 – G. Doerfer, Türk. und mongol. Elemente im Neupers., I, 1963, 239–241.

Palaiologen, jüngstes der bedeutenden byz. Geschlechter. Der Name begegnet erstmals in der 2. Hälfte des 11. Jh. für Nikephoros, General Ks. Michaels VII. (1071–78). Der Aufstieg der Familie unbekannter Provenienz begann durch Unterstützung der Dynastie der →Komnenen (seit 1081), verbunden mit hohen militär. Ämtern und Einheirat in die ältesten führenden Geschlechter (→Dukas, Komnenen, →Angeloi). Verbindung mit dem regierenden Ks. haus erst Ende 12. Jh. durch Heirat des Alexios P. mit Eirene, Tochter Alexios' III. Angelos. Der Begründer des Reiches v. →Nikaia, Theodor I. Laskaris, beauftragte Andronikos, Sohn des gen. Alexios, mit der militär. Organisation des neuen Staates. Sein Sohn →Michael (10. M.; ∞ Tochter des Vetters von Ks. Johannes III. Dukas Vatatzes), 1258 Regent für den minderjährigen →Johannes IV. Laskaris, wurde nach dessen Absetzung und Blendung am 1. Jan. 1259 Ks. und begründete die langlebige byz. Ks. dynastie (bis 29. Mai 1453), die durch die Rückgewinnung Konstantinopels (25. Juli 1261) auch wieder den alten Mittelpunkt bekam. In seinem Titel (Dukas, Komnenos Angelos ho P.) gibt er der Verbindung mit der Tradition und der Superiorität des eigenen Geschlechts Ausdruck. In noch wesentl. stärkerem Umfang als die Komnenen im 12. Jh. trieben die Palaiologenks. Familienpolitik, indem die wesentl. Staats- und Kommandoämter (nicht jedoch kirchl. Ämter) mit Verwandten besetzt wurden, was bes. angesichts der zunehmenden territorialen Verkleinerung des Reiches zu Rivalitäten führte, die z. T. in bürgerkriegsähnl. Revolten (1321–28, 1376–81, 1390) Ausdruck fanden. Mit der Absetzung →Johannes' VI. Kantakuzenos (1354) wurde auch die letzte einflußreiche Familie verdrängt. Die dynast. Politik der P. suchte immer wieder die Verbindung mit auswärtigen Fs. enhäusern (z. B. →Andronikos II. ∞ Anna v. Ungarn und Eirene-Jolanta v. Montferrat; →Andronikos III. ∞ Adelheid v. Braunschweig und Anna v. Savoyen; →Andronikos IV. ∞ Maria v. Bulgarien; Despoten v. →Ep(e)iros, Ks. haus v. →Trapezunt, bulg. und serb. Herrscherhäuser, Turkemirate); die P. waren auch mit nahezu allen bedeutenden spätbyz. Familien verwandtschaftl. verbunden. Der letzte Palaiologenks., →Konstantin XI., fiel kinderlos bei der Eroberung Konstantinopels 1453. Durch die Heirat seiner Nichte Zoe (→Sophia) mit Gfs. →Ivan Vasil'evič III. v. Moskau (1472) wurde die Idee des byz. Ksm. s mit der des russ. Zarentums verbunden. In weibl. Linie sind die P. mit verschiedenen Familien S- und SO-Europas verbunden, wodurch legendär begründete Ansprüche auf den byz. Ks. thron entstanden. Es ist darauf hinzuweisen, daß der Name P. auch bei Personen begegnet, die nicht der ksl. Familie zugehören.

P. Schreiner

Q. und Lit.: PLP, Nr. 21337–21558 – A. Th. Papadopulos, Versuch einer Genealogie der P. 1259–1453, 1938 [fehlerhaft] – J.-C. Cheynet – J.-F. Vannier, Études prosopographiques, 1986, 123–187 – Oxford Dict. of Byzantium, 1991, 1557–1560 – D. M. Nicol, The Immortal Emperor, 1992 [Nachleben].

Palamas, Gregorios, byz. Theologe, letzter orth. Kirchenvater, * 1296 Konstantinopel, † 14. Nov. 1359, stammte von aristokrat. und monast. geprägten Eltern ab, seit 1302 ksl. erzogen; 1316 Athosmönch, Schüler des →Gregorios Sinaites, floh 1325 vor den Türken; Priesterweihe 1329. Bis 1334 lebte P. mit Freunden als Einsiedler nahe Beroia (hesychast.-geistl. Erfahrungen im Wechsel von Einsamkeit und liturg. Leben), kehrte dann wegen Überfällen auf den Athos zurück. 1334 Begegnung und Briefwechsel zum Wesen der Theol. und ihrer Methode mit dem Mönch →Barlaam aus Kalabrien, der gegen den →Thomismus die Unerkennbarkeit des Wesens Gottes verteidigen wollte und bei P. und den hesychast. Mönchen 'Messalianismus' zu entdecken glaubte. Gegen den Vorwurf der 'Nabelschau' wird P. zum Verteidiger des →Hesychasmus, allerdings weniger für dessen spirituelle Praxis als in dogmatischer Grundlegung. Nach Schriften gegen das →'Filioque' der Lateiner 1338–41 schrieb er, mittlerweile Abt der Großen Laura, die »Triaden zur Verteidigung derer, die heiligmäßig die hesychastische Praxis ausüben«. Im Mittelpunkt steht die mystische Inspiration, die tatsächlich Gott schauen läßt, nicht aber sein Wesen selbst, sondern in Teilhabe an den göttlichen Energien.

Trotz Vermittlungen durch P.' umgeschwenkten Schüler Gregorios →Akindynos denunzierte Barlaam ab 1338 P. in Konstantinopel. Synoden vom Juli und Aug. 1341 führten zum Verbot jeder Erörterung der Materie und sprachen P. frei. Der weitere Streit um den →Palamismus geriet in die Kämpfe um die Nachfolge Andronikos' III. P. stand auf der Seite des →Johannes Kantakuzenos (7. J.), der 1341 sich gegen den unmündigen Johannes V. zum Ks. ausrief. Weil P. gegen das Verbot verstieß und seine Auffassungen in weiteren Schr. präzisierte, wurde er 1342 und 1344 vom Patriarchen →Johannes XIV. Kalekas (53. J.) verurteilt und anathematisiert. Von 1343–47 lebte P. im Ks. palast in Arrest und verfaßte zahlreiche Schr., u. a. den fiktiven Dialog »Theophanes«, in dem er einem vom Barlaamismus Bekehrten die Orthodoxie erklärt. Nach dem Sieg Kantakuzenos' weihte der neue palamit. Patriarch →Isidor Buchiras P. 1347 zum Metropoliten v. →Thessalonike, wo er aber erst 1350 inthronisiert werden konnte. Auf einer endgültig klärenden Synode 1351 im Blacherenpalast unter Patriarch →Kallistos (1. K.) wurde der Palamismus zur offiziellen Lehre der orth. Kirche erklärt und die Antipalamiten anathematisiert. Auch nach der Rückeroberung des Thrones 1354 durch →Johannes V. wurden die Entscheidungen nicht mehr geändert. Über ein Jahr war P. von Türken als Geisel verschleppt und schrieb in dieser Zeit und danach noch mehrere Schr., bis er starb und 1368 bereits kanonisiert wurde. Zusätzl. zu seinem Todestag wurde der 2. Fastensonntag zu seinem Gedächtnistag erklärt. Seine Theologie wurde ins Synodikon der Orthodoxie aufgenommen, mit dem jährl. am 1. Fastensonntag die rechtgläubigen und irrigen Lehren verlesen werden.

M. Petzolt

Bibliogr.: D. Stiernon, Bull. sur le Palamisme, RevByz 30, 1972, 231–341 – *Ed.:* MPG 150 – Défense des saints hésychastes, hg. J. Meyendorff, 1959 [gr.-frz.] – Γρηγορίου τοῦ Παλαμᾶ συγγράμματα, 6 Bde, hg. P. K. Chrestou, 1962ff. – *Lit.:* J. Meyendorff, Introduction à l'étude de Grégoire Palamas, 1959 – P. Scazzoso, La teologia di S. Gregorio Palamas, 1970 – H.-G. Beck, Gesch. der orth. Kirche im byz. Reich, 1980, 218–226 – D. Wendebourg, G. P. (Klassiker der Theol., I, hg. H. Fries – G. Kretschmar 1981), 253–268 – J. Kuhlmann, G. P. (Große Mystiker, hg. G. Ruhbach – J. Sudbrack, 1984), 142–155.

Palamismus. Der P. war v. a. zu Lebzeiten des nach ihm benannten Theologen Gregorios →Palamas im 14. Jh. virulent. Mit der synodalen Entscheidung v. 1351, die den P. offiziell als orth. Lehre bestätigte, war die palamit. Kontroverse fast beigelegt und bald schon in Vergessenheit geraten, obwohl die Lehre Gregorios' als typ. und unterschieden orth. angesehen wurde, und der P. weiterhin die orth. Theologie und monast. Spiritualität prägte. Mit dem P. sind tiefgreifende Unterschiede zw. griech.-

orth. und lat. Theol. in der →Trinitätslehre und in der theol. Methodik ausgesagt. Palamas sieht in Gott eine reale Unterscheidung zw. seinem weltzugewandten Handeln und seinem unerkennbaren (transzendenten) Sein. Durch die dem göttl. Wesen selbst entspringenden Energien (ungeschaffene Gnade) kann der Mensch Anteil an Gott erhalten (2 Petr 1,4), ohne mit seinem Wesen (1 Tim 6,16) vereint zu werden. Diese Erfahrung ist im ird. Leben möglich und wird als 'Schau' des göttl. (Tabor-)Lichts umschrieben. Mit dem →Hesychasmus ist der P. eng verbunden, da das Mühen um die innere Ruhe und die Einübung ins immerwährende Gebet mit dem Ziel einer direkten Gottesschau wichtige Voraussetzungen sind. Palamas' Schr. sind als Verteidigung der hesychast. Praxis durch seine systemat. theol. Grundlegung zu verstehen.

Die Antipalamiten, v. a. →Barlaam aus Kalabrien, Gregorios→Akindynos und Nikephoros→Gregoras, führten v. a. die Einfachheit Gottes ins Feld, mißverstanden Palamas jedoch insofern, als sie die Dimension geistl. (myst.) Erfahrung ignorierten, die nach Palamas die eigtl. 'Theologie' ist. M. Petzolt

Lit.: BECK, Kirche, 712–739 – J. S. ROMANIDES, Notes on the P. Controversy, The Greek Orth. Theol. Review 6, 1960/61, 186–205; 9, 1963/64, 225–270 – B. SCHULZE, Grundfragen des theol. P., OKS 24, 1975, 105–135 – G. PODSKALSKY, Theol. und Philos. in Byzanz, 1977, 124–173 – Palamism Today, Eastern Churches Review 9, 1977 – D. WENDEBOURG, Geist oder Energie, 1980.

Palas (lat. palatium, Teil des palatin. Hügels in Rom, auf dem seit Augustus der Ks. residierte), Wohn- und Saalbau einer ma. →Pfalz oder Burg in Dtl. Der P. beherbergt die Repräsentationsräume in einem oder zumeist zwei Geschossen über einem teilw. eingetieften Untergeschoß, zunächst in kgl. und bfl. Pfalzen, seit dem 10. Jh. auch in Burgen. Spätestens seit dem 10. Jh. liegt der zumeist zweischiffige Reichssaal (aula regia) im Obergeschoß mit dem Thronsitz in der Mitte der Langseite gegenüber Fensterarkaden und einem Altan, zu dem vom Hof die Freitreppe (Grede) hinaufführt. An den P. kann sich ein Wohnbau (Kemenate) anschließen (Goslar, Köln), aber es können im 12./13. Jh. auch die Wohnräume im P. untergebracht sein (Gelnhausen, Wimpfen, Eger, Seligenstadt). Die zunächst nur über hölzerne Außentreppen zu erreichenden Obergeschosse (Münzenberg, Büdingen, Konradsdorf) wurden in stauf. Zeit nach und nach über enge, einläufige oder gewendelte Innentreppen (Gelnhausen, Wartburg) oder angefügte Treppentürme (Babenhausen) erschlossen. Die Aufteilung und Gliederung der Hoffassaden frühstauf. P.bauten zeigt jeweils eine Ordnungsstruktur, bei der eine opt. Mitte und eine asymetr. Gleichgewichtigkeit bestimmend sind. Der P. liegt bei den frühen Anlagen frei im Hof, im 12./13. Jh. allgemein an der Ringmauer und kann im Obergeschoß mit reichen Arkaden zum Tal geöffnet sein (Münzenberg, Wimpfen, Eger). In der von Karl d. Gr. in Ingelheim in antiker Tradition gebauten Pfalz ist der P. ein Teil einer ebenerdigen Gebäudefolge, während er in Aachen am höchsten Platz der Pfalz das Obergeschoß eines Baues einnimmt, der im N, W und S mit je einer Konche erweitert ist und an der Südostecke einen mehrgeschossigen Turm (Granusturm) mit Abtritt, Treppenanlage und Schatzkammer hat. In kleineren Pfalzen und in Feudalburgen kann in otton.-sal. Zeit der P. als eingeschossiges Gebäude im Hof entweder als Holzpfostenbau (Hochelten 1. H. 10. Jh.) oder aus Stein (Werla, Tilleda 10. Jh.). In der Pfalz Goslar war der sal. P. schon in der in stauf. Zeit übl. Form ausgebildet: über einem wenig eingetieften, untergeordneten Zwekken dienenden Untergeschoß lag der den ganzen Bau einnehmende zweischiffige Saal, der vom Hof über eine Freitreppe zugängl. war. In stauf. Zeit ist der P. zumeist aus sorgfältig behauenen Quadern und mit reich gegliederten Fenstern oder Arkaden künstlerisch gestaltet und im Innern durch Gesimse (Münzenberg) und reiche Kamine (Münzenberg, Gelnhausen, Wildenberg) geschmückt. Gliederungsdetails und Bauskulptur entsprechen den gleichzeitigen Formen an Kirchen. Ihre stilist. Datierung war bisher strittig (BINDING und HOTZ früh, ARENS spät). Inzw. sind die Frühdatierungen durch dendrochronolog. Bestimmungen bestätigt worden: Wartburg-P. Untergeschoß 1158 und zwei Obergeschosse 1159/67, Gelnhausen, letzter Bauabschnitt Torhalle 1169/70, Hagenau 1166/78; andere Pfalzen und Burgen konnten durch Stilvergleich und hist. Nachrichten zeitl. festgelegt werden: Münzenberg bis 1165, Gelnhausen 1160/70, ebfl. Pfalz in Köln 1166.

Nach der Mitte des 13. Jh. verliert der P. seine nach außen orientierte Schmuckfreude; leichter verschließbare Kreuzstockfenster lösen die Arkaden ab (Marburg, Meißen, Broich in Mülheim/Ruhr), während in Dtl. die Zahl und Bedeutung großer P.bauten abnimmt, werden in Frankreich prunkvolle, verteidigungsfähige Anlagen errichtet. Am Ende des MA wird der P. durch den Schloßbau mit seiner Vielräumigkeit ersetzt. G. Binding

Lit.: L. WINTER, Die Burg Dankwarderode in Braunschweig, 1883 – G. Voss, Die Wartburg, 1917 – U. HÖLSCHER, Die Ks. pfalz Goslar, 1927 – G. BINDING, Das Palatium in Seligenstadt, ein Bau Friedrichs II., Arch. hess. Gesch. 26, 1961, 240–254 – DERS., Burg Münzenberg, 1963 – W. HOTZ, Burg Wildenberg im Odenwald, 1963 – W. BORNHEIM GEN. SCHILLING, Rhein. Höhenburgen, 1964 – G. BINDING, Pfalz Gelnhausen, 1965 – F. ARENS, Die Kg.spfalz Wimpfen, 1967 – J. EHLERS, Zur Datierung der Pfalz Gelnhausen, HJL 18, 1968, 94–130 – G. BINDING, Burg und Stift Elten am Niederrhein, 1970 – F. ARENS, Die Datierung stauf. Pfalzen und Burgen am Mittelrhein mit Hilfe des Stilvergleichs (Die Burgen im dt. Sprachraum, hg. H. PATZE, I, 1976), 181–196 – F. ARENS, Der Saalhof zu Frankfurt und die Burg Babenhausen, Mainzer Zs. 71/72, 1976/77, 1–56 – DERS., Die stauf. Kg.spfalzen (Das Zeitalter der Staufer, Kat., Bd III, 1977), 129–142 – A. WIEDENAU, Roman. Wohnbau im Rheinland, 1979 [Köln 22–36] – W. HOTZ, Kleine Kunstgesch. der dt. Burg, 1979⁴ – DERS., Pfalzen und Burgen der Stauferzeit, 1981 – D. ECKSTEIN, T. EISSING, P. KLEIN, Dendrochronolog. Datierung der Wartburg, 1992.

Palast → Pfalz

Palästina (griech. Παλαιστίνη, Name vom frühgesch. Volk der Philister abgeleitet). [1] *Römische und byzantinische Periode:* Das 63 v. Chr. von Pompeius eroberte P. bildete unter der Dynastie der Herodiaden zunächst einen hellenist. beeinflußten, von Rom abhängigen Staat; der religiöse, polit. und kulturelle Gegensatz des (in unterschiedl. religiöse Richtungen gespaltenen) Judentums zur röm. Oberherrschaft und zur hellenist.-röm. Kultur entlud sich im Aufstand von 66–70 n. Chr. (→Josephus) und im Bar-Kochba-Aufstand von 132–135. P. wurde im 4. Jh. bezügl. der Zivilverwaltung in die drei Provinzen Palaestina Prima (Kernzone: vom Gebiet ö. des Jordans bis zur Mittelmeerküste, Hauptstadt: →Caesarea [3.C.]), Secunda (Nordteil, mit Galiläa und nördl. Jordantal, Hauptstadt: Scythopolis) und Tertia (Negev, Nabataea, Hauptstadt: Petra) gegliedert. Zum Ostreich gehörend (ab 330), bildeten im P. des 5.Jh. Juden, Samaritaner und heidn. Gruppen gegenüber den Christen die Bevölkerungsmehrheit. Als Teil des →Byz. Reiches erfuhr P. wirtschaftl. Belebung (Transithandel mit dem Osten); v. a. förderten die Herrscher, von →Konstantin bis →Justinian I., im Zuge der Reichseinheitspolitik die religiös-chr. Belange (Wallfahrt, aufwendige Kirchenbauten an den Hl. Stätten; →Jerusalem, A. II, III). 614 wurde P. von den →Sāsāniden eingenommen; Ks. →Herakleios konnte 628 die byz. Herrschaft wiederherstellen (triumphale Rückführung des Hl. →Kreuzes nach Jerusalem).

[2] *Erste muslimische Periode:* In den Jahren von 634 bis 640 erlag P. dem Ansturm der arab. Invasoren (→Araber). Jerusalem ergab sich 638 dem Kalifen →ʿOmar zu milden Bedingungen, die ein Verbleiben großer Teile der chr.-byz. Bevölkerung, aber auch einen Wiederaufstieg der in röm.-byz. Zeit z. T. untersagten jüd. Siedlung (Jerusalem, Judäa) erlaubten. Die →Omayyaden entfalteten reiche Bautätigkeit im Zeichen islam. Jerusalem-Verehrung. Es erfolgte Ansiedlung muslim. Bevölkerung; die Errichtung von Bewässerungsanlagen und Straßen setzte ein.

Mit der Machtübernahme durch die →Abbasiden (750 Verlegung des Reichszentrums von →Damaskus nach →Bagdad) sank P. zur Randprovinz ab, deren demograph. Rückgang archäolog. nachgewiesen ist. Das Gebiet wechselte mehrmals den Besitzer (878 türk. →Ṭūlūniden-Dynastie) und litt unter den Plünderungen türk. und arab. Söldnerverbände sowie unter Nomadeneinfällen; Byzanz unternahm in der 2. Hälfte des 9. Jh. mehrere Feldzüge (Nikephoros II. Phokas, Johannes I. Tzimiskes) zur Rückeroberung des nördl. P. Das seit 970 unter Kontrolle der →Fāṭimiden stehende Land wurde ab 1070 von den →Selǧuqen besetzt. 1098 erfolgte noch einmal eine Wiedereroberung durch die Fāṭimiden, doch wurde P. 1099 von den Kreuzfahrerheeren des Ersten →Kreuzzugs eingenommen.

[3] *Königreich Jerusalem und zweite muslimische Periode:* Das am 22. Juli 1099 konstituierte Kgr. →Jerusalem war als Feudalmonarchie westeurop. Prägung verfaßt, ließ aber manche der aus der muslim. Ära überkommenen Strukturen (v. a. die effiziente Fiskalverwaltung) bestehen. Im Kampf mit den →Ayyūbiden unter →Saladin bei →Ḥaṭṭīn (1187) besiegt, mußten die Kg.e die Hauptstadt Jerusalem räumen und ihre Herrschaft in den nördl. Landesteil, um →Akkon, verlagern, um schließlich der straff organisierten, gegen eine Mongoleninvasion (→Goliathsquelle, 1260) siegreichen Militärmacht der →Mamlūken zu unterliegen (1291). Im 13. Jh. vollzog sich eine jüd. Einwanderung aus Westeuropa und Nordafrika, z. T. bedingt durch messian. Erwartungen (→Messias). 1516 kam P. an das →Osman. Reich.

Die Wirtschaft des im W unter mediterranem Einfluß (Anbau von Ölbäumen, Früchten, Getreide) stehenden, im O in die syr.-arab. Wüste (Viehhaltung, z. T. Nomadentum) übergehenden P. war geprägt von der Ausfuhr landwirtschaftl. und gewerbl. Produkte (Olivenöl, Essenzen, Seife; Früchte; Glaswaren), in starkem Maße vom Durchgangshandel (→Levante-, →Mittelmeerhandel) über die Häfen der Region. Stark auf Ägypten ausgerichtet, lag der Fernhandel z. T. in den Händen jüd. Kaufleute, wie u. a. Handelsbriefe aus der Kairoer →Geniza belegen.

U. Mattejiet

Lit.: Gesch. des Hl. Landes, hg. M. Avi-Yonah, 1971 – E. Ashtor, A Social and Economic Hist. of the Near East in the MA, 1976 – J. Drory, P. im Mamlūkenstaat (Die Gesch. von Eretz-Israel, II, hg. J. Rappel, 1979) [hebr.] – M. Gil, P. während der ersten muslim. Periode (634–1099), 3 Bde, 1983 [hebr.] - →Jerusalem.

Palastkapelle → Pfalzkapelle

Palatin (s. a. Hofpfalzgraf)
I. Ungarn – II. Böhmen, Polen.

I. Ungarn: Der P. (comes palatii, c. palatinus, ung. *nádorispán*), von Kg. Stephan I. nach karol. Vorbild eingeführt, war Leiter der ung. →curia regis; seit 1002 bekleideten führende Mitglieder des Hochadels dieses Amt. Ihm unterstanden die im Lande verstreut liegenden kgl. Höfe (ung. *udvar*) mit ihren, in Hundertschaften zusammengefaßten Hofbauern (*udvornici*). Der P. reiste mit der curia regis und war Richter des Landadels. Seit ca. 1200 genoß er als comes einiger →Komitate auch ein Drittel ihrer Einkünfte. Seit dem 13. Jh. residierte sein Stellvertreter in Pest (um 1300 zeitweilig in Altofen: »vizepalatinus in Pest« bzw. »Bude residens«), wo er zugleich →Gespan des Komitats Pest und Richter des ung. Mitteladels war. Im 14.–15. Jh. wuchsen die jurist. Aufgaben seines Protonotars an, der aus dem geschulten Mitteladel stammte. Der P. übte seine rechtl. Befugnisse über den Landesadel in den congregationes generales aus, die bis zu Kg. Matthias Corvinus in den Komitaten abgehalten wurden. Das Parlament v. 1455–56 verfaßte ein Dekret in 12 Artikeln über die staatl. Rolle des P.s (»De officio Palatinatus«), das seine Stellung als Stellvertreter des Kg.s sicherte. Gy. Györffy

Q.: Corpus Iuris Hungarici, I (1000–1526), red. D. Márkus, 1899, 396–402 – Lit.: A. Hajnik, Magyar Bírósági és perjog, 1899, 66ff.

II. Böhmen, Polen: Die ältesten Chroniken (→Cosmas v. Prag, →Gallus Anonymus) nennen im 12. Jh. erwähnen die comites palatini, die höchsten Beamten der →curia regis, die die Herrscher u. a. als Heerführer vertraten (*vévoda, wojewoda*). In Böhmen verschwand dieses Amt bereits nach 1113, seine Aufgaben übernahmen wahrscheinl. der Hofkämmerer sowie der Burggf. v. Prag. Im 12.–13. Jh. entsprach die Bedeutung des böhm. »vévoda« der eines dt. Hzg.s. In Polen gab es bis zum 14. Jh. P.e am kgl. oder fsl. Hof. Im 12.–13. Jh. hatten sie nicht nur Macht über die Kg.e, sondern auch über die »polit. Nationen«. Doch wurden sie deshalb im 12. Jh. mehrfach gewaltsam beseitigt, und im Krakauer Fsm. setzte man um die Mitte des 13. Jh. den Rang des P.s, der zeitweise sogar als »Dei gratia« gekennzeichnet worden war, auf den zweiten Platz nach dem Kastellan. Nach der Vereinigung Polens zur Monarchie (1320) wurden die fsl. P.e zu Landesbeamten, doch wurden ihre Befugnisse seitdem immer geringer (als Folge der Ausweitung der Immunitätsbezirke, der Unterstellung des Adels unter die Gerichtsbarkeit des Kg.s und der Ernennung von Starosten). Im 14.–15. Jh. waren die P.e in den Obergerichten tätig, übten die Oberaufsicht über die kgl. Städte sowie die Juden verschiedener terrae aus und nahmen den ersten Platz im erweiterten kgl. Rat ein. Ungeklärt ist die Position der P.e in den schles. Fsm. ern. St. Russocki

Lit.: SłowStarSłow VI, 2, 1981 – O. Peterka, Rechtsgesch. ..., Bd. I, 1933 – Z. Wojciechowski, L'État polonais ..., 1949 – J. Bardach, Hist. państwa ..., Bd. 1, 1964 – A. Bogucki, Komornik i podkomorzy w Polsce piastowskiej, Społ. Polski średniowiecznej III, 1985 – J. Spors, Uwagi nad geneza urzedu wojewody dzielnicowego w Polsce ..., PrzgHist 82, 1991.

Palatium Regis → Aula regia, →Pfalz

Pale, the (engl. 'Pfahl, Palisade'), im 15.–16. Jh. Bezeichnung für den Teil →Irlands, der unter angloir. Verwaltung mit Sitz in →Dublin, stand. 1435 beklagte der ir. Rat (the Irish Council), daß dieser Bereich nur noch ein Gebiet von 30 Meilen in der Länge und 20 Meilen in der Tiefe um Dublin ausmache (dies wohl eine Übertreibung). 1465 umfaßte der P. die Gft. en Meath, Louth, Dublin und Kildare, wobei der befriedete Raum ('land of peace') von den unruhigen Grenzmarken unterschieden wurde. 1477 wurde die Grenze präzise definiert und durch Statut bestätigt. Um 1495 wurde in den Marken eine neue Art der Sicherung eingerichtet: Das →Parliament ordnete an, daß eine doppelte Befestigungslinie zw. den Marken und dem gäl. Gebiet (*Irishry*) geschaffen werden solle. In der Realität unterlag die Grenzziehung jedoch häufigen Veränderungen. G. MacNiocaill

Lit.: S. G. ELLIS, Tudor Ireland: Crown, Community and the Conflict of Cultures 1470-1603, 1985 - Medieval Ireland, hg. A. COSGROVE, 1993².

Paleae, spätere Zusätze von (z. T. gefälschten) Q. texten zum →Decretum Gratiani, deren Zahl in den einzelnen Hss. schwankt und uneinheitl. angegeben wird (von ca. 120 in ma. P.-Listen bis zu ca. 170 in modernen Zusammenstellungen); der Begriff ist auf →Paucapalea zurückzuführen, von dem die ersten (und wohl meisten) dieser Einfügungen stammen. Ihren Bedeutungshöhepunkt dürften die P., z. T. mitbestimmend für eigene Dekret-'Rezensionen', um 1180 erreicht haben; danach wurden sie, wie P.-Listen und Hss.nachträge zeigen, zwar möglichst vollständig tradiert, aber wenig wiss. kommentiert.

H. Zapp

Lit.: DDC IV, 614f. - H. ZAPP, P.-Listen des 14. und 15. Jh., ZRGKanAbt 59, 1973, 83-111 [Lit.] - T. LENHERR, Fehlende 'P.' als Zeichen eines überlieferungsgesch. jüngeren Datums von Dekret-Hss., AKKR 151, 1982, 495-507 - R. WEIGAND, Fälschungen als P. im Dekret Gratians (Fälschungen im MA, II [MGH Schr. 33], 1988), 301-318 - DERS., Burchardauszüge in Dekrethss. und ihre Verwendung bei Rufin und als P. im Dekret Gratians, AKKR 158, 1989, 429-451 - DERS., Zusätzl. 'P.' in fünf Dekrethss., ZRGKanAbt 78, 1992, 65-120.

Páleč, Stefan (Štěpán) v., tschech. Theologe, * in Veliký Páleč, † um 1423; studierte an der Prager Univ., seit 1391 Mag. artium, 1400 Rektor, 1411 Mag. theol.; zunächst Anhänger der philos. Universalienlehre John →Wyclifs. Er nahm im Frühling 1409 am Konzil v. →Pisa teil und trennte sich um 1412 von seinem Freund Johannes →Hus, den er öffentl. zu kritisieren begann (»Tractatus gloriosus«, »Antihus«). Obwohl P. während des Konzils v. →Konstanz gegen Hus vorging, gehörte er noch 1417 zu den Anhängern der Kirchenreform. Nach dem Konzil setzte er seine Polemik gegen die →Hussiten in Galizien fort (»Contra quattuor articulos Hussitarum«). Seit 1418 wirkte er als Prof. der Theol. in Krakau, ab 1421 war er Archidiakon in Kalisch.

F. Šmahel

Q. und Lit.: S. PALACZ, St. Palecz, Materiały i Studia do Dziejów Historii Filozofii w Polsce 8, 1967, 93-124 - J. NECHUTOVÁ, M. Štěpán v. P. und die Hus-Historiographie, MBohem 3, 1970, 87-122 - P. SPUNAR, Rep. auctorum Bohemorum provectum idearum post Univ. Pragensem conditam illustrans, I, 1985, 326-340.

Paleja, Slg. von Auszügen aus der Gesch. des AT (παλαιά [διαθήκη]), in der slav. Überlieferung sehr verbreitet, mit Entlehnungen aus →Johannes Chrysostomos, →Gregor v. Nazianz, Flavius →Josephus, →Theodoros Studites sowie aus →Apokryphen, auf byz. Vorlagen zurückgehend (z. B. Cod. Vind. theol. gr. 247 [Ἱστορία παλαιοῦ, 15. Jh.); Vind. theol. gr. 249 [Σύνοψις ἀκριβεστάτη εἰς τὸ παλαιόν, 16. Jh.]), deren Entstehung um das 9. Jh. anzusetzen ist. Im Slav. unterscheidet man zwei Ausformungen, die 'hist. P.' (Istoričeskaja P.; Gesch. von Adam bis zu Kg. David), bei den Südslaven im 12. Jh. übersetzt, dort in drei Redaktionen erhalten, und in Rußland, wohl noch in der Kiever Epoche auch unter der Bezeichnung 'Buch der Entstehung des Himmels und der Erde' (Kniga bytija nebesi i zemli) oder 'Oči palejnye' verbreitet. Ob die zweite Ausformung, die 'kommentierte P.' (Tolkovaja P. bzw. Chronograph. P.) ebenfalls auf eine nicht erhaltene gr. Vorlage zurückgeht, ist unklar. Im Slav. ist sie in Rußland ab dem 13. Jh. verfolgbar und ebenfalls in drei Redaktionen vertreten: Auch sie ist von den Apokryphenlit. (z. B. Testament der 12 Patriarchen) beeinflußt; ebenso verbindet sie Elemente aus der russ. Chronistik. Die Verbreitung der P. im Slav. erklärt sich durch den Mangel an Vollbibeln vor dem 16. Jh.

Ch. Hannick

Ed.: A. N. POPOV, Kniga bytija nebes i zemli (P. istoričeskaja), Čtenija v Obščestve Istorii i drevnostej Rossijskich, 1881/1, Priloženije 1-92 - N. S. TICHONRAVOV, P. Tolkovaja po spisku sdelannomu v g. Kolomne v 1406 g., I-II, 1892-96 - A. A. VASILIEV, Anecdota graeco-byz., I, 1893, 188-292 - *Lit.:* E. TURDEANU, La 'Palaea' byz. chez les Slaves du Sud et chez les Roumains, RESl 40, 1964, 195-206 - T. A. SUMNIKOVA, K probleme perevoda Istoričeskoj palei (Izučenie russkogo jazyka i istočnikovedenie, 1969), 27-39 - DJ. TRIFUNOVIĆ, Azbučnik srpskih srednjovekovnih književnih pojmova, 1974, 213f. - A. DE SANTOS OTERO, Die hs. Überlieferung der altslav. Apokryphen, I, 1978, 25 - K. ONASCH, Kunst und Liturgie der Ostkirche in Stichworten, 1981, 295 - R. STANKOV, Istoričeskaja P.-pamjatnik drevnej bolgarskoj kul'tury, Palaeobulgarica 10, 1986, 4, 55-63 - Slovar' knižnikov i knižnosti Drevnej Rusi, vtoraja polovina XIV-XVI v., II, 1989, 160-162 - Starobŭlgarska lit., enciklopedičen rečnik 1992, 314-316.

Palencia, Stadt, Bm. und Univ. im Kgr. →León. Erstmals erwähnt als iber. civitas der Vaccäer in vorröm. Zeit, war Pallantia in röm. Zeit Teil der provincia Tarraconensis. →Hydatius berichtet von P.s Zerstörung 456 durch Theoderich, seinem Wiederaufbau und der erneuten Entvölkerung nach der Besetzung durch die Muslime. Im Laufe des 10. Jh. kam zu einer ersten, Anfang des 11. Jh., ab 1035, zu einer endgültigen Wiederbesiedlung dank der Erhebung der Stadt zum Bf.ssitz auf Initiative Sanchos III. v. Navarra und ihrer Tradierung unter die Herrschaft des Bf.s. Eine weitere Wiederbesiedlungswelle auf Betreiben des Kathedralkapitels in der 2. Hälfte des 12. Jh. erreichte im 13. Jh. ihren Höhepunkt. Als Alfons VIII. 1177 Juden und Muslime der Herrschaft des Bf.s unterstellte, wurde dieser zum alleinigen Stadtherrn. Dieser Rechtsstatus wurde im Fuero v. P. fixiert, den Bf. Raimund am 23. Aug. 1181 erließ. Während des 14. und 15. Jh. erfuhr die Stadt keine nennenswerten urbanist. Veränderungen, doch ein kontinuierl. Bevölkerungszufluß führte in der 1. Hälfte des 15. Jh. zu einer demograph. Expansion und Ende des Jahrhunderts zu einer gut dokumentierten regen Bautätigkeit. 1530 hatte P. an die 7000 Einw.

In polit.-verwaltungstechn. Hinsicht bestimmte die im Bereich der n. Meseta äußerst seltene Rechtsstellung als →Bf.sstadt die Stadtentwicklung wesentl. mit. Seit Ende des 13. Jh. waren die Beziehungen zw. dem Bf. als Stadtherrn und dem Rat der Stadt Ursache ständiger Spannungen, um so mehr als im Konfliktfall bes. in der Zeit zw. 1340-91 das Kgtm. immer wieder zugunsten einer Erweiterung der polit. und wirtschaftl. Kompetenzen der bfl. Stadtherren eingriff. Seit 1422 jedoch brachte die ständige Anwesenheit eines →Corregidors als Vertreter kgl. Interessen in der Stadt eine Einschränkung der bfl. Stadtherrschaft mit sich, die sich bereits 1500 durch kgl. Initiative so stark eingeschränkt fand, daß gewisse Befugnisse, die sie bis dahin aus eigener Machtvollkommenheit ausgeübt hatte, nun als vom Kg. delegiert erschienen.

Die Entwicklung P.s stand in enger Beziehung zur kirchenpolit. Bedeutung (häufige Abhaltung von Nationalsynoden in P.). Bf. und Domkapitel verwalteten die in vier Archidiakonate (Carrión, Campos, Cerrato, Alcor) eingeteilte Diöz. mit insgesamt 576 Pfarreien (1345). Das Domkapitel mit seinen zahlreichen Besitzungen auf dem Land und in der Stadt zählte zu den reichsten im ganzen Kgr. Bereits 1225 hatte es 80 Pfründen zu vergeben. Die seit Mitte des 14. Jh. unternommenen Reformbestrebungen fanden in den Statuten des Kapitels und in Synodalakten ihren Niederschlag. Im Bereich des Bm.s gab es zudem viele monast. Zentren. Die Kollegiata v. Valladolid war ebenfalls, bis sie 1595 selbst Sitz eines Bm.s wurde, vom Bf.ssitz abhängig.

Die Univ. in P. gilt als die älteste Spaniens. 1212 auf Initiative Alfons VIII. und mit Unterstützung Bf. Tellos Téllez de →Meneses in der Nachfolge der Domschule v. P. gegr., wies ihr 1220 eine päpstl. Bulle Einkünfte zu und gewährte ihr das Recht, u. a. auch Theologie, weltl. und kanon. Recht und Grammatik zu lehren. Ein reibungsloser Lehrbetrieb war jedoch wegen der unzureichenden wirtschaftl. Dotierung immer prekär. 1263 stellte Urban IV. in einer Bulle die Privilegien der Studenten v. P. mit denen der Univ. Paris gleich. Von da an verlieren sich die Nachrichten über die Univ. v. P., die wohl kaum vom traditionellen Modell der Kathedralschulen (→Domschule) abwich. J. M. Nieto Soria

Lit.: A. Fernández de Madrid, Silva Palentina, 3 Bde, 1932–43 – J. San Martín, La antigua universidad de P., 1942 – J. Sánchez Herrero, Las diócesis del reino de León en los siglos XIV y XV, 1978 – Hist. de P., 2 Bde, hg. J. González, 1984 – J. M. Nieto Soria, La relación de poderes en un señorío eclesiástico de ámbito urbano: P. 1280–1305 (La ciudad hispánica durante los siglos XIII al XVI,I), 1985, 625–639 – T. Abajo Martín, Documentación de la Catedral de P. (1035–1247), 1986 – A. M. Barrero García – M.ª L. Alonso Martín, Textos de derecho local español en la edad media, 1989, 340f. – A. Esteban Recio, P. a fines de la Edad Media, 1989.

Palencia, Alonso → Fernández de Palencia, Alfonso

Paleologo del Monferrato → Mon(t)ferrat, Mgf.en v.

Palermo, Hauptstadt von Sizilien, Ebm.

I. Von den antiken Ursprüngen bis zur Eroberung durch die Normannen – II. Unter den Normannen, Staufern, Anjou und Aragón.

I. Von den antiken Ursprüngen bis zur Eroberung durch die Normannen: Archäolog. Funde datieren die erste Siedlung zumindest auf das 7. Jh. v. Chr.; ihr gr. Name (Πάνορμος) weist auf ihre vorteilhafte Hafenlage hin. Die Phöniker kolonisierten die Stadt und errichteten neben dem alten Stadtkern (Palaiapolis) einen neuen Siedlungskern (Neapolis) näher am Meer. Wegen ihrer strateg. und handelspolit. Bedeutung wurde die Stadt 480 v. Chr. von Karthago unterworfen. Nach der Eroberung durch die Römer 254 v. Chr. setzte ein Niedergang und Bevölkerungsrückgang ein. Mit der Verbreitung des Christentums im 4. und 5. Jh. (christl. Hypogäen) wurde P. Bf.ssitz. Es unterstand der Herrschaft von →Geiserich (440), →Odoaker und →Theoderich und wurde schließl. von →Belisar (536) für Byzanz erobert.

Nach der Einnahme durch die von Kairuan entsandten Truppen des Aġlabiden Zijādatallāh (831) erlebte P. als Hauptstadt des muslim. →Sizilien einen neuen Aufschwung und wurde zum Schauplatz der Konflikte zw. Arabern und Berbern und der Autonomiebestrebungen des siz. Emirats. Auf eine erste bewaffnete Volkserhebung (835) folgten offene Kämpfe (886–887). Ein Aufstand der Stadt (900) wurde von Kairuan niedergeschlagen, flammte aber beim Aufstieg der Fāṭimiden zur Macht wieder auf, diesmal durch religiöse Motive (Gegensatz zu den Schiiten) angeheizt. Durch die Wahl eines Emirs der aġlabid. Tradition, Ibn Qurhub, wurde zeitweise die Unabhängigkeit von Kairuan erreicht (913). 917 wurde P. von den Fāṭimiden eingenommen und blieb trotz erneuter Aufstände (937 und 947) unter ihrer Herrschaft. Mit der von Ḥasan ibn ʿAlī al-Kalbī (948) begründeten Kalbidendynastie wurde der Emirat v. P. de facto erbl. und stand zunehmend nur mehr nominell unter der Oberhoheit des Fāṭimidenkalifats. Die Blüte der Stadt nach der Erneuerung der Kalbidenherrschaft (969) läßt sich aus dem Reisebericht des →Ibn Ḥauqal (973) erschließen, der eine große Anzahl von Moscheen zählte und das Stadtviertel beschreibt, darunter die Festung Al-Quaṣr und das ebenfalls ummauerte Al-Ḫāliṣa mit der Residenz. Eine Verschwörung des Militärs (1015) und neue Volksaufstände (1019 und 1037) sowie militär. Mißerfolge, dynast. Rivalitäten und eine Verstärkung des Steuerdrucks waren die Ursachen für den Sturz der Kalbidendynastie, die ihre Herrschaft über P. (das nicht vom Feldzug der Byzantiner unter →Maniakes 1038 berührt worden war) nur für kurze Zeit (1040) wiedererringen konnte. Es folgte eine neue nicht mehr monarch. Form eines autonomen Stadtregiments (1052).

II. Unter den Normannen, Staufern, Anjou und Aragón: Nach einem Angriff der pisan. Flotte (1063) und einer ersten Belagerung durch die →Normannen (1064) wurde P. von dem Hzg. v. Apulien und Kalabrien →Robert Guiscard und dessen Bruder →Roger I. erobert (8. Jan. 1072). Nach dem Verzicht des Hzg.s →Roger Borsa auf die vom Vater ererbten Rechte (1091) blieb P. allein im Besitz Rogers I. (s. a. →Hauteville) Unter →Roger II. wurde P. die glanzvolle Hauptstadt der Gft., später des Kgr.s Sizilien (1130).

Die Normannen ließen der muslim. Bevölkerung weitgehende Freiheit, auch in religiöser Hinsicht, setzten jedoch in der schon in eine Moschee umgewandelten Kathedrale den gr. Ebf. Nikodemos wieder ein, den sie später durch den Franzosen Alcherius ersetzten (1083). Diese Ernennung leitete die Latinisierung der Stadt ein. P. bewahrte jedoch noch lange die starke Prägung durch die arab.-muslim. Kultur und die griech. byz. Einflüsse, die in zahlreichen öffentl. Bauwerken (Palazzo dei Normanni mit Cappella Palatina, S. Maria dell'Ammiraglio, S. Giovanni degli Eremiti, Cuba u. a.) zum Ausdruck kommen. In der dreisprachigen Stadt, deren Fläche innerhalb der Mauern 186 ha betrug, ließen sich im 12. Jh. lat. Mönche nieder; gleichzeitig wurden jedoch neue gr. Kirchen und Kl. gegründet, die später wieder untergingen oder latinisiert wurden. Die Einwanderung von Rittern, Klerikern und Kaufleuten aus der Normandie und aus anderen Gebieten Frankreichs, aber auch aus Oberitalien beschleunigte den Latinisierungsprozeß, der in der 2. Hälfte des 13. Jh. zum Abschluß kam. Der muslim. Bevölkerungsteil assimilierte sich teilw. an den – weniger zahlreichen – griechischen. Hellenisierung und Konversion zum gr. Christentum waren der erste Schritt zur Latinisierung, der gemeinsam mit den Griechen vollzogen wurde. Eine gewaltsame Reduzierung der an ihrem Glauben festhaltenden muslim. Bevölkerungsgruppen erfolgte in den Tumulten und Massakern nach dem gescheiterten Attentat auf →Wilhelm I. (1161) und nach dem Tod Wilhelms II. (1189). Der Neubau der Kathedrale nach dem Erdbeben von 1169 durch Ebf. →Walter erfüllte das Bedürfnis nach einem Gotteshaus, das die neue lat.-norm. Identität der Kirche und der Stadt widerspiegelte.

Trotz der Treue gegenüber der norm. Dynastie und der Rolle, die P. bei der Wahl →Tankreds (1190) gespielt hatte, leistete P. bei der Ankunft der Deutschen und der Krönung Ks. Heinrichs VI. (1194) keinen Widerstand. Während der Minderjährigkeit Friedrichs II. wurde P. von →Markward v. Annweiler (der die Stadt 1201 einnahm) und von den Pisanern und den mit ihnen verbündeten aufständ. Muslimen belagert. In dieser Zeit traten die Kathedralkanoniker und die von ihnen repräsentierten städt. Schichten hervor, die sich finanziell und wirtschaftl. bei der Verteidigung der Stadt und der Regierung des →Walter v. Pagliara engagierten. Die häufige lange Abwesenheit Friedrichs II. nach Erreichung der Großjährigkeit (1208) und die Randlage, in die die Stadt durch die Verbindung des Kgr.s Sizilien mit dem Reich versetzt worden war, führten zu einem gewissen Abstieg, da P. seine traditionelle Rolle de facto verloren hatte. Friedrich II. verfolgte jedoch aus der Ferne aufmerksam die Geschicke der Stadt, deren Latinisierung weiter voranging. Er privilegierte die pisan. Kaufleute und siedelte im Umkreis der Stadt (Scopello, Corleone) eine Kolonie lombard. Ghibellinen an. Er vermehrte auch die Zahl der dt. »Ritter« (die bereits Heinrich VI. in der Ḫāliṣa angesiedelt hatte); ferner vergrößerte er den Besitzstand der lat. kirchl. Einrichtungen, beschnitt aber die Vorrangstellung des von internen Zwistigkeiten zerrissenen Kathedralkapitels. Die Juden (nach der Schätzung des Benjamin de Tudela zw. 1171 und 1173 1500 Familien) unterstellte er der bfl. Gerichtsbarkeit. Friedrich unterdrückte blutig einen muslim. Aufstand unter dem Emir Ibn ᶜAmīd, förderte jedoch andererseits die Ansiedlung von Sarazenen aus dem Umland im Seralcadio-Viertel. Ferner gestattete er aus bevölkerungspolit. Gründen den Zuzug von Juden von der Algarve in P. Durch mehrmaligen Abbruch ihrer Kirche verhinderte Friedrich die Niederlassung von Franziskanern in der Ḫāliṣa, die eine heftige Gegenreaktion des Klerus (v. a. des Kathedralkapitels) sowie der muslim. Bevölkerung (die eine Verstärkung der Latinisierungstendenzen befürchtete) hervorgerufen hatte. Da die Franziskaner von den Zuwanderern aus den oberit. Kommunen u. von Gregor IX. unterstützt wurden, sah der Ks. in ihrer Anwesenheit einen polit. Unsicherheitsfaktor.

Im 13. und am Anfang des 14. Jh. ließen sich auch die anderen Bettelorden in P. nieder (Dominikaner, Augustiner, Karmeliter) und es verbreiteten sich die Bruderschaften, v. a. der franziskan. Tertiarier. Die Entwicklung der Pfarrorganisation war im 14. Jh. abgeschlossen: in jedem Viertel entstanden mehrere Kirchen, nachdem San Cataldo als erste Kirche (1220) trotz des Protestes der Kathedralkanoniker begonnen hatte, die Funktionen einer Pfarre zu erfüllen. Als Tagungsort der städt. Versammlung diente der Vorhof der benachbarten Kirche S. Maria dell'Ammiraglio (→Georg v. Antiochia), wo später das Pretorio entstand (1326–29).

Der Vesper-Aufstand (→Sizilianische Vesper) gegen die Herrschaft→Karls I. v. Anjou (30. März 1282) bedeutete das Ende des Latinisierungsprozesses, der sich in dem – nicht verwirklichten – polit. Ziel einer republikanischen, kommunalen Autonomie äußerte.

Die Machtübernahme der aragones. Dynastie (1282) verlieh P. zwar wieder den Status der Hauptstadt eines Kgr.s (→Sizilien), jedoch residierten im 14. Jh. die Herrscher und der Hof nur selten dort. Stattdessen litt die Stadt an den Auswirkungen des Vesper-Krieges: Zerstörungen (1316, 1326), Belagerung durch Robert v. Anjou (1325), Besetzung des Castellammare (1333), Raubzüge des Odoardo Doria (1335). Der Krieg reduzierte die polit. Rolle der mit dem Vesper-Aufstand hervorgetretenen Schichten, schwächte die städt. Autonomie und stärkte die Stellung des Feudaladels, in erster Linie der Familie →Chiaromonte, die Mitte des 14. Jh. die Herrschaft über die Stadt errang. In der Ḫāliṣā erbaute sie ihren mächtigen Palast (»lo Steri«). P. folgte den Chiaromonte in ihrer antikatalan. Haltung (1348) und blieb – trotz der städt. Revolte unter Lorenzo Murra (1351) – bei allen Aufteilungen der Herrschaft über Sizilien unter den großen baronialen Familien (1350, 1362, 1378) dieser Familie unterstellt. Während des Bündnisses der Chiaromonte mit den Anjou erkannte P. Johanna I. v. Neapel als Kgn. an (1355–1361). Als Martin I. v. Aragon 1392 Andrea Chiaromonte zum Tod verurteilte, setzte dies der Signorie der Familie nur kurzfristig ein Ende. In den gegen die Aragonesen gerichteten Aufständen (1393) riß Enrico Chiaromonte wieder die Herrschaft an sich und hielt sie bis zur Übergabe der Stadt (1397). Diese Kämpfe führten auch zur gleichzeitigen Einsetzung zweier Titularebf.e als Reflex des Großen Schismas. Die Restauration der kgl. Souveränität bedeutete für P. nicht die effektive Wiedergewinnung seiner Hauptstadtfunktion, da Martin nur selten dort residierte, und nach seinem Tod (1409) Vizekg.e eingesetzt wurden.

Aus den Notariatsakten seit dem Vesperaufstand, die im 15. Jh. an Zahl zunehmen, läßt sich auf eine Bevölkerungszahl zw. 20 000 und 25 000 Einwohnern schließen, mit einer hohen Zahl von Sklaven. Das Stadtbild war durch die kirchl. und profane Monumentalarchitektur gekennzeichnet, die in der Normannenzeit einsetzte und bereits von al-Idrīsī (1154) bewundert wurde, sowie durch zahlreiche Brunnen und Nutz- und Ziergärten arab. Ursprungs innerhalb und außerhalb der Mauern. P.s Wirtschaft, gefördert durch den Hafen und die landwirtschaftl. Produkte des Umlands (Getreide, Zuckerrohr, Weinbau), war dominiert von auswärtigen Kaufleuten (Pisaner, Genuesen, Katalanen).

Alfonso il Magnanimo stattete P. mit einem großen Hospital aus (1431), einer Vereinigung bereits vorher bestehender Institutionen, und unterstellte es der Kontrolle der Stadtverwaltung. Ihre Rolle, die bereits Anfang des 14. Jh. durch eine Terminologie und Symbolik altröm. Ursprungs betont worden war, wurde durch den Neubau des Palazzo Pretorio (1463) und die Veröffentlichung der Sammlung der städt. Gewohnheiten als erstem gedr. Buch (1478) weiter hervorgehoben. Der – auch durch den Humanismus geförderte – Rückgriff auf die Traditionen und Privilegien der Stadt fiel zusammen mit dem Ausbruch einer Revolte, die wirtschaftl. Gründe hatte (1450).

Die von Ferdinand d. Kath. (1492) gegen den Willen der Stadt befohlene Vertreibung der Juden brachte einen demograph. und wirtschaftl. Aderlaß der Stadt mit sich, deren gewaltsame Vereinheitlichung durch die Niederlassung des Inquisitionstribunals (1487) weiter vorangetrieben wurde. S. Fodale

Q. und Lit.: V. DI GIOVANNI, La topografia antica di P. dal sec. X al XV, 1889–90 – DERS., Appendice alla topografia antica di P., ASS, n. s. XXIV, 1899, 381–396 – G. M. COLUMBA, Note di topografia mediev. palermitana, ASS, n. s. XXXIV, 1910, 325–350 – G. LA MANTIA, Sui più antichi capitoli della città di P. dal sec. XII al XIV, ASS, n. s. XL, 1915, 390–444 – L. GENUARDI, P., 1929, 1990² – R. LA DUCA, Vicende topografiche del centro storico di P., 1964 – A. GIUFFRIDA, »Lu quarteri di lu Cassaru«. Note sul quartiere del Cassaro e P. nella prima metà del sec. XV, MEFR, 83, 1971, 439–482 – H. BRESC, Les jardins de Palerme (1290–1460), MEFR, 84, 1972, 55–127 – I. PERI, Uomini, città e campagne in Sicilia dall'XI al XIII sec., 1978 – C. DE SETA-L. DI MAURO, P., 1980 – H. BRESC, Filologia urbana: P. dai Normanni agli Aragonesi (Incontri meridionali, 3ᵃˢ., I, 1981), 8–42 – Acta Curiae felicis urbis Panormi, 1982 ff. – I. PERI, La Sicilia dopo il Vespro, 1982 – H. BRESC, Un monde méditerranéen. Économie et société en Sicile (1300–1450), 1986 – I. PERI, Restaurazione e pacifico stato in Sicilia, 1988 – AA. VV., Palerme (1070–1492), 1993.

Palestra, bisher einzig bekannte Dichtung über die Höllenfahrt Christi (WALTHER 5549/50); →Descensus Christi ad inferos, →Nikodemusevangelium. Das Werk besteht aus etwa 650 verschieden gereimten Distichen, denen ein Prosaprolog (inc. Quoniam anima racionalis effigiata, clm 19607, f. 337v) sowie ein zweiter aus 37 Hexametern (WALTHER 17323) vorausgehen. Die Hss. sind meist ö. Provenienz und werden ins 15. Jh. datiert. Der Verf. gehört vermutl. dem geistl. Stand an. Die Sprache des Gedichts wirkt durch die Häufung seltener Vokabeln und rhetor. Aufputz bisweilen geziert, dennoch gelingt die Erzählung anschaul. und bes. in den Redepartien lebhaft.
B. Gansweidt

Lit.: Verf.-Lex.² VII, 275ff. – F. BRUNHÖLZL, Florilegium Treverense, MJb 1, 1964, 69f.; 3, 1966, 151 [39 Verse abgedruckt].

Palestrina, Stadt in Mittelitalien (südl. Latium). Die ma. Stadt P. entstand in den Resten des Tempels der Fortuna

Primigenia, des bedeutendsten Bauwerks des antiken Praeneste (der Name P. leitet sich aus Civitas Praenestina über die Formen Penestrina, Pelestrina her). 752 riefen die Römer gegen den Langobardenkg. Aistulf P. zu Hilfe, das unter der Oberherrschaft der Kirche stand. 970 gab Johannes XIII. der Senatrix Stefania aus der Familie der Gf. en v. →Tusculum (die vermutl. seine Schwester war) die Stadt zu Lehen. 1010 büßten die Gf. en v. Tusculum infolge eines Konflikts mit Benedikt VIII. für kurze Zeit die Rocca (Festung) ein; die Ortschaft selbst blieb jedoch bis 1043 in ihrem Besitz, als die Stadt durch die Heirat der Erbtochter Emilia an die →Colonna fiel. Deren Rechte auf P. bestritt jedoch Gregor VII., da die Schenkung Johannes' XIII. durch den Tod Emilias aufgehoben sei. Sein Nachfolger Paschalis II. eroberte P. mit Waffengewalt; nach seinem Tod fiel die Stadt wieder an die Colonna. Ständige Auseinandersetzungen zw. den Colonna und den Päpsten kennzeichnen die Geschichte P.s auch nachdem die Herrschaft der Colonna vom Papsttum legitimiert worden war. 1298 brachte Bonifatius VIII. den Colonna eine vernichtende Niederlage bei und zerstörte die Stadt, ließ sie jedoch an einer tiefer gelegenen Stelle wieder aufbauen. (1300 fiel die neue Siedlung einem Brand zum Opfer.) Wieder von den Colonna in Besitz genommen – währenddessen hatten die Päpste die Kurie nach Avignon verlegt –, schlug P. 1353 den Angriff des →Cola di Rienzo zurück, der in Stefanello →Colonna einen erbitterten Widersacher hatte. 1436 kapitulierte die Stadt vor Kard. →Vitelleschi, der auf Befehl Eugens IV. eine Strafaktion gegen die rebell. Lehensträger durchführte, und wurde 1437 von neuem zerstört. Nikolaus V. erlaubte den Wiederaufbau der Stadt (1447–48) und gestattete den Colonna, sich erneut dort niederzulassen.
A. Menniti Ippolito
Lit.: O. MARUCCHI, Guida archeologica della città di P., l'antica Preneste, 1932 – V. CELLETTI, P., 1956.

Palimpsest (gr. παλίμ-ψηστος 'wieder abgeschabt', 'wieder abgekratzt'; lat. palimpsestus, bedeutungsgleich nz. cod. rescriptus), Cod. (oder Teile) mit erneut beschriebenen Bll. aus älteren Hs. (oder mehreren), deren Text zur Wiedergewinnung des oft knappen, teuren Beschreibstoffes getilgt worden war; bei →Papyrus durch Abwaschen der Ruß- oder Pflanzentinte mit Milchlauge o. ä. und belegt durch Plutarch, Cicero, Catull u.a. sowie erhaltene Exemplare, viel häufiger bei →Pergament-Hss. (5.–16. Jh.), hier meistens erreicht durch Abschaben mit Bimsstein, Messer o. ä.; P.e sind erkennbar an oft querliegenden Rasuren, Schrifttresten, Spuren der ersten Einrichtung der Bll. (unpassende Punkturen usw.). Die in abendländ. →Skriptorien wie Bobbio, Luxeuil, Fleury, Corbie und St. Gallen v. a. im 7.–9. Jh. palimpsestierten Codd. bes. des 4.–7. Jh. waren in der Regel beschädigt, unvollständig, geschrieben in veralteten Schriftarten (scriptura continua), in ungebräuchl. Formaten und Sprachen, oder es waren inhaltl. veraltete jurist., liturg. und von der Vulgata überholte bibl. Texte; sie unterlagen mangelndem Interesse oder auch gewandeltem lit. Geschmack, eine planmäßige Vernichtung von heidn. oder häret. Lit. ist nicht belegbar. Oft wurde ein neuer Text auf verschiedenen Ersttexten kopiert (zehn in Vat. Pal. lat. 24), selten selbst noch einmal palimpsestiert (cod. ter rescriptus); aber nicht alle P.e beschrieb man erneut. Auffinden und Wiedergewinnen ausgelöschter Ersttschriften gelangen zunehmend seit Ende des 17. Jh. (1692: Bibelcod. Ephraemi Syri rescr., 5. und 12. Jh., Paris BN; erste Ed. von P. en durch F. A. KNITTEL, 1762), im 19. Jh. in großem Stil durch A. MAI, G. NIEBUHR, W. STUDEMUND u. a., oft momentan erreicht durch chem. Reagenzien (mit zersetzendem Säuregehalt); im 20. Jh. Einsatz von UV-Strahlen (später auch Infrarot-) zur Fluoreszenzfotografie (R. KÖGEL, 1914) im 1912 gegr. P.-Inst. der Abtei OSB Beuron. Man fand als Frgm. e teils bisher unbekannte antike Texte, teils ihre hs. Überlieferung verbessernde neue Zeugen (u. a. A. MAI, 1819: Cicero, De re publ.; Plautus, Livius, Gaius, Galen, Fronto u.a., auch Grammatiken, Glossare usw.), sowie zahlreiche (auch got.) Bibel- und Kirchenväterschrr., die die lit. Überlieferung sehr erweitert haben.
G. Karpp
Lit.: B. BISCHOFF, Paläographie des röm. Altertums und des abendländ. MA, 1986², 26f. [Lit.] – E. A. LOWE, Codd. rescripti (DERS., Palaeographical Papers, 2, 1972), 480–519 [Liste lat. P. e bis ca. 800] – Déchiffrer les écritures effacées, ed. L. FOSSIER, 1990 [neue Techniken].

Palindrom (παλίνδρομος 'rückwärtslaufend'), Satz, Vers (versus cancrinus 'Krebsvers') oder Einzelwort, das vor- und rückwärts gelesen einen Sinn ergibt (ROMA – AMOR). Zur mag. Vorstellung (P. als Abbild des 'mag. →Kreises'; →Satorformel) und zahlenmyst. Spekulation tritt die Freude am artist. Spiel. Häufig findet sich das P. seit der Spätantike, auch im Zusammenhang mit →Figurengedichten. →Porfyrius Optatianus wird zum entscheidenden Vermittler für das MA (→Hrabanus Maurus, anonyme hs. und inschriftl. Texte). In der gr.-byz. Lit. liefern u. a. die Anthologia Planudea (→Planudes) und Leon VI. d. Weise Beispiele.
J. Gruber
Lit.: RE XVIII/3, 133–139 – U. ERNST, Carmen Figuratum, 1991 [Lit.].

Paliotto → Antependium, →Goldaltar

Palisaden → Befestigung

Palladios, Bf., Schriftsteller, * um 363/364 in Galatien, † vor 431. Gut ausgebildet, wurde P. um 386 Mönch in Jerusalem, stark beeinflußt von →Melania d. Ä. und →Rufinus. Nach einem längeren Aufenthalt unter den ägypt. Mönchen (Begegnung mit →Evagrios Pontikos) wurde er um 400 Bf. v. Helenopolis (Bithynien). Als Freund und Verteidiger des →Johannes Chrysostomos 404 in Rom, wurde P. 405 nach Ägypten exiliert. Nach 412 wurde er Bf. v. Aspuna (Galatien). Er verfaßte den »Dialogus de Vita S. Johanni Chrysostomi« (um 408) und die »Historia Lausiaca« (419–420, Kurzbiographien von ägypt. und palästinens. Asketen und Asketinnen in Form eines Reise- und Erfahrungsberichts; dem byz. Kammerherrn Lausos gewidmet), die, bald nach der Niederschrift ins Lat. übertragen, als wichtiger Bestandteil der →Vitae patrum (= 8. Buch) zu einem normativen Text auch für das lat. Mönchtum wurde.
K. S. Frank
Ed.: Dialogus: A. M. MALINGREY–PH. LECLERCQ, SC 341–342, 1988 – Hist. Lausiaca: C. BUTLER, 1964 – CPG 6063–6068 – Ed. der lat. Version in Vorber. – *Lit.:* DSAM XII, 113–126 – N. MOINE, Melaniana, Recherches Augustiniennes 15, 1980, 3–79 – A. DE VOGÜE–G. BUNGE, Palladiana I–IV, Studia Monastica 32, 1990, 779ff.; 33, 1991, 7–21; 34, 1992, 7–28.

Palladius. 1. P. (Rutilius Taurus Aemilius P.), vir illustris, schrieb im 4./5. Jh. 15 Bücher über landwirtschaftl. Themen (1: Anlage und Ausstattung des Landguts, allg. Vorschriften; 2–13: Monatsarbeiten; 14: Veterinärmedizin; 15: Elegie über das Baumpfropfen; metr. Abschluß nach dem Vorbild des →Columella, seiner Hauptq.). Die gewählte Diktion bietet auch zahlreiche Belege für die Volkssprache. Das Werk, bes. B. 1–13, wurde im MA als Handbuch viel benutzt (→Albertus Magnus, →Vincenz v. Beauvais, →Petrus de Crescentiis u. a.) und in die Nationalsprachen übersetzt; es ist in über 60 Hss. überliefert.
J. Gruber

Ed.: J. SVENNUNG, 1926 [B. 14] – R. H. RODGERS, 1975 – R. MARTIN, 1976 [B. 1 und 2; frz. Übers. und Komm.] – A. M. MOURE CASA, 1980 [B. 1; dazu W. RICHTER, Gnomon 56, 1984, 701–704] – *Übers.*: A. M. MOURE CASA, 1990 [span.]. – *Lit.*: LAW, 2199f. – PLRE I, 23f. – RE XVIII/3, 209–211 – M. SIRCH, Die Q. des P., 1904 – W. RICHTER, Wiener Stud. 12, 1978, 249–271 – W. KALTENSTADLER (Fschr. S. LAUFFER II, 1986), 501–557 – F. MORGENSTERN, Klio 71, 1989, 179–192.

2. P., Missionar in Irland → Patrick, hl.

Pallars, Gft. im nw. →Katalonien, um 785 von den Franken erobert, zusammen mit →Ribagorza bis zum späten 9. Jh. unter der Jurisdiktion des Gf. en v. →Toulouse, seitdem eigene Gf. enfamilie, die bis ca. 985 als Gesamtheit die Gft. regierte. Seit 1054 durch Bündnis an das Gf.enhaus v. →Barcelona gebunden, ging Anfang 12. Jh. vollständig in der Gft. Barcelona auf. Kirchl. gehörte P. in westgot. Zeit vermutl. zum Bm. →Lérida, seit dem 9. Jh. zu →Urgel. Bis 1043 war eine Option vor Gericht für das westgot. und frk. Recht noch möglich. O. Engels

Lit.: R. D'ABADAL I DE VINYALS, Catalunya Carolíngia, III, 1955 [Gesch. und Urkk. bis 1000] – O. ENGELS, Schutzgedanke und Landesherrschaft im ö. Pyrenäenraum, 1970 – DERS., Reconquista und Landesherrschaft, 1989, 51–78.

Pallavicino → Pelavicino

Palleschi, Parteigänger der Medici v. a. in der Zeit zw. der Vertreibung der Medici aus Florenz (1494) und der Errichtung des Medicihzm.s (1532), die sich nach dem Wappen der Medici (6 rote Byzantii auf Goldgrund – im Volksmund als »palle« – Kugeln – bezeichnet) und nach ihrem Schlachtruf »Palle, palle, palle« nannten. Anfangs wurden die P. auch als »bigi« bezeichnet, wegen ihrer schwankenden Haltung unmittelbar nach der Vertreibung der Medici (»bigio«, d. h. grau, ist eine »unbestimmte Farbe« zw. weiß und schwarz). Vgl. auch →Arrabbiati, →Piagnoni. F. Cardini

Lit.: L. BORGIA-F. FUMI CAMBI GADO, Insegne araldiche e imprese nella Firenze medicea del Quattrocento (AA.VV., Consorterie politiche e mutamenti istituzionali in età laurenziana, 1992), 213–239.

Páll Jónsson, Bf. v. →Skálholt, * 1155 in Oddi, † 1211, Bf.sweihe 1195; Sohn Jón Loptssons, des mächtigsten Häuptlings Islands, dessen Macht er übernehmen sollte, sehr gut ausgebildet (Studienreise zu den Orkney-Inseln und nach England). Während sein Vorgänger →Þorlákr erfolglos für die Unabhängigkeit der Kirche von der weltl. Macht gekämpft hatte, verstand es der kirchenpolit. konservative P., die Kirche im Einklang mit den Häuptlingen zu führen. Er sammelte die zeitgenöss. Berichte über Wunder Þorlákrs und ließ die Bekennervita »Þorláks saga«, die Diözesanchronik »Hungrvaka« und seine eigene Biogr. »Páls saga« (→Biskupasögur) verfassen. Zur Ausschmückung der Bf.skirche beschäftigte er mehrere der besten isländ. Kunsthandwerker am Bf.ssitz. 1954 wurde sein Steinsarkophag bei Ausgrabungen in Skálholt gefunden. J. H. Jørgensen

Ed.: Páls saga biskups, ed. E. O. SVEINSSON, 1954 – Byskupa sögur, II, hg. J. HELGASON, 1978 – *Dt. Übers.*: W. BAETKE, Islands Besiedlung und älteste Gesch., 1928 [gekürzt] – *Lit.*: KL XIII, 90f. – J. H. JØRGENSEN, Hagiography and the Icelandic Bishop Sagas, Peritia I, 1982, 1–16 – Dict. of the MA, IX, 1987, 358f.

Pallium, Insignie des Papstes (sicher seit dem frühen 6. Jh. belegt) und der Erzbf.e (verpflichtend seit dem 9. Jh.) mit liturg. Charakter (Umfang des Gebrauchs unterschiedl. geregelt); z. T. auch an Bf.e verliehen. Vorbild ist wohl die röm. Beamtenschärpe. Die ringförmige Wollstola, von der mit Kreuzen geschmückte Stoffstreifen nach vorn und hinten herabhängen (zunächst auf der linken Körperseite, dann Y-förmig, später T-förmig), war ein von der Ordination getrennt durch den Papst (im W fallweise nach Anfrage beim Ks.) verliehenes Ehrenzeichen, um das der Ebf. selbst nachsuchen mußte, dann aber auch amtl. Zeichen, von dessen Empfang die rechtmäßige Machtausübung abhing. Das P., das vor der Übergabe auf das Grab Petri gelegt wurde, drückte die Teilnahme des Ebf.s an der päpstl. Regierungsgewalt aus und half Rom, seine Vorrangstellung darzustellen. Nach der gregorian. Reform bestand man deshalb darauf, daß der Empfänger das P. persönl. in Rom abholte. B. Kranemann

Lit.: →Kleidung, liturgische – J. BRAUN, Die liturg. Gewandung im Occident und Orient, 1907 [Nachdr. 1964], 620–676 – TH. ZOTZ, P. et alia quaedam archiepiscopatus insignia (Fschr. B. SCHWINEKÖPER, hg. H. MAURER-H. PATZE, 1982), 155–175 – O. ENGELS, Der Pontifikatsantritt und seine Zeichen (Sett. cent. it. 1987), 2, 707–766, bes. 732–744.

Palma de Mallorca (arab. Madīnat Majūrca; lat. Name 'P.' erst seit dem 16. Jh. gebräuchl.), Stadt, unter arab. Herrschaft Residenz, Handelsknotenpunkt und Piratennest (→Balearen), nach der chr. Eroberung durch Kg. Jakob I. v. Aragón (31. Dez. 1229), später gemeinsam mit →Perpignan, Hauptstadt des Kgr.es →Mallorca. P. erhielt als Grundlage der Stadtverfassung und -freiheiten eine *Carta de Franquesa* (1. März 1230; Vorbild: *Carta de población* v. Tortosa, 1149), die den Aufbau einer katal. geprägten städt.-oligarch. Gesellschaft und die Integration der →Mudéjares und der jüd. Bevölkerung (11. Juni 1231 eigenes Rechtsstatut) gewährleistete. Nach der Eroberung zum Bm. erhoben und direkt dem Hl. Stuhl unterstellt (1238 erster Bf.; seit 1429 zum Ebm. →Valencia gehörig), wurde die Hauptmoschee s'Almudaina in eine Kathedrale umgewandelt, die Stadt in Pfarreien unterteilt (Sant Jaume, Santa Eulària, Santa Creu, Sant Miquel und, seit 1302, Sant Nicolau) und zahlreiche Konvente gegr. Unabhängig von der Verteilung der eroberten Besitzungen durch den →Repartimiento erlebte die Stadt P. einen beständigen wirtschaftl. Aufschwung (Förderung des Geldverkehrs bzw. des Kreditwesens, Handelsverträge mit Genua und Pisa, Entstehung von Handelsgesellschaften). Durch die Wiederaufnahme des Handels mit den muslim. Reichen in N-Afrika wurde die Stadt zu einem Dreh- und Angelpunkt des →Mittelmeerhandels. Die Übernahme des →Real v. Valencia 1247 garantierte eine stabile Währung. Der Ausbau des Hafens und der Marine wie die Einrichtung eines *Consolat de Mar* (1325) ermöglichte expansive Zielsetzungen (Kanar. Inseln). Die wachsende städt. Bevölkerung garantierte die Abnahme von landwirtschaftl. Produkten des Umlandes, doch wurde das Gefälle Stadt–Land nicht überwunden, so daß es im 15. Jh. zu Bauernaufständen (→Forans) kam. Eine protektionist. Handelspolitik brachte zahlreiche Spannungen mit katal., v. a. Barceloneser Kaufleuten, was sich nicht zuletzt in den Kriegen mit der Krone Aragón und schließlich in der Inkorporation des Reiches niederschlug.

Die Entwicklung der Stadtgemeinde ging über das anfängl. Zusammenspiel von kgl. Amtsträgern (→*Veguer, Batlle*) mit Wortführern der ersten Siedlungsgemeinschaft und die nach 1239 anzusetzende Regierung durch →Konsuln hin zur Einführung einer *Juradía* (jährl. durch Kooptation erneuertes, durch den kgl. Batlle beaufsichtigtes Gremium der *Jurats*), die bis 1287 funktionierte, den *Consell* wählte und 1311–51 wiederaufgenommen wurde. Daneben entwickelte sich mit dem Mustassaf (→Almotacén) ein Aufsichtsbeamter für innerstädt. Belange. Kg. Alfons III. v. Aragón führte nach der Besetzung der Insel wieder eine Konsulatsverfassung unter Aufsicht eines kgl. Prokurators ein. Erst die institutionellen Reformen Peters IV. v.

Aragón (seit 1351) verschafften u. a. 1373 den Handwerkern in der Juradía einen festen Sitz. Trotz des Abschlusses einer Übereinkunft (*Contracte Sant*, 27. Mai 1405) zw. den Jurats unter Zustimmung der *Gran i General Consell* und den v. a. aus Barceloneser Kaufleuten bestehenden Gläubigern der Stadt, aufgrund der der größte Teil der städt. Einkünfte zum Schuldendienst verwandt wurde, war der wirtschaftl. Niedergang im 15. Jh. nicht mehr aufzuhalten. →Mallorca, Kgr. L. Vones

Lit.: DHEE II, 1401–1405 – GEC V, 1973, 178–195 – E. ESTADA, La ciudad de P., 1892 – A. PONS, Libre del Mostassaf de Mallorca, 1946 – A. GUILARTE, El municipio de Mallorca según su primera Carta (Homenaje PÉREZ SERRANO, I, 1959), 82–121 – F. SEVILLANO COLOM–J. POU, Hist del puerto de P., 1974 – M. BARCELÓ, La Ciutat de Mallorca en el transit a la Modernitat [Diss. Palma, 1982, ungedr.] – La ciudad hispánica durante los siglos XIII al XVI, II, 1985, 1271–1329 – P. CATEURA BENNASSER, Las instalaciones portuarias de la Ciudad de Mallorca (1300–50) (XIII Congr. d'Hist. de la Corona d'Aragó. Comunicacions I, Primera part, 1989), 49–60 – A. SANTAMARÍA, Contexto hist. del Reino de Mallorca (XIII Congr. d'Hist. de la Corona d'Aragó. Ponències, 1990), 25–61 – →Mallorca, Kgr. [Lit.].

Palme. Im MA galt die →Dattelpalme als palma (Alphita, ed. MOWAT, 137) schlechthin. Von der in den Tropen am meisten genutzten P. nart (Cocos nucifera L./Palmae) war nur die Frucht als 'nux indica' (→Nüsse) bekannt. Die Bezeichnung 'palma Christi' bezieht sich hingegen nicht auf eine P. nart, sondern auf die Rizinuspflanze (Ricinus communis L./Euphorbiaceae), die wegen ihrer handförmigen Blätter (Alphita, ed. MOWAT, 47, 136) den Namen erhielt. I. Müller

Lit.: H. BRÜCHER, Trop. Nutzpflanzen, 1977, 498–519.

Palmesel, lebensgroße, vollplast. und ursprgl. bemalte Holzskulpturen des in Erinnerung an den Einzug in Jerusalem auf dem Esel reitenden Herrn. Daneben existieren auch kleinere P.-Statuetten aus Holz, Zinn, Ton oder Elfenbein, für die vereinzelt ein Gebrauch als Begleitfiguren des eigtl. P.s oder als Spielzeug nachgewiesen ist. Das Mitführen eines P.s während der Palmsonntagsprozession ist erstmals in der zw. 983 und 993 von →Gerhard verfaßten Vita des hl. →Udalrich v. Augsburg (890–973) bezeugt, doch handelt es sich dabei möglicherweise auch um ein gemaltes Bild. Die frühesten Beispiele der insges. rund 160 erhaltenen P.-Gruppen, die ihre Blüte während der 2. Hälfte des 15. und im frühen 16. Jh. v. a. im oberdt. Raum erlebten, datieren aus spätroman. Zeit: Christus reitet segnend und in der Linken die Zügel oder ein Buch haltend mit aufgerichtetem Oberkörper auf dem Esel, der auf einem mit Rädern versehenen Bodenbrett oder einem fahrbaren Gestell steht oder schreitet. Dieser Grundtyp wird in der Folgezeit nur wenig variiert. Künstl. bedeutsam sind v. a. zwei spätgot. P.-Gruppen aus St. Ulrich und Afra in Augsburg (Wettenhausen, Dominikanerinnenkl.; 1465) und in Ulm (Ulm, Museum; 1464), die sich mit dem Namen Hans →Multschers (um 1400–67) bzw. seiner Werkstatt verbinden. U. Liebl

Lit.: F. R. HORLBECK, Gloria, Laud and Honor, Elvehjem Museum of Art Bull. 1977/78, 26–37 – A. LAYER, Der P. in Schwaben, Jb. des Hist. Vereins Dillingen a. d. Donau 83, 1981, 224–235.

Palmieri, Matteo, it. Humanist, * 1406 Florenz, † 1475, nahm aktiv am polit. Leben seiner Stadt teil (öffentl. Ämter, diplomat. Missionen). Er war mit bedeutenden Humanisten seiner Zeit befreundet, u. a. mit →Poggio Bracciolini und Leonardo →Bruni. Zw. 1455 und 1474 verfaßte er eine umfangreiche Dichtung in Terzinen »La città di vita«, die auf neuplaton. Grundlage und in einem Dante verpflichteten Stil den Ursprung der Menschenseele und ihr Geschick in der Ewigkeit beschreibt. Das Werk wurde erst nach P.s Tod veröffentlicht und von dem Humanisten Leonardo di Piero Dati lat. kommentiert. Bedeutung besitzt auch der Dialog in vier B. »La vita civile« (mit einer impliziten Verteidigung der Volkssprache): Während in Florenz die Pest wütet, diskutieren in einer Villa im Mugello Agnolo Pandolfini, Luigi Guicciardini, Franco Sacchetti und der Autor selbst über die Tugenden, die der Bürger einer Ideal-Republik besitzen muß. Unter P.s Werken sind ferner eine Gesch. seiner Vaterstadt in lat. Sprache sowie der interessante »Libro di ricordi« hervorzuheben. M. Picone

Ed.: M.P., Vita civile, hg. G. BELLONI, 1982 – Libro di ricordi, hg. E. CONTI, 1983 – *Lit.*: G. M. CARPETTO, The Humanism of M. P., 1984.

Pálóci (de Paloc, v. Pálóc), ung. Magnatenfamilie, die aus dem mittleren Adel (Burgvögte und →Gespane mit Besitz im Komitat Abaúj) um 1400 in den Hofadel aufstieg. Matthäus († 1436) gehörte zu den frühen Parteigängern →Siegmunds v. Luxemburg, war 1419 Geheimkanzler, dann Landesrichter (1425–35) und schließlich →Palatin (1435). Als Mitglied des während Siegmunds oft langjähriger Abwesenheit tätigen Regentenrates gehörte er, zusammen mit seinen Brüdern, zu den mächtigsten Baronen seiner Zeit. Emmerich († 1433) wuchs am Ks. hof auf, bekleidete mehrere Burg- und Komitatsämter und war unter Kg. Matthias 1419–23 Geheimkanzler. Georg († 1439) wurde nach Studien in Wien 1419 Bf. v. Siebenbürgen und 1423 Ebf. v. Esztergom; er krönte Kg. Albrecht und vertrat ihn in dessen Abwesenheit. Auch die späteren P. bekleideten wichtige Landesämter; das letzte Mitglied der Familie fiel in der Schlacht v. →Mohács (1526). J. M. Bak

Lit.: E. MÁLYUSZ, Ks. Sigismund in Ungarn 1387–1437, 1990, passim – P. ENGEL, Zsigmond bárói (Művészet Zsigmond király udvarában 1387–1437, Ausst. Kat. I, 1987), 434–436.

Palomeque, Gonzalo Díaz, Ebf. v. →Toledo, † 2. Nov. 1310, ◻ Toledo, Kathedrale; Eltern: Diego Sánchez P. und Teresa Gudiel (beide aus einflußreichen mozarab. Familien). P., Kanoniker der Kathedrale v. Cuenca, seit dem 15. März 1289 präconisierter Bf. v. Cuenca, wurde am 26. Dez. 1299 Nachfolger seines zum Kard. erhobenen Onkels Gonzalo García Gudiel im Ebm. v. Toledo. Er reorganisierte die weltl. Kollegiatstifte San Vicente de la Sierra und Santa Leocadia und veranstaltete nach Abschluß einer →Hermandad der Bf.e der Kirchenprov. (10. Mai 1302) das Provinzialkonzil v. Peñafiel (13. Mai 1302), auf dem Reformdekrete verabschiedet und v. a. gegen die Angehörigen des Hochadels sowie enge Verwandte Kg. Ferdinands IV. – dessen Canciller Mayor für Kastilien er war – auf der Grundlage der Konstitution →'Clericis laicos' die Aufrechterhaltung der Immunität der Kirchengüter vereinbart wurde. Er nahm an der Belagerung v. Algeciras teil und führte den Vorsitz einer Kommission, in der er zusammen mit den Bf.en v. Palencia und Lissabon über das Vorgehen gegen die →Templer entscheiden mußte (Edikt v. Medina del Campo, 27. April 1310). In den polit. bewegten Zeiten seines Pontifikats versuchte P. stets ausgleichend zu wirken. L. Vones

Lit.: DHEE II, 753 – M. GAÏBROIS DE BALLESTEROS, Comentarios a un documento de 1305, Boletín de la Real Academia de la hist. 84, 1924, 435–438 – J. F. RIVERA RECIO, Los arzobispos de Toledo, 1969, 71f. – C. GONZÁLEZ MÍNGUEZ, Fernando IV de Castilla, 1976 – J. SÁNCHEZ HERRERO, Concilios Provinciales y Sínodos Toledanos de los siglos XIV y XV, 1976, 29ff., 165–172 [Akten v. 1302] – J. M. NIETO SORIA, Las relaciones Monarquía-Episcopado castellano como sistema de poder (1252–1312), 2 Bde, 1983 – DERS., Iglesia y poder real en Castilla. El Episcopado, 1250–1350, 1988.

Palu(d), Pierre de la → Petrus de Palude

Pamiers, Stadt, Abtei und Bm. (seit 1295) im Languedoc, alte Gft. →Foix (dép. Ariège). Die Abtei Fredelas, die 961 erwähnt ist und 1095 der Kanonikerreform unterworfen wurde, sowie die Burg der Gf.en v. →Foix stehen am Anfang der Entwicklung der Stadt, der Roger II. († 1124) nach dem Kreuzzug den Namen P. gab, in Anlehnung an Apamea in Syrien (Übernahme des Patroziniums des hl. Antonius v. Apamea). Die Beziehungen zw. Gf.en und Äbten waren durchweg gespannt; den Übergriffen der Gf.en folgten oft Exkommunikationen von seiten der Äbte. Durch→Paréage v. 1111 wurde der Gf. zum Schutzherrn der Stadt erklärt, unter Suzeränität des Abtes. Die Stadt erfuhr raschen Aufstieg: Um den Mercadal (mercatus) und seine Kirche entstand im 12. Jh. das Viertel Villeneuve, im 13. Jh. das Viertel Le Camp mit neuer Kirche. Die Rivalität zw. Gf.en und Bf.en lastete während des Albigenserkrieges (→Albigenser, II) schwer auf der Stadt: Die Äbte schalteten die Gf.en aus, indem sie Simon de →Montfort, dann seinem Sohn Amaury, schließlich den Kg. v. Frankreich als Consenior gewannen (1209–24, 1226–29). Auch nach der Rückkehr der Gf.en blieb P. Bastion des Katholizismus und Hauptstützpunkt zur Überwachung der rebell. und häret. Gft. Foix. 1246–47 und 1251 war P. Sitz der Inquisition. Franziskaner und Dominikaner etablierten sich 1269, Karmeliter, Augustiner, Klarissen und Beginen im frühen 14. Jh. Die polit. Konkurrenzsituation begünstigte die Stadtbürger, die 1228 vom Abt eine →Charte erhielten, 1232 vom Gf.en bestätigt. Infolge der sich häufenden Konflikte bewog der Abt Kg. Ludwig IX. v. Frankreich zur Übernahme des Conseniorates anstelle des Gf.en (1267), doch zog sich Philipp IV. wieder zurück (1285). Der bedeutende Abt →Bernard Saisset erreichte bei Papst →Bonifatius VIII., daß P. wegen seiner günstigen religiösen, wirtschaftl. und geogr. Situation zum Bm. erhoben wurde (1295) und das rauhe, häret. Bergland somit einen geistl. Hirten erhielt. Der Plan einer Universitätsgründung wurde nicht verwirklicht. Die unbedachten verbalen Angriffe Saissets riefen den Zorn Kg. Philipps hervor; der sich zuspitzende Gegensatz mündete in den großen Konflikt zw. Papsttum und Kgtm. ein (Anagni, 1303). Dies hinderte den Bf. aber nicht am Abschluß eines Paréage mit dem Kg. über den ländl. Grundbesitz des Bm.s; in der Stadt vermochten die Bf.e aber nicht die Gf.en zu verdrängen (1308). Berühmtester Bf. nach Saisset war Jacques Fournier (1317–26), der spätere →Benedikt XII., der als Bf. eine außergewöhnl. Inquisitio über die letzten Katharer in seiner Diöz. durchführte. Von 1424 bis 1524 war das Bm. Schauplatz bfl. Schismen und bewaffneter Konflikte, was zur Verlagerung der Kathedrale vom vorstädt. Mas-St-Antonin zum Mercadal, dem Stadtkern, führte.

Die Stadt P. war zum Spielball der Machtkämpfe zw. Gf., Kg. und Bf. geworden; die Auseinandersetzungen führten 1331–91 und 1398–1494 zur Aufhebung des →Konsulats. P. war die bedeutendste und wohlhabendste Stadt der Gft. Foix (1382: 1150 Herdstellen); umgeben von Weideflächen und Weinbaugebieten, deren Produkte bis nach Bordeaux exportiert wurden, entwickelte P. ein reiches Tuchgewerbe, dessen Erzeugnisse mit →Waid gefärbt wurden, ein vielseitiges Handwerk und einen belebten Markt (Eisenhandel). Mit acht Kirchen, fünf Spitälern, Schulen und einer jüd. Gemeinde war P. eine Stätte aktiven städt. Lebens, seit Ende des 15. Jh. Sitz der →Sénéchaussée der Gf.en v. Foix.   C. Pailhes

Lit.: J.-M. VIDAL, Hist. des évêques de P., 2 Bde, 1926, 1932 – G. DE LLOBET, L'univ. de P., Cah. de Fanjeaux, 1970, 258–265 – E. LE ROY LADURIE, Montaillou, village occitan de 1294 à 1324, 1975 [dt. 1980] – Hist. de P., 1981 – C. PAILHES, L'Ariège des comtes et des cathares, 1992.

Pamiers, Statuten v. Eine von Simon de →Montfort, dem Befehlshaber des Albigenserkreuzzugs (→Albigenser, II), in P. einberufene Versammlung von Prälaten, Adligen und Stadtbürgern beschloß am 1. Dez. 1212 die sog. St. v. P. zur Organisation der eroberten Gebiete. Montfort sicherte damit die Position seiner beiden Verbündeten ab, Geistlichkeit und Barone. Für die Kirche bedeutsam waren die beschlossenen Maßnahmen gegen Häretiker und Juden, die Wiederherstellung der kirchl. Privilegien und Abgabenrechte, die Verpflichtung zur Sonntagsheiligung. Für die weltl. Herren war v. a. die Regelung der Feudalrechte von Belang: Beziehungen zw. Seigneur und Lehnsmann, Definition der Jurisdiktionsrechte und der Abgabenerhebung, der Rechtsstellung der Leibeigenen und Hörigen. Montfort erlegte seinen Vasallen ungemessenen Dienst für die 'Franzosen' auf, der für die übrigen Herren allerdings durch das alte Gewohnheitsrecht beschränkt wurde, und unterstellte die Burgen strenger Kontrolle. Alle sollten dem Erbrecht der →Coutume v. Paris unterworfen sein. Die St. v. P. waren ein Versuch, die languedoz. Gesellschaft, deren feudale Bindungen schwach waren und die von der Tradition des Gemeinrechts geprägt war, durch Verpflichtung auf Pariser Gewohnheitsrecht umzustrukturieren. Dieser Ansatz scheiterte; angesichts der Appeasementpolitik der Kapetinger blieben die St. v. P. toter Buchstabe, das frz. Gewohnheitsrecht setzte sich jedoch für zwei Jahrhunderte auf den Besitzungen der 'frz.' Barone durch (→Lévis, Voisins, Bruyères u. a.).   C. Pailhes

Lit.: P. TIMBAL, Un conflit d'annexion au M-Â, l'application de la coutume de Paris aux pays d'Albigeois, 1950.

Pamphilus, Martyrer, † 309/310, stammte aus Berytus (Beirut), kam nach Studien in Alexandrien nach Caesarea/ Palästina, wo er sich der Bibliothek des Origenes annahm und als Lehrer wirkte. Er schrieb eine Verteidigung des →Origenes (Apologia; nur B. I in der lat. Übers. des →Rufinus erhalten), die sein Schüler und Mitarbeiter →Eusebios (4. E.) beendete.   K. S. Frank

Ed.: MPG 17, 541–616.

Pamphilus de amore, älteste erhaltene lat. →Elegienkomödie eines unbekannten Verfassers (60 Hss. und zahlreiche Florilegien). Bereits in der 1. Hälfte des 12. Jh. Schullektüre, wurde das Werk um 1150 mit einem →accessus versehen (Clm 19475), aus dem eine Datierung auf den Anfang des 12. Jh. erschließbar ist. Der Entstehungsort ist ungewiß; Provenienz der ältesten Textezeugen: Tegernsee, Loiretal, Norditalien. Thema der durchgängig in Dialogform gehaltenen Komödie ist die Liebe des P. und der Galatea, bei der eine namenlose Alte (anus) als Vermittlerin fungiert. Teilw. wird das Thema von »De nuncio sagaci« (»Ovidius puellarum«, Ende 11. Jh., in leonin. Hexametern) aufgenommen, Form und Inhalt sind jedoch in erster Linie Ovid verpflichtet (daneben auch Terenz). Der Text besitzt eine Vorbildfunktion für eine Reihe von Werken, die für die Entwicklung des Begriffs der Liebe im 12. Jh. wichtig waren, bis hin zu →Andreas Capellanus. Der europaweite Erfolg des »P.« zeigt sich in seinem Einfluß auf »Libro de buen amor« des Juan →Ruiz, →»Celestina« des Fernando Rojas, »Li chevaliers au lion« des →Chrétien de Troyes, →Boccaccios »Fiammetta« und →Chaucers »Troilus«.   S. Pittaluga

Ed.: E. EVESQUE (G. COHEN, La »comédie«, 1931, II), 167–223 – F. G. BECKER, 1972 – L. RUBIO–T. GONZÁLEZ ROLÁN, 1977 – S. PITTALUGA (F. BERTINI, Commedie lat. III, 1980), 11–137 – *Lit.*: W. BLUMENTHAL, Unters. zur Komödie »P.«, MJ 11, 1976, 224–311 – P. DRONKE, A Note on »P.«, JWarburg 42, 1979, 225-230 – S. PITTALUGA, »De nuncio sagaci«, e »P.«, L'eredità classica nel MA ..., 1979, 291-300 – S. PITTALUGA, Echi terenziani nel »P.«, SM 23, 1982, 297-302.

Pamplona, Hauptstadt v. →Navarra, Bm.
[1] *Frühmittelalter:* P. ist röm. Ursprungs (die behauptete Gründung durch Pompeius, 70 v. Chr., unter dem Namen 'Pompaelo' jedoch fraglich). Die frühe Christianisierung der Stadt ging derjenigen des ländl. Umlandes voraus. Im 3. Jh. n. Chr. missionierte (nach ma. Überlieferung) der hl. Saturninus (Sernin), späterer Bf. v. Toulouse, in P.; als einer seiner Schüler wirkte hier der hl. Firminus, nachmals Bf. v. Amiens. Unter westgot. Herrschaft (5.–8. Jh.) war P. befestigter Bf.ssitz und sicherte die Nordflanke des →Westgotenreiches (von den →Pyrenäen ins Ebrotal führende Straße). Nach 711 war P. kurzzeitig besetzt von einer muslim. Garnison, die bald von der einheim. bask. Bevölkerung vertrieben wurde. →Karl d. Gr. ließ in P. im Zuge seines glücklosen Feldzuges gegen →Zaragoza (778) P., den Vorort von Navarra, plündern, wofür die Basken bei →Roncesvalles an der frk. Nachhut Rache nahmen (→Roland). →Iñigo Arista, der um 820 den Königstitel annahm, residierte in P.; das erste Kgr. v. Navarra hieß lange Zeit 'Kgr. v. P.'. Dieser Name lebte wieder auf, als Navarra zw. 1076 und 1134 dem benachbarten Kgr. →Aragón unterworfen war. Nach der Wiederherstellung der navarres. Unabhängigkeit (1134), in erweiterten und gesicherten Grenzen, war P. erneut Hauptstadt.

[2] *Hochmittelalter:* Seit dem 11. Jh. entstanden die städt. Viertel (Burgi). Um die Kathedrale, auf der Anhöhe über dem Fluß Arga, lag das alte einheim. Viertel, 'Iruña' oder 'la Navarrería', bewohnt von Kathedralklerus, bask. Adligen und bask. Bauern- und Handwerkerbevölkerung. Im Zuge des wirtschaftl. und demograph. Aufschwunges, den P. im 12. und 13. Jh. als einer der wichtigsten Etappenorte am Pilgerweg nach →Santiago de Compostela erfuhr, bildeten sich die Burgi der 'Francos', in denen Pilger, Kaufleute und Handwerker frz. Herkunft angesiedelt wurden. Diese beiden Burgi, 'Burgo San Cernin' und 'Pollación San Nicolas', frühzeitig mit Privilegien (→Fueros) und eigenen Verwaltungsinstitutionen (Jurati, Alcaldes) ausgestattet, hatten eigene Hospitäler und Bruderschaften. Die dominierenden Familien (Caritat, Crozat und de Rosas) integrierten sich im 13.-15. Jh. in die navarr. Führungsschicht. Eine Judengemeinde siedelte sich in der 'Judería' an, seit 1336 obligator. Wohnviertel der jüd. Bevölkerung.

[3] *Spätmittelalter:* Nach dem Tode →Heinrichs († 1274), des letzten Kg.s v. Navarra aus dem Gf.enhaus v. →Champagne, entluden sich – im Zuge des ausbrechenden Erbfolgestreites – die Spannungen zw. 'Burgos Francos' und 'Navarrería' 1275 in einem blutigen Bürgerkrieg. Mehrere Adelsfamilien der Navarrería unterstützten →Kastilien (dessen Heer in den W des Kgr.es Navarra einmarschiert war), wohingegen die 'Francos' (aber auch Teile des navarres. Adels) auf ein Eingreifen des Kg.s v. →Frankreich, zugunsten der mit dem frz. Kronprinzen →Philipp (IV.) verlobten Thronerbin →Johanna, setzten. 1276 entsandte Kg. →Philipp III. sein Heer, das den Bürgerkrieg brutal beendete, die 'Navarrería' zerstörte (Wiederaufbau erst seit 1324) und die Kathedrale plünderte. P. unterstand nun für einige Jahrzehnte dem Befehl des Kg.s v. Frankreich, dessen Gouverneur in P. residierte. Trotz der weiterbestehenden Spannungen wurde ein doppelter Rat der 'Burgos' und der 'Navarrería' zur Verwaltung der Gesamtstadt P. eingerichtet.

Ab 1328 erlangte Navarra unter dem Hause →Évreux die Unabhängigkeit zurück. P., das ca. 8000 Einw. zählte, war Residenzstadt; der Königspalast bildete das Bindeglied zw. den beiden Stadtteilen. Der Bf. v. P. spielte als erster Prälat des Kgr.es eine große polit. Rolle und trat bei den großen zeremoniellen Ereignissen hervor (Königskrönung durch den Bf., seit Teobald II., 1253). Große Begräbnisfeierlichkeiten (Errichtung der kgl. →Grablege im Auftrage→Karls III. durch den fläm.-burg. Bildhauer Jean Lomme aus Tournai) markieren die Pflege der dynast. Traditionen des Hauses Navarra. 1365 ließ →Karl II. den Rechnungshof (*cour des comptes*) errichten. P. wurde zur Stadt der kgl. Beamten, Hofadligen sowie der Kaufleute und Handwerker, die die aufwendige Hofhaltung belieferten (Navarresen, aber auch Franzosen, Kastilier, Aragonesen). Wichtige kaufmänn. Unternehmer in P. waren Johann, Pascal und Miguel Crozat und die Mitglieder der jüd. Familie Alborge.

Nach 1425, unter Blanca und Johann v. Aragón sowie ihren Nachfolgern, mußte P. seine Residenzfunktionen zunehmend an →Olite, Estella und Sangüesa abtreten. Im späten 15. Jh. litt die Stadt unter dem Bürgerkrieg der →Beaumontesen und →Agramontesen. 1512 nahm das Heer →Ferdinands d. Kath. im Zuge seines Eroberungsfeldzuges auch P. ein. Zwar konnte Heinrich v. →Albret, Kg. v. Navarra, 1521 die Stadt für kurze Zeit zurückerobern, doch stellte Kastilien durch eine Belagerung (bei der Ignatius v. Loyola seine schicksalhafte Wunde empfing) den Status quo ante wieder her. B. Leroy

Lit.: M. A. IRURITA LUSARRETA, El municipio de P. en la Edad Media, 1969 – J. GOÑI GAZTAMBIDE, Hist. de los Obispos de P., I–II, 1979 – Les villes dans le monde ibérique (CNRS, 1982), 25–53 [B. LEROY] – B. LEROY, La Navarre au m.â., 1984 – DIES., Bull. du Musée Basque, 1989 – →Navarra.

Panacee, Allheilmittel (gr. πανακεία). In den Ruf einer P. sind v. a. Zaubermittel, sodann →Antidota und auch einzelne Stärkungsmittel (Roborantia, Tonica) gekommen. *Pflanzliche P.:* In der Antike schon kultiviert, ist Herakleium (Doldenblütler) als panakes und apopanax (Opopanax) (Dioskurides. mat.med. 3,48) als P. gerühmt, ebenso das verwandte, durch Raubbau zur Römerzeit schon ausgerottete Silphion (Laserpitium) aus Kyrene. Neben Zauberpflanzen, wie das homer. Moly haben in der →Materia medica *Simplicia* wie u. a. Asphodelos, →Diptam, →Nieswurz, →Mohn (→Opium) P.-Charakter. Die zunächst auch noch giftspezif. →Antidote wurden bei *Composita* (→Arzneiformen), wie dem →Theriak und Mithridat mit Häufung der Bestandteile bes. im MA durch angenommene Multifunktionswirkung zur P. Zauber-P. mit auch Talismancharakter waren u. a. →Farn, →Raute und v. a. →Alraune, sowie →Lauchgewächse (Allermannsharnisch [Siegwurz]; Knoblauch; Zwiebel). Wogegen in chr. Vorstellung wechselnde (meist von Gott oder Hl.en geoffenbarte) Pflanzen (oft auch Pest-Antidote – (u. a. →Alant; Engelwurz [Carlina]; Bibernelle; →Pestwurz) als P. galten. *Tierische P.:* Hier sind neben dem →Bezoar auch sympathet. Aphrodisiaca – wie Horn und Elfenbein (»Einhorn«) – in der Hoffnung auf Verjüngung und Lebensverlängerung – als auch die als Talismane geschätzten →Korallen und →Perlen zu nennen.

Mineralische und alchemische P.: Verschiedenen Lapides preciosi (→Edelsteine) und ihren Zubereitungen wurden P.-Wirkungen zugeschrieben. Ebenso der Siegelerde (Terra sigillata) neben ihren auch spezif. Indikationen. Dem Transmutationsziel (Veredelung, Verwandlung) der hellenist. →Alchemie, verbunden mit hermet.-mag. Gedankengut ist früh auch das Ziel der Gewinnung einer P. eingegliedert worden, so daß im MA, v. a. mit Johannes v.

Rupescissa (→Johannes v. Roquetaillade) und →Arnald v. Villanova bis hin zu →Paracelsus die Alchemie auch med. Zwecken dient. Verbunden mit Signaturen- und Sympathienlehre werden der ersehnte →Stein der Weisen (lapis philosophorum), wie auch die Präparate zu seiner vermeintl. Herstellung als P. angesehen: →Magisterium; →Elixir (ad longam vitam); Alcahest; →Tinctura (physica), →Menstruum, →Quinta essentia (→Elemente), sowie →Alkohol (Aqua vitae). Spezif. →Destillationsverfahren und →Öfen wurden hierbei eingesetzt. Spätere oft als P. bezeichnete, meist chem. Geheimmittel haben auch in dem →arcanum-Begriff des →Paracelsus ihren Ursprung. G. Jüttner

Lit.: →Alchemie, →Edelsteine, →Materia medica, →Pflanzenkunde (und Einzelpflanzen), →Theriak – RAC XIV, 249–274 – RE XVII, 2.H. 446–448–KL. PAULY 4, 447–R. STEELE, A medieval Panacea, Proc. Royal Soc. Med., Hist. Sect. 10, 1916/17, 93–106 – H. BIEDERMANN, Handlex. der mag. Künste, 1973 – H. SCHÖPF, Zauberkräuter, 1986.

Panaretos. 1. P., Matthaios Angelos, byz. theol. Schriftsteller, * Rhodos (?), tätig in Konstantinopel zw. 1350 und 1369; späten Zeugnissen zufolge besaß er den Würdentitel 'Quaestor'. Mit seinen (z. T. noch unedierten) Schriften, Florilegien und Exzerptenslg. en bekämpfte P. die Positionen der Lateiner in Dogma und Ritus bzw. die Ansichten byz. Unionsbefürworter (so auch die des →Johannes Bekkos [51.J.], dessen Schriften er in Exzerpten entstellend verkürzt hat): dabei behandelt er u. a. das Problem des →Filioque, die Unions- und Primatsfrage und partiell auch Lehren des Thomas v. Aquin.
G. Prinzing

Lit.: PLP, Nr. 21649 – Tusculum-Lex., 1982³, 597 [Ed.] – BECK, Kirche, 744f., passim – G. PODSKALSKSY, Theologie und Philos. in Byzanz, 1977, 210.

2. P., Michael, * um 1320, † bald nach 1390, Chronist und Staatsmann am Hofe Ks. Alexios' III. v.→Trapezunt, begleitete den Ks. auf zahlreichen Feldzügen und war Inhaber verschiedener Hofwürden. Verf. einer annalenartigen Gesch. des Reiches v. Trapezunt von 1203 bis 1390 (mit anonymen Forts.en bis 1426). Der Text wurde bereits von J. PH. FALLMERAYER im cod. 608 der Bibl. Marciana, Venedig, entdeckt und ist die einzige präzise Q. für die innere und äußere Gesch. des Ksr.es v. Trapezunt. In einfacher Sprache hebt P. bes. die von ihm selbst beobachteten Ereignisse (seit 1340) und sein eigenes Mitwirken hervor. P. Schreiner

Q. und Lit.: PLP, Nr. 21651 – O. LAMPSIDES, Μιχαὴλ τοῦ Παναρέτου Περὶ τῶν μεγάλων Κομνηνῶν, 1958 [auch Archeion Pontu 22, 1958, 5–28] – HUNGER, Profane Lit. I, 480f. – Oxford Dict. of Byzantium, 1991, 1569f. – Tusculum-Lex., 1982³, 597f. – A. G. K. SAVVIDES–ST. LAMPAKES, Γενικὴ βιβλιογραφία περὶ τοῦ βυζ. Πόντου, 1992, 54f.

Pañcatantra ('Fünf Bücher'), bedeutendste ind. Fabelslg., formal aus fünf, themat. unterschiedl. gewichteten Büchern bestehend, die von einer Rahmenerzählung eingeleitet werden. Inhaltl. ist das P. in Form eines →Fürstenspiegels anhand zahlreicher Erzählungen auf die Vermittlung polit. Klugheit angelegt. Der Urtext, vermutl. zw. dem 1. und 6. Jh. entstanden, ist verloren; die älteste erhaltene, ihm sehr nahe kommende Redaktion ist das 'Tantrākhyāyika'. Die westl. Fassungen des P. sind fast ausschließl. abhängig von →»Kalīla wa-Dimna«, der von 'Abdallāh Ibn al-Muqaffaʽ (gest. ca. 756) nach der Pahlavi-Adaptation des Burzōe (6. Jh.) angefertigten arab. Version. Das zentrale Verbindungsglied zur westl. ma. und nz. Tradierung ist das nach einer hebr. Fassung (Autorschaft ungeklärt; Anfang 12. Jh.) ca. 1263–78 angefertigte »Directorium vitae humanae« des →Johannes v. Capua.
U. Marzolph

Lit.: EM VII, 580–583 – Kindlers Lit. Lex. XVII, 7143 – TH. BENFEY, Pantschatantra, 2 Bde, 1859 – J. HERTEL, Tanträkhyäyika, die älteste Fassung des P., 1909 – DERS., Das P., seine Gesch. und seine Verbreitung, 1914 – F. EDGERTON, The P. Reconstructed, 2 Bde, 1924 – R. GEIB, Zur Frage nach der Urfassung des P., 1969 – H. FALK, Q. des P., 1978.

Pancratius → Eisheilige

Pandekten → Corpus iuris civilis I, 1

Pandulf

1. P. I., Fs. v. Capua und Benevent, gen. 'Eisenkopf' (Caput ferreum, Annales Beneventani), † März 981. Seit 943 Mitregent seines Vaters Landulf II., nach dessen Tod beteiligte er seinen Bruder Landulf III. an der Herrschaft. Er wies die Territorialansprüche Papst Johannes' XII. auf Capua zurück (961) und näherte sich Ks. Otto I., dessen Gastgeber er 963 in Capua war. In der Folge unterstützte er den mit Otto verbündeten Papst Johannes XIII., der aus Rom flüchten mußte, und erwirkte 966 von ihm die Erhebung →Capuas zum Ebm. 966/967 von Otto I. anstelle des aufrührer. Theobald zum Mgf. v. Spoleto und Camerino ernannt, wurde er eine der Hauptstützen der ksl. Autorität in Italien. Er nahm am Feldzug Ottos I. gegen die byz. Gebiete in Apulien teil (968), wurde 969 in Bovino gefangengenommen und nach Konstantinopel gebracht, von den neuen Ks. Johannes Tzimiskes als Vermittler zw. den beiden Ksr.en jedoch wieder nach Italien entlassen (970). 974 setzte er im Fsm. →Salerno den vertriebenen Fs. →Gisulf I. wieder ein und stellte ihm seinen Sohn Pandulf als Mitregent zur Seite. Nach Gisulfs Tod nahm er den Fs.entitel v. Salerno an (978) und vereinigte die drei langob. Fsm.er in Süditalien in Personalunion. Nach seinem Tod lockerte sich die Union, obgleich die Herrschaft in den verschiedenen Fsm.ern bei seinen Söhnen verblieb, die er bereits zu Mitregenten eingesetzt hatte. P. Delogu

Lit.: N. CILENTO, Italia meridionale longobarda, 1971².

2. P. II., Fs. v. Benevent (P. III. als Fs. v. Capua), † 1014. Seit 981 Fs. v. Benevent, setzte er die Autonomiepolitik gegenüber dem Reich und Byzanz, die beide ihre Herrschaftsansprüche auf S-Italien geltend machten, fort und verweigerte auch beim Feldzug Ottos II. gegen die Sarazenen (982) seine Unterstützung. 999 wurde er von Otto III. in Benevent belagert. 1003–1005 verlor er für kurze Zeit infolge eines Aufstands des Gf.en Adelferius v. Avellino und Mitgliedern des Adels von Benevent seine Herrschaft. Seit 1007 war er (gemeinsam mit seinem Neffen Pandulf II.) Fs. v. →Capua. Sein großes Ansehen unter den Machthabern S-Italiens kam in den Ehen seiner beiden Töchter zum Ausdruck: die eine heiratete Fs. →Waimar III. (Guaimar) v. Salerno, die andere Hzg. Sergius III. v. Amalfi. Sein Sohn Atenulf war Abt v. →Montecassino. In den letzten Jahren seiner Herrschaft nahm P. verstärkt eine feindl. Haltung gegen die byz. Oberherrschaft in Apulien ein. 1010 gewährte er →Meles v. Bari nach seinem Aufstand gegen die byz. Autoritäten Zuflucht. 1014 nahm er an den von Papst Benedikt VIII. angeregten Verhandlungen über ein gemeinsames Vorgehen der langob. Fs.en und des Reichs gegen Byzanz teil, starb jedoch im gleichen Jahr. P. Delogu

Lit.: G. POCHETTINO, I Longobardi nell'Italia meridionale, o. J. [1930].

3. P. IV., Fs. v. Capua, † 19. Febr. 1049. Seit 1016 gemeinsam mit seinem Vetter P. II., später auch mit seinem Sohn P. V. Fs. v. Capua, wurde P. während des Feldzugs Ks. Heinrichs II. in Unteritalien (1022) von Ebf. →Pilgrim v. Köln vermutl. wegen Unterstützung der byz. Oberherrschaft in Süditalien gefangengenommen und nach Dtl. deportiert. Nach dem Tod des Ks.s (1024) freigelassen, konnte er dank der Hilfe seines Schwagers, Fs. Waimars III. v. Salerno, vielleicht mit Einverständnis der Byzantiner, sein Fsm. zurückgewinnen. Er festigte seine Macht mittels einer skrupellosen Gewaltpolitik gegen das Kl. →Montecassino (dessen auf ksl. Seite stehenden Abt Theobald er durch einen seiner Anhänger ersetzte) und gegen die benachbarten Hzm.er →Neapel und →Gaeta, in denen er 1027-29 bzw. 1037-38 herrschte. Auch in Capua übte er eine Politik der Unterdrückung aus, u.a. ersetzte er den Ebf. durch einen seiner Söhne. Bei diesen Unternehmungen stützte er sich auf →Rainulf Drengot, dem er eine Nichte zur Frau gegeben hatte. 1036 belagerte er Benevent, mußte sich infolge des Eingreifens des Fs.en Waimar IV. v. Salerno aber zurückziehen. 1038 wurde er von Ks. Konrad II. aus Capua vertrieben, der den ksl. Einfluß auf Montecassino wiederherstellte und das Fsm. Capua Waimar IV. übertrug. P. IV. floh nach Konstantinopel, von wo er 1042 mit byz. Hilfstruppen zurückkehrte, um das Ausgreifen Waimars IV. auf Apulien zu verhindern. 1047 wurde er von Ks. Heinrich III., der in Gegnerschaft zu Waimar IV. stand, wieder als Fs. v. Capua eingesetzt. Mit Hilfe der Normannen versuchte er, seine fsl. Herrschaft zu festigen, die er an seinen Sohn P. V. weitergab.

P. Delogu

Lit.: G. Pochettino, I Longobardi nell'Italia meridionale, o. J. [1930] – →Capua.

4. P., päpstl. Subdiakon und Kämmerer, päpstl. Legat in England seit Sept. 1218, † Sept. 1226 in Rom. Er kam 1211 nach England, um als einer der Nuntien von Innozenz III. Verhandlungen mit Kg. Johann zu führen. 1213 war er erneut in England und nahm die Unterwerfung des Kg.s als Lehnsmann des Papstes entgegen. P. war am Friedensschluß Johanns mit dem frz. Kg. und den engl. baronialen Opponenten beteiligt. 1215 zum Bf. v. Norwich gewählt, wurde er erst im Mai 1222 geweiht. Er zeigte als päpstl. Legat während der Minderjährigkeitsregierung für Heinrich III. große Aktivität und sorgte für die Wiederherstellung der kgl. Rechte in England, führte aber auch Verhandlungen mit benachbarten Herrschern. Nach dem Tod des Regenten William the→Marshal 1219 sicherte er die Kontinuität der engl. Regierung und nahm die Unterwerfung des Kg.s der Isle of →Man als päpstl. Lehnsmann entgegen. Ständige Spannungen gab es mit Ebf. Stephen→Langton. P.s Legation endete 1221.

Ch. Harper-Bill

Lit.: M. R. Powicke–C. R. Cheney, Councils and Synods II, 1, 1964, 13f., 51f. – J. E. Sayers, Papal Government and England during the Pontificate of Honorius III, 1984 – D. A. Carpenter, The Minority of Henry III, 1990.

Panegyricus Berengarii imperatoris (Gesta Berengarii), hist. →Epos (Prolog: 16 eleg. Distichen; vier Bücher: 1058 Hexameter), das die Herrschaft →Berengars I. als Kette von Erfolgen schildert: I/II: Kämpfe mit Wido v. Spoleto (887-888); III: Arnulf v. Kärnten greift in Italien ein (894; 896), Tod Widos (894), Berengars Ausgleich mit dessen Sohn Lambert (896), der 898 einem Jagdunfall erliegt; IV: Machtbehauptung gegen Ludwig den Blinden (901; 905) und Ks.krönung Berengars (915). Noch zu dessen Lebzeiten verfaßt († 924), wird der hist. Wert des P. (einzige Hs.: Venedig, Bibl. Naz. Marciana, lat. XII, 45; 11. Jh.) durch Beschönigung und chronolog. Verzerrungen geschmälert. Der anonyme Verf. schmückt sein Werk durch gesuchte Sprache und ausgiebige Anleihen bei älteren Dichtungen (v. a. Vergil, Ilias Latina, Statius' Thebais in Übernahme ganzer Versreihen; zu weiteren Vorbildern vgl. Winterfeld, Lawo). Umstritten bleibt, ob die durchgängige Glossierung z. T. oder ganz vom Dichter selbst oder einem Zeitgenossen stammt.

M. Lawo

Ed.: P. v. Winterfeld, MGH PP IV, 355-401 – Bibliogr.: Repfont IV, 720f. – Schaller XXXV, Nr. 5240, 5648, 10418, 13097, 16016 – Lit.: A. Ebenbauer, Carmen historicum, I, 1978, passim – G. Arico, Per il Fortleben di Stazio, Vichiana 12, 1983, 36-43 – R. Baltar Veloso, Corrupción per mimetismo, Minerva 1, 1987, 185f. – M. Lawo, 'Gesta Berengarii' und 'Waltharius' (Arbor amoena comis, hg. E. Könsgen, 1990), 101-111 – Brunhölzl II, 352-354 – E. D'Angelo, Indagini nell'esametro del 'Waltharius', 1992.

Panegyrik. Formen und Funktion der gr. Lob- und Mahnrede (panegyricon) bleiben der lit. Praxis und Theorie Roms, des lat. MA und der frühen NZ modifiziert erhalten. Das Panegyricon ist ein Teil des rhetor. Genus demonstrativum und umfaßt das Loben (de laude/laudibus) aller denkbaren Sujets: von Personen jegl. Standes (s. a. →Laudes regiae); von Gegenständen (geliebte Utensilien bis zu De laude s. crucis), von Städten, Ländern und Völkern, von Kuriositäten, anläßl. von Hochzeiten und heroisch-nationalen Geschichtsmomenten. Das P. kann sich berühren und zusammengehen mit dem →Enkomion und den Adhortationes, Admonitiones u. ä. und hat sein Gegenstück in Tadel, Schmähung und Verriß (vituperatio, detractatio, convicium u. ä.); es muß sich abgrenzen gegenüber der Schmeichelei (adulatio, blandimentum) und dem Vorwurf des Überlobs, wo dieses nicht ironisch eingesetzt ist.

Was Quintilian (Institutio oratoria II 10, III 4 und 7) bedenkt und diskutiert, ist Isidor (Etym. VI 8,7) als »zügelloses Königslob« verdächtig; noch Erasmus bietet in seinem «Panegyricus ad Philippum Austriae» (Antwerpen 1504) und den das Fürstenlob begleitenden Briefen einen Katalog von Pro und Contra des Panegyrischen mit Argumenten gr. Autoritäten und des Plinius, des Apostels Paulus und der lat. Kirchenväter mit dem bes. reservierten Augustinus (Opera omnia Desiderii Erasmi Roterodami IV 1, 1974, hg. O. Herding; Allen, Opus epistolarum 1, 1906, 398ff.).

R. Düchting

Q.: Rhetores Lat. minores, hg. K. Halm, 1863 [Nachdr. 1964] – Les arts poétiques du XIIe et du XIIIe s., hg. E. Faral, 1924 [Nachdr. 1958] – Theorie: H. Lausberg, Hb. der lit. Rhetorik, 1960, I, 55f., II 736 (laus) und 855 (encomium) – A. D. Leeman, Orationis ratio, 1963 [Nachdr. 1986] – J. Martin, Antike Rhetorik, 1974, 204 ff. – H. Brinkmann, Zu Wesen und Form ma. Dichtung, 1928 [Nachdr. 1979], bes. 66f. – Curtius 78ff., 165ff. – Lit.: F. Bittner, Studien zum Herrscherlob in der mlat. Dichtung, 1962 – A. Georgi, Das lat. und dt. Preisgedicht des MA, 1969.

Paneterie (Brotmeisterei), eines der sechs Ämter (métiers) des →Hôtel du roi des Kg.s v. →Frankreich, definiert durch die Ordonnances de l'Hôtel (→Ordonnance, II). Die Aufgabe der P. bestand in der Brotversorgung der kgl. Tafel, aber auch der Tafel des 'Commun' (d. h. der übrigen Mitglieder des Königshofes). Der Kg. speiste verschiedene Brotsorten (Weizen-, Schwarzbrot); ein eigener Pastetenbäcker an der P. bereitete Kuchen (Gebäck, Konfekt, Krapfen usw.) und Pasteten zu. An der Spitze des Amtes stand der *panetier* (panetarius). Am Ende des 13. Jh. sind drei panetiers belegt, die sich in der Amtsausübung abwechselten. Im Dienst der P. standen Kleriker, *portechapes* (Brotkorbträger), *pastoiers* (Kuchen- und Pastetenbäcker) usw. Innerhalb der P. bildete die mit dem Decken der kgl. Tafel befaßte *chambre des nappes* (Kammer der Tafeltücher) mit dem *sommelier des nappes* als Chef eine gesonderte Abteilung. Die P. in ihrer Gesamtheit umfaßte für den tägl. Dienst ein Personal von ca. 20 Personen.

Diese Zahl blieb (trotz einiger temporärer Personalerweiterungen im 15. Jh.) im wesentl. konstant. Die Kgn. hatte eine entsprechende P.

Seit dem späten 13. Jh. ist zu unterscheiden zw. der Würde des 'panetier de France' und dem Amt des 'panetier du roi' bzw. 'panetier du commun'. Der 'panetier de France' war Träger eines hochrangigen Ehrenamtes, das wie die Ämter des Mundschenken, Chambellan, Marschall usw. zu den 'grands offices' zählte. Der 'p. du r.' und der 'p. du commun' waren dagegen die tatsächl. Leiter der P. Sie übten ihre Funktionen turnusmäßig aus, erhielten Bezüge, aßen (soweit sie im Dienst waren) auf Kosten des Kg.s und empfingen Kerzen und Wein als Geschenke.

E. Lalou

Lit.: P. ANSELME, Hist. généalogique et chronologique de la Maison royale de France, 1733, VIII, 603–682 – F. LOT–R. FAWTIER, Hist. des inst. françaises au MA, II: Institutions royales, 1958, 67–70.

Pange lingua gloriosi, neben »Vexilla regis prodeunt« und »Crux benedicta nitet« berühmtester der drei Kreuzeshymnen des →Venantius Fortunatus, wohl um 570 entstanden anläßl. der Schenkung einer Kreuzreliquie durch Ks. Justin II. an Radegunde, Witwe Chlothars I., für ihr Kl. zu Poitiers. Der Hymnus besteht aus zehn Strophen zu je drei trochäischen Septenaren; auf die Verherrlichung von Christi Tod (1–3) folgt die Darstellung seines Lebens (4–7), der Lobpreis des Kreuzes bildet den Schluß (8–10). Bes. der Anfang des Hymnus wurde häufig nachgeahmt (CHEVALIER 14440–14496). Innigen Glauben widerspiegelnd, bewegt der Hymnus durch die Kraft und Festlichkeit seines Ausdrucks.

B. Gansweidt

Ed.: MGH AA IV, 27 – AnalHym 2, 44; 50, 71 – *Lit.:* SCHALLER-KÖNSGEN 11583 – SZÖVERFFY, Annalen, I, 132ff. – BRUNHÖLZL I, 124 – D. NORBERG, Le »Pange lingua« de Fortunat pour la croix, La Maison-Dieu 173, 1988, 71–79.

Pannonhalma → Martinsberg

Pannonien (Pannonia), ursprgl. Territorium der illyr. *Pannonii* beiderseits der Save, umfaßte in der Antike das Gebiet s. und w. der Donau von Cannabiaca (Klosterneuburg) bis zur Savemündung mit einer ungefähren Westgrenze entlang des Wienerwaldes bis zum Alpenübergang zw. Aquileia und Emona (Ljubljana) und einer Südgrenze ca. 25–30 km s. der Save bis zur Savemündung. Seit 12 v. Chr. röm., ab Vespasian offiziell Pannonia gen., zw. 103 und 107 n. Chr. in P. superior und P. inferior entlang einer Linie von Cirpi a. d. Donau bis Servitium a. d. Save geteilt. Unter der Tetrarchie, an der Wende zum 4. Jh., wurde eine dioecesis Pannoniarum (Zentrum: →Sirmium) eingerichtet, zu der auch die Prov.en Noricum und Dalmatia gehörten. Wahrscheinl. 296 wurden die beiden pannon. Prov.en entlang der →Drau geteilt, die P. superior in die n. P. prima und Savia, die P. inferior (seit 214 mit Brigetio) in die Valeria und n. P. secunda s. der Drau mit dem Territorium von Mursa auch n. von ihr. Poetovio (→Pettau) fiel an Noricum mediterraneum. 380 wurden die Ostgoten, Hunnen und Alanen des Alatheus und Saphrac in P. stationiert. Die →Hunnen setzten sich in den 30er Jahren des 5. Jh. in P. fest. Nach dem Tod Attilas wies der oström. Ks. Marcianus den Ostgoten Wohnsitze in den pannon. Prov.en zu. Nach ihrem Abzug 473 besetzten die →Gepiden Teile v. P. II und machten Sirmium zur Kg.sresidenz, in der Savia saßen sueb. Verbände, während den N P.s die →Heruler beherrschten. 504 eroberte der ostgot. Comes Pitzia P. II und die Savia. Unter Theoderich wurde P. II zur P. Sirmiensis und die Savia mit der Prov. Dalmatia vereint. 536 nahmen die Gepiden Sirmium erneut ein. Mittlerweile setzten sich seit 526 die →Langobarden in P. I und der Valeria entlang der Donau fest und erhielten 547/548 vertragl. von Byzanz zusätzl. P. s. der Drau und Poetovio. 567 zerschlugen die Langobarden im Bündnis mit den →Avaren das Gepidenreich von Sirmium. Nach dem Abzug der Langobarden 568 fiel die Vorherrschaft in P. an die Avaren, deren Positionen 574 Byzanz vertragl. bestätigte. 582 eroberten sie auch Sirmium. Für mehr als 200 Jahre wurde P. mit dem Rest des Karpatenbeckens zum Zentralraum des Avarenreiches. Der Avarenkrieg Karls d. Gr. 788–796 endete mit der Unterwerfung des Khagans und anderer avar. Würdenträger. Bereits davor hatte Karl ein avar. Tributärfsm. in P. eingerichtet. Nach einer Rebellion 799–803 wurde 805 zunächst unter dem chr. Kapkhan Theodor, dann unter dem Khagan Abraham zw. Carnuntum und Savaria ein weiteres abhängiges Fsm. mit Oberhoheit über alle Avaren geschaffen. Für das Gebiet zw. Enns und Raab wurde kirchl. →Passau zuständig, für das um den Plattensee und zw. Raab, Donau und Drau →Salzburg, s. der Drau →Aquileia. Zunächst wurde die Drau, ab 828/830 die Raab zur Grenze zw. P. superior ab der Enns und P. inferior bis zur Donau. Nach 799 erhielt das bayer. Ostland mit P. einen eigenen Präfekten, während P. inferior unter einem Dux dem Hzg. v. →Friaul unterstand. 819–823 bedrohte den Aufstand des Dux Liudewit v. Siscia die frk. Herrschaft in P. inferior und dem ganzen SO. Nach dessen Ende und der Abwehr eines Bulgareneinfalls bis nach P. superior 828 wurde die Gft.sverfassung auch hier eingeführt. Der gentile Dukat v. Siscia blieb erhalten, das bisher avar. Gebiet wurde dem Ostlandpräfekten unterstellt. 838/840 wurde der Slavenfs. →Privina mit seinen Leuten in P. inferior am Fluß Sala mit dem Zentrum der Moosburg bei Zalavár angesiedelt. Dort und im Großmähr. Reich wirkten →Konstantin und Method (bis 879 als Ebf. v. P. bezeichnet, dann als Ebf. der Mähr. Kirche). 875 nahm →Karlmann (3. K.) das Gebiet von Moosburg wieder unter seine direkte Verwaltung. Ab 876 gehörte es zum pannon.-karantan. Herrschaftsgebiet seines Sohns Arnulf, der zwar auf das vom Mgf. Arbo kontrollierte Gebiet von Traungau bis P. superior verzichten mußte, aber dafür das Fsm. v. Siscia und die Gft. a. d. oberen Save erhielt. Die Gesch. P.s in der 2. Hälfte des 9. Jh. ist bestimmt von den Konflikten Karlmanns mit seinem Vater und einer Abfolge von Kriegen und Bündnissen mit dem benachbarten Großmähr. Reich, wobei die Karolinger die Hilfe der Bulgaren suchten. Der schwerste Einfall der Mähren nach P. erfolgte aber 882–884 schon unter Karl III. und endete mit einem Frieden, der den Mähren den Besitz des n. P. inferior bestätigte. Das restl. P. inferior wurde 896 dem Dux Brazlavo anvertraut. Schon 894 hatten die →Ungarn P. verheert. Um 900 kontrollierten sie bereits Teile von P. inferior. Mit der bayer. Niederlage bei Bratislava 907 war P. inferior endgültig verloren und P. superior bis zur Enns weitgehend unter ung. Kontrolle. Noch bei Otto v. Freising, Chron. 6, 15, findet sich im 12. Jh. die Bezeichnung P. superior für Österreich, während sich P. allg. im 11. Jh. als Synonym für Ungarn findet, etwa gelegentl. als rex Pannoniae (Pannonicorum) für die Kg.e v. Ungarn.

A. Schwarcz

Lit.: RE Suppl. IX, 516–776 – J. FITZ, A Military Hist. of Pannonia, Acta archaeologica Acad. scient. Hungaricae 14, 1962, 25–112 – J. WERNER, Die Langobarden in P., 1962 – A. DOBÓ, Die Verwaltung der röm. Prov. P. von Augustus bis Diocletianus, 1968 – L. VÁRADY, Das letzte Jahrhundert P.s (376–476), 1969 – P. LAKATOS, Q.buch zur Gesch. der Gepiden, 1973 – A. MÓCSY, Pannonia and Upper Moesia, 1974 – I. BÓNA, Der Anbruch des MA, 1976 – The Archaeology of Roman Pannonia, hg. A. LENGYEL–G. T. B. RADAN, 1980 – K. MÜHL-

BERGER, Das frk.-bayer. Ostland im 9. Jh. [Diss. Wien 1980] – W. POHL, Die Gepiden und die gentes an der mittleren Donau, DÖAW 145, 1980, 239–301 – H. WOLFRAM, Die Geburt Mitteleuropas, 1987 – W. POHL, Die Awaren, 1988 – Raumordnung im Röm. Reich, hg. G. GOTTLIEB, 1989 – H. WOLFRAM, Die Goten, 1990³ – A. MÓCSY, P. und das röm. Heer, 1992 – A. SCHWARCZ, Die Goten in P. und auf dem Balkan, MIÖG 100, 1992, 50–83 – H. KRAHWINKLER, Friaul im FrühMA, 1992.

Panormita → Beccadelli, Antonio

Panormitanus → Nicolaus de Tudeschis

Panselinos, Manuel. Erstmals in Q. des 18. Jh. (Malerbuch des Dionysios v. Fourna, ed. A. PAPADOPOULOS-KERAMEUS, 1909, 3, 4, 202, 236, 239) als Maler in Thessalonike genannt, wurden ihm bald Wandmalereien des Protaton (1535) von Molybdoklesia (1537–38) und Chilandar (1571) auf dem →Athos zugeschrieben und eine Vita (op. cit. ιβ') beigesellt. Inzwischen hat sich die Meinung durchgesetzt, er müsse ein Maler der Zeit um 1300 gewesen sein. Eine sichere Zuschreibung von Werken an den offensichtl. im 18. Jh. berühmtem Maler gibt es nicht, da keine Inschriften erhalten sind. Die Zuschreibung der Protaton-Fresken an P. (A. XYNGOPOULOS) ist bislang nicht völlig auszuschließen, auch wenn diese teils der sog. →Milutinschule zugeschrieben (H. HALLENSLEBEN), teils in Beziehung zum Umkreis der inschriftl. gesicherten Werke (Verria, 1312/13) des Malers Kalliergis (M. CHATZIDAKIS) gebracht werden, dem V. DJURIĆ auch die Wandmalereien von Chilandar zuschrieb. M. Restle

Lit.: RByzK I, 412f., s. v. Athos [M. RESTLE] – H. BROCKHAUS, Die Kunst in den Athoskl., 1891, 158–160 – A. XYNGOPOULOS, Thessalonique et la peinture de Macédoine, 1955, 29–33 – DERS., M.P., 1956 – P. A. UNDERWOOD, M.P.: a review article, Archaeology 10, 1957, 215f. – V. LAZAREV, Storia della pittura biz., 1967, 385 – M. CHATZIDAKIS, BZ 61, 1968, 104–108 – P. HETHERINGTON, The »Painters Manual« of Dionysius of Fourna, 1974, 91.

Panspermie (Pangenesis-Lehre), vorsokrat. Zeugungs-Lehre, die insbes. von Demokrit entfaltet wurde. Bei den Hippokratikern ('de genitura/de natura pueri', 'de victu', 'de aëre') mit der →Humoralpathologie sowie Anteilen anderer Replikationstheorien vermengt, entwickelte sich die P.-L. zum Hochleistungsmodell antiker Vererbungs-Deutung. Mit ihrer Herleitung des Samens aus sämtl. Körperteilen war die P. in der Lage, u. a. den gekreuztgeschlechtl. Erbgang, Ähnlichkeit und die Weitergabe erworbener Eigenschaften zu erklären. Die hippokrat. Einführung sexueller Bipotenz in das Konzept der Zweisamenlehre ermöglichte das Analysieren erbl. dominanter gegenüber rezessiver Merkmalsweitergabe; den Begriff »schlummernder Keimchen« führte Lukrez zur Erklärung des Generationensprungs in die Pangenesis ein. – Trotz des Übergewichts der von Aristoteles durchgesetzten Hämatogenen Samenlehre blieb die P. über die →Hippokrates- und →Galen-Rezeption in der arab. wie abendländ. Medizin (→'Trotula', →'Secreta mulierum') geläufig, wobei →Avicenna Herz, Leber, Hirn, Niere[n] innovativ als Reservoir für die andernorts gebildeten Repräsentanz-Partikel einführte und zusätzl. Elemente der von Platon vertretenen archaischen Hirn-Rückenmarks-Samenlehre benutzte, was dieser neuen Auftrieb verschaffte und ihren Durchbruch im 'Melleus liquor physicae artis' des Alexander Hispanus (14. Jh.) verständl. macht. In der NZ griff insbes. Darwin auf die (von ihm so benannte) Pangenesis zurück. G. Keil

Lit.: E. LESKY, Die Zeugungs- und Vererbungslehren der Antike und ihr Nachwirken, 1951, 1294–1343 – I. M. LONIE, The Hippocratic treatises »on generation«, »on the nature of the child«, »diseases IV«: a comm., Ars medica, II, 7, 1981 – R. HIPPÉLI-G. KEIL, Zehn Monde Menschwerdung, 1982, 35–42 – U. WEISSER, Zeugung, Vererbung und pränatale Entwicklung in der Medizin des arab.-islam. MA, 1983, 103–108 – R. KRIST, Berthold Blumenstrosts 'Quaestiones disputatae circa tractatum Avicennae de generatione embryonis ...', Würzb. med. hist. Forsch. 43, 1987, 30–35, c. 1–4.

Pantaleo v. Amalfi, prominenter Vertreter der im Levantehandel erfolgreichen adligen Oberschicht → Amalfis im 11. Jh. Der Vater Maurus gründete Hospize in Antiochia und Jerusalem. P., der den byz. Hoftitel eines (dis)hypatos trug, gewinnt in Q. nichtamalfitan. Provenienz zw. 1054 und 1087 hist. Profil. In Konstantinopel wurde er Zeuge des kirchl. Schismas von 1054, gab dort künstler. hochwertige Bronzetüren für it. Kirchen in Auftrag und ließ aus dem Gr. übersetzen. Die Vermittlung einer antinorm. Allianz zw. Byzanz und dem dt. Ks. scheiterte 1062/63. Zuletzt erscheint P. 1087 als Teilnehmer der genues.-pisan. Flottenexpedition gegen al-Mahdia in Nordafrika. U. Schwarz

Lit.: U. SCHWARZ, Amalfi im frühen MA (9.–11. Jh.), 1978.

Pantaleon (Panteleimon), Märtyrer (Fest: 27. Juli). Nach der im 5./6. Jh. verfaßten legendären griech. Passio bekehrte sich P., Sohn eines angesehenen Heiden und einer Christin in Nikomedien, als ksl. Leibarzt zum Christentum; deshalb von Kollegen angezeigt, wurde er um 305 unter Ks. Maximian gemartert, schließlich an einen Ölbaum gebunden und enthauptet. Nach der Legende soll aus seinem Haupt Milch statt Blut geflossen sein. Vor seinem Tod soll er Gott für seine Henker um Verzeihung gebeten haben, woraufihm von Christus verheißen wurde, daß durch ihn viele Erbarmen finden würden.

Schon Ks. Justinian I. ließ in Konstantinopel eine P.-Kirche erbauen und das P.-Kl. in der Jordanwüste restaurieren. Im W und in N-Afrika ist sein Kult ebenfalls seit dem 5. Jh. nachgewiesen; allein in Rom wurden ihm vier Kirchen geweiht. Reliquien werden in einer Reihe von Städten v. a. Italiens und Frankreichs verehrt, an mehreren Orten werden auch P.-Ampullen mit dem angebl. Blut P.s aufbewahrt. Dt. Kultzentrum wurde Köln, bes. Verehrung genoß P. auch im Raum Basel und St. Gallen. Seine Legende ist in zahlreichen lat. und dt. Legendaren und auch in Einzelfassungen überliefert, →Konrad v. Würzburg schrieb um 1275 eine Verslegende. P., Patron der Ärzte, zählt zu den Vierzehn →Nothelfern. Älteste bildl. Darstellung ist ein Tonrelief des 5./6. Jh. aus N-Afrika, 708 datiert eine Darstellung (zusammen mit Kosmas und Damian) in der Kapelle der Ärzte in S. Maria Antiqua, Rom. In der ma. Kunst des W wird P. zumeist, bes. in Nothelfergruppen, mit auf das Haupt genagelten Händen, an einen Ölbaum gebunden, dargestellt. E. Wimmer

Lit.: Bibl. SS X, 108–118 [Lit.] – LCI VIII, 112–115 – LThK² VIII, 24f. [Lit.] – Verf.-Lex.² V, 286–288; VII, 290 – K. KURRUS, Die St. P. swallfahrt in Niederrotweil, Beitr. zur VK in Baden-Württemberg 1, 1985, 209–224.

Pantegni, Pantechne (παντέχνη), Bezeichnung für die Constantin. Erstübers. des 'Kitāb kāmil aṣ-ṣināʿ aṭ-ṭibbīya' (= āl-Kitāb al-Malakī) des ʿAlī ibn al-ʿAbbās al-Maǧūsī (→Constantinus Africanus; →Haly Abbas), die – nach 1080 durch Johannes Afflacius vollendet – ab 1127 mit der Zweitübers. Regalis dispositio (Liber regius) des Stephanus v. Antiochia zu kämpfen hatte und wenig später zusätzl. von der Kanon-Übers. →Gerhards v. Cremona zurückgedrängt wurde (→Avicenna). Zu dieser Auseinandersetzung mit konkurrierenden Lehrschr. kommt das Überrolltwerden durch innerfachl. Entwicklungen (→Chirurgie, →Antidotarium Nicolai, →Circa instans, →Liber iste, →Mesuë). Trotz dieses zunehmenden Bedeutungsverlustes behauptete sich die P. als autoritativer Lehrtext bis in die FrühNZ (Frühdr.: Lyon 1515,

Basel 1536–39) und gewann auf die Salerner Therapie, Wundarznei (→Bamberger Chirurgie; Salerner [Erste] Rogerglosse) sowie Diätetik nachhaltigen Einfluß. Frühe landessprachige Übers.: Deutsches salernitan. Arzneibuch, Breslau um 1260; →Ortolf v. Baierland. G. Keil
Lit.: →Constantinus Africanus – →Guido v. Arezzo d. J. – Verf.-Lex.² II, 71 – R. Creutz, Der Cassinese Johannes Afflacius, SMBO N. F. 17, 1930, 301–324 – M. T. Malato–L. Loria, Costantino l'Africano, Chirurgia. Trad. e. comm., 1960 – M. T. Malato–U. de Martini, L'arte universale della medicina (Pantegni I/I). Trad. e comm., 1961 – H. Schipperges, Arab. Medizin im lat. MA, 1976 – Ullmann, Medizin, 146 – G. Baader, Die Schule v. Salerno, MedJourn. 13, 1978, 124–145 – W. Schmitt, Theorie der Gesundheit und »Regimen sanitatis« im MA [med. Habil.schr. Heidelberg 1973] – P. O. Kristeller, Studi sulla Scuola medica salernitana, 1986.

Pantheismus, Wortprägung (aus πᾶν und θεός), erstmals bei J. Toland († 1722) zu finden ('Pantheist'), als systemat. entfaltete *Alleinslehre* ein Phänomen der NZ. Im Erkennen der gesch. Andersheit wird dennoch von 'pantheisierenden Momenten' im Blick auf das MA dort gesprochen, wo das monist. Prinzip so sehr akzentuiert wird, daß der Wesensunterschied von Gott und der übrigen Wirklichkeit kaum zur Sprache kommt. Beeinflußt vom neuplaton. Einheitsgedanken, wie er sich v. a. in Plotins (→Proklos') Emanations- und Theophanielehre findet, zeigen sich Ps.- →Dionysios, →Maximos Homologetes und →Johannes Scotus. Dieser deutete die Erfahrungswelt als die Theophanie der allumfassenden Einheit, wobei die Meilensteine der Weltgesch. (Sündenfall, Menschwerdung, Endzeit) als Entfaltungsformen dieser Einheit gedacht wurden (De divisione naturae III, 4). Doch die Transzendenz dieses allumfassenden 'Gottes' bleibt: im Blick auf das begrenzte Etwas ist Gott das Nichts. Als Logos ist Gott Urbild, die Welt Teilhabe. →Thierry v. Chartres betonte, daß jene aller Vielheit, Andersheit (alteritas) und allem Wandel zugrunde liegende Einheit (unitas) ewig und deshalb die Gottheit sein müsse. Alles, was existiert, hat sein Existieren durch die Präsenz der Gottheit (de sex dierum operibus n. 32; ed. N. Häring, 1955, 195). Doch der boethian. Gedanke der Teilhabe bewahrte ihn davor, die Identität Gottes mit der Welt zu behaupten. Von Johannes Scotus wie auch von →Joachim v. Fiore beeinflußt, lenkte Amalrich v. Bena den Blick seiner Anhänger so sehr auf 1 Kor 15,28 (»Gott ist alles in allem«), daß es in der spirituell-myst. Praxis der →Amalrikaner zu einer Vergottung des menschl. Denkens, Wollens und Tuns kam, die den Heilsdienst der Kirche überflüssig erscheinen ließ (Verurteilung auf dem IV. →Laterankonzil; Denzinger-Schönmetzer, 808). Gleichzeitig verstand →David v. Dinant die Welt als den wahrnehmbar gewordenen Gott und die materia prima als mit Gott in eins gesetzt, dabei aber auf die aristotel. Naturphilos. rekurrierend (Quaternulorum fragmenta, ed. M. Kurdzialek, 1963). Pantheisierende Momente finden sich auch bei Salomo ibn →Gabirol und in der dt. →Mystik, mit denen Meister →Eckhart und →Nikolaus v. Kues noch theol. zu ringen haben. M. Gerwing
Lit.: Catholicisme X, 511–521 – B. Töpfer, Das kommende Reich des Friedens, 1964 – J. Koch, Augustin. und dionys. Neuplatonismus und das MA, 1973, 3–25 – K. Albert, Amalrich v. Bena und der ma. P., MM 10, 1976, 193–212 – K. Flasch, Die Metaphysik des Einen bei Nikolaus v. Kues, 1973, 2 Bde, 1979/81 – W. Beierwaltes, Denken des Einen, 1985 – J. Schlanger, La philos. de Salomon Ibn Gabirol, 1986.

Panther (Panteltier, Pantel, Parder) gehört herald. zu der Gruppe der natürl. gemeinen Figuren (→Fabelwesen, IV) und erscheint in der Heraldik erstmals in der 2. Hälfte des 12. Jh. auf den Reitersiegeln des Mgf.en v. Steiermark und des Hzg.s v. Kärnten. In herald. Darstellungen wird er als ein Wesen gezeichnet, das aus Körperteilen von mehreren Tieren zusammengesetzt ist, z. B. mit langem, manchmal gehörntem Kopf mit spitzen Ohren, der einem Drachen-, Stier- oder Pferdekopf ähnelt, mit Adlerklauen als Vorderbeinen und Löwenpranken als Hinterbeinen sowie einem Schweif, der entsprechend dem Kopf wie ein Drachen-, Stier- oder Pferdeschwanz aussieht. Eindeutiges Kennzeichen sind Flammen, die aus allen Körperöffnungen schlagen. In der engl. Heraldik ist er mit bunten runden Flecken besät, in it. trägt er einen hasenähnl. Kopf mit den Namen *Dolce*. – Der →Physiologus bezeichnet den P. als Symbol Christi und nennt als charakterist. Merkmal seinen süßen Atem. V. Filip
Lit.: A. v. Siegenfeld, Das Landeswappen der Steiermark, 1900 – O. Neubecker, Heraldik: Wappen, ihr Ursprung, Sinn und Wert, 1977.

Pantheus, Johannes Augustinus (Panteo, Giovanni Agostino), † nach 1535 (?); vielleicht Sohn des balneolog. Fachschriftstellers Johannes Antonius P. von Verona († 1497), lebte als Priester und '*Affinatore de oro*' in Venedig. P.' verschollene »Institutionen« (vor 1518) galten der alchem. Transmutationskunst. Metalltransmutator. Zielsetzungen, bei denen ein 'Gold der zwei Rötungen/Caementationen' (hebr. *Voarh beth Adumoth* > lat. »Voarchadumia«) eine zentrale Rolle spielt, sind auch die »Ars transmutationis metallicae« und »Voarchadumia« gewidmet. Der Anteil ererbten Lehrgutes an der »ars voarchadumica« (Goldreinigungskunst) des P. ist beträchtl. Einige hebraisierende Abschnitte, die Alchemie ins Licht einer »ars cabalistica« bzw. »cabala metallorum« tauchen, sind Frühzeugnisse einer christo-kabbalist. Alchemietradition; auch der an Ps.-Lull geschulte Alphabetgebrauch und gematrisch gefaßten Lehren, die der Alchemie den Glanz einer scientia numerorum verleihen, nehmen P.' Schr. von der spätma. Alchemicamasse ab. Die »Voarchadumia« fand namhafte Rezipienten (J. Dee, O. Croll). J. Telle
Lit.: Ferguson II, 166f. – L. Thorndike, Alchemy During the First Half of the Sixteenth Century, Ambix 2, 1938, 29–32 – Thorndike V, 537–540 – N. H. Cluee, John Dee's Natural Philosophy, 1988, 101–103.

Pantokrator (παντοκράτωρ), Gott, der Allherrscher (über Schöpfung und Geschichte), in der Septuaginta meist Übers. von hebr. 'Sabaoth' (lat. omnipotens), kommt nur in der jüng. jüd. Lit. und in der Offenbarung vor. In den Taufbekenntnissen ist 'P.' neben 'Vater' der wichtigste Gottestitel. Schon in der Offb deutet sich aber eine Übertragung auf die →Christologie an, insofern der Vater alle Herrschermacht dem Sohn übergibt. Ikonograph. wird das Christusbild P. mit Segensgestus, Evangelium und Kreuznimbus (→Nimbus) das Zentralbild in der Kirchenausmalung, im O oft in der Hauptkuppel, im W häufig in der Apsis. Vielfach auf byz. Münzen, auf Ikonen in großer Variation (enkaust. Sinaiikone, 6. Jh.). Wiederkehrender Christus im Tympanon der Kirchenportale, in der Buchmalerei rex gloriae in der →Mandorla. Bedeutende P.kl. finden sich in Konstantinopel (Typikon von Ks. Johannes II. Komnenos 1136) und auf dem Athos (gegr. 1363). M. Petzolt
Lit.: LCI I, 392–394 – R. Berger, Die Darstellung des thronenden Christus in der roman. Kunst, 1926 – Beck, Kirche, 220, 647 – C. Capizzi, ΠΑΝΤΟΚΡΑΤΟΡ, OrChrAn 170, 1964 – K. Wessel, Das Bild des P. (Fschr. F. Dölger 1966) 521–535 – A. Grabar, L'iconoklasme byz., 1984.

Pantomimus (παντόμιμος 'alles nachahmend'), zunächst Bezeichnung eines Tänzers, dann eines Tanzes, durch den in Gebärdensprache und Mienenspiel Gedanken und Empfindungen ausgedrückt werden. Griech. wie it. Feste und Kulte kannten pantomim. Tanzformen. Unter Augu-

stus erscheint der P. in seiner endgültigen Form in Rom: Zu dem mit der Maske agierenden Tänzer (Sklaven oder Freigelassenen), der mehrere Rollen, auch Frauen, verkörperte, treten Chor und Orchester; Rezitation und Darstellung sind getrennt. Die Stoffe bot der v. a. durch die Tragödien vermittelte Mythos (Listen in Lukians Schrift über den Tanz und Sidon. Apoll. carm. 23, 272ff.). Der in der ganzen Ks.zeit beliebte P. wird, wie alle Schauspiele, von den Kirchenvätern als unsittl. bekämpft, doch sind Aufführungen bis in die Zeit Justinians bezeugt. Inwieweit die Unterhaltungskünstler des MA (→Spielmann) daran anknüpften, ist umstritten.
J. Gruber

Lit.: KL. PAULY IV, 478–481 – RE XVIII/3, 833–869 – O. WEINREICH, Epigramm und P., 1948 – V. ROTOLO, Il Pantomimo, StT, 1957 – J. D. OGILVIE, Speculum 38, 1963, 603–617 – M. BONARIA, Romani Mimi, 1965 – H. JÜRGENS, Pompa diaboli, 1972, 237ff. – W. WEISMANN, Kirche und Schauspiele, 1972 – I. OPELT, Das Drama der Ks.zeit (E. LEFÈVRE, Das röm. Drama, 1978), 452ff.

Panzer. Das Wort P. meint im spätma. Sprachgebrauch stets einen→Ringelpanzer. O. Gamber

Panzerärmel, Ärmel aus Ringelgeflecht mit angefügten, meist unterfütterten Achselstücken. Bei Gladiatoren und schwerer Kavallerie der Römer unter dem Namen »Manica« in Gebrauch. Im MA weitgehend verschwunden, wurde der P. erst im SpätMA wieder als Ersatz oder als Unterlage des →Armzeugs verwendet. O. Gamber

Panzerhemd, meist knielanges Hemd aus Ringelgeflecht, im MA zunächst in der weström. Form mit kurzen Ärmeln getragen. Durch die Kreuzzüge kam im 12. Jh. ein langärmeliges P. oriental. Art in Gebrauch, meist mit Fäustlingen und →Panzerkapuze versehen. Dieser →»Haubert« verschwand im frühen 14. Jh. zugunsten eines P.s mit hohem Stehkragen und langen Ärmeln ohne Fäustlingen, das als Unterlage für Harnischteile diente. Zum it. Quattrocento-Harnisch trug man ebenfalls als Unterlage ein P., dessen kurze Ärmel unter den Harnischschultern, aber über den Oberarmen des Armzeugs zu liegen kamen. O. Gamber

Lit.: W. BOEHEIM, Hb. der Waffenkunde, 1890.

Panzerhosen (mhd. îserkolzen), Rüststück oriental. Ursprungs, erst durch die Kreuzzüge im Abendland verbreitet. Sie waren oben an einen Gürtel angenestelt und zum Anziehen entweder hinten zum Verschnüren eingerichtet oder über der Ferse weit geschnitten und durch ein Knöchelband zusammengerafft. Auch Kniebänder kamen vor, um ein Schlottern des schweren Rüststücks zu verhindern. Im 14. Jh. wurden die P. durch das Beizeug verdrängt, erhielten sich aber bei Leichtbewaffneten bis ins 15. Jh. O. Gamber

Lit.: SAN MARTE, Zur Waffenkunde des älteren dt. MA, 1867 – W. BOEHEIM, Hb. der Waffenkunde, 1890.

Panzerkapuze, aus der oström. Bewaffnung stammende Ringelkapuze (gr. Σκάπλιον) als Zusatz zum →Panzerhemd; durch die Kreuzzüge im Abendland verbreitet. Ursprgl. war die Gesichtsöffnung der P. (mhd. hersenier) weit genug, um die P. zurückschlagen zu können, gegen 1200 versah man sie mit einem Kinnlatz (mhd. fintâle, von frz. ventaille), der seitl. hochgebunden wurde. O. Gamber

Lit.: C. BLAIR, European Armour, 1958 – T. KOLIAS, Byz. Waffen, 1988.

Panzerkragen, Halsschutz aus Ringelgeflecht – seltener aus Schuppenpanzer – beim Fußvolk des späten 14. und des 15. Jh. O. Gamber

Panzerschurz, schürzenartiger Ringelpanzerfleck, als Schutz des Unterleibes zum →Plattenharnisch getragen, bisweilen zusätzl. zum →Panzerhemd. O. Gamber

Paolo. 1. P. dell'Abaco (P. Dagomari, P. Geometra, Astrologo, Aritmetico), † kurz nach 1366, berühmter Astronom und Astrologe, einflußreicher Mathematiker sowohl durch seinen Unterricht als maestro d'abaco in Florenz als auch durch seine Schriften. Von seinem »Trattato d'abacho« (1339), vielleicht dem größten und meistverwendeten Lehrbuch der prakt. Arithmetik im Italien des 14. Jh., sind heute nur die kurzgefaßten regoluzze (math. Grundregeln) und der astrolog. Teil (ed. B. PIOCHI [Quaderni del Centro Studi della Matematica Medioevale, 14, 1985]) gedruckt. Weiter sind von P. astronom. Tafeln und eine kleine »Operatio cilindri« (it.; Beschreibung [§ 1] und Verwendung [§§ 2–12] des cylindrus gen. astronom. Geräts) sowie einige Gedichte erhalten. J. Sesiano

Lit.: DBI XXXI [s. v. Dagomari; Lit.] – W. VAN EGMONT, New Light on P. d. A., Annali dell'Istituto e Museo di storia della scienza di Firenze, II, 2, 1977, 3–21 [Hss.].

2. P. Veneziano, ven. Maler, datierbare Werke 1333–58, 1362 als verstorben erwähnt. Noch stark der byz. Tradition verpflichtet, begründet er die ven. Schule durch die Rezeption der Kunst →Giottos und der nord. Gotik. Die 'Krönung Mariae' (1324, Washington) ist zw. ihm und seinem älteren Bruder Marco strittig; 1333 signiert und datiert er das Polyptychon mit dem 'Tod Mariae' in Vicenza. Seine enge Verbindung mit dem Staat zeigt sich in der Lunette für das Grab des Dogen Francesco→Dandolo († 1339, Frari-Kirche) und in seinem Hauptwerk, der Vorsatztafel für die Pala d'oro in San Marco (1343–45) mit Hl.n und Szenen aus der Markuslegende. Noch 1358 signiert er mit seinem Sohn Giovanni, der mit seinen Brüdern Luca und Marco die Werkstatt weiterführt, eine 'Marienkrönung' (New York, Frick Collection). Ch. Klemm

Lit.: R. PALLUCCHINI, La pittura veneziana del Trecento, 1964, 17–60 – M. MURARO, Paolo di Venezia, 1969 [engl. 1970] – La pittura in Italia. Il Duecento e il Trecento, 1986, 180–183, 648.

Päonie → Pfingstrose

Papa angelicus → Pastor angelicus

Papadike, Lehrbuch der Notation des byz. Kirchengesanges. Die Bezeichnung stammt von παπᾶς ('Priester') und weist auf einen Unterschied zum monast. Gesang hin. Die ältesten Abschriften der bis ins 18. Jh. sehr häufig kopierten P. stammen aus dem 14. Jh.; ihre Entstehungszeit liegt nach der Reform der Notation, die mit der Einführung der sog. mittelbyz., voll diastemat. Notation um die Mitte des 12. Jh. verbunden ist (→Byz., altslav. georg. und armen. Musik, III). Maßgebend für die P. ist im Gegensatz zu anderen byz. kirchenmusikal. Traktaten die Einteilung der Neumen in 'Körper' und 'Geister' (σωμάτων τε καὶ πνευμάτων), d. h. in Intervallschritte, die der Sekunde entsprechen oder größer als die Sekunde sind. Im Serbien des 15. Jh. wurde der Traktat ins Kirchenslav. übersetzt. Wegen der oft kontaminierten Textüberlieferung fehlt eine gr. krit. Edition. Ch. Hannick

Lit.: HUNGER, Profane Lit., II, 201ff. [CH. HANNICK] – L. TARDO, L'antica melurgia biz., 1938, 151–163.

Papagei (lat. psittacus, gr. Lehnwort), als Halsbandsittich (Paleornis torquatus, grün mit rotem Halsring, starkem Schnabel und Greiffüßen) in der Antike seit dem Zug Alexanders d. Gr. nach Indien als seltener Ziervogel gehalten und auf Mosaiken dargestellt (Nachweise bei KELLER, II, 45–49; TOYNBEE, 237–240). Das MA kannte ihn nur durch Plinius (n.h. 10,117) und Solinus (52,43–45

[= Isidor, etym. 12,7,24; Jakob v. Vitry, Hist. or. c. 90]). Thomas v. Cantimpré (5,109) erwähnt zwei um seine durch grausame Schläge auf den Kopf erreichte Abrichtung zum Sprechen (vgl. Albertus Magnus, animal. 23,138) rankende Anekdoten über Karl d. Gr. und Papst Leo (Leo I. d. Gr.?, † 461) nach dessen Vita. Vinzenz v. Beauvais (Spec. nat. 16,135) kennt aus einem →Physiologus den Vulgärnamen papagabio und gelegentl. Ähnlichkeit mit einem 'obelus' oder Falken.   Ch. Hünemörder

Q.: →Albertus Magnus, →Isidor v. Sevilla, →Jakob v. Vitry - Solinus, Collectanea rer. memorab., ed. TH. MOMMSEN, 1895[2] [Neudr. 1958] - Thomas Cantimpr., Lib. de nat. rer., T. 1, ed. H. BOESE, 1973 - Vincentius Bellovacensis Speculum naturale, 1624 [Neudr. 1964] - *Lit.:* O. KELLER, Antike Tierwelt, II, 1913 [Neudr. 1963] - P. E. SCHRAMM, Herrschaftszeichen und Staatssymbolik, 1954ff. - J. M. C. TOYNBEE, Tierwelt der Antike, 1983.

Pape, Gui (Guido Papa), frz. Jurist, * zu Anfang des 15. Jh. in der Nähe v. Lyon, † 1477 in Grenoble. Nach Studien in Montpellier, Pavia und Turin etablierte sich P. als Advokat in Lyon, seit 1444 Rat am *Conseil delphinal*, dem späteren →Parlement v. →Grenoble. Er nahm im Auftrag des Dauphin an mehreren diplomat. Missionen teil, insbes. zu Papst Nikolaus V. nach Rom (Verhandlungen über die Abtretung der Stadt →Montélimar). Der Dauphin Ludwig enthob, nachdem er 1461 Kg. geworden war (→Ludwig XI.), P. seines Ratsamtes, doch wirkte dieser bis zu seinem Tode am Parlement in Grenoble. - Bedeutende jurist. Werke: »Decisiones Parlamenti Delphinalis« (1444-61), eine Slg. von Urteilen (*Arrêts*) des Parlements v. Grenoble, in denen P. privatrechtl. Fragen in grundlegender Weise behandelt; »Concilia«, eine Zusammenstellung von Gutachten (consultationes) für den plädierenden Anwalt; »Singularia«, eine Sammlung jurist. Grundsätze; »Commentaire sur le statut 'Si quis'«, eine Abhandlung über die Prozeßordnung am Conseil delphinal. Die weitreichende Autorität P.s ist durch zahlreiche Drucke bis ins späte 17. Jh. belegt.   H. Gilles

Lit.: L. CHABRAND, Étude sur Gui Pape, 1912.

Paphnutios (kopt.: 'der Gott Gehörige'), hl., ägypt. Bekenner und Bf. (4. Jh.). Unter dem Namen P. sind mehrere ägypt. Anachoreten und Hll. bekannt. Wohl um 307/308 unter der Herrschaft des Maximus Thrax verfolgt und mißhandelt, nahm der wundertätige und bei Ks. Konstantin in hohem Ansehen stehende P., nach →Sokrates (Hist. eccl. I, 11) als Bf. in der oberen Thebaïs, am Konzil v. →Nikaia (325) teil. Dort setzt sich P., im monast. Umfeld aufgewachsen und unverheiratet, erfolgreich für die Beibehaltung der vor der Weihe geschlossenen Klerikerehen ein. Trotz mangelhafter Bezeugung in den Bf.slisten darf die Episode als hist. gesichert gelten (GRYSON). Dagegen dürfte eine Verwechslung bei →Rufinus (Hist. eccl. X,4) der Nachricht von der Teilnahme des P. an der Synode v. Tyrus (335) und seines dortigen Eintretens für Athanasius zugrundeliegen. Baronius nahm P. unter dem 11. Sept. ins röm. Martyrologium auf; Fest bei den Kopten: 9. Febr. bzw. 1. Mai.   J. Rist

Lit.: AASS Sept. III, 778-787 - Bibl.SS X, 35-37 - RE XVIII/2, 935f. - R. GRYSON, Les origines du célibat ecclésiastique du premier au septième s., 1970, 87-93.

Papias, vermutl. Name des biograph. unbekannten (anders: MANITIUS) Verfassers einer aus Priscian geschöpften Grammatica (ungedr.) sowie eines bis in die Renaissance auch außerhalb der Lexikographie sehr stark verbreiteten alphabet. Lexikons mit dem ursprgl. Titel »Elementarium doctrinae erudimentum« (ma. Titel schwanken stark), das sicher vor 1045 veröffentlicht wurde. P. ist der erste moderne Lexikograph; er führt die (aus der spätantiken Glossographie und Isid. etym. X. bekannte) Methode der alphabet. Anordnung des Stoffes in die Lexikographie ein (Alphabetisierung bis zum 3. Buchstaben; absolute Alphabetisierung erst im 13. Jh. im Catholicon des →Johannes Balbus de Ianua). Er versieht, seltener, die ihm unsicher erscheinenden Lemmata mit grammat. Klassifikationen, ordnet ihnen, häufiger, nach dem grammat. Prinzip der derivatio rudimentäre Wortfamilien (nomina, verba, adverbia) zu und erklärt die Lemmata teils noch glossenartig-kurz, teils schon ausführlicher und mit Zitaten nach ihm meist sekundär bekanntgewordenen Autoritäten: Isid., Hier., Ambr., Greg. M., Prisc., Boeth., Remig., Beda, Orig., Hor., Cic., Hippocr., die er auch nennt. Tatsächl. Hauptq. sind ihm Isidor und der weitgehend auf Isidor beruhende Liber glossarum (früher: Glossarium Ansileubi), Ende des 8. Jh., sowie Priscian, um 500. Von einer Auflage bzw. Abschrift des Erudimentum zur anderen wurden laufend Ergänzungen eingefügt, die ihrerseits wirksam wurden (z. B. Ms. Bern 276, 13. Jh.); die gedr. Ausg. geben daher nicht nur den Stand des 11. Jh. wieder (vgl. V. DE ANGELIS' Rekonstruktion der ursprgl. Einträge unter dem Buchstaben A nach den 25 ältesten Hss.). P. bildet die Grundlage für die folgenden Lexikographen →Huguccio v. Pisa und Johannes Balbus, nicht jedoch für →Osbern v. Gloucester, und wird noch in das Lexikon Breviloquus (1475/76) des J. →Reuchlin eingearbeitet.   U. Kindermann

Ed.: Vorw. bei DALY (s. u.), 229-231 - V. DE ANGELIS, Papiae Elementarium, Littera A, 1-3, 1977 [S. vi Nachweise der Grammatica; Forsch.süberblick bis 1977 viii-x], 1978, 1980 - P. VOCABULISTA, hg. B. MOMBRICIO, Venedig, Ph. Pinci, 1496[4] [Nachdr. 1966] - *Lit.:* MANITIUS 2, 717-724 - L. W. DALY - B. A. DALY, Some Techniques in Mediev. Lat. Lexicography, Speculum 39, 1964, 229-239 - O. WEJERS, Lexicography in The MA, Viator 20, 1989, 139-153.

Papier (von lat. papyrum für den ägypt. →Papyrus), Beschreibstoff aus natürl. Faservlies.

[1] *Papierherstellung und -mühlen* (vgl. auch →Mühle, III,6): Das im 1. oder 2. Jh. v. Chr. in SW-China erfundene P. trat im 8. Jh. im w. Kulturkreis in Erscheinung. Als im 7. Jh. die arab. Herrschaft die Westgrenze →Chinas vordrang, waren Berührungen kultureller und handwerkl. Art unvermeidl. 751 sollen chines. Papierer nach einem Sieg der Araber über die Chinesen am Fluß Ṭalas in W-Turkestan angefangen haben, P. zu schöpfen. Nach →Samarqand, eines der Zentren islam. Kultur, wurde seit dem 7. Jh. P. aus China eingeführt. Vom Ende des 8. Jh. datiert das älteste erhaltene arab. P. Es wurde 793/800 in Bagdad, im 9. Jh. in Damaskus und im 10. Jh. in Ägypten hergestellt. P. aus Bagdad war die berühmteste und beste Sorte für Bücher (→Buch, C). Die Araber vermittelten vom 10. Jh. an den Mittelmeerländern die P.herstellung. Manche frühe Daten sind schwer nachprüfbar und strittig. Wann erstmals in Europa P. hergestellt wurde, ist kaum nachweisbar. Im ganzen Mittelmeerbecken wurde zuerst arab. P. verwendet. Im arab. →Córdoba, in dem im 10. Jh. große Bibliotheken entstanden, war der Gebrauch von P. sehr verbreitet, so daß dort das Bestehen von P.mühlen am Ende des 10. Jh. als gesichert gelten kann. Im chr. Spanien wurde nach einer Legende 1074 in Xativa bei Valencia von Arabern P. hergestellt.

In Palermo stellte Kg. Roger I. 1102 ein Privileg zur P.herstellung aus. Es sind jedoch keine ma. P.mühlen auf Sizilien bekannt. Die Stadt →Amalfi, die enge Seefahrtsbeziehungen zu arab. Städten pflegte, soll schon vor 1231 P. produziert haben. In diesem Jahr verbot Ks. Friedrich II. den Gebrauch von P. für wichtige Dokumente. In →Fabriano in der Mark Ancona wurden 1283 Papierer erwähnt. Bereits 1293 waren sie in einer Vereinigung zusammengeschlossen. N-Italien, in reger Seeverbindung zu Barcelona, importierte seit Mitte des 12. Jh. span. P., besaß aber wohl um 1210 bei Genua frühe P.mühlen. So wie im 13. Jh. katalan. P. sowohl nach den europ. Mittelmeerländern als auch in den arab. Raum verschifft wurde, so exportierte Italien seit dem Ende des 13. Jh. große Mengen P. nach ganz Europa, N-Afrika und in den Nahen Osten.

Das früheste in Frankreich beschriebene P. geht auf ca. 1220 zurück. Notariatsakten S-Frankreichs von 1248–75 belegen dessen zunehmende Verbreitung. Die erste nachweisbare frz. P. mühle befand sich jedoch 1338 in Troyes (Champagne), wobei anzunehmen ist, daß im Languedoc und wahrscheinl. auch in der Auvergne bereits im 13. Jh. P. produziert wurde.

Ulman →Stromer gründete 1390 in Nürnberg die erste dt. P. mühle, die als Verlagsbetrieb von Pächtern betrieben wurde. Es entwickelten sich in Ravensburg (1393), Lübeck (1420), Straßburg und Augsburg (1445), Ulm (vor 1476) und an weiteren Orten P. werke. Um 1450 gab es in Dtl. ca. 10 und um 1500 rund 60 Orte mit P. mühlen. In der heutigen Schweiz entstanden Mühlen bei Freiburg i. Ü. und Basel (Belfaux 1432, Basel 1433, Hauterive/Glâne 1445, Marly 1474). Im 15. Jh. wurden auch P.mühlen in Bern, Zürich und Serrières b. Neuenburg gegründet.

Im heutigen Belgien begann die P. herstellung 1405 mit Jean l'Espagnol in Huy (Brabant). 1428 erhielt ein Kaufmann von Nijmegen ein Privileg für den Bau einer P. mühle in Gennep, der ältesten der Niederlande. Österreich besaß seine erste P. produktion in St. Pölten (vor 1469), die zweite in der Wiener Neustadt (vor 1498). Im heutigen Polen wurden 1473 eine Mühle in Danzig, vor 1477 eine bei Liegnitz und 1491 die Krakauer Mühle gegründet. Der erste engl. P. hersteller war 1494 John Tate in Stevenage (Herfordshire).

[2] *Technische Entwicklung:* Die arab. P. herstellung stellte eine wichtige Stufe der techn. Fertigung dar. Im Gegensatz zu China, wo v. a. Bambusfasern als Rohstoff dienten, wurden bei den Arabern Textilabfälle zum Hauptrohstoff (Gewebe, Stricke). Die frühere Bambussieb wurde durch eines aus Schilf ersetzt (Rollsieb), der Stoff von Hand in Mörsern zerstampft, das Blatt trocknete auf dem Sieb. Betrachtet man die arab. P. herstellung, so fallen der langfristige Trocknungsprozeß und die herkömml. Siebkonstruktion auf, die den Schöpf- und Trocknungsvorgang langwierig erscheinen lassen.

Der Beginn der P. herstellung in S-Europa traf mit großen techn. →Innovationen zusammen. Neben den wiss. Fortschritt traten kulturelle Veränderungen. Gewerbestädte und -landschaften, →Handelsgesellschaften mit →Fernhandel, Geldverkehr und doppelte →Buchhaltung sowie neue Produktionsgüter wie das P. bedingten sich gegenseitig. Die Handelszentren waren auch die Orte der P. herstellung. Die Wasserkraft, früher spärl. genutzt, trieb jetzt oberschlächtige Wasserräder, →Nockenwellen und →Kurbeln an und ermöglichte zusammen mit der stark angewachsenen Leinenproduktion (→Leinen) die erhöhte Rohstoffproduktion der P. hersteller. Das mechan. Lumpenstampfwerk ersetzte den Mörser; das Textilgewerbe lieferte Lumpen als Rohstoff und die zur P. produktion nötigen Filze (oder Wolltücher). Die Metallverarbeitung stellte starre Drahtsiebe zur Verfügung, aus der Agrarwirtschaft wurde die Presse übernommen, und anstelle der pflanzl. Leimung (Stärke) trat die tierische. Diese grundlegenden Neuerungen vereinigten sich erstmals in Fabriano zur Produktion von P. höherer Qualität. Ohne diese Innovationen, die auch der Arbeitsteilung (Schöpfer, Gautscher, Leger und Personal zur Rohstoffbereitung und Produktweiterverarbeitung) entgegenkamen, wären der →Buchdruck und die starke Produktionssteigerung im 16. Jh. nicht mögl. geworden.

In Fabriano kam wohl auch erstmals die Kennzeichnung des P.s mit Wasserzeichen auf. Das Studium dieses Herkunfts-, Waren- und Qualitätszeichens ist eine Hilfswiss. der P. gesch., durch die Bücher und hsl. Dokumente datiert werden können. Die ältesten Zeichen sind der Buchstabe F (1271?) und ein gr. Kreuz (1282/90). In Fabriano wurden auch erstmals Papiernamen als Wasserzeichen verwendet.

Im MA ergingen erste Lumpenausfuhrverbote (Venedig 1366, zugunsten der P. mühlen von Treviso), Lumpensammelprivilegien (Genua 1424) und Regelungen der Formatgrößen (Bologna 1389). Durch die Arbeitsteilung und intensive Rohstoff- sowie Endproduktbearbeitung wurde die Frauenarbeit von Anfang an ein Merkmal des P. gewerbes (z. B. Lumpenreißen, Glätten und Abzählen des P.s). Im MA zählte ein Ries P. 480 Bogen oder 20 Buch, 1 Buch = 24 Bogen und 1 Ballen = 10 Ries.

H. B. Kälin

Bibliogr.: G. CUNHA, Conservation of Library Materials, II, Bibliogr., 1972 – I. P. LEIF, An Internat. Sourcebook of Paper Hist., 1978 – Reihen: Monumenta Chartae Papyraceae Historiam Illustrantia, hg. Paper Publ. Soc., 1950ff. – P.gesch., hg. Zellcheming, 1951–76 – G. PICCARD, Wasserzeichen, Findbuch 1ff. Veröff. der staatl. Archivverwaltung Baden-Württ., 1961ff. – Internat. Arbeitsgemeinschaft der P. historiker-Information, hg. IPH, 1962–90 – Internat. Arbeitsgemeinschaft der P. historiker-Jb., hg. IPH, 1980ff. – P. gesch. Internat., hg. Zellcheming, 1991ff. – *Lit.*: E. J. LABARRE, Dict. and Encyclopaedia of Paper and Papermaking, 1952 [E. G. LOEBER, Suppl., 1967] – K. T. WEISS, Hb. der Wasserzeichenkunde, 1962 – C. M. BRIQUET, Les Filigranes, 1968 – D. HUNTER, Papermaking, 1978 – A. DURI, Arab. Wirtschaftsgesch., 1979 – R. I. BURNS, The Paper Revolution in Europe: Crusader Valencia's Paper Industry – a technological Breakthrough, Pacific Historical Review 50, 1981 – E. G. LOEBER, Paper Mould and Mouldmaker, 1982 – W. WEISS, Zeittafel zur P.gesch., 1983 – G. BAYERL–K. PICHOL, P., 1986 – G. BAYERL, Die P.mühle, T. I/II, 1987 – W. v. STROMER, Große Innovationen der P.fabrikation in SpätMA und FrühNZ (Technikgesch. 60, 1993), 1–6.

Pappel → Nadel- und Laubhölzer

Pappenheim, Stadt in Bayern (Reg. Bez. Mittelfranken). In einer Altmühlschleife wird die Siedlung P., deren Galluskirche in der heutigen Vorstadt in karol. Zeit zurückreicht, überragt von der Burg des Reichsministerialengeschlechtes v. P., das unter den Saliern in der Verwaltung des Reichsgutes aufstieg. Heinrich gen. Haupt (Testa), zu dessen Zeit wohl die Stadt P. entstand, war →Marschall Friedrich Barbarossas. 1193 wurde das Marschallamt in der Familie erbl.; die →Goldene Bulle (1356) bestimmte, daß sie es bei festl. Hoftagen wahrnehme. Die v. P. übten im Reich den Judenschutz (→Judenrecht) aus. Die Judengemeinde in P. selbst war bedeutend. Das Urbar der v. P. zeigt ihren bereits in der 1. Hälfte des 13. Jh. im s. Franken beachtl. Herrschaftsraum.

A. Wendehorst

Lit.: GJ I, 265; II/2, 644 – DtStb V/1, 432–435 – H. zu PAPPENHEIM, Die frühen P.er Marschälle vom 12. bis zum 16. Jh., 2 Bde, 1927 – W. KRAFT, Das Urbar der Reichsmarschälle v. P., 1929 – Die Kunstdenkmäler von Bayern, Mittelfranken 5, 1932, 314–393 – H. H. HOFMANN, Gunzenhausen-Weißenburg (HAB Franken I, 8, 1960) – B. ARNOLD, Count and Bishop in Medieval Germany, 1991.

Pappos, gr. Mathematiker, Astronom, Geograph; Alexandria, 1. Hälfte 4. Jh. Sein Hauptwerk »Collectio« (Συναγωγή; acht Bücher, ev. ursprgl. zwölf) ist in einer Hs. des 12. Jh. erhalten (B.I und Teil von B.II fehlen). Angebl. wurde die »Collectio« erst 1588 in Europa bekannt, als Commandino Auszüge in seine Ausgaben v. Apollonius und Aristarchus aufnahm, doch nach UNGURU kannte schon →Witelo (ca. 1230/35–nach 1275) zumindest einen Teil des Werks (weitgehende Übereinstimmung von Perspectiva, B.I, Satz 22, 38, 39 mit Collectio, B.VI, Satz 43, 42, 44). Hāğī Khalīfa (gest. 1657/58) berichtet, daß »Battus (= Babbus = P.) ar-Rūmī, ein Geometer aus Alexandria«, einen Komm. zu Ptolemaios' Planisphaerium verfaßt hat, den, wie Ibn an-Nadīm (10. Jh.) berichtet, Ṯābit b. Qurra ins Arab. übersetzte (verloren). Im Arab. sind erhalten: »Einführung in die Mechanik« (wohl ident. mit Collectio, B.VIII) und ein Komm. zum B.X des Euklid, übersetzt von Abū ʿUṯmān ad-Dimašqī (um 900), dessen lat. Übers. vermutl. von →Gerhard v. Cremona stammt (ca. 1. Hälfte des 1. Teils erhalten). Ein geogr. Werk ist nur in einer frühen arm. Übers. überliefert.

Y. Dold-Samplonius

Lit.: DSB X, 293-304 – KL. PAULY IV, 494f. – SEZGIN V, 174-176 – S. UNGURU, P. in the Thirteenth Cent. in the Lat. West, AHExSc 13, 1974, 307-324 – A. JONES, Pappus of Alexandria, Book 7 of the Collection, 2 Bde, 1986 – W. KNORR, Textual Stud. in Ancient and Medieval Geometry, 1989.

Papst, Papsttum

I. Zum Begriff – II. Im Römischen Reich – III. Frühmittelalter – IV. Die geistliche Vormacht des Papsttums im Hochmittelalter – V. Der Investiturstreit und seine Auswirkungen auf das Papsttum – VI. Von Innozenz III. bis zu Bonifatius VIII. – VII. Das Papsttum in Avignon – VIII. Abendländisches Schisma, Konziliarismus und das Papsttum in der Renaissance.

I. ZUM BEGRIFF: P. und P.tum bezeichnen Amt und Institution des Oberhauptes der kath. Kirche. Nach kath. Glaubenslehre ist das P.tum von →Jesus Christus eingesetzt (gestützt bes. auf Mt 16,16ff.; 28,20; Lk 22,31f.; Joh 21,15ff. und die Glaubenstraditionen), sind die P.e die Nachfolger des Apostels →Petrus im röm. Bf. samt und in dem damit verbundenen →Primat. Kath. Glaubensaussage, dogmat. festgelegt v. a. auf dem I. Vatikan. Konzil 1870, kirchenrechtl. heute umschrieben im Codex Iuris Canonici v. 1983 (cc. 330-367), und die Entwicklung in hist.-krit. Betrachtung sind dabei zu unterscheiden. Die Gesch. des P.tums kann von den frühchr. Anfängen an nicht gesehen werden ohne die geschichtl. Veränderungen der Kirchenstruktur, der Kirchenverfassung, beginnend mit der Entstehung von Unterschieden kirchenrechtl. Qualität zw. den einzelnen Bf.skirchen. Die Entwicklung geschah unter erhebl. Schwankungen und blieb schließl. auf die lat. Kirche des W beschränkt, endgültig seit dem dauerhaften Oriental. Schisma (1054; →Byz. Reich, B. V, 2) und den Strukturveränderungen, die die w. Kirchenreform des 11./12. Jh. heraufgeführt hatte.

II. IM RÖMISCHEN REICH: Die Anfänge der röm. Christengemeinde sind unbekannt; sie wird im Römerbrief des Apostels Paulus bereits vorausgesetzt. Es darf als hist. gesichert gelten, daß der Apostel Petrus einige Zeit in Rom gewirkt und dort bei der Verfolgung des Ks.s Nero, wohl zw. 64 und 67, den Tod gefunden hat. Die Gräber der »Apostelfürsten« Petrus und →Paulus in Rom, bes. des Petrus, von keiner anderen Kirche bestritten, haben die Entfaltung des chr. Romgedankens im ma. Abendland entscheidend gefördert. Von den röm. Bf.en der ersten dreihundert Jahre ist – seit der Festigung des monarch. Episkopats um die Mitte des 2. Jh. – wenig Sicheres überliefert. Die erste bekannte röm. Bf.sliste wird um 185 von Bf. →Irenäus v. Lyon mitgeteilt (→P. namen, -liste). Es geht dabei um die apostol. Sukzession. In den mitgeteilten Namen wird sich eine Erinnerung an angesehene, »leitende« Mitglieder der Gemeinde bewahrt haben. Die später den Namen beigegebene Chronologie ist künstl. geschaffen. Der Amtsverzicht des röm. Bf.s Pontianus am 28. Sept. 235 ist das erste gesicherte Datum der P. gesch.

Die erhaltenen Q. lassen erstmals gegen Ende des 2. Jh. einen Primatsanspruch des Bf.s v. Rom erkennen, im Streit um einen einheitl. Ostertermin der Gesamtkirche unter Viktor I. (189?–198?). Eindeutig ist ein Primatsanspruch unter Stephan I. (254-257) anzumerken, im Zusammenhang des Ketzertaufstreites zw. der röm. und afrikan. Kirche (Bf. →Cyprian v. Karthago). Auch bei Bf. →Miltiades (310-314) tritt der Anspruch vorrangiger Kompetenz zutage. Dazu gehören frühkirchl. Texte, in denen auffallende Aussagen über Rom gemacht und die deshalb herkömml. mit der Entwicklung des Primates in Zusammenhang gebracht werden (1. Clemensbrief 5,3-7; 1 Petr; Ignatios v. Antiochia, Rom. Inscr.; Irenäus, Adv. haer. III, 3, 1-3; Tertullian, Praescr. 36, 1-3). In diesen und ähnl. Texten bestimmen gewöhnl. Petrus und Paulus den Rang Roms; es ist der Rang der röm. Kirche, weniger der ihres Bf.s gemeint. Schon im 3. Jh. greifen röm. Bf.e zur Begründung ihres exzeptionellen Selbstverständnisses auf Mt 16,18 f. zurück. Aber in den ersten drei Jahrhunderten ist die Stellung des röm. Bf.s noch nicht monarch. ausgelegt. Die kirchl. Einheit wird im Gesamtepiskopat gesehen, nicht im einzelnen Bf.

Zweifellos fiel der Glanz der Hauptstadt des röm. Reiches, ihre Internationalität, ihre kulturelle Bedeutung, von Anfang an auch auf die röm. Christengemeinde und ihre Bf.e. Der überlieferte Doppelursprung in Petrus und Paulus und der Anspruch auf Petrus blieben in der ganzen Kirche unbestritten. Die Bedeutung der Hauptstadt löste zudem seit dem 2. Jh. eine Tradition prominenter Rombesucher aus, auch solcher mit unterschiedlicher und heftig umstrittener Lehre (→Polykarp v. Smyrna, →Valentinus, Marcion, Justin, Tatian, Irenäus v. Lyon, →Origenes u. a.). Alle diese Einflüsse mußten auch auf das Selbstbewußtsein der röm. Kirche zurückwirken.

Nachdem Ks. Konstantin I. die Residenz nach O verlegt hatte, wuchs den Bf.en v. Rom seit dem 4. Jh. steigende polit. Bedeutung zu, auch gesteigerte soziale Fürsorge in bes. Notzeiten auch Schutz und Versorgung der röm. Bevölkerung, so in den Stürmen der Völkerwanderung sowie beim Zusammenbruch des weström. Reiches. Doch erschien der Bf. und Patriarch v. Konstantinopel mit ksl. Unterstützung bald als Rivale (II. ökumen. Konzil v. →Konstantinopel 381, c. 2; Konzil v. →Chalkedon 451, c. 28). In der 2. Hälfte des 4. Jh. trat ein Primatsanspruch der röm. Bf.e zutage (Damasus I., Siricius), der über Innozenz I. und Coelestin I. im Pontifikat Leos I. (440-461) seinen Höhepunkt erreichte: Jetzt erschien der Primat des P.tums bereits voll ausgebildet. In dieser Tradition entwickelte Gelasius I. (492-496) die Grundzüge der →Zweigewaltenlehre. Durch die spätere Aufnahme in die →Pseudoisidor. Dekretalen und in Verbindung mit der Ende des 4. Jh. auftauchenden Silvesterlegende, die (wohl im 8. Jh.; →Silvester) noch mit der →Konstantin. Schenkung ausgeschmückt wurde, gewannen diese Auffassungen im MA weiteste Verbreitung, im Sinn einer Überordnung der geistl.-päpstl. über die weltl.-kgl. Gewalt (duae potestates). Dennoch bildete im ersten Jahrtausend der Kirchengesch. das ökumen. Konzil, auf dem der P. in der Regel durch Legaten vertreten war, die höchste Autorität in allen kirchl. Angelegenheiten, und es richtete auch über die Patriarchen, im Fall Honorius' I. (625-638) auch über den röm. P.

Die kath. Taufe des Frankenkg.s Chlodwig (wohl 498) wurde eine Entscheidung von weltgesch. Bedeutung; denn die kulturelle, sprachl. und völk. Entfremdung zw.

dem lat.-germ. W und dem gr. O wurde ständig größer, und die meisten germ. Fs. en in der Wanderbewegung der Zeit waren zunächst Arianer (→Arius, Arianismus), die in ihren Herrschaftsbereichen arian. Nationalkirchen ausbauten.

Die enge Bindung, die das P. tum seit 519 mit dem byz. O eingegangen war, eingeleitet durch die Erfolge der P.e Hormisda (514–523) und Agapet I. (535–536), führte zu einer lang andauernden Unterwerfung unter das ausgebaute Reichskirchensystem Ks. Justinians I. (527–565). In dem byz. gewordenen Italien regierte in ksl. Auftrag der →Exarch v. Ravenna. Der Bf. v. Rom wurde als ksl. Reichspatriarch für den W behandelt (als erster neben den Patriarchen v. →Konstantinopel, →Alexandria, →Antiocheia und →Jerusalem; →Patriarchat). P. Vigilius (537–555) bekam dies, wie manche seiner Vorgänger und Nachfolger in den Kämpfen um Glaubenslehre (→Christologie) und Reichseinheit, hart zu spüren. Jeder neugewählte P. hatte dem Ks. über den Exarchen v. Ravenna Bericht über die Wahl zu geben; erst nach der ksl. Ratifizierung durfte der Gewählte geweiht werden. Die Bahn zur Geltung des P.s im abendländ. MA wies v. a. Gregor I. (590–604), nicht der Absicht nach, wohl aber durch seine bald in verklärendes Licht gerückte Autorität. Infolge des Niedergangs der byz. Macht in Italien wurde Gregor I. auch Anwalt der Bevölkerung während der Landnahme der →Langobarden, zudem Förderer der Christianisierung der →Angelsachsen.

III. FRÜHMITTELALTER: Im FrühMA vollendete sich unter fortschreitender Beteiligung des P.tums der Eintritt aller germ., teilweise auch der slav. Völker und der Ungarn in die (lat.) Kirche. Die bes. Verehrung der Germanen für den »Apostelfürsten« und »Himmelspförtner« Petrus verlieh auch dessen Nachfolgern, in denen Petrus gegenwärtig gesehen wird und die auf Erden für den Himmel binden und lösen, hohes Ansehen. Zur selben Zeit vollzog sich, durch einzelne Perioden äußersten Tiefstandes nur vorübergehend aufgehalten, der Ausbau der universalen Geltung des P.tums in der Doktrin, immer mehr freilich auf die lat. Kirche des W beschränkt (die Gebiete des untergegangenen weström. Reiches, soweit sie nicht dem Islam zufielen, und die Länder der lat. →Mission unter Germanen, West- und Südslaven und Ungarn). Das Schicksal des P.tums im abendländ. MA wurde entscheidend bestimmt durch die enge Verbindung von Geistlichem und Weltlichem mit aller Problematik für beide Seiten.

Generell trat das P.tum im FrühMA (bis zur Mitte des 11. Jh.) nur in wenigen Einzelfällen in Erscheinung. In der gr. bestimmten ö. Christenheit war eine »Oberhoheit« des Bf.s v. Rom, ungeachtet der wachsenden Entfremdung zum W und gelegentl. Auseinandersetzungen, zu keinem Zeitpunkt des ersten Jahrtausends der Kirchengesch. ein ernsthafter Gedanke. Unbestritten blieb, daß der Bf. v. Rom den ersten Sitz der Christenheit innehabe. Selbst in der lat. Kirche des W bedurften nur wenige Rechtsakte, seit dem 8. Jh. fortschreitend, der Mitwirkung des P.es, so die Errichtung neuer Bm.er und Kirchenprovinzen, bes. Privilegien für Kirchen und Kl. sowie die aufkommenden päpstl. Pallienverleihungen (→Pallium). Privilegien, päpstl. Schutzerklärungen und die Annahme von Appellationen bildeten schon im FrühMA einen wesentl. Bestandteil zum Ausbau des Primats. Die Entfremdung zw. Rom und dem durch Kriege, Religionswirren und (seit dem 7. Jh.) islam. Ansturm schwer erschütterten Byz. Reich, das Italien nicht mehr genügend schützen konnte, schritt weiter voran. Man stand immer weniger in lebendiger Verbindung. Diese Entwicklung vollendete sich im nicht mehr heilbaren Oriental. Schisma (1054). Damit war die von Anfang an gefährdete chr. Einheit, den Zeitgenossen noch kaum bewußt, endgültig zerbrochen. Nach den schmerzl. Erfahrungen der →Kreuzzüge des hohen MA blieben die polit.-hierarch. Unionsversuche der Konzilien v. →Lyon (1274) und →Ferrara-Florenz (1439) – beide unter Betonung des päpstl. Primats, aber bestimmt von der tödl. Bedrohung des O – unwirksam.

Vornehml. die ags. benediktin. Missionare begründeten seit dem ausgehenden 7. und 8. Jh. die enge Bindung der späteren dt. Kirche an das P.tum. Winfrith (→Bonifatius) verband auch die frk. Kirche und die regierenden Hausmeier enger mit dem Stuhl Petri. Durch Bonifatius trat das P.tum als höchste kirchl. Autorität wieder in das Bewußtsein der Franken. Dadurch bereitete er den Bund des P.tums mit den Franken und die folgenschwere Verbindung von P.tum und Ksm. vor (unter den P.en Gregor II. [715–731], Gregor III. [731–741] und Zacharias). P. Zacharias (741–752) lieh dem Hausmeier Pippin d. J. seine Autorität zur Ausschaltung der Merowinger und zur Übernahme der frk. Kg. swürde. Der Bund mit den Franken vollendete sich unter P. Stephan II. (752–757), der, von den Langobarden bedrängt, hilfesuchend ins Frankenreich kam. Kg. Pippin schwor dem hl. Petrus, Stephan II. und seinen Nachfolgern einen Freundschaftseid zur Verteidigung und Hilfe (Verhandlungen in →Ponthion und →Quierzy, 754). Durch reiche Schenkungen förderten die Karolinger die Entwicklung des alten →Patrimonium Sancti Petri zum päpstl. →Kirchenstaat, der aber noch auf Jahrhunderte in umstrittener Abhängigkeit vom Kg. und Ks. blieb. Pippins Sohn und Nachfolger Karl d. Gr. (768–814) befahl für das ganze Reich die Annahme der röm. Liturgie und des röm. Rechtsbrauches. Gleichzeitig erhielten aber P. tum und abendländ. Kirche starke germ. Einflüsse in allen Bereichen. Bei aller Verehrung für den Apostelfs. en ließ Karl nie einen Zweifel aufkommen, daß er weltl. und geistl. Herr seines Reiches sei, ähnl. wie der byz. Ks. im O. Daran änderte sich auch nichts, als ihn P. Leo III. (795–816) Weihnachten 800 in der Peterskirche zum Ks. krönte. Mit dem fortschreitenden 9. Jh. gewannen die P.e – im Niedergang der karol. Macht, begleitet von Reichsteilungen und Kriegen – den Schein größerer Selbständigkeit, etwa in der beginnenden päpstl. Vergabe der Ks.krone. Gleichzeitig sahen sie sich schutzlos der Sarazenen- und Normannengefahr ausgeliefert. Die Verschiebung des Machtverhältnisses zw. Ksm. und P.tum zeigt sich in verschiedenen Absprachen der Karolinger mit den P.en und in den vertragl. Fassungen der Ks.privilegien. Schon im Pontifikat des energ. Nikolaus I. (858–867) blieb es aber weithin beim Anspruch päpstl. Macht, auch im schweren Konflikt mit Byzanz unter den Patriarchen →Ignatios und →Photios; doch wurde bereits die Doktrin aufgestellt, daß der weltl. Herrscher (in Weiterführung der gelasian. Zweigewaltenlehre) als sündhafter Christ im Kirchenverband und damit unter dem Richteramt des P.es stehe.

Das späte 9. und große Strecken des 10. Jh. bedeuteten neben einigen Pontifikaten der Renaissance den dunkelsten Abschnitt in der Gesch. des P.tums (»Saeculum obscurum«). Ohne kraftvollen ksl. Schutz wurde der Stuhl Petri eine Beute einzelner Despoten Mittelitaliens und röm. Adelsgruppen. Rettung brachte das Eingreifen des dt. Kg.s Otto I. (936–973); Johannes XII. krönte ihn am 2. Febr. 962 in der Peterskirche zum Ks. Salbung und Krönung blieben dem P. vorbehalten (zuletzt vollzogen

1452 in Rom an Friedrich III. durch P. Nikolaus V., 1530 in Bologna an Karl V. durch P. Clemens VII.). In den folgenden Jahrzehnten hatten die P.e meist nur Sicherheit, solange die Ks. macht (unter Otto II., Otto III. und Heinrich II.) nahe war.

Nach dem verbreiteten, nicht aber allg. kirchl. Niedergang im 9. und frühen 10. Jh., bedingt durch den Zerfall übergreifender polit. Ordnungen im Abendland und den Ansturm äußerer Feinde (Sarazenen, Normannen, Ungarn), bereitete sich mit dem Vordringen kirchl. Reformdenkens im 10./11. Jh. die große Wende vor. Sie führte, den Zeitgenossen anfangs noch keineswegs bewußt, im späten 11. und frühen 12. Jh. zur tiefgreifenden Umwandlung in der abendländ., lat. Christenheit. Reformbewegungen des Mönchtums in allen Ausprägungen und der Chorherren oder Kanoniker hatten an diesem Prozeß entscheidenden Anteil. Benediktin. Kl. in Lothringen (→Gorze, →Brogne, →Verdun) und in Burgund (→Cluny) wurden wichtige Ausgangspunkte dessen, was im 10. und 11. Jh. als →Lothringische bzw. Cluniazensische Reform in Erscheinung trat. Das geistige Erbe →Benedikts v. Aniane († 821) verband sich erneut mit eremit. Zügen, die das asket. Leben in der Kirche von Anfang an begleitet haben. Monast. Erneuerung, Chorherrenreform, Eremitenbewegung und frühe Ansätze des Reformdenkens auch in Rom selbst finden heute eine stärkere Beachtung. Lothringen und Burgund, Dtl. und Teile Italiens wurden die ersten Schauplätze der religiösen Erneuerung. Eine neue Sehnsucht nach tieferer Verchristlichung, nach Lösung von der vergängl. Welt und der Ausrichtung des Lebens auf das himml. Ziel, ergriff in wachsendem Maße alle Stände der Christenheit. Nicht nur die alten und neuen Kl., auch der Weltklerus, die Kanoniker, Kirchenleute und Laien wurden vom religiösen Streben nach Erneuerung erfaßt. Die Sorge um das ewige Heil trat jetzt wie nie zuvor in das geschärfte, auch verängstigte Bewußtsein der Menschen. Im 11. Jh. ergriff diese »Kirchenreform« spürbar alle Bereiche der abendländ. Christenheit. Die »Kirchenreform« schuf und trug das »Reformp.tum« der 2. Hälfte des 11. und des frühen 12. Jh. Andererseits nahm das »Reformp.tum« fortschreitend die Durchsetzung der »Kirchenreform« in eigene Verantwortung, gewann darin seine neue Gestalt und verband damit den Ausbau seiner neuen Stellung in der abendländ. Christenheit der Folgezeit. Weil in dieser Christenheit geistl. und weltl. Bereich aufs engste verflochten waren, konnten Spannungen und ernsthafte Konflikte nicht ausbleiben. Sie entluden sich, am heftigsten im späten 11. und frühen 12. Jh., mit allen Erscheinungsformen einer tiefgreifenden Revolution.

In Rom ging 1012 die Vorherrschaft im Adel von den →Crescentiern auf die Tuskulaner (→Tusculum) über, die nacheinander drei P.e stellten: Benedikt VIII. (1012-24), Johannes XIX. (1024-32) und den jugendl. Benedikt IX. (1032-45). Einer späteren Reformergeneration erschien dieser »Familienbesitz« des Stuhles Petri als größtes Übel. Aber die Zeitgenossen empfanden die überkommenen Formen fürstl. Lebensstiles am ersten Sitz der Christenheit offenbar nicht als bes. anstößig. Es fehlte gewiß auch an genauerer Kenntnis, und das hl. Amt der Petrusnachfolge trug und verklärte die Menschlichkeit des einzelnen Amtsinhabers. Die Ks. Heinrich II. (1002-24) und Konrad II. (1024-39) ließen sich von diesen P.en salben und krönen (1014, 1027), vermieden aber klugerweise eine stärkere Einmischung in die röm. Wahlvorgänge. Unter den Synoden dieser Zeit kam der großen Reformsynode v. →Pavia 1022 bes. Bedeutung zu, an der Ks. Heinrich II. und P. Benedikt VIII. teilnahmen. Die Bestimmungen richteten sich v. a. gegen die weitverbreiteten Klerikerehen. Die treibende Kraft zur Kirchenreform war der Ks. Das Eingreifen der sächs. und sal. Kg.e und Ks. in die Wirren um den Stuhl Petri erfolgte regelmäßig in synodaler Form, auch wenn der kgl. Wille entscheidend blieb, so auch auf den die Wende zum Reformp.tum unmittelbar einleitenden Synoden v. →Sutri und Rom im Spätjahr 1046. Chr. Verantwortungsbewußtsein und Tatkraft des dt. Kg.s Heinrich III. (1039-56) machten dem kirchl. Notstand um drei nicht eindeutig legitimierte P.e (Benedikt IX. [1032-45], Silvester III. [1045-46], Gregor VI. [1045-46]) ein rasches Ende. Heinrich III. fühlte sich dem mächtig anwachsenden Reformdenken stärker verbunden als sein Vater Ks. Konrad II. Sein notwendiges, erbetenes Eingreifen fand die Billigung, ja das hohe Lob vieler Freunde der Kirchenreform in Rom selbst und im Reich, etwa durch →Petrus Damiani. Nur vereinzelt erhob sich Kritik, so bei Bf. →Wazo v. Lüttich und im »Gutachten« eines frz. Bf.s über die Absetzungen in Sutri und Rom.

IV. DIE GEISTLICHE VORMACHT DES PAPSTTUMS IM HOCHMITTELALTER: Mit der (erbl.) Würde eines →Patricius Romanorum erhielt Kg. Heinrich III. 1046 von den Römern das Designationsrecht für die nächsten Erledigungen des päpstl. Stuhles. Ein Wendepunkt in der Gesch. des P.tums war den Zeitgenossen zunächst noch keineswegs bewußt. Durch Designation Heinrichs III., die fakt. einer Ernennung gleichkam, folgten nacheinander vier dt. P.e: Clemens II. (1046-47), Damasus II. (1048), Leo IX. (1049-54) und Viktor II. (1055-57). Mit ihnen begann der Aufstieg eines erneuerten, von der wachsenden Reformbewegung in der Kirche getragenen P.tums.

Wegen der Kürze ihrer Regierung traten Clemens II. und Damasus II. noch wenig in Erscheinung. Aber Leo IX. (Bf. v. Toul) brachte die universale Bedeutung des P.tums im ganzen Abendland zum lebendigen Bewußtsein. In seinem Pontifikat wird das Reformp.tum zum erstenmal klar sichtbar. Durch tüchtige, teilweise radikale Mitarbeiter, die er meist aus dem lothring.-burg. Raum nach Rom zog, entwickelte sich das Kardinalskollegium (→Kardinal) – über die bisher vorwiegend liturg. Hilfsdienste hinaus – rasch zu einer Körperschaft, die fortan dem P. in der Regierung der Gesamtkirche zur Seite stand. In engerem Zusammenhang mit der Ausbildung des Kardinalskollegiums stand die Entwicklung der Röm. →Kurie als Zentralbehörde der röm. Kirchenleitung. Um die Mitte des 12. Jh. war der Ausbau beider Institutionen bereits abgeschlossen. Es mag auffallen, daß das neue Verständnis des P.tums und die damit verbundene neue, stärker zentralisierende Form der Kirchenleitung in einem P. Gestalt gewann, der – wie seine wichtigsten Mitarbeiter – von außen kam. Leo IX. brachte in dieses Werk seine Erfahrungen aus der Hofkapelle und der Kanzlei des dt. Kg.s sowie als Reichsbf. ein. Seit dem Papstwahldekret Nikolaus' II., verabschiedet auf der Lateransynode im April/Mai 1059, wuchs den Kard.en allmähl. das alleinige Recht der →P.wahl zu. Durch Leo IX. wurde das P.tum auch außerhalb Roms entfernt zu einer greifbaren, erfahrbaren Größe. Noch in seinen Pontifikat fallen die ersten Anzeichen dafür, daß der Stuhl Petri nicht auf Dauer wie eine ksl. →Eigenkirche behandelt werden konnte. Mit der fortschreitenden Verwirklichung des Programms der röm. Reformpartei wurden die Ziele schärfer umrissen und weiter gesteckt. Aus der Kirchenreform wuchs der Drang nach völliger »Freiheit« und Unabhängigkeit des P.tums, das nicht einem Reichskirchensystem eingegliedert sein, sondern über allen Reichen stehen sollte.

Unter Leo IX. und Viktor II. blieb die Harmonie zw. den obersten Repräsentanten der »beiden Gewalten«, Ks. und P., noch ungetrübt. Für das Reich wurde der frühe Tod Ks. Heinrichs III. (1056) zur Tragödie mit unabsehbaren Folgen. Das Fehlen einer starken Reichsgewalt bot für den Ausbau des neuen Selbstverständnisses päpstl. Gewalt und die entsprechende Lenkung der Kirchenreform den günstigen Hintergrund. In den Anfängen so von niemandem beabsichtigt, war eine revolutionäre Entwicklung eingeleitet, die bald ihren eigenen Gesetzen folgte.

In den späten 50er Jahren wurde die neue Richtung an der Kurie deutlicher erkennbar. Die kurz regierenden P.e dieser Zeit wurden von ihren Mitarbeitern und Helfern beraten und gelenkt. Zu diesen Mitarbeitern gehörte der einflußreiche, aber bis zuletzt maßvolle und um Vermittlung bemühte Petrus Damiani (durch Stephan IX. 1057/58 Kard. bf. v. Ostia, † 1072). Zwei Persönlichkeiten ragten seit dem Tod Viktors II. deutl. heraus: der kämpfer., eifernde Kard. →Humbert v. Silva Candida († 1061) und der jüngere, genialere Subdiakon Hildebrand, seit 1059 Archidiakon der röm. Kirche. Kard. Humbert hatte schon bei der Legation in Konstantinopel (1054) durch sein schroffes Verhalten ebenso zum Bruch beigetragen wie der Patriarch →Michael I. Kerullarios v. Konstantinopel. 1057/58 wandte er sich in seinen drei Büchern »Adversus simoniacos« entscheidend gegen die bestehende Praxis der →Investitur durch Laien, zu denen er klar den Kg. rechnete. Humberts Gedanken boten deutl. den Hintergrund des Programms, das Hildebrand als P. Gregor VII. in seinem →»Dictatus papae« entwarf und in seinem ganzen Pontifikat zu verwirklichen versuchte, auch wenn ein direkter Bezug fehlte. Hildebrand-Gregor führte v. a. in einem Punkt Humberts theol. und kirchenpolit. Konzept weiter: die Bindung an Rom. Der Kampf gegen die überall verbreitete Priesterehe, von den Reformern als →»Nikolaitismus« geschmäht, und gegen →»Simonie« wurde fortschreitend zum wirksamsten Hebel der geforderten »Freiheit der Kirche« (→Libertas ecclesiae); die Reformer verstanden darunter v. a. Freisein von weltl. und allen kirchenfremden Eingriffen, zugleich aber die Bindung an Rom. Bes. verhängnisvoll wurde dabei die Ausweitung des alten Simoniebegriffes. In ihrem Kampf für »Reinheit« und »Freiheit« der Kirche bezeichneten radikale Reformer schließl. jede Mitwirkung eines Laien bei Vergabe eines Kirchenamtes als Simonie. Gegen beweibte Kleriker und »simonist.« Bf.e wurde in steigendem Maße an die Laien appelliert, auch an den Pöbel der Straße: Sakramentenspendung durch diese unreinen Geistlichen sei ungültig; es drohe der Verlust des ewigen Heiles. Das bekannteste Beispiel dafür waren die Wirren in Mailand (→Pataria), nicht zuletzt die Rolle, die röm. Sendboten darin spielten. Die Demütigung und die endlich völlige Unterwerfung der selbstbewußten Kirchen v. Mailand und Ravenna gehörten schließl. zu den dauerhaftesten Erfolgen des »Reformp.tums« in Italien.

Nikolaus II. (1059–61) und Alexander II. (1061–73) waren noch Vertreter der älteren Gruppe der Reformpartei, die in der Tradition Leos IX. im Zusammenwirken mit dem Kg. die Kirche reformieren wollten. Obwohl Hildebrand – mit steigendem Rigorismus – bereits maßgebl. die päpstl. Politik leitete und von der herkömml. kollegialen Struktur der Kirchenleitung deutl. in seine – später klar formulierten – Primatsvorstellungen hinüberlenkte, sah Alexander II. seine Anliegen der röm. Kirchenreform vorwiegend im Ausgleich extremer Positionen, gelegentl. auch gegen Hildebrand und die radikale »neue Frömmigkeit« der Mönchs- und Klerikergemeinschaften.

V. Der Investiturstreit und seine Auswirkungen auf das Papsttum: Die von Anfang an verschiedene Anschauung der Kurie und des dt. Hofes vom Ksm. sowie die Gegensätzlichkeit der Auffassung von kgl. und päpstl. Rechten trieb unter Gregor VII. (1073–85) zum offenen, schwersten Konflikt mit Ks. Heinrich IV. (1056–1106), der nach einem wesentl. Teilaspekt →Investiturstreit genannt wird und – minder heftige – Parallelen in anderen Ländern der abendländ. Christenheit hatte. Mit leidenschaftl. Einsatz seiner ganzen Persönlichkeit verfocht Gregor VII. die Gedanken der Reinheit und Freiheit der Kirche, der schier unbegrenzten Vorrangstellung des P.es in der Kirche, der sich auch Kg.e und Ks. beugen mußten. Was frühere P.e gelegentl. gefordert hatten, formulierte Gregor klar und zugespitzt (»Dictatus papae«, 1075) und setzte es in die Wirklichkeit um, bis zur Bannung des vornehmsten Herrschers der w. Christenheit und zur Entbindung der Untertanen vom Treueid. Der junge, schlecht beratene dt. Kg. verkannte das tatsächl. Ausmaß der gewachsenen Reformbewegung und die dadurch sich ergebende Verschiebung des Verhältnisses der weltl. zur geistl. Gewalt, an der Spitze repräsentiert durch Ks. und P. Die sog. →Gregorian. Reform, seit Jahrzehnten in der allg. Kirchenreform vorbereitet, seit den fünfziger Jahren in steigendem Maße röm. ausgerichtet, nun konzentriert in Person und Regierungsstil Gregors VII., wurde die entscheidende Wende, eine Umkehr im Verhältnis der »beiden Gewalten«. Die Szene von →Canossa im Jan. 1077 ist der kaum zu überbietende Ausdruck des Wandels: Der Sohn Ks. Heinrichs III., der den Stuhl Petri aus tiefer Entwürdigung befreit und eigtl. zum Ersten Sitz (wieder) erhoben hatte, stand als Büßer vor dem verschlossenen Tor einer der Burgen seines Reiches! Mit der tatsächl. weitgehenden Entsakralisierung des Kgtm.s war grundsätzl. auch der Laie, der Nichtkleriker, in der Kirche getroffen. Dem gregorian. Denken entsprachen scharfe Bestrebungen zur röm. Zentralisation und zur Übernahme des röm. Brauches in Recht und Liturgie der (lat.) Kirche.

Mit der äußeren Niederlage Gregors VII. 1084 hatte der Streit seinen ideol. Höhepunkt bereits überschritten. Die schwere Kirse der gregorian. Reformpartei trat gegen Ende des Pontifikates und nach dem Tod des P.es offen zutage. Nach dem kurzen Pontifikat Viktors III. (1086–87) verstand es Urban II. (1088–99), diplomat. geschickt und zu realpolit. Rücksichten v. a. Frankreich und England gegenüber bereit, das Reformp.tum zu einem Höhepunkt zu führen. Er konnte den einflußreichen Gegenp. Clemens III. (1080–1100) überspielen, die röm. Kurie und den päpstl. Zentralismus weiter ausbauen. Hauptstützen seiner Autorität wurden die seit Nikolaus II. dem P.tum verbundenen Normannenherrschaften in Unteritalien-Sizilien, dazu der Adel Frankreichs und Lothringens. Während das Zerwürfnis mit Ks. Heinrich IV. blieb und eher geschürt wurde, förderte Urban tatkräftig das reformbenediktin. Mönchtum (u. a. →Hirsau), die Chorherrenreform, die Reaktivierung der Kircheneinheit mit Byzanz und den von ihm ins Leben gerufenen 1. →Kreuzzug (Konzil v. →Clermont, 1095). Sein Nachfolger, Paschalis II. (1099–1118), eher ängstl. und zögerl. in Entscheidungen, war weniger Wegbereiter als Nachfolger und Erbe. Unter ihm und unter dem unglückl. Nachfolger Gelasius II. (1118–19) brachte der Investiturstreit im Reich neue Verhärtung und Spaltung. Eine Lösung in der verfahrenen Investiturfrage wurde noch unter Paschalis II. in Frankreich und England gefunden, ausgehend von der Unterscheidung zw. Kirchenamt und Kirchengut, geistl.

und weltl. Rechten bei der Investitur. V. a. →Ivo v. Chartres und sein Schüler →Hugo v. Fleury brachten diese Unterscheidung zur Geltung. Für das Reich wurde der Kompromißfriede 1122 im →Wormser Konkordat zw. Ks. Heinrich V. (1106–25) und P. Calixtus II. (1119–24) geschlossen. Durch das I. →Laterankonzil (1123) ließ der P. die Übereinkunft feierl. bestätigen und verkünden. Damit wurden die (ältere) Phase des Reformp.tums und der Investiturstreit im Imperium beendet.

In der Entwicklung der Kirchenreform und im daraus erwachsenen Konflikt der duae potestates sind zwei Rechtssysteme hart aufeinandergestoßen: das neue päpstl. (gregorian.) und das ältere nationale. Man kann nicht sagen, daß das päpstl. System einfach gesiegt hätte. Aber es ging aus den Kämpfen als geistl. Vormacht im Abendland mit dem Anspruch der Weltgeltung hervor. Das wichtigste Instrument seiner Machtstellung wurde jetzt die Ausbildung eines festen und zugleich – im Anspruch – weltumfassenden Rechtes. Das Reformp.tum hatte das überkommene kirchl. Recht fast in allen Punkten erneuert, zur allg. Geltung gebracht, hatte es aber im Sinne der röm. Primatsdoktrin umgestaltet, ergänzt und neugefaßt. Das Recht der lat. Kirche wurde fortan überall im Sinne einer unbeschränkten, nur Gott verantwortl. P.gewalt (plenitudo potestatis) weitergebildet. Überall und unablässig versuchte man nun, dieses neue Recht auch durchzusetzen. Das Reformp.tum des späten 11. und frühen 12. Jh. brachte den tiefsten Einschnitt in der Gesch. der lat. Kirche, eine tiefgreifende Veränderung der Kirchenstruktur, mochte dies den Zeitgenossen auch erst allmähl. bewußt werden.

Auch die innerkirchl. Teilgewalten (Bf.e, Metropoliten, Synoden) suchten ihren Rechtsstatus zu behaupten, ebenso die polit. Gewalten ihr herkömml. nationales Recht und die daraus fließenden Ansprüche an die Kirche. Die innerkirchl. Teilgewalten konnten ihren Status auf die Dauer nicht wahren. Sie sind dem neuen, unablässig erweiterten P.recht unterlegen. Die Hauptphasen der Spätfolgekämpfe wurden auf den großen Konzilien des 15. Jh. (→Konstanz, →Basel) ausgetragen.

Anders verlief die Entwicklung im Verhältnis der neuen P.macht zu den polit. Gewalten. Wohl erhoben die P.e des MA (und bis tief in die NZ hinein) ihren Anspruch vom Vorrang der geistl.-päpstl. über die weltl. Macht. Aber die polit. Mächte beugten sich selbst im HochMA, der eigtl. Epoche päpstl. Vorherrschaft, nicht bedingungslos. Die Kämpfe brachen immer wieder auf, und in der grundsätzl. Auseinandersetzung zw. P. Bonifatius VIII. (1294–1303) und Kg. Philipp IV. v. Frankreich erlebte die P.tum seine polit. Katastrophe. Im SpätMA emanzipierten sich die polit. Mächte bereits weitgehend von päpstl. Machtansprüchen.

Dennoch ging es den großen P.en des HochMA nicht um die Macht an sich, sondern um das Anliegen, das Christentum tiefer zu verankern. Die großen Kanonisten des HochMA bemühten sich, geistl. und weltl. Gewalt rechtl. abzugrenzen, den Interessen der Kirche und des Staates gerecht zu werden. Eine befriedigende Lösung war dem MA nicht mehr beschieden.

Die neue Geltung und Führerstellung des P.tums wurde noch am Ende des 11. Jh., mitten im Streit mit den Kg.en, deutl. erkennbar: Aus hohem Verantwortungsbewußtsein für die ganze Christenheit bemühten sich die P.e seit Urban II. jahrhundertelang um die Kreuzzüge. Der Gedanke der Befreiung Jerusalems wurde dabei seit dem ausgehenden MA abgelöst durch die Abwehr der unmittelbar drängenden Türkengefahr. Das verstärkte polit.

Engagement der P.e seit Gregor VII. barg schwere Gefahren in sich, die bald grell zutage traten: »Verweltlichung«, Macht- und Geldgier der Kurie und der röm. Legaten, →Nepotismus, ungesunde Zentralisation unter Mißachtung der älteren Rechte anderer Kirchenglieder, bes. der Bf.e. Demgegenüber betonte →Bernhard v. Clairvaux in seinem an Eugen III. (1145–53) gerichteten »Papstspiegel« (»De consideratione papae«) nachdrückl. den geistl. Charakter des P.tums: der P. solle Nachfolger des hl. Petrus, nicht des Ks.s Konstantin sein.

Differenzen zw. einer älteren und jüngeren Reformergruppe an der Kurie hatten 1130 erneut zu einem P.-schisma (Anaklet II. [1130–38], Innozenz II. [1130–43]) geführt, das letztl. durch die polit. Mächte entschieden wurde, v. a. durch die Propaganda Bernhards v. Clairvaux. In der Zeit Ks. Friedrichs I. (1152–90) begann die zweite große Auseinandersetzung des ma. Ksm.s mit dem P.tum, unter Hadrian IV. (1154–59) und Alexander III. (1159–81). Im Vordergrund standen die ksl. Hoheitsrechte in Italien. Aus Furcht, der Kirchenstaat könne umklammert und aufgesogen werden, wandte sich die päpstl. Politik gegen die Vereinigung der siz. Kg.s würde mit dem stauf. Ksm. Daraus entstanden neue erbitterte Kämpfe.

VI. VON INNOZENZ III. BIS ZU BONIFATIUS VIII.: In der überragenden Gestalt Innozenz' III. (1198–1216) erreichte das ma. P.tum den Gipfelpunkt seiner geistl.-weltl. Autorität. Er übte sein Amt im Bewußtsein göttl. Berufung als »Vicarius Christi« aus. Dieser im Reformp.tum aufgekommene P.titel (bis zur Mitte des 12. Jh. war »Vicarius Petri« gebraucht worden) wurde jetzt fester, fortan bleibender Bestandteil päpstl. Titulatur. Nach diesem Selbstverständnis stand der P. als Vertreter des Priesterkg.s Christus zw. Gott und den Menschen, alle richtend, auch Völker und Reiche, und selber nur von Gott gerichtet. Dieser ungeheure, in den Folgen höchst gefährl. Anspruch ließ sich nur innerkirchl. einigermaßen verwirklichen (im Anspruch und Ausbau dessen, was man später Universalepiskopat und Jurisdiktionsprimat des P.es über alle Bf.e der – lat. – Kirche genannt hat), im weltl.-profanen Bereich nur soweit, als die Mächte dies hinzunehmen bereit waren (hier blieb Innozenz im konkreten Fall stets flexibel). Wichtigstes Instrument der geistl. Herrschaft wurde das klug gehandhabte Recht. Dieser Pontifikat war nur mögl. auf den ideol. Voraussetzungen und Umschichtungen innerhalb der abendländ. Christenheit (im fakt. umgedrehten Verhältnis »beider Gewalten« und in der innerkirchl. Strukturveränderung), wie sie das Reformpapsttum heraufgeführt hatte. Wie Gregor VII. war Innozenz III. erfüllt vom Gedanken geistl. Verantwortung, doch diesem weit überlegen an Bildung, durch den Sinn für Maß und durch das Glück der Stunde. →Gervasius v. Tilbury nannte ihn den »wirklichen Ks.«. Das IV. →Laterankonzil (1215) wurde zur glanzvollsten Kirchenversammlung des ma. Abendlandes. Die »geistl. Weltherrschaft«, für Innozenz in der Verantwortung des Christusvikariates begründet, konnte zwar nicht lange gehalten werden. Aber der Anspruch blieb das ganze 13. Jh. bestehen. In der Verwaltung und im Recht erfahrene P.e (Gregor IX., 1227–41; Innozenz IV., 1243–54; Bonifatius VIII., 1294–1303) bauten auf der geschaffenen Grundlage Vorrang und Zuständigkeit des P.tums weiter aus. Dies erwies sich als durchaus ambivalent. Das überstarke Ausgreifen in den polit. Bereich, angefangen bei der Territorialpolitik des Kirchenstaates, verdunkelte in der Folgezeit die geistl. Autorität des P.tums, zog die P.e – als Fs.en in Italien – in unausgesetzte Händel hinein und machte sie mitschuldig an vielen Kriegen. Die beanspruchte Lehensoberhoheit über weite Reiche, das polit. Verhalten im dt. Thronstreit seit 1198 (Kg. Philipp v. Schwaben; Ks. Otto IV.; Ks. Friedrich II.) und die Orientpolitik, bes. nach der Eroberung Konstantinopels (1204; →Lat. Ksr.), schufen verbreiteten Mißmut und erwiesen sich letztl. als schwere Fehlschläge. Erst die Umgestaltung der lat. Kirche des W zur »P.kirche«, wie sie seit dem Reformp.tum in Recht und Administration vorgenommen wurde, am »erfolgreichsten« unter Innozenz III. (weniger erfolgreich, doch rechtl. bedeutsam bleibend, durch Innozenz IV.), erschwerte entscheidend eine Verständigung mit den Kirchen des O und ließ Wirren sowie Spaltungen in der röm. Kirche, die es in der Vergangenheit häufig gegeben hatte, künftig zu Katastrophen der Gesamtkirche werden. Die beiden deutlichsten Beispiele dafür sind das →Abendländ. Schisma (1378–1417) und der trag. Kampf um die »Reform der Kirche an Haupt und Gliedern« im SpätMA.

Im 13. Jh. gewannen P.tum und Kirche bald starke, wenn auch manchmal schwierige Stützen in den neuen Bettelorden (→Franziskaner, →Dominikaner). Die auf Innozenz III. folgenden Pontifikate waren überschattet von der Auseinandersetzung mit Ks. Friedrich II. Sie mündete unter Innozenz IV. und Clemens IV. (1265–68) in den erbarmungslosen Vernichtungskampf gegen das gesamte stauf. Haus. Dem Sturz des Ksm.s mit dem Untergang der Staufer folgte der Niedergang der abendländ. Weltgeltung des P.tums auf den Fuß. In dem Kampf der »beiden Häupter der Christenheit« gab es letztl. keinen Sieger. Beide Institutionen hatten unwiederbringl. an Macht und Ansehen eingebüßt. Der »Schutz« der von den P.en gerufenen →Anjou wurde bald weit drückender als die Stauferherrschaft in Italien. Mit dem erstarkenden Nationalbewußtsein der europ. Völker wuchs überall in der Erbitterung über die »Verweltlichung« des P.tums, über mißbräuchl. Verwendung von Kreuzzugszehnten und Steuergeldern, über die allzu häufig aus polit. Gründen verhängten Kirchenstrafen. Aus verschiedenen Wurzeln wuchs die Sehnsucht nach einem wahrhaft geistl. P. (papa angelicus [→pastor angelicus]), der die Kirche erneuern und das Zeitalter des Hl. Geistes im Sinne →Joachims v. Fiore heraufführen werde. Aber auf den Einsiedler Coelestin V. (1294), der dem Amt nicht gewachsen war und deshalb verzichtete, folgte der herrscherl. Bonifatius VIII. Sein ins Maßlose gesteigerter Versuch, die päpstl. Vollgewalt im Verständnis der Vorgänger seit dem gregorian. Zeitalter durchzusetzen, scheiterte an der nationalen Macht Kg. Philipps IV. v. Frankreich und endete im völligen Zusammenbruch (Überfall v. Anagni 1303). Die P.e gerieten rasch unter den Einfluß der europ. Vormacht Frankreich.   G. Schwaiger

VII. DAS PAPSTTUM IN AVIGNON: [1] *Der Aufbau des päpstlichen Territoriums, der Kurie und der Papstresidenz:* In Avignon folgten von 1309–76 sieben frz. P.e aufeinander: Clemens V. (1305–14), Johannes XXII. (1316–34), Benedikt XII. (1334–42), Clemens VI. (1342–52), Innozenz VI. (1352–62), Urban V. (1362–70) und Gregor XI. (1370–78).

Nach dem Tode Benedikts XI. wählte das Konklave v. Perugia als Kompromiß den Ebf. v. Bordeaux, Bertrand de Got (Juni 1305), der den Namen Clemens V. annahm. Aufgrund der Nachrichten von röm. Unruhen, die von den Faktionen ausgelöst worden waren, verzichtete er darauf, sich nach Italien zu begeben. In Lyon geweiht, empfing er mehrere Besuche von Kg. Philipp IV. v. Frankreich und erreichte im März 1309 Avignon, das im Besitz des Gf. en v. →Provence und Kg.s v. Neapel (→Anjou) war. Das kleine benachbarte Territorium des →Comtat Venaissin gehörte seit 1274 dem Hl. Stuhl, und Clemens V. residierte hier häufig. Johannes XXII. vergrößerte den päpstl. Staat um Valréas, das er dank des Austausches von Gütern der (aufgehobenen) →Templer mit denen der →Johanniter erwarb, und transferierte den Sitz des Rectors v. Pernes nach →Carpentras (1320). Clemens VI. fügte dem päpstl. Besitz Dörfer wie Visan (1344) hinzu und kaufte schließl. die Stadt →Avignon (1348). Johannes XXII. nahm im Bf.spalast v. Avignon Residenz (diesen hatte er bereits 1310–12 als Bf. v. Avignon bewohnt); Benedikt XII. und Clemens VI. verwandelten den Bf.spalast in den großdimensionierten Papstpalast. Die neuartige Errichtung einer festen päpstl. Residenz (Pläne einer Rückkehr nach Bologna, 1332–35, blieben unausgeführt) trug nachhaltig zum Auf- und Ausbau der großen kurialen Institutionen bei (→Kurie, B).

[2] *Päpstliche Politik in Rom und Italien:* Die Bemühungen des P.es, in die Politik Italiens einzugreifen, waren überschattet vom Kampf der →Guelfen und →Ghibellinen und vollzogen sich auf dem Hintergrund eines Übergangs von kommunalen zu signorilen Herrschaftsformen, verbunden mit den Ansätzen zur Bildung weltl. Territorialfsm.er. Clemens V. scheiterte bei dem Versuch, die Belagerung →Pistoias durch →Lucca und →Florenz aufzuheben (1305–06). Er erhielt auf Lebenszeit die Würde des Senators v. Rom (Mai 1312), übertrug seine Machtbefugnisse jedoch an Kg. Robert II. v. Neapel (März 1314), der aber die Konflikte zw. den →Orsini, →Colonna, →Caetani und →Savelli nicht zu befrieden vermochte. Nach dem kurzen Triumph Ludwigs d. Bayern (1328) wurde Johannes XXII. in seine Rechte wiedereingesetzt, was dann Benedikt XII. eine strenge Machtausübung ermöglichte. →Cola di Rienzo entfesselte den stadtröm. Aufstand und bewährte sich siegreich gegen die Colonna und den Stadtpräfekten Giovanni di →Vico (1347); nach der unter Clemens VI. und Innozenz VI. in Avignon erlittenen Gefangenschaft konnte der Tribun nochmals zur Macht zurückkehren, wurde aber schließl. von der Volksmenge erschlagen (1354). Der Romaufenthalt Urbans V. (1367–69) erhöhte den Glanz der Ewigen Stadt, die nun wieder erlauchte Herrscher, Karl IV. und Johannes V. Palaiologos, empfangen durfte.

Die Situation des →Kirchenstaates war ebenfalls eine recht instabile. →Bologna, das zw. Schwarzen und Weißen Guelfen gespalten war, spielte dem Legaten Clemens V. übel mit (1306), unterstützte dann aber doch die Wiederherstellung der päpstl. Gewalt in →Ferrara (1308–13), die durch die Vorherrschaft der →Este (ab 1317) jedoch erneut gefährdet wurde. Der Legat →Bertrand du Poujet reformierte die bolognes. Regierung und Verwaltung (1327–34) in Hinblick auf den geplanten Einzug Johannes' XXII., wohingegen der Rector der →Romagna mit der Opposition der zahlreichen örtl. Machthaber zu kämpfen hatte. Bologna erhob sich und stellte seine Kommunalverfassung wieder her (März 1334), um schließl. unter den →Pepoli eine →Signorie zu bilden (1337). Giovanni Pepoli paktierte mit Giovanni →Visconti (1349), der im Okt. 1350 den Kauf Bolognas für →Mailand bewerkstelligte, doch konnte Clemens VI. die Herrschaft über Bologna in ein Vikariat umwandeln (April 1352). Kard. Aegidius →Albornoz, der seine Legation (1353–57, 1358–63, 1364–67) mit einem Kampf gegen Giovanni di Vico begonnen hatte, gelang nicht nur die Rückführung der →Malatesta in den Dienst der Kirche (1355: Kampf gegen die →Ordelaffi, →Cesena und →Forli), sondern auch eine Wiederherstellung der päpstl. Machtposition im Kirchenstaat und in den Marken (vgl. auch →»Constitutiones

Aegidianae«, 1357). Doch führte die Mißgunst Innozenz' VI. und Urbans V. gegen Albornoz, an dessen Stelle sie Androin de la Roche als Legaten einsetzten, bald zu erneuter Gefährdung. Auch das Eintreffen Urbans V., der im Okt. 1367 das röm. P.tum erneuerte, brachte die Aufstände in →Viterbo und Rom nicht zum Erliegen; diese sowie die Feindseligkeiten Francescos di Vico und die im Dienst der Visconti agierenden Söldnerverbände zwangen vielmehr den P., nach Avignon zurückzukehren (Sept. 1370). Der zweite Plan einer Wiederherstellung des röm. P.tums durch Gregor XI. wurde 1375 von der expandierenden Republik Florenz durchkreuzt; aus Sorge um eine Stärkung des mächtigen päpstl. Nachbarn entfachte Florenz im Herbst 1375 einen Aufstand; der an der antipäpstl. Liga wieder beteiligte Francesco di Vico wurde vom P. exkommuniziert (März 1376). Der Legat Robert v. Genf (später Clemens VII.) griff Bologna an und wütete grausam gegen Cesena und Bolsena (1377); diese militär. Auseinandersetzung konnte erst im März 1378 beendet werden.

Die Hilfe von seiten des natürl. Bundesgenossen des P.es, des durch Lehnsband mit dem Hl.en Stuhl verbundenen Kgr.es Neapel, blieb enttäuschend. Die Schwäche Kg. Roberts II. (1309-43) wurde durch die Rivalität mit den aragon. Kg.en in Sizilien (Trinacria) und die allzu berechtigte Furcht vor der jüngeren, in Ungarn regierenden Anjou-Linie noch vergrößert. Der Hof der jungen Kgn. →Johanna I. (1343-82), zerrissen von Parteikämpfen (Angiovinen v. Ungarn, Tarent und Durazzo), verweigerte sich allen Reformvorschlägen Clemens' VI. Verhandlungen, die von Gregor XI. aus nächster Nähe verfolgt wurden, führten schließl. zum Vertrag v. Aversa, durch den Friedrich v. Aragón, Kg. v. Trinacria, sowohl Johanna I. als auch dem P. den Lehnseid leistete, doch blieb Neapel weiterhin Ziel der Expansionsbestrebungen Kg. Ludwigs I. v. Ungarn.

Hauptgegner der P.e in Oberitalien waren die →Visconti, die Signoren v. Mailand, die sich eine mächtige Herrschaft geschaffen hatten (Cremona, Piacenza, Tortona, Pavia, Lodi, Vercelli, Novara); Matteo Visconti bereitete eine gegen Johannes XXII. gerichtete Ghibellinenliga vor, die sich auch durch alle Gegenmaßnahmen des P.es und seines Legaten Bertrand du Poujet nicht aufhalten ließ. Die Visconti und ihre Helfer belagerten Genua gegen die →Fieschi und die →Grimaldi (1318-20); die Waffenhilfe Kg. Philipps V. v. Frankreich (1320) und der Hzg.e v. Österreich (1322), Leopold und Friedrich (des Gegenkg.s Ludwigs d. Bayern), scheiterten. Der Sieg Ludwigs d. Bayern im Kampf um die Doppelwahl (Schlacht b. →Mühldorf, 1322) beeinflußte sogar die Belagerung Mailands, die aufgehoben werden mußte. Die ehrgeizigen Pläne Kg. Johanns v. Böhmen, der sich ein Kgr. in Oberitalien zu errichten suchte, trieben schließl. Azzone Visconti zum Eintritt in die propäpstl. Liga v. Ferrara (Sept. 1332) an der Seite zahlreicher Herren und Städte (Perugia, Florenz, Orvieto) sowie des Kg.s v. Neapel. Der Visconti empfing das Immerwährende Vikariat für Mailand und die umliegenden Städte (1341). Doch täuschte der Ebf. Giovanni Visconti Clemens VI., indem er einerseits Allianzen anknüpfte, andererseits Bologna erwarb (Okt. 1350), dann Albornoz, dem er seine Hilfe versprach (1353). Gregor XI. war bestrebt, Bernabò und Giangaleazzo Visconti zu isolieren, indem er mehrere Ligen gegen sie aufbot (1371-72); die z. T. als Kreuzzug geführten Kriege brachten der päpstl. Seite einige Erfolge, bis 1375 durch Waffenstillstand der (theoret.) Frieden zw. P.tum und Visconti hergestellt wurde.

[3] *Verhältnis zum Kaisertum:* Die Beziehungen der P.e zum röm.-dt. Ks. waren ebenfalls lange Zeit an den Schauplatz Italien gebunden. Der Zug Heinrichs VII. nach Rom fachte die Zusammenstöße zw. Ghibellinen und Guelfen erneut an (Belagerung v. Brescia, Mai-Okt. 1311), und die Allianz Heinrichs mit dem Aragonesen Friedrich, Kg. v. Trinacria, führte zum Konflikt mit Robert v. Neapel, dessen Truppen Heinrich aus St. Peter vertrieben, so daß die Krönung im Lateran stattfinden mußte (Mai-Juni 1312). Die gegen Robert gerichtete ksl. Konstitution vom 26. April 1313 rief Clemens V. auf den Plan, doch verstarb Heinrich während der Rüstungen zum Feldzug gegen Neapel (Aug. 1313). Durch die päpstl. Konstitution »Pastoralis cura« proklamierte Clemens V. die Superiorität des Hl. Stuhls über das Imperium.

Der seit 1324 exkommunizierte Ludwig d. Bayer erschien in Mailand (März 1327), dann in Rom, wo er sich im Jan. 1328 zum Ks. krönte. Von →Marsilius v. Padua, →Johannes v. Jandun und anderen verurteilten Klerikern publizist. nachhaltig unterstützt, erklärte Ludwig Johannes XXII. für abgesetzt und ließ den Minoriten Pietro Rainalducci zum Papst wählen (Nikolaus V., April-Mai 1328). Der nur von einer kleinen Anzahl von Prälaten, doch von augustin. und franziskan. Kräften unterstützte »Gegenpapst« konnte sich nicht in Rom halten (Aug. 1328), schwor zu Pisa ab (Juli 1330) und starb in avign. Gefangenschaft. Vom Kard. Napoleone Orsini und der Unversöhnlichkeit der Kg.e v. Frankreich und Neapel zum Widerstand getrieben, schloß Ludwig ein Bündnis mit Eduard III. v. England, wurde aber angesichts der entschlossenen Haltung Clemens' VI. zur Abdankung genötigt (Sept. 1343). Karl IV., in Rom im April 1355 zum Ks. gekrönt, bekräftigte in der →Goldenen Bulle (1356) die Unabhängigkeit des 'princeps' gegenüber dem P.tum.

[4] *Verhältnis zu Frankreich:* Die seit 1307 von Kg. Philipp IV. v. Frankreich gegen die Templer entfesselten Verfolgungen und deren dem P. Clemens V. beim Konzil v. →Vienne (1311-12) abgepreßte Verurteilung gehörten zu den Gründen für die Verlegung des P.sitzes an die Ufer der Rhône. Simultan hierzu war die Eröffnung eines Prozesses gegen den toten Bonifaz VIII. ein gefährl. Druckmittel des Kg.s gegen das P.tum. Die avign. P.e unterstützten in der Folgezeit die Kg.e v. Frankreich durch umfangreiche Kredite und das Zugeständnis der Steuererhebung auf kirchl. Benefizien. Im →Hundertjährigen Krieg begünstigte das P.tum Frankreich stärker als England. Gleichwohl wußte Johannes XII. gegenüber Philipp V. seine Unabhängigkeit zu wahren, wie sie auch Benedikt XII. bisweilen gegenüber Philipp VI. demonstrierte. V. a. Konflikte um die rechtl. Kompetenz traten zw. P.tum und frz. Kgtm. auf, so anläßl. der Versammlung v. →Vincennes (1329), der Sequestrierung von Benefizien 'in absentia' durch Philipp VI. sowie der kgl. Ordonnanz vom 8. März 1372, die die Kompetenz der geistl. Gerichte empfindl. beschnitt.

Die Zusammensetzung des Kard.kollegiums erlebte eine tiefgreifende Modifizierung: Von 134 Kard.en, die die P.e kreierten, waren 111 Franzosen; unter ihnen bildeten die Limousiner eine eigene Parteiung. Zielscheibe der exzessiven Kritik →Petrarcas, waren diese einflußreichen Kard.e einer Rückverlegung der P.residenz nach Rom keineswegs günstig gesonnen. Das frz. Kgtm. unter Karl V. übte starken Druck aus, um die Kurie in Avignon zu halten. So bedurfte es großer Entschlossenheit von seiten Urbans V. und Gregors XI., um die Rückkehr nach Rom durchzusetzen.

[5] *Verhältnis zu England und den Ländern der Iberischen Halbinsel:* Abgesehen vom engl.-frz. Konflikt, erfuhr das

Verhältnis zw. dem P.tum und dem Kg. v. England, der als Lehnsmann des Hl. Stuhles galt, manche abrupte Wendung: Eduard II. stellte sich gegen den päpstl. Zugriff auf Benefizien, näherte sich aber Clemens V. später wieder an, um gegen den engl. Klerus vorgehen zu können. Johannes XXII. verurteilte Robert I. (Bruce) und die aufständ. Schotten, die er verfolgen ließ (1316-22). Auf die Bestätigung des allg. päpstl. Reservatrechts durch Clemens VI. (1344) reagierte Eduard III. mit der Wiederbelebung des alten Pfründenrechts (Statute of Provision, Febr. 1351). 1374-75 gestand Gregor XI. Konventionen über die Pfründenverleihung zu.

Nicht ohne Schwierigkeiten unterstützte Johannes XXII. den jungen Thronerben des Kgr.es →Mallorca gegen die Machtansprüche Jakobs II. v. Aragón. Dessenungeachtet vertrieb Peter IV. v. Aragón den mallorquin. Herrscher, der bei Clemens VI. Zuflucht suchte, während dessen Nachfolger in aragones. Haft gehalten wurde (1342-62). Trotz intensiver diplomat. Bemühungen konnte Gregor XI. nur recht brüchige Waffenstillstandsverträge zw. Heinrich III. v. Kastilien und Peter IV. v. Aragón einerseits, Karl d. Bösen v. Navarra andererseits zustandebringen.

[6] *Unions- und Missionspolitik im Osten:* Erbittert über das zögernde Fortschreiten der vom P.tum betriebenen Kirchenunion, exkommunizierte Clemens V. 1307 den byz. Ks. Andronikos II. Palaiologos. Nach mehrfachem Gesandtenaustausch schwor 1369 Ks. Johannes V. Palaiologos, doch nur in privater Eigenschaft, dem orth. Glauben ab. Zugleich setzte das P.tum seine Bemühungen um einen Kreuzzug fort, wobei neben dem Reich der →Mamlüken, das →Palästina und damit die Hl. Stätten besetzt hielt, das sich langsam formierende →Osman. Reich als Bedrohung für die Christenheit nur allmähl. ins Blickfeld geriet (z. B. →Mézières, Philippe de).

Das avign. P.tum entfaltete in einem Zeitalter reger Handelsbeziehungen zw. dem w. Mittelmeerraum (→Genua) und dem mongol beherrschten Osten (→Mittelmeer-, →Levantehandel, →China) eine rege Missionsinitiative (s. a. →Johannes Presbyter). In der Erkenntnis, daß die Errichtung einer regulären bfl. Hierarchie in den ö. Missionsgebieten erfolgversprechender war als die Entsendung einzelner Missionare, schuf Clemens V. im mongol. beherrschten China das Ebm. Cambaluc (Peking). Johannes XXII. gründete das Ebm. →Sultanieh in der ö. Tartarei (1318), am Schwarzen Meer das Ebm. Vospro (Kerč, 1333), das die Bindung der dortigen orth. Bevölkerung an die kath. und armen. unierte Kirche fördern sollte. Auch wurden die Bm.er →Caffa, Tiflis und Quilon in Südindien gegründet. Das neue Ebm. →Saraj (1362) trat an die Stelle des Bm.s →Trapezunt. Gregor XI., der Gründer einer kurzlebigen theol. Kommission für die Belange der Missionare (1373), kann als Restaurator der lat. Bf.shierarchie in Armenien gelten, doch wurde die Initiative rasch wieder geschwächt durch den Streit zw. →Franziskanern und →Fraticelli, durch die Gr. →Pest von 1348 und schließl. das Gr. →Abendländ. Schisma; sie kam infolge des Fehlens von Gläubigen und Missionaren schließl. zum Erliegen.

[7] *Häresiebekämpfung und Kirchenreform:* Nach der Niederschlagung des Katharertums setzte das P.tum den Kampf gegen häret. Bewegungen fort, insbes. gegen die Anhänger von Fra →Dolcino v. Novara (1305-07 Kreuzzug), gegen →Flagellanten (1349), häret. →Beginen (Konzil v. Vienne, 1311-12) und →Waldenser. Die sich in den Franziskanerkonventen ausbreitende totale Armutsbewegung (Anhänger von →Petrus Johannis Olivi und →Arnald v. Villanova) wurde von Johannes XXII. verfolgt; ihr Generalminister, →Michael v. Cesena, unterstützte nach seiner Flucht aus der päpstl. Kerkerhaft den Gegenpapst Nikolaus V.

Das von Clemens VI. 1350 publizierte →Hl. Jahr zog Massen von Gläubigen nach Rom, trotz der Abwesenheit des P.es. Die Reform der Kirche stand auf der Tagesordnung des Vienneser Konzils, und Benedikt XII. nahm die Ordensreformen in Angriff (Zisterzienser, 1335; Benediktiner, 1336; Franziskaner, 1336; Augustiner-Chorherren, 1339).

[8] *Mäzenatentum:* Am päpstl. Hof erfuhren Gelehrsamkeit und Künste eine große Förderung (→Mäzenatentum). Der mächtige P.palast wurde von Benedikt XII. und Clemens VI. errichtet und prachtvoll ausgestattet (→Avignon, IV; →Avignon, Schule v.). Reiche Bautätigkeit entfaltete sich auch in den Palais (livrées) der Kard.e in Avignon und in dem benachbarten →Villeneuve sowie in aufwendigen got. Kirchenbauten. Die päpstl. Kapelle, im Zeichen der ars nova, zog die besten Sänger und Komponisten aus dem Norden an. Renommierte Juristen lehrten an der Avignoneser Univ. (→Avignon, V). Nicht zuletzt durch die von den P.en bereicherte Bibliothek wurde Avignon zum wichtigsten Zentrum des frühen →Humanismus.

[9] *Der Ausklang der avignonesischen Epoche:* Die dem Tode Gregors XI. folgende Doppelwahl (am 8. April 1378 Urban VI., am 20. Sept. 1378 dann als »Gegenpapst« Clemens VII.) rief das Gr. Abendländ. Schisma hervor. Die Rückkehr Clemens' VII. nach Avignon (Juni 1379-Sept. 1394) und die Wahl Benedikts XIII. durch die Kard.e seiner Obödienz hielten bis zur Flucht Benedikts (März 1403) noch einige Jahrzehnte den Lebensstil der avign. P.residenz aufrecht, getrübt allerdings durch Pressionen, die den avign. P. zum Verzicht zwingen sollten, und mehrere Belagerungen des P.palastes.

Stark zentralisiert, erschloß sich das avign. P.tum der modernen Welt, nicht zuletzt durch Anwendung des gelehren Rechts und der (in den westeurop. Monarchien, namentl. in Frankreich, entwickelten) Verwaltungstechniken, die eine wirksame Ausübung der weltl. Kontrolle über die Christenheit ermöglichten. Doch bemühten sich die P.e auch, ihrer dreifachen Aufgabenstellung gerecht zu werden: der Wiederherstellung des Friedens in Europa, der Wiedereroberung des Hl. Landes und der Rückgewinnung des Patrimonium Sancti Petri.

A.-M. Hayez/M. Hayez

VIII. ABENDLÄNDISCHES SCHISMA, KONZILIARISMUS UND DAS PAPSTTUM IN DER RENAISSANCE: In der Avignon-Epoche hatten die P.e den kurialen Zentralismus im neuartigen Stellenbesetzungs- und Finanzsystem gewaltig gesteigert und damit den innerkirchl. Einfluß des P.tums bedeutend ausgebaut, verbunden mit starker Hervorkehrung finanzieller Interessen. Gleichzeitig verlor das P.tum weiter an religiöser Substanz, an geistl. Ansehen und an polit. Gewicht gegenüber den erstarkenden Nationalstaaten, deren Herrscher sehr erfolgreich den Ausbau ihrer Landeskirchen betrieben. Der Kampf der P.e gegen Ks. Ludwig IV. - die letzte große päpstl.-ksl. Auseinandersetzung des MA - hatte erwiesen, wie stumpf die Waffe der geistl. Strafen geworden war. Jetzt erhob sich radikale Kritik am P.tum selbst, an der bestehenden Struktur der Kirche (→Marsilius v. Padua, →Wilhelm v. Ockham, John →Wyclif, Jan →Hus). Wyclif und in seiner geistigen Gefolgschaft Hus in Prag betonten die alleinige Geltung der Schrift-Autorität mit allen Konsequenzen. Das »Exil« in Avignon hatte die Autorität des P.tums so geschwächt, daß seine tiefste Erniedrigung anbrach: das →Abendländ. Schisma (1378–1417), nicht von weltl. Mächten aufgezwungen, wie so oft bei Gegenp.en der Vergangenheit, sondern von den höchsten kirchl. Kreisen bereitet und jahrzehntelang aufrechterhalten.

Gegen den Wahlvorgang, aus dem der Italiener Urban VI. (1378–89) hervorging, und gegen die Eignung des Gewählten konnten berechtigte Zweifel erhoben werden. Deshalb wählte die Mehrheit der Kard.e Clemens VII. (Robert v. Genf; 1378–94), der bald nach Avignon ging. Die schwierige Frage, ob seit 1378 die P.e in Rom oder in Avignon die kanon. Legitimität besaßen, konnten weder die Zeitgenossen befriedigend beantworten, noch kann dies der Kirchenhistoriker, wenn er nicht mit sachfremden Methoden arbeitet. Beide P.e bzw. P.prätendenten erhielten Nachfolger: in der röm. Reihe Bonifatius IX. (1389–1404), Innozenz VII. (1404–06), Gregor XII. (1406–15); in der Avignon-Reihe Benedikt XIII. (Pedro de Luna, 1394–1417). Da die Spaltung vom P.tum her die ganze Christenheit ergriff und tief verstörte, erstarkte im offenkundigen Notstand der Kirche der schon früher bei Theologen und Kanonisten grundgelegte, im Denken der Christenheit des ersten Jahrtausends wurzelnde →Konziliarismus: das allg. Konzil besitze als Repräsentation der Gesamtkirche die höchste Gewalt und Autorität in der Kirche, stehe über dem P. und könne diesen notfalls richten und absetzen.

Von den vorgeschlagenen Wegen, die Einheit wiederzufinden, führte schließl. nur die via synodi, der »kgl. Weg der alten Kirche«, zum Ziel. Entsprechend verfuhr man auf dem Konzil v. →Pisa (1409), das durch Initiative der meisten Kard.e beider Oboedienzen zustandekam, beide »P.e« in kanon. Prozeß absetzte und Alexander V. (1409–10) erhob. Auch wenn die Abgesetzten sich nicht fügten, bedeutete Pisa einen ersten Schritt zur Einheit. Zum Unglück erhielt Alexander V. in Johannes XXIII. (Baldassare Cossa; 1410–15) einen ungeistl. Nachfolger. Das allg. Konzil v. →Konstanz (1414–18), veranstaltet und durchgeführt vornehml. dank der Energie des dt. Kg.s Siegmund, verkündete im offenkundigen Notstand der Kirche – keiner der drei »P.e« war zweifelsfrei legitim – die Superiorität des Konzils (Dekret »Haec sancta« 1415); Johannes XXIII. und Benedikt XIII. wurden abgesetzt, Gregor XII. leistete Verzicht. Durch das Dekret »Frequens« (1417) sollte die Abhaltung allg. Konzilien zur festen Einrichtung und v. a. die Durchführung der Reformen gewährleistet werden. Mit dem am 11. Nov. 1417 gewählten Martin V. (1417–31) besaß die Kirche wieder ein allg. anerkanntes Oberhaupt. Reste der Spaltung um Benedikt XIII. verloren rasch alle Bedeutung.

In den langen konziliarist. Kämpfen zeigte sich, daß die schwerste Krise der spätma. Kirche eine Krise der Kirchenverfassung war. Die Wahl Martins V. bildete den Wendepunkt in der Bewegung. Nicht zuletzt durch das Ungeschick Eugens IV. (1431–47) kam es auf dem allg. Konzil v. →Basel (seit 1431) erneut zur konziliarist. Krise und zur Spaltung der Versammlung (1437). Während sich die Basler Restsynode in wachsenden Radikalismus hineinsteigerte und Felix V. (1439–49) als Gegenpapst erhob, beschloß die Versammlung in →Ferrara-Florenz die Union mit den Griechen unter deutl. Betonung des päpstl. Primates (1439). Aber die infolge schwerster Türkennot des untergehenden Byz. Reiches erzwungene Union konnte nicht wirksam werden. Schon 1453 wurde Konstantinopel von den Türken erobert.

Mit dem gebildeten Nikolaus V. (1447–55), unter dem der bis heute letzte Gegenpapst Felix V. abdankte, begann die enge Verbindung des P.tums mit →Humanismus und →Renaissance, die bis tief ins 16. Jh. dauerte. Ihm und vielen seiner Nachfolger ging es darum, P.tum und Kirche als führende Kulturmacht zu neuem Ansehen zu bringen. Aber das drängende Problem der Kirchenreform konnte trotz zahlreicher Anläufe nicht befriedigend gelöst werden.

Nach den Erfahrungen in Konstanz und Basel suchten die P.e fortan allg. Konzilien zu umgehen oder auch zu verhindern. Damit wurde aber die wichtigste Instanz zur notwendigen Erneuerung der Kirche preisgegeben.

Ungeachtet vieler religiöser Einzelmaßnahmen erschien seit den Nachfolgern Pius' II. (1458–64) der geistl. Charakter des höchsten Kirchenamtes zeitweilig stark verdunkelt, v. a. unter Sixtus IV. (1471–84), Innozenz VIII. (1484–92) und Alexander VI. (1492–1503). Alle Förderung der Künste und Wiss.en konnte nicht darüber hinwegtäuschen, daß das P.tum und seine stark verweltlichte Kurie schwer an religiöser Substanz verloren hatten. Julius II. (1503–13) war der Typ des kraftvoll-krieger. und zugleich kunstsinnigen Fs.en der it. Hochrenaissance. Er sicherte den Kirchenstaat als äußere Machtgrundlage des nz. P.tums. Unter seinem Nachfolger Leo X. (1513–21) kam die schwelende Krise mit dem öffentl. Hervortreten Martin Luthers (1517) zum Ausbruch. G. Schwaiger

Q. und Lit.: Vgl. die Artikel zu den einzelnen P.en und zu →Kammer, →Kanzlei, →Kapelle, →Kurie, →Liber censuum Ecclesiae Romanae, →Liber diurnus, →Liber pontificalis, →P.namen, -liste, →P.wahl etc.; AHP – RHE – JAFFÉ – POTTHAST, Reg. – WATTERICH – IP – GP – Rep. Germanicum, 4 Bde, 1916–43 – LThK[2,3], bes. LThK[2] VIII, 36ff. – HKG I–III – TRE – Hb. der Kirchengesch. III, 1435–1476 – HALLER – SEPPELT I–IV – SEPPELT-SCHWAIGER, 75–271 – K. EUBEL, Hierarchia Catholica, I,II [1198–1503], 1913/14[2] [Neudr. 1960] – Dict. historique de la papauté, 1993 – E. CASPAR, Gesch. des P.tums, 2 Bde, 1930–33 – G. B. LADNER, Die P.bildnisse des Altertums und des MA, 3 Bde, 1941–84 – C. MIRBT-K. ALAND, Q. zur Gesch. des P.tums und des röm. Katholizismus, 1967[6] – G. BARRACLOUGH, The Medieval Papacy, 1968 – H. ZIMMERMANN, P.absetzungen des MA, 1968 – A. FRANZEN – R. BÄUMER, P.gesch., 1974 – G. SCHWAIGER, Päpstl. Primat und Autorität der Allg. Konzilien im Spiegel der Gesch., 1977 – W. ULLMANN, Kurze Gesch. des P.tums im MA, 1978 – K. A. FINK, P.tum und Kirche im abendländ. MA, 1981 – H. ZIMMERMANN, Das P.tum im MA, 1981 – Aus Kirche und Reich. Stud. zu Theologie, Politik und Recht im MA, hg. H. MORDEK (Fschr. F. KEMPF, 1983) – H. FUHRMANN, Von Petrus zu Johannes Paul II., 1984[2] – Das P.tum I, II, hg. M. GRESCHAT (Gestalten der Kirchengesch. 11,12, 1985) – B. SCHIMMELPFENNIG, Das P.tum, 1987[2] – G. SCHWAIGER, Kirchenreform und Reformp.tum, Münchener Theol. Zs. 38, 1987, 31–51 – G. TELLENBACH, Die w. Kirche vom 10. bis zum frühen 12. Jh., 1988 – J. N. D. KELLY, Reclams Lex. der P.e, 1988 – C. MORRIS, The Papal Monarchy. The Western Church from 1050 to 1250, 1989 – The Religious Roles of the Papacy: Ideals and Realities, 1150–1300, hg. CH. RYAN (Papers in Medieval Stud. 8, 1989) – H. FUHRMANN, P.gesch.sschreibung (Gesch. und Gesch.swiss. in der Kultur Italiens und Dtl.s, hg. A. ESCH – J. PETERSEN, 1989), 141–191 – M. BORGOLTE, Petrusnachfolge und Kaiserimitation. Die Grablegen der Päpste, 1989 – I. S. ROBINSON, The Papacy 1073–1198, 1990 – P.tum und Kirchenreform, hg. M. WEITLAUFF – K. HAUSBERGER (Fschr. G. SCHWAIGER, 1990) – K. SCHATZ, Der päpstl. Primat, 1990 – Il primato del vescovo di Roma nel primo millennio (Pontificio comitato di scienze storiche. Atti e documenti 4, 1991) [darin v. a. H. MORDEK, Der Primat in den Kirchenrechtsslg.en des W vom IV. bis VIII. Jh., 523–566] – Ex Ipsis Rerum Documentis, hg. K. HERBERS, H. H. KORTÜM, C. SERVATIUS (Fschr. H. ZIMMERMANN, 1991) – M. M. HARVEY, England, Rome and the Papacy (1417–64), 1993 – J. LAUDAGE, Gregorian. Reform und Investiturstreit (Erträge der Forsch. 282, 1993) – zu [VII]: Q.: Regesti Clementis Papae V, 1885–92, tables 1948–57 – Registres et lettres des papes du XIVe s., Lettres communes, secrètes et curiales (Bibl. des Écoles françaises d'Athènes et de Rome) – A. THEINER, Codex diplomaticus dominii temporalis Sanctae Sedis, I–II, 1861–62 – S. RIEZLER, Vatikan. Akten, 1891 – H. FINKE, Acta Aragonensia, 3 Bde, 1908–23 – E. GOELLER – K. H. SCHAEFER, Vatikan. Q. zur Gesch. der päpstl. Hof- und

Finanzverwaltung (1316–78), 6 Bde, 1910–37 – E. BALUZE, Vitae paparum Avenionensium, hg. G. MOLLAT, 4 Bde, 1914–27 – M. H. JULLIEN DE POMMEROL–J. MONFRIN, La bibl. pontificale à Avignon et à Peñíscola, 2 Bde, 1991 – *Lit.*: C. SAMARAN–G. MOLLAT, La fiscalité pontificale en France au XIVe s., 1905 – G. MOLLAT, La collation des bénéfices ecclésiastiques sous les papes d'Avignon (1305–78), 1921 – E. DUPRÉ-THESEIDER, I papi di Avignone e la questione romana, 1939 – Y. RENOUARD, Les relations des papes d'Avignon et des compagnies commerciales et bancaires de 1316 à 1378, 1941 – G. MOLLAT, Contribution à l'hist. du Sacré Collège de Clément V à Eugène IV, RHE 46, 1951, 22–112, 566–594 – Y. RENOUARD, La papauté d'Avignon, 1954 – E. DUPRÉ-THESEIDER, Problemi del papato avignonese, 1961 – B. GUILLEMAIN, La cour pontificale d'Avignon, Étude d'une soc., 1962 – G. MOLLAT, Les papes d'Avignon (1305–78), 1964^{10} – J. RICHARD, La papauté et les missions d'Orient au MA (XIIIe–XVe s.), 1977 – A. VASINA, Il periodo avignonese nella storiografia degli ultimi decenni (Convegni del centro di studi sulla spiritualità medievale, Univ. degli studi di Perugia 19, 1981), 9–48 – M. LACLOTTE–D. THIÉBAUT, L'École d'Avignon, 1983 – J. MIETHKE, Ks. und P. im SpätMA, ZHF 10, 1983, 421–446 – A. TOMASELLO, Music and Ritual at Papal Avignon, 1983 – N. HOUSLEY, The Avignon Papacy and the Crusades, 1305–78, 1986 – P. R. THIBAULT, Pope Gregory XI: The Failure of Tradition, 1986 – D. WOOD, Clement VI, 1987 – Hist. du christianisme des origines à nos jours, VI: Un temps d'épreuves (1274–1449), sous la dir. de M. MOLLAT DU JOURDIN–A. VAUCHEZ, 1990 – Le fonctionnement administratif de la papauté d'Avignon, 1990 – Crises et réformes dans l'Église, de la réforme grégorienne à la préréforme (155e Congr. nat. des Soc. savantes, 1991), 157–248.

Papstbriefe sind schon aus frühchr. Zeit überliefert, z. B. der Clemensbrief (Ende des 1. Jh.; →Clemens I.). In dem Maße, wie im Laufe des MA dem Papsttum Autorität und Ansehen zuwachsen, nimmt auch die Bedeutung der P. zu, indem man sie über den bloßen Mitteilungscharakter hinaus als exemplar. (jurist. und dogmat.) Entscheidungen (Dekrete, →Dekretalen) ansieht. Sie werden deshalb gesammelt und systemat. geordnet. Die Grenze zu den eigtl. →Papsturkk. wird zunehmend fließend. Formal unterscheiden sich die P. nicht von den Papsturkk. der jeweils einfachsten Ausstattung, also zunächst der →Litterae, dann seit dem 12./13. Jh. der Litterae cum filo canapis oder →Litterae clausae, und werden mit der gewöhnl. päpstl. Bleibulle (→Bulle, II) besiegelt. Seit dem späten 14. Jh. tritt neben diese Praxis auch die Ausfertigung als →Sekretbrief oder →Breve, beglaubigt durch das Fischerringsiegel (→Anulus piscatoris); eine Nachricht über dessen Verwendung für Privatbriefe des Papstes im 13. Jh. (»Scribimus tibi et familiaribus nostris non sub bulla, sed sub piscatoris anulo, quo Romani pontifices in suis secretis utuntur«, Clemens IV., 1265) bleibt singulär. Persönl. Beteiligung des Papstes an der Ausfertigung von P.n ist, abgesehen von einer chronikal. Notiz über Eugen III. (HERDE, 57), erst im 15. Jh. nachweisbar. So bei Martin V.: »Et ut fraternitas tua cognoscat hoc ex corde nostro procedere, ultra secretarii nostri signum presentes litteras manu propria supra et infra signavimus«, ähnl. Sixtus IV. und Alexander VI. (FINK, 84 f., Taf. XII, 3); ferner Innozenz VIII.: »Scribimus Breve ad Ducem ipsum manu propria« (Vatikan. Archiv, Arm. 39, vol. 19, fol. 248^r). →Brief, →Decretum Gratiani, →Dekretalensammlungen.

Th. Frenz

Lit.: K. A. FINK, Unters. über die päpstl. Breven des 15. Jh., RQ 42, 1934, 55–86, Taf. – P. HERDE, Beitr. zum päpstl. Kanzlei- und Urkk.-wesen im 13. Jh., 1967^2.

Papstfabeln. Seit DÖLLINGER (1863) werden zu ihnen gezählt: die Sage von Papst Cyriak (235) in der →Ursula-Legende, die aus den →Symmachus-Fälschungen bekannte Autodeposition des Traditors Marcellinus auf dem Konzil v. Sinuessa (303), die Silvesterlegende (→Silvester I.) und die →Konstantin. Schenkung, das röm. Schisma zw. dem Confessor →Felix II. und dem häret. →Liberius (355–358), die als kanonist. Exempel rezipierte Häresie des →Anastasius II. (496), die Apologie →Honorius' I. trotz Causa Honorii (634), der Hochverrat →Gregors II. an Byzanz im →Bilderstreit (729), die wohl aitiolog. Sage von der Päpstin →Johanna (15. J.; 855) sowie die auf den Faust-Mythos wirkende Gesch. vom Teufelspakt Silvesters II. (→Gerbert v. Aurillac). Weiters enthält die ma. Papsthistoriographie selbst im offiziösen →Liber pontificalis manche Anekdoten. Die auch der Kirchenpolitik dienende Sagenbildung erstreckt sich über das ganze MA und beeinflußt dann die konfessionelle Polemik. Die Entlarvung setzt bei der Konstantin. Schenkung unter →Otto III. (1001) ein; in bezug auf sie taucht 1152 beim →Arnoldisten Wezel (JAFFÉ, BRG I, 539) erstmals der Ausdruck 'fabula' auf.

H. Zimmermann

Lit.: I. v. DÖLLINGER, Die P. des MA, 1890^2 – A. GRAF, Miti, leggende e superstizioni del medio evo, 1925^2 – H. ZIMMERMANN, Das Papsttum im MA, 1981.

Papstnamen, -liste. Die onomast. und chronograph. Angaben über die röm. Bf.e der ersten drei Jahrhunderte entziehen sich weitgehend der hist. Überprüfbarkeit. Die älteste, im MA jedoch wenig verbreitete Liste der Nachfolger der »Gemeindegründer« Petrus und Paulus findet sich bei →Irenäus v. Lyon (Adv. haer. III.3.3.), der zum Zweck des Nachweises der apostol. Sukzession zwölf Namen – von Linos bis Eleutheros – einrückt. Hohe Bedeutung erlangten die Nomenklatur in der »Historia ecclesiastica« des →Eusebios v. Kaisareia sowie der →»Catalogus Liberianus« im röm. →Chronographen v. 354, der die Fiktion einer exakten Zeitberechnung vermittelte. Die ältesten Hss. des →»Liber pontificalis« stammen aus dem 7./8. Jh. Die Papstliste in →Pseudo-Isidor weist orthograph. abweichende Nomina propria auf und verzichtet auf die Namen Linus und Cletus. Die spätma. Papstchronographie orientierte sich v. a. an der synchronist. Gegenüberstellung von Papst- und Ks.listen des →Martin v. Troppau. Den Abschluß der ma. Papstchronologie bildet die »Historia de vitis Pontificum Romanorum« →Platinas, deren Zählweise vom »Liber pontificalis« abweicht und die Ansätze krit. Reflexion aufweist.

Seit dem 6. Jh. zeigte sich die Notwendigkeit, gleichnamige Päpste durch Zusätze auszuweisen. Pelagius II. (579–590) erhielt als erster die Bezeichnung iunior; die Ordinalzahl tritt – noch vereinzelt – unter Gregor III. auf. Erst im 10. Jh. findet der Brauch, die Päpste durch lat. Ordinalia zu unterscheiden, regelmäßigen Eingang in die Urkk.formulare; später dehnt er sich auf die Bullen und Siegel aus. Die numer. Varianten resultieren aus Verwechslungen, Hinzufügungen und Tilgungen sowie aus dem Mangel an konsensfähigen Kriterien zur Differenzierung zw. »rechtmäßigen« Pontifices und »Gegenpäpsten«. Schwierigkeiten bereitete v. a. die Johannes-Serie, weil einige Verzeichnisse die Existenz dreier statt zweier Johannes-Päpste zw. 983 und 996 annahmen und weil nach Verbreitung der Päpstin →Johanna-Legende von vielen (z. B. von Platina) ein weiterer Johannes hinzugefügt wurde. Die frühesten Belege über päpstl. Namenwechsel bzw. Doppelnamen beziehen sich auf Johannes II., der i. J. 533 seinen Götternamen Mercurius ablegte. Seit Ende des 10. Jh. verdichten sich die Hinweise auf regelmäßigen Namentausch; als Motive lassen sich die reverentielle Scheu vor Beibehaltung des Namens Petrus (Johannes XIV.; Sergius IV.) sowie die Herausbildung genealog. Leitnamen durch die Theophylakten und →Crescentier (Benedikt, Johannes) erschließen. Gregor V., Silvester II. sowie die Päpste der »Reformzeit« verliehen dem P.n theol.-programmat. Charakter, indem sie an Vertreter röm. Primatvorstellungen oder an legendäre Vorgänger der Frühzeit (die nunmehr als Martyrer verehrt wurden) anknüpften. Im späten 11./frühen 12. Jh. beginnt sich ein dreistufiges Zeremoniell des Namentausches herauszubilden: Der informellen Beratung zw. Wählern und Gewähltem nach der Wahl und der Bekanntgabe des P.ns durch den Archidiakon bzw. Protoskriniar folgten die Proklamation des immantierten →Electus coram publico sowie die Thronsetzung unter dem neuen Namen als Beginn der Herrschaftsausübung. Der P. unterstrich die Distanz zw. Privatsphäre und Amtsheiligkeit und hob seine Träger von den weltl. Herrschern ab, denen – von Ausnahmen abgesehen – der Namenwechsel unbekannt war. Über die Motive der Namenwahl wurde offizielles Stillschweigen gewahrt. In den meisten Fällen drückte der übernommene Name die persönl., theol. oder polit. Nähe zu einem Vorgänger aus; daneben konnten etymolog., heortolog. oder genealog. Motive Platz greifen. Der Bestand der ma. P.n war seit Lando (913–914) abgeschlossen; bis zu Beginn des 15. Jh. wurde überwiegend auf Namen der »Reformzeit« zurückgegriffen. Im 15. Jh. ist ein Hang zur Originalität und Individualität zu beobachten, der sogar die Erinnerung an »heidn.« Helden einschließt (Pius II., Alexander VI., Julius II.).   B.-U. Hergemöller

Lit.: R. L. POOLE, The Names and Numbers of Medieval Popes, EHR 128, Bd. 32, 1917, 465–478 – E. CASPAR, Die älteste röm. Bf.sliste, 1926 [Nachdr. 1975] – F. KRÄMER, Über die Anfänge und die Beweggründe der P.nänderungen im MA, RQ 51, 1956, 148–188 – P. RABIKAUSKAS, P. und Ordnungszahl, RQ 51, 1956, 1–15 – TH. KLAUSER, Die Anfänge der röm. Bf.sliste, JbAC, Ergbd. 3, 1974 – B.-U. HERGEMÖLLER, Die Gesch. der P.n, 1980 [Lit.] – DERS., Die Namen der Reformpäpste (1046–1145), AHP 24, 1986, 8–47 – J. HOFMANN, Die amtl. Stellung der in der ältesten röm. Bf.sliste überlieferten Männer in der Kirche von Rom, HJb 109, 1989, 1–23.

Papstregister, bezeugt vielleicht seit Liberius (352–366), mit größerer Wahrscheinlichkeit unter Leo I. (440–461), enthielten neben den wichtig erscheinenden ausgestellten Schreiben auch eingelangte Schriftstücke und andere erinnerungswürdige Aufzeichnungen. Ihr Vorbild waren wohl die commentarii oder regesta der röm.-ksl. Verwaltung. Das erste vollständig erhaltene P. stammt aus der 2. Hälfte der Regierung Johannes' VIII. (876–882), allerdings als eine um die Mitte des 11.Jh. auf Pergament angefertigte Abschrift von ursprgl. zwei Papyruscodices. Von Gregor VII. (1073–85) ist erstmals ein aus Pergamentfolia bestehendes und wahrscheinl. kontinuierl. geführtes Originalregister mit 389 Einträgen erhalten. Die geschlossene Registerserie setzt 1198 mit Innozenz III. ein. Im 13.Jh. besteht sie ausschließl. aus Pergamentbänden mit einem vornehml. aus Auslauf, aber auch aus Einlauf gemischten Inhalt, der seit Innozenz IV. (1243–54) nach Betreffen gegliedert wird. Als Zeugnisse bes. polit. Aktivitäten wurden seit Innozenz III. (1198–1216) Spezialregister angelegt, die in den Sekretregistern des 14.Jh. ihre Fortsetzung finden. Zumindest seit Urban IV. (1261–64) gibt es auch sog. Kammerregister, vorwiegend Finanzangelegenheiten und Sachen des Kirchenstaates betreffend. Im 14.Jh. erfolgte eine weitere administrative Differenzierung: Während des Aufenthalts der Päpste in Avignon wurden sowohl die Kommunregister der →Kanzlei, die vorwiegend Gratial- und Justizbriefe enthielten, als auch anfangs die Sekretregister mit ihrem hauptsächl. administrativen und polit. Inhalt, für den päpstl. Familiare und seit der Jahrhundertmitte Sekretäre verantwortl. waren, in zwei Serien angelegt: ursprgl. und provisor. in Papierhss., die man später nach chronolog. und inhaltl. Prinzipien in Pergamentcodices kopierte. Die Sekretregister standen ursprgl. in Verbindung mit der Kammer, bis sie sich unter Gregor XI. (1370–78) mit dem Sekretärskolleg verselbständigten. Gesondert davon führte auch die Kammer eigene Papierregister. Die sachl. Kompetenzen zw. den einzelnen Reihen waren im 13. und 14. Jh. nicht immer scharf getrennt, so daß oft einzelne Schreiben mehrfach registriert wurden. Nach 1378 hat man in der röm. Oböedienz die Übertragung von den Papier- in die Pergamentcodices nicht fortgesetzt. Die Kanzleiregister bestanden fortan, mit Ausnahme des avign. Pontifikats Clemens' VII. (1378–94), allein aus Papierhss. Sekretregister der päpstl. Geheimsekretäre sind wieder seit Martin V. (1417–31) vorhanden und finden nach 1487 ihre Fortsetzung in den Registern der Segreteria Apostolica und der Segreteria Segreta. Für die →Breven gibt es mindestens seit 1470/71 eigene Register. Alle diese Reihen – außer den Brevenregistern – sind heute auf drei Bestände des Vatikan. Archivs aufgeteilt: Die Registra Vaticana, die hauptsächl. aus den Pergamentregistern von Anfang an, einschließl. der Registerkopien des 14.Jh., dann aus den Registern der Kammer, der Sekretäre und der beiden Segreterie bestehen; ferner die Registra Avenionensia, die sich im allg. aus den in der avign. Oböedienz auf Papier geschriebenen Kanzleiregistern zusammensetzen; und schließlich ihre seit 1389 in Rom gleichfalls in der Kanzlei entstandene Fortsetzung der Registra Lateranensia. Bis 1503, dem Ende des Pontifikats Alexanders VI., zählen sie insgesamt 2359 Bände, wobei mit großen Verlusten zu rechnen ist. Schließlich wurden seit Benedikt XII. (1334–42) die an den Papst gerichteten →Suppliken registriert.

Die P. wurden z. T. fortlaufend geführt, wobei meistens →Konzepte, die man bisweilen nach der Registrierung noch mit dem →Original verglich, manchmal aber auch Originale die Registervorlage gebildet haben dürften. Oft hat man die Bände auch erst nach einer geraumen Zeit aus Konzepten zusammengeschrieben. Während des ganzen MA gab es keine vollständige Registrierung des Urkk.auslaufs. Im 13.Jh. betrug sie etwa 10–20% und erfolgte, zumindest bis zum Beginn des 14. Jh., allein auf Wunsch der Urkk.impetranten und nach bestimmten, nicht immer klar erkennbaren Interessen der →Kurie, die rechtl. bedeutende Schreiben für die künftigen Dekretalenslg.en und polit. wichtige Schriftstücke aus Gründen der Legitimation oder als Modell künftigen Handelns kopieren ließ. Bei Prozessen wurden die P. den Parteien zugängl. gemacht. Als Verwaltungsinstrumente im modernen Sinn, wofür eine weitgehend vollständige Registrierung nötig gewesen wäre, waren sie nicht gedacht.   O. Hageneder

Lit.: ECatt X, 656–660 – LThK² VIII, 59f. – F. BOCK, Einführung in das Registerwesen des avign. Papsttums, QFIAB 31, 1941 – M. GIUSTI, Studi sui registri di bolle papali, 1968 – L. E. BOYLE, A Survey of the Vatican Archives and of its Medieval Holdings, 1972, 5 0 f., 63f., 103–156 [Lit.] – H. DIENER, Die großen Registerserien im Vatikan. Archiv (1378–1523), 1972 – O. HAGENEDER, Die päpstl. Register des 13. und 14.Jh., Annali della Scuola Speciale per Archivisti e Bibliotecari dell'Univ. di Roma 1972, 45–76 – P. RABIKAUSKAS, Diplomatica pontificia, Praelectionum lineamenta, 1980⁴, 66–75, 107f., 125–136 [Lit.] – G. BATTELLI, Documento Pontificio, Boletin de la Sociedad Castellonense de Cultura 58, 1982, 603–627 [Lit.] – TH. FRENZ, Papsturkk. des MA und der NZ (Hist. Grundwiss. in Einzeldarstellungen 2, 1986), 46–52 [Lit.].

Papsttum → Papst

Papsturkunden, im Original seit 788, aus früherer Zeit nur kopial überliefert. Ihre Zahl nimmt seit dem späten 12. Jh. stark zu; den Höhepunkt ihrer Aktivität erreicht die

Papstkanzlei (→Kanzlei, B) im letzten Drittel des 15. Jh. Inhaltl. steht zunächst die religiöse Thematik, z. B. Privilegierung von Kirchen und Kl., im Vordergrund, dann kommen, entsprechend der gesteigerten Rolle des Papsttums auf diesem Gebiet, polit. Schreiben hinzu, schließl. dominieren vom 14. Jh. an völlig die Pfründenangelegenheiten. P.n sind im Gegensatz zu den →Kaiser- und Königsurkk. nicht unschelbar; sie können also mit dem Argument angefochten werden, sie seien unter Vorspiegelung falscher Tatsachen erschlichen worden (Vorbehalt der veritas precum). Formal gibt es folgende Typen von P.n: bis ca. 1050 →Privilegien und →Litterae, seit ca. 1050 feierl. Privilegien, einfache Privilegien, Litterae cum serico, Litterae cum filo canapis, →Litterae clausae, →Bullen, seit dem 14. Jh. →Suppliken, von ca. 1380–1420 →Sekretbriefe (nur in der avign. Obödienz), seit 1390 →Breven, seit dem späten 15. Jh. →Motu proprio. Im 15. Jh. haben auch die Reformkonzilien (Pisa, Konstanz, v. a. Basel) Urkk. ganz in der Form von P.n ausgestellt.

In den ältesten Zeiten orientiert sich das Urkk. wesen der Päpste an den Gebräuchen der weltl. Verwaltung des Ks.s bzw. der höchsten staatl. Behörden. Die Urkk. gehen aus der röm. Briefform hervor, mit →Intitulatio, Adresse und evtl. Gruß oder Verewigungsformel, →Datierung nach Konsuln oder Ks.jahren sowie einem eigenhändigen Segenswunsch des Papstes am Schluß. Eine Vorstellung von den gebräuchl. Formeln und ehrenden Bezeichnungen gibt der →Liber Diurnus; der häufigste Segenswunsch ist 'Bene valete'. Die Führung von Registern (→Papstregister) ist wahrscheinl. (nachgewiesen für das 5. Jh.). Eine Erweiterung der ältesten Form bilden die seit Hadrian I. vorkommenden Privilegien, die am Kontextschluß eine datierte Skriptumformel (mit Nennung des Schreibers) sowie ganz am Schluß die große Datierung mit Nennung des →Datars, d. h. des Kanzleichefs, röm. Tagesangabe und doppelter, später dreifacher Jahresangabe (→Indiktion, Pontifikatsjahr, Inkarnationsjahr) tragen.

Unter Leo IX. wird das →Eschatokoll der Privilegien umgestaltet: an die Stelle des eigenhändigen Segenswunsches treten →Rota (teils mit eigenhändiger Beteiligung des Papstes), monogrammat. Benevalete und das Komma; die Skriptumformel kommt außer Gebrauch und wird durch zwei- oder dreifaches Amen am Kontextschluß ersetzt. Seit Paschalis II. kommen die Namensunterschriften des Papstes und der Kard.e hinzu. Das vollausgebildete feierl. Privileg enthält im Protokoll Intitulatio (»N. episcopus servus servorum dei«), Adresse und Verewigungsformel (Imperpetuum), am Ende des Kontextes dreifaches Amen, im Eschatokoll Rota, Monogramm und Komma, Unterschriften von Papst und Kard.en sowie die große Datierung (mit Ortsangabe). Die feierl. Privilegien sind häufig im 11. und 12. Jh.; im 13. Jh. werden sie seltener, im 14. Jh. kommen sie nur sporad. vor, im 15. Jh. werden sie in die Konsistorialbullen umgestaltet (s. u.).

Neben den Privilegien bleibt die einfache Briefform (Litterae, →Papstbriefe) bestehen. Ihr Protokoll besteht aus Intitulatio, Adresse und Grußformel, die jetzt regelmäßig »salutem et apostolicam benedictionem« lautet. Die Eschatokollmerkmale der Privilegien fehlen; vielmehr schließt sich sofort an den Kontext die kleine Datierung an (Ort, röm. Tagesdatum und Pontifikatsjahr [seit 1431 zusätzl. Inkarnationsjahr]). Die Litterae sind im 13.–15. Jh. der häufigste Typus von P.n. Seit dem 13. Jh. wird bei der äußeren Form zw. Litterae cum serico und Litterae cum filo canapis (auch als Litterae clausae) unterschieden.

Eine Zwischenstellung zw. den feierl. Privilegien und den Litterae nehmen die einfachen Privilegien ein. Bei ihnen fehlen einige der Elemente des Eschatokolls; an die Stelle der Verewigungsformel tritt meist eine Grußformel. Eine weitere Zwischenform bilden die Bullen (im engeren Wortsinn) seit der Mitte des 13. Jh.: ihr Protokoll besteht aus der Intitulatio und der Verewigungsformel »Ad perpetuam rei memoriam«, eine Adresse fehlt; ansonsten gleichen sie den Litterae cum serico. Im 2. Viertel des 15. Jh. werden die Bullen zu den Konsistorialbullen weiterentwickelt, indem ihnen die Rota und die Unterschriften von Papst und Kard.en hinzugefügt werden.

Alle bisher gen. Urkk. formen werden mit der päpstl. Bleibulle (→Bulle, II) besiegelt, die mit (gewöhnl. rotgelben) Seidenfäden – nur bei den Litterae cum filo canapis und den Litterae clausae mit Hanffäden – angehängt wird. Mit dem Fischerringsiegel (→Anulus piscatoris) werden die von Clemens (VII.) und Benedikt (XIII.) in Avignon gebrauchten Sekretbriefe sowie die seit 1390 nachgewiesenen Breven beglaubigt. Bei den Breven steht die Intitulatio in einer eigenen Zeile über dem Textblock; der Papst wird als papa und mit seiner Ordnungszahl bezeichnet. An die Stelle der Adresse tritt eine Anrede im Vokativ ohne Nennung des Eigennamens. Als Datum dient eine kleine Datierung mit moderner Tageszählung und Siegelankündigung. Das Motu proprio hat Brevenform, beginnt aber anstelle von Anrede und Gruß mit den Worten »Motu proprio et ex certa scientia« und trägt statt des Siegels die Unterschrift des Papstes.

In bes. Fällen können die Suppliken, aufgrund derer gewöhnl. eine P. ausgestellt wird, selbst Urkk. qualität erhalten, wenn eine entsprechende Klausel genehmigt wird (sola signatura gültige Suppliken, →Originalsupplik). Dies ist aber nur mögl. bei Angelegenheiten, durch die die Rechte Dritter nicht berührt werden, z. B. bei Beichtprivilegien. Solche Suppliken werden mitunter vom Empfänger farbig verziert.

Der Expeditionsweg einer Urk. während des Geschäftsganges beeinflußt ihre Form in der Regel nicht. Er schlägt sich nur in der unterschiedl. Höhe der Taxen und in den Kanzleivermerken nieder. Deren auffälligster ist der Schreibervermerk rechts auf der Plika. Vermerke über geleistete Zahlungen stehen unter der Plika, solche über inhaltl. Kontrollen und die Registrierung auf der Rückseite der Urk. Es erfolgt eine zweifache Registrierung: der Supplik und der eigtl. P.; letztere ist anfangs freiwillig, wird aber wohl im Laufe des 14. Jh. obligator. Die Breven durchlaufen einen eigenen Geschäftsgang und werden gesondert registriert.

Der Beschreibstoff der P. wie der Papstregister ist ursprgl. →Papyrus, der in der 1. Hälfte des 11. Jh. vom →Pergament verdrängt wird. Im 14. Jh. treten neben die Pergamentregister auch solche aus Papier; im 15. Jh. werden nur noch Papierregister geführt. Die Suppliken werden gewöhnl. auf Papier geschrieben; wenn allerdings die Gültigkeit 'sola signatura' geplant ist, bedient man sich des Pergaments. Die Schrift der ältesten originalen P.n ist eine Fortentwicklung der jüngeren röm. →Kursive. Diese damals bereits anachronist. röm. Kuriale wird im Laufe des 11. Jh. durch die diplomat. →Minuskel (für P.n kuriale Minuskel gen.) abgelöst, die ihrerseits im 13. Jh. in die got. Minuskel und im 14. Jh. in die got. →Bastarda übergeht. Sie weist keine bes. Verzierungen auf; lediglich die P.n, die das Siegel an Seidenfäden tragen, verwenden verzierte ct- und st-Ligatur und das diplomat. Abkürzungszeichen. In →Auszeichnungsschrift wird das Protokoll (d. h. in der Regel die 1. Zeile) der Privilegien und der Bullen sowie

Konsistorialbullen und der Papstname in der Intitulatio der Litterae cum serico geschrieben. Als Auszeichnungsschrift dient im 11. Jh. die Capitalis, danach die Elongata, die beim Papstnamen durch got. Majuskel ersetzt werden kann (regelmäßig seit Paul II.). Die Breven werden etwa seit Eugen IV. in →Humanistenschrift geschrieben. Die Sprache der P.n ist stets Latein. Dabei sind hinsichtl. der ehrenden Prädikate, der Reihenfolge und der sonstigen Formulierungen bestimmte strenge Regeln zu beachten (sog. stilus curiae). Als Formulierungshilfe diente eine Reihe von Formelsammlungen (→ Formel, A. II).

Die →Fälschung von P.n wurde schwer bestraft, kam aber nichtsdestoweniger häufig vor und konnte trotz verschiedener Maßnahmen (u. a. Innozenz' III.) und ausgeklügelter Kontrollen nicht wirksam unterbunden werden.   Th. Frenz

Bibliogr.: Bibliogr. dell'Archivio Vaticano, 1962 ff. – Q.: Bull., diplomatum et privilegiorum sanctorum Romanorum Pontificum Taurinensis ed., 27 Bde, 1857–85 – POTTHAST, Reg. – Les registres de ..., hg. École française de Rome, 1883 ff. [ab Gregor IX.] – Leonis X Pontificis maximi reg., 2 Bde, hg. J. HERGENRÖTHER, 1884–91 – S. LOEWENFELD, Epistolae pontificum Romanorum ineditae (493–1198), 1885 – JAFFÉ² – Reg. Honorii Papae III ..., 2 Bde, hg. P. PRESSUTTI, 1885–95 – Regestum Clementis Papae V... cura et studio monachorum ordinis S. Benedicti editum, 8 Bde, 1885–92 – PU – IP – GP – Rep. Germanicum, 1916 ff. – Die Register Innocenz' III., hg. O. HAGENEDER, 1964 ff. – Schedario Baumgarten. Descrizione diplomatica di Bolle e Brevi originali ..., 4 Bde, 1965–86 – Initienverz. zu A. POTTHAST, Reg. (MGH Hilfsmittel 2, 1978) – S. Gregorii Magni Registrum Epistolarum, 2 Bde, hg. D. NORBERG, 1982 [CCL 140, 140A] – Scotia Pontificia, 1982 – H. ZIMMERMANN, P.n 896–1046, 3 Bde, 1988 [1989²] – Lit.: BRESSLAU – L. SCHMITZ-KALLENBERG, P.n (A. MEISTER, Grundriß der Gesch. swiss. I, 2, 1913²), 56–116 – A. BRACKMANN, P.n (G. SEELIGER, Urkk. und Siegel in Nachbildungen, 2, 1914) – W. v. HOFMANN, Forsch. zur Gesch. der kurialen Behörden vom Schisma bis zur Reformation, 2 Bde, 1914 – Sussidi per la consultazione dell'Archivio Vaticano, 1926 ff. – B. KATTERBACH, Specimina supplicationum ex registris vaticanis, 1927 – A. DE BOÜARD, Manuel de diplomatique française et pontificale, 3 Bde, 1929–48 – H. BURGER, Beitr. zur Gesch. der äußeren Merkmale der P.n im späteren MA, AU 12, 1931/32, 206–243 – F. FABIAN, Prunkbittschriften an den Papst (Veröff. des Hist. Seminars der Univ. Graz 10, 1931) – K. A. FINK, Unters. über die päpstl. Breven des 15. Jh., RQ 43, 1935, 55–86, vor 179 – R. FAWTIER, Introduction (Les Registres de Boniface VIII, Bd. 4, 1939, V–CVI) – F. BOCK, Einführung in das Registerwesen des Avign. Papsttums, QFIAB 31, 1941, 1–107, Taf. – K. A. FINK, Das Vatikan. Archiv, 1951² – L. SANTIFALLER, Q. und Forsch. zum Urkk.- und Kanzleiwesen Papst Gregors VII. (StT 190, 1957) – P. RABIKAUSKAS, Die röm. Kuriale in der päpstl. Kanzlei, 1958 – G. BATTELLI, Acta Pontificum (Exempla Scripturarum 3, 1965²) – P. HERDE, Beitr. zum päpstl. Kanzlei- und Urkk.-wesen im 13. Jh., 1967² – D. LOHRMANN, Das Register Papst Johannes' VIII. (872–882), 1968 – P. RABIKAUSKAS, Diplomatica Pontificia, 1968² – P. HERDE, Audientia litterarum contradictarum, 2 Bde, 1970 – N. DEL RE, La Curia Romana, 1970³ – L. E. BOYLE, A Survey of the Vatican Archives and of its Medieval Holdings, 1972 – TH. FRENZ, Zur äußeren Form der P.n 1230–1530, ADipl 22, 1976, 347–375 – TH. FRENZ, Die Kanzlei der Päpste der Hochrenaissance 1471–1527, 1986 – DERS., P.n des MA und der NZ (Hist. Grundwiss. in Einzeldarstellungen 2, 1986) – DERS., I documenti pontifici nel medioevo e nell'età moderna (Littera antiqua 6, 1989).

Papstwahl. Der Bf. v. Rom wurde ursprgl. durch Klerus (Stadtklerus) und Volk v. Rom aus den röm. Priestern und Diakonen im Beisein der benachbarten Bf.e gewählt und von diesen geweiht. Dieser Vorgang entsprach allg. der Bf.swahlen. Das anfangs wohl echte Stimmrecht des Volkes wurde später zur Akklamation abgeschwächt. Die Wahl sollte möglichst einstimmig erfolgen. Bis Ende des 9. Jh. durfte der Erwählte nicht schon Bf. sein, da die Bindung eines Bf.s an seinen Sitz als eheähnl. und nicht lösbar galt (relative Ordination). Seit dem 4. Jh. nahmen die chr. Ks. und germ. Herrscher Einfluß auf die Besetzung (direkte Besetzung; Einwirkung auf die Wähler; Gesetze; Bestätigung; Entscheidung strittiger Wahlen). Seit dem 5. Jh. verdrängte der Stadtadel das Volk, zeitweilig bis zum 9. Jh. auch die Nachbarbf.e von der P. Ks. Honorius I. verbot ehrgeizige Bestrebungen bei der Wahl, Papst Symmachus (498–514) Wahlabmachungen zu Lebzeiten und ohne Wissen des Papstes. Im 6. Jh. begegnen mehrfach Versuche, den Nachfolger zu designieren, was zu Wirren führte (Felix IV., Bonifatius II., 530). Seit Justinian I. (527–565) verlangten die byz. Ks. Anzeige und Bestätigung der P., bis Ks. Konstantin IV. 684 auf die persönl. Ausübung verzichtete und sie dem Exarchen v. Ravenna übertrug (Wahlanzeigen wurden bis mindestens 731 übersandt). Erst dann durfte der Papst (im Regelfall durch den Kard.bf. v. Ostia unter Assistenz zweier Bf.e) geweiht werden. Röm. Bf.skirche ist St. Johannes im Lateran. Die ersten frk. Kg.e nahmen keinen Einfluß auf die P., um so mehr die Stadtaristokratie; deshalb schränkte die Lateransynode v. 769 (erfolglos) das Wahlrecht auf Kleriker ein und verbot die Wahl von Laien. Ks. Ludwig d. Fr. anerkannte die Freiheit der P. (→ Pactum Hludowicianum, 817). Ks. Lothar I. verlangte von Eugen II. den Treueid und von den Römern das eidl. Versprechen, daß künftig der gewählte Papst vor der Konsekration in Gegenwart des ksl. Gesandten den Treueid Eugens II. ablege (→Constitutio Romana, 824). Die Lateransynode v. 898 unter Johannes IX. bestätigte diese Bestimmung, die aber infolge des Niedergangs der karol. Macht und der Übergriffe röm. Adelsparteien wirkungslos blieb; erst Ks. Otto I. griff auf die Constitutio Romana zurück, verlangte aber 963 zusätzl. für den zu Wählenden seine und seines Sohnes vorgängige Zustimmung. Seit Ausgang des 9. Jh. war der röm. Stuhl völlig in die Abhängigkeit rivalisierender röm. Adelsgruppen gelangt, häufig begleitet von Missetaten (»Saeculum obscurum«; →Theophylakt; →Alberich I. und II. v. Spoleto, →Marozia, →Crescentier; Tuskulaner).

Den Wirren um drei nicht eindeutig legitimierte Päpste machte der dt. Kg. Heinrich III. auf den Synoden v. →Sutri und Rom (1046) ein Ende. Nach Ausschaltung der drei Päpste (Benedikt IX., Silvester III., Gregor VI.) folgten – mit Rückgriff auf den Titel eines →Patricius Romanorum – durch ksl. Designation, die fakt. einer Ernennung gleichkam, vier dt. Päpste: Clemens II., Damasus II., Leo IX. und Viktor II. Dieser Laieneinfluß auf die P. wurde mit dem Erstarken der Kirchenreform fortschreitend als ungehörig empfunden. Das P.dekret Nikolaus' II. v. 1059 räumte ein Vorwahlrecht den Kard.bf.en ein, denen die übrigen Kard.e, Klerus und Volk zustimmen sollten; dem dt. Kg. Heinrich IV. wurde lediglich ein Konsensrecht zugestanden, das jede Partei in ihrem Sinne auslegen konnte. Keiner der folgenden »Reformpäpste« wurde nach dieser Bestimmung gewählt, aber der Weg war gewiesen, ohne daß zwiespältige Wahlen und Gegenpäpste verhindert werden konnten. Aus eigener trüber Erfahrung legte Alexander III. auf dem III. →Laterankonzil (1179; Dekretale »Licet de vitanda«) die P. im wesentl. fest: wahlberechtigt sind nur die Kard.e (in den drei bestehenden Ordines: Kard.bf.e, -priester, -diakone); erforderl. ist Zweidrittelmehrheit. Ks., Klerus und Volk werden nicht mehr erwähnt. Öftere lange Vakanzen und Verzögerungen im 13. Jh. führten (nach dem Vorbild it. Städte) zur Einschließung der Wähler in das →Konklave, für die P. rechtl. festgelegt durch Gregor X. auf dem II. Konzil v. →Lyon 1274 (Dekretale »Ubi periculum«). Diese Konklaveordnung wurde von Johannes XXI. und Nikolaus IV. Ende des 13. Jh. vorübergehend aufgehoben, durch Clemens V. (1310/11) und Clemens VI. (1351) gemildert und ergänzt; Clemens V. erklärte auch unter Kirchenstrafe stehende Kard.e für wahlberechtigt. Mit den drei Elementen »Kard.e, Zweidrittelmehrheit und Konklave« war die Gesch. der P. im wesentl. abgeschlossen. Die erste päpstl. → Wahlkapitulation ist 1352 für die Wahl Innozenz' VI., Stimmzettel sind seit 1406 (Gregor XII.) nachweisbar. Trotz dieser rechtl. Festlegungen kam es zum → Abendländ. Schisma (1378-1417) und den damit verbundenen Papstabsetzungen und Wahlen auf den Konzilien v. → Pisa (1409) und → Konstanz (1414-18), zum Wiederaufleben des Papstschismas auf dem Konzil v. → Basel (Gegenpapst Felix V.). Seit Mitte des 15. Jh. wurde in der P. der Accessus häufig, d. h. einzelne Kard.e konnten nach Stimmauszählung ihr Votum ändern und sich zur Erreichung der Zweidrittelmehrheit den Stimmen für einen anderen Kandidaten anschließen. Julius II. erklärte 1506 simonist. P.en für nichtig und belegte simonist. Wähler mit schwersten Kirchenstrafen.

G. Schwaiger

Lit.: RGG³ – LThK² – Hb. der Rechtsgesch. III, 1488-1494 – E. EICHMANN, Weihe und Krönung des Papstes, 1951 – H. FUHRMANN, Die Wahl des Papstes – ein geschichtl. Rückblick (Gesch. in Wiss. und Unterricht 9, 1958), 762-780 – H. ZIMMERMANN, Papstabsetzungen des MA, 1968 – P. HERDE, Die Entwicklung der P. im 13. Jh. (ÖAKR 32, 1981), 11-41 – Wahlen und Wählen im MA, hg. R. SCHNEIDER-H. ZIMMERMANN (VuF 37, 1990) – B. SCHIMMELPFENNIG, Papst- und Bf.swahlen seit dem 12. Jh. (ebd.), 173-195.

Papstzeremoniell → Zeremoniell

Papyrus, üblicher Beschreibstoff der Antike, wurde auch noch im FrühMA ganz allg. verwendet. Eine ausführl. Beschreibung seiner Herstellung ist bei Plinius d. Ä., Hist. nat. XIII 74-82, erhalten. Das weiche poröse Mark der P.staude (Cyperus papyrus L/Cyperaceae) wurde mit einer Nadel nach der Länge des Stengels von außen nach innen gehend so geschält, daß möglichst breite, dünne P.streifen entstanden: »praeparatur ex eo (sc. papyri libro, dem Mark des P.) charta diviso acu in praetenues sed quam latissimas philyras« (Hist. nat. XIII 74). Diese Streifen (philyrae) legte man aneinander und plazierte darüber im rechten Winkel eine zweite Schicht. Beide Schichten wurden dann gepreßt, wobei sie durch den eigenen Pflanzensaft zusammenklebten. Die so gewonnenen P.bögen klebte man schließlich zu einer Rolle (χάρτης, → charta) zusammen und glättete die Oberfläche der Seite, die v. a. zur Beschriftung vorgesehen war, der sog. Rectoseite. Die P.erzeugung umfaßte verschiedene Qualitäten, deren billigste als Packpapier verwendet wurde. Die beste Qualität stammte aus den inneren Schichten des Stengels, wo weniger holzartige Sklerenchymzellen vorhanden sind. Mikroskop. Unters. ergaben, daß das Grundmaterial für die Herstellung der Bögen tatsächl. durch Schälen mit einer Nadel und nicht durch Längsschnitte mit einem Messer gewonnen wurde.

In der P.produktion hatte Ägypten in der antiken Welt eine Monopolstellung. Zwar war das Vorkommen der P.staude nicht auf Ägypten beschränkt, aber Anbaugebiete, die im großen Stil für die Erzeugung dieses Beschreibstoffes genutzt werden konnten, waren, so weit wir wissen, nur im Niltal vorhanden. Daran hat sich auch in später Zeit nichts grundsätzl. geändert. Die Organisation der ägypt. P.produktion in byz. Zeit, die sich auf die Deltaregion konzentrierte, scheint in privater Hand gelegen und unter staatl. Kontrolle gestanden zu haben. Ausmaß und Form der staatl. Kontrolle sind unbekannt, sie dürfte aber nicht so weit gegangen sein, daß man von einem staatl. P.monopol sprechen könnte. Die Produktionsstätten müssen mit den Anbaugebieten eng verbunden gewesen sein, weil die P.stengel nur sehr beschränkt transportfähig sind; sie trocknen ohne Wasser rasch aus und werden für die Verarbeitung unbrauchbar. Auch in den P.verkauf hat der Staat aufgrund seines fiskal. Interesses ordnend eingegriffen (Cod. Just. XI 18[17], 4[439 n. Chr.] und Justinian, Nov. XLIV 2 [536 n. Chr.]).

Inwieweit die Eroberung Ägyptens durch die Araber (641) den P.handel berührte, ist unbekannt. Wenn es in der Folgezeit Behinderungen gegeben hat, so dürften sie nicht allzu bedeutend oder anhaltend gewesen sein, da P. weiterhin sowohl in Byzanz als auch im W verwendet wurde. Doch erließ Kalif ᶜAbd al Melik gegen Ende des 7. Jh. ein Exportverbot als Repressalie gegen Byzanz. Das wird aber eher die Ausnahme als die Regel gewesen sein. Außerhalb Ägyptens gab es zumindest im 10. Jh. auch in Sizilien eine Produktionsstätte, die aber nur lokale Bedeutung hatte. Eine P.fabrik bestand im 9. Jh. auch in Samarra (am Oberlauf des Tigris).

In Ägypten, wo sich aufgrund der günstigen klimat. Bedingungen im Gegensatz zur übrigen mediterranen Welt P.urkk. in großer Zahl erhalten haben, zeigen die Funde, daß dieser Beschreibstoff bis ins 9. Jh. eine beherrschende Stellung einnahm. P. war hier für die besitzenden Schichten der Bevölkerung eine wohlfeile Ware, mit der man z. T. geradezu verschwender. umging. Sie wurde weiterhin als → Rolle produziert, zunehmend aber auch in Codexform (→ Codex) verwendet, nicht nur in der lit. Buchproduktion, sondern ab dem 4. Jh. auch in der Verwaltung; letzteres ist eine Neuerung, die offenbar mit der Romanisierung Ägyptens zusammenhängt. So beginnt sich im 4. Jh. der Codex ganz allg. gegenüber der Rolle durchzusetzen. Die P.rolle wird jetzt außerhalb ihrer lit. Verwendung normalerweise parallel zur Breitseite beschrieben (charta transversa, → 'Rotulus-Form'), also nicht mehr in Kolumnen, deren Zeilen parallel zur Längsseite der Rolle laufen, wie das in der Antike üblich war.

In der Buchproduktion bleibt P. zumindest noch bis in das 8. Jh. vielfach in Verwendung, aber es ist doch unverkennbar, daß P. als Schriftträger lit. Werke seit dem 4. Jh. allmähl. gegenüber dem → Pergament in den Hintergrund tritt. In diesem Wandel der Buchkultur scheint das siegreiche Christentum eine wichtige Rolle gespielt zu haben, da es als »Buchreligion« einen haltbaren Beschreibstoff benötigte, der auch dem neuen Repräsentationsbedürfnis (Liturgie, Buchmalerei) gerecht werden konnte. Spätestens im 11. Jh. muß die P.produktion zugunsten des → Papiers, wofür auch in Ägypten Produktionsstätten eingerichtet wurden, eingeschränkt worden sein. Ein damit verbundener Exportrückgang spiegelt sich auch in der abendländ. Überlieferung wider.

Viel schlechter sind wir über die Verbreitung des P. außerhalb Ägyptens informiert. Daß sich hier eher als in Ägypten ein Mangel an P. einstellen konnte und Pergament größere Bedeutung hatte als in Ägypten, ist verständl. Die Entschuldigung Augustinus', einen Brief auf Pergament zu schreiben, da P. nicht zur Hand sei (Epist. 15,1), belegt nicht allein vorübergehenden Mangel, sondern zeigt auch, daß zu Augustinus' Zeit P. noch der allg. übliche Beschreibstoff war. Bis ins 10. Jh. muß P. außerhalb Ägyptens noch weit verbreitet gewesen sein. So kennen wir bis in diese Zeit aus Italien, bes. Ravenna und Rom, → Privaturkunden aus P., aus Neapel bis ins 11. Jh., aus Sizilien vielleicht sogar bis in das 12. Jh. In Spanien sind P.urkk. bis in die 2. Hälfte des 10. Jh., im Frankenreich bis zum 8. Jh. überliefert; in Paris wurden ältere Papyri als → Palimpsest oder in sekundärer Verwendung auf dem

Verso noch im 10. und 11. Jh. beschriftet. Bes. lang hat auch die päpstl. →Kanzlei am P. festgehalten. Hier wurde P. für Urkk. und Briefe bis ins 10. Jh. offenbar ausschließl. verwendet, erst unter Benedikt IX. (1032–45) scheint man dann endgültig zu Pergament übergegangen zu sein. Die jüngste päpstl. Bulle, die sich auf P. erhalten hat, stammt aus dem Jahr 1057, aber noch die Register Gregors VII. (1073–85) standen auf P. Auch in Byzanz wurde P. bis ca. 1100 verwendet. In dieser Zeit muß die P. produktion in Ägypten aufgegeben worden sein, und so bezeichnet auch Eustathius, der vor 1175 in Konstantinopel schrieb, die P. herstellung als eine Kunst, die kürzl. außer Übung gekommen sei (ad Od. XXI 391, p. 1913, 40ff.). Im O war nun P. vollständig vom →Papier verdrängt worden. Auch in Byzanz trat jetzt an die Stelle des P. Papier, welches ab dem 13. Jh. im Abendland zunehmend an Bedeutung gewann.   K. Maresch

Lit.: L. Santifaller, Beitr. zur Gesch. der Beschreibstoffe im MA (MIÖG Ergbd. 16, H. 1, 1953) – A. Grohmann, Einführung und Chrestomathie zur arab. P. kunde, I, 1954 – J.-O. Tjäder, Die nichtlit. lat. Papyri Italiens aus der Zeit 445–700, I–III, 1954–82 – H. Hunger, Antikes und ma. Buch- und Schriftwesen (Gesch. der Textüberlieferung der antiken und ma. Lit., I, 1961), 30–34 – L. Santifaller, Über späte P. rollen und frühe Pergamentrollen (Speculum historiale, hg. C. Bauer u. a., 1965), 117–133 – E. G. Turner, Greek Papyri. An Introduction, 1968 – N. Lewis, P. in Classical Antiquity, 1974 – E. G. Turner, The Typology of the Early Codex, 1977 – O. Montevecchi, La papirologia, 1988² – Les débuts du codex, hg. A. Blanchard, Bibliologia 9, 1989, 71–101 – H. Hunger, Schreiben und Lesen in Byzanz. Die byz. Buchkultur, 1989, 17ff. – N. Lewis, P. in Classical Antiquity. A Suppl. (Papyrologica Bruxellensia 23, 1989) – A. Wallert, B. M. Moeliono, J. D. Kruijer, Mikroskop. Unters. von P. und Plinius, Hist. Naturalis XIII, 74–83, Zs. für Papyrologie und Epigraphik 76, 1989, 39–44.

Parabel → Exempel

Paracelsus, Philippus Aureolus Theophrastus (Bombastus) v. Hohenheim (seit 1529 auch P.); Arzt, Naturforscher, Laientheologe; *1493/94 in Einsiedeln, † 24. Sept. 1541 Salzburg. – An der Wende zur NZ hat P. in seinem gewaltigen, meist dt. verfaßten Schriftencorpus ma. Gedankengut in tiefer Religiosität mit freiheitl.-individualist. Reformwillen verbunden. Dieser ist vornehmlich gegen die starre spätma. scholast. Lehrmeinung und Autoritätengläubigkeit gerichtet. In seinem Streben nach Einheit von Wissen, Handeln und Glauben machen Werk und Leben zusammen die Bedeutung des P. aus. So fühlt sich der streitbare Individualist und Einzelgänger mit Welt und Natur in neuplaton.-astrolog. Seinsbezüge der →Makro-Mikrokosmos-Entsprechung (Philosophia adepta) zutiefst eingebunden, welche Realität er in Demut vor dem Schöpfergott kontemplativ, aber auch durch genaue Beobachtung und das Experiment aufzuhellen trachtet. – Durch den Vater, seit 1502 Stadtarzt in Villach, erhielt P. Einblicke in Medizin, Bergbau, Scheidekunst (Spagyrik), Alchemie. Er kam zu der Überzeugung, daß mit Hilfe der →Magia naturalis aus der allbeseelten Natur, der göttl. »Apotheke«, die →arcana gegen die Grundübel der Welt zu gewinnen seien. Nach Studium in Wien u. an oberit. Univ. 1516 in Ferrara vermutl. zum Dr. utriusque medicinae promoviert (urkundl. nicht gesichert), erwarb er in Wanderjahren in ganz Europa und als Feldarzt umfassende Kenntnisse der Chirurgie sowie volksmed. Erfahrung. 1524 begann er in Salzburg sein schriftsteller. Werk, welches er mit Unterbrechungen auf seinem unsteten Wanderleben fortsetzte: 1526 Bürger von Straßburg, wurde er 1527 als Stadtarzt u. dann auch als med. Hochschullehrer nach Basel berufen, wo er neben lat. die ersten dt. Vorlesungen hielt, die Fakultät mit seiner Ablehnung der scholast. Schulmedizin (»Intimatio«, 5. Juni 1527) und Buchverbrennung (24. Juni 1527) provozierte und vor Intrigen fliehen mußte. Weitere Stationen u. a.: Colmar (1528), Freiburg, St. Gallen (1531), Bad Pfäfers (1535), Ulm, Augsburg, München, Eferding (1536), Mähr.-Krumau (1537), Wien, Villach, Klagenfurt und dazu auch weitere Konsultationsreisen, da sich sein Ruf durch Schriften und spektakuläre Heilungen verbreitet hatte. 1540 vom Fs. bf. nach Salzburg gerufen, starb er dort, fast mittellos.

Im »Volumen Paramirum Medicinae« stellt P. erstmals seine Krankheitsätiologie vor: Die durch ein dynam. Lebensprinzip (»Archeus«) gesteuerte Gesundheit gefährden nach seiner sog. Entienlehre das ens naturale (konstitutioneller Art), das ens veneni (Vergiftung/Infektion), das ens astrorum (klimat.-kosm. Art), das ens spirituale (psych. Art) und das ens deale (göttl. Fügung). Im »Paragranum« nennt er 1531 die vier Säulen der Medizin: Philosophie (umfassende Naturkunde), Astronomie/Astrologie (kosm. Einflüsse), Alchemie (Bereitung der Heilmittel, Kenntnis chem.-physiolog. Abläufe), Tugend (ärztl. Ethos). – Im »Opus Paramirum« (1531) fügt er den vier →Elementen die Tria Prima, →Sulfur (Schwefel; verbrennbar), →Mercurius (Quecksilber: bewegl., flüchtig) und →Sal (Salz: beständig, fest) als Stoff-Prinzipien hinzu und bezieht sie in seine Konstitutionenlehre ein. 1534 begründet er mit der Schrift »Von der Bergsucht…« die Forsch. über Berufskrankheiten und verfaßt 1535 (Bad Pfäfers) ein frühes Werk zur Balneologie (→Badewesen). »Von den Tartarischen Krankheiten« (1536) bietet eine Theorie zur »Stein«bildung im Körper. Mit Erfolg zu Lebzeiten erscheint 1536 seine umfangreiche »Große Wundarzney«; 1537 stellt er in der »Astronomia magna« (Philosophia sagax) sein theosoph.-esoter. Weltbild dar. – Sammelpunkt antiker und ma. (→Liber monstrorum) Vorstellungen von Fabel-, Mischwesen, Feen und Geistern ist seine Schrift über Elementargeister »Liber de nymphis … et spiritibus«. Sein umfangreiches theol. Schrifttum bestätigt ihn als Schwellengestalt des Übergangs vom MA zur NZ. Auch traditionelle Themen wie v. a. Marienkunde, Eschatologie und Psalmenkomm. behandelt er in eigenwilliger Weise. Er steht der Gnosis nahe und schließt auch sozialreformator. Überlegungen ein. – Im zum größeren Teil postum erschienenen Schriftencorpus des P. ist manches spurios, da seine erst mittelbaren »Schüler« – Paracelsisten und Chemiatriker – oft willkürl. Edd. vorgenommen haben.   G. Jüttner

Ed.: J. Huser, 10 Bde, Basel, 1589–91 – Sämtl. Werke, 1. Abt. (medizin.-naturwiss. und philos. Schrr.), hg. K. Sudhoff, 14 Bde, 1922–33; Reg. bd. 1960; 2. Abt. (Theol. und religionsphilos. Schrr.), hg. K. Goldammer, 1955ff. – Bibliogr.: K. H. Weimann, P.-Bibliogr. 1932–60, Kosmosophie 2, 1963; Forts. 1960–80 [nat. philos., relig. philos. Lit.], hg. R. Dilg-Frank (Paracelse, Cahiers d'Hermetisme), 1980 – R. Dilg-Frank, Gesamtschrifttum-Bibliogr. 1961–1991 [in Vorber.].

Paraclet, Le (Paraclitus), Frauenabtei OSB im Bm. Troyes (Champagne, Gemeinde Quincey nahe Nogent-sur-Seine, dép. Aube). Pierre →Abaelard, dem die Entfernung aus seiner Abtei →St-Denis erlaubt worden war, errichtete 1122–23 zu Ehren des Paraklet (Name des →Hl. Geistes bei Johannes Ev.) ein Oratorium auf einem Lehen von St-Denis zu Quincey. Rasch schlossen sich dem berühmten Lehrer zahlreiche Studenten an, die selbst die Behausungen und eine Kapelle erbauen mußten. Als Abaelard den P. wieder verließ, übertrug er ihn seiner Frau →Heloïse, die zunächst als Priorin (1129), dann als vom Papst anerkannte Äbt. (1130) der Gemeinschaft vorstand.

Abaelard wirkte aus der Ferne als geistl. Ratgeber, verfaßte ein Hymnar und ein theol. Werk in Form von Antworten auf Heloïses Anfragen (»Problemata«). Zu Lebzeiten von Heloïse, die sich allg. Wertschätzung erfreute, wuchs der P. aus bescheidenen Anfängen zur Abtei heran, gründete zw. 1142 und 1163 (dem Todesjahr der Äbt.) sechs Filiationen. Die Zahl der Religiosen stieg auf 60 an. Die Abtei wurde während der Frz. Revolution aufgehoben. Der exakte Charakter des Kl. (Monasterium mit weibl. Religiosen sowie Konversen beiderlei Geschlechts oder – weniger wahrscheinl. – →Doppelkloster) bleibt unklar; die Beantwortung dieser Frage hängt ab von der Beurteilung der Echtheit der – gemeinsam mit der Korrespondenz des Gründers erhaltenen – Regel, die von einigen als Interpolation, angefertigt anläßl. einer für 1288 belegten Wahl, angesehen wird. Dieses Problem ist mit dem der Authentizität der Autobiographie Abaelards und seines Briefwechsels mit Heloïse verbunden. P. Bourgain

Q.: Cart., ed. C. Lalore, 1878 – T. P. McLaughlin, Abelard's Rule for Religious Women, MSt 18, 1956, 241–292 – Ch. Wadell, The P. statutes Institutiones nostrae, 1987 – *Lit.:* Cottineau, 2186 – DHGE XXIII, 946–958 [H. Silvestre; Bibliogr. zum Echtheitsproblem der Abaelard-Korrespondenz].

Paradies

I. Theologie – II. Ikonographie.

I. Theologie: Die bibl. Vorstellungen vom P. (paradisus) wurden dem MA (vornehml. in augustin. Prägung: De genesi ad lit.) v. a. von Isidor v. Sevilla und Beda, aber auch von Johannes Damaskenos überliefert. Auch bei gelegentl. Deutung des P.es im geistigen Sinn auf die ird. oder himml. Kirche (Petrus Lombardus, Sent. II d. 17 c. 5,4) war doch die realgesch. Auffassung des Ortes und des mit ihm verbundenen Geschehens vorherrschend (Thomas: veritas rerum gestarum: S. th. I q. 102 a. 1). Folgerichtig war so auch die Auffassung von einem Weiterbestehen des P.es, in dem Henoch und Elias Wohnung genommen hätten (Thomas, Sent. II d. 17 q. 3 a. 2; G. Biel, Sent. II d. 17 q. 2), in das nach manchen Autoren des O (so Joh. Geometer, In dormit., Cod. Vatic. 504 fol. 192^v) auch der Leib Marias entrückt worden sei. Die nähere Lokalisierung erfolgt mit unbestimmten Angaben »im Osten« (Glossa ordinaria: MPL 113, 86 C), »in der Höhe« (Bonaventura, Sent. II d. 17 dub. III), »am Äquator« (Ulrich v. Straßburg, Summa de summo bono, 1. VI, tract. 1; ed. W. Breuning, 29), aber auch in Annäherung »an die Mondsphäre« (Petrus Lombardus, Sent. II d. 17 c. 5,4). Jedenfalls ist es nach dem Sündenfall den Menschen entrückt (Isidor, Etym. 14,3: MPL 82, 496). Die realist.-geograph. Auffassung zwang zur Aufnahme weiterer entsprechender Fragen (so nach Klima, Pflanzenwuchs, den menschl. Lebensbedingungen, der Ehe), die mit Hilfe der damaligen Naturkenntnis hypothet. beantwortet wurden, gelegentl. auch unter Kritik grobrealist. Vorstellungen. So soll nach Ulrich v. Straßburg die Angrenzung an den Mondkreis nur bildhaft zu verstehen sein als Angleichung an die Ausgeglichenheit der Himmelskörper (a. a. O. 31). Obwohl allg. als dem schuldlosen Menschen entsprechender Wonnegarten verstanden (locus deliciarum et amoenitatis: Bonaventura, Sent. II d. 17 dub. II), in dem der Mensch mit Unsterblichkeit (als der Sterblichkeit entgegengesetzt wirkendem habitus) mit Leidens- und Konkupiszenzfreiheit beschenkt war, welche ihm man allg. doch an den natürl. Wesenseigentümlichkeiten des Menschen fest und widerstand einer märchenhaften Deutung (Petrus Lombardus, Sent. II d. 20 c. 4). So hätten nach Thomas auch die Raubtiere vom Fleisch anderer Tiere gelebt, aber dennoch aufgrund eines eigenen Instinktes dem Menschen gehorcht (S. th. I q. 96 a. 1 ad 2). – Allerdings stehen diese nach der äußeren Naturbeschaffenheit gehenden Fragen nur im Vorfeld der theol. gewichtigeren Problematik um den inneren »Urstand« des Menschen und seiner ursprgl. Harmonie (rectitudo, iustitia naturalis, iustitia originalis). Die in eine Fülle von Einzelfragen spekulativ entfaltete Problematik bezügl. des Wesens der Urgerechtigkeit, ihrer Tugenden und Gaben, ihres Bezugs zur Gnade, ihres Ursprungs und ihrer Dauer, zeigt eine große Schwankungsbreite der Lösungen, die sich schon in der unterschiedl. Terminologie abzeichnet, die aber v. a. durch die noch mangelnde Präzision im Begriff der übernatürl. Gnade bedingt ist. So versteht Anselm die iustitia originalis vornehml. als das rechte Verhältnis der menschl. Willens zu Gott (De veritate, c. 12; ed. Schmitt I 194, 30–32), während sie Hugo v. St. Victor als Unterwerfung des Geistes unter Gott interpretiert, die mit der Unterwerfung der Sinnlichkeit unter den Geist hätte belohnt werden sollen, damit den Urstand sichtl. als Erprobungszustand erfassend (De sacram. christ. fidei, lib. 1 p. 6 c. 3). Die Summa Sententiarum läßt Adam schon mit der Gottesliebe ausgestattet sein (Tract. 3 c. 7). Die Frage nach Natürlichkeit oder Übernatürlichkeit dieses Zustandes wird noch unterschiedl. beantwortet, bis Alexander v. Hales die eindeutig gefaßte übernatürl. Gnade den Stammeltern zuschreibt (Glossa in quatuor Lib. Sent. II d. 16), während bei den Porretanern der Urstand als Vorbereitung auf die Gnade verstanden wurde. Wohl als erster bezog Thomas v. Aquin die heiligmachende Gnade in die iustitia originalis mit ein (S. th. I q. 95 a. 1), wobei die Verleihung beider Ausstattungen gleichzeitig erfolgte. Dagegen wurde in der älteren Franziskanerschule die iustitia originalis als »natürliches« Gut verstanden (wenn auch nicht aus der Natur stammend), woraus sich die Auffassung von der sukzessiven Verleihung beider Güter ergab. Joh. Duns Scotus verstand die Urgerechtigkeit zwar als übernatürl. Gabe des Willens (Ox II d. 29 q. un. n. 5), die er jedoch von der heiligmachenden Gnade unterschied. L. Scheffczyk

Lit.: J. B. Kors, La justice primitive et le péché originel d'après St Thomas, BiblThom 2, 1922 – A. M. Landgraf, Der Gerechtigkeitsbegriff des hl. Anselm, DTh 5, 1927, 155ff. – H. Viglino, De mente S. Anselmi quoad pristinum hominum statum, DTh (P) 42, 215–239 – A. Fries, Urgerechtigkeit, Fall und Erbsünde nach Praepositin v. Cremona und Wilhelm v. Auxerre, Freiburger Theol. Stud. 57, 1940 – H. Köster, Die Heilslehre des Hugo v. St. Viktor, 1940 – C. O. Vollert, The Doctrine of Hervaeus Natalis on Primitive Justice and Original Sin ..., AnalGreg, 1947 – J. Alfaro, Lo Natural y lo Sobrenatural. Estudio hist. desde S. Tomas hasta Cayetano (1274–1534), 1952 – W. Dettloff, Die Lehre von der Acceptatio Divina bei Joh. Duns Scotus ..., 1954 – W. Breuning, Erhebung und Fall des Menschen nach Ulrich v. Straßburg, Trierer Theol. Stud. 10, 1959 – M. Schmaus, Das P., 1965 – H. Köster, Urstand, Fall und Erbsünde in der Scholastik (HDG II/3b, 1979).

II. Ikonographie: 1. Das atl. P., der Garten Eden, ist durch die Schöpfungsgesch. (→Hexaemeron), Sündenfall und Vertreibung von →Adam und Eva so bestimmt, daß auf zusätzl. paradies. Idylle in frühchr. und ma. Bildern oft verzichtet wurde. Da frühchr. →Genesis-Illustrationen nur fragmentar. erhalten sind, ist nicht sicher, ob die vier P. flüsse naturalist. dargestellt wurden wie auf dem Adam-Diptychon in Florenz (Bargello; Volbach Nr. 108) oder als Personifikationen. Die von frühchr. Vorbildern abhängigen Mosaiken in S. Marco/Venedig zeigen die letztere, im MA häufigere Darstellungsweise. – 2. Das Weiterbestehen dieses 'irdischen' P. es auf der Erde ist in ma. mappae mundi bildl. dargestellt (→Karte; zur Lokalisierung vgl. Ruberg), von der →Ebstorfer Weltkarte (Adam und Eva in P.) über die →Hereford-Karte bis zu Andreas

Walsperger (Stadt auf hohem Berge mit den P. flüssen). Wenn in Mosaiken des 5. und 6. Jh. in Tegea und Qasr-el-Lebia die mit den Namen Phison, Geon, Tigris und Euphrat bezeichneten Personifikationen der P. flüsse innerhalb der symbol. Darstellung der vom Ozean umflossenen Erde erscheinen, so steht dahinter jedoch auch die Vorstellung, daß die P. flüsse in ird. Flüssen aufgehen (MAGUIRE 26), wie dies ihr Verlauf in Karten des →Kosmas Indikopleustes und der byz. Oktateuche anzeigt und wie die seit Flavius Josephus gewohnte Gleichsetzung von Phison und Geon mit Ganges und Nil nahelegt. – 3. Wie weit die bisweilen in der patrist. Lit. erwähnte Vorstellung eines jenseitigen P. es als Aufenthalt der Gerechten bis zum Weltgericht Niederschlag in der Kunst gefunden hat, ist fragl. Wenn bei der Übernahme idyll. Motive des Hirtenlebens aus der heidn. in die chr. allegor. Grabkunst des 3. Jh. (→Bukolik, →Guter Hirt) konkret an das P. gedacht wäre, so ist erstaunl., wie schnell dies Thema aufgegeben wurde. Welcher Art ist das P. mit Fruchtbäumen und vier Flüssen, das im →Codex purpureus Rossanensis die Klugen Jungfrauen aufnimmt? Am ehesten kommt für diese zeitl. begrenzte P. deutung das Bild des Lazarus (oder auch mehrerer Seelen) im Schoß →Abrahams in Frage, das im 9. Jh. auftritt und seit dem 10. Jh. bes. im byz. Weltgerichtsbild an entsprechend tieferer Stelle erscheint. Das Motiv konnte aber auch innerhalb des himml. Jerusalem lokalisiert werden ('Ambo' in Klosterneuburg, 1181). – 4. Das 'himml.' P. als Bereich des überzeitl. Christus wird seit dem mittleren 4. Jh. eindeutig durch den P. hügel mit vier Flüssen zu Füßen Christi, des Christuslamms oder Christogramms (selten eines Hl. n) dargestellt. Das Motiv begegnet zunächst in Rom bei Darstellungen der →Gesetzesübergabe, dann bei Apostelhuldigung und Einführung von Hll.; in röm. Apsiden hat es sich bis ins 12. Jh. gehalten. Der P. hügel kann mit einer erweiterten →Lämmerallegorie, Palmen (bisweilen mit →Phönix), Blumenwiese und dem Jordan verbunden sein. In Himmelsbildern des HochMA, etwa Darstellungen der Engelchöre oder der Krönung Mariens, sind paradies. Gartenmotive nebensächl. – Zur Bezeichnung des Kirchenvorhofs als 'P.' →Atrium. J. Engemann

Lit.: LCI III, 375–384 – RAC VIII, 73–100, s. v. Fluß – P.-A. FÉVRIER, Les quatre fleuves du Paradis, RivAC 32, 1956, 179–199 – R. R. GRIMM, Paradisus coelestis, Paradisus terrestris, 1967 – U. RUBERG, Mappae mundi (Text und Bild, hg. C. MEIER–U. RUBERG, 1980), 550–592 – H. MAGUIRE, Earth and Ocean, 1987.

Paradiesesehe, Lehre von der→Ehe im Paradies, die, von Augustinus im Blick auf die Schrift (Gn 1,27f.; 2,22ff), im krit. Rückgriff v. a. auf Origenes, Gregor v. Nyssa und Johannes Chrysostomos und gegen den Manichäismus wie Pelagianismus formuliert, die Ehe schöpfungstheol. begründet. Die Heiligkeit der Ehe und die Fruchtbarkeit als ein Geschenk Gottes kamen dabei ebenso zur Sprache wie die den freien Willen beeinträchtigende Begierde als ein Übel der gefallenen Natur betont wurde (de nupt. et conc. 1,2,2, CSEL 42, 211f.). Für Leo I. d. Gr. war die sexuelle Begierde nicht nur eine *poena peccati*, sondern ein *peccatum*, das im Paradies keinen Platz hatte (serm. 22,3, SC 22, 80–84; →Gregor I. d. Gr., in VII psalm., MPL 79, 620). Die P. vollzog sich nach Ansicht →Anselms v. Laon und →Wilhelms v. Champeaux (Sent. q. 26) begierdelos, eine Auffassung, die →Abaelard verneinte (Eth. 3). →Hugo v. St-Victor sah die Dignität der Ehe durch die P. gesichert: Ehe ist schon vor ihrem paradies. Ursprung her gottgegründeter 'Liebesbund' von Mann und Frau, hl. Symbol (sacramentum) der Liebe zw. Gott und der ihm vermählten menschl. Seele (De Mariae Virginitate, MPL 176, 857–876). Dazu gehöre auch die delectatio naturalis (→Robert v. Melun), nicht aber die delectatio carnalis, das Streben nach unmäßig-unerlaubtem Lustempfinden (→Wilhelm v. Auxerre, Summa aurea 1.2 tr. 10 c. 2 q.). In der die Aristoteles rezipierende Hochscholastik wurde die Natürlichkeit des Geschlechtstriebs betont, der, absolut betrachtet, in der P. stärker war als nach dem Sündenfall. Doch der Geist-Seele unterworfen, war er niemals im Stande, die durch die gratia innocentiae gestärkte »Vernunft von der Kontemplation des ersten, unwandelbaren Gutes abzuwenden« (Albert d. Gr., 2. Sent. 20,2; 4. Sent. 26,7; Thomas v. Aquin, 2. Sent. 20 q. 1 a. 2; S. th. I. 98,2). Im 15. Jh. wurde die Rede von der P. wieder betont (→Dionysios d. Kartäuser), um all jene zurückzuweisen, die die Ehe als 'weltlich Ding' (M. Luther, WA 30/3, 205) interpretieren wollten. M. Gerwing

Lit.: DThC IX, 2078–2223 – LThK² VIII, 73f. – Love and Marriage in the Twelfth Cent., Mediaevalia Lovaniensia ser. I. stud. VIII, 1981 – U. BAUMANN, Die Ehe – ein Sakrament?, 1988 – H. G. GRUBER, Chr. Eheverständnis im 15. Jh., 1989.

Paradiesflüsse, -hügel → Paradies II

Paradosis (traditio, Überlieferung) spielt im Leben und Bewußtsein der Orthodoxie und der altoriental. Kirchen eine entscheidende Rolle: In ihr manifestiere sich recht eigentl. das Leben der Kirche, so daß orth. Leben und orth. Überlieferung weithin gleichzusetzen seien. Sie wird gesehen als Zusammenfassung aller Lebensäußerungen des Glaubens und also auch der Kirche, von der Darbietung der Lehre, dargestellt in der liturg. und sakramentalen Praxis und Erfahrung, bis hin zur myst., ganzheitl. Schau im Schweigen. Ihre Basis ist die Hl. Schrift, doch nur aus der P. weiß die Kirche, daß diese das Wort Gottes ist. Beide verbindet eine unauflösl. Einheit, so daß nach orth. Auffassung außerhalb der P. keine Lektüre oder wiss. Analyse die Schrift erfassen und erklären kann. Während die Hl. Schrift eine abgeschlossene Gegebenheit ist, stellt die P. ein wesentl. Prinzip in der Gesch. der Kirche dar und entfaltet sich in deren Fortgang als ihre innere Dynamik. »Die Tradition ist die sakramentale Kontinuität in der Gesch. der Gemeinschaft der Heiligen. In gewissem Sinn ist sie die Kirche«. Diese Kontinuität wird als absolute, organ. und unfehlbare verstanden (MEYENDORFF). Gleichzeitig hat die P. die Aufgabe, das Glaubensgut verfügbar und verstehbar für eine sich wandelnde und unvollkommene Welt zu bewahren und ist Zeugnis für die beständige Gegenwart Gottes in der 'Gemeinschaft des Neuen Israel'.

H. M. Biedermann

Lit.: DTC XV, 1252–1306 – ThEE X, 24–27 – Y. CONGAR, La Tradition et les traditions, 2 Bde, 1960/63 – G. FLOROVSKY, The Function of Tradition in the Ancient Church, The Greek Orth. Theol. Review 9, 1963, 181–200 – CHR. KONSTANTINIDES, Βασικά τινα περὶ ἱερᾶς Παραδόσεως, Theol(A) 49, 1978, 261–279, 443–470, 692–702 – J. MEYENDORFF, The Living Tradition, 1978 – STYLIANOS (HARKIANAKIS), The Place of Tradition in the Christian Faith, Phronema I, 1986, 7–17 – La Tradition. La Pensée Orthodoxe, hg. C. ANDRONIKOF, 1992.

Paragraphos. Zu den ältesten Interpunktionszeichen der gr. Schrift zählt die P.; sie besteht aus einem waagrechten Strich (zuweilen von Punkten begleitet) unter dem Anfang derjenigen Zeile, in der der jeweilige Gedankengang endet. Die P. konnte sowohl Sinneinschnitte in der Prosa, in der Gliederung eines Dialoges als auch die dialog. Einteilung von Dramentexten und metr. Einschnitte bezeichnen. In den ältesten Beispielen scheint der Strich auch mitten unter der respektiven Zeile auf, um später nur mehr an den Anfang gesetzt zu werden. Bei stroph. Gliederung im Drama und in der Lyrik schließt die P. die Strophen ab. Für den Anschluß eines längeren Gedankenganges genügte die einfache P. nicht mehr; sie wurde mit Schnörkeln verziert. Aus diesem Gebilde entstand die Koronis, ein leicht kenntl. Schlußzeichen am Ende eines größeren Abschnittes, einer Strophe oder eines Buches. Sie steht am linken Ende der Schriftkolumne oder etwas darunter; oft hat sie die Form eines S-förmigen Zeichens, das von einem waagrechten Strich durchquert wird und oben und unten in ein System paralleler, sich verjüngender Haken ausläuft. Auch in lat. Hss. der Antike konnte ein horizontaler Strich oder ein Winkel die Gliederung eines Textes andeuten. Das bogenförmige Rubrikzeichen und das Paragraphenzeichen § sind ma. Umformungen der antiken P. O. Mazal

Lit.: W. Schubart, Gr. Paläographie, 1966 – Ders., Das Buch bei den Griechen und Römern, 1966³ – B. Bischoff, Paläographie des röm. Altertums und des abendländ. MA, 1986².

Parakoimomenos ('der neben dem [ksl. Schlafgemach] schläft'), Vorsteher des koitôn, sorgte für die Sicherheit des Ks.s und leitete das Personal für die persönl. Bedürfnisse des Ks.s. Das Amt, aus dem spätröm. primicerius sacri cubiculi hervorgegangen, erscheint Ende des 6. Jh. und wurde zumeist an →Eunuchen vergeben. Bis zum 9. Jh. gab es ztw. nebeneinander mehrere P.oi unter der Leitung eines praipositos. Seit dem 9. Jh. amtierte regelmäßig nur ein P., der zugleich eine gewisse finanzielle Zuständigkeit hatte. Manche P.oi des 10. Jh. waren die mächtigsten Persönlichkeiten am Hof und im Reich, fakt. in der Stellung eines ersten Ministers. Anfang des 13. Jh. übernahm der P., unabhängig von seinen eigtl. Aufgaben, auch Gesandtschaften. Nach Wiedererrichtung des Reiches 1261 trat neben den p. tou koitônos mit der alten Aufgabe der p. tēs sphendonēs, der das ksl. Privatsiegel, mit dem Briefe innerhalb der Familie gesiegelt wurden, bewachte. Beide P.oi trugen als Zeichen ihres Amtes ein Gewand mit dem Portrait des Ks.s; dazu hielt jeder einen speziellen Stab. Lj. Maksimović

Lit.: J. B. Bury, The Imperial Administrative System in the Ninth Century, 1911, 124 f. – R. Guilland, Recherches sur les institutions byz., I, 1967, 198 f. – L. Bréhier, Le Monde byz., II, 1970² – N. Oikonomidès, Les listes de préséance byz. des IXe et Xe s., 1972, 305.

Paranatellonta (οἱ παραvατέλλοντες 'ἀστέρες, τὰ παραvατέλλοντα 'ἄστρα, auch Synanatellontes, συvαvατέλλοντες), aus der antiken →Astrologie überkommener Begriff, bezeichnet Sternbilder oder Gestirne außerhalb des →Tierkreises, die zugleich mit einem Tierkreiszeichen, einem Dekan (Tierkreisdrittel) oder einem gegebenen Punkt des Tierkreises aufgehen. Doch fand der Begriff P. auch Verwendung für Gestirne oder Sternbilder des Tierkreises, die den Horizont gleichzeitig mit einem Punkt oder präzisen Sektor der →Ekliptik überqueren. Die Verzeichnisse der P. schließen klass. griech. Sternbilder ein, aber auch solche der 'Sphaera Barbarica', von exot., insbes. ägypt. Herkunft.

Der Einfluß der wohl auf die ägypt. Sterndeutung zurückgehenden P. wurde in der antiken griech. Astrologie, die sich auf Tierkreis und Planeten konzentrierte, stark zurückgedrängt, doch enthalten zahlreiche griech. astrolog. Texte der röm. und byz. Epoche Verzeichnisse der P. (Teukros, Julian v. Laodikeia, Rhetorios, Theophilos, Georgios v. Pachymeres u. a.). Auch röm. Astrologen wie Manilius erwähnen die P. Im MA waren es die arab. Astrologen, die eine Theorie der P. entwickelten, v. a. →Abū Ma'šar, der eine Liste der P. für 848–849 abfaßte, Ausgehend von den lat. Übersetzungen der Werke Abū Ma'šars, übten die P. einen starken Einfluß auf die Astrologie des europ. MA und der Renaissance aus. A. Tihon

Lit.: EI² VIII, 103 ff. [P. Kunitzsch] – RE XVIII, 3, 1214–1275 [W. Gundel] – F. Boll, Sphaera, 1903, [Nachdr. 1967].

Parasiten → Ungeziefer, →Würmer

Parato, Guido, Leibarzt des Mailänder Hzg.s Francesco →Sforza, verfaßte 1459 für →Philipp d. Guten v. Burgund den »Libellus de sanitate conservanda«, der auf Wunsch Philipps auch ins Frz. übersetzt wurde. Inhaltl. lehnt sich die Schr. an →Arnald v. Villanova an und steht in der Tradition der in SpätMA und Frührenaissance bei Ärzten und Laien populären Regimina sanitatis. K. Bergdolt

Lit.: BLA IV, 501 – E. Wickersheimer, Le Régime de Santé de G.P., Bull. soc. franç. hist. méd. 12, 1913, 82–95 – W. Schmitt, Geist und Überlieferung der Regimina sanitatis (Tacuinum sanitatis, hg. L. Cogliati Arano, 1976), 17–35.

Paray-le-Monial, Abtei, dann großes cluniazens. Priorat in Mittelfrankreich (s. Burgund, dép. Saône-et-Loire), gegr. um 970 von Lambert, Gf. en v. →Chalon, auf Rat des hl. →Maiolus v. Cluny. Zunächst in Orval angesetzt, wurde die Abtei rasch an ihren jetzigen Standort verlegt. Die 977 geweihte Kirche beherbergte die Grablege Lamberts und seines Geschlechts. Aus Chalon wurden die Reliquien der hll. Gratus und Gervasius übertragen. Lambert und sein Sohn Hugo v. Chalon machten an P. reiche Schenkungen, u. a. das Kl. St-Jean in Chalon; doch hob Hugo den selbständigen Status der Abtei auf, indem er sie an →Cluny tradierte (999). Als Priorat blieb P. dank seines durch weitere Schenkungen noch anwachsenden Besitzes bedeutend. →Hugo v. Semur, Abt v. Cluny, der aus der Gegend v. P. stammte, ließ um 1090 die große roman. Kirche errichten, die als eines der Hauptzeugnisse cluniazens. Baugesinnung (→Cluny, E) erhalten blieb.

Zu Beginn des 12. Jh. geriet das Priorat P. in Konflikte mit seiner Stifterfamilie, den Gf. en v. Chalon. 1180 wurde Wilhelm III. vom Kg. genötigt, auf seine Ansprüche auf das Priorat und den Ort P. zu verzichten. Philipp II. Augustus unterstellte P. 1204 der kgl. →Garde, die allerdings von den Gf. en v. Chalon bzw. ihren Rechtsnachfolgern bis 1324 ausgeübt wurde. Sie verliehen wohl den Bewohnern des Ortes P. diejenigen Privilegien, die örtl. Überlieferung dem Gf. en Lambert zuschrieb. J. Richard

Q. und Lit.: Canat de Chizy, Origines du prieuré de N. D. de P., 1876 – Chartularium prioratus B. M. de Paredo Monachorum, ed. U. Chevalier, 1891 – J. N. Barnoud–R. Oursel, P.-le-M.: les 900 ans d'une basilique, 1992.

Parcus maior, parcus minor, Abteilungen des Kollegs der päpstl. →Abbreviatoren. Seitdem die →Notare infolge der Kanzleireform Johannes' XXII. an der Bearbeitung der Gnadensachen nicht mehr beteiligt sind, zieht der Vizekanzler die (in der Regel zwölf) erfahrensten (Kanzlei)abbreviatoren zur Beratung heran, wenn er 'Kanzlei hält', d. h. die Urkk. auf ihre inhaltl. Übereinstimmung mit der →Supplik und ihre rechtl. Zulässigkeit überprüft (→Kanzlei, B.; →Judikatur). Der P. maior tagt dreimal wöchentl., bei Bedarf auch öfter, unter Vorsitz des →Vizekanzlers oder des →regens cancellariam in einem abgesonderten Raum im Palast des Vizekanzlers. Die Gruppe der übrigen Abbreviatoren, die nicht an der inhaltl. Kontrolle der Urkk., sondern nur an der Abfassung der Konzepte und dem mechan. Textvergleich (prima visio) beteiligt sind, nennt man den P. minor; die Ausgliederung einer eigenen Gruppe von Abbreviatoren 'primae visionis' aus dem P. minor 1458 bzw. 1479 blieb Theorie.
Th. Frenz

Lit.: J. Ciampini, De Abbreviatorum de parco maiori … dissertatio historica …, Rom 1691 – B. Schwarz, Abbreviature officium est assistere vicecancellario in expeditione litterarum apostolicarum … (Röm. Kurie. Kirchl. Finanzen. Vatikan. Archiv. Stud. zu Ehren v. H.

HOBERG, hg. E. GATZ [Misc. Hist. Pont. 46], 1979), 789–823 – TH. FRENZ, Die Kanzlei der Päpste der Hochrenaissance 1471–1527 (Bibl. des dt. hist. Inst. in Rom 63, 1986), 107f., 117f., 121–124, 208–210.

Pardal, Vasco Peres → Vasco Peres Pardal

Pardos, Gregorios → Gregorios Pardos

Paréage (Pariage), Begriff vornehml. der frz. (südfrz.) Rechts- und Verfassungsgesch., bezeichnet eine Vereinbarung, die zumeist zw. einem kirchl. Amtsträger (Bf., Abt) und einem mächtigen Laien geschlossen wird. Der betreffende geistl. Mitherr (Consenior) tritt einen Teil seiner Einkünfte (*leudes, péages*, Weg- und Binnenzölle; Gerichtsgefälle, Einnahmen aus Konfiskationen und Bußen) an den weltl. Mitherren ab, der sich seinerseits verpflichtet, Besitz und Rechte seines geistl. Partners wirksam zu schützen. Das seit dem 12. Jh. im Languedoc häufig auftretende Institut (P. s zw. dem Gf. en v. →Toulouse und dem Bf. v. Viviers, dem Gf. en v. →Foix und dem Abt v. Lézat, dem Vicomte und dem Bf. v. →Béziers u. a.) wurde seit dem 13. Jh. von den Kg. en v. →Frankreich (in Zusammenhang mit der →Garde royale) zur Ausdehnung der →Krondomäne nach Südfrankreich angewandt (P. s v. →Le Puy, →Mende, →Cahors). Die P.-Herrschaft (*seigneurie en p.*) wird manchmal durch die Repräsentanten der beiden Mitherren ausgeübt; in ihren reifsten Formen beinhaltet sie jedoch die Errichtung eines gemeinsamen Gerichtshofes, dessen Amtsträger (→*bayle, juges*/Richter, →*receveurs*/Einnehmer) aufgrund einer gemeinsamen Absprache der beiden Conseniorenn eingesetzt sind. H. Gilles

Lit.: F. PASQUIER, Servage, p. et autres inst. à Lézat et à St-Ybars au comté de Foix, 1920 – E. DELCAMBRE, Le p. du Puy, 1932.

Parekklesion (gr. Nebenkirche), unmittelbar neben der größeren Hauptkirche liegende oder direkt mit ihr verbundene Seitenkapelle, deren Funktion nicht eindeutig durch die Bezeichnung (wie bei →Baptisterium, Consignatorium, Diakonikon und Prothesis bzw. →Pastophorien) festgelegt ist. Bei den meisten ist, bes. ab der mittelbyz. Zeit, die Funktion als Grabkapelle durch erhaltene Gräber, Inschriften oder andere Schriftq. belegt. Diese Funktion teilen sich die P. en häufig mit dem →Narthex bzw. der Lite. Ausgangspunkt sind in der frühchr. Zeit Mausoleen von Mitgliedern des konstantin. und theodosian. Hauses bei und neben Martyrerbasiliken (S. Costanza, Rundbauten neben S. Peter in Rom) und der Grabbau Konstantins bei der Apostelkirche in Konstantinopel. In frühbyz. Zeit einfache Rechteckräume zu seiten schlichter Kirchen erhalten, auch ggf. wie diese gewölbt (Kappadokien). Ab der mittelbyz. Zeit erhalten sie in der Regel eine eigene Apsis. Der längsgerichtete Rechteckraum bleibt bis in die spätbyz. Zeit Grundform, allerdings zunehmend mit einer oder zwei Kuppeln akzentuiert (»Heroon« der Komnenen im Pantokratorkl. und P. des Chroa-Kl. in Konstantinopel). In spätbyz. Zeit können auch andere Kirchentypen in verkleinerter Form vorkommen (dreischiffige Basilika: H. Euthymios an H. Demetrios in Thessalonike; Kreuzkuppelkirche mit W-Empore: P. der Pammakaristos-Kirche in Konstantinopel). Auch zweistöckige P. en sind aus S-Bulgarien bekannt. M. Restle

Lit.: R. KRAUTHEIMER, Early Christian and Byz. Architecture, 1965 – M. RESTLE, Die byz. Wandmalerei in Kleinasien, 1967, III, 8 – DERS., Studien zur frühbyz. Architektur Kappadokiens, 1979, I, 28–33, 153f.

Parente, Juan OFM (Giovanni Parenti, Johannes Parens), * 2. Hälfte des 12. Jh. in Carmignano, † um 1250 in Ornano (Korsika), Florentiner Rechtsgelehrter, Richter in Cività Castellana, trat 1211 zusammen mit seinem Sohn in den →Franziskanerorden ein. Als Nachfolger des Bernhard v. Quintavalle Provinzialminister in Spanien (1219–1227), wo er den Konvent in →Zaragoza gründete, wurde er nach dem Tode des hl. →Franziskus v. Assisi zu Pfingsten 1227 zum Generalminister des Ordens gewählt. Seine Amtszeit war geprägt von Richtungskämpfen innerhalb des Ordens, die schließl. 1232 zu seiner Absetzung in Rieti und zur Wahl des →Elias v. Assisi führten. P. gab entscheidende Impulse zur Ausbildung der Ordensstruktur: durch die Organisation der Generalkapitel und die Beschränkung der Teilnehmerzahl auf einen Minister und Kustoden pro Ordensprovinz, durch von ihm selbst durchgeführte Visitationen, durch die Abkehr von der reinen Armutslehre, die eine Ausbreitung des Ordens auf der Basis päpstl. Privilegierung (Bulle Quo elongati v. 28. Sept. 1230) und Exemtion von bfl. Gewalt erst ermöglichte (Bulle Nimis iniqua v. Aug. 1231), und die Förderung der klerikalen Bildung und Studien. Im Auftrag Gregors IX. verhandelte er 1229 erfolglos mit den Stadtrömern, die den Papst vertrieben hatten. 1230 versuchte er in Florenz die Streitigkeiten zw. Volk und Podestà gütlich beizulegen. Nach seiner handstreichartigen Absetzung zog er sich nach Korsika zurück und wirkte dort lange Jahre als Missionar. U. Vones-Liebenstein

Lit.: DHGE XVIII, 825f. – ECatt IX, 820f. – (ORTOLANI) CIRO DA PESARO, B. Giovanni Parenti, 1900 – G. RIGOLI, G. Parenti da Carmignano, 1924 – R. B. BROOKE, Early Franciscan Government, 1959, 123–136 – J. MOORMAN, A Hist. of the Franciscan Order, 1968, 84–95 – A. LINAGE CONDE, Las órdenes religiosas en la Baja Edad Media (Hist. de la Iglesia en España, hg. R. GARCÍA-VILLOSLADA, II, 2, 1982), 132f. – Analecta Franciscana III, 210–215 – F. GARCÍA ORO, Francisco de Asís en la España medieval (= Monografía de Hist. Ecclesiástica 16), 1988.

Parentelenordnung, erbrechtl. System, nach dem jeweils ein Stammhaupt bzw. Stammelternpaar mit allen seinen Abkömmlingen eine Ordnung bildet, die die fernerstehenden Ordnungen verdrängt. Die erste P. wird also vom Erblasser und seinen Nachkömmlingen, die zweite von den Eltern des Erblassers und deren Abkömmlingen, die dritte von den Großeltern und deren Abkömmlingen gebildet usw. Nach der P. erbt also z. B. die Nichte des Erblassers vor der Großmutter, obwohl diese dem Erblasser im 2. Grad (zwei vermittelnde Geburten) verwandt ist, die Nichte nur im 3. Grad. Im ma. Zusammenhang interessiert die P. wegen einer Kontroverse um ihre angebl. urgerm. Herkunft: Die meisten Germanisten des 19. Jh. fanden sie bei Tacitus ebenso belegt wie in den Volksrechten und im Sachsenspiegel, andere Forscher ermittelten abweichende Erbrechtssysteme in den Q. Beides ist wohl so nicht haltbar und eher als Rückprojektion anzusehen. Ma. Ansätze für eine P. gibt es nur ganz vereinzelt, etwa im anglonorm. Recht. Als ausgearbeitetes System (mit einem gewissen antiröm. Affekt) stammt die P. erst aus dem →Naturrecht. A. Cordes

Lit.: *ältere Lehren*: H. WASSERSCHLEBEN, Das Prinzip der Erbenfolge, 1870, 242–246 – A. HEUSLER, Institutionen des dt. Privatrechts, 2, 1886, 595–603 – *Moderne Darstellungen*: HRG III, 1502–1510 – H.-G. MERTENS, ZRGGermAbt 90, 1973, 149–164.

Parenzo → Poreč

Pariage → Paréage

Parias (lat. pariae), period. Tributzahlungen, die ursprgl. die chr. Reiche dem Kalifen v. Córdoba zu leisten hatten und die die Taifenreiche (→Mulūk aṭ-ṭawā'if) den Chr. Kg. en und Herrschern nach der Auflösung des Kalifats als Preis für den Frieden zahlten, um polit. und militär. Schutz – auch gegen Christen – zu erlangen. In Katalonien trug das Einziehen der P. der Taifen v. Zaragoza, Lérida und Tortosa durch die Gf. en v. Barcelona und Urgel zum wirtschaftl. Aufschwung des 11. Jh. bei. Kg. Sancho IV. v. Navarra gewährte von 1069–73 dem Taifen v. Zaragoza seinen Schutz gegen eine P. von 12000 Mancusos. Ferdinand I. v. León forderte gegen Ende seiner Herrschaft P. in Toledo, Zaragoza, Badajoz und Sevilla. Zusammen mit dem Cid in Valencia baute Ferdinands Sohn Alfons VI. das System aus, dem schließlich die Eroberung von al-Andalus durch die →Almoraviden zu Beginn des 12. Jh. ein Ende setzte. Die Zahlung von P. dauerte trotz des gleichzeitigen Fortschreitens der militär. Reconquista in der Zeit vor der almohad. Herrschaft von 1140–50 wie auch während ihres Verfalls nach 1236 an.   M. A. Ladero Quesada

Lit.: J. M. Lacarra, Dos tratados de paz y alianza entre Sancho el de Peñalén y Moctádir de Zaragoza (Homenaje a J. Vincke, I, 1963), 121–134 – H. Grassotti, Para la hist. del botín y de las p. en León y Castilla, CHE 39/40, 1964, 43–132 [Neudr.: Dies., Misc. de estudios sobre instituciones castellano-leonesas, 1978, 133–221] – J. M. Lacarra, Aspectos económicos de la sumisión de los reinos de Taifas (Homenaje a J. Vicens Vives, I, 1965), 255–277 [Neudr.: Ders., Colonización, p., repoblación y otros estudios, 1981, 41–76, 77–94] – M. A. Ladero Quesada, Granada, 1989³.

Paris
A. Stadt – B. Bistum – C. Abteien und Stifte – D. Schulen und Universität

A. Stadt
I. Gallorömische Periode, Merowinger- und Karolingerzeit – II. Das Zeitalter der frühen Kapetinger – III. Die Entwicklung der Hauptstadtfunktion – IV. Städtische Topographie und Verkehrslage – V. Verwaltung – VI. Wirtschaftsleben – VII. Die Krise des 14. und 15. Jh. – VIII. Ausdehnung des städtischen Siedlungsraumes und Bevölkerungsentwicklung – IX. Der Ausgang des Mittelalters.

I. Gallorömische Periode, Merowinger- und Karolingerzeit: Lutetia erscheint erstmals im 3. Jh. v. Chr. als befestigter Ort (oppidum) auf der Seineinsel, der späteren Île-de-la-Cité. In galloröm. Zeit entstand am linken Seineufer eine unbefestigte städt. Siedlung, die als wohlhabendes urbanes Zentrum u. a. über ein →Collegium von Schiffern verfügte. Die Barbareneinfälle des 3. Jh. n. Chr. führten zum Rückzug der Bewohner auf die Île-de-la-Cité, die mit einer neuen Befestigung ausgestattet wurde; die Brücke, die die Stadt mit dem rechten Ufer verband, wurde mit einem kleinen Brückenkastell gesichert. Für Lutetia kam nun der Name 'Parisii' (nach der umliegenden galloröm. Civitas) auf.

In der frk. Epoche blieben Siedelplätze auf beiden Seiten des Flusses erhalten oder formierten sich neu. Die großen Monasterien treten auf: St-Marcel, Ste-Geneviève und insbes. St-Germain-des-Prés. Kg. →Chlodwig wurde in Ste-Geneviève beigesetzt. P. war Vorort des Teilreiches seines Sohnes →Childebert I. Nach dem Tode →Chariberts I. (567) war die Stadt eine Zeitlang gemeinsamer Vorort der merow. Kg.e. 614 wurde hier ein Konzil abgehalten. Noch →Dagobert residierte in der Befestigung der Cité. Die Wiederherstellung der frk. Reichseinheit durch →Chlothar II. erfolgte von P. aus.

Wie das gesamte →Neustrien fand P. bei den →Karolingern weitaus geringere Förderung. Die Befestigung der Cité unterstand einem Comes. In P. fand 829 die Synoden Ludwigs d. Fr. zur Reform des Frankenreiches statt. Doch war P. kein Zentrum der Karol. Renaissance.

Die Situation der Stadt wandelte sich mit dem Einbruch der →Normannen und mit der Übernahme der Verteidigungsaufgaben durch die Gf.en in Neustrien. 845 standen die Normannen vor P. und verließen das Gebiet erst nach Zahlung eines Lösegeldes durch Karl d. Kahlen. Erneute Einfälle, die zur Besetzung der Stadt und wiederum zur Erpressung von Tributen führten, erfolgten 856, 865 und 866. In dieser Zeit der Normanneninvasion wurde die röm. Stadtbefestigung wiederhergestellt.

Der Gf. v. P. begann nun eine polit. Schlüsselstellung für das westfrk. Kgr. einzunehmen. Normannenverbände belagerten von Nov. 885 bis März 886 erneut die Stadt, Karl d. Dicke erreichte durch Zahlungen nochmals den Abzug der Invasoren.

Im späten 9. Jh. entwickelten sich Burgi (→Burgus) um die Abteien an der Peripherie: am linken Seineufer die Bourgs St-Marcel und St-Germain-des-Prés, am rechten die Bourgs St-Germain-l'Auxerrois, St-Martin-des-Champs und St-Gervais.

II. Das Zeitalter der frühen Kapetinger: 888 wurde der Gf. v. P., →Odo, zum Kg. v. Westfranken gewählt. P., das neben →Orléans eines der Herrschaftszentren der neuen Kg.sdynastie der →Kapetinger bildete, war die bevorzugte Pfalz der Kg.e Odo, →Robert und →Hugo. Die P.er Münzstätte wurde zu einer der bedeutendsten des Kgr.es. Im 11. Jh. fungierten in P. nur noch Vicecomites, schließl. →Prévôts.

Die Kapetinger machten P. zu ihrer ständigen Residenz. Die Pfalz auf der Cité wurde zu Beginn des 11. Jh. von →Robert II. d. Fr. neuerrichtet. In dieser Zeit wurde die Römerbrücke aufgegeben, wohl um die Pfalz vor allzustarkem Verkehr zu entlasten. Ledigl. im W blieb die große Brücke des 9. Jh. erhalten.

Die Stadt erfuhr im 11. Jh. eine allmähl. Entwicklung dank des relativen Friedenszustands unter den frühen Kapetingern. Das Wachstum gewann im 12. Jh. stärkere Dynamik; das rechte Seineufer wurde zum Geschäftsviertel. Zahlreiche Häuser entstanden auf beiden Flußseiten bei den Brückenzugängen. Die Burgi dehnten sich aus. Zu zentralen Umschlagplätzen entwickelten sich die Hallen und der Port en Grève. Der kleinere Handel vollzog sich aber im wesentl. noch in der Cité. Hier wohnte auch der größte Teil der jüd. Bewohner.

III. Die Entwicklung der Hauptstadtfunktion: Im Bestreben, seinem Staat einheitl. Strukturen zu verleihen (was die konkurrierenden Plantagenet für England und Westfrankreich nicht erreichten), stattete →Philipp II. Augustus (1180–1223) P. im Laufe von etwa zwei Jahrzehnten mit den Funktionen der Hauptstadt aus. Er machte P. zum Sitz der zentralen Institutionen der frz. Monarchie, →Chancellerie (Kanzlei), Finanzverwaltung (→Chambre des Comptes) und →Trésor royal (kgl. Schatz). In nur geringer Entfernung von der Stadt erhob sich seit Ende des 12. Jh. »la grosse tour du Louvre«, Symbol der einsetzenden Zentralisation, hingen doch vom Louvre die kgl. →Lehen ab.

Festung und Gefängnis, zeitweilig auch Aufbewahrungsort des Schatzes, konnte der Louvre auf Dauer nicht zugleich als kgl. Residenz und als Sitz der (in stetem Wachstum begriffenen) kgl. Verwaltung fungieren. Im w. Bereich der Île de la Cité errichtete die frz. Monarchie einen Palast, dessen Bau, bereits unter Ludwig d. Hl.en projektiert, unter Philipp d. Schönen 1313 begonnen wurde. Karl V. erweiterte zwar den Louvre um zwei neue Trakte, die angenehmeres Wohnen boten als der alte Donjon, bevorzugte als Residenz aber den von ihm geschaffenen Komplex von kleineren Palais und Gärten am linken Seineufer, bekannt als Hôtel St-Paul (kunstvolle Gärten, Tiergehege). Der an Jagd und riskanten Kriegszügen wenig interessierte, geistigen Interessen zugewandte Kg. lebte im Kreise seiner polit. und intellektuellen Ratgeber, nahe seiner 'librairie'. Die Wohnstätten der großen Herren (Fs.en, Barone, Prälaten) wandelten sich im 14. Jh. tiefgreifend; die Aristokratie ahmte das Vorbild Karls V. durch Errichtung aufwendiger Stadtpalais nach, die nicht mehr eng um den Louvre gruppiert waren, sondern sich stärker im städt. Raum verteilten.

Die Wandlungen des Kgtm.s, die sich bereits im 12. Jh., von der Zeit Ludwigs VI. bis zur Epoche von Philipp Augustus, angekündigt hatten (Bedeutungsrückgang des Feudaladels der Île-de-France gegenüber Fs.en aus den Seitenzweigen der Kapetingerdynastie einerseits, geschultem Beamtenpersonal andererseits), ließen die auf das ganze Kgr., nicht mehr bloß auf die Île-de-France bezogene Hauptstadtrolle von P. stark hervortreten. P. wurde zum Schauplatz diplomat. Verhandlungen und wichtiger Vertragsschlüsse; im 14. Jh. tagten hier große Versammlungen, dann die ersten →États, die dem Kgtm., als Preis für die Bewilligung von Steuern, die Einleitung von Reformen abzuringen suchten, am Ende des 14.Jh. erneute Versammlungen, die über das Gr. →Abendländ. Schisma berieten.

Bis in die Jahre um 1410 war die Hauptstadtfunktion untrennbar mit der Königsresidenz verbunden. (Die Pfalz →Vincennes, die nicht zuletzt während der Aufstände in der 2. Hälfte des 14. Jh. oft als kgl. Residenz diente, war nicht mehr als ein sicheres und bequemes Ausweichquartier.) P. war Hauptstadt, weil sich hier der Kg. mit seinen 'gens', den Leuten des Hofes und der Beamtenschaft, aufhielt.

IV. STÄDTISCHE TOPOGRAPHIE UND VERKEHRSLAGE: Die Kreuzung von Flußweg und Straßennetz (Übergangsstelle der Seine über die Hauptinsel, eine »Kreuzung« der Ströme des Landverkehrs in N-S- und W-O-Richtung) bestimmte die großen Linien der städt. Topographie. Doch verlief die große Straße des rechten Seineufers, die Rue St-Denis, nicht in Verlängerung der großen Straße des linken Ufers, der Rue St-Jacques. Hieraus resultierte ein Bruch der N-S-Achse und ein diffiziles Verkehrsnetz mit zahlreichen Seitenstraßen. Auch kreuzte sich die N-S-Achse nicht mit einer großen O-W-Achse (schon das galloröm. P. hatte keine rechtwinklige Decumanus-Cardo-Anlage), sondern es bestand ein Gewirr enger Straßen, die mehr oder weniger an die Rue St-Honoré und Rue St-Antoine angebunden waren. Erst Hausmann sollte im 19. Jh. eine planmäßige Straßenführung schaffen. Die nur schlecht mit den großen Zentren der Gewerbetätigkeit (Palais de la Cité, Hallen, Hafen und Grève-Platz) verbundene sog. 'Croisée de P.' sorgte im 13. Jh. für schwierige Verkehrsverhältnisse.

Bis zum 14.Jh. hatte P. nur zwei →Brücken. Diese zunächst aus Holz errichteten, durch dichte Bebauung mit Häusern (Handwerks- und Handelsfunktionen) sowie Mühlen stark belasteten Brücken wurden mehrfach durch Hochwasser zerstört (1393, Jan. 1408). 1379 wurde der Petit-Pont auf doppelte Breite erweitert, die Cité mit dem linken Seineufer durch eine Steinbrücke, den Pont St-Michel, verbunden. Den großen Seinearm überquerte oberhalb des Grand-Pont ein Steg, die Planche Mibray, seit 1413 durch eine echte Brücke, den Pont Notre-Dame, ersetzt. Der Schiffsverkehr auf der Seine wurde durch Mühlen und Fischereivorrichtungen in den Seitenarmen behindert.

Die Urbanisierung verzeichnete im P. des 13. und 14. Jh. starke Fortschritte: Die 'Croisée de P.', auf dem rechten Ufer, wurde auf Kosten der Stadt gepflastert. Aquädukte wurden angelegt (Trinkwasserzufuhr von Belleville und Pré-St-Gervais zu den öffentl. →Brunnen, von denen P. am Ende des 15.Jh. 17 besaß).

V. VERWALTUNG: Seit dem 12. Jh. war P. einer Ausnahmeregelung unterworfen. Es fungierten zwei Prévôts, beide Pächter ihres Amtes; der eine übte im Namen des Kg.s die ordentl. Gerichtsbarkeit aus, der andere hatte die grundherrl. Steuern einzuziehen. Um den Mißständen dieses Systems zu steuern, setzte Ludwig d. Hl. im Zuge seiner Reformmaßnahmen einen »garde de la prévôté et vicomté de P.« ein (1261). Der erste Amtsinhaber war der große Verwaltungsmann Étienne →Boileau, dessen bedeutendste Leistung die Aufzeichnung der Rechte und Gewohnheiten der Pariser Korporationen war (→»Livre des métiers«).

Der in der Folgezeit summarisch als 'Prévôt de P.' bezeichnete Amtsträger war de facto der oberste der →Baillis im Kgr. Frankreich und residierte im →Châtelet. Schon bald standen ihm zwei →lieutenants zur Seite, der eine für die Zivil-, der andere für die Kriminalgerichtsbarkeit. Kgl. Einnehmer (→receveurs) übten fiskal. Tätigkeit aus, nachdem das Kgtm. die außerordentl. Steuern eingeführt hatte.

VI. WIRTSCHAFTSLEBEN: P. wurde zum Zentrum des Geschäftslebens, frequentiert von Kaufleuten und Unternehmern aus Frankreich, Flandern und Italien. Als einzige Stadt Westeuropas vereinigte P. die Funktionen der Hauptstadt (mit starkem Konsum- und Dienstleistungssektor), der universitären Metropole, des Kreuzungspunktes von Fluß- und Landwegen und des Zentrums einer reichen Agrarregion mit großem Waldbestand (Bau- und Nutzholz) und Steinbrüchen. P. lag im Schnittpunkt der großen Flußverbindungen zw. Auxerre und Troyes einerseits, Rouen und Compiègne andererseits. Auf dem Flußwege wurden die Weine aus Burgund, Orléanais, Auvergne und aus der Île de France selbst befördert. Normandie und Artois versorgten sich am Port en Grève mit Wein. Außer in Kriegszeiten (in denen die Straßenverbindungen zur Normandie gesperrt waren) gelangte →Salz aus Bretagne und Poitou auf der Seine von →Harfleur aus in das gesamte P.er Becken. Auch Fisch (→Fischfang, -handel) wurde aus Dieppe und Rouen über die Seine nach P. transportiert.

Landrouten ergänzten dieses Verkehrsnetz bis nach Flandern, in die Normandie, Champagne und Loireregion. Sie verlängerten die Binnenschiffahrtswege bis Lille, Arras und Amiens, zu den Weinbergen Burgunds und den Salinen der Loiremündung. Das Straßennetz sicherte die Versorgung der Stadt mit Getreide, Gemüse und Schlachtvieh und belieferte auch den Handelsplatz sowie das Umland (Lendit-Messe bei →St-Denis) mit den Erzeugnissen des Tuchgewerbes (Flandern, Artois, Normandie) und der Metallverarbeitung (Normandie).

Eine Reihe von Seinehäfen entstanden, am bedeutendsten der Port en Grève, ergänzt stromaufwärts durch den Port St-Gervais ('à l'Archevêque', da er dem Ebf. v. →Sens gehörte), und den Port des Barrés u. v. a. Die wichtigeren Häfen, insbes. der Port en Grève, verfügten mit ihren Lagerhäusern, Herbergen und Tavernen sowie den hier ansässigen charakterist. Berufsgruppen (Zwischenhändler, Makler, Waagemeister, Schauerleute) über die entsprechende Infrastruktur eines Umschlagplatzes. Für den Landverkehr ließ Ludwig VII. um 1137 im Bereich des Ortes 'Champeaux' ein großes →Kaufhaus errichten: die Hallen, die dem Handel mit Nahrungsmitteln (Getreide, Vieh), v. a. aber mit gewerbl. Produkten (Tuche aus Flandern, Normandie, Beauvaisis; Kurzwaren) dienten.

P. hatte im 12. Jh. neben den →Champagnemessen erst zweitrangige Bedeutung. Im 13. Jh. nötigte die feste Etablierung der polit.-administrativen Funktionen und frz. Geschäftswelt, sich am Schauplatz der großen polit. Entscheidungen, der auch die entsprechenden Informationen bot, niederzulassen. P. wurde zum aufblühenden Geldmarkt. Die →Messen, die in und um P. stattfanden

(N.-Dame, St-Ladre, St-Germain-des-Prés, St-Denis, Lendit) erreichten ihren Höhepunkt.

Eine ökonom. Elite fand sich in P. zusammen, bestehend zum einen aus der weltl. und geistl. Aristokratie, die es vorzog, einen Teil des Jahres in der Nähe des Hofes zu leben, zum anderen aus Notabeln im Staatsdienst (hohe kgl. Beamte, Advokaten, Prokuratoren, kgl. Notare und Sekretäre usw.). Hinzu traten Mitglieder der Führungsschicht aus anderen Städten des Kgr.es, die in eigenen Geschäften oder in Angelegenheiten ihrer Heimatstadt sich periodisch in P. aufhielten. Dies alles führte zum raschen Aufblühen eines Marktes für Luxuswaren (Tuch- und Kurzwarenhändler, Pelzhändler und Gewürzkaufleute).

Die Anziehungskraft der Stadt auf die großen fläm. und it. Geschäftsleute trug gegen Ende des 13. Jh. zum Verfall der Champagnemessen bei. Hatten bereits diese der Finanzwelt durch den wohlabgestimmten Jahresrhythmus der Meßtermine in vier Städten sehr günstige Bedingungen für den Wechselverkehr geboten, so lag der Vorteil von P. in dem tatsächl. permanenten Geschäftsverkehr an einem Ort. Der Finanzplatz P. florierte bis in die Jahre um 1380–1400 (in denen der frz.-engl. Konflikt, wenn auch nur scheinbar, abflaute). Trotz der Präsenz der wichtigsten Handels- und Bankhäuser, die in P. ihre Korrespondenten oder Teilhaber unterhielten, kann P. im 14. Jh. aber nicht als wirklich führender europ. Geldmarkt, sondern eher als Dependance des Bankenzentrums →Brügge gelten.

Der kgl. Prévôt de P. sah durch den Aufstieg einer mächtigen wirtschaftl. Vereinigung seine Macht schwinden: Die P.er →Hanse begann sich seit dem 12. Jh. gegen ihre Konkurrenten aus →Rouen zu organisieren. Sie hatte dank ihrer von Ludwig VII. 1171 bestätigten Privilegien ein Monopol im Bereich der mittleren Seine. Seit Ludwig IX. waren der Prévôt des marchands und seine vier →Schöffen die Verhandlungspartner des Kgtm.s in allen Fragen, in denen die Regierung die Mithilfe der Hauptstadt, der ja keinerlei städt. Autonomie zugestanden worden war, benötigte. Die Hanse wurde rasch zum Defensivorgan der gemeinsamen Interessen des P.er Bürgertums. Prévôt des marchands und Schöffen konstituierten eine städt. Verwaltung, der die materiellen Angelegenheiten, z. B. Handelsgerichtsbarkeit sowie Hafen- und Marktpolizei, unterstanden. Sie war gleichsam ein städt. Magistrat ohne Titel.

VII. Die Krise des 14. und 15. Jh.: Diese städt. Vertretung gewann eminente polit. Bedeutung, als sich der Prévôt des marchands Étienne →Marcel im Krisenjahr 1358 an die Spitze der Reform- und Revolutionsbewegung stellte. Sein Paktieren mit den aufständ. Bauern (→Jacquerie) führte aber zum Frontwechsel seiner Verbündeten und der Stadtbevölkerung. Marcel wurde ermordet, und P. kehrte zur Ordnung zurück.

1383, nach der Revolte der →Maillotins, wurde P. mit härteren Repressalien bestraft. Die städt. Privilegien wurden aufgehoben, die Prévôté de P. wurde einem kgl. Beauftragten übertragen. Dieser aber, der Advokat Jean →Jouvenel, setzte eine weitgehende Rückkehr zum früheren Zustand durch, der 1412 unter der Regierung der Bourguignons (→Armagnacs et Bourguignons), die sich das Bürgertum geneigt machen wollten, völlig wiederhergestellt wurde.

Die Prévôts des marchands und Schöffen, die ab 1412 gewählt wurden, zählten auch Krämer, Kürschner und Wechsler in ihren Reihen. Nach 1412 treten auch gelegentl. Fleischer auf, daneben wieder Wechsler und Kaufleute. Ab ca. 1450 änderte sich die Situation: Die Prévôté des marchands wird nun von kgl. Beamten der Justiz oder Finanzverwaltung ausgeübt.

VIII. Ausdehnung des städtischen Siedlungsraumes und Bevölkerungsentwicklung: Das Wachstum der Viertel am rechten Seineufer hatte im 11. Jh. wohl eine Befestigung entstehen lassen. Doch schon im 12. Jh. wuchs die Stadt, deren Urbanisierung dynamisch voranschritt, über diese Begrenzung hinaus. Auf dem linken Ufer dehnte sich die Siedlungszone zw. der Seine und den ersten Hügeln aus. Um die Sicherheit der wachsenden Bevölkerung zu gewährleisten, ließ Philipp II. Augustus seit 1190 eine neue Stadtmauer errichten. Diese dehnte sich im W bis in die Nähe des Louvre aus, im O bis zum äußersten Ende des Port en Grève. Sie schloß im N die Hallen ein, im S den Bourg Ste-Geneviève und die neuen Viertel um die junge Univ. Dieser Mauerzug, der mehr als ein Jahrhundert für die Bedürfnisse der Stadt ausreichen sollte, umschloß eine dreigeteilte Stadt. Die 'Cité' blieb das Herz des geistl. Lebens, der Verwaltung und Justizausübung. Das rechte Ufer, 'la Ville', war wichtigster Standort der wirtschaftl. Aktivitäten (Häfen, Hallen). Das linke Ufer war 'l'Université'.

Seit der von Philipp Augustus eingeleiteten Zentralisation beruhte der Aufstieg von P. auf der Dynamik des ganzen Frankreichs. Der Zustrom von bäuerl. und handwerkl. Bevölkerung, aber auch von Notabeln war enorm; P., das als einzige Stadt Westeuropas polit., universitäre und kommerzielle Funktionen vereinigte, entwickelte sich zu einem demograph. Monstrum. 1328 zählte P. 61 098 Herdstellen; d. h. ca. 200 000 Einw. Die Stadt des 14. Jh. erstreckte sich weit über die alte Befestigung von Philipp Augustus hinaus, bes. auf dem rechten Ufer. In diesem Gebiet mit reichlich vorhandenem Baugrund errichteten unter Karl V. die Neureichen ihre repräsentativen Behausungen. Um 1356 begann Étienne Marcel mit dem Bau einer weiteren Ummauerung; dieses Projekt wurde um 1370 von Karl V. und seinem Prévôt Hugues →Aubriot wiederaufgenommen, aber erst am Anfang des 15. Jh. vollendet.

Die Militärarchitektur paßte sich den Bedürfnissen einer vom frühen Artillerieeinsatz, nicht mehr von der Mauererstürmung geprägten Belagerungstechnik an. P. erhielt anstelle einer hohen Mauer eine Befestigung mit Erdwall, niedriger und dicker Mauer, der ein breiter Wassergraben und zwei Trockengräben vorgelagert waren, um bei einer Belagerung die feindl. Geschütze auf Distanz zu halten. Die Tore wurden mit sechs Bastionen verstärkt. Hinzu trat eine Festung, die Bastide St-Antoine, bald als 'La Bastille' bekannt. Ihre feierl. Grundsteinlegung erfolgte am 22. April 1370.

IX. Der Ausgang des Mittelalters: Vom späten 14. Jh., als die aufwendigen Feste der Kgn. Isabella und ihres Schwagers Ludwig v. Orléans den Unmut der Steuerzahler erregten, bis in die Jahre um 1430, als die engl. Präsenz zunehmend als fremde Besatzung abgelehnt wurde, war die öffentl. Meinung in P. durchgängig von den Reformideen der Partei der 'Bourguignons' geprägt (→Armagnacs et Bourguignons). Im übrigen ist es verfehlt, von einer engl. Okkupation v. P. zu sprechen: in der Stadt, die trotz der Krise noch über 80 000 Einw. zählte, waren in den Jahren der angloburg. Herrschaft höchstens 300 engl. Soldaten stationiert.

Am 13. April 1436 drang die frz. Armee unter →Arthur de Richemont durch ein offenes Tor in die Stadt ein. Karl VII. wartete aber das Jahr 1437 ab, um seinen Einzug zu halten. Die Funktion der Hauptstadt blieb erhalten, doch trat das Valois-Kgtm. in dieser Periode in P. wenig in Erscheinung. Die →États généraux versammelten sich in →Orléans oder →Tours, während die große Klerusversammlung, aus der die →Pragmatique Sanction von 1438 hervorging, in →Bourges tagte.

Die Hauptstadt war nicht mehr Kg.sstadt, besaß aber als Sitz des polit. und administrativen Räderwerks in allen Angelegenheiten Frankreichs eine unangefochtene Schlüsselstellung. Barone und Städte des Kgr.es unterhielten hier ihre Geschäftsträger, Advokaten und Prokuratoren. Die Pariser, wohl wissend, daß ein zu starkes Engagement im polit. Spiel der Fs.en ihrer Stadt nur schaden konnte, verhielten sich in den Auseinandersetzungen des späten 15. Jh. zurückhaltend. 1465 lehnte es der Prévôt des marchands ab, der →Ligue du Bien public die Tore zu öffnen.

Die Stadt, wie sie sich nach dem Ende des Hundertjährigen Krieges präsentierte, glich nur noch wenig dem P. des 14. Jh. Hauptstadt ohne Kg. und weitgehend der Funktionen eines großen Geschäftsplatzes beraubt, war P. für lange Zeit geprägt von Leuten des Rechts und der Verwaltung, reichen Ladenbesitzern, Intellektuellen und durchreisenden Notabeln. Der Wiederaufbau war begleitet von einer »Entkernung« der Grundstücke; an die Stelle von baufälligen Häusern traten in den Innenhöfen wieder zahlreiche Gärten. Das P. des ausgehenden 15. Jh. öffnete sich der Renaissance und dem Humanismus und sollte bald Einflüsse der Reformation aufnehmen. J. Favier

Lit.: R. DE LESPINASSE, Les métiers et corporations de la ville de P., 3 Bde, 1886–97 – L. HALPHEN, P. sous les premiers Capétiens (987–1223). Étude de topographie hist., 1909 – F. OLIVIER-MARTIN, Hist. de la coutume de la prévôté et vicomté de P., 2 Bde, 1922–30 – J. MARTINEAU, Les Halles de P., 1960 – G. FOURQUIN, Les campagnes de la région parisienne à la fin du MA, 1964 – R. CAZELLES, La population de P. devant la Peste Noire, Acad. des inscr. et belles-lettres: Comptes rendus, 1966 – B. GEREMEK, Le salariat dans l'artisanat parisien aux XIIIe–XVe s., 1968 – R. CAZELLES, P. de la fin du règne de Philippe Auguste à la mort de Charles V (Nouvelle hist. de P.), 1972 [Lit.] – V. W. EGBERT, On the Bridges of mediaeval P., 1974 – J. FAVIER, P. au XVe s. (Nouvelle hist. de P.), 1974 [Lit.] – J. BOUSSARD, P., de la fin du siège de 885–886 à la mort de Philippe Auguste, 1976 (Nouvelle hist. de P.) [Lit.] – B. GEREMEK, Les marginaux parisiens aux XIVe et XVe s., 1976 – A. CHÉDEVILLE, J. LE GOFF, J. ROSSIAUD, Hist. de la France urbaine: La ville médiévale des Carolingiens à la Renaissance, 1980 – J. FAVIER, François Villon, 1982 – Paris. Genèse d'un paysage, 1989 – A. ERLANDE-BRANDENBOURG, N.-D. de P., 1991 →Frankreich, →Stadt.

B. Bistum
I. Die Anfänge. Merowinger- und Karolingerzeit – II. Die Zeit der Kapetinger – III. Spätmittelalter.

I. DIE ANFÄNGE. MEROWINGER- UND KAROLINGERZEIT: Ältestes erhaltenes Zeugnis des Christentums in P. ist eine Unterschrift 'Victorinus Parisiorum', enthalten in einem Brief von 346, in dem die Bf.e Galliens ihre Unterstützung für →Athanasius, den Verteidiger des Konzils v. Nikaia gegen Arius, bekunden. In der sich ausbildenden kirchl. Geographie des nördl. →Gallien hatte der 'episcopus Parisiorum' seinen Sitz in der Stadt P. (dem ehem. Lutetia); sein Amtssprengel umfaßte das die 'ciuitas' umgebende ländl. Gebiet. Da die Civitas v. P. eine der kleinsten in Gallien war, blieb auch die territoriale Ausdehnung der Diöz. stets bescheiden. Diese eher untergeordnete administrative Rolle hatte dauerhafte kirchenorganisator. Konsequenzen: Bei der Aufteilung der Provinzen Lugdunensis I und II am Ende des 4. Jh. erhielt der Statthalter der Lugdunensis IV die Stadt →Sens und nicht P. zum Sitz; in üblicher Anlehnung an die zivile Verwaltungseinteilung wurde im Rahmen der Konstituierung des Metropolitanverbandes folgl. der Bf. v. P. dem Ebf. v. Sens untergeordnet. Dieser Zustand dauerte bis 1622 fort; der Vorstoß, den Kg. Karl V. 1377 bei Papst Gregor XI. zwecks Errichtung eines Ebm.s P. unternahm, blieb erfolglos, da der Papst keinen stärkeren Einfluß des Kgtm.s auf die Gallikan. Kirche wünschte.

Die Kirche v. P. wurde gegr. vom hl. →Dionysius (Denis), der nach 250 einer Christenverfolgung zum Opfer fiel und bald als Märtyrer verehrt wurde. Im Laufe der Jahrhunderte wurde die angebl. Lebenszeit des Hl.en in immer frühere und ehrwürdigere Zeiten zurückverlegt; galt er →Gregor v. Tours noch als Zeitgenosse des hl. →Saturninus v. Toulouse (um 250), so wurde er später mit dem Apostelschüler →Clemens v. Rom in Verbindung gebracht, schließl. mit dem Apostel →Paulus selbst (bei →Hilduin, um 840).

P. hatte von 250 bis 1500 105 Bf.e. Aus der Frühzeit ist wenig bekannt. Seit der 2. Hälfte des 4. Jh. besaß P. einige relig. Bauwerke: auf der Île de la Cité die Kathedrale mit Baptisterium; extra muros, an der Stelle des Grabes des hl. Bf.s Marcellus (Beginn des 6. Jh.), ein Sanctuarium mit Begräbnisfunktion. Durch die Vita der hl. →Genovefa ist bekannt, daß in der villa Nanterre um 420 eine Gemeinschaft von Religiosen mit Kirche bestand. Der 496 getaufte Kg. →Chlodwig etablierte in P. 508 die 'sedes regalis', so daß P. für zwei Jahrhunderte Vorortfunktion im →Frankenreich hatte.

Die Berichte Gregors v. Tours und die Konzilsakten zeigen die Bedeutung, den der Bischofssitz nun errungen hatte. Der hl. →Germanus, Abt v. St-Symphorien zu →Autun, wurde dank der Unterstützung Kg. →Childeberts Bf. v. Paris. Wegen seines aktiven Wirkens innerhalb und außerhalb seiner Diöz. wurde er nach seinem Tode (um 576) rasch als Hl.er verehrt.

Am Ende des 6. Jh. waren P. und sein näheres Umland bereits tiefgreifend vom Christentum geprägt. Im Bereich der 'civitas Parisiorum' bestanden Kirchen, ohne daß bereits eine echte Aufteilung in Pfarreien erkennbar wäre. In den (oft kgl.) villae (Clichy, St-Cloud, Rueil, →Chelles, Nogent-sur-Marne) entstanden Oratorien und Basiliken für die Seelsorge der ländl. Bevölkerung. Waren die Bewohner (zumindest des engeren Umkreises der werdenden Stadt) am Ende des 6. Jh. mehrheitlich chr. geprägt, so gibt es neben der Artikulation kirchl. Lebens (Gottesdienste, Prozessionen, Wallfahrten, Hl.enverehrung) auch zahlreiche Beispiele für Gewalttätigkeiten, Unzucht und Aberglauben.

Im 8. Jh. verlor P. durch die Herrschaft der austras. →Karolinger seine Vorortfunktion. Die Kirchengüter kamen vielfach an Laien, die der Königsmacht nahestanden, die Autorität der Bf.e blieb wesentl. auf ihre Bischofsstadt beschränkt. →Pippin III., der 751 zum Kg. geweiht wurde, stellte die Autorität des Staates wieder her und nahm die relig. Reform in Angriff. Die Karolinger wählten als Stützen ihrer staatl. Macht Kirchenmänner, die wegen ihrer gelehrten Kenntnisse und ihrer moral. Autorität der Bevölkerung gegenüber eine Führungsposition einnahmen. Hier sind v. a. Abt →Hilduin v. St-Denis und Bf. Aeneas (Enée) (856–870) zu nennen.

Das Netz der chr. Topographie verdichtete sich in der Cité. Gleiches gilt für das linke (St-Serge et Bacchus, St-Étienne, St-Victor, St-Séverin) und das rechte Seineufer (St-Merry, St-Jacques de la Boucherie). Zahlreiche neue Landkirchen wurden gegr., deren Weihe und Priestereinsetzung der Bf. vornahm.

Ab 845 führten die Einfälle der →Normannen zur Zerstörung von Kirchen und Kl.n, v. a. auf dem linken Seineufer. Die auf der Île de la Cité errichteten Befestigungen boten den Klerikern und Religiosen, die die Reliquien ihrer Kirchen mitführten, Zuflucht.

II. Die Zeit der Kapetinger: Die frühen →Kapetinger förderten die Restauration der Bf. skirchen. In P. setzte ein Wiederaufbau und Ausbau der Kirchen ein. Die unter Philipp II. Augustus 1190-1200 errichtete Mauer führte zur Entstehung neuer Pfarrbezirke (St-Eustache, St-Germain-des-Prés). Die Kultzentren waren ungleich verteilt; daher schwankte die Zahl der Gläubigen von Pfarrei zu Pfarrei: Waren die Pfarrbezirke der Cité schwach besiedelt, so zählte St-Jacques l'Auxerrois eine hohe Anzahl von Pfarrkindern.

Maurice de →Sully, 1160-96 Bf. v. P., richtete auf dem linken Ufer das Archipresbyterat St-Séverin ein. Mit der Restauration von Notre-Dame, deren Pfarrfunktionen an die neue Madeleine-Kirche übertragen wurden, schuf er die Kathedrale, »die nicht mehr nur die Kirche v. P., sondern diejenige der Gesch. Frankreichs war«.

Für 1205 ist eine Pfarreinteilung in P. und seiner unmittelbaren Umgebung belegt, die auf zwei Archipresbyteraten beruhte, während im ländl. Umland sechs Dekanate bestanden. Die Organisation nach Archidiakonaten ist erst für 1268 ausdrücklich bezeugt, älter ist die Existenz der drei Archidiakone in P. Die drei Archidiakonate waren: P. mit den Dekanaten Gonesse (dann Sarcelles) und Montreuil (dann Chelles), den N der Diöz. umfassend; das Archidiakonat Brie mit den Dekanaten Lagny und Moissy (dann Vieux-Corbeil), im N von der Marne, im S von der Seine begrenzt; das Archidiakonat →Hurepoix (oder Josas) im SW von Morsang-sur-Seine bis St-Germain-en-Laye, mit den Dekanaten Linas (später Montlhéry) und Chateaufort (später Saclay).

Insgesamt bestanden in den drei Archidiakonaten 363 Pfarrkirchen, 28 Kapellen, 66 Priorate und 16 Abteien. Der westl. Teil der Diöz. (Gonesse und Chateaufort) besaß deutlich höhere Siedlungsdichte als der östl. Bereich (Montreuil, Lagny). Nur knapp die Hälfte der Pfarreien hing unmittelbar vom Bf. ab. Bei den anderen präsentierte der jeweilige Patronatsherr (zumeist eine Abtei) den designierten Pfarrer dem Bf., der diesem die Seelsorgegewalt übertrug und seine Amtstätigkeit spirituell überwachte.

Der Klerus in der Diöz. P. war ungemein zahlreich. Seit dem 12. Jh. begründeten die alten und neuen Orden in P. ihre Konvente und Studienhäuser. Die kirchl. Besitzungen waren ausgedehnt; seit dem 14. Jh. übten der Kg., die hohe kgl. Beamtenschaft und das aufsteigende Bürgertum einen wachsenden Einfluß auf die geistl. Institutionen, ihre Rekrutierung und Verwaltung aus.

Im 12. und 13. Jh. trug die Kirche in breitem Umfang zur Ausstrahlung von P. bei: Die Kathedralschule v. Notre-Dame, dann die Univ. zogen Magister und Studenten aus allen Teilen der Christenheit an; P. und die Île de France beeinflußten in stärkstem Maße die Ausbildung der →Gotik (St-Denis, Notre-Dame, Ste-Chapelle). Das Predigthandbuch des Maurice de →Sully († 1196) und die Synodalstatuten des Eudes de →Sully († 1208) wirkten auf das Seelsorgeleben, weit über die Grenzen der Diöz. P. hinaus.

III. Spätmittelalter: Seit der Mitte des 14. Jh. häuften sich die Krisenerscheinungen: Pestepidemien, polit. Krise von 1356-58, Bürgerkrieg der Armagnacs und Bourguignons, engl. Invasion. Das Gr. →Abendländ. Schisma erschütterte die Univ. Um 1398 bis 1408 tagten in P. fünf Klerusversammlungen, die für die Gesch. der frz. Kirche entscheidend waren (sog. →Gallikanismus). 1431 verurteilte die Theol. Fakultät →Jeanne d'Arc.

P. fand in der 2. Hälfte des 15. Jh. wieder zum Friedenszustand zurück, doch hatte die Univ. unter ihrer Parteinahme für ekklesiolog. Standpunkte (Konziliarismus) zu leiden; die Kg.e bevorzugten ihre Residenzen und Schlösser im Loiregebiet. Die kräftigen Ansätze zum Wiederaufbau erfaßten auch die Kirchen und Abteien in und um P.

Die Gesch. der Diöz. P. ist auf engste mit der Gesch. der Stadt und des Kgr.es verflochten. Die Zerstörungen, die von den wiederholten bewaffneten Konflikten und Invasionen verursacht wurden, hinderten nicht die Stärkung und Verdichtung der territorialen Grundlagen und die Steigerung der Kräfte des Klerus und der relig. Gewalten.

J. Longère

Lit.: A. Friedmann, P., ses rues, ses paroisses, du MÂ à la Révolution. Origine et évolution des circonscriptions paroissiales, 1961 – J. Dubois, Les évêques de P., des origines à l'avènement de Hugues Capet, Bull. Soc. Hist. de P. et de l'Île de France 96, 1969, 33-97 – B. Plongeron–L. Pietri–J. Longère–F. Autrand–M. Foisil, Le diocèse de P., 1: Des origines à la Révolution, 1987 (Hist. des dioc. de France 20).

C. Abteien und Stifte
I. Die Gründungen der Merowingerzeit – II. Die Gründungen der Kapetingerzeit.

I. Die Gründungen der Merowingerzeit: Aufstieg und Niedergang der relig. Einrichtungen in und um P. stehen in engem Zusammenhang mit der Entwicklung und den Wandlungen der Königsgewalt und der Herausbildung des Hauptstadtcharakters von P.

In der Merowingerzeit hatten die Basiliken (→Basilikakloster) in erster Linie die Funktion von Nekropolen. Unter den insgesamt zehn Kl.n (St-Laurent, St-Gervais am rechten Ufer; St-Étienne, N.-Dame-des-Champs am linken Ufer usw.) hoben sich Ste-Geneviève und St-Germain-des-Prés heraus; von den →Merowingern, denen sie als Grablege dienten, reich beschenkt, wurden sie zu wichtigen Ausgangspunkten städt. Siedlung.

[1] *Ste-Geneviève:* Diese große Abtei wurde vor 511 von Kg. →Chlodwig errichtet und von Kgn. →Chrodechilde vollendet. Die hl. →Genovefa wurde hier beigesetzt, an ihrer Seite die merow. Herrscher. Zunächst unter dem Schutz der Hll. Apostel stehend, nahm die Abtei das Genovefa-Patrozinium nach 811 an. Nach der Periode der Normanneneinfälle wurde die Abtei in ein Regularkanonikerstift umgewandelt (Regel des hl. →Chrodegang), doch kam es erst seit 1149 (Einführung der Regel der Viktoriner) zu einer Erneuerung des monast. Lebens.

Die 2. Hälfte des 11. Jh. markiert den Höhepunkt der Gesch. der Abtei: Auf den Abhängen des Hügels (Montagne de Ste-Geneviève) entwickelte sich der Burgus, mit allmähl. anwachsender Bevölkerung von Schülern und Handwerkern. Unter dem Abbatiat Stephans v. Tournai (1176-92; →Stephanus Tornacensis) wurden Kirche und Klosterbauten erneuert. Als weiterhin berühmtes spirituelles Zentrum wurde Ste-Geneviève von den Päpsten gefördert. Schließl. aber führten das Auftreten der neuen Orden (Ansiedlung der →Karmeliter am Fuß der 'Montagne'), der Aufstieg der Univ., verbunden mit student. Unruhen, und die Kriegsfolgen zum Niedergang der ältesten P.er Abtei.

[2] *St-Germain-des-Prés:* Auf Initiative des hl. →Germanus, Bf.s v. P., stiftete Kg. →Childebert zw. 543 und 558 auf dem Boden des kgl. →Fiscus v. Issy die Abtei Ste-Croix–St-Vincent, die die Reliquien des hl. Vincentius beherbergte und am Ende des 8. Jh. das Patrozinium ihres Gründers, St-Germain, annahm. Besetzt mit ca. 120 Mönchen, baute diese große Benediktinerabtei eine mächtige →Grundherrschaft auf (Île de France, Normandie, Poitou, heut. Belgien, Rheinland, Schweiz), die von bedeutenden Äbten wie →Irmino (ca. 794-823), der als

Urheber des berühmten →Polyptychons gilt, erfolgreich organisiert und verwaltet wurde. Besitzungen der Abtei bildeten in der Karolingerzeit Schaltstellen des Handelsverkehrs von und nach P., zu Wasser und zu Lande. Dem territorialen und wirtschaftl. Aufschwung der Abtei korrespondierte eine spirituelle Blüte, die sich namentl. in →Gebetsverbrüderungen mit anderen führenden Abteien (→Corbie, St-Benoît/→Fleury, →Jumièges, →Gorze) ausdrückte. Das intellektuelle Leben (→Aimoin, →Usuard) nahm starken Aufschwung. Doch traten seit dem 9. Jh. verhängnisvolle Beeinträchtigungen auf: Raubzüge der →Normannen (dreimalige Plünderung zw. 845 und 886), Usurpation durch Laienäbte (Robert, Gf. v. P.; Hugo d. Gr.), die sich des Besitzes bemächtigten. Mit Hugo Capet, der sein Laienabbatiat in die Hände eines Regularabtes, Galon, zurücklegte, besserte sich die Situation. Morard, der Nachfolger Galons, war bestrebt, die Abtei und ihr Patrozinium zu restaurieren, doch stand dem die ablehnende Haltung der Laien entgegen, die stärker die neuen Orden förderten, wohingegen der Kg. v. a. den Besitz seiner Kastellane in der Île de France durch Gunsterweise mehrte. Andererseits schwächten ständige Konflikte mit der Univ. die Abtei. Der Niedergang setzte sich im 14. Jh. und bis zum Anschluß an die Reformkongregation v. →Chezal-Benoît im 16. Jh. fort.

[3] *St-Éloi:* Diese in der Frühzeit bedeutende Augustinerinnenabtei ist eine Gründung des hl. →Eligius, der sie um 633 auf Eigengut sowie einem ihm von Kg. →Dagobert geschenkten Fiscus errichtete. Sie war mit ca. 300 weibl. Religiosen besetzt. Zunächst dem hl. →Martial geweiht, nahm sie am Ende des 11. Jh. das Eligius-Patrozinium an. Sie wurde bereits durch eine Epidemie (666), in der späten Karolingerzeit dann durch die Normanneneinfälle geschwächt. Restaurationsversuche unter Karl d. K. (871) und Ludwig (878) schlugen fehl. Nach weiterem Verfall und einer Feuersbrunst (1034) wurde die Abtei 1107 durch Bf. Galon auf Betreiben Kg. Philipps I. aufgehoben, ihre Güter der Abtei Fossés, die hier ein Priorat einrichtete, übertragen.

II. DIE GRÜNDUNGEN DER KAPETINGERZEIT: Das Desinteresse der Karolinger an P. (einzige karol. Gründung ist das Kollegiatstift St-Marcel, um das Grab des hl. Marcellus, das sich aber auch erst, mit seinem Burgus, unter Heinrich I. entwickeln sollte) und die Praktiken des Laienabbatiates unter Robert d. Tapferen und Odo beeinträchtigten die Blüte der in der Merowingerzeit gegr. Abteien. Erst die Reformansätze, aber auch der Wiederaufstieg von P. als Hauptstadt unter den frühen Kapetingern ließen neue geistl. Institutionen entstehen.

[1] *St-Germain-l'Auxerrois:* Dieses Stift geht zurück auf die Basilika St-Germain-le-Rond (656), die von den Normannen verwüstet und als Befestigung genutzt wurde (885). Robert d. Fr. sorgte für ihre Wiederherstellung; am Ende des 11. Jh. ist sie als Kollegiatstift belegt. Als wichtige Pfarrkirche wurde St-Germain-l'Auxerrois zum Kern eines aktiven und weiträumigen Burgus und konnte sich seinen Wohlstand offenbar über das gesamte MA erhalten.

[2] *St-Magloire:* In der zur Kg.spfalz gehörenden Kapelle St-Barthélemy wurden 956 die vor den Normannen geretteten Reliquien von breton. Hll. geborgen, insbes. die Reliquien des hl. →Maglorius (Magloire), unter dessen Schutz die von Hugo (Hugo Capet oder Hugo d. Gr.?) neugegr. Abtei gestellt wurde.

Zu Beginn des 12. Jh. ans rechte Ufer verlegt, nahe der Begräbniskapelle St-Georges (Abtgrablege), erfreute sich St-Magloire durchgängig der Gunst der Kapetinger. Zugleich Träger und Nutznießer der stürmischen Entwicklung der Stadtviertel des rechten Ufers, profitierte St-Magloire nachhaltig von der Aufsiedelung seines städt. Grundbesitzes. Das Knowhow einer monast. Gemeinschaft, deren Mitglieder, einschließl. der umsichtig agierenden Äbte, den aktiven urbanen Schichten von P. entstammten, ließ die Abtei die Krisenperiode des 14. Jh. ohne größeren Schäden überstehen. Doch verschlechterte sich die Situation abrupt zu Beginn des 16. Jh., nachdem Ludwig XI. die Abtei in eine →Kommende umgewandelt hatte.

[3] *St-Martin-des-Champs:* Die in einem Diplom Childeberts III. von 710 genannte frühe Basilika, deren Lokalisierung umstritten ist, wurde von den Normannen vollständig zerstört, so daß sie 1060 durch Heinrich I. »wiedergegründet« wurde. Der Kg. setzt hier Regularkanoniker ein, doch unterwarf Philipp I. 1079 das Kollegiatstift den →Cluniazensern. Das außerhalb des städt. Siedlungsbereichs gelegene Priorat umgab sich bald mit festen Mauern, in deren Schutz sich neben den Mönchen auch Beamte und Handwerker ansiedelten; St-Martin-des-Champs hatte nach Ausweis des »Registre Bertrand« (1340 durch Bertrand de Pébrac angelegt) reiche Besitzungen (Jurisdiktion über nahezu 30000 Herdstellen). Das eng mit dem wirtschaftl. aktiven Bürgertum verbundene Priorat zog aus seinem Grund- und Hausbesitz reichen Profit, geriet aber seit ca. 1370, infolge der Kriegsereignisse und schlechter Verwaltung, in Schwierigkeiten, die zum Absinken der Wirtschaftskraft auf die Hälfte des früheren Standes und zum Niedergang der Klosterzucht führten. Das verfallende Priorat wurde durch die Umwandlung zur Kommende im 15. Jh. vollends ruiniert.

[4] *St-Pierre:* Auf dem Mons Martyrum (Montmartre), seit dem 8. Jh. als Stätte des Martyriums des hl. →Dionysius (Denis) und seiner Gefährten verehrt, gründete Ludwig VI., auf Bitten seiner Gemahlin Adélaïde, 1134 die Benediktinerinnenabtei St-Pierre, anstelle eines bis dahin von St-Martin-des-Champs abhängigen Priorates. Die von den Kapetingern hochgeschätzte Abtei (1147 wählte die Kgn. sie als Stätte des Rückzugs) zählte 60 Nonnen und war reich dotiert. Doch litt sie, nicht zuletzt aufgrund ihres abgelegenen Standorts, unter den Wirren des 14. Jh.; die Nonnen mußten mehrfach in der Stadt P. Zuflucht suchen und konnten nach der Wiederherstellung des Friedens nur mit Mühe wieder in den Besitz ihrer Güter gelangen. Rückgang der Zahl der Nonnen (1403: 6 Insassinnen) und Lockerung der Klosterzucht waren Zeichen des Verfalls.

[5] *St-Victor:* Diese Abtei wurde 1113 von Ludwig VI. gegr. Sie ging hervor aus einer Einsiedelei (*recluserie*), die →Wilhelm v. Champeaux, Domscholaster v. Notre-Dame, als Ort der Weltflucht diente. St-Victor befolgte die Augustinusregel, was Wilhelms Wunsch nach Askese wie auch nach Wiederaufnahme der Lehrtätigkeit entsprach (→Viktoriner). Der im nächsten Jahr gewählte Abt Gilduin unternahm den Bau der Kirche und der Klausurbauten; Bibliothek und Skriptorium gewannen rasch großen Ruf. Gilduin führte auch die kanon. Erneuerung im Sinne des (von ihm verfaßten oder inspirierten) »Liber Ordinis« durch, die so entstandene Regel der Viktoriner wurde von älteren Abteien übernommen (St-Vincent de Senlis, Ste-Geneviève); Säkularstifte erschlossen sich der 'vita regularis'; St-Victor gründete Filiationen im Kgr. Frankreich, aber auch in anderen Ländern (England, Dänemark, Italien u. a.). Zum Haupt einer Kongregation geworden, erreichte St-Victor seine Blütezeit um die Mitte des 12. Jh. Der Bf. v. P., Étienne (1123–42), aus der mächtigen kgl. Dienstadelsfamilie der Bouteillers de Senlis, und der Kg.

übertrugen der Abtei →Annaten aus vakanten Präbenden und Nießbrauchrechte. Dieser Rentenbesitz, die von der Abtei praktizierte Jagd auf Pfründen und die infolge der Gründung von Filiationen reicher fließenden Dotationen sicherten St-Victor über zwei Jahrhunderte den Wohlstand. Die Entstehung der Univ. und die Einrichtung zahlreicher Kollegien, das Aufkommen neuer Formen der Spiritualität sowie die unzureichende Verwaltung mehrerer Äbte ließen, verbunden mit den Wirren des 14. Jh., den Glanz der berühmten Abtei schwinden.

[6] *Neuentwicklungen des 13. Jahrhunderts:* Die Regierung →Ludwigs d. Hl. (1226-70) führte eine Wende in der Gesch. der geistl. Einrichtungen herbei. Der Monarch begünstigte die Ansiedlung der neuen Orden als Antwort auf die spirituellen Bedürfnisse der Bevölkerung (→Franziskaner, →Kartäuser) und die intellektuellen Erfordernisse (→Dominikaner, →Val des Écoliers). Nicht mehr (wie die geistl. Institutionen) mit Grundbesitz, sondern mit Renten und Einkünften dotiert, erfreuten sich die neuen Gründungen der Gunst des Kg.s und traten an die Stelle der altehrwürdigen Abteien. Ebenso blühten →Hospitäler (Hôtel-Dieu, St-Lazare) und Häuser der geistl. →Ritterorden auf (→Templer, die als kgl. Bankiers fungierten; →Johanniter). Ledigl. die kgl. Zisterzienserinnenabtei *St-Antoine-des-Champs*, gegr. 1198, aber erst 1233 in Gegenwart des Kg.s und der Königinmutter geweiht, entsprach noch dem älteren Typ der Kg.sabtei. Mit weibl. Mitgliedern des Königshauses oder Töchtern angesehener Bürgerfamilien besetzt, besaß St-Antoine ausgedehnten Grundbesitz.

Weder die alten Abteien noch die Niederlassungen der neuen Orden entgingen der Krise des 14. Jh., die mit Krieg, Bürgerkrieg, Schwarzer Pest und wirtschaftl. Depression die geistl. Institutionen in Mitleidenschft zog. Die Umwandlung zahlreicher Abteien und Stifte in Kommenden ruinierte die monast. Gemeinschaften, deren Ländereien in den Besitz von Laienpächtern kamen. Der Rückgang monast. Religiosität im SpätMA erschwerte die Rekrutierung von Mönchen und Nonnen; dies betraf sogar die Konvente der Bettelorden. Ledigl. Kollegien und Stiftungen verbreiteten sich »als letzte Spuren des Mönchtums« (KNOWLES). L. Fossier

Lit.: s. a. Lit. zu Abschn. B – [*allg. Werke*]: A. J. LEBEUF, Hist de la ville et de tout le diocèse de P., hg. FÉCHOZ, 1883-93, 7 Bde – A. FRIEDMANN, La fonction religieuse de P., Cahiers de civ., 1942, 7-38 – R. CAZELLES, Nouv. Hist. de P. De la fin du règne de Philippe Auguste à la mort de Charles V, 1223-1380, 1972 – J. BOUSSARD, Nouv. Hist de P. De la fin du siège de 885-886 à la mort de Philippe Auguste, 1976 – [*übergreifende Darst.*]: M. VIEILLARD-TROIEKOUROFF-D. FOSSARD-E. CHATEL-C. LAMY-LASSALLE, Les anciennes églises suburbaines de P. (4ᵉ-5ᵉ s.), Mém. de la Soc. d'Hist. de P. et de l'Île de France, t. XI, 1960, 17-282 – A. LOMBARD-JOURDAN, P., »Genèse de la ville«. La rive droite de la Seine des origines à 1223, 1974 – R.-H. BAUTIER, Quand et comment P. devint capitale, Bull. de la soc. de l'Hist. de P. et de l'Île-de-France 105, 1978, 17-46 – L. FOSSIER, Les prieurés dans la ville: l'exemple de P. (Actes du Coll. organisé par l'E. P. H. E. et l'I. R. H. T., 12. nov. 1984, hg. J.-L. LEMAÎTRE, 1987), 127-136 – R.-H. BAUTIER, Paris au temps d'Abélard (Études sur la France Capétienne, 1992) – [*zu einzelnen Abteien*]: F. LEHOUX, Le bourg St-Germain-des-Prés depuis ses origines jusqu'à la fin de la guerre de Cent ans, 1951 – M. DE LA MOTTE COLAS, Les possessions territoriales de l'abbaye de St-Germain-des-Prés du début du IXᵉ au début du XIIᵉ s., RHEF 43, 1957, 47-80 – J. LECLERCQ, St-Germain-des-Prés au M-Â, ebd. 3-12 – A. TERROINE-L. FOSSIER, Chartes et doc.s de l'abbaye de St-Magloire, II, III, 1966-76 – R.-H. BAUTIER, Origines et les premiers développements de St-Victor de P., L'abbaye parisienne de St-Victor au M-Â (XIIIᵉ Coll. d'Humanisme médiéval de P., 1986-88, hg. J. LONGÈRE, 1991), 23-52.

D. Schulen und Universität

I. Die Anfänge – II. Die Entstehung der Universität – III. Die führende Rolle der scholastischen Philosophie und Theologie – IV. Die Wandlungen des Spätmittelalters. Universität und Königtum.

I. DIE ANFÄNGE: Gegen Ende des 11. Jh. hatte die P.er Kathedralschule (→Domschulen) einigen Ruf gewonnen, v. a. dank des Unterrichts von →Wilhelm v. Champeaux. Raschen Aufschwung nahmen die P.er Schulen in der 1. Hälfte des 12. Jh. Sie zogen nun bereits Studenten aus der ganzen Christenheit an. Die Kathedralschule entwickelte sich insbes. auf den Gebieten der Bibelauslegung (sacra pagina) und der →Artes liberales. Wichtigste Träger des Artes-Unterrichtes und namentl. der zukunftsweisenden →Dialektik waren aber die privaten Schulen, die, ausgehend von der epochalen Lehrtätigkeit →Abaelards, in großer Zahl im Bereich des Petit-Pont und der Montagne Ste-Geneviève entstanden. Andere angesehene Schulen bildeten sich im Umkreis der Abteien St-Victor und Ste-Geneviève. In der 2. Hälfte des 12. Jh. bestanden in P. auch Schulen für Recht und Medizin. Alle diese Lehranstalten waren, zumindest theoret., der Autorität des Kanzlers der Kathedrale Notre-Dame (die Schulen der 'Montagne' dagegen Ste-Geneviève) unterworfen; dieser verlieh den neuen Magistri ihre 'licentia docendi'.

Am Ende des 12. Jh. waren Studentenzahlen, Prestige und Ausstrahlungskraft der P.er Schulen so sehr angewachsen, daß der überkommene institutionelle Rahmen nicht mehr genügte. Magister und Studenten ertrugen die Vormundschaft des Kanzlers nur mit Mühe; in ihrem tägl. Leben waren sie mit vielerlei Schwierigkeiten konfrontiert. Die Erweiterung des Wissens durch den Zustrom der aus dem Arabischen oder Griechischen neu übersetzten Texte (→Übersetzungen), insbes. der →Physik und →Metaphysik des →Aristoteles, bedrohte die traditionelle Einteilung und Hierarchie der Disziplinen. Die Kirche wie auch die örtl. P.er Magistri waren von dieser beunruhigenden Neuentwicklung alarmiert. Die Umwandlung der Schulen in eine →Universität sollte die Wiederherstellung der Ordnung gewährleisten, ohne aber den Aufschwung als solchen in Frage zu stellen.

II. DIE ENTSTEHUNG DER UNIVERSITÄT: Diese Transformation war großenteils das Werk der Magistri und Studenten selbst. Vielleicht schon vor 1200, spätestens ab 1208-10 schlossen sie sich auf freiwilliger Basis zu einer Genossenschaft zusammen, die bald den Namen 'universitas magistrorum et scolarium Parisiensium' tragen sollte. Ziel dieser Vereinigung war die Sicherung der gegenseitigen Hilfe (v. a. gegen eine oft feindselige Bevölkerung), die Verhandlungen mit den Autoritäten (in erster Linie dem Bf. und seinem Kanzler), die Erwirkung von Rechten und Privilegien, die Autonomie begründen sollten (insbes. Einführung einer von den Magistri gesteuerten →Examensordnung), die innere Organisation der universitären Disziplin mittels allgemeinverbindl. Statuten (obligator. Lehrveranstaltungen, einheitl. Examensvorgaben). Rasch fand die Univ. P. die Anerkennung und Unterstützung des Papstes; der päpstl. Legat →Robert de Courçon verfaßte 1215 die ersten Statuten, die 1231 feierlich von Papst Gregor IX. bestätigt wurden (»Parens scientiarium«); die Univ. war damit im wesentl. unmittelbar päpstl. Jurisdiktion unterstellt. Obwohl sich das Kgtm. der Probleme bewußt war, die die massive Zusammenballung universitärer Kräfte am linken Seineufer für die öffentl. Ordnung bot, gestand es um 1200 den Magistern und Studenten das dem Klerus vorbehaltene →privilegium fori zu.

Das Ensemble der Universitätsinstitutionen in P. bildete sich zw. 1220 und 1260 aus. Es entstanden: die vier →Nationes (Frankreich, Normandie, Picardie, England), auf sie sich die Magistri artium verteilten; der →Rector als Oberhaupt der Univ., gewählt aus den Nationes; die →Fakultäten (Artes, Theologie, Kanonistik, Medizin, die drei letzteren mit einem →Dekan an der Spitze). Dieser institutionelle Aufbau erfuhr in der Folgezeit kaum noch Veränderungen und diente zahlreichen Univ.en West- und Mitteleuropas als Vorbild. Schwierigkeiten traten im Verlauf der Entwicklung auf, v. a. durch den konfliktreichen Integrationsprozeß der →Studia von Bettelorden in die theol. Fakultät; der offene Widerstand einiger Professoren aus dem Säkularklerus führte zur offenen Krise (1250–56), die durch ein schroffes Machtwort des Papsttums zugunsten der Bettelorden beendet wurde.

III. DIE FÜHRENDE ROLLE DER SCHOLASTISCHEN PHILOSOPHIE UND THEOLOGIE: Die Artistenfakultät galt als vorbereitender Studiengang; sie umfaßte die größte Zahl junger Studenten und Magistri. Weder die →Grammatik (mit Ausnahme der gelehrten →'Modisten') noch die Fächer des Quadriviums hatten hier großen Stellenwert, gelehrt wurden vielmehr →Dialektik (nach dem aristotel. »Organon«) und →Philosophie (Physik, Metaphysik, Ethik), deren Unterricht trotz des erst 1255 definitiv aufgehobenen Verbots (→Aristotelesverbote) ebenfalls auf Aristoteles und seinen arab. Kommentatoren, v. a. →Averroës, beruhte. Der Aufschwung der philos. Studien drängte zahlreiche Magistri artium in den Jahren nach 1260 zur Forderung nach voller intellektueller Autonomie. Doch wurde dieses Bestreben 1277 von Bf. Étienne →Tempier entschieden verurteilt, auf Betreiben von Theologieprofessoren.

Die Theologie wahrte somit ihre dominierende Stellung. Der ungemein umfangreiche Lehrstoff basierte auf dem Studium der Bibel und der Sentenzen des →Petrus Lombardus; der Unterricht in diesen letzteren war weitgehend den →Baccalaren anvertraut, während sich die Magistri Bibelexegese und Leitung der →Disputationen vorbehielten. Ab Mitte des Jahrhunderts nahmen die Magistri der Bettelorden eine dominierende Stellung ein; die Dominikaner traten im Gefolge von →Albertus Magnus und →Thomas v. Aquin als Protagonisten einer rationalen Theologie auf, die eine Versöhnung von Glauben und Vernunft, chr. Offenbarung und weltl.-philos. Erkenntnis anstrebe; die Franziskanertheologen (→Bonaventura) blieben dagegen der augustin. Tradition verpflichtet und beobachteten wachsam die Gefahren eines integralen Aristotelismus.

Wesentlich geringer war die Ausstrahlung der Fakultäten des kanon. Rechts (der Unterricht des gemeinen bzw. röm. Rechts war in P. 1219 als zu weltl. untersagt worden, seine Pflegestätte war →Orléans) und der Medizin; trotz beachtl. Studentenzahlen hinkten sie stets den Univ. Italiens und Montpellier nach.

Auf den Gebieten der scholast. Philosophie und Theologie blieb P. dagegen von unübertroffener Autorität. Das Papsttum, das P. zum 'studium generale' schlechthin machte und vor 1360 auf dem Kontinent keine weiteren theol. Fakultäten einrichtete (der Einfluß →Oxfords und →Cambridges blieb ein durchweg insularer), erkannte die universalist. Stellung der Univ. P., der wichtigsten Helferin des Papsttums in allen Fragen der Doktrin, in vollem Umfang an. Der geographisch ungemein weitgestreute Einzugsbereich der Univ. P., der das gesamte Europa nördl. der Alpen einschloß, bestätigte konkret ihre Rolle als Schule der ganzen Christenheit.

IV. DIE WANDLUNGEN DES SPÄTMITTELALTERS. UNIVERSITÄT UND KÖNIGTUM: In der Epoche →Philipps d. Schönen (1285–1314) ging das Kgtm. dazu über, in wichtigen staatl. Fragen die Meinung der Univ. einzuholen; diese dehnte somit ihren Einfluß auf den polit. Bereich aus. Zugleich aber begannen die für die Universitäten des SpätMA charakterist. Wandlungen Platz zu greifen.

Es wäre unangemessen, hier nur von »Niedergang« sprechen zu wollen. Die Studentenzahlen blieben hoch; sie betrugen um 1400 wohl ca. 4000 Magistri und Studenten (davon ca. 3000 bei den Artisten), hinzu traten mehrere hundert weitere Mitarbeiter an der Univ. oder ihrem Umkreis (Pedelle, Buchhändler, Kopisten); diese Zahlen dürften sich um 1500 noch erhöht haben. Auch blieb das Ansehen der Univ. hoch, ihre intellektuelle Dynamik, namentl. im 14. Jh., beachtlich. Waren die Bettelordenstheologen eher auf dem Rückzug, so knüpfte eine Reihe großer Denker aus dem Säkularklerus (→Johannes Buridanus, Nicole →Oresme, Pierre d'→Ailly, →Johannes Carlerius de Gerson u. a.) an die thomist. Synthese an, führte in P. (mehr oder weniger von →Wilhelm v. Ockham inspirierte) Ansätze des →'Nominalismus' ein und eröffnete neue Wege für eine autonome Entwicklung der naturwiss. Disziplinen (Physik, Astronomie), verbunden mit neuen, weniger intellektualist. theol. Vorstellungen (Freiheit, Gnade, Heil), was die Zuwendung zu polit. und ekklesiolog. Problemen förderte. Allerdings stellten diese Innovationen den scholast. und traditionell aristotel. Bezugsrahmen nicht in Frage, wie sich auch die Univ. P. nur zögernd dem →Humanismus (→Rhetorik, Kenntnis der →Griechischen Sprache und Lit.) öffnete. Seine Verbreitung erfolgte daher außerhalb der Univ., der es auch nicht leichtfiel, sich auf die umwälzende neue Technologie des →Buchdrucks einzustellen.

Die wichtigsten Wandlungen waren polit. Natur. Im 14. Jh. verstand sich die Univ. P. noch als Institution der Christenheit; sie beriet daher (und tadelte bisweilen) die avignones. Päpste. Das Gr. →Abendländ. Schisma versetzte dieser universalist. Grundhaltung einen entscheidenden Schlag. Unter dem Druck des Kgtm.s mußte die Univ. Partei ergreifen – und verlor damit ihre Autorität in den Ländern röm. Obödienz (England, Italien, Deutschland, Polen). Ehemalige P.er Magister wechselten an die neuen, nun mit P. rivalisierenden Univ. über (→Prag, →Wien, →Erfurt, →Heidelberg, →Köln, →Krakau). Auf den Konzilien v. →Pisa, →Konstanz und →Basel versuchten die P.er Doktoren, nochmals eine führende Rolle zu spielen, doch war das Scheitern des Konziliarismus letztendl. auch ihr Scheitern. Der Gunsterweise und Benefizien eines geschwächten Papsttums beraubt, kroch die Univ. rasch unter den Schutzmantel des mächtigen Kg.s v. Frankreich.

Im 15. Jh. war der Einzugsbereich der P.er Univ. ein nahezu rein frz. geworden; einzig die Studenten und Magistri einiger westl. Randbereiche des Reiches (Holland, Rheinland) bildeten die nicht unbeträchtl. dt. (bis 1440 engl.) Nation. In Frankreich bedrohten andererseits junge Rivalinnen (→Caen, Bourges, Poitiers) die Ausstrahlungskraft von P.

Die wachsende »Nationalisierung« trieb die Univ. zur unmittelbaren Einschaltung in die polit. Auseinandersetzungen in der Endphase des →Hundertjährigen Krieges, doch ihre unglückl. (aber der vorherrschenden Stadtpariser Haltung entsprechende) Parteinahme für die angloburg. Faktion (Jean →Petit, Prozeß →Jeanne d'Arc) brachte sie bei Kg. →Karl VII. in dauernde Mißgunst. Schon seit →Karl V. (1364–80) hatte das Kgtm., das aus dem Universitätsmilieu zahlreiche seiner Räte und hohen Beamten rekrutierte und der Univ. Gnadenerweise zukommen ließ, Kontrolle über das universitäre Leben ausgeübt. Kgl. Beamte bekämpften im gerichtl. und fiskal. Bereich die »Mißbräuche«, die aus den Privilegien der Univ. erwachsen waren. Unter Karl VII. (1422–61) und Ludwig XI. (1461–83) wurde der kgl. Zugriff drückender; die Univ. wurde, namentl. durch die Reform von 1452 (→Estouteville, Guillaume d'), in die neue Ordnung des Kgr.es eingebunden. Die »falschen Studenten« wurden davongejagt; kgl. Gerichte konnten sich in alle Streitigkeiten der Univ. einschalten; bald erfaßte die Staatsaufsicht auch die Lehrinhalte (Verbot des Nominalismus, 1474–81).

Innerhalb dieses polit. Wandlungsprozesses spielten die Kollegien (→Collegium) eine wachsende Rolle. Die ersten (Sorbonne, 1257) waren ledigl. Herbergen für unbemittelte und begabte Studenten. Die Gründung des Collège de Navarre durch die Kgn. v. Frankreich und Navarra (1305) markiert das beginnende Interesse der Zentralgewalt an diesem Typ der universitären Institution. Das Kgtm. war bestrebt, Einfluß auf die sich vermehrenden weltl. Kollegien (12 im 13. Jh., 37 im 14. Jh., 12 weitere im 15. Jh.) zu gewinnen. Das z. T. rigorose »Exercitium« der Kollegien (Aussiebung der Anwärter, strenge Disziplin, Internatssystem) entsprach den Zielen der kgl. Politik: Verstärkung der öffentl. Ordnung, sorgsame moral. und intellektuelle Ausbildung der künftigen administrativen Elite des Kgr.es.

Um 1500 war die Univ. P. immer noch eine machtvolle und dynam. Institution, die aber, trotz der scheinbaren Kontinuität ihrer Institutionen, ihren Charakter zutiefst gewandelt hatte.
J. Verger

Lit.: RASHDALL I, 269–584 – H. DENIFLE–E. CHATELAIN, Chartularium Universitatis Parisiensis, 4 Bde, 1889–99; Auctarium Chartularii Universitatis Parisiensis, 6 Bde, 1894–1964 – G. LEFF, P. and Oxford Univ. in the 13th and 14th c.s, 1968 – Die Auseinandersetzungen an der P.er Univ. im 13. Jh., Misc. Med. X, 1976 – S. GUENÉE, Bibliogr. de l'hist. des univ.s françaises des origines à la Révolution, Bd 1, 1981 – S. C. FERRUOLO, The Origins of the Univ.s. The Schools of P. and their Critics. 1100–1215, 1985 – J. VERGER, Hist. des univ.s en France, 1986 – M. TANAKA, La nation anglo-allemande de l'Univ. de P. à la fin du MA, 1990 – A. L. GABRIEL, The P. Studium. Robert of Sorbonne and his Legacy, 1992 – Gesch. der Univ. in Europa. I, MA, hg. W. RÜEGG, 1993, passim.

Paris, Verträge.

1. **P., Vertrag v.**, 1229 →Meaux-Paris, Vertrag v.

2. **P., Vertrag v.**, 1259. Dieser entscheidende engl.-frz. Vertrag wurde am 28. Mai 1258 zw. →Heinrich III. v. →England und →Ludwig IX. v. →Frankreich geschlossen, am 4. Dez. 1259 von Heinrich III. ratifiziert. Der Kg. v. England verzichtete definitiv auf seine Rechte über Anjou (→Angers), →Maine und →Touraine, seine Titel eines Hzg.s v. →Normandie und Gf.en v. Anjou erloschen. Dagegen leistete er den ligischen Lehnseid für das Hzm. →Guyenne (4. Dez. 1259). Ludwig IX. trat an England alle als Lehen oder Allodialgut gehaltenen Besitzungen in den Diöz. →Cahors, →Limoges und →Périgueux ab. Die Rechte Englands an →Quercy und →Agenais wie auch die Lehnshuldigungen für →Bigorre, →Fezensac und →Astarac wurden gesondert geregelt. An England zurückfallen sollten: das Agenais (als Wittum der Johanna, Gemahlin des Fs.en →Alfons v. Poitiers), das Quercy (wobei eine Inquisitio klären sollte, ob es tatsächl. zur Dos gehöre), die →Saintonge s. der Charente (einst von Ludwig VIII. aus engl. Besitz erobert), unter der Voraussetzung, daß die legitimen Rechte Englands bewiesen werden konnten. Bedingung für die Rückgabe an England sollte der kinderlose Tod Alfons' und seiner Gemahlin sein, der am 21. bzw. 22. Aug. 1271 eintrat. Daraufhin wurde am 23. Mai 1279 zu Amiens ein Vertrag zw. Eduard I. v. England und Philipp III. v. Frankreich geschlossen, der einen Teil der Streitfragen regelte: Agenais und Saintonge (s. der Charente) fielen an England zurück; für Rouergue und Quercy wurde die Inquisitio erst 1286 abgeschlossen. Der Vertrag v. P., in friedensstiftender Absicht ausgehandelt, war nach den Worten von PETIT-DUTAILLIS in Wahrheit ein »Brandherd der Zwietracht«.
E. Lalou

Q.: Arch. nat. J 918 n° 7, J 829 n° 8 – Lit.: A. TEULET–P. DELABORDE, Layettes du Trésor des chartes, 1875, III, 411 n° 4416 – M. GAVRILOVITCH, Étude sur le traité de P. de 1259, 1899 – CH. PETIT-DUTAILLIS, Hist. du M-Â. L'essor des états d'Occident (Hist. gén., hg. G. GLOTZ, 1937) – P. CHAPLAIS, English Medieval diplomatic practice, 1982, n° 289.

3. **P., Vertrag v.**, 1303. Dieser am 20. Mai 1303 zw. →Eduard I., Kg. v. →England, und →Philipp IV., Kg. v. →Frankreich, geschlossene Vertrag stellte den Frieden zw. den beiden Souveränen wieder her. Die →Gascogne, die seit 1294 von den Gefolgsleuten des Kg.s v. Frankreich besetzt war, wurde an den Kg. v. England zurückgegeben. Die Gesamtheit des Vertragswerks wurde am 8. Sept. 1303 zu Amiens beschworen; der Kg. v. England mußte dem Kg. v. Frankreich für Aquitanien den Lehnseid leisten. Zur Bekräftigung des Vertrags wurde →Isabella, die Tochter Philipps IV., mit Prinz →Eduard (II.) verlobt.
E. Lalou

Q.: Arch. nat. J 633, n° 15 – TH. RYMER, Foedera, conventiones ..., Record commission, 1816–69, I² 947 – Lit.: E. LALOU, Les négociations diplomatiques avec l'Angleterre sous le règne de Philippe le Bel (La 'France anglaise' au MA, Actes du 111ᵉ congr. nat. des sociétés savantes 1986, 1988), 325–355.

Paris, Matthew → Matthaeus Paris

Paristrion (auch Paradunabis/-on), eine als Katepanat bzw. Dukat organisierte byz. Provinz (→Thema), welche die Region zw. der unteren Donau, etwa von →Vidin bis hin zum Delta, und dem →Balkan-Gebirge umfaßte und – mit Unterbrechungen infolge häufiger Invasionen – von ca. 1000 bzw. 1020 bis ca. 1185 bestanden haben dürfte; ihr Dux (oder Katepano) hatte seinen Sitz in Dristra/→Durostorum.
G. Prinzing

Lit.: Oxford Dict. of Byzantium, 1991, 1589 – N. BĂNESCU, Les duchés byz. de P. (Paradounavon) et de Bulgarie, 1946 – V. TĂPKOVA-ZAIMOVA, Dolni Dunav – granična zona na vizantijskija zapad/Le Bas-Danube – zone frontière de l'Occident byz., 1976 – H.-J. KÜHN, Die byz. Armee im 10. und 11. Jh., 1991, 223–226.

Parlament, Parliament (s. a. Parlement)
I. Allgemein – II. England – III. Irland – IV. Schottland – V. Nord- und Mittelitalien – VI. Königreich Sizilien und Neapel – VII. Ungarn – VIII. Bosnien – IX. Serbien.

I. ALLGEMEIN: P., partiell, aber mit großer Nachwirkung seit dem 13. Jh. gebrauchter Begriff für die längst in wohl ganz Europa üblich gewordenen, zumindest ursprgl. vom Kg. einberufenen Versammlungen bevorrechtigter und/oder hervorragender, bald z. T. auch fachkundiger Männer, mit zunächst umfassender Aufgabenstellung im Kg.sdienst. In demselben und im folgenden Jh. werden in den modernsten Ländern gemäß deren Verfassungsdifferenzierung überwiegend »polit.« (nicht gleichbedeutend mit gesetzgebenden) und überwiegend judikative Aufgabenstellungen unterscheidbar. Das vergleichende Verständnis dieser Versammlungen ist aus verschiedenen Gründen erschwert, infolge der anfängl. unpräzisen Begrifflichkeit der Q. gemäß dem Hervorwachsen der Versammlungen aus der elementaren Situation der kgl. Umgebung (→curia, →Hof), infolge von lange Zeit unreflektiert übernommenen Grundvorstellungen aus dem modernen Parlamentarismus und infolge unterschiedl. akzentuierter Forsch.straditionen der einzelnen Länder. Jedenfalls ist das Phänomen nur genet., nicht systemat. begreifbar, am abstraktesten als bedeutsames Wegstück der unvermeidl. scheinenden Differenzierung herrscherl. Handelns angesichts zunehmender Staatsaufgaben und dann auch angesichts von deren Teilung mit den mithandelnden Kräften im Land (→Stände). Die Begriffsgesch. von P. (frz. *parlement*, mlat. parliamentum, »klass.«-lat. rückübersetzt oft colloquium, aber auch andere sinnverwandte Worte) weist nicht viel mehr aus als die Modernität des frz. und – wohl schon zuvor – des damals frz.sprachigen engl. polit. Vokabulars. Charakterist. sind das Eindringen von lat. parlamentum als Bezeichnung des dt. Hoftags (neben anderen älteren Termini) seit Kg. Adolf v. Nassau und das Verschwinden am Regierungsantritt Karls IV.

Ohne Vorstellung von einem Endziel haben sich diese Versammlungen gemäß den individuellen Herausforderungen ihres Landes Schritt für Schritt entfaltet. Für den »polit.« Zweig der P.e waren die meist militär. begründeten Geldnöte der Kg.e am wichtigsten. Die hierbei wohl bemerkenswerteste Verfassungsentwicklung war der Zugewinn an Legitimität der P.e durch kgl. Privilegien oder einfach durch den fakt. Erfolg des Fortbestehens über längere Zeit. Die Chronologie der P.sgesch. ist außer von Entwicklungsstand des Landes und seiner Ereignisgesch. auch von dessen Größe abhängig. So trat der →Reichstag im weitgedehnten und wenig kohärenten Reich erst spät (seit ca. 1470), später als die dt. Landtage, ins Leben. Auch dem Reichstag ist nur fakt., nicht originäre Legitimität zuzusprechen. Die Aussagen der Theoretiker (bes. seit dem 14. Jh.) über angebl. weit zurückreichende Konsensprinzipien, gar im Hinblick auf das Volk, sind bestenfalls als flankierend zu verstehen: die konkrete Auswirkung auf die tatsächl. pragmat.-prakt. ma. P.sgesch. war gering. Nicht einmal in den großen →Konzilien des 15. Jh. sind überzeugende Gedanken über Repräsentation nach annähernd modernem Verständnis zu finden. Das Beschlußverhalten der P.e und ihre Verfahrenstechniken werden immer noch gern anachronist. mißverstanden. Am besten begreift man sie als Ausdruck des polit. Kräftespiels auf der Basis von Tauschgeschäften und des Kampfes um die Verteilung der Lasten. Im Hinblick auf die Gegenwart ist zu bedenken, daß ma. »polit.« P.e zwar – da wie in der Moderne in der Mitte des Staatswesens oder nahe bei ihr stehend – den Volksvertretungen von heute vorgearbeitet haben mögen, aber von ihnen durch den tiefen Graben der seit der Aufklärung neufundierten Grundformen legitimer Staatlichkeit (Freiheit, Gleichheit, Volkssouveränität, Demokratie) getrennt sind. Selbst einzelne moderne Merkmale isoliert zurückzuverfolgen, scheint unzulässig.

P. Moraw

Lit.: I. Höss, Parlamentum (Hist. Forsch. für W. Schlesinger, 1974), 570–583 – P. Moraw, Hoftag und Reichstag von den Anfängen im MA bis 1806 (P.srecht und P.spraxis in der Bundesrepublik Dtl., hg. H.-P. Schneider – W. Zeh, 1989), 3–47 – J. Miethke, Polit. Theorien im MA (Polit. Theorien von der Antike bis zur Gegenwart, hg. H.-J. Lieber, 1991), 47–156.

II. England: 'Parliamentum' war einer der Begriffe, die von kgl. Schreibern und Chronisten für bestimmte, von engl. Kg.en einberufene Versammlungen gebraucht wurden. Das erste bekannte Beispiel erscheint für eine Zusammenkunft des Rates von Heinrich III., der um einige Ebf.e, Bf.e, Äbte, Earls und Barone erweitert wurde, wenn ein Rechtsprozeß entschieden werden mußte, mutmaßl. von den anwesenden Richtern (1236). Derartige erweiterte Ratsversammlungen des Kg.s (King's →Councils) fanden wahrscheinl. regelmäßig statt, vielleicht wenigstens zweimal im Jahr. Gleichzeitig wurde die Bezeichnung 'Parliamentum' gelegentl. für die großen Versammlungen der Prälaten und Magnaten gebraucht; das früheste bekannte Beispiel ist 1237, als eine Steuer als Gegenleistung für eine Bestätigung der →Magna Carta gewährt wurde. Gewählte Mitglieder, die die shires (→*knights*) und boroughs vertraten, wurden 1265 und 1275 ins P. geladen (→House of Commons), häufiger dann seit 1295 (→Model Parliament). Der Traktat →»Modus tenendi parliamentum« (1322?) weist darauf hin, daß die Commons regelmäßig am P. teilnahmen (→Community of the Realm). Als man 1341 begann, die Serien der P. Rolls zu führen, wurde das Wort 'P.' nur für Versammlungen gebraucht, an denen neben gewählten Commons auch Lords teilnahmen, die in separaten Räumen tagten, gewöhnl. in Westminster (→Lords, the House of). Vertreter des niederen Klerus wurden ebenso ins P. geladen, wobei einige Prokuratoren entsandten, doch zogen es die meisten vor, in den Standesvertretungen des Klerus zusammenzutreffen (→Convocations v. Canterbury und York).

Obwohl das P. sich nun zu einer festen Institution entwickelt hatte, fanden P.s nur statt, wenn sie durch kgl. →*writs* einberufen worden waren. Das P. wurde beendet, wenn der Kg. seine Teilnehmer entließ. Die meisten P.s tagten nicht lange, bes., wenn zwei oder mehrere P.s im Jahr stattfanden. Seit 1341 herrschte eine jährl. Einberufung vor, doch tagten die P.s kaum länger als drei oder vier Wochen. Im 15. Jh. fanden sie nicht so häufig statt. Die engl. Kg.e beriefen P.s ein, wenn sie zusätzl. Einkünfte benötigten, gewöhnl. in Kriegszeiten. Ein Statut v. 1340 erkannte die fast 50jährige P.spraxis an und bestimmte, daß eine nationale Steuererhebung nur durch die gemeinsame Bewilligung von Lords und Commons in einem P. gewährt werden konnte. Die gewöhnlichste Form der Steuererhebung in den P.s war die Subsidie, die auf bewegl. Güter erhoben wurde, wobei die Abgaben von Städten und Gft.en proportional festgesetzt wurden. Die größte Einkunftsquelle der Krone waren die Ausfuhrzölle für Wolle und Leder, die zuerst 1275 von einem P. der Lords und Commons bewilligt wurden. Willkürl. Steuererhebungen in Notzeiten durch Eduard I. und Eduard III. führten zu Protesten. Eduard III. gestand schließl. 1362 zu, daß keine Abgaben für Wolle oder andere Waren ohne die Zustimmung des P. erhoben werden durften. Um 1470 stellte John →Fortescue fest, daß die engl. Kg.e ohne Zustimmung des P. weder Steuern erheben noch Gesetze ändern konnten. Für Eduard I. war das P. eine von mehreren Möglichkeiten, seine Statuten zu veröffentlichen. Die baronialen Opponenten Eduards II. (→Ordainers) wollten 1311 den Kg. mit regelmäßigen P.s kontrollieren. Das Statut v. York, das die Ordinances widerrief, bestimmte jedoch 1322, daß Angelegenheiten, die den Kg. und sein Kgr. betrafen, vom Kg. den Lords u. a. in P.s entschieden werden sollten. Diese Regelung, daß nur in P.s verabschiedete Statuten Geltung besaßen, erkannte man 1354 an.

In der Frühzeit des P. wurden zahlreiche, an den Kg. gerichtete Petitionen eingereicht, hauptsächl. von Einzelpersonen und Körperschaften, die Begnadigung oder Rechtshilfe bei Beschwerden erhofften, oft gegen kgl. Beamte. Seit dem frühen 14. Jh. unterstützten die Commons Klagen allgemeinerer Art, bis schließlich dem Kg. diese Petitionen (*common petitions*) auf einer ausgefertigten

Urk. (Roll) überreicht wurden. Seit 1343 zeichnete man diese Petitionen und die Antworten des Kg.s in der P. Roll auf. Die Petitionen der Commons als allg. Mittel der Rechtshilfe bildeten, nachdem sie vom Kg. und von den Lords gebilligt worden waren, die Grundlage für Statuten. Seit dem 15. Jh. wurde der größte Teil der Gesetzgebung von den Commons im P. angeregt. Mit der Zunahme von Prozeßvorschriften für private Klagen wurden nach der Mitte des 14. Jh. weniger private Petitionen dem P. eingereicht, und die Funktion des P. als bedeutendster Gerichtshof zeigte sich nun eher in seiner Gesetzgebung (→Engl. Recht). Common petitions gegen Mißstände in der Verwaltung führten zum Eintreten der Commons für Reformen in der kgl. Regierung, manchmal waren sie sogar mit Kritik an ihren Kompetenzen verbunden (so 1340 und 1401–06; →England, D). Das →Good P. klagte 1376 die korrupten Ratsmitglieder an (→Impeachment). Bei den wichtigsten polit. Aufgaben bat der Kg. jedoch die Lords um ihren Rat, nicht nur während der P.s, sondern auch in den Great →Councils. Echte P.s waren aber diejenigen, die zur Legitimierung von Staatsstreichen, einschließlich der Absetzung des Kg.s, und für die Verbannung von besiegten Rebellen einberufen wurden (z. B. Merciless P.; →Appellants). R. L. Storey

Q.: Rotuli Parliamentorum, 6 Bde, 1783 – Statutes of the Realm (Record Comm., Bde 1–2, 1810–28) – *Lit.*: Handbook of Brit. Chronology, 1986³, 536–572 – Hist. Stud. of the English P., hg. E. B. Fryde – E. Miller, 2 Bde, 1970 – G. L. Harriss, King, P. and Public Finance in Medieval England to 1369, 1975 – H. G. Richardson – G. O. Sayles, The English P. in the MA, 1981 – The Engl. P. in the MA, hg. R. G. Davies–J. H. Denton, 1981 – A. L. Brown, The Governance of Late Medieval England, 1989.

III. IRLAND: Die erste Erwähnung der Einberufung eines 'parliamentum' im engl. beherrschten Teil →Irlands erfolgte 1264; für die Regierung Eduards I. (1272–1307) sind 21 derartige Versammlungen belegt. Den Kern dieser frühen P.s bildete der Rat (Council), der durch die Einberufung von weltl. und kirchl. Großen verstärkt wurde; angesichts der geringen Zahl weltl. Magnaten in Irland wurden auch kleinere Vasallen und selbst manche größeren Aftervasallen zum P. aufgeboten. Die P.s befaßten sich im allg. mit Rechtsfragen und traten gelegentl. gesetzgeberisch hervor; vor 1300 wurden Fragen der Steuerbewilligung *(taxation)* in keiner als P. bezeichneten Versammlung behandelt. 1297 wurden Repräsentanten der Gft.en *(counties)* und freien Lordships *(liberties)* zum P. aufgeboten, 1299 Vertreter der Städte; dies war aber bis zur Mitte des 14. Jh. keine feststehende Praxis; 1371 traten (anders als im engl. P.) Vertreter der niederen Geistlichkeit hinzu. Im Unterschied zu England wurde unerlaubtes Fernbleiben mit einer Buße geahndet; dessenungeachtet sank die Zahl der Teilnehmer kontinuierlich, analog zur Schrumpfung der angloir. Kolonie. Am Beginn des 14. Jh. besuchten wohl noch ca. 90 Laien das P., am Ende des 15. Jh. nur mehr 15 weltl. Peers; die Zahl der im P. anwesenden Oberhäupter geistl. Häuser sank von ca. 20 (um 1370) auf sechs (Mitte des 15. Jh.).

Im SpätMA trat das P. stärker gesetzgebend hervor, war aber in erster Linie mit zweitrangigen Fragen befaßt (ein großer Teil der engl. Gesetzgebung wurde kraft kgl., nicht parlamentar. Autorität auf Irland angewandt) und widmete sich den unmittelbaren Problemen der Regierung und Verwaltung Irlands. 1495 beschloß das ir. P. unter dem Druck des kgl. Beauftragten Sir Edward →Poynings eine Reihe von Acts, durch die es effektiv dem kgl. engl. Rat (→Council) unterworfen wurde; von nun an konnte ein ir. P. nur mehr kraft bes. kgl. Erlaubnis, unter dem Großen Siegel, zusammentreten, und ein beschlossenes Gesetz mußte zunächst von Kg. und Council genehmigt werden. G. MacNiocaill

Lit.: H. G. Richardson–G. O. Sayles, The Irish P. in the MA, 1952.

IV. SCHOTTLAND: Auch das schott. P. entwickelte sich aus Zusammenkünften des kgl. Rats (King's Council) im 13. Jh. Der Rat Kg. Wilhelms d. Löwen wird bereits 1173 als sein *plenier parlement* bezeichnet, was darauf hindeutet, daß das Wort, eigtl. ein Spitzname, seinen Ursprung im 12. Jh. hat. Seit den 30er Jahren des 13. Jh. erscheint in der Regel der Ausdruck 'colloquium', der in Schottland, wo Lat. vertrauter war als Frz., bevorzugt wurde. Beide Termini bezeichneten eine größere und feierlichere Versammlung als es die informelle Gruppe der kgl. Beamten und Ratgeber darstellte, die regelmäßig vom Kg. einberufen wurde. Bereits im 13. Jh. entschied das P. über weltl. Angelegenheiten und wurde mit polit. Belangen (einschließl. der Gesetzgebung), der Diplomatie, der Anhörung und Verurteilung bei Rechts- sowie schweren Kriminalprozessen betraut. 1290 untersagte das P. (bestehend aus 12 Bf.en, 12 Earls, 34 Kl. vorstehern und 50 Baronen) für den Fall, daß die kindl. Kgn. Margarete Eduard of Caernarfon (den späteren engl. Kg. Eduard II.) heiraten sollte, die Abhaltung von P.s außerhalb Schottlands, wenn diese über schott. Angelegenheiten verhandelten. 1291–96 geriet das schott. P. unter engl. Einfluß, hauptsächl. bei der Ernennung von Auditoren, die Beschwerden und Petitionen anhörten, aber auch bei der Aufzeichnungspraxis von Beschlüssen und Urteilen. Die Bezeichnung 'Parliamentum', die in England üblich war, ersetzte den Begriff 'colloquium', der zuletzt 1317 erschien. Man darf davon ausgehen, daß zw. 1304 und 1326 Landbesitzer (→*freeholders*, liberetenentes) im P. anwesend waren. 1328 wurden Vertreter der *burghs* (→*boroughs*) zum P. geladen, um der Steuererhebung zuzustimmen. Bis 1357 ist ihre Anwesenheit gelegentl. belegt, dann war ihre Teilnahme offenbar üblich. Das P. bildete immer eine einzige Kammer, in der die »drei Stände« vertreten waren: der Klerus (Bf.e und Vorsteher der führenden geistl. Institutionen), die Magnaten (Earls [seit 1398 auch Dukes], Barone oder seit dem Ende der Regierung Jakobs I. »Lords of P.«), die Bürger (zw. 1–6 Vertreter), die jeden kgl. Burgh repräsentierten. Der kgl. Kanzler (bis zu den 40er Jahren des 15. Jh. gewöhnl. ein Geistlicher – nur 1340 besaß ein Laie das Amt) hatte den Vorsitz. Jakob I. versuchte, die Zusammensetzung des P. nach engl. Vorbild zu ändern, indem er die Teilnahme von zwei (oder mehreren) Kommissaren anordnete, die für jedes *sheriffdom* 1428 gewählt werden sollten, doch wurde dieses Vorhaben niemals ausgeführt. An der Wende des 15. Jh. war die Macht des P., unabhängig von der Krone zu handeln, erhebl. reduziert auf die Ernennung eines Ausschusses (seit den 60er Jahren des 15. Jh. mit Vertretern von jedem Stand), der die vom P. zu behandelnden Angelegenheiten im voraus vorbereitete und nach dem Ende des P. über die Durchführung der Beschlüsse die Aufsicht führte. Es war für die Krone relativ einfach, ihren Einfluß auf diesen Ausschuß (»Committee of the articles«) geltend zu machen. Mitte des 13. Jh. bis 1496 scheint das P. (unter Alexander II. und Alexander III. zunächst als colloquia belegt) vermutl. zwei- oder dreimal im Jahr getagt zu haben, wenigstens aber einmal im Jahr. Die Sitzungen dauerten ein bis drei Wochen. 1424–96 tagte das P. gewöhnl. einmal alle zwei Jahre. Nach 1496 reduzierte Jakob IV. drast. die Anzahl der P.sitzungen, er hielt zw. 1504 und 1513, seinem Todesjahr, nur drei P.s ab. G. W. S. Barrow

P. und Lit.: The Acts of the P.s of Scotland, 12 Bde (Record Comm., 1814–75) – R. RAIT, The P.s of Scotland, 1924 – An Introduction to Scottish Legal Hist., Stair Sic., Bd. 20, 1958, bes. 321–340 – W. C. DICKINSON, Scotland from the earliest Times to 1603, 1961 – A. A. M. DUNCAN, the early P.s of Scotland, SHR 45, 1966, 36–58.

V. NORD- UND MITTELITALIEN: Repräsentative Versammlungen bildeten sich in Nord- und Mittelitalien im MA nur in den peripheren Gebieten mit Regierungen monarch. Zuschnitts wie in Piemont, Friaul und im Kirchenstaat. In der Toskana, in Venetien und in der Lombardei verhinderten das Hegemoniestreben der Stadtkommunen sowie ihre Fähigkeit, auch die Interessen der adligen Schichten des Territoriums zu integrieren (ohne dem Landadel dabei jedoch Raum zu lassen, sich als eigene, polit. wirksame Schicht zu konstituieren), eine derartige Entwicklung.

Zur größten Entfaltung gelangten die parlamentar. Institutionen in Friaul: Seit dem Ende des 13. Jh. entstand dort ein System der Zusammenarbeit zw. der Regierung des Patriarchen v. →Aquileia und dem P. (*Colloquio*), das mit umfassenden fiskal., finanziellen, judikativen und legislativen Kompetenzen ausgestattet war. Das friulan. P. war in vier »Ordines« – Adel und Ministerialität (seit 1475 vereinigt), Klerus und Gemeinden – gegliedert und wurde formell vom Patriarchen oder von dessen Stellvertreter einberufen. 1269 bildete es das *Consiglio* aus, zunächst als zeitl. befristet agierende Kommission mit Sonderaufgaben, seit dem 14. Jh. als ständiges Regierungsorgan. Auch nach der Eroberung Friauls durch Venedig (1418–20) blieben sowohl Colloquio (1475 mit einer ständigen Kanzlei ausgestattet, *Cancelliere della Patria*) wie Consiglio erhalten, dessen Mitglieder den Titel *Deputati della Patria* annahmen. Die Verlagerung der Entscheidungsgewalt nach Venedig beraubte jedoch das P. in der gesamten nachma. Zeit der Möglichkeit, eine aktive Politik zu entfalten.

In dem cismontan. Herrschaftsgebiet Savoyens entwickelte sich im Lauf des 13. Jh. ausgehend von den feudalen Curiae der Gebiete, die der Herrscherdynastie unterstanden, ein P., in das neben den Vasallen des jeweiligen Grundherrn aus dem Laienstand oder dem Klerus auch Vertreter der Gemeinden einbezogen wurden. Seit dem 14. Jh. nahm es die Züge einer festen Institution an. Seit 1342 erhöhte sich die Häufigkeit der im Namen des Hzg.s einberufenen Versammlungen, erreichte jedoch nie einen festen Turnus. Es gab auch keinen feststehenden Tagungssitz. Die Versammlung, an der der Klerus nur selten teilnahm, konsolidierte in dieser Zeit ihre auf die traditionellen fiskal. Belange und auf die Verteidigung des Landes beschränkten Kompetenzen. Infolge der Schwäche des Herrscherhauses übernahm die Versammlung im Lauf des 15. Jh., trotz der häufigen Abwesenheit des Klerus bei den Sitzungen, nach frz. Vorbild als *Tre stati* (»Drei Stände«, →États) bezeichnet, auch legislative und allgemeinpolit. Aufgaben und entwickelte ein eigenes Netz diplomat. Beziehungen zu den Nachbarstaaten. Dieser Machtzuwachs war jedoch nur von kurzer Dauer: die fremden Besatzungen während der Kriege um Italien und die Errichtung einer absolutist. Herrschaft durch Emanuel Philibert (1559) brachten die gesamte Institution in die Krise.

Auch in der Mgft. →Mon(t)ferrat kam es im 14. Jh. zur Entwicklung eines P., die durch die Geldnöte der Herrscher und den dadurch zunehmenden Steuerdruck gefördert wurde. Die parlamentar. Versammlung verlor im 15. Jh. ihre – ohnehin nur beschränkten – Kompetenzen infolge der zunehmenden Machtkonzentration in den Händen der Dynasten und wurde nach der Eingliederung des Territoriums in das Gebiet der Mgf.en v. Mantua (1533) völlig aufgehoben.

Im Kirchenstaat entwickelten sich repräsentative Institutionen v. a. in der Mark Ancona, wo die Existenz eines P.s offiziell von den →Constitutiones Aegidianae anerkannt wurde (1357). Es handelte sich dabei um ein reines Verwaltungsorgan, das vom Rector der Mark einberufen wurde. Bis zum späten 14. Jh. umfaßte es Klerus, Feudalherren und Vertreter der Gemeinden, danach nur mehr letztere. Von Sixtus V. 1585 reorganisiert, bestand dieses P. bis zum Anfang des 19. Jh., besaß jedoch nie echte polit. Entscheidungsgewalt.

C. Belloni

Lit.: Enc. Diritto XXI, 724–757 (A. MARONGIU) – P. S. LEICHT, Il P.o friulano (1224–1420), 1917 – A. BOZZOLA, P.o del Monferrato, 1926 – A. TALLONE, P.o sabaudo, Patria Cismontana I, (1286–1385), 1928 – P. S. LEICHT, Il P.o friulano nel primo sec. della dominazione venez., RSDI XXI, 1948, 6ff. – A. MARONGIU, Il P.o in Italia nel Medioevo e nell'età moderna, 1962 – D. CECCHI, Il P.o e la congregazione provinciale della Marca di Ancona, 1965 – W. P. BLOCKMANS, A Typology of Representative Institutions in late mediev. Europe, JMed.Hist. 4, 1978, 189–215 – H. G. KOENIGSBERGER, P.i e istituzioni rappresentative negli antichi Stati it. (Storia d'Italia. Annali I, 1981), 577–613.

VI. KÖNIGREICH SIZILIEN UND NEAPEL: In Sizilien kann man erst seit der Regierungszeit Martins I. (1392–1409) von einem P. im eigtl. Sinn sprechen. Weder die Versammlung in Ariano, in der Roger II. 1140 die bekannten →Assisen, noch der Tag von Melfi, auf dem Friedrich II. 1231 den Liber constitutionum (→Liber Augustalis) promulgierte, sind als »Parlamenta« anzusehen. Beide Versammlungen waren nur »curiae« von fideles, die einberufen worden waren, um den Untertanen die Majestät des Herrschers vor Augen zu führen und um die promulgierten Verordnungen öffentl. zu machen. Friedrich richtete 1234 curiae ein, die regelmäßig zweimal im Jahr tagen sollten, wo gegen eventuellen Amtsmißbrauch der kgl. Magistrate das Gericht angerufen werden konnte. Nicht wesentl. unterschieden sich davon wohl die »generalia colloquia« von 1282 in Palermo, auf denen Peter III. v. Aragón als Herrscher anerkannt und über die Finanzierung des Kriegs gegen die Anjou beraten wurde, und die von Jakob II. 1283, 1286 und 1288 einberufenen curiae. Gleiches gilt auch für die Zeit Friedrichs III. Dieser »institutionalisierte« durch die Konstitution »De generali curia semel in anno facienda« (1296) die jährl. Einberufung einer Versammlung von Vertretern des Lehnsadels und der »syndici«, die die Städte der Krondomäne repräsentierten. Diese Versammlung sollte als Rechtsinstanz bei eventuellen Fehlern oder Nachlässigkeiten der kgl. Amtsträger dienen und zwölf »nobiles et prudentes homines« ernennen, die bei Kapitalverbrechen richten sollten. Friedrich v. Aragón verpflichtete sich außerdem, die Geschicke Siziliens, Kriegserklärungen und den eigenen Thronverzicht betreffende Entscheidungen nicht ohne den Konsens seiner Untertanen zu treffen, und erklärte, daß er ebenso wie diese den in den Versammlungen beschlossenen Gesetzen unterliege. Nach den Colloquia der Jahre 1296, 1299, 1307, 1309, 1314, 1316, 1318, 1319 und vermutl. 1320, die in verschiedenen Städten der Insel abgehalten wurden, bildete sich erst in der Zeit der beiden Martin das P. als streng definiertes polit. Organ heraus. Martin I., der mit seinem Regierungsantritt die Periode der »vier Vikare« abschloß und die monarch. Zentralgewalt wiederherstellte, gab 1397–98 der parlamentar. Versammlung eine neue Struktur. Das P. von Sizilien gliederte sich nach dem Vorbild der aragones. und katalan. →Cortes in drei Sektionen: die militär. (die aus den Trägern der Lehen in capite bestand), die kirchl. (Ebf.e, Bf.e, Äbte und Religiosen, die

Lehen oder Pfründen innehatten, die unter kgl. Patronanz standen) und die domaniale Sektion (Vertreter der Städte und bewohnter Gebiete, die zur kgl. Domäne gehörten). In dem in Syrakus 1398 abgehaltenen P. akzeptierte der Herrscher in Anerkennung der repräsentativen Funktion der drei Sektionen und auf ausdrückl. Wunsch der Vertreter der Krondomäne die Vorschläge der Vertreter der Städte hinsichtl. der Wahl von sechs seiner zwölf Ratsherren (consiliarii). Die domaniale Sektion brachte auch Gesetzesvorschläge ein, die der Herrscher Kapitel für Kapitel, d. h. Artikel für Artikel entweder ohne Änderungen approbierte (durch ein feierl. placet) oder ablehnte. Auf demselben P. wurde ferner die Teilnahme der höchsten Staatsbeamten an den Arbeiten der Versammlung festgesetzt und es wurde den Parlamentariern, die bei den Versammlungen nicht anwesend sein konnten, nach aragones. Vorbild gestattet, einen Vertreter zu bevollmächtigen. Damit begann die sog. »Hispanisierung des siz. Parlaments«, die durch die Macht, Initiativen zu ergreifen, gekennzeichnet war, die die »curiae« der vorangehenden Epoche nicht besessen hatten. Nach der Versammlung in Syrakus, auf der Struktur, Zusammensetzung und Funktionen des P. Gestalt gewannen, wurde lange Zeit kein P. mehr einberufen. Eine neue Phase in der Entwicklung dieser Institution wurde nach 1412 eingeleitet, als Sizilien im Schiedsspruch v. →Caspe seine Selbständigkeit verlor und ein Vizekgr. wurde. Unter Alfonso »il Magnanimo« in der 1. Hälfte des 15. Jh. wurde das Prinzip eingeführt, daß das P. dem Herrscher ein »donativum« zu geben hatte, um das kgl. Placet für Kapitel oder für Privilegien zu erwirken. Die Kapitel wurden auf diese Weise »leges pactionatae«.

Im festländ. Teil des Regnum fanden in der Zeit der Anjou vereinzelt Colloquia statt. In den Gebieten citra farum erlebte die Institution des P. ebenfalls unter Alfonso il Magnanimo, jedoch später als Sizilien, einen neuen Impuls. 1443 wurden in Benevent und in Neapel curiae abgehalten, auf denen nur die baroniale Komponente vertreten war; obgleich es sich dabei nicht um regelrechte Parlamenta handelte, besaßen sie gleichwohl große polit. Bedeutung. Bei dieser Gelegenheit legte der Herrscher näml. sein Programm einer Reform des Rechtswesens und der Wiederherstellung des Friedens im Land vor und verlangte außerdem beträchtl. finanzielle Leistungen von den Baronen. Die Barone forderten hingegen den aragones. Herrscher, der keine legitimen Nachkommen hatte, auf, seinen natürl. Sohn →Ferrante zu seinem Nachfolger zu ernennen. Ebenfalls in der Regierungszeit von Alfonso il M. trat das P. 1446 und 1451 zusammen. Obgleich auch unter seinen Nachfolgern Versammlungen abgehalten wurden, hatte das P. anscheinend keine so zentrale Bedeutung wie im polit. Leben Siziliens. Diese Bedeutung erreichte es in den festländ. Gebieten der Span. Monarchie, die gewöhnlich als Kgr. Neapel bezeichnet werden, erst im Lauf des 16. Jh. D. Novarese

Lit.: Enc. Diritto 31, 1981, 733–734 [A. MARONGIU] – C. CALISSE, Storia del p.o in Sicilia dalla fondazione alla caduta della monarchia, 1887 – L. GENUARDI, P.o sic., I, 1924 – A. MARONGIU, L'istituto parlamentare in Italia dalle origini al 1500, 1949, 123–132, 157–162, 200–213 – F. GIUNTA, Momenti di vita parlamentare nella Sicilia aragonese, La coesistenza nel Medioevo, 1968, 119–133 – G. D'AGOSTINO, P.o e società nel Regno di Napoli, sec. XV–XVII, 1979 – V. D'ALESSANDRO, Sulle assemblee parlamentari della Sicilia mediev., ASSO 80, 1984, 5–17 – M. GANCI, Il p.o del Regno di Sicilia, ASS 17–18, 1991–1992, 5–20.

VII. UNGARN: Kgl. Gerichtstage, auf denen der Adel seine Beschwerden vorbringen konnte, sind wohl seit dem 11. Jh. einberufen worden. 1222 versprach Kg. Andreas II. in der →Goldenen Bulle (Art. 1), diese jährl. selbst oder durch seinen →Palatin am St. Stefanstag (20. Aug.) abzuhalten. Für mehr als 150 Jahre blieben aber Landtage die Ausnahme: Andreas III. lud den Kleinadel zu mehreren P.a (1291, 1298), um gegen die übermächtigen Oligarchen Verbündete zu finden, und unter den →Anjou fanden einige congregationes generales (1318, 1351, 1382, 1383) statt. Erst nach 1384 wurde es üblich, daß der Adel durch 2–4 Abgesandte aus jedem →Komitat vertreten war, doch ließ er sein Recht, persönl. zu erscheinen, mehrfach verbriefen. Unter Siegmund und bes. in den Interregna nach 1439 wurden jährl. Landtage zur Regel, die sich als »Vertreter des gesamten Staatskörpers« betrachteten. Da die Städte nur selten (nach etwa 1464 fast nie) und der niedere Klerus kaum jemals an den Landtagen teilnahmen, bestand das ung. P., wenn es überhaupt diesen Namen verdient, im wesentl. aus einem Stand, dem Adel. Magnaten und Prälaten berieten sich als Mitglieder des kgl. Rates gesondert, zählten aber zu den Mitgliedern des Reichstags, denn sie gehörten jurist. zum gleichen Stand. Seit 1439 bestand der Landtag auf dem Recht, den Herrscher zu wählen. Steuerbewilligung wurde zum wichtigsten Thema der Landtage unter Matthias I. Corvinus, der aber Dekrete, auch über Steuern, oft ledigl. unter Mitwirkung des kgl. Rates, erließ. Zur Zeit der Jagiellonen nahmen viele Landtage, an denen Tausende von Mitgliedern des Komitatsadels meist als Gefolge der verschiedenen Magnatenparteien teilnahmen, einen tumultartigen Verlauf. Der Versammlungsort, eine Wiese unweit von Pest (»Rákos-Feld«), wurde zum Synonym für Aufruhr. Beschlüsse faßten allerdings weiterhin die Magnaten, denn die ärmeren Adligen konnten den langen Verhandlungen nicht beiwohnen und kehrten meist vor Verabschiedung der Dekrete heim. J. M. Bak

Lit.: J. HOLUB, La représentation politique en Hongrie au MA (Études présentées à la Comm. Int. pour l'hist. de l'assemblée d'états 18, 1958), 77–121 – GY. BÓNIS, The Hungarian Feudal Diet (10th–18th Centuries), RecJean Bodin 25, 1965, 287–307 – J. M. BAK, Kgtm. und Stände in Ungarn im 14.–16. Jh., 1973.

VIII. BOSNIEN: In den einheim. Q. erscheint für Landtag stanak oder zbor ('Versammlung'), in it. und lat. Q. consiglio, concilio, università, collegio, universale colloquium u. ä., der dort vertretene Adel des Landes repräsentierte »sva Bosna, sav rusag bosanski« ('ganz Bosnien', 'das ganze bosn. Land'; »rusag« von ung. ország 'regnum'). Wegen der dominierenden Rolle der Magnaten sprechen it. Q. in Entsprechung zur Terminologie in Ungarn auch von der università dei baroni u. ä. Der stanak, zu dem seit dem 14. Jh. genauere Informationen vorliegen, fand meistens im Frühling statt; ihn berief in der Regel der Herrscher ein. Die Magnaten wurden von ihrem Gefolge, dem niederen Adel ihres Gebietes, begleitet und bestimmten den Verlauf der Versammlung, an der weder Vertreter der verschiedenen Konfessionen noch eines »dritten Standes« teilnahmen. Der stanak beanspruchte das bes. seit dem Ende des 14. bis zur Mitte des 15. Jh. wahrgenommene Recht auf Herrscherwahl und -absetzung und beschloß die Krönung des bosn. Herrschers zum Kg. Er entzog Magnaten wegen Untreue ihr Eigengut und vergab neues erbl. Eigen. Der stanak bestimmte auch die Grundzüge der Außenpolitik.

M. Blagojević

Lit.: M. DINIĆ, Državni sabor srednjevekovne Bosne, Posebna izdanja SANU 231, 1955.

IX. SERBIEN: In den einheim. Q. erscheint für Landtag sabor oder zbor, seltener sabranje oder sanam ('Versammlung'), in lat. Q. consilium oder synodus. Vorformen dieser Versammlungen waren möglicherweise die Heertage in den späteren Gebieten des serb. Nemanjidenreiches (Raška, Hum, Travunien, Duklja), die wahrscheinl. den Herrscher aus einer der Sippen wählten. Außerdem nahm der sabor im Nemanjidenreich Elemente der Kirchensynode auf, so waren an ihm Adel und Klerus beteiligt. Der Herrscher berief den sabor ein, der serb. Ebf. bzw. Patriarch lud die Kirchenvertreter ein. Der sabor tagte anläßl. der Herrscherkrönung, bei der Bestimmung eines Nachfolgers oder der Abdankung des Herrschers, bei Wahl und Weihe des serb. Ebf.s bzw. Patriarchen, bei der Verabschiedung wichtiger Gesetze, bei der allg. Bestätigung aller Einzelprivilegien, bei der Einrichtung großer Kl.-grundherrschaften und bei der Ausrufung eines Kriegszugs gegen Häretiker. Erst nach der Beratung mit den vornehmsten weltl. und geistl. Teilnehmern gab der Herrscher seine Entscheidungen bekannt, der sabor bestätigte sie und verlieh ihnen Rechtskraft. Noch unter Fs. →Lazar und seinen Nachfolgern behielt der sabor seine Funktion. M. Blagojević

Lit.: T. TARANOVSKI, Istorija srpskog prava u Nemanjićkoj državi I, 1931 – N. RADOJČIĆ, Srpski državni sabori u srednjem veku, 1940 – B. NEDELJKOVIĆ, O saborima i zakonodavnoj delatnosti u Srbiji u vreme vladavine cara Stefana Dušana, 1975 – S. ĆIRKOVIĆ, S'bor. Zur Gesch. der Ständeversammlungen bei den Südslaven (Fschr. G. STÖKL zum 60. Geburtstag, 1977), 58–64.

Parlatorium → Kloster B

Parlement, oberster kgl. Gerichtshof im Kgr. →Frankreich (s. a. →Parlament).

I. Die Anfänge – II. Das Parlement in der Krise – III. Die Reformen des 15. Jahrhunderts – IV. Rechtliche und politische Funktion – V. Das Parlement als ständische Körperschaft.

I. DIE ANFÄNGE: Erlasse Ludwigs d. Hl. für die Beamten der →Krondomäne (1258/60) stehen am Beginn einer Reform der kgl. →Justiz, die das P. aus der Curia regis (→Curia IV) herauslöste. Der Rechtsentscheid durch *bataille* (→Zweikampf) wurde untersagt; an seine Stelle trat der →Inquisitionsprozeß (*enquête*) mit Zeugen- und Urkundenbeweis, verbunden mit der Möglichkeit der →Appellation an den kgl. Gerichtshof. Zwar konnte das Kgtm. den auf der Vorstellung des →Gottesurteils beruhenden gerichtl. Zweikampf nicht völlig ausschalten, doch häuften sich rasch die Appellationen an den →Conseil royal, dessen Gerichtssitzungen zu einer festen Institution wurden, die den Namen P. erhielt und das Palais de la Cité als ständigen Sitz zugewiesen bekam; hier entstand auch ein →Archiv, in dem die Entscheidungen (*Arrêts, arresta*), die als Grundlage der Rechtsprechung dienten, gesammelt wurden. Das Personal des P. wurde zwar für jede Sitzung neu ernannt, doch bildete sich bald ein Stamm professioneller *maîtres*, die im gelehrten Recht (gemeines und kanon. Recht) ausgebildet waren. Durch die →Ordonnance v. 1345 wurde die Stabilisierung des P. erreicht. Es bestand von nun an aus professionellen, vom Kg. ernannten und besoldeten Räten, deren Zahl festgesetzt war; ebenso erfolgte eine Einteilung in drei Kammern: *Grand Chambre, Chambre des Enquêtes* und *Chambre des Requêtes*, mit festen Amtsräumen im Palais de la Cité. Die angesehenste der drei Kammern war die Grand Chambre, der bei wichtigen und feierl. Anlässen der Kg. in Person vorsaß und die vor ihren Schranken die in frz. Sprache gehaltenen Plädoyers der Anwälte (→*Avocat du roi*) hörte, die Arrêts (jährl. etwa 100–150) erließ und als Ratsgremium tagte. Die Räte der Chambre des Enquêtes erteilten dagegen die Instruktionen für die Durchführung der Prozesse. Die Aufgaben der Chambre des Requêtes bestand v. a. in der Prüfung der Zulässigkeit von Appellationsgesuchen; seit 1364 hatte sie eigene erstinstanzl. Entscheidungsgewalt. Die Kriminalprozesse wurden von einer Delegation von Laienrichtern, die in der Tournelle tagten, gerichtet.

II. DAS PARLEMENT IN DER KRISE: Das Anschwellen der Prozeßflut schadete der Effizienz des P., das zu Beginn des 15. Jh. an seinem eigenen Erfolg zu ersticken drohte. Die eher kleinliche Kritik der →Ordonnance Cabochienne (1413) führte den langsamen Prozeßgang des P. auf Trägheit und mangelnden Einsatz seiner Richter zurück. Das kgl. Schisma von 1418 (→Armagnacs et Bourguignons) zerschnitt das P. in zwei getrennte Institutionen. Die Dissidenten, die den Dauphin →Karl (VII.) aus Paris entführten, gründeten am 21. Sept. 1418 ihr eigenes P., das seinen Sitz in →Poitiers hatte und als Oberhof des sog. 'royaume de Bourges', des frz. Kgtm.s im Exil, fungierte. In Paris löste der Hzg. v. →Burgund, →Jean sans Peur, im Zuge seines Reformprogramms den Gerichtshof formell auf, um ihn für die Wiederaufnahme der Sitzungen (traditionell am 12. Nov., nach dem St. Martinstag) mit einem gesäuberten und erweiterten Personal neu zu eröffnen. Die Einnahme von Paris durch die Armee Karls VII. (1436) stellte die Einheit des P. wieder her.

III. DIE REFORMEN DES 15. JAHRHUNDERTS: Die Restauration des P. wurde erst durch die Ordonnance v. Montils-lès-Tours (1454) vollendet. Dieses in einer langen Reformtradition (→Ordonnance) stehende Gesetz war Ausdruck eines neuen Geistes und des Willens zu evolutionärer Neuordnung: Die Reformatoren forderten Klarheit und Präzision bei der Formulierung der Entscheidungen (*Arrêts*) und →Litterae (*Lettres*) sowie eine an den Leitlinien größtmögl. Effizienz ausgerichtete Arbeitsorganisation. Ausdruck des Reformwillens war auch der Auftrag zur schriftl. Redaktion der →Coutumes sowie die Einrichtung eigener P.s in den Provinzen (Toulouse 1443, Grenoble 1453, Bordeaux 1463, Dijon 1477, Aix 1501, Rouen 1515, Rennes 1554). Als souveräne Gerichtshöfe dehnten sie trotz starker Rivalität des Pariser P. ihren Zuständigkeitsbereich aus; manche der Territorien mit eigenem P. hatten bis dahin nicht zum Kgr. Frankreich gehört (Dauphiné, Provence) und daher auch nie einen Prozeß vor dem Pariser P. geführt. Die Schaffung dieser neuen P.s entsprach den Wünschen der Einwohner der von der Hauptstadt entfernten Regionen, förderte die Lebenskraft der Provinzhauptstädte und sicherte bei geogr. Dezentralisation eine gewisse institutionelle Zentralisierung.

IV. RECHTLICHE UND POLITISCHE FUNKTION: Als 'cour capitale et souveraine du royaume' erfüllte das P. zu Paris die erste Pflicht des Kg.s, nämlich dem Recht zum Siege zu verhelfen. Seine jurisdiktionelle Kompetenz wurde mittels der Appellationsgerichtsbarkeit, des kgl. Reservatrechts (→*cas royaux*) und der Abstellung von Rechtsmißbräuchen (→*appel comme d'abus*) auf Kosten der seigneurialen und v. a. der kirchl. Jurisdiktion ausgebaut. Dank der am P. tätigen geistl. Räte (die Hälfte des Personals waren Kleriker), die graduierte Kanonisten waren, konnte das P. ein hohes jurisdiktionelles Niveau entfalten und damit sowohl 'ratione materiae' (Eide, Gelübde, Ehe, Benefizien) als auch 'ratione personae' (Jurisdiktionsrecht über bestimmte Kleriker, Feststellung von Status und Privilegien von Klerikern) in die Domäne der kirchl. Gerichtsbarkeit eindringen. In einer auf Ungleichheit gegründeten Gesellschaft, in der städt. und ländl. Gemeinden und Personenverbände dem eigenen Gewohnheitsrecht folgten und ihre Privilegien zur Anwendung brachten, bildete das P. einen Ordnungsfaktor, ebenso aber auch ein Element des Fortschritts.

Die Rolle des P. entsprach dem dominierenden Platz, den die Justizausübung innerhalb des Konzepts des ma. →Königtums einnahm. Aufgabe des P. war es, die kgl. Souveränität zu wahren. Daher spielte das P. z. B. beim Abschluß des Vertrages v. →Brétigny (1360) eine gewichtige Rolle: Da der Kg. v. Frankreich die an Eduard III. v. England abgetretenen Provinzen aus seiner Souveränität entlassen hatte, wurden sie vom P. aus dem Rotulus (*rôle des assignations*) getilgt, um erst ab 1369 wieder darin geführt zu werden (nachdem das P. die Annahme der Appellationen aus der →Gascogne beschlossen hatte). Das P. ging somit über rein jurist. Befugnisse hinaus; auf seine übergreifende polit. Bedeutung weist auch die Publikation und Registrierung (*enregistrement*) der kgl. Ordonnanzen durch das P. hin.

V. DAS PARLEMENT ALS STÄNDISCHE KÖRPERSCHAFT: Mit vier Präsidenten, 30 Räten an der *Grand Chambre*, 40 an den *Enquêtes*, acht an den *Requêtes*, Prokurator (→*procureur*) und kgl. Advokaten (→*avocat du roi*), Vollstreckungsbeamten (→*huissiers*) bildete das P. eine Körperschaft von ca. 100 Mitgliedern, jeweils zur Hälfte bestehend aus Klerikern und Laien. Seit 1366 wurden die Präsidenten durch den Hof gewählt, seit 1391 wurde regelmäßig die Wahl der Räte durchgeführt. Nach 1454 trat das Wahlprinzip gegenüber Formen der Kooptation deutlich zurück (Erblichkeit, resignatio in favorem), bedingt durch die Formierung des Parlementsmilieus, das bei aller Verfestigung aber neuen Talenten nie ganz verschlossen blieb. Das P. eröffnete seinen Beamten immer stabilere Karrieren, geregelt durch gezieltes Beförderungswesen und abgestufte Besoldung (10 Sous pro Tag für Kleriker, 20 für Laien). Seit dem späten 14. Jh. trugen die 'gens du P.' eine Amtstracht, die sich am kgl. Vorbild orientierte; Zeichen ihrer Würde war das hermelingefütterte Barett. Umzüge und Sitzungen waren hierarchisch nach Dienstalter geordnet.

Die Beamten des P. waren durch enge Solidaritätsbeziehungen, beruhend auf einem Netz von Heirats- und Verwandtschaftsallianzen, verbunden; diese Bindungen wurden durch gemeinsame Studien (Pariser Kollegien, Kanonistikstudium in Paris, Legistikstudium in→Orléans) und eine einheitl. Kultur und Lebensform gefestigt. Sie erwirkten beim Kg. als Anerkennung ihrer der Öffentlichkeit geleisteten Dienste umfassende Privilegien, die ihnen ermöglichten, als Körperschaft ihren Platz innerhalb des →Adels einzunehmen. Solidarisch und unabhängig, durchdrungen vom Bewußtsein seiner Größe wie vom Gefühl seiner Einheit, bildete das P. das erste 'grand corps de l'État'. F. Autrand

Lit.: E. MAUGIS, Hist. du P. de Paris de l'avènement des rois Valois à la mort d'Henri IV, 3 Bde, 1913–16 – A. VIALA, Le P. de Toulouse et l'administration royale laïque (1420–1525), 2 Bde, 1953 – F. LOT–R. FAWTIER, Hist. des institutions françaises au MA, II: Institutions royales, 1957 – J.-P. ROYER, L'Église et le royaume de France au XIVe s. à travers le »Songe du vergier« et la jurisprudence du P. de Paris, 1969 – COING, Hdb. I, bes. 426–428 – J.-L. GAZZANIGA, L'Église du Midi à la fin du règne de Charles VII (1444–61) d'après la jurisprudence du P. de Toulouse, 1976 – F. AUTRAND, Naissance d'un grand corps de l'État. Les gens du P. de Paris (1345–1454), 1981 – English Suits before the Parliament of Paris 1420–36, hg. C. T. ALLMAND–C. A. J. ARMSTRONG, Camden 4th ser., 1982.

Parler. Über den Werdegang Peter P.s, des bedeutendsten Vertreters der Steinmetz- und Baumeisterfamilie, ist bis zu seiner Ernennung zum Dombaumeister des Veitsdomes in Prag wenig bekannt. * 1330 oder 1333 als Sohn des *Heinrich* v. Gmünd, hat er vermutl. seine Lehrzeit beim Vater in Gmünd absolviert. Zwei Stationen seiner Wanderjahre lassen sich mit einiger Wahrscheinlichkeit benennen: Straßburg und Köln, wo er seine erste Frau Gertrud,

Tochter des aus Hamm stammenden und in Köln lebenden Steinmetzen Bartholomäus, kennenlernte. Aufgrund stilkrit. Untersuchungen wird vermutet, daß Peter P. am Bau der von Karl IV. gestifteten Frauenkirche in Nürnberg beteiligt gewesen ist, für die 1352 Bauarbeiten und 1358 die Gesamtweihe bezeugt sind. Auffallend ist, daß die Prager Triforiumsinschrift Peter P. zwar mit Köln und Gmünd in Verbindung bringt, nicht aber mit Nürnberg.

Aufschluß über den weiteren Werdegang Peter P.s gibt die schlecht erhaltene Triforiumsinschrift über Peters Büste im Prager Dom: »Petrus des Heinrich (Sohn), des Parliers aus Köln, des Meisters aus Gmünd in Schwaben, zweiter Magister dieser (der Prager) Fabrica, den Kaiser Karl IV. herbeigeholt hat aus der genannten Stadt und ihn ernannt hat zum Magister dieser Kirche und der damals 23 Jahre alt war und anfing zu wirken 1356 (oder 1353) und der vollendet hat diesen Chor 1386 (richtig: 1385), in diesem Jahr begann er jenes Chorgestühl, und während dieser Zeit begann er auch und vollendete den Chor der (Kollegiatskirche) Allerheiligen (auf dem Hradschin), leitete den Brücken(bau) über die Moldau, begann von Grund auf den Chor von Kolin an der Elbe.«

Peter P. wurde demnach im Alter von 23 Jahren als unmittelbarer Nachfolger des →Matthias v. Arras nach Prag berufen, wo ihm schon bald weitere Bauaufgaben zugewiesen wurden: die Errichtung einer steinernen Moldaubrücke (Grundsteinlegung 1357) und ab 1370 der Bau der Allerheiligenkapelle auf dem Hradschin, der Prager Burg, nach dem Vorbild der Sainte-Chapelle in Paris. Er fertigte wohl auf Befehl des Ks.s das Grabmal des böhm. Kg.s Otakar I. an, für das er 1377 entlohnt wurde. Zudem entwarf Peter den Chor der Bartholomäuskirche in Kolin, der ab 1360 an das frühgot. Langhaus angebaut wurde.

Als »magister fabricae« war er Angestellter des Domkapitels. Ein Anstellungsvertrag ist nicht erhalten, doch lassen die Wochenrechnungen des Prager Domes Schlüsse auf die Entlohnung des Meisters zu: ein festes Jahreseinkommen von mindestens 45 Schock 32 Groschen (56 Groschen Wochenlohn), dazu 8 Schock für neue Kleidung (je 4 Schock »pro veste estivale« und »pro veste hiemale«) und 2 Schock für Brennholz, vermutl. auch freie Wohnung. Die Übernahme weiterer Bauaufträge war ihm nicht untersagt, wie seine Tätigkeit in Kolin zeigt. Für Gutachten und eigenhändige Arbeiten, die außerhalb des normalen Bauvolumens lagen, wurde der Meister zusätzl. entlohnt. Diese Bestimmungen zeigen, daß Peter als Baumeister ein hohes Ansehen genossen hat. Dieses Ansehen spiegelt sich auch wider in seiner Stellung innerhalb Prags, über die das sog. »Prager Stadtbuch« Auskunft gibt. 1360–66 erscheint Peter wiederholt unter den Schöffen des Hradschins; er muß 1360 also Bürger dieser Gemeinde gewesen sein. 1359 erwarb er das erste seiner Häuser auf dem Hradschin. Sein hohes Jahreseinkommen ermöglichte es Peter P. offenbar, ein Vermögen anzusparen und davon bis 1383 mindestens fünf Häuser zu erwerben. Zahlreiche Grundstückstransaktionen und einige Testamente lassen sich nachweisen, mit denen Peter P. Sorge trug für die Kinder aus beiden Ehen und für seine zweite Frau Agnes v. Bür (∞ 1380 oder 1382). Einige Kinder lassen sich später als angesehene Bürger Prags bzw. als Ehefrauen angesehener Bürger nachweisen. Dies alles deutet auf eine hohe gesellschaftl. Stellung der P. familie in Prag hin. Alle Häuser im Besitz Peter P.s lagen auf dem Hradschin, dennoch erwarb er 1379 das Bürgerrecht der Prager Altstadt.

Die an der Südseite des Domes anläßl. der Grundsteinlegung des Langhauses 1392 angebrachte Marmorinschrift nennt »Petro de Gemund magistro fabrice«. Peter war also annähernd 40 Jahre ununterbrochen als Baumeister für den Prager Dom tätig. 1928 wurden das Grab und der Grabstein Peter P.s zusammen mit dem seines Vorgängers Matthias v. Arras entdeckt. Peter ist demnach am 13. Juli 1399 gestorben.

Peters Bruder *Michael* war Steinmetz in Goldenkron und Prag, mehrere seiner Söhne und Schwiegersöhne waren Steinmetzen und wurden bedeutende Werkmeister: sein zweiter Sohn *Wenzel* war Werkmeister in Prag und Wien, sein jüngster Sohn aus erster Ehe, *Johannes*, wurde noch zu Lebzeiten des Vaters 1398 dessen Nachfolger und setzte nach dessen Tod die Arbeiten in Kolin fort; die zweite Tochter Peters war mit dem Steinmetzen Michael v. Köln verheiratet. Aus Peters zweiter Ehe stammt der Steinmetz *Janco/Johannes*. B. Jost/G. Binding

Lit.: J. NEUWIRTH, Die Wochenrechnungen und der Betrieb des Prager Dombaues in den Jahren 1372–78, 1890 – B. SCHOCK-WERNER, Die P. (Die P. und der Schöne Stil 1350–1400, hg. A. LEGNER, Ausst. Kat. Köln 1978), III, 7–11 – B. SCHOCK-WERNER, Peter P., maître d'œuvre à Prague (Les Bâtisseurs des cathédrales gothiques, hg. R. RECHT, 1989), 201–203 – G. BINDING, Baubetrieb im MA, 1993, 242–246.

Parliament → Parlament, Parliament

Parliament of the Three Ages, wohl gegen Ende des 14. Jh. im n. Mittelland entstandenes, vollständig nur in Hs. B.L. Add. 31042 (ca. 1450) überliefertes me. Stabreimgedicht (665 Langzeilen), das mit →»Winner and Waster« zu den frühesten Werken des Alliterative Revival (→Alliteration, C.IV) zählt. Im konventionellen Rahmen einer Traumvision bietet es ein monolog. Streitgespräch zw. den treffend charakterisierten allegor. Figuren der drei Lebensalter des Menschen über deren Wert, doch treten die das eigtl. Thema bildenden Lehren, welche das Greisenalter (Elde) der Jugend und dem Mannesalter am Beispiel der →Neun Guten Helden erteilt und im Vanitas-Gedanken zusammenfaßt, hinter dem Beiwerk bildhafter Naturschilderung, der detaillierten Beschreibung der Jagd aus der Sicht eines Wilderers (Prolog) und der äußeren Erscheinung der Figuren zurück. K. Dietz

Bibliogr.: NCBEL I, 547 – Ed.: M. Y. OFFORD, The P. of the Th. A., EETS 246, 1959 – T. TURVILLE-PETRE, Alliterative Poetry of the Later MA, 1989, 67–100 – Lit.: V. J. SCATTERGOOD, The P., Leeds Stud. in English 14, 1983, 167–181 – J. A. W. BENNETT-D. GRAY, ME Lit., 1986, 51–53.

Parma, oberit. Stadt (Emilia-Romagna), 183 v. Chr. als röm. Kolonie gegründet, erlebte vermutl. im 4. Jh. wie die anderen Städte der →Emilia einen Niedergang u. Bevölkerungsschwund, wie aus der Ansiedlung von Goten im Umland zu erschließen ist (377). An der Wende vom 5. zum 6. Jh. wurde die Ortskirche der Metropolitankirche v. Ravenna unterstellt, und die Stadt erfuhr einen Aufschwung, der an den Maßnahmen der Ostgotenkg.e zur Restaurierung und Erhaltung öffentl. Anlagen (Mauern, Kanäle, Wasserleitungen) ablesbar ist. Neue Krisenzeiten brachten die →Gotenkriege und die Landnahme der →Langobarden, die sich in diesem Gebiet in →Fara- und →Arimannen-Verbänden an befestigten Plätzen niederließen. 590 Sitz langob. Duces, befanden sich P. und sein Umland zur Zeit des aggressiven Exarchen Romanus (589–596) in einer instabilen Grenzlage zw. langob. und byz. Gebiet. Erst 603 brachte Kg. Agilulf durch seinen Schwiegersohn, Hzg. Godescalc, die Stadt wieder unter seine Kontrolle. Zur Zeit Kg. Adaloalds sind kgl. Gastalden in P. bezeugt. In der 1. Hälfte des 8. Jh. wird die strateg. Bedeutung P.s am Schnittpunkt großer Verkehrswege zu Wasser und zu Lande evident: der portus parmisianus am Po entwickelte sich zum Umschlagplatz der Waren aus Langobardia und Romania, die Straße durch die Apenninen (an der Kg. Liutprand in Berceto ein Kl. gründete) verband Langobardia und Tuscia. Die Karolinger ersetzten die langobardischen Duces und Gastalden durch Comites, deren Amtsbezirk auch den n. von Reggio gelegenen Teil des Apennin umfaßte (Bismantova); sie gehörten großen frk. Familien wie den →Supponiden an (Comes Adalgisus 835). Comites sind bis zum Beginn des 12. Jh. bezeugt, obgleich dieses Amt allmählich seine Bedeutung verlor, da die temporale Gewalt des Bf.s von Karlmann bis Konrad II. sich zunehmend erweiterte und sich konkurrierende Gewalten großer Grundherrenfamilien bildeten wie der Attonen (→Canossa, Familie) und der →Otbertiner. Während des →Investiturstreits gingen die mächtigen Bf.e v. P. mit der ksl. Politik konform (Cadalus wurde als →Honorius II. Gegenpapst), bis Bf. Bernardo degli Uberti (1106–36) die Stadt für die Partei der Kirchenreform gewann und seine gfl. Jurisdiktion auf die Cives übertrug (die sich bereits 1037 gegen die ksl.-bfl. Regierung aufgelehnt hatten). Die Führungsschicht der ersten kommunalen Periode (Konsuln sind seit 1140 belegt) bestand aus bfl. Vasallen und/oder Angehörigen der neuen stadtsässigen Schicht von Grundherren und ihren Libellarii (→Livello), die durch die Meliorierungsmaßnahmen in der Poebene ihren Besitz vergrößert hatten. In der Stauferzeit gehörte die Kommune seit 1162 der →Lombardischen Liga an. 1175 ist der erste Podestà bezeugt, Nigro Grasso aus Mailand. Nach dem Frieden v. →Konstanz (1183) verbündete sich P. in den heftigen Kämpfen der Städte der Poebene fast regelmäßig mit Cremona, Reggio und Modena gegen →Piacenza (Konflikt wegen der Kontrolle über das obere Taro-Tal); an dieser »mittelpadanischen Liga« nahm P. im Rahmen einer philoimperialen Politik auch zur Zeit Ks. Friedrichs II. teil. Während des Pontifikats von Innozenz IV. (Sinibaldo Fieschi), der mit bedeutenden lokalen Familien (Rossi, Sanvitali) verwandt war, ging P. zur guelf. Partei über und plünderte und zerstörte 1248 das nahe der Stadt gelegene ksl. Feldlager Vittoria, in dem sich der ksl. Schatz und die Krone befanden. Ende des 12. bis Mitte des 13. Jh. erlebte P. eine Blütezeit mit reger öffentl. Bautätigkeit (Baptisterium, →Antelami, B.; Piazza Comunale, Palazzi und Spitäler), eigener Münze (1207) und mit wachsender Bedeutung der Mercanzia und der ihr unterstehenden *arti* sowie lebhaften religiösen und kulturellen Impulsen (→Salimbene de Adam) und einer komplexen Kodifikation der städt. Statuten (1255). Zw. der Mitte des 13. und der Mitte des 14. Jh. trugen die großen Familien (Rossi, Sanvitali, Correggio, Lupi), die ihre Stärke ihrer militär. Tradition, der beständigen Ausübung des Podestariats in verschiedenen Städten und dem Besitz von Gerichtsbarkeiten und Kastellen im Contado verdankten, heftige Machtkämpfe aus; gleichzeitig schlug die kommunale Politik zunehmend eine popolare Richtung ein, und die ersten Signorien lokaler (da Gente, →Correggio) und auswärtiger Provenienz (→Della Scala, →Este) traten auf. 1346 gelangte P. in den Besitz der →Visconti v. Mailand; von diesem Zeitpunkt an bildete die Stadt bis zum Untergang der →Sforza (1500) – ausgenommen eine kurze Zwischenphase erneuerter kommunaler Freiheit 1447–49 – den äußersten Rand des Mailänder Territorialstaats. Die Herrschaft von Mailand stützte sich auf die gute Beziehung der Hzg.e zu den großen Adelsfamilien. In ihren traditionellen Feudalrechten bestätigt, bestimmten diese das Leben der Stadt (der sie zum Großteil die Kontrolle über den Contado entzogen) und kontrollierten, gestützt auf ihre in den städt. Räten vertretenen Klientel- und Parteigruppen (*squadre*), auch die Autorität der aus Mailand entsandten Amtsträger. P. besaß Anfang des 15. Jh. etwa 15 000 Einw. innerhalb des ca. 6 km langen Mauerrings aus dem 14. Jh.   R. Greci

Q. und Lit.: I. Affo, Storia della città di P., I–IV, 1792–95 [bis 1346] – A. Pezzana, Storia della città di P., I–V, 1837–59 [von 1346–1500] – Cod. diplom. parmense, hg. U. Benassi, 1910 – Le carte degli archivi parmensi dei s. X–XI, hg. G. Drei, I–II, 1924–28 – Le carte degli archivi parmensi del s. XII, hg. G. Drei, 1950 – Chronicon Parmense ab a. MXXXVIII usque ad a. MCCCXXXVIII, hg. G. Bonazzi, Muratori² IX/9, 1942 – Salimbene de Adam, Cronica, hg. G. Scalia, I–II, 1966 – R. Schumann, Authority and the Commune: P. 833–1133, 1973 – V. Fumagalli, Terra e società nell'Italia padana. I secoli IX e X, 1976 – G. Chittolini, La formazione dello stato regionale e le istituzioni del contado. Sec. XIV e XV, 1979 – O. Guyotjeannin, Conflits de jurisdiction et exercise de la justice à Parme et dans son territoire d'après une enquête de 1218, MEFRM 97, 1985, 183–300 – R. Greci, P. medievale, 1992.

Parochialverband → Pfarrei; s. a. → Paruchia (Altirland)

Parodie

I. Begriff. Mittellateinische Literatur – II. Byzantinische Literatur – III. Deutsche Literatur – IV. Romanische Literaturen – V. Englische Literatur – VI. Skandinavische Literaturen.

I. Begriff. Mittellateinische Literatur: Der (im MA nicht gebräuchl.) Terminus in seinem weitesten Sinn bezeichnet ein Werk (oder auch ein Verfahren), dessen bes. Eigenart darin besteht, daß es Merkmale eines Vorbildes nachahmt; insoweit ist er gleichbedeutend mit 'imitatio'. Imitiert wird z. B., weil man dem Ansehen eines Werks huldigen oder sich seiner Vorzüge bedienen will – von solchen Imitationen ist die lat. Lit. des MA durchdrungen. In dieser Bedeutung wird 'P.' auch in der Musik benutzt (ähnl. wie → 'Kontrafakt', ein neues Lied zu einer vorhandenen Melodie; vgl. MGG X, 815–834, Riemann, Sachteil 487f.).

Bei der P. im engeren, eigtl. Sinn ist es auf eine bes. Wirkung abgesehen, die aus dem Kontrast zw. den imitierten, das Vorbild evozierenden Merkmalen und dem eigenen Gehalt des imitierenden Werks entsteht. Das parodierte Werk muß deshalb dem Publikum der P. vertraut sein, gegebenenfalls in einem engeren Kreis, wie es für Carmina Burana 195 und 197 anzunehmen ist. Die in der P. übernommenen Merkmale können sein: Bauform, Melodie, Strophe, Versart, Teile des Wortlauts, eine Terminologie, eine Technik (etwa das Bezugnehmen auf Beispielfiguren, vgl. P. v. Moos, Gesch. als Topik, 1988, 328ff.), meist sind es mehrere Merkmale zugleich. Die durch die Imitation erzielte Wirkung der P. dient der Satire, dem Angriff, der Kritik, der Bloßstellung, dem Spott, vielfach auch dem Scherz und dem lit. Spiel. Kritik und Spott richten sich im MA gewöhnl. nicht gegen das parodierte Werk selbst: Evangelien, Messe und Offizium z. B. werden parodiert, die P.n tasten aber nicht die ehrwürdigen Texte an. Diese sind jedoch bes. gut bekannt, und da sie im höchsten Ansehen stehen, ist der Kontrast zum Inhalt der P. bes. scharf. Das trifft ähnlich auch für andere verbreitete Gattungen zu, wie Hymnus, Sequenz, Predigt, Passio, Planctus, Epitaph, Epos (parodiert im Tierepos), Canones, Dekret, Grammatik (Beispiele bietet Lehmann). Wenn die P. dem Angriff oder dem Spott dient, ist das Ziel meist moral., polit. oder religiös. Fehlverhalten wie in der bitteren Satire der Geldevangelien (z. B. Carm. Bur. 44). Oft allerdings geht es nur um den Scherz – sehr burlesk ist in den Sauf- und Spielermessen (z. B. Carm. Bur. 215), um den Scherz im Dienste der Belehrung in der frühen Cena Cypriani (→ Ps. Cyprian). – Im Kleinen dienen dieselben und andere Texte von hoher Autorität (z. B. → Cato, Donat, überhaupt → Auctores) dem überaus verbreiteten 'parodist. Zitat', wenn etwa Lk 6,38 'gebt, dann wird euch gegeben' als Aufforderung zur Bestechung hingestellt wird oder wenn grammat. Termini für Erotisches stehen ('erot. Grammatik'). Eine bes. Art iron.-parodist. Aufhebung des Textsinnes ist es, wenn in einer Motette gleichzeitig mit dem Preis eines Gegenstandes seine Beschimpfung erklingt (AnalHym 21,201 'Velut stellae' und 202 'Hypocritae, pseudopontifices'). Schließlich können auch Handlungen parodiert werden: als tatsächl. Vollzug in den Begehungen der → Klerikerfeste, als lit. Darstellung im → 'Liebeskonzil von Remiremont' (Walther 20200). – Vereinzelt findet sich Parodistisches bereits in den ersten Jahrhunderten des MA. Die ganze Fülle und Vielfalt der P. erscheint jedoch erst in der Zeit von der Blüte der Lit. des 11./12. Jh. bis zum SpätMA, dessen (angebl.) Sprach- und Denkstil in den humanist. 'Dunkelmännerbriefen' (Epistulae obscurorum virorum) mit großem Erfolg parodiert wurde.   G. Bernt

Lit.: Walther 1174 [Register] – P. Lehmann, Die P. im MA, 1922, 1963² [grundlegend; mit einem Anhang parodist. Texte] – M. Wehrli, Lit. im dt. MA, 1984, 271–284 – La p.: théorie et lectures, Ét. litt. 19, 1986, 153–158 [Bibliogr., nur wenig zum MA] – P. und Satire in der Lit. des MA, 1989.

II. Byzantinische Literatur: Das Mittel der parodierenden Verwendung bestimmter lit. Formen wird in der byz. Lit. vorwiegend zur Verstärkung des kom. Effekts in satir. Schriften eingesetzt, oft auch nur punktuell, etwa durch verfremdete Bibelzitate als Seitenhieb gegen einfältige Kleriker wie in der sog. 'Maushumoreske' (Σχέδη μυός), einem an sich dem Unterrichtsbetrieb angehörenden Stück (wie überhaupt die Grenze zw. Übungsrede und P. nicht immer scharf zu ziehen ist). Eine P. im Vollsinn ist die (wahrscheinl. von Theodoros → Prodromos stammende) »Katomyomachie« ('Katz-Mäuse-Krieg'), die sich der Form der Tragödie (ähnlich wie die antike Batrachomyomachie jener des Epos) bedient, um sich über die bombast. offizielle Kriegsberichterstattung lustig zu machen. Die Transponierung ins Tierreich findet ein gewisses Pendant in volkssprachl. Texten (Vogel-, Fisch-, Obstbuch, Vierfüßlergeschichte), in denen die Tiere bzw. Pflanzen als handelnde Personen, oft auch als Amtsträger bei offiziellen Ereignissen (Gerichtsverfahren, Ratsversammlung, Hochzeit am Ks.hof) auftreten. Michael → Psellos beantwortet das Spottepigramm eines Mönchs Iakobos mit einem streng nach den Regeln der kirchl. Hymnographie gebauten satir. Gedicht. Eine komplette Meßliturgie bildet die parodist. Form des → Spanos ('Messe des Bartlosen'), einer spätbyz. volkssprachl. Satire auf eine bestimmte, heute nicht mehr faßbare Person. Volkstüml. P. en kirchl. Gesänge meist ohne eigtl. satir. Spitze dürften zieml. verbreitet gewesen sein, sind aber nur aus Erwähnungen in der historiograph. Lit. sowie aus nz. Beispielen zu erschließen.   W. Hörandner

Ed. und Lit.: Beck, Volksliteratur, 173–179 – H. Hunger, Der byz. Katz-Mäuse-Krieg, 1968 – J.-Th. Papademetriou, Τὰ σχέδη τοῦ μυός: New Sources and Text, Illinois Stud. in Language and Lit. 58, 1969, 210–222 – H. Eideneier, Spanos, 1977 [maßgebl.] – Oxford Dict. of Byzantium, 1991, 1589 [Parody], 1846 [Satire] – Michaelis Pselli Poemata, rec. L. C. Westerink, 1992, 270–276.

III. Deutsche Literatur: Da eine Dechiffrierung von P.signalen eines Textes vom jeweiligen lit. Bewußtsein der Rezipienten abhängt, ist die Einordnung von Texten als P. en oft umstritten, die Annahme parodist. Elemente im Kontext eines »ernst« gemeinten Werkes läßt sich hingegen meist besser absichern. Weil im Vergleich zum frz. Publikum das dt. im HochMA ein weniger komplexes Lit.verständnis besaß, sind lit. P.en eher seltener anzunehmen. So ist die Str. MF 8,9 (→ Kürenberger) nicht sicher parodist., auch →Wolfram v. Eschenbach 7,11 und das 4. Tagelied müssen nicht als P.en der entsprechenden Gattungen verstanden werden, ebensowenig wie →Walthers v. der Vogelweide Tagelied L 88,9. Die »bäuerl.« Tagelieder bei →Steinmar, dem →Mönch v. Salzburg und →Oswald v. Wolkenstein haben parodist. Charakter, ebenso die Benutzung konventionellen Minnesangvokabulars bei →Neidhart und seinen Nachfolgern, bes. beim →Tannhäuser; in der Neidhart-Tradition reagieren spätere Strophen parodistisch auf die Lieder, Vergleichbares ist für »Zusatzstrophen« auch bei anderen Autoren möglich. Einen Sonderfall erkennen wir in Walthers v. der Vogelweide Übernahme eines Tones von →Reinmar d. A. in L 111,22: der parodist. Charakter wird vornehml. durch die formale Identität hergestellt, eine Praxis, deren weitere Verbreitung nur gemutmaßt werden kann, ebenso wie die parodist. Verarbeitung von Liedformeln und -motiven (Walther L 72,31 nach Reinmar? Selbstparodie L 94,11?). In der höf. Epik erscheint (neben Selbstironie des Autors) Artus in iron.-parodist. Perspektive bei →Hartmann von Aue (»Iwein«) und →Wolfram, ohne daß seine grundsätzl. Vorbildlichkeit revidiert wird. Weiter geht der →Stricker im »Daniel«, wo der »uneigentliche« Gebrauch unterschiedl. Gattungsstereotypen zum Aufbau eines neuen Fiktionsverständnisses dient. Im »Pfaffen Amis« des Stricker werden Elemente des höf. Romans und der Legende parodist. genutzt ebenso wie im →»Pfaffen v. Kahlenberg«. Die aventiurehafte →Dietrichepik bietet zumindest Ansätze parodist. Differenzierung und Relativierung heroischen Verhaltens u. a. durch die Integration von Motiv- und Strukturkomplexen des höf. Romans. Trad. Ort der P. ist nach lat. Vorbild die Tierepik (Reinhart Fuchs/→Renart, Benutzung von entsprechendem Personal z. B. bei Ps.-Walther XXVI, 2,1). Parodist. Möglichkeiten realisieren die Schwankmären, wobei die Diskrepanz zw. erzähler. und ausgesprochener »Moral« nicht immer eindeutig parodist. bewertet werden kann. Stark parodist. Elemente haben Heinrich →Wittenwilers »Ring« und Hermanns v. →Sachsenheim »Mörin«, »Grasmetze« und »Spiegel«, wobei die Gesamtaussage weit darüber hinausgeht. Seit dem 14. Jh. gibt es P.en in Verhaltenslehren (Winsbeke, Cato), auf Predigten und Gebete. Peter →Suchenwirt parodiert seinen eigenen Typ der Ehrenrede und greift damit die alte spruchdichter. Scheltrede auf. Im geistl. Spiel sind v. a. die Juden Ziel von P., aber auch einzelne Stände. Die →Fastnachtspiele der frühen Nürnberger Tradition benutzen für die Geschlechter- (Frauenrollen von Männern gespielt) und Ständesatire parodist. Elemente. In spätma. →Liederbüchern wenden Beischriften Liedinhalte ins Parodist. (Lochamer-Liederbuch), in diesem Kontext gibt es auch Liebesbriefp.en. Legendenp.en wie die von Luther greifen auf ältere Modelle (Legende vom hl. Niemand) zurück, um grundsätzl. Kritik an Formen des Hl.enkults zu üben. Im Bereich der religiösen Polemik der Reformationszeit wird die P. als lit. Mittel breit genutzt, v. a. in der →Narrenlit.; starke Impulse gehen dabei vom gelehrten lat. Bereich aus; volkstüml. Erzählgut wird parodist. genutzt im →»Eulenspiegel«, »Lalebuch« und Verwandtem. V. Mertens

Lit.: J. V. ZINGERLE, Zwei Travestieen, Germania 14, 1896, 405–408 – F. LEHR, Stud. über den komischen Einzelvortrag in der älteren dt. Lit. 1. Die parodist. Predigt [Diss. Marburg, 1908] – F. RANKE, Zum Formwillen und Lebensgefühl in der dt. Dichtung des späten MA, DVjs 18, 1940, 307–327 – H. FROMM, Komik und Humor in der Dichtung des dt. MA.s, ebd. 36, 1962, 321–339 – J. ASHER, Das Tagelied Walthers v. d. Vogelweide (Fschr. H. DE BOOR, 1971), 279–286 – G. HESS, Dt.-lat. Narrenzunft, 1971 – H. P. PÜTZ, Artuskritik in Hartmanns »Iwein«, GRM 22, 1972, 193–197 – P. WAPNEWSKI, Die Lyrik Wolframs v. Eschenbach, 1972 – W. BRÜCKNER, Ausprägungen und Wirkungen von Legende und Antilegende der Orthodoxen und der Kontroversisten (Volkserzählung und Reformation, hg. DERS., 1974), 260–294 – Till Eulenspiegel in Gesch. und Gegenwart, hg. TH. CRAMER, 1978 – K. H. BORCK, Zu Steinmars Tagelied-P. »Ein kneht der verborgen« (Fschr. J. ASHER, 1981), 92–102 – W. KÖPPE, Komik im »Pfaffen Amis«, Wolfram-Stud. 7, 1982, 144–153 – G. SCHWEIKLE, Humor und Ironie im Minnesang, ebd. 7, 1982, 237–251 – K. BERTAU, Wolfram v. Eschenbach, 1983 – W. RÖCKE, Die Freude am Bösen, 1987 – P. und Satire in der Lit. des MA, hg. W. SPIEWOK, Wiss. Beitr. der Univ. Greifswald, Dt. Lit. d. MA 5, 1989 – B. KOENNECKER, Satire im 16. Jh., 1991.

IV. ROMANISCHE LITERATUREN: Die roman. Literaturen entstehen mit dem Bewußtsein der eigenen Unvollkommenheit im Vergleich zu den klassischen Autoren und zu den Vorbildern der chr. Lit.; sie ziehen daher notgedrungen das Chaos der Harmonie vor und betrachten sich in den Zerrspiegeln der Antiphrase und Kontrafazierung. Im gleichen Augenblick, in dem das gewählte Vorbild, dem Publikum wohlbekannt ist, mit seinen bes. formalen und stilist. Eigenheiten ins Gedächtnis gerufen wird, tritt die P. auf, die es durch die Kontrapunktierung seiner eigenen Natur entkleidet und eine unterschiedl. Weltsicht dagegensetzt. Während die Ironie v. a. zum Mittel der Antiphrase greift, um eine verstärkte Wirkung zu erzielen, geschieht dies bei der P. durch die Überlagerung eines Kontextes durch einen anderen; genauer gesagt, kehrt die P. das parodierte Vorbild in sein Gegenteil um (je nachdem ins Komische oder Tragische).

In der ma. *Französischen Literatur* hat sich das Interesse der Forschung auf folgende Texte konzentriert: →»Roman de Renart« (in dem die Technik des höf. Romans, insbes. des »Tristan« und der Epischen Dichtungen, parodiert wurde), →»Richeut« (Epopöe von einer Kupplerin und ihrem würdigen Sohn), »Audigier«, eine skatolog. Parodie der Chansons de Geste; »Lai du Lecheor«, »Mantel Mautaillé«, die die Lais des arthur. Stoffkreises an den Pranger stellen; einige Fabliaux des Spielmanns Garin, der v. a. die Romane des Chrétien de Troyes aufs Korn nimmt; die »Chantefable« →Aucassin et Nicolette, in der die traditionelle Rolle des männl. Helden bzw. der weibl. Heldin in den höf. Romanen und den Liebescanzonen der Troubadoure parodiert wird, »Trubert« des Douin de Lavesne, dessen Zielscheibe v. a. Chrétiens »Perceval« und die Werke des →Robert de Blois sind. In der *Okzitanischen Literatur* wird die P. seit den Anfängen der lyr. Dichtung in einigen Werken →Wilhelms IX. gepflegt (bes. »Farai un vers pos mi somelh«, dem Inhalt nach ein echtes fabliau ante litteram, in seiner Versform hingegen sehr ähnlich den mlat. rythmi caudati continentes); sie ist auch in verschiedenen *gaps* des →Raimbaut d'Aurenga vertreten, ferner in zahlreichen contrafacta des Mönchs v. →Montaudon (Monge del Montaudo), des →Arnaut Daniel, des →Peire Cardenal sowie in verschiedenen anonymen Texten (P. BEC – G. SANSONE). In der *Italienischen Literatur* sind P.n in den Texten der Dichter des 13. und 14. Jh. zu finden, unter denen Cecco →Angiolieri hervorragt, aber auch bei →Dante, »Rime« [bes. die »Tenzone« mit Forese Donati], »Fiore« (Zuschreibung nicht gesichert), »Commedia« [G. GORNI]). →Boccaccio hat die P. nicht nur in »Decameron« (v. a. in den Novellen des 7. Tages) meisterhaft gehandhabt, sondern auch in seiner »Amorosa visione« (F. PETRUCCI NARDELLI) und im »Corbaccio«. Unter den it. Novellisten des späten 14. und frühen 15. Jh. ragen v. a. F. →Sacchetti sowie →Ser Giovanni Fiorentino und Giovanni →Sercambi hervor. In der *Spanischen Literatur* sind die Spuren der ältesten parodist.

Texte offenbar verloren, obgleich sich einige Elemente der P. in der Razón de Amor finden. Die Kunst des →Contrafactum erreicht jedenfalls den höchsten Grad an Raffinement im »Libro de Buen Amor« des Juan →Ruiz. In der ma. *Portugiesischen Literatur* ist die P. v. a. in den →cantigas d'escarnho vertreten, findet sich in den Prosatexten jedoch nur gelegentlich. L. Rossi

Lit.: F. Novati, La p.a sacra nelle lett.e moderne (Studi Crit. e Lett., 1889), 177-310 – C. Lee, I Fabliaux e le convenzioni della p. a (Prospettive sui Fabliaux, 1975), 3-44 – N. Gianetto, Rassegna sulla P. ia in lett., LI 29, 1977, 461-481 – M. Martins, A Sátira na Lit. Mediev. Portug. (Séc. XIII e XIV), 1977 – M. Rose, Parody/Metafiction, 1979 – L. Rossi, A lit. novelística na Idade Média portug., 1979 – Ders., Trubert..., Romanica Vulgaria 1, 1979, 5-49 – G. Genette, Palimpsestes, 1982 – Comique, satire et p. dans la tradition renardienne et les fabliaux, GAG 391, 1983 – P. Bec, Burlesque et obscénité chez les troubadours. Le contre-texte au MA, 1984 – M. Marietti, Imitation et transposition du Décaméron chez Sercambi et Sermini, Réécritures 2. Comm.s, P.s, Variations dans la litt. it. de la Renaissance, 1984, 9-67 – Poesia crítica y satírica del s. XV, ed. J. Rodriguez Puértolas, 1984 – G. Gorni, P.a e Scrittura in Dante, 1986 – F. Petrucci Nardelli, L'Amorosa Visione rivisitata, QM 24, 1987, 57-75 – L. Lazzerini, Il Testo Trasgressivo, 1988 – L. Rossi, Ironia e P.a nel Decameron: da Ciappelletto a Griselda (La Novella Italiana. Atti del Convegno di Caprarola, 1989), 365-405.

V. Englische Literatur: Ird. Paradies und Neues Jerusalem werden im »Land of Cokaygne« (→Kildare-Gedichte; →Schlaraffenland) parodiert. →Chaucer ironisiert Vokabular, Stil und Motive aus der Bibel v. a. in seinen →Fabliaux, wenn auch das Ausmaß umstritten ist. Schweifreimromanzen werden in Chaucers »Sir Thopas« und in →Dunbars »Schir Thomas Norny« persifliert. Chaucers »Nun's Priest's Tale« mit ihrer parodist. Verwendung wiss. und rhetor. Bildung gehört zum *mockheroic*, dessen späte Vertreter wie »The Tournament of Tottenham« sich dem Bauernschwank nähern. P.n der descriptio pulchritudinis (vgl. Chaucer) zeigen »A Mocking Lover's Reply« (B-R 2437 mit 3832), »The Descryuyng of a Fayre Lady« (B-R 1300) oder →Hoccleves »Praise of His Lady« (Übergang ins Obszöne in B-R 2237, 2524). Der Liebesdienst wird umgekehrt in B-R 1280 (vgl. B-R 3879, 1957, und »The Craft of Lovers«, B-R 3761). Beispiele für P.n der Messe liegen mit der Venus- und der Vogelmesse vor (B-R 4186, 357; vgl. B-R 3361 und »The Court of Love«, B-R 4205). Das kyrie eleison und ein Vers des Vaterunsers werden blasphem. abgewandelt (B-R 377, 3443.5). Des Totenoffiziums bedienen sich »On the Death of the Duke of Suffolk« (B-R 1555) und Dunbars »Dregy«. Die Predigtp. (bei der »Frau v. Bath« und in Dunbars »Tretis« mit Beichtp. verbunden) gerät in Lewis 456 an den Rand der Unsinnslit. und impossibilia. Eine Übers. der »Evangiles des Quenouilles« (Lewis 712) wird bald nach 1500 gedruckt. Teufelsbriefe sind ebenfalls bekannt (Lewis 444, 587; vgl. 101, 315). Die Form des Testaments karikiert Dunbar im »Testament of Maister A. Kennedy«, das im Zusammenhang mit Gedichten wie »Colyn Blowbol's Testament« (B-R 4020) und dem »Säuferorden« (B-R 1726) zu sehen ist. Jurist. und grammat. Terminologie setzt →Langland ein, Kasusspielereien finden sich in den →»Gesta Romanorum« und in »Piers of Fulham« (B-R 71). Die Rezeptlit. verspottet →Henrysons »Sum Practysis of Medicyne« (vgl. B-R 813, 1409.1 und »Chester Plays«, Nr. 7). S. a. John→Skelton. K. Bitterling

Bibliogr.: C. Brown-R. H. Robbins [B-R], The Ind. of ME Verse, 1943 [Suppl: 1965] – R. E. Lewis u. a., Ind. of ME Printed Prose, 1985 – *Lit.*: N. F. Blake, The Engl. Language in med. Lit., 1977 – E. Reiss, Biblical P. ... (Chaucer and Scriptural Tradition, ed. D. L. Jeffrey, 1984), 47-61 – Th. Stemmler, My Fair Lady ... (Med. Stud. Conf. Aachen 1983, ed. W. D. Bald-H. Weinstock, 1984), 205-213 – P. Bawcutt, Dunbar the Makar, 1992.

VI. Skandinavische Literaturen: Parodist. Züge scheint im ma. Skandinavien nur die späte mytholog. Dichtung aufzuweisen, wie sie in der Hárbarðsljóð und bes. in der →Thrymskviða vorliegen, während selbst schwankartige Passagen der →Sagalit. kaum zu den Mitteln der P. greifen. Im Gegensatz zu all diesen Werken tritt eine echte P. erst im spätma. Island in den Skíða rima (Skídi-Reime), auf, in welchen eine ganze Reihe älterer heroischer Sagas und mytholog. Gedichte parodiert werden. R. Simek

Lit.: F. Jónsson, Um Skíðarima, ANF 2, 1885 – R. Meissner, Skidis Traumfahrt, Der Wächter 5, 1922 – H. M. Heinrichs, Satir.-parodist. Züge in der Thrymskviða (Fschr. H. Eggers, 1972) – C. J. Clover, Hárbarðsljóð as generic farce, Scandinavian Stud. 51, 1979.

Paroisses et feux, L'état des, 1328. Dieses berühmte Dokument über die Pfarreien und Herdstellen (Haushalte) des Kgr.es Frankreich (→Frankreich, C. II) ist der erste Text, der eine auf Zahlen gegründete Schätzung der Bevölkerung Frankreichs, vor dem demograph. Einbruch der Großen →Pest und damit am Ende der demograph. Aufschwungphase des MA, ermöglicht. Die Erhebung wurde durchgeführt von den örtl. Amtsträgern des Kg.s, den →Baillis und →Seneschällen, auf Weisung des neuen, im April 1328 zum Thron gelangten Kg.s, →Philipps VI. v. →Valois. Neben dem herrscherl. Wunsch, die Zahl der Untertanen kennenzulernen (vgl. auch das heilsgesch. Vorbild der Augusteischen Volkszählung: Lk 2,1), war das Hauptmotiv für diese Erhebung die Einführung einer neuen Steuer, die zur Bestreitung der hohen Kriegskosten (Konflikte mit →England und →Flandern) beitragen sollte. Der Text ist überliefert in Abschriften, die im Bestand der →Chambre des Comptes in Paris erhalten sind; sie führen nur 34 Verwaltungseinheiten des Kgr.es auf, wobei einige Bezirke die Anfragen der Zentralverwaltung nicht beantworteten. Die Lehnsfürstentümer (Hzm. Bretagne, vom Kg. v. England beherrschte Guyenne, Hzm. Burgund, Gft.en Flandern, Blois, Nevers, Bar) und die →Apanagen (Artois, Alençon, Chartres, Évreux, La Marche, Angoulême) waren ausgenommen. Der Text behandelt insgesamt ca. 23 800 Pfarreien und ca. 2 470 000 Herdstellen. Der von der Enquête erfaßte Teil des Kgr.es hatte wohl ca. 12 Mio. Einw. (das gesamte Kgr. ca. 16 Mio., Frankreich in seinem heut. Umfang ca. 21 Mio.). Aufgrund des Dokuments läßt sich auch die Bevölkerungsdichte feststellen: Sie betrug im Durchschnitt 7,87 Herdstellen pro km², während das Bergland der Auvergne nur 5,77 Herdstellen pro km² zählte. Für Paris (mit 61 000 Herdstellen) ergibt sich eine ungefähre Einw.zahl von 200 000–250 000 Einw.; damit war die frz. Hauptstadt im frühen 14. Jh. die größte Stadt Europas. E. Lalou

Q.: Arch. nat. P 2289, 796-803 – *Ed. und Lit.*: F. Lot, L'État des p. et des f. de 1328 (BEC 90, 1929) – Hist. de la population française, hg. J. Dupâquier, 1988, 259-264 – La population de la région parisienne aux environs de 1328, M-Â 1956, 63-91 – Sources d'hist. médiévale, hg. E. Lalou-Gh. Brunel, 1992, 182.

Paröken, in Byzanz seit dem 9. Jh. auftretende und seitdem stark zunehmende Schicht fiskal. an den Boden gebundener, personal freier Bauern, seit dem 11. Jh. die wichtigste soziale Gruppe der ländl. Bevölkerung. Der Begriff ist in den gr. Gesetzen u. a. Übers. für den spätantiken 'colonus liber', die Form des Kolonats (→Kolone) ohne personale Rechtsminderung. Rechtsgrundlage ist das P.recht, ein nicht vom Ks. verordnetes Gewohnheitsrecht (Volksrecht). Durch Langzeitsitzung entsteht aus einem urspgl. Pachtverhältnis eine unauflösl. Dauerpacht. Der Bauer darf nicht mehr vom Boden vertrieben werden, bleibt aber auch aus fiskal. Gründen (Eintrag des

P. ins →Kataster des Grundherren) an den Boden gebunden, der Grundherr, nicht der Bauer selbst, zahlt die Steuern. Der P. ist jurist. voll rechtsfähig, schließt Verträge, fungiert als Zeuge, heiratet, ohne Zustimmung einzuholen, verkauft und verschenkt Eigenbesitz, auch Grund und Boden, der nicht dem P. recht unterliegt. Überzählige Söhne und Töchter sind nicht ortsgebunden. Wichtigste Untergruppen der P., die häufig in den Urkk. nur 'Beisassen' (ἔποικοι, προσκαθήμενοι) gen. werden: zu bes. Dienstleistungen verpflichtete P. (δουλοπαρ., δουλευτοπαρ.); von fremdem Domanialland kommende P. (ξενοπαρ.); P. auf Staatsland (δημοσιάριοι, δημοσιακοὶ παρ.); P., für die im Kataster zu einem bestimmten Zeitpunkt keine Steuer registriert ist (ἀτελεῖς παρ.). G. Weiß

Lit.: OSTROGORSKY, Paysannerie – G. WEISS, Formen der Unfreiheit in Byzanz im 14. Jh. (Actes du XIVᵉ Congr. internat. des Études Byz. II, 1975), 292–295 – A. E. LAIOU-THOMADAKIS, Peasant Society in the Late Byz. Empire, 1977 – G. G. LITAVRIN, Vizantijskoe obščestvo i gosudarstvo v X–XI vv, 1977 – P. LEMERLE, The Agrarian Hist. of Byzantium from the Origins to the Twelfth Cent., 1980 – J. KARAYANNOPULOS, JÖB 30, 1981, 207–237 – N. OIKONOMIDES, Die byz. Duloparoikoi, Symmeikta 5, 1983, 295–302 [neugr.] – M. KAPLAN, Les hommes et la terre à Byzance du VIᵉ au XIᵉ s., 1992, 264–272, passim.

Paros → Naxos und Paros

Parsche, Pferdepanzer aus flexiblem Material, wie Ringelgeflecht, armiertem Leder oder wattiertem Stoff. Sie bestand aus Teilen für Hals, Fürbug und Krupp des Pferdes, die vereinigt oder voneinander getrennt sein konnten. Auf oriental. Vorbilder zurückgehend, trat die P. im Abendland erst im 13. Jh. auf und wurde um 1350 vom →Roßharnisch verdrängt, erhielt sich aber vereinzelt bis ins 16. Jh. O. Gamber

Lit.: W. BOEHEIM, Hb. der Waffenkunde, 1890, 214f.

Partecipazio → Particiaco

Partenreederei, Unternehmensform der Seehandelsschiffahrt, bei der das Schiff mehreren Reedern in Miteigentümergemeinschaft nach Bruchteilen (Parten) gehört, wobei im 14./15. Jh. ¼, ⅛, 1/16 (häufig), 1/32, 1/64 Parten vorkommen. Dahinter steht das Prinzip der Risikostreuung durch Beteiligung an vielen Schiffen mit möglichst kleinen Parten. Unter den Reedern gilt das Mehrheitsprinzip, berechnet nach Partenbesitz. Die Auseinandersetzung der P. erfolgt durch Schiffssetzung, indem die Minderheit der Reeder den Geldwert des Schiffes nach eigener Schätzung festsetzt und die Mehrheit vor die Wahl stellt, das ganze Schiff zu übernehmen oder dem Minderteil zu überlassen. Die zum Betrieb des Schiffes erforderl. Verträge (Ausrüstungsgeschäfte, Heuer- und Frachtverträge) werden von dem seefahrenden Mitreeder, dem Schiffsherrn (Schiffer), im eigenen Namen getätigt, der darüber seinen Partnern Rechenschaft ablegen muß.
G. Landwehr

Lit.: HRG III, 1521ff.; IV, 452 – W. VOGEL, Gesch. der dt. Seeschiffahrt, I, 1915, 374ff. – W. EBEL, Lüb. Kaufmannsrecht, 1951, 98ff.

Parthenay, Stadt in Westfrankreich, Poitou, Zentrum der Landschaft Gâtine (dép. Deux-Sèvres). Ein ältester Siedlungskern entstand wohl um P.-le-Vieux an einem Straßenkreuz und einem Übergang über den Thouet. In einiger Entfernung (ca. 1,5 km) entwickelte sich seit dem frühen 11. Jh. die Stadt P., auf einer durch die Flußschleife des Thouet geschützten Anhöhe. Der →Burgus (*bourg castral*) unterhalb der seit ca. 1020 erwähnten Burg des mächtigen Adelsgeschlechts der Herren v. P. war durch eine eigene Mauer befestigt und beherbergte eine Kollegiatkirche (Ste-Croix, mit sieben Kanonikern), gegr. von den Herren v. P., sowie die Kirche N.-D.-de-la-Coudre (mit erhaltener Fassade), Sitz des Archipresbyterates. Weitere Pfarrbezirke waren St-Laurent (im S) und St-Jean (im N), vor 1000, die von der Abtei Luçon abhängig waren; sie wurden bereits in der Frühzeit durch eine Befestigung von den Vorstädten (*faubourgs*) abgesondert, auch wenn die erhaltene Stadtmauer (mit ihren zahlreichen Türmen) erst dem frühen 13. Jh. entstammt. Die Franziskaner ließen sich im 13. Jh. innerhalb der Mauern nieder. 1454 wurde am Tor der Zitadelle eine Uhr angebracht.

Ein Kreis von Vorstädten umgab seit dem 11. und 12. Jh. die Stadt; im S den Bourg du Marchioux (mercatum) sowie den Bourg du Sépulcre mit Hl.-Grab-Kirche (Zentralbau), Augustinerpriorat Ste-Madeleine und Armenspital (*aumônerie*). Jenseits des Bourg du Sépulcre lag P.-le-Vieux, dessen Kirche von den Herren v. P. an die Abtei →Cormery geschenkt wurde (Ende 11. Jh.). Im N entwickelte sich ein Burgus um die Kirche St-Jacques, die vom Herrn v. P. 1069, wohl infolge einer Wallfahrt nach →Santiago de Compostela, gestiftet wurde; das Jakobsviertel stand mit der Stadt durch Tor und Brücke St-Jacques (13. Jh.) in Verbindung. Ein Kleriker aus P., Aimeri Picaud, könnte Verfasser des berühmten Pilgerführers von 1130–40 sein. P. war durch sein Tuchgewerbe, dessen Erzeugnisse 1076 und während des 12. Jh. in Westfrankreich bezeugt sind, bekannt.

Die Herrschaft (Seigneurie) v. P. kam 1058 an einen jüngeren Sohn der Familie, Josselin, der 1060 Ebf. v. Bordeaux wurde. Diese jüngere Linie, bekannt unter dem Namen 'L'Archevêque', erlosch mit Jean II., der 1419 seine Besitzungen an den Gf.en v. →Poitou, den Dauphin Karl (VII.), abtreten mußte. Karl VII. übertrug die Herrschaft P. 1425 an →Arthur de Richemont, 1458 an Jean, Bastard v. Orléans, Gf.en v. →Dunois. R. Favreau

Lit.: B. LEDAIN, Hist de la ville de P., de ses anciens seigneurs et de la Gâtine du Poitou, 1858 – DERS., La Gâtine hist. et monumentale, 1876 – P. Une aventure urbaine millénaire, 1986.

Parthenopeus (Partonopeus)
I. Französische Literatur – II. Mittelniederländische Literatur.

I. FRANZÖSISCHE LITERATUR: Partonopeus de Blois, entstanden ca. 1182–85, ca. 11 000 v., mit einer »Continuation« von ca. 4000 v. Der Roman besaß im MA große Popularität. Er behandelt die Gesch. des P., Gf.en v. Angers und Blois, Abkömmling des Priamos (→Trojaner, -sage) und Neffe des →Chlodwig. Auf einem wunderbaren Schiff in den Orient entführt, wird P. zum Geliebten von Mélior, der zauberkundigen Erbin des Byz. Reiches. Unsichtbar teilt sie die Nächte ihres Liebhabers, dem sie jeden Versuch, ihre Gestalt zu Gesicht zu bekommen, untersagt. Von seiner Mutter angestachelt, verletzt P. das Verbot und muß Mélior verlassen. Zum Sterben entschlossen, wird er »in extremis« errettet und kann schließlich die Geliebte zurückgewinnen und heiraten. Der in seiner formalen Gestaltung hybride Roman, der in Achtsilbern (die »Continuation« auch in Zehnsilbern und Alexandrinern) gehalten ist, zeichnet sich durch intertextuelle, gattungsüberschreitende Orientierung aus. Er vereint in einer ehrgeizigen und originellen Synthese heterogene lit. Elemente. Beeinflußt vom Mythos von Amor und Psyche, von den bret. Lais (»Graëlent«, »Guingamor«, »Lanval«), von der →Fin'amor wie von der epischen Tradition, nimmt der P. wesentl. Momente des Antikenromans auf (»Troie«, »Enéas« und insbes. »Thèbes«, dem der Name des Helden entlehnt ist), um sie mit der →Matière de Bretagne (v. a. »Yvain« des →Chrétien de Troyes) zu verschmelzen. – Zum mhd. »Partonopier und Meliur« →Konrad v. Würzburg. P.-M. Joris

Ed.: J. GILDEA, P., I, 1967; II, 1, 1968; II, 2 1970 [Einf. von L. P. SMITH] –

Lit.: H. Newstead, The Traditional Background of P., PMLA 61, 1946, 916–940 – S. P. Uri, Some Remarks on P., Neophilologus 37, 1953, 83–98 – F. Lecoy, Compte rendu, Annuaire du Coll. de France 57, 1957, 405f. – A. Fourrier, Le courant réaliste dans le roman courtois en France au MA, 1960, 315–446 – J. L. Grigsby, The Narrator in P., Le Bel Inconnu and Joufroi de Poitiers, RP 21, 1967–68, 536–543 – R. M. Spensley, The Courtly Lady in Partonope of B., NM 74, 1973, 288–291 – L. M. McCobb, The Traditional Background of P., Neophilologus 60, 1976, 608–610 [Erg. zu Newstead, 1946] – T. Ehlert, In hominem novum oratio? Der Aufsteiger aus bürgerl. und aus feudaler Sicht: Zu Konrads v. Würzburg Partonopier und Meliur und zum afrz. P., ZRPh 99, 1980, 36–72 – C. Bercovici-Huard, P. et la couleur byz., Senefiance 11, 1982, 178–196 – Y. Lefèvre, Du rêve idyllique au goût de la vraisemblance, GRLMA IV, 1, 1984, 274–276 – P.-M. Joris, Note sur le noir dans le P., Senefiance 24, 1988, 141–152 – DLFMA, 1992, 1097f. – P.-M. Joris, P.: l'invention d'une autre scène pour le roman dans le dernier quart du XIIe s. [Thèse Fac. Lettres, Genève, 1992; im Dr.].

II. Mittelniederländische Literatur: Der Roman »Parthonopeus van Bloys« ist eine mndl. Umarbeitung (ca. 1250) des frz. Romans Parthenopeus de Blois (lange Fassg.), nur fragmentarisch überliefert (ca. 9000 vss.). Fragmente einer ripuar. Übers. werfen ein »Licht auf Rezeptionsverfahren von mittelniederländischer Literatur im rheinischen Raum« (H. Tervooren). Die kurze Fassg. ist erhalten in einem »Volksbuch« (1644), das möglicherweise auf einer span. Prosafassg. beruht.

A. M. J. van Buuren

Hss.: H. Kienhorst, De handschriften van de Middelniederlandse ridderepiek, 1, 1988, nr. H81–H86 – Ed.: J. H. Bormans, Ouddietsche fragm. van den P. v. B., 1871 – E. Verwijs, Handel. en meded. van de Maatsch. der Ndl. Letterk., Bijlage, 1872, 11–24 – K. Schroeder, Germania 1872, 191–193 – J. Franck, TNTL, 1899, 268–278 – A. van Berkum, P. v. B., 1897–98 – K. Menne, TNTL 1922, 173–188 – L. Zatocil, Sborník Prací Filosofické Fakulty Brnenské Univ. 1961, 97–114 – S. P. Uri, De Historie van Partinoples, grave van Bleys, 1962 [Volksbuch] – H. Tervooren, RhVjbll 1985, 92–116 – Lit.: A. van Berkum, De Mndl. vertaling van de Partenopeusroman, 1897 – L. Debaene, De Nederl. volksboeken, 1951 [Nachdr. 1977] – S. P. Uri, De Mndl. P.-fragm. en het Oudfr. origineel, Sp. d. Lett., 1962–63, 161–174; 1963–64, 81–92 – V. Uyttersprot, P. v. B., Cultuurhist. caleidoscoop (Fschr. SW. L. Braekman, hg. Ch. de Backer, 1992), 507–528.

Particiaco, ven. Dogendynastie im ersten Drittel des 9. Jh. (auch Partecipazio gen.), die vermutl. mit ihren Vorgängern, den Mauricii, verwandt war. *Agnellus* (811–827) sowie seine Söhne und Nachfolger *Justinianus* (827–829) und *Johannes* (829–836) trugen entscheidend zum polit. Konsolidierungsprozeß und der Herausbildung städt. Strukturen in der Entstehungsphase →Venedigs bei. Mit der Wahl des Agnellus v. Heracliana kurz nach dem gescheiterten Feldzug Kg. →Pippins v. Italien gegen die Lagunenorte und der Vertreibung der frankenfreundl. Dogen Obelerius und Beatus trat der ven. Dukat wieder in den byz. Einflußbereich ein, gewann jedoch dabei zunehmend neue Freiräume. Gleichzeitig war der Sitz des Dogen von Malamocco auf die Rialto (Rivusaltus) gen. Gruppe von Laguneninseln verlegt worden, wobei sowohl das Bedürfnis nach größerer Sicherheit als auch der Wunsch, ein sichtbares Zeichen für die Distanzierung von den vorhergehenden polit. Entscheidungen zu setzen, motivierend gewesen sein dürften. Die Errichtung des neuen Dogenpalastes in unmittelbarer Nachbarschaft der Privathäuser der P. begünstigte die Entstehung eines ersten Stadtkerns. Ein weiterer Impuls für die Konsolidierung einer ven. Identität war die Entscheidung des Dogen Justinianus, auf die vom Patriarchen v. Aquileia in der Synode v. Mantua (827) vorgebrachten Metropolitanansprüche auf die Lagunenorte durch die Entführung der Reliquien des Evangelisten Markus, des legendären Begründers der Kirche v. Aquileia, nach Venedig zu reagieren. Die Markusreliquien, deren Kult vom Dogen gefördert wurde, fanden in der neben dem Dogenpalast erbauten Basilika Aufnahme. Die Regierungszeit der P., in der die Ansätze zu einer Stärkung der Autorität des Dogen auf Kosten der Tribunen sichtbar werden, war gekennzeichnet durch eine ständige polit. Instabilität im Innern des Dukats, die in verschiedenen Umsturzversuchen (z. B. des früheren Dux Obelerius und des Tribun Carosus) ihren Ausdruck fand. Die Dynastie endete 836 durch die gewaltsame Ablösung des Johannes durch Petrus Tradonico. Sehr zweifelhaft, da auf eine unglaubwürdige Überlieferung zurückgehend, ist die Verbindung der Dogen Orso I. (864–881) und Orso II. (911–931) mit der P.-Dynastie.
C. Azzara

Q. und Lit.: Johannes Diaconus, Cronaca ven. (Cronache ven. antichissime, ed. G. Monticolo, I, 1890), Fonti 9, 105–112 – R. Cessi, Venezia ducale, I, 1963, 155–221 – G. Ortalli, Il ducato e la »civitas Rivoalti« (Storia di Venezia, I/2, hg. Ders.–G. Cracco, 1992), 725–738.

Partidas → Siete Partitas

Partimen → Streitgedicht

Paruchia. 1. P. → Pfarrei.

2. P., bezeichnet in frühen ir. (und einigen ags.) Quellen die Klosterverbände, die dem von einem hl. Patron gegr. Mutterhause Gehorsam schuldeten (s. a. →Irland, C). Es wird angenommen, daß das P.-System im 6. Jh. entstand, seinen Höhepunkt im 7. Jh. erreichte und zunehmend an die Stelle des älteren Systems der auf ein Territorium (Civitas, Diöz.) bezogenen Bischofskirche trat. Die P. ist zumeist aufs engste mit dem großen Namen des jeweiligen Klostergründers verbunden: →Ciarán v. Clonmacnoise, →Columba v. Iona, →Comgall v. Bangor u. a., alle dem jeweiligen Patron affilierten Kl. unterstanden der Obhut und Jurisdiktion der Hauptkirche. Eine P. war nicht an territoriale Grenzen (der ir. Provinzialkgr.e) gebunden, sondern dehnte sich über ganz Irland aus (im Falle →Ionas auch über Irland hinaus). Die einer P. angehörenden Kl. unterhielten lebhaften Personalaustausch und enge wirtschaftl. wie spirituelle Beziehungen. Das System wurde infolge des Wirkens ir. Missionare in England auch in einigen Bereichen der ags. Kirche übernommen; dies geht hervor aus den hagiograph. Q. über →Wilfrid v. Hexham und York, dessen Gründungen sich in ganz England ausbreiteten, als P.-Verband aber stets auf Wilfrid bezogen blieben. Versuche, die Bedeutung der P. herabzumindern oder gar ihre Existenz anzuzweifeln, können nicht überzeugen. Andererseits ist aber auch die Vorstellung, daß das Mönchtum (und mit ihm die P.-Verbände) das ältere System der diözesanen Episkopalkirche völlig verdrängt habe, abzulehnen. Jedoch traten im 7. Jh. (und wohl schon früher) starke Rivalitäten zw. den älteren Bischofskirchen und den neueren monast. Verbänden auf. Tírechán v. Armagh, der Biograph des hl. →Patrick, berichtet von einer tödl. Feindschaft zw. →Armagh und →Clonmacnoise, das bestrebt war, seine P. in das von Armagh beanspruchte Gebiet zu expandieren. Allerdings steht diese Angabe in deutl. Widerspruch zur »Vita Columbae« des →Adamnanus (um 700), der von einem freundl. Verhältnis zw. Columba und Comgall spricht. Der seit dem 7. Jh. erreichte Entwicklungsstand des Mönchtums und seines P.-Systems ließ dieses zum dominierenden und charakterist. Element der ir. Kirche werden, das erst von der Kirchenreform des 12. Jh. abgelöst wurde.
D. Ó Cróinín

Lit.: K. Hughes, The Church in Early Irish Society, 1966 – R. Sharpe, Peritia 3, 1984, 230–270.

Parusie

I. Theologie – II. Ikonographie.

I. THEOLOGIE: Die ma. Scholastik kennt das gr. Lehnwort parusia zur Bezeichnung der Wiederkunft Christi zum Gericht nicht. Sie braucht, wie das lat. NT und die lat. Väter, die wörtl. Übers. des gr. Terminus, wobei sie, gleich den Vätern, das endzeitl. Kommen des Herrn häufig als secundus adventus von seinem Kommen in der Menschwerdung (primus a.) abhebt. Die ma. Eschatologie, im Anschluß an die Schrift und die entsprechenden Glaubensartikel, sieht die P. in engster Verbindung mit dem Gericht und der Auferstehung der Toten. In dieser Perspektive der P. zeigen die systemat. Theol. und die Schriftkomm.e wenig Interesse an einer isolierten Darstellung der Ankunft Christi vom Himmel her. →Honorius Augustodunensis hat in seinem populär-theol. Elucidarium (ed. LEFÈVRE III, 51) eine solche Beschreibung in Analogie zum Einzug des Ks.s (→Adventus regis) in seine Stadt gegeben. Als Begleiterscheinungen der P. werden u. a. erwähnt das Aufhören der Himmelsbewegungen (Thomas v. Aquin, Richard v. Mediavilla), der damit beginnende ewige Tag und, bes. häufig in der Frühscholastik, ein mit dem Kommen Christi einhergehendes Feuer, das teils als Reinigungsfeuer der Guten, teils als Attribut der Gotteserscheinung verstanden wird. – Christus wird in der Form seiner verklärten Menschheit zum Gericht erscheinen. So beantworten die Theologen übereinstimmend im Anschluß an Augustinus De Trin. I, 13 die im Gerichtstraktat breit diskutierte Frage nach der Gestalt Christi beim Gericht. Nach der seit Albertus Magnus allg. Lehre wird er von allen zu Richtenden auch so gesehen, auch von den Bösen, für die einige Autoren der Frühscholastik mit Berufung auf Joh 19,37 nur die Schau der niedrigen Menschengestalt annahmen. Christus wird in seiner glorreichen Menschennatur mit göttl. vom Vater übertragener (Joh 5,27) Gewalt richten (→Gericht, Jüngstes). Ebenfalls in seiner verklärten Menschheit und kraft seiner Gottheit wird er die Toten auferwecken. Die ma. Theol. hat stets mit der Schrift Christus und seine Auferstehung Ursache der allg. Auferstehung genannt und im 13./14. Jh. diese Ursächlichkeit begriffl. näher bestimmt (→Eschatologie).

Die Auferstehung ist auf das Gericht hingeordnet, dieses aber, wie Thomas v. Aquin sagt (Sent. IV d.48 q.1 a.1) und mehrere Autoren mit Betonung des Vollzugs der richterl. Sentenz durch Christus unterstreichen, auf den Eingang in die ewige Vollendung bzw. Verwerfung. Die Darstellung der P. hebt die grundlegende christolog. Ausrichtung der ma. Eschatologie hervor, die durch ihre anthropolog. und kosmolog. Fragestellungen oft etwas verdeckt wird. Christus wird in seiner verklärten Menschheit wiederkommen, um als Mittler das vollendete Heil heraufzuführen. N. Wicki

Lit.: HDG IV, 7b [L. OTT, Eschatologie in der Scholastik] – H. STOEVESANDT, Die letzten Dinge in der Theol. Bonaventuras, 1969 – H. P. WEBER, Die Lehre von der Auferstehung der Toten in den Haupttraktaten der scholast. Theol., 1973.

II. IKONOGRAPHIE: Wenn man Bilder überzeitl. oder allg. endzeitl. Herrlichkeit Christi (z. B. in Szenen der →Apokalypse) von Darstellungen unterscheidet, die sich auf die in Mt 24,30f. beschriebene P. (secundus adventus), die Wiederkehr zum →Weltgericht beziehen, so muß man sich für letztere bis zu den seltenen Beispielen des MA mit mehr oder weniger deutl. Hinweisen begnügen. Das 'Zeichen des Menschensohns' (Mt 24,30) wurde in der Didache (16,6) in Umschreibung (vgl. STOMMEL), in der folgenden Lit. ausdrückl. als Kreuz interpretiert, das man wie das Erscheinen Christi in der P. von O erwartete. Wenn das Kreuz im Sternenhimmel der Kuppel des Mausoleums der Galla Placidia (Ravenna) in Abweichung von der N-S-Richtung des Baus von O aufsteigt, dürfte daher ein P.hinweis gemeint sein. Dasselbe gilt für den Thron mit Kreuz und Insignien Christi an der Apsisstirnwand von S. Maria Maggiore (Rom), weil er anstelle der im Zyklus der Kindheitsgesch. fehlenden Geburtsszene (primus adventus) steht. – Die Hinweisbedeutung auf die P., die der Szene der →Himmelfahrt Christi schon durch die Botschaft der Engel innewohnt, ist (auch im MA) nicht näher präzisiert worden, selbst wenn es zur Beigabe →apokalypt. Motive kam. An der Apsisstirnwand von S. Michele in Africisco (Ravenna, Mitte 6. Jh.) begleiten sieben Engel mit Posaunen den thronenden Christus; da alle zugleich blasen, dürfte nicht an die Offb gedacht sein, sondern an die P. nach Mt 24,31. – P. hinweise finden sich auch in ma. Weltgerichtsbildern der ö. und w. Kunst; daß eine eigene Szene des secundus adventus beigegeben wurde, ist ebenso selten wie selbständige P. bilder; z. B. Müstair, S. Johann (frühkarol., Christus in schräger Mandorla mit Engelgeleit in Umkehrung der Himmelfahrtsikonographie; vgl. BRENK 57f., 112f.); Ayvali Kilise (Kappadokien, 10. Jh., mit entsprechender Beschriftung, auch zum P.-kreuz: THIERRY 131); weitere Beispiele: POESCHKE.

J. Engemann

Lit.: LCI III, 384–386 [J. POESCHKE] – E. H. KANTOROWICZ, The »King's Advent«, ArtBull 26, 1944, 207–231 – E. STOMMEL, Semeion ekpetaseos (Didache 16,6), RQ 48, 1953, 21–42 – E. DINKLER, Das Apsismosaik v. S. Apollinare in Classe, 1964 – N. THIERRY–M. THIERRY, CahArch 15, 1965, 97–154 – B. BRENK, Tradition und Neuerung in der chr. Kunst des ersten Jt.s, 1966, 55–70 – Y. CHRISTE, La vision de Matthieu (Matth. XXIV–XXV), 1973 – J. ENGEMANN, Auf die P. Christi hinweisende Darstellungen in der frühchr. Kunst, JbAC 19, 1976, 139–156 – A. EFFENBERGER, Das Mosaik aus der Kirche S. Michele in Africisco zu Ravenna, 1989².

Parzival, Perceval

I. Deutsche Literatur – II. Französische Literatur – III. Englische Literatur.

I. DEUTSCHE LITERATUR: Nach dem Vorbild →Chrétiens v. Troyes erscheint *Parcefâl von Glois* (= Galois) in der Ritterliste des 'Erec' von →Hartmann v. Aue (v. 1684) zusammen mit anderen Namen, die später im 'Conte du Graal' verwendet werden. Als →Wolfram v. Eschenbach diesen zur Hauptq. machte, übernahm er den Namen des Helden und deutete ihn als Satznamen: *der name ist rehte enmitten durch* (140,16), analog dem seiner Partnerin Condwîr amûrs, leitete ihn also von afrz. *percer* und *val*(?) ab. Um den unvollendeten Roman Chrétiens zum erzähler. Abschluß zu bringen, verwendet Wolfram Hartmanns 'Iwein'-Modell (Zweikampf mit Gawân, der Held verläßt den Artushof und wiederholt die herrschaftsbegründende Aventiure); ob eine zusätzl. Q. (Kyot) herangezogen wurde, ist umstritten. Nach dem Vorbild Chrétiens ist der 'P.' ein Doppelroman mit zwei Helden: neben den Gralshelden tritt der auf die immanenten ritterl. Werte bezogene Gawân. Durch die Vorgesch. von P.s Vater Gahmuret (auf der Basis des nachchrétien. 'Bliocadran'-Prologs?) verstärkt Wolfram die weltl. Komponente. Auf das herausragende Rittertum Gahmurets wird P. immer wieder bezogen, auch die Versöhnung mit seinem Halbbruder Feirefiz findet in dessen Namen statt. Für die Darstellung von P.s Lebensweg folgt Wolfram zur Hauptsache Chrétien, interpretiert jedoch die Schuldfrage neu: nicht unterlassene Hilfeleistung für die Mutter, sondern der Totschlag an Ither ist P.s eigtl. Sünde. P. erfährt frühzeitig (bei der ersten Sigune-Begegnung) seinen Namen: Wolfram weist ihm damit seinen Platz in der Adelsgesellschaft an, während bei Chrétien die subjektive Identitätsfindung im Erraten des Namens (v. 3574) symbolisiert ist. Die von ihm befreite Condwîr amûrs wird seine Frau, Wolfram führt beide am Schluß wieder zusammen. Vor dem Gral stellt er die Frage aus *tumpheit* (Unerfahrenheit) nicht. Nach der Verfluchung durch die Gralsbotin verschwindet P. weitgehend aus der Handlung bis auf die 'Zwischeneinkehr' bei Trevrizent. Nach der Rückkehr in die Tafelrunde (Gawân-Kampf) und vor dem Aufbruch zur Gralsburg wird durch die Begegnung mit Feirefiz der Bogen zur Vorgesch. mit der Orientthematik geschlagen. Im Zweikampf mit dem Halbbruder spiegelt sich die Problematik des kämpfer. Rittertums. Die Erlösungsfrage des Amfortas macht P. zum Gralskg. (wahrscheinl. bei Chrétien nicht geplant); das Nachfolgethema wird in der Loherangringesch. problematisiert.

Wolfram erwähnt P. im »Willehalm« wegen seiner Schönheit im Vergleich mit Rennewart (217,18). Albrecht hat in den »Jüngeren →Titurel« (hg. WOLF, 5060–5968) P.s Gesch. nach Wolfram mit Erweiterungen und Ausdeutungen (P.s Fahrten während der Gawânabenteuer) erzählt. Im Prosa-Lancelot (→Lancelot, II.) ist die Figur (ganz wie in der afrz. Vorlage) zum zweiten Gralshelden nach Galahad geworden, wofür die Rolle in den Chrétien-Fortsetzungen (Liebesabenteuer) in ihrer Unvereinbarkeit mit dem Keuschheitsgebot verantwortl. ist. Die sog. 1., 2. und 3. (Manessier-)Fortsetzung von Chrétiens Gralsroman wurde in den Jahren 1331–36 nach dem 14. Buch von Wolframs 'P.' in der Bearbeitung durch Claus Wisse und Philipp →Colin eingeschoben. Die 'Crône' →Heinrichs von dem Türlin (um 1230) mit Gawein als Gralshelden hat man als 'Anti-P.' verstanden. Ulrich →Fuetrer nimmt in den 1. Teil des »Buchs der Abenteuer« (1473–78) mit dem »Jüngeren Titurel« als Rahmen auch die Handlung von Wolframs 'P.' auf. Obwohl der 'P.' 1488 noch gedruckt wurde, erlosch mit dem 15. Jh. seine Nachwirkung. Die Wiederentdeckung begann 1753 mit der Nachdichtung J. J. BODMERS (Der Parcival; Gamuret, 1755); FOUQUÉ schrieb ein (ungedrucktes) Drama, 1833 erfolgte die Ed. durch K. LACHMANN. R. WAGNERS 'Bühnenweihfestspiel' Parsifal (1877) bestimmte durch die einseitige Sakralisierung vielfach die Sicht auf den ma. Roman. Nach der neuromant. Rezeption wurde Parzival bei T. DORST ('Merlin', 1981; 'P.', 1987/90) und A. MUSCHG ('Der Rote Ritter', 1993) zur wichtigen Projektionsfigur.
V. Mertens

Ed. und Lit.: s. zu den erwähnten Autoren – *Zur Rezeption:* W. GOLTHER, P. und der Gral in der Dichtung des MA und der NZ. 1925 – V. MERTENS, Richard Wagner und das MA (Richard-Wagner-Hb., hg. U. MÜLLER–P. WAPNEWSKI, 1986), 50–55 – U. SCHULZE, Stationen der P.-Rezeption, Strukturveränderung und ihre Folgen (MA-Rezeption, hg. P. WAPNEWSKI, 1986), 555–580.

II. FRANZÖSISCHE LITERATUR: Der Name 'Perceval le Gallois' tritt in der Frz. Lit. erstmals am Beginn des Romans »Erec et Enide« (um 1170) des →Chrétien de Troyes auf, sodann in seinem »Cligès« (um 1176), doch fungiert P. erst in Chrétiens unvollendetem Spätwerk »Conte du Graal« (nach 1181–vor 1190) als Hauptheld. Kelt. Ursprungs, hat die Gestalt P.s manche Gemeinsamkeiten mit derjenigen des Peredur, des Helden eines späteren walis. Prosaromans. P.s wichtigstes Charakteristikum, das auf weite Strecken seine Bedeutung erklärt, ist die Tatsache, daß es sich um einen 'neuen' Helden handelt, ohne lit. 'Vergangenheit' und Tradition, von Chrétien mit einem ebenfalls neuen Thema, der Gralsuche (→Gra[a]l), verbunden. Chrétien läßt seinen Helden auftreten am Ende einer Jugend, die er in ungebundener Freiheit, aber auch in Unkenntnis jedweder Erziehung und jedweden ritterl. Verhaltens verbracht hat. Um diesen »vallet salvage«, »fils de la veuve de la Gaste Forêt«, der nichts von der Welt weiß, den eigenen Namen und die Abstammung nicht kennt, formt Chrétien eine Handlung, die – zunächst in beschleunigter Form – die Etappen einer erfolgreichen Erziehung zum Rittertum, zur Liebe und zum höf. Verhalten (→Kultur und Gesellschaft, höf.) umreißt. Doch der fragende Eifer eines Helden, der begierig alles erfahren und erproben will, findet sein rasches Ende in der Burg des 'Roi Pêcheur' (P.s Onkel von mütterl. Seite) vor dem doppelten Mysterium der blutenden Lanze und des nährenden Grals, ihrer Herkunft, ihrer Zukunft, ihrem 'Sinn'. Im »Conte du Graal« vermag P. sein Versagen nicht völlig auszugleichen; lediglich im Gespräch mit dem Eremiten, der ihn teilw. in die Gralsmysterien einführt und ihm seine Herkunft enthüllt, deutet sich eine mögl. Lösung an. P.s Scheitern ist lit. aber ein höchst fruchtbares, denn der »offene Schluß« gibt den Anstoß für die Reihe der (nach Gattung und Darstellungsweise ganz versch.) Werke, die bis ins 20. Jh. das Thema der Gralsuche gestalten, manchmal zentriert auf einen anderen Helden (Galaad, den Sohn des Lancelot).

Seit dem Ende des 12. Jh. ist P. der Held der »Continuations du Conte du Graal« (die erste dieser Fortsetzungen ist freilich auf →Gawain zentriert), die immer stärker den chr. Sinngehalt des Grals und der Lanze betonen; doch bleibt der Status des nach dem Absoluten strebenden Ritters mehrdeutig und schwankt, v. a. in der »Seconde Continuation«, zw. ritterl. Irrfahrt, feenhafter Täuschung und dem rechten Weg der Gralsuche. Erst in der sog. »Continuation de Manessier« vollendet sich der Gang der Handlung, wird der suchende Held zum Kg. und treuen Diener des Grals, dessen Geheimnisse sich ihm in visionärer Schau eröffnen. Am Beginn des 13. Jh. nimmt sich →Wolfram in seinem »Parzival« für die Figur und den Weg des Helden den Roman Chrétiens zum Vorbild und führt den Protagonisten von seiner ungeschliffenen Kindheit in die ritterl. Glorie der Welt Arthurs (→Artusdichtung), um ihn danach zum Kg. des Grals aufsteigen zu lassen. P. tritt ebenfalls auf im »Perceval en prose«, dem 3. Teil der Robert de Boron zugeschriebenen Trilogie, die der »Seconde Continuation« nahesteht; hier wird P. mit →Joseph v. Arimathia verbunden und die Gralsuche durch P. zu ihrem Ende geführt. Doch wird im »Lancelot-Graal«, bes. in der »Quête du saint Graal«, P. als zwar vollkommen frommer, doch allzu 'tumber' Held geschildert; an seine Stelle tritt Galaad, zu dessen bloßem Gefolgsmann P. absinkt. Dessenungeachtet feiert der andere große Prosaroman des frühen 13. Jh., »Perlesvaus«, P. erneut als Idealbild des militanten, vom Kreuzzugsgeist durchdrungenen Ritters, der (mit aller erforderl. Gewaltsamkeit) dem chr. Gesetz zum Durchbruch verhilft und, darüber hinausgehend, schließl. zur Schau des Mysteriums vordringt. Trotz des immensen Erfolges, den der »Lancelot-Graal« im MA erlangte, war es letztl. P., der – wohl aufgrund des Musikdramas Richard Wagners und ihm verpflichteter späterer Gestaltungen (Julien Gracq, »Roi Pêcheur«) – in das allg. Bewußtsein als myth. Gralsritter einging.
E. Baumgartner

Ed.: →Chrétien de Troyes →Graal – The Continuations of the OF Perceval, ed. W. ROACH, 5 Bde, 1949–83 – Perlesvaus, ed. W. A. NITZE–T. ATKINSON JENKINS, 2 Bde, 1932–37 – La Quête du saint Graal, ed. A. PAUPHILET, CFMA, 1923 – Peredur, ed. G. W. GOETINCK, 1976 – *Lit.:* P. GALLAIS, Perceval et l'initiation, 1972 –

P. LE RIDER, Le Chevalier dans le Conte du Graal, 1978 – CH. MÉLA, Blanchefleur et le saint homme ou la semblance des reliques, 1979 – R. DRAGONETTI, La vie de la lettre au m-â (Le Conte du Graal), 1980 – CH. MÉLA, La Reine et le Graal, 1984 – J. RIBARD, Du philtre au Graal, 1989 – DLFMA, 1992, s.v. Manessier, Perceval (Continuations de), Perlesvaus, Robert de Boron.

III. ENGLISCHE LITERATUR: Die frz. Fassungen des P.-Stoffes haben in England so gut wie keinen Niederschlag gefunden. Es existiert ledigl. eine volkstüml. →Romanze in Schweifreimstrophen, »Sir P. of Gales«, aus der 1. Hälfte des 14. Jh., sowie die Kompilation von Sir Thomas →Malory vom Ende des 15. Jh. »Sir P. of Gales« (Thornton MS; Lincoln Cathedral 91) beschreibt in 2286 Versen die Jugend des Helden, seine Ankunft am Hof von →Artus und seine Heldentaten im Kampf gegen die Heiden. Dabei steht der Weg des Naturkindes zum vollkommenen Artusritter ganz im Mittelpunkt, während die Gralssage (→Gra[a]l, -dichtung) in diesem Gedicht, das von →Chaucer in den »Canterbury Tales« (»Sir Thopas«) parodierend zitiert wird, überhaupt nicht erscheint. Falls der Autor →Chrétiens de Troyes »Cont du Graal« kannte, hat er den Stoff bewußt auf die Themen und die Ideale einheim. populärer Romanzen reduziert. – In Malorys »Morte Darthur« wird P., Sohn des Kg.s Pellinor, als einer der loyalsten Artusritter eingeführt. In dem Tristram de Lyones gewidmeten Teil (5.) gehört er zu denen, die sich auf die Suche nach →Lancelot begeben. Nach verschiedenen Abenteuern kämpft er gegen einen unbekannten Ritter, der sich als Lancelot zu erkennen gibt. In dem Teil, der die Gralssuche beschreibt (6.; er stützt sich weithin auf »La Queste del Saint Graal«), ist P., zusammen mit Sir Bors, einer der beiden Ritter, die mit Sir Galahad die heilige Stadt des Grals erreichen. Auf der einsamen Suche nach Galahad widersteht er der Versuchung durch eine schöne Jungfrau; im Gegensatz zu →Gawain und Lancelot bleibt er sündlos und wird in Salomons Boot aufgenommen, das ihn mit Galahad und Bors in die Stadt des Grals trägt. Nach Galahads Krönung und Tod zieht P. sich in Erfüllung eines ganz ins Geistliche gewandten Ritterideals in eine Einsiedelei zurück, wo er nach 14 Monaten stirbt. Nur Sir Bors kehrt an den Hof Arthurs zurück, um dort die Geschichte des Grals zur schriftl. Aufzeichnung zu überliefern. D. Mehl

Bibliogr.: ManualME 1.I, 1967; 3.IX, 1972 – Ed.: J. CAMPION – F. HOLTHAUSEN, Sir P. of Gales, 1913 – E. VINAVER, rev. P. J. C. FIELD, The Works of Sir Thomas Malory, 1990³ – Lit.: Arthurian Lit. in the MA, ed. R. S. LOOMIS, 1959 – Essays on Malory, ed. J. A. W. BENNETT, 1963 – D. MEHL, The ME Romances of the 13th and 14th Cent., 1968 – L. D. BENSON, Malory's Morte Darthur, 1976 – Aspects of Malory, ed. T. TAKAMIYA – D. S. BREWER, 1981 – Stud. in Malory, ed. J. W. SPISAK, 1985 – W. R. J. BARRON, English Medieval Romance, 1987 – C. HOUSWITSCHKA, Politik und Liebe in der Lit. des SpätMA am Beispiel von Thomas Malorys »Morte Darthur«, 1991.

Paša, höchster Titel im Osman. Reich nach denen des →Sultans, dem Namen nachgestellt. Das bereits vorosman. als Titel und ehrende Anredeform belegte Wort ist in anatol. Dialekten auch als respektvolle und ironisierende familiäre Bezeichnung belegt. Es stammt vermutl. vom Pers. pādšāh ('Souverän', 'Ks.', türk. pādišāh), stand aber evtl. unter Einfluß von türk. baš ('Kopf') oder *baš-aġa ('Oberhaupt', 'älterer Bruder'), denn frühe Formen sind auch als baša belegt, so wie es zunächst in europ. Sprachen rezipiert wurde. Erste Träger des Titels im Osman. Reich waren Söhne der beiden ersten Sultane, dann ging er auf den Großwesir und mit Lālā Šāhin Paša um 1360 auf den beglerbegi über. Schnell entwickelte sich der Titel zu einer Rang- (nicht Funktions-)bezeichnung, und der Kreis der Träger erweiterte sich allmähl. mit der Zahl hoher Ämter, wobei sich weitere protokollar. Differenzierungen entwickelten (Zahl der Pferdeschweife -ṭuġ- als Rangzeichen etc.). Ch. K. Neumann

Lit.: IA, 526–529 – G. DOERFER, Türk. und pers. Elemente im Neupers., II, 1965, 420–424 – H. W. DUDA, Baša-Beše (Fschr. W. EILERS, 1967), 159–163 – Tarama Sözlüǧü IX, 1971, 3181 – Derleme Sözlüǧü IX, 1977, 3405.

Paschalios, byz. Protospathar und Stratege des Thema Langobardia, erstmals 943/944 als Gesandter Ks. Romanos I. Lakapenos (920–944) zu Hugo v. Arles, Kg. v. Italien, belegt. In Pavia führte er die Verhandlungen hinsichtl. einer Ehe zw. Romanos II., Sohn Konstantins VII. Porphyrogennetos, und der illegitimen Tochter Hugos, Bertha (später Eudokia), zum Abschluß. P. wird mit dem gleichnamigen Strategen des Thema Kalabria identifiziert, der an der Spitze der örtl. Flottenabteilung zusammen mit dem Patrikios Malakinos und dem Admiral Makroioannes, den Kommandanten des Landheeres und der hauptstädt. Flotte, dem Vordringen der Araber Widerstand leistete (950–952). Nach der schweren Niederlage der Byzantiner bei Gerace (952) gelang P. die Flucht. A. PERTUSI zufolge begegnet er 963 in Konstantinopel als Gegner der Ks. krönung von Nikephoros II. Phokas.

F. Luzzati Laganà

Lit.: J. GAY, L'Italie méridionale ..., 1904, 213–224 – A. PERTUSI, Contributi alla storia dei temi biz. dell'Italia merid., Atti Spoleto, 1959, 495–517; 510 – V. v. FALKENHAUSEN, La dominazione biz. nell'Italia merid. dal IX all'XI sec., 1978, 41, 82, 103 – J.-C. CHEYNET, Pouvoir et contestations à Byzance (963–1210), 1990, 20.

Paschalis

1. P. I. *Papst* (hl.) seit 24. Jan. (Weihe schon am 25. Jan.) 817, † 11. Febr. 824, □ Rom, S. Prassede; Römer, zuvor Presbyter und Abt des röm. Kl. S. Stefano (nahe St. Peter). P. suchte die Verbindung mit dem jungen abendländ. Ksm., das ihm präjudizierende Konzessionen einräumte (817 Erneuerung der amicitia und des →Pactum Hludowicianum, 823 Zweitkrönung Ks. Lothars in Rom mit der erstmaligen Übergabe eines Schwertes; zukunftsweisend auch die Kooperation bei der Missionierung des N, zu dessen Legaten P. Ebf. →Ebo v. Reims bestellte), doch trieb er ein undurchsichtiges Spiel, als zwei hohe, frk. gesinnte Beamte im Lateran »wie Majestätsverbrecher« hingerichtet wurden (späterer Reinigungseid des Papstes; Gegenreaktion Lothars Nov. 824: →Constitutio Romana). P. versuchte in neuartiger Weise, die Geschicke der frk. Kirche zu beeinflussen, zugleich festigte er energ. die päpstl. Herrschaft in Rom, war aber wegen seines harten Regiments wenig beliebt, so daß nach seinem Tod innerstädt. Unruhen ausbrachen. Bedeutung erlangte P. als Gründer und Restaurator röm. Kirchen (S. Cecilia in Trastevere, S. Prassede u. a.), deren eindrucksvolle Mosaiken mit lebensgroßen Porträts des Papstes das Programm einer spätantiken Renaissance widerspiegeln. H. Mordek

Q.: LP II, 52–68 – JAFFÉ² I, 318–320; II, 702, 743 – Lit.: DThC XI, 2054–2057 – SEPPELT² II, 203–212 – Bibl.SS X, 353–358 – T. F. X. NOBLE, The Republic of St. Peter ..., 1984, 150 u. ö. – R. WISSKIRCHEN, Das Mosaikprogramm v. S. Prassede in Rom, 1990.

2. P. II. (Rainerius), *Papst* seit 14. Aug. 1099 (Weihe), † 21. Jan 1118 Rom, Engelsburg, □ ebd., Lateranbasilika; aus Bieda (Romagna), Mönch eines unbekannten Kl. (Abruzzen [?]; nicht Cluny); unter Gregor VII. Abt v. S. Lorenzo fuori le mura, nach 1078 Kard. priester v. S. Clemente; am 12. März 1088 Vertreter des Ordo der Kard. priester bei der Wahl Urbans II.; 1089–90 Legat in Frankreich und Spanien. Während seines Pontifikats fand das päpstl. Schisma durch den Tod Wiberts v. Ravenna

(Clemens III.) ein Ende, und die Gegenpäpste Theoderich (1100), Albert (1102) und Silvester (IV.) (1105) wurden ausgeschaltet. Bis 1116 fand P. Rückhalt in Rom und im Patrimonium S. Petri, insbes. gestützt auf die →Pierleoni. Der sog. →Investiturstreit mit England (1105/07; Konkordat v. Westminster) und Frankreich (1107) wurde beigelegt, während Verhandlungen mit Kg. Heinrich V. 1111/12 scheiterten, jedoch das →Wormser Konkordat (1122) vorbereiteten. Die 1111 vorgeschlagene Teilrückgabe von →Regalien, noch unbeeinflußt vom späteren Armutsideal, führte zur Gefangennahme P.' durch Heinrich V. und indirekt zu einer schweren innerkirchl. Krise mit möglichen Rücktrittsabsichten des Papstes.

U.-R. Blumenthal

Q.: LP II, 296–310 – JAFFÉ[2] I, 702–772 – MGH Const. I, 134–152, 564–574 – D. BETHELL, Two Letters of Pope Paschal II to Scotland, SHR 49, 1970, 33–45 – H. FUHRMANN, Zwei Papstbriefe aus der Überlieferung der Rechtsslg. 'Polycarpus' (Fschr. K. JORDAN [= Kieler Hist. Stud. 16], 1972), 737–741 – G. FRANSEN, Collections Canoniques dans le Ms. 4283 de la BN de Paris (Liber Amicorum Msgr. ONCLIN, 1978), 173, Nr. 2 – U.-R. BLUMENTHAL, Decrees and Decretals, BMCL 10, 1980, 15–30 – R. HIESTAND, Initienverz. zu den Archivberichten und Vorarbeiten der Reg. pont. rom. (MGH Hilfsmittel 7, 1983), 129–139 – Lit.: LThK[2] VIII, 128f. – J. FRIED, Regalienbegriff, DA 29, 1973, 450–528 – F.-J. SCHMALE, Zu den Konzilien..., AHC 10, 1978, 279–289 – C. SERVATIUS, P. II, 1979 [ältere Lit.] – G. M. CANTARELLA, Ecclesiologia e politica nel papato di Pasquale II, 1982 – DERS., La costruzione della verità, 1982 [vgl. ZRGKanAbt 71, 1985, 359–362] – U.-R. BLUMENTHAL, Bemerkungen zum Register..., QFIAB 66, 1986, 1–19.

3. P., Gegenpapst 687; † 692/693. Noch zu Lebzeiten des kränkl. Papstes Konon bereitete der ehrgeizige röm. Archidiakon P. seine Kandidatur vor. Er zählte auf Unterstützung durch den Exarchen Johannes Platyn v. Ravenna, dem er 100 Pfund Gold versprach. Nach Konons Tod (21. Sept. 687) wählte die eine röm. Partei den Archipresbyter →Theodor, die andere P. Schließlich wurde im Okt./Dez. 687 Sergius I. gewählt und am 15. Dez. geweiht. Theodor fügte sich, P. erst unter Zwang. Dieser wurde als Archidiakon abgesetzt und in ein Kl. gesperrt, wo er starb, ohne sich zu unterwerfen.

G. Schwaiger

Q.: LP I, 369–372, 377; III, 343 – JAFFÉ[2] I, 243 – Lit.: E. CASPAR, Gesch. des Papsttums II, 1933, 622f. – SEPPELT[2] II, 80f. – J. RICHARDS, The Popes and the Papacy in the Early MA, 1979.

4. P. III. (Guido v. Crema), Gegenpapst seit 22. April 1164 (Wahl; Weihe: 26. April 1164), † 20. Sept. 1168, ▭ Rom, St. Peter; hochadliger Herkunft, Kard.priester v. S. Callisto. Nach dem Tod des Gegenpapstes Viktor IV. in Lucca (20. April 1164) wurde P. angebl. auf Betreiben →Rainalds v. Dassel, doch ohne Wissen Ks. Friedrichs I., gewählt, am 26. April geweiht, vom Ks. bald anerkannt und fortan gegen Papst Alexander III. gestützt. Unter dem Schutz des ksl. Statthalters, Ebf. →Christians I. v. Mainz, blieb P. vorerst in Mittelitalien (Lucca, Pisa, Viterbo). Die von Rainald vorgenommene Erhebung und Hl.sprechung →Karls d. Gr. in Aachen (29. Dez. 1165/8. Jan. 1166) wurde von P. gutgeheißen. Mit Friedrich I. zog P. im Sommer 1167 nach Rom, wurde am 22. Juli in St. Peter inthronisiert, weihte am 30. Juli Patriarchen und Bf.e und vollzog am 1. Aug. in St. Peter die (Fest-)Krönung am Ks.paar. Um das Schisma zu beenden, schlug der Ks. (erfolglos) vor, Alexander III. und P. sollten zurücktreten. Als eine Seuche das ksl. Heer heimsuchte, verließ P. mit ksl. Truppen nach Rom zurück.

G. Schwaiger

Q.: LP III, 299 – JAFFÉ[2] II, 426–429 – Lit.: SEPPELT III, 248f., 252–258, 608f. [Lit.] – F.-J. SCHMALE, Das Papsttum im Zeitalter Bernhards v. Clairvaux... (M. GRESCHAT, Das Papsttum, I, 1985), 176–195 – Misc.

R. Bandinelli, papa Alessandro III, hg. F. LIOTTA, 1986 – C. MORRIS, The Papal Monarchy, 1989 – M. BORGOLTE, Petrusnachfolge u. Ks.-imitation. Die Grablegen der Päpste, 1989.

Paschasius

1. P., Mönch v. →San Martín de Dumio, 6. Jh., übersetzte 550–555 im Auftrag seines Abtes →Martin (8.) eine gr. →Apophthegmata-Slg., den »Liber geronticon de octo principalibus vitiis«, eine sog. systemat. Slg., in der die Vätersprüche nach Lastern und Tugenden zusammengestellt sind. P. zeichnete sich durch hervorragende Sprachkenntnisse aus. Ein Teil seiner weitverbreiteten Slg. wurde als 7. Buch in die →Vitae Patrum (MPL 73, 1025–1066) aufgenommen. Möglicherweise übersetzte er auch das Leben der hl. Thais (Vita S. Thaisis, ebd., 661–664) ins Lat.

K. S. Frank

Ed. und Lit.: J. G. FREIRE, A versão latina por Pascásio de Dume dos Apophthegmata Patrum, 1971.

2. P. Radbertus, Abt v. →Corbie vermutl. 843/844–851 (Resignation), * ca. 790, von Nonnen in Soissons erzogen, denen er sich, wie aus den Widmungen mindestens zweier seiner Werke hervorgeht, zeitlebens verbunden fühlt: Die spät vollendete »Expositio in Psalmum XLIV« bietet den Schwestern eine aus der frühen monast. Tradition geschöpfte Ermunterung zum jungfräul. Leben. Der ca. 845 entstandene Traktat »De partu Virginis« behandelt die christolog. Frage, wie in der Geburt des Erlösers die Jungfräulichkeit Mariens zu verstehen sei. Indem P. gegen seinen Mitbruder →Ratramnus die 'virginitas in partu' behauptet, betont er in der Geburt Christi den durch die außergewöhnl. Umstände erkennbaren Willensakt Gottes, dessen Eingreifen die notwendige und hinreichende Bedingung dafür bietet, daß Christi Geburt im Range einer geschichtl. Tatsache statt einer Glaubensaussage behauptet werden kann. Aus diesen Überlegungen wird auch seine Reserve gegenüber dem liturg. Bekenntnis einer leiblichen Aufnahme Mariens in den Himmel verständlich, die P. möglicherweise auf Anfrage der Schwestern v. Soissons in dem pseudo-hieronymian. Traktat »Cogitis me« äußert. Noch in Soissons zum Kleriker geschoren, trat P. unter Abt →Adalhard in die Abtei Corbie ein. Die »Vita Adalhardi« (kurz nach 826 verfaßt), eine durch Augenzeugenschaft gesicherte hist. Q., dokumentiert durch reiche Anspielungen auf antike Autoren den Bildungsstand in Corbie zu P.' Zeit. Unter Abt →Wala, dem er in dem als Dialog zw. den Kl. Corbie und Corvey gestalteten Epitaphium Arsenii unter Gebrauch von Decknamen eine Apologie seiner umstrittenen polit. Position im zerfallenden Reich widmet, ist P. an der Gründung →Corvey beteiligt, dessen Abt Warin ihn 831 um eine Stellungnahme zu eucharistietheol. Fragen bittet. Das daraus hervorgegangene und bis zum Ende seines Lebens mehrfach überarbeitete Werk »De corpore et sanguine Domini« betont, wiederum gegen Ratramnus, die tatsächl. Gegenwart des hist. Jesus im Sakrament der Eucharistie. Mit seinem in diesem Zusammenhang entwickelten Wissenschaftskonzept, demzufolge der durch auctoritas gesicherten Vätertexte vermittels eines Vernunfturteils auf ihre wiss. Richtigkeit zu überprüfen sind, weist P. zwanzig Jahre vor →Johannes Scotus auf diesen voraus. Auf Bitten des Abtes Warin geht auch die zur Novizenbelehrung verfaßte Schr. »De fide, spe et caritate« zurück, die P. gleichzeitig mit seinem Hauptwerk »Expositio in evangelium Matthaei« beginnt, doch erst kurz vor seinem Tod abschließen kann. Die nach seiner Resignation entstandene »Expositio in lamentationes Hieremiae« kann einer Bemerkung im Prolog zufolge als Reflex auf die persönl. polit. Situation verstanden werden.

M.-A. Aris

Ed. und Lit.: DLFMA, 1992, 1098–1100 – DSAM XII, 295–301 – BRUNHÖLZL I, 369–379, 561.

Pasewalk, ein an einem wichtigen Übergang über die n. Ucker gelegener Hauptort der slav. Ukranen, wurde im 12. Jh. in den pomoran. Machtbereich eingegliedert und zum Zentrum eines Kastellaneibezirks; zu dieser Zeit bestand bereits ein suburbium mit frühstädt. Zügen, für das 1168 eine ecclesia forensis in castro Pozdewolk bezeugt ist. 1214 wurde P. durch die Mgf.en v. →Brandenburg erobert und gehörte ab 1250 zur brandenburg. →Uckermark. Das 1276 als civitas bezeichnete P. erhielt →Magdeburger Recht, es wurde ein regelmäßiger Stadtgrundriß (Ellipse mit Gitterstraßen, großer Rechteckmarkt mit Rathaus) angelegt sowie die Ratsverfassung eingeführt. Für das SpätMA sind zwei Pfarrkirchen (St. Marien, St. Nikolai), ein Dominikanerkl. (seit Ende des 13. Jh.) sowie fünf Kapellen, z. T. mit Spitälern, belegt. Als Zentrum des Getreidehandels war P. seit 1320 Mitglied der Hanse, verlor aber nach der Rückkehr unter pommersche Herrschaft (1354) gegenüber dem brandenburg. →Prenzlau an Bedeutung. F. Escher

Lit.: G. KRATZ, Die Städte der Prov. Pommern. Einl. und Vorw. R. KLEMPIN, 1865 – K. SCHÄFER, Alt-P. Ein Beitr. zur Kulturgesch. der Stadt P., 1936 – H. BOLLNOW, Die Anfänge P.s, Monatsbll. der Ges. für pommersche Gesch. und Altertumskunde 51, 1937 – D. LUCHT, Die Städtepolitik Hzg. Barnims I. v. Pommern 1220–78, 1965 – J. PETERSOHN, Der s. Ostseeraum im kirchl.-polit. Kräftespiel des Reichs, Polens und Dänemarks vom 10. bis 13. Jh., 1979 – L. ENDERS, Gesch. der Uckermark, 1992.

Pasqual Pere → Pedro Pascual

Paß, Kreisbogen, der zu mehreren einem Kreis eingefügt ist: liegender (unten zwei Pässe) oder stehender (unten ein P.), Drei- oder Vierp., auch Fünf-, Sechs- oder Mehrp. Ein Dreip. liegt vor, wenn den Seiten eines gleichseitigen Dreiecks jeweils ein Halbkreis angefügt ist. Werden statt der kreisförmigen Pässe Spitzbogen verwendet, so entsteht am Ende des 13. Jh. das Dreiblatt, und werden die Bogenschenkel stark gestelzt, so spricht man von einem Dreistrahl. Der P. ist eine das got. →Maßwerk bestimmende geom. Form. G. Binding

Lit.: RDK IV, 526–537 [L. BEHLING] – G. BINDING, Maßwerk, 1989.

Paß. 1. P., Passeport (frz. *passeporte*, engl. *passport*, it. *passaporto*) wird ein im späten MA aufkommendes, obrigkeitl. Schriftstück gen., das Waren (1359) und dann v. a. Personen (1520) die freie Zirkulation und das Passieren von Grenzen gestattete und den Träger des P. es gewöhnl. unter den Schutz des Ausstellers stellte. Als Vorformen – unter anderen Bezeichnungen, mit ähnlichen, z. T. aber auch weitergehenden Funktionen – sind im FrühMA bei den Langobarden die epistula des Kg.s oder seines missus bzw. das signum der Grenzwachen und bei den Franken die vom Herrscher erteilte tractoria bzw. das praeceptum negotiatorum bezeugt, die jeweils schriftl. vorlagen, den Träger unter Schutz stellten und ihm freie Zirkulation gewährten. Im 12. Jh. erschien der ad personam erteilte Schutz – ohne daß ein Zusammenhang mit den älteren Formen erkennbar würde – unter der Bezeichnung →Geleit (conductus, salvus conductus). Es wurde gewöhnl. vom Herrscher oder einem Territorialfs.en mittels der littera conductus, für eine bestimmte Dauer, oft auch mit räuml. beschränkter Geltung, erteilt. Die Empfänger, meist Kaufleute, entrichteten dafür eine Geldzahlung, den Geleitzoll. Seit dem 15. Jh. wurden die littere (salvus) conductus auch als littere passus bezeichnet, was auf ein neues Verständnis des Geleits hinweist und den Übergang zur Bedeutung 'P.' vorbereitet. Th. Szabó

Lit.: A. SCHULTE, Gesch. des ma. Handels und Verkehrs, I, 1900, 564–566; II, Nr. *43–*77 – G. TANGL, Die P. vorschrift des Kg.s Ratchis und ihre Beziehung zu dem Verhältnis zw. Franken und Langobarden vom 6.–8. Jh. (Q. und Forsch. 38, 1958), 1–66 – CHR. DE CRAECKER-DUSSART, L'évolution du sauf-conduit dans les principautés de la Basse Lotharingie, du VIIIe au XIVe s., Le MA 80, 1974, 185–243.

2. P., in der Verkehrsgeographie Über- oder Durchgang von einer Landschaft in eine andere; zu den verkehrsgesch. bedeutenden Gebirgspässen des MA →Alpenpässe, →Apeninnenpässe, →Erzgebirge, →Karpaten, →Pyrenäen u. a.; →Straße, →Verkehr.

Passagi(n)er, oberit. Sekte des 12. Jh., die aus der Überzeugung von der Einheit des AT und NT zu extremen Positionen gegenüber den kirchl. Lehren gelangte. Die P. übten die Beschneidung, feierten den Sabbat und beachteten die mosaischen Speisegebote; sie leugneten die Trinität, da sie Christus für ein Geschöpf Gott Vaters ansahen, nicht mit ihm wesensgleich, lehnten die kirchl. Einrichtungen ab, insbes. die Sakramente der Taufe und Eucharistie, die Eidesleistung sowie die Fürbitten für die Verstorbenen, deren Höllenpein oder Paradiesesfreuden erst nach dem Jüngsten Gericht erwartet wurden; vom hohen Klerus forderten sie bescheidenes Gebaren, insbes. in bezug auf Eßgewohnheiten. Der Charakter der Sekte ist genuin chr. und als Sonderform der evangel. Erneuerungsbewegungen des hohen MA zu verstehen, nicht, wie in der älteren Lit. vielfach angenommen, aus Berührungen mit dem Judentum abzuleiten. A. Patschovsky

Lit.: R. MANSELLI, I Passagini (DERS., Studi sulle eresie del secolo XII [= Studi storici 5], 1975), 255–270.

Passah → Pessach

Passau, Stadt in Niederbayern, am Zusammenfluß von Donau, Inn und Ilz gelegen; Bm.
I. Stadt – II. Bistum – III. Hochstift.
I. STADT: [1] *Geschichte und Topographie*: Zuerst in der Geographie des Claudius Ptolemäus (um 130 n. Chr.) unter dem kelt. Namen Boiodurum bezeugt, war P. in röm. Zeit Kastell und Kaufmannssiedlung. Im FrühMA war das Stadtgebiet dreigeteilt, in eine bfl., eine kgl. und eine hzgl. Grundherrschaft. Grundherren waren zunächst die bayer. Hzg.e des 8. Jh., doch entstanden infolge der Bm.sgründung von 739 mit dem Domstift sowie dem Benediktinerinnenkl. Niedernburg zwei weitere Grundherrschaften. Das wahrscheinl. auf eine hzgl. Pfalz zurückgehende, zunächst als Kanonissenstift gegr. Kl. wurde erstmals 888 als monasterium s. Marie Batavie constructum erwähnt. Seine Grundherrschaft in der Stadt umfaßte den gesamten ö. Raum des zw. Donau und Inn gelegenen Altstadthügels. Nach der Absetzung →Tassilos III. (788) ging das Kl. in kgl. Besitz über. Im Zuge der Auseinandersetzungen der Hzg.e v. Bayern und Kärnten mit dem Kgtm. erhielt der seit Ottos II. stehende Bf. →Pilgrim (971–991) 976 Niedernburg. Mit der Niederwerfung des aufständ. bayer. Hzg.s dürfte dessen städt. Grundbesitz an das Kgtm. gefallen sein, so daß die Herrschaft über die Stadt nur noch in den Händen der Reichsgewalt und des Bf.s lag. Nachdem Ks. Otto III. Bf. Christian (991–1012) 999 Markt, Münze, Zoll und alle öffentl. Gewalt in der Stadt verliehen hatte, zog sich das Kgtm. weiter aus dem Stadtgebiet zurück. Doch war zu Beginn des 11. Jh. Niedernburg wieder in kgl. Hand. Erst in der 2. Hälfte des 12. Jh. konnte der Bf. seine Herrschaft über das gesamte Stadtgebiet ausdehnen, als 1161 unter Bf. →Konrad (1148–64) das Kl. durch kgl. Schenkung endgültig in den Besitz des Hochstiftes überging und 1193 die

Vogtei des Kl. an Bf. →Wolfger (1191-1204) übertragen wurde.

Neben dem Stadtgebiet, zu dem nur die Altstadt und das forum novum (ein Areal von ca. 1,3 ha) gehörten - abgeschlossen von der 1209 errichteten äußeren Stadtmauer - existierten die Vorstädte Innstadt, Anger und Ilzstadt als selbständige Siedlungen. Diese schlossen sich erst im 15. Jh. zusammen. Seit dem 13. Jh. gab es drei Gerichtsbezirke: das auf den Stadtkern beschränkte Stadtgericht, das Propstgericht in der Innstadt, dem auch das Gebiet des Anger unterstand, und das Ilzgericht. Die Gemeinde der Juden befand sich zunächst im Stadtgebiet, zog jedoch um in die Judenfreiung, einen flachen Uferstrich an der Mündung der Ilz in die Donau, der zum Landgericht Oberhaus gehörte. Um 1300 hatte P. ca. 2500 Einw., um 1500 4000 Einw. Die Bürgergemeinde entwickelte sich allmähl. aus den Grundholden der einzelnen Grundherrschaften sowie den freien Kaufleuten der Stadt. 1167 sind Bürger (cives) erstmalig als Zeugen in einer Urk. nachweisbar. Bis zum Ausgang des 13. Jh. sind jedoch keine Selbstverwaltungsbefugnisse auszumachen. Im sog. Stadtrecht v. 1225, inhaltl. eher eine Gerichtsordnung, erkannte der Bf. zwar die bürgerl. Rechtssphäre an, gewährte jedoch keine kommunale Verfassung. Das Streben nach bürgerl. Freiheit und kommunaler Selbstverwaltung führte 1298 die P.er zum Aufstand gegen Bf. Bernhard (1285-1313), der im sog. »Bernhard'schen Stadtbrief« v. 1299 das Stadtrecht v. 1225 erneuerte und den Bürgern eine verbesserte Rechtsstellung gewährte; doch erst nach einem bewaffneten Aufstand der Bürger gegen die österr. orientierte Politik der Bf.e wurde 1368 auf die Vermittlung des Hzg.s v. Österreich im sog. »Österr. Spruchbrief« die Einrichtung eines Stadtrates gewährt. Der Ende des 14. Jh. unternommene Versuch, mit Hilfe des Kg.s Wenzel v. Böhmen die Stadtherrschaft des Bf.s zu mindern, hatte keinen dauerhaften Erfolg. 1394 wurden die Rechte des Bf.s restituiert. Umfassend geregelt wurde das Verhältnis zw. Stadt und Bf. erst wieder im Bayer. Schiedsspruch v. 1535 (»Laudum Bavaricum«): Neben Fragen des Gerichts- und Ratsverfassung wurden die Zuständigkeiten von Rat und Stadtgericht gegeneinander abgegrenzt.

[2] *Wirtschafts- und Sozialgeschichte:* Die große Zahl der Zünfte verweist auf die Blüte der gewerbl. Wirtschaft im SpätMA. Von bes. Bedeutung waren die Messerer und die Klingenschmiede, neben ihnen sind u. a. als Zünfte nachweisbar die Lederer, Lodenmacher, Kürschner und Leinweber, die Schlosser, Uhr- und Büchsenmacher, die Schopper (Schiffbauer), Zimmerleute und Binder. Zu keiner Zeit haben die Zünfte die alleinige Stadtherrschaft an sich gezogen; obwohl sie selbständige Genossenschaften mit einer in sich geschlossenen Rechtssphäre bildeten, waren sie andererseits Glieder und Organe der Stadt, die Zunftverfassung war integrierender Bestandteil der städt. Verfassung. Die Ende des 15. Jh. erkennbaren Machtkämpfe innerhalb der Bürgerschaft wurden zugunsten der Zünfte und Kaufleute beendet, die Amtsgewalt des Rates empfindl. geschwächt. Dank seiner günstigen geogr. Lage konnte P. als Umschlagplatz für den Handel profitieren. Handelsgüter waren Getreide und Wein sowie v. a. das aus →Reichenhall und →Hallein kommende Salz. Bereits zu Beginn des 11. Jh. entwickelte sich in P. ein Salzmarkt, von dem aus die Ware bis nach Böhmen und donauaufwärts bis nach Regensburg gebracht wurde. P.er Händler konnten einen beträchtl. Anteil am Salztransport erringen, spätestens im 15. Jh. hielten sie das Transportmonopol auf der Donau bis nach Regensburg. Die bedeutende Stellung der P.er Bürgerschaft im Salzhandel auf Inn und Donau führte zur Ausweitung des Zwischenhandels in P., der im 14. Jh. u. U. eine Salzniederlage erhielt. Über die vier Mautstellen auf Donau und Inn geboten die Bf.e, die sich durch die daraus fließenden Einnahmen einen beträchtl. Gewinn am Handel ihrer Stadt sicherten. Die Divergenz bfl.-landesherrl. und städt. Interessen verhinderte den Aufstieg P.s zu einer der großen Handelsmetropolen an der Donau.

Das erste Zeugnis chr. Armenpflege findet sich in der Lebensbeschreibung des hl. →Severinus, in der zum Jahr 452 ein Spital erwähnt wird. Für Pilger und Sieche wurden seit dem 12. Jh. zahlreiche Einrichtungen begründet. Mit der durch Bf. Reginbert (1138-47) errichteten Innbrücke verbunden ist ein Heiligkreuzspital; 1160 Errichtung eines Leprosenhauses bei St. Ägid in der Innstadt, um 1200 Gründung des Johannisspitals durch das Domkapitel. Bf. Manegold (1206-15) initiierte die Armenkasse, Mitte des 14. Jh. wurden das Heiliggeistspital sowie zwei Lazarethäuser erbaut. Die Stiftungen erhielten zu ihrem Unterhalt reiche Schenkungen der P.er Bürger, der Bf.e und des Adels. Minoriten und Dominikaner, die sich im östl. Teil der Diöz. verbreitet hatten, erfuhren keine bes. Förderung seitens der Bf.e, die eine Errichtung von Kl. in der Stadt verhinderten.

II. BISTUM: Schon Hzg. →Theodo v. Bayern verhandelte vor dem Hintergrund der Lösung Bayerns aus frk. Einfluß mit Papst Gregor II. (715-731) in Rom über die Schaffung einer bayer. Landeskirche. Ausgeführt wurde die kirchl. Neuordnung jedoch erst zur Zeit des Bonifatius, erster Bf. v. P. wurde der von Papst Gregor III. geweihte →Vivilo (739-746/747). Nach den P.er Bf.s-listen soll Vivilo das Bm. v. →Lorch nach P. verlegt haben; gemäß dieser Legende soll Lorch in der Antike Metropolitansitz gewesen und dieser wegen der Avarengefahr unter Verlust der ebfl. Würde nach P. verlagert worden sein. Die Lorcher Tradition bildete unter Bf. Pilgrim das Kernstück der Argumentation, die P. zum Ebm. erhöhen wollte. Ein weiteres Mal wurde diese Fabel im 13. Jh. durch den P.er Domherrn und Archidiakon v. Lorch, →Albert Beaham († 1260), aufgegriffen und ausgeschmückt. Sie wurde bis weit in die NZ von der P.er Historiographie rezipiert. Die Ansätze P.s zur Mission des Donauraumes, in Mähren, Ungarn und Pannonien machten die Ungarnstürme zunichte. Sie konnten im 10. Jh. nicht wiederbelebt werden. Seit dem ausgehenden 10. Jh. wurde unter den Bf.en Pilgrim und Christian die kirchl. Organisation des Bm.s, dessen Gebiet sich nun von der Mündung der Isar in die Donau bis zur ung. Grenze erstreckte, konsequent ausgebaut.

Der Investiturstreit, in dessen Verlauf die Bf.e P.s eine herausragende Rolle spielten, führte zu einer Spaltung des Bm.s. Während die Stadt zu einem starken Bollwerk der Anhänger Heinrichs IV. wurde, der dort als Gegenbf.e Hermann (1085-87) und Thiemo (1087-ca. 1105) einsetzte, konnten sich die Bf.e →Altmann (1065-91), Legat Papst Gregors VII., und Ulrich (1092-1121), durch Papst Paschalis II. mit dem päpstl. Vikariat ausgestattet, nur in der ö. Hälfte des Bm.s behaupten und dort im Sinne der Kirchenreform tätig werden. Noch vor Ausbruch des Streites hatte Bf. Altmann das vor den Toren der Stadt P. gelegene Kanonikerstift St. Nikola gegründet und zum Zentrum seiner Reformbemühungen gemacht, die sich auf →St. Florian, →Kremsmünster sowie die Neugründung →Göttweig erstreckten. Bf. Ulrich gelang es, den von Altmann geförderten Ausbau der Diözesanorganisation sowohl durch Reform als auch durch Neugründungen von Kl. fortzusetzen und die bfl. Herrschaft zu sichern.

In der 2. Hälfte des 12. Jh. nahm das Bm. einen wichtigen Platz in der Reichspolitik ein als Stützpunkt der stauf. Politik, auch wenn im alexandrin. Schisma die Bf.e nicht immer eindeutig auf der Seite des Ks.s standen. Seit dem 13. Jh. geriet P. unter den zunehmenden Einfluß der territorialen Interessen der Habsburger, in deren Herrschaftsbereich sich der größte Teil der Diöz. erstreckte. Die Bf.e Otto v. Lonsdorf (1254–65) und Peter (1265–80) versuchten, die Unabhängigkeit der P.er Kirche zu wahren, doch führte die Konsolidierung der habsbg. Macht im Hzm. Österreich seit dem ausgehenden 13. Jh. zu einer Dominanz über die P.er Bf.e, der P.er Bf.sstuhl wurde mit prohabsbg. gesonnen Kandidaten besetzt. Versuchten bereits die Babenberger um 1200 unter Bf. Manegold erste, allerdings vergebl. Schritte zur Errichtung eines eigenen Landesbm.s →Wien, so waren die Habsburger 1469 mit der Gründung des zunächst auf die Stadt Wien begrenzten Bm.s erfolgreich.

III. HOCHSTIFT: Die Grundlagen zur Entwicklung des bfl. Territoriums gehen zurück auf die kanon. Errichtung des Bm.s. Schenkungen von Hzg.sgut und das kgl. Privileg v. 852, aus Zweckmäßigkeitsgründen Besitz tauschen zu dürfen, dienten dem Erwerb geschlossener Grundherrschaftskomplexe. Die Verleihung der Immunität sowie von Markt, Münze, Zoll und öffentl. Gewalt in der Stadt waren wichtige Schritte zum Ausbau der bfl. Grundherrschaft, doch erst mit dem 1161 erfolgten Erwerb des Kl. Niedernburg mit dessen Grundherrschaft, dem sog. Land der Abtei, das sich im N P.s bis an die böhm. Grenze erstreckte, und den 1217 errungenen Gft.srechten im Ilzgau konnte der Bf. sein Territorium arrondieren. P.er »Exklaven« auf österr. Gebiet konnten in St. Pölten und Mattsee entstehen, wurden aber nicht gehalten. So blieb der Bf. bis zum Ende des alten Reiches beschränkt auf das Gebiet n. der Stadt P., das er bereits im 12. und 13. Jh. errungen hatte. A. Zurstraßen

Lit.: A. ERHARD, Gesch. der Stadt P., 2 Bde, 1862, 1864 [Neudr. 1983] – M. HEUWIESER, Die stadtrechtl. Entwicklung der Stadt P. bis zur Stadtherrschaft der Bf.e [Diss. München, 1909, 1910] – A. MAIDHOF, Das P.er Stadtrecht, 1927 – G. TELLENBACH, Die bfl. passauischen Eigenkl. und ihre Vogteien, 1928 – J. OSWALD, Die Traditionen des Hochstifts P., 1930 – DERS., Das alte P.er Domkapitel, 1933 – K. SITTLER, Bf. und Bürgerschaft in der Stadt P. vom 13. Jh. bis zum Laudum Bavaricum 1535, 1937 – M. HEUWIESER, Gesch. des Bm.s P., 1939 – K. GRÜNBERGER, Das Recht der P.er Zünfte im MA (Ostbair. Grenzmarken, 1966), 157–212 – Die P.er Bm.smatrikeln für das 0. und das w. Offizialat, hg. R. ZINNHOBLER, 4 Bde, 1972–91 – R. BRANDL-ZIEGERT, Die Sozialstruktur der bayer. Bf.s- und Residenzstädte P., Freising, Landshut und Ingolstadt, ZBLG Beih. 6, 1974, 18–127 – A. LEIDL, Die Bf.e v. P. 739–1968 in Kurzbiogr.n, 1978² – DERS., Soziale Einrichtungen in der Stadt P. (Ostbair. Grenzmarken, 1978), 157–173 – L. VEIT, P. Das Hochstift (Hist. Atlas v. Bayern, T. Altbayern 35, 1978) – H. WANDERWITZ, Stud. zum ma. Salzwesen in Bayern (Schr.reihe zur Bayr. Landesgesch. 73, 1984) – A. ZURSTRASSEN, Die P.er Bf.e des 12. Jh., 1989 – P. und das Salz, hg. W. HARTINGER (P.er Stud. zur VK, II, 1990) – J. BREINBAUER, Otto v. Lonsdorf, 1992 – K. AMANN, Die landesherrl. Residenz P. im spätma. Dt. Reich (Residenzforsch. III, 1992) – Die Reg. der Bf.e v. P., Bd. 1: 739–1206, bearb. E. BOSHOF (Reg. zur bayer. Gesch., hg. Komm. für bayer. Landesgesch. bei der Bayer. Akad. der Wiss., Bd. 1, 1992).

Passauer Anonymus, Geistlicher der Diöz. Passau, wohl Dominikaner, legte um 1260/66 ein Sammelwerk zur Verteidigung des chr. Glaubens hauptsächl. gegen Juden und Ketzer an, in das er zudem noch einen auch anderswo überlieferten Antichrist-Traktat einfügte. Während das Gesamtwerk nur in vier Hss. überliefert ist, fand der Ketzerteil in etwa 60 Hss. Verbreitung, die sich in sechs stark voneinander abweichende Redaktionen aufteilen lassen. Der Wert des Werkes besteht zum einen in der Inserierung von sonst nicht überlieferten Texten (u. a. Nachrichten über→Ortlieber im Ketzerteil, Exzerpte von lat. Talmud-Übers.en im Judenteil), zum anderen in originären Nachrichten namentl. über →Waldenser, aber auch über Juden in Österreich. A. Patschovsky

Lit.: Verf.-Lex.² VII, 320–324 [Hss., Ed.] – A. PATSCHOVSKY, Der P. A., 1968 (MGH Schr. 22) – P. SEGL, Ketzer in Österreich, 1984, 165–270 – A. PATSCHOVSKY, Wie wird man Ketzer? (P. DINZELBACHER – R. BAUER, Volksreligion im hohen und späten MA, 1990), 145–162.

Passavanti, Jacopo OP, * 1302 in Florenz, † 1357, bedeutender Prediger. Nach Studien in Paris Lector in Pisa, Siena und in S. Maria della Minerva in Rom, seit 1348 Prior von S. Maria Novella in Florenz. Er war verantwortl. für Ausbau und Ausschmückung der Kirche und des Kl., deren Höhepunkt, der große Freskenzyklus des Andrea di Buonaiuto im Kapitelsaal, erst nach seinem Tode fertiggestellt wurde. 1355 stellte er aus seinen 1354 gehaltenen, bearbeiteten Fastenpredigten den »Specchio di vera penitenza« zusammen (unvollendet). Vor kurzem wurde die im Prolog des »Specchio« erwähnte lat. Fassung identifiziert, wodurch sich eine frühere These der Forschung bestätigte. Wie sein Zeitgenosse →Cavalca teilt P. nicht die Begeisterung der vorhergehenden Dominikanergeneration (→Remigius v. Florenz, →Bartholomaeus v. Pisa, →Giordano da Pisa) für den Aristotelismus und die antiken Autoren. Das Hauptthema seiner mit Exempla durchsetzten, kraftvollen Prosa, die Buße, versteht er als innere Geisteshaltung, die den von Laienbewegungen (häufig unter Anleitung der Bettelorden) proklamierten Bußhandlungen wie der Geißelung fernsteht. F. Bruni

Ed.: F.-L. POLIDORI, 1856 – Lit.: T. KAEPPELI, Scriptores OP Medii Aevi, 1970–80 – A. MONTEVERDI, Gli «esempi» di Iacopo P., Studi e saggi sulla lett. it. dei primi sec., 1954, 169–303 – M. AURIGEMMA, Saggio sul P., 1957 – T. KAEPPELI, Opere lat. attribuite a J.P., AFP 32, 1962, 145–179 – G. AUZZAS, Per il testo dello »Specchio della vera penitenza«, LI 26, 1974, 261–287 – A. CORNAGLIOTTI, Un nuovo cod. dello »Specchio di vera penitenza«, GSLI 153, 1976, 376–386 – F. BRUNI (Storia d. civiltà lett. it., hg. G. BARBERI SQUAROTTI, 1990, I 1), 91–98 – G. ROSSI, La 'redazione latina' dello »Specchio della vera penitenza«, SFI 59, 1991, 29–58.

Passion
A. Theologie – B. Literarische Ausformungen (exemplarisch) – C. Ikonographie

A. Theologie

Die scholast. Theologie und die Meditation der P. Christi müssen gleichermaßen diese drei theol. Elemente zusammendenken: die göttl. Liebe, das Todesleiden Christi und die Schuld des Menschen. In der Synthese des Thomas v. Aquin, S.th. III q.46–49 ist die P.C. Gottes leidende Liebe an der Schuld des Menschen. Die P. ist 'satisfactio', weil der menschl. Sohn Gottes im Todesgehorsam genug getan hat für die Adamssünde (q.48 a.2). Sie ist leidende Liebe, die stärker ist als der Tod und die Erhöhung verdient hat (Phil 2,8f.; 'meritum', q.49 a.6). Sie ist Sühne für die Schuld der Welt ('sacrificium' q.48 a.2). Diese Grundelemente werden in der scholast. P.s-Theol. unterschiedl. gewichtet von Anselm v. Canterbury, »Cur Deus homo«, Abaelardus, Komm. zu Röm 3,21–26 (ed. CCCon.med. 11, 113–118), Bonaventura, Sent. III d.19–20. Im Breviloquium p.4 c.8–10 betrachtet er die P. als Heilmittel: das Kreuz ist der neue »Baum des Lebens« (vgl. Gen 2,9). In seinem Traktat »Vitis mystica« (ed. Quaracchi VIII, 159ff.) fließen die Bilder »Lebensbaum« und »Weinstock« (Joh 15,1–7) zusammen und bedeuten das Kreuzgeschehen: die Worte Jesu am Kreuze sind die Blätter des Weinstocks. Das Kreuz ist der Lebensbaum, er steht im Zentrum der Welt. Die vier in alle Richtungen auseinanderstrebenden Balken zeigen die kosm. Dimension der Erlösung an. Die karol. Gelehrten haben diese Kreuzessymbolik ebenso verstanden wie die dt. Symbolisten: Rupert v. Deutz, Honorius Augustodunensis, Gerhoch v. Reichersberg und Hildegard v. Bingen (vgl. BEINERT).

Im Unterschied zur symboltheol. Betrachtung der P. Christi gewann in der Theol. und Spiritualität der Franziskaner die Meditation des P.sgeschehens große Bedeutung. Sie wurde angeregt durch die Kreuzesnachfolge des Hl. →Franziskus, der für Bonaventura der »servus crucis« war und die »stigmata« des Gekreuzigten (Gal 6,17) trug, ebenso auch durch das Bewußtsein der Spiritualen, in den weltl. und kirchl. Anfechtungen des Armutideals die »Leidensgeschichte Christi« mitzuerfahren und schließlich durch die Hinwendung der Schriftauslegung bei →Nikolaus Lyra († 1349) zum Literalsinn. Die von Krieg und Pest bestimmten Zeitläufte trugen ihrerseits zur P.sfrömmigkeit in der »devotio moderna« bei. In dieser komplexen Tradition entstanden zu Beginn des 14. Jh. die →»Meditationes vitae Christi« des Ps.-Bonaventura (verfaßt von →Ubertino da Casale?). »Der Baum des Kreuzes-Lebens« (ed. 1485 Ndr. 1961) ist die ep.-dramat., lyr.-myst. Betrachtung der P. Christi. In der aktiv-passiven Ausdrucksweise wird die Kraft der Kreuzesohnmacht offenbar: Jesus ist der hingestreckt betende, der gedemütigt-ansprechende, der aufblühend-verdorrte. In Dialog und Gebet wird immer auch der Betrachter in das Geschehen einbezogen. Bes. Beachtung erfährt die Mutter Jesu, die bei der Darstellung Jesu im Tempel (Lk 2,21-40) zu Simeon sagt: »zur Versöhnung gebe ich den eingeborenen Sohn hin, das wahre Lamm«. Indem sich der Schmerz des mitleidenden Herzens Jesu der leidenden Mutter zuwendet, vertieft er sein und ihr Leid. Die Prediger des Ordens, →Franziskus v. Meyronnes, der auch einen (uned.) Traktat zur »P. Christi« geschrieben hat, →Bernhardin v. Siena, u. a. haben vielfach über die P. gepredigt. In der Augustinerschule des 14. Jh. bearbeitete →Michael de Massa einen dreifachen P.straktat und schrieb eine »Vita Christi« (W. BAIER a.a.O. 339-361). →Simon Fidati v. Cascia erklärte in seinem verbreiteten Erbauungsbuch »De gestis Domini salvatoris« das P.sgeschehen nach den vier Evangelien. Kurz nach 1348 erschien die in viele Sprachen übersetzte »Vita Christi« des →Ludolf v. Sachsen (vgl. J. DESCHAMPS, Historia et spiritualitas Cartusiensis, 1983, 157-176). →Drama, →Geistliches Spiel, →Maria. L. Hödl

Zur Liturgie s. →Karfreitag; →Karwoche.

Lit.: E. S. GREENHILL, The Child in the Tree, Traditio 10, 1954, 323-371 – W. BEINERT, Die Kirche Gottes Heil in der Welt. ... nach den Schr. des Rupert v. Deutz, Honorius Augustodunensis und Gerhoch v. Reichersberg, BGPhThMA NF 13, 1973 – W. BAIER, Unters. zur P.sbetrachtung in der Vita Christi des Ludolf v. Sachsen, I-III, AnalCart 44, 1977 [559-575 ungedr. und gedr. Q.; 575-602 Lit.] – G. L. POTESTÀ, Storia et escatologia in Ubertino da Casale, 1980 – J. E. ZIEGLER, Sculpture of Compassion. The Pietà and the Begines in the Southern Low Countries c. 1300-c. 1600, 1992.

B. Literarische Ausformungen (exemplarisch)

I. Mittellatein – II. Deutsche Literatur – III. Französische Literatur – IV. Englische Literatur – V. Skandinavische Literaturen – VI. Byzantinische und slavische Literaturen.

I. MITTELLATEIN: →Drama; →Geistliches Spiel; →Maria.

II. DEUTSCHE LITERATUR: Das Thema P. wird zunächst im Rahmen von Bibelübers. und -dichtung (→Tatian, →Otfrid, →Ava u. a.) als Teil des Lebens Jesu und in Darstellungen der gesamten Heilsgesch. (→»Ezzolied«, »Erlösung«, »Christi Hort« Gundackers v. Judenburg, »Der Saelden Hort« u. a.) behandelt. Im SpätMA gewinnt es in Passions-, Oster- und Fronleichnamsspielen (Drama, V) sowie in der vielfältigen geistl. Gebrauchslit. in stärkerem Maße selbständigen Raum. Die zahlreich überlieferten Texte in Versform und Prosa aus dem 13., 14. und 15. Jh. stehen alle in mehr oder weniger enger Verbindung zu lat. Vorlagen, deren Benutzung sich aber wegen der allg. Verbreitung des Gedankenguts nur z. T. erweisen läßt. Prägend für die Hinwendung zur P. Christi und deren lit. Behandlung waren vor allem Bernhard v. Clairvaux, Thomas v. Aquin, Bonaventura, Johannes Gerson.

Neben im wesentl. auf die Evangelienberichte beschränkten P.shistorien stehen weiter ausgestaltete Darstellungen, allegor. Auslegungen, Reflexionen und Betrachtungen in Form von Gedichten, Traktaten, Predigten, Visionsberichten, Tagzeitandachten und Gebeten. Oft wird die P. Christi in einer Folge von Stationen betrachtet und ausgedeutet, bisweilen in allegor. Gerüste eingegliedert, wie die zwölf Eigenschaften der Weinrebenbearbeitung (»Geistl. Weinrebe«) und der Weg des Weizenkorns von der Saat bis zum Backen (»Geistl. Weizenkorn«). Das »äußere Leiden« Christi wird oft durch das »innere Leiden« vertieft.

Die »mit Abstand bedeutendste P.historie im dt. MA« »Extendit manum« stammt von dem in Prag tätigen Heinrich v. St. Gallen (* kurz vor 1350), darin verbinden sich »bernhard.-franziskan. Compassio-Mystik und scholast. Argumentationskunst« mit krassem Naturalismus. (Die Erforschung dieses und der meisten anderen Texte beruht wesentl. auf Beiträgen von K. RUH.) →Geilers v. Kaysersberg für die Zeit von Quinquagesimae bis Karsamstag bestimmten 69 Predigten »P. des Lebkuchens« (der verteilte 'Lebzelten' als 'Zelt des Lebens' verstanden) haben einen Anonymus der Konstanzer Diöz. zu einem 82teiligen P.spredigtzyklus »Geistl. Lebkuchen« für das ganze Jahr angeregt. Daneben gibt es zahlreiche einzelne P.spredigten. Außerhalb der bekannten Tradition relig. Epik stehen eine Reihe anonymer Texte »P. Christi in Reimversen«; das P.sgedicht »Do christ mit sinen jungern az« (mehrfach überliefert und erweitert) ist mit einer »Marienklage« verbunden. In diesem oft gestalteten Texttyp bringt die Gottesmutter monolog. oder im Dialog mit anderen Personen der Kreuzigungsszene Mitleid und Schmerz stellvertretend für die Gläubigen zum Ausdruck. Der Schmerzensmann (Ecce homo) und der Gekreuzigte stehen im Zentrum frommer Betrachtungen und sind Adressaten von Gebeten. Auch einzelne Zeichen der P. (z. B. die Wundmale) und Szenen (z. B. Gespräch mit dem Schächer) werden lit. behandelt. Insges. erfolgt in den dt. Texten eine intensive, weithin popularisierende Aneignung des Vorstellungs- und Gedankenguts um die P. Diese Lit. zielt auf geistl. Belehrung, Meditation, Erbauung und Compassio; theol. Erörterungen bleiben demgegenüber eher im Hintergrund.

Ed. und Lit.: Verf. Lex.²: Christi Leiden in einer Vision geschaut, I, 1218-1221; Erlösung, II, 599-602; Geiler von Kaysersberg, II, 1141-1152; Geistl. Weinrebe, II, 1180f.; Geistl. Weizenkorn, II, 1181f.; Goldene Muskate, III, 89-91; Gundacker von Judenburg, III, 304-306; Harfenspiel vom Leiden Christi, III, 472-474; Heinrich von St. Gallen, III, 738-744; Johannes von Zazenhausen, IV, 827-830; Jordan von Quedlinburg, IV, 853-861; P. Christi in Reimversen, VII, 328-332; P.sauslegung, VII, 342-344; P.sbetrachtungen, VII, 344-348; P.sgedicht, VII, 348-350; P.spredigten, VII, Geistl. Lebkuchen, VII, 350-352; P.straktat, VII, 354f.; Rosengarten vom Leiden Jesu Christi, VIII, 185-187; Schulmeister Nikolaus, VIII, 872-874 – K. RUH, Zum ma. P.straktat, ThZ 6, 1950, 17-39 – DERS., Stud. über Heinrich v.

St. Gallen und den »Extendit-manum«-P.straktat, Zs. Schweiz. KG 47, 1953, 219–230; 247–278 – W. STAMMLER, Ma. Prosa in dt. Sprache (Dt. Philologie im Aufriß 1960²), 771–778 – W. BAIER, Unters. zu den P.sbetrachtungen in der »Vita Christi« des Ludolf v. Sachsen, Anal-Cart 44, 1977, 341–343.

III. FRANZÖSISCHE LITERATUR: Die älteste P. in roman. Sprache wurde um 1000 in Clermont aufgezeichnet (»P. de Clermont«); die 516 assonierenden Achtsilber waren für den Gesang bestimmt (Neumen); die mit Okzitanismen durchsetzte Sprache weist auf das Poitou als Herkunftsort. Ende 12. bis Anfang 13. Jh. entsteht die knapp 4000 Achtsilber umfassende sog. »P. des jongleurs«, die neben den Evangelien auch das →Nikodemusevangelium verwendet. Sie ist in über 25 Hss. erhalten und hat einen nachhaltigen Einfluß auf die dramat. P.en ausgeübt. Weniger verbreitet waren in 13. Jh. verschiedene andere frz., anglonorm. und okzitan. P.en in Versen; vgl. GRLMA VI, 2, Nr. 1016–36, 1908, 1912. 14. Jh.: »Le livre de la P.« in 2508 Achtsilbern mit Reminiszenzen der »P. des jongleurs« (5 Hss.) sowie zwei franko-it. Texte, die P. von →Nicola da Verona in Alexandrinern und die »Ystorie de la P.« in Achtsilbern. Die übrigen P.en des SpätMA sind alle in Prosa geschrieben. Sie verarbeiten durchwegs auch apokryphe Texte oder die →»Meditations vitae Christi«. Aus dem 14. Jh. stammt eine Bearbeitung des Nikodemusevangeliums, bekannt als »P.«, respektive »Evangile de Gamaliel«. Bes. verbreitet war die 1398 für die frz. Kgn. →Isabella v. Bayern (4.I.) verfaßte P., die sog. »P. Isabeau« (23 Hss.). Sie beeinflußte die P. »Selon la sentence du philosophe Aristote« (8 Hss.), die P. »moult piteuse« (nur Frühdr.e) sowie P.spredigten, v. a. aber die »Mysterienspiele. Aus der zweiten Hälfte des 15. Jh. stammt die illustrierte »Vie de Nostre Benoit Sauveur Ihesucrist«, die außer den apokryphen Texten auch die Predigt »Ad Deum vadite« von Jean Gerson (→Johannes Gerson [79. J.]) verwendet. Als Gattung ist die erzählende P. nicht immer eindeutig festzulegen, da z. B. die einflußreiche »Vita Christi« von →Ludolf v. Sachsen (3. L.) eine ausführl. P.sbeschreibung enthält; der Text Ludolfs wurde im 15. Jh. mehrmals übersetzt; neben drei Anonymen sind namhaft zu machen Jean Aubert (verkürzt), Guillaume le Menand (Dr.e ab 1484) sowie eine Überarbeitung in der weit verbreiteten Universalchronik »Fleur des histoires« von Jean Mansel (vgl. DLFMA, Ed. 1992, 965–966).

M.-R. Jung

Ed.: D'A. S. AVALLE, Cultura e lingua francese delle origini nella P. di Clermont-Ferrand, 1962 – P. des jongleurs: A. J. A. PERRY, 1981 – Livre de la P.: G. FRANK, 1930 – Ystorie de la P.: E. A. WRIGHT, 1944 – P. Isabeau: E. E. DUBRUCK, 1990 – Vie de … Ihesucrist: M. MEISS–E. BEATSON, 1977 [dazu Rez. G. HASENOHR, Romania 102, 1981, 352–391] – Lit.: DLFMA, Ed. 1992, 1100f. – E. ROY, Le Mystère de la P. en France du XIVᵉ au XVIᵉ s., 1903f. [Repr. 1974] – Zum frankoit. Text: J. L. PALLISTER, Poetic Composition in the Ystoire de la P.B.N. fr. 821, Stud. in Mediev. Culture 4, 1973–74, 253–261.

IV. ENGLISCHE LITERATUR: Engl. P.straktate sind zumeist Teilübers.en oder -übertragungen der →»Meditationes Vitae Christi«. Einflußreich für das engl. Drama war v. a. Nicholas →Loves »Myrrour of the Blessed Lyf of Jesu Christ« (1410). Auch in England hat es P.sspiele im kontinentalen Sinn gegeben, die das Erlösungswerk Christi mit der Himmelfahrt abschließen (s. I. LANCASHIRE, Ind.), doch ist nur ein kornisches Doppeldrama »Passio« und »Resurrexio Domini Nostri« (15. Jh.) erhalten. Für die Behandlung der erhaltenen Texte empfiehlt sich die Einengung auf die P.sszenen der Mysterienzyklen (→Mysterienspiele, II). In Chester gehören sie (Nr. 16 und 16A) zu den ältesten Teilen; 1422 belegt, wurden sie bis Anfang des 16. Jh. stationär aufgeführt. Von anderen Zyklen heben sie sich durch ihre Kürze ab (zusammen nur 873 Verse). Wohl durch die nachreformator. Entstehungszeit der Hss. bedingt, enthalten sie kaum außerbibl. Material (→Chester Plays). Groß ist demgegenüber die Zahl der Zeugen für die Göttlichkeit Jesu. Im N-Town-Zyklus (→Ludus Coventriae) sind zwei größere Einheiten zu erkennen (Passion Play I und II), die in aufeinanderfolgenden Jahren aufgeführt werden sollten und die für die Simultanbühne eingerichtet sind. Deren Möglichkeiten werden geschickt genutzt, um die Gleichzeitigkeit mehrerer Ereignisfolgen an verschiedenen Orten zu veranschaulichen (z. B. Pendeln Judas' zw. Abendmahl und Hohem Rat). Die Vielzahl der von seinen Gegnern besetzten Gerüste hält die bedrohte Lage Jesu stets gegenwärtig. Auch in den Yorkshire-Zyklen (→York Plays, 25–36: Einzug in Jerusalem bis Tod Christi; →Towneley Cycle, 20–24: Verschwörung und Gefangennahme bis Würfeln um den Rock des Gekreuzigten) weisen viele P.sspiele Spuren späterer Überarbeitung auf. Einige werden dem »York Realist« bzw. dem »Wakefield Master« zugeschrieben. Beide Zyklen geben den Grausamkeiten der Folterknechte sowie der Charakterisierung der Gegner Christi breiten Raum. Die Abendmahlsszenen fehlen, wohl als Folge protestant. Zensur.

H.-J. Diller

Ed.: The Ancient Cornish Drama, ed. E. NORRIS, 1859 – Lit.: W. F. MCNEIR, The Corpus Christi Passion Plays as Dramatic Art, Stud. in Philology 48, 1951, 601–628 – J. W. ROBINSON, The Art of the York Realist, MP 60, 1962–63, 241–251 – R. WOOLF, The English Mystery Plays, 1972 – E. SALTER, Nicholas Love's »Myrrour of the Blessyd Lyf of Jesu Christ«, 1974 – I. LANCASHIRE, Dramatic Texts and Records of Britain, 1984.

V. SKANDINAVISCHE LITERATUREN: Weder in der hagiograph. Prosalit. (in den verbreiteten Fassungen der Kreuzesholzlegende) noch in der (unvollständigen) Bibelkompilation →Stjórn wird in der altskand. Prosalit. die Passion selbständig behandelt, wiederholt hingegen in der gebundenen geistl. Lit. im spätma. Island. Die P. nimmt schon in bemerkenswertesten geistl. Gedicht des skand. MA, der →Lilja des Isländers Eysteinn Ásgrímsson († 1361), einige der 100 Strophen ein, und von diesem Werk wurde dann die →Drápa Píslargrátr ('Leidensklage'), deren Titel und Inhalt sich auf die P. Christi beziehen und der als Grundlage das Johannesevangelium diente, stark beeinflußt; vom selben Autor, dem letzten kath. Bf. Islands, Jón Arason (1550 ermordet), stammen auch die Krossvísur, ein Gedicht, das sich vorwiegend mit der Kreuzigung und Christi Höllenfahrt beschäftigt. Zur Compassio bzw. der Marienklage gehört die Drápa Maríugrátr (um 1400), mit dem Hauptthema der schmerzensreichen Jungfrau; auch sie zeigt im Versmaß hrynhent Einflüsse der Lilja.

R. Simek

Lit.: M. OVERGAARD, The Hist. of the Cross-Tree down to Christ's Passion, 1968 – H. SCHOTTMANN, Die isländ. Mariendichtung, 1973.

VI. BYZANTINISCHE UND SLAVISCHE LITERATUREN: Die P. wurde in der byz. Lit. zum Gegenstand profaner und volkstüml. Dichtungen, theol. Traktate und Predigten und erschien sogar in der Gesch.sschreibung. In der byz. Hymnographie wurde sie in Troparien der Karfreitagsoffizien im Typikon der orth. Kirche schon im 11. Jh. thematisiert. Von Bedeutung ist der Hymnus des →Romanos Melodos über die Gottesmutter unter dem Kreuz sowie der des Martinos aus Otranto (10. Jh.). Als Verfasser des Begräbnishymnus wird neben →Anastasios Sinaites (ca. 700) Anastasios Quaestor (»o traulos«, 10. Jh.) erwähnt. Die Klage, »Threnos«, über die P. wurde im 14. Jh. zum Threnos bei der Bestattung umgewandelt. Volkstüml. Charakter in Form eines Dromenon hat das »Moirologi tes Panagias« oder »Tragudi tu Christu« oder »Threnos tes Megales Paraskevis« bewahrt. Dramatisiert sind die »Logoi paregoretikoi« auf das Leiden Christi, verbunden mit einer Klage der Theotokos in 112 Vv. (Anfang des kret. Theaters?). Dramat. Form haben der Threnos der Theotokos unter dem Kreuz, des Georgios v. Nikomedeia und des →Symeon Metaphrastes sowie (in Fünfzehnsilbern) des →Johannes Plusiadenos. Mehr lyr. Natur sind weitere, von →Leontios v. Neapolis auf Zypern, Anastasios Sinaites und →Johannes Damaskenos verfaßte Klagen der Gottesmutter. Aus dem 12. Jh. stammt der Cento »Christos paschon«, der die P. in 2610 Versen wiedergibt, von denen ein Drittel antiken Autoren entnommen ist. Stoffl. zur P. gehören auch die zahlreichen →Predigten und Reden auf das Kreuz, das Grab und die Tage der Karwoche, etwa die Patriarch →Germanos II. zugeschriebene Karsamstagsrede »Sabbatu men« und die Megalynaria auf den Karsamstag mit einer Marienklage Manuels II. Palaiologos. Das 3. Kap. der byz. Weltchronik »Biblos Chronike« des Michael Glykos Studites (Anfang 12. Jh.) bezieht sich in einer längeren Partie auf die P.

Die *russ. Lit.* des MA kennt hauptsächl. Übertragungen der byz. Hymnographie über die P. Einer sehr frühen Übers. des »De bello Judaico« (ca. 1100) des Josephus Flavius sind sechs, der gr. Hss. unbekannte Abschnitte über Christus und Pilatus hinzugefügt. Kirill, Bf. v. Turov (2. H. 12. Jh.), bezog sich in seinen Predigten auf die Festtage ab dem Palmsonntag u. a. auch auf die P. Die eingefügten Klagen Marias und des Josephus v. Arimathea über dem Leichnam Christi sind dem Werk des Johannes Chrysostomos entnommen. Das gleiche gilt auch für den »plač«, »Threnos« Marias und Josephus' des →Gregor Camblak (Metropolit v. Kiev vor 1416). In der *serb. Lit.* ist das Thema der P. in den zahlreichen Übers. byz. Lobgesänge, Kontakien und Troparien für den kirchl. Gebrauch präsent. Die erst in der Mitte des 13. Jh. geformte *tschech. Lit.* kennt ähnl. Thematik in den Feiertags- und Sonntagsreden (Řeči sváteční u nedělní) des →Thomas v. Stitne (Tomáš Štitny). In der *kroat. Lit.* sind unter dem Einfluß it. und dt. Vorbilder noch vor Beginn des 15. Jh. die ersten Ansätze des geistl. Dramas in glagolit. Schrift zu verzeichnen. In *Polen* thematisiert ein Teil der →»Bogurodzica« die P. A. Ioannidou

Lit.: BECK, Kirche – D. TSCHIŽEWSKIJ, Vergleichende Gesch. der slav. Lit., 1968 – H. G. BECK, Volksliteratur – J. KRZYŻANOWSKI, Dzieje literatury polskiej od początków do czasów najnowszych, 1975 – A. BARAC, Gesch. der jugoslav. Lit. . . . , 1977 – HUNGER, Profane Lit. – W. BAUMANN, Die Lit. des MA in Böhmen, 1978 – D. BOGDANOVIĆ, Istorija stare srpske knijževnosti, 1978 – D. PETKANOVA, Starobǎlgarskata lit., 1986/87 – R. KATIČIĆ – S. P. NOVAK, Zweitausend Jahre Schrift. Kultur in Kroatien, 1990.

C. Ikonographie

I. Frühchristentum – II. Westliches Mittelalter – III. Byzanz – IV. Altrußland.

I. FRÜHCHRISTENTUM: In der Kunst des 3. und frühen 4. Jh. fehlen aus dem →Leben Christi noch die Ereignisse seines Leidens und Todes. Als diese um die Mitte des 4. Jh. auf den zahlreichen röm. sog. P.ssarkophagen erschienen, meist in Verbindung mit Hinweisen auf die Martyrien von →Petrus und →Paulus, nahm die in Mt 27,11–26 (und Parallelen) mit einer Bezeugung des Kgtm.s Christi verbundene Begegnung mit →Pilatus bevorzugten Raum ein. Die →Kreuzigung fehlt (in einigen Fällen durch →Typologie ersetzt); Hauptbild ist ein Triumphkreuz oder ein Bild der Herrlichkeit Christi. Das zugrundeliegende Anliegen, die P. positiv darzustellen, wurde seit dem späten 4. Jh. in z. T. umfangreicheren Zyklen der P. durch Beigabe von Ereignissen nach der Auferstehung erreicht: Sarkophag v. Servanne; Tituli Historiarum des →Prudentius als möglicher lit. Reflex bildl. Darstellungen; Elfenbeintafeln in London, Brit. Mus. (VOLBACH Nr. 116); Holztür in S. Sabina, Rom; Mosaikzyklus in S. Apollinare nuovo, Ravenna (frühes 6. Jh.). Den P.sszenen der 'Lipsanothek' in Brescia (VOLBACH Nr. 107) ist die Herrlichkeit Christi symbol. beigegeben; die Illustrationen des 'Augustinus'-Evangeliars in Cambridge sind unvollständig. Daß es bereits im 4. Jh. eine röm. Hs. mit Illustrationen der P. gegeben habe (zuletzt JEREMIAS 75f.), bleibt Vermutung. In den gen. w. Zyklen finden sich in wechselnder Verteilung folgende Szenen: Einzug in Jerusalem, Fußwaschung, Abendmahl, Verleugnungsansage, Gethsemane, Judaskuß, Wegführung, Kaiphas, Verleugnung Petri, Pilatus, Reue und Tod des Judas (Geißelung: Prudentius), Verspottung, Kreuztragung und Kreuzigung. Auch in der ö. Kunst war die P. (erst ab 6. Jh.) stets mit Hinweisen auf die Auferstehung verbunden: Ein Leben-Christi-Zyklus in Gaza endete mit der Himmelfahrt (Chorikios, Laudatio Marciani 1,76); den Kreuzigungsbildern des Rabula-Evangeliars, der palästin. Pilgerampullen und der frühma. Weihrauchgefäße ist das Bild der →Frauen am Grabe beigegeben. J. Engemann

Lit.: LCI III, 39–85 – RByzK V, 284–356 – A. SAGGIORATO, I sarcofagi paleocristiani con scene di passione, 1968 – R. PILLINGER, Die Tituli Historiarum, 1980 – G. SCHILLER, Ikonographie der christl. Kunst 2, 1968 – G. JEREMIAS, Die Holztür der Basilika S. Sabina in Rom, 1980, bes. 72–76.

II. WESTLICHES MITTELALTER: Darstellungen der P. Jesu vom →Einzug in Jerusalem bis zur Grablegung gehören zu den zentralen Themen ma. Kunst als selbständige Einzelbilder oder in zykl. Reihung (auch als Teil einer →Leben-Christi-Folge), für die es keines verbindl. Kanon gibt. Die Szene der →Kreuzigung kann fehlen. Zuweilen bildet eine →Maiestas Domini den Bezugspunkt; Ereignisse aus dem Osterfestkreis verweisen auf Überwindung von Leiden und Tod. Häufig wird die P. der →Kindheitsgesch. Jesu gegenübergestellt oder dem Marienleben integriert. – Im Rückgriff auf spätantike und byz. Vorlagen verfügt bereits die karol. und otton. Kunst (Elfenbeine; Aachener Antependium) über einen reichen Vorrat an Einzelszenen, auf dem Wand- und Buchmalerei sowie die »Kleinkünste« der Folgezeit aufbauen. Typolog. Bezüge werden beliebt (Klosterneuburger Ambo 1181/um 1330; Heilsspiegel). Relativ selten in roman. Skulptur (St. Gilles, Abteikirche), got. Glasmalerei (Chartres, Westfenster; Esslingen, Stadtpfarrkirche) und Portalplastik (Straßburg, Freiburg: Tympana), finden sich umfangreiche P.szyklen an Lettnern (Naumburg; Havelberg). Auf it. Tafelkreuzen sind die oft von byz. Ikonographie geprägten Szenen um den zentralen Kruzifixus angeordnet. Seit dem 13. Jh. führt eine Frömmigkeit, die das Sich-Versenken in das Leben Jesu zum Ziel hat (→Mystik), zu gewandelten Darstellungsformen. Im →Andachtsbild wird die Aufmerksamkeit des Betrachters auf jeweils einen Aspekt der Leidensgesch. gelenkt; in Stundenbüchern dazu die Verknüpfung bestimmter Themen mit den kanon. Tageszeiten mögl. Daneben tritt v. a. in den großen Altären (Duccio, Maestà, Rückseite; Hannover, Lüneburger Goldene Tafel; Antwerpener Schnitzaltäre) eine detailreiche Erzählung, die im religiösen →Drama ihr Pendant hat. Bes. Verbreitung finden P.sdarstellungen im späten MA durch die Graphik (Schongauer, Dürer, Cranach), z. T. in Verbindung mit P.straktaten. – Am Beginn der P.szyklen steht meist der mit der Palmsonntagsliturgie verknüpfte Einzug in Jerusalem. Die anschließende Tempelreinigung bleibt im MA selten. Bei der Salbung Jesu im Haus des Simon wird die Sünderin mit →Maria Magdalena gleichgesetzt. Charakterist. für die Fußwaschung am Gründonnerstag ist die Hervorhebung des Dialogs Christus–Petrus (Hausbuchmeister: Berlin, Gemäldegalerie), oft in engerem Rahmen als pars pro toto für die ganze Szene. Die Darstellung des Letzten Abendmahls konzentriert sich im Früh- und HochMA auf die Ankündigung des Verrats durch →Judas Ischariot. Später tritt der eucharist. Aspekt in den Vordergrund (Dirc Bouts, Löwener Altar). Erst im SpätMA wird das Gebet Jesu am Ölberg regelmäßig in P.szyklen einbezogen; jetzt auch plast. Ölberggruppen als Einzelmonumente. Die Gefangennahme im Garten Gethsemane verbindet häufig Judaskuß und Malchusszene. In Beziehung zueinander gesetzt finden sich gewöhnl. Verleugnung und Reue Petri mit den Verhören Jesu (Egbert-Codex). Bes. in Verspottung, Geißelung und Dornenkrönung macht sich immer stärker das Interesse an realist. Schilderung grausamer Vorgänge geltend, die im Ecce homo ein Gegenbild stillen Leidens findet. Beim Urteil des Pilatus ist meist die Handwaschung zum Zeichen der Unschuld als dramat. Höhepunkt festgehalten. Die Kreuztragung wird seit dem frühen 15. Jh. zu einem szenenreich ausgemalten Gang nach Golgatha umgeformt; dabei Einwirkung von Legenden und theol. Abhandlungen (H. Multscher; Meister der Karlsruher Passion). Der Kreuzigung können Kreuzbesteigung mit Entkleidung, Kreuzannagelung und Kreuzaufrichtung vorausgehen. Den Abschluß des P.sgeschehens bilden Kreuzabnahme (Rogier v. d. Weyden), →Beweinung, Salbung und Grablegung (Brandenburger Evangelistar). Diese eher intimen Szenen werden ins Monumentale umgesetzt: Hl.-Grab-Figuren, deren Realitätscharakter nur noch im P.s- bzw. Osterspiel übertroffen wird. B. Braun-Niehr

Lit.: LCI, passim – G. SCHILLER, Ikonogr. der chr. Kunst, II: Die P. Jesu Christi, 1968 – J. H. MARROW, P. Iconogr. in Northern Europ. Art of the Late MA and Early Renaissance, 1979 – Christus im Leiden, Ausst.-Kat. Stuttgart, 1985 – H. BELTING, Bild und Kult, 1990.

III. BYZANZ: Waren die Bilder der P. Christi in der Zeit vor dem Bilderstreit durch die frühchristl. Tradition bestimmt (Rabulascodex, s. o. I.), so folgte aus Verlauf und Ergebnis des Bilderstreits eine neue Betonung der Leidensfähigkeit Christi und damit seiner menschl. Natur im streng dyophysit. Sinn. Dies führte zu einer Veränderung der Ikonographie des innerhalb des P.szyklus zentralen Bildthemas der →Kreuzigung Christi, in dem die konkreten Hinweise auf erniedrigendes menschl. Leiden und Tod (Lendenschurz anstelle des Purpurkolobions, Neigung des Kopfes und geschlossene Augen) stärker betont wurden, ohne ältere Hoheitselemente zu vernachlässigen (Hinzufügung von Engeln), wie insgesamt im Laufe der späteren byz. Zeit »Emotionalisierung und Dramatisierung des Bildes« (M. MRASS) zunehmen. Dies führt zur Aufnahme des Kreuzigungsbildes zusammen mit den Szenen der Grablegung und Anastasis wie Himmelfahrt (sog. Endszenen) bald nach dem Bilderstreit in monumentale Bildprogramme bzw. -systeme (lit. Q.: Kirchweihpredigt Ks. Leons VI. für eine, vom Basileiopater Stylianos Tzautzes gestiftete Kirche: A. FROLOW, Deux églises byz., EByz 3 [1945], 52f. – frühestes und wichtigstes erhaltenes Denkmal: Göreme, Kapelle 29 = Kılıçlar Kilise, Ende 9. Jh. mit u. a. 16 Szenen der P. Christi vom Einzug Christi in Jerusalem bis zur Himmelfahrt). Die Anordnung der einzelnen Szenen erfolgte dabei – auch wenn ein Bildregistersystem zugrunde gelegt erscheint – nicht dem Ablauf der Leidensgesch. entsprechend chronol., sondern übernahm teils ältere Szenengruppierungen, wie sie seit den Jerusalemer Ampullen und dem Rabulascodex bis hin zur Illustration der Gregorhomilien der Zeit des Ks.s Basileios I. in Paris (BN Cod. gr. 510, fol. 30^v, ursprgl. vor der oratio 1 In Pascha) gebräuchl. waren und bei denen die Kreuzigung den Mittelpunkt bildete. Teils wurden neue Ordnungspaare oder -gruppen gebildet, die sich an liturg. Texten und Perikopen orientierten. →Hos. Lukas gliedert im 11. Jh. sogar konsequent die ganze Gruppe der P. in den Narthex aus, geschart um das Bild Christi in der Mitte über der Eingangstür, während der Naos den reinen Theophanieszenen vorbehalten bleibt. Der sog. Festtagszyklus spielt hier, soweit ersichtl., gegenüber den anderen P.s- bzw. Theophanieszenengruppen (noch?) keine Rolle. Erst die Nea Mone auf Chios (3 P. sszenen) versucht eine Integration der beiden Gruppen in diesem Sinn, ohne allerdings (mit ihren insgesamt 8 Szenen) die kanon. Zwölfzahl auch nur anzustreben. In der späteren Komnenenzeit und unter den Palaiologen rücken Kreuzigung und P.sszenen gelegentl. in das Zentrum oder Gegenzentrum eines Zyklus (Pantokratorkl. 1237, Studenica 1208) und/oder in die Nähe des liturg. Zentrums (Pantokratorkl., Žiča, Göreme Neue Tokalıkilise) bzw. werden durch eindrucksvolle Gegenüberstellungen hervorgehoben (Kreuzigung und Anastasis in Sopoćani), auch wenn der n. Kreuzarm oder die n. Schiffswand traditionell nach wie vor beliebter Anbringungsort für diese Szenengruppe bleibt. Dabei ist wohl, je nach Intention oder Bedarf, paradigmat. Reduktion auf wenige oder gar nur eine Szene wie pleonast. dramat. Ausdehnung (Arilje, Sv. Kliment in Ohrid, Sv. Nikita in Čučer) zu beobachten. Szenen der P. Christi erhalten auch auf Festtagsikonen (z. B. Mosaikikone im Bargello, Florenz) oder in liturg. Hss. (Parma Cod. 5) den ihnen innerhalb einer Festbildreihe zukommenden Platz, der die angedeutete spätbyz. Tendenz zur Themenvermehrung aus der Funktion solcher →Ikonen heraus verbietet; im Gegensatz dazu aber (umfang)reich illustrierte (Privat?-)Exemplare aller vier Evangelien. Im Bereich der Ikonographie Christi kommen – ebenfalls in spätbyz. Zeit – neue Bildthemen auf Ikonen auf, bei denen die christolog. Grundlage des Bildes ganz auf das Thema der Leidensfähigkeit Christi zugespitzt wird und sie damit, Hand in Hand mit zunehmender Emotionalisierung, zum 'Andachtsbild' macht (Akra Tapeinōsis, →Jesus Christus); auch im Ansatz eucharist. Themen wie der Anapesōn (→Jesus Christus) werden durch Beigabe der Leidenswerkzeuge im Sinne eines P.sbildes deutbar. Der bildl. Schmuck von Paramenten umfaßt nicht nur auch P.sszenen, sondern bevorzugt, insbes. beim großen Aër, unter dem Einfluß der Karfreitagsliturgie, ab Ende des 13. Jh. fast ausschließl. das Thema der Beweinung Christi (sog. 'Epitaphios'). M. Restle

Lit.: G. MILLET, Recherches sur l'iconographie des évangiles, 1960^2 – D. I. PALLAS, Die P. und Bestattung Christi in Byzanz, 1965.

IV. ALTRUSSLAND: Die byz. Ikonographie der P. wird übernommen, dabei aber Übertreibungen vermieden, z. B. bei der Darstelllung des kurvierten Körpers Christi. Die Kreuzigung selbst erfuhr nicht selten eine dramat.-erzähler. Wiedergabe (Chludov.-Ps., Lobkov-Ps.). Unter Beibehaltung ihres angestammten Platzes auf der →Bilderwand fand die P. eine weitverbreitete Entsprechung in den »tabletki« (K. ONASCH, Liturgie und Kunst, 1981, 349 [Lit.]). Erst gegen Ende unseres Berichtszeitraumes finden sich unter w. Einfluß in nördl. Museen Beispiele plast. Darstellungen des Leidens Christi, die an Kalvarienberge (→Andachtsbild) erinnern. Gleichzeitig wird das Thema P. hinsichtl. der Beziehungen zw. Gottesmutter (→Maria) und Kind weiter entfaltet (z. B. Typus der »P.s-Madonna«, »Christus im Grabe« u. a.).

K. Onasch

Lit.: N. V. POKROVSKIJ, Evangelie v Pamjatnikach Vizantijjskich i Russkich, 1892 [Register: Strasti Christovy licevyja] – K. ONASCH, Liturgie und Kunst in der Ostkirche, 1981, s.v.

Passional, qualitätvollstes und wirkungsreichstes dt. Verslegendar, wohl im, jedenfalls für den →Dt. Orden im Anschluß an das ca. 1272 begonnene →»Väterbuch« um 1300 als zweites Werk eines Priesters vollendet, der bewußt seinen und seines Auftraggebers Namen verschweigt. Er schuf mit den beiden Werken mit über 150000 Versen die umfassendste hagiograph. dt. Dichtung (→Hagiographie, B.III) und ein schulbildendes Fundament der künftigen →Deutschordenslit. B.I des P. enthält ein Leben der Ordenspatronin Maria und 25 Marienmirakel, B. II Legenden der Apostel und -schüler und der *boten* Maria Magdalena und Michael, B. III als ältestes dt. Rezeptionszeugnis der →'Legenda aurea' 75 weitere Hl.nleben in Kalenderfolge, mit Nikolaus beginnend (Einschübe u. a.: Zerstörung Jerusalems; Judasleben). Primäre Gebrauchssituation war die in den Statuten vorgeschriebene Tischlesung für lateinunkundige Ritterbrüder. Auf ihren Horizont zugeschnitten setzt der Dichter seine (noch unzureichend erfaßten) lat. Q. souverän und eindringl. im Sinne der Deutschordensspiritualität um, wobei er sein Unternehmen gegen Widersacher, vermutl. aus dem Deutschordensklerus, in mehreren Exkursen verteidigen muß. Die reiche Überlieferung bricht nach Mitte 14. Jh. zugunsten von Prosalegendaren ab, doch indirekt erreicht das P. als Q. u. a. von »Der Hl.n Leben«, von Bruder →Philipps »Marienleben« und von →Heinrich v. München nachhaltige Breitenwirkung.

K. Kunze

Ed.: K. A. HAHN, Das alte P., 1845 [B.I, II] – H. G. RICHERT, Marienlegenden aus dem Alten P., 1965 [aus B. II] – F. K. KÖPKE, Das P., 1852 [Nachdr. 1966; B.III] – *Lit.:* Verf.-Lex.² VII, 332–340 [H. G. Richert].

Passiones animae. Aristoteles gebrauchte das mehrdeutige πάθος ohne eth. Abwertung auch für die von Lust oder Schmerz begleiteten sinnl. Regungen der Seele, die man maßvoll gewähren läßt (Metriopathie). Die Stoa forderte gemäß ihrem Apathie-Ideal, die Hauptaffekte Schmerz, Furcht, Begierde, Lust und abgeleitete Affekte (Mitleid, Reue, Trauer, Zorn u. a.) auszumerzen; ihre Forderung der Apathie und Mitleids- und Reuelosigkeit des Weisen forderte den Widerspruch bibl. orientierter Theologen heraus (Ambrosius, De off. I, 11, 38; Expos. in Luc. X, 56). Die in der Ethik und Rhetorik bestrittene Diskussion um den Konflikt von Einsicht (φρόνησις, λόγος) und Affekten (πάθος, ἄλογον) wurde im Lat. mit den Termini 'affectus', 'affectio', 'perturbatio' und bes. 'passio' geführt (Aug., Civ. Dei IX, 4). Augustinus, ebd. XIV, 7–9, der dem MA vom Disput zw. Stoa und Peripatos über Moralität der P. Auskunft gab (vgl. Nemesios, De nat. hom. 15 f.; Johannes Damaskenos, de fide orth. 36), begriff die P. a. betont positiv als Übungsfeld der Tugenden. In der monast. Trad. (Cassian, collat. VII, 21) wurden dagegen die Affekte als Dämonen stilisiert. Moralsummen, Beichtspiegel, Pastoralhandbücher und Predigtwerke (Hrabanus Maurus, De inst. cler. III, 28–39; Alanus ab Insulis, Summa de arte praed. 30. 40. 46; Humbert v. Romans, De erud. praed. I, 5; VI, 25. 27) und pädagog. Abhandlungen (Vinzenz v. Beauvais, De erud. filior. nobil. 31. 36), Rhetoriktraktate (Aegidius Romanus, In Arist. Rhetor. II, ed. 1515, 49rb–51rb), doxograph. Texte zur stoischen Affektenlehre (Cicero, Tusc. disp. III–IV; De fin. III, 12f.; Seneca, ep. mor. 85. 116; Martin v. Braga, De ira), Erläuterungen der Passibilität der Seele Christi (Thomas v. Aquin, S. th. III, 15, 4) sowie med. Traktate zur Physiologie der P. a. (Galen, De locis affectus; Johannitius, Isagoge in artem parv. Galeni 10. 31) bezeugen die ma. Sichtweise auf die P. a. Bernhard v. Clairvaux, De grat. et lib. arb. VI, 17, verstand Tugenden als vom Schöpfergott mitgegebene und von der Gnade 'geordnete Affekte'. Die Schemata des ps.-augustin. Traktats (Alcher v. Clairvaux?) »De spiritu et anima« (MPL 40, 779–832) wirkten bis ins 13. Jh. auf die Diskussion ein (Summa Halensis II/1, 4, 1, 2, 2, 2; Johannes de Rupella, Tract. de multipl. potent. an. II, 12, ed. P. MICHAUD-QUANTIN, 1964, 79). Albertus Magnus, De bono III, 5, ed. Coloniense XXVIII, 1951, 195–216, und Johannes Blund, Tract. de an. VII, ed. D. A. CALLUS – R. W. HUNT, 1970, 18–22, bemühten sich um eine Koordinierung der eth., naturphilos. und metaphys. Aussagen des Aristoteles. Eine singuläre Stellung im MA besitzt der Traktat »De p. a.« des Thomas v. Aquin (S. th. I–II, 22–48), der bei selektivem Traditionsbezug die Struktur und innere Einheit spezif. menschl. Sinnlichkeit analysierte und die pluralen psych. Antriebe auf ihr formales Wesensgefüge innerhalb einer leib-seel. Ganzheit rückführte. Er handelt von den Regungen des Mensch und Tier gemeinsamen sinnl. Strebevermögens auf ein sinnl. Gut. Diese haben als sittl. neutrale Kräfte und als die Träger erworbener und eingegossener Tugenden insoweit an der sittl. Freiheit und deren Vollkommenheit Anteil, wie sie der Weisung des Willens offenstehen und ihm 'politice' unterstehen, ohne despot. und sklav. unterdrückt zu werden und verloren zu gehen. Das gattungsmäßig eine sinnl. Streben realisiert sich zweifach (bestritten von Johannes Duns Scotus, In III Sent. 26, q. un.): bei einem schlechthin zu- bzw. abträgl. Objekt im spontanen, irreflexiv agierenden konkupisziblen Strebevermögen und bei einem nur mit Schwierigkeit zu erlangenden bzw. zu umgehenden Objekt im iraszlblen Strebevermögen, dem mit dem Schätzungsvermögen ein reflexives Moment beigegeben ist. Dabei sind jenem die spezif. P. a. Liebe und Haß, Sehnsucht und Abscheu, Lust und Trauer, diesem aber Hoffnung und Verzweiflung, Furcht und Kühnheit und schließl. Zorn zugeordnet. Diese integrale Betrachtungsweise, in der innerhalb einer Ordnung hierarchisierter Teleologien den menschl. Affekten eine Dynamik auf die sittl. Freiheit zuerkannt wurde, ist im MA kaum beachtet, der Traktat nicht selten kommentiert worden (z. B. Dionysius d. Kartäuser, De p. a., Op. omn. 1896–1913, XL, 321–392). Aegidius Romanus, De regimine princ. I, 2, 1–3; 3, 1–11, beschränkt die Lehre von den P. a. auf die Erfordernisse eines →Fs.enspiegels. In der Renaissancephilos. begegnete man neostoischem Lob der Apathie (Petrarca, De remed. utr. fortunae) mit merkl. Zurückhaltung, kümmerte sich um empir. Eigenschaften und Wirkweisen der P. und ließ metaphys. Fragen beiseite (L. Vives, De anima et vita, I, 12; III).

M. Laarmann

Lit.: HWP I, 89–100 – Hist. Wb. der Rhetorik, hg. G. UEDING, 1992ff., I, 218–226 – RAC I, 160–173 – *Albertus Magnus:* P. MICHAUD-QUANTIN, RThAM 18, 1950, 90–120 – La psychologie de l'activité chez Albert le Grand, 1960, 91–113 – *Thomas v. Aquin:* Dt. Thomas-Ausg., X, hg. B. ZIERMANN, 1955 – S. PFÜRTNER, Trieblleben und sittl. Vollendung, 1958 [Lit.] – P. ENGELHARDT (Die Frage nach dem Menschen, hg. H. ROMBACH, 1966), 352–374 – M.-D. CHENU, RPhL 72, 1974, 11–18 – E. SCHOCKENHOFF, Bonum hominis, 1987, 172–201 [Lit.] – M.D. JORDAN, FZPhTh 33, 1988, 71–97 [Lit.] – *Andere Autoren:* G. HEIDINGSFELDER, BGPhMA, Suppl. II, 1923, 255–269 [Dionysius d. Kart.] – O. HIERONIMI, Die allg. Passionslehre bei Aegidius v. Rom [Diss. Würzburg 1934] – F. RICKEN, Der Lustbegriff in der Nikomach. Ethik des Aristoteles, 1976 – Cambridge Hist. of Renaissance Philos., 1988, s. v. emotions – R. BEINHAUER, Unters. zu philos.-theol. Termini in De Trin. des Boethius, 1990, 153–202 – K. H. ZUR MÜHLEN, Archiv f. Begriffsgesch. 35, 1992, 93–114.

Passionsbilder → Passion, C.

Passionsmystik. Nach Ansätzen bei →Petrus Damiani und →Bernhard v. Clairvaux wird die →Passion seit dem 12. Jh. ein, vielleicht sogar das beherrschende Thema der →Meditation. Dazu tragen hochemotionelle Passionsgedichte bzw. -lieder in den Volkssprachen genauso bei wie Traktate, Predigten, Bilder, Schauspiele etc. Im SpätMA sind für die zahllosen, oft mit dramat. unbibl. Einzelheiten angereicherten Darstellungen des Leidens des Gottessohnes grundlegend die franziskan. →»Meditationes vitae Christi«. Auf die dringl. Empfehlung des mystagog. Schrifttums, die Passion zum Zentrum des Denkens und Fühlens zu machen, sowie auf die Appellation durch entsprechende →Andachtsbilder antwortet das Miterleben der Passion von seiten der spätma. Mystikerinnen (seltener der Mystiker wie – mit Vorbildwirkung – →Franziskus v. Assisi und →Seuse) v. a. in folgenden Formen: 1. Korrelierung des eigenen Tagesablaufs mit den Stunden der Passion, meditative Versenkung, fast ohne Ausnahme praktiziert; 2. körperl. →Imitatio Christi durch Selbstgeißelung und andere Askeseleistungen, z. B. sel. Helena v. Udine (1395–1458): Fesselung, eiserne Dornenkrone, Anbinden an Säule usw.; 3. visionäre Schau des Schmerzensmannes und seines Leidenswegs, seit →Elisabeth v. Schönau sehr verbreitet; bes. ausführl. u. a. bei →Birgitta v. Schweden und Margery →Kempe; 4. ekstat. (unbewußter) körperl. Nachvollzug der Passion, z. B. →Elisabeth v. Spaalbek; 5. ekstat. Stigmatisation, z. B. →Katharina v. Siena, →Katharina v. Genua, →Elisabeth v. Reute; 6. selbstbeigebrachte Stigmatisation, z. B. →Maria v. Oignies, Lukardis v. Oberweimar; 7. Abfassung von Passionstraktaten, z. B. →Eustochia Calafato, »Libro della Passione«, Alix Baake, »Vier Kreuzwege«, Zuster →Bertken, »Passionsbuch«. – Der P. entspringen die teilweise als Sonderdevotionen praktizierten Andachten zu den Wunden und zum Blut Christi.

P. Dinzelbacher

Lit.: →Mystik – DSAM s. v. Passion – A. AUER, Leidenstheol. im SpätMA, 1952 – M. ZINGEL, Die Passion Christi in der Mystik des dt. MA [Diss. Berlin 1956] – W. BAIER, Unters. zu den Passionsbetrachtungen in der Vita Christi des Ludolf v. Sachsen, 1977 – G. LIOMPART, Religiosidad popular, 1982 – Lerne leiden, hg. W. BÖHME, 1985 – P. OCHSENBEIN (Religiöse Frauenbewegung und myst. Frömmigkeit im MA, hg. P. DINZELBACHER–D. BAUER, 1988), 352–372 – Die dunkle Nacht der Sinne, hg. G. FUCHS, 1989 – P. DINZELBACHER, Ma. Frauenmystik, 1993 – DERS., Chr. Mystik im Abendland, 1993 – DERS., Auf der Suche nach dem Leid. Der Dolorismus als charakterist. Komponente spätma. Frömmigkeit [im Dr.].

Passionssäule (Geißelsäule, Martersäule gen.), gehört zu den →Arma Christi. Dem Itinerarium Burdigalense (um 334) zufolge war auf dem Sionsberg die angebl. P. Christi zu sehen. Die in Rom (S. Prassede) aufbewahrte P. brachte Kard. Giovanni Colonna aus Palästina erst 1223 dorthin. Ikonograph. ist die P. v. a. in den Szenen der Geißelung Christi von Bedeutung (→Passionsbilder), aber auch bei den Darstellungen der →Arma Christi, der Gregorsmesse, der Not Gottes (Gnadenstuhl) und der »Immerwährenden Hilfe«. Im HochMA häufig Attribut des Weltenrichters, wird sie im SpätMA zum →Andachtsbild (bes. im 15. Jh.) in oder vor Kirchen aufgestellt, z. B. Coesfeld, Braunschweiger Dom [Hans Witten um 1490]. Die P. erscheint auch im Wappen des OFM; als Hl. nattribut →Bernhard v. Clairvaux zugeordnet. G. Jászai

Lit.: →Arma Christi – R. SUCKALE, Arma Christi, Städel-Jb. NF 6, 1977, 177ff. – A. LEGNER, Das Andachtsbild im späten MA. Eine Betrachtung vor dem Elendchristus im Braunschweiger Dom, Kat. Stadt im Wandel, 4, Braunschweig 1985, 449–457.

Passionsspiel → Geistliches Spiel; →Drama, V

Passionswerkzeuge → Arma Christi

Pastinak (Pastinaca sativa L./Apiaceae). Der in Europa heim. P. wurde schon früh im MA als Wurzelgemüse (→Obst und Gemüse) angebaut ('Capitulare de villis', 70) und erst durch die Verbreitung der Kartoffel verdrängt. Wie die dt. bzw. lat. Namen *pastenej/pastinaca, more* und *pastirinach, pastenak, daucus* (STEINMEYER-SIEVERS III, 49, 554), *morkrut* (Hildegard v. Bingen, Phys. I, 148) oder *baucia agrestis* (Alphita, ed. MOWAT, 139) erkennen lassen, wurde der P. nicht von der verwandten Möhre (Daucus carota L./Apiaceae) unterschieden. In der Medizin galt die Pflanze als Aphrodisiacum sowie als verdauungsförderndes und harntreibendes Mittel (Gart, Kap. 328). I. Müller

Lit.: MARZELL III, 588–594 – U. KÖRBER-GROHNE, Nutzpflanzen in Dtl., 1988², 232–235.

Paston Letters, aus dem 15. Jh. stammende Slg. von Briefen und Dokumenten der in Norfolk ansässigen, dem Landadel zuzurechnenden Familie P., in denen sich das öffentl. und das private Leben der Zeit widerspiegelt. Der unmittelbare Anlaß für die meisten Briefe lag in der Verwaltung und der Vermehrung des sehr beachtl. Landbesitzes der Familie, dessen Erhalt in der rechtl. unsicheren Zeit des 15. Jh. (→Rosenkriege) Rechtsstreitigkeiten und längere Abwesenheiten der männl. Familienangehörigen (z. T. sogar Inhaftierungen) zur Folge hatte. Darüber hinaus sind die P. L. eine unschätzbare Q. für die Sozial- und Kulturgesch. der Zeit. Sie geben auch ein realist. Bild von den Persönlichkeiten ihrer Schreiber, wie dem nüchternen und strebsamen John P. I., seiner ebenso tüchtigen und bestimmenden Gattin Margaret P. usw. Die P. L. gelten als lit. wenig bedeutsam – ihre Verfasser werden allg. als 'artless writers' klassifiziert –, für die Sprachgesch. sind sie jedoch von einigem Wert, da sie über die Große Vokalverschiebung und die Entwicklung grammatikal. Konstruktionen Zeugnis ablegen. Die meisten der Briefe sind im Besitz der British Library (Add. Mss. 27443–6, 27450–1, 34888–9, u. a.). →Brief, B.IV. M. L. Thein

Bibliogr.: NCBEL I, 683 f., 2258 – Ed.: J. GAIRDNER, The P. L., 6 Bde, 1904⁴ – N. DAVIS, P. L. and Papers of the 15th cent., 2 Bde, 1971, 1976 – Lit.: H. S. BENNETT, The P.s and their England, 1932² – N. DAVIS, The Language of the P.s, PBA 40, 1954, 119–144 [Nachdr.: MELit.: British Acad. Gollancz Lectures, hg. J. A. BURROWS 1989] – A. LUCAS, Women in the MA, 1983.

Pastophorien, usprgl. kleine Zelle oder Nische für das Götterbild (pastophorion), in der Vulgata auch Kammern des Salomon. Tempels zur Aufnahme der Schätze und Geräte. Im frühchr. Kirchenbau seit dem 4. Jh. (zuerst in Syrien) die beiden rechts und links zu Seiten der Apsis angebauten, meist rechteckigen, später häufig mit Apsiden abgeschlossenen Nebenräume. Der an der rechten Seite des →Bema gelegene s. Raum diente als Diakonikon dem Aufenthalt der Diakone sowie zur Aufbewahrung kult. Geräte und Gewänder, auch als Grabkapelle für die Reliquien eines lokalen Hl. n. Im gegenüberliegenden n. Raum, der Prothesis, wurden die Opfergaben der Gemeinde entgegengenommen, und es erfolgte dort die Vorbereitung der Opfergaben (Proskomidie, Prothesis) auf einem Tisch, der ebenfalls P. heißt. P. sind noch im ma. byz., osteurop. und kaukas. Kirchenbau gebräuchl., während in Mittel- und Westeuropa ihre Funktionen von der Sakristei übernommen wurden. G. Binding

Pastoralet, zeitgesch. frz. Dichtung (über 9000 Achtsilbler, in nur einer Hs. erhalten), entstanden zw. 1422 und 1425, verfaßt unter dem Pseudonym 'Bucarius' von einem überzeugten Parteigänger der 'Bourguignons' (→Armagnacs et Bourguignons), der wahrscheinl. aus der Gft. →St-Pol stammte und von Hzg. →Philipp d. Guten v. Burgund abhängig war. Im Gewand einer Pastorale (→Hirtendichtung) und nach Art eines Schlüsselromans werden die Kämpfe zw. Armagnacs und Bourguignons geschildert. Innerhalb des pastoralen Szenariums treten auf: der Schäfer 'Florentin' (Kg. →Karl VI.), seine Frau 'Belligère' (Kgn. →Isabella v. Bayern), sein Bruder 'Tristifer' (Hzg. →Ludwig v. Orléans) und 'Léonet' (Hzg. Johann v. Burgund, →Jean sans Peur). Die verhängnisvolle Liebschaft von Belligère und Tristifer führt den Krieg zw. den an sich friedfertigen 'Léonois' (Bourguignons) und den 'Lupalois' (Armagnacs) herbei; der Tod Léonets durch Verrat steht am Ende des Werkes. In dualist. Vereinfachung (Kampf der Guten gegen die Bösen) eliminiert der Verfasser aus dem Handlungsgeschehen alle Momente, die sich nicht den Regeln seiner Fiktion einfügen lassen (insbes. die Interventionen der Bevölkerung im Bürgerkrieg), idealisiert die Personen und setzt reale Fakten in emblemat. Handlungssituationen um. Die Schilderung der pastoralen Szenerie macht breite Anleihen bei der Mythologie, die Liebesaffären der Isabella/Belligère werden nach den Konventionen der höf. Dichtung abgehandelt. P. ist weder ein als Schäfergedicht getarntes polit. Pamphlet noch ein hist. Werk, sondern eine sehr lit. Reaktion auf die Sorgen eines bewegten Zeitalters.

P. Bourgain

Ed.: J. BLANCHARD, 1983 – *Lit.:* BOSSUAT, Manuel, 5194f., Suppl. 8035 – Dict. Lettres fr., MA 1992, 1101 – J. BLANCHARD, La pastorale en France aux XIVe et XVe s., 1983, ch. 4.

Pastor angelicus (papa a.). Die bibl. begründete Vorstellung vom engelhaften Wesen des Priestertums und die von →Joachim v. Fiore entfaltete Idee eines zur Erneuerung von Kirche und Glauben berufenen großen Führers verschmolz im 13. Jh. zum prophet. Bild des Engelpapstes, das Züge der Sage vom Endks. in sich aufnahm (→Eschatologie, A. II), zuerst bei →Roger Bacon und in pseudojoachit. Schriften greifbar. In Gregor X. und bes. Coelestin V. meinte man, ihn zu erblicken, doch enttäuschte Reformhoffnungen v. a. der Franziskaner- →Spiritualen ließen das Konzept des sittenreinen, hl. mäßigen-messian. P. a. in krit.-oppositioneller Wendung zum Kontrastbild der bestehenden Kirche und des hierarch., spätma. Papsttums (→Bonifatius VIII., →Abendländ. Schisma) werden, mit Wirkung auf Bußpredigten und noch auf nz. spiritualist. Lit. T. Schmidt

Lit.: F. BAETHGEN, Der Engelpapst, 1943 – M. REEVES, The Influence of Prophecy in the Later MA, 1969 – P. HERDE, Cölestin V. (1294). Der Engelpapst, 1981.

Pastorellen (*pastoureaux,* von pastor 'Hirte'), Aufstandsbewegung im Frühjahr 1251 in N-Frankreich, in Flandern und in der Picardie, ursprgl. von Hirten und bäuerl. Unterschichten, denen sich auch städt. Unterschichten anschlossen. Ihre Gegner sahen in ihnen eine Zusammenrottung diskreditierter und kriminalisierter gesellschaftl. →Randgruppen. Ihr Zusammenschluß steht in enger Verbindung mit dem gescheiterten →Kreuzzug Ludwigs IX., ohne daß ein einziger konkreter Anlaß auszumachen wäre. Unter der Führung ihres Meisters, Jakob (?) aus Ungarn, wohl eines sprachgewandten ehemaligen Zisterziensers, war ihr Ziel die Befreiung des Hl. Landes, basierend auf dem Hintergrund des in Flandern traditionell starken Zulaufs zu den Kreuzzugsheeren. Möglicherweise war auch der vom Papst verkündete antistauf. Kreuzzugsaufruf ein weiterer Impuls. Der genaue zeitl. Ablauf und die Zahl der Anhänger liegen im dunkeln; im April sollen sich vor Amiens 30000 versammelt haben, die auf ihrem Zug nach Paris auf 100000 anwuchsen. Sie bildeten für die sie aufnehmenden Städte Rouen und Amiens eine Gefahr. Der Empfang ihres Führers in Paris durch →Blanca v. Kastilien (3. B.) kann als Höhepunkt des Ansehens der Bewegung gelten, die jedoch schnell durch zunehmende Radikalisierung weitere Unterstützung verlor. Morde an Geistlichen und bes. Mönchen, aber auch an Adligen, kirchl. Amtsanmaßungen ihres Führers und andere Exzesse begleiteten ihren Weg. Nach weiterem Vordringen nach Tours, Orléans und Bourges, wo die P. auch die Juden verfolgten, wurden sie zunehmend Opfer der gegen sie eingeleiteten Abwehrmaßnahmen, bei denen auch ihr Führer (16. Juni?) getötet wurde. Versprengte Gruppen gelangten bis nach Marseille und S-England, wo sie ebenfalls schnell vernichtet wurden. Die Rekonstruktion der Bewegung, ihrer Entstehung, ihres Verlaufs, ihrer Zielsetzung und ihres Endes leidet unter der Widersprüchlichkeit einer ihr feindl. gesinnten Chronistik, welche eine Vielzahl perhorreszierter Zusammenhänge herstellt, die sich jeglicher Überprüfung entziehen. Als Wegbereiter des →Antichrist schienen sie auf gesamtgesellschaftl. Umsturz aus zu sein.

Eine zweite P. bewegung entstand wohl ebenfalls in N-Frankreich im Anschluß an den Kreuzzugsaufruf Kg. Philipps V. v. Frankreich im Frühjahr 1320, von wo ihre Scharen über Paris, wo es zu ersten Zusammenstößen kam, nach Aquitanien und ins Languedoc zogen. Im Unterschied zur ersten P. bewegung ist die P. v. 1320 v. a. durch schwere Judenpogrome (Toulouse, Narbonne, Cahors usw.; →Judenfeindschaft) gekennzeichnet, die aber gleichfalls von Angriffen auf Geistlichkeit und Adel begleitet waren. Die im Frühsommer eingeleiteten militär. Gegenmaßnahmen führten zu ihrer völligen Vernichtung. Einige ins Kgr. Aragón geflüchtete Gruppen wurden nach den auch dort durchgeführten Judenpogromen ebenfalls verfolgt und getötet. N. Bulst

Lit.: LThK² VIII, 165 – R. RÖHRICHT, Die P., ZKG 6, 1884, 290–296 – M. BARBER, The Pastoureaux of 1320, JEcH 32, 1981, 143–166 – Dict. of the MA IX, 1987, 452–454 – G. DICKSON, The Advent of the Pastores (1251), RBPH 66, 1988, 249–267.

Pastourel, Jean, † 18. Nov. 1395, Ratgeber Kg. →Karls V. v. Frankreich. Einer der berühmtesten Juristen des 14. Jh., war P. 1346 Avocat am →Châtelet, 1349 am →Parlement, 1357 →Avocat du roi am Parlement. Namentl. als Autorität des Feudalrechts im Parlement angesehen, gehörte er zu den Räten, die den Dauphin Karl (V.) 1358, nach dem Tode von Étienne →Marcel, zur Rückkehr nach Paris veranlaßten. 1358/59 Hauptmann (→Capitaine) der königlichen Burg Montjoie, nahm er seit der Thronbesteigung Karls V. einen bevorzugten Platz im kgl. Entourage ein. →Maître des Requêtes am Hôtel (1373), Maître an der →Chambre des Comptes (1382–92), gehörte er dem kgl. Rat (→Conseil) an, wurde von Karl V. 1374 zum Mitglied eines geplanten Regentschaftsrates designiert und nahm wichtige Missionen wahr (Poitou, 1379; Normandie, 1380: gemeinsam mit Étienne de La Grange *réformateur général*). In →Rouen führte er 1383 die Repressionen nach Niederschlagung des Harelle-Aufstandes durch. Mit Jean Le Mercier verbunden, zählte er zur Gruppierung der sog. →'Marmousets', die mit der Volljährigkeit →Karls VI. (1388) wieder an die Macht kam. Er wartete den erneuten Sturz der Marmousets nicht ab, sondern zog sich beizeiten in die Abtei St-Victor zurück (1392), wo sich auch sein Grab befindet. Der Wunsch Karls V., ihn wie die anderen großen kgl. Gefolgsleute in →St-Denis beisetzen zu lassen, wurde nicht verwirklicht. F. Autrand

Lit.: R. DELACHENAL, Hist. des avocats au Parlement de Paris 1300-1600, 1885 – A. COVILLE, Les États de Normandie, leurs origines et leur développement au XIVe s., 1894.

Pastourelle, Pastorela

I. Romanische Literaturen – II. Englische Literatur – III. Deutsche Literatur.

I. ROMANISCHE LITERATUREN: Als Kontrapunkt zu der höf. →Canzone schildert die P. die erot. Männerphantasien eines Ritters und ihre Verwirklichung zum Schaden eines unschuldigen Bauern- bzw. Hirtenmädchens. Infolge ihres vorwiegend dialog.-narrativen Charakters und des häufig auftretenden Refrains wurde lange Zeit für diese Dichtungsgattung ein volkstüml. Ursprung angenommen. Die neuere Forsch. hebt die Vielfalt der möglichen Einflüsse hervor (Komm.e Bernhards v. Clairvaux und Wilhelms v. St-Thierry zum Hld; Invitatio amicae, Motiv der Femme Sauvage [→Wilde Leute] usw.).

In der *frz. Lit.* finden sich mehr als 160 Beispiele, zu den ältesten gehören die P.n des Spielmanns v. Arras, Jean →Bodel.

In der *okzitan. Lit.* kennt man hingegen nur rund 30 Stücke, das älteste stammt von →Marcabru. In den späteren Texten bildet sich eine Art absteigende Hierarchie heraus, je nach den Tieren, welche das Mädchen hütet: *pastorela* (Schafe), *auquiera* (Gänse), *vaquiera* (Kühe); es gibt auch eine *porquiera* (Schweine; AUDIAU XXIV), die eindeutig obszönen und parodist. Charakter trägt. L. Rossi

Ed.: K. BARTSCH, Afrz. Romanzen und P.n 1870 – J. RIVIERE, P.s, 3 Bde, 1974–76 – J. AUDIAU, La P. dans la poésie occitane du MA, 1925 – W. D. PADEN, The Medieval P., 1987 [Bibliogr.] – *Lit.:* E. FARAL, La P., Romania 49, 1923, 204–258 – W. ENGLER, Beitrag zur P.-Forsch., ZRPh 74, 1964, 22–39 – A. BIELLA, Considerazioni sull'origine e sulla diffusione della pastorella, CN 25, 1965, 236–267 – M. ZINK, La P. (Poésie et folklore au MA), 1972 – E. KÖHLER, La p. dans la poésie des troubadours (Mél. F. LECOY, 1973), 279–292 – P. BEC, La lyrique frc. au MA, 2 Bde, 1977 – E. KÖHLER, Les genres lyriques, GRLMA II/, H.5, 1979, 33–43 – N. PASERO, Pastora contro cavaliere, Marcabruno contro Guglielmo IX, XN 43, 1983, 9–25 – R. WARNING, P. und Mädchenlied (Fschr. W. HAUG – B. WACHINGER, 1992), 709–722 – F. WOLFZETTEL, Überlegungen zum Stellenwert der (Nord)frz. P. des MA (Beitr. zur sprachl., lit. und kulturellen Vielfalt in den Philologien [Fschr. R. KOHR, 1992]), 552–567.

II. ENGLISCHE LITERATUR: Obwohl nur wenige me. P.n auf uns gekommen sind, zeigen die erhaltenen Gedichte doch, daß die P. auch in der me. Lyrik als Gattung gepflegt wurde. Neben einem Refraingedicht (»Nou sprinkes the sprai«), das sich an die →»Chanson de la mal mariée« anlehnt, und einem im Stil der P. gehaltenen Dialoggedicht »De clerico et puella« sind aus der frühme. Zeit nur zwei P.n überliefert, eine davon in den →Harley Lyrics (»In a fryht«). Daneben gibt es eine Reihe von religiösen »Chansons d'aventure« im Me., die mit den geistl. P.n →Gautiers de Coinci zu vergleichen sind. Auch aus dem SpätMA sind aus England und Schottland P.n oder pastourellenartige Gedichte, z. T. in burlesker Verzerrung, überliefert. Die erhaltenen engl. P.n nehmen die frz. Tradition auf, die sie dem einheim. Stil (Alliteration, volkstüml. Ton u. ä.) erfolgreich anpassen. K. Reichl

Ed.: J. W. CONLEE, ME Debate Poetry, 1991 – *Lit.:* H. E. SANDISON, The 'Chanson d'Aventure' in ME, 1913 – A. K. MOORE, The Secular Lyric in ME, 1951 – K. REICHL, Popular Poetry and Courtly Lyric: The ME P. (REAL: The Yearbook of Research in English and American Lit. 5, 1987), 33–61 – M. SICHERT, Die me. P., 1991.

III. DEUTSCHE LITERATUR: Bei den beiden lyr. 'Genres objectifs' (A. JEANROY), nämlich Alba/→Tagelied und P., ist im Vergleich mit dem roman. Vorbild auffällig, daß es im Mhd. ungleich viel mehr Tagelieder, aber erhebl. weniger P.n gibt. Befriedigende Erklärungen gibt es bislang dafür nicht. Vereinzelte Beispiele und Variationsformen von P. en, meist wohl unter roman. Einfluß, finden sich in den →»Carmina Burana« (z. B. 184/185: lat./dt.), bei →Walther v. der Vogelweide (39,11; 74,20), →Neidhart (XLIV,1; XLIV,25; XLV,9; 46,28; c7/f12 Der Wengling), →Gottfried v. Neifen, Kol v. Niunzen/Niune, →Tannhäuser (Leich 2/3), →Hadlaub (35), →Oswald v. Wolkenstein (76, 77, 79, 83) sowie in späten Lieder-Sammlungen. Als speziell dt. Sonderform der P. sind die 'Sommerlieder' Neidharts und seiner Nachahmer anzusehen. U. Müller

Lit.: H. JANSSEN, Das sog. »Genre Objectif«, 1980 – S. CH. BRINKMANN, Die dt. sprachige P., 1985 – U. MÜLLER, Neidharts P.en der »Maness. Hs.« (J. F. POAG – TH. C. FOX, Die Entzauberung der Welt, 1989) – s. Abschn. I [W. D. PADEN].

Patarener (Patarini, Paterini), in den Q. vom 11.–16. Jh. verwendete Bezeichnung 1. für die Anhänger der →Pataria-Bewegung, die v. a. in Mailand und Florenz gegen den simonist. und nikolait. Klerus revoltierten, 2. im allg. für Häretiker, insbes. →Katharer. Der Ursprung des Begriffs ist ungewiß, vielleicht kommt er von 'pannus' (Tuch, Lappen), mit deutl. Anspielung auf die Leute aus dem einfachen Volk (weitere Erklärungshypothesen →Pataria). Im 11. Jh. (Hugo v. Flavigny) erscheint der Begriff als Übersetzung von »racha« (Math 5,22), im 12. Jh. (1173) in den Annales Florentini (MGH SS XIX) ist er bereits das Äquivalent von »haereticus«, ebenso in den Akten des 3. Laterankonzils (1175) und in der Expositio in Apocalypsim des Joachim v. Fiore (Venedig 1527, f. 130 vb). In einer Bulle Innozenz' III. v. J. 1198 ist von Waldensern, Katharern und – nicht näher definierten – 'Patarini' die Rede.

E. Pásztor

Lit.: EDant, s. v. Paterino [R. MANSELLI] – A. FRUGONI, Due schede: 'Pannosus' e 'Paterinus', BISIAM 65, 1953, 129–153 – CHR. THOUZELLIER, »Patarinus« (DERS., Hérésie et hérétique, 1969, 204–221).

Pataria, Mitte des 11. Jh. in Mailand entstandene, hauptsächl. von Laien getragene religiöse Bewegung, die sich durch Ablehnung der von simonist. und nikolait. Priestern gespendeten Sakramente (»Liturgiestreik«), Predigten und Volksaufläufe gegen →Simonie und →Nikolaitismus des Klerus auflehnte. Auch in anderen it. Städten wie Piacenza, Cremona und Florenz (dort unter der Leitung der Vallombrosaner) traten analog zu Mailand P.e auf. Im 12. Jh. wurden als »patarini« die Anhänger pauperist. und evangelist. Bewegungen bezeichnet, die den moral. Niedergang des Klerus bekämpften und die Evangel. Armut im strikten Sinne nachlebten.

Der Ursprung des Namens »P.« ist kontrovers: Der Mailänder Chronist Arnulf leitet ihn von »pathos« ('perturbatio' [IV, 11]) ab, Bonizo v. Sutri von »pannus« (entsprechend dem griech. »racha« in Math. V,22), die neuere Forsch. (E. WERNER) von der lyk. Stadt Patara. Es dürfte sich hingegen bei diesem von den Gegnern geprägten Spottnamen um eine Ableitung von »patàlia« (wie Landulfus Senior die Bewegung nennt) handeln, einer aus dem Langob. stammenden, noch heute im lombard. Dialekt üblichen Bezeichnung für ein langes Hemd.

Eine Verbindung der Mailänder P. mit den Häretikern von →Monforte ist auszuschließen. Die Bewegung trat zu Beginn des Episkopats Widos (Guidos) v. Velate (1045–71) auf, des Nachfolgers von Bf. →Aribert (de Intimiano), dessen Wahl von Heinrich III. unterstützt und von Anselm v. Baggio (→Alexander II.) bekämpft wurde. Ende 1056/Anfang 1057 kam es unter dem Einfluß der Predigten des Diakons →Ariald und des Priesters →Landulf zw. den Patarinern und ihren Gegnern zu Auseinandersetzungen. Auf der vom Ebf. in sein Exil Fontaneto einberufenen Diözesansynode wurde Ariald exkommuniziert, worauf beide Parteien Gesandtschaften nach Rom schickten. Papst Stephan II. sandte Hildebrand (→Gregor VII.) und Anselm v. Baggio nach Mailand und ordnete die Einberufung einer Synode an, auf der die Patariner sich durchsetzten. Die Traditionalisten reagierten mit Plünderung der Besitzungen Arialds und einem Mordversuch an Landulf. Eine von Ariald erwirkte zweite päpstl. Gesandtschaft (Winter 1059/60), diesmal unter der Führung von →Petrus Damiani (Rechenschaftsbericht »Opusculum V. Actus Mediolani«) verurteilte die Simonie und ordnete die Neuweihe aller simonist. Kleriker an, um einen Mangel an Priestern in der großen Erzdiöz. zu vermeiden und die Gemüter zu besänftigen. Aber auch dies erwies sich nur als formaler Akt. Als der miles →Erlembald, nach dem Tode seines Bruders Landulf vom neuen Papst Alexander II. zum Vexillifer S. Petri ernannt, auch die militär. Führung der P.-Bewegung übernahm, verschärfte sich der Kampf erneut. Wido (Guido de Velate) wurde als »foedifragus« exkommuniziert (1065), das Mailänder Stadtvolk, das früher die P. unterstützt hatte, erhob sich nun gegen die Patariner, weil sie die Privilegien der Mailänder Kirche angetastet hatten, so daß Rom sich einmischen konnte. Außer gegen Nikolaitismus und Simonie kämpfte die Reformbewegung nämlich auch für die Durchsetzung des Primats der röm. Kirche, eines im Grunde für die Metropolitansitze nicht tragbaren Prinzips, das bereits zum Schisma mit der Ostkirche geführt hatte (1054). Nach der Ermordung →Arialds suchte eine dritte päpstl. Gesandtschaft unter der Leitung von Johannes Minutus und Mainard v. Silvacandida (1. Aug. 1067) den Frieden in der Stadt wiederherzustellen, indem sie den Liturgiestreik und die Einmischungen von Laien in das kirchl. Leben verurteilte, jedoch Klerus und Bf. befahl, sich strenger an die kanon. Gebote zu halten. Die Nachfolgefrage Bf. Widos führte im Rahmen der Verschärfung des Investiturstreits erneut zu blutigen Auseinandersetzungen, die in Erlembalds Ermordung gipfelten (15. April 1075). Heinrich IV. ernannte schließlich den Kleriker Tedald zum neuen Ebf. Die P.-Bewegung setzte sich weiter fort als Widerstand gegen die ks. treuen Bf.e Anselm III. und Arnulf II., bis letzterer sich lehnunterwarf (1096) und Papst und Ebf. gemeinsam den Leichnam Erlembalds in S. Dionigi feierl. bestatteten. Ein radikaler Flügel der Bewegung überlebte und bildete die Basis pauperist. und evangelist. Bewegungen des 12. Jh. P. Golinelli

Lit.: C. VIOLANTE, La p. milanese e la riforma ecclesiastica, I, 1955 – Studi sulla Cristianità mediev., 1972, 145–246 – B. STOCK, The Implications of Literacy, 1983, 151–240 – P. GOLINELLI, La P., 1984 [mit it. Übers. der Q. und Bibliogr.] – E. WERNER, Ketzer und Hl.e, 1986, 87–95 – L. PAOLINI, Eretici del Medioevo, 1989, 43–49.

Patay, Schlacht bei, 18. Juni 1429 (P., Ort in Mittelfrankreich, nahe Orléans, dép. Loiret). Dieser Sieg der Armee→Karls VII. v. Frankreich über ein engl. Heer war die Krönung der erfolgreichen militär. Operationen nach der Aufhebung der Belagerung v. →Orléans durch →Jeanne d'Arc (8. Mai 1429). Die engl. Armee war von Paris aufgebrochen, um ihren Garnisonen in →Beaugency und →Meung-sur-Loire Entsatz zu bringen. Nach deren Verlust trat das engl. Heer jedoch sogleich den Rückzug an, in Richtung auf Janville. Von Beaugency aus nahmen die frz. Streitkräfte, befehligt von Hzg. Jean d'→Alençon, die Verfolgung des Gegners auf und stellten ihn auf der Höhe des Dorfes P. (oder seiner befestigten Kirche). Mit ungestümer Kraft durchbrachen die Franzosen, vom Beispiel Jeanne d'Arcs angefeuert, die Schlachtreihen des Gegners. Die Engländer verloren 2–3000 Gefallene und ca. 400 Gefangene, unter ihnen die Befehlshaber John →Talbot und Thomas Lord Scales, während der dritte engl. Feldhauptmann, Sir John →Fastolf, die Flucht ergriff (und wegen schlechter Führung aus dem →Hosenbandorden ausgestoßen wurde). Es war die Wirkung des Sieges v. P., die den Krönungszug nach →Reims (Aufbruch von Gien, 27. Juni 1429) ermöglichte. Ph. Contamine

Lit.: →Jeanne d'Arc, →Karl VII.

Patecchio, Girardo, da Cremona, it. Dichter, 1228 als einer der Vertreter v. Cremona beim Abschluß des Bündnisvertrages mit Parma belegt. Sein »Splanamento de li Proverbii de Salamone« ist eine auf bibl. Schriften und Sammlungen moral. Sprüche (→Disticha Catonis) basierende Dichtung in paarweise gereimten Alexandrinern. P.s Interesse für die Zusammenstellung menschl. Verhaltensweisen in Listenform und ihre Beurteilung nach moral. Gesichtspunkten zeigt sich auch in der »Cançoneta« (v. 81), die dem prov. »Enueg« verpflichtet ist, einer Gattung, in der in satir. Form unangenehme Verhaltensweisen und Situationen aufgezählt werden. Den Schluß der Dichtung bildet eine Widmungsstrophe (»envoi«) an Ugo di Perso, der mit zwei Dichtungen (ebenfalls der »Noia« – »Enueg« – Gattung) antwortet. Daß derartige Dichtung im mittleren Ton in der Poebene verbreitet war, wird u. a. auch von →Salimbene da Parma bezeugt, der berichtet, er habe ein »Librum Tediorum« in der Art des – von ihm in der »Cronica« auch sonst häufig erwähnten – P. verfaßt (»ad similitudinem Pateccli«). F. Bruni

Ed.: Poeti del Duecento, ed. G. CONTINI, 1960, I, 557–595; II, 839–840 – Lit.: C. VIOLANTE, Le »Noie« cremonesi nel loro ambiente culturale e sociale, CN, XIII, 1953, 35–55 – A. ROSSI (Storia della lett. it., hg. E. CECCHI–N. SAPEGNO, I, 1965), 435–440.

Patene (gr. πατάνη 'Schüssel'), anfängl. verschiedenen liturg. Zwecken dienend (offertorium, fractio panis, Spendung Kommunion bzw. Weihbrot), später nur Teller für die →Hostie des Priesters, im kult. Charakter und Rang dem →Kelch zugehörig (ostkirchl. δισκοποτήριον). Seit dem 4. Jh. in Q., seit ca. 500 in Denkmälern nachgewiesen, stellt die P. sich dar als kreisrunder (manchmal auch vier- und achteckiger) Teller mit innerer Vertiefung, von unterschiedl. Größe, manchmal mit Untersatz (ostkirchl. δίσκος). Als Material dienten neben Glas und Halbedelstein v. a. Gold und Silber. Synodalbeschlüsse wenden sich gegen mindere Qualitäten wie Holz, Horn u. a. Künstler. Ausstattung der P. reicht im byz. Umkreis von Kreuz und Chrismon (P.n des Paternus bzw. aus Berezoff in St. Petersburg, aus Antalya in Washington u. a.) bis zum Bild der Apostelkommunion (Rîha, Washington; Stûma, Istanbul), zu Majestas (Venedig), Kreuzigung (Halberstadt) und Hl.ndarstellungen auf spätbyz. P.n aus Bronze. Auch in der w. Kirche sind bis in karol. Zeit große P.n aus Gold und Silber bezeugt (LP), dann folgt wesentl. Verkleinerung bis Miniaturisierung bei Reisekelchen. Seit frühma. Zeit wird die Vertiefung für die Hostie oft als Vielpaß ausgestaltet (P. zum Gauzelinkelch, Nancy), zunächst mit schlichten Bildsymbolen wie Kreuz, Hand Gottes, Agnus Dei, später mit Kreuzigung, Majestas, Gnadenstuhl u. a. Bes. Stücke tragen Edelsteinbesatz. Große P.n der roman. Zeit beziehen sich im Bildschmuck auf den zugehörigen Kelch, nicht selten im Sinne typolog. Zyklen (St. Peter, Salzburg und Stift Wilten,

Wien; Tremessen u. a.). Noch die Gotik kennt eine kostbare Ausstattung der P., z. B. mit Gravierung und Maleremail, doch wird ihre Gestaltung zunehmend reduziert auf einen glatten Rundteller mit Weihekreuzchen.
V. H. Elbern

Lit.: DACL XII, 2392ff. – TRE XII, 399f. – J. Braun, Das chr. Altargerät, 1932, 197ff. – J. Jungmann, Missarum Solemnia, 1948, 371ff. – V. H. Elbern, Der eucharist. Kelch im frühen MA, 1964, 132–147 – Ders., Berliner Museen NF XXI, 1971, 62–68 – J. M. Fritz, Goldschmiedekunst der Gotik in Mitteleuropa, 1982, passim – P. Skubiszewski, Die Bildprogramme der roman. Kelche und P.n (Metallkunst von der Spätantike bis zum ausgehenden MA, hg. A. Effenberger, 1982), 198–267 – M. Mundell Mango, Silver from Early Byzantium, 1986, passim.

Patenschaft, in der Taufliturgie um 500 entstanden aus der Vermengung der Erwachsenen- und der Säuglingstaufe (→Taufe). Bei Säuglingen übertrug man den stellvertretenden Sprechakt nicht mehr den Eltern, sondern Dritten, die damit nach Aussage der christl. Autoren auch die geistl. Erziehung zu übernehmen hatten. Bei erwachsenen Täuflingen erklärte man die bislang nur vor der Taufe bestehende Bindung an einen Lehrer und Bürgen nun – wie bei der Kindertaufe – zu einer auch postbaptismalen. Die so bei jeder Taufe als lebenslängl. definierte Bindung eines Fremden an einen Täufling wurde sogleich für soziale und polit. Bündniszwecke genutzt. In der Liturgie nicht sichtbar, wohl aber in den Traktaten der christl. Autoren und in den Q. zur sozialen Praxis ist der Pate nicht nur mit dem Täufling in Liebe verbunden, sondern (sozial viel interessanter) auch mit dessen Eltern. Von geringerem sozialem Interesse war die nach dem Kirchenrecht gleich funktionierende P. der →Firmung, kaum von Belang waren weitere zuweilen erwähnte Formen wie die P. des Katechumenats (→Katechumenen). P., seit Anbeginn u. a. mit familialem Vokabular belegt (pater spiritualis, compater, patrinus), war im MA die flexibelste und verbreitetste Form, sich künstl. Verwandte zu schaffen. Dabei ging es, obwohl P. oft »adoptio« genannt wurde, zumeist nicht um eine Verwandtschaftsfiktion, also um die Übertragung eines Verwandtschaftsstatus, sondern um die rituelle Etablierung und Stabilisierung einer Qualität des Verhaltens, um eine Form der ma. amicitia. P. war »Verwandtschaft im Sinne der Übertragung mancher, nie genau bestimmter, verwandtschaftl. Verhaltenspflichten und -rechte auf die Beteiligten. Da vom Kg. bis zum Bauern und unter allen hist. Bedingungen jeder einen oder mehrere Paten hatte, folgten Auswahl der Paten und soziale (oder polit.) Erwartung an sie sehr unterschiedl. Interessen. Das Gerüst ist immer gleich: Eltern suchten Paten aus, mit denen sie weniger den Täufling als eher sich selbst verbinden wollten. Sie etablierten diese Bindung in einer Feier mit Taufe, Mahl und Geschenken. Die je konkrete soziale Funktion hing dann von den zeitl., regional und sozial variierenden Details ab (z. B. Anzahl der Paten; ob die Paten Männer oder Frauen waren). Sie war davon abhängig, ob man mit der P. bereits bestehende Verwandtschaften stärkte oder aber neue, 'geistl.' Verwandte schuf, ob man eine Bindung durch die P. erst bewirkte (etwa, wenn ein Imperator Pate eines bekehrten Herrschers wurde) oder aber eine prakt. oder formell bereits bestehende Bindung (Verwandtschaft, Klientel-, Geschäftsverhältnis) intensivierte und stabilisierte.
B. Jussen

Lit.: A. Angenendt, Ks.herrschaft und Kg.staufe, 1984 – J. Lynch, Godparents and Kinship in Early Medieval Europe, 1986 – A. Guerreau-Jalabert, La désignation des relations et des groupes de parenté en latin médiéval (ALMA 46/47, 1986/87) – C. Klapisch-Zuber, La maison et le nom, 1990 – B. Jussen, P. und Adoption im frühen MA, 1991 – Ders., Les pratiques sociales du parrainage à la fin du MA, Annales 47, 1992.

Patent (litera patens), allg. Urk. einer Privilegierung, in neuerer Zeit zur Sicherung eines Urheberrechts. Anfänge des Erfinderp.s finden sich im Erbstollenrecht des Edelmetallbergbaus – »quod fructus possint laboribus merito responderen« (→Kuttenberger Bergordnung, vor 1300). Seit dem 14. Jh. wurden persönl. Nutzungsrechte für erfindungsmäßig neu errichtete Wasserkünste (so z. B. im bamberg. Kärntner Lavanttal, 1351) oder, ebenfalls im Montanwesen, für die Einführung verbesserter Technologien (z. B. in Salzburg, 1392) vergeben. Venedig erließ 1474 ein erstes modernes P.dekret, wonach jeder Erfinder nach Anmeldung Anspruch auf zehnjährigen Schutz seiner Werke gegen Nachahmung ohne Zustimmung haben sollte. Die zahlreichen in Venedig nach Prüfung der Neuheit und Nützlichkeit erteilten (Monopol-)Erfinderp.e betrafen v. a. den Wasser- und Mühlenbau. Auf dem gewerbl. Sektor war im städt. Bereich allerorts Rücksicht auf die Interessen der Zünfte zu nehmen, die sich mit Maßnahmen zugunsten eines individuellen Urheberrechts schwer vereinbaren ließen.
K.-H. Ludwig

Lit.: G. Mandich, Trini Riconoscimenti Veneziani di un Diritto di privativa agli inventori, Riv. di Diritto industriale 7, 1958, I, 101–155 – M. Silberstein, Erfindungsschutz und merkantilist. Gewerbeprivilegien [Diss. Basel 1961] – G. Mandich, Privilegi per novità industriali a Venezia nei secoli XV e XVI, Atti della Deputazione Veneta di Storia Patria, 1963.

Paterikon, im Slav. üblich gewordene Bezeichnung für 'asket. Slg. aus→Apophthegmata von Wüstenvätern oder aus Mönchsviten', im gr. Bereich spät, kaum vor dem 10. Jh., gebräuchl. Die Chronik des Theophanes berichtet z. J. 755 von μοναχικὰ καὶ πατερικὰ βιβλία (De Boor 446,3), wahrscheinl. im Sinn von 'patrist. Schrifttum'. In den bei den Slaven sehr früh bekannten asket. Florilegien des →Nikon vom Schwarzen Berge (11. Jh.) hat P. die oben gen. Bedeutung, weitgehend ident. mit dem älteren Begriff Gerontikon (seit →Neilos v. Ankyra [4./5. Jh.] bezeugt).

Neben der unscharfen Bedeutung von P. als asket. Slg. im Griech. kennt die kirchenslav. Tradition mehrere Typen von P.a., die durch Hinzufügen eines Adjektivs ein bestimmtes, eindeutiges Werk bezeichnen: 1. *Azbučno-Ierusalimskij Paterik* (seit dem 6. Jh.), Kompilation aus der alphabet. und anonymen Slg. aus den Apophthegmata Patrum (BHG 1443–1445; CPG 5560f.), die im Slav. eigene, von der gr. Übers. abweichende Züge erhielt. Im 10. Jh. ins Bulg. übers., beeinflußte sie den altruss. →Izbornik v. 1076. Erhalten ist sie in südslav. Hss. ab dem 14. Jh. 2. *Skitskij Paterik,* systemat. Slg. (1136 Einheiten, in 29 Kap. eingeteilt) aus den Apophthegmata Patrum (BHG 1442v; CPG 5562). Dieser Gattung entstammt auch das Protop. Scaligeri (Leiden, Univ. Bibl. Scal. 74, Ende 13. Jh.; hg. W. Veder). Die Entstehung der slav. Übers. geht wahrscheinl. auf die kyrillo-methodian. Epoche zurück. 3. *Sistematičeskij Paterik,* Kompilation aus den beiden vorgen. (cf. CPG 5610–5613). 4. *Egipetskij Paterik,* Kompilation (62 Kap.) v. a. aus der →Historia monachorum in Aegypto (BHG 1433f.; CPG 5620) und der Historia Lausiaca des →Palladios (BHG 1435f.; CPG 6036). Die ältesten erhaltenen Hss. mit Teilen des Egipetskij Paterik stammen aus dem 14. Jh. und sind bulg. Herkunft, wobei ein Teil des Egipetskij Paterik, Palladios' »De gentibus Indiae et Bragmanibus« (CPG 6038), in Altrußland bereits im 12. Jh. bekannt war. 5. *Rimskij Paterik,* slav. Übers. aus der von Papst Zacharias (741–752) angefertigten gr. Übers. (BHG 1446–1448) der Dialogi Papst Gregors I.

(593/594), erhalten in drei Redaktionen, deren älteste auf die Anfänge des slav. Schrifttums zurückgeht. 6. *Sinajskij Paterik*, Übers. des Pratum spirituale des →Johannes Moschos (6.-7. Jh.; BHG 1441f.; CPG 7376), die bereits im altruss. Cod. Moskau GIM, Sin. 551 (11.-12. Jh.) bezeugt ist. – Darüber hinaus gilt im Slav. der Begriff Paterik für monast. Erzählungen einzelner Kl. oder klösterl. Zentren (z. B. Kievo-Pečerskij Paterik, Afonskij Paterik, Soloveckij Paterik). Ch. Hannick

Lit.: M. Heppel, Slavonic Translations of Early Byz. Ascetical Lit., JecH 5, 1954, 86–100 – Ch. Hannick, La version slave des P. a, Irénikon 74, 1974, 335–359 – DJ. Trifunović, Azbučnik srpskih srednjovekovnih književnih pojmova, 1974, 208–211 – Slovo-Časopis staroslavenskog inst. u Zagrebu 24, 1974 – W. R. Veder, The Scaliger P., 1976–85 – G. Birkfellner, Das Röm. P., 1979 – Sv. Nikolova, Pateričnite raskazi v bŭlgarskata srednovekovna lit., 1980 – Polata knigopisnaja 4, 1981 – K. Onasch, Kunst und Liturgie der Ostkirche in Stichworten, 1981, 300f. – Slovar' knižnikov i knižnosti Drevnej rusi XI – pervaja polovina XIV v., 1987, 299–308, 313–325 – L. B. Belova, Azbučnoierusalimskij paterik, Ukazatel' načal'nych slov, 1991 – Starobŭlgarska lit., enciklopedičen rečnik, 1992, 322–324.

Paterio, genues. Adelsfamilie, stammte aus Ligurien (wohl aus Porto Maurizio, heute zu Imperia), gehörte dem Familienclan der →Grimaldi an. Die P. spielten schon bald nach der genues. Besetzung von →Chios (1346) eine wichtige Rolle und traten bes. in der →Mahona de Chio hervor. *Francesco, Bartolomeo* und *Raffaele* P. werden auf Chios bereits 1348 genannt; Raffaele hatte Grundbesitz inne, der an denjenigen von Simone Vignoso, des Befehlshabers der genues. Expedition, angrenzte. In der nächsten Generation war *Tommaso* P. einer der aktivsten Unternehmer der Mahona, tätig im Handel mit →Alaun und →Mastix; *Bernardo* P. war 1395-1403 Gubernator der Mahona. Beide nahmen am Losverfahren um die Ämtervergabe teil. Die beträchtl. Mahona-Anteile der P. wurden in der 1. Hälfte des 15. Jh. gehalten von *Antonio* und *Pietro*, den Söhnen von *Tommaso*, sowie von *Giovanni, Lanfranco, Raffaele, Giorgio* und *Bernardo*; 1477 treten 12 Mitglieder des Hauses (domus) P. als Anteilseigner der Mahona auf. 1506 figurieren neun Zweige der P. unter den Mahona-Genossen. Die Betätigungen der Familie hatten sich jedoch stark diversifiziert: Neben ihren Handelsgeschäften waren die P. nun stark in der Ausübung von Ämtern, dem Bankwesen, der Repräsentation der Mahona gegenüber der Kommune v. Genua und dem Kl. Nea Moni sowie im Aufbau weiträumigen Grundbesitzes auf Chios engagiert. Bis zum Ende der genues. Herrschaft gehörten die P. durchgängig zu den mächtigsten Familien der Mahona. Verschwägert mit dem lokalen griech. Adel, ließen sie doch die Verbindungen mit der Vaterstadt nicht abreißen.
M. Balard

Lit.: R. Doehaerd–Ch. Kerremans, Les relations commerciales entre Gênes, la Belgique et l'Outremont 1400–40, 1952 – Ph. P. Argenti, The Occupation of Chios by the Genoese and their Administration of the Island 1346–1566, 3 Bde, 1958 – L. Liagre de Sturler, Les relations commerciales entre Gênes, la Belgique et l'Outremont (1320–1400), 1969 – M. Balard, La Romanie génoise, 2 Bde, 1978 – A. Rovere, Documenti delle Maona di Chio (secc. XIV–XVI), 1979 – A. Roccatagliata, Notai genovesi in Oltremare. Atti rogati a Chio (1453–54, 1470–71), 1982.

Pater noster. Das in der Fassung von Mt 6,9–13 (vgl. Lk 11,2–4) durch die Liturgie rezipierte 'Gebet des Herrn' sprach der einzelne Christ zunächst dreimal am Tag (Did 8,2f.). Das der Arkandisziplin unterworfene P. wurde innerhalb der Taufkatechese seit dem 4./5. Jh. dem Täufling überreicht. Als Zeichen der Tauferinnerung fand es bald am Beginn und Ende des Tages Eingang in Matutin, Prim und Komplet, dann unterschiedl. auch in die übrigen Zeiten der Stundenliturgie. Vor dem privaten Empfang der (zunächst zu Haus aufbewahrten) Eucharistie sagte man schon im 2. Jh. das P. In die Gemeindeeucharistie wurde es zum Ende des 4. Jh. wegen der auf die Kommunion vorbereitenden Vergebungsbitte und der Brotbitte aufgenommen. In der röm. Messe stand es ursprgl. wie in den w. nichtröm. bzw. den meisten nichtbyz. Liturgien des O am Beginn der Kommunion nach der Brotbrechung. Damit man es noch über die auf dem Altar liegenden Gaben beten konnte, fügte Gregor d. Gr. das P. für Rom direkt nach dem Kanon ein. Gesangsmelodien sind seit dem 5.–7. Jh. bekannt; z. T. wird auf die Gebetshaltung ('prostratio') Wert gelegt. In vielen nichteucharist. Liturgien wurde das P., das in nuce das Evangelium enthält und rasch christl. 'Universalgebet' wurde, gesprochen. – Das P. gehörte im MA zu den Glaubensgrundlagen, die jeder Christ kennen sollte (vgl. Admonitio generalis Karls d. Gr.). Die frühen, auch sprachgesch. bedeutsamen Übers. belegen die dem P. beigemessene Bedeutung (Aufhebung der 'Sakralschranke der drei hl. Sprachen' [A. Angenendt]). Eine reiche Auslegungstradition ist für O und W überliefert (Solignac). Dt. sprachige P. auslegungen sind seit dem 8. Jh. bekannt (St. Galler P., Freisinger P., P. auslegung des Notker Labeo). Lat. Vorbilder hatten auf Inhalt und Methode Einfluß. Auslegungen des 13. Jh. zeigen bereits größere Selbständigkeit (z. B. v. Heinrich v. Krolewiz und David v. Augsburg), für das 14./15. Jh. ist eine breite Fächerung in katechet., spekulative (v. a. auf den Beginn des P. bezogen) und erbaul. Typen ablesbar. Außerdem wird das P. zum Anlaß für weitere situationsbezogene Gebete. – Wie andere liturg. Elemente war das P. Gegenstand der →Parodie und fand zudem Eingang in den Aberglauben (Amulett, Beschwörungen, Schadenzauber). B. Kranemann

Lit.: DSAM XII, 388–413 [A. Solignac] – HWDA VIII, 1513–1515 – J. A. Jungmann, Gewordene Liturgie, 1941, 137–164 – Ders., Missarum sollemnia, II, 1962⁵, 343–363 – I. Furberg, Das P. in der Messe, 1968 – B. Adam, Katechet. Vaterunserauslegungen, 1976 – W. Rordorf, The Lord's Prayer in the Light of its Liturgical Use in the Early Church, Studia Liturg. 14, 1981, 1–19 – Vaterunser Bibliogr., hg. M. Dorneich, 1982 [dazu: Hj. Limburg, ALW 25, 1983, 435] – A. Häussling, Akklamationen und Formeln (Gestalt des Gottesdienstes, hg. R. Berger u. a., 1991²), 220–239, hier 235–237.

Paternostermaker, städt. Exportgewerbe, stellte aus Knochen, Holz, Koralle, Bernstein u. a. hauptsächl. →Rosenkränze (paternoster) her, die meist als Massenartikel von Fernhändlern und Handelsgesellschaften abgesetzt wurden. Als erste Zunft sind 1260 die *paternôtrier* in Paris überliefert, 1302 die P. in Brügge, die zusammen mit den P. in Lübeck bis in die 2. Hälfte des 15. Jh. das alleinige Recht zur Verarbeitung des vom →Dt. Orden gelieferten →Bernsteins hatten. Nach dem Übergang des Bernsteinregals an die preuß. Stände bildeten sich in Danzig, Stolp, Elbing, aber auch in Hamburg, Wismar und Stralsund bernsteinverarbeitende P. gewerbe. Weitere Produktionszentren waren Oberdeutschland (in Konstanz archäolog. nachgewiesen) und die Eidgenossenschaft.
R. Hammel-Kiesow

Lit.: J. A. van Houtte, Essays on Medieval and Early Modern Economy and Society, 1977, 56–80 – J. Oexle, Würfel- und P. hersteller im MA (Der Keltenfs. v. Hochdorf. Methoden und Ergebnisse der Landesarchäologie, 1985), 445–462 – R. Holbach, Entwicklungen in der hans. Bernsteinverarbeitung (Die Hanse. Lebenswirklichkeit und Mythos, hg. J. Bracker, I, 1989), 494.

Pathelin, Maître Pierre, um 1465 verfaßte frz. →Farce, die (in einer Hs. bereits als 'comédie' bezeichnet) durch Umfang, Thema, Struktur und Handlungsaufbau den Rahmen der Gattung sprengt. Das Handlungsgeschehen vollzieht sich in drei Phasen, die jede die Dimensionen einer Farce haben. 1. Der völlig verarmte Advokat P. kann auf dem Markt dank seiner Redegewandtheit den Tuchhändler Guillaume zur Herausgabe einiger Ellen Tuchs beschwatzen und die Bezahlung bis zur nächsten Mahlzeit, zu der er diesen einlädt, hinauszögern. Wieder zu Hause, spielt er für seine Frau Guillemette die Szene nach und entwirft zugleich seine Strategie, um den Gläubiger loszuwerden. – 2. Der Tuchhändler wird von einer in Tränen aufgelösten, nicht ansprechbaren Guillemette und einem »fiebernden« P. empfangen; dieser gibt vor, den Tuchhändler für den Arzt zu halten (Darreichung eines Uringlases) und kann ihn so einstweilen zum Rückzug veranlassen. Bei einem zweiten Besuch wird der Gläubiger vom »delirierenden« P. mit unverständl. Wortkaskaden überrschüttet und zieht, überzeugt von der tödl. Erkrankung seines Schuldners, unverrichteter Dinge von dannen. – 3. Der Schäfer des Tuchhändlers, der vor Gericht Rechenschaft über die von ihm gestohlenen Schafe ablegen soll, sucht anwaltl. Hilfe bei P., der ihm diese gegen entsprechendes Honorar »à son mot« (d. h. zum üblichen Preis) zusichert und dem Schäfer rät, auf alle Fragen des Richters mit »bäh« zu antworten. Der Tuchhändler, der sich vor Gericht unvermutet mit dem »genesenen« P. als Anwalt des Beklagten konfrontiert sieht, vermischt in heilloser Weise die Klage um den Schafdiebstahl mit der Schuldforderung an P. wegen der Tuche und wird deshalb vom Richter ermahnt, zur Sache zu kommen (»Revenons à nos moutons« wurde zum geflügelten Wort). Der Schäfer wird freigesprochen, zahlt aber (dies die Schlußpointe) dem P. das vereinbarte Honorar »à son mot«, nämlich mit dem Worte »bäh«.

Zuspitzung der Konflikte, Umkehr der Situation, bewundernswerte Leichtigkeit der Sprache, Vielfalt der Gesten und Gegensätzlichkeit der Charaktere verleihen diesem Lustspiel seine beachtl. dramat. Qualität. Die Moral vom betrogenen Betrüger erfaßt nur einen Teilaspekt der lit. Aussage. Der menschl. Sprache in ihrer Gesamtheit wird der Prozeß gemacht: Der Betrüger hat allen Schein der Glaubwürdigkeit für sich; Worte sind nichts als falsche Münze. Alle Menschen haben nur ein einziges Ziel: Täuschung und Eigennutz. Dennoch ist dem Humor des P. bitterer Sarkasmus fremd. Die Schelmenfigur des betrüger. Advokaten besticht durch gewandte Rede und virtuose Anwendung genialer Tricks. Der Erfolg der Farce wurde von zwei Kontinuationen (»Nouveau P.« und »Testament de P.«) sowie einer neulat. Bearbeitung wirksam ausgebeutet. M. Rousse

Ed.: R. T. HOLBROOK, 1924; C. E. PICKFORD, 1967; G. PICOT, 1971; J. DUFOURNET, 1986 [mit neufrz. Übers.] – La Farce de M. P. et ses continuations, ed. J.-C. AUBAILLY, 1979 [mit neufrz. Übers.] – W. FRUNZ, Comedia nova quae Veterator inscribitur alias Pathelinus [Diss. Zürich 1977] – *Lit.*: Kindlers Lit.-Lex. IV, 1968, 1862f. – D. MADDOX, Semiotic of Deceit, The P. era, 1984 – J. DUFOURNET–M. ROUSSE, Sur la farce de M. P. P., 1986 – B. ROY, La farce de M. P. et sa création à la cour du roi René, Rev. hist. textes 43, 1991, 43–52 – DLFMA, 1992, 1103–1105.

Patience → Pearl-Dichter

Patir, S. Maria del (S. Maria Hodigitria, prov. Cosenza, Erzdiöz. →Rossano, Kalabrien), kalabr.-griech. Kl., 1101/05 von →Bartholomäus v. Simeri mit Unterstützung des Admirals Christodoulos auf einem Ausläufer des Sila-Gebirges gegründet, eines der Hauptwerke der Baukunst der Normannenzeit in Kalabrien. Das Kl. besaß ein wichtiges Skriptorium und eine berühmte Bibliothek, deren reicher Bestand an griech. Hss. nun in den wichtigsten europ. Bibliotheken zerstreut ist.

Im Rahmen der Toleranzpolitik, die die norm. Kg.e gegenüber dem griech. Mönchtum Kalabriens einschlugen, mit beträchtl. Schenkungen ausgestattet, wurde das Kl. auch vom Papsttum gefördert (1105 Exemtionsprivileg Paschalis' II.) und genoß die Unterstützung der byz. Ks. Nach dem Tod des Gründers (19. Aug. 1130) wurde das Kl., dessen Äbte v. Coelestin III. zu Archimandriten erhoben wurden, von berühmten Hegumenen wie →Neilos II. (N. v. Rossano) und Lukas geleitet, die als Selige bzw. Hll. verehrt wurden. Von dem allg. Niedergang des griech. Mönchtums in angiovin.-aragones. Zeit, der sich unter dem avignones. Papsttum noch verstärkte, blieb das Patir-Kl. weitgehend ausgenommen, wie aus dem Visitationsbericht des Kalcheopulos (1457) hervorgeht. Im 16. Jh. begann jedoch sein Abstieg, v. a. als es als Kommende vergeben wurde. 1806 wurde das Kl. aufgehoben.
P. De Leo

Lit.: IP, X, 104–106 – P. BATTIFOL, L'abbaye de Rossano, Contrib. à l'hist. de la Vaticane, 1891 – N. KAMP, Kirche und Monarchie…, 1–2, 1975, 872–880 – F. RUSSO, Storia della Chiesa in Calabria dalle origini al Concilio di Trento, 1982 – S. LUCA', Attività scrittoria e culturale a Rossano; da S. Nilo a S. Bartolomeo da Simeri (s. X–XII), Atti Congr. internat. su S. Nilo di Rossano, Rossano/Grottaferrata, 1989, 25–73 – DERS., Scrittura e produzione libraria a Rossano tra la fine del s. XI e l'inizio del s. XII (Paleografia e codicologia greca), 1991.

Patmos (Patino, Palmosa), wasserarme Insel (34 km^2) aus vulkan. Gestein im SO der →Ägäis (Griechenland), der Kar. Inselgruppe ('Dodekanes') zugeordnet, in ns. Richtung durch zwei Isthmen in drei Teile untergliedert. Frühbyz. zur Prov. Insulae (Nesoi) gehörig, war P. nach 650 mehrmals unter arab. Kontrolle bzw. entvölkert, gehörte seit der Mitte des 9. Jh. zum Thema Aigaion Pelagos (später zu Samos) und wurde 1207 von den Venezianern besetzt. Am Berg oberhalb der Grotte, in der →Johannes der Evangelist um 95 n. Chr. die Apokalypse schrieb, gründete 1088 der Mönch Christodulos, dem Ks. Alexios I. die Insel geschenkt hatte, das Johannes Theologos-Kl. Materiell durch die etwa gleichzeitig erfolgte Steuerfreiung für die Schiffe des Kl. unterstützt, war P. von Anfang an Plünderungen seitens türk. (1091/93 Emir Tzachas) und span. (ca. 1150) muslim. Piraten ausgesetzt, erfuhr aber auch Überfälle chr. Flotten, die die Reliquien des hl. Christodulos entführten (1186 Normanne Margarites, 1192 Philipp II. August) oder einfach plündern wollten (1258, 1280, während des byz.-ven. Krieges 1281–85 it. Überfälle). Kl. und Kirche wurden baulich im 12. Jh. und an der Wende vom 16. zum 17. Jh. neu gestaltet. Die Flottenpräsenz der Türken und der →Johanniter (Sitz ab 1309 Rhodos) nötigte die Kl. äbte ab Anfang des 14. Jh. zu einer klugen Verhandlungspolitik zw. den chr. (1461 Schutzbrief Pius' II. gegen chr. Piraten) und den muslim. Mächten, die sich ab dem ausgehenden 14. Jh. auch gegenüber den →Osmanen bewährte. Diese gestanden dem Kl. und der in seinem Besitz befindl. Insel weitgehende Autonomierechte zu (1454 Privilegien Mehmeds II.) und nahmen P. erst 1507 in Besitz. In den kunsthist. bedeutenden Kl. bauten entwickelte sich eine Bibl., die bereits um 1200 über 300 (heute ca. 1000) gr. Hss. verwahrte, und ein reiches ma. und nz. Archiv.
J. Koder

Lit.: Oxford Dict. of Byzantium, 1991, 1596f. – RE 18/4, 2174–2191 – A. PHILIPPSON–E. KIRSTEN, Die gr. Landschaften, IV, 1959, 276–278 – A. K. ORLANDOS, Η αρχιτεκτονική και αι βυζ. τοιχογραφίαι της μονής Θεολόγου Πάτμου, 1970 – Βυζ. έγγραφα της μονής Πάτμου, I, ed. E. L. BRANUSE, II, ed. M. NYSTAZOPULU-PELEKIDU, 1980 – A. KOMINES, Πατμιακή Βιβλιοθήκη, I, 1988 – P. Die Schätze des Kl., hg. DERS., 1988 – E. MALAMUT, Les îles de l'Empire byz., 1988, 239, 446–453, passim – I. Mone Ag. Ioannu tu Theologu – 900 chronia istorikes martyrias, 1989.

Patras (gr. [Palaiai] Patrai, Patra; in w. Q. Patras[s]ium u. ä.), Festungsstadt an der gleichnamigen Bucht am w. Eingang des Golfs v. →Korinth in der NW-Peloponnes (Griechenland) gelegen, gehörte in röm. und frühbyz. Zeit administrativ zur Prov. Achaia (Hellas), ab dem Ende des 7. Jh. zum Thema →Hellas bzw. seit etwa 800 zum neuen Thema Peloponnes (→Morea). Früh christianisiert (Martyrium des Apostels→Andreas), war P. seit konstantin. Zeit (belegt ab 347) Bm. (Suffragan v. Korinth). Seit dem Ende des 6. Jh. siedelten im Umland Slaven, die ab dem 8. Jh. in das byz. Reich integriert wurden. Nach deren letztem Angriff (805, Andreaswunder) übereignete sie Ks. Nikephoros I. der Kirche v. P., die gleichzeitig zur Metropolis ('v. Achaia'; Suffragane: Lakedaimonia, →Modon, Coron, Helos, Bolaina) angehoben wurde (Metropolitensitz ab 1354 im Kl. Mega Spelaion). Bis in das 11. Jh. ein wichtiger Hafen, verlor P. seine überregionale Bedeutung, als wegen der Tonnagevergrößerung der Handelsschiffe die Peloponnes südlich umfahren wurde. Im 12. Jh. traf →Benjamin v. Tudela in P. eine Judengemeinde von 50 Familien. Seit 1198 ven. Handelsstützpunkt (1204 in der Partitio Romaniae den Venezianern zugesprochen), wurde P. jedoch ab seiner Besetzung (1205) samt Umland Baronie des frk. Fsm.s Achaia. 1267 wurde P. an den lat. Ebf. v. P. verkauft und hielt sich dank guter Beziehungen zu Venedig (Handelsprivilegien-Vertrag 1355) fortan als unabhängiges kirchl. Fsm. 1429/30 eroberte →Konstantin (XI.) Palaiologos P., nach einer ersten Plünderung durch Murād II. (1446/47) übergab es der Despot Thomas Palaiologos 1460 Meḥmed II. J. Koder

Lit.: Oxford Dict. of Byzantium, 1991, 1597f. – RE 18/4, 2191–2222 – A. Bon, Le Péloponnèse byz. jusqu'en 1204, 1951 – K. Andrews, Castles of the Morea, 1953, 116–129 – A. Bon, La Morée franque, 1969, 449ff., 670–673, passim – H. Saranti-Mendelovici, A propos de la ville de P. aux 13ᵉ–15ᵉ s., REB 38, 1980, 219–232 – J. Darrouzès, Notitiae episcopatuum ecclesiae Constantinopolitanae, 1981, 507, passim – A. Ilieva, Η Πάτρα κατά το πρώτο ήμισυ του ιγ' αιώνα (Symposion Pneumatikon epi ... Metropol. Patron Nikodemu, 1989), 528–544.

Patria (gr. τὰ Πάτρια), byz. Bezeichnung für Lokalgesch.en von Städten. Erhalten sind nur die ma. P. v. Konstantinopel: Die bis zu Konstantin d. Gr. reichenden P. des Ps.-Hesychios, wohl ein Auszug aus dem Gesch.swerk des →Hesychios v. Milet (6. Jh.), sind später mit christl. Zusätzen überliefert. Die sog. Parastaseis syntomoi chronikai, eine Exzerptenslg. mit Nachrichten über einzelne Bauten und zur Stadtgesch., entstanden im frühen 9. Jh. Aus diesen, der Legende von der Hagia Sophia und anderem Material wurden um die Mitte des 10. Jh. die jüngeren P. v. Konstantinopel kompiliert und zuletzt um 990 redigiert. Eine topograph. Rezension (um 1080) ordnet die Notizen zu Besichtigungswegen durch die Stadt.

A. Berger

Ed. und Lit.: Th. Preger, Scriptores originum Constantinopolitanarum, 1901–07 – Av. Cameron–J. Herrin, Constantinople in the Early Eigth Cent., 1984 – G. Dagron, Constantinople imaginaire, 1984 – A. Berger, Unters. zu den P. Konstantinupoleos, 1988.

Patriarchat. [1] *Begriff; Entstehung der Patriarchatsverfassung:* a) *Begriff:* Ein P. (gr. πατριαρχεῖον, lat. patriarchatus) bezeichnet seit frühbyz. Zeit (etwa ab dem 6. Jh.) den Sitz eines Patriarchen (gr. πατριάρχης, lat. patriarcha) und sein kirchenrechtl. definiertes Territorium. Es umfaßt im MA entweder eine oder mehrere Diöz.en der spätantiken Reichsverwaltung, ein orth., von Byzanz unabhängiges Reich (Bulgarien, Serbien) oder andere Sondergebiete, wo jeweils ein Patriarch (bzw. →Katholikos) als Ersthierarch in Verbindung mit einer Synode über die zugehörigen Metropolien und Bm.er die oberste kirchl. Amts- und Jurisdiktionsgewalt ausübt und in der Regel das Weihe- bzw. Bestätigungsrecht für die →Metropoliten und die →Bf.e besitzt.

Ansätze zur Ausbildung der späteren P.e waren in Ägypten schon vor 300 vorhanden, wo der Bf. v. →Alexandria im gesamten 3. Jh. unbestritten die Jurisdiktion über die Bf.e Ägyptens und Libyens ausübte. Ähnl. war es in →Antiocheia, wo sich bereits Ignatios (um 110) als Bf. v. Syrien bezeichnete und wo im 3. Jh. Synoden tagten, die von Bf.en aus Kappadokien, Kilikien, Syrien und Palästina besucht wurden. Der Bf. v. Rom hatte die Jurisdiktion über die Bf.e Italiens inne. Kan. 6 des I. Konzils v. Nikaia (325) brachte mit Bestimmungen über die Jurisdiktionsgebiete Alexandrias, Antiocheias und Roms nur bereits geltendes Gewohnheitsrecht zum Ausdruck. In den Kan. 2 und 3 des II. Konzils v. Konstantinopel (381) bestimmte die Kirche im Prinzip die staatl. Diöz.en als zugleich größte kirchl. Verwaltungseinheiten und stellte so deren Ersthierarchen gleichberechtigt an die Spitze der Kirche, gestand aber neben dem Bf. v. Rom auch dem von Konstantinopel, dem 'Neuen Rom', einen Ehrenvorrang zu. Die Ersthierarchen der Diöz.en, zu denen neben den späteren Patriarchen auch die Ebf.e v. Herakleia, Ephesos und Kaisareia gehörten, wurden in den Kan. 9 und 17 des Konzils v. Chalkedon (451) offiziell als →Exarchen bezeichnet und als oberste Appellationsinstanz bei Konflikten zw. Klerikern der Metropolien und Bm.er eingesetzt. Mit der Unterordnung der Exarchen v. Asia, Pontus und Thrakien sowie der anderssprachigen Gebiete unter den Ebf.en v. Konstantinopel (sog. Kan. 28) und mit der Loslösung der Kirchenprov.en Palaestina I–III aus der Jurisdiktion Antiocheias und ihrer Unterstellung unter →Jerusalem hatten sich die vier klass. P.regionen des O herauskristallisiert, die jedoch erst in der Gesetzgebung Justinians durch eine klare Regelung von Rangfolge (Rom, Konstantinopel, Alexandria, Antiocheia, Jerusalem) und Titulatur ihre rechtl. Ausprägung fanden (v. a. Nov. 123 und 131).

Ausschlaggebend für den Aufstieg Antiocheias, Alexandrias und Konstantinopels zu P.en war v. a. – wie bei Rom – die polit.-administrative Bedeutung der Bf.sstädte. Die Berufung auf apostol. Begründung (Petrus/Antiocheia; Markus/Alexandria; Andreas/Konstantinopel) wurde meist nachträgl. zur Rechtfertigung einer bereits bestehenden Vorrangstellung formuliert. Nur für Jerusalems Aufstieg war dieser Faktor ausschlaggebend.

b) *Pentarchie-Lehre:* Um die Bedeutung der P.e für die Gesamtkirche und ihr Verhältnis untereinander zu bestimmen, berief man sich im O gern auf die Lehre von der →Pentarchie, und zwar bes. seit dem Schisma v. 1054. Nunmehr dezidiert gegen den röm. →Primat gerichtet, diente sie der Betonung der Gleichrangigkeit der fünf traditionellen P.e Rom, Konstantinopel, Alexandria, Antiocheia und Jerusalem durch den Vergleich der P.e mit den fünf Sinnen des Körpers: Das Collegium der fünf Patriarchen sollte die oberste Gewalt in der Kirche bilden, und die mehrheitl. Übereinstimmung der Patriarchen galt ihr als Vorbedingung für die Gültigkeit von Konzilsbeschlüssen. Roms Konzeption seit dem 4. Jh., die sich v. a. gegen Konstantinopel und (später) auch Jerusalem richtete, war dagegen entweder die Triarchie der 'petrin.' P.e v. Rom, Antiocheia und Alexandria unter seiner Führung oder eben die Anerkennung des päpstl. Primats durch die vier übrigen P.e.

[2] *Die orthodoxen und lateinischen Patriarchate im Orient:* Im Jahrhundert nach dem Konzil v. Chalkedon (451)

zerbrach die kirchl. Einheit in den P.en v. Alexandria und Antiocheia, abgesehen davon, daß bereits 431 dem bis dahin Antiocheia unterstellten Ebm. →Zypern de facto die →Autokephalie konzediert wurde. Seit 538 regierten im P. Alexandria ein kopt. und ein gr.-orth. Patriarch (→Melkiten) nebeneinander, wobei in Ägypten die Mehrheit der Gläubigen immer den kopt. Patriarchen anerkannte. Im antiochen. Gebiet existierten seit 547 zwei P.e, ein gr.-orth. und ein westsyr.-jakobit. (→Jakobiten), zu dem später noch ein maronit. (→Maroniten) hinzukam. Nur das P. Jerusalem verblieb geschlossen im Verband der byz. Reichskirche. Das gr.-orth. P. v. Antiocheia war seit 609 verwaist, dann wurde die Sukzession im Exil (Konstantinopel) weitergeführt, bis 742–967 (Ermordung des Patriarchen Christophoros) die gr.-orth. Patriarchen mit Genehmigung der islam. Obrigkeit unbehelligt amtieren konnten. Seit 727 wurde auch wieder ein gr.-orth. Patriarch in Alexandria zugelassen. Nach der Rückeroberung Antiocheias 969 bestimmten meist der byz. Ks. und der Patriarch v. Konstantinopel den gr.-orth. Patriarchen v. Antiocheia. 1098 und 1100 errichteten die Kreuzfahrer lat., der Führung Roms unterworfene P.e in Antiocheia und Jerusalem, so daß die gr.-orth. Patriarchen überwiegend vom konstantinopolitan. Exil aus regieren mußten (ähnl. die Situation 1204 nach Bildung des lat. P.s im →Lat. Ksr.). Zumindest bei Antiocheia war im Großteil des islam. P.sgebiets die Jurisdiktion des gr.-orth. Patriarchen kaum beeinträchtigt. Dank guter diplomat. Beziehungen zw. Byzanz und den Mamlūken (nach 1259) konnten die gr.-orth. Patriarchen nach dem Ende der Kreuzfahrerstaaten wieder unbehelligt ihr Amt ausüben. Unter Patriarch Michael I. (1366–76) verlagerte sich jedoch der Sitz des antiochen. P.s nach Damaskus.

[3] *Konstantinopel und die Patriarchate in (Süd-)Osteuropa:* Der Umfang des Sprengel des P.s v. Konstantinopel war im MA, nicht zuletzt aufgrund äußerer Faktoren, größeren Schwankungen unterworfen. In den 30er Jahren des 8. Jh. verfügte der Ks. die Unterstellung der Kirchen des Illyricums und Süditaliens unter das byz. P. Nach 865 konnte das P. zwar seine Jurisdiktion über die neugegr. Bm.er Bulgariens in Auseinandersetzung mit Rom behaupten, doch ist hier an die allmähl. Verselbständigung der Kirchen Bulgariens und Serbiens, die im 10. bzw. 13. und 14. Jh. in die Errichtung eigener P.e von unterschiedl. Beständigkeit (→Bulgarien, IV, →Serbien) bzw. im 11. Jh. in die autokephalen Ebm.s →Ohrid einmündete, ebenso zu erinnern wie an die ähnl., doch langsamer verlaufene Entwicklung in Rußland (→Kiev, →Moskau), wo erst 1589 ein eigenes P. errichtet wurde. Mit der 1071 abgeschlossenen norm. Eroberung Süditaliens und Siziliens ging dem P. v. Konstantinopel die Jurisdiktion hier wieder verloren. V. a. führten die seldschuk. bzw. osman. Eroberung Kleinasiens ab dem 11. Jh. und die Etablierung teilw. recht dauerhafter lat. Herrschaftsgebiete nach 1204 zur Vakanz und zum langsamen Untergang vieler Metropolien und Bm.er, was die →Notitiae episcopatuum nur bedingt widerspiegeln.

Die Wahl des Patriarchen v. Konstantinopel erfolgte in der Regel durch einen Dreiervorschlag der Metropoliten an den Ks., der hieraus den zukünftigen Patriarchen auswählte, aber auch einen eigenen, ihm genehmen Kandidaten zum Patriarchen machen oder die Wahl eines solchen durch Klerus, Mönche und Volk inszenieren konnte (z. B. Wahl des →Tarasios, 785). Dem Ks. oblag auch die Investitur des Patriarchen in Gegenwart von Senat und Klerus. Am Sonntag nach der Einsetzung wurde der Patriarch von den Metropoliten unter Führung des Metropoliten v. Herakleia geweiht oder, wenn er bereits Bf. war, inthronisiert. Der von Gregor d. Gr. vergebl. bekämpfte Titel 'Oikumen. Patriarch' für den Patriarchen v. Konstantinopel gehörte seit dem 6. Jh. zur Anrede, gelangte mit →Photios ins Protokoll (Intitulatio), unter →Michael I. Kerullarios ins Siegel und unter Manuel I. (1217–22) in die Unterschrift. Die im einzelnen z. T. umstrittenen jurisdiktionellen Rechte und Aufgaben des Patriarchen (Rangerhöhung, Veränderung von Bm.sgrenzen, Eherecht; Appellationsgerichtsbarkeit; Recht des Stauropegs und der Weihe des →Myrons) übte dieser in Verbindung mit der sog. permanenten Synode (→Synodos endemusa) aus.

Ende des 15. Jh. erstmals belegt, gewann die Ks.krönung durch den Patriarchen (in mittel- und spätbyz. Zeit zumeist in der Patriarchalkathedrale Hagia Sophia) zunehmend an Bedeutung. Polit. indes besaß in Byzanz der Ks. das Übergewicht, was an der hohen Zahl abgesetzter (33) bzw. zur Abdankung gezwungener (20) Patriarchen bis 1453 ablesbar ist; doch gelegentl. gelang es auch starken Patriarchen, sich gegen den Ks. durchzusetzen (z. B. Patriarch →Polyeuktos [956–970]).

Die wichtigsten Ämter der P.sverwaltung übten fünf (ab dem 11. Jh. als Exokatakoiloi bezeichnete) Kathedralpriester bzw. -diakone aus; dem Rang und ihrer Zuständigkeit nach sind es: (megas) Oikonomos (Vermögen), (megas) Sakellarios (Kl.- und Kirchenaufsicht im Bm. Konstantinopel), (megas) Skeuophylax (Kirchenschatz, liturg. Geräte und Gewänder, liturg. Ämter, Kirchenpersonal), (megas) →Chartophylax (Kanzlei und Archiv [z. B. für die z. T. im Original noch erhaltenen, registrierten Synodalentscheide und Sitzungsprotokolle], Gerichtsbarkeit in Disziplin- und Eherechtsfragen) und (epi tu) Sakkeliu (wie der Sakellarios; Abgrenzung unklar). Ende 12. Jh. wurde auch der Protekdikos, der oberste der 'defensores ecclesiae' (u. a. zuständig für die in der Hagia Sophia Asylsuchenden und die Poenitenten), zu den Exokatakoiloi gezählt. Einkünfte bezog das P. aus (seit Justinian) gesetzl. vor Verkauf oder sonstiger Entfremdung geschütztem Besitz an Land und Gewerbebetrieben, der sich durch steuerl. befreite Erbschaften und Schenkungen vermehrte. Seit dem 10. Jh. hatten der Patriarch und die Bf.e Anspruch auf die jährl. Zahlung des 'kanonikón' durch die Laien. Dazu kamen ksl. Jahreszahlungen (im 11. Jh. von 100 auf 180 Pfund erhöht; seit 1143 200 Pfund Silber), doch setzten nun bereits die gen. Gebietsverluste ein, die bes. im 14. Jh. zur drast. Minderung der Einnahmen führten.

[4] *Patriarchate im Abendland:* Wegen der Dominanz Roms und der Beeinträchtigung starker lokaler kirchl. Zentren durch Barbareneinfälle (→Toledo durch die Araber; →Mailand durch die Langobarden) konnten sich neben Rom selbst in der w. Hälfte des röm. Reiches – mit Ausnahme der vom O nie als solche anerkannten Spezialfälle →Aquileia und →Grado – keine P.e bilden. Der P.splan Ebf. →Adalberts v. Hamburg-Bremen (1043–72) erwies sich als unrealist., zeigte aber, daß der P.sgedanke auch im hochma. W noch lebendig war. →Papst, Papsttum.

G. Prinzing/K.-P. Todt

Q. *und Lit.*: DDC VI, 1254–1265 – RByzK I, 337–346 – GRUMEL-LAURENT-[DARROUZÈS], 1972–91 – V. LAURENT, Le Corpus des sceaux de l'empire Byz., V, 1–3, 1963–72 – G. ZACOS–J. W. NESBITT, Byz. Lead Seals II, 1984 – F. DÖLGER, Aus den Schatzkammern des Hl. Berges, 1948, 212–262 – H. FUHRMANN, Stud. zur Gesch. ma. P.e, ZRGKanAbt 39, 1953, 112–176; 40, 1954, 1–84; 41, 1955, 95–183 – H. SCHMIDINGER, Patriarch und Landesherr, 1954 – BECK, Kirche, 27–35, 60–98 – I Patriarcati Orientali nel Primo Millennio, OrChrAn 181, 1968 – J. DARROUZÈS, Recherches sur les ΟΦΦΙΚΙΑ de l'église byz., 1970 – S. RUNCIMAN, Das P. v. Konstantinopel vom Vorabend der türk.

Eroberung bis zum gr. Unabhängigkeitskrieg, 1970 - R. POTZ, Patriarch und Synode in Konstantinopel, 1971 - G. DAGRON, Naissance d'une capitale, 1974, 454-487 - Maximos Metr. of Sardes, The Ecumenical Patriarchate in the Orth. Church, 1976 - A. PASADAIOS, Ὁ πατριαρχικὸς οἶκος τοῦ οἰκομενικοῦ Θρόνου, 1976 - H.-G. BECK, Gesch. der orth. Kirche im byz. Reich, 1980 - Das Register des P.s v. Konstantinopel I (1315-31), hg. H. HUNGER-O. KRESTEN, 1981 - J. M. HUSSEY, The Orth. Church in the Byz. Empire, 1986, bes. 295-334 - F. GAHBAUER, Die Patriarchalstruktur als Angelpunkt der Wiedervereinigung (Primum Regnum Dei, 1987), 37-201 - P. KARLIN-HAYTER, Activity of the Bishop of Constantinople outside his Paroikia between 381 a. 451 (ΚΑΘΗΓΗΤΡΙΑ. Fschr. J. HUSSEY, 1988), 179-210 - G. FEDALTO, Hierarchia Ecclesiastica Orientalis, I-II, 1988 - CHR. SCHWEIZER, Hierarchie und Organisation der röm. Reichskirche in der Ks.gesetzgebung vom 4.-6. Jh., 1991, 44ff. - SP. TROIANOS, Der Apostol. Stuhl im früh- und mittelbyz. kanon. Recht (Il Primato del Vescovo di Roma nel Primo Millennio, 1991), 245-259.

Patricius, Patrikios

I. Westen - II. Byzanz.

I. WESTEN: An die P.i, die Abkömmlinge der altröm. Familienoberhäupter und Senatsmitglieder (patres), schloß der von Konstantin d. Gr. geschaffene Ehrentitel nur dem Namen nach an. Zwar hatten schon die ersten röm. Ks. begonnen, erbl. Adel zu verleihen, doch wurde seit dem 4. Jh. die Würde eines P. nur einigen wenigen ksl. Vertrauten auf Lebenszeit gewährt. Der Geehrte rückte in die persönl. Nähe des Ks.s und wurde dessen Verwandten gleichgestellt. Seit der Zeit der Söhne des Theodosius erweiterte sich der Kreis der Empfänger; immer fester verband sich der Titel in West- wie Ostrom mit bestimmten Ämtern. Im O wurde der P. in die Hierarchie der Hofränge eingeordnet, im W umschrieb der Ehrentitel der magistri militum eine nicht legalisierte, aber fakt. über dem Ks. stehende Vormacht. Obwohl im W der Reichsfeldherr seit Flavius Constantius (414/415) regelmäßig P. hieß, wurde der Titel aber wohl auch hier anderen und mehreren Militärs und Beamten gleichzeitig zugelegt. Da bald auch Germanen die eminente Heermeisterposition erreichten, war ein bruchloser Übergang zur Verleihung des Titels an Barbarenherrscher mögl. Diese Vergabepraxis setzte die ksl. Diplomatie seit Odoaker (?)/Theoderich und bis zum 11. Jh. ein, um eine fiktive oder tatsächl. Unterordnung auszudrücken, deren Akzeptanz aber von den nichtröm. Fs.en und Kg.en selbst abhing. 508 erhielt der Frankenkg. Chlodwig in Tours von Ks. Anastasios neben einer vestis regia und einem Honorarkonsulat wahrscheinl. auch den P.titel. Diese hohe Ehrung ergab sich aus der byz.-frk. Allianz und der momentanen Übereinstimmung der polit. Ziele. Eine byz. Oberherrschaft dürfte der Franke dabei nicht anerkannt haben. Als Relikt aus spätröm./ostgot. Zeit sind auch in Q. des Merowingerreiches für →Burgund (2. B., I) und die →Provence P.i in herzogsnaher Position belegt.

Die ksl. Vertreter in Italien, der Exarch v. Ravenna und der Dux v. Rom, hatten die röm. Kirche beschirmt und den P.titel geführt. Daher legte Papst Stephan II., Usancen seiner Vorgänger fortentwickelnd, seit seiner Reise ins Frankenreich (754) Kg. Pippin und dessen Söhnen die Würde eines P. Romanorum bei. In ihr drückte sich die von den Karolingern übernommene Schutzverpflichtung gegenüber »den Römern« und der röm. Kirche aus; v. a. gegen die Eroberungspläne des Langobardenkg.s war der Titel gerichtet. Vermutl. überbrachte Stephan ihn im Auftrag des Ks.s; die Verleihung ist wohl nicht als usurpator. und revolutionärer Akt gegen Byzanz zu deuten. Die frk.-päpstl. Abmachungen waren ein vielleicht bewußt mehrdeutiger, in vielen Traditionen stehender und fein ausgeklügelter Kompromiß. Indem Karl d. Gr. als erster Karolinger die Würde seit 774 offiziell in seine Kg. stitulatur aufnahm, bekannte er sich auch rechtl. zum Schutz Roms. Stärker als sein Vater brachte er die nach germ. Interpretation herrschaftl. Elemente der →Defensio ecclesiae zur Geltung. Der P.titel ging 800 im nomen imperatoris auf und verschwand seitdem. Dennoch blieb er im Rom des 9. Jh. in vager Erinnerung, wobei aber das Verständnis für seine tatsächl. Rechtsnatur fehlte. Im Zusammenhang mit dem Aufgreifen antiker Würden nannten sich seit spätestens 975 Anführer der →Crescentier P.i als Ausdruck ihrer Stadtherrschaft und Verfügungsmacht über den päpstl. Stuhl. Der Begriff spiegelt die Schwierigkeit wider, eine verfassungsrechtl. unklare Situation angemessen zu beschreiben. Am Ende des 10. Jh. ernannte Otto III. seine Tante, die Äbt. →Mathilde v. Quedlinburg, und den ihm nahestehenden →Ziazo zu P.i. Die prakt. Bedeutung ihrer röm.-griech. Titel war ganz unterschiedl. Die Deutung, auch der Polenherrscher Bolesław Chrobry sei 1000 in Gnesen zum P. erhoben worden, ist Ergebnis teils gewagter, teils heute widerlegter Kombinationen und scheint zweifelhaft. Heinrich III., dem die Römer 1046 entgegen karol. Brauch nach der Ks.krönung die P.würde verliehen, sicherte sich so ein entscheidendes, aber noch nicht fest umrissenes Mitspracherecht bei künftigen Papsterhebungen. In seinem Patriziat mögen karol. wie otton. Traditionen zusammengeflossen sein. Daß dabei Heinrichs theokrat. Ernst dem Titel anderen Inhalt gab, muß dem nicht widersprechen. Welche Rechte er seinem Träger gebe, war zw. kgl. und päpstl. Anhängern schon bald umstritten. Heinrich IV. selbst forderte 1076 in seinem Brief an die Römer kraft seines ihm durch Gott und die Römer verliehenen Patriziats Papst Gregor VII. auf, vom Stuhle Petri herabzusteigen. 1111 war Heinrich V. wohl der letzte, dem in der Tradition seines Großvaters der P.titel übertragen wurde, ohne daß der letzte Salier ihm auch nur noch entfernt die frühere Bedeutung hätte geben können. Die für Lothar III. zu 1133 berichtete Verleihung scheint allzu unsicher bezeugt. Als die Römer 1143 für kurze Zeit gegen die Papstherrschaft rebellierten und sich zu einer eidl. Zwangsgemeinde aller Rechtsfähigen vereinigten, stand an ihrer Spitze mit Jordan →Pierleoni ein P. Mit dem erneut erstarkten Papsttum verschwand der Titel aus der Gesch. H. Michels

Lit.: DACL XIII, 2491-2495 - HRG III, 1545 f. [Lit.] - LThK² VIII, 181f. [Lit.] - RE XVIII, 4, 2222-2232 - RE Suppl. XII, 553-790 - E. FISCHER, Der Patriziat Heinrichs III. und Heinrichs IV., 1908 - P. E. SCHRAMM, Ks., Rom und Renovatio, 1959² - H.-G. KRAUSE, Das Papstwahldekret von 1059, 1960 - J. DEÉR, Zum P.-Romanorum-Titel Karls d. Gr., AHP 3, 1965, 31-86 - W. HEIL, Der konstantin. Patriziat, 1966 - K. HAUCK, Von einer spätantiken Randkultur zum karol. Europa, FMASt 1, 1967, 3-93 - H. WOLFRAM, Intitulatio, I, 1967 - P. E. SCHRAMM, Ks., Kg.e und Päpste, III, 1969 - W. H. FRITZE, Papst und Frankenkg., 1974 - H. VOLLRATH, Ksm. und Patriziat, ZKG 85, 1974, 11-44 - T. D. BARNES, 'P.i', Phoenix 29, 1975, 155-170 - P. CLASSEN, Italien zw. Byzanz und dem Frankenreich, Sett.cent.it. 27, 2, 1981, 919-967 - H. BLOCH, Der Autor der »Graphia aureae urbis Romae«, DA 40, 1984, 55-175 - H. C. FAUSSNER, Die staatsrechtl. Grundlagen des Rex Francorum, ZRGGermAbt 103, 1986, 42-103 - F. BEISEL, Stud. zu den frk.-röm. Beziehungen, 1987 - Das Reich und die Barbaren, hg. E. K. CHRYSOS-A. SCHWARCZ, 1989 - J. FRIED, Otto III. und Bolesław Chrobry, 1989.

II. BYZANZ: Der Titel 'Patrikios' (πατρίκιος; P.) wurde zumeist an Senatoren, seit Ks. Justinian (527-565) an alle illustres verliehen, der Eparch v. Konstantinopel war ihr gemeinsamer Vertreter. Bis ins 8. Jh. trug der höchste P. den Titel eines Protop. Der P. stand bis Ende des 10. Jh. an siebter Stelle in der Hierarchie der barbati, an erster Stelle der →Eunuchen. Viele Strategen und →Logotheten trugen diesen Titel, häufig verbunden mit →Anthypatos. Das Buch »De caeremoniis« aus der Zeit von Konstantin VII. Porphyrogennetos (905–959) teilt die P. in drei Gruppen: Strategen, empratoi (hohe Amtsträger in der Hauptstadt), apratoi. Allg. gab die Hierarchie P. mit Ämtern dem Vorrang. Als Zeichen der P. diente eine Elfenbeintafel mit dem Kodizill über die Ernennung. Der höchste Titel für eine Frau, zōstē patrikia, stand an fünfter Stelle der Würdenhierarchie für Männer. Der Titel des P. verschwand am Anfang des 12. Jh. und erschien danach nur noch als Familienname oder als sinnentleerter Archaismus. Auch fremde Herrscher erhielten den Titel, u. a. Michael Višević v. Hum und kaukas. Dynasten.   Lj. Maksimović

Lit.: E. Stein, Unters. zur spätbyz. Verfassungs- und Wirtschaftsgesch. (Mitt. zur osman. Gesch. 2, 1923/25), 1–62 [Neudr.: 1962] – R. Guilland, Recherches sur les institutions byz. II, 1967, 132–202 – L. Brehier, Le monde byz., II: Les institutions de l'empire byz., 1970² – J. Deér, Zur Praxis der Verleihung des auswärtigen Patriziats durch den byz. Ks., AHP 8, 1970, 7–25 – N. Oikonomidès, Les listes de préséance byz. des IXᵉ et Xᵉ s., 1972 [Lit.] – R. Guilland, Titres et fonctions de l'Empire byz., 1976, Nr. VII–XIV – F. Winkelmann, Byz. Rang- und Ämterstruktur im 8. und 9. Jh., 1985.

Patrick (Patricius), ir. Nationalhl. [1] *Zum Leben und Wirken:* P., Sohn des Calpurnius, gilt als Verfasser der beiden als 'Confessio' und 'Epistola militibus Corotici' (Brief an die Soldaten des Coroticus) bekannten Zeugnisse. Allg. wird angenommen, daß P. in der 2. Hälfte des 5. Jh. gelebt und in Irland gewirkt hat, doch bieten weder die beiden ihm zugeschriebenen Texte noch andere zeitgenöss. Q. verläßl. Hinweise auf seine näheren Lebensumstände. Gleichwohl herrscht Einmütigkeit über die Echtheit von Confessio und Epistola, die als Zeugnisse eines brit. Missionars, der in Irland als Bf. wirkte, gelten müssen (»Hiberione constitutum episcopum me esse fateor«, Ep. § 1). P. wurde mit 16 Jahren von ir. Kriegern während eines Raubzugs aus Britannien entführt, »zusammen mit tausenden anderer«. Nach sechsjähriger Gefangenschaft in Irland konnte er entfliehen und in sein Elternhaus nach Britannien zurückkehren. In einer Vision erschien ihm ein Mann namens »Victoricus«, der zahlreiche Briefe aus Irland mit sich führte (Conf. § 23). In einem dieser Briefe soll P. angefleht worden sein, den Iren das Evangelium zu verkünden. Das charismat. Element (→Charisma) in P.s Persönlichkeit tritt in den beiden Texten immer wieder deutlich hervor. Über Vorbereitung und nähere Umstände der P.schen Missionsreise nach Irland sind keine Details überliefert.

P.s Lebensstationen bleiben dunkel, nicht zuletzt aufgrund der frühzeitigen Vermischung seines Wirkens mit den Taten eines anderen Missionars des 5. Jh., Palladius. Dieser wird in der Chronik →Prospers v. Aquitanien s. a. 429 als Irlandmissionar erwähnt; er soll vom Bf. →Germanus v. Auxerre zur Bekämpfung des →Pelagianismus nach Irland entsandt worden sein. 431 ist er abermals erwähnt, nun als erster Bf. der chr. Iren (»primus episcopus ad Scottos in Christum credentes«). Aufgrund von Quellenhinweisen läßt sich Leinster als vermutl. Schwerpunkt der Mission des Palladius erschließen, wohingegen die P.sche Mission mit dem NO und W Irlands verbunden wird. Die gelehrten Autoren des 7. Jh., die die ersten Ansätze zu einer historiograph. Darstellung der ir. Kirche unternahmen, waren jedoch mit bereits stark angewachsenem, heterogenem Traditionsgut konfrontiert, das die fragmentar. Nachrichten über den Briten P. und den Gallier Palladius miteinander verschmolz. So kann die Angabe über einen angebl. Studienaufenthalt P.s in Gallien als (irrtüml. oder bewußte) Mißdeutung der Nachrichten über Palladius' Erziehung in Auxerre gelten. Die Kontamination mit Palladius erklärt auch die traditionellen Datierungen des Aufenthaltes in Irland (432) und seines Todes (463/493). Die frühesten ir. Annalen sind für die P.sche Frühzeit hist. wertlos. Schwierigkeiten bietet auch die Verwertung des im →Book of Armagh enthaltenen Materials; es wurde im 7. Jh. zu dem Zweck gesammelt, →Armagh, die angebl. Gründung P.s, als Primatialsitz der ir. Kirche zu legitimieren, und interpoliert daher einiges Quellenmaterial des 5. Jh. mit der Fülle späterer Propaganda.

Die beiden Schriftdokumente P.s präsentieren in ihrer Authentizität dagegen das Bild einer bemerkenswerten Persönlichkeit, deren planvolle Missionsansätze außergewöhnlich waren. Fast als einziger Missionar der spätröm. Zeit wandte sich P. der Bekehrung von Heiden zu, die außerhalb des Imperium Romanum lebten. Während die meisten Missionare ihre Aktivitäten auf Gruppen oder Kolonien röm. Bürger, die in der Gewalt von Barbaren waren, beschränkten, hatte P. die erklärte Absicht, »auch die abgelegenen Gegenden, jenseits derer kein Mensch mehr wohnte«, zu bereisen (Conf. § 51), ein für die Ideenwelt der →Peregrinatio grundlegender Gedanke. P.s Confessio und Epistola sind bemerkenswerte Dokumente, vermitteln sie doch Einsichten in die Erfahrungen, Methoden und alltägl. Mühen eines Missionars des 5. Jh. P. war überhaupt der einzige röm. Bürger der Spätantike, der aus eigenem Erleben über seine Gefangenschaft unter Barbaren berichten konnte. Seine »Confessio« und »Epistola« sind nicht nur unschätzbares Zeugnis des alten Irland, sondern auch der Gesch. Europas.

[2] *Verehrung im Mittelalter:* Die Verehrung des hl. Patrick war bereits im 7. Jh. weitverbreitet, nicht nur in Irland, sondern auch auf dem Kontinent. Die Vita der hl. →Gertrud v. Nivelles (nach 660?) erwähnt als ältestes Zeugnis einen Festtag des hl. P. am 17. März. P. wird um 700 auch in Inschriften an den Wänden der Kirche v. →Péronne (Picardie) kommemoriert. Die dreiteilige P.-Vita (»Tripartite Life«), kompiliert um 900, ist die beste Q. für die volkstüml. P.-Überlieferung. Bereits im 12. Jh. konzentrierte sich die ir. wie allgemeineurop. Wallfahrt auf das später so genannte 'Fegfeuer des hl. P.' (Purgatorium Patricii), gelegen auf der Insel eines Sees im nw. Irland, Lough Derg (Station Island, Gft. Donegal). Beschreibungen dieser durch wunderbare Erscheinungen (angebl. Blick ins Jenseits) berühmten Pilgerstätte sind aus den Jahren um 1180 überliefert (Heinrich v. Sawtrey, →Giraldus Cambrensis). Wurde dieser Wallfahrtsort im 15. Jh. auch offiziell geschlossen, so zog er doch weiterhin Gläubige aus ganz Europa an (z. B. Bericht des ung. Ritters Laurent Rathold de Paszho, 1411; lit. Erwähnung u. a. im nhd. Abenteuerroman →»Fortunatus«, Augsburg 1509). Die P.-Verehrung des heut. Irland kulminiert in der Wallfahrt zum 'Croagh Patrick' (Gft. Mayo).

D. Ó Cróinín

Lit.: L. Bieler, Libri Epistolarum Sancti Patricii Episcopi, 1952 – D. A. Binchy, P. and his biographers: ancient and modern, Studia Hibernica ²2, 1962, 7–173 – E. A. Thompson, Who was St. P.?, 1985 – L. De Paor, St. P.s World, 1993.

Patrikios →Patricius, II.

Patrimonium Sancti Petri, seit dem 6. Jh. im allg. die Bezeichnung für Ländereien, die von Ks.n, frommen Laien und Mitgliedern des Klerus der röm. Kirche übertragen wurden. Als tatsächl. Eigentümer dieser Güter galt der hl. Petrus, als Verwalter der Papst. Der Gebrauch des Wortes 'Patrimonium' deutet darauf hin, daß – analog zum Patrimonium principis – die Bedeutung von öffentl. Gewalt immer mit dem P.S.P. verbunden blieb. Tatsächl. übernahm das Papsttum infolge des Niedergangs der röm. und byz. Macht in Mittelitalien viele der vorher weltl. Aufgaben (Nahrungs- und Wasserversorgung, soziale Fürsorge usw.) und im 8. Jh. weltl. Herrschaft im eigtl. Sinn, so daß der zunächst private Status des P.S.P. immer mehr ein öffentl. wurde. Das P.S.P. setzte sich aus vielen landwirtschaftl. Güterkomplexen in verschiedenen Gebieten zusammen. Jeder dieser Komplexe wurde als ein Patrimonium ('Kirchengut') bezeichnet und von einem Rektor beaufsichtigt, der entweder ein Verwaltungsbeamter des Laterans war oder direkt der Aufsicht des Laterans unterstand. Das P.S.P. mußte den größten Teil der Einkünfte liefern, die das Papsttum benötigte, um seine Verpflichtungen erfüllen zu können. Die reichsten Patrimonien waren in S-Italien und Sizilien, doch lagen viele verstreut über ganz Italien, im s. Gallien und im n. Afrika. Die byz., arab. und norm. Einfälle in diese Regionen beraubten das Papsttum wertvoller Einkünfte. Der Terminus P.S.P. hat für einige Verwirrung gesorgt, weil noch lange, nachdem die Päpste bereits an der Spitze des →Kirchenstaates standen, dieser weiterhin zeitweise als P.S.P. bezeichnet wurde. Streng genommen, sollte P.S.P. nur für die Zeit vor der Mitte des 8. Jh. gebraucht werden, dann die Bezeichnung Kirchenstaat (oder ähnl.). Die tatsächl. Verhältnisse sind jedoch relativ unklar, da die weltl. Herrschaft der Päpste für lange Zeit zw. privater Gutsherrschaft und öffentl. Macht wechselte. Von ca. 740–844, 1215–1305 und nach 1415 dominierte eindeutig die öffentl. Macht, in anderen Zeitperioden trat die private Gutsherrschaft so stark in Erscheinung, daß die Bezeichnung P.S.P. wohl treffender ist. Langfristig gesehen, hatte das P.S.P. zwei wesentl. Aufgaben: es bildete die Ressourcen für die weltl. Herrschaft und die Finanzverwaltung des Papstes. T. F. X. Noble

Lit.: →Kirchenstaat – E. Spearing, The Patrimony of the Roman Church in the Time of Gregory the Great, 1918 – P. Prodi, Lo sviluppo dell'assolutismo dello Stato pontificio (s. XV–XVII), 1968 – P. Toubert, Les structures du Latium médiévale: Le latium méridionale et la Sabine du IXe s. à la fin du XIIe s., 1973 – V. Recchia, Gregorio Magno e la società agricola, 1978.

Patristik. *Begriff*: P. steht für Theologia patristica, die die Theol. der Kirchenväter (Patres) darstellt und erklärt. Der Begriff ist erst im späten 17. Jh. aufgekommen und stellte diese patrist. Theol. neben die bibl. und symbol. (dogmat.) Theol. Aus der patrist. Theol. ging die Dogmengeschichte hervor, und P. war damit obsolet geworden. – Schon zuvor hatte der luth. Theologe Johannes Gerhard († 1637) den Begriff *Patrologie* geprägt. 1653 erschien postum in Jena sein Werk »Patrologia sive de primitivae Ecclesiae christianae Doctorum vita ac lucubrationes« – Patrologie oder Leben und Werke der Lehrer der frühen christl. Kirche. Die damit umschriebene theol. Disziplin suchte nicht nur den theol. (dogmengesch. wichtigen) Ertrag der →Kirchenväter zu erheben, sondern schloß deren Leben und Werk in ihre Betrachtung mit ein und besann sich auf ihre hist. Dimension. Da P. im theol. Lehrbetrieb weiterhin geläufig blieb, wurde (und wird) sie stillschweigend mit Patrologie gleichgesetzt. – Der eigtl. Gegenstand ist mit »Altchristl. Literaturgesch.« zu umschreiben. Das spezif. Objekt ist dann alle Lit., die christl. bestimmt ist (also vom späteren Standpunkt: rechtgläubige und häret. Lit.; deshalb auch altchr. anstelle von altkirchl.). Diese Objektbestimmung schließt den literaturgesch. Aspekt ein und macht die Patrologie zu einer hist., theol. Disziplin. Sie stellt das Leben der altchr. Schriftsteller in ihrem zeitgesch. Bezug dar, untersucht ihre Schr. mit den Methoden der Lit.- und Sprachwissenschaft und erklärt deren Inhalt in seiner gesch. Bedingtheit. Man kann sie auch »Theologie als Biographie« nennen.

Die altchristliche Literatur: Ihre ältesten Schr. sind jene Schriften des Urchristentums, die nicht in den ntl. Kanon aufgenommen wurden. Das Ende der altchr. Lit. ist nicht einheitl. bestimmt, gewöhnl. wird für den O →Johannes Damaskenos († um 750; vor 754) und für den W →Isidor v. Sevilla († 636) genannt. Die dazwischen liegenden altchr. Schriftsteller und ihre Werke werden zu chronolog. und sachl. Einheiten zusammengefaßt. Bis zum Ende des 2. Jh. erscheint die chr. Lit. hauptsächl. im gr. Sprachgewand. Danach nimmt sie auch die lat. Sprache in ihren Dienst. Der Nordafrikaner Tertullian († nach 220) steht am Anfang dieses sprachl. Übergangs. Für die Folgezeit bleibt die sprachl. Aufteilung bestimmend und mit ihr die unterschiedl. Formulierung einer gr. und lat. Theol. Daneben werden auch oriental. Sprachen aufgenommen. Vom 3. Jh. an bestimmten Einzelpersönlichkeiten als lit. Schaffen. Sie verstehen ihre Theol. als Schriftauslegung in der Bindung an die kirchl. Tradition. Dazu nehmen sie die antike Philos., die sprachl. und lit. Vorgaben der Antike in Anspruch. Mit der offiziellen Christianisierung des Röm. Reiches im späten 4. Jh. treten die Kirchenväter das Erbe der klass. Lit. an. Gr. und lat. Lit. lebt weiter, aber mehr und mehr von chr. Inhalten bestimmt. – Die konstitutive Bindung der chr. Theol. an die Tradition gibt den Traditionszeugen in jeder theol. gesch. Epoche bes. Gewicht. Die Aussagen der als Glaubensautoritäten von eigenem Rang erkannten Väter erhalten normative Qualität neben der Bibel. In den großen dogmat. Auseinandersetzungen des 4. und 5. Jh. wurde das Väterwort zum Argument. Die je eigene theol. Position wurde mit Väterzitaten belegt und verteidigt. Im Umfeld des Konzils v. →Ephesos 431 wurde diese Methode kräftig entwickelt. »Die Väter nachzudenken und nachzusprechen« wurde zum »kgl. Weg« (bes. Kyrill v. Alexandria) in der Theol. und steigerte die Normativität des Väterwortes, dem eine eigene Art von Inspiriertheit zugesprochen wurde. In dieser selektierenden und interpretierenden Rezeption wurden die Väter zur einheitl. Größe (Consensus Patrum). Diese Art »Theologia patristica«, wenn auch nicht so genannt, bestimmte die theol. Arbeit der weiteren Zeit. Ihren lit. Niederschlag fand sie in den →Florilegien, die Väterzitate themat. ordneten und für die anstehende Auseinandersetzung bereitstellten. Ein bekanntes Beispiel ist die Doctrina patrum aus dem 7. Jh. (F. Diekamp, 1907). Die letzten Väter identifizierten sich mit der Lehre ihrer Vorgänger bis zur Selbstaufgabe: »Der Leser liest nicht das Unsrige, vielmehr liest er die Alten wieder. Denn meine Stimme ist nur ihre Zunge« (Isidor v. Sevilla, Quaest. VT, praef.); vgl. für den O Joh. Damasc., Dial. 2.

Mit dem theol., argumentativen Interesse an der patrist. Theol. war in der Alten Kirche ein literargesch. Interesse verbunden. Schon →Eusebius v. Caesarea hat in seiner Kirchengesch. Nachrichten über altkirchl. Schriftsteller eingearbeitet (und dabei viel wertvolles Material überliefert). Nach ihm hat →Hieronymus den ersten chr. Schriftstellerkatalog angefertigt: De viris illustribus (392). Er ahmte dabei nicht nur das gleichnamige Werk Suetons nach, sondern führte auch andere antike Lit.historiker an und wollte ausdrückl. die Leistungsfähigkeit chr. Gelehrter und Autoren vorführen (A. Ceresa-Gastaldo, 1988). Um 480 fügte Gennadius v. Marseille zu den 135 Schriftstellern des hieronymian. Katalogs 97 neue Namen hinzu (E. C. Richardson, TU 14,1, 1896). Weitere Fortsetzungen kamen von Isidor v. Sevilla (C. CODONER MERINO, 1964) und Ildefons v. Toledo († 667), wieder unter dem Titel De viris illustribus (MPL 96, 195–206). Eine zensierende Zusammenstellung altkirchl. Schrifttums (Index librorum) findet sich im →Decretum Gelasianum. Einen Beitrag andererArt zur altkirchl. P. erbrachte→Cassiodor († um 580). In seinen Institutiones divinarum et humanarum lectionum wollte er kirchl. und profanes Bildungsgut sammeln und zu dessen Bewahrung anregen. In den Inst. div. führt er in das Studium der Hl. Schrift ein und nennt eine größere Zahl bekannter Kirchenväter, die deren Verständnis erleichtern. Daneben bemühte er sich um Übers. gr. Väterschr. und um das sorgfältige Abschreiben vorhandener Vätertexte. Mit seinen Anweisungen für die Kopisten (I 30) begründete er jenes »Apostolat der Feder«, das für die Arbeit in den ma. Kl.skriptorien bestimmend wurde. – Eine letzte Art altkirchl. patrist. Arbeit ist die Übersetzung. Mit dem Auseinanderklaffen der beiden Sprachwelten wurde gerade diese Arbeit für das theol. Verständnis und für den Austausch zw. O und W wichtiger denn je. Dabei war v. a. die Übers. aus dem Gr. ins Lat. bedeutsam. Hieronymus (Ep. 57 liefert eine eigene Übers.theorie) und →Rufinus v. Aquileia stehen am Anfang dieser Vermittlungsarbeit, die von anderen fortgesetzt wurde, z. B. Evagrius v. Antiochia (Vita Antonii), Anianus v. Celeda (Joh. Chrysostomos), die Übersetzer im Dienste Cassiodors, Paschasius v. Dumio (Apophthegmata Patrum). Ein eigener Bereich war die Übers. jurist. und kanonist. Texte; hier hat neben anderen v. a. →Dionysius Exiguus in Rom wichtige Arbeit geleistet. – Von geringerer Bedeutung war die Übers. lat. Texte ins Gr. Von →Gregor d. Gr. wurde die Regula pastoralis schon zu seinen Lebzeiten ins Gr. übersetzt, die Dialoge erst unter Papst Zacharias (741–752).

Mittelalter: Die ma. Theol. wird nach Inhalt und Methode als Scholastik bestimmt und damit von der P. (= Theol. der Väter) abgesetzt. Diese Aufteilung darf jedoch nicht so verstanden werden, als ob keine Kontinuität zw. diesen Theologien bestehe. Inhaltl. braucht diese Kontinuität nicht näher belegt zu werden. Die Absetzung betrifft deshalb v. a. die Methode. Aber die scholast. Methode bestimmt erst vom 12.Jh. an die ma. Theol. Die Vorscholastik ist noch nicht so eindeutig auf sie festgelegt. In ihren Bereich gehört auch die ma. Mönchstheol., die unmittelbar mit der Vätertheol. verbunden ist, auch wenn sie primär am asket.-spirituellen Schrifttum der Väter interessiert ist. (Für den Schritt von dieser Theol. zur scholast. vgl. man etwa die zisterziens. Hldkommentare mit dem Komm. des Petrus Johannis Olivi OFM.) Die inhaltl. Übereinstimmung der beiden Theologien bedeutet für die Theol. der Väter: Das Interesse an ihrem Schrifttum sichert dessen Bestand durch die lebhafte hs. Überlieferung. Die großen Skriptorien sind vorab mit der Weitergabe der Väterschr. beschäftigt. Die Übers. gr. Werke wird fortgesetzt. An den geistigen Zentren des Reiches sind Griechischkenntnisse vorhanden (Aachen: Johannes Scotus [Eriugena]; Rom: Anastasius; Neapel und in den großen Kl.). – Wenn die ma. Theol. schließlich die sie kennzeichnende scholast. Methode entwickelt, so gehört zu ihr auch die Berufung auf die Tradition und das Argument des Väterbeweises. Somit wird die selektive und interpretierende Auswertung der Väterschr. fortgesetzt. Seit dem frühen MA wurden unter den lat. Vätern Ambrosius, Hieronymus, Augustinus und Gregor d. Gr. bes. hervorgehoben, und ihnen wurde gesteigerte Autorität zugesprochen. Diese vier Väter wurden in Parallele zu den vier Evangelien gesetzt (z. B. Verse aus Marmoutier, H. DE LUBAC, Exégèse médiévale. Les quatres sens de l'écriture I, 1959, 30) und auch zu den ersten vier Konzilien. Bonifatius VIII. verlieh ihnen 1295 die auszeichnende Würde von »Kirchenlehrern« (Lib. VI 3,22 unic. = Corpus Jur. Can. II. 1959). Im O feierte man schon im 9. Jh. ein Fest der »drei Hierarchen und ökumen. Lehrer« Basileios, Gregor v. Nazianz und Chrysostomos (30. Jan.). Zur Angleichung an die lat. Vierzahl wird Athanasios als vierter gr. Kirchenlehrer angefügt. Die Wertschätzung der Kirchenväter im MA brachte ein unübersehbares Anwachsen der pseudonymen Väterschr. Die kirchl. Lit. blieb auch dabei in der Tradition der Väterzeit. Das bekannte Material wird jetzt in der Clavis patristica pseudepigraphorum medii aevi (Turnhout 1992ff.) erschlossen. – Literargesch. Interesse an Väterschr. zeigen nur wenige Autoren, die ganz im Bann ihrer patrist. Vorläufer bleiben. Gegen Ende des 11.Jh. schrieb →Sigebert v. Gembloux OSB De viris illustribus (MPL 160, 547–588), eine quantitative Erweiterung der älteren Schriftstellerkataloge von Hieronymus und Gennadius, die Sigebert ausdrückl. nachahmen wollte. Um 1130 verfaßten →Honorius Augustodunensis ein Verzeichnis chr. Schriftsteller (De viris illustribus; MPL 172, 197–234), wenig später, wohl um 1135, der sog. Anonymus Mellicensis ein gleichnamiges Werk (MPL 213, 961–984). Dann dauerte es fast 400 Jahre bis zu dem umfangreichen Werk des →Johannes Trithemius De scriptoribus ecclesiasticis (1494), das schon vom humanist. Interesse an der patrist. Lit. mitbestimmt war.

K. S. Frank

Lit.: Alte Kirche: BARDENHEWER – J. QUASTEN, Patrology, I–III, 1950–60 – E. NACKE, Das Zeugnis der Väter in der theol. Beweisführung Cyrills v. Alexandrien [Diss. Münster 1964] – J. QUASTEN, Patrologia, III: Dal Concilio di Nicea (325) al concilio di Calcedonia (451) (I Padri latini), hg. A. DI BERARDINO, 1978) – ALTANER-STUIBER, 1980⁹ – F. PIERINI, Mille anni di pensiero cristiano. La lett. e i monumenti dei padri. T.1: Alla ricerca dei padri, 1988 – R. HERZOG – P. L. SCHMIDT, Hb. der lat. Lit. der Antike, 5, 1989 – H. KRAFT, Einf. in die Patrologie, 1991 – *Mittelalter:* J. DE GHELLINCK, Patristique et MA, 3 Vol., 1946–48 – P. COURCELLE, Les lettres grecques en Occident. De Macrobe à Cassiodore, 1948 – A. SIEGMUND, Die Überlieferung der griech. chr. Lit. in der lat. Kirche bis zum 12. Jh., 1949 – BRUNHÖLZL I – W. BERSCHIN, Gr.-lat. MA, 1980.

Patrizi Piccolomini, Agostino,

it. Humanist, tätig an der Kurie, * um 1435 in Siena, † 1495 in Rom. Nach Studien des kanon. Rechts in Siena, als Enea Silvio Piccolomini dort Bf. war, trat P. nach dessen Papstwahl (→Pius II.) als Amanuensis in dessen Dienst und erhielt das Privileg, den Namen Piccolomini zu führen. (Erhalten ist von seiner Hand eine Hs. der »Commentaria« Pius' II.) Nach dem Tode des Papstes nahm ihn dessen Neffe, Kard. Francesco Tedeschini Piccolomini (→Pius III.), in seine Familia auf. 1484 wurde er von Sixtus IV. zum Bf. v. Pienza und Montalcino ernannt. Im Auftrag Innozenz' VIII. redigierte er als päpstl. Zeremonienmeister das »Pontificale« (→Pontifikale), die »Ordines« und »Caeremoniale«. Daneben widmete er sich humanist. Studien, sammelte Inschriften, baute eine bedeutende Bibliothek auf, stand der Akademie des →Pomponius Letus nahe, verfaßte Briefe in rein ciceronian. Latein und eine Reihe von Werken: Beschreibung der Romwallfahrt Ks. Friedrichs III.; »De legatione germanica«; »Summarium concilii Basiliensis«, Traktat »De legato ad latere«; »Epitoma Casinensis historiae« (uned.); »Historiarum Senensium libri«; »De antiquitate civitatis Senarum«; »De viris doctis et rerum inventoribus« u. a.

D. Coppini

Lit.: R. AVESANI, Per la biblioteca di A.P.P. (Mél. E. TISSERANT, VI, 1964), 1–87 – M. DYKMANS, L'œuvre de P.P. ..., 1980.

Patriziat

I. Allgemein; Deutschland – II. Niederlande – III. Frankreich – IV. Nord- und Mittelitalien – V. Iberische Halbinsel.

I. ALLGEMEIN; DEUTSCHLAND: P. als Bezeichnung für eine bevorrechtigte Gruppe der städt. →Oberschicht war dem MA weitgehend fremd. Angehörige solcher Gruppen nannten sich milites oder →nobiles wie vorwiegend in Italien, aber auch in Nürnberg und einigen anderen dt. Städten, *noblesse* wie in Frankreich, *poorter* wie in flandr. und brabant. Städten oder Geschlechter wie oft in dt. Städten. Daneben waren auch andere Bezeichnungen übl. wie →Erbbürger (Wien), Erbmänner (Münster), Erbsassen (Dortmund), Erbgenossen (Hamm, Unna), Gefreunde (Erfurt), die Alten (Mainz), Ältere (Nördlingen), Achtbürger (Basel), →Constafler (Straßburg) oder auch Müßiggänger (Rottweil) etc. Anfangs nannten sich diese Familien in verschiedenen Städten v. a. Süddtl.s →»Bürger« schlechthin, vereinzelt sogar bis in das 15. oder wie in Görlitz und Schwäbisch Hall bis in das 16. Jh. hinein, und setzten sich so von »Mitbürgern« und »gemeinen Bürgern« ab. Erst die Humanisten haben seit dem 16. Jh. den Begriff P. in Anlehnung an die antike Gesch. Roms häufiger benutzt. Im 17. und 18. Jh. setzte er sich durch. Inzwischen bezeichnet er auch in der hist. Wiss. trotz aller lokal bedingter Besonderheiten eine geburtsständ. weitgehend abgeschlossene Gruppe städt. Familien, die vermögend waren, den Rat oder andere städt. Führungsgremien – zumindest eine längere Zeit – beherrschten, sich im Lebensstil, der meist am adligen Vorbild ausgerichtet war, von ihren Mitbürgern unterschieden und vielfach miteinander und mit dem Landadel verschwägert waren. In manchen Städten erhielten oder behielten sie bes. Vorrechte wie ein Salzmonopol in Lüneburg und Werl, das Gademrecht in Mainz, Bergbaurechte in Goslar, ein Wechselmonopol in mehreren Orten und anderes.

In einigen Städten läßt sich eine reiche Gruppe alteingesessener Familien von anderen vielfach eingewanderten, erst später reich gewordenen Familien abgrenzen, die von den alten Geschlechtern nicht unbedingt als ebenbürtig anerkannt wurden und nicht ohne weiteres in den Kreis des P.s aufsteigen konnten. Diese neue Gruppe reicher Familien wird häufig als Honoratiorentum vom P. unterschieden. Zw. beiden war ein Aufstieg mögl., wenn Honoratioren sich durch Connubium und Lebensstil den Patriziern angenähert hatten. Nach unten war das Honoratiorentum weniger scharf abgeschlossen, so daß der Zugang zu ihm reich gewordenen Familien im Gegensatz zum P. ohne große Beschränkungen offen blieb. Andererseits konnten Patrizierfamilien absteigen, wenn sie verarmten und den erforderl. Lebensstil und das Connubium mit den Gleichgestellten nicht mehr aufrechterhalten konnten. Viele Patrizierfamilien starben schon im MA aus, manche aus wirtschaftl. Gründen, weil sich für ihre verarmten Söhne keine ebenbürtige Partnerinnen finden ließen. In kleineren Städten u. späten Neugründungen konnte sich nur selten ein P. ausbilden. In solchen Orten herrschte zwar ebenfalls eine Oberschicht, die aber nicht die typ. Merkmale des P.s aufwies. Aber auch in älteren Städten wie in Würzburg konnte die volle Entfaltung eines P.s ausbleiben, so daß hin und wieder die Existenz eines Würzburger P.s bestritten worden ist. Im hans. Bereich im Ostseeraum gab es auch eine reiche städt. Führungsschicht mit Abschlußtendenzen wie in Lübeck in der Zirkelgesellschaft, in Danzig im Artushof und in Reval und Riga in den →Gilden, aber diese Familienzusammenschlüsse unterschieden sich vom Typ des P.s in s.- und w.dt. Städten. In hans. Ostseestädten war die Fluktuation in der Elite höher, und das kaufmänn. Element behielt gegenüber adligen Vorbildern die Oberhand, wie bes. Vergleiche Lübecks mit Nürnberg zeigen können. Man hat daher davor gewarnt, den Begriff P. ohne weiteres auf die Führungsgruppen dieser Städte zu übertragen. Ein auf geburtsständ. Prinzipien gegründetes P. ist also eher in s.- und w.dt. als hans. Städten des Ostseeraums zu finden.

Das P. hatte sich seit dem Ende des 12. und im 13. Jh. in verschiedenen Städten aus dem →Meliorat gebildet. Die alten Familien stammten aus der →Ministerialität, der Altfreiheit, der →Zensualität und teilweise der Unfreiheit. Kaufmänn. Betätigung, Verwaltung stadtherrl. Einkünfte und Rechte sowie umfangreicher Grundbesitz in den werdenden Städten bildeten die Grundlagen für das Vermögen. Seit dem 13. Jh. schlossen sich die zum Meliorat zählenden Familien in vielen Städten nach unten ab und ließen nur noch in wenigen Fällen den Aufstieg in ihre Reihen zu. Sie heirateten untereinander und pflegten das Connubium zum benachbarten Adel oder zum befreundeten P. anderer Städte. Angehörige dieser geburtsständ. weitgehend abgeschlossenen Gruppe von Familien besetzten die Schöffenstühle und die neuen Ratssitze, stellten Bürgermeister und vielfach Stadtrichter. Sie führten den Kampf um die Unabhängigkeit ihrer Stadt vom Stadtherrn und befehdeten sich gelegentl. untereinander (Geschlechterfehden). Für mehrere Generationen gelang es ihnen, die städt. Führungsgremien zu beherrschen, bis im Laufe des 14. und 15. Jh. neue Familien aufkamen und zusammen mit den Zünften die Geschlechter entmachteten. Das glückte nicht in allen Städten. In Nürnberg beispielsweise blieben Rat und Führungsgremien in den Händen des P.s. Jedoch selbst wenn das P. entmachtet worden war, behielt es dennoch zahlreiche Vorrechte und ein alle anderen Gruppierungen überragendes Standesbewußtsein, das von den Mitbürgern anerkannt und geachtet wurde.

Das P. hat sein Standesbewußtsein im Laufe der Zeit zur Herrschaftslegitimation ausgestaltet. In Köln führten die Geschlechter ihre Vorfahren auf röm. Senatoren zurück, die das Christentum im Rheinland eingeführt hätten. Röm. Abkunft reklamierten Geschlechter anderer Städte ebenfalls für sich und erhoben damit auch ihren Anspruch auf Ebenbürtigkeit mit dem Adel. Die Werler Erbsälzer ließen sich von Ks. Siegmund 1432 bestätigen, daß sie «von altem guten Stamme« seien. Sie erhielten damit die Adelsqualität anerkannt. Angehörige des P.s waren von der Überzeugung durchdrungen, daß sie von Gott mit der Leitung ihrer Städte betraut worden seien und daß nur sie über die Erfahrung und das Wissen verfügten, um die Geschicke ihrer Städte lenken zu können. Ihr Standesbewußtsein und ihre Legitimation wandten sie nach innen gegen ihre Mitbürger, falls jene beabsichtigen sollten, ihnen ihre Herrschaft streitig zu machen, und nach außen gegen den Adel, mit dem sie ebenbürtig sein wollten. Diesen Anspruch stellten sie durch ihren, dem adligen Vorbild angeglichenen Lebensstil heraus. Sie turnierten miteinander und mit dem Adel, führten Wappen, schmückten ihre Häuser gelegentl. mit Turnierszenen, stifteten Erbbegräbnisse und Gedenkkapellen und kauften schließl. Burgen in der Umgebung ihrer Städte. Wegen ihrer meist größeren wirtschaftl. Potenz konnten sie den Adel an Prachtentfaltung bes. bei Turnieren überflügeln, so daß sich manche Turniergesellschaft veranlaßt sah, Patrizier auszuschließen. Aus Stiften, Kl. und Orden versuchte der Adel im Laufe der Zeit, das P. durch Aufnahmebeschränkungen zu verdrängen. Das ist nicht immer und überall in gleicher Weise gelungen. Im übrigen haben reiche städt. Geschlechter zur Versorgung ihrer Angehörigen selbst Kl. gestiftet und auch dadurch dem adligen Vorbild nachgeeifert. In manchen Städten war dem P. Handel und Gewerbe verboten, in anderen waren nur bestimmte Handelssparten erlaubt. Aber auch in den Städten, in denen die Patrizier kaufmänn. tätig sein durften, zogen sie sich meist aus dem Handel zurück und investierten vorwiegend in Grundstücken, auch außerhalb der Stadt. Im SpätMA verließen Angehörige des P.s oft ihre Geburtsstadt, zogen in ihre Burgen und gingen im Landadel auf, so daß sich das alte P. in manchen Städten auflöste, weil nicht genügend Familien ansässig geblieben waren.

Vor und nach ihrer polit. Entmachtung gründeten Angehörige der Geschlechter v. a. in s.dt. Städten eigene Stuben für ihre Versammlungen wie die »Zum Sünfzen« in Lindau, »Zur Katze« in Konstanz, die »Herrenstube« in Augsburg, schlossen sich zu →Genossenschaften zusammen wie in der Theodorigilde in Lüneburg, der Reinoldigilde in Dortmund, der Sternengesellschaft in Soest oder bildeten innerhalb der sog. Zunftverfassung eigene Korporationen wie die Herrenzunft in Memmingen oder die Hausgenossenzunft in Speyer. Schließl. erließen sie meist erst gegen Ende des 15. oder zu Beginn des 16. Jh. Statuten, in denen sie die Zulassung zu den Stuben und Gilden beschränkten und die Teilnahme an Festen und Tänzen auf Angehörige der eigenen Gruppe begrenzten, wobei die Statuten nur eine schon länger beobachtete Gewohnheit sanktionierten. Überhaupt ist zu bemerken, daß das P. am Ende des MA wie auch der Adel um stärkeren ständ. Abschluß bemüht war, ohne jedoch den Aufstieg einzelner Familien zu verhindern oder verhindern zu können.

K. Militzer

Lit.: C. H. Freih. Roth v. Schreckenstein, Das P. in den dt. Städten, 1856 – H. Planitz, Stud. zur Rechtsgesch. des städt. P.s, MIÖG 58, 1950, 317–335 – F. v. Klocke, Das P.sproblem und die Werler Erbsälzer (Veröff. der Hist. Komm. Westfalens XXII, 7, 1965) – Dt. P., hg. H. Rössler (Schrr. zur Problematik der dt. Führungsschichten in der NZ 3, 1968) – E. Maschke, Verfassung und soziale Kräfte in der dt. Stadt des späten MA, VSWG Beih. 68, 1980, 170–274.

II. Niederlande: Der Begriff des P.s wurde von der Historiographie, die die alten Niederlande erforscht, in breitem Umfang rezipiert, obwohl er eine von Stadt zu Stadt differierende Realität abdeckt. Das Konzept des P.s ist dabei von keinem erkennbaren gemeinsamen Nenner getragen, außer der Vorstellung, daß die polit. Macht in der städt. Bereich von einer begrenzten Elite ausgeübt wird. In der Terminologie der Quellen tritt wesentl. der Status des *poorter*, als Unterscheidungsmerkmal gegenüber den anderen städt. Bürgern, hervor. Die polit. Elite einer Stadt läßt sich anhand versch. Kriterien identifizieren. In den →Bischofsstädten bilden den Kern bfl. →Ministerialen und 'Leute des Kapitels', die als →Zensualen auf Kirchenland saßen. Die 'homines Sanctae Mariae' in →Tournai, die 'homines Sancti Vedasti' in →Arras, die Leute des hl. Martin in →Utrecht standen stets dem kirchl. Machtzentrum nahe, von dem sie ihr Ansehen empfingen; sie besaßen den Grund und Boden im Zentrum der Bf.städte zu Zins oder Lehen; dies sicherte ihnen Ansehen und Wohlstand, bes. als der Wert des städt. Grundbesitzes stark gestiegen war. In →Löwen waren die 'St. Petermannen' Zensualen des Petersstiftes und hielten, auf gleicher Stufe wie die Ministerialen der gfl. →Burg, einen beträchtl. Teil des städt. Grundbesitzes in Händen; darüber hinaus waren sie von der allg. Gerichtsbarkeit ausgenommen. Grundbesitz in der Stadt ist auch einziges Kriterium der Zugehörigkeit zur städt. Elite in denjenigen Städten, die nicht von einem kirchl. oder fsl. Zentrum dominiert wurden wie →Gent, →St-Omer und →Douai, in denen ausschließl. die 'viri hereditarii' (Erbmänner) die Schöffenbänke (→Schöffe) besetzten; ebenso hatte in →Middelburg ein Schöffe im Besitz eines Grundstücks oder Hauses in der Stadt zu sein, während er in →Dordrecht 'heredatus' sein mußte. Dagegen war der Zugang zum Schöffenamt in den durch See- und →Fernhandel geprägten Städten wie →Brügge oder Aardenburg an ein völlig anderes Kriterium gebunden, näml. die Zugehörigkeit zur →Hanse v. London. Für sonstige städt. Bürger war der Einkauf ins Schöffenamt nur zum Sechsfachen des Preises, den der Sohn eines Hansemitgliedes zu erlegen hatte, möglich. In der Gft. →Holland waren die polit. Funktionen in den Städten Bürgern vorbehalten, die zum *rijkdom* gehörten; dieser Status des 'Reichen' (→dives) wurde erst in späterer Zeit an explizite Kriterien gebunden. Trotz aller Varianten wird durchgängig deutlich, daß Vermögen, im wesentl. in der Form von Grundbesitz, die Grundlage der Wählbarkeit für die polit. Ämter darstellte; hinzu trat die Zugehörigkeit zu den jeweiligen Verbänden der städt. Führungsschicht. Wurde der Besitz vererbt, so folgte auch die Teilhabe an der polit. Macht derselben Logik.

Im Laufe des 13. Jh. tendierten die Kaufmannsgilden (→Gilde), deren älteste Statuten noch Offenheit gegenüber Handwerkern wie gegenüber neuen Mitgliedern bekunden, zur Abschließung als exklusive und oligarch. Verbände. Jedwede Handarbeit wurde nunmehr ausgeschlossen. Die Bande zw. wirtschaftl. Elite und polit. Macht waren denkbar eng geworden. In dem Maße, wie sich antagonist. Kräfte ausbildeten – einerseits die territorialherrl. Fürstengewalten, andererseits die Korporationen der Handwerker (→Zunft) –, verfestigte sich die Organisationen der städt. Elite. In Gent verfügte 1228 der Gf. v. →Flandern die jährl. Auswechselung der Schöffen; die Oligarchie verstand es jedoch, diese Anordnung durch ein Rotationsprinzip zu unterlaufen (39 wählbare Mitglieder der Elite rotierten jährl. zw. den beiden Schöffenbänken mit ihren 13 Amtsträgern, so daß ein jeder in drei Jahren zwei jährl. Schöffenämter innehatte).

Auch in Tournai wurde eine Rotation mit dreijährigem Turnus (bei 30 Schöffen) eingeführt. In Lüttich teilten sich weniger als 40 Familien in den Jahren 1244–1312 die Schöffenbänke, wobei die Hälfte der Funktionen jedoch von nur zehn Familien bekleidet wurden. In Ypern hatten 80 Familien im 13. Jh. die polit. Ämter inne, doch nur ca. 30 besaßen eine wirklich dominierende Position. In Löwen beherrschten um 1350 60 Familien die städt. Politik.

Die Lebensform der städt. Oligarchie näherte sich zunehmend derjenigen des →Adels an, mit dem Heiratsverbindungen angeknüpft wurden. Die 'Patrizier' kauften ländl. Grundbesitz und nach Möglichkeit Herrschaften (Seigneurien), die ihnen adligen Status verliehen. Sie imitierten den Lebensstil des Adels und Rittertums (befestigte Stadthäuser, Dienerschaft und Gefolge, Führung von →Wappen und →Siegeln usw.), begründeten untereinander Heiratsallianzen und schlossen sich in gesellschaftl. Verbänden (→Gesellschaften) und relig. →Bruderschaften zusammen. Schließl. lieferten sie einander, gestützt auf das von ihnen reklamierte Fehderecht (→Fehde), blutige Kämpfe, begünstigt durch das Fehlen einer wirksamen staatl. und städt. Autorität. Die Vorherrschaft der 'Patrizier' kam unter dem doppelten Druck der Fürstengewalt wie der Zünfte zum Erliegen.

W. P. Blockmans

Lit.: G. Espinas, Les origines du capitalisme, 2 Bde, 1933–36 – F. Blockmans, Het Gentsche stadspatriciaat tot omstreeks 1302, 1938 – Bourgeois et littérature bourgeoise dans les anciens Pays Bas au XIIIe s.,

Rev. de l'Univ. de Bruxelles, 1978 – R. van Uytven, Het stedelijk leven (Algemene Geschiedenis der Nederlanden, 2, 1982) – F. van Kan, Sleutels tot de macht. Het Leidse patriciaat tot 1420, 1988 – C. L. Verkerk, Coulissen van de macht. Een sociaal-institutionele studie betreffende de samenstelling van het bestuur van Arnhem in de middeleuwen, 1992.

III. Frankreich: Der anachronist., antiken Reminiszenzen verhaftete Begriff des P.s deckt im Kgr. Frankreich und seinen großen Lehnsfürstentümern komplexe soziale Realitäten ab, die starken Wandlungen unterlagen. Als Patrizier werden städt. Notabeln bezeichnet, insbes. die mit großem Immobilienbesitz ausgestattete Plutokratie der 'rices homes' (→dives), deren materielle, polit., soziale und moral. Rolle mit den Begriffen 'grands', 'gros', 'honorables', 'opulents', 'puissants', 'placiers', aber auch als 'hommes héritables' (Erbmänner) usw. umschrieben wurde. Die Untersuchung dieser machtvollen Minderheit der städt. Bevölkerung läßt noch viele Fragen offen, trotz umfangreicher Forschungen (u. a. der Führungsschichten v. →Périgueux, →St-Flour, →Toulouse, →Reims, →Lyon, →Montauban, →Limoges).

Bestehen bleibt die Frage nach der Herkunft der frühesten Vertreter der großen Bürgerfamilien der Feudalepoche: Waren sie von autochthoner städt. bzw. ländl. Herkunft oder entstammten sie als 'forains' dem 'Fernhändlertum'? Aufgrund des wenig zahlreichen Q.materials, das durch namenkundl. Forschungen ergänzt wurde, ergibt sich ein heterogenes Bild; an der städt. Führungsschicht waren beteiligt: Abkömmlinge von grundherrschaftl. Meiern, Dienstleute, Münzmeister (die Monedier in →Le Puy, die Renouf in →Rouen), Zolleinnehmer, Wucherer (getarnt als Wechsler), verheiratete Kanoniker und Kapellane (→Bayeux), 'verbürgerlichte' Adlige (die Hucquedieu in →Arras), wohlhabende frühere Bauern, die noch mit ihren dörfl. Wurzeln verbunden waren und ihren Landbesitz besaßen; ehemalige Hörige bzw. 'Leibeigene', die ihrem Herrn entlaufen waren oder aber mit seiner Zustimmung 'intra muros' lebten (→Chartres). Andere 'majores' entstammten der Welt der Geschäfte und des Handwerks; sie nutzten die Epoche des wirtschaftl. Aufschwungs im 11.–13. Jh. aus, besuchten eifrig →Messen und Märkte (→Troyes), waren Mitglieder von Gilden (→St-Omer), →Hansen (Paris) oder Korporationen ('merciers' in Rouen) und frequentierten die frühen Seerouten (→La Rochelle, Rouen, →Nantes) wie die Fluß- und Landverbindungen (→Tours, →Orléans, Montbrison). Dieser frühen städt. Elite entstammten eindrucksvolle Persönlichkeiten wie Werimbold v. Cambrai und Peter →Valdes (→Waldenser) aus Lyon (12. Jh.), die am Ende ihrer Kaufmannskarriere eine 'conversio' zum religiösen Armutsideal durchlebten. Außergewöhnl. Gestalten (wie Guillaume Trentegerons und seine berühmte Gattin Emma, genannt die 'Vicomtesse v. Rouen', um 1150; Jean →Boinebroke, † 1285/86 aus →Douai, Prototyp des großen und rücksichtslosen Tuchunternehmers; die Brüder Bonis aus →Montauban) bilden allerdings die Ausnahme.

Nur selten reicht die Memorialpflege (→Memoria) einer Familie über drei oder vier Generationen hinaus (so bei den →Marcel in →Paris). Man zählt im →Rouen der Zeit um 1200 nicht mehr als ein gutes Dutzend einflußreicher Familien; in →Reims sind 1328 etwa 70–80 'chefs d'ostels', Repräsentanten des großen Grundbesitzes, belegt; im →Montbéliard des 15. Jh. bildeten etwa 20 Kaufleute und Juristen die städt. Elite; in →Tours bestand die Gruppe der 'wohlhabenden Leute' ('gens aisés') im 15. Jh. aus ca. 1000 Personen; in →Rennes lebten 1486 224 'puissants'.

Jede Stadt in Frankreich hatte das P., das ihrer Größe und Struktur entsprach. Ein Mann wie Pierre des Essarts, als offizieller Lieferant der kgl. →Argenterie führender Repräsentant der Hoffinanz, oder eine Familie wie die Le Viste, die im Lyon des 15. Jh. eine Pflanzschule großer Juristen und Verwaltungsleute bildete, haben eine andere Dimension als der *franc-mercier* André Bernardais aus →Rennes, der gleichwohl in Brügge verkehrte, oder als der Finanzbeamte Thomas aus Nantes. Zahlreiche im Geschäftsleben engagierte Patrizier waren, soweit bekannt, vielfach in gewinnbringenden, wenn auch risikoreichen Sparten tätig (Handel mit Getreide, Wein, Salz, Tuchen, Färbemitteln wie dem →Waid in →Amiens u. a.) und verschmähten es nicht, sich auch als Wucherer, Wechsler oder Immobilienspekulanten zu betätigen, wie z. B. die →Kawertschen, die Wechsler aus Lyon, die auvergnat. Chauchat und Gayte, die am Hofe Philipps VI. präsent waren. Sie nahmen teil am Wettlauf um Steuerpacht (grundherrl. und kgl. Abgaben, →Aides und →Gabelles) und große öffentl. Arbeiten (die 'merciers' v. Rouen), bereicherten sich an lukrativen Honoraren (die 78 Lyoner →Notare von 1446) und zögerten auch nicht, gegenüber den Armen (Vermietung von Elendsquartieren) und bei Hungersnöten als Spekulanten aufzutreten.

Bei alledem verfügte das frz. P. nicht durchweg über die Spannkraft und die finanziellen Grundlagen des it., fläm. oder dt. (hans.) P.s. Zwar gibt es auch in Frankreich einige Beispiele für kühne Finanzoperationen (Ysalgier aus Toulouse; mächtige Finanzkreise im Tours des 15. Jh., aktiv im Ämterkauf; internat. Radius der großen Unternehmertätigkeit des Jacques →Coeur aus Bourges); doch herrscht eher das Bild einer vorsichtig, oft ängstlich agierenden Geschäftswelt vor, deren Verhalten wohl mitbedingt war durch die Unwägbarkeiten des Hundertjährigen Krieges, Münzverschlechterungen, häufige Bankrotte und den Sturz mancher als Hoffinanziers und kl. bzw. fsl. Berater tätigen Geldleute (Pierre des Essarts, Jacques Coeur, Pierre →Landais). Die Kaufleute, Finanziers, Beamten und Juristen hatten vielfach eine nur beschränkte Ausbildung, waren fremder Sprachen unkundig, nahmen nur schleppend moderne Geschäftsmethoden auf (doppelte Buchführung, Seeversicherung, Wechselbrief) und schreckten (mit wenigen Ausnahmen, z. B. Seehandel in Dieppe, Rouen u. a.) vor Investitionen in langfristigen Unternehmungen und der Gründung dauerhafter →Firmen zurück. Die schwankhafte Lit. der Zeit (→Farcen, →Cent Nouvelles nouvelles) vermittelt in satir. Überzeichnung das Bild eines in Dürftigkeit und Enge lebenden P.s.

Entscheidend für die frz. Notabeln ist das ausgeprägte Streben nach Grundbesitzerwerb. Bereits im 13. Jh. stellt Nicole de Villiers im »Livre des droits de Verdun« fest: »Li homs acqueste les mesons, les vignes, les prés et les champs.« Infolge seines ausgeprägten Sicherheitsbedürfnisses, das stärker Zeichen einer ländl. als einer städt. Mentalität war, strebte der reichgewordene Bürger danach, so rasch wie möglich zum Rentier zu werden, sein Kapital in ruhenden Werten, in Stein und Boden, anzulegen. Parvenuhafter Stolz, verbunden mit Gewinnsucht, trieben ihn zur Errichtung eines Stadtpalais, eines 'ostel', das nach Möglichkeit mit einem Turm oder einem gehauenen oder bemalten Portal zu prunken hatte (berühmtestes Beispiel das Palais Jacques Coeur in Bourges). Systemat. wurde Jagd auf Bauland gemacht (Reims), die gewinnbringende Vermietung von Häusern, →Buden, selbst Dachkammern (Paris, Universitätsviertel) praktiziert. Die Notabeln häuften in ihrer Hand Ackerland,

Weinberge und Gartenland in den Vorstädten an, bis hin zum Erwerb einer Seigneurie, wichtiger Etappe bei der Aneignung adligen Lebensstils.

Ihr Vermögen ermöglichte es den frz. Patriziern, ehrenvolle und einträgl. Ämter namentl. in den städt. Magistraten, mit Beschlag zu belegen. Zunächst finden wir sie in Funktionen, die sich auf ihr Stadtviertel, auf fromme und wohltätige →Bruderschaften (Confrérie Notre-Dame des marchands zu Rouen), Korporationen und Zünfte beschränken. Die städt. Konstitutionen begünstigten die Herausbildung einer auf Geld gegründeten Oligarchie, die den Patriziern die Schlüsselpositionen vorbehielt (→Konsuln, →Schöffen, →Bürgermeister, Kontrolle der städt. Einnahmen und Ausgaben), was ihnen bereits im 13. Jh. und während des Hundertjährigen Krieges von seiten der städt. Oppositions- und Aufstandsbewegungen (Harelle in →Rouen, Rebeyne in →Lyon) heftige Kritik wegen Amtsmißbrauchs und Inkompetenz (→Korruption) eintrug.
J.-P. Leguay

Lit.: J. Lestocquoy, Les villes de Flandre et d'Italie sous le gouvernement des patriciens (XIe–XVe s.), 1952 – J. V. Alter, Les origines de la satire anti-bourgeoise en France, 1966 – J. Le Goff, Marchands et banquiers du MA, 1969 – A. Chédeville – J. Le Goff – J. Rossiaud, La ville médiévale (Hist. de la France urbaine, II, hg. G. Duby, 1980) – B. Chevalier, Les bonnes villes de France du XIVe au XVIe s., 1982 – J. Favier, De l'or et des épices. Naissance de l'homme d'affaires au MA, 1987 – J.-P. Leguay, La propriété et le marché de l'immobilier … (D'une ville à l'autre, Coll. de l'École française de Rome 122, 1989) – J. Heers, La ville au MA, 1990.

IV. Nord- und Mittelitalien: Der Begriff P. wird in der it. Mediävistik bisweilen für die Führungsschicht der mittel- und nordit. Städte kommunaler Tradition im SpätMA verwendet. Über die Bedeutung, die er speziell in Italien annimmt, bestehen jedoch Unklarheiten; fest steht, daß die Wurzeln des P.s gewöhnl. in der allgemeinen oligarch. Abschließung nach unten gesehen werden, die im 13./14. Jh. die Endphase der kommunalen Ära kennzeichnete. Der Begriff wird meist empirisch verwendet und bezeichnet Gruppen von reichen Familien zumeist merkantilen Ursprungs, die sich zu einer stabilen Führungsschicht entwickelten, regelmäßig in den städt. Räten präsent waren, ihren Lebensstil dem aristokrat. Vorbild anglichen und eine Tendenz zur Ausbildung eines sich auch in rechtl. Hinsicht manifestierenden Standesbewußtseins zeigten. Beim spätma. P. Italiens sind einige typ. Kennzeichen des europ. P.s (v. a. des P.s in Dtl. und Flandern), wie die strenge Unterscheidung vom Adel und das anerkannte Erbrecht auf die wichtigsten Ämter in Verwaltung und Gerichtswesen, nicht so markant ausgeprägt.

Das eher unscharfe Bild, das sich bei Betrachtung der it. Situation ergibt, erklärt sich durch die lokalen Sonderentwicklungen, die in der Endphase der Kommunen auftraten. Im allg. versuchten die Stadtregimente der 2. Hälfte des 13. Jh., die auf dem Podestariat basierten, jedoch in ihren Institutionen von der Präsenz popolarer Organisationen dominiert waren, die Aufrechterhaltung der sozialen Ordnung mit der Bewahrung einer offenen polit. Dialektik, die sich in republikan. Verfassungsformen äußerte, zu vereinen. Eine äußerst energische, die öffentl. Ordnung betreffende Gesetzgebung, die sich in erster Linie gegen die Familien mit ritterl. Tradition richtete (Anti-Magnaten-Gesetze), diente als wichtigstes Instrument zur Disziplinierung der städt. Gesellschaft. Das Endziel bestand jedoch darin, eine Konzeption der öffentl. städt. Gewalt gegenüber der auf Grundbesitz basierenden Gewalt, wie sie für den Adel mit seinen kriegerisch-ritterl. Traditionen typisch war, durchzusetzen. Da das Bedürfnis nach Ordnung zunehmend das Bestreben nach Freiheit überwog, führte dies seit dem Ende des 13. Jh. zu einer bislang unbekannten strukturell-funktionalen Stabilität der Stadtregimente, allerdings um den Preis einer drast. Schließung der Zugangskanäle zu der polit. Szene.

Verfestigung der Institutionen in Richtung auf eine Verstaatlichung hin und starke Abschließung der polit. Führungsschicht nach unten kennzeichnen das Ende der kommunalen Ära und bahnen der Bildung städt. P.e den Weg. Diese formieren sich im Umkreis der beiden Typen von Stadtregimenten, in denen sich in Italien seit dem Ende des 13. Jh. die institutionelle Konsolidierung manifestiert, die bereits ansatzweise die Ära der Podestariate gekennzeichnet hatte. Als Patrizier können also zum einen die Gruppen bezeichnet werden, die die städt. →Signorien unterstützten (eine im übrigen Europa nicht übliche, für Oberitalien typ. Verfassungsform, die auf der anfängl. informellen, später von den städt. Räten offiziell sanktionierten Vormachtstellung einer einzigen Familie basiert, die gewöhnl. durch die wiederholte Besetzung der traditionellen, kommunalen Ämter wie Podestà und Capitano del popolo zur Signorie aufstieg). Zum anderen können als Patrizier die tragenden Gruppen der oligarch. Republiken (Genua, Florenz, Venedig, Siena, Lucca) definiert werden: in diesen Städten rekrutierte sich die polit. Führungsschicht deutl. aus dem Kaufleute- und Handwerkerstand; die Stabilität ihrer Verfassung wurde nicht durch die Ausbildung einer Signorie erreicht, sondern durch die Konzentration der polit. Macht in den Händen kleiner Elitegruppen. Beispiele dafür sind das P. der Kaufleute und Bankiers in Siena, das in der 1. Hälfte des 14. Jh. das Regime der »Nove« (der »Neun«) stellte, und das aus Kaufleuten und Grundbesitzern bestehende P., das 1297 in Venedig die sog. »Serrata del Maggior →Consiglio« durchführte. Zwar unterschieden sich die Entstehungsformen der städt. P.e voneinander, ihre polit. Konsequenzen waren jedoch ähnlich: die Ausübung des Stadtregiments war de iure oder de facto nur bestimmten, begrenzten Teilen der Bürgerschaft vorbehalten; der polit. Machtkampf spielte sich allein innerhalb der Räte (*consigli*) ab, zu denen der Zugang erschwert wurde; es wurden ausgefeilte Kriterien für Kooptation und Wahl neuer Mitglieder und strenge Proporzverhältnisse für die Vertretung von Parteien und Gruppierungen festgelegt.

Das Erscheinungsbild des P.s in den von Signorien regierten Städten unterschied sich vom P. in den oligarch. Republiken. In den Signorien rekrutierten sich aus dem P. vielfach die Amtsträger, die bei Hof oder in der Verwaltung unterworfener Städte und Ländereien tätig waren (für einige Familien ohne polit. Traditionen erwies sich die »Beamtenlaufbahn« als eine der wichtigsten Möglichkeiten, in die städt. Führungsschicht aufzusteigen). Hauptcharakteristik des P. in den oligarch. Republiken ist seine Identifikation mit dem Gemeinwesen, wobei sich die Patrizier sogar mit ihrem eigenen Vermögen an der Organisation des staatl. Finanzhaushalts mittels öffentl. Anleihen beteiligten. In beiden Fällen läßt sich jedoch schwerlich von einer geschlossenen regierenden Klasse sprechen: einerseits öffnete sich das P. auch Personen oder Familien mit durch Handel und Unternehmertum neu erworbenem Reichtum, andererseits lassen sich auch Verbindungen zw. patriz. Gruppen und alten Adelshäusern feststellen.
E. Artifoni

Lit.: A. Ventura, Nobiltà e popolo nella società veneta del '400 e '500, 1964 – M. Berengo, Nobili e mercanti nella Lucca del Cinquecento, 1965 – M. Berengo, Patriziato e nobiltà: il caso veronese, RSI 87, 1975 –

Patriziati e aristocrazie nobiliari, hg. C. MOZZARELLI–P. SCHIERA, 1978 – La crisi degli ordinamenti comunali e le origini dello stato del Rinascimento, hg. G. CHITTOLINI, 1979 [Bibliogr.] – G. CHITTOLINI, La formazione dello stato regionale e le istituzioni del contado, 1979 – G. TABACCO, Egemonie sociali e strutture del potere nel medioevo italiano, 1979 – D. E. QUELLER, The Venetian Patriciate. Reality versus Myth, 1986 – G. M. VARANINI, Dal comune allo stato regionale (La Storia, II, 1986) – I ceti dirigenti nella Toscana del Quattrocento, 1987 – C. DONATI, L'idea di nobiltà in Italia. Sec. XIV–XVIII, 1988.

V. IBERISCHE HALBINSEL: Von Anfang an zeigte sich in der städt. Gesellschaft eine Tendenz zur Hierarchiebildung, aber erst als das städt. P. seine wirtschaftl. Vorrangstellung mit der polit. Machtausübung in der Stadt verbinden konnte – was je nach Stadttyp im Laufe des 12. und 13. Jh. geschah –, war eine genaue Abgrenzung und Definition möglich. In Toledo gab es einen alten, vom Kg. ernannten Stadtadel, der die wichtigsten städt. Ämter (→Alcalden, →Alguacil) innehatte. Er wurde das Vorbild für die Städte im S (Sevilla, Córdoba, Murcia), jedoch in Verbindung mit der besonderen, in den Städten der →Estremadura üblichen Form, die über eigene →Fueros verfügten. Dadurch kamen die Gruppen der nichtadligen *caballeros villanos* (→Caballería villana) an die Macht. Sie erhielten nach 1256 Steuerbefreiungsprivilegien und beherrschten die Stadtregimenter. In den seit Ende des 11. Jh. entlang des Pilgerwegs nach Santiago entstandenen Städten vollzog sich der Aufstieg der städt. Ritterschaft langsamer, so daß dort wie auch in Burgos Ritter und Kaufleute gemeinsam an der Spitze der Stadt standen. Die Ausbildung eines autonomen Stadtregiments war in der Krone Aragón und bes. in Barcelona seit Mitte des 13. Jh. abgeschlossen; die *ciutadans honrats* (→Bürger, Bürgertum, E) waren zum P. aufgestiegen.

In den katal.-aragones. Städten trat die Besonderheit des städt. P.s besser hervor, da der traditionelle Adel weiterhin auf dem Land lebte und Kriegsdienste leistete, während die städt. Oberschicht, bestehend aus großen Kaufleuten, den Schiffseignern, Tuchhändlern, Bankiers und Wechslern, Steuerpächtern und Landbesitzern, die *mano mayor* der drei Stände der Bürgerschaft bildete. Die Gruppe der ciutadans honrats, die zu Beginn des 15. Jh. noch offen war, schloß sich gegen Ende des Jh. ab, als ihre Besteuerung oder Matrikel jedes Jahr neu festgelegt wurde. Sie beherrschte den Stadtrat und stellte die Exekutivorgane, die Stadträte (*conseller* oder *jurado*). Die dadurch entstehenden Spannungen führten in Barcelona zu Bandenkriegen zw. der →*Biga* und der →*Busca* sowie zw. 1453 und 1461 zu wiederholten Versuchen, die Ämterverteilung neu zu regeln; in Zaragoza und Mallorca führte man zu Beginn des 15. Jh. die Sackwahl ein, nach der die Ämter zw. den einzelnen Ständen oder Bürgerschaftsgruppen (je nach Reichtum gestaffelt) verlost wurden. Der Versuch, 1493 auch in Barcelona die Spannungen auf diese Weise abzubauen, festigte nur die Vorherrschaft des P.s.

In den kast. Städten gab es keine strikte Abgrenzung zw. dem städt. P. und dem Adel, der zudem häufig in den Städten lebte. →*Hidalgos*, Ritterbürtige oder städt. Ritter bildeten seit 1348 die Bürgerschaft, wenn ihr Besitz eine festgelegte Höhe überstieg (*caballeros de cuantía* oder *de premia*), wozu noch ehem. reichgewordene Kaufleute, jüd. →Konvertiten und Nachkommen kgl. Beamter kamen. Nachdem es in vielen Städten zu Spannungen und Kämpfen zw. den Rittern, den *hombres buenos* und dem Rest der Bürgerschaft (*comun*) gekommen war (1275–1325), festigte sich die Vorherrschaft des ritterl. P.s, v. a. seitdem Alfons XI. den offenen Rat bzw. die Bürgerversammlung durch ein von nur wenigen Personen gebildetes Stadtregiment ersetzt hatte (1326–48). Aber auch im P. handelte nicht immer als Einheit, sondern war in Banden oder Parteien gespalten, die sich seit Mitte des 14. Jh. an den Kämpfen zw. dem Kgtm. und dem Hochadel beteiligten. Schließl. gelang es dem Kgtm., alle Stadtregimenter durch die Entsendung von Richtern (*jueces*), Untersuchungsbeamten (*pesquisidores*) und →*Corregidores* unter seine Kontrolle zu bringen, bis zur Zeit der Kath. Kg.e (1474–1504) die Ämter nur noch verlost (*rueda*) wurden.

Die polit. Kapazität des P.s zeigte sich auch bei den Interventionen auf den →Cortes der verschiedenen Reiche. Dort verfochten die Prokuratoren des P.s mehr die oligarch. Interessen ihres Standes als die allg. Interessen der Bürgerschaft und versuchten v. a. zw. 1265 und 1325, das Kgtm. durch Verträge (*pactos de gobierno*) zu binden. Dieses Ziel konnten sie in Kastilien nicht erreichen, wohl aber in der Krone Aragón. Das städt. P. wies am Ende des 15. Jh. überall ähnl. Merkmale auf: es kontrollierte das Stadtregiment, war von Steuern befreit, genoß die Privilegien und Lebensformen der adligen Ritterschaft, tendierte dazu, mit dem Niederadel zu verschmelzen, und lebte von den Renten, die der Landbesitz einbrachte, ebenso wie von Handel und Kapitalerträgen. M. A. Ladero Quesada

Lit.: C. BATLLE GALLART, La crisis social y económica de Barcelona a mediados del s. XV, 1973 – I. FALCÓN PÉREZ, Organización municipal de Zaragoza en el s. XV, 1978 – S. SOBREQUÉS VIDAL, La época del patriciado urbano (Hist. social y económica de España y América II, 1979³), 1–356 – J. GAUTIER DALCHÉ, Hist. urbana de León y Castilla en la Edad Media (s. IX–XIII), 1979 – J. M. MONSALVO ANTÓN, El sistema político-concejil, 1988 – M. ASENJO GONZÁLEZ, La ciudad medieval castellana, Hispania 50, 1990, 793–808 – M. A. LADERO QUESADA, Lignages, bandos et partis dans la vie politique des villes castillanes (Les sociétés urbaines ..., 1991), 105–130 [Lit.].

Patroklus, Märtyrer in Troyes (Fest: 21. Jan.). →Gregor v. Tours berichtet, daß der Märtyrer in seiner Grabkapelle kaum verehrt wurde; er erhielt eine Basilika und ein festl. Jahresgedächtnis, als man seine Leidensgesch. wiederentdeckte (Gloria mart., 63). In Anlehnung an die Passio des →Symphorian erzählt sie im 6. Jh. nicht lange vor Gregors Bericht, daß P. unter Ks. Aurelian (270–275) als Ritter enthauptet wurde. 960 erbat Ebf. →Brun I. v. Köln von dem ihm verpflichteten Bf. Ansegis die Reliquien; mit Hilfe Bf. Ebrachars v. Lüttich wurden sie gefunden, erhoben und nach Köln überführt. Brun selbst geleitete sie 962 nach →Soest (bald im Stift St. P.). Der Hl. war im Mart. Hieron. aufgenommen und gelangte in die Sakramentare; sein Kult verbreitete sich von Troyes aus (Ortsnamen auf St-Parres) und im Kölner Ebm. Dargestellt wurde P. als Märtyrer mit Palmzweig oder enthauptet, als Stadtpatron häufig in ritterl. Gewand. K. H. Krüger

Lit.: BHL 6550–6553 – MartHieron 52, 54 – Bibl. SS X, 417f. – Catholicisme X, 703f. – LCI VIII, 125f. – LThK² VIII, 183 – Vies des Saints I, 412f. – J. VAN DER STRAETEN, AnalBoll 78, 1960, 145–153 – W.-H. DEUS, Ikonographie des hl. P., Soester Zs. 70, 1957 [elf Nachträge, zuletzt ebd. 94, 1982] – R. KÖHN, ebd. 84, 1972, 5–13; 85, 1973, 21–38 [Translatio] – W. SUDKAMP, St. P., 1991.

Patron. Daß die →Hl.n der Seele nach im Himmel waren und dort als Fürsprecher bei Gott wirkten, dem Leibe nach aber samt ihrer Wunderkraft auf Erden blieben, daß weiter zw. Seele und Leib wegen der chr. gebotenen Einheit von beiden eine Verbindung blieb, machte den Kern der Verehrung der Hl.n aus. Sie bildeten eine Verbindung zw. Himmel und Erde: den ird. Leib anzurühren betraf die Seele im Himmel; darum die Wallfahrten zum Hl.ngrab, das als wichtigster Kontaktort dem Kult eine lokale Bindung gab. Aufbewahrt wurde der Hl.nleib am ird. →Altar, in Entsprechung dazu, daß die Seele am Fuße des himml. Altars weilte (Offb 6,9). Im merow. Gallien kam der sich bald allg. durchsetzende Brauch auf, den Hl.nleib zu erheben und in einem Schrein hinter dem Altar erhöht aufzustellen. Hier konnte man den Hl.n leibhaftig berühren. Wo einem Kirchenort →Reliquien fehlten – und das war bei weitem die Mehrzahl –, erfolgten Übertragungen von (Berührungs-)Reliquien bei der →Kirchweihe. Außerdem gab es eine zeitl. Bindung: der Tag des Versterbens, der 'Geburtstag' für die andere Welt; an 'seinem' Tag war der Hl. zu spezif. Segensstaten bereit, und darum nutzte man für bes. Ereignisse diese spezif. Heiligkeit.

→Ambrosius († 397) bezeichnete als erster die Hl.n mit dem aus dem antiken Klientelwesen entlehnten Begriff P.; als solcher hatte derselbe seinen ird. Schutzbefohlenen, näml. den Bewohnern seines Grabortes und weiter allen, die seine →familia bildeten, Beistand zu gewähren, zunächst mehr geistl. auf dem Weg zum Heil und gegen die Sünde, am Ende als Fürsprecher im Jüngsten Gericht. Zusätzl. wurde das Patronat auch auf die ird. Belange bezogen: Schutz des Grabortes und seiner Bewohner vor Feinden, Unglück und Unwetter, für die Klientel Heilung der Gebrechen und Bewahrung vor Mißgeschick, nicht zuletzt Schutz der Schwachen und Sklaven. Am vorteilhaftesten stellten sich die →Wachszinser, die allein dem himml. P. unterstanden und ihm dafür jährl. eine Wachskerze opferten. Dem hl. P. konnte Fürsorge weiter noch für ganze Städte, Prov.en oder Kgr.e obliegen. Er bildete die personale Verkörperung und fungierte gewissermaßen als 'Rechtsperson'. Er 'besaß' den Ort bzw. das Land seiner Zuständigkeit und war Gefolgsherr der dortigen Menschen, die ihm zu Dienst verpflichtet waren und v. a. am Grab den liturg. Ehrendienst feiern mußten, was der P. wiederum mit Gnadengaben entlohnte. Die im Dienst des Heiligenp.s auf Erden tätigen geistl. wie weltl. Herrschaftspersonen verstanden sich als Organe ihres Hl.n, wobei die Päpste als Stellvertreter Petri nur den berühmtesten Fall darstellen. Verletzung der gegenseitigen Erwartungen konnten den Hl.n zum Entzug seines Schutzes, die ird. Klientel zur Kultverweigerung veranlassen.

War das Patronat zunächst strikt an den Graborf gebunden, so änderte sich das schon mit dem Austausch der örtl. Hl.nkalender und v. a. mit dem Aufkommen der Reliquienteilung, die den Hl.n sozusagen omnipräsent werden ließ, denn jeder Reliquienpartikel bewirkte die volle Vergegenwärtigung. War man vorher an die vorhandenen Reliquien gebunden ('objektive Patrozinienwahl'), konnte man später einen bestimmten Hl.n auserwählen und sich dessen Reliquien besorgen ('subjektive Patrozinienwahl'). Dabei bildeten sich Gruppen, zumeist in der Form von →Bruderschaften, die in bes. Weise bestimmte Hl. verehrten, auch weitab von ihrem Grab. Anderseits erwählten sich ständ. oder berufl. Gruppen ihre Spezialp.e: Adlige und Gilden, Ordensleute und Laien, Bürger und Bauern, Kaufleute und Univ.sangehörige, so daß, wo immer eine solche Gruppe existierte, auch ihr Hl.r verehrt wurde.

Speziell für das Kirchenpatrozinium gilt, daß ideell bis zur Jahrtausendwende der Salvator Christus der P. war, zusammen mit Maria, Petrus und Paulus, den Aposteln und anderen Hl.n. Erwähnt wird aber als Kirchenp. zumeist nur der oder die Hl., von denen man die bedeutendste Reliquie besaß, anfangs der ganze Reliquienleib, später ein Teil oder nur eine (Berührungs-)Partikel. Ihren Ort haben die Erstreliquien wie Leib und Haupt am Hauptaltar oder auch erhöht dahinter. Zugleich aber legte man in ein spezielles Altarsepulchrum eine ganze 'Hierarchie' von Reliquien, angefangen von Jesus (wobei auch die eucharist. Gaben eingelegt werden konnten) bis hin zu allen nur erreichbaren Hl.n. Die Nebenaltäre haben gleichfalls ihre P.e, die aber dem P. des Hauptaltares hierarch. untergeordnet sind; zugleich befindet sich im Altarsepulchrum wieder die ganze Abfolge von Jesus- und Hl.n-Reliquien.

Der Brauch, bei der mit der Taufe vollzogenen Namensgebung einen Namensp. zu erwählen, hat sich erst im späten MA zu bilden begonnen. A. Angenendt

Lit.: HRG III, 1564–1568 [Patrozinium]; IV, 1861–1863 [Stadtp.] – LThK² VIII, 187–192 [P.]. – RAC XIV, 96–150 [Hl.nverehrung, I] – TRE XIV, 646–660 [Hl./Hl.nverehrung], III–V] – J. Trier, Patrozinienforsch. und Kulturgeogr., HZ 134, 1926, 319–349 – H. Delehaye, Loca Sanctorum, AnalBoll 48, 1930, 5–64 – W. Deinhardt, Patrozinienkunde, HJb 56, 1936, 174–207 – W. Dürig, Geburtstag und Namenstag, 1954 – H. C. Peyer, Stadt und Stadtp. im ma. Italien, 1955 – H. Weigel, Neue Veröff. zur Patrozinienkunde, BDLG 92, 1956, 401–425 – G. Gagov, Il culto delle reliquie nell'antichità, Misc. Francescana 58, 1958, 484–512 – H. Weigel, Patrozinienkunde, BDLG 94, 1958, 254–270 – G. Zimmermann, Patrozinienwahl und Frömmigkeitswandel im MA dargestellt an Beispielen aus dem alten Bm. Würzburg, Würzburger Diözesan-Gesch.sbll. 20, 1958, 24–126; 21, 1959, 5–124 – E. Ewig, Die Kathedralpatrozinien im röm. und im frk. Gallien, HJb 79, 1960, 1–51 [= Ders., Spätantikes und Frk. Gallien, 1979, 260–317] – Ders., Der Petrus- und Apostelkult im spätröm. und frk. Gallien, ZKG 71, 1960, 215–251 [= Ders., Spätantikes und Frk. Gallien, 1979, 318–354] – H.-W. Krumwiede, Die Schutzherrschaft der ma. Kirchenhl.n in Niedersachsen, Jb. der Gesell. für niedersächs. Kirchengesch. 58, 1960, 1–18 – Die ma. Kirchen- und Altarpatrozinien Niedersachsens, hg. Ders., 1960 (Stud. zur Kirchengesch. Niedersachsens, 11) [dazu: Die ma. Kirchen- und Altarpatrozinien Niedersachsens. Ergbd., 1988 (Stud. zur Kirchengesch. Niedersachsens 11/II)] – E. Ewig, Der Martinskult im FrühMA, Archiv für mittelrhein. Kirchengesch. 14, 1962, 11–30 [= Ders., Spätantikes und Frk. Gallien, 1979, 371–392] – P. Moraw, Ein Gedanke zur Patrozinienforsch., Archiv für mittelrhein. Kirchengesch. 17, 1965, 9–26 – A. M. Orselli, L'idea e il culto del santo patrono cittadino nella lett. lat. cristiana, 1965 – F. Prinz, Hl.nkult und Adelsherrschaft im Spiegel merow. Hagiographie, HZ 204, 1967, 529–544 – M. Zender, Räume und Schichten ma. Hl.nverehrung in ihrer Bedeutung für die Volkskunde, 1973² – H. M. Schaller, Der hl. Tag als Termin ma. Staatsakte, DA 30, 1974, 1–24 – H. Hattenhauer, Das Recht der Hl.n, 1976 – F. Pauly, Siedlung und Pfarrorganisation in alten Ebm. Trier, 1976 – K. Schulz, Zum Problem der Zensualität im HochMA (Fschr. H. Helbig, 1976), 86–127 – F. Graus, Der Hl. als Schlachtenhelfer (Fschr. H. Beumann, 1977), 330–348 – H.-J. Becker, Stadtp.e und städt. Freiheit (Beitr. zur Rechtsgesch. Gedächtnisschr. H. Conrad, hg. G. Kleinheyer–P. Mikat, 1979), 23–45 – M. Heinzelmann, Translationsberichte und andere Q. des Reliquienkultes, 1979 – K. Schulz, Stadtrecht und Zensualität am Niederrhein (12.–14. Jh.) (Soziale und wirtschaftl. Bindungen im MA am Niederrhein, hg. E. Ennen–K. Flink, 1981), 13–36 – P. Geary, Humiliation of saints (Saints and their Cults, Stud. in Religious Sociology, Folklore and Hist., hg. St. Wilson, 1983), 123–140 – M. Matheus, Adelige als Zinser von Hl.n [Habil. Trier 1989] – Th. Head, Hagiography and the Cult of Saints. The Diocese of Orléans, 800–1200, 1990 – P. Brown, Die Hl.nverehrung. Ihre Entstehung und Funktion in der lat. Christenheit, 1991 – A. Angenendt, Die Hl.n und ihre Reliquien [im Druck].

Patronat, -srecht

I. Spätantike und Byzanz – II. Westen.

I. Spätantike und Byzanz: [1] *Spätantike:* Die Entwicklungstendenzen des spätröm. Reiches führten zur Verstärkung des »staatl. « Elements im P. (eine seiner Formen war die Vorstellung, daß Barbarenkg.e als Klienten des Ks.s galten), wohingegen das private P. Verdacht erregte. Dies wird belegt durch den Kampf um das 'patrocinium vicorum' (die »Schutzherrschaft« über Bauern durch einen mächtigen 'patronus'). Erst 415 (CodTh XI 24.6) lenkte die Staatsmacht in dieser Frage ein und erkannte die Institution an; von nun an galt die jurisdiktionelle und fiskal. Gewalt des Patrons über die bäuerl. Bevölkerung als rechtmäßig. Eine andere, sich seit dem 3. Jh. entwickelnde Form des P.s war religiöser Natur; sie wurde offiziell vom →Bischof als Hirtenamt über seine Diöz., inoffiziell aber auch von religiösen Persönlichkeiten (Styliten, Eremiten, führenden monast. Persönlichkeiten) ausgeübt. Die Bedeutung eines nur zeitweiligen P.s, wie es ksl. Beamte, im Zuge verbreiteter →Korruption und infolge des Fehlens einer stabilen Patron-Klient-Beziehung, innehatten, nahm ebenfalls zu.

[2] *Byzanz:* In der byz. Epoche scheint das System der 'patrocinia vicorum' verschwunden zu sein. Der gr. Begriff προστασία, die Entsprechung zum lat. 'patrocinium', wurde untechn. gebraucht, allg. für Unterstützung und Schutz (so auch für den übernatürl. Schutz der Engel und Hl. en; →Patron), ebenso für die Kontrolle kirchl. Institutionen. Persönl., auf Wechselseitigkeit beruhende Beziehungen konnten asymmetr., d. h. zw. Partnern von unterschiedl. Rechts- und Sozialstatus, sein, wobei die Klienten als ἄνθρωποι und sogar als λίζιοι bezeichnet wurden, Begriffe, die wohl dem Vorbild des westl. →Lehnswesens folgten; die Gefolgschaftsverbände (sog. ἑταιρεῖαι) waren ledigl. temporär organisiert und wenig stabil. Wechselseitige Beziehungen zw. Gleichgestellten wurden als φιλία ('Freundschaft') bezeichnet; sie schlossen gegenseitige Hilfe bei Prozeßführung und Karriere ein, wie bes. die Korrespondenz von Michael →Psellos belegt. Das P. gegenüber fremden Herrschern wurde durch ein System familiengleicher Bindungen ('Familie der Kg.e') modifiziert; die benachbarten Fs.en wurden als 'Brüder' und 'Söhne' des Ks.s, nicht mehr als Klienten behandelt.

A. Kazhdan

Lit.: L. Harmand, Le patronat sur les collectivités publiques des origines au Bas-empire, 1957, 421–473 – A. R. Korsunskij, Byli li patrocinia vicorum v Zapadnoj Rimskoj imperii?, VDI, 1959 Nr. 2, 167–173 – G. Weiss, Johannes Kantakuzenos, 1969, 23–53 – H.-G. Beck, Ideen und Realitäten in Byzanz, 1972, Art. XI, 1–32 – J.-U. Krause, Spätantike P.sformen im W des Röm. Reiches, 1987 – M. Kaplan, Les hommes et la terre à Byzance du VIᵉ au XIᵉ s., 1992.

II. Westen: Das P.srecht wird (in kirchl. Hinsicht) als die Summe von Rechten und Pflichten definiert, die dem Stifter (→Stiftung) einer Kirche, Kapelle oder eines →Benefiziums und deren Rechtsnachfolgern zukommen. P.srechte sind wohlerworbene Rechte und weder gewöhnl. noch einfach unbelastete Privilegien. Es wird zw. weltl. (Laienp.srechten) und geistl., öffentl. und privaten, unbelasteten und belasteten P.srechten und Familienp.srechten unterschieden. Realp.srechte sind mit einer →Grundherrschaft verbunden (Reallast). Eine bes. Rolle spielte das landesherrl. P.srecht (→Nomination).

P.srechte sind häufig durch Erbauung oder Ausstattung einer Kirche, Zurverfügungstellung des Grundes (dos, aedificatio und fundus) oder auf hoheitl. Weise und durch Vertrag (→Konkordat) begründet worden. Die Entstehungstitel sind oft nicht mehr nachweisbar. Dann kommen vertragl. Bestätigung und Herkommen als Titel in Betracht.

Entstand schon in der Antike das →Eigentum an einer privaten oder auch an einer öffentl. Kirche durch den Akt der Erbauung auf dem Baugrund des Stifters, so erwuchsen aus diesem Akt dann auch die Rechte des Stifters. Im Wege des Vertrages und der Vererbung konnte er über die Kirche verfügen. So ist ein Vorläufer des westkirchl. P.srechtes das ostkirchl. Stifterrecht (Ktitorenrecht). Im W entwickele sich zunächst das frk. →Eigenkirchenwesen. Wer auf seiner Liegenschaft eine Kirche erbaute und dotierte oder durch Schenkung, Tausch oder Kauf erwarb, betrachtete sie als sein Eigentum, verfügte über ihre Einkünfte und entschied allein über die Anstellung und Entlassung des Geistlichen. Langsam versuchte die Kirche, die Rechte der Eigenkirchenherren zu beschränken und in Privilegien umzudeuten. Papst Alexander III. erklärte das P.srecht als ius spirituali annexum (X.2.1.3; X.3.38.16). Das Tridentinum hat das P.srecht in sess. XXV c.9 De ref. beibehalten.

Das Präsentationsrecht des Patrons ist die Befugnis, einen geeigneten Kandidaten für die Besetzung rechtsverbindl. vorzuschlagen (Voraussetzungen: Eignung des Kandidaten, Einhaltung bestimmter Fristen, oft Wahl aus Terna[Dreier-]-Vorschlag; der Vorgeschlagene erwirbt ein ius ad rem). Der Patron hat das Recht auf Unterhalt im Notfall, aber auch Ehrenrechte (Anbringung des Familienwappens in der Pfarrkirche, Ehrenplatz, Vorrang bei Prozessionen), das Recht auf Einsichtnahme in die Verwaltung des Kirchenvermögens und das Zustimmungsrecht bei Veränderungen des Benefiziums oder der Pfarrei (z. B. Zusammenlegungen). Zur Hauptpflicht des Patrons gehört die Baulast, die ihre Wurzel in der Eigenkirche hat. Das Konzil v. Trient geht davon aus, daß jeder, der Nutzen aus dem Kirchenvermögen zieht, zur Baulast beizutragen hat. Familienp.srechte werden durch Erbschaft, Realp.srechte durch Rechtsgeschäfte über die belastete Liegenschaft unter Lebenden oder von Todes wegen weitergegeben. Bes. Regeln gelten für das Kom(Mit-)-p.srecht.

R. Puza

Lit.: DDC II, 407f., 416f., 430f. – Feine, 397f., 406f., 421f. – Plöchl II, 417ff.; V, 132ff. – L. Wahrmund, Das Kirchenp.srecht und seine Entwicklung in Österreich, I, II, 1894–96 – P. Landau, Ius Patronatus, 1985 – R. Puza, Stifter, Patrone und Hl. e in der chr. Antike: Lebendige Überlieferung. Prozesse der Annäherung und Auslegung (Fschr. H. J. Vogt, 1993), 244–259.

Patrozinium → Patron

Paucapalea, Schüler →Gratians, dürfte maßgebl. an der endgültigen Dekretfassung beteiligt gewesen sein; die Einteilung des ersten und dritten Dekretteils sowie zahlreiche →Paleae werden ihm zugeschrieben. Er verfaßte die erste Bologneser Dekretsumme (»Quoniam in omnibus rebus«; um 1148), deren Autorschaft unlängst wohl zu Unrecht angezweifelt wurde. Als Begründer einer eigenen Schule beeinflußte er u. a. weitere frühe Summen.

H. Zapp

Ed.: Die Summa des P. über das Decretum Gratiani, ed. J. F. v. Schulte, 1890 [Nachdr. 1965] – *Lit.:* DDC VI, 1268f. – NCE XI, 1 – Kuttner, 125ff., 530 – J. T. Noonan jr., The true P.?, MIC C6, 1980, 157–186 – R. Weigand, P. und die frühe Kanonistik, AKKR 150, 1981, 137–157.

Paul (s. a. Paolo, Paulus, Paulos, Pavle)

Paul v. Rusdorf, Hochmeister des →Dt. Ordens, * um 1385, Erzstift Köln (Roisdorf?), † 9. Jan. 1441, Marienburg. Aus der Kölner Ministerialität stammend, 1412 Pfleger zu Rastenburg, 1413–14 Komtur v. Tuchel, zugleich Komtur v. Papau und Vogt zu Leipe, 1414–15 Treßler, 1415 Oberster Trappier, zugleich Komtur v. Mewe, 1416–18 Großkomtur, 1418–22 Trappier und Komtur v. Christburg, 10. März 1422 Wahl zum Hochmeister. Bald nach dem Amtsantritt P.s kam es zum Krieg mit Kg. Władysław II. Jagiello v. Polen. Noch 1422 wurde der Friede v. →Melnosee abgeschlossen. Um ein besseres Gegengewicht gegen das Kgr. Polen zu gewinnen, bemühte sich P. um Koalitionen mit Gfs. Witowt v. →Litauen und dessen Nachfolger, mit Kg. Siegmund und in den dreißiger Jahren zudem mit Papst Eugen IV. Ein erneuter Waffengang mit Polen (1431) unter Mitwirkung hussit. Truppen endete mit einer Niederlage für den Dt. Orden. Nachdrücklicher als 1422 forderten u. a. die Stände des w. Ordenslandes (u. a. →Danzig) ein Mitentscheidungsrecht über Krieg und Frieden. Unter ständ. Mitwirkung wurde 1435 der Friede v. →Brest geschlossen. Die letzte Regierungsphase P.s war gekennzeichnet durch ordensinterne Auseinandersetzungen, zum einen durch den Konflikt mit dem Deutschmeister Eberhard v. Seinsheim, der den Frieden v. Brest ablehnte, zum anderen durch eine Aufstandsbewegung der Konvente v. Königsberg, Brandenburg und Balga, die P. landsmannschaftl. Parteinahme vorwarfen. P. resignierte am 2. Jan. 1441.

C. A. Lückerath

Lit.: E. Weise, Der rhein. Hochmeister P. v. R., JbKGV 27, 1953, 1–41 – C. A. Lückerath, P. v. R., 1969 – Ders., Deutschmeister Eberhard v. Saunsheim, ZOF 18, 1969, 270–287 – K. Neitmann, Zur Revindikationspolitik des Dt. Ordens nach Tannenberg, JbGO 31, 1983, 50–80 – Ders., Die Staatsverträge des Dt. Ordens in Preußen 1230–1449 (Neue Forsch. zur Brandenburg.-Preuß. Gesch. 6, 1986), 171ff.

Paula, röm. Aristokratin, * 5. Mai 347, † 26. Jan. 404. In den Jahren 382–384 zählte die Witwe zu dem von →Hieronymus in Rom betreuten Kreis vornehmer Asketinnen. 386 kam sie mit ihrer Tochter →Eustochium zu Hieronymus nach Bethlehem. Aus ihrem großen Vermögen finanzierte sie den Bau eines Pilgerhospizes, eines Männer- und eines Frauenkl. Von Hieronymus sind mehrere Briefe an sie erhalten (ep. 30; 33; 39); ep. 46 steht unter ihrem (und der Tochter Eustochium) Namen. In ep. 108 schrieb Hieronymus einen ausführl. Nachruf. K. S. Frank

Lit.: St. Rebenich, Der Kreis um Hieronymus, 1992.

Paulaner. Der Orden der in Dtl. als P. bezeichneten Minimen geht auf eine von →Franziskus v. Paola in der kalabr. Diöz. Cosenza gegr. Eremitengemeinschaft zurück. Er wurde 1474 von Sixtus IV. approbiert und als →Bettelorden anerkannt. Seine erste, 1493 von Alexander VI. bestätigte Regel orientiert sich an der Franziskanerregel v. 1223 und den Konstitutionen der Kongregation der Pauperes Eremitae des Fra Pietro Gambacorta v. Pisa (1444). Sie schreibt Armut, entsagungsvolles Leben, v. a. aber dauerndes strenges Fasten vor, zu dem die Regelfassungen von 1501 und 1506 in der Form eines vierten Gelübdes verpflichten. Dank des Ansehens, das der Ordensgründer an der röm. Kurie und am Hof des Kg.s v. Frankreich genoß, konnte sich der Orden schon bald in Frankreich und von dort aus in Spanien ausbreiten. Seine Angehörigen wurden in Frankreich wegen ihres vorbildl. Lebens als Bonhommes und in Spanien in Erinnerung an den 1487 bei Málaga errungenen Sieg über die Araber als Fratres de Victoria bezeichnet. 1497 wurde die süddt.-böhm. Provinz errichtet, eine der acht Provinzen, über die der Orden 1507, im Todesjahr seines Gründers, verfügte.

K. Elm

Lit.: DIP V, 1356ff. – G. Roberti, Disegno stor. dell'Ordine dei Minimi, 1902–22 – Boll. Uff. dell'Ordine dei Minimi, 1ff., 1955ff. [Lit.] – E. Russo, Bibliogr. di S. Francesco di Paola, 1957/67 – A. M. Galuzzi, Origini dell'Ordine dei Minimi, 1967.

Pauli, Johannes OFM, oberrhein.-elsäss. Prediger, Autor der vielgelesenen Schwanksammlung »Schimpf und Ernst«, * wahrscheinl. zw. 1450 und 1455, † nach 1519. Er stammte wohl aus einer nichtrhein. Ortschaft, da er in Freiburg in den Franziskanerorden eintrat. Seine Laufbahn bezeugt das große Ansehen P.s innerhalb seines Ordens. Im Kl. zu Villingen war er ab 1490 Lesemeister, bis 1494 auch Beichtvater des dortigen Klarissenkl. 1498 stand er der Kustodie Basel vor. In Bern war er Guardian, seit 1506 Leiter des Konvents in →Straßburg. 1515 wurde er Lektor in Schlettstadt; die letzten Lebensjahre verbrachte er wohl in Thann, wohin er 1519 berufen wurde. Es ist nicht sicher, daß er bei Drucklegung von »Schimpf und Ernst« (1522) noch lebte.

P. betrachtete, ähnlich wie sein Ordensbruder Murner, die Belehrung als eigtl. Berufung des Religiosen. Diese Funktion übte er bes. als Prediger aus. In der Vorrede zu »Schimpf und Ernst« bemerkt er, daß er 40 Jahre lang gepredigt habe. Von seinen Predigten vor den Villinger Schwestern wurden 28 aufgezeichnet, die als Tischlektüre im Kl. dienen sollten. Sorgfältig redigiert, verwerten diese Predigten verschiedene Q. (z. B. Werke des Dominikaners Thomasinus da Ferrara) und zeichnen sich durch ihre gelehrte, theol. konservative Grundhaltung aus.

Während seines Straßburger Aufenthalts hat P. den Predigten des großen Kanzelredners →Geiler beigewohnt und ihre Texte nach eigenen Mitschriften zum Druck gegeben. Die Zuverlässigkeit dieser Editionen wurde von Geilers Neffen Peter Wickram scharf kritisiert; dieser machte aus P. einen getauften Juden, was spätere Historiker dazu veranlaßte, ihn mit dem Konvertiten Pfeddersheimer zu verwechseln. Gründl. Untersuchungen haben erwiesen, daß P.s Versionen zuverlässig sind und den volkstüml. Charakter der Geilerschen Redekunst getreu wiedergeben. Auch P.s bekanntestes Werk »Schimpf und Ernst«, das für lange Zeit eines der beliebtesten dt. Bücher wurde, entspricht den Intentionen dieses Ordensmannes, dem die sittl. und religiöse Erziehung des Volks am Herzen lag. Gehören auch etwa zwei Drittel der 693 Geschichten in die Kategorie des Schimpfs, so prägt doch der Ernst den Grundton des Ganzen, so daß man es als »Versuch der Restauration der alten Weltordnung« interpretieren konnte. P. verdankt dieser Sammlung seinen Ruf als »Begründer der dt. Schwanklit.« F. Rapp

Ed.: R. G. Warnock, P.s Predigten, 1970 – H. Oesterley, Schimpf und Ernst, 1866 [Neudr. 1967] – *Lit.:* Dt. Lit.lex., 1988, 964f. – Verf.-Lex.² VII, 369–374 – L. Pfleger, Der Franziskaner J. P. und seine Ausgaben Geilerscher Predigten, Arch. für elsäss. Kirchengesch., 1928, 47–96 – E. Breitenstein, Die Autorschaft der Geiler zugeschriebenen Eneis, ebd. 1941/42, 149–198 – S. Schmitz, Weltentwurf als Realitätsbewältigung in J. P.s Schimpf und Ernst, 1982 (GAG 346) – M. Bambeck, Peire Cardenal, Guilhem de Montanhagol und J. P., GRM 34, 1984, 351–355.

Paulicius, angebl. erster Doge v. →Venedig, † (?) 727. Laut →Johannes Diaconus (um 1000) im heutigen Eraclea von den Bewohnern der ven. Lagune zum Dux erwählt mit dem Auftrag, die Grenzfragen mit den →Langobarden zu regeln. Das Pactum Lothars I. mit Venedig von 840 erwähnt einen durch P. abgeschlossenen Grenzvertrag und einen von P. gesetzten Grenzpunkt. Diese Stellen gehören zu den am meisten diskutierten der älteren ven. Gesch. In neuerer Zeit wird der Dux P. fallweise als solcher anerkannt (doch unter Einräumung byz. Oberhoheit) oder als das Produkt einer Verwechslung mit dem byz. Exarchen Paulus († 727) betrachtet. Heute gilt jene Lösung als die wahrscheinlichste, nach der P. ein Hzg. im langob. Treviso gewesen ist. R. Härtel

Lit.: R. Cessi, Venezia ducale, I, 1963² – C. G. Mor, Sulla 'terminatio' per Cittanova-Eracliana (712–727), StM 3. ser. 10, 1969, 465–482 [Lit.].

Paulikianer, Häresie armen. Herkunft, deren weitgehend im dunkeln liegender Ursprung in gr. und armen. Q. unterschiedl. dargestellt wird. In gr. Q. wird die Entwicklung nur in der um 870 entstandenen, polem. Schr. des Petros Sikeliotes faßbar, deren 'hist.' Teil auf einer paulikian. Didaskalie sowie Briefen des P.führers Sergios beruht. Die Darstellung ist von der Polemik Petros' geprägt, der die P. in die direkte Nachfolge der Manichäer stellt; dennoch wird deutl., daß die P. ein Urchristentum im Sinne des Apostels →Paulus propagierten, von dem sie auch ihren Namen herleiten. Sergios wirkte und missionierte mit erstaunl. Erfolg von ca. 800 bis zu seinem Tod 834/835. Aus kirchenpolit. (großer Zulauf; →Bilderstreit) und staatspolit. Gründen (→Armenien war byz.-arab. Grenzgebiet) sahen sich die P. zunehmend Verfolgungen ausgesetzt und flüchteten um 830 zum Emir v. →Melitene, der ihnen Argaun als Siedlungsgebiet zuwies. Mit dem Beginn militär. Auseinandersetzungen zw. den P.n und Byzanz erscheinen die P. auch zunehmend in gr., später auch arab. hist. Q. Unter ihrem militär. Führer Karbeas zogen die P. von Argaun nach →Tephrike, wo sie einen eigenen Staat gründeten. Karbeas, Protomandator des Strategen des Anatolikon Theodoros Melissenos, war 843/844 mit 5000 weiteren P.n geflohen. Nach seinem Tod 863 wurde sein Neffe Chrysocheir Anführer der P. und unternahm 869 mehrere Raubzüge in byz. Territorium, so daß nach wenigen Jahren relativer Ruhe die Feindseligkeiten erneut ausbrachen. Chrysocheir fiel 872 in der Schlacht bei Bathyrrhyax, 873 gelang es Basileios I., zahlreiche paulikian. Orte zu zerstören, doch Tephrike selbst fiel erst 878. Danach gibt es nur noch vereinzelte Nachrichten über P. Sie werden auch als Bindeglied zw. den dualist. Häresien des O und den späteren →Bogomilen sowie den →Katharern gesehen, doch ist diese Verbindung angesichts der Tatsache, daß die bei ihnen vermeintl. vorgefundenen dualist. Elemente wohl auf orth. Polemik beruhen, erneut zu prüfen. C. Ludwig

Q.: Ch. Astruc, W. Conus-Wolska, J. Guillard u. a., Les sources grecques pour l'hist. des Pauliciens d'Asie Mineure, TM 4, 1970, 1–227 – Lit.: H. Bartikian, Encore une fois sur l'origine du nom 'Pauliciens', Revue des Études Armen. NS 9, 1972, 445–451 – P. Lemerle, L'hist. des Pauliciens d'Asie Mineure d'après les sources grecques, TM 5, 1973, 1–144 [Lit.] – M. Loos, Dualist Heresy in the MA, 1974 – Th. Korres, Οἱ διώξεις τῶν Παυλικιανῶν ἐπὶ Μιχαὴλ Α', Byzantina 10, 1980, 203–215 – C. Ludwig, Wer hat was in welcher Absicht wie beschrieben? Bemerkungen zur Hist. des Petros Sikeliotes, Varia II (Poikila Byzantina 6, 1987), 149–227 – Oxford Dict. of Byzantium III, 1991, 1606.

Pauliner. Bei dem seit 1309 als Fratres S. Pauli Primi Eremitae bezeichneten Orden handelte es sich, anders als lange behauptet wurde, nicht um eine Gründung des Wüstenvaters →Paulus v. Theben, sondern um einen der im 13. und 14. Jh. entstandenen Orden, die ihre Existenz dem von der Kurie betriebenen Zusammenschluß bisher selbständiger Eremitorien oder Eremitengemeinschaften verdanken. Unter den in ihrem Orden zusammengeschlossenen Eremitengemeinschaften kam denjenigen von St. Jakob in Patacs (Ürög) und von Hl. Kreuz im Pilis Gebirge, die ihre erste Organisation Bf. Bartholomäus v. Pécs und dem Domherrn Eusebius v. Esztergom verdanken sollen, bes. Bedeutung zu. Nach mehreren Anläufen fand 1308 auf Veranlassung Clemens' V. und Betrieben des Kard.legaten Gentile v. Montefiore die Vereinigung der inzwischen schon weit verbreiteten Eremitengemeinschaften in einem auf der Grundlage der Augustinerregel und eigener Konstitutionen organisierten Orden statt. Anders als im Falle des 1256 auf ähnl. Weise entstandenen Ordens der →Augustiner-Eremiten behielt der Orden der P. seinen ursprgl. eremit.-monast. geprägten Charakter noch lange bei. Der Orden, dessen Generalprior im St. Laurentiuskl. zu Buda residierte, breitete sich im Verlauf des 14. Jh. von Ungarn über die benachbarten Regionen bis nach Polen und in den SW des Reiches aus. Neben dem Mutterhaus in Buda, dem St. Stanislauskl. in Krakau und der seit ca. 1420 im Besitz des Ordens befindl. röm. Kirche S. Stefano al Celio spielte das 1382 in Tschenstochau (→Częstochowa) bei dem Marienheiligtum auf den Jasna Góra gegr. Kl. eine hervorragende Rolle. Die nach der Schlacht v. →Mohács (1526) errichtete Osmanenherrschaft bedeutete einen Rückschlag für die südosteurop. Niederlassungen des Ordens, konnte seine Existenz jedoch nicht gefährden. Das Verhältnis der ung. und poln. P. zu den gleichnamigen Orden und Kongregationen in Italien, Frankreich, Spanien und Portugal und die von ihnen ausgehenden Unionsbestrebungen bedürfen noch weiterer Klärung. K. Elm

Q. und Lit.: DIP VI, 25–43 – S. Świdziński, Constitutio Ord. S. Pauli, 1970 – K. Elm, Q. zur Gesch. des P.ordens, ZGO 120, 1972, 91–124 – J. Török, A magyar pálosrend liturgiájának forrásai, kialakulása és főbb sagátossagai, 1977 – G. Adriani, J. Gottschalk, S. Świdziński, Hzg. Ladislaus v. Oppeln und die Gründung der P.kl. Tschenstochau und Wiese, Archiv für Schles. Kirchengesch. 36, 1978, 33–77 – F. Hervay, A pálosrend elterjedése a középkori Magyarországon (Mályusz Elemér emlékkönyv, 1984), 159–171 – H. Schmid, Kurzlebige P.-Kl. in Schwaben, Franken und am Oberrhein, ZWLG 45, 1986, 103–115 – K. Elm, Elias, Paulus v. Theben und Augustinus als Ordensgründer (Gesch.sschreibung und Gesch.sbewußtsein im späten MA, hg. H. Patze [VuF 31], 1987), 371–397 – G. Gyöngyösi, Vitae Fratrum Eremitarum Ord. S. Pauli Primi Eremitae, hg. F. Hervay, 1988 – G. Sarbak, Entstehung und Frühgesch. des Ordens der P., ZKG 699, 1988, 93–103.

Paulinisches Privileg, kirchenrechtl. Möglichkeit, zw. Ungetauften geschlossene Ehen nach der Taufe eines der Partner 'in favorem fidei' zu scheiden. Als Voraussetzung für dieses auf 1 Kor 7,12–16 zurückgeführte Glaubensprivileg galt der unterschiedl. gedeutete 'discessus' des ungetauften Teils. Für →Nicolaus de Tudeschis u. a. genügte z. B. die Weigerung, ebenfalls die Taufe zu empfangen; nach anderer (später allg. rezipierter) Ansicht mußte die Bereitschaft bestehen, die Ehe ohne 'contumelia creatoris' fortzuführen. Bei entsprechendem Ergebnis der – schon Ende des 12.Jh. vorgeschriebenen (vgl. X 4.19.7,8) – Interpellationen war eine erneute, gleichzeitig die Vorehe scheidende Eheschließung möglich. Die mit päpstl. Dekreten des 16. Jh. einsetzende Weiterentwicklung führte zur grundsätzl. kanonist. Scheidbarkeit jeder halb- oder nichtchr. Ehe aufgrund päpstl. Scheidungsvollmacht (untechn. sog. Privilegium Petrinum). H. Zapp

Lit.: DDC VII, 229–280 [Lit.] – K. L. Braun, Das P. des hl. Paulus 1. Cor.7 ... und dessen Geltung für Akatholiken, AKKR 46, 1881, 385–414 – I. Fahrner, Gesch. der Ehescheidung im kanon. Recht, 1903 – F. Gillmann, Zum Problem vom P.P., AKKR 104, 1924, 242–276 – O. F. Rink, Die Lehre von der Interpellation beim P.P. in der Kirchenrechtsschule v. Bologna, 1140–1234, Traditio 8, 1952, 305–365 – D. Squicciarini, Il Privilegio Paulino in un testo inedito di Uguccione, 1973 [Lit.].

Paulinus
1. P., Bf. v. →Antiocheia. Nach der Verbannung des nizän. Bf.s Eustathios v. Antiocheia (330) leitete sein Presbyter P. die Gemeinde; →Athanasios mahnte sie, neben ihrer Rede von nur einer göttl. →Hypostase (entsprechend der lat. 'una substantia'), die des →Sabellianismus verdächtig war, auch die in der Gemeinde des →Meletios übliche Rede von drei göttl. Hypostasen anzuerkennen (»Tomus ad Antiochenos«, 3 und 6). Die Einigung scheiterte aber, weil P. durch Lucifer v. Cagliari 362 zum Bf. geweiht wurde (Theodoretos, Hist. eccl. III,5). →Basilius (Ep. 263,5) warf P. Neigung zum Markellianismus vor. Trotz seiner zw. den beiden Gruppen getroffenen Abmachung wurde P. nach dem Tod des Meletios (381) nicht als Bf. der ganzen antiochen. Gemeinde anerkannt (Sokrates, Hist. eccl. V, 5 und 9). H.-J. Vogt

Lit.: H. Ch. Brennecke, Stud. zur Gesch. der Homöer, 1988.

2. P. II., Patriarch v. →Aquileia um 787–802, * wohl vor 750, † 11. Jan. 802 in Cividale, □ ebd.; unbekannter Herkunft, kam an den Hof Karls d. Gr., der 776 dem artis grammatice magister eine Schenkung und 792 der Kirche v. Aquileia wertvolle Privilegien erteilte (Spuria, im Kern zutreffend). Im Zug der Avaren- und Slavenmission wandte sich P. gegen Zwangsmaßnahmen. P. verfaßte Widerlegungen des →Adoptianismus (bes. drei Bücher »Contra Felicem«, 800). Für Mgf. →Erich v. Friaul schrieb P. eine Art→Fs. enspiegel. Erichs Tod (799) gilt ein Klagegedicht, eines der wenigen Gedichte, bei dem die Autorschaft P.' sicher ist. Seine Sprache ist noch stark vorkarol. R. Härtel

Ed.: J. F. MADRISIUS, 1737 [Gesamtausg. (MPL 99, 1–684)] – MGH Epp. Karol. IV, 516–527 – MGH PP I, 123–149 – MGH Conc. II, 130–142, 172–195 – Contra Felicem libri tres, ed. D. NORBERG (CChrCM 95, 1990) – *Lit.*: DSAM XII, 584–588 – LThK² VIII, 208 – Verf.-Lex.² VII, 376–382 – BRUNHÖLZL I, 250–257, 545 f. – Atti del Conv. internaz. di studi su Paolino d'Aquileia nel XII centenario dell'episcopato, hg. G. FORNASARI, 1988.

3. P., Bf. v. →York 21. Okt. 625–633/634, Bf. v. →Rochester 634 (?)–644, † 10. Okt. 644, ▭ Rochester, Kathedrale; röm. Mönch, der zu der Gruppe von Missionaren gehörte, die Papst Gregor 601 an →Augustinus v. Canterbury nach England sandte. Er begleitete Æthelburh, Tochter von Kg. →Æthelberht v. Kent, nach Northumbria zu ihrer Vermählung mit dem heidn. Kg. →Edwin (nach 624). 625 wurde P. zum Bf. v. York geweiht, das man zum Metropolitansitz einer n. Kirchenprovinz bestimmt hatte. Nachdem Kg. Edwin schließlich 627 oder 628 zum Christentum übergetreten war, betrieb P. für mehrere Jahre eine aktive Mission mit Flußtaufe im N und S von Northumbria und in Lindsey. Nach dem Tod von Kg. Edwin floh er jedoch nach Kent und ließ in Northumbria nur einen Diakon (James) zurück. P. trat in Rochester die Nachfolge von Bf. Romanus an. D. A. Bullough

Q. und Lit.: Beda, Hist. Eccl., ed. B. COLGRAVE–R. A. B. MYNORS, 1969, I, 29; II, 9, 12–20; III, 14 – D. P. KIRBY, Bede and Northumbrian Chronology, EHR 78, 1963, 514–527 – S. WOODS, Bede's Northumbrian dates again, EHR 98, 1983, 280–296.

4. P. v. Mailand, als Sekretär (notarius) Zeuge der letzten Lebensjahre des Bf.s →Ambrosius v. Mailand (etwa 394/395–397), später Diakon und Verwalter des mailänd. Kirchengutes in N-Afrika. Durch →Augustinus angeregt, verfaßte er wohl eher 412/413 als 422 (LAMIRANDE) die Vita Ambrosii, für die er selbst ältere chr. Viten als Vorbild nennt, von denen er sich jedoch in einem nichtmonast. Konzept der Heiligkeit des Bf.s unterscheidet. 411 trat er in Karthago als Ankläger des Pelagiusschülers Caelestius auf. Seine Haltung verteidigte er im »Libellus adversum Caelestium« vom 8. Nov. 417 an Papst Zosimus (CSEL 35, 108–111). Th. Baumeister

Ed. und Übers.: Paolino di Milano, Vita di S. Ambrogio, ed. M. PELLEGRINO, 1961 – I. OPELT–E. DASSMANN, Das Leben des hl. Ambrosius, 1967 – A. A. R. BASTIAENSEN u. a., Vite dei Santi III, 1975, 51–125 – *Lit.*: O. WERMELINGER, Rom und Pelagius, 1975 [Register s. v. P. (Diakon)] – E. LAMIRANDE, Paulin de Milan et la 'Vita Ambrosii', 1983 [Lit.] – W. BERSCHIN, Biogr. und Epochenstil im lat. MA, I, 1986, 212–224.

5. P. Minorita, * um 1270–74, † 1344. Seit mindestens 1293 im Konvent OFM in Padua. 1301 Lector in Venedig. 1304 Custos der Custodia Venedig. 1305–1307 Ketzerinquisitor in der Mark Treviso. 1308 wieder Lector in Venedig. 1313–1315 verfaßte er für den Hzg. v. Kreta, M. Badoer, sein erstes, →Aegidius Romanus verpflichtetes Werk, »Il Rettore« (De regimine Rectoris). 1315–16 und 1320 als Botschafter Venedigs bei Kg. Robert v. Neapel. 1321 apostol. Pönitentiar, von Johannes XXII. mit der Prüfung des »Liber secretorum fidelium crucis« des Marino →Sanudo beauftragt, dem er den daraufhin jahrelang korrespondierte. Seit 1324 Bf. v. Pozzuoli. Weitere Werke: Mappa mundi, Schachtraktat, Provinciale curiae, Provinciale ord. Min., Privilegienslg. seines Ordens (CENCI), drei wichtige hist. Schr. »Nobilium historiarum Epitome«, »Compendium« (»Chronologia Magna«) – eine Universalchronologie in synopt. Tabellen, Schwerpunkt die großen Reiche – und »Historia satyrica«. Boccaccio kritisiert das von ihm resümierte »Compendium« als weitschweifig und wenig glaubwürdig. Viel benutzt wurden hingegen P.'s Werke von Andrea →Dandolo. G. ARNALDI zufolge kommt P. M. wie anderen Mendikanten (v. a. →Vinzenz v. Beauvais, dem er stark verpflichtet ist) eine Bindegliedfunktion zu zw. den großen monast. Universalchroniken und der neuen städt. Historiographie. G. Barone

Ed.: MURATORI, Antiquitates, IV, 951–1034 – [Teilled. der hist. Werke, falsche Zuschreibung an fr. Jordanus] – Il Rettore, ed. MUSSAFIA, 1868 – Il provinciale ord. Min., Bull. Francisc. V, 579–604 – *Lit.*: LThK VIII, 1963², 210f. – DSAM XII/1, 1984, 606f. – WADDING, Suppl. II, 1921², 307f. – A. GHINATO, Fr. P. da Venezia, OFM, 1951 – A. D. VON DEN BRINKEN, Mappa mundi und Cosmographia, DA 24, 1968, 118–186 – G. ARNALDI–L. CAPO (Storia della cultura veneta II, 1976), 286f. – G. CRACCO, ibid., 255–261 – C. CENCI, Mss. e frati studiosi nella Bibl. Ant. di Padova, AFH, 1976, 500 – A. M. COSTANTINI (Boccaccio, Venezia e il Veneto, 1979), 101–121.

6. P. v. Nola (Meropius Pontius P.), hl., Mönch und Bf., * 355 (oder 353–354) in Aquitanien, † 22. Juni 431; von →Ausonius in Bordeaux ausgebildet, wurde 381 Statthalter in Kampanien, wo er das Pilgerfahrtzentrum am Grab des hl. →Felix v. Nola (bei Neapel) kennenlernte. Er zog sich vom öffentl. Leben zurück, heiratete die Spanierin Therasia und wurde (spätestens 389) in Bordeaux getauft. Das Paar verkaufte seine Güter und schloß sich der neuen und schnell wachsenden monast. Bewegung an. Weihnachten 394 wurde P. in Barcelona zum Priester geweiht, und 395 ließen sich P. und Therasia in Nola nieder. Zw. 404 und 413 wurde P. Bf. v. N. P. gehört zur ersten Welle des Mönchtums im W. Von seinen Schr. sind ca. 50 Briefe und 30 Gedichte erhalten. Briefwechsel führte er mit anderen asket. gesinnten Christen, darunter Augustinus und Hieronymus. Jedes Jahr schrieb er ein 'carmen natalicium' zu Ehren des hl. Felix. Er übernahm auch heidn. dichter. Gattungen und wandelte sie chr. ab. Die Reste seiner Bauten in N. und ihrer Umgebung sind bedeutsam für die chr. Archäologie. J. T. Lienhard

Ed. und Lit.: Opera, ed. W. v. HARTEL, CSEL 29, 30, 1894 – DSAM XII, 592–602 – P. FABRE, Essai sur la chronologie de l'œuvre de saint Paulin de Nole, 1948 – DERS., Saint Paulin de Nole et l'amitié chrétienne, 1949 – J. T. LIENHARD, P. of N. and Early Western Monasticism, 1977 [Lit.] – C. MAGGAZÙ, Dieci anni di studi su Paolino di N., Boll. di Studi Lat. 18, 1988, 84–103 [Lit.].

7. P. v. Pella, * 376/377, Sohn des Thalassius, Vicarius v. Makedonien, und Enkel des →Ausonius, dessen Schr. er vielleicht postum herausgab. Über Afrika und Rom kam er dreijährig nach Bordeaux. In den Wirren der Zeit verlor er seine aquitan. Besitzungen und ging nach Marseille, wo er in Armut und gottesfürchtiger Zurückgezogenheit starb. Mit 83 Jahren verfaßte er 459/460 ein (in Sprache und Stil eher prosaisches) autobiogr. Gedicht (616 Hexameter) »Eucharistikos« ('Dankgedicht'), ein Bekenntnis der Barmherzigkeit und Vorsehung Gottes, die er in seinem Leben erfahren hat. Er stellt sich damit in die Tradition von Augustins »Confessiones« und zeigt Beziehungen zu →Salvianus' »De gubernatione Dei«. Das Gedicht, die einzige Q. für sein Leben, zeichnet auch ein bedeutsames Bild der Zeit (Einfall der Vandalen und Goten in Gallien). Ein Jugendwerk ist das kurze Gebet (Oratio), das früher →Paulinus v. Nola zugewiesen wurde. J. Gruber

Ed.: W. BRANDES, CSEL 16, 1888, 263–334 – H. G. E. WHITE, Ausonius II, 1921, 293–351 [mit engl. Übers.] – C. MOUSSY, SC 209, 1974

[mit Einl., frz. Übers, Komm.]. – J. VOGT (Fschr. F. VITTINGHOFF, 1980), 527–572 [mit dt. Übers.] – *Konkordanz:* P. TORDEUR, 1973 – *Lit.:* HLL § 797 – PLRE I, 677f. – RE XVIII/4, 2351–2355.

8. P. v. Périgeux

(Petricordiae), nach der hs. Überlieferung Name eines sonst unbekannten Verf. einer Vita S. Martini (3622 Verse, 6 B.; CPL 1474). B. I–III sind nach der Martinsvita des →Sulpicius Severus, B. IV–V nach dessen Dialogen gestaltet, B. VI enthält nach dem Proömium (Begleitbrief) eine Auftragsarbeit des Bf.s Perpetuus v. Tours nach einer von diesem erstellten Slg. von Wundern am Grabe des hl. →Martin. Die Einheitlichkeit der mit anderen Martinsschr. überlieferten sechs Bücher ist umstritten. Unmittelbar mit der Vita sind in der hs. Überlieferung verbunden ein ebenfalls an Bf. Perpetuus gerichteter Brief zusammen mit dem Gedicht »De visitatione nepotuli sui« (CPL 1475f.), in dem P. berichtet, wie sein Enkel und dessen Frau durch das Auflegen der von Perpetuus zusammengestellten Slg. von Wundern von schwerer Krankheit geheilt wurden, und eine von Perpetuus für die neue Martinskirche in Tours erbetene Weihinschrift »De orantibus« (CPL 1477). Alle Stücke sind etwa 460–473 zu datieren. P. selbst muß bereits fortgeschrittenen Alters gewesen sein (CSEL 16, 162, 20), vielleicht Bf. (ebd., 161, 3) →Gregor v. Tours und →Venantius Fortunatus haben die Martinsvita gekannt, aber für ein Werk des →Paulinus v. Nola gehalten, so auch die ma. Bibl.skataloge.

H. C. Brennecke

Ed.: M. PETSCHENIG (CSEL 16, 1, 1888), 1–290 – *Lit.:* RE 18/2, 2355–2359 – SCHANZ-HOSIUS IV/2, 374–376 – A. H. CHASE, Harvard Stud. in Class. Phil. 43, 1932, 51–76 – J. FONTAINE, RHEF 62, 1975, 113–140 – F. CHÂTILLON, RMA 23, 1976, 5–12 – R. VAN DAM, Francia 14, 1986, 567–573 – M. BROOKE (Classical Essays for J. BRAMBLE, hg. M. WHITBY-P. HARDIE, 1988), 285–295 – G. H. MALSBARY, The Epic Hagiography of P. of P. [Diss. Univ. of Toronto/Ontario, 1988].

Paulos

1. P. I.,

hl. (Fest: röm. 7. Juni; byz. 6. Nov.), Bf. v. →Konstantinopel, * vor 305, † nach 351, nahm als Priester an der Synode v. Tyros (335) teil, Bf.serhebung 337/340. Wegen seines Bekenntnisses zum Konzil v. →Nikaia (325) verbannte ihn Ks. Konstantin 336 in den Pontos. Nach seiner Rückkehr 337/338 leitete er 337–339 bzw. 340–341 sein Bm., mußte jedoch, vom arian. Ks. Constantius II. nach Singara (Mesopotamien) vertrieben, dem Arianer →Eusebeios v. Nikomedeia weichen. Nach dessen Tod (341/342) wurde P. wieder bis 342 bzw. 344 eingesetzt, mußte aber erneut von 342–346 bzw. 344–348 dem Arianer Makedonios I. den Bf.sstuhl überlassen. Von 346–351 bzw. 348–350 (bis zum Tod Ks. 'Constans', seines Förderers) regierte P. wieder die Kirche der Reichshauptstadt. Dann wurde Makedonios 350 bzw. 351 erneut Bf., und P. starb im Exil in Cucusus (Armenia II), angebl. von Arianern erdrosselt. Ks. →Theodosios I. († 395) ließ seine Gebeine feierl. nach Konstantinopel überführen.

F. R. Gahbauer

Q. und Lit.: BHG II, 184f. – LThK² VI, 1314f.; VIII, 211 – BECK, Kirche, 803 – B. K. STEPHANIDES, Ἐκκλησιαστική ιστορία άπ' άρχής μέχρι σήμερον, 1959², 796 – O. WIMMER-H. MELZER, Lex. der Namen und Hl.n, 1984⁵, 647 [Lit.] – OrChr, Gesamtregister für die Bde 1–70, 1989, 345.

2. P.,

nestorian. Bf. v. →Nisibis wohl seit 551, † 571, führte 562/563 zusammen mit anderen Theologen, die auf Bitten Ks. Justinians I. vom Perserkg. Chosroes I. nach Konstantinopel entsandt worden waren, mit dem Ks. einen Disput über Physis und Hypostasis in Christus. P.' Identifikation mit dem Perser Paulos, der in Konstantinopel 527 ein Religionsgespräch mit dem Manichäer Photeinos geführt hat, ist umstritten.

F. R. Gahbauer

Lit.: LThK² VIII, 211f. – BECK, Kirche, 386 [Lit.] – G. GRAF, Gesch. der christl. arab. Lit., StT 118, 1944, 454; StT 133, 1947, 155 – A. GUILLAUMONT, Justinien et l'Église de Perse, DOP 23/24, 1969/70, 47, 50–53 [Lit.] – ALTANER-STUIBER, 1978⁸, 491 [Lit.] – A. GRILLMEIER, Jesus der Christus im Glauben der Kirche 2,2, 1989, 487f. [Lit.].

3. P. v. Aigina,

gr. Arzt, 7. Jh., wirkte vermutl. in Alexandreia, als die Stadt den Arabern erlag (642). Hauptwerk ist ein Handbuch (πραγματεία) in sieben Büchern, von denen die beiden ersten (I: allg. Hygiene und Diätetik, II: Fieberlehre) auf dem Sammelwerk des →Oreibasios (4. Jh.) basieren, die folgenden (III: Krankheiten a capite ad calcem; IV: Hautkrankheiten und Würmer; V: Tier. und pflanzl. Gifte und Gegenmittel; VI: Chirurgie; VII: Arzneimittel, alphabet.) ziehen auch →Galen und zahlreiche weitere Autoren, darunter als jüngsten →Alexander v. Tralleis, heran. P. sieht seine *Epitome* als Parallele zu den zeitgenöss. jurist. Kodifikationen und verzichtet bewußt auf eigene Theorien, fügt allerdings Beobachtungen aus der Praxis hinzu. Michael →Psellos (11. Jh.) verfaßte eine kurzgefaßte metr. Paraphrase der ersten sechs Bücher. B.III wurde im frühen MA ins Lat. übersetzt, der Einfluß war gering. Bei den ma. arab. Medizinhistorikern war P. als al-qawābilī ('für Hebammen zuständig') bekannt. Ins Arab. übersetzt durch →Johannitius finden sich Zitate aus seinem Handbuch bei zahlreichen arab. Ärzten.

K.-H. Leven

Ed.: I. L. HEIBERG, Paulus Aegineta, I–II, CMG IX 1.2, 1921–24 – *Übers.:* I. BERENDES, P. v. Aegina, des besten Arztes sieben Bücher, 1914 – *Lit.:* H. DIELS, Die Hss. der antiken Ärzte, II, AAB 1906, 77–81 – ULLMANN, Medizin – HUNGER, Profane Lit. II, 302 [Lit.] – Symposion on Byz. Medicine, DOP 38, 1984 [Lit.].

4. P. Silentiaros → Anthologie, A.I

5. P. v. Theben,

nach der »Vita Pauli« (um 374/379) des →Hieronymus der erste chr. Mönch (vgl. auch Ep. 22,36; 58,5; 108,6). Nach Hieronymus zog der junge Mann während der Verfolgung des Decius in die ägypt. Wüste und blieb dort bis zu seinem Tode um 341. Die Vita berichtet nur vom Beginn des asket. Lebens und von seinem Ende (Besuch →Antonius' d. Eremiten [6. A.]); das meisterhaft geschriebene Werk führt jedoch kaum zu einem hist. faßbaren P. – An die Höhle des P. erinnert das kopt. Pauloskl. Die chr. Ikonographie hat den 'ersten Eremiten' häufig dargestellt (z. B. Isenheimer Altar: P. und Antonius). Im SpätMA wurde P. zum Patron der Kongregation der →Pauliner.

K. S. Frank

Ed.: MPL 23, 17–28 – *Dt. Übers.:* M. FUHRMANN, Christen in der Wüste, 1983 – *Lit.:* DIP VI, 1101 – LCI VIII, 150f. – J. N. T. D. KELLY, Jerome, his Life, Writings and Controversies, 1975 – W. BERSCHIN, Biogr. und Epochenstil im lat. MA, I, 1986, 134–138.

Paulus

1. P. Apostel

I. Leben – II. Theologie und Nachwirkung – III. Ikonographie – IV. Kultverbreitung.

I. LEBEN: Angaben über das Leben des P. entnahmen die Autoren des MA NT und Kirchenvätern (vgl. die Historia Scholastica des →Petrus Comestor, MPL 198). Dabei wurde idealisiert und typisiert. In der hagiograph. Lit. (→Hagiographie, A, B; vgl. AASS VII, 362–435; BHL II, 953–955 mit SHG 70 s. v. P.; VSB 6, 494–510) wird P. v. a. als Wundertäter gesehen. Typisch die im 13. Jh. verfaßte →Legenda aurea des →Jacobus de Voragine (P. dort 380–396; dt. Übers. 439–458). Der Verfasser nennt neben aus dem Schulbetrieb bekannten (s. u. Abschn. II) auch hagiograph. u. Predigten: so »Linus« = eine Bearbeitung des apokryphen Martyriums des P. (NTApo II, 265–268); →Hilarius v. Poitiers, →Haimo v. Auxerre, →Hieronymus, (Ps.) →Dionysios Areopagites, →Gregor

v. Tours, →Gregor VII., →Johannes Chrysostomus. – Nach Bemerkungen über den Namen P. folgt die Vita. Die Hierarchie →Petrus – P. wird so bestimmt, daß P. geringer als jener an Würde, größer in seiner Predigt und gleich an Heiligkeit sei. Bes. betont wird die Wundertätigkeit, z. B. zu Act 28,3–6: Die Nachkommen von P.' Gastgeber auf der Insel Mytilene (!) sind immun gegen Schlangenbisse. Insbes. wird nach den Paulusakten (s. o.) und Ps.-Dionysius die Begegnung des P. mit Nero beschrieben: Plantilla reicht P. ihr Kopftuch; sein Haupt springt mit dem Ruf »Jesus Christus« vom Leib und wird später auf wundersame Weise gefunden. Weitere Wunder werden angefügt. Von der Bedeutung des P. handeln Exzerpte aus Ps.-Dionysius sowie bes. eine lange Passage aus der Predigtreihe »De laudibus Pauli« des →Johannes Chrysostomos (MPG 50, 473–514).

II. THEOLOGIE UND NACHWIRKUNG: Die theol. Arbeit des frühen MA bestand zunächst in der Sammlung und Bereitstellung von Material aus der Patristik als Hilfe für die lectio. So wurden auch zu den P. briefen Florilegien zusammengestellt (→Bibel, B.I. 1; B.I.b.d; B.I. 2b), insbes. aus Augustinus, z. B. von →Beda (RBMA 1619–1631; Clavis 1360) und →Florus (RBMA 2276–2290; von dems. auch In epp. Pauli ex duodecim Patribus, RBMA 2291, uned.). Auch aus →Damasus wurde im 11. Jh. ein P.-Komm. kompiliert (RBMA 6603, 5–7), und noch →Hrabanus Maurus verfaßte ein Collectarium de ss. Patrum opusculis (RBMA 7064–7077). Hilfsmittel für die P.-Exegese waren →Isidor v. Sevilla Etymologiae (RBMA 5164; Clavis 1186) und →Hieronymus De viris inlustribus (Clavis 616). Auch vollständige P.-Komm. wurden tradiert, so →Ambrosiaster (unter dem Namen Ambrosius, RBMA 1249–1261; Clavis 184), und, zitiert als Hieronymus, →Pelagius in einer interpolierten Fassung (RBMA 3439–3452, vgl. 6367, 1–9; Clavis 759. 952 962). Seine Prologe (Text zuletzt bei SCHILD 75–88) wurden auch gesondert überliefert, zahlreichen Komm. vorangestellt oder dem Vorwort zugrundegelegt (so noch →Dionysius d. Kartäuser [RBMA 2127–2140]) und waren bedeutsam für die sog. »Einleitungsfragen«: 14 Briefe galten als echt; die abweichende sprachl. Form des Hebr. wurde nach Hieronymus damit erklärt, daß er ursprgl. auf Hebr. verfaßt sei. Die nicht chronolog. Anordnung der Briefe begründete man nach Sachgesichtspunkten. – Eine eigtl. Auslegung der paulin. Schriften begann mit der Scholastik: Man wandte Methoden aus den →artes liberales an. Nach Anfängen bereits im 8./9. Jh., etwa bei →Lanfranc (RBMA 5369–5383, →Bibel, B.I. 2b), erreichte diese Entwicklung im 12. Jh. einen Höhepunkt (→Bibel, B.I. 2c). Neben dem Psalter war das Corpus der P.-Briefe das meistkommentierte Buch der Bibel. Aus der Glossierung des Textes erwuchsen im Unterricht quaestiones, die zur Entwicklung der systemat. Theol. führten (→Anselm v. Laon, 2). Gerade die P.-Briefe boten hier eine Fülle von Ansätzen. An →Abaelards Röm-Komm. ist dies bes. deutl. zu beobachten: Er enthält so zahlreiche und umfangreiche Quaestiones und Exkurse wie keiner seiner Vorgänger. Ergebnisse sind in den systemat. Werken (Theologia, Ethica) verarbeitet worden. Ähnlich verfuhr →Petrus Lombardus (vgl. Prol. z. Ed. I, 1971, 89+. 118+f). Von der P.-Auslegung →Roberts v. Melun sind nur Quaestiones überliefert (RBMA 7466–7476), auch sie eine Quelle der Sentenzen. Von ihm beeinflußt sind die Quaestiones super epp. Pauli aus dem Bereich der Schule von St. Victor (RBMA 3831–3844) sowie die Bücher 6–8 der Allegoriae in Novum Testamentum (RBMA 3848). Auch →Thomas v. Aquin arbeitete ähnlich (vgl. DOMA-NYI 218–230). – Stellen, an denen Diskussionen theol. Probleme erfolgten, sind: Röm 1,3f *Christolog. Fragen* – Röm 1,4, v. a. aber 8,28–30 und 9,19–26, →*Praedestination* (providentia, praedestinatio, praescientia), dabei oft Ausgleich mit 1 Tim 2,4 (*allgemeiner Heilswille Gottes*) – Röm 1,19f *natürl. Gotteserkenntnis* – Röm 3,21ff (weniger 1,17 und 10,3f) *Soteriologie* (Rechtfertigung/Versöhnung/Erlösung, oft mit Hinweis auf 1 Kor 4,7) – Röm 4,9–11 *Beschneidung und Taufe* – Röm 5,12–19 *Erbsünde*. – Die *typolog. Auslegung des AT* (→Bibel, B.I.2f.), durch P. selbst begründet (GOPPELT 152–215), war gerade im MA ein Grundprinzip der Exegese; Beispiele: Röm 5,12–19: Adam ist typos (lat.: figura) des kommenden Christus; 1 Kor 10,1–13: Die Israeliten auf der Wanderung sind warnendes Vorbild für die Christen; Hebr 3,12–19; Gal 4,21–31: Hagar und Sarah weisen auf Juden und Christen voraus; Hebr 3,1–6: Moses ist figura Christi. Überhaupt regte speziell der Hebr zur typolog. Auslegung des AT an. – Weitere für die theol. Entwicklung wichtige Stellen: Röm 7,22; 2 Kor 4,16; Eph 3,16 der »*homo interior*« – Röm 8 *Heilsgeschichte* – Röm 13,1–7 *Verhalten gegenüber der Obrigkeit* – 1 Kor 7,1–16 (vgl. Eph 5,12–33) *Ehelehre* – 1 Kor 7,25 Unterschied zwischen *praecepta und consilia* – 1 Kor 11,19 (ferner 2 Tim 2,24–26; Tit 3,10f) das Problem der *Ketzerei* – 1 Kor 12,8–10 die Lehre von den *Gnadengaben* – Nach 1 Kor 13,13 ergänzte man die vier platon. Kardinaltugenden um die drei christl. Tugenden *fides, spes* und *caritas* zum ma. Tugendkatalog. – Auf 1 Kor 15 sowie 1 Thes 4,12–5,11 gründete sich die *Auferstehungshoffnung*. – Ungemein wichtig war 2 Kor 3,6 mit der Unterscheidung von *spiritus* und *littera*: Sie wurde seit Augustin auf gratia und lex gedeutet, auch auf das Verständnis des AT durch Christen und Juden. – Aus 2 Kor 8 und 9 entnahm man Vorschriften für die *Gemeindepraxis*. – Zahlreich waren die Berührungen zw. Exegese und →Kanonistik: Oft wurden dieselben Bibelstellen und Vätersentenzen zitiert. Kirchenrechtl. Bestimmungen konnten direkt aus den P.-Briefen abgeleitet werden, so nach 1 Kor 6,1–8 die Forderung der *kirchl. Gerichtsbarkeit für Kleriker*, nach 1 Kor 7,12–15 das *Privilegium Paulinum* bei Ehescheidungen, nach Eph 4,11 das *Verbot der Laienpredigt*.

In der Hoch- und Spätscholastik (vgl. →Bibel, B.I.2c.d) ging die Einheit von bibl. und systemat. Theol. zunehmend verloren; die großen Summen enthalten zwar zahlreiche Bibelzitate, aber eher als dicta probantia. Eine neue Hinwendung zur Bibel, speziell zu P., geschah in der Renaissance. M. Luther entdeckte bekanntl. beim intensiven Nachsinnen über Röm 1,17 seine Rechtfertigungslehre.

Natürlich waren Persönlichkeit und Werk des P. auch Themen des ma. Gottesdienstes, sowohl in der →Liturgie (Verzeichnis der Texte durch D. BALBONI: Bibl. SS 10,211; vgl. Rep. Hymnologicum 6,74 s. v. P., demnächst Novum Rep. Hymnol., ed. J. SZÖVÉRFFY, 1983ff.) als auch in der Predigt (B. SCHNEYER, Rep. d. lat. Sermones des MA, vgl. Initien Bd. 11, 139f., s. v. P., Paule). Als Beispiel für dichterische P.-Viten (→Bibeldichtung) seien die Conversio beati Pauli (Fleury, 13. Jh.; YOUNG 219–224) und die Visio S. Pauli (12. Jh.; MASSA 142f.) genannt.

R. Peppermüller

Lit.: (vgl. auch →Bibel, B.I.2): DSAM VII, 658–669 – HDG, hg. C. ANDRESEN, I, 1982 – K. YOUNG, The Drama of the Medieval Church, II, 1933 [Nachdr. 1967, 1982] – L. GOPPELT, Typos, 1939 [Nachdr. 1990] – C. SPICQ, Esquisse d'une hist. de l'exégèse lat. au MA, 1944 – H. DE LUBAC, L'exégèse médiév., 4 Bde, 1959–64 – H. GRUNDMANN, Oportet et haereses esse, AfK 45, 1963, 129–164 – HENNECKE-SCHNEEMELCHER, II, 1964 – W. AFFELDT, Die weltl. Gewalt in der P.-Exegese,

1969 – M. E. SCHILD, Abendl. Bibelvorreden bis zur Lutherbibel, 1970 – A. H. FREYTAG, Quae sunt per allegoriam dicta. Das theol. Verständnis der Allegorie in der frühchristl. und ma. Exegese von Gal 4,21–31 (Verbum et Signum [Fschr. F. OHLY, 1975]), I, 37–43 – A. MASSA, Bibel- und Legendenepik des dt. MA, 1976 – TH. DOMANYI, Der Röm-Komm. des Thomas v. Aquin, 1979 – H. FELD, Die Wiedergeburt des Paulinismus im europ. Humanismus, Cath(M) 36, 1982, 294–327 – Le MA et la Bible, ed. P. RICHÉ-G. LOBRICHON, 1984 [J. GAUDEMET, 327, 369; TH. M. IZBICKI, 371–384] – B. SMALLEY, The Study of the Bibel in the MA, 1984³ – F. OHLY, Typologie als Denkform der Gesch.sbetrachtung (Typologie, hg. V. GOHN, 1988), 22–63 – R. WEIGAND, Frühe Kanonisten und ihre Karriere in der Kirche, ZRGKanAbt 76, 1990, 135–155.

III. IKONOGRAPHIE: P. tritt in bildl. Darstellungen zunächst meist gemeinsam mit →Petrus auf: Wahrscheinl. auf dem Sarkophag in Berja vor Ks. Nero (spätkonstantin.; SOTOMAYOR 107), sicher in den zahlreichen Bildern der →Gesetzesübergabe (seit Mitte 4. Jh.); abgesehen von vereinzelten (späteren) ravennat. Beispielen der Übergabe an P. ist Petrus der Empfänger. Die Figurenanordnung der Gesetzesübergabe hat dazu geführt, daß P. oft auch in anderen Szenen den eigtl. Petrus zustehenden Ehrenplatz zur Rechten Christi einnimmt (z. B. röm. Apsiden S. Pudenziana, SS. Cosma e Damiano, S. Prassede [9. Jh.], S. Pietro in Vat. [Ende 12. Jh.]). Gemeinsam erscheinen die Apostelfs.en auch in der Kleinkunst, z. B. auf →Goldgläsern des 4. Jh. (Beispiele mit P. allein sind selten), seit Ende des 4. Jh. in Bildern der Kreuzhuldigung. Zur Einbeziehung des P. in die Zwölfzahl und zur gemeinsamen Hervorhebung von Petrus und P.: →Apostel. – Seit Mitte 4. Jh. wurden die Apostelfs.en in unterschiedl. Bildtypen dargestellt, die trotz zahlreicher Variationen bis ins MA gültig blieben: P. mit längl. Kopf, Vorderglatze und spitzem Bart, Petrus mit breitem Kopf, krausem, vollem Haar und abgerundetem Bart. In Malerei und Mosaik hat P. dunkle oder schwarze, Petrus graue oder weiße Haare. – Während es für den drei- oder vierszenigen Petruszyklus konstantin. Sarkophage kein P.pendant gibt, bringen Mitte des 4. Jh. einige Sarkophage Hinweise auf die Hinführung beider Apostelfs.en zum Martyrium; bei P. kann Schilf als Ortshinweis (Tiber) stehen, ein Soldat trägt das Schwert zur Enthauptung. Als Attribut des P. selbst steht das Schwert (außer in fragl. Katakombenbild [TESTINI 72f.] und auf einer wegen der Kreuznimben der Apostelfs.en verdächtigen Lampe [ebd. 75]) erst ab 13. Jh. Zuvor hält P. eine geschlossene Buchrolle; im MA können Buch oder geöffnete Schriftrolle des P. auch einen Text aus seinen Briefen tragen. – Von den frühesten Apg-Zyklen besitzen wir nur Reflexe in Zeichnungen des 17. Jh.: Während die Bilder der Portikus von S. Peter beiden Apostelfs.en galten, betonten die im 5. Jh. entstandenen und im 13. Jh. überarbeiteten Langhausfresken in S. Paolo f.l.m. die in der Apg berichteten Szenen der P. vita. Auf solche Vorbilder gehen Darstellungen wie die Wunderszene mit der Viper auf Malta (Apg 28,1–6) auf dem Carrand-Diptychon (Lit. SHELTON) zurück, wie v. a. die P.zyklen in den karol. →Bibelillustrationen der Vivianus-Bibel und der Bibel von S. Paolo f.l.m. BUCHTHAL hat gezeigt, daß auf letztere auch eine ö. illustrierte Hs. der Apg eingewirkt hat, die nicht erhalten blieb, deren zumindest nachikonoklast. Existenz jedoch durch die Miniaturen der Bekehrung des P. in drei Hss. der christl. Topographie des →Kosmas Indikopleustes zu erschließen ist. Häufig sind P.zyklen im O nicht; Reste eines Beispiels des 10. Jh. gibt es in Philippi. Auf verschiedene Q. gehen die bedeutenden P.zyklen des 12. Jh. in der Cap. Palatina in Palermo und im Dom zu Monreale zurück. – Einige frühchr. Bilder im W und O zeigen P. in Verbindung mit seiner aus den apokry-

phen P.akten bekannten Schülerin →Thekla, doch steht diese hierbei meist im Vordergrund (Denkmäler DASSMANN 25–30). P.bilder im Typ des stehenden oder sitzenden Evangelisten finden sich in der ö. wie w. ma. Kunst; das Bildmotiv des abgeschlagenen Hauptes des P. (z. B. Skulptur Landesmus. Münster, vom dortigen Dom, 13. Jh.) ist im Vergleich zur →Johannesschüssel selten. Darstellungen der Enthauptung (z. B. Abdinghofer Tragaltar des →Roger v. Helmarshausen) zeigen erst im Barock einen Hinweis auf die Legende der P.akten von den Q., die nach dreimaligem Aufschlagen des Hauptes entsprangen. – Ausführl. Denkmälerverz. zu allen Darstellungstypen: LECHNER. J. Engemann

Lit.: LCI VIII, 128–147 [M. LECHNER] – E. KITZINGER, The Mosaics of Monreale, 1960 – S. WAETZOLD, Die Kopien des 17. Jh. nach Mosaiken und Wandmalereien in Rom, 1964 – H. BUCHTHAL, Some Representations from the Life of St. Paul in Byz. and Carol. Art (Tortulae, hg. W. N. SCHUMACHER, 1966) – L. DE BRUYNE, Saecularia Petri e P.i, Conferenze Roma 1968 (1969), 35–84 – P. TESTINI, Studi Paolini, 1969, 61–93 – M. SOTOMAYOR, Sarcofagos romano-cristianos de España, 1975 – E. DASSMANN, P. in frühchr. Frömmigkeit und Kunst, 1982 – K. J. SHELTON, JbAC 29, 1986, 166–180.

IV. KULTVERBREITUNG: Der P.kult hat sich von Rom aus vielerorts verbreitet. [1] Rom: Das P.grab lag an der Straße nach Ostia, wo im 2. Jh. ein Gedächtnisbau (Tropaion) und nach 313 eine kleine Basilika entstanden, die von den Drei Kaisern 386 nach den Ausmaßen der konstantin. Peterskirche erweitert und unter Honorius I. (395/423) konsekriert wurde. Sie bestand bis zum Brand von 1823 und wurde nach der Restaurierung 1854 von Pius IX. wieder geweiht (S. Paolo fuori le mura).

Die vom Priester Gaius erwähnten Apostel-Tropaia (Eusebius KG II xxv 7) zeugen vor 199/217 von der gleichen Verehrung beider Apostel Petrus und P. an ihrem jeweiligen Grab. Seit 258 ist auch ihr gemeinsames Fest vom 29. Juni bezeugt (Depositio martyrum, MGH AA IX 71), jedoch scheint es an einem dritten Ort, ad catacumbas (S. Sebastiano an der Via Appia), entstanden zu sein. Dafür sprechen die gegen 640 von Pilgern in die Wände der Triclia geritzten Graffiti (A. FERRUA, ICVR V Nr. 12907–13096), von denen etliche den Namen P. vor den von Petrus stellen (FERRUA, Rileggendo). Die dort 314–350 errichtete Basilica apostolorum und die damasian. Inschrift Hic habitasse prius (FERRUA, Epigr. dam. 141/144) geben diesem zuerst privaten Kult den offiziellen Charakter. Im Gegensatz zu Prudentius, Perist. XII 29, der ihn nur an zwei Stellen erwähnt, gibt ihn der Hymnus Apostolorum passio (MPL 17, 1215/16) für trinis viis an. Dieser Quellenbefund erfährt heute noch eine unterschiedl. Interpretation. L. DUCHESNE, L.P. I civ-cvii, III 25/26 zufolge deutet der appische Apostelkult auf eine zeitweilige Translation ihrer Reliquien nach S. Sebastiano. Dagegen zog H. DELEHAYE, Les origines du culte des martyrs, 264/267, eine einfache liturg. Kommemoration als Erklärung vor.

Das Doppelfest vom 29. Juni wurde später geteilt und das eigtl. P.gedächtnis auf den 30. verlegt (Sacram. Leon. und Gelas.). In der gleichen Zeit wuchs in Rom die Zahl der beiden Aposteln geweihten Kirchen (titulus app. heute S. Pietro in Vincoli, bas. app. = Dodici Apostoli?, oratorium in Via Sacra), während die allein P. konsekrierten erst im hohen MA gebaut sind und seltener waren (ad Aquas Salvias, iuxta Bibianam, alla Regola).

[2] Außerhalb Roms: Das Fest Pauli Bekehrung (25. Jan.) ist gall. Ursprungs, während im O beide Apostel manchmal in der Folge des Weihnachtsfestes verehrt wurden. Im O sind auch die später häufig übersetzten Paulus- und

Thekla-Akten entstanden, deren ältester Zeuge Tertullian, De bapt. 17, ist.

In der spätantiken Welt wurden oft Kontaktreliquien beider Apostel zusammen in einer eigenen Kirche aufbewahrt: unter Silvester (314-335) in Ostia, 359 in Um el Ahdam bei Setif und in Tipasa, im 5. Jh. in Afrika, unter Bf. Neon in Ravenna, im 6. und 7. Jh. in Spanien, im 5./6. Jh. in Gallien (Arles, Lyon, Paris). Gregor d. Gr. war ein eifriger Spender solcher Reliquien. Seit dem 7./8. Jh. spielten die von Rom zurückkehrenden Pilger eine große Rolle in dieser Kultverbreitung, die bis ins späte MA fortdauert. Merowinger, Langobarden und Angelsachsen wetteiferten in der Stiftung von zu Ehren dieser Reliquien gegründeten Bf.s-, Stifts- und Abteikirchen, unter denen keine in karol. und otton. Zeit beiden Aposteln, d. h. dem Papst, direkt unterstellt wurden. Einige von diesen Kirchen sind speziell dem Apostel P. geweiht: so in Konstantinopel 594, Lyon 549/552, Jarrow 674.   V. Saxer

Lit.: AASS. Jun. VII, 1717, 16-33 – Bibl. SS X, 1968, 194-228 – Vies des Saints VI, 1948, 506-510 – DACL XIV, 2658-2699 – Enc. Catt. IX, 717-725 – A. Ferrua, Rileggendo i graffiti di S. Sebastiano, 1965, 428; IV, 134 – W. Buchowiecki, Hb. d. Kirchen Roms, I-III, 1967-74 – E. Josi, La venerazione degli ap. Pietro e Paolo, Studi di antichità cr., XXVIII, 1980, 151-197.

2. P. I., *Papst* (hl.) seit 29. Mai 757 (Weihe), † 28. Juni 767 Rom, ⊡ St. Paul drei Monate später in St. Peter; ist dem 15. Jh. als Hl. verehrt (Fest: 28. Juni); aus wohlhabendem röm. Adel, jüngerer Bruder und Mitarbeiter Papst Stephans II.; in unmittelbarem Zusammenhang mit der Beisetzung Stephans II. (26. April 757) von der Mehrheit gewählt. P. zeigte seine Wahl dem frk. Kg. →Pippin d. J., nicht dem byz. Ks. an. In konsequenter Fortsetzung der Politik seines Bruders suchte er gegen langob. und byz. Ansprüche und Übergriffe frk. Unterstützung für den →Kirchenstaat, konnte jedoch Pippin nicht zum militär. Vorgehen gegen den langob. Kg. →Desiderius bewegen. Trotz andauernder Gegensätze kam es 763 zu einer Stabilisierung des Verhältnisses mit Desiderius. Von Ks. Konstantin V. im →Bilderstreit vertriebene Mönche nahm er auf. Die von P. veranlaßten zahlreichen Überführungen von hl. Leibern aus den Katakomben in röm. Kirchen waren bedeutsam für die Entwicklung von Hl.nverehrung und Reliquienkult.   G. Schwaiger

Q.: LP I, 463-467; III, 345 – Jaffé² I, 277-283; II, 701 – Cod. Carolinus (MGH Epp. III, 1892), 507-558 – Lit.: M. Baumont, Le pontificat de Paul I, MAH 47, 1930, 7-24 – Seppelt² II, 139-147, 431 – D. H. Miller, Papal-Lombard Relations during the Pontificate of Pope Paul I, CathHR 55, 1969/70, 358-376 – W. H. Fritze, Papst und Frankenkg., 1972 – D. H. Miller, Byz.-Papal Relations during the Pontificate of Paul I, BZ 68, 1975, 47-62 – H. H. Anton, Von der byz. Vorherrschaft zum Bund mit den Franken (M. Greschat, Das Papsttum, II, 1985), 100-114 – J. T. Hallenbeck, King Desiderius as Surrogate »Patricius Romanorum«. The Politics of Equilibrium, 757-768, StM 30, 1989, 49-64 – A. Angenendt, Das FrühMA, 1990, 285f., 481f.

3. P. II. (Pietro Barbo), *Papst* seit 30. Aug. 1464 (Wahl; Krönung: 16. Sept.), * 23. Febr. 1417 Venedig, † 26. Juli 1471 Rom; stammte aus vornehmer, reicher Kaufmannsfamilie, wurde von seinem Oheim Eugen IV. für die kirchl. Laufbahn bestimmt; 1440 Kard., Bf. v. Cervia, Vicenza, Padua. Sein fsl. Einkommen aus zahlreichen Pfründen verwendete er für Kunstslg.en und zum Bau des röm. Palazzo Venezia. Der Widerruf der beschworenen Wahlkapitulation unmittelbar nach der Krönung entfremdete P. das Kard.kollegium. Die Aufhebung des von Pius II. gestifteten Abbreviatorenkollegs (→Abbreviator) an der Kurie und das scharfe Vorgehen gegen die von →Pomponius Laetus geleitete röm. Akademie schufen P. neue erbitterte Feinde. Die betroffenen Literaten rächten sich mit spitzer Feder. →Platina verzeichnete in seiner Papstgesch. den freigebigen, prunkliebenden P. als barbar. Feind der Künste und Wissenschaften. P. betrieb mit geringem Eifer die Abwehr der Türken, unterstützte (finanziell) →Georg Kastriota in Albanien, bannte den utraquist. gesinnten böhm. Kg. →Georg v. Podiebrad, begünstigte Matthias Corvinus in Ungarn, hielt aber auch mit Ks. Friedrich III., der 1468 nach Rom kam, gute Verbindung. Mit päpstl. Förderung richteten zwei Deutsche die erste Buchdruckerei in Rom ein. P. bestimmte, daß ab 1475 alle 25 Jahre ein Jubiläumsjahr gefeiert werden sollte (→Hl. Jahr). Die dringl. Kirchenreform blieb unerledigt.   G. Schwaiger

Q.: B. Platina, Liber de vita Christi et Pontificum (Muratori² III/1, 363-398) – Pauli II Epp. et commentarii, hg. J. Ammanati, Mailand 1506 – Le Vite di Paolo II di Gaspare de Verona e Michele Canensi (Muratori² III, 16) – Potthast² II, 931 – Lit.: DThC XII, 3-9 – LThK² VIII, 198 – HKG III/2, 634f., 648-651 – Seppelt² IV, 348-353, 495 – H. Heimpel, Kgl. Weihnachtsdienst im späteren MA, DA 39, 1983, 131-206 – A. A. Strnad, Die Päpste der Früh- und Hochrenaissance (M. Greschat, Das Papsttum, II, 1985), 39-52 [Lit.] – M. Borgolte, Petrusnachfolge und Ks.imitation, 1989, 415 [Register] – P. Partner, The Pope's Men, 1990.

4. P. Albarus → Albarus Paulus v. Córdoba

5. P. Alexandrinus, Verf. eines astrolog. Handbuchs mit astronom. Erläuterungen (nach 378). Behandelt sind die Zeichen des Tierkreises, die Planeten, die Lehre von den Schicksalslosen (nach →Hermes Trismegistos), von den zwölf die Lebensbereiche bestimmenden Orten, von den Schicksalsjahren u. a. Die unvollständig erhaltene Schr. wurde von →Heliodoros (2. H.) im 5. Jh. kommentiert. Zahlreiche Hss. und Scholien bezeugen die Wertschätzung im MA.   J. Gruber

Ed.: E. Boer, 1959 [astronom. Erläuterungen O. Neugebauer] – Lit.: Kl. Pauly IV, 566f. – RE XVIII/4, 2376-2386 – W. Gundel-H. G. Gundel, Astrologumena, SudArch, Beih. 6, 1966.

6. P. Aurelianus (Paulinus, Paulinianus, Paulinnanus), hl., Mitte 6. Jh., gilt der Tradition als aus →Wales stammender Gründer des Bm.s →St-Pol-de-Léon (dép. Finistère) in der nw. →Bretagne (→Léon). Seine Vita, 884 von Wrmonoc verfaßt, berichtet über seine Geburt und frühen Lebensjahre im s. Wales und sw. Britannien (Erziehung im Kl. →Llantwit durch den hl. →Illtud), dann über Auswanderung in die Bretagne und Bf.sweihe. Die Vita vermischt wohl P.' Lebensereignisse mit denjenigen zweier gleichnamiger walis. Hl.r; in späterer liturg. Überlieferung wird er mit →Paulinus v. York kontaminiert. Sein traditionell auf die Mitte des 6. Jh. datiertes Wirken läßt sich historisch nicht fassen. Das Verhältnis des Bm.s St-Pol zur spätröm. Diözesanorganisation bleibt unklar; möglich ist, daß P. den Bf.ssitz vom älteren Standort Brest nach St-Pol verlegt hat. P.' Verehrung ist seit dem 9. Jh. in St-Pol und an anderen Orten der Bretagne bezeugt; 958/960 wurden seine Reliquien nach →Fleury übertragen und dort in einem Schrein niedergelegt.   J. M. H. Smith

Q. und Lit.: Vita Pauli Aureliani, ed. C. Cuissard, RevCelt 5, 1881-82, 413-460 – G. H. Doble, The Saints of Cornwall, 1, 1960 – J. M. H. Smith, Oral and Written: Saints, Miracles and Relics in Brittany, Speculum 65, 1990, 309-343, bes. 323-326.

7. P. v. Burgos → Santa María, Pablo de

8. P. de Castro, bedeutender it. Rechtslehrer und -praktiker, * 1360/62 in Castro (im 2. Castrokrieg 1649 zerstörte ehem. Stadt 50 km n. v. Rom), † 20. Juli 1441 in Padua. P. studierte bei →Baldus de Ubaldis in Perugia und bei dem originellen Christophorus de Castellione in Pavia und erwarb 1385 in Avignon den Doktorgrad. Er lehrte Zivilrecht in Avignon, Siena, Florenz, Bologna und Padua. Bartholomaeus Caepolla, →Alexander de Tartagnis und Antonius Mincuccius waren seine Schüler. Prakt. wirkte P. v. a. als Gutachter, ferner als →Auditor des Kard.s Pietro Corsini in Avignon, als Podestà v. Viterbo (1404) und als Redaktor einer neuen Sammlung der Statuten v. Siena (1425). Er hinterließ Vorlesungen zu Digesten und Codex, viele →Consilien und →Repetitionen. P. war mit einer Nichte des Kanonisten →Petrus de Ancharano verheiratet; einer der Söhne, Angelus, war ebenfalls ein angesehener Jurist. P. Weimar

Ed.: In primam [secundam] Digesti veteris [Infortiati, Digesti novi, Codicis] partem commentaria, Augustae Taurinorum 1576 [8 Tl.e, Ind.] – Consiliorum sive responsorum volumen primum [-tertium], Venetiis 1581 – Lit.: SAVIGNY VI, 281–293, 522–528 – DBI XXII, 227–273 [G. D'AMELIO] – H. LANGE, Die Rechtsq.lehre in den Consilien P.s (Gedächtnisschr. R. SCHMIDT, 1966), 421–440 – N. DEL RE, P., dottore della verità, Studi senesi 82, 1970, 194–236 – J. KIRSHNER, P. on Cives ex privilegio (Renaissance Stud. H. BARON, 1971), 229–264 – F. TODESCAN-G. MANTOVANI, Il »Consilium de usuris« di Angelo da Castro, Atti e mem. dell'Accademia Patavina... 96, 1983–84, 173–187 – A. BELLONI, Professori giuristi a Padova nel sec. XV, 1986, 283–292 – A. ROMANO, La giurisprudenza consulente e P., RSDI 61, 1988, 141–170 [mit Ausg. ungedr. Consilien].

9. P. Diaconus, Sohn des Warnefrit, * 720/730 in Cividale (Friaul), † um 799, entstammte einer alten langob. Familie, die im Gefolge Alboins 569 nach Italien gekommen war. Seine Familie stand mit dem Hof der Hzg.e v. →Friaul in Verbindung. Als Hzg. Ratchis v. Friaul Kg. wurde, kam P. vermutl. aufgrund dieser Beziehungen an den Kg.shof in Pavia, wo er seine Ausbildung in der Schule des Grammatikers Flavianus beendete und sich auch Rechtskenntnisse erwarb. Von Ratchis dazu ermuntert, wandte sich P. bald theol. Studien zu. Der genaue Zeitpunkt seines Eintritts in das Kl. →Montecassino ist nicht bekannt (nach Ratchis' Abdankung 749?), muß jedoch vor 774 liegen, da P. bei seinem Zusammentreffen mit Karl d. Gr. bereits Mönch war. In Montecassino trug P. durch seine Lehrtätigkeit (erhalten ist seine »Ars minor«; bedeutendster Schüler: Grammatiker Hildericus) zur ersten kulturellen Blüte des Kl.s bei. Für seine Schülerin Adelperga, Tochter des letzten Langobardenkg.s Desiderius, und Frau Hzg. Arechis' II. v. Benevent, verfaßte P. seine »Historia Romana« (12 B.), eine Erweiterung des »Breviarium« des Eutropius. Für den Hzg. schrieb er die Dichtung »Aemula Romuleis«, um dessen Neugründung der Stadt Salerno zu feiern. Später verfaßte er auch die Epitaphien für den Hzg. und für die Kgn. Ansa. Nach der Eroberung des Langobardenreichs durch Karl d. Gr. (774) war P.' Bruder Arechis während des Aufstands v. Friaul (776) gefangengenommen worden. 782 reiste P. an den Hof, um die Freilassung seines Bruders zu erwirken (Bittgedicht »Verba tui famuli«). Karl gewährte sie ihm, verlangte aber von P. dafür, an seinem Hof zu lehren und lit. tätig zu sein. In der kulturell anregenden Atmosphäre des Hofes, wo P. drei bis fünf Jahre blieb, verfaßte er neben zahlreichen Epitaphien für Verwandte des Kg.s und hervorragende Zeitgenossen (wie →Venantius Fortunatus) die »Gesta episcoporum Mettensium«. Das auf Verlangen des Ebf.s v. Metz →Angelramnus entstandene Werk war nach dem Vorbild der röm. →Liber pontificalis angelegt und feierte die Familie Karls, der von →Bf. Arnulf v. Metz abstammte. In den »Gesta« befaßte sich P. erstmals auch mit der Gesch. seines Volkes, indem er von der frk. Eroberung Italiens berichtete. Nach seiner Rückkehr nach Montecassino (786/787) blieb P. mit dem frk. Hof in Kontakt, obgleich das Fsm. →Benevent, auf dessen Territorium sich das Kl. befand, der Karolingerherrschaft feindl. gegenüberstand. Für Karl d. Gr. redigierte P. ein Homiliar, einen (verlorenen) Komm. zur Regula Benedicti und – wahrscheinl. noch im Frankenreich – eine kulturhist. wichtige Epitome des Lexikons des Festus. Ferner sind von ihm Gedichte erhalten (u. a. ein Lob des Comersees: »De laude Larii laci«) sowie die Vita Gregorii (Gregors d. Gr.). In seinen letzten Lebensjahren widmete sich P. seinem Hauptwerk, der »Historia Langobardorum« (6 B.), einem der berühmtesten Geschichtswerke des MA. Wie die hist. Werke von →Cassiodor, →Jordanes, →Gregor v. Tours und →Isidor v. Sevilla strebt die »Historia« danach, die Vergangenheit einer germ. Gens nach den Grundsätzen der antiken Historiographie darzustellen. Die aufgenommenen ätiolog. Sagen bieten neben legendären auch hist. Nachrichten über die Zeit der Wanderung und interessante Einzelheiten über die Kultur und Religion der Langobarden vor der Christianisierung. In die Erzählungen über die Kg.e, die Hzg.e v. Friaul und v. Benevent sind Elemente mündl. Überlieferung eingeflossen. Grundlegend sind für die ersten Teile der »Historia« persönl. Erfahrungen des P., der in Pavia, Cividale und Benevent gelebt hat. Spoleto, ein weiteres großes langob. Zentrum, wird weitgehend ignoriert, ebenso wie Tuszien. Als Grund für das Abbrechen der »Historia Langobardorum« mit dem Tode Liutprands (744) wird entweder der Tod des P. angesehen oder sein Wunsch, schmerzl. Erinnerungen nicht zu berühren. In P.' Geschichtswerk ist die Trauer über den Untergang des Langobardenreichs nur implizit spürbar. Er betont die Tugenden, die seinem Volk eigen sind: Mut, Ergebenheit gegenüber seinen Führern, Ehrgefühl. Hingegen schweigt er, gewiß nicht zufällig, von den Auseinandersetzungen zw. Liutprand und den Päpsten, dem Vorspiel zu dem Zusammenstoß der Folgezeit, der den Untergang des Langobardenreichs herbeiführen sollte. Als Langobarde und als Mönch erlebt P. diesen Zusammenbruch, der in erster Linie das Werk des Oberhauptes der Kirche ist, als zutiefst tragisch. Die Schuld der Langobarden sieht er in ihrem urspgl. Barbaren- und Heidentum. An der chr. Kgn. →Theodolinde, der einzigen wahren Mittlerin zw. Gott und den Langobarden macht P. das Schicksal des Langobardenvolkes fest: Als die von ihr zu Ehren Johannes' d. T.s erbaute Kirche verfällt und für Geld an Unwürdige vergeben wird, ist der Untergang der Langobarden unausweichlich. St. Gasparri

Ed.: Hist. L., MGH SRL, 1878, 12–187 – Hist. Rom., Fonti 51, 1914 – Gesta episc. Mett., MGH SS 2, 1829, 260–268 – Vita Gregorii, ZKTH 11, 1887, 158–173 – Homiliarius, MPL 95, 1159–1566 – Epistolae, MGH Epp 4, 1895, 505–516 – K. NEFF, Die Gedichte des P.D., 1908 – A. AMELLI, Ars Donati quam P.D. exposuit, 1899 – W.M. LINDSAY, S. Pompeji Festi de verborum significatu quae supersunt, cum Pauli epitome, 1913 – Lit.: WATTENBACH–LEVISON-LÖWE, II, 1953, 212–224 – G.P. BOGNETTI, Processo logico e integrazione delle fonti nella storiografia di Paolo Diacono (L'età longob., III, 1967), 159–184 – G. SESTAN (La storiografia altomediev., Sett.cent.it. 17, I, 1970), 357–386 – BRUNHÖLZL I, bes. 257–268 – G. VINAY, Un mito per sopravvivere: l'Historia Langob. di Paolo Diacono (Altomedioevo lat., 1978), 125–149.

10. P. Gerardi (Paolo Gerardi), Florentiner, verf. 1328 in Montpellier ein »Libro di ragioni«, eine Aufgabenslg. mit kurzen theoret. Anleitungen *(regolle delle cose)* zur Auflösung der 15 dabei vorkommenden algebr. Gleichungsgattungen. P.' Werk ist wichtig als ältestes Zeugnis einer prakt. Algebra: 1) auf it. und 2) mit Einbeziehung von Gleichungen 3. Grades (Lösungsformeln jedoch wertlos). J. Sesiano

Ed.: G. ARRIGHI, Opera matematica (di P.G.), 1987 – Lit.: W. VAN EGMONT, The Earliest Vernacular Treatment of Algebra, Physis 20,

1978, 155–189 [mit Ed. der *regolle*] – E. Scholz, Gesch. der Algebra, 1990, 146f.

11. P. v. Middelburg, Astronom, * 1445 Middelburg, † 1533 Rom, studierte in Löwen Philosophie, Theologie und Medizin. Zunächst Priester in Middelburg, unterrichtete P. seit 1479 Astronomie an der Univ. Padua. 1481 Leibarzt und Astrologe des Hzg.s v. Urbino, 1494 bis zu seinem Tode Bf. v. Fossombrone. Seine Prognostiken (erhalten für die Jahre 1479–84, 1486, 1524) und eine Schrift über die Anzahl der Atome im Weltall (1518) zeigen, daß P. nicht nur ein guter, an Astrologie interessierter Astronom war, sondern auch die Schr. des →Archimedes, v. a. seinen 'Sandrechner', und Arbeiten zu den regulären Körpern kannte. Bes. Bedeutung erlangte P. durch seine Schr. zur Kalenderreform. Papst Leo X. ernannte ihn auf dem V. Laterankonzil (1512–17) zum Leiter der Abteilung für Kalenderreform und verfügte 1514 auf Empfehlung P.', daß verschiedene Gelehrte (u. a. →Kopernikus) um Gutachten zur Kalenderverbesserung ersucht wurden. 1513 erschien P.' Hauptwerk (Paulina de recta Paschae celebratione et de die passionis Domini nostri Iesu Christi; 33 B.), das die Gesch. der →Chronologie, die Vorstellungen zeitgenöss. Autoren und Vorschläge zur Kalenderreform enthält (1514–16 von P. mehrfach kommentiert). M. Folkerts

Lit.: D. J. Struik, P. van M. (1445–1533), Mededeelingen van het Nederlandsch Hist. Instituut te Rome, Vijfde Deel, 1925, 79–118 [Bibliogr.] – Ders., Paolo di M. e il suo posto nella storia delle scienze esatte, Periodico di Matematiche, 4. Ser., 5, nr. 5, 1925, 337–347.

12. P. (Nicoletti) v. Venedig OESA, * um 1369 Udine, † 15. Juni 1429 Padua, um 1385 Ordenseintritt in Venedig. Nach Studien in Padua (1387–90) und Oxford (1390–93) lehrte er als mag. artium und dr. theol. Philosophie in Padua (1408ff., 1416–19) und Siena (1420ff.), vorübergehend auch in Venedig, Bologna und Perugia. Mehrfach war er Provinzial (1409/10 und 1420–22) und 1409/10 Generalvikar des Ordens in der röm. Oböbedienz. In diplomat. Mission der Republik Venedig weilte er 1410 in Deutschland und Ungarn, 1412 in Polen. Gefeiert als 'philosophorum monarcha' (Grabinschrift) wegen seiner Aristoteleskomm.e (v. a. »Summa naturalium«, 1408), gebührt ihm wegen der »Logica magna« und der »Summulae logicae« (Logica parva, 20 Drucke) in der Gesch. der abendländ. Logik ein angesehener Platz. Zur Beurteilung seines 'Averroismus' vgl. P. Vignaux, AdPh 53, 1988, 385–400. A. Zumkeller

Ed.: Reprints der Werke: Hildesheim 1970–74 – Logica magna, lat.-engl. Ausg. mit Komm., ab 1978, bis jetzt 8 Bde – Pauli V. Super I Sententiarum Johannis de Ripa Lectura abbreviata, 1980 – *Bibliogr.*: Perini IV, 39–46 – Teeuwen, Nr. 1599–1607, 3085f., 3796–3805, 4781–4788, 6057–6068 – A. R. Perreiah, P. of V.: A bibliographical guide, 1986 – *Lit.*: EncIt XXVI, 242 – HWP X, 368f. – Zumkeller, Augustinerschule, 244–246 – Ders., Manuskripte, 343–346, 613 – Ch. H. Lohr, Traditio 28, 1972, 314–320 [mit älterer Lit.] – Ders., Manuscripta 17, 1973, nr. 1, 35f.

13. P. I. (Pavao) **Šubić v. Bribir**, † 1312. Der Ende des 12. Jh. einsetzende Aufstieg der kroat. Familie Šubić (Stammsitz Bribir) gelang durch der meist schwachen Stellung des ung. Kgtm.s in Kroatien und der Kontrolle über dalmat. Städte. Der Höhepunkt der Macht der Bribirer fiel in die Zeit von P. und seiner jüngeren Brüder Mladen I. und Juraj. P. wurde 1273 *comes* v. Split und Trogir, 1278 fakt. unabhängiger →Banus v. →Kroatien. Im Kampf der Arpaden und Anjou um den ung. Thron suchten beide Seiten P.' Unterstützung und verliehen ihm Privilegien. P.' Haltung, die 1295 von Karl v. Anjou zum Banus auf Lebenszeit ernannt wurde, war mitentscheidend für den Erfolg der Anjou. P. führte bereits 1299 den Titel '*dominus Bosne*', brachte die bosn. →Kotromanići in Abhängigkeit und stellte bis 1305 ganz →Bosnien unter seine Herrschaft. Der Versuch 1311–13, den Venezianern →Zadar abzunehmen, scheiterte. Unter dem Druck der auf Venedig setzenden dalmat. Städte, des Kg.s v. Ungarn und der Kotromanići verlor die Familie unter P.' Sohn →Mladen II. ihre Machtposition. I. Goldstein

Lit.: V. Klaić, Bribirski knezovi od plemena Šubić, 1897 – N. Klaić, Povijest Hrvata u razvijenom srednjem vijeku, 1976 – S. Antoljak, Ban Pavao Bribirski (Ders., Hrvati u prošlosti, 1992).

14. P. Ungarus, Kanonist und Prof. in Bologna, † 1242; 1219 Eintritt in den Dominikanerorden, Bußpriester des Konvents S. Nicolai, ging 1221 mit vier Brüdern nach Ungarn und ist dort bei der Mission der →Kumanen wahrscheinl. als Märtyrer gestorben. Er schrieb Notabilien zur Comp. II und Comp. III und 1220/21 eine weit verbreitete Poenitentialsumme, wohl das erste Zeugnis lit. Tätigkeit im Dominikanerorden. N. Höhl

Lit.: DDC VI, 1270–1276 [Lit.] – Kuttner, 411–413 – J. Gründel, Die Lehre von den Umständen, 1963, 408–412.

15. P. de Wurzen, * ca. 1380, † nach 1426 in Krakau. Die Univ.sstudien begann P. in Prag (1403 Bacc. art.); im Dez. 1409 erlangte er den Magistergrad an der Artistenfakultät in Leipzig, wo er bis 1415 lehrte (Dekan im Wintersemester 1414/15). Seit 1416 lehrte er Philos. und studierte Theologie an der Krakauer Univ. (ca. 1426 Dr. theol.). Er verfaßte Komm.e zu den aristotel. Schr. Ethica, Politica, Oeconomica, Parva naturalia, De generatione et corruptione, Meteora und De anima. P. war Vertreter der Krakauer via communis, des Pragmatismus und Glückverständnisses buridan. Prägung. M. H. Markowski

Lit.: J. Rebeta, Komentarz Pawła z Worczyna do 'Etyki Nikomachejskiej' Arystotelesa z 1424 roku, 1970 – M. Markowski, Burydanizm w Polsce w okresie przeć-kopernikańskim, 1971.

Paumann, Konrad, dt. Organist, vielseitiger Instrumentalist und Komponist, * um 1415 in Nürnberg, † 24. Jan. 1473 in München, berühmtester dt. Musiker seiner Zeit. Nach dem Zeugnis des Grabsteins (Münchner Dom) blind geboren. Spätestens 1446 Organist an St. Sebald (Nürnberg), 1447 Stadtorganist, ab 1450 am Münchner Hof. 1470 reiste er nach Italien (Ritterschlag in Mantua). 1471 spielte er während des Reichstags vor Friedrich III. Virdung schrieb ihm die Erfindung der dt. Lautentabulatur zu. Er hinterließ 4 Fundamenta (Modelle zur Orgelimprovisation), ein Tenorlied sowie drei Orgelbearbeitungen von Vokalwerken (Buxheimer Orgelbuch). B. Schmid

Ed.: B. A. Wallner, Das Buxheimer Orgelbuch, Erbe dt. Musik, 37–39, 1958–59 – *Lit.*: MGG – New Grove – F. Krautwurst, K.P., Fränk. Lebensbilder 7, 1977 – H. Minamino, C.P. and the Evolution of Solo Lute Practice in the 15th. C., J. of Musicolog. Research 6, 1986, 291–310.

Paumgartner, zunächst in →Nürnberg, später auch in Augsburg ansässige Handelsfamilie, deren Herkunft ungeklärt ist. Die P. sind erstmals 1396 im Nürnberger Rat vertreten. *Konrad* P. (ca. 1380–1464) trat 1402 nach seiner Heirat mit einer Kreß in die Nürnberger Kreß-Handelsges. ein. Nach Auflösung der Kreß-P.-Ges. 1430 führte er seinen ausgedehnten Großhandel zw. den Niederlanden und Wien mit dem Hauptstützpunkt Venedig selbständig weiter und engagierte sich zunehmend auch im Kreditgeschäft, so 1439–43 bei der Finanzierung des Krieges von Hzg. →Ludwig VIII. v. Bayern-Ingolstadt gegen dessen Vater. Ende der 1450er Jahre war die P.-Firma in Finanztransaktionen zw. Dtl. und der Kurie einbezogen. Konrad P. verfaßte auch ein Verzeichnis seiner Familienangehörigen, ein frühes Exemplar dieser Literaturgattung in Nürnberg. Ca. 1455/60 übernahm der Sohn *Anton* (1418–75) die Firma. Vater und Sohn P. mußten 1455 mit 18350 fl. für Forderungen aufkommen, die aus Streitigkeiten innerhalb einer Nürnberg-Augsburger Ges. resultierten, in der Antons Frau Teilhaberin war. Nach ersten Zahlungsschwierigkeiten anfangs der 60er Jahre mußte Anton P. Nürnberg schließl. 1472 verlassen. Von den dort verbliebenen P.n verfaßte *Stefan* einen Bericht über seine Reise ins Hl. Land von 1498. Die größere wirtschaftl. Dynamik entfaltete der neue Augsburger Zweig der Familie. Treibende Kraft war hier, seit seiner Heirat 1485 mit einer Rehlinger, *Hans d. Ä. P.* († 1527), Sohn des in Nürnberg geschieiterten Anton P. Neben dem ausgedehnten Warenhandel gelang ab 1496 die sprunghafte Vermehrung des Vermögens durch Beteiligung an Tiroler Bergwerksgeschäften: Wiederholt wurden den Habsburgern Kredite (mehrfach über 20000 fl.) gewährt gegen spätere Bezahlung mit Silber, das von den Kreditgebern dann mit hoher Gewinnspanne weiterverkauft werden konnte. 1502–04 war Hans P. Finanzverwalter Kg. Maximilians. Ab 1502 erwarb er selbst Bergwerke, später auch vermehrt Grundbesitz. Unter *Hans d. J. P.*, der 1515 die Geschäfte übernahm und mit einer →Fugger verheiratet war, bildete die Augsburger P.-Firma im 16. Jh. eines der führenden Wirtschaftsunternehmen Süddtl.s.

J. Schneider

Q.: Q. zur Handelsgesch. der P. v. Augsburg, hg. K. O. Müller, 1955 – Stefan Baumgartner. Reise zum Hl. Grab 1498, hg. Th. Kraus–L. Kurras (GAG 445, 1986) – Lit.: Verf.-Lex.² VII, 393–396 [Lit.] – W. Krag, Die P. v. Nürnberg und Augsburg, 1919 – W. Schultheiss, Geld- und Finanzgeschäfte Nürnberger Bürger vom 13.–17. Jh. (Beitr. zur Wirtschaftsgesch. der Stadt Nürnberg, II, 1966), 49–116, hier 94f. – W. v. Stromer, Obdt. Hochfinanz 1350–1450, 1970 – E. Lutz, Die rechtl. Struktur süddt. Handelsges.en in der Zeit der Fugger, 2 Bde, 1976, bes. 141–153 – R. Perger, Nürnberger im ma. Wien, Mitt. des Ver. für Gesch. der Stadt Nürnberg 63, 1976, 1–98, bes. 24–26 – J. Riebartsch, Augsburger Handelsges.en des 15. und 16. Jh., 1987.

Pauperes. Im Früh- und HochMA versuchten Zeitgenossen, die Struktur ihrer Ges. mit dem Gegensatzpaar »potens-pauper« zu erfassen. Sie verstanden unter P. nicht in erster Linie die ökonom. Schwachen, sondern diejenigen, die dem Zugriff der polit. Mächtigen ausgeliefert waren. Zu ihnen gehörten die wirtschaftl. Unvermögenden, jedoch auch Personen, die über Güter verfügten, aber nicht die Macht besaßen, sich selbst zu schützen, sondern auf den Schutz des Kg.s oder eines Großen des Reiches angewiesen waren. Allerdings konnte jemand, der selbst über Menschen gebot, in den Augen der Zeitgenossen gegenüber einem Mächtigeren zum pauper werden. Die Vorstellung, daß pauper der »minus potens oder impotens, nicht der Arme im wirtschaftl. Sinne« sei (Bosl), findet sich gelegentl. noch im SpätMA. Daher hießen beispielsweise die hörigen Bauern oft »arme Leute«, obwohl sie über Besitz verfügten. Schon im Früh- und HochMA zählten die meisten P. zu den wirtschaftl. Schwachen, die von der Armut bedroht waren oder schon in Armut lebten. Im SpätMA änderte sich der Sprachgebrauch, ausgehend von der städt. Ges. In ihr hatten seit dem 12. Jh. ständ. Unterschiede zunehmend an Bedeutung verloren. Dort orientierte sich das Ansehen am Reichtum. Arm waren nun diejenigen, die zum Überleben auf fremde Hilfe angewiesen waren, und diejenigen, die unter normalen Bedingungen am Rande des Existenzminimums lebten und nach jeder Krise Hilfe benötigten. Sie zählten vielfach zu den »Habenits« in den städt. Steuerregistern und stellten in der städt. Ges. einen erhebl. Anteil, der von Stadt zu Stadt variierte. Zur Unterstützung der Armen gab es Armenstiftungen (→Armut und Armenfürsorge) und →Hospitäler, vielfach von reichen Bürgern gegründet. Wenn sich jemand pauper oder arm nannte, konnte er es auch als Zeichen der Demut tun. P. Christi nannten sich manchmal Mönche, Nonnen und →Beginen. In Suppliken wandten sich durchaus reiche und angesehene Bürger unter der Demutsformel »arme Leute« an die Obrigkeit. Der Begriff pauper hatte v. a. im SpätMA mehrere Aspekte, je nachdem ob man den Zustand unter dem Aspekt der Ohnmacht wie bes. im FrühMA, der wirtschaftl. Armut wie in den Städten oder der Demut betrachtete. →Bettlerwesen.

K. Militzer

Lit.: K. Bosl, Potens und Pauper (Alteuropa und die moderne Ges. [Fschr. O. Brunner, 1963]), 60–87 – Ders., Frühformen der Ges. im ma. Europa, 1964 – E. Maschke, Die Unterschichten der ma. Städte Dtl.s (Veröff. der Komm. für gesch. LK in Baden-Württ. B 41, 1967), 1–74 – R. Irsigler, Divites und p. in der Vita Meinwerci, VSWG 57, 1970, 449–499.

Pauperes catholici ('Kath. Arme'), religiöse Genossenschaft überwiegend von Klerikern und literati aus dem Languedoc und der Provence, dann auch der Lombardei um →Durandus v. Huesca, die nach etwa zwanzigjähriger Zugehörigkeit zu den →Waldensern aufgrund eines Streitgesprächs mit Bf. →Diego v. Osma in Pamiers 1207 in Rom 1208 mit der röm. Kirche rekonziliiert wurden, wobei ihnen weitgehende Fortsetzung ihrer Lebensform einschließl. der Bußpredigt (gebunden an bfl. Erlaubnis) zugestanden wurde. Zweiter Leiter wurde (ca. 1224?) Durandus v. Naiac. Hauptsächl. Anliegen war weiterhin die argumentative Überwindung der →Katharer. Die Rekonziliation der P. c. gehört in den Zusammenhang der differenzierten Politik Innozenz' III. gegenüber Häresien und religiösen Bewegungen (→Humiliaten, →Franziskus). Gregor IX. approbierte die P. c. spätestens 1237 als Ordo Pauperum Catholicorum, forderte aber die Wahl einer der alten Ordensregeln. Eine erste durch ihre Mission entstandene Bußbruderschaft entstand 1212 in →Elne; die auch in Mailand und anderen lombard. Städten bezeugten Häuser lassen ein ähnl. Laienumfeld annehmen. 1256 wurden alle 'Häuser' des Ordens der Lombardei, der Provence und Kataloniens in den neuen Orden der →Augustiner-Eremiten eingegliedert. Querelen mit dem lokalen Klerus und der Wunsch der Kurie nach Ordnung des Ordenswesens waren u. a. Gründe für ihre Aufhebung als selbständiger Orden.

K.-V. Selge

Lit.: DIP VII, 222–236 – J. B. Pierron, Die Kath. Armen, 1911 – L'Eremitismo in Occidente nei sec. XI e XII, 1965, 553f. [K. Elm] – K.-V. Selge, Die ersten Waldenser, I, 1967, 188–226 – Vaudois languedociens et Pauvres Catholiques, Cah. de Fanjeaux 2, 1967.

Pauperes Lumbardi (Poveri Lombardi), im 13. Jh. in Norditalien verbreiteter Zweig des Waldensertums. Einer der ersten Anhänger von →Valdes, der Piacentiner Giovanni di Ronco (oder Roncorolo), vollzog um 1205 die Trennung der »p. italici« von den »p. de Lugduno«, wobei er Züge des patarin. Radikalismus (→Pataria) mit dem Waldensertum verband. Die P. L. leugneten daher die Gültigkeit der von kath. Priestern gespendeten Sakramente und predigten offenen Widerstand gegen eine Kirche, die auf der konstantin. Schenkung gegründet sei. Im Unterschied zur waldens. Urgemeinschaft lebten sie weiter in ihren Familien, gaben sich eine hierarch. organisierte Führungsstruktur, lebten von genossenschaftl. Arbeit und besaßen Häuser und Felder. Ihre Handarbeit (»congregaciones laborancium«, Rescriptum p. 24) scheint das wichtigste Unterscheidungsmerkmal von der waldens. Urgemeinschaft gewesen zu sein und der Hauptgrund zur

Trennung (Anselm v. Alessandria, Tractatus de hereticis, p. 318). Wie die →Humiliaten bezogen sie sich auf das Vorbild der Apostel und erhoben die Arbeit zu einem eth. Wert: ihre Auffassung eines Lebens in von Arbeit erfüllter Armut schützte sie gleichzeitig vor der Anklage des Parasitentums, die gegen jene Häretiker erhoben wurde, die aus Rücksicht auf die priesterl. Mission des Predigers die Arbeit ablehnten. – 1218 (vermutl. nicht mehr zu Lebzeiten Giovannis di Ronco) scheiterte in Bergamo ein Versuch, die beiden Zweige der Bewegung wieder zusammenzuführen. Die folgende Auseinandersetzung zw. den Sektenzweigen und mit der Inquisition führte zu einer Radikalisierung: Um 1235 forderten auch die P.L. für ihre Mitglieder ein zölibatäres Leben und schufen sich eine Hierarchie mit einem Bf. (Andrea »de Gruara«) und Priestern (»sandaliati«); den Frauen wurde das Predigen erlaubt. Die P.L. verbreiteten sich auch in Deutschland unter dem Namen Runkarier (»Runcarii«, »Runcaroli«). V. a. 1229–1235 erlitten sie in Mailand und in der Lombardei blutige Verfolgungen. P. Golinelli

Q.: Rescriptum heresiarcharum Lombardie ad Leonistas in Alamania (A. Patschovsky – K.-V. Selge, Q. zur Gesch. der Waldenser, 1973), 20–29 – Lit.: K. V. Selge, Die ersten Waldenser I, 1967, bes. 172ff. – Chr. Thouzellier, Catharisme et Valdéisme en Languedoc à la fin du XIIe et au début du XIIIe s., 1969 – M. Schneider, Europ. Waldensertum im 13. und 14. Jh., 1981 – L. Paolini, Gli eretici e il lavoro (Lavorare nel Medio Evo, 1983), 111–167 – G. G. Merlo, Eretici ed eresie medievali, 1989.

Pavese, rechteckiger, oben abgerundeter Schild mit vortretender Mittelrippe. Ö. Schildform, die anscheinend über das Baltikum zum Dt. Ritterorden und von dort zum Fußvolk der böhm. Hussiten gelangte, welches die P. zusammen mit einem pfriemartigen »Ahlspieß« verwendete. Diese Kombination verbreitete sich ab Mitte des 15. Jh. über ganz O- und S-Dtl. Das Zeughaus der Stadt Wien besitzt noch 68 P.n aus der Zeit von 1445–90.
O. Gamber

Lit.: O. Gamber – W. Hummelberger, Das Wiener Bürgerl. Zeughaus, I, 1960 – V. Denkstein, Pavézy Českého Typu I, II, III, Sborník, 1962, 1964/65.

Pavia, Stadt, Bm. und Sitz einer Universität in Oberitalien (Lombardei).
I. Stadt – II. Bistum – III. Universität.

I. Stadt: [1] *Antike Ursprünge. Von 400 bis 1000:* Das 49 v. Chr. am linken Ticinoufer gegr. röm. Municipium *Ticinum* entwickelte sich zu einem wichtigen Straßenknotenpunkt; in der späten Ks.zeit war es Münzstätte, Militärstützpunkt und Sitz einer blühenden Waffenproduktion. Im 3. Jh. wurde es mit Mauern und polygonalen Türmen befestigt. Nach dem Fall von Ravenna (493) wurde die Stadt feste Residenz des Ks.hofes. Theoderich machte sie zusammen mit Verona zur zweiten Hauptstadt, verstärkte während der Gotenkriege die Mauern, errichtete (oder erneuerte) als Sitz des Hofes und der Verwaltung des Kgr.es das Palatium und erbaute ein Theater, Thermen und ein Amphitheater.

572 wurde Ticinum nach fast dreijähriger Belagerung von den →Langobarden erobert und stieg danach allmählich zum polit., militär., religiösen und kulturellen Vorort des Langobardenreiches auf. Infolge der eher spärl. urkundl. Q. und archäolog. Funde stützt sich unsere Kenntnis weitgehend auf die »Historia« des →Paulus Diaconus. Die Vorliebe Kg. →Rotharis (636–652) für Ticinum stellte Mailand, das zunehmend an Bedeutung gewonnen hatte, in den Schatten. Die Stadt wurde das religiöse Zentrum des langob. Arianismus (Sitz des arian. Bf.s an der später dem hl. Eusebius geweihten Basilika). Das →Edictum Rothari, »dato Ticino in Palatio«, besiegelte P.s Rolle als polit. Zentrum des Kgr.es. Auch die öffentl. Bautätigkeit erlebte einen Aufschwung (Gründung der Johannes-Basilika als Grablege Rotharis durch Kgn. Gundeperga). Der Sohn des kath. Kg.s →Aripert, →Godepert, behielt P. als Hauptstadt, sein Bruder →Perctarit machte Mailand zu seiner Residenz. Von der Spaltung profitierte →Grimoald, Hzg. v. Benevent, der sich der Kg.swürde bemächtigte und in Ticinum residierte. Nach schweren Konflikten zw. →Liutprand und dem Papsttum trat unter Papst Zacharias eine Aussöhnung ein: der Besuch des Papstes in P. wurde von einem Zeremoniell begleitet, das den cives Papienses das Bild der Eintracht von Kg. und Papst zum Wohl des Kgr.es und der Stadt vor Augen stellen sollte. Die Expansion unter →Aistulf (749–756) veranlaßte jedoch Papst Stephan II., sich mit dem Frankenkg. Pippin zu verbünden. Nach langer Belagerung wurde 754 P. eingenommen. Die beiden letzten Langobardenkg.e →Desiderius und Adelchis verlegten den Schwerpunkt ihrer Interessen von Ticinum/P. in das Gebiet v. Brescia, dessen Hzg. Adelchis war. Die Eroberung P.s nach fast einjähriger Belagerung durch Karl d. Gr. besiegelte das Ende der Langobardenherrschaft (774).

Im 8. Jh. änderte sich der Name der Stadt in den Q. aus unbekannten Gründen in *Papia* (Paulus Diac., Hist. Lang. II, 15: Ticinum, quae alio nomine Papia appellatur). Vielleicht war der Name bereits im 5./6. Jh. als Variante des offiziellen Namens in Gebrauch (Ableitung von einer Gens, der vielleicht der Gründer des Municipiums angehört hatte?).

Infolge der geringen Zahl erhaltener Urkk., narrativer Q. und archäolog. Zeugnisse aus karol., nachkarol. und otton. Zeit (→Liutprand v. Cremona; →Honorantiae civitatis Papiae) – deren Ursache vielleicht in dem Stadtbrand beim Ungarneinfall 924 zu suchen ist – hatte die frühere Forsch. einen rund drei Jahrhunderte dauernden Niedergang der Hauptstadt des Langobardenreiches angenommen, aus dem v. a. Mailand seinen Nutzen zog. Eine spätere Überprüfung dieses Urteils hat P. jedoch eine bedeutende polit. und administrative Rolle auch in der Zeit vom 8. bis zum 11. Jh. zugebilligt. Die Sagen und pseudohist. Erzählungen über den für die Bevölkerung traumat. Fall von P. – mit dem Topos seiner Kapitulation durch Verrat – deuten jedenfalls darauf hin, daß der Übergang von den Langobarden zu den Karolingern sehr schwierig gewesen war und unter starken Widerständen und internen Kämpfen vor sich ging; dies zeigen auch Autonomiebestrebungen wie diejenigen Bernhards, des Sohnes Pippins, 813–817 Kg. v. Italien, unter dem das Langobardenreich den offiziellen Namen Regnum Italiae erhielt. Mitte des 9. Jh. erhielt P. den Titel urbs (oder *civitas*) *regia*, obgleich das Attribut »kgl.« gewöhnl. auf das Palatium beschränkt blieb.

Der Aufstand von 886 bezeichnet das Ende der Karolingerherrschaft in Oberitalien. Die rund 60 Jahre der Herrschaft der sog. →Nationalkönige« →Wido und →Lambert v. Spoleto, →Hugo v. Arles, →Berengar und →Adalbert – zw. 888 und 951 bedeuteten für P. wieder eine Krisenzeit, obgleich die Stadt zum Sitz der it. Reichsversammlungen bestimmt wurde und in der Pfalz Gerichtswesen und Finanzverwaltung konzentriert waren, an deren Spitze ein vom Kg. eingesetzter Comes palatinus stand.

Unter Otto I. wurde das Regnum Italicum an das Reich angeschlossen. 964–967 blieb Otto in P., seit 967 zog er jedoch Ravenna vor, wo nun die Reichsversammlungen abgehalten wurden. Die Flußverbindung zw. den beiden

Städten erleichterte einen raschen Wechsel des Aufenthaltsorts des Ks.s, der in der Tat 11mal in P. und 10mal in Ravenna weilte. Auf dem Hoftag v. P. 971 wurde das Edictum Papiense de duello promulgiert. In diese Zeit fallen auch die Restaurierungen bzw. Neugründungen des Kl. S. Salvatore durch Kgn. →Adelheid und des Frauenkl. S. Martino f.p. durch →Theophanu. In den folgenden Jahren hielten sich die beiden Kgn.nen häufig in P. auf, Otto III. hingegen residierte zw. 996 und 1001 nur für kurze Zeit dort, abwechselnd mit Ravenna.

Heinrich II. sorgte mit harten Maßnahmen für eine gewisse Ordnung in der Stadt, obgleich sich bei Abwesenheit des Herrschers jedesmal heftiger Widerstand erhob. Um 1015 kam es zu einem ersten Zusammenstoß zw. dem Bm. P. und dem Ebm. Mailand, dessen Ebf. →Aribert die Jurisdiktion über die Comitate Mailand, Seprio und P. erhielt. Heinrich II. kam 1021 zum letztenmal nach P. und nahm 1022 an der Synode v. P. teil. Nach seinem Tod (1024) zerstörten die Bürger von P. die Pfalz, da in Zukunft kein Herrscher mehr in der Stadt residieren sollte. Obgleich P. auch in der Folge seine Hauptstadtrolle nicht einbüßte, sank seine polit. und wirtschaftl. Bedeutung. Die Ks. ließen sich bisweilen noch in S. Michele krönen, häufiger jedoch in →Monza oder Mailand, das zunehmend Hegemoniebestrebungen in der Poebene zeigte.

Topographie; städtische Strukturen: Nach der Langobardenzeit vergrößerte sich das Stadtzentrum: Bf. Johannes (874–911) baute einen zweiten Mauerring, ein dritter wurde in der kommunalen Periode um 1200 errichtet. Beide umfaßten auch nicht besiedelte Flächen, die als Nutzgärten dienten. Das wichtigste Gebäude war die spätkarol. Pfalz, von der keine sichtbaren Spuren erhalten sind, so daß ihre Lage bis heute ungeklärt ist. Wahrscheinl. wurde zw. 670 und 711 die Kathedrale, die sich außerhalb der Mauern befand, durch Bf. Damianus in die Stadt verlegt und bildete so einen wichtigen Kristallisationspunkt für die städt. Siedlung. Erstmals ist sie innerhalb des Mauerrings jedoch erst um ca. 830 belegt. Viele Bm.er, Abteien und Kirchen Italiens und der Länder n. der Alpen hatten ihre eigenen cellae (mindestens 26) bei der Messe, die zweimal im Jahr, am Palmsonntag und am Martinstag (11. Nov.), in P. auf einem Grundstück des Kl. S. Martino f.p. außerhalb der ö Mauerrings abgehalten wurde. 40 Kirchen existierten bereits im 10. Jh., darunter die Sommer- und die Winterkathedrale, das Baptisterium S. Giovanni, die Kl. S. Pietro in Ciel d'Oro, S. Maria Teodote und S. Maria del Senatore. Die zumeist aus Ziegeln und Holz errichteten Profanbauten besaßen bisweilen Loggien und Balkone und waren mit einer Kemenate sowie mit Innenhof, Gemüsegarten und Brunnen ausgestattet. Der Höhepunkt der für P. charakterist. Geschlechtertürme liegt im 12. und 13. Jh.

[2] *Vom 11. zum 14. Jh.:* Da die Herren v. Lomello, die das Pfalzgf.enamt in Erbfolge ausübten, während des gesamten 11. Jh. nicht in P. residierten, entstand ein gewisses Machtvakuum, das den Aufstieg des niederen Feudaladels förderte, der sowohl die milites des Gf.en als auch diejenigen der Kirche umfaßte, die seit der 1. Hälfte des 11. Jh. umfangreiche Ländereien zu Lehen hatten. Erstmals sind in einer Urk. von 1084 die paves. ordines – capitanei, valvassores, cives maiores und cives minores – belegt: an erster Stelle subskribiert der Bf. als legitimer Träger der Jurisdiktionsrechte. Die Kompetenzen der erstmals 1112 urkdl. gen. Konsuln wurden nach dem Frieden v. →Konstanz (1183) in den »Capitula de quibus consules communis Papiae tenentur faciendis« festgelegt. Das Rechtswesen oblag den consules rationum Papiae *(Consoli di giustizia).* Daneben bestand der *Consiglio di Credenza,* der bis zur Mitte des 13. Jh. 150 Mitglieder umfaßte. Um 1197 wurde als Vertretung des →Popolo die *Società di S. Siro* gegründet, und die *Arti* begannen, mittels eigener Magistraturen (z. B. consules pannorum lanae) eine polit. Rolle zu spielen. Der Verwaltungsbezirk der Kommune P. umfaßte Ende des 12. Jh. die Lomellina, den Paves. Oltrepo, die Ländereien zw. P. und Mailand – jede unter der Jurisdiktion eines consul rationum – und schloß im N auch das Kastell Binasco ein.

In den ersten beiden Jahrzehnten des 13. Jh. kam es in der Stadt zu schweren Faktionskämpfen, die auch von den Besteuerungen des Kirchenguts herrührten, die die nun »popolare« Kommune dem Klerus auferlegte. Die Krise der Führungsschicht führte zur Einsetzung des Podestariats (1219–20), das bis 1232 mit dem konsular. Regime abwechselte und dem Bf. größere Möglichkeiten zum Eingreifen in das Stadtregiment gab. Ihm standen zwei Rectores zur Seite. Einen vernichtenden Schlag empfing P. Mitte des 13. Jh. durch den Niedergang des it. Ghibellinentums. Beim Tod Manfreds (1266) blieb P., das von Mgf. Oberto II. →Pelavicino, Signore und Podestà auf Lebenszeit, regiert wurde, im polit. Panorama der Lombardei isoliert. Nur Lodi war mit ihm verbündet. Nach →Konradins Tod gewannen die guelf. Langosco über die ghibellin. Beccaria die Oberhand. Zw. 1278 und 1290 unterstellte sich die Stadt Mgf. Wilhelm v. Mon(t)ferrat. Aus dieser Zeit stammt das »Breve mercadantie mercatorum Papie«, das den wirtschaftl. und sozialen Aufschwung der Stadt gegen Ende des 13. Jh. zeigt und die Dominanz der drei großen Arti (Händler, Lederer, Feldmesser) erkennen läßt. In den ersten Jahrzehnten des 14. Jh. wurde P. von Filippo di Langosco beherrscht. Nach vergebl. Versuchen, seine polit. Selbständigkeit zu bewahren, ergab sich P. nach dreijährigem Widerstand am 13. Nov. 1359 Galeazzo Visconti.

Topographische Veränderungen: Der dritte Befestigungsring wurde im 13. Jh. errichtet, um die Borghi miteinzubeziehen. Die Stadt wurde in neun Porte (Stadtteile) eingeteilt und umfaßte 110 Pfarren mit insgesamt ca. 40000 Einw. Die Visconti ließen in P. eine beachtl. Reihe baul. Veränderungen vornehmen: Befestigung und Überdachung der Ticino-Brücke, Ausbau der Strada Nuova, Errichtung des prunkvollen Kastells (seit 1361) als Sitz des Hzg.shofs, das sich zu einem bedeutenden kulturellen Zentrum entwickelte, Gründung der Universität (Abschnitt III) und Stiftung der Kartause (→Pavia, Kartause v.). Unter den →Sforza verlor P. seine Hauptstadtfunktion an Mailand.

II. BISTUM: Die Diöz. P. gehörte wahrscheinl. vom 4. bis Ende 7./Anfang 8. Jh. zur Metropolitanprov. Mailand. Seit ca. 710 ist die Weihe des Bf.s v. P. durch den Papst gesichert, begründet durch die Hauptstadtfunktion P.s im Kgr. und durch die Bestrebungen der Paves. Kirche, eine Vorrangrolle nicht nur in bezug auf Mailand, sondern v. a. auch gegenüber Rom und demzufolge gegenüber dem Reich einzunehmen. Bis zur Jahrtausendwende blieb P. das einzige exemte Bm. im Abendland. Die Reliquien des ersten Bf.s, Syrus (ca. Mitte des 4. Jh.), wurden bis zum 9. Jh. in der suburbanen Basilika SS. Gervasio e Protasio bewahrt. Bf. Inventius nahm 381 sowie 390 an den Synoden v. Aquileia teil; Crispinus I. (ca. 434–466) war auf dem Konzil v. Mailand anwesend; Epiphanius (466–497) wurde in Mailand konsekriert. Der Nachfolger des Bf.s Maximinus (497–513/514), der berühmte →Ennodius, leitete die Diöz. P. bis zum 17. Juli 521. Ihm werden die Gründung von S. Vittore Martire und vielleicht von S.

Eufemia zugeschrieben. Während der byz. Herrschaft werden die Nachrichten über die Bf. e v. P. bereits in der 1. Hälfte des 6. Jh. seltener, und man kennt von ihnen zumeist nur mehr die Namen. Während der langob. Landnahme war Pompeius II. Bf., sein Nachfolger Severus hatte während des →Dreikapitelstreits den Bf. ssitz inne. Paulus Diaconus zufolge besaß P. unter den Langobarden ein arian. (Eusebiusbasilika) und ein kath. Zentrum mit einem eigenen Bf., die einige Jahrzehnte lang ohne größere Probleme koexistierten; in der 2. Hälfte des 7. Jh. leitete der konvertierte arian. Bf. Anastasius die kath. Kirche. Die Aufhebung des Arianismus als Staatsreligion wurde durch den Bau der Kirche S. Salvatore fuori porta Marenca besiegelt. Kurz darauf (671) gründete Kg. Perctarit das Kl. S. Agata, in das auch seine Nichte Cuniperga eintrat. Unter den nunmehr kath. Langobardenherrschern wurden in der Folge zahlreiche Kl. und Kirchen in P. errichtet. Auf den bedeutenden Bf. Damianus, der während der Synode v. P. (689; →Pavia, Synoden v.) für die Beendigung des Schismas v. Aquileia wirkte, geht das Projekt für den Neubau der Kathedrale, des Bf. spalastes und des Baptisteriums zurück sowie die Errichtung einiger Kirchen und der Wasserleitungen für die wahrscheinl. dem Klerus vorbehaltenen Thermen.

Nach dem Ende der Langobardenherrschaft (774) gewann die Kirche v. P. durch Verstärkung ihrer Bindungen an Rom und demzufolge geringeren Abhängigkeit von der Mailänder Kirche zunehmend an Selbständigkeit. Es gab mindestens 27 Kl., Kirchen und Oratorien innerhalb und außerhalb der Mauern: Bes. zu erwähnen sind S. Michele Maggiore, S. Pietro in Ciel d'Oro (Grablegen des hl. Augustinus und des Boethius), S. Maria del Senator, S. Maria Teodote, S. Pietro in Vincoli. Zu P. als Tagungsort bedeutender Konzilien →Pavia, Synoden.

III. UNIVERSITÄT: Das Studium generale wurde aufgrund eines Privilegs Ks. Karls IV. am 13. April 1361 von Galeazzo II. →Visconti, Reichsvikar v. P., gegründet. 1389 gestattete Bonifaz IX. auch die »lectura Sacrae Paginae«, d. h. den Theologieunterricht. Die Ernennung des Rectors lag in der Kompetenz der Universitas scholarium, Kanzler war der Bf. v. P., der auch die »licentia ubique docendi« und die »laurea utriusque iuris« verlieh. Die Signoren beriefen und bezahlten die Professoren, formulierten das Statut der Studenten und der Dozenten und betrieben gleichzeitig eine protektionist. Politik, die schwere Strafen für das Studium an den Univ. en Bologna oder Turin androhte (Dekret Galeazzos II. vom 27. April 1361). Die anfängl. sehr geringe Zahl von Studenten wuchs infolge der Berufung bedeutender Professoren, v. a. der Jurisprudenz und der Medizin, ständig an. 1398–1403 wurde das Studium wegen der Pest nach Piacenza verlegt. Nach einer schweren Krise während der Regierung von Giovanni Maria erlebte die Univ. unter Filippo Maria Visconti einen neuen Aufschwung und wurde die Ausbildungsstätte der polit. und administrativen Führungsschicht im Mailänder Territorialstaat.

G. Soldi Rondinini

Lit.: D. A. BULLOUGH, Urban Change in Early Medieval Italy: The Example of P., Papers Brit. School Rome 34, 1966, 82–130 – A. PERONI, San Michele di P., 1967 – W. GOEZ, Das Hauptstadtproblem Italiens vom Beginn des MA bis in die Gegenwart (Hauptstädte, hg. A. WENDEHORST–J. SCHNEIDER, 1993), 61–74 – C. BRÜHL–C. VIOLANTE, Die »Honorantiae civitatis Papie«, 1983 – Storia di P., II: L'alto Medioevo, 1987 [E. GABBA, Il nome di P., 9–18; S. GASPARRI, P. Longobarda, 19–68; A. A. SETTIA, P. carolingia e postcarolingia, 69–159; A. PADOA SCHIOPPA, La cultura giuridica, 219–236; P. HUDSON, P.: l'evoluzione urbanistica di una capitale altomedievale, 237–315; V. LANZANI, La Chiesa pavese nell'alto Medioevo: da Ennodio alla caduta del regno longobardo, 407–504]; III/1: Dal libero comune alla fine del principato indipendente, 1992 [A. A. SETTIA, P. nell'età precomunale, 9–25; E. VACCARI, P. nell'età comunale, 27–55; E. ROVEDA, Le istituzioni e la società in età visconteo-sforzesca, 55–115; A. A. SETTIA, Il distretto pavese nell'età comunale, 117–173; C. FORZATTI GOLIA, Le istituzioni ecclesiastiche, 173–260; R. CROTTI PASI, Il sistema caritativo-assistenziale, 359–408; E. DEZZA, Gli Statuti di P., 409–433] – G. SOLDI RONDININI, L'Université de Pavie au XIVe et XVe s., Public. Centre Européen d'Études burg.-médianes 18, 1977, 85ff.

Pavia, Kartause v. (Certosa delle Grazie). Bernardino →Corios Chronik zufolge traf Caterina, die Gemahlin Gian Galeazzo→Viscontis am 8. Jan. 1390 die testamentar. Verfügung, eine Kartause für 12 Mönche zu errichten, in der sie selbst bestattet sein wollte. Gian Galeazzo legte am 27. Aug. 1396 an der Grenze des Parks seines Kastells den Grundstein. Entwerfender Architekt und Bauleiter war Bernardo da Venezia, dem die Mitglieder der Dombauhütte, unter ihnen Giacomo da Campione, zur Seite standen. Der Hzg. stellte für den Bau riesige Summen zur Verfügung und berief die Architekten Giovanni und Guiniforte Solari, die Bildhauer Antonio und Cristoforo Mantegazza und Giovanni Antonio Amadeo. Mit der Freskierung wurden Ambrogio da Fassano gen. il Bergognone (von dem auch das Stifterbild des Hzg. s mit seinen Söhnen Giovanni Maria, Filippo Maria und Gabriele stammt), B. Luini, V. Foppa, Solari und später die Procaccini, Campi und Crespi beauftragt. Der große äußere Kreuzgang und die Zellen wurden zumeist im ersten Drittel des 15. Jh. erbaut. Die K. wurde Ende des 15. Jh. geweiht, 1501 begannen Benedetto Briosco und Antonio della Porta (il Tamagnino) das grandiose Portal. Im Innern bedeutende Kunstwerke (→Embriachi) und Grabmäler (u. a. Gian Galeazzo, Ludovico il Moro, Beatrice d'Este).

G. Soldi Rondinini

Lit.: La Certosa di P., ed. C. ANGELINI, 1968 – CH. R. MORSCHECK jr., Relief Sculpture for the Facade of the Certosa di P., 1473–1499, 1978 – AAVV, La Certosa di P., CNRS 1988.

Pavia, Synoden v. Von den zahlreichen in P. abgehaltenen Synoden waren die bedeutendsten:

[1] *P., Synode v. 689:* Mit diesem Konzil (wohl ident. mit dem in einigen Q. und der älteren Lit. für 698 oder 700 angegebenen Konzil v. Aquileia) ging das im Zuge des →Dreikapitelstreits und des Langobardeneinfalls v. 568 entstandene Schisma des Patriarchats von »Alt-Aquileia« (→Aquileia, II) mit →Grado und Rom unter tatkräftiger Förderung des langob. Kg.s →Cunincpert zu Ende.

[2] *P., Synode v. 997:* Für Anfang Febr. 997 berief Papst Gregor V. eine Synode nach P., auf der er gegen Bf. e vorging, die sich an der Absetzung des Ebf. s →Arnulf v. Reims beteiligt hatten, sowie gegen Ebf. →Giselher v. Magdeburg, dem gegenüber man auf der Wiederherstellung des Bm.s →Merseburg bestand. Crescentius Nomentanus (→Crescentier) wurde wegen der Vertreibung des Papstes aus Rom exkommuniziert, Kg. Robert II. v. Frankreich wegen seiner unkanon. geschlossenen Ehe zur Rechenschaft gezogen. Weitere Beschlüsse betrafen das Verbot der →Simonie.

[3] *P., Synode v. 1022:* Diese Synode, die Papst Benedikt VIII. und Ks. Heinrich II. gemeinsam leiteten, behandelte Fragen der Kirchenreform: Einschärfung der Pflicht zur Ehelosigkeit der Kleriker ab dem Subdiakon aufwärts, Verbleib der kirchenhörigen Priesternachkommen im unfreien Stand des Vaters, Verbot der Verfügung und des Ankaufs von Kirchengut durch Kinder von Klerikern. Der Synode ging es um den Erhalt des durch die Priesternachkommenschaft bedrohten kirchl. Besitzstandes ebenso wie um eine Reform des Klerus. Da die Beschlüs-

se auf Wunsch des Papstes vom Ks. bestätigt und unter die weltl. Rechte aufgenommen wurden, gewannen sie über Italien hinaus weitreichende Bedeutung.

[4] *P., Synode v. 1423/24:* Im Gefolge des Konzils v. →Konstanz berief Papst Martin V. für den 23. April 1423 termingerecht eine Synode nach P. ein, mußte sie allerdings bereits am 23. Juni wegen einer ausbrechenden Seuche nach Siena verlegen. Die Arbeiten des schlecht besuchten Konzils, das nach dem Konstanzer Vorbild in Nationen gegliedert tagte, kamen bald durch polit. Gegensätze ins Stocken. Als sich außerdem eine antipäpstl. und konziliarist. Opposition auf dem Konzil mit zunehmender, bes. von Kg. Alfons V. v. Aragón geschürter Radikalität artikulierte, ließ der selbst nicht anwesende Papst die Synode durch die Konzilspräsidenten mit Unterstützung seines Gesandten Domenico →Capranica am 7. März 1424 auflösen und berief das nächste Konzil gemäß dem Beschluß einer Geheimsitzung in Siena vom 19. Febr. nach →Basel für d. J. 1431 ein. Die Synode konnte die erwarteten Reformimpulse nicht geben und verabschiedete ledigl. vier Dekrete (Erneuerung der Verurteilungen in der Hussitenfrage, Erneuerung der Verurteilung des Restschismas v. Peñíscola [→Benedikt XIII., →Clemens VIII.], Bekräftigung der Bemühungen um eine Union mit der gr. O, ein allg. Dekret zur Bekämpfung der →Häresie). Trotzdem sollte die von Martin V. als »Concilium generale« geplante, durchgeführte und approbierte Versammlung als allg. Konzil angesehen werden. J. Grohe

Q. und Lit.: Concilia Papiensia, ed. J. BOSISIUS, 1852 – HEFELE-LECLERCQ III–V – LThK² VIII, 237 – *zu* [1]: Q.: Beda, De temporum ratione 66, CChr 123 B, 530 – Paulus Diaconus, De gestis Langob. 6, 14 (MGH SRL), 168f. – Carmen de synodo Ticinensi (MGH SRL), 190 – Lit.: J. JARNUT, Gesch. der Langobarden, 1982, 68f. – *zu* [2]: Q.: MANSI XIX, 221 – Lit.: T. E. MOEHS, Gregorius V. (Päpste und Papsttum 2, 1972), 50–54 – H. WOLTER, Die Synoden im Reichsgebiet und in Reichsitalien 916–1058, 1988, 151f. [Lit.] – *zu* [3]: Q.: MGH Const. I, Nr. 34, 70–78 – Lit.: J. LAUDAGE, Priesterbild und Reformpapsttum im 11. Jh. (Beih. z. AK 22, 1984), 84–89 – H. WOLTER, Die Synoden im Reichsgebiet und in Reichsitalien 916–1058, 1988, 283–289 [Lit.] – *zu* [4]: Q. und Lit.: W. BRANDMÜLLER, Das Konzil v. P.-Siena 1423–24, I [Darst.]; II [Q.], 1968–74 [Lit.] – M. C. MILLER, Participation at the Council of P.-Siena 1423–24, AHP 22, 1984, 389–406 – W. BRANDMÜLLER, Papst und Konzil im Gr. Schisma (1378–1431), 1990, 312–355.

Pavia, Vertrag v. (4. Aug. 1329), grundlegendes Hausgesetz der →Wittelsbacher, beendete den Erbstreit unter den Brüdern Rudolfs I. bzw. dessen Nachkommen und Ks. Ludwig v. Bayern, der u. a. wegen seines Streites mit dem Papst und des Gegensatzes zu den Luxemburgern den Ausgleich suchte. Die bisher zusammengehörigen oberbayer. und pfälz. Lande wurden zw. den beiden Linien geteilt. Die Pfälzer erhielten zum Ausgleich auch einen Teil des Viztumamtes (Burg) Lengenfeld auf dem bayer. Nordgau (→Oberpfalz). Für den weiteren Zusammenhalt des Gesamthauses sorgten ein gegenseitiges Lösungsrecht bei Verkäufen, das Verbot, Hausbesitz an Fs.en zu verpfänden, allg. Beistandsverpflichtungen und die Erbfolge der einen Linie beim Aussterben der anderen. Die bereits im 13. Jh. schwierige Ausübung des Kurrechts sollte künftig alternieren, beginnend bei den Pfälzern. Ks. Ludwig konnte die Zustimmung der Kfs. en außer Köln gewinnen, doch hat bereits die →Goldene Bulle (1356) die Kur ganz den Pfälzern zugesprochen, was zu einem Dauerkonflikt im Wittelsbacherhaus führte. M. Schaab

Q. und Lit.: SPINDLER II, 150–166; III, 2, 1271–1273 – K. F. KRIEGER, Bayer.-pfälz. Unionsbestrebungen vom Hausvertrag v. P. (1329) bis zur wittelsb. Hausunion v. J. 1724, ZHF 4, 1977, 385–413 – Wittelsbacher Hausverträge des späten MA, hg. H. RALL, 1987, 41–144 [mit Ed. des Textes].

Pavillon (Thronzelt), in der →Heraldik zwei sog. Prachtstücke, das Wappenzelt und der Wappenmantel, die als vorhangartige Stoffdrapierungen hinter dem Wappen angebracht werden. Als Vorbild für beide gilt der Thronbaldachin aus dem Majestätssiegel des frz. Kg.s, das der Autor einer frz. Wappenrolle 1609 für die Zeichnung des frz. Wappens benutzte. Er ersetzte die Person des Kg.s durch seinen Wappenschild und betonte diesen durch einen reich drapierten Stoff, der von einer Krone herabhing. Die Ausführung unterscheidet mit der Zeit ein prunkvolles Wappenzelt und einen schlichteren Wappenmantel. Das Wappenzelt (außen purpurn, rot, blau oder golden; innen mit Hermelin gefüttert) fällt von einer kleinen Kuppel, die mit einer Rangkrone gekrönt und mit einer →Devise versehen ist, herab, ist seitl. hochgeschlagen und mit Schnüren mit Quasten zu einem Bausch aufgebunden. Die Außenseite kann mit Figuren des Wappens (Adler, Löwe, Lilie), den sog. →Badges oder Buchstaben besät dargestellt werden. Das Wappenzelt umgibt das volle Wappen mit sämtl. Rang- und Würdezeichen und den Schildhaltern. Der weniger prunkvolle Wappenmantel hat keine Kuppel und fällt ähnlich drapiert wie das Wappenzelt direkt von einer Rangkrone herab. Die Außenseite kann auch purpurn, rot, blau oder golden sein, die Innenseite ist mit Hermelin gefüttert. V. Filip

Lit.: W. LEONHARD, Das große Buch der Wappenkunst, 1976 – O. NEUBECKER, Heraldik, 1977 – D. L. GALBREATH–L. JÉQUIER, Lehrbuch der Heraldik, 1978.

Pavle Branović, serb. Fs. 917/918–920/921, Enkel des →Mutimir, Sohn des Bran. Nach Mutimirs Tod hatte dessen ältester Sohn Pribislav den Vater P.s geblendet und nach Kroatien vertrieben. Zar →Symeon v. Bulgarien sandte 917/918 ein Heer gegen Serbien, das Fs. →Petar Gojniković vertrieb und P. an die Macht brachte. Während seiner kurzen Regierungszeit gelang es P., den Angriff von Pribislavs Sohn Zaharija, dem byz. Prätendenten, abzuwehren; er wurde den Bulgaren ausgeliefert. P. wandte sich wenig später selbst Byzanz zu, worauf ihn Zaharija mit bulg. Hilfe aus Serbien vertrieb und die Herrschaft übernahm. P.s weiteres Schicksal ist unbekannt. B. Ferjančić

Lit.: JIREČEK I – Istorija srpskog naroda I, 1981, 156–158.

Pax → Friede; →Kuß (Friedenskuß)

Pax Sigewini, am 20. April 1083 auf einer von Ebf. Sigewin v. Köln geleiteten Synode verkündeter →Gottesfrieden. Die P.S. folgte dem Vorbild des Lütticher Friedens vom 27. März 1082, des ältesten Gottesfriedens im Dt. Reich. Sie ordnete für den Kölner Sprengel auf ewige Zeiten für bestimmte Wochentage (Freitag–Sonntag), Festtage und Jahreszeiten (Advent, Weihnachtszeit, Vorfastenzeit-Pfingstoktav) die Aussetzung von Fehdehandlungen an. Gegen Friedensbrecher wurden je nach Stand geistl. und weltl. Sanktionen verhängt. Der Friede wurde von einer Einung der Diözesanen getragen. Er war noch Mitte des 12. Jh. wirksam. M. Groten

Lit.: MGH Const. 1, 424 [Text] – Die Reg. der Ebf. e v. Köln im MA, I, bearb. F. W. OEDIGER, 1954/61, Nr. 1152 – H.-W. GOETZ, Der Kölner Gottesfriede v. 1083, JbKGV 55, 1984, 39–76.

Paxtafel → Kußtafel

Payerne (Peterlingen, Paterniacum), cluniazens. Priorat in der Westschweiz, Kt. Waadt, in den 50er Jahren des 10. Jh. von der burg. Kg.sfamilie (Kg. Konrad I., seiner Mutter Bertha und seiner Schwester →Adelheid [∞ Otto I.]) als Kollegiatstift gegr., gegen 965 der Abtei Cluny

übergeben und mit einer ersten Kirche versehen (P. I.). Otto I. stattete das Priorat mit Besitz im Elsaß aus, Otto II. gewährte 983 freie Vogtwahl, Konrad II. wurde 1033 in der Prioratskirche zum Kg. v. Burgund gekrönt, bevor diese nach der Mitte des 12. Jh. erhebl. erweitert wurde (P. II, heutiger Bau). Die ausgedehnte Fälschertätigkeit des 12. Jh. galt der freien Vogt- und Priorenwahl, deren Sicherung aber nicht gelang. Die Vogtei ging von der burg. Gf.enfamilie (deren letzter Abkömmling, Wilhelm IV., 1127 in P. ermordet wurde) an die Hzg.e v. →Zähringen (mutmaßl. Gründer der Stadt P.) und die Herren v. Montagny, und Ende 13. Jh. in Auseinandersetzung mit den dt. Kg.en (Belagerung von P. durch Rudolf v. Habsburg 1283) an die Gf.en (später Hzg.e) v. →Savoyen über. Unterpriorate in Bassin, Baulmes (beide Kt. Waadt), Brüttelen, Kerzers (Kt. Bern), Pont-la-Ville (Kt. Freiburg), Léaz, Prévessin (dép. Ain), Wintzenheim, Colmar (dép. Haut-Rhin). Nach wachsender Verschuldung und abnehmendem Mönchsbestand im 14. Jh. wurde P. im 15. Jh. zur savoyischen Familienpfründe, 1444 von Papst Felix V. zur Abtei erhoben (ohne Folgen) und 1512 der Ste-Chapelle in Chambéry inkorporiert. Säkularisierung 1536 infolge der Eroberung der Waadt durch die Stadt Bern.
K. Utz Tremp

Lit.: Helvetia Sacra III/2, 1991, 391–510 [Lit.] – H. R. Sennhauser, Die Abteikirche v. P., 1991 (Schweizer. Kunstführer, Ser. 50, Nr. 495).

Pays de droit écrit (frz., Länder [Landschaften] des geschriebenen Rechts), Bezeichnung für die vom →Gemeinen Recht geprägte »Rechtslandschaft« des südl. Frankreich, in Abhebung vom nördl. Frankreich, den 'p. de droit coutumier' (→Coutumes). In der Periode vor der Renaissance des röm. Rechts wurde in Südfrankreich sporadisch Bezug genommen auf die 'lex romana', in Septimanien auf die 'lex Visigothorum', doch war es erst die seit ca. 1130 aus Italien übernommene scholast. Rechtswiss., die gemeinsam mit der Herausbildung einheim. Schulen des gelehrten Rechts (→Montpellier) eine rechtl. Sonderentwicklung Südfrankreichs einleitete. 1164 anerkannte Kg. Ludwig VII. v. Frankreich, daß die Landschaften des Midi dem ksl. Recht folgten (»Apud vos deciduntur legibus imperatorum«). In einer Ordonnanz vom April 1251 werden erstmals die Landschaften, in denen 'jus scriptum' gilt, den Landschaften der 'consuetudo gallicana' gegenübergestellt. Die »Olim« belegen, daß das →Parlement v. Paris seit der 2. Hälfte des 13. Jh. dieser jurist. Zweiteilung Frankreichs Rechnung trug. In den Grenzregionen wurde die Zugehörigkeit zum jeweiligen Rechtskreis offen diskutiert; die notariellen Praktiken deuten auf eine breite Übergangszone zw. den beiden Bereichen hin. Nicht zuletzt wegen der oft exzessiven Prozeßsucht der ma. Gesellschaft wurde die Grenze der p. de droit écrit weit nach Norden vorgeschoben (das Gemeinrecht bot günstigere Möglichkeiten der →Appellation: der Appellant zahlte im Falle des Unterliegens keine Buße) und wohl erst anläßl. der offiziellen Redaktionen der Coutumes im 16. Jh. mehr oder weniger festgeschrieben. Am linken Ufer der Rhône folgten die zum Imperium gehörenden Territorien Dauphiné und Provence, die erst 1349 bzw. 1481 an das Kgr. Frankreich kamen, dem Gemeinrecht, wie →Henricus de Segusio (Hostiensis, † 1271) bezeugt. Nach dem Hundertjährigen Krieg wurde dem rechtl. und polit. Sonderstatus der südl. Provinzen durch Einrichtung eigener Parlemente in Toulouse (1443), Bordeaux (1462), Grenoble (1453) und Aix (1501) Rechnung getragen; doch zählten auch die Parlemente v. Paris und Burgund (Dijon) in ihren Sprengeln Gebiete des Gemeinrechts.

Dieser Teilung in 'p. de droit écrit' und 'p. de droit coutumier' entsprach ungefähr die sprachl. Differenzierung in 'pays de langue d'oc' und 'langue d'oïl'; Sprache und Recht waren der charakteristischste Ausdruck des Fortbestehens von Partikularismen. In den p. de droit écrit selbst existierten regionale Unterschiede, das röm. Recht hatte keineswegs überall gleich starken Einfluß; Provence, Comtat Venaissin, Septimanie und Dauphiné hoben sich als stärker 'romanisierte' Landschaften klar von Toulousain und Guyenne mit ihrer lebendigen gewohnheitsrechtl. Tradition ab; Gascogne und Pyrenäenraum hatten ohnehin eine Sonderstellung. Der gewohnheitsrechtl. Impuls, der sich westl. der Schwelle des Lauragais verstärkte, und die wechselnde 'Gemengelage' zw. Gemeinrecht und Gewohnheitsrechten wird durch die reiche schriftl. Überlieferung (städt. Statutenrecht: Arles, Avignon, Montpellier, St-Gilles, Marseille, Nizza, Toulouse, Bordeaux u. a.) dokumentiert. Andererseits ist zu unterstreichen, daß die Haltung gegenüber dem röm. Recht in Südfrankreich eine »mediterrane« war, den Rechtspraktiken und -traditionen Italiens und Spaniens näherstehend als denjenigen Frankreichs.
G. Giordanengo

Lit.: J.-M. Carbasse, Bibliogr. des coutumes méridionales, SHDE 10, 1979, 7–89 – Travaux sur l'hist. du droit français, 1843 [H. Klimrath] – P. Tisset, Mythes et réalités du droit écrit (Études Petot, 1959), 553–560 – P. Ourliac, Études d'hist. du droit méridional, 1979 – J. Hilaire, Coutumes et droit écrit: recherche d'une limite, MHDB 40, 1983, 153–175 – A. Gouron, La science du droit dans le midi de la France au MA, 1984 – Ders., Études sur la diffusion des doctrines juridiques médiévales, 1987 – G. Giordanengo, BEC 148, 1990, 439–476 [Bibliogr. 1968–90] – J. Poumarède, La coutume dans les p. de droit écrit, La coutume, 1990, 233–250 (RecJean Bodin, 52) [Bibliogr.] – J. Hilaire, La coutume, droit non écrit..., ebd., 251–270 – G. Giordanengo, Féodalités et droits savants dans le Midi médiéval, 1992 – A. Gouron, Droit et coutume en France aux XIIe et XIIIe s., 1993.

Pazzi, Name zweier berühmter toskan. Familien.
1. P. »di Valdarno«. Große ghibellin. Consorterie, die vielleicht in Verwandtschaftsbeziehung mit den Donati und den Ubertini stand und das »Pratomagno« gen. Gebiet zw. Florenz und Arezzo beherrschte. Im 13. Jh. gründeten die Florentiner die »terre nove« S. Giovanni Valdarno und Castelfranco di Sopra als Zufluchtsorte für die flüchtigen Sklaven der Familie P. Häufig von den Florentinern aus Florenz oder aus Arezzo verbannt, ließen sich die P. in anderen toskan. Städten nieder, die mit Florenz verfeindet waren, wie Pisa und Siena. Die Familie starb Anfang des 15. Jh. aus. Von ihr gehen jedoch einige kleinere Linien aus.
2. Die guelfischen P. von Florenz sind anscheinend nicht mit der gleichnamigen ghibellin. Familie verwandt. Ihre Häuser befanden sich im NO des ma. Florenz, nahe der Porta S. Piero. Ein Mitglied der Familie, *Jacopo de'* P., war Hauptmann der Florentiner Reiterei in der Schlacht v. →Montaperti, wo er von einem ghibelluß. Mitbürger getötet wurde. Zu den Magnaten gehörig, mit Grundbesitz und Kastellen im Contado, wurde die Familie von den Sanktionen der →Ordinamenta iustitiae (1293–95) betroffen, obwohl ein Zweig der Familie sich den Popolanen angeschlossen hatte. Im 14. und 15. Jh. erwarben die P. als Bankiers ungeheuren Reichtum und gehörten wie die →Medici zu der die Stadt beherrschenden Oligarchie. Nach der Verschwörung einiger Mitglieder der Familie (→P.-Verschwörung) gegen die Medici, wurden sie z. T. verbannt. Im 16. Jh. schlossen sie sich mit den Medici Frieden und kehrten wieder nach Florenz zurück. Ein Zweig der Familie ließ sich in Fano (Marken) nieder.
F. Cardini

Lit.: P. Litta, Famiglie celebri italiane, 1851, s. v.

Pazzi-Verschwörung. 1478 zettelten einige florent. Familien, in erster Linie die →Pazzi und die Salviati, die bis dahin die mit ihnen verwandten →Medici unterstützt hatten, ein Komplott gegen Lorenzo und Giuliano de' Medici an. Die Verschwörung wurde von Papst Sixtus IV. unterstützt, einem Gegner der Medici, der ihnen auch ihre traditionelle Rolle als päpstl. Bankier entzogen hatte und vielleicht in Florenz eine Signorie seines Nepoten Girolamo →Riario errichten wollte. Ausschlaggebend für die Verschwörung war vermutl. Lorenzos Politik, die immer deutlichere Ansätze zu einem despot. Regime erkennen ließ; ein weiterer Grund lag in den andauernden Rivalitäten zw. den Medici und den anderen großen florent. Familien, die in der Auseinandersetzung mit diesen unterlegen waren. An der Spitze der Verschwörung standen Jacopo de' Pazzi und sein Neffe Francesco, während der Ebf. v. Pisa, Francesco Salviati, als Verbindungsmann zw. den Verschwörern und Girolamo Riario fungierte. Am 26. April 1478 führten die Verschwörer während eines Hochamts in der Kathedrale, dem Lorenzo und sein Bruder Giuliano beiwohnten, ihren Plan aus: Giuliano wurde erdolcht; Lorenzo konnte sich verwundet retten. Die P. versuchten dann, die Stadt gegen die Medici aufzuwiegeln, aber ihr polit. schlecht durchdachter Plan scheiterte. Die Medici und ihre Parteigänger nahmen blutige Rache. Die Episode war Ursache des Krieges v. Florenz gegen den Papst und den Kg. v. Neapel, die als Anstifter der Verschwörung angesehen wurden. F. Cardini

Lit.: N. Rubinstein, Il governo di Firenze sotto i Medici, 1971.

Péage (frz.), Wegzoll. P.s waren im MA in großer Zahl an Verkehrswegen, Straßen, Pässen, Brücken, Fährstellen, schiffbaren Wasserläufen, Häfen und Durchgangsstellen sowie an Landeplätzen der Meeresküste usw. zu entrichten. Ein p. galt grundsätzl. als Gegenleistung für einen geleisteten Dienst: Unterhalt der Straße oder Gewährung von →Schutz (bzw. →Geleit). Der benachbarte Begriff *tonlieu* (teloneum) deckte zwei Aspekte ab; der eine betraf die auf den Verkauf der Handelswaren erhobene Abgabe (in Languedoc und Katalonien auch →Leuda genannt), der andere die für den Transport der Waren verlangte Abgabe, womit der Anschluß an die verbreitete Vorstellung des p. gegeben war. Für die Abgabe des p. im allg. stehen Quellenbegriffe wie pedagium, pedaticum, passagium, transitus, traversum (*travers*), menagium. Zur Bezeichnung eines p., der für die Benutzung einer Straße entrichtet wurde, dienten: carragium, cheminagium, calceagium. Die Abgaben auf durchfahrende Wagen (→Fracht, →Fuhrwesen) hießen: vecta, roagium, rotaticus, polveragium usw. Brückenzölle wurden bezeichnet als: pontagium, pontonagium. Die p.s, die bei der Ein- oder Ausreise in eine bzw. aus einer Stadt fällig wurden, hießen: barra, introitus, intrata, exitus. Zahlreiche Begriffe umschreiben das p. an Flüssen und sonstigen Wasserwegen: avalagium (Talfahrt), montagium (Bergfahrt), →anchoraticum, rivagium, staca, stacagium (Anlegerecht), traversum (Durchfahrt unter einer Brücke), slusaticum (Benutzung einer Schleuse) usw. Manche p.s waren sehr alten Ursprungs, andere wurden dagegen neugeschaffen und unterlagen oft Mißbräuchen. Befand sich ein p. im Bereich einer →Seigneurie, so stand dem Seigneur (Grundherrn) die Einziehung zu. Manche p.s, die an vielbenutzten Durchgangswegen erhoben wurden, warfen erhebl. Gewinne ab, so der Seinezoll v. Conflans-St-Honorine, den der Bf. v. Paris auf alle durchfahrenden Schiffe erhob. Auch der Zoll v. Bapaume (Artois) war angesichts des großen Handelsvolumens höchst lukrativ. In dem Maße, wie der Handelsverkehr zunahm, wurden die großen Zölle (wie der von Bapaume) in ein moderneres Zollsystem (Einnahme der Zollgebühren an zentralen Durchgangsstellen) transformiert. →Maître des ports et passages. →Zoll. E. Lalou

Lit.: [*zu Flußzöllen*]: G. Guilmoto, Étude sur les droits de navigation de la Seine de Paris à La Roche-Guyon du XIe au XVIIIe s., 1889 – J. M. Bienvenu, Recherches sur les p.s angevins aux XIe et XIIe s., M–A, 1957, 209 – R.-H. Bautier–M. Mollat, Le trafic fluvial de la Seine, au pont de Meulan au milieu du XVe s., Bull. philol. et hist. du Comité des travaux hist., 1959 (1960), 251-296 – M. L. Fanchamps, Étude sur les tonlieux de la Meuse moyenne du XIIIe au milieu du XIVe s., M–A, 1964, 205-264 – Ch. Higounet, Géographie des p.s de la Garonne et de ses affluents au MA (Villes, sociétés et économies médiévales, 1992), 421-444 – [*zu Landzöllen*]: G. Despy, Pour un corpus des tarifs de tonlieux de l'Europe occidentale au MA, V^e–XIIIe s., Acta hist. Bruxellensia II, 1970, 253-287 – Ders., Les tarifs de tonlieux, 1976 (TS, fasc. 19) – J.-L. Auduc, Bapaume: un carrefour routier aux XIIe et XIVe s. (L'homme et la route, en Europe occidentale au MA, Abb. de Flaran, Sept. 1980, 1982), 241-254 – R.-H. Bautier, Sur l'hist. économique de la France médiévale, 1991.

Peaje (lat. pedaticum, pedagium, vulgersprachl. *Peagem, Peaje*), Bezeichnung für Zölle, die Kaufleute für die Wegbenutzung zu leisten hatten. Sonderformen waren das pontaticum/*pontazgo* (Brückenzoll), das portagium/*portaje* (Torsteuer), das *barcaje* (Zoll für die Benutzung von Fähren zur Flußüberquerung; Entgelt für die entsprechende Dienstleistung), und das passagium/*pasaje* (Abgabe für den Viehtrieb). In Aragón und Navarra bezeichnete P. auch den für die Wareneinfuhr ins Kgr. zu entrichtenden Tribut (→Leuda). Die Politik des kast. Kgtm.s neigte seit Alfons X. dazu, die Transitsteuern im Innern des Reiches zur Förderung des Handels abzubauen. Deshalb gewährte man ausgedehnte Steuerbefreiungen, erließ den Kaufleuten die Bezahlung für sich selbst, ihre Transportmittel und Objekte des persönl. Gebrauchs, beanspruchte ein Monopol auf die Einführung der gen. Zölle, erklärte sie zum →Regal und setzte Zollsätze von höchstens 2,5% fest.

M. A. Ladero Quesada

Lit.: M. González García, El Portazgo de Salamanca en la Baja Edad Media, Archivos Leoneses 26, 1972, 125-144 – L. García de Valdeavellano, El mercado en León y Castilla durante la Edad Media, 1975², 150 ff. – M. Gual Camarena, Vocabulario del comercio medieval, 1976² – J. Gautier-Dalché, Hist. Urbana de León y Castilla en la Edad Media, 1979, 412 ff. – M. A. Ladero Quesada, El siglo XV en Castilla. Fuentes de renta y política fiscal, 1982 – J. A. Pardos Martínez, La renta de *Alcabala Vieja, Portazgo y Barra* (Hist. de la Hacienda Española, 1982), 607-680 – P. A. Porras Arboledas, Los portazgos en León y Castilla, En la España Medieval 15, 1992, 161-213 – M. A. Ladero Quesada, Fiscalidad y Poder Real en Castilla (1252-1369), 1993.

Pearl-Dichter (Gawain-Dichter), anonymer engl. Dichter, 2. Hälfte des 14. Jh., mutmaßl. Verf. der vier me. Gedichte »Pearl« (1212 V.), »Cleanness« (= »Purity«, 1812 V.), »Patience« (531 V.) und →»Sir Gawain and the Green Knight« (SGGK; 2530 V), die alle in der (illustrierten) Hs. London, BL, Cotton Nero A. X (spätes 14. Jh.) überliefert sind. »Pearl«, zugleich Traumvision, →Allegorie, Klage- und Trostgedicht, gibt dem Trauernden auch theol. Belehrung: Der Erzähler hat eine kostbare Perle verloren, die wohl seine junggestorbene Tochter repräsentiert. Diese erscheint ihm als Perlenmädchen und macht ihm, u. a. mit Hilfe des Gleichnisses von den Arbeitern im Weinberg und von Passagen aus der Apokalypse begreiflich, daß sie, obwohl ohne eigenes Verdienst, durch Gottes Gnade zu Recht im →Himml. Jerusalem ist. Die poet. Homilien »Cleanness« und »Patience« illustrieren anhand bibl. →Exempla zwei der acht Seligpreisungen (Mt. 5, 3–10; →Bibeldichtung, IV). »Cleanness« gibt Beispiele für

Reinheit, v. a. aber auch für Unreinheit und deren Bestrafung: Die chronolog. geordneten, von kürzeren Episoden umrahmten Hauptepisoden schildern Noah und die Sintflut; Lot und Sodom und Gomorrha; Nebukadnezzar sowie Belsazars Gastmahl. »Patience« zeigt Ungehorsam und Ungeduld anhand der Gesch. von Jonas. »SGGK«, die kunstvollste me. →Romanze, erzählt ein Abenteuer →Gawains. Dieser schlägt dem grünen Ritter den Kopf ab und wird von ihm nach einem Jahr zum Gegenschlag erwartet (→Fled Bricrenn); vorher sucht ihn die Gemahlin des Bertilak de Hautdesert (dessen Identität mit dem grünen Ritter Gawain erst später erfährt) zu verführen. Weil Gawain der Versuchung (im wesentl.) widersteht, geschieht ihm dann auch (so gut wie) nichts. Die z.T. verschiedenen Gattungen angehörenden Gedichte weisen sprachl. und themat. so viele Parallelen auf, daß sie von der Mehrzahl der Forscher einem gemeinsamen Autor zugeschrieben werden. Sie sind alle in einem nordwestmittelländ. Dialekt geschrieben sowie in alliterierenden Versen verfaßt (→Alliteration, C. IV), wobei »Pearl« und »SGGK« noch zusätzl. metr. Komplexitäten aufweisen. In »Pearl«, »Patience« und »SGGK« wird der Anfang zum Schluß fast wörtl. wiederholt; die Hauptfiguren (der Sprecher bzw. Jonas bzw. Gawain) machen alle einen inneren Entwicklungs- und Reifungsprozeß durch. H. Sauer

Bibliogr.: NCBEL I, 401–406, 547–554 – Manual ME I. I, 1967 [Nr. 25]; 2. II, 1970 – N.C. Martinez–J.G.R. Martinez, Guide to British Poetry Explication, 1, 1991, 265–287 – *Ed.*: A.C. Cawley–J.J. Anderson, Pearl, Cleanness..., 1976 – M. Andrew–R. Waldron, The Poems of the P.-Ms., 1978 [1987²] – *Faks.*: I. Gollancz, Pearl, Cleanness..., EETS 162, 1923 – *Lit.*: C. F. Moorman, The P.-Poet, 1968 – A. C. Spearing, The Gawain-Poet, 1970 – W. A. Davenport, The Art of the Gawain-Poet, 1978 – J. A. W. Bennett–D. Gray, ME Lit., 1986, Kap. 6.

Peasants' Revolt, engl. Bauernaufstand v. 1381, der verbreiteste und gefährlichste Volksaufstand im ma. England, so auch von den vier führenden zeitgenöss. Chronisten, Jean →Froissart, Thomas →Walsingham, Henry Knighton und dem Verfasser der »Anonimalle Chronicle«, geschildert. Von den zahlreichen möglichen Erklärungen für die Ursache dieses Aufstands (nach marxist. Auffassung die größte Krise des ma. engl. Feudalismus; nach anderer Ansicht infolge der Mißwirtschaft der Regierung mit der Kriegssteuer nur zufällig hervorgerufen) scheint vielleicht die plausibelste zu sein, daß sich diese →Revolte infolge des durch die →Pest verursachten Bevölkerungsrückgangs und der damit verbundenen neuen und heftigen Spannungen in der Agrargesellschaft des späten 14. Jh. ereignet hat. Einen Höhepunkt erlebten diese Konflikte durch die hohe Besteuerung der Jahre 1373 und 1381 (→England, D. II, III). Die Versuche, die Schulden der dritten Steuer (→Poll Tax) im Frühling 1381 einzutreiben, führten während der letzten Maitage zu den ersten Unruhen in den Gft.en Kent und Essex, wo sich der Aufstand rasch verbreitete. Am 10. Juni war die Stadt Canterbury bereits in der Gewalt der Rebellen aus Kent, die von Wat →Tyler angeführt wurden. Nach einem raschen Marsch nach London erzwang das gemeine Volk aus Kent und Essex den Zugang in die Stadt, und an den folgenden drei Tagen (13. Juni–15. Juni) war das engl. Kgr. offensichtl. in der Gewalt von Wat Tyler und den Rebellen. Von den vielen Greueltaten, die während dieser Tage begangen wurden, erregte bes. der Tod des Ebf.s v. Canterbury, Simon→Sudbury, und des Schatzmeisters v. England, Robert →Hales, großes Aufsehen, die beide wegen angebl. Verrats an Kg. Richard II. enthauptet wurden. Tatsächl. unternahm der junge Richard die ersten Schritte zur Wiederherstellung der Ordnung, nachdem Wat Tyler während der Verhandlungen mit dem Monarchen in Smithfield am Morgen des 15. Juni getötet worden war. Die meisten Anhänger Tylers konnten zum Rückzug und zur Heimkehr bewogen werden, und jeder ernsthafte bewaffnete Widerstand gegen die Krone brach endgültig zusammen, als Bf. Henry →Despenser v. Norwich die Rebellion der Textilarbeiter in Norfolk unter der Führung von Geoffrey Litster in der Schlacht v. North Walsham am 25. oder 26. Juni zerschlug. – Nach neueren Forsch.en war die Aufstandsbewegung (von York bis Cornwall) im Sommer 1381 verbreiteter als man bisher angenommen hat. Die Revolte war Ausdruck eines großen Vertrauensverlustes in die Institutionen der engl. Kirche und des Staates im SpätMA, nicht nur bei den Bauern, sondern auch bei den Bürgern, dem Pfarrklerus und teilweise auch bei dem niederen Adel. R.B. Dobson

Q.: A. Reville, Le Soulèvement des Travailleurs d'Angleterre, 1898 – The Anonimalle Chronicle, 1333 to 1381, ed. V. H. Galbraith, 1927 – The P.s' R. of 1381, ed. R. B. Dobson, 1970 – *Lit.*: C. Oman, The Great Revolt of 1381, 1898 – Ongles bleus, Jacques et Ciompi. Les révolutions populaires en Europe aux XIVe et XVe s., hg. M. Mollat –Ph. Wolff, 1970 – R. H. Hilton, Bond Men Made Free: Medieval Peasant Movements and the English Rising of 1381, 1973 –C. Barron, Revolt in London: 11th to 15th June 1381, Mus. of London, 1981 – The English Rising of 1381, ed. R.H. Hilton–T. H. Aston, 1984.

Peć, Stadt in der Landschaft →Metohija (Serbien), an einem der Hauptkreuzungspunkte der Balkanhalbinsel, Sitz eines Ebm.s, des späteren →Patriarchates v. →Serbien. Im MA ist die Region um P. erstmals in einer Urk. des byz. Ks.s Basileios II. (976–1025) für das Ebm. →Ohrid als καὶ τὸν Χόσνον bezeugt. In altslav. Sprache werden Hvostno und das Dorf Пехb 1220 in einer Urk. des serb. Kg.s →Stefan d. Erstgekrönten für das Kl. →Žiča erwähnt. P. war im MA ein wichtiges Handelszentrum, in dem sich Bürger aus →Kotor und Dubrovnik (→Ragusa) mit eigenen Kolonien ansiedelten. Im 13. Jh. entstand vor der Rugovoschlucht an der Bistrica der Kirchenkomplex des späteren Patriarchates v. P. Unter dem serb. Ebf. Arsenije I. wurde die Apostelkirche errichtet, Demetrius- und Gottesmutterkirche folgten, alle durch eine (ursprgl. offene) Bogenhalle (Exonarthex) verbunden. An der Südseite entstand später die Nikolauskapelle. Der Baukomplex gehört dem Typus der »Schule v. →Raška« an. Die ältesten Fresken in der Apostelkirche bezeugen innerhalb der byz. Malerei des 13. Jh. auf der Balkanhalbinsel hohe Qualität. Im Westjoch befinden sich bedeutende Fresken aus dem 14. Jh. (der sog. »→Milutinschule« zugerechnet), die stilist. der Palaiologenrenaissance angehören.

Nachdem die Tataren im 13. Jh. tief in das serb. Binnenland eingedrungen waren, wurde das Ebm. von Žiča formell in das sicherere Gebiet v. P. verlegt. Žiča blieb aber weiterhin Sitz des Ebm.s; die Ebf.e wechselten ihre Residenz zw. Žiča und P. je nach günstiger polit. Lage. Erst 1346, nach der Krönung →Stefan Dušans zum Zaren, wurde das Ebm. P. zum Patriarchat erhoben. Damit übernahm es gleichzeitig das Bistumsprimat v. Žiča.

Das Patriarchat v. P. wurde zu einem Zentrum kirchl. Theokratie. Der Name v. Žiča, »Dom Spasa« (Haus des Pantokrators), wurde auch auf das Kl. in P. übertragen. Das Patriarchatskl. in P. war gleichzeitig Mausoleum, in dem fast alle serb. Metropoliten und Patriarchen bestattet wurden. Stets dem byz. Ritus verpflichtet, war das Handeln des serb. Patriarchates v. P. über Jahrhunderte hinweg von großer polit. und kirchenpolit. Erfahrung bestimmt. Seine Politik gegenüber der kath. Kirche im W des Landes wie auch gegenüber Byzanz zeigte oft eine gewisse Toleranz. Dieses diplomat. Verhalten wurde schon von Ebf. →Sava (1219–33) eingleitet. Seit 1346 erlebte das Patriarchat v. P. durch Dušans Eroberungspolitik im S des Balkans eine Expansion seiner Bm.er, die auch im Titel »Patriarch der Serben und der Griechen« ihren Ausdruck fand. Dies führte zu einem schweren Konflikt mit dem byz. Patriarchat in Konstantinopel, in dessen Verlauf Patriarch →Kallistos I. um 1353 den Bann gegen Dušan und das Patriarchat v. P. verhängte. Erst seit 1368/71 konnte der Streit beigelegt werden, u. a. durch persönl. Einsatz des Despoten→Jovan Uglješa; die Aufhebung des Banns erfolgte endgültig erst 1375. Im 14. und 15. Jh. verlor das Patriarchat v. P. wegen des Verfalls der serb. Zentralgewalt und der Bildung einzelner Herrschaftsgebiete an Homogenität und kirchl. Macht, wobei einige Metropoliten einseitig die Feudalherren unterstützten. Bes. in →Makedonien wurde durch die türk. Okkupation die kirchl. Jurisdiktion des Patriarchates v. P. geschwächt und schließlich vom Ebm. Ohrid übernommen. Nach schweren Auseinandersetzungen wurde das Patriarchat v. P. der kirchl.Jurisdiktion v. Ohrid unterworfen. Nach der türk. Eroberung Serbiens (1459) wurde das Patriarchat v. P. erst 1557 erneuert und bestand bis 1766.

Angesichts der türk. Unterdrückung der serb. Aufstände des späten 17. und 18. Jh., die von den Patriarchen v. P., Arsenije III. und IV., gefördert worden waren, wanderten große Teile der serb. Bevölkerung aus dem Bereich v. P. in das ung.-österr. (habsburg.) Herrschaftsgebiet im N aus. Das Patriarchat v. P. blieb für die serb. Patriarchen im Exil jedoch als Ebm. bestehen und fungierte als Hort der nationalen Identität, Sprache und Kulturtradition der Serben. D. Nagorni

Lit.: F. MIKLOSICH, Mon. Serbica, 1858, 11 – Zbornik K. JIREČEKA I, 1959, 284 – P. MIJOVIĆ, Pećka patrijaršija, 1960 – R. LJUBINKOVIĆ, Die Apostelkirche im Patriarchat v. P., 1964 – G. SUBOTIĆ, Sv. Dimitrije u Peći, 1964 – Srpska pravoslavna crkva 1219-1969, 1969 – D. BOGDANOVIĆ, Izmirenje srpske i vizantijske crkve, O knezu Lazaru, 1975, 86 – R. MIHALJČIĆ, Kraj srpskog carstva, 1975, 220 – V. J. DJURIĆ, Byz. Fresken in Jugoslavien, 1976, 51-53, Anm. 38 – M. DINIĆ, Srpske zemlje u srednjem veku, 1978, 348f. – M. JANKOVIĆ, Episkopije i mitropolije srpske crkve u srednjem veku, 1985, 54, 77, 82–86 – Glossar ö. Europa, Beih. 4, 1986, 16–18 – R. FINDRIK, Utvrdjenje manastira Pećke patrijaršije, Zbornik posvećen na B. BABIK, 1986, 231–236 – V. J. DJURIĆ, u.a., Pećka patrijaršija, 1990, 21–25, 71–74, 224–229, 242–248.

Pečenegen (türk. päčänäg 'Schwager[stamm]'), reiternomad. Turkvolk, sprachl. mit den →Kumanen eng verwandt. Die P. werden erstmals im 8. Jh. in einem uigur. Gesandtschaftsbericht erwähnt. Zu dieser Zeit hatten sie ihre Wohnsitze in den Steppen zw. Aral-See und Syr-Darja. Vor der vereinten Angriffen der sprachverwandten Oghusen (→Oğuz) und der →Chazaren ausweichend, überquerten sie um 889 oder 894 die Wolga und verdrängten im Bündnis mit Zar →Symeon v. Bulgarien 895 die Ungarn aus deren bisherigen Sitzen im →Etelköz zw. Wolga und Donau. Der Sieg über die Ungarn gab den Anstoß zu deren Abwanderung und Landnahme im Karpatenbecken. Die P. nahmen die pont. Steppen in Besitz und kontrollierten die nordsüdl. Flußhandelsrouten, die die Kiever Rus' mit dem Schwarzen Meer und Byzanz verbanden.

Nach →Konstantin VII. Porphyrogennetos bildeten sie hier eine Liga von acht, in vierzig Unterabteilungen gegliederten Stammesverbänden, die jeweils einem 'Gfs.en' unterstanden. Eine führende Stellung nahmen drei Verbände ein, die als Kangar (türk. qingir 'mutig', 'tapfer') bezeichnet wurden und schon in syr. Q. des 6. Jh. Erwähnung finden. Doch war die Zentralgewalt nur schwach ausgeprägt. Auf den Zerfall der Gentilstruktur der P. deutet hin, daß es im 11. Jh. bereits dreizehn Stämme gab. Die halbnomad. P., die neben der Viehwirtschaft extensiven Landbau (Weizen, Gerste) betrieben, werden in den oriental. Q. (Marvazī, Gardīzī) als wohlhabend bezeichnet. Ihr Reichtum beruhte auf großen Herden (Pferde, Rinder, Schafe) und weitreichenden Handelsbeziehungen. Sie führten v. a. in die Rus' und nach Byzanz Vieh, Häute und Wachs aus und bezogen aus Cherson Edelmetalle, Gewürze, Seiden- und Brokatstoffe. Wie andere Turkvölker verehrten die P. ursprgl. einen Himmelsgott und waren Anhänger des →Schamanismus. Unklar ist, ob auch manichäische bzw. zoroastr. Einflüsse vorhanden waren. Chr. Missionsversuche (u. a. →Brun v. Querfurt [1007]) waren weniger erfolgreich, der Islam fand seit 1009/10 Verbreitung (al-Bakrī).

Die P. galten als bes. kriegerisch und waren als Gegner so gefürchtet wie als Bundesgenossen begehrt. Wiederholte Bündnisse mit Byzanz (914, 968, 972), der Rus' (944) und Polen (1018) hinderten sie nicht an Einfällen in die Nachbarreiche und an der Einmischung in die Fs. enfehden der Rjurikiden. 972 tötete der Fs. der P., Kurja, den Gfs.en →Svjatoslav an den Dnepr-Stromschnellen. Gegen die fortdauernden Raubzüge der P. errichtete →Vladimir d. Hl. im S der Rus' zahlreiche Grenzbefestigungen. Ein letzter Angriff der P. endete mit einer vernichtenden Niederlage, die ihnen Gfs. →Jaroslav d. Weise 1036 zufügte. Unter dem Druck der von O nachdrängenden →Usen und Kumanen überschritten die P. seit 1048 die Donau. 1050 bei Adrianopel zurückgeschlagen, bedrohten sie 1090/91 Konstantinopel und konnten nur mit kuman. Hilfe bezwungen werden. Erst der Sieg Ks. Johannes' II. Komnenos i. J. 1122 setzte ihren Invasionen ein Ende. Ihre Überreste wurden auf byz. Reichsgebiet (Paristrion, Vardartal, Moglena) angesiedelt oder in das Heer aufgenommen.

Andere versprengte Verbände fielen im 11. Jh. in Ungarn ein, wurden aber – wie bei Kerlés (1068) und Belgrad (1071) – besiegt. Pečeneg. Kriegsgefangene und Flüchtlinge traten in den Dienst der Kg. e v. Ungarn als Grenzwächter und bildeten gemeinsam mit den →Szeklern als leichte Reiterei die Vorhut der ung. Heere. Sie genossen als 'liberi speculatores' bis ins 13. Jh. einen privilegierten Rechtsstatus, während ein Teil ihrer Oberschicht in den Rang von 'servientes regis' erhoben und dem ung. Adel gleichgestellt wurde. H. Göckenjan

Lit.: A. N. KURAT, Peçenek tarihi, 1937 – MORAVCSIK, Byzturk I, 87–90 – S. A. PLETNEVA, Pečenegi, torki i polovcy v južnorusskich stepjach, Materialy i issledovanija po archeologii SSSR 62, 1958 – P. DIACONU, Les Petchénègues au Bas-Danube, 1970 [dazu: O. KRESTEN, MIÖG 80, 1972, 461–463] – L. RÁSONYI, Les Turcs nonislamisées en Occident, PTF 3, 1970, 5–9 – H. GÖCKENJAN, Hilfsvölker und Grenzwächter im ma. Ungarn, 1972, 89–113 – O. PRITSAK, The Pecenegs, Archivum Eurasiae Medii Aevi 1, 1975, 211–235 – A. PÁLÓCZI-HORVÁTH P., Kumanen, Jassen, 1989 – GY. GYÖRFFY, A magyarság keleti elemei, 1990, 94–199 – The Cambridge Hist. of Early Inner Asia, ed. D. SINOR, 1990, 270–275 – P. GOLDEN, An Introduction to the Hist. of the Turkish Peoples, 1992, 264–270.

Pech (lat. pix; →Naphta), aus Baumharz, v. a. von Fichten, Kiefern und Pinien gewonnene zähe braun-schwarze Flüssigkeit, im MA v. a. zur Beleuchtung von Kirchen und Pfalzen (→Kerze) benutzt, aber auch als Achsenschmiere, zur Gefäßabdichtung, Schuhherstellung und zum Kalfatern von Schiffsplanken, nicht zuletzt als Weihrauchersatz und Medizin. →Theophilus Presbiter beschreibt seine Verwendung als Rostschutzmittel; heißes P. galt im Hoch- und SpätMA als gefürchtete Waffe beim Abwehrkampf belagerter Städte und Burgen ('P.nasen'). Bereits im Testament Bf. Bertrams v. Le Mans (616) finden sich P. handel in Bordeaux und P. hütten im Bordelais erwähnt; ebenso erhalten im 9. bzw. im 11. Jh. die Abteien Weißenburg i. Elsaß bzw. Kitzingen in Mainfranken P. abgaben höriger Bauern, gemessen und geliefert in Karren, wobei die Lieferung an Weißenburg ursprgl. für die Bedürfnisse des kgl. Hofes bestimmt war.

D. Hägermann

Lit.: A. WEIDEMANN, Kulturgesch. der Merowingerzeit, 2, 1982, 350, 361–CHR. DETTE, Liber possessionum Wizenburgensis, 1987, 66f. – R. VERGANI (»Il mare« della storia di Venezia 12, 1991), 301f.

Pecham, John → Peckham, Johannes

Pecho, allg. Bezeichnung für direkte →Steuern, die alle nicht privilegierten oder befreiten Personen – in Kastilien *pecheros* gen. – zu entrichten hatten. P. *foreros* oder nach Brauch und Tradition im →Fuero verankerte Steuern waren die *martiniega* (Martinibede) und entsprechende, von der Landbevölkerung erhobene Steuern (*marzazga* [Märzbede], *infurción*), die manchmal dem Erntezehnt entsprachen. Sie brachten 1292 in Kastilien (ohne Andalusien) 820 334 Maravedís ein, in León (ohne Galizien und Asturien) etwas weniger als die Hälfte. Zu den allg. P., die seit der 2. Hälfte des 13. Jh. in Geld abgelöst wurden, zählten auch *yantar* (→Gastung) und *hospedaje* (Herbergssteuer [Pflicht, den Kg. unterzubringen und zu verköstigen]). Die *fonsadera* und andere Geldzahlungen für den Freikauf vom Militärdienst (*galeras* [Galeerendienst]; *acémilas* [Stellung von Lasttieren]) betrugen noch um 1300 mehr als eine Million Maravedís, wurden dann aber durch von den →Cortes festgesetzte →*servicios* (außerordentl. Steuern) abgelöst. In Aragón und Navarra war *peyta/pecha* eine Kopfsteuer, die seit Ende des 12. Jh. außer in einigen befreiten Städten für jedes Familienmitglied zu entrichten war und dem kast. oder leon. →*pedido* entsprach.

M. A. Ladero Quesada

Lit.: N. GUGLIELMI, Posada y yantar, contribución al estudio del léxico de las instituciones medievales, Hispania 26, 1966, 5–40, 165–219 – Hist. de la Hacienda Española, 1982 – M. A. LADERO QUESADA, El siglo XV en Castilla. Fuentes de renta y política fiscal, 1982 – DERS., Fiscalidad y Poder Real en Castilla (1252–1369), 1993.

Pecia, petia (mlat.: 'Stück' [frz.: *pièce*]), im Buchwesen Lage einer Hs., insbes. eines →Exemplars (Textvorlage), dessen Text mittels einer einzigartigen Abschreibetechnik schnell vervielfältigt werden konnte. Vielleicht im Buchbetrieb der Bettelorden in der 1. Hälfte des 13. Jh. erfunden, erlebte das System an den ma. Univ.en, bes. in Paris und Bologna, etwa 1270–1350 eine Blütezeit. Von jedem im Unterricht benutzten Text wurde vom →Stationarius ein sorgfältig korrigiertes Exemplar angefertigt, dessen Normalblattmaß ca. 30×20 cm betrug. Dieses Exemplar wurde nicht eingebunden, sondern die Lagen (p.ae, meistens Binionen = 4 Bll.), durchlaufend numeriert, blieben lose in der Verwahrung des Stationarius, der von allen seinen Exemplaren ein Inventar (Angabe von Autor und Titel, Zahl der p.ae, Mietpreis für die ganze Hs.) anlegte. Die Kopisten mieteten jeweils eine p. für maximal eine Woche zum Abschreiben, so daß mehrere Kopisten gleichzeitig Kopien anfertigen konnten. Viele von diesen Kopien zeigen, wie die p. selber, oft Eintragungen der Kopisten und gelegentl. Textlücken oder sonstige Unregelmäßigkeiten, die durch mangelhafte Verfügbarkeit der gewünschten p.ae und durch das Vorhandensein von parallelen Sätzen von p.ae des gleichen Textes verursacht wurden. Trotz seiner Vorteile hat das System sich nach der 2. Hälfte des 14. Jh. und außerhalb der Univ.en nicht durchgesetzt.

A. Derolez

Lit.: J. DESTREZ, La p. dans les mss. universitaires du XIIIe et du XIVe s., 1935 – K. CHRIST, Petia. Ein Kap. ma. Buchgesch., Zentralbl. für Bibl.swesen 55, 1938, 1–44 – La production du livre universitaire au MA, hg. L. J. BATAILLON, B. G. GUYOT, R. H. ROUSE, 1988.

Peckham (Pecham), Johannes OFM, engl. Theologe, Ebf., * um 1225/30 in Patcham (Sussex), † 8. Dez. 1292 in Mortlake (Surrey), ▭ Kathedrale v. Canterbury. [1] *Leben und theol. Werke:* Nach Studien in Paris und Oxford Ordenseintritt um 1250, seit ca. 1257 Theol. studium in Paris, dort 1269/75 Magister regens, dann OFM-Provinzial v. England und 1277 Magister sacri palatii an der Kurie. Von Papst Nikolaus III. wurde P. am 25. Jan. 1279 gegen den Vorschlag Kg. Eduards I. und des OSB-Kapitels in Canterbury als Ebf. eingesetzt. – In seiner Theol. verteidigt P. den ma. Augustinismus gegen den philos. und theol. Aristotelismus (Averroisten, Thomas v. Aquin), z. B. Formenvielfalt im Menschen, Primat des Willens, absolute Prädestination Christi. In den Streit mit weltgeistl. Magistern (v. a. →Gerhard v. Abbeville) über den Status der →Bettelorden greift P. um 1270 ein, und kämpft ca. 1272 für das franziskan. Armutsideal auch gegen →Robert Kilwardby OP, später Ebf. v. Canterbury. Als dessen Nachfolger versucht P., auf den Synoden von Reading, Lambeth und London die Reformdekrete des 2. Konzils v. Lyon durchzusetzen, staatl. Übergriffe in das kirchl. Leben abzuwehren und 1284 durch Erneuerung eines Verbotes seines Vorgängers (v. 1277) sowie durch die Verurteilung v. →Richard Knapwell OP 1286 averroist. und thomist. Lehren in Oxford auszuschalten. Dabei überschätzt P. in seinem Eifer die Möglichkeiten seines Amtes und die Bereitschaft seiner Umgebung, auch seiner Mitbf.e, ihm zu folgen.

J. Schlageter

Hauptwerke: Perspectiva communis, ed. D. LINDBERG, 1972 – De numeris mysticis, ed. B. Hughes, AFrH 76, 1985 – Comm. in I. Sententiarum – Quaestiones de anima, ed. G. MELANI, 1948 – Tractatus de anima, ed. H. SPETTMANN, BGPhMA 19 – Summa de esse et essentia, ed. Studi francescani 25 – Quodlibeta Quatuor, ed. G. J. ETZKORN, 1989 – Komm. zu Hld, Klgl (Ed. Bonaventurae Opera omnia 7, 605–651), zu Lk und Joh – Tractatus contra Robertum Kilwardby sowie Tractatus pauperis, hg. C. L. KINGSFORD, A. G. LITTLE, F. TOCCO, Pecham Tres Tractatus de paupertate, 1910 – Expos. in Regulam OFM, ed. Bonaventurae Opera omnia 8, 391–437 – *Lit.*: DSAM VII, 645–549 – LThK² V, 1069f. – NCE VII, 1065 – GLORIEUX, Rép. 2, 87–98 – RCS I nr. 476 – RBMA 3 und 9 nnr. 4841–4855 – A. G. LITTLE – F. PELSTER, Oxford Theol. und Theologians, 1934 – D. L. DOUIE, Archbishop Pecham, 1952 – B. SMALLEY, The Gospels in the Schools, 1985 – J. G. BOUGEROL, Sermons inéd. de maîtres franciscains, AFrH 81, 1988, 17–49 – J. SCHLAGETER, Das Heil der Armen und das Verderben der Reichen, Franziskan. Forsch. 34, 1989 – Mediev. Texts on the Eternity of the World, hg. R. C. DALES – O. AGERAMI, 1991.

[2] *Dichtungen:* Metr. und rhythm. Poesien erweisen Johannes P. als guten Dichter. Sein Dreifaltigkeitsoffizium war im 15./16. Jh. im röm. Brevier. Die Hymnen sind, obwohl stark vom Gedanklichen geprägt, bildhaft. Die 'Philomena' (87 Vagantenstrophen) stellt unter dem Bild der Nachtigall die Sehnsucht der liebenden Seele dar, die sich in die Betrachtung der Heilsgesch. bis zu Christi Erlösertod versenkt und mitleidend ein myst. Martyrium in geistl. Sterben und Auferstehen erlebt. Weitere Dichtungen: Verteidigung des Franziskanerordens; Salutatio Beatae Virginis Mariae; auf das Altarsakrament (gereimte Distichen); über Jugend und Alter (metr.).

G. Bernt

Ed.: Analhym 5, 19; 50, 592–616 – CH. T. MARTIN, Registrum epistolarum fratris Iohannis P. 1882/83, 3, CXsqq. [Auszüge aus der Defensio] – C. NAPOLI, Le 'Livre du Rossignolet'..., Le Moyen Frç. 4, 1978, 1–88 – *Lit.*: DThC XII, 100–140 – LThK² V, 1069f. – NCE VII, 1065 – Analhym 50, 593f. – A. THILL, La 'Philomela' de Iacobus Balde..., Revétlat 58, 1980, 428–448 – WALTHER, S. 1167 [Register] – Bibl. ann. du MA tardif 1, 1991, 174s.

Pecock, Reginald, * um 1394, † 1461, Theologe aus Wales (ab 1409 in Oxford, 1413 Bachelor of Arts, 1421

Diakon, 1425 Bachelor of Divinity), Pfarrer (1425 Gloucester, 1431 Canterbury) sowie Doctor of Divinity und Bf. (1444 St. Asaph, 1450 Chichester). Trotz glaubenstreuem Einsatz gegen die →Lollarden geriet P. in Ketzerverdacht. Seine syllogist. Lehre stellte Naturgesetz, Kausallogik und Intelligenz über das Vertrauen in Gottes Gesetz, Offenbarung und Heiligung. P. zog zur Wahrheitsfindung diskursives Verstandeswissen der intuitiven Vernunfterkenntnis (Verstand in rechter Gesinnung) vor. Zudem brach er mit der Lateintradition und wagte idiolektale Wege in Wortwahl und Sprachstil. Der Häresieprozeß 1457 endete nach P.s Widerruf mit Bücherverbrennung. Von rund 60 Schr.en sind sechs erhalten, darunter »Donet I und II«, »The Rule of Christian Religion«, »The Book of Faith« und »The New English Creed«. 1458 mußte P. zurücktreten, er erhielt Lese- und Schreibverbot sowie Hausarrest in der Thorney Abbey.
H. Weinstock

Bibliogr.: NCBEL I, 665f., 805 – *Ed.*: E. V. Hitchcock, The Donet by R.P., EETS 156, 1921 – Dies., The Folewer to the Donet by R.P., EETS 164, 1924 – W. C. Greet, The Reule of Crysten Religioun by R.P., EETS 171, 1927 – *Lit.*: DNB XV, 643–647 – E. F. Jacob, Reynold P.: Bishop of Chichester, PBA, 1951, 121–153 – E. H. Emerson, R.P.: Christian Rationalist, Speculum 31, 1956, 235–242 – J. F. Patrouch, R.P., 1970.

Pecorone, Il → Ser Giovanni Fiorentino

Pécs → Fünfkirchen

Pécsvárad (monasterium S. Marie et S. Benedicti ad radicem Montisferrei), Kl. OSB in Ungarn, gegr. von Kg. Stephan I. d. Hl. Der erste Abt, Astrik (vielleicht ident. mit →Anastasius-Ascherich), spielte bei der Bekehrung der Ungarn eine große Rolle. Die auf 1015 datierte, aber erst Anfang des 13. Jh. zusammengestellte Dotationsurk. enthält ein für die ung. Siedlungsgesch. wichtiges Güterverzeichnis vom Ende des 11. Jh. Bei dem reichen Kl. gab es schon damals eine städt. Siedlung (z. T. wallon. Einw.), die bis zur türk. Eroberung unter der Herrschaft des Abtes blieb. Die Befestigungen des Kl. wurden an der Wende des 14. zum 15. Jh. erneuert; doch setzte bald darauf der Niedergang des monast. Lebens ein. Nur einige Gebäude überstanden die Kriege des 16.–18. Jh. 1958–83 wurden die Grundmauern der got. Kl.kirche ergraben. Ob eine kleine roman. Kirche neben der Burgmauer die erste Kl.kirche oder nur eine Kapelle war, ist nicht entschieden. M. Takács

Q. und Lit.: Gy. Györffy, Geogr. hist., I, 1963, 362–367 – G. Bándi, A. Kiss, A. Gergelyffy, Müemlékvédelem 10, 1966, 70–76.

Pectorale → Brustkreuz

Peculium. [1] *Byzanz*: P., Begriff des röm. Vermögensrechtes (gr.: πεκούλιον) für das Sondergut, das der pater familias freiwillig seinem subiectus (Hauskinder, Sklaven) zur Bewirtschaftung und Verwaltung übergab. Eine Sonderform ist das p. (quasi) castrense (στρατιωτικὸν πεκούλιον), d. h. alle Vermögenswerte, die im Militärdienst erworben wurden, wozu auch das Vermögen von Zivilbeamten und Geistlichen zählt. Zweite Sonderform ist das paganum p. (παγανικὸν πεκούλιον), das im byz. Rechtsbuch der →Ekloge (8. Jh.) definiert wird als »ziviles Sondergut der Gewaltunterworfenen, was ihnen von ihren Eltern an Schmuck und Auszeichung gegeben wurde« (Kap. 16.5.1). Die wachsende Bedeutungslosigkeit der väterl. Gewalt in Byzanz, v. a. im Falle einer selbständigen Wirtschaftsführung des Kindes und die Notwendigkeit, den Soldaten aus dem Familienvermögen auszustatten, führte in Byzanz zur Weiterentwicklung und Lockerung der Rechtsvorstellungen über das P. So mußte der Soldat nach Ekloga 16.2.1 seinen Lohn mit seinen Brüdern 13 Jahre lang teilen, nur Pferd und Waffen blieben sein Eigentum.
G. Weiß

[2] *Westen*: Auch im W lebt der Begriff des P. als persönl. →Fahrhabe und Landsbesitz des Hörigen, auch des Freigelassenen, und als Ausstattung einzelner Mönche bzw. Priester oder geistl. Gemeinschaften fort, wenn er nicht, dem urspgl. Wortsinn entsprechend, Viehherde meint.
D. Hägermann

Lit.: [zu 1:] E. Zachariä v. Lingenthal, Gesch. des Gr.-Röm. Rechts, 1955³, 108–113 – A. Dain, Sur le »p. castrense«, RevByz 19, 1961, 253–257 – M. Kaser, Das röm. Privatrecht, II, 1975², 214–219 – J. H. Haldon, Recruitment and Conscription in the Byz. Army c. 550–950, SAW 357, 1979, 70f. – *[zu 2]*: Brunner, DRG I, 366ff.

Pediasimos, Johannes, Diakon und Chartophylax des Ebm. s →Ohrid, ὕπατος τῶν φιλοσόφων in Konstantinopel, * ca. 1240 in Thessalonike, † ebd. 1310/14. Seine Komm. zu den Analytica des Aristoteles behandeln Sprache und Terminologie des Aristoteles treffend. Neben Scholien zu Hesiod und Theokrit verfaßte P. auch einen med. Traktat und Abhandlungen zur Geometrie und Musiktheorie. Als jurist. Autor behandelt er im Traktat περὶ γάμων die Ehehindernisse des byz. Kirchenrechts. Das Werk ist in zwei Versionen überliefert, deren frühere und längere als die urspgl. zu gelten hat, während die zweite von einem unbekannten Epitomator stammt, der bald nach P. gearbeitet hat. Beide dienten den umfangreichen Rechtskompendien der byz. Spätzeit als Q.: Das Procheiron auctum benutzt die Epitome, Matthaios →Blastares für sein Syntagma und →Konstantinos Armenopulos für die Hexabiblos verwenden die originale Fassung.
P. E. Pieler

Lit.: PLP, Nr. 22235 [Ed., Lit.] – Hunger, Profane Lit. I, 38f. – A. Schminck, Der Traktat περὶ γάμων des J. P., Fontes Minores, I, 1976, 126–174 [Einf., Ed., Komm.].

Pedido (lat. petitum), außerordentl. direkte →Steuer, von den Kg.en v. Kastilien-León zur Deckung der Militärausgaben wahrscheinl. seit 1091 eingezogen, urkdl. erstmals in der Zeit Alfons' VII. nach 1130 belegt. Seine Erhebung war bereits in der zweiten Hälfte des 12. Jh. allg. üblich, er war nun eine Foralsteuer (*pecho forero*), von der Adlige und Klerus (1181 in Kastilien, 1208 in León) befreit waren. Der am Wohnort zu entrichtende P. betrug zwei Solidi für jeden Maravedí, den der Steuerpflichtige besaß. Zu Beginn des 13. Jh. wurde der P. durch die Einführung der →Moneda forera abgelöst, v. a. seit die →Cortes ab 1269 außergewöhnl. Steuern (→*servicios*) erhoben. Nur in bestimmten, von der Leistung der *servicios* nicht betroffenen Gebieten (u. a. Guipúzcoa, Álava) bestand der P. fort. Dies galt auch für die Herrschaft Vizcaya, wo es, wie in anderen Herrschaften des SpätMA, eine einem P. *señorial* (des Grundherrn) gab. →Pecho.
M. A. Ladero Quesada

Lit.: C. Sánchez-Albornoz, Notas para el estudio del petitum (Homenaje R. Carande, II, 1963), 381–418 – Ders., Estudios sobre las instituciones medievales españolas, 1965 – M. A. Ladero Quesada, El siglo XV en Castilla. Fuentes de renta y política fiscal, 1982.

Pedralbes, Kapitulation v. (*Capitulació*), am 16. Okt. 1472 zw. Kg. →Johann II. v. Aragón und dem Haupt der aufständ. Stände im Prinzipat v. Katalonien, →Barcelona, geschlossen (Unterzeichnung 24. Okt.), um unter Annullierung der *Capitulació* v. →Vilafranca del Penedés (22. Juni 1461) den seit 1462 andauernden Bürgerkrieg zu beenden, nachdem der Kg. durch eine geschickte Bündnispolitik mit Kastilien die Aufständischen ihres Rückhalts bei Frankreich und dem Haus →Anjou beraubt hatte. Da der Kg. eine Generalamnestie zu bereits ergangenen Verurteilungen verkündete, unter Beeidung der →Usatges, Constitucions de Catalunya und Capítols de Cort gemeinsam mit dem Thronfolger Ferdinand (II.), den übrigen Kronländern und ausgewählten Schwurhelfern die alten Freiheitsprivilegien der Stadt und des Prinzipats garantierte und die Handelsprivilegien, Steuervorteile und Besitzrechte der Stadt akzeptierte, war dem Friedensschluß zum Nutzen des Kgtm.s Dauer beschieden. L. Vones

Lit.: Dicc. d'Hist. de Catalunya, 1992, 800 – J. VICENS I VIVES, Juan II. de Aragón ..., 1953, 338f. – S. SOBREQUÉS I VIDAL-J. SOBREQUÉS I CALLICÓ, La guerra civil catalana del segle XV, II, 1973, 333-337 – M. J. PELÁEZ, Catalunya després de la guerra civil del segle XV, 1981, 13ff.

Pedrarias Dávila, * um 1440 Segovia, † 1531 León de Nicaragua, Enkel des *Contador mayor* (obersten Kämmerers) Heinrichs IV., des jüd. Konvertiten Diego Arias de Ávila, Sohn des Pedro Arias de Ávila und der aus einer toledan. Konvertitenfamilie stammenden Maria Ortiz Cota, gehörte einer Familie an, die immer im Dienst des Kgtm.s stand. P., Knappe am Hofe Heinrichs IV., wurde 1458 *regidor* (Ratsherr) in Sevilla und ständiger Vertreter des Kg.s, 1502 *corregidor* v. León. Berühmt wegen seiner Geschicklichkeit im Turnier (Beiname *justador* 'Turnierkämpfer'), nahm er an der Eroberung v. Granada und Oran (1508) teil und wurde 1514 als Gouverneur nach Darién bzw. Castilla del Oro geschickt, wo er 1519 Panamá gründete. Auf der Suche nach einer Passage zu den Gewürzinseln organisierte er Entdeckungsfahrten zur zentralamerikan. Pazifikküste und eroberte das Gebiet des heutigen Costa Rica, Nicaragua und Teile von Honduras. Sein effizientes, jedoch von extremer Härte und Übergriffen gegen die Einheimischen geprägtes Regiment wurde von seinen Zeitgenossen, u. a. Gonzalo Fernández de Oviedo, dem Chronisten Südamerikas, angeprangert.
M. A. Ladero Quesada

Lit.: P. ÁLVAREZ RUBIANO, P. D, 1944 – F. CANTERA BURGOS, D. y Cota, capitán general del Oro y Nicaragua: antecedentes judiós, 1971.

Pedro (s. a. Peter, Petrus, Pero)

1. P., *Infant v. Portugal,* * 23. Febr. 1187 Coimbra, † 2. Juni 1258 Mallorca, ⊐ S. Francisco, ebd., Eltern: Kg. Sancho I. und Dolca, Tochter →Raimund Berengars IV. v. Barcelona, floh vor seinem Bruder Kg. Alfons II. (1211–23) nach Marokko und 1229 nach Katalonien, wo ihm Kg. Jakob I. erbl. Rechte im Camp de Tarragona zuwies. P. heiratete am 15. Juli 1229 in Valls→Aurembiaix, die Erbtochter der Gft. →Urgel, wurde dafür von Jakob I. mit dem unbefristeten dominium über das regnum →Mallorca belehnt. Zusammen mit Jakob I. trat er 1246 gegen Alfons X. für Alfons III. als Kg. in Portugal ein. Seit 1244 auch 'dominus de Segorbia' gen. O. Engels

Lit.: Congr. Luso-Espanhol de Estudos Medievais, Porto 1968 [Beitr. A. SANTAMARÍA ARÁNDEZ, A. SANCHEZ-CUTILLAS MARTÍNEZ] – A. SANTAMARÍA, Don P., infante de P.: Baleares, antología de tomas, I, 1975, 9–22 – F. MATEU Y LLOPIS, El infante don P. de P., dominus regni Maioricarum, Boletín de la Real Acad. de la Hist. 173, 1976, 239–246 – A. SANTAMARÍA, La expansión político-militar de la Corona de Aragón: Jaime I y su época (X Congr. de Hist. de la Corona de Aragón. Ponencias, 1979), 107, 143–146 – L. ADÃO DE FONSECA, Contribuciones para el estudio de las relaciones diplomáticas entre Portugal y Aragón (ebd., Comunicaciones 1/2, 1982), 550–593 – O. ENGELS, Reconquista und Landesherrschaft, 1989, 215–217.

2. P., *Infant v. Portugal,* Hzg. v. Coimbra, Herr v. Montemor und Aveiro, * 9. Dez. 1392 Lissabon, ⚔ 20. Mai 1449 Schlacht v. Alfarrobeira; Eltern: Kg. Johann I. 'd. Große' und Philippa v. Lancaster; ⚭ Isabel, Tochter Gf. Jakobs II. v. Urgel. Befehligte ein Heer bei der Eroberung v. Ceuta, 1425–28 Reisen in Europa, 1439 Regent nach Kg. Eduards Tod. Der Infant leitete eine wichtige Phase der ptg. überseeischen Expansionspolitik ein und verfügte über genaue Kenntnis der polit. und wirtschaftl. Verhältnisse (Príncipe das Sete Partidas). Er war gebildet und belesen und regte lit. Werke an (»Virtuosa Benfeitoria«, gewidmet Kg. Eduard, dessen Ratgeber und Vertrauter er war). D. Briesemeister

Lit.: Dicionário de hist. de Portugal, V, 1975, 29–31 – L. VONES, Gesch. der Iber. Halbinsel im MA 711–1480, 1993, 208f., 213f., 350f. [Lit.].

3. P. v. Portugal, →Condestável, Thronprätendent in der Krone →Aragón, * ca. 1429, † 29. Juni 1466 in Granollers (Schwindsucht), Sohn des Infanten Pedro v. Portugal, Hzg. v. Coïmbra, und der Isabella v. →Urgel (daher Enkel des Gf. en Jakob II. v. Urgel). Unter der Regentschaft des Vaters (1439–46) wurde er zum Hochmeister des Ordens v. →Avís und zum *Condestável* v. Portugal ernannt (7. Jan. 1443), Ämter, die er verlor, als sich 1449 Kg. →Alfons V. v. Portugal durchsetzte. Nach durch Begnadigung (1457) beendetem Exil in Kastilien, wurde P. aufgrund seiner Abstammung aus dem Haus Urgel im Okt. 1463 von den katal. Ständen die Kg.swürde angetragen, doch da er sich schon bald nach seiner Ankunft in Barcelona (21. Jan. 1464) mit der →Diputació del General und den →Consellers der Stadt überwarf, sein Erscheinen die polit. Pläne Jakobs II. v. Aragón und Ludwigs XI. v. Frankreich (Erwerb des →Roussillon) gefährdete und eine ptg. Helfer unbeliebt waren, mußte er nach der Niederlage v. Calaf (28. Febr. 1465) endgültig verzichten. Dem gebildeten P., Verf. lit. Werke (»Satyra de felice e infelice vida«, Coplas: »De menosprezo do Mundo«, »Tragedia de la insigne Reyna Doña Isabel« [seine Schwester, Gemahlin Alfons' V.]; ed. L. ADÃO DA FONSECA, 1975), ersparte nur der Tod die Gefangenschaft. L. Vones

Lit.: Dicc. d'Hist. de Catalunya, 1992, 809f. – H. BAQUERO MORENO, Algumas mercês concedidas pelo condestável D. P., rei da Catalunha, a súbditos portugueses, Revista das Ciências do Homem (Lourenço Marques), III/1, 1970, 147–172 – E. GASCÓN, Don P., condestable de P., 1979 – L. VONES, Gesch. der Iber. Halbinsel im MA 711–1480, 1993, 213f., 219, 352f. [Lit.].

4. P. Afonso, *Gf. v. Barcelos,* * um 1280 in Torres Vedras, † Jan. 1354 in Paço de Lalim, ⊐ Kl. São João de Tarouca, illegitimer Sohn Kg. →Dinis' I. v. Portugal und Grácias Aires, mit zahlreichen Gütern in Beira und Alentejo ausgestattet, erhielt am 1. Mai 1314 vom Vater die Gft. Barcelos mit allen Rechten und Einkünften (doch mit der Auflage des Heimfalls an die Krone beim Tode P.s). Als Erbe des lit. Talents des Vaters widmete er sich als Schützling der Kgn. →Isabella (11. I.) seit 1325 in Paço de Lalim (Lamego) der Poesie (wahrscheinl. verlorener *livro de cantigas*) und v. a. der Gesch.sschreibung. Sein Hauptwerk ist die *Crónica Geral de Espanha* v. 1344 (→Chronik, K. III), deren erste Redaktion er unter Verwendung einer gallego-ptg. Übers. der →*Crónica General de España* und zahlreicher weiterer Vorlagen fertigstellte. Zusätzl. verfaßte er 1340–44 die erste urspgl. Version des →*Livro de Linhagens*, eine später zweimal (1360–65; 1380–83) überarbeitete Genealogie der ptg. Adelsgeschlechter, so daß man mit Recht behaupten kann, P. stehe am Anfang der ptg. Nationalgesch.sschreibung. L. Vones

Ed.: A. de Magalhães BASTO, Crónica de Cinco Reis de Portugal, I, 1945 [für die bei CINTRA nicht ed. Teile] – Crónica Geral de Espanha de 1344, ed. L. F. Lindley CINTRA, 3 Bde, 1951–61 [Neudr. 1983] – Ed. crítica del texto español de la Crónica de 1344, I, ed. D. CATALÁN-M. Soledad de ANDRÉS, 1971 – Livro de Linhagens do Conde D. P., ed. J. MATTOSO, 2 Bde, 1980 – L. F. Lindley CINTRA, O *Liber Regum* e outras fontes do *Livro das Linhagens* do Conde D. Pedro (Misc. ... a memória de F. A. COELHO, 1950), 224–251 – Nobreza de Portugal, II, 1961, 376–380 – D. CATALÁN MENÉNDEZ PIDAL, De Alfonso X al Conde de B., 1962, bes. 289ff. – F. FÉLIX LOPES, Alguns documentos respeitantes a D.P., conde de B., Itinerarium 11, 1969, 486–503 – A. J. SARAIVA, O Autor da narrativa da Batalho do Salado e a refundição do Livro do Conde D.P., Boletim de Filologia 22, 1971, 1–16 – M. J.

PIMENTA FERRO, Nótulas para o estudo da assistência hospitalar aos pobres em Lisboa ... (A pobreza e a assistência aos pobres na Peninsula Ibérica durante a Idade Média, I, 1973), 371–400 – J. MATTOSO, As fontes do Nobiliário do Conde D.P. (A nobreza medieval portuguesa, 1981 [1987²]), 55–98 – DERS., A lit. genealógica e a cultura da nobreza em Portugal (Portugal Medieval, 1985), 309–328 – DERS., Sur les sources du comte de B. (L'historiographie médiévale en Europe, hg. J.-PH. GENET, 1991), 111–116.

5. P. González, *Gf. v.→Lara,* Gf. in Kastilien, * um 1065, † 1130 Bayonne, ⌑ Burgos, Sohn des Gonzalo Núñez de Lara, ⚭ Eva Pérez de→Traba; Söhne: Manrique Pérez de →Lara de Molina, Núño Pérez de Lara, Álvaro Pérez. P. war Liebhaber der Kgn. →Urraca v. Kastilien, mit der er zwei Kinder (Fernando Pérez, Elvira) hatte. → Alférez Alfons' VI. (1087–91) und Urracas (bis 1109), unterstützte er die Kgn. auch gegen Alfons I. v. Aragón und ihren Sohn Alfons Raimúndez. Seine Besitzungen erstreckten sich von Lara de los Infantes (Burgos) bis Torremormojón (Palencia). Nach Urracas Tod unterwarf er sich zunächst →Alfons VII., verweigerte jedoch 1127/29 die Teilnahme an Feldzügen gegen Alfons I. v. Aragón. Im Juni 1130 verfielen P. und sein Bruder Gf. Rodrigo González v. Asturias de Santillana der→ira regia. P. wurde in Palencia gefangengenommen und sein Besitz konfisziert. Im Exil in Frankreich soll er in Bayonne im Zweikampf gegen den Gf.en Alfons Jourdain v. Toulouse gefallen sein. U. Vones-Liebenstein
Lit.: L. DE SALAZAR Y CASTRO, Hist. genealógica de la Casa de Lara, I, 1696, 90–102 – S. DE MOXÓ, De la nobleza vieja a la nobleza nueva, Cuadernos de Hist. 3, 1969, 34 – B. F. REILLY, The Kingdom of León-Castilla under Queen Urraca, 1982 – J. GARCÍA PELEGRÍN, Stud. zum Hochadel der Kgr.e Leon und Kastilien im HochMA, 1991, 118–132.

6. P. Ansúrez, *Gf. v. Saldaña und →Carrión,* ztw. Tenente v. Zamora, Toro, Entrepeñas, Liébana, Cabezón, Simancas, Cuéllar und Tordesillas, † 1118/19, Eltern: Asur Díaz aus dem Geschlecht der →Beni Gómez und Justa; ⚭ Elo Alfonso; Töchter: Maria ⚭ Gf. Ermengol V. v. →Urgel; Mayor, Gründerin des Kl. Retuerta, ⚭ Alvar Fáñez. – P., Hofmeister Alfons' VI. und sein Bruder Gonzalo, →Alférez (1071) des Kg.s, begleiteten Alfons VI. nach der Niederlage v. Golpejera gegen Sancho II. v. Kastilien und Rodrigo Díaz (→Cid) ins Exil nach Toledo und kehrten mit ihm nach dem Tode Sanchos vor Zamora (Okt. 1072) wieder zurück: möglicherweise nahm P. am Aufstand der Infantin →Urraca in Zamora teil, da er seine Ämter in Carrión, Saldaña, Liébana und Zamora verlor. Später übergab er die Herrschaft über Zamora Gf. →Raimund v. Burgund, dem Schwiegersohn des Kg.s, und erhielt die Herrschaft über Cuéllar, Madrid und Simancas. Nach dem Tod Alfons' VI. fiel P. bei dessen Tochter und Nachfolgerin Urraca in Ungnade. Er und sein Haus waren polit. Gegner des Cid, obwohl er sich bei dessen Heirat mit Jimena Díaz 1074 für die Arras (→Arra, 2) verbürgte. Seine Neffen Diego und Fernando, die 'Infanten v. Carrión', zettelten die legendäre *afrenta de corpes* gegen ihre angebl. Gattinnen, die Töchter des Cid, an. M. A. Ladero Quesada
Lit.: J. RODRÍGUEZ, P. A., 1966 – R. MENÉNDEZ PIDAL, La España del Cid, 1969⁷ – M. del Carmen CARLÉ, Gran propiedad y grandes propietarios, CHE 57/58, 1973, 74 ff. – D. G. PATTISON, The *Afrenta de Corpes* in Fourteenth-Cent. Historiography (Mío Cid Stud., 1977), 129–140 – J. GONZÁLEZ, Hist. de Palencia, I, 1984, 162ff., 178ff. – B. F. REILLY, The Kingdom of Leon-Castilla under King Alfonso VI, 1988 – F.J. MARTÍNEZ LLORENTE, Régimen jurídico de la Extremadura castellana medieval, 1990, 88ff. – J. GARCÍA PELEGRÍN, Stud. zum Hochadel der Kgr.e León und Kastilien im HochMA, 1991.

7. P. Froílaz, *Gf.* (consul) *v. → Traba, Herr v. → Trastámara,* Sohn des Froila Vermúdez, eines Enkels (?) des Gf.en →Mendo Gonçalves, † 1128, ⚭ 1. 1088 Urraca, Tochter des Gf.en Froila Arias, 2. 1113 Mayor Rodríguez. P., am Hof Kg. Alfons VI. v. Kastilien-León erzogen, erstmals 1086 gen., war ab 1090 dominator, dann comes Ferrarie (ab 1096) und comes de Traba (ab 1098). Er stand in enger Beziehung zu Gf. Raimund v. Burgund (Schwiegersohn Kg. Alfons' VI.) und war Erzieher von Raimunds Sohn Alfons Raimúndez (→Alfons VII. v. Kastilien-León). Seit 1100, ztw. gemeinsam mit Ebf. →Diego II. Gelmírez v. Santiago de Compostela, bestimmte er als Haupt des Adels ('comes Galleciae' [seit 1109]) die Politik des galic. Raumes entscheidend mit. Durch geschickte Besitz- (u. a. 1113 Übertragung des Hauskl. San Martín de Jubia an Cluny) und Familienpolitik konnte P. für sein Geschlecht die Kg.snähe sichern, trotz eines offenen Konflikts mit der Kgn. →Urraca v. Kastilien-León (1123). P.s Sohn, Fernando Pérez, 1116 municeps von Diego Gelmírez, konnte als Geliebter der verwitweten Infantin →Teresa, Tochter Alfons' VI., bis zu seiner Vertreibung 1128 die Herrschaft in den Gft.en Coïmbra und →Portugal ausüben. Ausdruck seines polit. Einflusses war die Ausübung der Hofämter beim Krönungsmahl durch P., zwei seiner Söhne und seines Schwiegersohns anläßl. der Kg.sweihe seines Zöglings Alfons (17. Sept. 1111). L. Vones
Lit.: A. LÓPEZ FERREIRO, Alfonso VII, rey de Galicia, y su ayo el conde de Traba, 1885 – DERS., Hist. de la Santa A.M. Iglesia de Santiago, III, 1900 – S. DE MOXÓ, De la nobleza vieja a la nobleza nueva, Cuadernos de Hist. 3, 1969, 87ff. – P. SEGL, Kgtm. und Kl.reform in Spanien, 1974, 151ff. – L. VONES, Die 'Hist. Compostellana' und die Kirchenpolitik des nw.span. Raumes ..., 1980 – B. F. REILLY, The Kingdom of León-Castilla under Queen Urraca, 1982 – R. A. FLETCHER, Saint James's Catapult ..., 1984, bes. 34ff., 130ff., 147ff. – J. GARCÍA PELEGRÍN, Stud. zum Hochadel der Kgr.e León und Kastilien im HochMA, 1991, 74ff., 186 [Stammtaf.; unvollständig].

8. P. Enríquez de Castro, *Gf. v. → Trastámara,* →Condestable v. Kastilien, * um 1359, † 2. Mai 1400 Orense, ⌑ S. Francisco de Lugo, Enkel Alfons' XI. v. Kastilien, Eltern: Fadrique und Constanza de Angulo, ⚭ 1385 Isabel de Castro, Tochter des Alvar Pérez de →Castro; 5 Söhne und 2 Töchter (Nachfolger: Fadrique Enríquez, Hzg. v. Arjona [1388–1430]). 1371 übertrug ihm Heinrich II. die Gft. Trastámara mit der Aufgabe, Galicien zu befrieden. Mit Hilfe von →*mercedes* schuf er sich eine eigene Klientel, 1372 erhielt er das Amt des →*Pertiguero Mayor de Santiago,* das er jedoch 1383 aufgrund eines Konflikts mit Ebf. Juan García Manrique v. Santiago verlor. 1384 bot ihm die Kgn. witwe v. Portugal, →Leonor Tellez, ihre Hand und die Krone. Der Plan scheiterte, als Johann I. Leonor gefangensetzte und P.s Besitzungen konfiszierte. Erst 1386 aus dem frz. Exil zurückgekehrt, gehörte er während der Minderjährigkeit Heinrichs III. dem Regentschaftsrat an und erhielt den Titel eines Condestable v. Kastilien. Seit 1394 in Ungnade und ohne polit. Einfluß.
U. Vones-Liebenstein
Lit.: E. MITRE FERNÁNDEZ, Evolución de la nobleza en Castilla bajo Enrique III, 1968, 63–68 – L. SUÁREZ FERNÁNDEZ, Hist. del reinado de Juan I, 1977 – J. GARCÍA ORO, La Nobleza Gallega en la Baja Edad Media, 1981, 21–29.

9. P. de Luna → Benedikt XIII.

10. P. Pascual (Pere Pasqual), hl. (Kultbestätigung 14. Aug. 1670, Fest: 6. Dez.), Bf. v. Jaén (1296), * 1227 (?) in Valencia, † 6. Dez. 1300 in Granada, ⌑ Kathedrale v. Baeza. Trat nach Studien in Paris in den Mercedarierorden ein und gründete Kl. in Baeza, Jerez de la Frontera sowie in Jaén. In Barcelona lehrte er Philos. und Theol. und wurde von Kg. Jakob I. v. Aragón zum Erzieher für seinen Sohn Sancho bestellt. Auf einer Visitationsreise geriet er in muslim. Gefangenschaft und wurde angebl. am Altar beim Gottesdienst enthauptet. In der Auseinandersetzung mit Judentum und Islam verfaßte er apologet. und kontrovestheol. Schriften sowie erbauliche, z. T. auf apokryphen Überlieferungen beruhende katal. Legendenbücher (Libre de Gamaliel, Història de Sanct Latzer, Història del Sanct Lladre). D. Briesemeister

Ed.: A. VALENZUELA, 1905–08 – *Bibliogr.*: CONCHEFF–B. JORGENSEN, Bibliogr. of Old Catalan Texts, 1985, nr. 1185–1218 [Werkverz.] – *Lit.*: Bibl. SS X, 86of. – F. COLOMBO, Resumen de la vida del glorioso martir San P. Pasqual de Valencia [Neudr. 1979] – D. W. LOMAX, The Istoria del Sanct Ladre attr. to St. P.P. (Fschr. R. ARAMON I SERRA, I, 1979), 389–394.

11. **P. Tenorio** → Tenorio, Pedro, Ebf.

Peene, mecklenburg. Fluß, in den Q. früh als 'Pana' erwähnt, angebl. Wendepunkt für den Slavenfeldzug Karls d. Gr. v. 789. Neuerdings ist für diesen Zeitraum eine havelländ. P. nachgewiesen worden. Die mecklenburg. P. ist zunächst Grenze zw. →Zirzipanen und Tollensern, später dann Teil der Diözesangrenze des Ebm.s →Hamburg-Bremen bzw. des Bm.s →Havelberg.
L. Dralle

Lit.: R. TRAUTMANN, Ortsnamen, II, 1949, 115 – L. DRALLE, Slaven an Havel und Spree, 1981 – CHR. LÜBKE, Reg. zur Gesch. der Slaven an Elbe und Oder, T. II–IV, V [Ind.], 1985ff. – M. KLUGER, Der Feldzug Karls d. Gr. gegen Wilzen, 'das man Havelland heißt' – Nachrichten von der Havel und der havelländ. P. aus d. Jahr 789 (Namenkundl. Informationen, Beih. 13 [Studia Onomastica VI], 1990).

Peers (zu lat. *pares*, frz. →*Pairs*). Im frühen 14. Jh. begegnet in England erstmals der Begriff »P. of the realm«. Bis dahin hatte die Einzelladung zum →Parliament auf Grundbesitz beruht (*peerage by tenure*). Nun begannen etliche im Parliament mitwirkende weltl. Magnaten, sich als eigenen Stand, als peerage, zu verstehen. Aus den gemeinsamen Sitzungen von weltl. und geistl. Lords erwuchs allmähl. das Oberhaus (→Lords, the House of). Unter Kg. Eduard III. stieg die Zahl der P. auf etwa 70, um dann wieder zu sinken. Ende des 14. Jh. wurde es üblich, alle P. durch →*writ(s) of summons* ins Parliament zu berufen, während solche Schreiben nur noch selten an Nicht-P. gingen. Die parlamentar. Pairswürde wurde erblich und bedeutete Zugehörigkeit zum Hochadel. Kreierungen erfolgten durch Patent oder Brief – in diesem Fall erst wirksam, wenn der Empfänger seinen Sitz im Parliament einnahm. Kg. Heinrich VI. vergrößerte die Gruppe der P., für die bis zur Mitte des 15. Jh. mehrere neue Titel geschaffen wurden (→*Nobility*), beträchtlich. Die P. erlangten das Recht auf iudicium parium, wenn sie eines schweren Verbrechens (Hochverrat, Felonie) beschuldigt wurden. Dazu kamen sonstige Privilegien bei Gerichtsverfahren. 1390 wurde festgelegt, daß nur P. die Befugnis zu Klientelbildungen haben sollten. Weil die P.-Würde als Majorat vererbt wurde, kam es bei den P.-Familien nicht zur Zersplitterung des Grundbesitzes, der weiterhin von herausragender Bedeutung war. K. Schnith

Lit.: Peerage – J. HATSCHEK, Engl. Verfassungsgesch., 1978², bes. 193 ff. – K. KLUXEN, Engl. Verfassungsgesch.: MA, 1987 – →Nobility.

Pegasus, geflügeltes und gehörntes riesiges Zauberroß, u. a. der gr. Mythologie, das durch Nichtbeachtung des Hinweises auf seine fabulöse Existenz bei Plinius (n. h. 10, 136) von Thomas v. Cantimpré (4, 89, zit. bei Vinzenz v. Beauvais 16, 126 und 19, 102) unter die für Mensch und Tier gefährl. monströsen Tiere Äthiopiens eingereiht wird. Der kritiklos übernommenen dramat. Beschreibung seines sturmerzeugenden Fluges fügt Albertus Magnus (animal. 22, 132) den Zusatz über das entsprechende Sternzeichen hinzu. Solins Mißverständnis (30, 29) der Pferdeohren geht über das Lexikon des Papias (zit. bei Vinzenz v. Beauvais 16, 126) in die Lit. ein.
Ch. Hünemörder

Q.: →Albertus Magnus – Papias Vocabulista, 1496 [Neudr. 1966] – Solinus, Collectanea rer. memorab., ed. TH. MOMMSEN, 1895² [Neudr. 1958] – Thomas Cantimpr., Lib. de nat. rerum, T. I, ed. H. BOESE, 1973 – Vinc. Bellov., Speculum nat., 1624 [Neudr. 1964] – *Lit.*: H. SCHÖPF, Fabeltiere, 1988.

Pegau, Stadt u. Kl. in Sachsen. Am Übergang einer Straße von Merseburg in die Mgft. Meißen über die Weiße Elster entstand gegen Ende des 11. Jh. eine Kaufmannssiedlung an der zum Straßenmarkt erweiterten Breitstraße mit einer 1091 gen. Nikolaikirche. →Wiprecht v. Groitzsch stiftete hier nach einer Wallfahrt nach Santiago de Compostela das 1096 geweihte Kl. OSB mit Mönchen aus →Münsterschwarzach, zu denen 1103 Corveyer Mönche der Hirsauer Richtung kamen. Die Kl. vogtei verblieb der Stifterfamilie und fiel bei deren Aussterben 1135 an den dt. Kg. Der 1106 erlangte, 1162 bestätigte päpstl. Schutz sicherte ein hohes Maß an Freiheit. Die aus der 1. Hälfte des 13. Jh. bekannte Kl. bibl. läßt auf hohen Bildungsstand schließen, die vor 1150 begonnenen P.er Annalen sind für die Landes- und Reichsgesch. wertvoll. Das Grabmal Wiprechts aus dem frühen 13. Jh. gehört zu den reifen Leistungen roman. Kunst.

Unter Abt Windolf (1105–50) erweiterte sich die Kaufmannssiedlung zur kgl. Stadt mit Laurentiuskirche. Die Stadtherrschaft mit Markt, Münze und Zoll gelangte an den Abt. Um 1190 wurde unter Abt Siegfried v. Rekken die Neustadt gegr. (Kirche ô Ottomar). Siegfried wehrte sich gegen die von den wettin. Mgf.en v. Meißen angestrebte Mediatisierung, die jedoch im 14. Jh. vom benachbarten →Groitzsch aus Reichskl. und Stadt unter ihre Gewalt brachten. Die vorwiegend von bürgerl. Gewerben lebende Stadt mit Bürgermeister und Rat konnte sich bis zum Ende des MA nicht von der Obergerichtsbarkeit des Abtes lösen. Um 1470 zählte P. etwa 1100 Einw.
K. Blaschke

Lit.: W. SCHLESINGER, Kirchengesch. Sachsens im MA, II, 1962, 184ff. – H. PATZE, Die P.er Annalen, die Kg. serhebung Wratislaws v. Böhmen und die Anfänge der Stadt P., JGMODtl 12, 1963, 1ff.

Pegolotti, Francesco, florent. Kaufmann, Ende des 13. Jh.–Mitte des 14. Jh., verfaßte eines der bekanntesten ma. Kaufmannsbücher »Il libro di divisamenti di paesi e di misure di mercatantie« (cod. 2441 Bibl. Riccardiana, Florenz, 15. Jh.; Erstdr. 1766, Florenz). Sein Vater Balduccio war 1311 als florent. Gesandter bei Ks. Heinrich VII. in Siena; sein Bruder Ranieri vertrat um 1330 die Handelskompanie →Bardi in Perugia, der auch P. spätestens seit 1310 angehörte. Nach geschäftl. Aufenthalten in Antwerpen, London (1317–1321) und in Zypern (1324–1329), blieb F. P. seit Anfang der 40er Jahre in Florenz und engagierte sich auch in der Politik. 1346 bekleidete er das höchste städt. Amt des Gonfaloniere. Wie nicht zuletzt sein hohes Jahresgehalt bezeugt, hatte P. in der Verwaltung der Bardi-Kompanie eine Spitzenposition inne und war daher auch 1347 an der Abwicklung ihres Bankrottes beteiligt.
M. Luzzati

Ed.: F. Balducci P., La pratica della mercatura, ed. A. EVANS, 1936 [Nachdr. 1970].

Peilstein, Gf.en v., Zweig der bayer.-österr. Adelsfamilie der →Sighardinger, die sich ab dem 11. Jh. nach ihren Burgen Tengling, →Burghausen, →Schala und P. (bei St. Leonhard am Forst, sw. Niederösterreich) nannten. Erste Nennung ca. 1118 für Friedrich II. v. Tengling († ca. 1120), Bruder des 1104 getöteten Sigehard v. Burghausen. Friedrichs Sohn, Konrad I. († ca. 1168; ⚭ 1. Tochter Mgf.

→Leopolds II. v. Österreich), vereinigte mit seinen niederösterr. Besitzungen Vogteirechte über das Hochstift Salzburg und die Kl. Michaelbeuern und →Reichersberg. Er stiftete die Pfarre St. Leonhard am Forst (ca. 1160) und nahm vielleicht am 2. Kreuzzug teil; sein gleichnamiger Sohn erhielt zusätzl. Vogteirechte über Kl. Seitenstetten (sw. Niederösterreich). Gelegentl. auch auf kgl. Hoftagen nachweisbar, spielten die Gf.en v. P. ztw. eine wichtige Rolle als Anhänger der →Babenberger. Nach ihrem Aussterben 1218 übernahmen Bayern, Freising, Österreich und Salzburg ihre Besitzrechte und Herrschaftsansprüche, kurzfristig gelangte der niederösterr. P.er Besitz nach 1246 unter die Herrschaft der verwandten Gf.en v. Plain-Hardegg (→Hardegg). L. Auer

Lit.: J. LAMPEL, Die Macht der Gf.en v. P. in NÖ, Bll. des Ver. f. LK v. NÖ NF 32/2, 1898, 103–192 – F. MARTIN, Die kirchl. Vogtei im Erzstifte Salzburg, Mitt. der Ges. f. Salzburg. LK 46, 1906, 378f. – H. FICHTENAU, Von der Mark zum Hzm., 1965², 15f. – Genealog. Taf. zur ma. europ. Gesch., hg. W. WEGENER, 1962–69, 89–107 [Lit.].

Peipussee, Schlacht. Am 5. April 1242 wurde auf dem Eis des P.s das Heer des →Dt. Ordens und der →Esten von den Novgoroder Streitkräften, aruss. Truppen (Karelier, Woten und Inger) unter dem Oberbefehl von →Alexander Nevskij geschlagen. In seit 1240 andauernden Kriegen gegen →Novgorod hatte der Dt. Orden in →Livland mit Unterstützung der →Liven und →Esten territoriale Gewinne erzielt und sogar →Pskov eingenommen. Nach der im Winter 1241/42 einsetzenden erfolgreichen Gegenoffensive kam es zur Entscheidungsschlacht. Das in keilförmiger Schlachtordnung anrückende Heer der Ordensritter hatte die aruss. Hauptstreitmacht geschlagen, doch trieben die an beiden Flanken und im Rücken des Ritterheeres eingesetzten Truppen zuerst die Esten in die Flucht, umringten dann die ungeschützten Ritter und verfolgten sie auf dem 8 km langen Rückzug über den vereisten See. Nach der Novgoroder Chronik fielen eine große Zahl von Esten und 400 Ordensritter, 50 Ritter wurden gefangengenommen. Der im gleichen Jahr geschlossene Friede sicherte Novgorod elf ruhige Jahre. Die polit. Rolle des Papsttums und des Legaten →Wilhelm v. Modena beim Feldzug gegen die Rus' wurde sicherl. überbewertet, obgleich beide an der Gewinnung der heidn. Balten und Finnen für das kath. Christentum interessiert waren.
A. Poppe

Lit.: Ledovoe poboišče 1242g., 1966 – →Alexander Nevskij.

Peira → Practica ex actis Eustathii Romani

Peire (s. a. Peter, Petrus)

1. P. d'Alvernha, prov. Troubadour, wirkte ca. Ende der 40er bis in die frühen 70er Jahre des 12. Jh. Mindestens 20 Dichtungen sind für ihn gesichert. Er ist einer der rätselhaftesten Dichter der ersten Troubadourgenerationen, nicht zuletzt wegen seines schwierigen »verschlossenen und sperrigen« Stils, wie er ihn selbst nennt, dessen zahlreiche Anspielungen häufig nicht zu entschlüsseln sind. Viele seiner Gedichte beginnen mit einem Lobpreis der eigenen Dichtkunst, in sich eine »neue Art des Dichtens« ausdrückte, was ihm u. a. eine polem. Replik des Bernart Marti eintrug. In der Rolle des »Lehrers« seiner Rivalen verfaßte er eine wichtige Literatursatire in Versen: »Cantarai d'aquestz trobadors«. Themat. und ideolog. vertritt P. anscheinend einen »höfischen Moralismus«, beeinflußt vom ethischen und religiösen Rigorismus des →Marcabru (dem er in stilist. Hinsicht verpflichtet ist), wobei er v. a. auf die Hochhaltung der Wertvorstellungen und Verhaltensregeln der Gesellschaft, in der er sich bewegt, dringt. Obgleich sich die nachfolgenden Generationen in Form und Thematik anders orientierten, genoß P. bei ihnen großen Ruhm als anerkanntes Schulhaupt oder als großer Neuerer in der Dichtkunst: In verschiedenen Liedersammlungen nehmen seine Werke den Ehrenplatz am Anfang ein. P. wird von Dante als einziger emblemat. für der »antiquiores doctores« genannt, die »primitus poetati sunt«. S. Asperti

Ed. und Lit.: DLFMA s. v. – R. ZENKER, Die Lieder P.s v. Auvergne, 1900 [mit Ed. einiger Texte unsicherer Zuschreibung] – P. d'A., Liriche, hg. A. DEL MONTE, 1955 – H. VAN DER WERF, The Extant Troubadour Melodies. Transcriptions and Essays for Performers and Scholars, 1984, 230*–233* (BdT 323, 15; 323,4) – M. DE RIQUER, Los trovadores, 1975, 311–341 – L. T. TOPSFIELD, Troubadours and Love, 1975, 159–161 – S. GAUNT, Troubadours and Irony, 1989, 97–120.

2. P. Cardenal → Cardenal, Peire

3. P. Raimon de Tolosa, prov. Troubadour. Sehr wahrscheinl. handelt es sich um zwei Dichter gleichen Namens, die in aufeinanderfolgenden Perioden wirkten: ersterer steht mit dem Hof Alfons' II. v. Aragón in Verbindung und verfaßte Dichtungen, die bereits in den frühen 80er Jahren des 12. Jh. berühmt waren. Letzterer ist um eine Generation später anzusetzen, hielt sich Anfang des 13. Jh. an verschiedenen it. Höfen (u. a. bei den Este) auf und führte dichter. Auseinandersetzungen mit Rambertino Buvalelli und Guglielmo Malaspina. Diesen Aufenthalt in Italien erwähnt die »Vida« des P.R. nicht, die unter seinen Gönnern neben Alfons II. Raimund V. v. Toulouse und Guilhem de Montpellier nennt und als seinen Todesort Pamiers angibt. Sie bezieht sich anscheinend auf einen Dichter, dessen Aktivität nicht über das Ende des 12. Jh. hinaus reicht. Auch bei der Analyse der Texte lassen sich Unterschiede erkennen, die sich auf zwei aufeinanderfolgende Perioden der Entstehung zurückführen lassen: die früher anzusetzenden Dichtungen sind klassischer, innerlich kohärenter und stehen in Stil, Themen und Metrik Bernart de Ventadorn und →Gaucelm Faidit näher; die anderen sind weniger einheitlich und öffnen sich dem Einfluß, bis hin zur Imitation, der wichtigsten Autoren aus dem Ende des 12. Jh. von →Folquet de Marseille bis zu →Arnaut Daniel: sie zeigen hingegen in techn., metr. und musikal. Hinsicht (u. a. ein →Descort) Innovationen, die dem in Italien z. Zt. →Aimerics de Pegulhan herrschenden Geschmack nahestehen. St. Asperti

Ed. und Lit.: DLFMA, 1992², 1121 – Le poesie di P.R. de T., ed. A. CAVALIERE, 1935 – K. LEWENT, A propos de P.R. de T., Romania LXVI, 1940, 12–31 – H. VAN DER WERF, The Extant Troubadour Melodies, 1984, 234* (BdT 355,5) – M. DE RIQUER, Los trovadores, 1975, 931–940 – J. H. MARSHALL, Pour l'étude des contrafacta dans la poésie des troubadours, Romania 101, 1980, 295–300.

4. P. Rogier, prov. Troubadour, der im dritten Viertel des 12. Jh. wirkte. Für ihn sind neun Gedichte gesichert. In der satir. Troubadour-Galerie des →Peire d'Alvernha (»Cantarai d'aquestz trobadors«) erscheint er an erster Stelle vor →Giraut de Bornelh und →Bernart de Ventadorn. Zusammen mit diesen seinen Zeitgenossen gehört P. R. zu den Troubadouren, die den Geist und die Regeln der prov. Courtoisie prägen, insbes. in bezug auf den Liebesdienst; mit →Raimbaut d'Aurenga setzt er sich in einem Austausch von Gedichten über die Natur der Liebe und die Art der Beziehung zur geliebten Frau auf freundschaftl. Weise auseinander. Als Anhänger des »trobar leu« hat P. R. eine Vorliebe für den mittels rhetor. Gegenüberstellungen und direkter Wendungen an das Publikum dramatisierten Monolog. Dialogpartner seiner *coblas tensonadas* sind die Dichter und ein Freund oder auch Leib und Herz des Liebenden. St. Asperti

Ed. und Lit.: DLFMA, 1992², 1118 – L. COCITO, Sul canzoniere di P. R.

(Romania [Fschr. F. Piccolo, 1962]), 217–239 – M. de Riquer, Los trovadores, 1975, 263–271 – The Poems of the Troubadour P. R., ed. D. E. T. Nicholson, 1976.

5. P. Vidal → Vidal, Peire

Peirol, prov. Troubadour aus der Auvergne, für den 32 Dichtungen weitgehend gesichert sind. Seine lit. Aktivität, die er zumeist am Hof →Dalfins d'Alvernhe entwickelte, erstreckt sich offenbar über einen beachtlich langen Zeitraum: Bereits Anfang der 1190er Jahre war er arriviert, als der Mönch v. →Montaudon ihn in seiner Satire »Pos Peire d'Alvernh' a chantat« verspottet, ein Kreuzlied ist hingegen in die Jahre 1221–1222 zu datieren. P. gehört zu den größten Troubadouren seiner Zeit. Seiner »Vida« zufolge war er ein verarmter Ritter, der Spielmann, also Berufsdichter wurde. Seine Lieder zeigen die völlige Beherrschung der lyr. Kompositionstechnik. P. ist vielleicht weniger introspektiv als seine Zeitgenossen →Arnaut de Maruelh und →Folquet de Marseille, doch gelingt ihm in seinen Gedichten eine bemerkenswerte harmon. Ausgewogenheit, die einer wohl durchdachten, aber nie auffällig hervortretenden Strukturierung zu verdanken ist, die sich dem Fluß der Gedanken anpaßt. P.s bes. Vorzug gilt wohl die Erfindung neuer, dem Publikumsgeschmack entgegenkommender Formen. Den Erfolg seiner Dichtungen und Melodien beweisen die zahlreichen Imitationen (contrafacta) in Sirventesen und Tenzonen und die Überlieferung von 17 seiner Melodien in Hss., die sich durch beachtl. Erfindungsreichtum auszeichnen. St. Asperti

Lit.: P., Troubadour of Auvergne, ed. S. C. Aston, 1953 – M. de Riquer, Los trovadores, 1975, 1113–1128 – H. van der Werf, The Extant Troubadour Melodies. Transcriptions and Essays for Performers and Scholars, 1984, 254*–275*.

Pelagianismus → Pelagius (3. P.)

Pelagius (s. a. Pelayo)

1. P. I., *Papst* seit 16. April 556, † 3. März 561 in Rom; aus röm. Stadtadel, begleitete 536 Agapet I. nach Konstantinopel und blieb dort als →Apokrisiar des Papstes Vigilius, war zugleich Berater Ks. Justinians I.; während der Gefangenschaft des Vigilius führend in Rom; seit 551 wieder in Konstantinopel, wo er nach dem Tod des Vigilius die Verurteilung der 'Drei Kapitel' (→Dreikapitelstreit) und das V. ökumen. Konzil v. →Konstantinopel (553) schließlich anerkannte. Darauf wurde er auf Befehl Justinians I. zum Papst erhoben. Obwohl er sich öffentl. zu den Aussagen des Konzils v. →Chalkedon (451) bekannte, wurde P. in Rom und im ganzen W vielfach abgelehnt. Seit P. mußte der gewählte Papst vor der Weihe die ksl. Bestätigung einholen. G. Schwaiger

Q.: LP I, 303f., 309f.; III, 345 – Jaffé² I, 114–136; II, 695, 738 – P.i diaconi in defensionem trium capitolorum, ed. R. Devreesse (StT 57, 1932) – P. I. papae epistulae quae supersunt, hg. P. M. Gassó – C. M. Batlle, 1956 – *Lit.*: Catholicisme X, 1087–1090 – LThK² VIII, 249f. – E. Caspar, Gesch. des Papsttums, II, 1933, 286–305 – Haller² I, 278–286, 538–540 – L. Abramowski, Die Zitate in der Schr. 'In def. trium cap.' des röm. Diakons P., VC 10, 1956, 160–193 – O. Bertolini, Roma e i Langobardi, 1972 – J. Richards, The Popes and the Papacy in the Early MA, 1979 – M. Maccarrone, 'Fundamentum apostolicarum sedium' (Ders., Romana Ecclesia, Cathedra Petri [= Italia Sacra 47/48], 1991).

2. P. II., *Papst* seit 26. Nov. 579, † 7. Febr. 590 in Rom; Römer, Sohn des Goten Wunigild; gewählt und (ohne ksl. Bestätigung) geweiht, während Rom von den →Langobarden belagert wurde. Seine Regierung war bestimmt von der Langobardengefahr. Da Byzanz keine wirksame Hilfe leisten konnte, suchte P. (vergebl.) Hilfe bei den Franken. In die Zeit des Waffenstillstands zw. dem Langobardenkg. →Authari und dem Exarchen Smaragdus v. Ravenna (585–589) fallen wohl röm. Kirchenbaumaßnahmen. Mit Konstantinopel begann der Streit über den Titel 'ökumenischer →Patriarch'. Das Schisma v. Aquileia-Grado (→Dreikapitelstreit) konnte nicht beigelegt werden, doch begann die Bekehrung der arian. Westgoten zum kath. Glauben unter Kg. →Reccared. P. starb nach einer großen Tiberüberschwemmung an der Pest. Nachfolger wurde sein Diakon →Gregor (I.). G. Schwaiger

Q.: LP I, 309–311; III, 92 – ACO IV/2, 105–132 – Jaffé² I, 137–140; II, 696 – *Lit.*: Catholicisme X, 1090f. – LThK² VIII, 250 – E. Caspar, Gesch. des Papsttums, II, 1933, 352–374 – Haller² I, 286–294.

3. P., * 350/354, † nach 418; altkirchl. Theologe und Namengeber für den Pelagianismus. P. stammte aus Britannien und kam wohl 380/384 nach Rom, vielleicht aus berufl. Gründen (Jurist?). Hier wurde er getauft, lebte als Asket und wurde zum geistl. und theol. Lehrer in stadtröm. Asketenkreisen, die für ein engagiertes und anspruchsvolles Christenleben aufgeschlossen waren. Nach dem Fall Roms 410 kam er mit Flüchtlingen nach N-Afrika, wo er sich →Augustinus in Hippo vorstellen wollte, der höfl. und ausweichend antwortete (Ep. 146). 411 zog er weiter nach Jerusalem und hielt sich bis zu seinem Tod weitgehend im Osten auf.

P. ist als Gegner und Herausforderer der Augustin. Gnadenlehre in die Theologiegesch. eingegangen, dementsprechend auch von Augustin. Standpunkt aus dargestellt und bewertet (Retr. II 42: »Gegner der Gnade Gottes«) und für die Lehre des Pelagianismus verantwortl. gemacht worden. Tatsächl. steht die Lehre vom Menschen, von der Gnade und vom freien Willen im Mittelpunkt der theol. Interessen des P. Ausgangspunkt ist die Ablehnung des manichäischen Dualismus mit seiner Aufspaltung in eine gute und eine böse Natur. Für P. gibt es nur die eine von Gott geschaffene gute Natur. Antimanichäisch ist auch seine Verteidigung der menschl. Willensfreiheit: Der Mensch ist frei und für seine eigenen Sünden selbst verantwortl. Sündigen und Nichtsündigen beruhen auf eigener Entscheidung: »Gott wollte, daß wir beides können, aber nur eines tun, näml. das Gute« (Ad Demetr. 3). Die Gesch. der Vollkommenheit und Hl.n (sogar »heidnischer Philosophen, die fern von Gott sind«, Ad Demetr. 3) zeigt, daß Menschen aufgrund ihrer guten Natur gut sein konnten. V. a. der menschgewordene Gottessohn offenbart in seinem Leben und seiner Lehre, daß Gott den Menschen befähigt hat, nicht zu sündigen. Damit, d. h. mit der Gnade zum Guten, ist auch die Verpflichtung zum Guten gegeben.

Diese strenge, fordernde Ethik mit ihrem Vertrauen in die sittl. Leistungsfähigkeit war der Augustin. Position diametral entgegengesetzt. Augustinus hatte seit 396 (Ad Simplicianum de diversis quaesitionibus; 397–401 Confessiones) die Grundzüge seiner Gnadenlehre entworfen. Zur Auseinandersetzung mit P. kam es jedoch erst nach 410, ausgelöst durch den P.schüler Caelestius, der die Lehren seines Meisters radikalisierte. 411 wurde Caelestius von einer Synode in Karthago verurteilt. Eine Synode in Diospolis (Palästina) 415 lehnte eine Verurteilung des P. trotz der Aktivitäten von Augustinus und →Hieronymus ab. Daraufhin verurteilte die nordafrikan. Kirche unter Augustins Führung P. und Caelestius erneut (Provinzialsynode v. Mileve 416). Im Frühjahr 417 stimmte →Innozenz I. der Verurteilung zu. Sein Nachfolger Zosimus nahme sie im Spätsommer 417 zurück. Nach der scharfen Reaktion Nordafrikas (Konzil v. Karthago 418) und ksl. Eingreifen widerrief er diese Entscheidung und verurteilte P. (und Caelestius) im März 418. P. weilte während dieser Verhandlung in Rom, wurde danach ausgewiesen und kehrte nach Jerusalem zurück.

Schrifttum: P. hinterließ ein umfangreiches Werk, das durch ein weites Netz von Beziehungen rasch verbreitet wurde. Es ist nur unvollständig erhalten, z. T. aus Augustins antipelagian. Schr. zu rekonstruieren (z. B. De natura aus Aug., De natura et gratia). Die Authentizität der dem P. zugewiesenen Schr. ist trotz intensiver Forschung nicht gesichert. Unbestritten: Kommentar zu 13 Paulusbriefen (ed. A. SOUTER, 1926; PLS 1, 1110–1374); Brief an Demetrias (MPL 30, 15–45: eine sehr gute Zusammenfassung der Theol. des P.). Einige kleinere Traktate und Briefe sind nach wie vor umstritten (PLS 1, 1375–1570; B. R. REES, The Letters of P. and His Followers, 1991 [engl. Übers.]). K. S. Frank

Listen: H. J. FREDE, Kirchenschriftsteller. Verz. und Sigel, 1981, 477–480 – CPL 728–760 – J. MORRIS, Pelagian Lit., JThS 16, 1965, 26–60 – GRESHAKE, 311f. – Patrologia III, 1978, 443f. – *Lit.*: Enc. of Early Christianity, 1990, 704–708 [Lit.] – G. PLINVAL, P. Ses écrits, sa vie et sa réforme, 1943 – R. F. EVANS, P. Inquiries and Reappraisals, 1968 – P. BROWN, The Patrons of P. The Roman Aristocracy between East and West, JThS 21, 1970, 56–72 – O. WERMELINGER, Rom und P., 1975 – B. R. REES, P. A Reluctant Heretic, 1988.

4. P. Galvani, Kard. und päpstl. Legat, † 1230. Von span. Herkunft, war P. Kard. diakon v. S. Lucia in Septisolio (1206), Kard. presbyter v. S. Cecilia (1211), Kard. bf. v. Albano (1213). 1213 ernannte ihn Papst Innozenz III. zum Legaten des Ostens und beauftragte ihn, den Friedensschluß zw. →Theodor I. Laskaris, dem Ks. v. →Nikaia, und dem Ks. v. Konstantinopel (→Lat. Ksr.) herbeizuführen, zugleich Unionsverhandlungen mit der östl. Christenheit einzuleiten. Diese Instruktionen standen in Verbindung mit den Planungen des Papstes für das zu 1215 einberufene Konzil. Doch waren P.' Anstrengungen von nur begrenztem Erfolg gekrönt: Die Unionsverhandlungen mit Nikolaos →Mesarites, Ebf. v. Ephesos, verliefen fruchtlos, nicht zuletzt weil es dem Papsttum am rechten Verständnis für die Schwierigkeiten, die den Weg zur Wiederversöhnung blockierten, fehlte. Papst Honorius III. (1216–27) ernannte P. zum Legaten des V. →Kreuzzugs. Probleme mit der Führung des Kreuzzugs, insbes. das Fernbleiben →Friedrichs II., erschwerten ihm seine Aufgabe. Der wegen des Scheiterns des Kreuzzugs oft kritisierte Legat war wohl eher selbst Opfer einer unzureichenden Planung. J. M. Powell

Lit.: J. DONOVAN, P. and the Fifth Crusade, 1950 – D. MANSILLA, El Cardenal hispano Pelayo Gaitan, Anthologia Annua 1, 1953, 11–66 – J. M. POWELL, Anatomy of a Crusade, 1213–21, 1986.

Pelagonia, Schlacht v. (1259). In P., der westmakedon. Beckenlandschaft um die an der Via Egnatia gelegene Stadt P. (heute Bitola), einem Suffraganbm. des Erzbm.s Ohrid, kam es im Frühsommer oder Herbst 1259 zur Entscheidungsschlacht zw. den Truppen des Reiches v. Nikaia unter dem Sebastokrator →Johannes Palaiologos (11. J.) und einem Koalitionsheer aus Kontingenten des Fs.en v. →Ep(e)iros, →Michael II. (13. M.), seiner Söhne →Nikephoros (4. N.) und Johannes und seiner Schwiegersöhne Wilhelm II. v. Achaia und →Manfred v. Sizilien. Widersprüchl. Darstellungen in den Q. (Akropolites, Pachymeres, Gregoras, Chronik v. Morea, Sanudo) erschweren eine Rekonstruktion der Ereignisse. Feststeht, daß Michael II. und seine Söhne mit ihren Truppen das Schlachtfeld vor Beginn der eigentl. Kampf verließen, weil Michael von Wilhelms Plänen, seine Herrschaft in Zentralgriechenland auf seine Kosten auszubauen, erfahren hatte. Wilhelm II. und ein Großteil seiner Barone gerieten in byz. Gefangenschaft, während Manfreds Kontingent von 400 Rittern kampflos kapitulierte. Das langfristig wirksamste Ergebnis der Schlacht war, daß Byzanz durch Gebietserwerb bei der Freilassung Wilhelms II. wieder in →Morea Fuß fassen konnte (DÖLGER, Reg., Nr. 1895). K.-P. Todt

Lit.: D. J. GEANAKOPLOS, Greco-Latin Relations on the Eve of the Byz. Restoration: the Battle of P. (1259), DOP 7, 1953, 99–141 – D. M. NICOL, The Date of the Battle of P., BZ 49, 1956, 68–71 – VizIzv VI, 1986, 157–162 – B. KRAVARI, Villes et villages de Macédoine occidentale, 1989, 49, 311–313 – SP. ASONITES, Πελαγονία 1259: μία νέα θεώρηση, Byzantiaka 11, 1991, 129–165.

Pelavicino (Pallavicino, Pallavicini), von den →Otbertinern abstammende signoriale Familie. *Oberto* († 1148), Sohn des Adalberto, trug wohl als erster den Beinamen 'P.' Er unterstützte Heinrich V. bei seiner Italienpolitik, war begütert im ö. Ligurien und in der Poebene, an den Grenzen der Bm.er →Parma, Piacenza und →Cremona, hatte jedoch mit dem wachsenden Einfluß der neuen kommunalen Institutionen dieser Städte zu kämpfen. Auf Obertos Sohn *Alberto* geht der genues. Zweig der Familie zurück, der v. a. im 13. Jh. und später in der NZ in Genua eine Rolle spielte und Regierungsträger und Kaufleute stellte. Von Obertos zweitem Sohn *Guglielmo* († 1162) stammen lombard. Linien ab, die den Mgf. entitel führten und sich nach ihren wichtigsten Besitzungen nannten (Bardi, Varano, Scipione, Pellegrino etc.). Jede Linie hatte Grundbesitz, eine Vasallenklientel, Herrschaftsrechte, bisweilen auch ksl. Provenienz, war aber gleichzeitig mit der städt. Politik (Bekleidung höchster städt. Ämter, Stellung von Parteihäuptern) verbunden. In der Spätphase der Kommune und in der Übergangszeit zur Signorie gewannen einige P. in manchen Städten eine dominierende Stellung. Dies galt in bes. Maß für Guglielmos Urenkel *Oberto II.* († 1269), Ghibelline und treuer Gefolgsmann Friedrichs II., einer der ersten 'Signoren' in Oberitalien. Er bekleidete in zahlreichen Kommunen öffentl. Ämter (1224 Rector im guelf. Alessandria, 1234 Anführer der Popolaren v. Piacenza gegen die exilierten Adligen) und war mehrmals Reichsvikar (Lunigiana, Versilia, Garfagnana). Nach dem Tod Friedrichs II. gehörte er neben →Ezzelino da Romano zu den wichtigsten Vertretern des it. Ghibellinentums. Podestà und danach Signore v. Pavia (1253), dehnte er seine Herrschaft auch auf Cremona und Piacenza aus. Nach dem Sieg über Ezzelino bei Cassano d'Adda (1259) war er der anerkannte Führer der ksl. Partei. Dank der Unterstützung der →Della Torre 1260 Generalkapitän und Signore v. Mailand, brachte er auch Pavia, Alessandria, Tortona, Brescia, Cremona und Piacenza unter seine Kontrolle. Sein Herrschaftsbereich nahm die Territorialfsm.er der Poebene des 14./15. Jh. vorweg. Obertos Herrschaft widerstand jedoch nicht dem Druck der gegner. guelf.-päpstl. Partei und der von Karl I. v. Anjou unterstützten Gegenreaktion (1265). Nach einem fehlgeschlagenen Versuch, die Signorie über Parma zu erringen (1266), auf seine ländl. Besitzungen beschränkt, starb er in der Burg Gusalecchio bei Pontremoli.

Obertos Nachkommen (Linien Busseto, Zibello, Ravarano) und die Seitenlinien (Varano, Scipione, Pellegrino) behielten ihre Herrschaften, Besitzungen und Kastelle, obgleich sie mit dem wachsenden Druck der großen Signorien, v. a. der →Visconti in Mailand, konfrontiert waren. Hervorzuheben sind Obertos Sohn *Manfredino il Pio* (1254–1328), und *Uberto* aus der Linie Busseto, der mit Galeazzo Visconti verbündet war, aber von Karl IV. 1360 für sich und seine Familie ksl. Privilegien erwirkte. *Orlando (Rolando) il Magnifico* (1394–1457) vereinigte viele Besitzungen der Familie in seiner Hand und erweiterte in den Hegemoniekämpfen zw. den oberit. Großmächten

(v. a. Venedig und Mailand) seine Besitzungen (insbes. rund um Busseto); seine ksl. Investituren und die Besitzungen wurden auch von dem neuen Signore v. Mailand, Fr. →Sforza, anerkannt (1449). Es hatte sich ein regelrechter »Pallavicino-Staat« gebildet, mit eigenen Verwaltungsstrukturen und Amtsträgern, eigenen Statuten und Truppen, dessen Autonomie innerhalb des Hzm.s Mailand mit Sonderprivilegien anerkannt war. Nach Rolandos Tod wurden seine Besitzungen unter sieben Söhne aufgeteilt (Linien Tabiano, Varano, Polesine, Bargone, Busseto, Cortemaggiore, Zibello), die die Lehnshoheit der Sforza anerkennen mußten, jedoch als Condottieri und Würdenträger am Mailänder Hof einflußreich blieben (v. a. *Gian Francesco* und *Carlo*, Bf. v. Lodi). G. Chittolini

Lit.: P. Litta, Famiglie nobili it., VI – E. Seletti, La città di Busseto, capitale un tempo dello Stato Pallav., 3 Bde, 1883 – E. Nasalli Rocca, Gli statuti dello Stato Pallav.e le »Additiones« di Cortemaggiore, Boll.stor.piacent. XXI, 1926, 145-156; XXII, 1927, 17-26, 67-76 – Ders., Vescovi, città e signori ai confini tra Parma, Piacenza, Cremona, ASI XCI-XCII, 1964/65, 135-161 – Ders., La posizione politica dei P. dall'Età dei Comuni a quella delle Signorie, Arch. stor. prov. parm. ser. 4, XX, 1968, 65-114 – G. Chittolini, La formazione dello stato regionale e le istituzioni del contado, 1979 – C. Soliani, Nelle terre dei P., 2 Bde, 1990.

Pelayo. 1. P., nach herrschender Meinung 'princeps' v. →Asturien 718-732, Sohn des westgot. dux Fafila und spatarius (Mitglied der kgl. Leibwache) der beiden letzten westgot. Kg.e Witiza (702-710) und Roderich (710-711). Nach der arab. Invasion soll P. nach Asturien geflohen sein, wo er Einheim. und Flüchtlinge zum Widerstand gegen die Araber vereinte. Unter seiner Führung soll im arab. Heer in der Schlacht v. →Covadonga (718 oder 722 nach Sánchez Albornoz) geschlagen worden sein, woraufhin die Muslime endgültig Asturien verließen. Dieser in der chr. Chronistik (bes. Chronik →Alfons' III.) überlieferten Version stehen muslim. Q. gegenüber, die von einem bloßen Scharmützel sprechen. P., der →Cangas de Onís zu seinem Sitz wählte, gilt nach den Vorstellungen des →Neogoticismus, die erstmals in der Zeit um 900 faßbar werden, als Vorkämpfer einer Wiederherstellung des →Westgotenreiches. J. M. Alonso-Núñez

Q.: J. Gil Fernández, J. L. Moralejo, J. I. Ruiz de la Peña, Crónicas asturianas, 1985 – *Lit.*: C. Sánchez Albornoz, Orígenes de la nación española. Estudios críticos sobre la Hist. del Reino de Asturias, 3 Bde, 1972-75 – Hist. de España, VII,1, hg. R. Menéndez Pidal, 1980 [C. Sánchez Albornoz] – R. Menéndez Pidal, Hist. de España, VI, 1982⁴ (J. Pérez de Urbel – R. Del Arco Garay) – P. García Toraño, Hist. de El Reino de Asturias (718-910), 1986 – L. Barrau Dihigo, Hist. política del reino asturiano (718-910), 1989 – L. Vones, Gesch. der Iber. Halbinsel im MA, 1993, 35 f.

2. P. v. Oviedo, Bf. v. →Oviedo, Gesch.sschreiber, †28. Jan. 1153, ▭ Santillana del Mar; 1101-29 Bf. mit voller Amtsgewalt, wurde 1130 vom Kardinallegaten Humbert abgesetzt, bevor er 1142-43 nochmals den Bf.sstuhl bestieg. P. setzte sich mit Nachdruck für die kirchl. und seelsorgerl. Belange seiner Diöz. ein, versuchte aber v. a., durch umfangreiche Fälschungen, die Metropolitanstellung des eigenen Bm.s nachzuweisen. – Er verfaßte u. a. das »Chronicon Regum Legionensium«, das teils eigenständig ist, teils eine zeitgenöss. Chronik ausschreibt. Das Werk behandelt die Gesch. der Kg.e v. →Asturien, →León und →Kastilien von 982 bis 1109, unter starker Berücksichtigung →Vermudos II. (984-999). P., der sich mündl. Überlieferungen zuwendet, zeigt sich bes. an genealog. Sachverhalten interessiert, stellt betont seine Diöz. in den Mittelpunkt und verteidigt die Monarchie astur. Prägung konsequent gegen fremde Einflüsse. Eine weitere (verlorene) Kompilation, bekannt als »Corpus Pelagianum«, verwertete →Isidor, →Julianus v. Toledo, den »Laterculus Regum Visigothorum« und andere Schr. aus westgot. Zeit sowie die »Chronik →Alfons' III.«, →Sampiro und das eigene »Chronicon«. Das negative Bild P.s als eines wenig glaubwürdigen Gesch.sschreibers, der mit Fälschungen, darunter Konzilsakten, Urkk., Teile des Liber testamentorum der Kathedrale v. Oviedo, die →Divisio Wambae, den kirchl. Vorrang Oviedos verfocht, setzt ein mit Mariana (1536-1623) und hat durch diplomat. Untersuchungen breite Bestätigung gefunden. J. M. Alonso-Núñez

Ed.: Crónica del Obispo D. Pelayo, ed. B. Sánchez Alonso, 1924 – Liber Chronicorum oder Corpus Pelagianum, Praefatio (Th. Mommsen, MGH AA XI, Chronica Minora II, 262-263) – E. Flórez, España Sagrada, XXXVIII, 366-376 [weitere Lit.] – *Lit.*: D. Mansilla, La supuesto metrópoli de Oviedo, Hispania Sacra 8, 1955, 259-274 – M. G. Martínez, Aufs. in: Boletín del Inst. de Estudios Asturianos 12, 1958, 447-454; 18, 1964, 211-248; 35, 1981, 121-126 – F. J. Fernández Conde, La obra del obispo ovetense D. P. en la historiografía española, ebd. 25, 1971, 249-291 – Ders., El Libro de los Testamentos de la Catedral de Oviedo, 1971 – R. A. Fletcher, The Episcopate in the Kingdom of León, 1978, bes. 72ff. – O. Engels, Reconquista und Landesherrschaft, 1989, 344ff. – L. Vones, Gesch. der Iber. Halbinsel im MA, 1993, 67, 86.

Pèlerinage de Charlemagne à Jérusalem et à Constantinople, Le. Karls d. Gr. legendäre Orientfahrt, von der er mit Reliquien zurückkehrte, ist seit Ende 11. Jh. belegt (→Benedikt v. S. Andrea), dann um 1080 in einer zugunsten von Saint-Denis verfaßten »Descriptio«. Glasmalereien in St-Denis, vor 1145, und in Chartres, sowie die Aufnahme des Stoffes durch →Vincenz v. Beauvais und die Grandes →Chroniques de France zeigen dessen Verankerung in der frz. Kg.sideologie. Das afrz. Kurzepos P. (auch: Voyage) ist nur in einer heute verschollenen anglonorm. Hs. bezeugt (870 Alexandriner, 12. Jh.) und weist eine Mischung von heroischen, komischen und märchenhaften Zügen auf. Die Pilgerfahrt wird dadurch ausgelöst, daß die Ksn. behauptet, der byz. Ks. Hugo sei ebenso gekrönt als Karl. Über Jerusalem, wo er mit Reliquien beschenkt wird, reist Karl mit seinen zwölf Paladinen nach Konstantinopel, wo ihn Hugo mit großem Prunk empfängt. In weinseliger Stimmung prahlen die Paladine, sie seien den Byzantinern überlegen (zwölf »gabs«). Hugo erfährt davon und verlangt die Ausführung der »gabs«. Göttl. Intervention, respektive die willige Hingabe der Ks.tochter an Olivier führt zum glückl. Ausgang. Hugo, dessen Krone nicht so hoch ist wie diejenige Karls, anerkennt diesen als Lehnsherrn. Nach der Rückkehr übergibt Karl einen Teil der Reliquien an St-Denis und verzeiht seiner Gemahlin. Der Text zeigt implizit, daß die »corona regia« der Franzosen die höchste ist, und daß sie ohne Mitwirkung der Kirche von Gottes Gnaden verliehen wird. S. a. →Karl d. Gr. M.-R. Jung

Ed.: E. Koschwitz, 1879 – P. Aebischer, 1965 – G. Favati, 1965 – J.-L. Picherit, 1984 – frz. Übers. M. Thyssens, 1978 – *Lit.*: DLFMA, 1992² – Repfont IV, 173 [Descriptio] – E. Koschwitz, Sechs Bearbeitungen des afrz. Gedichts von Karls d. Gr. Reise, 1879 – H. J. Neuschäfer, Le V. als Parodie der Chanson de Geste, RJ 10, 1959 – J. Horrent, Le P., 1961 – J. E. Burns, Portraits of Kingship in the P., Olifant 10, 1984-85 – S. Ceron, Un gap épique: Le P., MR 11, 1986 – M. Gosman, La propagande politique dans le V., ZRPh 102, 1986.

Pelikan. [1] *Zoologie*: P., lat. pellicanus als unverstandenes Lehnwort aus dem Griech. (falsche Etym. erst bei Jakob v. Vitry, Hist. orient. c.90), nach Isidor (etym. 12,7,26) angebl. in Einsamkeit am Nil brütender fischfressender Vogel, seit Hrabanus Maurus (de univ. 8,6) durch Hinzunahme des »onocrotalus« in zwei Arten geschieden (vgl. Bartholomaeus Anglicus, 12,28-29 und Vinzenz v. Beauvais, 16,127; wohl nicht = Krauskopfp. und Rosap.).

Angebl. Wiederbelebung der von Eltertier oder Schlange getöteten Jungen nach drei Tagen durch Blut und Verjagen der undankbaren in einer vom Experimentator übernommenen →Physiologus-Tradition (Hugo de Folieto, de bestiis 2,27) bei Thomas v. Cantimpré (5,98) wird von Albertus Magnus (de animal. 23,132) bezweifelt (vgl. Augustinus, Enarr. in psal. 101,8). Bei Hugo (1,33) Symbol für Christus (häufiges ikonograph. Motiv) und den Gerechten sowie wegen der Einsamkeit und anatom. begründeten Genügsamkeit für den Eremiten (vgl. zum Nachleben, u. a. auf bildl. Darstellungen GERHARDT).

Ch. Hünemörder

Q.: →Albertus Magnus, →Bartholomaeus Anglicus, →Hrabanus Maurus – Hugo de Folieto, De bestiis et aliis rebus, MPL 177 – →Isidor v. Sevilla, →Jakob v. Vitry – Thomas Cantimpr., Lib. de nat. rerum, T. 1, ed. H. BOESE, 1973 – Vinc. Bellov., Speculum nat., 1624 [Neudr. 1964] – *Lit.:* C. GERHARDT, Die Metamorphosen des P.s, 1979.

[2] *Ikonographie:* Grundlage der ma. Bildverwendung war die auf Kreuzestod Christi und Eucharistie bezogene Fabel des →Physiologus (4), der P. erwecke die zuvor von ihm getöteten Jungen mit dem eigenen Blut. Antike Q. zur Ernährung der Jungen mit ausgewürgter Nahrung: STEIER; Bilder beider Phasen der Legende sind selten, z. B. über dem Kreuzigungsbild des Physiologus-Ms. in Brüssel (P. THOBY, Crucifix 1959, Taf. 15). In der Regel öffnet der P. mit dem Schnabel seine Brust und spendet drei oder vier Jungen im Nest sein Blut, v. a. in Kreuzigungszusammenhang, bes. oft über dem senkrechten Kreuzbalken. Das Bild kann mit typolog. Szenen verbunden sein (Halberstadt, KROOS Nr. 28: Kreuzigung mit P., Isaakopfer, Eherner Schlange, Kundschaftern mit Traube) oder mit weiteren Symboltieren des Physiologus (Evangeliar Heinrichs des Löwen, Auferstehungsbild fol. 74v:→Phönix, P., →Löwe, →Adler; in mariolog. Zusammenhang seit dem 15. Jh., z.B. im →Defensorium, anstelle des Adlers das →Einhorn).

J. Engemann

Lit.: LCI III, 390–392 – RE Suppl. VIII, 467f. [STEIER] – G. SCHILLER, Ikonographie..., II, 148f. – R. KROOS, Niedersächs. Bildstickereien des MA, 1970 – C. GERHARD, Die Metamorphosen des P., 1979.

Peloponnes → Morea

Pelzbücher, Bezeichnung für eine Gruppe gartenkundl. Fachschrr. im Umfeld des 'Palladius abbreviatus' (Würzburg, um 1250); der Terminus leitet sich ab von mhd. *belzen* 'pfropfen' ab und bezieht sich auf das Veredeln beim Obst- und →Gartenbau, wie es Gottfried v. Franken aus seinen am Main und in der Lombardei gesammelten Erfahrungen beispielhaft darzustellen vermochte. Neben zeitgenöss. agrartechn. Erfahrungswissen hat Gottfried antike, mlat. und mhd. Gartenschriftsteller (→Palladius, →Isaak Judaeus, Meister Richard, →'Geoponika') mit eingearbeitet. Bei jüngeren Überlieferungen wird der Einfluß von →Petrus de Crescentiis greifbar. Die Wirkung des Gottfried-Textes geht weniger von der lat. Urfassung als von drei obdt. Bearb. des 14. Jh. aus. Sie setzten den Terminus *belzbuoch* durch, strahlten in zahlreiche moderne Nachbarsprachen aus, wurden mehrfach bearbeitet und zeigen eine verwickelte Textgeschichte, die wiederholt zw. Latein und Landessprache wechselt (Wilhelm v. Hirnkofen). Das Ausmaß der weit in die NZ reichenden Wirkungsgesch. ist noch nicht abzuschätzen.

G. Keil

Ed.: G. EIS, Gottfrieds P. (Südosteurop. Arbeiten 38, 1944) [Neudr. 1966] – Geoffrey of Franconia's Book of Trees and Wine, hg. W. L. BRAEKMAN (Scripta: Mediaeval and Renaissance Texts and Studies 24, 1989) – *Lit.:* Verf.-Lex.² III, 125–136; VIII, 43f. - R. ANKENBRAND, Das P. des Gottfried v. Franken [Diss. Heidelberg 1970] – W. L. BRAEKMAN, De Vlaamse horticultuur in de vroege 16ᵈᵉ eeuw (Scripta: Mediaeval and Renaissance Texts and Studies 23, 1989).

Pelze, früher oft als Rauchwaren bezeichnet, sind Tierhäute, die ihr natürl. Haar behalten haben und zum Besatz bzw. Ausfütterung von →Kleidung dienen. Die Terminologie der ma. Q. kennt kaum Unterschiede zw. Rohp.n und veredelten (appretierten) P.n; auch zw. Lederhäuten und Wollhäuten, Pergamenthäuten und Federhäuten wird oft nicht eindeutig unterschieden. Die Lämmer lieferten den Kürschnern leichte Häute, während Biber und Bär eine zähe Haut hatten.

[1] *Verarbeitung:* Entsprechend einer verbreiteten Spezialisierung innerhalb der ma. Kürschnerzünfte läßt sich eine grobe Gliederung des pelzverarbeitenden Gewerbes in die Sparten der Haustierp. (Lammwerker, *agneliers*) und der Wildtierp. (Buntwerker, Wiltwerker, *vairiers, sauvaginiers, vaiai, varotari* usw.). vornehmen. Doch arbeiteten die Kürschner (Pelzer, *skinners, pelletiers, pellicciai*) oft in beiden Sparten; sie konnten sich auch von den *fourreurs*, die ledigl. bereits appretierte P. aufsetzten, unterscheiden. Insgesamt wird anhand der Q. deutlich, daß vom 12. bis zum frühen 15. Jh. im Abendland eine starke Zunahme der pelzverarbeitenden Gewerbe und der Zahl der in ihnen tätigen Personen zu verzeichnen ist, wohingegen sich seit dem 2. Drittel des 15. Jh. eine Reduzierung vollzog. Die Wildtierp. wurden vorwiegend aus den großen Waldregionen Ost- und Nordeuropas bezogen, während die Wald- und Gebirgsgegenden in Mittel- und Westeuropa trotz der Nähe zu den Verbrauchern offenbar eine geringere Rolle spielten. Selten und gesucht waren Luchs und Zobel, in unterschiedl. Qualitäten erschienen Marder-P., wenig gängig war Hermelin, sehr verbreitet das weiße Wiesel *(létisse)*, selten waren Nerz und Iltis. Gelegentl. wird der sehr kostbare Biber als Import aus Preußen oder Litauen genannt. Von großer Bedeutung ist Feh *(vair,* Eichhörnchenp. von changierender Farbe; blaugrauer Winterp., rötl. Sommerp.), das oft als Stück mit Wechsel von Rückenp. und weißem Bauchp. *(buntwerk)* oder nur mit Rückenp. *(gris)* oder Bauchp. *(menu vair)* verarbeitet wurde. Andere Wildtierp. kamen aus dem S, sehr selten Leopard, wenig häufig Ginsterkatze und kleiner Luchs, weiterhin mehrere Fuchsarten (darunter Wüstenfuchs) und Siebenschläfer. Kaninchen war (ähnlich wie Feh) sehr verbreitet, bes. in Spanien und Portugal sowie (seit dem 13. Jh.) in England; im Gebiet zw. dem Rhein und den Pyrenäen wurden seit dem 12. Jh. in grundherrl. Gehegen vielfach Kaninchen gehalten. Das größte Ausmaß erreichte allerdings die Verarbeitung von Haustierp.n, die fast ausschließl. auf der Basis von Lammfellen erfolgte, v. a. von Junglämmern *(sterbling, avorton).* Geschätzte Schafrassen waren *bougie (budge,* nicht notwendig nach der nordafrikan. Stadt Bugia/Bougie benannt), *papillon* (aus Pamplona in Navarra), *nyce* (aus Nizza), *smaschen* (aus Schottland und dem Ostseebereich).

Infolge von Veränderungen der natürl. Lebensbedingungen, aber auch aufgrund von Schwankungen der Nachfrage und Wandlungen der Mode zeigt sich ein starker Rückgang des Bibers gegen Ende des 14. Jh., während sich das Hermelin in den N der Rus' zurückzog und der Zobel fast nur noch im Gebiet des späteren Sibirien anzutreffen war. Die Fehp. aus Westrußland erfuhren gegenüber denjenigen aus Moskau und seinem östl. Einzugsbereich eine Wertminderung. Die Ginsterkatze wurde im S stärker bejagt, während die Jagd auf den kleinen Luchs zurückging. In England begann im 15. Jh. die Kaninchenhaltung; Lämmer aus Südeuropa traten, bedingt durch immer sorgsamere Züchtung, bereits in Konkurrenz mit den engl. Lämmern, sogar im Nordseeküstenbereich.

[2] *Pelzmode:* Obwohl röm. Q. gern das Bild des in Tierfelle gekleideten Barbaren reproduzieren, dürfte die Nachfrage nach hochwertigen P.en nicht auf die Völkerwanderungszeit zurückgehen. Zahlreiche Autoren der Karolingerzeit unterstreichen das geringe Ansehen der P. Die in den Kapitularien genannten P. sind von lokaler Herkunft (Fischotter, Marder, Feh, selbst Biber und Hammel). Etwa gleichzeitig läßt sich jedoch in der arab. Welt zunächst um Bagdad, dann im ganzen muslim. Kulturbereich von Córdoba bis Kairo und Mittelasien erstmals eine echte P.mode beobachten; die Luxusp. wurden v. a. aus den »russ.« Wäldern bezogen. Die getragenen P. drückten den sozialen Rang ihres Trägers aus. In Katalonien, Kastilien und Sizilien finden sich im 10. Jh. erste Quellenbelege für P.verarbeitung und Kürschnerei, bald auch erste P.darstellungen in der Buch- und Freskomalerei. Seit dem späten 11. Jh. belegen Autoren wie Adam v. Bremen, Petrus Venerabilis und Bernhard v. Clairvaux sowie auch höf. Romane und die Ikonographie den P.luxus. Seit dem frühen 12. Jh. war v. a. Feh aus Katalonien, Italien und dem Angevin. Reich begehrt. Reicher fließen die Q. seit dem Kreuzzugszeitalter. →Pelzwerk nimmt einen wichtigen Platz in der →Heraldik ein. Die Kürschner beginnen, eine bedeutende Rolle im städt. Leben zu spielen. Doch erst für das späte 13. Jh. und das 14. Jh. besitzen wir u. a. aufgrund von Rechnungen eine genauere Kenntnis über das quantitative Aufkommen des P.handels im Abendland.

P. waren eine Schutzkleidung, dienten andererseits aber auch dem Luxusbedürfnis; das beste Kleid (Bestkleid; →Gewandfall) des Bauern war oft pelzgefüttert. Die Stadtbürger mußten hinsichtl. des Tragens kostbarer P. vielfach gegenüber den Adligen zurückstehen, entsprechend dem chr. Gebot der Demut. Das Tragen allzu kostbarer P. wird in städt., kgl. und grundherrl. →Luxusordnungen, die aber erst seit der Mitte des 14. Jh. auftreten, bekämpft. Der Klerus kleidete sich v. a. im Winter in P. und stellte seinen Luxus unter individuellen oder hierarch. Vorzeichen zur Schau (→Almucia, Almutie aus Feh oder *Gris* für die Kanoniker, aus *Kalabre* [Schwarzfeh] für die Magister der Kapelle usw.). Seit Ende des 13. Jh. erhielt das Gefolge großer Herren zweimal jährl. (Ostern, Allerheiligen) eine pelzbesetzte Diensttracht. Bes. die engere →familia wurde in hierarch. Rangfolge mit edlen P.n bedacht, von Fehsorten bis zu Lamm und Kaninchen. Beachtung verdient auch die innere P.fütterung. Festroben wie *cotardie* und *houppelande* bedurften immer größerer und schönerer P.garnituren. In der Herrenmode trat am Ende des 14. Jh. Marder an die Stelle von Feh; Hermelin, weißes Wiesel und weißes Lamm wetteiferten im Laufe des 15. Jh. um die Gunst der Damenwelt.

[3] *Pelzhandel:* Die nordeurop. Rauchwaren wurden v. a. über →Novgorod und die balt. Hansestädte (→Reval, →Riga, →Danzig, →Stockholm, →Lübeck) nach →Brügge, →London oder →Venedig (auf dem Landweg) exportiert. Am Ende des 14. Jh. passierten über 1 Mill. Fehp. und zehntausende edler P. pro Jahr diesen großen Handelsweg; 1384 wurden im Laufe von drei Monaten nicht weniger als knapp 400000 Stück P. nach London eingeführt, und 1404 transportierte eine einzige Flotte (drei Schiffe aus Riga) 368253 Stück P. dorthin. Der Erlös dieser P., der pro Jahr auf 70000 Dukaten beziffert werden kann, wurde von Handwerkern und Zwischenhändlern in die Höhe getrieben. Die Handelsbilanz sicherte den Ostseeländern beträchtl. Gewinne; allein mit den Überschüssen aus dem P.handel konnten Tuche aus Westeuropa eingekauft werden. Beim Handel mit Lammhäuten, der noch zahl- und ertragreicher war, läßt sich eine so eindeutige Handelsrichtung nicht feststellen. Die nach hunderttausenden zählenden Stückzahlen des Mittelmeerraumes eroberten zunehmend in den Ländern n. der Alpen den Markt. England exportierte (neben der →Wolle) jährl. bis zu 70000 Felle und P., dazu hunderttausende von Kaninchenp.n, die auch in die Ostseeländer gingen. Einige Großkaufleute der →Hanse verschifften u. a. große Mengen an Rohp.n, so verhandelte H. →Veckinghusen in den Jahren 1402–11 2 Mill. Stück. C. Kelner lieferte allein in drei Monaten 170000 P. nach London (1384). Johan de Kulte exportierte 1368–69 aus Reval mehr als 100000. Der →Dt. Orden schickte am Ende des 14. Jh. nahezu 100000 P. pro Jahr auf den Weg nach Brügge und überrundete damit die süddt. und it. Handelskompanien bei weitem. Diese P. finden wir auf dem Markt v. Venedig wieder. 1407–09 kauften die Brüder Morosini allein dem Kaufmann P. Karbow 94000 Stück P. ab. P. da Ponte exportierte 1400 (in einer einzigen Fracht) mehr als 100000 Stück nach Alexandria.

Die großen Kürschnereiunternehmer waren sowohl in der Verarbeitung als auch im Wiederverkauf engagiert: Zu Beginn des 14. Jh. arbeitete in London Robert Personne, in Paris Jean de Trois Moulins, der 1313 zu den größten Steuerpflichtigen zählte. Am Ende des 14. Jh. beherrschte etwa ein Dutzend von großen Kürschnern den Pariser Luxusmarkt. Im 15. Jh. waren große P.kaufleute wie die Landsheer in Brügge oder die Merz in Augsburg noch nicht einmal so mächtig wie die Familie Forbin aus Marseille, die mit Palmède de →Forbin einen Gouverneur der Provence stellte. Auch Jacques →Cœur war der Sohn eines großen Kürschners in Bourges.

Zeigt der Modetrend des 15. Jh. eine Abwendung von den mittleren P.qualitäten, so hielt die Vorliebe für edle Rauchwaren noch im 16. Jh. an. R. Delort

Lit.: L. K. GOETZ, Dt.-russ. Handelsgesch. des MA, 1922 – M. P. LESNIKOV, Der hans. P.handel am Beginn des 15. Jh., Hans. Stud., 1961, 219–272 – A. L. HOROŠKEVIČ, Torgovlja Velikogo Novgoroda s Pribaltikoj i Zapadnoj Evropi v. XIV–XV vekah, 1963 – E. M. VEALE, The English Fur Trade in the Later MA, 1966 – M. LOMBARD, La chasse et les produits de la chasse dans le monde musulman (VIIIe–XIe s.), Annales, 1969, 572–593 – R. DELORT, Le commerce des fourrures en Occident à la fin du MA, 2 Bde, 1978 – DERS., Les animaux et l'habillement (Sett. cent. it. 31, 1985), 673–706 – C. DE MÉRINDOL, La fourrure de vair dans les images à l'époque romane, Hist. et généalogie 40, 1992, 3–34.

Pelzgeld, in N- und O-Europa im 11.–13. Jh. nachweisbar. In Rußland wird die Kuna (Kunica), gleichbedeutend mit Marder, erstmals 1018 gen. und später auf arab. Münzen (→Dirham) bezogen. Die kleinere Werteinheit war die Věkša (věkšica), das Eichhörnchenfell, die später Bruchstücken des Dirhams (→Hacksilber) entsprach. Im früheren MA erlangten Pelze und Felle in Schweden, Norwegen und Island ztw. Geldcharakter. In Schweden rechnete man Felle und Pelze nach Einheiten zu 10 (*däcker*) und 40 (*timmer*) Stück. In Norwegen und Island galten Felle (*hud*) als gesetzl. Zahlungsmittel. Seit dem 12. Jh. mußten in Norwegen Steuern in Hermelinpelzen entrichtet werden. P. Berghaus

Lit.: KL XV, 521–531 – F. v. SCHROETTER, Wb. der Münzkunde, 1932, 333f., 494f., 717 – Maal og vaegt, hg. S. AAKJAER, Nordisk Kultur 30, 1936, 75, 135, 139 – I. G. SPASSKI, Das russ. Münzsystem, 1983^6, 31.

Pelzwerk, wahrscheinl. eines der ältesten herald. Symbole überhaupt, entstand wohl aus der Gewohnheit, Kampfschilde mit Leder, Pergament oder →Pelz zu beschlagen, bes. in der engl. sowie frz. →Heraldik häufig und phantasievoll benutzt. Im Engl. und auch Frz. ist bei der Blasonierung für Schwarz der Begriff *sable* üblich, von

dt. Zobel, dessen schwarzes Fell anstelle der schwarzen Farbe auf dem Schild gebräuchlich ist. Da das P. weder zu Farben noch zu Metallen geordnet wird, darf es sowohl auf einer Farbe als auch auf einem Metall vorkommen; es dürfen sogar zwei verschiedene P. e nebeneinander liegen. Es werden zwei herald. P. e unterschieden, →Feh und Hermelin; außerdem gibt es noch Kürsch, das natürl. dargestellt gezeichnet wird. Das Feh besteht aus zusammengesetzten dunklen Rücken- und hellen Bauchfellen des grauen (sibir.) Eichhörnchens, die blau und weiß (nicht silbern) stilisiert werden. Am häufigsten sieht man sie als sog. Eisenhut, aber auch als Wellen, Krücken-, Zinnenmuster usw. stets horizontal gereiht. Wenn andere Farben benutzt werden als Blau und Weiß, heißt es, der Schild sei gefeht. Das Hermelin ist das Winterfell des Großen Wiesels mit aufgenähten schwarzen Schwanzspitzen, die verschiedenartig stilisiert werden. Hermelin gibt es auch als Gegen-, Gold- und Gegengoldhermelin (Gegenhermelin ist schwarz mit weißen Schwänzchen).
V. Filip

Lit.: GALBREATH-JÉQUIER, Lehrbuch der Heraldik, 1978 – W. LEONHARD, Das große Buch der Wappenkunst, 1984³ – S. FRIER, A New Dict. of Heraldry, 1987.

Pembroke, Earls of. Die Herrschaft (Lordship) v. P. (SW-Wales) wurde von den Normannen im w. Teil des walis. Kgr.es v. Dyfed 1093 geschaffen. Die Lords beanspruchten die Jurisdiktion über die ganze Gft. v. P., außer für die Ländereien des Bf.s v. St. David's. Der 1. Earl war wohl Arnulf v. →Montgomery, der mit den Earls of →Shrewsbury verwandt war. Nachdem ihm 1102 seine Ländereien entzogen worden waren, blieb P. im kgl. Besitz, bis Kg. Stephan v. Blois 1138 Gilbert de →Clare († 1148) zum Earl ernannte. Gilbert und sein Sohn Richard († 1176) waren mächtige Landbesitzer in England und Wales. Richard unternahm 1170 einen erfolgreichen Eroberungszug in Irland, wo er die Tochter von →Dermot, Kg. v. Leinster, heiratete. Richards Sohn Gilbert wurde das Earldom nicht übertragen, und nach seinem frühen Tod (um 1186) heiratete seine Schwester und Erbin William →Marshal († 1219), einen der fähigsten Heerführer Richards I. William erhielt nach seiner Heirat den Titel eines Earl of P., 1199 übertrug ihm Kg. Johann das Earldom formell und bestätigte ihn in seinem Amt als kgl. →Marshal. Er nahm an Feldzügen in der Normandie, in Irland und Wales teil, unterstützte Kg. Johann 1215 und fungierte während der Minderjährigkeit Heinrichs III. als Regent. William († 1231), Williams Sohn, konnte die anglo-norm. Kontrolle in Irland und S-Wales sichern; er vermählte sich mit der Schwester Heinrichs III. Seine vier Brüder übernahmen das Earldom in rascher Folge: Richard († 1234), Gilbert († 1241), Walter († 1245) und Anselm († 1245), der niemals formell mit dem Earldom belehnt wurde. Bei Anselms Tod fiel P. an die Krone zurück, und der Besitz der Marshals wurde unter den fünf Schwestern des letzten Earl geteilt. Eine Erbin, Joan, erhielt den Titel einer Countess of P., und als sie 1307 starb, wurde ihr Sohn Aymer de Valence († 1324) als Earl anerkannt. Er diente Eduard I. in dessen Kriegen gegen Schottland und versuchte, einen Bruch zw. Eduard II. und seinen Baronen (1317–21) zu verhindern. Als er ohne männl. Erben starb, wurde das Earldom von der Krone eingezogen. 1339 ernannte Eduard III. Lawrence de →Hastings († 1348), den Neffen von Aymer, zum Earl und übertrug ihm die Gewalt eines Pfalzgrafen. Sein Sohn und Erbe John († 1375) wurde 1370 Mitglied des Hosenbandordens und leistete militär. Dienste im Poitou und in der Gascogne, 1372 geriet er auf der Iber. Halbinsel in Gefangenschaft und starb 1375 auf dem Heimweg. Sein Sohn John († 1389) wurde bei einem Turnier getötet, und das Earldom fiel erneut an die Krone. In der Folgezeit wurde das Earldom of P. nur Adligen übertragen, die mit dem kgl. Haus eng verbunden waren. Heinrich IV. ernannte 1414 seinen jüngsten Sohn Humphrey auf Lebenszeit zum Earl. William de la →Pole, Earl of Suffolk, der Günstling von Heinrich VI., konnte sich das Earldom sichern, als Humphrey 1447 starb, doch wurden 1450 Titel und Besitzungen eingezogen, und das Earldom fiel erneut an die Krone. Im Nov. 1452 ernannte Heinrich VI. seinen Halbbruder Jasper →Tudor († 1495) zum Earl, der sich als zuverlässige Stütze der Lancaster in Wales am Beginn der →Rosenkriege erwies. Die Absetzung Heinrichs VI. (1461) wirkte sich auch auf Jasper ungünstig aus. Schließlich wurde er als Earl 1468 durch William →Herbert († 1469) ersetzt. Nach der Rückkehr der Lancaster (Readeption 1470–71) erhielt Jasper erneut den Earl-Titel. Doch nachdem Eduard IV. seine Herrschaft wiederhergestellt hatte, sicherte sich William († 1491), William Herberts Sohn, das Earldom, um es an Eduard, Prince of Wales, dem Sohn von Eduard IV., im Austausch gegen das Earldom of →Huntingdon abzutreten. Nach der Krönung Eduards (V.) 1483 fiel das Earldom wieder an die Krone, bis es Jasper Tudor 1485 von seinem Neffen, Kg. Heinrich VII., übertragen wurde. Dieser besaß das Earldom bis 1495, als er ohne Erben starb.
R. A. Griffiths

Lit.: Peerage X – J. R. S. PHILLIPS, Aymer de Valence, 1972 – R. R. DAVIES, Lordship and Society in the March of Wales, 1282–1400, 1978 – D. CROUCH, William Marshal, 1990.

Peña → San Juan de la Peña

Peñafiel (Prov. Valladolid), Burg, →Comunidad de Villa y Tierra (Fläche: 368,97 km²), Hauptort eines Archipresbyterates der Kirche v. →Palencia, am Duratón (Nebenfluß des Duero) in der n. →Estremadura gelegen. Bereits in der ersten Hälfte des 10. Jh. wiederbesiedelt, gehörte P. zum Bereich der Gft. Monzón und wurde Mittelpunkt der Herrschaft des zur Familie der →Beni Gómez gehörigen Gf.en Fernando Ansúrez, gelangte in den Einzugsbereich des kast. Gf.en Sancho Garcés, dann der Kg. e v. Kastilien-León und zählte seit 1035 zum Gebiet der Diöz. →Palencia. Die sich bis zum 13. Jh. bildende Comunidad (Grenzen: N: →Merindad de Cerrato, Comunidad v. Curiel; O: Comunidades v. Roa und Fuentidueña; S: Laguna de Contreras [zur Mitra v. →Segovia gehörig]; W: Merindades des Infantazgo de Valladolid und v. Cerrato) erhielt 1222 einen neuen →Fuero durch Ferdinand III. v. Kastilien, im Juli 1256 den *Fuero Real* durch Alfons X. und im April 1264 auf den Cortes v. Sevilla einen *Ordenamiento*, der v. a. die städt. Caballeros privilegierte. 1345 erließ →Juan Manuel *Ordinaciones* für die Stadt, die das Regiment auf die Caballeros und *Hombres buenos* beschränkten. 1390 wurde P. dem Infanten →Ferdinand (1. F.) unter Verleihung des Hzg.stitels übertragen, den dieser mit seinem Herrschaftsbereich an seinen Sohn →Johann (2. J.) weitergab. Zwischenzeitl. war die Festung auch in den Händen der →Stúñiga gewesen.
L. Vones

Lit.: BRAH 66, 1915, 366–379 [A. ANDRÉS TOVAR]; 379–385 [R. DE UREÑA SMENGAUD] – A. GIMÉNEZ SOLER, Don Juan Manuel, 1932, 655–671 – F. ESCRIBANO DE LA TORRE, P. Notas hist., 1966 – E. S. PROCTER, Curia and Cortes in León and Castile 1072–1295, 1980, bes. 206–211; 286–291, Nr. VII [Ed. des *Ordenamiento*] – J. L. MARTÍN, El señor de P., Historia 16, Nr. 75, 1982, 58–63 – G. MARTÍNEZ DÍEZ, Las Comunidades de Villa y Tierra de la Extremadura Castellana, 1983, 385–392 – E. GONZÁLEZ DÍEZ, El régimen foral vallisoletano, 1986 – A. M. BARRERO GARCÍA–M. L. ALONSO MARTÍN, Textos de derecho local español, 1989, 349f. – J. GARCÍA PELEGRÍN, Stud. zum Hochadel der Kgr.e León und Kastilien im HochMA, 1991, 41ff. [zu Fernando Ansúrez].

Penda, Kg. v. →Mercien 625/633–655. P., der am 12. Okt. 633 in Hatfield Chase zusammen mit dem christl. Britenkg. Cadwalla den christl. getauften Kg. →Edwin v. Northumbrien schlug und tötete, blieb zu einer Zeit dem Heidentum verhaftet, als sich die Kg.e der ags. Nachbarreiche und schließ. auch sein eigener Sohn Peada, den er als Unterkg. im Bereich der Mittelangeln eingesetzt hatte, christl. taufen ließen. In Bedas Kirchengesch. fungiert er ausschließl. als brutaler Schädiger der Nachbarn: nach 633 soll er 22 Jahre lang mit »wechselndem Erfolg« Mercien regiert haben. Von den wiederholten Verwüstungen Northumbriens ist noch der Überfall von 642 namentl. überliefert, als P. am 5. Aug. den später als Hl. verehrten Kg. →Oswald in Maserfelth tötete. Beda setzt P.s Tod, wohl in der Schlacht am Fluß Winwæd, die er gegen den northumbr. Kg. →Oswiu verlor, mit dem Beginn der Christianisierung Merciens gleich, doch zeigt die nicht ganz zu klärende Liste seiner Verbündeten, daß es die insinuierte klare Frontstellung von Heiden gegen Christen wohl nicht gegeben hat.   H. Vollrath

Q. und Lit.: J. M. WALLACE-HADRILL, Bede's Ecclesiastical Hist. of the English People. A Historical Commentary, 1988 – Bede's Ecclesiastical Hist. of the English People, hg. B. COLGRAVE – R. A. B. MYNORS, 1991² – D. P. KIRBY, The Earliest English Kings, 1991, 81–96.

Pendentif → Kuppel

Pengïk (von pers. *pang̃ yak* 'ein Fünftel'), im Osman. Reich auf im Krieg erbeutete und versklavte Gefangene erhobene Steuer von 20%. Das erstmals 1361/62 oder 1362/63 erhobene P. wurde einerseits in bar erhoben, andererseits zog der Staat geeignete Gefangene als p. og̃lānī ein, um sie nach einer Ausbildung als →ʿAg̃emī og̃lānī für die Pfortentruppen zu rekrutieren, was das P. nach der →Knabenlese zur wichtigsten Quelle für die Bemannung der →Janitscharen machte.   Ch. K. Neumann

Lit.: UZUNÇARŞILI, Kapukulu I, 8–12 – B. PAPOULIA, Ursprung und Wesen der 'Knabenlese' im Osman. Reich, 1963, 53–57, 76–91.

Penhoët, Jean de, † nach 1449, Admiral der →Bretagne und →Chambellan des Hzg.s →Jean V.; Sohn von Guillaume de P. und Jeanne de Fronsac; Seigneur v. P. (St-Thégonnec, dép. Finistère). P. diente zur See gegen die Engländer (Reede v. St-Matthieu, 1403; St-Pol de Léon, 1405; Jersey, Plymouth und Dartmouth, 1406–07) sowie in den Gewässern der Gironde, wo er →Ludwig v. Orléans bei Bourg unterstützte (1407) und die Île de Ré für Georges de →La Trémoille einnahm. Als Landsmann →Arthurs de Richemont begleitete er diesen auf der Gesandtschaft an den Hzg. v. →Burgund (1424) und bei der Erhebung zum →Connétable de France (1425). P. trug 1407 zum Aufbau der Admiralität der Bretagne nach kgl. frz. Vorbild bei (→Amiral de France). Nach der Schlacht v. Azincourt (→Agincourt, 1415) förderte er in Brest den Wiederaufbau der frz. Flotte. Seine Treue zu Jean V. während der Gefangennahme durch die verfeindeten →Penthièvre (1420), seine ständige Mitwirkung im hzgl. Rat und bei den Waffenstillstandsverhandlungen mit England (1407, 1411, 1412, 1427), seine Verdienste um militär. Maßnahmen (Befestigung der Landzunge v. St-Matthieu, Rekrutierung von Bogenschützen) trugen P. Gunsterweise des Hzg.s ein (Jurisdiktionsrechte, Silberminen in der Landschaft Huelgoat). Er ist belegt noch anläßl. der Belagerung v. →Fougères (Sept. 1449), die die Endphase des →Hundertjährigen Krieges einleitete.   M. Mollat

Lit.: A. LOBINEAU, Hist. de Bretagne, 1707 – H. MORICE, Mémoires pour servir de preuves à l'hist. eccl. de la Bretagne, 1742–46 – A. BLANCHARD, Lettres et mandements de Jean V, Archives de Bretagne, IV-VIII, 1895 – CH. DE LA RONCIÈRE, Hist. Marine française, II, 1914 – J. DARSEL, L'Amirauté de Bretagne des origines à 1789, 1954 – G. A. KNOWLSON, Jean V duc de Bretagne et l'Angleterre, 1964.

Penne, Stadt und Bm. in Mittelitalien (Abruzzen). Die Vestinerstadt Pinna wurde 89 v. Chr. röm. Municipium. Im FrühMA zur Provincia XI (Picena) gehörig, wurde P. im 8. Jh. in den Dukat →Spoleto eingegliedert und Sitz eines Gastalden. P.s Widerstand gegen Karl d. Gr. schlug sich in der Legende von seiner Belagerung durch den Karolinger nieder. In der Karolingerzeit blühte das Bm. auf, dessen Gründungsdatum nicht feststeht. Um die Mitte des 9. Jh. befreite ein Diplom Lothars den Bf. v. P. aus der Abhängigkeit von jeder weltl. Gerichtsbarkeit, 968 übertrug ein Diplom Ottos I. dem Bf. die Stadt. In angiovin. Zeit nahm P. an der von Atri angeführten Liga teil, die sich zum Widerstand gegen die Zahlung der Kollekten gebildet hatte. Während des Dynastiewechsels zw. Anjou und Aragón wurde P. von L'Aquila zerstört, das auch in aragones. Zeit auf das Territorium v. P. ausgriff.   A. Clementi

Lit.: s. a. →Casauria – F. SAVINI, Septem Dioceses Aprutienses Medi Aevi in Vaticano Tabulario, 1912 – L. DI VESTA, P. Sacra, 1923 – C. RIVERA, Le conquiste dei primi Normanni in Teate, P. Abruzzo e Valva, 1925 – F. LANZONI, Le antiche diocesi d'Italia dalle origini al principio del sec. VII-I, 1927 – N. KAMP, Kirche und Monarchie im stauf. Kgr. Sizilien, I, 1973 – M. COLUCCI, L'Abruzzo del sec. X in un diploma di Ottone I al vescovo di P., NRS 65, 1981, 5–6, 558–616 – AAVV, I Centri storici della Valpescara dall'evo medio ai nostri giorni, 1990.

Pennon, dreieckiges Speerfähnchen einfacher Ritter, bes. in Frankreich gebräuchlich.   O. Gamber

Lit.: VIOLLET-LE-DUC, Dict. ... du Mobilier Français, 1980 [Repr.].

Penny, erstmals im 7. Jh. schriftl. belegte, in der Nachfolge der →Sceatta um 770 in →Mercien von →Offa (757/758–796) eingeführte Silbermünze im Gewicht von ca. 1,17 g, angeglichen dem karol. →Denar, später auch in anderen ags. Landschaften übernommen. Seit →Alfred d. Gr. (871–899) Vereinheitlichung des P. in ganz England und regelmäßige Veränderung des Münzbilds unter Angabe von Münzstätte und Monetarius. Zur Tributzahlung (→Danegeld) an skand. →Wikinger wurde der P. seit →Ethelred II. (987–1016) in großer Menge ausgebracht, zugleich in Irland, Stade, Skandinavien, Polen und Böhmen nachgeahmt. Der P. blieb, ztw. (seit 1180) als →Sterling, die engl. Währungseinheit und erhielt erst 1351 mit dem Groat zu 4 P., 1504 mit dem Shilling zu 12 P. übergeordnete Nominale. Die Prägung des P. setzte sich, zuletzt in Kupfer, bis in die NZ fort.   P. Berghaus

Lit.: F. v. SCHROETTER, Wb. der Münzkunde, 1932, 497f. – P. GRIERSON – M. BLACKBURN, Medieval European Coinage, I, 1986, 164ff., 270ff. – P. GRIERSON, Coins of Medieval Europe, 1991.

Pension. Der Begriff bezeichnet im →Frankreich des ausgehenden MA eine (im Prinzip reguläre und zumeist jährl.) finanzielle Zuwendung, die eine Person einer anderen (dem 'pensionmaire') als Entschädigung oder Entgelt für erwiesene Dienste leistet. Städte und Herren (*Seigneurs*) honorierten in dieser Weise z. B. ihre Räte und Advokaten.

Für die frz. Monarchie entwickelte sich das P.swesen, insbes. seit dem Ende des 14. Jh., zu einem echten Grundpfeiler des Regierungssystems. Hatten unter den letzten Kapetingern und den beiden ersten Valois u. a. noch temporäre oder erbl. →Renten, z. T. in Gestalt von →Rentenlehen, eine große Rolle als kgl. Gunsterweise gespielt, so verbreitete sich seit der Regierung →Karls V. (1364–80) das Institut der P., als dessen Nutznießer Prinzen von Geblüt, große frz. Adlige, hohe Staatsdiener sowie ausländ. Fs.en und Herren, die in den Bannkreis der frz. Monarchie getreten waren, hervortreten. Die Tendenz zur Verleihung von P.en verstärkte sich unter Karl VI. (1380–1422), trug nicht unwesentlich zu den finanziellen Schwierigkeiten dieser Ära bei und provozierte daher die Entrüstung der öffentl. Meinung. Die sog. →Ordonnance cabochienne (1413) setzt als (vorgebl.) Willensäußerung Karls VI. fest, daß alle P.en, die vom Kg., der Kgn. und dem älteren Bruder des Kg.s bewilligt worden waren, abgeschafft seien, mit Ausnahme der als »raisonnables et modérées« geltenden P.en.

Derartige Reformmaßnahmen erwiesen sich als wirkungslos. Die Praxis der P.en blieb erhalten, auch wenn Karl VII. (1422–61) über lange Jahre zur Beschränkung seiner Großzügigkeit gezwungen war. Seit ca. 1440–50 nahm das System jedoch wuchernde Formen an. Jedes Jahr wurde ein Verzeichnis der 'pensionnaires' aufgestellt, mit der Höhe der P.en und Angaben, aus welchen Fonds des Finanzwesens die betreffenden Summen zu überweisen waren. Für einen 'pensionnaire' war es in der Realität keineswegs von vornherein klar, wie er die Auszahlung seiner P. erreichen konnte. Ludwig XI. (1461–83) weitete das P.swesen noch aus: 1470 nahmen die P.en mit 600000 *livres tournois* ca. 35% des öffentl. Haushaltes in Beschlag; 1480–81 teilten sich mehr als 760 'pensionnaires' (darunter Frauen) die stolze Summe von 950000 *livres tournois*. Die auswärtige Politik der frz. Monarchie beruhte nicht zuletzt auf der Zahlung von P.en (an den Hochadel der →Bretagne, den Hzg. v. →Lothringen, die →Eidgenossen usw.); durch den Vertrag v. →Picquigny (1475) verpflichtete sich Ludwig XI. zur Leistung einer temporären P. an Kg. Eduard IV. v. England, der diese aber als Tributzahlung auffaßte.

Nach dem Tode Ludwigs XI. wurde zwar eine spürbare Reduzierung in Angriff genommen, doch verzeichnete das P.swesen bis zum Tode Karls VIII. erneut rege Zunahme. Unter Karl VIII. tritt eine Gruppe von jungen Herren hervor, die enge Beziehungen zum Königshaus hatten und in ihrer Eigenschaft als 'pensionnaires' an Feldzügen teilnahmen (Italienzug 1494–95). Ludwig XII. verfügte die Halbierung der P.en, doch auch diese symptomat. Maßnahme blieb Episode.

Die großen Fs.en Frankreichs (Bretagne, →Burgund, →Bourbon usw.) verteilten gleichfalls P.en, die sich aber auf einem merklich geringeren Niveau bewegten als diejenigen der Kg.s.

Die P.en ergänzten üblicherweise die regulären Einkünfte (Gagen) der kgl. Amtsträger (Baillis, Sénéchaux, Hauptleute). Der Vorteil für das Kgtm. bestand darin, daß die P.en nicht automat. geleistet wurden und vom Kg. 'ad nutum' eingestellt werden konnten. Ph. Contamine

Lit.: P. S. Lewis, Les pensionnaires de Louis XI (La France de la fin du XVe s. Renouveau et apogée, hg. B. Chevalier–Ph. Contamine, 1985), 167–181.

Pentapolis, Verband von fünf Städten, der an zwei Stellen der spätantiken Mittelmeerwelt diese Bezeichnung trägt.

[1] *Pentapolis in Ober- und Mittelitalien:* Zusammenschluß von zweimal je fünf Städten: →Rimini, →Pesaro, →Fano, →Senigallia, →Ancona im N und →Urbino, →Fossombrone, →Jesi, Cagli und →Gubbio im S, die beide einem →dux in Rimini unterstanden. Ein exaktes Datum für die Gründung ist unbekannt, doch dürfte sie nach der Schaffung des →Exarchats v. →Ravenna (erstmals 584 erwähnt) um 600 erfolgt sein, um die Straßenverbindungen nach Rom und die Adriastrecke (→Adria) abzusichern. Mit der Eroberung Ravennas fiel auch die P. an die →Langobarden und wurde später zw. dem Papst (→Kirchenstaat) und dem Ebf. v. Ravenna aufgeteilt.

[2] *Pentapolis in Nordafrika:* Zusammenschluß der Städte Berenike, Arsinoe, Ptolemais, Kyrene und Apollonia in der w. Kyrenaika (→Cyrenaica) mit Ptolemais als Hauptort, seit etwa 470 dem dux der Lybia P. unterstehend. Wegen des Getreidereichtums von erhebl. wirtschaftl. Bedeutung und daher immer wieder Plünderungen ausgesetzt. Von den →Arabern zw. 642 und 645 erobert. – S. a. →Städtebünde. P. Schreiner

Lit.: [allg.]: Oxford Dict. of Byzantium, 1624f. – [zu 1]: A. Guillou, Régionalisme et indépendance dans l'Empire byz., 1969 – N. Alfieri, La Pentapoli biz., Corsi di cultura sull'Arte ravennate e bizantina 20, 1973, 7–18 – Storia di Ravenna II, 2, 1992 [Ind.].

Pentarchie, Vorstellung, daß die Leitung der gesamten Kirche Christi den fünf altkirchl. →Patriarchaten (Rom, Konstantinopel, Alexandria, Antiocheia, Jerusalem) zustehe, beruhend auf der, hist. gesehen, bedenkl. Voraussetzung der Identifikation der Kirche mit dem Rhomäischen Reich. An ihrem Ursprung steht das Konzil v. Chalkedon (451), das die Fünfzahl der (Reichs-)Patriarchate abschloß. Von Ks. Justinian I. wurde sie in Gesetzgebung (Nov. 109; 123, 3.22; 131, 2) wie Regierungspraxis (Zwischeninstanz zu den Bm.n) aufgenommen. Für die Ostkirche bekam die Idee der P. v. a. in den monothelet. und ikonoklast. Kämpfen ekklesiolog. Bedeutung. Die polit. Herkunft trat zurück zugunsten eines Verständnisses als Ausdruck der Gemeinschaft der Ortskirchen in der einen Kirche. Als synodale Anerkennung gilt Kan. 36 des Quinisextum (691). Theol. vertreten bes. von →Maximos Homologetes (MPG 91, 352D), von den Verteidigern der Ikone im 8. (adv. Const. Cab., ebd. 95, 332f.; Vita Steph. Jun., ebd. 100, 836f.) und im 9. Jh. (Nikephoros I., Apol. min., ebd. 100, 1114): Synode nur gültig bei Teilnahme der 5 Patriarchen; und →Theodoros Studites (ebd. 99, 1417C; 1280B, 1281B): in den 5 Patriarchen ist die Nachfolge der 12 Apostel gewährleistet. Die P. begegnet auf der im O nicht anerkannten antiphotian. Synode 869/870, nach 1054 bei →Petros III. v. Antiocheia (ebd. 120, 757C), →Balsamon (ebd. 138, 1013/16.1020), Niketas Seides, →Neilos Doxopatres; auch auf dem IV. →Laterankonzil, c. 5. H. M. Biedermann

Lit.: DThC XI, 2269–2275 – M. Jugie, Theologia Dogmat. Christianorum Oriental., IV, 1931, 450–463 – Bl. G. Pheidas, Προϋποθέσεις διαμορφώσεως τοῦ θεσμοῦ τῆς πενταρχίας, 1969 – Ders., Ἱστορικοκανονικὰ προβλήματα περὶ τὴν λειτουργίαν, 1970 – P. O'Connell, The Ecclesiology of St. Nicephorus, I: Pentarchy and Primacy, 1972 – M. Marella, Roma nel sistema pentarchico, Nicolaus 4, 1976, 99–138 – E. Melia, La P., Istina 32, 1987, 341–360 – V. Peri, La pentarchia: istituzione ecclesiale (IV-VII sec.) e teoria canonico-teologica (Sett. cent. it. XXXIV/1, 1988), 209–311 [Lit.] – F. R. Gahbauer, Die P.theorie, 1993.

Pentekostarion, Hymnenslg. nach dem byz. Ritus für die Zeit vom Ostersonntag bis zum Sonntag nach Pfingsten (Sonntag aller Hll.). Viele Hymnen stammen von Meloden wie →Johannes Damaskenos († um 750), seinem Zeitgenossen Kosmas v. Jerusalem oder dem ansonsten unbekannten Kumulas. Das P. wird in der slav. Tradition »Blumentriodion« (Triod' cvetnaja) genannt. Entsprechend der Bahnlesung des Johannes-Evangeliums beziehen sich die Gedächtnisse der Sonntage der Osterzeit auf in diesem Evangelium überlieferte Ereignisse. Ch. Hannick

Ed.: Πεντηκοστάριον χαρμόσυνον, 1883 – Lit.: Osterjubel der Ostkirche. Hymnen aus der fünfzigtägigen Osterfeier der byz. Kirche, I–II, übers. K. Kirchhoff, 1940 – H. J. W. Tillyard, The Hymns of the Pentecostarium, MMB Trans. 7, 1960 – G. Bertonière, The Hist. Development of the Easter Vigil and Related Services in the Greek Church, OCA 193, 1972.

Penthièvre, bedeutende Gft. in der nö. →Bretagne, umfaßte den größten Teil der alten Dumnonia, heute dép. Côtes d'Armor. Das Gebiet war (in seiner größten Ausdehnung) als doppelte →Apanage konstituiert; es bestand aus den französischsprachigen Kastellaneien Lamballe, Jugon, Cesson, Montcontour (in der Diöz. →St-Brieuc) sowie den bretonischsprachigen Kastellaneien Guingamp, Lannion und La Roche-Derrien (in der Diöz. →Tréguier).

Die erste Gft. P. entstand 1034, als Hzg. Alan III. für seinen Bruder Eudo (Eon) eine Herrschaft schuf, deren Träger bald mit der Herzogsgewalt konkurrierten. Daher nutzte um 1216→Peter 'Mauclerc' im Zuge seiner Zentralisierungspolitik die Minderjährigkeit des Erben Heinrich aus, um den größten Teil von P. wieder der hzgl. Domäne einzuverleiben; Heinrichs Nachkommen behielten (zu Herren v. Avaugour herabgestuft) nur die Domäne Le Goëllo.

1317 errichtete Hzg. →Jean III. für seinen Bruder Guy jedoch eine zweite Apanage; durch Heirat mit Jeanne d'Avaugour konnte Guy die Besitzungen fast in ihrem alten Umfang wiederherstellen. P. war ein dichtbevölkertes Gebiet mit reichen wirtschaftl. Erträgen (Getreideanbau, Fischerei- und Handelshäfen). Infolge der Vermählung →Karls v. Blois mit der Erbtochter Jeanne de P. war die Gft. seit 1341 die Bastion des Hauses Blois, das mit dem Haus→Montfort den erbitterten Bret. Erbfolgekrieg austrug (→Bretagne, B. II). Diese das polit. Leben der Bretagne im 14. Jh. überschattende säkulare Auseinandersetzung nahm eine neue Dimension an, als Kg. →Ludwig XI. v. Frankreich in weitsichtiger polit. Absicht die Güter und Rechte des Hauses Blois-P. (die nach 1364 faktisch größenteils an das siegreiche Herzogshaus der Montfort gefallen waren) von Nicole de P. kaufte. J.-P. Leguay

Lit.: M. Chauvin-Lechaptois, Les comptes de la châtellenie de Lamballe (1387–1482), 1977 – J.-P. Leguay – H. Martin, Fastes et malheurs de la Bretagne ducale 1213–1532, 1982.

Pepoli, Familie aus dem Gebiet von Imola, die Ende des 12./Anfang des 13. Jh. in→Bologna stadtsässig wurde. Im Laufe des 13. Jh. stiegen die P. im gesellschaftl., wirtschaftl. und polit. Leben der Stadt zu angesehenen Positionen auf und bekleideten mit zunehmender Regelmäßigkeit wichtige Ämter in den städt. *Consigli* (Räten). Dies verdankten sie nicht zuletzt ihrer Parteinahme für die Guelfen, die seit 1274 (Vertreibung der ghibellin. →Lambertazzi) die Herrschaft hatten. Mit ihren Hauptgegnern in der innerstädt. blutigen Faktionskämpfen, den ghibellin. Tettalasini, schlossen sie 1280 Frieden, der durch eine Ehe besiegelt wurde. Entscheidend für ihren Aufstieg war v. a. ihre Aktivität im Wechselgeschäft, die ihren Reichtum infolge günstiger Konjunkturlagen sowie der Geldgeschäfte der zahlreichen auswärtigen Scholaren rasch vermehrte. Mit der Zeit investierten die P. einen beträchtl. Teil ihrer Gewinne aus dem Wechselgeschäft in Grundstücken in der Stadt (Bau eines prunkvollen Palazzo in der Nähe der Mercanzia) und im Bologneser Umland (v. a. im Gebiet von S. Giovanni in Persiceto, S. Agata und Sala). Nach jahrzehntelanger Aktivität auf dem bologn. und internat. Geldmarkt (bes. in Frankreich und auf der Iber. Halbinsel) mit Krediten mit zweimonatiger Laufzeit, die *Ugolino*, *Zoene* und *Zerra* als auswärtige Scholaren vergaben, wandten sich die P. im letzten Drittel des 13. Jh. gewinnbringenderen Finanzspekulationen zu, indem sie den Kommunen oder anderen wichtigen polit. Institutionen hohe Geldsummen liehen und dadurch ein höheres Sozialprestige und größere Macht in den Gemeinden erlangten.

Dieser Qualitätssprung war zweifellos *Romeo* (* ca. 1250, † 1322), dem Sohn Zerras, zu verdanken. Ein Vertreter des gemäßigten Guelfentums, der zur Anerkennung der päpstl. Souveränität tendierte, gelang es Romeo während einer Krise des popolaren kommunalen Stadtregiments, das in den Kriegen in der Romagna und gegen die Este stark verschuldet war, mittels Gewährung sehr hoher Kredite zur Deckung der wichtigsten kommunalen Erfordernisse sich in die *balia*-Kommissionen hineinzudrängen, die im militär. und fiskal. Bereich und im Versorgungswesen alle Vollmachten besaßen. Von diesen Machtpositionen aus versuchte er mit Diplomatie und Wandlungskunst zu einer persönl. Signorie aufzusteigen (1306–1321), konnte sich jedoch auf die Dauer nicht durchsetzen und wurde schließlich von der Opposition ins Exil gezwungen.

Das polit. Ziel, die Signorie in Bologna zu erringen, das Romeo durch seine kurzfristige Machtergreifung nur z. T. erreicht hatte, wurde von seinem Sohn *Taddeo* († 1347) voll verwirklicht. Gestützt auf das Ansehen seiner Familie, aber in erster Linie auf das Prestige, das er als Lehrer des Zivilrechts der Univ. genoß, machte sich Taddeo die allg. Erschöpfung durch die dauernden Faktionskämpfe und die temporäre Krise des avignones. Papsttums zunutze und ließ sich 1337 zum Signore der Stadt mit dem Titel »Conservator pacis et iustitiae« proklamieren. Er regierte die Stadt umsichtig und maßvoll, integrierte sie mit Geschick in das polit. Spiel der wichtigsten Machtzentren der Appeninenhalbinsel und erwirkte von Papst Benedikt XII. den Apostol. Vikariat, durch den der bereits früher erworbene Adel der Familie bestätigt wurde. Taddeos Söhne erwiesen sich als unfähig, die von den Vorfahren errungenen Positionen zu halten, und verkauften die Herrschaft über Bologna an Ebf. Giovanni →Visconti (1351). Die Versuche ihrer Nachkommen an der Wende vom 14. und 15. Jh., die Herrschaft zurückzugewinnen, blieben erfolglos. Die P. mußten sich darauf beschränken, die wachsende signoriale Macht der →Bentivoglio zu stärken; im bologn es. Kulturleben spielten sie dank des universitären Lehramts von zumindest drei Familienmitgliedern in der 1. Hälfte des 15. Jh. eine angesehene Rolle.

A. Vasina

Lit.: N. Rodolico, Dal comune alla signoria. Saggio sul governo di Taddeo P. in Bologna, 1898 – M. Giansante, Patrimonio familiare e potere nel periodo tardo-comunale. Il progetto signorile di Romeo P. banchiere bolognese (1250c.–1322), 1991.

Pera → Galata

Perales, Übereinkunft v. (27./29. Aug. 1391; zw. Simancas und Valladolid), geschlossen von Vertretern des Hochadels, um nach dem Tod Kg. Johanns I. v. Kastilien (9. Okt. 1390) den Regentschaftsrat für den minderjährigen Infanten →Heinrich (21.H.) zu gestalten. Die unter führender Beteiligung des Pedro →Tenório, Ebf. v. Toledo, und der Kgn. →Leonor v. Navarra zustande gekommene Übereinkunft sah unter Negierung der Ansprüche des Alfonso →Enríquez (1.E.) und dem Zugeständnis der Einberufung neuer →Cortes in Burgos vor, daß zusätzl. zu den im Testament Johanns I. gen. Vertretern die Regierungsfunktion durch Hzg. Fadrique →Enríquez v. Benavente (4.E.), →Pedro Enríquez de Castro, Gf. v. Trastámara, und Lorenzo Suárez de Figueroa, den Meister des Santiago-Ordens, wahrgenommen werden sollte. Das Abkommen wurde von Leonor, Fadrique und dem Gf. en. Pedro und seinen Gefolgsleuten im Kl. Santa Clara in Burgos beschworen, vermochte jedoch den Einfluß der städt. Prokuratoren und der Cortes im Regentschaftsrat nicht zu eliminieren. L. Vones

Lit.: A. SALVÁ, Las Cortes de Burgos de 1392, 1891 – L. SUÁREZ FERNÁNDEZ, Nobleza y Monarquía, 1975², 65f. – J. URÍA MAQUA, 'El conde don Alfonso', Asturiensia Medievalia 2, 1975, 177-237, bes. 222ff. – Hist. de España, dir. R. MENÉNDEZ PIDAL, XIV, 1981³, 316-319.

Peralta, katal. Adelsgeschlecht aus →Ribagorza (Stammsitz: gleichnamige, noch heute z. T. erhaltene Burg [munic. P. de la Sal/comarca Llitera]). Wichtige Vertreter des Geschlechtes waren Kriegshelden wie Raimund, der an der Eroberung →Léridas (1149) teilnahm, dort Besitzungen erhielt und Stammvater eines Familienzweiges wurde, und Wilhelm, der an der Seite Kg. Peters II. v. Aragón in der Schlacht v. Las →Navas de Tolosa (1212) kämpfte, sowie Geistliche wie der Templer Wilhelm (1201 Komtur v. →Monzón) und der Ratgeber Kg. Jakobs I., Bf. Arnald v. Valencia (später v. Zaragoza). Um 1300 fiel die Erbschaft P. an Sybille (∞ Philipp v. Saluzzo, Sohn des Marqués Manfred III., Mitglied der Kg.sfamilie); der Familienzweig verkaufte Mitte des 14. Jh. die Baronie P. an die →Castro; sie fiel später an die →Medinaceli. Als Mitglieder eines in Sizilien ansässigen Familienzweiges sind zu nennen: Der Admiral Ramon de P. († 1349) und Nicolás de P. († 1399), Großjustitiar v. Sizilien. Durch weibl. Erbfolge gelangte die Herrschaft an die →Luna, später an das Haus →Cardona. Carmen Batlle

Perceforest, umfangreichster →Roman der ma. frz. Lit., in sechs Bücher gegliederte anonyme Prosakompilation von komplexer Entstehungsgesch. Eine erste Redaktion, die einem aus Hennegau stammenden Kleriker zugeschrieben wird, war wohl um 1340 abgeschlossen. In der Gestalt, wie sie die vier erhaltenen Hss. der 2. Hälfte des 15. Jh. präsentieren, stellt der Roman aber offensichtl. eine am Hof v. →Burgund entstandene Überarbeitung dar. Als retrospektive Fortsetzung des Lancelot-Graal-Stoffs verbindet P. den Alexander-Zyklus (→Alexander d. Gr.) mit dem Arthur-Zyklus (→Artusdichtung) und entwirft ein fabulöses Bild der Gesch. Britanniens in vorarthur. Zeit. Die Helden des Romans werden zumeist durch breite genealog. Erzählungen mit den Protagonisten der arthur. Welt (Arthur, →Lancelot, →Merlin, →Parzival) verknüpft. Der Roman beginnt mit der Landung Kg. Alexanders und seiner Gefährten Bétis und Gadiffer in Britannien. Bétis, der die Wälder Britanniens vom bösen Zauber des Darnant löst, nimmt den Namen 'P.' an und wird zum Kg. v. England gekrönt. Vor seiner Rückfahrt nach Babylon (wo er den Tod finden wird) vertraut Kg. Alexander noch dem Gadiffer das Kgr. Schottland an. Der weitere Verlauf des Romans schildert die Bemühungen der beiden Kg.e, Frieden und Gerechtigkeit zu wahren. Als Präfiguration der Tafelrunde wird der 'Franc Palais' gegründet. Eine neue Religion wird gestiftet, der Kult des 'Dieu Souverain', Zwischenstufe zw. dem antiken Heidentum und dem Christentum der arthur. Zeitalters. Das zivilisator. Werk des P. wird jedoch durch die röm. Invasion Caesars zunichte gemacht (Buch IV). In den beiden letzten Büchern wird der Wiederaufstieg des zerstörten Landes geschildert; das von P. verkündete religiöse, moral. und ritterl. Ideal erlebt bei den Nachkommen der von den Römern getöteten Helden seine verfeinerte Wiedergeburt. Der Roman klingt aus mit der Ankunft des Christentums; Gallafur II., Nachfahre Alexanders, Gadiffers und P.s, läßt sich taufen. Und schon ist Merlin geboren, der die segensreiche Regierung Arthurs vorbereiten wird; die Gralssuche kann beginnen (→Gra[a]l). Das stringent aufgebaute, obwohl personen- und handlungsreiche Werk vermittelt den Eindruck überbordender Fülle. Einige kunstvoll redigierte Episoden (Gesch. der Rose, Aventuren des Néronès und des Chevalier Doré, Liebesgeschichten des Troilus und der Zellandine: frühe Version des Dornröschenstoffs) sind beachtenswerte lit. Leistungen.

G. Roussineau

Ed.: Les parties lyriques du Roman de P., ed. J. LODS, 1953; 1ère partie, hg. J. H. M. TAYLOR, 1979 – Gesamted., ed. G. ROUSSINEAU [im Ersch.], bisher vorliegende Tle: 1987-93 – Lit.: G. PARIS, Le Conte de la Rose dans le Roman de P., Romania 23, 1894, 78-140 – J. LODS, Le roman de P. Origines, composition, caractères, valeur et influence, 1951 – L. F. FLUTRE, Études sur le Roman de P., Romania 70, 1948-49; 71, 1950; 74, 1953; 88, 1967; 89, 1968; 90, 1969; 91, 1970 – J. H. M. TAYLOR, Reason and Faith in the Roman de P. (Mél. F. WHITEHEAD, 1973), 303-322 – DERS., Aroès the Enchanter, MAe 47, 1978, 30-39 – G. ROUSSINEAU, Éthique chevaleresque et pouvoir royal dans le Roman de P. (Actes du XIVᵉ congr. internat. arthurien, 1985, II), 521-535 – J. H. M. TAYLOR, Faith and Austerity the Ecclesiology of the Roman de P. (Mél. C. E. PICKFORD, 1986), 47-65.

Perceval → Parzival

Perceval de Cagny (eigtl. Robert de Cagny [dép. Oise, arr. Beauvais]), frz. Chronist, * ca. 1375, † nach 1438, trat 1390 in den Dienst des Hauses →Alençon ein und bekleidete nacheinander die Hofämter des →Panetier des Gf. en Pierre († 1404), des →Écuyer am Marstall des Gf. en Jean I. (seit 1413 Hzg., ✕ bei Azincourt) und des Écuyer und →Maître de l'hôtel des Hzg.s Jean II. – P.s Werk ist nur in einer von André Duchesne im 18. Jh. angefertigten Abschrift erhalten; es umfaßt: 1. eine Abhandlung zur Genealogie des Hauses Alençon von Ludwig d. Hl.n bis 1436, gefolgt von einem Epilog, in dem der Autor seine Absicht, eine Chronik der »Mißgeschicke, Kriege und Seuchen« (»mechiés, guerres et pestilences«) nach seinem Kenntnisstand von 1436 zu schreiben, darlegt; 2. die Chronik, die mit 1239 (Übertragung der Dornenkrone nach Paris) einsetzt, ab 1393 selbständigen Quellenwert erlangt und mit 1438 (Einnahme von St-Germain-en-Laye durch die Engländer) abbricht. Sie ist eine wichtige Q., insbes. für die Gesch. der →Jeanne d'Arc. Der Chronist gibt dem Zaudern Karls VII. die Schuld am Scheitern des Feldzuges gegen →Paris. F. Vielliard

Ed.: Chroniques de P. de C., ed. H. MORANVILLÉ, 1902 (SHF) – Lit.: MOLINIER, 41-48 – Dict. litt. frc., 1128 f. – DLFMA, 5170 – J. QUICHERAT, Hist. de Jeanne d'Arc d'après une chronique inédite du XVᵉ s. (BEC 7, 1845-46), 143-171 – DERS., Procès de condamnation et de réhabilitation de Jeanne d'Arc, 4, 1847, 1-37 – G. KRUMEICH, Jeanne d'Arc in der Gesch. ..., 1989.

Perche, Landschaft in Nordfrankreich, im Grenzbereich der →Normandie, des →Maine und des Chartrain (→Chartres) gelegen, gehörte kirchl. zu den Diöz. →Sées, →Le Mans und Chartres. Als feuchte, dichtbewaldete geograph. Zone war der 'Saltus Perticus' im frühen MA ein ungesicherter und dünnbesiedelter »Grenzwald«, der Eremiten, aber auch »Gesetzlosen« Zuflucht bot. Im Zuge des Wiederauflebens des Einsiedlertums im späten 11. und im 12. Jh. erfolgte ein erneuter Zustrom von Religiosen; einer von ihnen, →Bernhard v. Abbeville (44. B.), gründete für seine Schüler 1114 die strenge Abtei →Tiron, die zum Haupt einer bedeutenden monast. Kongregation wurde.

Im Laufe des 11. und 12. Jh. wurden →Burgi bei Burgen und Prioraten begründet; eine Welle der Urbarmachung vollzog sich. Grundbesitzer (hospites) treten hervor, die Leibeigenschaft verschwindet. Doch blieb die Verteilung der Besiedlung im 13. Jh. unausgeglichen; den neugeschaffenen kleinen, aber dichtbesiedelten Pfarreien standen weiterhin weiträumige Urpfarreien gegenüber, deren dünnbesiedeltes Gebiet noch großenteils aus Heideflächen und Waldungen bestand.

Der Saltus Perticus war offenbar nie ein →Pagus im administrativen Sinne, wenngleich sich bei →Gregor v. Tours (Vita des hl. Avitus) die Bezeichnung 'pagus Perticus' findet. Die ersten →Seigneurien treten am Ende des 10. Jh. auf. Am bedeutendsten waren die Herrschaften →Bellême, eng verbunden mit dem Hzm. →Normandie, und Nogent, als deren erster Inhaber Rotrou I. faßbar ist. Die Herrschaft Nogent wurde bald mit der Vicomté →Châteaudun, die vom Bf. v. Chartres lehnsabhängig war, vereinigt. Am Ende des 11. Jh. nahm Geoffroy v. Châteaudun und Nogent, nach Erwerb von Bellême, den Titel des Gf. en v. P. an, den seine Nachkommen bis 1217 führten. Die aus weitverstreuten Besitzungen und lehnsabhängigen Herrschaften bestehende Gft., die nur bedingt mit dem alten Saltus Perticus ident. war, wurde 1217 mit der Krone vereinigt, bald aber für einen (kinderlos verstorbenen) Sohn Ludwigs d. Hl. als →Apanage ausgetan. Als solche erhielt →Karl v. Valois, der Bruder Philipps des Schönen, dann sein Sohn Karl v. Alençon die Gft. P. Als Bestandteil des Hzm.s →Alençon teilte die Gft. P. dessen Geschicke. Von den Engländern gegen Ende des →Hundertjährigen Krieges besetzt, wurde sie von Kg. Heinrich V. an Thomas →Montagu, Earl of Salisbury, übertragen. 1449 kehrte sie an das Haus Valois-Alençon zurück. Von Ludwig XI. wegen der Umtriebe des Hzg.s v. Alençon mehrfach konfisziert, wurde die Gft. P. 1525 definitiv mit der Krone vereinigt. G. Devailly

Lit.: G. Bry, Hist. des pays et comté du P. et duché d'Alençon, 1620 [Neudr., hg. PH. SIGURET, 1970] – VICOMTE DE ROMANET, Géographie du P. et chronologie de ses comtes, 2 Bde (Documents sur la province du P. 1890–1902) – PH. SIGURET, Recherches sur la formation du comté du P. I, Soc. hist. et arch. de l'Orne 79, 1961, 17–39 – DERS., Formation du comté du P., ebd. 80, 1962, 3–42 – A. CHÉDEVILLE, Chartres et ses campagnes, 1973.

Percht → Bercht

Perctarit, langob. Kg. [661] 671–688, ⌑ S. Salvatore, Pavia, Sohn Kg. →Ariperts I., ⚭ Rodelinda, Vater Kg. →Cunincperts, gehörte zur sog. bayer. Dynastie (→Agilolfinger), folgte 661 zusammen mit seinem Bruder →Godepert dem Vater in der Herrschaft. Beide wurden bald von Hzg. →Grimoald v. Benevent entmachtet. 671 kehrte P. aus seinem frk. Exil zurück, stürzte wenige Wochen nach Grimoalds Tod dessen Sohn →Garibald und übernahm erneut die Kg.sherrschaft. Er förderte mit Entschiedenheit die kath. Kirche und schloß gegen 680 auf der Grundlage des Status quo Frieden mit Byzanz, das damit erstmals die Eigenständigkeit des Langobardenreiches anerkannte. Nach der Erhebung seines Sohnes Cunincpert zum Mitregenten (680) mußte er eine gefährl. Rebellion Hzg. Alahis' v. Trient bekämpfen, hinter der die antikath. Kräfte des Reiches standen. J. Jarnut

Lit.: HARTMANN, Gesch. Italiens, 2/1, 245f., 255f. – G. P. BOGNETTI, L'età longobarda 2, 1966, 335, 345f., 362–364 – R. SCHNEIDER, Kg.swahl und Kg.serhebung im FrühMA, 1972, 41–43, 46–48 – P. DELOGU, Il regno longobardo (Storia d'Italia, hg. G. CALASSO, I, 1980), 89–91, 96–101 – J. JARNUT, Gesch. der Langobarden, 1982, 58f., 61–63.

Percy, engl. Hochadelsfamilie. William († 1096), Mitglied einer alten norm. Familie, gelangte mit Hugues d'Avranches, dem späteren Earl of Chester († 1101), nach England, von dem er Landbesitz in Yorkshire und Lincolnshire erhielt, der →Cospatric, Earl of Northumbria, entzogen worden war. William errichtete Topcliffe Castle und gründete erneut Whitby Abbey. Er starb auf dem 1. Kreuzzug in der Nähe von Jerusalem. Es folgten sein Sohn Alan († 1135?) und sein Enkel William († 1175), in dessen Dienst 40 →knights standen. William gründete Sawley und förderte andere Abteien in Yorkshire, auch →Fountains Abbey, wo er begraben wurde. Von den beiden Töchtern Williams heiratete Agnes Josselin v. Löwen († 1180), der den Nachnamen 'P.' annahm. Als ihr erster Sohn Henry 1198 starb, ergriff dessen Bruder *Richard* († 1244) Besitz von den Ländereien, obwohl der Kg. bereits einen anderen mit der Verwaltung beauftragt hatte. Richard erbte außerdem von seiner Tante deren Anteil an den Besitzungen der P.-Familie. Seine oppositionelle Haltung gegenüber Kg. Johann gipfelte jedoch in einer Rebellion. Er gehörte zu den 25 Baronen des Ausschusses, der für die Erfüllung der baronialen Forderungen in der →Magna Carta (1215) sorgen sollte, unterstützte Ludwig (VIII.) v. Frankreich und unterwarf sich 1217 Heinrich III. *William* (um 1193–1245), der Sohn von Henry P., hielt zu der dem Kg. loyal gesonnenen Gruppierung und mußte einen langen Prozeß um sein Erbteil führen, das er erst 1234 erhielt. Als Richard ohne legitime Erben starb, vereinigte William wieder die Ländereien seines Großvaters. Sein Sohn *Henry* († 1272), der 7. Baron P., ergriff 1258 zunächst für die Opponenten des Kg.s Partei, kämpfte aber 1264 in der Schlacht v. →Lewes auf der Seite des Kg.s. Henrys älterem Sohn *John* (1270–93) folgte der postum geborene Sohn *Henry* (1273–1314), nach dem in der Folgezeit alle Söhne der Oberhäupter der P.-Familie diesen Vornamen erhielten. Henry nahm regelmäßig an den Kriegen Eduards I. in Schottland teil, wo ihm Landbesitz übertragen wurde. Er kaufte die Baronie v. →Alnwick und erneuerte deren castle, das als Ausgangsbasis für die Schottlandfeldzüge günstiger lag als seine Besitzungen in Yorkshire. Auf diese Weise begründete er auch die Verbindung der P.-Familie zu →Northumberland. Er unterstützte aktiv die baroniale Opposition gegen Eduard II. Henry P. (um 1300–52), der sich zunächst loyal gegenüber dem Kg. verhielt, schloß sich 1326 der Rebellion gegen Eduard II. an. Er kämpfte häufig in Schottland, zeitweise zusammen mit Eduard III., der ihm Jedburgh und andere Ländereien dort übertrug, außerdem die Baronie v. Warkworth und weitere Besitzungen in Northumberland (1328–35). Henry P. (1322–68) kämpfte zu Lebzeiten seines Vaters in Frankreich und wurde später häufig an der schott. Grenze eingesetzt. Henry P. (1341–1408) begann seine militär. Laufbahn in Frankreich 1359 mit →Heinrich (55. H.) v. Grosmont, seinem Großvater mütterlicherseits, und setzte sie 1369 und 1373 mit →John of Gaunt, seinem Vetter, fort. Er wurde von Richard II. 1377 zum Earl of Northumberland ernannt. Seine Herrschaft in dieser Gft. vergrößerte sich, als er die castles und Baronien v. Prudhoe 1375 sowie v. Langley 1381 (⚭ Erbin von Thomas de →Lucy) erwarb. Das Erbe dieser zweiten Gemahlin schloß auch castle und Honour v. Cockermouth ein und machte die P.-Familie zur bedeutendsten Adelsfamilie in →Cumberland. Henry errichtete einen neuen *keep* (→Donjon) in Warkworth. Gaunts Statthalterschaft (→*lieutenant*) in N bedrohte die hegemoniale Stellung von Henry P. und ließ John →Neville als Rivalen in Erscheinung treten. 1384 wurde Henry der einzige *warden* für beide Grenzmarken, ihm folgte in der ö. Mark 1385–86 sein Sohn *Henry* 'Hotspur' (1365–1403). Später wurde 'Hotspur' gegen eine hohe Gebühr erneut zum warden ernannt, doch verlor er bald das Amt infolge seiner Gefangennahme bei der Schlacht v. →Otterburn (1388). Sein Vater Henry, Earl of Northumberland, erhielt dieses warden-Amt 1391 erneut übertragen, das 1396 wieder an seinen Sohn überging. Der Earl erlangte 1399 auch das w. warden-Amt als erste Belohnung für seine Unterstützung der Invasion und

Machtübernahme von Heinrich IV. Ihre Funktion als »Königsmacher« verhalf der P.-Familie zu einem Ämtermonopol an der anglo-schott. Grenze. Außerdem wurde der Bruder des Earl of Northumberland, *Thomas*, Earl of Worcester (um 1344–1403), in den kgl. Rat berufen und 1401–02 steward des kgl. Hofhalts. Seine Entlassung und Heinrichs IV. Begünstigung der Nevilles als seine Gefolgsleute forderten die P.-Familie zur Rebellion heraus. Henry 'Hotspur' und Thomas, Earl of Worcester, wurden in der Schlacht v. →Shrewsbury getötet, doch Henry, Earl of Northumberland, überlebte und stiftete 1405 die Revolte des Ebf.s Richard →Scrope an. Als sie zusammenbrach, floh er nach Schottland und wurde bei seiner Rückkehr nach England in der Schlacht v. Bramham Moor (Yorkshire) 1408 getötet. Kg. Heinrich V. setzte *Henry* P. (1393–1455), den Sohn von 'Hotspur', 1416 als Earl wieder ein, mit dem Auftrag, die ö. Mark während der Invasion des Kg.s in Frankreich zu verteidigen. Bis 1434 war er der einzige warden. Sein Sohn *Henry* P. (1421–61) hatte das Amt 1440–61 inne. Er wurde 1446 zum Lord Poynings ernannt, nachdem er die Erbin dieser s. Baronie geheiratet hatte. Ein anderer Sohn Henrys, *William*, wurde Bf. v. →Carlisle (1452–62). Seine Ernennung erleichterte kaum den Kampf um die Vorherrschaft in der w. Mark, wo die Nevilles das Amt des warden besaßen, die P.s aber die größten Landbesitzer waren. Bei diesem Wettstreit um die Macht übernahm ein jüngerer Sohn Henrys, *Thomas* P., Lord Egremont († 1460), die entscheidende Rolle. 1453 führten Streitereien in Yorkshire zu einer Konfrontation der beiden Familien, doch kam es zu einer gewaltsamen Auseinandersetzung erst in der Schlacht v. Stamford Bridge (Yorkshire), bei der Lord Egremont von John und Thomas Neville 1454 gefangengenommen wurde. Der Earl of Northumberland verbündete sich daraufhin mit Edmund →Beaufort, dem Duke of Somerset, und wurde mit ihm in der 1. Schlacht v. →St. Albans 1455 getötet. Der 3. Earl of Northumberland wurde ein Opfer der Lancaster, als Eduard IV. 1461 in →Towton siegte. Eduards Bruch mit den Nevilles hatte zur Folge, daß *Henry* P. (um 1449–89) 1470 als Earl wiedereingesetzt und 1471 warden der ö. Mark wurde. Dieser verpflichtete sich 1474 zur Hilfeleistung gegenüber Richard (III.) und unterstützte 1483 dessen Usurpation. Henry befolgte Richards Ladung nach →Bosworth, stellte sich aber dort 1485 nicht aktiv Heinrich (VII.) entgegen. Der neue Kg. benötigte bald die Dienste des Earl im N Englands, der vom gemeinen Volk getötet wurde, als er eine Steuer eintrieb. Der 5. Earl, *Henry Algernon* (1478–1527), stand bis 1499 unter kgl. Vormundschaft.

R. L. Storey

Lit.: Peerage IX, 708ff.; X, 435ff. – DNB XV, 837ff. – E. B. DE FONBLANQUE, Annals of the House of P., 1887 – J. M. W. BEAN, The Estates of the P. Family 1416–1537, 1958 – J. A. TUCK, The Emergence of a Northern Nobility 1250–1400 (Northern Hist. 22, 1986), 1–17 – A. J. POLLARD, North-Eastern England during the Wars of the Roses, 1990.

Percy, Thomas, Bf. v. Dromore (Irland), 1729–1811, trug durch seine 1765 erstmals erschienenen »Reliques of Ancient English Poetry« wesentl. zur zeitgenöss. Begeisterung für →Balladen und volkstüml. Dichtung in England bei. Den Grundstock der »Reliques« bildete eine um 1650 abgefaßte Hs., in der neben jüngeren Texten auch eine Reihe von Balladen und →Romanzen aus der spätma. Zeit erhalten sind. Daneben übersetzte P. als erster die →Edda ins Englische und machte so seine Zeitgenossen mit der an. Dichtung und Mythologie bekannt. K. Reichl

Ed. und Lit.: Th. P., Reliques of Ancient English Poetry, ed. H. B. WHEATLEY, 3 Bde, 1886 – A. B. FRIEDMAN, The Ballad Revival, 1961, 182–232 – D. C. FOWLER, A Lit. Hist. of the Popular Ballad, 1968, 132–182 – B. H. DAVIS, Th. P.: A Scholar-Cleric in the Age of Johnson, 1989.

Perdigon, prov. Spielmann, aus einfachen Verhältnissen stammend, * in Lesperon (Ardèche), dichtete zw. 1192 und 1220 (?) und war als guter Musiker bekannt. Er stand u. a. in Verbindung mit Kg. Alfons VIII. v. Kastilien und Peter II. v. Aragón. Sein Leben ist in einer kürzeren und einer längeren Version überliefert. Die Authentizität der widersprüchl. Einzelheiten in der längeren Fassung ist nicht erwiesen. 12 Gedichte sind für P. gesichert.

D. Briesemeister

Ed.: Les chansons de P., ed. H. J. CHAYTOR, 1926 – *Lit.*: GRLMA I/7, 1990, n° a370, 195–198 – K. LEWENT, Zu den Liedern des P., ZRPh 33, 1909, 670–82 – E. HOEPFFNER, La biographie de P., Romania 53, 1927, 343–364 – J. BOUTIÈRE-A. H. SCHULZ, Biographies des Troubadours, 1964, 408–410 – M. DE RIQUER, Los trovadores, 2, 1975, 955–962.

Peregrinatio ('Leben in der Fremde'; peregrinus, 'Fremder', 'Exilierter'). Bibl. war der Gläubige ein Fremder in dieser Welt, seine wahre Heimat der Himmel (cf. Phil 3, 20). Bes. das Mönchtum lebte diese Weltabgeschiedenheit, lehnte aber ortloses Umherschweifen ab. Seit der Spätantike bedeutete 'p.' auch die Wallfahrt zu hl. Orten, bes. zu Hl.ngräbern. Die ir. Mönche übernahmen seit dem späten 6. Jh. die im altir. Recht für schwere Vergehen vorgesehene Verbannung als freiwilliges Bußwerk für Christus (p. pro Christo), begründeten Kl. oder Einsiedeleien in der Fremde, oft auf einer Insel, aber auch auf dem Kontinent; sie wirkten missionar., standen aber oft außerhalb hierarch. Bindung. Ags. Mönche übernahmen die p., verbanden damit die Rom-Wallfahrt wie auch die Mission, verlangten aber hierarch. Unterordnung. Die karol. Reform war v. a. von 'peregrini' mitgetragen, die dabei ein übergentiles Bewußtsein weckten; doch galt den Reformern innerl. Buße mehr als Romwallfahrt und die asket. Trennung von der Welt mehr als das Leben in der Fremde. Gleichwohl erlangte die p. eine gesamtabendländ. Bedeutung, näml. als Wallfahrt zu hl. (Grab-)Orten, sowohl zur Erlangung bes. Gnaden und Wunderheilungen als auch zur Abbüßung von Sünden. Im HochMA verordneten die Inquisition, aber auch weltl. Gerichte Bußwallfahrten; zu den 'großen Orten' (Rom, Konstantinopel, Compostela, Canterbury, Köln) sowie zu zahlreichen 'kleinen'. Die neuen Wallfahrten des SpätMA bezogen sich kaum noch auf Gräber und Reliquien, sondern auf wunderbare Erscheinungen oder die Auffindung von Gnadenbildern. →Pilger.
A. Angenendt

Lit.: H. v. CAMPENHAUSEN, Die asket. Heimatlosigkeit im altkirchl. und frühma. Mönchtum, 1930 [= DERS., Tradition und Leben, 1960, 290–317] – G. SCHREIBER, Wallfahrt und Volkstum in Gesch. und Leben, 1934 – B. KÖTTING, P. religiosa. Wallfahrten in der Antike und das Pilgerwesen in der alten Kirche, 1950 [1980²] – L. T. MAES, Ma. Stadtwallfahrten nach Santiago de Compostela und unsere Liebe Frau von Finisterra (Fschr. G. KISCH, 1955), 99–118 – J. LECLERCQ, Mönchtum und P. im FrühMA, RQ 55, 1960, 212–225 – C. VOGEL, Le pèlerinage penitentiel, Rev. des sciences religieuses 38, 1964, 113–153 – B. DE GAIFFIER, Pèlerinages et culte des Saints (DERS., Études critiques d'hagiographie et d'iconologie, 1967), 31–49 – A. ANGENENDT, Monachi peregrini, 1972 – R. A. ARONSTAM, Penitential Pilgrimages to Rome in the Early MA, AHP 13, 1975, 65–83 – T. M. CHARLES-EDWARDS, The Social Background to Irish P., Celtica 11, 1976, 43–59 – G. CONSTABLE, Monachisme et pèlerinage au MA, RH 258, 1977, 3–27 – R. C. FINUCANE, Miracles and Pilgrims. Popular Beliefs in Medieval England, 1977 – E. L. GRASMÜCK, Exilium. Unters. zur Verbannung in der Antike, 1978 – F. PRINZ, P., Mönchtum und Mission (Die Kirche des frühen MA, hg. K. SCHÄFERDIEK, 1978), 445–465 – L. SCHMUGGE, 'Pilgerfahrt macht frei', RQ 74, 1979, 16–32 – A. ANGENENDT, Die ir. P. und ihre Auswirkungen auf dem Kontinent vor dem Jahr 800 (Die Iren und Europa im früheren MA, I, hg. H. LÖWE, 1982), 52–79 – J.

CHÉLINI, Henry Branthomme, 'Les chemins de Dieu', 1982 – L. SCHMUGGE, Die Anfänge des organisierten Pilgerverkehrs im MA, QFIAB 64, 1984, 1–83 – P. A. SIGAL, L'homme et le miracle dans la France médiévale (XIe–XIIe s.), 1985 – L. CARLEN, Wallfahrt und Recht im Abendland, 1987 – M. A. CLAUSSEN, 'P.' and 'Peregrini' in Augustine's City of God, Traditio 46, 1991, 33–75 – F. RAPP, Zw. Spätantike und NZ: Wallfahrten der ländl. Bevölkerung im Elsaß (Laienfrömmigkeit im späten MA, hg. K. SCHREINER, 1992), 127–136.

Peregrinatio Aetheriae → Aetheria (Egeria)

Perejaslavl' (heute P. Chmel'nyc'kyj), Stadt, aruss. Fsm. und Bm., etwa 75 km sö. von Kiev, am Trubež, einem Nebenfluß des →Dnepr, schon im byz.-russ. Vertrag v. 944 gen. Die von →Vladimir I. Ende des 10. Jh. erbaute Burganlage diente als Bollwerk gegen →Pečenegen und →Kumanen (seit 1060). Die aus Burg (ca. 10 ha) und suburbium (ca. 80 ha; mit Holz-Erdwall befestigt) bestehende Stadt zählte in der Blütezeit an der Wende des 11. Jh. ca. 20000 Einw. Der Titularmetropolit Ephrem (ca. 1077–vor 1101) und Fs. →Vladimir II. (1094–1113) ließen sieben Steinkirchen (u. a. St. Michael-Kathedrale, 1080) und Profansteinbauten (u. a. Badehaus, byz. Replik) errichten. Zur Unterscheidung von weiteren, im Verlauf der ostslav. Kolonisation gegr. Burgen gleichen Namens erhielt P. seit dem 12. Jh. manchmal die zusätzl. Bezeichnung *ruskij* ('in der eigtl. Rus' liegend'). Um 1046 Residenz Vsevolods, wurde P. nach dem Tod →Jaroslavs I. zu einem der Zentren der Rus' neben →Kiev und →Černigov. Das um 1000/nach 1036 gegr. Bm. wurde um 1060 zur Titularmetropole erhoben. Fsm. und Diöz. P., im W an den Dnepr, im N an das Fsm. Černigov, im O und S an die Steppe grenzend, umfaßten Ende des 11. Jh. eine Fläche von ca. 60000 km². Im N erstreckte sich die polit.-kirchl. Macht auf einen riesigen Raum von ca. 200000 km² über →Rostov, →Suzdal' bis →Beloozero, nach 1073 auch über →Smolensk. Nach 1125 rivalisierten die aruss. Fs.en um P., das den Aufstieg zum Kiever Thron verhieß (z. B. →Jurij Dolgorukij). Unter dem Druck der Kumanen verringerten sich Territorium (bis auf 25000 km²) und polit. Rolle P. s. 1239 zerstörten die →Mongolen P., doch wurde das Land nicht völlig entvölkert. P. blieb im direkten Machtbereich der →Tartaren, weshalb vermutl. der Bf. v. P. auch zum Bf. v. →Saraj ernannt wurde. Im 14./15. Jh. war P. häufig Schauplatz von Kämpfen des Großfsm.s →Litauen mit der →Goldenen Horde und dem →Krim-Khanat. A. Poppe

Lit.: SłowStarSłow 4, 55–58 – M. HRUŠEVS'KYJ, Istorija Ukraïny-Rusi, 1905, II, 338–358; III, 174–176 – A. POPPE, Titularmetropolen in der Rus' im 11. Jh. (Das heidn. und chr. Slaventum, 1970), 64–75 – M. KUČERA, P.skoe knjažestvo (Drevnerusskie knjažestva X–XIII vv., 1975), 118–143 – P. A. RAPPOPORT, Russkaja architektura X–XIII vv., Kat. pamjatnikov, 1982, 32–38 – M. KUČERA, Zmievy valy Srednego Podneprov'ja, 1987 – E. KOWALCZYK, Ešče raz o Zmievych valach, Russia Mediaevalis, VII, 1, 1992, 151–160.

Perejaslavl' Zalesskij, aruss. Burg, Burgstadt und Fsm. in →Vladimir-Suzdal' am Kleščinoje (seit 15. Jh. Pleščeevosee), 140 km nö. von Moskau. Die Ende des 11. Jh. im Zuge der slav. Kolonisation des Siedlungsgebiets der finnisch-ugr. Merja erbaute Burg (3 ha) wurde um 1150 als burgstädt. Anlage (45 ha) von →Jurij Dolgorukij neugegr., der 1152–57 hier eine Steinkirche Transfiguratio Domini errichten ließ (erhalten, bis ins 16. Jh. einziger Steinbau in P.; von →Andrej Bogoljubskij mit Fresken ausgestattet). Nach 1176 Residenz der jüngeren Söhne →Vsevolods III. Nach Vsevolods Tod 1212 wurde P. Teilfsm. seines drittältesten Sohnes Jaroslav (Vater →Alexander Nevskijs) und umfaßte bis ca. 1250 ein bedeutendes Territorium (ca. 9000 km²) mit →Dmitrov und →Tver'. 1263–1302 von Alexander Nevskijs Sohn →Dmitrij (5. D.) und seinem kinderlosen Enkel Ivan regiert, war das Fsm. bis Ende 1305 zw. den Fs.en v. →Moskau und →Tver' umstritten. Die →Goldene Horde bestätigte P. als Teil des Gfsm.s Vladimir, zu dem es auch kirchl. gehörte. 1375 wurde P. zusammen mit Vladimir direkt dem Gfsm. Moskau angegliedert. A. Poppe

Lit.: N. VORONIN, Zodčestvo Severo-Vostočnoj Rusi XII–XV vv., I, 1961, 55 f., 77–90, 101–110, 508 f. – Ju. ALEKSEEV, Agrarnaja i social' naja istorija Severo-Vostočnoj Rusi XV–XVI vv.: Perejaslavskij uezd, 1966 – S. MASLENITSYN, P. Z., 1975 [engl.] – V. KUČKIN, Formirovanie gosudarstvennoj territorii Severo-Vostočnoj Rusi v X–XIV vv., 1984, 110, 113–116, 127–142 – →Gorod.

Pereira, Nuno Álvares, →Condestável, * 1360 Cernache do Bonjardin oder Flor da Rosa, † 1431 Lissabon, □ Karmeliterkl. (Eigengründung); Eltern: Álvaro Gonçalves P. (Prior des Johanniterordens) und Iria Gonçalves do Carvalhal, ⚭ Leonor de Alvim. Als vom Ritterideal erfüllter →Hidalgo war er einer der wichtigsten Helfer →Johanns (I. v. Portugal) während der Thronfolgeauseinandersetzungen 1383/85, zeigte seine Qualitäten als Feldherr in der Schlacht v. →Aljubarrota, was ihm neben der Ernennung zum Condestável u. a. die Erhebung zum Gf.en v. Ourém, Barcelos und Arraiolos eintrug. P. festigte seine Stellung als enger Ratgeber des Kg.s durch die Heirat seiner Tochter Beatriz P. de Alvim (* 1378, † 1412) mit Gf. Alfons v. Barcelos, einem illegitimen Sohn Johanns I., dem späteren Hzg. v. →Braganza (8. Nov. 1401). 1423 entsagte P. dem weltl. Leben und trat in den Karmeliterorden ein. L. Vones

Lit.: DHP III, 358–360 – P. E. RUSSELL, The Engl. Intervention in Spain & Portugal, 1955 – S. DIAS ARNAUT, A crise nacional dos fins do séc. XIV, Biblos 35, 1959, 9–597 – M. M. WERMERS, Nun'Á.P.: a Sua Cronologia e o Seu Itinerário, 1960 – S. DA SILVA PINTO, Nun'Á. P. e a Insurreição Política de 1383, 1962 – J. T. MONTALVÃO MACHADO, Dom Alfonso, Primeiro Duque de Bragança..., 1964, bes. 97–137 – A. MACHADO DE FARIA, Crónica do Condestável de Portugal D.N.Á.P., 1972.

Perellós, katal. Adelsgeschlecht, aus dem →Roussillon stammend, blühte im 14. und 15. Jh., als seine Vertreter als Vizegf.en v. Roda, Herrn v. Millars und kgl. Mayordomos, Kämmerer bzw. Ratgeber in Sardinien wirkten und mit zahlreichen diplomat. Missionen nach Sizilien, England, Avignon und Pisa betraut wurden, bis sie zu *Gobernadores* und Generalkapitänen des Roussillon, Abgeordneten der →Diputació del General, Vizegf.en v. P., Vizekg.en v. Sizilien und Gf.en v. Castellammare di Stabia aufstiegen. L. Vones

Lit.: Dicc. d'Hist. de Catalunya, 1992, 811 – S. SOBREQUÉS I VIDAL, Els barons de Catalunya, 1970³.

Perényi (de Peren, v. Perény), ung. Adelsfamilie, seit dem 13. Jh. bekannt, stieg jedoch erst unter Siegmund v. Luxemburg unter die Magnatenfamilien auf, als neun Angehörige der aus drei Zweigen bestehenden Familie wichtige Landesämter versahen. Emmerich († 1418), einer von wenigen Aristokraten, die studiert hatten, war als erster Laie Geheimkanzler, mehrfach Gesandter im Nahen Osten und Gründungsmitglied des →Drachenordens. Wie er war später (unter Władysław II.) der Palatin Emmerich († 1519) ein führender Staatsmann. Peter († 1548) spielte als Kronwächter in der Zeit der Doppelwahl nach 1526 eine wichtige Rolle. Peter († 1423), →Gespan und Ban mehrerer Gebiete, seit 1415 Landesrichter, wurde zum Begründer des sog. 'baronialen Zweiges', dem viele Staatsmänner Ungarns der NZ angehörten. J. Bak

Lit.: W. STROMER, Kg. Siegmunds Gesandte in den Orient (Fschr. H. HEIMPEL II, 1972), 592ff. – P. ENGEL, Zsigmond bárói (Müvészet Zsigmond király udvarában 1387-1437. Ausst.kat., I, 1987), 437-439, 456 – E. MÁLYUSZ, Ks. Sigismund in Ungarn 1387-1437, 1990, passim.

Pérez del Pulgar, Fernán, * 22. Juli 1451 Ciudad Real, † 11. Aug. 1531 Loja, berühmter Kriegsmann, Autor. Von 1482–86 war P. Zahlmeister der Garnison des eben zurückeroberten Ortes Alhama. 1486 an der Eroberung v. Loja und der nahe gelegenen Burg El Salar beteiligt, wurde er →Alcalde der Burg und erhielt hier und in Loja Besitz, so daß er zu einem der mächtigsten Bürger der Stadt aufstieg. Er zeichnete sich in den Kriegszügen v. 1487 (Vélez Málaga, Málaga) und 1489 (Baza) aus und wurde wegen seines Sieges bei Cenete de Guadix über eine zahlenmäßig überlegene arab. Reiterschar von Kg. Ferdinand II. zum Ritter geschlagen. Am 17. Dez. 1490 drang er in →Granada ein und nahm symbol. Besitz von der Stadt: zum Gedenken an diese Tat gewährten ihm die →Kath. Kg.e eine Grablege und Totenkapelle in der Kathedrale v. Granada. Als Freund und Bewunderer des →Gran Capitán verfaßte er 1526 im Auftrag Ks. Karls V. ein »Breve parte de las hazañas del excelente nombrado Gran Capitán«.

M. A. Ladero Quesada

Lit.: F. MARTÍNEZ MARINA, Hernán P. del P. el de las hazañas. Bosquejo hist., 1834 – F. VILLA-REAL, Hernán P. del P. y las guerras de Granada, 1892 – J. M. CARRIAZO ARROQUIA, El Breve Parte de F.P. del P., Archivo Hispalense 60, 1953.

Pergament (διφθέρα, δέρμα, σωμάτιον, μεμβράνα, περγαμηνόν; membrana, pergamena), so gen. nach der Stadt →Pergamon, wo Kg. Eumenes II. (197-159 v. Chr.) zur Herstellung von Schriftrollen dünne, rasierte Schafhäute verwendet haben soll, ist enthaarte und auf einem Spannrahmen getrocknete, nicht gegerbte Haut von verschiedenen Tieren, die im Gegensatz zu →Papyrus glatt, reißfest, nicht brüchig sowie beidseitig beschreibbar ist und überdies bessere Möglichkeiten für die →Buchmalerei bietet. Als ältestes erhaltenes beschriftetes P.-Blatt gilt ein aus Dura-Europos stammender Vertrag (Wende 3./2. Jh. v. Chr., Paris, Suppl. gr. 1354), der älteste Rest einer lat. P.-Hs. ist das »Fragmentum de bellis Macedonicis« (wohl um 100 n. Chr., CLA II².207). Der Übergang des Buchwesens von Papyrus zum P. und gleichzeitig zur neuen Buchform (→Codex) ist im weström. Reich parallel zum Sieg des Christentums spätestens im 4. Jh. entschieden. Gebunden an die im Früh- und HochMA vorherrschende Agrarzivilisation mit vergleichsweise geringer Schriftlichkeit konnte P. bis Mitte des 13. Jh. eine Monopolstellung halten; später wurde P. neben →Papier für anspruchsvollere Schrifterzeugnisse wie z. B. liturg. und illuminierte Hss., Urkk., aber auch für auszuzeichnende Druckwerke und als Bildträger verwendet.

Die Herstellung durchläuft grundsätzl. folgende Phasen: 1. Die Tierhaut wird etwa drei bis sechs Wochen in starker Kalklauge (Calciumhydroxyd) gebeizt, um 2. von der allein verwendbaren Lederhaut (Dermis) deren oberste Schicht (Narbenhäutchen, corium) sowie Unterhautbindegewebe (Hypodermis) und Oberhaut (Epidermis) samt Haaren mit einem halbmondförmigen Schabeisen (rasoria, novacula, lunellarium) leichter entfernen zu können; 3. zur Beseitigung noch vorhandener Fettreste wird die Haut erneut gewässert und mit fettlösenden Materialien (Asche, feuchtem gelöschtem Kalk oder dergleichen) behandelt, bevor sie 4. naß in einen Rahmen gespannt und an der Luft getrocknet wird; 5. die Weiterbehandlung ist nach Gegend, Zeit und angestrebter Qualität verschieden, meist werden jedoch Stellen mit Äderungen oder Fettspuren mit Bimsstein (pumex) und Kreide (creta) abgeschliffen. – Als Rohmaterial dienten Häute, v. a. von Ziegen, Schafen und Kälbern. Nach REED (127ff.) wurde in W-Europa allg. bis ins 10. Jh. überwiegend Ziegen-, im 11. und 12. Jh. mehr Schafp. verwendet, daneben zunehmend auch Kalbsp., das im Gegensatz zu den beiden anderen Hauptsorten eine kaum erkennbare Porenmusterung aufweist. Das leicht gelbl. und zur Transparenz neigende Ziegenp. ist weicher und geschmeidiger als das bei guter Behandlung weiß erscheinende, glatte und undurchsichtige Schafp. – Trotz guter Bearbeitung lassen sich Haar- und Fleischseite des P.s daran erkennen, daß die glattere, etwas dunklere und häufig noch Porenmusterung aufweisende, weniger dehnbare Haarseite konkav, die rauhere, aber samtartige und hellere Fleischseite konvex gekrümmt ist. In den meisten →Skriptorien wurde darauf geachtet, daß innerhalb einer Lage jeweils Fleisch- auf Fleisch- und Haar- auf Haarseite zu liegen kamen (analog zur Gregory-Regel bei gr. Hss., deren Lagen im Gegensatz zu den lat. mit einer Fleischseite begannen).

Unterschieden wird in der Kodikologie zw. insularer und kontinentalem P.: während letzteres eher glatt ist, haben Iren und Angelsachsen ihr wohl aus Kalbshaut gewonnenes P. zur Erhöhung der für die Buchmalerei wichtigen Undurchsichtigkeit beidseitig mit Bimsstein derart aufgerauht, daß die ursprgl. verschiedenartigen Oberflächen ganz oder größtenteils ununterscheidbar wurden; diese Bearbeitung des ,Vellum' (nach dem Sprachgebrauch der CLA) erübrigt eine Rücksichtnahme auf Fleisch- und Haarseiten bei der Zusammenstellung einer Lage. Einzelne kontinentale Skriptorien haben ebenfalls insulares P. verwendet. – Unterschieden wird außerdem nördl. und südl. bzw. dt. und it. P.: südl. P. ist in der Regel haarseitig nicht oder, selbst für Codices, wenig bearbeitet, d. h. nur fleischseitig geschliffen. Mit der größeren Verbreitung des beidseitig gleichmäßig bearbeiteten Kalbsp.s verschwindet nördl. der Alpen allmähl. das südl. P. Für bes. kostbare Hss. konnte das P. eingefärbt werden. Schon in der Spätantike finden sich Codices aus purpurgetränktem, mit Gold- oder Silbertinten beschriebenem P. (→Goldschrift; z. B. Cod. Argenteus; Cod. Brixianus, CLA III. 681), später bei den Angelsachsen und im karol. Reich (z. B. →Godesgalc-Evangelistar, CLA V.681; →Krönungsevangeliar, CLA X. 1469); bei den Purpurseiten in otton. und sal. Prachthss. ist das P. nicht mehr durchgefärbt, sondern nur oberflächl. koloriert. Zu erwähnen ist auch das Gebetbuch Hzg. Galeazzo Maria Sforzas aus schwarz gefärbtem P. Im SpätMA wurde dann ganz dünnes, feinstes P. ('Jungfernp.') gebraucht (v. a. für in Paris hergestellte Taschenbibeln), das wohl kaum aus Häuten von ungeborenen Tieren, sondern vielmehr aus solchen von totgeborenen Tieren oder sehr jungen Schafen und Ziegen gewonnen wurde.

Die Herstellung von P. geschah zunächst im Umkreis klösterl. Skriptorien zu eigenen Zwecken, aber auch zur Belieferung anderer, und wurde im Verlaufe des SpätMA zu einem bürgerl. Gewerbe, betrieben von 'pergamentarii', 'parcheminiers', *buchfeller* o. ä. In ihrem Gefolge entwickelte sich der P.handel, teilw. Fernhandel, von beachtl. Ausmaß (etwa von N-Italien nach S-Deutschland), über den eine systemat. Darstellung noch aussteht. →Palimpsest.

P. Ladner

Lit.: W. WATTENBACH, Das Schriftwesen im MA, 1896³, 113–139 – W. L. USTICK, 'Parchment' und 'Vellum', The Library 4, 16, 1936, 439–443 – E. LESNE, Les Livres, »Scriptoria« et Bibl., 1938, 325–332 – E. TRENKLER, Das schwarze Gebetbuch, 1948 – L. SANTIFALLER, Beitr. zur Gesch. der Beschreibstoffe im MA, 1953, 77–115 – L. SPORHAN-KREMPEL, Pergamenter und P.handel im Bereich der Reichsstadt

Nördlingen, AGB 1, 1956, 639–641 – H. HUNGER, Gesch. der Textüberlieferung, I, 1961, 34–38 – H. ROOSEN-RUNGE, Farbgebung und Technik frühma. Buchmalerei, II, 1967, 25ff., 34ff. – R. REED, Ancient Skins, Parchements and Leathers, 1972 – P. SCHREINER, Zur P.herstellung im byz. Osten, Codices manuscripti 9, 1983, 122–127 – D. MUZERELLE, Vocabulaire codicologique, 1985, 39–46, Abb. 12–18 – A. DI MAJO, C. FEDERICI, M. PALMA, La pergamena dei codici altomedievali italiani. Indagine sulla specie animali utilizzate, Scriptorium 39, 1985, 3–13 – B. BISCHOFF, Paläographie des röm. Altertums und des abendländ. MA, 1986², 23–26, Register – V. TROST, Skriptorium. Die Buchherstellung im MA, 1991, 11–19 [Ill.] – P., hg. P. RÜCK, 1991 [Lit.].

Pergamon, Stadt in der Kaïkos-Ebene in NW-Kleinasien (heute Bergama), in hellenist. und röm. Zeit eines der wichtigsten Kulturzentren. Nach Erdbeben (178, 262) und Gotenangriffen seit dem 3. Jh. Niedergang, der im 5. und 6. Jh. von einer relativen Prosperitätsperiode unterbrochen wurde. Der allg. Niedergang des byz. Städtewesens und die 542 einsetzende Pestwelle führten im 7. Jh. zu weitgehender Verödung der Stadt. Der Burgberg wurde (wohl z. Z. Konstans' II.) zu einem κάστρον ausgebaut. 716 wurde P. von den Arabern erobert, 737 erneut erreicht. Seit dem 7. Jh. gehörte P. zum Thema Thrakesion. Seit dem ausgehenden 9. Jh. ist eine bescheidene Wiederbelebung nachweisbar. Nach türk. Angriffen (1109, 1113) Ausbau der Stadt unter Manuel I. Hauptort des Thema Neokastra. Nach 1302 endgültige türk. Eroberung. Die Annahme, seit 571 existierte eine arm. Kolonie in P., aus der Ks. Philippikos Bardanes (711–713) hervorgegangen sei, ist falsch. Schon früh gab es in P. eine chr. Gemeinde (Offb 1,11; 2, 12–17). Bf. ssitz der Diöz. Asia (Metropole Ephesos), 1256 autokephal, wurde P. unter Michael VIII. (1259–82) Metropole, doch 1365 wieder Ephesos unterstellt. W. Brandes

Lit.: H. GELZER, P. unter Byzantinern und Osmanen, 1903 – Altertümer von P. I–XV/2, 1912/13–91 [bes. K. RHEIDT, XV/2, 1991, 241–246] – W. RADT, Die byz. Wohnstadt von P. (Wohnungsbau im Altertum, III, 1979), 199–223 – W. BRANDES, Apokalyptisches in P., Byzslav 48, 1987, 1–11 – DERS., Die Städte Kleinasiens im 7. und 8. Jh., 1989, 80ff., 110f.

Perichorese (circumincessio) bezeichnet in der patrist. Theol. eine vollständige Durchdringung und bleibende Einwohnung im Sinne eines wechselseitigen Ineinanders ohne allen Nebeneinanders und wird sowohl auf das Verhältnis der göttl. zur menschl. Natur in Christus als auch für das Verhältnis der drei göttl. Personen zueinander angewandt. Gegen Mitte des 13. Jh. trat *circumincessio*, von Burgundio v. Pisa 1153/54 bei der Übers. von Johannes Damascenus, De fide orth. I, 8. 14; III, 3.5.7 u. ö. (ed. E. M. BUYTAERT, 1955) für *perichoresis* verwendet, in die theol. Fachsprache ein. Dabei ging der christolog. Gebrauch im MA fast ganz zurück. OMin-Theologen (Johannes Duns Scotus, Ord. I, 19, 2, Ed. Vat. V, 280; Wilhelm v. Ockham, In I Sent. 19, 2, Op. Theol. IV, 21) führten die trinitar. circumincessio bei der Komm. von Petrus Lombardus, Sent. I, 19, an. Die durch eine aktuale Inexistenz der einen Person in der anderen, reale Unterschiedenheit der Ineinsgehenden sowie deren innige Gegenwart und Gleichwesentlichkeit gekennzeichnete P. setzte Bonaventura, In I Sent. 19, 1,1,4 Op. omn. I, 347–350, als einen genuinen Modus des Inseins gegenüber den neun Modi in der aristotel.-boeth. Tradition ab. Die Schreibweise *circuminsessio* (Erstgebrauch bisher fälschl. Heinrich v. Gent [Qdl. XIII, 5.12, ed. Paris 1518, 526ᵛ, 542ʳ] und Durandus de S. Porciano [In Sent., ed. Lyon 1587, 146f.] zugewiesen) läßt sich wohl erst in frz. Drukken des ausgehenden 15. Jh. (W. v. Ockham, l.c., Op. plurima, III, ed. Lyon 1494–96) belegen. M. Laarmann

Lit.: HWP VII, 255–259 [Lit.] – A. DENEFFE, ZKTh 47, 1923, 497–532 – J. AUER, Kl. Kath. Dogmatik, II, 1978, 318–323 – P. STEMMER, AfB 27, 1983 [ersch. 1985], 9–55.

Périgord, Landschaft in Südwestfrankreich (heute dép. Dordogne), aus mehreren kleinräumigen Teillandschaften bestehend (Double, Landais, P. blanc, P. noir u. a.). Seine sonnigen Flußtäler (Dordogne, Vézère) waren bereits in prähist. Zeit besiedelt (Les Eyzies, Lascaux: Höhlenmalereien des jüngeren Paläolithikum). Das P. verdankt seinen Namen dem gall. Stamm der Petrocores, deren Gebiet die Grundlage der röm. Civitas und des Bm.s Périgueux (bis zum 14. Jh.) bildete. Das P. des MA war verfaßt als Gft., die vom Hzm. →Aquitanien zu Lehen ging.

Über die Ereignisse des FrühMA sind wir infolge der Quellenarmut nur lückenhaft unterrichtet. Bf. Frothar (976–991) gilt als Initiator der nach ihm benannten Befestigungen gegen die →Normannen. Diese Maßnahme wird als wichtige Etappe bei der Wandlung des P. zu einer von feudalen →Burgen geprägten Landschaft angesehen, ein Prozeß, der parallel zur Herausbildung einer aristokrat. und militär. Gesellschaft verlief. Dem war die Christianisierung als die andere große hist. Zäsur vorausgegangen (Entstehung von Pfarreien seit dem 5. Jh.).

Die unsicheren Herrschaftsverhältnisse begünstigten in der Karolingerzeit den Aufstieg des Gf.enhauses v. P., begründet von Vulgrinus, der mit dem Hause Karls des Kahlen, den westfrk. Karolingern, verwandt war. Es entstanden Abteien: →Sarlat (8. Jh.), →Brantôme (im Laufe des 11. Jh.), dann Bergerac (St-Martin), Mussidan (St-Médard), Trémolat. Regularkanoniker siedelten sich an in St-Front de Périgueux, Chancelade, St-Astier u. a. Zisterzienser gründeten zu Beginn des 12. Jh. das Kl. →Cadouin, etwas später das Kl. Peyrouse. Geistl. Ritterorden hatten ihre Häuser in Andrisaux, Sergeac und Condat. Die Bettelorden (Dominikaner, Minoriten und Klarissen) errichteten im 13. Jh. Konvente in Périgueux und Bergerac, 'extra muros'. Das demograph. Wachstum, das in der 2. Hälfte des 13. Jh. seinen Höhepunkt erreichte, um im 1. Viertel des 14. Jh. einen tiefen Einbruch zu erleiden, veranlaßte Papst Johannes XXII. 1317 zur Einrichtung der neuen Diöz. Sarlat, deren Gebiet aus den s. Teilen der Diöz. Périgueux gebildet wurde und als deren Kathedrale die Abteikirche v. St-Sacerdos fungierte.

Im Laufe des MA entstand ein Netz kleiner Städte und Marktflecken. Als größere städt. Zentren treten hervor →Périgueux, Bergerac und →Sarlat. Bergerac bildete sich um eine an der Dordogne gelegene Gf.enburg und die Abtei St-Martin. Am Ende des 12. Jh. hatten die Rudel v. →Blaye und Pons die Stadtherrschaft inne. 1365 bestanden in Bergerac 1000 Herdstellen. Ausgangspunkt der Stadtentwicklung von Sarlat war die Abtei St-Sauveur (St-Sacerdos), die den Aufstieg eines vom Kgtm. unterstützten städt. Bürgertums nicht verhindern konnte. 1365 hatte Sarlat 847 Herdstellen. Charakterist. für die Besiedlung des P. ist ein Kranz von großen Marktflecken (→Burgus), die sich oft an eine Burg anlehnten (La Tour Blanche, Badefols, Beynac, Excideuil, Hautefort, Bourdeilles, Castelnaud). Größere Dimensionen erreichten u. a. Ribérac und Mussidan. Am Ende des 13. Jh. vollzog sich die Gründung von (insgesamt 25) →Bastides, die entweder vom Kg. v. Frankreich oder Kg. v. England angelegt wurden (Lalinde, Eymet, Monpazier, Domme und andere).

Gegensätzl. war das hist. Schicksal der beiden großen Täler des P., des Isle-Tales im N (mit Périgueux) und des Dordogne-Tals im S (mit Bergerac). Das Dordogne-Tal war in weitaus stärkerem Maße von der engl. Okkupation betroffen; es bildete den Haupthandelsweg für →Weine des 'haut pays', die nach →Bordeaux und weiter nach England ausgeführt wurden.

Der →Hundertjährige Krieg hatte für das P., das auf der Grenzscheide der beiden verfeindeten Mächte lag, verheerende Konsequenzen. Die Vernichtung der Ernten rief Hungersnöte hervor. Kriegszüge und Belagerungen führten zu starker Belastung der Bevölkerung mit Geld- und Naturalabgaben. Eine wichtige strateg. Rolle spielten zwei mächtige Burgen: Montignac über dem Vézère-Tal war Verwaltungssitz der Gft. und diente den auf »engl.« Seite stehenden Gf.en häufig als Residenz (v. a. unter Archambaud V., † 1392 ebd.), fiel aber nach langer Belagerung 1398 in frz. Hand. Auberoche war 1429–30 die letzte Bastion des Gf.en Archambaud VI., der seinen Endkampf gegen die mächtigere »frz.« Partei, zu der die Bürger v. Périgueux hielten, ausfocht. Nach der Einnahme der Burg im April 1430 erfolgte ihre Schleifung. Eine neue, vom frz. Kgtm. eingesetzte Gf.enfamilie kam an die Macht.

Zw. 1420 und der Schlacht v. Castillon (1453) durchlebte das P. die Talsohle der wirtschaftl. und demograph. Depression (verbreitete Wüstungen). In der 2. Hälfte des 15. Jh. vollzog sich, kraftvoll gefördert von weltl. und geistl. Herren, ein intensiver Wiederaufbau, begünstigt durch die demograph. Aufwärtsentwicklung, die sich bereits im Krisenjahrzehnt von 1420–30 abzeichnete, aber erst seit 1460 beschleunigte. Der große Bf. Élie de→Bourdeille (1438–68) wirkte für die Hebung des spirituellen und kirchl. Lebens. Der Abt v. Cadouin, Pierre de Gaing, förderte die Wiederbesiedlung des Bodens, indem er den auf ihrem Land verbliebenen Bauern vorteilhafte Bedingungen bot, v. a. aber neue Siedler aus demograph. weniger geschädigten Gebieten (Limousin, Béarn) anwerben ließ. Die günstige wirtschaftl. und demograph. Konjunktur gipfelte in der Blütezeit um 1490, die sich v. a. im Ausbau zahlreicher Schlösser, nun im modernen it. Renaissancestil, manifestierte. A. Higounet-Nadal

Lit.: Bull. Soc. hist. et archéol. du P. – Hist. du P., hg. A. Higounet-Nadal, 1983.

Périgueux, Stadt in Südwestfrankreich (dép. Dordogne), Bm. Die am rechten Ufer der Isle, eines Nebenflusses der Dordogne, in einer Flußschleife gelegene Stadt galt bereits im MA als 'caput comitatus' des →Périgord. Vorläufer der sehr alten Siedlung (prähist. Besiedlungsspuren nahe der heut. Stadt) ist ein kelt. Oppidum, das bedeutendste des Stammes der Petrocores, gelegen am linken Flußufer an der Stelle der heut. Orte Lacurade, Boissière und Écorneboeuf. Unter dem Namen 'Vesunna' Vorort der Civitas, war P. eine blühende galloröm. Stadt; Ausgrabungen haben ein weiträumiges städt. Areal und bedeutende Monumente (zumeist mit religiöser Funktion) ergeben. Barbareneinfälle (v. a. 275 n. Chr.) trugen zum Verfall der Stadt bei. Aus Gründen der Verteidigung wurde das Stadtgebiet auf 5,5 ha verkleinert und mit einer Befestigungsmauer umwehrt. Diese Stadtgestalt der 'Civitas Petrocoriorum' wurde für die Cité des MA grundlegend. P. wurde Bf.ssitz.

P. ist das vollkommene Beispiel einer Doppelstadt. Die alte 'Cité' war die Stadt des Bf.s. Der Gf. besaß eine nahegelegene Burg, 'La Rolphie', auf dem Gelände des röm. Amphitheaters (Arènes), deren Verteidigung von dort ansässigen Rittern wahrgenommen wurde. Zum Ausgangspunkt städt. Siedlung wurde jedoch der in einiger Entfernung gelegene Hügel, der 'Puy'. Siedlungskerne waren hier die kleine Pfarrei St-Silain, das gfl. Viertel La Salle (um eine kleine Burg) und das Viertel La Salle Grioart, v. a. aber die Höhe des Hügels mit der Grabstätte des hl. →Fronto (Front), des ersten Bf.s v. P., einem Anziehungspunkt für Verehrung und Wallfahrt; hier entstand, vielleicht im späten 10. Jh., das Regularkanonikerstift St-Front, dessen 1173 vollendete Kuppelkirche (→Baukunst, III. 2) das bedeutendste roman. Bauwerk in P. (neben St-Étienne-de-la-Cité) darstellt. Auf dem 'Puy' siedelten Händler, Handwerker und 'laboratores'. Die Umwehrung der einzelnen Siedlungskerne mit einer gemeinsamen Mauer ließ diese zur 'Ville du Puy-St-Front' verschmelzen.

1240 wurde in einer Urk. die gemeinsame städt. Verwaltung von Puy-St-Front und Cité festgelegt, wobei die Bewohner von Puy-St-Front das Übergewicht hatten. Jede der (Teil-)Städte war zum Unterhalt der eigenen Befestigungsanlage verpflichtet. Ein zwölfköpfiges →Konsulat umfaßte zehn Vertreter von Puy-St-Front, nur zwei der Cité. Das Amt des maior (maire, Bürgermeister) war stets einem Bürger v. Puy-St-Front vorbehalten. Der Markt fand auf dem Puy-St-Front statt. Der spannungsvolle Dualismus der beiden Städte wird noch heute sichtbar anhand des weiten Platzes, 'la Francheville', der die beiden Gemeinwesen voneinander trennt.

Im Zeitraum zw. dem späten 13. Jh. und 1330 erlebte P. starken demograph. Aufschwung und erreichte die hohe Zahl von 2447 Haushalten (ohne steuerfreie Bewohner und fluktuierende Bevölkerung) auf einem Areal von 17,5 ha. Seit Mitte des 13. Jh. bildeten sich um die beiden ummauerten Städte eine Reihe größerer Vorstädte (Plantiers, St-Martin, St-Hilaire, am linken Ufer St-Georges). Probleme der Hygiene und Ernährung, verschärft durch eine Serie schlechter Ernten, riefen seit ca. 1330 eine demograph. Rezession hervor, die durch die Schwarze Pest von 1348, der ein Drittel der verbliebenen Bevölkerung zum Opfer fiel, dramat. verschärft wurde.

Der →Hundertjährige Krieg zog das an der »grande frontière« der beiden Mächte gelegene P. schwer in Mitleidenschaft. Während der Gf. und die Cité dem Kg. v. →England zuneigten, hielten die Bürger v. Puy-St-Front, die 1204 von Philipp II. Augustus mit Privilegien bewidmet worden waren, durchgängig zu →Frankreich, wurden aber 1360 durch den Vertrag v. →Brétigny der Herrschaft→Eduards, des Prince of Wales (→Aquitanien, III), unterworfen. Doch wurden sie 1369 von →Du Guesclin, der an ihre Mithilfe appelliert hatte, befreit. 1390 gingen die Bürger von Puy-St-Front aus einem langen Konflikt mit den Gf.en, die die letzten Überbleibsel ihrer einstigen Stadtherrschaft (Burg 'La Rolphie') verloren, als Sieger hervor.

Der Zeitraum zw. dem Ende des 14. Jh. und dem frz. Sieg v. Castillon (1453) war eine Periode tiefen wirtschaftl. und demograph. Verfalls, der Verarmung und Hungersnöte, der erst in der 2. Hälfte des 15. Jh. durch eine spektakuläre Wiederaufbauphase, bedingt durch solides demograph. Wachstum, abgelöst wurde. 1490 zählte P. wieder 2110 Haushalte. Die große Zahl an Zuwanderern (aus Limousin, aber auch Béarn und Bretagne) illustriert die Anziehungskraft der Stadt, deren wirtschaftl. Situation jedoch nicht quantifizierbar ist. Die nun oft aus Stein erbauten Häuser werden aufwendiger. Auf höheren Wohlstand und verfeinerten Lebensstil weist das Auftreten neuer Berufe hin (Zuckerbäcker, Musikinstrumentenbauer, Buchhändler, Buchbinder, bes. aber das Aufkommen des →Buchdrucks (1498, am bekanntesten der vielleicht dt. Drucker Jean Garant), ein Ausdruck tiefer Wandlungen. A. Higounet-Nadal

Lit.: A. HIGOUNET-NADAL, P. aux XIVe et XVe s. Étude de démographie hist., 1978 – G. PENAUD, Hist. de P., 1983 – A. HIGOUNET-NADAL, P., Atlas des villes de France (CNRS), 1984.

Perikopenbuch (Evangelistar; von περικοπή 'ringsum behauen'), liturg. Buch mit den für die Lesungen während des Gottesdienstes benötigten Abschnitten der Evangelien, in der Abfolge der Feste des →Kirchenjahres angeordnet. Der im 6./7. Jh. ausgebildete Buchtyp, als solcher eine Sonderform des →Lektionars, verschwindet im Spät-MA mit der allg. Durchsetzung des Vollmissales. Einzelne Prunkhss. sind bereits in karol. Epoche entstanden, z. B. das →Godescalc-Evangelistar aus der Hofschule Karls d. Gr. (zw. 781 und 783; Paris, Bibl. Nat., Nouv. acq. lat. 1203). Seine Blütezeit erlebt das P./Evangelistar jedoch in der otton. Kunst, in der es mit reichen Illustrationsfolgen ausgestattet wird. Zu den bedeutendsten und eindrucksvollsten gehört das P. Heinrichs II. (München, Bayer. Staatsbibl., Clm 4452), von diesem für den neugegr. Dom v. →Bamberg gestiftet, zw. 1007 und 1012 datierbar.　　　　　　　　　　　　　　D. Thoss

Lit.: E. RANKE, Das kirchl. P.system, 1847 – S. BEISSEL, Gesch. der Evangelienbücher in der ersten Hälfte des MA, 1906 – G. LEIDINGER, Das P. Ks. Heinrichs II. (Clm 4452), 1914 – W. KÖHLER, Die Karol. Miniaturen, 2: Die Hofschule Karls d. Gr., 1958 – A. WEIS, Die spätantike Lektionar-Illustration im Skriptorium der Reichenau (Die Abtei Reichenau, hg. H. MAURER, 1974), 311–362.

Periodeuten, vom Ortsbf. eingesetzte Kleriker (in der Regel Presbyter), die als Nachfolger der →Chorbf.e (mit denen sie zu Anfang gelegentl. zusammenfielen) Land- und Dorfgemeinden (oft nur von der Stadt aus als bfl. Visitatoren) zu betreuen hatten. Seit dem frühen 4. Jh. in Q. belegt, fanden die P. erst einige Jahrzehnte später in das kanon. Recht Eingang: c. 57 der Synode v. Laodikeia verbot die Aufstellung von Bf.en in Dörfern und sah dafür P. vor. Ihr Lebensunterhalt wurde durch freiwillige Zuwendungen der Gläubigen gesichert. Übermäßige Forderungen zogen jedoch der Ks.gesetzgebung zufolge (C. 1.3.38 [39]. 5; vgl. auch 1.3.41 [42]. 19) den Amtsverlust nach sich. Die letzten sicheren Belege für die P. gehen auf das 7. Jh. zurück (z. B. MPG 147, 457). Ihre Erwähnung in späteren Ranglisten (DARROUZÈS, 175, 539) deutet bloß auf die Reproduktion älterer Vorlagen hin. →Balsamon (12. Jh.) beschränkt sich in seinem Komm. zu c. 57 Laod. darauf, nur eine gewisse Verwandtschaft zu den Exarchen seiner Zeit festzustellen.　　　　　　　Sp. Troianos

Lit.: DACL XIV, 369ff. – J. ZHISHMAN, Die Synoden und die Episcopal-Ämter in der morgenländ. Kirche, 1867, 163 – L. CLUGNET, Les offices et les dignités ecclés. dans l'église grecque, ROC 4, 1899, 123f. – BECK, Kirche, 84, 103f., 114 – J. DARROUZÈS, Recherches sur les ὀφφίκια de l'église byz., 1970, 175, 239, 539 – B. LEONTARITOU, Ἐκκλησιαστικὰ ἀξιώματα, 1993, 468ff.

Perle (gr. ὁ μαργαρίτης, lat. margarita, mlat. auch perla, perella). Fundorte waren Indien (Ceylon), Pers. Golf, Mittelmeer, dementsprechend wurde der Name von mare (Isid. Etym. 16,10) abgeleitet (See-P. im Unterschied zu den unansehnlicheren Fluß-P.n, z. B. aus Britannien). Der →'Physiologus' (§ 44; hg. O. SEEL, 1960, 42f.) berichtet von einer Fangmethode mittels Achaten. Organ. Beschaffenheit und Vergänglichkeit der P.n waren der Antike bekannt (Plinius, Nat. Hist. 9,109). Antikes Handelszentrum für P.n war Alexandria, verschwenderischer P.nluxus bezeugt. Große und qualitätvolle Einzelstücke hießen 'unio'. Die Entstehung der P. wurde myth. aus der Einwirkung von Sonnenstrahl, Himmelstau oder Blitz abgeleitet (Vereinigung himml. und ird. Elemente).

Im NT werden P.n als Handelsgut und Frauenschmuck (1 Tim 2,9) sowie als Gleichnis für Glaube und Himmelreich erwähnt (Mt 7,6; 13,45f.). Die Tore des →Himml. Jerusalem sind aus P.n gebildet (Offb 21,21). Bahnbrechend für die chr. P.nallegorese ist Origenes (In Matth. X,7 mit der Auslegung von Mt 13,45f.), der, vermutl. an manichäisches und gnost. Gedankengut anknüpfend, die P. als Bild der Seele und des Logos verstand. Auch ihre schimmernde Weiße und runde Form werden allegor. gedeutet. Die beiden Schalen der →Muschel (weibl. Symbol), bezogen auf AT und NT, bergen Christus selbst und symbolisieren zugleich seine Menschwerdung (→Maria, hl., B.). In der Ostkirche werden P.n und Hostie gleichgesetzt (Johannes Chrysostomos), entsprechend begegnet 'margaritum' als Hostienbehälter. Dem myst.-allegor. Verständnis der P. entspricht der verbreitete Glaube an ihre mag. Wirkkraft, auch in Traumdeutung und Medizin, wo die margaritae allerdings erst durch die Araber zu einem wichtigen Bestandteil zahlreicher Arzneizubereitungen wurden (z. B. 'diamargariton'-Präparate, 'electuarium de gemmis' nach Mesuë).

Für die prakt. wie bildl. Verwendung der P.n ergeben sich laut schriftl. und künstler. Q. vielfältige Möglichkeiten. In Schatzverzeichnissen meistens unter die →Edelsteine subsumiert, sind P.n beliebte Zierate an herrscherl. und persönl. Schmuck (u. a. Krone, Monile), an liturg. Gerät (Kreuz, Kelch, Reliquiar, Buchdeckel) und am zeremoniellen Gewand. Ferner kommen P.n in unterschiedl. gestalter. Funktion vor auf Mosaiken, Wandmalereien und Miniaturen, sogar an Werken der Skulptur: als Einzelstücke auszeichnend und bereichernd, ferner in Gruppen, gereiht, rahmend bzw. hervorhebend und abgrenzend. Statt echter P.n wurden auch Ersatzp.n aus Glas oder Bernstein im MA ernstgenommen. An kostbaren Textilien ist P.nstickerei hervorzuheben, die seit dem 9. Jh. bes. in byz.-islam. Grenzbereich (Sizilien) gepflegt wurde (Wien, Krönungsmantel).　　　　　　　V. H. Elbern

Lit.: HWDA VI, 1496f. – LCI III, 393f. – W. SCHNEIDER, Lex. zur Arzneimittelgesch., I, 1968, 49f. – Lex. der Kunst, III, 1975, 786 [P.narbeiten] – LThK² VIII, 279 – RAC V, 505–552 – RE XIV, 1682–1702 – J. BOLMAN, The Mystery of the Pearl, 1941 – C. VONA, La 'margarita pretiosa' nella interpretazione di alcuni scrittori ecclesiastici, Divinitas 1, 1957, 111–160 – D. FORSTNER, Die Welt der Symbole, 1961, 407–411 – F. OHLY, Tau und P. (Fschr. I. SCHRÖBLER, 1973), 406–423 – DERS., Die Geburt der P. aus dem Blitz (Fschr. BL. HORACEK, 1974), 263–278 – Ma. Schatzverzeichnisse, hg. B. BISCHOFF, I, 1976, passim – CHR. MEIER, Gemma Spiritalis, I, 1977, 94ff., passim.

Perlschrift, im lat. Bereich Bezeichnung für die verfeinerte Abart der als vereinfachte →Textura geltenden Univ.sschrift des 13. und 14. Jh. von Paris und Oxford, die als winzige, aber klar lesbare Schrift für Taschenexemplare der Vulgata und des NT im 13. Jh. geschaffen wurde. – Im gr. Bereich elegante →Minuskelschrift mit gleichmäßig runden Formen und wenig Kanten, die sich im 11. Jh. vorwiegend an Konstantinopler Hss. nachweisen läßt.
　　　　　　　　　　　　　　　　　　P. Ladner

Lit.: H. HUNGER, Antikes und ma. Buch- und Schriftwesen, 1961 – H. FOERSTER, Abriß der lat. Paläographie, 1963³, 208 – E. CROUS – J. KIRCHNER, Die got. Schriftarten, 1970², 12, Abb. 9 – B. BISCHOFF, Paläographie des röm. Altertums und des abendländ. MA, 1986², 181.

Pernau (estn. Pärnu), Stadt in Estland, ursprgl. zwei Städte (Alt- und Neu-P.) beiderseits der Mündung des Flusses Pernau (Embeke) in die Rigaer Bucht, 120 km s. Reval. Der Fluß wurde 1234 vom päpstl. Legaten →Wilhelm v. Modena zur S-Grenze des Stifts →Ösel-Wiek gegen das Ordensgebiet bestimmt.

[1] *Alt-Pernau:* Bald nach 1242 an der Mündung des Saukschen Baches (Perona) in die Embeke gegr.; 1251 verlegte Bf. Heinrich den Bf.ssitz von →Leal nach Perona

(Alt-P.) und erhob die St. Thomaskirche zur Kathedrale. Nachdem 1263 die Litauer die Stadt verwüstet hatten, wurden der Bf.ssitz nach →Hapsal verlegt, Stadt und Kirche wieder aufgebaut.

[2] *Neu-Pernau*: 1265 verlieh der Ordensmeister den beim Neuen Schloß des Komturs 'thor Embecke' am linken Ufer des Flusses wohnenden Bürgern Anteile an Gerichtsgefällen, Fischerei, Wiesen, Äcker. Vor 1318 hatte die ummauerte Stadt →Rigisches Recht, einen Rat, eine Stadtkirche St. Nikolai, blieb aber vom Dt. Orden abhängig. 1346 anerkannte die →Hanse das Stapelrecht im Rußlandhandel. Bis 1479 fanden livländ. Städtetage (→Livland) oft in P. statt. Niedergang des Handels im 15. Jh. im 16. Jh. hatte Neu-P. ca. 1100, Alt-P. ca. 300 Einw., jeweils zwei Drittel dt. Bürger, ein Drittel Esten.

H. von zur Mühlen

Lit.: H. LAAKMANN, Gesch. der Stadt P., 1956 – Vana-Pärnu kinnisturaamat 1451–1599, 1984.

Pernik (*Πέρνικος*), Festung an der oberen Struma-Strymon (Westbulgarien), in der Spätantike kleine und unbefestigte Siedlung (einige Kirchen), nach den Münzfunden z. Z. Ks. Justins II. (565–578) im Rahmen des slav. Einfalls verlassen. Im 8. Jh. bestand eine slav. Siedlung (im 9. Jh. befestigt). Während der bulg.-byz. Kriege um die Jahrtausendwende wurde P. durch Basileios II. 1002 (vor 1004) und 1016 vergebl. belagert. Erst einige Jahre nach dem Tod des Zaren →Samuel († 1014) wurde die Festung P. vom Bruder des hier befehlenden bulg. Adligen Krakras (zum Namen MORAVCSIK, Byzturc II, 173) den Byzantinern übergeben (1018). Als byz. Festung scheint P. im 11. und 12. Jh. einen Aufschwung erlebt zu haben (Kirchenbauten, Münz- und Siegelfunde). Der 3. →Kreuzzug berührte 1189 P., im selben Jahr eroberte und plünderte der Serbenherrscher →Stefan Nemanja P. Überreste eines Friedhofs belegen die Weiterexistenz im 13. und 14. Jh.

W. Brandes

Lit.: Oxford Dict. of Byzantium, 1991, 160f. – V. N. ZLATARSKI, Istorija na bǎlg. dǎržava, I/2, 1927, 724–726, 767, 775 – R. BROWNING, Byzantium and Bulgaria, 1975, 75 – P., I: Poselišcěn život na Calma Krakra, 1981; II: Kreposta P. VIII–XIV v., 1983.

Pero

1. **P. Guillén de Segovia**, span. Dichter, 1413–74?, * Sevilla, mußte sich nach dem Sturz seines Gönners Alvaro de Luna als Schreiber verdingen, bis ihn der einflußreiche Ebf. v. Toledo Alonso Carrillo in Dienst nahm. Ihm widmete er auch eine Lobschrift. P.s Gedichte erschienen im »Cancionero General«. »El Decir sobre el amor« steht in der Reihe der Dante-Nachahmungen. Unter den moralist. Gedichten schließt die Komposition »Siete pecados mortales« an Juan de Mena an. »Los Discursos de los doce estados del mundo« bieten eine Ständesatire in der Art der Totentänze. Die »Siete salmos penitenciales trovados« sind ein bedeutendes Beispiel für die bibl. inspirierte geistl. Dichtung der Zeit. P. verfaßte nach dem Muster von Jacme March (Libre de concordances) und des »Torcimany de la sciència gaya de trobar« von Lluis de Averçó das erste kast. Reimlex., »La Gaya o Silva copiosíssima de consonantes para el alivio de trovadores«.

D. Briesemeister

Ed.: La Gaya Ciencia, hg. O. J. TALLGREN, 1907; hg. J. Mᴬ. CASAS HOMS, o. J. [1962] – Obra poética, hg. C. MORENO HERNÁNDEZ, 1989 – BLH² III, 3790–3802 – *Lit.*: H. R. LANG, The so-called Cancionero de P.G. de S., RH 19, 1908, 51–81 – E. BENITO RUANO, Los Hechos del arzobispo de Toledo D. Alonso Carrillo, Anuario de Estudios Medievales 5, 1968, 517–530 – C. MORENO HERNÁNDEZ, P.G. de S. y el círculo de A. Carrillo, Revista de Lit. nr. 94, t. 47, 1985, 17–49 – DERS., Algunos aspectos de la vida y la poesía de P.G. de S., Anales de Lit. Española 5, 1986/87, 329–356 – M. ALVAR, Valor fonético de las rimas en la Gaya ciencia de P.G. de S., Anuario Medieval 1, 1989, 10–33.

2. **P. López de Ayala** → López de Ayala, Pero

3. **P. Rodríguez de Lena** → Rodríguez de Lena, Pero

Péronne, Stadt und Herrschaft (Seigneurie, Châtellenie) in Nordfrankreich (dép. Somme), im Herzen des Santerre, einer Teillandschaft der →Picardie. Gemäß dem Ortsnamen auf kelt. Ursprünge zurückgehend, liegt P. an einem Straßenkreuz und Übergang über die Somme. Der Ort entwickelte sich in der Merowingerzeit: Kg. Guntram erließ hier 585 ein →Kapitular; →Erchinoald, der →Hausmeier Chlodwigs II., befehligte das 'castrum' und ließ hier 652 den Leichnam des ir. Hl. n →Fursa (Furseus) bestatten. Die Abtei P. wurde zu einer der Pflanzstätten des ir. Mönchtums und der Verehrung des hl. →Patrick im Frankenreich; als Äbte sind die Brüder von Fursa, der hl. →Foillan und der hl. Ultan, dann Cellanus († 706) bekannt. Bis zur Karolingerzeit hieß der Ort 'Perona Scottorum'.

P. wurde 924 von Kg. Rudolf dem Gf.en →Heribert II. (der hier →Karl III., † 929, gefangenhielt) übertragen und damit dem →Vermandois einverleibt. Eine Adelsfamilie, mit Leitnamen Robert, übte hier in festen Lehensbeziehungen zu den Gf.en v. Vermandois über vier Generationen, von 1028 bis 1105, die Herrschaft aus. Sie profitierte von der wirtschaftl. Bedeutung des Ortes, in dem seit dem 9. Jh. eine Münzstätte bestanden hatte (Denare Karls d. Kahlen und Odos). Die Herren v. P. kontrollierten im S eine Etappe des Sommelaufs, im N reichte ihr Einfluß bis zum Forst v. →Arrouaise und bis Bapaume. Auch übten sie das 'dominium directum' über die Abtei St-Fursy aus, die zur Castralkirche geworden war und bald auch eine weitere Kollegiatkirche, St-Léger, miteinbezog. In der Folgezeit fiel die Seigneurie an neue Herrschaftsträger, die offenbar enger an die Gf.en v. Vermandois gebunden waren; daher nun die auffällige Betonung der Bezeichnung als 'Kastellanei', die mit dem Übergang der Gft. Vermandois an die Krone Frankreich (1191) unmittelbar der kgl. Gewalt unterstellt wurde. Als Herren über P., das zum Sitz eines kgl. →Prévôt wurde, ließen die Kg.e hier Münzen (*Deniers parisis*) prägen und hielten sich öfter hier auf. So verkündete →Ludwig IX. d. Hl. hier den berühmten Schiedsspruch v. P. ('Dit de P.', 24. Sept. 1256); dieser bestätigte im Erbfolgestreit dem Hause →Dampierre den Besitz der Gft. →Flandern, dem Hause →Avesnes dagegen denjenigen der Gft. →Hennegau, auf der der Bruder des Kg.s, →Karl v. Anjou, gegen eine hohe Entschädigungssumme Verzicht leistete. 1420 fiel P. mit seinem Gebiet an die Engländer; 1423–78 war es nahezu ununterbrochen im Besitz des Hzg.s v. →Burgund (eine der →Sommestädte); vom Bailliage des Vermandois abgetrennt, bildeten Roye, P. und →Montdidier ein eigenes →Bailliage (bzw. Gouvernement). Das burg. Schloß P. war Schauplatz der Begegnung zw. Kg. →Ludwig XI. und Hzg. →Karl d. Kühnen (9.–14. Okt. 1468), des fatalen »Zwischenfalls v. P.« Von der Gewalt des Hzg.s bedroht, mußte sich der Kg. durch ein demütigendes Abkommen (u. a. Preisgabe →Lüttichs) loskaufen.

O. Guyotjeannin

Lit.: R. FOSSIER, La terre et les hommes en Picardie jusqu'à la fin du XIIIᵉ s., 1968 – Charters of St-Fursy of P., ed. W. M. NEWMAN–M. A. ROUSE, 1977.

Perotinus (P. Magnus), wichtigster namentl. bekannter Komponist der 1. Hälfte des 13. Jh. Name und Werk sind bei den Theoretikern →Johannes de Garlandia (ca. 1260) und →Anonymus IV (ca. 1270) behandelt. Beide benützen die diminutive Form des Namens Petrus und nennen seinen akadem. Grad. Magister P. wirkte vermutl. seit der Zeit kurz vor 1200 an der Kathedrale Notre Dame in Paris. Er war Nachfolger des Leoninus, dessen »Magnus liber organi« er bearbeitete und kürzte (→Notre-Dame-Schule). Außerdem fertigte er sog. Discantus-Partien (»Optimus discantor«) und schuf drei- und vierstimmige →Organa und zahlreiche →Conductus. Sieben seiner Kompositionen konnten nach den erhaltenen Q. identifiziert werden. Es ist bisher nicht gelungen, die Person des P. mit einem der zahlreichen Namensträger aus den Archivalien von Notre Dame zweifelsfrei gleichzusetzen. Der Theologe →Petrus Cantor († 1197) scheidet wohl aus, da seine umfangreichen Schr. wenig Bezug zur Musik zeigen. Bereits HANDSCHIN hatte Petrus succentor favorisiert, der von ca. 1207 bis zu seinem Tod 1238 (oder wenig später) an der Kathedrale tätig war. Auch nach neuesten Stud. kommt dieser Einschätzung die größte Wahrscheinlichkeit zu (WRIGHT). Demnach war P., vermutl. seit 1198 Kanoniker an Notre Dame, als vom Kapitel gewählter Succentor für die Musik verantwortl., da der →Cantor längst v. a. von Verwaltungsaufgaben in Anspruch genommen war. Möglicherweise hat P. eng mit →Philipp dem Kanzler zusammengearbeitet. F. Körndle

Lit.: MGG – NEW GROVE – RIEMANN – P. magnus, sederunt principes, hg. R. v. FICKER, 1930 – J. HANDSCHIN, Zur Gesch. von Notre Dame, Acta Musicologica 4, 1932, 5–17, 49–55 – C. WRIGHT, Music and Ceremony at Notre Dame of Paris 500–1550, 1989 [Lit.].

Perotti (Perotto), **Niccolò**, it. Humanist, * 1429 od. 1430, † 15. Dez. 1480 bei Sassoferrato. Nach Studien bei →Vittorino da Feltre in Mantua und vielleicht →Guarino Ver. trat P. 1447 in den Dienst Kard. →Bessarions. 1450–54 lehrte er Rhetorik an der Univ. Bologna. Seit 1455 an der Kurie, wurde er 1458 zum Ebf. v. Siponto ernannt und in der Folge mit kirchl. Verwaltungsaufgaben v. a. in Umbrien betraut. P. machte sich durch lat. Übersetzungen um die Verbreitung der griech. Literatur (u. a. Epiktets Enchiridion, die ersten fünf Bücher des Polybios) verdient, und verfaßte neben einer erfolgreichen Metrik eine der frühesten humanist. lat. Schulgrammatiken: »Rudimenta grammatices« (1468). P.s Hauptwerk, ein ungemein materialreicher Martialkommentar, »Cornucopiae sive Latinae linguae commentariorum opus«, blieb unvollendet und erschien 1489 postum. Zeugnis für P.s aktive Teilnahme an den mit Erbitterung diskutierten humanist. Streitfragen seiner Zeit bieten seine Briefe und Invektiven. G. Avella-Widhalm

Ed. und Lit.: COSENZA III, 2669–2678 – Storia della lett. it., Il Quattrocento..., ed. N. SAPEGNO, 1988, passim – G. MERCATI, Per la cronologia della vita e degli scritti di N.P., StT 44, 1925 – R. SABBADINI, Saggi e testi umanistici, 1933, 54–65 – Refutatio deliramentorum Georgii Trapezuntii Cretensis, ed. L. MOHLER (Aus Bessarions Gelehrtenkreis), 1942 – R. P. OLIVER, N.P.'s Version of the Enchiridion of Epictetus, 1954 [Werk- und Briefverz. 136–166] – Studi umanistici piceni, I, hg. S. TROIANI – S. PRETE, 1981 – J. MONFASANI, Il P. e la controversia tra platonici ed aristotelici, Res Publica Litt. 4, 1981, 195–231 – J.-L. CHARLET, Rev. Etud. Lat. 65, 1987 (1989), 210–227 – DERS., Quad. Nuovi studi fanesi, 1993, 69–112.

Perpetuum mobile, ein ohne Energiezufuhr 'ewig laufendes' (damit wesentl. gegen moderne naturwiss. Erkenntnisse verstoßendes) Konstrukt, um 1150 von dem Astronomen und Mathematiker Bhāskāra, einem Hindu, erdacht und beschrieben, danach von den Arabern aufgegriffen und mit älteren Ansichten über →Automaten verknüpft. Um 1235 zeichnet →Villard de Honnecourt u. a. den Plan zu einem Rad, »das sich von selbst dreht«, und zwar aufgrund der Schwerkraft einer ungeraden Zahl daran befestigter Hämmer. Sein Landsmann →Petrus Peregrinus zeichnet und beschreibt 1269 ein magnet. p. m.

Die fortbestehende Idee, die u. a. auch →Mariano Daniello di Jacopo und Leonardo da Vinci behandeln, erscheint im Übergang zur NZ stärker praxisbezogen. Zeichnungen wie die des Philipp Mönch in einer Heidelberger Hs. v. 1495, die auch im Zusammenhang mit Bergwerksanlagen stehen können (Nürnberg, Amberg), stellen perpetua mobilia als mechan. →Pumpen dar, bei denen das Schöpfwasser auf das Antriebsrad zurückfallen soll.

K.-H. Ludwig

Lit.: L. WHITE JR., Medieval Religion and Technology. Coll. Essays, 1978, 52–57.

Perpignan, Stadt im Roussillon, Südfrankreich (Verwaltungssitz des dép. Pyrénées-Orientales). Die erste Nennung des Toponyms 'Perpinianum' geht auf 927 zurück und bezeichnet eine 'villa', die noch mehrfach erwähnt wird (929, 934, 959, 961). Am Ende des 10./Anfang des 11. Jh. errichtete der Gf. v. →Roussillon hier einen seiner Herrschaftssitze (am rechten Ufer der Basse, kurz vor ihrer Einmündung in die Têt, Kreuzungspunkt der alten Via Domitiana mit der in die →Cerdagne führenden Straße, im Zentrum einer reichen *Huerta* [Bewässerungslandschaft]). Bevölkerung konzentrierte sich um die gfl. 'sala' und eine Kirche, die unter der Aufsicht von →'boni homines' neuerrichtet und zur Pfarrkirche (1025), mit dem Patrozinium Johannes Baptista, erhoben wurde.

Gegen Ende des 11. Jh. und am Anfang des 12. Jh. mehren sich die Merkmale der Stadtwerdung: St. Johannes wird zur Kollegiatkirche (1102); ein Armenhospital (1116) und ein Leprosorium werden gestiftet; eine erste Stadtmauer wird errichtet; Häuserzeilen entstehen entlang der 'generalis via', auf dem der Markt führt; es werden städt. Einrichtungen genannt: Waage (1095), Münze (1100), Maße (1124), →leudes sind 1128 belegt. Seit 1174 scheinen Ansätze zur Einrichtung einer Messe auf, die 1180–90 zweimal jährl. stattfindet. Auch Mühlen und Gerbereien werden erwähnt. Eine Brücke über die Têt ist 1195 genannt, doch geht sie wohl auf die Zeit um 1172 zurück, als Kg. →Alfons II. v. Aragón die Gft. Roussillon in Besitz nahm.

In der 2. Hälfte des 12. Jh. vergrößerte P. seinen Bering, der das städt. Areal versechsfachte. Die städt. Gemeinschaft ließ sich von den Gf.en-Kg.en 1172 ihre 'bonnes coutumes', 1197 ein →Konsulat bestätigen. 1315 wurde ein Rathaus errichtet. Noch bis zur Mitte des 14. Jh. hielt der städt. Elan an; P. war nun zur Hauptstadt des Kgr.es →Mallorca geworden (1276–1344). Im S, etwas abseits vom städt. Zentrum, erhob sich das mächtige Königsschloß, auf das sich eine neue Befestigungsmauer stützte; sie umschloß fast alle neuen Viertel (lediglich die am linken Ufer der Basse gelegenen Vorstädte blieben 'extra muros'). Eine zweite Brücke über die Basse (1327) ergänzte die erste, aus dem 13. Jh. stammende. 1324 wurde der Grundstein zur neuen Pfarrkirche St-Jean gelegt (ab 1602 Kathedrale), die im S des ursprgl. Kirchenbaus entstand. Als neue Pfarreien waren St-Jacques (um 1244), Ste-Marie de la Real und St-Matthieu (1300) entstanden. Die wichtigsten Ritter- und Bettelorden hatten ihre Niederlassungen in P.: Templer (1141), Johanniter, Mercedarier (1228), Franziskaner (1241), Dominikaner (1244), Sackbrüder, Augustiner (1317), Karmeliter (vor 1325), Klarissen (vor 1271).

Die wirtschaftl. Entwicklung beschleunigte sich am Ende des 13./Anfang des 14. Jh.: Tuchgewerbe, Lederverarbeitung, Fernhandel zu Lande und zur See. Es bestand ab 1243 eine blühende jüd. Gemeinde. Am Ende des 14. Jh. und im Laufe des 15. Jh. setzte ein Rückgang ein, trotz der

Gründung des Seekonsulats (1388), das in der berühmten got. 'Loge de mer' (1397) tagte und der 1448 erfolgten Einrichtung der 'Deputation' (→Diputaciones). Ansätze zu einem Wiederaufstieg wurden am Ende des 15. Jh. durch den katal. Bürgerkrieg abgebrochen; P. war von nun an in erster Linie Festungsstadt, deren Mauern mehrfach erneuert wurden. Nach der Einverleibung des Kgr. es Mallorca (1344) in Aragón war P. zeitweilig durch den Kg. v. Frankreich besetzt (1464–73, 1475–93; dauernd an Frankreich durch den Pyrenäenfrieden, 1659).

Der Kg. v. Aragón stiftete 1350 ein 'studium generale', das 1379 durch die Bulle Clemens' VII. zur Univ. erhoben wurde, den Fakultäten der Artes und des röm. und kanon. Rechtes wurde die Medizin hinzugefügt, wohingegen die Theol. Fakultät aufgehoben wurde (sie wurde erst durch Nikolaus V. 1447 wiedererrichtet). J. Caille

Lit.: M. DURLIAT, L'art dans le royaume de Majorque, 1962, 41–54; Ind. s. v. – PH. WOLFF, Hist. de P., 1985 – zur Univ.: S. GUENÉE, Bibliogr. des universités françaises, 1978, 326–332.

Perpignan, Konzil v. (1408–09). Nachdem die Verhandlungen mit Gregor XII. zur Beendigung des →Abendländ. Schismas abgebrochen worden waren, entschloß sich Benedikt XIII. zu einem Konzil, wie es zur Überwindung der Kirchenspaltung seit langem gefordert worden war (→Konziliarismus). Am 15. Juni 1408, dem Tage seiner Flucht aus Portovenere, berief er es zum 1. Nov. ein. Die Synode begann tatsächl. am 15. Nov. Sie hatte ca. 300 Teilnehmer, fast ausschließl. aus dem Bereich der Krone v. Aragón und aus Kastilien, darunter kaum Fs. engesandte. In sieben Sitzungen ließ der Papst die Informatio seriosa verlesen, die von ihm selbst verfaßte Rechtfertigung seiner Handlungen in der Unionsangelegenheit, danach noch drei förml. Beteuerungen seiner Rechtgläubigkeit. Auf seine Frage nach dem weiteren Vorgehen forderte das Konzil, er solle weiterhin zur Abdankung bereit sein und eine Gesandtschaft zum Konzil v. →Pisa abordnen (die dann aber keinerlei Ergebnis erzielte). Die 14. Sitzung am 26. März 1409 war die letzte, ihr folgten zahlreiche Vertagungen (bis 1416). D. Girgensohn

Q.: MANSI XXVI, 1097–1111, 1119–1122 – F. EHRLE, Aus den Acten des Afterconcils v. P. 1408, ALKGMA 5, 1889, 387–492; 7, 1900, 576–696 – Martín de Alpartil, Chronica actitatorum temporibus domini Benedicti XIII, I, hg. F. EHRLE, 1906, 173–187 – J. VINCKE, Zu den Konzilien v. P. und Pisa, RQ 50, 1955, 89–94 – H. IMMENKÖTTER, Ein avign. Bericht zur Unionspolitik Benedikts XIII., AHC 8, 1976, 200–249 – Lit.: D. GIRGENSOHN, Ein Schisma ist nicht zu beenden ohne die Zustimmung der konkurrierenden Päpste, AHP 27, 1989, 197–247 – W. BRANDMÜLLER, Papst und Konzil im großen Schisma, 1990, 42–70.

Perréal, Jean (J. de Paris), * 1455/60 vermutl. Lyon, † 1530 Paris, Maler, Baumeister, Dekorateur, Dichteralchemist, arbeitete zunächst für die Stadt Lyon (1485), seit 1496 in Diensten der frz. Kg.e. Er arrangierte zahlreiche Feste und Feiern (Einzüge, Begräbnisse), entwarf Grabstätten und Medaillen, schuf Porträts (nur wenige erhalten) und verfaßte 1516 eine Franz I. gewidmete Lehrdichtung alchem. Inhalts »Complainte de Nature à l'Alchimiste errant« (auch: »Les Remonstrances de Nature«; lange Jean de Meun zugeschrieben), die im spätma. Fachschrifttum (Morienus, Geber, Raimundus Lullus, Albertus Magnus, Arnald v. Villanova) wurzelt, Lehren zur Theorie und Praxis der Alchemia transmutatoria vereint und auf die Frage nach dem Verhältnis zw. Natur und menschl. Kunst antwortet. J. Telle

Ed.: De la transformation métallique, ed. J. Gohory, Paris 1561 – Vier ... Chymische Tractat Vom Stein der Weisen, Halle 1612 – Musaeum hermeticum, Frankfurt 1625 – The Hermetic Museum, ed. A. E. WAITE, I, 1893 – Lit.: A. VERNET, J.P., poète et alchimiste (Bibl. d'Humanisme et Renaissance 3, 1943), 214–252 [Textproben] – G. RING, An Attempt to Reconstruct P., Burlington Magazine 92, 1950, 254–261 – J. VAN LENNEP, Alchimie. Contribution à l'hist. de l'art alchimique, 1985², 95–97.

Perrin d'Angicourt, frz. →Trouvère, * um 1220 (Achicourt bei Arras?), † um 1300?, bürgerl. Herkunft, wohl zum Kleriker ausgebildet, befaßte sich anscheinend schon früh mit der Liedkunst. Zwei oder drei seiner Lieder wurden vermutl. beim →Puy v. Arras ausgezeichnet. Er wird in Arras zweimal als Partner von →Jean Bretel erwähnt und ist dort als Preisrichter tätig. Lieder widmet er u. a. →Heinrich III. v. Brabant (44. H.) und →Karl I. v. Anjou (19. K.), den er eventuell nach Neapel begleitete, da ein Petrus de Angicuria 1269 als rector capellae auftaucht. Seine ca. 35 Lieder sind in elf Q. vertreten, fünf oder sechs wurden zu Vorlagen für Kontrafakturen. B. Schmid

Ed.: G. STEFFENS, 1905 – F. GENNRICH, Troubadours, Trouvères, Minne- und Meistergesang (Das Musikwerk, 2, 1960²), 35 – Lit.: DLFMA², 1992, 1131f. – MGG s. v. – NEW GROVE s. v. – H. PETERSEN DYGGVE, Onomastique des Trouvères, AASF B XXX, 1, 1934, 195 – J. RIMMER, Dance Elements in Trouvère Repertory, Dance Research, III, 1985, 23–34.

Persien (wirtschaftl. und kulturelle Beziehungen mit Byzanz und dem Westen). Seit der Antike war der Austausch zw. den beiden Weltreichen, dem Röm. Reich und dem Pers. Reich der →Sāsāniden (226–651), infolge des zumeist feindseligen Charakters der Beziehungen, ein begrenzter. Dessenungeachtet kam es zu fruchtbaren Kontakten auf wirtschaftl. und kulturellem Gebiet.

Durch seine geograph. Situation spielte P. eine wichtige Vermittlerrolle zw. dem Fernen Osten (→China) und der Mittelmeerwelt (→Mittelmeer-, →Levantehandel); auf der 'Seidenstraße' gelangten →Seide und →Gewürze in den Westen, und P. exportierte auch eine Reihe begehrter Eigenprodukte: Galbanum, Asa foetida, Sagapenum und Sarcocolla. Eine der großen Landrouten der Seidenstraße durchlief seit der Antike die bedeutenden Städte Ekbatana, Ktesiphon, Seleukia und →Dura-Europos, um in →Antiochia bzw. →Tyros zu münden. Wie u. a. die chin. Geschichtswerke der Han-Dynastie belegen, blieb P. auch unter den Sāsāniden ein Durchgangsland einerseits für Seide und Gewürze (in westl. Richtung), andererseits für Erzeugnisse des Luxusgewerbes (in Richtung Fernost). Eifersüchtig hütete P. das Geheimnis der Seidenraupenzucht, das aber schließlich durch zwei Mönche heimlich ins Byz. Reich gelangte und hier eine blühende Seidenproduktion entstehen ließ. Erlagen die Sāsāniden, geschwächt durch ihre Niederlage gegen Byzanz (627–628) und durch innere Konflikte, auch dem Ansturm der →Araber (651), so blieb die pers. Textilkunst noch in der Periode arab. Herrschaft für die Byzantiner ein Vorbild bei der Herstellung reichverzierter Seidenstoffe.

Mit der Eroberung durch die →Mongolen unter Hülägü und der Bildung des Chanats der →Ilchāne (1256–1354) begann eine Phase intensiver Beziehungen zw. P. und dem Westen über die Route Tābrīz-Erzerum-Trapezunt bzw. die zu den Mittelmeerhäfen Kleinarmeniens (→Armenien, II) führenden Handelswege. Abendländ. Kaufleute gründeten in →Tābrīz am Ende des 13. Jh. feste Handelsniederlassungen, die bis in die Jahre nach 1340 (als im Chanat fremdenfeindl. Unruhen ausbrachen) bestanden. Von Tābrīz aus stießen wagemutige Venezianer (→Venedig) und Genuesen (→Genua) auf den Spuren Marco →Polos bis nach →Indien und →China vor, um sich direkten Zugang zu den Seiden- und Gewürzmärkten des Fernen Ostens zu verschaffen. In der 2. Hälfte des 14. Jh. wurden die großen Handelsstraßen P.s und Mittelasiens jedoch geschlossen, was die it. Kaufleute zu erneuter Hinwendung zu →Alexandria und →Beirut, den Endpunkten der vom Pers. Golf heranführenden Karawanenwege, zwang.

Die pers. →Textilien, die im Westen unter mehreren Bezeichnungen ('cappa', 'drappus', 'cotte') bekannt waren, hatten ein unvergleichl. hohes Ansehen. Das Byz. Reich und das Abendland (durch byz. Vermittlung) übernahmen von den Persern das Polospiel, ein wesentl. Element der ritterl. Erziehung, und den →Tiergarten; das aus Indien und P. stammende →Schachspiel verbreitete sich durch arab. Vermittlung im Westen.

Das Zeremoniell des Sāsānidenhofes übte einen tiefen Einfluß auf Byzanz aus. Der Sieger der byz. Perserkriege, →Herakleios, nahm 629 die Titulatur des pers. Großkg.s an (→Basileus). Die polit.-religiöse Grundlage des byz. Ksm.s (→Kaiser, II) deckt sich in mancher Hinsicht mit derjenigen des pers. Herrschers: 'imperium' und 'sacerdotium' beruhen auf einem einheitl. Prinzip, das in Byzanz im chr. Gottesbegriff, in P. in der Vorstellung des Hochgottes Ahura Mazdah verwurzelt ist und dem Herrscher als Repräsentanten Gottes auf Erden absolute Machtvollkommenheit auf theokrat. Basis verleiht. Der spätröm.-byz. Kaiserornat verdankt seinen orientalisierenden Prunk nicht zuletzt dem sāsānid. Vorbild und dem Wettstreit beider Höfe in bezug auf zeremonielle Prachtentfaltung. Doch bekämpfte Byzanz im Namen des wahren Glaubens die »falsche Religion« der zoroastr. Perser, die sich als »heidn. Götzendiener« unrechtmäßig des wahren →Kreuzes (Jerusalem, 614) bemächtigt hatten. Der Persersieg des Ks.s Herakleios wurde daher nicht nur als machtpolit., sondern auch als herausragender religiöser Triumph gefeiert und blieb (auch im Westen) über die Jahrhunderte Bestandteil der religiösen Überlieferung (noch bei →Piero della Francesca).

Lange Zeit wurde ein pers.-östl. Ursprung der dualist. →Häresien, die sich in Byzanz und dem Abendland im MA verbreiteten, angenommen; sie galten als tief beeinflußt vom →'Manichäismus'. Heute wird davon ausgegangen, daß die dualist. Glaubensvorstellungen (→Dualismus) des MA (→Paulikianer im Byz. Reich, →Bogomilen auf der Balkanhalbinsel, →Katharer in Südfrankreich und Oberitalien) ihre Wurzeln in der Auslegung bibl. Texte, nicht aber in der →Gnosis oder im iran. Manichäismus haben. Es waren abendländ. Theologen des 12. und 13. Jh., die mit Hilfe des apologet. Instrumentariums →Augustins die kathar. Häretiker mit dem alten Etikett des 'Manichäismus' belegten und sie so (sekundär) in diese Traditionslinie einordneten. Als einziger nennenswerter Einfluß des iran. Manichäismus können die Reflexionen über das Böse bei Denkern wie →Wilhelm v. Auvergne und →Thomas v. Aquin gelten.

Unbestritten bleibt aber die Ausstrahlung der Kunst der Sāsāniden in Byzanz und dem Abendland. In der Baukunst wurde der pers. Kultur die Konstruktion der Kuppel, die mit der →Hagia Sophia ihren Siegeszug antrat, zugeschrieben. Die Verbreitung der Zier- und Kleinkunst iran. Provenienz war beachtlich. Byzanz, das die chin. Seide durch Vermittlung der Perser importierte, zeigte leidenschaftl. Interesse an pers. Luxusgeweben (kunstvoll dekorierte Wollstoffe). Das reiche iran. Repertoire an Ornamenten und Motiven (Palmetten, zoomorphe und anthropomorphe Formen) wurde erstmals im 5. und 6. Jh. in Byzanz adaptiert (Zeremonialtracht, Mosaiken, Architekturornamentik), erneut im Zuge der 'Makedon. Renaissance' des 10. Jh., begleitet von einer 'iranisierenden' Strömung in Emailkunst, Keramik, Buchmalerei, Textilkunst und Skulptur. Entsprechendes gilt für die →Armen. und →Georg. Kunst.

Im Abendland verbreiteten sich die Luxustextilien der Sāsānidenkultur primär in Italien seit dem 6. Jh.; iran. Einfluß manifestiert sich seit der 'Karol. Renaissance' und bleibt bis ins 12. Jh. in Buchmalerei, Mosaik-, Zier- und Kleinkunst spürbar. Die Sāsānidenkunst, die sich über die Fs.enhöfe verbreitete, bestach durch ihre dekorativen Qualitäten und das Fehlen narrativer Momente, so daß sie (unter Aufgabe ihrer ursprgl. sakralen Funktion) einer christl. geprägten Kunst integriert werden konnte.

M. Balard

Lit.: H.-G. PUECH, Le manichéisme. Son Fondateur. Sa doctrine, 1949 – R. GHIRSHMAN, Parthes et Sassanides, 1962 – R. MANSELLI, L'eresia del male, 1963 – N. PIGULEVSKAJA, Les villes de l'État iranien aux époques parthe et sassanide, 1963 – La Persia e il mondo greco-romano, Accad. Naz. dei Lincei, 1966 – J. INNES MILLER, The Spice Trade of the Roman Empire, 1968 – N. PIGULEVSKAJA, Byzanz auf den Wegen nach Indien, 1969 – La Persia nel medioevo, Accad. Naz. dei Lincei, 1971 – M. BALARD, La Romanie génoise, 2 Bde, 1978 – R. S. LOPEZ, Byzantium and the World around it: Economic and Institutional Relations, 1978 – G. DE FRANCOVICH, Persia, Siria, Bisanzio e il medioevo artistico europeo, 1984 – E. ASHTOR, The Levant Trade in the later MA, 1985 – K. SYNELLI, Oi diplomatikes schezeis Byzantiou kai Persias, 1986 – J. WIESEHÖFER, Das antike P. (von 550 v. Chr. bis 650 n. Chr.), 1993.

Persius im MA. Von dem röm. Dichter Aulus P. Flaccus (34–62 n. Chr.) ist allein das (unvollendete) Buch der Satiren erhalten. P. galt frühzeitig als Klassiker der Satire neben Horaz und Juvenal. Die an Metaphern und Anspielungen überreichen, sprachl. schwierigen Satiren scheinen schon in der Spätantike, spätestens im 4. Jh., Kommentierung erfordert zu haben. Unmittelbar aus dem Altertum erhalten hat sich nur der kleine Rest eines in Italien im (frühen) 6. Jh. geschriebenen Capitaliscodex als Palimpsest (Vat. lat. 5750 fol. 77/78, reskribiert im 7. Jh. wohl in Bobbio; vgl. CLA I 30). In der ma. Überlieferung klar erkennbar sind folgende Zweige: Von einem Exemplar, das ein Offizier der ksl. Garde laut Subskription 402 ohne zweites Exemplar in Barcelona durchkorrigierte, stammen vorwiegend wfrk. Hss. (Montpellier 212, 9./10. Jh.; Vat. Basil. H 36, Ende 9. Jh. aus Weissenburg). Vermutl. auf eine it. Vorlage gehen ein Exemplar aus Lorsch (9. Jh., Montpellier 125) zurück sowie Exzerpte in St. Gallen 870 (spätes 9. Jh.). Die starke Verzweigung der Hss., die eine Zuordnung der übrigen Exemplare zu bestimmten Überlieferungszweigen nicht erlaubt, deutet auf große Verbreitung hin. Zeugnisse der Kenntnis des P. setzen schon in der ausgehenden Karolingerzeit ein (Kommentare des →Heiric und →Remigius v. Auxerre, auf die ein Teil der ma. Scholien zurückgeht). Infolge des moralisierenden Charakters der Satiren wurde P. Schulautor. Das kräftige Wachstum der Zahl der Hss. und v. a. der Zitate und Hinweise auf P. seit der Jt. wende erreichte im 11. Jh. wohl seinen Höhepunkt. Zu dieser Zeit sind offenbar auch weitere Komm. entstanden (einer aus Lüttich: B. BISCHOFF, Ma. Studien 3, 260 ff.); die alte Scholienmasse, verschiedentl. vermehrt, geriet im 12. Jh. unter die Namen des →Cornutus. Noch →Hugo v. Trimberg nennt P. um 1280 rühmend. In humanist. Zeit sehr verbreitet, wurde P. von Della Fonte, Pandolfini, Polizian kommentiert. Viele Drucke schon vor 1500.

F. Brunhölzl

Lit.: MANITIUS I–III – P. K. MARSHALL (Texts and Transmission, ed. L. D. REYNOLDS, 1983), 293 ff. [Lit.].

Person. Die ma. Entfaltung des P. begriffs steht unter der Voraussetzung der Übers. der semant. verschiedenen gr. Termini *prosopon* ('Rolle', 'Maske' bzw. 'Rang', 'Funktion') und *hypostasis* ('konkrete Wirklichkeit eines individuellen Seienden'; →Hypostase) mit dem einen lat. Terminus *persona*. Ort der Aufnahme sind chr.-theol. Aussagen und kirchl. Lehrentscheidungen zur Trinitätstheol. und Christologie: P. bezeichnet in der Trinitätslehre die Dreiheit des einen göttl. Wesens, in der Christologie die Einheit von göttl. und menschl. Natur in Jesus Christus. Augustinus lehnt einen substantiell verstandenen P.begriff zur Bezeichnung der relational bestimmten Dreiheit im göttl. Wesen ab (De Trin. V, 9–12, CCL 50, 216ff.; VII, 9–11, ebd. 259ff.). In Jesus Christus ist die durch die Inkarnation konstituierte Wirklichkeit aus Gottheit und Menschheit P. (XIII, 22ff., 412ff.). Boethius legt in 'Contra Eutychen et Nestorium' (ed. ELSÄSSER) die erste formalontolog. Definition des P.begriffs vor. Ausgehend von christolog. Fragestellung, beansprucht er in der Begriffsklärung Gültigkeit für den Bereich göttl. und menschl. Personalität. P. wird immer auf der Grundlage von Natur ausgesagt. Es kommen aber nur die Naturen in Betracht, die Substanz sind, die die spezif. Differenz der Vernunftbegabtheit aufweisen und die schließl. ein Individuum bezeichnen: »Persona est naturae rationalis individua substantia« (ebd., 74/75).

Die ma. Diskussion des P.begriffs folgt zunächst der boethian. Definition. Abaelard greift auf eine etymolog., den Selbstand von P. zum Ausdruck bringende Herleitung zurück: »Persona quippe quasi per se una dicitur« (In symb. Apost., ed. COUSIN, I, 610). Strenger noch versteht Gilbert v. Poitiers das 'per se una', da Individualität im Sinne nach Boethius erst bei Vorhandensein aller integralen Teile, die je für sich nur Singularität besitzen, angenommen wird (In lib. C. Eut. et Nest. II, 27–31, ed. HÄRING, 270f.). Die im 12. Jh. immer wieder auftauchende Frage nach der Personalität der Seele kann Gilbert eindeutig verneinen. Für die Beschreibung der P. unterscheidet er zw. 'quo est' und 'quod est': Geschaffene P.en können je nach ihrem eigenen 'quo est' unterschieden werden, die drei göttl. P.en aber beruhen auf einem einzigen 'quo est', der divinitas (In lib. De Trin. I, 5, 39ff., ed. HÄRING, 147f.). Richard v. St. Victor legt im Rahmen der Trinitätslehre neue Definitionen vor: »Persona est rationalis naturae incommunicabilis existentia« und »Persona est existens per se solum iuxta singularem quemdam rationalis existentiae modum« (De Trin. IV, 22.24, ed. RIBAILLIER, 188f.). Obwohl P. als 'quis' auf der Basis der gemeinsamen Substanz (quid) ausgesagt wird, kennzeichnet Existenz besser die Möglichkeit der Unterscheidung von P.en untereinander nach Ursprung (ex-) und Beschaffenheit (-sistere). Robert v. Melun unterscheidet P.en nach ihrer je eigenen Proprietät (Sent. I p. 3, 1–20, ed. MARTIN, III/II). Bei Alanus ab Insulis kommt, in der Tradition einer juristischen Personenbestimmung, der P. das Moment der dignitas zu: »(Persona) dicitur aliquis aliqua dignitate praeditus« (Dist. dictionum theol., MPL 210, 899A). Nach Wilhelm v. Auxerre sind die Elemente: einmalige Existenz, Unmittelbarkeit und spezif. Würde konstitutiv für das P.sein: In Jesus Christus wird die menschl. P. kraft der Würde und Vollmacht der göttl. aufgezehrt (Summa III q. 8 T. 32, ed. BREUNING, 304f.). In der Trinitätslehre kann er dagegen auf die boethian. Definition zurückgreifen. Mit eigenen Akzentsetzungen wird dieses Verständnis von seinen Schülern und Nachfolgern aufgegriffen. Für Hugo v. St. Cher ist für Personalität entscheidend die Unmitteilbarkeit der singulären Natur, der die Person nur eine weitere Negation hinzufügt (In Sent. III d. 10, T. 151.157, ed. BREUNING 367, 369). Der trinitar. Personbegriff bleibt davon unberührt. Eine Vereinheitlichung dieser Begriffe versucht Roland von Cremona, unterscheidet dabei zwischen einem metaphysisch-substanzialem und juristisch-akzidentellem Begriff (Summa I, T. 351, ed. BREUNING, 473). Auch Robert Kilwardby übernimmt Wilhelms dreigliedrigen Personbegriff; für ihn ist die menschliche Natur Christi weder Individuum noch Person, da ihr die Letztbestimmtheit fehlt (In Sent III q. 8 lin. 107.137, ed. GÖSSMANN 39.40).

Alexander v. Hales unterscheidet in seiner Christologie zw. subiectum (naturales Sein), individuum (geistbegabtes Sein) und persona (moral. Sein) Christi (Glossa I 25, ed. QUARACCHI, I, 244). Daher kommt für Alexander der P. als einem durch Freiheit ausgezeichneten Seienden auch Würde zu: »Persona res moris est, quia dicit proprietatem dignitatis.« (Glossa III 6 [E], ebd., III, 87; vgl. Philipp der Kanzler, Quaest. de incarn. q. 2 n. 30). Auch für Bonaventura ist das wichtigste Merkmal der Personalität die Würde: »Persona dicit suppositum distinctum proprietate ad dignitatem pertinente.« (In Sent. I d. 23 a. 1 q. 1, ed. QUARACCHI, I, 405). Individualität und Inkommunikabilität dürfen in bezug auf göttl. P.en nicht rein privativ verstanden werden, sondern als positive Setzung. Personalität wird analog ausgesagt, per prius über Gott, per posterius über die Geschöpfe (In Sent. I d. 25 a. 2 q. 1, ed. ebd., I, 442). Bei Albertus Magnus findet sich nochmals eine intensive Auseinandersetzung mit den bereits vorliegenden Definitionen; der P.begriff muß auf göttl. und geschaffene P.en analog angewendet werden. Für Thomas v. Aquin bleibt die boethian. Definition grundlegend, die allerdings in der Anwendung auf göttl. und geschaffene Personalität weiter interpretiert werden muß: 'rationabilis' darf nicht auf diskursives Erkennen eingeschränkt werden, Individualität beinhaltet auch Inkommunikabilität, Substanz ist als Subsistenz zu verstehen (S. Th. I q. 29 a. 3 ad 4). Die Würde der P. liegt in ihrer Vernunftnatur begründet, kraft derer sie durch sich frei handelt. P. ist das Vollkommenste und Vollständigste. Der menschl. Natur Christi aber fehlt die Subsistenz; in diesem Fall ist es würdiger, in einem Höheren zu existieren (S. Th. III. q. 2 a. 2 ad 2). Die göttl. P.en sind durch Ursprungsrelationen konstituiert und unterschieden. Nach Heinrich v. Gent gibt es einen univoken P.begriff auf der Grundlage der Definition durch zweifache Negation. Dem Inhalt der Negation gemäß kann der Begriff über Gott und Geschöpf nur äquivok ausgesagt werden (Summa, art. 53 q. 3, ed. BADIUS). Dagegen ist Johannes Duns Scotus deutl. an einer univoken Verwendung des Begriffs für göttl. und geschaffene Personalität gelegen. In der Trinitätslehre greift er den Wortlaut der Definition Richards v. St. Victor auf, unterstreicht aber das Moment der Unmitteilbarkeit, die zweifach, 'ut quod' und 'ut quo' verstanden werden muß (Ord. I d. 23 q. un. n. 15f., ed. Vat. V, 356f.). In der Christologie wird der P.begriff dagegen v. a. in der formalen Unterscheidung vom Individuum gewonnen: P.sein ist durch Negation aktueller und aptitudinaler Abhängigkeit bestimmt, während die Negation potentieller Abhängigkeit nur den göttl. P.en zugestanden wird (Ord. III d. 1 q. 1 n. 9, ed. Viv. XIV, 26). In der Diskussion der Relationalität des P.begriffs zeigt sich jedoch, daß auch Scotus die Univozität nicht lückenlos durchführen kann; trotz grundsätzl. relationalen Verständnisses wird für göttl. Personalität doch vorsichtig die Möglichkeit eines absoluten Konstitutivs festgehalten. Die von Scotus erarbeitete Offenheit geschaffener Personalität wird von Wilhelm v. Ockham nicht mehr übernommen. Er beschränkt sich darauf festzustellen, daß P. eine vollständige vernunftbegabte Natur ist, die nicht dazu geneigt ist, mit anderem eine Einheit zu bilden. Trinitar. drückt P. das aus, was aus Wesen und Relation entsteht (Sent. I d. 23 q. un. Op.

Theol. [St. Bonaventure] IV, 61 f.; Sent. III q. 1, ebd. VI 4).

M. Burger/M. Lutz-Bachmann

Lit.: HWP VII, 269–300 – A. HUFNAGEL, Das P.-Problem bei Albertus Magnus (Studia Albertina, 1952), 202–233 – DERS., Bonaventuras P.-Verständnis (Theol. in Gesch. und Gegenwart, 1957), 843–860 – DERS., Die Wesensbestimmung der P. bei Alexander v. Hales, FZPhTh 4, 1957, 148–174 – W. BREUNING, Die hypostat. Union in der Theol. Wilhelms v. Auxerre, 1962 – H. WIPFLER, Die Trinitätsspekulation des Petrus v. Poitiers und die Trinitätsspekulation des Richard v. St. Viktor, 1965 – W. H. PRINCIPE, Alexander of Hales' Theology of the Hypostatic Union, 1967 – A. HUFNAGEL, Der Mensch als P. nach Th. v. Aquin (Tomasso d'Aquino 7, 1979), 257–264 – M. LUTZ-BACHMANN, 'Natur' und 'P.' in den 'Opuscula Sacra' des A.M.S. Boethius, ThPh 58, 1983, 48–70 – P. HOFMANN, Analogie und P. Zur Trinitätsspekulation Richards v. St. Victor, ebd. 59, 1984, 191–234 – N. HARTMANN, P. in Einsamkeit und Gemeinsamkeit, WuW 47, 1984, 37–60 – TH. KOBUSCH, Die Entdeckung der P., 1993 – M. BURGER, Personalität im Horizont absoluter Prädestination, 1994.

Personalis (p. presentie regis locumtenens), Vorsitzender des 1464 von dem ung. Kg. Matthias I. Corvinus reorganisierten, ständig tagenden und bald mit gebildeten Juristen besetzten Hofgerichts, das als Gericht der kgl. persönl. Rechtsprechung bereits im 14. Jh. entstanden war und zw. (1397–1443, 1458–64) neben dem Gericht der 'bes. kgl. Präsenz' (specialis presentia regia) das wichtigste Instrument zur Bestrafung von Gewaltverbrechen (acta potentialia) bildete. Seit es 1405 zum Apellationsgericht (des Tavernikalgerichts) der Städte geworden war, fungierte der P. auch als Oberrichter der ältesten Freistädte (z. B. Gran, Stuhlweißenburg, Leutschau), die daher oft auch 'Personalstädte' gen. wurden. Von Anfang an als kgl. und ständischer Amtsträger betrachtet, behielt der P. seine Jurisdiktion bis in die NZ. J. Bak

Lit.: Á. TIMON, Ung. Verfassungs- und Rechtsgesch., 1909², 676f. – L. B. KUMOROWITZ, A p. presentia regis pecséthasználata Zsigmond korában (Domanovszky Emlékkönyv, 1937), 422f. – GY. BÓNIS, A jogtudó értelmiség a Mohács előtti Magyarországon, 1971, 120–131 – E. MÁLYUSZ, Kg. Sigismund in Ungarn 1387–1437, 1990, 213f.

Personennamen, -forschung

I. Westlicher Bereich – II. Judentum.

I. WESTLICHER BEREICH: [1] *Begriff:* P. im engeren Sinn sind die Rufnamen (Vornamen, Taufnamen) als Bezeichnungen für menschl. Individuen; zu den P. im weiteren Sinn (Anthroponyme) werden auch die seit dem HochMA hinzutretenden Familiennamen gerechnet. Von der P.forschung, die gemeinhin als eine Teildisziplin der Sprachwissenschaft (Linguistik) angesehen wird, ist die Personenforschung (Prosopographie) zu trennen, die der Geschichtswissenschaft zuzurechnen ist.

[2] *Namengebung:* Die P.gebung erfolgte urspgl. bei oder bald nach der Geburt des Kindes durch die Eltern; erst spät wurde sie mit der Taufe verbunden. Für die Auswahl des P.s konnte seine Bedeutung (Heilswunsch) oder eine Namengebungstradition innerhalb der Familie, Sippe, Dynastie maßgebl. sein, durch die das Kind als zu diesem Verband gehörig gekennzeichnet wurde. Schon im FrühMA trat das erste Benennungsprinzip zugunsten des zweiten zurück, zumal die alten P. bereits in der Karolingerzeit offensichtl. nicht mehr verstanden wurden, wie Fehldeutungen bei Smaragd v. St. Mihiel (Rat-munt = consilium oris; Wat-mir = vestimentum mihi), Ekkehard IV. v. St. Gallen u. a. beweisen. Eine Kennzeichnung der Herkunft bzw. der Zugehörigkeit zu einem Familienverband konnte durch Nachbenennung (z. B. der Enkel erhält den P. des Großvaters), durch Namen(-glied)-variation (ein Namenbestandteil des väterl. oder mütterl. P.s wird übernommen: Theodemer – Theoderich; Amalafrida – Amalaberga; Hunimund – Sigismund), -vertauschung (z. B. Aripert – Pertari) oder durch Stabreimbindung (z. B. Heribrand – Hildebrand – Hadubrand; Gunther – Gernot – Giselher) erfolgen. Gegen Ende des FrühMA wurden dann zunehmend Namen-»Moden« maßgebl., d. h. die Benennung nach Vorbildern (Kaisernamen: Heinrich, Konrad, Friedrich, Mathilde, Agnes; Heiligennamen: Johannes, Petrus, Benedikt, Anna, Elisabeth); dieses Benennungsprinzip hat sich bei der Rufnamengebung bis heute durchgesetzt, wobei neue Vorbilder hinzukamen.

[3] *Namenbildung:* Wie in den meisten anderen idg. Sprachen waren die P. germ. Herkunft im allg. zweigliedrig, wobei gewisse Kompositionsregeln bis in das MA hinein meist beachtet wurden: Vermeidung von Alliteration der beiden Namenelemente (nie Bern-bald, Gisal-ger usw.); Verwendung vokal. anlautender Namenelemente ausschließl. als Erstglieder (Athal-, Alb-, Erl-, Othal- usw.); Unterscheidung von Männer- und Frauennamen durch die Verwendung bestimmter Zweitglieder (mask. z. B. -brant, -ger, -(w)olf; fem. z. B. -burg, -hilt, -lint). Neben den sekundär entstandenen Kurzformen (Bernold > Berno > Benno; Ratolf > Rato > Razo; Ermentrud > Ermina > Emma) und sog. Lallnamen (Poppo, Dodo, Nanna) gab es jedoch auch schon in alter Zeit unkomponierte P. (Simplicia) wie Brun, Ernst, Karl, Welf und Partizipialbildungen wie Helfant, Wigand, Wieland. In der Regel werden nur die sekundär entstandenen Kurzformen durch Suffixe (-icho, -ilo, -iza) und Suffixverbindungen (-ilin, -zelinus, -izecha) erweitert, in roman. beeinflußten Gebieten aber vereinzelt auch zweigliedrige P. (Robertinus, Conradinus) und Fremdnamen (Justinus, Pauletus, Julitta, Petrissa). Suffixcharakter kommt auch den Zweitgliedern -man, -wīb und -kind zu, so daß P. wie Karlman, Engilwib und Widukind ebenfalls zu den Kosenamen (Diminutiva) zu rechnen sind.

[4] *Möglichkeiten ethnischer Zuordnung der P.:* Während in den sprachl. dem Ahd. und And. zuzurechnenden Gebieten die P. germ. Herkunft im FrühMA weit überwiegen (in Fulda z. B. 98%) und nichtgerm. P. dort erst durch die Namengebung nach dem Vorbild der Hl.n allmähl. größere Verbreitung finden, treten in Gebieten mit roman. Bevölkerung (Westfrk. Reich, Italien, Rätien) bereits früh neben den dort üblichen roman. P. verhältnismäßig zahlreiche germ. P. auf, ohne daß die sprachl. Herkunft der P. sichere Rückschlüsse auf die ethn. Zuordnung der Namenträger erlaubt. Die Forschungen darüber wie über die Zuordnung bestimmter germ. P. zu den Alemannen, Baiern, Franken, Goten, Langobarden, Sachsen usw. stecken noch in den Anfängen.

[5] *Familiennamen:* Als Ursachen für das Aufkommen von Zweitnamen, die vom 12. Jh. an in den Familien fest werden, sind v. a. die Verarmung des Rufnamenbestandes infolge der oben erwähnten »Mode«-Namen sowie das etwa zur gleichen Zeit zunehmende Bedürfnis der Verwaltung – bes. in den Städten – zur genaueren Erfassung und Identifizierung der Bürger zu nennen. Die heutigen Familiennamen, die sich im Verlauf des MA aus zunächst individuellen Beinamen entwickelten, lassen sich fünf Gruppen zuordnen: 1. Patronymika vom Typ (filius) Alberti, Alberts(sohn); 2. Herkunftsnamen vom Typ (de/von) Munzingen, (der) Nürnberger; 3. Kennzeichnung nach Beruf/Stand wie (der) Müller, Hofmann, Schultheiß; 4. Bezeichnung durch Übernamen (Spitznamen) wie Crassus, Dick, Krause; 5. Satznamen wie Jasomirgott, Lachnit, Ohnesorge. Sprachl. Form (Lützel – Lütke; Müller–Möller) u. Wortgeogr. (Metzger–Fleischer–Schlachter; Schultheiß–Schulze–Schulte–Scholz) können Hinweise auf d. regionale Herkunft d. Fam. (-namen) geben.

[6] *Personennamenforschung:* Während die Frage nach der »Bedeutung« der P. meist im Vordergrund dilettant. P.forsch. steht, sind die P.geographie, die P.soziologie sowie eine aus den Q. des MA erarbeitete P.statistik als unerläßl. Voraussetzung für die hist. Personenforsch. anzusehen, die der Zusammenarbeit mit der philolog. P.forsch. zur Beurteilung der sprachgesch. Entwicklung und sprachgeograph. Varianz der überlieferten P. bedarf, um die Grenze zw. namenkundl. gleichen (z. B. Angilpraht – Engelbert) und etymolog. verschiedenen P. (z. B. Arnold – Arnolf) zutreffend ziehen zu können. Ein die Bedürfnisse der Philologen und Historiker befriedigendes P.buch ist noch immer ein Desiderat der Forschung. Mit neuartigen Editionen der Verbrüderungsbücher und →Necrologien des MA sind die P. als sprachl. Zeugnisse des Ahd. und Mhd. neu in den Blick der Sprachwiss. gekommen, die durch eine Auswertung der im Vergleich zu den ahd. und mhd. lit. Texten erhebl. umfangreicheren P.überlieferung, die zudem in der Regel auch genauer datierbar und lokalisierbar ist, eine breitere Basis der Grammatik zu erarbeiten vermag.   D. Geuenich

Lit.: E. FÖRSTEMANN, Altdt. Namenbuch, 1: P., 1900² [Nachdr. 1966] – H. KAUFMANN, Erg.bd. zu E. FÖRSTEMANN, P., 1968 – A. BACH, Dt. Namenkunde, I, 1–2, 1978³ – K. SCHMID, Vom Zusammenhang der Personenforsch. mit der Namenforsch. (Name und Gesch., hg. F. DEBUS–K. PUCHNER, 1978), 331–338 – M. GOTTSCHALD, Dt. Namenkunde, hg. R. SCHÜTZEICHEL, 1982⁵ [Lit.].

II. JUDENTUM: Die Juden im MA verwendeten mehrheitl. bibl. P., soweit sie in der Bibel eine positive heilsgesch. Signifikanz aufweisen. Als Beispiele seien die Namen Abraham, Isaak und Jakob für Männer, Sara, Rachel und Lea für Frauen angeführt. Vielerorts trat neben den hebr. Namen aber auch ein ortsüblicher nichtjüd. Name, der je nach sprachl. Umfeld gr., dt., arab. oder roman. geprägt war und gelegentl. sogar eine mehr oder weniger exakte Übersetzung des hebr. Namens darstellte. So läßt sich für den byz. Bereich auf das Namenspaar Eljakim/Anastasios, für die arab. Welt auf das Namenspaar Yefet/Ḥasan hinweisen. In mindestens ebensoviel Fällen aber hatte die nichtjüd. Bezeichnung mit der hebr. gar nichts zu tun, wie etwa bei Moses/Bonastruc in Katalonien und Josua/Abū-l-Faraǧ im arab. Sprachbereich. Zuweilen trugen Juden lediglich einen nichtjüd. und überhaupt keinen hebr. Namen. Die weitere Identifizierung einer Persönlichkeit erfolgte durch die Nennung des Patronymikons, z. B. Isaak ben Melchisedek. Die Beifügung des Geburts- oder aktuellen Aufenthaltsortes des Betreffenden war zusätzl. möglich. Familiennamen wie Ibn Esra oder →Kimchi kamen vor der Neuzeit nur im arab. und im span.-südfrz. Judentum vor, allerdings nicht sehr häufig.   H. G. v. Mutius

Lit.: EJud (engl.) XII, 809ff. [R. Chazan] – S. SERROR, Les noms des juifs de France au M-A, 1989.

Personifikation. Den in den Bereich der →Allegorie gehörenden Vorgang, in profaner wie religiöser Dichtung, Rhetorik und Kunst Gegenstände und Erscheinungen der Natur und abstrakte Vorstellungen und Begriffe in menschl. Gestalt vor- bzw. darzustellen, also zu personifizieren, hat die chr. Kultur aus der gr.-röm. Antike übernommen. Bei dieser Übernahme wurden auch ursprgl. als göttl. verehrte P. in den chr. Denken angepaßt (vgl. z. B. zur Victoria: →Engel; zur Tellus: →Erddarstellung), so daß in bezug auf die frühchr. und ma. P.en zwei für die Antike wichtige, wenn auch kaum zu beantwortende Fragen nicht mehr zu stellen sind: Es entfällt sowohl das Problem der Unterscheidung von Gottheiten aus früher anthropomorpher Mythologie und aus Personifizierung, wie auch die Frage, in welchem Maße und wie lange (v. a. röm.) P.en von Naturerscheinungen oder Begriffen (z. B. Glück, Treue, Eintracht, Überfluß) tatsächl. als persönl. Gottheiten geglaubt wurden (vgl. STÖSSL). P.en wurden oft durch Beischriften identifiziert (bes. in Mosaiken und Buchmalerei), meist jedoch durch Attribute (z. B. Strahlenkranz und Mondsichel bei →Sonne und Mond; typ. Erntegaben bei Jahreszeiten [→Jahresdarstellung]); auch der Kontext einer Szene kann ausreichen (eine Fluß-P. bei der →Taufe Christi muß der Jordan sein, während die P.en der vier Flüsse des →Paradieses eine Namensbeischrift brauchen). P.en aus antiker Tradition konnten mit unveränderter Bedeutung weiterleben (z. B. P.en von Städten, Flüssen, Winden, Jahreszeiten), doch muß auch mit chr. Umdeutung gerechnet werden: Wenn z. B. im 4. Jh. dem Triumphkreuz mit Christogramm, seit dem 6. Jh. Bildern der Kreuzigung oder Herrlichkeit Christi die P.en (oder Bildzeichen) von Sonne und Mond beigegeben wurden, seit dem 10. Jh. mit den P.en von Erde und Meer verbunden (Beispiele: SCHWARTZ; ENGEMANN), so dürfte die antike Bedeutung des Hinweises auf kosm. Universalität (der Geltung einer Person oder eines Geschehens) weiterleben; doch zeigt die Beischrift im Uta-Evangelistar (um 1200), daß die P. des Mondes die bei der Kreuzigung trauernde Kirche vertritt. Die frühesten eigenständig chr. P.en sind die inschriftl. als die Kirchen aus Juden und Heiden bezeichneten Frauen im Mosaik in S. Sabina (Rom, frühes 5. Jh.). Für die ma. Lit. und Bildwelt wichtiger ist jedoch das hieran anknüpfende, seit dem 9. Jh. entwickelte Gegensatzpaar von →Ecclesia und Synagoge. Wurde die P. von →Tugend und Laster durch zwei Frauen bereits im 5. Jh. v. Chr. durch Prodikos in der Erzählung von →Herakles am Scheidewege erdacht, so gehen die P.en der Einzeltugenden und -laster auf die 'Psychomachie' des →Prudentius zurück (4. Jh.). Sie fanden in der w. ma. Kunst nicht nur in theol. Zusammenhang Verwendung (bis hin zu den Reliefzyklen der frz. Kathedralplastik und zu Darstellungen der →Kreuzigung Christi durch die Tugenden), sondern auch (bisweilen in spezieller Auswahl) in bezug auf Herrscher (Beispiele: →Bildnis; im O erscheinen sie bes. bei den 'Himmelsleiter' des →Johannes Klimakos (Hss. seit 10. Jh.). Grundlegend für die P.en der sieben →Artes liberales war die auf →Boethius fußende 'Hochzeit Merkurs und der Philologie' des →Martianus Capella (4./5. Jh.). Neben solchen Zyklen wurden zahlreiche Einzel-P.en erdacht; vgl. z. B. die P.en im Widmungs- und im Autorenbild der Wiener Hs. des →Dioskurides (Großmut, Vernunft, Dankbarkeit der Künste, Macht des Gedankens und Erfindung) oder die P.en von Gründung, Erneuerung und Ausschmückung in ö. Mosaiken des 6. Jh. (Beispiele: MAGUIRE), P.en von Leben und (öfter) Tod in einigen ma. Kreuzigungsbildern, schließlich die P.en der →Frau Welt und des Fs.en dieser Welt.   J. Engemann

Lit.: RE XIX, 1042–1058 [F. STÖSSL] – KL. PAULY IV, 661–663 – LCI III, 394–407 – J. SCHWARTZ, CahArch 11, 1960, 145–162 – H. MAGUIRE, Earth and Ocean, 1987 – J. ENGEMANN, Das Hauptportal der Hohnekirche in Soest, 1991.

Perspektive (lat. perspicere 'hindurchschauen'), Abbildung eines Raumes oder räuml. Objekte auf der Fläche eines Bildes oder Reliefs mit dem Ziel, einen unserer Wahrnehmung entsprechenden Raumeindruck zu erwecken. Der Begriff 'perspectiva' taucht erstmalig um 500 bei Boethius als Terminus der Meßkunde auf, dann durchgängig seit dem 15. Jh. Erste Versuche perspektiv. Darstellung in der griech. Vasenmalerei der Spätarchaik (Übergangszeit vom silhouettenhaften schwarzfigurigen zum körperl. freier bewegten rotfigurigen Stil; Körperp.: Figuren und Gegenstände in Verkürzungen und Schrägansichten) sowie in der sog. Skenographie (Bühnenmalerei: Architektur- und Landschaftsprospekte, die in den Dramen den Eindruck des unmittelbaren Miterlebens unterstützen sollten). Aus der röm. Antike sind perspektiv. Darstellungen durch die Fresken v. Pompeji (bes. 2. pompejan. Stil) überliefert. Mit dem Niedergang der röm. Kultur bricht die Weiterentwicklung dieser Art der Raumdarstellung vorerst ab. In der auf die Fläche als Spannungsfeld orientierten frühchr. und frühma. Kunst werden Bedeutungsp. (Größenstaffelung der Personen im Bild je nach ihrer Bedeutung) und umgekehrte P. (von der Hauptfigur des Bildes ausgehend [bes. in der Deesis]) vorherrschend. Am Ende des MA wird die Erfassung der beobachteten Naturwirklichkeit wieder zum Darstellungsziel. Die 'Kastenräume' →Giottos und →Duccios zeigen einen geschlossenen und deutl. als Hohlkörper empfundenen Innenraum (Giotto, Fresken der Arenakapelle, 1304–06 [Padua]; Duccio, Abendmahl vom Hochaltar, 1301–08 [Siena, Dom]). Erste geometr. konstruierte Zentralp., bei der sich alle in die Tiefe laufenden Linien auf einen Fluchtpunkt beziehen, in der it. Renaissance. Nach Vasari erfand Filippo→Brunelleschi um 1420 diese 'costruzione legittima'. Im N in der altndl. und gegen Ende der nur wenig davon beeinflußten frz. und dt. Kunst des 15. Jh. ist die Handhabung der P. im Vergleich mit Italien weitaus empirischer und bedeutungsbetonter. Nach den Vorstufen der frankoflām. Buchmalerei (Brüder v. →Limburg; Boucicaut-Meister) hat Jan van→Eyck maßgebl. die perspekt. Innen- und Außenraumdarstellung gefördert, unabhängig davon, daß er die P. symbol. nutzte bzw. mit der Bedeutungsp. verknüpfte und durch die Luft- und Farbp. ergänzte, die das Abnehmen der Deutlichkeitsgrade und das Verblauen der Farben in der Ferne zur Wiedergabe der Raumtiefe benutzt und so Atmosphäre erzeugt (Kirchenmadonna, um 1437/39 [Berlin, Gemäldegalerie]; Rolin-Madonna, um 1435 [Paris, Louvre]). Dabei ist die P. der Eyck'schen Bilder, rein math. betrachtet, noch 'unkorrekt'. Nach einheitl. Fluchtpunkt konstruierte Darstellungen finden sich im N frühestens bei Petrus →Christus (Madonna mit Hieronymus und Franziskus, 1457 [Frankfurt, Städelsches Kunstinstitut]) und dann auch bei Dieric →Bouts (Abendmahl; Mittelbild des gleichnamigen Retabels, 1464–67 [Löwen, St. Peter]). M. Grams-Thieme

Lit.: E. PANOFSKY, P. als 'symbol.' Form, Vortr. der Bibl. Warburg 1924/25 [DERS., Aufsätze zu Grundfragen der Kunstwiss., 1985[4]] – M. SCHILD, Bunim Space in Medieval Painting and the Forerunners of P., 1940 – P. SCHWEITZER, Vom Sinn der P., 1953 – G. FEDERICI VESCOVINI, Studi sulla prospettiva medievale, 1965 – J. WHITE, The Birth and Rebirth of Pictorial Space, 1972[3] – P. als Mittel der Kunst, hg. M. KAISER, 1986 – P. A. FLORENSKIJ, Die umgekehrte P., 1989 – S. Y. EDGERTON Jr., The Heritage of Giotto's Geometry. Art and Science on the Eye of the Scientific Revolution, 1991 [Lit.] – R. SCHMIDT, Lehre der P. und ihre Anwendung, 1991[7].

Perspice Christicola, lat. Kontrafakt (Neutextierung) des →Cuckoo Song, mit diesem überliefert; kurze, unregelmäßige gereimte Kola wie viele Motettentexte. Inhalt: Betrachtung der Güte Gottes, der als Weinbauer seinen Reben zuliebe den eigenen Sohn nicht schont. G. Bernt

Ed.: E. DE COUSSEMAKER, L'art harmonique aux XIIe et XIIIe s., 1865[3], 54–56 – Lit.: RISM 4, 1, 505–508 – The NEW GROVE, 366–368 [mit Faks.].

Perth, Stadt in Schottland am rechten Ufer des Tay, *burgh* und Hauptort einer alten Gft. (*county*) und eines *sheriffdom*, zuerst im frühen 12. Jh. belegt. Aufgrund des »P«-kelt. Namens (*pert*, 'kleiner Wald') und der Lage an der niedrigsten Furt durch den Tay darf aber sicherl. angenommen werden, daß P. bereits vorher existiert hat, wahrscheinl. handelte es sich um eine Nachfolgesiedlung älterer Siedlungen am Zusammenfluß von Almond und Tay und am linken Ufer des Tay bei →Scone. Die Errichtung einer kgl. Burg am n. Rand des burgh förderte wohl entscheidend die Entwicklung von P. zu einem der führenden städt. Zentren im Kgr. Schottland bis zum 16. Jh. P. verdankte seine Bedeutung u. a. seiner zentralen geogr. Lage in der Nähe mehrerer alter Straßen, die in das schott. Hochland führten, doch bot es auch einen leichten Zugang zum größten Teil des schott. Tieflands. Es lag außerdem in der Nähe von Scone, bis zum 14. Jh. Krönungsort der schott. Kg.e. P. gehörte neben →Edinburgh und →Stirling zu den drei schott. Zentren mit tatsächl. hauptstädt. Funktionen, doch war es wie diese keine civitas, d. h. Sitz eines Bf.s. Alle drei Städte lagen in der Diöz. v. →St. Andrews. P. prosperierte rasch während des 12. und 13. Jh., bes. in den Bereichen der Tuchherstellung und der Metallverarbeitung. Eine Kaufmannsgilde existierte bereits vor 1200. P. war ein wichtiges schott. Einfuhrzentrum für Seehandelsgüter und Luxuswaren (z. B. gascogn. Wein). Ausgrabungen im Stadtzentrum (seit 1970) haben die Aussagen schriftl. Q. bestätigt, nach denen P. – für schott. Verhältnisse – eine wohlhabende Stadt war. Wie in schott. burghs üblich, gab es in P. nur eine Pfarrkirche (ô Johannes d. T.), nach der die Stadt im MA und auch später häufig »Sanct Johns town« (»St. Johnstone«) gen. wurde. Vor dem 15. Jh. verfügte in Schottland nur P. über eine Stadtmauer aus Stein, deren Grundmauern durch neue Ausgrabungen freigelegt werden konnten. Die kgl. Burg war seit ca. 1120 von Bedeutung, doch wurde sie 1209 durch eine Überschwemmung zerstört und nicht wieder aufgebaut. P., das während der schott. Unabhängigkeitskriege (→Wars of Independence) eine entscheidende Rolle spielte, wurde längere Zeit von engl. Truppen besetzt und 1313 von einer schott. Streitmacht unter der Führung von →Robert I. ('the Bruce') befreit. In der schott. Gesch. nahm P. von ca. 1330 bis ca. 1440 eine führende Stellung ein. Jakob I. zog P. seinen anderen Residenzorten vor und förderte bes. die Dominikaner und Kartäuser, deren Priorat er 1429 gründete. Der Kg. wurde am 21. Febr. 1437 in P. ermordet und in der Kartause beigesetzt. Obwohl in der Folgezeit die schott. Kg.e häufiger in Stirling oder Edinburgh weilten, blieb P. bis zum Ende des MA eine bedeutende Stadt.

G. W. S. Barrow

Lit.: A. A. M. DUNCAN, Scotland: the Making of the Kingdom, 1975.

Pertiguero (lat. perticuarius, von *pértiga*, einem langen Stab als Würdezeichen), vom *Señor* beauftragter Amtsträger in Galicien, der auf der Grundherrschaft für die Aufrechterhaltung der weltl. Ordnung und der Verwaltung sorgte (vgl. →Vogt, →Merino). Während seit Ende des 11. Jh. die *p.s menores* von kleineren Grundherren eingesetzt wurden, übertrugen die Ebf.e v. →Santiago de Compostela im SpätMA, wahrscheinl. aber schon seit Ende des 12. Jh., die Aufsicht über die umfangreichen, weitgehende Immunität genießenden Besitzungen des Hochstifts zw. den Flüssen Ulla und Tambre *(Tierra de Santiago)*, einem *P. Mayor de Santiago*, der, aus der Schicht der Magnaten bzw. →Ricos-hombres stammend, das *homenaje* leisten mußte, Jurisdiktion zu üben und Klerus und kirchl. Territorium aufgrund seiner Schutzpflicht zu verteidigen hatte. Da das Aufgabengebiet des P. Mayor de Santiago in seinem Bereich weitgehend deckungsgleich mit dem des kgl. →Adelantado Mayor de Galicia war, wurde seine Funktion spätestens unter den Kath. Kg.en (Santa →Hermandad) aufgesogen: Das Amt verschwand und lebte nur noch als Titel (Gf. en v. Altamira) weiter. L. Vones

Lit.: L. LÓPEZ FERREIRO, Galicia en el último tercio del siglo XV, 1965³ – L. GARCÍA DE VALDEAVELLANO, Curso de Hist. de las Instituciones españolas, 1975⁴, 525 – A. LÓPEZ FERREIRO, Fueros Municipales de Santiago y de su tierra, 1975² – R. PÉREZ-BUSTAMANTE, El gobierno y la administración de los Reinos de la Corona de Castilla (1230–1474), I, 1976, 275–288 – J. BARREIRO SOMOZA, El señorío de la iglesia de Santiago de Compostela (Siglos IX–XIII), 1987, 452ff.

Perugia, Stadt in Mittelitalien (Umbrien)
I. Stadt und Bistum – II. Klöster – III. Universität.

I. STADT UND BISTUM: P. (lat. Augusta Perusia, umbr. Peroscia), bedeutende etrusk. Stadt (Reste der Ummauerung), seit 259 v. Chr. röm., von Octavian 40 v. Chr. nach Zerstörung neu gegr. Lage auf zwei Hügeln 493 m ü. d. M. mit Ausdehnung auf fünf Hügel im MA (*borghi*). Polit. Einfluß seit röm. Zeit bis zur östl. Bergkette des Tibertals (53 km im Contado), im W bis zum Trasimenisch. See. Der Zeitpunkt der Christianisierung ist nicht bekannt, doch wird in den »Dialogi« Gregors d. Gr. einem Bf. Herculanus Märtyrerfunktion bei der Eroberung P.s durch Totila 549 zugeschrieben (Stadthl., Fest 1. März seit der Translation 1246). Erste Kathedrale an der Stelle des heut. Kl. S. Pietro, ersetzt im 12. Jh. durch roman. Bau auf dem neuen Zentralplatz am Colle del Sole (S. Lorenzo e Ercolano). Nach 1345 got. Neubau.

P. unterstand dem →Exarchat Ravenna, dann langob. Herrschaft, gehörte zu den Orten der »Pippin. Schenkung« an den Hl. Petrus, blieb jedoch unter karol. Herrschaft. Der Contado umfaßte in den ksl. Bestätigungen des Kirchenstaates v. 817 und 962 das Gebiet zw. Trasimenisch. See und Tiber. Als Stadtherren mit gfl. Rechten amtierten die Bf.e. Eine Kommune P. mit Konsuln ist erstmals für 1139 bezeugt, ein Podestà sicher für 1185. Der Übergang zur Podestà-Verfassung vollzog sich im Verlauf der Kämpfe zw. den im Contado grundbesitzenden *milites* und den zünftigen *pedites*. Innozenz III. bestätigte der auf päpstl. Seite übergewechselten Kommune 1198 ihre Autonomie; 1201 verweist die Kommune P. auf ein schriftl. »Constitutum«, auf das die städt. Magistrate Amtseide leisten. Schiedsrichterl. Eingreifen der Päpste und Podestaten aus röm. Adel konnten die Kämpfe nur teilw. beilegen (1223 Honorius III.). Der Sieg des popolo wurde durch seine konsequente guelf. Parteinahme in den Kämpfen Gregors IX. und Innozenz' IV. mit Friedrich II. begünstigt (P. als päpstl. Residenz seit 1228). Das Land im Contado diente nun als Comunanza, die neue Statutarverfassung von 1260 (Ordinamenta populi) gewährten den Statuten des popolo Vorrang vor denen der Kommune. Polit. bestimmend wurden die oberen Zünfte der Händler und Wechsler (»Raspanti«) mit dem Capitano del popolo als neuem Amt. Die Platea communis wurde zum Repräsentationszentrum ausgebaut: Zwei Brunnen (Fontana Maggiore der Pisani 1278, Brunnen von Arnolfo di Cambio 1281, 1301 abgerissen) mit techn. aufwendigem Aquädukt auf die Piazza, Palazzo Comunale (Podestà), Palazzo del Popolo (Capitano), dort seit 1301 Bronzefiguren Löwe (Guelfen) und Greif (Perugia) vom Brunnen Arnolfos. Kult um den pseudoantiken Stadtgründer Eulixes (Stadtepos »Eulistea« des Bonifacio Veronese 1293, ähnlich das Figurenprogramm an der Fontana Magg.). Zw. 1264 und 1305 fünf Papstwahlen in P., darunter Cölestin V. Ausdehnung des Contado bis zur Mitte des 14. Jh. nach O und S durch Kämpfe gegen →Foligno, →Assisi, →Todi und →Spoleto (ca. 1,343 km²). Wachstum der Bevölkerung führt zu neuen ummauerten Borghi der 5 Rioni (ca. 30000 Einw. in der Stadt, Stadtmauer im 14. Jh. 6 km statt 2,9 km etrusk.-röm.). Kämpfe der niedrigen Zünfte (Beccherini) gegen die Raspanti seit 1296–1305 enden mit Herrschaftsteilung (Palazzo dei Priori). Wirtschaftl. Stagnation (Begrenzung auf 40 arti außer den Notaren, Verbot des Zuzugs vom Land) und Adelsfeindschaft (Libro Rosso 1332 mit 501 Namen) schlägt sich tendenziell in den neuen Statuten des 14. Jh. nieder (1306, 1342 volkssprachl. Fassung). Zeit größter polit. Macht P.s (Hegemonie in Umbrien) während des avignones. Papsttums. 1351 nahmen Vertreter von 33 unterworfenen Kommunen am Fest des hl. Herculanus teil. Die Hegemonie P.s wurde auch nach 1350 gegen Giovanni Visconti und nach 1353 gegen Kard. →Albornoz behauptet (1355 Goldbulle Karls IV. für P.).

Unter Urban V. Beginn von Auseinandersetzungen mit päpstl. Regenten, zugleich Signorieversuche Adliger im Inneren. 1375 Aufstand gegen den Kard. nepoten Gregors XI. und Anschluß an die Liga der rebellierenden Städte des Kirchenstaats. Ausgleich Jan. 1379 mit Urban VI.: Bestätigung der alten Privilegien bei Anerkennung der Oberhoheit des Hl. Stuhls. Adelskämpfe um die städt. Signorie führten Jan. 1400 zur Unterwerfung unter Giangaleazzo →Visconti, nach dessen Tod 1403 unter Gregor XII., dann Kg. Ladislaus v. Neapel. Seit 1416 Signorie des Generalkapitäns des Kirchenstaates, Andrea →Fortebraccio, nach dessen Tod (1424) des stadtadligen Geschlechts der →Baglioni (bis 1540), die die konkurrierenden Degli Oddi 1488 aus P. vertrieben. Äußerl. Zeichen des Endes der Autonomie P.s ist die Errichtung der Rocca Paolina durch Sangallo d. J. auf Geheiß Pauls III. auf den Fundamenten der niedergelegten torri der Baglioni.

II. KLÖSTER: Das OSB Kl. S. Pietro wurde 965 an der Stelle der verlegten ersten Bf. skirche angelegt. Der auf dem zur Kirche führenden Hügelfinger gelegene Borgho des nach der Porta S. Pietro benannten Stadtteils bestand schon im 12. Jh. und wurde als erster ummauert. Die kommunale Führungsschicht der Raspanti war traditionell eng mit der Abtei verbunden. 1234 ließen sich die Dominikaner ebenfalls im Borgho S. Pietro nieder, 1253 folgten die Minoriten im Borgho di Porta S. Susanna. Die Augustiner (1257–60), Serviten (1260) und Karmeliten (1294) erhielten Niederlassungen in den Borghi der Porte S. Angelo, Eburnea und Sole. Eine bes. Rolle spielte P. bei der Entstehung der Disziplinatenbewegung durch die Niederlassung des Raniero Fasani außerhalb des Rione Porta Sole um 1260. Aus dem Konvent des 3. Ordens (1276) entstand das Observantenkl. Monteripido. Die Klarissen gründeten im Borgho Porta Sole den Konv. Monteluce, während ca. 1235 im Borgho Porta Eburnea das Zisterzienserinnenkl. S. Giuliana gegr. worden war. S. Pietro und die Mendikantenkl. verfügten über Skriptorien. Die Franziskaner unterhielten im 14. Jh. ein Generalstudium in P., das in engem Kontakt zu der zunächst allein auf das Rechtsstudium ausgerichteten Univ. stand.

III. UNIVERSITÄT: In P. bestanden bereits in der 2. Hälfte des 13. Jh. Schulen von Rechtslehrern, für die die Kommune seit 1276 auswärtige Studenten warb. Clemens V. privilegierte 1308 die Bannerträgerin guelf. Gesinnung mit einem Studium generale. Johannes XXIII. erweiterte das Privileg 1318 um das Promotionsrecht in den Rechtsstudien und gewährte 1321 zusätzl. eine Artes- und Medizinfakultät mit Promotio. Die Kommune hatte bereits 1316 den bedeutenden Legisten →Jacobus de Belvisio verpflichtet. Kurzzeitig lehrte →Johannes Andreae. Größte Bedeutung erreichte die Univ. (die über kaum mehr als 15 besoldete Doktoren und 150 Studenten verfügte) durch die Lehrtätigkeit von →Bartolus de Saxoferrato, seines

Schülers →Baldus de Ubaldis und deren Verwandten und Schüler. Kard. Nikolaus Capocci v. Tusculum begründete mit der Errichtung des theol. Collegium Gregorianum (»Sapienza Vecchia«) 1362 in päpstl. Auftrag indirekt eine theol. Fakultät, indem die mendikant. Studia Generalia nun Promotionsrecht erhielten.

H. G. Walther

Lit.: zu [I]: L. Bonazzi, Storia di P. dalle origini al 1860, I, 1875 – W. Heywood, A. Hist. of P., 1910 – G. Belelli, L'istituto del Podestà in P. nel s. XII, 1936 – S. Angelini, La diplomazia comunale a P. nei ss. XII e XIV, 1965 – Reformationes communis Perusii quae extant anni MCCLXII, hg. U. Nicolini, 1969 – M. Pecugi Fop, Il comune di P. e la Chiesa durante il periodo avignonese..., 1970 – J. P. Grundman, The Popolo at P. (1139-1309), 1974 – S. R. Blanshei, P. 1260-1340, Conflict and Change in a Mediev. It. Urban Soc., 1976 – A. Grohmann, P., 1981 – Forme e tecniche del potere nella città (ss. XIV- XVII), Univ. P., Ann. Fac. Scienze polit. 16, 1982 – P. Höhler, P. im SpätMA, ein Überblick über die Forsch. der letzten 15 Jahre, QFIAB 63, 1983, 298–312 – Cod. dipl. del Comune di P., ... (1139-1254), hg. A. Bartoli Langeli, 3 Bde, 1983-91 – P. G. Schmidt, L'epica lat. nel s. XIII, Notizie su Bonifacio da Verona e la sua »Eulistea«, Quad. Centro Collegamento Studi Mediev. e Umanist. P. 15, 1986, 221–227 – Soc. e Istituzioni dell'Italia Comunale: L'esempio di P. (ss XII-XIV), 2 Bde, 1988 – zu [II.]: Le carte dell'Arch. di S. Pietro di P., hg. T. Leccisotti–C. Tabarelli, 2 Bde, 1956 – Francescanesimo e soc. cittadina, l'esempio di P., hg. U. Nicolini, 1979 – C. Casagrande–P. Monacchia, Il monastero di S. Giuliana a P. nel s. XIII, Benedictina 27, 1980, 509–571 – Settimo centenario della morte di Raniero Fasani, Atti P. 1981, 1984 – P. Höhler, Frauenkl. in einer it. Stadt, QFIAB 67, 1987, 1–107; 68, 1988, 167–270 – zu [III]: G. Padelletti, Contrib. alla storia dello studio di P. nei ss. XIV e XV, 1872 – Doc. per la Storia d. Univ. di P., hg. R. Rossi, Giornale di erudizione artist., App. 1875-86 – D. Segolini, Schede per un diz. biogr. dei giuristi perugini, Univ. P., Ann. Fac. Giurisprud. 6, 1959, 241–248 – U. Nicolini, Dottori, scolari, programmi e salari alla Univ. di P. verso la metà del s. XV, Boll. Dep. St. Patr. Umbria 58, 1961, 139–159 – G. Ermini, Storia d. Univ. di P., 2 Bde, 1971².

Perugino (Pietro Vannucci), it. Maler, * um 1447/50 Castel (heute: Città) della Pieve bei Perugia, † 1523 Fontignano bei Perugia. Seine künstler. Anfänge – wohl eher bei →Piero della Francesca in Arezzo als in Perugia – vor der Ausbildung bei →Verrocchio in Florenz sind unklar; 1472 wird er hier als Meister in die Compagnia di San Luca aufgenommen. Das erste dokumentierte Werk, ein Fresko mit Sebastian und Resten zweier weiterer Hl.n in Cerqueto 1478, zeigt seinen Stil schon weitgehend ausgebildet. 1479 malte er die Apsis der Cappella della Concezione in Alt St. Peter in Rom aus (1609 abgebrochen); 1481/82 leitete er die Ausschmückung der Sixtin. Kapelle (Beteiligung von Botticelli, Ghirlandaio, Cosimo Rosselli und Signorelli und ihrer Werkstätten). Die drei Fresken an der Altarwand fielen Michelangelos 'Jüngstem Gericht' zum Opfer; erhalten sind die 'Taufe Christi', die 'Reise Mosis' (mit Pinturicchio als Gehilfe) und die 'Übergabe der Schlüssel an Petrus', in deren weiter Architekturlandschaft P.s Meisterschaft in der großzügigen Rhythmik der Gruppenbildung und Raumgestaltung erstmals voll zur Geltung kommt. In den beiden folgenden Jahrzehnten ist er als gesuchter Meister zw. Rom, Florenz und Perugia tätig; es entstehen zahlreiche große Altäre, u. a. Triptychon mit Kreuzigung aus San Gimignano (Washington), 'Die Vision des hl. Bernhard' (München), Polyptychon v. 1491 für Giuliano della Rovere (→Julius II.; Rom, Slg. Torlonia), 'Beweinung Christi' (1495, aus Sta. Chiara im Palazzo Pitti, Florenz), Polyptychon mit der 'Himmelfahrt Christi' (1495/96, aus S. Pietro, Perugia, seit 1797 in Frankreich zerstreut), 'Vermählung Mariae' (1500/04 aus Perugia, in Caen). Ferner entstehen neben vereinzelten Bildnissen (Florenz) und mehreren halbfigurigen Madonnen monumentale Fresken (insbes. Ausmalung eines Saales im Cambio in Perugia [1496–1500]). Mit der Kritik an dem 'Kampf zw. Liebe und Keuschheit' für das Studiolo der Isabella d'Este (1505, Paris) und den Tondi an der Decke der Stanza dell'Incendio im Vatikan 1508 muß P. seine führende Stellung an seinen Schüler →Raffael abgeben; doch malt er in Umbrien bis zu seinem Tod in kaum veränderter Weise seine wohl ponderierten, fülligen Figuren mit ihren gemessenen Gesten und dem unverkennbar frommen Blick.   Ch. Klemm

Lit.: P. Scarpellini, P., 1984 – La pittura in Italia, Il Quattrocento, 1987, bes. 731 – J. Wood, P. and the Influence of Northern Art on Devotional Pictures in the late Quattrocento, Konsthistorisk tidskrift 58, 1989, 7–18.

Peruštica, bei Philippopolis–Plovdiv in Bulgarien gelegene Ruine einer Nischenrundkirche mit Kuppel, Nebenräumen und Eingangstrakt. Ihr Name »Rote Kirche« rührt von ihrem Ziegelmauerwerk her. Als Datum wird allg. das Ende des 5. oder der Anfang des 6. Jh. angenommen, wobei als Terminus post quem non 692, das Datum des Konzils in Trullo (Concilium Quinisextum) gilt wegen der in den Malereifragmenten (Kindheit Jesu und atl. Szenen, Engel) anzutreffenden Darstellung Christi als Lamm, das in einem Medaillon – ähnlich im Bemagewölbe von S. Vitale in Ravenna – von Engeln hochgehalten wird.   M. Restle

Lit.: A. Frolow, L'église rouge de P., Bull. Byz. Inst. 1, 1946, 14ff.; 2, 1950, 449–477.

Peruzzi, alte florentin. Familie popolaren Ursprungs, die von ca. 1250 bis ca. 1350 beachtl. wirtschaftl. und polit. Macht in Florenz ausübte. Aus ihr gingen 54 Prioren hervor, 9 *Gonfalonieri di Giustizia* sowie leitende Amtsträger in den unterworfenen Städten, Vorsteher der Arti und Träger anderer ziviler und milit. Ämter. Die P. sind seit Anfang des 13. Jh. belegt, Spitzenahn ist *Amideo*, von dem zwei Linien ausgehen (Häupter *Filippo* bzw. *Arnoldo*). Die Familie besaß Türme und Palazzi im Viertel S. Croce und die von Giotto in der gleichnamigen Kirche freskierte Kapelle. Die Handelskompanie der P. ist seit 1274 bezeugt (*Filippo di Amideo*). 1303 wird sie von *Tommaso di Arnolfo* geleitet und trägt dessen Namen. Seine Nachfolger sind 1333 *Giotto di Arnolfo*, 1336 *Bonifacio di Tommaso*, 1340 *Pacino di Tommaso*. Die Kompanie umfaßte alle Mitglieder der Familie und einige fremde Gesellschafter. 1310 betrug ihr Kapital mehr als 100 000 Goldflorine. Neben dem Hauptsitz in Florenz hatte sie in den bedeutenden Handelszentren des Mittelmeerraums und Westeuropas Filialen (Brügge, London, Paris, Avignon, Genua, Pisa, Venedig, Cagliari, Neapel, Palermo, Barletta, Girgenti (h. Agrigento), Zypern, Rhodos, Tunis, Mallorca). Die Aktivität des Bankhauses erreichte sowohl auf dem Sektor der Depositen, wie im Kreditwesen sehr beachtl. Ausmaße. Giovanni Villani zufolge liehen die P. dem Kg. v. England 600 000 und Robert v. Anjou 100 000 Florin. 1343 machte die Kompanie Bankrott, da Eduard III. die Rückzahlungen einstellte. Nach dem Bankrott bewahrten die P. einen Teil ihres Vermögens; ihre verbliebenen Handelsgesellschaften und Banken vertraten jedoch nicht mehr die Interessen des gesamten Familienverbands. Der Kataster v. 1427 verzeichnet 28 Einzelfamilien mit einem Vermögen von jeweils ca. 3000 Florin.   B. Dini

Lit.: A. Sapori, La crisi delle compagnie mercantili dei Bardi e dei P., 1926 – Ders., I libri di commercio dei P., 1934 – D. Herlihy–C. Klapisch Zuber, Les Toscans et leur familles, 1978 – A. Sapori, Storia interna della compagnia mercantile dei P., Studi di Storia economica, s. XIII–XIV–XV, 1982, 653–694.

Perväne (pers. 'Schmetterling'), hoher Würdenträger am Hof der rūmselǧuqischen Sultane, Mitglied des Großen Divān und Inhaber des Grundbuchamtes (arāẓī defteri), beaufsichtigte und vergab die Soldlehen (iqṭā). Für die mongol. →Īlchāne, die seit 1242 über das Selǧuqenreich v. Rūm herrschten, waren die Dienste der P. von bes. Bedeutung, kontrollierten diese doch einen erhebl. Teil der Einkünfte des Reiches. Von den Īlchānen daher zu Statthaltern erhoben, regierten einige P. das Sultanat nahezu unumschränkt und behaupteten sich z. T. als Inhaber der Grenzfsm.er (beylikler) bis in die Osmanenzeit.

H. Göckenjan

Lit.: W. DUDA, Die Seltschukengesch. des Ibn Bibi, 1959 – A. C. SCHAENDLINGER, Ämter und Funktionen im Reich der Rumseltschuken, WZKM 62, 1969, 186f. – UZUNÇARŞILI, Methal, 95f.

Pesaro, mittelit. Stadt (Marken) an der Adriaküste, röm. Gründung (184 v. Chr.), Teil des →Exarchats, zw. 750 und 756 von →Aistulf erobert und 756 durch →Pippin mit anderen Städten der →Pentapolis dem Papst übertragen. Die päpstl. Herrschaft dauerte bis 1285, obgleich der mit Ravenna und dessen Ebf. verbündete Adel sich ihr häufig widersetzte, seine Macht durch den Bau von Kastellen im Umland ausbaute und die Ks. (z. B. Ludwig d. Fr. 817, Otto III. 1001) die Stadt durch Privilegien förderten und einen dem Reich verbundenen Adel heranzogen. P. und sein Territorium wurde im 10. Jh. Comitat und gehörte seit Mitte des 11. Jh. zur Mark →Ancona. Infolge der Dominanz kaisertreuer Familien in der Führungsschicht geriet P. zunehmend unter den Einfluß des Reiches, wobei Konflikte zw. den lokalen Machtträgern (Bf., Gf. etc.) nicht ausblieben. Das 12. Jh. ist gekennzeichnet durch Kriege mit Nachbarstädten (Fano, Ancona, Cesena u. a.), durch die Intervention Venedigs, die gleichzeitige Präsenz von Comes und Konsuln im Stadtregiment und das Ausgreifen der Staufer auf die Mark (→Markward v. Annweiler). 1199 leistete die Kommune dem Papst einen Treueid. Im 13. Jh. gewannen im Konflikt zw. den Ghibellinen (dem Feudaladel [→Montefeltro]) und den Guelfen, den konsularen Familien, die eine Zurückdrängung des ksl. Einflusses zugunsten eines Ausbaus der städt. Autonomie anstrebten, die Ghibellinen eine Zeitlang die Oberhand; nach dem Tode Friedrichs II. wurde P. jedoch erneut vom Papsttum beherrscht. Kriege (→Rimini) und Mißernten führten v. a. in der 2. Hälfte des Jh. zu wirtschaftl. Krisen. 1296 fungierte Giovanni →Malatesta als päpstl. Podestà der nun guelf. Stadt. Um 1330 hatten P. und sein Umland rund 2500 Herdstellen. Die →»Consuetudines Aegidianae« bezeichnen P. als »civitas magna«. Zw. 1285 und 1512 wurde P. von Signorien (→Malatesta, →Sforza) beherrscht. In kultureller, künstler. und polit. Hinsicht erlebte es damals eine Blüte, wurde jedoch durch den harten Steuerdruck stark belastet.

E. Archetti Giampaolini

Lit.: S. ANSELMI, La ricolonizzazione agricola nei secc. XIV e XV (Economia e società, hg. DERS., 1978) – P. tra Medioevo e Rinascimento, II, 1989 [bes. A. CARILE, P. nel Medioevo, 3–54].

Pesellino (Francesco di Stefano), Maler, Florenz 1422–57. Mit fünf Jahren verwaist, wurde er vom Großvater, dem Maler Giuliano d'Arrigo, gen. il Pesello, erzogen; prägend wirkte die Ausbildung bei Filippo →Lippi, zu dessen Pala Medicea aus Santa Croce er bereits 1442 Predellenszenen malte (Uffizien, Louvre). Dokumentar. gesichert ist nur die große Altartafel mit dem Gnadenstuhl und Hl.n aus Pistoia (London), die 1455 begonnen und nach P.s Tod in der Werkstatt Filippo Lippis vollendet wurde. Seine Spezialität waren die kleinen, figurenreichen Szenen für Predellen und Cassoni; seine halbfigurigen, liebl. Marienbilder dienten noch lange der Werkstatt des sog. Pseudo Pier Francesco Fiorentino als Vorlagen.

Ch. Klemm

Lit.: B. BERENSON, Italian Pictures of the Renaissance, Florentine School, I, 1963, 167f. – La pittura in Italia. Il Quattrocento, 1987, bes. 731f.

Pesquisa (v. a. in leones. Q. auch *esquisa,* lat. inquisitio), gerichtl. (mündl.) Beweisverfahren per inquisitionem, in allen Kgr.en der Iber. Halbinsel neben →Eid und →Gottesurteil bei der Rechtsprechung in Fällen der Zivilgerichtsbarkeit (v. a. Feststellung von Patronatsrechten, Grenz- und Besitzstreitigkeiten) vor dem Kg.sgericht seit dem 10./11. Jh. nachzuweisen, bei Kriminalfällen erst seit der 2. Hälfte des 12. Jh. angewandt, ersetzte allmähl. das akkusator. Verfahren. Durch die Möglichkeit der →Appellation an das Kg.sgericht und die Ernennung von *pesquisidores, pesquiridores (exquisitores)* oder *veedores* als delegierte Sonderrichter durch den Kg. (seit den von Alfons X. initiierten Gesetzsslg.en [Espéculo IV, 11; Partida III, 17] vorgesehen), wurde die P., nun zur schriftl. Fixierung ihrer Entscheidungen verpflichtet, trotz des Widerstands der →Cortes, zum kgl. Herrschaftsinstrument, das die Aufrechterhaltung der Rechtsordnung, den territorialen Bestand des Reiches, die Effektivität der Verwaltung und die Abgabenerhebung durch Visitationen in kgl. Auftrag kontrollierte – eine Entwicklung, die durch die Anerkennung der →Siete Partidas unter Alfons XI. abgeschlossen wurde.

L. Vones

Lit.: J. CERDÁ RUIZ-FUNES, En torno a la p. y procedimiento inquisitivo en el derecho castellano-leonés, AHDE 32, 1962, 483–517 – E. S. PROCTER, The Judicial Use of P. in León and Castilla, 1966 – L. GARCÍA DE VALDEAVELLANO, Curso de Hist. de las Instituciones españolas, 1975[4], 486, 560f. – E. S. PROCTER, Curia and Cortes in León and Castille, 1980, 40f., 63ff., 245ff. – J. F. O'CALLAGHAN, The Cortes of Castile-León 1188–1350, 1989, 168f. – L. M. RUBIO MORENO, Leyes de Alfonso X., III, 1991, 230f., 628f.

Pessach. Das in der jüd. Diaspora vom 15.–22. Nisan gefeierte P.-Fest galt in der ma. Judenheit als Fest der Erinnerung an den bibl. Auszug aus Ägypten, verknüpft mit der Hoffnung auf messian. Erlösung und das Ende des Exils. Die religionsgesetzl. Vorschriften zur Gestaltung des Festes waren recht umfangreich. Hervorzuheben ist das Verbot des Genusses sauerteighaltiger und aus fermentiertem Getreide hergestellter Nahrungs- und Genußmittel während der gesamten Festwoche, die vor Beginn derselben aus dem Hause geschafft, vernichtet oder an Nichtjuden verkauft bzw. verschenkt werden mußten. Der Verzehr spezieller ungesäuerter Brote, sog. Mazzot, war für den ersten Festabend zwingend vorgeschrieben, für den Rest der Woche fakultativ. Die zum P.-Fest erlaubten Speisen mußten aus Gründen ritueller Reinheit in eigens dafür bestimmtem Geschirr konsumiert werden. Zentrales liturg. Ereignis am ersten und zweiten Festabend war die Abhaltung der Seder-Feier im häusl. Familienkreis. Zu traditionell vorgeschriebenen Kräutern und Speisen wurde Wein getrunken und unter Beteiligung der Kinder die vom Auszug aus Ägypten handelnde P.-Haggada verlesen. Am Sabbattag der Festwoche erfolgte im synagogalen Gottesdienst die Verlesung des Hoheliedes, das in der jüd. Exegese auf Gottes Befreiung Israels aus der ägypt. Knechtschaft und aus der der nichtjüd. Fremdvölker überhaupt gedeutet wurde. Zur häusl. Liturgie und zur theol. Symbolik des P.-Festes existiert in der spätma. jüd. Buchmalerei eine reichhaltige Überlieferung.

H. G. v. Mutius

Lit.: Th. und M. Mezger, Jüd. Leben im MA, 1983, 263ff. – I. M. Lau, Wie Juden leben, 1990², 243ff.

Pessagna (Pessanha, Pessagno, Pezagno), genues. Familie. Der Handelsherr Manuel P. erhielt am 1. Febr. 1317 von Kg. →Dinis I. das Amt des →Almirante-mor zu erbl. Besitz übertragen und wurde mit der Erneuerung der ptg. Flotte beauftragt (→Flotte, VII.3). Papst Johannes XXII. gewährte dem Unternehmen drei Jahre lang einen Anteil der ptg. Kircheneinkünfte. Unter Manuels Befehl wurde die Flotte zuerst gegen die Muslime (Granada, Marokko), dann gegen Kastilien (Galicien, Algarve) eingesetzt. 1337 geriet er in kast. Gefangenschaft, aus der ihn Alfons XI. 1339 für eine gemeinsame Unternehmung gegen Cádiz wieder entließ. 1342 errangen die Flotten Portugals (unter Manuels ältestem Sohn Carlos) und Kastiliens gemeinsam einen Sieg über die Flotten Granadas und Marokkos, der – mit aragones. und genues. Unterstützung – 1344 in der Eroberung von Algeciras gipfelte. Manuels jüngster Sohn Lanzarote fiel 1361 wegen einer Liebesaffäre bei Kg. Peter I. in Ungnade und floh nach Kastilien; 1367 wurde er von Ferdinand I. zurückgerufen; 1370 sollte er die kast. Stadt Sevilla erobern, was trotz zweijähriger Belagerung mißlang. Nachdem Lanzarote 1373 die kast. Flotte, die Lissabon belagerte, entkommen ließ, entzog ihm der Kg. das Admiralsamt, gab es ihm 1383 jedoch zurück. Während des Erbfolgestreites nach Ferdinands Tod wurde Lanzarote als Parteigänger Kastiliens 1384 von der aufgebrachten Volksmenge erschlagen. Dennoch wurde sein ältester Sohn Manuel 1385 von Johann I. als Admiral bestätigt; 1387 sein Bruder Carlos. Danach wurde das Admiralsamt über die Töchter weitervererbt. Die letzte der vierzehn bekannten Erneuerungen des Vertrages v. 1317 erfolgte 1449.
P. Feige

Lit.: J. B. de Almeida Pessagna, Os Almirantes P.s e sua Descendência, 1923 – R. B. da Silva Cunha, Subsídios para o Estudo da Marinha de Guerra na 1ª Dinastia, Revista da Facultade de Letras da Univ. de Lisboa, 20, 2ª série, 1, 1954, 53–123 – A. H. de Oliveira Marques, Portugal na crise dos séculos XIV e XV, 1987.

Pest
A. Westen – B. Byzanz

A. Westen
I. Sozial- und Wirtschaftsgeschiche – II. Medizin.

I. Sozial- und Wirtschaftsgeschichte: [1] *Allgemein:* Nachdem die P. aus Mittelasien über die Tataren auf der Krim eingeschleppt worden war, wurde sie von den aus Caffa 1347 flüchtenden Genuesen nach Italien weitergetragen. In den folgenden Jahren breitete sie sich v. a. über die Seewege in Frankreich, Spanien, England, den Niederlanden, im Reich und in den südskand. Ländern aus, bevor sie 1353 in Rußland ihre letzten Opfer forderte. Die Pandemie des sog. Schwarzen Todes wurde schon von den Zeitgenossen als etwas Neues angesehen. Im Unterschied zur justinian. P. (s. Abschnitt B), die v. a. den Mittelmeerraum und angrenzende Gebiete infiziert hatte, wurden von dieser ersten P., die teils als Lungen-, teils als Beulenp. auftrat, bis auf wenige Ausnahmen, alle bewohnten Gebiete w. des Urals betroffen. Endem. blieb die P. in Europa bis zum Anfang des 18. Jh. präsent. In großen Territorien wie im ma. Dtl. oder Frankreich dürfte es – wenn überhaupt – nur wenige pestfreie Jahre gegeben haben.

[2] *Demographische Auswirkungen:* Die demograph. Folgen des Schwarzen Todes waren verheerend. Rund 30% der Gesamtbevölkerung dürften der P. zum Opfer gefallen sein, wobei von Stadt zu Stadt und Region zu Region erhebl. Unterschiede – im Durchschnitt zw. 10% und 60% – zu verzeichnen waren. Bes. hohe Verluste zeigten sich bei Berufsgruppen und Funktionsträgern, die häufig mit Kranken und Toten in Berührung kamen, sowie bei gemeinsam lebenden Gemeinschaften, z. B. in Kl. Da die P. einigermaßen unabhängig vom Ernährungszustand sich ausbreitete, waren im Prinzip alle gesellschaftl. Schichten in gleicher Weise gefährdet, wobei allerdings das dichtere Zusammenleben und die noch schlechteren hygien. Wohn- und Lebensverhältnisse bei der armen Bevölkerung z. T. zu noch höheren P. verlusten führten. Da aufgrund einer – wenn auch nur rudimentär entwickelten – Resistenz nach Überleben einer P. erkrankung viele der nachfolgenden P. epidemien vorwiegend die neu heranwachsende Bevölkerung dezimierten – die schwere zweite P. (1361/62) wurde in den Q. vielfach als Kinderp. bezeichnet –, führten die ständig neu ausbrechenden P.-epidemien zu einem starken Bevölkerungsrückgang, der in der 1. Hälfte des 15. Jh. einen Höhepunkt erreichte, als die europ. Gesamtbevölkerung unter die Hälfte des Niveaus von 1348 sank. Gegen Ende des 15. Jh. setzte ein Bevölkerungsanstieg ein, der im 16. Jh. die eingetretenen Verluste wettmachte. Eigtl. bevölkerungspolit. Maßnahmen blieben bis auf wenige Ausnahmen aus. Nicht zu Unrecht scheinen die Obrigkeiten von einem sich selbst regulierenden Bevölkerungsprozeß ausgegangen zu sein, da in der Tat feststellbar ist, daß die Zahl der Heiraten im Anschluß an P. epidemien stark zunahm – darunter zweifellos auch viele Wiederverheiratungen verwitweter Elternteile – und infolgedessen auch signifikante Geburtsanstiege zu verzeichnen sind. Sekundäre Folgen der P. sterblichkeit waren Bevölkerungsverschiebungen bei der ländl. Bevölkerung durch Abwanderung in die Städte und günstigere, durch die P. freigewordene Arbeits- und Wirtschaftsverhältnisse (→Wüstungen). Die um Wiedergewinnung der der P. zum Opfer gefallenen Bevölkerung bemühten Städte warben mit bes. Vergünstigungen um Zuzug von Neubürgern (z. B. Steuerfreiheit und Erleichterungen beim Erwerb des Bürgerrechts).

[3] *Wirtschaftliche Auswirkungen:* Die schon von den Zeitgenossen als Folge des Schwarzen Todes herausgestellten Veränderungen der ökonom. Rahmenbedingungen, bes. des signifikanten Anstiegs der Löhne infolge akuten Arbeitskräftemangels, wurden in der modernen Wirtschaftsgesch. als »goldenes Zeitalter der Lohnarbeit« (Postan, Abel) apostrophiert. Dem ungeregelten, ledigl. Marktgesetzen von Angebot und Nachfrage gehorchenden Anstieg von Preisen und Löhnen wurde fast gesamteurop. ab 1348 eine Arbeitsgesetzgebung gegenübergestellt, die Arbeitszwang verfügte, Mobilität steuerte, gerechte Verteilung von Arbeitskraft anstrebte, Vergeudung von Arbeitskraft zu unterbinden suchte und Preise sowie Löhne auf dem Niveau von Normaljahren vor der P. festschrieb (z. B. England [Statutes of Labourers 1349 und 1351], span. Kgr.e, Portugal, Frankreich, it. Stadtstaaten, Tirol usw.). Die ständig wiederkehrenden P. epidemien führten darüber hinaus zu empfindl. Störungen des Wirtschaftsgefüges, weil der geregelte Handel, Märkte und Messen p. bedingt unterbrochen oder ausgesetzt werden mußten. Langfristige mittelbare Folgen waren Umstrukturierungen zugunsten von weniger lohnintensiven Wirtschaftszweigen (z. B. Schafzucht in England [→*enclosures*]).

[4] *Kulturgeschichtliche Auswirkungen:* Eine gültige med. Erklärung der P. gab es nicht. Statt dessen wurde die P. als Strafe Gottes für die sündige Menschheit erklärt, hervorgerufen durch eine ungünstige Konstellation der Gestirne, verbreitet durch die Luft, entsprechend der antiken

→Miasma-Lehre. Folgerichtig setzten erste Gegenmaßnahmen hier an. Die Judenverfolgungen (→Judenfeindschaft), bes. im S Frankreichs und im Reich, waren eine Mischung aus Prophylaxe – durch die Verfolgung der Feinde Christi – und Bestrafung der aufgrund der ihnen unterstellten →Brunnenvergiftungen eigtl. Schuldigen an der Ausbreitung der P. Die ebenfalls durch den Schwarzen Tod ausgelösten Massenumzüge der →Flagellanten waren eine weitere obrigkeitl. Kontrolle weitgehend entzogene Form stellvertretender Buße. Buß- und Bittprozessionen, die von den kirchl. Obrigkeiten angeordnet wurden, Anrufungen bestimmter Hl.er (bes. Maria [Schutzmantelmadonna], →Sebastian und →Christophorus) bis hin zur Errichtung eines neuen Kultus (→Rochus), Kapellenstiftungen, Legate an Kirchen und Arme usw. blieben über die ganze Zeit gängige »Gegenmittel« gegen die P. und zeugen von einem gewandelten Frömmigkeitsverhalten. Selbst Einzelmaßnahmen, wie die Absetzung Papst Eugens IV. während des →Baseler Konzils, wurden mit der Erwartung des Endes der grassierenden P. (1439) verbunden. Begleitet wurden diese Anstrengungen zur Bußfertigkeit und inneren Einkehr durch eine Luxusgesetzgebung der weltl. Obrigkeiten, die mit ungezügeltem Luxusverhalten und seiner Bestrafung durch die P. begründet wurde. Der Zerfall sittl.-moral. Normen infolge der P. war eine der von vielen Zeitgenossen geradezu topisch beklagten Folgeerscheinungen. Anstatt wie erwartet Anlaß zu größerer Frömmigkeit und Besinnung zu sein, wurde die P., so die Kritiker, Anlaß zu Ausschweifungen und ungehemmter Lebensfreude. Verschlimmert wurde der beklagte Sittenverfall noch dadurch, daß die Angst vor dem P.tod auch familiäre Bindungen zerbrechen ließ, so daß Kranke und Sterbende, von allen Familienmitgliedern verlassen, sich selbst überlassen blieben. Demgegenüber standen Zusammenschlüsse von →Bruderschaften (→Alexianer, Sebastiansbruderschaften), die sich der Betreuung von P.kranken und der Bestattung von P.toten widmeten. Daß die immer wiederkehrende Bedrohung durch den P.tod zu langfristigen Verhaltensänderungen führte, ist unbestreitbar, wenn auch im einzelnen konkrete Zuordnungen nicht immer gelingen. Dazu gehörte auch eine sich verändernde Einstellung zum Tod, die sich in Stiländerungen in den Grabmalgestaltungen, in der Entstehung und Verbreitung des Totentanzmotivs (→Totentanz) – zusammen mit dem älteren Motiv der →Drei Lebenden und drei Toten – sowie in anderen Bereichen von Plastik und Malerei niederschlug. Da die P. med. wirksam nicht bekämpft werden konnte, griffen die Obrigkeiten zu einer Reihe unterschiedl. Schutzmaßnahmen, ohne daß es jedoch zu einem einheitl. gewordenen Maßnahmenbündel gekommen wäre. Auffällig ist ein beträchtl. S-N-Gefälle im Bereich von Abschließungs- und Kontrollmaßnahmen (s. a. Abschnitt II; →Quarantäne). Ein wichtiger Grund für die mangelnde Bereitschaft, wirksame Isolierungsmaßnahmen zu ergreifen, waren zweifellos die hohen Kosten, etwa bei der Errichtung von P.häusern und Quarantänestationen oder die Furcht vor ökonom. Maßnahmen, die die Unterbrechung des Handels und die Abschottung von der Außenwelt für die betroffenen Städte mit sich brachten. Begleitende Vorschriften zur Kennzeichnung von Kontaktpersonen, zur Isolierung kranker und möglicherweise infizierter Personen in ihren Häusern griffen nur bedingt, da immer wieder Ausnahmen zugunsten sozial stärkerer Personengruppen zugelassen wurden. Versammlungsverbote wurden z. B. durch gleichzeitig organisierte Prozessionen konterkariert. Entsorgungsvorschriften und Auflagen zur Straßenreinigung, Verbote der Straßentierhaltung u. ä. führten allenfalls langfristig zu einer Verbesserung der krankheitsbegünstigenden allg. unhygien. Verhältnisse. Da das Massensterben nicht unbeträchtl. psych. Probleme nach sich zog, versuchten die Obrigkeiten die Auswirkungen des Sterbens dadurch abzumildern, daß man die Verbreitung der Kunde des Massensterbens zu unterdrücken suchte (Einschränkungen beim Läuten der Totenglocken und bei der Trauerkleidung, gelegentl. Umwickeln der Räder der Leichenkarren mit Stoff, Tote wurden nur nachts aus der Stadt gebracht). Man legte neue Friedhöfe und Massengräber an, um die Masse der Toten zu bewältigen. Das Heil in der Flucht suchten nicht nur viele Einzelpersonen, sondern auch ganze Institutionen, die sich in pestfreie Örtlichkeiten verlagerten. – Kein Ereignis dürfte die w. Welt so nachhaltig geprägt haben wie der Schwarze Tod und die unregelmäßig wiederkehrenden P.epidemien, so daß die 2. Hälfte des 14. Jh. einen Wendepunkt in vielen Bereichen darstellte. →Epidemien.   N. Bulst

Lit.: PH. ZIEGLER, The Black Death, 1969, 1991² – J. F. D. SHREWSBURY, A Hist. of Bubonic Plague in the British Isles, 1971 – B. I. ZADDACH, Die Folgen des Schwarzen Todes (1347–51) für den Klerus Mitteleuropas, 1971 – J.-N. BIRABEN, Les hommes et la peste en France et dans les pays européens et méditerranéens, 1–2, 1975 – M. W. DOLS, The Black Death in the Middle East, 1977 – N. BULST, Der Schwarze Tod, Saeculum 30, 1979, 45–67 – R. HAMMERSTEIN, Tanz und Musik des Todes. Die ma. Totentänze und ihr Nachleben, 1980 – N. BULST, Main d'œuvre et coercition: Les mesures économiques et démographiques adoptées par les gouvernements à la suite de la peste noire en Europe (Compte rendu des Séances de la Soc. d'Étude du Féodalisme 5, 1981–82), 14–26 – The Black Death. The Impact of the Fourteenth-Cent. Plague, hg. D. WILLIMAN, 1982 – A. G. CARMICHAEL, Plague and the Poor in Renaissance Florence, 1986 – F. GRAUS, P., Geißler, Judenmorde, 1987 – Maladies et société (XIIᵉ–XVIIIᵉ s.), Actes du coll. de Bielefeld, hg. N. BULST–R. DELORT, 1989 – H. DORMEIER, Die Flucht vor der P. als religiöses Problem (Laienfrömmigkeit im späten MA, hg. K. SCHREINER, 1992), 331–397.

II. MEDIZIN: Im Gegensatz zur 'P. des Justinian' (s. Abschnitt B) verfügte bei der P.pandemie von 1347–51 die institutionalisierte Heilkunde des Abendlands über Einrichtungen (→Univ.), die in der Lage waren, das Seuchengeschehen zu beschreiben, ätiolog. zu begründen und entsprechende Maßnahmen zur Prophylaxe sowie Therapie vorzuschlagen. Präzise Initial-Beobachtungen trug in Avignon →Guy de Chauliac über Infektiosität (Ansteckung durch die Luft), Verlaufsformen (Bubonen-/Lungen-P.; Haut-P.), Mehrfachansteckung sowie Letalität zusammen (bei der Bubonenp. mit 80%, bei der Lungenp. als absolut eingeschätzt). Altersabhängige Immunitätsunterschiede registrierte Hans v. Parma 1349 in Trient, und abartiges Verhalten pestkranker Nager stellte Johann v. Sachsen fest (1392–1409), der in seinem Pesttraktat auch auf Todesfälle bei Haustieren abhebt. Genauere Untersuchungen der Bubonenpakete führten →Gallus v. Prag 1371 zum Erkennen des Primärkomplexes und der drei Prädilektionsstellen (inguinal, axillar, submental). Aufgrund vorliegender Beobachtungen entwickelte →Gentile da Foligno in Rom sein 'P.hauchmodell', das Vorstellungen antiker →Miasma-Lehre mit dem makrokosm.-mikrokosm. Paradigma des Neuplatonismus verbindet und im 'Pariser P.gutachten' der Med. Fakultät 1348/49 jene Ausformung erfuhr, die es für zahlreiche prophylakt.-therapeut. Maßnahmen taugl. machte. Hervorzuheben sind insbes. Essiganwendungen und Räucherungen, die sich unter Einfluß der Prager Wacholder-Räucherung zu einem osm. Repellens gegen Menschen- wie Rattenflöhe entwickelten (vgl. 'Prager Sendbrief' §8). Der 'Sendbrief' empfiehlt darüber hinaus – gestützt auf das Konzept der 'Sex res non naturales' (→Medizin, →Ars medicinae) –, alle Nachricht vom 'gemainen sterben' zu unterdrücken und der krankmachenden P.angst durch Ausgelassenheit zu begegnen. Auf die P.hauchtheorie gehen auch die gebietskörperschaftl. Vorschriften zur Kadaverbeseitigung zurück, da man der Verwesung die p. verursachende Luftverderbnis anlastete. – Die chirurg. Behandlung der P.beulen scheint gleichfalls von Prag aus inauguriert zu sein. Während um 1349 der 'Sinn der höchsten Meister' sich noch mit dem Auflegen schwacher Ätzmittel begnügt, empfiehlt der wenig jüngere 'P.brief an die Frau von Plauen' bereits, den Inhalt der Lymphknotenbarriere durch →Schröpfen nach außen abzuleiten. Statt der Extraktion des Buboneneiters rät Heinrich →Steinhöwel zu gezieltem Inzidieren der Lymphknoten, was Konrad Schwestermüller dann zur operativen Mehrschritttherapie der kolliquationsnekrot. Lymphknoten weiterentwickelt hat.

Populationsbezogene Maßnahmen lassen sich seit 1348 nachweisen: Die 1374 von Reggio/Emilia erstmals verhängte →Quarantäne wurde durch gebietskörperschaftl. Aussperrungserlasse – z. B. am 5. Juni 1348 seitens des Maggior Consiglio v. Venedig – vorbereitet, wie auch Venedig mit seinen Neuzuwanderungs-Verordnungen (Sommer 1348) eine Vorreiterrolle in bezug auf das Auffüllen von Populationsverlusten übernahm. Ulrich Rülein v. Kalbe ermöglichte mit seiner P.ordnung v. 1522 nicht nur Leichentransporte, Massengräber und den Zugriff auf Privatbesitz, sondern unter Ausnutzung gegebener Immunität auch die Krankenpflege in P.abteilungen von Siechenhäusern. Verschiebungen in der Nagerpopulation (Rattus rattus L./R. norvegicus L.) mit Veränderungen in der Infektkette mögen mit zum Rückgang des 'lant sterben' beigetragen haben. Die im Gegensatz zu der P. des Justinian weniger verheerenden Auswirkungen der P. im späten MA sind zweifellos mit auf die Abwehrstrategien zurückzuführen, die der Medizin erstmals eine demograph. faßbare Wirkung sicherten. Landessprachige P.schriften hoher Verbreitungsdichte erreichten alle Bevölkerungsschichten und führten zu einer Standardisierung der P.behandlung: mehrere böhm. P.traktate des 14. Jh. gehören zu den meistgelesenen Texten mhd. Lit.; einige von ihnen verfügen über Demonstrationszeichnungen (P.laßmännlein). G. Keil

Lit.: Verf.-Lex.² I, 1035 f., 1223; II, 561–563, 1068 f.; III, 876 f.; IV, 730 f.; VII, 309–312, 416–418; VIII, 950–953, 1077 f., 1281–1283 – K. Sudhoff, P.schriften aus den ersten 150 Jahren nach der Epidemie des »Schwarzen Todes« 1348, SudArch. 2, 1909, bis 17, 1925 – Ders./ A. C. Klebs, Die ersten gedr. P.schriften, 1925 – A. C. Klebs/Eu. Droz, Remèdes contre la peste. Fac-similés et liste bibliogr. des incunables sur la peste, 1925 – V. Gräter, Der 'Sinn der höchsten Meister v. Paris', 1974 – H. Bergmann, Der 'P.-Brief an die Frau v. Plauen', Würzb. med.hist. Forsch. 9, 1977 – B. D. Haage, Das gereimte P.regimen des Cod. Sang. 1164 und seine Sippe, Würzb. med.hist. Forsch. 8, 1977 – R. Sies, Das 'Pariser P.gutachten' von 1348 in altfrz. Fassg., Würzb. med. hist. Forsch. 7, 1977 – H. Bergmann/G. Keil, Das Münchner P.laßmännlein. Standardisierungstendenzen in der spätma. dt. P.therapie (Fachprosa-Studien, hg. v. G. Keil, 1982), 318–330 – B. D. Haage, Zur Überl. eines altdt. P.gedichts (gelêrter der arzenîe, ouch apotêker. Fschr. W. F. Daems, Würzb. med. hist. Forsch. 24, 1982), 323–336 – G. Werthmann-Haas, Altdt. Übers. des Prager 'Sendbriefs', Würzb. med.hist. Forsch. 27, 1983 – G. Keil, Seuchenzüge des MA (Mensch und Umwelt im MA, hg. v. B. Herrmann, 1986 [⁴1989]), 109–128 – Ders., Medizin und Demographie im MA (Determinanten der Bevölkerungsentwicklung im MA, hg. v. B. Herrmann, R. Sprandel, 1987), 173–180 – G. Werthmann-Haas/G. Keil, Zur Ikonographie des 'P.laßmännleins', Fortschr. d. Med. 106, 1988, 267 f. – V. Zimmermann, Krankheit und Gesellschaft: Die P., SudArch. 72, 1988, 1–13 – Die Pest 1348 in Italien. Fünfzig zeitgenöss. Q. hg. und übers. K. Bergdolt, Nachw. G. Keil, 1989 – G. Werthmann-Haas/ G. Keil, 'Sendbrief' – Anteile im St. Georgenberger P.-Konsilium des Ulrich v. Trient, Der Schlern 65, 1991, 67–76.

B. Byzanz

Eine nachträgl. sichere Diagnose hist. Seuchen ist grundsätzl. ausgeschlossen. Dies gilt auch für die echte P. (Yersinia pestis, Bakterium 1894 entdeckt). Den Versuchen, die Schilderungen der Q. mit modernen Erkenntnissen über die P. zu kombinieren, Übertragungswege und den med. Charakter der P. zu deuten, ist mit Skepsis zu begegnen. Die heute bekannte Infektionskette der P. (Ratte-Rattenfloh-Mensch, Mensch-Menschenfloh-Mensch und bei Lungenp. von Mensch zu Mensch über Tröpfcheninfektion) ist aus den byz. Q. nicht zu belegen. Die detaillierten Symptomschilderungen, insbes. der Geschichtsschreiber, lassen aber vermuten, daß das Byz. Reich 541/542 erstmals von einer Beulenp. überzogen wurde, die vom ägypt. Pelusion ihren Ausgang nahm. Die P. kehrte periodisch alle 10 bis 15 Jahre wieder, bis sie nach dem verheerenden Ausbruch 746/748 verschwand. 1347 gelangte die Beulenp. von der Krim nach Konstantinopel und von dort in den W. Wieder folgten period. P.wellen, die bis in die osman. Zeit reichten.

Unter den historiograph. Q. weist die in der Mimesis des Thukydides stehende hochsprachl. Geschichtsschreibung (→Prokop, →Agathias Scholastikos, →Johannes VI. Kantakuzenos, Michael →Kritobulos) hohe Informationsdichte auf. Für die P. des 6. Jh. sind ferner heranzuziehen die Kirchenhistoriker →Evagrios und der Syrer →Johannes v. Ephesos, unter den Chronisten →Theophanes Homologetes, Patriarch →Nikephoros I., für spät- und metabyz. Zeit auch die Kleinchroniken. Wichtiges Material enthält die Hagiographie. Zur Bezeichnung von Seuchen dienen in hochsprachl. Texten vornehml. die von Thukydides verwendeten Ausdrücke λοιμός ('Pest'), λοιμώδης νόσος ('pestilenzialische Krankheit') und φθορά ('Massensterben'). Die der gesprochenen Sprache näher stehenden Chroniken bevorzugen θανατικόν bzw. θνῆσις ('Sterben'), häufig verdeutlicht durch das Hauptsymptom zahlreicher Seuchenzüge, den βουβών ('Bubon').

Die med. Fachschr. (Aëtios, →Paulos v. Aigina) enthalten prakt. keine Angaben über die zeitgenöss. Epidemien. Geprägt durch die Galen-Rezeption also →Oreibasios, tradieren sie die ätiolog. und therapeut. Konzepte der auf das Corpus Hippocraticum zurückgehenden Miasmalehre, die Seuchen auf das Zusammenwirken von atmosphär. Verunreinigungen und individueller Krankheitsdisposition zurückführt. Die entsprechenden Behandlungsvorschriften wurden, so bestätigen die nichtmed. Q., während der Seuchen von den Ärzten, allerdings mit geringem Erfolg, angewendet.

Die Q. betonen die ungeheuren, unzählbaren Verluste durch die P., die sich demograph. nicht quantifizieren lassen. Die von Prokop genannten Zahlen sind absichtl. überhöht. Belegt sind Arbeitskräftemangel infolge der P. (Justinian, Nov. 122), Bevölkerungstransfers (755/756) nach Konstantinopel (Theophanes, Nikephoros). Abgesehen von organisierten Massenbestattungen sind keine staatl. Bekämpfungsmaßnahmen bekannt. In fast allen Schilderungen wird, ungeachtet rationaler Erklärungsversuche, die P. letztl. als von Gott verhängte Strafe oder Erziehung erklärt. Diese Sinndeutung ist auch in der hochsprachl. Geschichtsschreibung faßbar, und in der Hagiographie findet sie ihre Erfüllung in erbaul. Geschichten über das hilfreiche Eingreifen der Hl.n, z. B. →Demetrios in Thessalonike (586). K.-H. Leven

Lit.: → Epidemien – H. HUNGER, Thukydides bei Johannes Kantakuzenos. Beobachtungen zur Mimesis, JÖB 25, 1976, 181-193 – P. ALLEN, The »Justinianic« Plague, Byzantion 49, 1979, 5-20 – K.-H. LEVEN, Die »Justinianische« P., Jb. Inst. Gesch. Med. Robert Bosch Stiftung 6, 1987, 137-161 – J. DURLIAT, La peste du VIe s. Pour un nouvel examen des sources byz. (Hommes et Richesses dans l'Empire Byz., I: IVe-VIIe s., 1989), 107-119 [Q.; Lit.].

Pest → Buda und Pest

Pestblätter entstanden im Zusammenhang mit dem häufigen Auftreten epidem. Erkrankungen, gehören mit zu den frühesten Zeugnissen des Holzschnitts (→Graphik). Sie zeigten im 1. Viertel des 15. Jh. zunächst bildl. Darstellungen der als Pesthelfer verehrten Hl.n (Maria, Johannes d. Täufer, Sebastian, später Rochus), enthielten nach der Erfindung des →Buchdrucks zusätzl. Gebettexte und schließlich auch med. Ratschläge zur Vorbeugung und Bekämpfung der Seuche.   F. Anzelewsky
Lit.: P. HEITZ, P. des 15. Jh., 1918².

Pestheilige → Rochus, → Sebastian

Pestkreuz. Unzutreffende neuere Bezeichnung des von Wunden übersäten Kruzifixus als →Andachtsbild ma. und barocker Leidensmystik.   A. Reinle
Lit.: A. REINLE, Der Kruzifixus von Lumbrein (Fschr. I. MÜLLER, 1986), 617-640.

Pesttraktate → Pest A. II

Pestwurz (Petasites hybridus [L.] Ph. Gärtn., B. Mey. et Scherb./Compositae). Die Blätter der mit dem →Huflattich häufig verwechselten Pflanze wurden schon von →Dioskurides (Mat. med. IV, 107) als Umschlag gegen bösartige Geschwüre empfohlen. →Hildegard v. Bingen (Phys. I, 210) verwendet *hufflatta maior* zusätzl. gegen →Skrofeln. Das auch *bardana maior* bzw. *lappacium maius* gen. Kraut sollte den Schweiß und damit die Pestilenz aus dem Körper treiben (Gart, Kap. 245), weshalb es bes. seit dem ausgehenden MA als Mittel gegen die →Pest und wohl auch gegen den Englischen Schweiß eingesetzt wurde.   U. Stoll
Lit.: MARZELL III, 616-628.

Petar (s. a. Peter, Petrus). **1. P. Krešimir IV.**, Kg. v. →Kroatien 1058-74, aus der Dynastie der →Trpimirovići; Eltern: Stefan I. (Sohn Krešimirs III.) und Hicela (Tochter des ven. Dogen Peter II. Orseolo). In einer Schenkungsurk. erklärt P., Gott habe »unser Königreich zu Lande und zu Wasser erweitert«, ein Hinweis auf den immer stärkeren Druck Kroatiens auf die nominell byz. Städte Dalmatiens, zugleich auch auf das Streben nach territorialer Ausdehnung im Landesinnern. Zu P.s Zeit bildeten sich in Kroatien feudale Strukturen deutlicher heraus. Die von Reformanhängern getragene Kirche blühte: In den sechziger Jahren des 11. Jh. erfolgte eine Reihe von Kl.gründungen. Kirchl. Institutionen wie einzelne Laien verfügten über große Vermögen; Goldmünzen kamen vermehrt in Umlauf, Kauf und Produktion von Goldgegenständen nahmen zu. Die Umstände des Herrschaftswechsels zu →Dmitar Zvonimir 1074/75 sind unklar.   I. Goldstein
Lit.: BLGS II, 50zf. – F. ŠIŠIĆ, Gesch. der Kroaten, I, 1917 – J. FERLUGA, L'amministrazione biz. in Dalmazia, 1978 – N. KLAIĆ, Povijest Hrvata u srednjem vijeku, 1990.

2. P. Gojniković, serb. Herrscher 893/894-917/918, dessen Vater Gojnik vom älteren Bruder →Mutimir nach Kroatien vertrieben worden war. P., zunächst von Mutimir festgehalten, floh nach Kroatien, drang 891/892 in Serbien ein und übernahm die Herrschaft von Mutimirs Sohn Pribislav. Die Versuche Brans (895/896) und Klonimirs (897/898), P. zu stürzen, scheiterten. P. anerkannte nach Bericht des Konstantin Porphyrogennetos die Herrschaft des byz. Ks.s Leon VI. und stand in freundschaftl. Beziehungen zum bulg. Herrscher →Symeon. Um 916 verhandelte er mit Leon, dem byz. Strategen v. Dyrrhachion, über ein Kriegsbündnis gegen Symeon, der daraufhin 916/917 ein Heer nach Serbien schickte, das P. stürzte und →Pavle Branović an die Macht brachte. P. wurde nach Bulgarien gebracht und starb im Kerker.   B. Ferjančić
Lit.: JIREČEK I – OSTROGORSKY, Geschichte³ – Istorija srpskog naroda I, 1981, 156-158.

Petent. [1] *Weltliches Urkundenwesen*: P. ist im ma. Urkk.-wesen eine Person, die sich mit der Bitte um →Beurkundung zu ihren eigenen Gunsten mittels →Intervenienten oder persönl. an einen Urkk.aussteller wendet. Den P. nennt die eng mit der →Narratio verbundene oder zw. Narratio und →Dispositio eingeschobene →Petitio. Das im romanisierten Gallien belegbare Verfahren, in dem sich P.en mit einer Bittschrift um Erneuerung verlorener Urkk. bemühten, erfuhr im frk. Reich eine Umbildung (Appennis-Urkk.). Seit merow. Zeit wurden auch Kg.e von P.en um solche Bestätigungen gebeten. Nur selten blieben Bittschriften von P.en erhalten, da sie sich meist mündl. um die Beurkundung eines Anliegens bemühten. Dennoch enthalten →Formelsammlungen seit dem 8. Jh. Musterbeispiele für P.en. Zu einer dem päpstl. Urkk.-wesen vergleichbaren Regelung des Petitionswesens (→Supplik) kam es im weltl. Herrschaftsbereich nicht, nur aus siz. Kanzleiordnungen Ks. Friedrichs II. (→Kanzlei) und seiner Nachfolger sind Bestimmungen dazu bekannt. P.en übergaben mitunter statt einer Bittschrift ein Urkk.-konzept. Dieses konnte auf eine →Vorurk. beruhen, aber auch frei gestaltet sein und dann zu längeren Verhandlungen Anlaß geben. So erbat 1400 die Stadt Straßburg von Kg. Ruprecht die Bestätigung ihrer Privilegien und versuchte dabei, diese zu erweitern (vgl. RTA IV, bes. Nrr. 167 und 172).   J. Spiegel
Lit.: BRESSLAU I, 59ff.; II, 25ff., 148ff. – W. ERBEN, Ks.- und Kg.surkk. des MA in Dtl., Frankreich und Italien, 1907, 347ff. – A. GAWLIK, Bedeutung von Intervention und Petition (Fschr. P. ACHT, 1976) – H. FICHTENAU, Forsch. über Urkk.formeln, MIÖG 94, 1986, 314f.

[2] *Päpstliches Urkundenwesen*: P.en wandten sich vom 12. Jh. an immer häufiger an die röm. Kurie, um dort eine →Papsturk. zu »impetrieren«. Dies geschah einzeln oder kollektiv (z. B. für Univ.en). Die Bitte war ursprgl. persönl. und mündl. vorzubringen; nur für hochgestellte P.en und für Korporationen wurde eine Ausnahme gemacht. Das IV. Laterankonzil (1215) erlaubte generell die Vertretung durch einen →Procurator. Der schriftl. Antrag (→Supplik) kam schon im 12. Jh. vereinzelt vor und wurde vom 14. Jh. an die Regel. Entgegengenommen wurde die Bitte bzw. Bittschrift zunächst vom tägl. wechselnden »Bittschabenden« Notar in der sog. data communis, später (ab 14. Jh.) von den →Referendaren und den Procuratoren der →Audientia litterarum contradictarum, schließl. (vom späten 15. Jh. an) von der Datarie, bei einschlägigen Materien auch von der Poenitentiarie (→Poenitentiar), sowie ggf. auch von Kard.en oder vom Papst selbst. Die kurialen Bediensteten erwiesen sich im Umgang mit den P.en als sehr geschäftstüchtig; dies schadete dem Ansehen des Papsttums und brachte die Kurie in den (nur teilweise berechtigten) Ruf der Bestechlichkeit.   Th. Frenz
Lit.: BRESSLAU II, 2ff. – P. HERDE, Beitr. zum päpstl. Kanzlei- und Urkk.wesen im 13. Jh., 1967², passim.

Peter (s. a. Petrus, Petros, Pedro, Peire, Pierre, Petar u. a.). **1. P. I.**, *Kg. v.* →Aragón, * ca. 1068/69, † 1104, ∞ 1. Agnes v. Poitou, 2. Bertha v. Turin, unterzeichnete seit 1077

ebenfalls die Urkk. seines Vaters →Sancho Ramírez, seit 1082 Mitregent und Verwalter der Gft.en →Sobrarbe und →Ribagorza, stellte seit 1086 eigene Urkk. aus, Thronbesteigung 1094. P. erwarb 1095 von Papst Urban II. ein Schutzprivileg, das ihn angesichts der bevorstehenden →Reconquista (Nov. 1096 Eroberung v. →Huesca, 18. Okt. 1100 v. →Barbastro, Eroberungsabsicht v. Lérida) vor dem Episkopat und den kast. Expansionsabsichten (für →Pamplona von Kastilien lehnsabhängig) sichern sollte. P. verheiratete seinen gleichnamigen Sohn wegen Kastilien mit Maria, einer Tochter des →Cid. Sein Sohn und seine Tochter Elisabeth verstarben bereits vor 1104.
O. Engels

Lit.: R. del Arco, P. I de A., el fiel amigo del Cid (Fschr. R. Menéndez Pidal, I, 1950), 375-433 – A. Ubieto Arteta, Colección diplomática de P.I. de A. y de Navarra, 1951 [mit Darstellung der Regierungszeit] – J. M. Ramos Loscertales, El reino de Aragón bajo la dinastía pamplonesa, 1961 – A. Durán Gudiol, De la Marca Superior de Al-Andalus al reino de Aragón, Sobrarbe y Ribagorza, 1975 – J. Fried, Der päpstl. Schutz für Laienfs.en, 1980, 76–87 – A. Ubieto Arteta, Hist. de Aragón, 8 Bde, 1981–89 – L. Vones, Gesch. der Iber. Halbinsel im MA, 1993, 107f., 303, 311 [Lit.].

2. P. II., *Kg. v.* →*Aragón* 25. April 1196–12. Sept. 1213 (⚔ Schlacht v. →Muret); nach dem Tode seines Vaters Kg. →Alfons II. kurze Zeit noch unter Vormundschaft der Mutter Sancha v. Kastilien. Seine Heirat mit Blanca v. Navarra wie die Auflösung seiner Ehe mit →Maria v. Montpellier zugunsten einer Heirat mit Maria v. Montferrat, Kgn. v. Jerusalem, scheiterten am Einspruch Papst Innozenz' III. Mit der Heirat seiner Schwester →Konstanze (2.K.) mit Kg. Friedrich II. v. Sizilien (1209) bahnte P. die Expansion seiner Krone nach S an, expandierte im übrigen energ. im Pyrenäenraum und weiter nördl., schon um das Vordringen des kapet. Kgtm.s nach S zu unterbinden. Daher verheiratete er 1202 seine Schwester Eleonore mit Gf. →Raimund VI. v. Toulouse, war dadurch in die Albigenserwirren involviert, ohne als Beschützer der →Albigenser aufzutreten (Beiname 'el Católico'). P. plante dennoch seit Jan. 1211 eine Heirat seines Sohnes Jakob I. mit einer Tochter Simons v. →Montfort, fiel im Sept. 1213 in der Schlacht v. Muret gegen ihn. Die Sorge wegen des Vordringens der frz. Krone veranlaßte ihn 1204 auch zur Entgegennahme des päpstl. Schutzes und (erstmals) der Krönung; dies und die stärkere Bindung der kirchl. Seniorate an die Kg.sgewalt bewog den katal. Adel 1205, ihm eine magna carta abzufordern. Seine übermäßige Kreditaufnahme führte zur Zerrüttung der Finanzen.
O. Engels

Lit.: E. Bagué, J. Cabestany, P. E. Schramm, Els primers comtesreis, 1960 – J. Miret y Sans, Itinerario del rey Pedro I en Cataluña, II en Aragón, Boletín de la Réal Acad. de Buenas Letras de Barcelona 3, 1905/06; 4, 1907/08 – J. Trenchs Odena, Las escribanías catalanaragonesas desde Ramón Berenguer IV a la minoría de Jaime I (Folia Budapéstina [Zaragoza 1983]), 47–87 – O. Engels, Schutzgedanke und Landesherrschaft im ö. Pyrenäenraum, 1970, 271–277 – J. Fried, Der päpstl. Schutz für Laienfs.en, 1980, Kap. 3 – T. Bisson, An 'Unknown Charter' for Catalonia (a.d. 1205) (Album Elémer Mályusz 1976), 63–76 – Ders., L'essor de la Catalogne, Annales 39, 1984, 71f. – L. Vones, Gesch. der Iber. Halbinsel im MA, 1993 [Register].

3. P. III. ('el Gran'), *Kg. v.* →*Aragón und*→ *Valencia*, Gf. v. →Barcelona, * Juli/Aug. 1240 in Valencia, † 11. Nov. 1285 in Vilafranca del Penedès, ⌑ →Santes Creus, Sohn Kg. →Jakobs I. v. Aragón und seiner Gattin →Violante v. Ungarn, ∞ 13. Juni 1262 →Konstanze v. Sizilien, Tochter Kg. →Manfreds (→Staufer); Kinder: →Alfons III. v. Aragón, →Friedrich III., Kg. v. Sizilien-Trinacria, →Isabella (∞ Kg. Dinis I. v. Portugal), Violante v. Ungarn (∞ Robert I. v. Neapel).

I. Als König von Aragón – II. Als König von Sizilien.

I. Als König v. Aragón: Nachdem P., der zweitgeborene Sohn, als Ergebnis der Nachfolgeregelungen →Katalonien erhalten hatte und dort 1257 Prokurator geworden war, rückte er 1262 nach dem Tode seines Halbbruders Alfons an die Spitze der Erbfolge und wurde unter Ablegung allseitiger Mannschaftsleistungen mit Aragón, Valencia und Katalonien ausgestattet, während sein Bruder →Jakob (II.) das Kgr. →Mallorca mit den Gft.en →Roussillon und →Cerdaña sowie den Seniorat v. →Montpellier übertragen bekam, allerdings seit 1272 seinen Herrschaftsbereich als freies Eigen betrachten konnte. Nach seiner Krönung in Zaragoza reklamierte P. das mallorquin. Reich dennoch für seine Krone und sollte die Zugehörigkeit unter Leistung eines Lehnseides am 19. Januar 1279 durch den Vertrag v. Montpellier erzwingen, ohne jedoch den fortdauernden Widerstand seines Bruders brechen zu können. Durch die Heirat mit Konstanze im Besitz der stauf. Erbansprüche auf →Sizilien, gelang es ihm, der parallel eine intensive Nordafrikapolitik trieb, unter Ausnutzung der →Siz. Vesper dieses Reich in seine Hand zu bekommen (1282), was ihm jedoch die Exkommunikation durch den Papst, die Auflösung der Treueide, die Weitergabe seiner Krone an den frz. Kg.ssohn →Karl v. Valois und einen Kreuzzug →Philipps III. v. Frankreich gegen sein Reich eintrug (→Aragón, Kreuzzug v.).

Zwar hatten diese Maßnahmen nicht den gewünschten Erfolg, da sich P. durch geschickte diplomat. und rechtl. Schachzüge zu wehren verstand, doch schwächten sie seine Stellung im Innern derart, daß er zu großen Konzessionen gegenüber Adel und Städten gezwungen war. Die Freiheiten und →Fueros des aragones. Adels mußte er im Privilegio General (3. Okt. 1283) garantieren, die Forderungen der valencian. und katal. Stände auf den →Cortes v. Valencia (Nov. 1283) und Barcelona (Dez. 1283) hinnehmen, die Rechte der Stadt Barcelona durch das Privileg →Recognoverunt proceres (11. Jan. 1284) anerkennen und erweitern. P. konnte seine Stellung angesichts innerer Unruhen (Berenguer →Oller) und äußerer Bedrohung durch das von Mallorca unterstützte Frankreich nur schwer konsolidieren. Der Kg. starb, nicht ohne das Kgr. Sizilien testamentar. der röm. Kirche restituiert und dafür die Absolution erhalten zu haben.
L. Vones

II. Als König von Sizilien: Das Engagement P.s (P. I. als Kg. v. →Sizilien) im siz. Konflikt muß im hist. Kontext, ohne Anachronismen, gesehen werden: Als Kg. und Ritter, Erbe Jakobs I. d. Eroberers, war P. angezogen von der Aussicht auf große überseeische Unternehmungen, um so für seine Söhne neue Kgr.e zu begründen. Sizilien war das legitime Erbe seiner Gemahlin Konstanze (∞ 1262), zugleich das Musterbild eines starken Staates, mit festverankerter Bürokratie und klarer monarch. Ideologie, dem verschwommenen Herrschaftskonzept des aragon. Kgtm.s weit überlegen. Persönl. Gegnerschaft zu →Karl v. Anjou (als Gf.en v. →Provence) bestärkte P. in seinem Vorgehen; er nahm an seinem Hofe siz. Verbannte auf, allerdings in zu geringer Zahl, um mit ihnen eine großangelegte Verschwörung gegen die Anjou-Herrschaft durchzuführen.

Die seit April 1282 gegen →Tunis durchgeführte Expedition fiel zusammen mit dem spontanen Ausbruch der →Siz. Vesper (30. März 1282), die von →Palermo aus ganz Sizilien erfaßte, doch überging diese nationale Erhebung die Rechtsansprüche der Konstanze, ließ vielmehr eine Konföderation der Städte entstehen und suchte päpstl. Schutzherrschaft für Sizilien zu erreichen. Am 28. Juni brach P. aus seinem für den Sizilienzug günstig gelegenen nordafrikan. Stützpunkt auf, um den Kommunen v. Sizilien, deren Unterstützung von Papst →Martin IV. abgelehnt worden war und die sich von einer angevin. Flottenexpedition gegen →Messina bedroht sahen, die erwünschte Hilfe zu bringen. In Trapani am 30. Aug. gelandet, stellte sich der Kg. an die Spitze des antiangevin. Italien und nahm den Titel des Kg.s v. Sizilien an. Er setzte bei den Sizilianern die Zahlung einer Steuer (→fodrum) und die Aufstellung eines Ritterheeres (im Zuge allg. Volksbewaffnung) durch, das seinen kampferprobten →Almogávares zur Seite stehen sollte. Trotz einiger militär. Erfolge zur See und in Kalabrien wollte ihm eine echte Konsolidierung der Macht noch nicht gelingen, zumal er weiterhin unter Geldmangel litt und auf ein schlagkräftiges Lehnsaufgebot verzichten mußte (dieses hätte sich nur durch den Aufbau eines neuen Lehnsverbandes schaffen lassen). Angesichts der Unzufriedenheit seiner Untertanen, denen er die Abschaffung von Steuern und Feudallasten und die Aufrechterhaltung der Krondomäne versprochen hatte, akzeptierte er als Konfliktlösung einen persönl. →Zweikampf mit Karl v. Anjou und kehrte 1283 nach Katalonien zurück; Sizilien überließ er Konstanze und den Infanten Jakob, Friedrich und Violante.

Der Zweikampf v. Bordeaux, dem das gesamte ritterl. Europa erwartungsvoll entgegensah, endete in einer zynischen Farce. Während sich P. in Katalonien mit dem →Aragón-Kreuzzug Frankreichs (1285) konfrontiert sah, waren es die aus 'Lateinern' und 'Katalanen' bestehenden Flottenbesatzungen des Admirals Roger de→Lluria (Lauria), welche die Verteidigung Siziliens sicherten, →Malta eroberten und Razzien entlang der neapolitan. Küste durchführten (Gefangennahme des Erbprinzen →Karl [II.] v. Anjou, 1284). Die ersten Zerwürfnisse zw. dem Kg. und den Protagonisten der Vesper traten seit 1283 auf (Verhaftung von Palmerio Abbate); sie verschärften sich mit dem Aufstand und der Hinrichtung des Gualtiero de Caltagirone und der Inhaftierung des Großjustitiars Alaimo de →Lentini.

P. hat von 1283 bis zu seinem Tode (10. Nov. 1285) Sizilien als unabhängigen Staat wiederhergestellt; das Kgr. wurde Teil des Erbes seines 2. Sohnes, Jakob. Diese Entwicklung war von einem grundsätzl. polit. Problem überschattet: Die gemeinsame Frontstellung gegenüber Papsttum und Anjou machte die Solidarität zw. den Herrschern in Barcelona und Palermo zur Lebensfrage, doch waren die Sizilianer, nach wie vor irritiert durch die Festsetzung der Katalanen und Aragonesen auf ihrer Insel, keineswegs geneigt, ihre 'libertas' für die Interessen der gesamtaragones. Monarchie aufs Spiel zu setzen; ebensowenig verzichteten sie auf ihr radikales und militantes Ghibellinentum (→Ghibellinen), das durch einen betonten→Chiliasmus (dem sich auch ein Teil des eingewanderten katal.-aragones. Adels anschloß) seine bes. Färbung erhielt. P. konnte zwar die siz. Aufstandsbewegung ausnutzen und der frz. Hegemonie im Mittelmeerraum einen schweren Schlag versetzen, doch blieb die von ihm geschaffene Situation prekär: Das aragones. Kgr. Sizilien blieb auf die Insel (und einige ungesicherte Eroberungen in Kalabrien) beschränkt. H. Bresc

Q.: De rebus Regni Siciliae. Doc. inediti estratti dall'Archivio della Corona d'Aragona, 1882 – Codice diplomatico dei re aragonesi di Sicilia, hg. G. LA MANTIA, 2 Bde, 1917–56 – Gesta Comitum Barcinonensium, ed. L. BARRAU DIHIGO–J. MASSÓ-TORRENTS, 1925 – J. M. MARTÍNEZ FERRANDO, Archivo de la Corona de Aragón: catálogo de la documentación relativa al antiguo reino de Valencia..., II, 1934 – Les Quatre Grans Cròniques, ed. F. SOLDEVILA, 1971, 403–664 (Bernat Desclot) – Colección diplomática del Concejo de Zaragoza, hg. A. CANELLAS LÓPEZ, II, 1975 – Crónica de San Juan de la Peña (Versión aragonesa), hg. C. ORCASTEGUI GROS, 1986 – *Lit.*: HEG II, bes. 633f. [A. HAVERKAMP]; 955f. [O. ENGELS] – Diccionari d'Hist. de Catalunya, 1992, 807f. – L. VONES, Gesch. der Iber. Halbinsel im MA, 1993, 131–138 – M. AMARI, Storia della Guerra del Vespro Sic., 3 Bde, 1886⁹ [Nachdr. 1969, dt. 1851] – F. SOLDEVILA, Pere el Gran, 1950–62 – DERS., Vida de Pere el Gran i d'Alfons el Liberal, 1963 – P. KNOCH, Die letztwilligen Verfügungen Kg. P.s III. v. Aragón und die Sizilienfrage, DA 24, 1968, 79–117 – H. WIERUSZOWSKI, Politics and Culture in Medieval Spain and Italy, 1971, 99–327 – L. GONZÁLEZ ANTÓN, Las uniones aragonesas y las Cortes del reino (1282–1301), 2 Bde, 1975 – H. SCHADEK, Tunis oder Sizilien? Die Ziele der aragonesischen Mittelmeerpolitik unter Peter III. von Aragón, SFGG.GAKGS 28, 1975, 335–349 – F. SOLDEVILA, Jaume I. Pere el Gran, 1980³ – D. ROMANO, Judíos al servicio de Pedro el Grande de Aragón, 1983 – E. SARASA SÁNCHEZ, El Privilegio General de Aragón, 1984 – La società mediterranea all'epoca del Vespro. XI Congresso di Storia della Corona de Aragona, Palermo–Trapani–Erice, 23–30 aprile 1982, 4 Bde, 1983–84.

4. P. IV., 'el Cerimoniós', *Kg. v.* →*Aragón* und →Valencia, Gf. v. →Barcelona, Hzg. v. →Athen und →Neopatras, * 5. Sept. 1319 in Balaguer, † 5. Jan. 1387 in Barcelona, Sohn Kg. →Alfons' IV. und seiner Gattin →Teresa de →Entença, Gfn. v. →Urgel, ∞ 1. Maria v. Navarra, 2. Eleonore v. Portugal, 3. →Eleonore v. Sizilien, 4. Sibilla de Fortià, Kinder: →Johann I., →Martin I., Kg.e v. Aragón, Konstanze (∞ Johann I. v. Kastilien), Isabella (∞ Jakob II. v. Urgel). – 1336 in Zaragoza gekrönt, bemühte sich P. mit Nachdruck um eine Stärkung der kgl. Zentralgewalt und bediente sich dabei nicht nur der Rezeption der kast. →Siete Partidas und des röm. Rechts, sondern nahm auch eine gezielte Durchorganisation der Verwaltungsinstitutionen in Angriff (Kanzlei, Ämterstruktur, Hofhaltung; Erlaß bedeutender *Ordinacions*), wobei seine Ausgestaltung des Hofzeremoniells nach siz.-mallorquin. Vorbild (1344; →Hofordnung, →Hôtel du roi) am einprägsamsten geblieben ist.

Zentralist. Tendenzen entsprach auch die auf jurist. Wege vorbereitete, durch rücksichtslose Politik verwirklichte Inkorporation des Kgr.es →Mallorca sowie die gegen alle Widerstände aufrechterhaltene Eingliederung des Kgr.es →Sardinien. Sofort nach dem Regierungsantritt machte er zudem die Güterübertragungen an die Kgn. witwe Eleonore v. Kastilien sowie an seine Stiefbrüder →Ferdinand, Mgf. v. Tortosa, und Johann längs der Grenze zw. Kastilien und Valencia rückgängig und nahm einen Konflikt mit Alfons XI. v. Kastilien in Kauf, beigelegt erst 1338/39 (Übereinkunft v. Daroca/Vertrag v. Madrid). Das weiterhin schwelende Problem um die Gebiete v. →Elche, Alicante und →Orihuela sollte dann unter Alfons' Nachfolger →Peter I. v. Kastilien wieder aufflammen und zum langen kast.-aragones. Krieg der 'beiden Peter' (Guerra de los Dos Pedros, 1356–69) führen. P. war folglich einer der wichtigsten Verbündeten →Heinrichs (II.) Trastámara, des Halbbruders und Gegenspielers Peters I. v. Kastilien, während die kast. Seite durch Unterstützung der Ansprüche der Söhne von →Eleonore v. Kastilien in Aragón innere Unruhe hervorrief.

Der Versuch P.s, mangels männl. Erben entgegen den garantierten gewohnheitsrechtl. Normen die Thronfolge zugunsten seiner Tochter Konstanze zu regeln, führte zum massiven Widerstand des Adels (1347 Bildung von Unionen in Aragón und Valencia). Zwar behielt der Kg. 1348 in der Entscheidungsschlacht v. →Épila die Oberhand und zerstörte auf den →Cortes v. Zaragoza demonstrativ die Unionsprivilegien, doch mußte er gleichzeitig den »Privilegio General« von 1283 (→Peter III. v. Aragón) bestätigen und in die →Fueros aufnehmen lassen, wodurch sein bisheriger Regierungsstil unmögl. gemacht wurde. In der

Folge ist eine zunehmende Einengung und Kontrolle der kgl. Machtausübung durch die Ständevertreter zu beobachten (ab 1362/63 Einrichtung der →Diputaciones del General). Das Erbfolgeproblem löste sich dagegen von selbst, als dem Kg. 1350 mit dem Infanten Johann (I.) ein männl. Thronfolger geboren wurde.

Die unübersehbaren wirtschaftl. und finanziellen Schwierigkeiten, die nicht nur durch Mißernten und den Einbruch der Schwarzen →Pest, sondern auch durch die alle Ressourcen erschöpfende Kriegführung bedingt waren, belasteten stark das Verhältnis zw. Ständen und Kg. Gegen Ende der Regierung klafften Herrschaftsanspruch und Realität immer weiter auseinander, v. a. als die Heirat P.s mit Sibilla de Fortià (1377) und das Eindringen des Fortià-Clans in die Schlüsselpositionen den Bruch mit dem Thronfolger Johann unausweichl. werden ließ, was sich offen bei der Krönung der Kgn. 1381 manifestierte. Die nachfolgende erbitterte Auseinandersetzung wurde zunehmend mit den kirchenpolit. Gegensätzen des Gr. →Abendländ. Schismas verquickt. Während P., der es fast immer verstanden hatte, trotz aller Differenzen mit dem Papsttum einen aragon. Landeskard. an der Kurie unterzubringen, eine Politik der neutralen 'Indifferenz' verfolgte, um so die kirchl. Einkünfte der Krone nutzbar zu machen, suchte der Infant auf kirchenpolit. Gebiet eine Front aufzubauen. Diese innere Zerrissenheit, die weder durch die siz. Politik noch durch den Anschluß der katal. Hzm.er in Griechenland (1379) ausgeglichen werden konnte, überschattete die letzten Jahre des Kg.s. Seine Regierung endete mit einer Periode der Schwäche, die trotz aller administrativen und verfassungsrechtl. Fortschritte die Kronländer im Zustand der inneren Krise zurückließ. Außer den realpolit. Errungenschaften blieb als dauernde Leistung P.s seine lit. Hinterlassenschaft in der autobiograph. gefärbten, von ihm zumindest in ihrer Abfassung dirigierten »Crònica« erhalten (→Chronik, K. II, sog. →Chronik v. S. Juan de la Peña), wozu noch ein auf seine Initiative hin auf der Grundlage der Siete Partidas zusammengestellter »Tractat de cavalleria« hinzutrat.

L. Vones

Q.: P. BOHIGAS, Tractats de cavalleria, 1947, 97–154 – A. LÓPEZ DE MENESES, Documentos culturales de Pedro el Ceremonioso, EEMCA 5, 1952, 669–771 – DERS., Florilegio documental del reinado de Pedro IV de Aragón, CHE 13–20, 1950–53; 23–26, 1955–57; 35–36, 1962 – R. GUBERN, Pere III, Epistolari, 1955 [bis 1361] – Crònica General de Pere III, ed. A. J. SOBERANAS LLEÓ, 1961 – C. SÁNCHEZ CUTILLAS, Lletres closes de Pere el Cerimoniós endr. al Consell de Valencia, 1967 – A. ALTISENT, L'Almoina Reial a la Cort de Pere el Cerimoniós, 1969 – L. D'ARIENZO, Carte reali diplomatiche di Pietro IV . . ., riguardanti l'Italia, 1970 – F. SOLDEVILA, Les Quatre Grans Cròniques, 1971, 1001–1225 – Lit.: Diccionari d'Hist. de Catalunya, 1992, 808f. – L. VONES, Gesch. der Iber. Halbinsel im MA, 1993, bes. 163ff. – F. SEVILLANO COLOM, Auntes para el estudio de la Cancillería de Pedro IV, AHDE 20, 1950, 137–241 – R. TASIS I MARCA, La 'indiferencia' de Pere III en el Gran Cisma d'Occident, 1952 – DERS., La vida del Rei En Pere III, 1954; 1961² – D. EMEIS, P. IV., Johann I. und Martin v. Aragón und ihre Kard.e, SFGG.GAKGS 17, 1961, 72–233 – R. TASIS I MARCA, Pere el Cerimoniós i els seus fills, 1962² – G. MELONI, Genova e Aragona all'epoca di Pietro il Ceremonioso, I–III, 1971–82 – R. D'ABADAL I DE VINYALS, Pere el Cerimoniós i els inicis de la decadència política de Catalunya, 1972, 1987² – O. SCHENA, Le leggi palatine di Pietro IV d'Aragona, 1983 – J. P. KERN, Die Besetzung der aragon. Bf.sstühle unter Peter IV., Johann I., Martin I., SFGG.GAKGS 32, 1988, 148–263 – Pere el Cerimoniós i la seva època, 1989.

5. P. v. Aragón OFM, Infant v. Aragón, * um 1305, † 4. Nov. 1381 in Pisa, ▭ Valencia, Kl. S. Francisco, 4. Sohn Kg. →Jakobs II. v. Aragón und →Blancas v. Sizilien, Gf. v. →Ribagorza (seit 1322), später v. →Ampurias, ∞ seit 1331 Johanna v. Foix, versah schon unter dem Vater wichtige polit. Aufgaben, dann aber v. a. unter seinem Bruder Alfons IV. und als Kanzler (seit 1338) seines Neffen Peter IV., für den er den →Fs.enspiegel »De vita, moribus et regimine principum« verfaßte (1355/58; ed. F. VALLS TABERNER, Estudis Franciscans 37, 1926, 271–287, 432–450; 38, 1926, 107–119, 199–209). Nach dem Tod seiner Gattin trat er 1358 in den Franziskanerorden ein, ohne jedoch polit. Aktivitäten zu entsagen. Sein ältester Sohn Alfons, Hzg. v. Gandía und Marqués v. Villena, zählte 1410 nach dem Tod Martins I. zu den aragones. Thronprätendenten. P. war 1364 maßgebl. am Sturz Bernhards II. de →Cabrera beteiligt, unterstützte 1366 →Heinrich v. Trastámara (20.H.) in Kastilien und griff auch in Ordens- und Kirchenangelegenheiten ein (v. a. Rückkehr Papst Urbans V. nach Rom; Engagement im Schisma für Urban VI.).

P. Segl

Lit.: F. P. BLIEMETZRIEDER, Die zwei Minoriten Prinz P. v. A. und Kard. Beltrand Tagerus, AFrH 2, 1909, 441–446 – A. IVARI, Cuándo y dónde murió el Infante Fr. Pedro de A., Archivo Ibero-Americano 5, 1916, 138–145 – J. POU Y MARTÍ, Visionarios, beguinos y fraticelos catalanes, 1930, 308–397 – M. DE RIQUER, Vitalitat franciscana (Catalunya franciscana, 1933), 271–273 – W. BERGES, Die Fs.enspiegel des hohen und späten MA, 1938, 345–348, passim – S. SOBREQUÉS I VIDAL, Els barons de Catalunya, 1961, 163–170 – L. VONES, Gesch. der Iber. Halbinsel im MA, 1993, 167, 169, passim.

6. P. (Petăr) **I.**, Zar v. →Bulgarien 927–30. Jan. 969/970, * ca. 903, beendete, unterstützt von seinem Onkel Sursuvul, als Nachfolger des Zaren →Symeon den byz.-bulg. Krieg mit dem durch seine Eheschließung mit Maria-Irene →Lakapene († ca. 963) unterstrichenen Friedensschluß vom 8. Okt. 927 (DÖLGER, Reg.612; s. auch die anonyme oder von →Daphnopates verfaßte Rede, ed. DUJČEV bzw. STAURIDU-ZAPHRAKA). Von den Vereinbarungen dieses noch 963 erneuerten Friedens, den ab 934 Ungarneinfälle zw. trübten, rückte 967 Ks. →Nikephoros II. durch Verweigerung des Tributs wieder ab; er veranlaßte auch Fs. →Svjatoslav v. Kiev 968 zu der folgenreichen Invasion in Bulgarien. In P.s Zeit fallen die Ausbreitung des Mönchtums (hl. Ivan v. →Rila) und das Auftreten der Sekte der →Bogomilen, über die sich P. durch zwei Briefe des byz. Patriarchen instruieren ließ. P. wird u. a. im bulg. Synodikon v. 1211 als Hl. geführt.

G. Prinzing

Q.: A. STAURIDU-ZAPHRAKA, Byzantina 8, 1976, 345–406 – I. DUJČEV, On the Treaty of 927 with the Bulgarians, DOP 32, 1978, 217–295 – Lit.: Bibl.SS 10, 673–675 – BLGS III, 431f. – Oxford Dict. of Byzantium, 1991, 1639 – ZLATARSKI, Istorija, I/2, 495–573 – J. V. A. FINE, A Fresh Look at Bulgaria under Tsar P., Byz. Stud./Études Byz. 5, 1978, 88–95 – DERS., The Early Medieval Balkans, 1983, 159–187 – P. SOUSTAL, Thrakien, 1992, 91f.

7. P. II., Zar v. Bulgarien → Theodor Petros

8. P. I., Kg. v. →Kastilien, * 30. Aug. 1334 Burgos, † 23. März 1369 Montiel, Eltern: Kg. →Alfons XI. v. Kastilien und →Maria v. Portugal, Thronfolger nach dem Tode seines älteren Bruders, erzogen von der Mutter und Bf. Bernabé v. Osma. Sein Vater lebte mit →Leonor de Guzmán zusammen. Die bewegte Regierungszeit P.s (seit 1350) bewirkte, daß er einerseits als 'der Grausame' (cruel), andererseits als 'der Gerechte' (justiciero) dargestellt wird. P.s Förderung des Seehandels und der städt. Entwicklung sicherte ihm die Unterstützung vieler Städte des Reiches, zugleich aber wurde das Land von Pestepidemien und Kriegen erschüttert, und der Konflikt zw. der von P. mit Nachdruck verkörperten Kg.sgewalt und den Forderungen des Adels wurde mit großer Härte ausgetragen. 1353 heiratete P. →Blanche v. Bourbon, lebte jedoch mit Maria de →Padilla zusammen. 1350–53 betrieb P.s Günstling Juan Alfonso de Alburquerque, der 1351 die während der ganzen Regierungszeit einzigen Cortes einberief, im Widerspruch zu der von Alfons XI. in seinen letzten Jahren verfochtenen Politik eine Abkehr von England und ein Bündnis mit Frankreich, das jedoch am Scheitern der Ehe des Kg.s zerbrach. 1352 führte →Heinrich (20.H.), Gf. v. →Trastámara, ein Sohn Leonors de Guzmán und Halbbruder P.s, die erste Adelsrebellion an, der sich 1353 Ferdinand v. Aragón und andere Adlige anschlossen, die jedoch scheiterte, als P. den Toledaner Aufstand (1355) niederschlug. 1356 brach der Krieg zw. P. und Peter IV. v. Aragón aus: Es gelang P., Tarazona einzunehmen und Zaragoza zu bedrohen, doch willigte er 1357 in einen kurzfristigen Waffenstillstand ein. 1359 und 1360 führte P. einen Seekrieg gegen Aragón, belagerte Barcelona, besiegte die Aufständischen in der 1. Schlacht v. →Nájera (1360), schloß einen günstigen Friedensvertrag mit Aragón (1361, Terrer) und ein erstes Bündnis mit →Eduard III. v. England (1362). Gleichzeitig setzte er seinen Verbündeten Muḥammād V. wieder in →Granada ein und regelte die Nachfolge in seinem Reich zugunsten des Sohnes Alfons aus der Ehe mit Maria de Padilla († 1361) bzw. nach dessen Tod, zugunsten der Töchter Beatriz, Konstanze und Isabella. Der Krieg gegen Aragón brach 1362/64 erneut aus, wobei sich die Überlegenheit P.s zu Lande (ztw. Eroberung v. Calatayud, Orihuela, Murviedro usw.) deutl. zeigte, jedoch eine definitive Entfremdung zu Peter IV. v. Aragón, Frankreich und Heinrich v. Trastámara zutage trat. Heinrich nahm 1363 Verhandlungen mit frz. Söldnerverbänden auf, und nach 1366 brach der Konflikt aus: Heinrich, zusammen mit den von →Du Guesclin befehligten frz. Kompagnien war zunächst siegreich und konnte den Thron für sich beanspruchen. P. floh in die Gascogne, schloß ein Bündnis mit →Eduard, dem 'Schwarzen Prinzen' (8.E.), besiegte seinen Rivalen in der 2. Schlacht v. →Nájera (April 1367) und erlangte den Thron wieder. Heinrich kehrte im Herbst 1367 nach Kastilien zurück, stieß bis in die Nähe von Toledo vor, besiegte und ermordete P. in →Montiel und vernichtete bis 1371 die letzten Anhänger P.s in Andalusien und Galicien. M. A. Ladero Quesada

Lit.: J. B. Sitges, Las mujeres del rey don Pedro I de Castilla, 1910 – P. E. Russell, The English Intervention in Spain and Portugal in the Time of Edward III and Richard II, 1955 – F. Pietri, Pierre le Cruel, 1961 – L. Suárez Fernández, El Canciller Ayala y su tiempo (1332–1407), 1962 – Ders., Castilla (1350–1406) (Hist. de España XIV, 1966) – L. V. Díaz Martín, Itinerario de Pedro I de Castilla, 1975 – J. Valdeón Baruque, Los oficiales de Pedro I de Castilla, 1987² – Ders., Las Cortes de Castilla y León en tiempos de Pedro I (Las Cortes de Castilla y León en la Edad Media, I, 1988), 183–217.

9. P., *Infant v. Kastilien*, * 1290 in Valladolid, † 26. Juni 1319 in Vega de Granada, Eltern: Sancho IV. und →María de Molina; ∞ 1311 Maria, Tochter Jakobs II. v. Aragón. P. war Kämmerer und Haushofmeister (*mayordomo mayor*) seines Bruders Ferdinand IV., begleitete ihn bei der Einnahme v. Alcaudete (1312) und schloß wenig später nach dessen Tod einen Waffenstillstand mit →Granada. Zusammen mit dem Infanten Johann und María de Molina Vormund Alfons' XI. (Übereinkunft von Palazuelos, Aug. 1314), widmete er sich mit ganzer Kraft dem Krieg gegen Granada, wobei er den abgesetzten Emir Naṣr gegen Ismāʿīl I. (1314–25) unterstützte. Dank Einkünften aus Andalusien und einer päpstl. Kreuzzugsbulle machte er Eroberungen an der Grenze von Jaén (1313 Einnahme v. Rute; 1315 Sieg in den Schlachten v. Martos und Vega, Eroberung von Cambil, Alhabar, Tiscar [1316] und Belmez [1317]). Nach dem Waffenstillstand v. 1318 und vor dem endgültigen Friedensschluß wollte er einen entscheidenden Schlag gegen Vega de Granada führen, wurde besiegt und starb zusammen mit dem Infanten Johann in Sierra Elvira. Die Niederlage verhalf Ismāʿīl I. zum Abschluß eines günstigen Waffenstillstands (Juni 1320) und führte in Kastilien zu einer Neuordnung der Vormundschaftsregierung für Alfons XI. M. A. Ladero Quesada

Lit.: J. E. Martínez Ferrando, Jaime II de Aragón. Su vida familiar, 2 Bde, 1948 – C. González Mínguez, Fernando IV de Castilla (1295–1312), 1976 – J. Baucells i Reig, L'expansió peninsular en la política de Jaume II: el matrimoni de la seva filla gran Maria amb l'Infant Pere de Castella, AEM 12, 1982, 491–535 – A. Masià, Jaume II: Aragó, Granada i Marroc, 1989.

10. P. v. Courtenay, *Ks. des →Lat. Ksr.es v. Konstantinopel*, Gf. v. Nevers und Auxerre, * ca. 1165/70, † ca. 1219. P., einem Enkel →Ludwigs VI. und Cousin →Philipp Augustus' v. Frankreich, wurde nach dem Tode Ks. →Heinrichs (26.H.) 1216 von einer Delegation der Barone des lat. Ksr.es in Namur die Krone angeboten, weil er in zweiter Ehe mit Jolante (Schwester des Ks.s Balduin I. und Heinrichs) verheiratet war und über ein großes finanzielles und militär. Potential verfügte. Mit einem Heer (160 Ritter, 5500 Sergeanten) zog P. nach Rom, wo er und Jolante von Honorius III. am 9. April 1217 in S. Lorenzo fuori le mura gekrönt wurden. Am 11. April beschwor das Ks.paar im Lateran die Verträge mit Venedig und die Rechte der Barone, schiffte sich in Brindisi in Begleitung des Kard.legaten Giovanni →Colonna mit dem Heer auf ven. Schiffen ein und landete bei Dyrrhachion, das vergebl. belagert wurde. Jolante reiste zu Schiff nach Konstantinopel weiter, P. wurde beim Versuch, sich auf dem Landweg über die Via Egnatia nach Konstantinopel durchzuschlagen, mit seinem Heer auf heute alban. Gebiet von Theodoros Dukas' Truppen in eine Falle gelockt. P. und der Legat gerieten in Gefangenschaft, in der der Ks. trotz intensiver päpstl. Bemühungen um seine Freilassung bis zum Lebensende verblieb. K.-P. Todt

Lit.: J. Longnon, L'Empire Lat. de Constantinople et la Principauté de Morée, 1949, 153–157 – K. M. Setton, The Papacy and the Levant, I, 1976, 41, passim – B. Hendrickx, Régestes des empereurs lat. de Constantinople, Byzantina 14, 1988, 96–99 – D. M. Nicol, The Fate of P. of C. ... (Fschr. J. Hussey, 1988), 377–383.

11. P. I., *Kg. v. →Portugal*, * 8. April 1320, † 18. Jan. 1367, ▭ Alcobaça, Sohn Kg. →Alfons' IV. v. Portugal. Seine 1336 mit Konstanze→Manuel vereinbarte Ehe wurde wegen der ablehnenden Haltung Alfons' XI. v. León und Kastilien erst 1340 in Lissabon geschlossen. Zu Konstanzes Begleitung gehörte ihre Cousine Inês Pires de →Castro (3.C.), die nach dem Tod Konstanzes (1348/49) P.s Geliebte wurde, ihm zw. 1349 und 1354 vier Kinder gebar und, vermutl. mit Alfons' IV. Einwilligung, ermordet wurde (7. Jan. 1355). Den von P. entfesselten Familien- und Bürgerkrieg beendete der Vater mit der Einsetzung P.s als Mitregenten (5. Aug. 1355). Als P. nach dem Tode des Vaters (28. Mai 1357) Kg. wurde, brach er mit dessen Politik und Stil: Er reiste Recht sprechend durchs Land, begünstigte den Adel und schloß mit →Peter I. v. Kastilien ein Bündnis gegen Aragón, das durch die geplante Verheiratung seines Sohnes →Ferdinand (9.F.) und seiner zwei mit Inês gezeugten Söhne →Johann (14.J.) und →Dinis (2.D.) mit drei unehel. Töchtern Peters besiegelt werden sollte. Peter lieferte die am Mord an Inês beteiligten Flüchtlinge aus, die P. nach einem Prozeß hinrichten ließ. Im Juni 1360 beeidete er öffentl., Inês 1353 heiml. geehelicht zu haben; ihr Leichnam wurde nach →Alcobaça überführt, und seine beiden Inêssöhne wurden mit Bestätigung ihrer Thronfolgerechte und Ausstattung mit riesigem Grundbesitz für legitim erklärt (1361). Als den kast.

Kg. Peter das Kriegsglück verließ, ließ P. ihn fallen und verbündete sich 1366 mit →Heinrich II. Trastámara (20.H.). Er ersparte so dem 1361-66 von Pest und Hunger gebeutelten Land militär. Abenteuer und widmete sich v. a. der Gesetzgebung und der Rechtsprechung. Sein als *'beneplácito regio'* bekanntes Gesetz v. 1356, das die Verbreitung päpstl. Schreiben in Portugal nur mit kgl. Genehmigung gestattete, gehörte zur polit. Auseinandersetzung mit dem Klerus, war aber zunächst Ausdruck seines richterl. Willens, den mit gefälschten oder falsch interpretierten Kuriendokumenten Bedrängten beizustehen. Seine wiederholten Exzesse, v. a. in Sitte und Moral berührenden Prozessen, und sein sonst auffälliges Ringen um rechtmäßige Urteile brachten ihm widersprüchl. Beinamen ein: *o Cruel* ('der Grausame') und *o Justiciero* ('der Unerbittlich-Unbestechliche'). P. Feige

Lit.: F. DE OLIVEIRA, Trís Ensaios sobre figuras medievais, 1970–A. L. DE CARVALHO HOMEM, Subsidios para o Estudo da Administração Central no Reinado de D. Pedro I, Revista de Hist. (Centro de Hist. da Univ. do Porto), 1, 1978, 39-87 – J. T. MONTALVÂO MACHADO, Itinerários de El-Rei D. Pedro I., 1978 – A. BESSA LUIS, Adivinhas de Pedro e Inés, 1978 – A. L. DE CARVALHO, O Desembargo Régio, 2 Bde, 1985 – S. DIAS ARNAUT, Os Amores de Pedro e Inés, 1986 – Cortes Portuguesas. Reinado de D. Pedro I. (1357-67), 1986 – A. H. DE OLIVEIRA MARQUES, Portugal na crise dos séculos XIV e XV, 1987 – L. VONES, Gesch. der Iber. Halbinsel im MA, 1993, 181, 338 [Lit.].

12. P. I., *Kg. v. Sizilien* → Peter III. v. Aragón (3.P.)

13. P. II., *Kg. v. →Sizilien*, 1337-42, * 1305, † Aug. 1342 in Calascibetta, Sohn von →Friedrich III. und Eleonore v. Anjou, seit 1312 Generalvikar, 1321 (in Mißachtung der Bestimmungen des Friedens v. →Caltabellotta) gekrönt und zum Mitregenten des Vaters eingesetzt, befehligte 1327 die siz. Flotte, die →Ludwig den Bayern unterstützte. Im Juni 1337 an die Macht gekommen, stand der als »schlicht und rein«, von →Villani als »mentecatto« (geistesschwach) charakterisierte Kg. stark unter dem Einfluß seiner Mutter und seiner Gemahlin Elisabeth v. Kärnten, die ihn drängten, mit dem mächtigen Baron Francesco Ventimiglia zu brechen (er wurde wegen Felonie getötet), dafür die →Chiaramonte wieder an den Hof zu ziehen und die Machtausübung den Brüdern Matteo und Damiano Palizzi v. Messina anzuvertrauen. P.s Regierung war geprägt durch einen neuen Bruch mit Avignon (Benedikt XII. verweigerte dem Kg. die Investitur und behandelte ihn als Rebellen), angevin. Offensiven (Landung in Brucato 1338, Einnahme von Lipari [1339] und von Milazzo [1342]), erneute Prätentionen Peters IV. v. Aragón auf die Insel und den Ausbruch sich verschärfender Parteikämpfe, angeführt von den »lat.« und »katal.« Gf.en. Im Zuge dieser Konflikte versuchten die Palizzi, den Sturz des Infanten Johann, des Bruders des Kg.s und Titularhzg.s v. Athen, durchzusetzen, wurden aber selbst durch einen Volksaufstand aus Sizilien vertrieben. P. hinterließ seinem Bruder, dem starken Mann der Dynastie, den Vikariat des Kgr.es und die Vormundschaft seines Sohnes Ludwig. H. Bresc

Lit.: →Aragón (siz. Linie) – I. PERI, La Sicilia dopo il Vespro, 1982.

14. P. Orseolo, *Kg. v.* →*Ungarn* 1038-41, 1044-46, * nach 1008, † 1046/47, ◻ Fünfkirchen; Sohn des Dogen v. Venedig, Otto →Orseolo, und einer Tochter des Gfs.en →Géza v. Ungarn. Nach der Vertreibung seines Vaters aus Venedig 1026 fand P. mit seiner Mutter Aufnahme in Ungarn. →Stephan I. designierte ihn nach dem Tode →Emmerichs 1031 zum Thronfolger. Außenpolit. unterstützte P. im W Böhmen gegen Ks. Heinrich III. und fiel selbst 1039/40 in die bayer. Ostmark ein; im O führte er 1040 Krieg gegen das byz. Bulgarien. Innenpolit. brachte er Adel und Kirche durch wirtschaftl. Druck, Verfolgungen sowie willkürl. Ab- und Einsetzungen von Bf.en gegen sich auf. Wegen der unwürdigen Behandlung Kgn. →Giselas wurde er gestürzt und durch den Schwager Stephans I., Samuel→Aba, ersetzt. Auf Veranlassung von P.s Schwager, Mgf. Adalberts I. v. Österreich, fiel Heinrich III. in Ungarn ein, besiegte 1044 Kg. Aba bei Menfö und setzte P. als seinen Vasallen wieder ein. Da P. nur mit Hilfe massiver dt. Präsenz regierte, riefen die heidn. Adligen 1046 die →Arpaden →Andreas und Levente ins Land zurück. P. wurde gefangengenommen und mit seinen Söhnen geblendet. Er starb wenig später an seinen Verletzungen. J. K. Schmitt

Lit.: BLGS III, 445f. – HÓMAN I, 243–258 – A. FEST, Pietro O. secondo re d'Ungheria, 1923 – J. GERICS, Az 1040-es évek magyar történetére vonatkozó források kritikája, Magyar Könyvszemle 98, 1982, 188–197, 299–312 – DERS., Die Kirchenpolitik des Kg.s P., Annales Univ. Sci. Budapestinensis, Sectio Hist. 24, 1985, 269–275.

15. P. I., *Kg. v.* →*Zypern* aus dem Hause →Lusignan 1358-69, * um 1328, † 18. Jan. 1369; Sohn von Hugo IV. und Alix v. →Ibelin. ∞ 1. Echive v. Montfort, 2. Eleonore v. Aragón. 1347 Gf. v. →Tripoli; wegen des Versuchs, in den Westen zu entweichen, vom Vater gefangengehalten (1349), dann aber als Thronerbe gegenüber dem Sohn seines älteren Bruders Guido († 1343) bevorzugt, was zu einem langen Prozeß führte. Am 14. Nov. 1358 zum Kg. v. Zypern gekrönt, erhielt er 1360 auch die Krone v. Jerusalem, 1368 die Krone v. Armenien. Seine Operationen gegen die Türken im südl. Anatolien brachten ihn in Konflikt mit dem Mamlūkensultan v. Ägypten. P. reiste in den Westen, um Unterstützung zu suchen, und wurde von den Kg.en v. Frankreich und England, die einen Kreuzzug planten, freundlich empfangen. An der Spitze der Kreuzfahrer bemächtigte er sich →Alexandrias (Sept. 1365), das er aber bald wieder räumen mußte. Seine Bemühungen um ein Abkommen mit dem Sultan scheiterten; eine zweite Reise ins Abendland blieb ergebnislos. Der Kg., der neue Steuern ausschreiben mußte und griech. Bürgern gegen Geld Abgabenbefreiungen gewährte, entfremdete sich durch sein autoritäres Auftreten seinen Baronen, die ihn schließlich ermordeten. J. Richard

Lit.: W. H. DE COLLENBERG, Les Lusignan de Chypre, Epetèris (Nikosia) 10, 1980 – P. W. EDBURY, The Murder of King P. I of Cyprus, Journal of Medieval Hist. 6, 1980.

16. P. II. v. Beaujeu, *Hzg. v.* →*Bourbon* 1488-1503, Regent des Kgr.es Frankreich 1483-91 (→Frankreich, A. VII), * 1437, † 10. Okt. 1503, 4. Sohn Hzg. →Karls I. v. Bourbon und der Agnès v. Burgund, erhielt den Titel des Sire de Beaujeu nach dem Tode seines Bruders Philipp. P. wurde am Hof v. →Burgund erzogen und beteiligte sich an der gegen Kg. →Ludwig XI. gerichteten →Ligue du Bien public (1465). Danach wurde er jedoch vom Kg. in dessen Dienst genommen und erwies sich als loyaler polit. Helfer. 1472 fungierte er als Gouverneur v. →Guyenne und nötigte den Gf.en→Jean V. v. Armagnac zur Kapitulation.

Im Nov. 1473 heiratete er die 24jährige Anna v. Frankreich (→Anna v. Beaujeu), jüngste Tochter Kg. Ludwigs XI. 1476 wurde →Jean II., Hzg. v. Bourbon, dazu verpflichtet, seinem Bruder P. die Gft. →Clermont-en-Beauvaisis und die Herrschaft Beaujeu (→Beaujolais) als Apanage abzutreten. 1477 übertrug ihm Ludwig XI. →Marche und Combraille, die dem Hzg. v. →Nemours durch Konfiskation entzogen worden waren. 1482 wurde Jean II. zu erneuter Gebietsabtretung, diesmal der Herrschaft →Dombes, genötigt. 1483 wurden Anna und P. für die Vormundschaft des Dauphins →Karl (VIII.) designiert.

Nach dem Tode Ludwigs (30. Aug. 1483) übten P. und Anna v. Beaujeu, ohne eigtl. Rechtstitel, die Regentschaft aus. Sie regierten von 1483 bis 1491 in engem Zusammenwirken; P. hatte den Vorsitz des →Conseil royal inne. Ihre Politik setzte die Zentralisierungstendenzen Ludwigs XI. fort; die polit. Lage nötigte sie aber zu einem gewissen, taktisch motivierten Eingehen auf Forderungen der Untertanen. Die Beaujeu versammelten 1484 die →États généraux in →Tours, konnten die vom Hzg. v. Orléans gesteuerte Fs.enkoalition der →Guerre folle ausmanövrieren (1485) und setzten die Eheallianz zw. Karl VIII. und →Anna v. Bretagne durch, wodurch sie die Einverleibung des Hzm.s →Bretagne vorbereiteten. Nach der Volljährigkeit Karls VIII. (1491) residierten die Beaujeu zumeist in Bourbonnais. Doch wurde P. im Aug. 1494, während des Italienfeldzugs Karls VIII., als *lieutenant-général* nochmals mit der Leitung der Staatsangelegenheiten betraut.

1488 wurde P., nach dem Tode Jeans II. und dem (erzwungenen) Verzicht des Kard.s Karl v. Bourbon, zum Hzg. v. Bourbon und Gf.en v. →Forez. In →Moulins unterhielten P. und Anna ihre glänzende Hofhaltung, die sich durch reges →Mäzenatentum für Schriftsteller und Künstler (Meister v. Moulins) sowie große Bauvorhaben (Schlösser v. Chantelle und Moulins, Ste-Chapelle zu Bourbon) auszeichnete. Die Beaujeu ließen das Gewohnheitsrecht des Bourbonnais (→Coutume) aufzeichnen und am 19. Sept. 1500 publizieren.   A. Leguai

Lit.: L'Ancien Bourbonnais, II [Neudr. 1934] – LA MURE, Hist. des ducs de Bourbon et des comtes du Forez, II, 1868 – P. PELICIER, Essai sur le gouvernement de la dame de Beaujeu, 1882 – Y. LABANDE-MAILFERT, Charles VIII et son milieu (1470–98). La jeunesse au pouvoir, 1975 – J. EHLERS, Gesch. Frankreichs im MA, 1987, 380–386 [Lit.].

17. P. I. v. Dreux (Pierre Mauclerc), *Hzg. v.* →*Bretagne* 1213–37, † 1250, entstammte einer Seitenlinie der →Kapetinger, dem Hause →Dreux. Seine 1212 geschlossene Heirat mit Alix (Alice), der Erbtochter des bret. Herzogshauses, erfolgte auf Wunsch Kg. →Philipps II. Augustus, der P. als Bauer im Schach gegen die rivalisierenden Plantagenet einsetzen wollte. Von seinen Gegnern zu Unrecht als skrupelloser Mitgiftjäger geschildert, war P. in Wahrheit ein kultivierter 'prince du sang', der als Gefährte des Prinzen →Ludwig (VIII.) eine sorgfältige höf. und ritterl. Erziehung genossen hatte, lit. Bildung besaß (Vorliebe für Chanson de geste, satir. Dichtung und Andachtsbücher) und als Fs. bedeutsame institutionelle und territoriale Innovationen durchführte. Seine Persönlichkeit war durch lebhaftes und aufbrausendes Temperament geprägt. Als 'baillistre' (Vormund, Regent) seines Sohnes betrieb er mit Nachdruck die Zentralisierung der Herzogsgewalt, indem er die Apanage des minderjährigen Heinrich v. →Penthièvre zum großen Teil annektierte, die hzgl. Machtposition in der Landschaft →Léon ausbaute, die Rechte schwacher oder verarmter Vasallen rigoros beschnitt und die Schutzherrschaft über die Bischofskirchen sowie die Seigneurien, die von Minderjährigen oder als Kunkellehen gehalten wurden, ausübte. Er verbot den Vasallen den Befestigungsbau ohne seine ausdrückl. Erlaubnis, betrieb dagegen auf seinen Domänen expansive Burgenpolitik. Den staatl. Machtapparat festigte er durch den Einsatz fähiger frz. Ratgeber, so des Bf.s Rainaud; der Regierungstätigkeit P.s wird die Verbesserung des Kanzlei- und Urkundenwesens und der Jurisdiktion, aber auch die Intensivierung und Verschärfung des Fiskalsystems (Einführung neuer Steuern, *maltôtes*) zugeschrieben. Er fungierte als Kreditgeber für Kg. →Heinrich III. v. England, Simon de →Montfort und sogar →Ludwig d. Hl.

Seine aktive und expansive Politik stieß freilich auch auf Gegnerschaft; wegen seiner Usurpation kirchl. Rechte und Besitzungen (Beiname: Mauclerc 'schlechter Kleriker') verfiel er zweimal der Exkommunikation.

Als loyaler Vasall Kg. Philipps nahm er an den frz. Feldzügen im Poitou und am Englandzug des Prinzen Ludwig (1216) teil. Unter Ausnutzung der schwierigen Lage des Kgr.es während der Regentschaft der →Blanca v. Kastilien war er führend an vier Feudalrevolten beteiligt (1227–34) und leistete das Homagium an den Kg. v. England; seine Felonie trug ihm vielfältige Schwierigkeiten ein. Nach einer letzten Invasion des kgl. Heeres unterwarf er sich und gab die Vormundschaftsregierung an seinen nun volljährigen Sohn →Jean I. ab (1237). Der außergewöhnl. Lebenslauf dieses bedeutenden Fs.en fand seinen Abschluß im Kreuzzug Ludwigs d. Hl.; während der Rückkehr aus Ägypten verstarb er.   J.-P. Leguay

Lit.: J. L. MONTIGNY, Essai sur les institutions du duché de Bretagne à l'époque de Pierre Mauclerc et sur la politique de ce prince (1213–37), 1961 – J.-P. LEGUAY-H. MARTIN, Fastes et malheurs de la Bretagne ducale 1213–1532, 1982.

18. P. II., *Hzg. v.* →*Bretagne* 1450–57, † 1457, aus dem Hause →Montfort. Seine Persönlichkeit wurde von den Historikern höchst ungünstig beurteilt; unter seinem intriganten und jähzornigen Charakter litt seine Gemahlin, die sel. Françoise d'Amboise, die sich gegen Ende ihres Lebens in einen Karmeliterinnenkonvent zurückzog. Dessenungeachtet vollzog sich unter der Regierung P.s ein beachtl. Zentralisierungsprozeß, getragen von Räten wie Abt Mathelin und Jean Loaysel. Wichtigste Maßnahmen waren: Verbesserung der Justizausübung, sorgsame Auswahl der Beamten und Heranbildung eines professionellen Juristenstandes (Advokaten, Notare), Neudefinition des Status des Adels (erschwerter Zugang zu den adligen Privilegien), Neuordnung des Heeresdienstes, Beschränkung des Titels eines →Barons auf die neun großen Lehnsträger des Hzm.s Bretagne. Der noch ertragreiche bret. Handel zeigte erste Anzeichen einer Rezession; die Städte wie →Rennes und →Vannes erlebten jedoch weiteren Aufschwung.

P. hatte ein starkes, dynastisch geprägtes Bewußtsein von seiner hohen Stellung; eine seiner Urkunden spricht von den »droits royaulx(!), duceaulx, souverainetez et nobleces«, under lehnte es ab, dem Kg. v. →Frankreich für das Hzm. den ligischen Lehnseid zu leisten. Dennoch kam er seinen vasallit. Pflichten pünktlich nach und beteiligte sich aktiv am Krieg gegen England (Schlacht v. Castillon, 13. Juli 1453).   J.-P. Leguay

Lit.: J.-P. LEGUAY-H. MARTIN, Fastes et malheurs de la Bretagne ducale (1213–1532), 1982 [Lit.] – J. KERHERVÉ, L'État breton aux 14e et 15e s., 1987.

19. P. (Petru) I. ('Sohn der Muşata'), *Fs. der* →*Moldau* seit ca. 1375, * um 1350, † nach Jan. 1391, ▢ Rădăuţi (?), begründete die Dynastie der Muşat, wahrscheinl. Enkel Fs. →Bogdans I., Bruder Fs. Romans I., ∞ nahe Verwandte Kg. →Władysławs II. Jagiełło v. Polen. P. förderte den Landesausbau durch Ämterschaffung (Vornic/Kanzler), Festungsbau in Cetatea Neamţului und →Suceava (seit ca. 1380 Hauptstadt) und durch eine den Transithandel von den Donau- und Schwarzmeerhäfen nach Polen und Ungarn sichernde Außenpolitik. Die Zolleinnahmen ermöglichten u. a. den Kirchenbau (Dreifaltigkeitskirche in Siret, Kl. Neamţ). Am 26. Sept. 1387 leistete P. in Anwesenheit moldav. Bojaren Władysław II. den Vasallitätseid. P.s gute Beziehungen zu →Mircea I., Fs. der →Valachei, vermittelten dessen Allianz mit Polen (Vertrag v. Radom, 10. Dez. 1389). Eine Anleihe von 3000

Silberrubel, die 1388 Władysław bei P. aufnahm, bezeugt den Wohlstand des Fsm.s Moldau. Das dafür vereinbarte Pfand (→Pokutien mit →Halič) führte in den folgenden Jahrhunderten zu Konflikten. K. Zach

Lit.: C. C. GIURESCU, Istoria Românilor, I, 1935², 426–432 – ST. S. GOROVEI, Mușatinii, 1976, 29-35.

20. P. (Petru) **III. Aaron,** Fs. der →Moldau 1451/52, 1455–57, natürl. Sohn Fs. →Alexanders I. (6. A.), ließ seinen Bruder, Fs. →Bogdan II., in Reuseni köpfen, vermochte jedoch die Thronwirren unter Alexanders Erben nicht zu beenden. Er verpflichtete 1456/57 das Fsm. zu jährl. Tributleistungen (anfangs 2000 Golddukaten) an →Meḥmed II. 1457 vertrieb →Stefan III. P. und rächte den Tod seines Vaters, indem er ihn in seinem poln. Exil am 14. Dez. 1470 ermorden ließ. K. Zach

Lit.: ST. S. GOROVEI, Mușatinii, 1976, 55ff.

21. P. II., Gf. v. →Savoyen 1263–68, † 1268 auf Pierre-Châtel nahe Belley; 8. Sohn von →Thomas I. – Gf. P., der große Architekt der savoyischen Expansion im Norden, war zunächst nur Inhaber einer Apanage im Bugey, heiratete aber 1234 Agnès de Faucigny, durch die er die Erbfolge des →Faucigny gewann. Indem er das Pays de Gex an sich zog, drängte er die Gf.en v. →Genf in die Defensive. Er baute das Chablais als Territorialherrschaft aus, die von der Umgebung v. Genf bis in das Gebiet v. →Sitten reichte, unterstellte die Genfer Bürger seiner Schutzherrschaft und verlegte seine Residenz in die von ihm ausgebaute Burg →Chillon. Er machte Romont zum Hauptstützpunkt seiner Territorialpolitik im Waadtland (→Vaud), dessen Herren er vielfach in die Vasallität nötigte, und fungierte seit 1255 als Protektor der Städte Murten und →Bern. Seine diplomat. und militär. Erfolge verdankte er nicht zuletzt dem engl. Gold. Kg. →Heinrich III., vermählt mit Eleonore v. Provence, einer Nichte P.s, stützte sich bei seinen militär. Auseinandersetzungen mit den engl. Baronen stark auf das Bündnis mit P., der sich zw. 1241 und 1265 häufig in England aufhielt ('Hôtel de Savoie' in London, Burg →Richmond).

1263 zum Gf.en v. Savoyen geworden, sicherte P. seine Autorität das →Aostatal und einen Teil des →Piemont, wies die Angriffe →Rudolfs v. Habsburg gegen das Gebiet v. Bern zurück und hielt die Expansion der Fs.en v. →Dauphiné in Schach. Der Mauritiusring, den P. 1250 vom Abt v. →St-Maurice d'Agaune empfing, machte ihn und seine Nachfolger, nächst dem Ks. selbst, zu Erben der Königswürde v. →Burgund. P. baute die Grafengewalt stark aus, indem er die Grundlagen der →Chambre des Comptes schuf, →Baillis einsetzte und neue →Kastellaneien errichtete, die oft in neuerbauten Burgen (mit den charakterist. Rundtürmen) ihren Sitz hatten. Nachdem er 1263 von →Richard v. Cornwall das →Reichsvikariat erhalten hatte, konnte er die ersten Statuten v. Savoyen promulgieren. P. wandte als Suzerän gegenüber seinen Lehnsleuten häufig das →Retraktrecht an, verlieh als Staatsmann seiner weitgespannten Politik die angemessenen jurist. Grundlagen und führte als Feldherr zahlreiche Kriegszüge, auch in weitentlegenen Gebieten, erfolgreich durch (Ehrentitel 'le petit Charlemagne'). Nicht verhindern konnte der Fs., der selbst keine männl. Nachkommen hatte, daß Faucigny über die weibl. Erbfolge an den Dauphin fiel; dies trug nach P.s Tod zum Ausbruch des Krieges zw. Savoyen und Dauphiné bei. P. hinterließ dessenungeachtet einen gefestigten savoyischen Staat, der die wichtigsten Westalpenpässe kontrollierte, gestützt auf ein Netz gfl. Burgen und vertragl. Abkommen der Achse Lyon-Asti. B. Demotz

Lit.: L. WURSTEMBERGER, P. der Zweite, Gf. v. Savoyen, 1858 – E. L. COX, The Eagles of Savoy, 1974 – S. GUICHENON, Hist. généalogique de la Royale Maison de Savoie [Neudr. 1976] – B. DEMOTZ, Le comté de Savoie début XIIIᵉ-début XVᵉ, 1985.

22. P. v. Schaumberg, Kard., Bf. v. →Augsburg seit 28. Febr. 1424, * 22. Febr. 1388 wahrscheinl. in Mitwitz, Oberfranken, † 12. April 1469 in Dillingen a. d. Donau, ▭ Augsburger Dom (mit Bildnisfigur); Studium in Würzburg, Heidelberg, Bologna, um 1420 päpstl. Kammerherr, 1422/23 Generalvikar und Archidiakon in Bamberg, Bf. v. Augsburg durch päpstl. Provision, 1439 Kard., 1467 Legatus a latere. Als Diplomat beim Ks.hof und in Rom hoch geschätzt, gehörte er ab 1432 zu den Konzilsvätern von →Basel, beteiligte sich 1434 an den Prager Verhandlungen mit den →Hussiten, vertrat 1436 die Belange des Ks.s Siegmund in Basel und stellte sich nach der Wahl eines Gegenpapstes auf die Seite Eugens IV. Auf den Reichstagen 1441, 1446, 1447 fungierte P. v. Sch. als Vertreter oder Bevollmächtigter Ks. Friedrichs III. und vermittelte 1462 und 1465 in Auseinandersetzungen zw. Mgf. →Albrecht Achilles und den Wittelsbachern, desgleichen war er an dem 1465 zu Ulm geschlossenen Landfrieden maßgebl. beteiligt. Daneben leitete er zielbewußt Bm. und Hochstift Augsburg, berief 1435, 1437 und 1452 Diözesansynoden ein, bemühte sich um die Reform der Kl. in der Diöz., die unter dem vorangegangenen Schisma gelitten hatten. Fast ungetrübt war sein Verhältnis zum Domkapitel, auch hinsichtl. der Hochstiftsverwaltung bestanden kaum Differenzen. Spannungen gab es dagegen mit der Reichsstadt Augsburg. Humanist. gebildet, befaßte sich P. v. Sch. mit den schönen Künsten und der Theologie. Davon zeugen erhaltene Ansprachen, auch Briefe, u. a. von dem Humanisten Laurentius →Blumenau. P. Rummel

Q. und Lit.: LThK² VIII, 380 – A. UHL, P. v. Sch., 1940 – F. ZOEPFL, Das Bm. Augsburg und seine Bf.e im MA, 1955, 380–452 – SPINDLER III, 1971, Register – Reg. Ks. Friedrichs III., hg. H. KOLLER, H. 1–4, 1982–86, Register.

23. P., Ebf. v. →Magdeburg (P. Wurst, Jelito, Gelyto, P. v. Brünn) 1371–81, * um 1325 Niederjohnsdorf, † 1387 Landskron. Nach Studien (Dr. jur.) in Bologna, Perugia und Rom zunächst im Dienst der Kurie, wurde P. als Angehöriger des engeren Kreises der Vertrauten Karls IV. auf dessen Betreiben 1356 Bf. v. Chur, 1368 Bf. v. Leitomischl und 1371 (Tausch) Ebf. v. Magdeburg. Seine Resignation 1381 war eine Folge seines stets gespannten Verhältnisses zum Domkapitel und dessen Union mit dem übrigen Klerus 1380. Zuletzt amtierte P. als Bf. v. Olmütz. Wesentl. mit seiner Unterstützung gelang es Karl, 1373 die Mark →Brandenburg von den Wittelsbachern zu erwerben und die lux. Herrschaft dort zu konsolidieren. Trotz häufiger Konflikte mit der Stadt förderte er die Magdeburger Neustadt durch Anschluß des Dorfes Frohse. M. Kintzinger

Lit.: ADB XXV, 464f. – GS I/1, 1.2, 1972 – Biogr. Lex. zur Gesch. der böhm. Länder, III, 1988, 180 – W. HÖLSCHER, Kirchenschutz als Herrschaftsinstrument, 1985.

24. P. v. Aspelt, Ebf. v. →Mainz, * um 1240/45, † 5. Juni 1320, ▭ Mainz, Dom; Vater: Gebhard, lux. Ministeriale, nach 1250 Bürger v. Trier; Bruder: Wilhelm, 1298 gefreit. P. studierte in Bologna und Padua (1261), als Magister der Philos. und Medizin in Paris, hatte etliche Stiftspfründen (Bingen, Trier, Mainz, Prag, Wischerad, Breslau, Maastricht) und war Leibarzt und Hofkaplan Rudolfs v. Habsburg. Z. Z. der habsbg.-přemyslid. Kooperation ging er 1289 als Protonotar Wenzels II. nach Prag, war 1296–1306 Kanzler v. Böhmen; 1297 zum Bf. v. Basel providiert. Im böhm. Interesse wandte er sich 1303/04 dem frz. Kg. zu und wurde deshalb 1304 gefangengesetzt. Fortan war sein Verhältnis zu den Habsburgern belastet. 1306 erfolgte durch Clemens V. die Translation nach Mainz. Auf die Kg.swahlen 1308 und 1314 übte P. entscheidenden Einfluß aus und bestimmte in Zusammenarbeit mit dem Hause Luxemburg das Reichsgeschehen maßgebl. (z. B. böhm. Frage); im Thronstreit war er auf seiten Ludwigs d. Bayern. Günstige Konstellationen nutzte P. zur Durchsetzung der territorialpolit. und finanziellen Interessen des Erzstifts. R. Holbach

Lit.: ADB XXV, 465-467 – LThK² VIII, 349 [Lit.] – Pierre d'A., 7ᵉ centenaire de sa naissance, 1953 – A. GERLICH, Die Machtposition des Mainzer Erzstifts unter Kfs. P. v. A., BDLG 120, 1984, 255-291.

25. P. v. Ailly → Ailly, Pierre d'

26. P. v. Andlau → Andlau, Peter v.

27. P. v. Castelnau → Castelnau, Pierre de

28. P. v. Dusburg, Verfasser der Chronik des Landes Preußen, bezeichnet sich als Deutschordenspriester und sagt, er habe sein Werk 1326 dem Hochmeister →Werner v. Orseln vorgelegt. Abgesehen von kurzen chronikal. Texten setzten mit diesem Werk die Gesch.schreibung des →Dt. Ordens und zugleich die preuß. Landeschronistik ein. Preußen steht gänzl. im Zentrum der Darstellung. Hauptthema ist der Heidenkrieg des Ordens, also die Unterwerfung der →Prußen und der Beginn der Kreuzzüge gegen die →Litauer. Ungeachtet einer strikten Zielsetzung – P. will der Ordensbrüder durch die Erinnerung an die Kämpfe ihrer Vorgänger dazu bringen, im Heidenkampf nicht nachzulassen – ist die Chronik ein wertvolles Zeugnis nicht nur für ihre Entstehungssituation, sondern auch für die berichteten Ereignisse. Breitere Wirkung erlangte das Werk erst mit seiner Übertragung in dt. Verse durch →Nikolaus v. Jeroschin. H. Boockmann

Ed.: E. STREHLKE, SSrerum Pruss I, 1861, –AusgQ 25, 1984 [lat.-dt.] – Lit.: H. BAUER, P. v. D., 1935 – M. POLLAKÓWNA, Kronika Piotra z Dusburga, 1968 – H. BOOCKMANN, Die Gesch.sschreibung des Dt. Ordens (Gesch.sschreibung und Gesch.sbewußtsein im späten MA, VuF 31, 1987), 449 f.

29. P. v. Hagenbach → Hagenbach, Peter v.

30. P. der Eremit, Kreuzzugsprediger und Teilnehmer des 1. →Kreuzzuges, † wohl 1115, stammte wahrscheinl. aus der Picardie und entfaltete als einer jener Einsiedler und Wanderprediger des ausgehenden 11. Jh., die in völliger Armut die Nachfolge Christi anstrebten, eine äußerst wirksame Predigttätigkeit. Durch seine feurige Beredsamkeit, sein von äußerster Weltverachtung zeugendes Auftreten (schmutzstarrende Kleidung und Haartracht, Ritt auf einem Esel) und wohl durch einen mitgeführten →Himmelsbrief entfachte er nach dem Konzil v. →Clermont (1095) den Kreuzzugseifer einer wachsenden Schar von Anhängern; nach Predigten in Berry, Orléanais und in Lothringen erschien P. im Frühjahr 1096 im Rheinland (April 1096 in Köln), um von dort aus die eigtl. Kreuzfahrt zu beginnen. Die schlechtbewaffneten, weitgehend mittellosen und sozial zumeist niederen Anhänger P.s, die aus verschiedenen Regionen Frankreichs sowie West- und Süddeutschlands stammten, verkörperten in ihrer Militanz und ungezügelten Aggressivität einen (von den kirchl. Autoritäten argwöhn. betrachteten) Typ des Kreuzfahrers, der von den unter dem Befehl von Fs.en und hohen Adligen stehenden 'regulären' Ritterkontingenten stark abwich.

Nachdem der Ritter →Walter 'sans avoir', einer der bekannteren Mitstreiter P.s, ihm mit einer Abteilung vorausgezogen war, erreichte P. mit seiner Schar Ende Juli 1096 Konstantinopel. Begrüßt von Ks. Alexios I., doch wegen ihrer schlechten Verfassung und Beutelust von den Byzantinern mit Mißtrauen betrachtet, ließen sich die Kreuzfahrerverbände bereits am 6. Aug. 1096 zum Weitermarsch nach Kleinasien veranlassen. An der Grenze zum türk. Machtbereich wurde das Hauptkontingent am 21. Okt. 1096 bei der Grenzfestung Xerigordon von einem türk. Heer vollständig vernichtet; der Kreuzzug des niederen Volkes war damit beendet. P., der sich zu diesem Zeitpunkt in Konstantinopel zu Verhandlungen aufhielt, entkam dem Gemetzel und nahm später mit den Kreuzfahrerheeren am Zug nach Jerusalem teil, er vermochte hier noch eine (begrenzte) Wirksamkeit als Prediger entfaltete. 1101 in den W zurückgekehrt; über seine letzten Lebensjahre ist wenig bekannt. Die Legende hat sich dieser einprägsamen Gestalt, Prototyp des militanten Wander- und Kreuzzugspredigers, bemächtigt und die Bedeutung P.s übertrieben; schon die späteren Kreuzzugschronisten →Albert v. Aachen und →Wilhelm v. Tyrus schrieben ihm zu Unrecht maßgebl. Einfluß auf die Kreuzzugspolitik →Urbans II. zu. U. Mattejiet

Lit.: Dict. of the MA IX, 523f. [J. H. HILL; Lit.] – H. HAGENMEYER, P. der Eremite, 1879 – H. E. MAYER, Gesch. der Kreuzzüge, 1973³, 48-50 – E. O. BLAKE–C. MORRIS, A Hermit goes to War: P. and the Origins of the First Crusade, Stud. in Church Hist. 22, 1985, 79-197.

31. P. v. Koblenz, vielbeschäftigter spätgot. Werkmeister; trat um 1470 in württemberg. Dienste und schuf in →Urach die Stiftskirche, vor 1478 begonnen, 1499 vollendet, Basilika mit Netz- und Sterngewölben. 1485-94 baute er mit Martin v. Urach und Hans Spryß den Kreuzgang des Peter-Paul-Klosters in Hirsau. Nebenbei entstanden einschiffige Dorfkirchen in Eltlingen (1487) und Heutingen (1487), die Peterskirche in Weilheim/Teck (ab 1489) als Hallenkirche und die Chöre der Kirche v. Münsingen (um 1496), Dettingen (ab 1494) und Schwieberdingen (ab 1495). Ein seltenes Beispiel guten Zusammenwirkens von Architektur und Ausstattung stellt die Klosterkirche v. →Blaubeuren dar, 1491-99 als Wandpfeilerkirche erbaut und reich ausgestattet. Auch als Bildhauer war P. tätig: der Marktbrunnen in Urach wurde um 1500 nach einem Entwurf von P. durch Christoph v. Urach und Martin Hillebrant ausgeführt. G. Binding

Lit.: THIEME-BECKER XXVI, 476f. – K.-A. KNAPPE, Um 1490. Zur Problematik der Adt. Kunst, 1967, 303-352 – N. NUSSBAUM, Dt. Kirchenbaukunst der Gotik, 1985, 257.

32. P. v. Morrone → Coelestin V.

33. P. Odeljan → Odeljan

34. P. v. Ulm d. Ä., Arzt, Chirurg, * Ende des 14. Jh. in Ulm (oder Oberschwaben), † nach 1434, 1420-23 Stadtarzt in Ulm, ab 1423 Leib(wund)arzt am kurpfälz. Hof in Heidelberg, unterzog sich im Auftrag Pfgf. Ludwigs III. bei Rhein einem Ausbildungsprogramm, das handwerkschirurg. Lehre und Medizinstudium (immatrikuliert 1423 in Heidelberg) verband. Sein in Ulm erarbeitetes chirurg. 'Manual' hat P. v. U. in Heidelberg unter Einbezug lat. Q. (→Guy de Chauliac) zur 'Cirurgia magistri Petri de Vlma' ausgeformt: ungeachtet des Titels ein dt.sprachiges pharmazeut. Hb. normativen Charakters für Wundärzte, die P. als Pharmaproduzenten anspricht. Streuüberlieferung bis Anfang des 18. Jh. G. Keil

Ed.: G. KEIL, Die 'Cirurgia' P.s v. U., Forsch. zur Gesch. der Stadt Ulm, 2, 1961 – Lit.: Verf.-Lex.² VII, 457-464.

35. P. v. Ulm d. J., Arzt, Chirurg, Sohn von Peter v. Ulm d. Ä., * um 1410 in Ulm (oder Oberschwaben), † nach 1462, nach gleicher Ausbildung wie sein Vater (Immatrikulation 1427 in Heidelberg) Mag.art., 1447 bis mindestens 1451 Stadtarzt in Bern. Als Aristoteles-Kenner beteiligte er sich an der Gründung der Univ. Basel, an der er ab 1460 Vorlesungen für Artisten hielt.   G. Keil

Lit.: Y. THURNHEER, Die Stadtärzte und ihr Amt im alten Bern, Berner Beitrr. zur Gesch. der Medizin und der Naturwiss. 4, 1944, 14f., 108 – M. STRAUBE, »Von der artzenten stat«. Ein Kapitel aus der sog. Reformatio Sigismundi und das Stadtarztwesen in der 1. Hälfte des 15. Jh. im SW des Reiches..., NTM 2, 1965, 5, 87–103, bes. 93 – G. KALLINICH–K. FIGALA, Ein Beitrag zum Leben und Wirken des Arztes P.v.U. d.J., Ulm und Oberschwaben 39, 1970, 189–196 – A. MALAK, Drei wundärztl. Niederlassungsankündigungen des 15.Jh. [Diss. Würzburg 1986], 26.

36. P. v. Wien, Schüler →Gilberts v. Poitiers, † 1183, möglicherweise Franzose, vertrat Gedanken seines Lehrers (wie →Otto v. Freising) ab Mitte des 12. Jh. als Mag. in Wien und im bayer.-österr. Raum. Hier ist Gilberts Boethiuskomm. auffallend verbreitet. Gleiches gilt für die P. zugeschriebene, in Frankreich verfaßte 'Zwettler Summe': die »Sententie Magistri Petri Pictaviensis«, systemat. bedeutsamstes Werk der Gilbertschule und spekulativ herausragendstes theol. Sentenzwerk des 12. Jh. P. verteidigte Gilberts Ideen gegenüber →Gerho(c)h v. Reichersberg (Schreiben an Otto v. Freising [ed. H. WEISWEILER, Schol 13, 1938, 231–246] und →Hugo Etherianus [ed. N. HÄRING, MSt 24, 1962, 19–21; A. DONDAINE, AHDL 27, 1952, 131f.]). Wie →Hugo v. Honau bat er den in Konstantinopel weilenden Etherianus um Väter-Zeugnisse für Gilberts Unterscheidung von Natur und Person in Gott. Anders als bei Gerho(c)h sind die patrist. Züge P.s wenig entfaltet. Bei diesem Streit treffen mit Gerho(c)h symbol. Denken und mit P. die Sprachphilosophie der →Porretaner aufeinander.   F. Courth

Lit.: New Cath. Encyclopedia XI, 1967, 230 – P. CLASSEN, Gerhoh v. Reichersberg, 1960 – N. HÄRING, Die Zwettler Summe, BGPhMA NF 15, 1977.

37. P. Włast (Piotr Włostowic, Petrus Vlostides), Comes v. →Breslau, Palatin, * Anfang 12.Jh., † wahrscheinl. 16. April 1151/53, stammte aus einer einheim., in der Umgebung von Breslau und des Zobtenberges begüterten Sippe (Abstammung von schles. Stammesfs.en nicht auszuschließen, dagegen Herleitung von Wikingern, Dänen oder Ruthenen abzulehnen); ∞ ca. 1118 Maria, ruthen. Prinzessin. P. erlangte um 1118 die Würde eines →Palatins am Hof →Bolesławs III. Krzywousty und entführte 1120 Fs. Wolodar v. Přzemysl nach Polen, um ihn zur Aufgabe seiner antipoln. Politik zu zwingen. Um 1125 verlor P. sein Amt, das er aber 1138 nach der Übernahme des Seniorats durch →Władysław II. zurückerlangte. 1145, vermutl. des Verrats bezichtigt, wurde P. geblendet und verlor alle seine Ämter, doch war er am Ende seines Lebens erneut Palatin. Als Förderer und Wohltäter der Kirche berühmt, wird ihm die Stiftung von 70 (oder 77) Kl. und Kirchen zugeschrieben. Die wichtigsten waren die Marienabtei (ab 1145 St. Vinzenz) in Breslau-Elbing und das Kl. der regulierten Chorherren am Zobtenberge (später auf die Sandinsel in Breslau verlegt). Der Familie P.s entstammte das poln. Rittergeschlecht →Łabędzie.   J. Strzelczyk

Lit.: PSB XXVI, 355–358 – SłowStarSłow IV, 113f. – M. PLEZIA, Palatyn Piotr Włostowic, 1947 – ST. BIENIEK, Piotr Włostowic. Postać z dziejów średniowiecznego Śląska, 1965 – H. ŁOWMIAŃSKI, Początki Polski, V, 1985, 268ff. – J. BIENIAK, Polska elita polityczna XII w., III, A (Społeczeństwo Polski średniowiecznej IV, 1990), 13–66.

38. P. v. Wormditt, * um 1360 in Wormditt im Ermland, † wohl 27. Aug. 1419 in Florenz, Schreiber des samländ. Domkapitels, studierte seit 1391 in Prag Jurisprudenz und diente seit 1396 dem →Dt. Orden, zunächst als Schreiber des Obersten Marschalls, seit 1399 des Hochmeisters. Vor 1403 wurde er Priesterbruder des Ordens. Von da an bis 1419 vertrat er den Orden als Generalprokurator an der päpstl. Kurie in Rom, 1414–18 auf dem Konzil v. Konstanz. Wie von seinen Nachfolgern besitzt man auch von P. eine große Zahl der Berichte an den Hochmeister, der an ihn ergangenen Weisungen und verwandter Dokumente, ein wertvolles Q.material für die Gesch. der späten Schismazeit wie auch des Konzils v. Konstanz.   H. Boockmann

Ed.: Die Berichte des Generalprokuratoren des Dt. Ordens an der Kurie, II, bearb. H. KOEPPEN, 1960.

39. P. v. Zittau, * 1260/70, † 1339, böhm. Gesch.s-schreiber dt. Abstammung, trat zw. 1297 und 1305 in das böhm. OCist-Kl. →Königsaal ein, wurde Kaplan des Abtes Konrad, dessen Begleiter auf diplomat. Missionen und 1316 dessen Nachfolger. Schon vor 1316 arbeitete P. an der 'Chronica Aulae Regiae', einer umfangreichen Darstellung von hohem Q.wert der Gesch. seines Kl., Böhmens und des Reiches seit Otakar II., die er bis 1338 fortsetzte. Sie beruht anfangs auf einer Schr. des Interimsabtes Otto v. Thüringen († 1314) über die Kl.gründung (1292) durch Wenzel II. und dessen Vita, später vielfach auf eigenem Erleben P.s. Im Mittelpunkt stehen vier von P. verehrte Personen: Wenzel II., Heinrich VII., →Elisabeth (5. E.), die letzte Přemyslidin, und ihr Gatte →Johann v. Luxemburg. Lit. fällt die Vorliebe für novellist. ausgestaltete, anrührende Szenen auf sowie die Anlage als →Prosimetrum (2651 vv., meist zweisilbig leonin. Hexameter, in 363 metr. Partien [Reden, Ekphraseis, Totenklagen, Fürbitten, Betrachtungen u.a.]; monumentalstes Werk der gesamten lat. prosimetr. Lit.). Die zahlreichen Predigten P.s sind noch weitgehend unerschlossen.   B. Pabst

Ed.: J. LOSERTH, FontrerAustr VIII, 1875 – J. EMLER, FontrerBohem IV, 1884, 3–337 – Lit.: J. LOSERTH, Die geistl. Schr. P.s v. Z., SAW.PH 98, 1881, 379–402 – A. PRAŽÁK, P. v. Z. als Dichter, Slav. Rundschau 10, 1938, 32–44 – E. PETRŮ, Der lit. Wert des Chronicon Aulae Regiae, ZSl 7, 1962, 703–714 – M. GERWING, Das Lehrgedicht des Abtes P. v. Z. und das Malogranatum – Ein Vergleich (Serta Devota i. m. G. LOURDAUX, hg. W. VERBEKE u.a.), 1992, 305–320 – B. PABST, Prosimetrum, 1993 [im Dr.].

40. P. Zwicker → Zwicker, Peter

Peterborough (vorher Medehamstede), *burgh* und Kathedralstadt in der engl. Gft. Northamptonshire am Fluß Nene, ehem. OSB-Abtei (1539 aufgehoben); erste Kl.gründung um 656, Zerstörung durch die Dänen 870, Neugründung 963–984 als früheste Gründung im ö. England, Diöz. →Lincoln. Der Name wurde anläßl. der Ummauerung der Hauptkirche durch Abt Kennulf (992–1005) geändert. Im →Domesday Book wird P. nicht als →*borough* geführt, auch ist kein Stadtprivileg erhalten. Das »Chronicon Petroburgense« verzeichnet jedoch 18 burgesses für 1125 und 1128. zw. 1133 und 1155 erfolgte die Verlagerung der ursprgl. im O der Abtei gelegenen Siedlung an die w. Seite mit doppeltem Straßenraster; bei einer Größe von ca. 8–9 ha ist eine Einw.zahl von ca. 1200 anzunehmen (nach der →Poll Tax v. 1377: 850 steuerpflichtige Einw.). Der Neubau der Pfarrkirche (ŏ Hl. Johannes d. T.) erfolgte 1401–07. Die Siedlung war stark auf die Abtei ausgerichtet; klösterl. Münze und Markt seit 1146, erstes Messerecht der Abtei 1189, zusätzl. Messen fanden 1227, 1268 und 1439 statt. Es gab einen klösterl. Gerichtshof (Portmannmot). Der vom Abt eingesetzte →*bailiff* war primär mit der Einziehung der jährl. Abgaben der Bewohner betraut. Seit dem 14. Jh. war P. ein regionales Zentrum für Weberei und Wollkämmerei. B. Brodt

Q. und Lit.: Chronicon Petroburgense, Camden Soc. 47, 1849 – VCH Northamptonshire, II, 1906 – P. Local Administration, hg. W. T. MELLOWS (Northamptonshire Record Soc. 9, 1939) – E. KING, The Town of P. in the Early MA, Northamptonshire PP 6, 1981.

Peterborough Chronicle → Chronik, G. I

Peterlingen → Payerne

Petersberg (Lauterberg, Mons serenus), ehem. CanA-Stift n. von Halle (Sachsen). Der in der flachen Landschaft hochragende Porphyrfels (250 m) weist slav. Holz-Erde-Befestigungen aus dem 8./9. Jh. auf. Um 1000 wurde hier vielleicht in Anlehnung an eine heidn. Kultstätte eine Rundkapelle ('Alte Kapelle') erbaut. Mgf. →Konrad v. Meißen führte den Plan seines Bruders Dedo aus, als er 1124 das Stift gründete. Es wurde mit Kanonikern aus Neuwerk bei Halle besetzt und sollte anstelle des älteren Familienkl. Gerbstedt als Grablege der →Wettiner dienen. 1128 erhielt das Stift päpstl. Schutz und blieb bis zur Auflösung 1538 von der Diözesangewalt exemt. Dennoch behielten sich die Wettiner die Vogtei vor und nahmen die Rechte der Eigenkirchenherren in Anspruch. Die 1128 zugesicherte freie Propstwahl wurde von der Stifterfamilie mehrfach mißachtet. Die mit Begräbnis- und Taufrecht ausgestattete, 1184 endgültig geweihte Kirche war geistl. Mittelpunkt einer Personalgemeinde von Adligen, Freien und Ministerialen. Um 1200 zählte der Konvent um die dreißig Kanoniker zumeist ministerial., edelfreier oder vornehm bürgerl. Herkunft. Der ansehnl. Grundbesitz lag in neunundzwanzig Dörfern zw. Saale und Elbe, dreizehn Kirchen waren dem Stift inkorporiert. Die um 1230 verfaßte »Chronica Montis Sereni« gibt Auskunft über die Landesgesch. im wettin. Herrschaftsbereich und über den Verfall der Kl.zucht. K. Blaschke

Lit.: W. SCHLESINGER, Kirchengesch. Sachsens im MA, II, 1962, 205–210 – K. HAMPEL–E. NEUSS, Lauterberger Stud., Wiss. Zs. Univ. Halle 14, 1965, 372–400.

Petershausen, Kl. (Stadt →Konstanz), auf der rechten Rheinseite, kurz vor 983 von Bf. →Gebhard (II.) v. Konstanz unmittelbar gegenüber dem linksrhein. gelegenen Bf.ssitz gegr. Die 992 zu Ehren des hl. Papstes Gregor d. Gr. geweihte Kirche wurde in bewußter Anlehnung an das Vorbild von Alt-St. Peter in Rom erbaut; auf dessen Lage jenseits des Tiber sollte auch der Name P. verweisen. Schon dadurch, daß Bf. Gebhard den ersten Abt aus dem Reformkl. →Einsiedeln holte und bis in die 2. Hälfte des 11. Jh. fünf Einsiedler-Mönche in P. als Äbte eingesetzt worden sind, zeigte sich das im 11. Jh. immer deutlicher mit dem schwäb. Adel verbundene Kl. reformer. Neuerungen offen. Dennoch führte Bf. →Gebhard (III.) mit Hilfe Abt →Wilhelms v. Hirsau eine neuerl. Reform in P. durch: 1086 setzte er den Hirsauer Prior Theoderich zum Abt ein. Gegen Ende des 11. Jh. und zu Beginn des 12. Jh. wurden in P. aus die Kl. Andelsbuch/Mehrerau, →Kastl, →Neresheim, Wagenhausen, →Rheinau und Fischingen besiedelt bzw. reformiert. Entscheidend zum Ansehen von P. trug die Kanonisierung des in der Kl.kirche bestatteten Gebhard (II.) (1134) bei. Dem Kl. wurde 1214 der Status einer Reichsabtei verliehen. H. Maurer

Lit.: I.-J. MISCOLL-RECKERT, Kl. P. als bfl.-konstanz. Eigenkl., 1973 – H.-G. WALTHER, Gründungssage und Tradition in Kl. P. vor Konstanz, Schr. des Ver. für Gesch. des Bodensees und seiner Umgebung 96, 1978, 31–67 – St. Gebhard und sein Kl. P., 1979 – 1000 Jahre P., 1983.

Petersilie (Petroselinum crispum [Mill.] Nym. ex A. W. Hill/Umbelliferae). Das sehr früh in Kultur genommene, im → 'Capitulare de villis' (70) und im →St. Galler Klosterplan verzeichnete Gartenkraut wurde im MA weniger als Gewürz- denn als Heilpflanze geschätzt: →Albertus Magnus (De veget. VI, 413) erwähnt die seit alters bekannte verdauungsfördernde und harntreibende Wirkung des *petrosilinum*; die bei →Hildegard v. Bingen (Phys. I,68) ebenfalls angeführte Verwendung bei Steinleiden ist wohl auch auf die Herkunft des Namens (von gr. *petra* 'Stein' und *selinon* 'Eppich') zurückzuführen. Neben weiteren Indikationen (Gart, Kap. 304) wurde das *peterlin* ferner als Abtreibungsmittel und Aphrodisiakum sowie zur Hexen- und Geisterabwehr benutzt. U. Stoll

Lit.: HWDA VI, 1527–1530 – MARZELL III, 629–633 – DERS., Heilpflanzen, 147–150 – H. KÜSTER, Wo der Pfeffer wächst, 1987, 186–189.

Peterspfennig (lat. denarius S. Petri, engl. *Rompeni, Romescot* o. ä.), im Unterschied zu den freiwilligen Spenden der Katholiken an den Hl. Stuhl seit dem 19. Jh. (Pius IX.) im MA eine finanzielle Leistung an das Papsttum, die auf Rechtstitel beruhte bzw. beansprucht wurde. Frühe Zuwendungen ags. Kg.e seit dem 8. Jh., die u. a. an röm. Kirchen (schola Saxonum) und engl. Pilger in Rom gingen, können nur als Vorläufer des P.s gelten, weil sie nur z. T. dem röm. Bf. zuflossen und mehr Ausdruck der Verehrung für den hl. Petrus als pflichtmäßige Abgaben waren. Die Entwicklung ging von der religiösen Motivation der *devotio* zum Rechtsgrund der *subiectio*, von der Zahlung durch den Fs.en zur Umlegung auf die Bevölkerung in Form einer →Herd-, später Kopfsteuer. Gregor VII. versuchte erfolglos, auch Frankreich zur Zahlung heranzuziehen, dagegen gelang es dem päpstl. Kard.legaten Nicolas Breakspear (Hadrian IV.) Mitte des 12. Jh., den P. in Skandinavien (samt Finnland und Island) einzuführen, daneben leisteten insbes. Polen und Ungarn diese Abgabe. Seit dem frühen 13. Jh. interpretierte das Papsttum ihn als Ausdruck seiner Oberherrschaft gegenüber den weltl. Gewalten; nach Innozenz IV. haben die poln. Fs.en seit der Christianisierung des Landes »in signum subiectionis... censum, qui denarius sancti Petri vulgariter appellatur« entrichtet (POTTHAST 14975); doch ist der P. vom Lehenszins zu unterscheiden: zahlreiche Länder, die vom Papsttum lehnsabhängig waren, entrichteten keinen P., Johann Ohneland v. England zahlte den P. neben der Lehnsabgabe. – In der Reformationszeit wurde die Zahlung des P.s allg. eingestellt. B. Roberg

Lit.: DDC IV, 1121ff. – EC IX, 35f. – HRG III, 1638f. – KL XIII, 249–253 – LThK² VIII, 321f. – O. JENSEN, Der engl. P. und die Lehnssteuer aus England und Irland an den Papststuhl im MA, 1903 – C. DAUX, Le denier de St-Pierre, 1907 – E. MASCHKE, Der P. in Polen und dem dt. Osten, 1933, 1979².

Peterwardein (lat. Varadinum Petri, ung. Pétervárad, serb. Petrovaradin), OCist-Kl., ung. Stadt, heute Stadtteil von Novi Sadim. Kg. →Bela IV. gründete hier ein Kl. 'Belefons', dessen erste Mönche aus der Abtei Trois-Fontaines kamen. Nach der kgl. Donationsurk. v. 1237 wurde die Neugründung mit den Gütern des Petrus filius Turwey, einem der Mörder von Bélas Mutter, Kgn. →Gertrud, ausgestattet. Ein Visitationsbericht v. 1356 schildert Belefons als das reichste OCist-Kl. Ungarns. Im 15. Jh. verfiel das Ordensleben: Die ung. Herrscher Siegmund, Matthias und Władysław setzten anstelle des Abtes mehrmals Güterverwalter ein, die sich bereicherten (u. a. Rodrigo de Borja, später Papst Alexander VI.), zugleich stand das gut befestigte Kl. im Zentrum der Verteidigung der ung. S-Grenze gegen die Osmanen. Im suburbium des Kl. entstand im 13. Jh. eine städt. Siedlung (1492 kgl. Freistadt). Die Burg fiel am 27. Juli 1526 an den türk. Sultan Süleiman II.; die ma. Baureste wurden während der Rückeroberung 1688-94 vernichtet. Zwei Pläne v. 1688 zeigen für den Chor der Kl. kirche aus dem 13. Jh. dieselbe Baugestalt wie die zweite Kirche v. →Morimond (vgl. →Cîrta in Siebenbürgen). M. Takács

Lit.: M. Takács, A bélakuti/pétervárdi ciszterci monostor. Fórum könyvkiadó, 1989.

Petit, Jean, Pariser Theologe, * um 1360, † 1411, Apologet des Tyrannenmordes (1408). P. stammte aus dem Pays de Caux (Haute-Normandie), studierte an der Univ. Paris, 1405 Dr. und Prof. der Theologie, lebte als ehem. Stipendiat am Collège du Trésorier, dem insbes. Normannen angehörten und das über eine reiche Bibliothek (290 Hss.) verfügte. P., der die Waffen der Dialektik und polem. Rhetorik mit Geschick zu handhaben wußte, war der Prototyp des Intellektuellen und Publizisten in der Zeit des →Abendländ. Schismas. In den aktuellen theol. Streitfragen bezog er mit ätzender Schärfe Stellung und verfocht dabei stets die herrschende Auffassung; so wandte er sich in der Frage der Unbefleckten Empfängnis gegen Juan de Monzón und unterstützte die Sache des Säkularklerus gegen die Position des Regularklerus. 1406 war P. Wortführer der Univ. →Paris gegen den avignones. Papst →Benedikt XIII. Im selben Jahr nahm ihn der Hzg. v. Burgund, Johann (→Jean sans Peur), als besoldeten Rat in seinen Dienst. Am 23. Nov. 1407 (in der Clemensnacht) erlag Hzg. →Ludwig v. Orléans, der innerhalb der Regentschaft für seinen nicht regierungsfähigen Bruder Kg. →Karl VI. die dominierende Stellung innehatte, einem Mordanschlag, als dessen Urheber sich Hzg. Johann bekannte. Der Burgunder proklamierte die Rechtmäßigkeit des Attentats und ließ von einem Kreis seiner Ratgeber die Verteidigung vorbereiten. Am 8. März 1408 hielt P. auf einer feierl. Versammlung im Hôtel St-Pol zu Paris eine lange Rede, in der er die »Rechtfertigung des Hzg.s v. Burgund in Sachen des Todes des Hzg.s v. Orléans« ausführlich darlegte. Die Argumentation dieser berühmten »Justification« beruht auf einem Syllogismus: Es ist zulässig und verdienstvoll, einen →Tyrannen zu töten, da dieser wegen Verrats und →Majestätsverbrechens (crimen laesae maiestatis) sein Leben verwirkt hat (Maior). Der Hzg. v. Orléans war ein Tyrann (Minor). Ergo vollbrachte derjenige, der ihn töten ließ, ein zulässiges und verdienstvolles Werk. P. untermauert in der »Justification«, die als modellhaftes Werk der universitären Streitschriftenlit. gelten kann, seine These mit einer Fülle an Zitaten aus den Autoritäten und zahlreichen Exempla. Die Vorstellungen des Majestätsverbrechens und der Tyrannei sind die Grundpfeiler der Beweisführung. Ein Tyrann ist derjenige, der sich widerrechtl. der Gewalt bemächtigt hat; er begeht damit das gegen die fundamentale menschl. wie göttl. Ordnung gerichtete Verbrechen der Majestätsverletzung. Ludwig v. Orléans war der 'Wolf' (lupus), der sich der Krone Frankreichs bemächtigen wollte, Johann v. Burgund dagegen der 'Löwe' (leo), der es unternahm, die wölfische Bestie zu vernichten. Abschriften der »Justification« zirkulierten in Paris und im ganzen Kgr. Frankreich. Nach dem Tode P.s (1411) bemühte sich Jean Gerson (→Johannes Carlerius de G.), die von P. verkündete Doktrin im Namen des rechten Glaubens zu widerlegen; er verurteilte die Ansicht von der Rechtmäßigkeit des Tyrannenmordes als Skandalon, da eine Tötung ohne gesetzl. Autorität die Grundfesten des sozialen Zusammenlebens erschüttere. Nicht ohne Mühe erreichte Gerson die Verdammung der P.schen These durch ein Pariser »Glaubenskonzil« (1414), nicht aber die Verurteilung durch das Konzil v. →Konstanz (1416). Das →Parlement erklärte 1416 den Tyrannenmord für unrechtmäßig und untersagte die Verbreitung der »Justification«. Dessenungeachtet fand die Schrift ihren Platz in der Tradition der polit.-philos. Reflexion über Tyrannenmord und →Widerstandsrecht. Nach der Ermordung Kg. Heinrichs IV. (1610) ließ das Parlement die Verurteilung der Auffassung P.s durch die Pariser theol. Fakultät erneuern. F. Autrand

Lit.: DLFMA, 1992², 833f. – A. Coville, J. P. La question du tyrannicide au commencement du XVᵉ s., 1932 – F. Autrand, Charles VI. La folie du roi, 1986 – B. Guenée, Un meurtre, une société. L'assassinat du duc d'Orléans, 1992.

Petitio, im weiteren Sinn formelhafte Bittschrift um eine Rechtsvergünstigung. Bis zum 12. Jh. mußten Bitten an den Papst persönl. und mündl. vorgetragen werden. Danach wurden an der röm. Kurie schriftl. P.nen zugelassen und das Genehmigungsverfahren genau geregelt (→Supplik). Bittschriften an weltl. Herrscher sind weit weniger überliefert, da in diesem Rechtsbereich die mündl. Bitte üblich war. Im engeren Sinn bezeichnet P. einen Bestandteil des →Kontexts, der die Bitte des →Petenten um die Ausstellung einer Urk. ausdrückt. Die syntakt. variable P.nsformel enthält Verben wie 'petere', 'postulare', 'rogare' oder die entsprechenden Verbalnomina und leitet oft von der →Narratio zur →Dispositio über. Die P. ist sachl. mit der Nennung der →Intervenienten eng verknüpft.

K. Naß

Lit.: Bresslau I, 48; II, 1ff., 25ff. – W. Erben, Die Ks.- und Kg.surkk. in Dtl., Frankreich und Italien, 1907, 347f. – W. Hessler, P.nis exemplar, ADipl 8, 1962, 1-11 – A. Gawlik, Zur Bedeutung von Intervention und P.n (Fschr. P. Acht, 1976), 73-77 – P. Classen, Ks.reskript und Kg.surk., 1977, 28ff., 157f. – H. Fichtenau, Forsch. über Urkk.formeln, MIÖG 94, 1986, 314f. – Th. Frenz, Papsturkk. des MA und der NZ, 1986, 10, 27.

Petr, hl., Metropolit v. →Kiev und der ganzen Rus', * vor 1275, † 20. Dez. 1326 in Moskau, Nachfolger des Metropoliten Maximos (1283-6. Dez. 1305), der den Metropolitansitz 1299 von Kiev nach →Vladimir (an der Kljaz'ma) verlegt hatte. P., Abt eines Kl. im w. Volhynien, wurde im Juni 1308 von Patriarch →Athanasios I. in Konstantinopel geweiht. Der rigorose Asket und eifrige Verfechter der kirchl. Unabhängigkeit geriet in ständige Konflikte mit Fs. →Michail Jaroslavič v. Tver' und seinem Nachfolger →Dmitrij, die seine Absetzung forderten und ihn mehrfach aus Vladimir vertrieben. P. suchte demgegenüber das Wohlwollen der →Goldenen Horde, die ihm wohl die volle Gerichtsimmunität für das Metropolitangebiet verlieh. V. a. aber gewann P. den Schutz des Fs.en v. Moskau, →Jurij Danilovič, der ihm wiederholt die Möglichkeit gab, in Moskau zu residieren. Die guten Beziehungen zu Moskau sollten sich verstärkt unter Jurijs Nachfolger →Ivan I. Kalitá fort. P. stiftete aus eigenen Mitteln die erste Steinkirche in Moskau (Mariä Himmelfahrt [Uspenie], in deutl. Bezug zur Kathedrale v. Vladimir) und wurde dort beigesetzt. Die rasch einsetzende Verehrung führte 1339 zur Heiligsprechung P.s als des 'ersten Moskauer Hl.n'. Sein Nachfolger Theognost förderte bewußt →Moskau als ständigen Metropolitansitz. A. Poppe

Lit.: E. Golubinskij, Istorija russkoj cerkvi, I/1, 1900², 98-144 – J. Fennell, The Emergence of Moscow 1304-59, 1968 – J. Meyendorff, Byzantium and the Rise of Russia, 1981 – G. Stökl, Staat und Kirche im Moskauer Rußland: Die vier Moskauer Wundertäter, JbGO 29, 1981, 481-493 – Slovar' knižnikov i knižnosti Drevnej Rusi I, XI-pervaja polovina XIV v., 1987, 163-166, 325-329 – Die orth. Kirche in Rußland. Dokumente ihrer Gesch. (860-1980), 1988, 171-177.

Petraliphas, byz. Familie westl. Ursprungs. Begründer ist Peter v. Alife (n. von →Neapel), der sich nach dem Tode →Robert Guiscards Ks. Alexios I. anschloß und ihn im 1. →Kreuzzug begleitete. Niketas →Choniates erwähnt vier 'frk. Brüder' P. – wohl dessen Söhne – aus →Didymoteichon als Soldaten unter Ks. Manuel I. und den einflußreichen Ioannes P. unter Ks. Alexios III. Um 1200 verfaßte ein→Sebastokrator Nikephoros Komnenos P. ein Sigillion für das Athoskl. Xeropotamu. Mehrfach sind im 13. Jh. Mitglieder der Familie P. im Adel der byz. Teilreiche v. Nikaia und Epeiros vertreten. In der Palaiologenzeit ist urkdl. Besitz der Familie in N-Griechenland bezeugt. Auch →Paröken tragen den Familiennamen. In der Aristokratie erscheint die Familie in spätbyz. Zeit selten. G. Weiß

Lit.: PLP X, Nr. 23006–23013 – D. I. POLEMIS, The Doukai, 1968, 165f. – BECK, Volkslit., 151f. – D. M. NICOL, Byz. Forsch. 7, 1979, 133ff.

Petrarca, Francesco, it. Dichter und Humanist, * 1304, † 1374.

I. Leben – II. Die Jugendwerke – III. Die Werke der Reife – IV. »Rerum vulgarium fragmenta« und »Triumphi« – Fortwirken – V. Bibliothek und Handschriftentradition.

I. LEBEN: F.s Vater Pietro stammte aus Incisa (Valdarno) aus einer Familie von Notaren, die sich in Florenz niedergelassen hatte. (Der Großvater, ser Garzo, war der bekannte Verfasser von »laudi«.) Zuerst als Petraccolus de Ancisa bezeichnet, wird F.s Vater bereits seit 1312 »Patrarca« genannt. Sein Sohn wandelte seinen Beinamen bedeutungsvoll zu »Petrarca« um. Petracco gehörte der gleichen polit. Fraktion wie →Dante an und wurde ebenfalls exiliert (1302). Aus seiner Ehe mit Eletta Canigiani wurde am 20. Juli 1304 in Arezzo sein erster Sohn F. geboren (drei Jahre später Gherardo). Der Verbannte zog mit seiner Familie zuerst nach Pisa, dann nach Carpentras, wo P. bei →Convenevole da Prato den ersten Unterricht genoß. Mit seinem Bruder studierte er an den Univ. Montpellier (1316–20) und Bologna (1320–26) die Rechte, jedoch ohne großes Interesse dafür aufzubringen. In Bologna, einem bereits angesehenen Zentrum volkssprachl. und lat. Lit., hörte F. hingegen mit Begeisterung die Vorlesungen des Bertolino Benincasa und des →Giovanni del Virgilio. Nach dem Tode des Vaters (1326) trat P. in Avignon in den Dienst der Familie Colonna: zuerst bei Bf. Giacomo, den er in Bologna kennengelernt hatte, seit 1330 bei dessen mächtigem Bruder, Kard. Giovanni. In dieser Zeit empfing F. die niederen Weihen, da der Klerikerstand ihm eine solide ökonom. Basis garantierte. Am 6. April 1327, einem Karfreitag (wie er selbst am Rand einer Vergilhs. [Bibl. Ambrosiana] vermerkt), fand P.s schicksalhafte Begegnung mit Laura statt, einer Adligen, vielleicht der Frau eines de Sade. Die Forsch. hat den »platonischen« Charakter dieser Liebe betont (und seit Boccaccio wurde die reale Existenz dieser Frau in Zweifel gezogen). In der gleichen Vergilhs. verzeichnete P. den Tod der Geliebten, die am 6. April 1348 der Pest zum Opfer fiel. Der Name Laura (ebenso wie sein Hauptbestandteil »aura«) sollte in den Dichtungen (nach dem Vorbild Ovids und der prov. Troubadoure) den Charakter eines mehrdeutigen *senhal* annehmen: von Laura-lauro (laurea) – Daphne-Apollo zu aura-Lufthauch, Aura-Aurora, aura-Lebensgeister, Lebensgeister. 1333 unternahm P. eine lange Reise durch Süddtl., Frankreich, Flandern und Brabant und fand in Lüttich Ciceros Rede Pro Archia. Ende 1336 besuchte er endlich Rom. Im folgenden Jahr reiste er nach Spanien und England und zog sich dann in ein bescheidenes Haus in Vaucluse bei Avignon zurück, wo er an »De viris illustribus« zu arbeiten begann. Im Sommer darauf wurde als Frucht einer kurzen, leidenschaftl. Beziehung sein illegitimer Sohn Giovanni geboren. Um 1339 begann er mit der Niederschrift von »Africa«. 1340 wurde ihm (auf eigenen Wunsch) gleichzeitig von Rom und von Paris die Dichterkrone angetragen, mit der eine Professur verbunden war. Er entschied sich für Rom, wo er am 8. April 1341 (nach einer Prüfung durch Kg. Robert v. Anjou in Neapel) von Orso dell'Anguillara auf dem Kapitol mit Lorbeer gekrönt wurde. Als Gast Azzos da Correggio beendete er im Sommer in Parma die erste Fassung der »Africa«. 1342 kehrte er nach Avignon zurück, wo die Begegnung mit →Cola di Rienzo P.s polit. Ansichten beeinflussen sollte. Aus dieser Zeit stammen ein Brief gegen den kurz zuvor verstorbenen Papst Benedikt XII. (Sine nomine, I) und der erste Entwurf des Canzoniere. 1343 wurde ihm, ebenfalls unehelich, die Tochter Francesca geboren. Der Eintritt seines Bruders Gherardo in den Kartäuserorden beeinflußte den Gemütszustand des Dichters sehr stark, der auf diese Krise mit den »Psalmi poenitentiales« und dem »Secretum« reagierte. 1345 war er in diplomat. Mission in Neapel bei der Nachfolgerin Kg. Roberts, Kgn. Johanna. Dann hielt er sich in Parma, Selvapiana und Verona auf, wo er in der Biblioteca Capitolare seine wichtigste philolog. Entdeckung machte: Ciceros Epistolae ad Atticum (16 Bücher). 1346 verfaßte er in Vaucluse »De vita solitaria« und »De otio religioso«. 1347 unterstützte er Colas Aufstand in Rom und brach deshalb mit den Colonna, den Hauptfeinden des Tribuns. Von Ende 1347 bis zum Frühjahr 1351 hielt er sich ununterbrochen in Italien auf (in Parma, Verona, Padua und verschiedenen Städten der Poebene). Zum Jubeljahr 1350 begab er sich nach Rom und lernte auf der Rückkehr in Florenz G. →Boccaccio kennen, der ein glühender Bewunderer von ihm war. 1351–52 war er zum letzten Mal in Avignon, wo ihm der Nachfolger Clemens' VI., Innozenz VI., mit Mißtrauen begegnete. Aufgrund der ablehnenden Haltung der Avignoneser Kurie blieb P. von da an für immer in Italien. In Mailand trat er in den Dienst der →Visconti, zuerst bei Ebf. Giovanni, dann bis 1361 bei dessen Nachfolgern Bernabò und Galeazzo II. und führte wichtige diplomat. Missionen aus: zu Ks. Karl IV. nach Prag und zu Kg. Johann II. v. Frankreich. Seine vermeintl. Willfährigkeit gegenüber »Tyrannen« wie den Visconti trug ihm den Tadel seiner Florentiner Freunde ein. In der »Invectiva contra quendam magni status hominem« gegen den frz. Kard. Jean de Caraman erwiderte P., daß es überall Tyrannen gäbe und daß die Visconti von ihm nie etwas Unwürdiges verlangt hätten. 1361 floh er vor der Pest aus Mailand. Von 1362 (Tod seines Sohnes Giovanni) bis 1367 hielt sich P. in Venedig auf, wo er von der Republik ein Haus an der Riva degli Schiavoni zum Geschenk erhalten hatte. Dort arbeitete er an der Zusammenstellung der »Familiares«, begann die Sammlung der »Seniles« und vollendete »De Remediis«. 1367 verließ er jedoch die Lagunenstadt, da er sich von einigen jungen »Averroisten« beleidigt wähnte. Im Sommer schrieb er gegen seine Kritiker »De sui ipsius et multorum ignorantia«. Von Ende 1367 bis zu seinem Tod ließ er sich in Padua bzw. in seinem Haus in Arquà in den Colli Euganei nieder. Im April 1368 betätigte er sich zum letzten Mal in der Politik und suchte Ks. Karl IV. auf, der gegen die Visconti nach Italien gezogen war. 1370 mußte er in Ferrara seine Romreise zu Papst Urban V. wegen einer Kreislaufschwäche abbrechen. Er starb am 19. Juli 1374, einen Tag vor seinem 70. Geburtstag, in Arquà.

II. DIE JUGENDWERKE: Eine genaue Datierung der P. ständig revidierten und überarbeiteten Werke ist ein fast hoffnungsloses Unterfangen. Es sei daher hier nur auf die wichtigsten Phasen von P.s lit. und humanist. Schaffen eingegangen. Seine von Jugend auf gehegte Passion für die klass. Studien konkretisierte sich bereits Ende der 1320er

Jahre in dem Plan, alle damals bekannten Livius-Fragmente in einer für die Zeit absolut neuen, verfeinerten philolog. Methode zu edieren. Die Krönung dieser Phase sind zwei bedeutende lat. Werke: »Africa« und »De viris illustribus«. Das in 9 Bücher gegliederte hexametr. Epos »Africa« (1338–ca. 1341 [1. Fassung]) sollte nach ciceronian. Vorbild das republikan. Rom verherrlichen. Als »Nationalepos« konzipiert, preist es Scipio Africanus maior, der sein Vaterland von der karthag. Bedrohung befreite. P. unterzog das Werk vielen Bearbeitungen und sah es vielleicht nie als vollendet an. Die erste Fassung von »De viris illustribus« (eine Art röm. Geschichte in exemplar. Biographien) entstand gleichzeitig wie die »Africa«, wurde jedoch ebenfalls jahrelang weitergeführt und bearbeitet, ohne je fertig zu werden. P. kam nur bis Caesar, und das Werk wurde von Lombardo della Seta bis Traian fortgesetzt. Die »Rerum memorandarum libri« inspirieren sich an stoisch-epikureischen Idealen, so daß die Exempla eher zur Beruhigung des Geistes ausgewählt sind als zum Ansporn zu aktivem Handeln: 1343 begonnen, jedoch unvollendet, umfassen sie ein Proömium und drei Bücher. »De secreto conflictu curarum mearum«, ein Dialog in drei Büchern zw. dem Autor und dem hl. Augustinus, schildert anschaulich und in verblüffender Modernität die starken inneren Spannungen und Konflikte, die P. in der Lebenskrise der Jahre 1340–50 zu bewältigen hatte. Der Dialog wird von F. Rico, der seinen rhetor. Charakter und die enge Verbindung mit dem Studium augustin. Schriften betont, auf die Jahre 1347–1349–1353 datiert. Die »Epistolae metricae« (66 Briefe in drei B., 1331–61 entstanden) behandeln zumeist moral. oder polit. Themen; einige tragen jedoch intimeren Charakter, so der berühmte Brief an Giacomo Colonna (I,7), der die obsessionsartige Liebe zu Laura beschreibt, und I,1 an Barbato, in dem mit resignierter Trauer das Ende der Liebe geschildert wird, die im Laufe der Jahre langsam verwelkt ist.

III. Die Werke der Reife: Das »Bucolicum Carmen« ist eine Sammlung der 1346–47 in Vaucluse verfaßten Eklogen (1356–57 in die endgültige Form gebracht). Es handelt sich um Allegorien nach dem Vorbild der vergil. Hirtendichtung, mit hist. oder moral. Thematik. In »De otio religioso« (1. Fassung 1347) anläßl. seines Besuchs des Bruders Gherardo in Montrieux preist P. die Ruhe des Klosterlebens und stellt sie der hekt. Geschäftigkeit der Laien gegenüber. Eine ähnl. Thematik weist »De vita solitaria« auf, gewidmet Bf. Philipp v. Cavaillon (erste Fassung 1346). Das Thema der »peregrinatio« durchzieht das »Itinerarium ad sepulcrum Domini nostri Ihesu Cristi«, 1358 auf Verlangen des Mailänders Giovanni di Mandello entstanden: in einer Mischung antiken und christl. Gedankenguts werden hist. und geogr. Nachrichten über die Länder und Orte gesammelt, die der Pilger auf seiner Reise von Italien in das Hl. Land berührt. Der Traktat »De remediis utriusque fortunae« (1354–66) wurde als das »mittelalterlichste« Werk P.s angesehen, da es Parallelbeispiele aus der klass. Antike und aus der jüd.-christl. Tradition nebeneinander stellt. Die Originalität des Werks besteht jedoch in der verschiedenen Strukturierung der exempla, wo der Würde der antiken Stoffe eine grotesk-komische Darstellung des zeitgenöss. Materials entgegengesetzt wird. Die Sammlung der »Familiares« (350 Briefe, aufgeteilt auf 24 Bücher) wurde seit 1345 (als P. Ciceros »Epistolae ad Atticum« kennenlernte) konzipiert. 1351–53 begann P. mit der ersten Ordnung der Briefe, die er 1363–64 und bis 1366 weiterführte. Die Slg. ist Luigi Santo di Campinia (»Socrates«, † 1361) gewidmet. Neunzehn Briefe mit Polemik gegen die Kurie in Avignon bilden eine eigene Slg. unter dem Titel »Sine nomine«. Die »Familiares« bezeugen P.s öffentl. und polit. Tätigkeit und seine humanist. Bildung, v. a. aber sind sie ein Zeugnis für die Entwicklung des Dichter-Ich und die Kodifizierung der Schrift (Billanovich, Rico), wobei die realen Erfahrungen und Daten, wo es notwendig ist, zugunsten einer idealen Autobiographie unterdrückt werden. 1361 begann die Slg. der Francesco Nelli (»Simonides«) gewidmeten »Seniles«, die mit einem Brief an die Nachwelt schließen sollten (von dem nur eine Skizze erhalten ist, die erst nach P.s Tod die endgültige Fassung erfuhr). Die 125 Briefe der Slg. umfassen 17 Bücher. Vermutl. brach P. den Brief »Posteritati« von einem Gefühl existenziellen Leides überwältigt ab und auch aus einer Wandlung seiner Haltung zur Vergangenheit heraus, die er nun in eher gedämpftem, idyll. Licht sieht (ähnlich auch in den »Triumphi«). Die lat. Übersetzung der Griselda-Novelle Boccaccios gibt Zeugnis von P.s reifem und schmerzlich empfundenem Klassizismus, aber auch von einer konfliktreichen Beziehung zum Vorbild Dante und sogar zu dem ihm ergebenen Boccaccio, die nie eine Lösung gefunden hat.

IV. »Rerum vulgarium fragmenta« und »Triumphi« – Fortwirken: Die jüngste Forsch. (Rico, Santagata) hat die umfassende und detaillierte Geschichte des »Canzoniere« von Wilkins teilweise richtiggestellt. P. arbeitete 1342 an einer ersten Slg. von Gedichten; die Konzeption des Canzoniere scheint jedoch nicht vor 1349/50 erfolgt zu sein. Die erste durchkomponierte Gliederung des Buches fand 1356–58 statt (in der sog. »Correggio-Form«). P.s Lehrmeister sind hierbei nicht nur die Klassiker (v. a. Ovid): als Vorbilder dienen ihm auch der Moralist →Guittone und die Stilnovisten (→Cavalcanti und →Cino da Pistoia); verpflichtet ist er auch →Dantes »rime Petrose« und den Prov. Troubadouren (insbes. →Arnaut Daniel). Die Darstellung des idealen und als »exemplarisch« betrachteten Lebenslaufs des Verfassers läßt ein einheitliches »Lieder-Buch« entstehen (des ersten derartigen Canzoniere in der Gesch. der europ. Lyrik), das nicht nach den Kriterien unterschiedl. Versmaße gegliedert ist und auch keine rein chronolog. Anordnung aufweist. Das »Buch« ist deutlich in zwei Abschnitte geteilt (die im Originalms. Vat. lat. 3195 klar getrennt sind), entsprechend einer inneren Chronologie, die durch Lauras Tod markiert wird – die Bruchstelle ist Canzone 264, »I'vo pensando«. In gewissem Sinn ist Laura ein Gegenbild Beatrices, aber P.s Ziel ist noch ehrgeiziger als das Dantes: er will die Natur der Seele selbst beleuchten und verbindet Liebesdichtung und Moralphilosophie mit gedankenvoll-schmerzl. Kontemplation des Absoluten. Auch die Struktur der Triumphi, einer allegor. Dichtung in Terzinen, ebenfalls in Volgare, setzt sich mit Dantes Vorbild polem. auseinander (und zeigt andererseits zum Teil auch die Verbundenheit mit Boccaccio). P. arbeitete von den 50er Jahren bis zu seinem Tod an dem Werk (das die Triumphe Amors, der Keuschheit, des Todes, des Ruhmes, der Zeit und der Ewigkeit umfaßt), ohne es je in die endgültige Form zu bringen.

Der ungeheure Erfolg, den P.s Werk bereits zu seinen Lebzeiten erfuhr, ist durch die Bedeutung des Autors sowohl auf philolog.-humanist. Gebiet als auch in der Dichtung und v. a. als Sprachschöpfer gerechtfertigt. Mit dem »Canzoniere« beginnt nicht nur die moderne abendländ. Lyrik (→Petrarkismus), sondern auf dem von P. »erfundenen« poet. Wortschatz gründet sich zum großen Teil die linguist. Einheit des Italienischen.

V. Bibliothek und Handschriftentradition: Die Untersuchung der zahlreichen Hss. in P.s Besitz (s. Lit.) ist noch nicht abgeschlossen und bringt immer wieder wichtige Funde. Sie dient nicht nur zur Rekonstruktion der Bibliothek des Humanisten und zur Erforschung seiner philolog.-krit. Methode (die zunehmend auf dem Vergleich der Q. basiert), sondern hilft, Licht in die kontroverse Chronologie der Werke zu bringen.   L. Rossi

Ed.: Francisci Petrachae ... opera quae extant omnia, Basel 1554 [Nachdr. 1965] – Edizione nazionale delle opere di F.P. [unvollst.]: I, Africa, hg. N. Festa, 1926; V, Rerum memorandarum libri, hg. G. Billanovich, 1945; X–XIII, Familiares, hg. V. Rossi–U. Bosco, 1933–42; Rime, Trionfi e Poesie Latine, hg. F. Neri, N. Sapegno, E. Bianchi, G. Martellotti, 1951 – Prose, hg. G. Martellotti, E. Carrara, P. G. Ricci, 1955 – Opere, hg. E. Bigi–G. Ponte, 1963 – Opere latine, hg. A. Bufano, 1975 – Epistole, hg. U. Dotti, 1978 – *Ed. einzelner Werke:* Il »Bucolicum carmen« e i suoi commenti inediti, hg. A. Avena, 1906 [Nachdr. 1969] – Rerum Vulgarium Fragmenta, hg. G. Contini, 1949 [Nachdr. 1964–1992] – De otio religioso, hg. G. Rotondi, 1958 – Sine nomine, hg. U. Dotti, 1974 – Triumphi, hg. M. Ariani, 1988 – De Vita Solitaria, hg. K. A. E. Enenkel, 1990 – Itinerario in Terra Santa, hg. F. Lo Monaco, 1990 – Secretum, hg. E. Fenzi, 1992 – *Bibliogr.*: G. J. Ferrazzi, Bibliogr. petrarchesca, 1887 – E. Calvi, Bibliogr. analitica petrarchesca 1887–1904, 1904 – J. G. Fucilla, Oltre un cinquantennio di scritti sul P. (1916–1973), 1982 – B. Basile, Rassegna Petrarchesca (1975–1984), LI 37, 1985, 230–253 – G. Frasso, Note ad alcune linee dell'attuale ricerca petrarchesca, Romanist. Zs. f. Lit.gesch., 3–4, 1986, 489–497 – F. Finotti, Rassegna Petrarchesca (1985–1990), LI 43, 1991, 412–454 [Lit.] – Studi Petrarcheschi, 1948ff., NS 1984ff. – Quaderni Petrarcheschi, 1983ff. – *Biographie:* E. H. Wilkins, Life of P., 1961 (it. Übers. R. Ceserani, 1970) – N. Mann, Petrarch, 1984 – U. Dotti, Vita di P., 1987 [Lit.] – *Hss.:* C. Appel, Zur Entwicklung it. Dichtungen P.s, Abdruck des Cod. Vat. 3196 und Mitt. aus den Hs. Casan. A III 31 und Laurenz. plut. XLI N. 14, 1891 – G. Salvo Cozzo, Il ms. Vat. Lat. 3196 autografo di F.P. riprodotto in eliotipia, 1895 – Il Canzoniere di F.P. riprodotto letteralmente dal cod. Vat. Lat. 3195, hg. E. Modigliani, 1904 – M. Vattasso, L'originale del Canzoniere di F.P., codice Vaticano 3195, riprodotto in fototipia, 1905 – Il cod. Vat. Lat. 3196 autografo del P., hg. M. Porena, 1941 – A. Romanò, Il codice degli abbozzi di F.P., 1955 – A. Petrucci, La scrittura di F.P., 1967 – *P. Codices:* P. O. Kristeller, Iter Italicum, I–IV, 1963–90 – S. Zamponi, I mss. petrarcheschi delle bibl. civ. di Trieste, 1984 – D. Dutschke, Census of Petrarch mss. in the United States, 1986 – G. Tournoy–J. Ijsewith, I codici del P. nel Belgio, 1988 – Codici lat. del P. nelle bibl. fiorentine, hg. M. Feo, 1991 – *Lit.:* G. Billanovich, P. letterato, I: Lo scrittoio del P., 1947 – E. H. Wilkins, The Making of the »Canzoniere« and Other Petrarchan Studies, 1951 – F. Rico, Vida y obra de P., 1974 – G. Martellotti, Scritti petrarcheschi, 1983 – J. Petrie, Petrarch: the Augustan Poets, the It. Tradition and the »Canzoniere«, 1983 – S. Sturm-Maddox, Petrarch's metamorphoses. Text and Subtext in the Rime Sparse, 1985 – M. Santagata, Per moderne carte. La biblioteca volgare di P., 1990 [Lit.].

Petrarkismus, it. Phänomen der Petrarca-Nachahmung, das die it., danach die europ. Lyrik beeinflußte und sich v. a. im 16. Jh. zu einer eigenen Dichterschule entwickelte. Die Verehrung →Petrarcas setzte bereits zu seinen Lebzeiten ein: P.s Freunde Sennuccio del Bene und →Boccaccio waren auch seine ersten Anhänger und Nachahmer. Diese erste Phase der Ausstrahlung Petrarcas dauerte etwa bis zum Ende des 14. Jh.; sie betraf vorwiegend die großen Höfe in Norditalien und trug keineswegs systemat. Charakter: In den Versen des Antonio Beccari da Ferrara, des Francesco di Vannozzo oder des Simone Serdini beschränkt sich der Einfluß Petrarcas auf die Übernahme einiger Wendungen oder Motive und dehnt sich nie auf die makrotextuelle Gliederung ihrer Gedichtsammlungen aus.

In der ersten Hälfte des 15. Jh. manifestierte sich das Fortleben Petrarcas v. a. in den Fragestellungen des »Bürgerhumanismus« (Verhältnis von Fatum und Fortuna; Gegensatz zw. aktivem und kontemplativem Leben) und in den philolog. Studien (Original-Lesung der antiken Klassiker), zeigte sich aber auch in der lyr. und allegor. Dichtung: Bisweilen dienten sowohl die »Rerum vulgarium fragmenta« (»Canzoniere«) als auch die »Triumphi« als Vorbilder, wie das Auftreten des Metrums der allegor. Dichtung, der Terzinen, neben den lyr. Metren wie Sonett oder Canzonenstrophe beweist. Neben Dichtern aus Norditalien (wie dem Paduaner Domizio Brocardo) folgten auch Toskaner (Rosello Rosetti, Buonaccorso da Montemagno d. J. und Francesco d'Altobianco degli Alberti) und Dichter aus Mittelitalien im allg. (wie Malatesta Malatesti aus Pesaro) in ihrer Lyrik dem Modell Petrarcas. Das wichtigste »Gedichtbuch« dieser Zeit war sicher »La bella mano« des Römers Giusto de' Conti, die erste geschlossene Nachahmung der »Rerum vulgarium fragmenta«: eine Slg. von 150 Gedichten, mit einem Proömium auf Erden und einem Epilog im Himmel, der an die Begegnung mit Laura in den »Triumphi« erinnert. Der rote Faden, der die verschiedenen lyr. mikrotextuellen Einheiten verbindet, wird von den »Handschuh-Sonetten« Petrarcas (CXCIV–CCI) übernommen, von denen auch der Titel des Werkes stammt. Rund um dieses Motiv rankt sich eine Reihe eleganter Variationen und Erweiterungen. In der Entwicklung des P. in der 2. Hälfte des 15. Jh. sind die toskan. von den nicht-toskan. Dichtern zu unterscheiden. Die Dichter am Hof von →Lorenzo il Magnifico benutzten Petrarca als Vorbild für die stilist. Verschmelzung poet. Stoffe verschiedener Provenienz (Antike, Stoffe aus der roman. Kulturwelt, Gelehrtes und volkstüml. Gut); hingegen suchten die Dichter an den Höfen in Norditalien (wie →Boiardo, Alessandro Sforza und Niccolò da Correggio) oder im S (wie die »Aragonesen« De Jennaro, Caracciolo, Galeota, Chariteo, Sannazzaro etc.) durch die Anlehnung an Petrarca das 'Patent' der Toskanizität zu erwerben, der reinen Hochsprache, um ihre häufigen Ausflüge in Dialekt und Umgangssprache zu kompensieren. In beiden Fällen bedeutete Petrarca für die Dichter dieser Generation nur ein (stilist. oder sprachl.) Vorbild unter vielen anderen. Erst nach →Petrus Bembo wurde Petrarca nicht nur in Italien, sondern in ganz Europa in der Lyrik zum uneingeschränkten Vorbild; von der imitatio stili ging man auch zur imitatio vitae über und sah in P. nicht nur in künstler., sondern auch in ethischer Hinsicht ein Ideal innerer und äußerl. Ausgeglichenheit. Die größte Canzonenslg. dieser Zeit, mit dem ovidian. Titel »Amorum libri«, stammt von Boiardo, um 1476 entstanden: in drei B. mit je 50 Sonetten und 10 Gedichten in anderen Metren wird die Geschichte der anfangs glückl., später enttäuschten Liebe zu Antonia Capra erzählt. Beachtenswert sind auch die Canzonieri des →Lorenzo il Magnifico (Liebe zu Lucrezia Donati) und des J. →Sannazaro (unglückl. Liebe zu Cassandra Cortese). – Aus dem Gesagten wird deutlich, daß die Höfe eines der wichtigsten Elemente für die Entstehung und Verbreitung des P. darstellten: In diesem Milieu wandelte sich die von Petrarca beschriebene Liebe von einer persönlichen und geheimen Passion der Seele zu einem Gefühl, über das man nicht nur sprechen, das man auch lehren konnte. Die Canzonieri des 15. Jh. wollten eine Grundlage für die raffinierten Gespräche bei Hof bieten, ja geradezu Benimmbücher in Liebesfragen, Muster für adliges Betragen, darstellen. Ein derart praxisbezogener Gebrauch der Lyrik in der Nachfolge Petrarcas mußte den der Rerum vulgarium fragmenta eigene Spannung innerer Erkenntnis herabmindern, ja völlig aufheben. Dies geschah gegen Ende des Jh. in der sog. Höflingslit. (Tebaldeo, Serafino Aquilano, Panfilo Sasso u. a.); hier trat an die Stelle lyr. Dichtung ein stilist. Virtuosentum, das zum Selbstzweck wurde. Die Poesie wurde auf diese Weise zum Gesellschaftsspiel.

Außerhalb Italiens fand der P. vor dem 16. Jh. nur sehr begrenzte Verbreitung. In der kast. Dichtung zeigen der Marquès de Santillana (→Mendoza, Iñigo Lopez de) und vielleicht Juan de →Mena und Jorge →Manrique Spuren der Petrarca-Lektüre. Für England ist nur die genaue Übertragung eines Sonetts von Petrarca in Chaucers »Troilus and Cressida« zu nennen; in Frankreich verbreitete sich Petrarcas Lyrik erst seit dem 16. Jh.; aber auch hier eher durch die Vermittlung der Hofdichter wie Tebaldeo oder Serafino Aquilano als in direkter Form. M. Picone

Lit.: P. V. Mengaldo, La lingua del Boiardo lirico, 1963, 17–40 – Lirici toscani del Quattrocento, hg. A. Lanza, 2 Bde, 1973–75 – G. Hoffmeister, Petrarkist. Lyrik, 1973 – M. Santagata, La lirica aragonese, 1979 – P. Vecchi Galli, La poesia cortigiana fra XV e XVI sec., Lettere italiane, 1982, 95–141.

Petrikau (Piotrków), **Privileg v.**, am 26. Mai 1496 von Kg. →Johann Albrecht v. Polen und dem Sejm erlassen, bestätigte die früheren Privilegien der →Szlachta und erweiterte sie auf den gesellschaftl.-ökonom. Bereich. Auf den Gütern der Szlachta produzierte Waren sowie für ihren Bedarf importierte Erzeugnisse wurden von Zöllen befreit, die Bewegungsfreiheit der Bauern wurde begrenzt, den Bürgern der Besitz von Liegenschaften außerhalb der Städte untersagt. Die →Palatine erhielten die Kompetenz, Preise von Handwerkserzeugnissen zu regulieren, den Nichtadligen (plebei) wurde der Zutritt zu höheren kirchl. Ämtern verboten. St. Russocki

Q.: Volumina Legum, I, hg. J. Ohryzko, 1869, 117–128 – *Lit.:* Z. Wojciechowski, L'État polonais..., 1949 – K. Górski, Les chartes de la noblesse en Pologne (Album Élemer Mályusz, 1976), 276ff.

Petronax v. Brescia, sel., † 749/750, 718 von Gregor II. nach →Montecassino gesandt, um das um 577 von den beneventan. Langobarden zerstörte Kl. neu zu begründen (Paulus Diac., Hist. Lang., MGH SRL, 178–179). P. schloß sich den dort vorgefundenen Einsiedlern an und organisierte ihr Leben nach der Benediktregel. Offenbar spielte dabei das nahe, blühende Kl. →S. Vincenzo al Volturno eine Rolle, wie zum Unterschied zu den cassines. Q. das Chronicon Vulturnense des Mönchs Johannes (12. Jh.) betont (Fonti, 151–152). Einen entscheidenden Beitrag für den neuen Aufschwung der Mönchskommunität in der Zeit des P. leistete aber auch durch seine Kenntnis der monast. Tradition der hl. →Willibald, später Bf. v. Eichstätt, der sich zehn Jahre bis 739 in Montecassino aufhielt. P. wird in zwei Urkk. d. J. 745 und 747 erwähnt (Hoffmann, 246). Fest in den ältesten cassines. Kalendern am 6. Mai. M. A. Dell'Omo

Lit.: LThK², VIII, 327 – NCE XI, 1967, 245 – Bibl. SS, X, 1968, 510–511 – J. Chapman, La restauration du Mont-Cassin par l'abbé P., RevBén 21, 1904, 74–80 – G. Morin, Les quatre plus anciens calendriers du Mont-Cassin, RevBén 25, 1908, 486–497 – H. Hoffmann, Die älteren Abtslisten von Montecassino, QFIAB 47, 1967, 242–247 – R. Grégoire, Montecassino ospitana alcuni eremiti nel 717?, Benedictina 25, 1978, 413–416 – P. Bertolini, I Longobardi di Benevento e Monte Cassino (Montecassino dalla prima alla seconda distruzione. Atti II Conv. di studi sul medioevo meridionale, hg. F. Avagliano, 1987), 55–100 – F. Balestrini, Il beato Petronace ricostruttore di Montecassino nel sec. VIII, 1989.

Petronilla, hl., Märtyrerin (Fest 31. Mai). Mt 8, 14 f. berichtet von der Schwiegermutter des Apostels →Petrus. Den Petrusakten zufolge hatte er auch eine Tochter. Diese Legende fand Eingang in den röm. Nereus und Achilleus-Zyklus aufgrund des P.grabes, das in der Domitillakatakombe zu sehen war (Freskobild der 2. Hälfte 4. Jh.: P. führt die verstorbene Veneranda in das Paradies). Als Tochter des Apostels Petrus wurde sie zweifach ins Mart. Hieron, seit dem 8. Jh. in die sog. hist. Martyrologien (Quentin, 51 ff.), seit dem 11. Jh. in die Meßbücher eingetragen (V. Leroquais, Sacr. miss. mss., 106 ff.). 757 überführte Papst Paul I. P.s Reliquien samt Sarkophag nach dem Vatikan, wo ihr Altar heute im s. Kreuzflügel der Peterskirche steht. Seit dem 8. Jh. betrachteten die frk. Kg. e P. als eine spezielle Patronin. Die auf dem Sarkophag angebrachte Inschrift AVR. PETRONILLAE FILIAE DVLCISSIMAE soll nach dem LP (I, 646, 466, Nr. 5) vom Apostel Petrus selbst angebracht worden sein. In Wirklichkeit gehörte P. der Familie der Aurelier an. Die Hochblüte ihres Kultes ist in das 6. Jh. anzusetzen, wo ein Cymeterium b. Petronillae bezeugt ist (ebd., 276, 278, Nr. 13) und verbreitete sich dank der Frankenkg.e in Frankreich und Deutschland. V. Saxer

Lit.: Bibl.SS X, 514–521 – Catholicisme XI, 97 – DACL I, 1515, Fig. 360; IV, 1409–1427, Fig. 3846–3849 – H. Quentin, Les martyrologes hist. du MA, 1909 – Vies des Saints V, 608–613 – U. M. Fasola, La basilica dei SS. Nereo ed Achilleo e la Catacomba di Domitilla, 1974.

Petronil(l)a

1. **P.**, *Kgn. v.* →*Aragón,* * 11. Aug. 1136, † 17. Okt. 1173 (13. Okt. 1174), einziges Kind der Ehe Kg. →Ramiros II. mit Agnes v. Poitou (seit 1127 Witwe des Vizegf.en v. Thouars), ⚭ schon Aug. 1137 Gf. →Raimund Berengar IV. v. Barcelona († 1162), um die Thronfolge gegen die Expansion Alfons' VII. v. Kastilien und Papst Innozenz II., der auf Erfüllung des Testaments Alfons' I. bestand, zu sichern. Nachdem Ramiro im Nov. 1137 ins Kl. zurückkehrte, führte P. den Kg.stitel, ihr Gatte übte jedoch als 'princeps Aragonensis' die uneingeschränkte Regentschaft aus. Ab 1151 gebar P. 3 Söhne, für die sie nach dem Tod ihres Gatten die Regentschaft führte. Im Testament Raimund Berengars erhielt der gleichnamige Erstgeborene beide Reiche unter dem Gf.entitel zugesprochen, der Zweitgeborene Peter gfl. Rechte n. der Pyrenäen. In ihrem Testament von 1164 nennt P. den Erstgeborenen nach ihrem Onkel Alfons, überträgt ihm den Kg.stitel und bestimmt als Grablege für ihren Gatten →Poblet (nicht, wie in dessen Testament die Grablege seiner Vorfahren, →Ripoll). Peter änderte 1168 als Gf. der Provence seinen Namen in Raimund Berengar. Während P.s Gatte Aragón in der Gft. Barcelona aufgehen lassen wollte, sorgte sie nach dessen Tod für einen angemessenen Rang ihres Erbes nunmehr in einem Doppelreich. O. Engels

Lit.: P. E. Schramm, Die Entstehung eines Doppelreiches (Fschr. H. Sproemberg, 1957) – O. Engels, Reconquista und Landesherrschaft, 1989, 39–43 – U. Vones-Liebenstein, St. Ruf und Spanien, 1993, T. II B [Lit.].

2. **P.** (Petronille), *Gfn. v.* →*Bigorre* und Vgfn. v. →Marsan, * 1182, † 1251, Tochter Bernhards IV. v. →Comminges und der Stephanie v. Bigorre. Der Kg. v. →Aragón, der die Gft. Comminges am Ende des 12. Jh. kontrollierte, verheiratete P. 1196 mit dem Vgf.en v. →Béarn, Gaston VI. aus der katal. Familie →Montcada. Zum Zeitpunkt des Zerfalls des aragon. Einflusses in Südwestfrankreich (Schlacht v. →Muret, 1213) war P. verwitwet und kinderlos. Sie schloß nacheinander noch vier Heiratsverträge; aus ihrer letzten Ehe ging eine Tochter, Mathe, hervor, die den Vgf.en v. Béarn, Gaston VII. Montcada, heiratete, dem sie als Dos die Vgft. Marsan in die Ehe brachte. Gaston VII. hoffte vergeblich, nach dem Tode seiner Schwiegermutter die Gft. Bigorre zu erhalten; P. vermachte diese vielmehr einem ihrer Enkel, Esquivat de Chabanais, dem Sohn von Alix (aus der 3. Ehe der Gfn.). Der offene Krieg um das Erbe wurde ausgelöst durch die von Gaston VII. angebahnte dynast. Vereinigung der

Häuser Béarn und →Foix (Ehe der Erbtochter v. Béarn mit dem jungen Gf. en v. Foix). Da die Gegenseite den Gf. en v. →Armagnac als Verbündeten gewann, weitete sich der Konflikt in bedroh. Weise auf die Fsm.er des gesamten Pyrenäenvorlandes aus, bis der Kg. v. Frankreich kraft seines Schiedsrichteramtes schließlich 1292 die Gft. Bigorre sequestrierte. Dessenungeachtet bestand der tödl. Haß zw. den Häuser Foix-Béarn und Armagnac fort. Erst 1425 hob der Kg. v. Frankreich die Verfügung der Petronilla auf und sprach Bigorre den Foix-Béarn zu.

P. Tucoo-Chala

Lit.: →Bigorre.

Petronius im MA. Von den Satyrica, dem prosimetr. Sittenroman des Titus (Gaius?) P. Arbiter, als dessen Verf. man den von Tacitus (ann. 16, 17ff.) gen. P. anzusehen pflegt, sind nur Bruchstücke erhalten, die keinen sicheren Schluß auf den einstigen Umfang des Werkes (mindestens sechzehn Bücher?) erlauben. Wohl schon im ausgehenden Altertum wurde der vollständige Text verdrängt durch Exzerpte, die sich ebenso wie ein (durch mechan. Beschädigung?) lückenhaft gewordenes Stück des Textes im MA, in dem jedoch P. insgesamt selten war, fortgesetzt haben. Erste Spuren der Kenntnis des P. finden sich bei →Heiric v. Auxerre (Vita S. Germani); aus Auxerre stammt auch die älteste Hs. (Bern 357, spätes 9. Jh.). Kürzere Exzerpte wurden im 12. Jh. ins Florilegium Gallicum aufgenommen. Vergleichsweise viel von P. kannte →Johannes v. Salisbury, u.a. auch schon die 'Cena Trimalchionis'. 1423 fand →Poggio Bracciolini in England kleinere Stücke, in Köln sodann die 'Cena', von der eine Abschrift des 15. Jh., die auf Poggios Exemplar beruht, unser einziger Textzeuge ist. Ed. princeps 1482; die älteren Ausgaben alle ohne die 'Cena Trimalchionis'.

F. Brunhölzl

Lit.: M.D. Reeve (Texts and Transmission, ed. L.D. Reynolds, 1983), 285ff. – K. Müller (P., Satyrica, lat.-dt., hg. Ders.–W. Ehlers, 1983³), 381ff.

Petros

1. P. III., *gr.-orth. Patriarch v. →Antiocheia* 1052–56, * um 982 Antiocheia, kam 1009 nach Konstantinopel, wirkte als Sekretär Romanos' III. und hochrangiger Richter. Unter Konstantin IX. phrontistes der Apostelkirche, trat P. als skeuophylax in den Patriarchatsklerus ein und wurde trotz seiner früheren Ehe zum Patriarchen v. Antiocheia erhoben. Als der antiochen. Diakon Christodulos Hagiostephanites durch →Michael I. Kerullarios als kubekleisios nach Konstantinopel versetzt wurde, verteidigte er erfolgreich die Autokephalie und Autonomie Antiocheias. P. richtete eine Enzyklika an Klerus und Volk v. Antiocheia (ed. A. Michel, BZ 38, 1938, 111–118) und sandte seine Inthronistika an die Patriarchen v. Alexandria und Jerusalem und erstmals auch wieder an Papst Leo IX. Das Schreiben blieb unbeantwortet, doch ein zweiter Brief, den P. 1054 dem Papst durch Vermittlung des Patriarchen Dominicus v. →Grado schickte, wurde von Rom mit einem entgegenkommenden Anerkennungsschreiben beantwortet. Während des Schismas v. 1054 vertrat P. zwar konsequent die byz. Positionen (Ablehnung der →Azymen und des →Filioque), versuchte aber auf den W, den er im Brief an Dominicus v. Grado mit Hinweis auf die →Pentarchie der Patriarchate von der Verwendung der Azymen abzubringen suchte, und v. a. auf Michael Kerullarios mäßigend einzuwirken.

K.-P. Todt

Lit.: A. Michel, Humbert und Kerullarios, II, 1930, 28–36, 202–206, 416–475 – Chr. Papadopulos, Ἱστορία τῆς Ἐκκλησίας Ἀντιοχείας, 1951, 844–860 – Beck, Kirche, 535 – G. Bianchi, Il Patriarca di Grado Domenico Marango tra Roma e l'Oriente, StVen 8, 1966, 19–125.

2. P., *Patriarch v. Konstantinopel* 8.(15.) Juni 654–ca. 12. Okt. 666, erwählt aus dem Klerus der Hagia Sophia. Seine Synodika an Papst Eugen I., in der er auf die virulenten christolog. Probleme der Zeit nicht einging, mußte dieser unter dem Druck des röm. Klerus und Volkes zurückweisen. In seiner Antwort auf die Inthronistika des Papstes Vitalian verband P. sein Bekenntnis zu den zwei Willen und Energien Christi hinsichtl. seiner beiden Naturen mit monothelet. und monenerget. Anschauungen im Hinblick auf die Einheit seiner Person. Nachdem er vergebl. versucht hatte, →Maximos Homologetes zum Einlenken zu bewegen, verurteilte dessen samt seinen Gefährten eine Synode, die 662 auf Geheiß Ks. Konstans II. unter dem Vorsitz des P. in Konstantinopel stattfand, zu den schwersten Strafen. P. wurde auf dem VI. Ökumen. Konzil 692 als Häretiker verurteilt. →Monotheletismus, →Monenergismus.

P. Plank

Lit.: J. L. van Dieten, Die Gesch. der Patriarchen von Sergios I. bis Johannes VI., 1972, 106–116 – F. Winkelmann, Die Q. zur Erforsch. des monenerget.-monothelet. Streites, Klio 69, 1987, 515–559, Nrr. 133–149 – ACO ser. II., II/1, 1990, 108f.; II/2, 1992, 610–613.

3. P. Mongos, 451 vielleicht Teilnehmer des Konzils v. →Chalkedon als Diakon des Patriarchen →Dioskoros I. v. Alexandria, an dessen Linie er festhielt. Heimlich zum Nachfolger des Timotheos Ailuros geweiht, wurde er nach dem Tod des Timotheus Salophakiolos (482) von Ks. Zenon als Patriarch v. →Alexandria eingesetzt, um im Sinne des →Henotikon Kirchenfrieden zu stiften; er hat das Chalcedonense verurteilt, es aber vielleicht auch einmal gebilligt (Evagrios Scholastikos, Eccl. Hist. III, 17). 484 auf einer Synode in Rom für abgesetzt erklärt (Coll. Avell. 70, CSEL 35, 155), amtierte er dennoch bis zu seinem Tod 490.

H.-J. Vogt

Lit.: A. Grillmeier, Jesus der Christus im Glauben der Kirche, 2/1, 1986; 2/4, 1990.

4. P. Patrikios, ca. 500–562, magister officiorum. Diplomat. Missionen führten ihn zu →Amalasunta (534), zu Papst Vigilius, um die Zustimmung zu den ksl. Beschlüssen im →Dreikapitelstreit zu erlangen, und zu →Chosroes I. Von seinem von 31 v. Chr. bis 362 n. Chr. reichenden Gesch.swerk sind nur wenige Fragmente erhalten, ebenso von der Schr. über das Staatswesen (im Zeremonienbuch Konstantins VII.). Die Denkschr. über die Gesandtschaftsreise zu Chosroes wurde von →Menandros Protektor (6. Jh.) verwendet.

R. Klein

Lit.: Tusculum-Lex., 1982³, 615 [Ed.] – E. Stein, Hist. du Bas-Empire, II, 1949, 723ff. – C. M. Mazzucchi, L'imperatore Giustiniano, 1978, 237ff.

5. P. Sikeliotes → Paulikianer

Petru → Peter

Petrus (s. a. Pedro, Peter, Pierre, Pietro)

1. P., Apostel

I. Biblisch-theologisch – II. Ikonographie – III. Kultverbreitung

I. Biblisch-theologisch: Die bibl. P.tradition der Evv. (Mt. 4, 18f.: Berufung; 16, 18f.: Schlüsselvollmacht; Mk 14, 66f.: Verleugnung; Lk 22,31f.: Stärkungswort; Joh. 21,15f.: Hirtenauftrag), der Apg. und der beiden P.briefe, die auch im MA als authent. galten, wurden im 3. Jh. (?) angereichert durch die Ps.-Klementinen, einen Apostelroman über den P.schüler Klemens v. Rom. Dem Werk sind zwei Briefe des P. und Klemens an Jacobus, Bf. v. Jerusalem, vorangestellt. In dem in die ps.-isidor. Dekretalenslg. und von dort in die kanonist. und theol. Werke der Frühscholastik eingegangenen Brief des Ps.-Klemens wird die Ordination der P.nachfolger und die Schlüsselübergabe als formaler Akt des P. vorgestellt, eine Vorstellung, die die patrist. und ma. P. trad. wirksam beeinflußt hat. Zu den ps.petrin. Schrr. (P.akten, -evv., -apokalypse) vgl. TRE III, 316–362. Die P.trad. geht in der patr. Theol. von Klemens v. Rom, Ignatius, Tertullian über Eusebius v. Cäsarea (Hist. eccl.) ungebrochen bis zu den lat. Kirchenlehrern Hieronymus, Augustinus, Leo I. und Gregor I., aus denen v. a. die ma. Theol. geschöpft hat. Schwerpunkte dieser Trad. sind die Berufung des Erzapostels ('princeps Apostolorum'), Schlüsselträger in der Kirche, dessen (Bf.s)Stuhlfeier in (Antiochia und) Rom die immer wieder (von Irenaeus, dem Catalogus Liberianus und Optatus v. Mileve) verifizierte Reihe der Inhaber der 'Cathedra Petri' (sedes Romana) in Rom begründete, das Doppelmartyrium v. P. und Paulus, das nach dem Cat. Liberian. am 29. Juni gefeiert wurde, weil beide (nach Guillelmus Duranti d. Ä., Rationale divin. offic. VII c. 15) am selben Tag (unterschiedl. Jahres) das Martyrium erlitten. P. ist der Zeuge des Wortes des Glaubens in der Kirche und für sie (vgl. Konzil v. Chalcedon 452 (DENZINGER-SCHÖNMETZER 300): »durch Leo hat P. gesprochen«). Die Anbindung der päpstl. Weisung an die petrin. Vollmacht offenbart gleichermaßen die Autorität des P. und seiner Nachfolger. P. ist »fundamentum, janitor, arbiter« (Leo I., serm. 94.3); der Papst ist »vicarius Dei« »claviger caeli, arbiter omnium« (Nikolaus I., Ep.7).

Die ma. Theologie nahm die typolog. Erklärung der bibl. P.stellen (s. o.) auf und begründete so Primat und Prärogativen des P. Dieser ist der erste in einer Reihe, und was von diesem gilt, muß auch von den Nachfolgern in der Reihe gelten. Weil aber dieser Erste selbst nur Stellvertreter ist (»vicarius Christi«), darum ist er nur der Fels des Felsens, Hirte der Hirten Jesu Christi. Er hat von Christus die Schlüssel des Himmelreiches übernommen (Mt. 16,19; Joh. 21,15 f.) und ist der Himmelspförtner (Honorius Augustodunensis, Gemma animae I, 188). Als Mitglied des himml. Senates hat er Anteil am eschatolog. Amt. Er ist Haupt und Hirt der Herde Christi, Steuermann des Schiffs der Kirche (Rupert v. Deutz, De Trinit. III 25, Comm. XII Proph. Jon. I). Gerhoch v. Reichersberg nennt ihn gelegentl. sogar »Herrscher der Welt« (Ps. 5; 65). P. ist in seinem Glaubenszeugnis und in seiner Bekehrung Repräsentant der ganzen Kirche. Die Glaubensfestigkeit macht die »cathedra Petri« in Rom zum Hort und zur letztgültigen Instanz der Glaubenswahrheit. Immer häufiger wurde seit den frühscholast. Lehrstreitigkeiten (→Berengar v. Tours, →Abaelard →Gilbert v. Poitiers) diese letzte petrin. Instanz der Glaubenswahrheit bemüht. In der Glaubenserkenntnis und -wahrheit steht Christus im Wort und ihm zur Seite »aeclesia Romana Petrus apostolus« (Berengar, Rescript. I., ed. HUYGENS 51). Die Päpste und Theologen der →Gregorian. Reform waren überzeugt, daß nur ein starkes P.amt die Kirche erneuern könnte. In dieser kirchl. und theol. Auseinandersetzung wurde die P.trad. spannungsreich ausgeführt. Im Liber in honore b. Petri hat →Amatus v. Montecassino in vier Büchern die Worte und Taten des Apostels dichterisch für Gregor VII. bearbeitet, um dessen Vollmacht als p. gleich herauszustellen. Umgekehrt wies Roger v. Caen, Mönch in Bec, in seinem Gedicht De contemptu mundi gegen die Weltweisen und Gelehrten in der Kirche auf den Fischer P. 'P. piscator' hin (vgl. MANITIUS 449–454; 851 f.). Wie die dt. Symbolisten optierte auch Bernhard v. Clairvaux, De consideratione, im Blick auf P. für eine herrschaftsfreie Vollmacht des Papstes. Spannungsreich ist die P.gestalt auch in den einzelnen Kapiteln des Decretum Gratiani (vgl. D. 19 c. 2 und 7 mit D. 21 c. 2). Das P.amt der Kirche wurde von seinem Ursprung her in der ma. Kanonistik und Theol. unterschiedl., monarch. bzw. kollegial akzentuiert. Die von den Päpsten geltend gemachte monarch. Vollmacht innerhalb der Kirche, wie die von ihnen beanspruchte doppelte Gewalt der dem P. verliehenen beiden Schwerter (Lk 22,38 – vgl. Bonifaz VIII. Bulle »Unam sanctam«, DENZINGER-SCHÖNMETZER 873 f.) wurde von den Kritikern auf ihre ursprgl. petrin. Vollmacht hinterfragt. Weil aber die Auseinandersetzungen um die diesbezügl. Canones und Dekretalen kein Ergebnis brachten (vgl. Heinrich v. Gent, Tract. super facto Praelatorum et Fratrum, ed. Henrici de Gandova op. om. XVII) führten die weltgeistl. Magister, allen voran →Johannes de Polliaco in seiner zweiten (ungedr.) Responsio (Cod. lat. B VII 9 Univ. Bibl. Basel) (vgl. DENZINGER-SCHÖNMETZER 921–924) eine ausgreifende Erklärung der sämt. evangel. Texte bibl. P.trad. ins Feld, um den kollegialen Charakter der petrin. Vollmacht gegen die monarch. Ansprüche der Päpste zu begründen. Damit war der Weg einer krit. P.trad. in der Kirche gewiesen, wie er von der Reformtheol. des 14. und 15. Jh. (→Johannes Gerson, →Johannes v. Ragusa, →Johannes v. Segovia u.a.) bis zu Martin Luther eingeschlagen wurde (→Konziliarismus). Diese Streitfragen der P.trad. beeinträchtigten aber nicht die tiefe Überzeugung vom »gesegneten Licht« des Glaubens dieses »großen Mannes« (Dante, Div. Com., Parad. 24).

L. Hödl

Lit.: DSAM XII 1986, 1452–86 – DThL XII, 1935, 1747–92 – L. HÖDL, Die Gesch. der scholast. Lit. und Theol. der Schlüsselgewalt, BGPhThMA 37/4, 1959 – Y. CONGAR, Die Lehre von der Kirche..., HDG III.3c, 1971 – M. MACCARRONE, Vicarius Christi. Storia del titolo papale, Lat. 18/1–4, 1952 – W. BEINERT, Die Kirche – Gottes Heil, BGPhThMA 13, 1973 [Lit.]

II. IKONOGRAPHIE. Bereits im frühen 4. Jh. wurden auf zahlreichen röm. Sarkophagen drei, bisweilen auch vier Szenen aus dem Leben des P. dargestellt: 1. das Quellwunder, das sich von dem des →Moses (Ex 17) durch trinkende röm. Soldaten unterscheidet (Legende von der Taufe der Wachsoldaten im mamertin. Kerker, Martyrium Petri: Lipsius-Bonnet I,6 f.); 2. Abführung des P. durch Soldaten; 3. Begegnung von Christus und P. mit Beigabe eines Hahns (Verleugnungsansage nach Mt 26,34?, Beauftragung des P. nach Joh 21, 15–17?; zur Problematik: DASSMANN; 4. Szene mit lesendem P. vor einem Baum, im Beisein von Soldaten; trotz WISCHMEYER noch nicht sicher gedeutet (Verhaftung des P.?). In der Mitte des 4. Jh. kam es zur Ausbildung einer speziellen Physiognomie für die Apostelfs.en; vgl. →Paulus; der dort beschriebene Typus des P. wird später (im W) durch die Tonsur und eine auffällige Stirnlocke erweitert (Einfluß der Legende vom Abschneiden der Haare im Gefängnis in Antiochia?). Der bes. Rang des P. unter den →Aposteln wurde seit dieser Zeit in zahlreichen, vielleicht auf das Apsismosaik in S. Peter in Rom zurückgehenden und bis ins MA wirkenden Bildern der →Gesetzesübergabe dargestellt, seltener in der Schlüsselübergabe (Mt 16,19). Singulär ist die Verbildlichung seines Vorrangs im Mosaik der Kreuzhuldigung im Mausoleum der Galla Placidia (Ravenna, vor Mitte 5. Jh.): Paulus steht allein, die übrigen Apostel schließen sich an P. an. Attribute des P. waren zunächst Buchrolle oder Codex, Kreuzstab und Himmelsschlüssel; im MA kamen Mitra oder Tiara und Papstornat hinzu. Statuar. Darstellungen des MA, z. B. in der frz. und dt. Kathedralplastik, zeigen P. meist mit Paulus als Anführer der Apostel, ebenso die Apostelfenster. Die Grundlage für die ma. P.zyklen (und daraus entnommene Einzelszenen) von Ereignissen aus den Evangelien, der Apg und den apokryphen Legenden aus Antiochia und Rom wurde durch einen Zyklus (7. Jh.?) im Querschiff von S. Peter in Rom gelegt, der Anfang 8. Jh. durch Szenen im Oratorium Johannes VII. am n. Querhausende fortgesetzt wurde, unter denen sich auch ein Bild der Kreuzigung befand (die nach der Legende auf eigenen Wunsch kopfunter erfolgte). Im 13. Jh. wurde der Zyklus in der Portikus durch weitere Szenen aus apokryphen Q. erweitert. A. WEIS hat die Entwicklung anhand des karol. Malereizyklus in Müstair, der Tituli des Sedulius Scottus zum Mantel der Ksn. →Kunigunde in Bamberg (11. Jh.), der Wandmalereien in S. Piero a Grado bei Pisa (um 1300) und weiterer ma. Zyklen rekonstruiert. Kirchenpolit. Bedeutung von P. bildern ist am deutlichsten in der Mosaikdarstellung vom Jahre 800 in der Aula des Lateranpalasts zu erkennen, in denen P. bei der Investitur Leos III. und Karls des Gr. dargestellt war. Liste der zur Darstellung gebrachten Szenen aus P. vita: WEIS 259–268, Denkmälernachweis: BRAUNFELS. J. Engemann

Lit.: DACL XIV, 822–981 – LCI II, 69–72; III, 320f.; IV, 82–85, 347–351; VIII, 158–174 [W. BRAUNFELS] – G. STUHLFAUTH, Die apokryphen P. gesch. in der altchr. Kunst, 1925 – H. GIESS, Die Darstellung der Fußwaschung Christi in den Kunstwerken des 4.–12. Jh., 1962 – M. SOTOMAYOR, S. Pedro en la iconographia paleocristiana, 1962 – A. WEIS, Ein P. zyklus des 7. Jh. im Querschiff der Vatikan. Basilika, RQ 58, 1963, 230–270 – S. HAHN, Die Darstellung der Verleugnung und Reue P. i (Diss. München 1977) – H. BELTING, Die beiden Palastaulen Leos III. im Lateran und die Entstehung einer päpstl. Programmkunst, FMASt 12, 1978, 55–83 – W. WISCHMEYER, Die P.-Leseszene ... (Kerygma und Logos [Fschr. C. ANDRESEN, 1979]), 482–495 – E. DASSMANN, Die Szene Christus-P. mit dem Hahn (Pietas [Fschr. B. KÖTTING, 1980]), 509–527 – C. K. CARR, Aspects of the Iconography of S. Peter in Medieval Art..., 1983.

III. KULTVERBREITUNG: P. erlitt in Rom nach dem J. 64 in dem infolge des Stadtbrands entfachten christenfeindl. Pogrom den Märtyrertod (Tacitus, Annal. XV 44; 1 Clem. 5–6). Der Ort seiner Bestattung trat dank der unter der P. kirche 1940–49 unternommenen Ausgrabungen ans Licht und wurde mit dem von Gaius erwähnten Tropaion (Eusebius Hist. eccl. II, 25, 6) identifiziert (Esplorazioni, 4, 130, 136–40, 144). Darunter versteht man das an die »rote Mauer« angelehnte und mit ihr entstandene Denkmal aus dem 2. Jh., das nach der Mitte des 3. Jh. mit Marmorplatten und Mosaikfußboden ausgeschmückt und im 4. Jh. in die Confessio der konstantin. Basilika eingegliedert wurde. Die Archäologen betrachten diese »Monumentalisierung« als das früheste Zeugnis des röm. P. kultes. Dieser ist aber m. E. in der Form der beim Totenkult üblichen Libationen zu denken. Das könnten die Notiz vom 22. Febr. der Dep. mart. (MGH. AA. IX, 71) und das Libationsloch des Gamma-Grabes (Esplorazioni, 110–12, Fig. 79–81) andeuten (DSAM XII, 914–915). Im 3. Jh. hat sich der P. kult mit dem des hl. →Paulus an der via Appia angesiedelt (Graffiti der Triclia und Notiz der Dep. mart. vom 29. Juni 258, MGH ebd.). Die Erklärung dieser Kulterweiterung durch vorübergehende Anwesenheit von Apostelreliquien (DUCHESNE) wurde von DELEHAYE bestritten und sei dahingestellt. Zwar ist der Kult dort noch im 4. Jh. durch das damasian. Epigramm (FERRUA, Nr. 20) und den ps. ambrosian. Hymnus Apostolorum passio (MPL 17, 1253) bezeugt, darf aber nur als episod. gelten, bes. wenn man von der im Mart. Hier. zum 29. Juni vermerkten Nachricht utrumque ad catacumbas (Act. SS. Nov. II/2, 342) absieht, die die frühen Hss. nicht bieten.

Im Vatikan hingegen entwickelte sich der P. kult dauerhaft und verbreitete sich überall, dank der konstantin. Basilika, die schnell zum Ziel der Pilger wurde (Prudentius, Perist. XII; Paulinus v. Nola, passim). In Rom selbst hat er sich in den dem Apostel geweihten oder mit seiner Legende verbundenen Heiligtümern eingebürgert: Zwölf- (ursprgl. Zwei-) Apostelbasilika, S. Pietro in Vincoli, Quovadis?, titulus Fasciolae, Mamertin. Kerker, Oratorium auf dem Forum, Grab der hl. →Petronilla. Man arbeitete auch die Meßformulare des 29. Juni aus und konservierte sie in den Sakramentarien, sowie die Themen der P. ikonographie: concordia apostolorum, traditio legis, Apostelkollegium, Szenen aus der Apostel-Gesch. und -Legende, P. als Moses des NT, Verleugnungsszene mit dem Hahn, Quellwunder usw. So wird nicht nur das konventionelle Bild des P., sondern auch seine Vorrangstellung unter den Aposteln fixiert, die den Primat des Papstes in der Universalkirche begründet. Außerhalb Roms verbreitete sich der P. kult seit dem 4. Jh. dank der Verteilung von Kontaktreliquien (brandea): Tixter in Afrika 359, Chalkedon gegen 393 usw., dank der Väterpredigten: z. B. Augustinus, Serm. 295–99, Mai 19, Guelf. 24; Chromatius v. Aquileia, Serm. 29. 42; Maximus v. Turin, Serm. 1.2.9.110 extr.; Petrus Chrysologus, Serm. 107–120; dank der Weihe von Kirchen ihm zu Ehren: Ravenna, Spoleto, Arles, Paris (h. Ste-Geneviève), El Kef und Tipasa, Loja, Canterbury, Wearmouth und Jarrow usw. Typische Patronsnamen von Orten sind Dompeter, Dompierre, Dampierre (domnus P.). Seit dem 6. Jh. strömten Pilger aus Gallien, Britannien, Germanien nach Rom. Es festigen sich so für das ganze MA die Hauptzüge des P. kultes. Seit dem 9. Jh. werden gewöhnl. die romunmittelbaren Kirchen P. und Paulus geweiht (Vézelay 858–63, Cluny, 910 usw.). Zu den röm. Festen treten in Gallien die Kettenfeier (18. Jan.), im O das Fest beider Apostel (28. Dez.). P. galt als Patron der Fischer, Maurer (P. = Fels), Schmiede (Ketten), Schlosser sowie als Helfer gegen Fieber (Mt 8,14–15) und Tollwut (Act. P. Vercellensis, 9). V. Saxer

Lit.: DACL XIV, 822–981 – DSAM XII, 909–918, 1483–1486 – EncCatt. IX, 1427 – LThK² VIII, 341–343 – Catholicisme XI, 333–338 – CH. PIETRI, Roma christiana, 2 Bde, 1976 – W. SCHNEEMELCHER, Ntl. Apokryphen, II, 1988, 243–289 – Il primato del vescovo di Roma nel primo millennio, 1991 – M. MACCARONE, Romana ecclesia Cathedra Petri, 1991.

2. P., Ebf. v. Amalfi, † nach 1059. Stammte aus Salerno und wurde vermutl. 1047 von Waimar V. als Nachfolger Leos eingesetzt. 1054 nahm er zusammen mit →Humbert v. Silva Candida und Friedrich v. Lothringen (→Stephan IX.) an der päpstl. Gesandtschaft nach Konstantinopel teil (→Schisma). Er ist Mitautor des »Brevis et succincta commemoratio eorum quae gesserunt apocrisiarii sanctae Romanae et apostolicae sedis in regia urbe« und des Briefs an Ks. Konstantin IX. Monomachos über den Ausgang des Hl. Geistes. Als Hzg. Johannes II. v. Amalfi (1052–53) Waimar V. töten ließ, flüchtete P. zu Leo IX. Im Mai 1059 nahm er an der Lateransynode teil, im Aug. desselben Jahres an der von Nikolaus II. in Benevent abgehaltenen Synode. G. Fornasari

Q.: JL 4333 – C. ERDMANN, Ausgew. Briefe aus der Salierzeit, 1933, 19 – IP VIII, 389f.; II, 250f. – GAMS, 1873–86, 847 – C. WILL, Acta et scripta quae de controversiis Ecclesiae Graecae et Latinae saec. undecimo composita extant, 1861 [Neudr. 1963] – Chronica monasterii Casin., hg. H. HOFFMANN, MGH SS 34, 1980, 85, 334 – Lit.: →Amalfi, →Michael Kerullarios – E. PETRUCCI, Rapporti di Leone IX con Costantinopoli, StM, ser. 3, XIV, 1973, 733–831 – R. SCHIEFFER, Die Entstehung des päpstl. Investiturverbots für den dt. Kg. (MGH Schr. 28, 1981), bes. 72–74 – D. JASPER, Das Papstwahldekret v. 1059, 1986, bes. 25, Anm. 86, 60.

3. P., Bf. v. →Como 983–1004, Erzkanzler. Erstmals als Bf. im Mai 983 auf dem Reichstag v. Verona belegt. Er war Bruder von Gf. Cunibert und Onkel von Pfgf. Otto v.

Lomello und gehörte zu den bedeutendsten Politikern der Zeit Ks. Ottos III., der ihn vor dem 22. Okt. 988 zum Erzkanzler für Italien erhob. Ztw. begleitete er den Ks., nahm an Gerichtssitzungen und Reichstagen teil und trat als Intervenient in Herrscherurkk. auf. Nach Ottos Tod schloß er sich sofort Kg. →Arduin an und wurde auch dessen Erzkanzler. 1004 wurde P. von Kg. Heinrich II. als Bf. abgesetzt. Letztmals als Erzkanzler Arduins fungierte er am 28. Jan. 1005. Arduins Urk. v. 27. Febr. 1005 ist schon von seinem Nachfolger unterschrieben. R. Pauler

Lit.: F. SAVIO, Gli antichi vescovi d'Italia, Lombardia II, 1, 1929, 315–317 – R. PAULER, Das Regnum Italiae in otton. Zeit, 1982, 157–161.

4. P. Chrysologus, Bf. v. →Ravenna seit 424/429,

Prediger (Beiname erstmals bei →Agnellus v. Ravenna [9. Jh.], wohl in Anlehnung an →Johannes Chrysostomos), 1729 Kirchenlehrer, * im letzten Viertel des 4. Jh., † ca. 450. Er beantwortete 448/449 einen nicht erhaltenen Brief des →Eutyches (1. E.). Als echt gelten 168 Predigten der Collectio Feliciana (Bf. Felix v. Ravenna, Anfang 8. Jh.) und 15 andere von der Forsch. ihm zugeschriebene Sermones (OLIVAR): rhetor. Erklärungen zu Evangelien, Paulus, Psalmen, Glaubensbekenntnis, Vaterunser in liturg. Kontext für die chr. Praxis. Th. Baumeister

Ed.: A. OLIVAR, CCL 24, 24A, 24B, 1975–82 – *Lit.:* DSAM XII, 1541–1546 – A. OLIVAR, Los sermones de san P. C., 1962 – F. SOTTOCORNOLA, L'anno liturgico nei sermoni di P. C., 1973.

5. P. v. Abano, Arzt, * um 1257 Abano bei Padua,

† 1316 (vor Febr.) Padua, ging nach ersten Studien der Artes und der Med. um 1270 nach Konstantinopel, lernte Griechisch und übersetzte zahlreiche med. und naturwiss. Texte (u. a. Dioskurides, De materia medica; Ps.-Aristoteles, Problemata; Ps.-Hippokrates, De medicorum astrologia; mehrere Opuscula Galens; Problemata des Ps.-Alexander v. Aphrodisias und des Cassius Iatrosophista [beide verloren]). Um 1290–1305 in Paris, übertrug P. die astrolog. Schr. des →Abraham ibn Ezra aus dem Frz., verfaßte die astrolog. fundierte Schr. zur Physiognomie (»Compilatio physionomiae«) und begann mit der Arbeit am »Conciliator litium medicinalium« und am »Lucidator dubitabilium astronomiae« (→Conciliator), die er – mittlerweile um 1307 nach Padua als Prof. für Med. und Philos. berufen – gegen 1310 beendete. Der 'Conciliator' behandelt nach der galen. Tradition neben anatom. und therapeut. Fragen auch die Lehre von den Elementen und physikal. Probleme. Charakterist. für das Werk ist der Versuch, die Med. mit der ptolemäischen und islam. astrolog.-astronom. Lehre zu verknüpfen und zu begründen. P. baut seine Theorie auf dem Prinzip auf, daß jeder himml. Körper einen eigenen, natürl. Einfluß auf die ird. Dinge ausübt, vergleichbar demjenigen, den Sonne und Mond keinesweisl. auf die Welt ausüben. Die im 'Conciliator' ausgeführte Besprechung von klass. Themen der →Astrologie (u. a. auf den planetar. Konjunktionen basierende Geschichtsdeutung) mündet im 'Lucidator' in die Verteidigung der Wissenschaftlichkeit der Astrologie und in die radikale Verneinung der Trennung von Astrologie und →Astronomie (wie z. B. Averroes vorgeschlagen hatte). P. verfaßte auch wiss. Spezialtraktate über die Gifte (»De venenis«) und über die →Präzession (»De motu octavae sphaerae«; widerlegt die 'Trepidationstheorie' des →Ṯābit b. Qurra). L. Sturlese

Ed.: Compilatio physionomiae, Padua 1474 u. ö. – Expositio Problematum Aristotelis, Mantua 1475 u. ö. – Conciliator, Venedig 1476 u. ö. [Nachdr. der Ausg. 1565:1985] – De venenis, ed. A. BENEDICENTI, 1949 – Trattati di astronomia, ed. G. FEDERICI VESCOVINI, 1992 [Lucidator, De motu octavae sphaerae] – *Lit.:* THORNDIKE II, 874–947 – B. NARDI, Saggi sull' aristotelismo padovano dal secolo XIV al XVI, 1958 – P. MARANGON, Il pensiero ereticale nella Marca Trevigiana e a Venezia dal 1200 al 1500, 1984, 66–104 – E. PASCHETTO, Pietro d'A., 1984 [Lit.] – Pietro d'A., Medioevo. Rivista di storia della filosofia medievale 11, 1985 [Beitr. verschiedener Autoren] – G. FEDERICI VESCOVINI, La teoria delle immagini di Pietro d'A. (Die Kunst und das Studium der Natur vom 14. zum 16. Jh., hg. W. PRINZ–A. BEYER, 1987), 213–235 – DIES., Peter of A. and Astrology (Astrology, Science and Society, ed. P. CURRY, 1987), 19–39 – L. OLIVIERI, Pietro d'A. e il pensiero neolat., 1988.

6. P. Alfonsi, gelehrter Arzt, mlat. Autor, * vor 1075,

vermutl. in Huesca (Aragón), † nach 1130 in Spanien. Nach eigener Aussage (Dialogus-Prol.) ließ sich der jüd. Rabbi Moses Sephardi, Hofarzt →Alfons' I. v. Aragón, am Peter-und-Paul-Fest d. J. 1106 (= 1144 span. Ära, verlesen zu »im 44. Lebensjahr« im Erstdr. Köln 1536, danach MPL 157, 537C) in Huesca taufen und trug fortan die Namen des Apostels und seines kgl. Taufpaten. P. rechtfertigte seine aufsehenerregende Konversion um 1110 im 'Dialogus', als er in Frankreich und am Hof →Heinrichs I. v. England für Alfons I. um Unterstützung der 'Reconquista' warb. Im fiktiven Zwiegespräch zw. dem Christen »Petrus« und dem Juden »Moyses«, tatsächl. einem Selbstgespräch in verteilten Rollen, zeigt P. ohne Polemik, nur sachl.-rational argumentierend, daß die auf dem 'Talmud' gründenden Lehren des Judentums unhaltbar, die übrigen bei richtiger Auslegung des AT den christl. sehr nahe und die des Islam von dessen Genese her unglaubwürdig seien, und setzt seine Grundeinsicht dagegen, daß erst das wiss. Erforschen der Natur zur Erkenntnis Gottes führe (Kosmolog. Exkurse, älteste lat. Klimatenkarte in 1., trinitar. gedeutetes JHVH [Jahwe-]-Tetragramm im 6. Kap.). Das Werk ist Apologie, Paränese, 'philos. Lehre' zugleich und wurde von →Petrus Venerabilis in den Schrr. gegen Juden und Sarazenen ausgewertet, vermittelt durch →Hermann v. Carinthia und Robert v. Ketton, die P. wahrscheinl. nach 1130 in Spanien kennenlernten. Die große Verbreitung des 'D.' (65 Hss., kat. Übers. um 1400) und die Benutzung (u. a. Joachim v. Fiore, Vinzenz v. Beauvais, 'Legenda aurea' c. 178) rühren vorwiegend vom anti-jüd. Interesse und dem Islam-Kap. (5) her.

Als Leibarzt Heinrichs I. (erst seit spätestens April 1121 ist er wieder im Dienst Alfons' I. bezeugt) suchte P. Kontakt zu Studenten und Gelehrten, um seine Kenntnisse und Methoden arab.-jüd. Wiss. weiterzugeben. Im Brief 'Universis peripateticis Franciae', um 1116, legt er sein Grundlagenprogramm vor, worin er den traditionellen →Artes-Kanon zugunsten von Astronomie und Medizin neu bewertet (auch D.C. De 7 artibus), die Wahrheitsfindung gegen Autoritätsgläubigkeit allein auf Vernunft und empir. nachprüfbare Erfahrung gründet, und konkretisiert es im Prolog und synopt. Jahreskalender zur Übers. des astronom. Tafelwerks von →Al-Khwārizmī (dat. 1. Okt. 1116 NEUGEBAUER). Greifbar wird seine Lehre auch in Werken →Adelhards v. Bath, dem er mit Übers.en aus dem Arab. zuarbeitete, und einer 'Vorlesungsnachschrift' über die Berechnung des Datumspunkts ('Sententiae de dracone', 1120) des Priors Walcher v. Malvern b. Worcester († 1135). Verschollen ist P.' Lehrer-Schüler-Dialog 'Humanum proficuum', zit. von Petrus v. Cornwall um 1208; die Zuweisung (REUTER) des nach Inhalt, Q., Beweisführung zu P. passenden Dialogs 'De elementis' eines Marius (ed. R. C. DALES, 1976) bleibt zu sichern.

Mit der 'Disciplina clericalis' (um 1110–20), einer Slg. von Beispielerzählungen (Anekdoten, Fabeln, Legenden) und (teilw. Vers-)Sentenzen, oft in ein Vater-Sohn-Gespräch gebunden, gelang P. ein wirkungsvolles Werk der Erzählkunst. Aus der Erfahrung – »Jedes Ding hat zwei Seiten« – veranschaulicht er, in antithet. Reihung der z. T. derb-lasziven Geschichten und menschl. Verhaltensweisen, unterhaltsam und verständl. eine prakt. Ethik, die das vernünftige Zusammenleben von Menschen (auch verschiedenen Glaubens) ermöglichen soll. Aus den dazu von ihm ausgewählten und übersetzten arab. und jüd. Q. (Spruchslg. en von Ḥunain, Al-Mubaššir; 'Mischle Sandebar', Talmud), verschmolzen mit bibl. Gnomik (Salomon, Jesus Sirach), gelangte ein erster Schub oriental. Erzählguts in die Literaturen des Abendlandes, befördert durch starke Verbreitung der D.C. (63 Hss.; dazu DICKE-GRUBMÜLLER, Fabeln des MAs, 1987 – lat. Versfassungen 13.–14. Jh.: WALTHER, Init. 4690 [J. STALZER, 3. Jahresber. Staats-Realgymn. Graz 1911/12]; →Adolf v. Wien, 'Doligamus' – 10 volkssprachl. Übers. en 12.–16. Jh.) und Benutzung u. a. in den 'Gesta Rom.', ma. →Exempla-Slg. en, durch →Boccaccio, →Chaucer, →Gracian, →Marie de France, →Steinhöwel. Dank Mehrsprachigkeit und theol.-naturwiss. Bildung hat P. A. aristotel. rationales Denken, arab. empir. Wissenschaft, jüd. Lebensweisheit ins christl. Abendland vermittelt und damit Wesentliches zur Kultur des europ. MA beigetragen. J. Stohlmann

Ed.: Dial.: MPL 157, 535–672 – K.-P. MIETH [Diss. masch., Berlin, 1982] [Lit.]. – Wiss. Schrr.: J. M. MILLAS VALLICROSA, La aportación astronómica de P. A., Sefarad 3, 1943, 65–103 – O. NEUGEBAUER, The Astronomical Tables of Al-Khwārizmī, 1962 – Disc. cler.: A. HILKA-W. SÖDERHJELM, 1911 – *Lit.:* E. HERMES, Die Kunst vernünftig zu leben (Disc. cler.), 1970 [Übers., Lit.] – EncJud XIII, 347 – A Hist. of Twelfth-Cent. Western Philos., ed. P. DRONKE, 1988 [CH. BURNETT, 151–176; 453 (Lit.)]. – E. HERMES, Glanz und Elend der Grammatik, Altsprachl. Unterricht VI, 5, 1964, 73–98 – O. SPIES, Arab. Stoffe in der DC, Rhein. Jb. f. VK 21, 1973, 170–199 – J. H. L. REUTER-BEAUMONT, P.A. [Diss. masch., Oxford 1975] – M. KNIEWASSER, Die antijüd. Polemik des P.A. und des Abtes Petrus Venerabilis v. Cluny, Kairos NF 22, 1980, 34–76 – M.-TH. D'ALVERNY, Translations and Translators (Renaiss. and Renewal in the XIIth Cent., ed. R. L. BENSON-G. CONSTABLE, 1982), 421–462 – H. SANTIAGO OTERO-K. REINHARDT, Los 'Dialogi' de P.A.; trad. manuscrita e impresa, Azafea I, 1985, 33–43 – J. STOHLMANN, Orient-Motive in der lat. Exempla-Lit. des 12. und 13. Jh. (Orient-Kultur und europ. MA, hg. A. ZIMMERMANN–I. CRAEMER-RUEGENBERG, Misc. Mediev. 17, 1985), 123–150 – A. BÜCHLER, A Twelfth-Cent. Physician's Desk Book., JJS 37, 1986, 206–212 – A.-D. VON DEN BRINCKEN, Gyrus und Spera. Relikte griech. Geographie im Weltbild der Frühscholastik, SudArch 73, 1989, 129–144 – CH. BURNETT, Adelard of Bath and the Arabs (Rencontres des cultures dans la philos. médiév., ed. J. HAMESSE–M. FATTORI, 1990), 89–107 – K. SMOLAK, P.A. als Mittler zw. lat.-christl. Tradition und orient.-arab. Weisheit (Die Juden in ihrer ma. Umwelt, hg. A. EBENBAUER-K. ZATLOUKAL, 1991), 261–273.

7. P. de Alvernia (P. de Cros, de Croso, de Croco), * Crocq (Auvergne), † 25. Sept. 1304, Kanoniker v. Clermont, seit 1286 v. Paris, am 7. Mai 1275 durch den Kard. legaten Simon v. Brion zum Rektor der Univ. Paris bestellt. Um 1283 fing er an, Theol. zu studieren, 1296–1302 Mag. Theol. in Paris, verfaßte in dieser Zeit die überlieferten sechs Quodlibeta (G. CANNIZZO, RFN 56, 1964, 486–500; 605–648; 57, 1965, 67–89); 1302–04 Bf. v. Clermont. Er setzte den Komm. des Thomas v. Aquin zu De caelo und Politica fort (gedr. unter den Werken Thomas'), schrieb selbst Aristoteleskomm. e, orientierte sich aber in seiner Theologie stärker an seinen Lehrern →Heinrich v. Gent und →Gottfried v. Fontaines. M. Gerwing

Lit.: Catholicisme II, 370 ff. [Lit.]. – F. HOCEDEZ, Gregorianum 14, 1933, 3–36 – DERS., La philos. des Quodlibets de Pierre d'Auvergne (Fschr. M. GRABMANN, 1935), 779–791 – J. LECLERCQ, La théologie comme science d'après la litt. quodlibétique, RTh 11, 1939, 351–374 – R. A. GAUTHIER, Les Questions supra librum ethicorum de Pierre d'Auvergne, RMA 20, 1964, 235–260 – J. PINBORG, P. de A. on Porphyry, Cah. de l'Inst. du MA Grec et Lat. 9, 1973, 47–67 – DERS., Four New Mss. of the Questions on the Posteriora Analytica attributed to P. de A., ebd. 10, 1973, 48–62 – CH. LOHR, Commentateurs d'Aristote au MA lat., 1988, 197f.

8. P. de Ancharano, Kanonist, * nach 1330 Ancharano (Toskana), † 13. Mai 1416 Bologna; studierte Zivilrecht unter →Baldus de Ubaldis wohl in Perugia, hier 1357–58 vielleicht erste Lehrtätigkeit; Promotion zum Dr. beider Rechte, Prof. für das Dekretalenrecht ab 1384 in Bologna, Siena, Venedig, wieder Bologna und Ferrara. P. nahm an den Konzilien v. Pisa und Konstanz teil und bekleidete wiederholt öffentl. Ämter in Bologna und Venedig. Seine ausgedehnte kirchl. und weltl. Gutachtertätigkeit begründete seinen Ruf in ganz Europa. Er schrieb ausführl. Commentaria in Decretales, eine Lectura super Sextam (1394–95), eine Lectura super Clementinas, Repetitiones, Consilia, Responsa u. a. N. Höhl

Lit.: DDC VI, 1464–1471 [Lit.] – SCHULTE II, 278–282 – S. KUTTNER, Stud. in the Hist. of Medieval Canon Law, 1990, Retractationes 31–32.

9. P. Aureoli OMin, Doctor facundus, * ca. 1280 Quercy/Gourdon (S-Frankreich), † 10. Jan. 1322 Avignon oder Aix, Jugendfreund von Johannes XXII., Lehrtätigkeit 1312 in Bologna, 1314 in Toulouse und 1316–20 in Paris, hielt ebd. 1319/20 ein Quodlibet; 1320 Wahl zum Provinzial v. Aquitanien, Anfang 1321 Ernennung zum Ebf. v. Aix. Aus seinem enorm beachteten Sentenzenkomm. ragt seine subtile, viel bekämpfte, aber bei Nikolaus v. Autrecourt, Johannes de Ripa und Johannes Capreolus rezipierte Lehre vom 'esse apparens' hervor. Danach ist Erkennen weder die subjektive Rezeption der intelligiblen Form der Sache noch die intellektuale Produktion einer realen Form naturhaften Seins (Forma specularis-Theorie des Hervaeus Natalis), sondern ein Erzeugen und Setzen des erkannten Gegenstandes, insofern er erscheint, in ein neben das göttl. Erkanntsein und das reale naturhafte Sein des Erkannten gestelltes objektives Sein (esse obiectivum). Diese neue Verhältnisbestimmung von Erkennendem, Sache und Begriff will ebenso die trinitar. Struktur des vernunftbegabten Seienden aufdecken (→Ontologie, trinitar.). M. Laarmann

Ed.: Tract. de paupertate et usu paupere, ed. Firmamenta trium ord. beat. nostri Francisci, Paris 1511, 116ʳ–129ʳ – In I Sent., Rom 1596 – In II–IV. Sent., Quodlibeta, Rom 1605 – Comp. sensus lit. s. scripturae, ed. P. SEEBOECK, 1896 – Tract. de concept. BMV, Repercussorium, Bibl. Francisc. Schol. med. aevi 3, 1904, 23–94, 94–153 – Compendiosa expos. ev. Ioannis, ed. F. STEGMÜLLER, FSt 33, 1951, 207–219 – Scriptum super primum Sent. [dist. 1–8], hg. E. M. BUYTAERT, 1953/56 [VII–XVI: Biogr., Werkchronologie] – Super Sent. I, dist. 23, hg. J. PINBORG, Cah. de l'Inst. du MA Grec et Lat. 35, 1980, 133–137 – *Uned.:* RBMA IV, 6415–6422 – J. B. SCHNEYER, Rep. der lat. Sermones des MA, BGPhMA 43/4, 1972, 582–598 – Tract. de principiis – *Lit.:* DSAM XII, 1505–1508 – DThC XII, 1810–1881 – LThK² VIII, 350 – R. LAY, Zur Lehre von den Transzendentalien bei P. A. [Diss. Bonn 1964] – S. R. STREUER, Die theol. Einleitungslehre des P. A., 1968 – V. HEYNCK, FSt 51, 1969, 1–77 – P. v. SPADE, FStud 32, 1972, 203–217 – T. SUAREZ-NANI, PhJb 93, 1986, 19–38 – TH. KOBUSCH, Sein und Sprache 1987 – K. H. TACHAU, Vision and Certitude in the Age of Ockham, 1988, 85–112 – M. HENNINGER, Relations, 1989, 150–173.

10. P. de Bellapertica (Pierre de Belleperche), frz. Rechtslehrer und -praktiker, einer der berühmtesten »legistes« Kg. Philipps des Schönen (→Legisten, 2), * in Lucenay-les-Aix (dép. Nièvre), † Jan. 1308. P. studierte in →Orléans bei Raoul d'Harcourt, einem Schüler Jacques de →Révignys, und lehrte ebd., seit etwa 1280. Um 1296 stellte er sich ganz in den Dienst des Königs. Er wurde Mitglied des →Parlement v. Paris und nacheinander Domherr v. Auxerre, Bourges und Chartres, Domdekan

v. Paris und Kanzler (→Chancelier) v. Frankreich. P. hinterließ Vorlesungen über den Codex (nicht gedr.; die 1519 unter seinem Namen gedr. Lectura Codicis hat Révigny zum Verf.), über einzelne Titel des Digestum novum und der Institutionen, insbes. den Titel »De actionibus« (Inst. 4,6), ferner zahlreiche →Repetitionen zum Digestum vetus und zum Codex sowie →Distinktionen.

P. Weimar

Ed.: Commentaria in Digestum novum...; In aliquot Digesti veteris leges commentaria; Repetitiones in aliquot Cod[icis] leges, Francofurti ad Moenum 1571 [Neudr.: OIR X 1968] – In libros Institutionum commentarii, Lugduni 1536 [Neudr.: OIR VII, 1972] – Questiones auree et singulares..., Lugduni 1517 [Neudr.: Quaestiones vel distinctiones, OIR XI, 1970] – *Lit.*: HLF XXV, 1869, 351 ff. [F. LAJARD] – E. M. MEIJERS, L'Univ. d'Orléans au XIIIᵉ s. [1918–21] (DERS., Études d'hist. du droit III, 1959), 95-106, 128-132 – P. WEIMAR, Die Erstausgabe der sog. Lectura Institutionum des P., TRG 35, 1967, 284-289 – W. M. GORDON, Cinus and P. (Daube Noster, 1974), 105-117 – R. FEENSTRA, L'École de droit d'Orléans au XIIIᵉ s. et son rayonnement dans l'Europe médiévale, Revue d'hist. des Fac. de droit et de la science juridique 13, 1992, 23 ff., 36-39 [Lit.].

11. P. Bembus → Pietro Bembo

12. P. Berchorius → Bersuire, Pierre

13. P. v. Bergamo OP, * um 1400 in Bergamo, † 15. Okt. 1482 in Piacenza, 1459 Mag. studentium am Studium generale in Bologna, 1465 Sententiarius, 1471–76/77? Regens, gerühmt für gediegene Lehre und vorbildl. Lebenswandel. Erst Ambrosius Alemannus, der neben Dominicus v. Flandern und Paulus Soncinas zu seinen Schülern zählt, edierte in deutl. überarbeiteter und erweiterter Form 1497 dessen geschätzte Thomas-Indices (seit der Ed. Venedig 1593 unter dem Titel 'Tabula Aurea') in einem Band.
M. Laarmann

Ed.: Tabula super omnia opera s. Thomae, 1473 – Index auctoritatum s. scripturae [o. O. o. J.] – Etymologiae i. e. Concordantiae conclusionum in quibus divus Thomas videtur sibimet contradicere, 1476 [Neudr. 1982] – *Lit.*: LThK² VIII, 351 – B.-G. GUYOT, Bull. Thomiste 12, 1963-65, 169-208 – TH. KAEPPELI, Scriptores OP medii aevi III, 1980, 219 [Lit.] – Bull. Thomiste 30, 1985, 334 f.

14. P. Bertrandus → Bertrand, Pierre d. Ä.

15. P. v. Blois, Archidiakon v. Bath (1183–98) und v. London (1200/01–1211/12), * ca. 1130/35 in Blois, † Winter 1211/12, wohl in London. [1] *Leben*: Ältester Sohn einer aus der Bretagne eingewanderten Familie kleinadliger Herkunft. Wählte wie sein Bruder →Wilhelm v. Blois die geistl. Laufbahn. Studierte zw. ca. 1140/45 und 1155 in Tours, Paris und Bologna, v. a. Rhetorik und Theol. 1166–68 Lehrer des minderjährigen Kg.s Wilhelm II. v. Sizilien. 1172 Hofkleriker Ebf.s Rotrou v. Rouen. Seit 1175 in der Familia Ebf. Richards v. Canterbury, 1177 dessen Kanzler. Wurde 1183 Archidiakon v. Bath, war 1184–90 in der Familia Ebf. →Balduins v. Canterbury. Obwohl in England reich bepfründet, versuchte P. mehrfach erfolglos, nach Frankreich (bes. nach Chartres) zurückzukehren. Seit 1194 Mitarbeiter Ebf.s Hubert →Walter v. Canterbury, zog er sich nach der Priesterweihe (1198?) und als Archidiakon v. London aus dem geistl. Hofdienst zurück.

[2] *Werke*: Hinterließ ein umfangreiches lit.-theol. Werk. Berühmt machten ihn die Slg. seiner Briefe (1184–1205 wenigstens fünf Redaktionen), der Kurzkomm. zu Job und der Doppeltraktat über die chr. Freundschaft und Nächstenliebe. Bestandteil der Briefslg. en waren Schriften über Beichte und Buße, zur Predigt des III. und des IV. Kreuzzugs, über das Bf.samt und zur Verteidigung seiner Werke sowie fünf formvollendete Gedichte. Prakt.-theol. Intentionen entsprangen Werke über die Verklärung Christi und die Bekehrung des Saulus, weitere Kreuzzugsschriften (Dialog zw. Kg. Heinrich II. v. England und einem Abt, Vita des Adligen Reginald v. Châtillon), Traktate gegen Juden und Ketzer (letzterer uned.) und Predigten. Seine 'Ars dictandi' (unvollst. ed.) und die Vita des hl. Guthlac wurden nur selten abgeschrieben. Insges. zählen seine Werke zu den erfolgreichsten des 12. Jh. (ca. 520 Hss., davon 300 mit Briefen). Bes. P.' Briefe sind eine noch zu wenig ausgewertete Q. zur Bildungs- und Kirchengesch. des späten 12. Jh.
R. Köhn

Ed.: MPL 207 [Großteil d. Briefe, Traktate und Gedichte, Predigten] – Nova legenda Anglie..., ed. C. HORSTMANN, 2, 1901, 698–719 [Vita s. Guthlaci confessoris] – E. BRAUNHOLTZ, Die Streitgedichte Peters v. B. und Roberts v. Beaufeu über den Wert des Weines und Bieres, ZRPh 47, 1927, 30–38 – Un traité de l'amour du XIIᵉ s., ed. M.-M. DAVY, 1932 ['De amicitia christiana'] – R. B. C. HUYGENS, 'Dialogus inter regem Henricum secundum et abbatem Bonevallis', RevBén 68, 1958, 87–112 – L'hystore Job, ed. J. GILDEA, 2 Bde, 1974–79 [ed. auch 'Compendium in Job'] – P. DRONKE, The Medieval Poet and his World, 1984, 281–339 [bes. 304–307, 337 f.; 2 Gedichte] – The Later Letters of Peter of B., ed. E. REVELL, 1993 – *Lit.*: DSAM XIII, 1510–1517 – A. M. MUSUMECI, I poveri ... nell'opera di Pietro di B., Quaderni catan. 2, 1980, 325–371 – DIES., ebd. 6, 1984, 407–433 – R. W. SOUTHERN, Peter of B. and the Third Crusade (Stud. in Medieval Hist. [Fschr. R. H. C. DAVIS, 1985]), 207–218 – M. MARKOWSKI, Peter of B. [Diss. Syracuse Univ. 1988] – L. HARF-LANCNER, L'enfer de la cour... (L'état et ses aristocraties..., hg. PH. CONTAMINE, 1989), 27–50 – Repertorium der Artes Dictandi des MA, 1, hg. F. J. WORSTBROCK u. a., 1992, 90–92 – R. W. SOUTHERN, The Necessity for Two Peters of B. (Intellectual Life in the MA [Fschr. M. GIBSON, 1992]), 103–118 – M. MARKOWSKI, Peter of B. and the Conception of the Third Crusade (The Horns of Hattin, hg. B. Z. KEDAR, 1992), 261–269.

16. P. v. Blois d. J. (P. Blesensis), Kanoniker in Chartres (um 1180), Autor des »Speculum iuris canonici«, einer originellen, in 60 Kapitel gegliederten Slg. kanonist. →Distinktionen und →Brocarda (ed. T. M. REIMARUS, 1837). Das durch frz. (»Summa Monacensis«) und Bologneser (→Johannes Faventinus) →Dekretisten beeinflußte Werk enthält u. a. ein in seiner Ausführlichkeit einzigartiges Einleitungskapitel zur Methode jurist. Interpretation, das die diesbezügl. Lehren des Decretum Gratiani systemat. zusammenfaßt und die bei →Gratian ungelöste Spannung zw. formaler Autorität (Rechtsquellenhierarchie) und inhaltl. Kritik der Kanones (Konkordanzmethode) hervorhebt. Weitere Lebensdaten zu P. fehlen, zumal auch die Zuweisung einer Schr. über den Prozeß, »Videndum est quis sit ordo« (ed. WAHRMUND V, 294–296), unsicher bleibt.
W. P. Müller

Lit.: DDC II, 925 f.; VI, 1472 – KUTTNER, 220–222 – DERS., Réflexions sur les Brocards des glossateurs (Mél. J. DE GHELLINCK, 1951), 787 [= S. KUTTNER, Gratian and the Schools of Law (1140–1234), 1983, n. IX] – L. FOWLER-MAGERL, Ordo iudiciorum vel ordo iudiciarius (Ius commune, Sonderh. 19, 1984), 94 f.

17. P. Bonus → Bonus, Petrus

18. P. v. Bruis, häret. Wanderprediger, † um 1132/33 auf dem Scheiterhaufen in St. Gilles. Um 1110/12 begann der Priester P. in den prov. Alpen seine Predigttätigkeit (MANSELLI). In absoluter Armut lebend, verkörperte er den Typus des Wanderpredigers der postgregorian. Zeit, der die theoret. Reformansätze der Kirche radikal in die Praxis umsetzte. P.' Lehre ist im wesentl. durch einen Brieftraktat bekannt, den →Petrus Venerabilis an einige Bf.e und Ebf.e der Provence adressierte, als P. bereits auf dem Scheiterhaufen verbrannt worden war, aber seine Anhänger (»Petrobrusianer«) bis in die Gascogne hinein weiterhin erfolgreich missionierten: P. spricht dem AT, den Apostelbriefen und den Kirchenvätern jegliche Autorität in Glaubensdingen ab, die einzig und allein den Evangelien zukomme. Die Kindertaufe sei wertlos, da das

Christentum nur in einem bewußten Akt des Glaubens angenommen werden könne. Kirchengebäude hält P. für unnütz. Da das Werkzeug der Passion des Herrn nicht Objekt der Verehrung sein dürfe, verbrannte er mehrmals in der Öffentlichkeit Kreuze. Jeder Mensch sei für seine Handlungen alleinverantwortlich. Die Wirkung guter Werke sei nicht übertragbar; Almosen und Seelenmessen seien für die in Sünde Verstorbenen ohne Nutzen. P.' radikale Lehren, v. a. die Ablehnung der Mittlerrolle der Kirche und sein Pauperismus (WERNER), fanden anfangs wohl breite Zustimmung. Später führte jedoch offenbar eine Gegenreaktion zu seiner Verbrennung. S. a. →Heinrich »v. Lausanne« (122.H.). G. Barone

Q. und Lit.: P. Venerab., Contra Petrobrusianos hereticos, ed. J. FEARNS (CChrCM 10, 1968) – R. MANSELLI, Studi sulle eresie del sec. XII, 1975², bes. 80–91 – E. WERNER–M. ERBSTÖSSER, Ketzer und Hl.e, 1986, bes. 241–244 – G. G. MERLO, Eretici ed eresie medievali, 1989, 23–26 – L. PAOLINI, Eretici del Medioevo, 1989, 63–66.

19. P. Callo (Calò) OP, * 2. Hälfte des 13. Jh., † 1. Dez. 1348, Sohn des Richters und Notars Cristoforo Callo aus Chioggia (Venetien), schlug anfangs die Laufbahn seines Vaters ein. Die Nachrichten über sein Leben sind spärlich: 1307 war er in Treviso, 1312 in Vicenza, um 1340 in Padua und 1342 in Zypern. Er ist v. a. als Verfasser eines – größtenteils noch uned. – Legendars bekannt (»Legendae de tempore« und »Legendae de sanctis«). Es ist hauptsächl. in drei Hss. überliefert (Rom, Bibl. Apost. Vat. ms. Barb. lat. 713–714 [vor 1340]; Venedig, Bibl. Marciana, ms. IX, 15–20, in 6 Bd.en; York, Cath.ms. XVI G 23 [16. Jh.]. Die Slg. enthält 856 Hl.nlegenden (863 in der Yorker Hs.): Bearbeitungen, Kürzungen und Neufassungen von Hl.nlegenden sowie Abschnitte mit persönl. Zeugnissen des P., entsprechend einer seit der Mitte des 13. Jh. üblichen Praxis (vgl. P.' Vorlagen »Gesta sanctorum« des Bartholomäus v. Trient, »Speculum historiale« des Vinzenz v. Beauvais und »Legenda aurea« des Jacobus de Voragine). Weitere Werke: »Tabula super Speculum hist. Vinc. Belovacensis« und »Sermones de sacra comunione«. Seine Autorschaft des »Tractatus de divinis mysteriis in coena domini« ist unsicher. Er ist nicht identisch mit dem Paduaner Prähumanisten »frater Petrus« (vgl. MONTICOLO, Il Propugnatore, 1890, 265–266). P. Golinelli

Lit.: DBI XVI, 785–797 [C. GENNARO] – A. PONCELET, Le légendier de Pierre Calo, AnalBoll XXIX, 1910, 5–116 [mit vollst. Verz. der 863 Legenden mit deren incipit und explicit] – T. KAEPPELI, Script. OP Medii Aevi, III, 1980, 220–221 – P. MARANGON, Gli »studia« degli Ordini Mendicanti (Storia e cultura a Padova nell'età di sant'Antonio, 1985), 364–365, 378–380.

20. P. v. Candia → Alexander V.

21. P. Cantor, † 1197, aus Hosdenc bei Beauvais, ausgebildet an der Domschule v. Reims, vor 1173 Magister und Kanonikus, 1183 Kantor an Notre Dame in Paris. Für Domkapitel, Papst und Kg. nahm er oft an Verhandlungen teil (z. B. Scheidung des frz. Kg.s; BALDWIN, II, App. I). Seine Wahl zum Bf. v. Tournai 1191/92 wurde vom Ebf. v. Reims nicht bestätigt, die zum Bf. v. Paris 1196 nahm er nicht an. Zum Dekan des Domkapitels v. Reims gewählt, starb er vor Amtsantritt auf einer Reise 1197 in der Zisterzienserabtei Longpont bei Soissons. – Als Exeget verfaßte P. Glossen zum AT und NT (RBMA 6454–6531, uned.) in der Tradition →Anselms v. Laon. Sie sind als (autorisierte) Reportationes (Schülernachschr.) überliefert. Als Hilfen gedacht sind die 'Distinctiones' oder 'Summa Abel' (RBMA 6451; Teiled. J. B. PITRA, Spicilegium Solesmense III, 1855, 1–308; Analecta sacra Spicil. Solesm. II, 1876–84, 6–154, 585–623), eine alphabet. geordnete Begriffsslg. von Abel bis Christus, und 'De tropis loquendi' oder 'Summa de contrarietatibus theologicis' (RBMA 6452f., ungedruckt, mindestens 2 Fassungen) über scheinbare Widersprüche der Bibel. Aus dem Unterricht stammt auch die 'Summa de sacramentis et animae consiliis' (nach 1180; Ed.: J.-A. DUGAUQUIER, Anal. mediaev. Namurcensia, 4, 7, 11, 16, 21, 1954–67). Dort werden die Sakramente und, im Hinblick auf die prakt. Seelsorge, mit ihnen zusammenhängenden moral. und kanonist. Spezialfragen erörtert. Aus dem Rahmen fällt der 'Tractatus de homine assumpto', der die drei von →Petrus Lombardus (III Sent 6, 2–4) referierten Theorien diskutiert. Die Überlieferung ist kompliziert: Schüler haben wohl nach dem Vortrag P.' immer wieder ergänzt. So auch beim bekanntesten Werk 'Verbum abbreviatum' (RBMA 6447–64501: Kurzfassung MPL 205). Sein Thema sind Tugenden und Laster. Lectio, disputatio und praedicatio werden mit Fundament, Wand und Dach eines Hauses verglichen (ebd., 25); Ziel ist das moral. Leben. Zur Illustration dienen P. neben Beispielen aus klass. Autoren v. a. solche aus dem tägl. Leben seiner Zeit. Dabei werden Mißstände, bes. auch innerhalb des Klerus, kritisiert; Maßstab ist das schlichte Leben der Urkirche. – Aus der Predigttätigkeit P.' sind nur 6 sermones bekannt (J. B. SCHNEYER, Rep. der lat. Sermones des MA 4, 1972, 628f.). Sein ganz auf die Praxis ausgerichteter theol. Ansatz wurde von Schülern fortgeführt (so →Robert de Courçon, zu weiteren vgl. GRABMANN, Scholastik II, 487–492; BALDWIN, 25–46). R. Peppermüller

Lit.: DSAM XII, 1533–1538 [Lit.] – J. BALDWIN, Masters, Princes and Merchands, 2 Bde, 1970 – B. SMALLEY, The Study of the Bible in the MA, 1984³ – DIES., The Gospels in the Schools c. 1100–1280, 1985.

22. P. Caprioli OFM, * Anfang 15. Jh. in Brescia, † 1480, angesehener Prediger (v. a. in Mailand), der den Versuch unternahm, eine selbständige Kongregation innerhalb der Observanz zu gründen. Als um 1460 Bergamo, Brescia und andere oberit. Städte unter die polit. Kontrolle Venedigs kamen, begannen die vom Observantenvikariat in Mailand abhängigen Konvente offenbar auf Initiative C.s ihre Selbständigkeit von der lombard. Metropole zu betreiben. 1467 deswegen verurteilt, verzichtete P. C. 1469, als die Ordenshierarchie ihm gegenüber eine wohlwollendere Haltung einnahm, auf seinen Plan und wurde in seine früheren Funktionen eingesetzt. 1471 nahm jedoch die Kommune Brescia, mit Unterstützung des Dogen v. Venedig Nicolò Tron, diesen Plan wieder auf; 1472 wurden durch päpstl. Intervention die Observantenkommunitäten v. Bergamo, Brescia und Cremona dem Vikariat v. Venedig, später jedoch dem Ordensgeneral unterstellt. 1477 gestattete Sixtus IV. C. die Gründung einer nach Bernardin v. Siena gen. Kongregation und übertrug ihm die Reform des Konvents v. Città di Castello. Die Capriolanten-Bewegung erlosch nach dem Tod ihres Gründers. G. Barone

Lit.: DBI XVIII, 511f. – DHGE XI, 854f. – DIP II, 254 – P. M. SEVESI, La Congregazione dei Capriolanti e le origini della prov. del Fr. Min. della Regolare Osservanza di Brescia, AFH 7, 1914, 108–121 – DERS., Stud. Franc. 20, 1923, 249–272 – C. CENCI, Ad bullarium Sixti IV supplementum, II, AFrH 84, 1991, 68f.

23. P. Capuanus, Kard., Theologe, † 30. Aug. 1214. Aus dem Kaufmannsmilieu Amalfis stammend, wurde er nach Studien in Paris 1193 zum Kard. diakon v. S. Maria in Via lata ernannt. Unter Coelestin III. wirkte er als Legat in Unteritalien, Böhmen und Polen. Von Innozenz III., zu dessen engsten Mitarbeitern er zählte, zur Vorbereitung des 4. →Kreuzzugs als Legat in Frankreich eingesetzt (1198–1200), dann, als Kard. priester v. S. Marcello

(1200), zusammen mit Soffred v. S. Prassede mit der geistl. Führung des Unternehmens betraut, konnte er die päpstl. Absichten nur z. T. verwirklichen (1202-07). In seinen letzten Lebensjahren widmete er sich v. a. den frommen Stiftungen für seine Heimatstadt, wohin er u. a. eine Reliquie des Apostels →Andreas aus Konstantinopel brachte. – Die beiden nur hsl. überlieferten theol. Werke, eine im Gefolge des →Petrus Pictaviensis stehende Summa und die umfangreiche Distinctiones-Slg. »Alphabetum in artem sermocinandi«, stammen von ihm und nicht von einem gleichnamigen, entfernten Neffen, Kard. diakon v. S. Giorgio in Velabro (1219–nach 1236). W. Maleczek
Lit.: W. MALECZEK, P.C., 1988.

24. P. v. Celle (Pierre de Celle) OSB, monast. Autor, *um 1115, † 1183, geformt im Kl. St-Martin-des-Champs (Paris), Mönch, dann Abt v. Montier-la-Celle (bis 1162), danach v. St-Rémi de →Reims. Freund von →Johannes v. Salisbury, war er als dessen Nachfolger 1180–83 Bf. v. →Chartres. Geschätzt von Papst Alexander III. (möglicherweise zum Kard. erhoben), sorgte P. für eine baul. Ausgestaltung der Abtei St-Rémi wie seiner Bischofsstadt Chartres. In 180 Briefen erweist er sich als charakterist. Vertreter kontemplativer monast. Spiritualität. Er verfaßte 96 Sermones, zwei Komm. zum Buch Rut sowie sechs Traktate, die einen Leitfaden der mönch. →Askese bilden. In seiner von bibl. Reminiszenzen durchdrungenen poet. Sprache betont P. die Christusliebe, aber auch das freundschaftl. Verhältnis zu seinen Korrespondenzpartnern, und hebt insbes. die liebende Vereinigung mit Christus in der →Eucharistie hervor. In der Mariologie teilt er die Ablehnung des hl. →Bernhard gegenüber dem neuen Fest Mariae Empfängnis. J. Leclercq
Ed. und Lit.: DSAM XII, 1525–1532 – MPL 202, 406–1146 – J. LECLERCQ, La spiritualité de Pierre de C., 1946 – G. DE MARTEL, Pierre de C., L'école du cloître (SC 240, 1977) – DERS., Petri Cellensis, Comm. in Ruth, Tractatus de Tabernaculo, CChrCM 54, 1983 [vollst. Bibliogr. XXXI–XXXVII] – H. FEISS, Peter of C. Selected Works, 1987.

25. P. Collivaccinus (Beneventanus), Kanonist, *Benevent, † Sept. 1219 oder 1220, Kard. bf. der Diöz. Sabina, Magister (wohl durch kanonist. Studien in Bologna), päpstl. Notar und Subdiakon unter Innozenz III., der ihn 1209 mit der Zusammenstellung der ersten authent., d. h. vom Papst selbst beglaubigten Dekretalenslg. beauftragte, die als Compilatio III rezipiert wurde; 1212 Kard.-diakon v. S. Maria in Aquiro, 1214–15 päpstl. Legat in Südfrankreich, 1216 Kard. priester v. S. Lorenzo in Damaso, seit 1217 Kard. bf. der Sabina; möglicherweise Verfasser der Summa Reginensis (1191). N. Höhl
Lit.: DDC III, 1000–1002 – KUTTNER, 355–368 – F. HEYER, Über P. C. v. Benevent, ZRGKanAbt 37, 1916, 395–405 – A. M. STICKLER, Decretisti bolognesi dimenticati, SG 3, 1955, 408–410 – W. MALECZEK, Papst und Kard. skolleg von 1191 bis 1216, 1984, 172–174 [Lit.].

26. P. Comestor CanR, * um 1100 in Troyes, † 22. Okt. 1187 in Paris, ▢ St-Victor. Theol. Studien in Troyes, Tours und Paris. Seit 1147 Dekan der Kath. und CanAug v. S. Loup in Troyes. 1158–59 Nachfolger seines Lehrers Petrus Lombardus an der Schule v. Notre-Dame. Seit 1168 Kanzler v. Notre-Dame. Letzte Lebensjahre in der Abtei S. Victor. *Werke:* Evangelien-Glossen (nicht ed.); Sentenzenkomm.; De Sacramentis; Glossen zum Ps. komm. des Petrus Lomb. (STEGMÜLLER); Quaestiones Theol. (Ms. Paris, B. N., lat. 18108, ff. 83a–107b; Troyes, B. M., lat. 964, ff. 89–159v.), teilw. unter Odo v. Soissons ed. (quaest. nn. 288–334); Sermones. Sein Hauptwerk Historia Scholastica (vollendet 1169–73), eine Zusammenfassung der bibl. Gesch. bis zu Christi Himmelfahrt, wurde grundlegend für das Studium des Litteralsinnes, von Petrus v. Poitiers mit einer Hist. Apostolorum ergänzt, von St. Langton und Hugo v. St-Cher komm., ins Frz., Dt., Ndl., Port. und Tschech. übers., versifiziert und dramatisiert. De spiritu et anima (RACITI, anders LUSCOMBE); Liber Pancrisis wurde P. von LOTTIN (RTh XXVI, 1959, 307–314) und LONGÈRE (DSAM XII, 1620) abgesprochen. R. Quinto
Ed.: Prolog. Sent.: R. M. MARTIN, RTh III, 1931, 54–66 – DERS., SSL 17, App. – J. B. PITRA, Questiones Mag. Odonis Suess., Anal. noviss. Spicil. Solesm. Contin. altera, II, 1888, 98–197 – Predigten: MPL 171, 339–964 [unter Hildebert v. Lavardin]; MPL 198, 1721–1844 – Hist. schol.: MPL 198, 1053–1644 – S. R. DALY, An ed. of C.'s »Historia scholastica« in Middle English, 1947 – *Lit.:* BGPhMA 43–44, 636–651 – DSAM XII, 1614–26 – RTh III, 1931, 292–306 – RF NS LIII, 1961, 385–401 [G. RACITI] – Enc. Philos. Univ., III, 1, 1992, 778f. [L. VALENTE; Lit.] – RBMA IV, 1954, 6543–6592; IX, 1977, 6643–6665 – H. DE LUBAC, Exégèse médiév., II, 1959, 481f.; III, 1961, 379–387 – I. BRADY, Antonianum 41, 1966, 454–490 – DERS., Mag. Petri Lombardi Sent., Spicileg. Bonavent. 5, 1981, Proleg., 39*–44* – R. POTZ McGERR, Guyart Desmolins, Viator 14, 1983, 211–244 – B. SMALLEY, The Study of the Bible in the MA, 1983 – J. CHÂTILLON, Le MA et la Bible (Bible de tous les temps IV), 1984, 163–197 – B. SMALLEY, The Gospels in the Schools c. 1100–1280, 1985, 1–97 – D. LUSCOMBE (The Bible in the Mediev. World, hg. K. WALSH–D. WOOD, 1985), 109–129.

27. P. v. Compostela, wohl Lehrer in Compostela, verfaßte zw. 1317 und 1330 das umfangreiche philos.-allegor. →Prosimetrum »De consolatione Rationis« (20 Verspartien in Hexametern und eleg. Distichen mit verschiedenen Reimformen) und widmete es Ebf. Berengar II. Ziel war es offenbar, dem Ebf. die Rückkehr des Verf.s auf den Pfad der Tugend zu signalisieren. P. schildert zuerst die Verführungsversuche der Mädchen Mundus und Caro, dann, wie die auftretende Ratio beide Gestalten überwindet und ihn in langem Dialog über philos.-theol. Grundfragen belehrt und zur Verachtung ird. Dinge führt. Im allegor. ersten Teil setzt P. seine Prosa centonenartig aus Wendungen der bekanntesten philos.-allegor. Prosimetra (Alanus ab Insulis, Planctus Naturae; Boethius, Consolatio Philosophiae; Bernardus Silvestris, Cosmographia; Martianus Capella; Matthaeus v. Vendôme, Ars versificatoria) zusammen, im theol. zweiten Teil schreibt er verschiedene Werke Augustins aus; größere Selbständigkeit zeigen allein die Verspartien. B. Pabst
Ed.: P. SOTO, BGPhMA VIII, 4, 1912 – *Lit.:* MANITIUS III, 154f. – L. MODRIĆ, Antonianum 29, 1954, 563–572 – J. J. SHERIDAN, MSt 35, 1973, 27–37 – M. GONZALEZ-HABA, La obra De consolatione rationis de P. C., 1975 – L. MODRIĆ, Antonianum 52, 1977, 538–549 – B. PABST, Prosimetrum, 1993 [Lit.].

28. P. v. Corbeil, * ca. 1150, † 3. Juni 1222, ca. 1189 Mag. theol. und Kanoniker in Paris. Der Lit.-Kat. v. Affligem (cap. 34; RevBén 80, 1970, 87) betont seinen Väter-Bezug. Zu seinen Schülern zählt →Innozenz III., der ihn als weithin gefeierten Theologen preist (Ep. 478; MPL 214, 442). Dank Innozenz' wird P. 1199 Bf. v. Cambrai und 1200 Ebf. v. Sens. 1210 leitet er jene Pariser Synode, der die Vorlesungen über die naturwiss. Schr. des Aristoteles und deren Komm. verbietet (→Aristotelesverbote) und die Lehre →Davids v. Dinant und Amalrichs v. Bena (→Amalrikaner) verurteilt. Schr. sind nur fragmentar. zugängl.: Ps.-Komm. (Ms. Oxford, Bodleian., e Mus. 30) sowie diverse Glossen (ed. RATHBONE). Nicht aufgefunden sind im 13. Jh. verschiedentl. zitierte Sentenzen und ein Komm. zu den Paulusbriefen. F. Courth
Lit.: Catholicisme XI, 377f. – DDC VI, 1473–1475 – E. RATHBONE, Peter of C. in an English Setting: Medieval Learning and Lit. (Essays presented to R. W. HUNT, ed. J. J. G. ALEXANDER–M. T. GIBSON, 1978), 286–306.

29. P. de Crescentiis, * um 1233 in Bologna, † um 1320, Verfasser des wohl größten agronom. Werks des MA »Opus ruralium commodorum«. Aus einer popolaren Familie stammend, studierte P. in Bologna Logik, Medizin, Naturwiss. und Recht. Anscheinend erwarb er kein Doktorat, obgleich er in einigen Urkk. als Judex bezeichnet wird; ∞ 1. 1274 Geraldina de' Castagnoli, 2. 1289 Antonia de' Nascentori (aus beiden Ehen mehrere Kinder). Im Dienst bolognes. Podestà in Ravenna, Senigallia, Asti, Piacenza, Imola tätig, wo er wichtige »Consilia« verfaßte, lernte P. infolge dieser häufigen Ortswechsel die landwirtschaftl. Techniken verschiedener Gebiete in Italien kennen. Seit 1298 widmete er sich nur mehr der Verwaltung seines Gutes. 1304-09 verfaßte er in der Villa dell'Olmo in Rubizzano (S. Pietro in Casale) seinen Karl II. v. Anjou gewidmeten Traktat. Nach Abfassung eines Testaments 1320 starb er mit fast neunzig Jahren.

Seine in 12 Bücher gegliederte Abhandlung basiert auf antiken und zeitgenöss. Autoren sowie auf persönl. Erfahrungen. Nicht selten kennt P. die zitierten Autoren nur aus zweiter Hand oder führt sie an, um eigenen Überlegungen Autorität zu verleihen. Für die Landwirtschaft ihr eigtl. Sinn ist seine Hauptautorität →Palladius, für die Tierhaltung und -zucht Varro, für den Weinbau die 'Geoponika' in der Übers. des →Burgundio v. Pisa; in der Pflanzenkunde ist P. →Albertus Magnus verpflichtet, in med. Fragen dem 'Canon' →Avicennas, bei den Heilkräutern dem →Circa instans, in der Pferdeheilkunde stützt er sich auf Giordano Ruffo und auf die von Moses v. Palermo übersetzten gr. Traktate. Die Originalität des Werks besteht in seiner geglückten Verbindung der dialekt. scholast. Methode universitären Ursprungs mit dem naturwiss. Realismus dominikan. Prägung. Nicht von ungefähr war das Werk auf Anregung seines Freundes, des Generalmeisters OP Aimericus Giliani v. Piacenza, entstanden. Nach Widmungsbrief und kurzem Inhaltsverzeichnis behandelt B. I die Wahl des Standortes und die Anlage einer ländl. Villa, B. II die verschiedenen Böden und die landwirtschaftl. Techniken, B. III Saat und Anbau, B. IV Weinbau, B. V Obstbau und Baumzucht, B. VI Gartenbau (Gemüse und Heilpflanzen), B. VII Weidewirtschaft und Wald, B. VIII Parks und Gärten, B. IX Tierhaltung und Viehzucht (mit Fischzucht und Imkerei) sowie Tierheilkunde, B. X Jagd und Fischfang, B. XI Zusammenfassung der beschriebenen Techniken und Vorgänge, B. XII Monatsarbeiten (nach Palladius). – Das aus der Antike überkommene und das zeitgenöss. Wissen werden in enzyklopäd. Form den konkreten Erfordernissen der Gutsverwaltung dienstbar gemacht. Zeugnis für den Realitätssinn des Werks ist auch sein Interesse für Themen, die nur am Rande mit den Techniken der Landwirtschaft zu tun haben, aber in der Entstehungszeit als unverzichtbarer Bestandteil des Lebens auf dem Land galten, wie Falknerei, Fischzucht und Gärten. Infolge seines praxisbezogenen Ansatzes und der Ausgewogenheit zw. der Übernahme antiken Gedankenguts und konkreter direkter Beobachtung erfreute sich das Werk sogleich eines großen Erfolgs: Mitte des 14. Jh. Übers. in das Toskanische, 1373 erste frz. Übers. für Kg. Karl V.; Erstdr. einer dt. Übers. 1490. Die mehr als 130 Hss. des Werkes, das noch nicht krit. ediert ist, sind in fast ganz Europa verstreut. Ed. pr. des lat. Texts 1471 (Joh. Schlusser, Augsburg). B. Andreolli

Lit.: DBI XXX, s. v. Crescenzi [P. TOUBERT] – L. SAVASTANO, Contributo allo studio crit. degli scrittori agrari italici, II: P. dei C., Ann. d. R. Stazione di agrumicoltura e frutticoltura di Acireale, V, 1919–21 – P. de' C. (1233–1321). Studi e doc., hg. Società Agraria di Bologna, 1933 – L. OLSON, P. de C. the Founder of Modern Agronomy, AH, 1944 – H. NAIS, Le Rustican. Notes sur la trad. frç. du traité d'agriculture de Pierre de Crescent, Bibl. d'humanisme et renaissance. Trav. et doc., XIX, 1957 – S. MARTINI, P. de' C., der erste Agronom Europas, Schweizer. Landwirtschaftl. Monatsh. 46, 1968 – V. FUMAGALLI, Terra e società nell'Italia padana. I sec. IX e X, 1976 – W. RICHTER, Die Überlieferung der Ruralia Commoda des P. de C. im 14. Jh., MJb XVI, 1981 – J.-L. GAULIN, Sur le vin au MA, Pietro de' Crescenzi lecteur et utilisateur des Géoponiques trad. par Burgundio de Pise, MEFR 96/1, 1984 – A. I. PINI, Vite e vino nel Medioevo, 1989.

30. P. de Cruce (Ende 13. Jh.), frz. Komponist und Musiktheoretiker, vielleicht aus Amiens, möglicherw. ident. mit →Petrus Picardus. Sein »Tractatus de tonis« ist ein traditionell geprägter kurzer Abriß über die →Kirchentonarten. In den »Regule« des →Robertus de Handlo werden P. mehrere Regeln zur →Mensuralnotation zugeschrieben, welche die Lehre des →Franco v. Köln erweitern und ein wichtiges Bindeglied zur →Ars nova darstellen. Aufgrund inhaltl. Übereinstimmungen könnte die anonym überlieferte »Ars musicae mensurabilis secundum Franconem« (ed. G. REANEY/A. GILLES, CSM 15, 1971) P. gehören. Zwei erhaltene Motetten können ihm durch das Zeugnis des →Jacobus v. Lüttich zugeschrieben werden. M. Bernhard

Ed.: D. HARBINSON, CSM 29, 1976 – Y. ROKSETH, Les Polyphonies du XIIIᵉ s., I–III, 1935–36 – H. TISCHLER, The Montpellier Codex I–III, 1978 – Lit.: MGG – GROVE – W. APEL, Die Notation der polyphonen Musik, 1970 – H. RISTORY, Post-francon. Theorie und Früh-Trecento (Europ. Hochschulschr.en XXXVI/26), 1988.

31. P. de Dacia (P. Gutensis) OP, * um 1235 auf Gotland, † 1289 in Visby (Gotland). Nach Eintritt in den Dominikanerorden, dessen n. europ. Prov. den Namen 'Dacia' trug, studierte P. 1266–69 in Köln und 1269–70 in Paris, wo damals Thomas v. Aquin lehrte. In Schweden war er seit 1271 Lektor in Skänninge und Västerås, dann wurde er zum geistl. Lehrer des Kl. OP in →Visby berufen, als dessen Prior er starb. Während des Aufenthalts in Köln begegnete er am 20. Dez. 1267 der Mystikerin →Christine v. Stommeln. Als Christines Seelenführer verfaßte er ihre Lebensbeschreibung, die in der längeren Fassung einer jülichen Hs., gekürzt in einer Hs. aus Einsiedeln, vorliegt. Sie spiegelt den Reichtum der Dominikaner-Mystik, zeigt Einflüsse des Neoplatonismus sowie der Schr. von Augustin, Dionysius Areopagita, Bernhard v. Clairvaux und Richard v. St. Victor. Das Werk enthält ein Selbstporträt des Verfassers und ist ein herausragendes geistes- und kulturgesch. Dokument der Lebensform Mittel- und Nordeuropas im 13. Jh. R. Volz

Ed.: J. PAULSON, Vita Christine Stumbelinus [Cod. Juliacensis], 1896 [Neudr. 1985] – I. COLLIJN, Vita B. Christinae Stumbelensis [Cod. Einsiedelensis], 1936 – M. ASZTALOS, De gratia naturam ditante sive de virtutibus Christinae Stumbelensis, 1982 – Übers.: TH. WOLLERSHEIM, 1859 [dt. Auswahl] – T. LUNDÉN, 1950 [schwed.] – Lit.: H. SCHÜCK, Vår förste författare, 1916 – H. SCHILLER, Diktare och idealister, 1928, 198–223 – Ny ill. sv. litt. hist. I, 1967², 150–156.

32. P. Damiani OSB, Eremit, Kirchenlehrer, hl. (Fest: 23. Febr., seit 1969 21. Febr.), * 1007 in Ravenna, † 1072 in Faenza. Nach dem Tode seiner Eltern studierte P. mit Hilfe seines älteren Bruders Damiano in Ravenna, Faenza und Parma. Nach 1035/36 trat er in →Fonte Avellana ein und wurde wahrscheinl. von dem simonist. Ebf. Gebhard v. Ravenna zum Priester geweiht. Ca. 1041/42 begann er im Kl. S. Vincenzo in Petra Pertusa etwa 15 Jahre nach dem Tode →Romualds die »Vita beati Romualdi«, wahrscheinl. sein erstes Werk und ein wichtiges Zeugnis für das Leben seines bedeutendsten Lehrers. Als Prior v. Fonte Avellana (seit 1043) suchte P. das eremit. Leben des Kl. und seiner Gründungen zu organisieren. Gleichzeitig »Eremit und Kirchenmann« (LECLERCQ), kämpfte er v. a.

gegen Simonie und Priesterehe/-konkubinat, die er in seinen Werken oft als häret. →Nikolaitismus bezeichnet. Zeugnis seiner antisimonist. Haltung ist u. a. der »Liber gratissimus« (1052, Zusatz 1061; ed. L. v. HEINEMANN, MGH LDL I, 1891, 15–75; ed. REINDEL, 1, n. 40, 384–509), in dem P.D. trotz Verdammung der Simonie für die Gültigkeit der simonist. Weihen eintritt. Unter den Werken gegen Priesterehe/-konkubinat seien u. a. hervorgehoben: Op. XVII (ed. REINDEL, 2, n. 61, 206–218) sowie Op. XVIII/2 (ed. REINDEL, 3, n. 112, 258–288) und XVIII/3 (ed. REINDEL, 3, n. 114, 295–306). In Op. VII (»Liber Gomorrhianus«; ed. REINDEL, 1, n. 31, 284–330) verurteilt P. die Homosexualität und die im zeitgenöss. Klerus auftretenden derartigen Praktiken.

Bei seinem Versuch, das chr. Leben seiner Zeit zu reformieren, ging P.D. häufig mit den Reformbestrebungen des Ksm.s konform, griff jedoch auch, v. a. seit seiner Gesandtschaft nach Mailand (1059), auf das Privilegium Romanae Ecclesiae zurück (und damit auf den petrin. Primat als höchste Reforminstanz); zugleich kennzeichnet ihn ausgeprägte Selbständigkeit der Urteilskraft und Hinneigung zum myst. Leben, die im Eremus ihre Basis findet. Die fruchtbaren Widersprüche seines Charakters treten bei seinem aktiven Wirken im kirchl. Leben bes. zutage. Wahrscheinl. seit 1057 Kardinalbf. v. Ostia (1067 Resignation), trug er nicht nur zur Redaktion des Papstwahldekrets von 1059 bei, sondern nahm auch mit Anselm v. Baggio (später Alexander II.) an der Gesandtschaft d. J. 1059 nach Mailand teil, wo er starken Sinn für das polit. Gleichgewicht und große Klugheit bei der Anwendung von Dispensen zeigte. Ob er den Auftrag Hildebrands (vgl. Op. V, REINDEL n. 65), eine Kanonesslg. auszuarbeiten, die dem Privilegium Romanae Ecclesiae die gebührende Bedeutung einräumen sollte, ausführen konnte, steht nicht fest. In der Disceptatio Synodalis v. 1062 (ed. L. v. HEINEMANN, MGH LDL I, 77–94; ed. REINDEL, 2, n. 89, 531–572) suchte P. die Gültigkeit der Papstwahl Alexanders II. zu untermauern. Zahlreiche Legationsreisen bezeugen bis an sein Lebensende sein kirchenpolit. Engagement: 1063 Beilegung einer Kontroverse zw. dem Kl. Cluny und dem Bf. v. Mâcon; 1066–67 Vermittlung zw. dem Bf. v. Florenz und den Vallombrosan. Mönchen; 1069 suchte er in Frankfurt Heinrich IV. von seinem Plan abzubringen, sich von Bertha v. Turin scheiden zu lassen. Auf der Rückkehr von einem Vermittlungsversuch zw. Ebf. Heinrich v. Ravenna und der Kurie starb P. in der Nacht vom 22. auf den 23. Febr. 1072 im Kl. S. Maria foris portam in Faenza. Sein Kult setzte gleich nach seinem Tod ein, v. a. in Fonte Avellana. Dante würdigt ihn in Par. XXI, 106–135.

Das sehr umfangreiche Werk ist in mehr als 600 Hss. überliefert. P.D. ist kein systemat. Theologe; seine Schriften sind Frucht seines Eremitenlebens und seines beständigen Wirkens für die Kirche. Außer den z. T. o. gen. Schriften in Brieform verfaßte er den Traktat »De ordine eremitarum et facultatibus eremi Fontis Avellani« (ed. REINDEL, 2, n. 89 und 18), Sermones, einige hagiograph. Werke und zahlreiche Gedichte, Hymnen und Gebete. Der Mangel an Systematik und sein »Traditionalismus« (der gleichwohl brillante Intuition kennt wie z. B. die Verteidigung der absoluten Allmacht Gottes, Op. 36: De divina omnipotentia, ed. REINDEL, 3, n. 119) beeinträchtigen nicht die Lebhaftigkeit seines Stils (nicht selten mit sarkast. und polem. Ausbrüchen). P. beherrscht die lat. Sprache meisterhaft und zeigt sehr gute Kenntnisse einiger klass. Autoren, der Kirchenväter und des Röm. und des Kanon. Rechts, v. a. des Decretum Burchardi (RYAN).

Seine theol. Interessen sind vielfältig: Schilderung des Erdenlebens eines außergewöhnl. vir Dei wie Romuald, Lob des Eremitentums als Modell für ein myst. Leben, Kampf für die Armut des Mönchtums und des Klerus (Op. XXIV, 6, MPL 145, 490 A; ed. REINDEL 3, n. 98, 96), Ausgang des Hl. Geistes (Op. 38, ed. REINDEL 3, n. 91), mariolog. Fragen (marian. Samstag, kleines Marienoffizium), Verehrung des Kreuzes und der menschl. Natur Christi. In Op. XI, »Liber qui dicitur Dominus vobiscum« (ed. REINDEL 1, n. 28), offenbart er die myst. Konnotationen seiner »eremit. Ekklesiologie«. Die jüngste Forsch., v. a. CANTIN, hat einige summar. Urteile über die im übrigen unleugbare antidialekt. Haltung des P.D. revidiert und stattdessen sein beständiges Streben nach Konkretheit und seine Orientierung an der bibl.-patrist. Meditation über die Grundlagen des chr. Lebens hervorgehoben.   G. Fornasari

Ed.: MPL 144, 145 – Die Briefe des P.D., hg. K. REINDEL, MGH Epp. DK, 1–4, 1983ff. – Pier D., Lettere ai monaci di Montecassino, ed. A. GRANATA, 1988 – Peter Damian, Letters 1–30, übers. O. J. BLUM, The Fathers of the Church, Mediaev. Cont., 1, 1989; 2, 1991 – S. Pier D., De divina omnipotentia e altri opuscoli, hg. P. BREZZI–B. NARDI, 1943 – Pierre Damien, Lettre sur la toute-puissance divine, ed. A. CANTIN, 1972 – I. DEUGSU, Il sermone »In dedicatione ecclesiae« di Pier D., StM, ser. 3ª, XIX, 1978, 781–796 – S. Petri D. Sermones, ed. G. LUCCHESI, CChrCM LVII, 1983 – Vita beati Romualdi, ed. G. TABACCO, 1957 [Nachdr. 1982] – M. LOKRANTZ, L'opera poetica di S. Pier D., 1964 – Lit.: ECatt IX, 1377–1380 – EDant IV, 490f. – DIP VI, 1686–1690 – DSAM XII/2, 1551–1573 – LThK² VIII, 358–360 – Verf.-Lex.² VII, 501–504 – Bibl. SS X, 554–574 – Medioevo Lat. Iff., 1980ff. [Bibliogr.] – J. J. RYAN, St. Peter D. and his Canonical Sources, 1956 – J. LECLERCQ, St. Pierre Damien ermite et homme d'Église, 1960 – G. MICCOLI, Théol. de la vie monastique chez St. Pierre Damien (1007–72) (Théol. de la vie monastique, 1961), 459–483 – O. CAPITANI, San Pier D. e l'istituto eremitico (L'eremitismo in Occidente..., 1965), 122–163 – G. LUCCHESI, Clavis S. Petri D. (Fsch. A. G. CICOGNANI, 1970²), 1–215 – DERS., Per una vita di San Pier D. (San Pier D. o nel IX centenario della morte..., I, 1972), 13–179; ebd. II, 13–160 – G. M. ROSCHINI, La Mariologia di S. Pier Damiano, ebd. I, 195–237 – H. FUHRMANN, Das Reformpapsttum und die Rechtswiss., HZ 217, 1973, 175–203 – K. REINDEL, Hss. der Werke des P.D. (S. Pier D. Atti, 1973), 83–113 – A. CANTIN, Les sciences séculières et la foi (Centr. It. di Studi sull'Alto Medioevo, Studi 5, 1975) – H.-P. LAQUA, Traditionen und Leitbilder bei dem Ravennater Reformer P.D., 1976 – K. REINDEL, Neue Lit. zu P.D., DA 32, 1976, 405–443 – G. FORNASARI, Celibato sacerdotale e »autocoscienza« ecclesiale, 1981, bes. 47–56 – DERS., Pier D. e Gregorio VII (Fonte Avellana nel suo millennio I, 1982), 151–244 – G. PICASSO, Il monachesimo nell'alto medioevo (Dall'eremo al cenobio), 1987 – P. GOLINELLI, Indiscreta Sanctitas (Studi Stor. 197–198), 1988 – A. GATTUCCI, San Pier D., il matrimonio, ..., StM, ser. 3ª, 30, 1989, 697–747 – CH. LOHMER, Ordo und Heilserwartung bei P.D. (Papsttum, Kirche und Recht im MA [Fschr. H. FUHRMANN, hg. H. MORDEK, 1991]), 175–186 – G. RUGGIERI, Il ricorso alle tematiche escatologiche nell'epistolario di Pier D. (La cattura della fine, hg. DERS., 1992), 39–62 – G. M. CANTARELLA, I monaci di Cluny (Bibl. di cultura stor. 195, 1993) – G. FORNASARI, Medioevo riformato del sec. XI. Pier D. e Gregorio VII [im Dr.].

33. P. Diaconus OSB, * 1107 oder 1110, † nach 1159; vermutl. aus der Familie der Gf.en v. Tusculum. 1115 Oblate in →Montecassino, mußte P. nach der Absetzung seines Förderers, Abt Oderisius II., das Kl. verlassen (1128). 1131 wurde er von Abt Senioretto zum Archivar und Bibliothekar v. Montecassino berufen. P.' bekannte Fälschertätigkeit wird in drei Gruppen von Werken sichtbar: a) »Placidus-Fälschungen« (auf den ersten Schüler des hl. Benedikt bezüglich), b) »Odo-Maurus-Fälschungen« (Interpolationen in die Translatio S. Mauri des Odo v. Glanfeuil) und die Fälschungen hinsichtl. einer angebl. Abhängigkeit des Kl. Glanfeuil von Montecassino (von Anaklet II. 1133, von Eugen III. 1147 bestätigt), c) »Atina-Fälschungen« (Hl.nleben und hist. Werke, die sich auf die

Stadt seines Exils beziehen). Neben exeget. Werken zur Hl. Schrift und zur Benediktregel widmete er sich v. a. der Gesch. seines Kl.: Forts. der »Chronica monasterii Casinensis« des →Leo v. Ostia; sog. Registrum P.i D.i,; »Ortus et vita iustorum coenobii Casinensis« (ed. R. H. RODGERS, 1972); »Liber illustrium virorum archisterii Casinensis« (MPL 173, 1009–1050). Sein für die Zeit ungewöhnl. Interesse an der Antike bezeugen u. a. Abschriften von Frontins »De aquaeductu urbis Romae«, der Topographie Roms aus Varros »De lingua latina«, Vegetius, und sein Liber de locis sanctis (ed. R. WEBER, CCL, 175, 1965). Seiner Funktion als Überlieferer der Cassines. Traditionen bewußt, trachtete P. seine Abtei in einer Zeit, in der ihr Glanz zu verblassen begann, zu verherrlichen. M.-A. Dell'Omo

Ed.: AASS, Mart., III, 288–296 – Bibl. Casin. (Florilegium Casin.), V, 34–210, 1894 – P.i D.i altercatio pro Romana Ecclesia contra Graecum quendam, ed. A. AMELLI, 1897, 10–32 – *Lit.:* MANITIUS, III, 547–552 – H.-W. KLEWITZ, AU 14, 1936, 414–453 – H. BLOCH, Traditio 8, 1952, 159–264 – P. MEYVAERT, RevBén 65, 1955, 3–70 – DERS., Bull. John Rylands Libr. 38, 1955, 114–138 – DERS., Sacris erudiri 14, 1963, 130–148 – H. HOFFMANN, DA 40, 1971, 1–109 – DERS., QFIAB 51, 1972, 93–206 – DERS., DA 29, 1973, 138–152 – H. BLOCH, DA 40, 1984, 55–175 – DERS., BISI 94, 1988, 421–437 – DERS., (Bisanzio, Roma e l'Italia..., I, 1988), 797–847 – DERS. (Fälschungen im MA 4, 1988), 97–128 – DERS., Un romanzo agiogr. del XII sec.: gli scritti su Atina di P.D., ..., 1991.

34. P. Dieburg, * um 1420 Dieburg, Rheinhessen, † 1494 in Hildesheim, Fraterherr in Herford, der 1441 anfing, mit Gottfried v. Nieheim (Gründer des Herforder Hauses) und Bernhard v. Büderich (dem ersten Rektor des Hildesheimer Hauses) in sog. Lüchtenhof die Hildesheimer Niederlassung zu errichten. Zunächst Koch, dann Schreiber und schließl. zum Priester geweiht, wurde er von 1476–94 Rektor dieses Fraterhauses. Seine Annalen des Lüchtenhofes (ed. R. DOEBNER, Annalen und Akten der Brüder des gemeinsamen Lebens im Lüchtenhof zu Hildesheim, 1903; G. BOERNER, 1905) zeugen von den Aktivitäten der Hildesheimer Fraterherren in der Zeit von 1441–94 wie auch von der krit. Spiritualität der →Devotio moderna. M. Gerwing

Lit.: LThK² VIII, 361 – NDB III, 636f. – E. BARNIKOL, Bruder D.s dt. Christentum, 1933 – W. BRÜGGEBOES, Die Fraterherren im Lüchtenhof zu Hildesheim, 1939 – H. HURTER, Nomenclator Literarius theol. cath. 2, 1948, 1050f. – R. R. POST, The Modern Devotion, 1968 – R. STUPPERICH, Das Herforder Fraterhaus und die Devotio moderna, 1975 – H. EMSLANDER, P.v.D. Fraterherr in Hildesheim, 1989.

35. P. v. Dresden (Kerszner de Drozna, P. Geritz, Gerit), Schulmeister, dt. Sympathisant der →Hussiten, * um 1365 in Drossen (Mark Brandenburg), † nach 1415 in Prag. An der Prager Artistenfakultät ist er 1378 als Baccalaureus, 1386 als Magister und 1396–97 als Professor belegt, Diakon und Domherr in Lebus. Zwei seiner Lehrbücher (»Tractatulus grammaticalis«, »Parvus philosophiae naturalis«) fanden großen Anklang. Bis 1412 wirkte P. an der Kreuzschule in Dresden, dann ist er in der Prager Burse der sog. Dresdner Schule zur Schwarzen Rose nachweisbar. Obgleich keine Reformschriften von ihm bekannt sind, partizipierte er höchstwahrscheinl. an der Einführung der →Kelchkommunion für Laien, die später zu Unrecht auf ihn zurückgeführt wurde. F. Šmahel

Ed. und Lit.: O. METZER, Ein Traktat P.' v. D., Dresdner Gesch.sbll. 16,4, 1907, 193–202 – D. GIRGENSOHN, Peter v. Pulkau und die Wiedereinführung des Laienkelches, 1964, 129–138 – J. TŘÍŠKA, Literární činnost předhusitské university, 1967, 31, 75 – R. CEGNA, Nicolai Dresdensis Expositio super Pater noster, Mediaevalia Philosophica Polonorum 30, 1990, 10–28.

36. P. v. Eboli, Kleriker, magister, versificator, Arzt, † vor 1220 Juli, wohl kaum ident. mit dem 1219 gen. mag. Petrus Ansolinus de Ebulo, verfaßte während Heinrichs VI. siz. Regierungszeit (1194–97) eine Schilderung des Übergangs von der Normannen- zur Stauferzeit in Versen, verbunden mit einem Panegyrikus auf den Ks., und dürfte dafür u. a. mit einer Mühle belohnt worden sein, die er vor seinem Tode der Kirche v. Salerno schenkte. Die Form des Werkes ist unkonventionell: fehlender Prolog, Distichen, 3 Bücher mit insges. 52 particulae, denen (ein Novum!) recto jeweils eine ganzseitige verdeutlichende und z. T. weiterführende Miniatur zugeordnet ist. Diese Bildfolge ist von hohem kulturgesch. Wert, während die hist. Substanz des Werkes durch die einseitige Darstellungsabsicht beeinträchtigt wird. Wohl Friedrich II. gewidmet ist das Lob der Bäder v. Pozzuoli und ihrer Heilkräfte (37 Epigramme zu je 6 Distichen), das P. als med. Fachmann ausweist und zugleich erneut seine Belesenheit in den klass. Autoren belegt. Ein Werk über die Taten Friedrichs I. ist nicht erhalten. Th. Kölzer

Ed.: G. C. CAPACCIO, Puteolana Hist., 1604, 69–84 – Liber ad hon. Augusti, ed. E. ROTA, MURATORI² 31/1, 1904 – De rebus Siculis carmen, ed. G. B. SIRAGUSA, Fonti 39, 1906 – Nomina et virtutes balneorum seu De balneis Puteolanis et Baiarum, ed. A. DANEU LATTANZI, 1962 – *Lit.:* R. RIES, Zu den Werken des Peter v. E., MIÖG 32, 1911, 576–593 – C. M. KAUFFMANN, The Baths of Pozzuoli, 1959 – H. GEORGEN, Das 'Carmen de rebus Siculis' ... Stud. zu den Bildq. [Diss. masch., Wien 1975] – Studi su Pietro da E., hg. R. MANSELLI u.a., 1978 – R. J. CLARK, Peter of E., 'De balneis Puteolanis': Mss. from the Aragonese Scriptorium in Naples, Traditio 45, 1989/90, 380–389.

37. P. v. Falco OFM (nicht ident. mit Wilhelm v. Falegar), lehrte wahrscheinl. zw. 1279 und 1281 als Mag. regens an der Univ. Paris. Er wird der mittleren Franziskanerschule zugerechnet, die Bonaventuras Positionen vor dem Hintergrund der Auseinandersetzungen der Zeit weiterentwickelt. Auch P. v. F. ist in bes. Weise von Bonaventura beeinflußt (z. B. Exemplarismus), setzt sich jedoch auch mit den Werken des Thomas v. Aquin und des Heinrich v. Gent auseinander; er ist zudem bes. mit Aristoteles und Avicenna (Intellektlehre) vertraut. Werke: Sentenzenkomm. (verloren); 2 Quodlibet und 25 Quaestiones disputatae, in denen er u. a. zum Wiss.charakter der Theol., zur Metaphysik und Erkenntnislehre sowie zu Fragen der caritas und der Willensfreiheit Stellung nimmt. A. Speer

Ed. und Lit.: P. GLORIEUX, Maîtres franciscains régents à Paris, RTh 18, 1951, 326–329 – Pierre de F., Quaesitones disputatae de quolibet, ed. A.-J. GONDRAS, AHDL 41, 1966, 105–236 – Pierre de F., Questions disputées ordinaires, ed. DERS., t. I–III, Anal. Mediaev. Namurc. 22–24, 1968 – DERS., Les aspects fondamentaux de la pensée de Pierre de F., AHDL 46, 1971, 35–103 – J. G. BOUGEROL (Contemporary philos. hg. G. FLOISTAD, 6, 1990), 187–214.

38. P. Fullo (gr. gnapheus 'der Walker'), Antichalkedonier, 468–488 viermal Patriarch v. →Antiochia, fügte nach Theodoros Lector (Kirchengesch., II, 48, MPG 86, 208) neben anderen liturg. Neuerungen das →Credo in die Eucharistiefeier ein. Er setzte der Anrufung »Heiliger Gott, heiliger Starker, heiliger Unsterblicher«, die er als an Christus gerichtet verstand, hinzu: »der für uns gekreuzigt wurde«. In Konstantinopel sah man darin Theopaschismus, Zuschreibung des Leidens an die ganze Trinität. →Severus v. Antiochia verteidigte später den Zusatz gegen die Chalkedonier (Hom. 125, POr 29, 232–252), aber in Konstantinopel wurden nach 510 zur Bekämpfung des Monophysitismus (→Monophysiten) Briefe an den längst verstorbenen P. F. fingiert, die ihm fast alle früheren Irrlehren zur Last legen. H.-J. Vogt

Q. und Lit.: ACO III, 6–25 – Collectio Avellana 71–79, CSEL 35, 162–219 – A. GRILLMEIER, Jesus der Christus im Glauben der Kirche 2/2, 1989.

39. P. Godino → Wilhelm Petri de Godino

40. P. Grossolanus (Chrysolanos bei den Gr.), aus Oberitalien, seit 1098 Bf. v. Savona und ebfl. Vikar, seit 1102 selbst Ebf. v. Mailand, †6. Aug. 1117. 1105 bestätigte Paschalis II. den schon 1103 von mailänd. Reformern wegen angebl. Simonie Vertriebenen im Amt, doch wurde er am 1. Jan. 1112 erneut abgesetzt. Im Verlauf einer Jerusalemreise hielt (in päpstl. Auftrag?) P. (vor Sept.) 1112 am Hof des byz. Ks.s Alexios Komnenos den von den Griechen in mehreren Schr. nicht zu dessen Zufriedenheit beantworteten Sermo 'De processione spiritus sancti contra Graecos'. Im Aug. 1113 kehrte er nach Mailand zurück, lebte dann im Vallombrosanerkl. St. Markus in Piacenza. Den Streit zw. ihm und seinem Nachfolger Jordanus entschied die Lateransynode 1116 zuungunsten von P. Als Bf. v. Savona zog er sich in das gr. Kl. St. Sabas in Rom zurück, wo er starb. – Überliefert sind von P. noch der Sermo 'De capitulo monachorum' und ein Brief.

B. Klein-Ilbeck

Q.: Landulfi de S. Paulo Historia Mediol., MGH SS XX, 22–38 – *Ed.:* MPG 127, 911–920 [= MPL 162, 1007–1016 (gr. Teilübers. mit lat. Rückübers. d. 16.Jh.)] – A. AMELLI, Due sermoni inediti di Pietro Grosolano, 1933 – *Lit.:* BECK, Kirche, 312f. – DThC XII, 2, 1939 – LThK² VIII, 355 – JDG H.IV. und H. V., VI., 267–269 – V. GRUMEL, Autour du voyage de Pierre G., archevêque de Milan, à Constantinople, en 1112, EO 32, 1933, 22–33 – J. LECLERCQ, Le sermon de Grossolano sur le chapitre monastique, StAns 37, 1955, 138–144.

41. P. Helie (Helias), bedeutender Grammatiker des 12.Jh., stammte aus der Gegend von Poitiers (wahrscheinl. Nouaillé), Schüler →Thierrys v. Chartres, ca. 1140–54 Magister der Grammatik und Rhetorik in Paris (Schüler: →Johannes v. Salisbury, →Wilhelm v. Tyrus), verfaßte um 1146 die »Summa super Priscianum«, einen Komm. zum Gesamtwerk des →Priscianus, wobei er sich auf die »Glosae super Priscianum« und die »Causae inventionis« des →Wilhelm v. Conches stützte. Er unterstreicht die Bedeutung der Logik für die Grammatik, achtet jedoch auf eine sorgfältige Scheidung der beiden, indem er den log. Termini einen genau umschriebenen grammatikal. Sinn zuweist. Nicht Originalität der Theorien, sondern Ordnung, Systematisierung und Erläuterung der Thesen seiner Vorgänger zu Priscianus zeichnen das Werk aus, das großen Einfluß auf die →spekulative Grammatik hatte. Sein der Rhetoriktheorie Thierrys v. Chartres verpflichteter Komm. zu »De inventione« Ciceros war schon früher verfaßt.

E. Pérez Rodríguez

Ed.: P.H., Summa in Prisc., I–III, hg. L. A. REILLY, 1975 – P.H., The Summa on Prisc. min., hg. J. E. TOLSON, Cah. de l'Inst. du MA Grec et Lat. 27–28, 1978 – *Lit.:* MANITIUS III, 184–187 – R. W. HUNT, Stud. on Priscian in the 11th and 12th c., I, MARS, 1, 2, 1943, 194–231 – DERS., Hugutio and P.H., ebd. 2, 1950, 174–178 – N. M. HÄRING, Zur Gesch. der Schulen v. Poitiers im 12.Jh., AK 47, 1965, 35 – K. M. FREDBORG, The Dependence of P.H.' Summa s. Prisc. on William of Conches' Glose s. Prisc., Cah. de l'Inst. du MA Grec et Lat. 11, 1973, 1–57 – DERS., P.H. on Rhetoric, ebd. 13, 1974, 31–41.

42. P. de Hibernia, scholast. Philosoph, † nach 1260, Mag. art. in Neapel, dort ca. 1239–44 Lehrer des Thomas v. Aquin in Naturphilos. (nach Wilhelm v. Tocco). Seine Vertrautheit mit dem modernen Aristotelismus dürfte den Schüler nachdrückl. beeinflußt haben. Von seinen Schr. sind erhalten, neben der Determinatio einer naturphilos. Quaestio disputata zur teleolog. Verfaßtheit des Naturseienden (ca. 1260 im Kreise von Kg. Manfred; Cod. Amplon., Fol 335), Komm.e zur Isagoge des Porphyrius (mit ausführl. Wiss.lehre) und zu Perihermeneias (Vat. lat. 825) sowie zu De longitudine et brevitate (Vat. lat. 5988). Seine Schr. zeichnen sich durch gründl. Kenntnis des Aristoteles und der arab. Komm.e aus und weisen die für die Frühzeit typ. Verbindung von Literalerklärung und magistraler Quaestionentechnik auf.

N. Schneider

Lit.: LThK² VIII, 365 [Lit.].

43. P. Hispanus → Johannes XXI.

44. P. Johannis Olivi, * 1247/48 in Sérignan (Diöz. Béziers, Languedoc), † 14. März 1296 in Narbonne, trat früh in den Konvent OFM in Béziers ein, studierte in Paris, u. a. bei Bonaventura, und wirkte später in Narbonne und Montpellier als Theologe und Prediger. Unter dem Einfluß der Spiritualenbewegung in Südfrankreich nahm er die apokalypt. Ideen des Joachim v. Fiore auf, eiferte für die evangel. Vollkommenheit (Armut) des Ordens und für die Erneuerung der Kirche. 1279 wurde er erstmals wegen dieser Ideen beim Ordensgeneral Girolami d'Ascoli (später Nikolaus IV.) angezeigt, konnte sich jedoch rechtfertigen. Im gleichen Jahr wirkte er an der Vorbereitung der Bulle Nikolaus' III. »Exiit qui seminat« mit. 1282 wurden von 7 Pariser Franziskaner-Theologen in der »Littera septem sigillorum« aus seiner Sentenzenerklärung eine Reihe von theol. Sätzen inkriminiert, die er 1283 im Gehorsam widerrief. 1287 rief ihn der Generalminister →Matthaeus v. Acquasparta als Lector an das Ordensstudium S. Croce in Florenz; 1289 lehrte er in Montpellier und Narbonne mit großem Einfluß auf die Spiritualen (z. B. Ubertino v. Casale). Der durch O. ausgelöste theol. Streit um das Verständnis der (komplexen) Leib-Geistseele-Einheit des Menschen war der Anlaß, aber nicht der Grund für die Lehrentscheidung des Konzils v. Vienne (1312); vgl. DENZINGER-SCHÖNMETZER, 900–904. Seine »Lectura super Apocalipsim« wurde aufgrund von theol. Gutachten 1326 von Johannes XXII., einem entschiedenen Gegner der Spiritualen (→Fraticelli), als häret. verurteilt. Sein reiches theol. Schrifttum umfaßt: »Summa quaestionum« (Lib. II ed. B. JANSEN, 1922–26; IV, V, VI, vor 1283), »Quaestiones de perfectione evangelica« (Verz. in: ALKG III, 503ff.), »Expositio super regulam FM« (ed. D. FLOOD, VIEG 67, 1972), »Quodlibeta« (ed. Venedig, 1509), »Expositio super Apocalipsim« (uned. vgl. R. MANSELLI), Sentenzenkomm. (uned. 1287/88–1290); zu den Bibelkomm. vgl. RBMA, zu den Sermones J. B. SCHNEYER, Rep.serm. IV, 704–706. O. war der augustin.-neuplaton. Tradition (mit aristotel. und avicenn. Einschlag) verpflichtet. Das Dasein Gottes ist an und für sich einsichtig, aber nur der Glaubende kann in der gotteinenden Liebe dessen gewiß werden. Alles Geschöpfliche konstituiert sich aus Form und Materie, den letzten Bausteinen des Wirklichen. Die vegetative und sensitive Seele ist die unmittelbare Form des Leibes, die Geistseele überformt die beseelte Leibwirklichkeit und schafft die umgreifende komplexe Einheit des Menschen. Zur theol. Diskussion bis zum Lehrentscheid auf dem Konzil v. Vienne vgl. TH. SCHNEIDER. Die Selbstbestimmung des freien Willens ist nicht vom Intellekt abhängig; dieser erwirkt aus sich und nicht aufgrund der Rückkunft auf die Sinnesbilder die Erkenntnis. Die apokalypt. Aussagen über das kommende Zeitalter und deren geistl. Zeitgenossenschaft dienen der Reform der Kirche.

L. Hödl/E. Pásztor

Lit.: DThC XI, 982–991 – LThK VII², 1149f. – S. GIEBEN, Bibliogr. Oliviana (1885–1967), Coll. Franc. 38, 1968, 167–195 – R. MANSELLI, La »Lectura super Apocalipsim« di Pietro di Giovanni O., 1955 – E. BETTONI, Le dottrine filosofiche di Pier di Giovanni O., Pubbl. Univ. catt. Sacro Cuore 73, 1960 – E. STADTER, Psychologie und Metaphysik der menschl. Freiheit, VGI 12, 1971 – D. FLOOD, Peter O.'s Rule Comm., Ed. and Presentation, VIEG 67, 1972 – TH. SCHNEIDER, Die

Einheit des Menschen, BGPhMA NF 8, 1973 – Fr. P. i l. is O. OFM, Quaestiones de incarnatione et redemptione, Quaestiones de virtutibus, ed. A. EMMEN–E. STADTER, 1981 – Pietro di Giovanni O., Scritti scelti, ed. P. VIAN, 1989.

45. P. Lombardus, * 1095 und 1100 in Lumellogno bei Novara (Oberitalien), † 20. Juli 1160 in Paris. Nach Studien in Novara, Lucca und Reims kam P. 1134 durch Vermittlung Bernhards v. Clairvaux (Ep. 410, ed. Op. om. 8, 39) nach Paris; 10 Jahre später zählte er als Lehrer der Kathedralschule v. Notre-Dame mit Hugo, Abaelard und Gilbert v. Poitiers zu den bekanntesten Magistern. Zw. 1147 und 1156 empfing er die Priesterweihe; 1159 zum Bf. v. Paris gewählt, starb er bereits im folgenden Jahr. Als Magister erklärte P. L. die Hl. Schriften entsprechend den überlieferten Glossen. Er diskutierte die aus Text und Überl. resultierenden Fragen und sammelte diese in den 4 Sentenzenbüchern. Als Magister und Bf. predigte er. Die vor 1148 für den eigenen und den Gebrauch in der Schule verf. Psalmenerklärung veröffentlichte er gegen Ende seines Lehramtes (1158/59). Die Auslegung der Paulusbriefe (einschl. Hebräerbrief) ist in zweifacher Redaktion überliefert. Die zw. 1150–58 abgefaßten und bei der 2. Lesung (1157/58) ergänzten Sentenzen legte er seinem Unterricht zugrunde. Dem in 4 Bücher gegliederten Lehrstoff stellte er eine Liste der Kapitel voran (Einteilung in Distinktionen von Alexander v. Hales OM). Q.: »Summa Sententiarum« des Odo v. Lucca, Ivo v. Chartres, Gratian, Hugo v. St. Victor, Abaelard, Walter v. Montagne u. a. In den beiden ersten Büchern (der eine und dreieine Gott, Schöpfer und Schöpfung) verband P. »theologia« im Sinne Abaelards und »sacra pagina« im Sinne des Anselm v. Laon. Im 3. und 4. Buch erörterte er Christologie und Erlösungslehre, Sakramente und Eschatologie. Da er in der Gotteslehre keinen »substanzialist.« Personenbegriff einsetzte, konnte er die doppelte (nicht zweifache) Sendung des Wortes in der Menschwerdung und des Geistes im Gnadengeschehen sehr dynam. interpretieren. Der Sohn Gottes ist in der Inkarnation nicht »etwas« (»aliquid«) geworden, sondern er hat sich in die Befindlichkeit (»habitus«) des Menschen entäußert. Dieser sog. →Habitustheorie wurde später zu Unrecht der Vorwurf des christolog. →Nihilianismus gemacht (vgl. DENZINGER-SCHÖNMETZER, 749). Die nach Röm 5, 5 in die Herzen der an Christus Glaubenden ausgegossene Liebe Gottes ist nach P. L. (Sent. I d. 17 a. 1–3; III d. 43 c. 1) die Gnade des Hl. Geistes, nicht im Sinne einer »enhypostatischen« Gegenwart, sondern im Sinne der Entäußerungsbewegung des Hl. Geistes. Dem »Magister in Sententiis« wurde durch das IV. Laterankonzil 1215 einzigartige Anerkennung zuteil (DENZINGER-SCHÖNMETZER, 804). Die Schüler des P. L., allen voran →Petrus Comestor, hielten an der Lesung und Erklärung der Sentenzen fest und verteidigten sie gegen andere Magister (z. B. Odo v. Ourscamp). So entstanden in der 2. Hälfte des 12. Jh. die Sentenzenglossen wie die Ps.-Poitiers-Glosse und die großen Glossenwerke →Alexanders v. Hales (der die Sentenzenbücher zum Schulbuch machte), Hugos a S. Charo OP und Richard Fishacres OP. Die umfangreichen Komm. e der späteren Theologen sind wichtige Zeugen der scholast. Theol. des MA. Trotz gelegentl. Kritik (z. B. des →Roger Bacon) blieb das Sentenzenwerk das theol. Schulbuch bis zur Reformation. Auch Martin Luther erklärte es als Dozent in Erfurt 1509/11. Auszüge aus den Sentenzen des P. L. und eine Abbreviatur derselben von Johannes de Fonte OM wurden ins Mhd. übertragen. L. Hödl

Ed.: Glossa in Psalmos, MPL 191, 55–1296 – Glossa in Epistolas b. Pauli, MPL 191, 1297–1696, 192, 9–520 – Sententiae in IV libris distinctae, 3. krit. Ed. Spicil. Bonavent., 1971, 1981 (I, 1: Prolegom.: Biogr. und Bibliogr.) – Verz. d. Glossen und Komm.: F. STEGMÜLLER, Repertorium commentariorum in Sententias P. i L. i I–II, 1947 (Ergänzungen Med. phil. Polon. 1, 2, 5, 8, 13, 1958–1968) – 33 Sermones (teils unter Hildebert v. Lavardin, MPL 171, 339–964 [vgl. Spicil. Bonavent. IV, 1971, 99*–112*, V, 1981, 33*–35*], teils uned.) – Thesaurus Liber. Sent. P. L., hg. J. HAMESSE, 1991 [Wortind.] – Lit.: Bibliogr. Lombardiana (Pier Lombardo 4, 1960), 149–153 – O. BALTZER, Die Sentenzen des P. L., 1902 (1972) – GRABMANN, Scholastik, 2, 1911, 259–407 – J. SCHUPP, Die Gnadenlehre des P. L., 1932 – LANDGRAF, Einführung, 1948 – O. LOTTIN, Psychologie et Morale au XIIe et XIIIe s., 3, 1949 (1960) – A. M. LANDGRAF, Dogmengesch. – PH. DELHAYE, Pierre Lombard, 1961 – J. SCHNEIDER, Die Lehre vom dreieinigen Gott in der Schule des P. L., MthSt. 22, 1961 – B. SMALLEY, The Study of the Bible in the MA, 1970 – L. O. NIELSEEN, Theol. and Philos. in the Twelfth Cent, ActaTheol. Danica XV, 1982, 243–361 – L. HÖDL, P. L. (Gestalten der Kirchengesch., hg. M. GRESCHAT, I, 1983), 205–223 [Lit.] – M. L. COLISH, Medieval Perspectives 6, 1991, 1–19.

46. P. Martyr, OP, hl. (Fest: früher 29. April, im OP: 4. Juni), Prediger, * Ende des 12. Jh. in Verona, † (ermordet) 6. April 1252 Farga b. Mailand, ⌐ Mailand, S. Eustorgio; aus kathar. Familie, studierte in Bologna und trat 1221 in den Orden der →Dominikaner ein. Das Zentrum seiner geistl. Tätigkeit war Mailand, doch predigte er auch in Rom (1244), Florenz (1245), der Toskana, der gesamten Lombardei, der Romagna und der Mark Ancona, wo er sich 1249 für einen Friedensschluß zw. zehn Städten einsetzte. 1248–49 war er dominikan. Prior in Asti, 1249–50 in Piacenza, 1251 in Como. Innozenz IV. übertrug P. am 8. Juni 1251 das Amt des Inquisitors für die Diöz. Mailand und Como. Am 6. April 1252 fiel P. einem Komplott von →Ghibellinen und →Katharern zum Opfer und wurde auf offener Straße erschlagen. Die Kanonisation erfolgte am 9. März 1253 zu Perugia. – P. s Predigten konnten die städt. Bevölkerung in leidenschaftl. Erregung versetzen, aber auf seinen Reisen erwies er sich auch im ländl. Bereich als ein machtvoller Prediger. Das Credo, sein Hauptthema, bezeugte er durch seinen Predigteinsatz; sterbend schrieb er dieses Wort mit seinem Blut auf den Boden. Gegen die Katharer, deren Doktrinen er gut kannte, gebrauchte er hauptsächl. bibl. (v. a. paulin.) Argumente. Im Mittelpunkt seines Lebens stand ein weitgespanntes spirituelles und pastorales Wirken, v. a. im Bereich der Laienfrömmigkeit (Marienbruderschaft), der religiösen Bewegungen der →Servitten und →Humiliaten und bei den neun Konventen der Dominikanerinnen in Mailand. Sein Brief an eine Mailänder Priorin entfaltet eine nach innen gerichtete Spiritualität, die der Gedankenwelt des →Jordanus v. Sachsen (Briefe an Diana) nahesteht. – Darstellung v. a. mit Kopfwunde und Schwert. M.-H. Vicaire

Q. und Lit.: Catholicisme XI, 366f. – TH. KAEPPELI, Une somme contre les hérétiques de S. Pierre martyr (?), APraed 17, 1947, 295–335 – A. DONDAINE, S. Pierre Martyr. Études, ebd. 23, 1953, 66–162.

47. P. Musandinus (de Musanda) wirkte Mitte 12. Jh. als Arzt in →Salerno. →Aegidius Corboliensis rühmt ihn als Lehrer. P. M. maß der Kochkunst und individuellen Speisebereitung bes. therapeut. Bedeutung bei: Sein im Anschluß an die hippokrat. Abhandlung »De diaeta morborum acutorum« verfaßter »Tractatulus de cibis et potibus febricitantium« existiert hs. in verschiedenen Versionen und ging gedr. in die »Opera« des →Arnald v. Villanova (1504, 1520, 1585) ein. H. H. Lauer

Lit.: SARTON II, 242 – M. NEUBURGER, Gesch. der Medizin II, 1911, 302f. – F. HARTMANN, Die Lit. von Früh- und Hochsalerno, 1919.

48. P. de Natalibus (Pietro Ungarello di Marco de' Natali), * in den ersten Jahrzehnten des 14. Jh. in Venedig, † um 1400 in Equilium-Jesolo; stammte aus einer ven. Patrizierfamilie. P. wurde Priester an S. Vitale und 1367

Pleban an der Kirche SS. Apostoli. Seit 1370 Bf. v. Equilium-Jesolo. 1369/72 vefaßte P. den »Catalogus sanctorum et gestorum eorum ex diversis et multis voluminibus collectis«, der in 11 B. (und einem Indexbuch) mehr als 1500 verschiedene Einträge in der Ordnung des Kirchenjahres umfaßt; Q.: Eusebius, Gregor d. Gr., Beda, Gregor v. Tours etc. sowie die Legendare des →Jacobus de Voragine und →Petrus Callo, von denen P. sich durch größere Knappheit unterscheiden will. Die älteste der wenigen erhaltenen Hss. ist der Cod. Vat. Ottob. lat. 225, der 1408 von Basilio Giordano abgeschrieben wurde, zahlreiche Drucke bis in das frühe 17. Jh. (ed. pr. Vicenza 1493). – P. d. N. wird auch ein it. Kurzepos über den Frieden v. Venedig (1177) zugeschrieben, einem Verwandten des Dogen Contarini gewidmet (1379/82). Es behandelt die bes. in Venedig verbreiteten Sagen über den Krieg der Kommunen gegen Barbarossa. P. Golinelli

Lit.: O. Zenatti, Il poemetto di Pietro de' Natali sulla pace di Venezia, BISIAM 26, 1905, 101–198 – A. Poncelet, Le légendier de Pierre Calo, AnalBoll XXIX, 1910, 34–36 – R. Aigrain, L'Hagiographie, ses sources, ses méthodes, son hist., 1953, 324–325 – S. Boesch Gajano, Dai leggendari medioevali agli »Acta Sanctorum«, Riv. Storia Lett. Religiosa, 1985, 222–223.

49. P. Nigri (Schwarz) OP, * um 1435 Kaaden a. d. Eger, † Buda um 1483, studierte in Leipzig, Bologna, Montpellier und Salamanca, wo er Hebräisch lernte, dann in Würzburg und Ingolstadt. Nach 1474 in der Judenmission tätig, beschäftigte sich P., einer der glänzendsten Hebraisten im MA, intensiv mit dem AT in seiner Ursprache und erhielt 1481 die Ordenserlaubnis zum Hebräischunterricht. Matthias Corvinus berief ihn im selben Jahr zum Rektor des neugegr. Studium generale in Buda. Seine Bedeutung für die Erneuerung der thomist. Philos. im 15. Jh. bedarf noch der Klärung. M. Laarmann

Lit.: Verf.-Lex.² VI, 1008–1013 [Werke, Lit.].

50. P. Nolascus, hl., Gründer und erster Meister der →Mercedarier, † 1245, wohl am 13. oder 14. Mai (Ordensfest), 1648 kanonisiert (Fest: 29., später 28. Jan.). – Trotz der seit dem späten 15. Jh. reichen biograph. und hagiograph. Überlieferung ist über P.' Leben wenig bekannt. Die Tradition, daß die Ordensgründung (1218) durch P. mit dem Dominikaner →Raimund v. Peñafort und Kg. →Jakob I. in Verbindung stehe, ist eine hist. nicht haltbare Fiktion, die von den Höfen Jakobs II. und Peters IV. verbreitet wurde. Wohl im Jahrzehnt vor 1234 trat P. zusammen mit einem Laien in →Barcelona als Almosensammler zum Loskauf armer christl. Gefangener in Erscheinung; 1234 wird erstmals eine Organisation erkennbar (Brüder des Hauses Sta. Eulalia zu Barcelona), für die P. Besitzungen in Barcelona, Gerona und Palma de Mallorca empfing. P. bat Gregor IX. um päpstl. Anerkennung und eine Regel, die am 17. Jan. 1235 gewährt wurde. P. gründete danach Niederlassungen in Valencia (Schenkungen Jakobs I., 1238), Castellón de Ampurias (gfl. Gnadenerweis, 1238) und Tortosa (Aufnahme durch den Bf., 1239). In seinen letzten Lebensjahren fungierte P. als religiöser Vorsteher seines Ordens, in dessen Namen er Schenkungen und Privilegien empfing und im Gegenzug Wohltäter als spirituelle Gefährten des Ordens aufnahm. Über sein Wirken für den Gefangenenloskauf ist im einzelnen nichts bekannt. J. W. Brodman

Lit.: DIP VI, 1704–1711 – AASS II, 981–990 – J. W. Brodman, Ransoming Captives in Crusader Spain, 1986, 15–25.

51. P. de Palude (Pierre de la Palu[d]), OP, Patriarch v. →Jerusalem, * 1270, † 1342, ⌑ Paris, Dominikanerkirche; 6. Kind von Gérard de la P., Herrn v. Varembon (Bresse). – Nach Rechtsstud. gehörte P. 1309–10 dem Dominikanerkonvent in Paris (Rue St-Jacques) an. 1314 erhielt er die →Licentia. 1310 legte er öffentl. ein Zeugnis im →Templerprozeß ab. 1317 führte er den Vorsitz beim Ordenskapitel in Pamplona. Bald darauf wurde er vom Papst an den Hof des Gf.en v. →Flandern entsandt, doch scheiterte P.' Vermittlungsversuch. Bis 1321 an der avignones. Kurie, wurde er mit mehreren päpstl. Aufträgen betraut. Seit 1325 weilte er wieder im Pariser Konvent und nahm für den Kg. und mehrere Große (v. a. den Gf.en v. Artois) Missionen wahr. 1329 wurde er vom Papst an den Hof des Mamlūkensultans v. →Ägypten zur Aushandlung einer friedl. Rückgabe der Hl. Stätten entsandt, im Jan. 1329 zum (Titular-)Patriarchen v. Jerusalem ernannt. Er geleitete die Tochter des Hzg.s v. Bourbon als Braut des Thronerben Guido v. →Lusignan nach →Zypern (1330), reiste dann nach Kairo, begleitet von Guillelmus →Duranti d. J. Das Scheitern der Verhandlungen bedeutete, daß eine Befreiung der Hl. Stätten nur durch einen neuen →Kreuzzug zu realisieren war, für den P. eintrat. Im Jan. 1331 in Avignon, anschließend an den Hof Philipps VI. zurückgekehrt, nahm P. seine Tätigkeit als Berater und Vermittler wieder auf: Er schaltete sich in den Prozeß →Roberts v. Artois (1332) und in Avignon in die Kontroverse um die Visio beatifica (→Johannes XXII.) ein (1334–35). Seine Gegnerschaft gegen eine von →Benedikt XII. geforderte Reform des →Dominikanerordens kostete ihn das Bm. →Cambrai (1335). Der Papst gestand ihm lediglich die Administration des Bm.s →Couserans zu. – Von seinen theol. Schriften sind erhalten: Sentenzenkommentar, Quodlibet, Fragmente von Quaestiones, Bibelkomm. (Lev, Jdt, Ps). Unter seinen kanonist. Werken sind zu nennen: Traktate gegen die Auffassung des →Johannes de Polliaco, der den →Bettelorden die Seelsorgerechte bestritten hatte, »De potestate Pape« und Streitschriften zum Armutsstreit (gegen →Michael v. Cesena). Auch verfaßte er Predigten, eine Version der →Legenda aurea zum Predigtgebrauch der Dominikaner und den »Liber Bellorum Domini«, eine Kompilation über die Kreuzzüge. E. Lalou

Lit.: DThC XII, 2033–2036 – HLF XXXVII, 39–84 [P. Fournier] – N. Housley, The Avignon Papacy and the Crusades 1305–78, 1986.

52. P. Peregrinus (Pierre de Maricourt) vollendete am 8. Aug. 1269 vor der belagerten Stadt Lucera (Apulien) eine »Epistola de Magnete« für den 'miles' Siger de Foucaucourt. Dies sind die einzigen sicheren biogr. Daten. Beide Namen verweisen auf die Picardie als Heimat. Die Identifikation des P. mit dem von →Robert Bacon (opus tertium, Kap. 13) als 'dominus experimentorum' gepriesenen 'Magister Petrus' ist nicht schlüssig – auch wenn die Epistola P. tatsächl. als geschickten Experimentator ausweist: Nach einer Beschreibung des Magnetsteins gibt er exakte Anweisungen, wie sich der →Magnetismus in verschiedenen Versuchsanordnungen zeigen und für einen →Kompaß prakt. nutzen läßt. Wegen der Nordweisung erklärt P. den Magnetismus durch Einwirkung der Himmelspole. Reproduzierbares Experimentieren ist nach P. für den Naturforscher der beste Schutz vor Irrtum. In dieser Auffassung zeichnet sich erstmals das Ideal exakter Naturwissenschaft deutlich ab. A. Radl

Ed.: P. Radelet-de Grave-D. Speiser, Le 'De magnete' de P., RHSC 28, 1975, 193–234 [mit frz. Übers.]. – *Dt. Übers.:* H. Balmer, Beitr. zur Gesch. der Erkenntnis des Erdmagnetismus, 1956, 261–277 – *Lit.:* DSB X, 532–540.

53. P. Philomena de Dacia (Petrus Dacus, Peter Nightingale), canonicus zu Roskilde, dän. Mathematiker und Astronom, Blütezeit 1292–1303. Seine »Expositio super Algorismum«, beendet 1292, ist eine ausführl. Erläuterung der Arithmetik des →Johannes v. Sacrobosco. Zur Astronomie gehören: ein Kalendarium, das auch Tafeln der Mondphasen für 1293-1368 enthält; allg. Mondtafeln (beide Werke stark verbreitet); ferner, in Paris verfaßt, eine bemerkenswerte Beschreibung eines Eclipsoriums, eines Gerätes zur Bestimmung der Finsternisse. Die Zuschreibung weiterer Werke an P. ist zweifelhaft. P.' Gleichsetzung mit einem zeitgenöss. Astronomen namens Petrus de S. Audomaro ist noch nicht endgültig gesichert. J. Sesiano

Ed.: F. S. Pedersen, P.i Ph.ae de D. et Petri de S. Audomaro Opera quadrivialia, 2 Bde, 1983-84 – *Lit.*: DSB X, 540-542.

54. P. Picardus (2. H. 13. Jh.), franz. Musiktheoretiker, vermutl. aus der Picardie stammend. Ob er mit →Petrus de Cruce ident. ist, bleibt umstritten. Der unter seinem Namen bei →Hieronymus v. Moravia inkorporierte Traktat »Ars motettorum compilata breviter« ist in zwei weiteren Hss. anonym überliefert. Als Q. für seine Schrift nennt P. →Franco v. Köln und einen Johannes de Burgundia. Die vier Kapitel geben eine kurze Einführung in die →Mensuralnotation nach frankon. Lehre, die durch zahlreiche Motettenincipits verdeutlicht wird.
M. Bernhard

Ed.: F. A. Gallo, CSM 15, 1971, 16-24 – *Lit.*: MGG – Grove – H. Ristory, Post-francon. Theorie und Früh-Trecento (Europ. Hochschulschr. en XXXVI/26), 1988.

55. P. Pictaviensis, II., Archidiakon und Bf. (1087-1115) v. Poitiers, * ca. 1050, † 1115, Vertreter der gregorian. Reform, überlegter Verwalter seines Bm.s; als Schiedsrichter geachtet; Initiator und Präses von Synoden, Erneuerer des Mönchslebens; suchte enge Bindung an den Papst. Werke sind nicht überliefert, wohl aber ein klares Echo in Urkk. und zeitgenöss. Q., u. a. bei →Hildebert v. Lavardin. F. Courth

Lit.: U. Chevalier, Rép. des sources hist. du M–A, II, 1907², 3737 – G. T. Beech, Biography and the Study of 11th Cent. Society. Bishop Peter II of Poitiers, Francia 7, 1979, 101-121.

56. P. Pictaviensis, Mönch v. Cluny, * um 1080 in Aquitanien, † 21. Aug. 1161, Sekretär des →Petrus Venerabilis; diesem zu Ehren schrieb er sein lit. bedeutsames »Panegyricum«; dem folgten weitere Gedichte und Briefe. 1141/42 im Auftrag seines Abtes in Spanien, um Petrus v. Toledo bei der Übertragung des Koran ins Lat. zu helfen. Sprachkraft und beachtl. Kenntnis klass. wie patrist. Lit. markieren seinen Platz in der Gesch. →Clunys sowie der Kulturgesch. des 12. Jh. F. Courth

Ed. und Lit.: MPL 189, 47-62 – Manitius III, 900-903 – Catholicisme XI, 369f. – G. Constable, The Letters of Peter the Venerable, I-II, 1967, bes. II, 331-343.

57. P. Pictaviensis, Kanzler, * ca. 1130 in Poitiers (oder Poitou), † 3. Sept. 1205 in Paris. Vor 1159 Schüler des →Petrus Lombardus; als Nachfolger des →Petrus Comestor 1167 Magister in Paris; 1193 dort Kanzler; unter ihm Übergang der Domschule zur Univ.; vielfach als Vermittler tätig. Seine theol. Methode ist durch den Lombarden geprägt, aber zu ausgefeilter Dialektik weiterentwickelt. So in seinem Hauptwerk »Sententiarum libri V«. In Spannung zu deren Dialektik steht die heilsgesch. gefüllte Symbolik seiner Sermones. F. Courth

Ed. und Lit.: DSAM XII/2, 1639-1648 [Q. und Lit.] – NCE XI, 227f. – Ph. S. Moore, The Works of Peter of Poitiers, 1936 – H. Wipfler, Die Trinitätsspekulation des P. v. Poitiers und die Trinitätsspekulation des Richard v. St. Viktor, BGPhMA 41/1, 1965.

58. P. Pictaviensis, Chorherr v. St. Viktor, † nach 1216. Einzig ediertes und sicher ihm zugeschr. Werk: »Summa de confessione. Compilatio praesens« (ed. J. Longère, CChr CM 51), behandelt konkrete Fragen der Beichte und nimmt Weisungen des IV. Laterankonzils (1215) zur Osterbeichte auf. Klar erkennbare Bezüge zu →Petrus Cantor und →Robert v. Flamborough.
F. Courth

Lit.: DSAM XII/2, 1648-1653 [Q. und Lit.].

59. P. Pictaviensis →Peter v. Wien († 1183).

60. P. Pictor, Kanoniker v. St-Omer, Wende des 11. zum 12. Jh., Autor v. a. in Hexametern abgefaßter Gedichte, die →Lambert v. St-Omer in den »Liber floridus« aufnahm. Im ca. 1100 vermutl. in der Verbannung entstandenen Gedicht »De laude Flandriae« bezeugt er selbst seine flandr. Herkunft. Sein Beiname geht auf die Schilderung seiner alltägl. Tätigkeit in der Satire »De Domnus vobiscum« zurück, der an autobiogr. Bezügen reichen Zeitklage eines ob seiner Erfolglosigkeit verbitterten älteren Mannes. Auf den Einfluß des →Paschasius Radbertus gehen zwei Gedichte zurück, die die kirchl. Eucharistielehre darstellen. Als Kampfmittel im Streit um den →Zölibat kann das misogyne Gedicht »De muliere mala« verstanden werden, das sich durch die aus Apuleius (oder Seneca?) übernommene Darstellung einer inzestuösen Beziehung zw. Mutter und Sohn von anderen Gedichten dieser Gattung unterscheidet. Theol. Fragen sowie die Kritik an Mißständen des kirchl. Lebens bestimmen weitere Gedichte des P. M.-A. Aris

Ed. und Lit.: Carmina, ed. L. van Acker, CChrCM 25, 1972 [Lit.] [dazu: K. Langosch, MJb 11, 1976, 45-52; J. Stohlmann, ebd., 53-91] – P. G. Schmidt, Die mlat. Dichtung im Liber Floridus (Liber Floridus Coll., 1973), 51-58 – L. van Acker, P. en zijn 'De laude Flandriae', De Franse Nederlanden, 1983, 129-145 – M. Donnini, Il 'racconto' sull'amore incestuoso in P. (Semiotica della novella lat., 1986), 237-246 – O. Zwierlein, Spuren der Tragödien Senecas bei Bernhardus Silvestris, P. und Marbod v. Rennes, MJb 22, 1987, 171-196 – O. L. Jacobsen, Fragment d'un ms. du début du XIIIᵉ s. contenant le poème Liber de sacramentis par P., Livre et l'estampe 34, 1988, 69-74.

61. P. v. Pisa, vermutl. seit 743/744 Diakon am Hof Karls d. Gr., unterrichtete, dem Zeugnis Einhards zufolge (Vita Karoli Magni 25), als alter Mann den Kg. in der lat. Sprache. Aus seiner schon in Pisa erworbenen Lehrerfahrung ging die seinem Schüler gewidmete, wenig originelle Grammatik hervor, die aus spätantiken Autoren (Donat, Sergius, Pompeius, Probus, Pseudo-Augustin, Cominian, Priscian, Diomedes, Asper, Virgilius Maro) schöpft. Von dem der Grammatik beigegebenen Widmungsgedicht abgesehen, zeugen die erhaltenen Gedichte des P., als Briefgedichte an →Paulus Diaconus gerichtet, vom Hofleben zur Zeit Karls d. Gr. Mit dem Gedicht 'Nos dicamus Christo' (rhythm. Fünfzehnsilber) bittet er ihn im Namen Karls, um seiner Griechischkenntnisse willen am Hof zu bleiben, während er dem Adressaten in 'Paule sub umbroso' und 'Lumine purpureo' (Hexameter) Rätselaufgaben stellt. Darüber hinaus hat P. die Dialogfassung der 'Commentarii in Danielem' des Hieronymus erstellt und Karl noch vor seinem Tode (spätestens 799) dediziert (L. Traube, AAM 3. Kl., 21/3, 676, 726).
M.-A. Aris

Ed.: Grammatik, ed. H. Hagen, Anecdota Helvetica, 1870 – Carmina, ed. E. Dümmler, MGH PP I, 1881, 27ff. – K. Neff, Die Gedichte des Paulus Diakonus, 1908 – *Lit.*: Wattenbach-Levison-Löwe II, 195 – Brunhölzl I, 249f., 545 – M. Passalacqua, Il 'Carmen de bonis sacerdotibus' nel Par. lat. 7530, IMU 20, 1977, 343-349 – C. Jeudy, Un commentaire anonyme de l'"Ars Minor" de Donat (De ortu grammaticae, 1990), 133-146.

62. P. de Prussia OP, Biograph des →Albertus Magnus, lebte in Köln, wo er 1483 bei der feierl. Erhebung der Gebeine Alberts zugegen war. Nach 1488 ist P. nicht mehr bezeugt. Um die Bestrebungen zur Kanonisation Alberts zu fördern, verfaßte er 1486/87 eine »Legenda Alberti Magni« (BHL 225, mit einem Verz. von Alberts Werken), die alsbald in Köln gedruckt wurde (COPINGER 4443). In dem umfassenden Werk sind Briefe und Akten zitiert; es wird wegen des sorgfältigen Umgangs mit den herangezogenen Q., die P. nennt und krit. prüft, geschätzt. P. schöpfte insbes. aus einer alten Albertlegende, die nicht erhalten ist. J. Prelog

Lit.: C. H. SCHEEBEN, Les écrits d'Albert le Grand d'après les catalogues, RevThom 36, NS 14, 1931, 260–292 – TH. KÄPPELI, Scriptores Ord. Praed., III, 1980, 252 [Lit.].

63. P. de Radolin

(P. Polonus) gen. Wysch, * ca. 1340 in Radolin im Wartheland, † 31. Mai 1414 in Ciążeń, studierte in Erfurt, wo er Philosophie lehrte und vor 1375 eine Slg. von Komm.en zu 18 authent. Werken des Aristoteles, zu drei pseudoaristotel. Schr., zur Isagoge des Porphyrios, zu De substantia orbis des Averroes und zu De ente et essentia des Thomas v. Aquin verfaßte. P. ist der Urheber der via communis der Erfurter Philosophen (Versöhnungsprogramm in der Philos.). Als Pfarrer v. Lupstowo und Domherr v. Gnesen wurde er 1375 an der jurist. Fakultät in Prag immatrikuliert. Seit 1377 studierte er Recht und lehrte Philos. an der Univ. Padua (Dr. utriusque iuris, vor 19. Dez. 1386). Später stand er im Dienst des kgl. Hofes in Krakau und der Kurie in Rom (päpstl. Referendar, Nuntius, Generalkollektor, Protonotar), am 4. Dez. 1392 Bf. v. Krakau. P., Mitautor von 'De praxi curiae' des →Matthaeus v. Krakau, verfaßte das 'Speculum aureum'. 1412 wurde er nach Posen versetzt.
M. H. Markowski

Lit.: S. KIJAK, Piotr Wysz biskup krakowski, 1933 – M. MARKOWSKI, Die philos. Anschauungen und Schr. des Peter Wysz v. Polen, 1992 – DERS., Piotr Wysz jako współautor De praxi Romanae curiae i jako autor Speculum aureum, Przegląd Uniwersytecki KUL, V/2, 1993, 12f.

64. P. v. Ravenna

(P. Tomai), Jurist und Humanist, * um 1448 in Ravenna, † vermutl. 1508 in Mainz; Laie (verheiratet, zwei Söhne, eine Tochter), wegen seines überragenden Gedächtnisses bereits mit 20 Jahren zum Lehrer der Institutionen in Padua bestellt, las er später in Bologna, Pavia, Ferrara, Pisa und wieder in Padua röm. und kanon. Recht. Bereits 1472 wurde seine »Oratio pro patria« gedruckt. Hzg. →Bogislaw X. v. Pommern konnte ihn 1497 für seine Univ. →Greifswald gewinnen, wo er von 1498 bis 1503 beide Rechte lehrte und 1498 sowie 1501 Rektor war. Zur Synode v. Stettin 1500 verfaßte er eine große Rede zur Kirchenzucht, die er 1502 mit anderen Schr. drucken ließ, darunter Gedichte (»Aurea opuscula«). 1503 verließ er Greifswald, las 1503–06 zu bes. Gelegenheiten in Wittenberg. Dort wurden 1505 seine »Sermones extraordinarii« gedruckt. 1506–08 lehrte er in Köln, wo er Tertiare des hl. Franziskus wurde und mit Jakob v. Hoogstraeten in heftigen Streit geriet. 1508 ging er deswegen nach Mainz. R. Weigand

Werke: De immunitate ecclesiae, Lübeck 1499 – Compendium iuris civilis, Wittenberg 1503 – Compendium iuris canonici I, ebd. 1504; II, Leipzig 1506 – Alphabetum aureum, Rouen 1508 u. ö. – Lit.: ADB XXV, 529–539 – DDC VI, 1484–1497 – H. HEIDENHEIMER, P. Ravennas in Mainz und sein Kampf mit den Kölner Dunkelmännern, Westdt. Zs. 16, 1897, 223–256.

65. P. Riga

† 1209, Regularkanoniker in Reims, dort nach Studien in Paris (»laberinthum Aristotelis aliquantulum non filo Dedali, sed Filio Dei docente introivi«, BEICHNER, p. 7) als Lehrer tätig. Unter dem Titel »Floridus aspectus« stellte P. eine Slg. früher Gedichte meist religiösen Inhalts zusammen und widmete sie Samson, Ebf. v. Reims († 1161). Ein Teil dieser Gedichte fand wohl in überarbeiteter Form Aufnahme in die »Aurora«, die am meisten gelesene (250 Hss.) und benutzte biblia versificata des MA, die in verschiedenen Fassungen verbreitet war. In ihr werden vorzugsweise die hist. Bücher paraphrasiert und moral.-allegorisch erklärt (ca. 15000 Vv., Distichen, nur Ijob, Hld, Apg in gereimten Hexametern). Neben exeget. Werken ist als Q. v. a. wichtig die »Historia scholastica« des →Petrus Comestor. P. erzählt gewandt und nicht ohne Humor. Die »Aurora« wurde durch →Aegidius v. Paris zweifach bearbeitet, Macé de La Charité (13./14. Jh.) übersetzte sie frei ins Frz. – Außerdem besitzen wir von P. versifizierte Hl.enleben (Agnes, Eustachius) und die Vita Susannae. B. Gansweidt

Ed.: Floridus aspectus: unter den Werken Hildeberts v. Lavardin nach BEAUGENDRE gedruckt, MPL 171, 1287ff., 1307ff., 1382ff., 1410, 1445ff. [Liste der P. gehörenden Gedichte HLF 30, 1888, 611ff.] – BHL 2764–66 [vita Eustachii] – J. WERNER, Beitr. zur Kunde der lat. Lit. des MA, 1905², 65ff. [Passio Agnetis] – Aurora, ed. P. E. BEICHNER, 1965 [Lit.]. – Lit.: MANITIUS III, 820ff. – P. E. BEICHNER, CM 30, 1969, 451–481 – A. G. RIGG, MSt 41, 1979, bes. 488–496 – J. F. HAMBURGER, Scriptorium 43, 1989, 120–129 – S. M. MORALL (De cella in seculum, hg. M. G. SARGENT, 1989), 97–107.

66. P. v. Rosenheim → Petrus Wiechs v. Rosenheim

67. P. de Salinis,

Kanonist des 13. Jh., Kanonikus v. Besançon, doctor decretorum, Kaplan des Kard.s Hugo v. St-Cher, 1254 Dekan v. Toul, schrieb eine umfangreiche »Lectura super decreto« von literargesch. nur mäßigem Wert (hauptsächl. Auszüge der Glossa ordinaria und der Casus des →Bartholomaeus Brixiensis), allerdings das erste Zeugnis der systemat. Verkoppelung von Glosse und Casus im Unterricht. N. Höhl

Lit.: DDC VI, 1454f. – KUTTNER, 39 Anm. 1.

68. P. Sarnensis → Pierre de Vaux de Cernay

69. P. Subdiaconus v. Neapel,

lit. bedeutendster und produktivster Vertreter der neapolitan. Hagiographenschule im 10. Jh., tätig zw. 940 und 970. Sein Œuvre umfaßt Neufassungen älterer Märtyrerlegenden (Artemas, Canio, Cyrus et Iohannes, Georgius, Iuliana, Restituta, Tryphon; z. T. verloren: Christophorus, Cyricus et Iulitta, Quattuor Coronati), eine freie Übertragung der Vita s. Gregorii Thaumaturgi des Gregor v. Nyssa, sowie zwei Darstellungen der Wunder neapolitan. Lokalhl., Agnellus und Agrippinus, deren erstere er durch eine metr. Kurzfassung zum Opus geminum ergänzt. Alle Werke zeichnen sich durch an antiken Modellen geschulten Stil und v. a. die Einfügung zahlreicher (meist hexametr.) Verspassagen (v. a. emphat. Reden und Gebete der Akteure) aus. Die Nachwirkung im südit. Raum ist beträchtlich. B. Pabst

Ed.: BHL 175–177, 717, 1541d–e, 1814b, 1838, 2078, 3393f., 3678/3678d, 4526, 7190, 8339, p. 267, nr. 7 – A. VUOLO, Una testimonianza agiografica napoletana: il 'Libellus miraculorum s. Agnelli' (sec. X), 1987 – Lit.: F. SAVIO, Pietro suddiacono napoletano agiografo del sec. X, Atti d. R. Accad. d. Sc. di Torino, Cl. di Sc. Morali, Stor. e Filol. 36, 1900/01, 665–679; 47, 1911/12, 947–957 – P. DEVOS, AnalBoll 76, 1958, 336–353 [zu Vita Gregorii Thaumaturgi, Passio Restitutae] – B. PABST, Prosimetrum, 1993 [im Dr.].

70. P. v. Tarentaise → Innozenz V.

71. P. (Pierre) Thomas

OCarm, hl. (Fest: 8. Jan.), * 1305? Aquitanien, † 6. Jan. 1366, Sohn armer Eltern, studierte nach dem frühen Tod des Vaters die Artes. Wann er in den Orden der Karmeliter eingetreten ist, teilt sein Freund und Biograph Philippe de →Mézières nicht mit. Am 15. Mai 1341 wurde P. zum Generalprokurator des Ordens gewählt, 1349 zum Mag. theol. in Paris promoviert. Papst Innozenz VI. sandte ihn als Legaten des Hl. Stuhles an den Hof Kg. Ludwigs und der Kgn. →Johanna

I. nach Apulien, zu Ks. Karl IV. sowie zum serb. Kg. →Stefan Dušan. Am 17. Nov. 1354 wurde P. zum Bf. v. Patti und Lipari (Sizilien), am 10. Mai 1359 zum Titularbf. v. Koron (Peloponnes) ernannt. 1354-59 diente er Innozenz VI. als Vermittler im Krieg zw. Genua und Venedig (1354) sowie zw. Venedig und Ungarn (1356-59). In diese Zeit fällt auch der Kontakt zu dem für die Union mit Rom aufgeschlossenen byz. Ks. →Johannes V. Palaiologos. Philippe de Mézières berichtet, P. habe viele Wunder gewirkt und zahlreiche orth. Griechen zur Union mit Rom geführt. Am 6. März 1363 ernannte Papst Urban V. P. zum Ebf. v. Kreta, am 5. Juli 1364 zum Titularpatriarchen v. Konstantinopel sowie zum Legaten für den Kreuzzug v. 1365. Fast gleichzeitig vermittelte P. als päpstl. Legat zw. Zypern und Genua (1364/65) sowie zw. Mailand und Urban V. F. R. Gahbauer

Ed.: J. SMET, The Life of St. Peter Th. by Philippe de Mézières, 1954 – Lit.: LThK² VIII, 382 – DÖLGER[-WIRTH], Reg., 1965, Nr. 3071 – J. DARROUZÈS, Les regestes des actes du Patriarcat de Constantinople, I, Fasc. V, 1977, Nr. 2415, 2443 – O. WIMMER-H. MELZER, Lex. der Namen und Hl.n, 1984, 669.

72. P. de Trabibus, Franziskanertheologe, † Ende des 13. Jh., Herkunftsort unbekannt (Provence oder wahrscheinl. Marken [vielleicht aus dem heut. Ponte della Trave]). Galt bisweilen als ident. mit →Petrus Johannis Olivi, von dessen Lehre er (sowie von den Viktorinern) stark beeinflußt ist. Da er seine theol. Ausbildung wahrscheinl. in den Ordensstudia erlangte, hatte er die Möglichkeit, in Florenz Petrus Joh. Olivi zu hören. Mit Sicherheit sind ihm Buch I und II eines (in drei Hss. überlieferten) Sentenzenkomm. (verfaßt um 1290) zuzuschreiben, die Zuschreibung von B. III ist fraglich, B. IV ist ihm abzusprechen. Seine Thesen, daß nur die forma vegetativa und die forma sensitiva, nicht jedoch die forma intellectiva die unmittelbare Form der Leiblichkeit konstituieren, wurden vom Konzil v. Vienne 1312 verurteilt. G. Barone

Ed. und Lit.: DThC XII/2, 1249-1264 – EFil² IV, 1601-1602 – TOTOK, 489 – E. LONGPRÉ, P. de T., un discepolo di P. Giovanni Olivi, Studi Franc. VIII, 1922, 267-290 – H. A. HUNING, Die Stellung des P. de T. zur Philos., FSt 46, 1964, 193-286, ebd. 47, 1965, 1-43 [mit Ed. des Prologus secundus in primum l. Sententiarum] – DERS., The Plurality of Forms according to P. de T., FStud 28, 1968, 137-196 [Teiled. von B. I] – G. GÁL, P. de T. on the Absolute and Ordained Power of God (Fschr. I. CH. BRADY, 1976), 283-292 – P. J. DOYLE, The Disintegration of Divine Illumination in the Franciscan School, 1285-1300: Peter of Trabes, Richard of Middleton, William of Ware [Diss. Marquette Univ., 1984].

73. P. v. Tussignano, Arzt und med. Schriftsteller, † vor 1411. Studierte Medizin in Padua und Bologna, wo er 1377 Professor wurde. 1386 erhielt er das Bürgerrecht und bewährte sich 1387 als Pestarzt. Dem Ruf nach Ferrara folgte eine Lehrtätigkeit in Pavia, wohin ihn Giangaleazzo Visconti rief, dem P. 1398 das »Consilium pro peste evitanda« widmete. 1396 entstand in Bormio der »Liber de Balneis Burmi« (Erstdr. 1475 bzw. 1553 Venedig). Weitere gedr. Schr.: »Receptae super nono Almansoris«, »De medicamentorum formulis«, »Tabulae super problemata Aristotelis« (1497, 1505, 1518 Venedig) sowie die »Compositiones et remedia ad plerosque omnes afflictus morbosque sanandos« (Lyon 1587). P. schrieb auch über Phlegmonen und die Gicht, ferner eine »Practica«, eine »Chirurgia« und ein »Regimen sanitatis«. K. Bergdolt

Lit.: GURLT I, 802 – A. W. E. HENSCHEL, Janus 3, 1853, 45-47 – THORNDIKE/KIBRE 1884 – BLA V, 1962, 665 – G. MAZZINI, Vita e opere di Maestro Pietro da Tossignano, 1926.

74. P. (Mauricius) **Venerabilis** OSB, 9. Abt v. →Cluny 1122-56, * 1092/94 in Montboissier (Auvergne), † 25. Dez. 1156 in Cluny, ▭ Cluny; aus der Adelsfamilie Montboissier (Vater Maurice; Mutter Raingard, starb als Nonne im cluniazens. Priorat Marcigny; von sieben Brüdern erlangten vier hohe kirchl. Ämter: Heraclius als Ebf. v. Lyon, Pontius als Abt v. Vézelay, Jordanus als Abt v. Chaise-Dieu und Armannus als Prior v. Cluny und späterer Abt v. Manlieu). P. kam als Oblate ins Kl. Sauxillanges und trat noch unter Abt →Hugo in Cluny ein; 1115/ 16-1120 (?) Prior in Vézelay, 1120-22 (?) Prior in Domène (bei Grenoble). Am 22. Aug. 1122 Wahl zum Abt v. Cluny als Nachfolger Hugos II. Die klösterl. Gemeinschaft stand jedoch offensichtl. keineswegs geschlossen hinter ihrem Abt, wie die Ereignisse von 1125/26 zeigten, als der zurückgetretene Abt Pontius nach seiner Rückkehr aus dem Hl. Land mit Unterstützung eines Teils der Mönche sowie der Einwohner Clunys und umwohnender Grundherren sich gewaltsam wieder in den Besitz der Abtei brachte. Wie auch immer die Beweggründe, die zu diesem Konflikt führten, zu gewichten sind, so zeigt er doch ein Cluny, das sich, wie nie zuvor in seiner über 200jährigen Geschichte, vor eine doppelte Herausforderung gestellt sah: Lösung gravierender wirtschaftl. Probleme, verursacht nicht zuletzt durch die sich ausbreitende Geldwirtschaft und – ungleich schwerwiegender – Verteidigung und Behauptung der eigenen monast. Lebensform gegenüber Kritik und gegenüber Neuerungen und möglicherweise attraktiveren Reformansätzen. Beiden Aufgaben widmete sich P., der als der letzte der bedeutenden cluniazens. Äbte, dessen Wirkungskreis die gesamte damalige Welt erfaßte, anzusehen ist, mit einer trotz seiner instabilen Gesundheit erstaunl. Kraft – wenn auch nicht immer mit Erfolg. V. a. gelang es ihm nicht, die wirtschaftl. Probleme der Abtei langfristig zu bewältigen. Ungeachtet seiner Reformbemühungen hatte Cluny unter P. seinen Zenit überschritten, selbst wenn dem Verband noch einige wenige Kl. eingegliedert werden konnten. Im Dienste Clunys unternahm er neben Reisen im Kgr. Frankreich eine Reihe weiterer Reisen nach Italien (9 [11?]), England (2), ins Reich (1), Spanien (1) und nach Aquitanien (2). Undoktrinär, keineswegs starr am Überkommenen haftend, versuchte P., unter Wahrung unaufgebbarer Prinzipien des Glaubens und des benediktin. Mönchtums die konkreten Lebensformen, die Consuetudines, den Bedürfnissen einer veränderten Zeit anzupassen. In 76 – jeweils einleitend begründeten – Statuten, die den großen Generalkapiteln in Cluny (1132, 1146), mit 200 Prioren und über 1200 Mönchen (1132), vorgelegt wurden, formulierte er neue, strengere Regelungen, die der v. a. von den Zisterziensern und in der »Apologia« →Bernhards v. Clairvaux vorgebrachten Kritik – bes. wegen mangelnder Askese und dem Hang zum Luxus in Cluny selbst – am cluniazens. Mönchtum Rechnung tragen, ohne jedoch die wesentl. Positionen aufzugeben. So ließ er z. B. auch aus wirtschaftl. Gründen das Totengedächtnis mit seinen damit verbundenen Armenspeisungen einschränken. Ein wesentl. Charakterzug, der auch in seinem Beinamen, der ihm wohl zuerst von Friedrich I. beigelegt wurde (vgl. Robert v. Torigny), zum Ausdruck kommt, war im Gegensatz zu seinem Kontrahenten Bernhard v. Clairvaux, mit dem ihn gleichwohl echte Freundschaft verband, ein auf Verständnis und die Kraft von Argumenten bauendes Bemühen um Vermittlung und Ausgleich. Diese Eigenschaften führten nicht selten zum Erfolg, etwa bei der Friedensvermittlung zw. Alfons v. Kastilien und Alfons v. Aragón. Nach der Verurteilung →Abaelards auf der Synode in Sens bot er ihm Aufenthalt in Cluny und bewirkte eine Versöhnung mit Bernhard v. Clairvaux und die Aufhebung des päpstl. Verdikts. Innozenz II. verdankte auch P. seinen Sieg über Anaklet II., einen ehemaligen cluniazens. Mönch, wobei P. später Gelegenheit hatte, seine bedingungslose Unterstützung zu bedauern. Doch war es Innozenz II., der 1136 in einem Privileg dem Abt v. Cluny weitreichende Kompetenzen zur Unterstützung seiner Disziplinierungsbemühungen bis hin zum Exkommunikationsrecht verlieh. Die von seinem Sekretär →Petrus Pictaviensis zuammengestellten Briefe bezeugen den weiten Wirkungskreis von P. Neben den wichtigen Briefen (28 und 111, ed. CONSTABLE) an Bernhard v. Clairvaux oder an Heloïse über den Tod Abaelards (115) finden sich dort Briefe an die Herrscher in Kirche und Welt, an Päpste und Bf.e, die Patriarchen von Konstantinopel und Jerusalem, die Kg.e v. Frankreich, Norwegen, Sizilien und Jerusalem sowie den Ks. v. Konstantinopel. Außer den Statuten und Briefen verfaßte P. vier Predigten, Hymnen und liturg. Texte sowie »De miraculis«, eine Schrift über das Kl. und seine bedeutenden Äbte. Hervorhebenswert sind v. a. seine apologet. Texte: »Adversus Judaeorum inveteram duritiem«, worin er das Festhalten der Juden an ihrem alten Glauben kritisiert und sie zum Umdenken aufruft; »Contra Petrobrusianos haereticos«, gegen die Anhänger eines radikalen Evangeliums in der Nachfolge des →Petrus v. Bruis. Schließlich hat P. die älteste Koranübersetzung ins Lat. angeregt und hat, nachdem Bernhard v. Clairvaux sich seinen Bitten um Widerlegung entzogen hatte, in »Adversus nefandam sectam Saracenorum libri II« bei gleichzeitiger Zurückweisung der Lehren des Islams doch den Versuch einer Annäherung im Geist der Liebe und der Vernunft unternommen. Eine Vita verfaßte sein Schüler, der spätere Abt v. Cluny Radulfus. Weitere biograph. Nachrichten enthält das Chronicon Cluniacense. N. Bulst

Q.: MPL 189 – The Letters of Peter the Venerable, hg. G. CONSTABLE, 2 Bde, 1967 – Contra Petrobrusianos haereticos, hg. J. FEARNS, CChrCM 10, 1968 – Consuetudines Benedictinae Variae, hg. G. CONSTABLE, CCM 6, 1975, 19–106 – Petri Cluniacensis Abbatis. De miraculis libri duo, hg. D. BOUTHILLIER, CChrCM 83, 1988 – *Lit.*: Bibl.SS X, 737–744 – MANITIUS III, 136–144 – DHGE XIII, 59–72 – LThK² VIII, 383f. – Dict. MA IX, 524–525 – DIP VI, 1711–1713 – DSAM XII, 1669–1676 – J. LECLERCQ, Pierre le Vén., 1946 – P.V. 1156–1956, hg. G. CONSTABLE–J. KRITZECK, 1956 – J. KRITZECK, Peter the Ven. and Islam, 1964 – D. VAN DEN EYNDE, Les principaux voyages de Pierre le Vén., Benedictina 15, 1968, 58–110 – Pierre Abélard, Pierre le Vén. Les courants philos., litt. et artist. en Occident au milieu du XIIᵉ s., 1975 – G. CONSTABLE, Cluniac Studies, 1980 – J.-P. TORRELL–D. BOUTHILLIER, Pierre le Vén. et sa vision du monde, 1986.

75. P. de Vinea (fälschl. Vineis), * vor 1200 in Capua, † April 1249 in San Miniato. [1] *Leben und lateinische Werke*: Nach späteren Q. von niederer Herkunft soll P. nach dem Studium in Bologna bald nach 1220 Notar der Kanzlei Ks. Friedrichs II. geworden sein. Erstmals bezeugt ist P. im Sept. 1224 als Richter am Großhofgericht, doch hat er seit 1230 an dessen Sitzungen kaum mehr teilgenommen. Wahrscheinl. hat er aber mitgewirkt bei der Redigierung der Konstitutionen Friedrichs II. von 1231 (sog. →Liber Augustalis) und deren späteren Novellen. Seit dem Frieden von San Germano 1230 war P. einer der wichtigsten Diplomaten des Ks.s bei dessen Verhandlungen mit Gregor IX., Innocenz IV. und den oberit. Städten. In England vermittelte er 1235 die Heirat Friedrichs II. mit Isabella, der Schwester Kg. Heinrichs III. In der Kanzlei war P., vielleicht schon seit 1224, v. a. tätig als Verfasser zahlreicher Briefe und Rundschreiben Friedrichs II. 1239/40 gehörte er zu den hohen Würdenträgern, die den Notaren die Befehle des Ks.s übermittelten. Seit Mai 1243 war er Protonotar (Kanzleichef) und Logothet (Sprecher des Ks.s). Nach der Kanzleiordnung vom Jan. 1244 entschied

P. zusammen mit Thaddeus de Suessa über die dem Ks. eingereichten Petitionen. Prakt. hatte P. die Stellung eines leitenden Ministers inne. Rätselhaft bleiben Sturz und Tod des mächtigen Mannes. Friedrich II. ließ ihn im Febr. 1249 in Cremona verhaften und Ende April in der Reichsburg San Miniato blenden. Bald darauf scheint P. gestorben zu sein; nach einigen Q. durch Selbstmord, vielleicht aber infolge der Blendung. Der Ks. beschuldigte ihn des Verrats und der Bestechlichkeit. Vielleicht hat P. geheime Beziehungen zur päpstl. Kurie unterhalten. Und dafür, daß P. sein großes Vermögen auch durch Korruption erworben hat, gibt es urkdl. Hinweise. Er kann aber auch einer höf. Intrige zum Opfer gefallen sein, wie schon Dante angenommen hat. Die starke Nachwirkung des P. in der europ. Geistesgesch. beruht aber nicht nur auf der Anteilnahme an seinem trag. Schicksal, sondern v. a. auf seinem lit. Werk. Die von ihm in erhabenem und glanzvollem Stil formulierten Briefe und Manifeste Friedrichs II., die von seiner umfassenden, in der kirchl.-klass. Lit. des 12. Jh. wurzelnden Bildung zeugen, wurden schon um 1270 erstmals, vermutl. an der päpstl. Kurie, gesammelt und in verschiedenen Redaktionen kodifiziert. Im MA war seine Briefslg. in mindestens 230 Hss. verbreitet und diente in vielen Kanzleien als Formularbehelf. Wegen ihrer antipäpstl. Tendenz spielte sie eine große Rolle im Zeitalter der Reformation und der Aufklärung. Die polit. Predigten des P. sind nicht erhalten, wohl aber zwei lat. Dichtungen (gegen die Mendikanten und über die 12 Monate) sowie mehrere Dichtungen in Volgare (s. Abschnitt 2). H. M. Schaller

Q. *und Ed.*: Ausg. der Briefslg. 1529, 1566 [S. SCHARD]; 1609, 1740 [J. R. ISELIN] [Neudr. 1991]; weitere Briefe in J.-L.-A. HUILLARD-BRÉHOLLES, Hist. diplomatica Friderici II., 1–12, 1852–61 – DERS., Vie et correspondance de Pierre de la Vigne, 1865 – E. WINKELMANN, Acta Imperii, 1–2, 1880–85 – MGH Const. 2, 1896 – *Lat. Dichtungen*: L. CASTETS, RLR 32, 1888, 431–452 – A. MONTEVERDI, StM NS 4, 1931, 271f. – *Lit.*: DBI XXXVII, 776–784 [Lit.] – EDant IV, 511–516 [Lit.] – A. CASERTANO, Un oscuro dramma politico del sec. XIII. Pietro della Vigna, 1928 – H. M. SCHALLER, Stauferzeit, 1993, 197–223, 225–270, 463–478.

[2] *Volkssprachl. Werk*: Infolge seiner Tätigkeit am Hof Friedrichs II. und seines vertrauten Verhältnisses zum Ks. gehört der Capuaner P. (in den Hss. Piero da la Vigna genannt) als Dichter in der Volkssprache der →Sizilianischen Dichterschule an. Ihm werden zwei Canzonen zugeschrieben: »Amore in cui disio ed ho speranza« und »Amando con fin core e con speranza« (eine Art→»planctus« über den Tod der Geliebten); wahrscheinl. gehört ihm auch das Sonett über das Wesen Amors »Però ch'Amore no se po vedere« im poet. Streit (→Tenzone) mit →Giacomo da Lentini und mit Mostacci. Ein guter Kenner der okzitan. Tradition (→Troubadourdichtung), beherrscht P. auch in seinen Dichtungen in Volgare die poet. Techniken und greift dabei bisweilen zu raffinierten Formen wie den *capfinidas*-Strophen (→Vers und Strophenbau) und zu doppelsinnigen Versen. – Bereits im 13. Jh. war P. d. V. wegen seines raschen polit. Aufstiegs und seines ebenso raschen Sturzes von Legenden umwoben. Mit dem Bericht über P.' Selbstmord als Opfer der Verleumdung der Höflinge und seine Treue zu seinem Herrn setzt Dante ihm im 13. Gesang des Inferno ein Denkmal. L. Rossi

Ed.: Poeti del Duecento, hg. G. CONTINI, 1960, I, 119–128 – DERS., Letteratura it. delle origini, 1970, 57–61.

76. P. Wiechs (Vix) **v. Rosenheim**, * 1380 in Wiechs bei Rosenheim, † 27. Jan. 1433 in Basel, ab 1398 Studium in Wien, 1403 Profeß in Subiaco OSB, 1413 Prior in Rocca di Mondragone bei Capua, 1416 Reise zum Konstanzer Konzil, 1418–23 erster Prior des reformierten Kl. →Melk, 1423–26 Unterrichtstätigkeit ebd., nach 1426 Visitationen und Durchführung der Melker Reform in bayer. Kl., v. a. →Tegernsee, 1430 Romreise, 1431 Prior in St. Peter/Salzburg, 1432 Reise zum Basler Konzil, Orator concilii in der Hussitenfrage. Kontakte zu Kard. Branda→Castiglione und →Andreas v. Regensburg. P., ein früher Klosterhumanist, verfaßte neben einer verlorenen historia temporum mehrere lat., meist mnemotechn. Gedichte (Hauptwerk: »Roseum memoriale divinorum eloquiorum«, 1194 Distichen, 1423/26) und im Rahmen seiner Reformtätigkeit Protokolle, Anweisungen, Traktate, Briefe und viele Predigten. C. Märtl

Lit.: Verf.-Lex.² 7, 518–521 [Lit.] – F. X. THOMA, P. v. R., SMGB 45, 1927, 94–222 – DERS., Die Briefe des P. v. R...., Oberbayer. Archiv 67, 1930, 1–20 – DERS., P. v. R., Das bayer. Inn-Oberland 32, 1962, 97–164 – G. KOLLER, Princeps in ecclesia, AÖG 124, 1964, 84–92.

Petrusliturgie, Bezeichnung für ein heute nicht mehr gebräuchl. einheitl. Meßformular nach Art der byz. Liturgien, wobei im wesentl. der ins Griechische übers. Röm. Meßkanon (canon missae) wie die ö. →Anaphoren in den liturg. Rahmen des byz. Eucharistiegottesdienstes eingegliedert wurde. Um ihren röm. Ursprung zu bezeichnen, wurde diese Liturgie P. gen. Eine erste gr. Übers. des röm. ordo missae (nach dem Sacramentarium Gregorianum) erfolgte im frühen 9. Jh. in S-Italien. Von dort verbreitete sich die P. zunächst nach O-Illyrien, wo sie mit byz. Elementen weiter ergänzt wurde. In dieser adaptierten Form ist die P. in mehreren Hss. erhalten geblieben. Die georg. Version der P. (Ende 9. Jh.) diente als Grundlage für die in Großmähren verbreitete altkirchenslav. Version (Hs. im serb. Athoskl. Chilandar). H.-J. Feulner

Ed.: Missa apostolica sive H ΘEIA ΛEITOYPΓIA τοῦ ἁγίου ἀποστόλου Πέτρου..., hg. W. LINDANUS, 1589 – Lit.: H. W. CODRINGTON, The Liturgy of St Peter, LQF 30, 1936 [Lit.] – J. M. HANSSENS, OrChrP 4, 1938, 235–258; 5, 1939, 103–150 – J. VAŠICA, Slav. P. (Anfänge der slav. Musik, 1966), 23–34 [Lit.] – V. TKADLČÍK, Byz. und röm. Ritus in der slav. Liturgie (Fschr. H. BIEDERMANN, 1971), 313–332.

Petschaft → Siegel

Petschenegen → Pečenegen

Pettau (lat. Poetovio, slowen. Ptuj), Stadt an der →Drau, röm. Anlage an der z. Z. Ks. Hadrians errichteten Brücke, im HochMA wichtigster Fernhandelsplatz am Alpenostrand. 874 weihte Ebf. Theotmar v. Salzburg in P. eine vom pannon. Fs.en →Kocel gestiftete Kirche, 982 bestätigte Ks. Otto II. jenen Besitz, den sich Salzburg u. a. mit Hilfe der auf 890 gefälschten Arnulfinums bereits angeeignet hatte. Seither war das Erzstift →Salzburg in und um P., wo Ebf. →Konrad I. eine Burg erbauen ließ, alleiniger Grundherr. Das Amt der Burggf.en versahen die Herren v. P., die in der 2. Hälfte des 13. Jh. erfolglos versuchten, sich in den Besitz von Herrschaft, Burg und Stadt zu setzen. Mit Erlöschen der P.er (1438) und Verzicht der →Schaunberger (1445) wurden Burg und Hauptmannschaften (weit über 20) von Salzburger Beamten verwaltet. Im 15. Jh. sind Bürger des bis ins 16. Jh. erstrangigen internat. Handelsplatzes unter den reichsten Herren Süddeutschlands zu finden. Ohne langen Bestand blieb die 1220 errichtete Münzstätte, doch dürfte von einer um 1100 bezeugte jüd. Gemeinde in der Ausfuhr von →Friesacher Pfennigen eine wichtige Rolle gespielt haben. Frühe Niederlassungen der Dominikaner (1230) und der Minoriten (1262) unterstreichen die Bedeutung der Stadt, die wahrscheinl. schon um 1300 salzburg. Stadtrecht hatte (1376 in 196 Art. aufgezeichnet). 1503 bestätigte Kg. Maximilian I. P. das alte Niederlagsrecht und das Zwischenhandelsmonopol im Handel von Ungarn nach Italien. G. Hödl

Lit.: H. DOPSCH, Gesch. Salzburgs, I/2, 1983, 975–978 [Lit. in Anm. 330–360] – O. PICKL, Der Funktionswandel der Stadt P., 1985.

Pettendorf → Längenfeld-Pettendorf

Peuerbach, Georg v. (eigtl. Georg Aunpeck), Astronom und Humanist, * zw. 1421 und dem 30. Mai 1423 in Peuerbach (Oberösterreich), † 8. April 1461 in Wien; studierte spätestens seit 1446 an der Univ. →Wien, dort 1448 Bacc., 1452 Lic. und 1453 Mag. art. Auf einer Italienreise (1448–51) dürfte er →Nikolaus v. Kues und wohl auch Paolo →Toscanelli und Giovanni →Bianchini kennengelernt haben; 1449 hielt P. Vorlesungen an der Univ. →Padua. Nach seiner Rückkehr schloß sich P. dem Humanistenkreis um Enea Silvio Piccolomini (→Pius II.) in Wiener Neustadt an. Vermutl. 1452 lernte P. den jungen →Regiomontanus kennen, der sein Schüler und enger Freund wurde. Als Hofastrologe reiste P. 1453 mit Kg. Ladislaus nach Ungarn, wo er vermutl. Johann →Vitéz traf. P. hielt an der Wiener Univ. Vorlesungen über die röm. Klassiker, nicht aber über das Quadrivium. Während seines Wiener Aufenthalts (1460–61) zog →Bessarion P. an seine Akademie und veranlaßte ihn, gemeinsam mit Regiomontanus die »Epitoma in almagestum Ptolemaei« (→Almagest) herauszugeben. Die Epitoma wurde in der Bearbeitung des Regiomontanus erst 1496 gedruckt. Unter P.s zahlreichen Schriften ragen bes. die »Theoricae novae planetarum« heraus, die bald zum Standardwerk über die Planetentheorie (→Planeten) wurden und die »Sphaera« des →Johannes de Sacrobosco sowie die »Theorica planetarum« (zugeschrieben →Gerhard v. Cremona) als Univ.slehrbuch verdrängten (Erstdr. durch Regiomontanus ca. 1473, ca. 70 Ausg.). In Anlehnung an arab. Vorbilder vertritt P. hier die Ansicht, die Planetensphären seien mit Materie ausgefüllt. Eine spätere Fassung behandelt auch die Trepidationstheorie nach →Ṯābit ibn Qurrā. P. konstruierte und schrieb über astron. →Instrumente (Reise-, Mauer- und Ringsonnenuhren, Astrolabien, Himmelsgloben, Geometr. Quadrat). Zu math. Abhandlungen gehören der »Algorismus de integris« (gedr. 1492), das »Introductorium in arithmeticam« (gedr. 1511 u. ö.), eine Schrift zur Trigonometrie (»Tractatus de sinubus et chordis«, gedr. 1541) und eine Sinustafel für den Radius 600 000 mit 10' Schrittweite. Weitere Arbeiten behandeln Kometen, Finsternistafeln (gedr. 1514, noch von Tycho Brahe benutzt) und Komputistik; ferner sind Gedichte und einige Briefe erhalten. M. Folkerts

Lit.: DSB XV (Suppl. 1), 473–479 [Lit.] – E. ZINNER, Verz. der astron. Hss. des dt. Kulturgebietes, 1925, 241–243 – DERS., Leben und Wirken des J. Müller v. Königsberg gen. Regiomontanus, 1968², 26–49 – H. GRÖSSING, Humanist. Naturwiss., 1983, 79–116 – E. AITON, Peurbach's »Theoricae novae planetarum«. A Translation with Comm., Osiris, 2nd Ser. 3, 1987, 5–43.

Peuntner, Thomas, * um 1390 Guntramsdorf bei Wien, † 20. März 1439 Wien, ⌐ ebd., Stephansdom, Schüler des Initiators der →Melker Reformbewegung, →Nikolaus v. Dinkelsbühl. Seit 1426 Pfarrer und Prediger am Wiener Hof und Beichtvater der Hzgn. Elisabeth (Tochter Ks. Siegmunds, ∞Hzg. Albrecht V. v. Österreich); 1436 in das Kollegiatkapitel bei St. Stephan aufgenommen, ab 1437 auch als Prediger im Wiener Augustiner-Chorfrauenstift 'Zur Himmelspforte' bezeugt. P., als angesehener Seelsorger mit den führenden polit. und geistl. Kreisen Wiens eng verbunden, gehört zu den wichtigsten Vertretern der sog. 'Wiener Schule', die, scholast. Lehre und praxisbezogene Frömmigkeit verknüpfend, ihre Reformideen v. a. mit Hilfe der Volkssprache breiteren (Laien)Schichten vermittelte. An dieses Publikum wenden sich auch P.s nur in lat. Entwürfen (darunter zwei Autographen) tradierten rund 150 zw. 1428 und 1439 gehaltenen Predigten. Auf unmittelbare Lebensorientierung zielen seine volkssprachl. Werke, die theol. Erörterungen auf das Handeln im Allg. beziehen, sich radikal gegen äußerl. Frömmigkeit wenden und die Liebe zu Gott um seiner selbst willen propagieren (Traktat über die Sonntagsheiligung, 1434; Ars moriendi; Betrachtungen über Vaterunser und Ave Maria, 1435; 'Christenlehre'; 'Beichtbüchlein'), einschließl. des wohl 1428 entstandenen, in drei Autorfassungen vorliegenden Hauptwerks ('Büchlein von der Liebhabung Gottes'), einem der verbreitetsten Erbauungsbücher des SpätMA (72 Hss.; noch bis ins frühe 17. Jh. gedruckt).   N. H. Ott

Ed.: R. Rudolf, Th. P. Betrachtungen über das Vater Unser und das Ave Maria, 1933 – Ders., Th. P.s Kunst des heilsamen Sterbens, 1956 – B. Schnell, Th. P., 'Büchlein von der Liebhabung Gottes', 1984 – *Lit.*: Verf.-Lex.² VII, 537–544 [B. Schnell].

Peutingersche Tafel → Tabula Peutingeriana

Pevensey, röm. Kastell und ma. Burg in England (Sussex). Auf einer nach Ausweis von Ziegelstempeln bereits im 2./3. Jh. von der röm. Cl(assis) Br(itannica) genutzten, in Antike und MA weit ins Flutgebiet des Meeres ragenden Halbinsel wurde offenbar im frühen 4. Jh. zum Ausbau der bereits angelegten Sicherung des →Litus Saxonicum ein fast 4 ha (in weitgehend erhaltener, ungewöhnl. ovaler Ummauerung) bedeckendes Kastell errichtet. P. wird heute gleichgesetzt mit dem in der →Notitia Dignitatum (Oc. 28,10) gen. Anderitum (Anderidos), wo die Militäreinheit des numerus Abulcorum lag (Einheiten Anderetianorum lagen zur Entstehungszeit jenes Werks, um 408, bereits in Gallien und Germanien). Die Ags. →Chronik erwähnt die Eroberung von Andredesceaster (= P.) i. J. 491 (Hs. F: 490); Reste einer ags. Kapelle weisen auf eine spätere Siedlung im Kastellareal. Bald nach der norm. Invasion 1066 wurden die antiken Kastellmauern als Zwingmauern für die nun in der SO-Ecke des Areals errichtete Burg genutzt; P. wurde Hauptort des gleichnamigen norm. *lordship and rape*. Im 13. Jh. erhielt der Burghof eine (erhaltene) turmbewehrte Ringmauer. Mit der Verlandung des Flutgebiets im ausgehenden MA verlor P. seine militär. Bedeutung.   K. Brodersen

Lit.: The Hist. of the King's Works, hg. H. M. Colvin, 1963, II, 778f. – A. J. Taylor, Evidence for a pre-Conquest Origin for the Chapels in Hastings and P. Castles, Château-Gaillard 3, 1969, 144–151 – S. Johnson, The Roman Forts of the Saxon Shore, 1976, 56–59 – Ders., P. (The Saxon Shore, hg. V. Maxfield, 1989), 157–160.

Peyrac, Aymeric de, Abt v. →Moissac, Autor, * um 1340 in Domme (dép. Dordogne), † 1406 in Moissac (?); Sohn eines Richters (iudex ordinarius) in Cahors und Montauban, der in den Dienst →Eduards, des Prinzen v. Wales und Prinzen v. Aquitanien, getreten war. P. besuchte die Univ. in Cahors und Toulouse, wo er lehrte und 1375 zum Dr. decret. promoviert wurde. Oft hielt er sich an der Kurie v. Avignon auf. Als Abt v. Moissac (1377–1406) bemühte er sich, das alte Ansehen und die Beziehungen der Abtei zum frz. Königshaus wiederzubeleben. 1399–1400 verfaßte er eine lat. Universalchronik, in der er ausgiebig aus dem Urkundenbestand des Archivs v. Moissac zitiert und Partei für den »avignones.« Papst Benedikt XIII. ergreift. Sein »Stromatheus tragicus de Obitu Karoli Magni« (1404–05), gewidmet dem Hzg. →Jean de Berry (der eine der Hss. empfing), umfaßt eine Reihe lit. kunstvoll gearbeiteter Klagen auf den Tod Karls d. Gr.   P. Mironneau

Ed. und Lit.: Die Chronik ist unediert (Hss.: Paris, BNL lat. 5288, fol. 60–67 [unvollst.], 4991 A); lediglich einzelne Frgm. bei Baluze-Mollat, Vitae paparum Avenionensium, I, 1916, 405–414 – Recueil des historiens des Gaules et de la France, XXIII, 1876, 198–212 – P. Mironneau, A. de P., abbé de Moissac historien, Éd. et comm. du Stromatheus tragicus (Positions de thèses de l'École de Chartes, 1989), 155–160.

Pfäfers, Kl. OSB (Schweiz, St. Gallen, Bm. Chur). Das rät. Kl. am Ausgang des Taminatals in das Rheintal wurde um 740 gegr. An der Dotation mit Gütern waren die Viktoriden maßgebl. beteiligt, während personell mit einer Unterstützung aus dem Kl. →Reichenau zu rechnen ist. Bereits im 9. Jh. erreichte das roman. Kl. eine große Blüte, die sich im Evangelistar, Verbrüderungs- und Memorialbuch »Liber Viventium« widerspiegelt. Von P. aus wurde die Abtei →Müstair gegründet. 861 verlieh Ks. Ludwig II. P. Immunität, Kg.sschutz und Gerichtsbarkeit über die Zinsleute. Wegen seiner papstfreundl. Haltung im Investiturstreit wurde das Kl. spätestens 1114 dem Bf. v. →Basel unterstellt; 1116 befreite es Papst Paschalis II. wieder und bestätigte Rechte und Freiheiten. Eine Reihe von Bibl.skatalogen belegt die Blüte des Kl. im FrühMA. Seit dem HochMA kam es zu Auseinandersetzungen mit verschiedenen Vögten, v. a. 1257 mit Albert v. Sax. Den polit. Höhepunkt erreichte P. 1408, als Kg. Ruprecht der Abtei die freie Abtwahl verlieh. Nach einer Blüte im SpätMA, v. a. unter den Äbten aus dem Geschlecht der Reitnauer und Wolfurter, stürzte die Reformation das Kl. in eine tiefe Krise. Seit dem SpätMA wurden die Einrichtungen der auf klösterl. Territorium in der Taminaschlucht gelegenen Therme ausgebaut. Das Kl. wurde 1838 vom Großen Rat des Kt.s St. Gallen aufgehoben.

W. Vogler

Lit.: H. Wartmann, Das Kl. Pfävers, JSchG 6, 1887, 49–85 – F. Perret, Aus der Frühzeit der Abtei P., 98. St. Galler Neujahrsbl., 1958 – J. A. Hardegger, Beitr. zur spätma. Gesch. der Benediktinerabtei Pfävers [Diss. Freiburg i. Ue., 1969] – Die Abtei P. Gesch. und Kultur, hg. W. Vogler, 1985² – Helvetia Sacra III/1, 1986, 980–1033 [Q., Lit.].

Pfaffe vom Kahlenberg, der, eine um 1470 vielleicht direkt für den Erstdruck (Augsburg, Jodocus Pflanzmann, 1473) entstandene, gereimte Schwanksalg. (→Schwanklit.), erwähnt V. 2178f. 'Villip Franckfuerter czu Wien' als Autor, identifiziert mit dem in Wiener Grundbucheintragungen nachgewiesenen Hausbesitzer Philipp Frankfurter (* um 1450/60, † vor 1511), der von der Spekulation mit abgebrannten und wiederaufgebauten Häusern lebte.

Die Slg. vereinigt mündl. umlaufende Schwänke über Leben und Taten des Pfarrers v. Kahlenbergerdorf bei Wien (hinter dem vielleicht der hist. bezeugte, dort 1330–39 als Pfarrer wirkende Gundacker v. Thernberg steht) in einem chronolog.-biogr. strukturierten Erzählrahmen: Durch eine List erlangt ein Theologiestudent die Kahlenberger Pfarrstelle und überzieht die Bauern seiner Pfarrei, Amtsbrüder und Vorgesetzte, ja sogar Hzg. →Otto den Fröhlichen († 1339), mit gleichermaßen sophist. wie derben, mitunter auch erot.-fäkal., stets jedoch seine intellektuelle Überlegenheit demonstrierenden Streichen. Die geschickt konzipierte Schwanksalg. war, wie zahlreiche obdt. und nd. Drucke sowie ndl. und engl. Prosafassungen zeigen, bis ins 17. Jh. lebendig, wurde (u. a. von Aventin, →Agricola, →Brant, →Celtis, Fischart, Murner, Luther) breit rezipiert und beeinflußte auch spätere Schwankbücher (u. a. →»Eulenspiegel«, »Peter Leu«).

N. H. Ott

Ed.: F. BOBERTAG, Narrenbuch, 1884, 7–86 – K. SCHORBACH, Die Gesch. des P. v. K., 1905 – V. DOLLMAYR, Die Gesch. des P. v. K., 1906 – *Lit.:* R. PERGER, Ph. F., Wiener Gesch. bll. 24, 1969, 455–460 – W. RÖCKE, Die Freude am Bösen, 1987, 154–212 – P. STROHSCHNEIDER, Schwank und Schwankzyklus, Weltordnung und Erzählordnung im »P. v. K.« (Kleinere Erzählformen im MA, hg. K. GRUBMÜLLER u. a., 1988), 151–171.

Pfaffenbrief, Vereinbarung vom 7. Okt. 1370 zw. den eidgenöss. Orten an der Gotthardstraße →Zürich, →Luzern, Zug, →Uri, →Schwyz, →Unterwalden: Wer in eidgenöss. Gebieten wohnt – bes. Leute in österr. Diensten und fremde Geistliche –, darf keine fremden und geistl. Gerichte anrufen. Die Sicherheit des Verkehrs vom Gotthard bis Zürich wird garantiert. Die Bestimmungen der eidgenöss. Bünde über Geldschuld, Pfand und Strafverfolgung werden bekräftigt und durch das Verbot von Privatfehden ergänzt. Direkte Ursache für den P. war ein Überfall des österr. gesinnten Propstes Bruno Brun, Sohn des Zürcher Bürgermeisters Rudolf Brun, auf den Luzerner Schultheißen Peter v. Gundoldingen bei Zürich. Der P. entwickelte das Recht der eidgenöss. territorialen Gerichtshoheit gegenüber Österreich und der bfl. Kurie v. Konstanz. Der Name P. kam erst im 16. Jh. auf und förderte seine irrige Interpretation als Kampfinstrument des Staatskirchentums. H. C. Peyer

Lit.: J. SCHÜRMANN, Stud. über den P., 1948 – F. ELSENER, Der eidgenöss. P., ZRGKanAbt 44, 1958 – B. MEYER, Die Bildung der Eidgenossenschaft im 14. Jh., 1972, 190ff. – H. C. PEYER, Verfassungsgesch. der alten Schweiz, 1978, 32f. – Aegidius Tschudi, Chronicon, ed. B. STETTLER, V, 1984, 278, Anm. 317.

Pfahlbürger, außerhalb der Stadtmauern wohnende Personen (→Ausbürger), die das Bürgerrecht einer Stadt erworben hatten, aber dennoch unterschiedl. Rechtsstellung sein konnten (sprachwiss. Deutung umstritten). Seit die Bürgergemeinden sich ab dem 12. Jh. vom herrschaftl. strukturierten Land absetzten und Privilegien erwarben, strebten Landbewohner meist aus dem Umkreis der Städte die Teilhabe an den Privilegien an und versuchten, sich ihren Landes- und Grundherren zu entziehen. Letztere fürchteten, daß städt. Gemeinden Angehörige ihrer Grundherrschaften an sich bänden, und wehrten sich gegen die drohende Aushöhlung ihrer Herrschaft. Die Reichsgesetzgebung (Constitutio in favorem principum 1231/32, Reichslandfriede 1235, Goldene Bulle 1356) verbot den Städten die Aufnahme von P.n, die ihrerseits die Aufnahme untersagten wie 1254 am Rhein. Bund. Viele Städte regelten im SpätMA vertragl. die Aufnahme von Grundholden. Wiederholte Klagen beweisen trotz allem die Wirkungslosigkeit des P. verbots. K. Militzer

Lit.: HRG III, 1652–1656 [Lit.].

Pfalz, Palast
A.-H. Westlicher Bereich: A. Allgemeine Institutionsgeschichte; Frankreich und Ostfränkisch-deutsches Reich – B. Allgemeine Baugeschichte – C. Oberitalien – D. Unteritalien – E. Westfrankenreich/Frankreich – F. England, Schottland, Wales – G. Skandinavien – H. Ostmitteleuropa – I. Byzantinisches Reich und Südosteuropa – J. Arabischer und osmanischer Bereich

A.-H. Westlicher Bereich:
A. Allgemeine Institutionsgeschichte; Frankreich und Ostfränkisch-deutsches Reich

I. Begriff, Erscheinungsbild, Typologie und Funktion – II. Regnum Francorum bis zur Mitte des 9. Jh. – III. Ostfränkisch-deutsches Reich bis zur Mitte des 13. Jh.

I. BEGRIFF, ERSCHEINUNGSBILD, TYPOLOGIE UND FUNKTION: Der Begriff 'P.' leitet sich von lat. palatium, dem ursprgl. Namen des röm. Hügels Palatin, her und ist als *pfalinza* eingedeutscht worden. Auf dem Palatin hatten die röm. Ks. seit Augustus ihre Residenz, für welche seit dem 2. Jh. in Übernahme des Toponyms die Bezeichnung palatium gebräuchl. wurde. Dabei ging mit der zunehmenden Reisetätigkeit der Ks. der Name auch auf andere Herrschaftszentren (u. a. Mailand, Ravenna, Arles, Trier) über, so daß es eine Vielzahl von palatia im Imperium Romanum gab. Daneben bildete sich, belegt seit dem 4. Jh., die Konnotation von palatium als sozial und institutionell verstandenem 'Hof' heraus, und dieses Nebeneinander der lokalen und figurativen Bedeutung wirkte auch im MA fort; das gilt gleichermaßen für den älteren röm. Begriff →aula, dem dieselbe Doppelbedeutung eignet. Außerhalb Italiens wurde die Bezeichnung palatium seit dem 6. Jh. vielerorts für das bis dahin getrennt betrachtete öffentl. Amtsgebäude (praetorium) üblich, so daß sich die Zahl der P. en weiter vervielfachte. Dies hatte andererseits zur Folge, daß seit ca. 800 palatium/pfalinza auch die Regierungsstätte eines Amtsträgers, z. B. Hzg.s, Bf.s oder Gf.en, bezeichnen konnte bzw. allg. ein repräsentatives Gebäude, so daß der Weg zu 'Palas/Palais/Palast' schon früh vorgezeichnet ist; folgerichtig definierte sich die P. des Kg.s seit dem 9. Jh. als palatium regium (selten auch imperiale). Eine weitere Neuerung ist seit dem 9. Jh. zu beobachten, als das Wort curtis/(*kuningis*)-hof in dem Sinn von P. und kgl. Hof (→curia) gebräuchl. wurde, während palatium seit dem 10. Jh. immer seltener begegnet und sich im wesentl. auf karol. P. en beschränkt. Mit dem zur selben Zeit zunehmenden Befestigungscharakter der P. und ihrem Erscheinungsbild als →Burg geht die Bezeichnung castrum/castellum einher. Idealtyp. ist eine P. durch ihre Zugehörigkeit zum Reichsgut, durch häufige und in ihren Agenden wichtige Aufenthalte des Kg.s und durch ihre repräsentative Architektur zu beschreiben. Doch läßt sich aufgrund dieser Kriterien kein fester Kanon von P. en im ma. Reich feststellen, da seit der spätkarol. Zeit auch kirchl. Orte, v. a. Bf.ssitze und bisweilen Reichskl., P. funktion wahrnehmen. Wegen der gleitenden Zahl der Herrscheraufenthalte muß der Übergang zum weniger bedeutenden Kg.shof offenbleiben. Auch büßten manche P. en, bedingt durch mangelndes Interesse oder mangelnden Handlungsspielraum des Kgtm.s, zeitweise oder dauerhaft ihren Mittelpunktcharakter ein, andere wurden zu bestimmten Zeiten in ihrer Funktion reaktiviert und mit bes. Aufmerksamkeit bedacht, so daß, abgesehen von wenigen durchgängig wichtigen Orten, Zahl und Verteilung von P. en im Laufe der Zeit sehr variieren.

Das baul. Erscheinungsbild einer P. ist in den seltensten Fällen erhalten und läßt sich daher zumeist nur aus dem archäolog. Befund und aus schriftl. Nachrichten rekonstruieren. Als Grundelemente einer P. können folgende Bestandteile gelten: das Wohngebäude zur standesgemäßen Unterbringung des Herrschers, seiner Familie und seiner engsten Umgebung, der Saalbau, in dem die öffentl. Regierungshandlungen wie Hoftage, Rechtsprechung, Empfang von (auswärtigen) geistl. und weltl. Würdenträgern und Gesandten stattfanden, und die Kirche als Oratorium des Herrschers, bisweilen institutionell erweitert zu einem Kollegiatstift (P.stift) oder durch dieses ergänzt, wodurch die Feier kirchl. Feste in der P. ihren würdigen Rahmen erhielt. Zur Versorgung des Kg.s und seines oft zahlreichen Gefolges bedurfte die P. eines nahegelegenen Wirtschaftshofes, in dem die Einkünfte der zur P. gehörenden grundherrschaftl. Besitzungen und die von fern für einen Kg. saufenthalt angelieferten Servitien gesammelt wurden. Zu diesem Grundbestand traten bisweilen noch andere, die Repräsentation unterstreichende Komponenten wie ein Tiergarten hinzu. Dabei variieren die P.en in ihrer Größe ebenso wie in der räuml. Zuordnung der einzelnen Elemente je nach polit. Bedeutung beträchtl., aber auch ihr allg. Erscheinungsbild veränderte sich im Laufe des MA: Während für die frühe Karolingerzeit charakterist. ist, daß die P. unbefestigt war und sich der Sitz des Herrschers (sedes regia) als unkrieger. Palast (imbellis aula) zu erkennen gab, wurden die P.en bereits im späten 9. Jh., z. T. bedingt durch äußere Bedrohung, durch eine Befestigung geschützt, und dieser, von starker Ummauerung gekennzeichnete Burgcharakter kann, von wenigen Ausnahmen (→Magdeburg, →Goslar) abgesehen, seit der otton. Zeit als typ. für die ländl. P.en gelten. Während die P.en innerhalb von Bf.ssitzen (civitates) bereits seit alters in einen frühstädt. Kontext eingefügt waren, erhielten wichtige P.en ab dem 11. Jh. Stütze und Prägung durch eine mit ihnen verbundene Marktsiedlung. Diese Zuordnung von P. und Stadt erfuhr in der Stauferzeit insofern ihren Höhepunkt und ihre bes. Eigenart, als das Kgtm. neue P.en ausschließl. mit der Anlage bzw. Privilegierung von städt. Siedlungen verband.

Es gehört zu den Merkmalen von P.en, daß manchen von ihnen bei der Herrschaftspraxis des im Reich umherziehenden Kg.s eine bes. und traditionsbildende Funktion zukam. Bereits in der Karolingerzeit läßt sich beobachten, daß das Kgtm. an bestimmten P.en (→Quierzy, →Worms, später →Aachen) längere Zeit im Winter verweilte; die Forsch. spricht in solchen Fällen von »Winterp.en«. Damit war vielfach die Feier hoher kirchl. Feste verbunden, so daß sich die bisweilen langdauernde Tradition von »Osterp.en« (z. B. →Quedlinburg, →Ingelheim) und »Weihnachtsp.en« (→Pöhlde, Goslar) beobachten läßt, die ebenso wie die von der Itinerarforsch. herausgearbeitete Periodisierung des kgl. Reiseweges zur Strukturierung der kgl. Herrschaftsausübung beitrug (→Itinerar). Auch einzelne Funktionen und Handlungen des Kg.s an P.en wurden bereits für eine Typologie in Anschlag gebracht (Taufp.en, Jagdp.en). Allerdings empfiehlt es sich, angesichts des abundanten Gebrauchs des P.begriffs in der älteren Forsch., eher vorsichtig damit umzugehen und z. B. von Jagdhöfen zu sprechen. Auch der neuerdings eingeführte Begriff der Klosterp. bedarf insofern der Differenzierung, als im einzelnen zu prüfen ist, ob es sich bei dem jeweiligen Komplex um ein für die Unterkunft des Kg.s geeignetes repräsentatives Haus bei einer Reichsabtei handelt oder ob ein selbständiges palatium neben einem Kl. bestanden hat. Grundsätzl. waren die P.en ebenso Herrschaftszentren wie Herrschaftszeichen des Kgtm.s. Wird der erste Aspekt in der Regierungspraxis der sich in P.en aufhaltenden Kg.e greifbar, so erhält der zweite angesichts der Tatsache Konturen, daß im statist. Normalfall der Kg. von der P. abwesend war. Über die Organisation einer P. und ihre Funktion in solchen Phasen ist wenig bekannt; vermutl. war der Verwalter des zu einer P. gehörenden Wirtschaftshofes (villicus, actor) auch für die P. verantwortl., seit stauf. Zeit der für den Reichsgutbezirk zuständige Vogt. Da P.en als »öffentl.« Gebäude galten, konnten sie auch in Abwesenheit des Herrschers als Stätten von Rechtshandlungen gebraucht werden. In der Karolingerzeit ist dabei z. T. ausdrückl. von der Erlaubnis des Kg.s die Rede. Eine bes. Bedeutung fiel den P.en in Phasen langer Abwesenheit des Kg.s vom Reich und in Krisen wie der Zeit nach dem Tod eines Kg.s zu. In solchen Situationen wurde die Funktion von P.en als Konkretisierung und Symbol der kgl. Gewalt sichtbar. Am Diskurs über die Zerstörung der P. in Pavia nach dem Tod Heinrichs II. 1024 zeigt sich wiederum, wie sich die Ansätze eines transpersonal verstandenen Reichsbegriffs gerade am Herrschaftszeichen der P. festmachen konnten. Das schon früh greifbare Verständnis einer P. als aedes publicae ließ sie vielfach zur legitimierenden Stätte von Fs.enversammlungen in Abwesenheit des Herrschers, z. T. auch gegen ihn gerichtet, werden.

II. REGNUM FRANCORUM BIS ZUR MITTE DES 9. JH.: Die Merowinger übten ihre Herrschaft noch vorwiegend in röm. civitates wie →Paris, →Soissons und →Orléans aus, wobei durch die Reichsteilungen einzelne Orte jeweils Mittelpunktfunktion erhielten; dies gilt seit dem späten 6. Jh. bes. für →Metz, das zur wichtigsten austras. P. und zum Kristallisationspunkt in der Genese der karol. Dynastie wurde. Während an all diesen Orten röm. Palastbauten weiterbenutzt wurden, weist die Gründung ländl. P.en in villae wie →Clichy (nahe dem bedeutenden Sakralort St-Denis) und →Compiègne in Neustrien auf die im FrühMA wichtig werdende neue Form von P.enpolitik hin. Merow. P.en in Austrien sind neben dem Rhein in Marlenheim, →Selz, Worms, →Andernach und →Koblenz bezeugt. Die Aufstiegsphase der karol. →Hausmeier spiegelt sich in der damals betriebenen P.enpolitik: Für die Pippiniden wurde v. a. Quierzy als neue P. gegenüber dem mit merow. Tradition besetzten nahen Compiègne wichtige Regierungsstätte, die als palatium publicum von den Amtsträgern reklamiert wurde; mit der Übertragung der wichtigen spätmerow. P. Clichy an das Kl. St-Denis 741 durch Karl Martell setzten die frühen Karolinger ein weiteres p.enpolit. Zeichen. Mit dem karol. Kgtm. verlagerte sich dann, mitbedingt durch die Erweiterung des regnum Francorum, der Schwerpunkt der Kg.sherrschaft allmähl. nach O, wie an der unter Karl d. Gr. und noch unter Ludwig d. Fr. als Residenz und Mittelpunkt des Reiches fungierenden P. Aachen abzulesen ist. Diese Funktion spiegelt sich auch in der ca. seit 800 belegten Ortsnamensform Aquis palatium, welche die Bindung des sozialinstitutionell verstandenen palatium an Aachen (als nova Roma dichter. gefeiert) zum Ausdruck bringt. Während die P. Aachen infolge der Reichsteilungen des 9. Jh. ihre polit. Zentralität einbüßte, wirkte die Schöpfung Karls d. Gr. indes zweifach weiter: durch das vielerorts faßbare Architekturzitat der Marienkirche und durch die seit der Mitte des 9. Jh. für andere P.en übernommene (zuerst →Frankfurt a. M., →Regensburg, Compiègne) Errichtung von P.stiften. Neben Aachen als ländl. P. von höchsten Graden nahm gegen Ende des 8. und zu Beginn des 9. Jh. mit →Düren, →Schlettstadt, Brumath, Salz, Frankfurt, Ingelheim und →Bodman das Gewicht ländl. P.en allg. zu, doch traten in Form der ehemals hzgl. P. Regensburg und des noch um 800 als Bf.ssitz ausgebauten →Paderborn auch neue P.en in frühstädt. Rahmen hinzu.

III. OSTFRÄNKISCH-DEUTSCHES REICH BIS ZUR MITTE DES 13. JH.: Bedingt durch die Reichsteilungen des 9. Jh. kam einzelnen P.en als Mittelpunkten eines regnum bes. Gewicht zu, z. B. Frankfurt als principalis sedes orientalis regni, das mit Regensburg die beiden Pole der Herrschaft Ludwigs d. Dt. bildete, während →Bodman zusammen mit dem ab Mitte des 9. Jh. belegten →Ulm eine zentrale Rolle in Alemannien spielte. Daneben begegnen P.en in Schlettstadt, →Tribur, Gondreville und massiert in Bayern in Aibling, →Altötting, Osterhofen und Ranshofen. Mit dem Übergang der Kg.sherrschaft an die Liudolfinger traten neue P.en in deren Kernlandschaften Sachsen und Thüringen hinzu, denen z. T. auch grenzsichernde Funktion zukam. Von überragender Bedeutung wurden hier, bedingt durch die Grabstätten Heinrichs I. und Ottos I., Quedlinburg und Magdeburg, beides Orte, die mit dem Servatiusstift bzw. dem Moritzkl. und dem späteren

Ebm. eine sakral-kirchl. Prägung erhielten. Dies gilt in ähnl. Weise für die P. en → Merseburg, → Nordhausen und Pöhlde, während andere wie → Werla, → Grone, → Allstedt oder Dornburg/Saale neue P. en mittleren Ranges blieben. Daneben bewahrten karol. P. en, allen voran Aachen, ihre Funktion, andere verschwanden von der Bildfläche. Die legitimierende Rolle der P. wird im 10. Jh. an den gegen Otto III. gerichteten Kg.serhebung Heinrichs d. Zänkers in Quedlinburg 984 sichtbar.

Bereits mit Heinrich II., v. a. aber in sal. Zeit vermochte das Kgtm., seine Herrschaftspraxis zu extensivieren und zunehmend auch die Bf.ssitze zum → servitium regis heranzuziehen, ohne daß damit die Bedeutung der P. zurückgegangen wäre. Dies wird nirgends deutlicher als in dem im 11. Jh. zum »clarissimum regni domicilium« aufsteigenden Goslar, aber auch die im NW bzw. SW des Reiches gelegenen Orte → Kaiserswerth und → Zürich zeugen von der gezielten P. enpolitik der Salier. In deren Spuren haben die Staufer weitere P. en initiiert und zu Zentren ihrer Reichslandpolitik gemacht, so im O des Reiches Altenburg und → Eger, in der Mitte → Nürnberg, im W → Kaiserslautern, → Hagenau und → Gelnhausen, aber auch karol. P.orte wie Ulm neu gefördert. Kennzeichen dieser neuen, vielfach als kompakte Niederungsburgen gestalteten P. en ist ihre so enge Verbindung mit einer Stadt, daß die Forsch. bisweilen von einer 'P.stadt' spricht. Nicht minder wichtig erscheint für die P.enpolitik v. a. Friedrichs I. die Wiederherstellung karol. P. en wie Ingelheim und Nimwegen (→ Nijmegen) als sichtbarer Ausdruck seines Rekurses auf Karl d. Gr. In spättauf. Zeit kam der P. Hagenau überragende polit. Bedeutung zu. Einen neuen Akzent der P. en- und Territorialpolitik setzte Friedrich II. noch mit der als Höhenburg angelegten P. → Wimpfen am Neckar, auch sie aufs engste mit der angrenzenden Stadt verbunden, während das von Friedrich II. errichtete »Kaiserhaus« in → Seligenstadt abseits der polit. Wirksamkeit blieb. Mit dem Ende der Stauferherrschaft verloren die P. en zwar nicht generell und schlagartig ihre Bedeutung, doch ist ihr seit der Mitte des 13. Jh. einsetzender Funktionsverlust im Rahmen der kgl. Herrschaftspraxis unverkennbar. Th. Zotz

Bibliogr.: DW 5, 184/499-501; 222/150-157 [A. GAVERT] – *Lit.:* HRG II, 1043-1055 – BRÜHL, Palatium, I-II, 1975-90 – E. MÜLLER-MERTENS, Die Reichsstruktur im Spiegel der Herrschaftspraxis Ottos d. Gr., 1980 – H. KELLER, Reichsstruktur und Herrschaftsauffassung in otton.-frühsal. Zeit, FMASt 16, 1982, 74-128 – K. HAUCK, Karol. Taufp. en im Spiegel hofnaher Dichtung (NAG 1. Phil.-hist. Kl. 1985), Nr. 1 – Die dt. Kg.sp. en, hg. Max-Planck-Inst. für Gesch., red. TH. ZOTZ (seit 1989 L. FENSKE), I: Hessen, bearb. M. GOCKEL, K. HEINEMEYER, E. ORTH, 1.-3. Lfg., 1983-86; II: Thüringen, bearb. M. GOCKEL, 1.-4. Lfg., 1984-91; III: Baden-Württ., bearb. H. MAURER, 1.-2. Lfg., 1988-93 – G. STREICH, Burg und Kirche während des dt. MA, 1984 – Die P., hg. F. STAAB, 1990 [H. CASTRITIUS, F. STAAB, TH. ZOTZ, G. STREICH, W. HAUBRICHS] – E. SCHUBERT, Stätten sächs. Ks., 1990 – J. BARBIER, Le système palatial franc: genèse et fonctionnement dans le Nord-Ouest du regnum, BEC 148, 1990, 245-299 – E. MÜLLER-MERTENS-W. HUSCHNER, Reichsintegration im Spiegel der Herrschaftspraxis Ks. Konrads II., 1992 – P. MORAW, Die P.stifte der Salier (Die Salier und das Reich, II, 1992²), 355-372.

B. Allgemeine Baugeschichte

Die bauliche Struktur der P. en zeigt in karol., otton. und frühsal. Zeit Streulage auf einer umwehrten großen Fläche, während in spätsal. und stauf. Zeit kleinere Anlagen mit einer der Ringmauer angelehnten Randbebauung üblich waren. Die P. en unterscheiden sich im 10./11. Jh. in der Anlage kaum von den Burgen der Territorialherren (Elten am Niederrhein, Altenberg b. Köln, Braunschweig, Wartburg) und in stauf. Zeit auch nicht von den Burgen bedeutender Ministerialen (Münzenberg i. d. Wetterau, Wildenburg im Odenwald, Büdingen, Landeck, Girbaden im Elsaß).

Von den kgl. P. en der Karolinger und Ottonen sind nur wenige in Bauresten erhalten (→ Aachen) oder ausgegraben (→ Ingelheim, → Paderborn, → Frankfurt, → Werla, → Tilleda) oder in Abbildungen überliefert (→ Nijmegen). Lage und Zuordnung von Kirche, Saalbau und Königswohnung zeigen für die P. en Karls d. Gr. in Aachen 780/800, Paderborn und Nijmegen 4. Viertel 8. Jh., für die P. Ludwigs d. Fr. in Frankfurt bis 822, für die spätkarol. P. Werla um 900 und die otton. P. Tilleda 10. Jh., sowie für die sal. P. → Goslar um 1040 Verwandtschaften. Jeweils wurden die Gegebenheiten des leicht fallenden Geländes berücksichtigt, jedoch die vorgefundene ältere Bebauung übergangen (Aachen, Frankfurt, Goslar). Eine große Fläche (Aachen 350×350 m, Paderborn 260×230/270 m, Nijmegen 115×100 m, Frankfurt 300×200 m, Duisburg 200×135 m, Werla 150×140 m, Tilleda ca. 100×100 m) war mit Graben und Mauer befestigt (von der Forsch. zumeist bezweifelt), für Aachen im Chronicon Moissiacense zu 796 erwähnt »firmaverat sedem suam« und in Verlauf und Resten nachgewiesen (BINDING, 1970), für Frankfurt, Paderborn und Nijmegen in großem Umfang ausgegraben, ebenso für alle otton. P. en.

Die höchste Stelle des Geländes war für den Saalbau vorgesehen, der zugleich möglichst die Mitte der Gesamtanlage markiert. Dieser Saalbau (→ Palas) ist in karol. P. en o.-w. gerichtet (Aachen, Paderborn, Frankfurt), in otton.-sal. P. en jedoch n.-s. gerichtet, in Aachen als eine über gering eingetieftem Untergeschoß erhobene Halle mit drei Apsiden, in Paderborn ebenerdig und eingeschossig, in Frankfurt als zweischiffige, wohl eingeschossige Halle mit Anbau an der Ecke, in Goslar als zweischiffige Halle über eingetieftem Untergeschoß und in Werla als eingeschossiger Saal. Auf der von der Kirche abgelegenen Seite erstreckt sich ein unbebauter, ebener Hof: in Aachen und Frankfurt n. des Saales, in Werla w., in Paderborn s. Die vom Saalbau entfernt gelegene Kapelle jeweils unterschiedl. Grundrißform (→ Pfalzkapelle) ist in Aachen, Frankfurt, Paderborn und wohl auch in Nijmegen mittels eines gedeckten Ganges mit dem Saalbau verbunden, für Werla fehlt hierfür der Nachweis. Die Kirche liegt in Aachen ca. 6,50 m, in Frankfurt etwa 1,10 m und in Werla 1,50 m, ebenfalls in Goslar und Nijmegen tiefer als der Saalbau. Die Anordnung von Saalbau und Kirche in Aachen auf der N-S-Achse, in Frankfurt und Werla auf der O-W-Achse ist durch das Gelände zu erklären. Die Königswohnung ist dem Saalbau angelehnt: in Aachen vermutl. s. an den Granusturm anschließend, in Frankfurt und Paderborn w. des Saalbaues, in Werla s. des Saalbau und w. der Kirche, in Goslar n. des Saalbaues und w. der Kirche. Die Königswohnung war vom Saalbau durch einen gedeckten Gang mit der Kirche verbunden: in Aachen zw. Granusturm und Kirche aus den Quellen als solarium ergänzt, in Frankfurt nachgewiesen, in Werla an der Stelle der wenig jüngeren Zwischenbauten als Pfostenlöcher überliefert. Die ein- oder mehrräumige Königswohnung liegt wie der Saalbau dem Zugang gegenüber, die Kirche am weitesten von den Verkehrswegen entfernt in nicht zu großem Abstand von der Grenze des P.bezirkes. Der Zugang zum P.bezirk liegt an der Berührungsstelle mit alten Wegen, in Aachen und Frankfurt im NW, in Werla im W und NW, in Paderborn im S. Die Vergleichsmöglichkeit und die Verwandtschaft dieser P. en zeigt eine weitgehend kontinuierl. Grundform für kgl. P. en über mehr als 250 Jahre.

Abweichend und einmalig ist die antike Vorbilder aufnehmende monumentale Anlage der P. zu→Ingelheim am Rhein. Einhard zählt das »palatium operis egregie ...« zu den vier wichtigsten Großbauten Karls d. Gr. gleich nach Aachen. Die 142 m lange und 114 m breite, geschlossene und befestigte Kernanlage der P. besteht aus einem großen dreiflügeligen Rechteck und einem im O anschließenden Halbkreis (Exedra) mit Säulengang von 87 m Durchmesser, in axialer, weitgehend symmetr. Grundform. Die der Exedra vorgelagerten sechs Rundtürme sind teilw. von Wasserkanälen durchzogen, Zugang von O durch eine zw. zwei Türmen angelegte Eingangshalle in die Exedra: an dem ebenfalls von Säulengängen umgebenen Haupthof liegen die Wohnräume und dem Eingang gegenüber die eingeschossige aula regia und ein weiterer Saal. Erst in otton. Zeit erhielt die P. auf der Südseite eine Kirche.

Von dem karol.-otton. Typ ist eine otton.-sal. Gruppe abzusetzen, die in den P.en →Bamberg, →Duisburg und im Neubau von Paderborn ihre frühen Vertreter hat und als Vorstufe für die stauf. P.en anzusehen ist. Der langgestreckte mehrgeschossige Saalbau der im 1. Drittel des 11. Jh. errichteten Bamberger P. wird im S von der kgl. Kapelle St. Andreas (wie die Kapelle der P. Nijmegen in der Aachener Nachfolge stehend) und im N von der bfl. Kapelle St. Thomas flankiert. Die im 10. Jh. errichtete sächs. P. Duisburg war in dem durch Ausgrabungen nachgewiesenen Baubestand eine Aneinanderreihung von Saalbau, Wohnung und Kapelle zu einer geschlossenen Front am Abfall des Burgberges zum Rhein hin. Ähnlich wurde Paderborn über den Paderquellen im 1. Drittel des 11. Jh. erneuert. Schließlich ist ein dritter Typ durch die Ausgrabungen von GRIMM in der P. Tilleda am Kyffhäuser bekannt geworden, zu der auch die von BINDING ausgegrabene Gaugrafenburg Elten am Niederrhein (880–957) gehört. Um einen freien Platz gruppieren sich locker Palast, Wohnbauten und Kapelle, sie stehen in der Nähe der Umwehrung jeweils am Ansatz des Burghanges, um bes. dem Palas eine die Umgebung beherrschende Lage zu geben, die auch bei Duisburg und Paderborn und bei den stauf. P.en allgemein aufgenommen wurde.

Zu Beginn der stauf. Herrschaft wurden in den 1150er und 1160er Jahren bedeutende P.en und Territorialburgen errichtet. Friedrich Barbarossa hatte, wie Rahewin in Otto v. Freisings Gesta Friderici IV, 86 zu 1160 bemerkt, nach Übernahme der Herrschaft die karol. P.en in Ingelheim (Abbruchmaterial am Grauen Haus in Winkel am Rhein wiederverwendet) und Nijmegen (Kapelle erhalten) wiederhergestellt und in Kaiserslautern eine P. errichtet: »Die einst von Karl d. Gr. aufs schönste errichteten Pfalzen (palatia) und die mit großer Kunstfertigkeit ausgeschmückten Königshöfe (regia) bei Nimwegen und dem Hof Ingelheim, äußerst starke, aber durch Vernachlässigung und Alter schon sehr morsch gewordene Werke, hat er aufs angemessenste wiederhergestellt ... In Kaiserslautern hat er eine Königspfalz (domus regalis) aus roten Steinen errichtet und mit nicht geringer Freigebigkeit ausgestattet. Auf der einen Seite nämlich hat er sie mit einer starken Mauer umgeben, die andere Seite umspielt ein seeähnl. Fischteich... Daran stößt ein Park, der einer Fülle von Hirschen und Rehen Nahrung bietet.« Während von Kaiserslautern nur geringe Spuren, der Grundriß von Kapelle und Palas, eine Ansicht von F. J. Kisling um 1760, eine mit Gelnhausen engstverwandte Schmuckplatte und eine Q. bestätigende Bauinschrift sowie Kapitelle von einem Umbau um 1220/30 bekannt sind, ist die in den 1160er Jahren bis 1172 (Dendro-Datum für die Fundamentpfähle unter der Torhalle, dem letzten Bauabschnitt 1169/70) errichtete P. →Gelnhausen auf einer von zwei Kinzigarmen umflossenen Insel an der Straße Frankfurt–Fulda–Leipzig bes. gut und fast vollständig erhalten. Durch die dem Inselverlauf angeglichene achtfach geknickte Ringmauer (Fläche 73 × 66 m) führt das Tor von W in eine zweischiffige, dreijochige Torhalle mit Kapelle darüber und quadrat. Turm daneben, auf der anderen Seite ist über eine gewendelte Innentreppe der dreigeschossige in reichen Arkaden zum Hof geöffneten Palas mit anschließendem Wohnbau zugänglich, auf der Gegenseite standen weitere Wohn- und Wirtschaftsbauten, vor der ö. Ringmauer ein runder 16 m dicker Bergfried, der nicht über Sockelhöhe ausgeführt war. Der Kernanlage war eine großflächige Burgsiedlung vorgelagert. Im Anschluß an Gelnhausen, teilw. von dem gleichen Steinmetz/Bildhauer, wurde die P. →Hagenau im Elsaß in den 1170er Jahren (Dendro-Datum 1172 ± 6) ebenfalls auf einer Insel an der Stelle einer um 1115 Hzg. Friedrich begonnenen Burg erbaut. Eine alte Beschreibung, Pläne vor dem Abbruch 1675, ausgegrabene Fundamente und zahlreiche aus Fort Louis geborgene Fragmente lassen die prächtige Ausstattung der häufig von Friedrich Barbarossa und Heinrich IV. besuchten P. erahnen.

Mit →Nürnberg (140×50 m), Wimpfen (215×55/100 m) und →Eger (100×65 m) waren großflächige P.en entstanden, die in ihrer Höhenlage, Randbebauung und Ausrichtung auf beherrschende Fernansicht den gleichzeitigen Burgen entsprechen. Für Nürnberg ist aus den 1160/80er Jahren der hinter der Schildmauer neben dem Zugang stehende buckelquaderverkleidete runde Bergfried (Sinwellturm), die Doppelkapelle mit Westempore im Anschluß an den stadtseitig gelegenen, nur in Grundmauern überlieferten Palas erhalten. In →Wimpfen, das um 1160/80 (HOTZ) oder 1215/20 (ARENS) in altertüml., schwerfälligen Formen errichtet wurde, liegen alle repräsentativen Bauten (Steinhaus, Palas, Kapelle) dem Zugang gegenüber an der neckarseitigen Ringmauer, die beiden Endpunkte der sehr großen langgestreckten ummauerten Anlage wurden durch zwei quadrat. Bergfriede gesichert, von denen der ö. Turm einen reichgegliederten Wohnraum erhält. In Frankfurt war die großflächige karol. P. durch den kleinen Saalhof (42×38 m) mit Wohnbau, Palas (teilw. aus Backstein) und Kapelle (um 1170) an die Ringmauer angelehnt, unter Konrad III. und Friedrich Barbarossa ersetzt worden. Zwei Bauinschriften geben über den Baubeginn (?) 1184 der P. →Kaiserswerth am Rhein Auskunft. Von der 1702 zerstörten Anlage sind ein mächtiger quadrat. Bergfried innerhalb eines zusammengedrängten Baukomplexes und ein Turm neben dem Eingang erhalten, ausgeführt in Backstein mit Säulenbasalt. Aus der Zeit Friedrichs II. ist außer Umbauten nur das um 1235 errichtete palatium →Seligenstadt belegt, ein 46×13,6 m großer zweigeschossiger Bau am Mainufer.

Neben den kgl. P.en existieren bfl. P.en (episcopium), deren Formen erst aus stauf. Zeit bekannt sind, z. B. ebfl. P. in →Köln um 1160/70 s. des Domes als zweigeschossiger Saalbau mit dreigeschossigem Wohnteil und rechtwinklig anschließendem Wohnhaus, oder die sal. P. des Bf.s →Meinwerk in Paderborn sw. der Kirche. Die n. des Wormser Domes um einen rechteckigen Hof gelegene bfl. P. ist nur in ihrer Lage erschließbar. G. Binding

Lit.: U. HÖLSCHER, Die Ks.p. Goslar, 1927 – O. STAMM, Zur karol. Kg.sp. in Frankfurt a. M., Germania 33, 1955, 391–401 – H.-J. HUNDT – U. FISCHER, Die Grabungen in der Altstadt von Frankfurt am Main 1953–57 (Neue Ausgrabungen in Dtl. 1958), 391–408 – G. BINDING, Das Palatium in Seligenstadt, ein Bau Friedrichs II., Arch. für hess. Gesch. und Altertumskunde NF 26, 1961, 240–254 – Dt. Kg.sp.en.

Beitrr. zu ihrer hist. und archäolog. Erforsch., hg. J. FLECKENSTEIN, 3 Bde, 1963, 1965, 1979 – G. BINDING, P. Gelnhausen, 1965 – W. SAGE, Zur archäolog. Unters. karol. P.en in Dtl. (BRAUNFELS, KdG III), 323–335 – L. HUGOT, Die P. Karls d. Gr. in Aachen, ebd. 534–572 – O. STAMM, Der kgl. Saalhof zu Frankfurt a. M., 1966 – F. ARENS, Die Kg.sp. Wimpfen, 1967 – C.-H. SEEBACH, Die Kg.sp. Werla, 1967 – P. GRIMM, Tilleda, 2 Bde, 1968, 1990 – G. BINDING–E. BINDING, Archäolog.-hist. Unters. zur Frühgesch. Duisburgs, 1969 – R. WILL, Notes complémentaires sur le château impérial disparu de Haguenau, Études Haguenoviennes 15, 1969/70, 79–99 – G. BINDING, Burg und Stift Elten, 1970 [Lit.] – L. FALKENSTEIN, Zwischenbilanz zur Aachener P.enforsch., Zs. des Aachener Gesch.-Vereins 80, 1970, 7–71 – G. BINDING, Die Saalhof-Kapelle zu Frankfurt am Main, Schrr. des Hist. Mus. Frankfurt am Main 13, 1972, 7–31 – G. FEHRING, Zur älteren Gesch. von Burg und P. zu Nürnberg (Burgen und Schlösser, I, 1972), 10–17 – H.-E. KUBACH–A. VERBEEK, Roman. Baukunst an Rhein und Maas, 1976 [Aachen, Duisburg, Kaiserswerth, Köln, Nijmegen] – CH. RAUCH–H. J. JACOBI, Die Ausgrabungen in der Kg.sp. Ingelheim 1909–14, 1976 – F. ARENS, Der Saalhof zu Frankfurt und die Burg zu Babenhausen, Mainzer Zs. 71/72, 1976/77, 1–56 – W. ERDMANN, Zur archäolog. und baugesch. Erforsch. der P.en im Bodenseegebiet. Bodman, Konstanz, Reichenau, Zürich (Dt. Kg.sp.en, 3 Bde, 1979), 136–210 – F. ARENS, Die stauf. Kg.sp.en (Staufer, III), 129–142 – M. BALZER, Die karol. und otton.-sal. Kg.sp. in Paderborn, 1981 [Lit.] – E. LEHMANN, Der Palast Ottos d. Gr. in Magdeburg (Architektur des MA, hg. F. MÖBIUS–E. SCHUBERT, 1983), 42–62 – C. MECKSEPER, Zur sal. Gestalt des Palas der Kg.sp. in Goslar (Burgen der Salierzeit, hg. H. W. BÖHME, 1, 1991), 85–95.

C. Oberitalien

In Italien ist der Unterschied zw. palatia (Ks. residenzen) und praetoria (Residenzen der hohen Reichsbeamten) länger lebendig geblieben als anderwärts; noch 832 und 850 unterscheidet it. Kapitularien zw. palatia und publicae domus, dagegen war das von Barbarossa 1158 in Roncaglia erlassene Gesetz Palacia et pretoria tatsächl. nur noch antikisierende Erinnerung, inspiriert vom zu neuem Leben erwachten röm. Recht des codex Justinianus.

Seit der Mitte des 3. Jh. hatte der röm. Palatin seine Funktion als Ks.residenz eingebüßt; in Italien waren →Aquileia, →Mailand und →Ravenna zu Residenzen der Augusti aufgestiegen; unter den Ostgoten änderte sich daran nichts; →Theoderich hat die ksl. Paläste weiterbenutzt und im Falle von Ravenna zwar ausgebaut, aber keinen neuen Palast errichtet. Auch unter den Langobarden behielten die Römerbauten ihre Bedeutung; das mit Abstand wichtigste palatium war aber nun das von →Pavia, der sedes regni des Langobardenreichs, während die palatia von →Spoleto und →Benevent die gleiche Funktion in den Großdukaten erfüllten. Mit der Eroberung von Pavia 774 verlor Italien seine polit. Selbständigkeit und wird in den folgenden Jahrhunderten meist von außen regiert mit Ausnahme der Zeit der frk. Unterkg.e in Italien und des Ksm.s Ludwigs II. (850–875) und Ottos III. (998–1002). Unter den Karolingern gewinnen erstmals nichtstädt. P.en wie Corteleona (bei Pavia), »Auriola« (bei Acqui), Marengo (bei Alessandria), Gardino (bei Lodi) u. a. Bedeutung, doch bleibt Italien ein »Land der Städte« und damit auch der Stadtp.en. Die im Frankenreich üblichen »Klosterp.en« finden sich in Italien nur selten bezeugt: mit Sicherheit in Farfa, sehr wahrscheinl. auch in Nonantola, Sant'Ambrogio vor Mailand und S. Zeno vor Verona. Eine spezif. it. Erscheinung sind dagegen die »P.en bei Klöstern«, die von den Herrschern vom 10.–12. Jh. ohne äußeren Druck bei Ravenna, Cremona, Mantua u. a. errichtet wurden. Es handelt sich regelmäßig um Bf.skl., deren räuml. Zusammenhang mit der Kg.sp. rein topograph. ist. In Pavia wurde die Kg.sp. 1024 von der Bevölkerung zerstört; in Rom hatten die Ks. seit Karl d. Gr. in der P. bei St. Peter residiert; nur Otto III. »erbaute« eine P. in der Nähe des Kl. S. Cesario auf dem alten Ks.hügel, dem Palatin, doch hatte sie nur wenige Jahre Bestand. P.en vor den Mauern waren für den Kg. aus Sicherheitsgründen durchaus erwünscht, da im 11. Jh. mehrfach Aufstände in der Stadt stattgefunden hatten, während der Kg. in der P. weilte. Das von Friedrich I. erlassene Gesetz Palacia et pretoria war nach 1158 offenbar der Anlaß zu neuen P. bauten in Ferrara, Lodi, Imola, Ivrea und Reggio, denen allesamt keine Zukunft beschieden war. Mit dem Untergang des stauf. Hauses endet im Regnum Italiae auch die Gesch. der Kgs.p.en.

C. Brühl

Lit.: K. SCHROD, Reichsstraßen und Reichsverwaltung im Kgr. Italien, 1931 – C. BRÜHL, Fodrum, Gistum, Servitium regis, 1968, 409ff., 605ff. – DERS., Die Ks.p. bei St. Peter und die P. Ottos III. auf dem Palatin (Aus MA und Diplomatik I, 1989), 3–31 – DERS., Kg.s-, Bf.s- und Stadtp. in den Städten des »Regnum Italiae« vom 9. bis 13. Jh. (ebd. [1974]), 32–51.

D. Unteritalien

Süditalien, das nie in das Karolingerreich einbezogen wurde, stand in bezug auf die Errichtung von P.en der weltl. Fs.en stark unter östl. Einfluß; über die Bischofsp.en ist wegen der späten Ausbildung eines Netzes von Diöz., der meist geringen wirtschaftl. Ressourcen der Bm.er und der schwachen Position der Bf.e fast nichts bekannt.

Die langob. Hzg.e und Fs.en in Unteritalien verfügten über 'palatia'. Die reich dekorierte P. in →Benevent, gelegen bei der mit ihr verbundenen Kirche S. Sofia, ist nicht erhalten. Die P. in →Salerno, von →Arichis unmittelbar an der Meeresküste errichtet (später auf die Höhe verlegt), wird im →»Chronicon Salernitanum« beschrieben. Sie hatte eine Monumentaltreppe; eine durch Ausgrabungen freigelegte Kapelle war über einem frühchr. Oratorium errichtet. Diese Pfalzbauten waren offenbar stark von byz. Vorbildern geprägt. Weitere langob. P.en bestanden in →Siponto (8. Jh.) und →Capua (10. Jh.).

Die Vororte der beiden byz. Themen in Unteritalien, →Bari und →Reggio, verfügten über befestigte Statthalterpaläste (Prätorien); der Palast in Bari, durch eine Inschrift von 1011 belegt, besaß eine Befestigungsmauer mit Tor, Kirchen und vermutl. Verwaltungsgebäude. →Palermo hatte wohl muslim. Paläste, die aber nur indirekt, durch ihre norm. Nachfolgebauten, belegt sind. Die norm. Herren besaßen P.en u. a. in →Aversa, →Melfi, →Conversano, →Troia und Gioia del Colle. Die Gf.en, später Kg.e v. →Sizilien, residierten im 11. und 12. Jh. in →Mileto und →Messina, überwiegend jedoch im muslim. Palermo; ihre Paläste trugen arab.-oriental. inspirierten Dekor. Innerhalb des Kg.spalastes ist die 'sala' Kg. Rogers II., geschmückt mit Marmor und Mosaiken, bekannt; die vorstädt. Paläste Zisa, Cuba, Favara dienten als offene Residenzanlagen in wasserreicher Umgebung weit mehr dem herrschaftl. Vergnügen als Schutzbedürfnissen.

Wohl in Erinnerung an seine in Palermo verbrachte Jugend ließ →Friedrich II., der über keine feste Herrscherresidenz verfügte, in Unteritalien, bes. in der →Capitanata, die ihm als bevorzugter Winteraufenthalt diente, verschiedene Lustschlösser (domus solatiorum), geeignet zur →Falkenjagd, errichten; zu ihnen gehörte oft ein Wirtschaftshof (*casale*) für die Versorgung. Sie wurden theoret. von befestigten →Burgen unterschieden, doch waren fakt. bestimmte dieser domus befestigt, wohingegen →Castel del Monte eher als Jagdschloß angelegt war. Erhalten sind: der Palast v. Lagopesole (Basilicata), bedeutende Reste der Paläste v. Gravina und Fiorentino (er verfügte nach neuen Ausgrabungen über zwei parallele Saalbauten), die Substruktionen des Palastes v. →Lucera (innerhalb der angiovin. Festung), schließlich in seltener Vollständigkeit Castel del Monte als einzigartiges architekton. Programm, ausgestattet mit kunstreichen hydraul. Vorrichtungen. Die 'domus vivarii S. Laurentii' unweit von →Foggia war mit einem künstl. Teich und einem →Tiergehege umgeben.

Die Anjou unterhielten die aus der Zeit Friedrichs II. überkommenen 'domus' (v. a. die Paläste um Neapel), schlugen ihre Residenz aber in befestigten Burgen in Neapel auf (Castel dell'Ovo, Castel Capuano, 1269 überholt). Der Typ der befestigten Herrscherresidenz nach westeurop. Vorbild setzte sich mit dem Castel Nuovo (1279–84) durch, das →Karl I. v. Anjou durch den Baumeister Pierre de Chaule erbauen ließ; diese viereckige Befestigung mit sieben oder acht Türmen diente als ständige Residenz seit →Karl II., der 1307–10 die Kapelle (geschmückt mit Fresken v. →Giotto) erbauen ließ. Der verfallene angiovin. Palast, von dem fast nichts erhalten ist, wurde von →Alfons v. Aragón 1443–58 wiederaufgebaut.   J.-M. Martin

Lit.: A. HASELOFF, Die Bauten der Hohenstaufen in Unteritalien, 2 Bde, I, 1920; it. Übers. 1992 – H. BELTING, Stud. zum beneventan. Hof im 8. Jh., DOP 16, 1962, 141–193 – BRÜHL, Fodrum, 311 ff., 336ff. – Storia di Napoli, III, 1969 – P. DELOGU, I Normanni in città, Società, potere e popolo nell'età di Ruggero II (Centro di studi normanno-svevi. Atti, III), 1979, 173–205 – A. DONVITO, Il castello di Gioia del Colle, 1979 – P. PEDUTO, Insediamenti longobardi del ducato di Benevento (secc. VI-VIII), (Langobardia, hg. S. GASPARRI–P. CAMMAROSANO, 1990), 307–373.

E. Westfrankenreich/Frankreich
I. Entwicklung des 9.–11. Jh. – II. Wandlungen des 12. und 13. Jh.

I. ENTWICKLUNG DES 9.–11. JH.: Die →Karolinger bereicherten das von den →Merowingern übernommene, sich in der P. ausdrückende Herrschaftskonzept. Sie stärkten den ausgeprägt herrscherl. Charakter, indem sie die P. und das ganze Netz der P.en (mit den zugehörige Besitzungen) als Regal (→Regalien) konstituierten und zu einem grundlegenden Element der Königsgewalt und des →'Regnum' machten. Die Ausbildung der sakralen →Monarchie (→Sakralität) ließ den Bereich der P. zu einem Raum werden, der einer geheiligten Persönlichkeit vorbehalten war. Stätte des Friedens und des Rechts, war die P. gleichsam eine Vorwegnahme des Paradieses und des himml. Palastes. Das als »Reisekgtm.« fungierende Kgtm. nutzte die P. und das mit ihr verbundene hohe Ansehen, um seiner Autorität eine feste Grundlage zu geben (P.en als Ausstellungsort der Diplomata; →Kaiser- und Königsurk.).

Um die Kontinuität zu den Merowingern zu wahren, stützten sich die Karolinger vielfach auf ältere P.en, gaben aber manche von ihnen auf, zugunsten anderer, die den polit.-geogr. Gegebenheiten besser entsprachen. Unter Karl d. Kahlen (840–877) verstärkte sich die Tendenz zur Abwendung von den Civitates, den →Bischofsstädten, an deren Stelle ländl. P.en in den östl. Gebieten des Westfrankenreiches (Oise, Aisne, Champagne) traten. Karl d. Kahle hatte bes. Vorliebe für →Quierzy, eine Gründung der Pippiniden, und →Compiègne, eine einstige Merowingerp., die er zum einheitl. Zentrum des Reiches machen wollte. Im 10. Jh. führten die Schwierigkeiten und die polit. Optionen der westfrk. Karolinger zu einer territorialen Einschnürung auf das Gebiet um Compiègne, das ein bedeutendes Gravitationszentrum blieb; zugleich erlebten die neuen, auf Monasterien zentrierten P.en (→Reims, →Laon) ihren Aufstieg. Die Notwendigkeit der militär. Verteidigung begünstigte den Herrscheraufenthalt in urbanen und suburbanen Siedlungen. Die wichtigeren P.en wurden seit dem Ende des 9. Jh. und im 10. Jh. mit →Befestigungen (Wall, turris/Turm) versehen.

Die Machtübernahme der →Kapetinger (987) veränderte das aus der Karolingerzeit überkommene Konzept der P. im Grundsätzlichen nicht, es blieb sozial und institutionell in abgeschwächter Form erhalten. Im 11. Jh. erfuhr das Milieu der 'palatini' Wandlungen (→Curia, →Hof). Die Großen des Reiches mit eigenem Hof suchten den Kg.shof seltener auf, wodurch Personen minderen Ranges zum Zug kamen, aus denen sich der neu formierte Kreis der großen Amtsträger entwickelte, der am Ende des 11. Jh. das dominierende Element bildete (→Amt). Der Titel des →Pfalzgf.en (comes palatinus) hatte nur noch symbol. Bedeutung. Entscheidender Charakterzug war eine topograph. Konzentration der P.en auf das Herz des Pariser Beckens, entlang einer Achse, die Compiègne mit Orléans verband. Die Gruppe dieser kapet. P.en umfaßte die letzten karol. P.en (Compiègne, Laon), ältere P.en, die zwischenzeitl. von den →Robertinern erworben worden waren und nun reaktiviert wurden (→Orléans, →Paris, →Senlis), sowie P.orte, bei denen eine ältere Kontinuität unsicher bleibt (→Étampes, →Melun). Das Gewicht der städt. Zentren als Standorte von P.en verstärkte sich wieder. Hinsichtl. der Häufigkeit der Herrscheraufenthalte überrundete Paris seit dem 2. Drittel des 11. Jh. Orléans. Die P. wurde zum Attribut der souveränen Herrschergewalt, gleichsam ihr Inbegriff. Als Inhaber von Regalienrechten machten sich auch die großen Territorialfs.en (→Fürst, Fürstentum) das Konzept der P. zunutze, um sich in ihren Regna mit einer polit.-religiösen Legitimität karol. Typs zu umgeben (→Normandie, →Aquitanien, Ende 10./Anfang 11. Jh.).

II. WANDLUNGEN DES 12. UND 13. JH.: Das 12. Jh. bildet das Bindeglied zw. der älteren und jüngeren Epoche. Das ideell überhöhte Bild der P. überdauerte in den Schriften der Gelehrten und behielt durchaus seine Faszination, wie sich anhand der Neugründung von P.en durch die Gf.en v. →Champagne im 12. Jh. illustrieren läßt. Doch wurde das Konzept von innen her ausgehöhlt. Die Auswirkungen der →Gregorian. Reform reduzierten die religiöse Herrschaftslegitimation. Die erfolgreiche Reorganisation des Kgtm.s durch die Kapetinger, das Seßhaftwerden der Administration und die sich ausprägenden institutionellen Wandlungen und Verdichtungsprozesse ließen die kgl. P.gründungstätigkeit zurückgehen. Hatte Ludwig VII. (1137–80) noch gelegentl. P.en als Ausstellungsorte seiner Diplomata verwendet, so gab →Philipp II. Augustus (1180–1223) dieses System auf. Die Ausdehnung der →Krondomäne führte nicht zur Multiplikation der P.en, die vielmehr weiterhin um Paris konzentriert blieben. Das Übergewicht von Paris verstärkte sich am Ende des 12. Jh., als der Kg. hier die Verwaltungsinstitutionen fest etablierte. Die neuen Königssitze des 12. Jh. (Fontainebleau, St-Germain, →Vincennes) und des 13. Jh. (→Maubuisson) hatten ländl., der Hauptstadt nahe Standorte. Die 2. Hälfte des 12. Jh. markiert eine Wende, die sich im 13. Jh. beschleunigt fortsetzte. Die P. blieb kgl. Residenz, wurde nun aber bevorzugt als 'domus' (→Haus) bezeichnet, in Kennzeichnung jener Entwicklung, die zum →Hôtel du roi führen sollte (wachsende Rolle der durchgebildeten und hierarchisierten kgl. Hofhaltung). Der dominierende Kern der 'palatini', das Milieu der 'grands officiers', nahm nun den Charakter eines

Personenkreises an, der einen ehrenvollen und häusl. (domesticus) Dienst am Hof des Kg.s bekleidete.

Die Wandlungen finden ihren Ausdruck in morpholog. Entwicklungen. Der Begriff des 'palatium' weist nicht mehr auf die 'curia' hin, sondern kann nun das Bauwerk bezeichnen, in dem Gerichtssitzungen (Finanzen, Rechtsprechung) stattfinden (→Parlement, →Justiz). Der gleitende Bedeutungswandel vom Palast des Kg.s (oder Fs.en) zum Palast der Justiz zeichnet sich ab. Diese Wandlungen erklären z. T. wohl die Häufung von Bischofspalästen in der Zeit von 1130–60 und die Nennung von Palästen reichgewordener Adliger (Palast des Kanzlers Étienne de→Garlande, um 1127).   A. Renoux

Lit.: BRÜHL, Palatium, I–J. BARBIER, Le système palatial franc: genèse et fonctionnement dans le Nord-Ouest du regnum, BEC, 1990, 245–299 – A. RENOUX, Fécamp. Du palais ducal au palais de Dieu, 1991 – DIES., Palais capétiens et normands à la fin du Xe et au début du XIe s. (Le roi de France et son royaume autour de l'an Mil, hg. M. PARISSE–X. BARRAL I ALTET, 1992), 179–191.

F. England, Schottland, Wales

I. Zum Begriff – II. Angelsächsisches England vor 1066 – III. Anglonormannisches England, Schottland und Wales nach 1066.

I. ZUM BEGRIFF: Das Wort Palast (*palace*) kann in der Zeit zw. dem Abzug der Römer und der Erbauung von Hampton Court nur auf wenige, unbefestigte weltl. Gebäude in Britannien angewendet werden. Fachwissenschaftler gebrauchen diesen Begriff für große Komplexe von Wohngebäuden, wobei allerdings die Frage der Unterscheidung eines echten Palastes von einem bloßen Wohngebäude unberücksichtigt bleibt.

II. ANGELSÄCHSISCHES ENGLAND VOR 1066: Ein Palast im Sinn des lat. palatium ist vor der norm. Eroberung kaum zu finden. Die gebräuchl. ae. Bezeichnung für den kgl. Wohnsitz ist →*cyninges tun* ('Königshof'). Urkk. beschreiben wenigstens 19 Orte als kgl. villae. Die meisten d. ags. Kg.e zogen es jedoch vor, auf ihren Landgütern zu leben. Erst während der Herrschaft Eduards d. Bekenners wurden →Winchester, →Westminster und →Gloucester zu Hauptresidenzen. Die Londoner Residenz wurde wahrscheinl. im frühen 11. Jh. außerhalb der Stadtmauern nach Westminster verlegt, und die »Vita Edwardi« erwähnt Eduards palatium. Durch Ausgrabungen sind zwei bedeutende sog. Paläste der ags. Zeit belegt. Der Palast in →Yeavering wurde mit Bedas 'Gefrin' gleichgesetzt, bei dem es sich um den kelt. Namen eines brit. Stammeszentrums handelt, das im 7. Jh. kgl. Verwaltungszentrum wurde. Doch haben die gelegentl. Aufenthalte des Kg.s nur geringe Spuren hinterlassen. In →Cheddar in Wessex, dem zweiten bedeutenden Beispiel, finden sich zahlreiche ebenerdige Hallen. Die erste Periode der Bewohnung wird jedoch durch eine eindrucksvolle lange Halle mit einem Obergeschoß belegt, die wahrscheinl. während der Herrschaft Kg. Alfreds d. Gr. errichtet wurde. Die von →Asser verfaßte Vita Kg. Alfreds erwähnt kgl. Hallen und Gemächer aus Stein und Holz sowie kgl. Residenzen aus Stein. Der in Alfreds Rechtskodex erwähnte Begriff *cyninges burg* deutet darauf hin, daß es vermutl. eine hölzerne Palisade um die kgl. Halle gegeben hat.

III. ANGLONORMANNISCHES ENGLAND, SCHOTTLAND UND WALES NACH 1066: [1] *England:* Die große Halle von Wilhelm Rufus in Westminster markiert eher einen Höhepunkt der Tradition der großen Halle mit Seitenflügeln als einen Neubeginn. Obwohl ihre Wände aus Stein waren, ruhte doch das ursprgl. Dach, das mit Eichenschindeln gedeckt war, wahrscheinl. auf zwei Reihen hölzerner Säulen. Erst unter Richard II. wurde das heute noch erhaltene Dachwerk, ein eingespanntes Sprengwerk, errichtet. Dieser sog. Palast bestand neben einer großen Halle auch aus verschiedenen anderen Gebäuden. 1265 arbeitete der kgl. Maler Walter v. Durham zusammen mit anderen Künstlern im Palast. Während des 14. und 15. Jh. hielten sich die engl. Kg.e häufig in ihren Häusern in und um London auf. In dieser Zeit war das einem Palast ähnlichste Privathaus der Savoy-Palace, der zw. den Stadtresidenzen der Bf.e v. Carlisle u. Worcester lag. Die Rebellen der →Peasants' Revolt von 1381 zündeten diesen Palast an, der bis auf die Grundmauern abbrannte.

Bis ca. 1400 hatten viele Adlige und reiche Kaufleute ihre Sitze in London, aber auch beide Ebf.e, 16 Bf.e, 20 Äbte und 6 Priore. Im wesentl. handelte es sich dabei um Umbauten ländl. Herrenhäuser, dies gilt wahrscheinl. auch für die sog. Paläste in Bf.sstädten. Deren herausragendes Zeugnis ist →Wells in Somerset. Dabei handelt es sich um ein befestigtes Herrenhaus, das von einem Burggraben und einer Zinnenmauer (Privileg von 1341) mit halbrunden, nach innen offenen Türmen umgeben ist. Wells ist jedoch wahrscheinl. nicht typisch. Leider sind aber die meisten anderen Bf.ssitze nach dem MA umgebaut worden.

[2] *Schottland und Wales:* Erst 1501 errichtete Jakob IV. den Palast in →Holyrood außerhalb von →Edinburgh. Manche der bereits bestehenden Gebäude wurden vermutl. wieder hergestellt, die Halle, der Wohnturm, die Kapelle und das Wachhaus aber neu errichtet. Der noch erhaltene Wohnturm war die Privatresidenz des Kg.s, die anderen Gebäude dienten seinem Gefolge. 1503 werden u.a. folgende Gemächer im Palast beschrieben: King's Chamber (Darstellung der Gesch. des Herkules), Great Chamber (Gobelins mit der Gesch. Trojas) und Diningroom (mit roten und blauen Behängen und kgl. Baldachin). In Wales schließl. verfügten die Kg.e des frühen MA und die späteren Fs.en nicht über die ausreichenden finanziellen Mittel, um Paläste zu errichten.   H. B. Clarke

Q. und Lit.: Royal Comm. on the Ancient Monuments of Scotland, The City of Edinburgh, 1951 – The Hist. of the King's Works, hg. H. M. COLVIN, 1–2, 1963 – Building Accounts of King Henry III, hg. DERS., 1971 – F. BARLOW u.a., Winchester in the Early MA: an Ed. and Discussion of the Winton Domesday, 1975 – B. HOPE-TAYLOR, Yeavering: an Anglo-British Centre of Early Northumbria, 1977 – P. RAHTZ, The Saxon and Medieval Palaces at Cheddar, 1979 – P. SAWYER, The Royal Tun in Pre-conquest England, Ideal and Reality in Frankish and Anglo-Saxon Soc., hg. P. WORMALD u.a., 1983, 273–299 – M. BIDDLE, Seasonal Festivals and Residence: Winchester, Westminster und Gloucester in the Tenth to Twelfth Centuries (Anglo-Norman Stud. 8, hg. R. A. BROWN, 1986), 51–72.

G. Skandinavien

Überall in Skandinavien waren die kgl. Höfe Zentren der lokalen Verwaltung; sie unterstanden einem villicus (Dänemark, Schweden) oder Ármann (Norwegen). Da die Kg.e v. →Norwegen seit Ende des 12. Jh. immer häufiger in den Städten residierten, errichteten sie v. a. dort ihre P.bauten: →Drontheim (11. Jh. und um 1200), →Bergen (nach 1247), →Oslo, →Tønsberg (Burggebiet), aber auch die Burg Båhus. Einige aus Stein errichtete P.en hatten Vorgängerbauten aus Holz (Drontheim, Bergen). Die meisten polit. Reichsversammlungen (1152/53–1319) fanden in den vier mit kgl. P.en ausgestatteten Städten statt. Im 13. Jh. hielten sich die Kg.e v. →Dänemark und →Schweden immer häufiger in Burgen oder Städten auf und ließen dort ihre P.en repräsentativer gestalten, die auch als Tagungsorte für Reichsversammlungen dienten. In Schweden gehörten P.en zu den Residenzen von Alsnö (60er oder 70er Jahre des 13. Jh.; Sommerresidenz, Tagungsort 1279) und →Vadstena (dieselbe Zeit; Wohnung,

Festsaal und Kapelle), weitere P.en sind in →Kalmar (70er Jahre des 13. Jh. bis 1308), Åbo (1315-22) und Kastelholm auf Åland nachgewiesen worden. Nach Bedarf wurden Festsäle aus Holz erbaut (→Lödöse). Abgesehen von der mögl. P. in Dalby (Mitte 11. Jh.), ist die älteste dän. P. in Søborg (mit Wirtschaftsgebäuden und Kapelle), die wahrscheinl. der Kg. um die Mitte des 12. Jh. errichten ließ. Weitere kgl. P.anlagen sind Dronningholm (Ende 12. Jh., geringe militär. Bedeutung) und Nyborg (1. Hälfte des 13. Jh., seit Mitte des 13. Jh. bevorzugter Tagungsort des →Danehofs). Auch →Vordingborg (2. Hälfte des 12. Jh.) muß als P.anlage angesehen werden (nur Kapelle archäolog. nachgewiesen), es war im 13.-14. Jh. mehrmals Tagungsort der Reichsversammlungen und wie Søborg (seit Ende des 12. Jh. auch Gefängnis) eine häufig besuchte kgl. Residenz. Ein spätes kgl. Beispiel ist Krogen bei Helsingør (um 1410).

Von den bfl. P.en sind in Norwegen die des Ebf.s (60er und 70er Jahre des 12. Jh.) in Drontheim und des Bf.s in Oslo (Anfang 13. Jh.) erhalten, beide mit Saal und Kapelle. Auch in Bergen scheint der Ebf. v. Drontheim Mitte des 13. Jh. eine P. erbaut zu haben. In Schweden wurde Biskops Arnö vom Ebf. v. →Uppsala, Olof Björnsen, 1317-32 errichtet (die P. ist Teil eines Baukomplexes mit Wohnung, Kapelle und Saal). In Dänemark sind v. a. zu erwähnen: Åhus, 1167-77 vom Ebf. v. →Lund errichtet, und Dragsholm, vom Bf. v. →Roskilde während der 1. Hälfte des 13. Jh. erbaut. Ein spätes Beispiel ist Gjorslev (mit Kapelle), vom Bf. v. Roskilde um 1400 errichtet. Die Stadt Kalundborg besaß eine P. im W des Burggebiets, und P.en sind auch in den Burgen Aalholm (kgl.?) und Tranekær (13. Jh., unbekannter Bauherr) nachgewiesen worden.

P.en spielten in Skandinavien von etwa 1160-1320 eine wichtige Rolle. Während der unruhigen Jahrzehnte von 1320 bis 1400 verschwanden sie zugunsten der militär. geprägten Burgarchitektur. →Burg, C. XII.   Th. Riis

Lit.: KL II, 119-138; IX, 513-518; XIII, 78-82 [Lit.] - T. Riis, Villici og coloni indtil 1340 (Fschr. F. Skrubbeltrang, 1970), 1-20 - K. Helle, Konge og Gode Menn i norsk riksstyring ca. 1150-1319, 1972 - B. Fritz, Hus, land och län. Förvaltningen i Sverige 1250-1434, I-II, 1972-73 - T. Riis, Bruddet mellem Valdemar den Store og Eskil 1161. Søborg, diplomerne og Saxo (Saxostudier, 1975), 156-166 - Ders., Det middelalderlige danske rejsekongedømme indtil 1332 (Fschr. N. Skyum-Nielsen, 1981), 115-136 - R. A. Olsen, Borge i Danmark, 1986 - J. Hertz, Kalundborg (Nationalmuseets Arbejdsmark, 1990), 79-93 - J. Hertz, Bisp Peder Lodehats kapel på Gjorslev (Bygnings Arkæologiske Studier 91, 1991), 13-20.

H. Ostmitteleuropa

P.en entstanden in Ostmitteleuropa erst nach der Ausformung einer Staatsorganisation. Wie die westeurop. Vorbilder hatten sie offizielle Funktionen. Gewöhnl. lagen sie innerhalb der Burgbefestigungen, und sie wurden als rechteckige Bauten, zunächst aus Stein, später auch aus Ziegeln errichtet. Zu dem Komplex gehörte eine Kapelle, die entweder mit der P. verbunden war oder separat stand. Von den bisher entdeckten P.en sind meist nur Grundriß und Fundamente, selten die Wände erhalten, weshalb die Rekonstruktionen hypothet. sind. Es konnte aber festgestellt werden, daß die P.en in der Regel Stockwerke besaßen, in denen sich zahlreiche Räume und ein Saal für Repräsentationszwecke befanden. Die ältesten P.en im slav. Gebiet gab es in den großmähr. Zentren (→Mikulčice, →Preßburg). Die früheste poln. P. enstand in Lednica bei Gnesen (2. Hälfte des 10. Jh.?), die zusammen mit ihrer Kirchenrotunde die Form eines gr. Kreuzes bildete. Von ähnl. Typ waren die nicht fertiggestellten P.en in →Giecz und Przemyśl, Spuren von weiteren P.en entdeckte man in →Krakau (auf dem Wawel, der sog. Saal mit 24 Säulen), →Wiślica, →Płock und vielleicht in →Łęczyca; jedoch waren die Kapellen dort separat angeordnet. Zwar ist der architekton. Einfluß des westl. Ksm.s spürbar, doch spielen bei dem poln. P.entyp auch heim. und vielleicht byz. Elemente eine Rolle (Kirchenrotunden). Nachher waren es spätroman. Ziegel- (→Liegnitz) oder Steinbauten (→Breslau, Dominsel). In Böhmen begann Soběslav I. nach 1135 in Anlehnung an westeurop. Vorbilder den Bau eines roman. Palastes in →Prag auf dem Hradschin, höchstwahrscheinl. an der Stelle eines früheren. Der am besten erhaltene Palast in →Eger entstand wohl 1179-88, also vor der Verpfändung des Egerlandes an Böhmen. Wenig erforscht sind die P.en in Ungarn, aber eine in Preßburg (11.-12. Jh.) nachgewiesene P. bezeugt ihre Existenz. Es scheint, daß für die ung. Residenzen der Wohnturm charakteristisch war (→Gran, 12. Jh.; →Devín, 13. Jh.). An P.en knüpften die Bf.ssitze in Böhmen (Prag, Hradschin; Roudnice a. d. Elbe), Mähren (→Olmütz) und Polen (Breslau) an.   A. Wędzki

Lit.: Sztuka polska przedromańska i romańska do schyłku XIII wieku, 1971 - A. Merhautová, Raně středověká architektura v Čechách, 1971 - D. Dercsenyi, Roman. Baukunst in Ungarn, 1975 - J. Poulik, Mikulčice. Sídlo a pevnost knížat velkomoravských, 1975 - T. Štefanovičová, Bratislavský hrad v 9.-12. storočí, 1975 - E. Małachowicz, Wrocław na wyspach, 1981 - Z. Świechowski, Sztuka romańska w Polsce, 1982 - A. Merhautová - D. Třeštík, Románské umění v Čechách a na Moravě, 1983 - K. Żurowska, Studia nad architekturą wczesnopiastowską, 1983 - W. Szafrański, Płock we wczesnym średniowieczu, 1983 - Dějiny českeho výtvarného umění, I, 1984 - E. Marosi, Die Anfänge der Gotik in Ungarn. Esztergom in der Kunst des 12.-13. Jh., 1984 - P. Michna - M. Pojsk, Romanský palác na olomouckém hradě, 1988.

I. Byzantinisches Reich und Südosteuropa

I. Institutionsgeschichte – II. Baugeschichte.

I. Institutionsgeschichte: Abgesehen von der gemeinsamen lat. Bezeichnung (palatium, παλάτιον) ist der Palast des byz. Ks.s nur sehr bedingt mit der Pfalz als Institution vergleichbar. Die byz. Ks. haben sich allenfalls während der Feldzüge in den Provinzen aufgehalten, dann aber weniger an festen Orten, sondern im Heerlager, wo sie ggf. auch Gesandte empfingen und urkundeten, während der zentrale Beamtenapparat immer in Konstantinopel seinen Sitz hatte. Nur bis Theodosios I. (vor 480) ist von verschiedenen Reichsresidenzen und den teilweise mitreisenden Beamten auszugehen (Antiocheia, Mailand, Trier, Rom). Ks.paläste in der Nähe Konstantinopels sind als Sommer- und Erholungssitze anzusehen, so Rhegion oder Bryas (Marmarameer), wo Ks. Theophilos (829-842) einen Palast in arab. Imitation erbauen ließ. Daneben existierten auch in verschiedenen Teilen Konstantinopels Stadtpaläste (→Konstantinopel I, 2), teilweise in funktioneller Verbundenheit mit dem großen Ks.palast. Von diesen kam aber nur dem Blachernenpalast (seit dem 12. Jh. teilweise, seit dem späten 13. Jh. fast ausschließl.) die volle verwaltungsmäßige Funktion eines Ks.palastes zu. Erst seit dem 14. Jh., als Mitglieder der ksl. Familie mit hoheitsrechtl. Verwaltungsaufgaben in verschiedenen Landesteilen beauftragt wurden, entstanden Dependancen des Ks.palastes (→Thessalonike, →Mistra, später →Mesembria, →Selymbria, →Lemnos und einige peloponnes. Städte), in denen sich bei Reisen auch der Ks. selbst aufhielt. Der Palast in Konstantinopel blieb aber immer noch Zentrum. Wegen osman. Überbauung ist seine äußere Gestalt weitgehend unbekannt, und alle Rekonstruktionen beruhen auf (oft phantasievollen) Auslegungen der Angaben des Zeremonienbuches des →Konstantin Porphyrogennetos. Er stellt ein Konglomerat aus Bauten verschiedener Epochen (4./5. Jh.–10. Jh.) dar und war gleichzeitig Privatwohnung des Ks.s, offizielles Empfangsgebäude und Sitz der wichtigsten Reichsämter.

P. Schreiner

Lit.: Oxford Dict. of Byzantium, 1553f. – W. MÜLLER-WIENER, Bildlex. zur Topographie Istanbuls, 1977, 229–237 [archäol.] – M. HUNGER, Der Ks.palast zu Konstantinopel. Seine Funktion in der byz. Außen- und Innenpolitik, JÖB 36, 1986, 1–11 – P. SCHREINER, Charakterist. Aspekte der byz. Hofkultur: Der Ks.hof in Konstantinopel, AAG, Phil.-hist. Kl. 3.F., 1993 – DERS., Neue höf. Zentren im Byz. Reich, ebd.

II. BAUGESCHICHTE: Aus der Spätantike haben sich in SO-Europa wie im östl. Mittelmeerbereich mehrere repräsentative Paläste, insbes. Ks. paläste teilweise erhalten (aus der Zeit der Tetrarchie: Spalato/Split, Thessalonike, Gamzigrad bei Zaječar; aus der Zeit Konstantins d. Gr.: Naissus–Niš). Sie zeigen rechteckigen Grundriß und sind meist mit Mauern und Türmen befestigt, innerhalb derer neben Wohn- und Verwaltungsgebäuden auch die ksl. Repräsentationsräume liegen. Allgemein wird hellenist. Tradition für ihre Entstehung angenommen, und das Zeremoniell bzw. der spätantike Ks.kult spielten dabei eine zentrale Rolle. Dem entsprach auch die jeweilige Ausstattung mit Bauplastik, Inkrustation, Mosaik und Malerei. Der Ks.palast in →Konstantinopel, das palatium sacrum, von Konstantin d. Gr. begründet und von seinen Nachfolgern immer weiter ausgebaut, wurde Zentrum des byz. Ks.kultes, aber auch der Regierung und Verwaltung des Reiches. Nur einige Reste sind ergraben, doch war sein Charakter von vielen Einzelbauten geprägt, die mehr oder weniger eng teils durch Säulenhallen miteinander verbunden innerhalb einer von einer Mauer umzogenen Gartenlandschaft lagen und stets durch weitere eigenständige Bauten, Kirchen u. ä. erweiterbar blieben. Den Kern bildeten aber wohl stets Chalke, Magnaura, Daphne samt den Saalbauten des Konsistoriums, des Augusteios und des Triklinos. Dazu treten die Seepaläste, der Chrysotriklinos u. a., v. a. auch eine Reihe von Kirchen (Marienkirche am Pharos als Reliquiendeposition, Nea) bis weit ins 9. Jh. hinein. Unter den Komnenenks.n (Ende 11. Jh.) beginnt der Ausbau des Blachernenpalastes im NW der Stadt in unmittelbarer Nähe der Mauer, die durch einen neuen Zug erweitert wurde. Auch dort entstanden wieder eine Reihe von Einzelbauten, zu denen möglicherweise auch das in palaiolog. Zeit errichtete sog. Tekfur-Saray gehörte. Darüber hinaus gab es in der Stadt seit der Spätantike weitere Paläste, teils in privatem, teils in ksl. Besitz (großer Rundpalast bei der Bodrum Camii, Antiochos- und Lausospalast beim Hippodrom, Myrelaionpalast des Romanos Lakapenos, Magnaurapalast Konstantins IX.). Spätestens ab der mittelbyz. Zeit sind rechteckige Saalbauten gebräuchl. wie sie auch außerhalb Konstantinopels, teils als ksl. Landsitze, noch erhalten sind (Bostancı, Nymphaion-Kemalpaşa). Auch der spätbyz. Despotenpalast in →Mistra wie der Palast der Großkomnenen in →Trapezunt ist aus solchen Baukörpern gefügt.

In Bulgarien wurden im Ersten Reich, in den Hauptstädten Pliska und Preslav die Paläste auf einem kleinen Abschnitt eines umfangreichen befestigten Areals errichtet. Nach den erhaltenen Grundmauern zu urteilen, folgten die Paläste dem byz. Vorbild. In der Hauptstadt des Zweiten Bulgarischen Reiches, Turnovo, hatte der Palast die Form einer befestigten Burg. Hinter Mauern und Türmen lag der P. im engeren Sinn, die Kirche und die anderen Gebäude. Ähnlich befestigte Burgen wurden auch in anderen bulg. Städten errichtet, in Vidin, Červen und Loveč. In den serb. Gebieten sind die Paläste aus der frühma. Zeit Gegenstand archäol. Identifizierung und Untersuchung. In den schriftl. Q. werden Paläste in den Städten der adriat. Küste und ihrem Hinterland genannt. In der Zeit des größten Aufstiegs des Staates wurden repräsentative Paläste im südl. Teil Kosovos, um einen damals existierenden See in der Nähe des Dorfes Nerodimlje errichtet. In den Zentralgebieten des Landes sind die Paläste innerhalb der befestigten Städte gebaut worden. Unter den spätma. Palästen, die von den Grundherren nach der Auflösung des Reiches errichtet worden waren, seien der Palast des Kg.s Marko in Prilep erwähnt sowie die befestigte Burg des Fs.en Lazar in Kruševac – sie bestand aus dem Palast und der Hofkirche –, die Burg des Despoten Stefan in Belgrad und die Burg des Despoten Georg Branković in Smederevo. Am besten sind die Reste der letztgen. Burg mit einem deutl. hervorgehobenen Festsaal erhalten. Von den Palästen des ma. Bosnien ist nur derjenige in Bobovać näher bekannt.

V. Korać

Lit.: J. EBERSOLT, Le grand palais de Constantinople et le livre des cérémonies, 1910 – E. MAMBOURY–TH. WIEGAND, Die Ks. paläste von Konstantinopel zw. Hippodrom und Marmarameer, 1934 – A. DEROKO, Smederevski grad, Starinar N. S. II, 1951, 59–98 – DERS., Markovi kuli-grad Prilep, Starinar N. S., V–VI, 1956, 83–104 – G. BRETT, G. MARTIN, R. STEVENSON, The Great Palace of the Byz. Emperors, I, 1947; II, 1958 – S. MIRANDA, Les palais des empereurs byz., 1964 – K. MIATEV, Arhitekturata v srednevekovna Bblgaria, 1965 – P. ANDJELIĆ, Bobovac i Kraljeva Sutjeska, 1972, 46ff. – C. MANGO, Architettura biz., 1974 – DERS., The Art of the Byz. Empire 312–1435, 1972 – K. D. OVČAROV, T. TOTEV, A. POPOV, Stari Bblgarski stolici, 1980 – M. CHATZIDAKIS, Mistra, 1981 – S. ĆIRKOVIĆ, Vladarski dvori oko jezera na Kosovu, Zbornik za likovne umetnosti 20, 1984, 67–83 – V. RISTIĆ, L'église de Lazarica et la place forte de Kruševac, 1989 – The Oxf. Dict. of Byzantium, 1991, 1553.

J. Arabischer und osmanischer Bereich

In der 'Wiege des Islam', dem Ḥiǧāz, gab es z. Z. des Propheten Mohammed keine Paläste. Zwar berichten schriftl. Q. zur Frühzeit von 'Quṣūr' ('Palästen') verschiedener wichtiger Familien dieses Teils der Arab. Halbinsel, doch handelte es sich hierbei um Agglutinate, Sippenwohnkomplexe. Die Armut des Gebietes verhinderte eine soziale und polit. Stratifizierung, die Palastbauten ermöglicht hätte. Erst nach der Eroberung des Irak, Irans und Syriens und der Etablierung eines 'Weltreichs' unter den →Omayyaden (661–750) treffen wir auf Palastarchitektur im Islam.

Für die Rekonstruktion des Palastes der Omayyaden in ihrer Hauptstadt →Damaskus fehlen verläßl. Beschreibungen, doch haben sich in den Steppengebieten Syriens und Jordaniens omayyad. Paläste (in ihrer Funktion eher Pf.en) erhalten. Sie folgen röm./byz., z. T. auch iran. Vorbildern und ähneln äußerl. röm./byz. Kastellen. Es sind in der Regel zweigeschossige Bauten quadrat. Grundrisses mit Eck- und Zwischentürmen, einem von Raumgruppen hinter Kolonnaden umgebenen Innenhof und einem mit einer Apsis abgeschlossenen Empfangsraum auf der dem Eingang gegenüberliegenden Hofseite. Das späteste dieser Bauwerke, Mšattā nahe Amman, gibt das Einhof-Schema auf: Vom Portal gelangt man durch eine Eingangszone mit kleinem Hof über einen Zentralhof in einen prachtvollen, basilikal gestalteten Empfangsteil mit krönendem Trikonchos. Diese Mehrstufigkeit und damit Steigerung vom Portal zur Audienzhalle hin kennzeichnet die meisten späteren islam. Paläste. Daneben wird eine strikte Trennung zw. öffentl. und privatem Bereich gewahrt. Mšattā wurde nie vollendet, fand aber einen vollendeten und genutzten Nachfolger im Palast von Uḫaiḍir bei Kerbela im heutigen Irak. Hier ist aber der in Mšattā basilikal, syr., mediterran konzipierte Empfangsteil durch einen auf iran.-irak. Bautraditionen zurückgehenden Empfangsteil, bestehend aus sich zum zentralen Hof öffnenden Īwān und einem hinter ihm liegenden Kuppelraum ersetzt.

Der Īwān, ein überwölbter, an drei Seiten umschlossener und zum Hof hin offener Raum und die Kuppel prägten hinfort die Palastarchitektur des islam. O (Irak und ö. davon). Beide gehen auf die Formensprache der vorislam. iran. Architektur zurück und prägten auch maßgebl. die Palastarchitektur der im 9. Jh. ztw. Kalifenresidenz Sāmarrā' n. von Bagdad. Im Balkuwāra-Palast v. Sāmarrā' z. B. gelangt man in der Eingangsachse durch mehrere Höfe und Portalbauten zu einem mächtigen Īwān, hinter dem ein hoher Kuppelbau mit von ihm kreuzförmig ausgehenden Hallen liegt. Wie in Mšattā flankieren hier die in der Eingangsachse liegenden öffentl. Teile private Wohnhöfe.

Denselben Konzepten folgt die Palastarchitektur des O auch im 11./12. Jh., wie die Ausgrabungen von Laškar-i Bāzār im heutigen Afghanistan zeigen. Īwān und Kuppelraum sind auch dort die charakterist. Elemente, während im islam. W des 10. Jh., in →Madīnat az-Zahrā' bei Córdoba, mehr die Formensprache der syr. Palastarchitektur mit mehrschiffigen Hallen als Zentralteil der Palastanlage fortgeführt wurde. Späte Höhepunkte des islam. Palastbaus sind die →Alhambra in Granada (13.-14. Jh.), der Topkapı Sarayı in Istanbul (15. Jh. und später) und der heute nur noch in kleinen Teilen erhaltene safavid. Palastkomplex in Isfahan (16. Jh. und später). Die Alhambra ist eine Mehrhofanlage, in der Hofarkaden und Wasser eine wichtige gestalter. Rolle spielen, der osman. Topkapı Sarayı ist eine vom Eingang her in drei Hofkomplexe mit anliegenden Bauten gestaffelte Anlage mit ausgedehnten Wohnkomplexen n. des ersten und zweiten Hofs. Im Bereich des zweiten und dritten Hofes liegen Pavillons in ausgedehnten Gartenarealen. Der Palast geht wohl in der Grundgliederung auf seinen Vorgänger, den byz. Ks.palast, zurück, benutzt aber in Pavillons und Gärten ö., iran.-zentralasiat. Bauformen, die über Herat im heutigen Afghanistan vermittelt, auch das safavid. Palastareal in Isfahan prägen. H. Gaube

Lit.: E. HERZFELD, Samarra, Aufnahmen und Unters. zur islam. Archaeologie, 1907 – O. REUTHER, Ocheidir, 1912 – K. A. C. CRESWELL, Early Muslim Architecture, 1932 – Stud. on Isfahan, hg. R. HOLOD, 1974 – D. SCHLUMBERGER, Lashkari Bazar, 1978 – H. GAUBE, Die syr. Wüstenschlösser, Zs. des Dt. Palästina-Vereins 95, 1979, 182–209 – Die Kunst des Islam, hg. J. SOURDEL-THOMINE–B. SPULER, 1990² (Propyläen-Kunstgesch.) – G. NECIPOĞLU, Architecture, Ceremonial and Power, The Topkapı Palace in the Fifteenth and Sixteenth Centuries, 1991.

Pfalzgraf

I. Allgemein und Merowingerzeit – II. Karolingerzeit – III. Ottonen-, Salier- und Stauferzeit.

I. ALLGEMEIN UND MEROWINGERZEIT: Das Amt des P.en entwickelte sich im Laufe des MA von seiner zentralen Bedeutung am Hof der Merowinger und Karolinger über seine ebenso wichtige Stellung im jüngeren Stammeshzm. einerseits zum Inhaber der →Pfalzgrafschaft bei Rhein, dem vornehmsten der vier weltl. Kfsm.er, und andererseits zur ksl. Beauftragung als →Hofpfalzgraf. Der Wandel in den Aufgaben hat auch eine Veränderung der sozialen Stellung der Amtsinhaber bedeutet. Das Amt wurde erstmals von Gregor v. Tours für die Zeit der Kg.e Sigebert I. (vor 575) und Childebert I. (um 587) erwähnt. Nach der Forschungsmeinung ist das Amt frk. Ursprungs, da sich weder in der röm. Verwaltung der Spät-

antike noch in den germ. Reichen dieser Zeit ein vergleichbares Amt feststellen läßt. Das als comes palatii regis bezeichnete Amt müßte somit in der frühen Merowingerzeit entstanden sein.

Der P. war analog zu der Stellung des →Grafen (bzw. →Comes) für die gesamte Verwaltung der →Pfalz zuständig. Es war dabei nach dem häufig erwähnten Titel 'comes palatii noster' auf den jeweiligen Aufenthaltsort des Herrschers bezogen und nicht auf eine bestimmte Pfalz. Der P. hatte die Unterbringung und Verpflegung des Hofes zu überwachen, die Einkünfte und Ausgaben desselben zu verwalten und als Vorgesetzter des Hofgesindes im Bereich der Pfalz die Polizeigewalt auszuüben. Bereits in der Zeit Gregors v. Tours trat er gegenüber dem ihm ursprgl. unterstellten →Hausmeier (Maiordomus) zurück. In der Folgezeit gingen die meisten Befugnisse des P.en im Rahmen der Hofverwaltung an den Hausmeier über. In der Q. tritt der P. daher bes. im Kg.sgericht hervor. Darüber hinaus wurde er vom Kg. in der Reichsverwaltung, jedoch ohne festen Aufgabenbereich, eingesetzt. Das Amt des P.en wurde nicht erblich und war seinem Inhaber auch nicht auf Lebenszeit verliehen. In den merow. Teilreichen wurden eigene P.en eingesetzt. Im letzten Viertel des 7. Jh. wechselten die P.en häufig, wobei z. T. mehrere nebeneinander amtierten.

Der P. führte unter dem Vorsitz des Kg.s die Verhandlung im Kg.sgericht und erstattete die testimonatio. Wenn er fehlte, mußte er vertreten werden; die Urkunde über den Ausgang des Rechtsstreites wurde nach seinem Zeugnis ausgestellt. Dabei ist sein Verhältnis zu den →Referendaren und zur →Kanzlei nicht vollständig aufzuhellen. Unter den letzten Hausmeiern kurz vor der Thronbesteigung der Karolinger 751 verschwand das testimonium der P.en im Kg.sgericht.

II. KAROLINGERZEIT: Mit der Thronbesteigung Pippins 751 ging das Amt des Hausmeiers unter. Dadurch wuchsen dem Amt des P.en neuerl. Funktionen zu, wie es diese in vergleichbarem Umfang in der frühen Merowingerzeit ausgeübt hatte. Der P. leitete wieder die kgl. Hofhaltung und war für die Ordnung in der Pfalz zuständig. Obwohl sich damit der Aufgabenkreis erhebl. erweitert hatte, wurde in der frühen Karolingerzeit immer nur ein Amtsträger ernannt. Dies änderte sich im 9. Jh. Da der P. auch darüber entschied, welche weltl. Angelegenheiten den Kg.en zur persönl. Entscheidung vorgelegt wurden, wuchs er in eine Art Stellvertretung des Kg.s hinein. Diese Stellung erhielt er in dem unter Karl d. Gr. institutionalisierten Pfalzgericht. Der Kg. sprach nur noch in seltenen, polit. bes. wichtigen Angelegenheiten selbst Recht und überließ diese Aufgabe im übrigen dem P.en. Als sich unter Ludwig dem Frommen aus der allg. Kanzlei die Hofgerichtskanzlei herausentwickelte, wurde der P. deren Vorsteher. Seit dieser Zeit traten wieder mehrere P.en nebeneinander auf.

In »De ordine palatii« nennt →Hinkmar v. Reims in der 2. Hälfte des 9. Jh. immer nur einen P.en. Nach Ansicht der Forsch. hat er somit nur in dem das kgl. →Siegel führenden P.en den Amtsinhaber gesehen, die übrigen, gleichzeitig erwähnten P.en nur als Stellvertreter betrachtet. Nach Hinkmar hat die Stammeszugehörigkeit bei der Auswahl der Amtsträger am Hof eine Rolle gespielt. Die stellvertretenden P.en dürften unter Berücksichtigung dieses Erfordernisses zu ihrem Amt gekommen sein. Obwohl das Amt die höchste Instanz am Hofe für weltl. Angelegenheiten war, war es noch im späten 9. Jh. nicht erblich geworden und konnte vielleicht auch beim Herrscherwechsel neu besetzt werden. Die P.en – in den Q. –

jetzt meist als comites palatini bezeichnet – wurden auch in der Reichsverwaltung, z. B. als →Königsboten (→Missus), eingesetzt. Damit war ein weiterer Anknüpfungspunkt des Amtes zu den einzelnen Regionen des Reichs gegeben. In den Unterkönigreichen traten schon bald eigene P.en auf (Italien 801, Aquitanien [817?] 822, Bayern 830). Sie nahmen dieselben Aufgaben wahr wie ihre Amtskollegen am Kg.s- bzw. Ks.hof. Die Regionalisierung des Amtes schritt durch diese Entwicklung weiter voran. In Italien bestand das Amt weiter, als die Hofverwaltung des Unterkönigreiches aufgehoben wurde. In Aquitanien und Bayern ist es nur nachzuweisen, wenn dort ein Unterkg. regierte.

III. OTTONEN-, SALIER- UND STAUFERZEIT: Im 10. Jh. bestanden in den jüngeren Stammeshzm.ern die vier Stammesp.en der →Sachsen, →Bayern, →Franken und →Schwaben. →Eike v. Repgow (Ssp III, 53) spricht in einem (z. T. mit sagenhaften Zügen durchsetzten) Bericht die Zeit nach dem Erlöschen der Karolinger im Ostfrk.-dt. Reich 911 an, in dem sich die Pfalzgft.en in der dt. Hzm.er endgültig herausgebildet haben. Im frk.-lothring. Raum trat der erste P. 916 auf, in Schwaben 912 und in Bayern 953, doch scheint das Amt dort älter zu sein. Wie im Sachsenspiegel behauptet, ist das P.enamt in den Stammeshzm.ern zu Beginn des 10. Jh., als das Kgtm. dort wenig Macht hatte, entstanden. Die P.en dürften somit kaum Vertreter des Kg.s gewesen sein. Da das Amt des P.en in den jüngeren Stammeshzm.ern jeweils bald nach dem ersten Auftreten des Hzg.s erstmals erwähnt ist, dürfte es sich als eine Nachahmung des karol. Kg.shofes ausgebildet haben. Dies dürfte auf Lothringen, Schwaben, Bayern und Franken zutreffen, während es in Sachsen wohl im Hinblick auf die Entwicklung in den anderen Hzm.ern entstand.

Der P. des HochMA hat zum großen Teil ähnliche Funktionen wahrgenommen wie die P.en der Karolingerzeit. Das Gerichtswesen hat wieder eine bes. Rolle gespielt. Mehrfach ist eine Rechtsprechung des P.en in Anwesenheit des Kg.s im 12. Jh. nachgewiesen. In Sachsen hat der P. auch den kgl. →Bann dem Heer verkündet (1104). Der P. wurde wie in der Karolingerzeit auch zur Reichsverwaltung hinzugezogen. So ist 1095 erstmals nachzuweisen, daß die Reichsgeschäfte während der Abwesenheit des Ks.s vom lothr.-frk. P.en geführt wurden. Das Recht des P.en bei Rhein, den Ks. zu richten, und seine Tätigkeit bei der Kg.swahl blieben aus der ehemaligen Aufgabenstellung auch in Zukunft erhalten. In Bayern und Sachsen verschwand das P.enamt im 13. Jh. durch seine Bindung an die Familien der Wittelsbacher und Wettiner. In Schwaben ging es mit dem Hzm. (1268) unter, was sich darin ausdrückte, daß der P.entitel vom Amts- zum Familientitel (P. von→Tübingen) wurde. Seit der 2. Hälfte des 13. Jh. gab es somit nur noch den P. bei Rhein und den bzw. die Hofp.en.   I. Eberl

Lit.: HRG III, 1667ff. – H. E. MEYER, Die P.en der Merowinger und Karolinger, ZRGGermAbt 42, 1921, 38off. – R. HEUBERGER, Frk. P.enzeugnis und Gerichtsschreibertum, MIÖG 41, 1926, 46ff. – M. LINTZEL, Der Ursprung der dt. Pfgft.en, ZRGGermAbt 49, 1929, 233ff. – R. GERSTNER, Die Gesch. der lothring. und rhein. Pfgft., 1941 – H.-D. STARKE, Die P.en v. Sommerschenburg (1088–1179), JGMODtl 4, 1955, 1ff. – F. L. GANSHOF, Charlemagne et l'administration de la justice dans la monarchie franque (BRAUNFELS, KdG I, 1965), 394ff. – I. EBERL, Die Edelfreien v. Ruck und die Gf.en v. Tübingen, Zs. für württ. Landesgesch. 38, 1979, 5ff. – DERS., Die Entwicklung des P.en im jüngeren Stammeshzm. [im Dr.].

Pfalzgrafschaft b. Rhein. [1] *Ezzonen, Ballenstedter und Staufer:* Die rhein. P. ist die einzige, die es zu einem bis zum Ende des Alten Reiches bedeutenden Verfassungsrang und gleichzeitig zu einem Territorium gebracht hat. In Lothringen sind →Pfgf.en seit der späten Karolingerzeit bekannt. Ende des 10. Jh. war das Pfgf.enamt in den Händen der Ehrenfriede oder →Ezzonen. Diese hatten Besitz am n. Oberrhein und an der Mosel. Sie waren Gf.en in einer ganzen Reihe von Gauen Ripuariens. Pfgf. →Ezzo († 1034) und seine Gattin Mathilde, Tochter Ks. Ottos II., stifteten das Kl. →Brauweiler; Ezzo hatte die Vogteien über die wichtigsten Stifte und Kl. in Ripuarien inne. Unmittelbar mit der P. verbunden waren die Herrschaft über die Wälder im Bereich der Nordeifel und der anschließenden Ebene sowie der Schutz über die Straßen in diesem Raum, während die Zuständigkeiten für Aachen recht undeutl. bleiben. In der Mitte des 11. Jh. war die unmittelbare Nachkommenschaft Ezzos erloschen und der Besitz samt Brauweiler über seinen Sohn Ebf. →Hermann II. an die Kölner Kirche übergegangen. Im Pfgf.enamt folgte Ezzos Bruder Hezelin. Er und sein Sohn konnten sich im ripuar. Raum nicht gegen die Kölner Konkurrenz des Ebf. →Anno II. behaupten. 1085 übertrug Ks. Heinrich IV. das Pfgf.enamt an seinen Getreuen, den Gf.en Heinrich v. Laach, der die Witwe des letzten Hezeliniden heiratete. Damit rückte der Schwerpunkt der P. in den Moselraum, die s. Eifel und das Neuwieder Becken. Die Pfgf.en waren jetzt Vögte des Trierer Erzstifts. Die Nachfolge Heinrichs v. Laach trat der Adoptivsohn Friedrich v. Ballenstedt an. Unter der mit Ks. Lothar III. verwandten Familie taucht erstmals 1131 vereinzelt der Titel eines rhein. Pfgf.en (»comes Palatinus de Reno«; 1180: Rheni) auf.

Ks. Heinrich V., mit den Ballenstedtern überworfen, hatte das Pfgf.enamt 1113 an Gf. →Gottfried II. v. Calw (bis 1131) gegeben. Später bestand eine Konkurrenz zw. den Ballenstedtern und den von den Staufern eingesetzten Pfgf.en →Heinrich (II.) Jasomirgott (1140–41) und Hermann v. Stahleck (1142–55). Dieser konnte den letzten Ballenstedter Prätendenten, Otto II. v. Rheineck, erst 1149 ausschalten. Herrschaftszentrum war nun das Mittelrheintal bei Bacharach. Nachfolger Hermanns wurde infolge des Eingreifens von Friedrich I. dessen Halbbruder →Konrad v. Staufen (1156–95). Zum pfgfl. Amts- und Hausgut hinzu erhielt er größere Teile des sal. Erbes am n. Oberrhein mit Alzey. Zusätzl. konnte er die Hochvogtei über das Bm. Worms sowie die Vogtei über die Reichskl. →Lorsch und bis 1169 über →Amorbach übernehmen. Damit verschob sich der Schwerpunkt der rhein. P. endgültig an den n. Oberrhein, zumal Konrad gegenüber dem Ebf. v. Köln noch einmal zurückstecken mußte und ein Zusammengehen mit der Trierer Bürgerschaft gegen den dortigen Ebf. scheiterte. Konrad ist der Gründer der Stadt →Heidelberg (um 1170) auf vorher der Wormser Kirche gehörigem Boden und legte mit Hilfe von Speyerer Kirchenlehen auch den Grund für Neustadt a. d. Haardt (heute: Neustadt a. d. Weinstraße). Konrads Erbe fiel an seinen Schwiegersohn →Heinrich d. Ä. († 1227), Sohn Heinrichs d. Löwen. Die P. ging somit der stauf. Hausmacht verloren, wenn auch in der Spätzeit Heinrichs des Älteren und unter Heinrich dem Jüngeren (1211–13) eine Annäherung an Philipp v. Schwaben und Friedrich II. festzustellen ist.

[2] *Wittelsbacher; Sicherung der Kurwürde:* Friedrich II. hat 1214 die P. und das Haupterbe Heinrichs d. J. den Wittelsbachern zugewendet. →Ludwig I. übernahm zum bayer. Hzm. hinzu vormundschaftl. für seinen Sohn →Otto II., der mit Heinrichs d. J. Tochter Agnes verlobt wurde, die P. Kleinere Stücke, auf Dauer nur Pforzheim, wurden an

Mgf. Hermann v. Baden, den anderen Schwiegersohn Heinrichs d. J., abgegeben. In der 1. Hälfte des 13. Jh. wird der bes. Rang des Pfgf.en in der Reichsverfassung deutl., so seine schon ältere Zuständigkeit als Richter über den Kg. und für die Vertretung bei Abwesenheit jenseits der Alpen und bei Thronvakanz, das spätere Reichsvikariat. Im Thronstreit von 1198 betonte der Papst die bes. Wichtigkeit der pfgfl. Stimme für die Kg.swahl. Die bes. Stellung als Wahlfs. wird um 1230 zunächst durch den →Sachsenspiegel bezeugt und ausdrückl. mit der Erztruchsessenwürde verbunden.

Seit seiner Volljährigkeit regierte Otto II. (1228–53) in der Pfalz wie in Bayern. Die große territoriale Auseinandersetzung in seinem rhein. Landesteil ging um das Erbe der 1232 aufgehobenen Reichsabtei Lorsch, wo Otto aufgrund seiner Vogteirechte 1247 einen Kompromiß erzielen konnte (abschließender Vergleich erst 1344). 1248 scheiterte ein letzter Versuch, die Moselstellung wenigstens noch teilweise zu halten. Nach dem Tod Ottos II. kam es zur Teilung →Bayerns durch eine ns. Scheidelinie. Die Pfgft. und die w. (oberen) Teile von Bayern mit München übernahm der älteste Sohn →Ludwig II. Er konnte seinen dortigen Besitz durch das Erbe →Konradins 1268 v. a. auf dem →Nordgau erhebl. verbreitern. 1273 gelang es Ludwig II., durch sein Eintreten für Rudolf v. Habsburg das pfälz. Wahlrecht abzusichern und gegen bayer. Ansprüche auch weiterhin zu behaupten. Bis zum Ausgang des 14. Jh. haben es die Pfälzer verstanden, ihre erste Stimme unter den weltl. Kfs.en zum familiären Bündnis mit dem neuen Kg. zu benutzen und darüber hinaus polit. und territoriale Vorteile aus dieser Stellung zu ziehen.

Unter Ludwigs Söhnen, →Rudolf I. (1294–1319) und →Ludwig d. Bayern, der bis 1329 ebenfalls Pfgf. war, kam es zum langjährigen Erbstreit, der das Land in eine Krise stürzte. Nachdem Versuche gemeinsamer Regierung, dann der Erbteilung gescheitert waren, setzte sich Ludwig d. Bayer fast ganz durch, zumal er 1314 zum Kg. aufgestiegen war. Die Wahl konnte er damals für sich entscheiden, indem er Alzey und Weinheim sowie Bacharach an die Kurebf.e oder ihre Familien verpfändete. Die Witwe Rudolfs I., die Kg.stochter Mechthild von Nassau († 1323), der zeitweise nur Heidelberg verblieben war, und ihre Söhne Adolf († 1327), →Rudolf II. und →Ruprecht I. sowie Adolfs Sohn →Ruprecht II. setzten den Kampf fort, bis Ks. Ludwig zum Ausgleich gezwungen war. Der Vertrag v. →Pavia sicherte die pfälz. Lande den Nachkommen Rudolfs I., die zusätzl. noch einen größeren Teil des bayer. Nordgaus erhielten. Die jetzt für einen Wechsel zw. der pfälz. und der oberbayer. Linie bestimmte Kurwürde konnte Ruprecht I. (1329–90) dank seiner guten Beziehungen zu Karl IV. durch die →Goldene Bulle 1356 endgültig für die Pfälzer sichern. Er mußte dort allerdings dem böhm. Kg. den Vorrang bei der Stimmabgabe überlassen.

[3] *Territoriale Entwicklung unter Rudolf II. und Ruprecht I. und II.*: Auch die beiden Ruprechte und Rudolf II. standen wieder vor einer Teilung, die 1338 vorsah, daß von Heidelberg, Neustadt und Alzey aus das jeweilige Umland regiert wurde. Der älteste Bruder Rudolf II. (1329–53) zog den Neustädter Teil vor und überließ seinem Bruder Ruprecht nicht nur Heidelberg, sondern auch die Führung der pfälz. Politik, die sich meist an den Kg. anlehnte. Diesem gegenüber verzichtete Ruprecht II. auf eine selbständige Regierung in seinem Teil. Ruprecht I. gelang es nicht nur, die als Wahlgeschenke durch Ludwig d. Bayern verpfändeten Güter wieder auszulösen, sondern durch Reichspfandschaften und eigene kluge Pfandpolitik das Territorium erhebl. zu erweitern. 1330 erhielten die Pfälzer die Reichsstädte Mosbach, Eberbach, Sinsheim, Neckargemünd, Germersheim, Annweiler mit dem Trifels und jeweils größere zugehörige Gebiete. 1358 folgte vorübergehend Kaiserslautern nach, das endgültig 1375 zusammen mit Oppenheim und dem Ingelheimer Reichsland übernommen werden konnte. Wichtige Gewinne von anderen Territorialherren waren Bretten sowie Simmern (1354). Etwa gleichzeitig gingen jedoch große Teile des Oberpfälzer Besitzes, beginnend mit Verpfändungen Rudolfs II., im neuböhm. Territorium Karls IV. auf. Grundlegend für die pfälz. Macht waren Rheinzölle, überterritoriale Rechte (u. a. Leibeigenschaft, Geleit, Schirm) und eine Hegemonialstellung gegenüber den Nachbarn. Ruprecht I. gründete 1386 die Univ. Heidelberg. Mit ihr nahm die Kurpfalz im →Abendländ. Schisma Stellung zugunsten des röm. Papstes. Ruprecht II. (1390–98) versuchte, durch die sog. Rupertin. Konstitution v. 1395 die Primogenitur generell festzulegen und nicht nur die schon 1368 festgeschriebene Unteilbarkeit der integrierenden Bestandteile des Landes, des späteren Kurpräzipuums. Dabei wird erstmals die Mitwirkung der Untertanen, hier der Städte, bei landeswichtigen Entscheidungen sichtbar.

[4] *Das Königtum Ruprechts III.*: Nachdem →Ruprecht III. († 1410) 1398 die P. übernommen hatte, stellten sich alle Ebf.e gegen Kg. Wenzel, dem man Willkür und Untätigkeit vorwarf. Er wurde abgesetzt und Ruprecht III., nachdem er sich verpflichtet hatte, das Schisma zu beenden und die Rechte des Reiches in den Niederlanden und in Oberitalien zu wahren, von seinen Anhängern in Rhens zum Kg. gewählt. Doch blieben die Reichsinsignien in der Hand Wenzels, und Aachen sperrte sich gegen eine Krönung, die deshalb in Köln stattfinden mußte. Ruprecht gelang es jedoch, Anerkennung bei den Reichsstädten, zuletzt bei den schwäb., sowie zahlreichen Reichsfs.en zu finden. Ein Feldzug gegen Wenzel brachte die an Neuböhmen gefallenen Teile der →Oberpfalz zurück und drang weit nach Böhmen vor. Wenzel blieb trotz damaliger und späterer Ausgleichsversuche und entsprechender Heiratsprojekte für Ruprechts Regierung eine stete Gefahr, die sich infolge innerböhm. Streitigkeiten nicht voll auswirken konnte. Nach seinem erfolglosen Italienzug mußte Ruprecht verschuldet nach Dtl. zurückkehren. Dort geriet er in territoriale Konfrontationen zu Ebf. →Johann II. v. Mainz wie auch zu Baden, Württemberg und Straßburg, u. a. weil er die Hälfte der Reichslandvogtei →Ortenau seinem Sohn als Pfandschaft überließ. Die Gegner schlossen sich im →Marbacher Bund zusammen. Ruprecht gelang es jedoch, durch Einzelverhandlungen den Bund zur Auflösung zu bringen. 1407 konnte er nach Änderung der niederrhein.-burg. Machtkonstellation die Krönung in Aachen nachholen. Größter Erfolg für die Territorialpolitik war, daß er 1408 seinem Sohn Ludwig die Reichslandvogtei im →Elsaß verschaffte. Die Heidelberger Theologen bestärkten ihn auch gegenüber dem Pisanum v. 1409 (Konzil v. →Pisa) in der alten proröm. Haltung. Freilich bedeutete Ruprechts Festhalten an der röm. Obödienz die Isolierung, auch im Reich.

[5] *Landesteilung unter den Söhnen Ruprechts III.*: Durch sein Testament hatte Ruprecht eine Landesteilung unter seine vier Söhne für den Fortbestand eines Hauptterritoriums, der nunmehrigen Kurpfalz, erträgl. gemacht. Der älteste Sohn →Ludwig III. erhielt vorab das Kurpräzipuum und sämtl. seit 1375 gewonnenen Reichspfänder. Nur der Territorialgewinn nach 1329 wurde gleichmäßig

geteilt. Neben Kurpfalz entstanden die Seitenlinien Pfalz-Zweibrücken-Simmern, Pfalz-Mosbach und Pfalz-Neumarkt. Erstere verzweigte sich nach Beerbung der Gft. Veldenz und eines Teils von Vorder- und Hintersponheim 1459 nochmals in die Linien Pfalz-Simmern und Pfalz-Zweibrücken-Veldenz. Nur sie hatte auf Dauer Bestand und wurde zeitweilig scharfer territorialer Konkurrent der Kurlinie. Pfalz-Neumarkt, zuletzt unter Pfgf. →Christoph (1443–48), der auch Kg. der drei nord. Reiche war, fiel an Pfalz-Mosbach, das seinerseits 1499 zur Kurpfalz zurückkehrte.

Ludwig III. (1410–36) war Protektor des Konzils v. →Konstanz, führte →Hus auf den Scheiterhaufen und den Pisaner Papst Johannes (XXIII.) nach seiner Flucht in die Gefangenschaft. Seit 1417 mit dem Kg. überworfen, wandte er sich der kfsl. Opposition zu. Außenpolit. war das Bündnis mit seinem Schwiegervater Heinrich IV. v. England maßgebl. Für sein Territorium gewann er u. a. die Anwartschaft auf ein Fünftel der Vorderen Gft. Sponheim und begründete die Pfälzer Bibliothek. Seine Krankheit machte 1435 Nachfolgeregelungen notwendig, wobei sich die einflußreichsten Geistlichen und Adligen im Umfeld der Pfalz ihrerseits an der Sicherung der Herrschaft interessiert zeigten. Nach der Vormundschaft Ottos I. v. Mosbach kam →Ludwig IV. (1436–49) zur Regierung. Als der erfolgreiche Bekämpfer der →Armagnaken früh verstarb, war das Land erneut ohne Herrscher.

[6] *Territoriale Entwicklung seit Friedrich I.*: In dieser gefährl. Situation übernahm →Friedrich I., später der Siegreiche (1449–76), die Vormundschaft für seinen erst einjährigen Neffen →Philipp (d. Aufrichtigen), erlangte jedoch bald eine stärkere Stellung. 1451 stimmten Räte, Geistliche und Adel dafür, daß Friedrich seinen Neffen adoptierte und zum Herrscher und Kfs. en aufstieg. Diese sog. Arrogation fand bald die Zustimmung des Papstes, den die Pfälzer noch vor dem Ende des Konzils v. →Basel anerkannt hatten, und auch die der Mitkfs.en. Nur Ks. Friedrich III. verweigerte eine solche. In insgesamt sechs erfolgreichen Kriegen wurde das Territorium kräftig erweitert, u. a. durch die Gft. Lützelstein (1492), den Mainzer Anteil der Bergstraße (1462), verschiedene Pfalz-Zweibrücker Enklaven und außerdem durch zwei Fünftel von Vordersponheim. Die seit 1372 aufgebaute Position am mittleren Neckar (Löwenstein, Weinsberg, Möckmühl) wurde gefestigt und verstärkt, nach dem Tod des Lgf.en Hesso v. Leiningen konnten 20 Dörfer im Umkreis v. Alzey eingezogen werden. Unter Friedrich bildeten sich erste Zentralbehörden und das Hofgericht. Den Ks. versuchte er, durch eine eigene Reformpolitik mattzusetzen. Wichtigste Verbündete waren Niederbayern, Böhmen und Burgund.

Philipp d. Aufrichtige (1476–1508) konnte unter zweifelhaftem Vorwand 1487 Hohengeroldseck erobern. Der Heidelberger Hof, schon unter Friedrich als erster unter allen dt. Höfen dem Humanismus geöffnet, entwickelte sich zu einem ausgesprochenen Zentrum der dt. Frührenaissance. Die Reichsreform konnte nicht im kfsl. Sinn gelöst werden, hier war Kg. Maximilian stärker. Dessen Erwerb von Burgund ließ den Pfälzern nur das Bündnis mit Frankreich offen. Sie riskierten mit dem Erbvertrag mit Bayern-Landshut 1499 einen offenen Bruch des Reichsrechts zugunsten von Philipps drittem Sohn Ruprecht. Als der Erbfall 1504 eintrat, sah sich die Kurpfalz einer Koalition unter dem Kg. gegenüber. Die verlustreichen Kämpfe des →Landshuter Erbfolgekriegs in Bayern und am Rhein verloren ihren Sinn, als Philipps Sohn Ruprecht samt seiner Gemahlin einer Seuche erlegen war.

Der Kölner und Konstanzer Friedensschluß sicherte Ruprechts Söhnen einen bayer. Restbestand (Pfalz-Neuburg) und reduzierte das rhein. Territorium um die ksl. und württ. Eroberungen am s. Oberrhein und im Nekkarbecken.   M. Schaab

Lit.: Spindler III, 1251–1288 – H. Werle, Stauf. Hausmachtspolitik am Rhein im 12. Jh., ZGO 110, 1962, 241–370 – H.-J. Cohn, The Government of the Rhine Palatinate in the 15th cent., 1965 – K. Baumann, Territoriale Entwicklung des Hzm.s Pfalz-Zweibrücken von 1444 bis 1793, Pfalzatlas, Karte Nr. 66, 1971; Text: S. 1213–1224, 1980 – G. Wüst, Pfalz-Mosbach 1410–99, Gesch. einer pfälz. Seitenlinie des 15. Jh. unter bes. Berücksichtigung der Territorialpolitik [Diss. Heidelberg 1976] – M. Schaab, Gesch. der Kurpfalz, 1: MA, 1988 – H.-O. Heimann, Hausordnung und Staatsbildung, 1993.

Pfalzkapelle unterscheidet sich von den →Burgkapellen nur durch Größe und Pracht; →Doppelkapelle (Eger, Nürnberg, Goslar), Saalkirche mit Chor oder Apsis (Werla, Wimpfen, Ingelheim), auch Basilika (Frankfurt), oder über dem Tor (Gelnhausen). Die Aachener P. Karls d. Gr. (780/800) als oktogonaler Zentralbau mit 16eckigem Umraum, darüber Emporen, diente im 11. Jh. als Vorbild für Pfalz- (Nimwegen, Bamberg) und Burgkapellen. Bfl. P.n haben ebenfalls Kapellen als Saalkirche (Bamberg) oder Doppelkapelle (Speyer, Köln, Mainz).   G. Binding

Lit.: →Burgkapelle, Doppelkapelle – G. Streich, Burg und Kirche während des dt. MA. Unters. der Sakraltopographie von Pfalzen, Burgen und Herrensitzen, 1984.

Pfalznotar. P. e (notarii sacri palatii Lateranensis, teils in Kombination mit scriniarius) nennen sich vom 10. bis 12. Jh. die Bediensteten der päpstl. →Kanzlei, die unmittelbar mit der Urk.ausstellung beschäftigt sind. Die heutige Terminologie versteht darunter v. a. jene Schreiber, die, von außerhalb Roms kommend, zur Zeit des Reformpapsttums die kuriale Minuskel für die Papsturkk. einführten.   Th. Frenz

Lit.: Bresslau I, 228, 266f. – P. Kehr, Scrinium et Palatium, MIÖG Ergbd. 6, 1901, 70–112 – M. Merores, Zur Frage der scriniarii sanctae Romanae ecclesiae, MIÖG 34, 1913, 315–325 – L. Schmitz-Kallenberg, Die Lehre von den Papsturkk., 1913, 98f. – R. Elze, Das »Sacrum Palatium Lateranense« im 10. und 11. Jh., StGreg 4, 1952, 27–54, hier 37–40 – P. Rabikauskas, Die röm. Kuriale un der päpstl. Kanzlei, 1958, 92–100.

Pfalzpaint, Heinrich v., Wundarzt, * nach 1400 zu Pfalzpaint a. d. Altmühl, † um 1465 auf einer Deutschordensballei, aus ritterbürtigem Ministerialengeschlecht, in Basel, Weißenburg, Metz (durch Hans v. Beris) zum Chirurgen ausgebildet, trat um 1450 in den Dt. Orden ein (Ellingen). Während der dreieinhalbjährigen Belagerung auf der →Marienburg eingeschlossen, organisierte er mit dem hochmeisterl. Leibarzt Jakob Schillingholz in vorbildl. Weise das Heeressanitätswesen und versorgte chirurg. über 4000 Ritter und Söldner. Seine 1460 begonnene 'Wündärznei' (8 Hss.) beschreibt im Nasenplastik-Kapitel erstmals eine gestielte Ferntransplantation. Obwohl H. v. P. auch als feldärztl. Ausbilder tätig war und Ordensbrüder wie Heinrich v. Waldenstetten oder den späteren Hochmeister Hans v. Tiefen in die Kriegschirurgie einführte, ging sein innovatives Wissen verloren.   G. Keil

Ed.: Buch d. Bündth[!]-Ertzeni von H. v. Pfolstprundt [!], hg. H. Haeser – A. Th. Middeldorpf, 1868; [Neuausg. Ch. Weisser] – *Lit.*: Verf.-Lex.² III, 856–862 – K. Sudhoff, Beitr. zur Gesch. der Chirurgie im MA, Stud. zur Gesch. der Medizin 10–12, II, 1918, 531–564 – P. Huard – M. D. Grmek, Mille ans de chirurgie en occident: V^e–XVe s., 1966, 58, 78 – Ch. Probst, Zwei unbekannte Briefe des Chirurgen H.v.P. aus d.J. 1453, SudArch 50, 1966, 69–78 – G. Keil, Zur Gesch. der plast. Chirurgie, Laryng. Rhinol. Otol. 57, 1978, 581–591 – B. D. Haage, Med. Lit. des Dt. Ordens im MA, Würzb.med.hist. Mitt. 9, 1991, bes. 223–227 – G. Keil, H.v.P. und die plast. Chirurgie der Haut

(Onkolog. Dermatologie, hg. G. Burg, A. A. Hartmann, B. Konz, 1992), 1-11.

Pfand
I. Römisches und gemeines Recht - II. Deutsches Recht.

I. Römisches und gemeines Recht: P.recht (pignus < pangere, lat. 'vereinbaren') ist das (dingl.) Recht an einer fremden Sache (ius in re aliena) oder Forderung (pignus nominis), kraft dessen der Berechtigte diese, das P., zur Sicherheit für eine Forderung besitzen (→Besitz) und zwecks Befriedigung verwerten darf. Das P.recht entsteht durch Vereinbarung zw. dem Eigentümer des P.es und dem Gläubiger; es ist abhängig vom Bestehen der zu sichernden Forderung (»akzessor.«, d. h. zu dieser 'hinzutretend'), kann aber als besitzloses P. (hypotheca) ohne Übergabe der Sache an den Gläubiger bestellt werden. In anderen Fällen gilt das P.recht als stillschweigend vereinbart, z. B. zugunsten des Vermieters, oder entsteht kraft Gesetzes, auch am ganzen Vermögen des Schuldners (sog. Generalhypothek; →Ehe, B. I), oder durch richterl. Beschlagnahme (Pfändung) im Rahmen der Zwangsvollstreckung. Der P.gläubiger kann mit Hilfe der →actio pigneraticia in rem (vindicatio pignoris) die Herausgabe des P.es vom jeweiligen Besitzer verlangen. Die Verwertung geschieht regelmäßig durch Verkauf des P.es. Aufgrund des Verpfändungsvertrags hat der P.besteller nach Erfüllung der gesicherten Forderung die actio pigneraticia in personam auf Rückgabe des P.es oder, im Fall des Verkaufs, auf Herausgabe des Überschusses (superfluum). P. Weimar

Lit.: E. Bussi, La formazione dei dogmi di diritto privato nel diritto comune. Diritti reali e diritti di obbligazione, 1937, 143-165 - M. Kaser, Das röm. Privatrecht, II, 1975, 312-321.

II. Deutsches Recht: Das aus dem Lat. oder Galloröm. entlehnte ahd., mhd. Wort *pfant* erfaßte begriffl. zunächst nur das zur Sicherung und Durchsetzung eines Anspruchs beschlagnahmte Gut. Diese schon in den →Leges vorkommende Pfändung zielt auf →Fahrhabe und Forderungen, während man bei der Immobiliarexekution regelmäßig von Zwangsvollstreckung spricht. Die entwicklungsgeschichtl. eng mit →Arrest und →Konkurs verwandte Pfändung ist in ihrer Ausprägung sehr variantenreich. Selbst- oder Privatpfändung ist in ma. Rechtstexten häufig verboten (1. Ravensburger Stadtrecht um 1330, Art. 24: »ane des ammans urluop«), wenn sie der Schuldner nicht ausdrückl. gestattet hatte (ebd., Art. 25).

Das freiwillig hingegebene Vertragsp. hieß Wette (mlat. vadium). Eine breite Palette von P.geschäften begründete das P., wobei die Trennung vom Kauf auf Wiederkauf nur schwer mögl. ist. Grundstücke sind als Substanz- oder Nutzungsp. erst seit Ende des 11. Jh. voll entwickelter Gegenstand des Wettversatzes. Liegenschaftsp. in Form des Besitzp.s wird von der Wiss. als ältere Satzung bezeichnet. Den Erfordernissen des modernen Verkehrs entsprechend entwickelte sich die besitzlose und sogar eine mehrfache Verpfändung zulassende städt. P.satzung, sog. neuere Satzung. Freilich mußte zur Bestellung des P.rechts →Publizität gewahrt werden. Für Fahrhabe blieb »Ohne Besitz kein P.« die Regel. - Die P.verwertung bei Eintritt der P.reife wurde bald in einem gerichtl., öffentl. Verfahren (Gant) durchgeführt. →Pfandschaft, -spolitik; →Pfandleihe, -haus. H. Buck

Lit.: HRG I, 1384-1386; III, 1672-1674, 1684-1707; IV, 1310-1313 - V. v. Meibom, Das dt. P.recht, 1867 - H. Planitz, Die Vermögensvollstreckung im dt. ma. Recht, I, 1912 - Ders., Das dt. Grundp.recht, 1936.

Pfandleihe, -haus
Die Ausleihe von Sachen oder Geld gegen ein →Pfand ist universalhist. verbreitet, ein wichtiger Teil der antiken Kreditwirtschaft, wie das röm. Recht verrät, daneben aber auch aus nichtantiken Wurzeln in das MA tradiert. Die Herkunft des Wortes »Pfand« von lat. pannus ('Tuch') rückt P. in die Nähe des frühma. Kaufgeschäfts, für welches Tuchgeld wichtig war. P. wird als später bes. beim Immobilienpfand mit Verkauf bei vorbehaltenem Wiederkaufsrecht identifiziert. Bei der Verpfändung von Immobilien unterscheidet man solche mit und solche ohne tatsächl. Besitz des Pfandnehmers. Letztere fällt prakt. zusammen mit dem Verkauf von Grundrenten. Erstere wird bes. bei der Verpfändung von Burgen und Ämtern zu einer verfassungsgeschichtl. Institution und hat oft keine Beziehung zur Kreditwirtschaft (→Pfandschaft). Das Fahrnispfand (→Fahrhabe) für Geldkredit war wegen des christl. Zinsverbotes hauptsächl. in der Hand der →Juden. Die Juden widmeten sich ihm bes., weil sie seit der Zeit der Kreuzzüge aus den meisten anderen Gewerbezweigen verdrängt wurden. Im SpätMA erhielten sie auch dabei christl. Konkurrenz durch die →Lombarden und →Kawertschen, die mit einem judenähnl. Status dasselbe Pfandgeschäft betrieben, und durch die →Montes pietatis hauptsächl. der Franziskaner, die aus sozialen Gründen P. zu einem erhebl. ermäßigten Zinssatz durchführten. In Handelskreisen war das Warenpfand übl., prakt. ident. mit dem Warenkredit. Dem Abnehmer wurde der Warenpreis bei zurückbehaltenem Eigentumsrecht gestundet. R. Sprandel

Lit.: R. de Roover, Money, Banking and Credit in Medieval Bruges, 1948 - A. Agus, Urban Civilisation in Pre-Crusade Europe, 1965 - R. Sprandel, Das ma. Zahlungssystem nach hans.-nord. Q. des 13.-15. Jh., 1975, 55 ff. - M. Boone, Geldhandel en pandbedrijf in Gent..., RBPH 66, 1988, 767-789 - K. Matzel-J. Riecke, Das Pfandregister der Regensburger Juden vom Jahre 1519, ZBLG 51, 1988, 767-806 - T. Toch, Jüd. Geldleihe im MA (Gesch. und Kultur der Juden in Bayern, 1988), 85-94 - Banchi pubblici, banchi privati e monti di pietà nell'Europa preindustriale (Atti del Convegno Genova, 1-6 ottobre 1990, 1991).

Pfandschaft, -spolitik
Der Begriff P., der in Urkk. des 14. Jh. erscheint, bezeichnet die Verpfändung von Herrschaftsrechten. Beim Pfandlehen wird dem Pfandgläubiger das Herrschaftsrecht zusätzl. für die Pfanddauer als Lehen übertragen. Je nach ihrer herrschaftl. Zuordnung werden Reichs- und Territorialp.en unterschieden. Beide Arten kommen in wachsender Zahl seit dem 12. Jh. vor und finden ihre Höhepunkte im 14. Jh.; Reichsp.en treten bis in das 17. Jh. auf (letzte Territorialp. ist 1803 die Verpfändung Wismars an das Hzm. Mecklenburg durch Schweden). Über das Pfandgeschäft wurde eine Pfandurk. (Pfandbrief) ausgestellt. Gegenstände der Verpfändung konnten alle verfügbaren Herrschaftsrechte sein. Verpfändet wurden Abgaben und sonstige Einkünfte, Amtsbefugnisse, Gerechtsame, Regalien, Vogteien, Gerichte, Höfe, Dörfer, Burgen, Städte und ganze Territorien. Die den P.en zugrundeliegenden Pfandschulden beruhten auf Verbindlichkeiten unterschiedl. Art; häufig waren P.en Entgelte für Kriegsdienste oder Beistandsleistungen. Der Pfandnehmer erwarb in der Regel eine allumfassende Pfandherrschaft, so daß mit der Verpfändung das verpfändete Herrschaftsrecht aus dem Herrschaftsbereich des Pfandgebers vollständig in den des Pfandgläubigers überging. Die Pfandherrschaft endete, wenn der Pfandschuldner die Pfandsumme zahlte (Pfandauslösung) oder der Pfandgeber einen Dritten zur Zahlung ermächtigte, der das Pfand mit der Zahlung erwarb (Pfandablösung). Beides unterlag keinen zeitl. Beschränkungen. Unter den sonstigen Formen der Pfandbeendigung war der freiwillige Verzicht des Pfandgebers auf die Ausübung des

Auslösungsrechts von Bedeutung. Die P.en spielten in der Verfassungsgesch. des MA eine große Rolle. Sie waren schon bald Gegenstand einer ausgedehnten P.spolitik. Da nur wenige P.en ausgelöst wurden, bedeutete der Erwerb einer P. häufig den endgültigen Erwerb des Pfandobjekts durch den Pfandnehmer. Viele Territorialherren nutzten den Geldbedarf des Kgtm.s und den Niedergang kleinerer Adelsgeschlechter zur Erweiterung ihrer Herrschaftsmacht durch Pfandgeschäfte. Bei den Territorialherren selbst kam es infolge der Ausgestaltung der P.en (eidl. Bindung des Pfandnehmers an den Pfandgeber, Vereinbarung von Pfandlehen) seltener zum endgültigen Verlust von Herrschaftsmacht. →Pfand. L. Weyhe

Lit.: HRG III, 1677–1680, 1688–1693 [Lit.] – F. Weissenborn, Mühlhausen i. Th. und das Reich, 1911, 32ff. – G. Landwehr, Die Verpfändung der dt. Reichsstädte im MA, 1967 – H.-G. Krause, Pfandherrschaften als verfassungsgeschichtl. Problem (Der Staat 9, 1970), 387ff., 515ff. – H. Bitsch, Die Verpfändungen der Lgf.e n v. Hessen, 1974 – L. Tewes, Die Amts- und Pfandpolitik der Ebf.e v. Köln, 1987.

Pfarrei, Pfarrorganisation

I. Terminologie – II. Anfänge – III. Der weitere Ausbau der Pfarrorganisation – IV. Der Beitrag des gesamtkirchlichen (kanonischen) Rechtes zur Entstehung von Pfarreien und Pfarrorganisation.

I. Terminologie: Die theol. Wurzeln des Wortes P. (*paroikia*, von *paroikein* [»bei jemandem wohnen«]) liegen bereits im AT: Die Israeliten waren Fremdlinge in Ägypten. Im NT kommt zum Ausdruck, daß die Christen noch mehr als ihre Vorväter, die immerhin im gelobten Land gewohnt haben, Gäste und Fremdlinge sind. In der frühen Kirche wird dieser Gedanke vom Fremdsein der Christen in der Welt auf die chr. Gemeinden übertragen (paroikia = chr. Gemeinde). Die griech. Wurzel des Wortes weist auf Kolonie hin. Im ö. Kirchenrecht ist bis heute diese Bezeichnung in Geltung geblieben, die Bf.sgemeinde ist die paroikia. Im W nimmt die Bf.sgemeinde später die Bezeichnung dio(e)cesis an. Doch können diocesis und parochia bis ins MA hinein fast jede kirchl. Verfassungsgröße bezeichnen. Dioikesis (→Diözese) bedeutet urspngl. jede Art von Verwaltung, in der späten Ks.zeit die großen Verwaltungseinheiten des Reiches, welche mehrere Provinzen umfassen, später den kirchl. Einflußbereich, bei →Martin v. Tours die in seinem Bm. gegen Ende des 4. Jh. gegr. Seelsorgestationen auf dem Land. Auf jeder dieser Stationen hat Martin mehrere Kleriker eingesetzt, nicht nur einen. Die schon im 3. Jh. entstandenen Stadtp.en hatten oft mehrere Presbyter. Diese Seelsorgestationen waren Hilfsinstrumente. Das eigtl. kirchl. Leben spielte sich in der paroikia des Bf.s ab. Ab dem 5. Jh. beginnen sich die beiden Bezeichnungen parochia und diocesis zu überlagern. Im 7. Jh. steht parochia in Gallien für die Presbytergemeinde. In Mitteleuropa dauerte die Namensunsicherheit bis ins hohe MA. Die etymolog. Wurzel des Fremdseins ging verloren, das Phänomen P. war aber schon vor dem hohen MA vorhanden. Für diese Zeit muß man auch nichtsprachl. Kriterien (Seelsorge [cura animarum], Taufrecht [baptisterium], Begräbnisrecht [cimiterium oder sepultura] und Zehntrecht [decima, nona]) heranziehen, um sich zu vergewissern, daß tatsächl. eine P. gemeint ist. Die ma. Q. sprechen von baptismales ecclesiae, plebes baptismales und matrix. Auch die Bezeichnung für die Pfarrkirche ist nicht eindeutig: ecclesia, basilica, titulus, monasterium, coenobium, templum, oratorium, capella. Alle diese Begriffe geben alleine noch nicht den Hinweis auf eine Pfarrkirche. Es kommt aber auch ecclesia parochialis (parochialium) vor (X 3.48.3; VI 1.6.15; VI 1.6.34). Im →Corpus iuris canonici taucht der Terminus parochus überhaupt nicht auf. Der Pfarrer erscheint dort als plebanus, rector ecclesiae, presbyter parochialis, curatus, rector. »Pfarrer« (parochus) wird ab dem 16. Jh. (Konzil v. Trient) zur allg. Bezeichnung.

II. Anfänge: [1] *Vorläufer*: Die ersten chr. Gemeinden sind in den Städten entstanden. Die kult. Funktionen waren urspgl. bei der Bf.skirche konzentriert und wurden vom Bf. und von den Klerikern, die sein Presbyterium bildeten, ausgeübt. Vor dem 4. Jh. gibt es keine Hinweise auf P.en oder Pfarrer. Der bfl. Seelsorgebereich bildete die territoriale Umschreibung. Entstanden ab dem 4. Jh. in den Städten von der Bf.skirche abhängige Kirchen (tituli), so sind sie rechtl. noch nicht den P.en vergleichbar. Zu nennen sind die Titelkirchen in →Rom sowie Seelsorgestationen in →Alexandria. Das Land wurde urspngl. im O neben den Wanderpredigern von →Chorbf.en pastorisiert. An ihre Stelle sind ab dem 4. Jh. (Ankyra 314, Neokaisareia 314/325) vom Bf. ernannte Kleriker getreten (Periodeuten). Im W werden Presbyter aufs Land gesendet (viel später, vom 7.–11. Jh., gibt es im W auch den Chorbf.: Ebm. Salzburg, Bm. Passau u. a.). Zur Zeit des Konzils v. →Ephesos (431) waren Landkirchen, an denen ständig Priester in Unterordnung unter dem Stadtbf. tätig waren, bereits selbstverständl. Das Konzil v. Chalkedon (451) bestimmte, ein Priester dürfe nur geweiht werden, wenn er an einer bestimmten Kirche angestellt werde (c. 6 = relative Ordination; Verbot der absoluten Ordination); es kennt Hilfskirchen und der P. ähnl. Kirchen.

[2] *Erste Ansätze im Westen, Taufkirchenverfassung in Spanien, Frankreich und Italien*: Die Akten der Synode v. Elvira (ca. 300) wurden auch von Priestern unterschrieben, die außerhalb der Bf.sstadt ihre Residenz hatten. C. 18 bestimmte, daß die Priester verpflichtet waren, dauernd in dem Sprengel zu leben, für den man sie bestellte. Das Konzil v. →Toledo (675) legte fest, daß die Auswahl von Hilfspriestern den ständig bestellten Seelsorgern zu überlassen sei. Innozenz I. (401–417) gewährte Priestern das Recht zur Taufe und gestattete, daß Landpriester die Messe für zu weit von der Bf.skirche entfernt Wohnende lasen. Weitere Synoden belegen diese Praxis. Ähnl. Bestimmungen sind auch für die nordafrikan. Kirche feststellbar. Wenn die Entwicklung zur P., wie wir sie heute kennen, auch noch lange nicht abgeschlossen war, so lassen sich doch schon bestimmte Kennzeichen, Pflichten und Rechte des »Pfarrers« feststellen: Seelsorge, Predigt, Taufrecht. Kirchen mit diesen Funktionen wurden daher bereits im 6. Jh. als ecclesiae baptismales bezeichnet (Ausübung des Taufrechts allerdings noch in Abhängigkeit vom Bf.). In der frk. Kirche erhielt der Pfarrpriester wohl zuerst das dauernde Recht der feierl. Taufe. Ab dem 5. Jh. wurden Feier der Messe, Spendung der Kommunion und Erteilung der Buße unterschiedl. den Pfarrpriestern übertragen (auch hier als bfl. Delegationen). Neben den großen Taufkirchen entstanden kleinere, von der Taufkirche abhängige Kirchen, an den Taufkirchen Presbyterien. An der Spitze des Presbyteriums stand der →Archipresbyter. Es gab noch keine echten Pfarrsprengel. Vermögensrechtl. waren diese Taufkirchen trotz ihres Sondereigentums vom Bf. abhängig. Sie mußten die Einkünfte an das Bm. abliefern oder dort verrechnen. Ihr Vorsteher erhielt vom Bf. ein frei bemessenes Stipendium, später auch ein precarium aus Bm.sgut. Im Laufe des 6. und 7. Jh. wurde diesen Kirchen, ausgehend von Spanien und Gallien, eine gewisse Selbständigkeit auch der Vermögensverwaltung unter bfl. Aufsicht zugestanden. Seit der Mitte des 9. Jh. wurden die Taufkirchen vom Bf. an den Pleban, später auch an weltl. Herren gegen hohen Zins verpachtet. Der Pleban entwickelte sich dort zum Großpächter. Die Wei-

terentwicklung auf dieser Rechtsgrundlage wurde beeinflußt durch die →Eigenkirchen. Die Taufkirchenverfassung hatte sich so in Spanien und Gallien, im 7. Jh. auch in Italien, bes. in der Lombardei und der Toskana, durchgesetzt.

[3] *Urpfarreien (Landpfarreien)*: In Dtl., Skandinavien und England entsprachen den Taufkirchen seit der ags.-frk. Zeit die Urp.en. Auch ist eine langsame Entwicklung von W nach O, in der nord. Mission von →Hamburg-Bremen nach N festzustellen, die entlang der großen Verkehrs- und zugleich Missionsstraßen (Patrozinienforsch.) verlief. Die Kirchen wurden oft an alten heidn. Kultstätten oder Tempeln (Muttergottheiten, Dreigöttersteine) z. B. mit Michaels- oder Marienpatrozinium errichtet. Sie waren häufig Genossenschaftskirchen (z. B. im Elsaß) eines größeren oder kleineren Verbandes (Hundertschaft; Gau-, Zehnt-, Markgenossenschaft) und wurden an dessen Mittelpunkt in Verbindung mit der Versammlungs- und Gerichtsstätte errichtet. Hinweis dafür sind auch die frühzeitig bezeugten Gemeindewahlrechte des Leutpriesters (Lex Baiuv. I, 9), die auch bei den Alamannen, bes. im Elsaß, bei den Sachsen, Friesen und Langobarden zu finden sind (spätere Entwicklung zum Gemeindepatronat). Ordination und Einsetzung des Priesters lagen wohl beim Bf. (Lex Alam. X, Lex Baiuv. I, 9). Die Kirche der Urp. hatte das Recht des Hauptgottesdienstes und der Taufe. Auch Urp.en als Eigenkirchen kamen vor (z. B. bei den Alamannen). Daneben bestanden Eigenkirchen ohne Pfarrechte auf Gutshöfen und Weilern des Adels. Beispiele für Urp.en im Mosel-, Hunsrück- und Eifelgebiet sind (nach FEINE) Karden a. d. Mosel, Neumagen, Münstermaifeld und Tholey. In Westfalen waren bfl. und kl. Missionszentren Christenberg und Fritzlar-Buraburg, Wormbach und Soest, Eresburg, Paderborn und Osnabrück, in Hessen Fulda. Im Bm. Speyer überwogen die kleineren alten Einzelpfarreien. Nur im Ausbaugebiet gab es zunächst Großp.en in geistl. oder weltl. Besitz. Sie waren sämtl. Eigenkirchen (Metz; Kl. Weißenburg; Lorsch u. a.). Genossenschaftl. Kirchen fehlten, außer in Westfalen, in diesen Gebieten zunächst völlig. Die dt. →Ostsiedlung des hohen MA wurde bestimmt von der herrschaftl. angesetzten Siedlergemeinde, die regelmäßig wirtschaftl. Dorf-, Mark-, Niedergerichtsverband und zugleich Kirchspiel war. In Österreich sind in karol. Zeit im bayr.-alam. W drei Siedlungszentren mit quellenmäßig sichtbarer P.organisation feststellbar: der Gau um die Bf.sstadt Salzburg, die salzburg. P.en im Unterinntal und die Rheinebene (Vorarlberg). Patrozinien sind Petrus, Martin, Georg und Laurentius (in dieser Reihenfolge), aber auch andere. Parallel zur Ablösung der kl. Missionierung (iroschott. →Mission) kam es bis zum Ende des 8. Jh. zur Unterteilung und pfarrl. Aufgliederung der einzelnen bayr. Diöz.en. Zw. Inn und Enns (Oberösterreich, Bm. Passau) entstanden Urp.en, auf den Besitzungen der weltl. und geistl. Grundherren zahlreiche Eigenkirchen. Auch hier geben die Patrozinien Hinweise: Martinskirchen sind meist auf hzgl. oder kgl. Fiskalgut entstanden: Michaels-, Petrus- und Hippolytpatrozinien weisen auf karol. Ursprung, Johannespatrozinien auf alte Taufkirchen hin. Für salzburg. Gründung spricht Rupert, für passauische Laurentius, Stephan und Valentin. Ö. der Enns mußte die kirchl. Pfarrorganisation nach dem Avaren- und Ungarnsturm neu geschaffen werden. Hier stand der grundherrl. Ursprung im Vordergrund (Grundbesitz der Bm.er und Kl.). In Karantanien (Kärnten) folgte die Missionierung zunächst den Römerstraßen und wandte sich zuerst an die roman. Bevölkerung (Chorbf.e in Maria Saal – später Slavenmission). Im 9. Jh. bestand bereits eine Kirchenorganisation mit fest umrissenem Sprengel (Chorbm. Maria Saal) und wohl fester Pfarreinteilung. Zu nennen sind neben Maria Saal St. Peter in Karnburg, St. Peter im Holz u. a. Auch in der Steiermark (zuerst Ober-, dann auch Mittel- und Oststeiermark) sind karol. Urp.en nachgewiesen (ad Undrimas/Ingering).

III. DER WEITERE AUSBAU DER PFARRORGANISATION: [1] *Landpfarreien*: Eigenkirchenrecht und Zehntgebot, aber auch die fortschreitende innere Kolonisierung und Missionierung trugen dazu bei, daß das Pfarrnetz enger gezogen wurde. So bekamen die Eigenkirchen Pfarrechte, ebenso die Kirchen der Grundherrschaften und Markgenossenschaften. Die großen, alten Pfarren wurden auf diese Weise – nicht immer freiwillig – untergliedert. Zw. alter und neuer Kirche blieb ein Filiationsverhältnis bestehen (Mutter-/Tochterkirchen), das sich z. B. in der Pflicht des Sendbesuches, aber auch im Bestehenbleiben des Begräbnis- oder Taufrechts der Mutterkirche ausdrückte. Die alte Tauf- und Urkirchenorganisation wurde dadurch in manchen Gebieten sogar völlig abgelöst. Das Aachener Kirchenkapitular v. 818/819 sicherte den neugegr. Eigenkirchen das Zehntrecht zu. Eine Abgrenzung der Zehntsprengel wurde notwendig. Es entstanden oft nur ein oder wenige Dörfer umfassende Pfarrsprengel. Die alte Urpfarrkirche wurde manchmal zur Dekanats- oder Archidiakonatskirche (Landarchidiakonat). Die Aufgliederung der P. erfolgte regional unterschiedl., in Frankreich schneller. In Italien wurden zuerst die Taufkirchen vermehrt, später zog auch dort das Eigenkirchenwesen ein. Das Taufrecht verblieb bei der Taufkirche. Die Gläubigen spielten eine bedeutende Rolle bei der Entstehung der Pfarrorganisation und für deren Rechtsstruktur. Gerichts-, Markgenossenschaft und Pfarrsprengel fielen oft zusammen. Die Pfarre übte häufig beträchtl. Einfluß auf die Gestaltung des ländl. Gemeinde- und Genossenschaftswesens aus. Im 12. Jh. war die Entwicklung der Pfarrorganisation im wesentl. abgeschlossen.

[2] *Stadtpfarreien*: Die Entwicklung der Stadtp.en verlief anders als auf dem Land. Die Stadtgeistlichen der →Bf.sstadt lebten oft kanon. (Regel →Chrodegangs, später →Institutiones Aquisgranenses). Es entstanden die Dom- und Stiftskapitel sowie deren städt. Kollegiatsp.en und Domp.en, aber auch einfache P.en (z. B. Bürgerkirchen) und Personalp.en. Neben dem Dom wurden eigene Pfarrkirchen (anstelle der Baptisterien) gebaut. Bis zum 13. Jh. war die Pfarrorganisation in der Stadt durchgebildet. Auch hier bestanden Wechselwirkungen zw. weltl. und kirchl. Gemeinde (Zünfte etc.). Letztere wurde mit kommunalen Aufgaben betraut (Verleihung des Bürgerrechts, Steuer- und Gerichtswesen, Verwaltungsangelegenheiten, z. B. Matrikelführung).

[3] *Ordens- (Kloster-) und Patronatspfarreien*: Bedeutend für die Entwicklung der P.en und der Pfarrorganisation wurden auch einzelne Orden. Die Benediktinerkl. vermehrten unter dem Einfluß der cluniazens. Reform (→Cluny) ihre Eigenkirchen (Schenkungen, Kauf). Um sie herum entstanden geschlossene Gebiete von abhängigen P.en. Cluniazenser und Hirsauer (→Hirsau) versorgten ihre P.en nicht selbst, wohl aber →Augustiner-Chorherren, →Prämonstratenser und Zisterzienser und später auch die →Bettelorden, die ab dem 13. Jh. durch ihre Seelsorgetätigkeit (u. a. auch gegen die Häretiker) den Pfarrzwang auflockerten. Päpstl. Privilegien sicherten ihre Tätigkeit. Die laikalen Eigenkirchen wurden in Patronatsp.en, die geistl. in inkorporierte und (geistl.) Patronatsp.en umgewandelt. Bald unterschied man zw. halber

und voller Einverleibung, je nachdem, ob das Kl. nur die Nutzungsrechte am Pfarr-(Pfründen-)vermögen besaß oder überhaupt zum Pfarrer wurde (incorporatio minus plena und i. plena; älter: i. in usus proprios oder i. in usus proprios et pleno iure). Ende des 15. Jh. waren im oberschwäb. Anteil des Bm.s Konstanz zweidrittel der P.en im geistl. Besitz und meistens Kl. inkorporiert, in der Diöz. Worms 187 P.en und in der Diöz. Regensburg 35% der P.en. Einzelne Kl. erlangten quasibfl. Rechte in ihren Sprengeln (abbatia, praelatura nullius). Streitigkeiten über die Jurisdiktion (Visitation, Zugehörigkeit zur Diöz. usw.) wurden bis vor die Röm. Rota getragen (nullius diocesis). In den Patronatsp.en reduzierte man die laikalen Rechte auf Präsentation und sonstige Ehrenrechte, die als Privilegien gedeutet wurden (→Patronatsrecht).

IV. DER BEITRAG DES GESAMTKIRCHLICHEN (KANONISCHEN) RECHTES ZUR ENTSTEHUNG VON PFARREIEN UND PFARRORGANISATION: Die Pfarrorganisation war zunächst eine Angelegenheit des teil-(orts-)kirchl. Rechtes (= Bf., Vertrag, weltl. Gemeinde, weltl. Recht) und der wirtschaftl. und sozialen Gegebenheiten und Möglichkeiten. Sehr bald aber versuchten Synoden und später die Päpste und Konzilien steuernd einzugreifen: die Päpste im Wege der Entscheidung von Rechtsstreitigkeiten (strittige [Pfarrer-]Wahlen, Benefizienkumulation, Besetzung von Ordensp.en, Beiziehung von Vertretern [vicarii, curatores] durch die Pfarrer) und deren Aufnahme in den Liber Extra. Das kanon. Recht hat wesentl. zur Konsolidierung der P.en – als der ordentl. Form der Seelsorge – beigetragen, die Pfarrorganisation dann aber auch wieder durch die Seelsorgeprivilegien für die Bettelorden (VI 3.17. un.; Clem. 5.7.1; Extravag. comm. 1.9.2.) sowie durch die Entwicklung der Exemtion und Inkorporation durchlöchert. Innozenz III. schrieb auf dem IV. →Laterankonzil (1215; X 5.38.12) die jährl. Beichte und den österl. Eucharistieempfang beim eigenen Pfarrer vor (Pfarrbann), Alexander III. sah mit der Dekretale »Ad audientiam« (X 3.48.3) die Errichtung neuer P.en durch den Bf. vor, wenn die alte Pfarrkirche zu weit entfernt und nur beschwerl. zu erreichen war. Das ausreichende Einkommen der alten und der neuen P.en mußte gesichert sein. Der Rektor (Pfarrer) der neuen Kirche sollte vom Bf., nach erfolgter Präsentation durch die Mutterkirche, ernannt werden. Den Vikaren an einer Ordenspfarrei (X 3.5.10, 12) bzw. den Seelsorgern überhaupt (Innozenz III. auf dem IV. Laterankonzil [1215; X 3.5.30]) war ausreichender Unterhalt zu garantieren. Für die rechtl. Entwicklung der P. wurden ferner bedeutend: der Pfarrbann (X 5.38.12), die Ausprägung des Benefizialwesens und dessen Anwendung auf die Eigenkirche und P., die vermögensrechtl. Trennung (Abschichtung) von Pfarrkirche (alte ecclesia) und Pfarrpfründe (beneficium), die Übernahme der Verwaltung des Vermögens der Pfarrkirche (jüngere ecclesia, Lichtergut) durch Laien (Zechpröbste, Heiligenmeister). Das Pfarramt wurde jurist. Person (X 2.19.3), der Pfarrer zeitweilig (bis zum Tridentinum, 1548–63) als Jurisdiktionsträger (Prälat) angesehen. Noch im 9. Jh. war bei der Ordination nach Kirchenrecht Gemeindebeteiligung bekannt (relative Ordination). Die seit dem 12. Jh. auftretenden Pfarrerwahlen konnte man mit kirchenrechtl. Kategorien anscheinend nicht recht fassen und wollte sie, wenn überhaupt, dann nur im Rahmen des (Gemeinde-)Patronatswesens gelten lassen (D. KURZE). Die Dekretisten und Dekretalisten gehen so gut wie gar nicht auf Gemeinderechte ein. Den ersten Bericht über den einsetzenden Streit um diese Rechte enthält der Apparat des Sinibaldo Fieschi (Innozenz IV.). Vor ihm meinten Hostiensis (→Henricus de Segusio) und Alexander III., daß korrekt erworbene Gemeindepatronate anzuerkennen seien, daß aber Gemeindepräsentationen, d. h. Pfarrerwahlen, die nicht durch patronatsstiftende Leistungen legitimiert sind, abgelehnt werden müßten. Damit standen sie allerdings gegen den Strom der Zeit. Guillelmus →Durantis kannte die abweichende Praxis und berichtete darüber (E. JACOBI). →Johannes Andreae trat später für die Möglichkeit ein, Gemeindepräsentationsrechte zu ersitzen. Dieser Linie folgte man dann bis ins 15. Jh. Der Laieneinfluß war in der Praxis größer als heute, und eine vernünftige Kanonistik mußte dies auch berücksichtigen. Prakt. existierten Pfarrerwahlen in ganz Europa; in einzelnen Gegenden bis weit in die NZ. Weitere Formen der Besetzung waren: Einsetzung durch den Eigenkirchenherrn, den Inkorporationsträger und den Bf., Patronat, Nomination und Präsentation.   R. Puza

Lit.: PLÖCHL I², 170–173, 352–356; II², 163–171 – FEINE, bes. 125–133, 182–204, 403–427 [Lit.] – HRG III, 1707–1723 – LThK² VIII, 398–403 – Nov. Dig. It. XII, 449–464 – P. IMBART DE LA TOUR, Les paroisses rurales dans l'ancienne France du IVe au XIe s., 1900 – E. JACOBI, Patronate jurist. Personen, 1912 [Nachdr. 1965] – A. HARNACK, Die Mission und Ausbreitung des Christentums in den ersten drei Jh., I–II, 1924⁴ – M. MILANI, Origine storica giuridica delle parrocchie urbane, 1926 – N. CONNOLLY, The Canonical Erection of Parishes, 1938 – H. F. SCHMID, Die rechtl. Grundlagen der Pfarrorganisation auf westslav. Boden und ihre Entwicklung während des MA, 1938 – J. WODKA, Kirche in Österreich, 1959, insbes. 52–62 – D. KURZE, Pfarrerwahlen im MA, 1966, bes. 11–18 [Lit.] – F. LOTTER, Ein kanonist. Hb. über die Amtspflichten des Pfarrklerus als gemeinsame Vorlage für den Sermo synodalis »Fratres presbyteri« und Reginos Werk »De synodalibus causis«, ZRGKanAbt 62, 1976, 1–31 – J. SEMMLER, Zehntgebot und Pfarrtermination in karol. Zeit (Aus Kirche und Reich, hg. H. MORDEK, 1983), 33–44 – J. LE GOFF, Die Intellektuellen im MA, 1987², 15ff. – H.-J. VOGT, Bilder der frühen Kirche, 1993, 12–23.

Pfarrkirche → Kirchenbau, →Pfarrei

Pfarrorganisation → Pfarrei

Pfarrschule → Schule

Pfau. [1] *Gelehrte Tradition*: P. (lat. pavo), als prächtiger Hühnervogel wohl im 7./6. Jh. v. Chr. aus Indien, in bibl. Tradition (3. Reg 10,22; 2. Par 9,21) von Kg. Salomons Flotte eingeführt (Hrabanus Maurus, de univ. 8,6, MPL 111, 248: Symbol für durch Christi Glanz angelockte heidn. Völker) und von Hugo de Folieto (de bestiis 1,55) mit Gefiederfärbung, Krönchen und dem mit »Augen« geschmückten in der Balz zu einem Rad aufstellbaren langen Schwanz (Auferstehungs- bzw. Unsterblichkeitssymbol), aber unangenehmer Stimme und hartem, angebl. unverwesl. Fleisch beschrieben und vielfältig geistl. gedeutet (vgl. auch Alexander Neckam, nat. rer. 1, 39–40). Einzelheiten der Zucht (Aristoteles, h. a. 6,9 p. 564 a 25 ff.; Plinius, n. h. 10,161; Palladius 1,28) und des Verhaltens (u. a. Auslösung der Balz durch Lob nach Plinius 10,43, aber Abbruch nach »Liber rerum« bei Anblick seiner häßl. Füße) übernehmen ohne symbol. Deutungen die Enzyklopädiker Bartholomaeus Anglicus (12,31), Thomas v. Cantimpré (5,100 = Albertus Magnus, animal. 23,133) und Vinzenz v. Beauvais (16,122–124).

Ch. Hünemörder

Q.: →Albertus Magnus, →Alexander Neckam, →Hrabanus Maurus – Hugo de Folieto, De bestiis et aliis rebus, MPL 177 – Vinc. Bellov., Speculum nat., 1624 [Neudr. 1964] – Thomas Cantimpr., Lib. de nat. rerum, T. 1, ed. H. BOESE, 1973 – Palladius, Opus agriculturae, ed. R. H. RODGERS, 1975.

[2] *Ikonographie*: Als Luxusvogel in röm. Gärten beliebt, belebt der P. spätantike nichtchr. wie chr. idyll. Landschaftsbilder, nicht immer mit Symbolik des →Paradie-

ses, wie z. B. der P. als Attribut des Frühlings im →Chronograph v. 354 zeigt. Paarweise Darstellung zu seiten von Blumenkörben, des 'Lebens'- →Brunnens, Kreuzes oder Christogramms (bei ravennat. Sarkophagen des 5./6. Jh. auf dem Hügel mit Paradiesflüssen) und auf dem Dach von →Ciborien (seit dem 6. Jh. und in karol., byz. und armen. Miniaturen). Die bis ins MA weiterlebende Paradiessymbolik stammt sicher nicht von der Legende der Unverweslichkeit des P.enfleisches (August. Civ. D. 21,4), sondern von Gartenidyllik und Verwendung des P.s, des Attributes der Juno, als Vogel der →Apotheose röm. Ksn.nen (Gegenargument LOTHARS aus chr. Ablehnung der Ks.kults ist überholt). Die Eitelkeit des P.s wegen des mit Augen geschmückten, kreisförmig ausgebreiteten Gefieders betonen antike und ma. Autoren; daher wurde der P. im SpätMA Attribut von Hochmut und Eitelkeit (→Tugenden und Laster). J. Engemann

Lit.: RE XIX, 2, 1414-1421 – DACL XIII, 1, 1075-1097 – LCI III, 409-411 – H. LOTHAR, Der P. in der altchr. Kunst, 1929 – E. T. REIMBOLD, Der P. Mythologie und Symbolik, 1983.

Pfeffer (Piper nigrum L., P. longum L./Piperaceae). Der in Indien beheimatete P. gehörte im MA zu den beliebtesten und kostbarsten →Gewürzen, er diente zugleich als Zahlungsmittel. Man unterschied drei Handelssorten: *piper album* = leucopiper/wizphephir, fulphu; *piper nigrum* = melanopiper/swuzpeffer, fulfulesiat (STEINMEYER-SIEVERS III, 541) und *piper longum* = macropiper (Alphita, hg. MOWAT, 69^b, 145), die im allg. auf dieselbe Stammpfl. zurückgeführt wurden: Langer P. galt daher nicht als eigene Art, sondern als der längl. Fruchtstand des P.strauches, der den Weißen P. als unreifen, den Schwarzen P. als reifen, gedörrten Samen lieferte (Albertus Magnus, De veget. 6, 195-197). Die Zuordnung der Samenfarbe zum Reifegrad war demnach den natürl. Verhältnissen genau entgegengesetzt. Med. wurde der P. bes. als verdauungsförderndes, harntreibendes Mittel, gegen Husten, Asthma, Fiebererkrankungen und in Augenwässern angewandt (Circa instans, ed. WÖLFEL, 91f., Gart, Kap. 329). P. longum galt überdies als Aphrodisiakum (Constantinus Africanus, De grad. 367) und Abtreibungsmittel (Konrad v. Megenberg, ed. PFEIFFER, IV B, 24). I. Müller

Lit.: MARZELL III, 793 – H. KÜSTER, Wo der P. wächst. Ein Lex. zur Kulturgesch. der Gewürze, 1987, 190-194.

Pfeifer v. Niklashausen → Böhm, Hans

Pfeil. 1. P. → Bogen, IV.

2. P. (Jagdgeschichte). Für den gesamteurop. Raum ist der Gebrauch von P. und Bogen zur Jagd auf Rotwild, Schwarzwild, Bären, Wölfe, Büffel, Rentiere, kleinere Raubtiere, Flugwild und Walfische während der ganzen ma. Periode belegt (vgl. röm. Q., germ. Volksrechte, frz., engl., span. und dt. Jagdlit.). Die erhaltenen P.spitzen sind vielfältig gestaltet, teils blattförmig, teils mit bis zu vier Finger breiten Spitzen oder Schneiden zur Erzielung einer großen Wunde, teils mit Widerhaken. Auch vergiftete P.e scheinen – jedoch nicht häufig – zum Einsatz gekommen zu sein; in der Regel wirkte der P.schuß allein tödl. oder stark verwundend. Mehrfach wird von der Verwendung von Lockwild bei der Jagd mit P.en berichtet; vornehml. verbarg sich der auf Schußentfernung an das zu erlegende Wild heranschleichende Schütze hinter einem Schießhirsch oder -pferd, bei der Rentierjagd hinter einem gezähmten Rentier. Bes. lang – bis über die ma. Periode hinaus – wurden P.e bei der Jagd in Selbstschußanlagen, z. B. in Bogenfallen, verwendet. S. Schwenk

Pfeiler, senkrechte Stütze aus Mauerwerk zw. Öffnungen (Arkaden, Türen, Fenster u. ä.). Der P. ist ein Mauerstück, das häufig auf einer zumeist profilierten Platte (Sockel, Basis) steht und am oberen Ende durch eine zwei- (karol./sal., auch spätstauf.) oder vierseitig vorkragende, häufig profilierte Platte (Kämpfer) gegen den darauf aufsitzenden Bogen abgesetzt ist. Die Reduktion des P.querschnittes auf das quadrat. Format bedingt eine konstruktive saubere Ausführung in Quadern oder Backsteinen. Der P. kann auf den der Mauerflucht entsprechenden Seiten rechteckige Vorlagen erhalten (Kreuzp.), auch halbrunde oder dreiviertelrunde Säulen (P. mit Vorlagen), oder die P.kanten werden abgeschrägt (abgefast) und halbrunde Säulen vorgelegt (seit der Mitte des 11. Jh. in Frankreich und in Sachsen). Dem Kreuzp. können Säulen in die Winkel eingestellt und den Stirnflächen Halbsäulen oder →Pilaster vorgestellt werden. Der Querschnitt des P.s kann achteckig (Achteckp., bes. 14./15. Jh.) und rund sein (Rundp.); letzterer unterscheidet sich von der Säule dadurch, daß er gemauert ist und kein Kapitell und keine Verjüngung aufweist (in der Gotik als Mischform auch mit Kapitell). Dem Rund- bzw. Achteckp. mit Kapitell werden in der Spätromanik/Frühgotik Säulen vorgelegt (Ilbenstadt 1159, Chartres nach 1194, Reims ab 1211), deren Einzelkapitelle in Reims um 1230 mit dem Kämpfer zu einem einheitl. Abschluß (Kämpferkapitell, Kranzkapitell) zusammenwachsen und eine neue Stützenform bilden (fälschl. kantonierter P. gen.), die mit mehreren Diensten zum spätgot. Bündelp. wird, der schließlich im 15. Jh. ohne Kämpfer in das Gewölbe übergeht. Die P. sind häufig der Mauer vorgestellt (Wandp.), auch paarweise (Doppelwandp.) oder betonen ihre Ecken (Eckp.); grundsätzl. sind sie durch ihre Dimension, ihr Material und ihre Stellung im Bauzusammenhang ein Glied der Mauer. Der Strebep. dient zur Aufnahme des schräg gerichteten Gewölbeschubes (→Strebewerk). G. Binding

Pfennig (auch Pfenning, lat. denarius, ahd. *pfantinc*, mhd. *pfenninc*, fries. *panding*, ndl. *penning*, schwed. *penning*, ags. *pending*, engl. →*penny*). Die Herkunft des Namens wird von fries. *pand* = Pfand (SCHRÖDER, 1918), von lat. pannus = Tuch (SCHIER, 1950) oder panding = lat. pondus (KNOBLOCH, 1965) abgeleitet, doch liegt die Herkunft wahrscheinl. im dunkeln (ENGELER, 1991). Der Name begegnet seit dem 8. Jh. (ahd. pfantinc/phendinc), doch wird der P. in karol. Q. stets noch als lat. denarius bezeichnet. Auf einem P. von Gittelde aus der Mitte des 11. Jh. erscheint IELITHIS PENNING.

Entstanden aus dem karol. →Denar, bestimmte der P. das dt. Münzwesen des 10.-13. Jh. als alleinige Währungsmünze, wobei 12 P.e auf einen →Schilling gerechnet wurden. Der P. des 10./11. Jh., auch als →Fernhandelsdenar bezeichnet, orientiert sich weitgehend an Vorbildern zentraler Vorte wie dem →Otto-Adelheid-P., dem →Kölner, Mainzer und Regensburger P. Eine Vielfalt, auch währungsmäßig, setzte erst seit der Mitte des 11. Jh. ein. Seit dem Ausgang des 11. Jh. löste sich die Einheit der P.-Währung endgültig auf, es entstanden Regionen des schweren zweiseitigen P.s und, beeinflußt von →Münzverrufungen, des leichten bildreichen einseitigen (→Brakteat) P.s (Periode der regionalen P.münze). Teilwerte des P.s wie den Hälbling (Obol) und der Vierling (Quadrans) wurden seit dem 13. Jh. häufiger geprägt, um Bedürfnisse des Kleinhandels zu befriedigen. Der →Heller trug am Ende des 13. Jh. zur Auflösung der P.regionen in S-, W- und Mitteldtl. bei; gleichzeitig beendete der Import auswärtiger →Groschen (→*Gros tournois*) das P.zeitalter. Nur in Westfalen hielt sich das alte P.system bis um 1380, in den Gft.en Limburg und Mark bis um 1425. In den meisten

Regionen wurde der P. im 14./15. Jh. zur Unterwährung, von der auch Inflationen ausgingen (→Schinderling). Seit dem SpätMA wurde der P. zu 2 →Hellern, der →Kreuzer zu 4 P.en, der Schilling zu 12 P.en gerechnet. →Münze, Münzwesen. P. Berghaus

Lit.: F. v. Schroetter, Wb. d. Münzkunde, 1932, 506f. – H. Birkhahn, P., NumZ 86, 1971, 59–65 – S. Engeler, An. Geldwörter, 1991, 146–157 [Lit.].

Pferd

I. Zoologie – II. Sozial- und Wirtschaftsgeschichte.

I. Zoologie: Das P. (lat. equus) ist ein in den verschiedenen Kulturen Asiens, Afrikas und Europas seit den ersten Jahrtausenden v. Chr. in vielen Rassen domestizierter Einhufer von vielfältiger militär. und ziviler Verwendung (vgl. Keller, I, 218–259; Toynbee, 151–171). Die ma. naturkundl. Enzyklopädiker (z. B. Thomas v. Cantimpré, 4, 34; Bartholomaeus Anglicus, 18, 38–40; vgl. Vinzenz v. Beauvais 18, 47–55) überliefern nur einen Bruchteil des antiken Wissens über Zucht, Verhalten, wirtschaftl. und kulturelle Bedeutung, Kenntnisse zeitgenöss. P.ehaltung fehlen, außer bei Albertus Magnus. Berühmt waren der Bukephalos Alexanders d. Gr. und das Roß des Dänen Oger (Alexander Neckam, nat. rer. 2, 158). Die Behandlung von Erkrankungen durch den 'marescalcus' (→Marschall, →Marstall) bildete den Inhalt bes. lat. Fachprosa-Traktate wie bei Albertus Magnus (de animal. 22, 55–93, im 15. Jh. ins Dt. übers.), einer wichtigen Wurzel der →Tiermedizin. Organotherapeut. Verwendung kennen Albert (22, 94) und Vinzenz (18, 56). Ch. Hünemörder

Q.: →Albertus Magnus, →Alexander Neckam, →Bartholomaeus Anglicus – Thomas Cantimpr., Lib. de nat. rerum, T. 1, hg. H. Boese, 1973 – Vinc. Bellov., Speculum nat., 1624 [Neudr. 1964] – Lit.: M. von Hutten-Czapski, Gesch. des P.es, 1876 [Neudr. 1985] – O. Keller, Antike Tierwelt, I, 1909 [Neudr. 1963] – J. M. C. Toynbee, Tierwelt der Antike, 1983.

II. Sozial- und Wirtschaftsgeschichte: Das P. diente im Früh- und HochMA außer zum Reiten und zur Nachrichtenübermittlung (→Botenwesen, →Nachrichtenvermittlung) v. a. als Last- und Saumtier, wie dies bereits die Formulae Marculfi (I, 11; →Formel, -sammlungen, A.III), wenig später karol. Diplome und Kapitularien erkennen lassen, die insbes. die Landbevölkerung vor entsprechender ungerechtfertigter Inanspruchnahme durch Amtsträger zu schützen suchten (»nec scaras vel mansionaticos seu coniectos de carrigio quamque de parafredos«, MGH D. Karl. I, no 108 bzw. Cap. I, no 103). Gleichzeitig waren Grundholde verpflichtet, Enger- und Schardienste zu Fuß, zu Schiff und zu P. zu leisten (Prüm, Lorsch) bzw. ein P. zum Kg.dienst zu stellen (Weißenburg), was auch Botendienste einschloß, oder mit diesem dem Heeresaufgebot (in hostem) (Lorsch) zu folgen.

897/904 wurde gar eine societas parafridorum, die aus Fiskalinen bestand, vom Kg. an das Bm. Worms übertragen. Spielte ausweisl. der frühen →Lex Salica die P.ezucht im Vergleich zur Schweine- und Rinderhaltung bei den Franken noch keine herausragende Rolle, obwohl das P. als Zugtier vor dem (zweirädrigen) Wagen erwähnt wird, so spiegelt etwa die →Lex Alamannorum des 8. Jh. bereits voll die Bedeutung der P.ehaltung wider. V. a. das Reiteraufgebot gewann militär. Gewicht, bereits unter Pippin III. trat die jährl. Heeresversammlung im Mai statt im März zusammen, der verstärkte Haferanbau diente v. a. der P.enahrung, 758 wurde der Sachsentribut von 500 Rindern auf 300 P.e umgestellt. Das berühmte →Capitulare de villis widmet der kgl. P.ezucht bes. Aufmerksamkeit (Pf. 13ff.).

Das P. war zunächst v. a. Reittier gehobener Schichten, ausweisl. der zahlreichen Reitergräber, ausweisl. des Steins von Hornhausen (Thüringen), ausweisl. der Metzer Statuette, die mit Karl d. Gr. in Verbindung gebracht wurde, während Reiterstandbilder in Nachfolge der Antike (Konstantin d. Gr.) erst dem Hoch- und SpätMA (Mailand, Bamberger Reiter, Scaligergräber, Verona) bzw. der Renaissance angehörten. Das P. war Statusmerkmal des miles (chevalier), so daß aus dem Reiter der →Ritter wurde.

→Steigbügel, Hufeisen und seit dem 12. Jh. Panzerung (vgl. →Giselbert v. Mons) formten das Streitroß oder Turnierp. (dextrarius), dessen schönste Exemplare als spanjôl oder kastellân aus Spanien kamen, wie dies die Kölner Kg.schronik zum Jahr 1235 berichtet. Entsprechend ihrem gestiegenen Wert nahm die P.eheilkunde, namentl. unter Friedrich II., einen großen Aufschwung (Roßarzneibüchlein des Meisters Albrandt). Die P.ehaltung war bereits Ende des 12. Jh. so verbreitet, daß etwa fünf Grundherrschaften aus dem bayr. Langau dem Ebf. v. Salzburg jährl. 505 P.e zu liefern hatten (Salzburger UB I, no 316).

Der Einsatz des P.es in der Landwirtschaft beschränkte sich zunächst auf die Anspannung vor Karren und Egge (ahd. egedari 'altes Pferd'). Die Züchtung temperierterer P.erassen, die Einführung des →Kummets und der Beschlag mit Hufeisen im HochMA erlaubten die Anspannung auch vor vierrädrigem Ackerwagen (erster ikonograph. Beleg: Herrad v. Landsberg, Mitte des 12. Jh.) bzw. vor dem Räderpflug (»Vieil Rentier«, Flandern um 1380), was aber nur reichen Bauern möglich war. Noch →Walter of Henley lehnte P.e vor dem Pflug u. a. wegen der Futterkosten trotz der größeren Arbeitsleistung ab, auch →Albertus Magnus nennt die »runcini« nach Streitroß, Reit- und Beip. sowie schnellem Läufer nur als Lasttiere bzw. Zugtiere vor dem Wagen. D. Hägermann

Lit.: R. Lefèvre des Noëttes, L'attelage. Le cheval à travers les âges, 2 Bde, 1931 – H. Dannenbauer, Paraveredus – P., ZRGGermAbt 71, 1954, 55ff. – A. G. Haudricourt – M. Brunhes-Delamare, L'homme et la charrue à travers le monde, 1955 – G. Eis, Meister Albrandts Roßarzneibuch, 1960 – A. Dopsch, Die Wirtschaftsentwicklung der Karolingerzeit, II, 1962³, 222ff. – H. Kolb, Namen und Bezeichnung des P.s in der ma. Lit., Beitr. zur Namensforsch. 9, 1974, 151ff. – A. M. Bautier, Contribution à l'hist. du cheval au MA, Bull. phil. et hist., 1976, 209ff. – J. Bumke, Höf. Kultur, 2 Bde, 1986 – W. Janssen, Reiten und Fahren in der Merowingerzeit (Unters. zu Handel und Verkehr der vor- und frühgeschichtl. Zeit in Mittel- und Nordeuropa, hg. H. Jankuhn u. a., T. V, 1989), 174ff.

Pferdegräber → Grab, -formen, -mal, A. I.

Pferdepanzer → Parsche

Pferdezeug. Das P. besteht aus Kopfgestell samt Biß (Trense oder Kandare) und Zügeln, Sattel mit Sattelgurt, Steigriemen und Steigbügeln, Brustriemen (Vorderzeug, nicht immer verwendet), Schwanzriemen mit Schlaufe und allenfalls Flankenriemen (Umgang). O. Gamber

Pfette → Dach

Pfingsten

I. Biblisch-theologisch; Liturgie Westen – II. Scholastische Theologie – III. Ostkirche – IV. Ikonographie.

I. Biblisch-theologisch; Liturgie Westen: Der gr. Begriff 'Pentekoste' bezeichnet seit Ende des 2. Jh. die 50tägige Zeit der Freude über das Ostermysterium, die als 'Wochenoktav' von Ostern (7 Wochen + 1 Tag) weder Bußübungen noch Fasten kennt. Das Interesse richtet sich von den wie ein »dies festus« begangenen 50 Tagen immer mehr auf den 50. Tag, der die Himmelfahrt Christi oder die Geistsendung, aber auch beides feiern kann. Er ist zunächst weniger ein eigenständiges Fest als eine »Zusammenfassung des Reichtums der Pentekoste« (R. CABIÉ). Das zeitgleiche jüd. Wochenfest begeht seit dem 2./3. Jh. die Gesetzesgabe am Sinai (vgl. Ex 19f.), die christl. Auslegung erkennt darin u. a. die Gabe des Hl. Geistes. Das Fest wird Einfluß v. a. auf die Liturgie der palästinen. und ostsyr. Kirche gehabt haben. Mit der historisierenden Entfaltung des Kirchenjahres und der Rezeption der kappadoz. Pneumatologie wird zum Ende des 5. Jh. die Herabkunft des Geistes eigtl. Thema des P. festes. Aus einem Christus- entsteht ein Hl. Geist-Fest. – P. wird Ostern angeglichen: Eine Oktav tritt im 7. Jh. hinzu (Mailand 10./11. Jh.; fehlt in der gall. und span. Liturgie), eine Vigil bieten die großen Sakramentare. Wie Ostern ist P. Tauftermin. Mancherorts Segnung der Osterkerze (Besançon, 11. Jh. mit umformuliertem Exsultet; Martène, De ant. eccl. rit. IV, 1788, 193f.) und von Milch und Honig (Ve 205). Die Lesungen der Vigil erinnern an die Ostervigil, die der Messe am Tage betonen die Geistsendung (Apg 2,1–11; Joh 14,23–31). Die liturgie- und frömmigkeitsgesch. wichtigen Sequenzen des →Notker Balbulus ('Spiritus sancti adsit nobis gratia') und des St. →Langton [?] ('Veni, sancte Spiritus'; liturg. auffällig die direkte Anrede des Hl. Geistes) unterstreichen die pneumat. Thematik von P. Das Herablassen einer Taube vom Kirchengewölbe oder das akust. Nachempfinden des Brausens des Geistes dramatisieren die Liturgie. B. Kranemann

Lit.: DSAM XII, 1029–1036 – HJ. AUF DER MAUR, Feiern im Rhythmus der Zeit, I, GdK V, 1983 – J. BOEKH, Die Entwicklung der altkirchl. Pentekoste, JLH 5, 1960, 1–45 – R. CABIÉ, La Pentecôte, 1965.

II. SCHOLASTISCHE THEOLOGIE: In der scholast. Theol. wurde P. v. a. in seiner ekklesial. und gnadentheol. Bedeutung gewürdigt. – Die scholast. Exegese und die Sermones zum P. fest sind noch nicht gebührend untersucht (vgl. J. B. SCHNEYDER, Rep. lat. Serm. X, 151f. »Cum complerentur dies«). – Die dt. Symbolisten →Honorius Augustodunensis, →Rupert v. Deutz, →Gerhoch v. Reichersberg und Hildegard v. Bingen betrachteten P. als Fest der Erbauung der ntl. Kirche (aus Juden und Heiden), der Sendung (»Weihe«) der Apostel und der Ausgießung der charismat. Gaben. →Joachim v. Fiore sah in der pfingstl. Vision die geisterneuerte, geistl. Kirche der Endzeit. Im Franziskanerorden, v. a. bei den →Spiritualen, blieb diese Vision wirksam, die →Bonaventura krit. eingegrenzt hatte, als Idee der Reform der Kirche aber gelten ließ. Thomas v. Aquin distanzierte sich von einer heilszeitl. Sicht von P. und konzentrierte das theol. Augenmerk auf die ewigkeitl. und heilsgesch. Sendung (»missio«) des Hl. Geistes, von der er in der Gotteslehre (S. Th. I q. 43 a. 7), aber nicht mehr in der Soteriologie der Pars III. handelt. L. Hödl

Lit.: →Hl. Geist, →Kirche – W. J. SCHATTEN, Ordo salutis. Das Gesetz als Weise der Heilsvermittlung. Zur Kritik des hl. Thomas v. Aquin an Joachim v. Fiore, BGPhThMA NF 20, 1980 [Lit.].

III. OSTKIRCHE: Der abschließende 50. Tag der Osterzeit hat »P. und die Ankunft des Geistes« (1. Vesper-Sticheron) zum Inhalt, weil Erntedank und Gesetzgebung am Sinai als atl.-jüd. P. vom christl. der Geistsendung (Apg 2) zur Erfüllung gebracht sind. Die zugleich sich vollendende Selbstoffenbarung Gottes macht P. zum Fest der Hl. Dreifaltigkeit. Ihm folgt eine Festwoche, die mit dem Sonntag Allerheiligen endet und an die sich das schon im Altertum bezeugte nachösterl. Fasten, nach seinem Ende am 29. Juni Apostel-Fasten genannt, anschließt. Doch trägt bereits die Vesper am Abend des P. sonntags, in der das zur Osterzeit zu meidende Knien ausgiebig geübt wird, deutl. Bußcharakter. P. Plank

Lit.: →Pentekostarion – K. HOLL, Die Entwicklung der vier Fastenzeiten der gr. Kirche (DERS., Ges. Aufsätze zur Kirchengesch., II, 1928), 155–203 – H. ENGBERDING, P. in der byz. Liturgie, Benediktin. Monatsschr. 18, 1936, 161–170 – K. KIRCHHOFF, Osterjubel der Ostkirche, 1961² [nur Hymnen] – M. ARRANZ, Les prières de la Gonyklisia ou de la Génuflexion du jour de la Pentecôte dans l'ancien Euchologe byz., OrChrP 48, 1982, 92–123.

IV. IKONOGRAPHIE: Das früheste erhaltene Bild der Ausgießung des →Hl. Geistes, Miniatur fol. 14v des syr. Rabula-Cod. v. 586, zeigt Maria im Zentrum der (ausnahmsweise stehenden) Apostel; nur die für sie bestimmte Feuerflamme geht unmittelbar von der Geisttaube aus. Neben dieses in der ma. Kunst des W häufig, aber mit sitzenden, von Strahlen getroffenen Gestalten dargestellte Schema traten bald Lösungen mit Petrus in der Mitte der (oft halbkreisförmig angeordneten) Apostel oder mit den Apostelsen als Anführer zweier (oft horizontal sitzender) Gruppen, mit verschiedenartiger Rahmungs- oder Hintergrundarchitektur statt des Apg 2 erwähnten Hausinnenraums. Die Beigabe der Vertreter fremder Völker (Apg 2,5–11) erfolgte zunächst im O, verbunden mit dem Bild der Geisttaube auf einem →Thron, wurde jedoch auch im W aufgenommen (z. B. Bibel Karls d. Kahlen, Rom, S. Paolo f.l.m., um 870; Egbert-Codex, Trier, spätes 10. Jh.; Goldenes Evangeliar v. Echternach in Nürnberg, 11. Jh.; Lit. →Buchmalerei). P. gehörte zum →Dodekaortion der byz. Kirche; seit dem 10. Jh. symbolisierten im O Bewaffnete die Völker. Die Darstellung Christi als Aussender des hl. Geistes (u. a. Joh. 15,26) blieb selten; z. B. Tympanon in Vézelay (1120/30), mit Cynocephalen und Panotiern (→Fabelwesen) unter den fremden Völkern (RUPPRECHT, Abb. 149–151). J. Engemann

Lit.: LCI III, 415–523 – S. SEELIGER, P., 1958 – C. CECCHELLI, G. FURLANI, M. SALMI, The Rabbula Gospels, 1959 – B. RUPPRECHT, Roman. Skulptur in Frankreich, 1975.

Pfingstrose, (Paeonia officinalis L./Paeoniaceae). Die mlat. und mhd. Namen *peonia, pionia* bzw. *bononie, bynonia* (STEINMEYER-SIEVERS III, 506 und 544) für die im Mittelmeerraum beheimatete Pflanze verweisen auf den gr. Heilgott Paian, der angebl. die Heil- und Zauberkraft der P. entdeckt hat (Ps.-Apuleius, Herbarius, ed. HOWAHD-SIGERIST, 120f.). Die Samen und Wurzeln der Päonie, galten im MA – um den Hals getragen oder in Räucherungen – als bes. Schutzmittel gegen dämon. Krankheiten wie Fallsucht oder Lähmungen, aber auch gegen den Incubus (Albertus Magnus, De veget. VI, 414f.; Hildegard v. Bingen, Phys. I, 127). Überdies wurde die auch Gichtrose gen. Pflanze als Magenmittel, gegen Dysurie, Leberverstopfung und Podagra empfohlen (Konrad v. Megenberg, V, 62; Circa instans, ed. WÖLFEL, 92; Gart, Kap. 298) sowie zur Abtreibung verwendet. I. Müller

Lit.: MARZELL III, 500–524 – HWDA VI, 1698–1700 – H. SCHWARZ, Pharmaziegesch. Pflanzenstud. [u. a. über P.], 1931.

Pfirsich(baum) (Prunus persica [L.] Batsch/Rosaceae). Der in Ostasien beheimatete Baum wird bereits im Capitulare de villis, 70 erwähnt. Terminolog. wurde der Baum mit den lat./mhd. Bezeichnungen *persicus* bzw. *phersichbom, fersicpoum* von der Frucht *persicum/phirsich, pfersich* unterschieden (STEINMEYER-SIEVERS III, 98, 250 und 468), die als magenstärkend (Alphita, ed. MOWAT, 143) und als Liebesmittel (Albertus Magnus, De veget. VI, 199f.) galt. Die Blätter sollten Schwerhörigkeit, Epilepsie sowie Blasenschmerzen (JÖRIMANN, 12,22,58) lindern. Hildegard v. Bingen (Phys. III, 5) empfahl Blätter, Saft und Früchte vielseitig gegen Brust-, Kopf- und Halsschmerzen, schlechten Atem und als sanftes Abführmittel. I. Müller

Lit.: MARZELL III, 1148–1152 – J. JÖRIMANN, Frühma. Rezeptarien, BGM 1, 1925.

Pfirt, Gf. en v., Gft., Stadt im Oberelsaß (frz. Ferette). Die Gft. entstand im frühen 12. Jh. durch Friedrich (I., † 1168), Sohn Gf. Dietrichs v. →Montbéliard († 1102), aus dessen Erbe im Sundgau und Erbgut seiner Ehefrau Stephanie v. Egisheim. Er urkundete 1125 erstmals als Gf. v. Ferretis (= P.), gründete die Stadt →Thann sowie die Cluniazenserpriorate St. Morand und Feldbach (Grablege der Familie). Sein Burgenbesitz reichte weit über seine Gft. hinaus, in der noch die Städte Altkirch und P. entstanden. Friedrichs Sohn Ludwig († 1189, ∞ Richenza v. Habsburg, Mitgift: Münchenstein a. d. Birs) starb auf dem 3. Kreuzzug. Dessen Sohn Ulrich († 1197) wurde on Pfgf. →Otto I. v. Burgund ermordet, sein Bruder Friedrich (II., † 1233) erweiterte den Familienbesitz und begann Fehden mit den Bf. en v. →Straßburg und →Basel sowie dem Kl. →Murbach. Dabei unterlag er 1228 und 1232. Friedrichs Sohn Ulrich (I., † 1275) erschlug den Vater und schob den Mord auf seinen Bruder Ludwig († Rieti, in Acht und Bann). Im Rahmen der dabei stattfindenden Verhandlungen trat er Besitz an den Bf. v. Basel ab. Er ermordete den Gf. en Rudolf v. Saugern, führte 1240–45 Fehde mit dem Kl. Murbach und gründete 1257 das Augustinerkl. St. Ulrich. 1271 verkaufte er die Gft. P. an den Bf. v. Basel und erhielt sie als Lehen zurück. Ulrichs Sohn Theobald († 1310) mußte 1288 Rudolf v. Habsburg huldigen, wurde als Landvogt im Elsaß (ab 1297) 1298 von Kg. Albrecht I. abgesetzt und daraufhin zu Besitzverzichten gezwungen. Er gründete das Minoritenkl. Thann und das Kl. Val-Dieu bei Dammerkirch. Sein Sohn Ulrich (II., † 1324; ∞ Jeanette v. Montbéliard) erwarb durch seine Heirat Rougemont, nach dem er sich mehrfach nannte. Für seine Unterstützung der Habsburger gegen Ludwig d. Bayern und die Eidgenossen wurde er 1320 mit Delle belehnt. Seine Tochter Johanna († 1351) heiratete →Albrecht II. v. Österreich, der die Gft. mit dem übrigen Besitz Habsburgs im →Elsaß vereinigte und sich Lgf. im Elsaß und Herr zu P. nannte. I. Eberl

Lit.: A. QUIQUEREZ, Hist. des institutions politiques const. et jurid. de l'évêché de Bâle, 1915 – J.-Y. MARIOTTE, Le comté de Bourgogne sous les Hohenstaufen 1156-1208, 1963 – PH. DOLLINGER, Hist. de l'Alsace, 1984⁴.

Pfister → Bäcker

Pflanzendarstellung
A. Westen – B. Osten

A. Westen
I. Allgemein – II. Pflanzensymbolik.

I. ALLGEMEIN: Als Abbild von Vegetation ist die P. mit der Landschaftsmalerei seit deren Anfängen verbunden. Frühe, wenn auch noch rein schemat. Umrißzeichnungen zur Kennzeichnung von Landschaften und Gärten in Ägypten und im Zweistromland bereits seit dem 3. Jt. v. Chr. Naturalist. Darstellungen in der kret.-myken. Kunst (Palast von Knossos, ca. 1500 v. Chr.), dann im Hellenismus (Gartenfresko, Villa der Livia bei Primaporta; Pflanzenranken auf der Ara Pacis, Rom) und schließlich in ausführl. Weise in den Monatsbildern der Brüder →Limburg (»Très Riches Heures« des Duc de Berry, 1413–16; Chantilly, Mus. Condé, Ms. 65). Eine wichtige Q. für die Einzeldarstellung von Pflanzen ist die botan. Buchillustration (→Auslasser, →Circa instans, →Kräuterbücher, →Pseudo-Apuleius): Der z. T. sehr naturalist. Darstellungsstil des sog. Wiener →Dioskurides (um 512/513) wird erst seit der Mitte des 14. Jh. mit der Hinwendung zur Natur in it. Hss. (Erbario Carrarese um 1400; London, BL, Ms. Egerton 2020; →Rinio-Codex) und parallel dazu in der fläm. Tafelmalerei wieder aufgenommen. In Oberitalien entste-hen die unter dem Namen »Tacuinum Sanitatis« (→Regimina) bekannt gewordenen med. Hss.: Hausbücher mit Tier- und Pflanzendarstellungen, Jagdszenen, Monatsallegorien und Szenen aus dem tägl. Leben (z. B. Hausbuch der Cerruti, Ende 14. Jh.; Wien, ÖNB, cod. ser. nov. 2644). Dagegen sind die Holzschnitte der dt. Kräuterbuch-Inkunabeln (→Gart der Gesuntheit, →Herbarius Moguntinus, →Hortus Sanitatis) noch weitgehend dem Schematismus der überkommenen Bildvorlagen verhaftet. Vorstufen, also die Ankündigung einer größeren Naturnähe, waren aber bereits in der →Glasmalerei und der Kathedralskulptur (→Bauplastik) des 13. Jh. faßbar gewesen, in der, ausgehend von den nordfrz. Kathedralen, unter dem Einfluß der Scholastik aus stilisierten Formen zeitweise identifizierbare Blumen und Bäume wurden (Amiens, Westportal, um 1230; Reims, Pfeilerkapitelle, nach 1241; Köln, Dom, nach 1248; Altenberg, Dom, Kapitelle im Hochchor, um 1255–67 sowie Grisaillefenster, nach 1310). Eine bedeutende Rolle spielt die P. in der Ausschmückung v. a. der fläm. und frz. Bilderhss. Nach recht schemat. und ornamentalen Vorstufen im frühen 14. Jh. werden figürl. Darstellungen seit der 2. Hälfte des 15. Jh. von Randleisten gerahmt mit Ranken und mit Streublumen von botan. Genauigkeit (Meister der Maria v. Burgund: Gebetbuch der Maria v. Burgund, um 1480; Wien, ÖNB, cod. 1857; Jean Bourdichon: »Grandes Heures« der Anne de Bretagne, um 1500–08; Paris, Bibl. Nat., ms. lat. 9474). Ebenfalls seit dem 14. Jh. Anfänge der P. als Begleitlandschaft in der Tafelmalerei. Blumen und Kräuter zunächst in einem eher ornamentalen Stil (Meister v. Hohenfurth, Christus am Ölberg, um 1345; Prag, Narodni Galerie). Erste bestimmbare – und bereits mit Symbolbedeutung unterlegte – Pflanzen bei Meister Bertram, Grabower Altar: Baum der Erkenntnis, 1379–83; Hamburg, Kunsthalle. Einen Höhepunkt der ma. P. bildet die Kunst der Brüder van →Eyck (Genter Altar: Mittelbild, 1432; Gent, St. Bavo). Reiche Gestaltung der Flora aber auch bei Robert →Campin (Veronika und Maria lactans, um 1430; Frankfurt, Städel), Stefan →Lochner (Kölner Dombild, um 1440), Rogier van der Weyden (Bladelin-Altar, um 1450; Berlin, Gemäldegal.), Hugo van der →Goes (Portinari-Altar, um 1475; Florenz, Uffizien), Hans Memling (Moreel-Altar, um 1484; Brügge, Groeningemuseum). Bei den mit einem hohen Grad an Naturalismus geschilderten Pflanzen steht nun der symbol. Bezug im Vordergrund. →Abschnitt II.

M. Grams-Thieme

Lit.: RDK II, 925ff. – O. PÄCHT, Early It. Nature Studies and the Early Calendar Landscape, JWarburg 13, 1950, 13–47 – C. NISSEN, Die botan. Buchillustration. Ihre Gesch. und Bibliogr., 1966² – F. A. BAUMANN, Das Erbario Carrarese und die Bildtradition des Tractatus de herbis, Berner Stud. zur Kunst 12, 1974 – H. J. ROTH, Die Pflanzen in der Bauplastik des Altenberger Domes, 1976 – W. BLUNT–S. RAPHAEL, The Illustrated Herbal, 1979 – D. VOGELLEHNER, P.en in Wiss. und Kunst, Ausst.-Kat., UB Freiburg i. Br., 1984 – H. J. ROTH, Die bauplast. P.en des MA im Kölner Dom, 1990.

II. PFLANZENSYMBOLIK: Unter den der Natur entlehnten Symbolen spielen Blumen und Früchte in Malerei und Plastik eine fast ebenso große Rolle wie die Tiere. In der ma. Kunst hat die Pflanze vorwiegend symbol. Charakter. Sie ist vornehml. Sinnbild Marias, aber auch Christussymbol, Hl.n- und Märtyrerattribut und erscheint mit botan. Genauigkeit ausgeführt in der Buch- und Tafelmalerei des späten 14. bis frühen 16. Jh. Doch auch die reiche Pflanzenwelt in →Bauplastik und →Glasmalerei der frz., dt. und engl. Kathedralen des 13. Jh., für deren bes. Art der Naturbeobachtung und Vollkommenheit des Pflanzenbildes die Scholastik, hier die Schr. von Albertus Magnus (De vegetabilibus libri septem) und Thomas v. Aquin (De ente et essentia), einflußgebend waren, ist vielfach symbol. ausdeutbar (Paris, Kathedrale Notre-Dame, n. Nebenportal der Westfassade: Marienpflanzen; Amiens, mittleres Westportal, um 1230: Arbor bona [Ecclesia] et mala [Synagoge] unter den Darstellungen der klugen und törichten Jungfrauen; Pfeilerkapitelle in Reims, Kathedrale, nach 1241: Christuspflanzen). Zahlreiche Pflanzen haben darüber hinaus auch eine apotropäische Wirkung. Viele empfahlen sich wegen ihrer Heil- oder Zauberwirkungen (→Zauberpflanzen) als symbolkräftig, wobei heidn. und chr. Vorstellungen zusammenflossen. Ausgangspunkt für die Bedeutung sind vielfach Bibelstellen (z. B. Hld) oder auch lat. Hymnen (Lauretan. Litanei). Eine wichtige Q. für das Verständnis der ma. P. ist auch der »Liber floridus« des Kanonikers →Lambert v. St. Omer: ein enzyklopäd. Werk, das die Welt unter dem Bild der Pflanzen, insbes. der Bäume, darstellt. Gerade für den →Baum ergeben sich vielfältige, sich gegenseitig überschneidende Symbolbezüge. Er ist der Baum des Paradieses und der Erkenntnis, der durch den Sündenfall zum Baum des Gesetzes und des Todes wird, sich aber durch Christi Tod am Kreuz wieder zum Baum der Erlösung und zum Lebensbaum im Himml. Jerusalem wandelt (1 Mos 2,9 und 17; Offb 2,7; 22,2). Die Baumart weist in der Regel auf einen →Apfelbaum, dessen Frucht im Zusammenhang mit Adam und Eva auf Sünde und Tod, mit Maria und Christus als der Neuen Eva und dem Neuen Adam auf Erlösung und ewiges Leben verweist und darüber hinaus sowohl Herrschaftssymbol (Reichsapfel) als auch Attribut der hl. Dorothea ist. Alternativ sind auch →Kirsch- oder →Feigenbaum möglich. Immergrüne Bäume, wie etwa →Zypresse und Zeder, verweisen auf ein langes Leben und sind Bild der Unsterblichkeit. Sie wurden deshalb häufig auf Gräber gepflanzt und sind in Paradiesdarstellungen zu finden. Die Zeder wird im »Liber floridus« als arbor bona auch auf Ecclesia und somit auf Maria bezogen. Dies gilt ebenso für den →Weinstock. Er wird zum Lebensbaum, seine Traube zum Symbol der Passion und Hoffnung auf ein glückseliges Jenseits. Vielfach wurde Maria als Weinrebe bezeichnet, deren Frucht Jesus ist (Weinrebenmadonna; Sir 24, 23). Darüber hinaus besteht ein Bezug zur Ähre, denn sowohl Weintraube als auch Ähre sind eucharist. Symbole (Ähre = Brot; Traube = Wein).

Dominierend ist die Bedeutung der Pflanze als Mariensymbol, was durch zahlreiche Beispiele der ma. Lit. vom 12.–15. Jh. belegt wird (Konrad v. Megenberg: Buch der Natur, 1349/50; Heinrich Seuse: Büchlein der Ewigen Weisheit, 1327–35; Offenbarungen der Birgitta v. Schweden usw.). Beliebte Marien-, aber auch Christussymbole sind u. a. →Lilie, →Rose, →Veilchen, Erdbeere (→Beerenfrüchte), Nelke, Maiglöckchen, →Akelei. Sie belegen das überaus vielschichtige Bild der ma. P. Die Lilie ist neben der Rose die am meisten verwendete Marienblume. In Weltgerichtsdarstellungen verweist sie auf die Gnade Gottes. In stilisierter Form gilt sie als Lebensbaum. V. a. aber versinnbildlicht sie die jungfräul. Reinheit Mariens und erscheint demzufolge vorwiegend in Verkündigungsbildern. Eine vergleichbare Bedeutung kommt auch der weißen Rose zu, während sie in roter Farbe an die Passion Christi und an das Blut der Märtyrer erinnert. Mariensymbol ist auch die →Pfingstrose, die Rose ohne Dornen, deren Wurzeln und Samen man als Amulett um den Hals trug. Das Veilchen versinnbildlicht die Demut Mariens und verweist wegen seiner violetten Farbe auf die Passion Christi. Die Erdbeere galt in der Volkssage als Himmelskost für die Seelen verstorbener Kinder und durfte daher in Paradiesgartenbildern nicht fehlen. Ihre dreigeteilten Blätter wurden – wie die des →Klees – als Hinweis auf die Trinität verstanden. Das Maiglöckchen begegnet als Zeichen des Heils und Attribut Christi in Schilderungen der Geburt (meist bei Maria) und des Jüngsten Gerichts (zu Füßen der Seligen). Der Gartennelke, die erst im frühen 15. Jh., ausgehend von Italien, im N an Bedeutung gewann, wies man in Anlehnung an die →Gewürznelke bes. Heil- und Abwehrkräfte zu (»Mann mit der Nelke«, Original Jan van Eyck zugeschrieben, Berlin, Gemäldegalerie). In der Form von Blatt und Frucht erkannte man die Nägel der Kreuzigung Christi. Sie symbolisiert darüber hinaus Reinheit und Mutterschaft Mariens sowie Fruchtbarkeit und erscheint daher häufig in Verkündigungsbildern sowie in Schilderungen der Maria im hortus conclusus (sog. Frankfurter Paradiesgärtlein, um 1410; Frankfurt, Städel). Die Akelei erscheint in Anbetungsszenen auf den Hl. Geist (Hugo v. d. Goes, Portinari-Altar, um 1475; Florenz, Uffizien), ist als Marienpflanze bekannt, wird aber v. a. der Person Christi zugeordnet. Sieben Blüten stehen für die Sieben Gaben des Hl. Geistes, drei Blüten für die Trinität. Ihr Name wird mit der Kabbala-Formel AGLA in Verbindung gebracht, einer Lobpreisung nach Ps 89,53 (Jan van Eyck, Genter Altar: der Fliesenboden vor den singenden und musizierenden Engeln zeigt abwechselnd die stilisierte Blüte, AGLA und IHS: Akelei als Sinnbild der Anrufung Gottes). Sie ist auch Pflanze der Hl. und Märtyrer (Stefan Lochner, Kölner Dombild, um 1440; Hans Memling, Moreel-Altar, 1484; Brügge, Groeningemuseum; Meister des Bartholomäus-Altars, Bartholomäus-Altar, um 1490; München, Alte Pinakothek).

In der zweiten Hälfte des 15. Jh. mehren sich in der P. die weltl., im Volkstümlichen wurzelnden Tendenzen. Neben der Bedeutung, welche der Pflanze in der religiösen Sphäre zukommt, ist nun auch ihre Verwendung etwa in der Liebesdichtung und -darstellung wichtig. Eine reiche Auswahl entsprechender Pflanzen präsentiert z. B. das sog. Ulmer Verlöbnisbild (Meister des Sterzinger Altars, um 1460; Cleveland, Ohio Mus. of Art). Seit dem 16. Jh. gibt es eine autonome Pflanzenmalerei.

M. Grams-Thieme

Lit.: LCI IV, 620ff. (und Verweise) – RDK II, 925ff. – R. Fritz, Aquilegia. Die symbol. Bedeutung der Akelei, WJKu 14, 1952, 99–110 – P. Coremans, L'agneau mystique au laboratoire (Les primitifs Flamands, III, 2), 1953 – E. Wolffhardt, Beiträge zur P., ZKW 8, 1954, 177–196 – L. Behling, Ecclesia als Arbor bona, ZKW 13, 1959, 139–154 – Dies., Die Pflanzenwelt der ma. Kathedralen, 1964 – R. A. Koch, Flower Symbolism in the Portinari Altar, ArtBull 46, 1964, 70–77 – L. Behling, Die Pflanze in der ma. Tafelmalerei, 1967² – D. Vogellehner, Pflanzendarstellungen in Wiss. und Kunst, Ausst.-Kat., UB Freiburg i. Br., 1984 – K. Löber, Agalaia. Erscheinung und Bedeutung der Akelei in der ma. Kunst, 1988.

B. Osten

P. spielen auch in der byz. Kunst eine wichtige Rolle. Byzanz führte auch auf diesem Gebiet das traditionelle Erbe von Antike und Spätantike fort, erweiterte sogar Umfang, Aufgabe und Funktion der P. auf allen Gebieten, insbes. aber im Bereich des →Ornaments. Zur P. sind die Einzelelemente wie Blatt, Blüte, selbst das einzelne Blütenblatt, aber auch Stengel, Zweig, Ast und Stamm zu rechnen wie natürl. der organische, gewachsene Verbund der Einzelelemente zu Blumen, Büschen und Bäumen, zu denen auch spezielle bzw. traditionelle genera wie Blattranke, Weinranke, Girlande, Palmette u. ä. gehören. Daneben haben die theoret.-geometr. definierten ornamentalen Verbände von Pflanzenelementen in eindimensionaler (seriell aneinandergereiht zum Band) wie zweidimensional-flächiger Erstreckung eine bes. Bedeutung. Dabei wird in den plast. Künsten häufig auch die Tiefenerstrekkung als dritte Dimension eingeführt. Als charakterist. gilt auch die Abstrahierung bzw. Schematisierung und Geometrisierung der P. Diese kann auf jeder Ebene der Einzelelemente einzeln und jeweils unabhängig untereinander wie auch im gesamten vorgenommen werden. Aus solchen Kombinationen unterschiedl. abstrahierter Elemente der P. gewinnt die ma.-byz. P. ihre Vielfalt, ihren Reichtum und Reiz. Verschiedene Realitätsgrade können demnach nicht in chronologischem Sinn interpretiert werden.

Die Rolle der P. in der byz. Architektur ist durch die antike Tradition vorgegeben. Das →Kapitell übernimmt dabei die strukturell verwendeten Akanthusblätter. Im Zuge seiner Verblockung wird trotzdem die P. beibehalten, erhält aber anstelle der strukturellen nun ornamentale, flächenfüllende Funktion. Dies gilt auch für andere Bauformen wie den Schmuck von Architrav, Konsole, Arkade und Arkadenzwickel, Gesims u. ä., v. a. auch für Schrankenplatten. Band, Rahmen und Fläche sind dabei die mit P. zu schmückenden Strukturen. Neben Stein erweisen sich Stuck (Gesimse, Arkaden) und Holz (Gebälk, Türen, Templa u.a. Mobiliar) als wichtige Träger von P. Beim Bodenmosaik fällt der P. im seit der spätröm. Zeit immer üppigeren Rahmen eine bes. Rolle zu; sie dringt allerdings auch – ohne themat. gefordert zu sein – in die Bildfläche bzw. das Emblema ein, wo sie (als Blütenstreumuster z. B.) einzelne figürl. Elemente zusammenbindet. In Wandmosaik und -malerei kann sie rahmende wie flächenfüllende Funktion übernehmen, wird aber ebenso innerhalb des Bildes in der Landschaftsdarstellung benutzt. Dabei werden Einzelelemente wie auch Pflanzen als Ganzes verwendet. Bes. beliebt sind Kombinationen von Architektur und Pflanze in – auch untereinander – jeweils verschiedenem Schematisierungsgrad. Die P. erfüllt dabei oft weniger darstellende und erzählende denn strukturierende Funktion. In der Buchmalerei ist ihre Rolle als gliedernde Zier (Band und Fläche) wichtig für Titelseiten, Buch und Kapitelanfänge. Hierbei ist v.a. die Möglichkeit, verschieden geformte Flächenverbände zu bilden, von unschätzbarem Vorteil und wird bis zum Letzten ausgeschöpft, insbes. in der komnen. und palaiolog. Zeit. Eine eigene Gruppe bilden die illustrierten Pflanzenbücher, allen voran der →Dioskurides, dessen realist. Illustrationen im gesamten MA, auch von islam. und abendländ. Seite, kopiert werden. Webkunst und Stickerei bedienen sich reichlich aus dem Repertoire der P. Die Reliefskulptur hingegen ist in der Verwendung pflanzl. Motive eher zurückhaltend; hingegen machen Toreutik und Schatz- bzw. Goldschmiedekunst überreichen Gebrauch davon. Neben der traditionellen Rolle als Gefäßschmuck erforderten Buchdeckel, Ikonenbeschläge und Reliquiare, seit frühbyz. Zeit bereits Templa bzw. Ikonostaseis, aber auch wertvolle Kästchen und Schreine, Diptychen und Triptychen ihren Einsatz. Dabei wird die Rolle als Rahmen oder zusammenfassender Grund wichtig als Integrationsebene für Bildelemente in anderen Techniken (Elfenbein, Email, Tafelmalerei) wie für Schmuck- bzw. Edelsteine deutlich (Limburger Staurothek, Chachuli-Triptychon in Tbilisi oder Pala d'oro in Venedig als herausragende Beispiele). M. Restle

Lit.: s. gen. Einzellemmata.

Pflanzenkunde

I. Allgemeines – II. Grundlagen – III. Schrifttum – IV. Bewertung.

I. ALLGEMEINES: Die P. des MA stellt sich weder als eigenständige Fachdisziplin dar noch verfügt sie über ein autonomes, d. h. auf rein botan. Gegenstände begrenztes Schrifttum, weshalb man auch vergebens nach einer spezif. Bezeichnung für dieses Wissensgebiet sucht. Denn die Pflanze als solche war nicht Objekt naturwiss. forschender Neugier, sondern im Rahmen allg. naturkundl. - theol. wie philos. – Betrachtung in erster Linie ein bewunderungswürdiges, zweckvolles Geschöpf Gottes und daher – als Repräsentant eines der drei Naturreiche (→Materia medica) – allein wegen ihrer jeweiligen Nutzanwendungen von Interesse; diese erstreckten sich im wesentl. auf den Gebrauch als Nahrungs- (→Ernährung) und als Arzneimittel (→Simplicia) für Mensch und Tier sowie zu verschiedenen techn. Zwecken. Die Beschäftigung mit den Pflanzen und die Pflege entsprechender Kenntnisse waren demgemäß im Westen wie im Osten nahezu ausschließl. von pragmat. Gesichtspunkten, d. h. prakt. Bedürfnissen bestimmt, woraus sich die – auch lit. – enge Einbindung der P. in den agronom.-ökonom. Bereich (→Garten[bau], →Landwirtschaft) und v. a. in die Heilkunde (→Medizin einschließl. der →Chirurgie) erklärt. Ma. P. ist demzufolge – neben ihrer Bedeutung für die Agri- und Hortikultur – vornehml. angewandte Pharmakobotanik, was nicht zuletzt die zahllosen Buchtitel ('De medicina simplici', 'De viribus herbarum' u. ä.) aus dem – sowohl den Sachbereichen als den lit. Gattungen nach – sehr heterogenen Schrifttum belegen. Während indes die 'agricultura' und zumindest zeitweise auch die 'medicina' immerhin zum Kanon der →Artes mechanicae gehörten und letztere sich mit dem Aufkommen der Univ.en sogar als akadem. Fach etablieren konnte, verblieb die P. in ihrer – seit der Antike – unselbständigen, dienenden Funktion, bis sie sich als 'res herbaria' im 16. Jh. ebenfalls zu einer wiss. Disziplin emanzipierte. Eine singuläre Ausnahme stellt in diesem Zusammenhang das die Pflanzen betreffende Werk des Albertus Magnus dar, der zu Recht als der einzige 'reine' Botaniker des lat. MA gilt; als solcher geriet er jedoch – zumal ohne Nachfolger – bald in Vergessenheit und teilte damit das Schicksal seines antiken Vorläufers →Theophrast v. Eresos, dessen botan. Schriften dem MA so gut wie unbekannt waren und erst durch die 1483 im Druck veröff., lat. Übers. des Theodoros →Gazes (Gaza) wieder die gebührende Aufmerksamkeit erhielten, so daß sie nicht unerhebl. zum Aufschwung der Renaissance-Botanik beitrugen. Von den übrigen antiken Autoren, die sich unter philos.-enzyklopäd. oder med. bzw. landwirtschaftl. Aspekten mit den Pflanzen befaßt haben, machte man hingegen auf der Basis mehr oder weniger zuverlässig tradierter bzw. übersetzter und bearbeiteter Texte ausgiebig Gebrauch, die – inhaltl. wie formal – für die P. sowohl im byz. und islam. als auch im abendländ. Bereich in gleicher Weise den Ausgangspunkt bildeten.

II. GRUNDLAGEN: Während das botan. Werk des Theophrast v. Eresos im MA nicht verbreitet war, genoß statt dessen der seinem Lehrer Aristoteles zugeschriebene, im gr. Original verlorene »Liber de plantis« um so größeres Ansehen. Der in Wahrheit von Nikolaos v. Damaskus (1. Jh. v. Chr.) stammende, auch ins Arab. und von →Alfredus Anglicus ins Lat. übers. Traktat wurde dementsprechend viel benutzt und diente v. a. Albertus Magnus als die maßgebende Grundlage. Von den gr. Autoren sind ferner →Galen und insbes. →Dioskurides zu nennen, dessen »Materia medica« den stärksten Einfluß auf die ma. Pharmakobotanik ausgeübt hat und diesen autoritativen

Rang bis weit in das 16. Jh. hinein behaupten konnte. Die lat. Schriftsteller repräsentiert in erster Linie →Plinius, der mit seiner »Naturalis historia« nicht nur eine unerschöpfl. Informationsquelle, sondern v.a. auch die Basis für die im 4. Jh. entstandene sog. →Medicina Plinii und deren erweiterte Fassungen lieferte. Im MA wesentl. weniger bekannt war sein Zeitgenosse →Columella, dessen Abhandlungen über die Landwirtschaft gleichwohl die Hauptquelle für das in zahlreichen Hss. überlieferte Werk des →Palladius abgaben und noch von →Petrus de Crescentiis herangezogen wurden. Zu diesen Agrarschriftstellern zählt auch →Gargilius Martialis, den u.a. der sog. Macer Floridus ausgeschöpft hat. Mit dem vermutl. im späten 4. Jh. von einem Anonymus verf. 'Herbarius' des →Pseudo-Apuleius treffen wir hingegen auf eines der ältesten ill. Kräuterbücher, das seine ungewöhnl. Popularität im MA nicht zuletzt den darin enthaltenen mag. Elementen verdankt, wie sie auch im Rahmen der volksmed. Tradition die um 408 durch →Marcellus (Empiricus) kompilierte Rezeptslg. aufweist. Schließlich sind es die Hauptvertreter der spätgr. bzw. frühbyz. Medizin →Oreibasios, →Aetios v. Amida, →Alexander v. Tralleis und →Paulos v. Aigina, auf die man sich auch in pflanzenkundl. Werken beruft.

III. SCHRIFTTUM: [1] Griech.-byz. Bereich: Insgesamt und vergleichsweise betrachtet, hat die byz. P. – deren Schrifttum ebenfalls eng mit der agronom. und med. Lit. (→Landwirtschaftl. Lit. [Byzanz] →Medizin, B) verbunden, zudem mehr oder minder stark mit volksheilkundl., astrolog. und mag. Bezügen angereichert ist – nur einen sehr dürftigen Beitrag zur weiteren Entwicklung geleistet (vgl. HUNGER II, 271–276). Allerdings liegt mit dem um 512 in Konstantinopel entstandenen, heute in der Österr. Nat.bibl. aufbewahrten sog. Wiener →Dioskurides ein in der Tat hervorragendes Zeugnis der botan. Buchillustration vor, das in seiner Naturtreue jahrhundertelang ohne Nachfolger blieb (→Pflanzendarstellung); der Wiener Codex enthält ferner ein hexametr. Gedicht über die Heilkräfte der Pflanzen, das ein Anonymus wohl um die Wende vom 3. zum 4. Jh. verfaßt hat. Dem 6. Jh. gehört auch die chr. Topographie des sog. →Kosmas Indikopleustes an, die u.a. einige Nachrichten über Pflanzen bringt. Hauptsächl. erfolgte die diesbezügl. Wissensvermittlung indes über lexikal. Schriften (z. B. durch Neophytos Prodromenos [14. Jh.]): zumeist anonyme, inhaltl. wie an Umfang bescheidene Glossare, die sich vornehml. in Hss. des 15./16. Jh. konzentrieren und bislang nur z.T. ausgewertet worden sind. Dies gilt desgleichen für die zahlreichen Hausarzneibücher ('Iatrosophia'), deren volkstüml., häufig mit Magie durchsetzte Rezepte naturgemäß auch Heilpflanzen verzeichnen. Nicht zuletzt im Westen bekannt geworden sind dagegen die u.a. ins Arab. und von →Burgundio v. Pisa ins Lat. übertragenen sog. →Geoponika: ein um die Mitte des 10. Jh. kompiliertes, auf antiker und oriental. Überlieferung beruhendes Werk zur Landwirtschaft, das mit seinen Angaben über den Weinbau, die Öl- und Obstkultur, Ziergewächse und Gemüse die Praxis der P. widerspiegelt. Außerhalb der med.-diätet. bzw. der Arzneibuch-Lit. (→Nikolaos Myrepsos) und neben der alphabet. angelegten Slg. über die Wirkungen der (u.a. pflanzl.) Nahrungsmittel des →Symeon Seth (11. Jh.) seien hier lediglich noch die botan. Gedichte erwähnt, die Manuel →Philes († 1345) einem byz. K.s. gewidmet hat, sowie dessen etwas älterer Zeitgenosse Maximos →Planudes, der die o.g. Schrift des Nikolaos v. Damaskus in das Gr. zurückübersetzte.

[2] Arab.-islam. Kulturraum: Auch im Osten existierte die P. (ʿilm an-nabāt) nicht als eine Einzelwiss., sondern war vielmehr – wie im lat. Westen – in die verschiedensten Sachbereiche und lit. Genera integriert: in allg. naturkundl., philos. und philolog. Schriften, in Werke über die Landwirtschaft (filāḥa) oder die Medizin, und hier bes. in solche über die Simplicia (adwiya mufrada), bzw. in Dichtungen, Enzyklopädien, Kosmographien, Reiseberichte usw. Die von den arab. schreibenden Autoren verf., pflanzenkundl. relevante Lit. einschließl. der Übers.en ist jedenfalls beachtlich, obschon sie zu einem großen Teil nur in Fragmenten erhalten geblieben oder lediglich über Zitate bei jeweils späteren Schriftstellern bekannt geworden ist. Hinzu kommt, daß viele dieser Werke erst seit dem 19. und namentl. im 20. Jh. bzw. überhaupt noch nicht ediert wurden, was einen definitiven Überblick oder gar ein abschließendes Urteil bis heute unmöglich macht. Aus der Unmasse dieses Schrifttums (vgl. ULLMANN, Nat., 62–94, 427–451; DERS., Medizin, 257–294) kann hier somit nur eine sehr bescheidene Auswahl dargeboten werden, wobei die für den jeweiligen Stand der P. durchaus repräsentativen, indes hauptsächl. med. Werke (→Rhazes, →Avicenna, →Abū l-Qāsim az-Zahrāwī [Abulcasis], →Avenzoar u.a.), ferner die Arzneibücher sowie die allg. naturkundl. Schriften außer acht bleiben. – Bereits in vorislam. Zeit lassen sich Kenntnisse in der P. durch die beduin. Dichtung und manche Sprichwörter belegen, und auch im Koran werden bekannt. mehrfach Pflanzen erwähnt. Meist über Zitate bei späteren Autoren weiß man zudem von einer offenbar schon im 8. Jh. einsetzenden, vorwiegend philolog.-lexikal. ausgerichteten Lit., die ihren qualitativen Höhepunkt in dem Pflanzenbuch des Abū Ḥanīfa ad-Dīnawarī (gest. 895) erreichte. Daß man aber auch die angewandte P. pflegte, bezeugt u.a. die große Zahl der agronom. Schriften, deren bekannteste sicherl. die – wohl in den Anfang des 10. Jh. gehörende – sog. Nabatäische Landwirtschaft darstellt: ein trotz seiner zweifelhaften Herkunft überaus erfolgreiches Werk, dem beispielsweise noch der Enzyklopädist al-→Qazwīnī (gest. 1283) viele Angaben zu den mag. Wirkungen der Gewächse entnommen hat. Ein in mehreren Hss. erhaltenes und später ins Kast. übers. Buch über die Landwirtschaft verfaßte um die Mitte des 11. Jh. der in Toledo tätige Ibn →Wāfid al-Laḥmī, ein Schüler des Abulcasis; weitere derartige Werke aus derselben Zeit stammen etwa von Ibn Ḥaǧǧāǧ al-Išbīlī oder von Ibn Baṣṣāl, während der hispano-arab. Agronom →Ibn al-ʿAwwām sein umfangreiches Kompilat »Kitāb al-Filāḥa«, in dem nahezu 600 Kulturpflanzen behandelt sind, Ende des 12./Anfang des 13. Jh. abschloß: gleichsam ein Pendant zu dem Sammelwerk seines Zeitgenossen Ibn al-Baiṭār. Den wohl wichtigsten Bereich für die prakt. Verwertung pflanzenkundl. Kenntnisse stellte indes die Medizin und hier speziell die Pharmakognosie (Drogenkunde) dar, die ihre entscheidenden Impulse zweifellos im 9. Jh. durch die Übers.en aus dem Gr. erhielt: in erster Linie durch die »Materia medica« des Dioskurides, die fortan zur Richtschnur namentl. für alle drogenkundl. Werke geworden ist und nicht nur die Bewunderung von →al-Idrīsī gefunden hat. Kaum weniger bedeutsam für die weitere Entwicklung war ferner Galens Schrift über die Simplicia sowie der pseudo-aristotel. »Liber de plantis«, auf dessen Basis etwa der span. Philosoph Ibn Bāǧǧa, latinisiert →Avempace (gest. 1138), die Physiologie der Pflanzen behandelte. Hingegen sind die botan. Schriften des Theophrast – zumindest teilweise – im 10. Jh. zwar ebenfalls übersetzt worden, jedoch letzthin auch im islam. Kulturraum nur über Zitate bei anderen Autoren bekannt gewesen. In der zweiten Hälfte des 10. Jh. wirkte neben Abū Manṣūr Muwaffaq, dessen

arzneikundl. Grundlagenwerk zugleich eines der ältesten lit. Zeugnisse für das Neupers. darstellt, aber auch →Ibn Ğulğul al-Andalusī, der in zwei Schriften die Arzneimittelnamen des Dioskurides erklärte bzw. die von diesem nicht erwähnten Heilpflanzen verzeichnete und wohl auch in das Lat. übersetzt worden ist, da ihn Albertus Magnus zitiert; etwa derselben Zeit gehört ferner das bedeutende, rund 280 Drogen erörternde und mit arab., pers., syr. sowie berber. Synonymen versehene Buch des →Ibn al-Ğazzār an, das von →Constantinus Africanus frei bearbeitet (»Liber de gradibus«) und 1233 durch Stephanus v. Zaragoza als »Adminiculum« oder »Liber fiduciae« ins Lat. übertragen wurde. Ist die gegen Mitte des 11. Jh. nur als Entwurf verf., gleichwohl in vielerlei Hinsicht bemerkenswerte Drogenkunde des al-→Bīrūnī auf das ma. Abendland ohne Einfluß gewesen, so hat man andererseits das Simplicien-Buch des bereits gen. Ibn Wāfid in das Katal., Hebr. sowie Lat. übersetzt und später unter dem entstellten Autorennamen 'Abenguefit' u.ä. auch mehrfach gedruckt. Lange Zeit nur in lat. und hebr. Translationen bekannt war dagegen das Drogenbuch des ebenfalls aus Spanien stammenden Abū ṣ-Ṣalt Umaiya (gest. 1134), während die gleichartige Schrift seines Landsmannes al-Ğāfiqī (vermutl. erste Hälfte des 12. Jh.) trotz ihres kompilator. Charakters als das wertvollste Werk über einfache Heilmittel gilt. Neben ʿAbd al-Laṭīf, der sich zu Beginn des 13. Jh. u.a. speziell der ägypt. Flora gewidmet und damit einen der selteneren Beiträge zur Pflanzengeographie geleistet hat, sowie Abū l-ʿAbbās an-Nabātī, gen. Ibn ar-Rūmīya (gest. 1240), der seine betreffenden Kenntnisse hauptsächl. auf Reisen erwarb, sei abschließend noch dessen Schüler erwähnt: der aus Malaga gebürtige →Ibn al-Baiṭār, der sich letztl. in Ägypten niederließ, wo ihn der Sultan mit dem Titel eines 'Chefbotanikers' auszeichnete. Seine riesige, aus mehr als 260 Q. und v.a. unter vollständiger Verwendung des Dioskurides-Textes erstellte Exzerptenslg. »Kitāb al-Ğāmiʿ« repräsentiert zweifellos das berühmteste – dementsprechend in zahlreichen Hss. verbreitete und oftmals übers. – Werk der arab. Pharmakognosie, das im Westen jedoch erst im 17. Jh. ausgewertet worden ist. Dies darf durchaus als charakteristisch gelten, da von dem gesamten pflanzenkundl. Schrifttum des islam. Kulturraums in der Tat nur ein kleiner Bruchteil (unter verballhornten Autorennamen) das ma. Abendland in Form lat. Übers.en erreicht und fachlit. beeinflußt hat.

[3] *Lat.-christl. Abendland: Früh- und Hochmittelalter:* Gleichsam als Mediator zw. Spätantike und frühem MA sei hier zunächst →Cassiodor genannt, der in seinen 551–562 verf. »Institutiones« u.a. die Lektüre von Schriften über Medizin und Gartenbau empfahl, zu dem sich im übrigen auch schon in der salfrk. Gesetzgebung einige normative Hinweise finden. Die damit verbundene Anregung zu einer näheren Beschäftigung mit der P. erhielt dann im 7. Jh. eine erste lit. Basis durch die »Etymologiae« des →Isidor v. Sevilla, deren 17. Buch (»De rebus rusticis«) ausführl. die Pflanzen(namen) behandelt. Eine nicht minder bedeutsame Stellung unter den spärlichen Q. zur frühma. P. nimmt das vielzitierte →»Capitulare de villis« Karls d. Gr. ein, das in seinem 70. und letzten Kapitel bekanntl. all diejenigen Pflanzen aufzählt, deren Anbau für das karol. Krongut vorgesehen war. Etwa aus derselben Zeit stammt außerdem das um 788 angelegte →Lorscher Arzneibuch, der bislang älteste Textzeuge dieser fachlit. Gattung im ma. Abendland, deren spätere – hier nicht mehr im einzelnen gen. – Repräsentanten (→Arzneibücher) ebenfalls und nahezu ausnahmslos auch Pflanzen (Simplicia) bzw. daraus hergestellte Heilmittel (Composita) verzeichnen. Dem monast.-benediktin. Bereich (→Klostermedizin) gehört des weiteren der um 820 entstandene →St. Galler Klosterplan an, der uns – obzwar nicht realisiert – in höchst anschaulicher Weise das Bild eines frühma. Nutzgartens vermittelt und über die damals üblichen Gemüsearten und Küchengewächse, Heilkräuter und Obstbäume unterrichtet. Die Anlage eines solchen →Gartens beschreibt – neben 23 ausgewählten Einzelpflanzen – in der ersten Hälfte des 9. Jh. auch der Reichenauer Abt →Walahfrid Strabo in seinem berühmten »Liber de cultura hortorum«, während wenig später →Wandalbert v. Prüms Kalendergedicht u.a. die gärtner. Verrichtungen, etwa das Pfropfen (vgl. dazu die spätma. →Pelzbücher), schildert. Der in seiner Poesie an das antike Vorbild erinnernde sog. Hortulus des Walahfrid hat indes zugleich die spezielle Gattung der med.-botan. Lehrdichtung im MA begründet (→Lehrhafte Literatur), deren nachmals bekannteste Zeugnisse in dem ungemein verbreiteten 'Macer Floridus' des 11. Jh. (→Odo v. Meung) sowie in dem nicht minder einflußreichen, jedoch mehr unter mnemotechn. Aspekt (→Merkverse) verf. – »Regimen sanitatis Salernitanum« vorliegen. Mit dem →»Circa instans« (um 1150) hat die Schule v. →Salerno aber v.a. die wohl wirkmächtigste 'Drogenkunde' des MA bereitgestellt, deren ungewöhnl. Ausstrahlung die Kenntnisse über die Arzneipflanzen entsprechend mit verbreitet und sich bis zu den Kräuterbuch-Inkunabeln unmittelbar nachweisen läßt. Seit dem 12. Jh. mehren sich zudem auch im naturkundl. Bereich Texte, die letzthin allesamt dem glossograph.-lexikal. Schrifttum (→Glossen, →Lexikon) zuzuordnen sind: jene ungezählten und bisher nur teilweise aufgearbeiteten Vokabularien, Glossarien und Synonymarien, die der Klärung der 'nomina plantarum' bzw. der Identifizierung der jeweils gemeinten Pflanze und damit der – aussichtslosen – Bereinigung der seit der Antike wuchernden Benennungsvielfalt dienen sollten (→Synonyma). Während diese Interpretationsversuche fast immer anonym überliefert sind (vgl. dazu die Slg.en von STEINMEYER-SIEVERS sowie neuerdings von DAEMS), hat die hochma. P. mit →Hildegard v. Bingen auch eine höchst namhafte Autorin aufzuweisen, deren Werk zudem durch eine in vielerlei Hinsicht ausgeprägte Eigenwilligkeit gekennzeichnet ist. Denn in ihrer um die Mitte des 12. Jh. abgefaßten sog. Physica beschreibt sie u.a. zahlreiche Pflanzen samt deren med.-therapeut. Eigenschaften, wobei sie sich weitestgehend auf die Flora ihrer näheren Heimat sowie auf die volksheilkundl. Tradition einschließl. der dt. Pflanzennamen stützt. Doch entnimmt sie auch der antiken Humoralpathologie und Qualitätenlehre manche Angaben, wohingegen sich der arab. Einfluß (→Arabismus) noch nicht bemerkbar macht. Dieser sollte indes neben anderen Faktoren allg. die spätma., durch die vermehrte Kenntnis der gr. Naturwiss. geprägte Phase bestimmen, in der die P. zwar weiterhin bzw. vorwiegend im klerikalen Rahmen und in den gewohnten lit. Genera gepflegt wurde, jedoch im Werk des →Albertus Magnus zweifellos ihren Höhepunkt erlangte und schließl. eine auch von weltl. Autoren getragene Fachlit. im engeren Sinn zu entwickeln begann.

Spätmittelalter: Mit Albertus Magnus erhielt die ma. P. in der Tat ihre wirkl. wiss. Ausrichtung, indem er sich – unter Verwertung des pseudo-aristotel. »Liber de plantis« und u.a. gestützt auf Avicenna – nicht nur wie üblich der speziellen, sondern auch der allg. Botanik, d. h. morpholog., physiolog. und ökolog. Fragestellungen zuwandte, kurz: die P. im wesentl. um ihrer selbst willen betrieb (vgl. dazu neuerdings auch BIEWER). Während der 7. und letzte, der ökonom. Botanik vorbehaltene Teil seiner 1256/57 verf. Bücher »De vegetabilibus« über →Petrus de Crescentiis eine beachtl. Verbreitung erfuhr, hat man den Botaniker Albertus ansonsten schon bald vergessen, so daß er weit über das MA hinaus ohne Nachwirkung blieb. – Das 13. Jh. ist aber auch die Epoche der großen, nicht zuletzt für die P. mehr oder minder bedeutsamen Enzyklopädien. Diese setzen bekanntl. schon mit Isidor ein und führen über die Darstellungen des →Beda Venerabilis, des →Hrabanus Maurus (8. bzw. 9. Jh.) u.a. bis zu den weniger allegorisierenden, mehr naturkundl. orientierten Werken des →Bartholomaeus Anglicus, des →Vinzenz v. Beauvais und des →Thomas v. Cantimpré, der wiederum →Jakob van Maerlant und →Konrad v. Megenberg, dem Schöpfer der ersten dt. Naturgeschichte (1348/50), als Vorlage diente. Das prakt. erforderl. Sachwissen boten jedoch letzthin nicht solche – meist allg. mit 'De natura rerum' betitelten und in erster Linie der Bibelauslegung verpflichteten – Kompendien, sondern fachbezogene lexiko- und glossograph. Texte, zumal mit der Ausbreitung des Aristotelismus der Stellenwert realwiss. Kenntnisse zunahm. Es verwundert daher nicht, daß ab ca. 1300 die pflanzen- und drogenkundl. relevanten Vokabularien und Synonymenlisten an Umfang gewinnen; dies um so mehr, als sich nach dem Einströmen der arab. Bezeichnungen (→Arabismus, →Mittelmeerhandel) die terminolog. Verwirrung in der P. noch steigerte – ein Problem, dem etwa ein arab.-frz. Glossar (vgl. INEICHEN) ebenso abzuhelfen suchte wie fortan viele andere derartige, vornehml. aus Italien stammende Hilfsmittel: So gehören der Zeit um 1300 ferner die →»Alphita« und die »Clavis sanationis« des →Simon v. Genua an, wohingegen z. B. die 'Pandekten' des →Matthaeus Silvaticus oder der sog. →Rinio-Codex das diesbezügl. Interesse im 14. bzw. 15. Jh. belegen. – Während des SpätMA bilden sich endlich auch die →Kräuterbücher im eigentl. Sinn heraus, d. h. vorwiegend oder ausschließl. auf (Heil-)Pflanzen und pflanzl. Drogen beschränkte, in Prosa abgefaßte und im allg. ill. Herbarien, die von frühen, auch landessprachigen und größtenteils anonymen Werken in der Tradition des 'De medicina simplici'- oder 'De virtutibus herbarum'-Schrifttums bis zu den für diese Lit. gattung charakterist. Inkunabeln reichen: Beginnend etwa (neben dem zweifelhaften →Harpestræng) mit →Hermann v. Heilighafen, →Rufinus und dem angebl. auf eine arab. Vorlage zurückgehenden, vermutl. ebenfalls dem 13. Jh. zugehörigen Pseudo-→Serapion, setzt sich die Entwicklung über eine kaum einzelne Autorennamen aufweisende Phase gleichwohl kontinuierlich bis zum 15. Jh. fort, in dem auf das →Lexicon plantarum, die betr. Schriften eines →Hartlieb, →Auslasser oder →Minner sowie anderer – nunmehr zunehmend ärztl. – Verfasser schließl. die im dt. Sprachraum ersten gedruckten Kräuterbücher folgen (→Promptuarium medicinae, →Herbarius Moguntinus, →Gart der Gesuntheit, →Hortus sanitatis). Namentlich mit dem 'Gart' von 1485, in dem nach traditionellem Muster noch immer die alten 'Meister' sprechen, hat die ma. P. denn auch ihren Abschluß erreicht, zumal weitere Instrumente des Wissenserwerbs, wie Naturselbstdrucke oder Herbarien (im nz. Wortverständnis), nur in Ansätzen bzw. nicht zur Verfügung standen. So erhielt die P. erst durch die im 16. Jh. veröff. Kräuterbücher mit ihren realitätsnahen Abb. auf der Basis eines gewandelten Natur- und Wiss. verständnisses eine neue Grundlage.

IV. BEWERTUNG: Man hat wiederholt darauf hingewiesen, daß die ma. P. im Laufe von tausend Jahren so gut wie keine Fortschritte erzielt habe. Und in der Tat kann – insgesamt und unter rein naturwiss. Aspekten betrachtet – von einer sachgemäßen, v.a. auf Autopsie und Prüfung gegr. Beschäftigung mit den eigentl. botan. Problemen und theoret. Aufgaben: der Erforschung von Morphologie, Physiologie, Ökologie, Systematik usw. im Westen wie im Osten kaum die Rede sein. Wohl lassen sich da und dort – bes. bei Albertus Magnus und einigen Autoren des islam. Kulturraums – erste diesbezügl. Erkenntnisse oder doch zumindest tastende Versuche in dieser Richtung feststellen; doch wurde das erworbene Wissen nicht systematisiert und methodisch zielstrebig weiter ausgebaut. Selbst der Zuwachs an neuentdeckten, den antiken Bestand ergänzenden Pflanzen hält sich im Westen in Grenzen und ist zudem weniger der gelehrten Lit. als vielmehr der wirtschaftl. Praxis (→Drogenhandel, →Fernhandel, →Gewürze) oder einzelnen bescheidenen Lokalfloren zu verdanken. Denn auch die P. sah – über die reine Nutzanwendung der Gewächse hinaus – bis in das späte MA ihre wesentl. Aufgabe darin, wiss. motivierte Naturbetrachtung und dem Glauben verpflichtetes Schöpfungsverständnis miteinander in Einklang zu bringen; dies schloß zwangsläufig einen rationalen, innovativen Forschungsansatz aus, den auch die Abhängigkeit von den (die mediterrane [!] Flora beschreibenden) antiken Autoren sowie von immer wieder anzutreffenden mag.-superstitiösen Vorstellungen (→Amulett, →Magie, →Panacee, →Wunderdrogen, →Zauberpflanzen) verhinderte. Andererseits kann man etwa an den zahllosen Synonymarien nur allzu deutlich ablesen, welchen (für die hist. Forschung noch heute bestehenden) Schwierigkeiten die P. bei der Identifizierung ausgesetzt war (→Arzneimittelverfälschung), zumal die Beschaffungsproblematik speziell bei ausländ. Gewächsen eine Autopsie der lebenden Pflanze ohnehin unmöglich machte. Hauptsächl. aber gilt es festzuhalten, daß man die P. mit wenigen Ausnahmen letzthin naturfern als reine – kompilierende, exzerpierende und kommentierende – Buchwiss. betrieb, wie dies auch die meist mangelhaften, weil in der Regel ebenfalls nur nach Hss. kopierten Illustrationen (→Pflanzendarstellung, →Buchmalerei) demonstrieren: Autoritätsgebundene Repetition und demzufolge Wahrung der Kontinuität ersetzten also im allg. das Streben nach eigenständiger Forschung und damit die Progression. Das hist. Verdienst der ma. Pharmakobotanik ist deshalb darin zu sehen, durch ebendiese beharrl. Pflege der überkommenen Texte immerhin das lit. Fundament konserviert, aufgrund des unkrit. Umgangs mit diesem Traditionsgut aber auch zugleich den wiss. Fortschritt in der anbrechenden NZ provoziert zu haben. Im übrigen sind noch manche Forschungsdesiderate zu beheben und bes. die zahlreichen, bislang nicht edierten Q.en aufzuarbeiten, deren Erschließung unser Bild von den Leistungen der ma. P. vielleicht zusätzlich erhellen wird.

P. Dilg

Q. und Lit.: →Einzelartikel (bes. →Garten, →Kräuterbücher, →Landwirtschaft)–HWDA, I–X, 1927–1942 [Neudr. 1987] – RAC II, 513–522 – E. H. F. MEYER, Gesch. der Botanik, I–IV, 1854–1857 [Neudr. 1965] – H. E. SIGERIST, Stud. und Texte zur frühma. Rezeptlit., StGM 13, 1923 [Neudr. 1977] – J. JÖRIMANN, Frühma. Rezepturien, BGM 1, 1925 [Neudr. 1977] – F. OHRT, Da signed Krist, 1927 – H. FISCHER, Ma. P. (Gesch. der Wiss., Gesch. der Botanik 2), 1929 [Neudr. 1967] – K. BERTSCH–F. BERTSCH, Gesch. unserer Kulturpflanzen, 1947 – A. ARBER, From medieval herbalism to the birth of modern botany (Science, Medicine and History, Fschr. CH. SINGER, hg. E. ASHWORTH UNDERWOOD, I, 1953), 317–336 – J. ANDRÉ, Lexique des termes de botanique en latin, Études et commentaires 23, 1956 – O. BESSLER, Die Identifikation ma. Drogen und Arzneipflanzen, VIGG Pharm, NF 13, 1958, 43–55 – DERS., Prinzipien der Drogenkunde im MA [ungedr. Habil.schr. Halle 1959] – L. THORNDIKE–P. KIBRE, A

Catalogue of Incipits of mediaeval scientific Writings in Latin, 1963 – A. E. Ghamravi, Lexikograph. Stud. über die lat. Pflanzennamen bei Dioskurides und Pseudo-Apuleius [Diss. München 1967] – A. Louis, Geschiedenis van de Plantkunde. Eerste Periode: De Plantkennis in dienst van Farmacie en Landbouw. Van Oudheid tot Renaissance, 1977 – W. F. Daems, Synonymenvielfalt und Deutungstechnik bei den nomina plantarum medievalia (Perspektiven der Pharmaziegesch., Fschr. R. Schmitz zum 65. Geburtstag, hg. P. Dilg, 1983), 29–37 – W. Göpfert, Drogen auf alten Landkarten und das zeitgenöss. Wissen über ihre Herkunft [Diss. Düsseldorf 1985] – O. Mazal, La forza delle erbe, Kos 11, 1985, 17–32 – J. Stannard, The Theoretical Basis of Medieval Herbalism, Medical Heritage 1, 1985, 186–198 – V. Zimmermann, Rezeption und Rolle der Heilkunde in landessprachigen hs. Kompendien des SpätMA (Ars Medica IV, 2), 1986 – G. Sabbah–P.-P. Corsetti–K.-D. Fischer, Bibliogr. des textes médicaux latins. Antiquité et haut moyen âge, Centre Jean Palerne, Mémoires VI, 1987 – Ch. Hünemörder, Die Vermittlung med.-naturwiss. Wissens in Enzyklopädien (Wissensorganisierende ... Lit. im MA, hg. N. R. Wolf, 1987), 255–277 – C. Opsomer, Index de la pharmacopée du Ier au Xe s., I–II (Alpha–Omega, Reihe A, CV), 1989 – J. M. Riddle, Quid pro quo: Stud. in the Hist. of Drugs, 1992 – W. F. Daems, Nomina simplicium medicinarum ex synonymariis medii aevi collecta. Semant. Unters. zum Fachwortschatz hoch- und spätma. Drogenkunde (Stud. in Ancient Medicine 6), 1993 – *speziell zu III [1]*: B. Langkavel, Botanik der spaeteren Griechen vom dritten bis dreizehnten Jh., 1866 [Neudr. 1964] – V. Lundström, Neophytos Prodromenos' botaniska namnförteckning, Eranos 5, 1903/04, 129–155 – M. H. Thomson, Textes grecs inéd. relatifs aux plantes, 1955 – J. Stannard, Byz. Botanical Lexicography, Episteme 5, 1971, 168–187 – Hunger, Profane Lit., II, 271–276 – *zu III [2]*: EI² 1, s.v. Adwiya 212–214; VII, s.v. Nabāt 831–834 – I. Löw, Die Flora der Juden, I–IV, 1928–1934 [Neudr. 1967] – A. Dietrich, Medicinalia Arabica, AAG, Phil.-Hist. Kl., 3.F., Nr. 66, 1966 – R. Y. Ebied, Bibliogr. of Mediaeval Arabic and Jewish Medicine and Allied Sciences (Publ. Wellcome Inst. of the Hist. of Medicine, Occasional Series II) 1971 – Sezgin IV, 301–346 – Ullmann, Medizin, 257–294 – Ders., Nat., 62–94, 427–451 – A. Dietrich, Dioscurides triumphans. Ein anonymer arab. Komm. (Ende 12. Jh. n. Chr.) zur Materia medica. I–II, AAG, Phil.-Hist. Kl., 3.F., Nr. 172/173, 1988 – A. Dietrich, Die Dioskurides-Erklärung des Ibn al-Baiṭār. Ein Beitrag zur arab. Pflanzensynonymik des MA, AAG, Phil.-Hist. Kl., 3.F., Nr. 191, 1991 – *zu III* [3 (z.T. die betr. Lemmata ergänzend)]: E. Steinmeyer–E. Sievers, Die ahd. Glossen, I–V, 1879–1922 [Neudr. 1968] – G. Sticker, Die gebräuchlichsten Heilkräuter in Dtl. zur Zeit Karls d. Gr., Janus 28, 1924, 21–41 – H. Balzli, Vokabularien im Cod. Salernitanus der Breslauer Stadtbibl. (Nr. 1302) und in einer Münchener Hs. (lat. 4622), beide aus dem 13. Jh., StGM 21, 1931 – H. Marzell, Wb. der dt. Pflanzennamen, I–V, [1937] 1943–1977 – Ders., Gesch. und Volkskunde der dt. Heilpflanzen, 1938² [Neudr. 1967] – B. v. Lindheim, Das Durhamer Pflanzenglossar. Lat. und Ae., 1941 – G. Ineichen, Bemerkungen zu den pharmakognost. Stud. im SpätMA im Bereiche von Venedig, ZRPh 75, 1959, 439–466 – K. Grubmüller, Vocabularius ex quo. Unters. zu lat.-dt. Vokabularien des SpätMA, 1967 – J. Stannard, The Herbal as a Medical Document, BHM 43, 1969, 212–220 – Ders., Medieval Italian Medical Botany [Atti XXI. Congr. Int. Storia della Medicina, Siena 1968], 1970, 1554–1565 – G. Ineichen, Il glossario arabo-francese di Messer Guglielmo e Maestro Giacomo, Atti Ist. Veneto di Scienze, Lettere, Arti 130, 1971/72, 335–407 – J. Stannard, Greco-Roman Materia Medica in Medieval Germany, BHM 46, 1972, 455–468 – H. Hänger, Mhd. Glossare und Vokabulare in Schweizer. Bibl. bis 1500, 1972 – P. Dilg, Das med.-botan. Lehrgedicht des lat. MA – ein Überblick, VIGGPharm, NF 38, 1972, 77–85 – T. Starck–J. C. Wells, Ahd. Glossenwb., 1972ff. – J. Stannard, Medieval Herbals and their Development, Clio Medica 9, 1974, 23–32 – B. P. Flood, The Medieval Herbal Trad. of Macer Floridus, Pharmacy in Hist. 18, 1976, 62–66 – F. J. Anderson, An Illustrated Hist. of the Herbals, 1977 – H. H. Wellisch, Early Multilingual and Manuscript Indexes in Herbals, The Indexer 11, 1978, 81–102 – W. Blunt–S. Raphael, The Illustrated Herbal, 1979 – C. Opsomer, Livre des simples médecines. Cod. Bruxellensis IV 1024. Texte et comm.s, 1980 – J. Stannard, The Botany of St. Albert the Great (Albertus Magnus – Doctor universalis, 1980), 345–372 – H. Reier, Die ahd. Heilpflanzen, ihre Namen und Anwendungen in den lit. Überlieferungen des 8.–14. Jh., 1982 – M.-L. Portmann, Hildegard v. Bingen: Heilmittel. Erste vollst. und wortgetreue Übers., bei der alle Hss. berücksichtigt sind, 1983/84 – U. Körber-Grohne, Nutzpflanzen in Dtl. Kulturgesch. und Biologie, 1988² – S. Toresella, La bibliogr. degli antichi erbari: Metodologia e problemi (Le piante medicinali e il loro impiego in farmacia nel corso dei secoli. Atti congr. Piacenza [23–25 sett. 1988], 1988), 300–307 – Ders.–M. Battini, Gli erbari a impressione e l'origine del disegno scientifico, Le Scienze 239, 1988, 67–78 – B. Schnell, »Von den wurzen«. Text- und überlieferungsgesch. Stud. zur pharmakograph. dt. Lit. des MA [Habil.schr. Würzburg 1989] – T. Hunt, Plant Names of Medieval England, 1989 – K. Biewer, Albertus Magnus: De vegetabilibus, Buch VI, Traktat 2, lat.-dt./Übers. und Komm., QStGPharm 62, 1992 – U. Stoll, Das 'Lorscher Arzneibuch'. Ein med. Kompendium des 8. Jh. (Cod. Bambergensis Medicinalis 1). Text, Übers. und Fachglossar, SudArch Beih. 28, 1992.

Pflanzensymbolik → Pflanzendarstellung A. II.

Pflanzenzauber → Zauberpflanzen

Pflaster (von gr. ἔμπλαστ[ρ]ον 'das Eingeschmierte' bzw. lat. emplastrum) waren – obschon begriffl. nicht immer klar von verwandten →Arzneiformen zu trennen – auf die Haut aufzulegende, durch die Körperwärme klebende Zubereitungen, die man (im Gegensatz zur v. a. mechan. Funktion der heutigen Heft-P. und Wundschnellverbände) seit der Antike pharmakotherapeut. verwendete. Sie bestanden im allg. aus mineral. Substanzen, hauptsächl. Bleiglätte (Lithargyrum), aus Harzen (Terpentin u. ä.), Ölen, Fetten und Wachs, wurden in Stangen-(Magdaleonen-), Tafel- oder Stückform aufbewahrt und v. a. in der wundärztl. Praxis (→Chirurgie) eingesetzt. Nach den bei Galen verzeichneten Regeln erforderte ihre Herstellung indes hohes techn. Können, weshalb wohl die ma. Heilkunde insgesamt relativ wenig Gebrauch von P.n machte. Deren Zubereitung expandierte erst seit dem Ende des MA (→Brunschwig u. a.), wobei aus der einstigen Fülle der Pf.präparate in Deutschland nur noch das 'Bleip.' bzw. das daraus gefertigte 'Unguentum diachylon' (→Dia-Mittel) erhalten geblieben ist. Der chem. Vorgang bei der Herstellung der P.grundmasse (durch Verseifung gebildete Bleisalze höherer Fettsäuren) wurde erst im 19. Jh. geklärt. F.-J. Kuhlen

Lit.: D. Goltz, Ma. Pharmazie und Med., VIGGPh, NF 44, 1976, 184–188 und 204f. – Dies., 'Aber erschröcklich ist es dem menschenn'. Beziehungen zw. Chirurgie und Pharmazie im MA, PharmZ 123, 1978, 278–284.

Pflaume(nbaum) (Prunus domestica L./Rosaceae). Der aus Vorderasien stammende P.nbaum ist bereits im 'Capitulare de villis' (70) mit mehreren Kulturformen verzeichnet. Die dt. Namen *pfluma, prumen* für die Frucht und *phrubom, phlaumpaum* für den Baum sind den lat. Bezeichnungen *prunum* bzw. *prunus* (Steinmeyer-Sievers III, 38 und 507) entlehnt. Als edelste Sorte galt die Damaszener-P., der Hauptbestandteil der hochgeschätzten Latwerge 'Diaprunis vel diamascenon' (Antidotarium Nicolai): Sie wurde gegen Fieberleiden, Blasensteine, als menstruationsförderndes und abführendes Mittel angewandt (Circa instans, ed. Wölfel, 94; Albertus Magnus, De veget. VI, 201f.; Gart, Kap. 320). I. Müller

Lit.: Marzell III, 1110–1117 – V. Hehn, Kulturpflanzen und Haustiere, 1911⁸, 382–387 – J. Diethart–E. Kislinger, Aprikosen und P.n, JÖB 42, 1992, 75–78.

Pflaundorfer, Heinrich, bayr. Chirurg, um 1470 im Dienst des Eichstätter Fürstbf.s Wilhelm v. Reichenau, vor 1480 Leibwundarzt Hzg. Georgs d. Reichen v. Bayern-Landshut, 1493 Mitwirkung bei der Beinamputation Ks. Friedrichs III. in Linz. Verfasser eines von eigener Erfahrung geprägten, praxisorientierten chirurg. Kompendiums in dt. Sprache, geschr. um 1470. Trotz schwerer

Behinderung durch eine Rückenmarksverletzung war P. offenbar als Chirurg erfolgreich. W. Schmitt

Lit.: Verf.-Lex.² VII, 580–583 – W. SCHMITT, Zu den Aufzeichnungen des spätma. Chirurgen H.P., SudArch 52, 1968, 142–151 – DERS., Hans v. Bayreuth, H. v. Pfolspeundt und H.P., Med. Monatsschr. 23, 1969, 358–360.

Pfleger (ahd. *flegari, plegari* u. ä., mhd. *phleger*, Lehnbildung zu lat. *curator*). Er entfaltet, stets dem Grundgedanken der Fürsorge verpflichtet, auf allen Gebieten privater und öffentl. Verwaltung seine Tätigkeit. Die aus dem Gebiet der heutigen Schweiz stammende Ausgangsbedeutung als 'Vormund' (→Vormundschaft) erfuhr, begünstigt durch den fürsorgerischen Charakter, bald eine Erweiterung zum allseitigen Sachwalter in den verschiedensten Angelegenheiten. So übernahm beim Übergang vom Lehnswesen zur Amtsverfassung der P. in der Regional- und Lokalverwaltung wichtige Aufgaben funktional verschiedener Art, insbes. der Administration und/oder der Jurisdiktion. Die je nach Zeit und Region differierende große Bedeutungsvielfalt teilt der P. mit den sinn- und funktionsverwandten →Amtmann, →Drost, Träger, Verwalter, Vogt, Vormund u. ä. H. Buck

Lit.: HRG I, 155f.; III, 1730–1733 – O. v. GIERKE, Probeartikel »Pflege« zum DtRechtswb, ZRGGermAbt 27, 1906, 479–482 – C. SCHOTT, Der Träger als Treuhandform (Forsch. zur Dt. Rechtsgesch. 10, 1975), 72–74 – Dt. Verwaltungsgesch. I, 1983, 100–102.

Pfleghof, Stadthaus eines auswärtigen Kl. oder Stiftes als Absteigequartier für Abt und Mönche, vorrangig aber als Stapel- und Umschlagplatz für Handelsgüter des Kl. (Korn, Wein), bestand häufig aus mehreren Gebäuden in einem ummauerten Komplex mit Keller- und Stapelräumen und Garten. Eine Kapelle gab dem P. sakralen Charakter, der den Anspruch auf →Immunität unterstrich; Bestrebungen nach Exemtion von der städt. Jurisdiktion waren immer wieder erfolgreich. Bes. die Zisterzienserkl., aber auch Prämonstratenser und Benediktiner, bemühten sich in der 2. Hälfte des 12. Jh. um den käufl. Erwerb von Gebäuden und Gelände zur Einrichtung eines P.s: in Köln allein 16 Zisterzienser-P.e, in Würzburg 9, in London 10, in Esslingen bis zu 25 P.e verschiedener Orden. Im 13./14. Jh. nahm das Interesse durch Veränderungen im Fernhandel und wirtschaftl. Niedergang des Grangien-Systems ab, erst im 15./16. Jh. gewann der Besitz bei den großen Männerkl. als Rentenobjekt wieder an Bedeutung. Die Höfe der Frauenkl. waren allg. kleiner oder bestanden nur aus einem Gebäude. Die P.e lagen verkehrsgünstig, nahe der Stadtmauer in nicht dicht besiedelten Randbezirken, die den Märkten benachbart waren. G. Binding

Lit.: R. SCHNEIDER, Stadthöfe der Zisterzienser, Zisterzienserstud. IV, 1969, 11–28 – W. SCHICH, Die Stadthöfe der frk. Zisterzienserkl. in Würzburg, ebd. III, 1976, 45–94 – DERS., Die Wirtschaftstätigkeit der Zisterzienser im MA: Handel und Gewerbe (Die Zisterzienser, hg. K. ELM, 1980), 217–236 – G. STEINWASCHER, Die Zisterzienserstadthöfe in Köln, 1981 – W. BERNHARDT-H. KOEPF, Die P.e in Esslingen, 1982.

Pflegschaft, auch Pflege, in den Händen eines →Pflegers liegende Fürsorge für eine Person oder eine Sache. Der Begriff P. deckt sich nicht mit der erst nach dem MA entwickelten heutigen zivilrechtl. P. und entspricht auch nicht dem gesamten Wirkungskreis des Pflegers: nicht erfaßt werden die der Fürsorge von Land und Leuten dienende Rechtspflege und Verwaltung. Dafür bleibt es bei dem Pflegamt (so in Bayern), Amt o. ä. Nach ma. Sprachgebrauch umschloß P. erst spät die →Vormundschaft, da nur wenige Q. Süddeutschlands (z. B. Schwabenspiegel, Lassberg-Ausg., cap. 59) den Vormund techn. Pfleger nennen. P. für eine Person ist deshalb zumeist allg. auf Fürsorge, Obhut und Verpflegung gerichtet (Sachsenspiegel, Landrecht I, 4, ECKHARDT-Ausg., Germanenrecht NF). P. im Sinne der Fürsorge für eine Sache hat insbes. die Bewahrung und Verwaltung eines Guts oder eines Vermögens zum Inhalt. Eine ausgeprägte Rolle kommt dabei der P. von Stiftungen und Anstalten wie Kirchen, Univ.en und Spitälern zu (Kirchen-, Universitäts-, Spitalp.; →Hospital). Das bürgerl. Spital ist geradezu durch eine P.sverfassung gekennzeichnet. Rechtl. war die P. abhängig vom übergeordneten Trägerorgan, etwa dem Rat der Stadtgemeinde. Der Rat bestimmte die Besetzung der P., er behielt selbst die Oberp. Die P. beinhaltete die weitgehend selbständige Verwaltung und Leitung sowie Vertretung nach außen; sie verpflichtete zum Rechenschaftsbericht. H. Buck

Lit.: →Pfleger – TH. KRAUT, Die Vormundschaft nach den Grundsätzen des dt. Rechts, I, 1835, 8 – S. REICKE, Das dt. Spital und sein Recht im MA, II, 1932 [Nachdr. 1961], 54, 70–92 – H. PLANITZ, Grundzüge des dt. Privatrechts, 1949, 216 – Dt. Verwaltungsgesch., I, 1983, 592f.

Pflicht. Die Verpflichtung des Sittlichen (Tugend) begründete die scholast. Philos. und Theol. mit der stoischen und patrist. (-augustin.) Lehre vom natürl. und göttl. ('ewigen') Gesetz. Das natürl. Sittengesetz ist für Thomas v. Aquin die Teilhabe der vernunftbegabten Schöpfung am ewigen Gesetz (S. th. I–II q. 91 a. 2). Dabei resultiert der Verpflichtungscharakter des sittlich Gebotenen, d. h. des Guten, aus der Anordnung der prakt. Vernunft. Diese Selbstverpflichtung impliziert daher die Freiheit im Streben nach Glück und Vollkommenheit. Nach →Johannes Duns Scotus verdankt sich die 'lex naturalis' statt der 'lex aeterna' dem göttl. Willensstatut (Ord. I, d. 44, q. un. a. 2). Dabei bilden die ersten beiden Gebote des Dekalogs den unveränderlichen Kern des Naturgesetzes und die ersten prakt. Prinzipien. Diese verschärfte Theozentrik in der Begründung des Sittlichen radikalisieren Wilhelm v. Ockham, →Franciscus v. Meyronnes, Adam Wodham (und andere aus der →Franziskanerschule) bis hin zu Peter d'→Ailly: Ihnen reicht der göttl. Wille allein zur ethischen Legitimierung einer Handlung aus.

Nach →Johannes Buridanus konstituiert die prakt. Vernunft, als ursprgl. Selbstverhältnis des Willens verstanden, das →Naturgesetz in seiner streng allgemeinen Verbindlichkeit (vgl. Quaest. super X libr. eth. [Nachdr. 1968], Fol. 107vb, 131^{ra-b}). M. Luthers scharfe Kritik einer naturrechtl. Begründung des Sittlichen und der (bibeltheol.) Rekurs auf das göttl. Wollen standen in der Tradition Ockhams. G. Krieger

Lit.: HWP VI, 571–582; VII, 408f., s. v. Naturrecht [Lit.] – G. KRIEGER, Der Begriff der prakt. Vernunft nach Joh. Buridanus, 1986 – Medioevo 12, 1986, 131–195 – J. H. J. SCHNEIDER, Thomas Hobbes und die Spätscholastik [Diss. Bonn 1986], 355–453 – M. BASTIT, Naissance de la loi moderne. La pensée de la loi s. Thomas à Suárez, 1990 – T. S. HIBBS, The Thomist 54, 1990, 293–309 – Studi Thomistici 43 (Atti del IX. Congr. Tomist. internaz. IV: Etica ..., 1991) [partim] – K. HEDWIG, Misc. Med. 1992, 645–661.

Pflug, aus vorgerm. Sprache nach der 1. Germ. Lautverschiebung im 2. Jahrtausend ins Westgerm. gelangt, bezeichnet im Dt. als 'Aufreißer' (so u. a. auch im Ostbalt.) alle Bodenbearbeitungsgeräte zur Korneinsaat (→Ackergeräte), vom einfachen Haken über komplizierte Vierkantjochsohlenhaken bis zum vielteiligen Beet- oder Räderp., während das Frz. zw. *aratrum* (aratrum, 'Haken') und *charrue* (carruca, 'Zweiradwagen') differenziert. Archäolog. bezeugt an der dt. Nordseeküste seit dem 1. vorchr. Jh. mit Radvorgestell (?), eiserner (symmetr.) Schar und Streichbrett, läßt sich die Benutzung des P.es anhand asymetr. Schare vom 1. bis 4. Jh. auch von S-England,

N-Frankreich über Thüringen bis zur Ukraine nachweisen. Den Römern noch unbekannt, trotz der Erwähnung in Plinius' »Hist. naturalis« 18, 180, ist er als Zeugnis eines O-W-Techniktransfers zu betrachten. Den Franken des 5. und 6. Jh. fremd, könnte das 'plovum' der langob. und bayer. Volksrechte des 7. und 8. Jh. dem Beetp. entsprechen. Unzweideutig als 'carruca' im →Polyptychon (um 825) der Pariser Abtei St-Germain-des-Prés belegt, fand der P. bereits in der mittleren Karolingerzeit weite Verbreitung sowohl im Seinebecken als auch v. a. auf den schweren Böden NW-Deutschlands, insbes. beim 'ewigen' Roggenanbau. Neben dem Beet- bzw. Räderp. fanden weiterhin alle Arten von Haken Anwendung. Insbes. die langen Ackerschläge ('culturae') grundherrschaftl. orientierter Domänen bezeugen den verbreiteten Einsatz des P.es. Die Bezeichnung 'mansi carroperarii' als Gegensatz zu den 'm. manoperarii' lassen wie die Abgaben von Scharen und pflugtaugl. Eisenteilen die allg. Verwendung des P.es auch in den Bauernwirtschaften erkennen, der als 'Leitinstrument' zu Langstreifenfluren und gemeinsamen dörfl. Bearbeitungsmodalitäten im Rahmen der →Dreifelderwirtschaft führte. Klass. Anspannvieh war der Ochse. Ikonograph. ist der voll ausgebildete P. mit doppeltem Ochsengespann erstmals in einem engl. Kalender aus der Mitte des 11. Jh. bezeugt, während das →Pferd unter →Kum(m)et vor dem P. erst für die 2. Hälfte des 13. Jh. (»Vieil Rentier« aus Flandern) nachgewiesen werden kann. D. Hägermann

Lit.: K.-R. SCHULTZ-KLINKEN, Haken, P. und Ackerbauer, 1981 – Propyläen-Technik-Gesch., I, hg. W. KÖNIG, 1991, 380 ff. [D. HÄGERMANN].

Pflüger, Konrad, gen. Conrad Swab, führender Baumeister des obersächs. Hallenkirchenbaus. Seit 1477 an der Albrechtsburg in Meißen beschäftigt, 1481 dort Bauleiter als Nachfolger Arnolds v. Westfalen, 1482/85 Flügel von Schloß Hartenfels bei Torgau, 1482/96 Thomaskirche in Leipzig, 1488–1503 für Kurfs. Friedrich d. Weisen in Wittenberg (Schloß, Schloßkirche), in Weimar und Görlitz (als Werkmeister der Peterskirche, 1490 Bestallung als Bauleiter) tätig; 1498 Umzug nach Meißen; 1497/99 Leitung des Umbaus der Kreuzkirche in Dresden, 1502/07 Bau des Turmes der Annenkirche in Annaberg.
G. Binding

Lit.: THIEME-BECKER 26, 534 [Lit.] – E. ULLMANN, Gesch. der dt. Kunst 1470–1550, 1984 – H. NUSSBAUM, Dt. Kirchenbaukunst der Gotik, 1985.

Pforta, ehem. Kl. SOCist bei Naumburg (Sachsen) (heute: Schulp.). Das seit 1132 mit Zisterziensern aus Walkenried besetzte Kl. Schmölln bei Altenburg wurde auf Betreiben Bf. Udos v. →Naumburg 1137 nach P. verlegt und 1140 urkdl. begründet. Das dabei ausgeübte Eigenkirchenrecht konnte von den Bf.en v. Naumburg nicht gehalten werden, P. wurde zw. 1142 und 1205 schrittweise exsimiert, besaß keinen Vogt und stand allein unter dem Schutz des dt. Kg.s, der bis zu Heinrich (VII.) mehrfach erneuert wurde. Seit dem 14. Jh. geriet es mehr und mehr unter die Landesherrschaft der →Wettiner. Der Kl.konvent von etwa 70–80 Mönchen konnte mehrfach Tochtergründungen versorgen: →Leubus (Schlesien), Altzella (Sachsen), →Dünamünde und →Falkenau (Baltikum), Stolpe (Pommern). 1444 wurden dem Abt bfl. Insignien verliehen. Auf ein nennenswertes wiss. Leben deutet der für 1162 nachweisbare Besitz theol. Hss. hin, im 15. Jh. studierten P.er Mönche in Erfurt und Leipzig. Der Grundbesitz wuchs durch Kauf und Tausch beträchtl. an, Grangien (um 1200 ca. zwölf) wurden z. T. unter Verdrängung von Bauern angelegt. Mit der Trockenlegung von Flußauen an Unstrut und Saale förderten die Mönche die innere Kolonisation, ihre Höfe waren vorbildl. bewirtschaftet, gewerbl. Erzeugnisse wurden verkauft, Kl. höfe bestanden in Erfurt, Jena und Naumburg. Nach dem Erwerb von Streubesitz zw. Erfurt und Halle im 12. Jh. begann nach einer Zeit des Stillstandes der Aufbau einer geschlossenen Kl. herrschaft w. der Saale. Am Ende des MA gehörte P. zu den reichsten Kl. Mitteldeutschlands.
K. Blaschke

Lit.: W. SCHLESINGER, Kirchengesch. Sachsens im MA, II, 1962, 212–217.

Pforzheim, Stadt in Baden-Württ., am Zusammenfluß von Nagold und Enz und am Austritt des Flusses aus dem Schwarzwald gelegene, römerzeitl. 'portus' gen. Siedlung. Aufenthalte Heinrichs IV. (1067, 1074) deuten auf einen archäolog. nicht nachgewiesenen Kg.shof im Bereich der in der Flußniederung gelegenen Altenstadt (Martinskirche). Im Erbgang kam P. über den stauf. Pfgf.en Konrad und den Welfen Heinrich d. Langen, der die nun städt. Siedlung 1195 innehatte, an den Mgf.en Hermann V. v. →Baden, der um 1220 800 m w. auf einem Bergsporn eine Burg mit planmäßiger Stadtanlage (→Neustadt) und Michaelskirche (seit 1460 Kollegiatstift) anlegen ließ (später mgfl. Residenz). Erst ab Ende des 13. Jh. sind Anfänge einer Ratsverfassung erkennbar. Das wirtschaftl. Leben der Stadt war bestimmt von Flößerei und Holzhandel, später auch vom Textilgewerbe, das geistige von einer Lateinschule (mgfl. Univ.-Projekt 1460), deren bekannteste Schüler Johannes →Reuchlin, Jakob →Wimpfeling und Philipp Melanchthon waren. H. Schwarzmaier

Lit.: G. HASELIER, Die Mgf.en v. Baden und ihre Städte, ZGO 107, 1959, 265ff. – Das Land Baden-Württemberg. Amtl. Beschreibung V, 1976, 444ff. – H. G. ZIER, Gesch. der Stadt P., 1982, 26ff. – H.-P. BECHT, P. im MA, 1983, 39ff.

Pfründe → Beneficium, III

Pfullendorf, Gf. en v., Stadt im Linzgau (Baden-Württ.).
[1] *Grafen:* Sie waren eine Nebenlinie der →Udalrichinger. Ihr Besitzzentrum lag n. des Bodensees im Linzgau und im Hegau, auch hatten sie alten, auf Erbteilung zurückgehenden Besitz in Vorarlberg. Der Gf.entitel der sich nach P., Ramsberg und Stoffeln nennenden Familie dürfte auf die von ihr im Hegau ausgeübten Gf.enrechte zurückgehen. Der erste urkundl. erwähnte Namensträger ist der zw. 1067 und 1116 mehrfach als Inhaber der Gft. im Hegau gen. Gf. Ludwig (1100 und 1116 auch als Gf. Ludwig v. Stoffeln). Nach Gallus Öhem war Ludwig v. P. (ermordet 1135), Abt der Reichenau, sein Sohn. Neben ihm stehen Gf. Gero v. P. (1086/1116) und der zw. 1111 und 1135 gen. Gf. Ulrich v. Ramsberg als Inhaber der Gft. im Hegau, die nach 1135 nicht mehr erwähnt wird. Der bei der Gründung des Kl. →Salem erstmals erscheinende Gf. Rudolf v. P. wurde ab 1152 zum entschiedenen Parteigänger Friedrichs I. Er konnte dadurch die Machtbasis seiner Familie erweitern: Herrschaften v. Bregenz und Lindau, Burg Rheineck, Vogtei über das Bm. Chur und die Abtei St. Gallen. Nach dem Tod seines Sohnes Berthold 1167 setzte er den Ks. als Erben ein, obwohl seine Tochter Ita mit Albrecht v. Habsburg vermählt war. Dessen Erbrechte entschädigte der Ks. in Zürich und Säckingen. Gf. Rudolf v. P. zog ins Hl. Land, wo er starb.

[2] *Stadt:* Der neben dem bis ca. 1400 bestehenden Dorf P., in Anlehnung an die Gf.enburg sich entwickelnde gleichnamige Marktflecken fiel mit der Gft. an die Staufer. P., infolge der Doppelwahl von 1198 durch Verpfändungen geschädigt, wurde 1220 von Friedrich II. zur Stadt erhoben und ummauert. Nach dem Untergang der Stau-

fer fiel diese an das Reich. Die ab 1383 in der Stadt geltende Verfassung übertrug die Macht weitgehend den Zünften; 1257 wurde das Hl.-Geist-Spital gegr. I. Eberl

Q. und Lit.: A. HELBOK, Reg. von Vorarlberg und Liechtenstein bis z. J. 1260, 1920–25 – K. SCHMID, Gf. Rudolf v. P. und Ks. Friedrich I., 1954 – P. HOMMERS, Stadt P. im Linzgau am Bodensee, 1970 – 750 Jahre Stadt P., 1970.

Pfund. 1. P., Münzeinheit (von lat. pondus; Übers. von gr. tālanton und lat. Libra; got. und as. *pund*, mhd. *pfunt*, engl. *pound*, it. *lira*), neben dem Gewichtsp. seit dem 7. Jh. verwandte Zähleinheit für Silbermünzen: 1 P. = 240 →Pfennige (→Denar) bzw. 20 →Schillinge. Beliebte Rechnungseinheit im 14./15. Jh. war das P. →Heller. Seit dem späten 11. Jh. tritt parallel zum P. als Recheneinheit auch die →Mark zu 144 Pfennigen auf, die sich bes. im Rheinland und Westfalen einbürgerte. In England wurde das Pound seit 1489 als goldener Sovereign, in Italien (Venedig) seit 1472 als silberne Lira Tron ausgemünzt. P. Berghaus

Lit.: A. LUSCHIN V. EBENGREUTH, Allg. Münzkunde und Geldgesch. des MA und der Neueren Zeit, 1926², 195 f. – Wb. der Münzkunde, hg. F. v. SCHROETTER, 1932, 507 f. – E. NAU, Epochen der Geldgesch., 1972, 45 ff. – P. SPUFFORD, Money and its Use in Medieval Europe, 1988, 34.

2. P. → Maße und Gewichte, →Apotheke, V.

Pfundner, in Anlehnung an die it. Lira und parallel zum Berner →Dicken erstmals 1482 von Ehzg. →Siegmund v. Tirol aus dem Silber von Schwaz in →Hall (Tirol) geprägte Silbermünze (6,36 g) im Wert von 12 →Kreuzern oder einem →Pfund (240) Pfennigen. Der P. wurde außerdem zu 2 →Sechsern (Halbp.) gerechnet. Er zeigt in seiner ältesten Ausgabe auf der Vorderseite den Ehzg.shut auf einem Doppelkreuz, seit 1483 das Brustbild des Ehzg.s, auf der Rückseite den gekrönten Tiroler Adler. Als Zwölfer ging der P., dessen Gewicht im Laufe der Jahre absank (1524: 5,14 g), noch in die Reichsmünzordnung v. 1551 ein. P. Berghaus

Lit.: Wb. der Münzkunde, hg. F. v. SCHROETTER, 1932, 508 – K. MOESER – F. DWORSCHAK, Ehzg. Sigmund der Münzreiche von Tirol 1427–1496, 1936, 29–32 und 86 ff. – H. MOSER – H. TURSKY, Die Münzstätte Hall in Tirol, 1977, 24 f.

Phaedrus → Fabel, -dichtung

Phantasia bedeutet bei Platon die seel. Aktivität, die interpretierend aus einer Wahrnehmung eine Meinung entstehen läßt, eine Mischung von Wahrnehmung und Meinung, der Vernunft und ihrer Erkenntnis verwandt, aber in ihren Ergebnissen oftmals nicht vor Falschheit gesichert (Soph. 263 D–264 A). Aristoteles (De an. III, c. 3) unterscheidet wie Platon die ph. von Wahrnehmung, Denken und Erkenntnis einerseits (u. a. weil die Akte der Wahrnehmung, des Denkens und Erkennens Falschheit ausschließen, die der ph. jedoch keineswegs: 428 a 11–12, 17–18), weist andererseits die platon. Ansicht, die ph. sei eine Verflechtung von Wahrnehmung und Meinung, entschieden zurück (u. a. weil auf Meinung Überzeugung folgt, die die Tiere nicht besitzen, obwohl sie über ph. verfügen: 428 a 18–26). Ph. ist weder wiss., noch lit.-dichter.-künstler. Einbildungskraft; sie setzt Wahrnehmung voraus; kann sich weniger oder mehr irren je nach der Art des Gegenstandes, und ist eine von dieser Wahrnehmung in der Seele verursachte Bewegung oder Erfahrung (428 b 10–429 a 2), wodurch z. B. ein Gegenstand oder eine Beziehung zw. Gegenständen noch von der Seele erfaßt werden kann, auch wenn sie den Sinnen nicht (mehr) anwesend sind (De mem. 450 a 12–25; De insomn. 459 a 14–22; 462 a 8–31): in der Erinnerung oder in Träumen. Aufgrund der Gegenstände der Wahrnehmung produziert ph. Bilder (*phantasmata*: 428 a 1), die also in Abwesenheit der sie verursachenden wirkl. Objekte gewissermaßen im Subjekte hängenzubleiben imstande sind, und die sein Handeln bestimmen, falls das Subjekt keinen Intellekt hat (Tiere) oder falls die Vernunft durch Leidenschaft, Krankheit oder Schlaf geschwächt und übermannt ist. Nahezu alle ma. Philosophen schließen sich dieser Hauptlinie der aristotel. ph.-Lehre an (z. B. Thomas v. Aquin, Quaest. de an., art. 13; Ders., In De an. Comm. III, c. 3, 1.4–6). Sie bekümmern sich mehr um eine Einteilung der geistigen, sinnl. und vernünftigen Vermögen (z. B. Thomas, S. th., I, qq. 78–82) und betonen die imaginatio/ph. als sowohl von Wahrnehmung als von Vernunft und Erinnerungsvermögen (reminiscentia S. th., I, q. 78, art. 4) unabhängiges selbständiges Vermögen (vis imaginativa oder Einbildungskraft). Auf diese Weise suchen sie Aristoteles' Lehre zu vervollkommnen. J. Decorte

Lit.: M. D. CHENU, StT 122, 1946, 593–602 – I. BLOCK, Philos. Quart., 1961, 1–9 – D. W. HAMLYN, Class. Quart., 1959, 6–16 – K. LYCOS, Mind, 1964, 496–514 – R. SORABJI, Aristotle on Memory, 1972 – G. E. R. LLOYD – G. E. R. OWEN, Aristotle on Mind and the Senses, 1978 – M. NUSSBAUM, Aristotle's Phantasia, mimeo., 1978 – J. BARNES, M. SCHOFIELD, R. SORABJI, Articles on Aristotle, 4, 1979 – M. NUSSBAUM – A. OKSENBERG RORTY, Aristotle's De anima, 1992.

Pharmakopöen → Arzneibücher

Pharmazie. Der von gr. φαρμακεία abgeleitete, inhaltl. nicht mit 'Pharmakologie' (Arzneimittellehre) zu verwechselnde und als solcher dem MA fremde Begriff (→Purgantia) betrifft funktional im wesentl. die Arzneimittelherstellung, d. h. die bes. auf →Galen zurückgehende, sachgerechte Bereitung (→Confectio) zusammengesetzter Medikamente (→Composita) aus den durch die drei Naturreiche (→Materia medica) vorgegebenen einfachen Rohstoffen (→Simplicia): mithin eine auf handwerkl. Basis beruhende Kunstfertigkeit, die sich erst im Laufe des 19. Jh. zu einer selbständigen Wissenschaft emanzipieren sollte. Gemäß der aus der Antike überkommenen Aufgliederung der prakt. →Medizin bzw. der Therapie in Diätetik, Pharmazeutik und Chirurgie stellte sie urspgl. ein Teilgebiet der Heilkunde dar und wurde demzufolge auch im MA zunächst durch die Ärzte selbst oder med. Hilfspersonen ausgeübt, die sich – obschon bislang nur ungenügend untersucht – sowohl für den byz. Bereich in Gestalt der myrepsoi und pementarioi (lat. pigmentarii) als auch im Rahmen der abendländ. →Klostermedizin nachweisen lassen. Seitdem sich jedoch die →Apotheke als eine Institution des öffentl. Gesundheitswesens herauszubilden begann, ging diese Tätigkeit der Herstellung sowie der Aufbewahrung und Abgabe von Arzneimitteln fortan auf den sich von der Medizin abgrenzenden, v. a. dem →Drogen-, →Gewürz- und Spezereienhandel der aromatarii, speciarii u. a. entwachsenen Berufsstand der Apotheker (confectionarii, stationarii) über, der im Sinne einer Aufgabenteilung die Ärzte somit von der oft zeitaufwendigen Zubereitung der – namentl. durch die arabist. Heilkunde bevorzugten – Composita entlastete. Die Anfänge einer derartigen Entwicklung reichen im islam. Kulturraum wahrscheinl. schon bis in das Ende des 8. Jh. (bzw. auf die einschlägigen Berufsgruppen der sharrabīn, der ʿaṭṭārīn, der ṣayādilah u. a.) zurück, wohingegen die Entstehung des Apothekerberufs im Abendland erst sehr viel später – nach den vorliegenden Q. jedenfalls mit Sicherheit im 13. Jh. – anzusetzen ist. Die damit verbundene Etablierung einer professionell betriebenen, gleichwohl der ärztl. Kontrolle unterworfenen Ph. verdankt sich dabei in erster Linie der sog. →Medizinalordnung Friedrichs II., die bekanntermaßen die Trennung der beiden Heilberufe gesetzl. verankerte. Von kaum geringerer Bedeutung für diese Spezialisierung war ferner der →Arabismus, mit dessen Ausbreitung nicht zuletzt neuartige Arzneidrogen und →Arzneiformen (z. B. der →Sirup) in das Abendland gelangten, wobei die Einführung des →Zuckers als Konservierungsmittel (neben dem üblicherweise verwendeten →Honig) zudem die Anfertigung dauerhafter Präparate (→Conservae) statt wiederholter Einzelzubereitungen ermöglichte. Ebendies aber stellte zugleich die Voraussetzung für eine qualitätssichernde Vorratshaltung der Composita: mithin für ein Warenlager dar, was wiederum die Einrichtung ortsständiger Apotheken (stationes) und so die Institutionalisierung der Ph. entscheidend beförderte. Schließlich kommt auch in diesem Zusammenhang der Schule v. →Salerno eine einflußreiche Rolle zu, indem sie mit dem →Circa instans und anderen Schriften eine standardisierende Fachlit. bereitstellte, die nicht zuletzt den Bedürfnissen und Aufgaben der sich formierenden Apothekenpraxis Rechnung trug. Neben solchen 'Drogenkunden' und verwandten Werken (→Kräuterbücher) waren und sind es aber v. a. die →Arzneibücher, die – obgleich nahezu ausnahmslos von Ärzten verfaßt – als das für die Ph. typische Fachschrifttum (→Rezeptliteratur) schlechthin zu gelten haben, sich seit dem →Antidotarium Nicolai, dem 'Grabadin' des Pseudo–→Mesue [Iunior] und dem Dynameron des →Nikolaos Myrepsos in wachsendem Maße spezifizierten (→Manlius de Bosco, →Nicolaus Pr[a]epositus, →Quiricus de Augustis, →Ricettario Fiorentino, Paulus →Suardus) und im allg. den jeweiligen techn. Wissensstand (→Destillation u. a.) in der 'ars componendi medicamina' (→Dia-Mittel, →Elektuarien, →Hiera-Mittel, →Theriak u. a.) widerspiegeln. Nur selten freilich hat die durch eine entsprechende Gesetzgebung streng reglementierte ma. Ph. auch eine eigenschöpfer. fachlit. Leistung hervorgebracht (→Minner), da sie sich vielmehr auf ihre subordinate, d. h. der akadem. etablierten Medizin dienende Rolle bzw. auf die rein handwerkl. fixierte Praxis beschränkte. Von dieser forderte man allerdings im ausgehenden MA bereits ein angehobenes Niveau, wofür etwa das um 1450 entstandene Apothekerlehrbuch des →Saladin Ferro v. Ascoli ein eindrucksvolles Zeugnis bietet. P. Dilg

Lit.: →Einzelartikel (bes. →Apotheke, Apotheker, →Arzneibücher, →Arzneiformen, →Composita, →Confectio, →Medizinalordnung Friedrichs II., →Rezeptliteratur) – H. Peters, Aus pharmaz. Vorzeit in Bild und Wort, I–II, 1889, 1891² [Neudr. 1972] – J. Berendes, Die Ph. bei den alten Culturvölkern, I–II, 1891 [Neudr. 1965] – H. Schelenz, Gesch. der Ph., 1904 [Neudr. 1962] – J. Baradlai–E. Bársony, A magyarországi gyógyszerészet története [Gesch. der ung. Ph.], I–II, 1930 – G. Conci, Pagine di storia della farmacia, 1934 – A. Adlung – G. Urdang, Grundriß der Gesch. der dt. Ph., 1935 – M. Bouvet, Hist. de la Pharmacie en France des origines à nos jours, 1937 – H. Tartaglia, L'Hist. de la Pharmacie en Yougoslavie et sa situation actuelle, 1959 – R. Schmitz, Über dt. ma. Q.n zur Gesch. von Ph. und Medizin, DAZ 100, 1960, 980–983 – Ders., Die hochma. Rezeption antiken und arab. naturkundl. Wissens in ihrer Bedeutung für die Entwicklung der Ph., DAZ 102, 1962, 923–926 – S. Hamarneh, The Rise of Professional Pharmacy in Islam, MedHist 6, 1962, 59–66 – L. G. Matthews, Hist. of Pharmacy in Britain, 1962 – G. E. Trease, Pharmacy in History, 1964 – S. Hamarneh, The Climax of Medieval Arabic Professional Pharmacy, BHM 42, 1968, 450–461 – Sezgin III, 1–340 – Ullmann, Medizin, 295–320 – R. Schmitz, Ma. Ph. als Q. und Objekt der Wiss.gesch., PharmZ 119, 1974, 1255–1262 – Dt. Apotheker-Biographie, hg. W.-H. Hein–H.-D. Schwarz, I–II und Erg.-Bd., VIGGPharm, NF 43, 46, 55, 1975, 1978, 1986 – D. Goltz, Ma. Ph. und Medizin. Dargestellt an Gesch. und Inhalt des Antidotarium Nicolai, VIGGPharm, NF 44, 1976 – Kremers and Urdang's Hist. of Pharmacy, Fourth Ed. rev. by G. Sonnedecker, 1976 – P. Boussel–H. Bonnemain, Hist. de la pharmacie ou 7000 ans pour soigner l'homme, 1978² – D. Goltz, 'Aber erschröcklich ist es dem menschenn'. Beziehungen zw. Chirurgie und Ph. im MA, PharmZ 123, 1978, 278–284 – S. Izsák, Farmacia de-a lungul secolelor, 1979 – L. J. Vandewiele, Geschiedenis van de farmacie in België, 1981 – G. Folch Jou, Historia general de la Farmacia, I–II, 1986 – D. A. Wittop Koning, Compendium voor de Geschiedenis van de Pharmacie van Nederland, 1986 – R. Rembieliński–B. Kuźnicka, Historia farmacji, 1987² – D. L. Cowen–W. H. Helfand, Die Gesch. der Ph. in Kunst und Kultur, 1990 – Diz. Stor. Biografico dei Farmacisti Italiani, hg. G. Maggioni, 1990² – G. Dillemann, H. Bonnemain, A. Boucherle, La Pharmacie française. Ses origines, son hist., son évolution, 1992 – Schweizer Apotheker-Biographie/Biographie des pharmaciens suisses, hg. F. Ledermann, 1993 – P. Dilg, Arab. Ph. im lat. MA (Die Begegnung des W mit dem O. Kongreßakten des 4. Symposions des Mediävistenverbandes in Köln 1991 aus Anlaß des 1000. Todesjahres der Ksn. Theophanu, hg. O. Engels–P. Schreiner, 1993), 299–317.

Phiale. Im antiken gr./lat. Wortgebrauch: Trink- und bes. Spendeschale. – In der byz. Lit. bisweilen auf den Kantharos übertragen; z. B. nennt Paulos Silentiarios (Ekphrasis 595) die steinerne Brunnenschale im →Atrium der H. Sophia Ph. – Neugr. und it. auch 'Flasche', so daß man seit der Wiederentdeckung der röm. Katakomben im 16./17. Jh. die an Gräbern angebrachten Parfümfläschchen als Ph. bezeichnete. Über die Annahme, diese Ph. en enthielten Märtyrerblut ('Blutampullen'), gab es bis ins 19. Jh. heftige Diskussionen. J. Engemann

Lit.: DACL I, 2, 1747–1778 [Ampoules de Sang]; II, 2, 1955–1969; XIV, 1691f.

Philadelph(e)ia, Stadt und Bm. in Kleinasien (Lydien), heute Alaşehir. Pergamen. Gründung um 150 v. Chr., an einer wichtigen Straße von →Pergamon über →Sardes, Ph. und →Laodikeia (2) nach →Antalya. Obwohl in Offb 1, 11 und 3, 7 als eine der sieben frühen Christengemeinden der Prov. Asia erwähnt, von den Anhängern des Philosophen Proklos im 5. Jh. wegen seiner heidn. Feste und Tempel als Klein-Athen bezeichnet. Nach →Mantzikert (1071) von den Türken besetzt, wurde Ph. 1098 von den Byzantinern zurückerobert und als Hauptstadt des Themas Thrakesion stark befestigt. Um 1189 trat es als autokephale Metropolis neben die alte Metropole Sardes; damals war die Stadt Residenz des Usurpators Theodoros Mankaphas, der eine Territorialherrschaft um Ph. einrichtete, diese aber Anfang des 13. Jh. an die →Laskariden verlor, die einen Stratopedarchen v. Ph. und Thrakesion einsetzten. 1304 wurde Ph. durch die →Katalan. Kompanie von den Türken befreit, überstand 1322–24 erfolgreich eine Belagerung durch die Emirate →Germiyān und →Aydın, wurde aber schließlich zu einer byz. Enklave in türk. Gebiet. 1369 löste Ph. Sardes als Metropolis Lydiens ab. Ph. fiel als letzte byz. Stadt Kleinasiens 1390 in die Hände →Bāyezīds I. Ausgedehnte Reste der Stadtmauer und die Ruinen einer byz. Basilika sind in Alaşehir erhalten. F. Hild

Lit.: Kl. Pauly IV, 733f. – Oxford Dict. of Byzantium III, 1991, 1648 – RE XIX, 2091ff. – P. Schreiner, Zur Gesch. Ph.s im 14. Jh., OrChrP 35, 1969, 375–431 – Philadelphie et autres études, hg. H. Ahrweiler, 1984.

Philaretos, byz. Arzt (?) des 9. (?) Jh., unter dessen Namen drei gr. (13. Jh., Ende 14. Jh.) und zahlreiche lat. Zeugen (seit dem 13. Jh.) eine →Pulsschrift überliefern, die von »Ps. Galenus de pulsibus ad Antonium« (XIX 629–642 Kühn; Hauptteil auch unter dem Namen des Ioannes Philoponos) nur geringfügig abweicht. Eine der frühesten ma. Übers. med. Schriften aus dem Gr. ins Lat. (etwa um 1100) gewinnt der kurze Text als Bestandteil der →Articella großen Einfluß, zahlreiche Komm. e ab dem 12. Jh., u. a. von →Maurus v. Salerno, Richard v. Wendover, Petrus Hispanus (→Johannes XXI.), →Bartholomaeus v. Brügge und →Nikolaus v. Kues.

K.-D. Fischer

Ed. und Lit.: J. A. PITHIS, Die Schr. ΠΕΡΙ ΣΦΥΓΜΩΝ des Ph., 1983 [krit. Ausg. des gr. Textes, Druck des ältesten lat. Überlieferungsträgers] – O. TEMKIN, Gesch. des Hippokratismus im ausgehenden Altertum, Kyklos (Leipzig) 4, 1932, 54–64.

Philes, Manuel, * um 1270 oder kurz danach in Kleinasien (eher nicht in Ephesos), † nach 1332 in Konstantinopel. Ausbildung vielleicht durch Georgios →Pachymeres, möglicherweise auch eigene Unterrichtstätigkeit; unternahm mehrere Reisen im Auftrag des Ks.s, hatte aber offenbar keine ständige Staatsstellung, sondern verdiente den Lebensunterhalt durch Abfassung von Gedichten im Auftrag des Ks.s sowie hoher weltl. und geistl. Würdenträger. In den letzten Jahren Andronikos' II. blieben auf Grund eines Zerwürfnisses die ksl. Aufträge aus. Schon zu Lebzeiten geschätzt (z. B. von Maximos →Planudes), gilt er heute als einer der bedeutendsten byz. Dichter, der v. a. in der Handhabung des byz. Zwölfsilbers eine bes. Vollendung erreichte. Neben Hunderten von Epigrammen und Gelegenheitsgedichten (ein Trauergedicht auch inschriftl. auf der Außenwand der Pammakaristos-Kirche in Istanbul erhalten) umfangreiche Werke bzw. Zyklen: Tiergedicht (Über die Eigenschaften der Tiere, ca. 1700 Zwölfsilber, in der FrühNZ durch zahlreiche z. T. illuminierte Hss. weit verbreitet), Metaphrase des →Akathistos-Hymnos (294 Zwölfsilbern) sowie (bis vor kurzem prakt. unbekannt) der Ps in fast 3600 polit. Versen.

W. Hörandner

Ed. und Lit.: M.is Philae Carmina, ed. E. MILLER, 2 Bde, 1855–57 – M. GEDEON, Μανουήλ τοῦ Φιλῆ ἱστορικὰ ποιήματα, Ἐκκλησιαστικὴ Ἀλήθεια 3, 1883, 215–220, 244–250, 652–659 – KRUMBACHER, 774–780 – Tusculum-Lex., 1982³, 630f. [Ed.] – N. PAPADOGIANNAKIS, Stud. zu den Epitaphien des M.P. [Diss. Berlin 1984] – G. STICKLER, M.P. und seine Psalmenmetaphrase [Diss. Wien 1992] [mit Ed. von 10 Ps; Biogr., Forsch.sgesch.].

Philibert

1. Ph., hl. → Filibertus

2. Ph. I., *Hzg. v.* →Savoyen 1472–82, * 1465 in →Chambéry, † 22. April 1482, Sohn von →Amadeus IX. und Jolande v. Frankreich; stand zunächst unter Vormundschaft seiner Mutter an einem durch wechselseitiges Intrigenspiel (Gegensatz zw. dem Kg. v. →Frankreich und dem Hzg. v. →Burgund) zerrissenen Hof. Infolge ihrer Parteinahme für Burgund geriet die Regentin in Konflikt mit den (profrz.) →Eidgenossen; der junge Hzg. erlitt Territorialverluste im N des Genfer Sees und wurde gar vom Hzg. v. Burgund, der einen Frontwechsel befürchtete, in Haft genommen. 1476 mußte er die Schutzherrschaft Frankreichs akzeptieren, was beim Adel heftige Reaktionen provozierte. Zur Beruhigung der Situation trafen sich Kg. Ludwig XI. v. Frankreich und Hzg. Ph. 1482 in Lyon. Bald darauf verstarb der junge Hzg. an den Folgen einer auf der Jagd erlittenen Erkältung. Da seine Ehe mit Blanca Maria →Sforza noch kinderlos war, fiel das Hzm. an Ph.s Bruder →Karl I.

B. Demotz

Lit.: S. GUICHENON, Hist. généalogique de la Royale Maison de Savoie [Neudr. 1976].

3. Ph. II. der Schöne, *Hzg. v.* →Savoyen 1497–1504, * 1480 Pont d'Ain (dép. Ain), † 10. Sept. 1504. Seit seinem Regierungsantritt unterstützte er Ks. Maximilian in Italien, gestattete aber auch den Durchzug der Truppen Ludwigs XII. v. Frankreich auf ihrem Zug nach Neapel. Gestützt sowohl auf die ksl. Lehnsinvestitur als auch auf die frz. Hilfe, konnte er die unter seinen Vorgängern geschwächte hzgl. Autorität erneut kräftigen. 1501 heiratete er in →Brüssel die Tochter Maximilians, →Margarete v. Österreich. Die vielversprechende Regierung des Fürstenpaares endete abrupt mit Ph.s frühem Tod infolge einer auf der Jagd erlittenen Erkältung. Untröstl. über den Tod ihres schönen und ritterlichen Gemahls, ließ Margarete als gemeinsame →Grablege das Kl. und die Kirche v. →Brou errichten, einzigartiges Monument des 'Amour éternel' und unübertroffenes Zeugnis des scheidenden Flamboyantstils.

B. Demotz

Lit.: S. GUICHENON (s. o.) – →Brou.

Philipp (s. a. Philippe)

1. Ph. v. Schwaben, *röm.-dt. Kg.,* * Aug. 1177, † (ermordet) 21. Juni 1208 in Bamberg, ⌑ Dom zu Speyer; jüngster Sohn Ks. Friedrichs I. Barbarossa und seiner Gemahlin →Beatrix v. Burgund; ⚭ 25. Mai 1197 Irene-Maria, Tochter des byz. Ks.s Isaak II. Angelos und Witwe Kg. Rogers III. v. Sizilien; nur Töchter: Beatrix (⚭ 1212 Ks. Otto IV.), Maria (⚭ Hzg. →Heinrich II. v. Brabant), Kunigunde (⚭ Kg. Wenzel I. v. Böhmen), Beatrix (II.; ⚭ 1219 Kg. Ferdinand III. v. Kastilien). Von seinem Vater zur geistl. Laufbahn bestimmt, erscheint Ph. bereits 1189–90 als Propst des Aachener Marienstifts. Sein Bruder, Ks. Heinrich VI., übertrug ihm 1192 das Bm. Würzburg, ließ ihn jedoch Mitte 1193 in den weltl. Stand zurücktreten. Wie schon 1191 begleitete er 1194 seinen Bruder nach Italien und nahm an der Eroberung des Normannenreiches teil. Im April 1195 wurde Ph. von Heinrich VI. mit dem Hzm. Tuszien und den →Mathild. Gütern belehnt. Nach dem Tode seiner älteren Brüder, Hzg. →Friedrichs V. v. Schwaben 1191 und Hzg. →Konrads v. Rothenburg 1196, wurde ihm zusätzl. das Hzm. Schwaben übertragen. Im Sept. 1197 zog Ph. auf Geheiß Heinrichs VI. nach Italien, um dessen dreijährigen Sohn Friedrich-Roger (Friedrich II.) nach Dtl. zur Kg.skrönung zu geleiten. Bei Montefiascone erhielt er die Nachricht vom Tode des Ks.s (28. Sept.). Während Ph. angesichts der in Italien gegen die dt. Herrschaft ausbrechenden Aufstände mit Mühe heimwärts ziehen konnte, löste Konstanze, die Gemahlin Heinrichs VI., die Verbindung Siziliens zum Imperium und unterstellte ihren Sohn der Vormundschaft des Papstes. Obwohl die Fs.en im Hl. Land ihren Treueid auf den gewählten Ks.sohn erneuerten, nahm der Kölner Ebf. →Adolf v. Altena die Resignation als gegeben hin und versuchte, die Staufer überhaupt von der Krone auszuschließen. Angesichts der antistauf. Umtriebe und der Gefahr, daß die Krone dem stauf. Haus verlorengehen könnte, ließ sich Ph., der sich als Sachwalter der Interessen seines Neffen sah, im März 1198 in Thüringen widerstrebend von dem am stauf. Ks.haus festhaltenden Fs.en zum Kg. wählen. Die antistauf. Opposition wählte daraufhin unter dem Einfluß der am Englandhandel interessierten Kölner Bürgerschaft und auf Initiative des engl. Kg.s Richard Löwenherz am 9. Juni 1198 den Welfen Otto IV. zum Kg., der sich im raschen Zugriff Aachens bemächtigte, wo er am 12. Juli 1198 durch Ebf. Adolf v. Köln mit nachgebildeten Insignien die Krönung erhielt. Ph. wurde zwar am 8. Sept. mit den echten Insignien gekrönt, aber am falschen Ort in Mainz und nur durch den Ebf. v. Tarentaise. Beide Kg.e schickten traditionsgemäß ihre Wahlanzeige an den Papst. In dieser Situation verstand es Innozenz III., eine Schiedsrichterrolle im dt. Thronstreit zu beanspruchen, um letztl. dem Kandidaten seine Zustimmung zu erteilen, der bereit war, auf die päpstl. Forderungen einzugehen. Gleichzeitig geriet Dtl. in das Fahrwasser des engl.-frz. Gegensatzes, da Ph. v. Schwaben das stauf.-kapet. Bündnis erweiterte und dem frz. Kg. Philipp II. August Militärhilfe gegen den engl. Kg. Johann Ohneland versprach, der Otto IV. großzügig mit Geld unterstützte. Um die Jahreswende 1200/01 entschied sich Innozenz III. öffentl. für Otto IV. (»Deliberatio de tribus electis«, »Venerabilem«). Anders als Otto IV. erkannte die stauf. Partei die von Innozenz in Italien ins Werk gesetzte territoriale Gestaltung nicht an und protestierte gegen die kuriale Einmischung in die dt. Kg.swahl. Da Ph. v. Sch. über größere materielle und finanzielle Ressourcen als sein Gegenspieler verfügte, dem nach dem Scheitern von Kg. Johann Ohneland in Frankreich die engl. Unterstützung fehlte, gewann er allmähl. die Oberhand über Otto IV. Viele Parteigänger des Welfen, u. a. Ebf. Adolf v. Köln und Ottos eigener Bruder, Pfgf. →Heinrich, liefen zu Ph. über, der am 27. Juli 1206 bei Wassenberg Otto IV. schlug. Als sich Ph. weitgehend in Dtl. durchgesetzt hatte und es zu einer Annäherung mit Innozenz III. kam, der den erfolglosen Otto fallen ließ, wurde Ph. am 21. Juni 1208 von dem bayer. Pfgf. en Otto v. Wittelsbach allem Anschein nach aus privater Rache ermordet.

Für die von HUCKER geäußerte Vermutung, daß Ph. möglicherweise Opfer eines Staatsstreiches wurde, fehlen bislang die Beweise. Unklar ist auch, ob oder in welchem Umfang Ph. für die Eroberung →Konstantinopels im Rahmen des 4. Kreuzzugs verantwortl. war.   P. Thorau

Q. und Lit.: RI V – E. WINKELMANN, Ph. v. Sch. und Otto IV. v. Braunschweig, 2 Bde, 1873-78 – B. U. HUCKER, O. IV., 1990, 95.

2. Ph. I., *Kg. v.* →*Frankreich* 1060-1108, * 1052, † 29./30. Juli 1108 Melun, ▭ St-Benoît-sur-Loire (Abtei Fleury), Sohn Kg. →Heinrichs I. (18. H.) und →Annas v. Kiev (7. A.). Am 23. Mai 1059 zum Mitkg. erhoben und von Ebf. →Gervasius v. Reims geweiht, folgte Ph. dem am 4. Aug. 1060 verstorbenen Vater; bis 1067 übte Gf. →Balduin V. v. Flandern (9. B.) die Regentschaft aus. Ph.s Aufgaben waren vorgezeichnet, die Behauptung gegen das 1066 zur westeurop. Vormacht aufsteigende anglonorm. Kgtm., die langsame Konsolidierung der →Krondomäne und die Ortsbestimmung in der Auseinandersetzung zw. regnum et sacerdotium.

Zwar versuchte Ph., Streitigkeiten in der norm. Kg.sfamilie für sich zu nutzen, konnte aber die ungeteilte Herrschaft Heinrichs I. seit 1106 nicht verhindern. Im eigenen regnum wurde die kgl. Suzeränität mühsam behauptet, nachdem schon das erste selbständige Engagement Ph.s 1071 in Flandern mit einer Niederlage gegen →Robert den Friesen gescheitert war. Zwar konnte der Kg. seine Krondomäne im Gâtinais, im frz. Vexin und im Berry langsam erweitern, doch blieb die Arrondierung kgl. Macht mit den Schwerpunkten um Paris und Orléans Aufgabe späterer Generationen. Der Bedeutungsverlust der monarch. Zentralgewalt drückte sich in schwindender adliger Präsenz am Hof und im wachsenden Einfluß adliger Hofamtsträger seit 1070/75 aus. Wie in anderen regna stellten zudem Kirchenreform und Papsttum die kgl. Herrschaft über Teile der Reichskirche in Frage. Wiederholt griffen die Päpste seit Gregor VII. in strittige Bf.sbesetzungen ein, auf mehreren Synoden brachten Papstlegaten den röm. Primatsanspruch zur Geltung und verkündeten das Verbot der Laieninvestitur (→Investiturstreit, II). Daß Ph. dabei nicht in einen ähnlichen Gegensatz zur Kurie wie Ks. Heinrich IV. geriet, beruhte auf den bes. Voraussetzungen der frz. Kirchenverfassung (→Frankreich, B), auf dem kompromißbereiten Verhalten aller Parteien und auf der in Frankreich gefundenen pragmat. Lösung des Investiturproblems. Gleichwohl führte Ph., der die ideellen Grundlagen seiner Macht in mehreren Festkrönungen (1071, 1098, 1100, 1104) demonstrierte, die Monarchie in eine tiefe Krise: 1092 verließ er seine Gattin Bertha, um Bertrada v. Montfort, die Frau Gf. →Fulcos IV. v. Angers/Anjou, zu entführen und zu heiraten. Erst 1104 vermochte sich der Kg. aus dem 1094 und 1095 verhängten Kirchenbann zu lösen, ohne ganz von Bertrada zu lassen. Mittlerweile war Ph.s Sohn →Ludwig (12. L.), 1098 zum Ritter geschlagen, an der Regierung beteiligt worden (1101). 1107 kam es zur endgültigen Aussöhnung mit dem Papsttum, als Paschalis II. in St-Denis mit den beiden Kapetingern zusammentraf, die ihm einen Eid leisteten und dafür als treue Söhne der Apostel in der Nachfolge Karls d. Gr. angesprochen wurden. Damit war der Grund für die engere Bindung der frz. Monarchie an die röm. Kurie und für die Regelung der Investitur auf der Synode v. Troyes (25. Mai 1107) gelegt.

B. Schneidmüller

Q.: Recueil des actes de Ph. roi de France, ed. M. PROU, 1908 – *Lit.*: A. FLICHE, Le règne de Ph. roi de France, 1912 – W. M. NEWMAN, Le domaine royal sous les premiers Capétiens (987-1180), 1937 – A. BECKER, Stud. zum Investiturproblem in Frankreich, 1955 – J.-F. LEMARIGNIER, Le gouvernement royal aux premiers temps capétiens (987-1108), 1965 – A. W. LEWIS, Royal succession in Capetian France, 1981 – R.-H. BAUTIER, La prise en charge du Berry par le roi Ph. ... (Media in Francia, 1989), 31-60 – O. GUYOTJEANNIN, Les actes établis par la chancellerie royale sous Ph., BEC 147, 1989, 29-48.

3. Ph. II. Augustus, *Kg. v.* →*Frankreich* 1180-1223, * 21. Aug. 1165, † 14. Juli 1223 Mantes, ▭ St-Denis, Sohn Kg. →Ludwigs VII. (13. L.) und →Adelas v. Champagne. 1179 präsentierte Ludwig VII. seinen Sohn einer Adelsversammlung als Mitkg., der die kgl. Entscheidung nur noch durch Akklamation beitrat. Am 1. Nov. 1179 in Reims gekrönt, übte Ph. schon vor dem Tod des Vaters (18. Sept. 1180) fakt. Herrschaft aus. Seine Anfänge waren von der Auseinandersetzung mit drei Kräftefeldern geprägt, dem anglonorm. Kgtm., dem Gf.en v. Flandern und dem Haus Blois-Champagne, das durch Ph.s Mutter und deren Brüder (Ebf. Wilhelm [»aux blanches mains«] v. Reims und die Gf.en Heinrich v. Champagne, Theobald V. v. Blois-Chartres, Stephan v. Sancerre) auf den Hof einwirkte. Mit diesem Verwandtenkreis brach Ph. rasch und suchte den Bund mit Gf. Philipp v. Flandern; am 28. April 1180 heiratete er dessen Nichte →Elisabeth v. Hennegau (8. E.) und erlangte damit den s. Teil Flanderns. Die Annäherung an den anglonorm. Kg. →Heinrich II. (11. H.) und ein am 28. Juni 1180 in Gisors geschlossenes Bündnis führten die Häuser Blois-Champagne und Flandern zusammen und sorgten für eine gefährl. Einkreisung der Krondomäne. Sein Überleben sicherte Ph. durch eine geschickte Politik zw. den drei Blöcken und trug im Juli 1185 den endgültigen Sieg über Flandern davon; im Frieden v. →Boves erhielt er Amiens, Teile des Vermandois und die Anwartschaft auf das Artois.

Mit einem dauerhaften Bündnis mit dem stauf. Ksm. eröffnete Ph. die grundlegende Auseinandersetzung mit dem Haus →Plantagenêt, das mit seinem riesigen Festlandbesitz die kapet. Monarchie latent bedrohte. Wiederholt vermochte Ph. Rivalitäten in der anglonorm. Kg.sfamilie, zunächst zw. Heinrich II. und seinen Söhnen Heinrich, Richard, Gottfried und Johann um die Nachfolge, schließlich unter den Brüdern, für sich zu nutzen. So kam es nach ersten Kämpfen 1187/88 zu einem Treffen im Nov. 1188 in →Bonmoulins, wo →Richard Löwenherz in Gegenwart seines überraschten Vaters dem Kapetinger für →Normandie, Poitou (→Poitiers), →Anjou, →Maine,

→Berry und Toulousain huldigte. Diese lehnsrechtl. Suzeränität Ph.s über den Festlandbesitz sowie Gebietsverluste mußte auch Heinrich II. zwei Tage vor seinem Tod im Vertrag v. →Azay-le-Rideau (4. Juli 1189) akzeptieren.

Das dort abgelegte Kreuzzugsversprechen der Kg.e führte zu langwierigen Vorbereitungen, zunächst zu Vereinbarungen zw. Ph. und dem inzwischen als Hzg. und Kg. anerkannten Richard, dann zur Regelung der Regentschaft in Frankreich während Ph.s Abwesenheit und zur Ordnung von Finanzwesen und Verwaltung. Am 4. Juli 1190 zogen die beiden Kg.e von Vézelay los und erreichten auf dem Seeweg Akkon, das am 12. Juli 1191 fiel (→Kreuzzug, B. III). Sofort trat Ph. die Rückreise an, befand sich bereits im Dez. 1191 wieder in Paris und besaß damit trotz aller Richard gegebenen Versprechen entscheidende Vorteile im Kampf um den anglonorm. Festlandbesitz, zumal Richard auf seiner Heimreise in die Gefangenschaft→Leopolds v. Österreich, schließlich Ks. Heinrichs VI. geriet und erst 1194 die Freiheit wiedererlangte. In der Zwischenzeit vermochte Ph. Rivalitäten im Haus Plantagenêt zu nutzen, baute im Vermandois und im Valois eine Verwaltungsstruktur auf, sandte Truppen in die Normandie und eröffnete Geheimverhandlungen mit Richards Bruder→Johann Ohneland (4. J.). Die langwierigen militär. Auseinandersetzungen, zunehmend mit Söldnertruppen geführt und damit für die Umprägung adliger Vasallenverbände sorgend, kamen nach Richards Tod 1199 und nach Nachfolgestreitigkeiten zw. Johann und seinem Neffen, Gf. →Arthur I. v. Bretagne, im Frieden v. →Le Goulet am 22. Mai 1200 zu einem ersten Abschluß.

Für den entscheidenden Schlag gegen Johann mußte Ph., der Arthur an seinen Hof gezogen und von ihm einen Lehnseid erhalten hatte, zunächst ein tiefes Zerwürfnis mit der Kurie infolge einer Eheaffäre beilegen: Im Aug. 1193 hatte der Kg. →Ingeborg v. Dänemark geheiratet und sofort verstoßen, um sich im Juni 1196 mit →Agnes v. Meran (3. A.) zu verbinden. Von Papst Innozenz III. dafür gebannt, nahm Ph. Ingeborg erst nach Agnes' Tod 1201 wieder auf und löste sich aus dem Interdikt. Damit war der Weg für einen polit. Prozeß gegen Kg. Johann Ohneland geebnet, der die rechtl. Grundlage zu einer weitgehenden Umgestaltung der westeurop. Kräfteverhältnisse abgab. Als Oberlehnsherr zog Ph. einen Prozeß der Familie→Lusignan gegen Johann ans Pariser Hofgericht mit mehreren »Pairs«, das nach wiederholter Ladungsverweigerung Johanns 1202 ein Versäumnisurteil fällte und Johann seiner frz. Lehen enthob. Im Bund mit Arthur v. Bretagne, der 1202 in Johanns Gefangenschaft geriet und dort umkam, setzte Ph. das Urteil militär. durch und wies zusammen mit dem frz. Adel auf dem Hoftag in Mantes am 22. Aug. 1203 einen kurialen Vermittlungsversuch mit dem selbstbewußten Hinweis zurück, dem Papst stünde in Lehnsangelegenheiten kein Interventionsrecht zu. 1203 wurden Anjou und Touraine erobert, und dem Fall der Grenzfeste Château-Gaillard folgte im Sommer 1204 die Besetzung der Normandie und des Poitou. Im Waffenstillstand v. Thouars mußte Johann im Okt. 1206 auf seinen gesamten Besitz n. der Loire verzichten, eine gewaltige Stärkung der nun um die straff organisierte Normandie erweiterten kapet. →Krondomäne.

Im Wandel europ. Machtverschiebungen schien dieser Erfolg noch einmal bedroht. Nach der Ermordung des Staufers Philipp v. Schwaben 1208 und der Durchsetzung des Welfen Otto IV. mit engl. Unterstützung wurde das traditionelle kapet.-stauf. Bündnis erst 1212 wieder mühsam mit Friedrich II. errichtet. Ph. hatte Ottos Ks.krönung 1209 nicht verhindern können, und er mußte nach energ. Intervention Innozenz' III. 1213 auch auf einen militär. Angriff auf England verzichten, nachdem sich Johann der Kurie unterworfen hatte. So kam es im Sommer 1214 zu einem bedrohl. Zangenangriff Ottos IV. und Johanns auf die kapet. Domäne, den Ph. im Bund mit seinem Sohn→Ludwig (14. L.) zurückweisen konnte. Bei →Bouvines (nahe Lille) errang der Kg. am 27. Juli 1214 einen glänzenden Sieg über das ksl. Heer und entschied damit den stauf.-welf. Thronstreit im dt. Reich zugunsten Friedrichs II. Erneut verzichtete Johann am 18. Sept. 1214 im Vertrag v. →Chinon auf den Landbesitz n. der Loire. Nun konnte eine hofnahe Gesch.sschreibung, die Ph. in die strahlende Reihe der frk.-frz. Kg.e einordnete und das Lob der →Francia besang, den Kapetinger als Mehrer des Reichs ('augustus') und als 'rex fortunatissimus' preisen, der das Imperium besiegt und die anglonorm. Macht in NW-Frankreich zerbrochen hatte.

Getragen wurde dieser Erfolg durch die konsequente Nutzung des Lehnrechts, das in der Betonung der 'us et coutumes de France' regionale Lehnsbande zersetzte und in der Forderung lig. Treue dem Monarchen zu einer Ausnahmestellung verhalf. Hinzu trat eine effektive Verwaltung, mehr und mehr in Paris fixiert, die auch ohne die konkret anwesende Person des Kg.s funktionierte (geordnetes Finanzwesen auf Grund intensivierter Abgabenerhebung, Hofgericht, Reichsarchiv, Registerwesen, vermehrte Schriftlichkeit, u.a. durch gesteigerte Urkk. expedition). Seinen Einfluß im Reich brachte das Kgtm. durch eine Schar verläßl. Amtsträger zur Geltung, die als Vertreter des Kg.s lokale Instanzen kontrollierten (→baillis im N, →sénéchaux im S).

Damit war der Boden für die Durchsetzung der Monarchie im ganzen 'regnum Francorum' bereitet. Die Möglichkeiten zum Ausgriff in den S im Gefolge der Albigenserkriege zeichneten sich trotz Ph.s anfängl. Zurückhaltung in den letzten Regierungsjahren ab und wurden dann von Ludwig VIII. und Ludwig IX. genutzt.

B. Schneidmüller

Q.: Œuvres de Rigord et de Guillaume le Breton, 1–2, ed. H. F. DELABORDE, 1882–85 – Recueil des actes de Ph. II. Auguste roi de France, 1–4, 1916–79 [Bd. 5 in Vorb.] – Register, ed. J. W. BALDWIN, 1, 1993 – Lit.: A. CARTELLIERI, Ph., Kg. v. Frankreich, 1–4, 1899–1922 – H. MITTEIS, Polit. Prozesse des früheren MA in Dtl. und Frankreich, 1927, 84ff. – M. POWICKE, The Loss of Normandy 1189–1204, 1961² – G. DUBY, Le dimanche de Bouvines, 27 juillet 1214, 1973 [dt. 1988] – F. GASPARRI, L'écriture des actes de Louis VI, Louis VII et Ph. Auguste, 1973 – W. KIENAST, Dtl. und Frankreich in der Ks.zeit (900–1270), 1–3, 1974/75 – A. W. LEWIS, Royal Succession in Capetian France, 1981, 64ff. – La France de Ph. Auguste, ed. R.-H. BAUTIER, 1982 – J. FAVIER, Le temps des principautés (Hist. de France, 2, 1984 [dt. 1989]), 137ff. – J. W. BALDWIN, The Government of Ph. A., 1986 – J. EHLERS, Gesch. Frankreichs im MA, 1987, 122ff. – B. SCHNEIDMÜLLER, Nomen patriae, 1987, 167ff. – B. SCHNEIDMÜLLER, Herrscher über Land oder Leute? Der kapet. Herrschertitel in der Zeit Ph.s und seiner Nachfolger (Intitulatio III, hg. H. WOLFRAM–A. SCHARER, 1988), 131–162 – T. HOLZAPFEL, Papst Innozenz III., Ph., Kg. v. Frankreich und die engl.-welf. Verbindung 1198–1216, 1991.

4. Ph. III. der Kühne ('le Hardi'), *Kg. v. →Frankreich* 25. Aug. 1270–1285, * 3. April 1245, † 5. Okt. 1285. Schon mit 15 Jahren Thronerbe (nach dem Tode seines älteren Bruders, 1260), wurde Ph., der einen sanften Charakter hatte, von den starken Persönlichkeiten des Vaters, →Ludwigs des Hl.n, und der Mutter, →Margarete v. Provence, förmlich erdrückt und blieb stets Spielball seiner Entourage. Er war wenig gebildet, aber sehr fromm und ein tapferer Ritter (seinen Beinamen erwarb er wohl vor den Mauern von Tunis). Zunächst stand er unter dem Einfluß seines Favoriten Pierre de→La Broce. Doch als der verwitwete Kg. (seine 1. Gemahlin war Isabella v. Aragón) in 2. Ehe→Maria v. Brabant heiratete, forderte diese den Kopf des Günstlings, der 1278 fiel, und Ph. wurde seiner Gemahlin so hörig, wie er es zuvor seiner Mutter gewesen war. – Nach dem Tode des Vaters in Tunis zum Kg. proklamiert, hatte Ph. nach seiner Rückkehr und Königsweihe (1271) als erstes polit. Problem die Einverleibung der Erbschaft von →Alfons v. Poitiers (Gft. en →Toulouse und →Poitou) durchzuführen. Es erhob sich kein ernsthafter Widerstand, außer von seiten des Gf. en v. →Foix, der 1272 in der 'Guerre de Foix' bekriegt wurde. Mehrere Jahre der Verhandlungen mit Kg. →Eduard I. v. England mündeten ein in den Vertrag v. Amiens (1279), der die engl. Ansprüche auf das →Agenais befriedigte. Der →Comtat Venaissin wurde an Papst Gregor X. abgetreten (1274). Die →Krondomäne wurde erweitert durch den Anfall der Gft. en →Alençon und →Perche aus dem Erbe Peters, des Bruders des Kg.s (1283), sowie der Gft. en →Nemours (1274) und →Chartres (1284), die käufl. erworben wurden. Der Kg. intervenierte auch in →Navarra; hier hatte →Heinrich III. v. Champagne und Navarra eine Tochter, →Johanna, hinterlassen, die unter der Vormundschaft von →Blanca v. Artois stand. In →Kastilien hatte dagegen der mit →Blanca de Francia verheiratete Fernando de la →Cerda, der ältere Sohn →Alfons' X., zwei Söhne hinterlassen, die von ihrem Onkel →Sancho vom Thron verdrängt wurden. Der Kg. ergriff die Partei der beiden Witwen: Blanca v. Artois verlobte Johanna mit dem ältesten Sohn des Kg.s, →Philippp (dem Schönen), während Blanca de Francia mit ihren Söhnen im Kgr. Frankreich Aufnahme fand. Dagegen gab Ph. das Einvernehmen mit Aragón auf, um seinem durch die →Siz. Vesper (1282) aus →Sizilien vertriebenen Onkel →Karl v. Anjou beizustehen. Gegen den nach der Vesper vom Papst exkommunizierten →Peter III. v. Aragón (dessen Kgr. nach päpstl. Willen an →Karl v. Valois, den 2. Sohn Ph.s, fallen sollte) führte der Kg. den →Aragón-Kreuzzug. Er marschierte in Katalonien ein (Belagerung v. Gerona, 26. Juni–7. Sept. 1284), mußte aber wegen des Ausbruchs von Seuchen und des Mangels an Lebensmittelnachschub den fluchtartigen Rückzug antreten und starb inmitten des Desasters am 5. Okt. 1285 in Perpignan.   E. Lalou

Lit.: Ch. V. Langlois, Le règne de Ph. III le Hardi, 1887.

5. Ph. IV. der Schöne ('le Bel'), Kg. v. →Frankreich 1285–1314, * 1268 in Fontainebleau, † 29. Nov. 1314 ebd.; Sohn von →Philipp III. d. Kühnen und Isabella v. Aragón, ⚭ 1284 →Johanna v. Navarra, die ihm →Champagne und →Navarra in die Ehe brachte.

Auf dem Gebiet der Außenpolitik beendete Ph. rasch den verhängnisvollen →Aragón-Kreuzzug, auf dem sein Vater verstorben war (Vertrag v. Anagni, 1295). Gegenüber dem Kg. v. →England, dem er zu Beginn seiner Regierung den Lehnseid abgefordert hatte, verfolgte Ph. eine Politik, die als Vorspiel des →Hundertjährigen Krieges gelten kann: Er ließ 1294 →Guyenne besetzen (1294–99), doch folgte 1303 (im Vertrag v. →Paris) nochmals eine Wiederherstellung des Friedens. – Der bedeutungsvollste Konflikt entspann sich in →Flandern. Der Kg. ergriff die Partei des reichen städt. →Patriziats gegen den Gf. en →Gui III. v. Dampierre, der nach einer Allianz mit dem Kg. v. England strebte, bei diesem aber auf nur laue Gegenliebe stieß. 1297 marschierte das kgl. Heeresaufgebot in die Gft. Flandern ein, die konfisziert und okkupiert wurde. Doch erschlugen die aufständ. Flamen die frz. Besatzer (Mette v. →Brügge, 17.–18. Mai 1302). Das nach Flandern entsandte frz. Heer wurde in der 'Goldsporenschlacht' bei →Kortrijk (11. Juli 1302) von den fläm. Stadtmilizen vollständig vernichtet. Ph. verstand es aber, durch persönl. Tapferkeit in der Schlacht v. →Mons-en-Pévèle (18. Aug. 1304) seine Ehre wiederherzustellen. Die Durchführung der Friedensbestimmungen v. →Athis (Juni 1305) vollzog sich freilich schleppend (Abtretung der Kastellaneien →Lille, →Douai und Béthune, sog. 'transport de Flandre', durch Gf. →Robert v. Béthune, 1309). Dreimal noch wurden kgl. Heere gegen Flandern eingesetzt (1312, 1313, 1314), eine dauerhafte Regelung der Beziehungen aber nicht erreicht. – An der Grenze zum Imperium erreichte die kgl. Politik die Abtretung der Fgft. →Burgund durch →Otto IV. (März 1295). Der Widerstand des Adels der Franche-Comté vererbte jedoch erst, als der Kg. v. Frankreich mit dem dt. und röm. Kg. →Albrecht I. v. Habsburg ein Bündnis schloß (1299). Der Gf. v. →Bar leistete für seine links der Maas gelegenen Territorien ('Barrois mouvant') dem Kg. v. Frankreich den Lehnseid (1301). Die Souveränität des Kapetingers wurde auch in →Viviers und →Lyon anerkannt (1307). Trotz des Scheiterns der Kandidatur →Karls v. Valois auf den dt. und röm. Thron (1308) blieben die Beziehungen zum Imperium während der Regierung Ph.s im wesentl. entspannt.

Dagegen war das Verhältnis zw. Ph. und Papst →Bonifatius VIII. von schwersten Konflikten belastet. Als sich der Kg. 1296 zur Besteuerung des frz. Klerus anschickte, reagierte Bonifatius VIII. mit der Dekretale →»Clericis laicos«, die das Verdikt jedweder Besteuerung des Klerus ohne Zustimmung des Papstes artikulierte. Allerdings lenkte der Papst in den Bullen »Romana mater« (Febr. 1297) und →»Etsi de statu« (Juli 1297) in gewissem Umfang wieder ein. Eine neue Krise wurde 1301 provoziert durch den Prozeß gegen den Papstanhänger →Bernard Saisset, Bf. v. →Pamiers, der des Verrats angeklagt war. Der Papst erließ die Bulle →»Ausculta fili« (Dez. 1301), die die Rechte des Hl. Stuhles gegenüber den weltl. Regierungen definierte und die frz. Bf. e zu einem Konzil aufrief. Der Kg. und seine Räte, allen voran Guillaume de →Nogaret, entfachten gegen diese päpstl. Forderungen einen vehementen Propagandafeldzug. Demgegenüber bekräftigte der Papst in der Bulle →»Unam sanctam« (Nov. 1302) seinen theokrat. Anspruch. Auf einer Versammlung (März 1303) forderte daraufhin die kgl.-frz. Partei die Absetzung des Papstes und seine Aburteilung durch ein Konzil. In dieser dramatisch zugespitzten Situation reisten wichtige Ratgeber des Kg.s nach Italien (Nogaret, Thierry d'→Hireçon, Jacques de Jasseines, →'Mouche'); das »Attentat v. Anagni« (7. Sept. 1303) führte zur Gefangennahme und Mißhandlung des Papstes; nach dessen Tod (11. Okt. 1303) ebbte die Auseinandersetzung jedoch ab. Während der Pontifikate →Benedikts XI. (1303–04) und insbes. →Clemens' V. (1305–14) war das Verhältnis zw. frz. Kgtm. und Papsttum im wesentl. ausgeglichen.

Der letzte schwere Konflikt, der Frankreich während der Regierung Ph.s erschütterte, war die Zerschlagung des →Templerordens. Im Okt. 1307 wurde die Verhaftung der Templer durchgeführt, der Orden nach langem Prozeß 1312 auf dem Konzil v. →Vienne durch Clemens V. aufgehoben. Auf dem Gebiet der Innenpolitik ist auch das gespannte Verhältnis zw. Kg., Häretikern und Ketzerinquisition im Languedoc zu erwähnen; es wird durch die Affäre um die Verfolgung des Franziskaners Bernard →Délicieux illustriert.

Ph. gilt oft als »Falschmünzerkönig«. In der Tat erfolgten während seiner Regierung mehrere Münzverschlechterungen. Doch ist hierbei zu unterscheiden zw. Sanierungsmaßnahmen des Währungswesens, das bereits von beginnender chron. Instabilität der Wirtschaft geschwächt war, und den kurzfristigen finanziellen Bedürfnissen des Kg.s. Die Vertreibung der Juden (1306; →Frankreich, D. I), die gegen die →Lombarden verhängten Maßnahmen (1291, 1311), aber auch die Versuche, dem Klerus Steuern aufzuerlegen, waren bedingt durch akute Notlagen, infolge der gestiegenen finanziellen Bedürfnisse des Staates.

Die Persönlichkeit Ph.s hat die frz. Historiographie in starkem Maße beschäftigt. Eine strittige Frage war stets, ob er selbständig handelte oder vielmehr die Regierung weithin den →'Legisten' und anderen Vertrauten überließ. Der Meinungsstreit wurde durch das Zeugnisse von Zeitgenossen genährt. So äußerte sich der scharfzüngige Bernard Saisset höchst negativ über Ph.: »Das ist weder ein Mensch noch eine Bestie, das ist eine Statue«, um noch hinzuzufügen: »Unser Kg. gleicht dem Uhu, dem prächtigsten der Vögel, der aber zu nichts nutz ist. Er tut nichts anderes, als die Menschen anstarren, ohne ein Wort zu reden«. In der Tat ließ der Kg. die Geschäfte durch Leute, denen er sein Vertrauen schenkte, erledigen. Gleichwohl hatte er ein hohes Bewußtsein von seinem ihm durch die Königsweihe übertragenen Kgtm. und war durchdrungen von der Würde der Kapetingerdynastie, in enger Anlehnung an seinen Vater und namentl. seinen Großvater, →Ludwig d. Hl. Auch wenn er die Abwicklung der polit. Geschäfte an andere delegierte, schaltete er sich bei Bedarf in der entscheidenden Phase ein. Er stand niemals abseits, verfolgte vielmehr wachsam die wichtigen Aktenvorgänge, um dann, gestützt auf die Vorbereitungen seiner Helfer, Entscheidungen zu treffen. Die Kriegführung delegierte er zumeist an seinen Bruder oder den Connétable, konnte aber auch durch persönl. Tapferkeit beeindrucken. Er frönte seiner Jagdleidenschaft, war aber zugleich ein guter Familienvater und seiner Gemahlin zugetan. Seine starke Frömmigkeit (→Pietas) nahm gegen Ende seines Lebens bigotte Züge an; durch seine rigorose Haltung während des Ehebruchskandals um die Schwiegertöchter des Kg.s gefährdete er die Erbfolge der Monarchie.

Ph. darf keineswegs als Kg., der nicht regiert hat, angesehen werden. Seine Konzeption des Regierens war vielmehr eine eher moderne, was oft nicht nur bei den Zeitgenossen, sondern auch bei den Historikern Unverständnis hervorrief. Seine epochale Regierung vollzog sich im entscheidenden Augenblick des Wiederaufstiegs des Staates, genährt vom Geist des röm. Rechts, und der Ausbildung der großen Verwaltungsinstitutionen des modernen Staates. E. Lalou

Lit.: R.-H. BAUTIER, Diplomatique et hist. politique: ce que la critique diplomatique nous apprend sur la personnalité de Ph. le Bel, RH 259, 1978, 3–27 – J. FAVIER, Philippe le Bel, 1978 – J. R. STRAYER, The Reign of Philip the Fair, 1980 – J. EHLERS, Gesch. Frankreichs im MA, 1987, 169–197 – D. POIREL, Philippe le Bel, 1991.

6. Ph. V. der Lange ('le Long'), Kg. v. →Frankreich und →Navarra 1316–22, * 1294, † Nacht vom 2. zum 3. Jan. 1322 in Longchamp, 2. Sohn von →Philipp IV. und →Johanna v. Navarra; vor seiner Thronbesteigung Gf. v. Poitiers; ∞ 1307 Johanna (→Jeanne de Bourgogne), Tochter →Ottos IV., Gf.en v. Burgund. Johanna wurde 1314 zusammen mit den anderen Schwiegertöchtern Philipps des Schönen unter der Anklage des Ehebruchs inhaftiert, kehrte aber wegen erwiesener Unschuld an die Seite ihres Gatten zurück. Ph. erfuhr in Lyon, auf der Rückreise von der avignones. Kurie, vom Tode seines älteren Bruders, Kg. →Ludwigs X. (5. Juli 1316), der aus seiner 1. Ehe, mit Margarete v. Burgund, eine Tochter hinterließ, wohingegen seine 2. Gemahlin, →Klementia v. Ungarn, schwanger war. Bei seiner Ankunft in Paris ließ sich Ph. vom →Parlement zum Regenten des Kgr.es proklamieren. Während dieser Periode hatte er die Auseinandersetzung mit →Robert v. Artois, der die Rechte an der Gft. →Artois zurückforderte, zu regeln. Nachdem der Sohn Klementias, der Thronerbe Jean I., kurz nach der Geburt verstorben war, ließ sich Ph. zum Kg. proklamieren (Königsweihe: Reims 9. Jan. 1317). Es erhob sich jedoch Widerstand: →Karl (IV.), Gf. v. der →Marche, der Bruder des Kg.s, und Hzg. →Odo IV. v. Burgund unterstützten die Ansprüche der Tochter Ludwigs X., →Johanna. Doch erklärte die Versammlung (2. Febr. 1317) den Ausschluß der Frauen von der Erbfolge. Die Situation beruhigte sich, nachdem Ph.s einziger Sohn, Ludwig, verstorben war, wodurch sein Bruder Karl (IV.) zum Thronerben wurde, während Odo IV. die älteste Tochter des Kg.s, Johanna, heiratete, die die Gft. Burgund als Mitgift in die Ehe einbrachte.

Die kurze Regierung Ph.s war für die Entwicklung der Institutionen bedeutsam. Durch eine Reihe von legislativen Texten und →Ordonnances baute der Kg. die großen Ämter der frz. Monarchie auf (→Hôtel du roi, →Conseil, →Parlement, →Trésor, →Chambre des Comptes). Er schloß Frieden mit den Flamen (2. Juni 1320). Seine Regierung ist aber vom Aufstand der →Pastorellen (1320) und von Verfolgungen gegen Juden und Leprosen überschattet. E. Lalou

Lit.: P. LEHUGEUR, Hist. de Ph. V. le Long, 2 Bde, 1897, 1931.

7. Ph. VI. v. Valois, Kg. v. →Frankreich 1328–50, * 1293, † 22. Aug. 1350 in Nogent-le-Roi, Sohn von →Karl v. Valois, Neffe von →Philipp IV., Enkel von →Philipp III., ∞ 1. →Jeanne de Bourgogne, 2. Blanche (→Blanca) de Navarre. Ph. wurde beim Tode →Karls IV. (1. Febr. 1328), dessen Gemahlin schwanger war, zum Regenten ernannt. Als sie eine Tochter gebar (1. April 1328), wurde Ph. zum Kg. proklamiert und empfing am 29. Mai 1328 die Königsweihe (→Valois). Er wurde anerkannt trotz der Ansprüche, die →Eduard III. v. England (als Sohn der →Isabella v. Frankreich) und →Philipp v. Évreux (als Enkel Philipps III. in weibl. Linie) anmelden konnten. Die frz. Barone und Pairs unterstützten jedoch Ph. in seiner Eigenschaft als frz. Fs.; Eduard III. selbst artikulierte seine Ansprüche in der frühen Regierungszeit des Valois nicht und leistete ihm für seine kontinentalen Besitzungen im Aug. 1329 den einfachen, 1331 dann den ligischen Lehnseid. Am Anfang war das Ansehen des Kg.s groß. Er errang am 23. Aug. 1328 bei →Cassel einen Sieg über die aufständ. Flamen. Doch verschlechterten sich die Beziehungen mit →England in den Jahren um 1336–37; der →Hundertjährige Krieg nahm seinen Lauf. Während Ph. das Bündnis mit →Schottland erneuerte und die →Guyenne konfiszierte, sandte Eduard III. ihm eine Herausforderung (19. Okt. 1337) und nahm 1340 selbst den Titel des Kg.s v. Frankreich an. Die Kämpfe in →Flandern, das von polit. und sozialen Auseinandersetzungen erschüttert wurde (→Artevelde, Jakob van), konnten erst im Juni 1338 durch eine Waffenruhe einstweilen beendet werden. Nach der Wiederaufnahme des Krieges, in Flandern und Guyenne, erlitt die frz. Flotte bei →Sluis eine Niederlage (24. Juni 1340). Der Krieg erfaßte die →Bretagne; 1346 drang Eduard III. in das Kgr. Frankreich ein und besiegte bei →Crécy (26. Aug. 1346) das frz. Heer. Die Engländer nahmen →Calais nach langer Belagerung ein (Kapitulation: 3. Aug. 1347). Ein Friede wurde am

28. Sept. 1347 unterzeichnet. Vor dem erneuten Ausbruch der Feindseligkeiten ist Ph. gestorben. Die letzten Regierungsjahre des Kg.s waren überschattet von der Schwarzen →Pest. Trotz der schweren Rückschläge seiner späten Regierungsjahre hat Ph. der →Krondomäne eine Reihe von Territorien hinzufügen können: seine Apanage (Valois, →Chartres, Anjou [→Angers] und →Maine, 1328), →Champagne und Brie (durch Gebietstausch mit Philipp v. Évreux) und v. a. das Fsm. →Dauphiné, das er 1349 von →Humbert II. kaufte, und das fortan als Apanage des frz. Thronfolgers (→Dauphin) diente. Sein ältester Sohn, →Jean II. (Johann der Gute), folgte Ph. nach.   E. Lalou

Lit.: R. CAZELLES, La société politique et la crise de la royauté sous Ph. de Valois, 1958 – J. FAVIER, La Guerre de Cent ans, 1980 [Lit.] – J. EHLERS, Gesch. Frankreichs im MA, 1987, 201–223.

8. Ph. (Philippe Hurepel), *frz. Fs.,* * 1201, † Jan. 1234, Sohn von →Philipp II. Augustus und Agnes v. Meranien, Beiname wohl nach seinen 'borstigen' Haaren, wurde durch Bulle vom 2. Nov. 1201 legitimiert. Im Aug. 1201 verlobt mit Mahaut (Mathilde), Tochter von Renaud (Rainald), Gf. en v. Dammartin, →Boulogne und →Mortain. 1222 zum Ritter geschlagen, erhielt Ph. bald darauf die Gft. Boulogne, die seinem Schwiegervater durch Konfiskation entzogen worden war; außerdem hatte er die Gft. en Domfront, Mortain, →Aumale und →Clermont (-en-Beauvaisis) sowie ein Viertel der Gft. Dammartin in Besitz. 1228–30 nahm Ph. an den Adelskoalitionen gegen →Blanca v. Kastilien teil, schloß im Sept. 1230 aber Frieden mit der Kgn. Er hatte eine Tochter, Jeanne, vermählt mit Gaucher v. →Châtillon.   E. Lalou

Lit.: CH. PETIT-DUTAILLIS, Étude sur Louis VIII, 1894 – J. W. BALDWIN, The Government of Philipp Augustus, 1986.

9. Ph. v. Tarent, *Titular-Ks. des* →*Lat. Ksr.es* 1313–31, Fs. v. →Tarent (1294–1331) und Achaia (1307–31), † 26. Dez. 1331 in Neapel, vierter Sohn →Karls II. v. Anjou, erhielt 1294 als Despotus Romaniae die Besitzungen und Rechte der Anjou in der Romania (Korfu und Albanien). Durch die Ehe mit Thamar (Tochter →Nikephoros' I. v. Epiros) im Aug. 1294 (1309 geschieden) gelangte er in den Besitz von Bonditza, Angelokastron, Naupaktos und Blecola (Eulochos), außerdem sollte Thamars Bruder Thomas die Lehensherrschaft Ph.s anerkennen. Die epirot. Regentin Anna verweigerte aber 1295 die Durchführung des Vertrages. Im Dez. 1300 wurde Ph. bei Falconaria von →Friedrich v. Sizilien (7. F.) geschlagen und blieb bis zum Frieden v. 1302 in Gefangenschaft. Im Sommer 1306 begab sich Ph. nach →Morea und eroberte das byz. Tripotamos. Von 1307–13 regierte er die frk. Peloponnes direkt als Fs. 1309 sicherte er seinem Bruder →Robert die Thronfolge im Kgr. Neapel. Durch die Ehe mit Katharina v. Valois (6. April 1313) wurde Ph. lat. Titularks., konnte aber Pläne zur Wiederherstellung des lat. Ksr.es nicht realisieren. Im Aug. 1315 wurde er mit den Florentinern und Sienesen von Uguccione→della Faggiola bei→Montecatini besiegt.   K.-P. Todt

Lit.: E. G. LÉONARD, Les Angevins de Naples, 1954 – A. E. LAIOU, Constantinople and the Latins, 1972 – P. SOUSTAL – J. KODER, Nikopolis und Kephallenia, 1981, 67–69 – D. M. NICOL, The Despotate of Epiros 1267–1479, 1984, 44–82.

10. Ph. v. Évreux, *Kg. v.* →*Navarra aus dem Hause* →Évreux, * 1305, † 16. Sept. 1343 in Jérez de la Frontera (auf einem kast. Reconquista-Feldzug). Sohn Ludwigs, Gf. en v. Évreux, und Margaretes v. Artois, ⚭ 1318 →Johanna (7. J.), Tochter Kg. Ludwigs X., Erbtochter v. Navarra und der Gft. en →Champagne und Brie; sechs Kinder, darunter→Karl 'd. Böse'. – Ph. erbte 1319 die Gft. (Pairschaft) Évreux mit ihren Nebenländern. Johanna erhielt 1318 die Gft. →Angoulême, 1325 die Kastellanei →Mortain. Ab 1328 trat Ph. nicht mehr als Bewerber um den frz. Thron auf; der neue Kg., →Philipp VI. v. →Valois, erstattete Johanna das Kgr. Navarra zurück und entschädigte sie für Champagne und Brie. Als frz. Fs. unterstützte Ph. den Kg., wirkte im →Conseil royal mit und nahm 1328 an der Heerfahrt gegen →Flandern teil. Wichtige kgl. Gunsterweise (Pairswürde für alle Lehen in Frankreich, Rentenlehen auf Coutances, Avranches und die zur Krondomäne gehörenden Besitzungen im Cotentin) stärkten die Stellung des Hauses Évreux in der →Normandie.

Nach dem Tode Karls IV. (1328) wurden Ph. und Johanna von den→Cortes v. Navarra ersucht, die Regierung anzutreten. Nachdem Ph. im Winter 1328/29 bereits seinen Ratgeber Philipp v. Melun, Archidiakon v. Reims, entsandt hatte, ließen sich Johanna und Ph. am 5. März 1329 in →Pamplona krönen. Ph., der den persönl. Königstitel trug (für den Fall des Ausbleibens eines männl. Erben wurde die Einsetzung eines Regentschaftsrates vorgesehen), regierte gemeinsam mit den Cortes (1330 'Amejoramiento' des Fuero General de Navarra). Er hatte die Unterstützung des Bf.s v. Pamplona, Arnaud Guillem de Barbazan. Bei seinen sorgsam ausgewählten Beratern berücksichtigte Ph. sowohl Franzosen als auch Navarresen. Das Königspaar beließ die beiden Regenten, die 1328–29 das Kgr. verwaltet hatten, im Amt, den einen als →Alféréz (Connétable), den anderen als Rat (Conseiller). Während Abwesenheiten ließ es sich durch frz. Gouverneure vertreten (Henri de Sully, Saladin d'Anglure, Renaud de Pont, Guillaume de Bray), als deren *lieutenants* Navarresen fungierten. Als Schatzmeister amtierte Simon Aubert, dann Guillaume le Soterel, Spezialist des Münzwesens. Die Verwaltungsführung wurde nach frz. Vorbild von *enquêteurs-réformateurs* überwacht, die Kontrolle des Finanzwesens verstärkt. Ein kgl. Prokurator wurde gegen antijüd. Umtriebe eingesetzt, zugleich in Pamplona 1336 ein geschlossenes Judenviertel eingerichtet, den Juden die Sonntagsruhe auferlegt. Ph. förderte die Ansiedlung von Fremden, so des Florentiners Paolo Gerardi als Bergbauunternehmer (*maître des mines*). Das Königspaar organisierte die →Bewässerung in der Huerta v. →Tudela. In den äußeren Angelegenheiten wandte sich Ph., nach der Austragung von Konflikten mit →Kastilien und →Aragón, einer Allianz mit den beiden mächtigen Nachbarn zu.   H. Dubois

Lit.: LE BRASSEUR, Hist. civile et ecclésiastique du comté d'Évreux, 1722 – R. CAZELLES, La société politique et la crise de la royauté sous Philippe de Valois, 1958 – J. ZABALO ZABALEGUI, La administración del reino de Navarra en el siglo XIV, 1973 [Lit.] – B. LEROY, La Navarre au XIVe s. sous la dynastie d'Évreux (1328–87) (Les communications dans la péninsule ibérique au MA. Coll. de Pau, 1980 [1981]) – DIES., La Navarre au MA, 1984 [Lit.] – DIES., Autour de Charles »le Mauvais«. Groupes et personnalités, RH 553, 1985, 3–17.

11. Ph. v. St-Pol, *Gf. v.* →*St-Pol, Hzg. v.* →*Brabant und*→*Limburg seit* 17. April 1427, * 25. Juli 1404, † 4. Aug. 1430, jüngerer Sohn Antons (→Antoine) v. Burgund, Hzgs. v. Brabant. Ph. war seit seinem 15. Lebensjahr →Capitaine des von den Burgundern (→Armagnacs et Bourguignons) beherrschten →Paris. Während der Auseinandersetzung zw. seinem Bruder Hzg. →Johann IV. v. Brabant und den Brabanter Ständen war Ph. Regent des Hzm.s. Ein schwerer innerer Konflikt brach 1428 aus, als fünf große Barone (aus unbekannten Gründen) ihre Mitwirkung an der Landesregierung verweigerten. Nach einer Vermittlungsaktion der mächtigen Stände (*Staten*) v. Brabant mußte Ph. nachgeben, da er in Geldnöten und polit. Schwierigkeiten war. Er verhandelte nämlich mit

Yolande v. Aragón, Witwe→Ludwigs II., Hzg.s v. Anjou und Kg.s v. Sizilien, wegen der Heirat mit ihrer gleichnamigen Tochter, die aber als Schwägerin Kg. →Karls VII. (des Verantwortlichen für den Mord an Johann Ohnefurcht) von Hzg. →Philipp d. Guten v. Burgund scharf abgelehnt wurde. Der Burgunder verstand es, mit Hilfe seiner Anhänger die Verbindung zu hintertreiben und nach Ph.s Tod die Angliederung des Hzm.s Brabant an Burgund durchzusetzen. P. Avonds

Lit.: BNB XVII, s.v. - A. UYTTEBROUCK, Le gouvernement du duché de Brabant au bas m-â, 1975.

12. Ph. I. v. Rouvres, *Hzg. v.* →*Burgund,* postumer Sohn Philipps v. Burgund und der Gfn. Johanna v. →Boulogne und →Auvergne, * Sept. 1346, † 21. Nov. 1361, ▫ →Cîteaux. Folgte seinem Großvater →Odo IV. am 3. April 1345 nach, unter der Vormundschaft seiner Mutter, die sich mit dem künftigen Kg. v. Frankreich, Johann (→Jean II. le Bon), wiederverheiratete. Anläßl. der Königsweihe Johanns wurde Ph. zum Ritter gekürt. Johann reformierte die Institutionen des Hzm.s Burgund nach kgl. frz. Vorbild. Nach der Gefangennahme des Kg.s bei →Poitiers (1356) übernahm Ph. die Regierung seines Hzm.s, unter der Vormundschaft seiner Mutter, die 1360 verstarb. Sein Heer wurde am 2. Juli 1359 von der Streitmacht→Karls v. Navarra bei Brion geschlagen; Ph. mußte den von Kg. →Eduard III. v. England diktierten Frieden v. Guillon akzeptieren (März 1360). Doch bekämpfte Ph. die Engländer im Nivernais (→Nevers) und begab sich anschließend ins →Artois, wo er am 1. Juli 1361 →Margarete v. Flandern, mit der er seit 1354 verlobt war, heiratete. Nach Burgund zurückgekehrt, starb der Hzg. bald darauf an der Pest. Seine Territorien (Hzm. und Gft. Burgund, Artois, Nivernais, Boulogne und Auvergne) fielen an die natürl. Erben. J. Richard

Lit.: E. PETIT, Hist. des ducs de Bourgogne, 9, 1905.

13. Ph. II. der Kühne ('le Hardi'), *Hzg. v.* →*Burgund,* * 17. Jan. 1342 in Pontoise, † 27. April 1404 in Hal (Halle, Brabant); 4. Sohn von Johann II. (→Jean II.), Kg. v. →Frankreich, und der Bonne (Guda) v. →Luxemburg. 1356 bei →Poitiers gefangengenommen, kehrte er gemeinsam mit dem Vater nach Frankreich zurück und wurde von Johann II. zum Hzg. v. →Touraine erhoben und als *lieutenant général* mit der Statthalterschaft der Provinz v. →Lyon betraut. Der Kg. designierte ihn für das Hzm. Burgund, während er von Ks. →Karl IV. die Belehnung mit der Fgft. →Burgund erhielt. Kg. →Karl V. bestätigte am 2. Juni 1364 die Apanageverleihung für das Hzm. Burgund, forderte von Ph. aber den Verzicht auf die Fgft. Burgund. Der neue Hzg. bekämpfte das Bandenunwesen sowie mehrere Barone der Franche-Comté, die in seine Besitzungen eingedrungen waren. Seine Heirat mit →Margarete, der Erbtochter →Ludwigs v. Male, des Gf.en v. Flandern (Gent, 19. Juni 1369), diente der nachhaltigen Stärkung des frz. Einflusses in Flandern; doch gelang es Ph., sich vom Versprechen der Rückgabe dreier Kastellaneien (darunter →Lille), die sein Schwiegervater Ludwig einst von Kg. Karl V. erhalten hatte, freizumachen. Ebenso hatte Ph. dem Kg. versprochen, im Hzm. Burgund die kgl. Steuern erheben zu lassen, löste diese Zusage aber, gestützt auf die Ablehnung der États de Bourgogne, nicht ein, was ihm für kurze Zeit die Ungnade eintrug.

Der Tod seines Schwiegervaters Ludwig (30. Jan. 1384) brachte ihn in den Besitz der Gft.en Burgund, →Flandern, →Artois, →Nevers und →Rethel; er zwang die fläm. Städte in die Botmäßigkeit zurück. Zugleich reorganisierte er die Verwaltung seiner Länder (→Burgund, Hzm., C), v. a. durch Einsetzung eines Kanzlers v. Burgund, als welcher Jean →Canard fungierte, und die Schaffung mehrerer nachgeordneter Kanzleien, während Ratkammern (Chambres du Conseil; →Conseil, B) und Rechenkammern (Chambres des Comptes) in →Dijon und Lille etabliert wurden; es erfolgte die Errichtung zentraler Steuereinnahmestellen, getrennt für die beiden burg. Territorialkomplexe (niedere und obere Länder); in →Auxonne wurde eine Münzstätte errichtet.

Nach dem Tode Karls V. übernahm Ph., gemeinsam mit seinen Brüdern, die Regierung des Kgr.es und setzte dessen Ressourcen zu seinen Gunsten ein: So ließ er sich Besitzungen in der →Champagne übertragen und nahm das kgl. Heer für einen seiner Feldzüge, gegen →Geldern, in Anspruch. Als Kg. →Karl VI. dem Wahnsinn verfiel (1392-1404), trat Ph. nochmals in seine alte Machtposition ein und bewerkstelligte insbes. einen Obödienzentzug des Kgr.es Frankreich im →Abendländ. Schisma sowie eine Annäherung an England.

Er erwarb die Gft. →Charolais im Namen seiner Schwiegertochter (1390) und war mit allen Kräften bemüht, sich das Erbe der Tante seiner Frau, Hzgn. →Johanna v. Brabant, zu sichern; es gelang ihm, seinen zweiten Sohn, →Antoine, als Johannas Nachfolger durchzusetzen. Ph. betrieb eine aktive Allianzpolitik mit →Wittelsbachern, →Habsburgern und →Luxemburgern, um so seinen vielen Kindern reichen Territorialbesitz zu sichern.

Er entsandte nicht nur Truppenkontingente zur Unterstützung des →Dt. Ordens nach →Preußen, sondern schickte auch seinen Sohn →Jean ('sans Peur') mit einem Heer in den Osten, um die Türken zu bekämpfen. Nach der vernichtenden Niederlage v. →Nikopolis (1396) mußte er seinen gefangenen Sohn mit einer riesigen Lösegeldsumme, die er aber zum größten Teil aus dem frz. Kronschatz bestritt, freikaufen.

Als prunkliebender, am Hofleben rege teilnehmender Fs. ließ Ph., der im Hôtel de Conflans residierte, eine Reihe von Schlössern ausbauen und errichtete in der Kartause Champmol bei →Dijon die berühmte →Grablege der burg. Herzogsdynastie, die er von den größten Künstlern seiner Zeit ausgestalten ließ. Die herrlichen Hss. aus seiner →Bibliothek haben den Ruhm des Hzg.s bewahrt.

J. Richard

Lit.: R. VAUGHAN, Philip the Bold, 1962 - A. VAN NIEUWENHUYSEN, Les finances du duc de Bourgogne Philippe le Hardi, 1984.

14. Ph. III. der Gute ('le Bon'), *Hzg. v.* →*Burgund,* Sohn von Hzg. Johann (→Jean sans Peur) und Margarete v. Bayern, * 31. Juli 1396, † 25. Juli 1467. Gf. v. →Charolais, war er Statthalter in Flandern, als sein Vater dem Attentat v. →Montereau zum Opfer fiel (10. Sept. 1419). Nach einigem Zögern schloß er sich dem Vertrag v. →Troyes an (1420) und erkannte →Heinrich V. v. England als Kg. v. Frankreich an (→Frankreich, A. VI); die Engländer hielten ihn jedoch von der Regierung fern. Ph. zeigte sich andererseits an der Partei der 'Bourguignons' (→Armagnacs et Bourguignons) desinteressiert. Er kämpfte gegen die Heere →Karls VII. und verstand es, sich vom Hzg. →Johann v. Bedford, seinem Schwager, die Gft.en →Auxerre, →Mâcon, →Ponthieu und →Bar-sur-Seine abtreten zu lassen (1424); er gab die Belagerung v. Orléans (1429) auf, dann diejenige v. Compiègne (1430) und ließ es zu, daß kgl. Truppen in das Hzm. Burgund eindrangen, da er selbst durch die expansive Territorialpolitik in seinem nördl. Herrschaftsbereich in Anspruch genommen wurde. 1433-34 konnte er durch einen kraftvollen Feldzug den

Angriff Frankreichs auf die südl. Grenzbereiche seiner Länder und das Gebiet v. →Langres zurückweisen. Nachdem Ph. 1421 die Gft. →Namur erworben hatte, war er bestrebt, die Gft.en →Hennegau, Holland und →Seeland zu gewinnen; dies gelang ihm nach mehreren Kriegsjahren und gegen die Intervention des engl. Hzg.s →Humphrey v. Gloucester, indem er seine Base→Jakobäa v. Bayern zur Abtretung nötigte (Vertrag v. Delft, 1428). Danach konnte er das Erbe seines Vetters→Philipp v. St-Pol, bestehend aus den Hzm.ern→Brabant und→Limburg (1430), antreten; er hatte hierbei die Ansprüche der von Ks. →Siegmund unterstützten Mitbewerber auszuschalten. Jedoch fiel de Hzg. v. →Bar, →René v. Anjou, dessen Gegenspieler Antoine de→Vaudémont von Ph. unterstützt wurde, in die Hand des Burgunders, wodurch sich dieser die Freundschaft der Lothringer erwarb.

Ph. knüpfte, durch Vermittlung des Hzg.s v. →Savoyen, Verhandlungen mit Karl VII. an; der 1435 in →Arras tagende Friedenskongreß ermöglichte ihm die Lösung von der Souveränität des Kg.s v. England. Karl VII. bestätigte die Schenkungen von 1424, vervollständigte sie durch die Abtretung von kgl. Enklaven innerhalb des hzgl. Herrschaftsgebietes und versprach die Bestrafung der Mörder Hzg. Johanns. Ph. befand sich nun im Krieg mit England; militärisch gescheitert und mit einem Aufstand in →Brügge (1437) konfrontiert, sah er sich genötigt, mit den Engländern zu verhandeln und ihnen freien Handel mit →Flandern zu garantieren. Er erreichte die Freilassung des in England gefangengehaltenen Hzg.s →Charles d'Orléans und setzte so der alten Feindschaft zw. den Häusern Orléans und Burgund ein Ende. Dessenungeachtet blieb das Verhältnis zu Karl VII. trotz weiterer Friedenskonferenzen gespannt (Plünderungszüge der Écorcheurs; →Armagnaken).

Ph. hatte sich von →Elisabeth, Hzgn. v. →Luxemburg, seine Rechte an diesem Hzm. bestätigen lassen (1435, 1441), doch bemächtigte sich der Hzg. v. →Sachsen Luxemburgs, das Ph. 1443 zurückeroberte. Ph. suchte nach einer Lösung für die Reichslehen, die er ohne Investitur von seiten des Ks.s innehatte (Begegnung mit Ks. →Friedrich III. in Besançon, 1442); 1455 wurde der Plan der Schaffung eines (vom Ks. verliehenen) Kgr.es für Burgund vorgelegt, doch war Ph. darauf bedacht, als frz. Fs. aufzutreten, was er auf dem Konzil v. →Basel durch seine Forderung des Vorrangs vor den →Kurfs.en dokumentierte (in Basel trat er im übrigen für →Eugen IV. ein).

Von der Idee des →Kreuzzugs durchdrungen, schickte Ph. bereits seit 1421 Kundschafter in den Orient. 1441 entsandte er ein in Flandern ausgerüstetes Flottengeschwader zum Entsatz von→Rhodos, dann ins Schwarze Meer; er verfolgte zeitweilig den Plan, sich →Genua als Stützpunkt seiner Kreuzzugsunternehmungen abtreten zu lassen. Sein Versuch, →Konstantinopel zu retten, wurde durch die Konflikte mit→Gent, dessen Aufstand er erst 1453 niederschlagen konnte, durchkreuzt. 1454 legte er feierlich das Kreuz (»Banquet du Faisan«) und begab sich zum Reichstag v. Regensburg, um die dt. Fs.en für den →Türkenkrieg zu gewinnen. 1455-56 durch die Einverleibung des Fsbm.s →Utrecht gebunden, nahm er schließlich sein Vorhaben nochmals auf, indem er an Papst →Pius II. 1462 eine Flotte und Armee entsandte.

Als Gatte von Michelle de France († 1421) und Bonne d'Artois († 1425) zweimal früh verwitwet, heiratete er im Jan. 1430 →Isabella v. Portugal, die 1433 den Sohn und Thronerben →Karl (d. Kühnen) gebar. Dieser stand in Ph.s späten Regierungsjahren mit dem Vater in Konflikt, in dessen Verlauf Ph. seinen Kanzler Nicolas →Rolin entließ, wohingegen sich Hzgn. Isabella vom Hof zurückzog und Erbprinz Karl nach Holland auswich (1457). Ph. stand unter dem Einfluß der von Antoine de →Croy geführten Hofpartei. Die Beziehungen zu Karl VII. waren vergiftet, insbes. durch die Aufnahme des flüchtigen Dauphins →Ludwig (XI.) in Brüssel (1456). Doch verschaffte auch der Regierungsantritt Ludwigs XI. dem Hzg. keine Erneuerung seines Einflusses auf die Regierung Frankreichs; vielmehr gelang es dem Kg., die einst an Johann Ohnefurcht verpfändeten →Sommestädte zu rekuperieren. Die Wiederversöhnung Karls mit seinem Vater (1464) und der Sturz des Clans der Croy (1465) beendeten die bisherige polit. Orientierung Burgunds. Ph. ließ sich in die gegen Ludwig XI. agierende →Ligue du Bien public einbinden und betrieb in seinen letzten Lebensjahren den Krieg gegen →Lüttich.

Der burg. Hof Ph.s war von unübertroffenem Glanz. Der Hzg. versammelte bei seinen legendären Hoffesten und Turnieren die gesamte Aristokratie. Die Stiftung des Ordens vom →Goldenen Vlies (1430) schuf ein neues Band zw. dem Fs.en und seinem Adel. In diesem einzigartigen Hofmilieu blühten Künste (Musik, Buch- und Tafelmalerei) und Lit. (→Mäzenatentum); der Hzg. baute eine herrliche →Bibliothek auf (→Bibliophilie) und war selbst an der Abfassung der →Cent Nouvelles nouvelles beteiligt. Mit dem Ausbau zentraler Regierungs- und Verwaltungsinstitutionen reagierte die Regierung Ph.s auf die starke territoriale Erweiterung des burg. Staates.

J. Richard

Lit.: P. BONENFANT, P. le Bon, 1955³ - R. VAUGHAN, Philip the Good, 1970.

15. Ph. der Schöne, Ehzg., Fs. der Niederlande (*Burgund*), * 22. Juni 1478 in Brügge, † 26. Sept. 1506 in Burgos, Sohn von →Maximilian I. (→Habsburg) und →Maria, Hzgn. v. →Burgund, Erbtochter →Karls d. Kühnen. Die Öffentlichkeit der burg. Niederlande begrüßte Ph.s Geburt als die des angestammten Fs.en ('prince naturel'). Nach dem frühen Tod der Mutter (1482) brach zw. Maximilian und den 'Staten' (Ständen) v. Flandern der offene Konflikt aus, da v. a. die Vertreter→Gents dem Habsburger die Vormundschaftsrechte vehement bestritten. Infolge des Friedens v. Arras (23. Dez. 1482) wurde Ph. am 10. Jan. 1483 (im Juli in Brügge) als Gf. v. Flandern eingesetzt.

Als es im Okt. 1483 zum Bruch Maximilians mit dem ihm aufgenötigten Regentschaftsrat kam, usurpierte der Rat die Regierung im Namen des jungen Prinzen, der in Gent unter Aufsicht festgehalten wurde. Nach der Rückeroberung Flanderns durch Maximilian (Juli 1485) wurde ihm sein Sohn zurückgegeben, der Vater führte in beider Namen fortan die Regierung. Ph. wurde in Mecheln unter Obhut der Hzgn. witwe →Margarete v. York durch einheim. Adlige und Humanisten erzogen. Frucht dieser Erziehung war wohl die spätere Hinwendung Ph.s zu einer genuin burg.-niederländl. Politik. Nachdem während der langen Gefangenschaft des Vaters (Brügge, 1488) beide Seiten in Ph.s Namen agiert hatten, ist seit 1492 seine Anwesenheit bei den Tagungen der Generalstaaten festzustellen. Die anläßl. des Erreichens der Volljährigkeit (15 Jahre) von den Generalstaaten geforderte Einsetzung Ph.s in die vollen Herrschaftsrechte wurde von Maximilian hinausgezögert; ab 1494 (Brabant: 9. Sept. 1494) erfolgte seine offizielle Inthronisation in den verschiedenen Fsm.ern, wobei Maximilian bestrebt war, die 1477 durchgesetzten Privilegien wieder aufzuheben. Eine Inauguration Ph.s für Flandern erfolgte erst 1497 (letzte Sanktion für den flandr. Aufstand). Durch die Vermeidung einer Reichsinvestitur Ph.s behielt sich Maximilian bestimmte Herrschaftsrechte in den Niederlanden vor.

Der persönl. Herrschaftsantritt Ph.s wurde als Rückkehr zu innerem und äußerem Frieden, stabiler Währung, freiem Handel, maßvoller Besteuerung und regulärer ständ. Regierungsweise von der Öffentlichkeit gefeiert. Ph. hielt in der Tat engen Kontakt mit den Generalstaaten, die er sogar gelegentlich bei eigener Unsicherheit zu Hilfe rief. Seine »niederländ.« Haltung brachte ihn wiederholt in Gegensatz zu den polit. Intentionen des Vaters, der für seine vornehml. gegen →Frankreich gerichtete Politik keineswegs die geforderten Hilfeleistungen von seiten der Generalstände erhielt (1498–99). Die Diskordanz erwies sich als total, als Ph. am 5. Juli 1499 dem Kg. v. Frankreich das Homagium leistete. Demgegenüber bedeutete die Allianz mit Spanien (Doppelhochzeit der Erbprinzen bzw. -prinzessinnen Spaniens und der Niederlande) einen enormen diplomat. Erfolg Maximilians, der so auf den frz. Druck in →Italien zu reagieren verstand (1495). Ph. und Prinzessin →Johanna (Juana) v. Kastilien vermählten sich im Rahmen dieses Bündnisses am 20. Okt. 1496 zu Lier. Infolge der aufeinanderfolgenden Todesfälle aller anderen Thronanwärter wurde Ph. 1500 über seine Gemahlin zum präsumptiven Erben der span. Kronen. In dieser Eigenschaft wurde das Paar am 22. Mai 1502 zu Toledo anerkannt. Nach dem Tode der Kgn. →Isabella v. Kastilien (26. Nov. 1504) bereiteten sich Ph. und Johanna auf einen längeren Aufenthalt in ihren span. Erbländern vor; sie hatten bereits drei Kinder, unter ihnen der künftige Ks. Karl V. Doch erkrankte Ph. bei der Einsetzungszeremonie in Burgos am 19. Sept. 1506 und verstarb eine knappe Woche darauf. W. P. Blockmans

Lit.: H. WIESFLECKER, Ks. Maximilian I., I–II, 1971–75, passim – R. WELLENS, Les États généraux des Pays-Bas des origines à la fin du règne de Philippe le Beau (1464–1506), 1974.

16. Ph. v. Elsaß, *Gf. v.* →*Flandern* sowie Gf. v. →Vermandois, →Valois und →Amiens, * 1142, † 1. Juni 1191 vor →Akkon, ◻ Abtei →Clairvaux (gemeinsam mit seiner 2. Gemahlin in der durch ihn gestifteten Kapelle); Sohn →Dietrichs v. Elsaß, Gf.en v. Flandern, und seiner 2. Gemahlin →Sibylle v. Anjou, der Tochter →Fulcos V., Kg.s v. →Jerusalem; ∞ 1. 1156 Elisabeth († 26. März 1182), Erbtochter Raouls, Gf.en v. Vermandois; 2. 1184 Mathilde (Teresa), Tochter v. →Alfons I., Kg. v. Portugal († 6. März 1218).

Ph. vertrat seinen Vater erstmals vollwertig während dessen Palästinaaufenthalt von Mai 1157 bis Aug. 1159. Ab 1159 teilte er die Macht mit dem Vater, wobei Ph., gestützt auf seinen großen Ratgeber →Robert v. Aire, sich v.a. der inneren Politik und einer bedeutenden städt. Gesetzgebung (*Keuren*) annahm. 1163 traf er mit seinem an Aussatz leidenden Schwager Raoul d. J. v. Vermandois ein Abkommen, das ihm die Regierung der Gft. Vermandois schon vor dem Tode Raouls übertrug. Als der Vater im Jan. 1164 zu seiner letzten Palästinareise aufbrach, erhielt Ph. die selbständige Regierung Flanderns. Er baute in umsichtiger Weise die Verwaltungsinstitutionen auf (→Kanzlei, →Baillis), um durch sie seine Reformen in Regierung, Finanzwesen (Verwaltung der neuen extradomanialen Einkünfte) und Gerichtswesen zu verwirklichen. Der wirtschaftl. Aufstieg Flanderns ließ Ph. zu einem äußerst finanzkräftigen Fs.en werden. Infolge der zentralen geograph. und polit. Position der Gft. war Ph. prädestiniert, eine aktive Rolle auf der Bühne der internationalen Politik zu spielen. Er nahm Anteil am Machtkampf zw. dem England der Plantagenêt und dem Frankreich der Kapetinger, schaltete sich in den Konflikt zw. →Heinrich II. und →Thomas Becket ein und unterstützte in seiner Eigenschaft als Reichsfs. die Italienzüge Friedrich Barbarossas. Angesehen als Kämpfer in Krieg und Turnier, war er auch ein lit. gebildeter Fs., der Dichter wie →Chrétien de Troyes förderte.

Als nach seiner Reise ins Hl. Land (1177–79) klar wurde, daß die eigene Ehe kinderlos bleiben würde, widmete sich Ph. einer großangelegten Tätigkeit als Pate und Ehestifter der großen Fs.enhäuser. Er bahnte die Heirat seines Lehnsherrn →Philipp II. Augustus mit →Elisabeth v. Hennegau an, der er die Gft. →Artois als Dos übertrug. Über die Töchter seines verstorbenen Bruders Matthias, Gf.en v. →Boulogne, übte er die Vormundschaft aus. Nach dem Tode seiner 1. Gemahlin weigerte sich Ph., ihr Erbe an seine Schwägerin →Eleonore v. Vermandois herauszugeben, woraus sich ein langer Konflikt mit Philipp Augustus entspann, der mit dem Frieden v. →Boves (Juli 1185), durch den Ph. faktisch die Macht über Vermandois, Valois und Amiens verlor, endete. Doch behielt er bis zum Tode den Titel des Gf.en v. Vermandois bei. Auch seine 2. Ehe blieb kinderlos; damit fiel sein Erbe definitiv an seine Schwester Margarete v. Hennegau (∞ →Balduin V./VIII.) und deren Nachkommen. Ph. vermittelte noch mehrfach zw. Philipp Augustus und den Kg.en v. England sowie im Konflikt zw. seinem Schwager Balduin V. v. Hennegau einerseits, dem Hzg. v. →Brabant und dem Gf.en v. →Namur andererseits. Er nahm am 3. →Kreuzzug teil, verließ Flandern im Sept. 1190, schloß sich mit seinen Truppen im Febr. 1191 zu Messina dem von Philipp Augustus und Richard Löwenherz befehligten Kreuzfahrerheer an, erreichte im April das Heerlager vor Akkon, in dem er während der Belagerung an einer Epidemie starb.
Th. de Hemptinne

Lit.: NBW IV, 290–329 [H. VAN WERVEKE; Lit.]; XII, 504–514 – J. JOHNEN, Ph. v. E., Gf. v. Flandern, Bull. Comm. royale d'Hist. 71, 1910, 341–469 – H. VAN WEVERKE, Een Vlaamse graaf van Europees formaat, Filips van de Elzas, 1976 – R. C. VAN CAENEGEM, Criminal Law in England and Flanders under King Henry II and count Ph. of Alsace (Actes du Congr. de Naples de la Soc. it. d'Hist. du Droit, 1980), 231–254 [Stud. Hist. Gandensia 253] – La France de Philippe Auguste, hg. R.-H. BAUTIER, 1982 – L. DUVAL-ARNOULD, Les dernières années du comte lépreux Raoul de Vermandois et la dévolution de ses provinces à Philippe d'Alsace, BEC 142, 1984, 81–92 – J. DUNBABIN, William of Tyre and Ph. of Alsace, Academiae Analecta 48, 1, 1986, 109–117 – De oorkonden der graven van Vlaanderen (juli 1128–sept. 1191), ed. TH. DE HEMPTINNE-A. VERHULST, unter Mitarb. von L. DE MEY, II, 1: Comm. royale d'Hist., 1988; 2 [in Vorber.] – TH. DE HEMPTINNE, Thierry d'Alsace, Annales de l'Est 43, 1991, 83–108.

17. Ph. d. Aufrichtige, *Kfs. v. der Pfalz*, * 14. Juli 1448, † 28. Febr. 1508. Nach dem frühen Tod des Vaters →Ludwig IV. übernahm 1449 der Onkel →Friedrich I. die Vormundschaft für Ph. und adoptierte ihn 1452 durch die sog. Arrogation. Ph. stimmte der weiteren Regierung Friedrichs als Volljähriger 1467 und 1472 zu, wurde 1474 Statthalter in der Oberpfalz und Ende 1476 Kfs. Seine, von einigen Willkürakten abgesehen, friedl. Regierungszeit brachte eine Konsolidierung der Landesherrschaft u. a. durch den Ausbau von Zentralbehörden. Der Heidelberger Hof wurde vor Wien Zentrum der dt. Renaissance und versammelte viele führende Humanisten unter dem Kanzler Johann v. Dalberg. Die pfälz. Politik führte auf die Dauer doch wieder zur alten Konfrontation. Bundesgenossen waren Bayern-Landshut, Böhmen und seit 1492 Frankreich. In der Frage der Reichsreform bestand enge Interessengemeinschaft mit dem Mainzer Ebf. →Berthold v. Henneberg. Durch Erbvertrag fiel 1499 Pfalz-Mosbach samt Pfalz-Neumarkt an die Kur zurück. Ph. unterstützte seit 1496 den Versuch Hzg. →Georgs v. Bayern-Landshut (7. G.), das reiche niederbayer. Erbe seinem Sohn Ruprecht (⚭ Georgs Tochter Elisabeth) zu übertragen, doch endete der 1504 ausbrechende →Landshuter Erbfolgekrieg in Bayern mit einer Niederlage, und die Pfalz verlor Ortenau, Elsaß und Außenpositionen im Neckarland an den Ks. bzw. an Württemberg. Mgf. Christoph v. Baden vermittelte 1505 den Waffenstillstand, den Ausgang der Friedensverhandlungen hat P. nicht mehr erlebt.

M. Schaab

Lit.: E. Ziehen, Mittelrhein und Reich im Zeitalter der Reichsreform, 2 Bde, 1934/35 – H. J. Cohn, The Government of the Rhine Palatinate in the 15th Cent., 1965 – Ders., The Early Renaissance Court in Heidelberg, European Stud. Review I,4, 1971, 295–322 – M. Schaab, Gesch. der Kurpfalz, I, 1988, 183–219.

18. Ph. I., *Gf. v.* →*Savoyen*, † 1285 in Roussillon (Bugey); 10. Kind von Gf. →Thomas I., wurde für eine kirchl. Laufbahn bestimmt. Da die Wahl zum Bf. v. →Lausanne (1240) fehlschlug, erhielt Ph. im Austausch ein Dekanat in →Lyon, ein weiteres in →Vienne und wurde schließlich zum Bf. v. →Valence gewählt, Beginn einer großen Politik im Raum der →Rhône. Als Papst →Innozenz IV., der überstürzt Rom verlassen hatte, sich 1244 in Lyon etablieren wollte, bewog Ph. seinen Bruder →Amadeus IV. (obwohl dieser →Ghibelline war), den Hl. Vater beim Durchzug durch Savoyen zu unterstützen. Innozenz IV. sorgte für die Wahl Ph.s zum Ebf. v. Lyon (1245) und konnte bei der Abhaltung des 1. Konzils v. →Lyon und der Installation der päpstl. Kurie in dieser Stadt auf die Hilfe Ph.s zählen. Wohl an den gegen →Friedrich II. gerichteten Maßnahmen beteiligt und stets mehr weltl. Politiker als Kirchenmann, baute Ph. in Lyon eine prosavoyische Faktion auf, kaufte Burgen und Feudalrechte zur Verstärkung der savoy. Herrschaft im Viennois und betrieb die Heirat seines Neffen, des künftigen →Amadeus V., mit der Erbtochter v. →Bresse, Sybille v. →Bâgé. Als ihm (gegen alle Erwartungen) die Erbfolge der Gft. Savoyen bevorstand, gab er seine kirchl. Ämter auf und heiratete 1267 Alice, Gfn. v. →Burgund, um so die Rechte Savoyens im Kgr. Burgund abzusichern und →Rudolf v. Habsburg abzudrängen. Nach dem Tode Peters II. zum Gf. en geworden (1268), erhielt er 1272 die Gft. Bresse, deren Besitzstand er sich durch Abkommen mit dem Hzg. v. →Burgund garantieren ließ. Er unterstützte seinen Neffen Thomas III. in →Piemont und nötigte den Mgf.en v. →Mon(t)ferrat zur Abtretung seiner Rechte an das Haus Savoyen (1280). Doch sah er sich bald mit einer gefährl. Koalition konfrontiert (1282), in der sich seine mächtigsten Gegner, Rudolf v. Habsburg, →Karl v. Anjou (als Gf. v. →Provence), der Dauphin (→Dauphiné) und der Gf. v. →Genf, zusammengeschlossen hatten. Angesichts dieser bedrohl. Situation favorisierte Ph. die Nachfolge des fähigsten unter seinen Neffen, Amadeus (V.). Als geschickter Diplomat und guter Verwalter hat Ph. die Position des Hauses Savoyen entlang der Saône-Rhône-Achse gemehrt. Zu Unrecht steht er im Schatten seines ehrgeizigen Bruders →Peter II.

B. Demotz

Lit.: S. Guichenon, Hist. généalogique de la Royale Maison de Savoie [Neuausg. 1976] – E. L. Cox, The Eagles of Savoy, 1974 – B. Demotz, Le comté de Savoie début XIIIe–début XVe, 1985.

19. Ph. II., *Hzg. v.* →*Savoyen*, * 1438 in →Chambéry, † 1497 ebd., Sohn Hzg. →Ludwigs I. Ph. bezeichnete sich selbst als 'sans terre', da er die ihm zugedachte Apanage, die Herrschaft →Bresse, und den Gf.entitel erst 1460 erhielt. Er bekämpfte an der Spitze einer Hofpartei den Einfluß der (von seiner Mutter Anna v. →Lusignan am savoy. Hof eingeführten) Zyprer. Wegen Mordes von seinem Vater vom Hof entfernt und 1464–66 in Frankreich gefangengehalten, was ihn in eine Allianz mit dem Hzg. v. →Burgund trieb. Nach dem Sturze →Karls des Kühnen näherte er sich jedoch Kg. Ludwig XI. an. Von Karl VIII. mit Würden bedacht (Amt des Gouverneurs v. →Dauphiné), unterstützte er Frankreich beim Neapelfeldzug (ab 1492). Nach dem Erlöschen aller Nachkommen seines älteren Bruders hatte Ph. die Hzg.swürde bis zu seinem Tode (gut anderthalb Jahre) inne. Unter seinen zahlreichen Kindern war Louise v. Savoyen, die Mutter von Kg. Franz I. Frankreich zeigte nun wachsendes Interesse für das zum Verband des Imperiums gehörende Savoyen.

B. Demotz

Lit.: S. Guichenon, Hist. généalogique de la Royale Maison de Savoie [Neudr. 1976].

20. Ph. v. Rathsamhausen, *Bf. v.* →*Eichstätt* 1306–22, † 1322; entstammte einem edelfreien elsäss. Geschlecht, trat in jungen Jahren in die OCist-Abtei Pairis bei Colmar ein, erwarb in Paris den Magistergrad und wurde nach der Rückkehr in sein Kl. 1301 dessen Abt. Enge Beziehungen hatte er zu Kg. Albrecht I., der ihn mit diplomat. Missionen betraute, auf denen er auch mit Papst Clemens V. bekannt wurde, der ihn am 18. Febr. 1306 zum Bf. v. Eichstätt ernannte. Als Bf. ließ er sich Sicherung und Stabilisierung des Hochstifts angelegen sein und entfaltete eine ausgedehnte pastorale Tätigkeit. Zu seinen Schriften, die vollständig nur über die OCist-Abtei →Heilsbronn überliefert sind, zählen die Lebensbeschreibungen der Eichstätter Hll. →Willibald und →Walburga. Das Verhältnis des Bf.s zur Stadt Eichstätt regelte er in der sog. Philippischen Handfeste (1307).

A. Wendehorst

Q. und Lit.: DSAM XII, 1, 1317–1321 – Verf.-Lex.^{2} VII, 605–610 – F. Heidingsfelder, Die Reg. der Bf.e v. Eichstätt, 1938, Nr. 1354–1683 – A. Bauch, Das theol.-aszet. Schrifttum des Eichstätter Bf.s Ph. v. R. (1306–1322), Unters. und Textausgabe, 1948 – A. Bauch (Frk. Lebensbilder 7, 1977), 1–11.

21. Ph. I., *Ebf. v.* →*Köln* 1167–91, † 13. Aug. 1191, ⚰ Köln, Dom (Gebeine); jüngster Sohn Goswins II. v. →Heinsberg und Valkenburg und Adelheids v. Sommerschenburg; Ausbildung in den Stiftsschulen v. St. Andreas/Köln und Reims (Magister). Seiner engen Bindung an →Rainald v. Dassel verdankte er auch die Bestellung zum Leiter der Reichskanzlei (Jan. 1167) und die Wahl zu dessen Nachfolger auf Wunsch Friedrichs I. (Herbst 1167). Wegen seines großen diplomat. Geschicks vertrauten ihm die stauf. Kg.e wichtige Missionen an: die Vermittlung im Streit zw. Frankreich und England (1168), die Beendigung des Konflikts mit den Lombarden und dem Papst (→Anagni, Vertrag v. 1176; →Venedig, Frieden v. 1177), den Abschluß eines engl.-stauf. Ehe- und polit. Bündnisses (1184), die Versöhnung zw. Heinrich d. Löwen und Heinrich VI. (1190) sowie die Sicherstellung von dessen Ks.krönung (1191). Andererseits stellte P. die Weichen für die Ausbildung des Kölner Territoriums, durch Bau und Erwerb von Burgen und Landgütern, die Sicherung der westfäl. Gogft.en sowie die Erweiterung von ebfl. Lehnshof und Ministerialität. Seine maßgebl. Beteiligung am Sturz Heinrichs d. Löwen brachte seiner Kirche den ducatus Westfaliae et Angariae (April 1180) ein. Zur Durchsetzung einer Kölner Landesherrschaft zw. Maas und Weser veränderte er die lehnsrechtl. Basis seiner lothring. und westfäl. Dukate durch eine landrechtl. Verankerung. Die Bestrebungen Friedrichs I., der Kölner Machtballung durch einen Bündnisblock (Luxemburg, Namur, Hennegau) im W des Reiches entgegenzuwirken, trieben P. zeitweise (1184–88) in Opposition zum Ks.

H. Seibert

Q.: F. W. OEDIGER, Reg. der Ebf.e v. Köln, I, 1954-61, 162-286 - S. WEINFURTER, Colonia (GAMS Ser. V/1), 1982, 38-40 - GP VII/1, 1986, 140-144 - *Lit.*: DHGE XXIII, 842-845 - O. ENGELS, Die Stauferzeit (Rhein. Gesch. I/3, 1983), 225-237 - P. v. H. Ebf. und Reichskanzler (1167-1191). Stud. und Q., 1991 - S. WEINFURTER, Ebf. P. v. Köln und der Sturz Heinrichs d. Löwen (Fschr. O. ENGELS, 1993), 455-481.

22. Ph. II., *Ebf. v. →Köln* 1508-15, † 12. Febr. 1515 in Poppelsdorf, ◻ Köln, Dom; Eltern: Wirich v. Daun-Oberstein und Margarete v. Leiningen. Ph., der seit 1463 ein Kölner Domkanonikat innehatte, daneben Domherr in Trier war, 1488 zum Domscholaster und Ende 1489 zum Domdekan in Köln aufstieg, wurde nach dem Tode Ebf. →Hermanns IV. am 13. Nov. 1508 zu dessen Nachfolger gewählt, am 31. Jan. 1509 von Papst Julius II. in seinem Amt bestätigt, am 23. April durch Maximilian I. belehnt und am 14. Nov. 1509 durch den Bf. Erard v. Lüttich geweiht. Obwohl 1512 ein Reichstag in Köln stattfand, gehörte Ph. weder in den Reichsangelegenheiten bes. aktiven noch als Landesherr bes. erfolgreichen Kfs.en. Im Dauerkonflikt mit der Stadt Köln wahrte er zwar die stadtherrl. Ansprüche seiner Vorgänger, konnte dafür aber nie in feierl. Zeremonie in Köln einreiten, um die Huldigung der Bürger entgegenzunehmen.

F.-R. Erkens

Lit.: L. ENNEN, Gesch. der Stadt Köln, III, 1869, 656ff.; IV, 1875, 11f. - R. SCHWARZ, Personal- und Amtsdaten der Kölner Ebf.e von 1500 bis 1800, 1913, 4f. - K. MILITZER, Die feierl. Einritte der Kölner Ebf.e in die Stadt Köln im SpätMA, JbKGV 55, 1984, 77-116, bes. 105.

23. Ph. v. Spanheim, *Elekt v. Salzburg und Aquileia, Hzg. v. Kärnten,* † 22. Juli 1279 in Krems (gemalter Epitaph in der Dominikanerkirche); jüngerer Sohn Hzg. →Bernhards II. v. Kärnten und der Jutta, Tochter Kg. Otakars I. Přemysl v. Böhmen; frühzeitig Propst v. Vyšehrad und Kanzler v. Böhmen, 1247 zum Ebf. v. Salzburg gewählt und von Innozenz IV. seit 1249 als Elekt tituliert, vermied zeitlebens den Empfang der höheren Weihen, um sich die Nachfolge im Hzm. Kärnten offenzuhalten. In Salzburg vollzog er den Wechsel ins päpstl. Lager und erzielte als Söldnerführer große Gewinne: Besetzung des steir. Ennstales 1250 und Einziehung der Gft. im Lungau (1247/52). Bei Greifenburg in Oberkärnten, wo er 1252 seinem Vater zu Hilfe eilte, besiegte er die Gf.en →Meinhard III. v. Görz und Albert III. v. Tirol, die im Frieden v. Lieserhofen u. a. wichtige Stützpunkte in Oberkärnten an Ph. übergeben mußten. Im 1. Vertrag v. Erharting 1254 mit Bayern sicherte sich Ph. die Gft.srechte im ö. Chiemgau und die Gft. Lebenau, wofür er das Hochgericht im entfernteren Zillertal opferte. Ein Edikt Alexanders IV., das die Bf.sweihe binnen Jahresfrist verbindl. vorschrieb, führte zum Zerwürfnis mit dem Domkapitel. Im Sept. 1257 wurde Ph. abgesetzt, doch konnte er sich dank der Hilfe seines Bruders →Ulrich III., Hzg. v. Kärnten, militär. behaupten und den neuen Bf. Ulrich v. Seckau zur Resignation treiben. Seinen Vetter, Kg. Otakar II. Přemysl, unterstützte er 1260 in der Schlacht v. Groissenbrunn gegen die Ungarn, wofür dieser 1261 einen Ausgleich Ph.s mit dem Salzburger Domkapitel vermittelte. Gegen eine Abfindung mußte Ph. 1267 endgültig auf Salzburg und den Titel eines Elekten verzichten. Während Ph. durch ein gefälschtes Diplom Kg. Wilhelms seine Erbansprüche auf Kärnten zu sichern suchte, vermachte sein Bruder Ulrich III. 1268 in Podiebrad Kärnten an Otakar II. Přemysl. Ph. sollte durch die Wahl zum Patriarchen v. Aquileia 1269 entschädigt werden, fand aber keine päpstl. Anerkennung und wurde von Otakar II. im Kampf um das Hzm. Kärnten 1270/71 auch aus Friaul vertrieben.

1272 mußte er sich diesem unterwerfen. Rudolf v. Habsburg setzte im Kampf gegen Otakar II. 1275 Ph. zum Hzg. v. Kärnten, Krain und der Mark ein, ohne daß Ph. dort an die Macht kam, und erklärte 1276 dessen Zugeständnisse an Otakar für nichtig.

H. Dopsch

Lit.: A. v. JAKSCH, Gesch. Kärntens, II, 1929, 1-91 - H. DOPSCH, Přemysl Ottokar II. und das Erzstift Salzburg, Jb. des Ver. für LK v. Niederösterreich 44/45, 1978/79, 470-508 - H. WAGNER, Vom Interregnum bis Pilgrim v. Puchheim (Gesch. Salzburgs, hg. H. DOPSCH, 1984²), I/1, 437-443; 1/2, 1336-1338 - C. FRÄSS-EHRFELD, Gesch. Kärntens, I: Das MA, 1984, 315-333.

24. Ph. Benizi, hl. →Serviten

25. Ph. de Bindo Incontri v. Pera, * Pera (→Galata), Konstantinopel, trat 1325 in den Dominikanerorden ein und widmete sich seit 1333 der Kontroverse mit der gr.-orth. Kirche. 1351 ernannte Papst Clemens VI. Ph. zum Kaplan des hl. Stuhles und zum Großinquisitor in der Romania (lat. Herrschaftsbereiche auf dem Territorium des byz. Reiches). Zu Ks. Johannes V. Palaiologos unterhielt Ph. gute Beziehungen, ebenso zu Demetrios →Kydones, dem er 1356 die Entdeckung der Kurzfassung der Akten des VIII. ökumen. Konzils v. →Konstantinopel (869/870) verdankte. Aus seiner Auseinandersetzung mit den Griechen resultierten drei Schr. Im Prolog der einen (»Libellus«) wendet Ph. sich an einen kath. Bf. (vermutl. →Petrus Thomas) und stellt Patriarch →Photios als Urheber des Schismas dar; in »De oboedientia« nennt er Photios einen reißenden Wolf, Papst Nikolaus dagegen erscheint als der von Gott erwählte neue Elias. Die Bedrohung durch die Türken sieht Ph. als gerechte Strafe Gottes für das Verharren der Griechen im Schisma. 1359 wurde Ph.s Inquisitionssprengel auf das Tatarenreich und Persien ausgedehnt - Anlaß zu einer zweiten Reise nach Konstantinopel.

F. R. Gahbauer

Lit.: LThK² VIII, 454 - R. J. LOENERTZ, Ph.e de B. I. o. p. du convent de Péra, inquisiteur en Orient, AFP 18, 1948, 265-280 - TH. KAEPPELI, Deux nouveaux ouvrages de fr. Ph.e I. de P., ebd. 23, 1953, 163-183 - R. J. LOENERTZ, Appendice, ebd. 184-194 - Demetrios Kydones, Briefe, übers. und erläutert v. F. TINNEFELD, I/1, 1981, 15f.; I/2, 1982, Register [Ph. de B.I.].

26. Ph. Frankfurter →Pfaffe vom Kalenberg

27. Ph. v. Harvengt, OPraem, ca. 1100-83, um 1130 Prior, 1156/57 Abt v. Bonne-Espérance (resignierte 1182), gehört mit Adam Scotus und →Anselm v. Havelberg zu den bedeutendsten asket.-theol. Schriftstellern seines Ordens. Die in ausgezeichnetem Latein verfaßten Werke spiegeln die lit. Tendenz der Zeit wieder: Schriftkomm.e und Hl.nbiographien. Neben dem vielbeachteten Komm. zum Hld (MPL 203, 181-504) zeugt der Traktat über die Ausbildung der Kleriker (»De institutione clericorum«; ebd., 665-1206) in vielfacher Hinsicht von einer Intensivierung des chr.-klerikalen Lebens. In seinen Hl.nviten beschäftigt er sich v.a. mit Hl.n aus Nordfrankreich und Südbelgien, aber auch mit dem Leben →Augustins. Eine originale Leistung ist die Arbeit über die ihm persönl. bekannte Oda v. Rivreuille (AASS XX April II, 771-777; MPL 203, 1359-1374), die nicht nur Erbauliches, sondern »geschichtliche Nachrichten der Nachwelt überliefern« will.

M. Gerwing

Lit.: Dict. of the MA IX, 1987, 556 - G. SIJEN, Ph. de H., AnalPraem 14, 1938, 38-52 - DERS., Les œuvres de Ph. de H., ebd. 15, 1939, 129-166 - N. BACKMUND, Die mtl. Gesch.sschreiber des Prämonstratensersordens, 1972 - F. NEGRI, Il celibato sacerdotale per Filippo di Harveng, AnalPraem 52, 1976, 185-211 - M. MCCORMICK-P. FRANSEN, Ind. scriptorum operumque latino-belgicorum medii aevi, T. 3/1, 1977, 37f., 69f., 75f., 98f., 133, 142; T. 3/II, 1979, 183-194 [zu den hagiograph. Schr.] - N. J. WEYNS, A propos des Instructions pour les clercs,..., ebd. 53, 1977, 71–79 – N. Häring, Auctoritas in der sozialen und intellektuellen Struktur des zwölften Jh. (Soziale Ordnungen im Selbstverständis des MA, hg. A. Zimmermann, 1980).

28. Ph. der Kanzler, Theologe, Prediger, Dichter, Archidiakon v. Noyon, seit spätestens 1218 Kanzler der Kirche v. Paris, * 1160/85, † 23. Dez. 1236. Sein Amt brachte Ph. mehrfach in Konflikt mit den Angehörigen der Univ., im großen Schulstreit von 1229–31 stand er jedoch auf ihrer Seite gegen die weltl. Obrigkeit, vermutl. wirkte sich sein Einfluß bei der Abfassung der Bulle Gregors IX. »Parens scientiarum« aus (13. April 1231; →Paris, D. II). Der Mitwirkung der Mendikanten an der Lehre scheint er wohlwollend gegenübergestanden zu haben. Ph.s theol. Hauptwerk, die »Summa de bono« (ca. 1225–28), übte Einfluß auf die frühe →Franziskanerschule und auf Albertus Magnus aus; neben Aristoteles, Boethius u. a. werden von Ph. auch zahlreiche Autoren des 12. und 13. Jh. benutzt. Als Prediger genoß Ph. hohes Ansehen. Etwa 400 lat. und frz. Predigten sind bezeugt, die z. T. auch außerhalb von Paris gehalten wurden. Predigtzwecken dienten auch die »Distinctiones super psalterium«. Ein Werk über den Verlust und die Wiedergewinnung des hl. Nagels v. St-Denis scheint verloren, doch verfaßte er vielleicht ein Gedicht über diesen Gegenstand (AnalHym 21, 169). Ph. war der letzte große Dichter der Blütezeit des 12. und beginnenden 13. Jh. In seinen etwa 80 form- und sprachgewandten lat. Dichtungen wendet sich Ph. mit eindringl. Mahnungen an den Menschen und mit heftigen Rügen an die kirchl. Oberen. Seine Conductus und Motetten zeigen ihn in enger Beziehung zur →Notre-Dame-Schule.   G. Bernt

Ed.: Ph.i Cancellarii Parisiensis summa de bono, ed. N. Wicki, 1985 – Ph.i de Greve cancellarii Parisiensis in Psalterium Davidicum CCCXXX Sermones, ed. Josse Bade, Paris 1523 [Dist. sup. psalt.] – AnalHym 20, 21, 50 – → Carmina Burana Nr. 21, 27, 34, 131, 131a, 189 – *Lit.:* LThK² VIII, 452f. – Marienlex. 5, 1988ff. – F. Ludwig, Rep. organorum recentioris et motetorum vetustissimi stili, I, 1910, 243–267–J. B. Schneyer, Die Sittenkritik in den Predigten Ph.s d. K.s, 1963 – N. Wicki [vgl. Ed.] 16*–66* – P. Dronke, The Lyrical Compositions of Philip the Chancellor, StM 3ª ser. 28, 1987, 563–592 – H. U. Schmid, Eine dt. Predigtslg. des späten 13. Jh. (Die dt. Predigt im MA, 1992), 62, 73 [Exempel von Ph.].

29. Ph. der Kartäuser (Bruder Philipp), in der Charta des Generalkapitels seines Ordens unter den 1345/46 in der Kartause Mauerbach bei Wien Verstorbenen erwähnt. Er dürfte zu den sieben Mönchen des Kl. Seitz (heute Žiče/Slowenien) gehört haben, die 1316 die Neugründung besiedelten, denn sein »Marienleben« entstand – wohl um 1300 – laut Auskunft des Epilogs *in dem hûs Ze seitz*. Sprachl. Kriterien zufolge stammt Ph. aber nicht aus Österreich, sondern kam vielleicht aus dem md.-nd. Grenzgebiet. Für enge Beziehungen zum →Dt. Orden spricht die Widmung des »Marienlebens« (10400 V.) an die Brüder von dem *dæutschen haus*, die wohl schon bald nach dem Entstehen für den beispiellosen Erfolg dieser in über 100 Textzeugen überlieferten, wirkungsmächtigsten dt. Reimpaardichtung des MA sorgten. Ph. bietet mit seinem Werk eine Summe des ma. Wissens über die Gottesmutter, wobei er recht frei über seine Hauptq., die 'Vita beate virginis Marie et salvatoris rhythmica' (um 1230), verfügt, die er aus kanon. und apokryphen Evangelien zu einer geschlossenen, mit der Vorgesch. von Marias Eltern einsetzenden, sich in weiten Teilen zu einem Leben Jesu ausweitenden und bis zur Krönung Mariens und ihrer Inthronisierung zur Rechten Gottes reichenden Handlungseinheit ergänzt. Die breitgestreute, bis in den nd. Norden ausstrahlende Rezeption des Werks schlägt sich in zahlreichen, oft miteinander verschränkten Fassungen und Bearbeitungen nieder. Mit themat. verwandten Dichtungen (u. a. Konrads v. Fußesbrunnen, Heinrichs v. Neustadt und Konrads v. Heimesfurt) kompiliert, diente es der »Weltchronik« →Heinrichs v. München als Basistext für die ntl. Gesch. Um 1400 entstandene Prosaisierungen fanden Eingang in die 'Historienbibel' oder wurden in Laienkreisen als 'Neue Ee' noch bis zur Reformation tradiert.   N. H. Ott

Ed.: H. Rückert, Bruder Ph.s des Carthäusers 'Marienleben', 1853 [Nachdr. 1966] – *Lit.:* Verf.-Lex.² VII, 588–597 [K. Gärtner] – A. Masser, Bibel- und Legendenepik des dt. MA, 1976, 107–111 – K. Gärtner, Die Überlieferungsgesch. von Bruder Ph.s 'Marienleben' [Habil-Schr. Marburg 1978] – Ders., Ph. v. Seitz 'Marienleben' (Die Kartäuser in Österreich, 2, 1981), 117–129.

30. Ph. v. Leyden, ndl. Jurist, * 1326/27, † 9. Juni 1382, entstammte einer führenden Familie aus →Leiden, studierte in →Orléans kanon. und röm. Recht sowie Theologie, 1369 Dr. decret. der Univ. →Paris. Ph. trat 1351/52 in den Kanzleidienst des Gf. en Wilhelm V. v. →Holland und →Hennegau, eines Sohnes von Ludwig d. Bayern († 1347) und Margarete v. Holland (→Avesnes), der mit seiner Mutter im Streit um die Herrschaft lag (→Hoeken und Kabeljauwen). Ph., der Kanonikate in Condé, Zierikzee, Leiden, Den Haag und Utrecht besaß, verblieb bis 1363 im gfl. Dienst. – Er verfaßte den Traktat »De cura reipublicae et sorte principantis« (keine hs. Überlieferung, nur erhalten in der Ed.pr., Leiden 1516, Neudr. 1971). Die erste Redaktion entstand 1351/52; sie sollte Wilhelm V. Argumente für die Rücknahme von Privilegien, die er während des Konflikts mit seiner Mutter zugestanden hatte, liefern. Der Autor behandelt 85 →Casus, die er mit Stellen aus dem →Corpus iuris civilis nach der Methode der →Glossatoren und →Kommentatoren belegt. Im Mittelpunkt stehen nicht die großen Fragen von Imperium und Sacerdotium, sondern konkrete Probleme der gfl. Politik. Leitvorstellung ist die Unveräußerlichkeit des staatl. Patrimoniums. →Fürstenspiegel.   P. Avonds

Ed. und Lit.: De cura reipublicae et sorte principantis, ed. R. Fruin-P. C. Molhuysen, 1900 – R. Feenstra, Philip of Leyden, 1970 – P. Leupen, Philip of Leyden: a Fourteenth Cent. Jurist, 1981.

31. Ph. v. Mallorca, Infant, Visionär, * 1288, † 1340/43 in Neapel, Eltern: Kg. →Jakob II. v. Mallorca und Esclaramunda v. Foix, trat 1302 vielleicht vorübergehend in den Dominikanerorden ein, Abt v. St. Paul in Narbonne. Als Freund und Anhänger →Angelus' Clarenus stand er mit spiritualen Kreisen in enger Verbindung. Er wirkte als päpstl. Gesandter bei Friedensverhandlungen zw. Sizilien und Neapel (1316) und vermittelte in den Streitigkeiten zw. seinem Bruder →Sancho und Kg. →Jakob II. v. Aragón (1318/19). Auf Mallorca versammelte er Anhänger spiritualer Ideen um sich, förderte die Ansiedlung spiritualer Gruppen auf Sizilien sowie die Verbreitung der Lehren des →Petrus Johannis Olivi an den Höfen der Anjou und Aragón. Nach dem Tod seines Bruders (1324) geriet er als Tutor und Regent für seinen unmündigen Neffen →Jakob (4. J.) in Gegensatz zu Kg. Jakob II., der das Kgr. Mallorca seiner Krone inkorporieren wollte und seinen Sohn →Alfons (4. A.) den größten Teil des →Roussillon besetzen ließ. Nachdem auf päpstl. Vermittlung Frieden wiederhergestellt worden war (1325), mußte sich Ph. bald eines Aufstandes gegen seine Regentschaft erwehren und letztl. seine Funktion abgeben (Ende 1328). Als Jakob 1335 die Regierung übernahm, verzichtete Ph. auf alle Würden und Benefizien, da er sich mit seiner spiritualen *familia* in Neapel niedergelassen hatte, wo seine Schwester Sancha († 28. Juli 1345; ∞ Kg. Robert I. d. Weisen) lebte. P., von einigen →Fraticelli als geistiges

Oberhaupt betrachtet, griff die Bulle »Cum inter nonnullos« Johannes' XXII. als häret. an. Sein Bemühen, die von ihm gegr. Gemeinschaft von Benedikt XII. als Orden der *Fratres fratris Philippi de Maioricis* anerkennen zu lassen, schlug 1340 fehl. L. Vones

Lit.: F. EHRLE, ALKGMA 4, 1888, 1–190 – H. FINKE, Acta Aragonensia, I–III, 1908–22, 1933 [Neudr. 1966–68] – F. TOCCO, Studi Francescani, 1909, 297–310 [Predigt über die Armut] – J. M. VIDAL, Un ascète de sang royal, Ph.e de Majorque, Revue des questions hist. 88 (NS 44), 1910, 361–403 – M. VAN HEUCKELUM, Spiritualist. Strömungen an den Höfen v. Aragon und Anjou während des Armutsstreites, 1912, 53ff. – J. M. POU Y MARTÍ, Visionarios, beguinos y fraticelos catalanes (siglos XIII–XV), 1930, bes. 111–149 – C. DE FREDE, Nel Regno di Roberto d'Angiò (Storia di Napoli, III, 1969), 157–224 – M. REEVES, The Influence of Prophecy in the Later MA, 1969, bes. 219f. – Angeli Clareni Opera, I: Epistolae, hg. L. VAN AUW, 1980 [Zum Briefwechsel mit Ph.] – R.-G. MUSTO, Queen Sancia of Naples (1286–1345) and the Spiritual Franciscans (Women of the Medieval World, 1985), 179–214 – M. AURELL, Eschatologie, spiritualité et politique dans la confédération catalano-aragonaise (Fin du monde et signes des temps, 1992), 191–235, bes. 200ff.

32. Ph. v. Novara, afrz. Chronist und Advokat in den Kgr.en →Zypern und →Jerusalem, * um 1200 in Novara (Oberitalien), † um 1270 in Zypern. Ph. kam wohl schon in seiner Kindheit in den Osten. Während des 5. →Kreuzzugs (1217–21) war er Knappe im Dienst eines zypr. Ritters (Belagerung v. →Damietta) und wurde in der Folgezeit Lehnsmann →Johanns v. Ibelin, Herrn v. Beirut († 1236), und von dessen Sohn Balian († 1247); Ph. erwarb möglicherweise Lehen sowohl in Zypern als auch im Kgr. Jerusalem. Er war bekannt als wortmächtiger Redner vor dem Hohen Gerichtshof v. Zypern und führender Rechtskenner im lat. Osten (wohl deshalb auch Testamentsvollstrecker für Kg. Heinrich I. v. Zypern, † 1253) wie auch als leidenschaftl. Verfechter der Sache seiner Lehnsherren, der →Ibelin. Von seinen drei Werken wurde das erste, das als »Mémoires« bezeichnet wird, in den Jahren nach 1240 geschrieben. Es schildert in ausgesprochen parteiischer Weise die Gesch. des Krieges zw. den Ibelin und den Parteigängern Ks. →Friedrichs II. in Zypern und Palästina. Seinen Traktat über die Verfahrensweisen des Hohen Gerichtshofes und das Gewohnheitsrecht im Osten verfaßte Ph. wohl um die Mitte des 13. Jh. Dieses eigenständige Werk beeinflußte die jurist. Traktate von →Johann v. Ibelin, Gf.en v. Jaffa († 1266), und Geoffrey Le Tor. Ph.s Alterswerk »Les Quatre Ages de l'homme« gibt reichen Aufschluß über das soziale Verhalten und die mentale Befindlichkeit eines Mannes seiner Schicht. P. W. Edbury

Ed.: Ph. v. Novara, Mémoires, Les Gestes des Chiprois, ed. G. RAYNAUD, 1887 [auch RHCArm 21] – Livre du forme de plait, ed. A. BEUGNOT, RHCLois I – Les Quatre Ages de l'Homme, ed. M. DE FRÉVILLE, 1888 – *Lit.*: G. PARIS, Les mémoires de Ph., Revue de l'Orient lat. 9, 1902 – J. RILEY-SMITH, The Feudal Nobility and the Kingdom of Jerusalem, 1194–1277, 1972 – P. W. EDBURY, The Kingdom of Cyprus and the Crusades, 1191–1374, 1991.

Philippa v. Hennegau, Kgn. v. →England, Gemahlin →Eduards III.; * um 1314, † 15. Aug. 1369, ▭ Westminster Abbey; Tochter von →Wilhelm, Gf. v. Hennegau, und Jeanne, Tochter von Karl v. Valois. Die polit. Heirat mit Eduard betrieb die engl. Kgn. →Isabella in Mons am 27. Aug. 1326, sie verhalf ihr zur Finanzierung ihrer Invasion in England, die einen Monat später erfolgte. Wegen zu naher Verwandtschaft gewährte Johannes XXII. widerstrebend am 30. Aug. 1327 in Avignon einen Dispens. Prokura-Vermählung und Übergabe der Mitgift erfolgten am 28. Okt. 1327 in Valenciennes. Am 22. Dez. traf Ph. in London ein. Die Hochzeit fand am 24. (25.?) Jan. 1328 in York statt. Ph. wurde erst im Febr. (18.?) 1330 gekrönt. Ihr polit. Einfluß war gering, doch ist ihre Intervention 1347 zugunsten der Bürger von →Calais belegt.
R. Martin Haines

Lit.: DNB XV, s. v. – H. S. LUCAS, A Document relating to the Marriage of Ph. of Hainault (Études ... H. PIRENNE 1937), 199–207 – K. PETIT, Le mariage de Ph. de Hainaut, M-A 87, 1981, 373–385 [Q., Lit.].

Philippe (s. a. Philipp)

1. Ph. de Beaumanoir, frz. Jurist, * 1252/54, † 7. Jan. 1296, jüngerer Sohn von Philippe de Remy aus 2. Ehe, verbrachte seine Jugend in der Gft. →Clermont-en-Beauvaisis, war 1279–83 grundherrl. →Bailli v. Clermont und übte für den Gf.en in mehreren →Prévôtés die Verwaltung aus. Zum Ritter gekürt, war er kgl. →Seneschall v. →Poitou, 1287–89 Seneschall v. →Saintonge, 1289 Bailli v. →Vermandois, 1291 Bailli v. →Touraine, 1293 Bailli v. →Senlis. Sein sozialer Aufstieg fand Ausdruck in seiner 2. Ehe (1292) mit einem Mädchen, das einer älteren Adelsfamilie als er selbst entstammte, und in der Errichtung eines Herrenhauses (*manoir*) im Montcel. Seine Verwaltungslaufbahn im Königsdienst war ohne ausgesprochene Glanzpunkte, das Finanzgebaren wohl nicht ganz einwandfrei (der Kg. ließ nach Ph.s Tod das Herrenhaus im Montcel wegen Zahlungsrückständen beschlagnahmen). Sein einziges Werk sind die »Coutumes de Beauvaisis«, vollendet 1283, deren Erfolg ihm vielleicht den Weg in den Königsdienst ebnete.

Nachdem das Kgtm. seit ca. 1240 zwecks Unterbindung des weiteren Vordringens des →kanon. Rechts die Gültigkeit des Gewohnheitsrechts (→Coutume) allg. anerkannt hatte, bestand die große Bedeutung des Coutumiers von Ph. in der schriftl. Fixierung des mündl. Weistumsrechts durch einen Rechtspraktiker aus der Laienschaft, der seiner Aufzeichnung eine ungemein geschlossene, vielleicht am Vorbild der Digesten geschulte Konzeption zugrundelegte, so die Unzulänglichkeiten der mündlich tradierten Rechtstradition auszugleichen wußte und den Gerichts- und Verwaltungsbeamten ein festes Rüstzeug an die Hand gab, das insbes. bei Auslegungsschwierigkeiten des Gewohnheitsrechts anwendbar war. Die »Coutumes de Beauvaisis« zeichnen sich durch Klarheit, gesunden Menschenverstand und wirklichkeitsnahe Orientierung aus; sie sind durch eine sehr persönl., vom Geist des Rittertums wie der Verwaltungspraxis beeinflußte Haltung geprägt. Als loyaler Diener der Königsgewalt fügte Ph. seiner Rechtsaufzeichnung moderne Elemente ein. Er nahm insofern eine Wertung vor, als er unklare und disparate Gewohnheitsrechte wegließ; eine gewisse Hinwendung zu rationalen Rechtsprinzipien ist unverkennbar. Noch stark der alten Feudalordnung und dem höf. Kanon der 'courtoisie' verpflichtet, ist er doch als Mann des Kg.s bereit, überkommenes Rechtsgut dann zugunsten der Barone und des Kg.s zurechtzubiegen, wenn es der Bewahrung des allg. →Friedens dient. Durch sein Eintreten für gerechte Justiz und das Gleichgewicht der chr. Gesellschaft steht Ph. de B. der Ideenwelt Ludwigs d. Hl.n näher als derjenigen der →Legisten Philipps des Schönen. P. Bourgain

Ed.: A. SALMON, Coutumes de Beauvaisis, 2 Bde, 1899–1900 [Neudr. 1970]; Bd. III [G. HUBRECHT, 1974] – *Lit.*: Dict. Lettres fr., MA, 1992, 1136f. – Aspects de la vie au XIIIᵉ s. Actes du Colloque ... Ph. de B. et les Coutumes de Beauvaisis (1283–1983), Beauvais, 1984.

2. Ph. de Cabassole → Cabassole, Philippe de

3. Ph. de Commynes → Commynes, Philippe de

4. Ph. de Mézières → Mézières, Philippe de

5. Ph. de Remy, Sire de Beaumanoir, frz. Dichter, † 1262/65; entstammte einer Ritterfamilie aus Remy oder Remin in der nordfrz. Gft. →Clermont-en-Beauvaisis (dép. Oise). Ph. wurde 1237 von Robert, Gf. v. Artois, zum →Bailli des →Gâtinais bestellt; bald nach 1250 war er Dienstmann und Ritter am Hofe von Roberts Witwe, Mahaut d'Artois. Zw. 1246 und 1249 Ritter geworden, schuf er um 1249 auf einer seiner Besitzungen eine von der Abtei→St-Denis lehnsrührige→Seigneurie, die er 'Beaumanoir' nannte.

Ph., der lange Zeit mit seinem Sohn →Ph. de Beaumanoir verwechselt wurde, ist Autor zweier Versromane, die reich an folklorist. Elementen sind, sowie von kleineren Dichtungen. »Manekine« (8590 Achtsilber), verfaßt um 1230–40, behandelt das Thema des Mädchens mit den abgeschnittenen Händen, Opfer eines blutschänderischen Vaters; »Jehan et Blonde« (6260 Achtsilber) erzählt den Aufstieg eines jungen Schildknappen (→Écuyer), der fern von seiner Heimat Liebe, Besitz und reiche Heirat findet. Dieser Roman hat den »Willehalm v. Orlens« (um 1238/42) des mhd. Dichters →Rudolf v. Ems beeinflußt. Die poet. Werke, die auf dem höf. Tugendsystem beruhen, sind stark von der Minneallegorie des ersten →Roman de la Rose geprägt; sie behandeln in unterschiedl. Formgestalt das Minneflehen eines Mannes, der von der Frau zunächst zurückgewiesen, schließlich aber erhört wird (»Conte d'amours«, »Lai d'amours«, »Salut d'amours«, nach 1255, sowie ihm zugeschriebene lyr. Werke). Ph. ist auch Autor eines moral. →Fabliau, »Conte de fole largesce«, sowie zweier Werke der →Unsinnsdichtung, die »Oiseuses« und die »Fatrasies«. Das Werk Ph.s, das sich durch scharfen Blick für das Alltagsgeschehen, unbeschwerte Heiterkeit und feinsinnige Gestaltung auszeichnet, eröffnete einer höf. geprägten Ästhetik neue Möglichkeiten und schuf Verbindungslinien zw. Lyrik und Erzählkunst; seine hs. Verbreitung blieb aber gering.

P. Bourgain

Ed.: H. Suchier, Œuvres poétiques de Ph. de Beaumanoir, 2 Bde, 1884–85–Jehan et Blonde, ed. S. Lécuyer, 1984 – *Lit.:* DLFMA, 1992², 1135f. - Aspects de la vie au XIIIe s.: hist., droit, littérature. Actes du Colloque ... Ph. de Beaumanoir et les Coutumes de Beauvaisis (1283–1983), 1984 – M. Shepherd, Philippe de Remi's La Manekine and Jehan et Blonde: A Study of Form Meaning, 1990.

6. Ph. de Thaon, ältester anglonorm. Schriftsteller, der auch als erster klerikales Wissen in die Volkssprache umsetzt. Den »Comput« (3550 Sechssilber; 5 Hss., 1 Fragm.), geschrieben 1113 oder 1119, hat Ph. seinem Onkel Honfroi de Thaon gewidmet. Er benutzt →Beda und andere Komputisten (→Komputistik) und gibt allegor. Erklärungen. Zw. 1121 und 1135 entsteht der »Bestiaire« (3 Hss., z.T. illustriert), der Adela v. Löwen, der Gemahlin Kg. Heinrichs I. v. England gewidmet ist. Im lat. Prolog wird auf die allegor. Bedeutung hingewiesen. Der erste Teil (2888 Sechssilber) gibt nach dem →Physiologus ein →Bestiarium und ein Volucrarium; den Schluß (306 Achtsilber) bildet ein →Lapidarium der zwölf Steine der Apokalypse (Quelle →Hrabanus Maurus). Nicht signiert sind ein alphabet., nicht allegor. Lapidarium in der Tradition von →Marbod (1710 Achtsilber; 1 Hs.) und ein apokalypt. Lapidarium (297 Achtsilber; 2 Hss.). Um 1140 ist das »Livre de Sibile« anzusetzen (1220 Sechssilber; 1 Hs.), in dem die Tiburtin. Sibylle die neun Sonnen erklärt, die hundert Senatoren im Traum gesehen hatten.

M.-R. Jung

Ed.: Comput: E. Mall, 1873 [III S. Einl.] – I. Short, 1984 – *Bestiaire:* E. Walberg, 1900 [Neudr. 1970] – *Lapidaire:* P. Meyer, Romania 38, 1909, 481–522 – P. Studer-J. Evans, Anglo-Norman Lapidaries, 1924 [Neudr. 1976] – *Livre de Sibile:* H. Shields, 1979 – J. Haffen, Contribution à l'étude de la Sibylle médiévale, 1984 – *Lit.:* DLFMA, 1992², 1149 – GRLMA VI – F. McCulloch, Mediaeval Lat. and French Bestiaries, 1960, 1970².

7. Ph. de Vitry, * 31. Okt. 1291 in der Champagne, † 9. Juni 1361. [1] *Leben und Werk:* Ph. trat jung in den Dienst Kg. Karls IV. (d. Schönen) und dessen Nachfolger. Als Höfling und Kleriker führte er in seinem Pariser Haus wie an seinem Bf.ssitz in Meaux (ab 1351) ein glanzvolles Leben. – Petrarca lobte Ph. v. V., seinen Freund und Briefpartner, als den einzigen frz. Dichter mit hoher Qualität. Als Universalgelehrter, bes. aber als Dichter und Musiker wurde er auch hochgeachtet durch Pierre Bersuire, Gilles li Muisis und Eustache Deschamps. Von seinen Dichtungen ist der »Dit de Franc Gontier« (32vv.) – Villon zitiert ihn im Testament (vv. 1498–1502) –, ein Lob auf das Landleben, immer bekannt geblieben. Erst in neuerer Zeit wiederentdeckt wurde der »Chapel des trois fleurs de lis«, eine auf herald. Allegorie aufgebaute Kreuzzugsdichtung. Unter dem Namen Ph. de V. überliefert sind außerdem eine frz. Motette mit Liebesthematik, 10 lat. Motetten mit zumeist satir. Inhalt, dessen reale Grundlage einzig für »O Creator – Phi millies« auszumachen ist; weiter eine frz. Ballade und das Schlußurteil (10 vv.) eines lat. Streitgedichts zur Liebesproblematik. Vermutl. sind diese Werke vor 1339 entstanden, so daß sich Ph. de V. als Pionier in der Anwendung der Regelpoetik v. a. in den fixen lyr. Bauformen – wie Machaut – erweist. Dies und die Vorliebe für Themen und Figuren der antiken Mythologie machten ihn zu einem Vorläufer des Humanismus und der Renaissance.

L. Gnädinger

Ed.: P. Tarbé, Les Œuvres de Ph. de V., 1850 [auch unechte Werke] – A. Piaget, Le Chapel des fleurs de lis, Romania XXVII, 1898, 5–92 [mit krit. Ed. des Dit de Franc Gontier] – E. Pognon, Ballades mythologiques de Jean de la Mote, Ph. de Vitri, Jean Campion, Humanisme et Renaissance, V, 1938, 385–417 – Ders., Du nouveau sur Ph. de V. et ses amis, ebd. VI, 1939, 48–55 [krit. Ed. von O Creator - Phi millies und des lat. Urtextes des Jeu-parti] – *Lit.:* A. Coville, Ph. de V., notes biograph., Romania LIX, 1933, 520–547.

[2] *Musikgesch. Bedeutung:* Ph. ist gleich bedeutend als Musiktheoretiker und als Komponist. In seinem Traktat →»Ars nova« (um 1322/23) werden Prinzipien der Notenschrift formuliert, die für die →Mensuralmusik von da an verbindl. blieben: Anerkennung zweizeitiger Mensuren als gleichberechtigt mit dreizeitigen, eindeutige graph. Symbole für die kleineren Notenwerte Minima und Semiminima, Verwendung roter Noten für bestimmte rhythm. Veränderungen, Mensurzeichen. – Obwohl es als sicher gilt, daß Ph. auch Chansons komponiert hat, sind nur →Motetten von ihm erhalten: mit Einbeziehung zweier zweifelhafter Exemplare 14 Werke. Die ältesten sind in der →Fauvel-Hs. enthalten, die wichtigste Q. für die übrigen ist eine Hs. in Ivrea. 3 Motetten sind vier-, die übrigen dreistimmig; alle bis auf eine haben – eine Besonderheit gegenüber der älteren Motette wie auch gegenüber →Guillaume de Machaut – lat. Text. Ihr auffälligstes Bauprinzip ist die konsequente Isorhythmie: die mehrfache Wiederholung gleichbleibender ausgedehnter rhythm. Schemata (»taleae«) unabhängig vom melod. Verlauf.

R. Bockholdt

Ed.: Ars nova, ed. G. Reaney u. a., CSM VIII, 1964 – Polyphonic Music of the Fourteenth Cent., I, ed. L. Schrade, 1956 – *Lit.:* New Grove – Riemann, Suppl.

Philippi (gr. Φίλιπποι), Stadt in Ost→Makedonien, am ö. Rand einer vom Angites durchflossenen Ebene ('Tal v. Ph.'), am w. Fuß des Gebirges Ore Lekanes gelegen, über einen strateg. wichtigen Paß mit der 14 km entfernten Hafenstadt Christupolis (jetzt Kavala) verbunden; beide

Städte lagen an der Via Egnatia. 49/50 Gründung einer chr. Gemeinde durch Paulus; aus frühbyz. Zeit stammen zahlreiche chr. Grabinschriften und Gebäude (u. a. sog. Oktogon, Mitte 4. Jh. von Bf. Porphyrios über den Resten einer Pauluskirche errichtet, Bf.skirche v. Ph.). 615-620 erhebl. Schäden durch Erdbeben. Im 7. Jh. Ansiedlung von Slaven um und in Ph., das 837 von Bulgaren (Kapkhan Isbul) in Besitz genommen wurde. Ph. war in mittelbyz. Zeit Metropolis der Kirchenprov. Makedonia. Unter Nikephoros II. Phokas Arbeiten an den Befestigungen der Oberburg. Im 12. Jh. schildert al-Idrīsī Ph. als blühenden Handelsplatz. Ph. gehörte administrativ zum Thema Boleron, Strymon und Thessaloniké. Ab 1204 war Ph. im Besitz unbotmäßiger Lombarden, die 1208 vom lat. Ks. →Heinrich (26. H.) besiegt wurden. 1224-30 gehörte Ph. zum Reich v. →Ep(e)iros, 1345 fiel es an Stefan Dušan. Nachdem 1347 und 1355 das Umland von mit den →Kantakuzenoi verbündeten Türken geplündert worden war, fiel Ph. vermutl. 1387 endgültig an die Türken. P. Soustal

Lit.: P. Lemerle, Philippes et la Macédoine orientale, 1945 – S. Pelekanides, Hoi Philippoi kai ta christianika mnemeia tus (Makedonia-Thessalonike: Aphieroma Tessarakontaeterids, 1980), 101-125 – V. Abrahamsen, Bishop Porphyrios of Ph., VC 43, 1989, 80-85 – G. Gunares, Panepist. anaskaphe stus Philippus 1988 (Christianike Thessalonike, 1990), 159-167 – V. Beševliev, JÖB 42, 1992, 233-240.

Philippikos Bardanes, byz. Ks. 711-713, † 714, Sohn eines Patrikios Nikephoros, stammte aus einer armen. Familie, die (anders als früher angenommen) nicht in →Pergamon, sondern vermutl. in Konstantinopel lebte. 702/703 von Tiberios II. nach Kephallenia verbannt, wurde Ph. unter Justinian II. zurückgerufen und leitete eine militär. Expedition auf der →Chersonesos. Dort wurde er zum Ks. ausgerufen, kam im Nov. 711 mit Hilfe aufständ. Truppen und der →Chazaren nach Konstantinopel und besiegte Justinian II. Erst als Ks. trug Bardanes den Namen Ph. (Gründe für den Namenswechsel unbekannt). Während seiner Herrschaft wurde das Reich von Bulgaren- und Arabereinfällen heimgesucht. Der von Monotheleten erzogene Ph. widerrief 712 das III. Konzil v. Konstantinopel (680/681), verbannte Patriarch Kyros, setzte an seiner Stelle Johannes VI. ein und versuchte, den →Monotheletismus wieder einzuführen. 713 wurde Ph. durch eine Militärrevolte abgesetzt und geblendet; er starb im Kl. Nachfolger wurde Anastasius II. R. Hiß

Lit.: Oxford Dict. of Byzantium III, 1991, 1654 – G. v. Sumner, Ph., Anastasius II. und Theodosius III., Greek, Roman and Byz. Stud. 17, 1976, 287-294 – D. de F. Abrahamse, Religion, Heresy and Popular Prophecy in the Reign of Ph. B. (711-713), East European Quarterly 13, 1979, 295-408 [Lit.]. – W. Brandes, Armenier in Pergamon? [unpubl. Aufsatz; Lit.].

Philippopel (heute Plovdiv, Bulgarien), Stadt in Thrakien, am s. Ufer der Marica (Hebros) auf dem Kreuzungspunkt wichtiger Straßen (Heerstraße von Naïssos nach Konstantinopel; Route nach N über den Trajansweg zur Donau etc.), Name von Philipp II. v. Makedonien stammend (thrak. Pulpudeva). Eine seit der Bronzezeit durchgehend besiedelte Gruppe von drei Hügeln aus Syenitfelsen (Trimontium) trug die antike Akropolis (Befestigung ab dem 3. Jh. v. Chr. nachweisbar). Im ausgehenden 3. Jh. ist die Metropolis der Prov. Thrakien Schauplatz von Christenverfolgungen. Ab dem 7. Jh. ist Ph. als Metropole der Kirchenprov. Thrakē geführt. 812 und 832 floh die chr. Bevölkerung von den Bulgaren. Von Ks. Johannes Tzimiskes (969-976) wurden →Paulikianer nach Ph. verpflanzt. Um die Wende 10./11. Jh. wurde im Verlauf der Bulgarenkriege Basileios' II. das Thema Philippupolis eingerichtet. Die Stadt war stets ein wichtiger Vorposten an der 'Bulgarenfront' des Byz. Reiches. Alexios I. hatte sich in Ph. mit Paulikianern und Armeniern, die in der Stadt einen Bf. hatten, auseinanderzusetzen. Kreuzfahrer berührten Ph. 1096, 1100/01, 1147 (Plünderungen) und 1189 (Flucht der Stadtbevölkerung, armen. Markt für die peregrini). 1204 wurde Renier de Trit mit dem 'ducatus de Finepople' belehnt, mußte aber bald den mit den Bulgaren kooperierenden Paulikianern weichen. Um 1240 war Ph. in der Hand der Nizäner, 1263 entriß Michael VIII. die Stadt den Bulgaren, 1322-23 bulg. Herrschaft, 1343 überließ die Regentschaft in Konstantinopel Ph. dem bulg. Zar →Ivan Alexander. Türk. Eroberung angebl. 1363 und 1371. 1410 Hinrichtung des Serben Vuk Lazarević. Meḥmed I. siedelte um Ph. Tataren aus Kleinasien an. – Die innere Befestigungsmauer (des Trimontium) schließt ein Areal von 82 500 m^2 ein, die von der (im 5. Jh. [?] errichteten) äußeren Mauer umschlossene Gesamtfläche beträgt 0,43 km^2. Entdeckt wurden Reste dreier frühbyz. Basiliken und einer vom 3. bis ins 6. Jh. verwendeten Synagoge mit Mosaikfußboden. Vom Nordabhang des Rhodope-Gebirge führen zwei (12 bzw. 17 km lange) Wasserleitungen zur Stadt. P. Soustal

Lit.: RE XIX/2, 2244-2263 – SłowStarSłow 4, 1970, 158-160 – D. Končev, Prinosi kăm starata istorija na Plovdiv, 1938 – Th. Blachos, Η ιστορία της Φιλιππουπόλεως, κατά την βυζαντινή περίοδο, 1972 – L. Botušarova-V. Tankova, Materiali za arheologičeska karta na Plovdiv, Izvestija na Muzeite ot južna Bălgarija 8, 1982, 45-67 – E. Kesjakova, Akveduktite i vodosnabdjavaneto na Filipopol, Archeologija 25/1-2, 1983, 63-76 – M. Oppermann, Plovdiv, antike Dreihügelstadt, 1984 – 100 godini Naroden Archeologičeski Muzej Plovdiv. Jubileen sbornik, 2 Bde, 1985 – R. Moreva, Ukrepitelna sistema na Plovdiv prez srednovekovie, Izvestija na Muzeite ot južna Bălgarija 14, 1988, 129-141 – Ch. Koranda, Menora-Darstellungen, Kairos 30/31, 1988/89, 218-239 – E. Kesjakova, Antična sinagoga văv Filipopol, Archeologija 31/1, 1989, 20-33 – P. Soustal, Thrakien, 1991, 399-404 – Oxford Dict. of Byzantium, 1991, 1655.

Philippos Monotropos verfaßte 1095 das der »vitae terminus«-Lit. zugehörige Lehrgedicht »*Κλαυθμοί*« (Länge in der Überlieferung zw. 330 und 400 polit. V. schwankend). Im Auftrag seines πατὴρ πνευματικός schrieb er bis 1097 die »*Δίοπτρα*« (ca. 7000 V.; heute vier B.), einen myst. Dialog zw. σάρξ und ψυχή zur Seelen- und Weltenlehre, bei dem der Körper als 'magister' fungiert. Die Schr. wurde um 1320 sprachl. und inhaltl. überarbeitet. Als Q. sind primär Gregor v. Nyssa, Maximos Homologetes und Johannes Klimakos zu nennen. Symeon d. Theologe läßt sich nur für B. 4 belegen, das aber nicht von Ph. stammen dürfte. Da in der byz. Lit. ein echtes Pendant zur »Dioptra« fehlt, fällt die formale und inhaltl. Nähe zum etwa gleichzeitig verfaßten »Elucidarium« des Honorius Augustodunensis bes. auf. Der älteren Überlieferung zufolge stammte Ph. aus dem ö. Thema *Χαρσιανόν*, wofür auch seine Kenntnis der kirchl. Verhältnisse Armeniens sprechen mag (MPG 127, 885-902, wohl doch Ph. zuzusprechen). L. M. Hoffmann

Lit.: Beck, Kirche, 642f. [ältere Lit.] – V. Grumel, Remarques sur la Dioptra, BZ 44, 1951, 198-211 [Hss.] – H. Miklas, Zur Ed. der Dioptra, JÖB 32/3, 1983, 2.1 [slav. Hss.] – Tusculum-Lex., 1983^3, 632 [Ed.] – W. Hörandner, Notizen zu Ph. M., Byzantina 13, 1985, 817-831.

Philippus, Apostel (und Märtyrer), Fest im W: 1. Mai. Die Gesch. des mehrfach in den Evangelien erwähnten (Berufung: Joh 1,43 f.) und in der Liste Apg 1,13 als →Apostel aufgeführten Ph. ist seit Eusebius, Kirchengesch. 3, 31,3-5, eine Gesch. der Verwechslungen mit dem Diakon Ph. (Wahl der 7 Diakone: Apg 6,2-6), der in Samaria predigte (Apg 8,4-13), zw. Jerusalem und Gaza den Kämmerer ('Eunuchen') der äthiop. Kgn. Kandake

bekehrte und taufte (Apg 8,26–40) und mit vier Töchtern in Caesarea lebte (Apg 21,8f.: als Evangelist und einer der Sieben bezeichnet, so daß auch das apokryphe Ph.evangelium nicht dem Apostel zuzuschreiben ist). Die Legende von Drachenvertreibung aus dem Marstempel, Kreuzigung und Steinigung des Apostels Ph. in Skythien fand auch in die →Legenda Aurea Aufnahme (BENZ 365f.); daher Attribut des Apostels Ph. in ma. Kunst: Kreuz und Kreuzstab (deren Entwicklung ausführl. bei LECHNER, 200f.). Die Darstellung des jugendl. oder bärtigen Ph. in Apostelreihen ist in O und W ohne spezielle Charakterisierung; die legendären Ereignisse in Skythien wurden szen. dargestellt, auch die Eunuchenszene bisweilen den Leben des Apostels eingefügt (Beispiele: LECHNER, 203f., 206).
J. Engemann

Lit.: LCI VIII, 198–205 [Ph., Apostel: M. LECHNER]; 205f. [Ph., Diakon] – H. L. KELLER, Reclams Lex. der Hll. und bibl. Gestalten, 1968 [Verwechslung mit dem Diakon Ph.] – H. SACHS, E. BADSTÜBNER, H. NEUMANN, Chr. Ikonogr. in Stichworten, 1973 [Verwechslung mit dem Diakon Ph.].

Philippus

1. Ph. de Caserta, Komponist und – wahrscheinl. – Musiktheoretiker it. Herkunft, um 1370/80 in Avignon (bezeugt u. a. durch eine Ballade zum Lob des Gegenpapstes Clemens VII.) sowie vielleicht in Norditalien tätig (eine Ballade Ph.' ist für Bernabò Visconti bestimmt und drei seiner Kompositionen werden in einem Stück von J. →Ciconia zitiert). Möglicherweise ist Ph. ferner ident. mit einem »tenorista Philippot«, der 1420 im Dienst Alfons' V. v. Aragón stand. Ph. werden 8, sämtl. dreistimmige Kompositionen zugeschrieben: 6 Balladen und 1 Rondeau (alle in der→Chantilly-Hs.) und 1 Credo (Hs. in Cividale). Die rhythm. und notationstechn. komplizierte Musik gehört der letzten Phase der →Ars nova (»Ars subtilior«) an. Mit der Notenschrift beschäftigt sich im »Tractatus de diversis figuris«, der in einer Quelle Ph., anderswo jedoch →Aegidius de Murino zugeschrieben wird. R. Bockholdt

Lit.: NEW GROVE – RIEMANN, Suppl. [Ed. und weitere Lit.].

2. Ph. Clericus Tripolitanus. P. fand 1243 (?) in Antiochia das arab. Manuskript des ps.-aristotel. →Secretum Secretorum (Sirr al-asrār), das er ins Lat. übersetzte. Sein Name ist durch die Widmung an Guy de Valence, Bf. v. Tripolis, erhalten. Das von Thomas v. Aquin und Roger Bacon zitierte Werk (Dr. 1480 in Köln) behandelt neben Moral und Politik auch hygien. und med. Fragen.
K. Bergdolt

Lit.: L. LECLERC, Hist. de la Médecine Arabe, II, 1876, 446–448 – SARTON, 563 – THORNDIKE–KIBRE, 1886.

3. Ph. Decius, it. Rechtslehrer, Doctor iuris utriusque, * 1454 in Mailand, † 13. Okt. 1535 in Siena. Er studierte 1471–76 in Pavia bei seinem Bruder Lancelottus (1444–1500) und →Jason de Mayno sowie in Pisa und lehrte, mit seinen Kollegen dauernd im Streit, jedoch äußerst erfolgreich, Zivilrecht und kanonisches Recht ebd. (1476–84, 1487–1502, 1517–28), in Siena (1484–87, 1528–35), Padua (1502–05) und Pavia (1505–12, 1515–16). Von Kg. Ludwig XII. zur Teilnahme am 2. Konzil v. Pisa gedrängt und durch ein Gutachten exponiert, wurde Ph. von Papst Julius II. 1512 exkommuniziert. Er verlor Hab und Gut und floh nach Frankreich. Der Kg. ernannte ihn zum Rat beim »Parlement v. Grenoble und verschaffte ihm eine Professur in Valence. Papst Leo X., wie Cesare Borgia einst Ph.' Schüler, löste ihn aus dem Bann. Nach Pavia zurückgekehrt, reorganisierte er die Univ. und wurde Mitglied des Senats v. Mailand. Ph. verfaßte Vorlesungen über einzelne Titel des Digestum vetus, des Codex und der Dekretalen Gregors IX. (Liber Extra) sowie einen Komm. zum Digestentitel 'De regulis iuris' und hinterließ etwa 700 →Consilien.
P. Weimar

Ed.: In I. et II. ff. (Digesti) vete(ris) necnon in I. et II. Codicis Commentaria, (Lyon) 1533 [sämtl. ordentl. Frühvorlesungen gemäß dem von Ph. aufgestellten Lehrplan der Univ. Pisa] – In tit(ulum) ff. (Digestorum) De regulis iuris, Lugduni 1549 – In Decretalium volumen… Commentaria, Venetiis 1593 – Consilia sive responsa, Venetiis 1580–81 – Lit.: DBI XXXIII, 554–560, 560f. [A. MAZZACANE] – SAVIGNY VI, 372–396, 514–517 – SCHULTE II, 361–363 – COING, Hdb. II.2, 1211f. [M. ASCHERI] – A. BELLONI, Professori giuristi a Padova nel sec. XV, 1986, 190–193.

4. Ph. Grevius (de Grevia, de Greva), † um 1222, magister, Kanoniker an Notre Dame de Paris, 1220 Dekan in Sens; als Rechtslehrer in Paris bezeugt durch →Aegidius v. Paris (captatio benivolencie 21). Werke Ph.' sind nicht überliefert, es sei denn, es wären ihm die kanonist. Glossen zuzuschreiben, die unter dem Namen eines 'Philippus' gehen (KUTTNER, 531). In der Lit. wurde Ph. oft mit →Ph. dem Kanzler verwechselt.
G. Bernt

Lit.: Philippi Cancellarii Parisiensis summa de bono, ed. N. WICKI, 1985, 11*–14*.

Philocalus (Filocalus, Furius Dionysius), der →Chronograph von 354, entwarf als Kalligraph die Schriftformen der inschriftl. Epigramme des Papstes →Damasus, bezeugt u.a. in Damas. epigr. 18.
J. Gruber

Lit.: HAW § 531.2 – RE XIX, 2432f.

Philogelos ('Lachfreund'), einzige erhaltene antike Slg. von 265 griech. Witzgeschichten, die wahrscheinl. im 4./5. Jh. aus älteren Slg.en zusammengestellt wurde und in verschiedenen Fassungen erhalten ist. Sie ist nach Typen, z. B. Narren ('Scholastiker'), Grobiane, Stinker, Unfähige, Einwohner von Städten (Abderiten, Sidonier, Kymäer), geordnet. Prinzipien des Witzes sind oft falsche Analogieschlüsse oder Mißverständnisse; die Pointe besteht in der Regel in einem Ausspruch, seltener in einer Handlung. Die Sprache ist mit zahlreichen lat. Lehnwörtern durchsetzt.
J. Gruber

Ed.: A. THIERFELDER, 1968 [mit dt. Übers. und Komm.] – B. BALDWIN, 1983 [mit engl. Übers. und Komm.] – Lit.: KL. PAULY IV, 763f. – RE Suppl. XI, 1062–1068 – G. RITTER, Stud. zur Sprache des Ph. [Diss. Basel 1955] – J. ROUGÉ, Le Ph. et la navigation, Journal des Savants, 1987, 3–12.

Philon v. Byzanz, griech. Mechaniker des 2. Jh. v. Chr., Verf. einer Μηχανικὴ Σύνταξις in neun Büchern, von welchen drei gr. und eines in einer arab. Übers. erhalten sind. Letzteres, die »Pneumatika«, behandelt – ebenso wie das gleichnamige und ebenfalls arab. erhaltene Werk →Herons v. Alexandria – Erscheinungen und Betrieb von Geräten, die von der Einwirkung des Luftdruckes abhängen. Beide Werke beeinflußten die ähnl. Werke der →Banū Mūsā (9. Jh.) und des →al-Ġazarī (um 1200) entscheidend. Im W wurde eine (unvollst.) lat. Übers. aus dem Arab. angefertigt, woraus im 15. Jh. eine it. Fassung entstand.
J. Sesiano

Lit.: DSB X, 586–589 – LAW, 2303 – F. D. PRAGER, Ph. of Byzantium: Pneumatica, 1974 [Lat. und it. Fassungen, Abb. aus einer arab. Hs.; mit Vorbehalt zu benutzen].

Philosophie

A. Westen – B. Byzanz – C. Arabische Philosophie – D. Jüdische Philosophie

A. Westen

I. Charakteristik einer Epoche – II. Entwicklungsprozeß – III. Systematische Bedeutung.

I. CHARAKTERISTIK EINER EPOCHE: Eine einheitl. Weise der Bestimmung der ma. Ph. gibt es nicht. Dies hat allem voran zwei Gründe: Zum einen stellt die Ph. dieser Epoche entgegen einer lange Zeit vorherrschenden Annahme keinen religiös determinierten, gleichsam monolith. Block dar, sondern einen *Prozeß der Rationalisierung der Weltsicht* vermittels *Autonomisierung der Vernunft*. Zum zweiten verbietet es die Vielfalt ma. Denkens, die Ph. dieser Zeit in die Enge einer isolierenden Bestimmung zu zwingen. Prozessualität und Vielgestalt ma. Philosophierens verlangen vielmehr nach einem Zugang, der diesen Umständen hist. wie systemat. Rechnung trägt. Dem steht nicht entgegen, daß die beiden Grundmerkmale der Ph. auch für das MA Gültigkeit besitzen: (1) Ph. versteht sich als *Suche* nach der Wahrheit, nicht als deren *Besitz*. Und: (2) Alles Philosophieren ist Wahrheitssuche nach Maßgabe der Möglichkeiten der natürl. Vernunft (via rationis) und unterscheidet sich insofern prinzipiell von glaubensgeleiteter (via fidei) Wahrheitsfindung. Nicht alles, was die ma. Denker geschrieben haben, wird die Bezeichnung 'Ph.' beanspruchen können; andererseits verdient nicht eben Weniges gerade diese Bezeichnung, weil es methodolog. reflektiert und kontrolliert die Möglichkeiten der natürl. Vernunft auszuschreiten sucht. So bestimmt sich, wie schon in der Antike und später in NZ und Gegenwart, das genuin Philosophische im MA letztl. nicht nach Maßgabe des jeweiligen Erkenntnisgegenstandes, sondern nach der Art und Weise, wie mit demselben umgegangen wird. Es ist der bewußte Rückgriff auf die natürl. Vernunft des Menschen, welche das Denken des MA, entgegen der landläufigen Annahme von der »Theologiebefangenheit« dieser Epoche, beständig in Bereiche geführt hat, die als solche mit dem Offenbarungsglauben so gut wie nichts zu tun haben: Logik, Grammatik, Semantik etc. Und dort, wo die Ph. Fragen behandelt, auf die der Offenbarungsglaube Antworten bereithält, in der Metaphysik, der Kosmologie und der Ethik, haben die führenden Denker den Anspruch der Vernunft auf Beweiswissen und damit das Argumentationsinteresse der Vernunft herausgestellt. Hinsichtl. derjenigen Fragen schließlich, welche der Rationalisierung geoffenbarter Wahrheit gewidmet sind, zeigt sich ein differenziertes Bild. Es reicht von einem Philosophieren, das wesentl. Inhalte des Glaubens rational begründen zu können meint, über ein Philosophieren, das zumindest die Widerspruchsfreiheit von Theologoumena wie die Existenz Gottes, die Erschaffung der Welt aus dem Nichts oder die Unsterblichkeit der Seele zu demonstrieren sucht, bis hin zu einem Philosophieren, das begründet zu zeigen vermag, daß Denken und Glauben bei aller prinzipiellen kognitiven Verschiedenheit zu Ergebnissen gelangen können, die sich, wenn nicht ergänzen, so doch zumindest aufeinander abstimmen lassen.

Jedes Erfassen der Besonderheit der Ph. im MA erfordert eine Vergegenwärtigung ihrer Rahmenbedingungen. Es sind dies im wesentl. (1) das Philosophieren vor dem Hintergrund der religiösen Grunderfahrung der *Kontingenz* der Welt, wie sie Christentum, Judentum und Islam gemeinsam ist, und (2) die *Rezeption der Antike*. Ersteres hat zu der Annahme geführt, der religiöse Einfluß sei so prägend gewesen, daß von Ph. im Sinne autonomer Selbstbestimmung der Vernunft nicht die Rede sein kann. Diese Annahme übersieht, daß der unbestreitbare Einfluß chr., jüd. und islam. Provenienz nur im Medium rationaler Begrifflichkeit und auf der Basis von Argument und Beweis hat wirksam werden können. Ein Beleg hierfür ist die gewichtige Rolle, welche die →Logik im philos. Diskurs des MA spielt: Anfängl. Hilfsinstrument zur Klärung theol. Streitfragen, erhält sie zunehmend die Aufgabe der Prüfung der formalen Korrektheit wiss. Schlußfolgerungen und der Analyse der semant. Voraussetzungen rationaler Begrifflichkeit und Argumentation. – Was die Rezeption antiken Denkens angeht, so bilden späthellenist. und röm. Denken, v. a. aber die Ph. Platons (→Platonismus) und des →Aristoteles Anstoß wie Herausforderung für das Denken des MA. Platonismus und →Neuplatonismus liefern den Problemhorizont der Fundamentalfragen nach Gott, der Welt und dem Menschen. Der Aristotelismus stellt mit den log. Schriften, allem voran den Zweiten Analytiken, hierzu einen tragfähigen Wissenschaftsbegriff und das methodolog. Handwerkszeug zur Verfügung. Daß zentrale Überzeugungen des chr., jüd. und islam. Denkens wie die Lehre vom Schöpfergott, von der Weltentstehung aus dem Nichts und der Überzeugung einer auf Freiheit beruhenden personalen Beziehung zw. Mensch und Gott entweder keine Entsprechung im antiken Denken besitzen oder demselben in deutl. Opposition gegenüberstehen, hat die Bedeutung des Platonismus und des Aristotelismus für das MA nicht gemindert, sondern verstärkt. Die Gründe hierfür sind vielschichtig, und es gelten nicht in allen Phasen des MA dieselben Gründe. Dies trifft auf den Platonismus ebenso wie auf den – lange Zeit hauptsächl. über das arab. Denken verlaufenden – Rezeptionsvorgang des Aristotelismus zu. Den Scholastikern ist Aristoteles *der* Philosoph (»philosophus«), und über die Autorität Platons setzt sich angesichts der neuplaton.-augustin. Transformation der platon. Ideen zu Gedanken Gottes keiner der ma. Denker ohne Not hinweg. Dabei bildet der Rezeptionsvorgang antiken Denkens alles andere als einen Prozeß schlichter Übernahme: Es ist Rezeption durch *Transformation*, wesentl. Bestandteile antiken Denkens werden gerade dadurch wirksam, daß sie systemat. weitergedacht und dabei häufig verändert werden. Beide Rahmenbedingungen, das Denken im Horizont der Kontingenz und die Rezeption der Antike, verschaffen dem ma. Philosophieren ein Forum, auf dem es in einzelnen, hist. wie systemat. voneinander unterscheidbaren Etappen zur Entwicklung eines eigenen Rationalitätsparadigmas gekommen ist.

II. ENTWICKLUNGSPROZESS: [1] *Philosophie als »weltliche Weisheit«*: Zu Beginn der sog. Vorscholastik (8.–10. Jh.) nimmt man zunächst das aus der →Patristik stammende Verständnis von Ph. als »weltl. Weisheit« auf und unterscheidet sie von der »himml. Weisheit« (→Alkuin) der Hl. Schrift. Ph. soll den Menschen dazu anleiten, die Welt im Lichte des göttl. Logos zu begreifen, wobei der Weg vom ird. Wissen, den Sieben freien Künsten (→Artes liberales), die gleichsam die »sieben Stufen der Ph.« darstellen, zur »wahren Weisheit« führt. 'Philosophieren' (philosophari) heißt, sich in Kenntnis und Beherrschung der von →Trivium und →Quadrivium formal und inhaltl. vermittelten Kompetenzen wiss. zu artikulieren. Im Vordergrund steht die instrumentelle Bedeutung von Wiss., deren eigtl. Ziel nicht die Entdeckung des Neuen, sondern die Vertiefung in die durch die Schrift gegebene Wahrheit ist. In der intellektuellen Streitkultur des 9. Jh. erhält die Ph. erstmals die Aufgabe, Probleme im Falle miteinander konfligierender Autoritäten durch konsequente Inanspruchnahme der natürl. Vernunft lösbar zu machen. Es gilt, den Vernunftregeln (regulae rationis, →Johannes Scottus [Eriugena]) Geltung zu verschaffen, weil nur auf diesem Wege Streitfragen samt ihrer Lösung *jedermann* verständl. gemacht werden können. Wenn Eriugena mit Nachdruck daraufbesteht, daß in theol. wie auch sonst in wiss. Fragen die Anwendung der Logik (dialectica) unumgängl. ist, so präludiert dies eine Auseinandersetzung, wie sie unter dem Begriffspaar *Vernunft* und *Autorität* (ratio et auctoritas) für das gesamte MA bestimmend gewesen ist, einschließl. der Konsequenz, daß der Vernunft letztl. der Vorrang vor der Autorität, sei diese religiöser oder philos. Natur, gebührt. Dieser neue wiss. Anspruch findet freilich nicht die Zustimmung der kirchl. Obrigkeit, die in dem log.-rationalen Aufwand einen Widerspruch zur »Schlichtheit im Glauben« sieht. Dies führt im 11. Jh. zur Auseinandersetzung zw. 'Dialektikern' und 'Anti-Dialektikern'. Für erstere bedeutet »die Wendung zur Dialektik [= Logik] die Wendung zur Vernunft« (→Berengar v. Tours). Versuche, der Ph. eine reine 'Magd-Funktion' (→Petrus Damiani) zuzuweisen, stoßen auf den erbitterten Widerstand der 'Dialektiker', die besorgt sind, daß der Ph. damit Gebietsansprüche verweigert werden, in denen sie ein natürl. Recht hat. Dem steht nicht entgegen, daß alles Offenbarungswissen im Vergleich zur mundanen Ph. einen höheren Rang beansprucht. Gleichwohl bleibt nicht der Rang des Gewußten, sondern die Weise des Zuganges zum Wißbaren das für die Ph. Entscheidende.

[2] *Wissenschaft via rationis:* Die Frühscholastik des 12. Jh. akzentuiert mit Nachdruck anstelle der propädeut. die methodolog. Funktion der Ph. Das liegt z. T. an einer neuartigen Einstellung gegenüber Autoritäten und Texten: Dieselben gelten nicht mehr nur als auslegungsfähig, sondern auch als auslegungsbedürftig. Den eigtl. Ort der Wahrheit bilden nicht mehr die Texte und die in ihnen enthaltene Autorität, sondern Argumente und die ihnen innewohnende konkludente Kraft. So verlagert sich im Wissenschaftsbetrieb des 12. Jh. der Schwerpunkt von der Grammatik auf die Logik, welche nicht mehr nur als 'Wiss. vom gelungenen Argumentieren' (scientia bene disputandi, Eriugena), sondern als 'Wiss. der Wiss.en' (scientia scientiarum, →Abaelard) gilt. Das Interesse an den Eigenschaften der Termini im Satz führt zu einer Satzlogik, die Verbindung von semant. mit ontolog. Fragestellungen verleiht der seit der Antike bekannten Verbindung von Logik und →Metaphysik neue Aktualität. Neben das log.-semant. tritt das Interesse an spekulativer Kosmologie, wie das an den platon. Timaios anknüpfende Schrifttum aus dem Umkreis der Schule v. →Chartres zeigt. Die Berufung auf die Regeln der Vernunft hat die provokator. Schärfe, die sie bei den Dialektikern besessen hat, verloren, nicht jedoch an Bestimmtheit. So will man das, was man durch Glauben weiß, soweit wie möglich durch »notwendige Gründe« (rationes necessariae, →Anselm v. Canterbury), d. h. solche, die unter method. Ausgrenzung theol. Autoritäten reiner Vernunft einleuchten, beweisen, um es auf diese Weise auch dem Nichtgläubigen zugängl. zu machen. Das Programm wiss. Erkenntnis durch »bloße Vernunft« (sola ratione) verleiht der Ph. im 12. Jh. erstmals seit der Antike wieder einen stark kommunikativ-dialog. Charakter. Rationale Begründungen werden in Rede und Gegenrede einer ständigen Überprüfung unterzogen. Dabei wird so vorgegangen, daß nichts als die Vernunft vorausgesetzt und stets nur so viel behauptet wird, wie sich mit ihrer Hilfe beweisen läßt. Zwar bleibt der Glaube die Quelle aller höheren Einsicht. Doch anders als im 9. Jh. wird das der Vernunft Zugängliche nicht als ledigl. mundane Ph. gegenüber der »wahren Ph.« der Hl. Schrift negativ abgegrenzt; vielmehr wird davon ausgegangen, daß nicht unwichtige Teile der Glaubensinhalte auch bloßer Vernunft zugängl. sind. Das Anselmsche Programm des »die Vernunft befragenden Glaubens« (fides quaerens intellectum) gibt der natürl. Vernunft die Wahrheitschance, deren alles Philosophieren bedarf. Die Rechte der Vernunft werden mit Nachdruck eingeklagt, Ph. wird zur »Wiss. des Unterscheidens«, sie hat die Ursachen der Dinge zu reflektieren. Ihre Schwerpunkte sind →Physik, Ethik und Logik. Letztere ist die »Führerin der Ph. und des Wissens überhaupt«, sie ermöglicht es, die Liebe zur Weisheit zu einer method. kontrollierten Untersuchung von Wahrheit zu machen.

[3] *Philosophie als Synthese:* Das methodolog. bestimmte Selbstverständnis von Ph. erhält im 13. Jh. eine neue inhaltl. und institutionelle Erweiterung. Durch die von den Arabern (→Avicenna, →Averroes) vorbereitete Aristoteles-Rezeption und die Übers. des gesamten Corpus Aristotelicum aus dem Griech. in das Lat. wird die Ph. endgültig zum Prozeß zunehmender Verwissenschaftlichung einer rationalen, d. h. prinzipiell vernunftgeleiteten Weltsicht. Zugleich erfährt sie eine bis dahin nicht gekannte Erweiterung in den Bereichen Metaphysik, Naturph., Ethik, Ökonomik und Psychologie. Dies sowie das schon bekannte Instrumentar der aristotel. Logik und Wissenschaftslehre verschaffen der Ph. die Möglichkeit, als method. geordneter Erwerb von Wissen *aus Gründen* aufzutreten. Damit tritt sie aus dem Schatten der Artes liberales, die ihre propädeut. Bedeutung behalten, deutl. heraus. Nachhaltig gefördert wird diese Entwicklung durch die Institutionalisierung von Wiss. in den seit dem Beginn des 13. Jh. überall entstehenden Universitäten. An die Stelle der monast. geprägten Kloster- und Kathedralschulen tritt die →Universität mit ihren Gelehrten und Studenten aus vielen Nationen. Die *Magistri* begnügen sich nicht mit der Wieder- und Weitergabe tradierter Wissensbestände, sie produzieren selber welche. An die Seite der Vorlesung (lectio) tritt die öffentl. Auseinandersetzung (disputatio), der Prozeß der Wahrheitsfindung ist weniger ein hermeneut. denn ein analytischer. Der Grundlegungscharakter von Ph. zeigt sich darin, daß sie nicht zu einer eigenen Fakultät wird, sondern sowohl in der Artistenfakultät als auch in den drei »höheren« Fakultäten der Theol., Medizin und Jurisprudenz eine zentrale Rolle spielt. So einflußreich insbes. der Aristotelismus ist, so stark ist auch die Auseinandersetzung mit ihm. Aristotel. Grundannahmen, wie die Theorien der Anfangslosigkeit der Welt und des Nezessitarismus alles Seienden, stehen im erklärten Widerspruch zum Denken im Horizont der Kontingenz. Neben dem Aristotelismus bleibt der Platonismus weiterhin wirksam. Für eine Ph., die sich als Vernunftwiss. von der Welt im ganzen (scientia de universo, →Wilhelm v. Auvergne) versteht, bildet das platon.-neuplaton. Sicht der Welt als Kosmos des göttl. Ideenplans ein Erkenntismodell von grundsätzl. Bedeutung. Das augustin. Modell des Zugangs hierzu, die Illuminationstheorie, wird jedoch nicht Allgemeingut der Philosophen, denen es mehrheitl. darum zu tun ist, »mit Hilfe der Vernunft zu untersuchen, was menschl. Vernunft von Gott zu wissen imstande ist« (→Thomas v. Aquin). Ph. wird so zur systemat. betriebenen, methodolog. reflektierten Suche nach der Wahrheit; Wahrheit aber ist, so die berühmte These des Aquinaten, eine »Angleichung von Sachverhalt und Verstand«, d. h.: ein Hinordnungsbezug zum Denken, welcher im Urteil zum Ausdruck kommt. Sie ist damit primär eine Angelegenheit der Vernunft, welche unmittelbar die Wahrheitsfähigkeit von Aussagen und mittelbar diejenige der Dinge überprüft. Die prinzipielle Wahrheitsfähigkeit der natürl. Vernunft widerstreitet nicht ihrer Endlichkeit. Der Versuch einer philos.-theol. Synthese, wie ihn Thomas v. Aquin unternommen hat, ist nicht unwidersprochen geblieben. Während der →Averroismus (→Siger v. Brabant, →Boetius de Dacia) die rationa-

le Vermittlung zw. philos. Wahrheitssuche und theol. Wahrheitserkenntnis grundsätzl. ablehnt, fehlt es nicht an Versuchen, die thomanische Synthesis konstruktiv zu ersetzen (→Nominalismus).

[4] *Philosophie als Verwissenschaftlichung der Weltsicht:* Die Forderung des aristotel. Wissenschaftsverständnisses, wonach als Wissen im strengen Sinne nur das durch Allgemeinheit und Notwendigkeit ausgezeichnete Beweiswissen gelten kann, stellt ein Philosophieren im Horizont der Kontingenz vor die schwierige Frage, wie die Kontingenz des Erkenntnisgegenstandes und die Notwendigkeit der Aussage über denselben miteinander zu vermitteln sind. Die Denker des 14. Jh., allen voran→Wilhelm v. Ockham, haben dies dadurch zu lösen versucht, daß sie die für alle Wiss. erforderl. Notwendigkeit nicht in den Dingen, sondern in den Aussagen über die Dinge lokalisierten. Notwendig ist, außer Gott, nichts; alles in der Welt entspringt der freien Entscheidung Gottes. Aussagen über die Welt sind daher nicht solche über etwas Notwendiges, sondern sie sind, wenn der entsprechende Beweis vorliegt, notwendige, d. h. mit Notwendigkeit wahre Aussagen. Die endgültige Zurückdrängung des antiken Nezessitarismus gehört zu den großen philos. Leistungen des ma. Denkens. Geleistet wird dies durch die Transformation der Ph. von einer Sach- zur Satzwissenschaft. Zwar bilden Metaphysik, Ethik und Naturph. weiterhin Sachgebiete der Ph., doch Gegenstand des Wissens sind nicht metaphys., eth. oder naturphilos. Entitäten, sondern (wahre, d. h. beweisbare) *Aussagen* bzw. Sätze. Folgerichtig bestimmt sich der Wissenschaftscharakter der Ph. nicht mehr über ihre Gegenstände, sondern nach Maßgabe der Art und Weise ihrer Aussagen über dieselben. Bes. folgenreich zeigt sich dieser Umschwung in der →Metaphysik, die angesichts der Grundsätzlichkeit ihrer Fragestellung als der Kern der Ph. angesehen wird. Für die führenden Denker seit dem Beginn des 14. Jh. gilt als Gegenstand dieser Disziplin nicht mehr das »höchste« Seiende (Gott), noch das Seiende als solches, sondern die Frage nach den Bedingungen der Verwendung des Prädikators 'seiend' (ens). Indem Metaphysik als Wiss. das Prädikat '[ist] seiend' und die mit ihm »konvertiblen« Prädikate '[ist] gut', '[ist] wahr', '[ist] etwas' etc. untersucht, beschäftigt sie sich mit transkategorialen bzw. – in der Terminologie des →Johannes Duns Scotus – transzendentalen Begriffen; Metaphysik wird Transzendentalwissenschaft. Für die Ph. bedeutet dies, daß die seit dem 12. Jh. vorangetriebene Autonomisierung der Vernunft durch eine Verwissenschaftlichung ihrer Gegenstände ergänzt wird.

III. SYSTEMATISCHE BEDEUTUNG: Die Ph. hat sich zu allen Zeiten gegenüber andersgearteten, konkurrierenden Wahrheitsansprüchen artikulieren müssen: in der Antike gegenüber dem Mythos, in der NZ und Gegenwart gegenüber den (Natur-)Wiss.en. Im MA ist es der Anspruch geoffenbarter Wahrheit in der als Theol. verwissenschaftlichten Form, der für die Ph. als Vernunftdiskurs eine beständige Herausforderung bildet. Wenn das Verhältnis zw. Ph. und Theol. im MA vielfach als das einer Unterordnung der ersteren unter die letztere verstanden worden ist, so hat man dabei übersehen, daß es sich bei diesem Verhältnis um ein solches zw. zwei *wissenschaftlichen* Disziplinen und nicht um dasjenige zw. dem existentiellen Habitus des Glaubens und dem kognitiven Habitus des Wissens handelt. Beide, die Theol. wie die Ph., beanspruchen Wahrheitserkenntnis im wissenschaftl. Sinne, d. h. als auf method. kontrolliertem und argumentativ nachvollziehbarem Wege zustande gekommenes Wissen. Der Unterschied. zw. Ph. und Theol. qua Wiss.en liegt darin, daß die Prinzipien der ersteren vernunftgegeben, die der letzteren offenbarungsgegeben sind. Jede Wiss. hat ihre eigenen Gründe (rationes propriae, →Gilbert v. Poitiers). Die Gründe der Ph. entstammen bloßer und damit auch fallibler Vernunft, die Gründe der Theol. geoffenbarter Wahrheit. Keineswegs folgt hieraus, daß die Wahrheit des Theologen und die Wahrheit des Philosophen zweierlei sind; die Idee einer veritativen Gemeinsamkeit ist ein Leitgedanke ma. Philosophierens. Gleichwohl bildet die Theol., welche sich als Wiss. eigenen Rechts versteht, die indem sie nach den Voraussetzungen des Glaubens sowie nach dem Verhältnis von Offenbarung und Vernunft fragt und mit den Mitteln der natürl. Vernunft den Inhalt des Glaubens auch denjenigen zugängl. zu machen sucht, die sich nicht zum Kreis der Gläubigen zählen, zwangsläufig eine Herausforderung für die Ph., v. a. dort, wo die Theol. die Ph. in ihren Dienst zu nehmen sucht. »Dienstbar« konnte die Ph. aber nur sein, wenn und insofern sie den ihr eigenen Charakter als Vernunft- und Reflexionswiss. zu wahren vermochte. – Die intensive Auseinandersetzung mit der philos. Tradition, allem voran mit dem Aristotelismus und dem Platonismus, die Erweiterung und Verfeinerung von Logik und Semantik sowie die systemat. Weiterentwicklung von Metaphysik, Ethik und Naturph. zeigen deutl., daß die Ph. im MA weit mehr ist als nur »die Anwendung der Vernunft ... auf die Offenbarungswahrheit« (M. GRABMANN). Indem sich die philos. Vernunft einer kontingenten, aber infolge des göttl. Bauplans eine rationale Ordnung repräsentierenden Welt gegenübersieht, hat sie eine eigene Metaphysik als Theorie der wiss. Rede von der Weltstruktur entworfen und eine Logik als regelgeleitete Begriffs- und Argumentationssystem sowie eine Ethik als selbstbegründete, gegenüber der Metaphysik eigenständig konzipierte Theorie moral. Handelns entwickelt. Mit ihrer Bemühung um Autonomisierung der Vernunft hat die Ph. des MA die nz. Frage nach der Autonomie des Subjekts vorbereitet; als Satzwissenschaft hat sie die dazu erforderl. Voraussetzungen geschaffen.

J. P. Beckmann

Lit.: BGPhMA, 1893ff., NF 1970ff. – M. GRABMANN, Gesch. der scholast. Methode, 1909 (Nachdr. 1956) – DERS., Geistesleben – UEBERWEG, Bd. 2, hg. B. GEYER, 1927[11] [Neudr. 1967] – E. GILSON, Der Geist der ma. Ph., 1950 – DERS., La ph. au MA, 1952 – Misc. Mediaevalia, 1966ff. – Arts libéraux et ph. au MA, 1969 – Thomas v. Aquin im philos. Gespräch, hg. W. KLUXEN, 1975 – DERS., Charakteristik einer Epoche. Wiss. und Weltbild 28, 83–90, 1975 – J. P. BECKMANN, Scientia propria dicta (Sprache und Erkenntnis im MA, hg. DERS. u. a., 2, 1981), 637–647 – P. WEIMAR, Die Renaissance der Wiss.en im 12. Jh., 1981 – Gesch. der Ph. in Text und Darstellung, II: MA, hg. K. FLASCH, 1982 – The Cambridge Hist. of Later Mediev. Ph., hg. N. KRETZMANN, A. KENNY, J. PINBORG, 1982 – A. MAURER, Medieval Ph., 1982[2] – G. SCHRIMPF, 'Philosophi' – 'philosophantes', StM 23, 1982, 697–727 – L. M. DE RIJK, La ph. au MA, 1985 – K. FLASCH, Das philos. Denken im MA, 1986 – Ph. im MA, hg. J. P. BECKMANN, L. HONNEFELDER, G. SCHRIMPF, G. WIELAND, 1987 – A Hist. of 12th c. Ph., hg. P. DRONKE, 1988 – J. P. BECKMANN, MA (K. Vorländers Gesch. der Ph. 11), 1990 – L. HONNEFELDER, Gegenstands- und Weltbegriff in der ma. Ontologie (Die Gegenwart Ockhams, hg. W. VOSSENKUHL–R. SCHÖNBERGER, 1990), 369–382.

B. Byzanz

Der für das prakt. Leben wie für die geistige Welt traditionelle Antagonismus, der in Byzanz fast uneingeschränkt herrschte, bestimmte auch die Bedeutung und Stellung der Ph., deren Bild sich durch die Lit. von Jahrhunderten gut verfolgen läßt. Schon die Bedeutungsverschiebungen, welchen die Wortfamilie φιλοσοφία, φιλόσοφος, φιλοσοφεῖν unterworfen war, sprechen für sich. Für die frühklass. und klass. Zeit war Ph. das Streben nach Erkenntnis und Wissen, nach der Zusammenschau alles Wesentlichen, die den Philosophen, nach Platons Auffassung, auch zur Lenkung des Staates befähigen sollte. Daneben kannte Platon schon den Zusammenhang zw. dem rechten, philos. Weg und der Trennung von Leib und Seele (Phaidon). Für →Aristoteles und in späterer Nachfolge→Philon v. Alexandreia bedeutete Ph. Betrachtung des Kosmos und Gotteserkenntnis, aber auch Verzicht auf Betätigung in der Gesellschaft (βίος θεωρητικός). Philon nannte bereits die in klosterähnl. Gemeinschaften lebenden »Mönche« Philosophen (»De vita complativa«). Mit dem Siegeszug des Christentums wurde die alte heidn. Ph. abgewertet, zumindest als die »außerhalb« stehende (ἡ ἔξω oder ἔξωθεν φιλοσοφία) der »wirklichen« (ἡ ὄντως φιλοσοφία) gegenübergestellt. Die Kirchenväter, v. a. die Kappadokier, setzten die Bedeutungsverschiebung von Ph. aus dem theoret. und wiss. in den prakt. und eth. Bereich durch. Von da an kam es – auch unter dem Einfluß des siegreichen Mönchtums – zur »Umwertung der Werte«, nach der die »philosoph. Lebensweise« nichts anderes als das Leben des Mönchs bedeuten sollte; das galt für das ganze byz. Jahrtausend. Dabei ist die Kenntnis des antik-heidn. Ph.begriffs den byz. Intellektuellen aller späteren Jahrhunderte durchaus zuzutrauen.

Im Rahmen der ethn., sozioökonom. und kulturellen Umschichtungen im 4.–6. Jh. vollzog sich ein weltanschaul. Amalgamierungsprozeß zw. dem geistigen Erbe der hellen. Ph. und der christl. Ethik und Spiritualität. Die philos. Schulen der Stoiker und Epikureer, Pythagoreer und Kyniker sowie der Skeptiker überlebten den polit. Umbruch zur Zeit der Tetrarchie und der konstantin. Dynastie nicht; nur Platonismus und Aristotelismus blieben auch in mittel- und spätbyz. Zeit lebendig. Zunächst trafen sich die weltanschaul. Kontrahenten im 4. und 5. Jh. auf dem Gebiet der Metaphysik und Mystik. Die geistige Elite des in die Defensive gedrängten Heidentums sammelte sich im →Neuplatonismus, dessen Vertreter mit ihrem Ziel eines weltabgewandten Lebens und der Wiedervereinigung der Seele mit Gott ein merkwürdiges Gegenstück zur Askese und Weltflucht der christl. Mönche bildeten. So manche Vorstellungen und Termini aus den Werken Platons deckten sich bis zu einem gewissen Grad mit der christl. Weltanschauung: Die ὁμοίωσις θεῷ (Angleichung an Gott als eth. Gebot: Theaitetos), die σῶμα-σῆμα-Problematik (der Leib ein Grab der Seele: Gorgias, Kratylos, Phaidros), welche das ganze MA über herrschen sollte, die Unsterblichkeit der Seele und das Gericht im Jenseits (Phaidon), die μέθεξις (Teilhabe der sinnl. wahrnehmbaren Dinge an den Ideen: Symposion), die göttl. Vorsehung und der freie Wille des Menschen, Gott als das Maß aller Dinge (Nomoi) u. a. Aus Aristoteles konnte Gott als »der unbewegte →Beweger« von christl. Seite akzeptiert werden, wie auch der aristotel. Entwicklungsgedanke sich im christl. Sinn auf die Heilsgesch. (οἰκονομία) übertragen ließ. Im übrigen vermerken wir den wichtigsten Einfluß aus dem Bereich des Aristotelismus auf die Neuplatoniker in der Auswertung des Organon, der log. Schriften, die schon den Peripatetikern als »Handwerkszeug« gegolten hatten. Im Schulbetrieb der Spätantike wurden sie allg. propädeut. eingesetzt. →Porphyrios, Schüler Plotins, verfaßte mit seiner Einleitung zu den »Kategorien« des Aristoteles das Lehrbuch der Logik (quinque voces), das sich in Byzanz jahrhundertelang großer Beliebtheit erfreute. Gerade auf dem neutralen Boden der Logik konnten sich heidn. Philosophen und Christen leichter verständigen.

Das letzte bedeutende Schulhaupt des Neuplatonismus war →Proklos Diadochos (ca. 410–485), Professor in Athen, der neben mehreren Platon-Komm.en dem Christentum ein geschlossenes Gedankengebäude, nach Triaden differenziert, entgegenstellte. Die Replik von christl. Seite erfolgte Jahrzehnte später durch Pseudo→Dionysios Areopagites. In je drei Triaden teilte er die Seinsstufen seiner himml. und kirchl. Hierarchie. Trotz weitgehender Übereinstimmung in Formeln und Bildern mit dem Werk des Proklos besteht kein Zweifel darüber, daß Dionysios auf dem Boden des Christentums stand; gelang es ihm doch, eine Polemik das rhomäische Werk des Gegners mit dessen eigenen Mitteln zu übertrumpfen.

Athen und Alexandreia waren die beiden Hohen Schulen, die in der Spätantike die Ph. pflegten. Die Professoren waren Neuplatoniker, die sich insbes. die Kommentierung von Werken Platons und des Aristoteles zur Aufgabe machten. Man unterschied Exegeten und Paraphrasten (diese fühlten sich nicht unbedingt an die überlieferte Textform gebunden); ein Großteil der Erklärungen stand im Dienste der Interpretation »dunkler« Ausdrucksweise des Aristoteles, worüber die Klagen bis in die spätbyz. Zeit nicht abbrachen. Die Hochschule v. Athen wurde i. J. 529 von Ks. Justinian I. geschlossen. Die Professoren wanderten in das Reich der Sasaniden aus, kehrten jedoch zum Teil nach Jahren wieder zurück. Der Grund für die Schließung der Schule war die weltanschaul., heidn. Einstellung der Professoren, die der Regierung als unzuverlässig erschienen. In der Tat dauerte es lange, bis die Lehrenden sich zum Christentum bekannten. Polemiken über strittige Themen lebten weiter fort. Zunächst war man von christl. Seite aus tolerant, etwa in dem Fall des Synesios v. Kyrene (ca. 370–ca. 413). In heidn. Milieu aufgewachsen und von →Hypatia neuplaton. geschult, wurde Synesios als Gatte einer Christin selbst Christ. Vor der Übernahme des Bf.samtes äußerte er Bedenken, da er sich dieser Aufgabe nicht gewachsen fühle. Dogmat. wich er von der Orthodoxie mit seinem Glauben an die Präexistenz der Seele und an die Ewigkeit der Welt ebenso ab wie mit der Ablehnung des Glaubens an die persönl. Auferstehung und an Wunder. Trotzdem wurde er zum Bf. erhoben und durfte auch die Gemeinschaft mit seiner Ehefrau aufrechterhalten.

→Aineias v. Gaza schrieb (nach 484) einen Dialog »Theophrastos«, in dem der heidn. Partner sich von der Unsterblichkeit der Seele und der Auferstehung überzeugen läßt. Zacharias Scholastikos, Schüler des Aineias, verfaßte in Nachahmung des gen. Dialogs seinen »Ammonios«, der aus vier Gesprächen mit dem Aristoteles-Kommentator dieses Namens besteht. Hier geht es um die von Aristoteles vertretene Ansicht von der Ewigkeit der Welt. Dieses Thema wurde damals mehrfach behandelt. →Johannes Philoponos schrieb in sechs Büchern gegen Aristoteles. Seine Schrift ist zwar verloren, aber aus zahlreichen Zitaten bei Simplikios in den Grundzügen rekonstruierbar. Übrigens kämpften zwei Parteien im Bereich der arab. Philosophenschulen des 9. und 10. Jh. miteinander um dasselbe Thema. Eine weitere Schrift des Philoponos richtete sich direkt gegen eine einschlägige Arbeit des Proklos; man nimmt an, daß Philoponos diese Polemik – gerade im J. 529, als die Schule v. Athen geschlossen wurde – geschrieben habe, um die Hochschule in Alexandreia, an der er selbst unterrichtete, gegenüber der Regierung in Konstantinopel als christl. eingestellt zu rechtfertigen. Tatsächl. bestand die Hochschule v. Alexandreia mindestens bis zur Eroberung Ägyptens durch die Araber (641). Philoponos, der nicht weniger als sieben Komm.e zu Werken des Aristoteles hinterließ, wich in naturwiss. Fragen – Impetus-Theorie und Auffassung des absoluten Raumes – von den Thesen des Meisters ab. Daß er die aristotel. Begrifflichkeit und Denkweise als selbstverständl. in die christl. Theologie einführte, hatte Konsequenzen für ein rundes Jahrtausend – Simplikios, der in der Frage der Ewigkeit der Welt gegen Philoponos polemisierte, schrieb nach der Rückkehr aus dem Sasanidenreich (ab 533) noch vier Aristoteles-Komm.e. Er entwickelte eine eigene Theorie der Zeit und bediente sich math. Grundsätze zur Definition der Materie und der Masse. Als Kommentator neigte er bei Differenzen der Lehrmeinungen Platons und des Aristoteles zu Harmonisierungsversuchen.

Außer Philoponos und Simplikios besitzen wir Komm.e von →Alexandros v. Aphrodisias, Ammonios, Asklepios, Aspasios, David, Dexippos, Elias, →Eustratios, Heliodoros, →Michael v. Ephesos, →Olympiodoros, →Porphyrios, Sophonias, Stephanos, Syrianos und einigen Anonymi (Ed. CAG, 51 Bde). Abgesehen von den Komm.en zum Organon sind Physik, Metaphysik und De anima mit je drei Komm.en, De caelo und die Meteorologika mit je zwei Komm.en vertreten. Diese spätantiken Aristoteles-Komm.e geben u. a. auch Aufschluß über die damaligen Unterrichtsmethoden. Als Einführung zu den Vorlesungen bot man zehn traditionelle Abschnitte: Erklärung der Namen der verschiedenen Philosophenschulen; Einteilung der Werke des Aristoteles; Ausgangspunkt des Unterrichts: Logik; Ziel des Unterrichts: Wissen um Gott als erste Ursache; Studienplan: Logik, Ethik, Physik, Mathematik, Theologie; Qualifikation des Studenten; Qualifikation des Lehrers; Stil des Aristoteles; Gründe für die »Dunkelheit« des Aristoteles; Einführungen zu den einzelnen Werken des Aristoteles. – Die Vorlesungen selbst (πράξεις) sind als Niederschriften zu verstehen. Die Texte wurden in kleine Abschnitte zerlegt, ausführl. eingeleitet, gelesen und kommentiert. Daneben gab es die in Byzanz sehr beliebte Methode der Frag-Antworten (→Erotapokriseis), die in der theol. Katechese zuhause waren, aber auch im profanen Unterricht viel gebraucht wurden. Ausgangspunkt des Ph.unterrichts war die Eisagoge des Porphyrios zu den Kategorien, Endstufe die Erklärung der platon. Dialoge.

Seit langem war man gewohnt, die Jahrhunderte VII und VIII im Hinblick auf die Gesch. von Byzanz als »dunkle Jahrhunderte« zu bezeichnen. Der Arabersturm, der Verlust reicher Provinzen im SO und O, die ethn. Bewegungen im europ. Teil des Reiches und sozioökonom. Verschiebungen mußten auch auf kulturellem Gebiet ihre Folgen haben. Dazu kommt die Dürftigkeit der Überlieferung, die den Eindruck eines langen Wellentales in der geist. Entwicklung von Byzanz verstärkte. Nähere Untersuchungen der Übergangszeit vom 8. zum 9. Jh. haben allerdings dazu geführt, diese Jahrzehnte und auch die Spätphase des Ikonoklasmus in bezug auf geistige Beweglichkeit und kulturelle Leistungen höher einzuschätzen. Die Schlüsselfigur →Leon Mathematikos (oder Philosophos) widmete sich vorwiegend den Fächern des Quadriviums und besaß einschlägige Hss. Er teilte dieses Interesse mit dem Patriarchen Nikephoros I. (806–815) und dem Ikonoklasten-Patriarchen Johannes VII. Wahrscheinl. noch vor der Mitte des 9. Jh. gab es byz. Gelehrte, die an Aristoteles interessiert waren und vielleicht an einer Sammelausg. arbeiteten. Codices (so der Wiener Phil. gr. 100) und Fragmente sprechen für diese Annahme. Etwas später lassen sich Spuren einer geplanten Platon-Ausg. nachweisen (Cod. Par. gr. 1807 mit 10 anderen Platonhss.

samt Komm., die teilweise durch Marginalhände verbunden sind). In einer dieser Hss., dem Marc. gr. 258, hat Zacharias v. Chalkedon, ein Schüler des →Photios, noch vor 867 seinen kleinen Traktat »Über die Zeit« hinterlassen. Der Par. gr. 1807 ist ein lehrreiches Beispiel für die Adaptierung als Musterexemplar, womit man damals nach der Umschrift in die Minuskel (*metacharakterismos*) und der Herstellung eines krit. Textes (*diorthosis*) eine solide Basis für Platonstudien und analog für andere Autoren schuf. Daß hierbei auch mehrere Codices kollationiert wurden, ist ausdrückl. bezeugt. Patriarch Photios mit seiner großen Privatbibliothek und seinem wiss. Interessen paßt gut in diese geistige Umwelt. Er ist ein Musterbeispiel für die Verbindung von Theologie und Philosophie. Die eigenen philos. Schriften des Photios sind verloren; über seinen philos. Unterricht entnehmen wir einzelnes aus den Amphilochia.

In geistiger Nachfolge des Photios ist →Arethas, Ebf. v. Kaisareia, zu nennen. Wir kennen rund 2 Dutzend um 900 entstandene Codices aus seiner Bibliothek, u. a. einen Aristoteles und 2 Platonhss. Wie Photios hatte Arethas als »christl. Humanist« an vielen heidn. Autoren Interesse. Die beiden gen. Platonhss. und vielleicht auch ein Wiener Codex mit den Prolegomena zu Platon (Phil. gr. 314 aus 925) enthalten Scholien von seiner Hand. Durch die Umschrift von Mark Aurels Εἰς ἑαυτόν aus einem altersschwachen Codex hat Arethas offenbar diesen Text für die Nachwelt gerettet. – Mit all diesen Aktivitäten konnte die Basis für weitere philos. Studien in Byzanz wiederhergestellt werden. Unter den vier Professoren der (privaten) ksl. »Hochschule« in Konstantinopel in der Mitte des 10. Jh. nahm der Philosoph eine Vorrangstellung ein.

Wenn Michael →Psellos (1018–ca. 1078) mit seiner eigenen Lebenszeit einen Neubeginn der Wiss. und insbes. der Ph. annehmen möchte, so hat er damit jenen eben erwähnten Männern des 9./10. Jh. Unrecht getan. Was sich aus vielen einzelnen persönl. Q., Briefen und rhetor. Produkten des Psellos entnehmen läßt, ist nicht viel mehr, als daß er es im Laufe seiner Karriere zum Professor der Rhetorik und Ph. brachte und schließlich den neuen Ehrentitel ὕπατος τῶν φιλοσόφων (ranghöchster der Philosophen) erhielt. Wo immer es sich bei diesen Texten um eine Lehrtätigkeit auf hoher Ebene handelt, wird Ph. erwähnt, zumeist ohne irgend etwas Präzises anzuführen. Psellos, der sich selbst als Reformator hinstellt, darf nicht als reiner Vertreter der Platon. Akademie aufgefaßt werden. Zwar kannte er sicher viele Schrr. Platons und des Aristoteles im Original, im ganzen lebte er aber mehr in den Komm.en der Neuplatoniker. Psellos schrieb Paraphrasen zu den Kategorien und zu De interpretatione. Für seinen Schüler, den späteren Ks. Michael VII., verfaßte er ein didakt. Hilfsmittel zum Verständnis der aristotel. Physik; die Arbeit wird neuerdings als echt angesehen, während ein Kompendium der Logik (des Aristoteles) tatsächl. die gr. Übers. der »Summulae logicae« des Petrus Hispanus aus der Feder des Georgios Scholarios darstellt. Auch ein beliebtes Lehrbuch der Logik und des Quadriviums wurde unter dem Namen des Psellos auf den Markt gebracht. Das oft abgeschriebene Büchlein »De omnifaria doctrina« kann man höchstens als Vademecum für die damalige mittlere Schulstufe bezeichnen; es enthält auch »philosophische« Kapitel. Die seit kurzem erscheinende Ausg. der »Philosophica minora« (I. 1992, II. 1989) bringt viele Inedita und Schrr., deren Echtheit umstritten ist. Unter der großen Zahl von Hss. treten Par. gr. 1182 und Bodl. Barocc. gr. 131, beide 13. Jh., hervor. Der Terminus »philosophisch« ist sehr weit gefaßt: Probleme der Logik, Physik, Meteorologie, Astronomie, Mineralogie, Alchemie, Chrysopoiie, Psychologie, Dämonologie, Paradoxographie, Wahrsagekunst, Träume, Ewigkeit und Zeit u. a. Unter diesen Varia finden sich auch die schon lange bekannten Allegorien zu klass.-mytholog. Themen aus Homer und Beobachtungen zu Figuren des volkstüml. Aberglaubens. Die äußere Form verteilt sich auf Traktate, Briefe, Beantwortung von Aporien, Definitionen und Exzerpte aller Art. Psellos war Polyhistor, aber immer mehr Rhetor als Philosoph.

Nachfolger des Psellos als ὕπατος τῶν φιλοσόφων war →Johannes Italos, eine attraktive Lehrerpersönlichkeit und ein selbständiger Denker, der auch an seinem Lehrer Kritik übte. Wir besitzen von ihm 93 Aporien (Quaestiones quodlibetales), zumeist aus dem Organon geschöpft. Von seinen Komm.en zur aristotel. Topik (B. 2–4) sind bis jetzt nur Auszüge bekannt. Exzerptenslg.en liegen zur Dialektik, Syllogistik und Rhetorik vor. – Der nächste Träger des Titels ὕπατος τῶν φιλοσόφων, Theodoros v. Smyrna, hinterließ eine Schrift »Physik und physikalische Prinzipien der Alten« (Ausg. durch L. BENAKIS in Vorber.), eine zusammenhängende Darstellung auf Grund der aristotel. Φυσικαὶ ἀκροάσεις.

In Michael v. Ephesos und Eustratios v. Nikaia begegnen wir zwei Männern aus einem philos. Zirkel des 12. Jh., der sich um →Anna Komnene gebildet hatte. Nach ihrem (erzwungenen) Rückzug aus dem polit. Leben regte die Ks.tochter drei »Philosophen« zur Arbeit an Aristoteleskomm.en an. Dieser Schluß läßt sich daraus ableiten, daß Michael v. Ephesos an B. 5, 9 und 10 der Nikomach. Ethik arbeitete, während Eustratios B. 1 und 6 anvertraut war; der dritte Kommentator ist namentl. nicht bekannt. Von Eustratios ist ein Komm. zu B. 2 der Analytica priora und ein meteorolog. Traktat niedrigen Niveaus erhalten und gedruckt. Michael v. Ephesos hingegen, der naturwiss. Interessen hatte, kommentierte die biolog. Schrr. des Aristoteles mit nüchternen Erklärungen, ferner die aristotel. Politik und die Sophistici elenchi. Andere Aristoteleskomm.e des Michael sind bezeugt, aber verloren. Wie bei den meisten Aristoteleskommentatoren, schon den Neuplatonikern der Spätantike, spiegeln seine Komm.e wiederholt den Unterrichtsbetrieb wider.

Theodoros →Prodromos, einer der fruchtbarsten Literaten des 12. Jh., versuchte sich auch an philos. Themen. Der Traktat »Xenedemos oder über die fünf φωναί« galt einer Kritik an der Eisagoge des Porphyrios. Der noch ungedr. Komm. zu B.2 der Analytica posteriora könnte von dem wohl etwas älteren Eustratios beeinflußt sein. – Der Patriarch Michael ὁ τοῦ Ἀγχιάλου (1170–78) wies in der Antrittsrede als ὕπατος τῶν φιλοσόφων (noch vor seiner Erhebung zum Patriarchen) auf die Wichtigkeit der Meteorologie im Zusammenhang mit aristotel. Studien hin. – Nikolaos v. Methone schrieb, ähnlich wie Philoponos im 6. Jh., eine (früher Prokopios v. Gaza zugewiesene) polem. Abhandlung gegen die Kosmologie des Proklos (Ἀνάπτυξις τῆς θεολογικῆς Στοιχειώσεως Πρόκλου, ed. Corpus Philosoph. Medii Aevi [Philosophi Byz.] I, 1984).

Zur Zeit der Lateinerherrschaft in Byzanz (1204–61) werden wir zunächst keine bemerkenswerten Autoren auf dem Gebiet der Ph. erwarten. Die einzige rühml. Ausnahme, der Mönch und Kl.gründer Nikephoros →Blemmydes, lebte im Gebiet des Nikäischen Zwischenreiches. Sein Hb. in zwei Teilen, Logik und Physik umfassend, erfreute sich (bis in das 17. und 18. Jh.) großer Beliebtheit. Blemmydes besaß überdurchschnittl. Kenntnisse auf naturwiss. Gebiet und verfügte über eine klare und nüchterne Darstellungsweise. In der Äther-Theorie nahm er – wie übrigens auch Scholastiker – gegen Aristoteles Stellung. Seine Hauptq.en waren Simplikios für die Physik, Philoponos für De generatione et corruptione, Alexandros v. Aphrodisias für die Meteorologie. – Ein in Byzanz seit den Kirchenvätern wiederholt behandeltes theol.-philos. Thema »Über die Vorherbestimmung der Todesstunde« fand in Blemmydes einen gewandten Autor, der die Frage jedoch (wie auch manche Vorgänger) negativ beantwortete (ed. W. LACKNER 1985). – Der ksl. Schüler des Blemmydes, →Theodoros II. Dukas Laskaris, schrieb noch vor der Thronbesteigung eine Kosmologie: B. 1 die Elemente, B. 2 der Himmel und biolog. Fragen, B. 3 Makrokosmos/Mikrokosmos und prakt. Lebensweisheiten, B. 4 Bekenntnis des Nichtwissens im sokrat. Sinn (durch die depressive Psyche des Autors bestimmt). – Der Rhetor Manuel →Holobolos schrieb Scholien zum 1. B. der Analytica priora (noch unediert) und übersetzte De topicis differentiis des Boethius (ed. Corpus Philosoph. Medii Aevi, V, 1990).

Die für die Geisteswiss. günstige Entwicklung in der früheren Palaiologenzeit kam auch dem Studium der Ph. zugute. Freilich war auch jetzt nur mehr der Eklektizismus Trumpf. Georgios →Pachymeres stellte aus dem gesamten Corpus Aristotelicum ein umfangreiches Kompendium unter dem Titel Φιλοσοφία zusammen (12 B. in 238 Kap.). Nur die Logik ist bis jetzt gr. gedruckt; sonst gibt es lat. Übers., aus denen zu entnehmen ist, daß die Leistung des Pachymeres darin bestand, richtig auszuwählen, die ausgelassenen Partien zu paraphrasieren, Überleitungen einzufügen, im übrigen aber den Text tel quel aus Aristoteles zu übernehmen. Pachymeres erwies sich also als Paraphrast im o. gen. Sinn. Seine Komm.e zu De anima, Kategorien und Sophistici elenchi liegen im CAG vor. Unter dem Namen des Pachymeres ist eine anonyme Fortsetzung des Proklos-Komm. zum platon. Parmenides überliefert (Corpus Philosoph. Medii Aevi, 1989).

Der Rhetor und Mönch→Joseph Rhakendytes versuchte eine Enzyklopädie zu schaffen, die ähnlich der Φιλοσοφία des Pachymeres das gesamte Erbe des Aristotelismus und Neuplatonismus in der Gliederung nach Trivium und Quadrivium übernahm, wobei er Theologie und christl. Ethik mit einschloß. Auch hier sind weitgehend Übernahmen aus Blemmydes und Pachymeres wahrscheinl. (nur z. T. gedr.). – Der führende Literat zur Regierungszeit Andronikos' II. Theodoros →Metochites schrieb Paraphrasen zu mehreren Werken des Corpus Aristotelicum; sie sind nur in lat. Übers. gedruckt. Eine Textuntersuchung von »De insomniis« erwies Metochites als wortgetreuen Paraphrasten des Michael v. Ephesos. Metochites wollte nach eigener Aussage mit diesen Paraphrasen das Verständnis der oft schwierigen Ausdrucksweise des Aristoteles erleichtern. In den Miscellanea (Essays zu verschiedenen Themen) findet sich ein Kapitel über Physik und Logik des Stagiriten. In seiner Einführung in die Astronomie trennt Metochites diese eindeutig von der Astrologie, die er ablehnt. – Der letzte Byzantiner, der unter dem Titel eines ὕπατος τῶν φιλοσόφων bekannt ist, Johannes →Pediasimos, hinterließ Scholien zu den Analytica priora sowie zu einem kleinen Teil der Analytica posteriora.

→Johannes Chortasmenos hat in seinem »Hausbuch« (Cod. Vind. Suppl.gr.75) Prolegomena zum Organon hinterlassen. Ein Schüler des Chortasmenos war Georgios Scholarios, der spätere Patriarch →Gennadios II. Unter seinem stattl. Œuvre befinden sich umfangreiche Exzerpte und zum Teil aus Vorlesungen hervorgegangene Aufzeichnungen aus dem Bereich des Corpus Aristoticum, darunter auch eine gut formulierte Einführung in die aristotel. Ph. und ein kurzer Komm. zu B. 1–5 der Physik.

Ein permanentes Problem der Ph. in Byzanz blieb das Verhältnis der Intellektuellen und ihrer Schriften zur Orthodoxen Kirche. Auch nach der Etablierung der Kirche zehrte die Ph. im wesentl. von dem antiken und spätantikneuplaton. Erbe. Die Byzantiner späterer Jahrhunderte hatten es also stets überwiegend mit heidn. Autoren zu tun, deren Komm. e sie studierten und nachahmten. Aber auch in der Jugenderziehung allg. bestand das durch die Jahrhunderte tradierte und an sich unangreifbare System der elementaren und mittleren Schulbildung zum Teil aus heidn. Elementen, insbes. der antiken Mythologie mit ihren für das Christentum unannehmbaren moral. Anschauungen. Schon seit der klass. Periode der hellen. Lit. hatte es Angriffe auf die Unsittlichkeit der gr. Götterwelt (bei Homer) gegeben; eine Reihe von Lösungsvorschlägen wurde gemacht, v. a. die sog. Mythenallegorie. Eine prakt. Methode, um den Schwierigkeiten auszuweichen, war das Mittel der Auswahl. →Basileios d. Gr. hat dies in seinem an die »Jugend« gerichteten Aufruf vorbildl. formuliert: Man braucht auf die heidn. Überlieferungen nicht zu verzichten, aber man muß das moral. nicht Einwandfreie ausscheiden.

Die Toleranz, die man seitens der Kirche noch einem Synesios v. Kyrene gegenüber gezeigt hatte, war nach dem Bilderstreit endgültig vorbei. Das Synodikon der Orthodoxie enthält die lange Reihe der immer noch vermehrten Anathemata und alle jene Dogmen und Irrlehren, über die jede Diskussion zu vermeiden sei. Auch Philosophen werden genannt, die wegen ihrer Lehren abgelehnt und anathematisiert sind; unter ihnen steht in dem noch heute gültigen Text u. a. auch Platon. Aus diesem Geist erwuchsen Haltungen wie die jenes Schülers Konstantinos v. Sizilien (9. Jh.), der gegen seinen (verstorbenen) Lehrer Leon auftritt und ihn in den Tartaros wünscht, weil er mit seinen Verführungskünsten und seiner heidn. Wiss. die Trinität geleugnet und einem Polytheismus gehuldigt habe. Auch Beispiele aus dem 11. und 12. Jh. sind aufschlußreich: Psellos, der sich als Platoniker fühlte, empfahl seinen Schülern das Studium der alten Philosophen, ohne die Wahrheiten der christl. Religion anzuzweifeln. In der Korrespondenz mit seinem Freund Johannes Xiphilinos, der ihm wegen der Wendung »mein Platon« Vorwürfe gemacht hatte, schrieb Psellos den berühmten »Humanistenbrief«, in dem er sich gegenüber dem Standpunkt der starren Orthodoxie verteidigt, sich auf die Kappadokier und →Maximos Homologetes beruft und die platon. Elemente in der christl. Theologie aufzeigt. Der Zeitgenosse und Metropolit Johannes →Mauropus hat in einem vielzitierten Gedicht Christus gebeten, den beiden heidn. Philosophen Platon und Plutarch wegen ihrer dem Christentum nahestehenden Moral ein gnädiger Richter zu sein, auch er ein »christlicher Humanist«. In der Praxis war es für einen Lehrer der Ph. im 11./12. Jh. oft schwierig, alles zu vermeiden, was bei der Kirche Anstoß erregen konnte. Ein gutes Beispiel bietet ein in der rhetor.-philos. Sammelhs. Bodl. Barocc. 131 (13. Jh.) anonym überliefertes philos. Kompendium, das in 36 Kap. die verschiedensten Themen behandelt, nicht unähnl. dem von Psellos stammenden Text »De omnifaria doctrina«. Die Untersuchung für eine Ed. pr. dieses Kompendiums (Corpus Philosoph. Medii Aevi VI 1992) hat gezeigt, a) wie schwierig es ist, einen bestimmten Autor zu nennen, weil das seit dem Neuplatonismus bekannte Material in dutzendfacher variatio minima angeboten wurde, b) wie der oder die Autoren sich bei heiklen Themen gegenüber der Orthodoxie abzusichern versuchten. Wie stark damals die Kontrolle der Orthodoxie gegenüber den Intellektuellen war, zeigen die Beispiele jener Philosophen, die eine offizielle schriftl. confessio (Glaubensbekenntnis) ablegen mußten. Nicht einmal Psellos entging dieser Prozedur; sein Schüler →Johannes Italos wurde gar als Häretiker angeklagt; dies die beiden prominentesten Fälle. Auch im 12. Jh. erklärte Theodoros Prodromos in einem Gedicht, er habe in seinen philos. Schriften und im Unterricht nur das angenommen, was für den Glauben nützl. sei (Ged. 59, 191–203 HÖRANDNER).

Am Ende der byz. Ph. steht Georgios Gemistos →Plethon (ca. 1360–1452), der sich von den grundlegenden Schwächen des byz. Staates und seiner Gesellschaft ein klares Bild gemacht hatte und in zwei Denkschriften an →Ks. Manuel II. und an den Despoten Theodoros in Mistra ein »Sanierungsprogramm« vorlegte. Sein Hauptwerk »Die Gesetze« (Νόμων συγγραφή) ist nur in Bruchstücken erhalten, weil Patriarch Gennadios II. die Verbrennung des Textes anordnete. Plethon lehnte im weltanschaul. Bereich angesichts der vielen ihn nicht befriedigenden Harmonisierungsversuche die christl. Religion und die orthodoxe Kirche ab und entwarf das Konzept eines neuen Polytheismus; an die Stelle eines christl. Humanismus trat so ein neues Heidentum. Die eth. Grundsätze Plethons waren in De virtutibus niedergelegt (ed. Corpus Philosoph. Medii Aevi, III, 1988). An der Polemik Aristotelismus contra Platonismus nahm er zugunsten Platons teil. H. Hunger

Lit.: RE Suppl. XI, 1124–1182, s. v. Psellos – B. TATAKIS, La ph. byz., 1949 – H. MERKI, Ὁμοίωσις θεῷ, 1952 – F. MASAI, Pléthon et le platonisme de Mistra, 1956 – L. G. WESTERINK, Anonymous Prolegomena, 1962 – E. IVÁNKA, Plato christianus, 1964 – W. BEIERWALTES, Proklos, 1965 – W. BÖHM, Johannes Philoponos, 1967 – K. OEHLER, Antike Ph. und byz. MA, 1969 – P. LEMERLE, Le premier humanisme byz., 1971 – M. WOLFF, Fallgesetz und Massebegriff, 1971 – P. MORAUX, Aristoteles graecus, 1976 – Gregor v. Nyssa und die Ph., hg. H. DÖRRIE, 1976 – P. LEMERLE, Le gouvernement des Philosophes (Cinq ét. sur le XIe s. byz., 1977), 193–248 – G. PODSKALSKY, Theol. und Ph., 1977 – HUNGER, Profane Lit., I, 4–62 – G. K. PAPAZOGLU, Ἰωσὴφ Φιλάγρης ἢ Φιλάγριος, 1978 – M. WOLFF, Gesch. der Impetustheorie, 1978 – L. G. BENAKIS, Χρόνος καὶ Αἰών. Φιλοσοφία 10–11, 1980/81, 398–421 – L. CLUCAS, The Trial of John Italos, 1981 – W. LACKNER, Die 1. Aufl. des Physik-Lehrbuchs des Nikephoros Blemmydes, 1981 – A. PREUS, Aristotle and Michael of Ephesus, 1981 – F. SONDEREGGER, Simplikios Über die Zeit, 1982 – J. TROUILLARD, La mystagogie de Proclos, 1982 – T.-S. LEE, Die gr. Tradition der aristotel. Syllogistik in der Spätantike, 1984 – K. OEHLER, Der unbewegte Beweger des Aristoteles, 1984 – S. AVERINCEV, Kul'tura Vizantii, I, 1984, 42–77; II, 1989, 36–58 – M. BEIERWALTES, Denker des Einen, 1985 – S. VOLLENWEIDER, Neuplatonismus und christl. Theol. bei Synesios v. Kyrene, 1985 – C. M. WOODHOUSE, Gemistos Plethon, 1986 – Aristoteles. Werk und Wirkung, hg. J. WIESNER, 1987.

C. Arabische Philosophie

[1] *Allgemeine Charakterisierung:* Als arab. Ph. bezeichnet man die Tradition rationaler Seinserklärung, die seit dem 9. Jh. im islam. Kulturkreis gepflegt worden ist. Ihr Ursprung lag in der Begegnung mit dem griech. Denken. Ihr Ziel war es, eine umfassende philos. Deutung des Diesseits und Jenseits vorzulegen, die mit den Prinzipien der islam. Religion vereinbart werden konnte. Aufgrund dieses universalen Anspruches jedoch und infolge ihrer Verwurzelung in einer als fremd empfundenen Tradition wurde die arab. Ph. nicht in den Kanon der eigtl. islam. Wissenschaften aufgenommen. Sie begleitete, wie schon in der Spätantike, als weltanschaul. Orientierung die Naturwissenschaften, v. a. die Medizin. Aber sie blieb getrennt von den Disziplinen, in denen die religiös inspirierte Metaphysik zum Ausdruck kam (Theologie, Mystik). Erst ab dem

12. Jh. fand philos. Lehrgut auch hier Eingang, allerdings nur in ausgewählter Form und um den Preis seiner Einordnung in ein bereits festgelegtes gedankl. System.

[2] *Etappen der Entwicklung:* Die Grundlegung der arab. Ph. erfolgte durch die umfangreiche Übersetzungstätigkeit des 9. und 10. Jh., in deren Verlauf zahlreiche griech. Werke (oft über die Vermittlung des Syrischen) auf Arabisch zugängl. gemacht worden sind. Im Zentrum des Interesses stand dabei das Corpus Aristotelicum, das nahezu vollständig mitsamt den Komm.en des Peripatos (→Alexander v. Aphrodisias, Themistios) und der spätantiken Schulen (v. a. →Alexandrias) übertragen worden ist. Platons Schrr. wurden ebenfalls z. T. bekannt, blieben aber mit Ausnahme der polit. Dialoge (Politeia, Nomoi) ohne tiefere Wirkung.

Einflußreich waren dagegen die neuplaton. Autoren, insbes. →Plotin und →Proklos. Ihre Werke sind im Arab. jedoch nicht in ihrer ursprgl. Form überliefert, sondern in theistisch und kreation. umgedeuteten Paraphrasen (Theologia Aristotelis, →Liber de Causis u. a.), die zumeist Aristoteles zugeschrieben wurden. Daß damit Divergenzen im Bild des Stagiriten auftraten, führte bei den Muslimen kaum zu Irritationen, da man die Ph. als universale Weisheit betrachtete und speziell im Falle Platons und Aristoteles' (im Gefolge spätantiker Tradition) von einer prinzipiellen Übereinstimmung ausging.

Der erste islam. Philosoph, →al-Kindī (gest. gegen 870), gehört noch in die Frühzeit der Übersetzungsperiode und ist in seinem Denken von der Heterogenität der neuen Eindrücke geprägt. Er verbindet platon. Seelenlehre und Ethik mit elementarer aristotel. Logik und Intellekttheorie (Unterscheidung zw. intellectus in potentia, adeptus, demonstrativus und agens). V. a. aber möchte al-Kindī die philos. Lehren nur als Ergänzung zur geoffenbarten Religion sehen und hält daher in wesentl. Punkten gegen die griech. Tradition an islam. Vorstellungen fest (creatio ex nihilo; Auferstehung des Leibes; Gottes Kenntnis der Partikularia).

→Al-Fārābī (gest. 950) dagegen, dem die antike Überlieferung bereits in ihrer ganzen Breite vorliegt, versteht die Ph. als systemat. Grundlage aller Wissenschaften (auch der religiösen). Die demonstrative Logik (nach Aristoteles) sichert nach seiner Überzeugung dem philos. Gebildeten einen allgemeingültigen Zugang zur Wahrheit. Alle anderen Menschen bedürfen der Offenbarung, die ihnen dieselbe Wahrheit in bildhafter und symbol. Form (und damit partikular) nahebringt. Verwirklicht wird das wahrheitsgemäße Leben im vollkommenen Staat, den al-Fārābī in seinem Hauptwerk (»Die Ansichten der Bürger des vortreffl. Staates«) nach platon. Vorbild konzipiert: Seine Gründung soll auf einen Philosophen-Propheten zurückgehen, seine Führung, wenn möglich, einem Philosophen-Kg. obliegen; sein Gesetz achtet die Vorschriften der Religion, damit jedem Bürger die Anleitung zum rechten Leben garantiert ist.

Die Hinordnung der allegor. gedeuteten Offenbarung auf eine universale, rational demonstrable Wahrheit bleibt fortan ein Grundzug der arab. Ph. Die Priorität des Politischen dagegen wird schon von Ibn Sīnā (→Avicenna; gest. 1037) wieder aufgegeben, der die Ph. im islam. Kontext neu formuliert und in klass. Werken zusammenfaßt (v. a. das »Buch der Heilung«), deren Systematik, Klarheit und sprachl. Anmut seiner Lehre bleibende Wirkung sichern. Von Bedeutung ist Ibn Sīnās Ontologie, die das Sein nach den Kategorien der Notwendigkeit und Möglichkeit analysiert und bei den Dingen zw. dem reinen Begriff (essentia), der Existenz in unserer Vorstellung und der konkreten Existenz unterscheidet. Noch einflußreicher dürfte jedoch seine neuplaton. angeregte Psychologie gewesen sein, die dem Individuum Ort und Bestimmung im Universum zuweist. Sie gründet auf einer ausgefeilten Theorie der Erkenntnis (Intellektlehre; Betonung der Intuition) und gipfelt in faszinierenden Beschreibungen über den Abstieg des göttl. Intellekts und den Aufstieg der geläuterten rationalen Seele, der allein Unsterblichkeit verheißen wird.

Ibn Sīnās inspirierte Darstellung zentraler metaphys. Themen konnte nicht ohne Reaktionen bleiben. Deren heftigste äußerte der Theologe und Mystiker →al-Ġazzālī (gest. 1111), der die Ph. mit scharfsinnigen skept. Argumenten angreift. Er bezweifelt nicht generell die Möglichkeit rationaler Beweisführung (sondern setzt sich sogar für die Anwendung aristotel. Logik in der islam. Theol. ein). Aber er bestreitet in seinem Werk »Die Inkohärenz der Philosophen«, daß Ibn Sīnā und dessen Vorgängern tatsächl. ein Beweis ihrer weitreichenden Thesen gelungen sei. Das ganze philos. Lehrgebäude beruhe vielmehr auf Scheinargumenten und inneren Widersprüchen. Außerdem führe es zu häret. Vorstellungen (z. B. der Lehre vom notwendigen Kausalzusammenhang, die al-Ġazzālī einer berühmten Kritik unterzieht), wenn nicht gar zum offenen Unglauben (bei 3 Thesen: Ewigkeit der Welt; Unsterblichkeit der Seele ohne den Leib; Gottes Kenntnis der Partikularia auf nur allg. Weise).

Andere Reaktionen, diesmal von philos. Seite, kommen aus Spanien. Dort versucht zunächst Ibn Bāǧǧa (→Avempace, gest. 1138), in der Tradition al-Fārābīs die Ph. als apodikt. Wissenschaft zu verteidigen. Ibn Ṭufayl (→Abubacer; gest. 1185) bemüht sich dann (in dem Roman »Ḥaiy Ibn Yaqẓān«) um eine Synthese zw. Ibn Sīnā und al-Ġazzālī, indem er den Weg der Erkenntnis als eine Verbindung von rationalem Begreifen und myst. Schau beschreibt.

Der wichtigste Beitrag stammt jedoch von Ibn Rušd (→Averroes, gest. 1198). Er wendet sich sowohl gegen Ibn Sīnā als auch gegen al-Ġazzālī und will noch einmal eine streng an Aristoteles orientierte philos. Wissenschaft etablieren. Ibn Sīnā wirft er u. a. vor, die Regeln log. Demonstration mißachtet zu haben (was die Ph. angreifbar gemacht habe) und von der wahren aristotel. Lehre durch neuplaton. Emanationstheorien und die Auflösung des Substanzbegriffes abgewichen zu sein. Gegen al-Ġazzālī lautet das Argument (in »Die Inkohärenz der Inkohärenz«), das Sein weise sehr wohl intelligible Strukturen und kausale Zusammenhänge auf, die man mit Begriffen und log. Schlüssen erfassen könne. Dabei entwirft Ibn Rušd scheinbar radikal antireligiöse Thesen wie die berühmte Lehre von der Universalität des materiellen Intellekts, die eine Unsterblichkeit des einzelnen Menschen ausschließt. Aber hinter diesem Konzept steht nicht die Kritik an religiösen Vorstellungen, sondern eher der Versuch, die Möglichkeit objektiver rationaler Erkenntnis durch eine überindividuelle Instanz abzusichern.

[3] *Wirkung:* Ibn Rušds Werk ist imposant, verfehlt jedoch seine Absicht und kann nicht verhindern, daß die Ph. als eigenständige Wissenschaft im islam. Kulturkreis keine Fortsetzung findet. Sie befruchtet dafür seit dem 12. Jh. Theologie und Mystik und findet später ihren Widerhall in theosoph. Spekulationen, wobei die Anregungen immer wieder von Ibn Sīnās Denken ausgehen.

Ebenfalls im 12. und stärker noch im 13. Jh. gewinnt die arab. Ph. Bedeutung für das europ. MA, wo sie, ins Lat. übersetzt, als Bewahrerin und Interpretin des griech. Denkens verstanden wird. Hier spielen Ibn Sīnā und Ibn Rušd die zentrale Rolle, wobei sich ersterer aufgrund seiner neuplaton. Ausrichtung eher mit der augustin. Tradition verbindet, während Ibn Rušd für die Aristotelesauslegung maßgebl. wird. Aber auch die Werke früherer arab. Autoren (etwa zur Intellekttheorie) werden ins Lat. übertragen. Im 14. Jh. lernt man schließlich die Ph. kritik al-Ġazzālīs kennen, die offenbar bei →Nikolaus v. Autrecourt auf fruchtbaren Boden fällt. U. Rudolph

Lit.: G. ENDRESS, Grdr. der arab. Philologie, II, 1987, 474–506 [Bibliogr.]; III, 1992, 25–61 – D. GUTAS, Avicenna and the Arist. Tradition, 1988 – I. A. BELLO, The Medieval Islam. Controversy between Philos. and Orthodoxy ... al-Ghazālī and Ibn Rushd, 1989 – G. ENDRESS, Die arab.-islam. Ph. des MA, ein Forschungsbericht, Zs. für Gesch. der arab.-islam. Wiss. 5, 1989, 1–47 – H. DAIBER, Lat. Übers. arab. Texte zur Ph. und ihre Bedeutung für die Scholastik des MA (Rencontres de cultures dans la philos. médiévale, 1990), 203–50 – D. URVOY, Ibn Rushd (Averroes), 1991 – H. A. DAVIDSON, Alfarabi, Avicenna, and Averroes on Intellect, 1992 – R. M. FRANK, Creation and the Cosmic System: Al-Ghazālī & Avicenna, 1992 – L. E. GOODMAN, Avicenna, 1992 – I. R. NETTON, Al-Fārābī and his School, 1992.

D. Jüdische Philosophie

Vollkommene Erkenntnisquelle für jüd. philosophierendes Denken im MA, das nur z. T. einem innerjüd. Bedürfnis entsprang, war die →Tora (d. h. Pentateuch und mündl. Tora), die die Frage nach dem Verhältnis zw. bibl. Wahrheit und Vernunftwahrheit sowohl in der innerjüd. Auseinandersetzung (z. B. mit den →Karäern) als auch in der Kontroverse mit Islam und Christentum bestimmte, wobei die Differenzierung zw. gesetzl. und nichtgesetzl. bibl. Inhalt eine weitere Modifikation darstellte. Themat. Schwerpunkte bildeten im Rahmen der sich entwickelnden systematisierten Transzendenzvorstellung die Anthropomorphismen und Anthropopathismen in Bibelinterpretation und rabbin. Tradition (sowie Gottes Einheit, Schöpfung, Providenz und Prophetie), da dem neuplaton. bzw. aristotel. orientierten Denken der Jenseitig- und Gestaltlosigkeit Gottes die bibl. und rabbin. Traditionen gegenüberstanden, ein unvereinbarer Gegensatz, der erst in der kabbalist. Symbolistik (→Kabbala) aufgehoben wurde. Entstanden ist diese philosophierende Theologie in arab. Sprache im 9./10. Jh. nach der arab. Eroberung im islam. Kulturraum als Antwort auf die Herausforderung durch Islam und Christentum sowie für die durch Kontakte mit der nichtjüd. Umwelt 'Verwirrten', da das philos. Denken des hellenist. Judentums ohne innerjüd. Einfluß geblieben war. Die (rechtfertigenden) Darlegungen der Theologen beeinflußte zunächst der mu'tazilitische Kalam (→Saadja Gaon, Mebasser b. Nissim Hallevi, Aaron ben Elia), bald schon der Neuplatonismus (Isaak b. Salomo Israeli [→Isaac Judaeus], Sabbataj →Donnolo, Salomo b. Jehuda ibn →Gabirol, Bachja b. Josef ibn Paquda, Josef ibn Zaddik, →Abraham bar Ḥiyya) und schließlich der Aristotelismus (→Abraham b. David, →Maimonides), der in den Averroismus (Josef b. Abba Mari ibn Kaspi, Isaak Albag, →Levi b. Gerson, Mose b. Josua Narboni) mündete. Sie entwickelten keine eigenständigen spekulativen Systeme, sondern adaptierten islam. bzw. durch syr. und arab. Übers. en zugängl. gewordenes griech. Gedankengut für eigene Bedürfnisse, wobei der Aristotelismus zur Ph. schlechthin wurde und im Maimonidischen Streit zu einer innerjüd. Zerreißprobe führte. Während die islam. Theologie und griech. Ph. die Grundlage für den Harmonisierungsversuch zw. Tradition und Ph. dieser jüd. 'Religionsph.' im MA legten und der Einfluß der Scholastik aufgrund der erforderl. Lateinkenntnisse nur bedingt vorhanden war, beeinflußten lat. Übers.en von ibn Gabirol (fons vitae) und Maimonides (dux neutrorum) christl. Denker. R. Schmitz

Lit.: J. J. EFROS, Ancient Jewish Ph.: A Study in Metaphysics and Ethics, 1964 – A. HYMAN – J. WALSH, Ph. in the MA: The Christian, Islamic and Jewish Tradition, 1967 – S. PINES, Scholasticism after Thomas Aquinas and the Teachings of Hasdai Crecas and His Predecessors, 1967 – H. A. WOLFSON, Stud. in the Hist. of Ph. and Religions, I–II, 1973/77 – G. VAJDA, Sages et penseurs séphardes de Bagdad à Cordoue, 1988 – C. A. SIRAT, A Hist. of Jewish Ph. in the MA, 1990² – M. HAYOUN, La ph. médievale juive, 1991.

Philostorgios, gr. Kirchenhistoriker, * um 368 Borissus (Kappadokien), † ca. 439, lebte in Konstantinopel. Seine persönl. Bekanntschaft mit dem Arianer Eunomios beeinflußte seine Ἐκκλησιαστικὴ ἱστορία (12 B.; MPG 65, 455–638; ed. J. BIDEZ, bearb. F. WINKELMANN, 1982³), die an die Kirchengesch. des →Eusebios anschließt und diese bis zum Jahr 425 weiterführt. Das Werk (nur Frgm.e u.a. bei Photios, Suda und im Martyrion des Artemios von Johannes v. Rhodos erhalten) wurde zw. 425 und 433 veröffentlicht, berücksichtigt bes. die Profangesch. und ist eine wichtige Q. zur Gesch. des Arianismus (→Arius). Zwei weitere Werke des Ph., das Ἐγκώμιον Εὐνομίου und die Ἀγῶνες gegen Porphyrios, sind verloren.
J. M. Alonso-Núñez

Lit.: CPG III, 6032 – A. E. NOBBS, Philostorgius' View of the Past (Reading the Past in Late Antiquity, ed. G. CLARKE, 1990), 251–264.

Philotheos. 1. Ph. Kokkinos, Patriarch v. Konstantinopel 1353–54 und 1364–76, * ca, 1300 in Thessalonike, † 1376, wahrscheinl. jüd. Abstammung, ausgebildet bei Thomas Magistros, Mönch im Athos-Kl. Vatopedi und Schüler des hl. Sabas, arbeitete 1340 als Anhänger des Gregorios →Palamas am »Tomos hagioreitikos« mit. Nach dem Sieg Ks. →Johannes' VI. Kantakuzenos, dessen Beichtvater er war, wurde er 1347 Metropolit v. Herakleia, spielte auf den Synoden Mitte 1351 eine wichtige Rolle und verfaßte deren Tomos (DÖLGER, Nr. 2982). Nach dem Bruch zw. Kantakuzenos und Patriarch →Kallistos I. wurde Ph. im Aug. 1353 Patriarch und krönte im Febr. 1354 →Matthaios Kantakuzenos zum Mitks. Nach dem Umsturz im Nov. 1354 wurde er im Febr. 1355 durch eine Synode unter Kallistos abgesetzt und exkommuniziert, erlangte aber ca. 1357/58 die Metropolitenwürde, am 8. Okt. 1364, wohl v. a. dank Kantakuzenos, auch den Patriarchenthron wieder. Als Patriarch ging er gegen die Antipalamiten vor und ließ 1368 Prochoros Kydones von einer Synode verurteilen. Zur Union mit der röm. Kirche wäre Ph. bei Abhaltung eines vom päpstl. Legaten Paul 1367 auch zugesagten ökumen. Konzils bereit gewesen (von Urban V. 1370 abgelehnt). Nach der Usurpation Andronikos' IV. wurde Ph. im Aug. 1376 erneut abgesetzt und in ein Kl. verbannt, wo er starb. Ph. verfaßte Enkomien und Hl. nviten (u. a. Enkomion auf Palamas), dogmat.-polem. (u. a. Antirrhetikoi gegen Nikephoros →Gregoras), exeget.-homilet. und liturg. Schr. sowie Akoluthien, Hymnen und Kanones. K.-P. Todt

Ed.: Werke, hg. B. S. PSEUTONKAS – D. G. TSAMES, 1981–85 – Lit.: PLP V, Nr. 11917 – BECK, Kirche, 723–727 – J. DARROUZÈS, Les Rég. des Actes du Patriarcat de Constantinople I/5, 1977, 285–307, 385–564 – Πρακτικά ... Φιλοθέου ἀρχιεπισκόπου Κωνσταντινουπόλεως, 1986 – O. KRESTEN, Fünf nachgezeichnete Metropolitenunterschriften aus der ersten Amtsperiode des Patriarchen Ph. K., Österr. Osthefte 33, 1991, 167–200.

2. Ph. Protospatharios publizierte als Atriklines (von 'a triclinio', Zeremonienmeister bei ksl. Empfängen und Banketten) 899 einen (ca. 900 noch etwas revidierten) meist als »Kletorologion« bezeichneten Traktat (4 B., 2 Appendizes), der eine Hauptq. für das mittelbyz. Titel- und Ämterwesen abgibt: Er beschreibt die Zeremonie der Verleihung von Rangtiteln bzw. der Ernennung für die höchsten Ämter, erstellt Listen der bedeutensten Würdenträger sowie ihrer Mitarbeiter und führt die Feste auf, an denen ksl. Bankette stattfanden. Großer Wert wird auf die Unterscheidung von Rangtitel (ἀξία διὰ βραβείου) und Amt bzw. Kommando (ἀξία διὰ λόγου), von Eunuchen und Nicht-Eunuchen sowie auf ksl. Spenden bzw. jeweils von den Beförderten zu leistende Sporteln gelegt. Abschließend fügte Ph. seinem Werk eine Bf.sliste des 7. Jh. bei (Darrouzès, Notitia 1). Ph. könnte ident. sein mit jenem Philotheos ὁ τοῦ Λαμπύδου, der 912 und 913, ebenfalls als Protospathar, →Eparch war (und das →Eparchenbuch veröffentlichte) bzw. mit dem kurz danach gen. Patrikios. W. Seibt

Q. und Lit.: J. B. Bury, The Imperial Administrative System in the Ninth Cent., 1911 – N. Oikonomidès, Les listes de préséance byz. des IXe et Xe s., 1972, 65-235; vgl. 281-354 – J. Darrouzès, Notitiae episcopatuum ecclesiae Constantinopolitanae, 1981, 3-9, 203-213 – A. Schminck, 'Novellae extravagantes' Leons VI., Subseciva Groningana 4, 1990, 207, A. 75.

Philoxenie (Gastfreundschaft Abrahams): Darstellung der Bewirtung der drei Männer durch Abraham und Sara bei den Terebinthen von Mamre (Gen 18,1–15) mit der Prophezeiung der Geburt Isaaks, die – wegen des Mahlcharakters und der (späteren) Isaakopferung als Vorbild der Eucharistie, als Epiphanie Christi mit zwei Engeln oder als Sinnbild der →Dreifaltigkeit verstanden wurde. Der liturg. Zusammenhang wird durch Darstellung der Szene im Altarbereich (S. Vitale, Ravenna, 6. Jh.) oder auch in liturg. Hss. (Cod. Hag. Staurou, Patr. Jerus. 109, 11. Jh.: Omega-Initiale des Textes der Chrysostomus-Liturgie) deutlich. Für das westl. Verständnis als drei von Gott dem Abraham gesandte Engel war Augustinus (De Civ. Dei XVI, 29) bestimmend, für das ikonographisch die Isokephalie der Drei steht (Sta. Maria Maggiore, Rom; Monreale; San Marco, Venedig), wohingegen der Osten sich an Eusebios (Vita Const. LIII und Demonstratio Evangel. V. 9, ed. Heikel I, 101 bzw. VI, 231f.) und Sozomenos (Kirchengesch. II, 4,3) orientiert, der in den drei Männern den präexistenten Logos Christus mit zwei Engeln sieht. Die Deutung auf die Dreifaltigkeit findet sich dann bei Theodoros Studites um 800 (MPG 99, 733B). Bildl. Ausdruck dafür ist der bei allen dreien ab dem 12. Jh. zu beobachtende Kreuznimbus, was ab dem 14. Jh. zur Beischrift ἡ ἁγία τριάς führte. Obwohl die Monumentalmalerei den Schwerpunkt der Darstellungen bildet, kennt die Buchillustration (v.a. →Oktateuch-Illustration[en]) das Thema ebenso wie die Ikonenmalerei (Byz. Mus. Athen) bis hin zur berühmten Sv. Troiza des A. Rubljev (Tretjakov Gal., Moskau). M. Restle

Lit.: S. Kalopissi-Verti, Die Kirche der Hagia Triada bei Kranidi in der Argolis (1244) [Misc. Byz. Monac.], 1975, 170-177.

Philoxenos v. Mabbug, seit 485 monophysit. Bf. v. Mabbug (Menbidj, Syrien), † 523. Nach Studium in Edessa war er aktiv gegen die chalkedon. gesinnten Patriarchen Kalandion (484) und Flavianos II. v. Antiochia zugunsten der Monophysiten →Petrus Fullo und Severos († 538). 519 wurde Ph. nach Gangra, dann nach Philippopolis/Thrakien verbannt, wo er starb. Als theol. Schriftsteller und Klassiker der syr. Lit. hinterließ er an die 60 Werke exeget., dogmat., asket. und liturg. Inhalts, auch eine neue syr. Übers. (»Philoxeniana«) des NT regte er an. Sein dogmat. Hauptanliegen war die Widerlegung des nestorian. und chalkedon. »Dualismus«. J. Aßfalg

Ed. und Übers.: Dissertationes decem de uno ..., POr XV,4, hg. M. Brière, 1920; XXX,5, hg. R. Lavenant, 1963; XXXVIII,3, hg. M. Brière-F. Graffin, 1977; XXXIX,4, hg. Diess., 1979; XLI,1, hg. Diess., 1982 – Bibelkomm., Corp. Script. Christ. Orient., 380 und 381, hg. A. de Halleux, 1977; 392 und 393, hg. J.W. Watt, 1978 – A. de Halleux, La deuxième lettre de Ph. aux monastères de Beit Gaugal, Le Muséon 96, 1983, 5-79 – Lit.: LThK² VIII, 479 – A. de Halleux, Philoxène de Mabbog, sa vie, ses écrits, sa théologie, 1963 – I. Ortiz de Urbina, Patrologia Syr., 1965², 157-161 – Diz. Patr. Antichità Crist. I, 1983, 1372-1374 – M. Mattathil, The Christology of Ph. of M., 1984.

Phlorios und Platzia Phlore → Florisdichtung B. V

Phocas (Focas), lat. Grammatiker in Rom, Ende 4. Jh./Anfang 5. Jh. (F. Casaceli: 1. Hälfte 4. Jh., vor Donatus Aelius; anders G. Brugnoli). Werke: »Ars de nomine et verbo« (doppelte Praefatio in 6 eleg. Distichen und in Prosa); »Vita Vergilii versibus condita« (108 Hexameter, Einl.: 6 sapph. Strophen), unvollständig in einer Hs. des 9. Jh. überliefert; zugeschrieben werden ihm zwei im MA verfaßte Traktate »De aspiratione« und »Orthographia«. Die »Ars« wurde in karol. Zeit (→Remigius v. Auxerre) mehrfach kommentiert, von den Humanisten Pietro Odi de Montopoli und Johannes Caesarius (ed. Köln 1525) glossiert. C. Jeudy

Ed.: Ars de nomine et verbo: GLK 5, 1868, 410-439 – F. Casaceli, 1974 – Vita Vergilii: K. Bayer (Vergil, Landleben, hg. J. Götte-M. Götte, 1970), 292-299, 718-732 [mit dt. Übers.] – G. Brugnoli, 1984 – J. L. Vidal (Perez), Boletin de la Sociedad Castellonense de cultura 57, 1981, 1-17 [mit span. Übers.] – De aspiratione: GLK 5, 1868, 439-441 – C. Jeudy (Hommages à A. Boutemy, 1976), 212-215 – Orthographia: R. Sabbadini, Rivista di filologia classica 28, 1900, 537-544 – Lit.: Schanz-Hosius, IV/2, 215-218 – Enc. Virgiliana I, 1984, 545f. – C. Jeudy, L'»Ars de nomine et verbo« de Ph., Viator 5, 1974, 61-156 – Dies., Annuaire de l'École Pratique des Hautes Études, 4e ser., 1973/74, 849-856 – A. Mazzarino, Appunti sul metodo, II, Helikon 13-14, 1973-74, 502-527 – C. Jeudy, Note sur le ms. Voss. lat. 8° 88 de la Bibl. univ. de Leyde, Scriptorium 31, 1977, 356 – G. Brugnoli, Osservazioni sulla Vita Vergilii di Foca, Maia 40, 1988, 153-157 – s. a. →Remigius v. Auxerre, →Vergil.

Phoenix

I. Allgemein – II. Ikonographie.

I. Allgemein: Der sagenhafte oriental. Wundervogel Ph. wird bereits in Linear-B-Texten und bei Hesiod erwähnt (frg. 304 M.-W.; in der Spätantike mehrfach zitiert und ins Lat. übersetzt), ausführlicher bei Herodot (2, 73) und Ovid (met. 15, 391-407). In der Ks.zeit nehmen die Belege stark zu: In Münzprägung, paganer Sepulkralkunst und Katakombenmalerei erscheint er als Symbol der Zeiterneuerung im Sinne eines Goldenen Zeitalters, als Unsterblichkeits- und Auferstehungssymbol. Eigene Gedichte widmen ihm →Lactantius und →Claudianus (carm. min. 27). Sein Aufenthaltsort sei (nach Lact.) ein hochgelegenes →Paradies in der fernen O nahe dem großen Himmelstor. Mitten darin steht ein Brunnen mit dem Wasser des Lebens, der zwölfmal im Jahr ausbricht. Ph. dient dem Phoebus durch seinen Gesang, verrichtet also eine Art Gottesdienst. Nach 1000 Jahren muß er sich erneuern; er fliegt nach Syrien (Phoinike), wo er die Vorbereitungen für sein Sterben trifft, indem er auf einer Palme (gr. phoinix) ein Nest aus aromat. Kräutern baut. Der Körper verbrennt unter Mitwirkung himml. Feuers zu Asche, aus der nach einer Metamorphose der junge Ph. schlüpft. Aufgewachsen fliegt er mit den geborgenen Überresten seines alten Körpers nach Heliopolis in Ägypten, wo er sich den Menschen zeigt, bevor er seine Himmelfahrt antritt. J. Gruber

II. Ikonographie: Der Mythos vom Sonnenvogel Ph., der nach freiwilligem Tod in den Flammen auf einem Altar im ägypt. Heliopolis ('Sonnenstadt') wiedergeboren wird, wurde in den für ma. Vorstellungen wichtigen →Physiologus aufgenommen und hier mit der bibl. Erzählung vom freiwilligen Tod Christi und seiner Auferstehung verglichen. In der Beschreibung des Physiologus, der Ph. habe eine Kugel zu seinen Füßen gleich einem Kg., dürfte eine Erinnerung an röm. Münzreverse des 2. bis späten 4. Jh. vorliegen, auf denen der Vogel, dessen Kopf stets mit →Nimbus von Strahlen umgeben ist (bevorzugt: 7 Strahlen), alleinstehend oder in der Hand von Personifikationen (v.a. Aeternitas 'Ewigkeit') oder des Ks.s dargestellt ist und des öfteren auf einem Globus steht (Münzkatalog: VAN DEN BROEK, 427–437). Als dritte Bedeutungskomponente ist zu erwähnen, daß der Ph. schon bei heidn. Autoren im Elysium, bei chr. (wie Laktanz, vgl. VAN DEN BROEK, 305–334) im →Paradies lokalisiert wurde oder als Bild für den Aufstieg ins Paradies verwendet wurde. Schließlich konnte seine Geschlechtslosigkeit als Bild für Jungfräulichkeit dienen. In spätantiken Bildern steht der Ph. in den Flammen seiner Wiedergeburt (Malerei in Rom, Priscilla-Katakombe; Mosaiken des 4. Jh. in Aquileia und Piazza Armerina) oder auf einem Berge. Doch der wichtigste Darstellungstyp zeigt den Vogel in den Ästen eines Palmbaums (gr. und lat. Name 'Ph.') zu Seiten Christi in den zahlreichen w. Bildern der Traditio legis (→Gesetzesübergabe) und von dieser abhängigen Kompositionen bis ins MA. Auf einer Palme steht der Ph. auch im →Himml. Jerusalem des Apsismosaiks der röm. Laterankirche (Ende 13. Jh.). Zur ma. Verbindung mit anderen Tieren aus dem Physiologus und zur Jungfräulichkeitsallegorie im →Defensorium vgl. →Pelikan.

J. Engemann

Lit.: KL. PAULY IV, 799f. – LCI III, 430–432 – LThK² VIII, 482f. – RE XX, 414–423 – J. HUBEAUX, Le mythe du Ph. dans les lit. grecque et lat., 1939 – H. CASTRITUS, JbNum 14, 1964, 89–95 – R. VAN DEN BROEK, The Myth of the Ph. according to Classical and Early Christian Traditions, 1972 – W. HARMS-H. REINITZER, Natura loquax, 1981, 17–72 – A. TAMMISTO, Arctos 20, 1986, 171–225 – G. AMAD, Recherches sur le mythe du phénix dans la mosaïque antique, 1988 – A. WLOSOK, Kleine Schrr., 1990, 233–278.

Phoenix, ein 677-zeiliges, im →Exeter-Buch erhaltenes ae. Gedicht, das in zwei Teile zerfällt, wovon der erste (Zeilen 1–380) das →Lactantius zugeschriebene Gedicht »De ave Phoenice« frei übersetzt. Aus den 170 Zeilen des lat. Gedichtes macht der ae. Dichter 380; während bei Lactantius Hinweise auf die chr. Religion fehlen, spricht das ae. Gedicht schon im 1. Teil vom Schöpfergott und vom Weltende. Der 2. Teil (Zeilen 381–677) bietet eine allegor. Interpretation, in der Mensch und Ph. verglichen werden, da beide die ursprgl. paradies. Heimat verlassen haben, und beide ihr altes Wesen verbrennen müssen, um wieder dahin zurückkehren zu können. Der Ph. wird in diesem Teil auch als Symbol für die Auferstehung Christi gedeutet. Die Q. dieses Teils sind umstritten; neben der Bibel scheint auch →Ambrosius' Exameron benutzt worden zu sein. Stilist. gilt der »Ph.« als eines der elegantesten ae. religiösen Gedichte, dessen symbol. Vielfalt von fast keinem anderen erreicht wird.

G. Wieland

Bibliogr.: RENWICK-ORTON, 177–179 – NCBEL I, 294 – S. B. GREENFIELD – F. C. ROBINSON, A Bibliogr. of Publ. on OE Lit., 1980, 252ff. – Ed.: ASPR III, 94ff. – N. F. BLAKE, The Ph., 1990² – Lit.: B. A. SHAW, The OE Ph. (Medieval Translators and their Craft, 1989), 155–181 – J. GARDE, OE Poetry in Medieval Christian Perspective, 1991, 196–211.

Phokaia (it. Focia, Fogia, Foglia u.a., jetzt Eski Foça), Hafenstadt an der O-Seite des Eingangs zum Golf v. Smyrna (Izmir), mit gutem, natürl. Hafen, im 8. Jh. v. Chr. als nördlichste der ion. Städte gegr., verlor seit dem späten 6. Jh. v. Chr. an wirtschaftl. Bedeutung. In röm.-frühbyz. Zeit zur Prov. Asia gehörig, in mittelbyz. Zeit zum Thema Thrakesion; als Bm. (seit 430 bezeugt) erst Suffragan v. Ephesos, seit dem 10. Jh. v. Smyrna. 1082 zählt Ph. zu den Häfen, in denen Alexios I. den Venezianern Handelsprivilegien gewährte. Ca. 1088–92 war Ph. einer der maritimen Stützpunkte des türk. Emirs Zachas (Çaka). Wirtschaftl. Bedeutung erlangte die Stadt, als Ks. Michael VIII. 1264 (oder 1267, jedenfalls vor 1275) Ph. gegen Tribut den Brüdern Benedetto und Manuele →Zaccaria zur Ausbeutung der dortigen →Alaun-Vorkommen überließ, die zur Absicherung ihres Besitzes noch im 13. Jh. 10km n. die ebenfalls befestigte Stadt Focia Nova (Nea Ph., jetzt Yeni Foça) gründeten. Alt-Ph., nun unter der Verwaltung des Andreolo Cattaneo, ging vor 1329 in byz. Besitz über, Neu-Ph. folgte 1329, blieb aber bis 1340 unter genues. Verwaltung. 1346 durch den genues. General Simone Vignoso erobert, wurden (seit 1347; 1347–49 Alt-Ph. nochmals byz.) beide Ph. durch die →Ma(h)ona de Chio verwaltet. 1455 ging Ph. an die Türken verloren. – Nur wenige Spuren des antiken Ph. sind erhalten; in Eski Foça gibt es Reste der ma. Befestigungen.

K. Belke

Lit.: RE XX/1, 444–448 – The Oxford Dict. of Byzantium, 1991, 1665 – P. LEMERLE, L'Émirat d'Aydin, 1957, 50–55, 65f., 108–115 – G. BEAN, Aegean Turkey, 1966, 117–125 – M. BALARD, La Romanie génoise, 1978, passim – PH. ARGENTI, The Mahona of the Giustiniani, Byz. Forsch. 6, 1979, 1–35 – F. TINNEFELD, Ks. Ioannes V Palaiologos und der Gouverneur v. Ph. 1356–58, Riv. stud. Biz. e slavi 1, 1980, 259–271.

Phokas, byz. Ks. Nov. 602–610, * ca. 547 wahrscheinl. in Thrakien, † 5. Okt. 610 in Konstantinopel, diente im Heer, zuletzt im (Unteroffiziers-)Rang eines 'Kentarchos'. Als im Nov. 602 die Armee meuterte, wurde Ph. zunächst zum Oberbefehlshaber, dann durch Schilderhebung zum Ks. ausgerufen. Die Truppen marschierten nach Konstantinopel, wo nach einem Aufstand Ph. mit Zustimmung des Senats am 23. Nov. 602 vom Patriarchen gekrönt wurde. Die Hinrichtung des Ks.s Maurikios und seiner Söhne nahm →Chosroes II. zum Anlaß, Byzanz erfolgreich anzugreifen. Um Truppen von Europa in den O zu verlegen, mußte Ph., wohl 604, einen Friedensvertrag mit den →Avaren schließen und die Tributzahlungen erhöhen. Die Balkangrenze blieb ungeschützt Angriffen ausgesetzt, im Inneren unterdrückte Ph. Verschwörungen der Aristokratie, Aufstände der →Demen, religiöse Bewegungen und Empörungen der Generäle mit brutaler Härte. Einzig in Italien herrschte Ruhe, da der Ks. 607 den Stuhl Petri als Haupt aller Kirchen anerkannt hatte (DÖLGER, Reg. 155). 610 setzte →Herakleios der Schreckensherrschaft ein Ende, und Ph. sowie seine engsten Helfer (darunter sein Bruder Domentiolos) wurden hingerichtet.

J. Ferluga

Lit.: Oxford Dict. of Byzantium III, 1991, 1666f. – F. BARIŠIĆ, Car Foka (602–610) i podunavski Avaro-Sloveni, ZRVI 4, 1956, 73–88 – F. KUČMA, K voprosu o social'noj sušcnosti 'revolucii' Foki (602–610) (Vizantijskie očerki, 3, 1977), 152–194 – Byzanz im 7. Jh., hg. F. WINKELMANN u. a., 1978 – P. SPECK, Ks. Konstantin VI., 1978 – DERS., Die Schilderhebung des Ph., Ἑλληνικά 39, 1988, 157f. – D. M. OLSTER, The Politics of Usurpation in the Seventh Century, 1993.

Phokas (Φωκᾶς), byz. Adelsgeschlecht kappadok. Herkunft, verdankte den Aufstieg zunächst den →Paulikianerkriegen unter Basileios I., dann wichtigen militär. Posten im O des Reiches. Die Familie war eine typ. Vertreterin der sog. δυνατοί (→Mächtige), deren Aufstieg (bes. im 10. Jh.) langfristig die Stärke der Zentralgewalt untergrub. Ein erster Vertreter der Phokaden wurde 872 erwähnt (Turmarch im Thema →Kappadokien); sein Sohn, Nikephoros Ph. der Ältere († nach 900/901), hatte wichtige militär. Kommandos im O und in S-Italien inne. Dessen älterer Sohn Leon, →Domesticus der Scholen, unterlag am 20. Aug. 917 in der Schlacht bei Acheloos den →Bulgaren und wurde nach einem Usurpationsversuch gegen Romanos I. Lakapenos geblendet; der jüngere Sohn Bardas jedoch starb Anfang 969 als Kaisar (→Caesar, II). Den Titel verlieh ihm sein Sohn →Nikephoros (II.Ph.), der 963 den Thron usurpierte und seinen Bruder Leon zum Kuropalates machte. Nach Ermordung Nikephoros' II. kämpften die Phokaden um die Macht. Sein Neffe Bardas, dux v. Antiocheia, revoltierte 987 und fiel am 13. April 989 bei Abydos, dessen Sohn Nikephoros fiel 1022 bei einer Erhebung. Bardas' gleichnamigen Enkel ließ Konstantin VIII. blenden. Die durch Heiraten seit dem 10. Jh. mit den meisten wichtigen kleinasiat. Magnatenfamilien verwandten Phokaden erlebten noch im 13. Jh. einen erneuten Machtanstieg in enger Verbindung mit den →Laskariden. W. Brandes

Lit.: Oxford Dict. of Byzantium III, 1991, 1665f. – A. P. Každan, Social'nyi sostav gospodstvujuščego klassa Vizantii XI–XII vv., 1974 – I. Djurić, Porodica Foka, ZRVI 17, 1976, 189–292 – J.-C. Cheynet (Le traité sur la guérilla, hg. G. Dagron–H. Mihăescu, 1986), 289–315 – F. Winkelmann, Q.stud. zur herrschenden Klasse von Byzanz im 8. und 9. Jh., 1987, 177.

Photinianer, Anhänger des Photeinos, Bf. v. Sirmium († 376 in Galatien), dessen christolog. Lehre (die die Menschheit Christi in den Vordergrund stellt) seit 344 mehrmals als häretisch verworfen wurde. Seine Schriften sind nicht erhalten. Gegen die Ph. und andere Häretiker wandte sich →Vigilius v. Thapsus. Nach mehreren Verurteilungen (u. a. auf dem Konzil v. Konstantinopel v. 381) ist die Häresie für Ph. erloschen, blieb aber in den Ketzerkatalogen erhalten. G. Avella-Widhalm

Q.: Socrates, Hist. eccl. II 18; 29–30 – Theodoret., Haeret. fab. II 11 – Epiphanios, Pan. 71 – Lit.: Hefele-Leclercq I, 841–862 – ECatt V, 1553f. – LThK² VIII, 483f.

Photios, Patriarch v. Konstantinopel 858–867 und 877–886, * um 810, † 893/894, stammte aus begüterter Beamtenfamilie in Konstantinopel. Nach gründl. Studium der weltl. Wissenschaften und der Theologie sowie privater Lehrtätigkeit begann er dank seiner familiären Verbindung zu Ksn. →Theodora eine erfolgreiche Karriere als Hofbeamter. 856 übernahm der Bruder der Theodora, →Bardas, die Führung des Staates und die Regentschaft über den noch minderjährigen Ks. →Michael III. mit Gewalt, verbannte 858 Patriarch →Ignatios und setzte durch, daß Ph., der zuvor weder Mönch noch Kleriker gewesen war, dessen Nachfolger wurde (Nov./Dez. 858). Ignatios und seine Anhänger bannten daraufhin Ph., der 859 durch eine Synode das Patriarchat des Ignatios für illegitim erklären ließ. Die Legaten, die Papst Nikolaus I. zur Überprüfung der Angelegenheit nach Byzanz schickte, bestätigten zwar 861 die Absetzung des Ignatios, fanden aber bei ihrer Rückkehr nicht die Zustimmung des Papstes, der 863 auf einer röm. Synode Ph. bannte und Ignatios als rechtmäßigen Patriarchen anerkannte. Damit begann ein kurzzeitiges Schisma zw. O- und W-Kirche, das auch zur Diskussion grundsätzl. Unterschiede im Glauben (v. a. des →Filioque, gegen das Ph. seine »Mystagogia Spiritus Sancti« schrieb) und in der kirchl. Praxis führte. Der Streit verschärfte sich, als die krieger. →Bulgaren, die seit dem 7. Jh. die Nordgrenze des Reiches bedroht hatten, unter der Führung →Boris' I. die Annahme des Christentums in Anlehnung an die Kirche des W für polit. opportun hielten. 864 konnte Byzanz sie zunächst durch militär. Druck zwingen, ihr Land durch Patriarch Ph. christianisieren zu lassen und sich ihm kirchl. unterzuordnen. Doch nutzte 866 Boris nach der Ermordung des Cäsars Bardas durch →Basileios (I.), einen Günstling des Ks.s Michael, die Zeit der polit. Unsicherheit in Byzanz, erbat und erhielt von Papst Nikolaus w. Glaubensboten und vertrieb den byz. Klerus aus seinem Land. Darauf ließ Ph. 867 von seiner Synode das Wirken des lat. Klerus in Bulgarien verurteilen und Papst Nikolaus absetzen; dieser starb noch vor Eintreffen der Nachricht. Wenig später ließ Basileios Michael III. ermorden und übernahm die Herrschaft. Um die Gunst des Papstes zu gewinnen, setzte er sofort, am 25. Sept. 867, anstelle des Ph. wieder Ignatios als Patriarchen ein. Eine Synode unter Vorsitz des Basileios und des Ignatios (Okt. 869–Febr. 870; VIII. ökumen. Konzil v. →Konstantinopel) verhängte in Anwesenheit von Legaten des neuen Papstes Hadrian II. über Ph. und seine Anhänger den Bann. Doch gelang es Ph., nach dem Tod des Ignatios (877), nochmals das Patriarchat zu erlangen. Eine neue Synode in Konstantinopel (Nov. 879–Jan. 880) bestätigte ihn, ohne die Bedingungen, die der nunmehrige Papst Johannes VIII. mit der Anerkennung verbinden wollte, zu beachten. Erst der Sohn und Nachfolger Basileios' I., Leon VI., erzwang aus persönl. Abneigung erneut Ph.' Rücktritt (Aug. 886), der seine letzten Jahre in einem Kl. verbrachte. Der streitbare Patriarch wird bis heute in O und W unterschiedl. beurteilt. Die Orthodoxie sieht ihn als einen ihrer bedeutenden Vorkämpfer, die röm. Kirche als einen Wegbereiter des späteren Schismas. Unbestritten ist der überragende Rang des Ph. als Theologe und Gelehrter. Er verfaßte Predigten, exeget. Werke und theol. Streitschr., Kurzabhandlungen zu diversen Fragen (»Amphilochia«), Briefe (erhalten 299), Gedichte, ein att. Lexikon und die sog. 'Bibliothek', eine wertvolle Kompilation von Notizen und Exzerpten aus 386 Werken profaner und chr. Autoren der Antike und der folgenden Zeit, schließlich auch das Vorwort zur »Eisagoge« (früher →»Epanagoge«), einer Einführungsschr. in die große Rechtsslg. Ks. Leons VI., in dem eine byz. 'Zweigewaltentheorie' für Ks. und Patriarch entworfen wird. F. Tinnefeld

Lit.: BLGS III, 453–455 – Catholicisme XI, 230–235 – DSAM XII, 1397–1408 [Lit.] – Oxford Dict. of Byzantium III, 1991, 1669f. – ThEE XII, 21–31 – F. Dvornik, The Photian Schism, 1948 [Neudr. 1970] – H. Grotz, Erbe wider Willen, 1970 – J. Schamp, Ph., Historien des lettres, 1987 – V. Grumel – J. Darrouzès, Les Regestes des Actes du Patriarcat de Constantinople, I/2–3, 1989².

Phylakterium. Das gr. phylakterion, 'Wachtturm', wurde bereits in hellenist. Zeit aus dem militär. Bereich auf das Gebiet der übelabwehrenden →Magie übertragen, so daß bei der Übernahme ins Lat. Ph. mit amuletum synonym gebraucht wurde. Allerdings war der Umfang weiter als der moderne von →Amulett (vgl. auch →Enkolpium) und umfaßte auch Abwehrhandlungen und ganz allgemein Abwehrmittel gegen den →Bösen Blick und sonstigen Schaden, die nicht am Körper getragen wurden. Zu spätantiken und frühchristl. Darstellungen zum Tür- und Schwellenkult vgl. Kitzinger, Engemann; zum jüd., bis in die Neuzeit gebräuchl. Türschutz der Mesusa (mit Text Dtn 6,4–9; 11,13–20) vgl. Trachtenberg, 146–152; Rabinovitz; zum Bösen Blick jetzt Dunbabin-Dickie. Da frühchr. und frühma. Kleriker die mag. Abwehr von Krankheit und sonstigem Schaden, deren Verursachung von ihnen meist den →Dämonen zugeschrieben wurde, nicht verhindern konnten (und z. T. auch selbst nicht darauf verzichteten), versuchten sie, chr. Übelabwehr mit Evangelientexten, Reliquien (z. B. Kreuzreliquien, Erde vom Grabe Christi) zu fördern (Stellenangaben: Dobschütz, Bartelink, Brox). Bis ins 9. Jh. bezeichnete der Begriff Ph. hierbei vielfach prägnant die abgewehrten heidn. Schutzmittel (Bartelink, 48–54), wenn auch nicht ausschließl.: z. B. gebrauchte Papst Gregor I. den Begriff für Kreuzreliquie und Evangelientext, die er Kgn. Theodolinde für ihren Sohn schickte. Anschließend bezeichnete Ph. ein Kreuz mit Reliquien und schließlich das MA hindurch → Reliquiare, und zwar nicht nur als Amulett verwendet, sondern auch an Altarkreuzen oder beim Altar aufgehängte und in Prozessionen mitgeführte. Für Beleth (Rationale 115 [MPL 202, 120]) war Ph. ein Behälter aus Silber, Gold oder Kristall, in dem Asche oder Reliquien von Hl. n aufbewahrt wurden.

J. Engemann

Lit.: → Amulett, → Magie – EncJud, 1974³, 1474–1477 s. v. Mezuzah [L. I. Rabinovitz] – Enc. Religion Ethics III, 413–430 [E. von Dobschütz] – J. Trachtenberg, Jewish Magic and Superstition, 1939 – E. Kitzinger, The Threshold of the Holy Shrine (Kyriakon, Fsch. J. Quasten 2, 1970), 639–647 – G. J. M. Bartelink, phylakterion – phylakterium (Mél. C. Mohrmann, Nouv. rec., 1973), 25–60 – N. Brox, Magie und Aberglaube an den Anfängen des Christentums, TThZ 83, 1974, 157–180 – J. Engemann, Zur Verbreitung mag. Übelabwehr in der nichtchr. und chr. Spätantike, JbAC 18, 1975, 22–48 – K. M. C. Dunbabin–M. W. Dickie, Invida rumpantur pectora, JbAC 26, 1983, 7–37.

Physica Plinii, ma. erweiterte Fassung der → Medicina Plinii, nz. unter dem falschen Autorennamen 'Plinius Valerianus'. Im Erstdruck (1509) dieser med. Rezeptslg. folgen auf 3 B. der eigtl. Ph. P. zwei weitere, die → Gargilius Martialis und dem »Liber diaetarum diversorum medicorum« (v. a. nach → Alexander v. Tralleis) entnommen sind. Zu mindestens vier Überlieferungszweigen (Bambergensis [Auszüge in M; am vollständigsten in Casinensis V 69], Sangallensis und Eporediensis [Auszüge] aus dem FrühMA sowie Florentino-Pragensis [im SpätMA sprachl. überarbeitet]) treten die für die Textkritik wichtige Benutzung im ae. Bald's Leechbook und im Cod. Arundel 166 (Anfang 9. Jh.).

K.-D. Fischer

Ed. und Lit.: → Medicina Plinii – A. Önnerfors, In Medicinam Plinii studia philologica, 1963 – B. Löfstedt, Zur Ph. P. Bambergensis, Arctos NS 13, 1979, 91–96 – K.-D. Fischer, Quelques réflexions sur la structure et deux nouveaux témoins de la Ph. P., Helmantica 37, 1986, 53–66 – Ders. (HAW § 721) – J. N. Adams–M. Deegan, Bald's Leechbook and the Ph. P., Anglo-Saxon England 21, 1992, 87–114 – S. Sconocchia, Per una nuova ed. della cosidetta Ph. P. Bambergensis (Tradizione e ecdotica dei testi medici, hg. A. Garzya, 1992), 275–289 [zu Casin. V 69] – U. Stoll, Das 'Lorscher Arzneibuch', 1992 [M mit dt. Übers. und Erl.].

Physik und Naturphilosophie handelt von dem, was entstanden ist und entsteht (→ Natur, nasci); Ausgangspunkt ist die – unmittelbar oder mittelbar auch der sinnl. Wahrnehmung zugängl. – Beschaffenheit der natürl. Dinge wie auch des Kosmos im Ganzen, sofern dieser in Hinblick auf seine natürl. Ursachen betrachtet wird. Die Ph. wird als Wiss. von der Natur der Philos. zugerechnet; hinsichtl. des Wiss. verständnisses überlagern sich im MA die platon.-stoische Einteilung der Philos. in Logik, Ph. und Ethik sowie die auf Aristoteles zurückgehende Einteilung in Ph., Mathematik und Theologie.

Bis zum Beginn des *12. Jh.* ist das Natur-Interesse vorwiegend durch die symbol.-spekulative Interpretation der Natur in hermeneut. Parallelität zum Buch der Schr. bestimmt. Dieses Naturverständnis steht v. a. in der Tradition der Genesisauslegung des Augustinus (De gen. ad litt.), die weniger an der physikal. Begründung des Natur-Phänomene interessiert ist als vielmehr an einem zeichenhaften Verstehen der Natur im Sinne einer Rückführung auf den Willen Gottes (De civ. Dei 21,8). Als »Entdeckung der Natur« wird gemeinhin jener Vorgang bezeichnet, der dann zu einem originären Interesse an der Struktur, Konstitution und Eigengesetzlichkeit der phys.-physikal. Realität führt. Dieser Wandel im Naturverständnis, der erstmals zu Beginn des 12. Jh. greifbar wird, vollzieht sich jedoch nicht bruchlos; vielmehr tritt die »natürliche« Weltauslegung in Konkurrenz zur überkommenen Deutung der einen, auf den göttl. Willen rückführbaren Kosmos, die mit dem aus der Offenbarung abgeleiteten Anspruch einer autoritativen Welterklärung auftritt.

»Nicht durch Erdichten, was nicht ist, sondern durch Erklären der Natur der Sache, die verborgen ist« (Qu. nat. XXII), will → Adelard v. Bath in den Quaestiones naturales die aufgeworfenen Fragen beantworten, die sich vornehml. mit biolog.-physiolog. und kosmolog.-klimatolog. Themenstellungen befassen. Adelard begreift die Natur »als Natur ohne Buch«: Natur wird nicht mehr in Analogie zur Schrift als ein Buch aufgefaßt und mit den gleichen lit. inspirierten Methoden ausgelegt; zudem tritt zum Buchwissen das Wissen aus Beobachtung (→ Experimentum), das zum Modell für den Umgang mit dem aus Büchern genommenen Wissen wird, sofern dieses sich auf die Natur bezieht (Qu. nat. VI). Dennoch fehlt Adelard noch ein Begriff der Wiss., die er betreibt.

Der bei Adelard greifbare Ausgangspunkt, die natürl. Phänomene auf die Ursachen in den Dingen selbst (»causae rerum«) zurückführen zu können, ist ursächl. theoret. motiviert. Dieses theoret. Interesse führt zu einer umfassenden Wiederaneignung von Schr. wie Platons Timaios oder zur Erschließung neuer, vornehml. astronom. und math. Q., zumeist aus dem arab. Sprachraum (→ Astronomie, → Mathematik). Durch die »Glosae super Platonem« → Bernhards v. Chartres findet der Timaios – wenngleich in der fragmentar. Überlieferung bis Timaios 53c – Eingang in den Lehrbetrieb der Kathedralschulen. V. a. in Chartres bildet Platons Timaios zusammen mit den Schr. des → Boethius die Grundlage für eine am neuen Naturverständnis ausgerichtete N., die sich durch ein bes. Interesse an kosmolog. Fragen auszeichnet (→ Kosmologie, → Weltbild).

Aus der kosmolog. Perspektive erfolgt auch die Gegenstandsbestimmung der Ph. als Teil der theoret. Philos. (zusammen mit Theol. und Mathematik) bei → Wilhelm v. Conches: Die Ph. handelt von den vier Elementen, von der Erschaffung der Lebewesen und von der Ursprungsmaterie (materia primordialis) (Glossae in Timaeum VI). Die Ph. ist beschreibende Naturwiss. nur, sofern sie ihren Gegenstand, die körperl. Substanzen in ihrer Bewegung und Verbindung untereinander und in ihrer sinnl. Wahrnehmbarkeit aufgrund der aktuellen Untrennbarkeit der Formen der Körper von ihrer Materie, zusammen mit den Fragen nach den Ursachen und Prinzipien bedenkt. → Thierry v. Chartres bezeichnet im Anschluß an Boethius die Ph. als Wissen von der Natur (naturalis scientia), die betrachtet, was in Bewegung und nicht abstrakt, mithin stoffl. ist. Die Betrachtungsweise der Ph. (ratio phisica) zu wählen, heißt daher, die Formen und den Status der Dinge »in materia« zu begreifen (Lectiones II,21). Folglich zeichnet es den Weisen aus, seine Methoden nach der Seinsweise des vorliegenden Gegenstandes zu wählen und von den natürl. Dingen »rationabiliter«, von math. Gegenständen »disciplinaliter« und von göttl. Dingen »intellectualiter« zu handeln (Commentum II,1), ganz so wie Thierry in seinem Traktat zum Sechstagewerk (→ Hexaemeron), in dem er die Entstehung der Welt »secundum phisicam« auslegen will.

Die Entwicklung der N. im *13. Jh.* ist durch die Rezeption der N. des Aristoteles gekennzeichnet. Die 8 Bücher der Ph. waren in der »Translatio Vaticana« und in der »Translatio vetus« (→ Aristoteles, B) seit dem 12. Jh. bekannt. Die »Ph. nova« wurde im 13. Jh. von → Wilhelm v.

Moerbeke in zwei Etappen bearbeitet. Auch Teile der »Parva naturalia«, darunter »De generatione et corruptione« wurden im 12. Jh. ins Lat. übersetzt. In der Folge der »Libri naturales«, zu denen auch »De caelo et mundo« gehört, wurden die ma. Autoren erstmals mit einem in sich geschlossenen und vollständig entwickelten philos. System in Berührung gebracht, das ein rationales und profanes Verständnis des Kosmos in seiner Ganzheit bietet.

Aristotel. Begriffe, Theorien und Zitate, die auf eine Bekanntschaft der »libri naturales« schließen lassen, finden sich jedoch bereits in den Medizinkomm. der sog. Schule v. →Salerno Mitte des 12. Jh., in denen der theoret. begründete Anspruch der »physica« erhoben wird. Die ersten Erklärungsversuche der aristotel. N. durch die Magister der Pariser Artistenfakultät – etwa durch →David v. Dinant, der die Substanz der körperl. Natur (»hyle«) als absolute Möglichkeit alles körperl. Seins interpretiert und mit Gott identifiziert – führten zu scharfer Kritik und zu zeitweisen Lehrverboten der »libri naturales« in den Jahren 1210, 1215 und 1231, die jedoch immer weniger beachtet wurden. Schließlich sanktionierte das Statut der Artistenfakultät von 1255 den Eingang der aristotel. Philos. in den Lehrbetrieb der Univ.

In Oxford, wo es keine Lehrverbote gab, vollzieht sich die Aneignung der N. des Aristoteles als ein kontinuierl. und schrittweiser Prozeß ab der Wende vom 12. zum 13. Jh. So bildet das Corpus der »libri naturales« des Aristoteles einschließl. einiger Apokryphen um die Mitte des 13. Jh. die Grundlage der N. Hilfsmittel bei der Erklärung der Schr. des Aristoteles sind zuerst die Werke der arab. Komm., v. a. Avicennas Paraphrasen und die Komm. des Averroes, später dann die Werke der gr. Kommentatoren Alexander, Themistios, Simplikios und Philoponos, deren Komm. bis zum Anfang der siebziger Jahre vollständig oder teilweise ins Lat. übersetzt werden.

Aus dem Zeitraum zw. den vierziger Jahren bis zum Ende des 13. Jh. ist eine Reihe von Komm. erhalten, welche die systemat. Kommentierung der »libri naturales« innerhalb der Artistenfakultät in Paris und Oxford durch Magister wie →Roger Bacon, →Adam v. Bocfeld, Gottfried v. Aspal, →Boetius de Dacia, →Siger v. Brabant etc. bezeugen. Meilensteine in dem Prozeß der Durchdringung der aristotel. N. sind jedoch v. a. die Komm. des →Albertus Magnus und des →Thomas v. Aquin.

Durch die Reihe seiner Paraphrasen zu den »libri naturales« beabsichtigt Albertus Magnus, die gesamte aristotel. N. den Lateinern verständl. zu machen (Phys. I, tr. 1, c. 1). Diese Ph. genannte Disziplin, die nach dem Modell der »libri naturales« als eine umfassende Wiss. verstanden wird, welche sich von der Bewegungstheorie (→Bewegung, →Kinematik, →Dynamik) über die Biologie bis hin zur Psychologie erstreckt, charakterisiert Albert in bezug auf die beiden anderen theoret. Wiss., Mathematik und Metaphysik, durch ihre Betrachtungsweise. Denn die natürl. Seienden (physica), welche die N. untersucht, können als solche nur mit bezug auf die Materie, die der Bewegung und den wahrnehmbaren Qualitäten unterliegt, adäquat erkannt werden, von der sie auch wesensmäßig untrennbar sind. Bei der Gegenstandsbestimmung der N. benutzt Albert den Begriff des bewegbaren Körpers (corpus mobile); insges. untersucht die Philos. die verschiedenen Arten von bewegbaren Körpern sowie deren Eigenschaften und Prinzipien. Dabei unterscheiden sich die Teile der N., näml. die verschiedenen Traktate des Corpus Aristoticulum, gemäß der Gliederung des Begriffes des bewegbaren Körpers in seine Arten (Phys. I, tr. 1, c. 4).

Im Vergleich zu dem enzyklopäd. Charakter der Paraphrasen des Albertus Magnus zeichnen sich die Komm. des Thomas v. Aquin durch das Bemühen aus, das philos. Denken des Aristoteles durch eine subtile und systematisierende Exegese zu erschließen. Bei der allg. Charakterisierung der N. beschreibt jedoch auch Thomas die Ph. als die Wiss., deren Gegenstände von der wahrnehmbaren Materie weder gemäß der Existenz noch gemäß der Definition trennbar sind. Daher befaßt sich die N. mit bewegbaren Seienden, da alles, was Materie besitzt, bewegbar ist. Denn das kennzeichnende Merkmal der natürl. Dinge, die Natur, wird als inneres Prinzip der Bewegung definiert (In I Phys., lect. 1,3). Der Gegenstand der N. wird nach Thomas durch den allg. Begriff des bewegbaren Seienden (ens mobile) adäquater beschrieben als durch den Begriff des bewegbaren Körpers (corpus mobile). Demgemäß werden auch die Gegenstände der einzelnen Teile der N. aufgrund der Gliederung des allg. Begriffes des bewegbaren Seienden bestimmt. Höhepunkt der naturphilos. Untersuchung ist die Psychologie mit der Betrachtung der menschl. Seele, die insofern zum Forschungsgebiet der Ph. gehört, als sie mit dem Körper verbunden ist. Die eigtl. Untersuchung der getrennten Seele sowie auch der anderen immateriellen Substanzen kommt hingegen der →Metaphysik zu (In II Phys., lect. 4,175), obwohl die Ph. sich mit dem unbewegten →Beweger zu befassen hat, freilich nur in seiner Eigenschaft als Ursache der Bewegung (In Boethii De Trin., q. 5, a. 2, ad 3).

Der latente Konflikt zw. dem rein rationalen und profanen Weltverständnis der aristotel. N. und dem christl. Weltverständnis tritt in den sechziger Jahren an der Pariser Artistenfakultät mit der Entstehung des radikalen Aristotelismus in den Vordergrund. Zu den Vertretern des radikalen Aristotelismus, der scharfe Kritiken von Theologen wie →Bonaventura und Thomas v. Aquin sowie auch kirchl. Zensuren in den Jahren 1270 und 1277 hervorrief, zählen →Siger v. Brabant und →Boetius de Dacia. Daneben aber beginnt eine zweite Phase der Aristoteleskomm., deren bedeutendster Repräsentant neben →Heinrich v. Gent →Aegidius Romanus ist. Im Vergleich zu den wörtl. Erklärungen des Thomas v. Aquin bieten die Quästionenkomm. des Aegidius einen exakteren Anhaltspunkt für die späteren Kommentatoren, die sich überwiegend eher für den philos. Inhalt der aristotel. Schr. als für exeget. Probleme interessieren. Bes. einflußreich ist der Ph. komm., in dem Aegidius neben einer Diskussion über das log./ontolog. Fundament der Naturwiss. v. a. eine Analyse zentraler Begriffe wie Materie, Unendlich, Ort und Zeit vornimmt. Ferner findet sich zum ersten Mal im MA ein quantitativer Begriff, der sich von dem der räuml. Ausdehnung unterscheidet und dem modernen Massebegriff nahekommt.

Im Prolog zu seinem Ph. komm. bestimmt →Wilhelm v. Ockham († 1349/50) zwar als den Gegenstand der N. die sinnl. Substanzen (substantiae sensibiles), vornehml. die aus Materie und Form zusammengesetzten, zugleich aber bestreitet er die Möglichkeit einer Realwiss., welche von den extramentalen Dingen und natürl. Substanzen als unmittelbar gegebenen Gegenständen handelt, »denn solche Dinge sind in keinem durch die Naturwiss. gewußten Schlußsatz Subjekt oder Prädikat« (In Phys., prol.). »Vielmehr handelt die Naturwiss. im eigtl. Sinne von den solchen Dingen gemeinsamen Intentionen der Seele, die in vielen Aussagen genau für diese Dinge supponieren« (ibid.). Denn auch für die Naturwiss. gilt wie von jeder

Wiss., »daß sie von Sätzen als von dem handelt, was gewußt wird, denn nur Sätze werden gewußt« (In Sent. I, d.2, q.4). Wiss., einschließl. der »scientia realis«, die sich auf die extramentale Wirklichkeit bezieht, ist damit wesentl. als log. widerspruchsfreies Aussagensystem konstituiert, dessen Verbindlichkeit nicht in einer extramentalen Objektivität, sondern in der strengen Ableitung der Sätze und der Evidenz der zugrundeliegenden Prämissen gründet.

Obgleich auch Wilhelm v. Ockham Bewegung und Materie als die konstitutiven Merkmale der Objekte der Naturwiss. ansieht, begreift er sie dennoch nicht als universelle Hypostasen, sondern als zu reproduzierende Inhalte funktionaler Beziehungen in der Wirklichkeit. So versteht er unter Bewegung (motus) nicht etwas Reales, sondern einen Terminus, der in Form einer Normaldefinition das jeweilige notwendig nacheinander eingenommene »ubi« des »mobile« bezeichnet (In III Phys., cap. 2). In diesem logisierten Bewegungsbegriff ist von dem gegenständl. Gehalt der Bewegung abstrahiert. Demgegenüber bezeichnet →Walter Burley gegen Ockhams »via nominalium« Bewegung als ein »ens reale« und billigt den universalen Begriffen Realitätscharakter zu.

Bei aller Übereinstimmung mit Ockham in der Wiss.-auffassung bezweifelt →Johannes Buridanus v. a. die Möglichkeit einer Erfassung der extramentalen Dinge durch die »notitia incomplexa«. Für die Ph. bedeutet dies, daß sich ihr Gegenstand nur nach Maßgabe der vom Menschen selbst entworfenen oder hergestellten Bedingung konstituiert (In II Phys., q.2). Mit dem Wegfall natürl. Örter steht demnach für die tatsächl. Raum- und Zeitbezogenheit aller Erfahrung nurmehr eine subjektive und zugleich streng notwendige Begründung offen (In II Phys., q.4). Die darin zum Ausdruck kommende Ablösung von der durch die aristotel. Ph. geprägten Naturvorstellung wird auch hinsichtl. des Bewegungsbegriffs erkennbar. Bei Buridan führt die Kommentierung und Kritik der aristotel. Texte zu einer rein physikal. Impetustheorie (→Dynamik), der über das SpätMA hinaus maßgebl. Bewegungstheorie, bis das Trägheitsprinzip an seine Stelle tritt. Buridans Impetustheorie erfährt v. a. in der Pariser Schule Zustimmung und wird etwa durch N. →Oresme, →Albert v. Sachsen und →Marsilius v. Inghen weiterentwickelt. In Oxford hingegen, wo sich am →Merton College (→Mertonschule) im Anschluß an Thomas Bradwardine ein zweites Zentrum der neuen Ph. bildete, wurde die Impetustheorie nur mit Zurückhaltung oder, wie bei →Richard Swineshead, gar mit Ablehnung aufgenommen.

Schließlich muß auf die allg. Tendenz zur Mathematisierung des philos. Denkens und Argumentierens hingewiesen werden, die insbes. im Bereich der N. eine zunehmende Bedeutung erlangt. Im 14. Jh. sind im Zusammenhang der →Nominalismusdiskussion vornehml. die sog. »Oxford Calculators« am Merton College zu nennen: neben der bereits gen. Thomas →Bradwardine und Richard Swineshead v. a. →Johannes Dumbleton (98.J.) und William →Heytesbury. Alles, was auf irgendeine Weise als Größe aufgefaßt werden konnte, wurde zum Gegenstand von »calculationes« gemacht. Daraus ergibt sich auch eine Verschiebung der Diskussionsschwerpunkte zugunsten der Messung etwa von Zeit und Bewegung und somit von qualitativen zu quantitativen Größen.

Die Idee der Mathematisierung der Natur ist jedoch nicht eine Entdeckung des späten MA. Bereits im Zuge der eingangs erwähnten Wiederaufnahme des platon. Timaios wurde die Welt als aus geometr. Elementen gebildet begriffen. Die Zahl als Konstruktionsprinzip des Kosmos wurde mithin auch als dessen vorzüglichstes Erkenntnisprinzip angesehen. →Robert Grosseteste schließlich interpretiert die Naturabläufe entsprechend der Geometrie der Lichtausbreitung. Auch die vier Arten der →Bewegung (quantitativ, qualitativ, räuml., substantiell) führt er auf die Lichtgesetze zurück (De motu corporali et luce). Somit gelangt die »scientia perspectiva« genannte geometr. →Optik in die Stellung einer Modellwiss., sofern in ihr die allg. Gesetzmäßigkeit der Natur am vollkommensten erkannt werden kann (De lineis).

In der Nachfolge Grossetestes vertritt →Roger Bacon im vierten Teil des »Opus maius« die These, daß die Naturkausalität durch energet. Strahlung bestimmt ist, deren Paradigma das Licht ist. Die verschiedenen Brechungen des Lichtes interpretiert er als äquivoke Wirkungen, die ihrer gemeinsamen Ursache nicht augenfällig, sondern innerl. ähnlich sind. Sämtl. als Transmutationen bestimmten Naturerscheinungen sind demnach auf die Lichtstrahlung zurückzuführen. Den gleichen hohen Stellenwert im Gefüge der Wiss. genießt die Optik auch bei →Witelo, der in seiner »Perspectiva« Alhazens (→Ibn al-Haiṭam) Werk den Lateinern übertrug und mit Hilfe →Euklids und der neuplaton. Philos. erklärte. Die Optik ist für diesen Zweig der N. ebenso bemerkenswert wie ihr Anspruch, sich auf alle Bereiche einer »scientia naturalis« zu erstrecken. Das gilt auch für Johannes →Peckhams »Perspectiva communis«, dem am weitesten verbreiteten Buch des MA zur →Perspektive, das bis in das Quattrocento hinein häufig zitiert wird, so etwa von Lorenzo Ghiberti und Leonardo da Vinci.

Im Übergang zur Renaissance befindet sich schließlich auch →Nikolaus v. Kues, der ebenfalls – jedoch mit Bezug auf den spätma. Problemhorizont – auf die platon. Tradition zurückgreift. Unter Bezug auf Thierry v. Chartres interpretiert Nikolaus die Natur gewissermaßen als Explikation der unendl. göttl. Schöpfermacht und zugleich als Einfaltung von allem, was durch die Bewegung entsteht (De doc. ign. II,3–10; De ven sap. 25). Obgleich die Ordnung der Natur damit für unser konjekturales Denken letztl. unerkennbar bleibt, eröffnet diese Einsicht gleichwohl den Weg zu einer nz. Naturforschung, die sich mit dem Ziel einer »belehrten Unwissenheit« zufriedengibt (De doc. ign. III,1). Zum Model für die mutmaßende Erkenntnis der Natur wird v. a. die auch im theoret. Experiment explizierbare math. Erfassung der Beziehung zw. den Dingen. Die von Nikolaus selbst durchgeführten Messungen und method. Überlegungen verdeutlichen aber zugleich den Unterschied zw. der ihrem Wesen nach theoret. Naturbetrachtung der ma. Ph. und der auf genauen Messungen der zu erforschenden Größen beruhenden exakten Naturwissenschaft.   S. Donati/A. Speer

Lit.: HWP VI, 536–545; IV, Sp. 260–261 – C. Baeumker, Witelo, ein Philosoph und Naturforscher des XIII. Jh., BGPhMA III/2, 1908 – A. Maier, Stud. zur N. der Spätscholastik, 1949–58 – Artes liberales – von der antiken Bildung zur Wiss. des MA, hg. J. Koch, STGMA V, 1959 – M.-D. Chenu, La théologie au 12ème s., 1957, 1976³ – J. A. Weisheipl, Classification of the Sciences in Mediev. Thought, MSt 27, 1965, 54–90 – La filosofia della natura nel medioevo, Atti terzo congr. internaz. filosofia medioev., 1966 – Arts libéraux et philos. au MA, Actes quatrième congr. internat. de philos. médiév., 1969 – N. M. Häring, Die Erschaffung der Welt und ihr Schöpfer nach Thierry v. Chartres und Clarenbaldus v. Arras (Platonismus in der Philos. des MA, hg. W. Beierwaltes, 1969), 161–267 – The Cultural Context of Medieval Learning, hg. J. E. Murdoch–E. D. Sylla, 1975 – Science in the MA, hg. D. C. Lindberg–A. Zimmermann, »Belehrte Unwissenheit« als Ziel der Naturforsch. (Nikolaus v. Kues, hg. K. Jacobi, 1979), 121–131 – Albertus Magnus and the Sciences, Commemorative Essays, hg. J. A. WEISHEIPL, 1980 – Die Renaissance der Wiss. im 12. Jh., hg. P. WEIMAR, 1981 – Approaches to Nature in the MA, hg. L. D. LAWRENCE, 1982 – N. KRETZMANN, A. KENNY, J. PINBORG (Hg.), The Cambridge History of Later Medieval Philosophy, 1982 – J. Mc EVOY, The Philos. of Robert Grosseteste, 1982 – A. GODDU, The Physics of William of Ockham, STGMA 16, 1984 – J. SARNOWSKY, Die aristotel.-scholast. Theorie der Bewegung, BGPhMA NF 32, 1989 – Knowledge and the Sciences, Proceedings of the Eighth Internat. Congr. Mediev. Philos., hg. S. KNUUTTILA, R. TYÖRINOJA, S. EBBESEN, 1990 – P. E. DUTTON, Bernhard of Chartres, Glosae super Platonem, 1991 – F. VAN STEENBERGHEN, La philos. au XIIIe s., 1991^2 – Mensch und Natur im MA, hg. A. ZIMMERMANN–A. SPEER, Misc. Mediaev. 21/1,2, 1991/92 – Scientia und ars im Hoch- und SpätMA, hg. I. CRAEMER-RUEGENBERG–A. SPEER, Misc. Mediaev. 22/1,2, 1993.

Physiognomik (»physiognomia«), Lehre von den Beziehungen zw. somat. und psych. Merkmalen, beruht im MA im wesentl. auf den Überlieferungen der hippokrat.-galen. →Temperamentenlehre, den physiognom. Schriften des Pseudo-Aristoteles, Polemon und Adamantius sowie auf den latinisierten arab. Texten des Pseudo-Polemon, →Rhazes und des pseudo-aristotel. →»Secretum secretorum«. Auch volkssprachl. Bearbeitungen sind häufig. Während in der ma. Temperamentenlehre die Ph. in die somatopsych. Typologie der vier »complexiones« integriert ist und Beziehungen zur Tierkreiszeichen- und Planetenkinderlehre eingeht, werden in den speziellen physiognom. Traktaten charakterolog. Deutungen körperl. Merkmale (äußere Körperbeschaffenheit, Körperbau, Gesichtsstruktur, Gesichts- und Körperausdruck) vorgenommen. Die Interpretationen folgen teilweise dem Schema »a capite ad calcem« und beziehen auch Geschlechtertypologie und Tiervergleich ein. Im SpätMA ergeben sich engere Verbindungen zur Chiromantie und →Astrologie. Obwohl die physiognom. Deutung von der Gesamtheit der Zeichen ausgeht, bleibt sie im Bereich äußerlicher, empir. somato-psych. Korrelationen ohne Berücksichtigung eines individuellen Ausdrucksgehalts. Die antik-ma. physiognom. Tradition war von hoher lebenssprakt. Bedeutung und blieb bis ins 17. Jh., in Ausläufern bis in die Gegenwart wirksam. W. Schmitt

Q.: Scriptores physiognomici Graeci et Latini, hg. R. FÖRSTER, I–II, 1893 – Secretum secretorum cum glossis et notulis, hg. R. STEELE, 1920 – F. WURMS, Stud. zu den dt. und den lat. Prosafassungen des pseudoaristotel. »Secretum secretorum«, 1970 – Hiltgart v. Hürnheim, Mhd. Prosaübers. des »Secretum scretorum«, hg. R. MÖLLER, 1963 – Lit.: G. KLOOS, Die Konstitutionslehre von Carl Gustav Carus, 1951 – K. SCHÖNFELDT, Die Temperamentenlehre in dt.sprachigen Hss. des 15. Jh., 1962 – R. KLIBANSKY, E. PANOFSKY, F. SAXL, Saturn und Melancholie, 1990^2.

Physiologus
I. Spätantike und byzantinische Literatur – II. Mittellateinische Literatur – III. Volkssprachliche Literaturen.

I. SPÄTANTIKE UND BYZANTINISCHE LITERATUR: Φυσιολόγος wird hier nicht allg. als 'Naturkundiger' verstanden, sondern als einer, der die transzendente Bedeutung der sichtbaren Natur metaphys., moral., myst. zu interpretieren versteht (CURLEY, 6f.). In diesem Sinne wählte ein anonymer Autor wohl im späten 2. Jh. aus der relativ reichen hellenist. Lit. mit allegorisierenden Tiergeschichten und -legenden bzw. Naturbeobachtungen bestimmte aus, modifizierte sie etwas, brachte sie oft mit Bibelstellen in Verbindung und las v. a. im Sinne einer chr. Natursymbolik spirituelle Hinweise auf Christus, die Kirche und die Gläubigen oder auch den Teufel heraus. Diese eher naive religiöse Erbauungslit. (auch für den Schulbetrieb) sollte den einfachen Gläubigen manche elementaren Lehren des chr. Glaubens durch die Darlegung der myst. Gegenstükke in der Natur näherbringen. Der Autor, der vielleicht in Alexandreia lebte, eine asket. Haltung bevorzugte, von Einflüssen der frühen Gnosis nicht ganz frei war, wird von RIEDINGER im Umkreis des Pantainos (Lehrer des Klemens v. Alexandreia) vermutet. Zuweisungen an Kirchenväter wie Epiphanios oder Basileios sind wertlos. Als volkstüml. Schr. erreichte der Ph. große Beliebtheit und wurde oft wesentl. verändert, weshalb heute 4 Redaktionen unterschieden werden. Die älteste, die allein 5 Überlieferungsklassen aufweist, besteht aus 48 Kap. (neben Tieren auch einige Pflanzen und Mineralien). Die 2., 'mittelbyz.' Red. (27 Kap., ohne Pflanzen und Mineralien, z. T. neue Tiere) weist mehr volkssprachl. Elemente auf. Die 3. Red. (30 Kap.) nennt den hl. Basileios als Autor und Salomon als naturkundl. Gewährsmann; sie stammt aus dem 11. oder 12. Jh. und entspricht der Gräzität der Kirchenmänner dieser Zeit. Aus der spätbyz. Epoche schließlich ist eine Fassung in polit. Versen mit viel demotizist. Elementen erhalten (48 Kap., aus 1. und 2. Red.). An illuminierten Hss. war bes. eine (1922 vernichtete) aus Smyrna wichtig; vgl. auch Ambr. E 16 sup. (SAUER). W. SEIBT

Zum Inhalt: Es werden im einzelnen folgende Tiere, Pflanzen und Steine (→Edelsteine) aufgrund der Vorstellung einer den Kosmos beherrschenden Sympathie aller Dinge symbolisch gedeutet: →Löwe, Sonneneidechse (→Eidechsen), Goldregenpfeifer, →Pelikan, Nachtrabe, →Adler (→Greifvögel), →Phönix, →Wiedehopf, Wildesel (→Esel), Natter, →Schlange, →Ameise, Sirenen und Eselskentauren (→Fabelwesen), →Igel, Fuchs, →Panther, Walfisch, Rebhuhn, Geier (→Greifvögel), →Ameisenlöwe, Wiesel, →Einhorn, →Biber, Hyäne, Enhydrus, Ichneumon, →Krähe, Turteltaube, Landfrosch, Hirsch (→Rotwild), →Salamander, →Diamant (zweimal), Schwalbe, der Baum Peridexion, →Taube, Hydrops, entzündbare Steine, →Magnet, Serra (ein Seetier), Ibis, Gazelle, →Elefant, Achat, →Affe, indischer Stein, →Reiher, Insekten in der Maulbeerfeige. J. Gruber

Ed.: Griech.: Ph., ed. F. SBORDONE, 1936 – D. OFFERMANNS, Der Ph. nach den Hss. G und M, 1966 – D. KAIMAKIS, Der Ph. nach der ersten Redaktion, 1974 – Lat.: F. CARMODY, 1939 – A. P. ORBÁN, Novus Ph., 1989 [vgl. TH. A. P. KLEIN, Gnomon 62, 1990, 527–531] – Dt. Übers.: U. TREU, Ph.' Naturkunde in frühchr. Deutung, 1981 – O. SEEL, Der Ph. Tiere und ihre Symbolik, 1987^5 – Lit.: LCI III, 432–436 – RE XX, 1074–1129 – J. SAUER, Der illustrierte gr. Ph. der Ambrosiana, BNJ 2, 1921, 428–441 – BECK, Volksliteratur, 33–35, 179 – R. RIEDINGER, Der Physiologos und Klemens v. Alexandreia, BZ 66, 1973, 273–307 – DERS., Seid klug wie die Schlange und einfältig wie die Taube. Der Umkreis des Physiologos, Byzantina 7, 1975, 9–32 – N. HENKEL, Stud. zum Ph. im MA, 1976, 1–5, 12–20 – F. SBORDONE, Rassegna di studi sul Ph., Riv. filol. e ist. class. 105, 1977, 496–500 – M. J. CURLEY, 'Ph.', Φυσιολογία and the Rise of Christian Nature Symbolism, Viator, II, 1980, 1–10 – J. H. DECLERCK, Remarques sur la tradition du Ph. grec, Byz 51, 1981, 148–158 – D. KAIMAKIS, Physiologos et sa tradition manuscrite, Cyrillomethodianum 5, 1981, 177–186 – P. COX, The Ph.: A Poiesis of Nature, ChH 52, 1983, 433–443 – K. ALPERS, Unters. zum gr. Ph. und zu den Kyraniden, Vestigia Bibliae 6, 1984, 13–87 – M. ALEXANDRE (Mort et fecondité dans les mythologies, hg. F. JOUAN, 1986), 119–137.

II. MITTELLATEINISCHE LITERATUR: Der Ph. ist ein Zeugnis frühchr.-ma. Spiritualität, welche die geschaffene Natur als Kosmos von Zeichen verstand, durch die Gott zum Menschen spricht. Die (augustin.) Vorstellung vom »Buch der Natur«, in dem der Mensch die Offenbarung Gottes »lesen« kann, ist dem MA geläufige Anschauung. – Anders als die Tierfabel, deren Handlung fiktiv ist (Tiere, die sprechen), treten die Ph.-Geschichten als Berichte realer Naturgegebenheiten auf. Doch sind sie z. T. bereits in der Spätantike (Augustin) als »unwahr« im naturwiss. Sinn erkannt worden. Ihre exeget. Verbindlichkeit im geistl.-moral. Sinn (→Schriftsinn) wurde dadurch jedoch nicht eingeschränkt; wichtig war allein die Kongruenz von Zeichen (Natur) und Bezeichnetem (Deutung).

Der lat. Ph. tritt in einer Reihe unterschiedl. Fassungen auf, was wesentl. in der additiven Werkstruktur begründet ist. Die Reihe der in sich abgeschlossenen Kap. stand hinsichtl. Anzahl, Umfang und Reihenfolge nahezu jeder Art von Veränderung offen. – Die frühe Textgesch. der lat. Fassungen läßt sich nur umrißhaft nachzeichnen. Die gesamte abendländ. Ph.-Tradition geht auf lat. Fassungen zurück, deren Ausgangspunkt die erste der vier gr. Redaktionen ist. Ihr folgen die der Spätantike bzw. dem frühen MA entstammenden lat. Übers.zweige y (49 Kap.) und c (25 Kap.). Spätantiker Vorlage entstammen auch die Illustrationen der Hs. C (Bern, Cod. 318; 9. Jh.). – Die im MA erfolgreichste Prosafassung ist Versio b (37 Kap.). Sie liegt sowohl den engl. und frz. Bestiarien zugrunde als auch den lat. 'Dicta Chrysostomi' (28 Kap.), einer Ph.-Fassung, die systemat. nach Tieren und Vögeln gliedert, Pflanzen und Steine hingegen ausschließt. Von den Versabbreviaturen des Ph. sind einige als Tituli verwandt worden.

Schwerpunkte der Benutzung des lat. Ph. liegen im Schulbetrieb sowie in der geistl. Unterweisung und Erbauung. – Die Wirkung des Ph. in Malerei, bildender Kunst (z. B. Bauplastik) und Lit. läßt sich nicht exakt bestimmen, da nahezu alle Ph.-Geschichten auch in der Hexaemeron-Tradition, in Enyzklopädien, typolog. Werken oder Naturexempelslg.en etc. auftreten und über diesen Quellenbereich vermittelt werden können.

Für die Unterscheidung des Ph. vom →Bestiarium ist von den der ersten gr. Version nahestehenden Fassungen y und c auszugehen. Der Übergang zum Bestiar erfolgt dort, wo dieses Traditionsgut substantiell verändert wird (Kap.-zahl, -umfang, Auslegung). Die ma. Werkbezeichnungen sind zur Unterscheidung untauglich – Zum Ph. Theobaldi und zum Novus Ph. (ed. A. P. ORBÁN, 1989) →Bestiarium (lat.). N. Henkel

Ed.: F. J. CARMODY, Ph. lat. versio y, Univ. of California Publ. in Class. Philol. 12,7, 1941, 95–134 – DERS., Ph. lat. Ed. préliminaires versio b, 1939 – Versio c: Ph. Bernensis, hg. CHR. V. STEIGER–O. HOMBURGER, 1964 – Dicta Chrysostomi: F. WILHELM, Denkmäler dt. Prosa des 11. und 12. Jh., 1914/16 [Nachdr. 1960], Bd. 2, 17–44; dazu 6 Kap. bei F. SBORDONE, La tradizione, 259–270 – Versfassungen: N. HENKEL, 34–53 – *Lit.:* F. LAUCHERT, Gesch. des Ph., 1889 – F. SBORDONE, La tradizione manoscritta del Ph. latino, Athenaeum n.s. 27, 1949, 246–280 – F. McCULLOCH, Mediaeval Latin and French Bestiaries, 1962² – N. HENKEL, Stud. zum Ph. im MA, 1976 – K. GRUBMÜLLER, Überlegungen zum Wahrheitsanspruch des Ph. im MA, FMASt 12, 1978, 160–177 – F. B. M. DIEKSTRA, The Ph., The Bestiaries and Medieval Animal Lore, Neophilologus 69, 1985, 142–155 – G. ORLANDI, La tradizione del Ph. e i prodromi del bestiario latino (L'uomo di fronte al mondo animale nell'alto medioevo, 2, 1985), 1057–1106 – M. ALEXANDRE, Bestiaire chrétien. Mort, rénovation, résurrection (Mort et fécondité, hg. F. JOUAN, 1986), 119–137 – Beasts and Birds of the MA, hg. W. B. CLARK–M. T. McMUNN, 1990 [Überlieferung.; Bibliogr.].

III. VOLKSSPRACHLICHE LITERATUREN: [1] *Deutsche und mittelniederländische Literatur:* Dt. Ph.-Übers. gibt es nur von der Dicta-Version. Außer dem fragmentar. ahd. Ph. existiert noch eine mhd. Übers. in einer Prosa- und zwei Reimfassungen im Überlieferungszusammenhang frühmhd. geistl. Sammelhss. Eine mndl. Ph.-Übers. ist nicht nachweisbar (zum mnfk. Minnebestiar s. Verf.-Lex.² VI, 565f.) – Die geringe Überlieferungsdichte spricht gegen eine breitere Wirkung des dt. Ph. – Die häufige lit. Aufnahme von Ph.-Geschichten bzw. -anspielungen insbes. in der Minnelyrik, im Roman und in der lehrhaften Lit. dürfte vom oben beschriebenen lat. Quellenbereich, z. T. auch von enzykloläd. Werken wie denen des →Jacob van Maerlant oder →Konrad von Megenberg abhängen. – Zum 'Melker Ph.', 'Ph. Theobaldi deutsch' u. a. →Bestiarium. N. Henkel

Ed.: FR. MAURER, Der altdt. Ph., 1967 – *Lit.:* Verf.-Lex.² VII, 620–634 – D. SCHMIDTKE, Geistl. Tierinterpretation in der dt.sprachigen Lit. des MA, 1968 – N. HENKEL, Stud. zum Ph., 1976 – H. FREYTAG, Die Theorie der allegor. Schriftdeutung, 1982 – M. DALLAPIAZZA, Der Wortschatz des ahd. Ph., 1988 – R. JANSEN-SIEBEN, Rep. van de Middelnederlandse Arteslit. 1989.

[2] *Romanische Literaturen:* Das Fortleben des Ph. in den roman. Lit.en ist nicht zu trennen von der Gesch. der →Bestiarien, d. h. Werken, die den Eigenschaften und symbol. Bedeutungen der Tiere gewidmet sind. Die älteste Bearbeitung des Ph. in einer roman. Sprache, die wahrscheinl. kurz nach 1121 entstandene Versfassung des anglonorm. Dichters →Philippe de Thaon, trägt bereits den Titel »Bestiaire« (erster Beleg in frz. Sprache), obgleich sie wie ihr Vorbild einige Kap. über Steine enthält. Philippes Bestiaire folgt weitgehend der Version B-Is des lat. Ph., fügt jedoch weitere Einzelheiten an und ordnet die Kapitel ähnlich wie die Dicta Chrysostomi in drei Abschnitte: Tiere, Vögel, Steine. Die Version B-Is ist auch die Q. des am weitesten verbreiteten frz. Bestiariums des MA, →Guillaumes le Clerc »Bestiaire divin« (1210/1211, ca. 20 Hss.). Seine 35 Kap. folgen im großen u. ganzen d. traditionellen Anordnung und handeln auch über Bäume und Steine; die allegor. Interpretationen sind jedoch viel umfangreicher als die Q. und entwickeln sich zu kurzen, selbständigen Reden. Weniger interessant ist die dritte frz. Versfassung des Ph., der »Bestiaire« des →Gervaise (um 1215, 29 kurze Kap.), der von seiner angegebenen Q., den Dicta Chrysostomi, in der Kapitelanordnung und in Einzelheiten abweicht. In Prosa verfaßt sind hingegen die Kurz- und die Langfassung (beide um 1217) des »Bestiaire« des →Pierre de Beauvais; es gilt nunmehr als gesichert, daß die aus 38 Kap. bestehende Kurzfassung älter ist als die aus 71 Kap. bestehende Langfassung, die auch von einem Bearbeiter stammen könnte. Aus der Langfassung ist ein Teil der zoolog. Exempla des »Bestiaire d'amours« des →Richard de Fournival (Mitte 13. Jh.) übernommen. Elemente des traditionellen Ph.-Stoff sind hier jedoch in ein narratives Continuum verwoben (der Bitte eines Liebenden an seine Dame, ihn zu erhören).

Die anderen roman. Lit.en bieten keine getreuen Übers. oder volkssprachl. Bearbeitungen des Ph. Sein Stoffmaterial zirkuliert jedoch in verschiedener Form weiter. In Italien fand außergewöhnl. Verbreitung (bezeugt auch durch zwei toskan. Versionen) Richards de Fournival »Bestiaire d'amours«, das auch die Hauptq. des »Libro della natura degli animali« bildet (bekannt in zwei Versionen, sog. »Bestiario toscano« und sog. »Bestiario tosco-veneto«, Mitte 13. Jh.). Ebenfalls dem »Bestiaire d'amours« – in Verbindung mit anderen Q., darunter sicher der Physiologus des Theobaldus – ist einer der letzten Ausläufer der lat. Ph.-Tradition verpflichtet, der »Libellus de natura animalium« (50 Kap.), der seinerseits vom Waldenser Jaco im sog. »waldensischen Ph.« in die Volkssprache übersetzt wurde (De las propriotas de la animanczas); mit ihm wandelt sich das antike allegor.-didakt. Genre in ein Handbuch erbaul. exempla, die vermutl. in Predigten Verwendung finden sollten. Reiches Ph.-Material, das aus lat. oder roman. Bestiarien stammte, floß auch in Werke des 13. oder frühen 14. Jh., wie den »Bestiario moralizzato di Gubbio«, den »Fiore di virtù«, Brunetto →Latinis »Livres dou Tresor«, »L'Acerba« des →Cecco d'Ascoli und andere enzyklopäd. oder moral. Schriften.

Zahlreiche Gleichnisse, die aus dem Ph. oder anderen sich mit der Natur beschäftigenden Q. geschöpft sind, finden sich in der prov., frz. und it. Lyrik: aus den Canzonieren des Rigaut de Berbezilh (der anscheinend diese Mode lancierte), des Thibaut de Champagne (→Tedbald) oder des Chiaro →Davanzati kann man regelrechte Bestiarien en miniature zusammenstellen, die natürlich auf die Liebesthematik bezogen sind, wie es im »Bestiaire d'amours« der Fall ist. Im übrigen hatte der Ph. im okzitan. Raum wie auf der Iber. Halbinsel nur ein geringes und indirektes Nachleben: die beiden erhaltenen kat. Bestiarien des 15. Jh. sind nur mehr oder weniger genaue Übersetzungen des »Bestiario toscano«. Weit interessanter sind die drei bis heute bekannten rumän. Versionen des Ph.: sie stellen ein wichtiges Glied in der Überlieferungskette des Werks dar, indem sie Elemente der gr., slav. und lat. Ph.-Redaktionen verknüpfen.   F. Zambon

Ed. →Gervaise, →Guillaume le Clerc, →Philippe de Thaon, →Pierre de Beauvais – M. Gaster (ed.), Il Ph. rumeno, Arch. Glottologico It. 10, 1886–88 – M. Goldstaub–R. Wendriner, Ein Tosco-Ven. Bestiarius, 1892 – M. S. Garver–K. McKenzie, Il Bestiario toscano secondo la lezione dei codd. di Parigi e di Roma, Studi romanzi 8, 1912, 1–100 – Li Bestiaires d'amours di Maistre Richart de Fornival e Li Response du Bestiaire, ed. C. Segre, 1957 – Bestiaris, ed. S. Panunzio, 2 Bde, 1963–64 – C. Rebuffi, Il »Bestiaire« di Pierre de Beauvais, ed. crit., 1971–72 – Le proprietà degli animali: Bestiario moralizzato di Gubbio, Libellus de natura animalium, ed. A. Carrega–P. Navone, 1983 – A. M. Raugei, Bestiario valdese, 1984 – *Lit.:* F. Lauchert, Gesch. des Ph., 1889 [Nachdr. 1974] – F. McCulloch, Medieval Lat. and French Bestiaries, 1962 – H. R. Jauss, Rezeption und Poetisierung des Ph., GRLMA VI/1, 1968, 170–181 – Radicula, Il »Bestiaire d'amours« capostipite di Bestiari lat. e romanzi, StM 3, 1976, 165–194 – L. Valmarin, Un castor între Esopie şi Fiziolog, Studii de Literatură română modernă şi comparată, 1987, 99–176 – U. Ebel, Ph.-Tradition, GRLMA X.2, 1989, 155–157, 327–330.

[3] *Englische Literatur:* »Ph.«, ein im →Exeter-Buch unvollständig erhaltenes ae. Gedicht (178 Zeilen). Es besteht aus drei Teilen, von denen der erste (Zeilen 1–74) den Panther, der zweite (Zeilen 75–162) den Wal und der dritte (Zeilen 163–178) einen nicht identifizierten Vogel, also je einen Vertreter der Erde, des Wassers und der Luft, allegor. erklären. Der Panther, der allen Tieren außer dem Drachen freundl. gesinnt ist, wird Christus gleichgesetzt, da dieser allen Geschöpfen außer dem Teufel wohlgesonnen ist; der Wal, der müde Schiffer dazu verlockt, auf seinem Rücken wie auf einer Insel zu rasten, um sie dann in die Tiefe zu ziehen, gleicht dem Teufel, der der Seelen anlockt, um sie ins Verderben zu ziehen. Der dritte Teil bricht, nachdem er einen »Vogel« erwähnt hat, in der zweiten Zeile am Ende einer Seite ab; die folgende Seite enthält den Schluß einer allegor. Deutung, ohne allerdings den Namen des so gedeuteten Tieres zu nennen. Hsl. Untersuchungen ergeben, daß nur eine Seite des Ph. verlorengegangen ist, und so nur etwa 64 Zeilen fehlen. Vergleiche mit lat. →Bestiarien deuten darauf hin, daß es sich bei dem nicht identifizierten Vogel wahrscheinl. um das Rebhuhn handelt, da dieses dort oft auf Panther und Wal folgt. – Der Ph. knüpft an eine lange Tradition von Tierbeschreibungen und -deutungen an, die bis in die gr. heidn. Zeit zurückreicht. Diese Anfänge lassen sich noch schemenhaft aus dem Ph. erscheinenden Wort *fastitocalon* (Zeile 81) erkennen, hinter dem sich das gr. Wort ἀσπιδοχελώνη verbirgt. Trotz zahlreicher lat. Parallelen läßt sich keine direkte Vorlage für den ae. P. finden; der ae. Dichter hat seinen Stoff frei, und vielleicht sogar mit Hilfe von mehreren Vorlagen, übersetzt und behandelt.
G. Wieland

Bibliogr.: Renwick-Orton, 188ff. – NCBEL I, 294f. – S. B. Green-field – F. C. Robinson, A Bibliogr. of Publ. on OE Lit. ..., 1980, 254f. – *Ed.:* ASPR III, 169ff. – A. Squires, The OE P., 1988 – *Lit.:* G. Orlandi, La tradizione del P. e i prodromi del bestiario latino (Setti.cent.it., 1985 für 1983), 1057ff. – F. Biggs, The Eschatological Conclusion of the OE P., MAe 58, 1989, 286ff.; →Bestiarium, A. VII.

[4] *Skandinavische Literatur:* Eine der lat. Version D nahestehende Version des Ph., die aber auch die Wundervölker (oder wenigstens deren Abb.) aus dem ags. Überlieferungszweig (dort meist unter dem Titel 'Bestiarum') enthielt, wurde schon im 12. Jh. zweimal unabhängig ins Altnordische übersetzt. Beide Fassungen sind nur in knappen Fragmenten aus der Zeit um 1200 erhalten und wurden später in einer Hs. vereinigt. Die an. Ph.-Übersetzungen gehören nicht nur zu den frühesten Texten der Sachlit., sondern stellen auch den ältesten Versuch einer durchlaufenden Buchillustration in der altisländ. Lit. dar.
R. Simek

Lit.: KL XIII, 267f. – V. Dahlerup, Ph. i to islandske bearbeidelser. ANOH II/4, 1889, 199–290 – Halldór Hermannsson, The Icelandic Ph., 1938 [Nachdr. 1966] – R. Simek, Wunder des Nordens. Einfoetingar, Hornfinnar, Hundingjar und Verwandte (triuwe. Gedächtnisbuch E. Stutz, hg. K.-F. Kraft u. a., 1992), 69–90.

[5] *Slavische Literaturen:* Bereits in den Anfängen des slav. Schrifttums war der Ph. bekannt: so begegnen Elemente aus diesem allegor.-naturwiss. Werk (3 Kap.) im altruss. Izbornik von 1073, die auf die Epoche des bulg. Zaren Symeon im 10. Jh. zurückgehen, im Sestodnev des altbulg. kirchl. Schriftstellers →Johannes Exarcha (Ioan Exarch) sowie in der Ermahnung (Poučenie) des Kiever Fs. en Vladimir II. Monomach (1053–1125). Die →Paleja Tolkovaja weist auch Berührungspunkte mit der slav. Überlieferung des Ph. auf. Die drei gr. Redaktionen des Ph. wurden in verschiedenen Epochen ins Slav. übersetzt. Die erste, alexandrin. Redaktion ist aus russ. Hss. ab dem 15. Jh. bekannt, die wahrscheinl. auf eine im Bulgarien des 11.–12. Jh. angefertigte Übers. zurückgeht. Die dritte, unter dem Namen des Pseudo-Basileios bekannte Redaktion ist lediglich in einer serb. Hs. des 16. Jh. erhalten, die kompilative Züge aufweist. Die zweite Redaktion, die sog. byz., weist im Slav. die breiteste hs. Überlieferung auf und geht ebenfalls auf eine südslav. Übers. des 13. Jh. zurück.
Ch. Hannick

Lit.: A. Karneev, Materialy i zametki po literaturnoj istorii Fiziologa, 1890 – G. Polívka, Zur Gesch. des Ph. in den slav. Lit. en, AslPhilol 14, 1892, 374–404; 15, 1893, 246–273; 18, 1896, 523–540 – Pamjatniki literatury Drevnej Rusi XIII v., hg. O. Belobrova, 1981, 474–485, 613f. – O. A. Belobrova, Slovar' knižnikov i knižnosti Drevnej Rusi XI–pervaja polovina XIV v., 1987, 461f. – A. Stojkova, Kŭm istorijata na prevodite na Fiziologa v srednovekovnite balkanski literaturi, Palaeobulgarica 13, 1989, H. 3, 53–60 – A. Miltenova, Starobŭlgarska literatura – enciklopedičen rečnik, 1992, 484f. – A. Stojkova, Vizantijskata redakcija na Fiziologa v južnoslavjanskata srednovekovna knižnina, Palaeobulgarica 16, 1992, H. 2, 68–76.

Physis (φύσις), bei →Johannes Damaskenos in seiner »Dialectica« von den Begriffen 'Wesen' (οὐσία) und 'Hypostase' (ὑπόστασις) unterschieden. Wesen ist jedes Seiende an sich selbst, unabhängig von seiner Bestimmtheit. Ph. ist das bestimmte Seiende an sich selbst oder das bestimmte Wesen. Ph. ist jedes Wesen, das sich als Antwort auf die Frage »was ist es« zeigt. Die Bestimmung des Seienden an sich ist die Form (μορφή); das bestimmte Seiende an sich ist die Ph. Andererseits ist die →Hypostase als individuelles Wesen das, dem die Ph. zugeschrieben wird, weil die eine Ph. das die Individuen in einer Art Vereinigende ist. Deswegen bestimmt Joh. Damaskenos die Ph. als »die unterste Art« und die Hypostasen als »eine Ph. habend«. Es findet sich aber auch eine Gleichsetzung von Wesen, Form und Ph. Johannes verwendet den Ph.-Begriff ferner in seiner Schr. »De fide orthodoxa« in Hinblick auf die zentralen trinitar. und christolog. Dogmen. Gott ist »eine Ph. in drei Hypostasen«. Christus hat sowohl wahre göttl. als auch wahre menschl. Ph., ohne daß diese Bestimmung als eine gemischte und damit dritte Ph. ausgelegt werden darf. So ist etwa jeder Mensch aus zwei Ph. 'zusammengesetzt': Er ist aber weder 'Seele' noch 'Leib', sondern etwas Drittes, näml. 'Mensch'. Demnach wird allen individuellen Wesen (Personen, ὑποστάσεις) immer nur eine Ph. zugeschrieben, sofern jede Ph. als 'unterste Art' reell nur in einzelnen Individuen (ὑποστάσεις) besteht. Wenn also einer Hypostase, die eine Ph. besitzt, auch eine andere Ph. zugeschrieben wird, dann führt dies entweder zur Aufhebung einer der beiden Ph. oder dazu, daß die eine zur bloßen äußeren Erscheinungsweise wird. Christolog. verbirgt sich hinter beiden Problemstellungen die Spannung zw. Monophysitismus und Nestorianismus; das rechte Verhältnis der beiden Ph. in Christus ist im Dogma v. Chalkedon formuliert.

K. Janakiev/A. Speer

Lit.: V. LOSSKY, Essai sur la théologie mystique de l'église d'Orient, 1944 – DERS., Théologie dogmatique, Messager de l'Exarchat du Patriarche Russe en Europe Occidentale, n. 46–50, 1964–1965 – K. ROZEMOND, La christologie de S. Jean Damascène, 1959 – J. AUER, Kleine Kath. Dogmatik, IV/1, 1986.

Piacenza, Stadt in Oberitalien (→Emilia). Seit 218 v. Chr. röm. Kolonie, lag »Placentia« am Ausgang der 'Via Aemilia' und beherrschte den Verkehr zw. dem nördl. und südl. Teil der Apenninenhalbinsel. Durch die Invasionen der Spätantike zerstört, gewann die Stadt seit der Zeit der →Langobarden neue Bedeutung, dank der Wiederbelebung des Handelsverkehrs auf dem Flußweg und der Pilgerroute nach Rom ('Via Francigena'). Der wirtschaftl. Wiederaufstieg und die Nähe der Messen v. →Pavia bildeten die Grundlage des Aufstiegs der Aristokratie von Grundbesitzern und großen Kaufleuten, die dem Bf. bei der Verwaltung der Civitas zur Seite stand, als dieser 996 die Gf. enrechte erwarb. Die städt. Aristokratie entriß am Ende des 11. Jh., unter Ausnutzung der Wirren des →Investiturstreites, dem Bf. die Regalienrechte und ergriff die Zügel der kommunalen Macht (→Kommune, I). Die Kommune (erste bekannte Konsuln 1126), die die Grundherren an der Straße von P. nach Genua ihrer Botmäßigkeit unterwarf, konnte so für die städt. Kaufleute, die in ihrer großen Mehrheit der Gruppe der Grundbesitzer entstammten, eine erstrangige Position in der ligur. Hafenstadt sichern (Import von Gewürzen, kostbaren Stoffen und Rohbaumwolle; Export von baumwollenen und wollenen Tuchen). Die Baumwolleinfuhren bildeten die Grundlage für einen kräftigen Aufschwung des Textilgewerbes (→Barchent, seit dem 13. Jh. auch Wollspinnerei). Die kommunale Regierung verteidigte eifrig die 'libertates', die P. auf Kosten des Bf.s im Zuge der Auseinandersetzungen mit →Friedrich Barbarossa gewonnen hatte. Mit →Mailand verbündet, mußte die Kommune 1158 vor der Macht des Ks.s das Feld räumen. 1167 nahm die Stadt als Mitglied der →Lombard. Liga den Kampf wieder auf; ihre wichtige Rolle in den Konflikten ließ sie zum Verhandlungsort der Vorfrieden des Friedens v. →Konstanz (1183) werden. Nach 1183 wurde P. von inneren Auseinandersetzungen erschüttert; die Aristokratie, bis dahin alleiniger Träger der Macht und in der 'societas militum' zusammengeschlossen, sah sich konfrontiert mit neuen, aufsteigenden Sozialgruppen, die sich als Nutznießer des wirtschaftl. Aufschwungs in der 'societas populi' organisierten. Die zw. 1185 und 1215 immer wieder aufflammenden Konflikte führten zu einer institutionellen Transformation, die im →Podestariat, der an die Stelle des alten Konsulats trat, ihren Ausdruck fand. Die Stadt, am Bündnis mit Mailand loyal festhielt, beteiligte sich 1226, erneut 1236–50 am Kampf gegen →Friedrich II. Trotz der inneren und äußeren Schwierigkeiten wahrten die Kaufleute von P. ihre einträgl. Position als Vermittler zw. den oriental. und okzidentalen Wirtschaftsbereichen. Über den Hafen v. Genua strahlte ihre Handelsaktivität einerseits auf die Levante und Asien, andererseits auf die Provence, die Iber. Halbinsel und die Kgr.e Frankreich und England aus. Sie trugen zum Umlauf des Geldes durch das Wechselgeschäft bei (→Lombarden) und betrieben ebenso Warenhandel in Genua, auf den →Champagnemessen und im östl. Mittelmeerraum. Sie bildeten Gesellschaften, die an den großen Handelsplätzen der damaligen Welt mit den Firmen ihrer toskan. Konkurrenten rivalisierten. Zur Absicherung ihrer Bankgeschäfte unterstützten die Handels- und Finanzkreise von P. die →Guelfen und drängten nach 1250 die städt. Politik in diese Richtung. Einer der führenden Guelfen v. P., Alberto →Sco(t)to, war als →Signore bestrebt, eine Territorialherrschaft aufzubauen, indem er die benachbarten Städte unterwarf. Er geriet in Konflikt mit den Mailänder →Visconti, die sich 1313 P.s bemächtigten. Damit war die Periode der kommunalen Unabhängigkeit beendet, wenn auch die definitive Unterwerfung erst 1336 erfolgte. Parallel zu dieser Entwicklung schwand die Ausstrahlungskraft der Kaufleute und Bankiers von P., von denen aber einige noch im Frankreich des 14. Jh. als 'Wucherer' tätig waren. P. sank, auch infolge der großen Pestepidemien, zu einem bloß regionalen Handelszentrum ab; die führenden Repräsentanten der alten Kaufmannsfamilien ließen sich im 15. Jh. von den Visconti in den Adelsstand erheben. War die Führungsschicht von P. zumeist durch Dienstverhältnisse an die Visconti gebunden, so ließen diese ihr andererseits freie Hand bei der Verwaltung der Stadt und der Kontrolle über große Teile ihres →Contados. P. entzog sich zu Beginn des 16. Jh., im Zuge der Italienkriege, der mailänd. Oberhoheit und wurde seit den 1540er Jahren in das neue Hzm. der →Farnese eingegliedert.

P. Racine

Q.: E. FALCONI, Le carte più antiche di S. Antonino, 1959 – Le carte private della Cattedrale di P., trascr. P. GALETTI, introd. di G. PETRACCO SICARDI, 1978 – E. FALCONI–R. PEVERI, Il Registrum Magnum del Commune di P., 4 Bde, 1984–89 – Lit.: RE XX/2, 1897–1910 [R. HANSLIK] – P. RACINE, Plaisance du Xe à la fin du XIIIe s.: essai d'hist. urbaine, 3 Bde, 1979 – Storia di P., 2 Bde, 1984–92.

Piacenza, Konzil v. (März 1095), einberufen von Urban II. auf dem Weg nach Frankreich (→Clermont, Konzil v.), bereinigte nordit. Probleme (Wibert v. Ravenna, →Clemens III.), insbes. die →Simonie. Weihen durch Schismatiker/Simonisten erklärte man für ungültig, aber gleichzeitig wurde →Dispens gewährt, der jedoch weder in Zukunft gültig sein noch den Kanones Abbruch tun sollte. Auf dem Konzil wurden auch Gesandte Ks. Alexios' II. empfangen.

U.-R. Blumenthal

Q.: Bernold, Chronicon (MGH SS 5), 462 – MGH Const. 1, 560–563 – Lit.: F. J. GOSSMAN, Pope Urban II and Canon Law, 1960 – A. BECKER, Papst Urban II. (MGH Schr. 19, II, 1989) – R. SOMERVILLE, Papacy, Councils and Canon Law in the 11th–12th Cent., 1990, Nr. V, VI, VII, VIII, XII, XIV.

Piae causae → Causae piae

Piagnoni (abgeleitet von der im florent. Volgare des 15. Jh. verbreiteten Form »piagnere« des Verbums »piangere« 'weinen'). Ursprgl. Bezeichnung für eine Person, zumeist ein Kind, die allzuleicht in Tränen ausbricht. Piagnone wurden auch die Klagefrauen genannt, die wie die antiken preficae der Trauer bei Begräbnissen ritualisierten Ausdruck gaben. In beiden Fällen wird der Begriff in peiorativem Sinn gebraucht. Zw. 1494 und 1498 bezeichnete man in Florenz die andernorts »Frateschi« genannten Anhänger → Savanarolas als P., die sich durch bes. Bußfertigkeit und ihre Vorliebe für glühende und herzergreifende Predigten auszeichneten. Der Sarkasmus dieser Bezeichnung bildet eine Analogie zu den zeitgenöss. iron. Namen der Anhänger der anderen Faktionen: → Palleschi, → Arrabbiati, Compagnacci. 1527-30 nannten sich die Anhänger der Republik, die an das Erbe Savanarolas anknüpften, ebenfalls P. Der Spottname P. blieb bis ins 19. und 20. Jh. für verschiedene polit. (kath.) Gruppierungen lebendig. F. Cardini

Lit.: G. Capponi, Storia della Repubblica di Firenze, rist. anast., 2, 1990.

Pian del Carpine, Giovanni da → Johannes de Plano Carpini (157. J.)

Piasten (poln. Piastowie), fsl. und kgl. Geschlecht, regierte in → Polen bis 1370, in → Masowien bis 1526, in → Schlesien bis 1675. Nach der poln. Tradition, am Anfang des 12. Jh. durch → Gallus Anonymus überliefert, war Piast der Ahnherr der P., von bäuerl. Abstammung; sein Sohn Siemowit soll in der 2. Hälfte des 9. Jh. (?) die in → Gnesen herrschende Dynastie (sog. Popieliden) gewaltsam ersetzt haben. Der erste histor. nachweisbare Herrscher der Polanen und Polens (nach derselben Tradition der vierte Nachkomme Piasts) war Mieszko I. (um 960-992). Sein Sohn Bolesław I. Chrobry (992-1025) hat den poln. Staat erweitert und gefestigt. Der Versuch, → Böhmen zu erlangen, scheiterte jedoch bald am Widerstand Ks. Heinrichs II. 1025 hat sich Bolesław I. zum Kg. gekrönt (außer ihm wurden noch Mieszko II. 1025 und Bolesław II. Śmiały 1076 Kg.e Polens). Nach dem Tode Mieszkos II. († 1034) brach die »erste frühpiast. Monarchie« weitgehend zusammen; die Krise wurde durch Kasimir I. Restaurator (1034-58) überwunden, der die »zweite frühpiast. Monarchie« schuf. Nach dem Tode Bolesławs III. Krzywousty († 1138) erfolgte die Teilung des poln. Staates in Teilfsm.er und die Einführung des Seniorats; der älteste seiner Söhne, Władysław II. († 1159), bekam außer seinem eigenen Fsm. Schlesien den Senioranteil mit Kern im Krakauer Land sowie die Seniorwürde. Von ihm stammte die schles. P.linie ab, von Mieszko III. Stary († 1202) die großpoln., von Kasimir II. Sprawiedliwy († 1194), der 1177 nach einem Staatsstreich und unter Bruch des Seniorsprinzips den Krakauer Thron bestieg, die kleinpoln. Linie. Die großpoln. Linie, die zeitweise in zwei Nebenlinien geteilt war, erlosch 1296 mit Premysł II. Die kleinpoln. Linie teilte sich nach dem Tode Kasimirs II. in die Krakauer Linie, die 1279 mit Bolesław V. Wstydliwy erlosch, und die kujav. Linie. Von der letztgenannten hat sich später die masow. Linie abgesondert; von dem Hauptzweig der kujav. Linie stammten die Herrscher ab, die das poln. Kgr. wiedervereinigten und ab 1320 die Kg.swürde innehatten: Władysław I. Łokietek († 1333) und Kasimir III. Wielki († 1370), mit dem die kgl. Linie der P. erlosch. Die masow. Linie, deren Ahnherr Siemowit I. († 1262) war, unterlag immer weiteren Unterteilungen, entsprechend den wechselnden polit. Beziehungen Masowiens zu Polen. Sie erlosch 1526 mit Janusz III. Sehr kompliziert war die Gesch. der schles. P., die seit dem Ende des 13. Jh., hauptsächl. aber im Verlauf des 14. Jh., die staatl. Zusammengehörigkeit mit Polen abstreiften und sich den Einflüssen dt. Sprache und Kultur öffneten, teilweise aber (bis in die Linien → Oppeln und Liegnitz-Brieg) erstaunl. lange ein kulturelles Zusammengehörigkeitsgefühl mit Polen oder wenigstens mit der piast. Dynastie bewahrten.

Übrigens wurden gewöhnl. alle P. bis in das 14. Jh. als »domini (principes) naturales« in Polen betrachtet, selbst wenn die Sammelbezeichnung »P.« (auf die ganze Nachkommenschaft Mieszkos I. bezogen) wahrscheinl. (und bezeichnenderweise) erst am Ende des 16. Jh. an den Höfen niederschles. P. auftauchte. Die Schweidnitz-Münsterberger Nebenlinie (von Bolko [Bolesław] I. v. Schweidnitz, † 1301) erlosch in ihrem Schweidnitzer Zweig mit Bolesław II. († 1368), im Münsterberger Zweig mit Johannes († 1428). Einige Zweige der schles. P. erloschen um die Wende zum 16. Jh.: die Oelser Linie 1492, die Glogau-Saganer Linie 1504, die Auschwitz-Zatorer Linie 1521 und die Oppelner Linie 1532. Am längsten überlebten die Linien der Teschener (bis 1625) und der Liegnitz-Brieger, die mit Georg Wilhelm 1675 als Vertreter der letzten P.linie im Mannesstamm ausstarb. Die P. haben die Gesch. Polens und Mitteleuropas entscheidend mitgeprägt und zählen zu den bedeutendsten Dynastien Europas. J. Strzelczyk

Lit.: O. Balzer, Genealogia Piastów, 1895 – K. Jasiński, Rodowód Piastów śląskich, I-III, 1973-77 – Piastowie w dziejach Polski, pod. red. R. Hecka, 1975 – J. Hertel, Imiennictwo dynastii piastowskiej we wcześniejszym średniowieczu, 1980 – J. Banaszkiewicz, Podanie o Piaście i Popielu, 1986 – K. Jasiński, Rodowód pierwszych Piastów, 1992.

Picardie, Region in Nordfrankreich.

I. Landesbegriff – II. Spätantike, Früh- und Hochmittelalter – III. Spätmittelalter.

I. Landesbegriff: Eine Definition der P. für das MA zu geben, ist schwierig. Die Bezeichnung 'picard' (pikardisch, Pikarde), seit dem 13. Jh. namengebend für eine der → Nationes an der Univ. → Paris, steht für einen Dialekt des Nordfrz. (Langue d'oïl, → Frz. Sprache) und die ihn sprechenden Menschen, in einem sehr weiten linguist. Bereich, der von → Beauvais im S bis nach → St-Omer (Frz. Flandern) und → Mons (Hennegau) im N reicht (mit blühender Literaturtradition des 12. und 13. Jh., Einfluß auf das in England nach 1066 gesprochene und geschriebene Frz.). Als Verwaltungsbegriff tritt die P. erst im 14. Jh. auf, ohne dabei an Präzision zu gewinnen. Die Historiker vertreten keine einhellige Auffassung: R. Fossier, dessen Ansatz stark auf der von A. Demangeon beschriebenen geogr. Homogenität der Kreideplateaus basiert, schlägt vor, unter dem Begriff der P. diejenige Region zu fassen, die im W vom Kanal begrenzt wird, im O von den Forsten v. Thiérache und von der Oise, im S vom nördl. Rand des Bray, im N vom Abfall der Plateaulandschaften zur flandr. Ebene hin. Gegenüber dieser weitgefaßten Konzeption (die im N das → Artois und Ternois einschließt) bevorzugen wir jedoch einen enger begrenzten, dem traditionellen Gebrauch des Landesnamens entsprechenden Landesbegriff, nach dem das Tal der Somme die entscheidende O-W-Achse bildet und die Canche eine nördl. Grenze markiert, die P. sich somit auf die Diöz. v. → Amiens und → Noyon beschränkt (Ch. Higounet), wobei die erste Diöz. von den alten → Pagi des Amiénois (mit Santerre, 'Sana terra', im SO v. Amiens), des → Ponthieu (nördl. des Unterlaufs der Somme) und des Vimeu (südl. des Unterlaufs der Somme) gebildet wird, die zweite von Noyonnais und → Vermandois.

II. Spätantike, Früh- und Hochmittelalter: Seit dem 1. Jh. n. Chr. wurde die Region in tiefgreifender Weise romanisiert; die röm. Eroberung der → Britannia ließ v.a. die Stadt Amiens (Samarobriva), die an der strateg. wichtigen Straße v. Lyon nach →Boulogne (Gesoriacum) lag, aufblühen. Eine auf den Erkenntnissen der Luftbildarchäologie beruhende großräumige Untersuchung (R. AGACHE) hat in den fruchtbaren Plateaulandschaften eine bemerkenswerte Streuung von einzeln gelegenen galloröm. Villae ergeben. Nach den verheerenden germ. Invasionen des 3. Jh. (verbreitete Piraterie im Küstenbereich, zahlreiche auf Dauer wüstgelegte Villae, 256 Zerstörung von Amiens durch die →Franken) konnte das 4. Jh. offenbar an die wirtschaftl. Blüte der älteren Kaiserzeit anknüpfen, im Schutze eines neuen Defensivsystems (→Litus Saxonicum). Im 5. Jh. drang die frk. Föderatensiedlung (→Föderaten) unter →Childerich und seinem Sohn →Chlodwig bis an die Somme vor.

In der Merowingerzeit spielte die spätere P., die zu →Neustrien gehörte, eine eigenständige wirtschaftl. Rolle (Fischfang und Salzgewinnung im Küstengebiet, Handelsbeziehungen mit dem ags. →England). Seit dem 7. Jh. traten gegenüber Boulogne die Häfen an der Sommemündung und v. a. in der Canche stärker hervor; den Hauptanteil am Handelsverkehr mit dem ags. England hatte nun →Quentowic, dessen erstrangige Bedeutung als Fiskal- und Zollstätte (gemeinsam mit der von Amiens) durch ein Königsdiplom von 779 beleuchtet wird; der Ort blieb auch nach der norm. Plünderung (842) noch ein aktiver Handelsplatz, wie aus dem Edikt v. →Pîtres (864) hervorgeht. Die monast. Blüte des 7. Jh. (→St-Valéry-sur-Somme, 613; →St-Riquier, 625; →Péronne, ca. 645; →Corbie, 657/661 u. a.) ist Ausdruck der Öffnung der späteren P. für die Strömungen des Mönchtums (columban., ir.), der Fortschritte der Christianisierung, die mit ihren Anfängen ins 4. Jh. zurückreicht (Eulogius, Bf. v. Amiens, Mitte 4. Jh.), und des Interesses der Großen an dieser wichtigen Region. Die mächtigen Abteien St-Riquier und Corbie waren Zentren des karol. Geisteslebens mit weiter Ausstrahlung.

Zw. 842 und 892, bes. 881–883 und 890–892, war das Gebiet den Angriffen der →Wikinger, die Heerlager bei Amiens und Noyon errichteten, ausgesetzt. Seit dem 10. Jh. im Einflußbereich der konkurrierenden Mächte des Hzm.s →Normandie, der Gft. →Flandern und des westfrk.-frz. Kgtm.s (→Francia/→Frankreich), entwickelte sich in der P. kein eigenständiges →Fürstentum. Nach einer Phase des Ausgreifens der Gft. Flandern unter →Arnulf I. (918–965) gewann das Kgtm. unter Lothar die Kontrolle über die dem flandr. Machtbereich eingegliederten Pagi Ponthieu (wohl an Hugo Capet abgetreten) und Amiénois (an Gf. Gautier I. übertragen) zurück.

Die Kapetinger, zur Kg.sdynastie geworden, hüteten wachsam ihren Besitzstand in der P.: Der befestigte Ort →Montreuil-sur-Mer, Mitgift (Dos) der Rozzala/Susanna, Witwe Arnulfs II. († 988) und 1. Gemahlin Kg. Roberts II., wurde nach Verstoßung der Kgn. vom Kgtm. einbehalten. Die Vögte v. St-Riquier und →Abbeville, die 1043 mit Enguerran I. zu Gf.en v. Ponthieu geworden waren, blieben bis zur Schlacht v. →Bouvines (1214) dem Kgtm. treu. Nach den heftigen Machtkämpfen unter →Heribert II. († 943) erlebte die Gft. Vermandois, die 1081 an Hugo I., einen Bruder von Kg. Philipp I., überging, eine insgesamt ruhigere Entwicklung. Die Gf.en des Amiénois wurden durch die mächtige Abtei Corbie in Schach gehalten, in der Bf.sstadt selbst durch die Konkurrenz des Bf.s, des Viztums (Vidame) und des Kastellans (Châtelain). Die von Raoul IV. († 1074) durchgesetzte territoriale Vereinigung der drei Gft.en →Valois, →Vexin und Amiens blieb Episode. Im 11. Jh. bildeten sich neue, z. T. nur kurzlebige Gft.en (→Montdidier, absorbiert bereits um 1054; Hesdin, das 1065 hervortritt und im 12. Jh. wieder verschwindet); die einzige dauerhafte Territorialbildung war die Gft. →St-Pol (seit 1031), die ihre verstreuten Besitzungen (von Bapaume bis Montreuil, von Doullens bis →Thérouanne) älteren Herrschaftseinheiten (Ternois, Artois, Ponthieu, Amiénois) entlehnte.

Im 12. Jh., als die Kommunalbewegung (→Kommune, II) dem Kg. neue Interventionsmöglichkeiten bot, war die P. mit erneutem Expansionsdruck des mächtigen Gf.en v. Flandern konfrontiert; →Philipp v. Elsaß brachte durch seine Vermählung (1156) mit Elisabeth v. Vermandois, der Schwester des Gf.en Raoul d. J., 1164 die Gft.en Vermandois, Valois und Amiénois in seine Hand. Doch verstand es Kg. →Philipp II. Augustus, zw. 1185 und 1223 das Gros der pikard. Territorien zu »erobern«: Amiénois, Montdidier und Roye (Vertrag v. Boves, 1185); Bapaume, Hesdin, Beauquesne (nördl. Amiénois), 1191; Péronne, 1192; Chauny, →St-Quentin, Ribemont, 1213. Mit Ausnahme des (1225 verkleinerten) Ponthieu, das 1279 im Erbgang an den künftigen Kg. v. England, Eduard I., fiel, entging die P. nicht dem Zugriff des kapet. Kgtm.s.

Die Kapetinger profitierten von der intensiven Besiedlung der P. und ihrem frühen agrar. Wohlstand (→Getreide; →Waid, der in bes. Maße den Reichtum der P. des 13. und 14. Jh. bildete). Seit den Jahren um 1140 wurden die weiten Waldzonen nördl. der Somme (Vicogne und →Arrouaise) urbar gemacht; Kanoniker des. →Prämonstratenser und Arroasianer spielten eine wichtige Rolle im →Landesausbau, während die Zisterzienser in der P. kaum hervortraten. Die Region war das Kerngebiet einer machtvollen Kommunalbewegung (ihr war im 11. Jh. die →Gottesfriedensbewegung vorausgegangen), die Bf.sstädte wie bescheidene städt. Siedlungen erfaßte (StQuentin, vor 1081; Noyon, 1108; Amiens, 1113; Corbie, 1123; St-Riquier, 1126; Abbeville, ca. 1130; Montreuil, vor 1144; Péronne, vor 1151; Ham, 1158), aber auch (dies eine pikard. Besonderheit) die ländl. Siedlungen (200 Dörfer erhielten zw. 1130 und 1250 Privilegien, deren Spannweite von der Erleichterung drückender Abgaben bis zur Einrichtung einer kollektiven Seigneurie reichte).

III. SPÄTMITTELALTER: Die P. entging weder im städt. noch ländl. Bereich den sozialen Ungleichheiten, die im 13. Jh. verstärkt spürbar wurden. Die Städte der Region wie Amiens und Abbeville, wirtschaftl. zwar weniger entwickelt als ihre Nachbarn in Artois und Flandern, verfügten über ein besseres institutionelles Gleichgewicht zw. Patriziat und gemeinem Mann und besaßen im Tuchgewerbe eine solide wirtschaftl. Basis; daher kam es nicht zu schweren revolutionären Unruhen, wenn auch die krit. Finanzsituation der Städte manchmal fatale Ausmaße annahm. 1314, nach dem Tode Philipps des Schönen, bildeten (wie in anderen Gegenden Frankreichs) die Adligen v. Vermandois, Ponthieu und Corbie eine Liga, die aber durch die beschwichtigenden Versprechungen des Nachfolgers, Ludwigs X., im Mai 1315 zur Auflösung gebracht werden konnte.

In der Zeit des →Hundertjährigen Krieges litt die P. unter der Schwarzen →Pest (1349), der →Jacquerie (Gegenden um Poix, Breteuil und Montdidier), dem Krieg der »Navarresen« (→Karl der Böse fand hier 1358 zahlreiche Anhänger) und den Streifzügen (chevauchées) Eduards III. v. England (1339, 1359). Das Ponthieu, das vom Kg. Philipp VI. v. Valois besetzt worden war, wurde zum wichtigsten Kriegsschauplatz (→Crécy, 1346), kam 1360 (Vertrag v. →Brétigny und Calais) wieder an England, wurde aber bereits 1369 von Karl V. v. Frankreich zurückerobert. Im 14. und 15. Jh. bekannt waren die allg. als →Pikarden bezeichneten häret. Gruppen aus Nordfrankreich, v.a. wegen ihrer Beziehungen zu den böhm.→Hussiten.

Ab 1420 stand das Sommegebiet unter Verwaltung des Hzg.s v. →Burgund; der Vertrag v. →Arras (1435) bestätigte →Philipp dem Guten den Besitz der Kastelaneien Roye, Péronne und Montdidier sowie der →'Sommestädte' (St-Quentin, Corbie, Amiens, Abbeville und Gft. Ponthieu); diese wurden 1463 von Ludwig XI. zurückgekauft, 1465 unter burg. Druck aber wieder an →Karl den Kühnen ausgeliefert. Die Besetzung von Amiens durch kgl. frz. Truppen (1470) löste neue Feindseligkeiten und verheerende Kriegszüge aus. Die P., die Eduard IV. 1475 bei der letzten engl. Invasion des Hundertjährigen Krieges durchzog (→Picquigny), kam nach dem Tode Karls des Kühnen (1477) zu Frankreich, was durch den Vertrag v. Arras (1482) bestätigt wurde.

L. Morelle

Lit.: A. DEMANGEON, La P. et les régions voisines, 1905 – R. FOSSIER, La terre et les hommes en P. jusqu'à la fin du XIIIᵉ s., 2 Bde, 1968 – DERS., Chartes de coutume en P. (XIᵉ–XIIᵉ s.), 1974 – Hist. de la P., hg. DERS., 1974 – R. AGACHE, La Somme pré-romaine et romaine d'après les prospections aériennes à basse altitude, 1978 – D. LOHRMANN, Répartition et Création de nouveaux domaines monastiques au XIIᵉ s.: Beauvaisis-Soissonnais-Vermandois (Villa-Curtis-Grangia, hg. WALTER JANSSEN–D. LOHRMANN, 1983), 242–259 – La P., berceau de la France. Clovis et les derniers Romains, 1986 [Kat.] – P. DESPORTES, Les communes picardes au MA: une évolution originale, Revue du Nord 1988, 265–285 – DERS., Les origines de la commune d'Amiens (Pouvoirs et libertés au temps des premiers Capétiens, hg. E. MAGNOU-NORTIER, 1992), 247–265 – S. LEBECQ, La Neustrie et la Mer (La Neustrie, Les pays au nord de la Loire de 650 à 850, hg. H. ATSMA, 1989), 405–440 – CH. HIGOUNET, Défrichements et villeneuves du Bassin parisien (XIᵉ–XIVᵉ s.), 1990, 253–310, Kap. VI – R. FOSSIER, Hommes et villages d'occident au MA, 1992 [Aufs.slg.].

Picatrix, aus obskuren Q. kompiliertes Hb. des K. Ġāyat al-ḥakīm ('Ziel des Weisen') zur hellenist.-arab. Magie, Astrologie und Talismankunde (lat. Titel von arab. *Biqrāṭīs* = 'Hippokrates'), nach 1051 entstanden und zu Unrecht →al-Maǧrīṭī zugeschrieben. 1256 auf Befehl →Alfons' X. ins Span. übers., wirkte es als berüchtigtes Zauberbuch bis weit in die NZ nach, so bei →Petrus v. Abano und Agrippa v. Nettesheim. Hans →Hartlieb warnte davor, und Maximilian I. besaß es in seiner Bibliothek.   H. H. Lauer

Lit.: H. RITTER–M. PLESSNER, P. Das Ziel des Weisen von Ps.-Maǧrīṭī, 1962 [dt. Übers.] – THORNDIKE II, 813–824 – ULLMANN, Nat., 56, 360, 385f., 410, 420.

Piccinino. 1. P., Jacopo, Condottiere, * um 1423 in Perugia, † 12. Juli 1465 in Neapel. Zweiter Sohn von 2. und dessen zweiter Frau; stand zusammen mit seinem Bruder Francesco im Dienst der →Ambrosianischen Republik und übernahm nach dessen Tod 1449 de facto das Oberkommando über die Kompagnien im Dienst von Neapel. Als Fr. →Sforza Hzg. v. Mailand wurde, trat J.P. in den Dienst Venedigs und kämpfte 1452–53 gegen den Sforza. Nach dem Frieden v. →Lodi (1454) entlassen, suchte er im Kirchenstaat ein eigenes Territorium zu gewinnen. Er machte Raubzüge im Gebiet v. Siena und kämpfte in der Romagna gegen Sigismondo →Malatesta, danach trat er in den Dienst der Aragón v. Neapel, wandte sich jedoch im Sold v. Johann v. Anjou, dem Kronprätendenten, gegen diese und schlug bei San Fabiano (Abruzzen) die Truppen des Alessandro Sforza (27. Juli 1460), erlitt jedoch eine Niederlage in Troia (Apulien, 18. Aug. 1462). In den Dienst →Ferdinands I. v. Aragón (Ferrante) zurückgekehrt, fiel er einem von diesem und dem Hzg. v. Mailand ausgeheckten Plan zum Opfer: Nach seiner Hochzeit mit der natürl. Tochter des Sforza, Drusiana (13. Aug. 1464), nach Neapel gerufen, wurde er dort gekerkert und nach einem Schnellprozeß unter Vortäuschung eines Unfalls ermordet.   P. Margaroli

Q.: Porcelli, Commentaria comitis Jacobi Picinini..., RIS XX, 1731 – F. FORTE, Atti del processo contro J.P. (1465), 1933 – A. MEDIN, Serventese, barzeletta e capitolo in morte del conte J.P., ASL XIV, 1887 – Lit.: A. FABRETTI, Biogr. dei capitani venturieri dell'Umbria, II, 1843 – L. BANCHI, Il P. nello stato di Siena e la Lega italica (1455–56), ASI IV/IV, 1879 – A. PORTIOLI, La morte di J.P., ASL V, 1887.

2. P. Niccolò, Condottiere, * um 1386 in Callisciana (Perugia), † 16. Okt. 1444 in Cusago (Mailand), Sohn eines Fleischers; wegen seiner geringen Körpergröße P. genannt; stand anfangs im Dienst des Bartolomeo Sestio, dann des Guglielmo Mecca und schließlich des →Braccio da Montone, dessen Nichte er heiratete und unter dem seine eigene milität. Karriere begann. Nach Braccios Tod in der Schlacht bei L'Aquila (2. Juni 1424) trat er an die Spitze von dessen Truppen. Er trat in den Dienst der Florentiner und danach des Hzg.s v. Mailand, Filippo Maria →Visconti, dem er stets treu ergeben blieb, wie P.C. →Decembrio in seiner Grabrede auf P. hervorhob. Zusammen mit Francesco →Sforza wurde er bei Maclodio von don →Carmagnola geführt ven. Truppen (11. Okt., 1427) geschlagen, erfocht jedoch in den folgenden Jahren als Generalkapitän der Mailänder Truppen einige glänzende Siege: in der Schlacht am Serchio (2. Dez. 1430) entsetzte er Lucca von der Belagerung durch Florenz; am Po kam er Cremona gegen Venedig zu Hilfe (21. Juni 1431), desgleichen besiegte er in Delebio (Valtellina) die ven. Truppen (27. Nov. 1432); während des Feldzugs des Visconti im Kirchenstaat mit dem Ziel der Entführung Papst Eugens IV. schlug er bei Castelbolognese die Florentiner unter Niccolò da Tolentino (28. Aug. 1434). Nachdem Fr. Sforza ins ven. Lager übergetreten war, wechselten bei P. Siege mit Niederlagen ab, bis zur schweren Niederlage gegen die florent. und päpstl. Truppen unter Micheletto Attendolo bei →Anghiari (29. Juni 1440). Als sich der Sforza schließlich mit Filippo Maria Visconti einigte und dessen Tochter →Bianca Maria heiratete, sah P. seine Hoffnungen auf die Nachfolge im Hzm. Mailand schwinden. Seine Truppen erlitten bei Montelauro in der Mark Ancona (8. Nov. 1443) und die seines Sohnes Francesco (der in Gefangenschaft geriet) bei Montolmo (19. Aug. 1444) vernichtende Niederlagen. Unter seinen letzten Unternehmungen trug ihm die Plünderung von Assisi (1444) unter seinen Zeitgenossen den Ruf bes. Grausamkeit ein, ein hervorstechendes Moment in seiner Biographie, die mehrere legendenhafte Züge (Tötung seiner ersten Frau wegen vermeintl. Untreue) aufweist. An Wassersucht erkrankt, lebte er die letzten Monate vor seinem Tod zurückgezogen.   P. Margaroli

Q.: Petri Candidi Decembrii Panegyricus in funere Illustris Nicolai Picenini, hg. A. BUTTI, F. FOSSATI, G. PETRAGLIONE, RIS XX/1 – Lit.: A. FABRETTI, Biografia dei capitanei venturieri dell'Umbria, II, 1843 – A. ANGELUCCI, N.P. ed il ducato di Milano, 1864 – A. NERI, N. e Francesco P. a Sarzana, ASL XIV, 1887.

Piccolomini, Enea Silvio → Pius II.

Pico della Mirandola, oberit. Familie, Zweig der »Filii Manfredi« (Vasallen der →Canossa in der zweiten Hälfte des 11. Jh.). Der Spitzenahn *Pizo* oder *Piço* begegnet 1154 als Podestà v. Reggio Emilia. In dieser Zeit konzentrierte sich die Familie noch nicht im Gebiet v. →Mirandola, sondern vorwiegend zw. Modena und Reggio, wobei die P. in beiden Städten verschiedene Ämter bekleideten. Im 12. Jh. verstärkte sich ihre Präsenz in der modenes. Tiefebene, insbes. in der Curtis Quarantoli, die sie vielleicht von →Mathilde v. Tuszien zu Lehen erhalten hatten. 1221 wurde die Herrschaft der P. über diese Curtis von Honorius III. bestätigt. Als eigtl. Ursprung ihrer Signorie gilt jedoch die Übertragung der Curtes Quarantoli und S. Possidonio durch Heinrich VII. (1311) an seinen Gefolgsmann *Francesco P.*, Reichsvikar v. Modena. Nach der Ermordung Francescos und seiner Söhne durch Passerino →Bonacolsi fiel das Territorium der P. an die Bonacolsi, später an die →Gonzaga. 1354 erhielten die P. von Karl IV. das Feudum zurück (erweitert um die Curtis Rovereto und aus der Jurisdiktion von Reggio herausgenommen). 1386 wurde die Herrschaft durch Statuten konsolidiert. 1432 ernannte Ks. Siegmund *Giovanni P.* zum Herrn v. Mirandola und Gf. en v. Concordia. Das Prinzip der Herrschaftsteilung unter den Familienmitgliedern führte jedoch zu Konflikten, so 1467 unter den Söhnen *Giovanfrancescos I., Galeotto* und *Antonmaria*, während der jüngere →*Giovanni* (1. P.) auf die Herrschaft verzichtete, um sich den Studien zu widmen. Obgleich der Ks. das Primogeniturprinzip durchsetzen wollte, teilten die Brüder die Herrschaft eine Zeitlang unter sich auf: Der ältere erhielt Mirandola, der jüngere Concordia. Die Kontraste setzten sich unter den Nachkommen Galeottos (der seit 1492 allein regiert hatte) fort. Ende des 17. Jh. verloren die P. unter *Francesco Maria* die Herrschaft über Mirandola (seit 1597 Fsm., seit 1617 Hzm.). B. Andreolli

Lit.: →Mirandola – B. ANDREOLLI, Signori e contadini nelle terre dei Pico, 1988 – Quarantoli e la sua pieve nel Medioevo, hg. B. ANDREOLLI –C. FRISON, 1992.

1. P. d. M., Gianfrancesco (1469–1553), Neffe von 2. Über sein Leben ist wenig mehr bekannt, als daß es ruhelos und von ständigen Erbstreitigkeiten beschwert war, in deren Folge er auch umkam. Lebenslang verehrte er seinen Onkel, der ihn in einem im 16. Jh. vielfach gedr. und übers. Brief zu einem chr. Humanismus ermahnt hatte und dessen geistiges Erbe er aufnahm und weiterentwickelte: nicht nur in seiner »Defensio de ente et uno«, in der er Giovannis These von der Seiendheit Gottes verteidigt und in »De rerum praenotione«, wo er dessen Kampf gegen die Astrologie fortsetzt, sondern auch in seinem kleinen 1501 veröff. Buch »De imaginatione«, in dem er die aristotel. Lehre von der →Phantasie, neuplaton. verbrämt, zusammenfassend darstellt und die Vorstellungskraft als Quelle menschl. Freiheit und menschl. Irrtums charakterisiert. Mit zunehmendem Alter scheint jedoch der Einfluß →Savonarolas die Oberhand gewonnen zu haben, dessen erst posthum veröff. Biographie ihn bis zu seinem Tode beschäftigte. Während G. in »De studio divinae et humanae philosophiae« (1496) der »menschlichen« Philos. noch einen beschränkten Wahrheitswert neben der »göttlichen« Philos. der Offenbarung zugestanden hatte, ist er in seinem umfangreichen Hauptwerk »Examen vanitatis doctrinae gentium« darum bemüht, die Eitelkeit aller »menschlichen« Philos. nachzuweisen, um die Wahrheit der »göttlichen« Philos. vor der Kontamination mit dem Irrtum zu bewahren. Als argumentatives Instrument dieser Zerstörung aller Philos. dient ihm die offenbar in Savonarolas Umkreis kennengelernte pyrrhon. Skepsis, die er als erster Vertreter der Renaissance benutzt, ohne allerdings, von der unbezweifelbaren Gewißheit der Offenbarungswahrheit überzeugt, selbst zum Skeptiker zu werden. E. Keßler

Ed.: Opera omnia, 2 Bde, Basel 1573, [Neudr. 1972] – Vita G.P. fratris Hieronymi Savonarolae, Paris 1674 – Über die Vorstellung/De imaginatione, lat.-dt., hg. E. KESSLER, 1985 – *Lit.:* CH. B. SCHMITT, Gianfrancesco P.d.M. (1469–1533) and his Critique of Aristote, 1967 – DERS., The Recovery and Assimilation of Ancient Scepticism in the Renaissance, RCSF 4, 1972, 363–384 – G. SCHULTEN–E. KESSLER, Giovanni P.s Briefe über das humanist. Lebensideal und seine europ. Rezeption (Kontinuität und Umbruch, hg. J. NOLTE u. a., 1978), 7–58.

2. P. d. M., Giovanni, * 1463 in Mirandola als Sohn des dortigen Gf.en, † 1494, stud. er ab 1477 in Bologna, Ferrara, Florenz und Paris kanon. Recht, die studia humanitatis sowie aristotel., platon. und scholast. Philosophie, ehe er 1486 ganz nach Florenz in den Kreis des Marsilio →Ficino übersiedelte. Von dort aus machte sich der umfassend philos. und philolog. Gebildete – er kannte neben dem Griech. und Lat. auch das Hebr., Arab. und Chaldäische – anheischig, anhand von 900 Thesen (Conclusiones) in öffentl. Disputation vor den auf seine Kosten nach Rom geladenen Gelehrten der Welt die prinzipielle Vereinbarkeit aller philos. Traditionen nachzuweisen. Die dieses Vorhaben begründende Einleitung ist die posthum unter dem Titel »Über die Würde des Menschen« gedr. Rede, welche P.s Ruhm bei der Nachwelt begründete. Das Vorhaben scheiterte jedoch am Einspruch von Innozenz VIII., welcher zunächst 13 der Thesen P.s, und als dieser sich zu verteidigen suchte, alle 900 als häret. verurteilte und ihren Urheber auf der Flucht nach Paris in Lyon verhaften ließ. Erst durch Intervention der Medici wurde P. im März 1488 nach Florenz entlassen, wo ihm Lorenzo il Magnifico Schutz gewährte. Neben das Bemühen, die Vereinbarkeit der Philosophien nachzuweisen und die pax philosophorum herzustellen, trat hinfort das Bestreben P.s, seine Rechtgläubigkeit nachzuweisen. Er schloß sich, bes. nach dem Tod Lorenzos (1492), dem auf seine Fürsprache nach Florenz berufenen religiösen Fundamentalisten →Savonarola an und begann ein umfassendes Werk gegen den Aberglauben zu schreiben, von dem nur die Bücher gegen die Astrologie – »Disputationes in astrologiam divinatricem« – vollendet wurden. Nachdem er 1492 von Alexander VI. voll rehabilitiert worden war, starb er an dem Tag, an dem Karl VIII. v. Frankreich Florenz eroberte und der Herrschaft der Medici in Florenz ein Ende machte. Der Nachwelt wird der schöne, junge, begeisterte und begeisternde universale Geist des früh Verstorbenen zum Symbol der Renaissance werden.

Philosophiehist. gehört P. dem Florentiner Neuplatonismus an – Ficino nennt ihn conplatonicus noster –, und es gibt auch von ihm eine »Philosophie der Liebe«: »Commento alla canzone d'amore di Girolamo Benivieni«. P.s Eigenständigkeit innerhalb dieser Schule wird jedoch in »De ente et uno« deutlich, wo er gegen Ficino die Identität von Einheit und Sein und daher Gott als Seiendes, nicht als Überseiendes, vertritt, sowie in der Tatsache, daß er, dank seiner umfassenden philos. Bildung, weniger die Überlegenheit einer als vielmehr den Konsens aller philos. Schulen nachzuweisen versucht. Diesen Synkretismus, der, neuplaton.-hermet. begründet, programmat. schon bei Ficino vorhanden ist, erweitert er schon in den Conclusiones um die arab. Tradition sowie um die jüd. Geheimlehre der Kabbala, welche er – die Tradition der chr. Kabbala begründend – später in seinem Genesiskomm. »Heptaplus« zur Anwendung bringt. Die der Begründung dieses Synkretismus gewidmete Rede »Über die Würde des Menschen« wurde seit Jacob Burckhardt als Manifestation des nz. Menschen im Sinne des dt. Idealismus verstanden, erweist sich aber im hist. Kontext als Darstellung des magus, des zur mag. Teilnahme am Geschehen der Natur begabten Menschen. E. Keßler

Ed.: Opera omnia, Basel 1572 [Neudr. hg. E. GARIN, 2 Bde, 1971] – De hominis dignitate/Heptaplus/De ente et uno, hg. E. GARIN, 1942 – Disputationes in astrologiam divinatricem, 2 Bde, hg. E. GARIN, 1952 – Conclusiones, hg. B. KIESZKOWSKI, 1973 – Über die Würde des Menschen, lat.-dt. Übers. v. N. BAUMGARTEN, 1990 – *Lit.:* E. GARIN, Giov.

P.d.M., 1937-A. Dulles, Princeps Concordiae. P.d.M. and the Scholastic Trad., 1941 – F. Secret, Les Kabbalistes Chrétiens de la Renaissance, 1964 – L'opera e il pensiero di Giov. P.d.M. nella storia dell' Umanesimo (Conv. int., Mirandola), 2 Bde, 1965 – H. de Lubac, Pic della Mirandole, ét. et discussions, 1974 – E. Garin, Il filosofo e il mago (L'uomo del Rinascimento, hg. Ders., 1988), 167-202 [dt. 1990].

Picquigny, Vertrag v., geschlossen am 29. Aug. 1475 zw. den Kg.en v. →England und →Frankreich bei P. (Picardie, dép. Somme, arr. Amiens). Durch den Vertrag v. London (25. Juli 1474) hatten Kg. →Eduard IV. v. England und Hzg. →Karl der Kühne v. →Burgund eine Aufteilung des Kgr.es →Ludwigs XI. beschlossen. Es wurde ausgemacht, daß Eduard IV. vor dem 1. Juli 1475 mit einer Armee von mindestens 10000 Mann in Frankreich landen und durch eine gleichstarke Truppe des Burgunders Verstärkung erhalten solle. Doch blieb das burg. Kontingent aus, da Karl im Zuge seiner aggressiven Expansionspolitik seine Kräfte vor →Neuss gebunden hatte. Dessenungeachtet landete der Kg. v. England am 4. Juli 1475 in →Calais an der Spitze eines starken Invasionsheeres. Karl stieß allein zu ihm und überredete ihn, zur Erlangung der Königsweihe gegen →Reims zu ziehen. Ludwig XI. zog seine Kräfte zusammen und befahl, Reims in Verteidigungsbereitschaft zu setzen; das dem Connétable →St-Pol unterstehende →St-Quentin verweigerte den Engländern den Einzug. Nun begannen frz.-engl. Verhandlungen, die der Hzg. vergeblich zu unterbinden suchte. Bei der Begegnung auf einer eigens zu diesem Zweck errichteten Sommebrücke auf der Höhe des Schlosses P. schlossen Eduard IV. und Ludwig XI. einen siebenjährigen Waffenstillstand; Ludwig XI. versprach eine Zahlung von 75000 *écus*, während Eduard IV. den sofortigen Rückzug auf Calais zusagte. Im Rahmen eines Freundschaftspaktes wurde die spätere Heirat des Dauphins Charles mit der Prinzessin Elisabeth vorgesehen; Ludwig XI. stellte Eduard IV. eine jährl. →Pension von 50000 *écus* in Aussicht. Der Friede v. P., mit dem die letzte größere engl. Initiative im Rahmen des anglofrz. Konflikts endete, wird oft und mit einem gewissen Recht als (fakt., nicht jurist.) Abschluß des →Hundertjährigen Krieges angesehen. Viel gerühmt wurde die kluge Diplomatie Ludwigs XI., so bereits von →Commynes. Tatsächl. fanden beide Parteien, nicht zuletzt angesichts des Versagens des Hzg.s v. Burgund, in dem Abkommen die Wahrung ihrer Interessen. Ph. Contamine

Lit.: J. Calmette–G. Périnelle, Louis XI et l'Angleterre (1461-83), 1930.

Piemont, nordit. Region. Der geogr. Begriff »P.« entwickelte sich spät: Im 13.Jh. bezeichnen die Savoyer Urkk. mit P. das Gebiet zw. den Alpen und den Flüssen Po und Sangone; erst im 14.Jh. wird im »Dittamondo« des →Fazio degli Uberti darunter ein Gebiet verstanden, das etwa dem heutigen Umfang der Region entspricht: es umfaßte das Fsm. Savoyen-Achaia, den →Monferrat, die Mgft. →Saluzzo, das Canavese, Alba, →Asti, Acqui, Mortara, →Novara, →Vercelli und deren jeweiliges Umland.

Im FrühMA konnte das spätere P. infolge stark gegensätzl. ethn. und militär. Entwicklungen keine eigene Identität gewinnen. Im 5./6. Jh. bekämpften sich mindestens drei verschiedene, nicht autochthone Völker auf dem Boden der heutigen Region: Byzantiner, Burgunder und Goten. In den ersten Jahrzehnten des 6. Jh. anerkannte der Gote Sisiges die Oberhoheit des Byz. Reiches und errichtete in →Susa eine verschiedene Völkerschaften umfassende Herrschaft im Alpenraum, die eine Pufferrolle zw. den beiden großen Nachbarreichen, im O die Ostgoten, im W die erst seit kurzer Zeit dort präsenten Franken, einnahm. Nach der Landnahme durch die →Langobarden 568 gliederte sich die piemontes. Region in vier Dukate mit den Vororten →Turin, →Asti, →Ivrea und →S. Giulio d'Orta. Infolge der Bollwerkfunktion gegen die Franken verminderte sich die alpine Abgeschlossenheit der Region, und es verstärkte sich der Einfluß der langob. Hauptstadt →Pavia. Das P. war die erste Region Italiens, in die Karl d. Gr. durch das Susa-Tal einfiel (773). Franken, Alamannen und Burgunder bildeten nun die Führungsschicht, die über ein Völkergemisch aus Romanen, Langobarden, Goten, Thüringen u. a. herrschte. Trotz der gemeinsamen frk. Oberherrschaft verlief zw. Aostatal und piemontes. Tiefebene weiterhin die Grenze zw. dem Regnum Langobardorum (das sich allmähl. auch Regnum Italicum nannte) und dem Regnum Burgundionum. – Die Karolinger richteten in P. eine auf Gft.en basierende Provinzialverwaltung ein, die nach 888 die Krise der Dynastie und des Ksr.es überdauerte. Unter Kg. →Wido v. Spoleto waren die piemontes. und ligur. Comitate seit 891 in der ausgedehnten Mark →Ivrea zusammengefaßt, die von den frk. Anskariern verwaltet wurde. Um die Mitte des 10.Jh. verlor die Mark Ivrea ihr festes Gefüge. Es bildeten sich vier neue unter der Kontrolle bestimmter Dynastien stehende Gebiete, deren Herrschaftsträger den Titel »Marchio« führten: die Mark Turin, die vom Kgtm. der »arduinischen« Dynastie übertragen worden war, zwei Marken im SO (unter den →Aleramiden und den →Otbertinern [Obertenghi], die neugegründete kleinere Mark Ivrea, die anfängl. den Anskariern verblieb, ihnen gegen Ende des 10. Jh. jedoch entzogen wurde. Um 1000 wurde diese Mark Ivrea von dem berühmten Mgf.en →Arduin beherrscht, dem letzten der Kg.e des Regnum Italicum, bevor die Kronen des Regnum und des Reichs endgültig vereint wurden. Nach seinem Tod (1015) gewannen in fast ganz P. die Bf.e an polit. Einfluß, neue Grundherren traten auf, die Mgf.en gründeten Erbfsm.er (aus der aleramid. »Mark«, einem öffentl. Verwaltungsbezirk, entwickelte sich die »Mgft.« →Monferrat, ein dynast. Fsm.). Nur die Mark →Turin bestand bis 1091 (Tod der Arduinin →Adelheid). Durch ihren Zerfall gewannen die Bf.e v. Turin und Asti sowie die Mgf.en v. Vasto-Saluzzo im S und die Gf.en v. Savoyen im NW an Macht. Gleichzeitig mit dem Zerfall der Mark Turin, der größten territorialen Einheit in P., begannen im 11./12. Jh. die Stadtgemeinden aufzusteigen; zuerst standen sie unter dem Einfluß ihrer Bf.e, später organisierten sie sich als freie Kommunen. Zur Zeit des Italienzugs Friedrichs I. Barbarossa Mitte des 12. Jh. war die Autonomie der Kommunen Vercelli, Novara, Turin, Chieri, Asti, Alba, Tortona, Acqui bereits voll ausgebildet. In den gleichen Jahren wurde Alessandria gegründet. Im 13.Jh. stiegen Bra, Savigliano, Fossano, Cuneo, Mondovì auf. – P. war jedoch die einzige Region Nord- und Mittelitaliens, in der einige wenige Territorialfsm.er entstanden. Im Gebiet um den Po, zw. Asti und Vercelli, herrschten die Mgf.en v. →Monferrat, weiter im S, in den Langhe, die Mgf.en v. Vasto (die sich bald in die Linien →Saluzzo, Savona-Del Carretto, Cortemiglia, Ceva, Incisa verzweigten); im Gebiet von Susa und Turin gewannen die Gf.en v. →Savoyen zunehmend an Macht. – Im 14. Jh. – die Kommunen waren in die Krise geraten – war das P. unter diesen Fsm.ern aufgeteilt. Die Gf.en v. Savoyen kontrollierten das Susa- und Lanzo-Tal, Ivrea, das Canavese und Cuneo. Die Fs.en v. Achaia (ein Zweig der Savoyer) herrschten über Turin, Pinerolo, Chieri, Savigliano, Fossano. Die Mgf.en v. Saluzzo kontrollierten das Saluzzese, die Bergtäler des südl. P. und die Enklave

Carmagnola. Das Kernland der Mgf. en v. Monferrat umfaßte das Gebiet von Casale und Chivasso, zur Mgft. gehörten jedoch auch Gebiete um Acqui, Alba, Mondovì. Die →Visconti v. Mailand herrschten über einen beträchtl. Teil des östl. P.: Novara, Vercelli, Tortona, Alessandria und Asti. – Im 15. Jh. wurden die Savoyer (nun als Hzg. e) zur größten Macht der Region: Nach dem Erlöschen der Linie Achaia (1418) herrschte Hzg. →Amadeus VIII. über das ganze Torinese, später nahm er den Visconti und den Monferrat Vercelli bzw. Chivasso ab. Gegen Ende des MA war P. noch ein Mosaik verschiedener Herrschaften, mit eindeutiger Dominanz des Hauses Savoyen. G. Sergi

Lit.: F. SAVIO, Gli antichi vescovi d'Italia dalle origini al 1300. Il P. e, 1898 – A. GORIA, Pedemontium: note per la storia di un concetto geogr., Boll. stor.-bibliogr. subalpino, L, 1952, 5–24 – F. COGNASSO, Il P. e nell'età sveva, Misc. stor. it., s. 4a, X, 1968 – AA.VV., Atlante stor. d. prov. di Cuneo, 1973 – AA.VV., Vercelli nel s. XIII, 1982 – AA.VV., P.e medievale: forma del potere e d. società, 1985 – A. M. NADA PATRONE, Il medioevo in P.e, 1986 – R. BORDONE-G. SERGI u. a., Il P.e e la sua storia, Ausst.kat., 1991 – L. PROVERO, Dai marchesi del Vasto ai primi marchesi di Saluzzo, 1992 – AA.VV. Storia illustr. di Torino, 2 Bde, 1992 – R. MERLONE, Sviluppo e distribuzione del patrimonio aleramico, Boll. stor.-bibliogr. subalpino, XC, 1992, 635–690 – Amédée VIII–Félix V., hg. B. ANDENMATTEN–A. PARAVICINI BAGLIANI, 1992.

Pienza, Stadt in Mittelitalien (Prov. Siena, Toskana), nicht weit entfernt von der Via Cassia; Siedlungskern waren die seit dem 8. Jh. bezeugte Kirche S. Vito und das Kastell Corsignano, das sich seit dem 12. Jh. entwickelte und seit Beginn des 13. Jh. Siena unterstand. Zentrum einer Podesterie, später eines Vikariats (14. Jh.) von großer strateg. Bedeutung, wurde Corsignano von Enea Silvio Piccolomini (der dort 1405 aus einer adligen Familie, die in der Umgebung große Besitzungen hatte, geboren war) nach seiner Papstwahl (1458, →Pius II.) völlig umgestaltet. Bernardo da Settignano, gen. →Rossellino, entwarf die Pläne für die Erneuerung von Corsignano, das in Hinkunft den Namen des Papstes führen sollte. Die 1459 begonnene Umgestaltung war zum Großteil bereits verwirklicht, als der Papst am 13. Aug. 1462 seine Heimatstadt zusammen mit Montalcino zum Bm. erhob. Trotz des Todes von Pius II. (1464) entwickelte sich P. (das das Aussehen einer Renaissancestadt angenommen hatte und monumentale Gebäude wie die Kathedrale und den Bf.spalast sowie völlig erneuerte Stadtmauern aufwies) bereits in den letzten Jahren des 15. Jh. zu einem wirtschaftl., polit. und religiösen Zentrum, woran die Unterstützung durch Siena maßgebl. beteiligt war. M. Luzzati

Lit.: P. CAMMAROSANO – V. PASSERI, Repertorio (I castelli del Senese. Strutture fortificate dell'area senese-grossetana, 1976), 349f.

Pierce the Plowman's Crede (Creed), me. alliterierendes Gedicht von 850 Versen (→Alliteration, C. IV), das ca. 1394 entstand. Überliefert ist es ganz oder z. T. in drei Hss. und in einem Druck von 1553. Das Werk zeigt einen wycliffit. Standpunkt (→Lollarden) und greift v. a. die vier →Bettelorden an. In der 1. Hälfte geht der Erzähler zu Vertretern der Franziskaner (Minoriten), Dominikaner (Black Friars), Augustiner und Karmeliten, um von ihnen das →'Credo' zu lernen, aber diese machen sich statt dessen nur gegenseitig schlecht. In der 2. Hälfte trifft er dann den armen Pflüger Piers, der in einer langen Rede scharfe Kritik an den Bettelorden übt und schließlich das 'Credo' selbst erklärt. Das Gedicht enthält u. a. Elemente der →Satire und der Pilgerfahrt; offenbar kannte und imitierte sein Dichter auch →Langlands »Piers Plowman«. H. Sauer

Bibliogr.: NCBEL I, 544f. – ManualME 5.XIII, 1975, 1447, 1676f. [Nr. 109] – N. C. und J. G. R. MARTINEZ, Guide to British Poetry Explication, I, 1991, 69 – Ed.: W. W. SKEAT, P.P.C., EETS 30, 1867 – Lit.: J. P. OAKDEN, Alliterative Poetry in ME, 1930–35 [Nachdr. 1968] – R. D. KENDALL, The Drama of Dissent, 1986, bes. 73–80.

Pierleoni, stadtröm. Adelsfamilie, bedeutend im späten 11. und im 12. Jh. Ältestes bekanntes Mitglied ist *Benedictus Christianus* († spätestens 1051), mit einiger Sicherheit ein zum Christentum konvertierter Jude, der mit einer vornehmen Christin verheiratet war. Sein Sohn *Leone* lebte vor 1072. Auf Leones Sohn *Pietro di Leone* (belegt 1084–1124) bezog die Familie später ihren Namen; er begründete ihre einflußreiche Stellung in Rom. Mehrfach geäußerte Vermutungen, die P. seien sowohl mit Gregor VI. als auch mit Gregor VII. verwandt, sind nicht haltbar. Die P. waren lange Zeit wichtige und loyale Stützen des Reformpapsttums. Hinweise in erzählenden Q. auf finanzielle Unterstützung des Papsttums durch die P. sind allerdings z. T. verdächtig, weil sie möglicherweise die Diskreditierung der Päpste durch den Vorwurf der →Simonie beabsichtigten. 1084 half Pietro di Leone Gregor VII. bei der Verteidigung der Engelsburg gegen Ks. Heinrich IV. Er bot Viktor III. (1087) und Urban II. (1088) in seinen Festungen Schutz. Bes. enge Beziehungen unterhielt er zu Paschalis II., für den er u. a. 1111 bei den Friedensverhandlungen mit Ks. Heinrich V. eintrat. 1119 förderte er Calixtus II. bei dessen Erhebung zum Papst. *Pietro,* ein Sohn des Pietro di Leone, ca. 1112 Kard., wurde 1130 in einer schismat. Wahl Papst (→Anaklet II.) gegen Innozenz II. Die P. unterstützten massiv die Erhebung ihres Papstes und gerieten dabei in Konflikt mit der stadtröm. Familie →Frangipani. Mehrere Mitglieder der P. nahmen 1130 an der Krönung →Rogers II. zum Kg. v. Sizilien durch Anaklet II. teil. 1134 schwören Pietros Söhne *Giovanni, Leone, Ruggero, Giordano* und *Guido* und seine Enkel *Pietro, Uguccio* und *Graziano* Kg. Roger II. lig. Mannschaft und dokumentierten auch dadurch ihre engen Verbindungen zum Normannenreich. Nach dem Tod Anaklets II. 1138 schlossen die P. mit Innozenz II. Frieden und verfolgten weiterhin ihren kirchennahen Kurs. Die Konstituierung der röm. Kommune (1143) lehnten die P. wegen deren antipäpstl. und antiadliger Ausrichtung ab. Allein Giordano hatte in maßgebl. Stellung an der kommunalen Bewegung Anteil und erhielt das Amt des Patricius. Während des alexandrin. Schismas (1159–76) standen die P. auf der Seite Alexanders III. und traten dadurch in Gegensatz zu Ks. Friedrich I. Damals wurde *Ugo* P. zum Kard. erhoben (1166). Seit dem letzten Viertel des 12. Jh. ging der Einfluß der P. stark zurück, obwohl sie mit einem jüngeren *Ugo* (1173–82) und mit *Guido* (1204–28) noch zwei weitere Kard. e und mit einem jüngeren *Giovanni* (1196) einen röm. Senator stellten. Die P. sind auch im SpätMA gut belegt, können aber bei weitem nicht mehr an ihre alte Position anknüpfen.

Eine Seitenlinie der Familie waren vermutl. die seit der Mitte des 12. Jh. nachweisbaren *P. de Rainerio.* Ihr bedeutendstes Mitglied war *Giovanni P. de Rainerio,* der nach 1198 eine führende Rolle in der innerröm. Opposition gegen Innozenz III. spielte. *Gregorio P. de Rainerio* war 1204 röm. Senator.

Nur wenige Hinweise existieren zur Besitzgesch. der P. 1072 sind in ihrer Hand Güter auf der Tiberinsel in Rom nachgewiesen, wo auch später das Zentrum ihrer innerstädt. Macht gelegen haben dürfte. Hinzu kam Besitz am gegenüberliegenden linken Tiberufer. S. Nicola in Carcere war vielleicht ihre Hauskirche. Ob die P. auch außerhalb Roms größere Besitzungen hatten, ist unbekannt.

M. Thumser

Lit.: EncIt XXVII, 205f. – LThK² VIII, 496f. – P. FEDELE, Le famiglie di Anacleto II e di Gelasio II, ASRSP 27, 1904, 399–433 – D. WHITTON,

Papal Policy in Rome, 1012-1124 [Diss. masch. Oxford 1979], 185-202 – L. Moscati, Alle origini del comune romano, Quaderni di Clio 1, 1980, 130f., 143ff. – M. Stroll, The Jewish Pope, 1987 – M. Thumser, Rom und der röm. Adel in der späten Stauferzeit [Habil. Marburg 1991].

Piero (s.a. Petrus, Peter, Pierre)

1. P. di Cosimo (eigtl. P. di Lorenzo), florent. Maler, nannte sich nach seinem Lehrer Cosimo Rosselli, in dessen Fresken in der Sixtin. Kapelle er 1481/82 die Landschaften malte. Neben Madonnen und anderen Altarbildern entstanden v. a. profane Mythologien, meist im extremen Querformat der →Cassone-Tafeln, u. a. eine Serie mit Szenen aus der Frühzeit der Menschheit (New York, Oxford), in deren Detailreichtum der ndl. Realismus wirksam wird; reifer wirken 'Venus und Mars' (Berlin) und der 'Tod der Prokris' (London). Als Lehrer Andrea del Sartos und Pontormos führte er in seiner lyr. archaisierenden, gelegentl. – wie im Bildnis der Simonetta Vespucci (Chantilly) – das Bizarre berührenden Kunst an die Schwelle des Manierismus.   Ch. Klemm

Lit.: R. Langton Douglas, P. d. C., 1946 – M. Bacci, L'opera completa di P. d. C., 1976 – La pittura in Italia, II: Quattrocento, 1987, bes. 735f.

2. P. della Francesca, umbr. Maler und Kunsttheoretiker, eigtl. Pietro di Benedetto dei Franceschi, * um 1415 Borgo San Sepolcro, † 1492 ebd. Erstmals 1432 als Gehilfe von Antonio d'Anghiari von Borgo San Sepolcro erwähnt, erscheint er 1439 als Mitarbeiter →Domenico Venezianos bei den verlorenen Fresken in Sant'Egidio in Florenz; dessen harmon. helle Farbigkeit und klare Lichthaltigkeit bilden mit →Masaccios monumentaler Figurenbildung und Perspektivkunst die Grundlage seines Stils. 1445 beauftragte ihn die Confraternità della Misericordia von Borgo San Sepolcro ein goldgrundiges Polyptychon zu malen, das erst 1460 mit der zentralen Schutzmantelmadonna vollendet wurde (Borgo San Sepolcro, Pinakothek); ebenfalls als frühes Werk gilt die Taufe Christi (London), wohl für S. Giovanni Battista in Borgo San Sepolcro entstanden. 1451 malte er in →Albertis Tempio Malatestiano in Rimini Sigismondo Malatesta vor dem hl. Sigismund; das durch die Begegnung mit dem Architekten und Kunsttheoretiker vertiefte Interesse an den klass. Ordnungen, harmon. Proportionen und Perspektivfragen fand Ausdruck in der enigmat. Geißelung Christi (Urbino) und einem Traktat »De perspectiva pingendi« (um 1478). Das umfangreichste erhaltene Werk bildet die Ausmalung des Chores von S. Francesco in Arezzo mit der Legende vom Hl. Kreuz (nach 1452 – um 1460); etwa gleichzeitig und von gleicher monumentaler Strenge erfüllt sind die Fresken mit der Auferstehung Christi in Borgo San Sepolcro und der Madonna del Parto in Monterchi. 1459 malte P. in den päpstl. Gemächern im Vatikan (verloren); möglicherweise kam er dort erneut mit dem ndl. Realismus in Berührung, der sich in den weiten Landschaftsgründen des Bildnisdiptychons des Hzg.s Federico da Montefeltro und seiner Gemahlin Battista Sforza (Florenz, Uff.) und dem lichterfüllten Innenraum der Madonna aus Senigallia (Urbino) geltend macht. Lange arbeitete er an zwei Polyptychen für Sant'Antonio in Perugia (Galleria Naz., oben Verkündigung) und für die Augustiner in Borgo San Sepolcro (Vertrag 1454, letzte Zahlung 1469; zerstreut). Die Geburt Christi (London) und die Sacra Conversazione aus San Bernardino mit dem Hzg. v. Urbino (vor 1475; Mailand, Brera) gelten als seine letzten Arbeiten. An dessen humanist. Hofe entstanden nun seine math. Traktate; derjenige über die fünf regelmäßigen Körper veröffentlichte Luca →Paccioli 1509.   Ch. Klemm

Lit.: R. Longhi, P. d. F., 1963 – O. del Buono – P. de Vecchi, L'opera completa di P. d. F., 1967 – K. Clark, P. d. F., 1969 – G. Centauro, Dipinti murali di P. d. F., La basilica di San Francesco ad Arezzo, 1990 – R. Lightbown, P. d. F., 1992 – DSB V, 112f.

3. P. Medici → Medici, Piero

4. P. da Monte (Petrus de M.), Jurist, Diplomat, Bf. v. Brescia (seit 1442), * ca. 1400/04 in Venedig, † 12. Jan. 1457 in Rom. Nach Studium bei →Guarino u. an den Univ. en Paris und v. a. Padua (1433 Dr. utr.) kurz auf dem Konzil v. →Basel, um 1435-40 als Nuntius Eugens IV. in England die antikonziliare Front zu stärken und sich zugleich humanist. zu betätigen. P.s Legation nach Frankreich (1442-44) mit dem Ziel, die Aufhebung der →Pragmatique Sanction zu erreichen, scheiterte. Seither wirkte er in Brescia, ab 1454 an der Kurie. – Hauptwerke: 1434 »De summi pontificis potestate«, auch: »Monarchia« (Mansi O, 707-736), wichtig für die Ausformung der monarch. Theorie; 1453 »Repertorium utriusque iuris«, frühes Beispiel humanist. Jurisprudenz, unter Verbindung beider Rechte mit thomist. Theologie.   J. Helmrath

Ed. und Lit.: DDC VI, 1450-1457 – ECatt IX, 1442 – J. Haller, P. da M., 1941 [Ed.] – D. Quaglione, Pietro del Monte a Roma. La traduzione del 'Repertorium utriusque iuris' (c. 1453), 1984 – C. Belloni, Professori giuristi a Padova, 1986, 351f. – Th. M. Izbicki, P. di M. and Cyril of Alexandria, AHC 18, 1986, 293-300 – J. Helmrath, Das Basler Konzil, 1987, 650 s. v. [Lit.] – A. G. Luciani, Sul trattato 'De potestate' di P. del M. (Stud. et documenta historiae et juris 53, 1987), 132-139.

Pierre (s.a. Petrus, Peter, Piero)

1. P. d'Ailly, Kard. →Ailly, Pierre d'

2. P. Charlot, Bf. v. →Noyon 1240-49, * 1205/09, † 5. Okt. 1249 auf dem Kreuzzug (nahe Zypern), ▢ Noyon, Kathedrale. Bastard des Kg.s →Philipp II. Augustus v. Frankreich und eines »Fräulein aus Arras«, wurde frühzeitig für eine kirchl. Laufbahn bestimmt. Er wurde erzogen durch den kgl. Hofkapellan →Wilhelm den Bretonen, der zu seinen Ehren die (verlorene) »Carlotide« dichtete und ihm die »Philippide« widmete. 1232 erhielt P. die Erlaubnis, an Theologiestudien teilzunehmen. Mit päpstl. Dispens versehen, wurde er 1240 Subdiakon des Papstes. Er empfing eine Reihe von eng dem Kgtm. verbundenen Pfründen: 1217 Präbende an St-Martin de →Tours, zu dessen Thesaurar (Vorsteher) er eingesetzt wurde; 1235 Thesaurar v. St-Frambaud de →Senlis und des Stifts →Péronne. Kathedralkanoniker v. Noyon, wurde er 1240 von einem Teil der Kanoniker zum Bf. gewählt, doch erst 1243 vom Papst als Bf. anerkannt. Ohne unter Ludwig VIII. stärker hervorzutreten, begleitete er Ludwig IX. zum Kreuzzug, auf dem P. verstarb. Sein Epitaph in der Kathedrale v. Noyon ruft den hl. →Dionysius, Patron des frz. Kgtm.s, an; der Beiname 'Charlot' ('Carlot' bei →Mousquet, 'Petrus Karlotus' bei Wilhelm dem Bretonen, doch nur 'Petrus' in der Mehrzahl der Urkk.) ist wohl (diskrete) Anspielung auf die Ansippung der →Kapetinger an die →Karolinger.   O. Guyotjeannin

Q.: Guillaume le Breton, Philippide, ed. H.-F. Delaborde, 1885, 4f., 383f. – Philippe Mousket, Chronique rimée, ed. F. de Reiffenberg, II, 1838, 318 – Recueil des actes de Philippe Auguste IV, 1979, Nr. 1493 – Regesta Honorii III, 1888, Nr. 532-534 – Reg. de Grégoire IX, 1896, insbes. Nr. 965, 982, 2519, 5249, 5358 – Reg. d'Innocent IV, 1884, Nr. 255 – *Lit.*: GChr IX, 1751, 1009f.; X, 1856, 178 – G. Thoma, Namensänderungen in Herrscherfamilien, 1985, 147-149 – J. Baldwin, Philippe Auguste, 1991 [frz. Fassung].

3. P. de Beauvais, zw. 1200 und 1220 tätig, stand im Dienste des Bf.s v. Beauvais, Philippe v. Dreux, und dessen Familie. P.s umfangreiches lit. Werk ist geschlossen in einer pikard. gefärbten Sammelhs. überliefert (daher auch P. le Picard gen.). Man kennt heute eine weitere Hs. mit einer Werkauswahl sowie über 20 einzelne Werke enthaltende Hss. Da einige Werke nur in der – nicht sehr alten – Sammelhs. P. zugeschrieben werden, hat die neuere Forsch. seine Autorschaft bisweilen bezweifelt. P. gewann lit. Bedeutung v. a. wegen seiner Übers.en lat. Texte hist.-moral. Natur. In Versen verfaßte P. Hl.nleben, die in der Regel auf den lat. Standardtext zurückgehen: »Vie de saint Germer« (1 Hs.; hg. CAIX DE SAINT-AYMOUR, Mém. du comité archéolog. de Senlis, 3e s., 8, 1895, 45–80), »Vie de saint Eustache« (4 Hss.; hg. J. R. FISCHER, RR, 8, 1917, 1–67), »Vie de saint Josse« (1 Hs.; hg. P. HAENSELER, 1915), eine »Mappemonde« (2 Hss.; Q.: »Imago mundi« des →Honorius Augustodunensis; hg. A. ANGREMY, Romania 104, 1983, 316–350, 457–498 [Bibliogr.], sowie eine Reihe sehr kurzer religiöser Schr. (hg. P. MEYER, Notices et extraits des mss. de la Bibl. nat. et autres bibl., 33, 1889, 9–48 [Auszüge]). In Prosa kennen wir ein »Bestiaire« (vor 1206), das, auf den →Physiologus zurückgehend, in einer kürzeren (hg. G. R. MERMIER, 1977 [unerläßl.: Rezension C. REBUFFI, Medioevo Romanzo, 5, 1978, 34–65]) und in einer längeren Fassung (Autorschaft nicht unbestritten; hg. C. CAHIER–A. MARTIN, Mél. d'archéologie, d'hist. et de litt., II, 1851, 85–100, 106–232; III, 1853, 203–288; IV, 1856, 55–87) erhalten ist, sowie eine Übers. des »Iter Hierosolymitanum«, an die P. Auszüge (ebenfalls in Übers.) des →Ps.-Turpin angeschlossen hat (hg. R. N. WALPOLE, Semitic and Oriental Stud., 11, 1951, 433–456). Der »Livre de saint Jacques« (hg. M. L. BERKEY, Romania 86, 1965, 77–103) ist eine gelungene Verquickung von Teilen des →»Liber Sancti Jacobi« mit den »Translation and Miracles de saint Jacques«, die »Olympiade« (hg. M. L. BERKEY, Speculum 41, 1966, 505–515) eine ep.-hist. Auflistung der 13 Eroberungen Jerusalems.

R. Trachsler

Lit.: DLMA, 1992², 1159–1161 – M. L. BERKEY, P.: An Introduction to his Works, Romance Philology 18, 1965, 387–398 – A. ANGREMY, Les œuvres poétiques de P., Positions des thèses de l'École des Chartes, 1962, 17–21.

4. P. de Belleperche → Petrus de Bellapertica

5. P. de la Brosse (Broce) → La Broce, Pierre de

6. P. de Chalon → Chalon, Pierre de

7. P. de Foix → Foix, Pierre de

8. P. de Fontaines → Fontaines, Pierre de

9. P. de Maricourt → Petrus Peregrinus

10. P. de Montreuil, Werkmeister, doctor lathomorum auf seinem Grabstein genannt, † 17. März 1267, ▭ in der von ihm erbauten Marienkapelle von Saint-Germain-des-Prés. 1259–66 Bauleiter der Kathedrale v. Paris als Nachfolger des →Jean de Chelles, Ausführung der s. Querhausfassade nach dem Vorbild der n. Querhausfassade. Zugeschrieben werden ihm Um- und Erweiterungsbau (Langhaus und Querschiff) der Abteikirche St-Denis ab 1231 (1247 cementarius de Sancto Dionysio), Refektorium (1239/44) und Ste-Chapelle de Notre Dame der Abteikirche Saint-Germain-des-Prés (zerstört), vielleicht auch Refektorium der Abteikirche Saint-Martin-des-Champs und die Schloßkapelle Saint-Germain-en-Laye, nicht jedoch die Sainte-Chapelle in Paris. P. gehört zu den großen got. Werkmeistern, die die Hochgotik in der Ile-de-France geformt haben.

G. Binding

Lit.: THIEME-BECKER 25, 102 [Lit.] – E. LEFÈVRE, Maçons, sculpteurs, charpentiers et ouvriers Français au XIe et au XIIe s., BullMon 75, 1911, 423–468 – D. KIMPEL–R. SUCKALE, Die got. Architektur in Frankreich 1130–1270, 1985.

11. P. de la Provence → Magelone

12. P. Roger → Clemens VI.

13. P. des Vaux-de-Cernay SOCist, frz. Chronist, * um 1182, † nach 1218, Neffe des Abtes Gui v. Les →Vaux-de-Cernay, der 1212 Bf. v. →Carcassonne wurde. P. begleitete ihn zunächst auf den 4. Kreuzzug, dann (1212–16) auf den Albigenserkreuzzug (→Albigenser, II). Nach 1218 ist nichts mehr über P. bekannt. – Er widmete seine »Historia Albigensis« 1213 Papst Innozenz III. und setzte sie, jeweils dem Ablauf der Kreuzzugsereignisse folgend, fort. Als Zeuge eines Teils des Geschehens stand er den geistl. Autoritäten, die den Kreuzzug kontrollierten, nahe und verfaßte einen gleichsam offiziellen Bericht, wobei er sich auf die von seinem Oheim beigesteuerten Dokumente und mündl. Kontakte mit den militär. und religiösen Führern stützen konnte. Unter seinen Q. figuriert die »Manifestatio heresis Albigensium et Lugdunensium«, deren (nicht sicher bekannter) Autor starkes Interesse an der Gesch. der albigens. Häresie zeigt. Die Chronik ist in drei Teile gegliedert: 1. die Häresie, 2. die Predigt, 3. der Kreuzzug; sie will auf die akute Gefährlichkeit der kathar. Irrlehre hinweisen und interpretiert den Kreuzzug als Kampf zw. Gut und Böse. An der Spitze der Streitmacht Gottes steht der vom Chronisten als Held gefeierte Simon de →Montfort. Das in starker Parteilichkeit die Vorstellungen der Kreuzfahrer widerspiegelnde Werk zeichnet sich gleichwohl durch Sorgfalt und instruktiven Aufbau aus. Es war wohl stark verbreitet (elf erhaltene Hss.) und wurde noch im 13. Jh. ins Frz. übersetzt.

P. Bourgain

Ed.: H. GUÉBIN–E. LYON, 1926–39, 3 Bde (SHF) – Lit.: MOLINIER, 2432 – Dict. Lettres fr., 1992, 1194f. – W. L. WAKEFIELD, Note on some Antiheretical Writings of the 13th. C., FStud. 27, 1967, 293 – Y. DOSSAT, P. des V. de C., cistercien et correspondant de guerre, Cahiers de Fanjeaux 4, 1969, 221–259 – S. DEL CONTA CLENA, Fuentes para el estudio de los valdenses medievales, Compostellana 29, 1984, 97–123.

14. P. de Versailles OSB, Bf. v. Digne (1432) und Meaux (1439), * um 1380, † 11. Nov. 1446, ▭ Meaux, Kathedrale; Sproß des Herren v. Versailles (Sohn Roberts III. ?), begegnet nach Ordenseintritt in St-Denis und theol. Studium in Paris seit 1412 als Vertreter der armagnak. Partei u. a. an der Seite von →Johannes Gerson auf dem →Konstanzer Konzil. 1420 Abt v. Talmont und 1429 Abt v. St-Martial/Limoges, stand er vielfach im Dienst Kg. Karls VII., so 1431/32 als Mitglied einer Delegation zu Eugen IV., die erstmals seine Papstnähe erkennen läßt. Hierfür war wohl auch die Bindung an das wegen seiner Ansprüche auf Neapel vom päpstl. Wohlwollen abhängige Haus Anjou verantwortl., dessen Interessen er seit 1433 auf dem →Basler Konzil wahrnahm. Kurzfristig auf päpstl. Druck dort zugleich als kgl. Gesandter tätig, wurde P. wegen wiederholten Eintretens für die päpstl. Superiorität v. a. von seinen meist gallikan.-prokonziliar eingestellten Landsleuten attackiert. Im Mai 1437 verließ er mit einer Minorität Basel, um am byz. Hof für das von Eugen IV. betriebene Konzil v. →Ferrara-Florenz zu werben und weiterhin im dt. Reich und bes. in Frankreich auf den Klerusversammlungen v. Bourges (1438/40/44; →Pragmatique Sanction) die päpstl. Sache zu fördern. Vor einseitiger Beurteilung warnt indes seine Freundschaft zum Beichtvater Karls VII., Gérard →Machet, dem er erneute Tätigkeit als kgl. Gesandter (1441/42) und das Amt des Privilegienkonservators der Pariser Univ. (1444) zu verdanken hatte. Wegen seiner Verbindungen zum Hof wie zur Kurie darf er als frz. Kirchenpolitiker von beträchtl. Einfluß gelten. H. Müller

Lit.: A. COVILLE, P. de V., BEC 93, 1932, 208-266 – H. MÜLLER, Die Franzosen, Frankreich und das Basler Konzil, 1990, passim.

Pierrekin de la Coupele, frz. →Trouvère, 2. Hälfte 13. Jh., * vermutl. Umgebung von Calais; sechs Lieder sind von ihm überliefert, nur drei davon mit Noten. *»Je chant en aventure«* ist einem Gf.en v. Soissons gewidmet, möglicherweise Jehan v. Nesle, dem Bruder des Trouvère →Raoul de Soissons. Als sein bedeutendstes Werk gilt *»A mon pooir ai servi«*. B. Schmid

Ed. und Lit.: DLFMA², 1992, 1195 – NEW GROVE, s. v. – RIEMANN, s. v. – F. GENNRICH, Grdr. einer Formenlehre des ma. Liedes, 1932 [Nachdr. 1970] – A. LÅNGFORS, Romania 63, 1937, 474-493.

Piers Plowman, Vision of → Langland, William

Pietà → Andachtsbild, III

Pietas wurde im MA im Blick auf die griech. (εὐσέβεια; ehrfürchtiges Verhalten den Göttern, den Menschen und dem Vaterland gegenüber) wie röm. Antike (vgl. Cicero, De inv. 2,66; u. a.; Vergil, Aeneis), v. a. aber im Blick auf die Bibel (1 Tim 4,8; 3,16; 2 Petr 1,3 u. ö.) reflektiert. →Augustinus (De civ. dei 10, 1) bezeichnet mit p. das Gott verehrende wie Opfer abverlangende Verhältnis des Menschen zu Gott, der Kinder zu ihren Eltern und das sich in den Werken der Barmherzigkeit äußernde Verhalten der Menschen untereinander. →Gregor d. Gr. betont die Konnexion von p. Gottes (p. superna) und p. des Gott-Gläubigen. Jene wird gnadenhaft geschenkt, will aber vom Menschen tugendhaft nach dem Vorbild Christi gelebt werden (Mor. in Job XVI, 25,30; 33,41; XX, 30,25). Der Gedanke von der p. divina, die sich in der barmherzigen Güte Gottes zu den Menschen wie zu der Schöpfung insgesamt zeigt und ist Norm für chr. Leben (Tit 2,12), wird von der Liturgie aufgenommen (Miss. Rom. oratio dom. V post Epiph.). →Rupert v. Deutz definiert p. als eine der sieben Gaben des Hl. Geistes (vgl. Is 11,2) (De op. spir. s. 8), die auch →Bernhard v. Clairvaux als Knotenpunkte des umfassenden Erlösungswerkes Christi zu den Geschehnissen des Sündenfalls in Beziehung setzt. Sie kommt als barmherziges Mitleiden mit den Menschen beim Erlöser zum Zuge (ann. Dom. 2,3-4) und muß sich beim Christen im Umgang mit den Mitmenschen als p. fraterna (Epistula 12; serm. super cant. 12) und in der Gottesverehrung als Besinnung auf Gott bewähren (De consid. ad Eugenium papam). →Hugo v. St. Viktor unterscheidet p. zweifach: latria (Gottesverehrung) und delensis (auf den Nächsten bezogen) (Scala celi, hg. R. BARON). Wie dieser sieht auch →Bonaventura p. als spezielles Gegenmittel zur concupiscentia/Begierde (Brevil. V, 5,4). Sie macht frei zum richtigen Handeln und gehört zum Ursprungsgeheimnis chr. Lebens in der Nachfolge Christi (vgl. lignum vitae 13-16). Sie ist Gnadengabe des Hl. Geistes (collat. de donis s. spiritus), fördert die Kontemplation und äußert sich als ehrfürchtig-liebende Gottesverehrung, sorgende Beobachtung inneren Heiligung und Überfluß inneren Mitleidens. Während →Thomas v. Aquin p. als bes. Geistesgabe und als Frucht der inneren Erfahrung einer nicht abzutragenden Schuld gegenüber den Eltern und dem Vaterland geltend macht, p. von religio und observantia differenzierend (S. Th. II, II. q. 101), greifen Vertreter der dt. Mystik (H. →Seuse, J. →Ruusbroec) das umfassende Verständnis von p. als konkretisierte Gottes- und Nächstenliebe auf. In der →Devotio moderna avancierte p. zum Kernbestand der spezif. gelebten Nachfolge Christi (Malogranatum III, 1,8; Heinrich Herp: Spieghel der Volcomenheit III, 38,2), während

p. in der Renaissance vornehml. den vornehm-menschenwürdigen Umgang der Hausbewohner und Familienmitglieder untereinander bezeichnet. M. Gerwing

Lit.: Catholicisme XI, 402-419 [Lit.] – DSAM XII, 2, 1714-1725 J. -FR. BONNEFOY, Le Saint-Esprit et ses dons selon S. Bonaventure, 1929 – K. BÖCKL, Die Lehre der sieben Gaben des hl. Geistes in ihrer Bedeutung für die Mystik nach der Theol. des 13. und 14. Jh., 1931 – FR. WESTHOFF, Die Lehre Gregors d. Gr. über die Gaben des hl. Geistes, 1940 – W. DUERIG, P. liturgica, 1958 – J. F. BURGESS, P. in Virgil and Statius, Proceed. Virgil Soc. 11, 1971/72, 48-61 – F. MACHILEK, Privatfrömmigkeit und Staatsfrömmigkeit (Ks. Karl IV. Staatsmann und Mäzen, 1978/79) – P. (Fsch. B. KÖTTING, hg. E. DASSMANN–K. S. FRANK, 1980) – TH. KOBUSCH, Das Christentum als die Religion der Wahrheit, RevAug 29, 1983, 97-128 – R. SCHAEFFLER (Fsch. J. KARD. RATZINGER, hg. W. BAIER, ST. O. HORN, V. PFNÜR u. a., 1987), 15-35 – W. M. BOWSKY, Piety and Property in Mediev. Florence, Quaderni Studi Senesi 69, 1990.

Pietro (s. a. Petrus, Peter, Pierre, Piero)

1. P. d'Argelata (auch Argillata, Largelata, de la Cerlata, Arzelata), † 1523; lehrte nach 1500 in Bologna Medizin und Philosophie, galt als »Arabist« und Verehrer Avicennas, dessen »Canon Medicinae« er kommentierte; behandelte u. a. Alexander VI., der 1503 von P. einbalsamiert wurde. Autor der Sechs Bücher der Chirurgie (5 Auflagen zu Lebzeiten!). Im Werk deutliche empirische Ansätze und Kritik an der zeitgenöss. Chirurgie. K. Bergdolt

Lit.: BLA I, 191 f. – Hb. der Gesch. der Medizin, ed. M. NEUBERGER II (1911), 443.

2. P. Bembo (Bembus), * 20. Mai 1470 Venedig, † 18. Jan. 1547 Campo Marzio, Begründer des Renaissance- →Petrarkismus, Theoretiker der it. Schriftsprache nach humanist.-philolog. Kriterien. In Venedig erstellte er bei →Manutius krit. Ausg.en von Petrarcas »Canzoniere« (1501) und Dantes »Commedia« (1502). Seit 1496 arbeitete er an den »Asolani« (Dialoge von drei männl. und drei weibl. Gesprächspartnern über höf. und philos. Liebestheoreme und deren Überformung durch die poet. Tradition des Trecento [Ed. 1505, 1530²]). Seit 1506 am Hof v. Urbino, übertrug P. humanist. Enkomiastik auf die lt. Lyrik und entwarf um 1510 einen it. und lat. Gedichtzyklus. Seit 1512 in Rom, 1513 päpstl. Sekretär. In der Kontroverse mit Gianfrancesco →Pico della Mirandola 1512-13 forderte P. stilist. Wahl und Nachahmung eines Modells: Für das Latein Cicero, analog dazu in seinen »Prose della volgar lingua« Petrarca für das Italienische (B. I und II 1512 beendet, Ed. 1525). Nach seiner Rückkehr ins Veneto (1521) wurde er 1530 offizieller Bibliothekar und Historiograph der Republik Venedig und publizierte die »Rime« (it. und lat. Werkauswahl; 1535²). 1536 Ed. lat. Breven innerhalb des Projekts der it. und lat. Korrespondenz P.s als Modell für die Epistolographie (postume Ed. 1548-52). 1539 von Paul III. zum Kard. ernannt, verbrachte P. die letzten Lebensjahre in Rom. B. Marx

Ed.: Opere, 1-4, Venedig 1729 – Opere in volgare, hg. M. MARTI, 1961 – Prose e rime, hg. C. DIONISOTTI, 1966² – Volgarizzamento des Dialogs 'De Guido Ugobaldo', hg. M. LUTZ, 1980 – Lettere, hg. E. TRAVI, I, 1987; II, 1990ff. – C. VELA, Rime, Studi di letteratura it. 46, 1988, 163-251 – Carmina, ed. R. SODANA, 1990 – Gli Asolani, hg. G. DILEMMI, 1991 – Lit.: DBI VIII, 133-151 – D. PEROCCO, LI 37, 1985, 512-540 – G. DILEMMI-G. GORNI (Veronica Gambara, hg. C. BOZZETTI u. a., 1989), 23-35, 37-57 – P. TROVATO, Rivista di letteratura it. 9. 1991, 461-508 – A. KABLITZ (Der petrarkist. Diskurs, hg. K. W. HEMPFER u. a., 1993), 29-76.

3. P. Bernardino, * um 1470 in Florenz, † 1502 in Mirandola. Handwerker (Goldschmied oder Bildhauer) mit geringer Schulbildung, jedoch gewissen Kenntnissen der Hl. Schrift, übte P. in den letzten Lebensjahren →Savonarolas als Prediger großen Einfluß insbes. auf die

Gruppen von Jugendlichen (»fanciulli«) aus, die das Programm Savonarolas in die Tat umsetzten. Die Forschung stützte sich lange Zeit nur auf das Zeugnis des Bartolomeo Cerretani, demzufolge P. das Haupt einer Sekte (»Unti«-Gesalbte) war, die die Mißstände im Klerus anprangerte, Beichte und Messe ablehnte und in P. einen »neuen Papst« sah. Die Mehrheit der Forscher (PASTOR, GARIN, VASOLI; anders SCHNITZER) sieht in P. einen bedeutenden Vertreter des gegen Ende des 15. Jh. in Italien verbreiteten Prophetentums, das die Katastrophen der Zeit als Vorboten für die Ankunft des Antichrist deutete und demzufolge eine allg. Läuterung, v. a. eine radikale Kirchenreform, als notwendig erachtete. Die anderen Zeugnisse über P., erhaltene Predigttexte und bes. die 1501 von Gianfrancesco II. →Pico della Mirandola (VASOLI) verfaßte Verteidigungsschrift scheinen P.s Bedeutung zu bestätigen. Da P. sich in Florenz in Gefahr fühlte, floh er 1500 zum Signore v. Mirandola, wurde jedoch zusammen mit seinen Anhängern 1502 von Ludovico Pico, der seinen Bruder Gianfrancesco vertrieben hatte, u. a. unter dem Vorwurf der Sodomie zum Scheiterhaufen verurteilt. G. Barone

Q.: J. SCHNITZER, Q. und Forsch. zur Gesch. Savonarolas, III, 1904, 76f. – PASTOR, III⁹, 1075f. (comm. 193ff.) – Operetta del M.S. Johanfrancesco Pico della Mirandola in defensione della opera di p. bernardo da Firenze servo di Jhesu Cristo, hg. P. CHERUBELLI, 1943 – *Lit.:* LThK² VIII, 311 – E. GARIN, La cultura filosofica del Rinascimento it., 1961, 181, 191, 193 – C. VASOLI, P. B. e Gianfrancesco Pico (L'opere il pensiero di G. Pico della Mirandola nella storia dell'Unanesimo, 1965), 281–299 – DERS., Une secte hérétique florentine à la fin du 15ᵉ s.: »Oints« (Hérésies et sociétés dans l'Europe pré-industrielle, 1968), 259–271.

4. P. Parenzo, hl., † 20. Mai 1199 bei Orvieto, ◻ Kathedrale S. Maria, Orvieto. Stammte aus einer adligen stadtröm. Familie und wurde auf Bitten der kath. gebliebenen Einw. von Innozenz III. im Febr. 1199 als Rector nach →Orvieto entsandt, das sich zu einer Hochburg des Katharertums, das beim ghibellin. Adel Sympathie fand, entwickelt hatte. Die unverhältnismäßig harte Niederschlagung eines wegen P.s Verbot der Karnevalsspiele ausbrechenden Tumultes (3. März) brachten den Adel bald gegen ihn auf. Als er mit körperl. Strafen, Konfiskationen und Exilierungen ohne regelrechte Prozesse unterschiedslos gegen Häretiker und deren Sympathisanten vorging, verschworen sich die kathar. Gruppierungen und andere Gegner während einer temporären Abwesenheit P.s in Rom gegen ihn. In der Nacht vom 20. Mai wurde er aus seinem Haus in Orvieto entführt und nach seiner Weigerung, sein Amt niederzulegen, getötet. Dieser Mord erregte eine heftige Gegenreaktion und führte rasch zum Aufblühen eines lokalen Kultes (1879 approbiert). P.s Vita, die »magister Ioannes« (Bf. v. Orvieto 1211–13) verfaßte, ist eine wichtige Q. zur Gesch. des it. Katharertums. G. Avella-Widhalm

Q.: Vita sancti Petri Parentii, BHL 6763; ed. V. NATALINI, Lateranum, NS 2/2, 1936, 152–205 – Repfont VI, 422 – *Lit.:* D. WALEY, Mediaev. Orvieto, 1952 – W. CHERUBINI, Movimenti patarinici in Orvieto, Boll. Ist. stor.-artistico Orvietano 15, 1959, 3–42 – M. MACCARONE, Studi su Innocenzo III, Italia Sacra 17, 1972, bes. 30–48 – E. CARPENTIER, Orvieto à la fin du XIIIᵉ s., 1986.

5. P. Tomacelli → Bonifatius IX.

Pieve → Taufkirche

Pigmentarius → Pharmazie

Pijjut. Seit der ausklingenden Spätantike war es in jüd. Gottesdiensten an Fest- und Feiertagen üblich, die Standardliturgie insbes. bei den Stammgebeten durch poet. Einschaltungen zu erweitern, die in der Regel vom Vorbeter rezitiert wurden. Die in etliche Gattungen untergliederte synagogale Poesie umfaßt für das MA mehrere zehntausend Kompositionen, deren Zahl sich durch Hss.-funde von Jahr zu Jahr vermehrt. Zentrale Themen der P. im sind die Sündigkeit der jüd. Gemeinde, die durch ihr Fehlverhalten verschuldete Exilsituation, die Bitte um Vergebung der Sünden, um messian. Erlösung, aber auch um Vergeltung an den nichtjüd. Völkern, die Israel verfolgen. Darüber hinaus kommen bibl. Themen zur Sprache, die unter Verarbeitung v. a. haggad. Midraschtraditionen nacherzählt werden, und reichhaltig myst.-angelolog. Spekulationen. Die Sprache der P. im ist mehrheitl. hebr., gelegentl. auch aramäisch. Wortschatz und Syntax sind hochgradig eigen, oft dunkel, und Gegenstand eines speziellen Forsch. szweiges der modernen Hebraistik. Unter ästhet.-formalen Gesichtspunkten gelten die Dichtungen aus Italien, Spanien und S-Frankreich als Meisterwerke. Die Texte aus Deutschland, N-Frankreich und England sind formal in der Regel anspruchslos, stellen aber wichtige frömmigkeits- und mentalitätsgesch. Dokumente dar. Der Gebrauch des P. im jüd. Gottesdienst war im MA keineswegs unumstritten. Etliche Rabbinen verwarfen ihn als unnötige Ablenkung vom eigtl. Kern des gemeinschaftl. Gebetes. H.-G. v. Mutius

Lit.: J. MAIER, Gesch. der jüd. Religion, 1992², 118ff., 234ff. [reichhaltige weiterführende Angaben].

Pikarden, radikalste Gruppierung der hussit. Reformbewegung (→Hussiten), die u. a. zu einer absoluten Nichtachtung der →Eucharistie gelangte. Eine gemäßigte Ablehnung des Altarsakramentes ist schon am Anfang des hussit. →Chiliasmus greifbar, denn im Kgr. Christi sollte das Abendmahl seine sakrale Bedeutung verlieren. Martin →Húska und Petr Kániš, Hauptsprecher der P., gehörten zu den führenden Priestern der →Taboriten, die höchstwahrscheinl. im Sommer 1420 mit religiösen Exulanten aus der Picardie in Berührung kamen. Ob die Doktrin dieser nordfrz. Sekte gemeinsame Züge mit der sog. Häresie vom Freien Geist hatte, bleibt wegen fehlender Q. strittig. Jedenfalls glaubten die P. an das bereits angebrochene Zeitalter des Hl. Geistes, durch dessen Vermittlung Christus geistig auf dem Boden der Taboritengemeinde bis ans Ende der Welt weile und tägl. in jeder Speise und jedem Getränk, also nicht nur in Form von Hostie und Wein, mit seinen Getreuen das Abendmahl einnehme. Ob deshalb in der Schlußphase der chiliast. Freigeisterei die körperl. Sättigung und Befriedigung der materiellen Bedürfnisse auch auf die sexuell-erot. Sphäre ausgeweitet wurde, ist umstritten. Die ersten Zwistigkeiten innerhalb der Kommune v. Tabor traten Ende 1420 zutage. Im März 1421 wurden einige hundert P. gezwungen, die Festung am Berg Tabor zu verlassen. Nach wenigen Wochen wurde auch ihre Kolonie unterhalb der Burg Příběnice zerstreut, und etwa 50 P. kamen im Auftrag von Jan →Žižka auf dem Scheiterhaufen ums Leben. F. Šmahel

Q.: FontRerBohem V, 430f., 517–519 – *Lit.:* J. MACEK, Tábor v husitském revolučnim hnutí 2, 1955, 321–354 – F. M. BARTOŠ, Husitská revoluce, 2, 1966, 122–126 – H. KAMINSKY, A Hist. of the Hussite Revolution, 1967, 344–360 – R. LERNER, The Heresy of the Free Spirit in the Later MA, 1972, 119–124 – R. KALIVODA, Revolution und Ideologie. Der Hussitismus, 1976, 166–199 – F. ŠMAHEL, Dějiny Tábora I/1, 1988, 282–306.

Pikten (Picts, Picti, 'gemaltes Volk'), Name für die Einwohner Britanniens n. der Clyde-Forth-Landenge, der bei den röm. Autoren erscheint, zuerst belegt in einer Preisrede von Eumenius (297 n. Chr.), aber er war wahrscheinl. bereits früher gebräuchl. und ist wohl von röm. Soldaten als ein Spitzname für die einheim. Bevölkerung geprägt worden, mit der es häufig zu krieger. Auseinandersetzungen kam. Möglicherweise bezieht sich die Bezeichnung nicht buchstäbl. auf die Malerei, sondern auf die Verzierung der Haut mit farbigen Mustern, da einer der ersten Namen für die n. Briten »Priteni« war, dessen Q-kelt. (gälisches) Äquivalent »Cruithni« ist, was »mit Figuren oder Muster verziert« bedeutet. Es darf angenommen werden, daß der Name 'P.' auf die P-kelt. sprechende Bevölkerung des n. Schottland hinweist, die von griech. und röm. Geographen und Historikern (z. B. Tacitus, Ptolemäus) in mehrere Stämme unterteilt wurde, unter denen die wichtigsten wohl die Caledonii (Caledones), die das zentrale Hochland bewohnten (→Dunkeld = 'Befestigung der Caledonii'), die Verturiones (von denen der spätere Name Fortriu für das s. pikt. Kgr. abgeleitet wurde) und die Maeatae waren, deren Siedlungsgebiet in der Umgebung von →Stirling lag. Stammesunterschiede gab es wohl bis die P. hist. faßbar wurden, doch scheinen sie seit der Mitte des 6. Jh. aus zwei Gebietsgruppen bestanden zu haben, einer n. Gruppe, die sich in einem Bereich aufhielt, der von den Shetland-Inseln südwärts bis zu den Grampian Mountains reichte, und einer s. Gruppe, die im s. zentralen und ö. Hochland, von Loch Fyne bis nach Aberdeenshire, siedelte. Der erste pikt. Kg., über den bedeutsamere Ereignisse überliefert sind, war Brude, Sohn von Maelchon (um 557–586?), zu dem der hl. →Columba eine relativ freundschaftl. Beziehung unterhielt. Brudes Machtbereich dürfte das n. Land der P. umfaßt haben. Sein Hauptsitz war in der Nähe von →Inverness, und er beanspruchte die Oberhoheit über die →Orkney-Inseln. Beda bezeichnet ihn als einen sehr mächtigen Kg. Vor Brudes Regierung konnten die P. eine umfangreiche Abwanderung gälisch sprechender Schotten aus →Dál Riada in nö. Irland und ihre Ansiedlung in Argyll an der Westküste von Schottland nicht verhindern. Vom 6.–8. Jh. verfügten die P. in jedem Jh. wenigstens über einen bedeutenden Kg., der sowohl die Land- als auch die Seeherrschaft innehatte: Brude, Sohn von Maelchon, Brude, Sohn von Bile (671–692), und →Óengus I., Sohn von Fergus (729–761). 685 wurde den P. eine entscheidende Niederlage von den northumbr. Angeln unter →Ecgfrith, Sohn von Oswiu, bei →Nechtanesmere zugefügt. In den 30er Jahren des 8. Jh. überfiel Óengus I. Argyll und unterstellte die Schotten seiner Herrschaft. An der Wende vom 8. zum 9. Jh. herrschten jedoch nacheinander zwei Brüder (Konstantin und →Óengus II.) als rechtmäßige Kg.e im Land der P. und der Dál Riada. Der Tod von Óengus II. 834 ermöglichte →Kenneth I., Sohn von Alpin und wahrscheinl. 841–843 Herrscher der Dál Riada, eine gewaltsame Inbesitznahme des P.-Landes. Obwohl Kenneth und seine Nachfolger den Titel »Kg. der P.« bis ca. 900 trugen, wurde nun die Dynastie von den Kg.en der Schotten gebildet und das Land der P. verschwand als polit. Einheit. Es war ein bes. Kennzeichen des pikt. Kgtm.s, daß jeder Kg. seine Legitimierung als Herrscher unmittelbar von seiner Mutter bzw. Großmutter mütterlicherseits herzuleiten hatte, die aus der anerkannten kgl. Sippe stammen mußte. Für diese Nachfolgeordnung spricht auch die Tatsache, daß die Herrscher im Kg.register durch die Namen ihrer Väter identifiziert werden, aber keiner dieser dort gen. Väter als Kg. der P. erscheint. So wird Talorcen, Kg. um 653–657, als Sohn von Enfret bezeichnet, sein Vater war der northumbr. Fs. Eanfrith, Bruder der Kg.e Oswald und Oswiu. Doch Talorcens Anspruch auf die Kg.swürde muß sich von seiner Mutter hergeleitet haben, die wohl die Schwester von drei vorhergehenden Kg.en war.

Nur eine kleine Zahl von P-kelt. Wörtern, die meistens aus Ortsnamen erschlossen wurden, ist überliefert und kann uns eine Vorstellung von der pikt. Sprache vermitteln, die wohl weitgehend vom schott. Gälisch zw. ca. 800 und ca. 1000 verdrängt wurde. Das interessanteste Wort ist *pett* (gallo-lat. *pezia; petia; piece* oder *share*), das im Land der P. v. a. für die Bezeichnung einer bedeutenden landwirtschaftl. Einheit gebraucht wurde, die im Besitz einer Familie von freien Bauern oder kleinen Adligen war. In modernen Namen erscheint dieses Wort gewöhnl. als »Pit-« (z. B. Pitlochry). Unsere Kenntnis der pikt. Kultur verdanken wir weitgehend den erhaltenen Bildsteinen und Metallbearbeitungen, die meistens aus dem 7.–9. Jh. stammen. Die Bildsteine werden üblicherweise in drei Typen eingeteilt: Typ I umfaßt Figuren- und Symbolmotive, die in Naturfelsblöcke oder andere Steinoberflächen eingeritzt wurden, wobei christl. Motive nicht erscheinen; Typ II wird charakterisiert von Steinplatten mit Reliefs auf einer oder auf beiden Seiten, die oft ein Kreuz oder andere typ. christl. Symbole zeigen, doch in der Regel die älteren nichtchristl. Symbole; Typ III enthält nur noch christl. Bildmotive und zeigt eine Kenntnis der allg. ikonograph. Traditionen des westl. Europa. Für die Kunsthistoriker sind bei den pikt. Reliefs und Metallarbeiten v. a. die sich verbindenden heim. Symboltraditionen von Interesse, die sich offensichtl. an Motiven und Stilen (z. B. Flecht- und Spiralmuster) ir. und northumbr. Vorbilder orientierten.

In bezug auf die P. gibt es für die Forsch. eine Reihe von noch ungelösten Fragestellungen, wobei v. a. zwei Probleme im Mittelpunkt stehen: der natürl. Symbolcode, der aus relativ realist. dargestellten Tieren, häusl. Gegenständen, formalisierten Tieren und rein geometr. Figuren besteht, konnte bis heute nicht in befriedigender Weise entschlüsselt werden. Es ist unwahrscheinl., daß dieses vollendete Symbolsystem rein zufällig entstanden ist, jedenfalls zeigen die Symbole von den Shetland-Inseln bis zum Firth of Forth erstaunlicherweise eine bestimmte Norm. Die Symbole lieferten wohl zumindest für die herrschende Schicht eine bes. Ausdrucksmöglichkeit, die Bildsteine hatten vielleicht Gedenksteinfunktion oder dienten zur Identifizierung von →*clans* oder Grenzen. Das zweite, noch ungelöste Hauptproblem betrifft das Territorium und die Chronologie. Pikt. Ortsnamen, Bildsteine und archäolog. Funde erscheinen vorwiegend in der ö. Hälfte Schottlands, n. von Clyde und Forth, insbes. in den Moray Firth-, Grampian-, Tayside- und Fife-Regionen, ihre Entstehungszeit läßt sich allg. zw. ca. 600 und ca. 900 angeben. Es stellt sich deshalb die Frage, warum die pikt. Kultur so wenige Spuren auf den w. Inseln und im w. Hochland des schott. Festlands hinterlassen hat, und auch, warum es in einem der in der späten Eisenzeit künstler. so unfruchtbaren Gebiet im n. Britannien so plötzl. zu einem bedeutenden Ausbruch von kreativer Aktivität gekommen ist. G. W. S. Barrow

Lit.: The Problem of the Picts, hg. F. T. WAINWRIGHT, 1955 [1980] – I. HENDERSON, The Picts, 1967 – M. O. ANDERSON, Kings and Kingship in Early Scotland, 1973 [1980] – Pictish Stud., hg. J. G. P. FRIELL – W. G. WATSON, 1984 – A. JACKSON, The Symbol Stones of Scotland, 1984 – The Picts: a New Look at Old Problems, hg. A. SMALL, 1987 – A. RITCHIE, Picts, 1989.

Pilaster, Wandvorlage aus Basis, rechteckigem Körper, Kapitell und Kämpfer; der P. ist eine der Wand vorgelegte Halbsäule mit rechteckigem »Schaft« oder ein Wandpfeiler mit Kapitell, bei Alberti »columna quadrangula« genannt. Er ist abzuleiten aus der Antike, wo er in der röm. Architektur große Bedeutung hatte, und weist zumeist auch antikisierende Kapitelle auf. Sein »Schaft« kann kanneliert sein, selten ist er nach unten verjüngt, bes. in Spanien, »Estipite« genannt. P. finden sich an antikisierenden Bauten: karolingisch (Aachen, Lorsch, Poitiers), ottonisch (St. Pantaleon in Köln), vereinzelt salisch (Speyer, Maria im Kapitol in Köln) und staufisch, in der frz. Romanik (Autun), bes. in der Cluny-Gruppe, in der Toskana. Seit der Renaissance (Brunelleschi, Alberti, Bramante, Palladio) gehört der P., mehr oder weniger regelhaft ausgebildet, bis zum Ende des 19. Jh. zu den wichtigen Wandgliederungsmitteln der repräsentativen Architektur. G. Binding

Pilato, Leonzio → Leonzio Pilato

Pilatus (Pontius P.), röm. Präfekt (procurator: Tac. ann. XV 44) in Judäa 26–36 n. Chr., bekannt fast nur durch bibl.-christl. und jüd. Zeugnisse, von jüd. Seite (Iosephus bell. 2,9, 2–4 u. a.) als Unterdrücker verurteilt, dessen Gewalttaten zu seiner Abberufung und seinem erzwungenen Selbstmord geführt hätten, von den Evangelien und anderen Texten wegen seiner zögernden Haltung im Prozeß Jesu weniger negativ gesehen. Nach apokryphen Briefen (2. Jh.) und Prozeßakten (4./5. Jh.) sei er von Ks. Tiberius wegen der Kreuzigung des Wunderarztes Jesus zum Tode verurteilt und in Rom hingerichtet worden. Dem Bericht über den Prozeß Jesu wird nachträgl. die Beschreibung des →Descensus Christi ad inferos angehängt (Evangelium Nicodemi); die ma. lat. Prosa- und Versfassungen der Acta P.i bis hin zur →Legenda aurea kennen seine Jugendgesch. (Geburt im Bambergischen – Berlech/Forchheim –, Sohn des Kg.s Atus und der Müllerstochter Pila; Mordtaten; Iudex in Pontus, von Herodes berufen), fügen die →Veronika-Legende ein und berichten von der Versenkung des Leichnams in Tiber und Rhône und der Wiederauffindung. P. Chr. Jacobsen

Ikonographie: Bereits die frühesten Darstellungen des P.urteils auf Sarkophagen des 4. Jh. (→Passion Christi) zeigen die Handwaschung des P. oder einen Hinweis auf sie in Gestalt des Dieners mit Kanne und Schale. Diese Szene bleibt das MA hindurch die häufigste P.darstellung in westl. und östl. Leben-Jesu- oder Passionszyklen der Wand- und Buchmalerei und anderer Gattungen. Die Beigabe des Boten, der vom Traum der Frau des P. berichtet (Mt 27,19), ist seit dem frühen 6. Jh. belegt (Mosaik in S. Apollinare nuovo, Ravenna), die Frau selbst erscheint bisweilen seit dem 10. Jh. (z. B. Wandmalerei in S. Angelo in Formis, um 1100). Zum P.urteil tritt häufig ein zweites Bild des Verhörs Jesu durch P., zuerst belegt im →Codex purpureus Rossanensis (hier Urteil ohne Handwaschung, aber mit singulärer unmittelbarer Konfrontation von Jesus und Barrabas). Der Schluß vom Rossanensis auf monumentale palästinens. Vorbilder, etwa ein Apsisbild (so v. a. LOERKE), ist abzulehnen (vgl. z. B. SEVRUGIAN). Der Passionszyklus auf der Rückseite der Maestà des →Duccio di Buoninsegna enthält sogar sechs P.szenen. Bilder der Auseinandersetzung zw. den Hohepriestern und P. über den Text des Kreuztitulus (Joh 19,19–22) gibt es nur auf dem Kreuz von Bury St. Edmunds (New York, Cloisters) und in der →Bible moralisée in Toledo (LONGLAND). Das allgemein positive, bes. durch das →Nikodemusevangelium verbreitete, chr. P.bild ist in beiden Fällen mit einer stark judenfeindl. Tendenz verbunden. J. Engemann

Lit.: RE XX, 2, 1322–1324 – RGG V, 383f. – K. HAUCK, Pontius P. aus Forchheim (Fschr. W. BULST, 1960), 104–124 – D. WERNER, Pylatus. Unters. zur metr. lat. P.legende und krit. Textausg., 1972 (MJb Beih. 8) – *[Ikonogr.]:* DACL XIV, 1042–1052 – LCI III, 436–439 – W. C. LOERKE, The Miniatures of the Trial in the Rossano Gospels, ArtBull 43, 1961, 171–195 – S. LONGLAND, What I have written, MetrMusBull 26, 1967/68, 410–429 – G. SCHILLER, Ikonographie der chr. Kunst 2, 1968 – P. SEVRUGIAN, Der Rossano-Codex und die Sinope-Fragmente, 1990.

Pilger
A. Westlicher Bereich – B. Byzanz und Altrußland – C. Islamischer Bereich

A. Westlicher Bereich
I. Früh- und Hochmittelalter – II. Spätmittelalter – III. Ikonographie.

I. FRÜH- UND HOCHMITTELALTER: Wie andere Hochreligionen kennt auch das Christentum die →peregrinatio religiosa, das fromme Unterwegssein zu einem Ort bes. Heilsvermittlung. Nach dem Apostel Paulus (2 Kor 5,6) befindet sich der Christ zeitlebens auf einer P.fahrt. Die Stätten des Wirkens Jesu – »ubi steterunt pedes eius«, wie es im MA stereotyp hieß – suchten schon mit der Bibel als Reiseführer die ersten Christen auf. Nach der Kreuzauffindung durch →Helena (326?) und der Errichtung der Grabeskirche in Jerusalem und der Geburtskirche in Bethlehem durch Ks. Konstantin wurde der Besuch der hl. Stätten Palästinas geradezu eine Pflicht des senatorischen Adels und Jerusalem zum 'Urpilgerort', so daß der Kirchenlehrer →Hieronymus warnte »non Ierosolymis fuisse, sed bene vixisse laudandum est«. Die Anerkennung und Verbreitung der Verehrung von →Reliquien durch →Ambrosius v. Mailand (→Gervasius und Protasius, 386) und →Augustinus (→Stephanus, 415) kam dem spätantiken Ahnenkult entgegen und führte zur Entstehung zahlreicher, auch nichtbibl. Hl.nkulte mit lebhaftem P.verkehr (→Ephesos: Maria, Johannes der Evangelist, →Siebenschläfer; Tebessa: Crispina; →St-Maurice: →Mauritius und →Thebaische Legion; →Tours: →Martin; →Monte Sant'Angelo: →Michael). Die beiden durch Konstantin. Basiliken ausgezeichneten röm. Apostelgräber (→Petrus und →Paulus) zogen schon in langob. Zeit P. an. Die 'Entdeckung' des Grabes des →Jakobus d. Ä. in →Galicien durch Bf. Theodemir (vor 842) stand im Zusammenhang mit der beginnenden →Reconquista und begründete einen bis heute florierenden P.verkehr. Ir. Mönche legten im 7. und 8. Jh. mit ihrer oft lebenslangen P.schaft einen Grund für die Christianisierung des kontinentalen Europa.

Durch das Reformpapsttum und die →Gottesfriedensbewegung des 11. und 12. Jh. wurden sowohl Reliquienkult wie P.wesen stark gefördert und erlebten einen neuen Aufschwung. Städt. wie monast. Verkehrszentren entstanden nach z. T. gewaltsamen →Translationen (Venedig: →Markus, 829 aus Alexandria entführt; →Bari: →Nikolaus v. Myra, 1087 geraubt [in Konkurrenz dazu entstand in →Trani der Kult des Nikolaus Peregrinus]; Köln: Hl. →Drei Könige, 1164 aus Mailand entführt; →Siegburg: →Anno II. v. Köln; Vézelay: →Maria Magdalena; Regensburg, St. Emmeram mit spektakulären Fälschungen zum hl. →Dionysius; Reliquie der hl. →Anna, 1500 aus Mainz nach →Düren). Nach dem Mord an →Thomas Becket 1170 gelang der Kurie mit Hilfe der 'eruditi sancti Thomae' innerhalb weniger Jahre die Etablierung eines gesamtkirchl. P.zentrums in Canterbury mit einer Jubeljahr-Tradition seit 1220. →Chaucer hat mit seinen »Canterbury Tales« der →Canterbury-Wallfahrt ein bleibendes lit. Denkmal gesetzt.

Für den Aufschwung des P.wesens mit verantwortl. sind auch demograph. Faktoren (Bevölkerungsvermehrung seit der Jahrtausendwende), die →Kreuzzüge als eine Form bewaffneter P.fahrten mit umfassenden Ablaßerwartungen und die Herausbildung einer Infrastruktur entlang den klass. Pilgerstraßen (Via S. Jacobi in Frankreich und Nordspanien, →Via Francigena in Italien). P.herbergen und -hospitäler (am Jakobsweg in Nordspanien im Abstand von etwa 10 bis 15 km), insbes. an neuralg. Punkten wie Pässen (Somport, Roncesvalles, →Großer St. Bernhard, Gotthard) und Flußübergängen (→Brücke, B. II, →Altopascio, Rhône-Brücke in Avignon, Puente la Reina), geleitet durch →Bruderschaften und sich neu bildende religiöse Gemeinschaften, boten armen P.n kostenlos – Unterkunft und Verpflegung. Diese Leistungen waren derart umfassend, daß der Aufenthalt in einigen Hospitälern begrenzt werden mußte. Das Kirchenrecht folgte in der Definition des P.status der fakt. Entwicklung. Es qualifizierte die Fahrt nach Jerusalem, Rom und →Santiago de Compostela als peregrinatio maior, garantierte den P.n (eine Unterscheidung zw. P. und Wallfahrer findet sich in den Q. nicht, sie heißen allg. 'peregrini', die Jerusalemp. auch 'palmieri', die Romp. 'romei') seit dem 12. Jh. spezielle Privilegien: das *forum ecclesiasticum*, den Schutz von Leib und Gut auf der Reise und des Besitzes zu Hause, das Testamentsrecht im Todesfall. Hut, Stab und Tasche sowie am Zielort erworbene →Pilgerandenken machten die P., die in der Mehrzahl zu Fuß und in kleineren Gruppen unterwegs waren und unter denen sich auch Frauen und Kinder befanden, kenntlich. Vom Kg. bis zum Bettler, vom Prälaten bis zum Konversen unternahmen Angehörige aller Stände, nicht selten mehr als einmal im Leben, P.fahrten. Der Besucher Jerusalems oder Santiagos konnte aus seiner Fahrt einen beträchtl. Zuwachs an Sozialprestige in der Heimat verbuchen, etwa durch den Ritterschlag am Hl. Grab oder die Aufnahme in eine →Jakobsbruderschaft.

II. SPÄTMITTELALTER: Während P. des Früh- und HochMA die Hl.n ihrer Zielorte um Heilung und Hilfe anflehten und Kontaktreliquien (→Brandeum) als Andenken heimbrachten (der Erwerb 'echter' Reliquien war meist nur hohen Geistlichen und Adligen möglich), rückte im SpätMA (durch den Kreuzzugsablaß bedingt) der Erwerb von →Ablässen in den Vordergrund. Diesem Wandel im Frömmigkeitsverhalten der P. kam die Kirche entgegen. Nach dem Verlust des Hl. Landes 1291 bot (neben dem seit 1295 verliehenen Portiuncula-Ablaß) der im Kirchenrecht (Extrav. Com. 5.9.1) verankerte Ablaß des annus iubilaeus, die durch Papst Bonifatius VIII. für den Besuch der Apostelkirchen Roms erteilte plenissima remissio omnium peccatorum, ein nicht zu übertreffendes Heilsangebot, seit 1350 mit der Lehre vom Gnadenschatz der Kirche begründet (Extrav. Com. 5.9.2). Der Andrang zu den Apostelbasiliken nahm schon im ersten →Hl. Jahr 1300 nach den Chroniken (G. →Villani, →Gilles li Muisis) beängstigende Formen an, zehnmal mehr Menschen als in normalen Jahren strömten nach Rom, das an den P.n nicht schlecht verdiente. 1350 und 1450 kamen insbes. die Deutschen in hellen Scharen. Die bereits seit der Karolingerzeit bestehenden röm. scholae wurden durch neu errichtete nationale P.herbergen (S. Maria dell'Anima) ergänzt, die Stadt urbanist. ausgebaut (Ponte Sisto, Obelisken, Wasserleitungen, Straßenzüge, Paläste). Der urspgl. 100jährige Turnus der röm. *anno santo* wurde seit 1475 auf 25 Jahre verkürzt. Andere P.zentren versuchten dem röm. Plenarablaß Paroli zu bieten, indem sie das period. Pilgern ebenfalls einführten und (nicht selten aufgrund von gefälschten päpstl. Privilegien) Ablässe anboten: In Santiago wird (erst seit dem 15. Jh. belegt, aber auf Calixtus II. zurückgeführt) noch heute im Hl. Jahr immer dann gefeiert, wenn das Jakobsfest auf einen Sonntag fällt; in →Le Puy gab es ein Hl. Jahr, wenn der Karfreitag auf den 25. März fiel; in Aachen (→Aachenfahrt) wurden die Reichsheiltümer (→Heiltumsweisung) seit dem 14. Jh. in siebenjährigem Rhythmus gezeigt (verbunden mit 'Anschlußwallfahrten' nach Trier [→Hl. Rock], Köln und Maastricht [→Servatius]).

Neben den zahlreichen regionalen oder lokalen Wallfahrtsorten, die mit jährl. Regelmäßigkeit aufgesucht wurden, waren neue P. orte von überregionaler Bedeutung im SpätMA zumeist mit der Marien- oder Eucharistieverehrung, die nach dem →Blutwunder v. →Bolsena in der Einführung des →Fronleichnamsfestes 1264 gipfelte, verbunden und oft nur von kurzer Attraktionsdauer, etwa in →Wilsnack (1383), Niklashausen (1476) oder Regensburg (1519). Zumeist ging die Wallfahrt auf ein Wunder zurück. Neben dem spontanen *Wallen* und *Lauffen* zu alten (→Mont-Saint-Michel) und neuen Heiligtümern zogen auch die etablierten wie →Einsiedeln, Aachen oder →Andechs zu Festzeiten nach der Zahl der verkauften Abzeichen häufig mehr als 100000 P. an. Kostspieliger und daher nur von Adligen oder Patriziern unternommen, gestalteten sich die im Frühjahr und Herbst von Venedig ausgehenden (in zahlreichen P.berichten beschriebenen) Jerusalemfahrten von wenigen hundert Reisenden: Die 8–10wöchige Schiffsreise Venedig-Jaffa und zurück kostete 40 bis 50 Gulden, das doppelte Jahreseinkommen eines Bauhandwerkers.

Wallfahrten und P.fahrten boten die weitaus beliebteste Form spätma. Religiosität. In den Motiven der P. verbanden sich Frömmigkeit und Abenteuerlust, aber nicht alle peregrini waren aus freien Stücken unterwegs. Manche reisten in Erfüllung eines Gelübdes (von dem für die peregrinationes maiores nur der Papst entbinden konnte), nach Verurteilung zu einer Strafpilgerfahrt (v. a. in den Rheinlanden und den Hansestädten von weltl. wie geistl. Gerichten verhängt), als Stellvertreter für einen Anderen (etwa als 'Mietp.' aufgrund testamentar. Verfügung). Auch die Existenz falscher P. ist bezeugt, die den privilegierten P.status nutzend aus anderen als frommen Beweggründen (z. B. als Spion) unterwegs waren. Die verbreitete Gleichsetzung von P. und suspektem Individuum entspricht der allg. Einengung mobiler Gruppen im 15. Jh. Die Reformatoren haben – bis auf die Jerusalemfahrt – das Pilgern abgelehnt, so daß die Tradition der peregrinatio religiosa nur in kath. Ländern bis heute überlebt hat. S.a. →Bruderschaft; →Hospital; →Itinerar. L. Schmugge

Bibliogr.: Wallfahrt kennt keine Grenzen, Ausst.kat., 1984 – Lit.: A. FRUGONI, Il giubileo di Bonifazio VIII, BISI 62, 1950, 1–121 – B. KÖTTING, Peregrinatio religiosa, 1950, 1980² – R. FOREVILLE, Le Jubilé de Saint Thomas Becket, 1958 – E. R. LABANDE, Recherches sur les pèlerins dans l'Europe, CCMéd 1, 1958, 159–169, 339–347 – G. LADNER, Homo viator, Speculum 42, 1967, 233–259 – Les pèlerinages de l'antiquité biblique et classique à l'occident médiévale, 1973 – P. BREZZI, Storia degli Anni Santi, 1975³ – R. C. FINUCANE, Miracles and Pilgrims. Popular Beliefs in Medieval England, 1977 – J. VAN HERWAARDEN, Opgelegde bedevaarten... (1300–1550), 1978 – L. SCHMUGGE, P.fahrt macht frei, RQ 74, 1979, 16–31 – R. H. BAUTIER, Le Jubilé romain de 1300, M–A 86, 1980, 189–216 – A. ESCH, Gemeinsames Erleben – individueller Bericht. Vier Parallelberichte aus einer Reisegruppe von Jerusalemp.n 1480, ZHF 11, 1984, 385–416 – L. SCHMUGGE, Die Anfänge des organisierten P.verkehrs im MA, QFIAB 64, 1984, 1–83 – DERS., Die P., ZHF Beih. 1, 1985, 17–47, 105–108 – L. CARLEN, Wallfahrt und Recht im Abendland, 1987 – Jakobus-Stud., 1988ff. – L. SCHMUGGE, Falsche P. (Fälschungen im MA, V, MGH Schr 33/5, 1988), 475–484 – U. GANZ-BLÄTTLER, Andacht und Abenteuer. Berichte europ. Jerusalem- und Santiago-P. (1320–1520), Jakobus-Stud. 4, 1990 – Wallfahrt und Alltag in MA und früher NZ (Veröff. des Inst. für Realienkunde des MA, 14, 1992).

III. IKONOGRAPHIE: Beinahe gleichzeitig mit den ersten, seit der Wende vom 11. zum 12. Jh. nachzuweisenden Peregrinus-Spielen für den zweiten Ostertag, die erstmals Anweisungen für die Ausstattung von P.n geben, entstanden im Zusammenhang mit Darstellungen des Ganges nach Emmaus seit etwa 1120 die frühesten P. darstellungen, die Christus und oft auch die beiden Jünger als P. zeigen (Albani Psalter; Hildesheim, Domschatz; St. Albans um 1119-23; 70). Seit etwa 1200 finden P. darstellungen Eingang in die sieben Werke der Barmherzigkeit, wo sie für die Aufnahme des Fremden stehen (Bronzetaufbecken; Hildesheim, Dom St. Marien; um 1220). Seit dem 14. Jh. treten P. in Illustrationen zu →Guillaumes de Digulleville »Le songe du pèlerinage de vie humaine« (Brüssel, Bibl. royale mss 10176-78; Flandern um 1380-90) und ähnl. Texten auf. Seit dem SpätMA gehören sie zu Darstellungen von Wallfahrtskulten. Von den Hl. n werden →Jakobus d. Ä., →Rochus sowie der v. a. in Nürnberg verehrte →Sebaldus fast immer als P. dargestellt, gelegentlich auch die Hl. n Koloman und Jodokus.

Die P. kleidung folgt v. a. prakt. Gesichtspunkten und paßt sich in den dadurch gesetzten Grenzen der jeweiligen Mode an. Allgemeine Kennzeichen sind der P. stab, P. ranzen oder Mantelsack und zumeist eine P. flasche, später auch häufig ein Rosenkranz. Gekleidet ist der P. in ein zumeist geschürztes, waden- bis kniekurzes Untergewand, einen großen Hut mit meist umgeschlagener Krempe und evtl. ein Paar derbe Schuhe oder Stiefel. An der Hutkrempe oder an der Kleidung sind die P. zeichen befestigt, von denen als wichtigste das Kreuz (Jerusalem), die gekreuzten Schlüssel Petri (Rom) und die Muschel (Santiago de Compostela) zu nennen sind (→Pilgerandenken). Bereits gegen 1200 konnte aber die Jakobsmuschel nicht mehr nur den Jakobsp., sondern den P. allgemein auszeichnen. U. Liebl

Lit.: LCI III, 441f. – Wallfahrt kennt keine Grenzen, hg. v. L. KRISS-RETTENBECK, Ausst. Kat., 1984.

B. Byzanz und Altrußland
I. Byzanz – II. Altrußland.

I. BYZANZ: Erste Spuren chr. P. (gr. ὁ προσκυνητής) finden sich im O des Röm. Reiches in der Mitte des 2. Jh. (Ende der Naherwartungshaltung der →Parusie) und sind zunächst auf Palästina beschränkt. Begaben sich anfangs zumeist Männer der Kirche auf die P. schaft, um die Wahrheit der Überlieferung zu überprüfen (→Melito, →Origenes, Alexander v. Kappadokien), so weitete sich ab dem 4. Jh. das P. tum auf einen größeren Personenkreis aus, bedingt durch die Ausbreitung des Christentums, die nachlassenden Verfolgungen und die zunehmende Rechtssicherheit. Von großer Bedeutung waren die 326 von Ksn. →Helena in Palästina eingeleiteten Baumaßnahmen (Jerusalem, Bethlehem etc.); der Andrang der Gläubigen war so groß, daß Kirchenväter wie →Gregor v. Nyssa (epist. II ad Censit.) oder →Johannes Chrysostomos (hom. III ad pop. Antioch.) mit ihren Schr. bereits mäßigend und leitend, wenn auch nicht generell ablehnend auf das Phänomen einzuwirken suchten. Die Zahl der hl. Orte nahm konsequent zu, neben den direkt mit Christus in Verbindung stehenden Plätzen wurden auch Stätten des AT in das Besichtigungsprogramm aufgenommen, außerchr. Sehenswürdigkeiten zuweilen mit bibl. Traditionen verknüpft. Die Ausformung von Hl. n und Reliquienkult seit dem 3. Jh. begünstigte die Entstehung weiterer Wallfahrtsstätten, auch außerhalb des Hl. Landes. Der Verlust dieser Region an die Araber im 7. Jh. scheint für die byz. P. ohne entscheidende Bedeutung gewesen zu sein, worauf sich auch in der Folge solch hohe Persönlichkeiten wie die Ksn. en Helena oder Eudokia-Athenais nicht mehr unter den Gläubigen nachweisen lassen. Die erste überlieferte gr. Reisebeschreibung stammt von Epiphanios Hagiopolites (nach 638, vor 900), wichtige Texte verfaßten Konstantinos →Manasses (nach 1162), Johannes Phokas (1177) und Perdikas v. Ephesos (14. Jh.); das erste der in reicher Zahl überlieferten gr. Proskynetaria entstand in der Mitte des 13. Jh. Die Schr. berichten vom rituellen Bad der P. im Jordan, der Palmsonntagsprozession von Bethphage nach Jerusalem oder der Bedeutung der Osterliturgie in der Grabeskirche (Hl. Licht; →Ostern, II).

In den ersten Jahrhunderten erfolgte die Anreise der byz. P. zumeist auf dem langsamen und beschwerl. Landweg durch Kleinasien, der bequemere, aber teurere und wegen der Piraten auch gefährlichere Seeweg wurde erst nach der Errichtung des Sultanats v. →Konya (11. Jh.) zur Regel; wegen seiner Nähe zu Jerusalem kam dem Hafen v. →Jaffa bald eine überragende Stellung zu. Die Fortbewegung über Land erfolgte meist zu Fuß, wohlhabendere P. nutzten Reittiere wie Esel oder (in Wüsten) Kamele. Die Entstehung von Hl. n- und Reliquienkult begünstigte die Bildung von P. zielen auch außerhalb des Hl. Landes; zu den wichtigsten byz. Wallfahrtsstätten gehörte das Katharinenkl. auf dem →Sinai, im 4. Jh. mit einer Kirche ausgestattet, von Justinian I. zur Festung ausgebaut und seither ununterbrochen besucht. Nur für einen gewissen Zeitraum von Bedeutung waren Chonai (Phrygien, 8. Jh.-1204; Erzengel →Michael), Ephesos (Asia, 2.-14. Jh.; Johannesgrab, Siebenschläferbasilika, Haus der Maria), Myra (Anfang 5. Jh.-1087; →Nikolaus [10. N.]), Seleukeia (Isaurien, 4. Jh.-nach 1375; →Thekla) und Abu Mina (Ägypten, spätes 4.-10. Jh.; Menas). In Ägypten als Entstehungsort des chr. Mönch- und Eremitentums läßt sich erstmals im Christentum die Sonderform der P. fahrt zu lebenden Personen nachweisen, die auch in Syrien faßbar ist: Kal'at Sim'an (Symeon Stylites d. Ä.; 390-459), Mons admirabilis (Symeon Stylites d. J.; 521-593). Rom war für die byz. P. nur bis zum 12. Jh. von einer gewissen Bedeutung, Thessalonike (→Demetrios) seit dem 4. Jh. von Wichtigkeit; 963 wurde die →Megiste Laura auf dem Athos gegr.; 1088 das Johannes-Kl. auf der Insel →Patmos, Stätten, die in der Folgezeit ebenfalls oft besucht wurden. Konstantinopel war ursprgl. mit keinem Hl. n verbunden, doch setzten bereits im 4. Jh. Translationen ein, die sein Ansehen stetig vergrößerten, es endlich selbst zum bevorzugten P. ziel werden ließen. – An allen P. stätten waren die Gläubigen bemüht, →Eulogien zu erwerben, zumeist Öl, Wachs oder Steine, die z. T. als wundertätig verehrt wurden. Angefertigte Eulogien (ampullae, Reliquiare etc.) waren in der Regel von geringer handwerkl. Qualität. A. Külzer

Q.: Pravoslavnyj Palestinskij Sbornik, 60 Bde, 1883-1913 – S. N. KADAS, Προσκυνητάρια των Αγίων Τόπων, 1986 – Lit.: Oxford Dict. of Byzantium III, 1991, 167f. – RAC VI, 900-928 [Eulogia] – I. PENA u. a., Les Stylites syriens, 1975 – J. WILKINSON, Jerusalem Pilgrims before the Crusades, 1977 – G. VIKAN, Byz. Pilgrimage Art, 1982 – P. MARAVAL, Lieux saints et pèlerinages d'Orient, 1985 – E. MORINI, The Orient and Rome: Pilgrimages and Pious Visits between the Ninth and the Eleventh Century, Harvard Ukrainian Studies 12/13, 1988/89, 849-869 – E. MALAMUT, Sur la route des saints byz., 1993.

II. ALTRUSSLAND: Nach der historiograph. und hagiograph. Überlieferung der Kiever Rus' (→Kiev, A) gehen die frühesten ostslav. Wallfahrten auf das 11. Jh. zurück. Namentl. bekannte P. dieser Zeit sind u. a.: der Gründer des Kiever Höhlenkl. (→Kiev, C), der hl. Antonij Pečerskij († 1072/73), der seine Weihe auf dem →Athos empfing; der erste Hegumenos des Höhlenkl. Varlaam (1. Reise 1062 nach Jerusalem, 2. Reise nach Konstantinopel); der Bf. v. Perejaslavl' bei Kiev, der hl. Efrem, Mönch desselben Kl. (lebte ztw. in Konstantinopel). – Eine indirekt überlieferte, legendar. Novgoroder Nachricht von 1163 spricht von 40 Jerusalem-P.n, die mitgebrachte Reliquien im Novgoroder Land verteilten. Nach einer hagiogr. bezeugten Legende soll der damalige Ebf. v. Novgorod, der hl. Il'ja-Ioann († 1186), auf einem Dämon in einer Nacht nach Jerusalem und zurück geritten sein. Schon früh bildeten sich in Novgorod eigenartige Pilgergruppen, die auch nach der Rückkehr aus dem Hl. Land ihr unstetes Leben weiterführten. Sie wurden vom Ebf. v. Novgorod, →Nifont († 1156), als Landstreicher verurteilt. In der Novgoroder Volksepik werden diese Jerusalemfahrer oft als gewalttätig und räuberisch geschildert (Lieder über Vasilij Buslaev und über die »40 Pilger und einen«). Andererseits fungieren sie als Träger frommen Erzählgutes. – In der (späteren) Vita der Fsn. v. Polock, der hl. Evfrosinija, wird ihre Fahrt ins Hl. Land (über Konstantinopel und das Sabas-Kl.) geschildert († 24. Mai 1173 in Jerusalem). Die eigtl. Q. für das altruss. P.wesen sind jedoch die Reiseberichte, die zu Beginn des 12. Jh. aufkommen. Der älteste und meistverbreitete Palästina-Bericht (»Choženie«) stammt vom Hegumenos →Daniil und ist wohl in die Jahre 1106/07 zu datieren. Die früheste altruss. Reisebeschreibung Konstantinopels (vor der Plünderung von 1204) geht zurück auf Dobrynja Jadrejkovič, den späteren Ebf. v. Novgorod (Antonij, →3. Antonios). Indirekt bezeugt ist die Palästinareise (vor 1352) des Ebf.s v. Novgorod, →Vasilij Kalika ('der Pilger', † 1352). Weitere Reiseberichte stammen von: Stefan, einem Novgoroder Pilger (ca. 1349, Konstantinopel); Ignatij v. Smolensk (1389/93, Konstantinopel, Thessalonike); Zosima, Diakon des Troice-Sergiev-Kl. (1419/22, Konstantinopel und Hl. Land); vom Hieromonachos Varsonofij (1456, 1461–62; Hl. Land, Ägypten, Syrien). – Innerruss. P.stätten waren in der Kiever Periode die Kultstätten der hll. →Boris und Gleb (→Vyšgorod) und das Kiever Höhlenkl.; in der Moskauer Zeit und später u.a. auch die Kl. →Troice-Sergiev (hl. →Sergej v. Radonež, † 1392), Kirillo-Belozerskij bei →Beloozero (hl. Kirill, † 1427) und →Solovecijj (hll. Savvatij, † 1435, und Zosima, † 1478). F. B. Poljakov

Lit.: B. DE KHITROWO [V. N. CHITROVO], Itinéraires russes en Orient, 1889 – K.-D. SEEMANN, Altruss. Wallfahrtslit., 1976 – G. PODSKALSKY, Christentum und theol. Lit. in der Kiever Rus', 1982 – G. P. MAJESKA, Russian Travelers to Constantinople, 1984 – TH. G. STAVROU–P. R. WEISENSEL, Russian Travelers to the Christian East, 1986 – Slovar' knižnikov i knižnosti Drevnej Rusi, hg. D. S. LICHAČEV, I–II, 1987–89.

C. Islamischer Bereich

Die Pilgerfahrt war und ist verpflichtend für alle Muslime, die die dazu nötigen Mittel besitzen. Dabei sind die P. für ihren Unterhalt und die Transportkosten selbst verantwortl.; das gilt auch für Ehefrauen. Nur arme P. werden karitativ unterstützt. P.karawanen unter zentraler Leitung sind seit der Zeit des Propheten bezeugt; dieser schon 632 die Abschiedswallfahrt von →Medina nach →Mekka, das Modell für den P.ritus bis auf den heutigen Tag. P.karawanen (→Karawane) gingen von Kairo, Bagdad, Damaskus und dem Jemen aus. Sie folgten Routen, die wegen begrenzter Wasserressourcen Jahrhunderte hindurch ziemlich gleich blieben.

Über P.zahlen gibt es nur wenige Daten: 1279 sollen 40000 Ägypter sowie 40000 Syrer und Iraker an der P.fahrt teilgenommen haben. Jacopo v. Verona will 1335 eine Karawane von 17000 Menschen beobachtet haben, während der Seigneur d'→Anglure (1395–96) behauptet, einer Karawane von 10000 begegnet zu sein. Angaben über die Zahl der beteiligten Kamele sind etwas häufiger: Große Karawanen von 10500 Tieren sind bezeugt, während die kleineren nur einige Hundert umfaßten.

Im 13. Jh. wurden zw. den →Mamlūken und den Sultanen des Jemen langwierige Auseinandersetzungen um die Kontrolle Mekkas und Medinas und damit auch des P.verkehrs ausgetragen. Die Mamlūken gewannen die Oberhand, zumal sie sich darauf berufen konnten, den aus Bagdad vertriebenen →Abbasiden Zuflucht gewährt und damit Legitimation durch die →Kalifen gewonnen zu haben. Seit spätestens 1266 wurde der mamlūk. Hoheitsanspruch symbolisiert durch die Entsendung einer prächtig ausgestalteten, leeren Kamelsänfte (maḥmal) auf jeder P.fahrt; ein weiteres maḥmal wurde von dem ebenfalls in mamlūk. Hand befindl. Damaskus ausgeschickt. Diese Herrschaftssymbolik, die von nun an die P.karawanen charakterisierte, wurde nach 1517 von den osman. Sultanen übernommen.

Als eine Wallfahrtsstätte ausschließl. der →Šīʿa ist die Stadt Kerbelāʾ am Euphrat zu erwähnen, Ort des Martyriums von al-Ḥusain b. ʿAlī (gest. 680, 10. Muharram) und seit altersher Schauplatz ergreifender Buß- und Gedenkprozessionen (religiöses Trauerspiel). S. Faroqhi

Lit.: EI², s.v. Hadjdj, Mekka [A. WENSINCK, J. JOMIER, B. LEWIS, C. E. BOSWORTH] – M. G. DEMOMBYNES, Contribution à l'étude du Pèlerinage de la Mekke (Note d'hist. religieuse), 1923 – Ibn Jobair, Voyages, übers. M. GAUDEFROY DEMOMBYNES, 2 Bde, 1949–51 – J. JOMIER, Le maḥmal et la caravane égyptienne des pèlerins de la Mecque (XIIIᵉ s.), 1953 – Ibn Abd Rabbihi, A Description of the Two Santuaries of Islam by Ibn Abd Rabbihi († 940), übers. und bearbeitet von M. SHAFIʿ (ʿAdjabname. A Volume of Oriental Stud. presented to E. G. BROWNE, hg. T. W. ARNOLD–R. A. NICHOLSON, 1973), 416–438.

Pilgerandenken, -zeichen

I. Westen – II. Byzanz.

I. WESTEN: Die ma. – und mehr noch die frühnz. – P. besitzen zeichenhaften Rechtscharakter, dienen sowohl dem Schutz des Pilgers während der peregrinatio als auch der privaten Andacht, vergegenwärtigen die Ferne des Heiligen im Nahraum der alltägl. Erfahrung, können selbst zu Wallfahrtszielen werden und enthalten individuellen wie kollektiven Erinnerungswert, was seinen Ausdruck etwa in den Reliquien- und Kuriositäten-Slg.en der Kirchen und Kl. fand. Sie gehörten zudem bis ins 18. Jh. zu den seltenen Grabbeigaben.

Neben Reliquien, d. h. zumeist Kontaktreliquien (→Brandeum), stellen die Eulogien die frühesten bezeugten P. dar: In kleinen Gefäßen brachten die Pilger heilkräftige Flüssigkeiten wie Wasser aus dem Jordan, Öl von Lampen, z. B. des Hl. Grabes in Jerusalem, oder aus Hl.ngräbern und -leibern ausgeschwitztes Öl mit (u. a. Bari, S. Nicola: »S. Manna«). Zu den bekanntesten Vertretern dieser Form von P. gehören die Menasampullen aus Menasstadt bei Alexandria (5.–7. Jh.); bedeutende Slg. en palästinens. Pilgerampullen: Bobbio, Monza). Beliebte P. bildeten ferner Naturalien wie Erde und Staub (z. B. aus der S. Casa in Loreto), Blumen (»Jerichorosen«) u. a. mehr; Steine aus Bethlehem (Praesepe 1507, Carafakapelle S. Domenico Magg., Neapel). Abgeschabter Kalk aus der »Milchgrotte« in Bethlehem (legendärer Zufluchtsort der Hl. Familie) fand – in Wasser aufgelöst – Anwendung nicht nur als Heilmittel bei Frauenkrankheiten, sondern wurde auch als Heiltum in ma. Reliquienschätzen (»Marienmilch«, z. B. Loches; →Maria) verehrt. Körperl. Aneignung solcher Substanzen etwa als Beimischung in der Nahrung von Mensch und Vieh verwischt die Grenzen zw. religiöser und mag.-apotropäisch-thera peut. Handhabung. – Auffälliger als solche ephemeren Andenken sind Objekte mit signifikativer Funktion, die zugleich der frommen Erinnerung an eine Pilgerreise wie als offizieller Ausweis für ihre Durchführung dienten. Obwohl auf Santiago de Compostela bezogen, wurde die vorwiegend an der Hutkrempe getragene Pilgermuschel zum Zeichen für das ma. Pilgerwesen schlechthin. Neben kleinen Pergamentzetteln, u. a. mit der Darstellung des Hl. Antlitzes (vera eikon) aus der Zeit um 1500 (Fund im Nonnenchor zu Wienhausen), oder den span. »gozos« (»goigs«), Liedflugblättern mit Hymnen auf Maria und auf Hl.e meist an deren Wallfahrtsstätten, stellen die im Gittergußverfahren produzierten *Pilgerzeichen* aus Blei und Silber, die für eine Reihe ma. Wallfahrtsziele wie Einsiedeln, Köln, Mariazell und Neuß identifiziert werden konnten, wichtige Indizien für die Besucherfrequenz an einzelnen Orten dar: 1466 wurden in Einsiedeln innerhalb von zwei Wochen 130000, 1519 und 1520 in Regensburg (»Schöne Maria«) nicht weniger als 119370 bleierne und 12193 silberne Pilgerzeichen verkauft. Sie fungierten nicht nur als Teil der Pilgertracht, sondern auch als Objekte der privaten Devotion, indem man sie auf ein altarähnl. Brettchen aufnagelte (Amsterdam) oder in Gebetbücher einnähte (u. a. Stundenbuch Ks. Ferdinands I., Flandern, um 1520). – Zw. signifikativer Benutzung und jurist. Attest sind die Körpertätowierungen, häufig auf dem Handrücken, einzuordnen; diese Andenken sind für die Jerusalempilger, seit dem ausgehenden 16. Jh. (bis um 1860) auch für Loreto-Wallfahrer typisch. Der rechtl. Aspekt der ma. peregrinatio etwa als Strafwallfahrt spiegelt sich in den Bestätigungen der Erfüllung der Wallfahrtspflicht (testimonia). Zu den P. mit Rechtscharakter können ferner die Ablaßzettel gezählt werden. – Eine letzte Gruppe von P. bilden die sinnl. Vergegenwärtigungen, hier meist als (Ab-)Bilder des Kultobjekts eines bestimmten Ortes (z. B. Gnadenbild): so seit dem 14. Jh. in Santiago de Compostela Jakobusfigürchen aus dem lokalen Gagat; v. a. im rhein.-flandr. Raum seit dem späten 15. Jh. Wallfahrtswimpel. Der Wunsch nach Nähe des besuchten Ortes im heim. Erfahrungswelt fand seinen Ausdruck in der Mitnahme von Maßen (»Hl. Längen«) der besuchten Stätten, insbes. des Jesus- und Mariengrabes in Jerusalem. Im übertragenen Sinne müssen daher architekton. Devotionalkopien etwa des Hl. Grabes (z. B. Eichstätt, Externsteine, Paderborn usw.), des Hl. Hauses (S. Casa in Loreto) oder der vom Jerusalempilger Heinrich Marschalk von Ebneth und Raueneck († 1504) in Bamberg gestiftete Kreuzweg mit der exakten Länge der Jerusalemer Via dolorosa ebenfalls als P. gelten. Ch. Daxelmüller

Lit.: →Andachtsbild, →Pilger – C. M. Kaufmann, Ikonographie der Menasampullen, 1910 – Ph. Hofmeister, Die hl. Öle in der morgen- und abendländ. Kirche, 1948 – A. Grabar, Les ampoules de Terre Sainte (Monza-Bobbio), 1958 – A. Duran i Sanpere, Populäre Druckgraphik Europas, Spanien, 1971, 57–62 – L. Kriss-Rettenbeck, Bilder und Zeichen religiösen Volksglaubens, 1971² – K. Köster, Ma. Pilgerzeichen und Wallfahrtsdevotionalien, Rhein und Maas, 1972, 146–160 – H. Appuhn, Der Fund vom Nonnenchor, Kl. Wienhausen, 1973 – J. Engemann, JbAC 16, 1973, 5–27 – C. Corrain u. a., Il tatuaggio religioso in Loreto, Ravennatensia 6, 1977, 381–396 – C. Zrenner, Die Berichte der europ. Jerusalempilger, 1981 – Wallfahrt, Pilgerzeichen, Andachtsbild, hg. W. Brückner, 1982 – N. Gockerell, P. aus Jerusalem (Dona Ethnolog. Monacensia, hg. H. Gerndt, K. Roth, G. R. Schroubek 1983), 163–179 – K. Köster, Pilgerzeichen und Pilgermuscheln von ma. Santiago-Straßen, 1983 – E. Kittel, Die Externsteine, 1984⁷ – Wallfahrt kennt keine Grenzen, Ausst.kat., 1984 – G. Vikan, Art, Medicine, and Magic in Early Byzantium, DOP 38, 1984, 65–86 – Ders., Guided by Land and Sea. Pilgrim Art and Pilgrim Travel in Early Byzantium (Tesserae, Fschr. J. Engemann, 1991), 74–92.

II. Byzanz: Im byz. Bereich ist ein Teil der bekannten →Eulogien und →Enkolpien bzw. Kapsel-, Kreuz- u. a. Kleinreliquiare wie Phylakterien als P. einzustufen, wenngleich die häufigen Einzelfunde meist nicht durch entsprechende Inschriften mit bestimmten Wallfahrtsorten in Verbindung gebracht werden können. Dies scheint – parallel mit dem Rückgang des Pilgergedankens bzw. der Pilgerreise in Byzanz – allerdings auch weniger wichtig geworden zu sein, denn bestimmend war der Besitz solcher Stücke. M. Restle

Lit.: RByzK II, s. v. Enkolpion und Eulogion.

Pilgerführer sind Hilfen, um den Besuch hl. Orte zu organisieren. Dabei können der Weg (→Itinerar) oder die hl. Stätten im Vordergrund stehen. Oft sind die P. nicht deutl. von Pilger- und →Reiseberichten abgrenzbar, weil sie hierin integriert und nur erschlossen werden können. Als eigenständige Texte wurden sie bisher v. a. für die Pilgerzentren Jerusalem, Rom und Santiago de Compostela erforscht, lagen aber wohl auch für andere Orte vor. Bei Jerusalem und Rom standen nach Vorformen seit dem frühen MA die Beschreibungen der hl. Orte und – seit dem 14. Jh. – die zu erwerbenden →Ablässe im Vordergrund. Die zunächst hauptsächl. antike Stätten aufzählenden →»Mirabilia urbis Romae« (von etwa 1140–43) wurden seit dem 14. Jh. (vielleicht im Zusammenhang mit den seit 1300 begangenen →Hl. Jahren) von den sog. »Indulgentiae Urbis Romae« ergänzt; manche Texte kombinieren die Gesch. der Stadt Rom mit den zu erwerbenden Ablässen. Seit Ende des 15. Jh. ist die Beliebtheit dieser Gebrauchslit. durch zahlreiche Drucke belegt (vgl. a. die Karte Etzlaubs von etwa 1500). Die Beschreibung der hl. Stätten in Jerusalem (im 15. Jh. unter franziskan. Einfluß) wurde zumeist in Pilgerberichte integriert; die Aufnahme von Ablaßlisten, Hinweise auf Prozessionen, med. und andere Ratschläge sowie →Glossare deuten auf vielleicht auch eigenständige P. hin. Für Santiago de Compostela liegt schließlich einer der berühmtesten und frühesten P. vor, das 5. Buch des →Liber Sancti Jacobi (Mitte des 12. Jh.). Aus dem 15. Jh. gibt es weitere überlieferte P. (in Deutschland v. a. von Hermann Künig von Vach, 1495), die vornehml. den Weg (als Itinerar mit Entfernungen, Beherbergungsorten, Devotionsstätten etc.), weniger den Zielort beschreiben und damit die Pilgerfahrt nach Compostela von den Pilgerfahrten nach Rom und Jerusalem absetzen. Die Erforschung der P. erfolgt in der Regel mit den Pilgerberichten und der Reiselit. (bisher wenig berücksichtigt weitere Gebrauchslit. wie Indulgenzlisten und Karten etc.); aufgrund des präskriptiven Charakters stand die Frage nach dem Verhältnis von Norm, Topos und Wirklichkeit im Vordergrund; unsicher ist, wie stark die P. tatsächl. benutzt wurden; erst ihre Druckauflagen im 15. Jh. lassen vorsichtige Rückschlüsse zu. K. Herbers

Ed. und Lit.: J. Richard, Les récits de voyages et des pèlerinages (TS 38, 1981), 15–19 – D. Huschenbett, Die Lit. der dt. Pilgerreisen nach Jerusalem im späten MA, DVjs 59, 1985, 29–46 – K. Herbers, Der Jakobsweg, 1986, 1991⁴ – D. Huschenbett, »Von landen und ynselen«. Lit. und geistl. Meerfahrten nach Palästina im späten MA (Wissenslit. im MA, Q. und Unters. 1, 1987), 187–207 – K. Herbers, Der erste dt. P.: Hermann Künig von Vach (Dt. Jakobspilger und ihre Ber., 1988), 29–49 – U. Ganz-Blättler, Andacht und Abenteuer. Ber. europ. Jerusalem- und Santiago-Pilger (1320–1520), 1990 – J. van Herwaarden, Op weg naar Jacobus, 1992 – B. Schimmelpfennig, Die Regelmäßigkeit ma. Wallfahrt (Wallfahrt und Alltag im MA und früher NZ, 1992), 81–94 – J. Kupčik, Karten der Pilgerstraßen im Bereich der heutigen Schweiz …, Cartographica Helvetica 6, 1992, 17–28.

Pilgram, Anton, Werkmeister und Bildhauer, * um 1460 in Brünn, † 1515 in Wien. Seit 1481 in Heilbronn tätig, 1502-11 in Brünn Baumeister der Kirche St. Jakob, ab 1511 Dombaumeister in Wien. Das Motiv der zwei Werkleute (Träger der Zierwendeltreppe am monstranzförmigen Sakramentshaus von St. Kilian, Heilbronn) wiederholt P. als Kanzelträger in Heuntingsheim, Rottweil und Oehringen (jetzt Museum Berlin-Dahlem). Im Ausdruck des Schmerzes greift P. auf das roman. Bild des Werkmeisters als →Atlant zurück, das Attribut eines Hufeisens ist Amulett. Auch die Bildnisbüsten P.s unter den Wiener Hauptwerken, dem Orgelfuß 1513 und der Kanzel 1511/15 in St. Stephan zu Wien, sind prägnante Selbstdarstellungen. Seine Holzbildhauerei vertritt der Falkner im Kunsthist. Museum Wien.   A. Reinle

Lit.: K. OETTINGER, A.P. und die Bildhauer von St. Stephan in Wien, 1951 – PKG VII, 244-245 – W. STÄHLE, Steinbildwerke der Kunstslg. Lorenzkirche Rottweil, 1974, 189-193.

Pilgrim

1. P., *Ebf. v.* →*Köln* 1021-36, † 25. Aug. 1036, ⌗ Köln, St. Aposteln, aus dem Hause der →Aribonen, Sohn Chadalhohs IV., Gf. im Isengau, nepos Ebf. →Aribos v. Mainz. Nach Ausbildung und Domkanonikat in Salzburg war er Dompropst in Bamberg und Kanzler für Italien (1016-21). Ks. Heinrich II. bestellte seinen engen Vertrauten und Hofkapellan im Juni 1021 zum Ebf. v. Köln. Den Streit zw. Aribo v. Mainz und der Kurie nutzte P. zur Steigerung des Ranges seiner Kirche. Benedikt VIII. gestattete P. 1023/24 den erweiterten Gebrauch des →Palliums und verlieh wichtige Ehrenrechte: die Würde eines päpstl. →Bibliothecarius, vielleicht sogar das Krönungsrecht des dt. Kg.s. Bei der Kg.swahl 1024 unterstützte P. als Anführer der Lothringer →Konrad d. Jüngeren (10.K.); doch rehabilitierte er sich durch die Krönung →Giselas für Kgn. im Kölner Dom. Die wachsende Entfremdung zw. Aribo und Konrad II. ließ P.s Einfluß auf Kgtm. und Reichsgeschäfte seit 1027/28 kontinuierl. steigen. Doch hat erst P.s Krönung Heinrichs III. (Aachen, Ostern 1028) die reichsrechtl. Sonderstellung des Kölner Ebf.s im MA begründet, die seit Juni 1031 auch die Erzkanzlerwürde für Italien umfaßte. Zur Festigung seiner Stadtherrschaft förderte P. die religiöse und siedlungsmäßige Erschließung der w. Vorstadt durch die Gründung des Apostelnstifts und die Anlage des Neumarkts.   H. Seibert

Q.: F. W. OEDIGER, Reg. der Ebf.e v. Köln, I, 1954-61, 206-225 – GAMS Ser. V/1, 1982, 23f. – GP VII/1, 1986, 52-54 – Lit.: H. WOLTER, Die Synoden im Reichsgebiet und in Reichsitalien von 916 bis 1056, 1988, 295-297, 306f. – R. SCHIEFFER, Ebf.e und Bf.skirche v. Köln (Die Salier und das Reich, II, 1992²), 1-29 – H. STEHKÄMPER, Die Stadt Köln in der Salierzeit (ebd., III), 82-86.

2. P., *Bf. v.* →*Passau* 971-991, im Kl. →Niederaltaich erzogen, mit Unterstützung seines Verwandten, des Ebf.s Friedrich v. Salzburg, erhoben, stand während seines gesamten Pontifikats in engen Beziehungen zum Kgtm.: Er beeinflußte Otto I. bei der Besetzung des Regensburger Bf.sstuhles, erhielt zahlreiche kgl. Privilegien (u. a. Vergabe eines Teiles des in der Stadt Passau zu erhebenden Zolles), ferner 976 das Kl. Niederburg als Entschädigung für die Unbilden im Zusammenhang mit den Auseinandersetzungen um das Hzm. Bayern. 970-985 verfertigte P. als Schreiber in der kgl. Kanzlei eine Reihe falscher bzw. verfälschter Diplome, mit dem Ziel, seine Diöz. aus der Salzburger Kirchenprov. herauszulösen und einen donauländ. Kirchenverband mit Passau als Metropole zu schaffen (→Lorcher Fälschungen). P. bemühte sich um Festigung und Ausweitung des Besitzes des Hochstifts, konnte jedoch die Abtei Niedernburg nicht halten. Er ließ die Reliquien des hl. Maximilian v. Ötting in die bereits dem hl. Stephan geweihte Passauer Domkirche übertragen, weihte →Godehard (später Bf. v. Hildesheim) zum Diakon und soll gemäß einer fiktiven Aussage des Epiloges zum →Nibelungenlied die Aufzeichnung einer lat. Nibelungen-Gesch. veranlaßt haben.   A. Zurstraßen

Lit.: ADB XXVI, 131 – E. L. DÜMMLER, P. v. Passau und das Ebm. Lorch, 1854 – Die Reg. der Bf.e v. Passau, I: 739-1206, bearb. E. BOSHOF (Reg. zur bayer. Gesch., hg. Komm. für bayer. Landesgesch. bei der Bayer. Akad. der Wiss., I, 1992), Nr. 218-251.

3. P. I., *Ebf. v.* →*Salzburg* 907-923, † 8. Okt. 923; entstammte einer altbayer., mit den →Aribonen verwandten Adelssippe, die zeitweise das Bm. →Freising bevogtete. Von Kg. Ludwig IV. erhielt P. 908 den Kg.shof Salzburghofen (im heutigen Freilassing) mit reichem Zubehör und Zöllen, der die Position Salzburgs in der wichtigen Saline →Reichenhall stärkte, und 909 gemeinsam mit Mgf. Aribo die Abtei Traunsee (Altmünster). In der Auseinandersetzung zw. Kg. Konrad I., der P. 912 zum Erzkapellan bestellte, und Hzg. →Arnulf v. Bayern, von dessen Säkularisationen Salzburger Kirchengut kaum betroffen war, stand P. auf seiten des Kg.s, dessen Interessen er auch auf der Synode v. →Hohenaltheim 916 vertrat. Kg. Heinrich I. gestand Hzg. Arnulf eine kg.sgleiche Herrschaft in Bayern zu, einschließl. des Rechts der Bm.sbesetzung. Damit verlor P. seine Position als Erzkapellan, die auf Mainz überging, und blieb nur mehr ein vom Hzg. abhängiger Metropolit Bayerns.   H. Dopsch

Q.: Salzburger UB I, II, 1898-1910 – Lit.: H. DOPSCH, Der bayer. Adel und die Besetzung des Ebm.s Salzburg im 10. und 11.Jh. (Mitt. der Ges. für Salzburger LK 110/111, 1970/71), 125-151 – DERS., Die Zeit der Karolinger und Ottonen (Gesch. Salzburgs, 1984²), I/1, 197-201; I/3, 1238-1240 [Lit.].

4. P. II., *Ebf. v.* →*Salzburg* 1365-96, † 5. April 1396, ⌗ Salzburg, Pilgrimskapelle nw. des Doms; stammte aus dem Geschlecht der Herren v. Puchheim (Oberösterreich), verhielt sich im Konflikt zw. Habsburgern und Wittelsbachern um →Tirol zunächst neutral und schloß 1370 Frieden mit Bayern. Dann unterstützte er die Wittelsbacher gegen Ks. Karl IV., dem er sich aber 1373 unterwerfen mußte. 1385 gelang der Kauf der Herrschaft Itter mit dem Markt Hopfgarten (heute Tirol) vom Bm. Regensburg, 1379 der Herrschaft →Mattsee vom Bm. Passau (pfandweise, endgültig erst 1390/98). Im →Abendländ. Schisma unterstützte P. zunächst geheim Clemens VII. in Avignon, mit dessen Hilfe er die Propstei →Berchtesgaden samt ihrem »Ländchen« für Salzburg gewinnen wollte. In einer ersten bewaffneten Auseinandersetzung mit Bayern um Berchtesgaden blieben 1385 P. und die verbündeten Österreicher siegreich. P. schloß ein Geheimbündnis mit dem →Schwäb. Städtebund gegen Bayern, wurde aber 1387 in Burghausen gefangengenommen, zum Bündnis mit Bayern und zu Zahlungen gezwungen. Die Salzburger Landschaft verbündete sich zur Befreiung P.s und ließ den Ebf. erst nach dem Widerruf der erzwungenen Zugeständnisse ins Land. Im folgenden Krieg blieben P. und der Städtebund siegreich. Der ehrgeizige Plan P.s zur Aussöhnung des Kg.s mit Clemens VII. scheiterte an Wenzels maßlosen Forderungen. Dafür inkorporierte Bonifatius IX., zu dessen röm. Oboedienz P. zurückkehrte, 1393 die Propstei Berchtesgaden dem Ebm. Salzburg. P. stand mit dem →Mönch v. Salzburg in Verbindung.   H. Dopsch

Lit.: A. A. STRNAD, Ks. Karl IV. und das Erzstift Salzburg, RQ 60, 1965, 208-244 – H. KLEIN, Ebf. P. II. v. Puchheim (Mitt. der Ges. für Salzburger LK 112/113, 1972/73), 13-71 – H. WAGNER, Vom Interregnum bis P. v. Puchheim (Gesch. Salzburgs, hg. H. DOPSCH, 1984²), I/1, 479-486; I/3, 1346-1348.

Pilius, Bologneser Zivilrechtslehrer, * in Medicina (Prov. Bologna), wohl um 1150, † nach 1207, folgte spätestens 1180, nach dreijähriger Lehrtätigkeit, einem Ruf nach Modena, hat dort aber, durch einen Treueid an Bologna gebunden, nicht gelehrt; 1192 Hofrichter Ks. Heinrichs VI. P. war einer der originellsten Schriftsteller der Glossatorenschule. In Modena verfaßte er das bedeutendste zivilrechtl. →Brocarda-Werk (»Libellus disputatorius«, 3 Bücher; 2. Ausg., mit Lösungen, um 1195) und den ersten Glossenapparat zum →Liber feudorum (um 1192), führte die unvollendete Summa Trium librorum von →Placentinus weiter (C. 10,39–11,40) und schrieb Quaestiones disputatae sowie Quaestiones zu Digestum novum und Codex (→Disputatio, 2; →Quaestio), →Distinctiones und Monographien. P. Weimar

Ed.: Pilei Modicensis Quaestiones aureae, Romae 1560 [Neudr. 1967 = CGIC IV] – P. Medicinensis Quaestiones sabbatinae, hg. U. Nicolini, 1935 [Neudr. 1946; erste acht Stücke] – A. Rota, L'apparato di P. alle Consuetudines feudorum, Studi e mem. per la storia dell'Univ. di Bologna 14, 1938, 1–170 – Libellus Pylei disputatorius. Liber primus, hg. J. Meyer-Nelthropp [Diss. masch., Hamburg 1958] – Tractatus de violento possessore, hg. P. Weimar, Ius commune 1, 1967, 61–103 – Summula de reorum exceptionibus, hg. H. Hoehne, Ius commune 9, 1980, 139–209 – *Lit.:* Savigny IV, 312–353 – Coing, Hdb. I, 185–249 [Lit.] – A. Adversi, Appunti biobibliografici sul giureconsulto P. da Medicina, 1960 – A. Padoa Schioppa, Le 'Questiones super Codice' di P. da Medicina, SDHI 39, 1973, 239–280 [mit Ed. von 60 ausgew. Stücken] – J. Fried, Die Entstehung des Juristenstandes im 12. Jh., 1974 [dazu P. Weimar, ZRGRomAbt 96, 1979, 429–435] – G. Santini, Università e società nel XII sec.: P. da Medicina e lo Studio di Modena, 1979 – L. Fowler-Magerl, Ordo iudiciorum vel ordo iudiciarius, 1984 [auch über einige P. irrtüml. zugeschr. Werke] – A. Belloni, Le questioni civilistiche del sec. XII, 1989, 38–58 [mit Ed. der 142 Sachverhalte (casus), 97–122] – E. Conte, Tres libri Codicis. La ricomparsa del testo e l'esegesi prima di Accursio, 1990, 71–91 [Annahme eines Glossenapparats m. E. unzutreffend] – P. Weimar, Die Hss. des Liber feudorum und seiner Glossen, Riv. internaz. di diritto comune 1, 1990, 31–98 (71–75) – E. Cortese, Il rinascimento giuridico medievale, 1992 – G. Giordanengo, Les feudistes (XIIe–XVe s.) (El dret comú i Catalunya, 1992), 67–139 (97–99).

Pille → Arzneiformen, II

Pilsen (Plzeň, ursprl. Nova Pilzna), Stadt in Westböhmen, im Kreuz wichtiger Handelsstraßen zw. Böhmen und dem Reich gelegen, entstand um 1295, weil die alte frühma. Burg- und Marktsiedlung in Starý Plzenec (Pilisini zu 976 bei →Thietmar v. Merseburg) ihre Rolle in wirtschaftl. Hinsicht nicht mehr erfüllen konnte. Auf der Basis der Prager Stadtrechte und einer Ausstattung mit einem Areal von gut 20 ha sowie weiterem Landbesitz entwickelte sich P. zu einer regional führenden Stadt. Wichtig war die Ansiedlung der Bettelorden bereits in der Gründungsphase sowie des Dt. Ordens (kurz nach 1300), der seine Kommende bei der Stadtpfarrkirche (ö hl. Bartholomäus) errichtete. Mit der Regierung Johanns v. Luxemburg setzte eine Blütezeit P.s ein, dem die böhm. Kg.e mehrere Privilegien verliehen. Karl IV. und Wenzel hielten sich einige Male in der Stadt auf, und während der Regierungszeit Wenzels wurde P. 1392 sogar kgl. Residenz. Neben die zunächst dt. Bürgerschaft trat allmähl. das tschech. Element, das am Ende des 14. Jh. überwog; dies spiegelt sich auch in der Zusammensetzung des Stadtrats wider. Auf der Grundlage von Gewerbetätigkeit und hochentwickeltem Handel wurde P. eine der größten Städte Böhmens (nach →Prag und neben →Kuttenberg), und manchmal trat die Stadt als Gläubiger der Kg.e auf. Am Beginn der Hussitenbewegung war P. die größte Zufluchtsstätte der radikalen →Hussiten (ihre »Stadt der Sonne«); hier predigten Wenzel Koranda, kurzfristig auch Jan →Žižka. Doch wurde P. nach ihrem Abzug eine der wichtigsten Stützen der kath. Partei und ein festes Glied des P.er Landfriedens. In dieser Funktion zog es stets hussit. Kräfte auf sich, die P. mehrmals vergebl. belagerten, bes. 1421 und 1433–34; die letzte vergebl. Belagerung hatte den Zusammenbruch der radikalen Hussitenbewegung zur Folge. 1449 trat P. der sog. Grünberger Einung bei, und im selben Jahr wählte das Prager Domkapitel P. zu seinem Sitz, wie auch erneut 1467, als hier auf seine Initiative in Böhmen der →Buchdruck eingeführt wurde (vielleicht 1468 erster Druck in P., sicher ab 1476). Nachdem P. ursprgl. Kg. Georg v. Podiebrad akzeptiert hatte, neigte es bald der päpstl. Partei zu, so daß Kämpfe ausbrachen. Auch Ks. Friedrich III. mischte sich in den Konflikt ein und verlieh 1467 der Grünberger Einung das Recht, in P. Münzen zu schlagen. Matthias Corvinus privilegierte die Stadt und übertrug ihr das Stadtgericht. Erst allmähl. kehrte P. unter die Herrschaft des böhm. Kg.s Vladislav II. zurück. I. Hlaváček

Q. und Lit.: Listář královského města Plzně 1–2, hg. J. Strnad, 1891ff. – Codex iuris municipalis regni Bohemiae II, hg. J. Čelakovský, 1895; III, hg. Ders. – G. Friedrich, 1948 – Děfiny Plzně I, hg. M. Bělohlávek, 1965 – E. Schwarz, Volkstumsgesch. der Sudetenländer I, 1965, 144ff. – J. Hejnic-M. Polívka, Plzeň v husitské revoluci, 1987 – J. Bělohlávková, Nejstarší dochovaná plzeňská městská kniha soudní z let 1407–11, Sborník archivních prací 39, 1989, 121–195.

Pilten (lett. Piltene), Bischofsburg und Stadt in W-Kurland am Unterlauf der Windau. 1230 unterwarf sich der Kleingau Venesis im 1. Kurenvertrag den Deutschen. Nach Abfall und Wiedereroberung fiel im Teilungsvertrag mit dem →Dt. Orden 1253 das rechte Ufer (Vense) dem Stift →Kurland zu. Um 1300 wurde die Burg P. angelegt, der Sitz des Bf.s v. →Hasenpoth dorthin verlegt. 1329 wird ein →Hakelwerk (Flecken) erwähnt; im 15. Jh. erhielt Pylthene (Pilta) das Stadtrecht v. →Riga. Stift Kurland hieß auch Stift P. H. von zur Mühlen

Q. und Lit.: Liv-, Est- und Kurländ. UB, 1852ff. – L. Arbusow, Grdr. der Gesch. Liv-, Est- und Kurlands, 1918⁴ [Neudr. 1964] – K. v. Löwis of Menar, Burgenlex. für Alt-Livland, 1922 – BL I, 1939 [P. Johansen] – A. Tuulse, Die Burgen in Estland und Lettland, 1942.

Pilze (Mycophyta). Unter den als Heilmitteln verwendeten, lat. und ahd. mit *fungus, boletus* bzw. *suam* (Steinmeyer-Sievers III, 7 und 581) bezeichneten P. en begegnen im MA die Namen *agaricus* oder *dannensuam* (Gart, Kap. 51) für den Lärchenschwamm (Polyporus offcinalis [Vill.] Fries), *cervibolitus* oder *hyrtzschwam* (Gart, Kap. 108) für den Hirschtrüffel (Elaphomyces cervinus Schröt.) und *fungus muscarum, muscinei* oder *mukkenswam* (Konrad v. Megenberg, V, 38) für den Fliegenpilz (Amanita muscaria Pers.). Lärchenschwamm wurde bei Fieber und als Klistier bei Dysurie, Darmkrankheiten und Hämorrhoiden empfohlen (Circa instans, ed. Wölfel, 10 und 19), hingegen galt Hirschtrüffel als Gichtmittel sowie als Abortivum (Hildegard v. Bingen, Phys. I, 34). Nach Albertus Magnus (De veget. VI, 342–345) bewirken P. generell – auch die nicht giftigen – Bewußtlosigkeit und Schlaganfall, während der Fliegenpilz sofort tötet. I. Müller

Lit.: Marzell I, 237; II, 196–198; 517–524; III, 957f.

Pimen, Metropolit v. →»Kiev und der großen Rus'« 1380–89. Der →Archimandrit P. wurde im Juli 1380 nach dem Tode →Mitjajs vom Patriarchen Neilos in Konstantinopel zum Metropoliten geweiht; zugleich wurde der Metropolitentitel →Kiprians auf →»Litauen und die kleine Rus'« eingeschränkt. Fs. →Dmitrij Donskoj, der seit 1381 Kiprian unterstützte, ließ P. nach seiner Rückkehr inhaftieren, inthronisierte ihn aber nach der Zerstörung Moskaus durch die Tataren im Herbst 1382 feierlich. Eine der ersten Handlungen P.s war die Weihe des Bf.s v.

→Saraj. Einige kirchl. Würdenträger unter der Führung Bf. →Dionisijs v. Suzdal', der selbst Ansprüche auf das Metropolitenamt erhob, stellten die Rechtmäßigkeit der Ordination P.s in Frage und erreichten im April 1385 in Konstantinopel seine Absetzung. Mit tatar., osman. und genues. Unterstützung bemühte sich P. in Konstantinopel um die Wiedereinsetzung in seine Rechte, doch bestätigte Patriarch →Antonios IV. im Febr. 1389 P.s Amtsenthebung und anerkannte Kiprian als legitimen Metropoliten der ganzen Rus'. Die Möglichkeit, seine Rechte erfolgreich zu verteidigen, als es nach der Schlacht v. →Kosovo polje in Konstantinopel zu einer von der proosman. und genues. Partei vorbereiteten Wende kam, vermochte P. nicht zu nutzen, da er am 10. Sept. 1389 in Chalkedon starb. A. Poppe

Q. und Lit.: →Dionisij, Bf. v. Suzdal', →Kiprian, →Mitjaj - G. MAJESKA, Russian Travellers to Constantinople in the Fourteenth and Fifteenth C., 1984, 48-99, 388-407 [Bericht über P.s Reise nach Konstantinopel 1389; Text, Übers., Komm.] - Slovar' knižnikov i knižnosti Drevnej Rusi, v.2, č. 1, 1988, 395-397 [zum Verf. des Berichts Ignatij v. Smolensk] - D. OBOLENSKY, Six Byz. Portraits, 1988, 173-200 [Kiprian] - N. BORISOV, Russkaja cerkov' v političeskoj bor'be 14-15 vekov, 1986, 100-130.

Pimentel, kast. Geschlecht ptg. Ursprungs. Juan Alonso P. († 1420), Herr v. Braganza und Vinães in Portugal, unterstützte im ptg. Erbfolgekrieg Johann I. v. Kastilien, ging deshalb nach der kast. Niederlage bei Aljubarrota (1385) ins Exil nach Kastilien, wo ihn Heinrich III. mit der Übertragung der Stadt →Benavente und dem Gf.entitel belohnte (17. Mai 1398). Seiner Ehe mit Juana Téllez Girón entstammen die Kinder Beatriz, Teresa, Alonso Vázquez (Komtur v. Herrera des Ordens v. Alcántara) und Rodrigo Alonso (2. Gf. v. Benavente; † 7. Okt. 1440), dem Johann II. die Orte Mayorga (1430) und Villalón (1434) übertrug. Von seiner Gattin, Leonor Enríquez, hatte Rodrigo Alonso die Kinder Leonor, Johanna (∞ Alvaro de →Luna), Beatrix (∞ Infant Heinrich v. Aragón), Juan Alonso P. (Gf. v. Mayorga; † 1437) und Alonso (3. Gf. v. Benavente, 2. Gf. v. Mayorga), ein erklärter Feind des Condestable Alvaro de Luna, der in der Schlacht v. →Olmedo (1445) an der Seite der Infanten v. Aragón kämpfte. 1451 mit anderen Adligen auf Vermittlung des Bf.s Alonso de →Fonseca, eines Verbündeten Alvaros de Luna, gefangengesetzt, unterstützte Alonso nach seiner Flucht eine Adelsverschwörung gegen den Condestable. Seiner Ehe mit Maria de Quiñones entstammten Rodrigo Alonso P. (4. Gf. v. Benavente, 3. Gf. v. Mayorga), Pedro und Luis (Bf. v. Túy). Rodrigo Alonso folgte sein Erstgeborener Alonso (∞ Anna de Velasco; † 1528). Die P. hatten außer der Gft. Benavente die Orte Mayorga de Campos, Villalón, Gordoncillo, Puebla de Sanmabria, Portillo, Castromocho in ihrem Besitz. Ihr Versuch, ihren Einfluß auf Valladolid auszudehnen, stieß auf den Widerstand der →Enríquez. In Galicien gewannen sie v.a. im Kampf mit den →Osorio, Gf.en v. Lemos, dank der Unterstützung Heinrichs IV. große Besitzungen. R. M. Montero Tejada

Lit.: S. M. DIAS ARNAUT, A crise nacional dos fins do s. XIV, 1960 - J. R. L. HIGHFIELD, The Catholic Kings and the titled Nobility of Castile (Europe in the late MA, 1965), 358-385 - E. MITRE FERNÁNDEZ, Evolución de la nobleza en Castilla bajo Enrique III, 1968, 84-87 - J. R. L. HIGHFIELD, The De la Cerda, the P. and the so-called 'price revolution', EHR 87, 1972, 495-512 - L. SUÁREZ FERNÁNDEZ, Monarquía y Nobleza, 1975² - W. D. PHILIPS Jr., Enrique IV, and the Crisis of Fifteenth-Cent. Castile 1425-80, 1978 - J. GARCÍA ORO, La Nobleza Gallega en la Baja Edad Media, 1981, 53-72.

P., Rodrigo Alonso de, kast. Adliger, 4. Gf. v. →Benavente, 3. Gf. v. Mayorga, Herr v. Villalón und anderen Orten, † 1499; Eltern: Alonso P. und María de Quiñones, ∞ María Pacheco, Tochter des Juan →Pacheco, Marqués v. Villena, Kinder: Beatrix, Maria, Luis P. (Marqués v. Villafranca), Alonso P. (5. Gf. v. Benavente). P. schloß sich den Adelsligen gegen Heinrich IV. an, nahm 1464 an der Adelsversammlung in Burgos, 1465 an der Absetzung des Kg.s in Ávila teil. Er unterstützte zunächst den Infanten Alfons, söhnte sich aber wieder mit dem Kg. aus. 1468 war er in →Toros de Guisando anwesend, wo dieser →Isabella (7. I.) zu seiner Nachfolgerin erklärte. 1470 erkannte er jedoch die Erbfolge der Tochter Heinrichs IV., →Johanna 'la Beltraneja', an. Der Kg. gab ihm zum Dank dafür den Titel eines Gf.en v. Benavente (28. Nov. 1473). Im kast. Erbfolgekrieg schloß er sich der Partei der →Kath. Kg.e an und wurde 1475 von den Portugiesen in Baltanás gefangengenommen. Er nahm aktiv an der Eroberung des Kgr.es→Granada teil. R. M. Montero Tejada

Lit.: M. I. DEL VAL VALDIVIESO, Isabel La Católica, Princesa (1468-74), 1974.

Pinax (πίναξ) bedeutete ursprgl. Holzbrett oder Planke; in weiterer Folge wurde daraus ein Terminus für eine Schreib- oder Zeichentafel (einer der ältesten Belege: Ilias 6,169). P. konnte auch für eine Votivtafel gebraucht werden, die in einem Heiligtum aufgehängt wurde. In der Buchgesch. sind Pinakes bekannt geworden als Titel eines 120 Bücher umfassenden Kat.s der Bestände der alexandrin. Bibliothek aus der Feder des Kallimachos (ca. 300-240 v. Chr.), der zunächst die Ordnung nach den Hauptgebieten der Lit. wie Epik, Lyrik, Drama, Rhetorik u. a. m. durchzuführen hatte; innerhalb dieser Gruppen fand eine Behandlung der Autoren in alphabet. Reihung statt, wobei im Werk des Einzelnen verschiedene Arten getrennt und innerhalb dieser die Schr.en wahrscheinl. nach dem Alphabet angeordnet wurden. Da die Titel nicht immer eindeutig gegeben waren, hat Kallimachos auch die Textanfänge und die Zeilenzahl der Werke angeführt. Eine kurze Biogr. des Autors wurde den Listen der Werke vorangestellt; in strittigen Verfasserfragen wurde Stellung bezogen. Damit erlangten die Pinakes des Kallimachos (bis auf Frgm.e verloren) den Rang einer Lit. gesch. der Griechen. O. Mazal

Lit.: A. LESKY, Gesch. der gr. Lit., 1963² - R. PFEIFFER, Gesch. der klass. Philol., 1970.

Pingsdorfer Keramik (P., im Vorgebirge s. Köln), gut gebrannte hell-ockergelbe Ware, auf der Schulter mit roten Tupfen oder Schraffen bemalt. Der Ton ist schichtförmig mit hellen Farben um einen graublauen Kern gebrannt. Der Brand ist schon scharf, so daß die Oberfläche sich rauh anfühlt. Am Boden ist ein Standring herausgekniffen. Diese Merkmale scheiden P.K. von karol. Ware, doch hat sie sich typolog. aus ihr entwickelt. Krüge, Kannen, Amphoren sind die Formen, die v. a. für Flüssigkeiten vorgesehen sind. Gekocht wird nicht mit P.K., sondern mit dafür besser geeigneter blaugrauer Ware. Die Rotbemalung scheint schon älter zu sein und kommt vielleicht aus dem mediterranen Bereich. – Bindeglieder zur älteren Ware sind im ndl. Raum die Hunneschanzkeramik oder Trierer Hospitalkeramik. Auch in Morken (Niederrhein) gab es Scherben mit senkrechter pastoser Rotmalerei. Kennzeichnend für die Übergangszeit sind neuere Funde von Schallgefäßen in Meschede und Töpfen aus einem Ofen an der Kirche v. P. mit→Badorf-P. ware und Hunneschanzkeramik, die gleichzeitig sein müssen. P.K. wurde an zahlreichen Stellen im Vorgebirge erzeugt. Darüber hinaus gab es viele Nachahmungen, z. B. am Niederrhein. Man hat versucht, die Waren durch Tonanalysen zu trennen (Niederrhein-Ton, Vorgebirgston usw.). Die in großen Mengen produzierte und weithin exportierte Ware erreichte über das norddt. Flachland und die Exporthäfen →Haithabu und →Hollingstedt (Treene) ganz Skandinavien bis nach Norwegen, im S Basel und Straßburg. Der Beginn der Produktion wird um die Mitte des 9. Jh. angesetzt (Münzfund v. Zelsate, Niederlande; Abfolge in der Bachbettstratigraphie von Haithabu). Sie läuft im 13. Jh. aus. Die jungen Becher sind immer härter gebrannt und braunfarben. Die Ware geht schrittweise über d. geriefte Ware in d. Steinzeug über. H. Hinz

Lit.: →Badorfer Keramik – L. Hussong, Ber. über die Kieler Tagung 1941, 30ff. – K. Böhner u.a., Ausgrabungen in den Kirchen v. Breberen und Doveren, BJ 150, 1950, 192ff. – W. Hübener, Archeologia Geographica 2, 1951, Kart. 2 – K. Böhner, Frühma. Töpferöfen in Walberberg und P., BJ 155/156, 1955/56, 372ff. – W. C. Braat, Oudheidk. Mededel., Leiden 41, 1960, 97ff. – H. Hinz, Die karol. Keramik in Mitteleuropa (Karl d. Gr., III, 1965), 262ff., 269 [Abb.] – Ders., Die Ausgrabung a. d. Kirchberg in Morken, Krs. Bergheim (Erft), 1969, 91ff.

Pining, Didrik, ca. 1422–91, und Hans Pothorst, die lange als Seeräuber galten, *sceppere* (Seeleute, Admirale), wohl beide aus Hildesheim gebürtig, haben möglicherweise gemeinsam mit dem Piloten Johannes Scolvus (einem Norweger Skolp?) im auf Ersuchen des Kg.s v. Portugal erfolgten Auftrag Kg. Christians I. v. Dänemark 1473 (1476?) eine Expedition zur Suche neuer Länder und Inseln im N unternommen; an dieser umstrittenen Fahrt könnte, sozusagen als ptg. 'Verbindungsoffizier', João Vaz →Cortereal teilgenommen haben (Larsen hat bereits 1924 die doch etwas gewagte Hypothese dieser Reise [möglicherweise aber eine Kombination verschiedener Unternehmen] vorgelegt). Die Frage, ob – im Falle einer Akzeptierung der problemat. Fahrt – die Seefahrer nur Grönland oder darüber hinaus das nordamerikan. Festland erreichten, muß offenbleiben, obwohl Indizien für die größere Reichweite sprechen könnten. D. P. verdient u. a. auch als dän. Statthalter v. Island und Kommandant der dän. Kriegsflotte Beachtung. M. Kratochwill

Lit.: S. Larsen, The discovery of North America twenty years before Columbus, 1924 – E. Zechlin, Das Problem der vorkolumb. Entdeckung Amerikas, HZ 152, 1935, 22–36 – D. Kohl, Zum Problem der vorkolumb. Entdeckung Amerikas, ebd. 153, 1936, 544–548 – R. Hennig, Terrae incognitae, IV, 1956², 247–282 – S. E. Morison, The European Discovery of America, I, 1971, passim .– P. Pini, Der Hildesheimer D. P. als Entdecker Amerikas, als Admiral und als Gouverneur v. Island im Dienst der Kg.e v. Dänemark, Norwegen und Schweden, 1971.

Pinne (Pike), langer Spieß der Schweizer Knechte und der dt. Landsknechte des 15. Jh. mit 4–5 m langem Schaft und kleinem Eisen. Er stammte anscheinend von langen Spießen lombard. Milizen des HochMA ab und führte sich vom 16. Jh. an als Hauptwaffe der Infanterie in allen europ. Heeren ein, wo er bis 1700 in Gebrauch blieb. O. Gamber

Lit.: W. Boeheim, Hb. der Waffenkunde, 1890, 319 – H. Seitz, Blankwaffen, I, 1965, 229f.

Pinnenden Heath (in der Nähe von Maidstone, Kent), Tagungsort eines dreitägigen Grafschaftsgerichts v. Kent, wohl 1072, unter dem Vorsitz von →Geoffrey de Montbrai, Bf. v. Coutances; von Bedeutung für die Rückgewinnung und Neuordnung von Besitzrechten nach der norm. Eroberung Englands. Ebf. →Lanfranc v. Canterbury forderte die Besitzungen zurück, die seiner Kathedrale entzogen worden waren, und beanspruchte umfangreiche Jurisdiktionsrechte. Die meisten der fragl. Besitzungen waren vor 1066 v. a. an die →Godwin-Familie verlorengegangen und von →Odo, Bf. v. Bayeux, eingezogen worden. Nach späteren Berichten soll der Verlust von Besitzungen erst nach 1066 erfolgt sein und Odo die Schuld daran getragen haben. P. H. Sawyer

Lit.: J. LePatourel, The Reports of the Trial on P.H. (Stud. in Medieval Hist. pres. to F. M. Powicke, ed. W. A. Pantin-R. W. Southern, 1948), 15–26 – D. R. Bates, The Land Pleas of William I's Reign: P.H. Revisited, BIHR 51, 1978, 1–19.

Pinsk (arus. Pinesk, lat. Pinscum), arus. burgstädt. Anlage am Fluß Pryp'jat' (Wasserweg vom →Dnepr zum balt. Abflußgebiet). Eine zweigliedrige Burg (6 ha) ist archäolog. Ende 11. Jh. nachweisbar, in der Chronistik z. J. 1097 als zweitwichtigste im Fsm. →Turov bestätigt, Suburbium mit einem nicht später als im 12. Jh. gegr. Kl. (seit dem 12./13. Jh. über 10 ha groß). In der Vita von →Boris und Gleb (um 1072) ist P. als Residenz →Svjatopolks bezeichnet. Da →Thietmar v. Merseburg (VIII, 32) von einer civitas des Svjatopolk berichtet, die 1018 von →Jaroslav erobert und entvölkert wurde, ist das ältere P. vermutl. an einer anderen Stelle zu suchen. Das Teilfsm. um P. hat sich um 1170 aus dem Fsm. Turov abgesondert, wurde um 1320 in das Gfsm. →Litauen inkorporiert und war im 14./15. Jh. Teilfsm. der Nachkommen →Gedimins. A. Poppe

Lit.: Piscovaja kniga pinskogo i kleckogo knjažestv, 1884 (Kataster v. 1557) – Słownik Geograficzny Polski i innych krajów słowiańskich, 8, 1887, 167ff. – P. Lysenko, Goroda Turovskoj zemli, 1974, 69–117 – →Turov.

Pinturicchio (Pintoricchio), umbr. Maler, eigtl. Bernardino di Betto, * um 1454 Perugia, † 1513 Siena. Erstmals in zwei Tafeln eines achtteiligen Zyklus des Lebens des Hl. Bernardin (1473, Perugia) seines Lehrers Pietro →Perugino faßbar, arbeitete er noch 1481 unter dessen Leitung an den Fresken der Sixtin. Kapelle (Reise Mosis nach Ägypten, Taufe Christi). Im gleichen Jahr trug er sich in der Zunft in Perugia ein und begann, eine fruchtbare Tätigkeit als Wandmaler zw. Umbrien und Rom zu entfalten. Hier entstanden 1485 Szenen aus dem Leben Bernardins in S. Maria in Aracoeli und Ausschmückungen in verschiedenen Teilen der vatikan. Paläste, kulminierend im Appartamento Borgia 1492–95. Anschließend malte er sein bedeutendstes Altarbild für S. Maria dei Fossi in Perugia (Galleria Naz.); 1501 folgt für die Baglioni die Ausmalung der Cappella Bella in S. Maria Maggiore in Spello. 1506 übersiedelte P. nach Siena und malte hier bis 1509 in der Dombibliothek die zehn Szenen aus dem Leben des Enea Silvio Piccolomini (→Pius II.), in denen er erzählfreudig ein schmuckreiches Bild des Lebens seiner Zeit entfaltet. Ch. Klemm

Lit.: E. Carli, Il Pintoricchio, 1960 – P. Cole, Sienese Painting in the Age of Renaissance, 1985 – S. Poeschel, Age itaque Alexander: das Appartamento Borgia und die Erwartung an Alexander VI., Röm. Jb. Bibl. Hertziana 25, 1989, 127–165.

Pinzón. Martín Alonso P. (* ca. 1440, † 1493) und seine Brüder Vicente Yáñez P. († 1515) und Francisco Martín P. waren erfahrene Seefahrer, Bürger v. Palos. Auf Betreiben der Kath. Kg.e fiel die Hälfte v. Palos 1491 an den →Realengo zurück, und →Kolumbus setzte dort seine Segel. Auf der Fahrt, die zur Entdeckung Amerikas führte, war Martín Alonso P. Kapitän der Karavelle Pinta, Vicente Yáñez befehligte die Niña. Als das Monopol des Kolumbus für Entdeckungsfahrten aufgehoben wurde, unternahm Vicente Yáñez weitere Reisen nach Westindien, erreichte im Jan. 1500 das Kap San Agustín (NO-Küste Brasiliens), umfuhr es als erster, entdeckte den Amazonas und die Küste des heutigen Guayana. 1504 kehrte er an die brasilian. Küste zurück, beschloß 1505, mit →Vespucci eine Westpassage zu den Gewürzinseln zu suchen, wurde zum Gouverneur v. San Juan (heute Puerto

Rico) ernannt, übte das Amt aber wegen einer weiteren Reise in die Karibik (1507) nicht aus. 1508 wurde er auf einer von Kg. Ferdinand II. nach Burgos einberufenen Versammlung v. Seefahrern zum kgl. Steuermann (*piloto real*) ernannt. 1508–09 erforschte er die Küsten Yucatáns und des Golfs v. Mexiko auf der Suche nach einer Passage zu den Gewürzinseln und wollte noch 1514 an der Expedition des →Pedrarias Dávila nach Darién bzw. Castilla del Oro teilnehmen. M. A. Ladero Quesada

Lit.: M. A. LADERO QUESADA, Palos en vísperas del Descubrimiento, Revista de Indias 153–154, 1978, 471–506 – J. MANZANO MANZANO-A. M. MANZANO FERNÁNDEZ-HEREDIA, Los P.es y el descubrimiento de América, 1988.

Pio di Carpi, Familie, die von 1319 bis 1525 die Herrschaft über Carpi (Prov. Modena, Emilia-Romagna) innehatte. Sie stammte nach der Tradition von den »filii Manfredi« ab, einer Consorterie von Vasallen Mathildes v. Tuszien, und war im 12. Jh. in→Modena stadtsässig. Im 13. Jh. stellte sie mehrfach den Podestà verschiedener it. Städte. Anhänger der ghibellin. Faktion, trugen die P. 1307 zur Vertreibung der Este-Signorie aus Modena bei. 1327 wurde *Manfredo* († 1348) als Signore v. Carpi anerkannt. Das kleine Fsm. der P. erlebte v. a. im 15. Jh. eine Blütezeit. *Alberto I.* (1418–63) war ein tüchtiger Kriegsmann im Dienst der Hzg.e v. Savoyen, deren Namen und Wappen er seit 1450 führen durfte. *Giberto* trat 1500 infolge eines Familienzwistes die Hälfte seiner Herrschaft über Carpi an die Este ab. Ferrara ab und erhielt dafür Sassuolo. Die andere Hälfte verblieb seinem Vetter *Alberto II.* (1475–1531), einem bedeutenden Renaissancefs.en, Mäzen und Humanisten (Polemik gegen Erasmus). Seine diplomat. Fähigkeiten stellte er in den Dienst Ludwigs XII., Ks. Maximilians sowie Leos X. und Clemens' VII. (von dem er Meldola und Sarsina in der Romagna erhielt). Im Krieg um Italien auf der Seite der Franzosen, verlor er Carpi, das nun gänzlich an die Este fiel. Die Linie der P. di C. erlosch im 16. Jh., die Linie Sassuolo im 18. Jh. A. I. Pini

Lit.: P. LITTA, Famiglie celebri it.: P.d.C., 1860–68, fasc. 12 – P. GUAITOLI, Memorie sulla vita di Alberto III. P., Memorie stor. ... di C., 1, 1877, 133–313 – U. FIORINA, Inventario dell'Arch. Falcò P. di Savoia, 1980 – Società, politica e cultura a C. ai tempi di Alberto III P., Atti, 2 Bde, 1981.

Piombino, Stadt in Mittelitalien (Toskana, Maremmen), in der antiken Diöz. Populonia →Massa Marittima gelegen, wahrscheinl. in der 2. Hälfte des 11. Jh. von dem Kl. OSB S. Giustiniano di Falesia gegründet. 1115 trat der Abt v. Falesia an die pisanische Dom-Opera, 1135 an das Ebm. Pisa beträchtl. Teile der Castrumsiedlung ab. So gelang es der Kommune Pisa, durch die beiden städt. kirchl. Institutionen einen der besten Häfen an der Maremmenküste unter ihre Kontrolle zu bringen. P. blieb bis 1399 (s. u.) Pisa unterstellt und spielte eine wichtige Rolle für die Verbindungen zu den Inseln im Tyrrhen. Meer. 1115 war P. bereits befestigt und besaß eine Kapelle, S. Lorenzo, die in der 2. Hälfte des 12. Jh. den Status einer Taufkirche (Pieve) erhielt. Im 13. Jh. wurde die Kirche S. Antimo, 1373 S. Michele errichtet. Im 13. Jh. entstanden ein Hospital, das schließl. dem Spedale Nuovo in Pisa unterstellt wurde, und ein Franziskanerkonvent; 1256 traten Klarissen an die Stelle der Benediktiner von Falesia. Im Lauf des 12. Jh. organisierten sich die Einw. von P. als Kommune, die analog der Kommune Pisa die Stadien des Konsulats, Podestariats und Popolo-Regimes durchlief. Die Kommune P. nahm die Verwaltungsaufgaben wahr, ein von Pisa entsandter Capitano stand zusammen mit einem Richter dem Gerichtswesen vor. Ferner installierte Pisa in P. einen »doanerius« zur Wahrung seines Salzmonopols.

Im Febr. 1399 verkaufte Gherardo d'→Appiano Pisa und dessen Contado an Giangaleazzo →Visconti und behielt sich die Herrschaft über P. und die Nachbarorte Populonia, Suvereto, Vignale, Scarlino, Buriano sowie die Inseln Elba, Pianosa und Montecristo vor. Diese Signorie konnten er und seine Nachkommen durch wechselnde Bündnisse mit Florenz, Siena und den Aragón v. Neapel aufrechterhalten. Als Hauptstadt des kleinen Territorialstaates wurde P. befestigt und mit öffentl. Gebäuden glanzvoll ausgestattet. M. L. Ceccarelli Lemut

Lit.: L. CAPPELLETTI, Storia della città e stato di P., 1897 – →Appiani; →Elba.

Pipe Roll, Pergamentrolle des engl. →Exchequer, auf der von den *sheriffs* und anderen Finanzbeamten der Krone die Rechnungslegung aufgeführt wurde. Die älteste erhaltene Rolle stammt von 1131, fortlaufende Serien wurden von 1156 bis 1832 aufgezeichnet. Bis 1200 stellen die P.R.s die einzigen kontinuierl. geführten Eintragungen der Regierung dar. Die entscheidenden, mit der Rechnungslegung beauftragten Beamten waren die sheriffs, die →*bailiffs* der kgl. Besitzungen und die Beamten, die kgl. Ländereien mit einer festen Pachtzahlung innehatten. Sie gaben zweimal im Jahr dem Exchequer Rechenschaft über ihre Einnahmen, zu Ostern, wenn die halbjährl. Einnahmen (*proffer*) bezahlt werden mußten und eine Aufstellung (*view, visus*) der ausstehenden Zahlungen erfolgte, zu St. Michaelis, wenn die Saldobeträge entrichtet und die Rechnungen beglichen wurden. Der sheriff hatte Berechnungen anzustellen über die ständigen Einnahmen (»farm of the shire«), auf der Grundlage des vorangegangenen Jahrs, und über gelegentl. Einnahmen aus von kgl. Richtern verhängten Geldbußen, Steuern und anderen Zahlungen. Bei der P.R. handelt es sich um ein Verzeichnis der Rechnungsprüfung, nicht um ein vollständiges Verzeichnis der kgl. Einkünfte. G. L. Harriss

Lit.: P.R. Society Publ. – →Exchequer, →Dialogus de Scaccario.

Pipino, Francesco OP, * um 1270 in Bologna, † nach 1328, wahrscheinl. in Bologna; aus wohlhabender bürgerl. Familie. Nach Eintritt in den Orden Archivar im Kl. S. Domenico in Bologna, seit 1311 Vizeprior. 1320 unternahm er eine Pilgerfahrt ins Hl. Land und besuchte dabei auch Konstantinopel, Syrien und Ägypten. 1325 trat er in die »Congregatio fratrum peregrinantium in partibus ultramaris« (→Fratres peregrinantes) ein. 1328 verfaßte er eine nach Sachgruppen alphabet. geordnete »Tabula privilegiorum Ordinis fratrum Praedicatorum«. Weitere erhaltene Werke: »Iter Marci Pauli Veneti«, eine lat. Übers. des »Milione« Marco→Polos, im Auftrag der Ordensoberen 1303/14 angefertigt; »Tractatus de locis Terrae sanctae«; »Chronicon« (ms. a. X1.5, Bibl. Estense, Modena), eine weitgehend auf Kompilation beruhende Universalchronik in 31 B., von 754 bis 1314 und mit einigen Nachrichten, die bis 1322 reichen. Das 25. Buch (»De acquisicione Terrae Sanctae«) ist wörtl. nach Bernard le Trésorier übersetzt. V. a. im zeitgesch. Teil des Werks finden sich eigenständige Abschnitte. A. I. Pini

Ed. und Lit.: Chronicon, Muratori IX, 1726, 587–752 [Teilded.] – L. MANZONI, Frate Fr. P. da Bologna ..., Atti Dep. Romagna, s. 3, 13, 1894–95, 257–334 – G. ZACCAGNINI, Fr. P. traduttore del »Milione«, Atti Dep. Romagna, s. 5,1, 1935–36, 61–95 – D. PFLANZER, Die Tabula privilegiorum ... des Franciscus Pipinus O.P., APraed 10, 1940, 222–257 – TH. KAEPPELI, Scriptores Ord. Praed. Medii Aevi, 1, 1970, 392–395 – L. PAOLINI, Fr. P. (Repertorio della cronachistica emiliano-romagnola [ss. IX–XV]), hg. A. VASINA, 1991, 131–134.

Pipinsburg (bei Sievern, nw. Niedersachsen, Krs. Wesermünde), kräftiger Rundwall aus Plaggen von 65–68 m Durchmesser über Wallkronen (20 m Breite, 4,8 m Höhe) auf schmaler Geestinsel, nach dem Trockengraben eine Berme von 3 m Breite, die sich zum Tor verbreitert; das Tor mit 17 m langer Torgasse und 2,6 m Breite, außerdem 2 'Gänge'; die Berme am Graben durch Pfähle gesichert. Im Innenraum lag längs des Wallfußes ein lockerer Ring von Pfostenbauten, teils rekonstruiert. Im freien Mittelraum konnten sich bei Gefahr Mensch und Vieh bergen. Durch Keramik (→Pingsdorfer Keramik, blaugraue Töpfe und Kannen) ist die Benutzung vom 9.–Ende 13. Jh. belegt. Eine 'Heinrichsburg' (→Burgenbauordnung Heinrichs I.) wäre denkbar, ist jedoch nicht gesichert. H. Hinz

Lit.: A. v. OPPERMANN–C. SCHUCHHARDT, Atlas der vorgesch. Befestigungen in Niedersachsen, 1888–1916 – R. v. USLAR, Stud. zu frühgesch. Befestigungen, 1964.

Pippin
1. **P. I.** (d. Ä.), *frk.* →*Hausmeier*, † 639/640, ∞ Itta (Iduberga), Spitzenahn der Pippiniden, verfügte über ausgedehnten Familienbesitz zw. dem Kohlenwald und der mittleren Maas (ö. Belgien), begegnet erstmals 613 als Repräsentant der austras. Großen, als der zusammen mit →Arnulf v. Metz (→Arnulfinger) dem neustr. Kg. →Chlothar II. die Herrschaftsübernahme auch in Austrasien und Burgund ermöglichte. 623 erhob Chlothar II. seinen Sohn →Dagobert (I.) zum Unterkg. in einem Teil Austrasiens und bestimmte Arnulf und P. zu dessen engsten Beratern; spätestens seit 624/625 fungierte P. im Amt des Hausmeiers. Als Arnulf wohl 629 sich aus der Politik zurückzog, wurde Bf. →Kunibert v. Köln sein Nachfolger. Der Tod Chlothars II. Ende 629 beendete die Eigenständigkeit Austrasiens. P.s Einfluß schwand; als Dagobert 633/634 das austras. Unterkgtm. für seinen minderjährigen Sohn→Sigibert (III.) erneuerte, gab er ihm neben Kunibert nicht P., sondern den Dux →Adalgisel als fakt. Regenten zur Seite. Nach einer neuen Übers. der bes. dunklen Fredegarstelle IV, 61 scheint P. zw. 631 und 633/634 polit. entmachtet worden zu sein und sein Hausmeieramt an Adalgisel verloren zu haben; Fredegar wollte wohl »in seiner Parteinahme für P. den Amtsverlust kaschieren« (WUNDER, 50). Erst nach Dagoberts Tod 638/639 erlangte P. erneut die austras. Hausmeierwürde, starb aber wenig später. Der moderne Beiname P. 'v. Landen' (arr. Leuven) geht auf brabant. Q. des 13. Jh. zurück. U. Nonn

Lit.: H. BONNELL, Die Anfänge des karol. Hauses, 1866 – E. HLAWITSCHKA, Zur landschaftl. Herkunft der Karolinger, RhVjbll 27, 1962, 1–17 – DERS., Die Vorfahren der Karolinger (Karl d. Gr., I, 1965), 51–58 – M. WERNER, Der Lütticher Raum in frühkarol. Zeit, 1980, 342–354 – H. WUNDER, Zur Entmachtung des austras. Hausmeiers P. (Fschr. H. ZIMMERMANN, 1991), 39–54 – R. SCHIEFFER, Die Karolinger, 1992, 12–19.

2. **P. II.** (d. Mittlere), *frk.* →*Hausmeier*, * ca. 640/650, † 16. Dez. 714 Jupille (Maas), ▭ Chèvremont (?), Eltern: Arnulfinger →Ansegisel und →Begga, Tochter →Pippins I., ∞ 1. →Plektrud, 2 Söhne: →Drogo, →Grimoald (II.); 2. Chalpaida, Sohn →Karl Martell; 3. NN, Sohn Childebrand. P., Erbe der austras. Hausmeierdynastie, die nach dem mißglückten 'Staatsstreich' →Grimoalds I. vorerst ausgeschaltet war, gelang es in zähem Ringen, die reichen Besitzungen sowie den Anhang im austras. Adel zu behaupten, nicht zuletzt dank seiner Heirat mit der aus vornehmem austras. Adel stammenden →Plektrud (um 670). Im Konflikt mit dem neustr. Hausmeier →Ebroin unterlag er zusammen mit dem Dux Martin bei Laon (vor 680); Martin wurde erschlagen, P. konnte fliehen. Nach der Ermordung Ebroins (680) anerkannte der neue Hausmeier →Waratto P.s Vormacht in Austrasien. Dieser Ausgleich endete 686 mit Warattos Tod, dessen Nachfolger und Schwiegersohn →Berchar auch im neustr. Adel umstritten war. Von diesem zum Eingreifen ermuntert, erfocht P. 687 bei →Tertry (a. d. Somme) den entscheidenden Sieg. Sowohl die Metzer Annalen wie die moderne Historiographie sehen 687 als Epochenjahr, das den Aufstieg der Karolinger einleitete. P. respektierte aber sowohl das Thronrecht der Merowinger als auch die Hausmeierstellung des unterlegenen Berchar; nach dessen Ermordung im folgenden Jahr übernahm er formell das höchste Amt und verheiratete seinen Sohn Drogo mit Berchars Tochter. Von Austrasien aus regierte er das Reich, am Hof von Nordebert, einem zuverlässigen Anhänger, vertreten. Drogo ernannte er zum Dux der Champagne. Noch vor 700 übertrug er die Hausmeierwürde auf seinen jüngeren Sohn Grimoald (II.); Drogo erschien nun als Dux der Burgunder. P. selbst, in den Q. meist 'princeps' oder 'dux' gen., hatte ohne eigtl. Amt die Gesamtleitung des Reiches inne. Zur Konsolidierung des Reiches gehörte notwendig die Auseinandersetzung mit den 'Stämmen', die jedoch nicht allzu erfolgreich verlief: Die autonome Stellung des aquitan. Hzm.s blieb erhalten, und Feldzüge gegen den alem. Hzg. (709–712) verliefen ohne nachhaltigen Erfolg. Sachsen und Bayern blieben völlig unbehelligt. Erfolgreich dagegen waren Züge gegen die Friesen (690, 695); Utrecht wurde eingenommen und die frk. Vormacht durch ein Ehebündnis abgesichert (Grimoald [II.] ∞ Theudesinde, Tochter des fries. Hzg.s →Radbod). P. übertrug dem ags. Missionar →Willibrord vor 703/704 →Utrecht als Bf.ssitz. Das Kl. →Echternach, das Willibrord von der vermutl. Schwiegermutter P.s, →Irmina, erhalten hatte, trug er P. und Plektrud auf, um es anschließend mit weiteren Schenkungen als karol. Hauskl. zurückzuerhalten. Mit der Gründung weiterer Kl. und der Förderung der Mission sicherte sich P. das fürbittende Gebet ebenso wie weitere Stützpunkte seines polit. Einflusses. Der Tod Drogos 708 und die Ermordung Grimoalds (II.) 714 überschatteten P.s letzte Jahre; in Übergehung mögl. Ansprüche →Karl Martells wurde unter Plektruds maßgebl. Einfluß Grimoalds unmündiger Sohn Theudoald zum Nachfolger bestimmt. Als P. starb, waren die Konflikte der nächsten Jahre bereits vorprogrammiert. U. Nonn

Lit.: H. BONNELL, Die Anfänge des karol. Hauses, 1866 – E. HLAWITSCHKA, Die Vorfahren Karls d. Gr. (BRAUNFELS, KdG, I, 1965), 51–62 – I. HEIDRICH, Titulatur und Urkk. der arnulf. Hausmeier, ADipl 11/12, 1965/66, 71–279 – I. HASELBACH, Aufstieg und Herrschaft der Karolinger in der Darstellung der sog. Annales Mettenses priores, 1970 – M. WERNER, Der Lütticher Raum in frühkarol. Zeit, 1980, 405–468 – R. A. GERBERDING, The Rise of The Carolingians and the Liber hist. Francorum, 1987.

3. **P. III.** (d. Jüngere), *Kg. der Franken* 751/752–768, Hausmeier v. Neustrien und Burgund seit 741; * 714/715, † 24. Sept. 768, ▭ St-Denis, wo er auch erzogen worden war; Eltern: →Karl Martell und Chrotrud; ∞ →Bertrada, Söhne: →Karl d. Gr., →Karlmann. Vor seinem Tode hatte der Hausmeier Karl Martell, der seit 737 ohne Kg. regiert hatte, das frk. Reich mit Zustimmung der Großen unter seine Söhne geteilt: der ältere Karlmann erhielt Austrien mit Alemannien und Thüringen, P. Neustrien, Burgund und die Provence. Ihr zunächst übergangener Stiefbruder →Grifo, Sohn der Swanahilt (→Agilolfinger), wurde nachträgl. mit einem Landesteil um Langres bedacht, doch lehnten die beiden Hausmeier seine Mitherrschaft ab und setzten ihn gefangen. Gleichzeitig warfen die Brüder Aufstände der Aquitanier, Alemannen und Bayern nieder, die den Wechsel benutzten, ihre Unabhängigkeit zurückzugewinnen. Gegen die Sachsen, die sich den Aufständi-

schen angeschlossen hatten, führten sie Strafzüge durch und bereiteten damit ihre spätere Unterwerfung durch Karl d. Gr. vor. Erneute Aufstände der Alemannen wurden 746 von Karlmann bei →Cannstatt blutig bestraft, das alem. Hzm. beseitigt und die frk. Gft.sverfassung eingeführt. Da die Aufständischen ihren Widerstand mit dem Fehlen eines legitimen Kg.s begründeten, setzten beide Hausmeier 743 in →Childerich III. erneut einen merow. Kg. ein, in dessen Namen datiert und geurkundet wurde, während die Hausmeier sich auch weiterhin die Herrschaft vorbehielten.

Nachdem Karl Martell →Bonifatius für sein Missionswerk auf päpstl. Empfehlung seinen Schutz zugesichert hatte, vertrauten seine Söhne dem ags. Missionar bereits 741 die Reform der frk. Kirche an. In seinem Sinne leitete zunächst Karlmann 743 mit dem →Concilium Germanicum die Reform ein, der sich P. anschloß, um sie zusammen mit seinem Bruder bis 746 in mehreren austr. und neustr. Reformkonzilien voranzutreiben. Die vom Geist des Bonifatius geprägten Beschlüsse wurden von den Hausmeiern als →Kapitularien verkündet. P. hat diese Bemühungen noch als Kg. zielstrebig fortgeführt.

Als Karlmann 747 der Herrschaft entsagte und sich als Mönch auf das von ihm auf dem Monte Soracte errichtete Kl. zurückzog, war P. unter den merow. Scheinkg.en prakt. der tatsächl. und alleinige Herrscher des Frankenreichs. Nach der Niederwerfung erneuter Aufstände Grifos und seiner Helfer in Sachsen, Bayern und Aquitanien ging P. daran, klare Verhältnisse zu schaffen. Das Problem, das es zu lösen galt, lag in dem Mißverhältnis, das zw. dem machtlosen Kg. und dem Inhaber der tatsächl. Macht bestand, der keinem Kg.sgeschlecht angehörte. An diesem Mißverhältnis war 662 der Versuch des Hausmeiers →Grimoald I., die Merowinger zu entthronen, gescheitert. Es kam darauf an, die fehlende Legitimität seines Geschlechts auf andere Weise zu ersetzen. P. sandte deshalb mit Zustimmung einer Reichsversammlung Bf. →Burchard v. Würzburg und seinen obersten Kapellan →Fulrad nach Rom, um den Papst als höchste geistl. Gewalt zu befragen, ob es gut sei, daß die frk. Kg.e ohne kgl. Gewalt regieren. Papst Zacharias antwortete, es sei besser, der Inhaber der Gewalt heiße Kg. als derjenige, der keine Gewalt besäße, und beschied kraft apostol. Autorität, daß P. Kg. werden solle, damit die Ordnung nicht gestört werde (Ann. regni Franc. ad 749). Daraufhin wurde P. 751 in Soissons von den Franken zum Kg. gewählt, Childerich III. abgesetzt und in ein Kl. verbannt. Der Wahl durch die Franken folgte die →Salbung durch die Bf.e, angeführt von Bonifatius. Die Salbung, die P. als Frankenkg. empfing, galt als Sakrament, das ihn als 'Erwählten Gottes' auswies. Sie wurde 754 von Papst Stephan II. in St-Denis wiederholt und auf das gesamte Kg.sgeschlecht ausgedehnt. Mit P. waren auch seine Nachkommen Kg.e von Gottes Gnaden (→Gottesgnadentum).

Die Hilfe des Papstes forderte P. schon bald zur Gegenhilfe heraus, veranlaßt durch den Langobardenkg. →Aistulf, der 753 nach der Eroberung des Exarchats v. Ravenna das Gebiet um Rom bedrohte. Von Byzanz im Stich gelassen, wandte sich Papst Stephan II. um Hilfe an P., suchte ihn im Frankenreich auf und bestellte ihn nach wiederholter Salbung als →patricius Romanorum zum Schutzherrn der röm. Kirche (754), woraufhin P. ihm das erbetene Schutzversprechen abgab und zu seinem ersten Italienfeldzug aufbrach, der zum Sieg über Aistulf führte. Da dieser gegen die vereinbarten Bedingungen erneut den röm. Dukat angriff, folgte 756 ein zweiter Italienfeldzug, siegreich wie der erste, jetzt jedoch gesichert durch die Übergabe des Exarchats und der weiteren Eroberung bis zum Dukat v. Rom an den Papst: die Begründung des →Kirchenstaates. Die folgenden Jahre sind v. a. dem Kampf um den SW des Frankenreichs gewidmet. Er führt 759 zur Eroberung von Septimanien und 760–768 zur Eroberung von Aquitanien mit der Sicherung der Pyrenäengrenze: das letzte bleibende Verdienst P.s um das Frankenreich. Doch auch im Aufbau von →Hofkapelle und →Kanzlei und in der Einleitung der Liturgiereform erwies er sich als ein bedeutender Wegbereiter Karls d. Gr.

J. Fleckenstein

Q.: RI I, 1908² [Nachdr. 1966] – Q. zur Entstehung des Kirchenstaats, hg. H. Fuhrmann, 1968 – Lit.: H. Hahn, Jbb. des frk. Reiches 741–752, 1863 – L. Oelsner, Jbb. des frk. Reiches unter Kg. P., 1871 – E. Caspar, P. und die röm. Kirche, 1914 – F. Kern, Gottesgnadentum und Widerstandsrecht, 1954² – Das Kgtm. Seine geistigen und rechtl. Grundlagen (VuF 3, 1956 [Neudr. 1963]) – W. H. Fritze, Papst und Frankenkg. (VuF, Sonderbd. 10, 1973) – P. Riché, Les Carolingiens, 1983 [dt. 1987] – R. Schieffer, Die Karolinger, 1992, 50ff.

4. P. I., Kg. v. →Aquitanien 814–838, † Dez. 838, ⌐ Ste-Croix/Poitiers, ⚭ 822 Ingeltrud/Ringart (Nibelungin). P., schon 814 vom Vater, Ks. →Ludwig d. Fr. (1.L.), zum Unterkg. in Aquitanien eingesetzt, behielt dieses regnum (mit drei burg. Gft.en) in der →Ordinatio imperii v. 817, wurde aber mit →Ludwig II. (2.L.) dem älteren Bruder, Ks. →Lothar (1.L.), untergeordnet. Seit 819 begegnet P. bei militär. Grenzsicherungsmaßnahmen gegen die Waskonen, im Gefolge des Vaters auch gegen die Bretonen. In Ansätzen sind Bemühungen um die Förderung der Kirchenreform und ein lit. Patronat zu erkennen; →Jonas v. Orléans widmete P. den →Fürstenspiegel »De institutione regia«. Ludwigs d. Fr. Versuche zur Ausstattung seines aus 2. Ehe geborenen Sohns →Karl (4.K.) auf Kosten der älteren Brüder stürzten das Reich seit 829 in schwere Krisen und führten zu wechselnden Koalitionen zw. Vater und Söhnen. 832 setzte Ludwig P. ab und wies Aquitanien Karl zu. P. entzog sich der Deportation nach Trier durch Flucht und besiegte den Vater im Bund mit den älteren Brüdern 833. Doch der Zwist um die Herrschaftsanteile sprengte diese Koalition bald und führte zur Aussöhnung P.s und Ludwigs II. mit dem Vater. Damit sicherte P. seine um die Gft. Anjou vermehrte aquitan. Herrschaft, konnte aber weitergehende Hoffnungen nicht verwirklichen, als Ludwig d. Fr. 838 Karl mit Neustrien ausstattete. Die Basis der Macht fand P., wie später sein Sohn →Pippin II., v. a. im Land ö. der Garonne und um Toulouse, weniger im N Aquitaniens oder in Burgund. Obwohl ihn Teile des aquitan. Adels mit entsprechendem Eigenbewußtsein stützten und er sich in seinen Urkk. 'rex Aquitanorum' nannte, kann kaum von einem aquitan. 'Nationalkgtm.' gesprochen werden, da sich P.s Politik in den frk. Bahnen karol. Nachfolgeregelung bewegte.

B. Schneidmüller

Lit.: →Pippin II.

5. P. II., Kg. v. →Aquitanien 838–848/864, * um 823, † nach 864. Nach →Pippins I. Tod 838 versuchte Ks. Ludwig d. Fr., die Nachfolge P.s zu verhindern und Aquitanien seinem Sohn →Karl (4.K.) zuzuweisen. Ein Feldzug des Ks.s brachte zwar nur Teilerfolge (839), doch wandten sich einige aquitan. Adlige Karl zu (u. a. Pippins I. Kanzler →Ebroin [3.E.]). In den Auseinandersetzungen der Ks.söhne nach Ludwigs Tod 840 ergriff P. →Lothars (1.L.) Partei, unterlag mit ihm 841 in →Fontenoy und blieb von den Verhandlungen der Brüder, die 843 zum Vertrag v. →Verdun führten, ausgeschlossen. P. konnte sich zunächst in Aquitanien behaupten und 844 Karl bei einem Vorstoß in den S besiegen. Trotz eines 845 in Fleury geschlossenen Friedensvertrags kam Karl 848 der Einladung aquitan. Adliger nach und ließ sich in Orléans krönen; 849 drang er bis Limoges und Toulouse vor. P.s Macht schwand, 852 wurde er an Karl ausgeliefert und in St-Médard/Soissons in Kl.haft genommen. Als der ostfrk. Kg.ssohn →Ludwig d.Jüngere (3.L.) 854 einen Aquitanienfeldzug unternahm, entkam P. aus der Haft und gewann Teile der aquitan. Herrschaft zurück, wurde aber 855 erneut von Karl angegriffen, der seinen Sohn →Karl d. Kind (6.K.) in Limoges zum aquitan. Kg. erheben ließ. In die Defensive gedrängt und schließlich mit den Normannen im Bund, wurde P. 864 endgültig in Senlis in Kl.haft genommen. B. Schneidmüller

Q.: Recueil des actes de Pépin Ier et de Pépin II rois d'Aquitaine, ed. L. LEVILLAIN, 1926 – Ermold le Noir, Poème sur Louis le Pieux et épitres au roi Pépin, ed. E. FARAL, 1932 – Lit.: ADB XXVI, 164–168 – B. SIMSON, JDG L.d.Fr. I–II, 1874 – F. LOT–L. HALPHEN, Le règne de Charles le Chauve, I, 1909 – L. AUZIAS, L'Aquitaine carolingienne, 1937 – J. MARTINDALE, The Kingdom of Aquitaine and the 'Dissolution of the Carolingian Fisc', Francia 11, 1983, 131–191 – R. COLLINS, Pippin I and the Kingdom of Aquitaine (Charlemagne's Heir, 1990), 363–389 – R. SCHIEFFER, Die Karolinger, 1992, 114ff.

6. P. (Karlmann), *Kg. v. Italien* 781–810, * 777, † 8. Juli 810, ▭ Mailand. Seinen zweiten Sohn aus der Ehe mit Hildegard ließ Karl d. Gr. Ostern 781 in Rom von Papst Hadrian I. taufen. Der Papst fungierte auch als Taufpate, bekräftigte die 'compaternitas' mit der karol. Familie und regte vermutl. die Namensänderung des bis dahin Karlmann gen. P. an, der gleichzeitig zum ital. Unterkg. gesalbt und gekrönt wurde. In Italien suchte P. fortan die frk. Macht gegen Benevent und die byz. Positionen in Venetien zu behaupten. 796 vollendete P. den frk. Sieg über die →Avaren und erbeutete den →Avarenschatz. In der →Divisio regnorum v. 806 wies Karl d. Gr. P. neben Italien noch Bayern und das s. Alemannien zu. Nach P.s frühem Tod trat sein vermutl. aus einer Friedelehe stammender Sohn →Bernhard (2.B.) die Nachfolge in Italien auf Anordnung Karls d. Gr. erst 812/813 an.

B. Schneidmüller

Lit.: ADB XXVI, 162–164 – S. ABEL–B. SIMSON, JDG Karl d. Gr., I, 1888², II, 1883 – P. CLASSEN, Karl d.Gr. und die Thronfolge im Frankenreich (Fschr. H. HEIMPEL, III, 1972), 109–134 – A. ANGENENDT, Das geistl. Bündnis der Päpste mit den Karolingern, HJb 100, 1980, 70–90 – G. THOMA, Namensänderungen in Herrscherfamilien des ma. Europa, 1985, 77–83 – R. SCHIEFFER, Die Karolinger, 1992, 79ff.

Pippinische Schenkung, bezeichnet herkömmlicherweise die Gebiete, die →Pippin d. J. 756 nach seinem Sieg über den langob. Kg. Aistulf (→Langobarden) Papst Stephan II. übertrug und die als Grundlage der päpstl. weltl. Herrschaft angesehen werden (→Kirchenstaat). Doch ist der Terminus »P. Sch.« sehr problematisch. Erstens konnte Pippin dem Papst keine Gebiete »schenken«; vielmehr zwang er den langob. Kg., Ländereien, die vorher Ravenna und Rom entzogen worden waren, zu verschenken bzw. zurückzugeben. Zweitens muß die »Schenkung« von 756 vor dem Hintergrund von Besitzeinziehungen, -ansprüchen und -zugeständnissen gesehen werden, die auf das Jahr 751 zurückreichen. Drittens gibt es keinen eindeutigen Beweis dafür, daß die gesamten Gebiete der P. Sch. vom Papst einbehalten oder beständig dem Papsttum von den Karolingern garantiert wurden. Viertens erhoben die Päpste seit den 30er Jahren des 8. Jh. Anspruch auf bedeutende Ländereien in Mittel- und NO-Italien, doch machten sie niemals geltend, daß ihre weltl. Herrschaft auf einer Schenkung des Frankenreiches beruhe.

Als Kg. Aistulf 751 Ravenna und seine benachbarten Städte eroberte und kurz darauf Istrien angriff, einen Vertrag mit Venedig schloß, den Dukat v. Rom bedrängte und sich der Städte Narni und Ceccano bemächtigte, wandte sich der Papst um Hilfe zunächst vergebl. an Byzanz und dann an die Franken. Bei einem Treffen von Stephan II. und Pippin d.J. in →Ponthion im Jan. 754 versprach Pippin darauf hinzuwirken, die »iura seu loca« des hl. Petrus zu sichern. Im April 754 stimmten in →Quierzy die Franken einem Italienzug zu, um den hl. Petrus zu verteidigen. Hier wurden auch – gemäß einer Aufstellung im »Liber Pontificalis (1.498), Vita Hadriani« – Stephans Ansprüche im einzelnen definiert. Der hl. Petrus und sein päpstl. Vertreter sollten das ganze Gebiet s. einer Linie von Luni bis Monselice erhalten, dazu den Exarchat v. Ravenna (wie er vorher war, d. h. mit Istrien, Venedig und Pentapolis) und auch die Hzm.er v. Spoleto und Benevent. Diese Abmachungen konnten aber nur in Kraft treten, wenn die Franken die Langobarden besiegten und deren Kgtm. aufhörte zu existieren. Deshalb muß der Beschluß v. Quierzy als ein »Eventualvertrag« (P. KEHR) betrachtet werden.

Im Juli 754 salbte der Papst Pippin und verlieh ihm den Titel →»Patricius Romanorum«, um so dessen Schutzherrschaft über die »iura seu loca« des hl. Petrus mehr Nachdruck zu verleihen. 755 zog Pippin nach Italien, besiegte Aistulf und forderte von ihm die Rückgabe von Rom, Ravenna und verschiedenen anderen Städten. Nicht erwähnt wurden Venedig, Istrien, die langob. Toskana, Spoleto und Benevent. Erneute Feindseligkeiten Aistulfs führten dazu, daß der Papst sich wieder an Pippin um Hilfe wandte. 756 besiegte Pippin Aistulf und zwang ihn, eine Entschädigung für die Kriegskosten zu zahlen. Er nahm eine Reihe von Städten in Besitz, die im Liber Pontificalis (1. 453–454) aufgeführt sind. Pippin sandte Abt →Fulrad v. St-Denis als seinen Beauftragten in diese Städte und erhielt ihre Unterwerfung. Er übereignete die Schlüssel der Städte und eine Abschrift des Friedensvertrags an den Vertreter des hl. Petrus. Das war die eigtl. »P.Sch.«. Doch nur die Städte Narni und Ceccano stammten aus dem ehem. Besitz Roms und waren durch Pippins militär. Eingreifen dem Papst zurückgegeben worden; die anderen, in der P.Sch. aufgeführten Gebiete hatten den Byzantinern gehört und waren von den Langobarden besetzt worden. Pippin zwang Aistulf, diese Eroberungen dem hl. Petrus »zu schenken«.

Die P.Sch. markiert eine wichtige Etappe bei der Verwirklichung der weltl. Herrschaft des Papstes. →Papst, Papsttum. T. F. X. Noble

Lit.: J. JARNUT, Quierzy und Rom: Bemerkungen zu den »Promissiones Donationis« Pippins und Karls, HZ 220, 1975, 265–297 – TH. F. X. NOBLE, The Republic of St. Peter, 1984, 71ff. – →Kirchenstaat, →Papst, Papsttum.

Piramus, Denis, engl. Autor des 12. Jh., der mit einem Magister Dionisius, Mönch des Kl. Bury-St-Edmund gleichgesetzt wird, der in der Chronik dieser Abtei von 1173 bis 1200 Erwähnung findet. In diesem Zeitraum verfaßte D. P., der angibt, in seiner Jugend lyr. Dichter gewesen zu sein und die Lais der →Marie de France und den →Partenopeus de Blois zitiert, in rund 4000 Achtsilbern eine »Vie Seint Edmund le rei«, die Leben und Wunder des Kg.s v. Ostanglien, →Edmund († 869), schildert. In diesem Werk (das einer neuen Untersuchung bedürfte) wertete D.P. geschickt verschiedene Quellen aus: die »Historia regum Britanniae« des →Geoffroi de Monmouth, »De infantia sancti Edmundi« des →Gottfried v. Fontaines, die »Passio sancti Eadmundi« des →Abbo v. Fleury, den »Liber de Miraculis Eadmundi« des nicht näher identifizierten Hermann. In neuerer Zeit wurde eine neue Handschrift entdeckt (Manchester, John Rylands Univ. Libr., fr. 142), die die bis dahin bekannte einzige Fassung der »Vie« (London, Brit. Mus., Cotton Domit. XI) um 900 Verse ergänzt. L. Rossi

Ed.: La Vie Seint Edmund le Rei. Poème anglo-normand du XIIe s. par D.P., hg. H. Kjellman, 1935 – Lit.: DLFMA, 377 – W. Rothwell, The Life and Miracles of St. Edmund: A Recently Discovered Ms., Bull. John Rylands Univ. library of Manchester 60, 1977, 135–180.

Piraten, Piraterie → Seeraub

Pirckheimer, aus dem Donauried stammende, im 14. Jh. nach Nürnberg übergesiedelte Patrizierfamilie (wohl ehem. Ministeriale), deren Aufstieg mit *Hans I.* († 1375, 1356 Bürgerrecht, großer Güterbesitz um Nürnberg, ∞ Anna Gundelfinger) und seinem Sohn *Hans II.* († 1400, spätestens seit 1378 im Rat) begann. Seit den 80er Jahren waren die aus Nördlingen stammenden Gundelfinger Vertreter der P. in Venedig. In diese Zeit fiel wohl auch die Bildung der P.-Gundelfinger-Ges., die schon im 14. Jh. im →Fondaco alleine eine Kammer besaß. Doch bildeten die Familienmitglieder der einzelnen Linien weitere Firmen mit bekannten Nürnberger Familien, andere waren für sie tätig. Neben Venedig hatten sie Niederlassungen in Frankfurt, Köln, Lübeck, Prag und Wien. Sie handelten mit Metallprodukten aller Art sowie mit Brokat, Samt, Seide und Tuchen. Daneben betrieben sie Geldgeschäfte (u. a. mit der Kurie), waren im Oberpfälzer Bergbau aktiv und lieferten Gold und Silber nach Italien. Die wirtschaftl. Beziehungen zu vielen oberdt. Händlern wurden verstärkt durch zahlreiche verwandtschaftl. Bande. Nach 1400 waren sie zwar nicht mehr im Rat, trotzdem gehörten die einzelnen P. in der 1. Hälfte des 15. Jh. zu den reichsten Bürgern. 1419 brachen sie das Handelsverbot mit Venedig und wurden dafür vom Rat bestraft. Mit *Franz d. Ä.* († 1449) bekam die wiss. Ausbildung einen höheren Stellenwert. Seine Söhne studierten in Italien die Rechte und lernten die Studia humaniora kennen. Von ihnen galt *Hans III.* († 1492) als einer der ersten Patrizier, die sich in Italien den Humanismus erschlossen. Er kehrte 1453 in den Rat zurück, dem er mit Ausnahme von drei Jahren bis 1476 angehörte. Sein Sohn *Johannes* († 1501; ∞ Barbara Löffelholz), promovierter Jurist, siedelte 1466 nach Eichstätt über, wo er in Diensten des dortigen Bf.s stand und sich in humanist. Kreisen bewegte. Ab 1475 war er sowohl für Hzg. →Albrecht IV. v. Bayern-München als auch für Hzg. →Siegmund v. Tirol als Rat tätig. 1488 kehrte er nach Nürnberg zurück. Er war Vater der Humanisten *Charitas* →P. und *Willibald* →P. Der schon vorher einsetzende Niedergang der Firma endete im Konkurs von 1492 und ist v. a. im Zusammenhang mit der allg. wirtschaftl. Entwicklung Nürnbergs (bes. durch die Westverlagerung des Handels) zu sehen. D. Rödel

Lit.: Verf.-Lex.[2] VII, 701 ff. – A. Reimann, Die aelteren P., 1944 – W. Kraft, Woher stammt das Geschlecht der P. (Altnürnberger Landschaft, Mitt. 6, 1957), 37–45 – Beitr. zur Wirtschaftsgesch. der Stadt Nürnberg, 2 Bde, 1967 – W. v. Stromer, Oberdt. Hochfinanz 1350–1450 (VSWG Beih. 55–57, 1970) – H. Ammann, Die wirtschaftl. Stellung der Reichsstadt Nürnberg im SpätMA, 1970 – F. Fuchs, Hans P. am Hofe Ks. Friedrichs III. 1458/59 [im Dr.].

1. P., C(h)aritas, * 21. März 1467 Eichstätt, † 19. Aug. 1532 Nürnberg, ▭ ebd., Klarakl., älteste der neun Schwestern Willibald P.s, wurde zwölfjährig Nonne des Klarakl., ab 1503 Äbt. Schon früh entwickelte sie ihre auf den Glauben und die klösterl. Lebensweise konzentrierte Geistigkeit und ihre intellektuelle Begabung im Kontakt mit Theologen und Intellektuellen der Zeit. Von bes. Bedeutung waren für sie der Franziskanerpater Stephan Fridolin und der Propst v. St. Lorenz Dr. Sixtus Tucher, ebenso ihr Bruder, Conradus →Celtis und der Ratskonsulent Dr. Christoph Scheurl. Wie ihr Bruder bildete sie sich nicht zuletzt durch Kirchenväter-Lektüre einen eigenen Standpunkt in Glaubensfragen, der sie zur selbstbewußten wie versöhnl. Partnerin im humanist. Gespräch, in den Fragen des klösterl. Lebens sowie der Bestandssicherung des Klarakl. im Zuge der Reformation machte. D. Wuttke

Ed.: C. P.-Q.slg., H. 1–3, ed. J. Pfanner, H.4, ed. A. Syndikus, 1961–67 – Lit.: Verf.-Lex.[2] VII, 679–701 [L. Kurras] – Kat. C.P., ed. L. Kurras–F. Machilek, 1982 [grundlegend] – J. Hegele, C.P. (Renaissance-Humanismus. Zugänge zur Bildungstheorie der frühen NZ, ed. J. Ruhloff, 1989), 316–351 – B. Hamm, Hieronymus-Begeisterung und Augustinismus vor der Reformation (Augustine, the Harvest, and Theology, ed. K. Hagen, 1990), 178, 196ff. – H. Wiegand–P. Stančič, Quadriga feminarum doctarum. (Der Altsprachl. Unterricht 35, 1992, H.6), 60–87.

2. P., Willibald, * 5. Dez. 1470 Eichstätt, † 22. Dez. 1530 Nürnberg, ▭ ebd., Johannis-Friedhof, letzter Sproß einer seit dem 14. Jh. durch Handel reich gewordenen Patrizierfamilie in Nürnberg. Die Elementarbildung erhielt P. durch seinen Vater, den Juristen und Humanisten Dr. Johannes P. (um 1440–1501). Mit 16 Jahren kam er in den Hofdienst des Bf.s v. Eichstätt, studierte 1488–95 Jurisprudenz und Artes an den Univ. en Padua und Pavia und erwarb eine für einen damaligen Deutschen ungewöhnl. Kompetenz im klass. Griechisch. Im Herbst 1495 kehrte er auf Wunsch des Vaters ohne Abschlußexamen nach Nürnberg zurück. Seiner Ehe mit Crescentia Rieter (aus angesehenem Patriziergeschlecht; † 1505) entsprangen sechs Kinder (fünf Töchter, ein nicht überlebender Sohn). Mit Unterbrechung (Ostern 1502 – Ostern 1505) gehörte er 1496–1523 dem regierenden Rat an, diente ihm als jurist. Berater, Förderer des humanist. orientierten Schulwesens und Gesandter, 1499–1502 auch als Kriegshauptmann. Ab 1500 nahm Kg. Maximilian I. P. unter seine Berater und Freunde auf und ernannte ihn, wie auch später Karl V., zum ksl. Rat.

P. gehört mit →Regiomontanus, Sebastian →Brant, Conradus →Celtis, Johannes →Reuchlin und Philipp Melanchthon zu den dt. Renaissance-Humanisten von europ. Rang. Noch vor 1500 entwickelte sich zw. ihm und Albrecht →Dürer eine lebenslange enge Freundschaft. Durch Dürer ist P.s Antlitz der Nachwelt überliefert. Die umfangreichen Teilausg. en seiner Werke im 17. Jh. (»Theatrum Virtutis«, 1606; »Opera Politica, Historica, Philologica et Epistolica«, 1610, 1665[2]), zeugen von der nicht mehr abreißenden humanist. Kontinuität.

P. war, vorbereitet durch seinen Großvater Hans (1410/ 15–92) und seinen Vater, von dem er eine große Gelehrtenbibl. erbte, ein Anhänger der humanist. Bildungsbewegung, deren Programm Celtis und Dürer in dem berühmten Philosophia-Holzschnitt v. 1502 vorgestellt haben. Antischolast. dort, wo Scholastik sinnvolles Fragen nicht mehr förderte, und grundsätzl. antimaterialist. ging es ihm im Kontakt mit der Antike als Richtschnur und Katalysator (ohne die moderne Trennung in Natur- und Geisteswissenschaften) um die kulturelle Erneuerung in allen Bereichen der Künste und Wissenschaften, der öffentl. und privaten Moral sowie der Religion. P. brachte es als Prosa-Schriftsteller und Versdichter (»Lob der Gicht«, »Verteidigung Reuchlins«, »Der entetckte Eck«, Widmungsbriefe, »Elegie auf den Tod Dürers«, usw.) in lat. Sprache zu eigenständigen qualitätsvollen Leistungen. Er förderte die Kenntnis griech. Schriftsteller und Kirchenväter, indem er sie ins Lateinische, z. T. auch ins Deutsche übersetzte oder wie im Falle der Geographie des Ptolemaios auch krit. bearbeitete (Lukian, Neilos, Xenophon,

Plutarch, Johannes Damaskenos, Gregor v. Nazianz etc.). Mit dem maximilianeischen Humanistenkreis faszinierten ihn die oriental. Ursprünge der Weisheit (Horapollon-Übers. 1514). Im Verein mit Dürer u. a. half er, eine neue Bildsprache zu entwickeln, die im »Triumphzug« und in der »Ehrenpforte« Ks. Maximilians sichtbare Gestalt gewann. Auf krit. Vergleich mit antiken Angaben beruhten sein Deutschland-Führer und sein Handbüchlein der Münzkunde. Den Mittelpunkt seines Interesses bildete immer die Frage nach dem rechten Glauben. Im Zuge der reformator. Auseinandersetzungen entwickelte er eine eigenständige humanist. Theologie, die auf die Formel gebracht werden kann: »Nec Lutheranus neque Eckianus, sed christianus sum.« Dem Ideal des Bürger-Humanisten zugetan war er der Meinung, daß er dem Gemeinwohl am besten dienen könnte, wenn er sich der Wahrheit allein verpflichtete.   D. Wuttke

Ed. und Lit.: K. Rück, W.P.s Schweizerkrieg [und Autobiogr.], 1895 – H. Rupprich, P.s Elegie auf den Tod Dürers, AÖAW phil.-hist. Kl., 1956, Nr. 9, 36–150 – Briefwechsel, I–II, ed. E. Reicke, 1940–56; III, ed. D. Wuttke, 1989 – N. Holzberg, W.P. Griech. Humanismus in Deutschland, 1981 [vgl. Germanistik 23, 1982, Nr. 6002] – W. P. Eckert–Ch. v. Imhoff, W.P., 1982² [Werkverz.; Übers. von Werken und Briefen] – Kat. Caritas P., ed. L. Kurras–F. Machilek, 1982 – Eckius dedolatus – Der entecktte Eck. Lat.-Dt., ed. N. Holzberg, 1983 – E. Bernstein, W.P. und Ulrich v. Hutten, Pirckheimer-Jb. 4, 1988, 11–36 – D. Wuttke, Dt. Humanismus und Entdeckungsgesch., ebd. 7, 1992, 9–52 – M. Scharoun, 'Nec Lutheranus neque Eckianus, sed christianus sum', ebd. 8, 1993, 107–147.

Pirmin(ius), hl., † 2./3. Nov. gegen 755 in Hornbach, ▫ seit 1575 Innsbruck, Hofkirche, Reliquien u. a. auch in St. Paul in Kärnten; Kl.-Bf., wohl roman. Herkunft, wahrscheinl. aus Meaux, wurde nach Alemannien berufen, erhielt 724 von →Karl Martell einen Schutzbrief, der ihm gestattete, an Gründung und Ausbau des Kl. →Reichenau mitzuwirken. Beim antikarol. Aufstand des alem. Hzg.s Theutbald 727 von der Reichenau vertrieben, nahm er die Einladung der Hzg.e im Elsaß an und gründete in →Murbach das von Mitgliedern der Etichonendynastie gestiftete monasterium Vivarium peregrinorum. Gegen Ende seines Lebens gründete P. auf Grund und Boden des Gf.en Warnharius das Kl. →Hornbach, das lange Zeit dynast. Eigenkl. blieb. P. vertrat in seiner klösterl. Wirksamkeit das Ideal der →peregrinatio und richtete das Gemeinschaftsleben der Mönche nach der →Regula mixta aus. Die von ihm geprägten Kommunitäten suchte er u. a. durch gemeinsame Profeßformel miteinander zu verbinden, ohne diese Bindung zur Verbandsbildung zu steigern. P.s Einwirkung auf Nachbarkl. (z. B. Gengenbach, Schuttern, Weißenburg) wie sein Zusammentreffen mit →Bonifatius lassen sich nicht nachprüfen. Die Berichte der Vita darüber und seine Tätigkeit als Bf. in Missionspredigt und Sakramentenspendung müssen der P.legende zugerechnet werden.   J. Semmler

Q.: Dicta abbatis Priminii (!) de singulis libris cannonicis (!) scarapsus, ed. U. Engelmann, Der hl. P. und sein Pastoralbüchlein, 1976², 22–81 [Zuschreibung nicht verbürgt; lat. und dt.] – Vita P. ii auctore monacho Hornbacensi, MGH SS 15, 17–31 – Hrabanus Maurus, Carm. 68, MGH PP 2,224f. [Epitaph] – Walafrid Strabo, Visio Wettini, 2730, ebd., 304 – Vita Meginrati, MGH SS 15, 445 – Gesta Witigowonis, 224–229, MGH PP 5, 270 – Chronik des Gallus Öhem, ed. K. Brandi 1893, 8f. – Die Gründungsurkk. der Reichenau, hg. P. Classen, 1977 [VuF 24] – Lit.: DIP VII, 6–9 [Lit.] – H. Löwe, P., Willibrord und Bonifatius (Sett. cent. it. 14, 1967), 217–261 – A. Angenendt, Monachi peregrini, 1972 – Ders., P. und Bonifatius (VuF 20, 1974), 251–304 – Helvetia Sacra III/I, 1067 [weitere Q., Lit.] – A. Zettler, Die frühen Kl. bauten der Reichenau, 1988 – J. Semmler, P.ius, Mitt. des Hist. Vereins Pfalz 87, 1989, 91–114 – R. Meens, Frgm.e der Capitula episcoporum Ruotgers v. Trier und des Scarapsus P.ii, DA 48, 1992, 167–177.

Pirna, Stadt in Sachsen. Die wohl aus dem 11. Jh. stammende, 1269 gen. Burg diente als Stützpunkt der böhm. Herrschaft an der ältesten Straßenverbindung zw. dem Elbtal um Dresden und N-Böhmen. Frühe Handelsplätze entstanden unterhalb der Burg am »Plan« und vor 1150 an der Breiten Gasse um die Nikolaikirche. Um 1200 wurde die regelmäßig angelegte Stadt unter markmeißn. Herrschaft gegründet. Sie gelangte als civitas 1291 an den Bf. v. Meißen, 1294 an den Kg. v. Böhmen, 1404 wurde sie für die Mgft. Meißen zurückerworben. Das 1292 erwähnte Niederlagsrecht für den Elbhandel war eine wesentl. Ursache für den Reichtum der Stadt, des wichtigsten Handelsplatzes zw. Böhmen und Sachsen auf dem Land- und Wasserweg. Dazu kamen Sandsteinbrecherei und Eisengewinnung in der Umgebung; um 1300 Gründung des Dominikanerkl.   K. Blaschke

Q.: UB der Städte Dresden und P., bearb. K. v. Posern-Klett, 1875 – Lit.: A. Meiche, Hist.-topograph. Beschreibung der Amtshauptstadt P., 1927, 227–258 – J. Uhlmann, Chronik der Stadt P., 1938.

Pirol, wärmeliebender Vogel von Drosselgröße, das Männchen leuchtend gelb mit dunklen Flügeln, zuerst nach dem »Liber rerum« bei Thomas v. Cantimpré (5,97 = Vinzenz von Beauvais 16,115) als »oriolus« nach dem charakterist. Gesang benannt. Im Gegensatz zu der unsicheren Identifizierung des angebl. zu den Spechten gehörenden Vogels (Leitner, 85f.) wird sein an Zweigenden aufgehängtes kunstvolles Nest (n.h. 10,97) gut beschrieben. Albertus Magnus (de animal. 23,131) kennt es ebenso gut wie den dt. Namen »widewali«.
           Ch. Hünemörder

Q.: →Albertus Magnus – Thomas Cantimpr., Lib. de nat. rerum, T. 1, ed. H. Boese, 1973 – Vinc. Bellov., Speculum nat., 1624 [Neudr. 1964] – Lit.: H. Leitner, Zoolog. Terminologie beim Älteren Plinius, 1972.

Pirsch, ein in mehreren Varianten überliefertes Wort (Pirsche, Pürsch[e], Birsch[e], Bürsch[e], mhd. *birs, pirs*), das zum Verb pirschen (pürschen, birschen, bürschen, mhd. *birsen, pirsen, bersen*) gehört und sich aus lat. birsare oder bersare ableitet (vgl. dazu afrz. *berser* 'mit Pfeifen jagen'). Die Entstehung des Wortes ist bis heute nicht endgültig geklärt. Frühzeitig findet sich bersa für 'Wildpark', eigtl. für den Zaun eines brolium (→Brühl), eines eingefriedeten →Tierparks. Demnach bedeutet P. wohl ursprgl. 'Jagd mit Schußwaffen in einem Tierpark', später 'Jagd mit Schußwaffen in freier Wildbahn'. Als Schußwaffen verwendete man dabei zunächst →Pfeil und →Bogen, dann die →Armbrust. Schon in karol. Zeit wurden die Jäger in drei Gruppen eingeteilt (Hinkmar v. Reims, Epist. de ord. pal. reg. Franc., cap. 17 und 24): bersarii, veltrarii und beverarii. Die bersarii – im »Liber Guicennantis de arte bersandi« (→Jagdtraktate) bersatores – wurden bei der Waldjagd eingesetzt, die veltrarii, die mit dem canis veltrarius oder vertragus jagten, vorzugsweise bei der Feldjagd und allg. bei der Hetzjagd und den großen Lustjagden, die beverarii bei der Wasserjagd auf Biber und Otter, wohl auch bei der Erdjagd auf Fuchs und Dachs. Im 13. Jh. bezeichnete P. eine Drückjagd mit Schußwaffen, bei der Schützen zu Fuß, berittene Treiber sowie Hunde zur Vorsuche eingesetzt wurden. Vom MA bis zur heutigen Zeit hat P. in der Jägersprache einen Bedeutungswandel erfahren.   S. Schwenk

Q. und Lit.: Guicennes De Arte Bersandi, hg. G. Tilander, 1956 [Cynegetica III] – De Arte Bersandi, hg. K. Lindner (Q. und Stud. zur Gesch. der Jagd, I, 1954, 1966²) – D. Dalby, Lex. of the Mediaeval German Hunt, 1965.

Pisa, Stadt in Mittelitalien (Toskana), am Unterlauf des Arno nahe der Küste des Tyrrhen. Meeres gelegen.
I. Von den Anfängen bis zum 12. Jahrhundert – II. 13. und 14. Jahrhundert – III. Die Oberherrschaft von Florenz und die zweite Phase der Selbständigkeit (1406–1509).

I. VON DEN ANFÄNGEN BIS ZUM 12. JAHRHUNDERT: Wahrscheinl. ligur. Ursprungs, wies P. seit dem 6. Jh. v. Chr. eine dominierende etrusk. Präsenz auf; sein Hafen wurde von Phönikern und v. a. von Griechen frequentiert. Bereits während des zweiten Pun. Krieges mit Rom verbündet, war P. in augusteischer Zeit Kolonie. Während der späten Ks.zeit und bis zum Ende des 6. Jh. erfuhr P.s Hauptfunktion als Hafenstadt keine Unterbrechung. Während der Langobarden- und Karolingerherrschaft erlebte die Stadt vermutl. einen Niedergang, seit dem 9. Jh. (v. a. seit der Flottenexpedition des Gf.en und Hzg.s v. Lucca, Bonifatius, gegen die afrikan. Küste [828] und den folgenden Unternehmungen [871 Salerno, 970 Kalabrien]) wurde P. jedoch wieder einer der wichtigsten Seehäfen sowohl als Warenumschlagplatz als auch als Ausgangspunkt für militär. Expeditionen im westl. Mittelmeerraum. Bis zum Anfang des 10. Jh. vom Dukat→Lucca abhängig und Sitz eines Gastalden, war P. danach Mittelpunkt eines eigenen Comitats und erreichte gegen Ende des 1. Jt. eine Vorrangstellung unter den Städten der Mark Tuscia. Die Interessen der Stadt waren weiterhin vorwiegend auf das Meer gerichtet. Durch eine Reihe von Flottenexpeditionen gegen die Sarazenen gewann P. die Kontrolle über das Tyrrhen. Meer und dämmte die Expansion der Muslime ein. 1005 griffen die Pisaner in Reggio Calabria und in Messina ein. Verbündet mit Genua, besiegten sie 1016 Mudiahid, der Sardinien und Luni angegriffen hatte. 1034 plünderten sie die nordafrikan. Stadt Bône, 1064 griffen sie Palermo an, 1087 nahmen sie an dem Feldzug gegen al-Mahdijja und Zawila an der tunes. Küste teil; 1092 unterstützten sie die Expedition Alfons' VI. v. Kastilien gegen die Muslime; Ende des 11. Jh. nahmen sie am →1. Kreuzzug teil, bei dem der Ebf. v. P., →Dai(m)bert, zum Patriarchen v. Jerusalem gewählt wurde; 1113–15 führten sie siegreich bei den Balearen Krieg. Durch diese Erfolge, v. a. durch die Kriegsbeute, sammelte die Stadt großen Reichtum an, der z. T. für die Errichtung von Monumentalbauten verwendet wurde (Kathedrale, später Baptisterium, der berühmte Turm und der Camposanto). Gestützt auf ihre florierenden Schiffswerften, errangen die Pisaner eine Vorrangstellung im öffentl. wie privaten Schiffsverkehr, wobei sie bisweilen nicht vor Piraterie zurückschreckten. Eine gleiche Entwicklung wie die Expansion zur See nahm auch der Handelsverkehr, so daß der von Christen, Muslimen und Juden aus allen Mittelmeerländern und aus Europa frequentierte Hafen allmähl. einen kosmopolit. Charakter annahm, was sich auch auf Kunst und Wissenschaft auswirkte (Biduino; →Fibonacci). An den asiat., afrikan., span., frz. Küsten, in Süditalien und in der Ägäis gründeten die Pisaner zahlreiche Kolonien mit festeingesetzten Verwaltungsorganen, die in polit., kommerzieller und religiöser Hinsicht die Belange P.s vertraten. Noch enger waren die Beziehungen zu→Korsika und→Sardinien, wo P. die direkte polit. Kontrolle ausübte, wozu die dem Ebf. v. P. zugeschriebenen Primatsrechte auf die beiden Inseln wesentl. beitrugen. Dieser rasche Aufstieg, der P. im Lauf des 12. Jh. zu einer der größten europ. Mächte erhob, wurde gefördert durch die rechtzeitige, geschickte Anpassung der polit., wirtschaftl. und jurist. Institutionen der Stadt an die jeweiligen Erfordernisse. P. gewann im Laufe des 11. Jh. Autonomie und Unabhängigkeit im Schutz der Bf. e (seit 1092 Ebf. e) der Stadt. Ihre Macht und ihr Ansehen, die das ganze MA hindurch bedeutend blieben, wurden später allmähl. – ohne bes. Konflikte – mit den Vertretern einer Führungsschicht geteilt, die aus den alten Familien, die bereits mit den Gf.en und Bf.en zusammengearbeitet hatten, und Kaufleuten und Reedern bestand, die häufig aus dem stadtsässig gewordenen mittleren und niederen Adel stammten. Diese Schicht stellte ein konsularisches, später konsular.-senator. Stadtregiment, das im Lauf des 12. Jh. zunehmend Macht gewann und ein komplexes Gefüge von Organen und Institutionen ausbildete, das in der äußerst dynam. pisan. Gesellschaft Ordner- und Reglerfunktionen erfüllte. Gleichzeitig entwickelte sich eine außergewöhnl. Rechtskultur, die von der Wiederentdeckung des Römischen Rechts ausging und in Juristen wie →Burgundio, →Bulgarus und →Huguccio auf universitärem Niveau ihren Ausdruck fand. Auf der Basis ihrer gefestigten internen Institutionen und ihrer Siege vermochte die Stadt, trotz der Expansionsbestrebungen von →Genua, →Lucca, →Pistoia, →Volterra und →Florenz und lokaler Grundherren, ohne größere Schwierigkeiten ihre Kontrolle auf das Umland wie auch auf die nördl. Maremmen und die toskan. Küste, einschließlich der durch ihre Eisenvorkommen wichtigen Insel→Elba, auszudehnen. Auch das Bm. Populonia-Massa Marittima, zu dem diese Gebiete gehörten, wurde den Pisaner Ebf.en unterstellt. Das Bewußtsein der erreichten Vormacht (die mit einem außergewöhnl. Wachstum der Stadt und der Bevölkerung Hand in Hand ging – innerhalb des neuen Mauerrings von 1155 fanden rund 50000 Einw. Platz; s. u.) äußerte sich auf lit. Gebiet in geradezu triumphalem Städtelob – man sah in der Stadt eine Art zweites Rom und die Heimat eines neuen »auserwählten Volkes«. Ungeachtet dieser Hyperbolismen war die Rolle, die P. in der internationalen Politik durch seine diplomat. und militär. Beziehungen (abwechselnd als Bündnispartner oder als Gegner) zur Kirche und zum Reich (v. a. zur Zeit Heinrichs IV., Friedrichs I. Barbarossa und Heinrichs VI., die P. freigebig mit Versprechungen und Privilegien bedachten) sowie zu Byzanz spielte, in der Tat bedeutend.

II. 13. UND 14. JAHRHUNDERT: [1] *Politische Geschichte:* Die großen Erfolge, die P. im 11. und 12. Jh. erreichte, können nicht über die gleichzeitig auftretenden Schwierigkeiten und Beschränkungen hinwegtäuschen, die mit der Zeit ein weiteres Wachstum der Stadt verhindern sollten. In der Toskana hinderten der Aufstieg der Kommune →Lucca, mit der P. seit Anfang des 11. Jh. häufig Krieg führte, und der Kommune →Florenz P. an der Erwerbung eines großen gesicherten Hinterlands. Im Tyrrhen. Meer traf P. auf die erbitterte Konkurrenz →Genuas um die Vormacht zur See. Sobald die Sarazenengefahr, der sie noch als Verbündete begegnet waren, in den ersten Jahrzehnten des 12. Jh. abgeflaut war, begann eine ununterbrochene Reihe von Kriegen zw. den beiden Seestädten. Streitobjekte waren dabei nicht nur die Kontrolle der Seewege und der gewinnbringender Handelsstraßen, sondern auch die Herrschaft über Korsika und Sardinien (mit seinen wichtigen Silberminen).

Im Innern zerbrach in der 2. Hälfte des 12. Jh. unter dem Druck einer neuen aufsteigenden Schicht die Solidarität unter den Kräften um den Ebf. und den Konsularadel, und es begann eine Periode heftiger Machtkämpfe. Symptom und zugleich Folge der verbreiteten polit. und sozialen Mißstimmung war zuerst der ständige Wechsel zw. konsular. und podestar. Stadtregiment (erster Podestà 1190, erster auswärtiger Podestà 1208) und schließlich die definitive Durchsetzung des Podestà-Regimes (1225). Seit dem dritten Jahrzehnt des 13. Jh. griff man immer häufiger zu fremden Podestà, v. a. um Auseinandersetzungen zw. den beiden wichtigsten Adelsfaktionen, Visconti und Gf.en della Gherardesca, vorzubeugen.

Mit dem Aufstieg des →Popolo als eines neuen polit. Machtfaktors wurde das Spiel um die Macht immer komplexer, wozu auch die Probleme der Außenpolitik beitrugen (weiteres Eindringen auf privatem und öffentl. Sektor in Sardinien, Kämpfe mit Florenz, Beteiligung an dem Konflikt zw. dem Papsttum und Ks. Friedrich II.). Trotz des allgemeinen Friedensschlusses von 1237 zw. dem Popolo und den Visconti und deren Gefolgsleuten sowie der ganzen Kommune und den Gherardesca und deren Anhängern dauerten die Spannungen an, wobei die neuen aufstrebenden Kräfte um die Jahrhundertmitte die Einsetzung des »Capitanato del Popolo« und der neuen Regierungsbehörde - analog zu der Florentiner Einrichtung - des »Anzianato del Popolo« errangen. Von diesem Zeitpunkt an war der Adel, zumindest formell, von der Regierung ausgeschlossen: Zur Anzianenwürde gelangte man über die Basisorganisationen des Popolo, die »Compagnie«, die sich gegen Ende des 11. Jh. gebildet hatten (Ordine dei Mercanti, Arte della Lana und Ordine del Mare), und die Sette Arti Maggiori (Lederer, Wirte, Schmiede, Notare, Schuster, Kürschner, Seidenweber). Der Einfluß der Popolaren war jedoch keineswegs sehr tiefgreifend, da der Adel (der lange Zeit in zwei Gruppierungen geteilt war) wesentl. Funktionen und Machtinstrumente auf militär. und diplomat. Gebiet, in der Verwaltung und in der Kirche (Weltklerus und Orden) behielt und weiterhin auch Elemente aus dem städt. Popolo und aus dem Contado um sich scharen konnte. Die Gegensätze zw. Adel und Popolo und danach zw. Guelfen und Ghibellinen hatten daher nur eine relative Bedeutung gegenüber der fundamentalen Tatsache, daß die Gesellschaft in rasch wechselnde, äußerst mobile Gruppierungen zerfiel.

Diese polit.-gesellschaftl. Situation, die im wesentl. auch im Lauf des 14. Jh. unverändert blieb (obgleich ein rascher Verschmelzungsprozeß von Adel und reicher Kaufmannschaft vor sich ging), wurde stark von den Problemen der Außenpolitik und der rückläufigen wirtschaftl. Expansion beeinflußt. Im östl. Mittelmeerraum, der muslim. und byz. beherrscht war, konnte P. sich immer weniger gegen die Konkurrenz von Genua und →Venedig durchsetzen. Im westl. Mittelmeerraum begann man das Gewicht von →Aragón zu spüren. In Süditalien erschwerte und hinderte das Aufkommen der mit dem Papst und Florenz verbündeten →Anjou den Handel der Pisaner. In der Toskana bestimmte die Niederlage gegen Florenz (1254) die Situation P.s, das immer noch auf seiten der Ghibellinen stand: Die Stadt vermochte dem langsamen Aufstieg von Florenz zur größten Macht der Region nicht Einhalt zu gebieten. Entscheidend war schließlich der Mißerfolg der Pisaner im Kampf um die Vorherrschaft im Tyrrhen. Meer (vernichtende Niederlage gegen Genua am 6. Aug. 1284 bei der Insel →Meloria). Die darauffolgende schwere Krise der Stadt wurde durch den Aufstieg des guelf. Gf.en Ugolino →della Gherardesca zur Signorie gelöst, auf den versch. Signorien und popolare Stadtregimente folgten. Der langsame Autoritätsverlust P.s im Rahmen der europ. mediterranen und it. Politik wurde mitbestimmt durch den Mißerfolg des Italienzuges Ks. Heinrichs VII. (1310-13), durch die Bedrohung durch den mächtigen Signore v. Lucca, Castruccio →Castracani (1316-28), den Verlust Sardiniens, das an Aragón fiel (1323-26), und durch die glücklose Parteinahme für Ks. Ludwig d. Bayern und den von ihm eingesetzten Gegen-

papst Nikolaus V. Immer häufiger überließ sich P. signorialen Stadtregimenten, die allerdings gewöhnl. alle traditionellen Magistraturen beibehielten. Auf die Signorie des Uguccione →della Faggiola (1313-16) folgte die Signorie der Familie Donoratico, eines Zweiges der della Gherardesca, die mit Gherardo, Ranieri I., Fazio und Ranieri II. von 1317 bis 1327 und von 1329 bis 1347 die Stadt kontrollierten. Unter den Donoratico eroberte P. Lucca (1342) und dessen Territorium und hielt es bis 1369, Zeichen für eine noch immer relativ starke (wenn auch im Vergleich zu den vorhergehenden Jahrhunderten deutl. verringerte) polit. und wirtschaftl. Macht. Diese wird auch durch die Gründung der Univ. (1354) bezeugt sowie durch die urbanist. und architekton. Erneuerung der Stadt, die im 13. und 14. Jh. keine Unterbrechung erfuhr und eine künstler. Hochblüte in Architektur, Skulptur und Malerei zeitigte (→Pisano). Der Wechsel zw. kurzen Regierungen traditionellen Zuschnitts und mehr oder weniger versteckten Signorien (→Kryptosignorie) wie den →Gambacorta bis 1354, Giovanni dell'Agnello, »Doge« v. P. 1364-69, Pietro Gambacorta (1370-90), Jacopo und Gherardo d'→Appiano (1392-99) charakterisierte die Gesch. P.s in der 2. Hälfte des 14. Jh. Die Stadt war in zwei Faktionen geteilt, die antiflorent. Raspanti und die Bergolini, die eher einem Kompromiß mit Florenz zuneigten, das nunmehr ganz eindeutig die Vorherrschaft in der Toskana innehatte und offensichtl. nach einem Zugang zum Meer strebte. Die Bedrohung durch Florenz war so evident, daß sich P. 1399, als die →Appiani vom pisan. Territorialstaat die kleine Signorie →Piombino ablösten, Mailand und den Visconti unterstellte. Dennoch wurde P. 1406 an Florenz abgetreten und trotz heldenhaften, aber vergeblichen Widerstands unterworfen.

[2] *Wirtschaft:* Ungeachtet der zunehmenden Verlandung des Flußhafens der Stadt - der mit der Zeit durch den Seehafen bei Livorno ersetzt wurde - und trotz der Niederlage bei Meloria gerieten Schiffahrt, Schiffbau und Seehandel, die Grundlagen der pisan. Wirtschaft, im gesamten 13. und 14. Jh. in keine ernsthafte Krise. Die pisan. Kaufleute besaßen Filialen überall im Mittelmeerraum und waren vorwiegend im Import-Exportgeschäft von Waren jeder Art sowie im Transitgebiet tätig. In der 2. Hälfte des 14. Jh. verstärkte sich die Aktivität auf dem Banksektor durch die Tätigkeit zahlreicher kleiner und mittlerer Bankhäuser. P.s zahlreiche Gewerbe- und Handwerksbetriebe verfügten über hinreichende Rohstoffe z. T. aus dem Territorium selbst, z. T. importiert (Eisen, Silber, Holz, Wolle, Häute, Salz, Marmor, Hausteine). So besaß P. eine Münze, produzierte Schmuck und Goldschmiedearbeiten, Waffen, Arbeits- und Haushaltsgeräte, Baumaterial, Keramik, Glas, Leinen- und Seidenstoffe, Seife usw. Die größte Bedeutung hatten jedoch zweifellos die Werften, die Wollverarbeitung und die Gerbereien. P.s Territorium eignete sich für verschiedene Zweige der Landwirtschaft und wies im allg. günstige klimat. Bedingungen auf. Die Arno- und Serchio-Ebene und die auf weiten Strecken sumpfigen Maremmen (im Serchiotal versuchte man im 15. Jh. auch den Reisanbau) brachten Getreide, v. a. Weizen, sowie Gemüse und Obst hervor. Die gleichen Produkte erntete man auch im Hügelgebiet (Ausläufer des »Monte Pisano« im N und »Colline pisane« sowie die Hügel der Maremmen im S), wo jedoch Weinbau und Ölbaumkulturen überwogen. Der relativ starke Bestand an Wald, Brachland und Sumpfgebieten förderte Jagd und Weidewirtschaft (Rinder, Pferde, Schafe, Schweine) und auch die →Transhumanz (Groß- und Kleinviehherden aus der Garfagnana oder aus anderen

Gebieten des Apennin überwinterten regelmäßig in den Ebenen des pisan. Territorialstaats). Die Bedeutung der Küstenfischerei und des Fangs von Süßwasserfischen in den zahlreichen Gewässern des Territoriums wurde von der Forsch. noch nicht hinreichend untersucht. In bezug auf Versorgung mit Lebensmitteln und mit einigen Rohstoffen (Wolle, Häute, Holz) hätte der pisan. Territorialstaat autark sein können, aber die guten Importmöglichkeiten (aus Sardinien, Korsika, Sizilien, Afrika usw.), die vielleicht preisgünstiger waren als die lokalen Erzeugnisse, bewirkten, daß die Stadt ihr Umland nie allzusehr belastete. Gewiß kauften auch in P. die Kaufleute und Händler gerne Grundbesitz im Umland, aber eher zur Selbstversorgung mit Lebensmitteln und zur sicheren Geldanlage, als um die Ressourcen des Landes bis ins letzte auszubeuten. Nicht von ungefähr setzten sich für die Bauern bes. ungünstige Agrarverträge wie die Mezzadria (→Teilpacht) im Gebiet von P. erst in der NZ durch. Der in unterschiedl. große und verschieden strukturierte Verwaltungsbezirke (Podesterien, Capitanate, Vikariate) eingeteilte pisan. Contado unterstand fast in seiner Gesamtheit der Oberhoheit der Stadt (die lokalen Grundherren oder der Kirche unterstehenden Enklaven waren nicht zahlreich). Wie die Autonomie zahlreicher Landgemeinden zeigt, führte P. ein relativ mildes Regiment, vielleicht weil die Stadt ihre Schiffsbesatzungen, auf die sie sich verlassen mußte, zumeist aus dem Contado bezog.

P. und seine Vorstädte hatten gegen Ende des 13. Jh. ca. 35 000 Einw. Bereits in den ersten Jahrzehnten des 14. Jh. im Rückgang begriffen, nahm die Einwohnerzahl P.s durch die Pest von 1348 und die folgenden Seuchenzüge stark ab. Es ist daher anzunehmen, daß P. zur Zeit seiner Eroberung durch Florenz (1406) nicht mehr als 15 000 Einw. zählte. Infolge der im Laufe der Zeit wechselnden Grenzen des pisan. Territorialstaats wurden bis jetzt keine verläßl. Schätzungen seiner Einw. zahl im MA versucht.

III. Die Oberherrschaft von Florenz und die zweite Phase der Selbständigkeit (1406-1509): Die florent. Herrschaft führte nicht zu einer Krise des Handels, des Hafens und des Reedereiwesens, auf denen die Wirtschaft der Stadt basierte. Obgleich P. nunmehr von Genua, Barcelona, Neapel, Palermo und den frz. Hafenstädten übertroffen wurde, blieb es im ganzen 15. Jh. einer der bedeutendsten Häfen des westl. Mittelmeers mit einem Hinterland, das seit der Eroberung durch Florenz vielleicht noch größere Ausmaße hatte als zuvor. So ist es kein Zufall, daß P. nur drei Jahre nach der Eroberung durch Florenz als Sitz des Konziliums gewählt wurde, auf denen man das Große →Abendländische Schisma zu beenden trachtete (1409; s. →Pisa, Konzil v.). Fest steht allerdings, daß Florenz und die Florentiner fast allein den Nutzen aus der pisan. Wirtschaft zogen und den Einw. selbst nur äußerst schmale Gewinne blieben. Die Furcht vor einem Aufstand veranlaßte Florenz, seine neuen Untertanen mit eiserner Faust zu regieren: Der Steuerdruck war äußerst hoch; P. wurde befestigt und mit Garnisonen belegt; der Contado (in den ungeheure Summen an florent. Kapital flossen und wo langsam die Mezzadria Fuß faßte) wurde von der Stadt abgetrennt; auch die lokalen Verwaltungsorgane wurden de facto der Kontrolle von Florentinern unterstellt (die entsprechend dem Florentiner Modell die alte Magistratur des »Anzianats« in »Priorat« umbenannten); auch der Klerus wurde florentinisiert. Unter massivem Druck wurden hunderte Vertreter der alten Führungsschicht zu temporärem Exil gezwungen, ja geradezu deportiert. Als Folge dieser erbarmungslosen Repressionspolitik flohen zahlreiche Städter in das Umland. V. a. die dynam. Kräfte verließen ihre Heimat für immer und siedelten sich in versch. Städten Italiens und nördl. der Alpen an, bes. aber in Sizilien und in Spanien, wo viele Pisaner dank ihrer Bankiertätigkeit wichtige Stellungen in Politik und Gesellschaft erreichten. Der Bevölkerungsschwund durch die starke Emigration wurde durch den Zustrom neuer Einw. aufgefüllt, v. a. von Bauern, die durch die den Zuwanderern gewährten Steuernachlässe angezogen wurden. In der 2. Hälfte des 15. Jh. bestand fast die Hälfte der etwa 10 000 Einw. aus »Auswärtigen«. Dessenungeachtet und trotz der Reformen zur Zeit Lorenzos de' →Medici (Neugründung der Universität, Schaffung eines Verwaltungsorgans für Wasserversorgung und Kanalnetz, neue Aufträge für Künstler etc.) ergriffen die Pisaner die Gelegenheit des Italienzugs →Karls VIII. (1494) zum Aufstand gegen Florenz und zur Erneuerung ihrer alten republikan. Freiheiten. Florenz reagierte sofort mit der Belagerung der Stadt, und P. begann einen langen und verzweifelten Kampf um sein Überleben. Mehrere Jahre lang diente die komplexe polit. und militär. Lage in Italien und ganz Europa der Stadt zum Vorteil: P. fand Unterstützung bei Lucca, Siena und Genua, dann bei Venedig, der Kirche und schließlich bei Spanien. Wegen der zögernden Haltung der Führungsschicht wurde ein großer Teil der Last des Kampfes gegen Florenz von den popolaren Schichten und von den Bauern des Umlands getragen, die sich in die Stadt geflüchtet hatten. Sie verlangten und erhielten dafür ein bis dahin unübliches Maß an Teilhabe am Stadtregiment. Jeder Widerstand war jedoch zwecklos: 1509 mußte sich die Stadt (die nun ca. 15 000 Einw. hatte) dem feindl. Heer ergeben.
M. Luzzati

Lit.: G. Volpe, Studi sulle istituzioni comunali a P., Città e contado, consoli e podestà. Sec. XII-XIII, 1902 – G. Rossi Sabatini, L'espansione di P. nel Mediterraneo fino alla Meloria, 1935 – E. Cristiani, Nobilità e Popolo nel Comune di P. Dalle origini del podestariato alla Signoria dei Donoratico, 1962 – M. Luzzati, Una guerra di popolo (1494-1509), 1973 – M. Tangheroni, Politica, commercio, agricoltura a P. nel Trecento, 1973 – P. nei sec. XI e XII, hg. G. Rossetti, 1979 – C. Violante, Economia, società, istituzioni a P. nel Medioevo. Saggi e ricerche, 1980 – M. Luzzati, Firenze e la Toscana nel Medioevo, 1986, 5-21, 47-102, 139-145, 170-173, 218f., 247-252 [mit Bibliogr. rais.] – M. Ronzani, P. nell'età di Federico II (Politica e cultura nell'Italia di Federico II, hg. S. Gensini, 1986), 125-193 – O. Banti, Breve storia di P., 1989 – G. Petralia, Banchieri e famiglie mercantili nel mediterraneo aragonese. L'emigrazione dei pisani in Sicilia nel Quattrocento, 1989 – G. Garzella, P. com'era: topografia e insediamento dall'impianto tardoantico alla città murata del secolo XII, 1990 – F. Redi, P. com'era: archeologia, urbanistica e strutture materiali (sec. V-XIV), 1991 – E. Tolaini, Forma Pisarum. Storia urbanistica della città di P. Problemi e ricerche, 1992³ – Ders., P., 1992.

Pisa, Konzil v. (1409), das zur Beendigung des →Abendländ. Schismas führen sollte, wurde im Aug.-Sept. 1408 (rückdatiert: 24. Juni) von der Mehrzahl der Kard.e aus beiden Obödienzen einberufen, die – nach dem Abbruch der Einigungsverhandlungen zw. Benedikt XIII. und Gregor XII. – von ihrem jeweiligen Papst abgefallen waren und eine Lösung vermittels der via concilii erreichen wollten (→Konziliarismus). Dem suchten die beiden Päpste durch die Ladung zu Konzilien in →Perpignan bzw. Cividale del Friuli zuvorzukommen. Unterstützt wurde die Aktion der Kard.e v. a. von Frankreich und Florenz, das die Versammlung in P. erlaubte. Ablehnend verhielten sich die Kg.e v. Aragón und Kastilien sowie das Kgr. Schottland (Obödienz von Avignon), auch Ladislaus v. Neapel. Kg. Ruprecht versuchte sogar durch eine Gesandtschaft, das Konzil als unrechtmäßig aufzulösen. Nach der feierl. Eröffnung am 25. März wuchs die Zahl der aktiven Teilnehmer auf rund 500; sie repräsentierten die meisten Gebiete der röm. Kirche. Neben den Bf. en, Äbten und Ordensgeneralen waren die Gesandtschaften der Fs.en, Republiken und Univ.en wichtig. Die Frage des Stimmrechts war anscheinend sekundär, denn die Beschlüsse im Plenum erfolgten einstimmig, nach Vorbereitung in landsmannschaftl. Zusammenschlüssen (nationes). Zuerst führte das Konzil einen förml. Prozeß gegen die streitenden Päpste durch. Diese wurden am 5. Juni als notor. Häretiker abgesetzt. Dann wählten die 24 anwesenden Kard. e (10 von der avign., 14 von der röm. Obödienz) am 26. Juni aus ihrer Mitte Petros Philargis zum Papst (Alexander V.). Bestrebungen, weitere Wahlmänner am Konklave teilnehmen zu lassen, hatten keinen Erfolg gehabt. Die anschließenden Bemühungen um Beschlüsse zur Kirchenreform blieben stecken, doch wurde für die Fortführung der Reformarbeit ein weiteres Konzil nach drei Jahren festgesetzt. Mit der 22. Sitzung fand die Synode am 7. Aug. ihren Abschluß. Alexander V. wurde von einer deutl. Mehrheit der abendländ. Christenheit anerkannt, doch fanden auch die beiden bisherigen Päpste weiterhin weltl. Unterstützung. D. Girgensohn

Q.: MANSI XXVI–XXVII – RTA (Ältere R.) VI – J. VINCKE, Acta concilii Pisani, RQ 46, 1938, 81–331 – DERS., Briefe zum P.ner Konzil (Beitr. zur Kirchen- und Rechtsgesch. 1, 1940) – DERS., Schriftstücke zum P.ner Konzil (ebd. 3, 1942) – DERS., Zu den Konzilien von Perpignan und P., RQ 50, 1955, 89–94 – H. MILLET, Les pères du concile de P., MEFRM 93, 1981, 713–790 – Lit.: HKG III, 2, 508–514 – LThK² VIII, 520f. [Lit.] – D. GIRGENSOHN, Über die Protokolle des P.ner Konzils, AHC 18, 1986, 103–127 – W. BRANDMÜLLER, Papst und Konzil im Großen Schisma, 1990, 42–70, 171–224 – H. MILLET, La représentativité, source de la légitimité du concile de P. (Théol. et droit dans la science politique de l'État moderne [Coll. de l'École française de Rome 147], 1991), 241–261 – DIES., Les Français du royaume au concile de P. (Crises et réformes dans l'Église [Actes du 115ᵉ congr. nat. des sociétés savantes], 1991), 259–285.

Pisanello, oberit. Maler und Medailleur, eigtl. Antonio di Puccio Pisano, * vor 1395 Pisa, † ca. 1455. Anscheinend in Verona aufgewachsen, wurde er von dem internationalen höf. got. Stil Stefanos da Zevio oder →Gentiles da Fabriano geprägt. Das erste signierte erhaltene Werk ist die Malerei am Grabmal des Niccolò Brenzoni (1426, S. Fermo, Verona), doch dürfte »Maria mit der Wachtel« (Verona, Castelvecchio) bereits um 1420 entstanden sein. 1431/32 vollendete er in der Lateransbasilika die von Gentile da Fabriano begonnenen Fresken (verloren). 1433 malte er in der Cappella Pellegrini in S. Anastasia (Verona), wo sich der detailreiche Auszug des hl. Georg erhalten hat; von der verlorenen Darstellung der Eustachius-Legende vermittelt vielleicht das Tafelgemälde gleichen Themas in London eine Vorstellung. 1438 goß er während des Konzils in Ferrara für den byz. Ks. Johannes Palaeologos seine erste datierte Porträtmedaille, mit der er eine neue, an der Antike orientierte humanist. Gattung schuf. Im ven. Verona in Ungnade gefallen, weilte er bis 1447 an oberit. Höfen, meist in Ferrara, wovon neben Medaillen die Porträts des Lionello d'Este (1441, Bergamo) und die Este-Prinzessin (Louvre) zeugen. Anschließend begann er im Palazzo Ducale zu Mantua einen Raum mit Szenen aus der Artus-Sage auszumalen, von denen nur eine große Schlacht vollendet wurde, während die übrigen 1969 noch als Sinopien aufgefunden wurden. Etwa gleichzeitig und von gleicher märchenhafter Stimmung ist die kleine Tafel mit der Erscheinung der Madonna über Antonius Abbas und St. Georg (London). 1449 schuf er in Neapel Medaillen für Alfons' V. und Iñigo →Dávalos, seine letzten Arbeiten. Angesichts des zum Großteil verlorenen maler. Werkes erhalten die zahlreichen, brillanten Zeichnungen bes. Bedeutung: v. a. die Tier- und Kostümstudien bilden faszinierende Zeugnisse für die Spannung von Naturalismus und höf. Stilisierung im ausgehenden MA. Ch. Klemm

Lit.: P. DEGENHART, P., 1942 – G. A. DELL'ACQUA–R. CHIARELLI, L'opera completa del P., 1972 – G. PACCAGNINI, P. e il ciclo cavalleresco di Mantova, 1972 – U. MIDDENDORF, Renaissance Medals and Plaquettes, Catalogue, 1983 – J. WOODS-MARSDEN, The Gonzaga of Mantua and P.s Arthurian Frescoes, 1989.

Pisani, Vettore, * 1324, † 13. Aug. 1380, Sohn des Pietro, ven. Adliger. Mit 28 Jahren Kommandant einer Galeere, mit der er in der Adria und der Ägäis operierte. Nach der Seeschlacht gegen die Genuesen bei Portolongo unter dem Kommando seines Onkels Nicolò (4. Nov. 1354) wurde auch ihm wegen der Führung der Kampfhandlungen ein Prozeß gemacht, in dem er jedoch freigesprochen wurde. In den folgenden Jahren besaß er mehrmals Pacht und Kommando von Kaufmannsgaleeren, um bald darauf neue zivile und maritime Aufgaben von wachsender Bedeutung zu übernehmen. Er wurde Kommandant des adriat. Geschwaders, Kastellan v. →Modon (1370 und 1376), Statthalter *(provveditore)* in Istrien (1377) und schließlich Generalbefehlshaber der Flotte (1378). Er besiegte die Genuesen in ihren Gewässern bei Anzio (30. Mai 1378), griff Cattaro/Kotor, Sebenico/Šibenik, Arbe/Rab und Traù/Trogir an, und machte →Pula/Pola zu seinem Stützpunkt. Auf die Herausforderung der genues. Flotte des Luciano Doria zum Kampf ging er wider besseres Wissen ein und erlitt eine schwere Niederlage (7. Mai 1379), für die er in einem Prozeß verurteilt wurde. Als die Genuesen Chioggia besetzten und Venedig selbst bedrohten, wurde er vom Volk, bei dem er, ebenso wie bei seinen Untergebenen, sehr beliebt war, aus dem Kerker befreit und sogleich mit dem Kommando über 6 Galeeren betraut. Am 24. Juni 1380 befreite er gemeinsam mit Carlo →Zeno Chioggia: das Ende der Kriege mit Genua. Erneut Generalbefehlshaber der Flotte, nahm P. wieder die Kämpfe um die Kontrolle der Adria auf, doch wenige Monate später ereilte ihn so plötzlich der Tod, daß das Gerücht von seiner Vergiftung aufkam. U. Tucci

Lit.: V. LAZZARINI, La morte, il monumento di V.P., N. Arch. ven. 11, 1896 – DERS., La battaglia di Pola e il processo a V.P., ebd. 25, 1913 – DERS., La presa di Chioggia, Arch.ven., ser. 5, 1951, 48–49.

Pisano. 1. P., Giovanni, it. Bildhauer und Architekt, Sohn des Nicola P.; * um 1248 in Pisa, † nach 1314 in Siena (?), erstmals erwähnt 1265 als an der Ausführung der Sieneser Domkanzel beteiligter Gehilfe des Vaters. In den frühen 1270er Jahren scheint er sich ins frz. Kronland aufgehalten zu haben. Die frz.-got. Skulptur der Mitte des 13. Jh. war neben den Werken des Vaters der entscheidende Ausgangspunkt seiner künstler. Entwicklung, die ihn in seinen Reliefs und Statuen zu einem extrem ausdrucksbetonten Figurenstil von einer für die damalige Zeit ungewöhnl. persönl. Färbung gelangen ließ. Durch seinen expressiven Gotizismus unterschied er sich deutl. von der stärker an der Antike orientierten Formensprache des Nicola P. und des nur wenig älteren →Arnolfo di Cambio. Gegen 1278 führte er neben dem Vater einen Großteil der Statuen und Reliefs der Fontana maggiore in Perugia aus. 1284 in Pisa bezeugt, wurde im selben Jahr in Siena ansässig, wo er bis 1296 die Arbeiten an der Domfassade leitete und mehrere Propheten- und Sibyllenstatuen für diese schuf (heute Museum der Domopera). 1297 ließ sich G.P. erneut in Pisa nieder. Bald darauf, spätestens 1299, wurde er mit der Leitung der Pisaner Dombauhütte betraut. Hauptwerke der folgenden Jahre sind die Kanzeln in S. Andrea in Pistoia (1301) und im Dom von Pisa

(1302-10) sowie das Grabmal der Margarete v. Luxemburg (1312; heute nur noch Fragmente im Museo di S. Agostino in Genua erhalten). 1314 ist G.P. erneut in Siena bezeugt. An weiteren bildhauer. Werken von seiner Hand sind v. a. mehrere Madonnen (Pisa, Camposanto, Domschatz, Baptisterium; Padua, Arenakapelle) und Holzkruzifixe (Berlin, Staatl. Museen; Pistoia, S. Andrea) zu nennen. Als Architekt ist G.P. hauptsächl. an der Sieneser Domfassade faßbar. Darüber hinaus ist ihm u. a. der Chor des Domes von Massa Marittima zugeschrieben worden. J. Poeschke

Lit.: W. PAATZ, Werden und Wesen der Trecento-Architektur in Toskana, 1937 – H. KELLER, G.P., 1942 – M. SEIDEL, Die Rankensäulen der Sieneser Domfassade, JbBM 11, 1969, 81ff. – DERS., La scultura lignea di G.P., 1971 – E. CARLI, G.P., 1977.

2. P., Nicola, it. Bildhauer und Architekt, Lehrer des →Arnolfo di Cambio und seines Sohnes Giovanni P., † zw. 1278 und 1284. 1258 erstmals erwähnt, stammt N.P. wahrscheinl. aus Apulien, war jedoch in Pisa ansässig und hauptsächl. in der Toskana tätig, darüber hinaus auch für Auftraggeber in Bologna und Perugia. Ebenso wie in →Cimabue sah Vasari in ihm einen der frühesten Wegbereiter der Renaissance. Als Neuerer erweist er sich v. a. in seinen figurenreichen erzähler. Reliefs. Grundlage seiner Stilbildung waren antike Werke, wie z. B. der Phädra-Sarkophag im Pisaner Camposanto, die frz. Kathedralskulptur (insbes. diejenige der Kathedrale v. Reims) sowie die von Ks. Friedrich II. errichteten Bauten in Unteritalien und deren Bildwerke (Castel del Monte; Capua, Brückentor). Gesicherte Hauptwerke sind die großen, mit szen. Reliefs und Statuetten reich geschmückten Kanzeln im Baptisterium v. Pisa (1260) und im Dom v. Siena (1266-68). Bald nach der Pisaner Kanzel dürfte das Kreuzabnahmerelief am linken Seitenportal des Domes v. Lucca entstanden sein. Zunehmenden Gehilfenanteil verraten die Reliefs des 1267 aufgestellten Marmorschreins des hl. Dominikus in Bologna, S. Domenico. In den Statuen und Reliefs der 1278 vollendeten Fontana maggiore in Perugia tritt neben N.P. bereits deutl. die künstler. Individualität seines Sohnes Giovanni hervor. Späte Werkstattarbeiten sind die Konsolbüsten und Halbfiguren vom Mittelgeschoß des Pisaner Baptisteriums. N.P.s Tätigkeit als Architekt, von der Vasari ausführl. berichtet, läßt sich durch zeitgenöss. Dokumente nicht eindeutig belegen. U. a. sind ihm der Campanile v. S. Nicola in Pisa und die Kirche S. Trinità in Florenz zugeschrieben worden. Stilist. Indizien sprechen v. a. für seine Mitwirkung am Bau des Domes v. Siena. J. Poeschke

Lit.: G. SWARZENSKI, Niccolò P., 1926 – G. NICCO FASOLA, N.P., 1941 – J. POESCHKE, Die Sieneser Domkanzel des N.P., 1973 – M. SEIDEL, Stud. zur Antikenrezeption N.P.s, Mitt. des Kunsthist. Inst. in Florenz 19, 1975, 307-392 – M. L. TESTI CRISTIANI, N.P. architetto scultore, 1987.

Pisano. 1. P., Andrea, it. Bildhauer und Architekt, Vater des Nino P.; * um 1290/95 in Pontedera bei Pisa, † vor Juli 1349 in Florenz (?), von Haus aus wahrscheinl. Goldschmied, als Bildhauer stark von der frz. Gotik und von der Malerei →Giottos beeinflußt. 1330 erstmals erwähnt, als er an der mit 28 Figurenreliefs geschmückten s. Bronzetür des Florentiner Baptisteriums arbeitete (bis 1336 fertiggestellt). Um 1337 zum Leiter der Florentiner Dombauhütte ernannt, setzte er die Bauarbeiten an dem von Giotto 1334 begonnenen Campanile des Domes fort. Sowohl die Sockelreliefs als auch die Propheten- und Sibyllenstatuen des Nischengeschosses sind großenteils von A.P. und seiner Werkstatt geschaffen worden, wobei einem Teil der Reliefs wahrscheinl. Entwürfe Giottos zugrundeliegen (Originalskulpturen heute im Museum der Domopera). Zw. 1340 und 1348 war A.P. in Pisa und in Orvieto tätig. 1347 und 1348 ist er als Leiter der Dombauhütte in Orvieto bezeugt. Weitere ihm zugeschriebene Werke: Christusstatuette und hl. Reparata (?) (Florenz, Domopera); Madonna mit Kind (Orvieto, Domopera); Madonna lactans (Pisa, Museo di S. Matteo); Madonna mit Kind (Pisa, S. Maria della Spina). J. Poeschke

Lit.: I. TOESCA, A. e Nino P., 1950 – G. KREYTENBERG, A.P. und die toskan. Skulptur des 14. Jh., 1984 – A. F. MOSKOWITZ, The Sculpture of A. and Nino P., 1986.

2. P., Nino, it. Goldschmied, Bildhauer und Architekt, Sohn des Andrea P., * um 1315, † um 1368, knüpfte als Bildhauer an das Spätwerk des Vaters an. Erstmals erwähnt 1349 als Leiter der Dombauhütte v. Orvieto, für die er bildhauer. Arbeiten ausführte. 1358 als Goldschmied in Pisa tätig. Signierte Werke sind eine Madonna in S. Maria Novella in Florenz, eine Madonna am Cornaro-Grabmal in SS. Giovanni e Paolo in Venedig und die Statue eines Bf.s in S. Francesco in Oristano. Darüber hinaus werden N.P. u. a. eine Verkündigungsgruppe (Pisa, S. Caterina) und eine Madonnenstatue (Trapani, SS. Annunziata) zugeschrieben. J. Poeschke

Lit.: →Pisano, Andrea.

Pisanum Constitutum (Constitutum usus, constitutum legis), die beiden ältesten und umfassendsten Texte des städt. Territorialrechts im ma. Italien (2. Hälfte 12. Jh.), erste systemat. Rechtsslg.en nach den Kodifikationen der röm.-germ. Rechte (CLASSEN). – Das *c. usus* (ausführende Organe previsores; Beginn der Redaktion 1156, Promulgation 31. Dez. 1160) behandelte u. a. öffentl. Besitz, Wegerechte, die Arnoufer, Brunnen, Fischereirechte, Lehensrechte (mit beachtl. Analogien zu den Consuetudines feudorum) und allg. Fragen des Handels- und Seerechts. – Das *c. legis* (ausführende Organe iudices publici) regelte hingegen Fragen des Personenrechtes (Freiheit, Status), Besitz, Eigentum, Vermögensverhältnisse zw. Ehegatten, Testamente und Legate, Bürgschaften, Strafen, Verträge, Schadensregelungen und Restitutionen. Die älteste Phase des *c. legis* (mit chronolog. Hinweisen bis 1146) enthielt CLASSEN zufolge Normen des langob. Rechts (wie man hinzufügen kann, in der Stoffgliederung der →Lombarda) sowie des röm. Rechts und lokaler Statutarrechte.

Die bis jetzt noch uned. Hss. (knapp 20 bekannt, älteste Hss. ms. 415 der Beinecke Library, Yale [Ende 12. Jh.] und Vat. lat. 6385 [1. Hälfte des 13. Jh.]) zeigen, daß die C.a in den Jahren unmittelbar nach ihrer Promulgation mehrmals revidiert wurden. Bis in das 14. Jh. nahmen die C.a (13. Jh. von Maso da Tripalle und Giovanni Fazioli glossiert) den höchsten Rang in der Stufenleiter der lokalen Rechtsq. ein. C. Storti Storchi

Ed.: Constituta legis et usus Pisanae civitatis, hg. G. BONAINI, 2 Bde, 870 [von den frühen Hss. stark differierender Text auf der Basis später Hss. (ca. Stand v. 1233)] – *Lit.:* R. CELLI, Studi sui sistemi normativi delle democrazie comunali. Sec. XII-XV, 1976, 1-225 – P. CLASSEN, Studium und Gesellschaft im MA, MGH Schr. 29, 1983, 68-91, 92-99.

Piscina → Taufbecken

Piscovye knigi, vom Steuerveranlagungsbeamten (pisec, opiščik) erstellte Steuerregisterbücher in Altrußland, verzeichneten die wirtschaftl. Verhältnisse und die Veranlagung eines Gebietes und bildeten die Grundlage für die Landbesteuerung (sošnoe pis'mo). In den Novgoroder P.k. der 1490er Jahre, den ältesten uns erhaltenen, wurden die Siedlungen und Güter aller Landbesitzer mit Namen, Lage, Typ und Eigentümer, dem Zustand der Felder nebst der Anzahl der Häuser und den Namen der Haushaltsvorstände sowie der Menge des gesäten und geernteten Getreides verzeichnet. Städte (gorod, posad) wurden ebenso beschrieben. Den Abschluß bildete die eigtl. Veranlagung durch Bewertung dieser Faktoren. Auch große Grundbesitzer wie Kl. erstellten zur internen Wirtschaftsverwaltung P.k. Bei der Beurteilung von Besitzrechten wurden sie bereits im 16. Jh. zugrundegelegt. Die P.k. erfaßten die ganze Bevölkerung einschließl. der steuerl. privilegierten Dienstadelsschicht. E. Kraft

Lit.: S. B. VESELOVSKIJ, Sošnoe pis'mo, 2 Bde, 1915–16 – A. C. MERZON, P. i perepisnye k. XV–XVII vv., 1956.

Pisdoé (Pizdoué), bedeutende Patrizierfamilie in →Paris. Als eines der am frühesten belegten Mitglieder tritt *Mathieu P.* hervor, 1202 als →Bailli genannt. *Macy P.* und seine Frau *Pernelle* besitzen 1253 ein Haus in der Rue St-Martin aux Champs. *Eudes Pizdoué* ist 1270 →Schöffe in Paris. Ein *Guillaume Pizdoué* ist der erste →Prévôt des marchands aus dieser Familie (1276). Ein *Jacques P.* erscheint 1317 als *garde des passages et des laines* (kgl. Fiskalbeamter für Zollstellen, Stapelplätze und Wollhandel). Ein anderer *Guillaume* war Prévôt des marchands unter Philipp dem Schönen. Er legte Rechnung über die (konfiszierten) Güter des →Templerordens (1307–13). *Guillaume Pizdoué*, Mitglied der Jakobsbruderschaft, ist um 1334 als Prévôt des marchands genannt. Er hatte schon 1328 den neuen Kg. Philipp VI. v. Valois bei seinem Einzug empfangen.

Jean Pizdoué († Dez. 1349), Prévôt des marchands (1343–47), vertrat die Stadt Paris auf der Versammlung der →États in 1335. Von Philipp VI. im Juli 1345 geadelt, fungierte er als großer Hoffinanzier (1346 Darlehen an die Kgn. von 200 *écus d'or*) und -lieferant (Pferde aus Apulien für den Marstall Philipps VI.). Sein gleichnamiger Sohn war *Maître des comptes* (→Chambre des comptes) unter Kg. Johann (1354). *Simon Pizdoué* war Steuereinnehmer *(receveur)* in Senlis (1334–39) und Sens (1339–43). *Martin P.* schließl. wurde wegen seiner Beteiligung am Aufstand des Étienne →Marcel 1358 verurteilt. Die Familiengesch. verzeichnete weitere dramat. Ereignisse: *Oudinet Pizdoué*, ein junger Kleriker, wurde 1303 gehenkt, weil er in geistl. Frauengemeinschaften »Unruhe gestiftet« hatte. *Gervais Pizdoué* wurde 1306 vom Sohn eines Brüsseler Kaufmanns erschlagen. – Die P. hatten Beziehungen zum angesehenen Frauenkl. St-Antoine wie zu St-Germain l'Auxerrois (→Paris, C. II. 6). Sie besaßen Güter in Wissous (1245), Suresnes (1264), Sucy-en-Brie (1310), Bagneux (1337) und Villeneuve-le-Roi (1378 Hôtel von Jean Pizdoué). E. Lalou

Lit.: A. TERROINE, Recherches sur la bourgeoisie parisienne au XIIIe s. (Thèse, École des Chartes, Paris 1940) – R. CAZELLES, La société politique et la crise de la royauté sous Philippe de Valois, 1958 – DERS., Hist. de Paris (1223–1380), 1972.

Pisides, Georgios → Georgios Pisides

Pistoia, Stadt in Mittelitalien (Toskana). Als röm. Gründung (mit etrusk. Vorgängersiedlung), war P. (Pistorium) seit der Antike ein bedeutendes Wirtschaftszentrum an den Straßen, die von Rom nach Ligurien und Emilia führten. In der Kaiserzeit Municipium der Tuscia annonaria und seit dem 5. Jh. Bf.ssitz (exemt; seit 1420 Suffragan v. Florenz), wurde P. von den Goten Theoderichs und von den Byzantinern unterworfen, war später Sitz eines langob. Gastalden, unter den Franken Mittelpunkt eines Comitats. An der Wende zum 12. Jh. organisierte sich P. als →kommunale und durchlief in der Folge alle typ. Phasen der kommunalen Entwicklung. Trotz seiner Mittellage zw. Lucca (mit dem es lange um das Valdinievole kämpfte) und Florenz, das seit dem 13. Jh. P.s Politik bestimmte, gelang es der Stadt, einen v. a. in Richtung des Apennin relativ ausgedehnten Contado zu unterwerfen. Im Laufe des 13. Jh. erreichte P. eine Einw.zahl von mindestens 10000 Personen und erlebte einen urbanist. und wirtschaftl. Aufschwung (u. a. eigene Münze). Bedeutende Zeugnisse roman. Baukunst (Dom), Skulptur und Malerei haben sich in P. erhalten. Im 15. Jh. war die Stadt ein wichtiges Zentrum humanist. Studien und beherbergte einige Jahre lang das Florentiner »Studium«, das zunächst nach Pisa verlegt worden war. Mittelpunkt eines fruchtbaren Agrarlands, besaß P. auch nennenswerte Handwerks- und Gewerbebetriebe, v. a. auf dem Textilsektor. In Italien und in ganz Europa war es durch die Tätigkeit seiner Kaufleute und Bankiers bekannt, von denen einige, wie die Ammanati und die Chiarenti auch im Dienst der Apostol. Kammer standen. Ein heftiger Kampf zw. den Faktionen, angeführt von der guelf. Familie Cancellieri (Anhänger der »Neri«) und der ghibellin. Familie Panciatichi (Anhänger der »Bianchi«) bestimmte die polit. Gesch. der Stadt auch nach der Periode, in der sie Castruccio →Castracani aus Lucca unterstand (1328), und nach den verschiedenen Phasen der Oberherrschaft v. Florenz (1329, 1351, 1401). M. Luzzati

Lit.: G. SAVINO, Breve storia di P., 1965 – D. HERLIHY, P. nel Medioevo e nel Rinascimento (1200–1430), 1972.

Pistoria, il → Cammelli, Antonio

Pistor → Bäcker

Pitanz (lat. pitantia, pictantia, pietantia, wohl von pietas abzuleiten) bezeichnet eine zusätzl. Portion, bestehend aus Eiern und Käse, später auch aus Fisch oder Wein, die den Mönchen an bestimmten Wochen- und Festtagen (auch bei Krankheit, Aderlaß, usw.) über die üblichen zwei Mahlzeiten hinaus, zugestanden wurde. Das Wort ist v. a. in den Consuetudines häufig belegt, die bes. Vorschriften für die Zuteilung und Zusammensetzung der P. enthalten. Da auch beim Totengedenken im Konvent als Gegenleistung für das Gebet eine P. an die Mönche gegeben wurde, tritt der Begriff ab dem 12. Jh. verstärkt in →Necrologien auf. Die (in Einzelfällen sehr üppige) P. (pitantia optima et copiosa) ist dann im Zusammenhang zu sehen mit bestimmten Formen des Totengedenkens, für dessen Finanzierung Grundbesitz, Geld oder Renteneinkünfte an das Kl. übertragen wurden. Die Verwaltung dieser Einkünfte wurde ab dem 13. Jh. von einem pitanciarius (vorher war dafür der cellerarius zuständig) übernommen. F. Neiske

Lit.: DU CANGE VI, 313f., 338 – G. ZIMMERMANN, Ordensleben und Lebensstandard, 1973.

Pîtres (dép. Eure), Ort mehrerer Hoftage →Karls des Kahlen (4.K.). 862, 864 und 869 wurden hier →Kapitularien zur Organisation der Normannenabwehr, zur Sicherung von Frieden und Recht und zur Behauptung der monarch. Autorität erlassen. Gegen die →Normannen, die sich ztw. im unteren Seineraum festgesetzt hatten, errichtete man seit 862 in P., einem strateg. wichtigen Platz an der Mündung von Eure und Andelle in die Seine (15 km sö. Rouen), neben einer Burg eine befestigte Brückenanlage als Flußsperre, die aber letztl. die norm. Schiffe nicht aufhalten konnte. Die Capitula v. 862 beklagten die Normannennot als Folge eigener Verfehlungen. Das am 25. Juni 864 erlassene Edikt v. P. führte die Gesetzgebung Karls d. Gr. und Ludwigs d. Fr. zur allg. Heerfolge und zum Schutz der Freien wie zur Durchsetzung kgl. Anordnungen durch Gf.en, Bf.e und Kg.sboten (→Missus) fort und wollte u. a. das →Münzwesen reformieren (Fixierung von 10 Münzstätten trotz nachweisbarer ca. 125 Prägeorte, Verringerung der Münztypen, Kontrollorganisation, Strafbestimmungen). Durch traditionelle karol. Herrschaftsmethoden suchte man die neuen Bedrohungen zu meistern; dabei trat die Idee des Konsenses von Kg., Geistlichkeit und Adel zunehmend hervor. Das im Juni 869 in P. erneuerte Verhältnis Karls zu den Großen wurde zur Basis seiner Expansion nach →Lotharingien im Sept. 869. B. Schneidmüller

Q.: MGH Cap. II, Nr. 272, 273, 275 – *Lit.*: DÜMMLER² II, 39ff., 104ff., 279ff. – F. LOT, Le pont de P., M-A 18, 1905, 1-27 – J. LAFAURIE, Numismatique, CCMéd 13, 1970, 117-137 – K.-U. JÄSCHKE, Burgenbau und Landesverteidigung um 900, 1975, 66ff. – J. L. NELSON, Politics and Ritual in Early Medieval Europe, 1986, 98ff. – DIES., Charles the Bald, 1992, 206ff.

Pitten, Markt im sö. Niederösterreich (BH Neunkirchen). Das Land zw. Semmering, Wechsel und der Piesting gehörte um 850 zum Machtbereich eines comes Ratpot; ein für das Gebiet namengebend werdendes 'ad Putinnu' ist 869 belegt. Nach 907 vorübergehend aufgegeben, wurde es nach 1040 durch Mgf. Gottfried v. Kärnten dem Reich zurückgewonnen. 1094 ist 'castellum P.' Stützpunkt seines Besitznachfolgers Gf. Ekbert I. v. →Formbach; dieser selbst, seine Söhne und deren Ministerialen nannten sich seit 1108 nach dieser Burg. Daraus hat die Forsch. unbegründet auf die Existenz einer »Mark und Gft. P.« geschlossen. Nach Ekberts III. Tod († 1158) traten seine Ministerialen in den Gefolgschaftsverband der →Otakare ein, deren Herrschaftsbereich damit bis zur Piesting reichte. 1236/39 stellte sich der P.er Adel gegen seine Standesgenossen s. des Semmering und bereitete damit die Loslösung von der →Steiermark vor. 1253/54 wurde seine Parteinahme für Kg. Otakar II. v. Böhmen entscheidend für die endgültige Festlegung der Semmeringgrenze zw. Niederösterreich und Steiermark (REICHERT, 19ff., 74ff.). Da im 14. und frühen 15. Jh. im P.er Raum »nach Recht zu Österreich und zu Steier« gewährleistet wurde, hat man fälschl. auf eine auch eine zw. schwankende Länderzugehörigkeit geschlossen. Tatsächl. hat aber nur die starke besitzmäßige Verankerung des steir. Adels zu dessen freier Gerichtsstandwahl in Graz oder Wien geführt. M. Weltin

Lit.: J. LAMPEL, Bll. des Vereins für LK v. Niederösterreich NF 22, 1888, 133ff. [z. T. veraltet] – M. MITTERAUER, Unsere Heimat 42, 1971, 33ff. – R. HÄRTEL, Jb. für LK v. Niederösterreich NF 50/51, 1984/85, 53ff. – F. REICHERT, Beih. zum AK 23, 1985.

Pitzingli, Nikolaos, byz. Stratege unbekannter Herkunft, wurde während der Regentschaft des Patriarchen →Nikolaos Mystikos an die Spitze des Thema Langobardia gesetzt, um die antisarazen. Politik zu fördern, die Byzanz seit der Intervention Leons VI. (904) für das von den Muslimen bedrohte Capua in Kampanien betrieb. P., der mit in Apulien und Kalabrien ausgehobenen Kontingenten spätestens Ende 914 in Unteritalien eintraf, zerriß durch Machtentfaltung, reiche Geschenke an die Hzg. e v. Gaeta und Neapel sowie durch geschickte Diplomatie die Interessensfäden, die die Seedukate Kampaniens mit den Muslimen verbanden. Durch seine Vermittlung bestätigte Rom im Gegenzug für die Teilnahme Gaetas an dem antisarazen. Bündnis die Übertragung von Fondi und Traetto an den Hypatos Docibilis I. durch Johannes VIII. (882). Der Sieg der Liga (nur Amalfi war neutral geblieben) unter P.s Oberkommando am →Garigliano im Aug. 915 befreite Mittelitalien von der arab. Bedrohung. Falls P. mit dem von Arethas v. Kaisareia in einem Plutarchscholion gen. Nikolaos Ἐπιγγγλης gleichzusetzen ist, fand er im Kampf gegen die Bulgaren den Tod. F. Luzzati Laganà

Lit.: J. GAY, L'Italie méridionale et l'Empire byz. depuis l'avènement de Basile I jusqu'à la prise de Bari par les Normands (867-1071), 1904, 160-162, 204 – O. VEHSE, Das Bündnis gegen die Sarazenen v. J. 915, QFIAB 19, 1927, 181-204 – A. PERTUSI, Contributi alla storia dei temi biz. dell'Italia meridionale. Atti Spoleto 1959, 495-517 – V. LAURENT, Contributions à la prosopographie du thème de Langobardie, Byzantino-Sicula II, Istituto Sicil. di Studi Bizz. e Neoellenici 8, 1975, 307, 308-310 – M. MANFREDINI, Gli scoli a Plutarco di Areta di Cesarea, Siculorum Gymnasium 28, 1975, 337-350 – V. v. FALKENHAUSEN, La dominazione biz. nell'Italia meridionale dal IX all'XI s., 1978, 80, 131 A. 90.

Pius

1. P. I., Bf. v. Rom ca. 142-155, hl. (Fest: 11. Juli), nach der ältesten röm. Bf.sliste, wohl auf Hegesipp (um 160) zurückgehend und von Irenäus v. Lyon (um 180) mitgeteilt (Adv. haer. III 3,3),9. Nachfolger des Apostels Petrus; nach dem Muratorischen Frgm. 76 (2. Hälfte des 2. Jh., aus der röm. Gemeinde) Bruder des Hermas, nach dem die Schr. »Pastor Hermae« benannt ist; erst im 9. Jh. erstmals Martyrer gen. Im »Hirten des Hermas« erscheinende Rangstreitigkeiten weisen darauf hin, daß sich in P.' Zeit in der röm. Gemeinde aus dem älteren Presbyter- bzw. Episkopenkollegium durchgesetzt hat. Unter P. traten in Rom die Gnostiker Markion, Valentinus und Kerdon auf, aber auch der 'Philosoph und Martyrer' Justinus. G. Schwaiger

Lit.: LP I, LXXIII, 132f.; III, 354 – LCI VIII, 213f. – N. BROX (M. GRESCHAT, Das Papsttum, I, 1985), 25-42 – R. M. HÜBNER, Die Anfänge von Diakonat, Presbyterat und Episkopat in der frühen Kirche (A. RAUCH – P. IMHOF, Das Priestertum in der Einen Kirche, 1987), 45-89 – J. HOFMANN, Die amtl. Stellung der in den ältesten röm. Bf.sliste überlieferten Männer in der Kirche v. Rom, HJb 109, 1989, 1-23 – P. LAMPE, Die stadtröm. Christen in den ersten beiden Jahrhunderten, 1989² – N. BROX, Der Hirt des Hermas, 1991 – E. DASSMANN, Kirchengesch., I, 1991, 161-172.

2. P. II. (Enea Silvio de' Piccolomini), *Papst* seit 19. Aug. 1458 (Wahl; Krönung: 3. Sept.), bedeutender Humanist, * 18. Okt. 1405 in Corsignano (seit 1462 Pienza), † 15. Aug. 1464 in Ancona, ▭ zunächst St. Peter, seit 1623 Translation nach S. Andrea della Valle. [1] *Leben:* Er stammte aus einer alten, verarmten Sieneser Adels- und Kaufmannsfamilie. In Siena und Florenz (bei Francesco →Filelfo) widmete er sich intensiven Studien, die ihn zum hervorragenden Humanisten seiner Zeit werden ließen. 1432 begleitete er Kard. Domenico →Capranica zum →Basler Konzil, das ihn den Großen von Kirche und Reich bekanntmachte. Die zunehmende antiröm. Linie des Konzils und den →Konziliarismus eifernd in Wort und Schrift verfechtend (»Libellus dialogorum de concilii generalis auctoritate«, 1440), wurde er Sekretär des Basler Gegenpapstes Felix V. und von der Synode mit wichtigen Aufgaben betraut. Die Entsendung 1442 zum Frankfurter Reichstag brachte ihn Friedrich III. nahe, der ihn zum Dichter krönte und zum Sekretär der ksl. Kanzlei ernannte. Persönl. Sinneswandel und wohl auch Karriere-Kalkül ließen ihn sein freizügiges Leben aufgeben (noch 1444 Liebesnovelle »Euryalus und Lucretia«, schon 1446 Subdiakonatsweihe) und, wie andere, den Übertritt zu Eugen IV. vollziehen. Fortan wirkte er – im diplomat. Dienst des dt. Kg.s – entschieden und gewandt für die Annäherung von Kg. und Kfs. en an den röm. Papst in Verhandlungen, die zu den Fs.enkonkordaten sowie zum →Wiener Konkordat führten. Nach förml. Aussöhnung mit Rom (1445) wurde er in Anerkennung seiner Verdienste 1447 Bf. v. Triest, 1450 v. Siena, 1456 Kard. Seine Wahl zum Papst 1458 konfrontierte ihn mit den großen Problemen, die dem gewandten Kuriendiplomaten längst vertraut waren, nun in neuer Weise: er mußte seinen Sinneswandel glaubhaft machen (Retraktationsbulle »In minoribus agentes«, 1463: »Verwerft Enea, haltet Euch an Pius«, wie schon Retraktationsbrief an den Kölner Rektor, 1447) und nach den Turbulenzen von Schisma und Reformkonzilien nun, entgegen früher demonstrierter Haltung, die Position des Papsttums um den Preis von Verhärtung und Restauration wieder konsolidieren und den Konziliarismus zurückdämmen (Bulle »Execrabilis« v. 1460 gegen den »Mißbrauch« der Appellation an ein allg. Konzil). Dabei war es ihm mit der Reform ernst (eigener Reformentwurf, Reformschr. en von →Nikolaus v. Kues und →Dominicus de Dominicis). Doch reichte der gute Wille eines Pontifikates nicht. Im übrigen waren seine nepotist. Neigungen nicht so gering, seine Kard.serhebungen nicht so eindrucksvoll, wie seine erklärten Maßstäbe erwarten ließen. In der it. Politik stand ihm Francesco →Sforza näher als Cosimo→Medici; im Zuge der Zeit war er mehr Territorialfs. als frühere Päpste und behielt den Kirchenstaat notdürftig in der Hand (Kampf gegen Sigismondo →Malatesta; Unruhen in Rom); in der Thronfolgefrage in Neapel entschied er sich gegen die frz. Anjou für →Ferdinand I. v. Aragón. Überhaupt suchte er den Einfluß des frz. Kg.s auf Italien und die Kirche einzugrenzen (→Gallikanismus). Im Reich unterstützte er Friedrich III. gegen die dt. Fs.enopposition unter Führung des Mainzer Ebf.s →Dieter II. v. Isenburg (1461 abgesetzt), da er von ihr die Einberufung des »tertium concilium« fürchtete. →Georg v. Podiebrad, der an den →Basler Kompaktaten festhielt, erklärte er zum Ketzer. Den ganzen Pontifikat durchzog der Plan eines Kreuzzugs gegen den Eroberer Konstantinopels: der dazu einberufene Kongreß v. →Mantua 1459 scheiterte an den unannehmbar hohen polit. Gegenforderungen der Fs.en; da auch Kard. →Bessarions Legation nach Dtl. ergebnislos blieb, setzte er sich persönl. an die Spitze einer ven. Flotte, starb aber bei deren Eintreffen in Ancona.

[2] *Persönlichkeit und Werke:* Kennzeichnend für P. waren sein bewußter Führungs- und Repräsentationsstil, anspruchsvoll und doch ohne Aufwand, und sein demonstrativer Einsatz der eigenen Person trotz kränkl. Konstitution; bei aller Verbindlichkeit setzte er doch deutl. Prioritäten und sichtbare Zeichen. Gesandten erwiderte er persönl. in freier programmat. Rede. Gering war seine Bautätigkeit in Rom (Benediktionsloggia an St. Peter und erste Ausgestaltung des Petersplatzes), zu dem dieser Humanist kein rechtes Verhältnis fand; vielmehr gestaltete er seinen Geburtsort zur »Pius-Stadt« Pienza um, wobei er selbst Kathedrale (dt. Hallenkirche) und Familienpalast beisteuerte und ansonsten die Kard.e zur Errichtung von Palästen nötigte. Hoher Anspruch und geringe Mittel setzten seinem Mäzenatentum Grenzen; er verstand es, andere zum Mäzenatentum anzustiften und seine Kard.e in künstler. Repräsentation vor zunehmend krit. Augen miteinander rivalisieren zu lassen. Das stimmungshafte Naturerleben seiner zahlreichen Ausflüge (Picknicks im Grünen, Konsistorium unter freiem Himmel, Beschreibung von Panoramablicken) zeigt sich literar. überformt, aber nicht als Bukolik vom Schreibtisch. Eine breite schriftsteller. Tätigkeit weist ihn als gewandten Briefschreiber und fruchtbaren Autor von hist. (z. B. »Historia Friderici III. sive Historia Austriaca«; »De viris illustribus«), geogr. (»De ritu, situ, moribus et conditione Germaniae«; »De Europa«; »De Asia«; »Historia Bohemica«), literar. (Komödie »Chrysis«), publizist.-kirchenpolit. (»Commentarii de rebus gestis concilii Basiliensis«; »Pentalogus« als Handlungsanweisung für Friedrich III.) und den bereits genannten Schr.en aus. Seine Werke zeigen eine überlegte Selbstdarstellung vor Mitwelt und Nachwelt. Die publizist. Traktate (ungeniert subjektiv in Auswahl und Arrangement der Argumente) dokumentieren am besten den Wandel P.', der, aus dem Debakel des Konzils Konsequenzen ziehend, vom Konziliaristen zur Anerkennung der monarch. Gewalt erst des Ks.s (»De ortu et auctoritate imperii Romani«, 1446), dann des Papstes zurückfindet. Charakterist. ist seine Neigung zur polit.-hist., nicht dogmat.-jurist. Argumentation, zu prakt., nicht theoret. Lösungen. Ungewöhnl. sind seine »Commentarii«, einzige Selbstdarstellung eines Papstes, mit schonungslosen Porträts von Kard.en und illusionsloser Beschreibung des Hoflebens (das er zuvor auch von unten beschrieben hatte: »De curialium miseriis«, 1444); zahlreiche Episoden von entwaffnender Offenheit (Konklavebericht!) wurden in der Ed. von 1584 in nachtridentin. Geist getilgt. Geistiger Rang, Aufrichtigkeit und persönl. Einsatz machen ihn zu einer der anziehendsten Persönlichkeiten seiner Zeit und geben in ihrer Frische den Eindruck, »daß wenige andere dem Normalmenschen der Frührenaissance so nahe kommen« (J. BURCKHARDT).

A. Esch

Werke: Opera omnia, Basel 1551 [Nachdr. 1967] – Orationes, 1–3, ed. G. D. MANSI, Lucca 1755–59 – Der Briefwechsel des E. S. Piccolomini, 1–4, ed. R. WOLKAN, FontrerAustr. 61, 62, 67, 68, 1909–18 – De curialium miseriis, ed. W. P. MUSTARD, 1928 – Ausgew. Texte dt. in: B. WIDMER, E. S. Piccolomini, Papst P. II., 1960 – De gestis conilii Basiliensis, ed. D. HAY–W. K. SMITH, 1967 – Commentarii rerum memorabilium que temporibus suis contigerunt, ed. A. VAN HECK, StT 312–313, 1984 – *Q. und Lit.:* G. VOIGT, E.S. de' Piccolomini als Papst P. II. und sein Zeitalter, 1–3, 1856–63 – L. v. PASTOR, Gesch. der Päpste II, 1925[8] – G. KALLEN, Ae. S. Piccolomini als Publizist in der Epistola de ortu et auctoritate imperii Romani, 1939 – R. HAUBST, Der Reformentwurf P.' II., RQ 49, 1954, 188–242 – E. GARIN, Ritratto di E. S. Piccolomini (DERS., La cultura filosofica del Rinascimento italiano, 1961), 38–59 – B. WIDMER, E. S. Piccolomini in der sittl. und polit. Entscheidung, 1963 – E. S. Piccolomini, Papa Pio II, Atti del Convegno per il 5 centenario della morte, ed. D. MAFFEI, 1968 – J. B. TOEWS, The View of Empire in E. S. Piccolomini, Traditio 24, 1968, 471–487 – D. BROSIUS, Das Itinerar Papst P.' II, QFIAB 55/56, 1976, 421–432 – P. AVESANI, Poesie latine edite e inedite di E. S. Piccolomini (Misc. A. CAMPANA, I, 1981), 1–26 – A. ESCH, E. S. Piccolomini als Papst P. II.: Herrschaftspraxis und Selbstdarstellung, AAG Phil.-hist. Kl. III 179, 1989, 112–140 – A. TÖNNESMANN, Pienza. Städtebau und Humanismus, 1990 – Pio II e la cultura del suo tempo, ed. L. ROTONDI SACCHI TARUGI, 1991 – Rep. Germ. VIII: P. II., 1993.

Pizarro, Francisco, Eroberer v. Perú (→Expansion, europ.), * 1476 in Trujillo (Kastilien, Extremadura), † 26. Juni (ermordet) 1541 in Lima, wuchs der Überlieferung nach in äußerst bescheidenen Verhältnissen auf (illegitimer Sohn des Hauptmanns Gonzalo P. und der Francisca Morales), kämpfte unter dem »Gran Capitán in Italien, schiffte sich 1502 nach →Amerika ein. Als einfacher Soldat nahm der ungebildete, gegen sich selbst und andere harte, jedoch beredsame und mit Führungsqualitäten ausgestattete P. in der Gefolgschaft von →Núñez de Balboa an der Entdeckung des Pazifik teil (1513), stieg bei der Kolonisation des Isthmus v. Panamá langsam militär. auf und faßte auf die Kunde von dem südl. gelegenen reichen Land 'Birú' (Perú) hin den Plan zur Eroberung dieses Gebiets. Er schloß Anfang der 20er Jahre einen Partnerschaftsvertrag mit dem Kleriker Hernando Luque, der aufgrund seiner Beziehungen zum Handelshaus der Espinosa und zu genues. Kaufmannskreisen die Finanzierung sichern sollte, und mit Diego de Almagro, der als Stellvertreter P.s die Verwaltung leiten sollte. Das Mitte Nov. 1524 begonnene Unternehmen scheiterte unter großen Verlusten. 1527 begab sich P. nach Spanien, traf dort mit Hernán →Cortés zusammen und erreichte 1529 von Karl V. die Kapitulation zur Eroberung Perús.

1531 brach P. von Panamá aus erneut mit drei Schiffen, 185 Soldaten (darunter seine Brüder sowie Gefolgsleute aus Trujillo) und 37 Pferden nach Perú auf. Er konnte für seine Ziele den Bürgerkrieg zw. dem in der Hauptstadt Cuzco residierenden Inka Huascar und dessen Stiefbruder Atahualpa (mit Kontrolle über Quito) ausnutzen. Bei der in der Stadt Cajamarca vereinbarten Begegnung zw. Atahualpa und P. bemächtigten sich die in der Stadt untergebrachten Spanier aus einem Hinterhalt des indian. Herrschers, dessen Heer außerhalb der Stadt lagerte. Um sich auszulösen, ließ Atahualpa einen Raum mit Edelsteinen und Gegenständen aus Gold und Silber füllen; diese Beute, die größte, die je ein Konquistadorentrupp machte, begründete in Spanien den sagenhaften Ruf der neureichen 'peruleros'. Nachdem Atahualpa den von seinen Truppen gefangengenommenen Huascar hatte töten lassen (aus Furcht vor einer Allianz Huascars mit den Spaniern), ließ P., der durch Zuzug von Almagro inzwischen Verstärkung erhalten hatte, Atahualpa des Mordes und der Empörung anklagen und hinrichten. Im Verlauf des folgenden indian. Aufstandes (und zugleich Bürgerkriegs) nahm P. die von Manco Capac, dem Bruder Atahualpas und Huascars, besetzte Hauptstadt Cuzco ein, die aber von ihrer indian. Besatzung angezündet wurde (15. Nov. 1533). Im Jan. 1535 gründete P. die 'Ciudad de los Reyes' (Lima) als neue Hauptstadt.

In der Folgezeit brach der offene Konflikt aus zw. P. und Almagro, der sich wegen der weitaus geringeren Ausstattung mit Privilegien und Ämtern benachteiligt sah und dessen Zug nach Chile (1535-37) wenig ergiebig war. Nachdem beide noch gemeinsam einen indian. Aufstand niedergeschlagen hatten, kam es bei Salinas zur Schlacht zw. den Anhängern P.s und Almagros, der als Unterlegener von einem der Brüder P.s in Cuzco hingerichtet wurde (1538). Auf die Nachricht der Entsendung eines Untersuchungsrichters Karls V. hin verschworen sich die Parteigänger Almagros und ermordeten den inzwischen zum Marqués erhobenen P. in seiner Residenz. Danach führte sein jüngerer Bruder Gonzalo P. einen Aufstand der Eroberer gegen die Krone, von der sie sich in ihren vertragl. verbrieften Rechten beeinträchtigt fühlten; diese Erhebung knüpft in ihrer Rechtfertigung gleichsam an die kast. 'Comunidades' an.

Die Vorgänge um die Eroberung Perús lassen nicht nur deutl. die strukturellen Grundmuster der Landnahme in Amerika erkennen – Organisation und Finanzierung der Züge, die inneren Mechanismen der Konquistadorenverbände, die Ursachen für den span. Erfolg aufgrund der extrem hierarchisierten Strukturen der Reiche, ihrer mangelnden Geschlossenheit (unterworfene Völkerschaften, Bürgerkriegsparteien) und ihrer Lähmung durch Untergangsmythen –, sondern auch die unbeugsame Rücksichtslosigkeit der aus der Erfahrung der iber. →Reconquista nach Reichtum und sozialen Aufstieg strebenden, kaum gebildeten und ein sehr formales, wenig verinnerlichtes Christentum praktizierenden kast. Eroberer. In Spanien selbst bildeten die Vorgänge in Perú einerseits den entscheidenden Anlaß für die Rechtstiteldebatte und die Diskussion um die Rechte der →Indianer, aus der die Anfänge eines modernen Völkerrechtes entsprangen, lieferten andererseits aber auch die Begründung für die »Schwarze Legende« als Instrument antispan. Propaganda. P. und die Eroberung Perús haben mithin einen wichtigen Anstoß zur Überwindung spätma. Vorstellungen in Europa gegeben. H. Pietschmann

Lit.: J. A. Del Busto Duthurburu, F. P. El marqués gobernador, 1965 – J. Lockhart, The Men of Cajamarca. A Social and Biogr. Study of the First Conquerors of Peru, 1972 – L. Hanké, All Mankind is one. A Study of the Disputation Between Bartolomé de Las Casas and Juan Ginés de Sepúlveda in 1550, 1974 – P. Cieza de León, Descubrimento y conquista del Perú, 1979 – G. Lohmann Villena, F. P. Testimonio. Documentos oficiales, cartas y escritos varios, 1986 – A. E. Pérez Luño, La polémica sobre el Nuevo Mundo. Los clásicos españoles de la Filosofía del Derecho, 1992.

Placentinus, it. Rechtslehrer, * in Piacenza, † 12. Febr. 1192 in Montpellier, lehrte Zivilrecht, zuerst in Mantua, dann v. a. in Montpellier, näml. 1163/65–1184/85 (als erster oder als Nachfolger des →Rogerius?) und ab 1190/91, dazwischen zwei Jahre in Bologna und vier Jahre in Piacenza. P. bearbeitete das Commentum zu D. 50,17 seines Lehrers (?) →Bulgarus, schrieb über →Actiones (um 1160, »Libellus de actionum varietatibus« oder »Summa Mantuana«), →Summae Codicis und Institutionum (Montpellier, um 1165) sowie eine Summa Trium librorum (1190; unvollendet, ab C. 10,39 fortges. von →Pilius), ferner einzelne →Commenta, →Distinctiones, →Quaestiones disputatae und Summulae. Glossen mit der Sigle »p« kommen in Hss. aller Teile des Corpus iuris civilis vor; Glossenapparate wurden jedoch bisher nicht identifiziert. →Dissensiones dominorum. P. Weimar

Ed.: Summa Trium librorum, Summa Azonis, Papie 1506 [Neudr. 1966, 412–415; 415–435 folgt die Forts. von Pilius] – In Summam Institutionum... libri IV, Moguntiae 1535 [Neudr. 1973 = CGIC I] – In Codicis DN Iustiniani... libros IX Summa, Moguntiae 1536 [Neudr. 1962] – Bulgari ad Digestorum tit. De diversis regulis iuris antiqui commentarius et P.i ad eum additiones, ed W. C. Beckhaus, 1856 [Neudr. 1967] – Die Summa »De actionum varietatibus« des P. (Wahrmund IV.3, 1925, Neudr. 1962) – H. Kantorowicz, The Poetical Sermon of a Medieval Jurist. P. and His 'Sermo de legibus', JWarburg 2, 1938, 22–41 [jetzt in: Ders., Rechtshist. Schrr., 1970, 111–135; biogr. Einl.] – P.i Summa Institutionum, ed. J. Douglas Adamson [Diss. Toronto 1992] – Lit.: Savigny IV, 244–285, 537–543 – Coing, Hdb. I [Lit.] – P. de Tourtoulon, P. La vie, les œuvres, 1896 [Neudr. 1972, Ed. kl. Schrr.] – H. Kantorowicz, Stud. in the Glossators of the Roman Law, 1938 [Neudr. 1969] – C. G. Mor, À l'origine de l'École de Montpellier: Rogerius où P.? SHDE 6, 1967, 17–21 – L. Fowler-Magerl, Ordo iudiciorum vel ordo iudiciarius, 1984, 172–174 – A. Gouron, Comment dater la venue de P. à Montpellier? Mém. de la Soc. pour l'hist. du droit et des Institutions des anciens pays bourguignons, comtois et romands 45, 1988, 187–194 – E. Conte, Tres libri Codicis. La ricomparsa del testo e l'esegesi prima di Accursio, 1990, 71–91 – A. Gouron (Hom. F. Valls-Taberner, 1992).

Placidus

1. **P.**, verfaßte im 5./6. Jh. aus verschiedenen Q. ein lat. Lexikon mit grammat.-antiquar. Worterklärungen und für die Kenntnis der altlat. Dichtersprache wertvollen Glossen. Es wurde von →Isidor benutzt, war aber dem MA unbekannt. Ed. pr. 1831 (A. Mai). J. Gruber

Ed.: Corp. Gloss. Lat. V, 1–158 – I. W. Pirie – W. M. Lindsay, Gloss. lat. IV, 1930, 3–70 – Lit.: Kl. Pauly IV, 877f. – RE XX, 1937–1944.

2. **P. v. Nonantola**, Mönch im Kl. OSB →Nonantola; verfaßte 1111–12 die kanonist. Sammlung »Liber de honore ecclesiae«, offenbar in der Absicht, den Standpunkt seiner Abtei nach dem Konkordat v. →Sutri und dem Vertrag v. Sette Fratte (Febr., April 1111) sowie vor der Lateransynode v. 1112 darzustellen, auf der über die Vorgangsweise →Paschalis' II. entschieden werden sollte (→Heinrich V., →Investiturstreit). P. tritt dafür ein, daß Kirchenbesitz erlaubt sei und geistl. Charakter trage und daß die einzelnen Kirchen ein Recht darauf hätten, von laikalen Autoritäten und auch von den Initiativen der Päpste, die ihre Erben und Vermittler einer Tradition als gefährl. Neuerer sein sollten, unbehelligt zu bleiben. Die Lösung aller Konflikte bestünde in gegenseitiger Achtung und Selbstbestimmung. P.' Material ist zumeist normativ und stützt sich vornehml. auf den Buchbestand seines Kl., wobei →Burchard (13.B.) eine Vorrangstellung einnimmt und die bekannten Reformsammlungen unbeach-

tet blieben. Unter möglichen anderen Q. verwendet er vielleicht auch die »Vita Beati Maioli« (G. M. CANTARELLA, Aevum 65, 1991, 291 A. 73). G. M. Cantarella

Ed. und Lit.: Ed. L. v. HEINEMANN–E. SACKUR, MGH Ld II, 566–639 – J. W. BUSCH, Der Liber de Honore Ecclesiae des P. v. N., 1990 [mit älterer Lit.].

Plácidus drápa (Plácítúsdrápa; 'Preisgedicht auf Placidus'), gebundene Version der Legende vom hl. Placidus (Märtyrer aus der Zeit Trajans). Die evtl. schon um 1150, sicherl. aber vor 1180 verfaßte drápa (Versmaß *dróttkvaett*) stellt eine der ältesten skand. Versbearbeitungen eines geistl. Stoffes dar; das Pergamentfragment, in dem die 59 erhaltenen Strophen des Gedichts überliefert sind, stammt aus der Zeit um 1200. R. Simek

Lit.: F. JÓNSSON, Plácítúsdrápa, 1887 – F. PAASCHE, Kristendom og kvad, 1914 – G. TURVILLE-PETRE, Origins of Icelandic Lit., 1975.

Placitum. Die Grundbedeutung von P. ist öffentl. Versammlung, auch als →Gericht, Gerichtsversammlung (→Ding, →mallus). Übertragen steht P. für die in den Versammlungen gefaßten Beschlüsse (→Statuten) und für →Gerichtsurkk., die Verfahren und Urteil aufzeichnen. Die bedeutendsten sind die placita des frk. Kg.s- und Hausmeiergerichts. Es sind rund 35 Stück sicher überliefert, das erste P. von 643. Drei Typen liegen vor: solche, die den Prozeß von Anfang bis Ende schildern, solche, die mit einem zweizüngigen Beweisurteil (→Beweis, →Gerichtsverfahren) enden, und solche, die das nach einem solchen Urteil liegende Beweiserbringungsverfahren vor dem Pfgf.en aufzeichnen. Das Formular eines vollständig durchgeführten P. lautet: 1. Intitulatio, 2. Gerichtshalterformel, 3. Untersuchungsphase mit »Zwischen«-Urteilen und disponierenden Parteiakten, 4. Definitivsentenz, d. i. testimonium des Pfgf.en und decernere des Kg.s und der Großen, 5. kgl. Rechtsgebot, 6. Eschatokoll. Das testimonium des Pfgf.en findet sich nur in placita der Merowinger. Wegen des kgl. Gebotes hat man die placita meist als dispositive Kg.surkk. angesehen. Sechs Stücke enthalten jedoch gar kein Gebot (vier des Typs 1, je eines der Typen 2 und 3). Zudem disponiert das Gebot nicht (über den Streitgegenstand, was allein die Parteien tun), sondern gebietet die Beachtung der bereits durch die Parteiakte eingetretenen Änderung oder Feststellung der Rechtslage. Die Definitivsentenz enthält nicht entscheidende, sondern bestätigende Urteile. Placita verschwinden n. der Alpen nach 814; wohl deshalb, weil der Richter und Kg. dort im Verfahren nur noch gebietet. J. Weitzel

Q.: MGH DD Merov., 1872 – MGH DD Karol. I, 1906 – C. MANARESI, I placiti del »Regnum Italiae«, I–III, 1955–60 – *Lit.:* HRG III, 1762f. – J. WEITZEL, Dinggenossenschaft und Recht, 1985.

Placitum generale → Reichsversammlung

Plácítúsdrápa → Plácidus drápa

Plain (bei Großmain, Salzburg), Gf.en v., Gft. Das Erbe der »Wilhelme und Liutolde«, der Gf.en im s. (oberen) Salzburggau, erwarb durch Heirat Gf. Werigand, wohl ident. mit dem gleichnamigen Verwandten der hl. →Hemma (→Gurk). Er errichtete um 1100 die Burg P. nahe dem Salzzentrum →Reichenhall, nach der er sich seit 1108 nannte. Die Gf.en v. P. nahmen durch ihre Ministerialen umfangreiche Gerichtsrechte n. von Reichenhall im Salzburggau (Gerichte Staufenegg, P. und Raschenberg) und im ö. Chiemgau wahr und verwalteten s. von Salzburg die Gft. im Kuchltal mit dem Gerichtsort Grafengaden (St. Leonhard) und dem um 1185 begonnenen Salzbergbau am Dürrnberg bei →Hallein. Sie waren seit dem 12. Jh. vom Baiernhzg., ab 1228 vom Ebf. v. Salzburg mit der Gft. im Unterpinzgau belehnt, fungierten als Vögte der Kl. Frauenchiemsee (→Chiemsee), Michaelbeuern, zeitweise auch von St. Peter in Salzburg und gründeten 1123/29 mit Ebf. →Konrad I. das Augustinerchorherrenstift Höglwörth. Seit 1188 nannten sie sich nach den großen Besitzungen im n. Niederösterreich, vielleicht einem Erbe der Gf.en v. →Peilstein, Gf.en v. P. und →Hardegg. Nach dem Tod Gf. Liutolds IV. 1249 zog der erwählte Ebf. Philipp v. Salzburg die Gft. im Unterpinzgau und alle Lehen »inner Gebirg« ein; die übrigen Besitzungen, mit denen er die Gf.en Otto und Konrad belehnte, erhielt er von diesen sofort wieder als Pfand. Nach dem Tod der Brüder (✕ 1260 bei Staatz) fiel der Großteil der Gerichtsrechte mit der »Gft. P.« an das Ebm. Salzburg, die Vogtei über Michaelbeuern und ein Teil der Eigengüter an die Edlen v. →Schaunberg. H. Dopsch

Lit.: C. THALLER, Die Gf.en v. P. und Hardeck (Genealog. Hb. zur bair.-österr. Gesch., 1931), 66ff., Taf. VI – H. DOPSCH, Die Stifterfamilie des Kl. Gurk und ihre Verwandtschaft, Carinthia I 162, 1972, 95–123 – J. GRÜNDLER, Die Herkunft der Gf.en v. P., Unsere Heimat 57, 1986, 219–237 [Lit.] – H. REINDEL-SCHEDL, Laufen an der Salzach (HAB T. Altbayern, H. 55, 1989), 225–258.

Plaisians, Guillaume de, Ratgeber →Philipps IV., gehörte dem Laienstande an (→ 'Legisten'), † Nov. 1313. Aus P. (südl. Dauphiné, dép. Drôme, arr. Nyons) gebürtig, ist P. erstmals 1301 in →Montpellier mit dem Titel eines Dr. leg. bezeugt und wurde im gleichen Jahr zum Obersten Richter *(juge-mage)* der kgl. Sénéchaussée →Beaucaire ernannt. Ca. März 1303 wurde er an den Königshof nach Paris berufen, wohl unter dem Einfluß von Guillaume de →Nogaret. P. war am →Parlement tätig, 1306 als dessen höchster Laienrichter. Einer der Protagonisten im Konflikt zw. Philipp d. Schönen und →Bonifatius VIII., fungierte er als Ankläger des Papstes (Louvre, 13. und 14. Juni 1303). Anschließend wurde er in die Diöz. →Narbonne entsandt, um die dortigen Prälaten für das geplante Konzil gegen Bonifatius VIII. zu gewinnen. Für diese Aktivitäten erwirkte er am 13. Mai 1304 an der päpstl. Kurie die Absolution. Er war mit Angelegenheiten in Südfrankreich befaßt (→Paréages zw. der Krone und den Bf.en v. →Viviers, →Mende und →Le Puy; 1307 an der päpstl. Kurie; Missionen im Rahmen der frz. Inbesitznahme von →Lyon). 1308 schlug er in Poitiers Maßnahmen gegen die →Templer vor. 1308 nahm er von seiten der Städte →Flanderns die Ratifikation des frz.-fläm. Vertrages entgegen. P. führte auch Verhandlungen mit dem dt. und röm. Kg.

Als Ritter und Dr. leg. erhielt er 1303 die Burg Vinsobres (Dauphiné, Diöz. Vaison) vom Dauphin zu Lehen. Er war Seigneur v. Vézénobres und konnte mit Königsdienst sein Vermögen beträchtl. mehren: mehrere Renten (1306: 200 l., 1308: 500 l.), 1310 Kauf der Burg Boucoiran (von Raimond Pelet), der Lehen v. Lascours und Castelnau, des Ortes Cruvières. Seine älteste Tochter verheiratete er mit Raimond, dem Sohn von Raimond Pelet. Nach P.s Tod wurde seine Tochter Sibylle Dame de Vézénobres. Seine Tochter Polie, Dame de Vinsobres, heiratete Jean Grandis, einen Vetter Papst Johannes' XXII. und Lehnsmann des Dauphins Guigo. Eine andere Tochter, Catherine, vermählte sich vor 1318 mit Guilhem de Lodève, Seigneur v. Fontès. E. Lalou

Lit.: A. HENRY, G. de P., Le M-Â, 1892 – Dok. der Gallia regia, Corpus philipp., Paris, Arch. nat.

Plak (Plack, frz. *Plaque*). 1. Ndl. Bezeichnung von Silbermünzen des 14./15. Jh. in der Regel im Wert von Doppelgroots (→Groot), bes. aus Lothringen, Luxemburg, Flandern und Brabant, seit dem 15. Jh. als →Stüber (ndl.

Stuiver) bezeichnet. 1427–35 wurden P.e nach dem Vorbild des ndl. →Krummsteerts auch von der frz. Krone in Tournai geprägt. – 2. Billonmünze des 15./16. Jh. im Wert von 1/6 Groninger Stuivers der Städte Deventer, Kampen und Zwolle. – 3. Schott. Billonmünze 1468–1588, auch *Baw-bee* genannt. P. Berghaus

Lit.: F. v. Schroetter, Wb. der Münzkunde, 1930, 521 – H. Enno van Gelder, De nederlandse munten, 1965, 266 – J. J. Grolle, Numismat. Linguistiek, 1984, 24 – P. Grierson, Coins of Medieval Europe, 1991, 224 f.

Plananlage, städt., eine nach Grundriß und Funktion geplante städt. Siedlung (früher auch: Gründungsstadt; →Gründerkonsortium, →Doppel-, →Neustadt), die nicht durch Funktionserweiterung aus einem Dorf, sondern in der Regel ohne, aber auch neben einem lokalen Vorgänger durch bewußten Willensakt des Stadtherrn entstand, im weiteren Sinn auch eine rechtl. unselbständige Erweiterung, ja selbst die neu überplante Zerstörungsfläche, falls der Siedlungskomplex insgesamt städt. Qualität besitzt. Die Phasen der Stadtbildung rücken bei einer P. zeitl. nah zusammen. Entstehungsgrund ist in der Regel der Wunsch nach besserer Nutzung des vom Stadtherrn beherrschten Raumes (innere und äußere Kolonisation) durch die Schaffung einer Befestigung, aber auch die bewußte Initiierung von Stadtwirtschaft. Anders als bei rein oder überwiegend agrar. Plansiedlungen gibt es in der Regel keinen formalen Zusammenhang zw. Siedlungsgrundriß und Flureinteilung. Die kleinräumige Auswahl des Platzes für die Errichtung einer P. ist oft eher nach polit. als nach naturlandschaftl. Kriterien vorgenommen worden. P.n sind in der Regel von kompaktem Umriß, falls nicht Gelände und wirtschaftl. Ausrichtung dies ungünstig erscheinen ließen.

Im Hinblick auf die vorgesehene Hauptfunktion der Anlage wurden Straßen und →Plätze (Markt, →Gemeindebauten) als Leitelemente des meist regelmäßigen Stadtgrundrisses geplant. Immer wieder auftretende Typen sind die Einstraßenanlage mit Hofstättenreihen meist auf beiden Seiten, das Hauptstraßenkreuz, das Querrippensystem (einzelne Hauptstraße mit abgehenden Gassen), das Parallelstraßen- (Leiter- oder Spindelform) und das Rastersystem (»Schachbrett«). Auch geplante Grundrisse unterliegen zeitl. Stilwandel, doch lassen sie sich nicht regelmäßig mit Stadtgründungsperioden, geschweige dem eindeutig mit einer bestimmten »Gründer«-Familie verknüpfen (»zähring. Straßenkreuz«, »lipp. Dreistraßenanlage«). Wichtigstes, seit der Antike (Hippodamus v. Milet, 5. Jh. v. Chr.) tradiertes Grundrißbild ist das in der ion. Kolonisation entwickelte Rechteckschema, meist kombiniert mit Zentralplatzanlage, das sich in röm. 'coloniae' und 'castra' wiederfindet. Bei der Erschließung der Fläche wird das Grundmuster durch die Betonung einzelner Straßenzüge und die Anlage von Plätzen vielfältig abgewandelt. Wesentl. durch städt. P.n erschlossen wurden die Gebiete der ma. →Ostsiedlung. Die Regelmäßigkeit ihrer Grundrisse nähert sich in der Spätform völliger Geometrisierung, der P. mit quadrat. Zentralplatz (»Ring«) und orthogonalem Straßengitter. Eine Parallelentwicklung sind die südfrz. →Bastiden des 13. Jh. Ein zweites Gestaltungselement ist der Zuschnitt der zu Blöcken zusammengefügten Hausplätze (areae, →Grundbesitz). Sie sind meist in Form eines Rechtecks (kurze Seite zur Straße) angelegt und in den Kernbereichen der P. gleich dimensioniert (gleicher Zins, gleiche polit. Rechte der Inhaber; später Teilungen und Zusammenlegungen). Zur erfolgreichen stadtherrl. Planung tritt die Errichtung von privaten Wohn- und Wirtschaftsgebäuden, der dann bald auch der Bau öffentl. Gebäude folgt. Vorraussetzung für den Zuzug v. a. von Gewerbetreibenden ist die (bevorstehende) Bewidmung der P. mit städt. Rechten (Gründungsprivileg); Planerweiterungen bzw. wiedererrichtete Stadtteile werden in das bestehende Privileg einbezogen.

Die bestehende P. unterliegt Wachstumsmechanismen: sie kann ein Teilerfolg bleiben, verkümmern, aber auch die geplante Fläche überschreiten; sie entwickelt sich oft unter Abänderung eines Planes. Das geplante Straßennetz bleibt nur bei Siedlungskontinuität erhalten. Extensiviert sich die Bebauung wesentl. für längere Zeit, entwickelt sich ein vom Planschema abweichendes Straßennetz (→Trier), oder Straßen ondulieren um ihre Ideallinie (Hohe Straße, ehem. cardo des röm. →Köln). H.-K. Junk

Lit.: E. Hamm, Die Städtegründungen der Hzg. e v. Zähringen, 1932 – E. Keyser, Städtegründungen und Städtebau in NW-Dtl. im MA, 1958 – E. Herzog, Die otton. Stadt, 1964 – M. W. Beresford, New Towns of the MA, 1967 – W. Kuhn, Die dt. rechtl. Städte in Schlesien und Polen in der ersten Hälfte des 13. Jh., 1968 – H. Stoob, Forsch. zum Städtewesen in Europa, I, 1970 – Dt. Städteatlas, hg. Ders., 1973ff. – P. Lavedan – J. Hugueney, L'urbanisme au MA, 1974 – Österr. Städteatlas, hg. Wiener Stadt- und Landesarchiv, 1982ff. – W. Ehbrecht, Mittel- und Kleinstädte in der Territorialkonzeption westfäl. Fs.en, Jb. für Regionalgesch. 14, 1987 – E. Isenmann, Die dt. Stadt im SpätMA, 1988.

Planctus

I. Allgemein. Mittellateinische Literatur – II. Romanische Literaturen.

I. Allgemein; Mittellateinische Literatur: P. (lamentum, threni, 'Klage', 'Klagelied'), lit. Form der Äußerung eines Schmerzes, steht im Austausch mit der spontanen, brauchtumsmäßigen oder, bes. in der Totenklage, ritualisierten Klage. Der P. kann im größeren Zusammenhang eines Werkes stehen (häufig z. B. im →Epitaph), dabei auch, ähnl. den Reden der Gesch. swerke, als rhetor. Mittel eingesetzt sein (Vergil, Aeneis IV, 651ff.: Dido; 2 Sam 1,17ff.; ma.: MGH PP 4/2, 464ff.: Jakob). Solche Stellen wurden gelegentl. herausgehoben und gesondert überliefert (→Carmina Cantabrigiensia [CC] 31ff., 34, z. T. mit Neumen; in Antiphonen, z. B. »Montes Gelboe«, »Versa est in luctum cythara mea«). Eine bes. Art von Einfügung zeigt die Klage →Bernhards v. Clairvaux über seinen Bruder in den Hld-Sermones. Als eigenständige, durch die Haltung gegenüber dem Gegenstand bestimmte Gattung nimmt der P. vielfältige, meist poet. Formen an (z. B. metr. Carmen, Rhythmus in versch. Strophenformen [im FrühMA oft alphabet, wie die Klgl], Sequenz, Ekloge [z. B. bei Paschasius Radbertus], Prosimetrum); er berührt sich andererseits durch die Haltung bestimmter Gattungen (→Elegie, Bußgedicht, Invektive, Nachruf). Für den Inhalt stehen gängige Motive und Formulierungen bereit, die freilich auch jederzeit spontan gefunden werden konnten: Neben dem Ausdruck der Trauer und des Schmerzes der Preis des Verlorenen, Äußerungen über die schlimme Auswirkung des Verlustes, über den Kreis der Betroffenen, oft mit Einbezug der Natur, Anklagen gegen den Verursacher, Aufforderungen zum Mitklagen. Anlässe und Gegenstände der Klage sind seit dem frühen MA neben dem Tod nahestehender oder hochgestellter Personen bes. Herrscher (z. B. →P. de obitu Karoli; →Angilberts P. auf Erich v. Friaul), und dem Untergang einer Stätte (MGH PP 1,142), auch auf die persönl. oder menschl. Sündhaftigkeit (MGH PP 4/2, 484ff.; 770ff.; mit neuen rhythm. Formen und intensivem Ausdruck bei →Gottschalk v. Orbais, ebd. 3, 729ff.) sowie Alter, Krankheit, Kürze des Lebens (→Eugenius v. Toledo, carm. 5,13f.; MGH PP 4/2, 1084ff., nr. 13), Vergänglichkeit (→Contemptus mundi), auch Not und Heimweh (→Walahfrid, ebd. 2,412). Im 11.Jh. kommt mit vielfachen Aspekten die Liebe hinzu (z. B. CC 40, Mädchenklage), später speziellere Gegenstände wie der Wankelmut des (Spieler-)Glücks (Carmina Burana [CB] 16f.); die lange Reihe der P. CB 97–131 gibt ein authent. Zeugnis, wie bunt das Bild in der Blütezeit des 12. und frühen 13. Jh. war. Die zahlreichen P. wurden sowohl aus konkreten Anlässen als auch als rein poet. Übung verfaßt. Auch scherzhaft, satir., iron., parodist. behandelten Gegenständen diente der P. als Form. Für P. auf Tiere gab es bereits antike Vorbilder (z. B. Ovid, amores 2,6, beeinflußte vielleicht den Nachruf des Sedulius Scottus auf den Hammel); die Hasenklage »Flevit lepus parvulus« (WALTHER, 6627) lebte als Kinderlied weiter. Unter den Formen spielt die →Sequenz als Meßgesang eine geringere Rolle, da sie in dieser Eigenschaft ein Freudenlied ist. Der frühe, poet.-allegor. »P. cygni« (SCHALLER, 2330) ist als Preis der Erlösung zu sehen, und in der Rahelsequenz des Notker Balbulus (SCHALLER, 13573) wird der Kirche die Klage sanft verwiesen; ob die Melodietitel verlorener Sequenzen, »P. pueri captivi«, »P. sterilis« auf Liturgisches weisen, ist unsicher. Am Rande der Liturgie jedoch gewinnt die Sequenz seit ca. 1150 große Verbreitung in der Marienklage (→Maria, C). Ihr war die weltl. Sequenz mit den Totenklagen des CC und v. a. dem großen P. →Abaelards vorausgegangen, die bibl. Personen in den Mund gelegt sind. Als Klagende treten in P. auch Gestalten der Mythologie auf, z. B. Ödipus (WALTHER, 4511), Orpheus (WALTHER, 12657), ferner Personifikationen wie die Natur (→Alanus ab Insulis), die Kirche (WALTHER, 16827; →Konrad v. Megenberg). G. Bernt

Lit.: GromPhil II, 1, 157f., 339–346 – Marienlex., 1988ff., III, 558–565; V, 247–250 – WALTHER, S. 1175 (Register) – H. HENGSTL, Totenklage und Nachruf der mlat. Lit. [Diss. Würzburg 1936] – P. v. MOOS, Consolatio, 1971f., Ind.bd. 132 – C. THIRY, La plainte funèbre, 1978, Typologie des sources du MA occidental, 30 – J. YEARLEY, A Bibliogr. of P., J. of the Plainsong and Mediaeval Music Soc. 4, 1981, 12–52 [mit Überlieferung der Melodien].

II. ROMANISCHE LITERATUR: In der ganzen Romania gab es neben dem lit. P. auch eine volkstüml. Klageform, die aber nur in Relikten erhalten ist. Die zahlreichen Verbote der Konzile, die noch im 15. Jh. gegen die 'perversa consuetudo' legiferierten, vermochten die volkstüml. Klage anscheinend nie ganz auszurotten, etwa die span. 'endecha', die gaskogn. 'critz d'enterraments', den kors. 'vocero'. Die nur indirekt belegten P. von Klageweibern waren reiner Ausdruck der Klage, im Gegensatz zu den lit. P., in denen der Trost eine große Rolle spielte. Der Verlust der Texte ist klerikaler Zensur zuzuschreiben. Die ältesten selbständigen P. sind die über 40 aprov. »planhs«, eine ausschließl. lyr. Gattung, meistens in der Form einer →Canso mit →Sirventes-Charakter. Meistens wird der Tod eines Mäzens beklagt, mit dem auch die höf. Werte zu verschwinden drohen. Die aktuelle, prekäre Stellung des Klagenden steht damit implizit im Zentrum des »planhs«. In den andern roman. Lit.en weist der P. keine formalen gattungsspezif. Merkmale auf. Der älteste frz. P., derjenige für Kg. →Ludwig VIII. (1226; 14. L.), besteht aus vierzeiligen →Alexandrinern und hat eher narrativen Charakter. Es finden sich auch andere Versformen, etwa bei →Rutebeuf; vereinzelt tritt auch die Kanzonenform auf (→Canso). In Italien wird das Serventese bevorzugt, etwa für Karl v. Anjou, Hzg. v. Kalabrien (1328) oder für Cangrande I. →della Scala (1329); die it. P. sind nicht ausschließl. Totenklagen, sondern werden für die verschiedensten hist. Vorkommnisse verwendet. Neu sind in

Italien P. für einen Dichter, deren ältester die →Canzone für Giacomo da Leona von→Guittone d'Arezzo ist (1294). Ebenfalls in Canzonenform werden Dante von→Cino da Pistoia, Petrarca und Boccaccio von Franco →Sacchetti beklagt. Daneben finden sich aber auch Sonette und viele lat. P., bes. das humanist. →Epitaphium. – In den span. Cancioneros des 15. Jh. sind die P. gut vertreten. Verfasser sind sowohl Berufsdichter, etwa Alfonso →Álvarez de Villasandion, aber v. a. auch Adlige, wie Santillana (Íñigo López de →Mendoza), dessen allegor. »Defunsión« für Enrique de Villena (1434) mit ihrer antikisierenden Staffage eine Neuheit darstellt. Weitere adlige Verfasser von P. sind Gómez →Manrique (P. für Santillana und für Garci Lasso) und Jorge →Manrique, dessen »Coplas« auf den Tod seines Vaters (1476) viel bewundert wurden. – In Frankreich erfährt der P. im SpätMA ebenfalls eine grundlegende Wandlung. Erste Texte, noch ohne großen Widerhall, entstehen im N, bes. im Hennegau mit →Watriquet de Couvin, →Jean de Condé (25. J.) und v. a. →Jean de la Motte (32. J.). Die beiden letztgenannten beklagen den Tod von Wilhelm I. v. Hennegau (1337); Jean de Condé ist noch traditionell (200 Vv.), während mit Jean de la Motte, der im Auftrag der engl. Kgn. →Philippa schreibt, sich der P. zum allegor. und theatral. 'monument' wandelt (4581 Vv.). Die ersten P. für einen Dichter sind zwei →Balladen von Eustache →Deschamps auf den Tod von→Guillaume de Machaut (1377). Die traditionelle Form des P. als Ballade oder →Lai wird durch Simon →Greban zugunsten von kunstvollen Großformen aufgeben: »Epitaphes« für Kg. →Karl VII. (1461; 14. K.) und »Complainte« für Jacques→Milet (1466), in deren Nachfolge die »Complainte« für George →Chastelain (1476; 1. Ch.) von Jean Robertet und viele andere P. der →Rhétoriqueurs stehen. Im Gegensatz zur zeitgenöss. Lit. über den Tod werden in den P. über den Toten die 'gloire' und die 'renomée' betont. M.-R. Jung

Lit.: GRLMA VI, 1968–1970 [A. ADLER, Klagelied]; II, 1, 1980 [D. RIEGER, Planh] – A. MEDIN – L. FRATI, Lamenti stor. dei s. XIV, XV e XVI, 1887 – O. BÖCKEL, Psychologie der Volksdichtung, 1906 – J. FILGUEIRA VALVERDE, El »planto« en la hist. y en la literatura gallega, Cuadernos de Estudios Gallegos 4, 1945, 511–606 – E. CAMACHO GUIZADO, La elegía funeral en la poesía española, 1969 – C. MARTINEAU-GÉNIEYS, Le thème de la mort dans la poésie frç. de 1450 à 1550, 1978 – C. THIRY, La plainte funèbre, 1978 – DERS., De la mort marâtre à la mort vaincue: attitudes devant la mort dans la déploration funèbre frç. (Death in the MA, ed. H. BRAET–W. VERBEKE, 1983), 239–257 – G. OBERHÄNSLI-WIDMER, La complainte funèbre du haut MA frç. et occitan, 1989.

Planctus destructionis regni Ungarie → Carmina de regno Ungariae destructo per Tartaros

Planctus de obitu Karoli. Klagelied (→Planctus), verf. nach dem Tod Karls d. Gr. 814, vermutl. von einem Mönch des Kl. →Bobbio. Der P. läßt die ganze Welt von Wehklagen über den Tod des Ks.s erfüllt sein, der den Armen und Schwachen ein Vater war; Rom, Italien, Franzien haben einen bedrohl. Verlust erlitten. Unter eigenen Gebeten ruft der Verfasser auch den hl. Columban zur Fürbitte auf. Ein persönl. Element bringt die Ich-Form des Refrains 'Heu mihi misero' in den P. sowie ein Wahrtraum des Dichters am Tage der Bestattung (Str. 15). G. Bernt

Ed.: MGH PP 1, 435f. – Einhardi vita Karoli Magni, hg. G. WAITZ–O. HOLDER-EGGER, MGH SRG, 1911[6], 48–50 – P. KLOPSCH, Lat. Lyrik des MA, 1985, 144–149 [mit dt. Übers.] – E. DE COUSSEMAKER, Hist. de l'harmonie au MA, 1885, pl. II [Faks.] – *Lit.:* Repfont 3, 133 – SCHALLER, 32 – BRUNHÖLZL I, 311f., 553.

Planeten, -bewegung

I. Allgemein – II. Die Theorie der Planetenbewegung.

I. ALLGEMEIN: Die Planeten (P.), die am Nachthimmel

leicht feststellbar sind, beunruhigten durch ihren ständigen Ortswechsel gegenüber den anderen Sternen (→Sterne, Sternbilder) lange Zeit die Menschen. Das MA kannte fünf P., deren Zahl durch Hinzufügung der →Sonne und des →Mondes auf sieben (→Zahl, -ensymbolik) erhöht wurde; dies ungeachtet des völlig verschiedenen Erscheinungsbildes von Sonne und Mond, die aufgrund ihrer sichtbaren Größe und der Tatsache, daß sie auch (bzw. ausschließl.) am Tage beobachtet werden können, sich von den eigtl. P. deutlich abheben. Die Rolle der P. in der Kultur des MA manifestiert sich auf mehreren Ebenen: Die Planeten sind zum einen Gegenstand der okkulten Wissenschaften, →Alchemie, Geomantie und bes. →Astrologie, in denen ein Planet in Beziehung gesetzt wird zu den echten oder vermeintl. Qualitäten der eponymen Götter. Auf einer anderen Ebene, derjenigen der →Kosmologie (→Weltbild, →Astronomie) wird jedem P. eine eigene→'Sphäre' zugeordnet, d. h. es umgibt ihn eine Kugelschale, die durch eine untere und eine obere begrenzt wird; diese Vorstellung fand um so bereitwilligere Verbreitung, als sie vage blieb und auf jede exakte math. Festlegung verzichtete. Nachdem die Anordnung der Sphären im frühen MA (infolge von wenig sachkundigen Modifizierungen in den Sammelwerken von →Plinius und →Martianus Capella) einige Schwankungen erfahren hatte, blieb sie vom 12. Jh. an unverändert und läßt sich als Teil des damaligen geozentr. Weltbildes folgendermaßen zusammenfassen: Ausgehend von der Erde, folgen zunächst die Sphären der zwei lichtbringenden Gestirne (Mond, Sonne), dann diejenigen der zwei 'unteren' P. (Merkur, Venus), und schließlich die der drei 'oberen' P. (Mars, Jupiter, Saturn). Die dritte Ebene, auf der das Denken des MA sich mit den P. befaßte, ist diejenige der P.bewegung, einer math. Konstruktion auf hohem Niveau, die eine genaue Vorausberechnung der P.positionen erlaubt.

II. Die Theorie der Planetenbewegung: Die zwar durch regelmäßige Wiederkehr, aber unregelmäßige Bahnen gekennzeichnete Planetenbewegung (Pb.) stellte die Astronomen vor diffizile Probleme. Die Astronomie verdankt →Ptolemaios die Ausarbeitung eines zufriedenstellenden geometr. Modells der Pb., das sich (mit einigen kleineren Veränderungen) seit dem 12. Jh. im lat. Westen durchsetzte, im Gefolge der aus dem Arab. ins Lat. übersetzten naturwiss. Texte. Die Tatsache, daß dieses geometr. Modell sich nur schwer mit der behaupteten Anordnung der konzentr. P.sphären in Einklang bringen ließ, störte die Astronomen und Astrologen nicht, handelte es sich doch um zwei ganz verschiedenartige Aspekte des Problems. Einige Astronomen (z. B. Campanus v. Novara) meinten zwar, eine Lösung gefunden zu haben, um diese beiden Vorstellungsweisen in Einklang zu bringen. Sie nahmen an, daß die 'Sphäre' eines jeden Planeten eine bestimmte Dicke habe, so daß die in der planetaren Theorie auftretenden Begriffe gemäß den Vorstellungen des ganzen Systems auch für feste Körper mit sphär. Oberfläche anwendbar blieben. Damit haben sie das Problem der endl. Größe und der Natur dieser festen Körper jedoch nur verlagert, keinesfalls aber gelöst. Darauf kam es insgesamt aber wenig an; das auf Ptolemaios zurückgehende geometr. Modell bezog seine Durchschlagskraft aus seiner Fähigkeit, die verschiedenen Unregelmäßigkeiten der Pb. zu erklären und daraus eine fehlerlose Vorhersage ihrer Bahnen abzuleiten, so daß keinerlei Grund bestand, ein derart vorzügl. Instrument anzuzweifeln. Für den ma. Praktiker der Astronomie (und der Astrologie) stand die Wahrheit der Ptolemäischen Theorie außer Frage.

Das allg. Prinzip, das von Ptolemaios in seiner Theorie der Pb. zur Anwendung gebracht wird, besteht darin, jede Pb. als Resultat zweier kreisförmiger Bewegungen zu deuten, korrigiert durch eine Exzentrizität; doch findet dieses allg. Prinzip in dieser Form nur Anwendung auf die oberen P. und auf die Venus; Merkur benötigt eine bes. Art der Anwendung, bei der eine dritte gleichmäßige Bewegung eingreift; die Sonne unterliegt dagegen einer Vereinfachung des allg. Prinzips, mit nur einer gleichmäßigen Bewegung; dem Mond schließlich wird ein spezieller Bewegungsablauf zugeschrieben. Andererseits wirkt sich aber die gleichmäßige Bewegung der Sonne stets, wenn auch in unterschiedl. Weise, auf die Bewegungstheorien der anderen sechs P. aus, indem deren Bewegungen in der einen Weise an die der Sonne gebunden sind; offensichtlich machen sich hier (inmitten einer geozentr. geprägten Astronomie) die sachbedingten Einflüsse des heliozentr. Weltbildes bemerkbar.

Im klass. Fall der Anwendung dieses allg. Prinzips (obere P. und Venus) beschreibt der Planet P einen kleinen Kreis (Epizykel), dessen Zentrum O (Epizykelmittelpunkt) sich seinerseits auf einem großen Kreis (Deferent) bewegt. Der Deferent, mit Zentrum D, liegt exzentrisch zum →Tierkreis, dessen Zentrum per definitionem das Zentrum M der Welt, d. h. die Erde, ist. Die Bewegung eines Planeten auf seinem Epizykel und diejenige des Epizykelmittelpunkts auf dem Deferenten verlaufen gleichmäßig zu einem Punkt E, bezeichnet als Äquant (centrum equantis), der auf der Linie MD liegt u. die doppelte Exzentrizität wie der Mittelpunkt des Deferenten hat. Die Winkelkoordinaten werden als 'mittlere' bezeichnet, wenn sie in bezug auf das Zentrum der Äquanten bestimmt werden ('medius motus' m oder 'centrum medium' g für die Bewegung des Epizykelmittelpunkts, je nachdem ob die Bewegung auf die Ekliptik oder auf die Apsidenlinie bezogen wird; 'argumentum medium' α für die Pb. auf dem Epizykel) und als 'wahre', wenn sie in bezug auf den Weltmittelpunkt bestimmt werden ('motus verus' oder 'centrum verum' und 'argumentum verum'). Schließlich wird, gesehen vom Weltmittelpunkt aus, die Position des Planeten in bezug auf den Tierkreis als 'wahrer Ort' ('verus locus' oder 'motus') bezeichnet. Die Abweichungen zw. den mittleren Positionen und den wahren Positionen tragen die techn. Bezeichnung 'Gleichungen'.

Merkur folgt demselben Schema, doch mit einer zusätzl. Komplikation: Der Mittelpunkt seines Deferenten durchläuft einen kleinen Kreis in derselben Zeit, in der der Mittelpunkt seines Epizykels den Deferenten durchläuft; das Resultat ist äquivalent zu demjenigen, das ein fester, aber ovaler Deferent erreichen würde, wie bereits mehrere spätma. Autoren feststellten; doch hatte schon der Toledaner Astronom Azarquiel (→Ibrāhīm b. Yaḥyā, Abū Isḥāq) diesen Sachverhalt erkannt.

Die Sonne verfügt weder über einen Epizykel noch über einen Äquanten; ihre gleichmäßige Bewegung hat ihren Bezugspunkt im Mittelpunkt des Deferenten. Was den Mond betrifft, so hat er ebenfalls einen bewegl. Deferentenmittelpunkt (wie der Merkur), doch dergestalt, daß der Mittelpunkt des Epizykels (nach einer Umdrehung des Mittelpunkts des Deferenten) nicht zum selben Punkt zurückkehrt; es ist somit nicht möglich, für den bewegl. Deferenten ein festes Äquivalent zu finden.

Jeder Planet hat fünf eigene math. Charakteristika, die seine Parameter bilden (mit Ausnahme der Sonne, die mangels eines Epizykels nur drei besitzt): die Richtung der Exzentrizität, die Länge dieser Exzentrizität, die Länge des Radius des Epizykels und die Dauer des Umlaufs des

Mittelpunkts des Epizykels auf dem Deferenten, die Dauer des Umlaufs des Planeten auf dem Epizykel. Die folgenden zwei Tabellen halten diese Parameter fest (für jeden Planeten sind die Exzentrizität und der Radius seines Epizykels der Tradition folgend in Sechzigstel des Radius seines Deferenten ausgedrückt):

	Exzentrizität des Deferenten	Radius des Epizykels	Mittlere Umlaufzeit	Umlaufzeit im Epizykel
Sonne	2; 29.30		1 Jahr (J.)	
Saturn	3; 25	6; 30	10 747 Tage (T.) oder 29 J. und 155 T.	378 T.
Jupiter	2; 45	5; 30	4330 T. oder 11 J. und 313 T.	399 T.
Mars	6;	39; 30	687 T.	780 T.
Venus	1; 15	43; 10	1 J.	584 T.
Merkur	6;*	22; 30	1 J.	116 T.

* Abweichung des Radius des kleinen Kreises, den der Mittelpunkt des Deferenten beschreibt.

Die Richtungen der Exzentrizitäten (*auges* = Richtungen zum Apogäum) bleiben untereinander fest fixiert (mit Ausnahme derjenigen des Mondes, die durch eine eigene, rasche Bewegung charakterisiert wird; außerdem haben arab. Astronomen auch eine Bewegung des Apogäums der Sonne festgestellt. Diese festen *auges* auf der Fixsternsphäre (oder der 8. Sphäre) sind:

Sonne	2.17;50° signa
Saturn	8.0;5°
Jupiter	5.14;30°
Mars	4.1;50°
Venus	2.17;50°
Merkur	6.17;30°

Diese festen *auges* nehmen teil an derselben Bewegung wie die Fixsternsphäre, die langsam ist, im Vergleich zur Bewegung der 9. Sphäre, der tägl. Bewegung, deren Bestimmung und Bewegungsparameter von den Astronomen während des gesamten MA Stoff für Diskussionen bot. Die einen hielten ihren Bewegungsablauf für eine gleichmäßige Bewegung (→Präzession), deren Abschätzung von einem Grad in 100 Jahren (Ptolemaios) und einem Grad in 66 Jahren (→al-Battānī) schwankte; die anderen interpretierten ihn mit →T̠ābit b. Qurra als sich beschleunigende, dann wieder verlangsamende Bewegung ('accessus et recessus'), wobei T̠ābit als maximalen Betrag dieser Abweichung 10°45′ schätzte, mit einer totalen Periode von 4045 Jahren. Hatte die Theorie des 'accessus et recessus' im 13. Jh. große Zustimmung gefunden, so wurde sie seit dem späten 13. Jh. von krit. Geistern bestritten, allen voran von →Wilhelm v. St-Cloud, der die Rückkehr zur Theorie der Präzession forderte, sich aber wohlweislich vor einer Zahlenschätzung der gesamten Periodizität des Bewegungsablaufs hütete. Beide Theorien wurden zusammengefaßt durch die »alfonsin.« Astronomen, die eine zusammengesetzte Bewegung propagierten, wobei zugleich die Präzession (Umlauf in insgesamt 49 000 Jahren) aber auch der 'accessus et recessus' (mit einer Weite von 9° und einer Periodizität von 7000 Jahren) Berücksichtigung fanden. Trotz seines komplizierten Charakters fand dieses in der Doktrin der alfonsin. Astronomie verankerte Konzept der sog. Trepidation bis zum Ende des MA starke Verbreitung.

Dieses sehr geometr., aber auch sehr kohärente Lehrgebäude, das von seinen Anwendern aufs höchste bewundert wurde, gab Anstoß zur Entstehung einer reichen Fachlit. Ohne hier auf Einzelheiten eingehen zu können, seien drei Typen von Werken hervorgehoben: 1. »Planetentheorien«, pädagog. Schriften über die oben erwähnten Prinzipien, von unterschiedl. Grad der Ausarbeitung; am bekanntesten die sog. »Theorica planetarum Gerardi«, ein anonymer Text, der als universitäres Handbuch benutzt wurde. – 2. Beschreibungen von astron. →Instrumenten, die Äquatorien, welche die Planetentheorie anwenden, teils um ihre Geheimnisse aufzuhellen, teils um sie praktisch zu nutzen; am verbreitetsten die »Theorica planetarum« des Campanus v. Novara, der den Anspruch erhebt, Prinzip und Einzelheiten der Pb. darzulegen, um so ein schlechthin vollkommenes →Äquatorium zu beschreiben. – 3. Astronom. →Tafeln, die die Pb. in math. Form darstellen, um das letzte Ziel, die Bestimmung des wahren Ortes der P., zu erreichen. E. Poulle

Zur Ikonographie →Sterne.

Lit.: F. S. Benjamin–G. J. Toomer, Campanus of Novara and Medieval Planetary Theory, 1971 – W. Hartner, Trepidation and Planetary Theories (Oriente e Occidente nel medioevo, 1971), 609–632 – E. S. Kennedy, Planetary Theory in the Medieval Near East and its Transmission to Europe (ebd.), 595–607 – O. Neugebauer, A Hist. of Ancient Mathematical Astronomy, 3 Bde, 1975 – G. Saliba, The Original Source of Quṭb al-Dīn al-Shīrāzī's Planetary Model, J. Hist. Arabic Sc. 3, 1979, 3–18 – B. R. Goldstein, The Status of Models in Ancient and Medieval Astronomy, Centaurus 24, 1980, 132–147 – E. Poulle, Les instruments de la théorie des planètes selon Ptolémée: équatoires et horlogerie planétaire du XIIIe au XVIe s., 1980 – B. St. Eastwood, Origins and Contents of the Leiden Planetary configuration, Viator 14, 1983, 1–40 – O. Pedersen, The Origins of the Theorica Planetarum, JHA 12, 1981, 113–123 – J. Batany u.a., Le soleil, la lune, et les étoiles au MA, 1983 – E. Grant, Celestial Orbs in the Latin MA, Isis 78, 1987, 153–173 – Ders., Eccentrics and Epicycles in Medieval Cosmology (Essays in Honor of M. Clagett, hg. E. Grant–J. E. Murdoch, 1987), 189–214 – G. Saliba, A Medieval Arabic Reform of the Ptolemaic Lunar Model, JHA 20, 1989, 157–164.

Planetentheorie → Planeten; →Ptolemaios

Planetenuhren. Der Bau von P. seit dem Ende des 14. Jh. entsprang dem Ehrgeiz, die schon seit einem guten Jahrhundert erreichte techn. Meisterschaft in der Uhrmacherei (→Uhr) für die Darstellung der (recht unübersichtl.) Bewegungen der →Planeten, nach dem geozentr. Weltsystem des →Ptolemaios, zu nutzen. Hierfür mußte eine Reihe komplizierter Probleme gelöst werden, v. a. die Berechnung von Zahnrädern, die die mittleren Koordinaten der Planeten darzustellen hatten, sodann die Kalkulation der Bewegungen der Epizykel einerseits, der auf die mittleren Koordinaten bezogenen Exzentrizitäten andererseits; v. a. letzteres Problem bot größte Schwierigkeiten. Die gefundenen Lösungen waren vielfältig; sie reichten von einem Typ, der sich aufs engste an die Ptolemäischen Gesetze hielt (Uhren des Dondi und des Eberhard Baldewein) bis hin zu stark vereinfachten Konstruktionen, die auf die Darstellung der Exzentrizitäten und selbst der Epizykel verzichteten (Uhr des Conrad Dasypodius am Straßburger Münster).

Alle diese planetaren Mechanismen, die realisiert oder auch nur geplant wurden, beruhen auf einem gemeinsamen Bewegungsantrieb, der entweder den tägl. Umlauf der →Sonne oder ihren jährl. (tropischen oder siderischen) Zyklus abbildete. Hinsichtl. der Arten der Anbringung und Verteilung der Bewegungsabläufe lassen sich drei Typen unterscheiden: Verteilung der Darstellung der Planetenbewegungen auf mehrere Zifferblätter an den verschiedenen Seiten eines Turms (damit läßt sich jede der Koordinaten, die für eine der Planetenbewegungen charakteristisch sind, gesondert ablesen); Verteilung der kleinen planetaren Zifferblätter auf einer Platte; Reduzierung der Darstellung der Planetenbewegungen auf den Verlauf von Uhrzeigern, mit Anbringung aller Zeiger auf einem gemeinsamen Zifferblatt (damit ist nur noch die Longitudo der Planeten ablesbar).

Der Charakter der mechan. Uhr des →Richard v. Wallingford (1. Hälfte des 14. Jh.) als P. erscheint der Verf. des Beitrags nicht gesichert; als älteste P. kann vielmehr das zw. 1365 und 1380 von Giovanni →Dondi aus Padua geschaffene Werk, das in der gesamten Christenheit zu den Weltwundern gezählt wurde, gelten (→Astrarium). Obwohl seit der 1. Hälfte des 16. Jh. verschwunden, ist seine Funktionsweise doch durch den ausführl. Traktat seines Urhebers bekannt, so daß in jüngster Zeit mehrere Rekonstruktionen unternommen worden sind. Es gibt nur wenige erhaltene P.; die sog. P. des Oronce Fine (Paris) entstammt wohl dem 15. Jh., diejenigen des Conrad Dasypodius (Straßburg), des Georg Kostenbader (Gaasbeek), des Philipp Imser (Wien) sowie des Eberhard Baldewein (Kassel und Dresden) wurden dagegen alle im 16. Jh. geschaffen, gehen aber in ihrer Konstruktionsweise wie in ihrem Beharren auf das Ptolemäischen Weltsystem auf die ma. Tradition zurück. Die Uhren des Baldewein (v. a. die Dresdener) sind höchst qualitätvolle Schöpfungen von erstaunl. techn. Präzision und Vollkommenheit. In Ausnahmefällen (P. des Imser) konnte eine Mechanisierung, die zunächst die Berechnung der Latitudo der Planeten berücksichtigt, realisiert werden. Die erhaltenen P. sind wohl nur die letzten Spuren einer umfangreichen Produktion, da verschiedene Zeugnisse die Verbreitung der P. am Ende des MA und im 16. Jh. belegen. E. Poulle

Lit.: S. Bedini–F. Maddison, Mechanical Universe, the Astrarium of Giovanni de Dondi, 1966 – E. Zinner, Dt. und ndl. Instrumente des 11.–18. Jh., 1967² – J. North, Richard of Wallingford, an Edition of his Writings, 1976 (vgl. dazu: AIHS 27, 1977, 287–291) – H. C. King, Geared to the Stars. The Evolution of Planetaries, Orreries, and Astron. Clocks, 1978 – E. Poulle, Les instruments de la théorie des planètes selon Ptolémée, équatoires et horlogerie planétaire du XIIIᵉ au XVIᵉ s., 1980, 483–732 – Ders., L'horloge planétaire de la cathédrale de Strasbourg, JHA 14, 1983, 33–46 – Ders., Johannis de Dondis Paduani civis Astrarium, 2 t. in 3 vol., 1987–88.

Planh → Planctus II

Plano Carpini, Johannes de → Johannes de Plano Carpini

Planta (lat., 'Fußsohle', 'Tatze'; daher Wappen mit Bärentatze), Ministerialengeschlecht in Zuoz (Engadin; →Graubünden), Herleitung aus altröm. Wurzel fragwürdig. Als erster ist Andreas P. seit 1244 sicher belegt. Seither nahmen die P. mit vom Bf. v. →Chur verliehenen Ämtern und Rechten (Richter, Vögte, Kanzler, Notare; Bergwerks- und Fischereirechte, Schafszehnten usw.) im Oberengadin die führende Stellung ein. Neben Wohntürmen in Zuoz hatten sie auch verschiedene andere, v. a. bfl. Burgen inne. 1367 waren sie an der Schaffung des →Gotteshausbundes beteiligt. Im 15. Jh. konnten die P. ihre führende Position trotz der Angriffe des Bf.s und der zunehmend autonom werdenden Engadiner Gemeinden mit gewissen Einbußen halten. Seit dem Ende des 15. Jh. dehnten die P. ihren, bis ins 19. Jh. anhaltenden Einfluß als eines der mächtigsten Häuptergeschlechter vom Oberengadin auf weite Teile Graubündens aus. H. C. Peyer

Lit.: P. v. Planta, Chronik der Familie v. P., 1892 – A. Schwarzenbach, Beitr. zur Gesch. des Oberengadins, 1931, 352 ff. – Bündner UB, II–III, 1955–85 – Rät. Namenbuch, III, 2, 1986 – P. E. Grimm, Die Anfänge der Bündner Aristokratie im 15. und 16. Jh. [Diss. Zürich 1981].

Plantagenêt, engl. Kg.shaus. Als erster Vertreter des Hauses P. darf wohl Gottfried (Geoffrey; 1139–51), Gf. v. Anjou (→Angers) und seit 1144 Hzg. der Normandie, angesehen werden. Auf ihn wird das Tragen eines Ginsterzweiges (*plante genêt, genista*) als Emblem zurückgeführt. Sein Sohn →Heinrich (II.) wurde 1154 Kg. v. England, und seit diesem Zeitpunkt bildeten die Nachkommen Gottfrieds bis zur Thronbesteigung der →Tudors 1485 die herrschende Dynastie in England und trugen den Namen 'P.'. Es folgten insgesamt 13 Mitglieder des Hauses P.: Heinrich II. (1154–89), →Richard I. (1189–99), →Johann I. (1199–1216), →Heinrich III. (1216–72), →Eduard I. (1272–1307), →Eduard II. (1307–27), →Eduard III. (1327–77), →Richard II. (1377–1400), →Heinrich IV. (1399–1413), →Heinrich V. (1413–22), →Heinrich VI. (1422–71), →Eduard IV. (1471–83) und →Richard III. († 1485). Der letzte nachweisbare männl. P. war wahrscheinl. Edward, Earl of →Warwick, der 1499 hingerichtet wurde, doch gab es zahlreiche andere Nachkommen. →England. J. Critchley

Q. und Lit.: M. A. H. D. H. B. de la C. de Massue de Ruvigny, The P. Roll of the blood Royal [mehrere Bde, seit 1905] – J. Boussard, Le comte d'Anjou sous Henri P., 1938 – Ders., Le gouvernement d'Henri II. P., 1956 – K. A. Fowler, The Age of P. and Valois, 1967 – J. le Patourel, Feudal Empires, Norman and P., 1984 – J. Alexander–P. Binski, Age of Chivalry (Art in P. England 1200–1400), 1987 – E. Hallam, Four Gothic Kings, 1987.

MITARBEITER DES SECHSTEN BANDES

Das Verzeichnis beruht auf Angaben der Mitarbeiter der Lieferungen 1–10, die von 1992 bis 1993 erschienen sind.

Ackermann, Silke, Frankfurt a. M.
Algar, Hamid, Berkeley, Cal.
Allegrezza, Franca, Roma
Allmand, Christopher T., Liverpool
Alonso-Núñez, José M., Madrid
Althoff, Gerhard, Münster (Westf.)
Amann, Konrad, Mainz
Ambronn, Karl-Otto, Amberg
Ambros, Edith, Wien
Ambrosioni, Annamaria, Milano
Amelung, Peter, Stuttgart
Andenna, Giancarlo, Lecce
Andermann, Kurt, Karlsruhe
Andreolli, Bruno, Bologna
Angenendt, Arnold, Münster (Westf.)
Angermann, Norbert, Hamburg
Anton, Hans H., Trier
Anzelewsky, Fedja, Berlin
Archetti Giampaolini, Elisabeth, Marzocca di Senigallia
Aris, Marc-Aeilko, München
Artifoni, Enrico, Torino
Aschoff, Volker, Königsfeld
Asperti, Stefano, Roma
Aßfalg, Julius, München
Assion, Peter, Freiburg i. Br.
Auer, Leopold, Wien
Autrand, Françoise, Paris
Avella-Widhalm, Gloria, München
Averkorn, Raphaela, Hannover
Avonds, Piet, Antwerpen
Azzara, Claudio, Venezia

Backes, Herbert, Saarbrücken
Bagge, Sverre, Bergen
Baier, Walter, Großaitingen
Bak, János M., Vancouver; Budapest
Balard, Michel, Paris
Barone, Giulia, Roma
Barrow, Geoffrey W. S., Edinburgh
Barrow, Julia S., Nottingham
Bartels, Karlheinz, Lohr a. M.
Bartl, Peter, München
Batlle, Carmen, Barcelona
Batlle, Lluís-Columba, OSB, Girona
Baumeister, Theofried, Mainz
Baumgartner, Emmanuèle, Paris
Baumgärtner, Ingrid, Augsburg
Bauschke, Ricarda, Berlin
Becker, Alfons, Mainz
Becker, Hans-Jürgen, Regensburg
Beckers, Hartmut, Münster (Westf.)
Beckmann, Jan P., Hagen
Bedos-Rezak, Brigitte, New York
Belke, Klaus, Wien
Belloni, Cristina, Milano
Berg, Dieter, Hannover
Bergdolt, Klaus, Venezia
Berger, Albrecht, Istanbul
Berger, Harald, Graz
Berghaus, Peter, Münster (Westf.)
Bergner, Heinz, Gießen
Bermejo Cabrero, José L., Madrid
Bernhard, Michael, München
Bernhard-Walcher, Alfred, Wien
Bernt, Günter, München
Berteloot, Armond, Köln
Beulertz, Stefan, Erlangen-Nürnberg
Bibikov, Michail, Moskva
Biedermann, Hermenegild M., OSA, Würzburg
Bierbrauer, Volker, München
Binding, Günther, Köln
Bitterling, Klaus, Berlin
Blagojević, Miloš, Beograd
Blair, John, Oxford
Blaschke, Karlheinz, Friedewald
Bliznjuk, Svetlana, Moskva
Blockmans, Willem P., Leiden
Blumenthal, Uta-Renate, Washington
Bockholdt, Rudolf, München
Boockmann, Hartmut, Berlin; Göttingen
Bormann, Karl, Köln
Bornert, René, Kl. Ebersmunster
Bourgain, Pascale, Paris
Bouvris, Jean-Michel, Alençon
Božilov, Ivan, Sofia
Braasch-Schwersmann, Ursula, Marburg a. d. Lahn
Brachmann, Hans-Jürgen, Berlin
Brandes, Wolfram, Frankfurt a. M.
Braun-Niehr, Beate, Berlin
Braunstein, Philippe, Paris
Breidert, Wolfgang, Karlsruhe
Brennecke, Hanns Ch., Erlangen-Nürnberg
Bresc, Henri, Paris
Breydy, Michael, Köln
Briesemeister, Dietrich, Berlin
Brisch, Klaus, Berlin
Brodersen, Kai, München
Brodman, James, Arkansas
Brodt, Bärbel, Münster (Westf.)
Broer, Charlotte J. C., Amsterdam
Brooks, Nicholas P., Birmingham
Brox, Norbert, Regensburg
Brückner, Annemarie, Würzburg
Brühl, Carlrichard, Düsseldorf
Brunhölzl, Franz, München
Bruni, Francesco, Venezia
Brunner, Horst, Würzburg
Buck, Holger, Freiburg i. Br.
Bullough, Donald A., St. Andrews
Bulst, Neithard, Bielefeld
Bur, Michel, Nancy
Burger, Maria, Berlin
Burgmann, Ludwig, Frankfurt a. M.
Burgschmidt, Ernst, Würzburg
Burmeister, Karl-Heinz, Bregenz

Caie, Graham D., Glasgow
Caille, Jacqueline, Montpellier
Cameron, Alan, Edinburgh
Cammarosano, Paolo, Trieste
Cantarella, Glauco M., Bologna
Cardini, Franco, Firenze
Carpenter, David A., London
Casula, Francesco C., Cagliari
Cattin, Paul, Bourg-en-Bresse
Cauchies, Jean-Marie, Bruxelles
Cavanna, Adriano, Milano
Ceccarelli Lemut, Maria L., Pisa
Chagny-Sève, Anne-Marie, Nevers
Chédeville, André, Rennes
Cheneval, Francis, Fribourg
Chittolini, Giorgio, Milano
Chomel, Vital, Grenoble
Chropovský, Bohuslav, Nitra
Ciccarelli, Diego, OFM, Palermo
Ćirković, Sima, Beograd
Claassens, Geert H. M., Nijmegen
Clarke, Howard B., Dublin
Clemens, Lukas, Trier

Clementi, Alessandro, L'Aquila
Cobban, Alan B., Liverpool
Coigneau, Dirk, Gent
Contamine, Philippe, Paris
Conte, Pietro, Milano
Conti, Pier M., La Spezia
Coppini, Donatella, Firenze
Coppola, M. Augusta, Messina
Cordes, Albrecht, Freiburg i. Br.
Corner, David J., St. Andrews
Corsten, Severin, Bonn
Costamagna, Giorgio, Genova
Courth, Franz, SAC, Vallendar
Coutaz, Gilbert, Lausanne
Cowdrey, Herbert E. J., Oxford
Cramer, Winfrid, OSB, Münster (Westf.)
Crawford, Barbara E., St. Andrews
Critchley, John S., Exeter
Cuozzo, Errico, Napoli
Cupane, Carolina, Wien
Cursente, Benoît, Nice

Daxelmüller, Christoph, Regensburg
Debbia, Monica, Bologna
Declercq, Georges, Gent
Decorte, Jos, Leuven
Deeters, Joachim, Köln
De Leo, Pietro, Roges di Rende/Cosenza
Dell'Omo, Mariano-Antimo, OSB, Abbazia di Montecassino
Delmaire, Bernard, Lille
Delogu, Paolo, Roma
Delort, Robert, Genève
Demotz, Bernard, Lyon
Deneke, Bernward, Nürnberg
Denton, Jeffrey H., Manchester
Derolez, Albert, Gent
Despy, Georges, Bruxelles
Devailly, Guy, Rennes
van Dieten, Jan-Louis, Amsterdam
Dietz, Klaus, Berlin
Dilg, Peter, Marburg a. d. Lahn
Diller, Hans-Jürgen, Bochum
Dini, Bruno, Firenze
Dinzelbacher, Peter, Salzburg
Dirlmeier, Ulf, Siegen
Djurić, Vojislav J., Beograd
Dobson, Richard B., Cambridge
Doerfer, Gerhard, Göttingen
Dolbeau, François, Antony
Dold-Samplonius, Yvonne, Heidelberg
Donat, Peter, Berlin
Donati, Silvia, Köln
Dopsch, Heinz, Salzburg
Dossat, Yves †, Toulouse
Dralle, Lothar, Gießen
Dubois, Henri, Paris
Dubois, Jacques, OSB, † Paris
Düchting, Reinhard, Heidelberg
Dufour, Jean, Paris
Dunning, Robert, Taunton, Somerset
Duynstee, Marguerite C.I.M., Leiden

Ebel, Friedrich, Berlin
Eberhard, Winfried, Bochum
Eberl, Immo, Ellwangen
Ebner, Herwig, Graz
Edbury, Peter W., Cardiff
Ehlers, Joachim, Berlin
Ehrhardt, Harald, Oberursel
Eideneier, Hans, Köln
Elbern, Victor H., Berlin
Elm, Kaspar, Berlin
Engels, Odilo, Köln
Engemann, Josef, Bonn; Golling
Enzensberger, Horst, Bamberg
Erdmann, Hanna, Bonn
Erkens, Franz-Reiner, Regensburg
Ernst, Stephan, Paderborn
Ernst, Ulrich, Wuppertal
Esch, Arnold, Roma
Escher, Felix, Berlin

Fahlbusch, Friedrich Bernward, Bonn
Falck, Ludwig, Mainz
von Falkenhausen, Vera, Roma
Faroqhi, Suraiya, München
Fasoli, Gina †, Bologna
Favier, Jean, Paris
Favreau, Robert, Poitiers
Fédou, René, Lyon
Feenstra, Robert, Leiden
Feige, Peter, Madrid
Ferjančić, Božidar, Beograd
Ferluga, Jadran, Münster (Westf.); Motovun
Feulner, Hans-Jürgen, Tübingen
Filip, Václav, Würzburg
Finkenzeller, Josef, München
Fischer, Klaus-Dietrich, Mainz
Fleckenstein, Josef, Göttingen
Flemming, Barbara, Leiden
Flusin, Bernard, Paris
Fodale, Salvatore, Palermo
Folkerts, Menso, München
Folz, Robert, Dijon
Fornasari, Giuseppe, Trieste
Fossier, Lucie, Paris
Fouquet, Gerhard, Siegen
Fournier, Gabriel, Clermont-Ferrand
Fowler-Magerl, Linda, Regensburg
Frank, Karl Suso, OFM, Freiburg i. Br.
Fray, Jean-Luc, Clermont-Ferrand
Frenz, Thomas, Passau
Fried, Pankraz, Augsburg
Fritzsche-Laipple, Gabriele, Oberelchingen
Fritze, Wolfgang †, Berlin

Gabriel, Erich, Wien
Gabriel, Ingo, Schleswig
Gaffuri, Laura, Padova
Gahbauer, Ferdinand R., Kl. Ettal
Gallo, D., Padova
Gamber, Ortwin, Wien
Gamper, Ruedi, Schaffhausen
Gansweidt, Birgit, München
García Oro, José, Santiago de Compostela
Gärtner, Kurt, Marburg a. d. Lahn
Gasparri, Françoise, Paris
Gasparri, Stefano, Roma
Gaube, Heinz, Tübingen
Gawlas, Sławomir, Warszawa
Gawlik, Alfred, München
Gazeau, Véronique, Le Mans
Genicot, Léopold, Louvain-La-Neuve
George, Philippe, Liège
Gerabek, Werner, Würzburg
Gerlich, Alois, Mainz
Gerritsen, Willem P., Utrecht
Gerwing, Manfred, Kerkrade
Geuenich, Dieter, Denzlingen
Gier, Albert, Bamberg
Gigante, Marcello, Napoli
Gilles, Henri, Toulouse
Gillingstam, Hans, Stockholm
Gilomen-Schenkel, Elsanne, Basel
Giordanengo, Gérard, Paris
Girgensohn, Dieter, Göttingen
Glauser, Fritz, Luzern
Gleißner, Reinhard, Regensburg
Glick, Thomas F., Boston, Mass.
Gnädinger, Louise, Zürich
Gneuss, Helmut, München
Göbel-Schauerte, Karin, Berlin
Göckenjan, Hansgerd, Gießen
Goetz, Hans-Werner, Hamburg
Goldstein, Ivo, Zagreb
Golinelli, Paolo, Verona
Göller, Jutta, Regensburg
Göller, Karl H., Regensburg
Gombocz, Wolfgang L., Graz
Görich, Knut, Tübingen
Görlach, Manfred, Köln
Grams-Thieme, Marion, Köln
Gray, Douglas, Oxford
Greci, Roberto, Parma
Green-Pedersen, Niels J., København
Griffiths, Ralph A., Swansea
Groenke, Ulrich, Köln
Grohe, Johannes, Augsburg
Groten, Manfred, Köln
Gruber, Joachim, München
Grünbeck, Elisabeth, Freiburg i. Br.
Grupe, Gisela, München
Gschwind, Charlotte, Zürich
Guillotel, Hubert, Paris
Gündisch, Konrad G., Schloß Horneck
Guthmüller, Bodo, Marburg a. d. Lahn
Guyotjeannin, Olivier, Boulogne

Györffy, György, Budapest

Habicht, Werner, Würzburg
Haefele, Hans F., Zürich
Hageneder, Othmar, Wien
Hägermann, Dieter, Bremen
Hahn, Adelheid, Stuttgart
Haider, Siegfried, Linz
Haines, R. Martin, Somerset
Hajdukiewicz, Leszek, Kraków
Hammel-Kiesow, Rolf, Lübeck
Hannick, Christian, Würzburg
Harf-Lancner, Laurence, Fontenay-sous-Bois
Harper-Bill, Christopher, Twickenham, Middlesex
Harriss, Gerald L., Oxford
Härtel, Reinhard, Graz
Haubst, Rudolf †, Mainz
Häußling, Angelus A., OSB, Maria Laach; Benediktbeuern
Hayez, Anne-Marie, Avignon
Hayez, Michel, Avignon
Head, Thomas, New Haven, Conn.
Hedwig, Andreas, Bremen
Hedwig, Klaus, Kerkrade
Heers, Jacques, Paris
Heine, Peter, Münster (Westf.)
Heinemeyer, Karl, Marburg a. d. Lahn
Heinz, Hanspeter, Augsburg
Heinzelmann, Martin, Paris
Heinzle, Joachim, Marburg a. d. Lahn
Hélas, Jean-Claude, Montpellier
Hellmann, Manfred †, München
Helmich, Werner, Graz
Helmrath, Johannes, Köln
Hemann, Friedrich-Wilhelm, Münster (Westf.)
Hemmes-Hoogstadt, Annette C., Wageningen-Hoog
de Hemptinne, Thérèse, Gent
Henkel, Nikolaus, Regensburg
Henn, Volker, Trier
Herbers, Klaus, Tübingen

Herborn, Wolfgang, Bonn
Hergemöller, Bernd-Ulrich, Münster (Westf.)
Herrmann, Hans-Walter, Riegelsberg
Heß, Maria-Claudia, Frankfurt a. M.
Hesse, O., Goslar
Hetzler, Ralf, Bochum
Heydasch-Lehmann, Susanne, Köln
Heyse, Elisabeth, München
Hiestand, Rudolf, Düsseldorf
Higounet-Nadal, Arlette, Bordeaux
Hild, Friedrich, Wien
von Hindte, Hartmut, Northeim
Hinz, Hermann, Tübingen
Hiß, Reinhard, Münster (Westf.)
Hlaváček, Ivan, Praha
Hlawitschka, Eduard, München
Hödl, Günther, Klagenfurt
Hödl, Ludwig, Bochum
Hoeges, Dirk, Hannover
Hoffmann, Lars M., Wien
Hofmeister, Adolf E., Verden
Höhl, Norbert, Würzburg
Holbach, Rudolf, Trier
Holter, Kurt, Wels
Homan, Paul, Fargo, North Dakota
Hörandner, Wolfram, Wien
Houben, Hubert, Lecce
Huck, Jürgen, Köln
Hünemörder, Christian, Hamburg
Hunger, Herbert, Wien
Huning, Alois, Düsseldorf
Huschner, Wolfgang, Berlin

Ilisch, Lutz, Tübingen
Imbach, Ruedi, Fribourg
Ioannidou, Alexandra, Athinä
Irgang, Winfried, Weimar-Wolfshausen
Irmscher, Johannes, Berlin

Jacobsen, Peter Ch., Erlangen-Nürnberg
Jähnig, Bernhart, Berlin
Janakiev, Kalin, Sofia
Jandesek, Reinhold, Pfaffenberg

Janssen, Walter, Würzburg
Jarnut, Jörg, Paderborn
Jászai, Géza, Münster (Westf.)
Jeudy, Colette, Paris
Jones, Michael, Nottingham
Jørgensen, J. H., Odense
Joris, André, Sart-Lez-Spa
Jost, Bettina, Köln
Jung, Marc-René, Zürich
Junk, Heinz-K., Münster (Westf.)
Jussen, Bernhard, Göttingen
Jüssen, Gabriel, Bonn
Jüttner, Guido, Berlin

Kadlec, Jaroslav, Litoměřice
Kafadar, Cemal, Cambridge, Mass.
Kahl, Hans-Dietrich, Gießen
Kalič, Jovanka, Beograd
Kälin, Hans B., Basel
Kamp, Norbert, Braunschweig
Kämpfer, Frank, Münster (Westf.)
Karamustafa, Ahmet, St-Louis, Mo.
Karnein, Alfred, Frankfurt a. M.
Karpozilos, Apostolos, Ioannina
Karpp, Gerhard, Düsseldorf
Kartschoke, Dieter, Berlin
Kazhdan, Alexander P., Washington
Keene, Derek, London
Keil, Gundolf, Würzburg
Kerber, Dieter, Koblenz
Keßler, Eckhard, München
Kießling, Rolf, Eichstätt
Kindermann, Udo, Köln
King, Edmund J., Sheffield
Kintzinger, Martin, Stuttgart
Kislinger, Ewald, Wien
Klapisch-Zuber, Christiane, Paris
Klein, Richard, Erlangen-Nürnberg
Kleinheyer, Bruno, Regensburg
Klein-Ilbeck, Bettina, Salzburg
Kleinschmidt, Harald, Tsukuba, Japan
Klemm, Christian, Zürich
Klopsch, Paul, Erlangen

Klüßendorf, Niklot, Marburg a. d. Lahn
Knackstedt, Wolfgang, Münster (Westf.)
Knape, Joachim, Tübingen
Knittler, Herbert, Wien
Knobloch, Eberhard, Berlin
Knoch, Wendelin, Bochum
Knowles, Clive H., Cardiff
Köbler, Gerhard, Innsbruck
Koch, Walter, München
Koder, Johannes, Wien
Köhn, Rolf, Konstanz
Koller, Heinrich, Salzburg
Koller, Walter, Zürich
Koller-Weiss, Katharina, Zürich
Kölzer, Theo, Bonn
Konidaris, Johannes M., Athinä
Konstantinou, Evangelos, Würzburg
Köpstein, Helga, Berlin
Korać, Dušan, Beograd
Korać, Vojislav, Zemun
Körndle, Franz, München
Körntgen, Ludger, Regensburg
Kosman, Marceli, Poznań
Kraft, Ekkehard, Heidelberg
Kranemann, Benedikt, Münster (Westf.)
Kratochwill, Max, Wien
Kreiker, Sebastian, Göttingen
Kreiser, Klaus, Bamberg
Kresten, Otto, Roma
Kreuzer, Georg, Augsburg
Krieger, Gerhard, Bonn
Krieger, Karl-Friedrich, Mannheim
Kroeschell, Karl, Freiburg i. Br.
Kroll, Renate, Gießen
Krüger, Karl-Heinrich, Münster (Westf.)
Kugler, Georg, Wien
Kuhlen, Franz-Josef, Marburg a. d. Lahn
Külzer, Andreas, Köln
Kunitzsch, Paul, München
Kunze, Konrad, Freiburg i. Br.
Künzl, Hannelore, Heidelberg
Kupper, Jean-Louis, Liège
Küppers, Kurt, Augsburg
Kurze, Wilhelm, Roma

Laarmann, Matthias, Lünen
Labuda, Gerard, Poznań
Ladero Quesada, Miguel A., Madrid
Ladner, Pascal, Fribourg
La Farge, Beatrice, Frankfurt a. M.
Lalinde Abadía, Jesús, Barcelona
Lalou, Elisabeth, Paris
Landes, Richard, Boston, Mass.
Landwehr, Götz, Hamburg
Lasalle, Victor, Nîmes
Lauer, Hans H., Marburg a. d. Lahn
Lauranson-Rosaz, Christian, St-Étienne
Lauterbach, Klaus, Müllheim/Baden
Lawo, Mathias, Berlin
Lazzarini, Isabella, Mantova
Lechner, Gregor M., Stift Göttweig
Leciejewicz, Lech, Wrocław
Leclercq, Jean, OSB, Clervaux
Leguai, André, Dijon
Leguay, Jean-Pierre, Paris
van Lengen, Hajo, Aurich
Leontiades, Ioannes, Wien
Leroy, Béatrice, Biarritz
Lessmann, Johannes, Hamburg
Leuchtmann, Horst, München
Leupen, Pieter, Amsterdam
Leven, Karl-Heinz, Freiburg i. Br.
Liebertz-Grün, Ursula, Köln
Liebl, Ulrike, Heimstetten
Lienhard, Joseph T., New York
Löfstedt, Bengt, Los Angeles
Lohr, Charles, Freiburg i. Br.
Longère, Jean, Paris
Lotter, Friedrich, Kassel
Lübke, Christian, Berlin
Lückerath, Carl A., Köln
Ludat, Herbert †, Gießen
Ludwig, Claudia, Berlin
Ludwig, Karl-Heinz, Bremen
Lutz-Bachmann, Matthias, Berlin
Luzzati, Michele, Pisa

Luzzati Laganà, Francesca, Pisa
Lyon, Bryce, Providence, R. I.

Maaz, Wolfgang, Berlin
Mac Niocaill, Gearóid, Galway
Madre, Alois, Kirchzarten
Magistrale, Francesco, Bari
Maire Vigueur, Jean-Claude, Roma
Makdisi, George, Philadelphia, PA
Makris, Georgios, Köln
Maksimović, Ljubomir, Beograd
Maleczek, Werner, Graz
Maresch, Klaus, Köln
Margaroli, Paolo, Milano
Margue, Michel, Luxembourg
Markowski, Mieczyslaw H., Kraków
Markus, Manfred, Innsbruck
Marold, Edith, Kiel
Martin, Jean-Marie, Paris
Martin, Thomas, Gießen
Märtl, Claudia, München
Marx, Barbara, Köln
Marzolph, Ulrich, Göttingen
Matheus, Michael, Roma
Mattejiet, Ulrich, München
von Matuschka, Michael Graf, Erlangen-Nürnberg
Maurer, Helmut, Konstanz
Mazal, Otto, Wien
Mehl, Dieter, Bonn
Meinhardt, Helmut, Gießen
Menestò, Enrico, Spoleto
Menjot, Denis, Strasbourg
Menniti Ippolito, Antonio, Roma
Menzel, Josef J., Mainz
Mertens, Thomas, Antwerpen
Mertens, Volker, Berlin
Meßner, Reinhart, Innsbruck
Mettmann, Walter, Köln
Meyer, Hans B., SJ, Innsbruck
Mezger, Werner, Rottweil
Michaud-Fréjaville, Françoise, Orléans
Michels, Helmut, Trier
Miethke, Jürgen, Heidelberg
Mihaljčić, Rade, Beograd

Militzer, Klaus, Köln
Mironneau, Paul, Pau
Mojsisch, Burkhard, Bochum
Mollat, Michel, Paris
Mongiano, Elisa, Torino
Montero Tejada, Rosa M., Madrid
Moralejo, José L., Madrid
Moraw, Peter, Gießen
Mordek, Hubert, Freiburg i. Br.
Morelle, Laurent, Paris
Morrisson, Cécile, Paris
Mörschel, Ulrike, Werder bei Potsdam
Moser, Peter, Bamberg
Moyse, Gerard, Vesoul
von zur Mühlen, Heinz, Neubiberg
Muir, Lynette R., Leeds
Müller, Heribert, Frankfurt a. M.
Müller, Irmgard, Bochum
Müller, Ulrich, Salzburg
Müller, Wolfgang P., München
Müller-Wille, Michael, Kiel
Muradian, Paruyr, Trier
von Mutius, Hans-Georg, München

Nagel, Tilman, Hamburg
Nagorni, Dragan, München
von der Nahmer, Dieter, Hamburg
Naß, Klaus, Wolfenbüttel
Nehlsen, Hermann, München
Nehring, Karl, München
Neiske, Franz, Münster (Westf.)
Neitmann, Klaus, Berlin
Neuenschwander, Erwin A., Zürich
Neumann, Christoph K., München
Neumann, Josef N., Freiburg i. Br.
Neumann, Ronald, Mainz
Ní Chatháin, Próinseás, Dublin
Nicol, Donald M., Cambridge
Niehr, Klaus, Berlin
Nieto Soria, José M., Madrid
Nikžentaitis, Alvydas, Vilnius
Nitz, Hans-Jürgen, Göttingen
Noble, Thomas F. X., Charlottesville, Virginia
Nonn, Ulrich, Bonn

North, John D., Groningen
Nothhelfer, Ulrich, München
Novarese, Daniela, Messina
Nyberg, Tore S., Odense

Ocak, Ahmet Y., Ankara
Ó Cróinín, Dáibhí, Galway
Oexle, Otto, Göttingen
Ogris, Werner, Wien
Ohme, Heinz, Erlangen
Olbrich, Harald, Berlin
Olivar, Alexander, OSB, Montserrat
Olszewski, Henryk, Poznań
Onasch, Konrad, Halle (Saale)
Orbán, Imre, Szeged
Orioli, Raniero, Roma
Orlandi, Giovanni, Milano
Ott, Norbert H., München
Otterbein, Armin, Berlin
Ouy, Gilbert, Paris

Pabst, Angela, Erlangen-Nürnberg
Pabst, Bernhard, Erlangen-Nürnberg
Pailhes, Claudine, Foix
Palme, Rudolf, Innsbruck
Panagopoulos, Johannes, Athinä
Pandimiglio, Leonida, Cagliari
Parisse, Michel, Nancy
Pásztor, Edith, Roma
Patock, Coelestin, OSA, Würzburg
Patschovsky, Alexander, Konstanz
Pauler, Roland, München
Peppermüller, Rolf, Bochum
Perelli Cippo, Roberto, Milano
Pérez Rodríguez, Estrella, Valladolid
Petersohn, Jürgen, Marburg a. d. Lahn
Petti Balbi, Giovanna, Parma
Petzolt, Martin, Würzburg
Peyer, Hans C., Zürich
Philippe, Joseph, Liège
Picard, Eve, Frankfurt a. M.
Picone, Michelangelo, Zürich
Pieler, Peter E., Wien

Pietschmann, Horst, Hamburg
Pilch, Herbert, Freiburg i. Br.
Piltz, Anders, Lund
Pini, Antonio I., Bologna
Pischke, Gudrun, Bühren
Pittaluga, Stefano, Genova
Pitz, Ernst, Berlin
Plank, Bernhard, OSA, Würzburg
Plank, Peter, Würzburg
Podskalsky, Gerhard, SJ, Frankfurt a. M.
Poeschke, Joachim, Münster (Westf.)
Polívka, Miloslav, Praha
Poljakov, Fedor, Köln
Poppe, Andrzej, Warszawa
Popplow, Marcus, Bremen
Poulin, Joseph-Claude, Quebec
Poulle, Emmanuel, Paris
Powell, James M., Syracuse, N. Y.
Pozza, Marco, Mestre-Venezia
Prelog, Jan, München
Prestwich, Michael C., Durham
Prevenier, Walter, Gent
Pringle, Denys, Edinburgh
Prinzing, Günter, Mainz
Puza, Richard, Tübingen

Quinto, Riccardo, Padova

Rábade Obradó, María del Pilar, Madrid
Racine, Pierre, Strasbourg
Racinet, Philippe, Paris
Radl, Albert, München
Rapp, Francis, Strasbourg
Rauner, Erwin, Augsburg
Rebstock, Ulrich, Tübingen
Reichl, Karl, Bonn
Reinicke, Christian, Düsseldorf
Reinle, Adolf, Zürich
Renoux, Annie, Le Mans
Restle, Konstantin, Berlin
Restle, Marcell St., München
Reynaud, Félix, Marseille
Richard, Jean, Dijon
Richter, Michael, Konstanz
Richter-Bernburg, Lutz, Bonn
Riedenauer, Erwin, München
Riedlinger, Helmut, Freiburg i. Br.

Riedmann, Josef, Innsbruck
Riis, Thomas, København
Rist, Josef, Würzburg
Roberg, Burkhard, Bonn
Röckelein, Hedwig, Hamburg
Rödel, Dieter, Würzburg
Roger, Jean-Marc, Poitiers
Rollason, David W., Durham
Rösch, Gerhard, Kiel
Rösener, Werner, Göttingen
Rossi, Luciano, Zürich
Roth, Andreas, Münster (Westf.)
Rottenwöhrer, Gerhard, München
Rousse, Michel, Rennes
Roussineau, Gilles, Paris
Rudolph, Kurt, Marburg a. d. Lahn
Rudolph, Ulrich, Göttingen
Rummel, Peter, Augsburg
Rüß, Hartmut, Versmold
Russocki, Stanisław, Warszawa
Rüther, Andreas, Berlin
Rüthing, Heinrich, Bielefeld
Ryckaert, Marc, Gent

Saalfeld, Diedrich, Göttingen
Saar, Stefan Ch., Münster (Westf.)
Samsó, Julio, Barcelona
Sánchez Prieto A. B., Madrid
Sansone, Giuseppe E., Roma
Saracco Previdi, Emilia, Macerata
Sauer, Hans, Dresden
Sauer, Walter, Seattle, Wash.
Sawyer, Peter H., Skara
Saxer, Victor, Roma
Schaab, Meinrad, Stuttgart
Schaller, Hans M., München-Zorneding
Schaufelberger, Walter, Zürich
Scheffczyk, Leo, München
Scheibelreiter, Georg, Wien
Schein, Sylvia, Haifa
Schellewald, Barbara, Hamburg
Schieffer, Rudolf, Bonn

Schild, Wolfgang, Bielefeld
Schipperges, Heinrich, Heidelberg
Schlageter, Johannes, OFM, Freiburg i. Br.
Schmale, Franz-Josef, Bochum
Schmalzbauer, Gudrun, Trier
Schmid, Alois, Eichstätt
Schmid, Bernhold, München
Schmid, Hans, München
Schmidt, Fritz, Siegen
Schmidt, Hans-Joachim, Marburg a. d. Lahn
Schmidt, Heinrich, Oldenburg
Schmidt, Tilmann, Tübingen
Schmidt-Wiegand, Ruth, Münster (Westf.)
Schminck, Andreas, Frankfurt a. M.
Schmitt, Jürgen, Bamberg
Schmitt, Wolfram, Saarbrücken
Schmitz, Rolf P., Köln
Schmitz, Rudolf †, Marburg a. d. Lahn
Schmugge, Ludwig, Zürich
Schnall, Uwe, Bremerhaven
Schneider, Herbert, München
Schneider, Jakob H. J., Tübingen
Schneider, Joachim, Würzburg
Schneider, Notker, Köln
Schneidmüller, Bernd, Braunschweig
Schnerb, Bertrand, Paris
Schnith, Karl, München
Schockenhoff, Eberhard, Regensburg
Schoppmeyer, Heinrich, Bochum
Schottky, Martin, Berlin
Schreiner, Peter, Köln
Schuba, Ludwig †, Heidelberg
Schuler, Peter-Johannes, Potsdam
Schuller, Wolfgang, Konstanz
Schulz, Knut, Berlin
Schulze, Ursula, Berlin
Schulze-Busacker, Elisabeth, Montréal
Schulze-Dörrlamm, Mechthild, Mainz
Schwaiger, Georg, München
Schwarcz, Andreas, Wien

Schwarz, Ulrich, Wolfenbüttel
Schwarzmaier, Hansmartin, Karlsruhe
Schwenk, Bernd, Niedererbach
Schwenk, Sigrid, Bamberg
Schwertheim, Elmar, Münster (Westf.)
Schwertl, Gerhard, Landshut
Schwind, Fred, Marburg a. d. Lahn
Scorza Barcellona, Francesco, Roma
Segl, Peter, Bayreuth
Seibert, Hubert, Mainz
Seibt, Werner, Wien
Selge, Kurt-Victor, Berlin
Selig, Maria, Freiburg i. Br.
de la Selle, Xavier, Reims
Semmler, Josef, Düsseldorf
Senger, Hans G., Köln
Sergi, Giuseppe, Torino
Sesiano, Jacques, Lausanne
Settia, Aldo A., Pavia
von Severus, Emmanuel, OSB, Maria Laach
Sheridan Walker, Sue, Winnetka, Ill.
Sicking, Louis H. J., Leiden
Sieben, Hermann-Josef, Frankfurt a. M.
Simek, Rudolf, Wien
Simon, Jürgen, Hamburg
Singer, Hans-Rudolf, Mainz-Germersheim
Šmahel, František, Praha
Smith, Julia M. H., Hartford, Conn.
Sobrequés i Callicó, Jaume, Barcelona
Soldi Rondinini, Gigliola, Milano
Sorelli, Fernanda, Padova
Sós, Ágnes Cs., Budapest
Soustal, Peter, Wien
Spechtler, Franz V., Salzburg
Speer, Andreas, Köln
Spiegel, Joachim, München
Spieß, Karl-Heinz, Mainz
Sprandel, Rolf, Würzburg
Spreckelmeyer, Goswin, Braunschweig
Stammkötter, Franz-Bernhard, Osnabrück-Vechta
Stefánsson, Magnús, Bergen
Steguweit, Wolfgang, Berlin

Steindorff, Ludwig, Münster (Westf.)
Stemmler, Theo, Mannheim
Steppan, Thomas, Innsbruck
Steurs, Willy, Bruxelles
Stih, Peter, Ljubljana
Stoeckle, Bernhard, Freiburg i. Br.
Stohlmann, Jürgen, Köln
Stoll, Ulrich, Marburg a. d. Lahn
Storey, Robin L., Carlisle
Störmer, Wilhelm, München
Storti Storchi, Claudia, Milano
Stouff, Louis, Aix-en-Provence
Strässle, Paul M., Zürich
Strauch, Dieter, Köln
Streich, Gerhard, Göttingen
Struve, Tilman, Düsseldorf
Strzelczyk, Jerzy, Poznań
Sturlese, Loris, Arezzo; Eichstätt
Suttner, Ernst Ch., Wien
Sylla, Edith, Raleigh, N.C.
Synek, Eva M., Wien
Szabó, Thomas, Göttingen

Takacs, Miklós, Budapest
Telle, Joachim, Stuttgart
Thein, Maria-Luise, Würzburg
Theodorou, Evangelos, Athinä
Thiry, Claude, Louvain-la-Neuve
Thomas, Heinz, Bonn
Thorau, Peter, Tübingen
Thoss, Dagmar, Wien
Thumser, Matthias, Marburg a. d. Lahn
Tietze, Andreas, Wien

Tinnefeld, Franz, München
Todt, Klaus-Peter, Mainz
Trachsler, Richard, Zürich
Tramontana, Salvatore, Messina
Trapp, Erich, Bonn
Trapp, Joseph B., London
Triacca, Achille M., Roma
Tripps, Manfred, Heilbronn-Böckingen
Troianos, Spyros, Athinä
Tucci, Ugo, Perugia
Tuck, J. Antony, Bristol
Tucoo-Chala, Pierre, Pau

Udolph, Ludger, Bonn
von Ungern-Sternberg, Jürgen, Göttingen
Utz Tremp, Kathrin, Fribourg

Vallejo Penedo, Juan J., OSA, La Vid
van Buuren, Alphonsus M. J., Amersfoort
Vandermaesen, Maurice, Brugge
van Engen, John, Notre Dame, IN
van Houtte, Jan A., Leuven
van Uytven, Raymond, Antwerpen
Várvaro, Alberto, Napoli
Vasina, Augusto, Bologna
Vavra, Elisabeth, Krems a. d. Donau
Vendittelli, Marco, Roma
Venturini, Alain, St-Gilles
Verger, Jacques, Paris
Verhulst, Adriaan, Gent
Vicaire, Marie-Humbert, OP, Fribourg
Vielliard, Françoise, Paris
Vitale-Brovarone, Alessandro, Torino

Vitolo, Giovanni, Napoli
Vogler, Werner, St. Gallen
Vogt, Hermann-Josef, Tübingen
de Vogüé, Adalbert, St-Léger Vauban
Volk, Robert, Scheyern
Vollmann, Konrad, Eichstätt
Vollrath, Hanna, Bochum
Volz, Ruprecht, München
Vones, Ludwig, Köln
Vones-Liebenstein, Ursula, Köln

Wagner, Bettina, Oxford
Wagner, Fritz, Berlin
Walther, Helmut G., Jena
Wędzki, Andrzej, Poznań
Wefers, Sabine, Frankfurt a. M.
Weigand, Rudolf, Würzburg
Weimar, Peter, Zürich
Weinstock, Horst, Aachen
Weiß, Günter, München
Weitzel, Jürgen, Frankfurt a. M.
Wellas, Michael B., Athinä
Weltin, Max, Wien
Wendehorst, Alfred, Erlangen-Nürnberg
Werner, Hans-Joachim, Waldbronn
Weyhe, Lothar, Hamburg
Wicki, Nikolaus, Luzern
Bei der Wieden, Helge, Bückeburg
Wieland, Gernot, Vancouver
Wiesflecker, Hermann, Graz
Wießner, Heinz, Altenburg
Willerding, Ulrich, Göttingen

Wimmer, Erich, Würzburg
Winkelman, Friedhelm, Rostock
Winter, Johanna M. van, Utrecht
Wirth, Gerhard, Bonn
Witthöft, Harald, Siegen
Wollasch, Joachim, Münster (Westf.)
Wolters, Jochen, Unterreichenbach
Wormald, C. Patrick, Oxford
Wuttke, Dieter, Bamberg

Zach, Krista, München
Zachariadou, Elisabeth A., Athinä
Zambon, Francesco, Padova
Zapp, Hartmut, Freiburg i. Br.
Zedelius, Volker, Bonn
Zedelmaier, Helmut, München
Zehnder, Frank G., Köln
Žemlička, Josef, Praha
Ziegeler, Hans-Joachim, Tübingen
Ziegenaus, Anton, Augsburg
Zielinski, Herbert, Gießen
Zimmermann, Albert, Köln
Zimmermann, Harald, Tübingen
Zimpel, Detlev, Freiburg i. Br.
Zotz, Thomas, Freiburg i. Br.
Zumkeller, Adolar, OSA, Würzburg
Zurstraßen, Annette, Köln
Zutshi, Patrick, Cambridge

ÜBERSETZER DES SECHSTEN BANDES

Englisch: Mattejiet, Roswitha, München
Französisch: Mattejiet, Ulrich, München
Englisch (anglistische Beiträge): Thein, Maria-Luise, Würzburg
Italienisch: Avella, Antonio, München
Niederländisch: Gerritsen, Gisela, Utrecht
Portugiesisch, Spanisch: Vones-Liebenstein, Ursula, Köln
Serbisch und Kroatisch: Steindorff, Ludwig, Münster
Skandinavische Sprachen: Ehrhardt, Harald, Oberursel

ABBILDUNGEN

	Spalte
Schema der Heilkunde	457
Die Grundneumen in einigen verbreiteten Schrifttypen	1103–1104
Ogam-Alphabet	1371–1372

ERSCHEINUNGSDATEN DER LIEFERUNGEN ZUM SECHSTEN BAND DES LEXIKONS DES MITTELALTERS

1. Lieferung: März 1992
2. Lieferung: Mai 1992
3. Lieferung: Juli 1992
4. Lieferung: September 1992
5. Lieferung: November 1992
6. Lieferung: März 1993
7. Lieferung: Mai 1993
8. Lieferung: Juni 1993
9. Lieferung: Oktober 1993
10. Lieferung: November 1993